DOY GRACIAS A MI DIOS CADA
VEZ QUE LOS RECUERDO.
SIEMPRE Y EN TODAS MIS
ORACIONES PIDO CON ALEGRÍA
POR TODOS USTEDES.

Flp 1 3-4

Con todo cariño para:

De:

En:

Dios nos ama infinitamente y nos habla a través de su Palabra escrita, para brindarnos una amistad profunda y dadora de vida. Su Hijo Jesús nos incorpora a la vida de Dios, como hijos/as suyos/as, nos libera del pecado, nos llena de amor, gozo, esperanza y nos señala el camino al Padre. Su Espíritu nos guía, fortalece y ayuda a compartir con otros el gran regalo del amor de Dios. Todo esto sucede solo con nuestra aceptación libre y consciente.

Padre bueno que me creaste a tu imagen y semejanza, algunas veces me olvido de esto y mi vida pierde sentido. Aliméntame con tu Palabra, para que siempre me sienta como tu hijo/a predilecto/a. Que sepa abrirme a tu mensaje de amor, perdón, justicia y paz, para que inunden mi vida y los pueda compartir con los demás.

Jesús, gracias porque tú que eres la Palabra de Dios hecha carne como nosotros, me invitas a ser tu amigo/a. Me hablas de manera sencilla y directa para comunicarme lo mucho que me amas y la fe que tienes en mí. Quiero responder a tu invitación, siendo siempre discípulo/a misionero/a tuyo. Guía mi vida, líbrame del pecado y ayúdame a vivir y a extender el Reino de Dios.

Espíritu Santo, abre mi corazón al mensaje de la Sagrada Escritura, ilumina mi entendimiento para que comprenda su sabiduría y profundidad. Dame el valor y la disposición que necesito para seguir a Jesús. Lléname de tu fuego motivador y dame la paz y el gozo que vienen de hacer la voluntad de Dios.

Amén.

LA SAGRADA FAMILIA - Parroquia de Capuchinas - Basílica de Guadalupe

QUE LA SAGRADA FAMILIA
TE ACOMPAÑE SIEMPRE EN TU JORNADA
DE FE, EN ESPECIAL
AL ORAR Y REFLEXIONAR
CON LA SAGRADA ESCRITURA

Material para la pastoral bíblica

Nihil obstat: Juan I. Alfaro, SSL
Censor Librorum
18 de noviembre de 2003

Permiso eclesiástico: The Most Reverend Stephen E. Blaire, D.D.
Obispo de Stockton, California, EUA
9 de agosto de 2004

El *nihil obstat* es la declaración oficial de que un libro o panfleto está libre de errores doctrinales y morales, según las enseñanzas de la Iglesia católica. El permiso eclesiástico es la aprobación o permiso que da la autoridad eclesiástica para imprimir un escrito.

El diseño general y algunos comentarios están inspirados en *The Catholic Youth Bible*, Saint Mary's Press, 2000, Winona, Minnesota, EUA, y usados con permiso para su traducción y adaptación.

Texto bíblico: *La Biblia. Libro del Pueblo de Dios*

Traducción: Armando J. Levoratti y Alfredo Trusso

Nihil obstat: Pbro. Luis Heriberto Rivas

Permiso eclesiástico: Presidente de la Conferencia Episcopal Argentina
Arzobispo de Córdoba (Argentina)
Mons. Raúl Francisco Cardenal Primatesta
Mayo de 1981

La Biblia Católica para Jóvenes

Instituto Fe y Vida y **Editorial Verbo Divino**
1737 W. Benjamin Holt Dr.
Stockton, CA 95207
Estados Unidos de América

Avda. de Pamplona, 41
31200 Estella (Navarra)
España

1ª edición

Fotocomposición: NovaText. 31192 Mutilva (Navarra)
Impresión: Nanjing Amity Printing Co. (China) FT574202-1
Edición Misión Junior
Depósito legal: NA 286-2015
ISBN: 978-84-9073-126-0 (2ª reimpresión)
Printed in China – Impreso en China

+BCJ
LA BIBLIA
CATÓLICA PARA
JÓVENES

Equipo de colaboradores

Directores del proyecto: Carmen María Cervantes (Instituto Fe y Vida); Guillermo Santamaría de Pando y Adam Peter Grondziel (Editorial Verbo Divino)

Coordinación editorial: María Puy Ruiz de Larramendi

MATERIAL PARA LA PASTORAL BÍBLICA JUVENIL

Dirección y edición general: Carmen María Cervantes

Coordinación: María Pilar Cervantes Gutiérrez

Escritores: Javier Algara Cossío, María Elena Cardeña, Carmen María Cervantes, María Pilar Cervantes Gutiérrez, Rudolf Finke, Leticia Medina, Armando Noguez Alcántara, Ángel Manuel del Río Rubio, Emerenciano Rodríguez Jobrail

Comentarios culturales: Mayela Margarita Campos Castro, Guillermo Campuzano, Adela Rosa Castro Reyes, Antonio Medina Rivera, Nohemy Montaño, Ted Schmidt, Clodomiro Siller, Vilma Reyna, Steve Roe

Índices y planes de lectura: Ken Johnson-Mondragón

Adaptación de los comentarios al texto bíblico *La Biblia. Libro del Pueblo de Dios*: Carmen María Cervantes y Leonardo Monguí Casas

Moderador episcopal: Carlos A. Sevilla

Revisión bíblica y cultural: Jesús García Zamora

Diseño e ilustraciones:

> **Dirección de diseño y cubierta:** Alicia María Sánchez
> **Ilustraciones:** Alicia María Sánchez y Martha Elena Sánchez
> **Actualización de los dos cuadernos:** Christian J. Aguilar Tinoco
> **Símbolos bíblicos:** Fray Gabriel Chávez de la Mora
> **Imagen Sagrada Familia** (p. 3) realizada en 1999 para el retablo principal de la Parroquia de las Capuchinas en el recinto de la Nacional e Insigne Basílica de Guadalupe, obra diseñada por fray Gabriel Chávez de la Mora O.S.B. y pintada por Jaime Domínguez Montes

OCUS Visual Design

Otros colaboradores se encuentran en la p. 1748

TEXTO Y MATERIAL BÍBLICO

Texto bíblico: Pbros. Armando J. Levoratti y Alfredo B. Trusso

Selección de pasajes paralelos y relacionados: José Pérez Escobar, con la colaboración de Leonardo Monguí Casas

Introducción al Antiguo y al Nuevo Testamento: Carmen María Cervantes, Juan Escarfuller y Leonardo Monguí Casas

Vocabulario bíblico: Eduardo Arnouil, Carmen María Cervantes y Pedro Fraile Yécora, con la colaboración de Leonardo Monguí Casas

Revisión del texto bíblico: María Puy Ruiz de Larramendi

APOYO FINANCIERO

PRINCIPAL SPONSOR
CONTRIBUCIÓN PRINCIPAL

KNIGHTS OF COLUMBUS
CABALLEROS DE COLÓN

Otros donadores se citan en la p. 1748

+BCJ
LA BIBLIA
CATÓLICA PARA
JÓVENES

Instituto
FE Y
VIDA

evd
editorial verbo divino

CONSEJO EPISCOPAL LATINOAMERICANO

PRESIDENCIA

CARTA DEL CARDENAL PRESIDENTE DEL CELAM PARA LA BIBLIA CATÓLICA PARA JOVENES

Querido joven, querida joven,

Con amor sincero y una fe profunda te escribo esta carta en nombre de Jesús, quien te invita a recibir en tu corazón la Palabra vivificante de Dios a través de *La Biblia Católica para Jóvenes*, destinada para ti y otros jóvenes como tú.

¡Anímate a vivir la aventura maravillosa y sorprendente de conocer la Palabra de Dios, de orar con ella, y de encontrar el agua viva que calme tu sed de Dios y tu anhelo de fraternidad! La Sagrada Escritura es una fuente inagotable que mantendrá viva y fecunda tu fe, tu esperanza y tu amor; es la Palabra de Dios que te alienta a construir con él el "reino de la verdad y la vida, de la santidad y la gracia, de la justicia, el amor y la paz", ese Reino de Dios que tanto anhelamos en nuestro tiempo.

Las introducciones, ilustraciones y apoyos didácticos te ayudarán a conocer y a manejar la Sagrada Escritura. Los comentarios y los apoyos pastorales facilitarán que la Buena Nueva de salvación penetre en tu corazón, y que tú te conviertas en buena noticia para quienes te conozcan.

Pide al Espíritu Santo que abra tu mente y tu corazón para que al leer y orar con la Palabra del Señor, crezca y se estreche tu relación con él, y de Jesucristo recibas el amor, la audacia, la alegría y el perdón que quiere compartir contigo. Escucha con tu familia y tus amistades el llamado de Jesús a ser discípulas y discípulos suyos, a cargar con él tu cruz, a ser sus apóstoles y profetas de esperanza, que colaboran con él para evangelizar, e invitar así a muchos jóvenes a recorrer los caminos del Evangelio.

Recuerda la petición de Juan Pablo II, el Papa de la juventud, para que en nuestra querida América realicemos una Nueva Evangelización, marcada por un nuevo ardor, nuevos métodos y nuevas expresiones. Utiliza esta Biblia como un instrumento para que tú seas "sal de la tierra" y "luz del mundo", y puedas llevar el Evangelio a tantos jóvenes que, consciente o inconscientemente, tienen sed de experimentar en sus vidas el amor liberador de Jesús, y están esperando que alguien lo comparta con ellos.

En unión con mis hermanos obispos de América Latina, le pido a María, nuestra madre, que te acompañe al usar esta Biblia, para que Dios haga en ti maravillas y su Palabra sea fuente de vida eterna para ti y —a través tuyo— para otros muchos jóvenes.

De corazón te bendice, tu hermano en Cristo,

+ Francisco Javier Errázuriz Ossa
Cardenal Arzobispo de Santiago de Chile

Bogotá, 30 de octubre de 2004

EMPOWERING YOUNG HISPANICS FOR LEADERSHIP IN CHURCH AND SOCIETY

1737 West Benjamin Holt Dr.
Stockton, CA 95207-3422
Tel. 209-951-3483
Fax: 209-478-5357
www.feyvida.org

12 de octubre, 2004

Querido/a joven,

Nos da un gusto muy grande saber que tienes *La Biblia Católica para Jóvenes* en tus manos. A través de su Palabra, Dios quiere decirte que te ama mucho y que Jesús desea que compartas su amor con las personas con quienes convives.

Conforme penetres en la Palabra de Dios y hagas tuyo su mensaje, tu vida cambiará, renovarás tu compromiso con Cristo y experimentarás un gozo profundo. Así se irá haciendo realidad para ti lo que dijo el mismo Jesús, "he venido a darles vida, y vida en abundancia" (Jn 10, 10).

Pedimos al Espíritu Santo que te guíe en todo lo que haces, para que tu corazón y tu mente estén abiertos a una amistad profunda con Cristo resucitado. Al escuchar la Palabra de Dios en ambiente de oración, encontrarás paz y alegría en tu corazón, tu fe crecerá más fuerte y tu voz será fuente de esperanza para las personas a tu alrededor. Seguirás a Jesús más de cerca, te convertirás en su apóstol entre tus amigos, y a lo largo de tu vida serás Palabra de Dios viva a través de tus hechos y palabras.

Esta edición de la Biblia fue preparada con mucho cariño para ti. Sus introducciones, comentarios e ilustraciones, fueron desarrollados pensando en ti. Te ayudarán a "conocer la Palabra de Dios, orar con ella y vivirla desde tu corazón", como dice la portada de tu Biblia.

Le pedimos a la Virgen María, madre de la iglesia, que te acompañe al escuchar y platicar con Dios a través de su Palabra. Como madre, ella reúne a los jóvenes en torno a Jesús, quien los espera con los brazos abiertos.

Esta Biblia será un instrumento poderoso para la Nueva Evangelización de toda América. Que al adentrarte en la Sagrada Escritura, Dios te bendiga en el nombre del Padre, del Hijo y del Espíritu Santo.

Afectuosamente en Cristo Jesús,

+ Stephen E. Blaire

Stephen E. Blaire, D.D.
Obispo de Stockton, California
Otorgador del Permiso Eclesiástico

+ Carlos A. Sevilla

Carlos A. Sevilla, S.J.
Obispo de Yakima, Washington
Presidente del Instituto Fe y Vida

La ilustración de la portada en esta versión de *La Biblia Católica para Jóvenes* presenta a Jesús al centro, invitando a quienes van en su camino a un encuentro nuevo con él, que los mueva a llevar su Palabra dadora de vida a otros jóvenes. Éste es el espíritu de la **Misión Bíblica Juvenil en el Continente Americano, «La Palabra se hace joven con los jóvenes».** En ella, los jóvenes misioneros, identificados con Jesús, lo llevan a otros jóvenes para que ellos, a su vez, sean fuente de vida verdadera para otras personas.

En el travesaño y el madero vertical de la cruz están los símbolos con que Jesús se definió a sí mismo, según el evangelio de Juan. Con estos símbolos, Jesús revela a sus seguidores quién es él para que lo conozcan mejor, lo sigan y puedan compartir su Buena Nueva de salvación con seguridad, mostrando orgullosos y llenos de gozo que Jesús es el Señor, la fuente de vida verdadera y eterna.

La cruz se empieza a leer a la izquierda del travesaño, de abajo hacia arriba en el madero vertical, para terminar a la derecha del travesaño. Al ver los símbolos, podemos escuchar a Jesús decir:

Yo soy la vid, ustedes los sarmientos. *El que permanece en mí, y yo en él, da mucho fruto, porque separados de mí nada pueden hacer.* —Juan 15 5

Yo soy el pan de Vida. *El que viene a mí jamás tendrá hambre; el que cree en mí jamás tendrá sed.* —Juan 6 35

Yo soy el Camino, la Verdad y la Vida. *Nadie va al Padre, sino por mí.* —Juan 14 6

Yo soy la puerta de las ovejas... *El que entra por mí se salvará; ... podrá entrar y salir, y encontrará su alimento.* —Juan 10 7. 9

Yo soy el buen Pastor. *El buen Pastor da su vida por las ovejas... conozco a mis ovejas, y mis ovejas me conocen a mí.* —Juan 10 11.14

Yo soy la luz del mundo. *El que me sigue no andará en tinieblas, sino que tendrá la luz de la Vida.* —Juan 8 12

Mateo proyecta este título simbólico de Jesús como la luz del mundo a sus discípulos, al decirnos ***«Ustedes son la luz del mundo...*** *Así debe brillar ante los ojos de los hombres la luz que hay en ustedes»* (Mt 5 14.16). Sólo quien lleva una buena amistad con Jesús, vive unido/a a él y encarna su manera de ser, vivir, pensar y actuar, puede ser luz que ilumina el mundo en el que vive.

La Misión Bíblica Juvenil en el Continente Americano, «La Palabra se hace joven con los jóvenes»:

- Lleva la Palabra de Dios a la juventud con nuevo ardor, expresiones y métodos
- Promueve la vocación evangelizadora del liderazgo juvenil católico
- Crea un espíritu de Iglesia universal entre la juventud católica

Jesús te espera con los brazos abiertos para que, a través de la Palabra de Dios, recibas su amor y puedas dar sentido a tu vida, enfrentar con esperanza los desafíos del camino y tornar tus angustias en paz.

Jesús vivió y murió para darte vida nueva, su vida entera la dedicó a hacer presente el Reino de Dios en los corazones de las personas, en sus relaciones interpersonales y en sus instituciones sociales, al animarlas con su amor, justicia y paz.

Jesús es la revelación plena de Dios: en él se cumplieron las profecías del Antiguo Testamento, se estableció la Nueva Alianza con Dios, y toda la creación dará gloria a Dios al final de los tiempos.

Jesús formó una comunidad de discípulos y Apóstoles; les encomendó que continuaran su misión, haciendo lo mismo que él hizo: proclamar el amor de Dios con el testimonio de su vida entera, sus enseñanzas y sus acciones misericordiosas, sobre todo con los más pobres y vulnerables.

Jesús te ha escogido para que lleves su amor a otros jóvenes: Jesús resucitado camina hacia otros jóvenes con tus pies, los ama con tu corazón, les habla con tu boca, los atiende con tus manos... Continúa su misión hoy día a través de jóvenes que se dejan amar y transmitir su amor a los demás.

CONOCE Y UTILIZA TODOS LOS RECURSOS QUE EXISTEN PARA QUE LLEVES A CABO ESTA MISIÓN

Visita su sitio Web: **www.MisionBiblicaJuvenil.org**

En este sitio encontrarás:

- Manuales para organizarla, prepararse como misioneros e implementar las sesiones de la Misión
- La canción lema de la Misión y canciones específicas para cada sesión
- Un documento que responde a las preguntas más frecuentes sobre la Misión
- Volantes e imágenes que puedes utilizar para promoverla

¡Únete a miles de jóvenes católicos para compartir la Buena Nueva de Jesús con otros jóvenes, en este esfuerzo eclesial apoyado por los obispos de América Latina (CELAM) y Estados Unidos (USCCB)!

CONTENIDO

Cuaderno inicial

Antiguo Testamento

Pentateuco

Libros históricos

Libros proféticos

Nuevo Testamento

Cuaderno final

La Biblia Católica para Jóvenes (BCJ) contiene varios aportes de índole espiritual, práctico y bíblico. Tiene por objeto ayudar a que su lema «Conoce la Palabra de Dios, ora con ella y vívela desde tu corazón» se convierta en realidad.

CÓMO LEER, CONOCER Y HACER VIDA LA BIBLIA

Conoce, ora y vive la Palabra de Dios. Presenta la mística del lema de esta Biblia, motiva a hacerlo realidad e indica diversas maneras de cómo hacerlo (ver pp. 27-30).

Preguntas y respuestas sobre la Biblia. Responde a once preguntas comunes sobre en qué consiste la Biblia, cómo se formó y cómo debemos interpretarla (ver pp. 31-35).

Cómo leer, estudiar y comprender la Biblia. Ofrece siete pasos o aspectos que hay que considerar para interpretar de manera correcta un texto bíblico (ver pp. 36-37).

Cómo orar con la Palabra de Dios. Presenta dos métodos de oración con la Biblia; el primero se centra en la oración individual; el segundo, ayuda a orar y reflexionar con la Palabra en comunidad (ver pp. 38-42).

Vive la historia de salvación. Ofrece una meditación para concebir la vida personal y comunitaria como historia de salvación, al vivir los misterios de Jesús en la vida cotidiana (ver pp. 1767-1770).

Recursos para encarnar la Palabra de Dios. Presenta varias herramientas desarrolladas con el mismo espíritu de *La Biblia Católica para Jóvenes*, para profundizar en la Palabra de Dios y compartirla con los demás (ver pp. 1771-1774).

INTRODUCCIONES AL TEXTO BÍBLICO

Las introducciones de esta Biblia ocupan más de 100 páginas. En ellas se ofrece una vista panorámica de los principales resultados de la investigación bíblica en un lenguaje accesible a los jóvenes. Su lectura, seguida de todas estas introducciones, puede equivaler a la lectura de un libro de introducción a la Biblia.

Acercamiento al Antiguo y al Nuevo Testamento. Estas introducciones ofrecen una visión panorámica de ambos Testamentos desde el punto de vista histórico, literario y teológico (ver pp. 45-58 y 1175-1190, respectivamente).

Introducciones a las secciones de la Biblia. Cada una de las siete secciones en que está organizada esta Biblia —Pentateuco, Históricos, Proféticos, Poéticos, Sapienciales, Evangelios y Hechos, Cartas y Apocalipsis— tiene una introducción con datos clave sobre la formación y características de sus libros.

Presentación de los libros. Cada uno de los 74 libros de la Biblia tiene una presentación que ofrece las claves históricas, literarias y teológicas para facilitar la comprensión de ese libro en particular.

Tipos de COMENTARIOS BÍBLICOS

Existen más de 900 comentarios, de ocho tipos, insertados a lo largo del texto bíblico. Su localización y enfoque ofrecen la oportunidad de comprender, orar y vivir los aspectos esenciales del mensaje de salvación contenido en la Sagrada Escritura y de enriquecer la vida con los aportes de cada libro.

VIVE LA PALABRA

Ayuda a aplicar el mensaje bíblico a la vida, de modo que la Palabra de Dios se encarne tanto en las situaciones que vives en el presente como en las que enfrentarás en el futuro.

ENTRA EN ORACIÓN

Enseña a orar con la Palabra de Dios; sirve de guía para la oración personal y comunitaria y muestra las bases bíblicas de la oración y la vida sacramental en la Iglesia católica.

¿SABÍAS QUE...?

Presenta el marco de referencia que ofrecen los especialistas bíblicos (exegetas) para comprender la cultura, tradiciones y lenguaje de la época bíblica, o la interpretación que da la Iglesia católica a ciertos pasajes.

REFLEXIONA

Provoca reflexiones sobre pasajes bíblicos que tienen un mensaje claro y desafiante para la vida cristiana de todo joven.

TE PRESENTAMOS A...

Ofrece una breve introducción sobre la vida y los aportes de los principales personajes bíblicos.

TEXTOS RESALTADOS

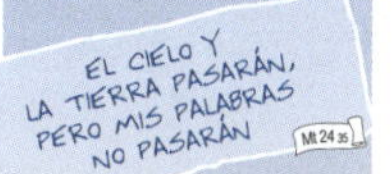

Destaca el mensaje de vida que dan los diferentes libros, señalando textos importantes que hablan por sí mismos.

PERSPECTIVA CATÓLICA

Muestra las raíces bíblicas de muchas creencias y prácticas importantes de la Iglesia católica, y señala el lugar de la Sagrada Escritura en la liturgia católica.

COMPRENDE LOS SÍMBOLOS

Da a conocer los principales símbolos bíblicos de uso común en el arte y los rituales católicos, mediante la combinación de la ilustración del símbolo y una breve explicación del mismo.

TRADICIÓN CATÓLICA

PERSPECTIVA CATÓLICA

La paz de Cristo en la Misa

Jesús se despide de sus Apóstoles dejándoles su paz. Es una paz profunda y plena, que, al ser fruto del mayor amor posible, es activa, enérgica, constante y sólida; no una tranquilidad pasiva.

En la Misa, después de la oración del Padrenuestro, al compartir la paz de Jesús, deseamos mutuamente que el amor de Dios nos llene, para seguir la vida cristiana sin inquietarnos ni tener miedo. Con esta paz de Jesús, los cristianos podemos mantener la ecuanimidad y la felicidad en medio del dolor, la persecución, la guerra, las enfermedades y la muerte, y somos capaces de vivir con dignidad y esperanza, incluso situaciones extremadamente difíciles.

Cuando llegue el momento de dar la paz, recíbela con el corazón abierto y entrégala a los que te rodean, feliz de compartirles este don de Jesús. Al salir de la Misa, recuerda que es una paz activa, que se construye con tu esfuerzo; regálala y constrúyela entre tu familia, amistades y compañeros..., trata a todos con amor, bondad y justicia.

Jn 14 27

Gn 3 15

COMPRENDE LOS SÍMBOLOS

La Inmaculada

La imagen de la Inmaculada es símbolo del triunfo de Dios sobre el mal. Dios prometió en el paraíso que una mujer humillaría a la serpiente al dar a luz a su Hijo. María es esa mujer, la nueva Eva, libre del pecado original desde antes de su concepción, gracias a la obra redentora de su Hijo Jesús, quien nos libera del mal y la muerte eterna.

Mt 8 26

COMPRENDE LOS SÍMBOLOS

La barca

La barca, con su mástil como cruz, es símbolo de la Iglesia que nos une en la fe y brinda seguridad en la travesía de la vida. Cuando vientos fuertes la hacen virar y oleajes peligrosos la azotan, Jesús la guía y la sostiene. La barca, sin las llaves de Pedro, simboliza el ecumenismo de las iglesias que comparten la fe en Jesús, Hijo de Dios.

UNIDAD EN LA DIVERSIDAD

COMENTARIOS CULTURALES

La Palabra de Dios es universal; está destinada al mundo entero, y corresponde a cada pueblo asumir los valores del Evangelio para que orienten los principios, intereses y tradiciones que dirigen su vida. A lo largo del tiempo, diferentes culturas en nuestro Continente Americano han vivido el mensaje de la Biblia de diversas formas.

En este siglo XXI, marcado por migraciones numerosas y un proceso irreversible de globalización, es vital abrirse a la manera particular como distintas culturas han hecho vida la Palabra de Dios. Por ello, *La Biblia Católica para Jóvenes* presenta comentarios escritos desde ocho tradiciones culturales: 1) indígena, 2) nativoamericana, 3) latinoamericana, 4) estadounidense, 5) canadiense, 6) latina/hispana, 7) afroamericana y 8) asiaticoamericana. Los comentarios están citados en «Comentarios para la fe y la vida», pp. 1724-1739.

La finalidad de estos comentarios es:

- Valorar distintas perspectivas culturales sobre la Biblia y enriquecer de esta manera nuestra espiritualidad católica.
- Comprender cómo un pueblo encarna el Evangelio en su cultura (inculturación) a través de su espiritualidad y tradiciones populares.
- Ofrecer testimonios de santos de diferentes países de América como modelos de vida cristiana al alcance de la juventud latinoamericana.

PASAJES PARALELOS Y RELACIONADOS

Los pasajes paralelos y referencias a textos con mensajes relacionados se presentan debajo de los subtítulos temáticos de la Biblia. Los pasajes paralelos aparecen en letra grande y, cuando hay varios, se indican con una diagonal «/». Los pasajes relacionados están en letra pequeña.

Por ejemplo, antes de empezar el capítulo de Lucas 4, aparece Mt 4 1-11 / Mc 1 12-13, pues ambos evangelios mencionan las tentaciones. En letra más pequeña se muestran los pasajes relacionados con este tema en ambos testamentos.

Las tentaciones de Jesús en el desierto
Mt 4 1-11 / Mc 1 12-13
Dt 8 3; Sal 91 11-12; Dt 6 16; Lc 22 3.53

VOCABULARIO BÍBLICO

El vocabulario bíblico contiene 369 términos que ayudan a comprender la Biblia y complementan o sintetizan la información de las introducciones y comentarios. Están clasificados en tres categorías: a) Referencias a la historia y sus personajes, la geografía y las instituciones bíblicas; b) Aspectos y géneros literarios; c) Conceptos bíblicos y teológicos. El signo ➲ indica los términos relacionados que es recomendable revisar.

LECCIONARIO Y CALENDARIO LITÚRGICO

El leccionario es una selección de pasajes bíblicos para nutrir y celebrar la fe a lo largo del año litúrgico. *La Biblia Católica para Jóvenes* presenta el leccionario dominical para todo el año, con sus tres ciclos litúrgicos: A, B y C. Señala las cinco temporadas con sus colores correspondientes: Adviento, Navidad, Cuaresma, Pascua y Tiempo Ordinario (ver pp. 1753-1755).

El calendario litúrgico sitúa los tres ciclos según el año en que se celebran. También identifica las temporadas litúrgicas y las fiestas movibles (ver p. 1756).

La explicación del leccionario y del calendario litúrgico se encuentra en la sección «Lectura litúrgica dominical» (ver p. 42).

PLANES TEMÁTICOS DE LECTURA BÍBLICA

Los planes temáticos de lectura bíblica tienen por objeto guiar el estudio o la reflexión bíblica para adquirir una visión general sobre temas importantes en la Sagrada Escritura. Pueden servir para la lectura diaria personal, o ser adoptados por un grupo o comunidad juvenil, como la temática básica de sus reuniones semanales (ver pp. 20-21).

CUADRO CRONOLÓGICO

El cuadro cronológico visualiza las principales etapas de la historia de salvación a través de los siglos. Indica en qué libros están narrados los hechos mencionados y la actividad literaria de cada época, dando una visión completa del desarrollo de la Biblia (ver pp. 1757-1766).

Esta historia sagrada está situada en el contexto de la formación del universo y la aparición de los avances más significativos de la civilización humana. Esta referencia ayuda a comprender la revelación paulatina de Dios al pueblo de Israel, y el proceso de reflexión teológica del pueblo sobre la creación del universo y la naturaleza del ser humano.

También señala los acontecimientos sucedidos en territorios bíblicos que impactaron la historia de salvación. Los datos sobre las grandes culturas asiáticas y la historia del Continente Americano sitúan la historia de salvación en el marco general del acontecer histórico de la humanidad.

MAPAS Y ESQUEMAS

La Biblia Católica para Jóvenes presenta 14 mapas esquemáticos, que ayudan a identificar los lugares donde sucedieron los hechos más relevantes relatados en la Sagrada Escritura. Están insertados en la introducción al Antiguo y al Nuevo Testamento y en las presentaciones de los libros donde se requiere ubicar la historia de manera especial, con el fin de poder referirse a ellos al leer sobre los hechos sucedidos. El índice de los mapas se encuentra en la p. 1747.

También se ofrecen varios esquemas que ayudan a comprender aspectos de la historia de salvación que suelen ser difíciles de entender debido a su complejidad. Por ejemplo, la tabla de reyes y profetas, a lo largo de la historia de Israel; el confuso vocabulario de las tribus de Israel; las tradiciones que dieron origen al Pentateuco. Están citados en la p. 1747, junto con los mapas.

ILUSTRACIONES

Las ilustraciones de cada libro de la Biblia fueron realizadas para que el lector comprenda, a través de ellas, el mensaje central de dicho libro. Por ello, están todas tituladas y tienen la cita bíblica a que se refieren.

Las ilustraciones también ayudan a las personas con memoria visual a recordar el mensaje principal de cada libro. En el caso de los evangelios, las ilustraciones manifiestan uno de los énfasis peculiares de cada evangelista. Cuando hay varios mensajes importantes, se proyectan visualmente ofreciendo varias imágenes.

Planes temáticos de lectura bíblica

Estos planes de lectura tienen como finalidad guiar el estudio o la reflexión, para adquirir una visión general sobre temas importantes de la Biblia. Pueden servir para la lectura diaria personal o ser utilizados en las reuniones de un grupo o comunidad juvenil.

Plan de Lectura 1

Un recorrido por la Biblia

Treinta lecturas para apreciar en un mes el amor liberador de Dios y conocer a grandes rasgos la historia de salvación.

Día	Lectura	Tema
1	Gn 1 – 2	Los orígenes
2	Gn 3	Pecado original y castigo
3	Gn 6 9 – 9 17	Noé y la primera Alianza
4	Gn 17 1 – 18 15	Alianza con Abraham
5	Gn 22 1 – 22 19	Sacrificio de Isaac
6	Gn 37; 41 – 45	José y sus hermanos
7	Ex 2 – 4	Misión de Moisés
8	Ex 12 – 14	Pascua y salida de Egipto
9	Ex 19 – 20	Alianza y decálogo en el Sinaí
10	Ex 32	Ternero de oro
11	2 Sm 5 1-4; 6 – 7	Promesa de Dios a David
12	2 Cr 1 – 2; 8 – 9	Rey Salomón
13	2 Re 2 1-18	Elías es arrebatado al cielo
14	2 Cr 34 – 36	Del rey Josías a la caída de Jerusalén
15	Is 7 10-17; 11 – 12	Profecía del nuevo David
16	Ez 36 22 – 37 14	Profecía de la restauración de Israel
17	Sal 51; 139	Arrepentimiento de David y presencia de Dios
18	Sab 7 – 9	Sabiduría de Dios
19	Lc 1 26-38; 2	Nacimiento de Jesús
20	Mt 5 – 7	Sermón de la Montaña
21	Mt 11 2-5; 12 22-28	Signos del Reino
22	Lc 15 – 16	Parábolas de Jesús
23	Lc 22 7-30	Última Cena, Nueva Alianza
24	Mc 15	Crucifixión y muerte de Jesús
25	Jn 20	Resurrección de Jesús
26	Hch 2	Pentecostés y la comunidad cristiana
27	Gal 2 15 – 4 31	Fe, salvación del pecado y la Ley
28	Sant	Vida cristiana
29	2 Tes	Segunda venida del Señor
30	Ap 21 – 22	Cielo nuevo y tierra nueva

Plan de Lectura 2

Imágenes de Dios

Catorce lecturas para relacionarse mejor con Dios, al conocer cómo Dios se va revelando a lo largo de la historia.

Día	Lectura	Tema
1	Gn 1 26 – 3 24	Creador del universo
2	Ex 3 1 – 4 17	«Yo soy»
3	Lv 11 44-45; Mt 5 48	Perfecto en santidad
4	Dt 20	Guerrero y defensor
5	1 Re 19 9-13	Misterio que se encuentra en el silencio
6	Is 49 14-15	Madre fiel
7	Jr 18 1-11	Alfarero
8	Os 3 1	Esposo fiel
9	Sal 23; Jn 10 1-21	Buen Pastor
10	Sab 6 12-20	Sabiduría, la cara femenina de Dios
11	Mt 7 1-5; 25 31-46	Juez justo
12	Lc 11 1-4	Padre
13	Jn 1 1-18; Col 1 15-20	Jesús: la Palabra se hizo carne
14	1 Jn 4 7-8	Amor

Plan de Lectura 3

El llamado de Dios

Catorce lecturas pa escuchar el llamado que Di hace a distintas personas reflexionar sobre el prop llamado a servirlo al continu la misión de Jesú

Día	Lectura	Tema
1	Gn 12 1-9	Abram (Abraham)
2	Ex 2 1 – 4 17	Moisés
3	1 Sm 3	Samuel
4	1 Sm 16	David
5	Rut	Rut
6	Est 2 1-20; 4 1 – 7 10	Ester
7	Is 6 1-8	Isaías
8	Jr 1 4-10	Jeremías
9	Mt 4 18-22	Los primeros discípulos
10	Mc 10 17-31	Un hombre rico
11	Lc 1 26-38	María
12	Hch 9 1-19	Saúl (Pablo)
13	Ef 4 17 – 5 20	Los seguidores de Cristo
14	1 Pe 2 9-17	¡Tú!

Plan de Lectura 4

Catorce lecturas para conocer el orden que Dios desea en la sociedad y revisar nuestras actitudes y acciones ante ella.

Predilección de Dios por los pobres y vulnerables

Día	Lectura	Tema
1	Ex 3 7-10	Opresión de los israelitas en Egipto
2	Lv 25	Año jubilar
3	Dt 24 10-21	Trato compasivo para el pobre
4	1 Sm 16 1-13	Dios elige a David
5	Is 58 6-12; 61 1-3	Acciones agradables a Dios
6	Am 6 4-8; 8 4-10	Contra los ricos que se aprovechan de los pobres
7	Sal 82	Justicia para el necesitado
8	Mt 2 1-18; Lc 2 4-20	Jesús es pobre y perseguido desde su nacimiento
9	Mt 25 31-46	Jesús se identifica con los necesitados
10	Mc 10 35-45	El más importante al servicio de los demás
11	Lc 1 46-56; 6 20-26	Dicha de los pobres y humildes
12	Lc 16 19-31	Lázaro y el hombre rico
13	Lc 21 1-4	Ofrenda de la viuda necesitada
14	Sant 2 1-13	Contra la discriminación

Plan de Lectura 5

Catorce lecturas para reflexionar sobre el amor misericordioso de Dios que nos salva del pecado y nos da una vida nueva.

El pecado y la justicia salvadora de Dios

Día	Lectura	Tema
1	Gn 1 26-31	Dios nos creó a su imagen y semejanza
2	Gn 3	El pecado original
3	Gn 6 1-22	Maldad por todos lados
4	Gn 12 1-9	Promesas de Dios a Abraham
5	Ex 6 1-8	Dios libera a su pueblo de la esclavitud
6	Lv 4 – 5	Expiación del pecado
7	Sal 51	El arrepentimiento complementa el sacrificio
8	Jr 31 31-34	Profecía de la Nueva Alianza
9	Mc 8 31-38	Camino a la salvación
10	Jn 3 1-21	Dios envió a su Hijo al mundo
11	Heb 10 1-18	Nuevo sacerdote y Nueva Alianza
12	Rom 3 21-26	Salvación por la fe en Jesucristo
13	Hch 2 22-47	Fe y vida de los primeros cristianos
14	Mt 26 26-28	Eucaristía: sacramento de la Nueva Alianza

Plan de Lectura 6

Catorce lecturas para descubrir cómo Dios nos acompaña en nuestros sufrimientos, los cuales, unidos a los de Jesús, tienen valor redentor.

El sentido del sufrimiento

Día	Lectura	Tema
1	Gn 3 8-21; Sab 2 23-24	Muerte y dolor: efectos del pecado
2	Tob 2 – 3	Dios consuela a los adoloridos
3	Is 52 13 – 53 12	Valor redentor del sufrimiento
4	Sal 6	¡Señor, escucha mi lamento!
5	Sal 22	¡Señor, no me abandones!
6	Lam 3 14-33	El Señor se compadece de los afligidos
7	Job 42	Job acepta los designios del Señor
8	Sab 3 1-12	Premio de los justos «castigados»
9	Mt 27 24-56	Jesús también sufrió
10	Jn 12 20-33	Misterio pascual
11	2 Cor 1 3-11	Cristo, nuestro consuelo
12	Col 1 21-29	Completamos los sufrimientos salvíficos de Cristo
13	1 Pe 3 13-22; 4 12-19	Sufrimos con Cristo
14	Ap 21 1-8	Ya no habrá ni muerte ni dolor

Plan de Lectura 7

Catorce lecturas para ver cómo Dios trata a las mujeres con la misma dignidad que al varón, incluso en una sociedad patriarcal como la del pueblo de Israel.

Las mujeres en la Biblia

Día	Lectura	Tema
1	Gn 2 18 – 3 20	Eva
2	Gn 17 15-21; 21 1-7	Sarai (Sara)
3	Jue 4 – 5	Débora
4	1 Sm 1 1 – 2 11	Ana
5	Jdt 8; 13	Judit
6	Dn 13	Susana
7	Mt 15 21-28	La mujer pagana
8	Lc 1 5-25.39-45.57-66	Isabel
9	Lc 1 26-56; 2 1-35; Jn 19 25-27	María, madre de Jesús
10	Lc 10 38-42; Jn 11 1-44	María y Marta
11	Jn 4 1-42	La samaritana
12	Jn 8 1-11	La mujer adúltera
13	Jn 20 1-18	María Magdalena
14	Hch 16 11-15; 18; Rom 16 1-7	Lidia y Priscila; Febe y Junias

* Ver Rut y Ester en el plan n. 3.

Para citar un texto de la Biblia se indica en forma abreviada de qué libro se trata (ver lista de abreviaturas en la siguiente página), el capítulo y versículo donde comienza y termina la cita, separados por un guión largo. Con el objeto de distinguir más fácilmente entre los capítulos y los versículos, en esta Biblia, los capítulos aparecen en números más grandes que los versículos. Ejemplo:

Gn 12 8-12

Cuando se citan capítulos enteros, no aparecen los versículos. Ejemplo:

Mt 5 – 7 = Mateo, capítulos del cinco al siete

Cuando la cita es del mismo libro, no se repite este. Ejemplo:

Mt 5 43-48; 7 12-18 = Mateo, capítulo cinco, versículos del cuarenta y tres al cuarenta y ocho, y Mateo, capítulo siete, versículos del doce al dieciocho

Cuando se abarcan dos o más capítulos, se indica el capítulo y versículo en que comienza y el capítulo y versículo en el que termina, separados por un guión largo. Ejemplo:

Mt 6 19 – 7 12 = Mateo, capítulo seis, del versículo diecinueve al capítulo siete versículo 12

Cuando se citan dos párrafos de un mismo capítulo, que no van seguidos, los versículos de ambos párrafos están separados por un punto. Lo mismo ocurre si, en lugar de ser un párrafo, son versículos sueltos. Ejemplos:

Mt 6 1-4.16-18 = Mateo, capítulo seis, del versículo uno al cuatro y del dieciséis al dieciocho

Mt 6 1-4.16.24 = Mateo, capítulo seis, versículos del uno al cuatro, versículos dieciséis y veinticuatro

Cuando se hacen varias citas de un mismo libro, aunque sea en párrafos separados, no se repite el nombre o la abreviatura del libro, y si se trata del mismo capítulo, no se repite este. Ejemplo:

> La primera parte del Salmo 19 alaba la armonía de la naturaleza con las leyes que le dio Dios... **(Sal 19 1-7).** Después menciona cómo la creación anima la vida de las personas **(vv. 8-11).** Finalmente, señala nuestra actitud ante las obras de Dios **(vv. 12-15)**

Cuando se cita textualmente un pasaje, se escribe entre comillas, seguido de su cita. Ejemplo: «El Señor manifestó su victoria» (Sal 98 2)

Cuando se hace referencia a un pasaje, solo se escribe la cita. Ejemplo: Oseas profetiza contra la infidelidad del pueblo y los sacerdotes (Os 4 – 9)

Libros y abreviaturas bíblicas

Libro	Abreviatura	Pág.	Libro	Abreviatura	Pág.
Abdías	Abd	875	3 Juan	3 Jn	1621
Ageo	Ag	909	Judas	Jds	1623
Amós	Am	863	Judit	Jdt	559
Apocalipsis	Ap	1627	Jueces	Jue	309
Baruc	Bar	765	Lamentaciones	Lam	1025
Cantar de los Cantares	Cant	1015	Levítico	Lv	171
Carta de Jeremías	CJr	772	Lucas	Lc	1285
Colosenses	Col	1533	1 Macabeos	1 Mac	587
1 Corintios	1 Cor	1465	2 Macabeos	2 Mac	614
2 Corintios	2 Cor	1487	Malaquías	Mal	925
1 Crónicas	1 Cr	455	Marcos	Mc	1247
2 Crónicas	2 Cr	479	Mateo	Mt	1195
Daniel	Dn	821	Miqueas	Miq	883
Deuteronomio	Dt	243	Nahúm	Nah	891
Eclesiastés	Ecl	1093	Nehemías	Neh	521
Eclesiástico	Eclo	1127	Números	Nm	203
Efesios	Ef	1513	Oseas	Os	845
Esdras	Esd	509	1 Pedro	1 Pe	1599
Ester	Est	575	2 Pedro	2 Pe	1607
Éxodo	Ex	121	Proverbios	Prov	1067
Ezequiel	Ez	775	1 Reyes	1 Re	395
Filemón	Flm	1571	2 Reyes	2 Re	426
Filipenses	Flp	1525	Romanos	Rom	1441
Gálatas	Gal	1503	Rut	Rut	537
Génesis	Gn	63	Sabiduría	Sab	1105
Habacuc	Hab	897	Salmos	Sal	935
Hebreos	Heb	1575	1 Samuel	1 Sm	337
Hechos de los Apóstoles	Hch	1385	2 Samuel	2 Sm	369
Isaías	Is	639	Santiago	Sant	1591
Jeremías	Jr	705	Sofonías	Sof	903
Job	Job	1037	1 Tesalonicenses	1 Tes	1541
Joel	Jl	857	2 Tesalonicenses	2 Tes	1549
Jonás	Jon	879	1 Timoteo	1 Tim	1555
Josué	Jos	283	2 Timoteo	2 Tim	1563
Juan	Jn	1337	Tito	Tit	1567
1 Juan	1 Jn	1613	Tobías	Tob	543
2 Juan	2 Jn	1620	Zacarías	Zac	913

Hechos y enseñanzas principales. Presenta historias del Antiguo y Nuevo Testamento, y enseñanzas, parábolas y milagros de Jesús (ver p. 1721).

Comentarios para la fe y la vida. Presenta aspectos importantes de la fe, que iluminan situaciones significativas de la vida del joven (ver p. 1724).

Oraciones bíblicas. Presenta oraciones para diversas ocasiones; oraciones litúrgicas, y los salmos principales según su género literario (ver p. 1740).

Personajes. Presenta personajes importantes en la historia de salvación (ver p. 1742).

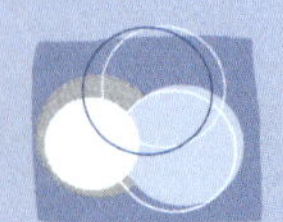

Perspectiva católica. Presenta enseñanzas del Magisterio sobre ciertos textos bíblicos y tradiciones propias de la Iglesia católica (ver p. 1744).

Bases bíblicas de los sacramentos. Presenta pasajes bíblicos que fundamentan la teología y los rituales de los siete sacramentos en la Iglesia católica (ver p. 1745).

Símbolos bíblicos. Presenta símbolos bíblicos ilustrados y comentados que usa nuestra Iglesia para comunicar la Palabra de Dios de manera visual (ver p. 1746).

Mapas y esquemas. Presenta mapas, cuadros sinópticos y esquemas incluidos en esta Biblia (ver p. 1747).

¿Por qué UNA BIBLIA CATÓLICA PARA JÓVENES?

El mensaje de la Sagrada Escritura ha sido transmitido de diversas maneras a lo largo de los siglos. En América Latina ha sido parte importante de la evangelización desde la época colonial, respondiendo a la realidad y metodología propias de cada época.

A partir del Concilio Vaticano II, la Iglesia ha motivado la lectura y la oración con la Biblia para que hagamos vida la Palabra de Dios en nuestras circunstancias y situaciones concretas:

> Los fieles han de tener fácil acceso a la Sagrada Escritura..., como la Palabra de Dios tiene que estar disponible en todas las edades, la Iglesia procura, con cuidado materno, que se hagan traducciones exactas y adaptadas en diversas lenguas..., empleando traducciones de la Biblia provistas de comentarios que realmente expliquen; así podrán los hijos de la Iglesia manejar con seguridad y provecho la Escritura y penetrarse de su espíritu.[1]

En su Conferencia General en Medellín, Puebla, Santo Domingo y Aparecida, los obispos latinoamericanos han promovido la lectura continua de la Sagrada Escritura para encontrarnos con Jesús y nutrir nuestra vida con la Palabra de Dios.[2] El papa Benedicto XVI insiste:

> En [los jóvenes] encontramos a menudo una apertura espontánea a la escucha de la Palabra de Dios y un *deseo sincero de conocer a Jesús*... Hemos de ayudar a los jóvenes a que adquieran confianza y familiaridad con la Sagrada Escritura, para que sea como una brújula que indica la vía a seguir.[3]

La Biblia Católica para Jóvenes (BCJ) fue diseñada para que los jóvenes alimenten su fe y su espiritualidad con la Palabra de Dios, y tengan un encuentro con Jesús, la Palabra encarnada. Sus comentarios afirman y dan luz a lo que creemos, profesamos y vivimos como católicos, como un instrumento privilegiado para la Nueva Evangelización a la que hemos sido llamados. Es un regalo dador de vida para la juventud desde Canadá hasta Tierra del Fuego y el Caribe; un legado para las nuevas generaciones en los comienzos del Tercer Milenio, y un instrumento privilegiado para la Nueva Evangelización a la que hemos sido llamados. El papa Francisco dijo a los jóvenes en la Jornada Mundial de la Juventud en Brasil:

> Cuando nuestro corazón es tierra buena que recibe la Palabra de Dios, cuando «se suda la camiseta», tratando de vivir como cristianos..., nos convertimos en constructores de la Iglesia y protagonistas de la historia... Jesús nos pide que su Iglesia sea tan grande que pueda alojar a toda la humanidad, que sea la casa de todos. Levantemos nuestros ojos hacia la Virgen. Ella nos ayuda a seguir a Jesús, nos da ejemplo con su «sí» a Dios: «Yo soy la servidora del Señor, que se cumpla en mí lo que has dicho» (Lc 1 38). Digamos también nosotros a Dios, junto con María: Que se cumpla en mí lo que has dicho. Así sea.[4]

Instituto Fe y Vida
Editorial Verbo Divino

Conoce EL TEXTO DE ESTA BIBLIA

Desde la publicación del gran documento del Concilio Vaticano II sobre la Biblia, *Dei Verbum* (1965), la Iglesia ha hecho una gran labor al traducirla de sus lenguas originales a las lenguas modernas, para poner la Palabra de Dios al alcance de toda persona en idiomas que están en constante evolución, por ser un elemento vital de culturas que se encuentran en incesante cambio y transformación. La Exhortación Apostólica Postsinodal *Verbum Domini* del papa Benedicto XVI, sobre «La Palabra de Dios en la vida y en la misión de la Iglesia» (2010), sitúa el esfuerzo de hacer la Biblia comprensible en el campo aún más desafiante de la «inculturación».

Inculturar implica muchas cosas, pero, en definitiva, significa presentar continuamente el contenido de la fe cristiana, sobre todo la Biblia, en una forma que responda a las diversas sensibilidades y modos de pensar que nos enriquecen como pueblos y como individuos. Como dice el papa Francisco, «en distintos pueblos, que experimentan el don de Dios según su propia cultura, la Iglesia expresa su genuina catolicidad y muestra "la belleza de este rostro pluriforme". [...] En la inculturación, la Iglesia "introduce a los pueblos con sus culturas en su misma comunidad"» (*Evangelii Gaudium*, 116).

El texto bíblico que aquí presentamos, *El Libro del Pueblo de Dios* —obra de los prestigiosos biblistas argentinos Armando J. Levoratti y Alfredo B. Trusso— responde a la doble exigencia de la *Dei Verbum* y la *Verbum Domini*. El Vaticano lo eligió para llevar la Palabra de Dios a todo el mundo de habla hispana a través de su sitio web. Hoy lo entregamos a los jóvenes con comentarios que responden a sus anhelos de conocimientos y experiencias que les ayuden a vivir entusiasta e inteligentemente su fe, en este mundo globalizado que exige fundamentar a profundidad su identidad católica, personal y colectiva.

Fruto de un trabajo meticuloso de años de estudio y de traducción, este texto bíblico refleja fielmente los textos originales en hebreo, arameo y griego, utilizando sus equivalencias más aproximadas en la lengua española. La traducción fluye serenamente y también, a veces, tumultuosamente, en las honduras y alturas del paisaje vivo del español utilizado en todos los países hispanoparlantes. El estilo de esta traducción es sencillo y escueto; utiliza términos comunes que, en general, son comprensibles para el lector medio, incluso en los textos poéticos, en los que con gran belleza mantiene el ritmo y el sentir original que les dieron los autores sagrados.

Estamos seguros que, con esta traducción de la Biblia, los jóvenes accederán de manera directa y profunda, al mensaje de la Palabra de Dios. La comprensión del texto bíblico es vital para ejercer un juicio crítico a la luz del plan de Dios para la humanidad, sobre lo que produce y seguirá produciendo nuestra cultura contemporánea, generando así cristianos mejores y más inteligentes.

Conoce la Palabra de Dios

MARÍA, QUE, SENTADA A LOS PIES DEL SEÑOR, ESCUCHABA SU PALABRA.

Lc 10 39

En hebreo, la palabra *conocer* implica a la persona entera, y tiene una profundidad y amplitud muy grande. Su significado es similar a cuando decimos «conozco muy bien a esa persona», porque nuestra relación con ella ha sido larga y profunda.

Para *conocer* la Palabra de Dios hay que hacerla parte de nuestra vida diaria, abriéndonos a que Dios salga a nuestro encuentro a través de ella. Es así como da significado a los aspectos bellos, alegres y felices de la vida; nos fortalece ante el dolor, las frustraciones y el sacrificio; guía nuestro pensamiento y decisiones; nos inunda con su paz cuando estamos tristes, angustiados y preocupados.

Jesús es la Palabra de Dios encarnada, como dice Juan al iniciar su evangelio: «Al principio existía la Palabra, y la Palabra estaba junto a Dios, y la Palabra era Dios... Y la Palabra se hizo carne y habitó entre nosotros» (Jn 1 1.14). Por eso san Jerónimo dice con convicción:

> El Apóstol Pablo dice que Cristo es el poder y la sabiduría de Dios (1 Cor 1 24), y quien no conoce las Escrituras desconoce el poder de Dios y su sabiduría. Eso significa que ignorar las Escrituras es ignorar a Cristo.[1]

Jesucristo es la plena revelación de Dios, iniciada con la creación. Al leer el Antiguo Testamento vamos descubriendo la faz del Dios de la vida, cercano y liberador; un Dios que se revela al pueblo de Israel a través de su historia y hace una alianza con él, preparándolo vivencialmente y con el mensaje de los profetas a la llegada de su Hijo.

Al adentrarnos en el Nuevo Testamento, nos encontramos con Jesús. Los evangelios nos muestran su modo de ser, pensar y actuar; su misión salvadora y su Evangelio dador de vida. Nos revelan que Jesús *conoce* profunda y vitalmente la Sagrada Escritura y la lleva a su plenitud con su vida, muerte y resurrección. El libro de los Hechos de los Apóstoles, las cartas y el Apocalipsis nos conducen a Jesús a través de la vida de fe en las primeras comunidades cristianas.

Aportes para conocer la Palabra de Dios

- **Lee** las secciones «Preguntas y respuestas sobre la Biblia» y «Cómo leer, estudiar y comprender la Biblia», pp. 31-37; las introducciones al Antiguo y al Nuevo Testamento, pp. 45-58 y 1175-1190, y la presentación al libro que vas a leer. No tomar en cuenta la época, cultura y tipo de literatura de un texto puede llevar a interpretaciones equivocadas y a una visión errónea sobre Dios y su acción en nuestra vida.
- **Utiliza** los comentarios para comprender mejor los contextos y extraer su mensaje.
- **Complementa** tu conocimiento de la Biblia tomando cursos y utilizando otros recursos que te ayuden a adentrarte en el texto. La serie Diálogos Semanales con Jesús, creada con el espíritu de la *BCJ*, profundiza en las lecturas dominicales de la Misa (ver p. 1772).

Ora con la Palabra de Dios

ESTÉN SIEMPRE ALEGRES. OREN SIN CESAR.
NO EXTINGAN LA ACCIÓN DEL ESPÍRITU.

1 Tes 5 16-17.19

Orar es dialogar con Dios: escuchar lo que quiere decirnos, dejar que su mensaje penetre hasta lo más profundo de nuestro ser y hablarle desde el fondo de nuestro corazón. La Biblia —al ser la Palabra de Dios, como ha sido comprendida y vivida por innumerables personas y pueblos, a través de muchos siglos— es la sabiduría personificada de Dios.

Al abrirnos a la Palabra de Dios en la Sagrada Escritura en espíritu de oración, entramos en un diálogo con él, estrechamos nuestra relación con el Padre, el Hijo y el Espíritu Santo, como Jesús nos enseñó. Orar con el «Padrenuestro» (Mt 6 9-15; Lc 11 2-4) es más que decir una oración; es adquirir el espíritu de Jesús en su relación con el Padre, a través del Espíritu; oramos en unión con Jesús, santificando a Dios con nuestra vida, nutridos con su amor, abiertos al Reino y al poder del Espíritu para perdonar y vencer las tentaciones que nos conducen al mal.

La oración alimenta nuestra relación con Dios y la manera como proyectamos su amor en el mundo en que vivimos, por eso es vital que la centremos en la Palabra de Dios.

Entre las muchas formas de acercarse a la Sagrada Escritura, hay una privilegiada a la que todos estamos invitados: la *Lectio Divina* o ejercicio de lectura orante de la Sagrada Escritura. Esta Lectura orante, bien practicada, conduce al encuentro con Jesús-Maestro, al conocimiento del misterio de Jesús-Mesías, a la comunión con Jesús-Hijo de Dios, y al testimonio de Jesús-Señor del universo.[2]

Existen diversas maneras de orar, y cada persona y pequeña comunidad de fe adquiere un estilo y preferencia propia. La oración que nos une como Pueblo de Dios, presente en el mundo, es la liturgia, por eso tiene un poder especial para mantener a la Iglesia fiel a Cristo y su misión.

Encontramos a Jesucristo, de modo admirable, en la Sagrada Liturgia. Al vivirla, celebrando el Misterio Pascual, los discípulos de Cristo penetran más en los misterios del Reino y expresan de modo sacramental su vocación de discípulos y misioneros.[3]

La liturgia por excelencia es la Eucaristía, fuente y cima de la vida cristiana. Ella fortalece a la comunidad de discípulos al nutrirla con el Cuerpo y Sangre de Cristo, renueva su vida al alimentarla con la Palabra, y proyecta la misión como Cuerpo de Cristo aquí y ahora.

Aportes para orar con la Palabra de Dios

- **Aprende** a orar. La sección «Cómo orar con la Palabra de Dios» (pp. 38-42) te ayudará a prepararte para hacerlo individualmente y en comunidad.
- **Utiliza** los comentarios que te invitan a orar con el texto bíblico; haz oración al leer los comentarios que te llevan a la conversión y a la acción, para que el Espíritu te ayude a hacer vida el mensaje de la Escritura.
- **Vive** profundamente la liturgia dominical, al haberte preparado para ella en diálogo con Jesús, sea individualmente, en tu comunidad de jóvenes o en familia (p. 42).

Vive la Palabra de Dios desde el fondo de tu corazón

EL QUE ES FIEL A MI PALABRA, NO MORIRÁ JAMÁS.

Jn 8 51

Vivir la Palabra de Dios desde el fondo del corazón es lo propio de todo discípulo de Jesús. El primer paso es conocer al Maestro, con el sentido profundo de *conocer*, teniendo una relación estrecha, continua y profunda con él. El segundo, es aprender a *ser* como Jesús, gracias a la acción del Espíritu Santo; *ver* la realidad desde la perspectiva del corazón de Dios; *juzgar* esa realidad a la luz de los valores del Reino; *orar* como Jesús nos enseñó, individualmente y en comunidad; *actuar* como él con relación a las personas y las estructuras sociales.

La grandeza de ser discípulo de Jesús descansa en tres pilares: la *confianza* plena en él; el horizonte de *esperanza* que no acaba; el *amor* que nos entrega y que podemos proyectar hacia los demás. Al seguir sus enseñanzas, nuestra vida adquiere dirección y significado, y podemos continuar nuestra jornada en la tierra, levantándonos más fuertes cuando tropezamos y caemos.

Jesús alimentó su vida con la Sagrada Escritura e igual nos toca a nosotros. Llevó la Ley a la perfección porque la conocía a fondo y la infundió de amor en lugar del legalismo; iluminó su mensaje con la sabiduría de la tradición hebrea; dio cumplimiento a los profetas, al ser Dios encarnado en la historia de la humanidad. Su fidelidad al Padre y su misión fue la fuente de su muerte y resurrección; el misterio pascual que convirtió el acontecer histórico en historia de salvación eterna.

La Iglesia se funda sobre Jesús, la Palabra de Dios hecha carne, y encuentra orientación y fuerza al escucharla, celebrarla y estudiarla. La Sagrada Escritura es la Palabra viva desde la que Dios habla a cada generación, ilumina su realidad y responde a sus inquietudes. No se trata de una palabra escrita y muda, sino de la Palabra encarnada y viva; de ahí que la Escritura ha de ser proclamada, escuchada, leída, acogida y vivida como Palabra de Dios, en el seno de la Tradición apostólica, de la que no se puede separar.[4]

Vivir la Palabra implica ser *discípulos misioneros de Jesús*. La siguiente página se centra en la vivencia de la dimensión misionera.

Aportes para vivir la Palabra de Dios

- **Encarna** el mensaje de la Palabra; hazlo *carne* al convertir tu corazón en el de Jesús; lee la Escritura para aprender a ser, ver, juzgar, amar, servir, desafiar, transformar, perdonar, celebrar..., como él.
- **Utiliza** los comentarios para adentrarte en el texto bíblico y beber directamente de la Palabra de Dios; no te quedes en ellos, pues solo son apoyos para recibir el mensaje que Dios tiene para ti.
- **Incrementa** la posibilidad de llevar un discipulado auténtico y profundo, nutriéndote de la Palabra en comunidad y viviéndola como miembro de su Iglesia: el Cuerpo de Cristo activo en la historia. La serie Diálogos Semanales con Jesús, diseñada con este propósito, puede ayudar, p. 1772.

Comparte la Palabra al ser discípulo misionero de Jesús

TANTO EN EL TEMPLO COMO EN LAS CASAS, NO CESABAN DE ENSEÑAR Y DE ANUNCIAR LA BUENA NOTICIA DE CRISTO JESÚS.

Hch 5 42

En virtud de nuestro bautismo, todos los cristianos estamos llamados a ser discípulos y misioneros de Jesucristo,[5] ir por el mundo entero, anunciando la Buena Noticia (Mc 16 15); es así como somos el Cuerpo de Cristo activo hoy en día. Esto supone reconocer humildemente que el único Maestro es Jesús y que, como discípulos suyos, estamos en formación constante.

La vida del discípulo va más allá de la escucha pasiva de la Palabra o el intento de vivirla sin compartirla. La encarnación de la Palabra en Jesús continúa a lo largo de los siglos, conforme sus discípulos convierten su vida en historia de salvación y viven la *Espiral de la Encarnación*, pp. 1769-1770. El discipulado de Jesús cobra verdadero sentido cuando lo que aprendemos de él lo compartimos con los demás, empezando con las personas más cercanas a nosotros; en el caso de los jóvenes, su familia y compañeros de edad.

> Es urgente que surja una nueva generación de apóstoles enraizados en la palabra de Cristo, capaces de responder a los desafíos de nuestro tiempo y dispuestos a difundir el Evangelio por todas partes.[6]
>
> La Iglesia [necesita] promover y formar jóvenes discípulos y misioneros que respondan a la vocación recibida y comuniquen por doquier, por desborde de gratitud y alegría, el don del encuentro con Jesucristo.[7] En la generosidad de los misioneros se manifiesta la generosidad de Dios, en la gratuidad de los Apóstoles aparece la gratuidad del Evangelio.[8]

Ser misionero/a implica evangelizar dando testimonio de la Buena Noticia con cada acción de la vida cotidiana y anunciar el Evangelio de manera explícita como miembro de la Iglesia. Ambas suponen una intimidad con Jesús que establece una relación profunda y dadora de vida, genera una confianza a prueba de fuego y mantiene vivo un pacto basado en el amor.

«El encuentro de los discípulos con Jesús en la intimidad es indispensable para alimentar la vida comunitaria y la actividad misionera».[9] Esto se traduce en una vida de oración, meditación de la Palabra y servicio mutuo, siguiendo el ejemplo de las primeras comunidades cristianas (Hch 2 42-47; 4 32-35).

Aportes para compartir la Palabra de Dios

- **Lleva** el Evangelio a quienes te rodean; mira todo con ojos del Maestro, estando atento a quienes necesitan recibir la Buena Nueva.
- **Pon** tus dones al servicio de la misión evangelizadora; el Espíritu Santo te los dio para edificar la comunidad y el bien de las personas.
- **Utiliza** instrumentos que te ayuden a ser misionero/a; el Instituto Fe y Vida te ofrece una misión bíblica, para que «La Palabra se haga joven con los jóvenes», y un ministerio digital que te permite compartir la Buena Nueva con muchos jóvenes (ver p. 1774).

Preguntas y RESPUESTAS SOBRE LA BIBLIA

La Biblia, también conocida como Sagrada Escritura, nos presenta el amor de Dios a la humanidad, nos ayuda a responder a su llamado, nos enseña las verdades importantes de nuestra fe cristiana y nos cuestiona sobre cómo vivimos y nos relacionamos con los demás. Para muchas personas el estudio de la Biblia despierta preguntas significativas. En esta introducción y en los artículos «¿Sabías que...?» y «Perspectiva católica» encontrarás respuesta a las preguntas más frecuentes.

¿Qué tiene que ver con mi vida lo escrito hace tanto tiempo?

En la Biblia, Dios se relaciona amorosamente con cada persona; su mensaje es para todas y cada una de las culturas y tiempos históricos. Dios nos busca en las diferentes circunstancias de la vida, y al acercarnos con fe a su Palabra descubrimos lo que nos dice en el momento actual.

La Biblia no se desgasta con el tiempo. Será significativa ahora, si la interpretamos en su propio contexto y buscamos cómo aplicar el mensaje de Dios a nuestra vida. A este proceso de leer la Biblia desde la perspectiva de nuestra vida se le llama *actualización.*

¿En qué consiste la inspiración divina en la Biblia?

Dios comunicó a la humanidad su plan de salvación a través de personas escogidas, miembros de un pueblo y cultura determinada que vivieron y transmitieron su mensaje para el bien de toda la humanidad. Por ello puede decirse que la Biblia contiene tres tipos de inspiración: *inspiración para actuar* según el plan de Dios, *inspiración para hablar* en nombre de Dios e *inspiración para escribir* el mensaje que Dios quiso comunicarnos para nuestra salvación.

En la composición de los libros sagrados, Dios se valió de hombres elegidos que, usando todas sus facultades y talentos, obraron movidos por él, «para dejar por escrito todo y solo lo que Dios quería».[1] El Concilio Vaticano II reafirmó que la Biblia «es Palabra de Dios» porque está escrita por inspiración del Espíritu Santo. Por eso usamos la expresión «Palabra de Dios» al terminar las lecturas de los libros bíblicos en la liturgia.

¿Habló Dios directamente a los escritores de la Biblia?

El Espíritu Santo inspiró a cada autor para que comunicara la revelación de Dios a través de la historia de salvación. Esto no quiere decir que les dictó su mensaje al pie de la letra, sino que cada cual escribió según el contexto histórico-cultural en que vivió, usó su creatividad y utilizó los géneros literarios comunes y apropiados para expresar el mensaje en su época.

Algunos libros tienen relatos orales provenientes de distintas tradiciones, por lo que hay relatos repetidos con variaciones entre sí; también hay libros escritos por varios autores a lo largo de diferentes décadas. En ambos casos, otro escritor sagrado realizó la redacción final combinando tradiciones y escritos anteriores. Los cristianos creemos que el Espíritu Santo guió a todas las personas que participaron en este proceso.

¿La Biblia nos dice la verdad? ¿Hay «errores» en la Biblia?

La Iglesia católica cree «que los Libros sagrados enseñan sólidamente, fielmente y sin error la verdad que Dios hizo consignar en dichos libros para salvación nuestra».[2] El Magisterio de nuestra Iglesia nos da orientaciones que nos ayudan a interpretar correctamente los diferentes sentidos de la Biblia (ver «¿Basta la Biblia para fundamentar la fe?», p. 34).

Algunos grupos cristianos creen que la Biblia es infalible en todos los aspectos, incluso en los datos científicos e históricos. La Iglesia católica y otras Iglesias cristianas creemos que esas cuestiones no están incluidas en la infalibilidad de la Biblia.

¿Qué podemos hacer si encontramos un «error» en la Biblia?

Los «errores» que encontramos en la Biblia pueden deberse a problemas de interpretación, de transmisión o de traducción de un texto. Por eso, es importante estudiar la Sagrada Escritura apoyados por personas capacitadas y libros cuidadosamente escritos. Si encontramos «errores» se recomienda hacer lo siguiente:

1. Descubrir qué querían comunicar los autores sagrados y el sentido del texto.

2. Considerar la cultura, los géneros literarios y las formas de sentir, hablar y narrar del tiempo en que se escribió el texto.

3. Ver si el «error» se debe a diferencias culturales y científicas entre el autor y nosotros.

¿Qué son los géneros literarios?

Los géneros literarios son diversas formas de expresión escrita que tienen sus propias reglas. Corresponden a la época y cultura en que fueron usados. Ver «Vocabulario bíblico: Género literario», donde se explicita en qué consiste y se presenta una lista de los géneros descritos en el Vocabulario. Todos los aspectos relacionados con las formas literarias utilizadas en la Sagrada Escritura están marcadas con el símbolo de un papiro.

Cuando no se considera el género literario de un texto bíblico es fácil cometer errores. Por ejemplo, interpretar textos que dan un mensaje religioso como si fueran reportes históricos o científicos; leer las exhortaciones y motivaciones como si fueran leyes; considerar enseñanzas clave de Jesús como si no fueran importantes, o ver las historietas que comunican una enseñanza moral como si no fueran historias reales.

¿Qué son los sentidos de la Biblia?

Se conocen como «sentidos de la Biblia» los diferentes niveles de interpretación que pueden tener los textos bíblicos. Estos son:

1. Sentido literal. El *sentido literal* es el expresado directamente por los autores humanos inspirados por Dios; es indispensable y básico para los demás sentidos. Puede ser propio o metafórico, según sea el sentido que dio el autor a las palabras, y puede referirse a una realidad concreta o a distintos niveles de realidad. Por eso es muy importante no caer en el literalismo (interpretar todos los textos al pie de la letra) ni en el subjetivismo (interpretar un texto según lo que el lector comprende o desea leer en él).[3]

2. Sentido espiritual. El *sentido espiritual* es el expresado por un texto bíblico, cuando se lee a la luz del Espíritu Santo en el contexto del misterio pascual de Cristo y de la vida nueva que proviene de él. Este sentido siempre se basa en el sentido literal. El *sentido tipológico*, que manejan muchos escritores sagrados, consiste en la interpretación de un texto antiguo a la luz de una nueva experiencia de fe y es un ejemplo del sentido espiritual.[4]

3. Sentido pleno. El *sentido pleno* es un sentido profundo del texto, querido por Dios, pero no claramente expresado por el autor humano. Se descubre a la luz de otros textos bíblicos o en su relación con el desarrollo interno de la revelación. En definitiva, se puede considerar el *sentido pleno* como otro modo de designar el sentido espiritual del texto en cuestión, y solo puede darlo la Sagrada Escritura, la Tradición o el Magisterio de la Iglesia.[5]

Por lo tanto, puede decirse que un texto tiene básicamente dos sentidos: el literal y el espiritual o pleno. Primero hay que buscar el sentido literal para poder descubrir el espiritual. Después hay que preguntarse si además existe algún sentido espiritual pleno.

¿Basta la Biblia para fundamentar la fe?

Los católicos fundamentamos nuestra fe en tres fuentes: la Biblia, la Tradición y el Magisterio de la Iglesia, los cuales se relacionan y exigen entre sí.

La Biblia es la Palabra de Dios en cuanto escrita por inspiración del Espíritu Santo[6] con el fin de darse a conocer a la humanidad y comunicarle su plan de salvación. Creemos que aceptar solo la Biblia como fuente de la fe la haría incompleta y podríamos caer en algún error.

La Tradición se origina en la Palabra de Dios confiada a los Apóstoles y transmitida a sus sucesores para que, guiados por el Espíritu de la verdad, sea preservada, expuesta y difundida entre todos los miembros de la Iglesia.[7] Los cristianos católicos conservamos, practicamos y profesamos la fe recibida a través de la Sagrada Escritura y la Tradición.

El Magisterio de la Iglesia consiste en la responsabilidad de cuidar la integridad de las enseñanzas de la Biblia y es ejercido por los obispos en unión con el Papa. Es el oficio de interpretar auténticamente la Palabra de Dios, oral o escrita, en nombre de Jesucristo. El Magisterio no está por encima de la Palabra de Dios, sino a su servicio, para enseñar lo transmitido, pues por mandato divino y con la asistencia del Espíritu Santo lo escucha devotamente, lo custodia celosamente y lo explica fielmente.[8]

¿Por qué tiene la Biblia dos Testamentos?

Dios quiso comunicarse poco a poco en la historia, para que la humanidad pudiera acoger su revelación plena en Jesús. La etapa de preparación a la llegada de Jesús, el Hijo de Dios, se reconoce como *Antiguo Testamento,* y la etapa que va del nacimiento de Jesús a la vida de las primeras comunidades cristianas se llama *Nuevo Testamento.*

«El Antiguo Testamento prepara el Nuevo mientras que este da cumplimiento al Antiguo; los dos se esclarecen mutuamente; los dos son verdadera Palabra de Dios».[9] Nuestra fe cristiana tiene estrecha relación con la fe judía, expresada en el Antiguo Testamento, y algunos actos litúrgicos clave en nuestra Iglesia, como la Eucaristía, se originan en eventos centrales judíos como la pascua.

En el **Antiguo Testamento**, Dios elige a Abraham y a sus descendientes para formar el Pueblo de Dios, y realiza una alianza con Moisés, a quien le dio la Ley. El Antiguo Testamento presenta la historia religiosa del Pueblo de Dios (llamado hebreo, israelita o judío, según la época). Algunos cristianos identifican el Antiguo Testamento como «Escrituras Hebreas».

En el **Nuevo Testamento**, Dios se revela en plenitud, dándonos a su Hijo: Jesús, el Salvador del mundo. Jesús era judío y reafirmó las creencias centrales del Antiguo Testamento. Con sus palabras y obras nos comunicó que Dios es nuestro Padre; con su misterio pascual realizó la alianza nueva y eterna, y nos dio al Espíritu Santo para que seamos sus discípulos y proclamemos sus enseñanzas. Los libros del Nuevo Testamento conservan las principales enseñanzas de Jesús y las creencias de la comunidad cristiana sobre él.

¿Por qué la Biblia católica tiene más libros que otras Biblias?

El pueblo judío determinó los escritos inspirados por Dios y los consideró sus Escrituras Sagradas, constituidas por cuatro secciones: Pentateuco, Históricos, Proféticos y Otros Escritos. Los judíos tradicionales desconfiaban de los libros que habían sido escritos en griego por los judíos en la diáspora, mientras que estos últimos sí los consideraban revelados. Dichos libros son: Tobías, Judit, Baruc, Eclesiástico, Sabiduría, 1 y 2 de Macabeos, y parte de los libros de Daniel y Ester.

El Nuevo Testamento cita parte de estos libros; los Apóstoles y los Padres de la Iglesia los reconocían como revelación divina. La Iglesia católica los acepta y los usa en la liturgia, y les da el nombre de *deuterocanónicos*, que quiere decir «aprobados la segunda vez». En el siglo XVI, Lutero prefirió la opinión de los judíos tradicionales al traducir la Biblia, y por ello otras Iglesias cristianas no los toman en cuenta.

Cómo LEER, ESTUDIAR Y COMPRENDER LA BIBLIA

Al leer y estudiar la Biblia hay que tener en cuenta los siguientes siete aspectos. De otra manera es posible malinterpretar el mensaje de un texto que Dios quiso comunicar a través de la Sagrada Escritura.

1. Recuerda que la Biblia es divina y humana a la vez. La Biblia es divina porque viene de Dios y él se revela a través de ella. Es humana porque fue escrita por autores humanos que reflejan su personalidad, conocimientos y cultura. Con palabras humanas, la Biblia nos revela la naturaleza de Dios, su plan para la humanidad y su obra salvadora en el mundo, llamada «historia de salvación». Todo llega a su plenitud en Jesús, salvador de todos.

2. Escucha a Dios que te habla. La Biblia nos permite un encuentro con Dios, que afecta a toda nuestra persona; cuando experimentamos su presencia, nuestro discernimiento es iluminado por su Espíritu. Cuando reflexionamos iluminados con la Palabra de Dios, nos conocemos mejor: ¿quién soy yo?, ¿qué hago con mi libertad, mis valores y limitaciones?

La Biblia nos llama a ser hermanos con los demás y a construir comunidad; nos relaciona con la Iglesia local y universal, y nos hace ver nuestra vocación personal en ella. También nos une a la sociedad y nos compromete a construir la Civilización del Amor.

3. Identifica el tema central del texto. Para comprender el sentido de un texto ayuda leer la introducción del libro y todo el capítulo. Los autores bíblicos escribían con un tema central. Por ejemplo, para saber lo que quería enseñarnos Jesús en la parábola del hijo pródigo, leer los dos primeros versículos del capítulo 15 de Lucas. Jesús respondía con esta historia a quienes lo criticaban por acoger a los pecadores. Esta parábola nos hace ver a Dios como un padre que espera nuestra conversión para perdonarnos y abrazarnos, y se alegra al saber que un pecador se arrepiente (Lc 15 11-32).

4. Sitúa históricamente al autor y a los destinatarios del libro. Hay pasajes en la Biblia que solo tienen sentido en la situación histórica del autor. La introducción de cada libro ayudará a conocerla. Por ejemplo, en Amós 5 21-23, Dios dice a su pueblo: «Aborrezco, desprecio sus fiestas, y me repugnan sus asambleas... Aleja de mí el bullicio de tus cantos, no quiero oír el sonido de tus arpas». ¿Acaso a Dios no le gusta que lo alaben? Examinar el contexto antes de llegar a conclusiones. La introducción a Amós dice que Dios envió a ese profeta para convertir a los ricos que explotaban a los pobres y al mismo tiempo participaban en fiestas religiosas. Por lo tanto, su mensaje es que Dios rechaza la hipocresía y la injusticia.

5. Considera el mensaje de la Biblia entera. Un sabio refrán dice «Usa la Biblia para interpretar la Biblia». La misma Biblia puede ayudarte a entender sus diferentes pasajes. Busca los «lugares paralelos» o «pasajes semejantes» de otros libros y recuerda que la revelación plena es Jesús, así como que no todos los textos tienen el mismo peso. Hay quienes se centran en un renglón bíblico, ignoran lo demás y llegan a conclusiones absurdas. Por ejemplo, algunas comunidades prohíben que las mujeres ejerzan puestos de liderazgo, apoyándose en 1 Cor 14 34, que dice: «que las mujeres permanezcan calladas durante las asambleas». Ignoran que Pablo, en otras cartas, alaba a las mujeres que ejercían el diaconado y eran líderes en su comunidad (1 Tim 3 8-13; Rom 16 1).

6. Interpreta el mensaje desde la perspectiva cristiana. Encontrar a Dios en su Palabra nos hace dirigir la mirada a nuestros hermanos. Conocer la Buena Nueva de Jesús nos lleva a transmitirla con amor a quienes nos rodean. El Espíritu Santo, que transformó y envió a los Apóstoles en Pentecostés, nos llena de fe, amor y vida para proclamar la Palabra. Como dice Pablo: «¡Ay de mí si no predicara el Evangelio!» (1 Cor 9 16). Es al vivir nuestra misión que crece nuestra comunión con Dios y se prolonga el encuentro con Dios al proyectarlo en los demás.

7. Atiende las enseñanzas de la Iglesia. Los católicos consideramos que, para interpretar la Biblia, hay que seguir las enseñanzas del Magisterio de la Iglesia. Los obispos tienen la responsabilidad de interpretar y enseñar adecuadamente la revelación de la Biblia. Ellos cuentan con la colaboración de expertos bíblicos, sacerdotes y laicos capacitados. Los artículos llamados «Perspectiva católica» subrayan las principales enseñanzas de la Iglesia sobre pasajes importantes.

Cómo ORAR CON LA PALABRA DE DIOS

Orar es dialogar con Dios, pero para conversar con él necesitamos escucharlo. Dios nos habla de manera especial a través de su Palabra. Es escuchándolo como recibimos su amor misericordioso, su llamado a vivir cerca de él y su invitación a colaborar en la misión de Jesús. Su palabra nos da a conocer sus designios maravillosos para nosotros y nos ayuda a descubrir el sentido de nuestra vida.

La otra parte de la oración es nuestra respuesta a Dios, la cual no se da solo en los momentos en que oramos, sino que se extiende a la vida entera. De esta manera nuestras actividades diarias se convierten también en oración.

Para vivir en unión con Dios necesitamos orar tanto individualmente como en comunidad. La oración personal nos permite dialogar íntimamente con nuestro Creador, estrechar nuestra relación con Jesús y gozar con la acción del Espíritu Santo en nosotros. La oración comunitaria refuerza nuestra fe, nos ayuda a dejarnos guiar por la Palabra de Dios, nos exige autenticidad ante nuestros hermanos, nos une con la comunidad eclesial en todo el mundo y con la Iglesia triunfante que ya goza de la eternidad de Dios.

PREPARACIÓN PARA ORAR CON LA PALABRA DE DIOS

Leer la Biblia no es como la lectura de cualquier otro libro. La disposición que tengas y la actitud que asumas son esenciales cuando lees la Sagrada Escritura. Al orar con la Biblia compartirás la experiencia de muchos hombres y mujeres a través de los tiempos. Entrarás en ese gran cuadro donde muchos han trazado su propia obra de arte al haberse encontrado con Dios, un Dios vivo que ama, que opta por cada uno de nosotros y que nos llama a ser constructores de su Reino, profetas de esperanza. Por eso necesitamos pensar seriamente en nuestra actitud en el momento de embarcarnos en la gran aventura del diálogo con Dios por medio de la Sagrada Escritura.

Las siguientes recomendaciones te ayudarán en tu peregrinación por las páginas de la Biblia. Te invitamos a descubrir nuevas maneras de prepararte para leer y orar con el texto, y a que las compartas con tus compañeros.

ENAMÓRATE DE DIOS

«Señor, tú eres mi Dios, yo te busco ardientemente; mi alma tiene sed de ti, por ti suspira mi carne como tierra sedienta, reseca y sin agua. Porque tu amor vale más que la vida, mis labios te alabarán» (Sal 63 2.4).

Ten un espíritu abierto, deseoso, con hambre de una palabra de esperanza y vida. Observa una postura externa y una actitud interna que sean congruentes con lo que estás haciendo. Apártate un poco del ajetreo cotidiano de la vida; busca una habitación tranquila, un lugar donde te sientas a gusto y en el que nadie te moleste. Dedica tiempo suficiente para estar en compañía de Dios y su Palabra, sin prisa ni distracciones, sin pensar en otros compromisos o tareas que necesitas hacer.

ABRE TU CORAZÓN AL ESPÍRITU SANTO

«Este es mi siervo, a quien elegí, mi muy querido, en quien tengo puesta mi predilección. Derramaré mi Espíritu sobre él y anunciará la justicia a las naciones» (Mt 12 18).

Comienza con una oración al Espíritu Santo para que derrame paz y sosiego sobre ti durante los minutos que dedicarás a la oración con las lecturas bíblicas, y pídele que abra tu espíritu y corazón al mensaje que Dios te comunicará. Da gracias a Dios por la amistad y por ese momento tan especial. «El que ama a Dios es reconocido por Dios» (1 Cor 8 3).

CELEBRA LA GRANDEZA DE TU SER

«¡El Señor, tu Dios, está en medio de ti, es un guerrero victorioso! Él exulta de alegría a causa de ti, te renueva con su amor y lanza por ti gritos de alegría, como en los días de fiesta» (Sof 3 17-18).

Cuando surge una luz en la meditación de algún pasaje bíblico, detente en él para que la luz no se desvanezca y se extinga; medita con calma las palabras, escríbelas o, incluso, apréndelas de memoria. Así esas palabras te podrán acompañar a lo largo de tu vida.

HAZ DE TU VIDA UNA HISTORIA DE LA SALVACIÓN

«El espíritu del Señor está sobre mí, porque el Señor me ha ungido. Él me envió a llevar la buena noticia a los pobres, a vendar los corazones heridos, a proclamar la liberación a los cautivos y la libertad a los prisioneros» (Is 61 1).

Haz vida la liberadora historia de Dios con la humanidad. Quien descubre el actuar de Dios entre los hombres y mujeres en la historia, la liberación incesante de situaciones sin salida, experimentará también la acción liberadora y orientadora de Dios.

ENTRA AL DESIERTO

«El Ángel del Señor dijo a Felipe: "Levántate y ve hacia el sur, por el camino que baja de Jerusalén a Gaza: es un camino desierto"» (Hch 8 26).

Atrévete a marchar al desierto. Habrá trechos de camino en que sientas sed, momentos de sequedad espiritual, aridez emotiva y palabras vacías. Entonces es cuando hay que aguantar firme, aunque parezca que no tienes nada. Te asombrarás al descubrir en tu vida que, al igual que en muchos relatos bíblicos y en la vida de muchas personas santas, el desierto es precisamente el lugar donde tendrás un encuentro con Dios.

¡DÉJATE TRANSFORMAR POR SU AMOR!

«¿Quién podrá entonces separarnos del amor de Cristo? ¿Las tribulaciones, las angustias, la persecución, el hambre, la desnudez, los peligros, la espada?» (Rom 8 35).

Escucha el llamado a la conversión. La Palabra de Dios nos compromete siempre. Dios, cuando nos habla, exige que nuestra vida cambie, que renunciemos a las cosas que nos atan, que echemos por la borda las cargas excesivas, a fin de que pueda llegar la liberación. De esta manera podrás hacer lo que la palabra exija de ti. Dios no quiere gente que se limite a oír sino que ponga en práctica su palabra (Sant 1 22). «En esto todos reconocerán que ustedes son mis discípulos: en el amor que se tengan los unos a los otros» (Jn 13 35).

FINALMENTE...

Recuerda que estas son solo recomendaciones para ayudarte a tener un buen diálogo con Dios. Lo más importante es que continúes tu aventura del encuentro con el Señor, cada vez con más alegría y ánimo.

ORACIÓN INDIVIDUAL

Haz el propósito de leer diariamente la Biblia con el fin de crecer en tu relación con Dios y tu vida cristiana. Hay muchas maneras de orar con la Palabra de Dios. Una de ellas es la *Lectio Divina* o lectura orante de la Biblia, que ha llevado a muchas personas a la santidad. El siguiente modelo te enseñará a orar con la Sagrada Escritura:

Forma un ambiente de recogimiento. Pide al Espíritu Santo que disponga tu corazón para escuchar a Dios.

Examina el texto. Observa la situación histórica, el autor y los géneros literarios para comprender su mensaje y no hacer una interpretación apresurada del texto.

Y la palabra te une a Dios. Orar con la Biblia es establecer una relación con Dios, no es estudiar una materia más.

Vibra con el mensaje. Imagínate en esa situación, participa de los sentimientos y pensamientos de los personajes, mira la acción amorosa de Dios en ellos.

Identifica lo que Dios quiere decirte. Lo importante es la actualización de la palabra y darse cuenta de que es a ti a quien Dios dirige su mensaje.

Dialoga con Dios al responder a su palabra. Comunícale tus reacciones, temores y esperanzas, y dale una respuesta concreta a lo que te ha dicho.

Aplica la oración a tu vida. La Palabra de Dios dará fruto en ti si te ayuda en tu proceso de conversión y crecimiento espiritual, y te conduce al compromiso de continuar con la misión de Jesús.

REFLEXIÓN Y ORACIÓN EN COMUNIDAD

Leer y orar en comunidad con la Biblia es responder a Dios que habla a su pueblo. Esto se puede hacer en reuniones de grupos juveniles, en retiros, en pequeñas comunidades y en grupos de oración. Para que la reflexión y oración en comunidad den fruto es conveniente seguir un plan determinado, tener una mínima organización comunitaria y prepararse en forma adecuada.

El animador debe estudiar y orar con el texto seleccionado previamente, para asegurar su sana interpretación. En la reunión guiará el proceso y cuidará de que todos participen. Periódicamente hay que evaluar el proceso de reflexión y oración para mejorarlo.

Se recomienda seguir los siguientes pasos para la reflexión y oración en comunidad:

1. **Proclamar el texto.** Una persona lee en voz alta el pasaje. Las otras la escuchan o siguen en silencio la lectura del texto en su propia Biblia.

2. **Analizar el texto.** En parejas, identificar el contexto histórico de la lectura, los destinatarios, la intención del autor y el género literario. Ubicar el texto en el libro bíblico, en el capítulo en que se encuentra, y su relación con los pasajes anteriores y posteriores.

3. **Reflexionar personalmente.** Se ofrece un tiempo de silencio, para que todos profundicen la palabra e identifiquen las ideas más importantes. Pueden volver a leer individualmente el texto en su Biblia.

4. **Descubrir el corazón del mensaje.** Todos oran en silencio, buscan lo que quiere Dios comunicar a la comunidad y comparten lo que Dios les inspiró. En espíritu de consenso, se descubre el mensaje para la comunidad. Si hay un mensaje importante para sí mismo, se conserva para la oración personal.

5. **Orar con el texto y saborearlo.** Se hace un momento de oración para que todos lleven a su corazón el mensaje de Dios. Esta oración permite que la palabra penetre en el interior de cada uno, los llene de gozo y de paz, los consuele y desafíe a la conversión.

6. **Iluminar con el mensaje la vida de la comunidad.** Todos reflexionan por unos momentos para ver su realidad desde la perspectiva de Dios: ¿qué sucede en nuestro ambiente?, ¿cómo lo ve Dios?

7. Identificar las acciones que pide Dios. La comunidad dialoga sobre el llamado de Dios en este texto: ¿Qué actitudes nos pide Dios que cambiemos o que adquiramos? ¿Qué acciones debemos realizar? Se sugiere encontrar un símbolo o escribir un lema para recordar y vivir el compromiso de esta reunión.

8. Celebrar la palabra de vida. La celebración es el punto culminante de la reflexión comunitaria. Dios se comunicó con la comunidad mediante su palabra para hacernos fieles seguidores de Jesús. En cada reunión se escoge lo más apropiado, de forma espontánea: expresar una acción de gracias, pedir perdón, ofrecer la vida..., y se entona algún cántico apropiado. Además, conviene ofrecer de forma simbólica el compromiso asumido; pedir a Dios la gracia de vivir su palabra e invitar a María para que nos ayude a ser fieles seguidores de su Hijo.

Lectura litúrgica dominical

La Iglesia católica sigue un plan de lectura y oración con la Biblia en la liturgia eucarística y en la Liturgia de las Horas, llamado «leccionario». Recomienda que los fieles nos preparemos para celebrar la Misa dominical reflexionando previamente sobre las lecturas. *La Biblia Católica para Jóvenes* presenta el «leccionario dominical» y de las fiestas importantes en las pp. 1753-1756.

- El leccionario contiene pasajes del Antiguo y del Nuevo Testamento, siendo el evangelio el que orienta todas las lecturas. La primera lectura depende del mensaje que se enfatiza en el evangelio; el salmo responde en oración a la primera lectura y prepara para recibir el mensaje del evangelio. La segunda lectura se toma generalmente de las cartas y a veces del Apocalipsis, subrayando lo más importante de cada libro.

- El leccionario lleva a la comunidad eclesial por un recorrido a través de la Sagrada Escritura, para que la Palabra de Dios nos acompañe en la jornada de la vida. Los evangelios se leen a lo largo de tres ciclos conocidos como «A», «B» y «C», que corresponden a Marcos, Mateo y Lucas. El evangelio de Juan se lee en los «tiempos litúrgicos fuertes», que son: Adviento, Navidad, Cuaresma y Pascua. Los Hechos de los Apóstoles suplen al Antiguo Testamento como primera lectura, durante el tiempo pascual, dada la gran importancia de las primeras comunidades cristianas.

ANTIGUO TESTAMENTO

Una mirada AL ANTIGUO TESTAMENTO

AL PRINCIPIO EXISTÍA LA PALABRA,
Y LA PALABRA ESTABA JUNTO A DIOS,
Y LA PALABRA ERA DIOS...
TODAS LAS COSAS FUERON HECHAS POR MEDIO DE LA PALABRA
Y SIN ELLA NO SE HIZO NADA DE TODO LO QUE EXISTE.

Jn 1 1-3

Este texto de Juan ofrece una síntesis de nuestra fe cristiana y del sentido de la Sagrada Escritura como Palabra de Dios. Juan, el discípulo amado de Jesús, comparte la certeza que le da la experiencia de su encuentro y seguimiento de Cristo: Jesús es la Sabiduría de Dios encarnada, su Palabra eterna que se hizo hombre mortal y se encarnó en nuestra historia.

Dios se revela plenamente en Jesús, quien desde el principio está junto a Dios y es Dios. Al nacer de María, tomar cuerpo humano y encarnarse en la historia de la humanidad, nos da a conocer el misterio del amor infinito del Padre en el Espíritu Santo. Con su persona, sus hechos y sus palabras, Jesús lleva a su plenitud la historia de salvación escrita en el Antiguo Testamento (AT), como da testimonio el Nuevo Testamento (NT).

El AT plasma con palabras humanas la experiencia religiosa de un pueblo al que Dios se le fue revelando paulatinamente en su historia. Este pueblo tiene una vivencia liberadora de Dios en medio de la rutina de la vida cotidiana, acontecimientos extraordinarios, vaivenes sociopolíticos, vivencias intensas de un Dios cercano y fiel, y traiciones de su parte a la alianza que libremente hizo con Dios en el Sinaí, como pueblo de su propiedad.

La Palabra de Dios en la Biblia manifiesta el diálogo entre Dios y su pueblo en idiomas distintos, ambientes culturales específicos, y momentos y circunstancias históricas particulares. El AT reflexiona sobre la historia desde una óptica de fe, sin intento alguno de desfigurarla; por eso, la acción de Dios aparece como una luz deslumbrante en medio de la debilidad y la tragedia humana.

Esta introducción muestra cómo el AT armoniza lo humano y lo divino, en el marco de un devenir histórico. El marco cultural y el lenguaje propio de los autores sagrados condicionan la expresión de la experiencia religiosa del pueblo de Israel como historia de salvación. La inspiración del Espíritu en el proceso de escritura de los diversos libros sagrados permite que manos y mentes humanas muestren cada vez con más claridad el rostro de Dios, hasta ser revelado plenamente en Cristo Jesús.

La mirada al AT se realiza desde varias perspectivas, con el fin de ayudar a comprender sus relatos, descubrir en ellos la presencia activa de Dios a lo largo del tiempo y valorar mejor a Jesús y su mensaje. Consta de seis partes:

- Situación geográfica del AT
- Contexto histórico del AT
- El pueblo de Israel como «pueblo del Libro»
- Visión general de la organización interna del AT
- Apreciación de la literatura de los géneros literarios con los que está relatada
- Una síntesis teológica que nos acerca al misterio de Dios

Desde una perspectiva histórica o literaria, la Biblia es una colección de libros escritos a lo largo de más de un milenio y sin unidad aparente. Sin embargo, al ver las Escrituras Hebreas como camino hacia Cristo, descubrimos en ellas la única Palabra de Dios dirigida a nosotros, relatada en palabras que adquieren sentido conforme mejor conocemos los textos sagrados.

UNA MIRADA A LA TIERRA Y SUS POBLADORES

Toda persona y todo pueblo vive en un espacio y tiempo determinado. La historia del pueblo de Israel relatada en el AT, sucedida en lo que se conoce en tiempos bíblicos como Palestina, fue fuertemente impactada por la geografía donde sucedieron los acontecimientos y los pueblos que vivían en ella.

El territorio palestino y los pueblos vecinos

El territorio en que acontecieron los hechos reales y legendarios descritos en el AT es pequeño, largo, estrecho, muy accidentado y con pocas riquezas naturales. Servía de paso a caravanas de comercio procedentes de las grandes ciudades de la región circundante, así como de ejércitos de las grandes culturas que luchaban por su hegemonía política en esa época.

Sus alrededores incluyen grandes llanuras fértiles irrigadas por cuencas de ríos y amplios desiertos ásperos y desolados. En esas tierras —que contiene partes del continente africano, el asiático y el europeo— nacieron grandes civilizaciones; se dieron muchas migraciones; hubo encuentros importantes entre distintos pueblos y culturas; se generaron grandes imperios, y cayeron muchos pueblos y reinos.

Todos los pueblos que circundaban Palestina, en la región conocida como el Medio Oriente, marcaron fuertemente la historia de salvación, con dos eventos muy importantes teniendo lugar en los extremos de esta región: la opresión del pueblo en Egipto y su exilio en Babilonia. El cuadro cronológico, en las pp. 1757-1766, ofrece una mirada general de la dinámica sociocultural, política y religiosa de la región.

El comercio y las vías de comunicación favorecieron el intercambio económico, religioso y cultural entre los pueblos que habi-

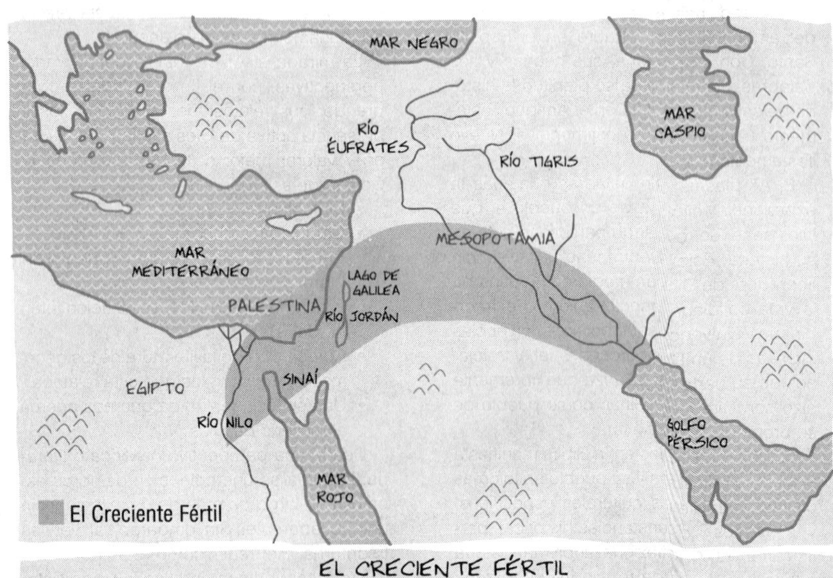

EL CRECIENTE FÉRTIL

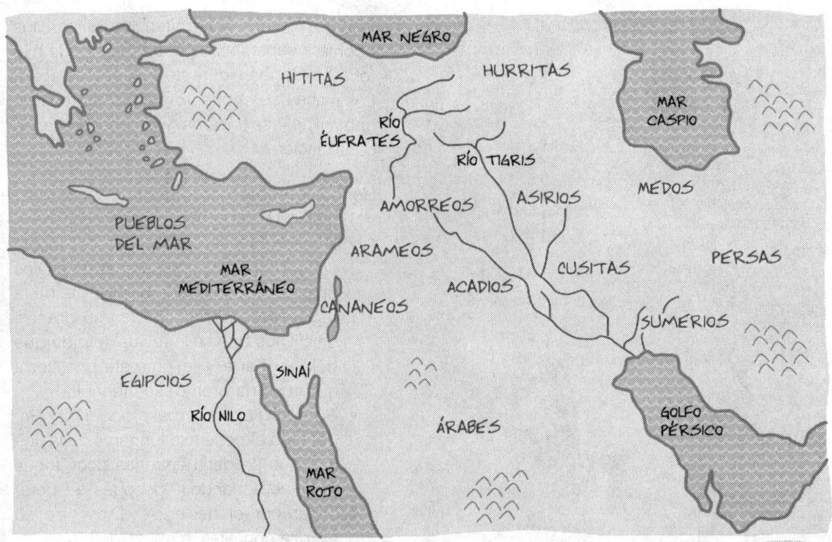

PUEBLOS DEL ANTIGUO TESTAMENTO

taban este territorio, los cuales tuvieron continuos conflictos políticos entre sí. Además había una influencia mutua con pueblos más lejanos como la India, y más tarde, con lo que hoy es Grecia, Italia y España.

Límites geográfico-políticos de Palestina

- *Al nordeste, Mesopotamia,* también llamada Creciente Fértil por su forma de media luna y su fertilidad gracias al delta de los ríos Tigris y Éufrates. En esta región sitúa el Génesis los orígenes de la humanidad y de ella surge el patriarca Abraham en la prehistoria del pueblo de Israel. Fue cuna de grandes civilizaciones como la sumeria, y los tres grandes imperios que dominaron Israel en épocas consecutivas: el babilónico, el asirio y el persa. Son territorios donde hoy están los países de Siria, Turquía e Irak.
- *Al oeste, el mar Mediterráneo,* con sus islas griegas de Creta, Chipre y Jonia. De la parte continental, lo que hoy es Grecia e Italia, llegaron la influencia de las culturas griega y romana, y el dominio del gran Imperio greco-macedónico y del Imperio romano.
- *Al sudeste, el delta del río Nilo,* unido por la franja costera sur del Mediterráneo, donde florecieron la cultura y el Imperio egipcio. Este Imperio jugó un papel muy importante en la formación del pueblo elegido al haber sometido a opresión las tribus descendientes de Israel, dando con ello origen al éxodo, el acontecimiento fundante del Pueblo de Dios.
- *Al sur, los grandes y ásperos desiertos de Arabia y Siria,* infranqueables en la antigüedad.

Canaán, tierra del pueblo de Israel

La sección anterior trató sobre Palestina para ubicar en ella al pueblo de Israel. En realidad, los libros bíblicos originales no la mencionan, sino que se refieren a esa región como la tierra de Canaán. Fueron los griegos quienes dieron a esa región el nom-

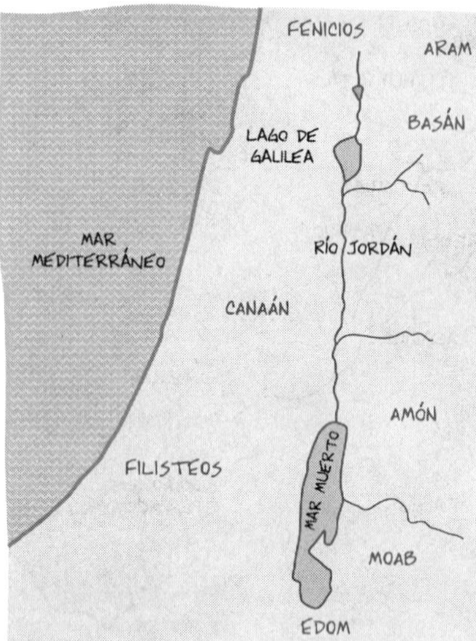

PUEBLOS VECINOS DE ISRAEL

bre de *Palestina* o *País de los filisteos* (*pilistîm*, en hebreo), el grupo más bélico que habitaba en ella.

La pequeñez de la tierra de Canaán puede apreciarse en el mapa de esta página. Es una llanura costera que se extiende a lo largo del Mediterráneo y que está cortada por el monte Carmelo. Su región central está formada por algunas mesetas, siendo Galilea la principal, y por varias colinas, como Samaría y Judea. Al oeste se extiende el valle del río Jordán, con sus múltiples niveles: el río tiene su fuente a 220 metros sobre el nivel del mar; el lago Hulé a 60 metros, el lago de Tiberíades a 212 metros bajo el mar, hasta desembocar en el mar Muerto a 392 metros bajo el nivel del Mediterráneo.

Jerusalén, capital del reino de David y después del Reino de Judá, está sobre una colina. Ahí fue construido el Templo, por lo que ir a él desde otras regiones de Canaán representaba una «subida», un desafío y una peregrinación con un significado religioso profundo.

Varios mapas permiten visualizar los acontecimientos más importantes de la historia en Canaán durante la época del AT. Los mapas se encuentran en los libros que hablan de esa historia y se mencionan a continuación.

Hechos que marcaron la historia del pueblo de Israel

- *Abraham y el inicio del monoteísmo*, la figura de Abraham y su entrega a Dios en medio de la realidad politeísta de la región, que él desafía con su gran fe en el Dios que se le revela, le pide que deje su tierra y le promete una tierra nueva y una gran descendencia.
- *Éxodo de Egipto y paso por el mar Rojo*, como experiencia fundante de la unidad que se daría entre las doce tribus de Israel, cuando —después de peregrinar por el desierto— Dios hizo su Alianza con ellas, a través de Moisés.
- *Constitución del pueblo de Israel en el Sinaí* como pueblo elegido de Dios o pueblo de la Alianza.
- *Asentamiento de las doce tribus de Israel* después de la toma de Canaán en 1380 a.C. (ver mapa en Josué, p. 283).
- *Creación del Reino de Judá por el rey David*, con capital en Jerusalén, 1020 a.C. (ver mapa en 2 Samuel, p. 369).
- *División del reino* en el Reino del Norte o Samaría, y el Reino del Sur o Judá, acaecida después de Salomón en 931 a.C. (ver mapa en 1 Reyes, p. 396).
- *La caída de Jerusalén en manos de Babilonia* y la salida al exilio (597-587 a.C.) (ver mapa en 2 Crónicas, p. 479).
- *El retorno del exilio* en 538 a.C., que permitió la reforma religiosa y la reconstrucción del Templo de Jerusalén, está representada en el mapa de la p. 640.

El impacto de los imperios sobre el pueblo de Israel

Las invasiones y dominaciones de grandes imperios de los alrededores afectaron constantemente la vida del pueblo de Israel una vez establecido en Canaán. A continuación se presentan cronológicamente los seis imperios que lo dominaron para ayudar a comprender la accidentada vida de fe de un pueblo que tenía a un solo Dios como el Señor, impactado por naciones politeístas, y su esperanza en que Dios le enviara un mesías guerrero que lo salvara de tantas opresiones e implantara de nuevo un reino unido como había sido el de David.

1. Imperio egipcio. Dominaba Canaán antes de que los israelitas se instalaran ahí. Después de su apogeo como imperio, solo interviene ocasionalmente. Sin embargo, ejerció gran influencia en Palestina, con la que tenían lazos de sangre, cultura y religión a través de los hicsos, un pueblo semita que gobernó Egipto. Cuando los hicsos fueron expulsados de Egipto por los filisteos, empezó la decadencia de Egipto, ocasionando una etapa de fuertes presiones sobre Palestina y una situación seria de opresión para los israelitas en Egipto (1304-1184 a.C.).

2. Imperio asirio. Expande sus territorios en el siglo IX a.C.; conquista Samaría en el año 722 a.C., empieza a decaer en 630, cayendo su capital Nínive en manos babilonias en el 612.

3. Imperio babilónico. Bajo el reinado de Nabucodonosor, conquista el antiguo territorio asirio; extiende su dominio hasta Egipto; toma Judá en 597 a.C., destruye Jerusalén en 587 y deporta a un gran número de sus habitantes, lo que se conoce como el «exilio a Babilonia».

4. Imperio persa. Se convierte en una gran potencia entre 550 y 529 a.C.; toma Babilonia en el 539. En 538 a.C., el rey Ciro permite el retorno de los exilados israelitas a Judá. Su Imperio es conquistado por Alejandro Magno en 330.

5. Imperio griego. Los griegos conquistan Palestina en 333 a.C., bajo el mando de Alejandro Magno; ejerce un fuerte impacto sobre los israelitas a través de la helenización de su cultura. Cuando Alejandro murió, 12 años después, el Imperio griego se dividió entre sus cuatro generales mayores, con los ptolomeos dominando Egipto (320-198) y los seléucidas Antioquía (198-63).

6. Imperio romano. Vence a los seléucidas en 64 a.C. y se adentra en Palestina, la que cae bajo su poder, con Tito tomando Jerusalén en 70 d.C. La historia del NT sucede bajo el Imperio romano.

UNA MIRADA AL «PUEBLO DEL LIBRO»

El pueblo israelita es llamado «pueblo del Libro» por la importancia que tiene el conocimiento de la Torá o libro de la Ley, para los judíos, que corresponde al Pentateuco en las Biblias cristianas. A partir de la época del judaísmo, todos y cada uno de los judíos varones deben conocer bien la Torá y pensar en ella día y noche (Jos 1 8).

El pueblo de Israel y sus Escrituras Sagradas

Las Escrituras Sagradas más antiguas fueron los cinco rollos que constituyen el libro de la Ley o la Torá, conocidos como el Pentateuco en las Biblias cristianas. Narran la relación de Dios con el pueblo en los inicios de su historia. Incluye su reflexión sobre los orígenes de la vida y el pecado, las experiencias de fe que le dan identidad como el pueblo elegido, así como las normas del culto a Dios y las que guían su comportamiento moral. Los últimos redactores de la Torá decidieron enfatizar el rol de Moisés como patriarca fundador y legislador del pueblo, por lo que la tradición también la conoce como «Ley de Moisés», aunque no fue escrita por él.

La escritura del Pentateuco duró diecisiete siglos. Los rollos existentes en el Templo de Jerusalén se extraviaron cuando fue destruido por los babilonios (586 a.C.) y fueron descubiertos después del retorno del exilio. Sirvieron de base para realizar la reforma religiosa de Esdras y Nehemías (2 Reyes 22 – 23). Cuando los samaritanos se separaron de los judíos en el siglo II a.C., mantuvieron el Pentateuco como su única Sagrada Escritura.

Antes de designar el Pentateuco como la Ley de Moisés, se había empezado a compilar el segundo grupo de textos de la tradición *deuteronomista,* «posterior a la ley inicial». Estos libros incluyen Josué, Jueces, Samuel y Reyes, y su agrupación fue conocida como «Otros Escritos».

El tercer grupo de libros sagrados del pueblo de Israel son los «Proféticos». Estos libros fueron editados después del exilio, para hacer relevante el mensaje profético a la situación del pueblo en esa época histórica de reconstrucción. Se desconoce cuándo empezaron a ser considerados sagrados. Jesús Ben Sirá, autor del Eclesiástico, único libro del AT firmado por su autor, alrededor de 180 a.C., considera su obra como una continuación de los textos de los profetas y del libro de la Sabiduría. Su nieto se presenta en el prólogo como el traductor griego y se refiere a las tres partes del AT que conocemos hoy: la Ley, los Profetas y los Escritos.

Aparte de la Ley y los Profetas, los judíos decidieron incluir como sagrados cinco textos que se proclamaban en algunas fiestas judías: Rut, Lamentaciones, Eclesiastés, Ester y el Cantar de los Cantares, el cual se proclamaba en la Pascua judía. A este conjunto de rollos se le llamaba *megillot.*

Los judíos tradicionales solo consideraban inspirados por Dios: el Pentateuco, los Profetas y los Escritos. No aceptaban los textos escritos en griego, en la diáspora, por estar fuera del centro tradicional de Jerusalén. En cambio, los cristianos reconocían varios de estos textos como revelación divina y los incorporaron en sus fiestas; estos libros están colocados en la Biblia católica en el orden canónico, mientras que en algunas Biblias interconfesionales están bajo la agrupación de *deuterocanónicos,* «aprobados la segunda vez», o *apócrifos* «los que se esconden».

El nombre hebreo para designar su colección de libros sagrados es Tanaj *(tanakh);* también se conocen como Escrituras Hebreas. Los cristianos las llamamos «Antiguo Testamento», porque las vemos desde la perspectiva de la Nueva Alianza presentada en los libros del «Nuevo Testamento», que revelan plenamente a Dios.

Razones por las que son libros sagrados

La Biblia es más que un documento histórico que preservar o un texto de literatura clásica para gozar; es la Palabra de Dios que invita a una relación y comunidad divina y humana a la vez, para toda persona en todo tiempo y lugar. Los judíos consideraron sagrados los libros que hablan de su relación con Dios por tres razones principales:

- **Revelan la presencia activa de Dios en su historia.** Dios habla a su pueblo todo el tiempo, en épocas de auge y de crisis, en momentos buenos y malos, cuando le es fiel y cuando lo ignora y lo traiciona... Lo acompaña en el camino de la vida, con sus altas y bajas, por eso la Biblia no escatima al hablar de las tragedias y pecados del pueblo, sino que resalta la presencia constante de Dios y sus actos de amor liberador.
- **Presentan una síntesis de una fe forjada comunitariamente.** Los textos bíblicos son fruto de la reflexión, oración y recapitulación que realiza el pueblo sobre su experiencia de fe, al descubrir la acción de Dios en su vida personal y colectiva. Son textos en los que la dimensión sagrada de la vida es tan importante o más que los aspectos meramente humanos, y en los que la experiencia comunitaria es más importante que la individual, incluso en el caso de personajes protagónicos en distintos momentos de la historia.
- **Narran la historia de salvación bajo la inspiración del Espíritu Santo.** El proceso de escritura de los textos originales y de su re-escritura para actualizar su mensaje hasta que quedó fijado como Escritura Sagrada, recoge tradiciones orales, reflexiones de fe, costumbres litúrgicas, la oración del pueblo, etc., de tal modo que la Palabra de Dios sigue siendo relevante a la humanidad en todo lugar y a lo largo de los siglos. La meta es transmitir la acción de Dios, quien busca la salvación del pueblo de Israel en el AT y del nuevo Pueblo de Dios en el NT, sin pretender describir científicamente los acontecimientos.

Cuanto más se descubre el sentido original de los textos mediante el estudio de los biblistas y más profundiza la comunidad de fe en el mensaje de la Palabra de Dios, mejor capta la revelación de Dios y su plan de salvación para la humanidad.

UNA MIRADA A LAS CINCO PARTES DEL ANTIGUO TESTAMENTO

Los libros que componen el Antiguo Testamento están organizados en cinco secciones que contienen libros similares en cuanto a la riqueza de su mensaje y al género literario en que están escritos, sin mantener un orden cronológico estricto. Estas cinco partes son: (1) el Pentateuco, llamado por los judíos Torá; (2) los Libros históricos; (3) los Libros proféticos; (4) los Libros poéticos y (5) los Libros sapienciales.

El Pentateuco y los orígenes del pueblo elegido

El Pentateuco —del griego *pénte* y *téukhos*, que significan «cinco» y «rollos»— es el conjunto de los primeros cinco textos sagrados de los hebreos: Génesis, Éxodo, Levítico, Números y Deuteronomio. La tradición hebrea se refiere a ellos como la Torá, que quiere decir «la Ley», la cual es el núcleo de la religión judía. A continuación se señalan los seis pasos principales en la historia de salvación contenidos en la Torá:

1. Los orígenes de cuanto existe (Génesis 1 – 11)
2. Los antepasados de Israel (Génesis 12 – 50)
3. La salida de Egipto (Éxodo 1 - 18)
4. Los eventos en el Sinaí (Éxodo 19, Levítico y Números 1 – 11)
5. El camino por el desierto (Números 12 – 36)
6. Anuncio de la entrada a la tierra de Canaán y muerte de Moisés (Deuteronomio 31 – 34)

Los relatos en estos cinco libros parecen ser una «historia» en el sentido actual de este concepto, sobre todo el libro del Éxodo, situado en el contexto de las intrigas y políticas del Imperio de Egipto durante el siglo XIII a.C. Sin embargo, el propósito de los autores no fue ese, sino relatar la historia de la fe de Israel en Dios, cuya profundidad y convicción se apoyan en la vida del pueblo a lo largo de toda clase de eventos.

Los relatos del Génesis, al estar libres de una mentalidad histórica de tipo factual, presentan al Dios de la historia, un Dios Santo, Creador del cielo, la tierra y todo cuanto existe, que creó al ser humano en sus dos modalidades sexuales como el culmen de la creación y a imagen y semejanza suya. Dios decide ser parte de la vida de un pueblo pequeño hebreo, que se conocía a sí mismo como *Israel*, que en hebreo quiere decir «el que lucha con Dios» (Gn 32 29). Las historias, los cantos y las poesías son indispensables para expresar la fe de este «pueblo del Señor» (Jue 5, 11 y 13).

El corazón del Pentateuco es el libro del Éxodo, que trata sobre la salida de Egipto, la jornada por el desierto y la Alianza en el monte Sinaí. Todas las tradiciones judías consideran estos hechos como la experiencia fundamental que les revela quién es Dios y quién es el pueblo de Israel.

Al principio esta experiencia religiosa fue transmitida en forma de historias, cantos y dichos. Conforme estos pasaban de generación en generación, los israelitas les fueron dando nuevas interpretaciones, acordes con sus vivencias en sus propias circunstancias de vida y muerte. Así fue como la Torá —como revelación de Dios y enseñanza para el pueblo— fue expandiéndose, tomando forma de escritura y adquiriendo una lógica en sus relatos y en la superposición de tradiciones provenientes de distintos sectores de la población.

Convergencia de cuatro tradiciones en el Pentateuco

Durante la monarquía de David y Salomón, circulaban varios relatos de fe entre la literatura de epopeyas antiguas. Algunos biblistas notan diferentes versiones en el mismo relato:

- *Proveniente de tradiciones del sur,* identificadas con una «J» por su origen en Judea, región que llamaba *Yahveh* a Dios.
- *Proveniente de tradiciones del norte,* identificadas con una «E», por ser de origen efraimítico, las cuales llamaba *Elohim* a Dios.
- Las tradiciones «P» y «D» se refieren a tradiciones originadas en tiempos y circunstancias de vida más adelante en la historia, sin referencia a una zona geográfica:
  - La tradición «P», de *priestly,* que significa «sacerdotal» en inglés, idioma de los biblistas que la identificaron, se refiere a textos escritos o editados por sacerdotes. Por ejemplo, la epopeya del éxodo fue editada por escritores sacerdotales posiblemente durante el destierro en Babilonia.
  - La tradición «D», se refiere a textos deuteronomistas; van desde Josué hasta 2 Reyes, con un texto insertado en la Torá, a partir de la conclusión de la versión P, ya que el libro del Deuteronomio se presenta como el discurso con el que Moisés se despide de su pueblo.

ESCRITURA DEL PENTATEUCO

Fechas históricas aproximadas

ABRAHAM Y LOS PATRIARCAS

1800 a.C. Tradiciones orales premosaicas: sagas patriarcales, leyendas tribales, legislación primitiva e historias antiguas de Mesopotamia

MOISÉS

1250 a.C.

Tradiciones

SUR	NORTE	DEUTERONOMISTA	SACERDOTAL
(yavista = J)	(elohista = E)	(D)	(P)

(Se mantuvieron las tradiciones orales)

«J» escrita (950 a.C.)

«E» escrita (750 a.C.)

722 a.C. Caída de Samaría

Tradiciones «J» y «E» combinadas (700 a.C.)

«D» escrita (700 a.C.)

625 a.C. Reforma bajo Josías

«P» escrita (500 a.C.)

Las cuatro tradiciones compiladas y escritas como las conocemos ahora (400 a.C.)

La redacción final del Pentateuco incluyó escritos muy posteriores a los eventos históricos que relata, lo que era lógico desde la perspectiva de los autores sagrados, quienes recogieron en esos cinco libros los elementos esenciales para un pueblo que tenía a Dios como el Señor de la vida y de la historia. Así fue que incluyeron el «Libro de la Ley» en el Deuteronomio (5 – 26 y 28) y el «Libro de la Ley de Moisés» llevado de Babilonia por Esdras en 450 a.C. (Esd 7 6-10, 14; Neh 8 – 10), el cual sirve de base para redactar la tradición Sacerdotal (P). Después se unió esa tradición a otras tres (J, E y D), dando por resultado el Pentateuco actual. El esquema en la p. 52 permite visualizar el complejo proceso de la superposición de tradiciones.

Este proceso implica una gran riqueza en el desarrollo del Pentateuco a lo largo de muchos siglos. Preserva articulaciones de la experiencia religiosa en tiempos de Moisés, así como los sentidos que fueron dando a los hechos fundacionales las generaciones siguientes. Como tributo al rol clave de Moisés —el líder modelo con quien Dios se había comunicado como con ninguna otra persona—, toda la Torá se atribuye a Moisés como autor (2 Cr 30 16; Lc 24 44), no obstante que él no la escribió.

Unidad en la diversidad del Pentateuco

Aunque la compilación y la escritura del Pentateuco tomaron mucho tiempo, existe gran unidad en medio de tanta diversidad. Hay un hilo conductor, un tema guía en todos los rollos y una serie de elementos clave en la transición de una etapa de la historia a la siguiente:

- De los relatos de los orígenes (Gn 1 – 11) se pasa a la historia de los patriarcas, los antepasados del pueblo Israel (Gn 12 – 50).
- Al pueblo representado por Abraham y Sara, Dios le hace una triple promesa: una numerosa familia o descendencia, una tierra, y una relación con Dios que beneficiarán también a otras familias o descendencias (Gn 12 1-3).
- A veces se pone a prueba esta promesa, a veces ni se menciona, y a veces los eventos de la vida parecen contradecirla o negarla. En el Génesis, la promesa se ve amenazada por el sacrificio de Isaac, y en el Éxodo, por la esclavitud de los israelitas en manos del Faraón. En el Levítico, la atención cambia a asuntos que tienen que ver con el culto y la moral. En Números el pueblo está migrando de nuevo, murmurando contra Dios con dudas e incredulidad. En el Deuteronomio, Moisés proclama al pueblo la fidelidad de Dios a sus promesas, a pesar de la infidelidad del pueblo; le recuerda sus deberes como respuesta a la acción liberadora de Dios, siempre fiel a su Alianza con él y a sus promesas de vida.
- Cuando termina el Deuteronomio con la muerte de Moisés, la promesa todavía está por cumplirse. Así la Torá queda abierta al devenir histórico, con el pueblo en jornada hacia un horizonte de futuro con Dios.

Historia de la Alianza con Dios

Los editores de la tradición P enriquecen la Torá con un esquema de la historia de la Alianza con Dios, presentando las múltiples veces en que Dios revela su relación con la humanidad, en particular con el pueblo de Israel. De hecho, Dios nos creó en comunión con él, y esa alianza inicial fue rota por el pecado original y restablecida una y otra vez, siempre bajo la iniciativa de Dios. Se pueden identificar cuatro momentos en que el Pentateuco habla de la Alianza de Dios:

- *La primera Alianza se da durante la creación,* cuando Dios hace al ser humano —varón y mujer— a imagen y semejanza suya, en comunión con él (Gn 1 26-31; 2 7-25).
- *La segunda Alianza fue hecha con Noé* y a través de él con toda la humanidad, incluyendo las criaturas no humanas y la misma tierra (Gn 9 1-17).
- *La tercera Alianza fue realizada con Abraham y Sara;* en ella Dios concreta

y garantiza al pueblo de Israel sus promesas de tierra, descendencia y amistad para siempre (Gn 17 1-21).

- *La cuarta Alianza fue establecida con Moisés* como intermediario en la montaña del Sinaí (Ex 19 – 24); esta alianza ratifica y extiende la alianza con los antepasados (Ex 2 24).

Estas alianzas son para siempre y no se pueden romper. No importa qué tan grande es la debilidad e infidelidad del pueblo, Dios se mantiene fiel; su misericordia es más grande y poderosa que la traición del pueblo, y la Alianza no se extinguirá sin haber sido plenamente cumplida. La Alianza tiene raíces y alas firmes en el amor fiel, activo y liberador de Dios por su pueblo, un amor modelo y tan especial que en hebreo tiene un nombre particular, *hesed*.

Los Libros históricos y sus enfoques

Esta segunda sección del AT tiene 16 libros. En ellos, los autores bíblicos tienen como meta escribir su *historia de salvación*, es decir, dejar consignado por escrito para las siguientes generaciones que Dios acompaña a su pueblo y actúa en su historia, realizando hechos extraordinarios y de gran trascendencia para él. Al leer los Libros históricos con esta mirada, podemos palpar en ellos nuestra humanidad y fragilidad ante el pecado, representada en los personajes bíblicos, así como bellas historias sobre la fidelidad de Dios.

Adentrarnos en los Libros históricos es una puerta para descubrir a Dios en medio de su pueblo y reflexionar en el contraste entre el amor divino a la humanidad y la respuesta humana al Señor. En ellos conocemos la llegada de las doce tribus de Israel a la Tierra prometida y su establecimiento en distintas regiones, con los jueces siendo personas elegidas por Dios para guiar al pueblo; el origen de la monarquía con sus pros y sus contras; el reinado de David, quien, a pesar de sus pecados, es presentado como modelo de rey, según los ojos de Dios; los problemas acarreados por la infidelidad de los siguientes reyes, que ocasionan la división del reino y el exilio a Babilonia; el retorno desde Babilonia, la reconstrucción del Templo de Jerusalén y la reforma religiosa, y la caída de Palestina bajo el poder del Imperio romano.

Los Profetas, libros de los portavoces de Dios

Los Profetas toman su lugar al lado de la Torá, a la vez que llevan una relación tensa con la Ley, en ocasiones complementando su enseñanza y a veces protestando contra ella. Esta tensión no debe sorprender: la Torá proporciona los fundamentos de la identidad del pueblo y su relación con Dios, y la Ley es interpretada y enseñada por los doctores de la Ley, en ocasiones con cierto fanatismo e imponiendo cargas pesadas al pueblo. A los Profetas les toca abrir los horizontes de la praxis y señalar maneras específicas cómo debe vivirse el pacto de Dios con su pueblo, en el trato diario entre las personas y en la relación del ser humano con los otros elementos de la creación. También les corresponde fomentar el espíritu con el que se debe llevar a la práctica la Ley de Dios.

Aspectos comunes en el carisma de los profetas

Detrás de las escrituras proféticas hay personas creativas, comprometidas, motivadoras y valientes. Sobre algunos autores sabemos bastantes detalles; por ejemplo, de Jeremías. De otros sabemos poco. En sus escritos podemos constatar que fueron personas apasionadas, inconformes ante la infidelidad del pueblo con Dios, cuidadosos para discernir los signos de su tiempo y valientes para comunicar el llamado de Dios al pueblo a través de esos signos. A continuación se presentan los rasgos comunes principales a los profetas:

- Su lenguaje refleja sus propias experiencias; tienen la capacidad de despertar y cambiar la percepción del público sobre asuntos y creencias, mediante una riqueza de imágenes y

Año a.C.	Reyes		Profetas
	SAMUEL (1040-1030) Último juez, profeta y sacerdote		
1050-1000	SAÚL (1030-1010)		
	DAVID (1010-971) Unificación de las tribus en un reino		Natán
950-900	SALOMÓN (971-931)		Ajías
	931: División del Reino		
	Sur: JUDÁ	**Norte: ISRAEL**	
	ROBOAM (931-914)	JEROBOAM (931-910)	Semaías
900-850			Ajías
	Abdías (913-911)		Ajías
	Asá (914-870)		Azarías
		Nadab (910-909)	Jehú
		Basá (908-886)	
		Elá (885-884)	
		Zimrí (884)	
		Omrí (884-874)	
		Ajab (874-853)	Miqueas, Elías
	Josafat (870-848)		Jehú, Yajaziel, Eliezer, Eliseo, Miqueas
		OCOZÍAS (853-852)	
850-800	Joram (848-841)	Joram (852-841)	Elías
	Ocozías (841)		Elías
	Atalía (841-835)	JEHÚ (841-814)	
	Joas (835-796)		Eliseo
800-750		Joacaz (813-797)	Zacarías
	Amasías (796-767)	Joás (797-782)	
	Azarías / OZÍAS (781-740)	JEROBOAM II (782-753)	Amós*, 1er Isaías*, Nahúm*
750-700		Zacarías (743)	Oseas*
		Salún (743)	
	Jotam (740-736)	Menajén (743-738)	
		Pecajías (738-737)	
	Ajaz (734-727)	Pecaj (737-732)	Oded
		Oseas (732-724)	Miqueas*
		722-Caída bajo el poder de Asiria	
	EZEQUÍAS (716-687) Reforma		2º Isaías*
700-650	Manasés (687-642)		Sofonías*
	Amón (642-640)		
	JOSÍAS (640-609) Reforma		Profetisa Juldá, Jeremías*
600-538	Joacaz (609)		Habacuc*
	JOAQUÍN (609-598)		
	Jeconías (598)		
	Sedecías (598-587)		Jeremías*
538-500	**DESTIERRO EN BABILONIA**		Abdías*
500-450	Regreso del destierro. Se instituye el judaísmo		Ezequiel*
450-400			Jonás*, Ageo*, 3er Isaías*
400-350			1er Zacarías*, Malaquías*
350-300	Restauración de Jerusalén y desarrollo del judaísmo		Joel*
300-250			2º Zacarías*
250-200			Baruc*
200-150	Defensa de los Macabeos ante la invasión helénica		Daniel*
150-100			
100-50			
50-0			Juan el Bautista
0-50 Nuevo Testamento	**CRISTO, REY DE REYES Y PROFETA DEL REINO DE DIOS**		

* Profetas escritores

metáforas ancladas en sus propias inquietudes en la vida. Por ejemplo, Oseas compara la constante infidelidad del pueblo a Dios con su esposa que lo traicionaba, denunciando el mal que hacen con la pasión de un amante despechado (Os 13 7-11).

- Aunque son individuos ordinarios, su vida tiene un propósito mayor que ellos mismos, sus ideales y que sus propias inquietudes. Como mensajeros de Dios son canales de su palabra para recordar al pueblo su alianza con él y moverlos a la conversión.
- Tienen los pies en la tierra y se involucran en los asuntos socioeconómicos y políticos de su tiempo, a veces abogando por algo que provocaba conflicto en sus comunidades. En consecuencia, tenían aliados y adversarios, ya que representaban los intereses de algunos grupos en contra de otros en la misma comunidad.
- Presentan al pueblo «la voz del Señor» por medio de «oráculos» como una forma de transmitir con fuerza, públicamente, el clamor de Dios en su aquí y ahora.
- Disciernen los signos de los tiempos, para descubrir cómo se puede realizar la promesa de Dios y cómo motivar al pueblo a ser fiel a la Alianza. Esto implica que, además de ser analistas sociales, eran personas de una fe profunda y artistas para elaborar metáforas creativas que mueven el corazón.
- Son portadores de esperanza para el futuro, al tiempo que denuncian la infidelidad del pueblo; por eso, su vocabulario suele ser a la vez duro y dador de vida. Esto no quiere decir que eran adivinos del futuro, sino que confían en que la bondad, la misericordia y la justicia de Dios tendrán la última palabra, y se empeñan en poner en orden sus relaciones interpersonales en sintonía con esa confianza.
- Manifiestan inquietudes sociales en las relaciones entre miembros de la comunidad, sobre todo en la opresión al más débil.
- Se esfuerzan por purificar el culto a Dios de dinámicas de dominio, injusticia e hipocresía.

Las escuelas proféticas y la autoría de los libros

La tradición judía presenta a los autores de los libros proféticos como seguidores de los profetas; no como escritores, según la imagen moderna de una persona que se sentó a escribir palabra por palabra lo que leemos en el texto. Los diferentes libros son una recopilación de los mensajes que daban los profetas a lo largo del tiempo; algunos pudieron ser escritos por ellos, otros por sus seguidores. Cuando esto sucede se habla de que la persona ha creado una «escuela». Los libros son firmados con el nombre del profeta, pero pudieron haber sido escritos por diversas manos.

La comunidad discernía si el mensaje de los profetas era dador de vida y tenía sentido según los designios de Dios. Cuando esto sucedía, los profetas adquirían autoridad moral y religiosa.

Muchos escritos proféticos utilizan la frase «Oráculo del Señor» para enfatizar con autoridad el clamor de Dios ante el mal que existía en el pueblo y reafirmar sus promesas hechas a través de la alianza, con sus varias reiteraciones. De esta manera hacían resaltar con claridad y fuerza mensajes específico, que de otra manera se hubieran perdido en medio de los discursos más grandes y con contenidos más amplios, en los que estaban insertos.

Los profetas en su contexto histórico

Los profetas se mantenían en contacto con la realidad del pueblo; eran tan conscientes de cuanto acontecía a su alrededor que, por su estrecho vínculo con Dios, se volvían su portavoz para proclamar que Dios seguía presente y buscaba siempre la cercanía con aquellos a quienes él mismo había elegido. La tabla en la p. 55 presenta a cada uno de los profetas en su contexto histórico. En el NT hay varias referencias a la Ley y los Profetas como las dos partes de mayor importancia en el AT (Mt 5 17; Lc 24 44; Jn 1 45).

Los Libros poéticos y su aporte al diálogo con Dios

Los Libros poéticos —Salmos, Cantar de los Cantares y Lamentaciones— son testimonio de un pueblo que rinde culto al Señor. Expresan los más profundos anhelos del pueblo; muestran su cercanía con Dios al clamar a él en las dificultades, al adorarlo en momentos de victoria y al compartirle la tristeza en la derrota y la frustración ante los desengaños de la vida.

Los escritores utilizan diferentes recursos literarios para adornar y resaltar lo que sentían y querían contar al Señor, en sus oraciones y cantos litúrgicos. El uso de frases parecidas (paralelismo) y contrastantes (paralelismo antitético), así como de estrofas, facilitaba el canto comunitario en las sinagogas y el Templo.

- **Salmos.** Este libro contiene 150 salmos, recoge 600 años de tradición del pueblo judío, es ampliamente utilizado en el judaísmo y es parte importante de la espiritualidad cristiana y la liturgia católica. Se distinguen una colección davídica y salmos del tiempo de Ezequías, Josías, y reyes de Judá, utilizados para fomentar la piedad y el culto. El cristianismo encuentra en los salmos la luz de Cristo, en particular en aquellos de índole mesiánica, como el Salmo 110.
- **Cantar de los Cantares.** El título de este libro significa que es la poesía por excelencia, superior a cualquier otra. Reúne poesías de amor, articuladas como un diálogo entre esposos o como expresiones de amor mutuo en prometidos con miras a su encuentro definitivo. Se atribuye a Salomón (1 Re 5 12).
- **Lamentaciones.** Este libro consta de cinco poemas en que el pueblo se lamenta por la destrucción del Templo de Jerusalén por los babilonios. Muestra arrepentimiento por su infidelidad, viéndola como causa del dominio babilonio.

Los Libros sapienciales y sus enseñanzas para el pueblo

La sabiduría que emana del camino de la fe y el estilo de vida propuestos por Dios tiene como fin la puesta en práctica de la relación con Dios en la vida cotidiana, y se encuentra con mayor intensidad en los cinco libros sapienciales: Job, Proverbios, Eclesiastés, Sabiduría y Eclesiástico. Estos libros recogen consejos de los sabios para la vida diaria, que son relevantes para personas de cualquier cultura, aunque se distinguen por tener en mente al Dios único del pueblo de Israel.

- **Job.** Enseña que el sufrimiento no es siempre consecuencia del pecado y que Dios premia a quien permanece fiel en las pruebas, aunque este final feliz no siempre se da en la vida terrena, como lo muestran las argumentaciones de Job. El epílogo deja abierto el dilema, el cual se ilumina con el mensaje de otros libros del AT y, en especial, del NT.
- **Proverbios.** Es un conjunto de máximas de sabiduría profana, orientada a la vida práctica. Aparecen como reflexión humana en torno a la vida que se ha de ajustar a la Ley de Dios y a la visión sobre la historia y la sociedad, según la expresaron los profetas. Representan la interiorización de la revelación de Dios a su pueblo, una moral como práctica de las virtudes y la respuesta del ser humano a las propuestas de Dios.
- **Eclesiástico.** Articula la enseñanza tradicional de la retribución a las personas por sus actos, mediante el premio o el castigo en esta vida. Compara la sabiduría, a la que identifica con la Ley, con el cuidado de la madre y la esposa, los cuales son superiores a otro tipo de cuidado, dado que su única motivación es el amor.
- **Eclesiastés.** Este libro reflexiona sobre cómo enfrentar la vida ante lo inevitable de la muerte; habla de lo efímero del placer, la incertidumbre del saber humano, las injusticias de la vida y lo inútil de muchos esfuerzos y bienes. Invita a gozar la vida como don de Dios y a aceptar serenamente las

desgracias y la adversidad, las cuales también son pasajeras.

Un pueblo que celebra su relación con Dios

Existen cinco libros que se utilizan de manera especial en las fiestas judías; dos históricos, dos poéticos y uno sapiencial. Se les conoce como el *megillot* o «conjunto de cinco rollos»:

- **Rut** se utiliza en la fiesta de las Semanas, dedicada a agradecer la bendición de Dios en la cosecha de las espigas (Ex 34 22; Dt 10 16).
- **Ester** se lee en la fiesta del Purim, fiesta de la liberación de los judíos en Persia, llevada a cabo por Mardoqueo y Ester, bajo el rey de los persas, Jerjes (485-465 a.C.).
- **El Cantar de los Cantares** es proclamado en la Pascua, la celebración conmemorativa de la salida de Egipto.
- **Lamentaciones** es leído en la conmemoración de la destrucción del Templo.
- **Eclesiastés** se lee durante la liturgia en la fiesta de los Tabernáculos.

Los géneros literarios en el Antiguo Testamento

Los géneros literarios son vehículos eficaces para la comunicación de la Palabra de Dios y su mensaje de salvación. Así como existen diferentes estilos de películas y formas de articular sentimientos por medio de cantos y poesías, la Sagrada Escritura tiene una gran riqueza de formas para expresar la relación del pueblo con Dios.

A continuación se presenta una tabla de los principales géneros literarios en el Antiguo Testamento (ver «Género literario», en el Vocabulario bíblico, p. 1680). Al final del término están enlistados los géneros que se encuentran descritos en el Vocabulario. Todos los aspectos relacionados con las formas literarias utilizadas en la Sagrada Escritura están marcadas con el símbolo de un papiro.

GÉNEROS LITERARIOS DEL ANTIGUO TESTAMENTO

PROSA				POESÍA	DIDÁCTICA
Narrativa	Ficción	Litúrgica	Legal		
Apologías o defensas	Cuentos	Plegaria	Leyes	Cantos de victoria	Máximas
Cartas	Etiología	Rituales	Tratados	Cantos fúnebres	Oráculos divinos/proféticos
Discurso	Fábulas			Cantos nupciales y amorosos	Proverbios
Predicación	Leyendas			Elegías	Sentencias
Relatos históricos biográficos y autobiográficos				Himnos de guerra	

PENTATEUCO

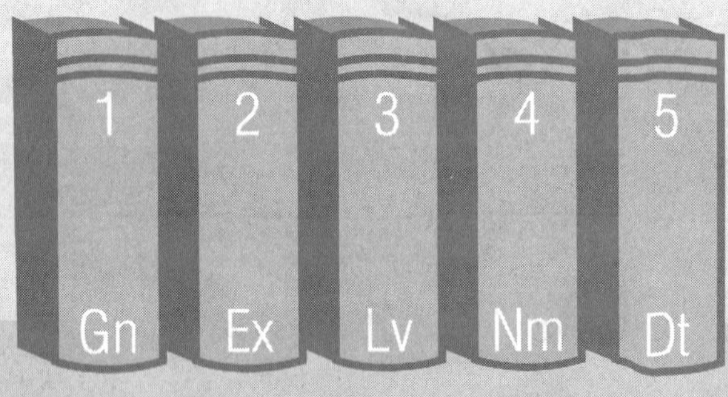
1
2
3
4
5
Gn
Ex
Lv
Nm
Dt

Introducción al
PENTATEUCO

¿Alguna vez te has preguntado cómo sabemos tantas cosas de Dios? La Biblia contiene todo lo que Dios nos reveló de sí mismo a través de su relación con el pueblo de Israel y los primeros cristianos. Al leer la Biblia vemos cómo se comunica Dios con su pueblo y la respuesta de este, como dos protagonistas de una historia que se conocen cada vez más al platicar y actuar juntos. En los primeros cinco libros bíblicos, o sea, el Pentateuco, Dios nos muestra su plan para la humanidad: quiere salvarnos del pecado y unirse con nosotros en sincera amistad.

INTRODUCCIÓN

Pentateuco significa «cinco rollos», del griego *pénte*, «cinco», y *teuchos*, «rollos». Está formado por los cinco primeros libros del Antiguo Testamento:

- Génesis: libro de los *orígenes*
- Éxodo: libro de la *salida* de Egipto
- Levítico: libro de los *levitas*, sacerdotes de la tribu de Leví
- Números: libro de los *censos* del pueblo de Israel
- Deuteronomio: libro de la *segunda Ley*

El Pentateuco es la clave para entender toda la Biblia, pues presenta los inicios de la revelación de Dios al pueblo elegido, y en él encontramos las primeras vivencias y reflexiones sobre el plan de amor de Dios con la humanidad. Solo al conocer el Pentateuco puede comprenderse la riqueza de la revelación de Dios y lo extraordinario de la historia de salvación a lo largo de la Biblia hasta llegar a su plenitud en Jesús, Dios y hombre, salvador único de toda la humanidad.

La relación de Dios con su pueblo se conservó en la memoria de las personas con respeto y amor, y fue transmitida de padres a hijos oralmente durante cerca de 600 años, hasta que esas experiencias se recogieron por escrito. Esta historia está relatada de muchas maneras y con variedad de géneros literarios: reflexiones sobre la experiencia de Dios y la naturaleza humana, leyes que rigen al pueblo, oraciones del pueblo a Dios, poemas que presentan el sentir del pueblo, recuerdos de familia significativos, ritos que regulan actos de culto... (ver «Vocabulario bíblico: Género literario», y «¿Qué son los géneros literarios?», p. 33).

La última redacción del Pentateuco se apoyó en las tradiciones de cuatro grupos de personas, que se relacionaban con Dios de distinta manera. Como cada tradición muestra aspectos muy bellos de Dios, los redactores finales decidieron unir las cuatro, pues todas eran consideradas inspiradas por Dios. A cada tradición oral o fuente de conocimiento de Dios se le dio un nombre, como si tuviera un solo autor.

- ***La tradición yavista*** llama a Dios *Yahveh* a través del manuscrito y se representa «J». Se inicia en los siglos IX y VIII a.C. Pertenece al sur de Palestina y se centra en el reino de Judá. Subraya la cercanía de Dios con la humanidad y lo describe en términos *antropomórficos*, del griego *ánthroopos*, «hombre», y *morpheé*, «forma», es decir, presenta a Dios actuando y reaccionando como persona humana.
- ***La tradición elohista*** da a Dios el nombre de *Elohim* y se representa con una «E». Se inicia al mismo tiempo que la yavista, en la que fue integrada alrededor del 715 a.C. Surge en el reino del Norte o reino de Israel, y habla del profetismo, la fuerza de la moral y el peligro de la idolatría. Muestra a un Dios que habla en sueños y con símbolos como la zarza.
- ***La tradición deuteronomista*** tiene un estilo insistente y se representa con una «D». Fue escrita en el siglo VII a.C. Insiste en la acción de Dios y la necesidad de una respuesta personal y comunitaria. Se basa en las tradiciones anteriores; empieza al final del reino cuando el reino del Norte cayó en poder de Asiria, y el pueblo parecía olvidar su fidelidad a la alianza del Sinaí.
- ***La tradición sacerdotal*** muestra a Dios distante y majestuoso, se representa con una «P». Se escribe al regresar del exilio, en el siglo VI a.C. Israel ya no era una nación independiente y centraba su identidad en el Templo. Da gran importancia a los ritos del culto y a las funciones de los sacerdotes.

Poco después de surgir la tradición sacerdotal, se hizo la redacción definitiva de los cinco libros. Al saber esto, comprenderás que haya temas duplicados, escritos de diferentes maneras, y que algunos eventos estén desfasados en el tiempo. Tal vez te preguntes: ¿para qué juntaron todo y por qué no optaron por una sola fuente? Porque cada tradición nos da a conocer distintos aspectos de Dios y todas son valiosas; fortalecen nuestra fe en él, y nos revelan su amor salvador.

NOTAS COMPLEMENTARIAS

- Los judíos reconocen el Pentateuco como la Torá, que significa «enseñanza» o «instrucción», y lo consideran la Ley.
- Antiguamente se pensaba que Moisés era autor del Pentateuco, pues fue un líder, legislador y juez grandioso. En realidad los cinco libros se escribieron cientos de años después de su muerte.
- El Génesis y el Éxodo presentan las historias y nombres que más conocemos del Antiguo Testamento. El Génesis relata las historias de Adán y Eva; Noé y el Diluvio; Abraham y Sara; José y sus hermanos. El Éxodo habla de Moisés y la zarza ardiendo; el Faraón de Egipto; el paso del mar Rojo y los diez mandamientos.
- El Pentateuco presenta narraciones y leyes: el Génesis contiene historias; el Levítico y el Deuteronomio tienen muchas leyes; el Éxodo y Números contienen tanto narraciones como leyes.

GÉNESIS

Imagínate el gran poder del cosmos. El universo se inaugura creado por Dios. Luego..., una destrucción universal. Más tarde, tiernas historias de amor y reuniones familiares, seguidas por traiciones, y crímenes... Parecería que fuera el último éxito de la pantalla cinematográfica. No es así. Estamos ante el Génesis, el libro de «los orígenes» donde se relata que Dios crea el mundo con amor y armonía. El pecado rompe el equilibrio. Dios decide no abandonar su proyecto de amor; escoge sendas asombrosas para restaurar todo; se adapta a nosotros, elige un pueblo y emprende su obra.

ESQUEMA

- **1 – 11.** Los orígenes del universo y de la humanidad
  - **1 – 3.** La creación del universo y la desobediencia humana
  - **4 1 – 9 17.** Desde Adán hasta el Diluvio
  - **9 18 – 11 32.** Desde Noé hasta Abraham
- **12 – 50.** Los orígenes del Pueblo de Dios: La época patriarcal
  - **12 1 – 25 18.** Abraham
  - **25 19 – 37 2a.** Isaac y Jacob
  - **37 2b – 50 26.** La historia de José

DATOS

Período descrito
Los primeros 11 capítulos pertenecen a la prehistoria. Los capítulos 12 en adelante describen el tiempo de los patriarcas y matriarcas de Israel (1900-1500 a.C.)

Autor
Varios

Fecha de redacción
- Tradiciones orales: 950-700 a.C.
- Recopilación y escritura: 700 a.C.
- Edición final: 400 a.C.

Temas
La creación es buena. El ser humano es libre y responsable. El mal uso de la libertad causa el pecado. Pactos iniciales de Dios con diversos personajes

PRESENTACIÓN

El Génesis reúne relatos que revelan la naturaleza de Dios y los inicios de su relación con la humanidad. Su propósito es demostrar que el plan de Dios es más fuerte que el pecado y la debilidad humana. No es un libro de historia, sino una confesión de fe articulada con relatos de las cinco tradiciones orales. Se divide en dos grandes partes.

La primera parte, capítulos 1 – 11, muestra a Dios creador y Señor de todo. Contiene las tradiciones más antiguas de la humanidad y las más memorables de la Biblia. Presenta dos relatos distintos de la creación, que despliegan la belleza de la naturaleza, la bondad en la obra de Dios, y la creación del hombre y la mujer a imagen y semejanza de Dios (caps. 1 y 2).

Adán y Eva viven en armonía con Dios, consigo mismos y con todo lo creado, en un fascinante jardín. Al pecar, todo cambia: Adán y Eva sienten separación, dolor e incluso la muerte (cap. 3). El pecado destruye a la familia, representada por Caín y Abel (cap. 4). Aniquilación de la humanidad, representada por Noé y el Diluvio (caps. 6 – 9). Se generan conflictos entre las naciones, como en la Torre de Babel (cap. 11).

La segunda parte, capítulos 12 – 50, narra el origen del pueblo de Israel. Explica la fe de Abraham, Sara e Isaac y de Jacob, Rebeca y sus familias. El Génesis concluye con la historia de José, nieto de Isaac.

Los israelitas describen su experiencia de Dios con imágenes y símbolos, pues a través de estos es como podemos acercarnos al misterio de Dios. Por eso es importante descubrir su significado profundo, sin despreciar las imágenes simbólicas como si fueran infantiles ni interpretarlas al pie de la letra.

G N

LOS ORÍGENES DEL UNIVERSO Y DE LA HUMANIDAD

LA CREACIÓN DEL UNIVERSO Y LA DESOBEDIENCIA HUMANA

Gn 2 4b-25; Job 38 – 39; Sal 8; 104; Jn 1 1-3; Col 1 15-17; Gn 5 1.3; 9 6

1 [1]Al principio Dios creó el cielo y la
tierra. [2]La tierra era algo informe y vacío, las tinieblas cubrían el abismo, y el soplo de Dios aleteaba sobre las aguas.
[3]Y Dios dijo: «Que haya luz». Y hubo
luz. [4]Dios vio que la luz era buena, y separó la luz de las tinieblas; [5]y llamó Día a la
luz y Noche a las tinieblas. Así hubo una
tarde y una mañana: este fue el primer día.
[6]Dios dijo: «Que haya un firmamento
en medio de las aguas, para que establezca una separación entre ellas». Y así sucedió. [7]Dios hizo el firmamento, y este separó las aguas que están debajo de él, de
las que están encima de él; [8]y Dios llamó
Cielo al firmamento. Así hubo una tarde
y una mañana: este fue el segundo día.
[9]Dios dijo: «Que se reúnan en un solo
lugar las aguas que están bajo el cielo, y
que aparezca el suelo firme». Y así sucedió.
[10]Dios llamó Tierra al suelo firme y Mar al
conjunto de las aguas. Y Dios vio que esto
era bueno. [11]Y dijo: «Que la tierra produzca vegetales, hierbas que den semilla y árboles frutales, que den sobre la tierra frutos
de su misma especie con su semilla adentro». Y así sucedió. [12]La tierra hizo brotar
vegetales, hierba que da semilla según su
especie y árboles que dan fruto de su mis-

G N

REFLEXIONA

Creados por amor y para amar

«Al principio Dios creó el cielo y la tierra...» (Gn 1 1). Este pequeño versículo es fundamental en nuestra fe. El universo no se creó por accidente ni somos una serie de átomos unidos al azar o una combinación casual de circunstancias cósmicas. Dios lo creó como expresión dinámica y creativa de su amor, y nos creó para que amemos la tierra, el agua, los animales... y, sobre todo, a la gente, y así vivamos en armonía con él y la creación.

La creación viene del Amor y llama al amor. ¿Cómo sientes el amor de Dios a través de todo lo creado? ¿Cuánto amas a las criaturas de Dios?

Gn 1 1

ma especie con su semilla adentro. Y Dios
vio que esto era bueno. 13 Así hubo una tarde y una mañana: este fue el tercer día.
14 Dios dijo: «Que haya astros en el firmamento del cielo para distinguir el día de
la noche; que ellos señalen las fiestas, los
días y los años, 15 y que estén como lámparas en el firmamento del cielo para iluminar la tierra». Y así sucedió. 16 Dios hizo los
dos grandes astros: el astro mayor para presidir el día y el menor para presidir la noche, y también hizo las estrellas. 17 Y los puso en el firmamento del cielo para iluminar
la tierra, 18 para presidir el día y la noche, y
para separar la luz de las tinieblas. Y Dios
vio que esto era bueno. 19 Así hubo una tarde y una mañana: este fue el cuarto día.
20 Dios dijo: «Que las aguas se llenen de
una multitud de seres vivientes y que vue-
len pájaros sobre la tierra, por el firmamento del cielo». 21 Dios creó los grandes
monstruos marinos, los seres vivientes que
llenan las aguas deslizándose en ellas y todas las especies de animales con alas. Y
Dios vio que esto era bueno. 22 Y los bendijo, diciéndoles: «Sean fecundos y multiplíquense; llenen las aguas de los mares y que
las aves se multipliquen sobre la tierra».
23 Así hubo una tarde y una mañana: este
fue el quinto día.

24 Dios dijo: «Que la tierra produzca seres
vivientes: ganado, reptiles y animales salvajes de toda especie». Y así sucedió. 25 Dios
hizo las diversas clases de animales del
campo, las diversas clases de ganado y todos los reptiles de la tierra, cualquiera sea
su especie. Y Dios vio que esto era bueno.
26 Dios dijo: «Hagamos al hombre a nuestra imagen, según nuestra semejanza; y que
le estén sometidos los peces del mar y las
aves del cielo, el ganado, las fieras de la tierra, y todos los animales que se arrastran
por el suelo».

Dios nos responsabilizó de la creación

Con un lenguaje simbólico y poético, el autor del relato de la creación afirma que el universo tuvo un inicio y que Dios fue su creador. Estas creencias, provenientes de la tradición sacerdotal, no pretenden narrar la historia del universo, por lo que este pasaje no puede interpretarse al pie de la letra. La Biblia habla del origen y el sentido de la vida, sin pretender dar datos arqueológicos y científicos.

La sabiduría, el amor y el poder absoluto de Dios fueron el origen de todo. La fe y la razón humana no pueden oponerse, pues Dios es el origen de ambas. Muchos estudiosos de las ciencias, aun sin proponérselo, concluyen que Dios ha creado todas las cosas.

Dios coronó la creación tan variada y hermosa creando a los seres humanos. A nosotros nos entregó su «dominio», pidiéndonos que ejerzamos nuestro «señorío» sobre ella como él, autor de la vida por amor. Por eso las narraciones de la creación nos cuestionan: ¿de dónde vengo?, ¿adónde voy?, ¿cómo cuido la bella y buena creación de Dios?

Cuando leas la Biblia piensa que Dios te hizo por amor, te acompaña en el viaje de tu vida, te pide que cuides su creación y te espera al final con los brazos abiertos. *¡Gracias, Señor!*

Gn 1 1 – 2 4

G N

VIVE LA PALABRA

Somos el punto culminante de la creación

Dios hace todo bien y nos hizo a las personas a su imagen y semejanza, con el fin de que podamos vivir y relacionarnos con él. A todas nos creó con la misma dignidad, varones y mujeres, de raza negra, amarilla, blanca y roja... y también a los mestizos y mulatos. Todos reflejamos la belleza y la grandeza de Dios; nadie posee el modelo exclusivo de belleza ni la máxima inteligencia ni el amor por excelencia, pues ninguna raza puede acaparar el parecido con Dios.

Esta semejanza con Dios y el que solo con nosotros compartió sus atributos nos hace el punto culminante de la creación. Nos dio libertad para elegir el camino de la vida, capacidad de amar, conocer, analizar, procrear y transformar. Desde el principio estableció un diálogo con nosotros, cosa que no hizo con el resto de la creación.

Revisa los párrafos anteriores en este artículo y haz lo siguiente:

- Identifica dos verdades que más afirman tu autoestima, la verdad que más te desafía a cambiar de actitudes y conductas, y la verdad que te hace agradecer más a Dios la maravilla que eres tú.
- Haz una oración de alabanza y agradecimiento por ser quien eres, y una de petición para usar bien tu libertad y desarrollar tus capacidades al ponerlas en acción, tratando cada vez de ser más semejante a Dios.

Gn 1 26-28

27 Y Dios creó al ser humano a su imagen;
lo creó a imagen de Dios,
los creó varón y mujer.

Y DIOS CREÓ AL SER HUMANO A SU IMAGEN.

Gn 1 27

28 Y los bendijo, diciéndoles: «Sean fecundos, multiplíquense, llenen la tierra y sométanla; dominen a los peces del mar, a las aves del cielo y a todos los vivientes
que se mueven sobre la tierra». 29 Y dijo:
«Yo les doy todas las plantas que producen semilla sobre la tierra, y todos los árboles que dan frutos con semilla: ellos les servi-
rán de alimento. 30 Y a todas las bestias de la tierra, a todos los pájaros del cielo y a todos los vivientes que se arrastran por el suelo, les doy como alimento el pasto verde». Y así sucedió. 31 Dios miró todo lo que había hecho, y vio que era muy bueno. Así hubo una tarde y una mañana: este fue el sexto día.

2 1 Así fueron terminados el cielo y la tierra, y todos los seres que hay en ellos.
2 El séptimo día, Dios concluyó la obra que había hecho, y cesó de hacer la obra que
había emprendido. 3 Dios bendijo el séptimo día y lo consagró, porque en él cesó de hacer la obra que había creado.
4 Este fue el origen del cielo y de la tierra cuando fueron creados.

La creación del varón y la mujer

Ecl 3 20; Sal 104 29-30; Job 34 14-15; Ap 22 1-2; 1 Cor 11 8-9; Mt 19 5; Ef 5 31

Cuando el Señor Dios hizo la tierra y el
cielo, 5 aún no había ningún arbusto del campo sobre la tierra, ni había brotado ninguna hierba, porque el Señor Dios no había hecho llover sobre la tierra. Tampoco había ningún hombre para cultivar el
suelo, 6 pero un manantial surgía de la tierra y regaba toda la superficie del suelo. 7 Y
el Señor Dios modeló al hombre con arcilla del suelo y sopló en su nariz un aliento de vida. Así el hombre se convirtió en un ser viviente.
8 El Señor Dios plantó un jardín en Edén, al oriente, y puso allí al hombre que había
formado. 9 Y el Señor Dios hizo brotar del suelo toda clase de árboles, que eran atrayentes para la vista y apetitosos para comer; hizo brotar el árbol de la vida en medio del jardín, y el árbol del conocimiento del bien y del mal.
10 De Edén nace un río que riega el jardín,
y desde allí se divide en cuatro brazos. 11 El
primero se llama Pisón: es el que recorre toda la región de Javilá, donde hay oro. 12 El
oro de esa región es excelente, y en ella hay también bedelio y lapislázuli. 13 El segundo
río se llama Guijón: es el que recorre toda

Un día para el Señor

El Génesis presenta la creación en siete etapas, que llama *días*. El séptimo día, Dios descansó, bendijo el día y lo consagró con su descanso. Los judíos consagraban el sábado a Dios (Ex 20 8). Los cristianos le consagramos el domingo, «el primer día de la semana» (Mt 28 1), porque Jesús resucitó ese día. *Domingo* proviene del latín *dominica dies*, que quiere decir «día del Señor».

El trabajo y el descanso son nuestra vida y ambos nos unen a Dios. Al trabajar colaboramos con Dios en su creación. Al descansar podemos dedicarle tiempo y acordarnos de que somos libres y no debemos ser esclavos del trabajo.

Los católicos celebramos en familia la Eucaristía dominical. En ella proclamamos la alegría de la creación y que Dios descansó cuando vio que «todo era muy bueno» (Gn 1 31). La Iglesia nos pide que dediquemos el domingo a honrar a Dios en un acto de confianza en él. Cuando por razones de fuerza mayor necesitamos trabajar en domingo, es importante dedicar el día de trabajo a Dios de manera especial y, si es posible, consagrarle un día entre semana.

¿Cómo honras tú el domingo?

Gn 2 1-3

la tierra de Cus. [14] El tercero se llama Tigris:
es el que pasa al este de Asur. El cuarto es el
Éufrates.
[15] El Señor Dios tomó al hombre y lo puso en el jardín de Edén, para que lo cultiva-
ra y lo cuidara. [16] Y le dio esta orden: «Puedes comer de todos los árboles que hay en
el jardín, [17] pero no comerás del árbol del
conocimiento del bien y del mal. De él no
deberás comer, porque el día que lo hagas
morirás».
[18] Después dijo el Señor Dios: «No conviene que el hombre esté solo. Voy a hacerle una ayuda adecuada». [19] Y el Señor
Dios modeló con arcilla del suelo a todos
los animales del campo y a todos los pájaros del cielo, y los presentó al hombre para ver qué nombre les pondría. Porque cada ser viviente debía tener el nombre que
le pusiera el hombre. [20] El hombre puso un
nombre a todos los animales domésticos,
a todas las aves del cielo y a todos los animales del campo; pero entre ellos no encontró la ayuda adecuada.
[21] El Señor Dios hizo caer sobre el hombre un profundo sueño, y cuando este se
durmió, tomó una de sus costillas y cerró
con carne el lugar vacío. [22] Luego, con la
costilla que había sacado del hombre, el
Señor Dios formó una mujer y se la presentó al hombre. [23] El hombre exclamó:

Dios es mi Creador: ¡soy obra suya!

Lee Génesis 2, el cual presenta un segundo relato de la creación del universo. Déjate llevar por la hermosura y profundidad de las imágenes de este relato yavista.

La arcilla del suelo y el soplo divino indican que el ser humano es materia y espíritu; un cuerpo animado por un alma inmortal, con deseos de volver a Dios. «Nos hiciste para ti, y nuestro corazón no encuentra reposo hasta llegar a ti»,[1] dice san Agustín.

- La creación de la mujer de la costilla del varón simboliza que ambos tenemos igual dignidad, sin distinción de sexo, edad, raza o grado de educación. Muestra que la unidad de la pareja es la comunión más íntima entre las personas.
- Dios hace desfilar a los animales delante del ser humano para que le dé nombre, pues dar nombre era señal de poder y autoridad. Todas las cosas fueron creadas para el ser humano, quien es responsable de ellas, por lo que tenemos que usarlas con respeto y amor. En esta verdad se apoya la ecología, o ciencia que cuida del equilibro de la creación.

Busca el Salmo 8, medítalo en tu corazón y ora con sus ideas y sus palabras.

Gn 2 4-25

GN

«¡Esta sí que es hueso de mis huesos
y carne de mi carne!
Se llamará Mujer,
porque ha sido sacada del hombre».

24 Por eso el hombre deja a su padre y a
su madre y se une a su mujer, y los dos llegan a ser una sola carne.
25 Los dos, el hombre y la mujer, estaban
desnudos, pero no sentían vergüenza.

La tentación y el pecado

Sab 2 24; Jn 8 44; 2 Cor 11 3;
Ap 12 9; 20 2; Rom 5 12-21

3 1 La serpiente era el más astuto de todos los animales del campo que el Señor Dios había hecho, y dijo a la mujer:
«¿Así que Dios les ordenó que no comieran
de ningún árbol del jardín?». 2 La mujer le
respondió: «Podemos comer los frutos de
todos los árboles del jardín. 3 Pero del árbol
que está en medio del jardín, Dios nos ha dicho: "No coman de él ni lo toquen, porque
de lo contrario morirán"». 4 La serpiente dijo
a la mujer: «No, no morirán. 5 Dios sabe que
cuando ustedes coman de ese árbol, se les
abrirán los ojos y serán como dioses, conocedores del bien y del mal». 6 Cuando la mujer vio que el árbol era apetitoso para comer,
agradable a la vista y deseable para adquirir
discernimiento, tomó de su fruto y comió;
luego se lo dio también a su marido, que estaba con ella, y él comió. 7 Entonces se abrieron los ojos de los dos y descubrieron que
estaban desnudos. Y entretejieron hojas de
higuera y se hicieron vestimentas.
8 Al oír la voz del Señor Dios que se
paseaba por el jardín, a la hora en que sopla la brisa, se ocultaron de él, entre los árboles del jardín. 9 Pero el Señor Dios llamó
al hombre y le dijo: «¿Dónde estás?». 10 «Oí
tus pasos por el jardín —respondió él—, y
tuve miedo porque estaba desnudo. Por
eso me escondí». 11 Él replicó: «¿Y quién te
dijo que estabas desnudo? ¿Acaso has comido del árbol que yo te prohibí?». 12 El
hombre respondió: «La mujer que pusiste
a mi lado me dio el fruto y yo comí de él».
13 El Señor Dios dijo a la mujer: «¿Por qué
has hecho esto?». La mujer respondió: «La
serpiente me sedujo y comí».

La maldición de la serpiente

Ap 12 17; Rom 8 20

14 Y el Señor Dios dijo a la serpiente:

«Por haber hecho esto,
maldita seas entre todos los animales
domésticos
y entre todos los animales del campo.

PERSPECTIVA CATÓLICA

El pecado original rompió la relación con Dios

Con vivas imágenes propias de un relato popular, el Génesis narra cómo el pecado introduce el sufrimiento y la muerte en la creación, donde todo «era muy bueno» (Gn 1 31). Al crear al ser humano a su imagen y semejanza, Dios estableció una alianza de amor con la humanidad.
El amor nace libremente del corazón y no puede forzarse, por eso, cuando Adán y Eva desobedecen a Dios, rompen su relación de amor con él, cometiendo el *pecado original*, el primer pecado de la historia.

De esa primera separación de Dios se deriva nuestra tendencia a usar mal la libertad y a no responder positivamente a su amor.
El pecado nos aleja de Dios al preferirnos a nosotros mismos sobre él, lo que tiene consecuencias de sufrimiento y muerte. Pero el bien y el amor de Dios triunfan sobre el mal, como lo presenta la derrota que sufrirá la serpiente, símbolo del mal, por medio de la descendencia de una mujer (Gn 3 15)
(ver símbolo: «La Inmaculada»).

No te dejes abrumar por el mal que hay alrededor de ti, porque Dios envió a Jesús justamente para liberarnos del pecado y darnos la Vida eterna. Al contrario, usa bien tu libertad: vuelve tu mente y corazón a Dios, y acógete en los brazos amorosos del Creador.

Gn 3 1-24

Te arrastrarás sobre tu vientre,
y comerás polvo todos los días de tu vida.
15 Pondré enemistad entre ti y la mujer,
entre tu linaje y el suyo.
Él te aplastará la cabeza
y tú le acecharás el talón».

El castigo de la mujer

16 Y el Señor Dios dijo a la mujer:

«Multiplicaré los sufrimientos
de tus embarazos;
darás a luz a tus hijos con dolor.

Sentirás atracción por tu marido,
y él te dominará».

El castigo del hombre

Ap 22 2.14; Sal 104 29; Ecl 3 20

17 Y dijo al hombre:

«Porque hiciste caso a tu mujer
y comiste del árbol que yo te prohibí,
maldito sea el suelo por tu culpa.
Con fatiga sacarás de él tu alimento
todos los días de tu vida.
18 Él te producirá cardos y espinas
y comerás la hierba del campo.
19 Ganarás el pan con el sudor de tu frente,
hasta que vuelvas a la tierra,
de donde fuiste sacado.
¡Porque eres polvo y al polvo volverás!».

20 El hombre dio a su mujer el nombre
de Eva, por ser ella la madre de todos los
vivientes. 21 El Señor Dios hizo al hombre y
a su mujer túnicas de pieles y los vistió.
22 Después el Señor Dios dijo: «El hombre ha llegado a ser como uno de nosotros en el conocimiento del bien y del
mal. No vaya a ser que ahora extienda su
mano, tome también del árbol de la vida,
coma y viva para siempre». 23 Y expulsó al
hombre del jardín de Edén, para que trabajara la tierra de la que había sido sacado. 24 Y después de expulsar al hombre,
puso al oriente del jardín de Edén a los
querubines y la llama de la espada zigza-
gueante, para custodiar el acceso al árbol
de la vida.

COMPRENDE LOS SÍMBOLOS

La Inmaculada

La imagen de la Inmaculada es símbolo del triunfo de Dios sobre el mal. Dios prometió en el paraíso que una mujer humillaría a la serpiente al dar a luz a su Hijo. María es esa mujer, la nueva Eva, libre del pecado original desde antes de su concepción, gracias a la obra redentora de su Hijo Jesús, quien nos libera del mal y la muerte eterna.

DESDE ADÁN HASTA EL DILUVIO

El primer fratricidio

Heb 11 4; Mt 23 35; 1 Jn 3 12

4 1 El hombre se unió a Eva, su mujer,
y ella concibió y dio a luz a Caín.
Entonces dijo: «He procreado un varón,
con la ayuda del Señor». 2 Más tarde dio a
luz a Abel, el hermano de Caín. Abel fue
pastor de ovejas y Caín agricultor. 3 Al cabo de un tiempo, Caín presentó como
ofrenda al Señor frutos del suelo, 4 mientras que Abel le ofreció las primicias y lo
mejor de su rebaño. El Señor miró con
agrado a Abel y su ofrenda, 5 pero no miró a Caín ni su ofrenda. Caín se mostró
muy resentido y agachó la cabeza. 6 El Señor le dijo: «¿Por qué estás resentido y tienes la cabeza baja? 7 Si obras bien podrás
mantenerla erguida; si obras mal, el pecado está agazapado a la puerta y te acecha,
pero tú debes dominarlo».
8 Caín dijo a su hermano Abel: «Vamos
afuera». Y cuando estuvieron en el campo, se abalanzó sobre su hermano y lo
mató. 9 Y el Señor preguntó a Caín:
«¿Dónde está tu hermano Abel?». «No lo
sé», respondió Caín. «¿Acaso soy yo el
guardián de mi hermano?». 10 Pero el Señor le replicó: «¿Qué has hecho? ¡Escucha! La sangre de tu hermano grita hacia
mí desde el suelo. 11 Por eso maldito seas
lejos del suelo que abrió sus fauces para
recibir la sangre de tu hermano derramada por ti. 12 Cuando lo cultives, no te dará más su fruto, y andarás por la tierra
errante y vagabundo». 13 Caín respondió
al Señor: «Mi castigo es demasiado grande para poder sobrellevarlo. 14 Hoy me
arrojas lejos del suelo fértil; yo tendré
que ocultarme de tu presencia y andar
por la tierra errante y vagabundo, y el primero que me salga al paso me matará».
15 «Si es así —le dijo el Señor—, el que
mate a Caín deberá pagarlo siete veces».
Y el Señor puso una marca a Caín, para
que al encontrarse con él nadie se atre-

GN

VIVE LA PALABRA

Hermanos y hermanas

«¿Acaso soy yo el guardián de mi hermano?» (Gn 4 9). Imagínate a Caín levantando los hombros y contestando groseramente a Dios.

Tú sabes la respuesta: todos somos hermanos y hermanas, responsables unos de otros, en la familia, con los amigos e incluso los extraños. Por eso, conforme maduras en edad y en espíritu, tu círculo de relaciones se amplía, y al decir «nosotros» incluyes a más personas, hasta sentir un amor fraterno por todas ellas.

Nadie puede ser extraño a tu interés y cuidado ni puedes encogerte de hombros como Caín. Debemos atendernos unos a otros como hermanos y hermanas, hijos del mismo Dios.

¿Hay alguna persona a tu alrededor que necesite tu cariño y atención? Muéstrale tu amor con algún detalle, presta atención a lo que necesita y pide a Dios que la bendiga en abundancia.

Gn 4 9

viera a matarlo. 16 Luego Caín se alejó de
la presencia del Señor y fue a vivir a la región de Nod, al este de Edén.

Los descendientes de Caín

17 Caín se unió a su mujer, y ella concibió
y dio a luz a Henoc. Caín fue el fundador de
una ciudad, a la que puso el nombre de su
hijo Henoc. 18 A Henoc le nació Irad. Irad fue
padre de Mejuiael; Mejuiael fue padre de
Metusael, y Metusael fue padre de Lamec.
19 Lamec tuvo dos mujeres: una se llamaba Adá, y la otra, Silá. 20 Adá fue madre de
Iabal, el antepasado de los que viven en
campamentos y crían ganado. 21 El nombre
de su hermano era Iubal, el antepasado de
los que tocan la lira y la flauta. 22 Silá, por
su parte, fue madre de Tubal Caín, el antepasado de los forjadores de bronce y de los
herreros. Naamá fue hermana de Tubal
Caín.

El canto de Lamec

Ex 21 23-25; Sal 79 12; Mt 18 22

23 Lamec dijo a sus mujeres:

«¡Adá y Silá, escuchen mi voz:
mujeres de Lamec, oigan mi palabra!
Yo maté a un hombre por una herida,
y a un muchacho por una contusión.
24 Porque Caín será vengado siete veces,
pero Lamec lo será setenta y siete».

Set y su descendencia

Ex 3 14-15

25 Adán se unió a su mujer, y ella tuvo un
hijo, al que puso el nombre de Set, y dijo:

REFLEXIONA

No a la violencia y la muerte

Caín fue un asesino; mató a su hermano y al hacerlo ofendió gravemente a Dios. Cualquier ofensa a nuestros hermanos también ofende a Dios. Sin embargo, Dios no aniquila a Caín, sino que lo protege para que nadie lo mate.

Dios nunca autoriza a responder a la violencia con violencia, pues se genera un ciclo interminable de muerte. ¿Cómo colaboras para aminorar la violencia en el ambiente en que vives y en el mundo?

Gn 4 15

«Dios me dio otro descendiente en lugar de
Abel, porque Caín lo mató». 26 También Set
tuvo un hijo, al que llamó Enós. Fue entonces cuando se comenzó a invocar el
nombre del Señor.

Los patriarcas anteriores al Diluvio

Gn 1 26-27; 1 Cr 1 1-4; Heb 11 5; Jds 14

5 1 Los descendientes de Adán son los
siguientes:
El día en que Dios creó al ser humano, lo
hizo semejante a él. 2 Los hizo varón y mujer, los bendijo y los llamó ser humano.

El soplo de la vida

El ser humano siempre que reflexiona sobre sus orígenes llega a conclusiones parecidas. El códice chimalpopoca, que documenta la historia azteca o *náhuatl* —una cultura indígena muy antigua de México—, expresa que sus antepasados creían que Dios nos hizo de la tierra y que, para tener vida, había que tener energía propia.

Por eso, cuando les preguntaron cuál era su origen y de dónde venían, respondieron: «Venimos de donde sale el sol. Pasamos por encima del agua». Y ante la pregunta, ¿quiénes fueron sus primeros padres?, declararon: «Nuestra madre primera se llamó *Oxomóco*, "sobre-la-que-caminamos", y nuestro padre primero tuvo como nombre *Cipactónal*, es decir, "energía-que-nos-rodea"».[2]

Observa la semejanza con los relatos del Génesis: hay luz y agua; Dios crea la tierra; hay un primer hombre y una primera mujer; la vida es energía, es poder. La diferencia está en que la Biblia revela que Dios creó todo y fue él quien nos dio la vida y el poder para procrear y trabajar.

Gn 5 1-2

3 Adán tenía ciento treinta años cuando engendró un hijo semejante a él, según su imagen, y le puso el nombre de Set. 4 Después que nació Set, Adán vivió ochocientos años y tuvo hijos e hijas. 5 Adán vivió en total novecientos treinta años, y al cabo de ellos murió.

6 Set tenía ciento cinco años cuando fue padre de Enós. 7 Después que nació Enós, Set vivió ochocientos siete años y tuvo hijos e hijas. 8 Set vivió en total novecientos doce años, y al cabo de ellos murió.

9 Enós tenía noventa años cuando fue padre de Quenán. 10 Después que nació Quenán, Enós vivió ochocientos quince años y tuvo hijos e hijas. 11 Enós vivió en total novecientos cinco años, y al cabo de ellos murió.

12 Quenán tenía setenta años cuando fue padre de Mahalalel. 13 Después que nació Mahalalel, Quenán vivió ochocientos cuarenta años y tuvo hijos e hijas. 14 Quenán vivió en total novecientos diez años y al cabo de ellos murió.

15 Mahalalel tenía setenta y cinco años cuando fue padre de Iéred. 16 Después que nació Iéred, Mahalalel vivió ochocientos treinta años y tuvo hijos e hijas. 17 Mahalalel vivió en total ochocientos noventa y cinco años, y al cabo de ellos murió.

18 Iéred tenía ciento sesenta y dos años cuando fue padre de Henoc. 19 Después que nació Henoc, Iéred vivió ochocientos años y tuvo hijos e hijas. 20 Iéred vivió en total novecientos sesenta y dos años, y al cabo de ellos murió.

21 Henoc tenía sesenta y cinco años cuando fue padre de Matusalén. 22 Henoc siguió los caminos de Dios. Después que nació Matusalén, Henoc vivió trescientos años y tuvo hijos e hijas. 23 Henoc vivió en total trescientos sesenta y cinco años. 24 Siguió los caminos de Dios, y desapareció porque Dios se lo llevó.

25 Matusalén tenía ciento ochenta y siete años cuando fue padre de Lamec. 26 Después que nació Lamec, Matusalén vivió setecientos ochenta y dos años y tuvo hijos e hijas. 27 Matusalén vivió en total novecientos sesenta y nueve años, y al cabo de ellos murió.

28 Lamec tenía ciento ochenta y dos años cuando fue padre de un hijo, 29 al que llamó Noé, porque dijo: «Este nos dará un alivio en nuestro trabajo y en la fatiga de nuestras manos, un alivio proveniente del suelo que maldijo el Señor». 30 Después que nació Noé, Lamec vivió quinientos noventa y cinco años y tuvo hijos e hijas. 31 Lamec vivió en total setecientos setenta y siete años, y al cabo de ellos murió.

32 Noé tenía quinientos años cuando fue padre de Sem, Cam y Jafet.

Los hijos de Dios y las hijas de los hombres

Gn 8 21; Sal 14 2-3; Jr 5 1-5; Mt 24 37-39

6 1 Cuando los hombres comenzaron a multiplicarse sobre la tierra y les nacieron hijas, 2 los hijos de Dios vieron que eran hermosas, y de entre ellas tomaron para sí mujeres. 3 Y el Señor dijo: «Mi espíritu no va a permanecer para siempre en el hombre, porque este no es más que carne; por eso no vivirá más de ciento veinte años». 4 En aquellos días —y aún después— cuando los hijos de Dios se unieron con las hijas de los hombres y ellas tuvieron hijos, había en la tierra gigantes: estos fueron los héroes famosos de la antigüedad.

5 Cuando el Señor vio qué grande era la maldad del hombre en la tierra y cómo todos los designios que forjaba su mente tendían al mal, 6 se arrepintió de haber hecho al ser humano sobre la tierra, y sintió pesar en su corazón. 7 Por eso el Señor dijo: «Voy a eliminar de la superficie del suelo a los hombres que he creado —y junto con

GN

VIVE LA PALABRA

El pecado tiene consecuencias sociales

Según Génesis 6 1-8, el Diluvio borra una civilización de la faz de la tierra por el pecado en la sociedad y muestra la interdependencia de todos, para bien o para mal. Cuando ayudamos a una persona, se beneficia ella y otras relacionadas con ella; también el daño que causamos a alguien afecta a mucha gente.

Cuando un pueblo pierde la conciencia del pecado, se crean *estructuras de pecado*, que solemos disculpar al decir: «así se usa». La Iglesia llama a esta realidad *pecado social* (ver «Reforma de Josías y conversión ante el pecado social», 2 Re 22 – 23). Entre los pecados sociales destacan: la injusta distribución de la riqueza y de la educación escolar; la explotación de los trabajadores; la desintegración familiar y el abuso de los recursos naturales.

¿Qué pecados sociales existen en tu comunidad y en tu nación? El poder salvador de Dios es mayor que cualquier pecado social, pero Dios quiere colaboradores para actuar. ¿Quieres colaborar con él? Únete a tus amigos o a tu parroquia para luchar con Dios contra alguno de los pecados sociales de hoy.

Gn 6 1-8

ellos a las bestias, los reptiles y los pájaros
del cielo— porque me arrepiento de haberlos hecho».
8 Pero Noé fue agradable a
los ojos del Señor.

El anuncio del Diluvio y la orden de construir el arca

Gn 18 20; Ez 14 14; Sab 7 1; Eclo 44 17-18; Heb 11 7; 1 Pe 3 20; 2 Pe 2 5

9 Esta es la historia de Noé.
Noé era un hombre justo, íntegro entre
los de su generación, y siguió siempre los
caminos de Dios.
10 Tuvo tres hijos: Sem,
Cam y Jafet.
11 Pero la tierra estaba corrompida a los ojos de Dios y se había llenado de
violencia.
12 Al ver que la tierra se había pervertido, porque todos los hombres tenían
una conducta depravada,
13 Dios dijo a Noé:
«He decidido acabar con todos los mortales,
porque la tierra se ha llenado de violencia a
causa de ellos. Por eso los voy a destruir junto con la tierra.
14 Constrúyete un arca de
madera resinosa, divídela en compartimentos, y recúbrela con betún por dentro y por
fuera.
15 Deberás hacerla así: el arca tendrá
ciento cincuenta metros de largo, treinta de
ancho y quince de alto.
16 También le harás
un tragaluz y lo terminarás a medio metro
de la parte superior. Pondrás la puerta al
costado del arca y harás un primero, un segundo y un tercer piso.
17 Yo voy a enviar a la
tierra las aguas del Diluvio, para destruir a
todos los seres que tienen aliento de vida:
todo lo que hay en la tierra perecerá.
18 Pero
contigo estableceré mi alianza: tú entrarás
en el arca con tus hijos, tu mujer y las mujeres de tus hijos.
19 También harás entrar en
el arca una pareja de cada especie de seres
vivientes, de todo lo que es carne, para que
sobrevivan contigo; deberán ser un macho y
una hembra.
20 Irá contigo una pareja de cada especie de pájaros, de ganado y de reptiles, para que puedan sobrevivir.
21 Además,
recoge víveres de toda clase y almacénalos,
para que te sirvan de alimento, a ti y a
ellos».
22 Así lo hizo Noé y cumplió todo lo
que Dios le había mandado.

La entrada de Noé en el arca

Job 12 15

7 1 El Señor dijo a Noé: «Entra en el arca, junto con toda tu familia, porque
he visto que eres el único en verdad justo en
medio de esta generación.
2 Lleva siete parejas de todas las especies de animales puros y
una pareja de los impuros, los machos con
sus hembras
3 —también siete parejas de todas las clases de pájaros— para perpetuar
sus especies sobre la tierra.
4 Porque dentro
de siete días haré llover durante cuarenta
días y cuarenta noches, y eliminaré de la superficie de la tierra a todos los seres que hice».
5 Y Noé hizo lo que Dios le ordenó.

El comienzo del Diluvio

6 Cuando las aguas del Diluvio se precipitaron sobre la tierra, Noé tenía seiscientos años.
7 Entró en el arca con sus hijos, su
mujer y las mujeres de sus hijos, para salvarse de las aguas del Diluvio.
8 Y los animales puros, los impuros, los pájaros y todos los seres que se arrastran por el suelo,
9 entraron por parejas con él en el arca, co-

¿SABÍAS QUE...?

Los antropomorfismos ayudan a conocer a Dios

Lee Génesis 6 1-7. Observa cómo describe a Dios como persona humana. Otros pasajes hacen lo mismo para ayudarnos a descubrir su manera de ser y actuar. Dios es un misterio que se revela poco a poco, hasta mostrarse completamente en Jesucristo. Su esencia es diferente a la nuestra: Dios es eterno, sin principio ni fin; nosotros somos criaturas, con principio y fin. Dios es omnipotente (todopoderoso); nuestro poder es limitado. Dios es amor; nosotros amamos de manera imperfecta.

Génesis 2 – 3 habla de Dios plantando un huerto, moldeando un muñeco de barro, soplando en él, sacando una costilla a Adán mientras dormía y esperando el fresco de la tarde para pasear por su huerto. El capítulo 11 lo presenta bajando del cielo para inspeccionar lo que los hombres construyen. A esta manera de hablar de Dios, como si fuera persona humana, se llama *antropomorfismo*, y fue usada por muchos autores sagrados para comunicarnos su experiencia de Dios.

El *antropomorfismo* más reconfortante y dador de esperanza es el de un padre tierno y cariñoso con sus hijos rebeldes. ¿Cómo describes tú a Dios cuando quieres hablar de él con tus compañeros?

Gn 6 1-7

mo Dios se los había mandado. 10 A los siete días, las aguas del Diluvio cayeron sobre
la tierra. 11 Noé tenía seiscientos años, y era
el decimoséptimo día del segundo mes. Ese
día, desbordaron las fuentes del gran océano y se abrieron las cataratas del cielo.
12 Y una fuerte lluvia cayó sobre la tierra
durante cuarenta días y cuarenta noches.
13 Ese mismo día, habían entrado en el arca
Noé, sus hijos, Sem, Cam y Jafet, su mujer
y las tres mujeres de sus hijos; 14 y junto con
ellos, los animales de todas las especies: las
fieras, el ganado, los reptiles, los pájaros y
todos los demás animales con alas. 15 Todas
las clases de seres que tenían aliento de vida entraron con Noé en el arca; y lo hicieron por parejas, 16 machos y hembras, como Dios se lo había ordenado. Y el Señor
cerró el arca detrás de Noé.

La inundación

Is 24 18

17 El Diluvio se precipitó sobre la tierra
durante cuarenta días. A medida que las
aguas crecían, llevaban el arca hacia arriba,
y se elevó por encima de la tierra. 18 Las
aguas subían de nivel y crecían con desme-
sura sobre la tierra, mientras el arca flotaba
en la superficie. 19 Así subieron cada vez
más, hasta que en todas partes quedaron
sumergidas las montañas, incluso las más
elevadas. 20 El nivel de las aguas subió más
de siete metros por encima de las montañas. 21 Y perecieron todos los seres que se movían sobre la tierra: los pájaros, el ganado, las
fieras, todos los animales que se arrastran
por el suelo, y también los seres humanos.
22 Murió todo lo que tenía aliento de vida en

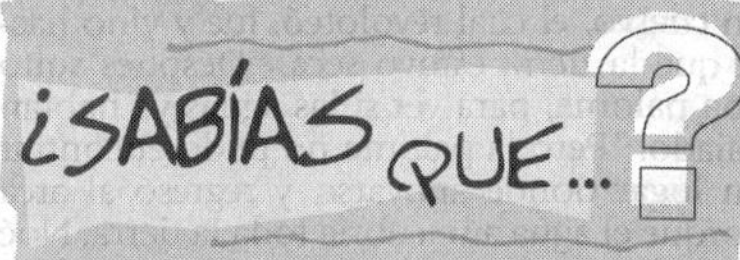

El Diluvio

El relato del Diluvio narra la catástrofe que sufrió una civilización antigua y que los autores bíblicos no conocieron. Su objetivo es comunicar la magnitud destructora del pecado y la misericordia de Dios, quien se muestra justo y amante de la vida, y manifiesta su plan de salvación a través de una alianza con Noé.

Los antiguos israelitas veían las tragedias como castigo de Dios. Nosotros sabemos que los fenómenos naturales provienen de las leyes de la naturaleza, pero que las catástrofes sociales casi siempre son causadas por el pecado social.

Noé, un hombre fiel a Dios, representa a las personas que buscan con sinceridad la justicia y la bondad en medio de una sociedad pervertida. Las aguas torrenciales del Diluvio prefiguran la nueva vida que recibimos en el Bautismo. El agua simboliza el castigo por el pecado y el principio de una alianza con Dios, salvadora y dadora de vida.

Gn 7 1-24

sus narices, todo lo que estaba sobre el suelo
firme. 23 Así fueron eliminados todos los seres que había en la tierra, desde el hombre
hasta el ganado, los reptiles y los pájaros del
cielo. Solo quedó Noé y los que estaban con
él en el arca. 24 Y las aguas inundaron la tierra
por espacio de ciento cincuenta días.

El descenso de las aguas

Is 44 27; Eclo 44 17

8 1 Dios se acordó de Noé y de todos los
animales salvajes y domésticos que
estaban con él en el arca. Hizo soplar un
viento sobre la tierra, y las aguas empezaron
a bajar. 2 Se cerraron las fuentes del océano y
las compuertas del cielo, y cesó la fuerte lluvia que caía del cielo. 3 Poco a poco las aguas
se retiraron de la tierra; y al cabo de ciento
cincuenta días ya habían disminuido tanto,
4 que el decimoséptimo día del séptimo
mes, el arca se detuvo sobre las montañas
de Ararat. 5 Así disminuyeron hasta el décimo mes; y el primer día del décimo mes
aparecieron las cimas de las montañas.
6 Al cabo de cuarenta días, Noé abrió la
ventana que había hecho en el arca, 7 y soltó
un cuervo, el cual revoloteó, fue y vino hasta que la tierra estuvo seca. 8 Después soltó
una paloma, para ver si las aguas ya habían
bajado. 9 Pero la paloma no pudo encontrar
un lugar donde apoyarse, y regresó al arca
porque el agua aún cubría toda la tierra. Noé
extendió su mano, la tomó y la introdujo
con él en el arca. 10 Luego esperó siete días
más, y volvió a soltar la paloma fuera del arca. 11 Esta regresó al atardecer y trajo en su pico una rama verde de olivo. Así supo Noé
que las aguas habían terminado de bajar.
12 Esperó otros siete días y la volvió a soltar.
Pero esta vez la paloma no volvió.
13 La tierra comenzó a secarse en el año
seiscientos uno de la vida de Noé, el primer
día del mes. Noé retiró el techo del arca, y
vio que la tierra se secaba. 14 Y el vigésimo
séptimo día del mes, la tierra ya estaba seca.

La salida del arca

Gn 1 22-28

15 Dios dijo a Noé: 16 «Sal del arca con tu
mujer, tus hijos y las mujeres de tus hijos.
17 Saca también a todos los seres vivientes
que están contigo —aves, ganado o cualquier clase de animales que se arrastran por
el suelo— y que ellos llenen la tierra, sean
fecundos y se multipliquen». 18 Noé salió
acompañado de sus hijos, de su mujer y de
las mujeres de sus hijos. 19 Todo lo que se
mueve por el suelo: todas las bestias, todos
los reptiles y todos los pájaros salieron del
arca, un grupo detrás de otro.

El sacrificio de Noé

Jr 31 35-36; 33 20-26; Mt 5 45

20 Luego Noé levantó un altar al Señor, tomó animales puros y pájaros puros de todas
clases y ofreció holocaustos sobre el altar.
21 Cuando el Señor aspiró el aroma agradable, se dijo a sí mismo: «Nunca más volveré
a maldecir el suelo por causa del hombre,
porque los designios del corazón humano
son malos desde su juventud; ni tampoco
volveré a castigar a todos los seres vivientes,
como acabo de hacerlo. 22 De ahora en adelante, mientras dure la tierra, no cesarán

la siembra y la cosecha,
el frío y el calor,
el verano y el invierno,
el día y la noche».

La bendición de Dios a Noé

Gn 1 22.28; Jr 31 35-36; Dt 12 15-16;
Lv 17 11-14; Ex 21 23-25

9 1 Dios bendijo a Noé y a sus hijos, diciéndoles: «Sean fecundos, multiplíquense y llenen la tierra. 2 Ante ustedes sentirán temor todos los animales de la tierra y
todos los pájaros del cielo, todo lo que se
mueve por el suelo, y todos los peces del
mar: ellos han sido puestos en manos de ustedes. 3 Todo lo que se mueve y tiene vida les
servirá de alimento; como los vegetales, todo les doy. 4 Pero no comerás la carne con su
vida, es decir, con su sangre. 5 Pues por la
sangre y la vida de sus hermanos demanda-
ré a cada uno de ustedes: pediré cuenta a todos los animales, y también pediré cuenta
al hombre por la vida de su hermano.

6 Otro hombre derramará la sangre
de aquel que derrame sangre humana,
porque el hombre ha sido creado
a imagen de Dios.
7 Ustedes, por su parte, sean fecundos
y multiplíquense,
llenen la tierra y domínenla».

La alianza de Dios con todos los seres vivientes

Gn 6 18; Eclo 43 11; 44 17-18; Is 54 9-10; Ez 1 28

8 Y Dios dijo a Noé y a sus hijos: 9 «Además, yo establezco mi alianza con ustedes,
con sus descendientes, 10 y con todos los seres vivientes que están con ustedes: con los
pájaros, el ganado y las fieras salvajes; con
todos los animales que salieron del arca,
con todos los seres vivientes que hay en la
tierra. 11 Yo estableceré mi alianza con ustedes: los mortales ya no volverán a ser exterminados por las aguas del Diluvio, ni habrá otro Diluvio para devastar la tierra».

Gn 9 13

COMPRENDE LOS SÍMBOLOS

El arco iris

Dios nos promete la vida. El arco iris señala la primera alianza como puente entre Dios y la humanidad. El arca simboliza la garantía del triunfo sobre el pecado y es figura de la Iglesia, abierta a la salvación universal. La paloma con la rama de olivo al fin del Diluvio es signo universal de paz, vida y triunfo.

12 Dios añadió: «Este será el signo de la
alianza que establezco con ustedes, y con
todos los seres vivientes que los acompañan, para todos los tiempos futuros: 13 yo
pongo mi arco en las nubes, como un signo de mi alianza con la tierra. 14 Cuando cubra de nubes la tierra y aparezca mi arco entre ellas, 15 me acordaré de mi alianza con
ustedes y con todos los seres vivientes, y no
volverán a precipitarse las aguas del Diluvio
para destruir a los mortales. 16 Al aparecer
mi arco en las nubes, yo lo veré y me acordaré de mi alianza perpetua con todos los
seres vivientes que hay sobre la tierra. 17 Este —dijo Dios a Noé— es el signo de la
alianza que establezco entre mí y todos los
seres vivos que habitan la tierra».

DESDE NOÉ HASTA ABRAHAM

Los hijos de Noé

Prov 30 17; Eclo 3 12-16

18 Los hijos de Noé que salieron del arca
fueron Sem, Cam y Jafet. Cam es el padre
de Canaán. 19 A partir de estos tres hijos de
Noé, se pobló toda la tierra.
20 Noé se dedicó a la agricultura y fue el
primero que plantó una viña. 21 Pero cuando
bebió vino, se embriagó y quedó tendido en
medio de su tienda, desnudo. 22 Cam, el padre de Canaán, al ver a su padre desnudo, fue
a contárselo a sus hermanos, que estaban
fuera. 23 Y Sem y Jafet tomaron un manto, se
lo pusieron los dos sobre la espalda y, caminando hacia atrás, cubrieron la desnudez de
su padre. Como sus rostros miraban en sentido contrario, no vieron a su padre desnudo.
24 Cuando Noé despertó de su embriaguez y se enteró de lo que había hecho su
hijo menor, 25 dijo:

«¡Maldito sea Canaán!
Él será para sus hermanos
el último de los esclavos».

26 Y agregó:
«Bendito sea el Señor, Dios de Sem,
y que Canaán sea su esclavo.
27 Que Dios abra camino a Jafet,
para que habite
entre los campamentos de Sem;
y que Canaán sea su esclavo».

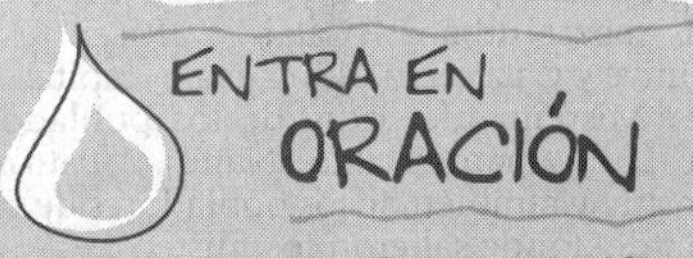

ENTRA EN ORACIÓN

Contemplación ante el arco iris

Señor Dios, ¡qué maravilloso es contemplar el arco iris! ¿Cómo contemplarlo y no detenernos a admirarlo? ¡Qué fantásticamente se refracta la luz del sol en las gotas de agua!

Instintivamente nos hace respirar profundamente, sentir el aire más limpio y transparente. Cuando lo vemos completo, el cielo toca la tierra con una armonía llena de luz, color y creatividad.

¡Solo a ti se te pudo ocurrir el arco iris! Sol y tormenta; diversidad y armonía; esperanza, gozo y promesa; maravilla y asombro...

Tú eres todo esto para mí. Dame tu mano, quiero vivir unido a ti, como el arco iris que va desde la tierra hasta el cielo (ver símbolo: «El arco iris», Gn 9 13).

Gn 9 8-17

28 Después del Diluvio, Noé vivió trescientos cincuenta años, 29 y en total, vivió
novecientos cincuenta años. Al cabo de
ellos, murió.

La repoblación de la tierra

1 Cr 1 5-23; Dt 32 8

10 1 Los descendientes de los hijos de Noé,
Sem, Cam y Jafet —que tuvieron hijos
después del Diluvio— fueron los siguientes:

2 Los hijos de Jafet fueron Gómer, Magog, Madai, Javán, Tubal, Mésec y Tirás. 3 Los hijos de Gómer fueron Asquenaz, Rifat y Togarmá. 4 Los hijos de Javán fueron Elisá, Tarsis, los Quitim y los Rodanim. 5 Estos fueron los hijos de Jafet, y a partir de ellos, se expandieron las naciones marítimas por sus respectivos territorios, cada una con su lengua, sus clanes y sus nacionalidades.

6 Los hijos de Cam fueron Cus, Misraim, Put y Canaán. 7 Los hijos de Cus fueron Sebá, Javilá, Sabtá, Ramá y Sabtecá. Los hijos de Ramá fueron Sebá y Dedán.

8 Cus fue padre de Nemrod, que llegó a ser el primer guerrero sobre la tierra. 9 Él fue un valiente cazador delante del Señor. Por eso se dice: «Valiente cazador delante del Señor como Nemrod». 10 Babilonia, Erec y Acad —todas ellas están en la región de Senaar— fueron el núcleo inicial de su reino. 11 De esa región salió para Asur, y edificó Nínive, con sus plazas urbanas, Calaj, 12 y Resen, entre Nínive y Calaj. Esta última era la capital.

13 Misraim fue padre de los pobladores de Lud, Anam, Lehab, Naftuj, 14 Patrós y Casluj, y también de los pobladores de Caftor, de donde salieron los filisteos.

15 Canaán fue padre de Sidón, su primogénito, y de Het; 16 también de los jebuseos, de los amorreos, de los guirgasitas, 17 de los jivitas, de los arqueos, de los sineos, 18 de los arvaditas, de los semaritas y de los jamateos. Más tarde se expandieron los clanes de los cananeos, 19 y sus fronteras llegaron desde Sidón hasta Gaza por el camino de Guerar; y hasta Lesa, yendo hacia Sodoma, Gomorra, Admá y Seboím. 20 Estos fueron los hijos de Cam, según sus clanes y sus lenguas, con sus respectivos territorios y nacionalidades.

21 También le nacieron hijos a Sem, el padre de todos los hijos de Eber y el hermano mayor de Jafet. 22 Los hijos de Sem fueron Elam, Asur, Arpaxad, Lud y Aram. 23 Los hijos de Aram fueron Us, Jul, Guéter y Mas.

24 Arpaxad fue padre de Sélaj y este fue padre de Eber. 25 Eber tuvo dos hijos: el nombre del primero era Péleg, porque en su tiempo se dividió la tierra. Su hermano se llamaba Ioctán. 26 Ioctán fue padre de Almodad, Sélef, Jasarmávet, Iéraj, 27 Hadoram, Uzal, Diclá, 28 Obal, Abimael, Sebá, 29 Ofir, Javilá y Iobab. Todos estos fueron hijos de Ioctán. 30 Los lugares donde residieron se extendían desde Mesa, en dirección a Sefar, hasta la montaña de Oriente. 31 Estos fueron los hijos de Sem, según sus clanes y sus lenguas, con sus respectivos territorios y nacionalidades.

32 Estos fueron los descendientes de los hijos de Noé, según sus orígenes y nacionalidades. A partir de ellos, las naciones se expandieron sobre la tierra después del Diluvio.

La torre de Babel

Sab 10 5; Hch 2 5-12; Ap 7 9-10

11 1 Toda la tierra hablaba una misma lengua y empleaba las mismas palabras. 2 Y cuando los hombres emigraron desde

VIVE LA PALABRA

La Torre de Babel y su mensaje

Lee el relato de la Torre de Babel en Génesis 11 1-9. Su objetivo es comunicar la perspectiva de Dios sobre el orgullo de las personas. Está escrito en el género literario etiológico y no intenta enseñar el origen de los idiomas (ver «Vocabulario bíblico: Etiología»).

Los conflictos entre las personas no son causados por la diferencia de lenguas, sino por el orgullo que nos impide escuchar, nos impulsa a engañar a otros y nos mueve a dominar a los demás. Ninguna acción causada por el orgullo lleva a Dios; por el contrario, lo ofende porque él nos creó a todos con la misma dignidad.

Siglos más tarde, el profeta Isaías tiene una visión de todos los pueblos congregados en Jerusalén para escuchar la Palabra de Dios (Is 2 1-5). Esta profecía empezó a cumplirse el día de Pentecostés, cuando los Apóstoles recibieron al Espíritu Santo y las personas de diferentes naciones escucharon el mensaje de salvación en su propio idioma (Hch 2 5-11). El Espíritu Santo es amor, quita la barrera del orgullo, nos abre ante las personas de otras culturas y nos une a todos como familia universal.

¿Qué puedes hacer como joven para quitar barreras basadas en prejuicios sociales y culturales? El Espíritu Santo quiere hacer de ti un instrumento de comunión: que tu amor triunfe sobre el orgullo y la división. Empieza por tu propio ambiente.

Gn 11 1-9

Oriente, encontraron una llanura en la región de Senaar y se establecieron allí. 3 Y se
dijeron unos a otros: «¡Vamos! Fabriquemos
ladrillos y cozámoslos al fuego». Y usaron ladrillos en lugar de piedra, y el asfalto les sirvió de mezcla. 4 Después dijeron: «Edifique-
mos una ciudad, y también una torre cuya
cúspide llegue hasta el cielo, para perpetuar
nuestro nombre y no dispersarnos por toda
la tierra».
5 Pero el Señor bajó a ver la ciudad y la
torre que los hombres construían, 6 y dijo:
«Si esta es la primera obra que realizan, nada de lo que se propongan hacer les resultará imposible, mientras formen un solo
pueblo y todos hablen la misma lengua.
7 Bajemos, y una vez allí, confundamos su
lengua, para que ya no se entiendan unos a
otros». 8 Así el Señor los dispersó de aquel
lugar, diseminándolos por toda la tierra, y
ellos dejaron de construir la ciudad. 9 Por
eso se llamó Babel: allí, en efecto, el Señor
confundió la lengua de los hombres y los
dispersó por toda la tierra.

Los descendientes de Sem

1 Cr 1 17-27; Lc 3 34-36

10 Esta es la descendencia de Sem:
Sem tenía cien años cuando fue padre de
Arpaxad, dos años después del Diluvio.
11 Después que nació Arpaxad, Sem vivió
quinientos años, y tuvo hijos e hijas.
12 A los treinta y cinco años, Arpaxad fue
padre de Sélaj. 13 Después que nació Sélaj,
Arpaxad vivió cuatrocientos tres años, y tuvo hijos e hijas.
14 A los treinta años Sélaj fue padre de
Eber. 15 Después que nació Eber, Sélaj vivió
cuatrocientos tres años, y tuvo hijos e hijas.
16 A los treinta y cuatro años, Eber fue
padre de Péleg. 17 Después que nació Péleg,
Eber vivió cuatrocientos treinta años, y tuvo hijos e hijas.
18 A los treinta años, Péleg fue padre de
Reú. 19 Después que nació Reú, Péleg vivió
doscientos nueve años, y tuvo hijos e hijas.
20 A los treinta y dos años, Reú fue padre
de Serug. 21 Después que nació Serug, Reú
vivió doscientos siete años y tuvo hijos e
hijas.
22 A los treinta años, Serug fue padre de
Najor. 23 Después que nació Najor, Serug vivió doscientos años, y tuvo hijos e hijas.
24 A los veintinueve años, Najor fue padre de Téraj. 25 Después que nació Téraj,
Najor vivió ciento diecinueve años, y tuvo
hijos e hijas.
26 A los setenta años, Téraj fue padre de
Abram, Najor y Harán.

Los descendientes de Téraj

27 Esta es la descendencia de Téraj:
Téraj fue padre de Abram, Najor y Ha-
rán. Harán fue padre de Lot, 28 y murió en
Ur de los caldeos, su país natal, mientras
Téraj, su padre, aún vivía. 29 Abram y Najor
se casaron. La esposa de Abram se llamaba
Sarai, y la de Najor, Milcá. Esta era hija de
Harán, el padre de Milcá y de Iscá. 30 Sarai
era estéril y no tenía hijos.
31 Téraj reunió a su hijo Abram, a su nieto
Lot, el hijo de Harán, y a su nuera Sarai, la
esposa de su hijo Abram, y salieron todos
juntos de Ur de los caldeos para dirigirse a
Canaán. Pero cuando llegaron a Jarán, se
establecieron allí. 32 Téraj vivió doscientos
años, y murió en Jarán.

LOS ORÍGENES DEL PUEBLO DE DIOS: LA ÉPOCA PATRIARCAL

ABRAHAM

El llamado de Dios a Abram

Sab 10 5; Hch 7 2-4; Heb 11 8-9; Eclo 44 21;
Hch 3 25; Gal 3 16

12 1 El Señor dijo a Abram:
«Deja tu tierra natal y la casa de tu
padre, y ve al país que yo te mostraré. 2 Yo
haré de ti una gran nación y te bendeciré;
engrandeceré tu nombre y serás una bendición. 3 Bendeciré a los que te bendigan y
maldeciré al que te maldiga, y por ti se bendecirán todas las familias de la tierra».
4 Abram partió, como el Señor se lo había ordenado, y Lot se fue con él.

REFLEXIONA

Responsabilidad de los padres

Los hijos siempre son un regalo de Dios a sus padres y al mundo. Un pueblo no se forma con personas solas. Únicamente las familias unidas pueden crear una gran nación. Ser fecundos es compartir una cualidad de Dios, un don que lleva una responsabilidad maravillosa.

Sabemos que hay niños abandonados por sus padres... ¿Dónde quedó la grandeza de la paternidad y maternidad? ¿Cómo colaborar con Dios al ser padres de familia?

Gn 12 2

COMPRENDE LOS SÍMBOLOS

El altar

Originalmente el altar era un memorial de la intervención de Dios. Después llegó a ser el lugar que transforma las ofrendas en objeto sagrado: las personas entregan lo suyo a Dios y se abren a la presencia divina (Jos 8 30). Es figura de Cristo que fue al mismo tiempo altar, sacrificio y sacerdote en la cruz.

Cuando salió de Jarán, Abram tenía setenta y cinco años. 5 Tomó a su esposa Sarai,
a su sobrino Lot, con todos los bienes que
habían adquirido y todas las personas
que habían reunido en Jarán, y se encami-
naron hacia la tierra de Canaán.
Al llegar a Canaán, 6 Abram recorrió el
país hasta el lugar santo de Siquem, hasta
la encina de Moré. En ese tiempo, los cananeos ocupaban el país. 7 Y el Señor se apareció a Abram y le dijo: «Yo daré esta tierra
a tu descendencia». Allí Abram construyó
un altar al Señor, que se le había aparecido.
8 Después se trasladó hasta la región montañosa que está al este de Betel, y estableció
su campamento, entre Betel, que quedaba
al oeste, y Ai, al este. También allí construyó un altar al Señor e invocó su Nombre.
9 Luego avanzó por etapas hasta el Négueb.

Abram en Egipto

Gn 20 1-18; 26 1-11

10 Hubo hambre en aquella región, y
Abram bajó a Egipto para establecerse allí
por un tiempo, porque el hambre acosaba
al país. 11 Cuando estaba por llegar a Egipto,
dijo a Sarai, su mujer: «Sé que eres una mujer hermosa. 12 Por eso los egipcios al verte
dirán: "Es su mujer", y me matarán, mientras que a ti te dejarán con vida. 13 Por favor,
di que eres mi hermana. Así yo seré bien
tratado y gracias a ti salvaré mi vida».
14 Cuando Abram llegó a Egipto, los egipcios vieron que su mujer era muy hermosa,
15 y los oficiales de la corte, que también la
vieron, la elogiaron ante el Faraón. Y fue
llevada al palacio del Faraón. 16 En atención
a ella, Abram fue tratado con deferencia y
llegó a tener ovejas, vacas, asnos, esclavos,
sirvientas, asnas y camellos.
17 Pero el Señor infligió grandes males al
Faraón y a su gente, por causa de Sarai, la
esposa de Abram. 18 El Faraón llamó a
Abram y le dijo: «¿Qué me has hecho? ¿Por
qué no me advertiste que era tu mujer?
19 ¿Por qué dijiste que era tu hermana, de
manera que yo la tomé por esposa? Ahí tienes a tu mujer: tómala y vete». 20 Después el
Faraón dio órdenes a sus hombres acerca
de Abram, y ellos lo hicieron salir junto
con su mujer y todos sus bienes.

La separación de Abram y de Lot

Gn 18 20; 19 4-9; 2 Pe 2 7-9

13 1 Desde Egipto, Abram subió al Négueb, y llevó consigo a su esposa y
todos sus bienes. También Lot iba con él.
2 Abram tenía muchas riquezas en ganado,
plata y oro. 3 Después avanzó por etapas
desde el Négueb hasta Betel, hasta el lugar
donde había acampado al comienzo, entre
Betel y Ai, 4 donde estaba el altar que había
construido la primera vez. Allí Abram invocó el nombre del Señor.
5 Lot, que acompañaba a Abram, también tenía ovejas, vacas y tiendas. 6 Y como
los dos tenían demasiadas riquezas, no había espacio suficiente para que pudieran
habitar juntos. 7 Por eso, se produjo un altercado entre los pastores de Abram y los de
Lot. En ese tiempo, los cananeos y los perizitas ocupaban el país.
8 Abram dijo a Lot: «No quiero que haya
altercados entre nosotros dos, ni tampoco
entre tus pastores y los míos, porque somos
hermanos. 9 ¿No tienes todo el país por delante? Sepárate de mí: si tú vas hacia la izquierda, yo iré hacia la derecha; y si tú vas
hacia la derecha, yo iré hacia la izquierda».
10 Lot dirigió una mirada a su alrededor, y vio
que toda la región baja del Jordán, hasta llegar a Soar, estaba tan bien regada como el
Jardín del Señor o como la tierra de Egipto.
Esto era antes que el Señor destruyera a Sodoma y Gomorra. 11 Y Lot eligió para sí toda
la región baja del Jordán y se dirigió hacia
el este. Así se separaron el uno del otro:
12 Abram permaneció en Canaán, mientras
que Lot se estableció entre las ciudades de la

Te presentamos a... ABRAHAM Y SARA, PADRES DE LA PROMESA

A partir del capítulo 12, el Génesis recoge tradiciones orales basadas en hechos históricos. Abram y Sarai, cuyos nombres están más de 50 veces en las Sagradas Escrituras, tienen una vida tranquila al norte de Mesopotamia. Dios les pide que dejen su tierra y sellen con él una alianza. Cuando aceptan, Dios les cambia de nombre a *Abraham* y *Sara*, como era frecuente al aceptar una misión por parte de Dios.

Dios se compromete a hacerlos padres de «una multitud de naciones» (17 4) y les concede un hijo, Isaac, en quien cumplirá su promesa. Posteriormente Dios pide a Abraham que sacrifique a Isaac. Abraham se dispone a hacerlo fielmente, pero Dios impide el sacrificio y añade otra promesa: «por tu descendencia se bendecirán todas las naciones de la tierra, ya que has obedecido mi voz» (22 18). Dios manifiesta de nuevo que es un Dios de vida y no de muerte, y que nuestra fidelidad a él dará frutos de vida; estos son los cimientos de la fe de Israel.

Abraham se distinguió por su gran corazón, su obediencia amistosa y sus actitudes de hospitalidad, generosidad y solidaridad. Por ello, el Nuevo Testamento lo presenta como el gran patriarca de la alianza con Dios (ver Mt 1 1; Lc 16 19-31) e instrumento de salvación (Rom 4 1-3). Abraham es patriarca de tres grandes religiones: el judaísmo, el cristianismo y el islamismo.

Gn 12 1 – 25 11

región baja, y puso su campamento cerca de
Sodoma. 13 Pero los habitantes de Sodoma
eran perversos y pecaban contra el Señor.

La renovación de la promesa

Gn 12 7.8; Dt 34; Mt 4 8

14 El Señor dijo a Abram, después que Lot
se separó de él: «Levanta los ojos, y desde
el lugar donde estás, mira hacia el norte y el
sur, hacia el este y el oeste, 15 porque toda la
tierra que alcances a ver, te la daré a ti y a tu
descendencia para siempre. 16 Yo haré que
tu descendencia sea numerosa como el polvo de la tierra. Si alguien puede contar los
granos de polvo, también podrá contar tu
descendencia. 17 Ahora recorre el país a lo largo y a lo ancho, porque yo te lo daré».
18 Abram trasladó su campamento y fue
a establecerse junto al encinar de Mamré,
que está en Hebrón. Allí construyó un altar
al Señor.

La campaña de los cuatro reyes

14 1 En tiempos de Amrafel, rey de Senaar,
de Arioc, rey de Elasar, de Quedorlaomer, rey de Elam, y de Tidal, rey de Goím,
2 estos hicieron la guerra contra Berá, rey de
Sodoma, Birsá, rey de Gomorra, Sinab, rey
de Admá, Zeméber, rey de Seboím, y contra
el rey de Belá, es decir, de Soar. 3 Todos ellos
se concentraron en el valle de Sidim, que
ahora es el mar de la Sal. 4 Durante doce
años, habían estado sometidos a Quedorlaomer, pero al decimotercer año se rebelaron. 5 Y en el decimocuarto año, Quedorlaomer y los reyes que los acompañaban llegaron y derrotaron a los refaítas en Asterot Carnaim, a los zuzíes en Ham, a los emíes en la
llanura de Quiriataim, 6 y a los hurritas en las
montañas de Seír, cerca de El Parán, en el límite con el desierto. 7 Luego dieron vuelta
hasta En Mispat —la actual Cades— y sometieron todo el territorio de los amalecitas,
y también a los amorreos que habitaban en
Hasasón Tamar. 8 Y el rey de Sodoma, el rey
de Gomorra, el rey de Admá, el rey de Seboím, y el rey de Belá —o Soar— avanzaron
y presentaron batalla en el valle de Sidim 9 a
Quedorlaomer, rey de Elam, a Tidal, rey de
Goím, a Amrafel, rey de Senaar, y a Arioc, rey
de Elasar. Eran cuatro reyes contra cinco.
10 El valle de Sidim estaba lleno de pozos
de asfalto. Al huir, los reyes de Sodoma y
Gomorra cayeron en ellos, mientras que los
demás escaparon a las montañas. 11 Los invasores se apoderaron de todos los bienes de
Sodoma y Gomorra, y también de sus víveres. Y cuando partieron, 12 se llevaron a Lot,
el sobrino de Abram, con toda su hacienda,
porque él vivía entonces en Sodoma.

El rescate de Lot

Gn 13 18; Prov 17 17; Dt 20 14

13 Un fugitivo llevó la noticia a Abram, el
hebreo, que estaba acampado en el encinar
de Mamré, el amorreo, hermano de Escol
y de Aner; estos, a su vez, eran aliados de
Abram. 14 Al enterarse de que su pariente Lot
había sido llevado cautivo, Abram reclutó a
la gente que estaba a su servicio —trescientos

G
N

dieciocho hombres nacidos en su casa— y
persiguió a los invasores hasta Dan. 15 Él y sus
siervos los atacaron de noche, y después de
derrotarlos, los persiguieron hasta Jobá, al
norte de Damasco. 16 Así Abram recuperó todos los bienes, lo mismo que a su pariente
Lot con su hacienda, las mujeres y la gente.

El encuentro de Abram con Melquisedec

Sal 110 4; Heb 5 6-10; 7 1-17

17 Cuando Abram volvía de derrotar a
Quedorlaomer y a los reyes que lo acompañaban, el rey de Sodoma salió a saludarlo en
el valle de Savé, que es el valle del Rey. 18 Y
Melquisedec, rey de Salem, sacerdote de Dios
el Altísimo, hizo traer pan y vino, 19 y bendijo a Abram y le dijo: «¡Bendito sea Abram de
parte de Dios el Altísimo, creador del cielo y
de la tierra! 20 ¡Bendito sea Dios el Altísimo,
que entregó a tus enemigos en tus manos!».
Y Abram le dio el diezmo de todo.
21 Entonces el rey de Sodoma dijo a
Abram: «Entrégame a las personas y quédate con los bienes». 22 Pero Abram le respondió: «Yo he jurado al Señor Dios el Altísimo,
creador del cielo y de la tierra, 23 que no tomaré nada de lo que te pertenece: ni siquiera el hilo o la correa de una sandalia. Así no
podrás decir: "Yo enriquecí a Abram". 24 No
quiero nada para mí, fuera de lo que mis
siervos han comido. Solo los hombres que
me han acompañado, Aner, Escol y Mamré,
recibirán su parte».

La promesa de Dios a Abram

Gn 17; 12 2-7; 13 14-17; Dt 1 10;
Rom 4 3-25; Heb 11 12; Gal 3 6-9

15 1 Después de estos acontecimientos,
la palabra del Señor llegó a Abram en
una visión, en estos términos: «No temas,
Abram. Yo soy para ti un escudo. Tu recompensa será muy grande».
2 «Señor —respondió Abram—, ¿para
qué me darás algo, si yo sigo sin tener hijos, y el heredero de mi casa será Eliezer de
Damasco?». 3 Después añadió: «Tú no me
has dado un descendiente, y un siervo de
mi casa será mi heredero». 4 Y el Señor le
dirigió esta palabra: «No, ese no será tu heredero; tu heredero será alguien que nacerá de ti». 5 Luego lo llevó afuera y continuó
diciéndole: «Mira hacia el cielo y, si puedes, cuenta las estrellas». Y añadió: «Así será
tu descendencia». 6 Abram creyó, y el Señor
lo tuvo en cuenta para su justificación.

La alianza de Dios con Abram

Hch 7 5

7 Entonces el Señor le dijo: «Yo soy el Señor que te hice salir de Ur de los caldeos
para darte en posesión esta tierra». 8 «Señor
—respondió Abram—, ¿cómo sabré que la
voy a poseer?». 9 El Señor le respondió:
«Tráeme una ternera, una cabra y un carnero, todos ellos de tres años, y también una
tórtola y un pichón de paloma». 10 Él trajo
todos estos animales, los cortó por la mitad
y puso cada mitad una frente a otra, pero
no dividió los pájaros. 11 Las aves de rapiña
se abalanzaron sobre los animales muertos,
pero Abram las espantó.
12 Al ponerse el sol, Abram cayó en un
profundo sueño, y lo invadió un gran temor, una densa oscuridad. 13 El Señor le dijo: «Tienes que saber que tus descendientes
emigrarán a una tierra extranjera. Allí serán
esclavizados y maltratados durante cuatrocientos años. 14 Pero yo juzgaré a la nación
que los esclavizará, y después saldrán cargados de riquezas. 15 Tú, en cambio, irás en

VIVE LA PALABRA

Las alianzas en la historia de salvación

La palabra *alianza* está llena de significado en la Biblia. Expresa la relación única de Dios con su pueblo, marcada por su iniciativa de amor, vida y liberación. La primera Alianza fue con Adán y Eva, al crearlos a su imagen y semejanza. Dios renovó la alianza con Noé después del Diluvio, para mostrar su justicia y su plan de vida.

Las alianzas de Dios con Abraham y, posteriormente, con Moisés, ayudaron a los hebreos a integrarse como pueblo; ambas fundamentan y prefiguran la alianza definitiva en Jesús, por la cual los cristianos somos el nuevo Pueblo de Dios e hijos suyos.

Toda la historia de salvación relatada en la Biblia gira alrededor de la alianza de Dios con la humanidad. ¿Qué importancia tiene para ti vivir la alianza con Dios? ¿Cómo la vives?

Gn 15 1-21

paz a reunirte con tus padres, y serás sepultado después de una vejez feliz. 16 Solo a
la cuarta generación tus descendientes volverán aquí, porque hasta ahora no se ha
colmado la iniquidad de los amorreos».
17 Cuando se puso el sol y estuvo oscuro,
un horno humeante y una antorcha encendida pasaron en medio de los animales
descuartizados. 18 Aquel día, el Señor hizo
una alianza con Abram y le dijo: «Yo he dado esta tierra a tu descendencia, desde el Torrente de Egipto hasta el gran río Éufrates,
19 la tierra de los quenitas, los quenizitas,
los cadmonitas, 20 los hititas, los perizitas, los
refaím, 21 los amorreos, los cananeos, los guirgasitas y los jebuseos».

El nacimiento de Ismael

Gn 21 10-19; 1 Sm 1 6-7;
Ex 23 20-33; Gal 4 22-26

16 1 Sarai, la esposa de Abram, no le había dado ningún hijo. Pero ella tenía una esclava egipcia llamada Agar. 2 Sarai dijo a Abram: «Ya que el Señor me
impide ser madre, únete a mi esclava. Tal
vez por medio de ella podré tener hijos».
Y Abram accedió al deseo de Sarai.

Amor y celos; dignidad y justicia

¿Un triángulo amoroso en la Biblia? Con este relato etiológico, el autor se propone explicar cómo surgieron las naciones. No se trata de dar clases de moral ni de justificar la poligamia o la explotación de la mujer (ver «Vocabulario bíblico: Etiología»).

La relación entre Abraham, Sara y Agar, la esclava de Sara, es ajena a la moral cristiana. En aquel tiempo era usual que los patriarcas tuvieran hijos de varias esposas y de sus esclavas, formando así una gran familia patriarcal. Es fácil intuir que estas relaciones despertaran tensiones y celos. Sara rechazó a Agar cuando esperaba un niño de Abraham, pues se burlaba de su ama. Agar tuvo que huir, pero un ángel de Dios le ordenó regresar, a pesar de que no sería bien recibida, pues debía dar a luz a su hijo Ismael, quien sería padre de las naciones ismaelitas.

Gn 16 1-16

3 Ya hacía diez años que Abram vivía en
Canaán, cuando Sarai, su esposa, le dio
como mujer a Agar, la esclava egipcia. 4 Él
se unió con Agar y ella concibió un hijo.
Al ver que estaba embarazada, comenzó a
mirar con desprecio a su dueña. 5 Y Sarai
dijo a Abram: «Que mi afrenta recaiga sobre ti. Yo misma te entregué a mi esclava,
y ahora, al ver que está embarazada, ella
me mira con desprecio. El Señor sea nuestro juez, el tuyo y el mío». 6 Abram respondió a Sarai: «Puedes disponer de tu esclava. Trátala como mejor te parezca», pero
Sarai la humilló de tal manera, que ella
huyó de su presencia.
7 El Ángel del Señor la encontró en el desierto, junto a un manantial —la fuente que
está en el camino a Sur— 8 y le preguntó:
«Agar, esclava de Sarai, ¿de dónde vienes y
adónde vas?». «Huyo de Sarai, mi dueña»,
le respondió ella. 9 Pero el Ángel del Señor le
dijo: «Vuelve con tu dueña y permanece sometida a ella». 10 Luego añadió: «Yo multiplicaré de tal manera el número de tus descendientes, que nadie podrá contarlos».
11 Y el Ángel del Señor le dijo:
«Tú has concebido y darás a luz un hijo,
al que llamarás Ismael,
porque el Señor ha escuchado
tu aflicción.
12 Más que un hombre,
será un asno salvaje:
alzará su mano contra todos
y todos la alzarán contra él;
y vivirá enfrentado
a todos sus hermanos».
13 Agar llamó al Señor, que le había hablado, con este nombre: «Tú eres El Roí,
que significa "Dios se hace visible"», porque ella dijo: «¿No he visto yo también a
aquel que me ve?». 14 Por eso aquel pozo,
que se encuentra entre Cades y Bered, se
llamó Pozo de Lajai Roí, que significa «Pozo del Viviente que me ve».
15 Después Agar dio a Abram un hijo, y
Abram lo llamó Ismael. 16 Cuando Agar lo
hizo padre de Ismael, Abram tenía ochenta
y seis años.

La circuncisión, signo de la alianza

Neh 9 7; Heb 11 9-16; Rom 4 11-12;
Hch 7 8; Lv 12 3; Gn 18 9-15; 25 12-16

17 1 Cuando Abram tenía noventa y nueve
años, el Señor se le apareció y le dijo:
«Yo soy el Dios Todopoderoso.
Camina en mi presencia y sé íntegro.
2 Yo haré una alianza contigo,
y te daré una descendencia
muy numerosa».

¿SABÍAS QUE...?

La circunciśión

La circuncisión es una operación quirúrgica en el prepucio o prolongación de la piel del órgano sexual masculino. Fue considerada por mucho tiempo como medida de higiene y aún se practica por diversas razones.

Para el pueblo de Israel, la circuncisión tenía una importancia especial. Se realizaba como rito de iniciación y signo visible de pertenencia al pueblo de la alianza con Dios, ya que el linaje pasaba por la línea paterna por tratarse de una sociedad patriarcal. Más tarde, el Deuteronomio (10 16-18) y algunos profetas (Jr 4 4) señalaron la importancia de la circuncisión del corazón, dando a entender que el verdadero signo de nuestra alianza con Dios es nuestra fidelidad a él y al amor fraterno.

Cuando los romanos y los griegos empezaron a convertirse al cristianismo, se presentó la controversia de si era necesario circuncidarlos antes de bautizarlos. Los Apóstoles, unidos e iluminados por el Espíritu Santo, decidieron que el Bautismo era suficiente, dado que la alianza en Jesús superaba las alianzas del Antiguo Testamento.

Gn 17 1-27

3 Abram cayó con el rostro en tierra,
mientras Dios le decía: 4 «Esta será mi alianza contigo: tú serás el padre de una multitud de naciones. 5 Y ya no te llamarás más
Abram: en adelante tu nombre será Abraham, porque te he constituido padre de
una multitud de naciones. 6 Te haré muy fecundo: de ti suscitaré naciones, y de ti nacerán reyes. 7 Estableceré mi alianza contigo
y con tu descendencia a través de las generaciones. Mi alianza será una alianza perpetua, y así yo seré tu Dios y el de tus descendientes. 8 Yo te daré en posesión perpetua, a
ti y a tus descendientes, toda la tierra de Canaán, esa tierra donde ahora resides como
extranjero, y yo seré el Dios de ellos».
9 Después, Dios dijo a Abraham: «Tú, por
tu parte, serás fiel a mi alianza; tú, y también
tus descendientes, a lo largo de las generaciones. 10 Y esta es mi alianza con ustedes, a
la que permanecerán fieles tú y tus descendientes: todos los varones deberán ser circuncidados. 11 Circuncidarán la carne de su
prepucio, y ese será el signo de mi alianza
con ustedes. 12 Al cumplir ocho días, serán
circuncidados todos los varones de cada generación, tanto los nacidos en la casa como
los que hayan sido comprados a un extranjero, a alguien que no es de tu sangre. 13 Sí,
tanto los nacidos en tu casa como los que
hayan sido comprados, serán circuncidados.
Así ustedes llevarán grabada en su carne la
señal de mi alianza para siempre. 14 Y el incircunciso, aquel a quien no se haya cortado
la carne de su prepucio, será excluido de su
familia, porque ha quebrantado mi alianza».

El anuncio del nacimiento de Isaac

Gal 4 23-28

15 También dijo Dios a Abraham: «A Sarai,
tu esposa, no la llamarás más Sarai, sino
que su nombre será Sara. 16 Yo la bendeciré y
te daré un hijo nacido de ella, al que también bendeciré. De ella suscitaré naciones, y
de ella nacerán reyes de pueblos». 17 Abraham cayó con el rostro en tierra, y se rió y
pensó: «¿Se puede tener un hijo a los cien
años? Y Sara, a los noventa, ¿podrá dar a
luz?». 18 Y Abraham dijo a Dios: «Basta con
que Ismael viva feliz bajo tu protección».
19 Pero Dios le respondió: «No, tu esposa Sara te dará un hijo, a quien pondrás el nombre de Isaac. Yo estableceré mi alianza con
él y con su descendencia como una alianza
perpetua. 20 Sin embargo, también te escucharé en lo que respecta a Ismael: lo bendeciré, lo haré fecundo y le daré una descendencia muy numerosa; será padre de doce
príncipes y haré de él una gran nación. 21 Pero mi alianza la estableceré con Isaac, el hijo que Sara te dará el año próximo, para esta misma época». 22 Y cuando terminó de
hablar, Dios se alejó de Abraham.
23 Abraham tomó a su hijo Ismael y a todos los demás varones que estaban a su servicio —tanto los que habían nacido en su
casa como los que había comprado— y
aquel mismo día les circuncidó la carne del
prepucio, conforme a la orden que Dios le
había dado. 24 Cuando fueron circuncidados, Abraham tenía noventa y nueve años,
25 y su hijo Ismael, trece. 26 Abraham e Ismael
fueron circuncidados el mismo día; 27 y todos los varones de su servidumbre, los nacidos en su casa y los comprados a extranjeros, fueron circuncidados junto con él.

La visita del Señor a Abraham en Mamré

Heb 13 2; 11 11; Rom 4 19-22; Lc 1 37

18 1 El Señor se apareció a Abraham junto al encinar de Mamré, mientras él

VIVE LA PALABRA

Risa ante lo increíble

La Biblia no suele destacar la risa en las personas. Este texto relata cómo tres hombres se acercan a la tienda de Abraham; él les ofrece hospitalidad, y ellos le dicen que en un año su mujer tendrá un hijo. Sara, quien era anciana y estéril, al escuchar escondida a los huéspedes de su esposo, se rió en su interior (Gn 18 12). ¿Cómo podía ella, tan vieja, tener un hijo?, y ¿cómo podía contener la risa?

Sara tuvo un hijo y le puso por nombre Isaac, que en hebreo significa «que Dios le sonría». El nombre del niño es un deseo y una petición. Dios cumple la promesa a Abraham y todo es felicidad. ¡Cómo se alegraría Sara, con gozosa risa, al dar a luz a su hijo! Solemos sonreír incrédulos ante la idea de un milagro en nuestra vida. Sara con su alegría agradeció el don de Dios en su hijo.

Un refrán dice: «Sonreír es hablar de Dios en silencio». ¿Conoces a alguna persona que con su sonrisa muestra la presencia de Dios? Y tú, ¿sonríes con frecuencia? ¿Es tu sonrisa una expresión sincera de gozo o acostumbras a sonreír para burlarte de la gente?

Gn 18 9-15

estaba sentado a la entrada de su tienda, a
la hora de más calor. 2 Alzando los ojos, divisó a tres hombres que estaban parados
cerca de él. Apenas los vio, corrió a su encuentro desde la entrada de la tienda y se
inclinó hasta el suelo, 3 y dijo: «Señor mío,
si quieres hacerme un favor, te ruego que no
pases de largo delante de tu siervo. 4 Yo haré que les traigan un poco de agua. Lávense
los pies y descansen a la sombra del árbol.
5 Mientras tanto, iré a buscar un trozo de
pan, para que ustedes reparen sus fuerzas
antes de seguir adelante. ¡Por algo han pasado junto a su siervo!». Ellos respondieron: «Está bien. Puedes hacer lo que dijiste».
6 Abraham fue a la tienda donde estaba
Sara y le dijo: «¡Pronto! Toma tres medidas
de la mejor harina, amásalas y prepara unas
tortas». 7 Después corrió hasta el corral, eligió un ternero tierno y bien cebado, y lo
entregó a su sirviente, que de inmediato se
puso a prepararlo. 8 Luego tomó cuajada,
leche y el ternero ya preparado, y se los sirvió. Mientras comían, él se quedó de pie al
lado de ellos, debajo del árbol.
9 Ellos le preguntaron: «¿Dónde está Sara, tu mujer?». «Ahí en la tienda», les respondió. 10 Y uno de ellos le dijo: «Volveré a
verte sin falta en el año entrante, y para ese
entonces Sara habrá tenido un hijo». Mientras tanto, Sara había escuchado a la entrada de la tienda, que estaba justo detrás de
él. 11 Abraham y Sara eran ancianos de edad
avanzada, y los períodos de Sara ya habían
cesado. 12 Por eso, ella rió en su interior
mientras pensaba: «Con lo vieja que soy,
¿volveré a experimentar el placer? Además,
¡mi marido es tan viejo!». 13 Pero el Señor
dijo a Abraham: «¿Por qué se ha reído Sara,
pensando que no podrá dar a luz, por ser
tan vieja? 14 ¿Acaso hay algo imposible para
el Señor? Cuando yo vuelva a verte para esta época, en el año entrante, Sara habrá tenido un hijo». 15 Ella tuvo miedo, trató de
engañarlo y le dijo: «No, no me he reído».
Pero él le respondió: «Sí, te has reído».

La intercesión de Abraham en favor de Sodoma

Sant 5 16; Am 3 7; Jn 15 15; Jr 5 1;
Ez 22 30-31; 2 Pe 2 6; Jds 7

16 Después, los hombres salieron de allí y
se dirigieron hacia Sodoma, y Abraham los
acompañó para despedirlos. 17 Mientras tanto, el Señor pensaba: «¿Dejaré que Abraham
ignore lo que ahora voy a realizar, 18 ya que
él llegará a convertirse en una nación grande y poderosa, y que por él se bendecirán
todas las naciones de la tierra? 19 Porque yo
lo he elegido para que enseñe a sus hijos, y
a su familia después de él, que se mantengan en el camino del Señor, y practiquen lo
que es justo y recto. Así el Señor hará por
Abraham lo que ha predicho acerca de él».
20 Luego el Señor añadió: «El clamor contra
Sodoma y Gomorra es tan grande, y su pecado tan grave, 21 que debo bajar a ver si sus
acciones son como el clamor que ha llegado
hasta mí. Si no es así, lo sabré».
22 Dos de esos hombres partieron de allí
y se fueron hacia Sodoma, pero el Señor se
quedó de pie frente a Abraham. 23 Y Abraham se le acercó y le dijo: «¿Así que vas a
exterminar al justo junto con el culpable?
24 Tal vez haya en la ciudad cincuenta justos. ¿Y tú vas a arrasar ese lugar, en vez de
perdonarlo por amor a los cincuenta justos
que hay en él? 25 ¡Lejos de ti hacer seme-

G
N

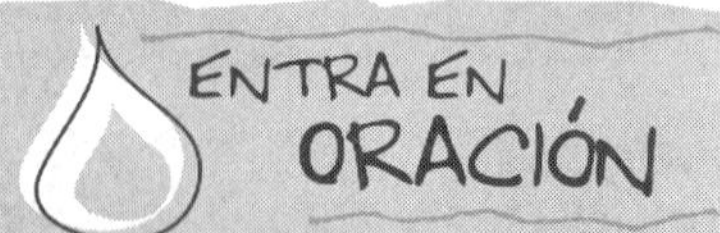

Familiaridad con Dios

Dios le habla a Abraham de su plan de castigar a Sodoma y Gomorra. Abraham intercede con audaz familiaridad, pues siente compasión por la gente de estas ciudades. Dios se complace con los sentimientos de Abraham, que reflejan su corazón compasivo.

Señor, al igual que Abraham, creemos en tu bondad y tu justicia. Pedimos por nuestro mundo, sus penas e infidelidades. Nos preocupan los jóvenes sin trabajo, los que viven en soledad y sin sentido su vida.

Hoy te presentamos el dolor y la angustia de quienes se aturden con la droga o el alcohol; de los niños abandonados y las jóvenes que han sido violadas. Sabemos que deseas perdonar a quien hace daño y acompañar a quien sufre. Hazles sentir tu cariño en su vida.

Ahora no tenemos que argüir como Abraham y pedir tu perdón si existen 40, 30 o menos justos, pues ya nos entregaste a Jesús como nuestro único salvador. Unidos a él te pedimos por todos los jóvenes que sufren y por quienes causan sus sufrimientos. Sorpréndelos con tu amor, que te reconozcan como el mejor amigo, el que entiende los más íntimos secretos, quien perdona y llama a la conversión.

¿Cómo quieres que yo te ayude a darles la vida nueva que les tienes destinada?

Gn 18 23-33

jante cosa! ¡Matar al justo junto con el culpable, y hacer que los dos corran la misma
suerte! ¡Lejos de ti! ¿Acaso el Juez de toda
la tierra no va a hacer justicia?». 26 El Señor
respondió: «Si encuentro cincuenta justos
en la ciudad de Sodoma, perdonaré a todo
ese lugar en atención a ellos».
27 Abraham dijo: «Yo, que no soy más
que polvo y ceniza, tengo el atrevimiento
de dirigirme a mi Señor. 28 Quizá falten cinco para que los justos lleguen a cincuenta.
Por esos cinco ¿vas a destruir toda la ciudad?». «No la destruiré si encuentro allí
cuarenta y cinco», respondió el Señor. 29 Pero Abraham volvió a insistir: «Quizá no
sean más que cuarenta». Y el Señor respondió: «No lo haré por amor a esos cuarenta».
30 «Por favor —dijo Abraham—, que mi
Señor no lo tome a mal si insisto. Quizá
sean solo treinta». Y el Señor respondió:
«No lo haré si encuentro allí a esos treinta». 31 Abraham insistió: «Una vez más, me
tomo el atrevimiento de dirigirme a mi Señor. Tal vez no sean más que veinte». «No
la destruiré en atención a esos veinte», declaró el Señor. 32 «Por favor —dijo Abraham—, que mi Señor no se enoje si hablo
por última vez. Quizá sean solo diez». «En
atención a esos diez —respondió—, no la
destruiré». 33 Apenas terminó de hablar
con él, el Señor se fue, y Abraham regresó
a su casa.

La corrupción de Sodoma

Jue 19 22-24; Sab 19 13-17; Hch 13 11; 2 Pe 2 7-9

19 1 Los dos ángeles llegaron a Sodoma
al atardecer, mientras Lot estaba sentado a la puerta de la ciudad. Al verlos, se levantó para saludarlos, e inclinándose hasta
el suelo, 2 les dijo: «Les ruego, señores, que
vengan a pasar la noche en casa de este sier-

La bebida de la hospitalidad

Lot, el sobrino de Abraham, acogió a los mensajeros de Dios en Sodoma con hospitalidad. En Paraguay y Argentina se comparte el *té de mate*, como signo de hospitalidad, afecto y buenos deseos. Este té estimula la actividad mental y física, elimina la fatiga, fortalece el organismo y, sobre todo, fortalece las relaciones humanas. Es un medio de acercamiento entre las personas, pues se pasa de mano en mano y todos beben del mismo recipiente, con la misma bombilla o popote especial.

Son *extraños* quienes son diferentes a nosotros, o piensan y viven de forma diferente. ¿Cómo tratas a personas extrañas a ti, a quienes están discapacitadas o pertenecen a otras culturas o medios sociales? Recíbelas como si fueran mensajeros de Dios.

Jesús propone la hospitalidad como uno de los criterios del amor en el Juicio final (Mt 25 35). ¡Qué distinto sería nuestro mundo si siempre fuéramos respetuosos y amables con los extraños!

Gn 19 1-3

vo. Lávense los pies, y mañana bien temprano podrán seguir viaje». «No —le respondieron ellos—, pasaremos la noche en
la plaza». [3] Pero él les insistió tanto, que al fin se fueron con él y se hospedaron en su casa. Lot les preparó una comida, hizo cocinar galletas sin levadura, y ellos comieron.
[4] Aún no se habían acostado, cuando los hombres de la ciudad, los hombres de Sodoma, se agolparon alrededor de la casa. Estaba la población en pleno, sin excepción alguna, desde el más joven hasta el
más viejo. [5] Y llamaron a Lot y le dijeron: «¿Dónde están esos hombres que vinieron a tu casa esta noche? Tráelos afuera para
que los conozcamos». [6] Lot se presentó ante ellos a la entrada de la casa, y cerrando
la puerta detrás de sí, [7] dijo: «Amigos, les
suplico que no cometan esa ruindad. [8] Yo tengo dos hijas que todavía son vírgenes. Se las traeré, y ustedes podrán hacer con ellas lo que mejor les parezca. Pero no hagan nada a esos hombres, ya que se han
hospedado bajo mi techo». [9] Ellos le respondieron: «Apártate de ahí». Y añadieron: «Este individuo no es más que un inmigrante, y ahora se pone a juzgar. A ti te trataremos peor que a ellos». Luego se abalanzaron con violencia contra Lot, y se
acercaron para derribar la puerta. [10] Pero los dos hombres, sacando los brazos, lleva-
ron a Lot adentro y cerraron la puerta. [11] Y a todos los que estaban a la entrada de la casa, pequeños y grandes, los hirieron con una luz enceguecedora, de manera que ya no pudieron abrirse paso.

La destrucción de Sodoma

Dt 29 23; Is 1 9; Jr 49 18; Mt 24 15-18; Is 15 34.9-10

[12] Después los hombres preguntaron a Lot: «¿Tienes aquí algún otro pariente? Saca de este lugar a tus hijos e hijas y a cualquier otro de los tuyos que esté en la
ciudad, [13] porque estamos a punto de destruir este lugar: ha llegado hasta la presencia del Señor un clamor tan grande contra esta gente, que él nos ha enviado a
destruirlo». [14] Y Lot salió para comunicar la noticia a sus yernos, los que iban a casarse con sus hijas. «¡Pronto! —les dijo—, abandonen este lugar, porque el Señor va a destruir la ciudad». Pero sus yernos pensaron que bromeaba.
[15] Al despuntar el alba, los ángeles instaron a Lot, diciéndole: «¡Vamos! Saca a tu mujer y a tus dos hijas que están aquí, para que no seas aniquilado cuando la ciudad
reciba su castigo». [16] Como él no salía de su asombro, los hombres lo tomaron de la mano, lo mismo que a su esposa y a sus dos hijas, y lo sacaron de la ciudad para ponerlo fuera de peligro, porque el Señor tuvo compasión de él.
[17] Después que lo sacaron, uno de ellos dijo: «Huye, si quieres salvar la vida. No mires hacia atrás, ni te detengas en ningún lugar de la región baja. Escapa a las mon-
tañas, para no ser aniquilado». [18] Lot res-
pondió: «No, por favor, Señor mío. [19] Tú has sido bondadoso con tu siervo y me has demostrado tu gran misericordia, salvándome la vida. Pero yo no podré huir a las montañas, sin que antes caigan sobre mí la
destrucción y la muerte. [20] Aquí cerca hay una ciudad —es una población insignificante— donde podré refugiarme. Deja que me quede en ella, ya que es tan pequeña, y
así estaré a salvo». [21] Y él le respondió: «Voy a complacerte una vez más: no destruiré la
ciudad de la que hablas. [22] Pero apúrate; refúgiate en ella, porque no podré hacer nada hasta que llegues allí». Por eso la ciudad recibió el nombre de Soar, que significa «pequeño poblado».
[23] Cuando el sol comenzó a brillar sobre
la tierra, Lot entró en Soar. [24] Y el Señor hizo llover sobre Sodoma y Gomorra azufre y
fuego que descendían del cielo. [25] Así destruyó esas ciudades y toda la extensión de la región baja, junto con los habitantes

Castigo y bondad

Las ciudades de Sodoma y Gomorra fueron destruidas con azufre y fuego, por las perversas prácticas sexuales de sus habitantes. La Biblia menciona muchas veces este castigo para mostrar los efectos del libertinaje y la infidelidad. Dios castiga para encauzar hacia al bien. «Es verdad que toda corrección, en el momento de recibirla, es motivo de tristeza y no de alegría; pero más tarde produce frutos de paz y de justicia en los que han sido adiestrados por ella» (Heb 12 11).

¿Has experimentado un castigo que nazca de la bondad? ¿Cómo lo recibiste y qué efectos tuvo en tu vida? ¿Se puede hablar de la bondad de Dios en el contexto del castigo?

Gn 19 24-29

de las ciudades y la vegetación del suelo.
26Y como la mujer de Lot miró hacia atrás,
quedó convertida en una columna de sal.
27A la madrugada del día siguiente, Abraham regresó al lugar donde había estado en
la presencia del Señor. 28Cuando dirigió su
mirada hacia Sodoma, Gomorra y toda la
extensión de la región baja, vio un humo
que subía de la tierra, como el humo de un
horno.
29Así, cuando Dios destruyó las ciudades
de la región baja, se acordó de Abraham, y
libró a Lot de la catástrofe con que arrasó
las ciudades donde él había vivido.

El origen de los moabitas y de los amonitas

Lv 18; Is 3 25 – 4 1

30Lot salió de Soar y subió a la montaña,
donde se radicó con sus dos hijas, porque
tuvo miedo de quedarse en Soar. Allí se instaló con ellas en una caverna.
31Y la mayor dijo a la menor: «Nuestro
padre está viejo y no hay ningún hombre
en el país para que se una con nosotras
como lo hace todo el mundo. 32Emborra-
chémoslo con vino y acostémonos con él;
así, por medio de nuestro padre, tendremos una descendencia». 33Esa noche dieron de beber a su padre, y la mayor se
acostó con él, sin que él se diera cuenta de
lo que sucedía. 34A la mañana siguiente, la
mayor dijo a la menor: «Anoche me acosté con mi padre; emborrachémoslo otra
vez esta noche, y acuéstate tú con él. Así
tendremos una descendencia». 35Esa noche volvieron a dar de beber a su padre, y
la menor se acostó con él, sin que él se
diera cuenta de lo que sucedía. 36Las dos
hijas de Lot quedaron embarazadas de su
padre; 37la mayor tuvo un hijo y lo llamó
Moab, que es el padre de los actuales
moabitas. 38También la menor tuvo un hijo y lo llamó Ben Amí, que es el padre de
los actuales amonitas.

Abraham y Sara en Guerar

Gn 12 10-20; 26 1-11

20 1Desde allí, Abraham se trasladó a la
zona del Négueb y se estableció entre
Cades y Sur. Después fue a Guerar, para quedarse allí por un tiempo. 2Abraham decía de
Sara, su esposa: «Es mi hermana». Y Abimélec, el rey de Guerar, mandó que le llevaran
a Sara. 3Pero esa noche, Dios se presentó en
sueños a Abimélec y le dijo: «Tú vas a morir
a causa de la mujer que has tomado, porque
es casada». 4Abimélec, que no había convivido con ella, le respondió: «Señor mío,
¿vas a quitarle la vida a una persona inocente? 5¿Acaso su marido no me dijo que
era su hermana? ¿Y ella no lo confirmó al
decir que él era su hermano? Yo lo hice de
buena fe y con las manos limpias». 6Dios le
respondió durante el sueño: «Sé que lo hiciste de buena fe. Por eso, yo mismo evité
que pecaras contra mí, e impedí que la to-
caras. 7Pero ahora, devuélvele la mujer a ese
hombre. Él es un profeta, y va a interceder
en tu favor, para que salves tu vida. Si no se
la devuelves, morirás tú y todos los tuyos».
8A la madrugada del día siguiente, Abimélec llamó a todos sus siervos y les contó lo que había sucedido. Y ellos sintieron un gran temor. 9Abimélec llamó a
Abraham y le dijo: «¿Qué nos has hecho?
¿En qué te he ofendido, para que nos ex-
pusieras, a mí y a mi reino, a cometer un
pecado tan grave? Tú has hecho conmigo
lo que no se debe». 10Y añadió: «¿Qué te
proponías al proceder de esa manera».
11Abraham respondió: «Yo pensaba que
en este lugar no había temor de Dios, y
que me matarían a causa de mi mujer.
12Por otra parte, ella es mi hermana, hija
de mi padre aunque no de mi madre, y se
ha casado conmigo. 13Por eso, cuando
Dios me hizo andar errante, lejos de mi
casa paterna, le dije: "Tienes que hacerme
este favor: cualquiera sea el lugar donde
lleguemos, dirás que soy tu hermano"».
14Abimélec tomó ovejas y vacas, esclavos
y esclavas, y se los dio a Abraham; y también le devolvió a Sara, su esposa. 15Des-
pués le dijo: «Mi país está a tu disposición:
radícate donde mejor te parezca». 16Y a Sara le dijo: «He dado mil monedas de plata
a tu hermano. Esto eliminará toda sospecha contra ti en aquellos que están contigo,
y tú quedarás rehabilitada».
17Abraham intercedió delante de Dios, y
Dios curó a Abimélec, a su mujer y a sus
siervas, que volvieron a tener hijos. 18Por-
que Dios había hecho estéril el seno de todas las mujeres en la casa de Abimélec, a
causa de Sara, la esposa de Abraham.

El nacimiento de Isaac

Hch 7 8; Gn 16 15; Gal 4 22-31;
Rom 9 7-9; 1 Re 19 3-4

21 1El Señor visitó a Sara como lo había dicho, y obró con ella conforme
a su promesa. 2Y Sara concibió y dio un
hijo a Abraham, un hijo en su vejez, en el
tiempo en que Dios le había dicho. 3Y
Abraham, cuando nació el niño que le
dio Sara, le puso el nombre de Isaac.
4Abraham circuncidó a su hijo Isaac a los

ocho días, como Dios se lo había ordenado. 5 Abraham tenía entonces cien años de
edad. 6 Sara dijo: «Dios me ha dado motivo para reír, y todos los que se enteren reirán conmigo». 7 Y añadió:

«¡Quién le hubiera dicho a Abraham
que Sara amamantaría hijos!
Porque yo le di un hijo en su vejez».

8 El niño creció y fue destetado, y el día
en que lo destetaron, Abraham ofreció un
gran banquete.

La expulsión de Agar y de Ismael

9 Sara vio que el hijo de Agar, la egipcia,
jugaba con su hijo Isaac. 10 Y dijo a Abraham: «Echa a esa esclava y a su hijo, porque
el hijo de esa esclava no va a compartir la
herencia con mi hijo Isaac». 11 Esto afligió
profundamente a Abraham, ya que el otro
también era hijo suyo. 12 Pero Dios le dijo:
«No te aflijas por el niño y por tu esclava.
Concédele a Sara lo que ella te pide, porque
de Isaac nacerá la descendencia que llevará
tu nombre. 13 Y en cuanto al hijo de la esclava, yo haré de él una gran nación, porque también es descendiente tuyo».
14 A la madrugada del día siguiente, Abraham tomó un poco de pan y un odre con
agua y se los dio a Agar; se los puso sobre las
espaldas, y la despidió junto con el niño. Ella
partió y anduvo errante por el desierto de
Berseba. 15 Cuando se acabó el agua que llevaba en el odre, puso al niño debajo de unos
arbustos, 16 y fue a sentarse aparte, a la distancia de un tiro de flecha, y pensó: «Al menos no veré morir al niño». Y cuando estuvo
sentada aparte, prorrumpió en sollozos.
17 Dios escuchó la voz del niño, y el ángel
de Dios llamó a Agar desde el cielo: «¿Qué
te pasa, Agar?», le dijo. «No temas, porque
Dios ha oído la voz del niño que está ahí.
18 Levántate, alza al niño y estréchalo bien
en tus brazos, porque yo haré de él una gran
nación». 19 Enseguida Dios le abrió los ojos,
y ella divisó un pozo de agua. Fue a llenar el
odre con agua y dio de beber al niño.
20 Dios acompañaba al niño y creció. Su
morada era el desierto, y se convirtió en un
arquero experimentado. 21 Vivió en el desierto de Parán, y su madre tomó para él
una mujer de la tierra de Egipto.

La alianza de Abraham con Abimélec

Gn 26 15-33

22 Por aquel tiempo, Abimélec, que iba
acompañado de Picol, el jefe de su ejército,
dijo a Abraham: «Dios está contigo en todo lo que haces. 23 Júrame por Dios aquí
mismo que nunca te vas a comportar falsamente conmigo o con mis descendientes o
mi posteridad, y que nos vas a dar, a mí y
a la tierra donde resides, lo mismo que yo
te di». 24 Abraham respondió: «Lo juro».
25 Pero Abraham presentó una queja a
Abimélec, a causa de un pozo que los siervos
de Abimélec habían tomado por la fuerza.
26 Este replicó: «No sé quién pudo haber hecho esto. Tú no me lo hiciste saber, y hasta
ahora yo no me había enterado de nada».
27 Abraham regaló a Abimélec unas ovejas
y unas vacas, y los dos hicieron una alianza.
28 Y como Abraham puso aparte siete corderas del rebaño, 29 Abimélec le preguntó:
«¿Qué significan esas siete corderas que pusiste aparte?». 30 «Significan —respondió
Abraham— que tú me vas a aceptar estas siete corderas como una prueba de que el pozo
lo he cavado yo». 31 Y a aquel lugar se lo llamó Berseba, que significa «pozo del pacto»,
porque allí los dos hicieron un pacto.
32 Después de concluida la alianza, Abimélec partió junto con Picol, el jefe de su
ejército, y regresó al país de los filisteos.
33 Abraham, por su parte, plantó un tamarisco en Berseba e invocó el nombre del
Señor Dios, el Eterno. 34 Él permaneció
largo tiempo en el país de los filisteos.

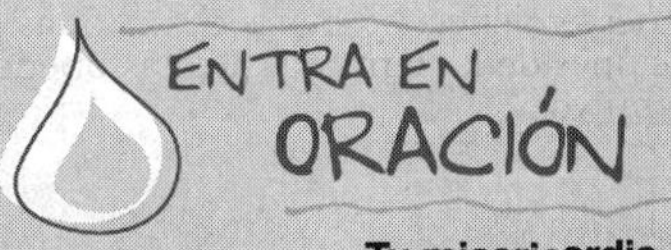

Tu misericordia nos rescata

Ha pasado tiempo y continúa la historia de Agar e Ismael. Sara nuevamente hace víctima de sus celos a Agar. Madre e hijo tienen que huir, y Dios los ayuda a sobrevivir en el desierto para que Ismael forme una gran nación.

¡Señor, creemos en tu misericordia! Te pedimos por nuestra generación joven. Fortalécenos para que proféticamente declaremos tu misericordia y no solo exijamos los derechos y la justicia.

Queremos anunciar que la mayor prueba de tu omnipotencia está en tu misericordia. Ayúdanos a ser misericordiosos y compartir tu amor para que jóvenes y niños conozcan su dignidad de hijos tuyos; que, cuando la injusticia y la opresión cierren los caminos, nuestro corazón sea semejante al tuyo.

Gn 21 9-21

Dios prueba a Abraham: El sacrificio de Isaac

Sab 10 5; Heb 11 17-19; Sant 2 21-23; Jn 3 16;
Rom 8 32; Hch 3 25; Gal 3 8.16

22 1 Después de esto, Dios puso a prueba
a Abraham.
«¡Abraham!», le dijo. Él respondió: «Aquí
estoy». 2 Luego Dios le dijo: «Toma a tu único hijo, el que tanto amas, a Isaac; ve a la región de Moria, y ofrécelo en holocausto sobre la montaña que yo te indicaré».
3 A la madrugada del día siguiente, Abraham ensilló su asno, tomó consigo a dos
de sus siervos y a su hijo Isaac, y después de
cortar la leña para el holocausto, se dirigió
hacia el lugar que Dios le había indicado.
4 Al tercer día, alzando los ojos, divisó el lugar desde lejos, 5 y dijo a sus siervos: «Quédense aquí con el asno, mientras yo y el
muchacho seguimos adelante. Daremos culto a Dios, y después volveremos a reunir-
nos con ustedes».
6 Abraham recogió la leña para el holocausto y la cargó sobre su hijo Isaac; él, por
su parte, tomó en sus manos el fuego y el cuchillo, y caminaron los dos juntos. 7 Isaac
rompió el silencio y dijo a su padre Abraham: «¡Padre!». Él respondió: «Sí, hijo mío».
«Tenemos el fuego y la leña —continuó
Isaac—, pero ¿dónde está el cordero para el
holocausto?». 8 «Dios proveerá el cordero para el holocausto», respondió Abraham. Y siguieron su camino los dos juntos.
9 Cuando llegaron al lugar que Dios le
había indicado, Abraham construyó un
altar, dispuso la leña, ató a su hijo Isaac,
y lo puso sobre el altar encima de la leña.
10 Luego extendió su mano y tomó el cuchillo para inmolar a su hijo. 11 Pero el Ángel
del Señor lo llamó desde el cielo: «¡Abraham, Abraham!». «Aquí estoy», respondió él. 12 Y el ángel le dijo: «No pongas tu
mano sobre el muchacho ni le hagas ningún daño. Ahora sé que temes a Dios,
porque no me has negado ni siquiera a tu
único hijo». 13 Al levantar la vista, Abraham vio un carnero que tenía los cuernos
enredados en una zarza. Tomó el carnero,
y lo ofreció en holocausto en lugar de su
hijo. 14 Abraham llamó a ese lugar: «El
Señor proveerá», y por eso se dice hasta
hoy: «En la montaña del Señor se proveerá».
15 Luego el Ángel del Señor llamó por
segunda vez a Abraham desde el cielo, 16 y
le dijo: «Juro por mí mismo —oráculo del
Señor— porque has obrado de esa manera y no me has negado a tu hijo único,
17 yo te colmaré de bendiciones y multiplicaré tu descendencia como las estrellas
del cielo y como la arena que está a la orilla del mar. Tus descendientes conquista-
rán las ciudades de sus enemigos, 18 y por
tu descendencia se bendecirán todas las
naciones de la tierra, ya que has obedecido mi voz».

VIVE LA PALABRA

Absoluta confianza en Dios

Lee el relato del sacrificio de Isaac en Génesis 22 1-19. ¿Te impresiona que Dios pidiera a Abraham el sacrificio de su hijo? ¿Imaginas qué sentiría Isaac al ver que su padre lo iba a sacrificar?

Esta historia es un signo de la confianza absoluta en Dios. Abraham aceptó la prueba lleno de dolor y angustia, y le ofreció a Dios el mayor testimonio de fidelidad posible. Por eso se le reconoce como padre de todos los creyentes (Rom 4 13-16).

También para Isaac fue una prueba muy difícil: sabiendo que había nacido como un don de Dios, aceptó la acción de su padre. Como Dios nunca quiere la muerte, liberó a Isaac. El desenlace de esta historia muestra que Dios ama la vida y que el destino final de Isaac no solo era Dios, sino que su descendencia formara el Pueblo de Dios.

Isaac es una figura que anuncia a Jesús. Anticipa la docilidad de Jesús en su pasión y la grandeza de su resurrección. Por eso, este pasaje se lee en la Vigilia Pascual.

Dios nunca nos pide un sacrificio como este, pero sí que le ofrezcamos nuestras penas, frustraciones, enfermedades, etcétera. ¿Te ha pedido Dios algún sacrificio fuerte? ¿Conoces a personas que hayan respondido a situaciones difíciles en su vida con una fe en Dios tan grande como la de Abraham? Pide a Dios que fortalezca tu confianza en él para que puedas superar los obstáculos con su ayuda.

Gn 22 1-19

19 Abraham regresó adonde estaban sus
siervos. Todos juntos se fueron a Berseba, y
Abraham residió allí.

Los descendientes de Najor

20 Después de un tiempo, Abraham recibió la noticia de que también Milcá había
dado hijos a su hermano Najor: 21 Us, su
primogénito; Buz, hermano de este; Quemuel, padre de Aram, 22 y además Quésed,
Jazó, Pildás, Idlaf y Betuel. 23 Este último fue
padre de Rebeca. Estos son los ocho hijos
que Milcá dio a Najor, el hermano de Abraham. 24 Además, Najor tenía una esclava llamada Reumá, que fue madre de Tébaj, Ga-
jam, Tajas y Maacá.

La tumba de los patriarcas

Gn 33 19; 25 9; 49 30-31;
Hch 7 5; Heb 11 9

23 1 Sara vivió ciento veintisiete años, 2 y
murió en Quiriat Arbá —la actual Hebrón— en la tierra de Canaán. Abraham estuvo de duelo por Sara y lloró su muerte.
3 Después se retiró del lugar donde estaba el
cuerpo, y dijo a los descendientes de Het:
4 «Aunque yo no soy más que un extranjero
residente entre ustedes, cédanme en propiedad alguno de sus sepulcros, para que
pueda retirar el cuerpo de mi esposa y darle sepultura». 5 Pero los descendientes de
Het respondieron a Abraham: «Por favor,
6 señor, escúchanos. Tú eres un privilegiado
de Dios en medio de nosotros. Sepulta a tu
esposa en la mejor de nuestras tumbas, ya
que ninguno de nosotros te negará un sepulcro para que la entierres».

7 Abraham se levantó, e inclinándose ante la gente del lugar, ante los descendientes
de Het, 8 les insistió y dijo: «Si ustedes quieren que sepulte el cuerpo, háganme el favor
de interceder ante Efrón, hijo de Sójar, 9 para que me venda la caverna de Macpelá, que
él tiene en el extremo de su campo. Que me
la ceda por su valor real, para que yo la posea como sepulcro familiar en medio de ustedes». 10 Efrón —que estaba presente entre
los descendientes de Het—, que tenía por
testigos a todos los que entraban por la
puerta de la ciudad, respondió a Abraham:
11 «No, señor, escúchame bien: yo te doy el
campo y también la caverna que hay en él.
Te la doy en presencia de mis compatriotas,
para que entierres a tu esposa».

12 Abraham volvió a inclinarse ante la
gente del lugar, 13 y teniéndolos por testigos
dijo a Efrón: «Si estás dispuesto a llegar a
un acuerdo conmigo, te pagaré el precio
del campo. Acéptalo, para que yo entierre
allí a mi esposa». 14 Y Efrón respondió a
Abraham: «Por favor, 15 escúchame, señor.
El campo vale cuatrocientos siclos de plata,
pero ¿qué es esa suma para personas como
tú y yo? Entierra a tu esposa». 16 Abraham
aceptó la propuesta de Efrón, y ante los testigos, a los descendientes de Het, pesó la
cantidad que aquel le había fijado: cuatrocientos siclos de plata, según el valor corriente entre los mercaderes.

17 De este modo, el campo de Efrón en
Macpelá, frente a Mamré —el campo con
la caverna y todos los árboles que estaban dentro de sus límites—, pasó a ser
18 propiedad de Abraham, y tenía por testigos a todos los descendientes de Het
que pasaban por la puerta de la ciudad.
19 Luego Abraham enterró a Sara en la caverna del campo de Macpelá, frente a
Mamré, en el país de Canaán. 20 Así adquirió Abraham a los descendientes de
Het el campo y la caverna que hay en él,
para sepulcro familiar.

El matrimonio de Isaac y Rebeca

Gn 47 29; 28 1-5; Dt 7 3;
Gn 29 2; Ex 2 16-21

24 1 Abraham ya era un anciano de edad
avanzada, y el Señor lo había bendecido en todo. 2 Y dijo Abraham al siervo
más antiguo de su casa, el que le administraba todos los bienes: «Coloca tu mano
debajo de mi muslo, 3 y júrame por el Señor, Dios del Cielo y de la tierra, que no
buscarás una esposa para mi hijo entre las
hijas de los cananeos, con los que vivo, 4 sino que irás a mi tierra y de mi familia traerás una esposa para Isaac». 5 El siervo le dijo: «Si la mujer no quiere venir conmigo a
esta tierra, ¿debo hacer que tu hijo regrese
al país de donde saliste?». 6 «Cuídate muy
bien de llevar allí a mi hijo», replicó Abraham. 7 «El Señor, Dios del cielo, que me sacó de mi casa paterna y de mi tierra, y me
prometió con solemnidad dar esta tierra a
mis descendientes, enviará su ángel delante
de ti, a fin de que puedas traer de allí una
esposa para mi hijo. 8 Si la mujer no quiere
seguirte, quedarás libre del juramento que
me haces; pero no lleves allí a mi hijo».

9 El siervo puso su mano debajo del muslo de Abraham, su señor, y le prestó juramento respecto de lo que habían hablado.
10 Luego tomó diez de los camellos de su señor, y llevó consigo toda clase de regalos y
partió hacia Aram Naharaim, hacia la ciudad
de Najor. 11 Allí hizo arrodillar a los camellos
junto a la fuente, en las afueras de la ciudad.
Era el atardecer, la hora en que las mujeres

salen a buscar agua. 12 Y dijo: «Señor, Dios de Abraham, dame hoy una señal favorable, y muéstrate bondadoso con mi señor Abraham. 13 Yo me quedaré parado junto a la fuente, mientras las hijas de los pobladores de la ciudad vienen a sacar agua. 14 La joven a la que yo diga: "Por favor, inclina tu cántaro para que pueda beber", y que me responda: "Toma, y también daré de beber a tus camellos", esa será la mujer que has destinado para tu siervo Isaac. Así reconoceré que has sido bondadoso con mi señor».

15 Aún no había terminado de hablar, cuando Rebeca, la hija de Betuel —el cual era a su vez hijo de Milcá, la esposa de Najor, el hermano de Abraham—, apareció con un cántaro sobre el hombro. 16 Era una joven virgen, muy hermosa y ningún varón se había relacionado con ella. Bajó a la fuente, llenó su cántaro, y cuando se disponía a regresar, 17 el siervo corrió a su encuentro y le dijo: «Por favor, dame un trago de esa agua que llevas en el cántaro». 18 «Bebe, señor», respondió ella, bajó el cántaro de su hombro y se apresuró a darle de beber. 19 Después que lo dejó beber hasta saciarse, añadió: «También sacaré agua hasta que tus camellos se sacien de beber». 20 Enseguida vació su cántaro en el bebedero, y corrió de nuevo a la fuente, hasta que sacó agua para todos los camellos. 21 Mientras tanto, el hombre la contemplaba en silencio, deseoso de saber si el Señor le permitiría lograr su cometido o no.

22 Cuando los camellos terminaron de beber, el hombre tomó un anillo de oro que pesaba medio siclo, y lo colocó en la nariz de la joven; luego le puso en los brazos dos pulseras de diez siclos. 23 Después le preguntó: «¿De quién eres hija? ¿Y hay lugar en la casa de tu padre para que podamos pasar la noche?». 24 Ella respondió: «Soy la hija de Betuel, el hijo que Milcá dio a Najor». 25 Y añadió: «En nuestra casa hay paja y forraje en abundancia, y también hay sitio para pasar la noche». 26 El hombre se inclinó y adoró al Señor, 27 y dijo: «Bendito sea el Señor, Dios de mi patrón Abraham, que nunca dejó de manifestarle su amor y su fidelidad. Él ha guiado mis pasos hasta la casa de sus parientes». 28 Entre tanto, la joven corrió a llevar la noticia a la casa de su madre.

29 Rebeca tenía un hermano llamado Labán. 30 Este, apenas vio el anillo y las pulseras que traía su hermana, y le oyó contar todo lo que el hombre le había dicho, salió y se dirigió hacia la fuente en busca de él. Al llegar, lo encontró con sus camellos junto a la fuente. 31 Y le dijo: «¡Ven, bendito del Señor! ¿Por qué te quedas fuera, si yo he preparado mi casa y tengo lugar para los camellos?». 32 El hombre entró en la casa. Enseguida desensillaron los camellos, les dieron agua y forraje, y trajeron agua para que él y sus acompañantes se lavaran los pies. 33 Pero cuando le sirvieron de comer, el hombre dijo: «No voy a comer, si antes no expongo el asunto que traigo entre manos». «Habla», le respondió Labán. 34 Él continuó: «Yo soy siervo de Abraham. 35 El Señor colmó de bendiciones a mi patrón y lo hizo prosperar, dándole ovejas y vacas, plata y oro, esclavos y esclavas, camellos y asnos. 36 Y su esposa Sara, cuando ya era anciana, le dio un hijo, a quien mi señor legó todos sus bienes. 37 Ahora bien, mi señor me hizo prestar este juramento: "No busques una esposa para mi hijo entre las hijas de los cananeos, en cuyo país resido. 38 Ve, en cambio, a mi casa paterna, y busca entre mis familiares una esposa para mi hijo". 39 "¿Y si la mujer se niega a venir conmigo?", le pregunté. 40 Pero él me respondió: "El Señor, en cuya presencia he caminado siempre, enviará su ángel delante de ti, y hará que logres tu cometido, al traer para mi hijo una esposa de mi propia familia, de mi casa paterna. 41 Para quedar libre del juramento que me haces, debes visitar primero a mis familiares. Si ellos no quieren dártela, el juramento ya no te obligará".

42 Por eso hoy, al llegar a la fuente, dije: "Señor, Dios de mi patrón Abraham, permíteme llevar a cabo la misión que he venido a realizar. 43 Yo me quedaré parado junto a la fuente, y cuando salga una joven a buscar agua, le diré: Déjame beber un poco de agua de tu cántaro. 44 Y si ella me responde: Bebe, y también sacaré agua para que beban tus camellos, esa será la mujer que tú has destinado para el hijo de mi señor". 45 Apenas terminé de decir estas cosas, salió Rebeca con un cántaro sobre el hombro. Y cuando bajó a la fuente para sacar agua, le dije: "Por favor, dame de beber". 46 Ella se apresuró a bajar el cántaro de su hombro y respondió: "Bebe, y también daré de beber a tus camellos". Yo bebí, y ella dio agua a los camellos. 47 Después le pregunté: "¿De quién eres hija?". "Soy hija de Betuel, el hijo que Milcá dio a Najor", respondió ella. Yo le puse el anillo en la nariz y las pulseras en los brazos, 48 y postrándome, adoré y bendije al Señor, el Dios de Abraham, que me guió por el buen camino, para que pudiera llevar al hijo de mi señor una hija de su pariente. 49 Y ahora, si ustedes están dispuestos a ofrecer a

mi señor una auténtica prueba de amistad, díganmelo; si no, díganmelo también. Así yo sabré a qué atenerme».

50 Labán y Betuel dijeron: «Todo esto viene del Señor. Nosotros no podemos responderte ni sí ni no. 51 Ahí tienes a Rebeca: llévala contigo, y que sea la esposa de tu señor, como Dios lo ha dispuesto. 52 Cuando el siervo de Abraham oyó estas palabras, se postró en tierra delante del Señor. 53 Luego sacó objetos de oro y plata y vestidos, y se los dio a Rebeca. También entregó cosas preciosas a su hermano y a su madre. 54 Después él y sus acompañantes comieron y bebieron, y pasaron la noche allí.

A la mañana siguiente, apenas se levantaron, el siervo dijo: «Déjenme regresar a la casa de mi señor». 55 El hermano y la madre de Rebeca respondieron: «Que la muchacha se quede con nosotros unos diez días más. Luego podrás irte». 56 Pero el siervo replicó: «No me detengan, ahora que el Señor me permitió lograr mi cometido. Déjenme ir, y volveré a la casa de mi señor». 57 Ellos dijeron: «Llamemos a la muchacha, y preguntémosle qué opina». 58 Llamaron a Rebeca y le preguntaron: «¿Quieres irte con este hombre?». «Sí», respondió ella. 59 Ellos despidieron a Rebeca y a su nodriza, lo mismo que al siervo y a sus acompañantes, 60 la bendijeron y le dijeron:

«Hermana nuestra, que nazcan de ti
millares y decenas de millares;
y que tus descendientes conquisten
las ciudades de sus enemigos».

61 Rebeca y sus sirvientas montaron en los camellos y siguieron al hombre. Este tomó consigo a Rebeca, y partió.

62 Entre tanto, Isaac había vuelto de las cercanías del pozo de Lajai Roí, porque estaba radicado en la región del Négueb. 63 Al atardecer salió a caminar por el campo, y vio venir unos camellos. 64 Cuando Rebeca vio a Isaac, bajó del camello 65 y preguntó al siervo: «¿Quién es ese hombre que viene hacia nosotros por el campo?». «Es mi señor», respondió el siervo. Y ella tomó su velo y se cubrió.

66 El siervo contó a Isaac todas las cosas que había hecho. 67 Isaac llevó a Rebeca hacia la tienda de su madre Sara, la tomó por esposa y la amó. Así encontró consuelo después de la muerte de su madre.

Los otros hijos de Abraham

1 Cr 1 32-33; Gn 21 10; 24 36

25 1 Abraham tomó por esposa otra mujer, llamada Queturá, 2 y esta le dio varios hijos: Zimrán, Iocsán, Medán, Madián, Isbac y Súaj. 3 Iocsán fue padre de Sebá y Dedán. Los descendientes de Dedán fueron los asuritas, los letusíes y los leumíes. 4 Los hijos de Madián fueron Efá, Efer, Henoc, Abidá y Eldaá. Todos estos son hijos de Queturá.

5 Abraham legó todos sus bienes a Isaac. 6 También hizo regalos a los hijos de sus concubinas, pero mientras vivía los apartó de su hijo Isaac, enviándolos hacia el este, a las regiones orientales.

La muerte de Abraham

Gn 23; 16 13-14

7 Abraham vivió ciento setenta y cinco años. 8 Murió a una edad muy avanzada, satisfecho y cargado de años, y fue a reunirse con su pueblo. 9 Sus hijos Isaac e Ismael lo sepultaron en la caverna de Macpelá, en el campo de Efrón, hijo de Sójar, el hitita, que está frente a Mamré. 10 Es el campo que Abraham había comprado a los descendientes de Het. Allí fueron enterrados él y su esposa Sara. 11 Después de la muerte de Abraham, Dios bendijo a su hijo Isaac, y este se estableció cerca del pozo de Lajai Roí.

Los descendientes y la muerte de Ismael

1 Cr 1 29-31; Gn 16 12

12 Esta es la descendencia de Ismael —el hijo que Agar, la sirvienta egipcia de Sara, dio a Abraham— 13 con los nombres de cada uno de sus hijos, según el orden de su nacimiento: Nebaiot, el primogénito de Ismael; luego Quedar, Abdeel, Mibsam, 14 Mismá, Dumá, Masá, 15 Jadad, Temá, Ietur, Nafis y Quedmá. 16 Estos son los hijos de Ismael: doce jefes de otras tantas tribus, que dieron sus nombres al lugar donde habitaron y a sus respectivos campamentos. 17 Ismael vivió ciento treinta y siete años. Al cabo de ellos murió, y fue a reunirse con los suyos. 18 Sus descendientes habitaron desde Javilá hasta Sur, que está en dirección a Egipto, hasta Asur. Y murió en presencia de todos sus hermanos.

ISAAC Y JACOB

El nacimiento de Esaú y de Jacob

Mal 1 2-5; Rom 9 10-18; Os 12 4

19 Esta es la descendencia de Isaac, el hijo de Abraham.

Abraham fue padre de Isaac, 20 el cual, a los cuarenta años, tomó por esposa a Rebeca, hija de Betuel, el arameo de Padán Aram, y hermana de Labán, el arameo. 21 Isaac oró

al Señor por su esposa, que era estéril. El Señor lo escuchó, y su esposa Rebeca quedó
embarazada. 22 Como los niños se chocaban
el uno contra el otro dentro de su seno, ella
exclamó: «Si las cosas tienen que ser así, ¿vale la pena vivir?». Y fue a consultar al Señor,
23 y él le respondió:

«En tu seno hay dos naciones,
dos pueblos se separan
desde tus entrañas:
uno será más fuerte que el otro,
y el mayor servirá al menor».

24 Cuando llegó el momento del parto,
resultó que había mellizos en su seno. 25 El
que salió primero era rubio, y estaba todo
cubierto de vello, como si tuviera un manto de piel. A este lo llamaron Esaú. 26 Después salió su hermano, que con su mano
tenía agarrado el talón de Esaú. Por ello lo
llamaron Jacob. Cuando nacieron, Isaac tenía sesenta años.

Esaú vende su derecho de hijo primogénito

Heb 12 16-17

27 Los niños crecieron. Esaú se convirtió
en un hombre agreste, experto en la caza.
Jacob, en cambio, era un hombre apacible
y apegado a su tienda. 28 Isaac quería más a
Esaú, porque las presas de caza eran su plato preferido; pero Rebeca sentía más cariño
por Jacob.
29 En cierta ocasión, Esaú volvió exhausto
del campo, mientras Jacob preparaba un
guiso. 30 Esaú dijo a Jacob: «Déjame comer
un poco de esa comida rojiza, porque estoy
extenuado». Fue por eso que se dio a Esaú
el nombre de Edom. 31 Pero Jacob le respondió: «Dame antes tu derecho de hijo
primogénito». 32 Dijo Esaú: «Me muero, ¿de
qué me servirá ese derecho?». 33 Pero Jacob
insistió: «Júramelo antes». Él se lo juró y le
vendió su derecho de hijo primogénito.
34 Jacob le dio pan y guiso de lentejas. Esaú
comió y bebió; después se levantó y se fue.
Así menospreció Esaú el derecho que le correspondía por ser el hijo primogénito.

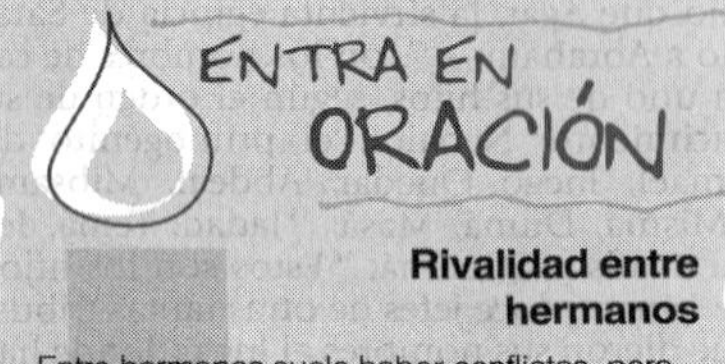

Rivalidad entre hermanos

Entre hermanos suele haber conflictos, pero el caso de Jacob y Esaú llegó al extremo (Gn 27 – 28 y 33). Otro caso de rivalidad entre hermanos se halla entre los hijos de Jacob (37 12-36).

Señor, Dios nuestro, tú eliges para cada uno de nosotros una familia. Gracias por mi familia, mis hermanos y hermanas. Nuestras personalidades a veces chocan y causan conflictos. Llénanos de bondad y paciencia.

Toda relación mejora cuando tú estás cerca. Que nuestras relaciones sean de amistad, alegría y solidaridad; que amemos fraternalmente a nuestros primos, amigos y vecinos, y que nuestro trato refleje que tú nos guías. Amén.

Gn 25 19-34

Isaac en Guerar

Gn 12 10-20; 20 1-18

26 1 Luego, aquella región volvió a padecer hambre —además de la primera
en tiempos de Abraham— e Isaac se fue a
Guerar, donde estaba Abimélec, el rey de los
filisteos. 2 El Señor se le apareció y le dijo:
«No bajes a Egipto; quédate en el lugar que
yo te indicaré. 3 Residirás por un tiempo en
este país extranjero, pero yo estaré contigo y
te bendeciré. Porque te daré todas estas tierras, a ti y a tu descendencia, para cumplir el
juramento que hice a tu padre Abraham.
4 Multiplicaré tu descendencia como las estrellas del cielo, y le daré todos estos territorios, de manera que por ella se bendecirán
todas las naciones de la tierra. 5 Haré esto en
premio a la obediencia de Abraham, que
observó mis órdenes y mis mandamientos,
mis preceptos y mis instrucciones».
6 Y habitó Isaac en Guerar. 7 Los hombres
del lugar le preguntaban acerca de su mujer
y él respondía: «Es mi hermana». Tenía
miedo de decir que era su esposa, porque
pensaba: «Esta gente me matará a causa de
Rebeca, que es muy hermosa». 8 Ya hacía
bastante tiempo que se encontraba allí,
cuando Abimélec, el rey de los filisteos, al
mirar por la ventana, vio que Isaac acaricia-
ba a su esposa Rebeca. 9 Abimélec lo mandó
llamar y le dijo: «No cabe ninguna duda:
ella es tu esposa. ¿Cómo dijiste que era tu
hermana?». Isaac le respondió: «Porque
pensé que podían matarme a causa de
ella». 10 Pero Abimélec replicó: «¿Qué nos
has hecho? Faltó poco para que uno de
nuestros hombres se acostara con tu mujer,
y tú nos habrías hecho responsables de un
delito». 11 Y Abimélec dio esta orden a todo

el pueblo: «El que toque a este hombre o a
su mujer morirá».
12 Isaac sembró en aquella región, y ese
año cosechó el ciento por uno, porque el
Señor lo había bendecido. 13 Así se fue enri-
queciendo cada vez más, hasta que llegó a
ser muy rico. 14 Adquirió ovejas, vacas y una
numerosa servidumbre. Y los filisteos le tuvieron envidia.

Los pozos entre Guerar y Berseba

Gn 21 22-34

15 Los filisteos taparon y llenaron de tierra
todos los pozos, que en tiempos de Abraham habían cavado los siervos de su padre.
16 Y Abimélec dijo a Isaac: «Aléjate de nuestro
lado, porque tú has llegado a ser mucho más
poderoso que nosotros». 17 Isaac se fue de
allí, y acampó en el valle de Guerar, donde se
estableció.
18 Y abrió de nuevo los pozos que habían
sido cavados en tiempos de su padre, y que
los filisteos habían tapado después de la
muerte de Abraham, y los llamó con los
nombres que les había dado su padre. 19 Pero cuando los siervos de Isaac, que cavaron
en el valle, encontraron un manantial, 20 los
pastores de Guerar discutieron con los de
Isaac y les decían: «Esta agua es nuestra».
Y Isaac llamó a ese pozo Esec, porque allí
habían litigado con él. 21 Después cavaron
otro pozo, y volvió a producirse un altercado e Isaac lo llamó Sitná. 22 Luego avanzó, y
cavó otro pozo más. Pero esta vez no hubo
ningún altercado. Y le puso el nombre de
Rejobot, porque dijo: «Ahora el Señor nos
ha dejado el campo libre, para que podamos prosperar en esta región».

Renovación de la promesa hecha a Abraham

23 De allí subió a Berseba, 24 y esa misma
noche el Señor se le apareció y le dijo:

«Yo soy el Dios de Abraham, tu padre:
no temas, porque estoy contigo.
Yo te bendeciré y multiplicaré
tu descendencia,
por amor a mi siervo Abraham».

25 Allí Isaac construyó un altar e invocó el
nombre del Señor. En ese lugar estableció su
campamento, y sus siervos comenzaron a cavar un pozo.

La alianza de Isaac con Abimélec

26 Mientras tanto, fue a verlo Abimélec,
que venía de Guerar junto con Ajuzat, su
consejero, y Picol, el jefe de su ejército.
27 Isaac les preguntó: «¿Para qué vienen a verme, si fueron ustedes los que se enemistaron
conmigo y me echaron de su lado?». 28 Ellos
le respondieron: «Hemos comprobado que
el Señor está contigo, y pensamos que entre
tú y nosotros debe haber un acuerdo, ratifi-
cado con un juramento. Por eso, queremos
hacer una alianza contigo: 29 tú no nos harás
daño, porque nosotros no te hemos causado
molestia, sino que fuimos amables contigo y
te dejamos partir en paz. Tú eres ahora bendecido por el Señor». 30 Isaac les ofreció un
banquete, y ellos comieron y bebieron. 31 Al
día siguiente, se levantaron de madrugada y
se hicieron un juramento mutuo. Luego
Isaac los despidió, y se fueron como amigos.
32 Aquel mismo día, los siervos de Isaac
vinieron a traerles noticias sobre el pozo
que habían cavado, y le dijeron: «Hemos
encontrado agua». 33 Él llamó a ese pozo Sibá y por eso el nombre de la ciudad es Berseba hasta el día de hoy.

Las esposas hititas de Esaú

Gn 36 1-5

34 Cuando Esaú cumplió cuarenta años, se
casó con Judit, hija de Beerí, el hitita, y con
Basmat, hija de Elón, el hitita. 35 Ellas fueron
una fuente de amargura para Isaac y Rebeca.

La bendición de Isaac a Jacob

Gn 25 25.28; 22 17-18; Heb 11 20; Gn 25 23;
Heb 12 17; Gn 25 29-34

27 1 Cuando Isaac envejeció, sus ojos se
debilitaron tanto que ya no veía nada.
Llamó a Esaú, su hijo mayor, y le dijo: «¡Hijo mío!». «Aquí estoy», respondió él. 2 Dijo
Isaac: «Yo estoy viejo y moriré en cualquier
momento. 3 Por eso, toma tus armas —tu
aljaba y tu arco—, ve al campo y cázame algún animal silvestre. 4 Después prepárame
una buena comida, de esas que a mí me
gustan, y tráemela para que la coma. Así
podré darte mi bendición antes de morir».
5 Rebeca escuchó cuando Isaac hablaba
con su hijo Esaú. Y cuando se fue al campo
a cazar un animal para su padre, 6 Rebeca dijo a Jacob: «Acabo de oír que tu padre le decía a tu hermano Esaú: 7 "Tráeme un animal
silvestre y prepárame una buena comida. Yo
la comeré, y te bendeciré en la presencia del
Señor antes de morir". 8 Ahora, hijo mío, escucha bien lo que voy a ordenar. 9 Ve al corral
y tráeme de allí dos cabritos bien cebados.
Yo prepararé con ellos una buena comida
para tu padre, de esas que le agradan a él, 10 y
tú se la llevarás para que la coma. Así él te
bendecirá antes de morir».
11 Pero Jacob respondió a su madre Rebeca: «Mira que mi hermano Esaú es vellu-

La sorprendente elección de Dios

En Israel el primer hijo tenía privilegios especiales: derecho a la bendición paterna, al patrimonio familiar y autoridad sobre sus hermanos. Era el derecho de primogenitura, del cual Jacob despojó astutamente a Esaú (Gn 25 29-34) apropiándose de la bendición de su padre, mediante el engaño a Isaac, ya anciano y ciego (27 1-29).

Impresionan estas acciones en la Biblia, y más ver que Dios las tolera. Sin embargo, son clave para entender el plan de salvación y la preferencia de Dios por lo pequeño, lo poco apreciable, a pesar del pecado. Esta preferencia tiene un objetivo: mostrar que la salvación es suya y que elige a quien quiere. La historia de la salvación no es una cadena de vidas ejemplares, sino el testimonio espléndido del poder y la bondad de Dios (ver «Plan de lectura número 5. El pecado y la justicia salvadora de Dios», p. 21).

Señor, enséñame a contemplar la gratuidad de tus dones y tu elección. Gracias porque realizas tu plan, contando con nuestra pequeñez y debilidades.

Gn 27 1-10

do y yo soy lampiño. 12 Si mi padre me llega a tocar, pensará que me burlo de él, y
atraeré sobre mí una maldición y no una
bendición». 13 «Que esa maldición caiga sobre mí, hijo mío», le respondió su madre.
«Tú obedéceme, y tráeme los cabritos».
14 Jacob fue a buscar los cabritos, se los
llevó a su madre y ella preparó una buena
comida, como le agradaba a su padre.
15 Después Rebeca tomó ropa de su hijo
mayor Esaú, la mejor que había en la casa,
y se la puso a Jacob, su hijo menor; 16 y con
el cuero de los cabritos le cubrió las manos
y la parte lampiña del cuello. 17 Luego le
entregó la comida y el pan que había preparado.
18 Jacob se presentó ante su padre y le dijo: «¡Padre!». Este respondió: «Aquí estoy,
¿quién eres, hijo mío?». 19 «Soy Esaú, tu hijo primogénito —respondió Jacob a su padre—, y ya hice lo que me mandaste. Por
favor, siéntate y come lo que cacé, para que
puedas bendecirme». 20 Isaac le dijo: «¡Qué
rápido lo has logrado, hijo mío!». Jacob
respondió: «El Señor, tu Dios, hizo que las
cosas salieran bien». 21 Pero Isaac añadió:
«Acércate, hijo mío, y deja que te toque,
para ver si eres mi hijo Esaú o no». 22 Él se
acercó a su padre; este lo palpó y dijo: «La
voz es de Jacob, pero las manos son de
Esaú». 23 Y no lo reconoció, porque sus manos estaban cubiertas de vello, como las de
su hermano Esaú. Sin embargo, cuando se
disponía a bendecirlo, 24 le preguntó otra
vez: «¿Tú eres mi hijo Esaú?». «Soy yo», respondió: 25 «Sírveme —dijo Isaac— y déjame comer lo que has cazado, para que
pueda darte mi bendición». Jacob le acercó
la comida, y su padre la comió; también le
sirvió vino, y lo bebió. 26 Luego su padre
Isaac le dijo: «Acércate, hijo mío, y dame
un beso». 27 Cuando él se acercó para besarlo, Isaac percibió la fragancia de su ropa, lo bendijo y dijo:

«Sí, la fragancia de mi hijo es como el
aroma de un campo que el Señor ha
bendecido.
28 Que el Señor te dé el rocío del cielo y
la fertilidad de la tierra, trigo y vino en
abundancia.
29 Que los pueblos te sirvan y las naciones te rindan homenaje.
28 Tú serás el señor de tus hermanos, y los
hijos de tu madre se inclinarán ante ti.
28 Maldito sea el que te maldiga, y bendito el que te bendiga».

30 Apenas Isaac había terminado de bendecir a Jacob, en el momento que este se
apartaba de su padre, su hermano Esaú
volvió de cazar. 31 Él también preparó una
comida apetitosa y la presentó a su padre:
«Levántate, padre, y come la presa que tu
hijo ha cazado. Así podrás bendecirme».
32 Isaac, su padre, le preguntó: «Y tú, ¿quién
eres?». «Soy Esaú, tu hijo primogénito», le
respondió: 33 Isaac quedó muy turbado y
exclamó: «¿Quién ha sido el que cazó una
presa y me la trajo? Yo la comí antes que tú
llegaras, lo bendije, y quedará bendecido».
34 Al oír las palabras de su padre, Esaú lanzó un fuerte grito lleno de amargura. Luego dijo: «¡Padre, bendíceme también a
mí!». 35 Pero Isaac respondió a Esaú: «Ha
venido tu hermano y, valiéndose de un engaño, se llevó tu bendición».
36 Esaú dijo: «Sí, con razón se llama Jacob.
Ya van dos veces que me desplaza: primero
arrebató mi condición de hijo primogénito,
y ahora se ha llevado mi bendición». Y agre-

Te presentamos a... JACOB,

Jacob fue hijo de Isaac y nieto de Abraham. Tuvo doce hijos que llegaron a ser los líderes de las doce tribus de Israel. Jacob era astuto y en ocasiones poco honesto. Su nombre significa «el impostor», o «el que suplanta», por robar a su hermano gemelo, Esaú, la bendición y la primogenitura (Gn 25 29-34).

Dios elige a Jacob tal como es y lo bendice a pesar de sus faltas. Con paciencia espera encontrarse con él para impulsarlo a cambiar, hasta que esto sucede en un sueño en el que Jacob renueva la alianza con Dios (28 10-17). En otro momento Jacob lucha contra el mensajero del Señor (32 25-32). Posteriormente Jacob se convierte a Dios y se arrepiente de todas sus trampas al comprender que Dios prefiere la honradez y la verdad a la astucia. Dios le cambia el nombre por Israel, que significa «el que lucha con Dios», al darle su misión (32 29; 35 10). De aquí que sus descendientes sean conocidos como israelitas.

Gn 25 19 – 50 14

gó: «¿No has reservado una bendición para
mí?». 37 Isaac respondió a Esaú: «Lo he constituido tu señor y le he dado como siervos a
todos sus hermanos; lo he provisto de trigo
y de vino: ¿qué más puedo hacer por ti, hijo mío?».
38 Esaú dijo a su padre: «¿Acaso tienes solo una bendición?». Isaac permaneció en silencio. Esaú lanzó un grito y se puso a llorar. 39 Isaac le respondió, diciéndole:

«Tu morada estará lejos de los campos
fértiles y del rocío que cae del cielo.
40 Vivirás de tu espada y servirás
a tu hermano.
Pero cuando te rebeles, lograrás sacudir
su yugo de tu cuello».

41 Esaú sintió hacia su hermano un profundo rencor, por la bendición que le había
dado su padre. Y pensó: «Pronto estaremos
de duelo por mi padre. Y mataré a mi hermano Jacob».
42 Cuando contaron a Rebeca las palabras de Esaú, su hijo mayor, ella mandó
llamar a Jacob, su hijo menor, y le dijo: «Tu
hermano te quiere matar para vengarse
de ti. 43 Ahora, hijo mío, obedéceme. Huye de
inmediato a Jarán, a casa de mi hermano
Labán, 44 y quédate con él algún tiempo,
hasta que tu hermano se tranquilice, 45 hasta que se calme su ira contra ti y olvide lo
que le has hecho. Después yo te mandaré
a buscar. ¿Por qué voy a perderlos a los
dos en un solo día?».

El viaje de Jacob a Padán Aram

Gn 24; 25 12-16

46 Rebeca dijo a Isaac: «¡Esas mujeres hititas me han quitado hasta las ganas de vivir!
Si también Jacob se casa con una de esas hititas, con una nativa de este país, ¿qué me
importa ya de la vida?».

28 1 Por eso, Isaac llamó a Jacob, lo
bendijo, y le ordenó: «No te cases
con una mujer cananea. 2 Ve ahora mismo
a Padán Aram, a la casa de Betuel, tu abuelo materno, y elige para ti una mujer entre las hijas de Labán, el hermano de tu
madre. 3 Que el Dios Todopoderoso te bendiga, te haga fecundo y te dé una descendencia numerosa, para que seas el padre
de una multitud de pueblos. 4 Que él te dé,
a ti y a tu descendencia, la bendición de
Abraham, para que puedas tomar posesión de la tierra donde ahora vives como
extranjero, esa tierra que Dios concedió a
Abraham». 5 Luego Isaac despidió a Jacob,
y este se fue a Padán Aram, a casa de Labán, hijo de Betuel, el arameo, y hermano de Rebeca, la madre de Jacob y de
Esaú.

El otro casamiento de Esaú

6 Esaú vio que Isaac había bendecido a
Jacob y lo había enviado a Padán Aram
para que se buscara allí una esposa. Vio,
asimismo, que al bendecirlo le había dado esta orden: «No te cases con una mujer cananea», 7 y que Jacob, por obediencia

a su padre y a su madre, se había ido a Padán Aram. 8 Y comprendió cuánto disgustaban a su padre Isaac las mujeres cananeas. 9 Por eso acudió a Ismael, el hijo de Abraham, y tomó por esposa —además de las que ya tenía— a Majalat, hija de Ismael y hermana de Nebaiot.

El sueño de Jacob en Betel

Os 12 5; Sab 10 10; Gn 15 5s; Am 4 4; Gn 35 6; 48 3

10 Jacob partió de Berseba y se dirigió hacia Jarán. 11 De pronto llegó a un lugar, y se detuvo en él para pasar la noche, porque ya se había puesto el sol. Tomó una de las piedras del lugar, se la puso como almohada y se acostó allí. 12 Y tuvo un sueño: vio una escalera que estaba apoyada sobre la tierra, y cuyo extremo superior tocaba el cielo. Por ella subían y bajaban ángeles de Dios. 13 Y el Señor, de pie junto a él, le decía: «Yo soy el Señor, el Dios de Abraham, tu padre, y el Dios de Isaac. A ti y a tu descendencia les daré la tierra donde estás acostado. 14 Tu descendencia será numerosa como el polvo de la tierra; te extenderás hacia el este y el oeste, el norte y el sur; y por ti y tu descendencia se bendecirán todas las familias de la tierra. 15 Yo estoy contigo: te protegeré dondequiera que vayas, y te haré volver a esta tierra. No te abandonaré hasta haber cumplido todo lo que te prometo».

> YO ESTOY CONTIGO: TE PROTEGERÉ DONDEQUIERA QUE VAYAS..., NO TE ABANDONARÉ. Gn 28 15

16 Jacob se despertó de su sueño y exclamó: «¡Verdaderamente el Señor está en este lugar, y yo no lo sabía!». 17 Y lleno de temor, añadió: «¡Qué temible es este lugar! Es nada menos que la casa de Dios y la puerta del cielo». 18 A la madrugada del día siguiente, Jacob tomó la piedra que le había servido de almohada, la construyó como piedra conmemorativa, y derramó aceite sobre ella. 19 Y a ese lugar, que antes se llamaba Luz, lo llamó Betel. 20 Luego Jacob hizo este voto: «Si Dios me acompaña y me protege durante el viaje, si me da pan para comer y ropa para vestirme, 21 y si puedo regresar sano y salvo a la casa de mi padre, el Señor será mi Dios. 22 Y esta piedra conmemorativa que acabo de construir será la casa de Dios. Además, de todo lo que me dé apartaré el diezmo para él».

Jacob en casa de Labán

Gn 24 11-32; Ex 2 16-21

29 1 Jacob reanudó la marcha y se fue a la tierra de los orientales. 2 Allí vio un pozo en medio del campo, junto al cual estaban tendidos tres rebaños de ovejas, porque en ese pozo daban de beber al ganado. La piedra que cubría la boca del pozo era muy grande. 3 Solo cuando estaban reunidos todos los pastores, podían correrla para dar de beber a los animales. Luego la volvían a poner en su lugar, sobre la boca del pozo.

4 Jacob dijo a los pastores: «Hermanos, ¿de dónde son ustedes?». «Somos de Jarán», respondieron. 5 Él añadió: «¿Conocen a Labán, hijo de Najor?». «Sí», dijeron ellos. 6 Él volvió a preguntarles: «¿Se encuentra bien?». «Muy bien», le respondieron. «Ahí viene su hija Raquel con el rebaño». 7 Y él les dijo: «Aún es pleno día; todavía no es hora de entrar los animales. ¿Por qué no les dan de beber y los llevan a pastar?». 8 «No podemos hacerlo —dijeron ellos—, hasta que no se reúnan todos los pastores y hagan rodar la piedra que está sobre la boca del pozo. Solo entonces podremos dar de beber a los animales».

9 Todavía hablaba con ellos, cuando llegó Raquel, que era pastora, con el rebaño de su padre. 10 Apenas Jacob vio a Raquel, la hija de su tío Labán, que traía el rebaño, se adelantó e hizo rodar la piedra que cubría la boca del pozo, y dio de beber a las ovejas de su tío. 11 Después besó a Raquel y lloró de emoción. 12 Y le contó que él era pariente de Labán —por ser hijo de Rebeca— y ella corrió a comunicar la noticia a su padre. 13 Labán, por su parte, al oír que se trataba de Jacob, el hijo de su hermana, corrió a saludarlo; lo abrazó, lo besó y lo llevó a su casa. Y cuando Jacob le contó todo lo que había sucedido, 14 Labán le dijo: «En verdad, tú eres de mi misma sangre».

Las dos esposas de Jacob

Os 12 13

15 Luego Labán le dijo: «¿Acaso porque eres pariente mío me vas a servir sin pago? Indícame cuál debe ser tu salario». 16 Ahora bien, Labán tenía dos hijas: la mayor se llamaba Lía, y la menor, Raquel. 17 Lía tenía una mirada tierna, pero Raquel tenía una linda silueta y era muy hermosa. 18 Y como Jacob se había enamorado de Raquel, respondió: «Te serviré durante siete años, si

REFLEXIONA

Las mentiras se pagan caras

¡Imagínate la ira de Jacob cuando se da cuenta de que Labán lo ha engañado! (Gn 29 25). Pero Jacob está trabajando con su tío Labán precisamente porque está huyendo de su hermano Esaú, a quien estafó hace algunos años (27 1-40). Su mentira se vuelve contra él. Ahora él es víctima de otra mentira.

Nuestras mentiras, habladurías contra otros y la manipulación de los demás, de alguna manera se volverán contra nosotros. ¿Con qué frecuencia dices mentiras?, ¿para qué las dices?, ¿qué mentiras te han causado problemas? ¡Pide a Dios que te ayude a ser siempre una persona honesta!

Gn 29 15-30

me das por esposa a Raquel, tu hija menor». 19 «Mejor es dártela a ti que a un extraño», asintió Labán. «Quédate conmigo». 20 Y Jacob trabajó siete años para poder casarse con Raquel, pero le parecieron unos pocos días, por el gran amor que le tenía.

21 Después Jacob dijo a Labán: «Dame a mi esposa para que pueda unirme con ella, porque el plazo ya se ha cumplido». 22 Labán reunió a toda la gente del lugar e hizo una fiesta. 23 Pero al anochecer tomó a su hija Lía y se la entregó a Jacob. Y Jacob se unió a ella. 24 Además, Labán destinó a su esclava Zilpá para que fuera sirvienta de su hija Lía. 25 A la mañana siguiente, Jacob reconoció a Lía. Y dijo a Labán: «¿Qué me has hecho? ¿Acaso yo no te serví para poder casarme con Raquel? ¿Por qué me engañaste?». 26 Pero Labán le respondió: «En nuestro país no se acostumbra a casar a la menor antes que a la mayor. 27 Por eso, espera que termine la semana de esta fiesta nupcial, y después te daré también a Raquel, como pago por los servicios que me prestarás durante otros siete años».

28 Jacob estuvo de acuerdo: esperó que concluyera esa semana, y después, Labán le dio como esposa a su hija Raquel. 29 Además, Labán destinó a su esclava Bilhá, para que fuera sirvienta de su hija Raquel. 30 Jacob se unió a ella, y la amó más que a Lía. Y estuvo al servicio de Labán siete años más.

Los hijos de Lía

31 Cuando el Señor vio que Lía no era amada, la hizo fecunda, mientras que Raquel permaneció estéril. 32 Lía concibió y dio a luz un hijo, al que llamó Rubén, porque dijo: «El Señor ha visto mi aflicción; ahora sí que mi esposo me amará». 33 Luego volvió a concebir, y tuvo otro hijo. Y exclamó: «El Señor se dio cuenta de que yo no era amada, y por eso me dio también a este». Y lo llamó Simeón. 34 Después concibió una vez más, y cuando dio a luz, dijo: «Ahora mi marido sentirá afecto por mí, porque le he dado tres hijos». Por eso lo llamó Leví. 35 Finalmente, volvió a concebir y a tener un hijo y exclamó: «Esta vez alabaré al Señor», y lo llamó Judá. Después dejó de tener hijos.

Los hijos de Bilhá

Eclo 26 6; Gn 35 16-19; 1 Sm 1 6

30 1 Al ver que no podía dar hijos a Jacob, Raquel tuvo envidia de su hermana, y dijo a su marido: «Dame hijos, porque si no me muero». 2 Pero Jacob, indignado, le respondió: «¿Acaso puedo ser Dios, el que retiró de ti el fruto de tu vientre?». 3 Ella añadió: «Aquí tienes a mi esclava Bilhá. Únete a ella, y que dé a luz sobre mis rodillas. Por medio de ella, también yo voy a tener hijos». 4 Así le dio por mujer a su esclava Bilhá. Jacob se unió a ella, 5 y cuando Bilhá concibió y dio un hijo a Jacob, 6 Raquel dijo: «Dios me hizo justicia: él escuchó mi voz y me ha dado un hijo». Por eso lo llamó Dan. 7 Después Bilhá, la esclava de Raquel, volvió a concebir y dio un segundo hijo a Jacob. 8 Y Raquel dijo: «Sostuve con mi hermana una lucha muy grande, pero al fin he vencido». Y lo llamó Neftalí.

Los hijos de Zilpá

9 Lía, por su parte, al ver que había dejado de dar a luz, tomó a su esclava Zilpá y se la dio como mujer a Jacob. 10 Cuando Zilpá, la esclava de Lía, dio un hijo a Jacob, 11 Lía exclamó: «¡Qué suerte!». Y lo llamó Gad. 12 Después Zilpá, la esclava de Lía, dio otro hijo a Jacob. 13 Y Lía dijo: «¡Qué felicidad! Porque todas las mujeres me felicitarán». Y lo llamó Aser.

Los otros hijos de Lía

14 Rubén salió una vez mientras se cosechaba el trigo, y encontró en el campo unas
mandrágoras, que luego entregó a su madre.
Pero Raquel dijo a Lía: «Por favor, dame algunas de esas mandrágoras que trajo tu hijo». 15 Pero Lía respondió: «¿No te basta con
haberme quitado a mi marido, que ahora
quieres arrebatarme también las mandrágoras de mi hijo?». «Está bien —respondió Raquel—, que esta noche duerma contigo, a
cambio de las mandrágoras de tu hijo».
16 Al atardecer, cuando Jacob volvía del
campo, Lía salió a su encuentro y le dijo:
«Tienes que venir conmigo, porque he pagado por ti las mandrágoras que encontró
mi hijo». Aquella noche Jacob durmió con
ella, 17 y Dios la escuchó, porque concibió
una vez más, y dio a Jacob un quinto hijo.
18 Y Lía exclamó: «Dios me ha recompensado, por haber dado mi esclava a mi marido». Y lo llamó Isacar.
19 Luego Lía volvió a concebir y dio un
sexto hijo a Jacob. 20 «Dios me hizo un precioso regalo», dijo Lía. «Esta vez mi marido me honrará, porque le he dado seis hijos». Y lo llamó Zabulón. 21 Luego tuvo una
hija, a la que llamó Dina.

El primer hijo de Raquel

22 Dios también se acordó de Raquel, la
escuchó e hizo fecundo su seno. 23 Ella concibió y dio a luz un hijo y exclamó: «Dios
ha borrado mi afrenta». 24 Y lo llamó José,
porque dijo: «Que el Señor me conceda un
hijo más».

El enriquecimiento de Jacob

Gn 31 6.8-12.38-40; 24 35; 26 13-14;
Sab 10 10-12

25 Después que Raquel dio a luz a José, Jacob dijo a Labán: «Déjame volver a mi casa
y a mi país. 26 Dame a mis mujeres, por las
que te he servido, y a mis hijos, para que
pueda irme. Porque tú sabes muy bien cuánto trabajé por ti». 27 Pero Labán le respondió:
«Si quieres hacerme un favor, quédate conmigo. Yo he llegado a saber, por medio de la
adivinación, que el Señor me bendijo gracias
a ti. 28 Por eso dijo: «Fíjame tú mismo el salario que debo pagarte». 29 Y Jacob añadió: «Tú
sabes bien cómo te he servido, y cómo prosperó tu hacienda gracias a mis cuidados.
30 Lo poco que tenías antes que yo llegara se
ha acrecentado, ya que el Señor te bendijo
gracias a mí. Pero ya es hora de que también
haga algo por mi propia casa».
31 «¿Qué debo darte en pago?», preguntó
Labán. Y Jacob respondió: «No tendrás que
pagarme nada. Si haces lo que te voy a proponer, yo volveré a apacentar tu rebaño y a
ocuparme de él. 32 Revisa hoy mismo todo
tu rebaño, y aparta de él todas las ovejas ne-
gras y todas las cabras moteadas o manchadas. Ese será mi salario. 33 Y más adelante,
cuando tú mismo vengas a verificar mis ganancias, mi honradez responderá por mí: si
llego a tener en mi poder alguna cabra que
no sea manchada o moteada, o alguna oveja que no sea negra, eso será un robo que
yo he cometido». 34 «Está bien —dijo Labán—, que sea como tú dices».
35 Pero aquel mismo día, Labán separó
los chivos rayados y moteados, todas las cabras manchadas y moteadas —todo lo que
tenía una mancha blanca— y todos los corderos negros, y los confió al cuidado de sus
hijos. 36 Después interpuso entre él y Jacob
una distancia de tres días de camino. Mientras tanto, Jacob apacentaba el resto del rebaño de Labán.
37 Jacob tomó unas ramas verdes de álamo, almendro y plátano, y trazó en ellas
unas franjas blancas, y dejó al descubierto
la parte blanca de las ramas. 38 Luego puso
frente a los animales, en los bebederos o
recipientes de agua donde iba a beber el rebaño, las ramas que había descortezado. Y
cuando los animales iban a beber, entraban
en celo. 39 De esta manera, se unían delante
de las ramas y así tenían crías rayadas, moteadas o manchadas. 40 Además, Jacob separó a los carneros y los puso frente a los animales rayados y negros del rebaño de Labán.
Así pudo formar sus propios rebaños, que
mantuvo separados de los rebaños de Labán. 41 Y cuando los animales que entraban
en celo eran robustos, Jacob ponía las ramas en los bebederos, bien a la vista de los
animales, para que se unieran delante de las
ramas; 42 pero cuando los animales eran débiles, no las ponía. Así los animales robustos eran para Jacob, y los débiles para Labán.
43 De esta manera Jacob se hizo muy rico,
y llegó a tener una gran cantidad de ganado, de esclavos, esclavas, camellos y asnos.

La huida de Jacob

Gn 28 15; 30 29.37-42; 28 18-22;
Lv 15 19-20; Ex 22 12

31 1 Jacob se enteró de que los hijos de Labán decían: «Jacob se ha apoderado de
todos los bienes de nuestro padre, y a expensas de él ha conseguido toda esta riqueza». 2 Y también advirtió que la actitud de Labán para con él ya no era la misma de antes.
3 Y el Señor le dijo: «Vuelve a la tierra de tus
padres y de tu familia, y yo estaré contigo».

4 Jacob mandó llamar a Raquel y a Lía para que fueran a encontrarse con él en el campo donde estaba el rebaño, 5 y les dijo: «He advertido que el padre de ustedes ya no se comporta conmigo como antes; pero el Dios de mi padre ha estado conmigo. 6 Ustedes saben muy bien que yo puse todo mi empeño en servir a mi suegro. 7 Sin embargo, él se ha burlado de mí y ha cambiado diez veces mi salario. Pero Dios no le ha permitido que me hiciera ningún mal. 8 Si él establecía: "Los animales manchados serán tu salario", todo el rebaño tenía crías manchadas; y si él decía: "Los animales rayados serán tu paga", todo el rebaño tenía crías rayadas. 9 Así Dios lo despojó de su ganado y me lo dio a mí. 10 Una vez, durante el período en que el rebaño entra en celo, yo tuve un sueño. De pronto vi que los chivos que cubrían a las cabras eran rayados, manchados o moteados. 11 Y en el sueño, el ángel de Dios me llamó: "¡Jacob!". "Aquí estoy", le respondí. 12 Y él me dijo: "Fíjate bien: todos los chivos que cubren a las cabras son rayados, manchados o moteados, porque yo me he dado cuenta de todo lo que te hizo Labán. 13 Yo soy el Dios que se te apareció en Betel, allí donde tú ungiste una piedra conmemorativa y me hiciste un voto. Ahora levántate, sal de este país, y regresa a tu tierra natal"».

14 Raquel y Lía le respondieron: «¿Tenemos todavía una parte y una herencia en la casa de nuestro padre? 15 ¿Acaso no nos ha tratado como a extrañas? No solo nos ha vendido, sino que además se ha gastado el dinero que recibió por nosotras. 16 Sí, toda la riqueza que Dios le ha quitado a nuestro padre es nuestra y de nuestros hijos. Procede como Dios te lo ha ordenado».

17 Jacob hizo montar en los camellos a sus hijos y a sus mujeres, 18 y se llevó todo su ganado y todos sus bienes —el ganado de su propiedad, que había adquirido en Padán Aram— para ir a la tierra de Canaán, donde se encontraba Isaac, su padre. 19 Como Labán estaba ausente mientras esquilaba sus ovejas, Raquel se adueñó de los ídolos familiares que pertenecían a su padre. 20 Y Jacob engañó a Labán, el arameo, porque huyó sin decirle una palabra. 21 Así escapó Jacob con todo lo que tenía, y apenas estuvo al otro lado del Éufrates, se dirigió hacia la montaña de Galaad.

La persecución de Labán a Jacob

22 Al tercer día notificaron a Labán que Jacob había huido. 23 Labán reunió a sus parientes y lo persiguió durante siete días, hasta que al fin lo alcanzó en la montaña de Galaad. 24 Pero esa misma noche, Dios se apareció en sueños a Labán, el arameo, y le dijo: «Cuídate de hablar de Jacob bien o mal».

25 Cuando Labán alcanzó a Jacob, este había instalado su campamento en la montaña. Labán, por su parte, acampó en la montaña de Galaad. 26 Labán dijo a Jacob: «¿Qué has hecho? ¡Me has engañado y te has llevado a mis hijas como prisioneras a fuerza de espada! 27 ¿Por qué has huido y me has engañado? Si me hubieras avisado, yo te habría despedido con una fiesta, con cantos y con música de tambores y liras. 28 Pero tú ni siquiera me has permitido saludar con un beso a mis nietos y a mis hijas. Te has comportado como un insensato. 29 Tengo poder para hacerles mal a ustedes, y sin embargo, ayer por la noche, el Dios de tu padre me dijo: "Cuídate de hablar de Jacob bien o mal"». 30 De todas maneras, está bien: tú te has ido porque añorabas tu casa paterna. Pero ¿por qué robaste mis dioses?».

31 «Yo estaba atemorizado —respondió Jacob a Labán—, y pensaba que podías quitarme a tus hijas. 32 Y en lo que respecta a tus dioses, si llegas a encontrarlos en poder de alguno de nosotros, ese no quedará con vida. Revisa bien, en presencia de nuestros hermanos, a ver si hay aquí algo que te pertenece, y llévatelo». Jacob ignoraba que Raquel los había robado.

¿Por qué me has robado mis dioses?

Raquel, esposa de Jacob, robó varios ídolos familiares de su padre, pues aunque los patriarcas, al ser bendecidos por Dios, rechazaban dioses extraños, seguían creyendo en la existencia de muchos dioses (Gn 35 1-5). Dios, con paciencia, llevó de la mano a su pueblo por el largo camino de la fe, hasta alcanzar el monoteísmo, o fe en un solo Dios.

¿Reconoces a Dios como tu único Señor, o sirves a otros dioses como el poder, el dinero y el placer?

Gn 31 30

33 Labán entró en la tienda de Jacob, en la de Lía, y en la de las dos esclavas, y no encontró nada. Al salir de la tienda de Lía, entró en la de Raquel. 34 Pero Raquel había tomado los ídolos, los había guardado en la montura del camello y se había sentado encima de ellos. Después que Labán registró toda la tienda sin obtener ningún resultado, 35 Raquel dijo a su padre: «Que mi señor no lo tome a mal; pero no puedo ponerme de pie ante él, porque me sucede lo que es habitual en las mujeres». Y por más que buscó, no logró encontrar los ídolos.

36 Jacob se llenó de indignación, y reprochó a Labán diciéndole: «¿Qué delito o falta he cometido para que me acoses de esa manera? 37 Acabas de registrar todas mis cosas y no has encontrado un solo objeto que te pertenezca. Si lo has encontrado, colócalo aquí, delante de tu gente y de la mía, y que ellos decidan quién de nosotros tiene razón. 38 En los veinte años que estuve contigo, tus ovejas y tus cabras nunca abortaron, y jamás me comí los carneros de tu rebaño. 39 Nunca te llevé un animal despedazado por las fieras: yo mismo debía reparar la pérdida, porque tú me reclamabas lo que había sido robado tanto de día como de noche. 40 De día me consumía el calor, y de noche, la helada; y el sueño huía de mis ojos. 41 De los veinte años que pasé en tu casa, catorce trabajé por tus dos hijas, y seis por tu rebaño, y tú me cambiaste el salario diez veces. 42 Y si no fuera por el Dios de mi padre —el Dios de Abraham y el Temor de Isaac— me habrías despedido con las manos vacías. Pero Dios ha visto mi opresión y mi fatiga, y ayer por la noche pronunció su fallo».

La alianza de Jacob con Labán

43 Labán replicó a Jacob: «Estas mujeres son mis hijas, y estos muchachos, mis nietos; y también es mío el rebaño. Todo lo que ves me pertenece. Pero ¿qué puedo hacer ahora contra mis hijas y mis nietos? 44 Por eso, hagamos una alianza, y que haya un testigo entre tú y yo».

45 Y Jacob tomó una piedra y la construyó como piedra conmemorativa. 46 Labán, por su parte, dijo a sus hermanos: «Recojan unas piedras». Ellos las recogieron, las amontonaron y comieron allí, sobre el montón de piedras. 47 Y Labán le puso el nombre de Iegar Sahadutá, mientras que Jacob lo llamó Galed. 48 Después Labán declaró: «Este montón de piedras será siempre un testigo entre tú y yo, como lo es ahora». Por eso lo llamó Galed. 49 Además, le puso el nombre de Mispá, porque dijo: «Que el Señor nos vigile a los dos, cuando estemos lejos el uno del otro: 50 si tú maltratas a mis hijas o te unes a otras mujeres además de ellas —aunque no haya nadie entre nosotros— recuerda que Dios está como testigo entre tú y yo». 51 Luego añadió: «Mira este montón de piedras, y mira la piedra conmemorativa que yo construí entre tú y yo: 52 una y otra cosa serán testigos de que ninguno de los dos iremos más allá de este montón de piedras y de esta piedra conmemorativa, con malas intenciones. 53 Que el Dios de Abraham y el Dios de Najor sea nuestro juez». Y Jacob prestó un juramento por el Temor de Isaac.

54 Luego ofreció un sacrificio sobre la Montaña, e invitó a sus hermanos a participar en el banquete. Ellos comieron y pasaron la noche en la Montaña.

32 1 A la madrugada del día siguiente, Labán abrazó a sus nietos y a sus hijas, los bendijo, y regresó a su casa, 2 mientras que Jacob prosiguió su camino. De pronto, le salieron al paso unos ángeles de Dios. 3 Al verlos, Jacob exclamó: «Este es un campamento de Dios». Por eso dio a ese lugar el nombre de Majanaim.

Los preparativos de Jacob para su encuentro con Esaú

Gn 28 12-14

4 Después Jacob envió unos mensajeros a su hermano Esaú —que vivía en la región de Seír, en las estepas de Edom— 5 dándoles esta orden: «Digan a mi señor Esaú: Así habla tu siervo Jacob: Fui a pasar un tiempo a la casa de Labán, y me quedé allí hasta ahora. 6 Poseo bueyes, asnos, ovejas, esclavos y esclavas. Le envío este mensaje a mi señor, con la esperanza de hallar gracia ante sus ojos».

7 Pero los mensajeros regresaron con esta noticia: «Fuimos a ver a tu hermano Esaú, y ahora viene a tu encuentro acompañado de cuatrocientos hombres». 8 Jacob sintió un gran temor y se llenó de angustia. Y dividió a la gente que lo acompañaba en dos grupos, y lo mismo hizo con las ovejas, las vacas y los camellos, 9 porque pensó: «Si Esaú acomete contra uno de los grupos y lo destruye, el otro quedará a salvo». 10 Después pronunció esta oración: «Dios de mi padre Abraham y Dios de mi padre Isaac, Señor, que me dijiste: "Regresa a tu tierra natal y seré bondadoso contigo", 11 yo soy indigno de las gracias con que has favorecido a tu siervo. Porque cuando crucé el Jordán, no tenía nada más que mi bastón, y ahora he podido formar dos campamentos. 12 Te ruego que me libres de la amenaza de mi hermano

Esaú, porque tengo miedo de que él venga y
nos destruya, sin perdonar a nadie. 13 Tú mismo has afirmado: "Yo seré bondadoso contigo y haré que tu descendencia sea una multitud incontable como la arena del mar"».
14 Después de pasar la noche en aquel lugar, Jacob tomó de los bienes que tenía a
mano, para enviarlos como obsequio a su
hermano Esaú. 15 Eran doscientas cabras y
veinte chivos, doscientas ovejas y veinte
carneros, 16 treinta camellas con sus crías,
cuarenta vacas y diez toros, veinte asnas y
diez asnos. 17 Luego confió a sus siervos cada manada por separado, y les dijo: «Sigan
adelante, pero dejen un espacio libre entre
una manada y la otra». 18 Y al que iba al
frente le dio esta orden: «Cuando mi hermano Esaú te salga al paso y te pregunte:
"¿Quién es tu señor? ¿Adónde vas? ¿Y
quién es el dueño de todo eso que está delante de ti?", 19 tú le responderás: "Todo esto pertenece a tu siervo Jacob: es un regalo
que él envía a mi señor Esaú. Detrás de nosotros viene él"». 20 Jacob dio esa misma orden al segundo, y al tercero, y a todos los
demás que iban detrás de las manadas diciéndoles: «Cuando se encuentren con mi
hermano Esaú, díganle todo esto. 21 Y tengan cuidado de añadir: "Detrás de nosotros viene tu siervo Jacob". Porque pensaba: "Lo aplacaré con los regalos que me
preceden y después me presentaré yo; tal
vez así me reciba bien"». 22 Y aquella noche
Jacob permaneció en el campamento,
mientras sus regalos iban delante de él.

La lucha misteriosa de Jacob

Gn 28 10-22; Ex 4 24-26; Os 12 4-6; Sab 10 12;
Dt 5 24; Jue 6 22; 13 17-22

23 Aquella noche, Jacob se levantó, tomó
a sus dos mujeres, a sus dos sirvientas y a
sus once hijos, y cruzó el vado de Iaboc.
24 Después que los hizo cruzar el torrente,
pasó también todas sus posesiones.
25 Y se quedó solo, y un hombre luchó
con él hasta rayar el alba. 26 Al ver que no
podía dominar a Jacob, lo golpeó en la articulación del muslo, y el muslo de Jacob
se dislocó mientras luchaban. 27 Luego dijo:
«Déjame partir, porque ya amanece». Pero
Jacob replicó: «No te soltaré si antes no me
bendices». 28 El otro le preguntó: «¿Cómo te
llamas?». «Jacob», respondió. 29 Él añadió:
«En adelante no te llamarás Jacob, sino Israel, porque has luchado con Dios y con
los hombres, y has vencido». 30 Jacob le rogó: «Por favor, dime tu nombre». Pero él
respondió: «¿Cómo te atreves a preguntar
mi nombre?». Y allí mismo lo bendijo.

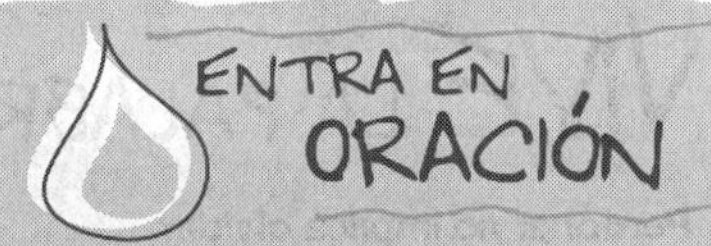

En lucha con Dios

Jacob, de regreso a su tierra, tiene una experiencia religiosa extraordinaria. Muchos intérpretes de la Biblia ven en esta extraña lucha un signo de la conversión de Jacob: cae en la cuenta de que su verdadero oponente en todas sus dificultades es Dios.

Señor, tú sabes cuántas veces he luchado conmigo mismo. A veces siento dudas de fe, y otras, me disgustan tus enseñanzas. Yo sé que tú no eres un rival, pero para aceptar tu voluntad tengo que luchar contra mi comodidad y mis preferencias.

Cuando me encuentre en estos conflictos o en una crisis, concédeme ver que estás conmigo; que me llamas a crecer y superarme.

Señor, las crisis son muy desagradables; concédeme luchar contigo y no contra ti, porque al luchar contra ti me hago daño a mí mismo/a. Tú me desafías y pones nuevas metas continuamente en mi vida. Bendíceme y transforma mi vida de acuerdo con tu voluntad.

Gn 32 23-32

31 Jacob llamó a aquel lugar con el nombre de Peniel, porque dijo: «He visto a Dios
cara a cara, y he salido con vida». 32 Mientras atravesaba Peniel, el sol comenzó a brillar, y Jacob rengueaba del muslo. 33 Por eso
los israelitas no comen hasta el presente el
tendón que está en la articulación del muslo, porque Jacob fue tocado en la articulación del muslo, en el tendón.

El encuentro de Jacob con Esaú

Gn 45 14-15

33 1 Jacob alzó los ojos, y al ver que Esaú
venía acompañado de cuatrocientos
hombres, repartió a los niños entre Lía, Raquel y las dos esclavas. 2 Puso al frente a las
esclavas con sus niños, luego a Lía y a sus hijos, y por último a Raquel y a José. 3 Después
se adelantó él, y antes de enfrentarse con su
hermano, se postró en tierra siete veces. 4 Pero Esaú corrió a su encuentro, lo estrechó
entre sus brazos, lo besó y lloró. 5 Luego dirigió una mirada a su alrededor, y al ver a las

VIVE LA PALABRA

Perdonar no implica olvidar

Jacob siente temor al acercarse adonde vive su hermano gemelo, a quien había engañado. Hace años que no lo ve y con toda razón se pregunta: ¿cómo reaccionará? Pero Esaú lo ha perdonado, corre a su encuentro y lo abraza. Los dos hermanos se han reconciliado.

Todos hemos ofendido a alguna persona cercana. Saber que tenemos su perdón nos quita una gran carga de encima. El corazón se vuelve ligero y se llena de paz interior. La armonía vuelve a reinar; es una experiencia de la presencia y la gracia de Dios.

Perdonar no es lo mismo que olvidar. Hay heridas profundas que nunca podremos olvidar. Dios no nos pide olvidar, sino perdonar..., y con esto logramos que el amor, y no el odio o la venganza, dirija nuestra relación con la persona que nos ofendió.

¿Hay en tu vida alguien que necesita perdón y reconciliación? ¿Qué puedes hacer para sanar esa relación?

Gn 33 1-17

mujeres y a los niños, preguntó: «¿Quiénes
son estos que están contigo?». «Son los hijos
que Dios ha concedido a tu siervo», respondió Jacob. 6 Y se le acercaron las esclavas con
sus hijos y se postraron ante él. 7 De inmediato vino Lía con sus hijos, y también se
postraron. Por último se adelantaron José y
Raquel, e hicieron lo mismo.
8 Esaú preguntó: «¿Qué intentabas hacer con todo ese ganado que me salió al
paso?». «Hallar gracia ante sus ojos», respondió Jacob. 9 Pero Esaú añadió: «Ya tengo bastante, querido hermano. Quédate
con lo que es tuyo». 10 «No —le dijo Jacob—; si quieres hacerme un favor, acepta el regalo que te ofrezco, porque ver tu
rostro ha sido lo mismo que ver el rostro
de Dios, ya que me has recibido con tanto afecto. 11 Toma el obsequio que te ha sido presentado, porque Dios me ha favorecido y yo tengo todo lo necesario». Y
ante tanta insistencia, Esaú aceptó.

La separación de Jacob y Esaú

12 Después Esaú dijo: «Vámonos de aquí,
y yo te serviré de escolta». 13 Pero Jacob respondió: «Mi señor sabe que los niños son
delicados. Además, las ovejas y las vacas
han tenido cría, y yo debo velar por ellas.
Bastará con exigirles un solo día de marcha
forzada, para que muera todo el rebaño.
14 Tú sigue adelante, mientras yo avanzo
más lento, al paso de la caravana que me
precede, y al paso de los niños. Luego te alcanzaré en Seír». 15 Y Esaú dijo: «Permíteme
al menos que ponga a tu disposición una
parte de los hombres que me acompañan».
«¿Para qué?», respondió Jacob. «Basta que
seas benévolo conmigo».
16 Aquel mismo día, Esaú emprendió el camino de regreso a Seír, 17 mientras que Jacob
avanzó hasta Sucot. Allí edificó una casa para él, y recintos para el ganado. Fue por eso
que se dio a ese lugar el nombre de Sucot.

La llegada de Jacob a Siquem

Gn 12 6; Jn 4 6; Gn 23; Jos 24 32

18 A su regreso de Padán Aram, Jacob llegó
sano y salvo a la ciudad de Siquem, que está
en la tierra de Canaán, y acampó a la vista de
la ciudad. 19 Después compró a los hijos
de Jamor, el padre de Siquem, por cien monedas de plata, la parcela de campo donde
había instalado su campamento. 20 Allí construyó un altar, al que llamó «El Elohé Israel».

El rapto y la violación de Dina

Ex 22 15-16; Gn 49 5-7; 2 Sm 13

34 1 Dina, la hija que Lía había dado a Jacob, salió a ver a las mujeres del país.
2 Cuando la vio Siquem —que era hijo de Jamor, el jivita, príncipe de aquella región— se
la llevó y abusó de ella. 3 Pero después se sintió atraído por la muchacha y se enamoró de
ella, de manera que trató de ganarse su afecto. 4 Además, dijo a su padre Jamor: «Consí-
gueme a esa muchacha para que sea mi mujer». 5 Jacob, por su parte, se enteró de que
Siquem había violado a su hija Dina, pero
como sus hijos estaban en el campo, cuidando el ganado, no dijo nada hasta su regreso.
6 Entonces Jamor, el padre de Siquem, fue
a encontrarse con Jacob para conversar con
él. 7 En ese momento, volvieron del campo

VIVE LA PALABRA

No a la venganza

La experiencia más terrible para una mujer es ser violada. Sufre ira por no poder defenderse, vergüenza y frustración por ser utilizada como un simple objeto de placer. Esta aflicción afecta hasta tal punto a la víctima y a su familia, que nace el deseo de venganza. Es lo que pasó con Dina, hija de Jacob. Sus hermanos se vengaron contra Siquén, de tal forma que este episodio es una de las escenas más lamentables de la Biblia.

Jesús nos enseñó con palabras y hechos que la venganza nunca es aceptable, y que cuando nos hacen mal hay que responder con compasión, perdón y amor (Mt 5 38-48). Un crimen es una ofensa a la dignidad personal de alguien y clama justicia, pero nunca justifica la venganza. Ni siquiera la violación, que es una ofensa muy grave. La defensa justa de los derechos humanos siempre debe estar orientada por los valores del evangelio.

Señor Dios, tú nos dijiste por medio de Jesús que no debemos vengarnos. Ayúdanos a recibir tu Palabra y hacerla vida, con todas sus exigencias radicales.

Gn 34 1-31

los hijos de Jacob, y cuanto supieron de lo
ocurrido, se disgustaron y se enfurecieron,
porque al abusar de la hija de Jacob, Siquem había cometido una infamia contra
Israel, y eso no se debe hacer. 8 Pero Jamor
les habló en estos términos: «Mi hijo Siquem está enamorado de esta muchacha.
Permítanle casarse con ella. 9 Conviértanse
en parientes nuestros: ustedes nos darán a
sus hijas, y obtendrán en cambio las nuestras. 10 Así podrán vivir entre nosotros y tendrán el país a su disposición para instalarse
en él, para recorrerlo y adquirir propiedades». 11 Después Siquem dijo al padre y a los
hermanos de la muchacha: «Si me hacen este favor, yo les daré lo que me pidan. 12 Aunque aumenten el precio de la dote y los regalos les daré lo que digan. Pero denme a la
muchacha por mujer».
13 Sin embargo, como su hermana había
sido ultrajada, los hijos de Jacob resolvieron
engañar a Siquem y a su padre Jamor, 14 diciéndoles: «No podemos hacer semejante
cosa, porque sería para nosotros una vergüenza entregar nuestra hermana a un incircunciso. 15 Aceptaremos solo con esta
condición: que ustedes se hagan iguales a
nosotros, y circunciden a todos sus varones.
16 Así podremos darles a nuestras hijas y casarnos con las de ustedes, vivir entre ustedes
y formar un solo pueblo. 17 Si no llegan a un
acuerdo con nosotros en lo que se refiere a
la circuncisión, tomaremos a nuestra hermana y nos iremos». 18 La propuesta pareció
razonable a Jamor y a su hijo Siquem, 19 y el
joven no dudó un instante en satisfacer esa
demanda, tanto era el cariño que sentía por
la hija de Jacob. Además, él era el más respetado entre los miembros de su familia.
20 Jamor y su hijo Siquem se presentaron
en la puerta de la ciudad, y dijeron a todos
los varones: 21 «Estos hombres son nuestros
amigos. Dejen que se instalen en el país y
que puedan recorrerlo; aquí hay bastante espacio para ellos. Nosotros nos casaremos
con sus hijas, y les daremos en cambio a las
nuestras. 22 Pero esta gente accederá a permanecer con nosotros y a formar un solo
pueblo, solo con esta condición: que todos
nuestros varones se hagan circuncidar, igual
que ellos. 23 ¿Acaso no van a ser nuestros su
ganado, sus posesiones y todos sus animales? Pongámonos de acuerdo con ellos, y
que se queden con nosotros». 24 Todos los
que se reunían en la puerta de la ciudad accedieron a la propuesta de Jamor y de su hijo Siquem, y todos se hicieron circuncidar.

La venganza de Simeón y Leví contra Siquem

25 Al tercer día, cuando todavía estaban
convalecientes, Simeón y Leví, dos de los hijos de Jacob, hermanos de Dina, empuñaron
cada uno su espada, entraron en la ciudad sin
encontrar ninguna resistencia, y mataron a
todos los varones. 26 También pasaron al filo
de la espada a Jamor y a su hijo Siquem,
rescataron a Dina, que estaba en la casa de
Siquem, y se fueron. 27 Los hijos de Jacob
pasaron sobre los cadáveres y saquearon la
ciudad, en represalia por el ultraje cometido
contra su hermana Dina. 28 Se apoderaron de

sus ovejas, de sus vacas, de sus asnos, y de todo lo que había dentro y fuera de la ciudad,
29 y de todos sus bienes. Se llevaron cautivos a
todos los niños y a las mujeres, y saquearon
todo lo que había en las casas.
30 Y Jacob dijo a Simeón y a Leví: «Ustedes
me han puesto en un grave aprieto, haciéndome odioso a los cananeos y perizitas que
habitan en este país. Yo dispongo de pocos
hombres, y si ellos se unen contra mí y me
atacan, seré aniquilado con toda mi familia».
31 Pero ellos replicaron: «Y nuestra hermana,
¿debía ser tratada como una prostituta?».

Nueva visita de Jacob a Betel

Ex 19 10-11; Gn 28 10-22; 32 28-31; 17 1-8

35 1 Dios dijo a Jacob: «Sube a Betel y
permanece allí. Levanta allí un altar al
Dios que se te apareció cuando huías de tu
hermano Esaú». 2 Y Jacob dijo a sus familiares y a todos que estaban con él: «Dejen de
lado todos los dioses extraños que tengan
con ustedes, purifíquense y cámbiense de ropa. 3 Ahora subiremos a Betel, y allí levantaré un altar al Dios que me respondió cuando estuve angustiado, y que estuvo conmigo
en el viaje que realicé». 4 Ellos entregaron a
Jacob todos los dioses extraños que tenían
consigo y los aros que llevaban en sus orejas,
y Jacob los enterró debajo de la encina que
está cerca de Siquem. 5 Cuando partieron,
Dios hizo cundir el pánico entre las poblaciones vecinas, de manera que nadie persiguió a los hijos de Jacob.
6 Así Jacob llegó a Luz —o sea, Betel— en
la tierra de Canaán, junto con toda la gente
que lo acompañaba. 7 Allí construyó un altar,
y puso a ese lugar el nombre de Betel, porque allí se le había revelado Dios, cuando él
huía de su hermano.
8 Mientras tanto murió Débora, la nodriza de Rebeca, y fue sepultada bajo la encina
que se encuentra antes de llegar a Betel. Por
eso se la llamó «Encina del llanto».

Renovación de la promesa de Dios a Jacob

9 Cuando Jacob regresó de Padán Aram,
Dios se le apareció de nuevo y lo bendijo,
10 diciéndole: «Tu nombre es Jacob. Pero en
adelante no te llamarás Jacob, sino Israel».
Así le puso el nombre de Israel. 11 Luego
añadió:

«Yo soy el Dios Todopoderoso.
Sé fecundo y multiplícate.
De ti nacerá una nación,
más aún, un conjunto de naciones,
y saldrán reyes de tus entrañas.
12 La tierra que di a Abraham y a Isaac,
ahora te la doy a ti y a tu descendencia».

13 Y Dios se alejó de él.
14 Jacob construyó una piedra conmemorativa en el lugar donde Dios le había hablado. Enseguida ofreció una libación sobre ella y ungió la piedra con aceite. 15 Jacob
llamó Betel a aquel lugar, porque allí Dios
había hablado con él.

El nacimiento de Benjamín y la muerte de Raquel

1 Sm 4 19-22; Miq 5 1; Gn 48 7; 29 31 – 30 24

16 Partieron de Betel, y cuando todavía faltaba un trecho para llegar a Efratá, a Raquel
le llegó el momento de dar a luz, y tuvo un
parto difícil. 17 Como daba a luz con dificultad, la partera le dijo: «¡No temas, porque es
otro hijo varón!». 18 Con su último aliento
—porque ya se moría— lo llamó Ben Oní;
pero su padre le puso el nombre de Benjamín. 19 Así murió Raquel, y fue enterrada
junto al camino de Efratá, la cual es Belén.
20 Sobre su tumba Jacob construyó un monumento, el que está en esa tumba hasta el
día de hoy.

El incesto de Rubén

Gn 49 3-4

21 Israel avanzó, y estableció su campamento más allá de Migdal Eder. 22 Mientras
acampaba en aquella región, Rubén se
acostó con Bilhá, la concubina de su padre,
e Israel se enteró.

Los hijos de Jacob

Jacob tuvo doce hijos. 23 Los hijos de Lía
fueron Rubén, el primogénito de Jacob, Simeón, Leví, Judá, Isacar y Zabulón. 24 Los hijos de Raquel fueron José y Benjamín. 25 Los
hijos de Bilhá, la esclava de Raquel, fueron
Dan y Neftalí. 26 Los hijos de Zilpá, la esclava
de Lía, fueron Gad y Aser. Estos son los hijos
que le nacieron a Jacob en Padán Aram.

La muerte de Isaac

27 Jacob llegó a la casa de su padre Isaac,
en Mamré, en Quiriat Arbá —la actual Hebrón—, donde también había residido
Abraham. 28 Isaac vivió ciento ochenta años.
29 Al término de ellos murió, anciano y cargado de años, y fue a reunirse con los suyos.
Sus hijos Esaú y Jacob le dieron sepultura.

La descendencia de Esaú en Canaán

1 Cr 1 35-54

36 1 La descendencia de Esaú —es decir,
de Edom— es la siguiente: 2 Esaú tomó sus esposas de entre las mujeres cananeas: a Adá, hija de Elón, el hitita; a Oholi-

bamá, hija de Aná, que a su vez era hijo de Sibeón, el jivita; 3 y a Basmat, hija de Ismael y hermana de Nebaiot. 4 Adá fue madre de Elifaz; Basmat, madre de Reuel 5 y Oholibamá, madre de Ieús, Ialam y Coré. Estos son los hijos que Esaú tuvo en Canaán.

La emigración de Esaú

Jos 24 4

6 Después Esaú tomó a sus mujeres, a sus hijos e hijas, y a toda su servidumbre, su ganado, todos sus animales, y todos sus bienes que había adquirido en Canaán, y emigró hacia otra tierra, lejos de su hermano Jacob. 7 Los dos tenían, en efecto, demasiadas posesiones para poder vivir juntos, y el territorio donde residían no daba abasto para tanto ganado. 8 Así Esaú se estableció en la montaña de Seír. Esaú es Edom.

La descendencia de Esaú en Seír

9 Esta es la descendencia de Esaú, padre de Edom, en la montaña de Seír.

10 Los nombres de sus hijos son los siguientes: Elifaz, hijo de Adá, mujer de Esaú, y Reuel, hijo de Basmat, mujer de Esaú.

11 Los hijos de Elifaz fueron: Temán, Omar, Sefó, Gaetam y Quenaz. 12 Elifaz, el hijo de Esaú, también tuvo una esclava, Timná, que fue madre de Amalec. Estos son los descendientes de Adá, la mujer de Esaú.

13 Los hijos de Reuel fueron: Nájat, Zéraj, Samá y Mizá. Estos son los descendientes de Basmat, la mujer de Esaú.

14 Y los hijos de la otra esposa de Esaú, Oholibamá, hija de Aná, el hijo de Sibeón, fueron Ieús, Ialam y Coré.

Los clanes de los edomitas

15 Los clanes de los hijos de Esaú son los siguientes:

Los hijos de Elifaz, el primogénito de Esaú, fueron los clanes de Temán, Omar, Sefó, Quenaz, 16 Coré, Gaetam y Amalec. Estos son los clanes de Elifaz en el país de Edom, los que descienden de Adá.

17 Los hijos de Reuel, hijo de Esaú, fueron los clanes de Nájat, Zéraj, Samá y Mizá. Estos son los clanes de Reuel en el país de Edom, los que descienden de Basmat.

18 Los hijos de Oholibamá, esposa de Esaú, fueron los clanes de Ieús, Ialam y Coré. Estos son los clanes de Oholibamá, hija de Aná, mujer de Esaú.

19 Estos son los hijos de Esaú —es decir, de Edom— con sus respectivos clanes.

Los descendientes de Seír

20 Los hijos de Seír, el hurrita, que vivían en aquella región son los siguientes: Lotán, Sobal, Sibeón, Aná, 21 Disón, Eser y Disán. Estos son los clanes de los hurritas, hijos de Seír, en el país de Edom.

22 Los hijos de Lotán fueron Jorí y Hemam, y la hermana de Lotán fue Timná. 23 Los hijos de Sobal fueron Alván, Manájat, Ebal, Sefó y Onam. 24 Los hijos de Sibeón: Aiá y Aná. Este es el mismo Aná que encontró las aguas termales en el desierto, mientras apacentaba los rebaños de su padre Sibeón. 25 Los hijos de Aná fueron Disón y Oholibamá, hija de Aná. 26 Los hijos de Disón fueron Jemdam, Esbán, Itrán y Querán. 27 Los hijos de Eser fueron Bilhán, Zaaván y Acán. 28 Los hijos de Disán fueron Us y Arán.

29 Los clanes de los hurritas fueron Lotán, Sobal, Sibeón, Aná, 30 Disón, Eser y Disán. Estos son, uno por uno, los clanes de los hurritas en el territorio de Seír.

Los reyes de Edom

31 Los reyes que reinaron en el país de Edom antes que ningún rey reinara sobre los israelitas son los siguientes:

32 Belá, hijo de Beor, reinó en Edom, y el nombre de su ciudad era Dinhabá. 33 Cuando murió Belá, lo sucedió Iobab, hijo de Zéraj, de Bosrá. 34 Cuando murió Iobab, lo sucedió Jusam, del país de los temanitas. 35 Cuando murió Jusam, lo sucedió Hadad, hijo de Bedad, el que derrotó a Madián en el campo de Moab; el nombre de su ciudad era Avit. 36 Cuando murió Hadad, lo sucedió Samlá, de Masrecá. 37 Cuando murió Samlá, lo sucedió Saúl, de Rejobot del Río. 38 Cuando murió Saúl, lo sucedió Baal Janán, hijo de Acbor. 39 Cuando murió Baal Janán, hijo de Acbor, lo sucedió Hadad; el nombre de su ciudad era Pau, y el nombre de su mujer, Mehetabel, hija de Matred, que a su vez era hija de Mezahab.

Otra lista de clanes de los edomitas

40 Los clanes de Esaú —cada uno con sus familias, sus localidades y sus nombres— son los siguientes: Timná, Alvá, Iétet, 41 Oholibamá, Elá, Pinón, 42 Quenaz, Temán, Mibsar, 43 Magdiel e Iram. Estos son los clanes de Edom que residen en sus propios territorios. Esaú es el padre de Edom.

37 1 Jacob vivía en el territorio donde su padre había residido, en la tierra de Canaán. 2 Esta es la historia de Jacob.

LA HISTORIA DE JOSÉ

Los sueños de José

Gn 35 25-26; Lc 2 19.51

José tenía diecisiete años, y apacentaba el rebaño para ayudar a sus hermanos, los hijos

G N

Te presentamos a... JOSÉ,

MODELO DE PERDÓN Y HOSPITALIDAD

José es un personaje bíblico muy popular. Se han hecho películas y obras teatrales sobre él. Su historia contiene lo necesario para ser un drama exitoso: amor, celos, traición, poder, intriga y reconciliación. Los israelitas vivieron un cambio radical en ese tiempo: dejaron de ser nómadas para convertirse en trabajadores urbanos. Más tarde serían esclavos en Egipto, donde Dios manifestaría su poder liberador.

José era amado con preferencia por Jacob, su padre. Sus hermanos mayores le tenían tal envidia que lo vendieron como esclavo a los egipcios. En Egipto tuvo que rechazar intentos de seducción y padecer cárceles. Pero Dios lo bendijo y llegó a convertirse en primer ministro; mientras desempeñó este puesto, tuvo que acoger a sus hermanos que viajaron a Egipto para buscar alimentos. José perdonó su ofensa, pues seguía amándolos a pesar de todos los sufrimientos causados por su traición.

José refleja el amor que Dios tiene a Israel. Es figura de Jesús porque, de manera similar, tuvo sabiduría para interpretar la voluntad de Dios, fue traicionado y perdonó generosamente a sus ofensores (ver «¿Qué son los sentidos de la Biblia?», p. 33).

Gn 37 1 – 50 26

de Bilhá y Zilpá, las mujeres de su padre. En
cierta ocasión, refirió a Jacob lo mal que se
hablaba de ellos.
3 Israel amaba a José más que a ningún
otro de sus hijos, porque era el hijo de su
vejez, y le mandó hacer una túnica de mangas largas.
4 Pero sus hermanos, al ver que lo
amaba más que a ellos, le tomaron tal odio
que ni siquiera podían dirigirle la palabra.
5 Una vez, José tuvo un sueño y lo contó
a sus hermanos.
6 «Oigan el sueño que tuve», les dijo.
7 «Nosotros estábamos en el
campo atando gavillas. De pronto, mi gavilla se alzó y se mantuvo erguida, mientras
que las de ustedes formaban un círculo alrededor de la mía y se inclinaban ante ella».
8 Sus hermanos le preguntaron: «¿Acaso
pretendes reinar sobre nosotros y tenernos
bajo tu dominio?». Y lo odiaron más todavía por lo que contaba acerca de sus sueños.
9 Después tuvo otro sueño, y también
lo contó a sus hermanos. «Tuve otro sueño
—les dijo—. El sol, la luna y once estrellas se
postraban delante de mí».
10 Pero cuando se lo
contó a su padre, este lo reprendió diciéndole: «¿Qué significa ese sueño que has tenido? ¿Acaso yo, tu madre y tus hermanos
vendremos a postrarnos en tierra delante
de ti?».
11 Y sus hermanos le tenían envidia,
pero su padre reflexionaba sobre todas estas cosas.

José atacado por sus hermanos

Gn 42 22; 4 10; Is 26 21; Sal 105 17; Hch 7 9; Mt 26 15; 27 9

12 Un día, sus hermanos habían ido hasta Siquem para apacentar el rebaño de su
padre.
13 Y dijo Israel a José: «Tus hermanos
están con el rebaño en Siquem. Quiero que
vayas a verlos». «Está bien», respondió él.
14 Su padre añadió: «Ve a ver cómo les va a
tus hermanos y al rebaño, y tráeme noticias». Y lo envió desde el valle de Hebrón.
Cuando José llegó a Siquem,
15 un hombre
lo encontró dando vueltas por el campo y le
preguntó: «¿Qué buscas?».
16 Él le respondió:
«Busco a mis hermanos. ¿Puedes decirme
dónde apacientan el rebaño?».
17 «Se han ido
de aquí —repuso el hombre—, porque les oí
decir: "Vamos a Dotán"». José fue en busca
de sus hermanos, y los encontró en Dotán.
18 Ellos lo divisaron desde lejos, y antes
que se acercara, ya se habían confabulado
para darle muerte.
19 «Ahí viene ese soñador», se dijeron unos a otros.
20 «¿Por qué no
lo matamos y lo arrojamos en una de esas
cisternas? Después diremos que lo devoró
una fiera. ¡Veremos así en qué terminan sus
sueños!».
21 Pero Rubén, al oír esto, trató de
salvarlo y les dijo: «No atentemos contra su
vida».
22 Y agregó: «No derramen sangre.
Arrójenlo en esa cisterna que está allá afuera, en el desierto, pero no pongan sus ma-

nos sobre él». En realidad, su intención era
librarlo de sus manos y devolverlo a su padre sano y salvo. 23 Apenas José llegó al lugar
donde estaban sus hermanos, estos lo despojaron de su túnica —la túnica de mangas
largas que llevaba puesta—, 24 lo tomaron y
lo arrojaron a la cisterna, que estaba vacía.
25 Luego se sentaron a comer.

José llevado a Egipto

Hch 7 9

De pronto, alzaron la vista y divisaron
una caravana de ismaelitas que venían de
Galaad, y en sus camellos llevaban una carga de goma tragacanto, bálsamo y mirra
para Egipto. 26 Y Judá dijo a sus hermanos:
«¿Qué ganamos si asesinamos a nuestro
hermano y ocultamos su sangre? 27 En lugar
de atentar contra su vida, vendámoslo a los
ismaelitas, porque él es nuestro hermano,
nuestra propia carne». Y sus hermanos estuvieron de acuerdo.

28 Pero mientras tanto, unos negociantes
madianitas pasaron por allí y retiraron a José de la cisterna. Luego lo vendieron a los
ismaelitas por veinte monedas de planta, y
José fue llevado a Egipto. 29 Cuando Rubén
volvió a la cisterna y se dio cuenta de que
José había desaparecido, desgarró su ropa,
30 y regresando adonde estaban sus hermanos, dijo: «El muchacho ha desaparecido.
¿Dónde iré yo ahora?».

31 Y tomaron la túnica de José, degollaron
un cabrito, y empaparon la túnica con sangre. 32 Después enviaron a su padre la túnica
de mangas largas, junto con este mensaje:
«Hemos encontrado esto. Fíjate bien si es la
túnica de tu hijo, o no». 33 Este, al recono-
cerla, exclamó: «¡Es la túnica de mi hijo! Un
animal salvaje lo ha devorado. ¡José ha sido
presa de las fieras!». 34 Jacob desgarró sus
vestiduras, se vistió de luto y estuvo mucho
tiempo de duelo por su hijo. 35 Sus hijos y
sus hijas venían a consolarlo, pero él rehu-
saba todo consuelo: «No. Voy a bajar enlu-
tado adonde está mi hijo, a la morada de
los muertos». Y continuaba lamentándose.

36 Entre tanto, en Egipto, los madianitas
lo habían vendido a Putifar, un funcionario del Faraón, capitán de guardias.

Judá y Tamar

Dt 25 5; Rut 1 11.13

38 1 Por aquel tiempo, Judá se alejó de
sus hermanos y entró en amistad con
un hombre de Adulam llamado Jirá. 2 Allí
conoció a la hija de un cananeo llamado
Súa, y después de tomarla por esposa, se
unió con ella. 3 Ella concibió y dio a luz un

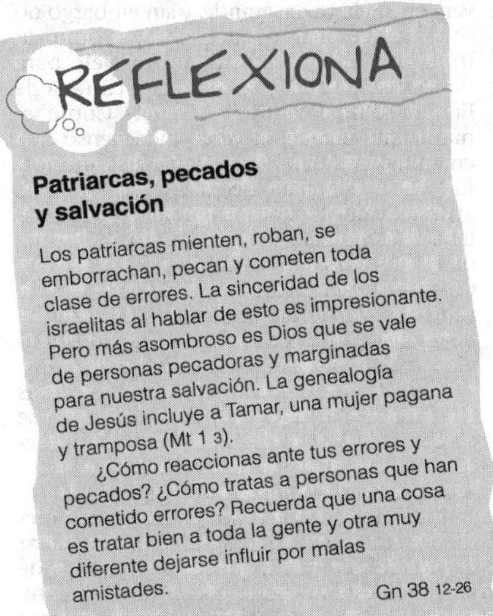

Patriarcas, pecados y salvación

Los patriarcas mienten, roban, se emborrachan, pecan y cometen toda clase de errores. La sinceridad de los israelitas al hablar de esto es impresionante. Pero más asombroso es Dios que se vale de personas pecadoras y marginadas para nuestra salvación. La genealogía de Jesús incluye a Tamar, una mujer pagana y tramposa (Mt 1 3).

¿Cómo reaccionas ante tus errores y pecados? ¿Cómo tratas a personas que han cometido errores? Recuerda que una cosa es tratar bien a toda la gente y otra muy diferente dejarse influir por malas amistades.

Gn 38 12-26

hijo, y él lo llamó Er. 4 Luego concibió otra
vez, y tuvo otro hijo, al que llamó Onán.
5 Después volvió a tener otro hijo, y le puso el nombre de Selá. Cuando ella dio a
luz, estaba en Quezib.

6 Más tarde, Judá casó a Er, su hijo mayor, con una mujer llamada Tamar. 7 Er
desagradó al Señor, y el Señor lo hizo morir. 8 Judá dijo a Onán: «Únete a la viuda
de Er, para cumplir con tus deberes de cuñado y asegurar una descendencia a tu
hermano». 9 Pero Onán, que sabía que la
descendencia no le pertenecería, cada vez
que se unía con ella, derramaba el semen
en la tierra para evitar que su hermano tuviera una descendencia. 10 Su manera de
proceder desagradó al Señor, que lo hizo
morir también a él. 11 Y Judá dijo a su nuera Tamar: «Vive como una viuda en la casa de tu padre, hasta que crezca mi hijo
Selá», porque temía que este corriera la
misma suerte que sus hermanos. Por eso
Tamar se fue a vivir a la casa de su padre.

12 Mucho tiempo después, murió la esposa
de Judá, la hija de Súa. Una vez concluido el
duelo, Judá se dirigió hacia Timná en compañía de su amigo Jirá, el adulamita, porque
allí esquilaban sus ovejas. 13 Tamar fue infor-
mada de que su suegro se dirigía hacia Timná, donde esquilaba su rebaño. 14 Y como

veía que Selá ya era grande, y sin embargo no se lo habían dado como esposo, se quitó su ropa de viuda, se cubrió con un velo para no ser reconocida, y se sentó a la entrada de Enaim, sobre el camino a Timná. 15 Como tenía la cara tapada, al verla, Judá pensó que era una prostituta. 16 Y se apartó del camino y fue hacia ella para decirle: «Deja que me acueste contigo», porque ignoraba que se trataba de su nuera. Ella le respondió: «¿Qué me darás por acostarte conmigo?». 17 «Te enviaré un chivito de mi rebaño», le aseguró él. «De acuerdo —continuó ella—, con tal que me dejes algo como prenda hasta que me lo envíes». 18 Él le preguntó: «¿Qué debo dejarte?». «Tu sello con su cordón y el bastón que llevas en la mano», le respondió. Se los entregó y se acostó con ella; y ella concibió. 19 De inmediato ella se retiró, se quitó el velo que la cubría, y volvió a ponerse su ropa de viuda.

20 Cuando Judá le envió el chivito por medio de su amigo, el adulamita, para rescatar la prenda que había quedado en manos de la mujer, este no pudo encontrarla. 21 Y preguntó a la gente del lugar: «¿Dónde está esa prostituta que se sentaba en Enaim, al borde del camino?». Ellos le respondieron: «Allí nunca hubo una prostituta». 22 Él regresó y dijo a Judá: «No la pude encontrar. Además, la gente del lugar me aseguró que allí nunca hubo una prostituta». 23 Judá replicó: «Que se quede con todo, porque de lo contrario nos pondremos en ridículo. Yo cumplí mandándole el cabrito, y tú no la encontraste».

24 Unos tres meses más tarde, notificaron a Judá: «Tu nuera Tamar se ha prostituido, y en una de sus andanzas quedó embarazada». Y Judá exclamó: «Sáquenla afuera y quémenla viva». 25 Pero cuando la iban a sacar, ella mandó decir a su suegro: «Estas cosas pertenecen al hombre de quien concebí. Averigua quién es el dueño de este sello, este cordón y ese bastón». 26 Al reconocerlos, Judá declaró: «Ella es más justa que yo, porque no le di a mi hijo Selá». Y no volvió a tener relaciones con ella.

Los hijos de Tamar

Mt 1 3; Lc 3 33

27 Llegado el momento del parto, resultó que en su seno había mellizos. 28 Mientras daba a luz, uno de ellos extendió su mano, y la partera le ató en ella un hilo escarlata y dijo: «Este ha sido el primero en salir». 29 Pero luego retiró su mano, y el otro salió antes. Y ella dijo: «¡Cómo te has abierto una brecha!». Por eso fue llamado Peres. 30 Después salió su hermano, con el hilo escarlata, y por eso lo llamaron Zéraj.

José, mayordomo de Putifar

39 1 Cuando José fue llevado a Egipto, Putifar —un egipcio funcionario del Faraón, capitán de guardias— lo compró a los ismaelitas que lo habían llevado allí. 2 Pero como el Señor estaba con José, comenzó a prosperar y quedó en la casa de su señor, el egipcio. 3 Al ver que el Señor estaba con él, 4 su patrón lo miró con buenos ojos y lo nombró su mayordomo, poniéndolo al frente de su casa y confiándole la administración de todos sus bienes. 5 A partir del momento en que le encomendó el cuidado de su casa y de todas sus posesiones, el Señor bendijo la casa del egipcio, en atención a José. La bendición del Señor se extendía a todas sus posesiones, dentro y fuera de la casa. 6 Por eso dejó a cargo de José todo lo que poseía, y ya no se preocupó más de nada, fuera del alimento que comía.

José y la mujer de Putifar

1 Sm 16 12; Prov 7 13-19; Dn 13

Como José era apuesto y de buena presencia, 7 después de un tiempo, la esposa de su señor fijó sus ojos en él y le dijo: «Acuéstate conmigo». 8 Pero él se negó y respondió a la mujer: «Teniéndome a mí, mi señor ya no piensa en los asuntos de su casa, porque me ha confiado todo lo que posee. 9 Él mismo no ejerce más autoridad que yo en esta casa, y no me ha impuesto ninguna restricción, fuera del respeto que te es debido, ya que eres su esposa. ¿Cómo voy a cometer un delito tan grave y a pecar contra Dios?». 10 Y por más que ella lo instigaba día tras día, él no accedió a acostarse con ella y a ser su amante.

11 Pero un día, José entró en la casa para cumplir con sus obligaciones, en el preciso momento en que todo el personal de servicio se encontraba ausente. 12 Y ella lo tomó de la ropa y le insistió: «Acuéstate conmigo». Pero él huyó, y dejó su manto en las manos de la mujer, y se alejó de allí. 13 Cuando ella vio que José había dejado el manto entre sus manos y se había escapado, 14 llamó a sus siervos y les dijo: «¡Miren! Mi marido nos ha traído un hebreo, solo para que se ría de nosotros. Él intentó acostarse conmigo, pero yo grité lo más fuerte que pude. 15 Y cuando me oyó gritar para pedir auxilio, dejó su manto a mi lado y se escapó».

El arresto de José

Sal 105 17-19

16 Ella guardó el manto de José hasta que regresó su marido, 17 y le contó la misma historia: «El esclavo hebreo que nos trajiste se ha burlado de mí y pretendió violarme. 18 Pero

cuando yo grité por auxilio, él dejó su manto a mi lado y se escapó». 19 Al oír las palabras de su mujer: «Tu esclavo me hizo esto y esto», su señor se enfureció, 20 hizo detener a José, y lo puso en la cárcel donde estaban recluidos los prisioneros del rey. Así fue a parar a la cárcel.

21 Pero el Señor estaba con José y le mostró su bondad al ganar la simpatía del jefe de los carceleros. 22 Este confió a José todos los presos que había en la cárcel, y él dirigía todo lo que allí se hacía. 23 El jefe de los carceleros no vigilaba nada de lo que había confiado a José, porque el Señor estaba con él y hacía prosperar todo lo que él realizaba.

Los sueños de los funcionarios del Faraón

Gn 41 15-16; Dn 2; 4

40 1 Después de estos acontecimientos, el copero y el panadero del rey de Egipto ofendieron a su señor. 2 El Faraón se irritó contra sus dos funcionarios —el copero mayor y el panadero mayor— 3 y los hizo poner bajo custodia en la casa del capitán de guardias, en la misma cárcel donde estaba preso José. 4 El capitán de guardias encargó a José que se ocupara de servirlos, y así estuvieron arrestados durante un tiempo.

5 Una vez, mientras estaban presos en la cárcel, el copero y el panadero del rey de Egipto tuvieron un sueño en el transcurso de una misma noche, cada sueño con su significado propio. 6 A la mañana siguiente, cuando José fue a verlos, los encontró deprimidos. 7 «¿Por qué están hoy con la cara triste?», preguntó a los funcionarios del Faraón que estaban arrestados con él en la casa de su señor. 8 Ellos le respondieron: «Hemos tenido un sueño, y aquí no hay nadie que lo interprete». José les dijo: «La interpretación es obra de Dios; pero de todos modos cuéntenme lo que soñaron».

9 El copero relató su sueño a José. «Yo soñé que delante de mí había una vid, 10 y en ella, tres sarmientos. Apenas la vid dio brotes, salieron sus flores y maduraron las uvas en los racimos. 11 La copa del Faraón estaba en mi mano: yo tomé las uvas, las exprimí en esa copa, y la puse en la mano del Faraón». 12 José le dijo: «La interpretación es la siguiente: los tres racimos representan tres días. 13 Dentro de tres días, el Faraón te indultará, te restituirá a tu cargo, y tú pondrás la copa en su mano, como acostumbrabas a hacerlo antes, cuando eras su copero. 14 Y cuando mejore tu suerte, si todavía recuerdas que yo estuve aquí contigo, no dejes de hacerme este favor: háblale de mí al Faraón, y trata de sacarme de este lugar. 15 Porque yo fui traído por la fuerza del país de los hebreos, y aquí no hice nada para que me pusieran en la cárcel».

16 El panadero mayor, al ver con qué acierto había interpretado el sueño, dijo a José: «Yo, por mi parte, soñé que tenía sobre mi cabeza tres canastas de mimbre. 17 En la canasta más elevada, había de todos los productos de panadería que come el Faraón, y los pájaros comían de esa canasta que estaba encima de mi cabeza». 18 José le respondió: «La interpretación es la siguiente: las tres canastas representan tres días. 19 Dentro de tres días el Faraón te hará decapitar, te colgará de un poste, y los pájaros comerán tu carne».

20 Al tercer día se festejaba el cumpleaños del Faraón, y este agasajó con un banquete a todos sus siervos. Y reconsideró las causas del copero mayor y del panadero mayor en medio de sus siervos, 21 y restituyó en su cargo al copero mayor, de manera que este volvió a poner la copa en la mano del Faraón; 22 en cambio, mandó colgar al panadero mayor, conforme a la interpretación que les había dado José. 23 Sin embargo, el copero mayor ya no pensó más en José, sino que se olvidó de él.

¿SABÍAS QUE...?

Sueños

Los sueños son importantes. Antes se pensaba que permitían la comunicación con los dioses y lo sobrenatural. La ciencia actual indica que manifiestan lo más profundo de la personalidad. No hay discrepancia en ambas ideas: Dios actúa en lo más profundo del ser humano.

El pueblo de Israel pensaba que los sueños revelaban mensajes, profecías y visiones de parte de Dios. Quien fuera capaz de interpretarlos, gozaba de gran prestigio. José fue un gran intérprete de los sueños y su habilidad lo hizo merecer la envidia de sus hermanos (Gn 37 5-11); más tarde, le ayudó a obtener el aprecio del Faraón (41 37-45).

Los profetas del Antiguo Testamento en ocasiones recibieron la Palabra de Dios a través de sueños y visiones. Lo importante era la Palabra de Dios, independientemente de que fuera comunicada por un sueño o experiencia diferente. El criterio para juzgar si un sueño viene de Dios es ver si conlleva una fidelidad a Dios (ver Gn 28 10-22; Mt 1 20; 2 13).

Gn 40 1 – 41 36

Los sueños del Faraón

Dn 2; 4 4; 5 7; Hch 7 10; Sal 105 21

41 1 Dos años después, el Faraón tuvo un
sueño: él estaba de pie junto al Nilo,
2 cuando de pronto subieron del río siete
vacas hermosas y robustas, que se pusieron
a pastar entre los juncos. 3 Detrás de ellas
subieron otras siete vacas feas y escuálidas,
que se pararon al lado de las primeras; 4 y
las vacas feas y escuálidas se comieron a las
siete vacas hermosas y robustas. Enseguida
el Faraón se despertó.
5 Luego volvió a dormirse y tuvo otro sueño: siete espigas grandes y lozanas salían de
un mismo tallo. 6 Pero después brotaron
otras siete espigas, delgadas y quemadas por
el viento del este; 7 y las espigas delgadas devoraron a las siete espigas grandes y cargadas
de granos. Cuando se despertó, el Faraón se
dio cuenta de que había soñado.
8 A la mañana siguiente, el Faraón se sintió muy preocupado y mandó llamar a todos los magos y sabios de Egipto, para contarles sus sueños. Pero nadie se los pudo
interpretar. 9 Entonces el copero mayor se
dirigió al Faraón y le dijo: «Ahora reconozco mi negligencia. 10 En cierta oportunidad,
el Faraón se irritó contra sus siervos, y me
puso bajo custodia, junto con el panadero
mayor, en la casa del capitán de guardias.
11 Él y yo tuvimos un sueño en el transcurso
de una misma noche, cada sueño con su
propio significado. 12 Con nosotros estaba
un joven hebreo, un siervo del capitán de
guardias; nosotros le contamos nuestros
sueños, y él los interpretó, y dio a cada uno
su explicación. 13 Y todo sucedió como él lo
había interpretado: yo fui restituido a mi
cargo, mientras que el otro fue ahorcado».

La interpretación de los sueños del Faraón

14 El Faraón mandó llamar a José, que sin
pérdida de tiempo fue sacado de la prisión.
Este se afeitó, se cambió de ropa y compareció ante el Faraón. 15 El Faraón dijo a José:
«He tenido un sueño que nadie puede interpretar. Pero me han informado que te basta
oír un sueño para interpretarlo». 16 José respondió al Faraón: «No soy yo, sino Dios, el
que dará al Faraón la respuesta conveniente».
17 El Faraón dijo a José: «Soñé que estaba
parado a orilla del Nilo, 18 y de pronto subían
del río siete vacas robustas y hermosas, que se
pusieron a pastar entre los juncos. 19 Detrás de
ellas subieron otras siete vacas, escuálidas,
de aspecto horrible y esqueléticas, como nunca había visto en todo el territorio de Egipto.
20 Y las vacas escuálidas y feas devoraron a las
otras siete vacas robustas. 21 Pero una vez que
las comieron, nadie hubiera dicho que las tenían en su vientre, porque seguían tan horribles como antes. Enseguida me desperté. 22 En
el otro sueño, vi siete espigas hermosas y cargadas de granos, que brotaban de un mismo
tallo. 23 Después de ellas brotaron otras siete
espigas, marchitas, delgadas y quemadas por
el viento del este, 24 que devoraron a las siete
espigas hermosas. Yo he contado todo esto a
los adivinos, pero ninguno me ha dado una
explicación». 25 José dijo al Faraón: «El Faraón
ha soñado una sola cosa, y así Dios le ha
anunciado lo que está a punto de realizar.
26 Las siete vacas hermosas y las siete espigas
lozanas representan siete años. Los dos sueños tratan de lo mismo. 27 Y las siete vacas escuálidas y feas que subieron después de ellas
son siete años, lo mismo que las siete espigas
sin grano y quemadas por el viento del este.
Estos serán siete años de hambre. 28 Es como
lo acabo de decir al Faraón: Dios ha querido
mostrarle lo que está a punto de realizar. 29 En
los próximos siete años habrá en todo Egipto
una gran abundancia. 30 Pero después sobrevendrán siete años de hambre, durante los
cuales en Egipto no quedará ni el recuerdo de
aquella abundancia, porque el hambre asolará al país. 31 Y nadie sabrá lo que es la abundancia, a causa del hambre, que será muy
intensa. 32 El hecho de que el Faraón haya
tenido dos veces el mismo sueño significa
que este asunto ya está resuelto de parte de
Dios y que él lo va a ejecutar de inmediato.
33 Por eso, es necesario que el Faraón
busque un hombre prudente y sabio, y lo
ponga al frente de todo Egipto. 34 Además,
el Faraón deberá establecer inspectores en
todo el país y exigir a los egipcios la quinta parte de las cosechas durante los siete
años de abundancia. 35 Ellos reunirán los
víveres que se cosechen en estos próximos
siete años de prosperidad, y almacenarán
el grano bajo la supervisión del Faraón, para tenerlo guardado en las ciudades. 36 Así
el país tendrá una reserva de alimentos para los siete años de hambre que vendrán
sobre Egipto, y no morirá de inanición».

La designación de José como primer ministro

Dn 13 45; Est 3 10; 8 2

37 La respuesta agradó al Faraón y a todos
sus siervos. 38 Por eso el Faraón les dijo a estos: «¿Podemos encontrar otro hombre que
tenga en igual medida el espíritu de Dios?».
39 Y dirigiéndose a José, le expresó: «Ya que
Dios te ha hecho conocer todas estas cosas,
no hay nadie que sea tan prudente y sabio

como tú. [40]Por eso tú estarás al frente de mi palacio, y todo mi pueblo tendrá que acatar tus órdenes. Solo por el trono real seré superior a ti». [41]Y el Faraón dijo a José: «Ahora mismo te pongo al frente de todo el territorio de Egipto». [42]Enseguida se quitó el anillo de su mano y lo puso en la mano de José; lo hizo vestir con ropa de lino fino y le colgó al cuello una cadena de oro. [43]Luego lo hizo subir a la mejor carroza después de la suya, y gritaban delante de él: «¡Atención!». Así le dio autoridad sobre todo Egipto.

[44]El Faraón dijo a José: «Yo soy el Faraón, pero nadie podrá mover una mano o un pie en todo el territorio de Egipto si tú no lo apruebas». [45]Luego impuso a José el nombre de Safnat Panéaj, y le dio por esposa a Asnat, la hija de Potifera, sacerdote de la ciudad de On. Y José fue a recorrer el país de Egipto. [46]Cuando se puso al servicio del Faraón, rey de Egipto, José tenía treinta años.

José se alejó de la presencia del Faraón e hizo un recorrido por todo el territorio de Egipto. [47]Durante los siete años de abundancia, la tierra produjo en gran cantidad, [48]y él reunió todos los víveres recogidos en esos siete años, los almacenó en las ciudades y depositó en cada una las cosechas de los campos vecinos. [49]De esa manera, José acumuló una enorme cantidad de cereales, tanto como la arena del mar, hasta tal punto que dejó de llevar un control, porque superaba toda medida.

Los hijos de José

[50]Antes que comenzaran los años de hambre, José tuvo dos hijos, que le dio Asnat, la hija de Potifera, el sacerdote de On. [51]Al primero lo llamó Manasés, porque dijo: «Dios me ha hecho olvidar por completo mis penas y mi casa paterna». [52]Y al segundo le puso el nombre de Efraím, porque dijo: «Dios me ha hecho fecundo en la tierra de mi aflicción».

[53]Y terminaron los años en que Egipto gozó de abundancia, [54]y comenzaron los siete años de hambre, como José lo había anticipado. En todos los países se sufría hambre, pero en Egipto había alimentos. [55]Cuando también los egipcios y el pueblo sintieron hambre, y el pueblo pidió a gritos al Faraón que le diera de comer, este respondió: «Vayan a ver a José y hagan lo que él les diga». [56]Como el hambre se había extendido por todo el país, José abrió los graneros y distribuyó raciones a los egipcios, ya que el hambre se hacía cada vez más intensa. [57]Y de todas partes iban a Egipto a comprar cereales a José, porque el hambre asolaba toda la tierra.

El primer viaje de los hermanos de José a Egipto

Hch 7 11-12; Gn 37 5-11.18-27.35

42 [1]Cuando Jacob supo que en Egipto había cereales, preguntó a sus hijos: «¿Por qué se quedan ahí, mirándose unos a otros?». [2]Luego añadió: «He oído que en Egipto venden cereales. Vayan allí y compren algo para nosotros. Así podremos sobrevivir y no moriremos». [3]Y diez de los hermanos de José bajaron a Egipto para abastecerse de cereales; [4]pero Jacob no dejó que Benjamín, el hermano de José, fuera con ellos, por temor a que le sucediera una desgracia. [5]Así llegaron los hijos de Israel en medio de otra gente que también iba a procurarse víveres, porque en Canaán se pasaba hambre.

El primer encuentro de José con sus hermanos

[6]José tenía plenos poderes sobre el país y distribuía raciones a toda la población. Sus hermanos se presentaron ante él y se postraron con el rostro en tierra. [7]Al verlos, él los reconoció enseguida, pero los trató como si fueran extraños y les habló con dureza. «¿De dónde vienen?», les preguntó. Ellos respondieron: «Venimos de Canaán para abastecernos de víveres». [8]Y al reconocer a sus hermanos, sin que ellos lo reconocieran a él, [9]José se acordó de los sueños que había tenido acerca de ellos. Y les dijo: «Ustedes son espías, y han venido a observar las zonas desguarnecidas del país». [10]«No, señor», le respondieron. «Es verdad que tus siervos han venido a comprar alimentos. [11]Todos nosotros somos hijos de un mismo padre, y además, personas honradas. No somos espías». [12]Pero él insistió: «No, ustedes han venido a observar las zonas desguarnecidas del país». [13]Ellos le dijeron: «Nosotros, tus siervos, somos doce hermanos, hijos de un hombre que reside en Canaán. El menor está ahora con nuestro padre, y otro ya no vive». [14]Pero él volvió a insistir: «Ya les he dicho que ustedes son espías. [15]Por eso van a ser sometidos a una prueba: juro por el Faraón que ustedes no quedarán en libertad, mientras no venga aquí su hermano menor. [16]Envíen a uno de ustedes a buscar a su hermano, los demás quedarán prisioneros. Así será puesto a prueba lo que ustedes han afirmado, para comprobar si dicen la verdad. De lo contrario, no habrá ninguna duda de que ustedes son espías». [17]Y de inmediato, los puso bajo custodia durante tres días.

18 Al tercer día, José les dijo: «Si quieren salvar la vida, hagan lo que les digo, porque yo soy un hombre temeroso de Dios. 19 Para probar que ustedes son sinceros, uno de sus hermanos quedará como rehén en la prisión donde están bajo custodia, mientras el resto llevará los víveres, para aliviar el hambre de sus familias. 20 Después me traerán a su hermano menor. Así se pondrá de manifiesto que ustedes han dicho la verdad y no morirán». Ellos estuvieron de acuerdo.

21 Pero enseguida comenzaron a decirse unos a otros: «¡En verdad estamos sufriendo por lo que hicimos contra nuestro hermano! Porque nosotros vimos su angustia cuando nos pedía que tuviéramos compasión, y no quisimos escucharlo. Por eso nos sucede esta desgracia». 22 Rubén les respondió: «¿Acaso no les advertí que no cometieran ese delito contra el muchacho? Pero ustedes no quisieron hacer caso, y ahora se nos pide cuenta de su sangre». 23 Ellos ignoraban que José los entendía, porque antes habían hablado por medio de un intérprete. 24 José se alejó de ellos para llorar; y cuando estuvo en condiciones de hablarles, separó a Simeón y ordenó que lo ataran a la vista de todos. 25 Después José mandó que les llenaran las bolsas con trigo y que repusieran el dinero en la bolsa de cada uno. También ordenó que les entregaran provisiones para el camino. Así se hizo. 26 Ellos cargaron sus asnos con los víveres y partieron.

La vuelta de los hermanos de José a Canaán

27 Cuando acamparon para pasar la noche, uno de ellos abrió la bolsa para dar de comer a su asno, y encontró el dinero junto a la abertura de la bolsa. 28 Y dijo a sus hermanos: «Me han devuelto el dinero. Está aquí, en mi bolsa». Ellos se quedaron pasmados y temblaban, y se preguntaban unos a otros: «¿Por qué Dios nos habrá hecho esto?».

29 Al llegar a Canaán, relataron a su padre Jacob la aventura que habían tenido. 30 «El hombre que gobierna aquel país —le dijeron— nos habló con dureza y nos acusó de haber entrado allí como espías. 31 Nosotros le aseguramos que éramos personas honradas y no espías. 32 También le dijimos que éramos doce hermanos, pero que uno ya no vivía, y que nuestro hermano menor estaba en ese momento en Canaán, al lado de nuestro padre. 33 El hombre que gobierna el país nos respondió: "Para demostrarme que ustedes son sinceros, dejen conmigo a uno de sus hermanos, mientras los demás llevan algo para aliviar el hambre de sus familias. 34 Luego tráiganme a su hermano menor, y así sabré que ustedes no son espías sino personas honradas. Y así les devolveré a su hermano y podrán recorrer el país"».

35 Cuando vaciaron las bolsas, cada uno encontró su dinero y, al verlo, ellos y su padre se llenaron de temor. 36 Jacob les dijo: «Ustedes me van a dejar sin hijos. Primero, perdí a José; después, a Simeón; y ahora quieren quitarme a Benjamín. ¡A mí tenían que pasarme todas estas cosas!». 37 Pero Rubén le respondió: «Podrás matar a mis dos hijos si no te lo traigo de vuelta. Déjalo bajo mi cuidado, y yo te lo devolveré sano y salvo». 38 Jacob insistió: «Mi hijo no irá con ustedes, porque su hermano ya murió y ahora queda él solo. Si le sucede una desgracia durante el viaje que van a realizar, ustedes me harán bajar a la tumba lleno de aflicción».

El segundo viaje de los hermanos de José a Egipto

Gn 42 7-13.27-28.37

43 1 El hambre asolaba el país. 2 Y cuando se agotaron los víveres que habían traído de Egipto, su padre les dijo: «Regresen a Egipto a comprarnos un poco de comida». 3 Pero Judá le respondió: «Aquel hombre nos advirtió que no nos presentáramos delante de él, si nuestro hermano no nos acompañaba. 4 Si tú dejas partir a nuestro hermano con nosotros, bajaremos a comprarte comida; 5 pero si no lo dejas, no podremos ir, porque el hombre nos dijo: "No vengan a verme si su hermano no los acompaña"». 6 Y dijo Israel: «¿Por qué me han causado este dolor, al decirle a ese hombre que tenían otro hermano?». 7 Ellos respondieron: «Él comenzó a hacernos preguntas sobre nosotros y sobre nuestra familia. "El padre de ustedes ¿vive todavía? ¿Tienen otro hermano?". Nosotros nos limitamos a responder a sus preguntas. ¿Cómo nos íbamos a imaginar que él nos diría: "Traigan aquí a su hermano"?».

8 Judá dijo a su padre Israel: «Envía al muchacho bajo mi responsabilidad, y ahora mismo nos pondremos en camino para poder sobrevivir. De lo contrario moriremos nosotros, tú y nuestros niños. 9 Yo respondo por él, y tendrás que pedirme cuentas a mí. Si no te lo traigo y lo pongo delante de tus ojos, seré culpable ante ti todo el resto de mi vida. 10 Ya estaríamos de vuelta dos veces, si no nos hubiéramos entretenido tanto». 11 «Ya que tiene que ser así —continuó diciendo Israel—, hagan lo siguiente: Pongan en sus equipajes los mejores productos del país, y regalen a aquel hombre un poco de bálsamo y un poco de

miel, goma tragacanto, mirra, nueces y al-
mendras. 12 Tomen además una doble cantidad de dinero, porque ustedes tendrán
que restituir la suma que les pusieron en la
bolsa. Tal vez se trate de una equivocación.
13 Lleven también a su hermano, y vuelvan
cuanto antes a ver a ese hombre. 14 Que el
Dios Todopoderoso lo mueva a compadecerse de ustedes, y él les permita traer a su
hermano, lo mismo que a Benjamín. Yo,
por mi parte, si tengo que verme privado
de mis hijos, estoy dispuesto a soportarlo».
15 Ellos recogieron los regalos, tomaron
una doble cantidad de dinero, y bajaron a
Egipto llevándose a Benjamín. Enseguida
fueron a presentarse delante de José, 16 y
cuando este vio que venían con Benjamín,
dijo a su mayordomo: «Lleva a estos hombres a casa. Mata un animal y prepáralo,
porque hoy al mediodía comerán conmigo». 17 El mayordomo hizo lo que José le había ordenado y los condujo hasta la casa.
18 Pero ellos, al ser llevados a la casa de José,
se llenaron de temor y dijeron: «Nos traen
aquí a causa del dinero que fue puesto en
nuestras bolsas la vez anterior. No es más
que un pretexto para atacarnos y convertirnos en esclavos, junto con nuestros animales». 19 Y se acercaron al mayordomo de José
y le hablaron a la entrada de la casa, 20 diciéndole: «Perdón, señor, nosotros ya estuvimos aquí una vez para abastecernos de víveres. 21 Pero cuando acampamos para pasar
la noche, abrimos nuestras bolsas y el dinero de cada uno estaba junto a la abertura de
su bolsa. Era la misma cantidad que habíamos pagado. Ahora tenemos esa suma aquí
con nosotros, 22 y además hemos traído dinero para adquirir nuevas provisiones. No
sabemos quién puso el dinero en nuestras
bolsas». 23 Pero él respondió: «Quédense
tranquilos, no teman. Su Dios y el Dios de
su padre les puso ese dinero en las bolsas.
La suma que ustedes pagaron está en mi poder». Y enseguida les presentó a Simeón.
24 El mayordomo introdujo a los hombres
en la casa de José, les trajo agua para que se
lavaran los pies y les dio pasto para los animales. 25 Ellos prepararon los regalos y esperaban la llegada de José al mediodía, porque ya les había avisado que comería allí.

El segundo encuentro de José con sus hermanos

26 Cuando José entró en la casa, le presentaron los regalos que traían y se postraron ante él con el rostro en tierra. 27 José los
saludó y les dijo: «El anciano padre de que
me hablaron, ¿vive todavía? ¿Cómo está?».
28 «Nuestro padre, tu siervo, vive todavía y
goza de buena salud», le respondieron; e
inclinándose, se postraron. 29 Al levantar los
ojos, José vio a Benjamín, el hijo de su misma madre, y preguntó: «¿Es este el hermano menor de que me habían hablado?». Y
añadió: «Que Dios te favorezca, hijo mío».
30 José salió precipitadamente porque se
conmovió a la vista de su hermano y no
podía contener las lágrimas. Entró en una
habitación y lloró. 31 Después se lavó la cara, volvió, trató de dominarse y ordenó que
sirvieran la comida.
32 Sirvieron en mesas separadas a José, a
sus hermanos, y a los egipcios que comían
con él, porque los egipcios no pueden comer con los hebreos: es una abominación
para ellos. 33 Cuando se sentaron frente a José, por orden de edad, de mayor a menor,
sus hermanos se miraron con asombro
unos a otros. 34 Él les hizo servir de su misma mesa, y la porción de Benjamín era cinco veces mayor que la de los demás. Todos
bebieron y se alegraron con él.

La última prueba de José a sus hermanos

Lv 19 26; Dt 18 10; Gn 37 33; 43 9

44 1 Después José dio a su mayordomo
esta orden: «Llena de víveres las bolsas
de estos hombres, hasta que estén bien repletas, y antes de cerrarlas, coloca en ellas el
dinero de cada uno. 2 En la bolsa del más joven, además del dinero que pagó por su ración, pondrás también mi copa de plata». El
mayordomo hizo lo que José le había indicado, 3 y al día siguiente, apenas amaneció,
hicieron salir a los hombres con sus asnos.
4 Ellos salieron de la ciudad, y cuando todavía no se habían alejado, José dijo a su mayordomo: «Corre ahora mismo detrás de
esos hombres, y apenas los alcances, les dirás: "¿Por qué devuelven mal por bien, y por
qué me han robado la copa de plata? 5 Esa es
la copa que mi señor usa para beber y con la
que consulta los presagios. Ustedes se han
comportado muy mal"».
6 Apenas los alcanzó, el mayordomo les
repitió estas palabras. 7 Pero ellos respondieron: «¿Cómo puedes, señor, afirmar tales cosas? Lejos de nosotros comportarnos
de esa manera. 8 Nosotros te trajimos de
vuelta desde Canaán el dinero que encontramos en nuestras bolsas. ¿Cómo íbamos
a robar plata u oro de la casa de tu señor?
9 Si la copa se llega a encontrar en poder de
alguno de nosotros, el que la tenga morirá,
y todos los demás seremos tus esclavos».
10 «Está bien —respondió—, que sea como
ustedes dicen, pero mi esclavo será aquel en
cuyo poder se encuentre la copa. Los demás

quedarán libres de todo cargo». 11 Ellos se
apresuraron a bajar sus bolsas, y cada uno
abrió la suya. 12 El mayordomo las registró;
empezó por la del mayor y terminó por la
del menor, y la copa fue hallada en la bolsa de Benjamín. 13 Al ver esto, ellos rasgaron
sus vestiduras; luego volvieron a cargar sus
asnos y regresaron a la ciudad.
14 Cuando Judá y sus hermanos entraron
en la casa de José, este todavía se encontraba
allí. Ellos se postraron ante él con el rostro en
tierra, 15 y José les preguntó: «¿Qué manera de
proceder es esta? ¿Acaso ustedes ignoraban
que un hombre como yo sabe recurrir a la
adivinación?». 16 Judá respondió: «¿Qué podemos decirte, señor? ¿Qué excusa podemos
alegar, o cómo vamos a probar nuestra inocencia? Es Dios el que ha puesto al descubierto nuestra maldad. Aquí nos tienes: somos tus esclavos, tanto nosotros como aquel
en cuyo poder estaba la copa». 17 Pero José replicó: «¡Lejos de mí obrar de ese modo! Mi
esclavo será solo el que tenía la copa. Los demás podrán regresar a la casa de su padre».

La intervención de Judá en favor de Benjamín

18 Judá se acercó para decirle: «Permite, señor, que tu siervo diga una palabra en tu presencia, sin impacientarte conmigo, ya que tú
y el Faraón son una misma cosa. 19 Tú nos
preguntaste si nuestro padre vivía aún y si teníamos otro hermano. 20 Nosotros te respondimos: Tenemos un padre que ya es anciano,
y un hermano menor, hijo de su vejez. El
hermano de este último murió, y él es el único hijo de la madre de estos dos que ha quedado vivo; por eso nuestro padre siente por
él un afecto muy especial. 21 Tú nos dijiste:
"Tráiganlo aquí, porque lo quiero conocer".
22 Y aunque nosotros te explicamos que el
muchacho no podía dejar a su padre, porque si se alejaba de él, su padre moriría, 23 tú
nos volviste a insistir: "Si no viene con ustedes su hermano menor, no serán vueltos a
admitir en mi presencia". 24 Cuando regresa-
mos a la casa de nuestro padre, tu siervo, le
repetimos tus mismas palabras. 25 Pero un
tiempo después, nuestro padre nos dijo:
"Vayan otra vez a comprar algunos víveres".
26 Nosotros respondimos: "Así no podemos
ir. Lo haremos solo si nuestro hermano menor viene con nosotros, porque si él no nos
acompaña, no podemos comparecer delante de aquel hombre". 27 Nuestro padre, tu
siervo, nos respondió: "Ustedes saben muy
bien que mi esposa me dio dos hijos. 28 Uno
se fue de mi lado; yo tuve que reconocer que
las fieras lo habían despedazado, y no volví
a verlo más. 29 Si ahora ustedes me quitan
también a este, y le sucede una desgracia, me
harán bajar a la tumba lleno de aflicción".
30 Por eso, si me presento ante mi padre sin el
muchacho, a quien él tanto quiere, 31 apenas
vea que falta su hijo, morirá; y nosotros lo
habremos hecho bajar a la tumba lleno de
aflicción. 32 Además, yo me he hecho responsable del muchacho ante mi padre, y le dije:
"Si no te lo devuelvo sano y salvo, seré culpable ante ti todo el resto de mi vida". 33 Por
eso, deja que yo me quede como esclavo tuyo en lugar del muchacho, y que él se vuelva
con sus hermanos. 34 ¿Cómo podré regresar
si el muchacho no me acompaña? Yo no
quiero ver la desgracia que caerá sobre mi
padre».

VIVE LA PALABRA

Dios tiene un plan para ti

El momento en que José se reconcilió con sus hermanos fue conmovedor. José vio a sus hermanos con mirada de fe y descubrió que Dios quería que fuera su instrumento para salvarlos del hambre y mostrarles su perdón. Comprendió que debía usar su poder para hacer el bien. Esta perspectiva de fe no justifica el pecado de sus hermanos, sino que nos ayuda a admirar cómo Dios realiza su salvación de manera gratuita y a través de personas.

En ocasiones no podemos entender ciertas situaciones en la vida, pero Dios nos ayuda, y, con el tiempo, nos da su luz. ¿Te ha parecido alguna vez que Dios trastorna tus planes, y después descubres que todo resultó mejor? Ten la seguridad de que ni siquiera los pecados pueden frustrar los planes de salvación de Dios.

Señor, ayúdame a ser siempre fiel, aun cuando no logre entender tus planes. Solo tú puedes obtener el bien del mal, la luz de la oscuridad. ¡Fortalece mi fe!

Gn 45 5-8

El desenlace de la historia de José

Hch 7 13; Gn 50 15.20-21; 46 28-34; 47 1-6

45 1 José ya no podía contener su emoción en presencia de la gente que lo asistía, y exclamó: «Hagan salir de aquí a toda la gente». Así, nadie permaneció con él mientras se daba a conocer a sus hermanos. 2 Sin embargo, sus sollozos eran tan fuertes que los oyeron los egipcios, y la noticia llegó hasta el palacio del Faraón.

3 José dijo a sus hermanos: «Yo soy José. ¿Mi padre vive todavía?». Pero ellos no pudieron responderle, porque al verlo se habían quedado pasmados. 4 Y José volvió a decir a sus hermanos: «Acérquense un poco más». Y cuando ellos se acercaron, añadió: «Sí, yo soy José, el hermano de ustedes, el que vendieron a los egipcios. 5 Ahora no se aflijan ni sientan remordimiento por haberme vendido. En realidad, ha sido Dios el que me envió aquí delante de ustedes para preservarles la vida. 6 Porque ya hace dos años que hay hambre en esta región, y en los próximos cinco años tampoco se recogerán cosechas de los cultivos. 7 Por eso Dios hizo que yo los precediera para dejarles un resto en la tierra y salvarles la vida, librándolos de una manera extraordinaria. 8 Ha sido Dios, y no ustedes, el que me envió aquí y me constituyó padre del Faraón, señor de todo su palacio y gobernador de Egipto. 9 Vuelvan cuanto antes a la casa de mi padre y díganle: "Así habla tu hijo José: Dios me ha constituido señor de todo Egipto. Ven ahora mismo a reunirte conmigo. 10 Tú vivirás en la región de Gosen, y estarás cerca de mí, junto con tus hijos y tus nietos, tus ovejas y tus vacas, y con todo lo que te pertenece. 11 Yo proveeré a tu subsistencia, porque el hambre durará todavía cinco años. De esa manera, ni tú ni tu familia ni nada de lo que te pertenece pasarán necesidad". 12 Ustedes son testigos, como lo es también mi hermano Benjamín, de que soy yo mismo el que les dice esto. 13 Informen a mi padre del alto cargo que ocupo en Egipto y de todo lo que han visto. Y tráiganlo aquí lo antes posible». 14 Luego estrechó entre sus brazos a su hermano Benjamín y se puso a llorar. También Benjamín lloró abrazado a él. 15 Después besó a todos sus hermanos y lloró mientras los abrazaba. Solo entonces sus hermanos atinaron a hablar con él.

16 Cuando en el palacio del Faraón se difundió la noticia que habían llegado los hermanos de José, el Faraón y sus siervos vieron esto con buenos ojos. 17 El Faraón dijo a José: «Ordena a tus hermanos que carguen sus animales y vayan enseguida a la tierra de Canaán, 18 para traer aquí a su padre y a sus familias. Yo les daré lo mejor de Egipto, y ustedes vivirán de la fertilidad del suelo. 19 Además, ordénales que lleven de Egipto algunos carros para sus niños y sus mujeres, y para trasladar a su padre. 20 Diles que no se preocupen por las cosas que dejan, porque lo mejor de todo el territorio de Egipto será para ustedes».

21 Así lo hicieron los hijos de Israel. De acuerdo con la orden del Faraón, José les dio unos carros y les entregó provisiones para el camino. 22 Además, dio a cada uno de ellos un vestido nuevo, y a Benjamín le entregó trescientas monedas de plata y varios vestidos nuevos. 23 También envió a su padre diez asnos cargados con los mejores productos de Egipto, y diez asnas cargadas de cereales, de pan y de víveres para el viaje. 24 Y cuando despidió a sus hermanos antes que partieran, les recomendó: «Vayan tranquilos».

25 Ellos salieron de Egipto y llegaron a la tierra de Canaán, donde se encontraba su padre Jacob. 26 Cuando le anunciaron que José estaba vivo y era el gobernador de todo Egipto, su corazón desfalleció, porque no les podía creer. 27 Y le repitieron todo lo que les había dicho José y, al ver los carros que le había enviado para transportarlo, su espíritu revivió. 28 Israel exclamó: «Ya es suficiente. ¡Mi hijo José vive! Iré y lo veré antes de morir».

Jacob y su familia en Egipto

Ex 1 5; Dt 10 22; Hch 7 14; Gn 12 1-4; Mt 2 13-23

46 1 Israel partió llevándose todos sus bienes. Cuando llegó a Berseba, ofreció sacrificios al Dios de su padre Isaac. 2 Dios habló a Israel en una visión nocturna: «¡Jacob, Jacob!». Él respondió: «Aquí estoy». 3 Dios le dijo: «Yo soy Dios, el Dios de tu padre. No tengas miedo de bajar a Egipto, porque allí haré de ti una gran nación. 4 Yo bajaré contigo a Egipto, y después yo mismo te haré volver; y las manos de José cerrarán tus ojos».

5 Cuando Jacob salió de Berseba, los hijos de Israel hicieron subir a su padre, junto con sus hijos y sus mujeres, en los carros que el Faraón había enviado para trasladarlos. 6 Ellos se llevaron también su ganado y las posesiones que habían adquirido en Canaán. Así llegaron a Egipto, Jacob y toda su familia 7 —sus hijos y los hijos de sus hijos, sus hijas y las hijas de sus hijos— porque él llevó consigo a todos sus descendientes.

La familia de Jacob

Nm 26 5s

8 Estos son los nombres de los hijos de Israel que emigraron a Egipto. Jacob y sus hijos: Rubén el primogénito de Jacob, 9 y los hijos de Rubén: Henoc, Palú, Jesrón y Carmí. 10 Los hijos de Simeón: Iemuel, Iamín, Ohad, Iaquín,

Sójar y Saúl, el hijo de la cananea. 11 Los hijos de Leví: Gersón, Quehat y Merarí. 12 Los hijos de Judá: Er, Onán, Selá, Peres y Zéraj. Er y Onán habían muerto en Canaán, y los hijos de Peres fueron Jesrón y Jamul. 13 Los hijos de Isacar: Tolá, Puvá, Iasub y Simrón. 14 Los hijos de Zabulón: Séred, Elón y Iajlel. 15 Estos son los hijos que Lía había dado a Jacob en Padán Aram, además de su hija Dina. Entre sus hijos e hijas eran treinta y tres personas.

16 Los hijos de Gad: Sifión, Jaguí, Suní, Esbón, Erí, Arodí y Arelí. 17 Los hijos de Aser: Imná, Isvá, Isví, Beriá, y también Séraj, hermana de aquellos. Los hijos de Beriá: Jéber y Malquiel. 18 Estos son los hijos de Zilpá, la esclava que Labán había dado a su hija Lía. De ella le nacieron a Jacob estas dieciséis personas.

19 Los hijos de Raquel, la esposa de Jacob: José y Benjamín. 20 En Egipto, José fue padre de Manasés y Efraím, los hijos que le dio Asnat, la hija de Potifera, sacerdote de la ciudad de On. 21 Los hijos de Benjamín: Belá, Béquer, Asbel, Guerá, Naamán, Ejí, Ros, Mupim, Jupim y Ard. 22 Estos son los hijos de Raquel, que le nacieron a Jacob. En total, catorce personas.

23 El hijo de Dan: Jusim. 24 Los hijos de Neftalí: Iajsel, Guní, Iéser y Silem. 25 Estos son los descendientes de Bilhá, la esclava que Labán había dado a su hija Raquel. De ella le nacieron a Jacob estas siete personas.

26 Toda la familia de Jacob que emigró a Egipto —sus propios descendientes, sin contar a las mujeres de sus hijos— sumaban un total de sesenta y seis personas. 27 Incluyendo a José y a los dos hijos que tuvo en Egipto, toda la familia de Jacob, cuando emigró a Egipto, eran un total de setenta personas.

El encuentro de Jacob con José

Ex 1 11; 12 37

28 Israel hizo que Judá se le adelantara y fuera a ver a José, para anunciarle su llegada a Gosen. Cuando llegaron a la región de Gosen, 29 José hizo enganchar su carruaje y subió hasta allí para encontrarse con su padre Israel. Apenas este apareció ante él, José lo estrechó entre sus brazos, y lloró un largo rato, abrazado a su padre. 30 Y dijo Israel a José: «Ahora sí que puedo morir, porque he visto tu rostro y sé que aún vives». 31 Después José dijo a sus hermanos y a la familia de su padre: «Yo iré a informar al Faraón y le diré: "Mis hermanos y la familia de mi padre, que antes estaban en Canaán, han venido a reunirse conmigo. 32 Ellos son pastores, y hace mucho tiempo que se dedican a cuidar ganado. Ahora han traído sus ovejas, sus vacas y todo lo que poseen". 33 Por eso, cuando el Faraón los llame y les pregunte de qué se ocupan, 34 ustedes responderán: "Tus siervos, desde su juventud hasta ahora, se han dedicado a cuidar ganado, lo mismo que sus antepasados". Así ustedes podrán establecerse en la región de Gosen, porque los egipcios sienten abominación por todo pastor de ovejas».

La entrevista de los hijos de Jacob con el Faraón

47 1 Luego José fue a informar al Faraón y le dijo: «Mi padre y mis hermanos vinieron de Canaán con sus ovejas, sus vacas y todo lo que poseen, y ahora están en la región de Gosen». 2 Además, él se había hecho acompañar por algunos de sus hermanos y se los presentó al Faraón. 3 Este les preguntó: «Y ustedes, ¿de qué se ocupan?». «Somos pastores de ovejas, tanto nosotros como nuestros antepasados», respondieron ellos. 4 Y añadieron: «Hemos venido a residir en este país, porque en Canaán no hay pastos para nuestros rebaños, ya que el país está asolado por el hambre. Por eso te rogamos que nos dejes permanecer en la región de Gosen». 5a El Faraón dijo a José: 6b «Pueden establecerse en la región de Gosen. Y si te consta que entre ellos hay gente capaz, encomiéndales el cuidado de mis propios rebaños».

Otro relato del establecimiento de los hebreos en Egipto

5b Jacob y sus hijos llegaron a Egipto, donde estaba José, y cuando el Faraón, rey de Egipto, se enteró de la noticia, dijo a José: «Tu padre y tus hermanos vinieron a reunirse conmigo. 6a El territorio de Egipto está a tu disposición: instala a tu padre y a tus hermanos en las mejores tierras». 7 José hizo venir a su padre Jacob y se lo presentó al Faraón. Jacob saludó con respeto al Faraón, 8 y este le preguntó: «¿Cuántos años tienes?». 9 Jacob respondió al Faraón: «Los años que se me han concedido suman ya ciento treinta. Pocos y desdichados han sido estos años de mi vida, y ni siquiera se acercan a los que fueron concedidos a mis padres». 10 Luego Jacob volvió a saludar al Faraón y salió de allí. 11 José instaló a su padre y a sus hermanos, dándoles una propiedad en Egipto, en las mejores tierras, en la región de Ramsés, como el Faraón lo había dispuesto. 12 Y también proveyó al sostenimiento de su padre, de sus hermanos, y de toda la familia de su padre, según las necesidades de cada uno.

La habilidad administrativa de José

Gn 41 56-57

13 Como la escasez era muy grande, en ningún país había alimentos, y tanto Egipto

como Canaán estaban exhaustos por el hambre. 14 Así José pudo recaudar todo el dinero que circulaba en Egipto y en Canaán, como pago por los víveres que compraban, y guardó ese dinero en el palacio del Faraón. 15 Y cuando ya no hubo más dinero ni en Egipto ni en Canaán, los egipcios acudieron en masa a José para decirle: «Danos de comer. ¿Por qué tendremos que morir ante tus propios ojos, por falta de dinero?». 16 José respondió: «Si ya no hay más dinero, entreguen su ganado y yo les daré pan a cambio de él». 17 Ellos trajeron sus animales a José, y él les dio pan a cambio de caballos, ovejas, vacas y asnos. Y durante aquel año los abasteció de víveres a cambio de todos sus animales.

18 Pero pasó ese año, y al año siguiente vinieron otra vez y dijeron a José: «Ya se ha terminado todo el dinero y los animales te pertenecen. No podemos ocultarte que no queda nada a tu disposición, fuera de nuestras personas y nuestras tierras. 19 Pero ¿por qué tendremos que morir ante tus propios ojos, nosotros y nuestras tierras? Adueñate de nosotros y de nuestras tierras a cambio de pan. Así el Faraón será dueño de nosotros y de nuestras tierras. Danos semilla para que podamos sobrevivir. De lo contrario, nosotros moriremos, y el suelo se convertirá en un desierto». 20 De esa manera, José adquirió para el Faraón todas las tierras de Egipto, porque los egipcios, acosados por el hambre, vendieron cada uno su campo. La tierra pasó a ser propiedad del Faraón, 21 y el pueblo quedó sometido a servidumbre de un extremo al otro del territorio egipcio. 22 Los únicos terrenos que José no compró fueron los que pertenecían a los sacerdotes, porque a ellos el Faraón les había asignado una ración fija de alimentos; como vivían de la ración que les daba el Faraón, no tuvieron que vender sus tierras.

23 Y José dijo al pueblo: «Ahora ustedes y sus tierras pertenecen al Faraón, porque yo los he comprado. Aquí tienen semilla para sembrar esas tierras. 24 Pero cuando llegue la cosecha, ustedes deberán entregar al Faraón una quinta parte de los productos, y conservarán las cuatro partes restantes para sembrar la tierra, para alimentarse ustedes y sus familias, y para dar de comer a los niños». 25 Ellos exclamaron: «Tú nos salvaste la vida. Te agradecemos que nos hayas puesto al servicio del Faraón». 26 Y José promulgó una ley agraria en Egipto —que todavía hoy está en vigencia— por la cual una quinta parte de las cosechas corresponde al Faraón. Solo las tierras de los sacerdotes no pasaron a ser propiedad del Faraón.

La última voluntad de Jacob

Gn 23 17-19; 49 29-32; 50 5;
Heb 11 21; Sal 80 2-3

27 Los israelitas se establecieron en Egipto, en la región de Gosen, y allí adquirieron propiedades, tuvieron muchos hijos y llegaron a ser muy numerosos. 28 Jacob vivió diecisiete años en Egipto, y en total vivió ciento cuarenta y siete años. 29 Cuando estaba a punto de morir, llamó a su hijo José y le dijo: «Si en verdad me tienes afecto, coloca tu mano debajo de mi muslo, como prueba de tu constante lealtad hacia mí, y no me entierres en Egipto. 30 Cuando vaya a descansar junto con mis padres, sácame de Egipto y entiérrame en su sepulcro». José respondió: «Haré lo que dices». 31 Pero su padre insistió: «Júramelo». Él se lo juró, e Israel se reclinó sobre la cabecera de su lecho.

La bendición de Efraím y Manasés

Gn 27

48 1 Después de estos acontecimientos, José recibió esta noticia: «Tu padre está enfermo». Y llevó a sus dos hijos, Manasés y Efraím, 2 y se hizo anunciar a su padre: «Tu hijo José ha venido a verte». Israel, haciendo un esfuerzo, se sentó en su lecho, 3 y dijo a José: «El Dios Todopoderoso se me apareció en Luz, en la tierra de Canaán, y me bendijo 4 diciendo: "Yo te haré fecundo y numeroso, haré nacer de ti una multitud de pueblos, y daré esta tierra a tu descendencia después de ti, en posesión perpetua". 5 Ahora bien, los dos hijos que tuviste en Egipto antes que yo viniera a reunirme contigo serán mis hijos. Efraím y Manasés serán míos, como lo son Rubén y Simeón. 6 Los que nacieron después de ellos, en cambio, serán tuyos, y serán llamados con el nombre de sus hermanos para recibir su herencia. 7 Yo quiero que así sea, porque a mi regreso de Padán, mientras íbamos por la tierra de Canaán, a poca distancia de Efratá, se me murió tu madre Raquel, y yo la sepulté allí, junto al camino de Efratá, es decir, de Belén».

8 Al ver a los hijos de José, Israel preguntó: «Y estos, ¿quiénes son?». 9 «Son mis hijos, los que Dios me dio aquí», respondió José a su padre. Este añadió: «Acércamelos, para que yo los bendiga». 10 José los puso junto a Israel, que ya no veía, porque sus ojos se habían debilitado a causa de su edad avanzada, y él los besó y los abrazó. 11 Luego Israel dijo a José: «Yo pensaba que nunca más volvería a ver tu rostro, y ahora Dios me permite ver también tu descendencia». 12 José los retiró de las rodillas de Israel y se inclinó profundamente; 13 después los tomó a los dos, a Efraím con su mano derecha, pa-

ra que estuviera a la izquierda de Israel, y a
Manasés con su mano izquierda, para que
estuviera a la derecha de Israel, y se los presentó. 14 Pero Israel, entrecruzando sus manos, puso la derecha sobre la cabeza de
Efraím, que era el menor, y la izquierda sobre la cabeza de Manasés, aunque este era el
primogénito, 15 y los bendijo diciendo:

«El Dios en cuya presencia
caminaron mis padres, Abraham e Isaac,
el Dios que fue mi pastor,
desde mi nacimiento hasta el día de hoy,
16 el ángel que me rescató de todo mal,
bendiga a estos jóvenes,
para que en ellos sobreviva mi nombre
y el de mis padres, Abraham e Isaac,
y lleguen a ser una gran multitud
sobre la tierra».

17 Cuando José advirtió que su padre tenía
puesta la mano derecha sobre la cabeza de
Efraím, no le pareció bien. Y tomó la mano
de su padre para pasarla de la cabeza de
Efraím a la de Manasés, 18 y dijo a su padre:
«Así no, padre, porque el primogénito es el
otro; coloca tu mano derecha sobre su cabeza». 19 Pero su padre se resistió con estas palabras: «Ya lo sé, hijo mío, ya lo sé. También de
él nacerá un pueblo, y también él será grande.
Pero su hermano menor lo aventajará, y de él
descenderán naciones enteras». 20 Y aquel día
pronunció sobre ellos esta bendición:

«Por ti en Israel se dirá
para bendecir de esta manera:
Haga Dios a ti como hizo
a Efraím y Manasés».

Y puso a Efraím delante de Manasés.
21 Israel dijo a José: «Yo estoy a punto de
morir, pero Dios estará con ustedes y los
hará volver a la tierra de sus padres. 22 Yo,
por mi parte, te doy más tierra que a tus
hermanos, la que arrebaté a los amorreos
con mi espada y con mi arco».

El testamento de Jacob

Jue 5; Dt 33; Gn 34 25-31; 35 22; Miq 5 1-3

49 1 Jacob llamó a sus hijos y les habló en estos términos: «Reúnanse,
para que yo les anuncie lo que les va a
suceder en el futuro:

2 Reúnanse y escuchen, hijos de Jacob,
oigan a Israel, su padre.

3 ¡Tú, Rubén, mi primogénito,
mi fuerza y el primer fruto de mi vigor,
el primero en dignidad,
y el primero en poder!
4 Desbordado como las aguas,
ya no tendrás la primacía,
porque subiste al lecho de tu padre,
y, al subir, lo profanaste.

5 Simeón y Leví son hermanos,
sus cuchillos son instrumentos
de violencia.
6 Que yo no entre en sus reuniones,
ni me una a su asamblea,
porque en su ira mataron hombres
y mutilaron toros por capricho.
7 Maldita sea su ira tan violenta
y su furor tan feroz.
Yo los repartiré en el país de Jacob
y los dispersaré en Israel.

8 A ti, Judá, te alabarán tus hermanos,
tomarás a tus enemigos por la nuca
y los hijos de tu padre se postrarán ante ti.
9 Judá es un cachorro de león.
—¡Has vuelto de la matanza, hijo mío!—
Se recuesta, se tiende como un león,
como una leona:
¿quién lo hará levantar?
10 El cetro no se apartará de Judá
ni el bastón de mando
de entre sus piernas,
hasta que llegue aquel
a quien le pertenece
y a quien los pueblos deben obediencia.
11 Él ata su asno a una vid,
su asno de pura raza a la cepa
más escogida;

REFLEXIONA

La bendición de Jacob

Jacob bendice a Dios por sus hijos y bendice a sus hijos para que Dios los proteja. La bendición de los padres a sus hijos, sobre todo en momentos cruciales, es una tradición muy hermosa. Los padres alaban al Señor de la vida y piden que sus hijos sigan los caminos de Dios para encontrar la paz y el bien.

¿Acostumbran a bendecirte tus papás, tus abuelos o padrinos?, ¿cómo recibes su bendición? Y si no te bendicen, ¿qué pasaría si se lo pidieras?

Piensa en cuando seas papá o mamá, ¿qué sentimientos despertaría en ti dar la bendición a tus hijos?, ¿qué significaría para ellos?

Gn 49 1-28

lava su ropa en el vino
y su manto en la sangre de las uvas.
12 Sus ojos están oscurecidos por el vino,
y sus dientes blanqueados por la leche.
13 Zabulón habitará en la ribera del mar,
que servirá de puerto a las naves,
y sus fronteras llegarán hasta Sidón.

14 Isacar en un asno vigoroso,
recostado entre sus alforjas.
15 Al ver que el lugar de reposo es bueno
y el país muy agradable,
doblega sus espaldas a la carga
y se somete a un trabajo servil.
16 Dan juzgará a su pueblo
como una de las tribus de Israel.
17 Él es una serpiente junto al camino,
una víbora junto al sendero,
que muerde los talones del caballo,
y así el jinete cae de espaldas.
18 ¡Señor, yo espero tu salvación!
19 Bandas de salteadores asaltarán a Gad,
pero él, a su vez, los asaltará por detrás.
20 Aser tendrá comidas deliciosas
y ofrecerá manjares de reyes.

21 Neftalí es una cierva suelta,
que da hermosos cervatillos.
22 José es un potro salvaje,
un potro salvaje junto a una fuente,
un asno salvaje sobre una ladera.
23 Los arqueros lo hostigaron,
le arrojaron flechas, lo acosaron.
24 Pero los arcos permanecieron rígidos
y se aflojaron los brazos de los arqueros
por el poder del Fuerte de Jacob,
por el nombre del Pastor, la Roca de Israel;
25 por el Dios de tu padre, que te socorre,
por el Dios Todopoderoso,
que te da sus bendiciones:
bendiciones desde lo alto del cielo,
bendiciones del océano
que se extiende por debajo,
bendiciones de los pechos
y del seno materno,
26 bendiciones de las espigas y las flores,
bendiciones de las montañas seculares,
delicias de las colinas eternas.
¡Que desciendan sobre la cabeza de José,
sobre la frente del consagrado
entre sus hermanos!

27 Benjamín es un lobo rapaz:
por la mañana devora la presa,
y a la tarde divide los despojos».

28 Todas estas eran las tribus de Israel
—doce en total— y esto es lo que su padre dijo de ellas cuando las bendijo, dándole a cada una su bendición.

La muerte de Jacob

Gn 46 4; Hch 7 16

29 Luego les dio esta orden: «Yo estoy a punto de ir a reunirme con los míos. Entiérrenme
junto con mis padres, en la caverna que está
en el campo de Efrón, el hitita, 30 en el campo
de Macpelá, frente a Mamré, en la tierra de
Canaán, el campo que Abraham compró a
Efrón, el hitita, para tenerlo como sepulcro
familiar. 31 Allí fueron enterrados Abraham y
Sara, su esposa; allí fueron enterrados Isaac
y Rebeca, su esposa; y allí también sepulté
a Lía. 32 Ese campo y la caverna que hay en él
fueron comprados a los hititas».
33 Cuando Jacob terminó de dar esta orden a sus hijos, recogió sus pies en el lecho,
expiró y fue a reunirse con los suyos.

Los funerales de Jacob

50 1 Y José se echó sobre el rostro de su padre, lo cubrió de lágrimas y lo besó.
2 Después dio a los médicos que estaban a su
servicio la orden de embalsamar a su padre, y
los médicos embalsamaron a Israel. 3 Esto les
llevó cuarenta días, porque ese es el tiempo
que dura el embalsamamiento.

Los egipcios estuvieron de duelo por él
durante setenta días. 4 Una vez transcurrido
ese período, José se dirigió a la corte del Faraón en estos términos: «Por favor, presenten al Faraón el siguiente pedido: 5 En una
oportunidad mi padre me dijo, obligándo-
me bajo juramento: "Voy a morir, y en la
tumba que excavé en Canaán me sepulta-
rás". ¿Puedo ir a sepultar a mi padre y luego regresar?». 6 El Faraón respondió: «Ve a
sepultar a tu padre, como él te lo hizo pro-
meter bajo juramento».
7 José partió para ir a sepultar a su padre,
y con él fueron todos los siervos del Faraón,
los ancianos de su palacio y todos los ancianos de Egipto, 8 lo mismo que la familia
de José, sus hermanos y la familia de su padre. En la región de Gosen dejaron a los niños y el ganado. 9 También fueron con él carros de guerra y jinetes, de manera que se
formó un cortejo imponente.
10 Al llegar a Goren Haatad, que está al
otro lado del Jordán, celebraron las exe-
quias con gran solemnidad, y José estuvo de
duelo por su padre durante siete días. 11 Los
cananeos, habitantes del país, al ver los fu-
nerales de Goren Haatad, dijeron: «Este es
un funeral solemne de los egipcios». Por eso
aquel lugar, que se encuentra al otro lado
del Jordán, se llamó Abel Misraim.
12 Los hijos de Jacob hicieron con él todo
lo que les había mandado: 13 lo trasladaron a
Canaán y lo sepultaron en el campo de Mac-

pelá, frente a Mamré, el campo que Abraham había comprado a Efrón, el hitita, para
tenerlo como sepulcro familiar. 14 Y después
de sepultar a su padre, José regresó a Egipto
en compañía de sus hermanos y de todos los
que habían ido a dar sepultura a su padre.

El temor de los hermanos de José

15 Al ver que su padre había muerto, los
hermanos de José se dijeron: «¿Y si José nos
guarda rencor y nos devuelve todo el mal
que le hicimos?». 16 Por eso le enviaron este
mensaje: «Antes de morir, tu padre dejó esta orden: 17 "Díganle a José: Perdona el crimen y el pecado de tus hermanos, que te
hicieron tanto mal. Por eso, perdona el crimen de los siervos del Dios de tu padre"».
Al oír estas palabras, José se puso a llorar.

La promesa de José a sus hermanos

Rom 12 19; 8 28

18 Luego sus hermanos fueron, se postraron ante él y le dijeron: «Aquí nos tienes:
somos tus esclavos». 19 Pero José les respondió: «No tengan miedo. ¿Acaso yo puedo
hacer las veces de Dios? 20 El designio de
Dios ha transformado en bien el mal que
ustedes pensaron hacerme, a fin de cumplir
lo que hoy se realiza: salvar la vida a un
pueblo numeroso. 21 Por eso, no teman. Yo
velaré por ustedes y por las personas que están a su cargo». Y los reconfortó, hablándoles con cariño.

La muerte de José

Ex 13 19; Jos 24 32; Heb 11 22

22 José permaneció en Egipto junto con la
familia de su padre, y vivió ciento diez
años. 23 Así pudo ver a los hijos de Efraím
hasta la tercera generación; y los hijos de
Maquir, hijo de Manasés, también nacieron
sobre las rodillas de José. 24 Al final, José dijo a sus hermanos: «Yo estoy a punto de
morir, pero Dios los visitará y los llevará
de este país a la tierra que prometió con un
juramento a Abraham, a Isaac y a Jacob».
25 Luego hizo prestar un juramento a los hijos de Israel, diciéndoles: «Cuando Dios los
visite, lleven de aquí mis restos».
26 José murió a la edad de ciento diez
años. Fue embalsamado y colocado en un
sarcófago, en Egipto.

Te presentamos... EL ÁRBOL GENEALÓGICO

DE LAS DOCE TRIBUS DE ISRAEL

Sara ↔ Abraham ↔ Agar

Isaac ↔ Rebeca — Ismael

Esaú

Raquel ↔ Jacob ↔ Lía

José
Benjamín

Rubén
Simeón
Leví
Judá
Zabulón
Isacar
Dina
(única mujer)

Balá (esclava de Raquel) ↔ Jacob ↔ Zilpá (esclava de Lía)

Dan
Neftalí

Gad
Aser

Los israelitas provenían de distintos ancestros, pero el Génesis señala algunos predecesores comunes, para mostrar su unidad como pueblo. Después de los primeros once capítulos, que narran la prehistoria de Israel, el Génesis relata la historia de los grandes patriarcas y matriarcas que fundaron el pueblo de Israel. Las doce tribus de Israel descienden de los doce hijos de Jacob, hijo de Isaac y nieto de Abraham. El número doce es un número bíblico simbólico, que significa la totalidad del pueblo. En el Nuevo Testamento, Jesús elige a doce Apóstoles para instituir el nuevo Pueblo de Dios.

El árbol genealógico de Israel te permitirá recordar quién se relaciona con quién. La tribu de Leví fue más tarde la tribu sacerdotal; servía en el templo y era sostenida por el pueblo. La tribu de Judá gobernó sobre las demás, y de ella nacería el Mesías. Efraín y Manases fueron hijos de José, que al ser adoptados por Jacob en Egipto se consideraron hijos de Jacob, y más tarde tuvieron su territorio tribal. Recuerda que Dina fue la única hija de Jacob.

ÉXODO

¡Click! ¡Crack! ¡Sclaaacccggg! Las cadenas, las rejas y los látigos de la esclavitud se oyen en la oscuridad. El tema de la esclavitud de los israelitas en Egipto nos desconcierta después de las bendiciones al final del Génesis. El libro del Éxodo es una jornada extraordinaria de fe descrita con imágenes grandiosas. Dios interviene para liberar a los israelitas de Egipto y para enseñarlos a convivir en una comunidad como hermanos; escoge a Moisés como líder que le ayude en su acción liberadora. Esta profunda experiencia religiosa une a todas las tribus israelitas en el pueblo elegido de Dios.

ESQUEMA

- **1 – 11.** La misión de Moisés
- **12 1 – 15 21.** La pascua y la salida de Egipto
- **15 22 – 18 27.** La marcha a través del desierto
- **19 1 – 20 21.** La Alianza del Sinaí
- **20 22 – 24 18.** El código de la Alianza
- **25 – 31.** Organización del culto
- **32 – 34.** Ruptura y renovación de la Alianza
- **35 – 40.** Ejecución de las normas cultuales

DATOS

Período descrito
Se sitúa entre 1570 y 1250 a.C.

Autor
Varios

Fecha de redacción
- Tradiciones orales: 950-700 a.C.
- Recopilación y escritura: 700 a.C.
- Edición final: 400 a.C.

Temas
Dios libera a su pueblo de la opresión y lo protege en su peregrinar por el desierto. Narración de la Alianza y el compromiso de fidelidad a la Ley y el culto

PRESENTACIÓN

Éxodo significa «salida» y tiene un doble sentido: el pueblo de Israel sale de Egipto y de la esclavitud a la que estaba sometido. Esta historia fue narrada de padres a hijos mediante tradiciones orales y celebraciones rituales antes de ser escrita. La investigación histórica actual nos ayuda a comprender los hechos relatados en el libro del Éxodo:

- Los israelitas esclavizados en Egipto claman a Dios por su ayuda. El Faraón, asustado por varias plagas que azotaron a Egipto, deja salir a los israelitas, pero después se arrepiente y los persigue para que regresen. Dios los protege y el ejército egipcio es destruido en el mar Rojo.
- El Éxodo es la huida de los israelitas dirigidos por Moisés. Lo más probable es que la salida fuera en varias etapas y que no todas las tribus de Israel hayan estado en Egipto.
- Dios establece en el monte Sinaí una alianza con las tribus de Israel, quienes se comprometen a serle fieles, cumplir su Ley y ofrecerle culto. Esta alianza los une, y empiezan a identificarse como pueblo elegido de Dios.
- Durante su caminar en el desierto, Dios pasa de ser el Dios de cada patriarca a ser el interlocutor de un pueblo en busca de libertad.
- Después de llegar a Jericó, al sur de la Tierra prometida, se les unieron otras tribus que los habían precedido pacíficamente y que no fueron esclavas.

Los relatos del Éxodo manifiestan las creencias y leyes que sostienen la fe del pueblo judío y que son fundamento importante de la fe cristiana. Creemos en un Dios liberador, que establece una alianza de amor con nosotros, que nos une a él y a nuestros semejantes. Solo al conocer esta historia podemos comprender la vida, muerte y resurrección de Jesucristo.

MOISÉS ES SALVADO DE LA MUERTE

LIBERACIÓN DE LA ESCLAVITUD

LA MISIÓN DE MOISÉS

Los descendientes de Jacob

Gn 46 1-27; Hch 7 14-17; Dt 10 22; 26 5

1 1 Estos son los nombres de los israelitas que llegaron con Jacob a Egipto,
cada uno con su familia: 2 Rubén, Simeón,
Leví y Judá, 3 Isacar, Zabulón y Benjamín,
4 Dan y Neftalí, Gad y Aser. 5 Los descendientes de Jacob eran, en total, setenta personas. José ya estaba en Egipto.

El crecimiento y la opresión de los israelitas

Hch 7 18-19; Sal 105 25; Dt 11 10

6 Entonces murieron José y sus hermanos
y toda aquella generación. 7 Pero los israelitas fueron fecundos y se multiplicaron, hasta ser una muchedumbre numerosa y muy
fuerte, que llenaba el país.
8 Mientras tanto, asumió el poder en Egipto un nuevo rey, que no había conocido a
José. 9 Él dijo a su pueblo: «El pueblo de los
israelitas es más numeroso y fuerte que
nosotros. 10 Es preciso tomar precauciones
contra él, para impedir que siga multiplicán-
dose. De lo contrario, en caso de guerra se
pondrá de parte de nuestros enemigos, combatirá contra nosotros y se irá del país». 11 Por
eso los egipcios pusieron a Israel a las órdenes de capataces, para que lo oprimieran con
trabajos forzados. Así Israel construyó para
el Faraón las ciudades de almacenamiento
de Pitom y Ramsés. 12 Pero a medida que aumentaba la opresión, más se multiplicaba y
más se expandía. Por eso los egipcios temían
por la presencia de los israelitas.
13 Entonces los egipcios esclavizaron a
los israelitas, 14 y les hicieron insoportable
la vida, forzándolos a realizar trabajos ex-
tenuantes: la preparación de la arcilla, la
fabricación de ladrillos y toda clase de tareas agrícolas.
15 Además, el rey de Egipto se dirigió a las
parteras de las mujeres hebreas —una de
ellas se llamaba Sifrá y la otra Puá— 16 y les
ordenó: «Cuando asistan durante el parto a
las mujeres hebreas, observen bien el sexo
del recién nacido: si es un varón, mátenlo,
y si es una niña, déjenla vivir». 17 Pero las
parteras tuvieron temor de Dios, y en lugar
de acatar la orden que les había dado el rey
de Egipto, dejaban con vida a los varones.
18 El rey las mandó llamar y les preguntó:
«¿Por qué han obrado así y han dejado con

VIVE LA PALABRA

¡Define de qué lado estás!

Los israelitas no solo padecían la opresión y explotación de los egipcios, sino que el Faraón mandó matar a sus primogénitos para evitar que siguieran creciendo y adquiriendo poder. Lee Éxodo 1 8-22 y observa la conducta del Faraón y las parteras.

Las parteras hebreas respetaban más a Dios que al Faraón y dejaban vivir a los niños varones, en contra del mandato del poderoso. La vida es un don de Dios que él, como Señor de la vida, quiere que apreciemos y llevemos a plenitud.

El Artículo 3º de la Declaración Universal de los Derechos Humanos proclama la vida como el primer derecho universal e incuestionable.[1] ¿Estamos convencidos de este principio? ¡Luchemos para que sea una realidad!

El crimen organizado, las guerras continuas, el aborto, la eutanasia..., manifiestan un gran desprecio de la vida por parte de la sociedad. «En el contexto social actual, marcado por una lucha dramática entre la «cultura de la vida» y la «cultura de la muerte...» es urgente una movilización general de las conciencias... una gran estrategia en favor de la vida.[2]

- ¿Estás del lado de la vida o de la muerte?
- ¿Cómo puedes manifestar concretamente tu opción por la cultura de la vida?

Ex 1 8-22

EX

vida a los varones?». 19 Ellas le respondieron: «Porque las mujeres hebreas no son
como las egipcias: tienen mucha vitalidad,
y antes que llegue la partera, ya han dado a
luz». 20 Por eso Dios fue bondadoso con las
parteras. El pueblo creció cada vez más y se
hizo muy poderoso, 21 y como ellas habían
obrado con temor de Dios, él les concedió
una familia numerosa. 22 Luego el Faraón
dio esta orden a su pueblo: «Arrojen al Nilo a todos los varones recién nacidos, pero
dejen con vida a las niñas».

El nacimiento de Moisés

Ex 6 20; Hch 7 20-21; Heb 11 23

2 1 Un hombre de la familia de Leví se
casó con la hija de un levita. 2 La mujer concibió y dio a luz un hijo; y al ver que
era muy hermoso, lo mantuvo escondido
durante tres meses. 3 Cuando ya no pudo
ocultarlo más tiempo, tomó una cesta de
papiro y la impermeabilizó con betún y
pez. Después puso en ella al niño y la dejó
entre los juncos, a orillas del Nilo. 4 Pero la
hermana del niño se quedó a una cierta
distancia, para ver qué le sucedería.

5 La hija del Faraón bajó al Nilo para bañarse, mientras sus doncellas se paseaban
por la ribera. Al ver la cesta en medio de
los juncos, mandó a su esclava que fuera a
recogerla. 6 La abrió, y vio al niño que lloraba; y llena de compasión, exclamó: «Es
un niño de los hebreos».

7 Entonces la hermana del niño dijo a la
hija del Faraón: «¿Quieres que vaya a buscarte entre las hebreas una nodriza para que
te lo críe?». 8 «Sí», le respondió la hija del Faraón. La jovencita fue a llamar a la madre
del niño, 9 y la hija del Faraón le dijo: «Llévate a este niño y críamelo; yo te lo voy a retribuir». La mujer lo tomó consigo y lo crió;
10 y cuando el niño creció, lo entregó a la hija del Faraón, que lo trató como a un hijo y
lo llamó Moisés, porque dijo: «Yo lo saqué
de las aguas».

La huida de Moisés a Madián

Hch 7 23-29; Heb 11 24-27;
Gn 24 11-31; 29 2-14

11 Cuando ya era un hombre, Moisés salió en cierta ocasión a visitar a sus hermanos, y observó los penosos trabajos a
que estaban sometidos. También vio que
un egipcio maltrataba a un hebreo, a uno
de sus hermanos. 12 Entonces dirigió una
mirada a su alrededor, y como no divisó
a nadie, mató al egipcio y lo escondió en
la arena. 13 Al día siguiente regresó y encontró a dos hebreos que peleaban. «¿Por
qué golpeas a tu compañero?», preguntó
al agresor. 14 Pero este le respondió:
«¿Quién te ha constituido jefe o árbitro
nuestro? ¿Acaso piensas matarme como
mataste al egipcio?». Moisés sintió temor
y pensó: «Por lo visto, el asunto ha tras-
cendido».

Te presentamos a... MOISÉS, LÍDER, LEGISLADOR Y PROFETA

Sin duda alguna Moisés es el personaje más representativo del Éxodo. El Deuteronomio describe su grandeza afirmando: «Nunca más surgió en Israel un profeta igual a Moisés —con quien el Señor departía cara a cara—» (Dt 34 10). Fue salvado de morir de pequeño y educado como egipcio en la corte por la hija del Faraón, pues Dios lo había elegido para que le ayudara en la liberación de Israel.

Moisés fue un maravilloso instrumento en la formación del Pueblo de Dios. A través de él Dios liberó a los israelitas de la esclavitud en Egipto y los invitó a hacer una alianza con él. Era un líder sencillo, sin facilidad para hablar (Ex 4 10), que se enojaba y desalentaba con cierta frecuencia (17 4). Llevaba una relación íntima con Dios, realizó varios prodigios y ejerció su misión de líder liberador, profeta, legislador y mediador, llegando a abogar por el pueblo ante Dios (Ex 32 11-14; Nm 21 7). El final de su vida es conmovedor: muere ante la vista de la Tierra prometida, sin entrar en ella (Dt 34 4).

Moisés es figura de Jesús, o sea, que se parece a Jesús pero de manera imperfecta. Los evangelios muestran cómo Jesús lleva a plenitud la misión de profeta, legislador, liberador del pecado y mediador, a través de su vida, muerte y resurrección.

Ex 2 – 40

15 En efecto, el Faraón se enteró de lo sucedido, y buscó a Moisés para matarlo. Pero este huyó del Faraón, y llegó al país de
Madián. Allí se sentó junto a un pozo.
16 El sacerdote de Madián tenía siete hijas. Ellas fueron a sacar agua para llenar los
bebederos y dar de beber al rebaño de su
padre. 17 De pronto llegaron unos pastores y
las echaron. Moisés, poniéndose de pie, salió en defensa de ellas y dio de beber a sus
ovejas. 18 Cuando llegaron al lugar donde
estaba Reuel, su padre, les preguntó: «¿Por
qué hoy han vuelto tan pronto?». 19 «Un
hombre, un egipcio —le explicaron ellas—,
nos libró de los pastores, nos sacó agua, y
hasta dio de beber al rebaño». 20 «¿Dónde
está ese hombre?», preguntó él a sus hijas.
«¿Por qué lo dejaron allí? Invítenlo a comer». 21 Moisés accedió a quedarse en casa
de aquel hombre, y este le dio como esposa a su hija Sipora. 22 Ella tuvo un hijo, y
Moisés lo llamó Gersón, porque dijo: «Fui
un inmigrante en tierra extranjera».

El clamor de los israelitas escuchado por Dios

Dt 26 7; Gn 12 1-4

23 Pasó mucho tiempo y, mientras tanto,
murió el rey de Egipto. Los israelitas, que
gemían en la esclavitud, hicieron oír su clamor, y ese clamor llegó hasta Dios, desde
el fondo de su esclavitud. 24 Dios escuchó
sus gemidos y se acordó de su alianza con
Abraham, Isaac y Jacob; 25 dirigió su mirada
hacia los israelitas y los tuvo en cuenta.

El llamado y la misión de Moisés

Ex 6 2-13; Hch 7 30-34; Ex 19 12; Jos 5 15; Mt 22 32; Ex 7 8-12; Jr 1 6-9

3 1 Moisés, que apacentaba las ovejas
de su suegro Jetró, sacerdote de Madián, llevó el rebaño más allá del desierto
y llegó al monte de Dios, al Horeb. 2 Allí se
le apareció el Ángel del Señor en una llama
de fuego, que salía de en medio de la zarza. Al ver que la zarza ardía sin consumirse, 3 Moisés pensó: «Voy a observar este
grandioso espectáculo. ¿Por qué será que
la zarza no se consume?». 4 Cuando el Señor vio que él se apartaba del camino para
mirar, lo llamó desde la zarza: «¡Moisés,
Moisés!». «Aquí estoy», respondió él. 5 Y
Dios le dijo: «No te acerques hasta aquí.
Quítate las sandalias, porque el suelo que
estás pisando es tierra sagrada». 6 Y agregó:
«Yo soy el Dios de tu padre, el Dios de
Abraham, el Dios de Isaac y el Dios de Jacob». Moisés se cubrió el rostro porque tuvo miedo de ver a Dios.
7 El Señor dijo: «Yo he visto la opresión
de mi pueblo, que está en Egipto, y he oído los gritos de dolor, provocados por sus
capataces. Sí, conozco muy bien sus sufrimientos. 8 Por eso he bajado a librarlo del

VIVE LA PALABRA

Lugar sagrado

Dios pide a Moisés que se quite sus sandalias cuando se acerca a la zarza ardiendo, porque donde él está presente es lugar sagrado. Esta experiencia provoca en Moisés humildad y respeto reverente.

¿Cuál sería nuestra reacción ante una zarza ardiendo?

Como vivimos en una cultura acostumbrada a efectos especiales de luz, sonido y trucos cinematográficos, pensaríamos que sería uno de ellos. Para encontrar a Dios en la cultura actual necesitamos paz interior y descubrir su presencia en lugares donde pasamos tiempo diariamente:

- En tu recámara, ¿tienes alguna imagen o símbolo que te lleve al encuentro con Dios?
- En la regadera, ¿puedes sentir la presencia de Dios dadora de vida?
- En el camino a la escuela o al trabajo, ¿hay algún paisaje, árbol, flores, que te hablan de la belleza de Dios?

Con un gesto simbólico de respeto y reverencia, *quítate los zapatos* en ese lugar que escogiste, y abre el corazón para que Dios lo llene con su amor.

Ex 3 1-6

Ex 3 4

COMPRENDE LOS SÍMBOLOS

La zarza ardiendo

Símbolo de la revelación de Dios. En ella Dios revela a Moisés su nombre: *Yahveh*, o sea, «Yo soy el que soy» (Ex 3 14), cuyas letras sugieren la acción liberadora de Dios. Ahí le promete su apoyo y le indica su misión. La zarza ardiendo es figura de Cristo, suprema revelación de Dios.

poder de los egipcios y a hacerlo subir, desde aquel país, a una tierra fértil y espaciosa, a una tierra que mana leche y miel, al
país de los cananeos, los hititas, los amorreos, los perizitas, los jivitas y los jebuseos.
9 El clamor de los israelitas ha llegado hasta mí y he visto cómo son oprimidos por
los egipcios. 10 Ahora ve, yo te envío al Faraón para que saques de Egipto a mi pueblo, a los israelitas».

11 Pero Moisés dijo a Dios: «¿Quién soy
yo para presentarme ante el Faraón y hacer
salir de Egipto a los israelitas?». 12 «Yo estaré contigo —le dijo Dios—, y esta es la señal de que soy yo el que te envía: después
que hagas salir de Egipto al pueblo, ustedes darán culto a Dios en este monte».

13 Moisés dijo a Dios: «Si me presento ante
los israelitas y les digo que el Dios de sus padres me envió a ellos, me preguntarán cuál es
su nombre, ¿qué les responderé?». 14 Dios dijo a Moisés: «Yo soy el que soy». Luego añadió: «Tú hablarás así a los israelitas: "Yo soy"
me envió a ustedes». 15 Y dijo además: «Tú
hablarás así a los israelitas: El Señor, el Dios
de sus padres, el Dios de Abraham, el Dios de
Isaac y el Dios de Jacob, es el que me envía.
Este es mi nombre para siempre, y así seré invocado en todos los tiempos futuros. 16 Ve a
reunir a los ancianos de Israel y diles: El Señor, el Dios de sus padres, el Dios de Abraham, de Isaac y de Jacob, se me apareció y me
dijo: "Yo los he visitado y he visto cómo los
maltrataban los egipcios. 17 Por eso decidí librarlos de la opresión que sufren en Egipto,
para llevarlos al país de los cananeos, los
hititas, los amorreos, los perizitas, los jivitas
y los jebuseos, a una tierra que mana leche y
miel". 18 Ellos te escucharán, y tú irás a presentarte ante el rey de Egipto, junto con los
ancianos de Israel. Y le dirás: "El Señor, el
Dios de los hebreos, vino a nuestro encuentro. Y ahora realizaremos una marcha de tres
días por el desierto, para ofrecer sacrificios al
Señor, nuestro Dios". 19 Sé que el rey de Egipto no los dejará partir, si no es obligado por
la fuerza. 20 Pero yo extenderé mi mano y cas-

PERSPECTIVA CATÓLICA

El misterioso nombre de Dios

Cuando Moisés preguntó a Dios cómo debía presentarlo a los israelitas, le respondió: diles «Yo soy el que soy... "Yo soy" me envió a ustedes». Se presentó como una persona, para que pudiéramos relacionarnos con él, con un nombre que denota la grandeza y la majestad del único ser absoluto y eterno, dador de toda vida.

Como el hebreo se escribía sin vocales, los escribas colocaron debajo de *YHWH* «e-o-a», las vocales de *Edonah*, que significa «Señor». Los judíos nunca leyeron «Jehová», pues por respeto y reverencia se abstenían de pronunciar el nombre de Dios.

Los católicos también nos referimos a Dios como «Señor» —*Kyrios*, en griego— mostrando así que el Dios de Israel y el Mesías de la fe cristiana es el mismo. Por eso la Iglesia nos pide no utilizar «Yahveh» o «Jehová» en nuestras oraciones y cantos.

Señor, concédeme vivir reconociéndote como mi Dios, la causa y principio de mi vida.

Ex 3 13-15

tigaré a Egipto con toda clase de prodigios. Así él los dejará partir, 21 y haré que este pueblo se gane el favor de los egipcios, de manera que cuando ustedes salgan, no vayan con las manos vacías. 22 Por eso, cada mujer pedirá a su vecina y a la que se hospeda en su casa, objetos de plata y oro, y también vestidos, y se los pondrán a sus hijos e hijas. Así despojarán a los egipcios».

El poder dado por Dios a Moisés

Ex 7 8-12; Lv 13 2; Ex 7 14-25; Jn 2 1-12

4 1 Pero Moisés respondió: «¿Y si se niegan a creerme, y en lugar de hacerme caso, me dicen: "No es cierto que el Señor se te ha aparecido"?». 2 Y el Señor le preguntó: «¿Qué tienes en la mano?». «Un bastón», respondió Moisés. 3 «Arrójalo al suelo», le ordenó el Señor. Y cuando lo arrojó al suelo, el bastón se convirtió en una serpiente. Moisés retrocedió atemorizado, 4 pero el Señor le volvió a decir: «Extiende tu mano y agárrala por la cola». Así lo hizo, y cuando la tuvo en su mano, se transformó en un bastón. 5 «Así deberás proceder —añadió el Señor— para que crean que el Señor, el Dios de tus padres, el Dios de Abraham, el Dios de Isaac y el Dios de Jacob, se te ha aparecido».

6 Después el Señor le dijo: «Mete tu mano en el pecho». Él puso su mano en el pecho; y al sacarla, estaba cubierta de lepra, blanca como la nieve. 7 Enseguida el Señor le ordenó: «Vuelve a poner tu mano en el pecho». Así lo hizo Moisés; y cuando la retiró, ya había recuperado su color natural. 8 Y el Señor le dijo: «Si se niegan a creerte y no se convencen ante la evidencia del primer prodigio, el segundo los convencerá. 9 Y si a pesar de estos dos prodigios permanecen incrédulos y no te escuchan, saca del Nilo un poco de agua y derrámala en la tierra; y al caer en la tierra, el agua que saques del Nilo se convertirá en sangre».

10 Moisés dijo al Señor: «Perdóname, Señor, pero yo nunca he sido una persona elocuente: ni antes, ni a partir del momento en que tú me hablaste. Yo soy torpe para hablar y me expreso con dificultad». 11 El Señor le respondió: «¿Quién dio al hombre una boca? ¿Y quién hace al hombre mudo o sordo, capaz de ver o ciego? ¿No soy yo, el Señor? 12 Ahora ve: yo te asistiré siempre que hables y te indicaré lo que debes decir». 13 Pero Moisés insistió: «Perdóname, Señor, encomienda a otro esta misión». 14 El Señor se enojó con Moisés y exclamó: «¿Acaso no tienes a tu hermano Aarón, el levita? Yo sé que él tiene facilidad de palabra. Ahora viene a tu encuentro, y al verte se llenará de

REFLEXIONA

Nuestra seguridad descansa en Dios

En los relatos bíblicos es constante ver que Dios elige a los profetas y ellos reaccionan exponiéndole sus limitaciones. Moisés confió a Dios sus inseguridades «¿Quién soy yo para presentarme ante el Faraón?» (Ex 3 11); «[Señor,] si se niegan a creerme» (4 1); «Señor, pero yo nunca he sido una persona elocuente» (4 10); Dios le respondió: «Yo estaré contigo» (3 12); «Yo te asistiré siempre que hables y te indicaré lo que debes decir» (4 12).

Y tú, ¿expones a Dios tus dificultades? ¡Acoge su respuesta; él está contigo!

Ex 3 11 – 4 12

alegría. [15]Tú le hablarás y harás que él sea tu portavoz. Yo los asistiré siempre que hablen, y les indicaré lo que deben hacer. [16]Él hablará al pueblo en tu nombre; será tu portavoz y tú serás un dios para él. [17]Lleva también en tu mano este bastón, porque con él realizarás los prodigios».

[18]Luego Moisés se alejó de allí y, al regresar a la casa de Jetró, su suegro, le dijo: «Permíteme volver a Egipto, donde están mis hermanos. Quiero ver si viven todavía». Jetró le respondió: «Puedes ir en paz».

[19]El Señor dijo a Moisés en Madián: «Regresa a Egipto, porque ya han muerto todos los que querían matarte». [20]Moisés tomó a su mujer y a sus hijos, los hizo montar en un asno, y emprendió el camino de regreso a Egipto. En su mano llevaba el bastón de Dios. [21]El Señor le dijo: «Mientras regresas a Egipto, considera todos los prodigios que yo te di el poder de realizar: tú los harás delante del Faraón. Pero yo voy a endurecer el corazón del Faraón, y él no dejará salir al pueblo. [22]Y tú le dirás: Así habla el Señor: "Israel es mi hijo primogénito. [23]Yo te he dicho que dejes partir a mi pueblo, para que me rinda culto. Pero ya que te niegas a hacerlo, castigaré con la muerte a tu hijo primogénito"».

[24]Cuando hizo un alto en el camino para pasar la noche, el Señor lo atacó e intentó matarlo. [25]Pero Sipora tomó un cuchillo de piedra, cortó el prepucio de su hijo, y con él tocó los pies de Moisés y le dijo: «Tú eres para mi un esposo de sangre». [26]Y el Señor se apartó de él. Ella había dicho: «esposo de sangre», a causa de la circuncisión.

[27]Mientras tanto, el Señor había dicho a Aarón: «Ve al desierto para encontrarte con Moisés». Aarón partió, y cuando lo encontró en el monte de Dios, lo besó. [28]Moisés lo informó acerca de la misión que el Señor le había confiado, y de todos los prodigios que le había mandado realizar. [29]Después fueron los dos juntos y reunieron a todos los ancianos de los israelitas. [30]Aarón les expuso las palabras que el Señor había dicho a Moisés, y este realizó los prodigios a la vista del pueblo. [31]El pueblo creyó; y cuando oyeron que el Señor había visitado a los israelitas y había visto su opresión, se postraron en señal de adoración.

La primera entrevista de Moisés con el Faraón

Ex 7 16.26; 8 16; 9 1.13; 10 3; 3 18; 8 23; 1 Re 12

5 [1]De inmediato, Moisés y Aarón fueron a decir al Faraón: «Así habla el Señor, el Dios de Israel: Deja partir a mi pueblo, para que celebre en el desierto una fiesta en mi honor». [2]Pero el Faraón respondió: «¿Y quién es el Señor para que yo le obedezca y deje partir a Israel? Yo no conozco al Señor y no dejaré partir a Israel». [3]Ellos dijeron: «El Dios de los hebreos vino a nuestro encuentro, y ahora tenemos que realizar una marcha de tres días por el desierto, para ofrecer sacrificios al Señor, nuestro Dios. De lo contrario él nos castigará con una peste o con la espada». [4]El rey de Egipto les respondió: «¿Por qué ustedes, Moisés y Aarón, se empeñan en apartar al pueblo de sus tareas? Vuelvan al trabajo que les ha sido impuesto. [5]¿Ahora que son más numerosos que los nativos del país quieren que interrumpan sus trabajos?».

[6]Ese mismo día, el Faraón dio a los capataces y a los inspectores del pueblo las siguientes instrucciones: [7]«No entreguen a esa gente la paja para hacer los ladrillos, como lo hicieron hasta ahora. Que vayan a juntarla ellos mismos. [8]Pero exíjanles la misma cantidad de ladrillos que fabricaban antes, sin descontarles ni uno solo, porque son unos holgazanes. Por eso gritan: "¡Déjanos ir a ofrecer sacrificios a nuestro Dios!". [9]Acrecienten su esclavitud y que estén siempre ocupados; así no prestarán atención a esas patrañas».

[10]Enseguida salieron los capataces del pueblo, junto con los inspectores, y dijeron a la multitud: «Así habla el Faraón: "De ahora en adelante no les daré más paja. [11]Vayan ustedes mismos y tráiganla de donde puedan. Pero el rendimiento no deberá disminuir"». [12]Y el pueblo se dispersó por todo el territorio de Egipto para recoger los rastrojos, y abastecerse así de paja. [13]Los capataces, por su parte, los apremiaban y les decían: «Terminen el trabajo que se les fijó para cada día, como lo hacían cuando les daban la paja». [14]Y los capataces del Faraón golpearon a los inspectores israelitas que ellos habían designado, y les decían: «¿Por qué ayer y hoy no completaron la cantidad de ladrillos, como lo hacían hasta ahora?».

[15]Los inspectores de los israelitas fueron a quejarse al Faraón: «¿Por qué tratas así a tus servidores? [16]No nos dan paja, no cesan de decirnos que hagamos ladrillos, y además nos golpean. Y tú tienes la culpa». [17]Pero el Faraón respondió: «Ustedes son holgazanes, unos perfectos holgazanes. Por eso andan diciendo: "Déjanos ir a ofrecer sacrificios a nuestro Dios". [18]Ahora vayan a trabajar. Y no solo no les darán más paja, sino que deberán entregar la misma cantidad de ladrillos».

VIVE LA PALABRA

Las razones del Faraón

Moisés pide permiso al Faraón para celebrar una fiesta religiosa israelita en el desierto. El Faraón prohíbe y reprueba la salida, pues quitan tiempo al trabajo y reduce la producción. Los israelitas se quejan porque se consideraban buenos servidores del Faraón. Él los acusa de perezosos, agrava sus condiciones de vida y nombra jefes a algunos hebreos para obstaculizar la solidaridad entre ellos.

Los esclavos claman a Dios pidiéndole su salvación. Pero cuando Moisés los anima a liberarse, dicen que no desean riesgos y se resisten al plan divino, pues la fe es arriesgada. Moisés interpela al Señor, quien le asegura el triunfo total y fortalece la fe de su pueblo. Dios está en todas partes, pero solo en la libertad y el reconocimiento de la propia dignidad tendrá el pueblo la alegría de ser el primogénito del Señor.

¿Qué comodidades o costumbres te cuesta trabajo dejar, a pesar de que están evitando que sea reconocida tu dignidad y te impiden actuar con libertad? Escribe una lista y piensa qué necesitas hacer y qué pasos tendrás que dar para hacer lo que Dios quiere de ti.

Ex 5 1-23

19 Cuando les anunciaron que no debían
disminuir la producción de ladrillos establecida para cada día, los inspectores israelitas se vieron en un grave aprieto.
20 Y al
encontrarse con Moisés y Aarón que los esperaban a la salida,
21 les dijeron: «Que el
Señor fije su mirada en ustedes y juzgue. Porque nos han hecho odiosos al Faraón y a sus servidores, y han puesto en sus manos una espada para que nos maten».
22 Moisés se volvió al Señor, y le dijo: «Señor, ¿por qué maltratas a este pueblo? ¿Para esto me has enviado?
23 Desde que me presenté ante el Faraón para hablarle en tu nombre, él no ha cesado de maltratar a este pueblo, y tú no haces nada para librar a tu pueblo».

6
1 El Señor le respondió: «¡Ahora verás lo que haré al Faraón! Tendrá que dejarlos partir por la fuerza, e incluso, se verá obligado a expulsarlos de su país».

Nuevo llamado y envío de Moisés

Ex 3 1 – 4 23; Gn 17 7-8; 24 7; 4 10

2 Dios habló a Moisés y le dijo: «Yo soy el
Señor.
3 Yo me aparecí a Abraham, a Isaac y a Jacob como el Dios Todopoderoso, pero no me di a conocer a ellos con mi nombre "el Señor".
4 También establecí mi alianza con ellos, para darles la tierra de Canaán, esa tierra donde ellos residieron como extranjeros.
5 Y cuando escuché los gemidos de los israelitas, esclavizados por los egipcios, me acordé de mi alianza.
6 Por eso, anuncia esto a los israelitas: Yo soy el Señor. Yo los libraré de los trabajos forzados que les imponen los egipcios, los salvaré de la esclavitud a que ellos los someten, y los rescataré con el poder de mi brazo, infligiendo severos y justos castigos.
7 Haré de ustedes mi Pueblo y yo seré su Dios. Así tendrán que reconocer que soy yo, el Señor, el que los libró de los trabajos forzados de Egipto.
8 Después los introduciré en la tierra que juré dar a Abraham, a Isaac y a Jacob, y se la daré en posesión. Yo soy el Señor».
9 Moisés refirió estas palabras a los israelitas, pero ellos no quisieron escucharlo, porque estaban desalentados a causa de la dura servidumbre.
10 El Señor dijo a Moisés:
11 «Preséntate al Faraón, el rey de Egipto, y dile que deje partir de su país a los israelitas».
12 Moisés se excusó ante el Señor, y le dijo: «Si los israelitas no quisieron escucharme, ¿cómo me va a escuchar el Faraón, a mí que no tengo facilidad de palabra?».
13 Pero el Señor habló a Moisés y a Aarón, y les dio órdenes para los israelitas y para el Faraón, rey de Egipto, a fin de hacer salir de Egipto a los israelitas.

La genealogía de Moisés y Aarón

Gn 46 8-11; Nm 26 5-14.59; 3 17-20; 25 6-13

14 Los jefes de las familias de Israel fueron los siguientes:
Los hijos de Rubén, el primogénito de Israel, fueron Henoc, Palú, Jesrón y Carmí. Estos son los clanes de Rubén.
15 Los hijos de Simeón fueron Iemuel, Iamín, Ohad, Iaquín, Sójar y Saúl, el hijo de la cananea. Estos son los clanes de Simeón.
16 Los nombres de los hijos de Leví, con sus descendientes, fueron estos: Gersón, Quehat y Merarí. Leví vivió ciento treinta y siete años.
17 Los hijos de Gersón fueron Libní y Simei con sus clanes.
18 Los hijos de Que-

hat fueron Amram, Isar, Hebrón y Uziel. Quehat vivió ciento treinta y tres años. 19 Los hijos de Merarí fueron Majlí y Musí. Estos son los clanes de Leví con sus descendientes.

20 Amram se casó con Ioquébed, su tía, y de ella le nacieron Aarón y Moisés. Amram vivió ciento treinta y siete años.

21 Los hijos de Isar fueron Coré, Néfeg y Zicrí; 22 y los hijos de Uziel, fueron Misael, Elsafán y Sitrí.

23 Aarón se casó con Eliseba, hija de Aminadab y hermana de Najsón; de ella le nacieron Nadab, Abihú, Eleazar e Itamar.

24 Los hijos de Coré fueron Asir, Elcaná y Abiasaf. Estos son los clanes de los coreítas.

25 Eleazar, hijo de Aarón, se casó con una de las hijas de Putiel, que fue madre de Pinjás.

Estos son los jefes de las familias levíticas, con sus respectivos clanes.

26 Moisés y Aarón son los mismos que recibieron del Señor la orden de sacar de Egipto a los israelitas, distribuidos en grupos. 27 Ellos fueron los que hablaron al Faraón, el rey de Egipto, para hacer salir a los israelitas. Son los mismos Moisés y Aarón.

La misión de Moisés y Aarón

Ex 6 2-13; 4 14-16.21; Sal 135 9

28 El día en que el Señor habló a Moisés en Egipto, 29 le dijo: «Yo soy el Señor. Repite al Faraón, el rey de Egipto, todo lo que yo te diga». 30 Pero Moisés dijo al Señor: «Yo tengo dificultad para hablar. ¿Cómo me va a escuchar el Faraón?».

7 1 El Señor dijo a Moisés: «Yo hago de ti un dios para el Faraón, y Aarón, tu hermano, será tu profeta. 2 Tú le comunicarás todo lo que yo te mande, y él hablará al Faraón, para que deje salir de su país a los israelitas. 3 Pero yo endureceré el corazón del Faraón, y así podré multiplicar mis signos y mis prodigios en Egipto. 4 El Faraón se resistirá a escucharlos, pero yo descargaré mi mano sobre Egipto, y haré salir de allí a los israelitas —mi ejército y mi pueblo— con grandes actos de justicia. 5 Y cuando extienda mi mano sobre Egipto para hacer salir de allí a los israelitas, los egipcios tendrán que reconocer que yo soy el Señor». 6 Moisés y Aarón realizaron lo que el Señor les había ordenado. 7 Cuando se entrevistaron con el Faraón, Moisés tenía ochenta años, y Aarón, ochenta y tres.

Aarón y los magos de Egipto

Ex 4 2-5; Sal 78; Sab 11 14-20; 2 Tim 3 8

8 El Señor dijo a Moisés y a Aarón: 9 «Cuando el Faraón les pida que hagan un prodigio, tú le dirás a Aarón: "Toma tu cayado y arrójalo delante del Faraón; y el cayado se convertirá en una serpiente"». 10 Moisés y Aarón se presentaron ante el Faraón e hicieron todo lo que el Señor les había ordenado. Aarón arrojó su cayado delante del Faraón y de sus servidores, y el cayado se transformó en una serpiente. 11 El Faraón, a su vez, convocó a los sabios y hechiceros; y los magos de Egipto, valiéndose de sus artes secretas, hicieron lo mismo. 12 Cada uno arrojó su bastón, y estos se transformaron en serpientes; pero el de Aarón devoró a todos los demás. 13 A pesar de esto, el Faraón persistió en su obstinación y no los escuchó, como el Señor había dicho.

La primera plaga: el agua convertida en sangre

Ex 4 9; Sab 11 6-8; Ap 8 8; 16 3-7; Sal 78 44; 105 29

14 El Señor dijo a Moisés: «El Faraón está obstinado y se resiste a dejar partir al pueblo. 15 Preséntate ante él mañana temprano, cuando salga para ir al río; espéralo a la orilla del Nilo, sostén en tu mano el bastón que se transformó en serpiente, 16 y háblale en estos términos: "El Señor, el Dios de los hebreos, me envió a decirte: Deja que mi pueblo vaya a rendirme culto en el desierto. Pero tú no has querido obedecer. 17 Por eso dice el Señor: Ahora te demostraré que soy el Señor. Yo golpearé las aguas del Nilo con el bastón que tengo en la mano, y las aguas se convertirán en sangre. 18 Los peces que hay en el Nilo morirán, y el río dará un olor tan pestilente que los egipcios no podrán beber sus aguas"».

19 Luego el Señor dijo a Moisés: «Da esta orden a Aarón: "Toma tu bastón y extiende tu mano sobre las aguas de Egipto —sobre sus ríos y sus canales, sus pantanos y todos sus depósitos de agua— y que estas se conviertan en sangre a lo largo de todo Egipto, incluso las que están en recipientes de madera y de piedra"». 20 Moisés y Aarón hicieron lo que el Señor les había ordenado. Él levantó su bastón y golpeó las aguas del Nilo, a la vista del Faraón y de todos sus servidores. Y toda el agua del Nilo se convirtió en sangre. 21 Los peces del Nilo murieron, y el río dio un olor tan pestilente, que los egipcios ya no pudieron beber sus aguas. Y hubo sangre en todo el territorio de Egipto. 22 Pero los magos egipcios, valiéndose de sus artes secretas, hicieron lo mismo y el Faraón endureció su corazón y no los escuchó, como el Señor lo había dicho. 23 Y dándose vuelta, regresó a su palacio sin atribuir ma-

yor importancia a lo que había sucedido.
24 Mientras tanto, los egipcios se pusieron a
cavar en los alrededores del Nilo, en busca
de agua potable, porque no podían beber el
agua del río. 25 Así pasaron siete días después
que el Señor golpeó las aguas del Nilo.

La segunda plaga: las ranas

Sal 78 45; 105 30; Sab 11 16; 16 3; 19 10; Ap 16 13

26 El Señor dijo a Moisés: «Preséntate ante el Faraón y dile: "Así habla el Señor: Deja que mi pueblo vaya a rendirme culto.
27 Porque si te niegas a dejarlo partir, haré
que tu territorio quede todo plagado de ranas. 28 El Nilo estará atestado de ranas, que
subirán e invadirán tu palacio, tu dormitorio y hasta tu mismo lecho; se meterán en
las casas de tus servidores y en las de tu
pueblo, en tus hornos y utensilios de cocina. 29 Y llegarán incluso a trepar sobre ti,
sobre tus servidores y sobre tu pueblo"».

8 1 Luego el Señor dijo a Moisés: «Da esta orden a Aarón: "Extiende tu mano
y tu bastón sobre los ríos, los canales y los
pantanos, para que las ranas invadan el territorio de Egipto"». 2 Aarón extendió su mano sobre las aguas de Egipto, y las ranas subieron hasta cubrir el país. 3 Pero los magos
de Egipto, valiéndose de sus artes secretas,
hicieron otro tanto y atrajeron una invasión
de ranas sobre el territorio de Egipto.
4 El Faraón mandó llamar a Moisés y a
Aarón y les dijo: «Rueguen al Señor que aleje las ranas de mí y de mis súbditos, y yo me
comprometo a dejar que el pueblo vaya a
ofrecer sacrificios al Señor». 5 Moisés respondió al Faraón: «Dígnate indicarme el momento en que debo rogar por ti, por tus servidores y por tu pueblo para que las ranas se
aparten de ti y de tus casas, y queden solo en
el Nilo». 6 «Mañana», dijo el Faraón. Y Moisés añadió: «Que suceda conforme a tus palabras. Así sabrás que no hay nadie como el
Señor, nuestro Dios. 7 Las ranas se apartarán
de ti, de tus casas, de tus servidores y de tu
pueblo, y quedarán solo en el Nilo». 8 Cuando Moisés y Aarón se separaron del Faraón,
Moisés rogó al Señor para que alejara las ranas con que había castigado al Faraón, 9 y el
Señor accedió al pedido de Moisés. Las ranas quedaron muertas en las casas, en los
patios y en los campos. 10 Las juntaron en
grandes montones, y se extendió por todas
partes un olor pestilente. 11 Pero el Faraón, al
ver que la situación mejoraba, endureció su
corazón y no escuchó a Moisés y a Aarón,
como el Señor lo había dicho.

La tercera plaga: los mosquitos

Sal 105 31; Sab 19 10; Lc 11 20

12 El Señor dijo a Moisés: «Da esta orden a
Aarón: "Extiende tu bastón y golpea el polvo
del suelo, para que se transforme en mosquitos a lo largo de todo Egipto"». 13 Aarón extendió la mano empuñando su bastón, golpeó el polvo del suelo, y enseguida nubes de
mosquitos se lanzaron contra la gente y los
animales. Todo el polvo del suelo se transformó en mosquitos, a lo largo de todo el
país. 14 Los magos intentaron producir mosquitos, valiéndose de sus artes secretas, pero
no lo consiguieron. Los mosquitos atacaron
a hombres y animales. 15 Y dijeron al Faraón:
«Aquí está el dedo de Dios». A pesar de esto,
el corazón del Faraón se endureció y no los
escuchó, como el Señor lo había dicho.

La cuarta plaga: los tábanos

Sal 78 45; 105 31; Ex 9 4.7.26; 10 23; 11 7

16 El Señor dijo a Moisés: «Mañana temprano, cuando el Faraón salga para ir al río,

---

¿SABÍAS QUE...?

Las plagas y el género épico

El relato de las diez plagas de Egipto está escrito en género literario épico, caracterizado por exagerar hechos y números, aunque se pierda exactitud histórica. El autor combina diferentes versiones sobre las plagas para lograr una historia de suspenso, y las describe como una motivación de Dios al Faraón para que dejara salir a los israelitas.

Las plagas son signo de la intervención de Dios para que los israelitas se liberaran de la esclavitud. Las primeras nueve plagas son fenómenos naturales en Egipto, vistos como causados por Dios. El agua del río Nilo que se convierte en sangre corresponde al tiempo en que el agua se vuelve rojiza por la contaminación del limo acumulado y los microbios, de modo que huele mal y no se puede beber. El pueblo de Israel ve un milagro en las plagas, ya que suceden en el momento y la forma que ordena Moisés, portavoz de Dios.

Dios está contigo y quiere liberarte de todo lo que evita que te desarrolles humana y cristianamente. Descubre los signos con que te muestra su presencia.

Ex 7 – 10

presentate ante él y dile: "Así habla el Señor:
Deja que mi pueblo vaya a rendirme culto.
17 Porque si te niegas a dejarlo partir, yo enviaré contra ti, contra tus servidores, tu pueblo y tus casas, una invasión de tábanos. Las
casas de los egipcios y el suelo donde ellos
habitan quedarán atestados de tábanos. 18 Pero, al mismo tiempo, haré una excepción con
la región de Gosen, donde reside mi pueblo.
Allí no habrá tábanos, para que sepas que yo,
el Señor, estoy en medio de este país. 19 Yo haré una distinción entre mi pueblo y el tuyo.
Este signo sucederá mañana"».
20 Así lo hizo el Señor, y una gran cantidad
de tábanos se precipitó sobre el palacio del
Faraón y sobre las casas de sus servidores; y
todo el territorio de Egipto fue devastado por
los tábanos. 21 Y el Faraón mandó llamar
a Moisés y a Aarón, y les dijo: «Pueden ir a
ofrecer sacrificios a su Dios, pero que sea
dentro del país». 22 Moisés respondió: «Eso no
puede ser. Porque los sacrificios que nosotros
ofreceremos al Señor, nuestro Dios, son una
abominación para los egipcios. Y si nos ven
ofrecer sacrificios que ellos consideran abominables, nos matarán a pedradas. 23 Haremos una marcha de tres días por el desierto,
y allí ofreceremos sacrificios al Señor, nuestro
Dios, conforme a lo que él nos diga». 24 El Faraón dijo: «Les permitiré que vayan a ofrecer
sacrificios al Señor, su Dios, en el desierto,
con tal de que no se alejen demasiado. De
paso, rueguen por mí». 25 «En cuanto salga
—respondió Moisés—, rogaré al Señor, y mañana los tábanos se apartarán de ti, de tus
servidores y de tu pueblo; pero deja de una
vez por todas de burlarte de nosotros, y no
impidas que el pueblo vaya a ofrecer sacrificios al Señor». 26 Luego Moisés se alejó de la
presencia del Faraón, y oró al Señor. 27 El Señor hizo lo que Moisés le había pedido, y los
tábanos se apartaron del Faraón, de sus servidores y de su pueblo. No quedó ni siquiera
uno. 28 Pero, a pesar de eso, el Faraón endureció su corazón y no dejó partir al pueblo.

La quinta plaga: la mortandad del ganado

Sal 78 48; Am 4 10; Hab 3 5

9 1 El Señor dijo a Moisés: «Ve a presentarte ante el Faraón y dile: "Así habla
el Señor, el Dios de los hebreos: Deja que
mi pueblo salga a rendirme culto. 2 Porque
si te resistes a dejarlo partir y sigues rete-
niéndolo, 3 la mano del Señor enviará una
peste mortífera contra el ganado que está en
los campos: contra los caballos, los asnos, los
camellos, los bueyes y el ganado menor.
4 Pero el Señor hará una distinción entre el
ganado de Israel y el de Egipto, de manera
que no morirá ni uno solo de los animales
que pertenecen a Israel"». 5 Y el Señor fijó un
plazo: «Mañana cumpliré esta amenaza
contra el país». 6 En efecto, al día siguiente
el Señor cumplió su palabra y murió todo el
ganado de Egipto. A los israelitas, en cambio, no se les murió ni un solo animal. 7 Y
cuando el Faraón ordenó que hicieran un
recuento, se comprobó que los israelitas no
habían perdido ni una sola cabeza de ganado. A pesar de eso, el corazón del Faraón se
endureció y no dejó partir al pueblo.

La sexta plaga: las úlceras

Dt 28 35; Job 2 7; Lc 16 20-21; Ap 16 2.11

8 El Señor dijo a Moisés y a Aarón: «Recojan unos puñados del hollín que se forma
en los hornos, y que Moisés lo arroje hacia
el cielo, en la presencia del Faraón. 9 Ese hollín se convertirá en un polvo que se expan-
dirá por todo el territorio de Egipto y producirá úlceras purulentas en los hombres y
en los animales». 10 Ellos recogieron el hollín y se presentaron ante el Faraón. Moisés
lo arrojó hacia el cielo, y tanto los hombres
como los animales se cubrieron de úlceras.
11 Los magos no pudieron enfrentarse con
Moisés a causa de las úlceras que les habían
salido como a todos los demás egipcios.
12 Pero el Señor endureció el corazón del Faraón, y él no los escuchó, como el Señor había dicho a Moisés.

La séptima plaga: el granizo

Ap 8 7; Rom 9 17; Sal 78 47ss; 105 32; Ap 16 21

13 Luego el Señor dijo a Moisés: «Mañana
bien temprano preséntate al Faraón y dile:
"Así habla el Señor, el Dios de los hebreos:
Deja que mi pueblo salga a rendirme culto.
14 Porque esta vez estoy dispuesto a enviar todas mis plagas contra ti, contra tus servidores
y contra todo tu pueblo, para que sepas que
no hay nadie como yo en toda la tierra. 15 Si
yo hubiera extendido mi mano y enviado
una peste contra ti y contra tu pueblo, ya habrías desaparecido de la tierra. 16 Pero preferí
dejarte con vida, para mostrarte mi poder y
para que mi Nombre sea pregonado por toda la tierra. 17 ¡Y todavía tienes la audacia de
oponerte a mi pueblo para impedir su partida! 18 Pero mañana, a esta misma hora, haré
caer sobre Egipto una terrible granizada, como no la hubo desde su fundación hasta el
presente. 19 Por eso, ordena que pongan bajo
techo tu ganado y todo lo que tengas al aire
libre, porque todo lo que esté al aire libre y
no se encuentre bajo techo —sea hombre o

animal— morirá víctima del granizo"». [20] Algunos servidores del Faraón, atemorizados por la palabra del Señor, pusieron bajo techo a sus esclavos y su ganado; [21] pero otros no hicieron caso de esta amenaza y dejaron en el campo a sus esclavos y su ganado.

[22] Y el Señor dijo a Moisés: «Extiende tu mano hacia el cielo, y que caiga el granizo sobre la gente, los animales y la vegetación que crece en los campos, en todo el territorio de Egipto». [23] Moisés extendió su bastón hacia el cielo, y el Señor envió truenos y granizo. Cayeron rayos sobre la tierra, y el Señor hizo llover granizo sobre Egipto. [24] El granizo y el fuego que formaba remolinos en medio de él, se precipitaron con tal violencia, que nunca hubo en Egipto nada semejante desde que comenzó a ser una nación. [25] El granizo mató a todos los hombres y animales que se encontraban al aire libre en el territorio de Egipto, arrasó toda la vegetación de los campos y destrozó todos los árboles. [26] Solo se libró del granizo la región de Gosen, donde habitaban los israelitas.

[27] El Faraón mandó llamar a Moisés y a Aarón, y les dijo: «Esta vez debo confesar mi pecado. El Señor tiene razón, mientras que yo y mi pueblo estamos equivocados. [28] Rueguen al Señor que haga cesar los truenos y el granizo, y yo los dejaré partir. Ya no tendrán que permanecer aquí más tiempo». [29] Moisés respondió: «Apenas salga de la ciudad, extenderé mis manos al Señor, y cesarán los truenos y no habrá más granizo, para que sepas que la tierra pertenece al Señor. [30] Sin embargo, yo sé muy bien que ni tú ni tus servidores temen todavía al Señor Dios». [31] En aquella oportunidad fueron destruidos el lino y la cebada, porque la cebada ya había echado espigas, y el lino estaba florecido. [32] El trigo y la espelta, en cambio, como son tardíos, escaparon a la destrucción.

[33] Después que se alejó del Faraón, Moisés salió de la ciudad y extendió sus manos al Señor. Y cesaron los truenos y el granizo, y no cayó más lluvia sobre la tierra. [34] Pero cuando el Faraón vio que la lluvia, el granizo y los truenos habían cesado, reincidió en su pecado y endureció su corazón, lo mismo que sus servidores. [35] El Faraón endureció su corazón y no dejó partir a los israelitas, como el Señor lo había dicho por medio de Moisés.

La octava plaga: las langostas

Jl 1 2-12; Ap 9 3; Dt 4 9; 6 7.20-25; Sal 78 3-8.46; 105 34

10 [1] El Señor dijo a Moisés: «Ve a presentarte delante del Faraón, porque yo mismo hice que se endureciera su corazón y el de sus servidores, a fin de realizar estos signos en medio de ellos. [2] Así podrás contar a tus hijos y a tus nietos con qué rigor traté a los egipcios y qué signos realicé entre ellos, y ustedes sabrán que yo soy el Señor». [3] Moisés y Aarón se presentaron ante el Faraón y le dijeron: «Así habla el Señor, el Dios de los hebreos: "¿Hasta cuándo te resistirás a humillarte delante de mí? Deja que mi pueblo salga a rendirme culto. [4] Porque si te niegas a dejarlo partir, mañana enviaré contra tu país una invasión de langostas. [5] Ellas cubrirán de tal manera la superficie del suelo, que nadie lo podrá ver. Devorarán el resto que se salvó del granizo y acabarán con todos los árboles que crecen en los campos. [6] Invadirán tus palacios, las residencias de tus servidores y las casas de todos los egipcios. Tus padres y tus abuelos nunca experimentaron una cosa igual, desde que se instalaron en el país hasta el día de hoy"». Y dándose vuelta, Moisés se alejó de la presencia del Faraón. [7] Los servidores del Faraón le dijeron: «¿Hasta cuándo este hombre será un peligro para nosotros? Deja que esa gente salga a rendir culto al Señor su Dios. ¿O todavía no te has dado cuenta de que Egipto está al borde de la ruina?».

[8] Moisés y Aarón fueron conducidos otra vez a la presencia del Faraón, y este les anunció: «Pueden ir a rendir culto al Señor. Pero antes especifiquen quiénes son los que van a ir». [9] Moisés le respondió: «Iremos con nuestros jóvenes y nuestros ancianos, con nuestros hijos y nuestras hijas, con nuestras ovejas y nuestras vacas, porque celebraremos una fiesta en honor del Señor». [10] «¡Que el Señor esté con ustedes! ¿Cómo los dejaré partir con sus familias?», replicó el Faraón, y añadió: «El mal se ve en sus rostros. [11] ¡Así no! Que vayan los hombres solos a rendir culto al Señor, ya que eso pretenden». Y enseguida los echaron de la presencia del Faraón.

[12] El Señor dijo a Moisés: «Extiende tu mano sobre el territorio de Egipto, para que las langostas invadan el país y devoren toda la vegetación que dejó el granizo». [13] Moisés extendió su bastón sobre el territorio de Egipto, y el Señor envió sobre el país el viento del este, que sopló todo aquel día y toda la noche. Cuando llegó la mañana, el viento ya había traído las langostas.

[14] Las langostas invadieron todo el país y se abatieron sobre el territorio de Egipto en una cantidad tal, que nunca se había visto una invasión semejante, y nunca más volve-

Somos libres y responsables

Desconcierta leer que Dios diga del Faraón, «Yo mismo hice que se endureciera su corazón y el de sus servidores» (Ex 10 1). Como los israelitas creen que Dios está presente en todo lo que ocurre, señalan que Dios causa la terquedad del Faraón. Esto no significa que Dios tenga la culpa de su pecado ni que desee su perdición, sino que el Faraón endurece su corazón al no ver los acontecimientos como un llamado de Dios a su conversión.

El relato acentúa la responsabilidad del Faraón, quien manifiesta sus intenciones explotadoras e ignora las pacientes advertencias de Dios. Esta manera de hablar, frecuente en la Biblia, afirma dos verdades misteriosamente unidas: las personas somos libres y responsables de responder a Dios, y nuestra terquedad no impide a Dios realizar su plan.

Toda persona es libre de acoger el mensaje de Dios o de obstinarse en su pecado. Dios realiza sus planes sin detenerse por la terquedad humana. ¿Cómo acoges los planes de Dios?

Ex 10 1-3

ría a verse. [15] Cubrieron la superficie de todo
el país, de manera que este quedó a oscuras;
devoraron toda la vegetación y todos los
frutos de los árboles que se habían salvado
del granizo; y en todo el territorio de Egipto
no quedó ni siquiera una brizna de verdor
en los árboles y en las plantas del campo.
[16] El Faraón hizo venir de inmediato a
Moisés y Aarón, y les dijo: «He pecado contra
el Señor, su Dios, y contra ustedes. [17] Por eso,
perdona una vez más mi pecado, y rueguen
al Señor, su Dios, para que al menos aparte
de mí esta plaga mortífera». [18] Moisés se alejó
de la presencia del Faraón y oró al Señor. [19] Y
el Señor cambió la dirección del viento, que
comenzó a soplar desde el oeste. Y lo hizo
con tanta fuerza, que barrió con las langostas
y las precipitó en el mar Rojo. Así no quedó
ni una sola langosta en el territorio de Egipto. [20] Pero el Señor endureció el corazón del
Faraón, y él no dejó partir a los israelitas.

La novena plaga: las tinieblas

Sab 17 1 – 18 4; Sal 105 28; Ap 16 10

[21] El Señor dijo a Moisés: «Extiende tu mano hacia el cielo, para que Egipto se cubra de
una oscuridad tan densa que se pueda palpar». [22] Moisés extendió su mano hacia el cielo, y una profunda oscuridad cubrió todo el
territorio de Egipto durante tres días. [23] Todo
ese tiempo estuvieron sin verse unos a otros y
sin que nadie pudiera moverse de su sitio. Pero en las viviendas de los israelitas había luz.
[24] Luego el Faraón llamó a Moisés y le dijo: «Vayan a rendir culto al Señor. Podrán
acompañarlos sus familias, pero quedarán
aquí sus ovejas y sus vacas». [25] Moisés replicó: «Y tú nos tendrás que dar las víctimas
para los sacrificios y holocaustos que ofreceremos al Señor, nuestro Dios. [26] ¡No! También nuestro ganado vendrá con nosotros.
Ni un solo animal quedará aquí, porque
nosotros queremos tomar de lo nuestro para
rendir culto al Señor, nuestro Dios. Por otra
parte, hasta que no lleguemos al lugar señalado, no sabremos cómo rendirle culto».
[27] El Señor endureció el corazón del Faraón,
y él no quiso dejarlos partir. [28] El Faraón dijo
a Moisés: «¡Fuera de aquí! Y no te atrevas a
comparecer otra vez en mi presencia, porque
apenas lo hagas, morirás». [29] Moisés respondió: «Tú mismo lo has dicho. No te volveré
a ver».

El anuncio de la décima plaga

Ex 6 1; 3 21-22; Hch 7 21-22; Ex 7 3; 12 29-30

11 [1] El Señor dijo a Moisés: «Voy a enviar
contra el Faraón y contra Egipto una
sola plaga más, y después él los dejará partir
de aquí. Más aún, cuando los haga partir, los
echará de aquí para siempre. [2] Mientras tanto, ordena al pueblo que cada hombre pida
a su vecino, y cada mujer a su vecina, objetos de plata y oro». [3] El Señor, por su parte,
hizo que el pueblo se ganara el favor de los
egipcios, y el mismo Moisés llegó a gozar de
gran prestigio en Egipto, tanto entre los servidores del Faraón como entre el pueblo.
[4] Moisés dijo: «Así habla el Señor: "Hacia
la medianoche, yo saldré a recorrer Egipto,
[5] y morirán todos los primogénitos, desde
el primogénito del Faraón, el que debe su-
cederle en el trono, hasta el primogénito de
la esclava que maneja la máquina de moler,
y todos los primogénitos del ganado. [6] Y re-
sonará en todo Egipto un alarido inmenso,
como nunca lo hubo ni lo habrá jamás.
[7] Pero contra los israelitas —ya sean hombres o animales— ni siquiera ladrará un perro, para que ustedes sepan que el Señor
hace una distinción entre Israel y Egipto".
[8] Luego vendrán todos tus servidores a inclinarse ante mí, y me dirán: "¡Váyanse, tú
y el pueblo que está bajo tus órdenes!".

Después me iré». Y lleno de indignación, Moisés se alejó de la presencia del Faraón.

9 Luego el Señor dijo a Moisés: «El Faraón no los escuchará, para que se multipliquen mis prodigios en el país de Egipto». 10 Moisés y Aarón realizaron todos estos prodigios delante del Faraón; pero el Señor le había endurecido el corazón, y él no dejó partir de su país a los israelitas.

LA PASCUA Y LA SALIDA DE EGIPTO

La institución de la Pascua

Ex 13 4; 23 15; 34 18; Lv 23 5-8; Nm 9 1-4; 28 16-25; Dt 16 1-8; Mt 26 17; 1 Cor 5 7; 1 Pe 1 19

12 1 Luego el Señor dijo a Moisés y a Aarón en la tierra de Egipto:

2 Este mes será para ustedes el primero de los meses del año. 3 Digan a toda la comunidad de Israel: El diez de este mes, tome cada uno un animal del ganado menor, uno para cada familia. 4 Si la familia es demasiado pequeña para consumir un animal entero, se unirá con la del vecino que viva más cerca de su casa. En la elección del animal tengan en cuenta el número de comensales, lo que cada uno come. 5 Elijan un animal sin ningún defecto, macho y de un año; podrá ser cordero o cabrito. 6 Deberán guardarlo hasta el catorce de este mes, y a la hora del crepúsculo, lo inmolará toda la asamblea de la comunidad de Israel. 7 Después tomarán un poco de su sangre, y marcarán con ella los dos postes y el dintel de la puerta de las casas donde lo coman. 8 Y esa misma noche comerán la carne asada al fuego, con panes sin levadura y verduras amargas. 9 No la comerán cruda ni hervida, sino asada al fuego; comerán también la cabeza, las patas y las entrañas. 10 No dejarán nada para la mañana siguiente, y lo que sobre, lo quemarán al amanecer. 11 Deberán comerlo así: ceñidos con un cinturón, calzados con sandalias y con el bastón en la mano. Y lo comerán de prisa: es la Pascua del Señor.

12 Esa noche pasaré por el país de Egipto para exterminar a todos sus primogénitos, tanto hombres como animales, y daré un justo escarmiento a los dioses de Egipto. Yo soy el Señor. 13 La sangre les servirá de señal para indicar las casas donde ustedes estén. Al verla, pasaré de largo, y así ustedes se librarán del castigo, cuando golpee al país de Egipto. 14 Este será para ustedes un día memorable y deberán solemnizarlo con una fiesta en honor del Señor. Lo celebrarán a lo largo de las generaciones como una institución perpetua.

La Pascua, el paso del Señor

Los capítulos 12 al 14 del Éxodo son los más recordados y mejor cantados por Israel. Su contenido es central en la fe del pueblo elegido y clave para comprender los hechos de Jesús. Lee estos tres capítulos y observa lo siguiente:

- Las instrucciones para celebrar la fiesta y preparar la salida de Egipto.
- La advertencia de que morirán los primogénitos de Egipto debido a la terquedad del Faraón.
- La sangre del cordero directamente relacionada con esa noche de liberación. Por eso, el cordero es figura de Jesús, quien constituye el único sacrificio necesario para nuestra liberación del pecado y la muerte (ver Símbolo: «El Cordero», Ap 5 6).
- La palabra *pascua* significa «paso». Es el paso de la esclavitud a la libertad; de una vida angustiosa a una vida nueva. Paso que empezó al preparar la cena del cordero y terminó al cruzar con éxito el mar Rojo librándose de los egipcios. De ahí que el paso del mar Rojo sea figura del Bautismo que nos libra de la esclavitud del pecado y nos da una nueva vida de comunión con Dios.

Alabado seas, ¡oh Dios nuestro!, porque tu amor es eterno y tu liberación maravillosa. Aleluya, aleluya.

Ex 12 – 14

La fiesta de los panes Ácimos

Ex 13 3-10; 23 15; Lv 23 5-8; Nm 9 11; 1 Cor 5 7

15 Durante siete días ustedes comerán panes sin levadura. A partir del primer día, harán desaparecer la levadura de sus casas, porque todo el que coma pan fermentado, desde el primer día hasta el séptimo, será excluido de Israel. 16 El primer día llamarán a una asamblea solemne, y también el séptimo día llamarán a una asamblea solemne. En todo este tiempo no estará permitido realizar ningún trabajo, solo el indispensable para preparar la comida.

17 Ustedes celebrarán la fiesta de los Ácimos, porque ese día hice salir de Egipto a los ejércitos de Israel. Observarán este día a lo largo de las generaciones como una ins-

titución perpetua. 18 En el transcurso del primer mes, desde el atardecer del día catorce hasta el atardecer del día veintiuno, comerán el pan sin levadura. 19 Durante esos siete días, no habrá levadura en sus casas, porque todo el que coma algo fermentado, sea extranjero o natural del país, será excluido de la comunidad de Israel. 20 En una palabra, no podrán comer nada fermentado; cualquiera sea el lugar donde habiten, comerán panes ácimos.

La celebración de la Pascua

Ez 9 4-7; Heb 11 28; Ex 10 2; Dt 6 20-22

21 Moisés convocó a todos los ancianos de Israel y les dijo: «Vayan a buscar un animal del ganado menor para cada familia e inmolen la víctima pascual. 22 Luego tomen un manojo de plantas de hisopo, mójenlo en la sangre recogida en un recipiente, y marquen con la sangre el dintel y los dos postes de las puertas; y que ninguno de ustedes salga de su casa hasta la mañana siguiente. 23 Porque el Señor pasará para castigar a Egipto; pero al ver la sangre en el dintel y en los dos postes, pasará de largo por aquella puerta, y no permitirá que el Exterminador entre en sus casas para castigarlos.

24 Cumplan estas disposiciones como un precepto permanente, para ustedes y para sus hijos. 25 Cuando lleguen a la tierra que el Señor ha prometido darles, observen este rito. 26 Y cuando sus hijos les pregunten qué significado tiene para ustedes este rito, 27 les responderán: "Este es el sacrificio de la Pascua del Señor, que pasó de largo en Egipto por las casas de los israelitas, cuando castigó a los egipcios y salvó a nuestras familias"».

El pueblo se postró en señal de adoración. 28 Luego los israelitas se fueron y realizaron todo lo que el Señor había ordenado a Moisés y a Aarón.

La décima plaga: la muerte de los primogénitos

Ex 11 4-8; 12 12; Sal 78 51; 136 10; Sab 18 6-19

29 A medianoche, el Señor exterminó a todos los primogénitos en el país de Egipto, desde el primogénito del Faraón —el que debía sucederlo en el trono— hasta el primogénito del que estaba preso en la cárcel, y a todos los primogénitos del ganado. 30 El Faraón se levantó aquella noche lo mismo que todos sus servidores y todos los egipcios, y en Egipto resonó un alarido inmenso, porque no había ninguna casa donde no hubiera un muerto.

Preparativos y partida de los hebreos

Ex 3 22; 11 1-2

31 Esa misma noche, el Faraón mandó llamar a Moisés y a Aarón, y les dijo: «Salgan de inmediato de en medio de mi pueblo, ustedes y todos los israelitas, y vayan a dar culto al Señor, como lo habían pedido. 32 Tomen también sus ovejas y sus vacas, puesto que así lo quieren, y váyanse. Imploren una bendición también para mí». 33 Los egipcios, por su parte, urgían al pueblo para obligarlo a salir del país lo antes posible, porque decían: «De lo contrario, todos moriremos». 34 El pueblo recogió la masa para el pan antes que fermentara, envolvió en sus mantos los utensilios de cocina y los cargaron sobre sus hombros. 35 Además, los israelitas hicieron lo que Moisés les había ordenado: pidieron a los egipcios objetos de oro y plata, y también ropa, 36 y el Señor hizo que el pueblo se ganara el favor de los egipcios, los cuales accedieron a su pedido. De este modo, los israelitas despojaron a los egipcios.

37 Los israelitas partieron de Ramsés en dirección a Sucot. Eran unos seiscientos mil hombres de a pie, sin contar sus familias. 38 Con ellos iba también una multitud de toda clase de gente, y una gran cantidad de ganado mayor y menor. 39 Como la masa que habían traído de Egipto no había fermentado, hicieron con ella panes ácimos. Al ser expulsados de Egipto no pudieron demorarse ni preparar provisiones para el camino.

40 Los israelitas estuvieron en Egipto cuatrocientos treinta años. 41 Y el día en que se cumplían esos cuatrocientos treinta años, todos los ejércitos de Israel salieron de Egipto. 42 El Señor veló durante aquella noche, para hacerlos salir de Egipto. Por eso, todos los israelitas deberán velar esa misma noche en honor del Señor, a lo largo de las generaciones.

Otras normas para la Pascua

Gn 17 10; Nm 9 12; Sal 34 21; Jn 19 36

43 El Señor dijo a Moisés y a Aarón: «Estas son las disposiciones relativas a la Pascua. No deberá comerla ningún extranjero. 44 En cambio, podrá hacerlo todo esclavo adquirido con dinero, con tal que antes lo hayas circuncidado. 45 Tampoco la comerán el huésped ni el mercenario. 46 Todos la comerán en una misma casa. No saques fuera de la casa ningún pedazo de carne y no quiebres los huesos de la víctima. 47 Toda la comunidad de Israel celebrará la Pascua. 48 Si un extranjero ha fijado su residencia junto a ti y quiere celebrar la Pascua en honor del Señor, antes deberán ser circuncidados to-

dos los varones de su casa: solo así podrá
acercarse a celebrarla, porque será como el
nacido en el país. Pero no la comerá ningún
incircunciso. 49 La misma ley regirá para el
nativo y para el extranjero que resida entre
ustedes».
50 Así lo hicieron los israelitas, como el Señor lo había ordenado a Moisés. 51 Y aquel
mismo día, el Señor hizo salir de Egipto a
los israelitas, distribuidos en grupos.

Los primogénitos y los panes ácimos

Ex 22 28-29; 34 19-20; Nm 3 12-13; 8 16-18

13 1 El Señor habló a Moisés en estos términos:
2 Conságrame a todos los primogénitos.
Porque las primicias del seno materno entre los israelitas, sean hombres o animales,
me pertenecen.
3 Moisés dijo al pueblo:
Recuerden este día en que ustedes salieron de Egipto, ese lugar de esclavitud, porque el Señor los sacó de allí con el poder de
su mano. Este día, no comerán pan fermentado. 4 Hoy, en el mes de Abib, ustedes salen
de Egipto. 5 Y cuando el Señor te introduzca
en el país de los cananeos, los hititas, los
amorreos, los jivitas y los jebuseos, en el
país que el Señor te dará porque así lo juró
a tus padres —esa tierra que mana leche y
miel— celebrarás el siguiente rito en este
mismo mes: 6 Durante siete días, comerás
pan sin levadura, y el séptimo día habrá una
fiesta en honor del Señor. 7 Durante los siete
días, el pan fermentado y la levadura no se
verán en todo tu territorio. 8 Y ese día darás a
tu hijo la siguiente explicación: «Esto es así,
a causa de lo que el Señor hizo por mí cuando salí de Egipto». 9 Este rito será como un
signo en tu mano y como un memorial ante tus ojos, para que la ley del Señor esté
siempre en tus labios; porque el Señor te sacó de Egipto con mano poderosa. 10 Observa
cada año esta norma, a su debido tiempo.
11 Cuando el Señor te introduzca en el país
de los cananeos, como lo juró a ti y a tus padres, y cuando te lo haya dado, 12 consagrarás
al Señor todos los primogénitos; y el primogénito de tus animales, si es macho, también
pertenecerá al Señor. 13 Al primogénito del
asno, en cambio, lo rescatarás con un cordero, y si no lo rescatas, deberás desnucarlo.
También rescatarás a tu hijo primogénito.
14 Y cuando, el día de mañana, tu hijo te pregunte qué significa esto, tú le responderás:
«Con el poder de su mano, el Señor nos sacó de Egipto, donde fuimos esclavos. 15 Como el Faraón se había obstinado en no dejarnos partir, el Señor hizo morir a todos los
primogénitos de Egipto, hombres y animales. Por eso yo inmolo al Señor todos los primogénitos machos de mi ganado, y rescato
a mi hijo primogénito». 16 Esto será como un
signo en tu mano y como una marca sobre
tu frente, porque el Señor nos hizo salir de
Egipto con el poder de su mano.

PERSPECTIVA CATÓLICA

La Pascua judía y la Pascua cristiana

Los judíos han celebrado la Pascua como un memorial por generaciones, porque en esa «noche de las noches» el Pueblo de Dios fue rescatado de la esclavitud. Como buen judío, Jesús celebraba todos los años la Pascua en conmemoración de la salvación de su pueblo.

Los cristianos reconocemos la última vez que Jesús celebró la Pascua como la Última Cena, en la cual reunió a sus Apóstoles, se despidió de ellos e instituyó una Nueva Alianza. En lugar del cordero, él mismo se ofreció como víctima; bendijo el pan y el vino, los transformó en su Cuerpo y Sangre, y los dio a comer a sus discípulos. Después les mandó hacer lo mismo en «memoria» suya (ver «La Eucaristía, un memorial», 1 Cor 11 23-26).

Para los católicos, la Pascua es más que un recuerdo celebrado en honor de Dios. La cena de Jesús con sus Apóstoles es al mismo tiempo sacrificio y banquete; rito y sacramento, para todo tiempo y lugar, y para todas las personas. Jesús da su sentido definitivo a la Pascua judía y anticipa la Pascua final de la Iglesia en la gloria del Reino. Esta celebración tiene lugar en cada Misa, particularmente los domingos y durante la Semana Santa.

Ex 12 – 14

Salida de Egipto: de Sucot a Etam

Nm 14 1-2; Gn 50 25; Jos 24 32; Gn 33 9;
40 36; Dt 1 33; Sal 78 14; Neh 9 12.19

17 Cuando el Faraón dejó partir al pueblo,
Dios no lo llevó por la ruta que atraviesa el
país de los filisteos, aunque es la más directa,
porque pensó: «Es posible que al verse atacados se arrepientan y regresen a Egipto». 18 Por
eso les hizo dar un rodeo, y los llevó hacia el
mar Rojo por el camino del desierto. Al salir
de Egipto, los israelitas iban bien equipados.
19 Moisés tomó consigo los restos de José, porque este había comprometido a los

israelitas con un juramento solemne, diciéndoles: «El Señor vendrá a visitarlos, y ustedes se llevarán mis huesos de aquí».

20 Después que partieron de Sucot, acamparon en Etam, al borde del desierto. 21 El Señor iba al frente de ellos, de día en una columna de nube, para guiarlos por el camino; y de noche en una columna de fuego, para iluminarlos, de manera que pudieran avanzar de día y de noche. 22 La columna de nube no se apartaba del pueblo durante el día, ni la columna de fuego durante la noche.

De Etam al mar Rojo

Ex 16 2-3; 17 3; Nm 11 1-6; 14 1-4; 20 2; Sal 78 40

14 1 El Señor habló a Moisés en estos términos: 2 «Ordena a los israelitas que vuelvan atrás y acampen delante de Pihajirot, entre Migdol y el mar, frente a Baal Sefón. Acampen a orillas del mar, frente al lugar indicado. 3 Así el Faraón creerá que ustedes vagan sin rumbo por el país y que el desierto les cierra el paso. 4 Yo, por mi parte, endureceré su corazón para que salga a perseguirlos, y me cubriré de gloria a expensas de él y de todo su ejército. Así los egipcios sabrán que yo soy el Señor». Los israelitas cumplieron esta orden.

Persecución de los israelitas

5 Cuando informaron al rey de Egipto que el pueblo había huido, el Faraón y sus servidores cambiaron de idea con respecto al pueblo, y exclamaron: «¿Qué hemos hecho? Al dejar partir a Israel, nos veremos privados de sus servicios».

6 Y el Faraón hizo enganchar su carro de guerra y alistó sus tropas. 7 Tomó seiscientos carros escogidos y todos los carros de Egipto, con tres hombres en cada uno. 8 El Señor endureció el corazón del Faraón, el rey de Egipto, y este se lanzó en persecución de los israelitas, mientras ellos salían triunfalmente. 9 Los egipcios los persiguieron con los caballos y los carros de guerra del Faraón, los conductores de los carros y todo su ejército; y los alcanzaron cuando estaban acampados junto al mar, cerca de Pihajirot, frente a Baal Sefón.

10 Cuando el Faraón ya estaba cerca, los israelitas levantaron los ojos y, al ver que los egipcios avanzaban detrás de ellos, se llenaron de pánico e invocaron a gritos al Señor. 11 Y dijeron a Moisés: «¿No había tumbas en Egipto para que nos trajeras a morir en el desierto? ¿Qué favor nos has hecho sacándonos de Egipto? 12 ¿No es esto lo que te decíamos en Egipto: desiste y sirvamos a los egipcios porque más vale estar al servicio de ellos que morir en el desierto?». 13 Moisés respondió al pueblo: «¡No teman! Manténganse firmes, porque hoy mismo ustedes van a ver lo que hará el Señor para salvarlos. A esos egipcios que ven hoy, nunca más los volverán a ver. 14 El Señor combatirá por ustedes, sin que ustedes tengan que preocuparse por nada».

El paso del mar Rojo

Sal 77 17-21; 106 9-11; Sab 10 18-19; 19 1-9; 1 Cor 10 1-2; Heb 11 29

15 Después el Señor dijo a Moisés: «¿Por qué me invocas con esos gritos? Ordena a los israelitas que reanuden la marcha. 16 Y tú, con el bastón en alto, extiende tu mano sobre el mar y divídelo en dos, para que puedan cruzarlo a pie. 17 Yo voy a endurecer el corazón de los egipcios, y ellos entrarán en el mar detrás de los israelitas. Así me cubriré de gloria a expensas del Faraón y de su ejército, de sus carros y de sus guerreros. 18 Los egipcios sabrán que soy el Señor, cuando yo me cubra de gloria a expensas del Faraón, de sus carros y de sus guerreros».

19 El ángel de Dios, que avanzaba al frente del campamento de Israel, retrocedió hasta colocarse detrás de ellos; y la columna de nube se desplazó también de delante hacia atrás, 20 interponiéndose entre el campamento egipcio y el de Israel. La nube era tenebrosa para unos, mientras que para los otros iluminaba la noche, de manera que en toda la noche no pudieron acercarse los unos a los otros.

21 Y Moisés extendió su mano sobre el mar, y el Señor hizo retroceder el mar con un fuerte viento del este, que sopló toda la noche y transformó el mar en tierra seca. Las aguas se abrieron, 22 y los israelitas entraron a pie en el cauce del mar, mientras las aguas formaban una muralla a derecha e izquierda. 23 Los egipcios los persiguieron, y toda la caballería del Faraón, sus carros y sus guerreros, entraron detrás de ellos en medio del mar. 24 Cuando estaba por despuntar el alba, el Señor observó las tropas egipcias desde la columna de fuego y de nube, y sembró la confusión entre ellos. 25 Además, frenó las ruedas de sus carros de guerra, e hizo que avanzaran con dificultad. Los egipcios exclamaron: «Huyamos de Israel, porque el Señor combate en favor de ellos contra Egipto».

26 El Señor dijo a Moisés: «Extiende tu mano sobre el mar, para que las aguas se vuelvan contra los egipcios, sus carros y sus guerreros». 27 Moisés extendió su mano sobre el mar y, al amanecer, el mar volvió a su cauce. Los egipcios ya habían emprendido la huida, pe-

ro se encontraron con las aguas, y el Señor los hundió en el mar. [28] Las aguas envolvieron los carros y los guerreros de todo el ejército del Faraón que habían entrado en medio del mar para perseguir a los israelitas. Ni uno solo se salvó. [29] Los israelitas, en cambio, caminaron por el cauce seco del mar, mientras las aguas formaban una muralla, a derecha e izquierda.

[30] Aquel día, el Señor salvó a Israel de las manos de los egipcios. Israel vio los cadáveres de los egipcios que yacían a la orilla del mar, [31] y fue testigo de la hazaña que el Señor realizó contra Egipto. El pueblo temió al Señor, y creyó en él y en Moisés, su servidor.

El canto de Moisés

Ap 15 3; Is 12 2; Dt 3 24;
Sal 86 8; 74 2; 47; 1 Sm 18 6

15 [1] Moisés y los israelitas entonaron este canto en honor del Señor:

«Cantaré al Señor, que se ha cubierto
de gloria:
él hundió en el mar los caballos y los carros.
[2] El Señor es mi fuerza y mi protección,
él me salvó.

Él es mi Dios y yo lo glorifico,
es el Dios de mi padre
y yo proclamo su grandeza.
[3] El Señor es un guerrero,
su nombre es "Señor".
[4] Él arrojó al mar los carros del Faraón
y su ejército,
lo mejor de sus soldados se hundió
en el mar Rojo.
[5] El abismo los cubrió,
cayeron como una piedra
en lo profundo del mar.
[6] Tu mano, Señor, resplandece por su fuerza,
tu mano, Señor, aniquila al enemigo.
[7] Con la inmensidad de tu gloria
derribas a tus adversarios,
desatas tu furor,
que los consume como paja.
[8] Al soplo de tu ira se agolparon las aguas,
las olas se levantaron como un dique,
se hicieron compactos los abismos del mar.
[9] El enemigo decía:
"Los perseguiré,
los alcanzaré,
repartiré sus despojos,
saciaré mi avidez,
desenvainaré la espada,
mi mano los destruirá".
[10] Tú soplaste con tu aliento,
y el mar los envolvió;
se hundieron como plomo
en las aguas formidables.

REFLEXIONA

Moisés y Miriam entonan una alabanza

El cántico de Moisés junto al mar y la alabanza de Miriam, una profetisa que guía el canto y la danza en honor del Señor, es el testimonio oral más antiguo de la Biblia (Ex 15 1-21). Muestra cómo los israelitas pasaban oralmente sus tradiciones de generación en generación. Este cántico lo entonamos cada año en la liturgia de la vigilia pascual.

¿Cuál es tu canto preferido de alabanza a Dios? ¿Por qué te gusta tanto? ¡Cántaselo a toda voz a Dios, o medítalo en el fondo de tu corazón!

Ex 15 1-21

[11] ¿Quién es como tú, Señor, entre los dioses?
¿Quién, como tú, es admirable
entre los santos,
terrible por tus hazañas, autor de maravillas?
[12] Extendiste tu mano y los tragó la tierra.
[13] Guías con tu fidelidad al pueblo
que has rescatado
y lo conduces con tu poder
hacia tu santa morada.
[14] Tiemblan los pueblos al oír la noticia:
los habitantes de Filistea se estremecen,
[15] cunde el pánico entre los jefes de Edom,
un temblor sacude a los príncipes de Moab,
desfallecen todos los habitantes de Canaán.
[16] El pánico y el terror los invaden,
la fuerza de tu brazo los deja petrificados,
hasta que pasa tu pueblo, Señor,
hasta que pasa el pueblo
que tú has adquirido.
[17] Tú lo llevas y lo plantas
en el monte de tu herencia,
en el lugar que preparaste para tu morada,
en el Santuario, Señor,
que fundaron tus manos.
[18] ¡El Señor reina para siempre!».

[19] Cuando la caballería del Faraón, con
sus carros y sus guerreros, entró en medio
del mar, el Señor hizo que las aguas se volvieran contra ellos; los israelitas, en cambio, cruzaron el mar como si fuera tierra
firme.

20 Y Miriam, la profetisa, que era hermana de Aarón, tomó en sus manos un tamboril, y todas las mujeres iban detrás de ella, con tamboriles y danzando. 21 Y Miriam repetía:

«Canten al Señor,
que se ha cubierto de gloria:
él hundió en el mar
los caballos y los carros».

LA MARCHA A TRAVÉS DEL DESIERTO

Las aguas de Mará

Nm 33 8-9; 1 Cor 10 3-5; Dt 7 15; Sal 103 3

22 Moisés hizo partir a los israelitas del mar Rojo. Ellos se dirigieron hacia el desierto de Sur, y después de caminar tres días por ese desierto sin encontrar agua, 23 llegaron a Mará, pero no pudieron beber el agua porque era amarga. Y nombraron al lugar Mará que significa «amarga». 24 Entonces el pueblo se puso a protestar contra Moisés y decían: «¿Qué vamos a beber ahora?». 25 Moisés invocó al Señor, y el Señor le indicó un árbol. Moisés arrojó un trozo de él en el agua, y esta se volvió dulce.

Allí el Señor les impuso una legislación y un derecho, y allí los puso a prueba. 26 Luego les dijo: «Si escuchas la voz del Señor, tu Dios, y practicas lo que es recto a sus ojos, si prestas atención a sus mandamientos y observas todos sus preceptos, no te infligiré ninguna de las enfermedades que envié contra Egipto, porque yo, el Señor, soy el que te da la salud».

27 Después llegaron a Elim, un lugar donde había doce fuentes y setenta palmeras, y allí establecieron su campamento, a orilla de las aguas.

Las codornices y el maná

Nm 11; 21 5; Dt 8 3.16; Sal 78 18-29;
Sab 16 20-29; Jn 6 26-58;
1 Cor 10 3; Ap 2 17; 2 Cor 8 15

16 1 Luego partieron de Elim, y el día quince del segundo mes después de su salida de Egipto, toda la comunidad de los israelitas llegó al desierto de Sin, que está entre Elim y el Sinaí.

2 En el desierto, los israelitas comenzaron a protestar contra Moisés y Aarón. 3 «Ojalá el Señor nos hubiera hecho morir en Egipto —les decían—, cuando nos sentábamos delante de las ollas de carne y comíamos pan hasta saciarnos. Porque ustedes nos han traído a este desierto a morir de hambre».

4 Y el Señor dijo a Moisés: «Haré caer pan desde el cielo, y el pueblo saldrá a recoger su ración diaria. Así los pondré a prueba, para ver si caminan de acuerdo con mi ley. 5 El sexto día de la semana, cuando preparen lo que hayan juntado, tendrán el doble de lo que recojan cada día».

6 Moisés y Aarón dijeron a todos los israelitas: «Esta tarde ustedes sabrán que ha sido el Señor el que los hizo salir de Egipto, 7 y por la mañana verán la gloria del Señor, ya que el Señor los oyó protestar contra él. Porque ¿qué somos nosotros para que nos hagan estos reproches?». 8 Y Moisés añadió: «Esta tarde el Señor les dará carne para comer, y por la mañana hará que tengan pan hasta saciarse, ya que escuchó las protestas que ustedes dirigieron contra él. Porque ¿qué somos nosotros? En realidad, ustedes no han protestado contra nosotros, sino contra el Señor».

9 Moisés dijo a Aarón: «Da esta orden a toda la comunidad de los israelitas: Preséntense ante el Señor, porque él ha escuchado sus protestas». 10 Mientras Aarón les hablaba, ellos volvieron su mirada hacia el desierto, y la gloria del Señor se apareció en la nube. 11 Y el Señor dijo a Moisés: 12 «Yo escuché las protestas de los israelitas. Por eso, háblales en estos términos: "A la hora del crepúsculo ustedes comerán carne, y por la mañana se saciarán de pan. Así sabrán que yo, el Señor, soy su Dios"». 13 Aquella misma tarde se levantó una bandada de codornices que cubrieron el campamento, y a la mañana siguiente había una capa de rocío alrededor de él. 14 Cuando esta se disipó, apareció sobre la superficie del desierto una cosa tenue y granulada, fina como la escarcha sobre la tierra. 15 Al verla, los israelitas se preguntaron unos a otros: «¿Qué es esto?». Porque no sabían lo que era.

Y Moisés les explicó: «Este es el pan que el Señor les ha dado como alimento. 16 El Señor les manda que cada uno recoja lo que necesita para comer, según la cantidad de miembros que tenga cada familia, a razón de un gomer por persona; y que cada uno junte para todos los que viven en su tienda de campaña». 17 Así lo hicieron los israelitas, y mientras unos juntaron mucho, otros juntaron poco. 18 Pero cuando lo midieron, ni los que habían recogido mucho tenían más, ni los que habían recogido poco tenían menos. Cada uno tenía lo necesario para su sustento.

19 Además, Moisés les advirtió: «Que nadie reserve nada para el día siguiente». 20 Algunos no le hicieron caso y reservaron una parte; pero se llenó de gusanos y produjo un olor nauseabundo. Moisés se irritó contra ellos, 21 y a partir de entonces, lo recogían todas las mañanas, cada uno de acuer-

VIVE LA PALABRA

Dios camina contigo

«¡Yo, el Señor, soy el que te da la salud!» (Ex 15 26). Los israelitas, recién liberados de la esclavitud, están aprendiendo a vivir su libertad y a conocer a Dios, su libertador. Su camino es largo, con dificultades, cansancio, sed y hambre. Necesitan un impulso para seguir adelante. Dios va con ellos; él los sacó de Egipto, los acompaña en el camino y los introducirá en la Tierra prometida; les envía el maná y las codornices, y les ofrece agua para beber.

En ocasiones la vida se compara con un viaje en el que hay dificultades. ¡Qué alegría saber que Dios nos acompaña! Este cuidado tierno y amoroso de Dios es reconocido en muchos pueblos como «la divina providencia».

Cuando el camino se vuelve difícil, redobla tu confianza, ora a Dios por su divina providencia y déjate guiar por él.

Ex 15 22 – 17 7

EX

do con sus necesidades; y cuando el sol comenzaba a calentar, se derretía.

El maná y el sábado

Ex 20 8-11; 31 12-17; Nm 11 7; Sal 78 24-25

22 Como la ración de alimento que recogieron el sexto día de la semana resultó ser el doble de la habitual —dos gómeres por persona— todos los jefes de la comunidad fueron a informar a Moisés.
23 Él les dijo: «El Señor dice lo siguiente: Mañana es sábado, día de descanso consagrado al Señor. Cocinen al horno o hagan hervir la cantidad que ustedes quieran, y el resto guárdenlo para mañana».
24 Ellos lo guardaron para el día siguiente, como Moisés les había ordenado; pero esta vez no dio mal olor ni se llenó de gusanos.
25 Y Moisés les dijo: «Hoy tendrán esto para comer, porque este es un día de descanso en honor del Señor, y en el campo no encontrarán nada.
26 Ustedes lo recogerán durante seis días, pero el séptimo día, el sábado, no habrá nada».
27 A pesar de esta advertencia, algunos salieron a recogerlo el séptimo día, pero no lo encontraron.
28 El Señor dijo a Moisés: «¿Hasta cuándo se resistirán a observar mis mandamientos y mis leyes?
29 El Señor les ha impuesto el sábado, y por eso el sexto día les duplica la ración. Que el séptimo día todos permanezcan en su sitio y nadie se mueva del lugar donde está».
30 Y el séptimo día, el pueblo descansó.

31 La casa de Israel llamó «maná» a ese alimento. Era blanco como la semilla de cilantro y tenía un gusto semejante al de las tortas amasadas con miel.

El maná conservado en el Arca

Heb 9 4; Jos 5 12

32 Después Moisés dijo: «El Señor ordena lo siguiente: Llenen un gomer y consérvenlo para que sus descendientes vean el ali-

ASIÁTICOAMERICANO

El maná y el arroz

El arroz es símbolo de nuestra vida.
Comemos arroz a diario.
Hay muchas clases de arroz.
Pero somos una sola comunidad
al comer arroz.

El arroz es símbolo de celebración.
Al cosechar arroz expresamos nuestra alegría.
Hay muchos sufrimientos en Asia.
Pero anticipamos el tiempo de
la celebración cósmica.[3]

Este poema japonés de Massao y Fumiko Takenaka expresa cómo se aprecia el arroz —la comida básica de los asiáticos— los une como pueblo y les recuerda que hay que vivir alegres. El maná unió a los israelitas de forma similar y les dio una razón para celebrar la vida, a pesar de las pruebas que estaban sufriendo.

¿Qué tipo de comida te une con tus amigos o tu familia? ¿Qué relación existe entre el maná, el arroz y la Eucaristía?

Ex 16 1-36

COMPRENDE LOS SÍMBOLOS

El maná

Es signo de la protección cercana de Dios con su pueblo; con el maná, Dios fortalece su fe y le exige confianza y fidelidad. Se conservaba una ración de maná en el arca junto con las tablas de la ley. El maná es figura de la Eucaristía, verdadero pan del cielo que da la Vida eterna, y del banquete al final de los tiempos.

mento que les di de comer cuando los hice salir de Egipto». 33 Y Moisés dijo a Aarón: «Toma un recipiente, coloca en él un gomer y depositalo delante del Señor, a fin de conservarlo para las generaciones futuras». 34 Aarón puso en el recipiente la cantidad de maná que el Señor había ordenado a Moisés, y lo depositó delante del Arca del Testimonio, a fin de que se conservara.

35 Los israelitas comieron el maná durante cuarenta años, hasta que llegaron a una región habitada. Así se alimentaron hasta su llegada a los límites de Canaán. 36 Un gomer es la décima parte de una efa.

El agua brotada de la piedra

Nm 20 1-13; Sal 95 8-9; 106 32;
1 Cor 10 4; Nm 20 24; Dt 32 51

17 1 Toda la comunidad de los israelitas partió del desierto de Sin y avanzó por etapas, conforme a la orden del Señor. Cuando acamparon en Refidim, no había agua para beber. 2 Entonces acusaron a Moisés y le dijeron: «Danos agua para que podamos beber». Moisés les respondió: «¿Por qué me acusan? ¿Por qué provocan al Señor?». 3 Pero el pueblo, torturado por la sed, protestó contra Moisés y le decían: «¿Para qué nos hiciste salir de Egipto? ¿Solo para hacernos morir de sed, junto con nuestros hijos y nuestro ganado?».

4 Moisés pidió auxilio al Señor, y le dijo: «¿Cómo tengo que comportarme con este pueblo, si falta poco para que me maten a pedradas?». 5 El Señor respondió a Moisés: «Pasa delante del pueblo, acompañado de algunos ancianos de Israel, y lleva en tu mano el bastón con que golpeaste las aguas del Nilo. Ve, 6 porque yo estaré delante de ti, allá sobre la roca, en Horeb. Tú golpearás la roca, y de ella brotará agua para que beba el pueblo». Así lo hizo Moisés, a la vista de los ancianos de Israel.

7 Aquel lugar recibió el nombre de Masá —que significa «provocación»— y de Meribá —que significa «querella»— a causa de la acusación de los israelitas, y porque ellos provocaron al Señor, cuando dijeron: «¿El Señor está realmente entre nosotros, o no?».

La victoria sobre los amalecitas

Nm 24 20; Dt 25 17-19; 1 Sm 15 2-3

8 Después vinieron los amalecitas y atacaron a Israel en Refidim. 9 Moisés dijo a Josué: «Elige a algunos de nuestros hombres y ve mañana a combatir contra Amalec. Yo estaré de pie sobre la cima del monte, y tendré en mi mano el bastón de Dios». 10 Josué hizo lo que le había dicho Moisés, y fue a combatir contra los amalecitas. Entre tanto, Moisés, Aarón y Jur habían subido a la cima del monte. 11 Y mientras Moisés tenía los brazos levantados, vencía Israel; pero cuando los dejaba caer, prevalecía Amalec. 12 Como Moisés tenía los brazos muy cansados, ellos tomaron una piedra y la pusieron donde él estaba. Moisés se sentó sobre la piedra, mientras Aarón y Jur le sostenían los brazos, uno a cada lado. Así sus brazos se mantuvieron firmes hasta la puesta del sol. 13 De esa manera, Josué derrotó a Amalec y a sus tropas al filo de la espada.

14 El Señor dijo a Moisés: «Escribe esto en un documento como memorial y grábalo en los oídos de Josué: Yo borraré debajo del cielo el recuerdo de Amalec». 15 Luego Moisés edificó un altar, al que llamó «El Señor es mi estandarte». 16 Y exclamó: «Porque una mano se alzó contra el trono del Señor, el Señor está en guerra contra Amalec de generación en generación».

La visita de Jetró a Moisés

Ex 2 16-22; Hch 7 29

18 1 Jetró, sacerdote de Madián y suegro de Moisés, se enteró de todo lo que Dios había hecho en favor de Moisés y de su pueblo Israel, cuando el Señor hizo salir a Israel de Egipto. 2 Él partió junto a Sipora, la espo-

sa de Moisés —que este había hecho regresar
a su casa—, 3 y a sus dos nietos. Uno de ellos
se llamaba Gersón, porque Moisés había dicho: «Fui un emigrante en tierra extranjera»;
4 y el otro se llamaba Eliezer, porque Moisés
había dicho: «El Dios de mi padre es mi
ayuda y me libró de la espada del Faraón».
5 Cuando Jetró, que venía con la esposa y los
hijos de su yerno, llegó al desierto donde había acampado Moisés, junto al monte de
Dios, 6 se hizo anunciar con estas palabras:
«Aquí está Jetró, tu suegro, que viene a verte
acompañado de tu esposa y de tus hijos».
7 Moisés salió enseguida al encuentro de
su suegro, le hizo una profunda reverencia y
lo besó. Después de saludarse entraron en la
tienda. 8 Moisés relató a su suegro todo lo
que el Señor había hecho al Faraón y a los
egipcios a causa de Israel, las dificultades
con que habían tropezado en el camino, y
cómo el Señor los había librado. 9 Jetró manifestó su alegría por todo el bien que el Señor había dispensado a Israel, librándolo
del poder de Egipto, 10 y exclamó: «Bendito
sea el Señor que los libró de las manos de
los egipcios y de las manos del Faraón.
11 Ahora sé que el Señor es más grande que
todos los dioses, porque él salvó a su pueblo del poder de los egipcios, a causa de la
arrogancia con que estos lo trataron». 12 Luego Jetró ofreció un holocausto y sacrificios a
Dios, y Aarón y todos los ancianos de Israel
fueron a participar de la comida con el suegro de Moisés, en la presencia de Dios.

La institución de los jueces

Dt 1 9-18; Nm 11 14.16-17

13 Al día siguiente, Moisés se sentó para
juzgar los asuntos que le presentaba el pueblo, mientras la gente permanecía de pie junto a él, de la mañana a la noche. 14 Su suegro,
al ver todo lo que él hacía por el pueblo, le
preguntó: «¿Qué significa eso que haces con
el pueblo? ¿Por qué lo haces tú solo, mientras la gente se queda de pie junto a ti, de la
mañana a la noche?». 15 Moisés respondió a
su suegro: «Esa gente acude a mí para consultar a Dios. 16 Cuando tienen un pleito,
acuden a mí. Yo decido quién tiene razón, y
les doy a conocer los preceptos de Dios y sus
leyes». 17 El suegro de Moisés le dijo: «Lo que
haces no está bien. 18 Así quedarán agotados,
tú y todo el pueblo que está contigo. Esa tarea es demasiado pesada para ti, y tú solo no
puedes realizarla. 19 Ahora escúchame. Yo te
daré un consejo, y que Dios esté contigo. Tú
debes representar al pueblo delante de Dios
y exponerle los asuntos de la gente. 20 Al mismo tiempo, tienes que inculcarles los preceptos y las leyes de Dios, y enseñarles el camino
que deben seguir y la manera como deben
comportarse. 21 Pero además tienes que elegir,
entre todo el pueblo, a algunos hombres capaces, temerosos de Dios, dignos de confianza e insobornables, para constituirlos jefes
del pueblo: jefes de mil, de cien, de cincuenta y de diez personas. 22 Ellos administrarán
justicia al pueblo. Si hay algún caso difícil,
que te lo traigan a ti, pero que juzguen por sí
mismos los casos menores. De esa manera,
se aliviará tu carga, y ellos la compartirán
contigo. 23 Si obras así, y Dios te da sus órdenes, tú podrás resistir y todo este pueblo regresará en paz a sus hogares».
24 Moisés siguió el consejo de su suegro y
puso en práctica todo lo que él le había indicado. 25 Entre todos los israelitas, eligió a
algunas personas capaces, y las puso como
jefes del pueblo: jefes de mil, de cien, de
cincuenta y de diez personas, 26 que administraban justicia al pueblo. Ellos presentaban a Moisés los asuntos difíciles, y juzgaban por sí mismos las cuestiones menores.
27 Luego Moisés despidió a su suegro, y este regresó a su país.

ENTRA EN ORACIÓN

Interceder es orar por otros

Los amalecitas simbolizan a todos los enemigos de los israelitas. La intercesión de Moisés ante Dios es factor decisivo en su batalla contra ellos. Ora con la misma confianza que Moisés:

Señor, tú quieres que siempre te pidamos ayuda con confianza. Se conmueve tu corazón cuando intercedemos por otros, como lo demuestras al escuchar la oración de Moisés con los brazos en alto.

La oración es una energía espiritual capaz de hacer una diferencia. La ciencia lo reconoce, aun cuando no puede explicarlo. Nosotros sabemos la razón: ¡Tú eres nuestro Dios, en verdad nos escuchas!

Como Moisés, quien te expresó su preocupación por el resultado de la batalla, te pido que termine la violencia y la injusticia en el mundo. ¡Bendícenos y ayúdanos a todos! Amén.

Ex 17 8-15

VIVE LA PALABRA

Compartir responsabilidades

Lee Éxodo 18 13-26. Este pasaje en que Moisés recibe el consejo de un anciano sabio nos da una gran lección. Tú eres un/a joven responsable; quizá eres líder en tu familia o tu grupo. Si te gusta el liderazgo puedes llegar a pensar que eres indispensable y no ves que otras personas también pueden ser líderes. Esta postura es peligrosa. ¿Con quién te identificas?

- ¿Con Moisés, al sentirse importante por tanta gente que reclama su atención?
- ¿Con Jetró, que con sabiduría ve lo que pasa y es capaz de ofrecer un consejo?
- ¿Con alguien del pueblo, que espera que Moisés tenga unos minutos para exponerle su problema?
- ¿Con alguno de los jueces, que escogió Moisés para asegurarse de que los israelitas tuvieran justicia en sus asuntos?

Un líder que comparte su responsabilidad con alguien le dice: «Te tengo confianza, te necesito. Estamos juntos en esto». Cuando Dios te dé una misión de liderazgo, comparte tu responsabilidad con otros: será mejor para ti y para aquellas personas que guías.

Ex 18 13-26

EX

LA ALIANZA DEL SINAÍ

Ofrecimiento de la Alianza

Dt 32 11; 10 14-15; 1 Pe 2 9; Ap 5 10; Jos 24 16-24; Heb 12 20

19 [1]El primer día del tercer mes, después
de su salida de Egipto, los israelitas
llegaron al desierto del Sinaí. [2]Habían partido de Refidim, y cuando llegaron al desierto del Sinaí, establecieron allí su campamento. Israel acampó frente al monte.
[3]Moisés subió a encontrarse con Dios.
El Señor lo llamó desde el monte y le dijo:
«Habla en estos términos a la casa de Jacob
y anuncia este mensaje a los israelitas:

[4]"Ustedes han visto cómo traté a Egipto,
y cómo los conduje sobre alas de águila
y los traje hasta mí.
[5]Ahora, si escuchan mi voz
y observan mi alianza,
serán mi propiedad exclusiva
entre todos los pueblos,
porque toda la tierra me pertenece.
[6]Ustedes serán para mí
un reino de sacerdotes
y una nación santa".

Estas son las palabras que transmitirás a
los israelitas».
[7]Moisés fue a convocar a los ancianos de
Israel y les expuso todas estas palabras, como el Señor se lo había ordenado. [8]El pueblo respondió al unísono: «Estamos decididos a poner en práctica todo lo que ha
dicho el Señor». Y Moisés comunicó al Señor la respuesta del pueblo.
[9]El Señor dijo a Moisés: «Yo vendré a
encontrarme contigo en medio de una nube densa, para que el pueblo pueda escuchar cuando yo te hable, y también así te
creerán para siempre». Y Moisés comunicó
al Señor las palabras del pueblo. [10]Luego
añadió: «Ve adonde está el pueblo y ordénales que se purifiquen hoy y mañana.
Que laven sus vestidos [11]y estén preparados para pasado mañana. Porque al tercer
día el Señor descenderá sobre el monte del
Sinaí, a la vista de todo el pueblo. [12]Fija
también un límite alrededor del pueblo, y
adviérteles: "Cuídense de subir al monte y
hasta de tocar sus bordes, porque todo el
que toque el monte será castigado con la
muerte. [13]Pero nadie pondrá su mano sobre el culpable, sino que deberá ser apedreado o muerto a flechazos; sea hombre
o animal, no quedará vivo. Y cuando suene la trompeta, ellos subirán al monte"».
[14]Moisés bajó del monte y ordenó al
pueblo que se sometiera a las purificaciones rituales. Todos lavaron sus vestidos, [15]y
luego les dijo: «Estén preparados para pasado mañana. Mientras tanto, no se acerquen a una mujer».

La teofanía

Dt 5 2-5.25-31; 4 10-14; Mt 28 1

[16]Al amanecer del tercer día, hubo truenos
y relámpagos, una nube densa cubrió el monte y se oyó un fuerte sonido de trompeta. Todo el pueblo que estaba en el campamento se
estremeció de temor. [17]Moisés hizo salir al

SERÁN PARA MÍ
UN REINO DE SACERDOTES
Y UNA NACIÓN SANTA.
Ex 19 6

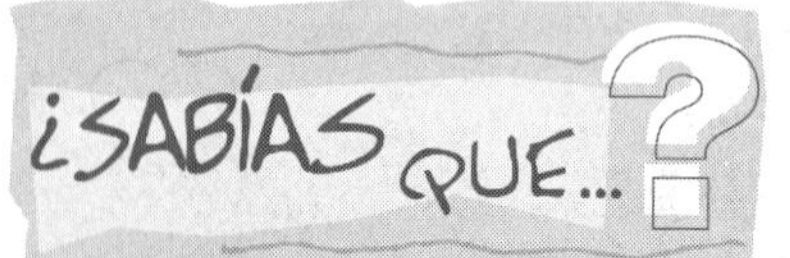

La alianza con el Pueblo de Dios

Dios se reveló al pueblo de Israel en la montaña humeante, entre relámpagos y estruendo de trompetas. Le propuso ser el pueblo de su propiedad; «un reino de sacerdotes y una nación santa», para establecer una alianza con él (Ex 19 5-6). Las revelaciones en que Dios se da a conocer, como en este caso, mediante signos visibles, se llaman *teofanías*. Ver Vocabulario bíblico: Teofanía.

La revelación de Dios en la Nueva Alianza es muy distinta. Dios se manifiesta pequeño y humilde; solidario con los pobres y salvador de pecadores; invitándonos a adorarlo entre arrullos maternos y cantos de ángeles. La alianza del Sinaí es figura de la Nueva Alianza establecida con Cristo como mediador y con la Iglesia como nuevo Pueblo de Dios.

Dios quiere que este nuevo pueblo, constituido por todos los cristianos, cumpla una misión sacerdotal y profética con fidelidad al nuevo mandamiento de Jesús, el amor. *¡Qué consolador es ser de tu propiedad! ¡Qué grande es que nos invites a ser sacerdotes mediadores entre tú y tu pueblo! ¡Qué maravilloso tu llamado a ser santos! ¡Gracias, gracias, gracias!*

Ex 19 – 20

pueblo del campamento para ir al encuentro
de Dios, y todos se detuvieron al pie del monte. 18 El monte Sinaí estaba cubierta de humo,
porque el Señor había bajado a ella en el fuego. El humo se elevaba como el de un horno,
y todo el monte temblaba con violencia. 19 El
sonido de la trompeta se hacía cada vez más
fuerte. Moisés hablaba, y el Señor le respondía con el fragor del trueno. 20 El Señor bajó al
monte Sinaí, a la cumbre del monte, y ordenó a Moisés que subiera a la cumbre. Moisés
subió, 21 y el Señor le dijo: «Baja y ordena al
pueblo que no traspase los límites para ver
al Señor, porque muchos de ellos perderían la
vida. 22 Incluso los sacerdotes que se acerquen
al Señor deberán purificarse, para que el Señor no les quite la vida». 23 Moisés le respondió: «El pueblo no se atreverá a subir al monte Sinaí, porque tú se lo prohibiste cuando
mandaste poner un límite alrededor del
monte y declararlo sagrado». 24 El Señor le dijo: «Baja enseguida y vuelve después en compañía de Aarón. Pero que los sacerdotes y el
pueblo no traspasen los límites para subir
adonde está el Señor, no sea que él les quite
la vida». 25 Moisés bajó adonde estaba el pueblo y les dijo todas estas cosas.

Los diez mandamientos

Dt 5 6-22; Lv 19 1-18; Mt 5 17-48; 19 16-22; Dt 4 15-20; Lv 23 3; Nm 15 32-36; Lc 13 14; Eclo 3 1-16; Ef 6 2-6; Rom 13 9; Sant 2 11; Lv 20 10

20 1 Y dijo Dios todas estas palabras:
2 Yo soy el Señor, tu Dios, que te hice
salir de Egipto, de un lugar de esclavitud.
3 No tendrás otros dioses delante de mí.
4 No te harás ninguna escultura y ninguna
imagen de lo que hay arriba, en el cielo, o
abajo, en la tierra, o debajo de la tierra, en las
aguas. 5 No te postrarás ante ellas, ni les rendirás culto; porque yo soy el Señor, tu Dios,
un Dios celoso, que castigo la maldad de los
padres en los hijos, hasta la tercera y cuarta
generación, si ellos me aborrecen; 6 y tengo
misericordia a lo largo de mil generaciones,
si me aman y cumplen mis mandamientos.
7 No pronunciarás en vano el nombre
del Señor, tu Dios, porque él no dejará sin
castigo al que lo pronuncie en vano.
8 Acuérdate del día sábado para santificarlo. 9 Durante seis días trabajarás y harás
todas tus tareas; 10 pero el séptimo es día de
descanso en honor del Señor, tu Dios. En
él no harán ningún trabajo, ni tú, ni tu hijo, ni tu hija, ni tu esclavo, ni tu esclava, ni
tus animales, ni el extranjero que reside en
tus ciudades. 11 Porque en seis días el Señor
hizo el cielo, la tierra, el mar y todo lo que
hay en ellos, pero el séptimo día descansó.
Por eso el Señor bendijo el día sábado y lo
declaró santo.
12 Honra a tu padre y a tu madre, para
que tus días sean muchos en la tierra que
el Señor, tu Dios, te da.
13 No matarás.
14 No cometerás adulterio.
15 No robarás.
16 No darás falso testimonio contra tu
prójimo.
17 No codiciarás la casa de tu prójimo:
no codiciarás la mujer de tu prójimo, ni su
esclavo, ni su esclava, ni su buey, ni su asno, ni ninguna otra cosa que le pertenezca.

TENGO MISERICORDIA...
SI ME AMAN Y CUMPLEN
MIS MANDAMIENTOS.

Ex 20 6

¿SABÍAS QUE...?

El decálogo

Dios nos ofrece los diez mandamientos como camino de vida. Se les llama *decálogo*, que significa «diez palabras», y los pone literalmente en nuestras manos, pues podemos contarlos con los dedos. Son principios morales universales en el tiempo y el espacio. Las tres grandes religiones monoteístas: judaísmo, cristianismo e islamismo los consideran cimientos de la comunidad humana.

El decálogo fue para los israelitas un mensaje de libertad, una ley que regía su relación con Dios y con quienes tenían cerca. Los diferenciaba como pueblo «consagrado al Señor» (Dt 7 6), al enfatizar el amor a Dios sobre todas las cosas, y los protegía del culto a dioses falsos y de lesionarse unos a otros, para poder construir una comunidad libre y solidaria.

Jesús habló de los mandamientos en varias ocasiones y con sus enseñanzas los renovó y llevó a plenitud su sentido (Mt 5 17-19; Mc 12 28-34). El *Catecismo de la Iglesia Católica* estructura sus enseñanzas morales según el decálogo. Si todos acogiéramos los preceptos de Dios, ¡qué maravilloso sería el mundo![4]

Ex 20 1-17

El temor del pueblo y la mediación de Moisés

Dt 5 23-31; Heb 12 18-19

18 Al percibir los truenos, los relámpagos
y el sonido de la trompeta, y al ver el monte humeante, todo el pueblo se estremeció
de temor y se mantuvo alejado. 19 Y dijeron
a Moisés: «Háblanos tú y oiremos, pero
que no nos hable Dios, porque moriremos». 20 Moisés respondió al pueblo: «No
teman, porque Dios ha venido a ponerlos
a prueba para infundirles su temor. Así ustedes no pecarán». 21 Y mientras el pueblo
se mantenía a distancia, Moisés se acercó a
la nube oscura donde estaba Dios.

EL CÓDIGO DE LA ALIANZA

El altar

Sal 115; Dt 27 5-7; Jos 8 31

22 El Señor dijo a Moisés:
Di a los israelitas: Ustedes han visto que yo
les hablé desde el cielo. 23 No se fabriquen
dioses de plata o de oro para ponerlos a mi
lado. 24 Me harás un altar de tierra, y sobre él
ofrecerás tus holocaustos y tus sacrificios de
comunión, tus ovejas y tus bueyes. Vendré y
te bendeciré en cualquier lugar donde yo haga que se recuerde mi nombre. 25 Si me edificas un altar de piedra, no lo harás con piedras
talladas, porque al trabajarlas con el hierro,
las profanarás. 26 Tampoco subirás por gradas
a mi altar, para que no se vea tu desnudez.

COMPRENDE LOS SÍMBOLOS

Los diez mandamientos

1. Yo soy el Señor, tu Dios. No tendrás otros dioses delante de mí. 2. No pronunciarás en vano el nombre del Señor, tu Dios. 3. Acuérdate del sábado para santificarlo. 4. Honra a tu padre y a tu madre. 5. No matarás. 6. No cometerás adulterio. 7. No robarás. 8. No darás falso testimonio contra tu prójimo. 9 y 10. No codiciarás la casa de tu prójimo ni su mujer..., ni ninguna otra cosa que le pertenezca.

Los esclavos hebreos

Lv 25 35-46; Dt 15 12-18

21 1 Estas son las leyes que darás a los israelitas:
2 Si compras un esclavo hebreo, él prestará servicios durante seis años, y al séptimo
año, quedará en libertad sin pagar nada. 3 Si
entró solo, saldrá solo; si tenía mujer, su
mujer saldrá con él. 4 Si su dueño le dio una
mujer y ella le dio hijos o hijas, la mujer y
los hijos serán para su dueño, y él se irá solo. 5 Pero si el esclavo declara: «Yo amo a mi
señor, a mi mujer y a mis hijos, y por eso no
quiero quedar en libertad», 6 su dueño lo
presentará delante de Dios, lo acercará a la
puerta de su casa o al poste de la puerta, y le
perforará la oreja con una lezna. Así el esclavo quedará a su servicio para siempre.

EX

[7] Si un hombre vende a su hija como esclava, ella no saldrá en libertad como salen los esclavos. [8] Si después desagrada a su dueño, y él ya no la quiere para sí, permitirá que la rescaten, pero no podrá venderla a extranjeros por haberla defraudado. [9] Si el dueño la destina a su hijo, la tratará según el derecho de las hijas. [10] Si toma para sí otra mujer, no deberá reducir la comida, la ropa y los derechos conyugales de la primera. [11] Y si la priva de estas tres cosas, ella podrá irse sin pagar nada.

Los delitos capitales

Lv 24 17.21; Nm 35 16-34; Dt 19 1-13; Jos 20; 1 Re 1 50; 2 28-34

[12] El que hiera de muerte a un hombre será castigado con la muerte. [13] Si no lo hizo con premeditación, sino que Dios dispuso que cayera bajo su mano, yo te señalaré un lugar donde podrá refugiarse el homicida. [14] Pero si alguien tiene la osadía de matar con alevosía a su prójimo, hasta de mi altar deberás sacarlo para que muera.

[15] El que golpee a su padre o a su madre será castigado con la muerte. [16] El que rapte a un hombre, sea que lo haya vendido o que se lo encuentre en su poder, será castigado con la muerte. [17] El que maldiga a su padre o a su madre será castigado con la muerte.

Las heridas corporales

Lv 24 19-20; Dt 19 21; Mt 5 38-42

[18] Si dos hombres pelean y uno hiere al otro con una piedra o con una azada, pero este último no muere sino que debe guardar cama, [19] el que lo hirió quedará absuelto si el herido se vuelve a levantar y puede andar por fuera, aunque sea apoyándose en un bastón; pero deberá resarcirlo por el tiempo en que permaneció inactivo y hacerlo atender hasta que esté curado.

[20] Si un hombre golpea con un bastón a su esclavo o a su esclava, de tal manera que estos mueren en sus mismas manos, deberán ser vengados. [21] Pero si sobreviven un día o dos, no serán vengados, porque son propiedad suya.

[22] Si unos hombres se pelean, y uno de ellos atropella a una mujer embarazada y le provoca un aborto, sin que sobrevenga ninguna otra desgracia, el culpable deberá pagar la indemnización que le imponga el marido de la mujer, y el pago se hará por arbitraje. [23] Pero si sucede una desgracia, tendrás que dar vida por vida, [24] ojo por ojo, diente por diente, mano por mano, pie por pie, [25] quemadura por quemadura, herida por herida, contusión por contusión.

[26] Si un hombre golpea en un ojo a su esclavo o a su esclava, y lo deja tuerto, lo pondrá en libertad como compensación por el ojo. [27] Y si le hace caer un diente, lo pondrá en libertad como compensación por el diente.

[28] Si un buey embiste a un hombre o a una mujer, y estos mueren, el buey será matado a pedradas y no se comerá su carne; el dueño del buey, en cambio, estará libre de culpa. [29] Pero si el buey solía embestir, y su dueño, aunque advertido, no lo vigiló, en el caso de que ese buey mate a un hombre o a una mujer, será muerto a pedradas, y su dueño también será castigado con la muerte. [30] Si se le impone un precio de rescate, deberá pagar en rescate de su vida todo lo que se le imponga. [31] Si el buey embiste a un muchacho o a una muchacha, se procederá con él conforme a esta misma regla. [32] Y si el buey embiste a un esclavo o a una esclava, el dueño del animal pagará treinta siclos de plata al dueño del esclavo, y el buey será muerto a pedradas.

¿SABÍAS QUE...?

La ley del talión y la pena de muerte

Las sociedades primitivas favorecían la venganza sin medida para ejercer la justicia y obtener respeto (Ex 21 24-25). La *ley del talión*, enunciada en la frase: «ojo por ojo, diente por diente», limita la venganza al hacer sufrir al delincuente un daño igual al que causó.

Entre los israelitas, la misma Ley de Dios, que insiste en el carácter santo de la vida, ordena castigar con la muerte al asesino (21 12). Ten en cuenta que las tribus en el desierto no tenían prisiones ni guardias para la seguridad de la comunidad. Además, es posible que el mismo asesino se juzgara reo de muerte para expiar su delito y que confiara en que al morir se detendría la venganza contra su familia.

La Iglesia católica permite la defensa legítima contra agresores injustos y ve como exigencia del Estado aplicar penas proporcionales a la gravedad del delito.[5] Como hoy en día hay muchos medios para proporcionar seguridad, tanto la Iglesia como la sociedad civil tienden a limitar la aplicación de la pena de muerte e, incluso, piden su abolición.[6]

Ex 21 12-37

Delitos contra la propiedad

2 Sm 12 6; Lv 5 20-26; Dt 22 28-29; Lc 19 8

33 Si alguien abre un pozo, o cava una fosa y no la tapa, y un buey o un asno caen
dentro, 34 el propietario del pozo deberá indemnizar: pagará en efectivo al dueño del
buey o del asno el precio debido, y el animal muerto quedará para él.
35 Si el buey de un hombre embiste al
buey de otro hombre, ocasionándole la
muerte, venderán el buey vivo y se repartirán el importe; y también se repartirán el
animal muerto. 36 Pero si ya era notorio
que el buey embestía con asiduidad, y su
dueño no lo vigiló, este pagará buey por
buey y el animal muerto será para él.
37 Si alguien roba un buey o una oveja y
lo sacrifica o lo vende, deberá restituir cinco animales del ganado mayor por un
buey y cuatro animales del ganado menor
por una oveja.
22 1 Si el ladrón, sorprendido en el momento de forzar una casa, es herido de
muerte, no hay delito de homicidio. 2 Pero
si ya había salido el sol, hay delito de homicidio.
El ladrón está obligado a restituir la totalidad de lo robado; si no dispone de medios
para hacerlo, deberá ser vendido para com-
pensar por su robo. 3 Si lo robado —un buey,
un asno o una oveja— se encuentra vivo en
su poder, tendrá que restituir el doble.
4 Si alguien hace pastar su ganado en un
campo o una viña, y lo deja suelto de manera que este va a pastar también en campo ajeno, deberá indemnizar con los mejores productos de su campo y de su viña.
5 Si un fuego se propaga y alcanza los
matorrales, y así se destruye la cosecha ya
amontonada o la que aún no había sido
segada o el campo, el causante del incendio deberá indemnizar.
6 Si un hombre entrega a otro en depósito dinero o algún objeto, y alguien los roba de la casa de este último, el ladrón, si es
descubierto, restituirá el doble. 7 Si no se
logra descubrir al ladrón, el dueño de la casa se presentará ante Dios para atestiguar
que no ha puesto su mano sobre los bienes
del otro.
8 En todo conflicto referente a un buey,
un asno, una oveja, un traje o cualquier objeto desaparecido, del cual su propietario
pueda decir: «Sin duda es este», el litigio será llevado ante Dios; y aquel a quien Dios
declare culpable, restituirá al otro el doble.
9 Si alguien entrega a otra persona un asno, un buey, una oveja o cualquier otro animal para su custodia, y el animal muere, sufre una fractura o es sustraído en ausencia de
testigos, 10 el depositario deberá jurar por el
Señor que no ha puesto su mano sobre la
propiedad ajena. El propietario aceptará el
juramento, y aquel no estará obligado a indemnizar. 11 Pero si el animal fue robado en
presencia del depositario, deberá indemnizar. 12 Si el animal ha sido despedazado por
una fiera, traerá como testimonio los despojos y no tendrá que indemnizar por él.
13 Si alguien pide prestado un animal, y este sufre una fractura o muere en ausencia de
su dueño, el que lo recibió en préstamo deberá indemnizar. 14 Si su dueño estaba presente, no estará obligado a hacerlo. Si lo había alquilado, le pagará el precio del alquiler.

Leyes morales, sociales y religiosas

Dt 18 9-12; 27 19.21; 10 18-19; 24 17-18;
Lv 25 35-37; Hch 23 5; Dt 23 20-21; 14 21

15 Si un hombre seduce a una mujer virgen que no está desposada y se acuesta con
ella, deberá tomarla por esposa y pagar el
precio debido. 16 Si el padre de la joven se
niega a dársela, el seductor pagará una suma equivalente al precio estipulado para
casarse con una virgen.
17 No dejarás vivir a la hechicera.
18 Quien tenga trato sexual con una bestia, morirá.
19 El que ofrezca sacrificios a otro dios
que no sea el Señor, será apartado.
20 No maltratarás al extranjero ni lo oprimirás, porque ustedes fueron extranjeros
en Egipto.
21 No harás daño a la viuda ni al huérfano. 22 Si les haces daño y ellos me piden auxilio, yo escucharé su clamor. 23 Y arderá mi
ira, y yo los mataré a ustedes con la espada; sus mujeres quedarán viudas, y sus hijos, huérfanos.
24 Si prestas dinero a un miembro de mi
pueblo, al pobre que vive a tu lado, no te
comportarás con él como un usurero, no le
exigirás interés.
25 Si tomas en prenda el manto de tu
prójimo, devuélveselo antes que se ponga
el sol, 26 porque ese es su único abrigo y el
vestido de su cuerpo. De lo contrario, ¿con
qué dormirá? Y si él me invoca, yo lo escucharé, porque soy compasivo.
27 No blasfemarás contra Dios, ni maldecirás a un jefe de tu pueblo.
28 No demorarás en ofrecer las primicias
de la cosecha y de la vendimia. Me darás a
tu hijo primogénito. 29 Lo mismo deberás
hacer con tu ganado mayor y tu ganado

VIVE LA PALABRA

¿Lo harías tú?

«No maltratarás al extranjero ni lo oprimirás, porque ustedes fueron extranjeros en Egipto. No harás daño a la viuda ni al huérfano» (Ex 22 20-21). Estas leyes motivan a los israelitas a cuidar a los extranjeros y desvalidos, recordándoles los abusos que ellos sufrieron en Egipto.

Un día muy frío, cuando Luis y Beto iban a tomar el camión, encontraron a un pobre hombre pidiendo limosna. Beto le dio unas monedas; Luis, después de un momento de duda, se quitó su suéter de lana nuevo y se lo dio al hombre. Beto lo miraba boquiabierto, pues no creía lo que veía. El hombre, con rostro iluminado, se puso el suéter y le dio un abrazo espontáneo a Beto.

Y tú, ¿qué hubieras hecho? Lee Mateo 25 37-40 y compara su mensaje con el de este pasaje del Éxodo.

Ex 22 20-26

menor: el primogénito estará siete días con
su madre, y al octavo día me lo darás.
30 Ustedes estarán consagrados a mí. No
coman la carne de un animal despedazado
por una fiera, sino arrójenla a los perros.

Deberes humanitarios y de justicia

Lv 19 15-16; Dt 1 16-17; 16 18-20; 27 25; Dt 22 1-4.20

23 1 No divulgarás falsos rumores. No te
pondrás de parte del culpable ni darás
testimonio en favor de una injusticia. 2 No
seguirás a la mayoría para hacer el mal, ni
atestiguarás en un proceso plegándote a la
mayoría, para conculcar el derecho. 3 Tampoco favorecerás arbitrariamente al pobre
que está implicado en un pleito.
4 Si encuentras perdido el buey o el asno
de tu enemigo, se los llevarás de inmediato. 5 Si ves al asno del que te aborrece, caído bajo el peso de su carga, no lo dejarás
abandonado; más aún, acudirás a auxiliar-
lo junto con su dueño.
6 No conculcarás el derecho de tu compatriota indigente cuando tenga un pleito.
7 Permanecerás alejado de las causas falsas, y no harás morir al inocente y al que
está en su derecho, porque yo no absolve-
ré al culpable.
8 No te dejes sobornar con regalos, porque el regalo enceguece al que ve con claridad y pervierte las causas de los justos.
9 No oprimirás al extranjero. Ustedes saben muy bien lo que significa ser extranjero, ya que lo fueron en Egipto.

Festividades y leyes litúrgicas

Lv 25 1-7.20-22; Dt 15 1-11; 24 19

10 Durante seis años sembrarás tus tierras
y recogerás sus productos. 11 Al séptimo
año, les darás un descanso y las dejarás sin
cultivar. Allí encontrarán su alimento los
pobres de tu pueblo, y los animales del
campo comerán el resto. Lo mismo harás
con tus viñas y tus olivares.
12 Durante seis días harás tus trabajos, pero el séptimo deberás descansar, a fin de que
reposen tu buey y tu asno, y el hijo de tu esclava y el extranjero tengan un respiro.
13 Ustedes observarán todo lo que les he
dicho. El nombre de otros dioses no mencionarán: no se oirá en boca de ustedes.
14 Tres veces al año celebrarás una fiesta
en mi honor. 15 Celebrarás la fiesta de los
Ácimos. Durante siete días comerás pan sin
levadura, como te lo he mandado, en el
tiempo señalado del mes de Abib, porque
en ese mes saliste de Egipto. Y nadie se presentará ante mí con las manos vacías.
16 También celebrarás la fiesta de la Cosecha, o sea, de las primicias de tus trabajos,
de lo que hayas sembrado en los campos. Y
al comienzo del año, cuando recojas los
frutos de tu trabajo, celebrarás la fiesta de la
Recolección. 17 Todos los varones se presentarán delante del Señor tres veces al año.
18 No acompañarás con pan fermentado
la sangre de mis sacrificios, ni dejarás para
el día siguiente la grasa de la víctima ofrecida en mi fiesta.
19 Llevarás a la Casa del Señor, tu Dios, lo
mejor de los primeros frutos de tu suelo. No
harás cocer un cabrito en la leche de su madre.

Instrucciones sobre la entrada en Canaán

Ex 14 19; 33 2; Is 63 9; Mal 3 1; Dt 28; 12 2-3

20 Yo voy a enviar un ángel delante de ti,
para que te proteja en el camino y te conduzca hasta el lugar que te he preparado.

VOY A ENVIAR UN ÁNGEL DELANTE DE TI, PARA QUE TE PROTEJA EN EL CAMINO. Ex 23 20

21 Respétalo y escucha su voz. No te rebeles contra él, porque no les perdonará las transgresiones, ya que mi Nombre está en él. 22 Si tú escuchas su voz y haces todo lo que yo te diga, seré enemigo de tus enemigos y adversario de tus adversarios. 23 Y mi ángel irá delante de ti y te introducirá en el país de los amorreos, los hititas, los perizitas, los cananeos, los jivitas y los jebuseos, y yo los exterminaré. 24 No te postrarás delante de sus dioses ni los servirás; no imitarás sus costumbres, sino que derribarás y harás pedazos sus piedras conmemorativas. 25 Ustedes servirán al Señor, su Dios, y él bendecirá tu pan y tu agua. Yo apartaré de ti las enfermedades; 26 en tu país ninguna mujer abortará ni será estéril, y colmaré el número de tus días.

27 Yo sembraré el terror delante de ti, llenaré de confusión a los pueblos que encuentres a tu paso, y haré que todos tus enemigos te vuelvan las espaldas. 28 Haré cundir el pánico delante de ti, y él pondrá en fuga delante de ti al jivita, al cananeo y al hitita. 29 Pero no los expulsaré en un solo año, no sea que el país se convierta en un desierto y las bestias salvajes se multipliquen en perjuicio tuyo. 30 Los expulsaré de tu vista poco a poco, hasta que crezcas en número y puedas tomar posesión del país. 31 Extenderé tus dominios desde el mar Rojo hasta el mar de los filisteos, y desde el desierto hasta el Éufrates, porque yo pondré en tus manos a los habitantes del país para que los expulses delante de ti. 32 No harás ningún pacto con ellos ni con sus dioses. 33 Y ellos no deberán permanecer en tu país, para que no te inciten a pecar contra mí. Porque servirías a sus dioses, y quedarías atrapado como por un lazo.

La conclusión de la Alianza

Jos 24 16-24; 2 Re 23 1-3; Jos 4 3-9.20-24; 1 Re 18 31; Mt 26 28; Heb 9 18-20

24 1 El Señor dijo a Moisés: «Sube a encontrarte con el Señor en compañía de Aarón, Nadab y Abihú, y de setenta de los ancianos de Israel, y permanezcan postrados a distancia. 2 Tú serás el único que te acercarás al Señor. Que los demás no se acerquen y que el pueblo no suba contigo».

3 Moisés fue a comunicar al pueblo todas las palabras y mandatos del Señor, y el pueblo respondió a una sola voz: «Estamos decididos a poner en práctica todas las palabras que ha dicho el Señor». 4 Moisés consignó por escrito las palabras del Señor, y a la mañana siguiente, bien temprano, levantó un altar al pie del monte y erigió doce piedras en representación de las doce tribus de Israel. 5 Después designó a un grupo de jóvenes israelitas, y ellos ofrecieron holocaustos e inmolaron terneros al Señor, en sacrificio de comunión. 6 Moisés tomó la mitad de la sangre, la puso en unos recipientes, y derramó la otra mitad sobre el altar. 7 Luego tomó el documento de la alianza y lo leyó delante del pueblo, el cual exclamó: «Estamos resueltos a poner en práctica y a obedecer todo lo que el Señor ha dicho». 8 Y Moisés tomó la sangre y roció con ella al pueblo, y dijo: «Esta es la sangre de la alianza que ahora el Señor hace con ustedes, según lo establecido en estas cláusulas».

9 Luego Moisés subió en compañía de Aarón, Nadab, Abihú y de setenta de los ancianos, 10 y ellos vieron al Dios de Israel. A sus pies había algo así como una plataforma de lapislázuli, resplandeciente como el mismo cielo. 11 Y el Señor no extendió su mano contra esos privilegiados de Israel: ellos vieron a Dios, comieron y bebieron.

Moisés en la cumbre del monte

Ex 31 18; 32 15-16; 34 1.28; Dt 4 13.36; 5 22; 9 9.15; 10 1-5; 19 3.9; Mt 4 2

12 El Señor dijo a Moisés: «Sube hasta mí, al monte, y quédate aquí. Yo te daré las tablas de piedra, con la ley y los mandamientos, que escribí para instruirlos». 13 Y Moisés se levantó junto con Josué, su ayudante, y subió al monte de Dios. 14 Él había dicho a los ancianos de Israel: «Espérennos aquí, hasta nuestro regreso. Con ustedes quedarán Aarón y Jur: el que tenga algún pleito que se dirija a ellos». 15 Y luego subió al monte.

La nube cubrió el monte, 16 y la gloria del Señor se estableció sobre el monte Sinaí, que estuvo cubierto por la nube durante seis días. Al séptimo día, el Señor llamó a Moisés desde la nube. 17 El aspecto de la gloria del Señor era a los ojos de los israelitas como un fuego devorador sobre la cumbre del monte. 18 Moisés entró en la nube y subió al monte. Allí permaneció cuarenta días y cuarenta noches.

LA ORGANIZACIÓN DEL CULTO

Instrucciones para la construcción de la Morada

Ex 35 4-29; 25 40; 26 30; 27 8; 1 Re 7 13-15

25 1 El Señor dijo a Moisés:
2 Ordena a los israelitas que me preparen una ofrenda. Después ustedes la recibi-

EX

¿SABÍAS QUE...?

Ratificación de la alianza

La ratificación de la alianza renueva el compromiso de fidelidad a los mandamientos dados por Dios al pueblo en el Sinaí. En la celebración, Moisés rocía con la sangre el altar que representa a Dios y al pueblo reunido; con este símbolo, Dios y el pueblo quedan unidos de forma vital (ver Símbolo: «La sangre», Lv 8 23). Este rito es figura de la Nueva Alianza, en que Jesús nos une vitalmente al Padre al entregar su Sangre (Mt 26 26-30).

Siglos más tarde los profetas anunciarán la necesidad de una alianza personal, inscrita en el corazón, como medio indispensable para ser fiel a la alianza con Dios. Ese pacto será posible porque el espíritu del Señor fijará en el corazón la ley del amor.

Espíritu del Señor, introduce en mi corazón la fuerza, la luz y el amor que necesito para vivificar mi alianza bautismal, con todas sus exigencias de fidelidad.

Ex 24 1-11

rán de todos aquellos que vengan a traerla de manera voluntaria. 3 Las ofrendas que recogerán son estas: oro, plata y bronce; 4 púrpura violeta, púrpura escarlata y carmesí; lino fino y pelo de cabra; 5 cueros de carnero teñidos de rojo, pieles finas y madera de acacia; 6 aceite para las lámparas, perfumes para el óleo de la unción y para el incienso aromático; 7 piedras de ónix y piedras de engaste para el efod y el pectoral. 8 Con todo esto me harán un Santuario y yo habitaré en medio de ellos. 9 En la construcción de la Morada y de todo su mobiliario te ajustarás a los modelos que te mostraré.

El Arca

Ex 37 1-9; Dt 10 1-5; 1 Re 6 23-30

10 Harás un arca de madera de acacia, que deberá tener ciento veinticinco centímetros de largo por setenta y cinco de ancho y setenta y cinco de alto. 11 La recubrirás de oro puro por dentro y por fuera, y pondrás alrededor de ella, en la parte de arriba, una moldura de oro. 12 También le harás cuatro argollas de oro fundido y se las colocarás en los cuatro extremos inferiores, dos de un lado y dos del otro. 13 Asimismo, harás unas andas de madera de acacia, las revestirás de oro, 14 y las harás pasar por las argollas que están a los costados del arca, para poder transportarla. 15 Las andas estarán fijas en las argollas y no serán quitadas. 16 En el arca pondrás el Testimonio que yo te daré.

17 También harás una tapa de oro puro, de ciento veinticinco centímetros de largo por setenta y cinco de ancho, 18 y en sus dos extremos forjarás a martillo dos querubines de oro macizo. 19 El primer querubín estará en un extremo y el segundo en el otro, y los harás de tal manera que formen una sola pieza con la tapa. 20 Ellos tendrán las alas extendidas hacia arriba, y cubrirán con ellas la tapa; y estarán uno frente a otro, con sus rostros vueltos hacia ella. 21 Después colocarás la tapa sobre la parte superior del arca, y en ella pondrás el Testimonio que yo te daré. 22 Allí me encontraré contigo, y desde allí, desde el espacio que está en medio de los dos querubines, yo te comunicaré mis órdenes para que se las transmitas a los israelitas.

La mesa de los panes de la presencia

Ex 37 10-16; Lv 24 5-9; 1 Re 7 48-50; 1 Sm 21 4-7

23 Tú harás, además, una mesa de madera de acacia, de un metro de largo por medio metro de ancho y setenta y cinco centímetros de alto. 24 La recubrirás de oro fino y le colocarás alrededor una moldura de oro. 25 Luego le pondrás un borde de un palmo de ancho, y adornarás todo el borde con una guirnalda de oro. 26 Después harás cuatro argollas de oro, y las ajustarás a los cuatro ángulos que forman las cuatro patas de la mesa. 27 Las argollas estarán cerca del borde, a fin de que sirvan de sostén a las andas que se usarán para transportar la mesa. 28 Harás las andas de madera de acacia y las recubrirás de oro; ellas servirán para transportar la mesa. 29 También harás fuentes, vasos, jarras y tazas de oro puro para las libaciones. 30 Y sobre la mesa pondrás los panes de la presencia, que estarán siempre ante mí.

La lámpara de siete luces

Ex 37 17-24; Lv 24 2-4; Heb 8 5

31 Harás, asimismo, una lámpara de oro puro. Tanto la base y el tronco de la lámpara como los cálices, los botones y las flores que le servirán de adorno, serán forjados a martillo y formarán una sola pieza. 32 De sus lados saldrán seis brazos: tres de un lado y tres del otro. 33 Cada uno de estos brazos tendrán tres adornos en forma de flor de almendro, los tres con un cáliz, un bo-

COMPRENDE LOS SÍMBOLOS

El Arca de la Alianza

Simboliza el pacto de Dios con su pueblo y la presencia divina que guía, protege, enseña y escucha a los israelitas. El Arca guardaba las tablas del decálogo y es una figura importante de Jesús en el Antiguo Testamento, pues él establece la Nueva Alianza, inscribe su Ley en el corazón y nos lleva a Dios.

tón y una flor. 34 El tronco de la lámpara
tendrá cuatro adornos de esa misma forma,
distribuidos de esta manera: 35 un botón irá
debajo de los dos primeros brazos que salen de él, el otro estará debajo de los dos siguientes, y un tercero, debajo de los dos últimos. 36 Los botones y las flores formarán
una sola pieza con la lámpara, y todo estará hecho con un solo bloque de oro puro,
forjado a martillo. 37 Después harás siete
lámparas y las dispondrás de manera que
envíen la luz hacia delante. 38 Las tenazas
para arreglar los pabilos y sus platillos serán de oro puro. 39 Para hacer la lámpara y
todos estos utensilios se empleará un talento de oro puro. 40 Hazlos conforme al modelo que te fue mostrado en el monte.

La Morada

Ex 36 8-19; 33 7-11; Heb 9 1-5.11.24

26 1 Para la construcción de la Morada
emplearás diez cortinados de lino fino reforzado, de púrpura violeta, púrpura
roja y carmesí, con figuras de querubines
diseñadas artísticamente. 2 Cada cortinado
tendrá catorce metros de largo por dos de
ancho. Todos serán de las mismas dimensiones, 3 y estarán unidos entre sí en dos
grupos de cinco cortinados cada uno. 4 Además, en el borde del último cortinado de la
primera serie, pondrás unas presillas de
púrpura violeta, y lo mismo harás en el
borde del que está en el extremo de la segunda serie. 5 Pondrás cincuenta presillas
en uno y cincuenta en otro, de tal manera
que las presillas se correspondan unas con
otras. 6 Después harás cincuenta ganchos de
oro, y con ellos unirás los cortinados entre
sí, a fin de que la Morada forme un todo.
7 También harás once cortinas de pelo
de cabra, para cubrir la Morada, a manera de
tienda. 8 Cada una de estas cortinas medirá
quince metros de largo por dos de ancho:
todos tendrán las mismas dimensiones.
9 Luego unirás cinco de estas cortinas en
una parte y seis en la otra, y doblarás la sexta cortina sobre el frente de la tienda. 10 Después pondrás cincuenta presillas en el borde del toldo que cierra el primer conjunto,
y otras cincuenta en el borde del que cierra
el segundo conjunto. 11 Además, harás cincuenta ganchos de bronce y los introduci-
rás en las presillas: así unirás la tienda, de
manera que forme un todo.
12 En cuanto a la parte sobrante de las cortinas, la mitad colgará en la parte posterior
de la Morada; 13 y los cincuenta centímetros
que sobran a lo largo de cada lado, colgarán
sobre sus dos costados para cubrirla. 14 Además, tendrás que hacer para la Morada una
cortina de pieles de carnero teñido de rojo,
y encima de ella otra de cueros finos.

El armazón de la Morada

Ex 36 20-34

15 También harás para la Morada unos
bastidores de madera de acacia, dispuestos
de manera vertical. 16 Cada bastidor medirá
cinco metros de largo por setenta y cinco
centímetros de ancho, 17 y tendrá dos espigones ensamblados uno con el otro. Así ar-
marás todos los bastidores de la Morada.
18 Harás veinte de estos bastidores para el lado sur, el que da hacia el Négueb, 19 y cuarenta bases de plata para sostenerlos, o sea,
dos bases debajo de cada bastidor, uno para cada espigón. 20 Para el otro lado de la
Morada, la parte que da hacia el norte, harás también veinte bastidores 21 con sus cuarenta bases de plata; 22 y para el fondo de la
Morada, hacia el oeste, harás seis bastidores,
23 más otros dos para los ángulos de la parte
posterior, 24 que estarán unidos, de abajo hacia arriba, hasta la altura de la primera argolla. Así se hará con los dos bastidores destinados a los dos ángulos. 25 Allí habrá ocho
bastidores con sus dieciséis bases de plata,
dos debajo de cada bastidor.

[26]Además, harás cinco travesaños de madera de acacia para mantener alineados los
bastidores que están a un lado de la Morada, [27]cinco travesaños para los bastidores
del otro costado, y otros cinco para los de
la parte posterior, la que da hacia el oeste.
[28]El travesaño central deberá pasar a media
altura de los bastidores, de un extremo a
otro. [29]Luego recubrirás de oro los bastidores, forjarás unas argollas de oro para pasar
por ellas los travesaños, y a estos últimos
también los recubrirás de oro. [30]Para la
construcción de la Morada tendrás presentes todas las instrucciones que te fueron
dadas en el monte.

El velo del Santuario

Ex 36 35-38; Lv 16 12.15; 2 Cr 3 14;
Mt 27 51; Heb 6 19; 9 3

[31]Harás, asimismo, un velo de púrpura
violeta y escarlata, de carmesí y de lino fino reforzado, con querubines diseñados
artísticamente. [32]Lo colgarás de cuatro columnas de madera de acacia revestidas de
oro, que estarán provistas de unos ganchos
del mismo metal y sostenidas por cuatro
bases de plata. [33]Pondrás el velo debajo de
los ganchos, y detrás de él colocarás el Arca del Testimonio. Así el velo marcará la división entre el Santo y el Santo de los Santos. [34]También colocarás la tapa sobre el
Arca del Testimonio, en el Santo de los
Santos. [35]Fuera del velo, pondrás la mesa, y
frente a ella, en el lado sur de la Morada, la
lámpara. Así la mesa quedará situada sobre
el lado norte.

La cortina de entrada

Ex 38 1-7; 1 Re 8 64; 2 Cr 4 1; Ez 43 13-17

[36]Para la puerta de la Morada harás una
cortina de púrpura violeta y escarlata, de
carmesí y de lino fino reforzado, todo esto
recamado artísticamente. [37]Y para sostener
la cortina harás cinco columnas de madera
de acacia revestidas de oro; sus ganchos
también serán de oro, y las apoyarás sobre
bases de bronce fundido.

El altar de los holocaustos

Ex 38 9-20; Ez 40 17-49

27 [1]Luego harás el altar de madera de acacia; medirá dos metros y medio de
largo por dos metros y medio de ancho, el
altar será cuadrado, y tendrá un metro y medio de alto. [2]En sus cuatro ángulos y de una
sola pieza le harás unos cuernos. Después lo
revestirás de bronce. [3]Le harás recipientes
para recoger las cenizas, y también palas, aspersorios, tenedores y braseros. Todos estos
utensilios serán de bronce. [4]También le harás un enrejado de bronce en forma de red,
y en los cuatro extremos de la red deberás
ajustar otras tantas argollas de bronce. [5]Lue-
go pondrás el enrejado debajo de la parte saliente del altar, de manera que la red llegue
desde abajo hasta la mitad del altar. [6]Le
harás, asimismo, unas andas de madera de
acacia revestidas de bronce. [7]Y cuando haya
que transportar el altar, las andas se pasarán
por las argollas que están a ambos lados de
él. [8]Harás el altar de tablas, hueco por dentro, de la manera que te he mostrado en el
monte.

El atrio de la Morada

[9]También harás el atrio de la Morada. Por
el lado sur, en dirección al Négueb, el atrio
tendrá unas cortinas de lino fino reforzado,
dispuestas a lo largo de cincuenta metros.
[10]Sus veinte columnas se apoyarán sobre
veinte bases de bronce, y estarán provistas
de ganchos y varillas de plata. [11]A lo largo
del lado norte, las cortinas tendrán también
una longitud de cincuenta metros, y estarán
sostenidas por veinte columnas apoyadas
sobre veinte bases de bronce, y provistas de
ganchos y varillas de plata. [12]A lo ancho del
atrio, por el lado oeste, habrá veinticinco
metros de cortinas, con diez columnas y sus
respectivas bases. [13]Y sobre el lado este, hacia el oriente, el ancho del atrio medirá
veinticinco metros. [14]Las cortinas colocadas
a un lado de la entrada medirán siete metros y medio de longitud, y allí habrá tres
columnas y tres bases. [15]Las del otro lado
tendrán las mismas medidas, también con
tres columnas y sus respectivas bases.

El cortinado para la entrada del atrio

[16]Un cortinado de diez metros de largo,
hecho de púrpura violeta y escarlata, de
carmesí y lino fino reforzado, recamado,
hará las veces de puerta. Este cortinado colgará de cuatro columnas apoyadas sobre
cuatro bases. [17]Todas las columnas que rodean el atrio estarán unidas por varillas de
plata; sus ganchos serán de plata y sus bases de bronce. [18]El atrio tendrá cincuenta
metros de largo, por veinticinco de ancho
y dos y medio de alto. Todas sus cortinas
serán de lino fino reforzado y sus bases de
bronce. [19]Los utensilios para el servicio litúrgico de la Morada, lo mismo que sus estacas y las del atrio, serán también de
bronce.

El aceite para el candelero

Lv 24 2-4; 1 Cr 9 29; 1 Sm 3 3

[20] Ordenarás a los israelitas que te traigan aceite puro de olivas machacadas para
el candelabro, a fin de alimentar de forma
constante la lámpara. [21] Aarón y sus hijos lo
deberán preparar en la Tienda del Encuentro, fuera del velo que está delante del Arca del Testimonio, para que arda en la presencia del Señor, desde la tarde hasta la
mañana. Este es un decreto perpetuo para
todas las generaciones de israelitas.

Las vestiduras del Sumo Sacerdote

Ex 39 1-31; Lv 8 6-9; Eclo 45 6-13

28 [1] Entre todos los israelitas, elige a tu
hermano Aarón, y ordénale que se
acerque a ti para que sea mi sacerdote.
Manda que se acerquen también sus hijos
Nadab, Abihú, Eleazar e Itamar. [2] Luego harás las vestiduras sagradas de tu hermano
Aarón, a fin de que esté ataviado con hermosura. [3] Para ello tendrás que recurrir a
los artesanos más competentes, a aquellos
que yo he dotado de una habilidad excepcional, y ellos confeccionarán las vestiduras de Aarón, a fin de que sea consagrado
para ejercer mi sacerdocio. [4] Las vestiduras
que harán son las siguientes: un pectoral,
un efod, un manto, una túnica bordada,
un turbante y una faja. Y cuando hagan las
vestiduras sagradas para que Aarón y sus
hijos puedan cumplir sus funciones sacerdotales, [5] emplearán oro, púrpura violeta y
escarlata, carmesí y lino fino.

El efod y el pectoral

Ex 39 2-7; Ex 28 21; Ap 21 19-20

[6] El efod lo harán de oro, de púrpura violeta y escarlata, de carmesí y lino fino reforzado, todo esto trabajado con belleza. [7] Llevará aplicadas dos hombreras, y así quedará
unido por sus dos extremos. [8] El cinturón
para ajustarlo formará una sola pieza con él
y estará confeccionado de la misma forma:
será de oro, de púrpura violeta y escarlata,
de carmesí y de lino fino reforzado. [9] Después tomarás dos piedras de lapislázuli y
grabarás en ellas los nombres de los hijos de
Israel [10] —seis en una piedra y seis en la
otra— por orden de nacimiento. [11] Para grabar las dos piedras con los nombres de los
hijos de Israel, te valdrás de artistas apropiados, que lo harán de la misma manera que
se graban los sellos. Luego las harás engar-
zar en oro, [12] y las colocarás sobre las hombreras del efod. Esas piedras serán un memorial en favor de los israelitas. Así Aarón
llevará esos nombres sobre sus hombros
hasta la presencia del Señor, para mantener
vivo su recuerdo. [13] Harás, además, los engastes de oro [14] y dos cadenas de oro puro,
trenzadas a manera de cordones, que luego
fijarás en los engastes.
[15] También harás el pectoral del juicio de
Dios, bien trabajado y confeccionado de la
misma manera que el efod. Lo harás de
oro, de púrpura violeta y escarlata, de carmesí y de lino fino reforzado. [16] Deberá ser
cuadrado y de doble paño, de un palmo
de largo y otro de ancho. [17] Lo guarnecerás de
piedras preciosas, dispuestas en cuatro hileras: en la primera habrá un jaspe rojo, un
topacio y una esmeralda; [18] en la segunda,
un rubí, un zafiro y un diamante; [19] en la
tercera, un ágata, una cornalina y una amatista; [20] y en la cuarta, un crisólito, un lapislázuli y un jaspe verde. Todas ellas estarán
engarzadas en oro. [21] Las piedras serán doce
en total, como los nombres de los hijos de
Israel, y cada una llevará grabado el nombre de una de las doce tribus, como se graban los sellos. [22] Además, harás para el pectoral unas cadenas de oro puro, trenzadas a
manera de cordones, [23] y dos argollas de
oro, que luego ajustarás a sus dos extremos
superiores. [24] Sujetarás las dos puntas de las
cadenas de oro en las dos argollas que están en los extremos superiores del pectoral;
[25] y unirás las otras dos puntas a unos engastes, para poder colocarlas sobre las hombreras del efod, por la parte de adelante.
[26] Harás, asimismo, dos argollas de oro y las
ajustarás a los dos extremos inferiores del
pectoral, sobre el borde interior, el que da
hacia el efod. [27] También forjarás otras dos
argollas de oro, adhiriéndolas a las dos hombreras del efod, por la parte de adelante y
bien hacia abajo, o sea, cerca de la costura
y encima del cinturón. [28] Así el pectoral se
podrá sujetar con un cordón de púrpura
violeta entre sus argollas y las argollas del
efod, para que el pectoral quede fijo sobre
el cinturón y no se desprenda del efod.
[29] Cada vez que Aarón entre en el Santuario,
llevará sobre su corazón, en el pectoral del
juicio de Dios, los nombres de los hijos de
Israel, para mantener siempre vivo el recuerdo de ellos en la presencia del Señor.
[30] En el pectoral del juicio de Dios intro-
ducirás el Urim y el Tumim, a fin de que
Aarón los tenga sobre su pecho cuando se
presente delante del Señor. Así Aarón llevará siempre sobre su corazón, en la presencia del Señor, el juicio de Dios para los israelitas.

El manto

Ex 39 22-26; Eclo 45 9

31 También harás el manto del efod, todo
de púrpura violeta. 32 En el centro tendrá
una abertura para que pueda pasar la cabeza; y esa abertura tendrá un dobladillo alrededor, como el cuello de una cota de guerrero, para que no se rasgue. 33 Adornarás el
ruedo con granadas de púrpura violeta y escarlata, de carmesí y de lino fino reforzado,
intercaladas con campanillas de oro. 34 Las
campanillas de oro y las granadas estarán
alternadas, una al lado de otra, a lo largo
de todo el ruedo. 35 Aarón irá revestido del
manto para ejercer su función sacerdotal, y
el sonido de las campanillas tendrá que oírse cuando entre en el Santuario, delante del
Señor, y cuando salga de él. Así no morirá.

El turbante y su flor, la túnica y la faja

Ex 39 30-31; Zac 14 20

36 Además harás una flor de oro puro, y
grabarás en ella, como se graban los sellos:
«Consagrado al Señor». 37 La sujetarás con
una cinta de púrpura violeta, y así quedará fija sobre la parte delantera del turbante. 38 Aarón la llevará sobre su frente, para que pueda
cargar con las faltas que los israelitas cometan al presentar sus ofrendas sagradas; y la
flor estará siempre sobre su frente para que
esas ofrendas sean aceptables al Señor. 39 Teje-
rás la túnica con lino fino, y también harás
un turbante de lino fino y una faja recamada.

Las vestiduras de los sacerdotes

Ex 39 27-29; 20 26

40 Harás túnicas, fajas, y mitras para los hijos de Aarón, a fin de que estén magnífica-
mente ataviados. 41 Así vestirás a tu hermano
Aarón y a sus hijos. Luego los ungirás, los in-
vestirás y los consagrarás para que ejerzan mi
sacerdocio. 42 También les harás unos pantalones de lino para cubrirse desde la cintura
hasta los muslos. 43 Aarón y sus hijos los usarán cuando entren en la Tienda del Encuentro o se acerquen al altar para el culto del
Santuario. De esa manera, no incurrirán en
culpa y no morirán. Este es un decreto irrevocable para Aarón y sus descendientes.

La consagración de Aarón y de sus hijos

Ex 40 12-15; Lv 8; Heb 7 26-28

29 1 Esto es lo que harás para consagrarlos a fin de que ejerzan mi sacerdocio:
toma un novillo y dos carneros sin defecto,
2 y prepara con harina de la mejor calidad
panes ácimos, tortas sin levadura amasadas
con aceite, y galletas sin levadura untadas
con aceite. 3 Colocarás todo eso en una canasta y lo presentarás junto con el novillo y
los dos carneros. 4 Después ordenarás que
Aarón y sus hijos se acerquen a la puerta de
la Tienda del Encuentro y los lavarás con
agua. 5 Tomarás luego las vestiduras y revestirás a Aarón con la túnica, el manto del
efod, el efod y el pectoral, y lo ceñirás con
el cinturón del efod. 6 Le colocarás también el
turbante sobre la cabeza y el signo de su
consagración encima del turbante. 7 Tomarás después el óleo de la unción, lo derramarás sobre su cabeza y lo ungirás con él.
8 Enseguida ordenarás que se acerquen
sus hijos; los vestirás con túnicas, 9 los ceñirás con un cinturón y les ajustarás las mitras. Así el sacerdocio les pertenecerá por
un decreto irrevocable. De esta manera in-
vestirás a Aarón y a sus hijos.

Las ofrendas de la consagración

Lv 7 30-31; Ez 43 18-27; Lv 16 18-20; Nm 4 15.20

10 Acercarás el novillo hasta la Tienda del
Encuentro. Aarón y sus hijos impondrán las
manos sobre su cabeza, 11 y tú lo inmolarás
delante del Señor, a la entrada de la Tienda
del Encuentro. 12 Tomarás un poco de su
sangre, untarás con tu dedo los cuernos del
altar y derramarás todo el resto de la sangre
sobre la base del mismo. 13 Recogerás luego
la grasa que recubre las entrañas, la protuberancia del hígado, los dos riñones y la
grasa que está sobre ellos, y los quemarás
sobre el altar. 14 Pero la carne, el cuero y los
excrementos, los quemarás fuera del campamento. Este es un sacrificio por el pecado.
15 Luego tomarás uno de los carneros, y
Aarón y sus hijos impondrán las manos sobre su cabeza. 16 Una vez que lo hayas inmolado, recogerás su sangre y harás una aspersión alrededor del altar. 17 Dividirás el animal
en pedazos, lavarás sus entrañas y sus patas,
y las colocarás sobre las partes restantes y sobre su cabeza. 18 Después dejarás que todo el
carnero se queme sobre el altar. Este es un
holocausto para el Señor, una ofrenda que se
quema con aroma agradable al Señor.
19 Tomarás luego el segundo carnero, y
Aarón y sus hijos impondrán las manos sobre su cabeza. 20 Una vez que lo hayas inmolado, recogerás un poco de su sangre y
untarás con ella el lóbulo de la oreja derecha de Aarón y el lóbulo de la oreja derecha
de sus hijos, el pulgar de su mano derecha
y el pulgar de su pie derecho. Después harás una aspersión con esta sangre alrededor
del altar. 21 Tomarás un poco de la sangre
que está sobre el altar y un poco del óleo de

la unción, y rociarás con ellos a Aarón y sus
vestiduras, a sus hijos y también sus vestiduras. Así quedarán consagrados Aarón,
sus hijos y las vestiduras de todos ellos.

La investidura de los sacerdotes

22 Luego tomarás la grasa de este carnero:
la grasa de la cola, la que cubre las entrañas,
la protuberancia del hígado, los dos riñones
y la grasa que está sobre ellos, y también la
pata derecha, porque se trata del carnero
ofrecido para la investidura de los sacerdotes. 23 Recogerás además un pan redondo,
una torta cocida en aceite y una galleta de la
canasta de los panes ácimos, que está delante del Señor; 24 depositarás todo esto en
las manos de Aarón y de sus hijos, y realizarás el gesto de presentación delante del Señor. 25 Recogerás todo esto y lo quemarás sobre el altar junto con el holocausto, como
perfume agradable al Señor. Esta es una
ofrenda que se quema para el Señor.
26 Tomarás también el pecho del carnero
que se inmola para la investidura de Aarón
y realizarás con él el gesto de presentación
delante del Señor. Esta será tu parte. 27 Tú
santificarás el pecho de la presentación y la
pierna de la ofrenda, es decir, la parte presentada y ofrecida del carnero inmolado
con motivo de la investidura de Aarón y de
sus hijos. 28 Esta será la parte que Aarón y sus
hijos recibirán de los israelitas, según un decreto irrevocable. Porque es una ofrenda
que los israelitas deberán separar de sus sacrificios de comunión, como ofrenda reservada al Señor.
29 Las vestiduras sagradas de Aarón pasarán después a sus hijos, que las vestirán al
recibir la unción y la investidura. 30 Y el hijo
que lo suceda como sacerdote, cuando entre
en la Tienda del Encuentro para el culto del
Santuario, las vestirá durante siete días.

El banquete sagrado

31 Después tomarás el carnero ofrecido
para la investidura y harás cocinar su carne
en el recinto sagrado. 32 Aarón y sus hijos comerán la carne y el pan de la canasta, a la
entrada de la Tienda del Encuentro. 33 Comerán aquello que sirvió para su expiación
cuando fueron investidos y consagrados.
Ningún extraño deberá comer con ellos,
porque son cosas santas. 34 Si queda para el
día siguiente algo de carne o de pan, deberás quemar ese resto. Nadie lo comerá, porque es una cosa santa.
35 Esto es lo que harás con Aarón y sus
hijos, conforme a todo lo que yo te he ordenado. La ceremonia de su investidura
durará siete días.

La consagración del altar de los holocaustos

36 Cada uno de esos días ofrecerás un
novillo como sacrificio de expiación por el
pecado; lo ofrecerás sobre el altar para expiar por él y lo ungirás para consagrarlo.
37 Durante siete días harás la expiación por
el altar y lo consagrarás. Así el altar será algo santísimo, y todo aquello que lo toque
quedará consagrado.

El holocausto cotidiano

Nm 28 3-8; Lv 6 2-6; Ez 46 13-15

38 Cada día ofrecerás sobre el altar dos corderos de un año, y esto en forma permanente. 39 Ofrecerás uno a la mañana y otro a
la hora del crepúsculo. 40 Con el primer cordero ofrecerás también la décima parte de
una medida de harina de la mejor calidad,
amasada con un litro sesenta de aceite puro
de oliva, y una libación consistente en un litro sesenta de vino. 41 El otro cordero lo ofrecerás a la hora del crepúsculo, con una oblación y una libación iguales a las de la
mañana, como aroma agradable, como
ofrenda que se quema para el Señor. 42 Este
es un holocausto que se ofrecerá por siempre de generación en generación, en la presencia del Señor, a la entrada de la Tienda
del Encuentro. Porque es allí donde me encontraré contigo para hablarte. 43 Allí también me encontraré con los israelitas, y ese
lugar será consagrado por mi gloria. 44 Yo
consagraré la Tienda del Encuentro y el altar.
También consagraré a Aarón y a sus hijos
para que sean mis sacerdotes. 45 Yo habitaré
en medio de los israelitas y seré su Dios. 46 Y
ellos sabrán que yo, el Señor, soy su Dios, el
que los hice salir de Egipto para habitar en
medio de ellos. Yo soy el Señor, su Dios.

El altar de los perfumes

Ex 37 25-28; 1 Re 6 20-21; Ez 41 22; Ap 8 3-5

30 1 También harás un altar para quemar
el incienso. Lo harás de madera de acacia, 2 de cincuenta centímetros de largo por
cincuenta de ancho, será cuadrado. Tendrá
un metro de alto. Sus cuernos formarán una
sola pieza con él. 3 Recubrirás de oro puro su
parte superior, sus costados y sus cuernos, y
le colocarás alrededor una moldura de oro.
4 Luego le harás unas argollas de oro, y las
pondrás debajo de la moldura, dos de un lado y dos del otro, a fin de pasar por ellas las
andas que servirán para transportarlo. 5 Estas
últimas las harás de madera de acacia y las re-

cubrirás de oro. 6 Después pondrás el altar delante del velo que oculta el Arca del Testimonio, frente a la tapa que está sobre el arca, allí donde yo me encontraré contigo. 7 Todas las mañanas, al preparar las lámparas, Aarón deberá quemar en él incienso aromático; 8 y a la hora del crepúsculo, cuando vuelva a arreglar las lámparas, lo volverá a hacer. Y ustedes presentarán cada día delante del Señor esta ofrenda de incienso aromático, a través de las generaciones. 9 No ofrecerán sobre él incienso profano, ni holocaustos, ni oblaciones, ni derramarán sobre él ninguna libación. 10 Una vez al año, Aarón realizará el rito de expiación sobre los cuernos del altar. Con la sangre del sacrificio ofrecido el día de la Expiación, hará el rito de expiación a lo largo de las generaciones. Este altar es una cosa santísima, consagrada al Señor.

El impuesto para el Santuario

Ex 38 26-28; Nm 1 2-43; Mt 17 24

11 El Señor habló a Moisés y le dijo:

12 Cuando hagas un censo de los israelitas, cada uno pagará al Señor el rescate de su vida, para que no recaiga sobre ellos ninguna calamidad con ocasión del empadronamiento. 13 La cantidad que pagarán todos los que sean sometidos al censo será medio siclo, según el peso de los siclos del Santuario; y este será un tributo reservado al Señor. 14 Todos los que sean sometidos al censo, o sea, los que tengan más de veinte años, pagarán la ofrenda reservada al Señor. 15 El rico no dará más de medio siclo, ni el pobre menos, para cumplir con el impuesto debido al Señor en rescate de sus vidas. 16 Tú recibirás de los israelitas el dinero del rescate y lo destinarás para el servicio de la Tienda del Encuentro. Eso servirá de memorial delante del Señor, en favor de los israelitas, para el rescate de sus vidas.

La fuente de bronce

Ex 38 8; 1 Re 7 23-26.38-39

17 El Señor habló a Moisés en estos términos:

18 Harás una fuente de bronce, con su base también de bronce, para las abluciones. La pondrás entre la Tienda del Encuentro y el altar, y la llenarás de agua, 19 para que en ella se laven los pies Aarón y sus hijos. 20 Se lavarán cuando entren en la Tienda del Encuentro, para no morir. Y harán lo mismo antes de acercarse al altar a presentar la ofrenda que se quema para el Señor. 21 Se lavarán las manos y los pies, para no morir. Este es un decreto irrevocable para Aarón y sus descendientes, a través de las generaciones.

El óleo de la unción

Ex 37 29; 40 9-15; Lv 8 10-12; 1 Sm 10 1

22 El Señor habló a Moisés y le dijo:

23 Consigue especies aromáticas de la mejor calidad: quinientos siclos de mirra pura, la mitad —o sea, doscientos cincuenta siclos— de cinamomo, doscientos cincuenta siclos de caña aromática, 24 quinientos siclos de casia —todo esto en siclos del Santuario— y siete litros de aceite de oliva; 25 y prepara con ellos una mezcla aromática, como lo sabe hacer el fabricante de perfumes. Este será el óleo para la unción sagrada. 26 Con él deberás ungir la Tienda del Encuentro, el Arca del Testimonio, 27 la mesa con todos sus utensilios, la lámpara con sus accesorios, el altar de los perfumes, 28 el altar de los holocaustos con todos sus accesorios y la fuente con su base. 29 Así los consagrarás, y serán una cosa santísima. Todo aquello que los toque quedará consagrado. 30 También ungirás a Aarón y a sus hijos, y los consagrarás para que ejerzan mi sacerdocio. 31 Luego hablarás a los israelitas en estos términos: Ustedes emplearán este óleo para la unción sagrada, a lo largo de sus generaciones. 32 Él no será derramado sobre el cuerpo de ningún hombre y no se hará ningún otro que tenga la misma composición. Es una cosa santa, y como tal deberán considerarlo. 33 El que prepare una mezcla semejante o derrame el óleo sobre un extraño, será excluido de su pueblo.

El incienso sagrado

Ex 37 29; Lv 16 12-13; Sal 141 2; Ap 5 8; 8 4

34 El Señor dijo a Moisés:

Toma las siguientes sustancias aromáticas en cantidades iguales: resina, ámbar, gálbano perfumado e incienso puro, 35 y mezcla todo eso, como lo hace un fabricante de perfumes, para hacer un perfume salado, puro y santo. 36 Reduce a polvo una parte de él y colócala delante del Arca del Testimonio, en la Tienda del Encuentro, o sea, en el lugar donde yo me encontraré contigo. Esto será para ustedes una cosa santísima, 37 y no harán ningún otro que tenga la misma composición. Deberás considerarlo algo consagrado al Señor. 38 Cualquiera que prepare otro semejante para aspirar su fragancia, será excluido de su pueblo.

Los obreros para la construcción del Santuario

Ex 35 30 – 36 7; 1 Re 7 13-14

31 1 El Señor habló a Moisés y dijo:
2 Yo designé a Besalel —hijo de Urí, hijo de Jur, de la tribu de Judá— 3 y lo lle-

né del espíritu de Dios, para conferirle habilidad, talento y experiencia en la ejecución de toda clase de trabajos: 4 tanto para
idear proyectos y realizarlos en oro, plata o
bronce, 5 como para labrar piedras de engaste, tallar la madera o hacer cualquier
otro trabajo. 6 Junto con él puse a Oholiab,
hijo de Ajisamac, de la tribu de Dan, y do-
té de una habilidad especial a todos los artesanos, a fin de que puedan ejecutar lo
que les he ordenado, a saber: 7 la Tienda
del Encuentro, el Arca del Testimonio, la
tapa que la cubre y todo el mobiliario del
Santuario; 8 la mesa con sus utensilios, la
lámpara de oro puro con todos sus accesorios, y el altar de los perfumes; 9 el altar de
los holocaustos y todos sus utensilios, y la
fuente con su base; 10 las vestiduras litúrgicas y las vestiduras sagradas para el sacerdote Aarón y las que usarán sus hijos para
las funciones sacerdotales; 11 el óleo de la
unción y el incienso aromático para el Santuario. En la ejecución de todas estas cosas,
ellos obrarán conforme a todo lo que yo te
he ordenado.

El sábado

Ex 20 8-11; 35 1-3; Nm 15 32-36; Mt 12 1ss

12 El Señor dijo a Moisés:
13 Habla a los israelitas en los siguientes
términos: No dejen nunca de observar mis
sábados, porque el sábado es un signo entre yo y ustedes, a través de las generaciones, para que ustedes sepan que yo, el Señor, soy el que los santifico. 14 Observarán
el sábado, porque es sagrado para ustedes.
El que lo profane, será castigado con la
muerte. Sí, todo el que haga algún trabajo
ese día será excluido de su pueblo. 15 Durante seis días se trabajará, pero el séptimo
será un día de descanso solemne, consagrado al Señor. El que trabaje en sábado será castigado con la muerte. 16 Los israelitas
observarán el sábado, celebrándolo a través de las generaciones como signo de
alianza eterna. 17 Él será un signo perdurable entre yo y los israelitas, porque en seis
días el Señor hizo el cielo y la tierra, pero
el séptimo día descansó y retomó aliento.
18 Cuando el Señor terminó de hablar
con Moisés, en el monte Sinaí, le dio las
dos tablas del Testimonio, tablas de piedra
escritas por el dedo de Dios.

RUPTURA Y RENOVACIÓN DE LA ALIANZA

El ternero de oro

1 Re 12 25-33; Dt 9 7-21; Os 8 5-6;
Sal 106 19-20; Hch 7 39-41; 1 Cor 10 7

32 1 Cuando el pueblo vio que Moisés de-
moraba en bajar del monte, se congregó alrededor de Aarón y le dijo: «Fabrícanos
un dios que vaya al frente de nosotros, porque no sabemos qué le ha pasado a Moisés,
ese hombre que nos hizo salir de Egipto».
2 Aarón les respondió: «Quiten a sus mujeres, a sus hijos y a sus hijas, las argollas de

Reflexión de un israelita arrepentido

Un israelita que colaboró para fabricar el ternero de oro reflexionó de la siguiente manera: «Ahora que pienso, fue muy tonto lo que hicimos... Estábamos tan cansados de esperar a Moisés que, cuando alguien decidió hacer un ternero de oro para adorarlo, nos pareció una buena idea...

»¡Pobre de Aarón! No quisiera haber estado en sus zapatos. Cuando Moisés vio el ternero rompió con coraje las tablas de piedra contra el suelo. Aarón daba miles de excusas, pero Moisés no estaba para explicaciones.

»Al conocer lo que decían las tablas, comprendimos la gravedad de nuestro pecado. Moisés había recibido los diez mandamientos de Dios y debimos haber tenido una gran fiesta. En cambio, tuvimos que aguantar la ira de Moisés y recoger los pedazos de piedra del suelo...

»¡Es tan fácil olvidarnos de las grandes metas de la vida y hacer tonterías cuando estamos ofuscados o nos motivamos entre amigos! Y después nos reprochamos por haber cometido faltas que nunca hubiéramos querido. Es cierto que somos humanos, pero eso no nos disculpa de caer en la tentacion y, lo peor de todo, ¡fallarle a Dios!».

¿Cómo ocupas tu tiempo de ocio? ¿Qué necesitas hacer para no cometer faltas graves cuando tus amigos o compañeros te motivan fuertemente a ello?

Ex 32 1-35

oro que llevan prendidas a sus orejas, y tráiganlas aquí». [3]Todos se quitaron sus aros y se los entregaron a Aarón. [4]Él recibió el oro, lo trabajó con el cincel e hizo un ternero de metal fundido. Ellos dijeron: «Este es tu Dios, Israel, el que te hizo salir de Egipto». [5]Al ver esto, Aarón erigió un altar delante de la estatua y anunció en voz alta: «Mañana habrá fiesta en honor del Señor». [6]Y a la mañana siguiente, bien temprano, ofrecieron holocaustos y sacrificios de comunión. Luego el pueblo se sentó a comer y a beber, y después se levantó para divertirse.

La amenaza del Señor

Nm 14 12-16; Gn 18 22-23;
1 Sm 12 19.23; Am 7 2-3

[7]El Señor dijo a Moisés: «Baja enseguida, porque tu pueblo, ese que hiciste salir de Egipto, se ha pervertido. [8]Ellos se han apartado del camino que yo les había señalado, y se han fabricado un ternero de metal fundido. Después se postraron delante de él, le ofrecieron sacrificios y exclamaron: "Este es tu Dios, Israel, el que te hizo salir de Egipto"». [9]Luego le dijo: «Ya veo que este es un pueblo obstinado. [10]Por eso, déjame obrar: mi ira arderá contra ellos y los exterminaré. De ti, en cambio, suscitaré una gran nación».

La intercesión de Moisés

Dt 9 26-29; Sal 106 23; Gn 15 5; 17 4-6; 26 4

[11]Pero Moisés trató de aplacar al Señor con estas palabras: «¿Por qué, Señor, arderá tu ira contra tu pueblo, ese pueblo que tú mismo hiciste salir de Egipto con gran firmeza y mano poderosa? [12]¿Por qué tendrán que decir los egipcios: "Él los sacó con la perversa intención de hacerlos morir en las montañas y exterminarlos de la superficie de la tierra"? Deja de lado tu indignación y arrepiéntete del mal que quieres infligir a tu pueblo. [13]Acuérdate de Abraham, de Isaac y de Jacob, tus servidores, a quienes juraste por ti mismo: "Yo multiplicaré su descendencia como las estrellas del cielo, y les daré toda esta tierra de la que hablé, para que la tengan siempre como herencia"». [14]Y el Señor se arrepintió del mal con que había amenazado a su pueblo.

La destrucción de las tablas de la Ley

Ex 24 12; 31 18; Dt 9 15-21; Nm 5 11-31

[15]Moisés emprendió el camino de regreso y bajó del monte. Llevaba en sus manos las dos tablas del Testimonio, que estaban escritas de un lado y de otro. [16]Esas tablas eran obra de Dios, y la escritura grabada sobre ellas era escritura de Dios.

REFLEXIONA

Infidelidad e intercesión; castigo y perdón

Los israelitas rompen la alianza que acaban de realizar con Dios. Él rechaza su rebeldía, pero no renuncia a su proyecto. Cuando Moisés, por su amor al pueblo, ruega a Dios por él, Dios se arrepiente y perdona al pueblo con gran misericordia. Sin embargo, Moisés castigó al pueblo para enfatizar la gravedad de la infidelidad a Dios y motivarlo a cumplir los mandamientos. Lee la oración de Moisés en Éxodo 32 11-14.

¿Aceptas con humildad los regaños y castigos? ¿Estás dispuesto/a a corregirte?

Ex 32 7-29

[17]Al escuchar el ruido de las aclamaciones que profería el pueblo, Josué dijo a Moisés: «Hay gritos de guerra en el campamento». [18]Pero Moisés respondió:

«No son cantos de victoria,
ni alaridos de derrota;
lo que oigo son cantos de coros».

[19]Cuando Moisés estuvo cerca del campamento y vio el ternero y las danzas, se enfureció, y arrojando con violencia las tablas que llevaba en sus manos, las hizo añicos al pie del monte. [20]Después tomó el ternero que habían hecho, lo quemó y lo trituró hasta pulverizarlo. Luego esparció el polvo sobre el agua, y se la hizo beber a los israelitas.

[21]Moisés dijo a Aarón: «¿Qué te ha hecho este pueblo para que lo indujeras a cometer un pecado tan grave?». [22]Pero Aarón respondió: «Te ruego, señor, que reprimas tu enojo. Tú sabes muy bien que este pueblo está inclinado al mal. [23]Ellos me dijeron: "Fabrícanos un dios que vaya al frente de nosotros, porque no sabemos qué le ha pasado a Moisés, ese hombre que nos hizo salir de Egipto". [24]Y les ordené: "El que tenga oro que se desprenda de él". Ellos me lo trajeron, yo lo eché al fuego, y salió este ternero».

La intervención de los levitas y el castigo del pueblo

Dt 33 8-11; Nm 25 7-13; Mt 10 37

[25]Cuando Moisés vio el desenfreno del pueblo —porque Aarón le había tolerado

toda clase de excesos, exponiéndolo así a la
burla de sus enemigos— 26 se paró a la entrada del campamento y exclamó: «¡Los que
están de parte del Señor, vengan aquí!». Todos los hijos de Leví se agruparon a su alrededor, 27 y él les dijo: «Así habla el Señor, el
Dios de Israel: Que cada uno se arme de su
espada; recorran el campamento de una
puerta a otra, y maten sin tener en cuenta si
es hermano, amigo o pariente». 28 Los levitas
cumplieron la orden de Moisés, y aquel día
cayeron unas tres mil personas del pueblo.
29 Y Moisés dijo: «Reciban hoy la investidura
sacerdotal de parte del Señor, uno a costa de
su hijo, otro a costa de su hermano, y que él
les dé hoy una bendición».

Nueva súplica de Moisés

Sal 69 29; Dn 12 1; Rom 9 3; Ap 3 5

30 Al día siguiente, Moisés dijo al pueblo:
«Ustedes han cometido un gran pecado. Pero ahora subiré a encontrarme con el Señor,
y tal vez pueda expiar ese pecado». 31 Moisés
fue a encontrarse otra vez con el Señor y le
dijo: «Por desgracia, este pueblo ha cometido un gran pecado, ya que se han fabricado
un dios de oro. 32 ¡Si tú quisieras perdonarlo, a pesar de esto...! Y si no, bórrame por
favor del Libro que tú has escrito». 33 El Señor le respondió: «Yo borraré de mi Libro al
que ha pecado contra mí. 34 Y ahora vete.
Lleva a este pueblo hasta el lugar que yo te
indiqué: mi ángel irá delante de ti. Y cuando llegue el momento, los visitaré para castigarlos por su pecado». 35 Y el Señor hirió al
pueblo por haber hecho el ternero, el que
había fabricado Aarón.

Orden de partida y advertencia del Señor al pueblo

Nm 10 11-13; Gn 12 7; 26 3-4; 28 13

33 1 El Señor dijo a Moisés: «Vete de aquí,
tú y el pueblo que hiciste salir de Egipto, y sube al país que prometí con un juramento a Abraham, a Isaac y a Jacob, cuando
les aseguré que daría esa tierra a sus descendientes. 2 Enviaré un ángel delante de ti, y expulsaré a los cananeos, los amorreos, los hititas, los perizitas, los jivitas y los jebuseos,
3 para que puedas entrar en la tierra que mana leche y miel. Pero yo no subiré en medio
de ti, porque tú eres un pueblo obstinado, y
tendría que exterminarte en el camino». 4 Al
oír esta severa advertencia, el pueblo estuvo
de duelo y nadie se puso sus adornos.
5 Luego el Señor dijo a Moisés: «Di a los
israelitas: "Ustedes son un pueblo obstinado. Bastaría que yo subiera un solo instante en medio de ustedes, para exterminarlos.
Ahora quítense sus adornos, y después veré
qué hago con ustedes"». 6 Y los israelitas se
despojaron de sus adornos, desde el momento en que partieron del monte Horeb.

La Tienda del Encuentro

Ex 26 1ss; 34 29-35; 36 8-19; Nm 2 2; 12 6-8;
Dt 34 10; Heb 9 11-24

7 Moisés tomó la Tienda, la instaló fuera
del campamento, a una cierta distancia, y
la llamó Tienda del Encuentro. Así, todo el
que tenía que consultar al Señor debía dirigirse a la Tienda del Encuentro, que estaba fuera del campamento. 8 Siempre que
Moisés se dirigía hacia la Tienda, todo el
pueblo se levantaba, se apostaba a la entrada de su propia tienda y seguía con la
mirada a Moisés hasta que él entraba en
ella. 9 Cuando Moisés entraba, la columna
de nube bajaba y se detenía a la entrada de
la Tienda del Encuentro, mientras el Señor
conversaba con Moisés. 10 Al ver la columna
de nube, todo el pueblo se levantaba, y
luego cada uno se postraba a la entrada de
su propia tienda. 11 El Señor conversaba
con Moisés cara a cara, como lo hace un
hombre con su amigo. Después Moisés regresaba al campamento, pero Josué —hijo
de Nun, su joven ayudante— no se apartaba del interior de la Tienda.

La oración de Moisés

Sal 25 4; Jos 21 44; Sal 95 11; Heb 4 1-11

12 Moisés dijo al Señor: «Tú me ordenas
que guíe a este pueblo, pero no me has indicado a quién enviarás conmigo, aunque
me dijiste: "Yo te conozco por tu nombre y
te he brindado mi amistad". 13 Si me has
brindado tu amistad, dame a conocer tus
caminos, y yo te conoceré: así me habrás
brindado en verdad tu amistad. Ten presente que esta nación es tu pueblo». 14 El
Señor respondió: «Yo mismo iré contigo y
te daré el descanso». 15 Moisés agregó: «Si
no vienes en persona, no nos hagas partir
de aquí. 16 ¿Cómo se podrá conocer que yo
y tu pueblo gozamos de tu amistad, si tú
no vienes con nosotros? Así yo y tu pueblo
nos distinguiremos de todos los otros pueblos que hay sobre la tierra». 17 El Señor respondió a Moisés: «También haré lo que me
acabas de decir, porque te he brindado mi
amistad y te conozco por tu nombre».

La gloria del Señor

Rom 9 15; Gn 32 31; Dt 5 24;
Jue 6 22-23; Is 6 5

18 Moisés dijo: «Por favor, muéstrame tu
gloria». 19 El Señor le respondió: «Yo haré

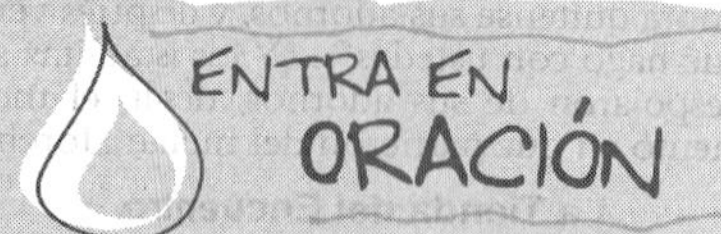

Señor, ¡quiero verte! ¡Concédemelo!

Señor, ¡quiero ver tu gloria!, dijo Moisés, lleno de admiración por ti y tus obras. Quería ver tu cara, conocerte en todo tu esplendor.

Tú le ofreciste mostrarle tu gloria, pero no tu cara..., sentir tu presencia protectora, pero verte solo de espaldas, porque de frente, nadie vivo te puede ver.

Ahora que lo pienso, has hecho algo similar conmigo. Veo mi pasado y vuelvo a sentir tu protección y cariño. Pero no puedo verte de frente, tú y tus designios sobre mí siguen siendo un misterio.

¿Cuándo te veré cara a cara? ¿Cuántos años viviré antes de gozarte para siempre en la otra vida? ¡Ayúdame a vivir siempre en tu presencia! Nunca me desampares, acude siempre a mi lado cuando te necesite. Amén.

Ex 33 18-23

EX

pasar junto a ti toda mi bondad y pronunciaré delante de ti el nombre del Señor,
porque yo concedo mi favor a quien quiero concederlo y me compadezco de quien
quiero compadecerme. 20 Pero tú no puedes ver mi rostro —añadió— porque ningún hombre puede verme y seguir viviendo». 21 Luego el Señor le dijo: «Aquí a mi
lado tienes un lugar. Tú estarás de pie sobre la roca, 22 y cuando pase mi gloria, yo te
pondré en la hendidura de la roca y te cubriré con mi mano hasta que haya pasado.
23 Después retiraré mi mano y tú verás mis
espaldas. Pero nadie puede ver mi rostro».

Las nuevas tablas de la Ley

Ex 19; 33 18-23; Nm 14 18;
Jr 32 18; Ex 32 11-14

34 1 El Señor dijo a Moisés: «Talla dos tablas de piedra iguales a las primeras, y
escribiré en ellas las mismas palabras que estaban escritas en las que tú rompiste. 2 Prepárate, además, para subir mañana temprano
al monte Sinaí, y después quédate allí, a mi
disposición, en la cumbre del monte. 3 Que
nadie suba contigo ni se haga ver en toda la
extensión del monte, y que tampoco el ganado se detenga a pastar delante de ella».
4 Moisés talló dos tablas de piedra iguales a las primeras, y a la madrugada del día
siguiente subió al monte Sinaí, como el Señor se lo había ordenado, y llevó las dos
tablas en sus manos. 5 El Señor descendió
en la nube, y permaneció allí, junto a él.
Moisés invocó el nombre del Señor.

Aparición del Señor a Moisés

Nm 14 18; Jl 2 13; Jon 4 2; Sal 86 15; 103 8

6 El Señor pasó delante de él y exclamó:
«El Señor es un Dios compasivo y bondadoso, lento para enojarse y pródigo en amor y
fidelidad. 7 Él mantiene su amor a lo largo
de mil generaciones y perdona la culpa, la
rebeldía y el pecado; sin embargo, no los deja impunes, sino que castiga la culpa de los
padres en los hijos y en los nietos, hasta la
tercera y cuarta generación». 8 Moisés cayó
de rodillas y se postró, 9 y dijo: «Si en verdad
me has brindado tu amistad, dígnate, Señor,
ir en medio de nosotros. Es verdad que este
es un pueblo obstinado, pero perdona nuestra culpa y nuestro pecado y conviértenos en
tu herencia».

Renovación de la Alianza

Ex 23 20-24.32-33; Dt 7 1-6

10 El Señor le respondió:
Yo voy a establecer una alianza. A la vista de todo el pueblo, realizaré maravillas
como nunca se han hecho en ningún país
ni en ninguna nación. El pueblo que está
contigo verá la obra del Señor, porque yo
haré cosas tremendas por medio de ti.
11 Observa bien lo que te mando. Yo expulsaré de tu presencia a los amorreos, los cananeos, los hititas, los perizitas, los jivitas
y los jebuseos. 12 No hagas ningún pacto
con los habitantes del país donde vas a entrar, porque ellos serían una trampa para
ti. 13 Antes bien, derriben sus altares, destruyan sus piedras conmemorativas y talen
sus postes sagrados.

Las normas de la Alianza

Ex 20; 23 14-19; 13 11-16; 12 15-20; 24 18

14 No te postrarás delante de ningún otro
dios, porque el nombre del Señor es «Celoso»: él es un Dios celoso. 15 No hagas ningún
pacto con los habitantes de aquel país, no
sea que cuando ellos se prostituyan con sus
dioses y les ofrezcan sacrificios, te inviten
también a ti y tengas que comer de las víctimas sacrificadas. 16 Tampoco tomes a sus hijas como esposas de tus hijos, porque cuando ellas se prostituyan con sus dioses, harán
que también ellos se prostituyan.
17 No te fabricarás dioses de metal fundido.

[18] Observarás la fiesta de los Ácimos. Durante siete días comerás panes ácimos, como yo te lo he mandado; y lo harás en el
tiempo señalado del mes de Abib, porque
en ese mes saliste de Egipto.
[19] Todos los primogénitos me pertenecen.
Los primogénitos de tu ganado mayor y
menor, si son machos, serán para mí. [20] Al
primogénito del asno, en cambio, lo rescatarás con un cordero, y si no lo rescatas, deberás desnucarlo. También rescatarás a todos los primogénitos entre tus hijos. Y
nadie se presentará delante de mí con las
manos vacías.
[21] Durante seis días trabajarás, pero el
séptimo día deberás descansar, incluso en
tiempo de siembra y de cosecha.
[22] Celebrarás también la fiesta de las Semanas, la de los primeros frutos de la cosecha del trigo; y además, la fiesta de la Recolección, al término del año.
[23] Tres veces al año todos los varones se
presentarán delante del Señor, el Dios de
Israel. [24] Porque yo voy a desposeer a las naciones delante de ti y ensancharé tus fronteras, y cuando subas a presentarte ante el
Señor, tu Dios, tres veces al año, nadie co-
diciará tu territorio.
[25] No ofrecerás nada fermentado junto
con la sangre de la víctima sacrificada en
mi honor, y no quedará para el día siguiente la víctima inmolada en la fiesta de
la Pascua.
[26] Llevarás a la casa del Señor, tu Dios, lo
mejor de los primeros frutos de tu suelo.

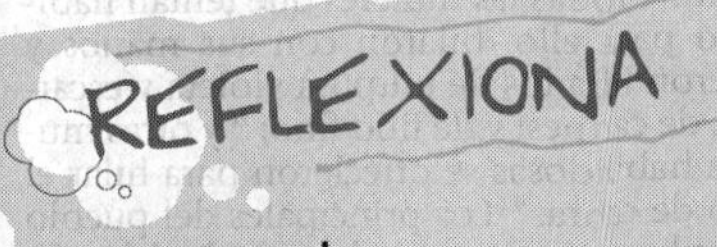

Decálogo ritual

En la Tierra prometida, los israelitas enfrentan la tentación de aceptar las costumbres religiosas cananeas, pues eran menos austeras y más atractivas. Para evitar caer en el engaño de los ídolos que desvían del amor de Dios, se crea este decálogo ritual con preceptos relacionados al culto. Estos preceptos afirman la identidad religiosa de Israel que da culto al Señor de la vida.

¿Con qué frecuencia y con qué actitud participas en el culto a Dios?

Ex 34 14-26

¿SABÍAS QUE...?

Nuevos sentidos para las fiestas judías

Las tres fiestas que describe el Éxodo enriquecieron su sentido durante la travesía en el desierto (Ex 23 10-17; 34 18-26). Ya en la Tierra prometida, estas fiestas gozosas duraban una semana y eran motivo de peregrinación al Templo de Jerusalén.

La *fiesta de los Ácimos* o *panes sin levadura* es probablemente la más antigua. Comenzaba al día siguiente de la Pascua. Inicialmente era una fiesta agrícola que, al unirse con la celebración pascual, recordaba la prisa por salir de Egipto, al no tener tiempo para que el pan fermentara.

La *fiesta de las Semanas* o *Pentecostés* celebraba la cosecha del trigo. Comenzaba siete semanas después de la Pascua. Coincidía con el tiempo transcurrido entre la liberación de Egipto y la llegada al monte Sinaí, por lo que en adelante esta fiesta celebraría la Alianza de Dios con Israel.

La *fiesta de los Tabernáculos* o *las Chozas* era la acción de gracias a Dios por los frutos de la tierra. Inicialmente recordaba que los segadores ponían una tienda junto a sus campos. Más tarde celebraría a Dios guiando a su pueblo que vivía en chozas durante su travesía en el desierto.

Las celebraciones religiosas expresan nuestra relación con Dios y renuevan nuestro compromiso con él y con nuestros hermanos. ¿Qué fiestas religiosas te gustan más? ¿Por qué? ¿Cómo te encuentras en ellas con Dios?

Ex 34 18-26

No harás cocer un cabrito en la leche de
su madre.
[27] Después el Señor dijo a Moisés: «Consigna por escrito estas palabras, porque
ellas son las cláusulas de la alianza que yo
hago contigo y con Israel». [28] Moisés estuvo
allí con el Señor cuarenta días y cuarenta
noches, sin comer ni beber. Y escribió sobre las tablas las palabras de la alianza: los
diez Mandamientos.

El rostro radiante de Moisés

2 Cor 3 7-18; 4 6

[29] Cuando Moisés bajó del monte Sinaí,
traía en sus manos las dos tablas del Testi-

monio, y no sabía que su rostro se había vuelto radiante porque había hablado con el Señor. 30 Al verlo, Aarón y todos los israelitas advirtieron que su rostro resplandecía, y tuvieron miedo de acercarse a él. 31 Pero Moisés los llamó; se acercaron Aarón y todos los jefes de la comunidad, y él les habló. 32 Después se acercaron también todos los israelitas, y él les transmitió las órdenes que el Señor le había dado en el monte Sinaí.

33 Cuando Moisés terminó de hablarles, se cubrió el rostro con un velo. 34 Y siempre que iba a presentarse delante del Señor para conversar con él, se quitaba el velo hasta que salía de la Tienda. Al salir, comunicaba a los israelitas lo que el Señor le había ordenado, 35 y los israelitas veían que su rostro estaba radiante. Después Moisés volvía a poner el velo sobre su rostro, hasta que entraba de nuevo a conversar con el Señor.

EJECUCIÓN DE LAS NORMAS CULTUALES

Insistencia en el descanso sabático

Ex 31 12-18

35 1 Moisés reunió a toda la comunidad de los israelitas y les dijo:

El Señor ha ordenado hacer lo siguiente: 2 Durante seis días se trabajará, pero el séptimo día será para ustedes sagrado, un día de descanso solemne en honor del Señor. El que trabaje ese día morirá. 3 Tampoco encenderán fuego en sus casas el día sábado.

La convocatoria de Moisés para la construcción del Santuario

Ex 25 1-7

4 Luego Moisés dijo a toda la comunidad de los israelitas:

El Señor ha ordenado lo siguiente: 5 Reserven una parte de sus bienes para presentarlos como ofrenda al Señor. Todo el que se sienta impulsado a hacerlo, ofrecerá al Señor: oro, plata y bronce; 6 púrpura violeta y escarlata, carmesí, lino fino, pelo de cabra, 7 cueros de carnero teñidos de rojo, pieles finas y madera de acacia; 8 aceite para las lámparas, especies aromáticas para el óleo de la unción y para el incienso perfumado, 9 piedras de lapislázuli y piedras de engaste para el efod y el pectoral. 10 Que los artesanos más hábiles vengan a ejecutar todo lo que el Señor ha ordenado: 11 la Morada, su tienda y su cobertura, sus ganchos, sus bastidores, sus travesaños, sus columnas y sus bases; 12 el arca con sus andas, la tapa y el velo que los protege; 13 la mesa con sus andas, todos sus utensilios y los panes de la ofrenda; 14 la lámpara con sus accesorios y sus luces, y el aceite para las lámparas; 15 el altar de los perfumes con sus andas, el óleo de la unción y el incienso perfumado; la cortina para la entrada de la Morada; 16 el altar de los holocaustos con su enrejado de bronce, sus andas y todos sus enseres; la fuente para las abluciones con su base; 17 las cortinas del atrio con sus columnas y sus bases; el cortinado de la entrada del atrio; 18 las estacas de la Morada y las estacas del atrio con sus respectivas cuerdas; 19 las vestiduras litúrgicas para oficiar en el Santuario, o sea, las vestiduras sagradas para el sacerdote Aarón y las que usarán sus hijos para las funciones sacerdotales.

Los donativos de los israelitas

20 Toda la comunidad de los israelitas se alejó de la presencia de Moisés. 21 Después vinieron los que se sintieron movidos por un impulso generoso, y trajeron al Señor una ofrenda para la construcción de la Tienda del Encuentro, para su servicio cultual y para sus vestiduras sagradas. 22 Así acudieron con generosidad hombres y mujeres, que trajeron argollas, anillos, pulseras, collares y objetos de oro de toda clase; en una palabra, todos los que ofrecían al Señor un presente de oro. 23 Lo mismo hicieron los que poseían púrpura violeta y escarlata, carmesí, lino fino, pelo de cabra, cueros de carnero teñidos de rojo y pieles finas. 24 Los que podían aportar objetos de plata y bronce, los llevaban al Señor como ofrenda; y los que poseían madera de acacia utilizable para la ejecución del trabajo, también la traían. 25 Todas las mujeres que tenían habilidad para ello, hilaron con sus manos y trajeron hilados de púrpura violeta y escarlata, de carmesí y de lino fino; 26 y otras mujeres habilidosas se ofrecieron para hilar el pelo de cabra. 27 Los principales del pueblo contribuyeron con piedras de lapislázuli, con piedras de engaste para el efod y el pectoral, 28 y con especies aromáticas y aceite para las lámparas, para el óleo de la unción y el incienso perfumado. 29 De esta manera, llevados por un impulso generoso, hombres y mujeres presentaron su ofrenda voluntaria para la ejecución de todos los trabajos que el Señor había prescrito a los israelitas, por intermedio de Moisés.

Los obreros empleados en la construcción del Santuario

Ex 31 1-6

30 Y Moisés dijo a los israelitas: «El Señor ha designado en especial a Besalel, hijo de

Urí, hijo de Jur, de la tribu de Judá, 31 y lo ha
llenado del espíritu de Dios, a fin de conferirle habilidad, talento y experiencia en la
ejecución de toda clase de trabajos, 32 tanto
para idear proyectos, como para trabajar el
oro, la plata y el bronce, 33 labrar piedras de
engaste, tallar la madera o ejecutar cualquier otra labor de artesanía. 34 Además le
ha concedido junto a Oholiab, hijo de Ajisamac, de la tribu de Dan, el arte de comunicar sus conocimientos. 35 El Señor los llenó de habilidad para realizar labores de
orfebrería, de tejido, de bordado y recamado de telas de púrpura violeta y escarlata,
de carmesí y de lino fino. Y no solo son capaces de ejecutar todas estas tareas, sino
que también tienen espíritu de inventiva».

36 1 Besalel, Oholiab y todos los artesanos a quienes el Señor había dotado
de habilidad y talento para realizar con inteligencia los trabajos del Santuario, hicieron todo lo que el Señor había ordenado.

La suspensión de los donativos

2 Moisés convocó a Besalel, a Oholiab y a
todos los artesanos, a quienes el Señor había
dotado de habilidad y que se habían prestado a colaborar en la ejecución de esa tarea.
3 Ellos recibieron de Moisés las ofrendas que
los israelitas habían presentado para los diversos trabajos del Santuario. Entre tanto,
cada mañana los israelitas traían a Moisés
ofrendas voluntarias. 4 Pero los artesanos que
realizaban todo el trabajo del Santuario,
abandonaron por el momento sus respectivas ocupaciones y 5 fueron a decir a Moisés:
«El pueblo aporta más de lo que se necesita
para ejecutar la tarea que el Señor ha mandado». 6 Y Moisés ordenó que se hiciera correr
esta consigna a través del campamento: «Que
nadie, sea hombre o mujer, prepare más materiales para presentarlos como ofrenda». Así
el pueblo se abstuvo de hacer nuevos donativos, 7 porque los materiales aportados ya eran
suficientes para realizar todo el trabajo.

La construcción de la Morada

Ex 26 1-14

8 Los artesanos más expertos hicieron la
Morada con diez cortinados de lino fino reforzado, de púrpura violeta y escarlata y de
carmesí, y con figuras de querubines bordadas artísticamente. 9 Cada cortinado medía
catorce metros de largo por dos de ancho; todos tenían las mismas dimensiones. 10 Unieron entre sí cinco cortinados, y lo mismo hicieron con los otro cinco. 11 Luego pusieron
unas presillas de púrpura violeta en los dos
últimos cortinados de cada conjunto, 12 cincuenta presillas en uno y cincuenta en el
otro, correspondiéndose unas con otras.
13 Después forjaron cincuenta ganchos de
oro, y con ellos unieron los cortinados entre
sí, de manera que la Morada formó un todo.
14 También confeccionaron once toldos
de pelo de cabra, para cubrir la Morada a
manera de tienda. 15 Cada toldo medía
quince metros de largo por dos de ancho;
los once tenían la misma medida. 16 Luego
unieron cinco de un lado y seis del otro;

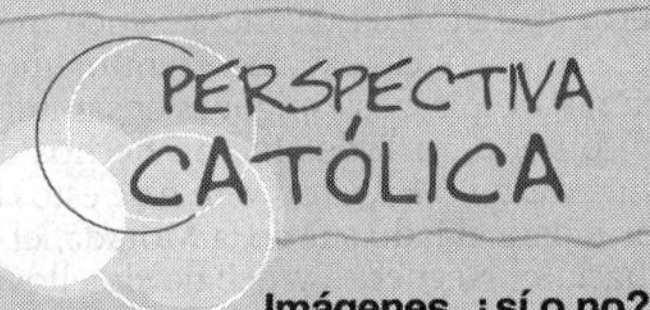

Imágenes, ¿sí o no?

Uno de los diez mandamientos dice: «No te harás ninguna escultura y ninguna imagen... No te postrarás ante ellas, ni les rendirás culto» (Ex 20 4-5) y el decálogo ritual ordena: «No te fabricarás dioses de metal fundido» (34 17). Estas prohibiciones estaban encaminadas a salvar a los israelitas de la idolatría.

En las orientaciones para el culto, el Señor ordena decorar con dos querubines de oro el Arca de la Alianza (25 10-22; 37 6-9). El Arca era venerada como un objeto sagrado porque conservaba las tablas de la Ley, signo de la alianza, no por la madera que la constituía ni por los querubines que la adornaban (ver Símbolo: «El Arca de la Alianza», Ex 25 10).

Todas las referencias a la imagen de Dios en el Antiguo Testamento señalan al ser humano, hecho a imagen y semejanza de Dios (Gn 1 26). El amor de Dios invisible tiene que pasar a través de nosotros, su imagen visible (1 Jn 4 20), aunque seamos imágenes imperfectas de Dios.

Solo Jesús es imagen auténtica de Dios (Jn 14 9; Col 1 15; Heb 1 3). Nuestra adoración cristiana es como Jesús nos la enseñó: «en espíritu y en verdad» (Jn 4 23). Adoramos al Padre en el Espíritu Santo que nos hace sus hijos y hermanos de Jesús.

Los católicos no adoramos las imágenes, sean de Jesús, su Madre María, quien nos lleva a él, o los santos que dieron testimonio de él. Son como una fotografía que nos recuerda la persona original. Quien besa una fotografía expresa su amor a la persona que ahí contempla, no está venerando el papel.

Ex 36 – 37

[17]pusieron cincuenta presillas en el borde de los dos últimos toldos de cada conjunto, [18]y forjaron cincuenta ganchos de bronce: así unieron la tienda, de manera que formara un todo. [19]Después hicieron para la tienda una cobertura de cueros de carnero teñidos de rojo, y otra cobertura de pieles finas para ponerla encima.

El armazón de la Morada

Ex 26 15-30

[20]También hicieron los bastidores para sostener la Morada. Los construyeron con madera de acacia, y los dispusieron de forma vertical. [21]Cada bastidor medía cinco metros de largo por setenta y cinco centímetros de ancho, [22]y tenía dos espigones ensamblados uno con el otro. Todos fueron hechos de la misma forma. [23]Hicieron veinte de estos bastidores para el lado sur de la Morada, el que da hacia el Négueb, [24]y debajo de ellos pusieron cuarenta bases de plata, o sea, dos bases debajo de cada bastidor, una para cada espigón. [25]Para el otro costado de la morada, el lado septentrional, hicieron también veinte bastidores [26]con sus cuarenta bases de plata, dos debajo de cada bastidor. [27]Para el fondo de la Morada, hacia el oeste, hicieron seis bastidores, [28]más otros dos para los ángulos de la parte posterior de la Morada, [29]que estaban unidos de abajo hacia arriba, hasta la altura de la primera argolla. Así lo hicieron con los dos bastidores destinados a los dos ángulos. [30]Había, por lo tanto, ocho bastidores con sus bases de plata, o sea, dieciséis bases, dos para cada bastidor. [31]Luego hicieron cinco travesaños de madera de acacia para mantener alineados los bastidores que estaban a un lado de la Morada, [32]cinco travesaños para los del otro lado, y otros cinco para los del fondo de la Morada, que daba hacia el oeste. [33]Y el travesaño central lo hicieron de tal manera que pudiera pasar a media altura de los bastidores, de un extremo hasta el otro. [34]Finalmente, recubrieron de oro los bastidores, les pusieron unas argollas de oro para pasar por ellas los travesaños, y también a estos últimos los recubrieron de oro.

El velo del Santuario

Ex 26 31-37

[35]Hicieron, además, el velo de púrpura violeta y escarlata, de carmesí y de lino fino reforzado, y lo adornaron con figuras de querubines diseñadas artísticamente. [36]Para colgarlo, hicieron cuatro columnas de madera de acacia revestidas de oro y provistas de ganchos de oro, que apoyaron sobre cuatro bases de plata fundida.

La cortina de la entrada

[37]Hicieron, asimismo, para la entrada de la tienda, una cortina de púrpura violeta y escarlata, de carmesí y de lino fino reforzado, todo esto recamado, [38]y la sostuvieron con cinco columnas provistas de cinco ganchos. Luego revistieron de oro los capiteles y las varillas de las columnas, y las apoyaron sobre cinco bases de bronce.

El Arca

Ex 25 10-22

37 [1]Besalel hizo el arca de madera de acacia, de ciento veinticinco centímetros de largo por setenta y cinco de ancho y setenta y cinco de alto. [2]La recubrió de oro puro por dentro y por fuera, y colocó alrededor de ella una moldura de oro. [3]Fundió, además, cuatro argollas de oro y las puso en sus cuatro extremos inferiores, dos de un lado y dos del otro. [4]Luego hizo unas andas de madera de acacia, las recubrió de oro [5]y las pasó por las argollas que estaban a los costados del arca, para poder transportarla. [6]Después le hizo una tapa de oro puro, de ciento veinticinco centímetros de largo por setenta y cinco de ancho.

¿SABÍAS QUE...?

El Arca en la Vida del pueblo israelita

El Arca de la Alianza acompañó a los israelitas durante los cuarenta años en el desierto (Nm 10 33-36). Fue llevada solemnemente al cruzar el río Jordán (Jos 3 1-17) y en ocasiones la llevaron al combate para que Dios les diera fuerza contra sus enemigos (1 Sm 4 1-11). Fue tomada por los filisteos en una batalla; después la recuperaron y David la llevó a Jerusalén (2 Sm 6 1-23). Más tarde Salomón la colocó en el Templo, en el lugar santísimo (1 Re 8 1-11). El Arca permaneció ahí hasta la destrucción de Jerusalén en el año 587 a.C., cuando se perdió por completo.

El Arca es figura de Cristo, la Palabra de Dios que habita entre su pueblo (Jn 1 14) y quien triunfa sobre el mal (Rom 3 25) (ver Símbolo: «El Arca de la Alianza», Ex 25 10).

Ex 37 1-9

La tapa del Arca y los querubines

7 También hizo dos querubines de oro macizo, forjado a martillo, en los dos extremos de la tapa. 8 El primero estaba en un extremo y el segundo en el otro, y formaban una sola pieza con la tapa. 9 Los querubines tenían las alas extendidas hacia arriba, y con ellas cubrían la tapa; estaban uno frente al otro, con sus rostros vueltos hacia ella.

La mesa de los panes de la ofrenda

Ex 25 23-29

10 También hizo la mesa de madera de acacia, de un metro de largo por cincuenta centímetros de ancho y setenta y cinco de alto. 11 La recubrió de oro puro y le colocó alrededor una moldura de oro. 12 Le puso un borde de un palmo de ancho, y lo adornó con una moldura de oro. 13 Después hizo cuatro argollas de oro y las ajustó a los cuatro ángulos correspondientes a las cuatro patas de la mesa. 14 Junto al borde estaban las cuatro argollas que servían de sostén a las andas para transportar la mesa. 15 Hizo las andas de madera de acacia y las recubrió de oro. 16 Finalmente, hizo los utensilios de oro puro que debían estar sobre la mesa: las fuentes, los vasos, las tazas y los jarros para las libaciones.

La lámpara de siete luces

Ex 25 31-40

17 Hizo, asimismo, la lámpara de oro puro. Tanto la base y el tronco de la lámpara como los cálices, los botones y las flores que le servían de adorno estaban forjados a martillo y formaban una sola pieza. 18 De sus lados salían seis brazos: tres de un lado y tres del otro. 19 Cada uno de estos brazos tenía tres adornos en forma de flor de almendro, los tres con un cáliz, un botón y una flor. 20 El tronco de la lámpara, en cambio, tenía cuatro adornos de esa misma forma, 21 distribuidos de esta manera: un botón iba debajo de los dos primeros brazos que salían de él, otro estaba debajo de los dos siguientes, y un tercero, debajo de los dos últimos. 22 Los botones y las flores formaban una sola pieza con la lámpara, y todo estaba hecho con un solo bloque de oro puro, forjado a martillo. 23 Después hizo siete lámparas de oro puro, con sus tenazas para arreglar los pabilos y sus platillos. 24 Para construir la lámpara con todos sus accesorios empleó un talento de oro puro.

El altar del incienso y el óleo de la unción

Ex 30 1-5; 30 22-38

25 También hizo el altar del incienso. Lo hizo de madera de acacia, cuadrado, de cincuenta centímetros de largo por cincuenta de ancho y un metro de alto. Sus cuernos formaban una sola pieza con él. 26 Recubrió de oro puro su parte superior, sus costados y sus cuernos, y le puso alrededor una moldura de oro. 27 Luego hizo unas argollas de oro, y las colocó debajo de la moldura, dos de un lado y dos del otro, para pasar por ellas las andas que servían para transportarlo. 28 Estas últimas eran de madera de acacia y estaban recubiertas de oro. 29 También preparó el óleo para la unción sagrada y el incienso aromático puro, como lo hace el fabricante de perfumes.

El altar de los holocaustos

Ex 27 1-8; 30 17-21

38 1 Luego hizo el altar de los holocaustos de madera de acacia; era cuadrado y medía dos metros y medio de largo por dos y medio de ancho y tenía un metro y medio de alto. 2 En sus cuatro ángulos y de una sola pieza le hizo unos cuernos, y después lo recubrió de bronce. 3 Hizo, además, todos los utensilios del altar: los recipientes para recoger las cenizas, las palas, los aspersorios, los tenedores y los braseros. Todos estos utensilios los hizo de bronce. 4 También fabricó para el altar un enrejado de bronce en forma de red, y lo puso debajo de la parte saliente del altar, de manera que llegaba, desde abajo, hasta la mitad del altar. 5 Puso cuatro argollas en los cuatro extremos del enrejado de bronce para hacer pasar por ellas las andas. 6 Hizo las andas de madera de acacia y las recubrió de bronce, 7 y pasó las andas por las argollas que estaban a ambos lados del altar para poder transportarlo. El altar era hueco por dentro y estaba hecho de tablas.

La fuente de bronce

8 Después hizo la fuente de bronce y su base también de bronce, con los espejos de las mujeres que prestaban servicio a la entrada de la Tienda del Encuentro.

La construcción del atrio

Ex 27 9-19

9 Hizo también el atrio. Por el lado sur, en dirección al Négueb, el atrio tenía unas cortinas de lino fino reforzado, dispuestas a lo largo de cincuenta metros. 10 Sus veinte columnas estaban apoyadas sobre veinte bases de bronce, y estaban provistas de ganchos y varillas de plata. 11 Por el lado norte, las cortinas tenían también una longitud de cincuenta metros, y estaban sostenidas por veinte columnas apoyadas en veinte bases de bronce y provistas de ganchos y varillas

de plata. 12 Por el lado oeste, había veinticinco metros de cortinas, con diez columnas y sus respectivas bases, que estaban provistas de ganchos y varillas de plata. 13 Sobre el lado este, hacia el oriente, también había veinticinco metros de cortinas. 14 Las cortinas colocadas a un lado de la entrada medían siete metros y medio de largo, y allí había tres columnas y tres bases. 15 Las del otro lado tenían las mismas medidas, también con tres columnas y sus respectivas bases. 16 Todas las cortinas del atrio eran de lino fino reforzado. 17 Las bases para las columnas eran de bronce, y sus ganchos y sus varillas, de plata. Los capiteles también estaban revestidos de plata, y todas las columnas del atrio tenían varillas de plata.

El cortinado para la entrada del atrio

18 El cortinado de la puerta del atrio era de púrpura violeta y escarlata, de carmesí y de lino fino reforzado, y estaba recamado. Tenía diez metros de largo, y su altura —lo mismo que la de las cortinas del atrio— era de dos metros y medio. 19 Sus cuatro columnas y sus cuatro bases eran de bronce, y sus ganchos, de plata, como así también el revestimiento de sus capiteles y de sus varillas. 20 Todas las estacas de la Morada y del atrio que la rodeaba eran de bronce.

El recuento de los gastos

Ex 35 30-35; Nm 1 45-46

21 Esta es la suma de los gastos para la construcción de la Morada del Testimonio, tal como fue realizado por orden de Moisés y ejecutado por los levitas, bajo la dirección de Itamar, hijo del sacerdote Aarón.

22 Besalel, hijo de Urí, hijo de Jur, de la tribu de Judá, hizo todo lo que el Señor había ordenado a Moisés, 23 con la ayuda de Oholibab, hijo de Ajisamac, de la tribu de Dan, que era artífice, bordador y recamador de púrpura violeta y escarlata, de carmesí y de lino fino.

24 El total del oro procedente de las ofrendas empleado en la ejecución de las obras del Santuario ascendió a veintinueve talentos y setecientos treinta siclos, en siclos del Santuario.

25 La plata recogida entre los miembros de la comunidad que habían sido censados, ascendió a cien talentos y mil setecientos setenta y cinco siclos, en siclos del Santuario, 26 o sea, medio siclo por cada uno de los incluidos en el censo de los seiscientos tres mil quinientos cincuenta hombres de veinte años para arriba. 27 Los cien talentos de plata se usaron para fundir las bases del Santuario y las bases que sostenían el cortinado, a razón de un talento por base; 28 y con los mil setecientos setenta y cinco siclos hicieron ganchos para las columnas, revistieron los capiteles y los unieron por medio de varillas.

29 El bronce procedente de las ofrendas ascendió a setenta talentos y dos mil cuatrocientos siclos. 30 Con ellos se hicieron las bases para la entrada de la Tienda del Encuentro, el altar de bronce con su enrejado y todos sus utensilios, 31 las bases para las cortinas que bordeaban el atrio y para la entrada del mismo; y también todas las estacas de la Morada y del atrio que la rodeaba.

Las vestiduras del Sumo Sacerdote

Ex 28 1-5

39 1 También hicieron las vestiduras litúrgicas para el culto del Santuario y las vestiduras sagradas de Aarón, como el Señor lo había ordenado a Moisés. Para ello emplearon púrpura violeta y escarlata, carmesí y lino fino.

El efod

Ex 28 6-14

2 El efod lo hicieron de oro, de púrpura violeta y escarlata, de carmesí y de lino fino reforzado. 3 Prepararon láminas de oro trabajado a martillo, que luego cortaron en forma de hebras, para entretejerlas artísticamente con la púrpura violeta y escarlata, con el carmesí y con el lino fino reforzado. 4 Después aplicaron al efod dos hombreras, y este quedó unido por sus dos extremos. 5 El cinturón para ajustarlo formaba una sola pieza con él y estaba hecho de la misma manera: era de oro, de púrpura violeta y escarlata, de carmesí y lino fino reforzado, como el Señor se lo había ordenado a Moisés. 6 También trabajaron las piedras de lapislázuli, que fueron engarzadas en oro y grabadas con los nombres de los hijos de Israel, como se graban los sellos. 7 Finalmente colocaron las piedras en las hombreras del efod, para que fueran un memorial en favor de los israelitas, delante del Señor, como él se lo había ordenado a Moisés.

El pectoral

Ex 28 15-30

8 También hicieron el pectoral, trabajado artísticamente y confeccionado de la misma manera que el efod. Lo hicieron de oro, de púrpura violeta y escarlata, de carmesí y de lino fino reforzado. 9 El pectoral era cuadrado y de doble paño, de un palmo de largo y otro de ancho. 10 Lo guarnecieron de piedras preciosas dispuestas en cuatro hileras: en la primera había un jaspe rojo, un topacio y una

esmeralda; 11 en la segunda, un rubí, un zafiro y un diamante; 12 en la tercera, un ágata,
una cornalina y una amatista; 13 y en la cuarta, un crisólito, un lapislázuli y un jaspe verde. Todas ellas estaban engarzadas en oro.
14 Las piedras eran doce en total, como los
nombres de los hijos de Israel, y cada una
llevaba grabado el nombre de una de las doce tribus, como se graban los sellos. 15 También hicieron para el pectoral unas cadenas
de oro puro trenzadas a manera de cordones,
16 dos engastes de oro y dos argollas de oro, y
ajustaron las dos argollas a sus dos extremos.
17 Sujetaron las dos puntas de las cadenas de
oro en las dos argollas que estaban en los extremos superiores del pectoral, 18 y unieron
las otras dos puntas a los engastes que habían colocado sobre las hombreras del efod,
por la parte de adelante. 19 Hicieron, asimismo, otras dos argollas de oro y las ajustaron
a los dos extremos inferiores del pectoral, sobre el borde interior, el que da hacia el efod.
20 También forjaron otras dos argollas de oro
y las adhirieron a las dos hombreras del
efod, por la parte de adelante y bien hacia
abajo, o sea, cerca de la costura y encima del
cinturón. 21 El pectoral se sujetó con un cordón de púrpura violeta entre sus argollas y
las argollas del efod, de manera que el pectoral quedaba fijo sobre el cinturón y no podía desprenderse del efod. Esto es lo que el
Señor había ordenado a Moisés.

El manto
Ex 28 31-35

22 Además, hicieron el manto del efod,
todo tejido de púrpura violeta. 23 En el centro tenía una abertura, semejante al cuello
de una cota de guerrero y reforzada con un
dobladillo, para que no se rasgara. 24 Su
ruedo estaba adornado con unas granadas
de púrpura violeta y escarlata, de carmesí y
de lino fino reforzado. 25 También hicieron
unas campanillas de oro puro y las colocaron sobre el ruedo del manto, intercalán-
dolas con las granadas. 26 Las campanillas y
las granadas estaban dispuestas alternadas,
una al lado de la otra, a lo largo de todo el
ruedo. El manto se empleaba para ejercer
las funciones sacerdotales, como el Señor
se lo había ordenado a Moisés.

Las vestiduras de los sacerdotes
Ex 28 38-42

27 Después hicieron las túnicas de lino fino para Aarón y sus hijos; 28 hicieron el turbante de lino fino, los adornos de las mitras
de lino fino, y los pantalones de lino fino
reforzado; 29 también tejieron las fajas reca-

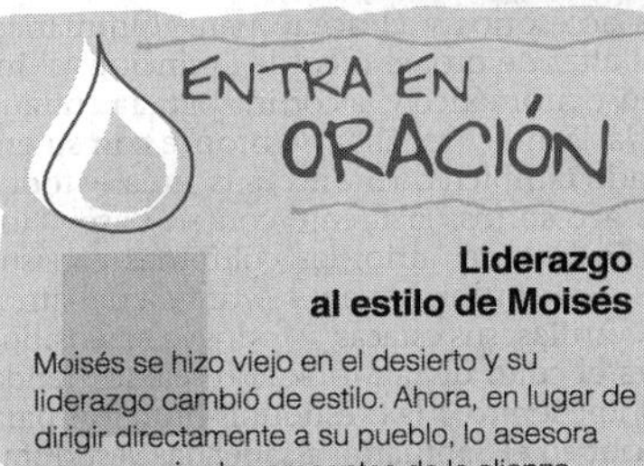

Liderazgo al estilo de Moisés

Moisés se hizo viejo en el desierto y su liderazgo cambió de estilo. Ahora, en lugar de dirigir directamente a su pueblo, lo asesora para que viva los preceptos de la alianza.

Señor, me ofrezco a ti para que te valgas de mí en tu obra de liberación. Ayúdame a ser un/a buen/a líder. Dame el discernimiento para tomar decisiones justas; integridad para hacer frente a la verdad; valor para vivir situaciones difíciles, y compasión para las necesidades de mi prójimo. Haz de mí ejemplo de justicia y honor para el mundo, y que nunca olvide que mi tarea es servirte a través del servicio a los demás. Amén.

Ex 39 32-43

madas de lino fino reforzado, de púrpura
violeta y escarlata y de carmesí, conforme a
la orden que el Señor había dado a Moisés.

La flor para el turbante del Sumo Sacerdote
Ex 28 36-39

30 Para terminar, forjaron la flor de oro
puro —signo de consagración— y grabaron
en ella, como se graban los sellos: «Consagrado al Señor». 31 Luego le pusieron un cordón de púrpura violeta, para poder sujetarla a la parte superior del turbante, como el
Señor se lo había ordenado a Moisés.

La conclusión y la entrega de la obra realizada

32 Así fue concluida la construcción de la
Morada, o sea, la Tienda del Encuentro. En
la ejecución del trabajo, los israelitas obraron conforme a todo lo que el Señor había
mandado a Moisés.
33 Y presentaron a Moisés la Morada, la
Tienda y todo su mobiliario: los ganchos, los
bastidores, los travesaños, las columnas con
sus bases; 34 la cobertura de cueros de carnero teñidos de rojo, la cobertura de pieles finas y el velo protector; 35 el Arca del Testimonio con sus andas y la tapa; 36 la mesa con sus
utensilios y el pan de la ofrenda; 37 la lámpara de oro puro con sus lámparas —las lámparas que debían colocarse en él—, todos

sus accesorios y el aceite para iluminarlas;
38 el altar de oro, el óleo de la unción, el incienso aromático y la cortina para la entrada
de la Tienda; 39 el altar de bronce con su enrejado también de bronce, sus andas y todos
sus accesorios; la fuente con su base; 40 los
cortinados del atrio, las columnas con sus
bases, el cortinado para la entrada del atrio,
sus varillas, sus estacas, y todos los utensilios
para el culto de la Morada, o sea, la Tienda
del Encuentro; 41 las vestiduras litúrgicas para
oficiar en el Santuario, a saber, las vestiduras
sagradas para el sacerdote Aarón y las que
usarán sus hijos para las funciones sacerdotales. 42 Los israelitas realizaron todo el trabajo de acuerdo con las instrucciones que el
Señor había dado a Moisés.
43 Y vio Moisés toda la obra que había
hecho tal como el Señor le había ordenado, y los bendijo.

EX

La construcción y consagración de la Morada

Lv 8 10; Ex 29 4-8

40 1 El Señor habló a Moisés y dijo:
2 El día primero del primer mes erigi-
rás la Morada, la Tienda del Encuentro.
3 Allí pondrás el Arca del Testimonio y la
protegerás con el velo. 4 Luego llevarás la
mesa y dispondrás sobre ella lo que sea necesario. También llevarás la lámpara y le
colocarás las luces. 5 Delante del Arca del
Testimonio pondrás el altar de oro para el
incienso, y a la entrada de la Morada colgarás la cortina. 6 Después pondrás el altar
de los holocaustos delante de la entrada de
la Morada; 7 y entre la Tienda del Encuentro
y el altar, colocarás la fuente llena de agua.
8 Levantarás el atrio alrededor, y a su entrada colgarás el cortinado correspondiente.
9 Luego tomarás el óleo de la unción y
ungirás la Morada y todo lo que ella contiene. Así la consagrarás con todo su mobiliario y será una cosa sagrada. 10 Ungirás asimismo el altar de los holocaustos con todos
sus utensilios. Así consagrarás el altar, y este
será una cosa santísima. 11 También ungirás
la fuente y su base, para que queden consagradas. 12 Después harás que Aarón y sus hijos se acerquen a la entrada de la Tienda del
Encuentro y los lavarás con agua. 13 Luego
revestirás a Aarón con las vestiduras sagradas, lo ungirás y lo consagrarás para que sea
mi sacerdote. 14 Luego harás que también se
acerquen sus hijos. Los vestirás con túnicas
15 y los ungirás como ungiste a su padre, a
fin de que ejerzan mi sacerdocio. Esto se hará a fin de que la unción les confiera el sacerdocio para siempre, a lo largo de las generaciones.

La ejecución de la orden divina

1 Re 7

16 Moisés realizó con precisión todo lo
que el Señor le había ordenado. 17 En el segundo año, el primer día del primer mes,
se procedió a la construcción de la Morada. 18 Para ello, Moisés asentó sus bases, colocó sus bastidores, dispuso sus travesaños
y levantó sus columnas. 19 Después extendió la tienda por encima de la Morada, y
sobre ella colocó la cobertura de la tienda,
como el Señor se lo había ordenado. 20 Enseguida tomó las tablas del Testimonio y
las puso en el arca; sujetó las andas en el
arca, y sobre ella colocó la tapa. 21 Y condujo el arca hasta el interior de la Morada,
colgó el velo que la protegía y así cubrió el
Arca del Testimonio, conforme a la orden
que el Señor le había dado. 22 También puso la mesa en la Tienda del Encuentro, sobre el lado norte de la Morada, delante del
cortinado, 23 y dispuso sobre ella los panes
de la ofrenda, delante del Señor, como el
mismo Señor se lo había mandado. 24 Luego puso la lámpara frente a la mesa, en el
lado sur de la Morada, 25 y le colocó las luces delante del Señor, como el Señor se lo

La nube

Simboliza al Dios vivo y salvador que cuida a su pueblo. En el Antiguo Testamento, la nube es signo de protección, gloria y misterio de Dios, y en el Nuevo Testamento simboliza al Espíritu Santo. Igual que Moisés fue sumergido en la nube al recibir el decálogo, nosotros somos sumergidos en el Espíritu a través del Bautismo.

LATINOAMERICANO

Aportes de la teología de la liberación

Hasta mediados del siglo pasado, la teología o reflexión sobre la experiencia de Dios era una disciplina académica reservada al clero, único con estudios religiosos académicos. El Concilio Vaticano II pidió a la Iglesia católica retornar a las Sagradas Escrituras y permitió al pueblo retomar la tradición de hacer teología a partir de su experiencia de Dios en la vida.

En América Latina, donde la inmensa mayoría del pueblo es pobre y ha vivido oprimido económica y políticamente durante muchos siglos, la reflexión teológica partió de su identificación con la experiencia de fe en el Éxodo. Así encontró al Dios liberador en su historia, y aprendió a leer y a actualizar las Sagradas Escrituras para escucharlo en las circunstancias concretas de su vida.

Los pilares fundamentales de toda liberación auténtica y de la promoción humana son la verdad sobre Jesucristo Salvador, la verdad sobre la Iglesia y la verdad sobre el ser humano, y sus exigencias encuentran su plenitud en Cristo.[7] De ahí que la teología de la liberación se orienta a la vivencia del amor liberador de Dios hacia todas las personas, especialmente del pecado, y a la búsqueda de la justicia y el bien común, desde la perspectiva de los pobres y oprimidos.[8]

La lectura de la Biblia hecha de esta manera es uno de los aportes más grandes de Latinoamérica a la Iglesia católica. Gracias a ella, la Iglesia recuperó la costumbre de reflexionar sobre la historia para descubrir ahí a Dios, quien sale al encuentro de las personas y los pueblos para ofrecerles la salvación traída al mundo por Jesús.

había ordenado. 26 Puso asimismo el altar
de oro delante del cortinado, 27 y quemó en
él incienso aromático, como el Señor se lo
había ordenado a Moisés. 28 A la entrada de
la Morada colgó la cortina, 29 y delante de la
entrada de la Tienda del Encuentro puso el
altar de los holocaustos, sobre el cual ofreció el holocausto y la oblación, conforme
a la orden del Señor. 30 Entre la Tienda del
Encuentro y el altar ubicó la fuente y le
echó agua para las abluciones. 31 Moisés,
Aarón y sus hijos se lavaron en ella las manos y los pies, 32 y siempre que entraban en
la Tienda del Encuentro y se acercaban al
altar, se lavaban, como el Señor se lo había
ordenado a Moisés. 33 Al final levantó el
atrio alrededor de la Morada y del altar, y colgó el cortinado a la entrada del atrio. De esta manera Moisés dio por terminado el trabajo.

El ingreso de la gloria del Señor

1 Re 8 10-13; Ez 43 4-5; Ap 15 8

34 La nube cubrió la Tienda del Encuentro
y la gloria del Señor llenó la Morada. 35 Pero Moisés no podía entrar en la Tienda del Encuentro, porque la nube estaba sobre ella y la gloria del Señor llenaba la Morada.

La nube, guía de los israelitas

Nm 9 15-23; Ex 13 21ss; Sal 78 14; 105 39

36 En todas las etapas del camino, cuando la nube se elevaba alejándose de la Morada, los israelitas levantaban el campamento.
37 Pero si la nube no se elevaba, ellos no se movían, hasta que la nube volvía a hacerlo.
38 Porque durante el día, la nube del Señor estaba sobre la Morada, y durante la noche, un fuego brillaba en ella, a la vista de todo el pueblo de Israel. Esto sucedía en todas las etapas del camino.

GRACIAS, SEÑOR, POR TU ALIANZA DE AMOR CON NOSOTROS.
PERDÓN POR TODAS LAS VECES QUE LA ROMPEMOS.

QUIERO SERTE FIEL, AMARTE SOBRE TODAS LAS COSAS
Y AMAR A MI PRÓJIMO COMO TÚ DESEAS.

AMBAS COSAS SE ME HACEN DIFÍCILES,
TÚ SABES BIEN LAS QUE MÁS TRABAJO ME CUESTAN.

DAME TU FUERZA PARA SUPERAR LAS TENTACIONES,
QUE CADA DÍA VIVA MÁS SEGÚN TU PLAN DE AMOR.

ASÍ SEA. AMÉN. ASÍ SEA

LEVÍTICO

En muchos países hay ciudades y poblaciones con nombres de santos. ¿Conoces algunos de ellos? Hay santos/as indígenas, campesinos, obreros y universitarios; reyes y esclavos; sacerdotes y religiosas; niños, jóvenes y adultos. Lo que los hace ser santos/as es su unión con Dios. El Levítico nos habla de la santidad de Dios y su invitación a que nosotros también seamos santos. Las normas y los ritos del pueblo de Israel son muy distintos a los de nuestra cultura, pero su mensaje es siempre actual: Dios nos habla con signos y todo nos lleva a él, si vivimos con el corazón abierto.

ESQUEMA

- **1 – 7.** El ritual de los sacrificios
- **8 – 10.** La investidura de los sacerdotes
- **11 – 15.** Legislación sobre lo puro y lo impuro
- **16 – 26.** La ley de santidad
- **27.** Apéndice

DATOS

Período descrito
Sitúa el origen de las normas, mientras los israelitas acampaban frente al monte Sinaí

Autor
El autor o tradición sacerdotal

Fecha de redacción
- Escritura: 500-400 a.C.
- Edición final: 400 a.C.

Tema
Celebra y proclama la santidad de Dios, la cual participa a su pueblo a través de ritos, sacrificios y fiestas religiosas

PRESENTACIÓN

El Levítico recibe su nombre de la tribu de Leví, que ejercía las funciones sacerdotales en Israel. Contiene una colección de leyes conocidas como la Torá o «ley de los sacerdotes». Fue escrito por la tradición sacerdotal y señala a Moisés como autor de las leyes, según la costumbre de asignar un escrito a un personaje importante para darle autoridad y validez.

Su redacción llevó siglos. Se terminó de escribir al regreso del exilio en Babilonia, cuando ya había desaparecido la monarquía y estaba naciendo el judaísmo. Presenta leyes y normas referentes a ritos y sacrificios con los que el pueblo celebraba, fortalecía y nutría su fe.

Los *ritos* son acciones significativas que se repiten bajo la misma forma en una ceremonia. Este libro determinó todos los elementos rituales en las ceremonias de Israel, las cuales eran enriquecidas con los salmos y la espiritualidad de los profetas.

Los *sacrificios* son ofrendas de algo personal a Dios. La palabra *sacrificio* significa «consagrar algo a Dios». Al presentar el don a Dios, la persona trata de unirse y entregarse a sí misma para entrar en comunión con él.

El Levítico enfatiza que el pueblo de Israel fue elegido para ser «santo» (Lv 11 44) y trata de fortalecer su identidad en torno a la Ley, los profetas y el Templo. Para lograrlo motiva a:

- Intensificar y purificar las prácticas del culto que habían sido olvidadas o deformadas a través del tiempo.
- Convertirse en un pueblo santo, mediante la integración de su piedad ritual con una conducta moral de fidelidad a Dios.
- Relacionar las normas y ritos con la alianza del Sinaí, ya que le fueron dadas por Dios, a través de Moisés.

Jesús y sus Apóstoles vivieron los rituales y costumbres descritos en este libro. Pero muchas de sus leyes rituales fueron superadas definitivamente por el mensaje de Jesús.

OFRENDA DE COMUNIÓN

L V

EL RITUAL DE LOS SACRIFICIOS

Los holocaustos

Lv 6 2-6; Ex 29 15-18; Lv 17 10-14

1 1 El Señor llamó a Moisés y le habló desde la Tienda del Encuentro en estos términos: 2 Di a los israelitas:

Cuando alguno de ustedes presente al Señor una ofrenda de ganado, podrá ofrecer animales del ganado mayor o menor.

3 Si su ofrenda es un holocausto de ganado mayor, deberá presentar un animal macho y sin ningún defecto. Lo llevará a la entrada de la Tienda del Encuentro, para que sea aceptado por el Señor, 4 e impondrá su mano sobre la cabeza de la víctima. Así esta le será aceptada y le servirá de expiación. 5 Luego inmolará el novillo en la presencia del Señor, y los hijos de Aarón, los sacerdotes, ofrecerán la sangre y la derramarán sobre todos los costados del altar que está a la entrada de la Tienda del Encuentro. 6 El oferente desollará la víctima para el holocausto y la dividirá en pedazos. 7 Entonces los hijos del sacerdote Aarón encenderán fuego en el altar, pondrán leña sobre el fuego 8 y dispondrán los pedazos sobre la leña encendida que está sobre el altar, incluidas la cabeza y la grasa. 9 Después el oferente lavará con agua las entrañas y las patas, y por último, el sacerdote hará arder todo sobre el altar: es un holocausto, una ofrenda que se quema con aroma agradable al Señor.

10 Si su ofrenda para el holocausto pertenece al ganado menor —corderos o cabras— deberá ofrecer un animal macho y sin defecto. 11 Lo inmolará en la presencia del Señor, sobre el lado del altar que da hacia el norte, y los hijos de Aarón, los sacerdotes, rociarán con su sangre todos los costados del altar. 12 Luego lo cortará en pedazos, y el sacerdote dispondrá esas partes, incluidas la cabeza y la grasa, sobre la leña encendida que está sobre el altar. 13 El oferente lavará con agua las entrañas y las patas, y por último, el sacerdote hará arder todo sobre el altar: es un holocausto, una ofrenda que se quema con aroma agradable al Señor.

14 Si lo que ofrece en holocausto al Señor es un pájaro, podrá ofrecer torcazas o pichones de paloma. 15 El sacerdote depositará la ofrenda sobre el altar y le arrancará la cabeza. Luego hará arder la cabeza sobre el altar y escurrirá la sangre de la víctima por la pared del mismo. 16 Después le sacará el buche con sus residuos, y los arrojará al lugar donde se depositan las cenizas, en el lado este del altar. 17 Dividirá el animal en dos mitades, dejando un ala de cada lado, pero sin

Las leyes y normas ayudan a vivir la alianza con Dios

El autor del Levítico señala que las normas tienen su origen en Dios; algunas son muy extrañas, pues Dios se reveló en un momento histórico y cultural muy distinto al nuestro. Hay leyes de todo tipo:

- Reglas de pureza ritual y de conducta para la participación en el culto.
- Leyes de comportamiento social, entre las que destacan las que marginaban a las mujeres.
- Normas morales, sobre las relaciones interpersonales y las intenciones del corazón.
- Normas que impedían comer con personas de otras culturas para evitar la influencia de las religiones politeístas.
- Leyes sobre ciertas enfermedades, que eran consideradas consecuencia del pecado.
- Reglamentos jurídicos para ejercer el ministerio sacerdotal y para organizar las instituciones sociales: familia, sociedad, economía y gobierno.

La alianza con Dios compromete la vida entera. ¿Qué normas actuales te ayudan a vivir tu relación con Dios y tu prójimo, y cuáles te la dificultan?

Lv 1

separarlas. Finalmente, el sacerdote lo hará
arder sobre la leña encendida: es un holocausto, una ofrenda que se quema con aroma agradable al Señor.

Las ofrendas

Lv 6 7-11; 7 9-10; Nm 15 1-16; 18 19; Ez 43 24

2 1 Cuando un persona ofrezca al Señor
una ofrenda, esta ofrenda consistirá en
harina de la mejor calidad; sobre ella derramará aceite y pondrá incienso. 2 La llevará a
los hijos de Aarón, los sacerdotes, y el sacerdote tomará un puñado de la harina con
aceite y todo el incienso, y hará arder sobre
el altar ese memorial, como una ofrenda que
se quema con aroma agradable al Señor. 3 El
resto de la ofrenda será para Aarón y sus hijos, como una porción santísima de las ofrendas que se queman para el Señor.

4 Si presentas una ofrenda de alimentos
cocidos al horno, la ofrenda será de harina
de la mejor calidad, preparada en forma de
panes sin levadura amasados con aceite, o
de galletas sin levadura untadas con aceite.
5 Si ofreces una ofrenda de alimentos fri-
tos a la sartén, la harina estará amasada con
aceite y no llevará levadura. 6 Deberás cortar-
la en pedazos y derramar aceite sobre ella: es
una ofrenda.

7 Si ofreces una ofrenda de alimentos cocidos a la cacerola, la ofrenda deberá estar
hecha con harina de la mejor calidad y con
aceite.

8 Cuando presentes al Señor una ofrenda
preparada en cualquiera de estas formas, la
llevarás al sacerdote, y él la acercará al altar;
9 luego apartará de ella el memorial y lo hará
arder sobre el altar: es una ofrenda que se
quema con aroma agradable al Señor. 10 El
resto de la ofrenda será para Aarón y sus hijos, como un porción santísima de las ofrendas que se queman para el Señor.

11 Ninguna de las ofrendas que ustedes
ofrecerán al Señor estará hecha con materia

LV

PERSPECTIVA CATÓLICA

Ritos y sacrificios

Muchas leyes y normas del Levítico fueron renovadas por Cristo, pero su fin es el mismo: nuestra unión con Dios y la comunidad. Jesús nos dice que todas las leyes se cumplen en una sola: el amor (Mt 22 34-40). La carta a los Hebreos explica que la multiplicidad de sacrificios son figura del sacrificio de Jesús, quien entregó su vida al Padre en ofrenda total por nuestra salvación (Heb 10 1-10).

Nuestras celebraciones católicas, como los sacramentos, tienen varios ritos, pero un solo sacrificio: el de Jesús. Nuestra vida, sufrimientos, oración, trabajo..., adquieren sentido de ofrenda a Dios al unirse a los de Cristo. Las bellas costumbres populares de ofrecer sacrificios, novenas, rosarios, peregrinaciones..., adquieren su valor al incorporarse al sacrificio de Jesús. Cuando están desligadas de él, corren el riesgo de ser ritos vacíos o acciones con que se intenta manipular a Dios (ver «Dios quiere justicia no un culto falso», Is 1 10-20).

Lv 1 – 10

fermentada, porque ni la levadura ni la miel deben arder como ofrenda que se quema para el Señor. 12 Podrán presentarlas al Señor como ofrendas de primicias, pero no serán ofrecidas sobre el altar como sacrificio de aroma agradable. 13 En cambio, sazonarás con sal todas las ofrendas que ofrezcas. Nunca dejarás que falte a tu ofrenda la sal de la alianza de tu Dios: sobre todas tus ofrendas deberás ofrecer sal.

14 Si presentas al Señor una ofrenda de primicias, ofrecerás espigas tostadas al fuego o granos molidos de cereales recién maduros. 15 Sobre ella derramarás aceite y le añadirás incienso: es una ofrenda. 16 Luego el sacerdote hará arder como memorial una parte del grano molido y del aceite, con todo el incienso: es una ofrenda que se quema para el Señor.

El sacrificio de comunión

Lv 7 11-21.28-36; 19 5-8; 22 21-25

3 1 Si una persona ofrece un sacrificio de comunión y su ofrenda pertenece al ganado mayor —sea macho o hembra— deberá presentar delante del Señor un animal sin defecto. 2 Impondrá su mano sobre la cabeza de la víctima, la inmolará a la entrada de la Tienda del Encuentro, y luego los hijos de Aarón, los sacerdotes, rociarán con su sangre todos los costados del altar. 3 El oferente presentará —como ofrenda que se quema para el Señor— las siguientes partes de la víctima: la grasa que recubre las entrañas y la que está adherida a ellas; 4 los dos riñones y la grasa que está sobre ellos —o sea, en los lomos— y la protuberancia del hígado, que extraerá junto con los riñones. 5 Los hijos de Aarón harán arder todo eso sobre el altar, junto con el holocausto colocado sobre la leña encendida, como una ofrenda que se quema con aroma agradable al Señor.

6 Si su ofrenda para el sacrificio de comunión pertenece al ganado menor —sea macho o hembra— deberá ofrecer al Señor un animal sin defecto. 7 Si lo que ofrece es un cordero, lo presentará ante el Señor, 8 impondrá su mano sobre la cabeza del animal ofrecido, y lo inmolará delante de la Tienda del Encuentro. Luego los hijos de Aarón rociarán con su sangre todos los costados del altar. 9 El oferente presentará —como ofrenda que se quema para el Señor— la grasa de la víctima para el sacrificio de comunión, a saber: toda la cola, que deberá ser cortada cerca del espinazo, la grasa que recubre las entrañas y la que está adherida a ellas; 10 los dos riñones, y la grasa que está sobre ellos —o sea, en los lomos— y la protuberancia del hígado, que extraerá junto con los riñones. 11 Finalmente, el sacerdote hará arder todo eso sobre el altar: es un alimento que se quema para el Señor.

12 Y si su ofrenda es una cabra, la llevará ante el Señor, 13 impondrá su mano sobre la cabeza de la víctima y la inmolará delante de la Tienda del Encuentro. Los hijos de Aarón rociarán con su sangre todos los costados del altar. 14 Él presentará —como ofrenda que se quema para el Señor— las siguientes partes de la víctima: la grasa que recubre las entrañas y la que está adherida a ellas; 15 los dos riñones y la grasa que está sobre ellos —o sea, en los lomos— y la protuberancia del hígado, que extraerá junto con los riñones. 16 Finalmente, el sacerdote hará arder todo eso sobre el altar: es un alimento que se quema con aroma agradable. Toda la grasa pertenece al Señor. 17 Este es un decreto irrevocable a lo largo de las generaciones, en cualquier parte donde ustedes vivan: no deberán comer grasa ni sangre.

Sacrificios expiatorios

Nm 15 22-29; Ex 26 31-35; Heb 13 11-13

4 1 El Señor dijo a Moisés: 2 Habla en estos términos a los israelitas:

Cuando una persona cometa inadvertidamente un pecado contra cualquiera de los mandamientos del Señor, haciendo lo que no está permitido:

3 Si el que peca es el sacerdote consagrado por la unción —de manera que la culpa recae también sobre el pueblo— él ofrecerá al Señor, por el pecado que ha cometido, un novillo sin defecto, en calidad de sacrificio por el pecado. 4 Llevará el novillo a la entrada de la Tienda del Encuentro, impondrá su mano sobre la cabeza del mismo, y lo inmolará delante del Señor. 5 Entonces el sacerdote consagrado por la unción tomará la sangre del novillo y la llevará a la Tienda del Encuentro. 6 Luego mojará su dedo en la sangre y con ella hará siete aspersiones delante del Señor, frente al velo del Santuario. 7 Después pondrá un poco de esa sangre sobre los cuernos del altar del incienso, que está delante del Señor, en la Tienda del Encuentro, y derramará toda la sangre sobre la base del altar de los holocaustos, que se encuentra a la entrada de la Tienda. 8 Además extraerá toda la grasa del novillo ofrecido en sacrificio por el pecado: la grasa que recubre las entrañas y la que está adherida a ellas; 9 los dos riñones y la grasa que está sobre ellos —o sea, en los lomos— y la protuberancia del hígado, que deberá extraer junto con los riñones. 10 En una palabra, extraerá lo mismo que se saca del toro en los sacrificios de comunión. Finalmente, el sacerdote hará arder todo esto sobre el altar de los holocaustos. 11 Pero el cuero del novillo y toda su carne, lo mismo que su cabeza y sus

VIVE LA PALABRA

Ofrendas por el pecado

Las ofrendas que hacían los israelitas para obtener el perdón o expiar sus pecados eran muy importantes, pues veían las catástrofes y enfermedades como castigo a su infidelidad a Dios. El Levítico especifica toda clase de ritos de expiación; muchos de ellos incluyen la ofrenda de un animal, pues el pecado era considerado tan serio que justificaba sacrificar a un ser vivo.

Estos sacrificios ayudan a entender la ofrenda de Cristo por nuestros pecados. Al tomar la copa en la Última Cena, Jesús dice: «Beban todos de ella, porque esta es mi Sangre, la Sangre de la Alianza, que se derrama por muchos para la remisión de los pecados» (Mt 26 27-28). Dios siempre desea perdonarnos y nos pide un arrepentimiento sincero.

Por unos momentos, revisa tu vida durante el último mes, escribe por lo que quieras pedir perdón a Dios y expresa tu arrepentimiento orando con el Salmo 51. Proponte orar de manera similar con cierta frecuencia. Esta costumbre te ayudará a acercarte a Dios y a ser mejor cristiano/a.

Lv 4 1 – 7 10

patas, sus entrañas y sus excrementos 12 —es decir, todo el resto del novillo— los llevará a un lugar puro situado fuera del campamento, al sitio donde se echan las cenizas, y allí los quemará con leña.

13 Si la que obra inadvertidamente es toda la comunidad de Israel —que sin darse cuenta se hace culpable, cometiendo una falta contra alguna de las prohibiciones contenidas en los mandamientos del Señor—, 14 apenas se conozca el pecado cometido, la asamblea ofrecerá un novillo sin defecto en calidad de sacrificio por el pecado. Lo llevarán ante la Tienda del Encuentro, 15 y los ancianos de la comunidad impondrán sus manos sobre la cabeza del novillo, delante del Señor. El novillo será inmolado en la presencia del Señor, 16 y el sacerdote consagrado por la unción llevará la sangre a la Tienda del Encuentro. 17 Luego mojará su dedo en la sangre y con ella hará siete aspersiones delante del Señor, frente al velo del Santuario. 18 Después pondrá un poco de esa sangre sobre los cuernos del altar que está delante del Señor, en la Tienda del Encuentro, y derramará toda la sangre sobre la base del altar de los holocaustos, que está a la entrada de la Tienda. 19 Luego extraerá toda la grasa del novillo y la hará arder sobre el altar, 20 haciendo con él lo mismo que hizo con el novillo del sacrificio por el pecado. De esta manera, el sacerdote practicará el rito de expiación en favor de la comunidad, y esta será perdonada. 21 Finalmente, llevará el novillo fuera del campamento y lo quemará como en el caso anterior: es un sacrificio por el pecado de la asamblea.

22 Si es un jefe de la comunidad el que peca y se hace culpable, cometiendo inadvertidamente una falta contra alguna de las prohibiciones contenidas en los mandamientos del Señor, su Dios, 23 una vez que se le haga conocer el pecado que ha cometido, presentará como ofrenda un chivo sin ningún defecto. 24 Impondrá su mano sobre la cabeza del animal y lo inmolará en el lugar donde se inmolan las víctimas para el holocausto, delante del Señor: es un sacrificio por el pecado. 25 Luego el sacerdote mojará su dedo en la sangre de la víctima, la pondrá sobre los cuernos del altar de los holocaustos y derramará toda la sangre sobre la base del altar de los holocaustos. 26 Finalmente, hará arder toda su grasa, como la grasa del sacrificio de comunión. De esta manera, el sacerdote practicará el rito de expiación en favor del culpable, y este será perdonado.

27 Si es una persona del pueblo la que peca inadvertidamente y se ha hecho culpable, cometiendo una falta contra alguna de las prohibiciones contenidas en los mandamientos del Señor, 28 una vez que se le haga conocer el pecado que ha cometido, presentará como ofrenda por la falta cometida una cabra hembra y sin defecto. 29 Impondrá su mano sobre la cabeza de la víctima y la inmolará en el lugar del holocausto. 30 Después el sacerdote mojará su dedo en la sangre, la pondrá sobre los cuernos del altar de los holocaustos y derramará el resto de la sangre sobre la base del altar. 31 Luego quitará toda la grasa de la víctima, como se hace en los sacrificios de comunión, y la hará arder sobre el altar, como aroma agradable al Señor. De esta manera, el sacerdote practicará el rito de expiación en favor de esa persona, y así será perdonada.

32 Si lo que trae como ofrenda por el pecado es un cordero, deberá ser hembra y sin defecto. 33 Impondrá su mano sobre la cabeza
de la víctima y la inmolará en el lugar donde
se inmolan los holocaustos. 34 Luego el sacerdote mojará su dedo en la sangre de la víctima, la pondrá sobre los cuernos del altar de
los holocaustos, y derramará toda la sangre
sobre la base del altar. 35 Después quitará toda
la grasa del animal, como se quita la grasa
del cordero en los sacrificios de comunión, y
la hará arder sobre el altar, junto con las
ofrendas que se queman para el Señor. De
esta manera, el sacerdote practicará el rito
de expiación en favor de esa persona, por el
pecado que cometió, y así será perdonada.

5 1 Si una persona peca por cualquiera
de estos motivos:
Cuando oye la fórmula imprecatoria del
juez, se niega a prestar declaración —pudiendo atestiguar, porque ha presenciado el hecho
o tiene algún conocimiento de él— y por eso
carga sobre sí una culpa; 2 o bien, toca alguna
cosa impura —ya sea el cadáver de una bestia
salvaje impura, de un animal doméstico impuro, o de un reptil impuro— volviéndose,
sin darse cuenta, impuro y culpable; 3 o bien,
sin darse cuenta, toca a una persona impura
—cualquiera sea el motivo de su estado de
impureza— y al tener conocimiento de ello,
se vuelve culpable; 4 o bien, sin darse cuenta,
pronuncia un juramento desfavorable o favorable —en cualquiera de esas circunstancias
en que los hombres suelen jurar irreflexiva-
mente— y al tener conocimiento de ello, se
reconoce culpable; 5 si alguien se hace culpable por alguno de estos motivos, deberá confesar aquello en que ha pecado. 6 Además presentará al Señor, en reparación por el pecado
que cometió, una hembra del ganado menor
—cordera o cabra— como sacrificio por el pecado; y el sacerdote practicará en favor de esa
persona el rito de expiación por su pecado.
7 Pero si no dispone de medios suficientes
para procurarse una oveja, presentará al Señor, en reparación por el pecado cometido,
dos torcazas o dos pichones de paloma, uno
para un sacrificio por el pecado y otro para
un holocausto. 8 Los llevará al sacerdote, que
ofrecerá en primer lugar la víctima destinada
al sacrificio por el pecado. Apretará con las
uñas el cuello del animal, pero no le arrancará la cabeza; 9 luego rociará la pared del altar con un poco de sangre, y el resto lo escurrirá sobre la base del altar: es un sacrificio
por el pecado. 10 Después hará con la segunda paloma un holocausto conforme al ritual.
De esta manera, el sacerdote practicará en favor de esa persona el rito de expiación por el
pecado que cometió, y así será perdonada.
11 Y si tampoco dispone de medios suficientes para procurarse las dos torcazas o los
dos pichones de paloma, llevará como
ofrenda por su pecado la décima parte de
una medida de harina de la mejor calidad,
pero sin añadir aceite ni poner incienso sobre ella, porque es un sacrificio por el pecado. 12 La llevará al sacerdote, el cual tomará
un puñado como memorial, y lo hará arder
sobre el altar junto con las ofrendas que se
queman para el Señor: es un sacrificio por el
pecado. 13 De esta manera, el sacerdote practicará el rito de expiación en favor de ese
hombre, por el pecado que cometió en cualquiera de aquellos casos, y así será perdonado. El sacerdote recibirá lo mismo que recibe cuando se hace una ofrenda.

El sacrificio de reparación

Lv 22 1-16; Dt 14 22-29; 26 1-15; Lv 7 1-6

14 El Señor dijo a Moisés:
15 Si una persona defrauda al Señor, pecando inadvertidamente contra sus derechos sagrados, le presentará como ofrenda de reparación un carnero del rebaño, que no tenga
defecto, o su equivalente en siclos de plata,
según la tasa del Santuario. 16 Así reparará el
derecho sagrado contra el que pecó, añadiendo un quinto más, que entregará al sacerdote. Este practicará el rito de expiación en favor
de esa persona, con el carnero del sacrificio
de reparación, y así será perdonada.
17 Si una persona peca, cometiendo sin darse cuenta alguna falta contra las prohibiciones contenidas en los mandamientos del Se-

REFLEXIONA

Trampas y fraudes

Hay personas que creen en el refrán que dice: «El que no tranza, no avanza». *Tranzar* significa «hacer trampas». Quien usa el fraude, el robo o la mentira para tener éxito en la vida peca contra Dios y contra la comunidad, pues rompe la justicia y la armonía social. El Levítico exige que quien dañó la propiedad ajena o hizo trampa, ofrezca un sacrificio por su pecado y repare el daño hecho (Lv 5 23).

Piensa en lo bonita que sería la vida si nadie robara, hiciera trampas, cometiera fraudes, y si quienes los hicieran repararan el mal hecho.

Lv 5 20-26

ñor, y se reconoce culpable, deberá cargar con su culpa. 18 Presentará al sacerdote un carnero del rebaño, que no tenga ningún defecto, o su equivalente en dinero, como ofrenda de reparación. Entonces el sacerdote practicará el rito de expiación en favor de esa persona, por la falta que cometió inadvertidamente, y así será perdonada: 19 es un sacrificio de reparación, porque era realmente culpable delante del Señor.

La reparación de los delitos contra el prójimo

Ex 22 6-14; Nm 5 5-10; Ex 23 1-2

20 El Señor dijo a Moisés:

21 Si una persona peca y defrauda al Señor, por haber engañado a su prójimo respecto de un objeto que le fue confiado en depósito o puesto bajo su cuidado, o bien, por haber estafado a su prójimo o haberlo violentado; 22 o si encuentra un objeto perdido, y lo niega, o si jura en falso respecto de una de esas cosas por las que un hombre puede incurrir en pecado; 23 si alguien peca y se hace culpable por cualquiera de estos motivos, deberá restituir lo que haya adquirido por medio de la estafa o la extorsión, así como también el depósito que se le confió, el objeto perdido que encontró, 24 o todo aquello sobre lo cual juró en falso. Los restituirá íntegramente, añadiendo un quinto más, que entregará al verdadero propietario en el momento de reparar su falta. 25 Además, presentará al sacerdote, a título de reparación, un carnero sin ningún defecto, o su equivalente en dinero, para ofrecerlo al Señor como sacrificio de reparación. 26 De esta manera, el sacerdote practicará el rito de expiación delante del Señor en favor de esa persona, y así será perdonada, cualquiera sea la falta de la que se haya hecho culpable.

Las ofrendas y los sacrificios

Lv 1 1-17; Nm 28 3-8; 2 Mac 1 18-36

6 1 El Señor dijo a Moisés: 2 Transmite esta orden a Aarón y a sus hijos: Este es el ritual del holocausto que arde toda la noche sobre el altar, hasta la mañana siguiente, y por el cual el fuego del altar se mantiene encendido: 3 El sacerdote se vestirá con su túnica de lino y se cubrirá con pantalones de lino. Luego recogerá las cenizas a que habrá quedado reducido el holocausto por la acción del fuego, y las depositará a un costado del altar. 4 Entonces se cambiará las vestiduras y llevará las cenizas fuera del campamento, a un lugar puro. 5 El fuego permanecerá siempre encendido sobre el altar y no deberá extinguirse. Todas las mañanas el sacerdote lo avivará con leña, dispondrá el holocausto sobre él, y hará arder las partes grasosas de los sacrificios de comunión. 6 Un fuego perpetuo, que nunca deberá extinguirse, permanecerá encendido sobre el altar.

7 Este es el ritual de la ofrenda, que los hijos de Aarón ofrecerán delante del Señor, frente al altar: 8 El sacerdote tomará de la ofrenda un puñado de harina de la mejor calidad, con su aceite y con todo el incienso añadido a ella, y lo hará arder sobre el altar como un memorial para el Señor, como una ofrenda de aroma agradable. 9 Aarón y sus hijos comerán el resto. Lo comerán sin levadura, en el recinto sagrado, o sea, en el atrio de la Tienda del Encuentro. 10 Ese resto no deberá ser cocido con levadura. Yo les doy esa parte de las ofrendas que se queman en mi honor: es una cosa santísima, lo mismo que la ofrenda por el pecado y la ofrenda de reparación. 11 Podrán comerla todos los varones descendientes de Aarón, como un derecho que tendrán siempre, a lo largo de las generaciones, sobre las ofrendas que se queman para el Señor. Todo lo que toque esas ofrendas quedará santificado.

12 El Señor dijo a Moisés:

13 Esta es la ofrenda que Aarón y sus hijos harán al Señor, el día en que aquel reciba la unción: Presentarán la décima parte de una medida de harina de la mejor calidad —la mitad por la mañana y la mitad por la tarde— como ofrenda perpetua. 14 Deberá estar preparada con aceite, en una sartén; la presentarás bien embebida en aceite, la cortarás en pedazos y la ofrecerás como una ofrenda de aroma agradable al Señor. 15 Así deberá prepararla también el sacerdote que sea consagrado por la unción entre los hijos de Aarón, para ser su sucesor: este es un decreto del Señor, válido para siempre.

La ofrenda deberá arder enteramente, 16 y toda ofrenda de un sacerdote será quemada en su totalidad: nadie la podrá comer.

17 El Señor dijo a Moisés: 18 Habla en estos términos a Aarón y a sus hijos:

Este es el ritual del sacrificio por el pecado: La víctima del sacrificio por el pecado deberá será inmolada en el mismo lugar en que se inmola el holocausto, delante del Señor: es una cosa santísima. 19 El sacerdote que la ofrezca como sacrificio por el pecado, comerá de ella. Tendrá que ser comida en el recinto sagrado, o sea, en el atrio de la Tienda del Encuentro. 20 Todo cuanto toque la carne de la víctima quedará santificado; y si la sangre salpica alguna vestidura, tendrás que lavar en el recinto sagrado la parte salpicada. 21 La vasija de barro en que haya sido cocida se deberá romper; y si fue cocida en un recipiente de bronce, este será fregado y limpiado con agua. 22 Solo podrán comer de ella los varones de la familia sacerdotal: es una cosa santísima. 23 En cambio, no se podrá comer ninguna víctima cuya sangre haya sido introducida en la Tienda del Encuentro para practicar el rito de expiación en el Santuario, sino que deberá ser consumida por el fuego.

Normas sobre el sacrificio de reparación

Lv 5 14-26

7 1 Este es el ritual del sacrificio de reparación: La víctima de este sacrificio es una cosa santísima. 2 Será inmolada en el lugar donde se inmolan los holocaustos, y se rociarán con su sangre todos los costados del altar. 3 Se ofrecerá toda la grasa de la víctima: la cola y la grasa que recubre las entrañas; 4 los dos riñones y la grasa que está sobre ellos —o sea, en los lomos— y la protuberancia del hígado, que será arrancada junto con los riñones. 5 El sacerdote hará arder todo esto sobre el altar, como una ofrenda que se quema para el Señor. Es un sacrificio de reparación. 6 Solo podrán comer de ella los varones de la familia sacerdotal, y tendrá que ser comida en el recinto sagrado: es una cosa santísima.

7 La misma regla se aplica tanto para el sacrificio de reparación como para el sacrificio por el pecado: la víctima pertenecerá al sacerdote que practica con ella el rito de expiación. 8 Del mismo modo, el sacerdote que ofrece el holocausto en nombre de alguna persona se quedará con el cuero de la víctima que ofreció. 9 Además, toda ofrenda cocida al horno o preparada a la cacerola o a la sartén será para el sacerdote que la ofrece. 10 Pero cualquier otra ofrenda, ya sea mezclada con aceite o seca, se repartirá entre los hijos de Aarón, en partes iguales.

Normas sobre el sacrificio de comunión

Lv 3; 19 5-8; 22 29

11 Este es el ritual del sacrificio de comunión que se ofrece al Señor: 12 Si la persona lo ofrece en acción de gracias, junto con ese sacrificio, deberá presentar unas roscas sin levadura mezcladas con aceite, galletas sin levadura untadas con aceite, y harina de la mejor calidad bien embebida en aceite. 13 Presentará esta ofrenda junto con el sacrificio de comunión que se ofrece en acción de gracias, añadiendo además unas tortas de masa fermentada. 14 Se reservará una unidad de cada clase como ofrenda destinada al Señor, la cual corresponderá al sacerdote que haya derramado la sangre del sacrificio de comunión. 15 La carne del sacrificio de acción de gracias deberá ser co-

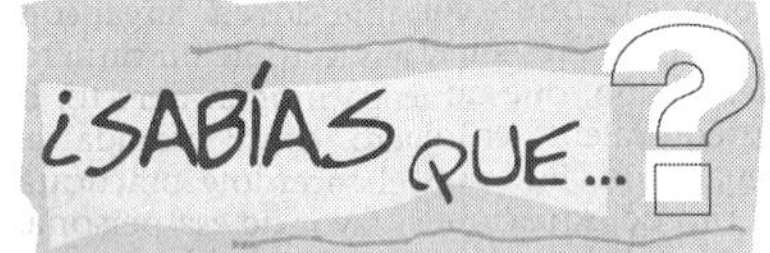

Sacrificios de comunión

Los sacrificios más frecuentes eran los holocaustos y los de comunión. Su fin era agradecer algún don recibido, cumplir alguna promesa u ofrecer algo a Dios espontáneamente.

En el *holocausto*, la ofrenda se bendecía y se quemaba hasta consumirse, sin ser comida por quien la ofrecía. El *sacrificio de comunión* podía ser un animal sin defecto o roscas y panes fermentados. La ofrenda se dividía en tres partes. Una se reservaba a Dios junto con la sangre, que era considerada principio de la vida y se rociaba sobre el altar. Las otras dos eran comidas por los sacerdotes y los laicos como signo de gratitud y deseo de reforzar su unión con Dios.

Los católicos celebramos, en la Eucaristía, la presencia real de Jesús, quien se ofrece al Padre en el pan y el vino. Nuestra comunión es más que un signo, pues nos comunica la vida de Jesús, como él mismo dijo, «El que come mi carne y bebe mi sangre permanece en mí y yo en él» (Jn 6 56).

Señor, concédeme que cada comunión eucarística me una más a ti.

Lv 7 11-21

mida el mismo día en que se ofrece el sacrificio, sin dejar nada para el día siguiente.

16 En cambio, si el sacrificio se ofrece en cumplimiento de un voto o espontáneamente, la víctima deberá ser comida el mismo día en que se ofrezca el sacrificio, pero lo que sobre se podrá comer al día siguiente. 17 Si todavía queda algún resto de carne, será quemado al tercer día. 18 Y si alguien come al tercer día carne de su sacrificio de comunión, la víctima no será aceptada: no le será aceptada al que la ofrece, porque se ha convertido en algo nocivo; y la persona que coma esa carne cargará con su culpa. 19 No se podrá comer la carne que haya tocado algo impuro, sino que deberá ser consumida por el fuego. Solamente una persona pura podrá comer la carne de ese sacrificio. 20 Si alguien come en estado de impureza la carne del sacrificio de comunión ofrecido al Señor, será excluido de su pueblo. 21 Si una persona toca algo impuro —ya sea un hombre que se encuentra en estado de impureza o un animal impuro o cualquier otra

cosa impura— y a pesar de ello, come carne
de un sacrificio de comunión ofrecido al Señor, será excluida de su pueblo.

Otras normas relacionadas con el culto

Lv 3 17; 17 10-14

22 Luego el Señor dijo a Moisés: 23 Habla
en estos términos a los israelitas:
Ustedes no comerán grasa de buey, ni de
cordero, ni de cabra. 24 La grasa de un animal
muerto o despedazado por las fieras podrá
servir para cualquier uso, pero no deberán comerla. 25 Porque cualquiera que coma la grasa
de los animales que pueden ser ofrecidos en
sacrificio al Señor, será excluido de su pueblo.
26 Tampoco comerán la sangre de ningún pájaro o de cualquier otro animal, cualquiera
sea el lugar donde ustedes vivan. 27 El que
coma la sangre será excluido de su pueblo.
28 Luego el Señor dijo a Moisés: 29 Habla
en estos términos a los israelitas:
El que ofrezca al Señor un sacrificio de comunión, le presentará una parte de la víctima
sacrificada en calidad de ofrenda. 30 Presentará con sus propias manos la ofrenda que se
quema para el Señor, y ofrecerá la grasa del
animal, junto con el pecho, para realizar con
este último el gesto de presentación al Señor.
31 Luego el sacerdote hará arder la grasa sobre
el altar, y el pecho será para Aarón y sus hijos.
32 Además, ustedes deberán entregar, como
ofrenda reservada al sacerdote, la pata derecha de la víctima ofrecida en sacrificio de comunión. 33 Esa pata es la porción que recibirá
el hijo de Aarón que ofrezca la sangre y la
grasa del sacrificio de comunión. 34 Porque yo
retengo ese pecho y esa pata de los sacrificios
de comunión ofrecidos por los israelitas, y se
los entrego al sacerdote Aarón y a sus hijos: es
un derecho válido para siempre en Israel.

Conclusión

35 Esta es la parte que corresponde a Aarón
y a sus hijos, de las ofrendas que queman para el Señor, desde que fueron investidos para
servir al Señor como sacerdotes; 36 esto es lo
que el Señor mandó que se les diera, desde el
momento en que fueron ungidos, como un
derecho que ellos tendrán siempre sobre los
israelitas, a lo largo de las generaciones.
37 Este es el ritual del holocausto, de la
ofrenda, del sacrificio por el pecado, del sacrificio de reparación, del sacrificio de la consagración y del sacrificio de comunión, 38 que
el Señor prescribió a Moisés en la montaña
del Sinaí, cuando ordenó que los israelitas
presentaran sus ofrendas al Señor, en el desierto del Sinaí.

LA INVESTIDURA DE LOS SACERDOTES

La consagración de Aarón y sus hijos

Ex 29 1-9; 39 1-32; 40 12-15; Eclo 45 6-13

8 1 El Señor dijo a Moisés: 2 Reúne a
Aarón y a sus hijos; toma las vestiduras,
el óleo de la unción, el novillo para el sacrificio por el pecado, los dos carneros y la canasta de los panes ácimos, 3 y congrega a toda
la comunidad junto a la entrada de la Tienda
del Encuentro.
4 Moisés hizo lo que el Señor le había ordenado, y cuando la comunidad estuvo reunida a la entrada de la Tienda, 5 él les dijo: «El
Señor ha mandado hacer estas cosas». 6 Entonces Moisés ordenó que se acercaran Aarón
y sus hijos y los lavó con agua. 7 Después impuso la túnica a Aarón y se la ciñó con la faja;
lo vistió con el manto y le puso encima el
efod, ciñéndolo con el cinturón, de manera
que se lo dejó bien ajustado. 8 Luego le colocó el pectoral y depositó en él el Urim y el Tumim; 9 también puso sobre su cabeza el turbante, y encima de este, sobre la frente, colocó
la flor de oro —el signo de su consagración—
como el Señor se lo había ordenado.
10 Enseguida Moisés tomó el óleo de la
unción, ungió la Morada y todo lo que había en ella, y así los consagró. 11 Hizo siete
aspersiones con óleo sobre el altar, y ungió
el altar y todos sus utensilios, la fuente y su
base, para consagrarlos. 12 Luego derramó
óleo sobre la cabeza de Aarón y lo consagró
por medio de la unción.
13 Finalmente, Moisés hizo que se acercaran los hijos de Aarón, los vistió con túnicas, los ciñó con fajas y les ajustó las mitras,
según la orden que el Señor le había dado.
14 Después hizo traer un novillo para el sacrificio por el pecado. Aarón y sus hijos impusieron sus manos sobre la cabeza de la víctima, 15 y Moisés la inmoló. Entonces tomó
la sangre y mojó con el dedo cada uno de los
cuernos del altar, para purificarlo. Luego derramó la sangre sobre la base del altar. Así lo
consagró, realizando sobre él el rito de expiación. 16 Enseguida tomó toda la grasa que
está sobre las entrañas, la protuberancia del
hígado y los dos riñones con su grasa, y los
hizo arder sobre el altar. 17 El resto del novillo —su cuero, su carne y sus excrementos—
lo quemó fuera del campamento, como el
Señor se lo había ordenado.
18 Hizo traer, además, el carnero para el holocausto. Aarón y sus hijos impusieron sus
manos sobre la cabeza de la víctima, 19 y Moisés la inmoló. Luego roció con la sangre todos los costados del altar. 20 Cortó el carnero
en pedazos y los hizo arder, junto con la ca-

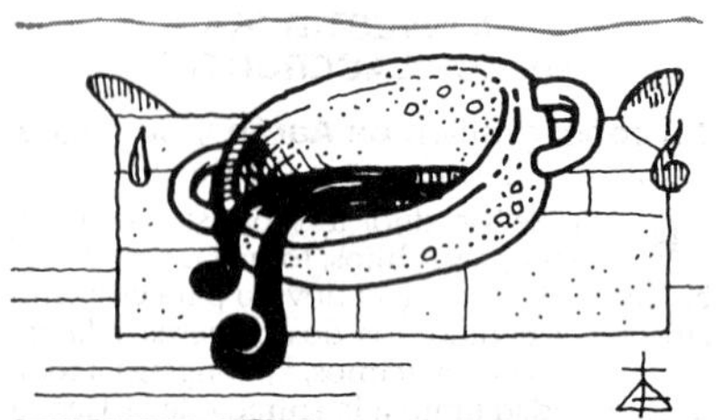

Lv 8 23

COMPRENDE LOS SÍMBOLOS

La sangre

Significa la vida que viene de Dios. Israel tenía leyes y rituales sobre ella y solo podía tocarla en ritos específicos: al ratificar la alianza, expiar los pecados y consagrar lugares y personas. En estos aspectos, la sangre en el Antiguo Testamento es figura de la sangre redentora de Cristo y de la Eucaristía.

beza y la grasa. 21 Después de lavar con agua
las entrañas y las patas, Moisés hizo que todo
el carnero ardiera sobre el altar, como un holocausto de aroma agradable: era una ofrenda que se quema para el Señor, según la orden que el Señor le había dado.
22 Luego hizo traer el segundo carnero, el
carnero del sacrificio de la consagración.
Aarón y sus hijos impusieron sus manos sobre la cabeza de la víctima, 23 y Moisés la inmoló. Después tomó un poco de sangre y
mojó con ella el lóbulo de la oreja derecha
de Aarón, el pulgar de su mano derecha y el
pulgar de su pie derecho. 24 Luego mandó
que se acercaran los hijos de Aarón, les mojó
con un poco de sangre el lóbulo de la oreja
derecha, el pulgar de la mano derecha y el
pulgar de su pie derecho, y roció con la sangre todos los costados del altar. 25 Enseguida
tomó toda la grasa —la cola, la grasa que recubre las entrañas, la protuberancia del hígado y los dos riñones con su grasa— y la pata
derecha. 26 Sacó de la canasta de los panes
ácimos que estaban delante del Señor un pan
sin levadura, una torta sin levadura amasada
con aceite y una galleta, y las depositó sobre
las partes grasosas y sobre la pata derecha.
27 Luego entregó todo eso a Aarón y a sus hijos, e hizo el gesto de presentación delante
del Señor. 28 Volvió a tomarlo, y lo hizo arder
sobre el altar junto con el holocausto: era un
sacrificio de la consagración, un sacrificio de
aroma agradable, una ofrenda que se quema
para el Señor. 29 Luego Moisés tomó el pecho
de la víctima e hizo con él el gesto de presentación delante del Señor: esta era la parte
del carnero de la consagración, que correspondía a Moisés, según la orden impartida
por el Señor.
30 Moisés tomó enseguida el óleo de la unción y la sangre que estaba sobre el altar, e
hizo una aspersión sobre Aarón, sobre sus hijos y sus vestiduras. De esta manera consagró
a Aarón, a sus hijos, y también sus vestiduras.
31 Entonces Moisés dijo a Aarón y a sus hijos: «Hagan cocer la carne a la entrada de la
Tienda del Encuentro, y cómanla allí mismo,
con el pan que está en la canasta del sacrificio de la consagración, conforme a la orden
que recibí: "Aarón y sus hijos comerán esto".
32 Lo que sobre de la carne y del pan, lo quemarán. 33 Durante siete días no abandonarán
la entrada de la Tienda del Encuentro, o sea,
hasta que termine el período de la consagración, porque la consagración de ustedes durará siete días. 34 El Señor ordenó que durante ese tiempo se hiciera lo mismo que se hizo
hoy, para practicar el rito de expiación en favor de ustedes. 35 Durante ese tiempo, permanecerán día y noche junto a la entrada de la
Tienda del Encuentro, cumpliendo lo que el
Señor ha establecido, y así no morirán, porque esta es la orden que yo recibí». 36 Aarón y
sus hijos hicieron todo lo que el Señor había
mandado por medio de Moisés.

Los primeros sacrificios de Israel

Ex 29 38-43; 40 34-35; Sal 134 3

9 1 Al octavo día, Moisés llamó a Aarón
y a sus hijos, y a los ancianos de Israel,
2 y dijo a Aarón: «Toma un ternero para un sacrificio por el pecado, y un carnero para un
holocausto, ambos sin ningún defecto, y pre-
séntalos delante del Señor. 3 Después di a los
israelitas: "Tomen un chivo para ofrecerlo como sacrificio por el pecado; un ternero y un
cordero, de un año y sin defecto, para un holocausto; 4 y traigan también un toro y un carnero para inmolarlos delante del Señor, en
sacrificio de comunión. Además de esto, preparen una ofrenda amasada con aceite. Porque hoy el Señor se manifestará a ustedes"».
5 Ellos pusieron frente a la Tienda del Encuentro todo lo que Moisés les había ordenado, y la comunidad en pleno se acercó y permaneció de pie delante del Señor. 6 Entonces
Moisés dijo: «El Señor les ordena hacer estas
cosas, para que su gloria se manifieste a ustedes». 7 Después dijo a Aarón: «Acércate al altar, ofrece tu sacrificio por el pecado y tu holocausto, y realiza así el rito de expiación por
ti y por tu familia; presenta también la ofrenda del pueblo, y practica el rito de expiación

en favor de ellos, como el Señor lo ha ordenado».
8 Aarón se acercó al altar e inmoló el ternero del sacrificio por su propio pecado. 9 Sus
hijos le presentaron la sangre de la víctima, y
él, mojando su dedo, puso un poco de sangre sobre los cuernos del altar y derramó el
resto sobre la base del mismo. 10 Luego hizo
arder sobre el altar la grasa, los riñones y la
protuberancia del hígado, extraídos de la víctima del sacrificio por el pecado, como el Señor lo había ordenado a Moisés. 11 La carne y
el cuero, en cambio, los quemó fuera del
campamento. 12 Enseguida inmoló la víctima
del holocausto, y sus hijos le presentaron la
sangre, con la que él roció todos los costados
del altar. 13 Luego le trajeron la víctima cortada en pedazos, juntamente con la cabeza, y él
los hizo arder sobre el altar. 14 Después de lavar las entrañas y las patas, también las hizo
arder sobre el altar junto con el holocausto.
15 Luego presentó la ofrenda del pueblo:
tomó el chivo del sacrificio por el pecado
del pueblo, lo inmoló y lo ofreció como había hecho con el anterior. 16 Ofreció el holocausto conforme al ritual, 17 y presentó la
ofrenda, de la cual extrajo un puñado, que
hizo arder sobre el altar, junto con el holocausto de la mañana.
18 También inmoló el toro y el carnero del
sacrificio de comunión ofrecido por el pueblo. Sus hijos le trajeron la sangre, y con ella
roció todos los costados del altar. 19 Todas las
partes grasosas del toro y del carnero —la
cola, la grasa que recubre las entrañas, los riñones y la protuberancia del hígado— 20 fueron depositadas sobre los pechos de las víctimas. Aarón hizo arder las partes grasosas
sobre el altar, 21 mientras que con el pecho y
la pata derecha de los animales, hizo el gesto de presentación delante del Señor, como
Moisés lo había ordenado.
22 Finalmente, Aarón extendió sus manos
hacia el pueblo y lo bendijo. Después de
ofrecer el sacrificio por el pecado, el holocausto y el sacrificio de comunión, Aarón
descendió, 23 y Moisés entró junto con él en
la Tienda del Encuentro. Al salir bendijeron
al pueblo, y la gloria del Señor se manifestó
a todo el pueblo: 24 un fuego salió de la presencia del Señor, y consumió el holocausto y
las partes grasosas puestas sobre el altar. Al
ver esto, todo el pueblo prorrumpió en gritos
de júbilo y se postró con el rostro en tierra.

Normas adicionales

Nm 16 1 – 17 5; 2 Re 1 10-14

10 1 Nadab y Abihú, hijos de Aarón, tomaron cada uno su incensario, pusieron
fuego en ellos y echaron incienso encima;
pero el fuego que presentaron delante del Señor era un fuego profano, contrariamente a
lo que él les había mandado. 2 Entonces salió
de la presencia del Señor un fuego que los
devoró, y ambos murieron delante del Señor.
3 Moisés dijo a Aarón: «Así se cumple la palabra del Señor: Manifestaré mi santidad en
aquellos que se acercan a mí, y a la vista de
todo el pueblo seré glorificado».
Aarón, por su parte, permaneció en silencio.
4 Moisés llamó a Misael y a Elsafán —hijos de Oziel, el tío paterno de Aarón— y les
dijo: «Vengan a retirar a sus hermanos de la
entrada del Santuario, y llévenlos fuera del
campamento». 5 Ellos se acercaron y los llevaron en sus túnicas fuera del campamento,
como Moisés lo había ordenado.
6 Luego Moisés dijo a Aarón y a los otros hijos de este, Eleazar e Itamar: «No vayan con
los cabellos sueltos ni desgarren sus vestiduras, porque de lo contrario morirán y el Señor
se irritará contra toda la comunidad. Que sus
hermanos y toda la familia de Israel lloren
más bien por el fuego que ha encendido el Señor. 7 Y no se alejen de la entrada de la Tienda
del Encuentro, para que no mueran, porque
el óleo de la unción del Señor está sobre ustedes». Ellos hicieron lo que Moisés les dijo.
8 Entonces el Señor dijo a Aarón:
9 Cuando tengan que entrar en la Tienda
del Encuentro, ni tú ni tus hijos beberán vino o cualquier otra bebida que pueda embriagar, porque de lo contrario morirán: este es un decreto válido para siempre, a lo
largo de las generaciones. 10 Así ustedes podrán discernir lo sagrado de lo profano y lo
puro de lo impuro, 11 y enseñar a los israelitas todos los preceptos que el Señor les ha
dado por intermedio de Moisés.
12 Moisés dijo a Aarón y a Eleazar e Itamar,
los hijos que le habían quedado: «Tomen la
ofrenda que sobre de las ofrendas que se queman para el Señor, y cómanla junto al altar,
sin hacerla fermentar, porque es una cosa santísima. 13 La comerán en el recinto sagrado,
porque esa es la porción de las ofrendas que
se queman para el Señor, sobre la que tienen
derecho tú y tus hijos, conforme a la orden
que recibí. 14 Tú, lo mismo que tus hijos y tus
hijas, comerán en un lugar puro el pecho presentado al Señor y la pata reservada, porque
ese es tu derecho y el de tus hijos, sobre los sacrificios de comunión ofrecidos por los israelitas. 15 Además de las partes grasosas destinadas a la ofrenda que se quema para el Señor,
ellos ofrecerán la pata y el pecho de la víctima,
para realizar el gesto de presentación delante
del Señor. Esas partes pertenecerán a ti y a tus
hijos, como un derecho válido para siempre,
porque el Señor así lo ha ordenado».

[16]Moisés preguntó entonces por el chivo del sacrificio por el pecado. Al enterarse de que ya había sido quemado, se irritó contra Eleazar e Itamar, los hijos de Aarón que habían sobrevivido, y exclamó: [17]«¿Por qué no comieron la víctima del sacrificio por el pecado en el recinto sagrado, ya que se trata de una cosa santísima, que el Señor les dio para borrar el pecado de la comunidad, practicando el rito de expiación en favor de ella, delante del Señor? [18]Supuesto que su sangre no fue llevada al interior del Santuario, tendrían que haberla comido en el recinto sagrado, como yo lo ordené». [19]Entonces Aarón respondió a Moisés: «Mis hijos presentaron hoy delante del Señor su sacrificio por el pecado y su holocausto, y a pesar de todo, tuve la desgracia de perderlos. Si yo hubiera comido hoy de la víctima del sacrificio por el pecado, ¿el Señor lo habría aprobado?». [20]Al oír esto, Moisés quedó satisfecho.

LEGISLACIÓN SOBRE LO PURO Y LO IMPURO

Los animales puros e impuros

Dt 14 3-21; Lv 20 25-26; Mt 15 10-20 par.

11 [1]El Señor dijo a Moisés y a Aarón: [2]Hablen en estos términos a los israelitas:

Ustedes podrán comer cualquier animal terrestre [3]que tenga las pezuñas partidas —es decir, divididas en dos mitades— y que sea rumiante. [4]Pero se abstendrán de comer los siguientes animales, a pesar de que tienen la pezuña partida o son rumiantes: el camello, [5]el damán [6]y la liebre, porque son rumiantes, pero no tienen las pezuñas partidas; [7]y también el cerdo, porque tiene las pezuñas partidas, pero no es rumiante: a este deberán considerarlo impuro. [8]Ustedes no comerán la carne de estos animales ni tocarán sus cadáveres, sino que deberán considerarlos impuros.

[9]Entre los animales que viven en el agua, ya sea en el mar o en los ríos, ustedes podrán comer aquellos que tienen aletas y escamas. [10]Pero deberán tener por una cosa inmunda a cualquier animal que carezca de aletas y escamas, entre los seres que se mueven por las aguas y entre los vivientes que están en las aguas, ya sea en el mar o en los ríos. [11]No comerán su carne y sentirán repulsión por sus cadáveres. [12]Todo lo que vive en el agua y no tiene aletas ni escamas, será para ustedes una cosa inmunda.

[13]También deberán considerar inmundas —y por lo tanto, no las podrán comer— a las siguientes aves: el águila, el quebrantahuesos, el águila marina, [14]el milano, las diversas especies de halcón, [15]todas las variedades de cuervos, [16]el avestruz, la golondrina, la gaviota, y las diversas especies de gavilán, [17]la lechuza, el corvejón, el búho, [18]el ibis, el pelícano, el buitre, [19]la cigüeña, las diversas especies de garza, la abubilla y el murciélago.

[20]Además, ustedes deberán considerar inmundos a todos los insectos con alas que andan sobre cuatro patas. [21]Pero podrán comer, entre los animales de esta clase, todos aquellos que tienen más largas las patas de atrás, y por eso pueden saltar sobre el suelo, [22]o sea, todas las variedades de langostas y grillos. [23]Cualquier otro insecto alado que tenga cuatro patas, será para ustedes una cosa inmunda.

[24]A causa de estos animales, ustedes podrán incurrir en impureza. El que toque sus cadáveres, será impuro hasta la tarde. [25]El que levante el cadáver de alguno de ellos, tendrá que lavar su ropa y será impuro hasta la tarde. [26]Asimismo, todos los animales que no tengan las pezuñas partidas y que no sean rumiantes, serán impuros para ustedes. El que los toque será impuro. [27]Todos los cuadrúpedos que para caminar se apoyan sobre la planta de los pies, serán impuros para ustedes. El que toque sus cadáveres, será impuro hasta la tarde, [28]y el que levante el cadáver de alguno de ellos, tendrá que lavar su ropa y será impuro hasta la tarde. Ustedes deberán considerarlos impuros.

[29]Entre los animales pequeños que caminan arrastrándose por el suelo, serán impuros para ustedes los siguientes: el topo, el ratón y las diversas especies de lagartos; [30]las diferentes clases de lagartijas, la salamandra y el camaleón. [31]Ustedes deberán considerar impuros a todos estos animales pequeños. El que toque sus cadáveres, será impuro hasta la tarde. [32]También será impuro el objeto sobre el que caiga el cadáver de alguno de ellos, sea que se trate de un objeto de madera, de una prenda de vestir, de un cuero, de una bolsa, o de cualquier otra cosa que preste alguna utilidad. Estos objetos deberán ser sumergidos en el agua y serán impuros hasta la tarde; después serán puros. [33]Si uno de estos cadáveres cae en una vasija de barro, todo lo que haya dentro de ella será impuro y la vasija se deberá romper. [34]Cualquier comestible que entre en contacto con el agua contenida en esa vasija, será impuro, y cualquier bebida se volverá impura a causa de esa vasija. [35]El objeto sobre el que caiga alguno de esos cadáveres, será impuro. Si se trata de un horno o de un fogón, tendrán que ser derribados: son impuros, y ustedes tendrán que considerarlos como tales. [36]Sin embargo, la fuente o la

cisterna donde se recoge el agua, permanecerá pura, pero el que toque uno de esos cadáveres será impuro. [37] Y si un cadáver cae sobre la semilla que va a ser sembrada, esta será pura. [38] En cambio, si se arroja agua sobre la semilla y algo de esos cadáveres cae sobre ella, ustedes deberán tenerla por impura.

[39] Si muere un animal que ustedes pueden comer, el que toque el cadáver será impuro hasta la tarde. [40] El que coma carne de ese cadáver deberá lavar su ropa y será impuro hasta la tarde; y el que levante el cadáver deberá lavar su ropa y será impuro hasta la tarde.

Pureza e impureza ritual

Los conceptos de *pureza e impureza ritual* se referían a disposiciones legales para participar en el culto a Dios o en la asamblea santa, y no tenían relación alguna con la conducta moral de las personas. Se distinguía a los animales puros e impuros para señalar cuáles eran dignos de ser ofrecidos a Dios y cuáles podían ser comidos, sin tener nada que ver con la higiene.

Según estas leyes, enterrar a un muerto, la sangre, el flujo sexual, la enfermedad y los defectos eran impurezas. Las mujeres no podían participar en el culto durante su menstruación y debían ir al templo a purificarse cuarenta días después de haber dado a la luz (Lv 12 1-8).

Se pensaba que algunas impurezas desaparecían con el paso del tiempo, pero otras requerían ser borradas con abluciones (lavado del cuerpo o vestidos) o sacrificios expiatorios. Los profetas insisten constantemente en que las abluciones y los sacrificios tienen valor expiatorio solo si van acompañados de una purificación interior. La verdadera impureza es la del pecado, que solo Dios puede purificar (Mal 3 2-4).

Jesús nos libera de los conceptos de *pureza e impureza ritual*, enseñando que la única pureza es la interior (Mc 7 14-23). Esta novedad fue tan grande, que a los Apóstoles les fue difícil entenderla (ver «Católico significa "universal"», Hch 10 1-48). Fue Pablo quien realmente comprendió el sentido de la pureza interior, como lo enseñó Jesús (1 Cor 5 8).

Lv 11 – 15

[41] Todos los animales que se arrastran por el suelo son una cosa inmunda: no está permitido comerlos. [42] Por lo tanto, ustedes no comerán ningún reptil que se arrastra sobre su vientre, ningún insecto que camina sobre cuatro patas o que tiene muchas patas, y ningún otro animal que se arrastra sobre el suelo, porque son algo inmundo. [43] No se contaminen ustedes mismos a causa de esos animales. No incurran en impureza a causa de ellos, para no quedar contaminados. [44] Porque yo soy el Señor, su Dios, y ustedes tienen que santificarse y ser santos, porque yo soy santo. No incurran en impureza a causa de esos animales que se arrastran por el suelo. [45] Porque yo soy el Señor, el que los hice subir del país de Egipto para ser su Dios. Ustedes serán santos, porque yo soy santo.

[46] Estas son las instrucciones acerca de los animales, de las aves, de todos los seres vivientes que se mueven en las aguas, y de todos los demás animales que se arrastran por el suelo. [47] Así se establecerá una distinción entre lo puro y lo impuro, y entre los seres vivientes que está permitido comer y los que no pueden ser comidos.

La purificación después del parto

Lv 15 19-20; Gn 17 9-14; Lc 2 21-24; Lv 5 7-13

12 [1] El Señor dijo a Moisés: [2] Habla en estos términos a los israelitas:

Cuando una mujer quede embarazada y dé a luz un varón, será impura durante siete días, como lo es en el tiempo de su menstruación. [3] Al octavo día será circuncidado el prepucio del niño, [4] pero ella deberá continuar purificándose de su sangre durante treinta y tres días más. No tocará ningún objeto consagrado ni irá al Santuario, antes de concluir el tiempo de su purificación.

[5] Pero si da a luz una niña, será impura durante dos semanas, como lo es durante su menstruación, y deberá continuar purificándose de su sangre durante sesenta y seis días más.

[6] Al concluir el período de su purificación, tanto por el hijo como por la hija, la madre presentará al sacerdote, a la entrada de la Tienda del Encuentro, un cordero de un año para ofrecer un holocausto, y un pichón de paloma o una torcaza, para ofrecerlos como sacrificio por el pecado. [7] El sacerdote lo presentará delante del Señor y practicará el rito de expiación en favor de ella. Así quedará purificada de su pérdida de sangre.

Este es el ritual concerniente a la mujer que da a luz un niño o una niña. [8] Y si no dispone de recursos suficientes para adquirir un cordero, tomará dos torcazas o dos pichones, uno para el holocausto y otro para

el sacrificio por el pecado. El sacerdote realizará el rito de expiación en favor de ella, y
así quedará purificada.

La impureza provocada por la lepra

Nm 12 10-15; Dt 24 8-9; 2 Re 5; Mt 8 1-4

13 1 El Señor dijo a Moisés y a Aarón:
2 Cuando aparezca en la piel de una persona una hinchazón, una erupción o una
mancha lustrosa, que hacen previsible un
caso de lepra, la persona será llevada al sacerdote Aarón o a uno de sus hijos, los sacerdotes, 3 el cual examinará la afección. Si en la
zona afectada el vello se ha puesto blanco, y
aquella aparece más hundida que el resto de
la piel, es un caso de lepra. El sacerdote, después de haberla observado, deberá declarar
impura a esa persona. 4 Si la mancha lustrosa
es blancuzca pero no aparece más hundida
que la piel y el vello que la recubre no se ha
puesto blanco, el sacerdote mantendrá aislada
a la persona afectada durante siete días. 5 Al
séptimo día volverá a examinarla y si comprueba que la afección continúa estacionaria
y no se ha propagado por la piel, el sacerdote
la mantendrá aislada siete días más. 6 Al séptimo día la volverá a examinar, y si la afección
ha cedido y no se ha extendido por la piel, de-
clarará puro al enfermo; no es más que una
erupción. El enfermo lavará su ropa y será
puro. 7 Pero si después de haberse presentado
al sacerdote y de haber sido declarado puro, la
erupción continúa extendiéndose por la piel,
se presentará nuevamente al sacerdote. 8 Y si
este ve que la erupción se ha propagado, deberá declararlo impuro, porque es lepra.
9 Cuando en una persona aparezcan síntomas de lepra, será llevada al sacerdote. 10 Si
este descubre en la piel una hinchazón blancuzca, que ha emblanquecido el vello, y si en
la parte hinchada se ha formado una úlcera,
11 entonces se trata de lepra crónica. El sacerdote debe declarar impuro al enfermo, sin
necesidad de aislarlo, porque ciertamente es
impuro. 12 Pero si la lepra prolifera hasta cubrir por completo la piel de la persona afectada, de la cabeza a los pies, en cuanto el
sacerdote alcanza a ver, 13 y si este, al hacer
el examen, comprueba que la lepra cubre
todo el cuerpo, entonces deberá declarar pura
a la persona afectada. Es pura, porque se ha
vuelto totalmente blanca. 14 Sin embargo,
apenas aparezca una úlcera, será impura.
15 Cuando el sacerdote vea la úlcera, la decla-
rará impura: la úlcera es impura porque es lepra. 16 Pero si la úlcera se vuelve a poner blanca, el enfermo irá de nuevo al sacerdote, 17 y él
lo examinará. Si la afección ha recuperado el
color blanco, el sacerdote tendrá que declarar
pura a la persona afectada, porque es pura.

18 Si en la piel de una persona aparece una
inflamación, que luego se cura, 19 pero en el
lugar donde estaba la inflamación se forma
una hinchazón blancuzca o una mancha de
color rojizo pálido, el enfermo se presentará
al sacerdote. 20 Si el sacerdote ve que la zona
afectada está más hundida que la piel, y que
el vello se ha puesto blanco, deberá declararlo impuro: es un caso de lepra que ha proliferado en la inflamación. 21 Pero si advierte que
no hubo emblanquecimiento del vello ni
hundimiento de la epidermis, sino que la
afección fue cediendo, mantendrá al enfermo
aislado durante siete días, 22 y si la inflamación
continúa extendiéndose por la piel, deberá
declararlo impuro: es una verdadera afección.
23 En cambio, si la mancha permanece estacionaria y no se extiende, es la cicatriz de la inflamación, y por lo tanto el sacerdote deberá
declarar pura a la persona afectada.
24 Si una persona se quema con fuego y se
forma sobre la quemadura una mancha lustrosa de color rojizo pálido o blancuzco, 25 el
sacerdote la examinará. Si en la mancha lustrosa el vello se ha puesto blanco y la parte
afectada aparece más hundida que el resto
de la piel, se trata de lepra que ha proliferado en la quemadura. El sacerdote deberá declarar impuro al enfermo, porque es lepra.
26 Pero si el sacerdote comprueba que no hay
emblanquecimiento del vello ni hundimiento de la epidermis, y que la mancha ha
ido cediendo, mantendrá aislado al enfermo
durante siete días. 27 Al séptimo día lo examinará, y si la afección se ha extendido por
la piel, el sacerdote deberá declararlo impuro: es un caso de lepra. 28 Pero si la mancha
permanece estacionaria, sin extenderse por
la piel, y pierde intensidad, es simplemente
efecto de la quemadura. El sacerdote tendrá
que declararlo puro, porque no es más que
la cicatriz de la quemadura.
29 Si un hombre o una mujer tienen una
afección en la cabeza o en el mentón, 30 el
sacerdote examinará la parte afectada. Si esta
aparece más hundida que el resto de la piel,
y en ella el pelo se ha vuelto amarillento y
débil, el sacerdote tendrá que declarar impuro al enfermo: es tiña, o sea, lepra de la cabeza y del mentón. 31 Pero si el sacerdote
comprueba que la zona afectada de tiña no
aparece más hundida que el resto de la piel,
y que en ella no hay pelo negro, mantendrá
aislado al enfermo durante siete días. 32 Al
séptimo día examinará la afección, y si la
tiña no se ha propagado ni hay pelo amarillento, y la zona afectada no aparece más
hundida que el resto de la piel, 33 el enfermo
se afeitará, excluida la parte afectada, y el
sacerdote lo mantendrá aislado siete días

más. 34 Al séptimo día lo someterá a un nuevo examen, y si la tiña no se ha extendido por la piel y la zona afectada no aparece más hundida, el sacerdote tendrá que declararlo puro. El enfermo lavará su ropa y será puro. 35 Si después de haber sido declarado puro, la tiña se propaga por la piel, 36 el sacerdote lo examinará, y si la tiña se ha extendido, no necesitará verificar si hay pelo amarillento: el enfermo es impuro. 37 En cambio, si advierte que la tiña permanece estacionaria y que en la zona afectada ha crecido pelo negro, la tiña está curada. La persona es pura, y el sacerdote deberá declararla como tal.

38 Si un hombre o una mujer tienen en la piel manchas lustrosas de color blanco, 39 y el sacerdote ve que las manchas son de un blanco tenue, se trata de una eczema que ha brotado en la piel: esa persona es pura.

40 Si a un hombre se le cae el cabello y queda calvo, es puro. 41 Si pierde el cabello en la parte delantera de la cabeza y se vuelve calvo sobre la frente, también es puro. 42 Pero si en la parte calva, ya sea sobre la frente o en la parte posterior de la cabeza, aparece una afección de color rojizo pálido, es lepra que ha proliferado en la parte calva. 43 El sacerdote lo examinará, y si la hinchazón de la zona afectada es de un color rojizo pálido y tiene el mismo aspecto que la lepra de la piel del cuerpo, 44 se trata de un leproso. Esa persona es impura, y el sacerdote deberá declararla como tal: tiene lepra en la cabeza.

45 La persona afectada de lepra llevará la ropa desgarrada y los cabellos sueltos; se cubrirá hasta la boca e irá gritando: «¡Impuro, impuro!». 46 Será impuro mientras dure su afección. Por ser impuro, vivirá apartado y su morada estará fuera del campamento.

47 Cuando aparezca una mancha de lepra en una prenda de lana o de lino 48 —en la trama o en la urdimbre de la lana o del lino— o en un cuero, o en algo fabricado con cuero, 49 si la mancha es amarillenta o rojiza, se trata de una mancha de lepra y por lo tanto deberá ser mostrada al sacerdote. 50 Este la examinará y mantendrá aislado durante siete días el objeto afectado. 51 Al séptimo día volverá a examinar la mancha, y si se ha extendido por la prenda de vestir —en la trama o la urdimbre— o por el cuero —cualquiera sea el uso para el que se lo destina— es lepra maligna: ese objeto es impuro 52 y será quemado. Como se trata de lepra maligna, deberá ser consumido por el fuego. 53 Pero si el sacerdote comprueba que la mancha no se ha extendido, 54 ordenará que laven el objeto donde está la misma y lo mantendrá aislado siete días más. 55 El sacerdote examinará la mancha después de haber sido lavada: si esta no ha cambiado de aspecto, aunque no se haya extendido, el objeto es impuro y deberás quemarlo: es una corrosión, sea en la parte interior o en la parte exterior. 56 Pero si el sacerdote comprueba que la mancha, una vez lavada, ha disminuido, la arrancará de la ropa o del cuero, de la trama o de la urdimbre. 57 Y si vuelve a aparecer, es un brote contagioso: el objeto deberá ser consumido por el fuego. 58 Pero si la mancha desaparece de la ropa —de la trama o de la urdimbre— o del objeto de cuero que ha sido lavado, se lo volverá a lavar, y entonces será puro.

59 Estas son las instrucciones relativas a la lepra de la ropa de lana o de lino —en la urdimbre o la trama— o de cualquier objeto de cuero, para declararlos puros o impuros.

La purificación del leproso

Nm 19 1-20; Sal 51 9; Heb 9 19; Lv 12 8

14 1 El Señor dijo a Moisés: 2 Cuando haya que declarar puro a un leproso, se aplicará el siguiente ritual: La persona será presentada al sacerdote. 3 Este saldrá fuera del campamento, y si ve que el leproso está realmente curado de su afección, 4 mandará traer, para la persona que va a ser purificada, dos pájaros vivos puros, un trozo de madera de cedro, una cinta de púrpura escarlata y un ramillete de hisopo. 5 Luego mandará que uno de los pájaros sea inmolado sobre una vasija de barro, que contenga agua proveniente de un manantial. 6 Entonces tomará el pájaro vivo, la madera de cedro, la púrpura escarlata y el hisopo, y los mojará en la sangre del pájaro inmolado sobre el agua del manantial. 7 Hará siete aspersiones sobre el que debe ser purificado de la lepra, y después de declararlo puro, dejará en libertad al pájaro vivo.

8 El que se purifica lavará su ropa, se afeitará todo el pelo, se bañará con agua, y quedará puro. Después de esto podrá entrar en el campamento, pero tendrá que permanecer siete días fuera de su tienda. 9 Al séptimo día se afeitará todo el pelo —el cabello, la barba, las cejas y todo el resto del pelo—, volverá a lavar su ropa, bañará su cuerpo con agua, y quedará puro.

10 Al octavo día, tomará tres corderos —dos machos sin defecto y una hembra de un año sin defecto—, traerá tres décimas partes de una medida de harina de la mejor calidad, amasada con aceite, y un poco más de medio litro de aceite. 11 El sacerdote que realiza la purificación ubicará a la persona que se purifica, junto con sus ofrendas, a la entrada de la Tienda del Encuentro, delante del Señor. 12 Luego tomará uno de los corderos para ofrecerlo junto con el aceite, en sacrificio de reparación, y hará con ellos el gesto de

presentación delante del Señor. 13 Inmolará el cordero en el lugar sagrado donde se inmolan las víctimas del sacrificio por el pecado y del holocausto. Y esta víctima de reparación, como la del sacrificio por el pecado, será para el sacerdote: es una cosa santísima. 14 Luego el sacerdote tomará sangre de la víctima de reparación, y la pondrá sobre el lóbulo de la oreja derecha del que se purifica, sobre el pulgar de su mano derecha y el pulgar de su pie derecho. 15 Enseguida, tomará el medio litro de aceite y derramará una parte de él sobre la palma de su mano izquierda. 16 Luego mojará un dedo de su mano derecha en el aceite que está en la palma de su mano izquierda, y hará con el dedo siete aspersiones de aceite delante del Señor. 17 Después pondrá un poco del aceite que aún le queda en la mano sobre el lóbulo de la oreja derecha de la persona que se purifica, sobre el pulgar de su mano derecha y el pulgar de su pie derecho, encima de la sangre del sacrificio de reparación. 18 Finalmente, el sacerdote derramará el resto del aceite sobre la cabeza del que se purifica. Así realizará el rito de expiación en favor de esa persona, delante del Señor. 19 Entonces, el sacerdote ofrecerá un sacrificio por el pecado y hará el rito de expiación en favor de la persona que se purifica de su impureza. Después de esto, inmolará la víctima para un holocausto, 20 y ofrecerá sobre el altar el holocausto y la ofrenda. Y cuando el sacerdote haya realizado el rito de expiación en favor de esa persona, esta quedará purificada.

21 Si la persona es pobre y carece de recursos suficientes, tomará un solo cordero como víctima de reparación, que será ofrecido con el gesto de presentación, a fin de realizar el rito de expiación en su favor. Al mismo tiempo, ofrecerá la décima parte de una medida de harina de la mejor calidad para una ofrenda, con un poco más de medio litro de aceite, 22 y dos torcazas o dos pichones de paloma, según sus posibilidades: uno para el sacrificio por el pecado y otro para el holocausto. 23 Al octavo día, presentará todo esto al sacerdote, para su purificación, a la entrada de la Tienda del Encuentro, delante del Señor. 24 Entonces el sacerdote tomará el cordero del sacrificio de reparación y el medio litro de aceite, y los ofrecerá al Señor con el gesto de presentación. 25 Después de haber inmolado el cordero del sacrificio de reparación, el sacerdote tomará sangre de la víctima de reparación y la pondrá sobre el lóbulo de la oreja derecha del que se purifica, y sobre el pulgar de su mano derecha y el pulgar de su pie derecho. 26 Enseguida, derramará un poco de aceite sobre la palma de su mano izquierda, 27 y con el dedo de su mano derecha hará siete aspersiones de aceite, 28 y pondrá un poco del aceite que tiene en su mano sobre el lóbulo de la oreja derecha de la persona que se purifica, y sobre el pulgar de su mano derecha y el pulgar de su pie derecho, en el mismo lugar donde puso la sangre de la víctima de reparación. 29 Luego pondrá el resto del aceite que aún le queda en la mano sobre la cabeza de la persona que se purifica, para realizar el rito de expiación en favor de él, delante del Señor. 30 Después ofrecerá las dos torcazas o los dos pichones de paloma —según hayan sido sus posibilidades—, 31 uno como sacrificio por el pecado, y el otro como holocausto; este último irá acompañado de la ofrenda. De esta manera, el sacerdote practicará el rito de expiación delante del Señor, en favor de la persona que debe ser purificada. 32 Este será el ritual para la purificación del leproso que carece de recursos suficientes.

Las manchas de lepra en las casas y su purificación

33 El Señor dijo a Moisés y a Aarón:

34 Cuando ustedes entren en la tierra de Canaán —esa tierra que yo les daré en posesión— y cuando haga aparecer manchas de lepra en alguna de las casas del país que ustedes van a poseer, 35 el dueño de la casa irá a decir al sacerdote: «He visto en mi casa algo así como lepra». 36 Antes de entrar a examinar las manchas, el sacerdote ordenará que la desocupen, para que nada de lo que hay en ella se vuelva impuro. Luego entrará a examinar la casa, 37 y si ve que las manchas formadas en las paredes son cavidades verduzcas o rojizas, que aparecen más hundidas que el resto de la pared, 38 el sacerdote saldrá a la puerta de la casa y la mantendrá clausurada durante siete días. 39 Al séptimo día regresará, y si la mancha se ha extendido por las paredes de la casa, 40 mandará quitar las piedras manchadas y las hará arrojar fuera de la ciudad, a un lugar impuro. 41 Después hará rasquetear todo el interior de la casa, y el revoque que haya sido quitado será arrojado fuera de la ciudad, a un lugar impuro. 42 Luego tomarán otras piedras para reemplazar a las primeras y se preparará otra mezcla para revocar la casa.

43 Pero si después de haber quitado las piedras, y de haber rasqueteado y revocado la casa, la mancha vuelve a aparecer, 44 el sacerdote entrará para someterla a un nuevo examen; y si la mancha se ha extendido por la casa, entonces se trata de lepra maligna: la casa es impura. 45 Esta será derribada, y sus piedras, su madera y todo el material serán

llevados fuera de la ciudad, a un lugar impuro. 46 El que entró en la casa mientras estuvo clausurada será impuro hasta la tarde.
47 El que durmió en la casa deberá lavar su
ropa, y lo mismo hará el que comió en ella.
48 Pero si el sacerdote, al examinar la mancha, ve que esta no se ha extendido por la
casa después que fue revocada de nuevo,
tendrá que declararla pura, porque la mancha ha desaparecido.
49 Luego tomará dos pájaros, un trozo de
madera de cedro, una cinta de púrpura escarlata y un ramillete de hisopo, para eliminar el pecado de la casa. 50 Primero inmolará
uno de los pájaros sobre una vasija de barro
que contenga agua proveniente de un manantial. 51 Después tomará la madera de cedro, el hisopo, la púrpura escarlata y el pájaro vivo: los sumergirá en la sangre del
pájaro inmolado y en el agua del manantial,
y hará siete aspersiones sobre la casa. 52 Y
una vez eliminado el pecado de la casa con
la sangre del pájaro, con el agua del manantial, con el pájaro vivo, con la madera de cedro, con el hisopo y con la púrpura escarlata, 53 dejará en libertad al pájaro vivo, fuera
de la ciudad, en pleno campo. Así realizará
el rito de expiación por la casa, y esta quedará purificada.
54 Este es el ritual concerniente a toda clase de lepra: la tiña, 55 la lepra de la ropa y de
las casas, 56 la hinchazón, la erupción y las
manchas lustrosas. 57 Así se podrá determinar cuándo se es puro y cuándo impuro.
Este es el ritual concerniente a la lepra.

Las impurezas sexuales en el hombre

Nm 5 2-3; Dt 23 11-12; 1 Sm 21 5-6

15 1 El Señor dijo a Moisés y a Aarón:
2 Hablen en estos términos a los israelitas:
Si un hombre sufre de blenorrea, su flujo
es impuro. 3 Ya sea que su miembro deje
salir el flujo, o que se obstruya a causa del
mismo, su impureza consistirá en lo siguiente: 4 Cualquier lecho donde ese hombre se
acueste y cualquier mueble donde se siente,
serán impuros. 5 El que toque su lecho deberá lavar su ropa, se bañará con agua y será
impuro hasta la tarde. 6 El que se siente en
un mueble donde se haya sentado ese hombre, deberá lavar su ropa y bañarse con agua,
y será impuro hasta la tarde. 7 El que toque
el cuerpo del hombre que tiene el flujo, deberá lavar su ropa y bañarse con agua, y será impuro hasta la tarde. 8 Si el enfermo escupe a una persona pura, esta deberá lavar
su ropa y bañarse con agua, y será impura
hasta la tarde. 9 Toda montura sobre la que
haya montado el enfermo, será impura. 10 Cualquiera que toque algún objeto que haya estado debajo de él, será impuro hasta la tarde.
Y el que transporte ese objeto, deberá lavar
su ropa y bañarse con agua, y será impuro
hasta la tarde. 11 El que haya sido tocado por
alguien que padece de ese flujo y no se haya
lavado cuidadosamente las manos, deberá
lavar su ropa y bañarse con agua, y será impuro hasta la tarde. 12 La vasija de barro que
toque el enfermo deberá ser rota, y cualquier
otro utensilio de madera deberá ser lavado
con agua.
13 Si el hombre que tiene el flujo se cura,
contará siete días para su purificación. Entonces lavará su ropa, se bañará en el agua
de un manantial, y será puro. 14 Al octavo
día, se procurará dos torcazas o dos pichones de paloma, irá a presentarse delante del
Señor, a la entrada de la Tienda del Encuentro, y los entregará al sacerdote. 15 Este los
ofrecerá, uno como sacrificio por el pecado
y el otro como holocausto. De esta manera,
el sacerdote practicará el rito de expiación
delante del Señor, en favor de ese hombre, a
causa de su flujo.
16 Si un hombre tiene una eyaculación, lavará con agua todo su cuerpo, y será impuro hasta la tarde. 17 La ropa o el cuero sobre
los que se haya derramado el semen, deberá
ser lavado con agua y será impuro hasta la

LV

El gran día de la expiación y el chivo expiatorio

El término *expiación* significa «reparación» y «enmienda» por un mal hecho. Es un bello acto en el que pedimos perdón a Dios porque sabemos que nos ama y nos duele haberlo ofendido.

En el día de la expiación, el sacerdote colocaba sus manos sobre un chivo mientras confesaba en público los pecados del pueblo. Ese chivo era mandado al desierto, simbolizando que se llevaba los pecados perdonados por Dios. De ahí la costumbre de llamar *chivo expiatorio* a las personas a quienes se les echa la culpa por algo que no hicieron, lo que es una hipocresía y causa daño a la persona acusada. ¿Cómo *expías* tus faltas y vuelves al camino de la vida?

Lv 16

tarde. 18 Y si un hombre tiene relaciones sexuales con su mujer, los dos se bañarán con agua y serán impuros hasta la tarde.

Las impurezas sexuales en la mujer

Gn 31 34-35; 2 Sm 11 4; Mt 9 20

19 Cuando una mujer tenga su menstruación, será impura durante siete días, y el que la toque será impuro hasta la tarde. 20 Cualquier objeto sobre el que ella se recueste o se siente mientras dure su estado de impureza, será impuro. 21 El que toque su lecho deberá lavar su ropa y bañarse con agua, y será impuro hasta la tarde. 22 El que toque algún mueble sobre el que ella se haya sentado, deberá lavar su ropa y bañarse con agua, y será impuro hasta la tarde. 23 Si alguien toca un objeto que está sobre el lecho o sobre el mueble donde ella se sienta, será impuro hasta la tarde. 24 Si un hombre se acuesta con ella, la impureza de la mujer se transmite a él; será impuro durante siete días, y cualquier lecho sobre el que se acueste, será impuro.

25 Cuando una mujer tenga un flujo de sangre durante varios días, fuera del período menstrual, o cuando la menstruación se prolongue más de lo debido, será impura mientras dure el flujo, como lo es durante la menstruación. 26 Todo lecho en el que se acueste y todo mueble sobre el que se siente será impuro, lo mismo que durante el período menstrual. 27 El que los toque será impuro: deberá lavar su ropa y bañarse con agua, y será impuro hasta la tarde.

28 Una vez que cese el flujo, la mujer contará siete días, y después será pura. 29 Al octavo día, conseguirá dos torcazas o dos pichones de paloma, y los presentará al sacerdote, a la entrada de la Tienda del Encuentro. 30 El sacerdote los ofrecerá, uno como sacrificio por el pecado y el otro como holocausto. De esta manera, practicará el rito de expiación delante del Señor, en favor de esa mujer, a causa de la impureza de su flujo.

Conclusión

Lv 26 11-12; Nm 5 2-3; Lv 20 18

31 Ustedes deberán prevenir a los israelitas sobre sus impurezas, a fin de que no mueran a causa de ellas, por haber manchado mi Morada, que está en medio de ellos.

32 Este es el ritual concerniente a la persona que padece de flujo: al que tiene una eyaculación y por eso incurre en impureza; 33 a la mujer indispuesta debido a su menstruación; al hombre o a la mujer que padecen de flujo; y al hombre que se acuesta con una mujer impura.

LA LEY DE SANTIDAD

El gran Día de la Expiación

Lv 23 27-32; Nm 29 7-11; Heb 9 6-14

16 1 El Señor habló a Moisés después de la muerte de los dos hijos de Aarón, que murieron al presentarse delante del Señor. 2 Él le dijo:

Ordena a tu hermano Aarón que no entre en cualquier momento en la parte del Santuario que está detrás del velo, frente a la tapa que cubre el Arca. De lo contrario morirá, porque yo me aparezco en la nube, sobre la tapa del Arca. 3 Él deberá entrar en el Santuario solamente de esta manera: con un novillo para un sacrificio por el pecado y con un carnero para un holocausto. 4 Además, tendrá que estar vestido con la túnica sagrada de lino y cubierto con pantalones de lino; se ceñirá con la faja de lino y llevará puesto el turbante de lino. Estas son vestiduras sagradas, que él se pondrá después de haberse bañado con agua.

5 Aarón recibirá de la comunidad de los israelitas dos chivos para un sacrificio por el pecado y un carnero para un holocausto. 6 Él ofrecerá su propio novillo como sacrificio por el pecado, y practicará el rito de expiación por sí mismo y por su familia. 7 Luego tomará los dos chivos y los presentará delante del Señor, a la entrada de la Tienda del Encuentro. 8 Enseguida echará las suertes sobre los dos chivos: una suerte para el Señor y la otra para Azazel. 9 Presentará el chivo que la suerte haya destinado al Señor, y lo ofrecerá como sacrificio por el pecado. 10 En cuanto al chivo destinado por la suerte a Azazel, será puesto vivo delante del Señor, a fin de enviarlo al desierto para Azazel.

11 Aarón ofrecerá su propio novillo como sacrificio por el pecado y practicará el rito de expiación por sí mismo y por su familia. Lo inmolará, 12 y después tomará un incensario lleno de brasas extraídas del altar que está delante del Señor, y dos puñados de incienso aromático pulverizado. Llevará todo esto detrás del velo, 13 y pondrá el incienso sobre el fuego delante del Señor, de manera que la nube de incienso envuelva la tapa que está encima del Arca del Testimonio. Así no morirá. 14 Después tomará la sangre del novillo y rociará con el dedo la parte delantera de la tapa, hacia el este; y delante de la tapa, hará con el dedo siete aspersiones de sangre. 15 Enseguida inmolará el chivo para el sacrificio por el pecado del pueblo y llevará su sangre detrás del velo. Allí hará con ella lo mismo que hizo con la sangre del novillo: hará las aspersiones sobre la tapa y delante de ella.

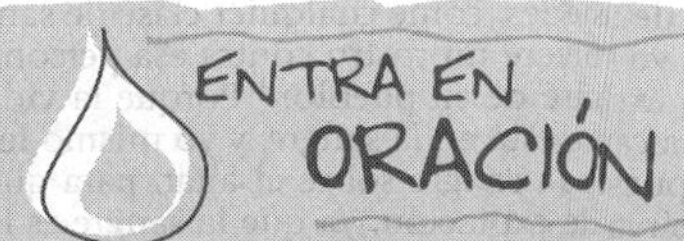

La ley de santidad

La *ley de santidad* de Levítico 17 – 26, es un código legal autónomo, sobre la totalidad de la vida: trato a los animales, relaciones interpersonales, cuestiones morales, cultos prohibidos, tiempos y lugares sagrados... Todo debe ordenarse hacia Dios, por eso repite constantemente: «Yo soy el Señor» (Lv 18 5; 22 31-33) e insiste, «Serán santos, porque yo, el Señor su Dios, soy santo» (19 2).

Oh Dios, queremos alabar y bendecir tu nombre con nuestra conducta. Ayúdanos a vivir según tu voluntad y a abrir nuestro corazón a tu acción transformadora.

Te pedimos la gracia de dirigir nuestra vida con tu amor, y así participar en tu obra de salvación y responder a tu invitación a ser santos, santificando tu nombre.

Lv 17 – 26

16 Así practicará el rito de expiación por el
Santuario, para purificarlo de las impurezas
y transgresiones de los israelitas, cualesquiera sean sus pecados. Y lo mismo hará con la
Tienda del Encuentro, que habita con ellos
en medio de sus impurezas. 17 Cuando Aarón
entre en el Santuario para realizar allí el rito
de expiación, nadie deberá estar en la Tienda
del Encuentro, hasta que él salga.

Después de practicar el rito de expiación
por sí mismo, por su familia y por toda la
asamblea de Israel, 18 Aarón saldrá hasta el
altar que está delante del Señor para realizar
el rito de expiación por ese altar: tomará
sangre del novillo y del chivo, y la pondrá
sobre cada uno de los cuernos del altar;
19 luego hará con el dedo siete aspersiones de
sangre sobre el altar, y así lo purificará de las
impurezas de los israelitas, y lo santificará.

20 Cuando haya terminado de practicar el
rito de expiación por el Santuario, por la
Tienda del Encuentro y por el altar, presentará el chivo que todavía está vivo. 21 Aarón
impondrá sus dos manos sobre la cabeza
del animal y confesará sobre él todas las iniquidades y transgresiones de los israelitas,
cualesquiera sean los pecados que hayan cometido, cargándolas sobre la cabeza del chivo. Entonces lo enviará al desierto por medio de un hombre designado para ello. 22 El
chivo llevará sobre sí, hacia una región inaccesible, todas las iniquidades que ellos hayan cometido; y el animal será soltado en el
desierto.

23 Aarón entrará en la Tienda del Encuentro, se despojará de las vestiduras de lino
que se había puesto cuando entró en el Santuario, y las dejará allí. 24 Luego se lavará con
agua en el recinto sagrado y se volverá a poner sus vestiduras. Enseguida saldrá para
ofrecer su holocausto y el holocausto del
pueblo, y para practicar el rito de expiación
por sí mismo y por el pueblo. 25 Las partes
grasosas de la víctima del sacrificio por el
pecado, las hará arder sobre el altar.

26 El hombre encargado de soltar el chivo
para Azazel deberá lavar su ropa y bañarse
con agua; después podrá entrar de nuevo en
el campamento.

27 El novillo del sacrificio por el pecado y
el chivo del sacrificio por el pecado —cuya
sangre fue introducida en el Santuario para
el rito de expiación— serán sacados fuera
del campamento, y su cuero, su carne y sus
excrementos serán consumidos por el fuego.
28 La persona que los queme deberá lavar su
ropa y bañarse con agua; después podrá entrar de nuevo en el campamento.

29 Este será para ustedes un decreto válido
para siempre. El décimo día del séptimo
mes ustedes ayunarán y se abstendrán de
hacer cualquier clase de trabajo, tanto el na-

REFLEXIONA

La sexualidad: un regalo especial

El capítulo 18 de Levítico presenta leyes de santidad relacionadas con la sexualidad, porque ser santos integra todas las dimensiones de la persona. Dios desea que su pueblo utilice bien el regalo de la vida y no acoja costumbres sexuales malas de otras culturas.

Hoy día, es común presentar la sexualidad como algo trivial y las relaciones sexuales independientes del amor. La sexualidad es un regalo maravilloso de Dios para la realización personal en el amor, la complementariedad entre el hombre y la mujer, y la colaboración en la obra creadora de Dios. ¿Cómo honras tú el regalo de la sexualidad que Dios te ha dado?

Lv 18 1-30

L
V

tivo como el extranjero que resida entre ustedes. [30] Porque ese día se practicará el rito de expiación en favor de ustedes, a fin de purificarlos de todos sus pecados. Así quedarán puros delante del Señor. [31] Ese será para ustedes un día de reposo absoluto, en el que deberán ayunar. Se trata de un decreto válido para siempre. [32] El sacerdote que haya sido consagrado por la unción e investido para ejercer el sacerdocio como sucesor de su padre, realizará el rito de expiación: se pondrá las vestiduras de lino —las vestiduras sagradas— [33] y realizará el rito de expiación por la parte más santa del Santuario, por la Tienda del Encuentro y por el altar. Lo mismo hará por los sacerdotes y por todos los miembros de la asamblea. [34] Este será para ustedes un decreto válido para siempre: una vez al año se realizará el rito de expiación en favor de los israelitas, por todos sus pecados.

Y Moisés hizo lo que el Señor le había ordenado.

Reglas para la inmolación de animales

Dt 12 4-16.21-27; Ex 22 30; Lv 22 8

17 [1] El Señor dijo a Moisés: [2] Habla a Aarón, a sus hijos y a todos los israelitas, y diles: El Señor ha dado esta orden:

[3] Si un hombre de la casa de Israel inmola un buey, una oveja o una cabra dentro del campamento o fuera de él, [4] y no lo lleva a la entrada de la Tienda del Encuentro para presentarlo como ofrenda al Señor, delante de su Morada, será considerado reo de sangre: él ha derramado sangre, y por eso será excluido de su pueblo. [5] Así está mandado, a fin de que los israelitas traigan las víctimas que ellos suelen sacrificar en campo abierto, y las presenten al Señor, a la entrada de la Tienda del Encuentro, entregándolas al sacerdote para que sean ofrecidas al Señor como sacrificio de comunión. [6] Entonces el sacerdote rociará con esa sangre el altar del Señor, a la entrada de la Tienda del Encuentro, y hará arder las partes grasosas como aroma agradable al Señor. [7] De esta manera, los israelitas dejarán de ofrecer sacrificios a los sátiros, detrás de los cuales se están prostituyendo. Este será para ellos un decreto válido para siempre, a lo largo de las generaciones.

[8] Diles además: Si un hombre de la casa de Israel o alguno de los extranjeros que residen en medio de ustedes, ofrece un holocausto o un sacrificio, [9] y no lo lleva a la entrada de la Tienda del Encuentro para ofrecerlo al Señor, será excluido de su pueblo.

[10] Si un hombre de la casa de Israel o alguno de los extranjeros que residen en medio de ustedes, come cualquier clase de sangre, yo volveré mi rostro contra esa persona y la excluiré de su pueblo. [11] Porque la vida de la carne está en la sangre, y yo mismo les he puesto la sangre sobre el altar, para que les sirva de expiación, ya que la sangre es la que realiza la expiación, en virtud de la vida que hay en ella. [12] Por eso dije a los israelitas: «Ninguno de ustedes comerá sangre, ni tampoco lo hará el extranjero que resida en medio de ustedes».

[13] Y si cualquier israelita o cualquiera de los extranjeros que residen en medio de ustedes, caza un animal o un pájaro de esos que está permitido comer, derramará su sangre y la cubrirá con tierra. [14] Porque la vida de toda carne es su sangre. Por eso dije a los israelitas: «No coman la sangre de ninguna carne, porque la vida de toda carne es su sangre. El que la coma, será extirpado».

[15] Cualquiera, sea nativo o extranjero, que coma un animal muerto o despedazado por las fieras, deberá lavar su ropa y bañarse con agua, y será impuro hasta la tarde. Después será puro. [16] Y si no lava su ropa ni se baña, cargará con su iniquidad.

Prohibición del incesto

Lv 20 10-21; Dt 27 20.22-23; Sab 12 3-7

18 [1] El Señor dijo a Moisés: [2] Habla a los israelitas en estos términos:

Yo soy el Señor, su Dios. [3] Ustedes no imitarán las costumbres de Egipto —ese país donde ustedes habitaron— ni tampoco las de Canaán —esa tierra adonde yo los haré entrar—. No seguirán sus preceptos, [4] sino que cumplirán mis leyes y observarán mis preceptos, obrando en conformidad con ellos. Yo soy el Señor, su Dios.

[5] Ustedes cumplirán mis preceptos y mis leyes, porque el hombre que los cumple vivirá gracias a ellos. Yo soy el Señor.

[6] Ninguno de ustedes se acercará a una mujer de su propia sangre para tener relaciones con ella. Yo soy el Señor.

[7] No tendrás relaciones con tu madre, la esposa de tu padre: ella es tu madre, y tú no debes tener relaciones con ella.

[8] No tendrás relaciones con la mujer de tu padre: ella es la misma carne de tu padre.

[9] No tendrás relaciones con tu hermana, sea hija de tu padre o de tu madre, sea que haya nacido en la casa o fuera de ella.

[10] No tendrás relaciones con tu nieta, sea por parte de tu hijo o de tu hija, porque es tu misma carne.

[11] No tendrás relaciones con la hija de una mujer de tu padre: ella es descendiente de tu padre, hermana tuya, y tú no debes tener relaciones con ella.

12 No tendrás relaciones con la hermana de tu padre: ella es la misma carne que tu padre.

13 No tendrás relaciones con la hermana de tu madre, porque ella es la misma carne que tu madre.

14 No tendrás relaciones con la mujer del hermano de tu padre: no te acercarás a ella, que es tu tía.

15 No tendrás relaciones con tu nuera: ella es la esposa de tu hijo, y por eso, no debes tener relaciones con ella.

16 No tendrás relaciones con la esposa de tu hermano: es la misma carne que tu hermano.

17 No tendrás relaciones a un mismo tiempo con una mujer y con su hija, ni te casarás con su nieta, sea por parte de su hijo o de su hija: son de la misma carne que esa mujer, y tener relaciones con ellas es una depravación.

18 No te casarás con la hermana de tu esposa ni tendrás relaciones con ella mientras viva tu esposa, provocando su rivalidad.

19 No te acercarás a una mujer, para tener relaciones con ella, durante el período de su impureza menstrual.

20 No tendrás relaciones con la mujer de tu prójimo, haciéndote impuro con ella.

21 No entregarás a ninguno de tus descendientes para inmolarlo a Moloc, y no profanarás el nombre de tu Dios. Yo soy el Señor.

22 No te acostarás con un varón como si fuera una mujer: es una abominación.

23 No tendrás trato sexual con una bestia, haciéndote impuro con ella; y ninguna mujer se ofrecerá a un animal para unirse con él: es una perversión.

24 No se harán impuros de ninguna de esas maneras, porque así lo hicieron las naciones que yo voy a expulsar delante de ustedes, 25 y por eso el país quedó profanado. Yo les he pedido cuenta de su iniquidad, y el país ha vomitado a sus habitantes. 26 Pero ustedes observarán mis preceptos y mis leyes, y no cometerán ninguna de esas abominaciones, tanto el nativo como el extranjero que resida en medio de ustedes. 27 Porque todas esas abominaciones fueron cometidas por los hombres que habitaron el país antes que ustedes, y por eso el país ha sido profanado. 28 Que la tierra no los tenga que vomitar también a ustedes, a causa de sus impurezas, como vomitó a la nación que estaba antes que ustedes. 29 Porque todo el que cometa una de esas abominaciones será excluido de su pueblo. 30 Cumplan, entonces, mis normas, y no hagan ninguna de esas cosas abominables que se hicieron antes, y así no se harán impuros a causa de ellas. Yo soy el Señor, su Dios.

Normas morales y rituales

Lv 11 44; Ex 20 1-17; 32 1-6; Dt 24 19-22

19 1 El Señor dijo a Moisés: 2 Habla en estos términos a toda la comunidad de Israel:

Ustedes serán santos, porque yo, el Señor su Dios, soy santo.

3 Respetarán a su madre y a su padre, y observarán mis sábados. Yo soy el Señor, su Dios.

4 No se volverán hacia los ídolos ni se fabricarán dioses de metal fundido. Yo soy el Señor, su Dios.

5 Cuando ofrezcan al Señor un sacrificio de comunión, lo harán de tal manera que les sea aceptado. 6 La víctima deberá ser comida el mismo día en que ofrezcan el sacrificio, o al día siguiente y lo que quede para el tercer día, será quemado. 7 Y si alguien come algo al tercer día, la víctima no le será aceptada, porque se ha convertido en algo nocivo. 8 El que la coma cargará con su culpa, porque ha profanado lo que está consagrado al Señor: esa persona será excluida de su pueblo.

9 En el momento de recoger la cosecha, no segarás todo el campo hasta sus bordes, ni volverás a buscar las espigas que queden. 10 No sacarás hasta el último racimo de tu viña ni recogerás los frutos caídos, sino que los dejarás para el pobre y el extranjero. Yo soy el Señor, tu Dios.

11 Ustedes no robarán, no mentirán ni se engañarán unos a otros. 12 No jurarán en falso por mi Nombre, porque profanarían el nombre de su Dios. Yo soy el Señor. 13 No oprimirás a tu prójimo ni lo despojarás; y no retendrás hasta la mañana siguiente el salario del jornalero. 14 No insultarás a un sordo ni pondrás un obstáculo delante de un ciego, sino que temerás a tu Dios. Yo soy el Señor.

15 No cometerás ninguna injusticia en los juicios. No favorecerás arbitrariamente al pobre ni te mostrarás complaciente con el rico: juzgarás a tu prójimo con justicia. 16 No difamarás a tus compatriotas, ni pondrás en peligro la vida de tu prójimo. Yo soy el señor.

17 No odiarás a tu hermano en tu corazón; deberás reprenderlo convenientemente, para no cargar con un pecado a causa de él. 18 No serás vengativo con tus compatriotas ni les guardarás rencor. Amarás a tu prójimo como a ti mismo. Yo soy el Señor.

19 Ustedes observarán mis preceptos.

No cruzarás tu ganado con animales de otra especie. No sembrarás en tu campo dos clases distintas de semilla. No usarás ropa confeccionada con materiales diversos.

20 Si un hombre tiene relaciones sexuales con una esclava reservada a otro hombre,

pero que no ha sido rescatada ni puesta en libertad, se pagará una indemnización; ellos no serán castigados con la pena de muerte, porque la mujer no es libre. 21 El hombre llevará un carnero a la entrada de la Tienda del Encuentro, como sacrificio de reparación al Señor. 22 El sacerdote practicará con el carnero el rito de expiación en favor de ese hombre, delante del Señor, por el pecado que cometió, y el pecado le será perdonado.

23 Cuando entren en la tierra y planten árboles frutales de todas clases, deberán considerar sus frutos como algo prohibido: durante tres años los dejarán incircuncisos, y no se los podrá comer. 24 Al cuarto año, todos sus frutos serán consagrados en una fiesta de alabanza al Señor. 25 Y solo en el quinto año, podrán comer los frutos y almacenar el producto para provecho de ustedes mismos. Yo soy el Señor, su Dios.

26 Ustedes no comerán nada que tenga sangre. No practicarán la magia ni la adivinación.

27 No se cortarán el borde de la cabellera en forma de círculo, ni cortarás el borde de tu barba. 28 No se harán incisiones en la carne a causa de los muertos, ni tampoco se harán tatuajes. Yo soy el Señor.

29 No profanarás a tu hija, prostituyéndola, no sea que también la tierra se prostituya y se llene de depravación.

30 Observarán mis sábados y respetarán mi Santuario. Yo soy el Señor.

31 No acudirán a los espíritus de los muertos ni consultarán a otros espíritus, haciéndose impuros a causa de ellos. Yo soy el Señor, su Dios.

32 Te levantarás delante del anciano, y serás respetuoso con las personas de edad. Así temerás a tu Dios. Yo soy el Señor.

33 Cuando un extranjero resida contigo en tu tierra, no lo molestarás. 34 Él será para ustedes como uno de sus compatriotas y lo amarás como a ti mismo, porque ustedes fueron extranjeros en Egipto. Yo soy el Señor, su Dios.

35 No cometerán ninguna injusticia en los juicios, ni falsearán las medidas de longitud, de peso o de capacidad. 36 Ustedes deberán tener una balanza justa, una pesa justa y una medida justa. Yo soy el Señor, su Dios, que los hice salir de Egipto. 37 Observen fielmente todos mis preceptos y todas mis leyes. Yo soy el Señor.

Faltas cultuales y sexuales castigadas con la muerte

Dt 22 22; Lv 18 8-19.22-23

20 1 Y el Señor dijo a Moisés: 2 Tú les dirás a los israelitas:

Cualquier hombre entre ustedes, o entre los extranjeros residentes en Israel, que entregue a alguno de sus descendientes a Moloc, será castigado con la muerte: el pueblo del país lo hará morir a pedradas. 3 Yo volveré mi rostro contra ese hombre y lo extirparé de su pueblo, porque él dio un descendiente suyo a Moloc, y así manchó mi Santuario y profanó mi santo Nombre. 4 Y si el pueblo del país cierra sus ojos ante ese hombre, cuando él entrega un descendiente suyo a Moloc, y no lo mata, 5 yo mismo volveré mi rostro contra ese hombre y su familia, y lo

¿SABÍAS QUE...?

Derechos y responsabilidades de las personas homosexuales

Levítico 20 13 manda castigar con la muerte la actividad sexual entre personas homosexuales. Esta manera de tratarlas no es cristiana: «A distinción de la orientación homosexual, la actividad sexual entre homosexuales no es moralmente aceptada. Dicha orientación no es pecado porque no fue elegida libremente..., en cambio, la actividad genital homosexual es moralmente inaceptable... Las relaciones sexuales simbolizan la meta del Creador, como un acto de amor con el potencial de cocrear nueva vida humana, posible solo en las relaciones maritales heterosexuales»[1] (ver «Orientación y actividad homosexual», Rom 1 18-32).

«Dada la dignidad humana inherente y permanente de todo ser humano... las personas homosexuales, como cualquier otra, no deben sufrir prejuicios contra sus derechos humanos básicos. Tienen el derecho al respeto, la amistad y la justicia..., y deben tener un papel activo en la comunidad cristiana... La Iglesia pide a los hombres y mujeres homosexuales que unan sus sufrimientos y dificultades... al sacrificio del Señor en la cruz..., para convertirse en personas maduras y castas sexualmente, al servicio de la voluntad de Dios».[2]

Pide a Dios que te ayude a respetar siempre la dignidad de las personas homosexuales, se trate de ti mismo/a o de otra persona. También pide su gracia para reservar siempre las relaciones sexuales exclusivamente al matrimonio entre un hombre y una mujer.

Lv 20 13

extirparé de su pueblo, junto con todos
aquellos que lo sigan, prostituyéndose detrás
de Moloc. 6 Y si una persona consulta a los
espíritus de los muertos o a otros espíritus, y
se prostituye detrás de ellos, yo volveré mi
rostro contra esa persona y la extirparé de su
pueblo.
7 Ustedes se santificarán y serán santos,
porque yo soy el Señor, su Dios. 8 Observarán
fielmente mis preceptos. Yo soy el Señor,
que los santifico.
9 Si alguien insulta a su padre o a su madre,
será castigado con la muerte: él ha insultado
a su padre y a su madre, y por eso su
propia sangre caerá sobre él.
10 Si un hombre comete adulterio con la
mujer de su prójimo, los dos serán castigados
con la muerte.
11 Si un hombre se acuesta con la mujer de
su padre, es como si tuviera relaciones con
su propio padre; por eso los dos serán castigados
con la muerte, y su sangre caerá sobre
ellos.
12 Si un hombre se acuesta con su nuera,
los dos serán castigados con la muerte; ellos
han cometido un incesto, y por eso su sangre
caerá sobre ellos.
13 Si un hombre se acuesta con otro hombre
como si fuera una mujer, los dos cometen
una cosa abominable; por eso serán castigados
con la muerte y su sangre caerá
sobre ellos.

Los sacerdotes levitas

Los sacerdotes levitas eran mediadores entre Dios y su pueblo. Pertenecian a la tribu de Leví. Su misión era bendecir al pueblo en nombre de Dios, enseñar la Ley y ofrecer los sacrificios del culto. También ungían a los reyes, presidían las fiestas y purificaban a los enfermos. Fueron llamados a una santidad especial.

14 Si un hombre se casa con una mujer y
con la madre de esta, lo que hace es una depravación:
tanto él como ellas serán quemados,
para que no haya tal depravación entre
ustedes.
15 Si un hombre tiene trato sexual con una
bestia, será castigado con la muerte, y también
matarán a la bestia.
16 Si una mujer se acerca a una bestia para
unirse con ella, matarán a la mujer y a la
bestia: ambas serán castigadas con la muerte
y su sangre caerá sobre ellas.
17 Si alguien se casa con su hermana —sea
hija de su padre o de su madre— de manera
que él ve la desnudez de ella, y ella la de
él, cometen una ignominia: ambos serán extirpados
a la vista de sus compatriotas. Por
haber tenido relaciones con su hermana, él
deberá cargar con su culpa.
18 Si un hombre se acuesta con una mujer
en su período menstrual y tiene relaciones
con ella, los dos serán extirpados de su pueblo,
porque él ha puesto al desnudo la fuente
del flujo de la mujer y ella la ha descubierto.
19 No tendrás relaciones con la hermana de
tu madre ni con la hermana de tu padre, porque
eso sería como tener relaciones con uno
mismo: los que lo hagan cargarán con su
culpa.
20 Si un hombre se acuesta con la mujer de
su tío paterno, es como si tuviera relaciones
con este último: los que lo hagan cargarán
con su culpa y morirán sin tener hijos.
21 Si un hombre se casa con la mujer de su
hermano, lo que hace es una indecencia,
porque es como si tuviera relaciones con su
hermano: los que lo hagan no tendrán hijos.

Exhortación a cumplir los preceptos del Señor

Lv 18 3.24-30; Ex 3 8

22 Observen todos mi preceptos y mis leyes,
y pónganlos en práctica: entonces no
los vomitaré de la tierra adonde yo los haré
entrar para que vivan en ella. 23 No sigan los
preceptos de la nación que yo expulsaré delante
de ustedes. Precisamente porque ellos
hicieron todas estas cosas, yo les tomé repulsión
24 y les aseguré a ustedes que poseerían
su suelo, esa tierra que mana leche y
miel, la tierra que yo les daré en posesión.

Lo puro y lo impuro

Lv 11; 19 31; 20 6; 1 Sm 28 3

Yo soy el Señor, su Dios, que los separé de
los otros pueblos. 25 Por eso ustedes deberán
separar los animales puros de los impuros, y
los pájaros impuros de los puros. No se hagan
abominables a causa de un animal, de

L V

un pájaro o de cualquier alimaña que se
arrastra por el suelo, porque yo los separé
para que ustedes los consideren impuros.
26 Ustedes serán santos, porque yo, el Señor,
soy santo, y los separé de los otros pueblos,
para que me pertenezcan.
27 El hombre o la mujer que consulten a
los muertos o a otros espíritus, serán castigados con la muerte: los matarán a pedradas, y su sangre caerá sobre ellos.

La santidad de los sacerdotes

Ez 44 20-27; Lv 19 27-28

21 1 El Señor dijo a Moisés: Habla en estos términos a los sacerdotes hijos de
Aarón:
Nadie deberá incurrir en impureza por el
cadáver de alguno de los suyos, 2 a no ser
que se trate de un pariente muy cercano: su
madre, su padre, su hijo, su hija o su hermano; 3 o por el cadáver de una hermana
virgen, que estaba muy próxima a él, porque
aún no se había casado. 4 Pero nadie podrá
incurrir en impureza ni profanarse por una
mujer casada de su familia. 5 Los sacerdotes
no se raparán la cabeza, ni se cortarán los
bordes de la barba, ni se harán incisiones en
el cuerpo. 6 Estarán consagrados a su Dios y
no profanarán el nombre de su Dios; porque son los que presentan las ofrendas que
se queman para el Señor —el alimento de su
Dios— y por eso deben ser santos. 7 Tampoco se casarán con una mujer envilecida por
la prostitución, ni con una mujer divorciada
de su marido, porque el sacerdote está consagrado a su Dios. 8 Deberás considerarlo
santo, porque él ofrece el alimento de tu
Dios. Será santo para ti, porque yo, el Señor
que te santifico, soy santo.
9 Si la hija de un sacerdote se envilece a sí
misma prostituyéndose, envilece a su propio padre, y por eso será quemada.

La santidad del Sumo Sacerdote

Lv 8 7-12

10 El sacerdote que tiene la preeminencia
entre sus hermanos, aquel sobre cuya cabeza
fue derramado el óleo de la unción y que recibió la investidura para usar los ornamentos, no llevará los cabellos sueltos ni rasgará
sus vestiduras; 11 no entrará donde haya un
cadáver ni incurrirá en impureza, aunque sea
por su padre o por su madre. 12 Tampoco se
alejará del Santuario de su Dios, para no profanarlo, porque él tiene sobre sí la consagración conferida con el óleo de la unción de su
Dios. Yo soy el Señor.
13 El sacerdote deberá tomar por esposa a
una virgen. 14 No se casará con una viuda, ni
con una divorciada, ni con una mujer envilecida por la prostitución. Lo hará solamente
con una virgen de su propio pueblo, 15 para
no profanar su descendencia en medio de su
pueblo, porque yo soy el Señor, que lo santifico.

Los impedimentos para el sacerdocio

Is 56 3-5; Mt 19 12

16 El Señor siguió diciendo a Moisés: 17 Habla en estos términos a Aarón:
Ninguno de tus descendientes que tenga
un defecto corporal se acercará a ofrecer el
alimento de su Dios, a lo largo de las generaciones. 18 No podrá acercarse nadie que
tenga un defecto corporal: ninguno que sea
ciego, rengo, desfigurado o deforme; 19 que
tenga la pierna o el brazo rotos; 20 que sea jo-
robado o raquítico; que tenga una mancha
en los ojos; que esté enfermo de sarna o de
tiña, o que esté castrado. 21 Ningún descendiente del sacerdote Aarón que tenga un defecto presentará las ofrendas que se queman
para el Señor: por tener un defecto, no se
acercará a presentar el alimento de su Dios.
22 Podrá comer, en cambio, el alimento de su
Dios, tanto las cosas santísimas como las
santas. 23 Pero no entrará detrás del velo ni se
acercará al altar; él tiene un defecto corporal
y no debe profanar esos lugares que me están consagrados, porque yo soy el Señor,
que los santifico.
24 Así habló Moisés a Aarón y a sus hijos,
y a todos los israelitas.

La santidad de los que participan de las comidas sagradas

Lv 11; 13; 15 1-18; 7 18-20; 19 5-8

22 1 El Señor dijo a Moisés: 2 Instruye a
Aarón y a sus hijos, para que tengan
mucho cuidado con los dones sagrados que
me consagran los israelitas, no sea que profanen mi santo Nombre. Yo soy el Señor.
3 Por eso, diles lo siguiente:
Si alguno de sus descendientes, en cualquier generación, participa en estado de impureza de los dones sagrados que los israelitas consagran al Señor, será excluido de mi
presencia. Yo soy el Señor.
4 Ningún descendiente de Aarón que sea
leproso o padezca de blenorrea, podrá comer
de los dones sagrados hasta que quede purificado. Si alguien toca lo que se ha vuelto impuro a causa de un cadáver, o si tiene una
eyaculación, 5 o si toca algún animal o algún
ser humano que lo hace impuro —cualquiera sea la clase de impureza—, 6 si alguien toca
algo de eso, será impuro hasta la tarde y no
comerá de las cosas sagradas sin lavarse antes

con agua. 7 Al ponerse el sol quedará puro, y entonces podrá comer de las cosas sagradas, porque son su alimento. 8 No comerá ningún animal muerto o despedazado por las fieras, porque de lo contrario incurriría en impureza. Yo soy el Señor.

9 Que observen mis normas, no sea que carguen con un pecado a causa del alimento, y mueran por haberlo profanado. Yo soy el Señor, que los santifico.

10 Ningún extraño podrá comer de las cosas sagradas, ni tampoco lo harán el huésped o el jornalero de un sacerdote. 11 Pero si un sacerdote adquiere con su dinero un esclavo, este podrá comer de las cosas sagradas; y también los esclavos nacidos en su casa podrán comer de su pan. 12 Si la hija de un sacerdote se casa con alguien que no es sacerdote, ella no podrá comer de las ofrendas sagradas. 13 Pero si la hija de un sacerdote queda viuda o es repudiada y, no teniendo hijos, vuelve a la casa de su padre como en su juventud, podrá comer del pan de su padre. Ningún extraño comerá de él; 14 y si alguien, por inadvertencia, come de una ofrenda sagrada, deberá restituirla al sacerdote, añadiendo además una quinta parte de su valor. 15 Los sacerdotes no permitirán que los israelitas profanen los dones sagrados que ellos reservan para el Señor, 16 o que carguen con un pecado que exige una reparación, por comer esos dones sagrados. Porque yo soy el Señor, que los santifico.

INDÍGENA

La presencia de Dios en los centros ceremoniales

Todas las sociedades han buscado relacionarse con Dios. Las religiones precolombinas construyeron grandes centros ceremoniales que tenían templos, palacios, juegos de pelota, altares, escuelas, habitaciones para los sacerdotes... Entre ellos sobresalen: Tikal en Guatemala; Tiwanaku en Bolivia; Palenque, Monte Albán y Teotihuacan en México; Tibes en Puerto Rico; Pachacamac, Cahuachi y Machu Picchu en Perú.

En estos centros se oraba y celebraban ritos religiosos con ofrendas de animales y frutos, e incluso sacrificios humanos después de una guerra o por necesidad social. Había clases sacerdotales con obligaciones cultuales, las cuales estaban relacionadas con los ciclos de la luna, el sol y las estrellas.

Cuando llegó el cristianismo a América, muchos centros fueron abandonados o destruidos y en algunos se construyeron iglesias sobre los edificios indígenas. Esto facilitó el paso del politeísmo a la adoración del único y verdadero Dios.

Lv 23

Los animales para los sacrificios

Dt 17 1; Mal 1 8.13; Ex 22 29; Lv 7 13-15

17 El Señor dijo a Moisés: 18 Habla en estos términos a Aarón y a sus hijos, y a todos los israelitas:

Si un hombre de la casa de Israel, o alguno de los extranjeros residentes en Israel presenta su ofrenda al Señor para un holocausto —ya sea en cumplimiento de un voto o como ofrenda voluntaria— 19 para que esa ofrenda le sea aceptada, tendrá que ser buey, oveja o cabra, macho y sin defecto. 20 No ofrezcan nada que tenga algún defecto, porque no les será aceptado.

21 Y si alguien —sea en cumplimiento de un voto especial o como ofrenda voluntaria— presenta al Señor en sacrificio de comunión un animal del ganado mayor o menor, para que esa ofrenda le sea aceptada, tendrá que ser sin defecto: no habrá en ella ninguna imperfección. 22 No deberán ofrecer ni presentar como ofrenda que se quema para el Señor ningún animal ciego, estropeado o mutilado, ulcerado, sarnoso o purulento. 23 En cambio, podrán ofrecer como ofrenda voluntaria un buey o una oveja con un miembro demasiado largo o demasiado corto; pero no les será aceptado en cumplimiento de un voto. 24 Tampoco ofrecerán animales con los testículos aplastados, destrozados, arrancados o cortados. No harán nada de esto en su tierra, 25 ni aceptarán estos animales a los extranjeros para ofrecerlos como alimento de su Dios, porque en ellos hay una deformidad y tienen un defecto. Por eso no les serán aceptados.

26 El Señor dijo a Moisés:

27 Cuando nazca un ternero, un cordero o un cabrito, estará siete días con su madre, y a partir del octavo será aceptado como ofrenda que se quema para el Señor. 28 Pero no inmolarán ningún animal del ganado mayor o menor junto con su cría, en un mismo día.

29 Cuando ofrezcan al Señor un sacrificio de acción de gracias, háganlo de tal manera que les sea aceptado. 30 Será comido ese mismo día; no dejarán nada para el día siguiente. Yo soy el Señor.

31 Observen fielmente mis mandamientos. Yo soy el Señor. 32 No profanen mi santo

Nombre, para que yo sea santificado en medio de los israelitas. Yo soy el Señor, que los
santifico, 33 el que los hizo salir de Egipto
para ser su Dios. Yo soy el Señor.

El calendario de las fiestas litúrgicas: el Sábado

Ex 20 8-11; 31 12-17; Nm 15 32-36

23 1 El Señor dijo a Moisés: 2 Habla en estos términos a los israelitas:
Estas son mis fiestas, las fiestas del Señor
en las que ustedes convocarán las asambleas
litúrgicas:
3 Durante seis días se trabajará, pero el
séptimo será un día de reposo, de asamblea
litúrgica, en el que ustedes no harán ningún
trabajo. Será un sábado consagrado al Señor, cualquiera sea el lugar donde habiten.

La Pascua y los Ácimos

Ex 12 – 13; Nm 28 16-25; Dt 16 1-8

4 Las fiestas del Señor, las asambleas litúrgicas que ustedes convocarán a su debido
tiempo, son las siguientes:
5 En el primer mes, el día catorce, al ponerse el sol, se celebrará la Pascua del Señor,
6 y el quince de ese mismo mes tendrá lugar
la fiesta de los Ácimos en honor del Señor.
Durante siete días comerán panes sin levadura. 7 El primer día tendrán una asamblea
litúrgica y no harán ningún trabajo servil.
8 Durante siete días ofrecerán una ofrenda
que se quema para el Señor. El séptimo día
habrá una asamblea litúrgica y ustedes no
harán ningún trabajo servil.

El candelabro

El candelabro de oro con sus siete lámparas se colocaba en el Santuario como signo de adoración y reverencia del pueblo hacia Dios. Para los cristianos es símbolo del Espíritu Santo y sus siete dones: sabiduría, entendimiento, consejo, fortaleza, ciencia, piedad y reverencia a Dios o don de temor de Dios.

La ofrenda de la primera gavilla

Ex 23 16.19; 34 22; Dt 26 1-11

9 El Señor dijo a Moisés: 10 Habla en estos
términos a los israelitas:
Cuando entren en la tierra que yo les doy
y cuando recojan la cosecha, entregarán al
sacerdote la primera gavilla. 11 El día siguiente al sábado, él la ofrecerá al Señor con el
gesto de presentación, para que les sea aceptada; 12 y ese mismo día ustedes sacrificarán
como holocausto al Señor un cordero de un
año y sin defecto. 13 Juntamente con él, presentarán —como ofrenda que se quema con
aroma agradable al Señor— una ofrenda
consistente en dos décimas de harina de la
mejor calidad mezclada con aceite; y añadirán como libación un litro y medio de vino.
14 Antes de ese día, o sea, antes de entregar la
ofrenda de su Dios, no comerán pan, grano
tostado ni espigas tiernas. Este es un decreto
válido para siempre, a lo largo de las generaciones, cualquiera sea el lugar donde habiten.

La fiesta de las Semanas

Ex 34 22; Dt 16 9-11; 26 1-11; Lv 19 9-10; Tob 2 1

15 También contarán siete semanas, a partir del día en que entreguen la gavilla ofrecida con el gesto de presentación, o sea a partir del día siguiente al sábado. Las semanas
deberán ser completas. 16 Por eso tendrán
que contar hasta el día siguiente al séptimo
sábado: cincuenta días en total. Entonces
ofrecerán al Señor una ofrenda de grano
nuevo. 17 Ustedes traerán desde sus casas dos
panes, para que sean ofrecidos con el gesto
de presentación. Cada pan deberá estar preparado con dos décimas de harina de la mejor calidad y cocido después de fermentar:
son las primicias para el Señor. 18 Junto con
el pan, ofrecerán en holocausto al Señor siete corderos de un año y sin defecto, un novillo y dos carneros, con sus correspondientes ofrendas y libaciones, como ofrenda que
se quema con aroma agradable al Señor.
19 También ofrecerán un chivo como sacrificio por el pecado, y dos corderos de un año
como sacrificio de comunión. 20 El sacerdote
los ofrecerá al Señor con el gesto de presentación, junto con el pan de las primicias y
dos corderos. Todo esto es una cosa consagrada al Señor y pertenecerá al sacerdote.
21 Ese mismo día harán una convocatoria: us-

tedes tendrán una asamblea litúrgica y no se podrá realizar ningún trabajo servil. Este es un decreto válido para siempre, a lo largo de las generaciones, cualquiera sea el lugar donde habiten.
22 En el momento de recoger la cosecha de tu tierra, no segarás todo el campo hasta sus bordes, ni volverás a buscar las espigas caídas: las dejarás para el pobre y el extranjero. Yo soy el Señor, tu Dios.

El primer día del séptimo mes

Nm 29 1-6

23 El Señor dijo a Moisés: 24 Habla en estos términos a los israelitas:

El primer día del séptimo mes será para ustedes un día de descanso, una conmemoración anunciada con toque de trompetas, y habrá una asamblea litúrgica. 25 No harán ningún trabajo servil y presentarán una ofrenda que se quema en homenaje al Señor.

El Día de la Expiación

Lv 16; Nm 29 7-11

26 El Señor dijo a Moisés:
27 Además, el décimo día de ese séptimo mes, será el día de la Expiación. Habrá una asamblea litúrgica, observarán el ayuno y presentarán una ofrenda que se quema para el Señor. 28 En el transcurso de todo ese día no harán ningún trabajo, porque es el día de la Expiación, en que se practicará el rito de expiación en favor de ustedes, delante del Señor, su Dios. 29 El que no observe el ayuno a lo largo de ese día, será excluido de su pueblo. 30 Y yo haré desaparecer de su pueblo al que realice cualquier clase de trabajo. 31 Ustedes no harán ningún trabajo. Es un decreto válido para siempre, a lo largo de las generaciones, cualquiera sea el lugar donde habiten. 32 Este será para ustedes un día de descanso, en el que observarán el ayuno. El noveno día del mes por la tarde, desde esa tarde hasta la siguiente, observarán este descanso.

La fiesta de las Chozas

Nm 29 12-38; Dt 16 13-15; Zac 14 16-19; Esd 3 4

33 El Señor dijo a Moisés: 34 Habla en estos términos a los israelitas:

Además, el día quince de este séptimo mes se celebrará la fiesta de las Chozas en honor del Señor, durante siete días. 35 El primer día habrá una asamblea litúrgica, y ustedes no harán ningún trabajo servil. 36 Durante siete días presentarán una ofrenda que se quema para el Señor. Al octavo día, celebrarán una asamblea litúrgica y presentarán una ofrenda que se quema para el Señor: es una asamblea solemne y ustedes no harán ningún trabajo.

Conclusión

37 Estas son las fiestas del Señor, en las que ustedes convocarán las asambleas litúrgicas y presentarán ofrendas que se queman para el Señor —holocaustos, ofrendas, sacrificios y libaciones, según corresponda a cada día—
38 además de los sábados del Señor, y de los dones, las ofrendas votivas y las ofrendas voluntarias que ustedes ofrezcan al Señor.

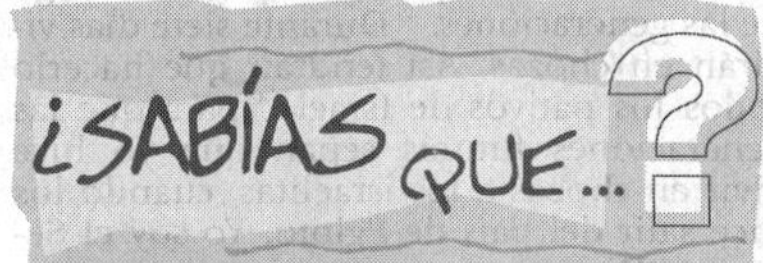

7 x 7 + 1 = ¡Jubileo!

El número siete simboliza plenitud. Igual que el séptimo día de la semana era día de descanso en Israel, el séptimo año (año sabático) era de descanso para la tierra y la sociedad. En él se recordaba que todo pertenece a Dios.

Siete veces siete era más significativo aún, por lo que el quincuagésimo año (50) se reconocía como año jubilar. Era un año de júbilo porque la ley dictaba que todos debían perdonarse unos a otros y renovar su relación con Dios. El pueblo debía dejar su rutina y vivir un año especial: el agricultor no debía sembrar; las frutas o granos que crecían solos debían dejarse para los pobres; el prestamista no debía prestar dinero, y el comerciante solo podía hacer ventas indispensables. Se debían perdonar las deudas, regresar las tierras compradas a otra tribu y liberar a quienes trabajaban como esclavos.

Esta ley, cuyo fin era equilibrar la distribución de la riqueza y la igualdad entre todos, tenía fuertes fundamentos teológicos:

- Las riquezas de la creación son un bien común de la humanidad.
- Los propietarios son solo administradores de Dios, único propietario real.
- El deseo de Dios es que su providencia sea para todas las personas.
- El año jubilar tenía como fin restablecer la justicia social.

¡Qué bello es el ideal de esta ley! ¡Lástima que no haya sido cumplida! Pero si es difícil implementarla, sí es posible mantenerla como ideal.

Lv 25 8-22

L V

Apéndice sobre la fiesta de las Chozas

39 El día quince del séptimo mes, cuando hayan cosechado los productos de la tierra, celebrarán la Fiesta del Señor durante siete días. El primero y el octavo día serán de descanso. 40 El primer día ustedes tomarán frutos de los mejores árboles, ramas de palmeras, ramas de árboles frondosos y sauces del río, y se alegrarán en la presencia del Señor, su Dios, durante siete días. 41 Así celebrarán la Fiesta del Señor durante siete días cada año, en el séptimo mes. Este es un decreto válido para siempre, a lo largo de las generaciones. 42 Durante siete días vivirán en chozas. Así tendrán que hacerlo todos los nativos de Israel, 43 para que las generaciones futuras sepan que yo hice vivir en chozas a los israelitas, cuando los hice salir del país de Egipto. Yo soy el Señor, su Dios.

44 De esta manera, Moisés declaró a los israelitas cuáles eran las fiestas del Señor.

El cuidado de las lámparas

Ex 25 31-40; 27 20-21; 1 Sm 3 3

24 1 El Señor dijo a Moisés: 2 Ordena a los israelitas que traigan aceite puro de oliva molida para el candelero, a fin de que se pueda mantener encendida permanentemente una lámpara. 3 Aarón deberá prepararla en la Tienda del Encuentro, fuera del velo que está ante el Arca del Testimonio, para que arda regularmente delante del Señor, durante toda la noche. Este es un decreto válido para siempre, a lo largo de las generaciones. 4 Él dispondrá las lámparas delante del Señor, sobre el candelabro de oro puro, para que ardan regularmente.

Los panes de la ofrenda

Ex 25 23-30; 37 10-16; 1 Sm 21 5-7; Mt 12 4

5 Prepara además doce tortas de harina de la mejor calidad, empleando dos décimas partes de una medida para cada una. 6 Luego las depositarás en la presencia del Señor, en dos hileras de seis, sobre la mesa de oro puro; 7 y sobre cada hilera pondrás incienso puro, como un memorial del pan, como una ofrenda que se quema para el Señor. 8 Esto se dispondrá regularmente todos los sábados delante del Señor: es una obligación permanente para los israelitas. 9 Los panes serán para Aarón y sus hijos, y ellos deberán comerlos en el recinto sagrado, porque se trata de una cosa santísima. Es un derecho que Aarón tendrá siempre sobre las ofrendas que se queman para el Señor.

El castigo del blasfemo y la ley del talión

Ex 22 27; 1 Re 21 10

10 Entre los israelitas apareció un hombre, cuya madre era israelita y su padre egipcio. Al suscitarse una pelea entre este último y un israelita, 11 el hijo de la israelita blasfemó contra el Nombre, pronunciando una maldición. Entonces lo llevaron ante Moisés —su madre se llamaba Selomit, hija de Dibrí, y era de la tribu de Dan—. 12 Y el hombre fue puesto bajo custodia, hasta tanto se pudiera tomar una decisión en virtud de un oráculo del Señor. 13 El Señor dijo a Moisés: 14 «Saca al blasfemo fuera del campamento; que todos los que lo oyeron, pongan las manos sobre su cabeza, y que toda la comunidad lo mate a pedradas. 15 Luego di a los israelitas: "Cualquier hombre que maldiga a su Dios, cargará con su pecado. 16 El que pronuncie una blasfemia contra el nombre del Señor será castigado con la muerte: toda la comunidad deberá matarlo a pedradas. Sea extranjero o nativo, si pronuncia una blasfemia contra el Nombre, será castigado con la muerte"».

17 El que hiera mortalmente a cualquier hombre, será castigado con la muerte. 18 El que hiera mortalmente a un animal, pagará la indemnización correspondiente: vida por vida. 19 Si alguien lesiona a su prójimo, lo mismo que él hizo se le hará a él: 20 fractura por fractura, ojo por ojo, diente por diente; se le hará la misma lesión que él haya causado al otro. 21 El que mate un animal pagará una indemnización por él, pero el que mate a un hombre, será castigado con la muerte. 22 No habrá para ustedes más que un derecho, válido tanto para el extranjero como para el nativo. Porque yo soy el señor, su Dios.

23 Así habló Moisés a los israelitas. Entonces ellos sacaron al blasfemo fuera del campamento y lo mataron a pedradas. De esta manera ejecutaron la orden que el Señor había dado a Moisés.

El año sabático

Ex 23 10-11; Dt 15 1-11; Neh 10 32; 1 Mac 6 48-54

25 1 El Señor dijo a Moisés sobre la montaña del Sinaí: 2 Habla en estos términos a los israelitas:

Cuando entren en la tierra que yo les doy, la tierra observará un sábado en honor del Señor. 3 Durante seis años sembrarás tu campo, podarás tu viña y cosecharás sus productos. 4 Pero el séptimo año, la tierra tendrá un sábado de descanso, un sábado en honor del Señor: no sembrarás tu campo ni podarás tu viña; 5 no segarás lo que vuelva a brotar de la última cosecha ni recogerás las uvas de tu

viña que haya quedado sin podar: será un
año de descanso para la tierra. [6] Sin embargo,
podrán comer todo lo que la tierra produzca
durante su descanso, tú, tu esclavo, tu esclava y tu jornalero, así como el huésped que
resida contigo; [7] y también el ganado y los
animales que estén en la tierra, podrán comer todos sus productos.

El año jubilar

Is 61 1-2; Lv 16 1ss

[8] Deberás contar siete semanas de años
—siete veces siete años— de manera que el
período de las siete semanas de años sume
un total de cuarenta y nueve años. [9] Entonces harás resonar un fuerte toque de trompeta: el día diez del séptimo mes —el día de
la Expiación— ustedes harán sonar la trompeta en todo el país. [10] Así santificarán el
quincuagésimo año, y proclamarán una liberación para todos los habitantes del país.
Este será para ustedes un jubileo: cada uno
recobrará su propiedad y regresará a su familia. [11] Este quincuagésimo año será para
ustedes un jubileo: no sembrarán ni segarán
lo que vuelva a brotar de la última cosecha,
ni vendimiarán la viña que haya quedado
sin podar; [12] porque es un jubileo, será sagrado para ustedes. Solo podrán comer lo
que el campo produzca por sí mismo.
[13] En este año jubilar cada uno de ustedes
regresará a su propiedad. [14] Cuando vendas
o compres algo a tu compatriota, no se defrauden unos a otros. [15] Al comprar, tendrás
en cuenta el número de años transcurridos
desde el jubileo; y al vender, tu compatriota
tendrá en cuenta el número de los años pro-
ductivos: [16] cuanto mayor sea el número de
años, mayor será el precio que pagarás; y
cuanto menor sea el número de años, menor será ese precio, porque lo que él te vende es un determinado número de cosechas.
[17] No se defrauden unos a otros, y teman a su
Dios, porque yo soy el Señor, su Dios.
[18] Observen mis preceptos y cumplan fielmente mis leyes; así vivirán seguros en esta
tierra. [19] La tierra dará sus frutos, ustedes comerán hasta quedar saciados y vivirán seguros en ella.

La Providencia divina

[20] Pero tal vez ustedes se pregunten: «¿Qué
comeremos el séptimo año, si no podemos
sembrar ni recoger nuestros productos?».
[21] Yo les mandaré mi bendición en el sexto
año, y este producirá una cosecha suficiente
para tres años más. [22] Así, cuando ustedes
siembren en el octavo año, todavía estarán
comiendo el grano de aquella cosecha; y lo
seguirán comiendo hasta el noveno, hasta
que llegue la cosecha.

El rescate de las propiedades

Sal 39 13; Lv 25 48-49; Rut 4 1-12

[23] La tierra no podrá venderse definitivamente, porque la tierra es mía, y ustedes son
para mí como extranjeros y huéspedes. [24] En
cualquier terreno de su propiedad, ustedes
concederán el derecho de rescate sobre la
tierra. [25] Si tu hermano queda en la miseria y
se ve obligado a vender una parte de su propiedad, su pariente más cercano vendrá a
ejercer el derecho de rescate sobre lo que ha
vendido su hermano. [26] Si no tiene a nadie
que pueda ejercer ese derecho, pero adquiere por sí mismo lo necesario para el rescate,
[27] calculará los años transcurridos desde la
venta, devolverá la diferencia al comprador,
y así podrá regresar a su propiedad. [28] Si carece de medios suficientes para recuperarla,
lo vendido permanecerá en poder del comprador hasta el año del jubileo, pero en el
año jubilar quedará libre, y el vendedor regresará a su propiedad.
[29] Si alguien vende una vivienda en una
ciudad amurallada, su derecho a rescatarla
durará hasta que se cumpla el año de su venta; el período del rescate durará un año entero. [30] Si no ha sido rescatada antes de transcurrido ese año, la casa pasará definitivamente
al comprador y a sus descendientes, y no será
rescatada en el jubileo. [31] Pero las casas de los
poblados que no tienen murallas serán consideradas como el campo abierto: podrán ser
rescatadas, y en el año del jubileo quedarán
libres.
[32] En cuanto a las ciudades de los levitas,
estos tendrán siempre derecho de rescate sobre las casas que están en las ciudades de su
propiedad. [33] Y si alguno de los levitas no la
rescata, la casa que él vendió —y que es su
propiedad— quedará libre en el jubileo,
porque las casas de las ciudades de los levitas son de su propiedad entre los israelitas.
[34] En cambio, los campos que rodean sus
ciudades no podrán ser vendidos, porque
son su propiedad para siempre.

Prohibición de la usura

Dt 15 7-8

[35] Si tu hermano se queda en la miseria y
no tiene con qué pagarte, tú lo sostendrás
como si fuera un extranjero o un huésped, y
él vivirá junto a ti. [36] No le exijas ninguna
clase de interés: teme a tu Dios y déjalo vivir
junto a ti como un hermano. [37] No le prestes
dinero a interés, ni le des comida para sacar
provecho. [38] Yo soy el Señor, su Dios, el que

Jubileo en la Iglesia

Aunque las leyes del año jubilar nunca se cumplieron bien, la Iglesia católica sigue celebrando el jubileo periódicamente. Así cada generación puede vivir un año de gracia, en el que se ofrecen retiros para motivar a la conversión y a la reconciliación, y se enfatiza el encuentro con Dios para fortalecer nuestra alianza con él (Lv 26 44-45).

En estos años, la Iglesia ofrece indulgencias, que son gracias espirituales especiales para seguir adelante. El pecado es un tropezón en nuestro caminar hacia Dios, que disminuye nuestras fuerzas. Las indulgencias nos dan energía para un nuevo comienzo.

¿Qué cambios quieres ver en ti y en tu medio ambiente para el año 2050? ¿De qué manera puedes contribuir tú para que estos cambios sean una realidad?

Lv 26 19-46

los hizo salir de Egipto para darles la tierra de Canaán y para ser el Dios de ustedes.

Liberación de esclavos

Ex 21 2-11; Dt 15 12-18

39 Si tu hermano se queda en la miseria y se ve obligado a venderse a ti, no le impongas trabajos de esclavo. 40 Él estará a tu servicio como asalariado o como huésped, y trabajará para ti solamente hasta el año jubilar. 41 Entonces quedará en libertad junto con sus hijos, volverá a su familia y regresará a la propiedad de sus padres. 42 Porque ellos son mis servidores: yo los hice salir de Egipto, y por eso no deben ser vendidos como esclavos. 43 Tú no ejercerás sobre tu hermano un poder despótico, sino que temerás a tu Dios.

44 Los esclavos y esclavas que ustedes tengan, provendrán de las naciones vecinas: solamente de ellas podrán adquirirlos. 45 También podrán adquirirlos entre los hijos y familiares de los extranjeros que residan entre ustedes, entre aquellos que hayan nacido en Israel. Ellos serán propiedad de ustedes, 46 y podrán dejarlos como herencia a sus hijos, para que los posean como propiedad perpetua. A estos podrán tenerlos como esclavos; pero nadie podrá ejercer un poder despótico sobre sus hermanos israelitas.

47 Si un extranjero que reside junto a ti llega a prosperar, y tu hermano, en cambio, se queda en la miseria y tiene que venderse a ese extranjero o a un descendiente de la familia de un extranjero, 48 tu hermano tendrá derecho al rescate, aun después de haberse vendido. Podrá rescatarlo uno de sus hermanos, 49 su tío, su primo, o algún otro pariente cercano; y si él llega a disponer de recursos, podrá rescatarse a sí mismo. 50 Junto con el que lo ha comprado, calculará el total de años desde el momento en que se vendió hasta el año del jubileo; y el precio de venta dependerá del número de años, computando además el tiempo en que trabajó para él, como si se tratara de un asalariado. 51 Si todavía faltan muchos años, deberá devolver por su rescate una suma proporcionada al precio de la venta; 52 y si faltan pocos años hasta el año jubilar, el cómputo para el pago del rescate se hará de acuerdo con los años que faltan. 53 De todas maneras, tu hermano estará al servicio del comprador año tras año, como si fuera un asalariado; y no permitas que él lo trate despóticamente ante tus mismos ojos. 54 Si no es rescatado en el transcurso de esos años, quedará libre en el año jubilar, junto con sus hijos. 55 Porque es a mí a quien deben servir los israelitas: ellos son mis servidores, los que yo hice salir de Egipto. Yo soy el Señor, su Dios.

Promesas y amenazas

Dt 28 1-14; Ez 34 25-30; Jr 27 – 28; Mt 11 29-30

26 1 No se fabriquen ídolos ni se erijan imágenes o piedras conmemorativas; no pongan en su tierra piedras grabadas para postrarse delante de ellas, porque yo soy el Señor, su Dios. 2 Observen mis sábados y respeten mi Santuario. Yo soy el Señor.

3 Si ustedes viven conforme a mis preceptos y observan fielmente mis mandamientos, 4 yo enviaré las lluvias a su debido tiempo, y así la tierra dará sus productos y las plantas del campo, sus frutos. 5 Entonces el tiempo de la trilla se prolongará hasta la vendimia y la vendimia, hasta la siembra. Comerán pan hasta saciarse y habitarán seguros en su tierra. 6 Yo aseguraré la paz en el país y ustedes descansarán sin que nadie los perturbe: alejaré del país los animales dañinos y ninguna espada asolará la tierra. 7 Perseguirán a sus enemigos, y ellos caerán bajo la espada delante de ustedes. 8 Cinco de ustedes perseguirán a cien, y cien a diez mil; y sus enemigos caerán bajo la espada delante de ustedes. 9 Yo los miraré con bondad, los

haré fecundos y numerosos, y mantendré
mi alianza con ustedes. 10 Comerán grano
viejo largamente almacenado, y tendrán que
tirar el grano viejo para dar lugar al nuevo.
11 Yo pondré mi Morada en medio de ustedes
y no les tendré aversión; 12 siempre estaré
presente entre ustedes: ustedes serán mi
Pueblo y yo seré su Dios. 13 Yo soy el Señor,
su Dios, el que los hice salir de Egipto para
que no fueran más sus esclavos. Yo rompí
las barras de su yugo y los hice caminar con
la cabeza erguida.

14 Pero si no me obedecen y no cumplen
todos estos mandamientos; 15 si desprecian
mis preceptos y muestran aversión por mis
leyes; si dejan de practicar mis mandamientos y quebrantan mi alianza, 16 yo, a mi vez,
los trataré de la misma manera: haré que el
terror los domine —la debilidad y la fiebre
que consumen los ojos y desgastan la vida—.
En vano plantarán sus semillas, porque las
comerán sus enemigos. 17 Yo volveré mi rostro contra ustedes y serán derrotados por sus
enemigos; quedarán sometidos a sus adversarios y huirán aunque nadie los persiga.

18 Y si a pesar de esto no me obedecen, seguiré corrigiéndolos siete veces más a causa
de sus pecados. 19 Humillaré esa enorme soberbia, haciendo que el cielo sea para ustedes como hierro y la tierra como bronce.
20 Entonces agotarán sus fuerzas en vano,
porque la tierra no dará sus productos ni las
plantas del campo, sus frutos.

21 Y si me siguen contrariando y rehúsan
obedecerme, volveré a castigarlos siete veces
más a causa de sus pecados. 22 Enviaré contra
ustedes las fieras del campo, para que les
arrebaten a sus hijos y exterminen su ganado. Ellas los diezmarán, y los caminos de ustedes quedarán desiertos.

23 Y si a pesar de eso no se corrigen y me
siguen contrariando, 24 yo también me pondré contra ustedes y los castigaré siete veces
más a causa de sus pecados.

25 Atraeré contra ustedes una espada que
vengará la transgresión de la alianza.

Entonces buscarán refugio en sus ciudades, pero yo les enviaré la peste y caerán en
poder del enemigo. 26 Cuando los prive del
sustento diario, diez mujeres cocerán su pan
en un solo horno, y lo distribuirán tan bien
medido, que ustedes comerán pero no se saciarán.

27 Y si a pesar de eso no me obedecen y
continúan contrariándome, 28 yo los trataré
con indignación y los reprenderé severamente siete veces más, a causa de sus pecados. 29 Comerán la carne de sus hijos y de sus
hijas, 30 y yo destruiré sus lugares altos, derribaré los altares donde ofrecen incienso, y
arrojaré los cadáveres de ustedes sobre sus
ídolos inertes. Les tendré aversión, 31 convertiré sus ciudades en ruinas, asolaré sus santuarios, y ya no aspiraré el aroma de sus sacrificios. 32 Devastaré la tierra, hasta tal punto
que sus mismos enemigos quedarán espantados cuando vengan a ocuparla. 33 Los dispersaré entre las naciones y desenvainaré la
espada detrás de ustedes.

Así el país se convertirá en un desierto y
sus ciudades, en ruinas. 34 Y durante todo el
tiempo en que estará desolada, mientras ustedes vivan en el país de sus enemigos, la tierra pagará los años sabáticos que adeuda.
35 En todo el tiempo de la desolación, ella
observará por fin el descanso que no observó en sus años sabáticos, cuando ustedes la
habitaban.

36 A los sobrevivientes los llenaré de pánico en la tierra de sus enemigos: el ruido que
produce una hoja al caer, los ahuyentará;
huirán como quien huye de la espada, y caerán aunque nadie los persiga. 37 Sin ser perseguidos, se atropellarán unos a otros como si
tuvieran delante una espada. Ustedes no podrán sostenerse en pie delante de sus adversarios, 38 sino que perecerán entre las naciones y se los tragará la tierra de sus enemigos.
39 Y aquellos que sobrevivan aún, se consumirán en la tierra de sus enemigos, a causa
de sus propias culpas, y también a causa de
las culpas de sus padres.

40 Entonces confesarán las culpas, que
ellos y sus padres cometieron por haberme
sido infieles, y sobre todo, por haberse puesto contra mí. 41 Pero yo también me pondré
contra ellos y los llevaré al país de sus enemigos. Así se humillará su corazón incircunciso y pagarán sus culpas. 42 Yo me acordaré
de mi alianza con Jacob, con Isaac y con
Abraham, y me acordaré de la tierra. 43 Pero
antes, la tierra quedará abandonada y pagará los años sabáticos que adeuda, mientras
esté desolada por la ausencia de ellos; y también ellos pagarán sus culpas, ya que despreciaron mis leyes y sintieron aversión por
mis preceptos.

44 Pero aún entonces, cuando estén en la
tierra de sus enemigos, yo no los rechazaré ni
sentiré aversión por ellos hasta el punto de
aniquilarlos y de anular mi alianza con ellos:
porque yo soy el Señor, su Dios. 45 Me acordaré en favor de ellos de la alianza que establecí con sus antepasados, con los que hice
salir de Egipto a la vista de las naciones para
ser su Dios. Yo, el Señor.

46 Estos son los preceptos, las leyes y las
instrucciones que el Señor estableció entre
él y los israelitas sobre la montaña del Sinaí,
por intermedio de Moisés.

APÉNDICE

Los aranceles

Nm 18 13-17; Lv 25 15-16; 1 Sm 15 1-3

27 1 El Señor dijo a Moisés: 2 Habla en estos términos a los israelitas:

Si alguien ofrece como voto al Señor la suma equivalente a una persona, 3 se aplicará la siguiente tasación: Si es un varón de veinte a sesenta años, la suma será de cincuenta siclos de plata, en siclos del Santuario; 4 y si es una mujer, la suma será de treinta siclos. 5 Si la edad es de cinco a veinte años, la suma será de veinte siclos por un varón y de diez por una mujer. 6 Si la edad es de un mes a cinco años, la suma será de cinco siclos de plata por un varón y de tres por una mujer. 7 Si la edad es de sesenta años en adelante, la suma será de quince siclos por un varón y de diez por una mujer. 8 Pero si el oferente es demasiado pobre para pagar la suma establecida, se presentará al sacerdote, el cual fijará un equivalente proporcionado a los recursos del que hace el voto.

9 Si alguien entrega un animal de los que pueden ser presentados al Señor como ofrenda, el animal ofrecido será una cosa sagrada. 10 No está permitido cambiarlo o sustituirlo por otro, ya sea bueno por malo o malo por bueno. Si alguien sustituye un animal por otro, tanto el animal ofrecido como su sustituto serán una cosa sagrada. 11 Si se trata de un animal impuro, que no puede ser presentado como ofrenda al Señor, será presentado ante el sacerdote, 12 el cual lo tasará. Sea alta o baja, se aceptará la tasación fijada por el sacerdote; 13 y si alguien quiere rescatar el animal, tendrá que añadir un quinto más a la suma establecida.

14 Si un hombre consagra su casa al Señor, el sacerdote deberá tasarla. Sea alta o baja, se aceptará la tasación fijada por el sacerdote. 15 Y si el que consagró su casa desea rescatarla, deberá añadir un quinto a la suma en que ha sido tasada, y así volverá a ser suya.

16 Si un hombre consagra al Señor algún terreno de su propiedad, este será tasado según la cantidad de semilla que se pueda sembrar en él: cincuenta siclos de plata por cada cuatrocientos kilos de semilla de cebada. 17 Si lo consagra en el año mismo del jubileo, se mantendrá esta tasación. 18 Pero si consagra su campo después del jubileo, el sacerdote deberá computar el precio en razón de los años que falten para el jubileo, y así se hará el descuento correspondiente. 19 Si el que consagró su campo lo quiere rescatar, tendrá que añadir un quinto a la suma en que ha sido tasado, y así volverá a ser suyo. 20 Pero si no rescata su campo y este es vendido a otro, ya no será rescatable: 21 cuando quede libre en el año jubilar, será consagrado al Señor como si fuera un terreno interdicto, y pasará a ser propiedad del sacerdote.

22 Si alguien consagra al Señor un campo que compró, pero que no es terreno de su propiedad, 23 deberá computar el importe de su valor hasta el año del jubileo, y la persona pagará ese mismo día la suma en que ha sido tasado, como una ofrenda consagrada al Señor. 24 En el año jubilar el campo volverá al que lo vendió, o sea, al verdadero propietario de la tierra. 25 Todas las tasaciones se harán en siclos del Santuario; cada siclo equivale a veinte gueras.

26 Sin embargo, nadie podrá consagrar un primogénito de su ganado, ya que, por ser primogénito, pertenece al Señor: sea que se trate de un ternero o de un cordero, pertenecen al Señor. 27 Pero si se trata de animales impuros, podrán ser rescatados por la suma en que hayan sido tasados, añadiendo una quinta parte de su valor. Si no es rescatado, el animal será vendido por la suma establecida.

28 Ninguno de los bienes que pertenecen a una persona —ya sea un hombre, un animal o un campo de su propiedad— podrá ser vendido o rescatado si ha sido consagrado al Señor por el exterminio total: todas esas cosas están exclusivamente consagradas al Señor. 29 Tampoco podrá ser liberada ninguna persona que deba ser exterminada, sino que se la hará morir.

30 La décima parte de lo que produce la tierra —tanto los campos sembrados como los árboles frutales— pertenece al Señor: es una cosa consagrada al Señor. 31 Si un hombre quiere rescatar alguna parte de sus diezmos, deberá añadir un quinto de su valor. 32 La décima parte del ganado mayor o menor —o sea, uno cada diez de todos los animales que pasan bajo el cayado del pastor— será consagrada al Señor. 33 Nadie deberá seleccionar entre lo bueno y lo malo, o sustituir uno por otro. Si hace el cambio, tanto el animal ofrecido como su sustituto serán una cosa sagrada, y no se los podrá rescatar.

34 Estos son los mandamientos que el Señor dio a Moisés para los israelitas sobre la montaña del Sinaí.

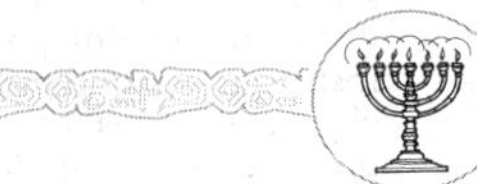

El título de este libro no es muy atractivo. A pocas personas les interesan los números, y menos si son censos de pueblos nómadas de hace siglos. Este libro hablará a tu corazón solo si te identificas con el pueblo caminante hacia Dios. Israel recordará siempre su jornada en el desierto en la que experimentó el amor y la elección de Dios, pues fue ahí donde aprendió a depender de su providencia cariñosa manifestada con la nube, el maná y la misteriosa serpiente de bronce. Dios está en tu camino; aprende a descubrirlo.

NÚMEROS

ESQUEMA

- **1 1 – 10 10.** Organización de los israelitas en el Sinaí antes de su partida
- **10 11 – 21 35.** Marcha de los israelitas desde el Sinaí hasta las estepas de Moab
- **22 1 – 36 13.** Israel en las estepas de Moab

DATOS

Período descrito
Los treinta y nueve años de travesía por el desierto después de la liberación de Egipto

Autores
Varios

Fecha de redacción
- Tradiciones orales 950-700 a.C.
- Recopilación y escritura: 700 a.C.
- Edición final: 400 a.C.

Tema
Las bendiciones de Dios exigen de Israel fidelidad y gratitud

PRESENTACIÓN

Este libro se llama *Números* porque empieza con un censo de las tribus en el Sinaí. Enfatiza el proceso continuo de pecado-castigo-conversión-gracia que vivía el Pueblo de Dios.

Fue escrito por los exiliados en Babilonia, para fortalecer su fe al recordar su peregrinar a la Tierra prometida, un caminar que semeja una procesión litúrgica, con el Arca y las tablas de la alianza al frente, y el armar una y otra vez la Tienda del Encuentro, donde la colocaban y daban culto a Dios.

Examina el mapa para que conozcas la ruta que siguió el pueblo en su búsqueda de tierras y libertad, guiados por la nube y la columna de fuego.

1. Cruce liberador en el mar de las Cañas con Moisés como líder, Ex 14 15-31
2. Mará, las aguas amargas, Ex 15 23
3. Elim, maná y codornices, Nm 11 31
4. Rafidín, agua de la roca, Nm 20 11
5. Sinaí, la Alianza de Dios con su pueblo, Ex 19
6. Farán, los exploradores van a Canaán, Nm 13 1-25
7. Serpiente de bronce, Nm 21 9
8-9. Ruta de la purificación (ver «¿Qué aprendimos en el desierto?», Nm 14)

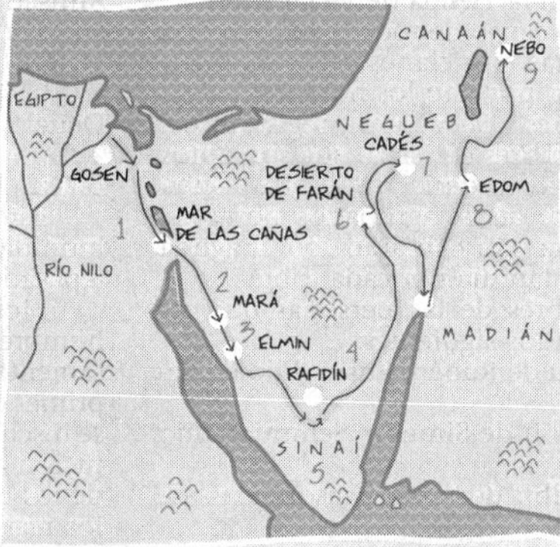

PEREGRINACIÓN DE LA ESCLAVITUD A LA LIBERTAD

NÚMEROS

CENSO DE LAS TRIBUS DE ISRAEL

EXPLORACIÓN DE CANAÁN

NM

ORGANIZACIÓN DE LOS ISRAELITAS EN EL SINAÍ ANTES DE SU PARTIDA

El censo de las doce tribus

Nm 26 1-51; 2 Sm 24 1-2; Lc 2 1-5

1 [1]En el segundo año después de la salida de Egipto, el primer día del segundo mes, el Señor dijo a Moisés en el desierto del Sinaí, en la Tienda del Encuentro:
[2]Hagan un censo de toda la comunidad de los israelitas, por clanes y por familias, anotando uno por uno los nombres de todos los varones. [3]Tú y Aarón registrarán a todos los hombres de Israel que son aptos para la guerra, es decir, a los que tienen más de veinte años, agrupados por regimientos. [4]Para ello contarán con la ayuda de un jefe de familia por cada tribu.
[5]Los nombres de las personas que les ayudarán son los siguientes:
Por la tribu de Rubén, Elisur, hijo de Sedeur;
[6]por la tribu de Simeón, Selumiel, hijo de Surisadai;
[7]por la tribu de Judá, Najsón, hijo de Aminadab;
[8]por la tribu de Isacar, Natanael, hijo de Suar;
[9]por la tribu de Zabulón, Eliab, hijo de Jelón;
[10]por las tribus de los hijos de José: Elisamá, hijo de Amihud, de la tribu de Efraím,
y Gamaliel, hijo de Padasur, de la tribu de Manasés;
[11]por la tribu de Benjamín, Abidán, hijo de Gedeón;
[12]por la tribu de Dan, Ajiézer, hijo de Amisaddai;
[13]por la tribu de Aser, Paguiel, hijo de Ocrán;
[14]por la tribu de Gad, Eliasaf, hijo de Deuel;
[15]por la tribu de Neftalí, Ajirá, hijo de Enán.
[16]Estos eran los representantes de la comunidad, los jefes de las tribus de sus antepasados, los jefes de los clanes de Israel.
[17]Moisés y Aarón reunieron a todos estos hombres, que habían sido designados expresamente, [18]y convocaron a la comunidad el primer día del segundo mes. Entonces todos se inscribieron por clanes y por familias, y se fueron anotando uno por uno los nombres de los que tenían más de veinte años. [19]Así los registró Moisés en el desierto del Sinaí, como el Señor se lo había ordenado.
[20]Los resultados fueron los siguientes:

En la lista de los descendientes de Rubén, el primogénito de Israel, por clanes y por familias —una vez anotados uno por uno los nombres de todos los varones que tenían más de veinte años, o sea, de los aptos para la guerra— 21 fueron registrados 46 500 hombres.

22 En la lista de los descendientes de Simeón, por clanes y por familias —una vez anotados uno por uno los nombres de todos los varones que tenían más de veinte años, o sea, de los aptos para la guerra— 23 fueron registrados 59 300 hombres.

24 En la lista de los descendientes de Gad, por clanes y por familias —una vez anotados uno por uno los nombres de todos los varones que tenían más de veinte años, o sea, de los aptos para la guerra— 25 fueron registrados 45 650 hombres.

26 En la lista de los descendientes de Judá, por clanes y por familias —una vez anotados uno por uno los nombres de todos los varones que tenían más de veinte años, o sea, de los aptos para la guerra— 27 fueron registrados 74 600 hombres.

28 En la lista de los descendientes de Isacar, por clanes y por familias —una vez anotados uno por uno los nombres de todos los varones que tenían más de veinte años, o sea, de los aptos para la guerra— 29 fueron registrados 54 400 hombres.

30 En la lista de los descendientes de Zabulón, por clanes y por familias —una vez anotados uno por uno los nombres de todos los varones que tenían más de veinte años, o sea, de los aptos para la guerra— 31 fueron registrados 57 400 hombres.

32 En cuanto a los hijos de José:

En la lista de los descendientes de Efraím, por clanes y por familias —una vez anotados uno por uno los nombres de todos los varones que tenían más de veinte años, o sea, de los aptos para la guerra— 33 fueron registrados 40 500 hombres.

34 En la lista de los descendientes de Manasés, por clanes y por familias —una vez anotados uno por uno los nombres de todos los varones que tenían más de veinte años, o sea, de los aptos para la guerra— 35 fueron registrados 32 200 hombres.

36 En la lista de los descendientes de Benjamín, por clanes y por familias —una vez anotados uno por uno los nombres de todos los varones que tenían más de veinte años, o sea, de los aptos para la guerra— 37 fueron registrados 35 400 hombres.

38 En la lista de los descendientes de Dan, por clanes y por familias —una vez anotados uno por uno los nombres de todos los varones que tenían más de veinte años, o sea, de los aptos para la guerra— 39 fueron registrados 62 700 hombres.

40 En la lista de los descendientes de Aser, por clanes y por familias —una vez anotados uno por uno los nombres de todos los varones que tenían más de veinte años, o sea, de los aptos para la guerra— 41 fueron registrados 41 500 hombres.

42 En la lista de los descendientes de Neftalí, por clanes y por familias —una vez anotados uno por uno los nombres de todos los varones que tenían más de veinte años, o sea, de los aptos para la guerra— 43 fueron registrados 53 400 hombres.

44 Estos fueron los registrados por Moisés y Aarón, y por los jefes de Israel, que eran doce, uno por cada casa paterna. 45 Todos los israelitas que tenían más de veinte años, todos los hombres de Israel aptos para la guerra, fueron registrados por familias, 46 y los registrados fueron en total 603 550 hombres.

El estatuto de los levitas

Nm 2 33; 3 15-16; 18 20-24; 4 4-43; 18 6

47 Pero la tribu de los levitas no fue registrada con las otras tribus, 48 porque el Señor había dicho a Moisés:

49 No inscribas en el registro a la tribu de Leví ni la incluyas en el censo de los israelitas. 50 Tú encomendarás a los levitas el cuidado de la Morada del Testimonio, de sus enseres y de todo lo que está relacionado con ella. Ellos transportarán la Morada y todos sus enseres, se encargarán de su servicio y acamparán alrededor de ella. 51 Cuando la Morada se desplace, los levitas la desarmarán; y cuando se detenga, la armarán. El extraño que se acerque, será castigado con la muerte. 52 Los israelitas acamparán por regimientos, cada uno con su propia división y bajo sus respectivos estandartes. 53 Los levitas, en cambio, lo harán alrededor de la Morada del Testimonio, para que la ira del Señor no se desate contra la comunidad de los israelitas. Ellos estarán encargados de custodiar la Morada del Testimonio.

54 Así lo hicieron los israelitas, ateniéndose exactamente a lo que el Señor había dicho a Moisés.

La disposición de las tribus

Nm 10 11-28; 1 44-46; Ex 38 26; Ez 48

2 1 El Señor dijo a Moisés y a Aarón: 2 Los israelitas acamparán alrededor de la Tienda del Encuentro, a una cierta distancia, cada uno junto a su estandarte, bajo las insignias de sus casas paternas.

3 Al frente, sobre el lado este, acamparán los regimientos que militan bajo el estandarte de Judá. El jefe de los descendientes de Judá era Najsón, hijo de Aminadab, 4 y los enrolados en su regimiento, 74 600.

5 A su lado, acampará la tribu de Isacar. El jefe de los descendientes de Isacar era Natanael, hijo de Suar, 6 y los enrolados en su regimiento, 54 400. 7 También acampará

NM

la tribu de Zabulón. El jefe de los descendientes de Zabulón era Eliab, hijo de Jelón, 8 y los enrolados en su regimiento, 57 400.

9 Los enrolados en la división de Judá, agrupados por regimientos, eran en total 186 400.

Ellos avanzarán a la vanguardia.

10 Al sur, acamparán los regimientos que militan bajo el estandarte de Rubén. El jefe de los descendientes de Rubén era Elisur, hijo de Sedeur, 11 y los enrolados en su regimiento, 46 500.

12 A su lado, acampará la tribu de Simeón. El jefe de los descendientes de Simeón era Selumiel, hijo de Surisadai, 13 y los enrolados en su regimiento, 59 300. 14 También acampará la tribu de Gad. El jefe de los descendientes de Gad era Eliasaf, hijo de Reuel, 15 y los enrolados en su regimiento, 45 650.

16 Los enrolados en la división de Rubén, agrupados por regimientos, eran en total 151 450.

Ellos avanzarán en segundo lugar.

17 La Tienda del Encuentro irá en medio de las divisiones, con el grupo de los levitas. Ellos avanzarán de la misma manera que estaban acampados, cada uno en su puesto, junto a sus insignias.

18 Al oeste, acamparán los regimientos que militan bajo el estandarte de Efraím. El jefe de los descendientes de Efraím era Elisamá, hijo de Amihud, 19 y los enrolados en su regimiento, 40 500.

20 A su lado, acampará la tribu de Manasés. El jefe de los descendientes de Manasés era Gamaliel, hijo de Padasur, 21 y los enrolados en su regimiento, 32 200. 22 También acampará la tribu de Benjamín. El jefe de los descendientes de Benjamín era Abidán, hijo de Gedeón, 23 y los enrolados en su regimiento, 35 400.

24 Los enrolados en la división de Efraím, agrupados por regimientos, eran en total 108 100.

Ellos avanzarán en tercer lugar.

25 Al norte, acamparán los regimientos que militan bajo el estandarte de Dan. El jefe de los descendientes de Dan era Ajiézer, hijo de Amisadai, 26 y los enrolados en su regimiento, 62 700.

27 A su lado, acampará la tribu de Aser. El jefe de los descendientes de Aser era Paguiel, hijo de Ocrán, 28 y los enrolados en su regimiento, 41 500. 29 También acampará la tribu de Neftalí. El jefe de los descendientes de Neftalí era Ajirá, hijo de Enán, 30 y los enrolados en su regimiento, 53 400.

31 Los enrolados en la división de Dan eran en total 157 600.

Ellos avanzarán a la retaguardia, con sus estandartes.

32 Estos fueron los registrados en el censo de los israelitas, por casas paternas. Los enrolados en las divisiones, agrupados por regimientos, eran en total 603 550 hombres. 33 Pero los levitas no fueron incluidos en el censo junto con los demás israelitas, como el Señor le había mandado a Moisés.

34 Los israelitas hicieron todo lo que el Señor había ordenado a Moisés; acampaban junto a sus estandartes, y avanzaban cada uno con su clan y con su familia.

La tribu de Leví: los sacerdotes

Nm 26 59-61; Ex 6 23; Lv 10 1-7

3 1 Esta era la descendencia de Aarón y de Moisés, cuando el Señor habló a Moisés sobre la montaña del Sinaí:

2 Los nombres de los hijos de Aarón eran los siguientes: Nadab —el primogénito— y Abihú, Eleazar e Itamar. 3 Estos eran los nombres de los hijos de Aarón, los sacerdotes que recibieron la unción y la investidura para ejercer el sacerdocio. 4 Nadab y Abihú murieron en la presencia del Señor, cuando presentaron ante él un fuego profano, en el desierto del Sinaí. Y como no tenían hijos, los que ejercieron el sacerdocio delante de Aarón, su padre, fueron Eleazar e Itamar.

Las funciones de los levitas

Nm 8 13-19; Esd 2 43ss

5 El Señor dijo a Moisés:

6 Manda a la tribu de Leví que se acerque, y tú la pondrás a disposición del sacerdote Aarón, para servirlo. 7 Ellos realizarán tareas para él y para toda la comunidad de Israel, delante de la Tienda del Encuentro, encargándose del servicio de la Morada. 8 Tendrán a su cargo todo el mobiliario de la Tienda del Encuentro y realizarán tareas para los israelitas, encargándose del servicio de la Morada. 9 Tú pondrás a los levitas a las órdenes de Aarón y de sus hijos: así ellos estarán dedicados a él exclusivamente, de parte de los israelitas. 10 A Aarón y a sus hijos, en cambio, les encargarás que ejerzan las funciones sacerdotales. Si se acerca un extraño, será castigado con la muerte.

La elección de los levitas

Nm 8 17; Ex 13 2; 22 28-29

11 El Señor dijo a Moisés:

12 Entre todos los israelitas, en lugar de los primogénitos —de aquellos que abren el seno materno— yo elijo a los descendientes de Leví. Los levitas me pertenecen, 13 porque todo primogénito me pertenece. Cuando exterminé a todos los primogénitos de Egipto, consagré para mí a todos los primogénitos de Israel, hombres y animales, a fin de que fueran míos. Yo soy el Señor.

El censo de los levitas

Nm 26 57-62; 4 34-39; Ex 6 16-19; 1 Cr 5 27 – 6 15

14 El Señor dijo a Moisés en el desierto del Sinaí: 15 Inscribe en un registro, por fa-

milias y por clanes, a todos los levitas varones que tengan más de un mes.
16 Moisés los registró, según la orden que
había recibido del Señor. 17 Los nombres de
los hijos de Leví eran Gersón, Quehat y
Merarí. 18 Los nombres de los hijos de Gersón, por clanes, eran Ligní y Semei; 19 los
hijos de Quehat, por clanes, eran Amram,
Ishar, Hebrón y Oziel; 20 y los hijos de Merarí, por clanes, eran Majlí y Musí.
Los clanes de los levitas, repartidos por
familias, eran los siguientes:
21 De Gersón procedían el clan de los libnitas y el clan de los semeítas: estos eran
los clanes de los gersonitas. 22 Los registrados, contando todos los varones de un mes
en adelante, eran en total 7 500 hombres.
23 Los clanes de los gersonitas acampaban
detrás de la Morada, hacia el oeste. 24 El jefe de la casa paterna de los gersonitas era
Eliasaf, hijo de Lael. 25 Los gersonitas tenían a su cargo, en la Tienda del Encuentro, la Morada y la Tienda, su toldo y el tapiz que estaba a la entrada de la Tienda del
Encuentro; 26 las cortinas del atrio y el cortinado para la entrada del atrio que rodea
la Morada, las cuerdas y el altar: todo el
servicio relacionado con esos objetos.
27 De Quehat procedían el clan de los am-
ritas, el clan de los isharitas, el clan de los hebronitas y el clan de los ozielitas: estos eran
los clanes de los quehatitas. 28 Contando todos los varones mayores de un mes, eran en
total 8 300 hombres. Ellos tenían a su cargo
el servicio del Santuario. 29 Los clanes de los
quehatitas acampaban en el lado sur de la
Morada. 30 El jefe de la casa paterna de los
clanes de los quehatitas era Elisafán, hijo de
Oziel. 31 Ellos tenían a su cargo el Arca, la mesa, el candelabro, los altares, los utensilios
sagrados que se usaban en el culto, el cortinado que dividía el Santuario y todo el servicio relacionado con esos objetos.
32 El jefe supremo de todos los levitas era
Eleazar, hijo del sacerdote Aarón, que tenía
la supervisión de todos los que realizaban
las tareas del Santuario.
33 De Merarí procedían el clan de los maji-
litas y el clan de los musitas: estos eran los
clanes de los meraritas. 34 Los registrados, contando todos los que tenían de un mes en adelante, eran en total 6 200 hombres. 35 El jefe de
la casa paterna de los clanes de los meraritas
era Suriel, hijo de Abijail. Estos acampaban al
norte de la Morada. 36 Los hijos de Merarí tenían a su cargo el cuidado de los bastidores
de la Morada, sus travesaños, sus postes, sus
bases y todos sus enseres: todo el servicio relacionado con esos objetos. 37 También debían ocuparse de las columnas que rodean el
atrio, de sus bases, sus estacas y sus cuerdas.
38 Al este, frente a la Morada, delante de
la Tienda del Encuentro, acampaban Moisés, Aarón y sus hijos, que realizaban las
tareas del Santuario, en favor de los israelitas. Cualquier extraño que se acercara debía ser castigado con la muerte.
39 Los levitas inscritos —los varones mayores de un mes, que Moisés y Aarón registraron por familias, según la orden del Señor— fueron en total 22 000 hombres.

El rescate de los primogénitos

Nm 3 12-13; 8 17-18; Ex 13 12; 22 28

40 El Señor dijo a Moisés:
Haz un censo de todos los primogénitos
israelitas, mayores de un mes, llevando
cuenta de sus nombres. 41 Luego aparta para
mí a los levitas —porque yo soy el Señor—
en lugar de todos los primogénitos de los israelitas, y aparta también el ganado de los
levitas, en lugar de todos los primogénitos
del ganado de los israelitas. 42 Entones Moisés hizo el censo de todos los primogénitos
entre los israelitas, como el Señor se lo había ordenado. 43 Los primogénitos varones
de un mes en adelante que fueron registrados eran en total 22 273 hombres.
44 Luego el Señor dijo a Moisés:
45 Aparta a los levitas en lugar de todos los
primogénitos israelitas, y aparta también el
ganado de los levitas en lugar del ganado de
los israelitas. Los levitas serán para mí: yo
soy el Señor. 46 Y como precio del rescate por
los doscientos setenta y tres primogénitos
israelitas que exceden el número de los levitas, 47 toma cinco siclos por cabeza —en siclos del Santuario, teniendo en cuenta que
cada siclo equivale a veinte gueras— 48 y entrega ese dinero a Aarón y a sus hijos, como
precio de rescate por la diferencia.
49 Moisés tomó el dinero del rescate por
aquellos primogénitos que excedían a los
rescatados por los levitas, 50 recibió el dinero
de los primogénitos israelitas —1 365 siclos,
en siclos del Santuario— 51 y entregó el dinero del rescate a Aarón y a sus hijos, según la
orden que Moisés había recibido del Señor.

Las obligaciones de los levitas: los quehatitas

Nm 8 24; 3 27-31; 1 Cr 23 12-24; Ex 35 – 38

4 1 El Señor dijo a Moisés y a Aarón:
2 Realiza un censo especial de los levitas hijos de Quehat, por clanes y por familias. 3 Registra a todos los que puedan entrar
en servicio, para ejercer funciones en la Tienda del Encuentro, es decir, a los que tengan
entre treinta y cincuenta años.
4 Los quehatitas serán los responsables, en
la Tienda del Encuentro, de los objetos más
santos. 5 Cuando haya que levantar campamento, Aarón y sus hijos irán a descolgar el

velo protector y cubrirán con él el Arca del Testimonio. 6 Sobre él pondrán una funda de cuero fino, y encima extenderán una tela, toda de púrpura violeta. Luego le ajustarán las andas. 7 Enseguida extenderán una tela de púrpura violeta sobre la mesa de los panes de la ofrenda, y depositarán sobre ella las fuentes, los vasos, las tazas y los jarros para la libación. El pan de la ofrenda perpetua estará sobre la mesa. 8 Encima de todo esto, extenderán una tela de púrpura escarlata y la envolverán con una funda de cuero fino. Luego le ajustarán las andas. 9 Asimismo, tomarán una tela de púrpura violeta y cubrirán el candelabro, sus lámparas, sus tenazas, sus platillos, y todas las vasijas de aceite que se emplean para el servicio del candelabro. 10 Lo pondrán, junto con todos sus enseres, en una funda de cuero fino, y después lo depositarán sobre unas angarillas. 11 Luego extenderán una tela de púrpura violeta sobre el altar de oro, lo cubrirán con una funda de cuero fino y le ajustarán las andas. 12 Recogerán todos los utensilios que se emplean en el culto del Santuario, les pondrán una tela de púrpura violeta, los cubrirán con una funda de cuero fino, y finalmente los depositarán sobre unas angarillas. 13 Después de haber limpiado las cenizas del altar, extenderán sobre él una tela de púrpura escarlata 14 y pondrán encima todos los enseres que se usan para su servicio: los braseros, los tenedores, las palas y los aspersorios, o sea, todos los enseres del altar. Luego extenderán sobre él una funda de cuero fino y le ajustarán las andas. 15 Y al levantarse el campamento, una vez que Aarón y sus hijos hayan terminado de cubrir los objetos sagrados y todos sus accesorios, vendrán los hijos de Quehat para transportarlos, pero no tocarán los objetos sagrados, porque morirían. Estos son los objetos de la Tienda del Encuentro, que deberán ser transportados por los hijos de Quehat.

16 El sacerdote Eleazar, hijo de Aarón, será el encargado del aceite para la iluminación, del incienso aromático, de la ofrenda perpetua y del óleo de la unción; y ejercerá la supervisión de toda la Morada, con todos los objetos sagrados y todos los utensilios que hay en ella.

17 El Señor dijo a Moisés y a Aarón:

18 No permitan que el grupo de los clanes de los quehatitas sea eliminado del número de los levitas. 19 Por eso, para que puedan vivir y no mueran cuando se acerquen a los objetos más santos, procedan con los quehatitas de la siguiente manera: vendrán Aarón y sus hijos, y asignarán a cada uno de ellos su oficio y su carga; 20 pero los quehatitas no entrarán a ver los objetos sagrados ni siquiera un momento, no sea que mueran.

Los gersonitas

Nm 3 21-26

21 Luego el Señor dijo a Moisés:

22 Realiza también un censo de los gersonitas, por clanes y por familias. 23 Registra a todos los que puedan entrar en servicio para ejercer funciones en la Tienda del Encuentro, es decir, a los que tengan entre treinta y cincuenta años.

24 Los clanes de los gersonitas serán los responsables de los siguientes oficios y cargas: 25 ellos llevarán los tapices de la Morada, la Tienda del Encuentro y su toldo, el toldo de cuero fino que está sobre ella y el cortinado que está a la entrada de la Tienda del Encuentro; 26 las cortinas del atrio, la cortina de la entrada del atrio que rodea la Morada y el altar, y también sus cuerdas y todos los accesorios que se emplean en su servicio: ellos se encargarán de hacer todo lo necesario. 27 Los gersonitas harán su trabajo bajo las órdenes de Aarón y de sus hijos, tanto lo que se refiere al transporte cuanto al servicio: ustedes los harán responsables del cuidado de toda su carga. 28 Estas son las obligaciones de los clanes de los gersonitas, respecto de la Tienda del Encuentro. Las cumplirán bajo la dirección de Itamar, hijo del sacerdote Aarón.

Los meraritas

Nm 3 33-37

29 En cuanto a los meraritas, deberás registrar, por clanes y por familias, 30 a todos los que puedan entrar en servicio para ejercer funciones en la Tienda del Encuentro, es decir, a los que tengan entre treinta y cincuenta años. 31 Ellos tendrán a su cargo, en la Tienda del Encuentro, todos los oficios relacionados con el traslado de los siguientes objetos: los bastidores de la Morada, con sus travesaños, columnas y bases; 32 las columnas que rodean el atrio, con sus bases, estacas y cuerdas, con todos sus accesorios y todo su equipamiento. Además, deberán tener un inventario de los objetos que tienen la obligación de transportar. 33 Estos son los oficios de los clanes de los meraritas, con todas las obligaciones que deberán cumplir en la Tienda del Encuentro, bajo la dirección de Itamar, hijo del sacerdote Aarón.

Conclusión

34 De esta manera, Moisés, Aarón y los jefes de la comunidad hicieron el censo de los quehatitas, por clanes y por familias, 35 registrando a todos los que podían entrar en servicio para ejercer funciones en la Tienda del Encuentro, es decir, a los que tenían entre treinta y cincuenta años. 36 Los registrados por clanes fueron en total 2750 hombres. 37 Estos fueron los inscritos en el registro de los clanes de los quehatitas, todos los que prestaban

servicio en la Tienda del Encuentro. Moisés y
Aarón los registraron, según la orden que el
Señor había dado por medio de Moisés.
[38] Los inscritos en el registro de los gersonitas, por clanes y por familias, [39] todos los que
podían entrar en servicio para ejercer funciones en la Tienda del Encuentro, es decir, los
que tenían entre treinta y cincuenta años,
[40] fueron en total 2 630 hombres. [41] Estos fueron los registrados en el censo de los clanes
de los gersonitas, todos los que prestaban servicio en la Tienda del Encuentro, y que Moisés y Aarón registraron por orden del Señor.
[42] Los inscritos en el registro de los meraritas, por clanes y por familias, [43] todos los
que podían entrar en servicio para ejercer
funciones en la Tienda del Encuentro, es decir, los que tenían entre treinta y cincuenta
años, [44] fueron en total 3 200 hombres. [45] Estos fueron los inscritos en el registro de los
clanes de los meraritas, que Moisés y Aarón
registraron según la orden que el Señor había dado por medio de Moisés.
[46] Todos los levitas que Moisés, Aarón y
los jefes de Israel registraron por clanes y por
familias [47] —los que debían prestar servicios
en el culto y el traslado de la Tienda del Encuentro, es decir, los que tenían entre treinta
y cincuenta años— [48] fueron 8 580 hombres.
[49] A cada uno le fue asignada una obligación
en el servicio y el traslado de la Tienda, según la orden del Señor por medio de Moisés; y cada uno fue registrado como el Señor
lo había ordenado a Moisés.

La expulsión de las personas impuras

Lv 13; Lv 15; Nm 19 11-16; Dt 23 10-15

5 [1] El Señor dijo a Moisés: [2] Manda a los
israelitas que alejen del campamento
a todos los leprosos, a todos los que padecen de blenorrea y a todos los que se han
vuelto impuros a causa de un cadáver. [3] Alejen tanto a los hombres como a las mujeres,
para que no hagan impuro el campamento
de aquellos entre quienes yo habito.
[4] Así lo hicieron los israelitas: alejaron
del campamento a los impuros, como el
Señor le había dicho a Moisés.

Reglas sobre la restitución

Lv 5 21-26

[5] Luego el Señor dijo a Moisés: [6] Habla
en estos términos a los israelitas:
Si un hombre o una mujer cometen una
falta en perjuicio de otro, mostrándose así
infieles al Señor, esa persona es culpable.
[7] Ellos confesarán el pecado que han cometido y restituirán la suma total a aquel a quien
ocasionaron el perjuicio, añadiendo además
una quinta parte de su valor. [8] Si ese hombre
no tiene ningún pariente cercano a quien se
le pueda restituir, la suma será devuelta al
Señor y entregada al sacerdote, además del
carnero de la expiación, con el cual se practicará el rito de expiación en favor de esa persona. [9] Y cualquier ofrenda de dones sagrados que los israelitas presenten al sacerdote,
será para él. [10] Cada sacerdote podrá disponer de sus propios dones sagrados: cada uno
guardará para él lo que reciba.

El rito para probar la infidelidad de la mujer

Ex 15 23-25; Is 65 15; Jr 42 18; Ez 2 8 – 3 3

[11] Luego el Señor dijo a Moisés: [12] Habla
en estos términos a los israelitas:
Cuando una mujer se aparta del buen camino y es infiel a su esposo, [13] teniendo relaciones con otro hombre, y su marido no llega
a enterarse, porque ella se deshonró ocultamente, y no hay testigos ni fue sorprendida
en el acto; [14] si el hombre tiene un arrebato de
celos y siente celos de su mujer, que realmente se ha deshonrado; o bien, si un hombre
siente celos de su mujer, a pesar de que ella es
inocente: [15] en esos casos, el hombre presentará su mujer al sacerdote y entregará como
ofrenda por ella la décima parte de una medida de harina de cebada. Pero no derramará
aceite sobre esa ofrenda ni le añadirá incienso, porque se trata de una ofrenda motivada
por los celos, de una ofrenda conmemorativa,
que debe recordar un delito.
[16] El sacerdote hará acercar a la mujer y la
hará comparecer delante del Señor. [17] Luego
recogerá agua consagrada en un recipiente de
barro, y echará sobre el agua un poco de polvo, tomado del suelo de la Morada. [18] Una
vez que haya puesto a la mujer delante del
Señor, le descubrirá la cabeza y colocará en
sus manos la ofrenda conmemorativa, es decir, la ofrenda motivada por los celos. El
sacerdote, por su parte, tendrá en sus manos
las aguas amargas, portadoras de maldición.
[19] Luego el sacerdote deberá conjurar a la mujer, diciéndole: «Si desde que estás bajo la potestad de tu marido ningún hombre se ha
acostado contigo, si no te has apartado del
buen camino ni te has deshonrado, que estas
aguas amargas, portadoras de maldición, no
te hagan ningún daño. [20] Pero si te has apartado del buen camino mientras estabas bajo
la potestad de tu marido, si te has deshonrado, y si un hombre que no es tu esposo ha tenido relaciones contigo [21] —aquí el sacerdote
deberá conjurar a la mujer con el juramento
imprecatorio—, que el Señor haga de ti un
ejemplo de maldición e imprecación en medio de tu pueblo, volviéndote estéril e hin-
chando tu vientre. [22] Que estas aguas portadoras de maldición entren en tus entrañas,
para que se hinche tu vientre y te vuelvas estéril». Y la mujer responderá: «Amén, amén».
[23] Entonces el sacerdote consignará por escri-

to estas maldiciones y las disolverá en las aguas amargas. [24] Él se las hará beber a la mujer, para que las aguas portadoras de maldición entren en ella y le provoquen amargura. [25] Enseguida el sacerdote tomará de manos de la mujer la ofrenda motivada por los celos, hará el gesto de presentación delante del Señor, y la llevará hasta el altar. [26] Luego tomará de la ofrenda un puñado, como memorial, y lo hará arder sobre el altar. Finalmente, hará que la mujer beba esas aguas.

[27] Después de darle a beber el agua, si la mujer se ha deshonrado siendo infiel a su marido, las aguas que entren en ella le provocarán amargura: su vientre se hinchará y ella se volverá estéril. Así la mujer quedará como ejemplo de maldición en medio de su pueblo. [28] Pero si no se ha deshonrado y es pura, quedará inmune y podrá tener hijos.

[29] Este es el ritual para los casos de celos, cuando una mujer se ha desviado y deshonrado mientras está bajo la potestad de su marido, [30] o cuando un hombre ha tenido un arrebato de celos y siente celos de su esposa. En estos casos, el marido la hará comparecer delante del Señor, y el sacerdote le aplicará íntegramente este ritual. [31] El marido quedará libre de culpa, y la mujer cargará con la suya.

Los nazireos

Jue 13 13.5; 16 17; Am 2 12; Lc 1 15;
Hch 18 18; 21 23-24

6 [1] El Señor dijo a Moisés: [2] Habla en estos términos a los israelitas:

Si alguien, sea hombre o mujer, hace un voto especial —el voto de nazireo— con el fin de consagrarse al Señor, [3] deberá abstenerse del vino y de cualquier otra bebida embriagante. Tampoco beberá vinagre de vino o de bebida embriagante, ni beberá jugo de uvas, ni comerá uvas maduras o secas. [4] Durante todo el tiempo de su nazireato, no comerá ningún producto de la cepa de la vid, ni siquiera las semillas o la cáscara.

[5] Mientras esté consagrado por el voto, ninguna navaja tocará su cabeza. Hasta que se cumpla el plazo de su voto al Señor, estará consagrado y se dejará crecer el cabello. [6] Durante todo el tiempo de su consagración al Señor, no se acercará a ningún muerto. [7] Aunque mueran su padre, su madre, su hermano o su hermana, no incurrirá en impureza a causa de ellos, porque él lleva sobre su cabeza la consagración de su Dios. [8] Durante todo el tiempo de su nazireato, es un consagrado al Señor.

[9] Si una persona muere repentinamente cerca de él, haciendo impuro su cabello consagrado, se cortará el cabello el día de su purificación, es decir, el séptimo día. [10] Al octavo día, presentará al sacerdote, a la entrada de la Tienda del Encuentro, dos tórtolas o dos pichones de paloma. [11] Entonces el sacerdote los ofrecerá, uno como sacrificio por el pecado y el otro como holocausto, y practicará el rito de expiación en favor de ese hombre, por la falta en que incurrió a causa del cadáver. Ese mismo día volverá a consagrar su cabeza: [12] se consagrará al Señor por el tiempo de su nazireato y presentará un cordero de un año como sacrificio de reparación. El tiempo anterior no se tomará en cuenta, porque su cabello consagrado se había vuelto impuro.

[13] Este es el ritual para el nazireo: una vez cumplido el tiempo de su nazireato, será conducido a la entrada de la Tienda del Encuentro, [14] y allí presentará, como ofrenda al Señor, dos corderos —un macho y una hembra— de un año y sin defecto, el primero para un holocausto y el segundo para un sacrificio por el pecado; un carnero sin defecto para un sacrificio de comunión; [15] una cesta con tortas de harina de la mejor calidad, sin levadura y amasadas con aceite, y galletas sin levadura untadas con aceite, con las ofrendas y libaciones correspondientes. [16] El sacerdote presentará todo esto delante del Señor, y ofrecerá el sacrificio por el pecado y el holocausto. [17] Luego ofrecerá el carnero al Señor como sacrificio de comunión, junto con la cesta

---

ENTRA EN ORACIÓN

Dios te bendiga

Esta antigua bendición pide a Dios que nos muestre su rostro, según el rico significado que tenía el rostro para los israelitas (Nm 6 22-27). Buscamos su rostro para encontrarnos cara a cara con él y vivir en su presencia, protegidos, amados y llenos de su bondad.

Las tres invocaciones anticipan la bendición trinitaria del Padre, el Hijo y el Espíritu Santo entre los cristianos. Como esta bendición anuncia y anticipa la paz y la satisfacción de nuestros anhelos más profundos, se recuerda el primer día del año.

En ambiente de oración, abre tus manos a Dios para simbolizar tu apertura a recibir su bendición. Recíbela con mucha devoción y gozo. Guárdala y atesórala en tu corazón para que sientas la presencia de Dios cada vez que veas reflejada su bondad, su belleza, su amor..., en el rostro de las personas.

Nm 6 22-27

de los ácimos, y también ofrecerá las ofrendas y las libaciones. 18 Entonces el nazireo se cortará el cabello consagrado, a la entrada de la Tienda del Encuentro, y lo echará en el fuego que arde debajo del sacrificio de comunión. 19 El sacerdote tomará la espalda ya cocida del carnero, una torta sin levadura de la cesta y una galleta sin levadura, y las pondrá en las manos del nazireo, después que este se haya cortado el cabello. 20 Luego hará el gesto de presentación delante del Señor, y todo esto será una cosa sagrada, destinada al sacerdote, además del pecho y la pata. Después, el nazireo podrá beber vino.

21 Esta es la ley concerniente al nazireo. Si, además de su nazireato, promete con voto al Señor una ofrenda personal —según se lo permitan sus medios—, cumplirá el voto que hizo, además de lo que establece la ley sobre el nazireato.

La bendición de los sacerdotes

1 Re 8 56-58; Sal 134 3; Eclo 50 23-24; Sal 4 7; 122 6; Ap 3 12

22 El Señor dijo a Moisés: 23 Habla en estos términos a Aarón y a sus hijos:

Así bendecirán a los israelitas. Ustedes les dirán:

24 El Señor te bendiga y te proteja.

25 El Señor haga brillar su rostro sobre ti y te conceda su favor.

26 El Señor te descubra su rostro y te conceda la paz.

27 Que ellos invoquen mi Nombre sobre los israelitas, y yo los bendeciré.

Las ofrendas de los jefes para la dedicación del Santuario

Nm 1 5-15; 3 21-37; Ez 43 18-26; 2 Cr 7 9; Nm 2

7 1 Cuando Moisés terminó de construir la Morada, la ungió y la consagró, junto con todo su mobiliario, y lo mismo hizo con el altar y sus utensilios. Y una vez que la ungió y la consagró, 2 los jefes de Israel —los jefes de las familias patriarcales, los capitanes de las tribus, los encargados de supervisar el censo— se acercaron 3 a presentar sus ofrendas delante del Señor, a saber, seis carros de carga y doce bueyes, un carro cada dos jefes y un buey por cada uno.

Al presentarlos ante la Morada, 4 el Señor dijo a Moisés: 5 «Acéptales estas cosas para que sean usadas en el culto de la Tienda del Encuentro, y dáselas a los levitas de acuerdo con el servicio que presta cada uno». 6 Entonces Moisés recibió los carros y los bueyes y se los dio a los levitas: 7 a los gersonitas les dio dos carros y cuatro bueyes, como lo exigían los servicios que ellos prestaban; 8 y a los meraritas, cuatro carros y ocho bueyes, como lo exigían los servicios que ellos prestaban a las órdenes de Itamar, hijo del sacerdote Aarón. 9 A los quehatitas, en cambio, no les dio nada, porque ellos se ocupaban de los objetos más santos y tenían que llevar su carga al hombro.

10 Los jefes presentaron la ofrenda de la dedicación del altar cuando este fue ungido. Y mientras iban presentando sus ofrendas ante el altar, 11 el Señor dijo a Moisés: «Que cada día un jefe ofrezca por turno su ofrenda por la dedicación del altar».

Las ofrendas de las tribus

12 El que presentó su ofrenda el primer día fue Najsón, hijo de Aminadab, de la tribu de Judá. 13 Su ofrenda consistió en una fuente de plata, que pesaba ciento treinta siclos, y en un tazón de plata, de setenta siclos —en siclos del Santuario—, ambos recipientes llenos de harina de la mejor calidad, amasada con aceite, para una ofrenda; 14 una naveta de oro, de diez siclos, llena de incienso; 15 un novillo, un carnero y un cordero de un año para un holocausto; 16 un chivo para un sacrificio por el pecado; 17 y dos bueyes, cinco carneros, cinco chivos y cinco corderos de un año para un sacrificio de comunión. Esta fue la ofrenda de Najsón, hijo de Aminadab.

18 El segundo día presentó su ofrenda Natanael, hijo de Suar, jefe de la tribu de Isacar. 19 Él presentó como ofrenda una fuente de plata, que pesaba ciento treinta siclos, y un tazón de plata, de setenta siclos —en siclos del Santuario—, ambos recipientes llenos de harina de la mejor calidad, amasada con aceite, para una ofrenda; 20 una naveta de oro de diez siclos, llena de incienso; 21 un novillo, un carnero y un cordero de un año para un holocausto; 22 un chivo para un sacrificio por el pecado; 23 y dos bueyes, cinco carneros, cinco chivos y cinco corderos de un año para un sacrificio de comunión. Esta fue la ofrenda de Natanael, hijo de Suar.

24 El tercer día presentó su ofrenda Eliab, hijo de Jelón, jefe de la tribu de Zabulón. 25 Él presentó como ofrenda una fuente de plata, que pesaba ciento treinta siclos, y un tazón de plata, de setenta siclos —en siclos del Santuario—, ambos recipientes llenos de harina de la mejor calidad, amasada con aceite, para una ofrenda; 26 una naveta de oro, de diez siclos, llena de incienso; 27 un novillo, un carnero y un cordero de un año para un holocausto; 28 un chivo para un sacrificio por el pecado; 29 y dos bueyes, cinco carneros, cinco chivos y cinco corderos de un año para un sacrificio de comunión. Esta fue la ofrenda de Eliab, hijo de Jelón.

30 El cuarto día presentó su ofrenda Elisur, hijo de Sedeur, jefe de la tribu de Rubén. 31 Él presentó como ofrenda una fuente de plata, que pesaba ciento treinta siclos, y un tazón

de plata, de setenta siclos —en siclos del Santuario—, ambos recipientes llenos de harina de la mejor calidad, amasada con aceite, para una ofrenda; 32 una naveta de oro, de diez siclos, llena de incienso; 33 un novillo, un carnero y un cordero de un año para un holocausto; 34 un chivo para un sacrificio por el pecado; 35 y dos bueyes, cinco carneros, cinco chivos y cinco corderos de un año para un sacrificio de comunión. Esta fue la ofrenda de Elisur, hijo de Sedeur.

36 El quinto día presentó su ofrenda Selumiel, hijo de Surisadai, jefe de la tribu de Simeón. 37 Él presentó como ofrenda una fuente de plata, que pesaba ciento treinta siclos, y un tazón de plata, de setenta siclos —en siclos del Santuario—, ambos recipientes llenos de harina de la mejor calidad, amasada con aceite, para una ofrenda; 38 una naveta de oro, de diez siclos, llena de incienso; 39 un novillo, un carnero y un cordero de un año para un holocausto; 40 un chivo para un sacrificio por el pecado; 41 y dos bueyes, cinco carneros, cinco chivos y cinco corderos de un año para un sacrificio de comunión. Esta fue la ofrenda de Selumiel, hijo de Surisadai.

42 El sexto día presentó su ofrenda Eliasaf, hijo de Deuel, jefe de la tribu de Gad. 43 Él presentó como ofrenda una fuente de plata, que pesaba ciento treinta siclos, y un tazón de plata, de setenta siclos —en siclos del Santuario—, ambos recipientes llenos de harina de la mejor calidad, amasada con aceite, para una ofrenda; 44 una naveta de oro, de diez siclos, llena de incienso; 45 un novillo, un carnero y un cordero de un año para un holocausto; 46 un chivo para un sacrificio por el pecado; 47 y dos bueyes, cinco carneros, cinco chivos y cinco corderos de un año para un sacrificio de comunión. Esta fue la ofrenda de Eliasaf, hijo de Deuel.

48 El séptimo día presentó su ofrenda Elisamá, hijo de Amihud, jefe de la tribu de Efraím. 49 Él presentó como ofrenda una fuente de plata, que pesaba ciento treinta siclos, y un tazón de plata, de setenta siclos —en siclos del Santuario—, ambos recipientes llenos de harina de la mejor calidad, amasada con aceite, para una ofrenda; 50 una naveta de oro, de diez siclos, llena de incienso; 51 un novillo, un carnero y un cordero de un año para un holocausto; 52 un chivo para un sacrificio por el pecado; 53 y dos bueyes, cinco carneros, cinco chivos y cinco corderos de un año para un sacrificio de comunión. Esta fue la ofrenda de Elisamá, hijo de Amihud.

54 El octavo día presentó su ofrenda Gamaliel, hijo de Padasur, jefe de la tribu de Manasés. 55 Él presentó como ofrenda una fuente de plata, que pesaba ciento treinta siclos, y un tazón de plata, de setenta siclos —en siclos del Santuario—, ambos recipientes llenos de harina de la mejor calidad, amasada con aceite, para una ofrenda; 56 una naveta de oro, de diez siclos, llena de incienso; 57 un novillo, un carnero y un cordero de un año para un holocausto; 58 un chivo para un sacrificio por el pecado; 59 y dos bueyes, cinco carneros, cinco chivos y cinco corderos de un año para un sacrificio de comunión. Esta fue la ofrenda de Gamaliel, hijo de Padasur.

60 El noveno día presentó su ofrenda Abidán, hijo de Gedeón, jefe de la tribu de Benjamín. 61 Él presentó como ofrenda una fuente de plata, que pesaba ciento treinta siclos, y un tazón de plata, de setenta siclos —en siclos del Santuario—, ambos recipientes llenos de harina de la mejor calidad, amasada con aceite, para una ofrenda; 62 una naveta de oro, de diez siclos, llena de incienso; 63 un novillo, un carnero y un cordero de un año para un holocausto; 64 un chivo para un sacrificio por el pecado; 65 y dos bueyes, cinco carneros, cinco chivos y cinco corderos de un año para un sacrificio de comunión. Esta fue la ofrenda de Abidán, hijo de Gedeón.

66 El décimo día presentó su ofrenda Ajiézer, hijo de Amisadai, jefe de la tribu de Dan. 67 Él presentó como ofrenda una fuente de plata, que pesaba ciento treinta siclos, y un tazón de plata, de setenta siclos —en siclos del Santuario—, ambos recipientes llenos de harina de la mejor calidad, amasada con aceite, para una ofrenda; 68 una naveta de oro, de diez siclos, llena de incienso; 69 un novillo, un carnero y un cordero de un año para un holocausto; 70 un chivo para un sacrificio por el pecado; 71 y dos bueyes, cinco carneros, cinco chivos y cinco corderos de un año para un sacrificio de comunión. Esta fue la ofrenda de Ajiézer, hijo de Amisadai.

72 El undécimo día presentó su ofrenda Paguiel, hijo de Ocrán, jefe de la tribu de Aser. 73 Él presentó como ofrenda una fuente de plata, que pesaba ciento treinta siclos, y un tazón de plata, de setenta siclos —en siclos del Santuario—, ambos recipientes llenos de harina de la mejor calidad, amasada con aceite, para una ofrenda; 74 una naveta de oro, de diez siclos, llena de incienso; 75 un novillo, un carnero y un cordero de un año para un holocausto; 76 un chivo para un sacrificio por el pecado; 77 y dos bueyes, cinco carneros, cinco chivos y cinco corderos de un año para un sacrificio de comunión. Esta fue la ofrenda de Paguiel, hijo de Ocrán.

78 El duodécimo día presentó su ofrenda Ajirá, hijo de Enán, jefe de la tribu de Neftalí. 79 Él presentó como ofrenda una fuente

de plata, que pesaba ciento treinta siclos, y
un tazón de plata, de setenta siclos —en siclos del Santuario—, ambos recipientes llenos de harina de la mejor calidad, amasada
con aceite, para una ofrenda; 80 una naveta
de oro, de diez siclos, llena de incienso; 81 un
novillo, un carnero y un cordero de un año
para un holocausto; 82 un chivo para un sacrificio por el pecado; 83 y dos bueyes, cinco
carneros, cinco chivos y cinco corderos de
un año para un sacrificio de comunión. Esta fue la ofrenda de Ajirá, hijo de Enán.
84 Esta fue la ofrenda de los jefes de Israel
para la dedicación del altar, el día en que fue
ungido: doce fuentes de plata, doce tazones
de plata y doce navetas de oro. 85 Cada fuente pesaba ciento treinta siclos, y cada tazón,
setenta. Toda la plata de estos objetos sumaba en total dos mil cuatrocientos siclos,
en siclos del Santuario. 86 Las doce navetas
de oro llenas de incienso —a razón de diez
siclos del Santuario por naveta— sumaban
en total ciento veinte siclos.
87 Los animales presentados para los holocaustos fueron en total doce novillos,
doce carneros y doce corderos de un año,
con sus ofrendas correspondientes; y los
presentados para el sacrificio por el pecado
fueron doce chivos. 88 Los animales ofrecidos para los sacrificios de comunión fueron en total veinticuatro novillos, sesenta
carneros, sesenta chivos y sesenta corderos
de un año. Estas fueron las ofrendas para
la dedicación del altar, cuando fue ungido.
89 Cuando Moisés entraba en la Tienda
del Encuentro para conversar con el Señor,
oía la voz que le hablaba desde lo alto de
la tapa que estaba sobre el Arca del Testimonio, entre los dos querubines. Así el Señor le hablaba a Moisés.

Las lámparas del candelabro

Ex 25 31-40; 37 17-24; Lv 24 1-4

8 1 El Señor dijo a Moisés: 2 Habla en
estos términos a Aarón: «Cuando en-
ciendas las lámparas, las siete luces deberán iluminar hacia la parte delantera del
candelabro». 3 Así lo hizo Aarón: dispuso
las lámparas hacia la parte delantera del
candelabro, como el Señor lo había ordenado a Moisés. 4 El candelabro era todo de
oro forjado, desde la base hasta la flor, y
estaba hecho conforme al modelo que el
Señor había mostrado a Moisés.

La dedicación de los levitas

Lv 8 6; 14 8-9; Nm 3 5-13

5 El Señor dijo a Moisés:
6 Separa a los descendientes de Leví de los
demás israelitas, y purifícalos. 7 Para eso, deberás proceder de la siguiente manera: los
rociarás con agua de la purificación; ellos se
pasarán la navaja por todo el cuerpo, se lavarán la ropa y así quedarán purificados.
8 Luego tomarán un novillo, con su correspondiente ofrenda de harina de la mejor calidad, amasada con aceite, y tú tomarás otro
novillo para un sacrificio por el pecado.
9 Entonces harás acercar a los levitas hasta
la Tienda del Encuentro y reunirás a toda la
comunidad de los israelitas. 10 Una vez que
hayas hecho acercar a los levitas hasta la
presencia del Señor, los israelitas impondrán las manos sobre ellos. 11 Luego Aarón,
en nombre de todos, ofrecerá los levitas al
Señor con el gesto de presentación. Así quedarán destinados al servicio del Señor. 12 Los
levitas impondrán sus manos sobre las cabezas de los novillos: uno será ofrecido al Señor como sacrificio por el pecado, y el otro
como holocausto, a fin de practicar el rito
de expiación en favor de los levitas.
13 Tú deberás poner a los levitas a disposición de Aarón y de sus hijos, y los ofrecerás al Señor con el gesto de presentación.
14 Así pondrás aparte a los levitas para que
me pertenezcan. 15 Y una vez que los hayas
purificado y los hayas ofrecido con el gesto de presentación, comenzarán a prestar
servicios en la Tienda del Encuentro. 16 Porque ellos están dedicados a mí exclusivamente, entre todos los israelitas: yo los tomé para mí en lugar de todos los que
abren el seno materno, o sea, de todos los
primogénitos. 17 Porque todos los primogénitos de los israelitas —tanto hombres
como animales— son míos: yo me los consagré cuando exterminé a todos los primogénitos en Egipto. 18 Ahora tomo a los levitas en lugar de los primogénitos, 19 y se los
doy a Aarón y a sus hijos, en calidad de dedicados, a fin de que presten servicios para
los israelitas en la Tienda del Encuentro y
practiquen el rito de expiación en favor de
ellos. De esta manera, los israelitas no serán castigados por acercarse al Santuario.
20 Moisés, Aarón y toda la comunidad de
Israel hicieron con los levitas lo que el Señor había ordenado a Moisés. 21 Los levitas
se purificaron de sus pecados y lavaron su
ropa. Luego Aarón los ofreció al Señor con
el gesto de presentación y practicó el rito
de expiación en favor de ellos, a fin de purificarlos. 22 Después de esto, los levitas comenzaron a prestar servicios en la Tienda
del Encuentro, a las órdenes de Aarón y de
sus hijos. Ellos hicieron con los levitas lo
que el Señor había ordenado a Moisés.
23 Luego el Señor dijo a Moisés:
24 Los levitas se atendrán a esto: a partir
de los veinticinco años, integrarán el grupo
de servicio activo en la Tienda del Encuentro, 25 y a los cincuenta, cesarán en sus fun-

ciones y no prestarán más servicios. [26]Ayudarán a sus hermanos en la Tienda del Encuentro, realizando algunas tareas, pero no prestarán servicios. Así procederás con los levitas en lo referente a sus funciones.

Nuevas normas sobre la Pascua

Ex 12 1-14; Lv 23 5; Nm 19 11-16;
2 Cr 30 15; Ex 12 46; Jn 19 36

9 [1]En el primer mes del segundo año después de la salida de Egipto, el Señor dijo a Moisés en el desierto del Sinaí: [2]«Que los israelitas celebren la Pascua en el tiempo establecido. [3]La celebrarán el día catorce de este mes, a la hora del crepúsculo, en el tiempo establecido, ateniéndose estrictamente a las normas del ritual». [4]Entonces Moisés mandó a los israelitas que celebraran la Pascua, [5]y el día catorce del primer mes, a la hora del crepúsculo, ellos la celebraron en el desierto del Sinaí. Los israelitas lo hicieron exactamente como el Señor lo había ordenado a Moisés.

[6]Sin embargo, había algunas personas que se encontraban en estado de impureza a causa de un cadáver y no pudieron celebrar la Pascua ese día. Por eso se presentaron a Moisés y a Aarón aquel mismo día [7]y les dijeron: «Aunque somos impuros a causa de un cadáver, ¿por qué nos vamos a ver excluidos de presentar la ofrenda del Señor a su debido tiempo, como los demás israelitas?». [8]Moisés les respondió: «Quédense aquí, mientras yo voy a oír las instrucciones que me da el Señor respecto de ustedes».

[9]Entonces el Señor dijo a Moisés: [10]Habla en estos términos a los israelitas:

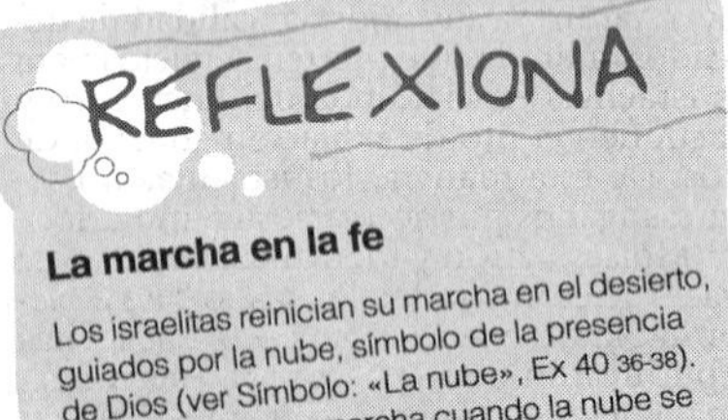

La marcha en la fe

Los israelitas reinician su marcha en el desierto, guiados por la nube, símbolo de la presencia de Dios (ver Símbolo: «La nube», Ex 40 36-38). Solo se ponían en marcha cuando la nube se levantaba de la Tienda del Encuentro; si la nube no se levantaba, ellos acampaban. Todo era imprevisto: ¿dónde se detendría la nube la siguiente vez?, ¿por cuánto tiempo?, ¿habría agua?, ¿por qué tomamos esta ruta?

En medio de esa incertidumbre, Dios fortalecía la fe del pueblo en él. Y tú, ¿sigues las indicaciones con que te guía Dios?

Nm 9 15-23

Si alguno de ustedes o alguno de sus descendientes cae en impureza a causa de un cadáver, o está de viaje en un lugar lejano, también podrá celebrar la Pascua del Señor. [11]Pero lo harán en el segundo mes, el día catorce, a la hora del crepúsculo. Comerán la víctima pascual con pan sin levadura y con hierbas amargas, [12]y no dejarán nada para la mañana siguiente. No le quebrarán ningún hueso y celebrarán la Pascua ateniéndose estrictamente al ritual. [13]Pero si una persona que es pura y no está de viaje deja de celebrar la Pascua, será excluida de su pueblo, por no haber presentado la ofrenda del Señor en el tiempo establecido: ese hombre cargará con su pecado. [14]Y si algún extranjero reside entre ustedes podrá celebrar la Pascua del Señor; lo hará conforme a las normas del ritual. Las mismas normas valdrán para todos ustedes, sean extranjeros o nativos del país.

La nube

Ex 13 21-22; 40 34-38

[15]El día en que se construyó la Morada —la Tienda del Testimonio— la nube la cubrió, y desde el anochecer hasta la mañana estuvo sobre ella con aspecto de fuego. [16]Así sucedía siempre: la nube cubría la Morada y de noche tenía la apariencia de fuego. [17]Siempre que la nube se alzaba por encima de la Morada, los israelitas levantaban el campamento; y en el lugar donde se detenía la nube, allí acampaban. [18]A una señal del Señor, levantaban el campamento; a otra señal del Señor, acampaban, y permanecían acampados mientras la nube se quedaba detenida sobre la Morada. [19]Cuando la nube se detenía sobre la Morada varios días, los israelitas acataban la orden del Señor y no levantaban el campamento. [20]Cuando la nube estaba sobre la Morada unos pocos días, permanecían acampados de acuerdo con la señal del Señor; y a una nueva señal del Señor, levantaban el campamento. [21]Cuando la nube solo se detenía desde el atardecer hasta la mañana, levantaban el campamento por la mañana, tan pronto como se alzaba la nube. De día o de noche, siempre que se alzaba la nube, levantaban el campamento. [22]Siempre que la nube estaba sobre la Morada —ya fueran dos días, un mes o un año—, los israelitas permanecían acampados y no levantaban el campamento. [23]Pero a una señal del Señor, partían. Así acataban la orden del Señor, conforme a las instrucciones que él les había dado por medio de Moisés.

Las trompetas de plata

Jos 6 1-20; Lv 25 9; 2 Sm 6 15; 1 Re 1 39;
Jl 2 1.15; 1 Tes 4 16; 1 Cor 15 52

10 [1]El Señor dijo a Moisés: [2]Manda hacer dos trompetas de plata, forjadas a martillo. Ellas te servirán para convocar a la

comunidad y para movilizar las divisiones.
3 Cuando suenen las dos trompetas, toda la
comunidad se reunirá delante de ti, a la entrada de la Tienda del Encuentro. 4 Pero si
tocan una sola, se reunirán contigo los jefes,
es decir, los capitanes de los regimientos
de Israel. 5 Cuando ustedes den un toque de
trompeta acompañado de una aclamación,
se pondrán en movimiento las divisiones
acampadas al este; 6 y al segundo toque de
trompeta, realizado de la misma manera, lo
harán las divisiones acampadas al sur. Así,
el toque de trompetas acompañado de una
aclamación, los hará avanzar, 7 mientras que
para reunir a la comunidad se tocarán las
trompetas sin proferir ninguna aclamación.
8 Las trompetas las tocarán los hijos de Aarón,
los sacerdotes. Este será para ustedes y para
sus descendientes un decreto irrevocable, a
lo largo de las generaciones.
9 Cuando ustedes, en su propia tierra, tengan que combatir contra un enemigo que
venga a atacarlos, deberán tocar las trompetas profiriendo aclamaciones, y el Señor, su
Dios, se acordará de ustedes, y se verán libres de sus enemigos. 10 En las grandes ocasiones, en las fiestas y en los días de luna
nueva, tocarán las trompetas sobre sus holocaustos y sus sacrificios de comunión; y
este será para ustedes un memorial delante
de su Dios. Yo soy el Señor, su Dios.

MARCHA DE LOS ISRAELITAS DESDE EL SINAÍ HASTA LAS ESTEPAS DE MOAB

El orden de la marcha

Nm 2 1-34

11 En el segundo año, el día veinte del segundo mes, la nube se alzó por encima de la
Morada del Testimonio, 12 y los israelitas fueron avanzando por etapas desde el desierto
del Sinaí, hasta que la nube se detuvo en el
desierto de Parán. 13 Cuando se inició la marcha, según la orden que dio el Señor por medio de Moisés, 14 el primero en partir fue el
estandarte de la división de Judá, distribuida
por regimientos. Al frente de sus tropas iba
Najsón, hijo de Aminadab; 15 al frente de las
tropas de la tribu de Isacar iba Natanael, hijo de Suar; 16 y al frente de las tropas de la tribu de Zabulón iba Eliab, hijo de Jelón.
17 Una vez que se desarmó la Morada,
avanzaron los gersonitas y los meraritas,
que eran los encargados de transportarla.
18 Luego avanzó el estandarte de la división de Rubén, distribuida por regimientos. Al frente de sus tropas iba Elisur, hijo
de Sedeur; 19 al frente de las tropas de la tribu de Simeón iba Selumiel, hijo de Surisadai; 20 y al frente de las tropas de la tribu de
Gad iba Eliasaf, hijo de Deuel.
21 Los quehatitas, que llevaban los objetos sagrados, avanzaron después, a fin de
que la Morada ya estuviera construida antes de su llegada.
22 A continuación avanzó el estandarte de
la división de Efraím, distribuida por regimientos. Al frente de sus tropas iba Elisamá,
hijo de Amihud; 23 al frente de las tropas de
la tribu de Manasés iba Gamaliel, hijo de Padasur; 24 y al frente de las tropas de la tribu de
Benjamín iba Abidán, hijo de Gedeón.
25 Finalmente, a la retaguardia de todos los
campamentos, avanzó el estandarte de la tribu de Dan, distribuida por regimientos. Al
frente de sus tropas iba Ajiézer, hijo de Amisadai; 26 al frente de la tribu de Aser iba Pe-
guiel, hijo de Ocrán; 27 y al frente de los descendientes de Neftalí iba Ajirá, hijo de Enán.
28 Este era el orden en que avanzaban los
israelitas, distribuidos por regimientos,
cuando emprendían la marcha.

La invitación de Moisés a Jobab

Ex 2 15-22; Gn 12 2-3

29 Moisés dijo a Jobab, que era hijo de su
suegro Reuel, el madianita: «Nosotros vamos a emprender la marcha hacia el lugar
que el Señor prometió darnos. Ven con nosotros, y seremos generosos contigo, porque
el Señor prometió ser generoso con Israel».
30 Él replicó: «No iré con ustedes, sino que regresaré a mi país natal». 31 «Por favor, no nos
abandones —le insistió Moisés—; tú sabes
muy bien en qué lugar del desierto podemos
acampar, y por eso nos servirás de guía. 32 Si
vienes con nosotros, te haremos participar
de los bienes que el Señor nos conceda».
33 Ellos partieron de la montaña del Señor
y recorrieron un camino de tres días. Durante todo ese tiempo, el Arca de la Alianza
del Señor avanzó al frente de ellos, para buscarles un lugar donde hacer un alto. 34 Desde que dejaron el campamento, la nube del
Señor estaba sobre ellos durante el día.
35 Cuando el Arca se ponía en movimiento, Moisés exclamaba:

¡Levántate, Señor!
¡Que tus enemigos se dispersen
y tus adversarios huyan delante de ti!

36 Y cuando se detenía, exclamaba:

¡Descansa, Señor,
entre los diez mil millares de Israel!

Las quejas del pueblo en el desierto

Dt 9 22; Ex 14 11; Ez 8 14; Lv 10 2

11 1 Una vez, el pueblo se quejó amargamente delante del Señor. Cuando el Señor los oyó, se llenó de indignación. El fuego
del Señor se encendió contra ellos y devoró el
extremo del campamento. 2 El pueblo pidió
auxilio a Moisés. Este intercedió ante el Se-

NM

ñor, y se apagó el fuego. 3 Aquel lugar fue llamado Taberá —que significa «incendio»—
porque allí se había encendido el fuego del
Señor contra los israelitas.
4 La turba de los advenedizos que se habían
mezclado con el pueblo se dejó llevar de la
gula, y los israelitas se sentaron a llorar a gritos, diciendo: «¡Si al menos tuviéramos carne
para comer! 5 ¡Cómo recordamos los pescados que comíamos gratis en Egipto, y los pepinos, los melones, los puerros, las cebollas y
los ajos! 6 ¡Ahora nuestras gargantas están re-
secas! ¡Estamos privados de todo, y nuestros
ojos no ven nada más que el maná!».
7 El maná se parecía a la semilla de cilantro y su color era semejante al del bedelio.
8 El pueblo tenía que ir a buscarlo; una vez
recogido, lo trituraban con piedras de moler
o lo machacaban en un mortero, lo cocían
en una olla, y lo preparaban en forma de galletas. Su sabor era como el de un pastel apetitoso. 9 De noche, cuando el rocío caía sobre
el campamento, también caía el maná.
10 Moisés oyó llorar al pueblo, que se había agrupado por familias, cada uno a la entrada de su tienda. El Señor se llenó de una
gran indignación, pero Moisés, vivamente
contrariado, 11 le dijo: «¿Por qué tratas tan
duramente a tu servidor? ¿Por qué no has
tenido compasión de mí, y me has cargado
con el peso de todo este pueblo? 12 ¿Acaso
he sido yo el que concibió a todo este pueblo, o el que lo dio a luz, para que me digas:
"Llévalo en tu regazo, como la nodriza lleva
a un niño de pecho, hasta la tierra que juraste dar a sus padres"? 13 ¿De dónde voy a
sacar carne para dar de comer a todos los
que están llorando a mi lado y me dicen:
"Danos carne para comer"? 14 Yo solo no
puedo soportar el peso de todo este pueblo:
son demasiado pesados para mí. 15 Si vas a
seguir tratándome de ese modo, mátame de
una vez. Así me veré libre de mis males».

La respuesta del Señor

Ex 18 21-26; Dt 1 9-18; Is 44 3; Jl 3 1-2;
2 Re 4 43; Mt 14 17

16 El Señor respondió a Moisés: «Reúneme
a setenta de los ancianos de Israel —deberás
estar seguro de que son realmente ancianos y
escribas del pueblo—, llévalos a la Tienda del
Encuentro, y que permanezcan allí junto
contigo. 17 Yo bajaré hasta allí, te hablaré, y
tomaré algo del espíritu que tú posees, para
comunicárselo a ellos. Así podrán compartir
contigo el peso de este pueblo, y no tendrás
que soportarlo tú solo. 18 También dirás al
pueblo: Purifíquense para mañana y comerán carne. Ya que ustedes han llorado delante del Señor, diciendo: "¡Si al menos tuviéramos carne para comer! ¡Qué bien estábamos
en Egipto!", el Señor les dará de comer carne.
19 Y no la comerán un día, ni dos, ni diez, ni
veinte, 20 sino un mes entero, hasta que se les
salga por las narices y les provoque repug-
nancia. Porque han despreciado al Señor que
está en medio de ustedes, y han llorado en su
presencia, diciendo: "¿Para qué habremos salido de Egipto?"». 21 Moisés dijo entonces: «El
pueblo que me rodea está formado por seiscientos mil hombres de a pie, ¿y tú dices que
le darás carne para comer un mes entero? 22 Si
se degollaran ovejas y vacas, ¿alcanzarían para todos? Y si se reunieran todos los peces del
mar, ¿tendrían bastante?». 23 Pero el Señor
respondió a Moisés: «¿Acaso hay un límite
para el poder del Señor? Enseguida verás si lo
que acabo de decirte se cumple o no».
24 Moisés salió a comunicar al pueblo las
palabras del Señor. Luego reunió a setenta
hombres entre los ancianos del pueblo, y los
hizo poner de pie alrededor de la Tienda.
25 Entonces el Señor descendió en la nube y
le habló a Moisés. Después tomó algo del espíritu que estaba sobre él y lo infundió a los
setenta ancianos. Y en cuanto el espíritu se
posó sobre ellos, comenzaron a hablar en
éxtasis; pero después no volvieron a hacerlo.
26 Dos hombres —uno llamado Eldad y
el otro Medad— se habían quedado en el
campamento; y como figuraban entre los
inscritos, el espíritu se posó sobre ellos, a
pesar de que no habían ido a la Tienda. Y
también ellos se pusieron a hablar en éxtasis. 27 Un muchacho vino corriendo y comunicó la noticia a Moisés, con estas palabras: «Eldad y Medad están profetizando en
el campamento». 28 Josué, hijo de Nun, que
desde su juventud era ayudante de Moisés,
intervino diciendo: «Moisés, señor mío, no
se lo permitas». 29 Pero Moisés le respondió:
«¿Acaso estás celoso a causa de mí? ¡Ojalá
todos fueran profetas en el pueblo del Señor, porque él les infunde su espíritu!».
30 Luego Moisés volvió a entrar en el campamento con todos los ancianos de Israel.

Las codornices

Ex 16 12-13

31 Entonces se levantó un viento enviado
por el Señor, que trajo del mar una bandada de codornices y las precipitó sobre el
campamento. Las codornices cubrieron toda la extensión de un día de camino, a uno
y otro lado del campamento, hasta la altura de un metro sobre la superficie del suelo. 32 El pueblo se puso a recoger codornices todo el día, toda la noche y todo el día
siguiente. El que había recogido menos, tenía diez medidas de unos cuatrocientos
cincuenta litros cada una. Y las esparcieron
alrededor de todo el campamento.

VIVE LA PALABRA

La envidia de Miriam y Aarón

Aarón: Miriam, ¿sabes? A veces Moisés me enfada. Se le olvida que también a nosotros nos interesa el bien del pueblo.

Miriam: Pues sí. Todos somos el pueblo escogido, no solo Moisés. Y, por si fuera poco, se casa con esa extranjera, como si una israelita no fuera tan buena o mejor.

Aarón: Y luego anda siempre tan creído. Todo mundo sabe de su relación especial con Dios, y aunque no es fácil ser líder, ya no soporto que se crea mejor que los demás.

Miriam: Lo más molesto es que acapara a Dios, como si fuera su único mensajero.

Aarón: ¡Exacto! ¡Como si nosotros no contáramos! ¿Qué tal si Dios me habla? ¿Tú crees que Moisés me va a hacer caso como nosotros a él? ¡Lo dudo!

¿Has sentido envidia de alguien? La envidia entristece ante el bien del prójimo y causa alegría si le va mal. Es una lepra peligrosa que afecta la vida, causa divisiones en la comunidad y hiere a otras personas (Nm 12 10). El amor auténtico cura la envidia porque le damos a Dios su lugar en el corazón.

¿Sientes envida de alguien? Pide a Dios que te ayude a descubrir tus dones, a usarlos para el bien de tus hermanos y a reconocer los dones del otro con generosidad y nobleza.

Nm 12 1-15

33 La carne estaba todavía entre sus dientes, sin masticar, cuando la ira del Señor se encendió contra el pueblo, y el Señor lo castigó con una enorme mortandad. 34 El lugar fue llamado Quibrot Hataavá —que significa «Tumbas de la Gula»— porque allí enterraron a la gente que se dejó llevar por la gula.

35 Desde Quibrot Hataavá el pueblo siguió avanzando hasta Jaserot, y allí se detuvo.

Las quejas de Miriam y de Aarón

Ex 15 20; Nm 20 1; Ex 3 11; Eclo 45 4

12 1 Miriam y Aarón se pusieron a murmurar contra Moisés a causa de la mujer cusita con la que este se había casado. Moisés, en efecto, se había casado con una mujer de Cus. 2 «¿Acaso el Señor ha hablado únicamente por medio de Moisés? —decían—. ¿No habló también por medio de nosotros?». Y el Señor oyó todo esto.
3 Ahora bien, Moisés era un hombre muy humilde, más humilde que cualquier otro hombre sobre la tierra.

4 De pronto, el Señor dijo a Moisés, a Aarón y a Miriam: «Vayan los tres a la Tienda del Encuentro». Cuando salieron los tres,
5 el Señor descendió en la columna de nube y se detuvo a la entrada de la Tienda. Luego llamó a Aarón y a Miriam. Los dos se adelantaron, 6 y el Señor les dijo: «Escuchen bien mis palabras:

Cuando aparece entre ustedes un profeta, yo me revelo a él en una visión, le hablo en un sueño. 7 No sucede así con mi servidor Moisés: él es el hombre de confianza en toda mi casa. 8 Yo hablo con él cara a cara, claramente, no con enigmas, y él contempla la figura del Señor.

¿Por qué entonces ustedes se han atrevido a hablar contra mi servidor Moisés?».

9 Y lleno de indignación contra ellos, el Señor se alejó.

10 Apenas la nube se retiró de encima de la Tienda, Miriam se cubrió de lepra, quedando blanca como la nieve. Cuando Aarón se volvió hacia ella y vio que estaba leprosa, 11 dijo a Moisés: «Por favor, señor, no hagas pesar sobre nosotros el pecado que hemos cometido por necedad. 12 No permitas que ella sea como el aborto, que al salir del seno materno ya tiene consumida la mitad de su carne». 13 Moisés invocó al Señor, diciendo: «¡Te ruego, Dios, que la cures!». 14 Pero el Señor le respondió: «Si su padre la hubiera escupido en la cara, ¿no tendría que soportar ese oprobio durante siete días? Que esté confinada fuera del campamento durante siete días, y al cabo de ellos vuelva a ser admitida». 15 Así Miriam quedó confinada fuera del campamento durante siete días, y el pueblo no reanudó la marcha hasta que fue admitida de nuevo. 16 Después el pueblo salió de Jaserot y acampó en el desierto de Parán.

La exploración de Canaán

Dt 1 20-29; Jos 2 1-24; 7 2-3

13 1 El Señor dijo a Moisés: 2 «Envía unos hombres a explorar el país de Canaán, que yo doy a los israelitas; enviarás a un hombre por cada una de sus tribus pa-

ternas, todos ellos jefes de tribu». 3 Entonces Moisés los envió desde el desierto de
Parán, según la orden del Señor. Todos estos hombres eran jefes de los israelitas, 4 y
sus nombres eran los siguientes:
Por la tribu de Rubén, Samuá, hijo de
Zacur;
5 por la tribu de Simeón, Safat, hijo de
Jorí;
6 por la tribu de Judá, Caleb, hijo de Iefuné;
7 por la tribu de Isacar, Igal, hijo de José;
8 por la tribu de Efraím, Oseas, hijo de
Nun;
9 por la tribu de Benjamín, Paltí, hijo de
Rafú;
10 por la tribu de Zabulón, Gadiel, hijo
de Sodí;
11 por la tribu de José, o sea, por la tribu
de Manasés, Gadí, hijo de Susí;
12 por la tribu de Dan, Amiel, hijo de
Guemalí;
13 por la tribu de Aser, Setur, hijo de Miguel;
14 por la tribu de Neftalí, Najbí, hijo de
Vofsí;
15 por la tribu de Gad, Gueuel, hijo de
Maquí.
16 Estos son los nombres de las personas
que envió Moisés a explorar el país. Y a
Oseas, hijo de Nun, Moisés lo llamó Josué.
17 Cuando Moisés los envió a explorar el
territorio de Canaán, les dijo: «Suban ahí,
por el Négueb, y luego avancen hasta la región montañosa. 18 Observen cómo es el
país, y si la gente que lo ocupa es fuerte o
débil, escasa o numerosa. 19 Fíjense también si la tierra donde viven es buena o
mala, y si las ciudades en que habitan son
abiertas o fortificadas; 20 si el suelo es fértil
o árido, y si está arbolado o no. Tengan valor, y traigan algunos frutos de la región».
Esto sucedió en el tiempo de las primeras uvas.
21 Los hombres fueron a explorar el país,
desde el desierto de Cin hasta Rejob, a la Entrada de Jamat. 22 Subieron por el Négueb y
llegaron a Hebrón, donde vivían Ajimán,
Sesai y Talmai, descendientes de Anac —Hebrón había sido fundada siete años antes
que Tanis de Egipto—. 23 Cuando llegaron al
valle de Escol, cortaron una rama de vid con
un racimo de uvas, y tuvieron que llevarla
entre dos, sostenida con una vara. También
recogieron granadas e higos. 24 Ese lugar fue
llamado valle de Escol —que significa «Racimo»— a causa del racimo que los israelitas habían cortado allí.

El informe de los exploradores

Ex 3 8; Dt 1 25-29; Gn 6 4

25 Al cabo de cuarenta días volvieron de explorar el país. 26 Entonces fueron a ver a Moisés, a Aarón y a toda la comunidad de los israelitas en Cades, en el desierto de Parán, y
les presentaron su informe, al mismo tiempo
que les mostraban los frutos del país. 27 Les
contaron lo siguiente: «Fuimos al país donde
ustedes nos enviaron; es realmente un país
que mana leche y miel, y estos son sus frutos.
28 Pero, ¡qué poderosa es la gente que ocupa
el país! Sus ciudades están fortificadas y son
muy grandes. Además, vimos allí a los anaquitas. 29 Los amalecitas habitan en la región
del Négueb; los hititas, los jebuseos y los
amorreos ocupan la región montañosa; y
los cananeos viven junto al mar y a lo largo
del Jordán».
30 Caleb trató de animar al pueblo que estaba junto a Moisés, diciéndole: «Subamos en-

VIVE LA PALABRA

¿Qué aprendimos en el desierto?

Moisés envió exploradores para conocer las civilizaciones de Canaán, y se asustaron ante el esfuerzo que supondría poseer la Tierra prometida. A pesar de los favores que Dios le concedió en el desierto, el pueblo no confiaba en Dios.

El Señor pregunta: «¿Hasta cuándo este pueblo me seguirá despreciando?» (Nm 14 11). Moisés intercede invocando su gloria y su misericordia. Dios perdona a su pueblo, pero exige una purificación: quienes salieron de Egipto morirán en el desierto. Serán sus hijos quienes entren a la tierra de la promesa, la nueva generación que nació en la libertad del desierto y creció bajo la guía de Dios. Ellos sabrán confiar en Dios y seguirán el liderazgo de Josué.

Ustedes son la generación joven. Si el Señor les pregunta: ¿Hasta cuándo van a creerme? ¿Vencerá su fe la injusticia, el pesimismo, la pobreza de grandes sectores y el consumismo de otros, que esclavizan al pueblo de hoy?

Nm 14

seguida y conquistemos el país, porque ciertamente podremos contra él». 31 Pero los hombres que habían subido con él replicaron: «No
podemos atacar a esa gente, porque es más
fuerte que nosotros». 32 Y divulgaron entre los
israelitas falsos rumores acerca del país que
habían explorado, diciendo: «La tierra que recorrimos y exploramos devora a sus propios
habitantes. Toda la gente que vimos allí es
muy alta. 33 Vimos a los gigantes —los anaquitas son raza de gigantes—. Nosotros nos
sentíamos como langostas delante de ellos, y
esa es la impresión que debimos darles».

La rebelión de Israel

Dt 1 26-32; Nm 17 6; 20 3; 21 5;
Ex 14 11-12; 16 3; 2 Re 25 26

14 1 Entonces la comunidad en pleno
prorrumpió en fuertes gritos, y el
pueblo lloró toda aquella noche. 2 Los israelitas protestaban contra Moisés y Aarón,
y toda la comunidad les decía: ¡Ojalá hubiéramos muerto en Egipto! ¡Ojalá muriéramos en este desierto! 3 ¿Por qué el Señor
nos quiere hacer entrar en esa tierra donde
caeremos bajo la espada? ¡Nuestras mujeres y nuestros hijos serán llevados como
botín! ¡Más nos valdría regresar a Egipto!
4 Y se decían unos a otros: «¡Elijamos un jefe y volvamos a Egipto!».
5 Moisés y Aarón cayeron con el rostro en
tierra delante de toda la comunidad de los
israelitas reunidos en asamblea. 6 Pero Josué,
hijo de Nun, y Caleb, hijo de Iefuné —que
estaban entre los que habían explorado el
país—, rasgaron su ropa 7 y dijeron a toda la
comunidad de los israelitas: «La tierra que
hemos recorrido y explorado es extraordinariamente buena. 8 Si el Señor nos favorece,
nos hará entrar en esa tierra que mana leche
y miel, y nos la dará. 9 Pero no se rebelen
contra el Señor, ni le tengan miedo a la gente
del país, porque los venceremos fácilmente. Su sombra protectora se ha apartado de
ellos; con nosotros, en cambio, está el Señor.
¡No les tengan miedo!».

La indignación del Señor

Ex 32 7-14; Dt 9 25-29; Ex 20 5-6; 34 6-7

10 Toda la comunidad amenazaba con matarlos a pedradas, cuando la gloria del Señor
se manifestó a todos los israelitas en la Tienda del Encuentro. 11 Y el Señor dijo a Moisés:
«¿Hasta cuándo este pueblo me seguirá despreciando? ¿Hasta cuándo no creerán en mí,
a pesar de los signos que realicé en medio de
ellos? 12 Los voy a castigar con una peste y los
voy a desheredar. De ti, en cambio, suscitaré
una nación mucho más fuerte que ellos».
13 Pero Moisés respondió al Señor:
«Cuando oigan la noticia los egipcios —de
cuyo país sacaste a este pueblo gracias a tu
poder— 14 se la pasarán a los habitantes de
esa tierra. Ellos han oído que tú, Señor, estás en medio de este pueblo; que te dejas
ver claramente cuando tu nube se detiene
sobre ellos; y que avanzas delante de ellos,
de día en la columna de nube, y de noche
en la columna de fuego. 15 Si haces morir a
este pueblo como si fuera un solo hombre,
las naciones que conocen tu fama dirán:
16 "El Señor era impotente para llevar a ese
pueblo hasta la tierra que le había prometido con un juramento, y los mató en el
desierto". 17 Por eso, Señor, manifiesta la
grandeza de tu poder, como tú lo has declarado, cuando dijiste: 18 "El Señor es lento para enojarse y está lleno de misericordia. Él tolera la maldad y la rebeldía, pero
no las deja impunes, sino que castiga la
culpa de los padres en los hijos y en los
nietos hasta la cuarta generación". 19 Perdona, por favor, la culpa de este pueblo según
tu gran misericordia y como lo has venido
tolerando desde Egipto hasta aquí».

El castigo de la infidelidad

Dt 1 34-45; Jos 14 6-19; Hch 7 36

20 El Señor respondió: «Lo perdono, como
tú me lo has pedido. 21 Sin embargo —tan
cierto como que yo vivo, y que la gloria del
Señor llena toda la tierra—, 22 ninguno de
los hombres que vieron mi gloria y los prodigios que realicé en Egipto y en el desierto,
ninguno de los que ya me han puesto a
prueba diez veces y no me han obedecido,
23 verá la tierra que prometí a sus padres con
un juramento; no la verá ninguno de los
que me han despreciado. 24 En cuanto a mi
servidor Caleb, por estar animado de otro
espíritu y haberse mantenido fiel a mí, lo
llevaré a la tierra donde ya entró una vez, y
sus descendientes la poseerán. 25 Pero como
los amalecitas y los cananeos ocupan el valle, den vuelta mañana y partan para el desierto por el camino del mar Rojo».
26 Luego el Señor dijo a Moisés y a Aarón: 27 «¿Hasta cuándo esta comunidad perversa va a seguir protestando contra mí? Ya
escuché las incesantes protestas de los israelitas. 28 Por eso, diles: "Juro por mi vida,
palabra del Señor, que los voy a tratar conforme a las palabras que ustedes han pronunciado. 29 Por haber protestado contra
mí, sus cadáveres quedarán tendidos en el
desierto: los cadáveres de todos los registrados en el censo, de todos los que tienen
más de veinte años. 30 Ni uno solo entrará
en la tierra donde juré establecerlos, salvo
Caleb hijo de Iefuné y Josué hijo de Nun.
31 A sus hijos, en cambio, a los que ustedes
decían que iban a ser llevados como botín,

sí los haré entrar; ellos conocerán la tierra que ustedes han despreciado. 32 Pero los cadáveres de ustedes quedarán tendidos en este desierto. 33 Mientras tanto, sus hijos andarán vagando por el desierto durante cuarenta años, sufriendo por las prostituciones de ustedes, hasta que el último cadáver quede tendido en el desierto. 34 Ustedes cargarán con su culpa durante cuarenta años, por los cuarenta días que emplearon en explorar la tierra: a razón de un año por cada día. Entonces conocerán lo que significa rebelarse contra mí. 35 Así lo he dispuesto yo, el Señor. De esa manera trataré a toda esta comunidad perversa que se ha confabulado contra mí: hasta el último hombre morirá en este desierto"».

36 Los hombres que Moisés envió a explorar el territorio —esos que al volver instigaron a toda la comunidad a protestar contra él, difundiendo falsos rumores 37 y propagando malas noticias acerca de la tierra— cayeron muertos en la presencia del Señor. 38 De los que habían ido a explorar el territorio, solamente sobrevivieron Josué, hijo de Nun, y Caleb, hijo de Iefuné.

39 Cuando Moisés repitió estas palabras a todos los israelitas, el pueblo quedó muy afligido. 40 Y a la madrugada del día siguiente subieron a la parte más alta de la montaña, diciendo: «Estamos preparados para ir al lugar que el Señor ha indicado, porque en realidad estábamos en un error». 41 Pero Moisés replicó: «¿Por qué están transgrediendo la orden del Señor? Eso no va a dar buen resultado. 42 No suban, y así no serán derrotados por sus enemigos, ya que el Señor no está en medio de ustedes. 43 Los amalecitas y los cananeos saldrán a hacerles frente, y ustedes caerán bajo la espada, porque se han apartado del Señor y él no estará con ustedes». 44 Pero ellos se obstinaron en subir a la cima de la montaña, a pesar de que ni el Arca de la Alianza del Señor ni Moisés se movieron del campamento. 45 Entonces bajaron los amalecitas y los cananeos que habitaban en aquella región montañosa, derrotaron a los israelitas y los fueron exterminando hasta Jormá.

Disposiciones relativas a los sacrificios

Ex 29 40-41; Lv 2 1-10; Ex 12 48-49; Lv 24 22

15 1 El Señor dijo a Moisés: 2 Habla en estos términos a los israelitas:

Cuando entren en la tierra que yo les daré para que vivan en ella, 3 y presenten un animal del ganado mayor o menor como ofrenda que se quema en holocausto o en sacrificio al Señor, ya sea para cumplir un voto, ya sea como ofrenda voluntaria o en las fiestas fijas —ofreciendo así un aroma agradable al Señor—, 4 la persona que presente la ofrenda al Señor deberá traer, como ofrenda, la décima parte de una medida de harina de la mejor calidad, amasada con un litro y medio de aceite. 5 También deberás ofrecer, con el holocausto o el sacrificio, un litro y medio de vino como libación para cada cordero.

6 Si se trata de un carnero, presentarás como ofrenda dos décimas partes de una medida de harina de la mejor calidad, amasada con dos litros y cuarto de aceite; 7 y como libación —como ofrenda de aroma agradable al Señor— ofrecerás dos litros y cuarto de vino.

8 Si ofreces al Señor como holocausto o sacrificio un animal del ganado mayor o menor, sea para cumplir un voto o como sacrificio de comunión, 9 además del animal, se ofrecerá una ofrenda consistente en tres décimas partes de una medida de harina de la mejor calidad, amasada con un litro y medio de aceite; 10 y como libación ofrecerás tres litros y medio de vino. Estas son ofrendas que se queman con aroma agradable al Señor.

11 Lo mismo se hará con cada toro, con cada carnero, y con cada oveja o cabra, 12 cualquiera sea la cantidad que ofrezcas: lo mismo harás con cada uno de esos animales, cualquiera sea su número. 13 Todos los israelitas procederán de la misma manera, cuando presenten una ofrenda que se quema con aroma agradable al Señor. 14 Y si un extranjero residente entre ustedes, o cualquiera que viva en medio de ustedes, a lo largo de las generaciones, quiere presentar una ofrenda que se quema con aroma agradable al Señor, lo hará también él como lo hacen ustedes. 15 En la asamblea, habrá una sola ley para ustedes y para los extranjeros. Este es un decreto válido para siempre, a lo largo de las generaciones. El extranjero hará lo mismo que ustedes delante del Señor. 16 En una palabra, el mismo ritual y la misma disposición estará en vigencia para ustedes y para los extranjeros que residan entre ustedes.

17 El Señor dijo a Moisés: 18 Habla en estos términos a los israelitas:

Cuando entren en la tierra adonde yo los haré entrar, 19 y coman el pan de esa tierra, reservarán una ofrenda para el Señor: 20 como primicias de la harina, ofrecerán una torta; como se reserva la ofrenda de la era, se reservará también aquella. 21 Así presentarán al Señor una ofrenda de las primicias de su harina, a lo largo de las generaciones.

22 Si ustedes, por inadvertencia, dejan de cumplir cualquiera de estos mandamientos que el Señor prescribió a Moisés 23 —cualquiera de las cosas que el Señor les ordenó por medio de él—, desde el momento en que el Señor les impuso el mandamiento, y después, a lo largo de las generaciones, se procederá de la siguiente manera:

[24] Si quien obró inadvertidamente fue la comunidad, toda la comunidad ofrecerá un novillo como holocausto de aroma agradable al Señor —con su ofrenda y la libación prescrita— y un chivo como sacrificio por el pecado. [25] El sacerdote practicará el rito de expiación en favor de toda la comunidad, y esta será perdonada, porque se trata de un error, y ellos, para reparar ese error, presentaron delante del Señor su ofrenda —una ofrenda que se quema para el Señor— y su sacrificio por el pecado. [26] Así será perdonada toda la comunidad de los israelitas, y también el extranjero que resida en medio de ellos, porque esto le sucedió a todo el pueblo inadvertidamente.

[27] Si quien obró inadvertidamente fue una sola persona, ofrecerá una cabra de un año como sacrificio por el pecado. [28] El sacerdote practicará el rito de expiación delante del Señor, en favor de esa persona, porque ella pecó inadvertidamente. Y cuando se practique en favor de ella el rito de expiación, será perdonada, [29] tanto el israelita como el extranjero residente entre ustedes: habrá una sola ley para todo el que obra por inadvertencia. [30] Pero el que obra deliberadamente —tanto el israelita como el extranjero— ultraja al Señor y será excluido de su pueblo. [31] Por haber despreciado la palabra del Señor y violado su mandamiento, esa persona será extirpada: es responsable de su culpa.

Un caso de violación del sábado

Ex 31 12-17; Dt 22 12; Mt 12 1ss

[32] Mientras los israelitas estaban en el desierto, se encontraron con un hombre que estaba juntando leña en sábado. [33] Los que lo encontraron juntando leña lo llevaron ante Moisés, Aarón y toda la comunidad. [34] Entonces fue puesto bajo custodia, porque no estaba determinado lo que se debía hacer con él. [35] Pero el Señor dijo a Moisés: «Ese hombre debe ser castigado con la muerte: que toda la comunidad lo mate a pedradas fuera del campamento». [36] Toda la comunidad lo sacó fuera del campamento, y lo mataron a pedradas, como el Señor lo había ordenado a Moisés.

[37] El Señor dijo a Moisés: [38] «Habla a los israelitas, e instrúyelos para que tanto ellos como sus descendientes se pongan unos flecos en las puntas de sus mantos, y para que aten a los flecos de cada punta un cordón de púrpura violeta. [39] Ustedes llevarán esos flecos, y al verlos se acordarán de todos los mandamientos del Señor. Así los pondrán en práctica, y no seguirán los caprichos de su corazón y de sus ojos que los arrastran al desenfreno. [40] Así se acordarán de cumplir mis mandamientos, y serán santos para su Dios. [41] Yo soy el Señor, su Dios, que los hice salir de Egipto para ser su Dios. Yo soy el Señor, su Dios».

La rebelión de Coré

Eclo 45 18; Jds 11

16 [1] Coré —hijo de Ishar, hijo de Quehat, hijo de Leví— junto con Datán y Abirón, hijos de Eliab, y On, hijo de Pelet —estos últimos eran descendientes de Rubén—, decidieron [2] sublevarse contra Moisés, secundados por otros doscientos cincuenta israelitas, todos ellos jefes de la comunidad, representantes de la asamblea y personas de renombre. [3] Se amotinaron contra Moisés y Aarón, y les dijeron: «¡Ustedes se han excedido en sus atribuciones! Toda la comunidad es sagrada, y el Señor está en medio de ella. ¿Por qué entonces ustedes se ponen por encima de la asamblea del Señor?».

[4] Cuando Moisés oyó esto, cayó con el rostro en tierra. [5] Luego dijo a Coré y a todos sus secuaces: «Mañana, el Señor pondrá de manifiesto quién es el que le pertenece y quién está consagrado; y permitirá que se le acerque el que ha sido elegido por él. [6] Por eso, hagan lo siguiente: tú, Coré, y todos tus secuaces, tomen unos incensarios, [7] pongan fuego en ellos, y mañana échenles incienso en la presencia del Señor. Aquel a quien el Señor elija será el consagrado. ¡Ustedes, hijos de Leví, se han excedido en sus atribuciones!». [8] Luego Moisés siguió diciendo a Coré: «Escúchenme, hijos de Leví. [9] ¿No les basta que el Señor los haya separado de toda la comunidad de Israel y los haya acercado a él, para prestar servicios en la Morada del Señor y para estar como ministros al frente de la comunidad? [10] El Señor te promovió a ti y a todos tus hermanos, los descendientes de Leví, ¿y todavía reclaman el sacerdocio? [11] En realidad, tú y tus secuaces se han confabulado contra el Señor. Porque ¿quién es Aarón para que ustedes protesten contra él?».

[12] Moisés mandó llamar a Datán y a Abirón, hijos de Eliab. Pero ellos replicaron: «¡No iremos! [13] ¿No te basta con habernos sacado de una tierra que mana leche y miel, para hacernos morir en el desierto, que todavía quieres dominarnos? [14] El lugar al que nos has traído no es una tierra que mana leche y miel, y no nos has dado como herencia campos y viñedos. ¿O pretendes impedir que esta gente vea? ¡No iremos!». [15] Moisés se indignó profundamente y dijo al Señor: «No aceptes su ofrenda. Yo no les he quitado ni un solo asno ni he perjudicado a ninguno de ellos».

El castigo de los rebeldes

Gn 2 7; Sal 104 20-30; Lv 10 1-3; Sal 106 16-18; Eclo 45 19

[16] Entonces Moisés dijo a Coré: «Tú y tus secuaces comparecerán mañana delante del Señor, y también comparecerá Aarón. [17] Cada uno de ustedes tomará su incensario, le pondrá incienso y lo ofrecerá al Señor: serán dos-

cientos cincuenta incensarios en total. También tú y Aarón llevarán cada uno el suyo». [18] Cada uno tomó su incensario, le puso fuego y le echó incienso. Luego ocuparon sus puestos a la entrada de la Tienda del Encuentro, junto con Moisés y Aarón. [19] Y una vez que Coré convocó contra ellos a toda la comunidad, a la entrada de la Tienda del Encuentro, la gloria del Señor se apareció a toda la comunidad, [20] y el Señor dijo a Moisés y a Aarón: [21] «Sepárense de esta comunidad, porque los voy a exterminar en un instante». [22] Pero ellos cayeron con el rostro en tierra y exclamaron: «Dios, tú que das el aliento a todos los vivientes, ¿te vas a irritar contra toda la comunidad cuando el que peca es uno solo?». [23] El Señor dijo a Moisés: [24] «Habla en estos términos a la comunidad: "Aléjense de los alrededores de la morada de Coré, Datán y Abirón"».

[25] Moisés se levantó, fue adonde estaban Datán y Abirón, seguido de los ancianos de Israel, [26] y dijo a la comunidad: «Apártense de las tiendas de estos hombres perversos y no toquen nada de lo que les pertenece, porque de lo contrario también ustedes serán exterminados a causa de sus pecados». [27] Y todos se separaron de las moradas de Coré, Datán y Abirón.

Datán y Abirón, por su parte, salieron y se pusieron de pie a la entrada de sus tiendas, junto con sus mujeres, sus hijos y sus pequeños. [28] Moisés dijo: «En esto conocerán que ha sido el Señor el que me envió a hacer estas cosas, y que no es un capricho mío: [29] si estos hombres mueren de muerte natural y su suerte es igual a la de todos los hombres, no ha sido el Señor el que me envió. [30] Pero si el Señor realiza algo inusitado —si la tierra abre sus fauces para tragarlos con todos sus bienes y ellos bajan vivos al Abismo— ustedes sabrán que esta gente ha despreciado al Señor».

[31] Apenas Moisés terminó de pronunciar estas palabras, el suelo se partió debajo de sus pies, [32] la tierra abrió sus fauces y los tragó junto con sus familias, con toda la gente de Coré y con todos sus bienes. [33] Ellos bajaron vivos al Abismo, con todo lo que les pertenecía. La tierra los cubrió y desaparecieron de en medio de la asamblea. [34] Al oír sus gritos, todos los israelitas que estaban cerca de ellos huyeron, diciendo: «¡Que no nos trague la tierra!».

[35] Luego bajó fuego del Señor y consumió a los doscientos cincuenta hombres que habían ofrecido incienso.

Los incensarios de los rebeldes

Nm 16; Lv 10 1-3

17 [1] El Señor dijo a Moisés: [2] «Manda a Eleazar, hijo del sacerdote Aarón, que retire los incensarios de en medio de las brasas y que desparrame el fuego en otra parte, porque esos incensarios han sido santificados. [3] Retiren los incensarios de aquellos que murieron por haber pecado, y hagan con ellos láminas de metal para recubrir el altar. Porque al ser usados para ofrecer incienso delante del Señor, quedaron santificados. Así servirán de advertencia para los israelitas». [4] El sacerdote Eleazar tomó los incensarios de bronce que habían usado para la ofrenda los que murieron carbonizados, y los mandó martillar hasta convertirlos en láminas para recubrir el altar. [5] Estas debían recordar a los israelitas que ningún extraño —alguien que no fuera descendiente de Aarón— podía atreverse a ofrecer incienso delante del Señor, a fin de no correr la misma suerte que Coré y sus secuaces, según lo había predicho el Señor por medio de Moisés.

Intercesión de Aarón por el pueblo

Sab 18 20-25

[6] Al día siguiente, toda la comunidad de los israelitas protestó contra Moisés y Aarón, diciendo: «Ustedes han provocado una mortandad en el Pueblo del Señor». [7] Como la comunidad se amotinaba contra ellos, Moisés y Aarón se volvieron hacia la Tienda del Encuentro, y vieron que la nube la cubría y que la gloria del Señor había aparecido. [8] Entonces fueron a la Tienda del Encuentro, y cuando estuvieron frente a ella, [9] el Señor dijo a Moisés: [10] «Apártense de esta comunidad, porque la voy a exterminar en un instante». Ellos cayeron con el rostro en tierra, y Moisés dijo a Aarón: [11] «Toma el incensario, coloca en él fuego del altar y échale incienso. Enseguida ve adonde está la comunidad y practica el rito de expiación en favor de ellos. Porque la ira del Señor se ha desatado y ha comenzado la plaga». [12] Aarón tomó el incensario, como se lo había mandado Moisés, y fue corriendo a ponerse en medio de la asamblea, donde ya había comenzado la plaga. Puso el incienso y practicó el rito de expiación en favor del pueblo. [13] Luego se quedó de pie entre los muertos y los vivos, y cesó la plaga. [14] Los muertos a causa de la plaga fueron catorce mil setecientos, sin contar los que ya habían muerto a causa de Coré. [15] Entonces Aarón volvió a la entrada de la Tienda del Encuentro, donde estaba Moisés, porque la plaga ya había cesado.

La vara de Aarón

[16] Y el Señor dijo a Moisés: [17] «Manda a los israelitas que todos los jefes de las familias patriarcales te entreguen cada uno una vara: deberán ser doce en total. Tú escribirás el nombre de cada uno en su propia vara; [18] y en la de Leví escribirás el nom-

bre de Aarón, porque tendrá que haber
una sola vara por cada jefe de familia.
19 Luego las pondrás en la Tienda del Encuentro, delante del Arca del Testimonio,
donde yo me encuentro con ustedes. 20 La
vara del hombre que yo elija florecerá, y así
acallaré las incesantes protestas que los israelitas levantan contra ustedes».
21 Moisés transmitió esta orden a los israelitas, y todos los jefes de las familias patriarcales le entregaron una vara cada uno:
eran doce en total. Entre ellas estaba la vara de Aarón. 22 Moisés las depositó delante
del Señor, en la Tienda del Testimonio, 23 y
al día siguiente, cuando fue a la Tienda del
Testimonio, la vara de Aarón —correspondiente a la familia de Leví— estaba floreci-
da: había dado brotes, flores y almendros.
24 Entonces Moisés sacó de la presencia del
Señor todas las varas, y las presentó a los
israelitas: ellos las identificaron y cada uno
recuperó la suya.
25 Luego el Señor dijo a Moisés: «Vuelve
a colocar la vara de Aarón delante del Arca
del Testimonio, como advertencia para los
rebeldes. Así alejarás de mí sus protestas, y
no serán castigados con la muerte». 26 Moisés hizo exactamente lo que el Señor le había ordenado.
27 Pero los israelitas dijeron a Moisés:
«¡Vamos a morir! ¡Todos estamos perdidos! 28 ¡El que se acerque a la Morada del
Señor morirá! ¿Tendrá que morir hasta el
último de nosotros?».

Los deberes de los sacerdotes y de los levitas

Nm 3 6-9

18 1 El Señor dijo a Aarón: Tú, tus hijos
y tu casa paterna cargarán con las
faltas contra el Santuario; pero tú y tus hijos solamente cargarán con las faltas contra el ejercicio del sacerdocio. 2 También
asociarás a tus hermanos de la tribu de Leví —tu tribu paterna— para que colaboren
contigo y te sirvan como ministros, a ti y a
tus hijos, en la Tienda del Testimonio.
3 Ellos desempeñarán tareas para ti y para
toda la Tienda, pero no tendrán ningún
contacto con los utensilios del Santuario o
con el altar, no sea que mueran ellos y ustedes. 4 Deberán colaborar contigo y ejecutar las tareas de la Tienda del Encuentro,
prestando toda clase de servicios. Ningún
extraño se acercará a ustedes 5 mientras
realizan las funciones del Santuario o del
altar, para que la ira del Señor no se vuelva a desatar contra los israelitas. 6 Yo elijo
a tus hermanos —los descendientes de Leví— entre todos los israelitas: ellos han sido puestos a disposición de ustedes, dedicados al Señor, para prestar servicios en la
Tienda del Encuentro. 7 Tú y tus hijos, en
cambio, ejercerán las funciones sacerdotales en todo lo concerniente al altar y a lo
que está detrás del velo. Yo hago del sacerdocio de ustedes un servicio de dedicación: el extraño que se acerque será castigado con la muerte.

Los derechos de los sacerdotes

Lv 6 – 7; 2 13; Ez 44 29-30; Mc 9 49

8 El Señor dijo a Aarón:
Yo te encomiendo el cuidado de mis
ofrendas, es decir, de los dones sagrados
de los israelitas. Te entrego todo eso, a ti y
a tus hijos, como algo que les es debido,
como un derecho irrevocable. 9 Esto es lo
que te corresponde de los sacrificios más
santos, de las ofrendas quemadas. Todas
las ofrendas que me presentan como sacrificios santísimos, a saber, todas las ofrendas, los sacrificios por el pecado y los sacrificios de reparación, serán para ti y para
tus hijos. 10 Tú participarás de los dones
más santos. Solo los varones podrán comerlos y deberás tratarlos como algo sagrado. 11 También será para ti lo que se toma de las ofrendas de los israelitas para
ser ofrecido con el gesto de presentación.
Yo te lo doy, a ti, a tus hijos y a tus hijas,
como un derecho irrevocable: podrán comerlo todos los miembros de tu casa que
sean puros. 12 Yo te doy lo mejor del aceite,
del vino y del trigo, o sea, las partes escogidas que los israelitas presentan al Señor.
13 Las primicias de los productos de la tierra, que ellos ofrecen al Señor, serán para
ti: podrán comerlas todos los miembros
de tu casa que sean puros. 14 Todo lo que
ha sido consagrado al exterminio total en
Israel será para ti. 15 También lo serán los
primogénitos, tanto de hombres como de
animales, ofrecidos al Señor. Pero harás
rescatar los primogénitos de los hombres
y los primogénitos de los animales impuros. 16 Los harás rescatar dentro del mes de
su nacimiento, tomando como precio por
el rescate cinco siclos —en siclos del Santuario— que equivalen a veinte gueras.
17 Los primogénitos del ganado mayor y
menor no podrán ser rescatados porque
están consagrados. Por eso, derramarás su
sangre contra el altar y harás arder su grasa como una ofrenda que se quema con
aroma agradable al Señor. 18 La carne, en
cambio, será para ti, lo mismo que la
ofrenda de presentación y la pata derecha.
19 Yo te doy todas las ofrendas que los israelitas ponen aparte para el Señor. Te las
doy a ti, a tus hijos y a tus hijas, como un derecho irrevocable. Esta será una alianza de sal
—una alianza eterna— para ti y tu descendencia, delante del Señor.

Los derechos de los levitas

Dt 14 22.27-29; Jos 13 14

[20]Y el Señor dijo a Aarón:
Tú no recibirás una herencia en el territorio de los israelitas ni tendrás una parte
entre ellos: yo soy tu parte y tu herencia.
[21]Yo doy como herencia a los levitas todos
los diezmos de Israel, a cambio de los servicios que prestan en la Tienda del Encuentro.
[22]De ahora en adelante, los israelitas no se
acercarán a la Tienda del Encuentro, porque
cargarían con un pecado y morirían. [23]Solo
los levitas prestarán servicios en ella y cargarán con sus propias faltas. Este es un decreto
válido para siempre, a lo largo de las generaciones. Pero no tendrán una herencia entre
los israelitas, [24]porque yo les doy como herencia los diezmos que los israelitas pondrán aparte como una ofrenda para el Señor.
Por eso dije, refiriéndome a ellos, que no
tendrán una herencia entre los israelitas.
[25]El Señor dijo a Moisés: [26]Habla en estos términos a los levitas:
Cuando ustedes reciban de los israelitas
los diezmos que yo les asigné como herencia, reservarán la décima parte como una
ofrenda para el Señor: [27]esto les será tenido
en cuenta a título de contribución. Como
se hace con el trigo de la era y el mosto del
lagar, [28]también ustedes pondrán aparte para el Señor una ofrenda tomada de los diezmos que reciban de los israelitas, y se la entregarán al sacerdote Aarón, en calidad de
ofrenda reservada al Señor. [29]De los dones
que reciban, reservarán las ofrendas debidas al Señor: la mejor porción de cada cosa, o sea, la parte que debe ser consagrada.
[30]Diles también:
Una vez que hayan reservado la mejor
parte —que les será tenida en cuenta como
el trigo de la era y el mosto del lagar— [31]us-
tedes y sus familias podrán comerla en
cualquier lugar, porque esa es su recompensa por los servicios que prestan en la
Tienda del Encuentro. [32]Así, si ustedes reservan la mejor parte, no cargarán con un
pecado, no profanarán los dones sagrados
de los israelitas ni morirán.

El rito para la preparación del agua de la purificación

Dt 21 3; Lv 4 5-6; 14 4-6; Heb 9 13

19 [1]El Señor dijo a Moisés y Aarón: [2]Esta
es una norma de la ley que promulgó
el señor: Di a los israelitas que te traigan una
vaca roja, sin ningún defecto ni imperfección, y que nunca haya estado bajo el yugo.
[3]Ustedes se la entregarán al sacerdote Eleazar.
Luego será sacada fuera del campamento y
degollada en su presencia. [4]El sacerdote Eleazar recogerá con el dedo un poco de sangre y
hará siete aspersiones hacia la Tienda del Encuentro. [5]Después la vaca será quemada a la
vista de él: se deberá quemar el cuero, la carne, la sangre, e incluso los excrementos. [6]En-
tonces el sacerdote tomará un trozo de madera de cedro, un ramillete de hisopo y una
cinta de púrpura roja y los arrojará en el fuego donde se queme la vaca. [7]Enseguida lavará su ropa y se bañará con agua; después podrá entrar de nuevo en el campamento, pero
será impuro hasta la tarde. [8]El que haya quemado la vaca lavará su ropa, se bañará con
agua y será impuro hasta la tarde. [9]Un hombre que no haya incurrido en impureza recogerá las cenizas de la vaca y las depositará
fuera del campamento, en un lugar puro. Así
la comunidad de los israelitas las tendrá reservadas para preparar el agua de la purificación, que se usará en el rito de purificación.
[10]El que recoja las cenizas de la vaca deberá
lavar su ropa y será impuro hasta la tarde. Este es un decreto irrevocable para los israelitas
y para los extranjeros que vivan entre ellos.

El uso del agua de la purificación

Lv 21 1; Ag 2 13

[11]El que toque el cadáver de cualquier
ser humano será impuro durante siete
días. [12]El tercero y el séptimo día se purificará con el agua de la purificación, y será
puro; y si no se purifica el tercero y el séptimo día, no será puro. [13]Cualquiera que
toque un cadáver —el cuerpo de un hombre que ha muerto— y no se purifique,

COMPRENDE LOS SÍMBOLOS

La roca

La roca significa firmeza y solidez. También es fuente de vida como cuando Dios hizo brotar agua de ella en el desierto. En el Nuevo Testamento tiene ambos sentidos: Pedro es la roca con la misión de apoyar la Iglesia. Cristo es identificado por Pablo como la roca, manantial del agua viva (1 Cor 10 4).

mancha la Morada del Señor y será excluido de Israel. Como no ha sido rociado con el agua de la purificación, permanece impuro: su impureza todavía está sobre él.

14 Esta es la ley que se aplicará cuando un hombre muera en una tienda: todos los que entren en la tienda y todos los que se encuentren en ella, serán impuros durante siete días. 15 También será impuro todo recipiente cuya abertura no haya sido cubierta con una tapa ajustada a él. 16 Y cualquiera que toque, en campo abierto, a una persona que fue asesinada o murió naturalmente, o huesos humanos, o una tumba, será impuro durante siete días. 17 Para aquel que es impuro, se tomará un poco de ceniza de la víctima quemada para la purificación, y se la mezclará con agua viva dentro de un recipiente. 18 Luego una persona pura tomará un ramillete de hisopo, lo sumergirá en el agua, y rociará la tienda, las vasijas y las personas que estuvieron allí o que tocaron los huesos, la persona asesinada o que murió de muerte natural, o la tumba. 19 La persona pura rociará a la impura el tercero y el séptimo día, y al séptimo la habrá purificado. Esta última lavará su ropa y se bañará con agua, y al atardecer será pura. 20 Si alguien que ha incurrido en impureza deja de purificarse, será excluido de la asamblea, porque ha manchado la Morada del Señor. Él no ha sido rociado con el agua de la purificación, y por eso es impuro.

21 Este será para ustedes un decreto válido para siempre. Además, el que haga la aspersión con el agua de la purificación deberá lavar su ropa, y cualquiera que toque el agua de la purificación, será impuro hasta la tarde. 22 Si toca a otra persona, esta también será impura, y si alguien lo toca, será impuro hasta la tarde.

La muerte de Miriam

20 1 En el primer mes, toda la comunidad de los israelitas llegó al desierto de Cin, y el pueblo se estableció en Cades. Allí murió y fue enterrada Miriam.

El agua brotada de la roca

Ex 17 1-7

2 Como la comunidad no tenía agua, se produjo un amotinamiento contra Moisés y Aarón. 3 El pueblo promovió una querella contra Moisés diciendo: «¡Ojalá hubiéramos muerto cuando murieron nuestros hermanos delante del Señor! 4 ¿Por qué trajeron a este desierto a la asamblea del Señor, para que muriéramos aquí, nosotros y nuestro ganado? 5 ¿Por qué nos hicieron salir de Egipto, para traernos a este lugar miserable, donde no hay sembrados, ni higueras, ni viñas, ni granados, y donde ni siquiera hay agua para beber?».

6 Moisés y Aarón, apartándose de la asamblea, fueron a la entrada de la Tienda del Encuentro y cayeron con el rostro en tierra. Entonces se les apareció la gloria del Señor, 7 y el Señor dijo a Moisés: 8 «Toma el bastón y convoca a la comunidad, junto con tu hermano Aarón. Después, a la vista de todos, manden a la roca que dé sus aguas. Así harás brotar para ellos agua de la roca y darás de beber a la comunidad y a su ganado».

9 Moisés tomó el bastón que estaba delante del Señor, como él se lo había mandado. 10 Luego Moisés y Aarón reunieron a la asamblea frente a la roca, y Moisés les dijo: «¡Escuchen, rebeldes! ¿Podemos hacer que brote agua de esta roca para ustedes?». 11 Y alzando su mano, golpeó la roca dos veces con el bastón. El agua brotó abundantemente, y bebieron la comunidad y el ganado.

12 Pero el Señor dijo a Moisés y a Aarón: «Por no haber confiado lo bastante en mí para que yo manifestara mi santidad ante los israelitas, les aseguro que no llevarán a este pueblo hasta la tierra que les he dado». 13 Estas son las aguas de Meribá —que significa «Querella»— donde los israelitas promovieron una querella contra el Señor y con las que él manifestó su santidad.

El conflicto entre Israel y Edom

Jue 11 16-26; Dt 26 5-10; 2 4-7

14 Moisés envió desde Cades unos mensajeros al rey de Edom, con esta propuesta: «Así habla tu hermano Israel: "Tú conoces todas las dificultades con que hemos tropezado. 15 Nuestros antepasados bajaron a Egipto, y allí estuvimos durante mucho tiempo. Los egipcios nos trataron duramente, a nosotros y a nuestros antepasados. 16 Pero pedimos auxilio al Señor, y él escuchó nuestra voz y nos envió un Ángel que nos sacó de Egipto. Ahora estamos en Cades, la población que está al borde de tu territorio. 17 Déjanos pasar por tu país. No cruzaremos por los campos ni por los viñedos, ni beberemos agua de los pozos. Iremos solamente por el camino principal, sin desviarnos ni a la derecha ni a la izquierda, hasta que hayamos atravesado tu territorio"». 18 Pero Edom les respondió: «Ustedes no pasarán por aquí. Si lo hacen, saldré contra ustedes, espada en mano». 19 Los israelitas les respondieron: «Iremos por la ruta, y si nosotros o nuestro ganado llegamos a beber agua, te la pagaremos. Solo queremos pasar a pie: es una cosa insignificante». 20 Pero ellos respondieron: «No pasarán». Y Edom salió a atacarlos con una tropa numerosa y bien armada. 21 Y como Edom impidió que los israelitas pasaran por su territorio, ellos dieron un rodeo.

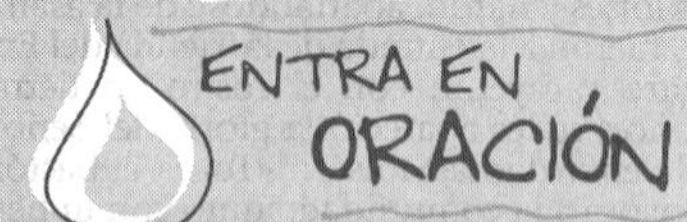

Meditación con la historia

El castigo con serpientes venenosas y la curación por Dios simbolizada en la serpiente de cobre son muy pintorescos, pero vale la pena profundizar en su sentido. Así lo hicieron los israelitas, quienes convirtieron su meditación sobre este pasaje de Números en una plegaria recogida en el libro de la Sabiduría siglos después.

Profundiza sobre este pasaje y haz oración sobre tu historia de manera similar a como lo hicieron los israelitas. Sigue estos pasos:

1. Lee Números 21 4-9 y déjate impresionar por la historia; siéntete parte de los israelitas mordidos por las serpientes.
2. Lee Sabiduría 16 5-14 y observa cómo los israelitas retoman la historia relatada en Números para orar con la misma Palabra de Dios.
3. Ora con los israelitas leyendo y meditando la plegaria que acabas de hacer.
4. Ora y medita sobre tu historia personal de la siguiente manera:
   - Recuerda algún episodio de tu vida donde sufriste las consecuencias de tu pecado; ese dolor te llevó a pedir perdón, y Dios te perdonó y te dio nueva vida.
   - Haz una oración sobre esa experiencia al estilo de la plegaria del libro de la Sabiduría.

Nm 21 4-9

La muerte de Aarón

Nm 33 38-39; Dt 10 6; 34 8; Gn 50 3.10; 1 Sm 31 13

22 Toda la comunidad partió de Cades y los israelitas llegaron al monte Hor. 23 En el monte Hor, que está en la frontera de Edom, el Señor dijo a Moisés y a Aarón: 24 «Que Aarón vaya a reunirse con los suyos, porque él no entrará en la tierra que yo di a los israelitas, ya que ustedes se rebelaron contra mis órdenes junto a las aguas de Meribá. 25 Toma a Aarón y a su hijo Eleazar, y llévalos al monte Hor. 26 Allí despojarás a Aarón de sus vestiduras y se las pondrás a su hijo Eleazar. Entonces Aarón se reunirá con los suyos, porque allí morirá». 27 Moisés hizo lo que el Señor le había mandado: él, Aarón y su hijo Eleazar subieron al monte Hor a la vista de toda la comunidad. 28 Luego Moisés quitó las vestiduras a Aarón y se las puso a su hijo Eleazar. Aarón murió en la cima de la montaña. Cuando Moisés y Eleazar bajaron de la montaña, 29 toda la comunidad supo que Aarón había muerto. Y todo Israel lloró a Aarón durante treinta días.

La conquista de Jormá

Jue 1 16-17; Nm 33 40; Jos 12 14

21 1 Cuando el cananeo, rey de Arad, que habitaba en el Négueb, supo que Israel llegaba por el camino de Atarim, lo atacó y se llevó algunos prisioneros. 2 Entonces Israel hizo este voto al Señor: «Si pones a este pueblo en nuestras manos, consagraremos sus ciudades al exterminio total». 3 El Señor oyó la súplica de Israel y les entregó a los cananeos, que fueron consagrados al exterminio, junto con sus ciudades. Por eso aquel lugar se llamó Jormá.

La serpiente de bronce

Dt 8 15; Sab 16 5.10; 1 Cor 10 9; 2 Re 18 4; Sab 16 6-7; Jn 3 14-15

4 Los israelitas partieron del monte Hor por el camino del mar Rojo, para bordear el territorio de Edom. Pero en el camino, el pueblo perdió la paciencia 5 y comenzó a hablar contra Dios y contra Moisés: «¿Por qué nos hicieron salir de Egipto para hacernos morir en el desierto? ¡Aquí no hay

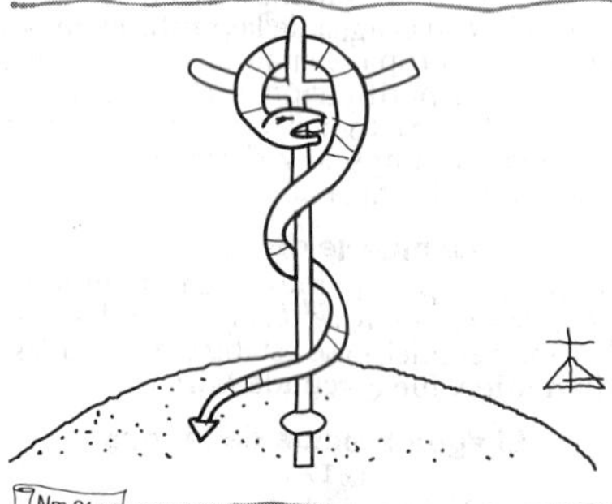

Nm 21 8-9

COMPRENDE LOS SÍMBOLOS

La serpiente de bronce

Significa salvación; aliviaba a quienes iban a morir mordidos por serpientes. Jesús aplicó este símbolo a la salvación por su muerte: «De la misma manera que Moisés levantó en alto la serpiente en el desierto..., el Hijo del hombre sea levantado en alto, para que todos los que creen en él tengan Vida eterna» (Jn 3 14-15).

pan ni agua, y ya estamos hartos de esta comida miserable!». 6 Entonces el Señor envió contra el pueblo unas serpientes abrasadoras, que mordieron a la gente, y así murieron muchos israelitas. 7 El pueblo acudió a Moisés y le dijo: «Hemos pecado hablando contra el Señor y contra ti. Intercede delante del Señor, para que aleje de nosotros esas serpientes». Moisés intercedió por el pueblo, 8 y el Señor le dijo: «Fabrica una serpiente abrasadora y colócala sobre un asta. Y todo el que haya sido mordido, al mirarla, quedará curado». 9 Moisés hizo una serpiente de bronce y la puso sobre un asta. Y cuando alguien era mordido por una serpiente, miraba hacia la serpiente de bronce y quedaba curado.

Las etapas hacia la Transjordania

10 Los israelitas partieron y acamparon en Obot. 11 Luego siguieron avanzando y acamparon en Iyé Ha Abarim, en el desierto que está en el límite con Moab, hacia el oriente. 12 Partiendo de allí, acamparon junto al torrente Zéred. 13 Después continuaron avanzando y acamparon más allá del Arnón, en el desierto que se extiende desde el territorio de los amorreos, porque el Arnón sirve de frontera entre Moab y los amorreos. 14 Por eso, el Libro de las Guerras del Señor habla de «... Vaheb en Sufá, y los torrentes; el Arnón, 15 con sus afluentes, que se extiende hasta el territorio habitado de Ar y se apoya en el territorio de Moab...».

16 De allí partieron para Beer, el pozo donde el Señor dijo a Moisés: «Reúne al pueblo y le daré agua». 17 Entonces Israel entonó este canto:

«¡Surge, Pozo! ¡Entónenle un canto!
18 Pozo que cavaron los jefes,
que perforaron los nobles del pueblo,
con sus cetros, con sus bastones».

De Mibdar fueron a Mataná, 19 de Matanáa Najaliel, de Najaliel a Bamot, 20 y de Bamot al valle que está en el campo de Moab, hacia la cima del Pisgá, dominando el desierto.

La derrota de Sijón y Og

Dt 2 26-36; Jue 11 19-20; Jr 48 45-46

21 Israel envió unos mensajeros a Sijón, rey de los amorreos, con esta propuesta: 22 «Déjame pasar por tu país. No nos desviaremos hacia los campos o los viñedos, ni beberemos agua de los pozos. Iremos por el camino principal, hasta que hayamos atravesado tu territorio». 23 Sijón no permitió que Israel pasara por su territorio, sino que reunió todas sus fuerzas y fue a combatir contra Israel en el desierto. Cuando llegó a Iahás, presentó batalla a Israel, 24 pero Israel lo pasó al filo de la espada y se apoderó de su territorio, desde el Arnón hasta el Iaboc, y hasta Az de los amonitas, porque Az servía de frontera con los amonitas. 25 Israel se apoderó de todas esas ciudades, y se estableció en las ciudades de los amorreos, en Jesbón y en sus ciudades dependientes.

26 Jesbón era la ciudad de Sijón, el rey de los amorreos que había luchado contra un rey anterior de Moab y le había arrebatado su territorio hasta el Arnón. 27 Por eso los poetas recitan:

«¡Vengan a Jesbón! Que sea reconstruida,
que sea restaurada la ciudad de Sijón.
28 Porque ha salido fuego de Jesbón,
una llamarada de la ciudad de Sijón,
que consumió a Ar de Moab
y a los jefes de las alturas del Arnón.
29 ¡Ay de ti, Moab!
¡Estás perdido, pueblo de Quemós!
Él puso en fuga a sus hijos,
e hizo prisioneras a sus hijas
en manos de Sijón, un rey amorreo.
30 Los hemos traspasado a flechazos,
está en ruinas Jesbón hasta Dibón;
hemos arrasado hasta Nofaj,
que está junto a Mádaba».

31 De esta manera, Israel ocupó el país de los amorreos. 32 Luego Moisés mandó a explorar Iázer, y los israelitas conquistaron las ciudades dependientes de ella, y despojaron a los amorreos que estaban allí.

33 Cuando reanudaron la marcha y avanzaron en dirección a Basán, Og, rey de Basán, les salió al encuentro con todas sus tropas, para presentarles batalla en Edrei. 34 Entonces el Señor dijo a Moisés: «No le tengas miedo, porque yo lo puse en tus manos con todo su pueblo y todo su territorio. Harás con él lo mismo que hiciste con Sijón, el rey de los amorreos que habitaba en Jesbón». 35 Los israelitas lo derrotaron, a él, a sus hijos y a todo su pueblo, sin dejar ningún sobreviviente. Así se apoderaron de su territorio.

ISRAEL EN LAS ESTEPAS DE MOAB

Balac llama a Balaam

Dt 23 5-6; Jos 13 22; 24 9-10; 2 Pe 2 15-16; Jds 11; Ap 2 14; Nm 31 16

22 1 Luego los israelitas reanudaron la marcha y fueron a acampar en las estepas de Moab, al otro lado del Jordán, a la altura de Jericó.

2 Balac, hijo de Sipor, vio todo lo que los israelitas habían hecho a los amorreos, 3 y los moabitas sintieron un gran temor al ver ese pueblo tan numeroso. Atemorizados por la presencia de los israelitas, 4 los moabitas dijeron a los ancianos de Madián:

«Ahora esta turba va a devorarlo todo a
nuestro alrededor como un buey devora la
hierba del campo». Entonces Balac, hijo de
Sipor, que era rey de Moab en aquel tiempo, 5 envió unos mensajeros a Balaam, hijo
de Beor —que vivía en Petor, junto al Éufrates, en el país de los descendientes de
Amav—, para que le hicieran esta invitación: «Un pueblo que salió de Egipto y cubrió toda la tierra se ha establecido frente a
mí. 6 Ven, por favor, y maldíceme a este
pueblo, porque es más fuerte que yo. Tal
vez así podré derrotarlo y expulsarlo del
país. Porque yo sé que a quien tú bendices,
queda bendecido, y a quien tú maldices,
queda maldecido».
7 Los ancianos de Moab y de Madián
partieron, llevando la retribución para el
adivino. Cuando se presentaron a Balaam
y le transmitieron el mensaje de Balac, 8 Balaam les respondió: «Pasen aquí la noche,
y yo les daré la respuesta que el Señor me
inspire». Entonces los jefes de Moab se
quedaron con Balaam.
9 Pero Dios se manifestó a Balaam y le dijo: «¿Quiénes son esos hombres que están
contigo?». 10 Balaam respondió a Dios: «Balac, hijo de Sipor, rey de Moab, me envió este mensaje: 11 "Aquí hay un pueblo que salió
de Egipto y cubrió toda la tierra. Por eso, ven
a maldecírmelo. Tal vez así podré combatir
contra él y expulsarlo"». 12 Dios dijo a Balaam: «No vayas con ellos ni maldigas a ese
pueblo, porque está bendecido».
13 A la mañana siguiente, Balaam se levantó y dijo a los jefes enviados por Balac:
«Vuélvanse a su país, porque el Señor me
prohíbe acompañarlos». 14 Entonces los jefes de Moab partieron, y cuando estuvieron de regreso dijeron a Balac: «Balaam se
niega a venir con nosotros».
15 Entonces Balac envió otros jefes, más
numerosos y distinguidos que los primeros.
16 Ellos se presentaron a Balaam y le dijeron:
«Así habla Balac, hijo de Sipor: "Por favor,
no te niegues a venir en mi ayuda. 17 Yo te
colmaré de honores y haré todo lo que me
digas. Te ruego que vengas y me maldigas
a este pueblo"». 18 Pero Balaam respondió a
los servidores de Balac: «Aunque Balac me
diera su casa llena de plata y oro, yo no podría transgredir, ni siquiera en lo más mínimo, una orden del Señor, mi Dios. 19 Con
todo, quédense aquí también ustedes esta
noche, y veré qué me dice el Señor esta vez».
20 Durante la noche, Dios se manifestó
a Balaam y le dijo: «Si esta gente ha venido a
buscarte, puedes ir con ellos. Pero no hagas
nada fuera de lo que yo te ordene». 21 Por la
mañana, Balaam se levantó, ensilló su asna y partió junto con los jefes de Moab.

El encuentro de Balaam con el Ángel del Señor

22 Pero su partida encendió la ira de Dios,
y el Ángel del Señor se interpuso en el camino para cerrarle el paso. Balaam iba montado en su asna y lo acompañaban dos muchachos. 23 Cuando el asna vio al Ángel del
Señor parado en el camino, con la espada
desenvainada en su mano, se apartó y se fue
por el campo. Pero Balaam la castigó para
hacerla volver al camino. 24 El Ángel del Señor se paró entonces en un sendero angosto,
que pasaba por los viñedos y estaba rodeado
de los dos lados por un cerco. 25 Al verlo, el
asna se fue contra el cerco y apretó el pie de
Balaam, que la castigó nuevamente. 26 Una
vez más, el Ángel del Señor se adelantó y fue
a colocarse en un lugar tan estrecho, que era
imposible desviarse a la derecha o a la izquierda. 27 Cuando el asna lo vio, se echó al

VIVE LA PALABRA

La burra de Balaán

El rey de Moab contrata a Balaán, quien no es israelita, para que profetice contra Israel. Dios habla a Balaán a través de su burra, y en lugar de maldecir a Israel, lo bendice cuatro veces.

Al escoger un profeta extranjero, Dios reveló que su llamado es de carácter universal. Esta historia se cita tres veces en el Nuevo Testamento (2 Pe 2 15; Jds 11; Ap 2 14). Muestra que si Dios usó una burra para hablar a Balaán, ciertamente puede usar cualquier cosa o circunstancia para darnos un mensaje.

Presta atención para descubrir el mensaje de Dios en los signos de los tiempos, o sea, en lo que sucede en tu familia, pueblo, nación..., el mundo. ¿Qué te dice Dios a través del periódico y la televisión..., cuando vas en el camión, caminando o en el automóvil..., a través de tus estudios o tu trabajo?

Nm 22 22-35

suelo debajo de Balaam, y este, enfurecido,
la golpeó con su bastón.
28 Entonces el Señor abrió la boca del asna, y ella dijo a Balaam: «¿Qué te hice para que me golpearas así tres veces?». 29 «¡Te
estás burlando de mí! —respondió Balaam—. Si tuviera una espada en mi mano,
te mataría ahora mismo». 30 El asna le respondió: «¿Acaso yo no soy tu asna, la que
siempre has montado hasta el día de hoy?
¿Acostumbro yo a tratarte de ese modo?».
Él respondió: «No».
31 El Señor abrió los ojos de Balaam, y este vio al Ángel del Señor parado en el camino, con la espada desenvainada en su
mano; se inclinó y lo adoró con el rostro en
tierra. 32 El Ángel del Señor le dijo: «¿Por
qué le has pegado tres veces a tu asna? Era
yo el que te cerraba el paso, porque tu viaje me disgusta. 33 Ella me vio y se apartó de
mí tres veces. Hizo muy bien en apartarse,
porque de lo contrario yo te hubiera matado, mientras que a ella la hubiera dejado
con vida». 34 Balaam dijo al Ángel del Señor:
«He pecado, porque no sabía que tú estabas apostado delante de mí en el camino.
Si esto te desagrada, ahora mismo regreso».
35 El Ángel del Señor respondió a Balaam:
«Ve con estos hombres, pero dirás solamente lo que yo te indique». Y Balaam se
fue con los jefes que le había enviado Balac.

La llegada de Balaam a Moab

36 Cuando Balac supo que Balaam estaba
por llegar, fue a encontrarlo en Ar Moab,
sobre la frontera del Arnón, en el límite de
su territorio, 37 y le dijo: «Yo te mandé a llamar urgentemente. ¿Por qué no querías venir? ¿Acaso no dispongo de medios para
colmarte de honores?». 38 Entonces Balaam
respondió a Balac: «Aquí me tienes. Pero
¿qué puedo decir yo ahora? Solo diré la palabra que Dios ponga en mi boca».
39 Luego Balaam se fue con Balac. Llegados
a Quiriat Jusot, 40 Balac inmoló vacas y ovejas,
y se las envió a Balaam y a los jefes que iban
con él. 41 A la mañana siguiente, Balac tomó a
Balaam y lo hizo subir a Bamot Baal, desde
donde pudo ver a una parte del pueblo.

El primer oráculo de Balaam

Ex 34 11-17; Dt 7 1-6; Gn 13 16; 2 Cr 1 9

23 1 Balaam dijo a Balac: «Constrúyeme
aquí siete altares y prepárame siete
novillos y siete carneros». 2 Balac hizo lo
que Balaam le había indicado, y entre los
dos ofrecieron un novillo y un carnero en
cada altar. 3 Luego Balaam dijo a Balac:
«Quédate junto a tus ofrendas, mientras
voy a ver si el Señor me hace una revelación. Yo te comunicaré lo que él me manifieste». Y se fue a una colina desierta.

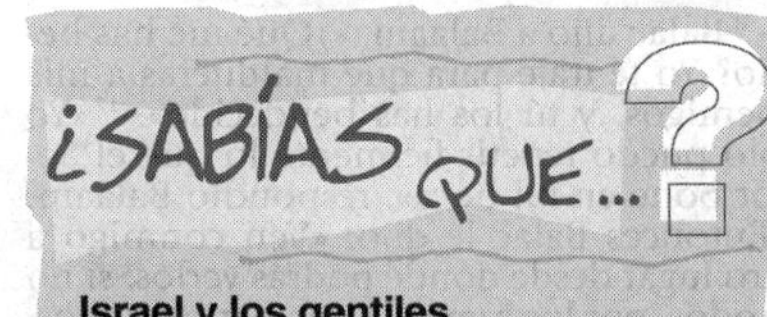

Israel y los gentiles

Es casi increíble que Balaán caminara un mes para alabar a un pueblo nómada. Pero había una razón grande: Dios quería que las naciones no israelitas reconocieran a Israel como su pueblo elegido: «un pueblo que vive aparte y no se cuenta entre las naciones» (Nm 23 9), y que sería una gran nación (24 10-25).

Los israelitas llamaban *gentiles* a las naciones que no compartían su fe en Yahveh, y se separaban de ellas por su conciencia de la alianza con Dios y de haber sido elegido como nación santa y propiedad del único Dios. Nuestra fe cristiana tiene sus raíces en la elección del pueblo de Israel por Dios. Por eso hablamos de la tradición judeocristiana y oramos de manera especial por los judíos: *Concede, Señor, al pueblo de la primera alianza llegar al conocimiento de la salvación traída por nuestro Señor Jesucristo. Amén.*

Nm 23 9

4 El Señor se reveló a Balaam, y este le dijo: «Yo construí los siete altares, y ofrecí un
novillo y un carnero en cada altar». 5 Entonces el Señor puso una palabra en la boca de
Balaam y le dijo: «Regresa adonde está Balac
y háblale de esta manera». 6 Balaam regresó
y lo encontró de pie junto a su holocausto,
acompañado de todos los jefes de Moab.
7 Entonces pronunció su poema, diciendo:

«Desde Aram me hizo venir Balac,
el rey de Moab,
desde las montañas del este:
"¡Ven, maldíceme a Jacob, ven,
pronuncia una execración contra Israel!".
8 ¿Cómo maldeciré a quien Dios
no ha maldecido?
¿Cómo execraré a quien Dios
no ha execrado?
9 Cuando lo miro desde la cima
de las montañas
y lo contemplo desde las colinas,
veo un pueblo que vive aparte
y no se cuenta entre las naciones.
10 ¿Quién puede contar
la descendencia de Jacob,
o numerar la polvareda de Israel?
¡Que yo muera la muerte de los justos,
y que mi fin sea como el suyo!».

11 Balac dijo a Balaam: «¿Qué me has hecho? Yo te traje para que maldijeras a mis
enemigos, y tú los has bendecido». 12 «Yo
solo puedo repetir fielmente lo que el Señor pone en mi boca», respondió Balaam.
13 Entonces Balac le dijo: «Ven conmigo a
otro lugar desde donde podrás verlos, si no
a todos, por los menos a una parte de ellos,
y maldícemelos desde allí». 14 Enseguida lo
llevó al campo de Sufim, en la cima del
Pisgá. Allí construyó siete altares, y ofreció
un novillo y un carnero en cada altar. 15 Entonces Balaam dijo a Balac: «Quédate aquí,
junto a tu holocausto, mientras yo voy más
allá en busca de una revelación».

El segundo oráculo de Balaam

1 Sm 15 29; Mal 3 6; Is 33 22;
Sal 24; 93 – 100; Nm 24 8.9

16 El Señor se reveló a Balaam y puso una
palabra en su boca. Luego le dijo: «Regresa
adonde está Balac y háblale de esta manera». 17 Al llegar, lo encontró de pie junto a
su holocausto, acompañado de los jefes de
Moab. Balac le preguntó: «¿Qué ha dicho
el Señor?». 18 Entonces Balaam pronunció
su poema, diciendo:

«¡Levántate, Balac, y escucha,
préstame atención, hijo de Sipor!
19 Dios no es un hombre, para mentir;
ni es un mortal, para desdecirse:
¿Acaso él dice y no hace,
promete una cosa y no cumple?
20 Yo recibí la misión de bendecir:
él ha bendecido
y no lo puedo contradecir.
21 No se ve ningún mal en Jacob
ni se percibe ninguna desgracia en Israel.
El Señor, su Dios, está con ellos,
y entre ellos se oye proclamar a un rey.
22 Dios, que lo hace salir de Egipto,
es para él como los cuernos de un búfalo.

23 No hay magia en Jacob
ni adivinación en Israel:
a su debido tiempo se le dirá a Jacob
y a Israel lo que hace Dios.
24 Un pueblo se alza como una leona,
se yergue como un león:
no se recuesta hasta devorar la presa
y beber la sangre de sus víctimas».

25 Balac dijo entonces a Balaam: «Si no lo
maldices, ¡por lo menos no lo bendigas!».
26 Pero Balaam respondió a Balac: «Ya te advertí que haría todo lo que el Señor me ordenara».
27 Luego Balac dijo a Balaam: «Ven, te llevaré a otro lugar. Tal vez Dios vea con buenos ojos que me los maldigas desde allí».
28 Enseguida lo llevó a la cima del Peor, que
domina la región desértica, 29 y Balaam dijo a
Balac: «Constrúyeme aquí siete altares y prepárame siete novillos y siete carneros». 30 Balac hizo lo que Balaam le había indicado, y
ofreció un novillo y un carnero en cada altar.

El tercer oráculo de Balaam

24 1 Pero Balaam, al ver que el Señor se
complacía en bendecir a Israel, no fue,
como las otras veces, en busca de presagios,
sino que volvió su rostro hacia el desierto.
2 Cuando alzó los ojos y vio a Israel acampado por tribus, el espíritu de Dios vino sobre
él 3 y pronunció su poema, diciendo:

«Oráculo de Balaam, hijo de Beor,
oráculo del hombre de mirada penetrante;
4 oráculo del que oye las palabras de Dios
y conoce el pensamiento del Altísimo;
del que recibe visiones del Todopoderoso,
en éxtasis, pero con los ojos abiertos.

5 ¡Qué hermosas son tus tiendas, Jacob,
y tus moradas, Israel!
6 Son como quebradas que se extienden,
como jardines junto a un río,
como áloes que plantó el Señor,
como cedros junto a las aguas.
7 El agua desborda de sus cántaros,
su simiente tiene agua en abundancia.

Su rey se eleva por encima de Agag
y su reino es exaltado.
8 Dios, que lo hace salir de Egipto,
es para él como los cuernos de un búfalo.
Él devora a las naciones enemigas,
les tritura los huesos
y las hiere con sus flechas.
9 Se agazapa, se recuesta,
como un león, como una leona.
¿Quién lo hará levantar?

¡Bendito sea el que te bendiga,
y maldito el que te maldiga!».

El cuarto oráculo de Balaam

Mt 2 2; Ap 22 16

10 Entonces Balac, enfurecido contra Balaam, golpeó las manos y le dijo: «Yo te llamé para que maldijeras a mis enemigos, y
tú ya los has bendecido tres veces. 11 Huye
a tu patria cuanto antes. Estaba dispuesto a
colmarte de honores, pero el Señor te ha
privado de ellos». 12 Balaam le respondió:
«Ya le había anticipado a los mensajeros
que me enviaste: 13 "Aunque Balac me diera
su casa llena de plata y oro, yo no podría
transgredir una orden del Señor, haciendo
algo por mi cuenta, ni bueno ni malo. Yo
debo decir únicamente lo que dice el Señor". 14 Y ahora que regreso a mi casa, déjame anunciarte lo que este pueblo hará con
el tuyo en los días que vendrán». 15 Entonces pronunció su poema, diciendo:

«Oráculo de Balaam, hijo de Beor,
oráculo del hombre de mirada penetrante;

16 oráculo del que oye las palabras de Dios
y conoce el pensamiento del Altísimo;
del que recibe visiones del Todopoderoso,
en éxtasis, pero con los ojos abiertos.

17 Lo veo, pero no ahora;
lo contemplo, pero no de cerca:
una estrella se alza desde Jacob,
un cetro surge de Israel:
golpea las sienes de Moab
y el cráneo de todos los hijos de Set.
18 Edom será un país conquistado,
Seír será conquistado por sus enemigos,
mientras que Israel hará proezas:
19 un vencedor sale de Jacob
y elimina a los fugitivos de Ar».

20 Al ver a Amalec, Balaam pronunció su
poema, diciendo:

«Amalec es la primicia de las naciones,
pero su destino es desaparecer
para siempre».

21 Al ver a los quenitas, Balaam pronunció su poema, diciendo:

«Firme es tu morada, Caín,
y tu nido está asentado en la roca;
22 sin embargo, serás consumido,
cuando Asiria te lleve prisionero».

23 Finalmente pronunció su poema, diciendo:

«¿Quién subsistirá cuando Dios haga esto?
24 Vendrán barcos del lado de Quitim,
oprimirán a Asur, oprimirán a Eber.
Así él desaparecerá para siempre».

25 Entonces Balaam emprendió el camino de regreso a su patria, y también Balac
siguió su camino.

Idolatría de Israel en Peor

Nm 31 16; Sal 106 30-31;
Ex 32 25-29; Dt 33 8-11

25 1 Mientras Israel estaba en Sitim, el
pueblo comenzó a prostituirse con
las mujeres moabitas, 2 que lo invitaron a
participar de los sacrificios en honor de su
dios. El pueblo comió de ellos y adoró a ese
dios. 3 Así Israel se sometió al Baal de Peor,
y por eso el Señor se indignó contra él.
4 El Señor dijo a Moisés: «Toma a todos
los jefes del pueblo y cuélgalos públicamente delante del Señor, para que se aplaque la
indignación del Señor contra Israel». 5 Entonces Moisés dijo a los jueces de Israel: «Cada uno de ustedes matará a aquellos de sus
hombres que se sometieron al Baal de Peor».
6 Precisamente entonces, llegó un israelita trayendo una mujer madianita adonde
estaban sus hermanos, a la vista de Moisés
y de todos los israelitas, que lloraban a la
entrada de la Tienda del Encuentro. 7 Al ver
esto, Pinjás, hijo de Eleazar, hijo del sacerdote Aarón, se apartó de la comunidad y,
tomando una lanza, 8 siguió al israelita hasta la alcoba y allí los traspasó a los dos, al
israelita y a la mujer, en pleno vientre. Entonces cesó la plaga que asolaba a los israelitas. 9 Los que habían muerto a causa de la
plaga fueron veinticuatro mil.
10 Y el Señor dijo a Moisés: 11 «Pinjás, hijo
de Eleazar, hijo del sacerdote Aarón, ha apartado mi ira de los israelitas, porque ha demostrado en medio de ellos un celo igual al
mío. Por eso yo no acabé con los israelitas,
dejándome llevar por mi celos. 12 Y ahora declaro: Yo le concedo mi alianza de paz. 13 En
favor de él y de su descendencia habrá una
alianza que le asegurará el sacerdocio para
siempre, porque se mostró celoso por su
Dios, e hizo expiación por los israelitas».
14 El israelita que fue muerto junto con la
mujer madianita se llamaba Zimrí, hijo de
Salú, jefe de una familia patriarcal de Simeón. 15 Y la mujer que fue muerta se llamaba Cozbí, hija de Sur, el cual era jefe de
un clan en una tribu madianita.
16 Luego el Señor dijo a Moisés: 17 «Acomete contra los madianitas y derrótalos, 18 porque ellos acometieron contra ustedes con sus
malas artes, en el incidente de Peor y en el de
Cozbí —la hija del jefe madianita y hermana
de ellos—, que fue herida de muerte el día de
la plaga motivada por el incidente de Peor».

El segundo censo

Gn 46 8-27; Nm 1 1-47

19 Cuando cesó la plaga,
26 1 el Señor dijo a Moisés y a Eleazar, hijo del sacerdote Aarón: 2 «Hagan un
censo de toda la comunidad de los israelitas, anotando por familias a todos los que
tengan más de veinte años, a los aptos para
la guerra en Israel». 3 Entonces Moisés y el
sacerdote Eleazar dieron las instrucciones
correspondientes, en las estepas de Moab,
junto al Jordán, a la altura de Jericó, 4 acerca
de los que tenían más de veinte años, como
el Señor se lo había ordenado a Moisés.
Los israelitas que salieron de Egipto fueron:
5 Los clanes de los descendientes de Rubén, el primogénito de Israel, fueron: de
Janoc, el clan de los janoquitas; de Palú, el
clan de los paluitas; 6 de Jesrón, el clan de
los jesronitas; de Carmí, el clan de los car-
mitas. 7 Estos eran los clanes de los rubenitas, según el censo: 43 730 hombres.
8 El hijo de Palú fue Eliab. 9 Los hijos de
Eliab fueron Nemuel, Datán y Abirón. Datán
y Abirón —representantes de la comunidad— son los mismos que se amotinaron
contra Moisés y Aarón, junto con los secuaces
de Coré, cuando se produjo el amotinamien-

to contra el Señor. 10 Después de lo cual la tierra abrió sus fauces y los devoró junto con
Coré, cuando murió aquel grupo y el fuego
devoró a los doscientos cincuenta hombres,
para que sirvieran de escarmiento. 11 Los hijos
de Coré, sin embargo, no murieron.
12 Los clanes de los descendientes de Simeón fueron: de Nemuel, el clan de los ne-
muelitas; de Iamín, el clan de los iamini-
tas; de Iaquín, el clan de los iaquinitas;
13 de Zéraj, el clan de los zerajitas; de Saúl,
el clan de los saulitas. 14 Estos eran los clanes de los simeonitas: 22 200 hombres.
15 Los clanes de los descendientes de Gad
fueron: de Sefón, el clan de los sefonitas; de
Jaguí, el clan de los jaguitas; de Suní, el clan
de los sunitas; 16 de Ozní, el clan de los oz-
nitas; de Erí, el clan de los eritas; 17 de Arod,
el clan de los aroditas; de Arelí, el clan de
los arelitas. 18 Estos eran los clanes de los
gaditas, según el censo: 40 500 hombres.
19 Los hijos de Judá fueron Er y Onán. Er
y Onán murieron en la tierra de Canaán.
20 Los clanes de los descendientes de Judá
fueron: de Selá, el clan de los selaítas; de
Péres, el clan de los peresitas; de Séraj, el
clan de los serajitas. 21 Los descendientes de
Péres fueron: de Jesrón, el clan de los jesronitas; de Jamul, el clan de los jamulitas.
22 Estos eran los descendientes de Judá, según el censo: 76 500 hombres.
23 Los clanes de los hijos de Isacar fueron: de Tolá, el clan de los tolaítas; de Puá,
el clan de los puaítas; 24 de Iasub, el clan de
los iasubitas; de Simrón, el clan de los sim-
ronitas. 25 Estos eran los clanes de Isacar, según el censo: 64 300 hombres.
26 Los clanes de los descendientes de Zabulón fueron: de Séred, el clan de los sere-
ditas; de Elón, el clan de los elonitas; de
Iajlel, el clan de los iajlelitas. 27 Estos eran
los clanes de los zabulonitas, según el censo: 60 500 hombres.
28 Los descendientes de José fueron Manasés y Efraím con sus clanes.
29 Los descendientes de Manasés fueron:
de Maquir, el clan de los maquiritas —Maquir fue padre de Galaad—. De Galaad, el
clan de los galaaditas. 30 Los descendientes
de Galaad fueron: de Iézer, el clan de los
iezeritas; de Jélec, el clan de los jelequitas;
31 de Asriel, el clan de los asrielitas; de Sequem, el clan de los sequemitas; 32 de Semidá, el clan de los semidaítas; de Jéfer, el clan
de los jeferitas. 33 Selofjad, hijo de Jéfer, no
tuvo hijos, sino solamente hijas. 34 Los
nombres de estas fueron Majlá, Noá, Joglá,
Milcá y Tirsá. Estos eran los clanes de Manasés, según el censo: 52 700 hombres.
35 Los clanes de los descendientes de
Efraím fueron los siguientes: de Sutélaj, el
clan de los sutelajitas; de Béquer, el clan de
los bequeritas; de Taján, el clan de los taja-
nitas. 36 Los descendientes de Sutélaj fueron
los siguientes: de Erán, el clan de los erani-
tas. 37 Estos eran los clanes de Efraím, según
el censo: 32 500 hombres.

Todos estos eran los clanes de los hijos
de José.
38 Los clanes de los descendientes de Benjamín fueron los siguientes: de Belá, el clan de
los belaítas; de Asbel, el clan de los asbelitas;
de Ajiram, el clan de los ajiramitas; 39 de Su-
fam el clan de los sufamitas; de Jufam, el clan
de los jufamitas. 40 Los hijos de Belá fueron
Ard y Naamán. De Ard, el clan de los arditas;
de Naamán, el clan de los naamanitas. 41 Estos
eran los clanes de los descendientes de Benjamín, según el censo: 45 600 hombres.
42 Los clanes de los descendientes de
Dan fueron los siguientes: de Sujam, el
clan de los sujamitas. Estos eran los clanes
de los descendientes de Dan. 43 Todos los
clanes de los sujamitas, según el censo,
comprendían 64 400 hombres.
44 Los clanes de los descendientes de Aser
fueron: de Imná, el clan de los imnanitas;
de Isví, el clan de los isvitas; de Beriá, el
clan de los beriaítas. 45 De los descendientes
de Beriá: de Jéber, el clan de los jeberitas; de
Malquiel, el clan de los malquielitas. 46 La
hija de Aser se llamaba Séraj. 47 Estos eran
los clanes de Aser, según el censo: 53 400
hombres.
48 Los clanes de los descendientes de
Neftalí fueron: de Iajsel, el clan de los iaj-
selitas; de Guní, el clan de los gunitas; 49 de
Iéser, el clan de los ieseritas; de Silem, el
clan de los silemitas. 50 Estos eran los clanes
de Neftalí, según el censo: 5 400 hombres.
51 Los israelitas registrados en el censo
eran en total 601 730 hombres.

Instrucciones sobre el reparto de la tierra

Nm 33 54-56

52 El Señor dijo a Moisés:
53 Entre estos grupos se repartirá el territorio, conforme al número de las personas: 54 a
los grupos más numerosos les darás una herencia mayor, y a los más reducidos, una
herencia menor. Cada uno recibirá su parte
según el número de las personas registradas.
55 Además, la tierra se repartirá mediante un
sorteo, y la distribución se hará teniendo en
cuenta la cantidad de miembros de cada tribu
paterna. 56 La herencia se repartirá mediante
un sorteo, tanto entre los grupos más numerosos como entre los menos numerosos.

El censo de los levitas

Gn 46 11; Ex 6 16-23; Nm 3 14-39; 1 Cr 6 1-15

57 Este es el censo de los clanes de los levitas:

De Gersón, el clan de los gersonitas; de
Quehat, el clan de los quehatitas; de Merarí, el clan de los meraritas. 58 Estos son los
clanes de Leví: el clan de los libnitas, el clan
de los jebronitas, el clan de los majlitas, el
clan de los musitas y el clan de los coreítas.
Quehat fue padre de Amram. 59 La esposa
de Amram se llamaba Ioquébed, hija de Leví, la cual nació en Egipto. Los hijos que
ella dio a Amram fueron Aarón, Moisés y
Miriam, la hermana de estos. 60 A Aarón le
nacieron Nadab, Abihú, Eleazar e Itamar.
61 Pero Nadab y Abihú murieron al ofrecer
un fuego profano delante del Señor.
62 En el censo se registró un total de 23 000
levitas varones, mayores de un mes. Ellos no
figuraron en el censo de los demás israelitas,
porque no se les había asignado una propiedad hereditaria entre los israelitas.

Los registrados en el segundo censo

Nm 14 20-38

63 Estas son las personas registradas por
Moisés y el sacerdote Eleazar, cuando hicieron el censo de los israelitas en las estepas
de Moab, junto al Jordán, a la altura de Jericó. 64 Entre estos no figuró ninguno de los
que Moisés y el sacerdote Aarón habían registrado en el desierto del Sinaí. 65 Porque el
Señor había dicho acerca de ellos: «Morirán
en el desierto». Ninguno de ellos sobrevivió, excepto Caleb, hijo de Iefuné, y Josué,
hijo de Nun.

Los derechos hereditarios de las hijas

Nm 26 33; 36 1-12; Jos 17 3-6

27 1 Entonces se acercaron las hijas de
Selofjad, hijo de Jéfer, hijo de Galaad, hijo de Maquir, hijo de Manasés. Selofjad había pertenecido a los clanes de
Manasés, hijo de José, y sus hijas se llamaban Majlá, Noá, Joglá, Milcá y Tirsá. 2 Ellas
se presentaron delante de Moisés, del
sacerdote Eleazar, de los jefes y de toda la
comunidad, a la entrada de la Tienda del
Encuentro, y les dijeron: 3 «Nuestro padre
murió en el desierto. Él no formó parte del
grupo que se amotinó contra el Señor —el
grupo de Coré—, sino que murió por su
propio pecado y no tuvo ningún hijo varón. 4 ¿Por qué el nombre de nuestro padre
tendrá que desaparecer de su clan? ¿Por el
simple hecho de no haber tenido un hijo
varón? Danos entonces una propiedad entre los hermanos de nuestro padre».
5 Moisés expuso el caso al Señor, 6 y el Señor le respondió: 7 «Las hijas de Selofjad tienen razón. Asígnales una propiedad hereditaria entre los hermanos de su padre y
transfiéreles la herencia de su padre. 8 Di
además a los israelitas: Si un hombre muere sin tener un hijo varón, ustedes harán
que su herencia pase a su hija; 9 y si no tiene
hija, se la dará a sus hermanos. 10 Si tampoco tiene hermanos, entregarán la herencia a
los hermanos de su padre; 11 y si su padre no
tiene hermanos, se la darán a su pariente
más cercano entre los miembros de su familia, y este tomará posesión de ella». Esta
es una norma legal para los israelitas, como
el Señor lo ordenó a Moisés.

Josué constituido jefe de la comunidad

Dt 32 48-52; 31 1-8; Jos 1

12 Luego el Señor dijo a Moisés: «Sube a
esta montaña de los Abarim y contempla la
tierra que he dado a los israelitas. 13 Una vez
que la hayas contemplado, irás a reunirte
con los tuyos, lo mismo que tu hermano
Aarón. 14 Porque en el desierto de Cin,
cuando la comunidad promovía una querella, ustedes se rebelaron contra la orden
de manifestar mi santidad a los ojos de
ellos por medio del agua». Se trata del agua
de Meribá de Cades, en el desierto de Sin.
15 Entonces Moisés dijo al Señor: 16 «Que el
Señor, el Dios que anima a todo viviente,
ponga al frente de esta comunidad a un
hombre 17 que la guíe en todos sus pasos y al
que ellos obedezcan en todo. Así la comunidad del Señor no estará como una oveja sin
pastor». 18 El Señor respondió a Moisés: «Toma a Josué, hijo de Nun, que es un hombre
animado por el espíritu, e impón tu mano
sobre él. 19 Luego lo presentarás al sacerdote
Eleazar y a toda la comunidad, para transmitirle tus órdenes en presencia de ellos, 20 y
le comunicarás una parte de tu autoridad, a
fin de que toda la comunidad de los israelitas le preste obediencia. 21 Josué deberá presentarse al sacerdote Eleazar, que consultará
para él las decisiones del Urim, delante del
Señor. Él y toda la comunidad de los israelitas harán todo conforme a estas decisiones».
22 Moisés hizo lo que el Señor le había
ordenado: tomó a Josué y lo presentó ante
el sacerdote Eleazar y ante toda la comunidad. 23 Luego impuso su mano sobre él y le
transmitió sus órdenes, como el Señor lo
había ordenado por medio de Moisés.

Los sacrificios cotidianos

Ex 29 38-46; Lv 6 2; Ez 46 13-15

28 1 El Señor dijo a Moisés: 2 Transmite
esta orden a los israelitas:

Pongan cuidado de presentarme a su debido tiempo la ofrenda de alimentos que
me pertenece, los sacrificios que se queman con aroma agradable a mí.

3 Diles también:

Cada día ofrecerán dos corderos de un año
y sin defecto, como holocausto perpetuo.
4 Los ofrecerán uno por la mañana y el otro a
la hora del crepúsculo, 5 con una ofrenda con-

sistente en la décima parte de una medida de harina de la mejor calidad, amasada con un litro y medio de aceite puro de oliva. 6 Este es el holocausto perpetuo que fue ofrecido en la montaña del Sinaí, como ofrenda que se quema con aroma agradable al Señor. 7 La libación correspondiente será un litro y medio de bebida fuerte por cada cordero, y se ofrecerá al Señor en el Santuario. 8 A la hora del crepúsculo ofrecerás el segundo cordero, con la misma ofrenda y la misma libación de la mañana: es una ofrenda que se quema con aroma agradable al Señor.

9 El día sábado ofrecerán dos corderos de un año y sin defecto, con una ofrenda consistente en dos décimas partes de una medida de harina de la mejor calidad, amasada con aceite, y su correspondiente libación. 10 Es el holocausto sabático, que se añadirá cada sábado al holocausto perpetuo y a su libación.

11 El primer día de cada mes ofrecerán al Señor, como holocausto, dos novillos, un carnero y siete corderos de un año y sin defecto. 12 También ofrecerán tres décimas partes de una medida de harina de la mejor calidad, amasada con aceite, como ofrenda por cada novillo; dos décimas partes de una medida de harina de la mejor calidad, amasada con aceite, como ofrenda por el carnero; 13 y la décima parte de una medida de harina de la mejor calidad, amasada con aceite, como ofrenda por cada cordero. Así el holocausto será una ofrenda que se quema con aroma agradable al Señor. 14 Las libaciones correspondientes serán de tres litros de vino por el novillo, de dos litros por el carnero y de un litro y medio por el cordero. Este será el holocausto mensual, para todos los meses del año. 15 Además del holocausto perpetuo, se ofrecerá al Señor un chivo, como sacrificio por el pecado, con la libación correspondiente.

16 El día catorce del primer mes será la Pascua del Señor, 17 y el quince de ese mismo mes será un día de fiesta. Durante siete días comerán panes ácimos. 18 El primer día habrá una asamblea litúrgica y no harán trabajos de ninguna clase. 19 Además presentarán, como ofrenda que se quema en holocausto al Señor, dos novillos, un carnero y siete corderos de un año y sin defecto. 20 Con ellos presentarán, como ofrenda por el novillo, tres décimas partes de una medida de harina de la mejor calidad, amasada con aceite; dos décimas partes por el carnero, 21 y una décima parte por cada uno de los siete corderos. 22 También se ofrecerá un chivo como sacrificio por el pecado, a fin de realizar el rito de expiación en favor de ustedes. 23 Harán todo esto, además del holocausto matutino, que se ofrece como holocausto perpetuo. 24 Así lo harán cada uno de esos siete días. Es una ofrenda de alimentos, que se quema con aroma agradable al Señor, y se añade al holocausto perpetuo y a su ofrenda. 25 El séptimo día habrá otra asamblea litúrgica, y no harán trabajos de ninguna clase.

26 El día de las primicias —cuando ofrezcan al Señor, en la fiesta de las Semanas, una ofrenda de frutos recién madurados— tendrán una asamblea litúrgica y no harán trabajos de ninguna clase. 27 También ofrecerán, como holocausto de aroma agradable al Señor, dos novillos, un carnero y siete corderos de un año. 28 Con ellos, presentarán, como ofrenda por cada novillo, tres décimas partes de una medida de harina de la mejor calidad, amasada con aceite; dos décimas partes por cada carnero, 29 y una décima parte por cada uno de los siete corderos. 30 También se ofrecerá un chivo como sacrificio por el pecado, a fin de realizar el rito de expiación en favor de ustedes. 31 Harán todo esto con sus correspondientes libaciones, además del holocausto perpetuo y su ofrenda.

29 1 El primer día del séptimo mes tendrán una asamblea litúrgica y no harán ninguna clase de trabajo. Este será para ustedes el día de la Aclamación. 2 En ese día ofrecerán, como holocausto de aroma agradable al Señor, un novillo, un carnero y siete corderos de un año y sin defecto. 3 También presentarán, como ofrenda por el novillo, tres décimas partes de una medida de harina de la mejor calidad, amasada con aceite; dos décimas partes por el carnero, 4 y una décima parte por cada uno de los siete corderos. 5 Igualmente se ofrecerá al Señor un chivo como sacrificio por el pecado, a fin de practicar el rito de expiación en favor de ustedes. 6 Todo esto, además del holocausto mensual y de su ofrenda, del holocausto perpetuo y de su ofrenda, y de las libaciones prescritas, como aroma agradable, como ofrenda que se quema para el Señor.

7 El décimo día de ese séptimo mes tendrán una asamblea litúrgica, ayunarán y no harán ninguna clase de trabajo. 8 Además, ofrecerán al Señor, como holocausto de aroma agradable, un novillo, un carnero y siete corderos de un año y sin defecto, 9 con la ofrenda correspondiente: tres décimas partes de una medida de harina de la mejor calidad, amasada con aceite, por el novillo; dos décimas partes por el carnero, 10 y una décima parte por cada uno de los siete corderos. 11 También se ofrecerá un chivo como sacrificio por el pecado. Todo esto, además de la víctima por el pecado ofrecida en la fiesta de la Expiación, del holocausto perpetuo, de su ofrenda y de sus correspondientes libaciones.

12 El día quince del séptimo mes tendrán
una asamblea litúrgica. No harán ninguna
clase de trabajos y durante siete días seguidos
celebrarán una fiesta de peregrinación en honor del Señor. 13 Ofrecerán como holocausto
de aroma agradable al Señor trece novillos,
dos carneros y catorce corderos de un año y
sin defecto, 14 con su ofrenda de harina de la
mejor calidad, amasada con aceite: tres décimas partes de una medida por cada uno de
los trece novillos, dos décimas partes por cada uno de los dos carneros 15 y una décima
parte por cada uno de los catorce corderos.
16 También ofrecerán un chivo como sacrificio por el pecado, además del holocausto
perpetuo, de su ofrenda y su libación.

17 El segundo día ofrecerán doce novillos, dos carneros y catorce corderos de un
año y sin defecto, 18 con las ofrendas y libaciones prescritas, según el número de novillos, de carneros y de corderos. 19 También
ofrecerán un chivo como sacrificio por el
pecado, además del holocausto perpetuo,
de su ofrenda y sus libaciones.

20 El tercer día ofrecerán once novillos,
dos carneros y catorce corderos de un año
y sin defecto, 21 con las ofrendas y libaciones prescritas, según el número de novillos, de carneros y de corderos. 22 También
ofrecerán un chivo como sacrificio por el
pecado, además del holocausto perpetuo,
de su ofrenda y su libación.

23 El cuarto día ofrecerán diez novillos,
dos carneros y catorce corderos de un año
y sin defecto, 24 con las ofrendas y libaciones prescritas, según el número de novillos, de carneros y de corderos. 25 También
ofrecerán un chivo como sacrificio por el
pecado, además del holocausto perpetuo,
de su ofrenda y su libación.

26 El quinto día ofrecerán nueve novillos,
dos carneros y catorce corderos de un año
y sin defecto, 27 con las ofrendas y libaciones prescritas, según el número de novillos, de carneros y de corderos. 28 También
ofrecerán un chivo como sacrificio por el
pecado, además del holocausto perpetuo,
de su ofrenda y su libación.

29 El sexto día ofrecerán ocho novillos,
dos carneros y catorce corderos de un año
y sin defecto, 30 con las ofrendas y libaciones prescritas, según el número de novillos, de carneros, y de corderos. 31 También
ofrecerán un chivo como sacrificio por el
pecado, además del holocausto perpetuo,
de su ofrenda y su libación.

32 El séptimo día ofrecerán siete novillos,
dos carneros y catorce corderos de un año
y sin defecto, 33 con las ofrendas y libaciones prescritas, según el número de novillos, de carneros y de corderos. 34 También
ofrecerán un chivo como sacrificio por el
pecado, además del holocausto perpetuo,
de su ofrenda y su libación.

35 El octavo día tendrán una reunión solemne y no harán ninguna clase de trabajo.
36 Ofrecerán como holocausto, como ofrenda que se quema con aroma agradable al Señor, un novillo, un carnero y siete corderos
de un año y sin defecto, 37 con la ofrenda y
las libaciones prescritas, según el número de
novillos, de carneros y de corderos. 38 También ofrecerán un chivo como sacrificio por
el pecado, además del holocausto perpetuo,
de su ofrenda y su libación.

39 Estos son los sacrificios que ustedes
ofrecerán al Señor en sus fiestas, además de
sus ofrendas votivas y voluntarias, de sus
holocaustos, ofrendas y libaciones, y de
sus sacrificios de comunión.

VIVE LA PALABRA

Una sociedad patriarcal

El Señor recibe ofrendas o votos y pide que se cumplan, pero las promesas de las mujeres deben ser autorizadas por el padre o el marido (Nm 30 2-17). ¿Por qué? En la sociedad patriarcal de Israel solo los varones tenían autoridad; las mujeres prácticamente carecían de personalidad pública. Por eso, su voz, sus ideales y sus anhelos eran silenciados (ver «Las mujeres calladas en la Biblia», Est 4 1-17 y «El sexismo en la Biblia», Eclo 42 9-14).

Jesús inició la transformación de una sociedad totalmente patriarcal en una donde la mujer pudiera ocupar posiciones de autoridad. Sus enseñanzas y acciones rompieron muchas reglas discriminatorias entre los judíos, y favorecieron un cambio social profundo. Pero el paso del patriarcado a una sociedad igualitaria ha sido muy lento y queda mucho camino por hacer.

Colaboremos activa y responsablemente en la construcción de la «Civilización del Amor», donde no haya discriminación ni marginación.

Nm 30

Reglas sobre los votos de las mujeres

Dt 23 22-24; Ecl 5 3-4; Jue 11 30-40

30 1 Moisés transmitió a los israelitas todas las normas que le había dado el
Señor. 2 Luego dijo a los jefes de las tribus
de Israel: Esto es lo que el Señor ha mandado:
3 Cuando un hombre hace un voto al
Señor o se impone una obligación bajo juramento, no deberá faltar a su palabra: es
preciso que haga exactamente lo que ha
prometido. 4 Pero cuando la persona que
hace el voto al Señor, o se impone esa obligación, es una mujer soltera, que vive todavía en casa de su padre, 5 si este último, al
tener conocimiento del voto o de la obligación que ella se ha impuesto, no le dice nada en contra, el voto y la obligación son válidos. 6 Si su padre, en cambio, al enterarse,
le manifiesta su desaprobación, el voto y la
obligación que ella se ha impuesto no serán válidos: el Señor no se los tomará en
cuenta, porque su padre los desaprueba.
7 Si la mujer se casa mientras está ligada
por un voto o por un compromiso contraído inconsideradamente, 8 y su marido, al
enterarse, no le dice nada en contra, los votos y los compromisos que ella ha contraído serán válidos. 9 Pero si el marido, al enterarse, le manifiesta su desaprobación,
anula el voto que la obligaba o el compromiso que ella contrajo inconsideradamente, y el Señor no se lo tomará en cuenta.
10 El voto de una mujer viuda o divorciada, y las obligaciones que se impongan, serán válidos.
11 Si la mujer hace un voto o se impone
una obligación bajo juramento, estando
en casa de su marido, 12 y este último, al enterarse, no le dice nada en contra, el voto y
la obligación que ella se ha impuesto serán
válidos. 13 Pero si su marido los anula en el
momento de enterarse, no será válido nada de lo que haya salido de su boca, sean
votos u obligaciones: su marido los ha
anulado y el Señor no los tendrá en cuenta. 14 Su marido podrá anular o ratificar
cualquier voto o cualquier obligación que
ella se imponga bajo juramento para mor-
tificarse. 15 Si no le dice nada en contra
antes del día siguiente, quiere decir que ratifica todos los votos y todas las obligaciones, porque no le dijo nada en el momento de enterarse. 16 Y si los anula mucho
tiempo después de haberse enterado, él será responsable de la falta de su mujer.
17 Estos son los preceptos que el Señor
dictó a Moisés acerca de la relación entre
un hombre y su mujer, y entre un padre y
su hija soltera que todavía vive en casa de
su padre.

La guerra santa

Los israelitas designaban las guerras inspiradas por Dios como *guerras santas.* En este tipo de guerras había normas de purificación para realizar la obra de Dios y debía ofrecerse parte del botín al Señor para superar la ambición personal (ver «La conquista de Jericó», Jos 6 1-2).

¿Realmente ordena Dios matar a personas inocentes? Recuerda que los autores bíblicos escribían según la cultura de su tiempo y la revelación progresiva de Dios. En esa época se pensaba que Dios luchaba con ellos para castigar a quienes llevaban a Israel a la idolatría y el pecado (Nm 25 1-3) (ver «¿Puede ser justa una guerra?», 1 Mac 6).

Dios continuó revelándose a través de los profetas y les dio a conocer que él es misericordia y amor, y que no quiere guerra ni violencia. La plenitud de su revelación nos la dio Jesús en el evangelio. En sus enseñanzas no hay cabida para guerras santas. La historia muestra atrocidades cometidas en nombre del Dios, pero hablar de Dios y violencia es inconcebible en un cristianismo auténtico.

Dios siempre es partidario de la vida. Cuentas con él. ¡Promueve la cultura de la vida!

Nm 31

La guerra contra Madián

Nm 25 16-18; 19 11-22; 25 1-9; Dt 20 13-14

31 1 El Señor dijo a Moisés: 2 «Tienes que
vengar a Israel de los madianitas,
después irás a reunirte con los tuyos». 3 Entonces Moisés dijo al pueblo: «Que algunos de ustedes se equipen para el combate
y ataquen a Madián, para ejecutar contra
ellos la venganza del Señor. 4 Deberán enviar al combate mil hombres por cada una
de las tribus de Israel».
5 Entre las divisiones de Israel se recluta-
ron doce mil hombres equipados para la
guerra, a razón de mil hombres por tribu, 6 y
Moisés los envió al combate, junto con Pinjás, hijo del sacerdote Eleazar, que llevaba
consigo los vasos sagrados y las trompetas
para lanzar el grito de guerra. 7 Ellos pelearon contra Madián, como el Señor lo había

ordenado a Moisés, y mataron a todos los varones. [8] Además de otras víctimas, mataron a los cinco reyes de Madián: Evi, Réquem, Sur, Jur y Reba. También pasaron al filo de la espada a Balaam, hijo de Beor.

[9] Los israelitas tomaron cautivas a las mujeres y a los hijos de los madianitas, y se llevaron como botín todos sus animales, sus rebaños y sus bienes. [10] Además, incendiaron las ciudades donde ellos habitaban y sus campamentos. [11] Luego recogieron todo el botín —tanto hombres como animales— [12] y se lo llevaron a Moisés, al sacerdote Eleazar y a toda la comunidad de los israelitas, que estaban acampados en las estepas de Moab, junto al Jordán, a la altura de Jericó.

Las mujeres cautivas y la purificación del botín

[13] Cuando Moisés, el sacerdote Eleazar y todos los jefes de la comunidad salieron a recibirlos fuera del campamento, [14] Moisés se irritó contra los comandantes del ejército y contra los oficiales de los regimientos de mil y cien soldados, que volvían de la expedición, [15] y les dijo: «¿Por qué han perdonado la vida a todas las mujeres? [16] Fueron ellas las que, por instigación de Balaam, indujeron a los israelitas a ser infieles al Señor en el incidente de Peor, y por eso la comunidad del Señor fue azotada por la plaga. [17] Por lo tanto, maten a todos los niños varones y a todas las mujeres que hayan tenido relaciones con un hombre. [18] Perdonen, en cambio, a las jóvenes que no hayan tenido relaciones con un hombre. [19] En cuanto a ustedes, quédense fuera del campamento durante siete días; y cualquiera de ustedes o de los cautivos que haya matado a una persona o haya tocado un cadáver, deberá purificarse al tercero y al séptimo día. [20] También deberán purificar todas las prendas de vestir y todos los objetos de piel, de cuero de cabra o de madera».

[21] Entonces el sacerdote Eleazar dijo a las tropas que habían participado de la batalla: «Esta es una norma de la ley que el Señor dictó a Moisés: "Todo lo que resiste al fuego, [22] ya sea oro, plata, bronce, hierro, estaño o plomo, [23] lo harán pasar por el fuego para que sea purificado, aunque también deberá ser purificado con agua de la purificación; en cambio, harán pasar solo por el agua lo que no puede resistir al fuego. [24] Al séptimo día ustedes lavarán su ropa y quedarán puros. Después podrán entrar en el campamento"».

El reparto del botín

[25] Luego el Señor dijo a Moisés: [26] «Tú, el sacerdote Eleazar y los jefes de familia de la comunidad harán el inventario del botín que ha sido capturado, tanto hombres como animales. [27] Después lo repartirás, por partes iguales, entre los combatientes que participaron de la campaña y el resto de la comunidad. [28] Además, debes separar para el Señor, como tributo de los guerreros que han ido al combate, una vida de cada quinientas, tanto de las personas como del ganado mayor, de los asnos y del ganado menor. [29] Esto lo tomarás de la mitad que les corresponda y se lo entregarás al sacerdote Eleazar como un tributo para el Señor. [30] De la mitad que corresponda a los demás israelitas, tanto de las personas como de los animales —del ganado mayor, de los asnos y del ganado menor—, tomarás una vida por cada cincuenta y se las entregarás a los levitas que realizan tareas en la Morada del Señor».

[31] Moisés y el sacerdote Eleazar hicieron lo que el Señor había ordenado. [32] El total del botín —además de los despojos que habían recogido las tropas— ascendió a 675 000 cabezas de ganado menor, [33] 72 000 de ganado mayor, [34] 61 000 asnos [35] y 32 000 personas, a saber, las jóvenes que no habían tenido relaciones con un hombre.

[36] Por lo tanto, la mitad correspondiente a los que habían participado de la campaña fueron 337 500 cabezas de ganado menor, [37] y el tributo para el Señor fue de 675; [38] 36 000 cabezas de ganado mayor, y el tributo para el Señor, 72; [39] 30 500 asnos, y el tributo para el Señor, 61. [40] Las personas fueron 16 000, y el tributo para el Señor, 32. [41] Moisés entregó al sacerdote Eleazar el tributo recogido para el Señor, como él se lo había ordenado.

[42] La parte correspondiente a los otros israelitas —que Moisés había tomado del botín de los combatientes— [43] sumó 337 500 cabezas de ganado menor [44] 36 000 cabezas de ganado mayor, [45] 30 500 asnos, [46] y 16 000 personas. [47] De esta mitad correspondiente a los israelitas, Moisés tomó uno de cada cincuenta hombres y animales, y se los entregó a los levitas que realizaban tareas en la Morada del Señor, como el Señor se lo había ordenado.

Las ofrendas

[48] Los comandantes de las tropas y los jefes de los regimientos de mil y cien soldados se acercaron a Moisés, [49] y le dijeron: «Hemos hecho el recuento de los soldados que están a nuestras órdenes y no falta ni uno solo. [50] Por eso hemos traído, como ofrenda al Señor, los objetos de oro que ha recogido cada uno: pulseras, brazaletes, anillos, aros y pendientes. Así se hará en favor nuestro el rito de expiación delante del Señor». [51] Entonces Moisés y el sacerdote Eleazar recibieron de ellos todo ese oro, todas esas joyas. [52] El oro que los oficiales de los regimientos de mil y

La liberación del Pueblo del Sol

La iniciativa misericordiosa de Dios libera a las personas de las esclavitudes que contradicen su amor. Comparemos este relato indígena con el éxodo del Pueblo de Dios:

> En un lugar que está al norte, que se llama «donde-abundan-las-garzas», nuestro pueblo vivía entre lágrimas y sufrimientos porque era oprimido. No teníamos para dónde voltear la cara. Dios habló a sus sacerdotes, y les dijo: «Pobrecitos de ustedes los pobres; no tolero que estén siempre llorando. No quiero que todo mundo los llame "los-hombres-de-las-garzas". ¡Salgan, salgan!». Así comenzó nuestra peregrinación. Durante trescientos años anduvimos errantes como peregrinos. Sembrábamos la tierra que nos prestaban. Muchas veces los dueños de las tierras no nos permitían cosechar lo que habíamos sembrado. Nadie conocía nuestro nombre como pueblo; y nos llamaban «los-que-no-tienen-cara».
>
> Entonces habló dios: «La tierra en la que vean un águila que devora una serpiente será la tierra que yo les doy. Esta águila que encontrarán es el signo del sol. Ustedes son ya *el Pueblo del Sol*. Ya no serán esclavos. Ya no serán «los-hombres-de-las-garzas», ya nadie les dirá «los-que-no-tienen-cara». Ustedes serán señores. Serán los hombres-señores.[1]

Profundiza en la experiencia liberadora del amor de Dios. Dios quiere que todos los pueblos sean libres y a todos nos da la dignidad de hijos suyos.

Nm 32

cien soldados ofrecieron como tributo al Señor, llegó a un total de dieciséis mil setecientos cincuenta siclos. 53 Entre la tropa, en
cambio, cada uno guardó para sí lo que había recogido. 54 Moisés y el sacerdote Eleazar
recibieron el oro de los oficiales, y lo llevaron a la Tienda del Encuentro, como memorial de los israelitas delante del Señor.

La propuesta de los rubenitas y los gaditas

Dt 3 12-20; Nm 13 25-33; Jos 1 12-18; 13 8-32

32 1 Los rubenitas y los gaditas tenían
una enorme cantidad de ganado. Al
ver que las regiones de Iázer y de Galaad
eran un terreno apto para el ganado, 2 fueron a ver a Moisés, al sacerdote Eleazar y a
los jefes de la comunidad, y les dijeron:
3 «Atarot, Dibón, Iázer, Nimrá, Jesbón, Elalé, Sebán, Nebo y Beón 4 —la tierra que el
Señor ha conquistado para la comunidad
de Israel— es un terreno apto para el ganado, y nosotros, tus servidores, tenemos una
gran cantidad. 5 Si estás dispuesto a hacernos un favor —continuaron diciendo—,
que se nos dé esa tierra en posesión. No
nos hagas cruzar el Jordán».
6 Pero Moisés respondió a los gaditas y a
los rubenitas: «¿Así que ustedes se quedarán aquí, mientras sus hermanos van a la
guerra? 7 ¿Por qué desalientan a los israelitas para que no crucen al país que el Señor
les ha dado? 8 Esto es lo que hicieron sus
padres cuando yo los envié desde Cades
Barné a reconocer el país. 9 Después que fueron al valle de Escol y vieron el país, ellos de-
salentaron a los israelitas, a fin de que no invadieran la tierra que el Señor les había dado.
10 Por eso, aquel día el Señor se indignó y pronunció este juramento: 11 "Ninguno de los
hombres mayores de veinte años que salieron
de Egipto verá la tierra que prometí con un juramento a Abraham, a Isaac y a Jacob, porque
ellos me han sido infieles. 12 Ninguno, excepto Caleb, hijo de Iefuné, el quenizita, y Josué,
hijo de Nun, que permanecieron fieles al Señor". 13 Así se indignó el Señor contra Israel y
los hizo andar errantes por el desierto, hasta
que desapareció toda aquella generación que
había desagradado al Señor. 14 Y ahora ustedes, raza de pecadores, ocupan el lugar de sus
padres para añadir todavía más al enojo del
Señor contra Israel. 15 Si se apartan del Señor,
él los dejará todavía en el desierto, y así ustedes causarán la ruina de todo este pueblo».
16 Entonces ellos se acercaron a Moisés, y
le dijeron: «Quisiéramos hacer aquí corrales
para nuestro ganado y poblados para nuestros hijos. 17 Nosotros, en cambio, tomaremos las armas para ir a la vanguardia de los
israelitas, hasta que los hayamos introducido en el lugar de su destino. Mientras tanto,
nuestros hijos permanecerán en ciudades
fortificadas, al resguardo de los habitantes
del país. 18 No volveremos a nuestros hogares hasta que cada israelita haya tomado posesión de su propiedad hereditaria. 19 Y no
nos repartiremos con ellos la herencia al
otro lado del Jordán, porque ya nos ha tocado una parte en el lado oriental».
20 Moisés les respondió: «Si ustedes proceden así, si toman las armas para combatir a
las órdenes del Señor, 21 y si cada guerrero
cruza el Jordán, bajo las órdenes del Señor,
hasta que expulse a sus enemigos delante de

él, 22 y el país le quede sometido, ustedes podrán volver. Así quedarán libres de toda obligación respecto del Señor y respecto de Israel, y esa tierra será posesión de ustedes delante del Señor. 23 Pero si no proceden de esa manera, habrán pecado contra el Señor, y pueden estar seguros de que su pecado los condenará. 24 Construyan poblados para sus hijos y corrales para su ganado, pero cumplan lo que han prometido».

25 Los gaditas y los rubenitas respondieron a Moisés: «Tus servidores, señor, harán lo que tú les mandas. 26 Nuestros niños, nuestras mujeres, nuestros rebaños y todo nuestro ganado quedarán atrás, en las ciudades de Galaad, 27 mientras nosotros, todos los que estamos equipados para la guerra, cruzaremos para combatir a las órdenes del Señor, como él lo ha mandado».

28 Luego Moisés dio instrucciones al sacerdote Eleazar, a Josué, hijo de Nun, y a los jefes de familia de las tribus israelitas, 29 diciéndoles: «Si los gaditas y los rubenitas atraviesan con ustedes el Jordán para combatir como guerreros a las órdenes del Señor, hasta que el país les esté sometido, ustedes les darán como posesión la tierra de Galaad. 30 Pero si no lo hacen, recibirán una posesión en medio de ustedes, en el país de Canaán». 31 Los rubenitas y los gaditas respondieron: «Nosotros haremos todo lo que el Señor ha dicho respecto de tus servidores. 32 Pasaremos como guerreros a la tierra de Canaán, a las órdenes del Señor, pero conservaremos nuestra propiedad hereditaria al otro lado del Jordán».

33 Así Moisés asignó a los gaditas, a los rubenitas y a la mitad de la tribu de Manasés, hijo de José, el reino de Sijón, rey de los amorreos, y el reino de Og, rey de Basán: el territorio con sus diversas ciudades y el territorio de los poblados vecinos. 34 Los gaditas reedificaron las ciudades fortificadas de Dibón, Atarot, Aroer, 35 Atarot Sofán, Iázer, Iogboa, 36 Bet Nimrá y Bet Jarán, e hicieron corrales para el ganado.

37 Los rubenitas reedificaron Jesbón, Elalé, Quiriataim, 38 Nebo, Baal Meón —algunos nombres fueron cambiados— y Sibmá: ellos pusieron sus propios nombres a las ciudades reedificadas.

39 Los descendientes de Maquir, hijo de Manasés, partieron para Galaad y lo conquistaron, despojando a los amorreos que se encontraban allí. 40 Moisés dio el territorio de Galaad a Maquir, hijo de Manasés, quien se estableció allí. 41 Iaír, hijo de Manasés, fue a conquistar sus poblados y los llamó Campamento de Iaír. 42 Nobá fue a conquistar Quenat y sus ciudades dependientes, y les puso su propio nombre: Nobá.

Las etapas del éxodo

Dt 10 6-7; Nm 20 22-29

33 1 Estas son las etapas que recorrieron los israelitas cuando salieron de Egipto, agrupados por regimientos, bajo la conducción de Moisés y Aarón. 2 Moisés consignó por escrito el punto inicial de cada etapa, por orden del Señor. Los puntos iniciales de cada etapa fueron los siguientes:

3 El día quince del primer mes —el día siguiente a la Pascua— los israelitas partieron de Ramsés. Salieron triunfalmente, a la vista de todo Egipto, 4 mientras los egipcios enterraban a sus primogénitos, que el Señor había herido de muerte, dando así un justo escarmiento a sus dioses.

5 Después que partieron de Ramsés, los israelitas acamparon en Sucot. 6 Luego partieron de Sucot y acamparon en Etam, al borde del desierto. 7 De allí, se volvieron hacia Piajirot, que está frente a Baal Safón, y acamparon delante de Migdol. 8 Partiendo de Piajirot, llegaron al desierto, pasando a través del mar, y después de tres días de marcha por el desierto de Etam, acamparon en Mará. 9 Partieron de Mará y llegaron a Elim, donde hay doce fuentes y setenta palmeras, y allí acamparon. 10 Partieron de Elim y acamparon a orillas del mar Rojo. 11 Partieron del mar Rojo y acamparon en el desierto de Sin. 12 Partieron del desierto de Sin y acamparon en Dofcá. 13 Partieron de Dofcá y acamparon en Alús. 14 Partieron de Alús y acamparon en Refidim, donde el pueblo no tuvo agua para beber. 15 Partieron de Refidim y acamparon en el desierto del Sinaí.

16 Luego partieron del desierto del Sinaí y acamparon en Quibrot Ha Taavá. 17 Partieron de Quibrot Ha Taavá y acamparon en Jaserot. 18 Partieron de Jaserot y acamparon en Ritmá. 19 Partieron de Ritmá y acamparon en Rimón Péres. 20 Partieron de Rimón Péres y acamparon en Libná. 21 Partieron de Libná y acamparon en Risá. 22 Partieron de Risá y acamparon en Quehelatá. 23 Partieron de Quehelatá y acamparon en el monte Séfer. 24 Partieron del monte Séfer y acamparon en Jaradá. 25 Partieron de Jaradá y acamparon en Maquelot. 26 Partieron de Maquelot y acamparon en Tájat. 27 Partieron de Tájat y acamparon en Téraj. 28 Partieron de Téraj y acamparon en Mitcá. 29 Partieron de Mitcá y acamparon en Jasmoná. 30 Partieron de Jasmoná y acamparon en Moserot. 31 Partieron de Moserot y acamparon en Bené Iaacán. 32 Partieron de Bené Iaacán y acamparon en Hor Guidgad. 33 Partieron de Hor Guidgad y acamparon en Iotbatá. 34 Partieron de Iotbatá y acamparon en Abroná. 35 Partieron de Abroná y acamparon en Esión Guéber. 36 Partieron de

Esión Guéber y acamparon en el desierto de Cin, o sea, en Cades.

37 Partieron de Cades y acamparon en el monte Hor, en los límites de Edom. 38 El sacerdote Aarón, por orden del Señor, subió al monte Hor y allí murió, el primer día del quinto mes, cuarenta años después que los israelitas salieron de Egipto. 39 Cuando murió en el monte Hor, Aarón tenía ciento veintitrés años. 40 El cananeo, rey de Arad, que habitaba en el Négueb, en el país de Canaán, recibió entonces la noticia de la llegada de los israelitas. 41 Luego partieron del monte Hor y acamparon en Salmoná. 42 Partieron de Salmoná y acamparon en Punón. 43 Partieron de Punón y acamparon en Obot. 44 Partieron de Obot y acamparon sobre el territorio de Moab, en Iyé Ha Abarim. 45 Partieron de Iyim y acamparon en Dibón Gad. 46 Partieron de Dibón Gad y acamparon en Almón Diblataim. 47 Partieron de Almón Diblataim y acamparon en las montañas de Abarim, frente al Nebo. 48 Partieron de las montañas de Abarim y acamparon en las estepas de Moab, junto al Jordán, a la altura de Jericó. 49 Acamparon junto al Jordán, desde Bet Ha Iesimot hasta Abel Sitim, en las estepas de Moab.

El reparto de la tierra

Lv 26; Dt 7 1-6; 12 2-3; Nm 26 54-56; Jos 23 13

50 El Señor dijo a Moisés en las estepas de Moab, junto al Jordán, a la altura de Jericó: 51 Habla en estos términos a los israelitas:

Cuando crucen el Jordán en dirección al país de Canaán 52 y hayan desposeído de sus dominios a todos los habitantes del país, ustedes harán desaparecer todas sus imágenes esculpidas y todas sus estatuas de metal fundido, y demolerán todos sus lugares altos. 53 Tomarán posesión del país y habitarán en él, porque yo les di esa tierra para que la posean. 54 Además, se repartirán el país entre sus clanes por medio de un sorteo, asignando una herencia mayor al grupo más numeroso, y una herencia más pequeña al grupo más reducido: cada uno tendrá lo que le toque en suerte, y se repartirán la tierra entre las tribus patriarcales.

55 Pero si no despojan de sus dominios a los habitantes del país, los que ustedes hayan dejado serán como espinas en sus ojos y como aguijones en su costado, que los asediarán en la tierra donde habiten. 56 Y yo los trataré a ustedes como había decidido tratarlos a ellos.

Las fronteras de Canaán

Jue 20 1; Jos 14 – 19; Ez 47 13-21

34 1 El Señor dijo a Moisés: 2 Comunica esta orden a los israelitas: Cuando entren en la tierra de Canaán, recibirán como herencia toda la extensión del territorio de Canaán, a saber:

3 La región meridional se extenderá desde el desierto de Cin, a lo largo de Edom. Por el este, la frontera meridional comenzará en el extremo del mar de la Sal. 4 Luego dará una vuelta por el sur hasta el Paso de los Escorpiones, y pasará por Cin, para ir a terminar al sur de Cades Barné. Después continuará hasta Jasar Adar y pasará por Asmón. 5 Partiendo de Asmón, dará una vuelta hasta el Torrente de Egipto y terminará en el Mar.

6 Al oeste tendrán como límite la costa del Mar Grande: esta será para ustedes la frontera occidental.

7 La frontera norte será la siguiente: trazarán una línea desde el Mar hasta el monte Hor; 8 desde el monte Hor trazarán una línea hasta la Entrada de Jamat, y la frontera terminará en Sedad. 9 Luego continuará hasta Sifrón, para ir a terminar en Jasar Enán. Esta será la frontera septentrional.

10 Para fijar el límite oriental, trazarán una línea desde Jasar Enán hasta Sefam. 11 Desde Sefam, la frontera bajará hasta Riblá, al este de Ain, y desde allí seguirá bajando hasta tocar la costa oriental del mar de Genesaret. 12 Después bajará a lo largo del Jordán y terminará en el mar de la Sal.

Este será el territorio de ustedes, con las fronteras que lo circunscriben.

13 Además, Moisés dio esta orden a los israelitas:

Esta es la tierra que ustedes se repartirán como herencia por medio de un sorteo, la que el Señor mandó que fuera entregada a las nueve tribus y media. 14 Porque las familias patriarcales de la tribu de los rubenitas, las familias de la tribu de los gaditas y la mitad de la tribu de Manasés ya recibieron su herencia: 15 esas dos tribus y media recibieron su propiedad hereditaria al otro lado del Jordán, al este de Jericó, en la parte oriental.

Los jefes encargados de repartir la tierra

16 Luego el Señor dijo a Moisés:

17 Las personas que les repartirán el territorio serán el sacerdote Eleazar y Josué, hijo de Nun. 18 Además, ustedes tomarán un jefe de cada tribu para la repartición del país. 19 Los nombres de esas personas son los siguientes:

Por la tribu de Judá, Caleb,
hijo de Iefuné;
20 por la tribu de Simeón, Semuel,
hijo de Amihud;
21 por la tribu de Benjamín, Elidad,
hijo de Quislón;
22 por la tribu de Dan, el jefe Buquí,
hijo de Ioglí;

23 por los hijos de José,
por la tribu de los hijos de Manasés,
el jefe Janiel, hijo de Efod;
24 y el jefe Quemuel, hijo de Siftán,
por la tribu de Efraím;
25 por la tribu de Zabulón, el jefe Elisafán,
hijo de Parnac;
26 por la tribu de Isacar, el jefe Paltiel,
hijo de Azán;
27 por la tribu de Aser, el jefe Ajihud,
hijo de Selomí;
28 por la tribu de Neftalí, el jefe Padael,
hijo de Amihud.

29 Estas son las personas que designó el Señor para repartir el territorio de Canaán como herencia entre los israelitas.

La herencia de los levitas

Lv 25 32-34; Jos 21 1-42; 1 Cr 6 39-66

35 1 El Señor dijo a Moisés en las estepas de Moab, junto al Jordán, a la altura de Jericó:

2 Ordena a los israelitas que cedan a los levitas, de su patrimonio hereditario, ciudades para vivir y campos de pastoreo alrededor de las mismas. 3 Las ciudades les servirán de morada, y los campos de pastoreo serán para su ganado y sus otros animales. 4 Los campos de pastoreo de las ciudades que ustedes cederán a los levitas, se extenderán hasta quinientos metros alrededor de la ciudad, a partir de las murallas. 5 Ustedes medirán fuera de la ciudad, mil metros hacia el este, mil hacia el sur, mil hacia el oeste y mil hacia el norte, tomando la ciudad como centro: estos serán los campos de pastoreo para las ciudades.

6 Las ciudades que cederán a los levitas serán las seis ciudades de refugio que ustedes deben separar para que los homicidas puedan huir a ellas, añadiendo además otras cuarenta y dos. 7 Así darán a los levitas un total de cuarenta y ocho ciudades, todas ellas con sus campos de pastoreo. 8 Cuando cedan esas ciudades, tomándolas de lo que es propiedad de los israelitas, exigirán más de los grupos numerosos, y menos de los grupos más pequeños. De esta manera, cada uno cederá a los levitas una cantidad de ciudades proporcionada a la herencia que haya recibido.

Las ciudades de refugio

Ex 21 13; Dt 19 1-13; Jos 20 1-9

9 Luego el Señor dijo a Moisés: 10 Habla en estos términos a los israelitas:

Cuando crucen el Jordán para entrar en la tierra de Canaán, 11 encontrarán ciudades que les servirán como ciudades de refugio, donde puedan huir los homicidas que hayan matado a alguien involuntariamente. 12 Esas ciudades servirán de refugio contra el vengador del homicidio, y así el homicida no morirá sin haber comparecido delante de la comunidad para ser juzgado. 13 Ustedes tendrán que señalar seis ciudades de refugio: 14 tres al otro lado del Jordán y tres en el territorio de Canaán. 15 Esas seis ciudades podrán servir de refugio no solo a los israelitas, sino también a los extranjeros residentes o que estén de paso entre ustedes, de manera que todo el que haya matado a otro involuntariamente pueda refugiarse en ellas.

16 Pero el que mata a otro golpeándolo con un objeto de hierro, es un asesino, y el asesino será castigado con la muerte. 17 Si lo mata de una pedrada capaz de causar la muerte, es un asesino, y el asesino será castigado con la muerte. 18 Si lo mata golpeándolo con un palo capaz de causar la muerte, es un asesino, y el asesino será castigado con la muerte. 19 El vengador del homicidio en persona debe matar al asesino apenas lo encuentre.

20 Si el homicida mató a la víctima por odio, o si le arrojó intencionalmente un objeto capaz de causar la muerte, 21 o si por enemistad lo hirió a golpes de puño hasta matarlo, el agresor será castigado con la muerte: es un asesino, y el vengador del homicidio lo matará apenas lo encuentre.

22 Pero si lo hirió fortuitamente, sin que mediara enemistad, o si le arrojó un objeto sin intención de alcanzarlo, 23 o si dejó caer sobre él, inadvertidamente, una piedra capaz de matarlo y de esa manera le causó la muerte, sin tener odio contra él y sin desearle ningún mal, 24 la comunidad juzgará, conforme a estas reglas, entre el homicida y el vengador del homicidio, 25 y librará a aquel de las manos de este. Luego la comunidad lo hará volver a la ciudad de refugio, adonde había huido, y él permanecerá allí hasta la muerte del Sumo Sacerdote que ha sido ungido con el óleo santo.

26 Si el homicida sale de la ciudad de refugio adonde había huido, 27 y el vengador del homicidio lo encuentra fuera de los límites de su ciudad de refugio, lo podrá matar sin temor a ninguna represalia, 28 porque el homicida debe permanecer en su ciudad de refugio hasta la muerte del Sumo Sacerdote, y solamente después podrá volver al lugar donde está su propiedad.

29 Estas disposiciones serán una norma jurídica para ustedes y para sus descendientes, en cualquier lugar donde se encuentren.

30 Si alguien mata a una persona, el homicida será condenado a muerte por la declaración de testigos, pero el testimonio de uno solo no basta para condenar a muerte a alguien. 31 No aceptarán ningún rescate

por la vida de un asesino, porque debe morir. 32 Tampoco lo aceptarán de aquel que huyó a su ciudad de refugio, permitiéndole que habite nuevamente en su propia tierra antes de la muerte del Sumo Sacerdote.

33 No profanen la tierra donde viven, porque la sangre profana la tierra, y no hay para la tierra otra expiación por la sangre derramada, que la sangre de aquel que la derramó. 34 No hagas impuro el país donde vives y en el cual yo habito. Porque yo, el Señor, habito entre los israelitas.

La herencia de la mujer casada

Nm 27 1-11

36 1 Los jefes de familia del clan de los descendientes de Galaad —hijo de Maquir, hijo de Manasés, uno de los clanes de los descendientes de José— se presentaron delante de Moisés y de los principales jefes de familia de Israel 2 y les dijeron:

El Señor mandó a Moisés que repartiera el país entre los israelitas mediante un sorteo, y Moisés también recibió del Señor la orden de entregar a sus hijas la herencia de nuestro hermano Selofjad. 3 Ahora bien, si ellas se casan con un miembro de otra tribu de Israel, su parte será sustraída de la herencia de nuestros padres y se sumará a la herencia de la tribu a la que van a pertenecer. De esa manera, disminuirá la herencia que nos ha tocado en suerte. 4 Y cuando los israelitas celebren el año del jubileo, la herencia de ellas se sumará a la de la otra tribu y será sustraída del patrimonio de nuestra tribu.

5 Entonces Moisés, por orden del Señor, dio estas instrucciones a los israelitas:

La tribu de los descendientes de José tiene razón. 6 Esto es lo que el Señor ha ordenado respecto de las hijas de Selofjad: Ellas pueden casarse con quien les parezca mejor, con tal que lo hagan dentro de un clan perteneciente a la tribu de su padre. 7 La parte hereditaria de los israelitas no pasará de una tribu a otra, sino que cada israelita deberá retener la herencia de su tribu paterna. 8 Por lo tanto, toda joven que posea una herencia en alguna tribu de los israelitas, se casará dentro de un clan de su tribu paterna, de manera que los israelitas conserven cada uno la herencia de sus padres. 9 Así, ninguna herencia pasará de una tribu a otra, sino que cada una de las tribus de los israelitas retendrá su parte.

10 Las hijas de Selofjad procedieron como el Señor se lo había ordenado a Moisés. 11 Majlá, Tirsá, Joglá, Milcá y Noá, hijas de Selofjad, se casaron con hijos de sus tíos paternos. 12 Y como lo hicieron dentro de los clanes de los descendientes de Manasés, la herencia de ellas quedó en la tribu del clan de su padre.

13 Estos son los mandamientos y las leyes que el Señor dio a los israelitas por medio de Moisés, en las estepas de Moab, junto al Jordán, a la altura de Jericó.

COMO EL ARCA, SIGNO DE TU PRESENCIA, ERA LLEVADA EN BRAZOS DEL PUEBLO EN MARCHA, EN MI CORAZÓN YO TE LLEVO, A LO LARGO DE LA HISTORIA MÍA Y DE MI PUEBLO.

ACOMPÁÑAME SIEMPRE EN MI CAMINAR AL PADRE, TENME PACIENCIA CUANDO ME ARRASTRO, LEVÁNTAME CUANDO CAIGO, FORTALÉCEME CUANDO DESMAYO.

QUE NUNCA MUERA MI FE EN TI, QUIERO CONTAR SIEMPRE CON TU AMOR Y TU FUERZA, SAL A MI ENCUENTRO CUANDO TE OLVIDE, VEN EN MI AUXILIO CUANDO TE CLAME.

AMÉN

Nota: Esta oración se encuentra en la p. 308 de la BCJ 1ª edición.

NM

DEUTERONOMIO

Imagina un pueblito donde los hijos y nietos viven cerca de la casa del abuelo y les encante ir a escuchar sus historias llenas de sabiduría y amor. Muchas de esas historias las recibió de sus propios abuelos, los antepasados comunes de todos. Aunque saben que el abuelo puede exagerar alguna aventura, también saben que no son inventos de él. Esta escena pudiera ser la de Moisés; él desea compartir las proezas de Dios, y los israelitas quieren recoger su sabiduría y sus consejos para seguir adelante. El Deuteronomio puede considerarse como las memorias y confidencias de Moisés.

ESQUEMA

- **1 1 – 4 43.** Primer discurso de Moisés
- **4 44 – 11 32.** Segundo discurso de Moisés
- **12 – 26.** El código deuteronómico
- **27 1 – 28 68.** Celebración y sanción de la Alianza
- **28 69 – 30 20.** Último discurso de Moisés
- **31 – 34.** Últimas disposiciones y muerte de Moisés

PRESENTACIÓN

Este libro recuerda las maravillas que Dios ha hecho con su pueblo y lo motiva a amarlo con todo el corazón. Refleja una lucha apasionada por la unidad: una Ley, un Santuario, una Tierra, un pueblo y un Dios. Sus enseñanzas se le adjudican a Moisés con el fin de darle autoridad y su estilo parece el testamento espiritual de Moisés relatado en cuatro discursos.

Deuteronomio significa «segunda Ley» en griego, pero en realidad se trata de una nueva presentación de la misma Ley de la Alianza. Siglos después de que el pueblo de Israel se instaló en la Tierra prometida, se instauró la monarquía, que más tarde se dividió en dos reinos (ver «Cuadro cronológico», pp. 1757-1766). Cuando el reino del Norte fue vencido por Asiria, los levitas escondieron estos escritos sobre la Ley, en Jerusalén; años después, al encontrarlos, los llamaron «segunda Ley».

El Deuteronomio adapta la Ley a la nueva situación que vive el pueblo, presentándola a sacerdotes, reyes y profetas. Los cuatro discursos de Moisés en el Deuteronomio tratan los siguientes temas:

- El monoteísmo: un solo Dios escoge a un solo pueblo por propia iniciativa.
- Dios es santo, bueno, justo, providente y no hay otro ante él.
- El Señor libera y guía al pueblo elegido para darle la Tierra prometida.
- Israel debe a Dios un amor total y exclusivo, lo que implica el predominio del amor sobre las otras leyes y una separación de las naciones extranjeras.
- La comunión con Dios exige pureza y fidelidad en el cumplimiento de la Ley.
- La fe de Israel debe ser única y mantener la unidad del culto en un solo santuario.

DATOS

Período descrito
Última etapa de los israelitas en el desierto, antes de entrar a la Tierra prometida
Autor
Varios
Fecha de redacción
- Escritura: 700 a.C.
- Edición final: 400 a.C.

Tema
La unidad del pueblo en torno a la fe y al culto

PRIMER DISCURSO DE MOISÉS

Ubicación geográfica del discurso

Nm 21 21-35; Jos 12 2-6; 13 15-31; Sal 136 17-22

1 1 Estas son las palabras que Moisés dirigió a todo Israel, al otro lado del Jordán, en el desierto, en la Arabá, frente a Suf, entre Parán, Tofel y Labán, Jaserot y Dizahab. 2 —Desde el Horeb hasta Cades Barné, hay once días de camino por las montañas de Seír—. 3 En el cuadragésimo año, el primer día del undécimo mes, Moisés habló a los israelitas, como el Señor se lo había ordenado.

4 Después de haber derrotado a Sijón, rey de los amorreos que residía en Jesbón, y a Og, rey de Basán, que residía en Astarot y Edrei, 5 al otro lado del Jordán, en territorio de Moab, Moisés comenzó a exponer esta Ley, diciendo:

Mirada histórica: la salida del Horeb

Ex 3 1ss; Dt 1 40; 2 1.3; 3 1; 6 10; Gn 12 7; 15 7-9; Jos 1 6; Eclo 44 21

6 El Señor, nuestro Dios, nos habló en el Horeb en estos términos: «Ya han estado bastante tiempo en esta montaña. 7 Den vuelta y pónganse en camino, para ir a la montaña de los amorreos y a todas las regiones vecinas: la Arabá, la Montaña, la Sefelá, el Négueb y la costa marítima —es decir, la tierra de Canaán— y el Líbano, hasta el Gran Río, el río Éufrates. 8 Yo pongo el país delante de ustedes: vayan a tomar posesión de la tierra que el Señor juró dar a sus padres, a Abraham, a Isaac y a Jacob, y a sus descendientes después de ellos».

9 En aquel tiempo, yo les dije: «Yo solo no puedo hacerme cargo de todos ustedes. 10 El Señor, su Dios, los ha multiplicado de tal manera, que hoy ustedes son numerosos como las estrellas del cielo. 11 ¡Que el Señor, el Dios de sus padres, los haga aún mil veces más numerosos y los bendiga, como lo ha prometido! 12 ¿Cómo podré, entonces, cargar yo solo con el peso de todos ustedes y ocuparme también de sus litigios? 13 Designen para cada una de sus tribus a hombres sabios, prudentes y experimentados, y yo los pondré al frente de ustedes».

14 Ustedes me respondieron: «Tu propuesta nos parece buena». 15 Entonces tomé de entre los jefes de las tribus a unos hombres sabios y experimentados y los puse al frente de ustedes como jefes de mil, de cien, de cincuenta y de diez hombres, y como escribas para las tribus. 16 Al mismo tiempo, di esta orden a los jueces: «Escuchen a sus hermanos y hagan justicia,

cuando tengan un pleito entre ellos o con
un extranjero. 17 No sean parciales en los
juicios: escuchen a los humildes lo mismo
que a los poderosos. No se dejen intimidar
por nadie, porque el juicio pertenece a
Dios. Y cuando se les presente un caso demasiado difícil, diríjanse a mí, para que yo
lo resuelva». 18 Así les indiqué aquella vez
todo lo que ustedes debían hacer.

Infidelidad, castigo y derrota

Dt 9 23

19 Después partimos del Horeb, y comenzamos a recorrer el desierto inmenso y
temible que ustedes han visto. Íbamos hacia la montaña de los amorreos, como el
Señor, nuestro Dios, nos lo había ordenado, y llegamos a Cades Barné.
20 Entonces yo les dije: «Ya han llegado a
la montaña de los amorreos, que nos da el
Señor, nuestro Dios. 21 El Señor, tu Dios,
pone este país delante de ustedes: sube a
tomar posesión de él, según te lo ha dicho
el Señor, el Dios de tus padres. No temas ni
te acobardes». 22 Pero ustedes se acercaron a
mí para decirme: «Enviemos delante de
nosotros algunos hombres para que explo-
ren la región y nos informen sobre el camino que debemos tomar y sobre las ciudades a las que debemos entrar».
23 La idea me pareció buena, y yo designé a doce de ustedes, uno por cada tribu.
24 Ellos se dirigieron hacia la región montañosa y llegaron al valle de Escol. Después
de haber inspeccionado la montaña, 25 regresaron trayendo en sus manos frutos de
esa región, y nos presentaron este informe:
«La tierra que nos da el Señor, nuestro
Dios, es excelente».
26 Pero ustedes se negaron a subir y se rebelaron contra la orden del Señor, su Dios.
27 Se pusieron a murmurar en sus tiendas,
diciendo: «El Señor nos aborrece; por eso
nos hizo salir de Egipto para entregarnos a
los amorreos y destruirnos. 28 ¿Adónde iremos? Nuestros hermanos nos dejaron sin
aliento, cuando nos dijeron: "Son gente
más grande y más alta que nosotros; las
ciudades son enormes y están provistas de
murallas que se elevan hasta el cielo. Allí
vimos también a los anaquitas"».
29 Entonces yo les dije: «No se acobarden
ni les tengan miedo. 30 El Señor, su Dios,
que va delante de ustedes, combatirá por
ustedes, como lo hizo en Egipto ante sus
propios ojos, 31 y también en el desierto,
donde tú viste que el Señor, tu Dios, te
conducía como un padre conduce a su hijo, a lo largo de todo el camino que reco-
rriste hasta llegar a este lugar». 32 Y a pesar
de todo, ustedes no tuvieron confianza en
el Señor, su Dios, 33 que los precedía durante la marcha para buscarles un lugar
donde acampar: de noche en el fuego,
mostrándoles el camino que debían seguir,
y de día en la nube.
34 Al oír lo que ustedes decían, el Señor se
irritó y pronunció este juramento: 35 «Ni
uno solo de los hombres de esta generación
perversa verá la hermosa tierra que yo juré
dar a sus padres. 36 El único que podrá verla
es Caleb, el hijo de Iefuné. A él y a sus hijos
les daré la tierra que sus pies han pisado,
porque él ha sido siempre fiel al Señor».
37 Y por culpa de ustedes, el Señor se indignó también contra mí, y me dijo: «Tampoco tú entrarás. 38 El que entrará es Josué,
tu ayudante. Infúndele valor, porque él deberá poner a Israel en posesión de la tierra.
39 Y también entrarán los niños —esos que
según ustedes iban a ser presa del enemigo—, los hijos de ustedes, que aún no saben distinguir lo bueno de lo malo; a ellos
les daré la tierra y ellos la poseerán. 40 En
cuanto a ustedes, den vuelta y avancen hacia el desierto, en dirección al mar Rojo».
41 Ustedes me dijeron: «Hemos pecado
contra el Señor. Pero ahora estamos dispuestos a subir y a combatir como el Señor, nuestro Dios, nos ha ordenado». Cada
uno de ustedes se equipó con sus armas,
creyendo que era fácil subir a la montaña.
42 Pero el Señor me dijo: «Ordénales que no
suban a combatir, porque yo no estoy más
en medio de ellos. Si lo hacen, serán derrotados por sus enemigos».
43 Yo les transmití la advertencia, pero
ustedes no me escucharon y, rebelándose
contra la palabra del Señor, tuvieron la
osadía de escalar la montaña. 44 Entonces
los amorreos que habitan en esa montaña
les salieron al encuentro, los persiguieron
como abejas, y los derrotaron en la región
de Seír hasta llegar a Jormá. 45 Cuando ustedes regresaron, se pusieron a llorar delante del Señor, pero él no los escuchó ni
les hizo caso. 46 Y así tuvieron que permanecer en Cades durante tanto tiempo.

Fidelidad, premio y victoria

Nm 20 14-21; Gn 36 8; Ex 33 14-16;
Neh 9 20-21; Nm 20 21; 21 10-12

2 1 Después dimos vuelta y nos pusimos
en camino hacia el desierto, en dirección al mar Rojo, como me lo había dicho
el Señor. Durante muchos días estuvimos
dando vueltas alrededor del macizo de Seír,
2 hasta que por fin el Señor me dijo: 3 «Basta
ya de dar vueltas alrededor de esta montaña. Ahora diríjanse hacia el norte. 4 Comunica esta orden al pueblo: Ustedes van a pasar por la región de Seír, donde viven sus
hermanos, los descendientes de Esaú, los
cuales desconfían de ustedes. Pero atiendan

bien: [5] no los provoquen, porque yo no les
daré nada de su territorio, ni siquiera el espacio que ocupa la huella de una pisada, ya
que el macizo de Seír se lo he dado en posesión a Esaú. [6] Cómprenles con dinero el
alimento que necesitan para comer, y pá-
guenles también el agua que beban. [7] Porque el Señor, tu Dios, te ha bendecido en todas tus empresas, y te ha protegido mientras
caminabas por este gran desierto. Ya hace
cuarenta años que el Señor, tu Dios, está
contigo y nunca te faltó nada».
[8] Por la ruta de la Arabá, que viene de Elat
y de Esión Guéber, bordeamos la región de
Seír, donde viven nuestros hermanos, los
descendientes de Esaú. Luego dimos vuelta
y tomamos el camino del desierto de Moab.
[9] Entonces el Señor me dijo: «Tampoco ataques a Moab ni lo provoques a la guerra,
porque no te daré ninguna fracción de su territorio, ya que la posesión de Ar se la he dado a los descendientes de Lot».
—[10] Antiguamente habían estado allí los
emíes, un pueblo fuerte, numeroso y de
elevada estatura como los anaquitas. [11] Tanto ellos como los anaquitas eran tenidos
por gigantes, pero los moabitas los llaman
emíes. [12] En Seír, en cambio, primero estuvieron los hurritas; pero los descendientes
de Esaú los desposeyeron y los exterminaron, instalándose en lugar de ellos, como
lo hizo Israel con la tierra que el Señor le
dio en posesión—.
[13] «Y ahora —ordenó el Señor— reanuden la marcha y crucen el torrente Zéred».
Entonces pasamos el torrente Zéred.
[14] Desde que salimos de Cades Barné hasta
que cruzamos el torrente Zéred, transcu-
rrieron treinta y ocho años: el tiempo suficiente para que muriera toda aquella generación de guerreros, como el Señor se lo
había jurado. [15] Porque el Señor puso su
mano sobre ellos, hasta hacerlos desaparecer por completo del campamento.
[16] Cuando ya no quedó en medio del pueblo ninguno de aquellos guerreros —porque
todos habían muerto—, [17] el Señor me habló
en estos términos: [18] «Ahora vas a pasar por
Ar, que está en las fronteras de Moab, [19] y luego te vas a enfrentar con los amonitas. No los
ataques ni los provoques, porque yo no te daré en posesión ninguna fracción de su territorio, ya que se lo he dado en posesión a los
descendientes de Lot».
—[20] También este era considerado un
país de gigantes. En efecto, allí habitaron
antiguamente los gigantes que los amonitas llaman zamzumíes. [21] Eran un pueblo
fuerte, numeroso y de elevada estatura como los anaquitas; pero el Señor los destruyó por medio de los amonitas, que los desposeyeron y se establecieron en lugar de
ellos. [22] Lo mismo había hecho con los descendientes de Esaú, que habitan en Seír,
cuando por medio de ellos destruyó a los
hurritas; de esta manera, aquellos desposeyeron a los hurritas y se establecieron en su
lugar hasta el día de hoy. [23] En cuanto a los
avitas, que habitaban en los poblados hasta Gaza, fueron exterminados por los caftoritas, provenientes de Caftor, los cuales
se establecieron en lugar de ellos.
[24] Luego el Señor añadió: «Reanuden la
marcha y crucen el torrente Arnón. Yo te
entrego a Sijón, rey de Jesbón, el amorreo, con todo su país. Prepárate para iniciar la conquista y provócalo a la guerra.
[25] A partir de este momento, haré que el
pánico y el terror se apoderen de todos
los pueblos que están bajo el cielo: el que
oiga hablar de ti, temblará y se estremece-
rá de espanto».
[26] Desde el desierto de Quedemot envié
mensajeros a Sijón, rey de Jesbón, con la
siguiente propuesta de paz: [27] «Déjame pasar por tu país. Iré por el camino, sin desviarme ni a la derecha ni a la izquierda.
[28] Véndeme las provisiones necesarias para
comer, y dame también, a cambio de dinero, agua para beber. Te pido solamente que
me dejes pasar, [29] como ya me han dejado
los descendientes de Esaú, que viven en
Seír, y los moabitas de Ar. Así podré cruzar
el Jordán y llegar a la tierra que nos da el
Señor, nuestro Dios».
[30] Pero Sijón, rey de Jesbón, se negó a dejarnos pasar por su territorio, porque el Señor, tu Dios, había ofuscado su espíritu y endurecido su corazón, a fin de ponerlo en tus
manos, como lo está todavía hoy. [31] Entonces
el Señor me dijo: «He decidido entregarte a
Sijón con todo su país. Empieza la conquista apoderándote de su territorio». [32] Sijón nos
salió al paso con todas sus tropas, dispuesto
a librarnos batalla en Iasá. [33] Pero el Señor lo
puso en nuestras manos y lo derrotamos, a él
con sus hijos y todas sus tropas. [34] Nos apoderamos de todas sus ciudades y las consagramos al exterminio, sacrificando a hombres, mujeres y niños, sin dejar ningún
sobreviviente. [35] Nos reservamos como botín
solamente el ganado y los despojos de las
ciudades conquistadas. [36] Desde Aroer, en la
ribera del Arnón —incluyendo la ciudad que
está en el valle—, hasta Galaad, no hubo
para nosotros ninguna ciudad inexpugnable:
el Señor, nuestro Dios, nos entregó todo.
[37] Pero no te acercaste al país de los amonitas:
toda la ribera del torrente Iaboc, las ciudades
de la montaña y todos los lugares que el Señor, nuestro Dios, te había prohibido.
3 [1] Después dimos vuelta y subimos en
dirección a Basán. Entonces Og, rey
de Basán, nos salió al paso con todo su

ejército, dispuesto a presentarnos batalla en Edrei. 2 Pero el Señor me advirtió: «No le tengas miedo, porque yo lo pondré en tus manos con todo su ejército y sus dominios. Trátalo de la misma manera que trataste a Sijón, el rey de los amorreos que habitaba en Jesbón».

3 Efectivamente, el Señor, nuestro Dios, puso también en nuestras manos a Og, rey de Basán, con todo su ejército, y lo derrotamos hasta tal punto que no le quedó ni un solo sobreviviente. 4 Aquella vez nos apoderamos de todas sus ciudades. Las conquistamos todas, sin exceptuar ninguna: las sesenta ciudades del distrito de Argob, que pertenecía al reino de Og, en Basán. 5 Todas ellas eran ciudades defendidas por altas murallas, puertas y cerrojos, sin contar las ciudades de los perizitas, que también eran muy numerosas. 6 Y las consagramos al exterminio, como habíamos hecho con Sijón, rey de Jesbón, matando en cada ciudad a hombres, mujeres y niños. 7 Pero nos reservamos como botín el ganado y los despojos de las ciudades.

8 Así conquistamos, en aquella ocasión, el territorio de los dos reyes amorreos de la Transjordania, desde el Arnón hasta el monte Hermón 9 —al cual los sidonios llaman Sirión y los amorreos Senir—, 10 incluidas todas las ciudades del altiplano, todo Galaad y todo Basán, hasta Salcá y Edrei, ciudades del reino de Og, en Basán. 11 En cuanto a Og, rey de Basán, él era el único sobreviviente de la raza de los gigantes, como puede apreciarse por su sarcófago, que todavía se encuentra en Rabat de los amonitas: es un sarcófago de basalto, que mide cuatro metros y medio de largo por cuatro de ancho, según la medida común.

La distribución de la Transjordania y la sucesión de Moisés

Nm 32; Jos 13 15-33

12 Una vez que tomamos posesión del país, yo entregué a las tribus de Rubén y de Gad el territorio que se extiende desde Aroer, en el valle del Arnón, hasta la mitad de las montañas de Galaad, con sus ciudades. 13 Y cedí a media tribu de Manasés el resto de Galaad y todo Basán —el reino de Og— incluyendo el distrito de Argob. Ahora bien, todo Basán es lo que hoy se llama Tierra de Gigantes. 14 Pero Jaír, hijo de Manasés, se apoderó del distrito de Argob, hasta la frontera de Gesur y de Maacá, y puso su nombre a esa parte de Basán, que hasta hoy se sigue llamando Jaír. 15 A Maquir le di Galaad. 16 A las tribus de Rubén y de Gad les cedí el territorio que va desde Galaad hasta el Arnón, con la mitad del torrente como frontera, y hasta el torrente Iaboc, que sirve de límite con los amonitas; 17 y además, la Arabá, con el Jordán como frontera desde Genesaret hasta el mar de la Arabá o mar de la Sal, al pie de las laderas del Pisgá, hacia el oriente.

18 En aquel tiempo, yo les di esta orden: «El Señor, su Dios, los ha puesto en posesión de esta tierra. Ustedes, los guerreros, tomen sus armas y avancen al frente de sus hermanos, los israelitas. 19 Solamente sus mujeres, con los niños y el ganado —yo sé que ustedes tienen mucho ganado—, se quedarán en las ciudades que les di, 20 hasta que el Señor, su Dios, les conceda el descanso a sus hermanos, como lo hizo con ustedes, y también ellos tomen posesión de la tierra que el Señor les dará al otro lado del Jordán. Luego cada uno podrá volver a la herencia que les he asignado».

21 Entonces hice esta advertencia a Josué: «Tú has visto con tus propios ojos todo lo que hizo el Señor, nuestro Dios, con estos dos reyes. De la misma manera tratará el Señor a todos los reinos por donde vas a pasar. 22 No les teman, porque el que combate por ustedes es el Señor, tu Dios».

23 Y en esa ocasión, yo dirigí al Señor esta súplica: 24 «Señor, tú que has comenzado a mostrar a tu servidor tu grandeza y tu mano poderosa, porque no hay ningún dios en el cielo o en la tierra capaz de realizar las obras y los portentos que tú realizas: 25 déjame ir a ver la hermosa tierra que está del otro lado del Jordán, esa hermosa montaña, y el Líbano». 26 Pero por culpa de ustedes, el Señor se irritó contra mí y no me escuchó, sino que me dijo: «¡Basta! No vuelvas a hablarme de ese asunto. 27 Sube a la cima del Pisgá y extiende tu mirada hacia el oeste y el norte, hacia el sur y el este, y contempla esa tierra, porque tú no cruzarás el Jordán. 28 Da a Josué las debidas instrucciones, infúndele valor y anímalo, porque él lo cruzará al frente de este pueblo y lo pondrá en posesión de la tierra que ahora vas a ver».

29 Y nos quedamos en el valle que está junto a Bet Peor.

Exhortación de Moisés

Dt 5 1; 6 4; 5 33; 13 1; Eclo 3 14;
Nm 25 1-18; Dt 4 32-34; Sal 147 19-20

4 1 Y ahora, Israel, escucha los preceptos y las leyes que yo les enseño para que las pongan en práctica. Así ustedes vivirán y entrarán a tomar posesión de la tierra que les da el Señor, el Dios de sus padres. 2 No añadan ni quiten nada de lo que yo les ordeno. Observen los mandamientos del Señor, su Dios, tal como yo se los prescribo. 3 Ya han visto con sus propios ojos lo que hizo el Señor en Baal Peor: él

aniquiló a todos los que siguieron al Baal
de Peor. [4] Ustedes, en cambio, los que permanecieron fieles al Señor, su Dios, viven
todavía. [5] Tengan bien presente que ha sido
el Señor, mi Dios, el que me ordenó enseñarles los preceptos y las leyes que ustedes
deberán cumplir en la tierra de la que van
a tomar posesión. [6] Obsérvenlos y pónganlos en práctica, porque así serán sabios y
prudentes a los ojos de los pueblos, que al
oír todas estas leyes dirán: «¡Realmente es
un pueblo sabio y prudente esta gran nación!». [7] ¿Existe acaso una nación tan grande que tenga sus dioses cerca de ella, como
el Señor, nuestro Dios, está cerca de nosotros siempre que lo invocamos? [8] ¿Y qué
gran nación tiene preceptos y costumbres
tan justas como esta Ley que hoy promulgo en presencia de ustedes?

[9] Pero presta atención y ten cuidado, para no olvidar las cosas que has visto con tus
propios ojos, ni dejar que se aparten de tu
corazón un solo instante. Enséñalas a tus
hijos y a tus nietos. [10] El día en que estabas
delante del Señor, tu Dios, en el Horeb, él
me dijo: «Reúneme al pueblo y yo les haré
oír mis palabras, para que aprendan a temerme mientras vivan sobre la tierra, y enseñen a sus hijos a hacer otro tanto». [11] Ustedes se acercaron y permanecieron al pie
de la montaña, mientras la montaña ardía
envuelta en un fuego que se elevaba hasta
lo más alto del cielo, entre negros nubarrones y una densa oscuridad. [12] El Señor les
habló desde el fuego, y ustedes escuchaban
el sonido de sus palabras, pero no perci-
bían ninguna figura: solo se oía la voz. [13] Así
les reveló su alianza y les mandó que la
cumplieran: las diez Palabras que él mismo
escribió en dos tablas de piedra. [14] En aquella oportunidad, él me ordenó que les diera preceptos y leyes para que ustedes los pusieran en práctica en la tierra de la que van
a tomar posesión.

[15] Tengan cuidado de ustedes mismos.
Cuando el Señor les habló desde el fuego,
en el Horeb, ustedes no vieron ninguna
figura. [16] No vayan a pervertirse, entonces,
haciéndose ídolos de cualquier clase, que
tengan figura de hombre o de mujer, [17] de
animales que viven en la tierra o de aves que
vuelan por el espacio, [18] de reptiles que se
arrastran por el suelo, o de peces que viven
en las aguas, debajo de la tierra. [19] Y cuando
levantes los ojos hacia el cielo y veas el sol,
la luna, las estrellas y todo el Ejército de los
cielos, no te dejes seducir ni te postres para
rendirles culto. Porque ellos son la parte
que el Señor, tu Dios, ha dado a todos los
pueblos que están bajo el cielo. [20] A ustedes,
en cambio, los tomó y los hizo salir de Egipto —ese horno donde se funde el hierro—
para que fueran el pueblo de su herencia,
como lo son en el día de hoy.

[21] Pero, por culpa de ustedes, el Señor se
indignó contra mí y juró que yo no pasaría
el Jordán ni entraría en la hermosa tierra
que él te da como herencia. [22] Sí, yo moriré
en este país antes de pasar el Jordán, pero
ustedes lo van a cruzar y van a tomar posesión de esa hermosa tierra. [23] Tengan cuidado, entonces, de no olvidar la alianza que
el Señor, su Dios, ha establecido con ustedes, y no se fabriquen ningún ídolo que
tenga la figura de todo aquello que el Señor les prohíbe. [24] Porque el Señor, tu Dios,
es un fuego devorador, un Dios celoso.

[25] Y si después de haber tenido hijos y
nietos y de haber vivido largo tiempo en el
país, ustedes se pervierten y se hacen ídolos de cualquier clase, si cometen lo que es
malo a los ojos del Señor, su Dios, y provocan su indignación, [26] yo les juro hoy, poniendo por testigos contra ustedes al cielo
y a la tierra, que desaparecerán muy pronto del país que van a poseer cuando crucen
el Jordán. No vivirán allí mucho tiempo,
porque serán exterminados por completo:
[27] el Señor los dispersará entre los pueblos
y no quedarán más que unos pocos, diseminados en medio de las naciones adonde
él los conduzca. [28] Allí ustedes servirán a
dioses hechos por la mano del hombre,
dioses de madera y de piedra, que no ven
ni oyen, no comen ni sienten.

[29] Entonces buscarás al Señor, tu Dios, y
lo encontrarás, si lo buscas con todo tu corazón y con toda tu alma. [30] Y cuando estés
angustiado, porque te habrán sucedido todas estas cosas —al cabo de los años—,
volverás al Señor, tu Dios, y lo escucharás.
[31] Porque el Señor, tu Dios, es un Dios misericordioso, que no te abandonará, ni te
destruirá, ni se olvidará de la alianza que
estableció con tus padres mediante un juramento.

[32] Pregúntale al tiempo pasado, a los días
que te han precedido desde que el Señor
creó al hombre sobre la tierra, si de un extremo al otro del cielo sucedió alguna vez
algo tan admirable o se oyó una cosa semejante. [33] ¿Qué pueblo oyó la voz de Dios que
hablaba desde el fuego, como la oíste tú, y
pudo sobrevivir? [34] ¿O qué dios intentó venir a tomar para sí una nación de en medio
de otra, con milagros, signos y prodigios,
combatiendo con mano poderosa y brazo
fuerte, y realizando tremendas hazañas, como el Señor, tu Dios, lo hizo por ustedes en
Egipto, delante de tus mismos ojos?

[35] A ti se te hicieron ver todas estas cosas,
para que sepas que el Señor es Dios, y que
no hay otro dios fuera de él. [36] Él te hizo oír
su voz desde el cielo para instruirte; en la

tierra te mostró su gran fuego, y desde ese
fuego tú escuchaste sus palabras. 37 Por
amor a tus padres, y porque eligió a la descendencia que nacería de ellos, el Señor te
hizo salir de Egipto con su presencia y su
gran poder; 38 desposeyó a naciones más
numerosas y fuertes que tú; te introdujo en
sus territorios y te los dio como herencia,
hasta el día de hoy. 39 Reconoce hoy y medita en tu corazón que el Señor es Dios —allá
arriba, en el cielo, y aquí abajo, en la tierra— y no hay otro. 40 Observa los preceptos
y los mandamientos que hoy te prescribo.
Así serás feliz, tú y tus hijos después de ti, y
vivirás mucho tiempo en la tierra que el Señor, tu Dios, te da para siempre.

Las ciudades de refugio

Nm 35 9-34; Dt 19 1-13

41 Moisés destinó tres ciudades situadas
al este del Jordán 42 para que en ellas se re-
fugiara el homicida que hubiera matado a
alguien involuntariamente, sin haberlo
odiado antes: buscando asilo en una de
esas ciudades, salvaría su vida. 43 Estas ciudades eran: para los rubenitas, Béser, que
estaba situada en el desierto, en el altiplano; para los gaditas, Ramot de Galaad; y
para los manasitas, Golán de Basán.

SEGUNDO DISCURSO DE MOISÉS

Prólogo histórico del discurso

Dt 1 4-5

44 Esta es la Ley que Moisés expuso a los
israelitas, 45 y estas son las normas, los preceptos y las leyes que les dictó después que
salieron de Egipto, 46 cuando todavía se encontraban al otro lado del Jordán, en el valle que está cerca de Bet Peor. Allí tenía su
territorio Sijón, el rey amorreo que habitaba en Jesbón. Pero al salir de Egipto, Moisés y los israelitas lo derrotaron 47 y se apoderaron de su territorio. Lo mismo hicieron
con el país de Og, rey de Basán. Así conquistaron los países de los dos reyes amorreos de la Transjordania; 48 desde Aroer, en
la orilla del torrente Arnón, hasta el monte
Sirión —o sea, el Hermón—, 49 incluida toda la Arabá, al este del Jordán, hasta el mar
de la Arabá, al pie de las laderas del Pisgá.

La promulgación del decálogo

Dt 4 10-20; Ex 20 2-17; 19 16-21

5 1 Moisés convocó a todo Israel y les
dijo: Escucha, Israel, los preceptos y
las leyes que yo promulgo hoy en presencia de todos ustedes. Apréndanlos para ponerlos en práctica cuidadosamente. 2 El Señor, nuestro Dios, hizo una alianza con
nosotros en el Horeb. 3 No la hizo con
nuestros padres, sino con nosotros, los que

NATIVOAMERICANO

El código lakota

Toda ley justa es una regla de conducta para el bien común y depende de la ley natural grabada por Dios en el corazón de cada persona. Esta ley ordena hacer el bien, prohíbe obrar mal y ayuda a discernir entre la verdad y el error. Por eso esta ley permanece a lo largo de la historia, fundamenta muchas leyes civiles y es similar en muchos pueblos, aunque no conozcan la Ley de Dios dada en el Sinaí.

Este código, de una tribu lakota de Estados Unidos, es muy parecido al decálogo (Dt 5 1-21).

- Ámense unos a otros.
- Compadezcan a los niños huérfanos. Sean bondadosos con ellos porque son pobres; denles alimento y vestido.
- No se maten unos a otros.
- No roben nada de otros, especialmente de su propia gente.
- No digan mentiras a nadie. No mientan acerca de nadie.
- Respeten a sus hermanos y hermanas. No se casen con un miembro de su propia familia.
- El don de la palabra es un gran regalo que nuestro creador hizo a las personas. Por esto no hablen mal de nadie. Hablar mal perjudica a su familia y su vida diaria.
- Nunca peleen con los demás. Sean buenos con los otros y muéstrense amigables con quienes se encuentren y donde los encuentren.
- No sean presumidos. Absténganse de herir los sentimientos de otros. La persona generosa es respetada por todos.[1]

Dt 5 1-21

hoy estamos aquí, todos con vida. 4 En la
montaña les habló cara a cara, desde el
fuego, 5 mientras yo hacía de intermediario
entre el Señor y ustedes para anunciarles su
palabra, porque ustedes, atemorizados por
el fuego, no habían subido a la montaña.
El Señor dijo:
6 Yo soy el Señor, tu Dios, que te hice salir de Egipto, de un lugar de esclavitud.
7 No tendrás otros dioses delante de mí.
8 No te harás ninguna escultura y ninguna imagen de lo que hay arriba, en el cielo,
o abajo, en la tierra, o debajo de la tierra, en
las aguas. 9 No te postrarás ante ellas ni les

rendirás culto, porque yo soy el Señor, tu
Dios, un Dios celoso, que castigo la maldad
de los padres en los hijos, hasta la tercera y
cuarta generación, si ellos me aborrecen;
10 y tengo misericordia a lo largo de mil generaciones, si me aman y cumplen mis mandamientos.
11 No pronunciarás en vano el nombre
del Señor, tu Dios, porque él no dejará sin
castigo al que lo pronuncie en vano.
12 Observa el día sábado para santificarlo,
como el Señor, tu Dios, te lo ha ordenado.
13 Durante seis días trabajarás y realizarás
todas tus tareas, 14 pero el séptimo día es día
de descanso en honor del Señor, tu Dios.
En él no harán ningún trabajo ni tú, ni tu
hijo, ni tu hija, ni tu esclavo, ni tu esclava,
ni tu buey, ni tu asno, ni ningún otro de tus
animales, ni tampoco el extranjero que reside en tus ciudades. Así podrán descansar
tu esclavo y tu esclava, como lo haces tú.
15 Recuerda que fuiste esclavo en Egipto, y
que el Señor te hizo salir de allí con el poder de su mano y la fuerza de su brazo. Por
eso el Señor, tu Dios, te manda celebrar el
día sábado.
16 Honra a tu padre y a tu madre, como
el Señor, tu Dios, te lo ha mandado, para
que tengas una larga vida y seas feliz en la
tierra que el Señor, tu Dios, te da.
17 No matarás.
18 No cometerás adulterio.
19 No robarás.
20 No darás falso testimonio contra tu
prójimo.
21 No codiciarás la mujer de tu prójimo,
ni desearás su casa, su campo, su esclavo,
su esclava, su buey, su asno, ni ninguna
otra cosa que le pertenezca.
22 Estas son las palabras que el Señor les
dirigió en la montaña, cuando todos ustedes estaban reunidos. Él les habló con voz
potente, desde el fuego, la nube y una densa oscuridad. No añadió nada más, sino
que escribió esas palabras en las dos tablas
de piedra que me entregó.
23 Cuando oyeron la voz que salía de las
tinieblas, mientras la montaña ardía envuelta en llamas, todos ustedes, jefes de tribu y
ancianos, se acercaron a mí 24 y me dijeron:
«El Señor, nuestro Dios, nos ha mostrado su
gloria y su grandeza, y hemos oído su voz,
que salía desde el fuego. Hoy hemos visto
que Dios puede hablar con los hombres sin
que por eso mueran. 25 Pero ahora, ¿por qué
tendremos que morir, consumidos por este
gran fuego? Si seguimos escuchando la voz
del Señor, nuestro Dios, seguramente moriremos. 26 ¿Hay acaso algún hombre que pudo sobrevivir después de haber oído la voz
del Dios viviente que le hablaba desde el
fuego, como la hemos oído nosotros? 27 Por
eso, acércate y escucha lo que dice el Señor,
nuestro Dios, y luego repítenos todo lo que
él te diga. Nosotros lo escucharemos y lo
pondremos en práctica».
28 Cuando el Señor oyó las palabras que
ustedes me dirigieron, me advirtió: «He oído las palabras que te dijo este pueblo. Todo lo que han dicho está muy bien. 29 ¡Ojalá que siempre estén dispuestos como ahora
a temerme y a cumplir mis mandamientos!
Así ellos y sus hijos serán siempre felices.
30 Ahora ve a decirles que regresen a sus tiendas. 31 Tú, en cambio, quédate aquí junto a
mí, y yo te indicaré los mandamientos, los
preceptos y las leyes que deberás enseñarles,
a fin de que los pongan en práctica en la tierra que les daré en posesión».
32 Pongan cuidado en practicar lo que el
Señor, su Dios, les ha ordenado, sin des-

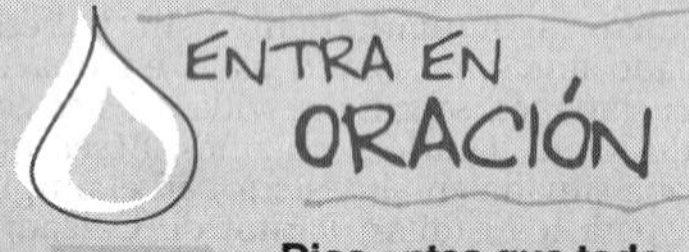

Dios antes que todo: el *Shemah*

Lee Deuteronomio 6 4-9. Deja que la frase: «Escucha, Israel: el Señor, nuestro Dios, es el único Señor» (v. 4) resuene en tu corazón. Observa lo que sigue: «Amarás al Señor, tu Dios, con todo tu corazón, con toda tu alma y con todas tus fuerzas» (v. 5), o sea, comprometiendo la totalidad de tu ser.

Estamos ante la más célebre profesión de fe en el Antiguo Testamento. Los judíos piadosos han hecho esta oración, llamada el *Shemah*, varias veces cada día, por siglos. Ora completando las siguientes frases inspiradas en el *Shemah*:

Mi Dios, quiero escucharte, especialmente para...

Quiero amarte con todo el corazón, pero me es muy difícil...

Para amarte con toda mi mente, necesito que me ayudes a...

Te entrego todas mis capacidades, energía y fuerzas para...

Guarda en mi corazón tu palabra para que me guíe cuando...

Concédeme nunca perderte de vista, especialmente...

Tú me haces ser feliz, particularmente...

Al finalizar tu oración, piensa en un medio creativo para recordar tu amor a Dios en todas las decisiones importantes de tu vida.

Dt 6 4-9

viarse ni a la derecha ni a la izquierda. 33 Vayan por el camino que el Señor, su Dios, les ha trazado, para gozar de una larga vida en la tierra de la que van a tomar posesión.

6 1 Este es el mandamiento, y estos son los preceptos y las leyes que el Señor, su Dios, ordenó que les enseñara a practicar en el país del que van a tomar posesión, 2 a fin de que temas al Señor, tu Dios, observando constantemente todos los preceptos y mandamientos que yo te prescribo, y así tengas una larga vida, lo mismo que tu hijo y tu nieto. 3 Por eso, escucha, Israel, y empéñate en cumplirlos. Así gozarás de bienestar y llegarás a ser muy numeroso en la tierra que mana leche y miel, como el Señor, tu Dios, te lo ha prometido.

4 Escucha, Israel: el Señor, nuestro Dios, es el único Señor. 5 Amarás al Señor, tu Dios, con todo tu corazón, con toda tu alma y con todas tus fuerzas. 6 Graba en tu corazón estas palabras que yo te dicto hoy. 7 Incúlcalas a tus hijos, y háblales de ellas cuando estés en tu casa y cuando vayas de viaje, al acostarte y al levantarte. 8 Átalas a tu mano como un signo, y que estén como una marca sobre tu frente. 9 Escríbelas en las puertas de tu casa y en sus postes.

10 Cuando el Señor, tu Dios, te introduzca en la tierra que él te dará, porque así lo juró a tus padres, a Abraham, a Isaac y a Jacob —en ciudades grandes y prósperas que tú no levantaste; 11 en casas colmadas de toda clase de bienes, que tú no acumulaste; en pozos que tú no cavaste; en viñedos y olivares que tú no plantaste—, y cuando comas hasta saciarte, 12 ten cuidado de no olvidar al Señor que te hizo salir de Egipto, de un lugar de esclavitud. 13 Teme al Señor, tu Dios, sírvelo y jura por su Nombre.

14 No vayan detrás de otros dioses, de los dioses de los pueblos que están alrededor de ustedes. 15 Porque el Señor, tu Dios, que está en medio de ti, es un Dios celoso, y si su enojo se enciende contra ti, te exterminará de la tierra. 16 No provoquen al Señor, su Dios, como lo hicieron en Masá. 17 Observen cuidadosamente los mandamientos del Señor, su Dios, y las instrucciones y los preceptos que él te dio. 18 Practica lo que es recto y bueno a los ojos del Señor, para ser feliz e ir a tomar posesión de la hermosa tierra que él prometió con un juramento a tus padres. 19 Porque el Señor expulsará a todos los enemigos que encuentres a tu paso, como te lo ha anunciado.

20 Y cuando tu hijo te pregunte el día de mañana: «¿Qué significan esas normas, esos preceptos y esas leyes que el Señor nos ha impuesto?», 21 tú deberás responderle: «Nosotros fuimos esclavos del Faraón en Egipto, pero el Señor nos hizo salir de allí con mano poderosa. 22 Él realizó, ante nuestros mismos ojos, grandes signos y tremendos prodigios contra Egipto, contra el Faraón y contra toda su casa. 23 Él nos hizo salir de allí y nos condujo para darnos la tierra que había prometido a nuestros padres con un juramento. 24 El Señor nos ordenó practicar todos estos preceptos y temerlo a él, para que siempre fuéramos felices y para conservarnos la vida, como ahora sucede. 25 Y esta será nuestra justicia: observar y poner en práctica todos estos mandamientos delante del Señor, nuestro Dios, como él nos lo ordenó».

Israel, pueblo elegido

Ex 34 11; 23 22-23; Ex 34 15; Jos 9 1-27; Nm 25 1-2; 31 16; Ex 34 16; Ex 23 24; 34 13; Dt 14 2.21; Ex 19 5-6

7 1 Cuando el Señor, tu Dios, te introduzca en la tierra de la que vas a tomar posesión, él expulsará a siete naciones más numerosas y fuertes que tú: a los hititas, los guirgasitas, los amorreos, los cananeos, los perizitas, los jivitas y los jebuseos.

PERSPECTIVA CATÓLICA

Un pueblo consagrado

Al elegir a Israel, Dios no se fija en las cualidades y defectos de la gente. Simplemente elige y proclama: «Tú eres un pueblo consagrado al Señor, tu Dios» (Dt 7 6). *Consagrar* implica «hacer sagrada una cosa, separándola y reservándola para Dios».

Si el pueblo de Israel fue consagrado para Dios, con mayor razón lo somos quienes hemos sido bautizados, pues el Espíritu Santo que habita en nosotros nos ha llenado de Dios. Por eso los bautizados recibimos el nombre de *laicos*, que quiere decir «pueblo». Somos el nuevo Pueblo de Dios, consagrado a él para dos cosas muy importantes: vivir en comunión de amor con Dios y nuestros hermanos, lo que supone separarnos de todo lo que contradiga el amor, y para participar de la misión sacerdotal, profética y real de Jesucristo para hacer presente a Dios en la vida de mucha gente.

¡Vale la pena haber sido consagrados a Dios! ¿No lo crees?

Dt 7 6

2 El Señor, tu Dios, los pondrá en tus manos, y tú los derrotarás. Entonces los consagrarás al exterminio total: no hagas con
ellos ningún pacto, ni les tengas compasión. 3 No establezcas vínculos de parentesco con ellos, permitiendo que tu hija se case con uno de sus hijos, o tomando una
hija suya por esposa de tu hijo. 4 De lo contrario, ella apartará de mí a tu hijo y lo hará servir a otros dioses. Entonces el Señor
se irritará contra ustedes y enseguida los
exterminará. 5 Por eso, trátenlos de este
modo: derriben sus altares, destruyan sus
piedras conmemorativas, talen sus postes
sagrados y prendan fuego a sus ídolos.
6 Porque tú eres un pueblo consagrado al
Señor, tu Dios: él te eligió para que fueras
su pueblo y su propiedad exclusiva entre
todos los pueblos de la tierra.

7 El Señor se prendó de ustedes y los eligió, no porque sean el más numeroso de todos los pueblos. Al contrario, tú eres el más
insignificante de todos. 8 Pero por el amor
que les tiene, y para cumplir el juramento
que hizo a tus padres, el Señor los hizo salir
de Egipto con mano poderosa, y los libró de
la esclavitud y del poder del Faraón, rey de
Egipto. 9 Reconoce, entonces, que el Señor,
tu Dios, es el verdadero Dios, el Dios fiel,
que a lo largo de mil generaciones mantiene su alianza y su fidelidad con aquellos
que lo aman y observan sus mandamientos;
10 pero que no tarda en dar su merecido a
aquel que lo aborrece, a él mismo en persona, haciéndolo desaparecer.

11 Por eso, observa los mandamientos, los
preceptos y las leyes que hoy te ordeno poner en práctica. 12 Porque si escuchas estas
leyes, las observas y las practicas, el Señor,
tu Dios, mantendrá en tu favor la alianza y
la fidelidad que juró a tus padres. 13 Él te
amará, te bendecirá y te multiplicará. Bendecirá el fruto de tu seno, el fruto de tu suelo —tu trigo, tu vino y tu aceite— y las crías
de tus ganados y rebaños, en la tierra que él
te dará, porque así lo juró a tus padres. 14 Serás más bendecido que todos los demás
pueblos. Nadie será estéril entre ustedes, ni
los hombres, ni las mujeres, ni los animales. 15 El Señor apartará de ti toda enfermedad, y no te infligirá ninguna de esas plagas
malignas que envió sobre Egipto, y que tú
ya conoces. Las tendrá reservadas, en cambio, para aquellos que te odian. 16 Destruye
entonces a todos esos pueblos que el Señor,
tu Dios, pone en tus manos. No les tengas
compasión ni sirvas a sus dioses, porque
eso sería para ti una trampa.

17 Y si alguna vez te preguntas: «¿Cómo
voy a desposeer a esas naciones, si son más
numerosas que yo?», 18 no les tengas miedo. Recuerda cómo trató el Señor, tu Dios,
al Faraón y a todo Egipto: 19 los grandes
portentos que has visto con tus propios
ojos y los signos que él realizó, cuando con
mano poderosa y brazo fuerte te hizo salir
de Egipto. Así tratará el Señor, tu Dios, a
todos los pueblos que temes enfrentar.
20 Más aún, él hará cundir el pánico en medio de ellos, hasta que todos queden exterminados, incluso los sobrevivientes y los
que intenten permanecer ocultos.

21 No tiembles delante de ellos, porque en
medio de ti está el Señor, tu Dios, el Dios
grande y temible, 22 que irá eliminando poco a poco a las naciones que encuentres a tu
paso. No podrás exterminarlas de un solo
golpe, porque de lo contrario los animales
salvajes se multiplicarían en perjuicio tuyo.
23 Pero el Señor, tu Dios, te las entregará, y
sembrará entre ellas una gran confusión,
hasta destruirlas. 24 Él pondrá a sus reyes en
tus manos, y tú harás desaparecer sus nombres de la tierra. Ninguno te podrá resistir,
hasta que los extermines por completo.

25 Ustedes, por su parte, prendan fuego a
las estatuas de sus dioses. Y no codicies la
plata y el oro de que están recubiertas, ni te
quedes con ellos, para no caer en una trampa. Porque eso es una abominación para el
Señor, tu Dios. 26 No introduzcas en tu casa
nada abominable, porque también tú te harías digno de ser consagrado al exterminio.
Detesta todo eso y considéralo abominable,
porque está consagrado al exterminio.

La tierra, don del Señor

Ex 16 13-35; Mt 4 1-11;
Dt 29 4-5; Prov 3 11-12

8 1 Pongan cuidado en practicar íntegramente el mandamiento que hoy
les doy. Así ustedes vivirán, se multiplicarán y entrarán a tomar posesión de la tierra
que el Señor prometió a sus padres con un
juramento. 2 Acuérdate del largo camino
que el Señor, tu Dios, te hizo recorrer por
el desierto durante esos cuarenta años. Allí
él te afligió y te puso a prueba, para conocer el fondo de tu corazón y ver si eres capaz o no de guardar sus mandamientos.
3 Te afligió y te hizo sentir hambre, pero te
dio a comer el maná, ese alimento que ni
tú ni tus padres conocían, para enseñarte
que el hombre no vive solamente de pan,
sino de todo lo que sale de la boca del Señor. 4 La ropa que llevabas puesta no se gas-
tó, ni tampoco se hincharon tus pies durante esos cuarenta años.

EL SEÑOR, TU DIOS,
TE CORRIGE COMO UN PADRE
A SUS HIJOS.
Dt 8 5

AFROAMERICANO

El principio de *ujima* = colaboración en el trabajo

¡Cómo admiramos la arquitectura de las pirámides de Egipto! Tomó cientos de años construirlas y llevan siglos en pie. Algunas piedras pesan dos toneladas, y todas fueron labradas y alineadas sin cemento. Los arquitectos, científicos, matemáticos e ingenieros aún no tienen idea de cómo fueron hechas.

Las pirámides son un ejemplo del principio *ujima* que significa «colaboración y responsabilidad en el trabajo». Quienes las empezaron sabían que no las verían terminadas, pero siguieron trabajando con empeño (ver «El sistema de valores *Kwanzaa*», Esd 6 19-22).

Hoy día necesitamos jóvenes que trabajen unidos para forjar una nueva sociedad. Quizá se requiera el esfuerzo de más de una generación. Martín Luther King Jr. dijo: «He estado en la cima de la montaña y he visto la Tierra prometida, tal vez no me toque entrar, pero sepan que todos, como pueblo, entraremos a la Tierra prometida». Sabía que no vería a su gente liberada del prejuicio y la discriminación; no obstante, trabajó toda su vida unido a otros por alcanzar este objetivo.

El Deuteronomio recuerda a los israelitas que, para dar prosperidad a su nación, debían trabajar unidos y solidariamente. Si seguimos este mensaje tendremos éxito como individuos y como pueblo.

Dt 8 11-18

5 Reconoce que el Señor, tu Dios, te corrige como un padre a sus hijos. 6 Observa
los mandamientos del Señor, tu Dios; sigue sus caminos y témelo.
7 Sí, el Señor, tu Dios, te va a introducir
en una tierra fértil, un país de torrentes, de
manantiales y de aguas profundas que brotan del valle y de la montaña; 8 una tierra
de trigo y cebada, de viñedos, de higueras
y granados, de olivares, de aceite y miel;
9 un país donde comerás pan en abundancia y donde nada te faltará, donde las piedras son de hierro y de cuyas montañas ex-
traerás cobre. 10 Allí comerás hasta saciarte
y bendecirás al Señor, tu Dios, por la tierra
fértil que él te dio.
11 Pero ten cuidado: no olvides al Señor,
tu Dios, ni dejes de observar sus mandamientos, sus leyes y sus preceptos, que yo
te prescribo hoy. 12 Y cuando comas hasta
saciarte, cuando construyas casas conforta-
bles y vivas en ellas, 13 cuando se multipliquen tus vacas y tus ovejas, cuando tengas
plata y oro en abundancia y se acrecienten
todas tus riquezas, 14 no te vuelvas arrogante, ni olvides al Señor, tu Dios, que te hizo
salir de Egipto, de un lugar de esclavitud,
15 y te condujo por ese inmenso y temible
desierto, entre serpientes abrasadoras y escorpiones. No olvides al Señor, tu Dios,
que en esa tierra sedienta y sin agua hizo
brotar para ti agua de la roca, 16 y en el desierto te alimentó con el maná, un alimento que no conocieron tus padres. Así te
afligió y te puso a prueba, para que tuvieras un futuro dichoso. 17 No pienses entonces: «Mi propia fuerza y el poder de mi brazo me han alcanzado esta prosperidad».
18 Acuérdate del Señor, tu Dios, porque él te
da la fuerza necesaria para que alcances esa
prosperidad, a fin de confirmar la alianza
que juró a tus padres, como de hecho hoy
sucede. 19 Pero si llegas a olvidarte del Señor, tu Dios, y vas detrás de otros dioses, si
los sirves y te postras delante de ellos, yo
les aseguro solemnemente que ustedes perecerán. 20 Perecerán como esas naciones
que el Señor va destruyendo delante de ustedes, por no haber escuchado la voz del
Señor, su Dios.

La victoria, obra del Señor

Dt 7 1; 4 1; 1 28; 4 24; 8 17;
Sab 12 3-7; Ex 32 9; Dt 31 27; Ez 2 1-7

9 1 Escucha, Israel. Hoy vas a cruzar el
Jordán, para desposeer a naciones
más numerosas y fuertes que tú, y a grandes ciudades defendidas por murallas que
se alzan hasta el cielo. 2 Son los anaquitas,
un pueblo numeroso y de elevada estatura.
Tú ya los conoces y has oído decir de ellos:
«¿Quién es capaz de enfrentar a los anaquitas?». 3 Pero ten presente que desde hoy
el Señor irá delante de ti como un fuego
devorador, y los destruirá. Él los someterá
a ti para que puedas desposeerlos y hacerlos desaparecer rápidamente, como el Señor te lo ha prometido.
4 Y cuando el Señor, tu Dios, los arroje
lejos de ti, no digas en tu corazón: «A causa de mi justicia, el Señor me ha puesto en
posesión de esta tierra». Porque solo por la
perversidad de esas naciones, el Señor, tu
Dios, las despoja ante ti. 5 No son ni tu justicia ni la rectitud de tu corazón las que te
harán tomar posesión de esa tierra. Todo
lo contrario: es a causa de la maldad de
esas naciones que el Señor las despoja ante ti, para cumplir la promesa que él juró a
tus padres, a Abraham, a Isaac y a Jacob.

6 Reconoce, entonces, que el Señor no te da la posesión de esa hermosa tierra a causa de tu justicia, porque tú eres un pueblo obstinado.

Las infidelidades de Israel y la intercesión de Moisés

Ex 31 18; 32 7-10.15-19

7 Acuérdate de esto, no lo olvides: has irritado en el desierto al Señor, tu Dios. Desde el día en que salieron de Egipto hasta que llegaron a este lugar, ustedes han sido rebeldes al Señor. 8 Ya en el Horeb lo irritaron, y él se indignó tanto que estuvo a punto de destruirlos. 9 Eso sucedió cuando yo subí a la montaña para recibir las tablas de piedra, las tablas de la alianza que el Señor hizo con ustedes. Yo estuve arriba, en la montaña, cuarenta días y cuarenta noches, sin comer ni beber. 10 Entonces el Señor me entregó las dos tablas de piedra, escritas por el dedo de Dios, donde estaban todas las palabras que él les dirigió en la montaña, desde el fuego, el día de la asamblea.

11 Al cabo de esos cuarenta días, cuando el Señor me entregó las dos tablas de piedra, las tablas de la alianza, 12 me dijo: «Baja de la montaña ahora mismo, porque tu pueblo, ese que sacaste de Egipto, se ha pervertido. Ellos se apartaron rápidamente del camino que yo les había trazado y se han fabricado una estatua de metal fundido». 13 Después agregó: «Ya veo que este es un pueblo obstinado. 14 Por eso, déjame que los destruya y que borre de la tierra hasta su nombre. De ti, en cambio, suscitaré una nación más numerosa y fuerte que ellos».

15 Yo me di vuelta y bajé de la montaña, que ardía envuelta en llamas, llevando en mis manos las tablas de la alianza. 16 Entonces vi que ustedes habían pecado contra el Señor, su Dios, haciéndose un ternero de metal fundido y apartándose rápidamente del camino que él les había trazado. 17 Por eso tomé las dos tablas de piedra, las arrojé violentamente, y las hice añicos en presencia de todos.

18 Luego me postré delante del Señor, y permanecí cuarenta días y cuarenta noches sin comer ni beber, como lo había hecho la vez anterior. Lo hice a causa de todos los pecados que ustedes habían cometido, haciendo lo que es malo a los ojos del Señor y provocando su enojo. 19 Porque yo sentía un gran temor ante la ira y la indignación del Señor que se había desatado contra ustedes, hasta el punto de querer aniquilarlos. Pero él me escuchó una vez más. 20 El Señor estaba tan irritado contra Aarón que quería destruirlo, y en aquella oportunidad también intercedí por él. 21 Y a esa obra del pecado, a ese ternero que ustedes habían fabricado, lo tomé, lo quemé y lo molí, hasta convertirlo en polvo muy fino, y después lo arrojé en el torrente que baja de la montaña.

22 Además, ustedes irritaron al Señor en Taberá, en Masá y en Quibrot Hataavá. 23 Y cuando el Señor les ordenó que salieran de Cades Barné, diciéndoles: «Suban a tomar posesión de la tierra que yo les he dado», ustedes se rebelaron contra la orden del Señor, su Dios; no le tuvieron confianza ni le obedecieron. 24 ¡Rebeldes! Eso es lo que ustedes han sido para con el Señor, su Dios, desde el día en que los conocí.

25 A pesar de todo, yo me postré delante del Señor y así estuve cuarenta días y cuarenta noches, porque el Señor amenazaba con destruirlos. 26 Entonces intercedí ante el Señor con estas palabras: «Señor, no destruyas al pueblo que es tu herencia, ese pueblo que tú has rescatado por tu grandeza, y que hiciste salir de Egipto con mano poderosa. 27 Acuérdate de Abraham, de Isaac y de Jacob, tus servidores, y no tengas en cuenta la obstinación de este pueblo, ni su maldad, ni su pecado. 28 De lo contrario, se dirá en el país de donde nos hiciste salir: "El Señor es impotente para introducirlos en la tierra que les había prometido, y por el odio que les tiene, los sacó para hacerlos morir en el desierto". 29 Después de todo, ellos son tu pueblo y tu herencia, y tú los libraste con tu gran fuerza y tu brazo poderoso».

10 1 En aquel tiempo, el Señor me dijo: «Talla dos tablas de piedra iguales a las primeras y sube a la montaña para encontrarte conmigo. Construye también un arca de madera. 2 Yo escribiré en esas tablas las mismas palabras que estaban escritas en las que tú rompiste. Después las depositarás en el arca».

3 Hice un arca de madera de acacia, tallé dos tablas de piedra iguales a las primeras y subí a la montaña con las dos tablas en la mano. 4 Entonces el Señor escribió en ellas lo mismo que había escrito antes: las diez Palabras que había promulgado en la montaña, desde el fuego, el día de la asamblea. Cuando me las entregó, 5 yo me di vuelta, bajé de la montaña y deposité las tablas en el arca que había construido. Allí están todavía, como el Señor me lo ordenó.

6 Los israelitas partieron de los pozos de Bené Iaacán y se dirigieron hacia Moserá. Allí murió y fue enterrado Aarón, y su hijo Eleazar lo sucedió en el ejercicio del sacerdocio. 7 Luego siguieron avanzando hasta Gudgodá, y de allí fueron a Jotbá, una región donde abundan los torrentes.

8 Entonces el Señor puso aparte a la tribu de Leví para que transportara el Arca de la Alianza del Señor, para que estuviera en su

VIVE LA PALABRA

Con todo el corazón

Los signos rituales, como la circuncisión de los israelitas y el Bautismo cristiano, son ritos vacíos si no se acoge la acción de Dios en el corazón y se vive según su ley. Los autores bíblicos se refieren a esta vida interior como «circuncisión del corazón» (Dt 10 16; Jr 4 4; Rom 2 25-29).

¿De qué valen los ritos externos si nuestro corazón permanece indiferente? Seguir a Dios con todo el corazón nos cuestiona:

- ¿Cómo respondes a la elección y el amor de Dios?
- ¿Abres tu corazón a la justicia y amas al huérfano/a, a la viuda y al necesitado/a?

Deja que el espíritu de Dios transforme tu egoísmo en amor; tu flojera en laboriosidad; tu desprecio a los demás en respeto y valoración...

¿Qué tipo de conversión es la que más necesitas? Presenta a Dios esta necesidad y pide fuerza para que puedas seguir creciendo como cristiano/a.

Dt 10 12-18

presencia y lo sirviera, y para que bendijera en su Nombre, como lo ha venido haciendo hasta ahora. 9 Por eso Leví no tiene parte ni herencia entre sus hermanos: el Señor es su herencia, como él mismo se lo ha declarado.

10 Yo estuve en la montaña cuarenta días y cuarenta noches, como lo había estado la vez anterior, y también esa vez me escuchó el Señor. Él no quiso destruirte, 11 sino que me dijo: «Ve ahora mismo a ponerte al frente del pueblo, para que entren a tomar posesión de la tierra que juré dar a sus padres».

La fidelidad al Señor

Dt 6 5; Hch 10 34

12 Y ahora, Israel, esto es lo único que te pide el Señor, tu Dios: que lo temas y sigas todos sus caminos, que ames y sirvas al Señor, tu Dios, con todo tu corazón y con toda tu alma, 13 observando sus mandamientos y sus preceptos, que hoy te prescribo para tu bien. 14 Al Señor, tu Dios, pertenecen el cielo y lo más alto del cielo, la tierra y todo lo que hay en ella. 15 Sin embargo, solo con tus padres se unió con lazos de amor, y después de ellos los eligió a ustedes, que son su descendencia, prefiriéndolos a todos los demás pueblos.

16 Por eso, circunciden sus corazones y no persistan en su obstinación, 17 porque el Señor, su Dios, es el Dios de los dioses y el Señor de los señores, el Dios grande, valeroso y temible, que no hace acepción de personas ni se deja sobornar. 18 Él hace justicia al huérfano y a la viuda, ama al extranjero y le da ropa y alimento. 19 También ustedes amarán al extranjero, ya que han sido extranjeros en Egipto. 20 Teme al Señor, tu Dios, y sírvelo; vive unido a él y jura por su Nombre. 21 Él es tu gloria y tu Dios, y él realizó en tu favor esas tremendas hazañas de que fuiste testigo. 22 Porque cuando tus padres bajaron a Egipto, eran apenas setenta personas, y ahora el Señor te ha hecho numeroso como las estrellas del cielo.

Acontecimientos edificantes para Israel

Ex 7 – 14; Nm 16

11 1 Amarás al Señor, tu Dios, y observarás siempre sus normas, sus preceptos, sus leyes y sus mandamientos. 2 Ustedes —y no sus hijos, que no han conocido ni experimentado la lección del Señor— son los que conocen hoy su grandeza, el poder de su mano y la fuerza de su brazo; 3 los signos y las obras que realizó en Egipto contra el Faraón, rey de Egipto, y contra todo su país; 4 lo que hizo con el ejército egipcio, con su caballería y sus carros de guerra, cuando se lanzaron en persecución de ustedes y él desencadenó contra ellos las aguas del mar Rojo, y los hizo desaparecer hasta el día de hoy; 5 lo que hizo por ustedes en el desierto, hasta que llegaron a este lugar; 6 y la manera como trató a Datán y a Abirón, los hijos de Eliab, el rubenita, cuando la tierra abrió sus fauces y los devoró junto con sus familias, sus tiendas, y todos sus secuaces, en medio de todo Israel. 7 Sí, son ustedes los que han visto, con sus propios ojos, la gran obra que realizó el Señor.

Promesas y advertencias

Dt 28 3-5; 8 7-10; Lv 26 3-13; Dt 6 6-9

8 Observen todos los mandamientos que hoy les prescribo. Así tendrán la fuerza ne-

Una nación de inmigrantes

Aquí en nuestro limpio mar, en la entrada
del ocaso, está una mujer poderosa
sosteniendo una antorcha... la Madre de
los Exiliados... sus labios silenciosos gritan:
«Denme su gente cansada, su gente pobre,
su muchedumbre apretujada que anhela
respirar en libertad».[2]

Estas palabras impresas en la Estatua de la Libertad, un monumento muy amado en Estados Unidos, tienen un significado profundo en una nación constituida por inmigrantes, que afirman: «Venimos buscando libertad ante la opresión política...»; «huyendo de la persecución religiosa...»; «forzados por la pobreza...»; «evadiendo la guerra y la violencia...» Y también escuchamos: «Fuimos traídos como esclavos, con cadenas».

Pero no siempre tratamos a los inmigrantes como Dios desea, «también ustedes amarán al extranjero» (Dt 10 19). ¡Es tan fácil caer en el individualismo y el egoísmo! !Es tan cómodo abrir los brazos a los inmigrantes cuando los necesitamos, y rechazarlos en épocas de recesión económica! ¡Es tan lucrativo explotarlos en el trabajo por estar indefensos!

Preguntémonos sinceramente: ¿Cómo damos la bienvenida y ayudamos a los inmigrantes, especialmente a los más pobres? ¿Los dejamos que se defiendan solos? ¿Damos nuestro tiempo y recursos para apoyar su desarrollo personal e integración social, respetando su identidad y sus valores?

Dt 10 19

DT

cesaria para ir a conquistar el país del que ustedes van a tomar posesión, 9 y podrán vivir largo tiempo en la tierra que el Señor juró dar a sus padres y a su descendencia, tierra que mana leche y miel.

10 Porque la tierra que tú vas a tomar en posesión no es como Egipto, el país de donde ustedes salieron. Allí sembrabas tu semilla, y luego tenías que regar con tu pie, como se riega una huerta. 11 En cambio, la tierra que vas a tomar en posesión es una región de montañas y valles regados por la lluvia del cielo, 12 y está bajo el cuidado constante del Señor, tu Dios. Sobre ella permanecen fijos los ojos del Señor, tu Dios, desde el comienzo hasta el fin del año. 13 Y si ustedes obedecen fielmente los mandamientos que hoy les impongo, amando al Señor, su Dios, y sirviéndolo de todo corazón y con toda el alma, 14 yo enviaré lluvia a la tierra en el momento oportuno —lluvia de otoño y de primavera— y podrás recoger tu trigo, tu vino nuevo y tu aceite. 15 Haré crecer en tus campos pasto para tu ganado, y comerás hasta saciarte.

16 Pero tengan cuidado, no sea que sus corazones se dejen seducir, y ustedes se extravíen, sirviendo a otros dioses y postrándose delante de ellos. 17 Porque entonces la ira del Señor arderá contra ustedes: él cerrará el cielo y ya no habrá más lluvia; el suelo dejará de dar sus frutos, y ustedes no tardarán en desaparecer de esta tierra fértil que les da el Señor.

18 Graben estas palabras en lo más íntimo de su corazón. Átenlas a sus manos como un signo, y que sean como una marca sobre su frente. 19 Enséñalas a tus hijos, inculcándoselas cuando estés en tu casa y cuando vayas de viaje, al acostarte y al levantarte. 20 Escríbelas en las puertas de tu casa y en sus postes. 21 Así, mientras haya cielo sobre la tierra, durarán tus días y los de tus hijos en el suelo que el Señor juró dar a tus padres.

22 Porque si observan realmente todo este mandamiento que yo les doy, amando al Señor, su Dios, siguiendo siempre sus caminos y siendo en todo fieles a él, 23 el Señor desposeerá delante de ustedes a todas esas naciones, y así podrán conquistarlas, aunque sean más grandes y fuertes que ustedes. 24 Todos los lugares donde pongan la planta de sus pies, les pertenecerán. Y estas serán sus fronteras: desde el desierto, el Líbano y el río Éufrates, hasta el mar occidental. 25 Nadie podrá resistirles, porque el Señor, su Dios, sembrará el pánico y el terror en todo el territorio por donde ustedes pasen, como él mismo les ha prometido.

26 Yo pongo hoy delante de ustedes una bendición y una maldición. 27 Bendición, si obedecen los mandamientos del Señor, su Dios, que hoy les impongo. 28 Maldición, si desobedecen esos mandamientos y se apartan del camino que yo les señalo, para ir detrás de dioses extraños, que ustedes no han conocido. 29 Y cuando el Señor, tu Dios, te introduzca en la tierra de la que vas a tomar posesión, pondrás la bendición sobre el monte Garizim y la maldición sobre el monte Ebal. 30 Estas montañas se encuentran, como es sabido, al otro lado del Jordán, detrás del camino del oeste, en el país de los cananeos que habitan en la

Arabá, frente a Guilgal, cerca de la encina de Moré. 31 Porque ustedes van a cruzar el Jordán para ir a tomar posesión de la tierra que les da el Señor, su Dios. Cuando la posean y vivan en ella, 32 cumplan fielmente todos los preceptos y leyes que hoy les impongo.

EL CÓDIGO DEUTERONÓMICO

El Santuario

Ex 23 24; 34 13; 1 Re 8 29; Dt 14 22-27; 7 1-6

12 1 Estos son los preceptos y las leyes que ustedes deberán observar y poner en práctica, mientras vivan en la tierra que el Señor, el Dios de tus padres, te da en posesión. 2 Harán desaparecer todos los lugares de culto, donde las naciones que ustedes van a desposeer sirven a sus dioses, en las montañas, sobre las colinas y debajo de todo árbol frondoso. 3 Derriben sus altares, rompan sus piedras conmemorativas, prendan fuego a sus postes sagrados, destruyan las imágenes de sus ídolos y borren hasta sus nombres de aquel lugar.

4 Pero con el Señor, su Dios, ustedes se comportarán de una manera distinta. 5 Irán a buscarlo al lugar que él elija entre todas las tribus, para constituirlo morada de su Nombre. 6 Solamente allí presentarán sus holocaustos y sacrificios, sus diezmos y sus dones, sus ofrendas votivas y voluntarias, y también las primicias de sus ganados y rebaños. 7 Allí, ustedes y sus familias comerán en la presencia del Señor, su Dios, y se alegrarán por todos los beneficios que hayan obtenido de su trabajo, porque el Señor, tu Dios, te bendijo.

8 Entonces no se comportarán como lo hacemos ahora. Aquí cada uno hace lo que mejor le parece, 9 porque todavía no han entrado en el lugar del descanso y en la herencia que el Señor, tu Dios, te dará. 10 Pero cuando pasen el Jordán y se establezcan en la tierra que el Señor, su Dios, les dará como herencia, cuando él les dé el descanso, librándolos de todos los enemigos que estén a su alrededor, y ustedes se sientan seguros, 11 llevarán al lugar que el Señor, su Dios, elija para constituirlo morada de su Nombre, todo lo que yo les ordeno: sus holocaustos y sacrificios, sus diezmos, sus dones y las ofrendas escogidas que le hayan prometido al Señor mediante un voto. 12 Y ustedes se alegrarán en la presencia del Señor, su Dios, junto con sus hijos y sus hijas, sus esclavos y sus esclavas, y también con el levita que viva en sus ciudades, ya que él no tendrá posesión ni herencia entre ustedes.

13 Ten cuidado, entonces, de no ofrecer tus holocaustos en cualquier santuario que

No nos gusta que nos manden

El capítulo 12 del Deuteronomio es una serie de mandatos y preceptos. ¿Qué sientes cuando se habla de mandar y obedecer? La palabra *obediencia* tiene un significado amplio y profundo en la Biblia; *obedecer a Dios* es responderle con fe y confianza, pues sus deseos y mandamientos expresan amor y son fuente de vida. Al *obedecer a Dios* cerramos el círculo del amor (ver «El valor de la obediencia», 1 Sm 15 7-26).

¿Qué actitudes tendrías que cambiar para ser más obediente a Dios? ¿Crees que vale tu esfuerzo?

Dt 12

veas. 14 Los ofrecerás únicamente en el lugar elegido por el Señor, tu Dios, en una de tus tribus, y allí harás todo lo que yo te ordeno. 15 Sin embargo, podrás matar animales y comer carne en cualquiera de tus ciudades, siempre que así lo desees y en la medida en que el Señor, tu Dios, te bendiga. Podrán comerla igualmente el impuro y el puro, como si se tratara de un ciervo o de una gacela. 16 Pero no comerán la sangre, sino que la derramarás en la tierra, como si fuera agua.

17 Tampoco comerás en tus ciudades el diezmo de tu trigo, de tu vino y de tu aceite, ni las primicias de tu ganado y tus rebaños, ni lo que hayas prometido al Señor mediante un voto, ni tus ofrendas voluntarias, ni tus dones. 18 Lo harás en presencia del Señor, tu Dios —en el lugar elegido por él—, junto con tu hijo y tu hija, tu esclavo y tu esclava, y con el levita que viva en tu ciudad. Y en la presencia del Señor, tu Dios, te alegrarás por todos los beneficios que hayas obtenido de tu trabajo. 19 Ten cuidado de no abandonar nunca al levita.

20 Cuando el Señor, tu Dios, ensanche tus fronteras, como te lo ha prometido, y sientas deseos de comer carne, podrás comer toda la que quieras. 21 Si el lugar que el Señor, tu Dios, elija para constituirlo morada de su Nombre se encuentra demasiado lejos, tú mismo podrás matar, conforme a mis normas, los animales del ganado mayor o menor que el Señor, tu Dios, te dará. Y come-

rás en tu ciudad todo lo que quieras, 22 del
mismo modo que se come una gacela o un
ciervo. Podrán comerla igualmente el puro
y el impuro; 23 solo tendrás que abstenerte
de comer la sangre, porque la sangre es la
vida, y tú no debes comer la vida junto con
la carne. 24 Por eso, derramarás la sangre en
la tierra, como si fuera agua. 25 Así serán felices, tú y tus hijos después de ti, porque habrás realizado lo que es bueno y recto a los
ojos del Señor, tu Dios.
26 Pero los dones que debas consagrar al
Señor y los que ofrezcas en cumplimiento
de un voto, irás a llevarlos al lugar que el
Señor elija. 27 Allí harás el holocausto de la
carne y de la sangre sobre el altar del Señor, tu Dios. En cuanto a tus sacrificios, la
sangre será derramada sobre el altar del
Señor, tu Dios, y tú comerás la carne. 28 Escucha atentamente todas estas cosas que
yo te mando. Así serás feliz, tú y tus hijos
después de ti, porque habrás realizado lo
que es bueno y recto a los ojos del Señor,
tu Dios.
29 Y cuando el Señor, tu Dios, extirpe a
las naciones que tú vas a desposeer, cuando las desalojes y te instales en su territorio, 30 ten cuidado, no sea que caigas en una
trampa. No sigas su ejemplo después que
hayan desaparecido de tu presencia, ni hagas averiguaciones respecto de sus dioses,
diciendo: «¿Cómo servían a sus dioses estas naciones para que yo pueda hacer lo
mismo?». 31 No obres de esa manera con el
Señor, tu Dios. Porque él considera abominable y detesta todo lo que ellas hacen para honrar a sus dioses, ya que llegan incluso a quemar a sus hijos y a sus hijas en
homenaje a esos dioses.

Exhortaciones contra la idolatría

Dt 17 2-7; 18 20; Jr 23 11-16

13 1 Practiquen cuidadosamente todo lo
que yo les ordeno, sin añadir ni quitar nada.
2 Si surge en medio de ustedes un profeta o un intérprete de sueños, que te propone un signo o un prodigio, 3 y te dice: «Vamos detrás de otros dioses —que tú no
conoces— para rendirles culto», aunque se
cumplan el signo o el prodigio, 4 no hagas
caso de las palabras de ese profeta o de los
sueños de ese visionario. Porque el Señor,
su Dios, los pone a prueba para ver si ustedes lo aman realmente con todo su corazón y con toda su alma. 5 Sigan al Señor,
su Dios. Témanlo y observen sus mandamientos, escuchen su voz, sírvanlo y sean
fieles a él. 6 Y ese profeta o ese intérprete de
sueños deberá ser castigado con la muerte,
por haber incitado a la rebelión contra el
Señor, tu Dios —el que te hizo salir de
Egipto y te rescató de la esclavitud—, para
desviarte del camino por donde él te ordenó que fueras. Así harás desaparecer el mal
de entre ustedes.
7 Si tu hermano —el hijo de tu padre o
de tu madre—, tu hijo o tu hija, la esposa
que duerme en tus brazos, o tu amigo más
íntimo, trata de seducirte en secreto, diciendo: «Vamos a servir a otros dioses»,
que ni tú ni tus padres conocieron 8 —los
dioses de los pueblos próximos o lejanos
que están a tu alrededor, de un extremo al
otro de la tierra—, 9 no cedas a sus instiga-
ciones ni le hagas caso. Sé implacable con
él, no lo perdones ni lo encubras. 10 Tendrás
que hacerlo morir irremediablemente.
Que tu mano sea la primera en levantarse
contra él para quitarle la vida, y que después todo el pueblo haga lo mismo. 11 Deberás apedrearlo hasta que muera, porque
intentó apartarte del Señor, tu Dios, que te
hizo salir de Egipto, de un lugar de esclavitud. 12 Todo Israel, cuando se entere, sentirá temor, y no volverá a cometerse esta infamia entre ustedes.
13 Si de una de las ciudades que te dio el
Señor, tu Dios, para que vivas en ella, te llega esta noticia: 14 Gente despreciable de tu
misma raza ha logrado seducir a los habitantes de su ciudad, diciendo: «Vamos a servir a otros dioses» —que tú no conociste—,
15 investiga el caso, examínalo e infórmate
debidamente. Y si es verdad que la cosa es
así, que se ha cometido semejante abominación, 16 pasa sin compasión al filo de la
espada a los habitantes de la ciudad, y con-
ságrala al exterminio total con todo lo que
hay en ella, incluido su ganado. 17 Reúne
luego todos sus despojos en medio de la
plaza, e incendia la ciudad con todos esos
despojos, como un holocausto para el Señor, tu Dios. Ella se convertirá para siempre
en un montón de ruinas y nunca más será
reconstruida. 18 Y no retengas nada de lo
que debe ser consagrado al exterminio. Así
el Señor aplacará el ardor de su ira, se apiadará y tendrá misericordia de ti, y te multiplicará, como lo juró a tus padres, 19 con tal
que tú escuches la voz del Señor, tu Dios,
observando los mandamientos que hoy te
prescribo y haciendo lo que es recto a los
ojos del Señor, tu Dios.

Prohibición de una práctica pagana

Lv 19 27-28; Dt 7 6

14 1 Ustedes son hijos del Señor, su Dios.
No se hagan incisiones ni se rapen el
cabello sobre la frente en homenaje a un
muerto. 2 Porque tú eres un pueblo consagrado al Señor, tu Dios, y él te eligió para
que fueras su propio pueblo, prefiriéndote a
todos los demás pueblos de la tierra.

3 No comerán nada que sea abominable. 4 Ustedes podrán comer los siguientes animales: el buey, la oveja, la cabra, 5 el ciervo, la gacela, el venado, la cabra montés, el íbice, el antílope y la gamuza. 6 Podrán comer, asimismo, cualquier animal que tenga la pezuña partida —es decir, dividida en dos mitades— y que sea rumiante. 7 Pero se abstendrán de comer los animales que son solamente rumiantes y los que solamente tienen la pezuña partida por la mitad. No comerán camello, liebre ni damán, porque, aunque son rumiantes, no tienen la pezuña partida. A estos animales deberán considerarlos impuros. 8 Tampoco comerán cerdo, porque, aunque tiene la pezuña partida, no es rumiante. También a este deberán considerarlo impuro, y no podrán comer su carne ni tocar su cadáver.

9 De entre los animales que viven en el agua, les estará permitido comer todos aquellos que tengan aletas y escamas. 10 Pero no podrán comer los que no tengan aletas ni escamas: a estos deberán considerarlos impuros.

11 Podrán comer todas las especies de aves puras. 12 Pero se abstendrán de comer las siguientes: el águila, el quebrantahuesos, el águila marina, 13 el milano, las diversas especies de halcón, 14 las diversas especies de cuervo; 15 el avestruz, la golondrina, la gaviota y las diversas especies de gavilán; 16 la lechuza, el búho, el ibis, 17 el pelícano, el buitre, el corvejón, 18 la cigüeña, las diversas especies de garza, la abubilla y el murciélago. 19 También deberán considerar impuros a todos los insectos con alas, 20 pero podrán comer cualquier clase de pájaros puros.

21 No comerán ningún animal muerto. Se lo darás al extranjero que resida en tu ciudad para que él lo coma, o se lo venderás al extranjero que va de paso. Porque tú eres un pueblo consagrado al Señor, tu Dios.

No harás cocer un cabrito en la leche de su madre.

Los diezmos

Lv 27 30-32; Nm 18 21-23; Dt 26 12

22 Cada año deberás separar la décima parte de todo lo que hayan producido tus sembrados, 23 y en la presencia del Señor, tu Dios, en el lugar que él elija para constituirlo morada de su Nombre, comerás del diezmo de tu trigo, de tu vino y de tu aceite, y también los primogénitos de tu ganado mayor y menor. Así aprenderás a temer siempre al Señor, tu Dios.

24 Si el camino es demasiado largo para que puedas transportar el diezmo —porque el lugar que el Señor elija te queda muy lejos— cuando él te haya bendecido, 25 los cambiarás por dinero y luego irás a ese lugar, llevando contigo el dinero. 26 Allí podrás comprar con ese dinero todo lo que desees: ganado mayor o menor, vino o bebida fermentada, en una palabra, cualquier cosa que sea de tu agrado. Entonces comerás en la presencia del Señor, tu Dios, y te alegrarás junto con tu familia. 27 No olvides al levita que vive en tus ciudades, ya que él no tiene posesión ni herencia contigo.

28 Al cabo de tres años, deberás separar la décima parte de todo lo producido ese año, y lo depositarás en la puerta de tu ciudad. 29 Entonces vendrá a comer el levita, ya que él no tiene posesión ni herencia contigo; y lo mismo harán el extranjero, el huér-

La Torá

En la Biblia hebrea, Torá significa «enseñanzas», «normas de conducta», como una expresión de la voluntad de Dios. La Biblia cristiana llama «Pentateuco» a sus cinco primeros libros, que corresponden a la Torá.

El resto del Antiguo Testamento gira alrededor de la Torá, también conocida como la «Ley»:

- Los Libros históricos presentan la consolidación del Pueblo de Dios, y los retos personales y comunitarios ante la fidelidad al Señor.
- Los Libros proféticos expresan la voluntad y presencia de Dios en el Pueblo de Israel, lo motivan a serle fiel y lo animan ante el sufrimiento.
- Los Libros sapienciales meditan sobre la Ley a la luz de la Sabiduría y muestran los límites humanos al seguir la voluntad de Dios.

Los capítulos 12 al 26 del Deuteronomio, llamados «código deuteronómico», tienen tres conjuntos de leyes para fomentar la fidelidad del pueblo a Dios, en cuanto a su relación con: a) Dios (12 1 – 16 17); b) las autoridades (16 18 – 18 22), y c) las personas y grupos sociales (19 1 – 25 19).

Jesús da plenitud a la Ley y los Profetas, al renovar su sentido como fuente de vida centrándolos en el amor a Dios y al prójimo. Pablo lo resume al decir: «estoy sometido a la Ley de Cristo» (1 Cor 9 21), siendo Jesús modelo perfecto de conducta para sus seguidores.

Dt 12 – 25

fano y la viuda que están en tus ciudades, hasta quedar saciados. Así el Señor te bendecirá en todas tus empresas.

El perdón de las deudas y de los esclavos

Lv 25 2-7; Dt 23 20-21; 1 Jn 3 17; Ex 21 2-6

15 1 Cada siete años, perdonarás las deudas. Este perdón consiste en lo siguiente: Todo acreedor condonará a su prójimo el préstamo que le haya concedido. No hará ninguna demanda a su prójimo —es decir, a su hermano— porque se ha proclamado el perdón en homenaje al Señor. 3 Podrás, eso sí, demandar al extranjero, pero deberás liberar a tu hermano del derecho que tengas sobre él. 4 Por lo demás, no habrá ningún pobre a tu lado, porque el Señor te bendecirá abundantemente en la tierra que él te da como herencia, 5 con esta sola condición: que escuches su voz, practicando cuidadosamente todo este mandamiento que hoy te prescribo. 6 Sí, el Señor, tu Dios, te bendecirá como te lo ha prometido: tú prestarás a muchas naciones sin tener necesidad de pedirles prestado, y dominarás a muchas naciones sin que ellas te dominen.

7 Si hay algún pobre entre tus hermanos, en alguna de las ciudades del país que el Señor, tu Dios, te da, no endurezcas tu corazón ni le cierres tu mano. 8 Ábrele tu mano y préstale lo que necesite para remediar su indigencia. 9 No abrigues en tu corazón estos perversos pensamientos: «Ya está cerca el séptimo año, el año del perdón», mirando por eso con malos ojos a tu hermano pobre, para no darle nada. Porque él apelaría al Señor y tú te harías culpable de un pecado. 10 Cuando le des algo, lo harás de buena gana. Así el Señor te bendecirá en todas tus obras y en todas las empresas que realices. 11 Es verdad que nunca faltarán pobres en tu país. Por eso yo te ordeno: abre generosamente tu mano al pobre, al hermano indigente que vive en tu tierra.

12 Si tu hermano hebreo —sea hombre o mujer— se vende a ti, te servirá durante seis años, y al séptimo año, lo dejarás en libertad. 13 Cuando le concedas la libertad, no lo envíes con las manos vacías. 14 Llénalo de presentes tomados de tu ganado menor, de tu era y de tu lagar, haciéndolo partícipe de los bienes con que el Señor, tu Dios, te bendiga. 15 Recuerda que tú fuiste esclavo en Egipto y que el Señor, tu Dios, te rescató. Por eso ahora te doy esta orden.

16 Pero si él te dice: «No quiero alejarme de ti» —porque te ama, y ama también a tu familia y se siente feliz a tu lado—, 17 entonces tomarás una lezna y le perforarás la oreja contra la puerta de tu casa: así será tu esclavo para siempre. Lo mismo deberás hacer con tu esclava.

18 Que no te resulte penoso dejarlo en libertad, porque el servicio que te prestó durante seis años vale el doble del salario de un jornalero. Entonces el Señor te bendecirá en todas tus empresas.

Los primogénitos machos del ganado

Ex 13 11-16

19 Consagra al Señor, tu Dios, todos los primogénitos machos de tu ganado mayor y menor. Tú no trabajarás con el primogénito de tus vacas ni esquilarás al primogénito de tus ovejas. 20 Los comerás cada año junto con tu familia, en la presencia del Señor, tu Dios, en el lugar que el Señor elija. 21 Pero si es defectuoso —si es rengo, ciego o tiene cualquier otro defecto grave—, no lo sacrificarás al Señor, tu Dios. 22 Lo comerás como se come una gacela o un ciervo. Podrán comerlo igualmente el puro y el impuro. 23 Solo te abstendrás de comer la sangre: la derramarás en la tierra como si fuera agua.

Las fiestas

Ex 12 1-28; Lv 23 5-8; Nm 28 16-25

16 1 Solemniza el mes de Abib celebrando en él la Pascua en honor del Señor, tu Dios, porque una noche del mes de Abib él te hizo salir de Egipto. 2 Inmola al Señor, tu Dios, como víctima pascual, un animal del ganado mayor o menor, en el lugar que él elija para constituirlo morada de su Nombre. 3 No comas la víctima con pan fermentado. Durante siete días comerás pan sin levadura, que es un pan de aflicción, porque tú saliste precipitadamente de Egipto: así te acordarás siempre del día en que saliste de Egipto. 4 Esos siete días la levadura no deberá verse en todo tu territorio, y tampoco quedarán para el día siguiente restos de la carne sacrificada al atardecer del primer día. 5 No inmoles la víctima pascual en cualquiera de las ciudades que el Señor, tu Dios, te dará. 6 La inmolarás únicamente en el lugar que él elija para constituirlo morada de su Nombre, y lo harás al atardecer, cuando se ponga el sol, a la misma hora en que saliste de Egipto. 7 Cocerás y comerás la víctima en el lugar que el Señor, tu Dios, elija, y a la mañana siguiente emprenderás el camino de regreso a tu casa. 8 Durante seis días comerás pan sin levadura, y el séptimo día harás una asamblea litúrgica en honor del Señor, tu Dios. Ese día no realizarás ningún trabajo.

9 Cuenta siete semanas a partir del momento en que empieces a cosechar, 10 y al término de ellas celebrarás la fiesta de las Semanas en honor del Señor, tu Dios, llevando tus ofrendas voluntarias, en la medi-

da en que el Señor, tu Dios, te bendiga. 11 Te
alegrarás en la presencia del Señor, tu Dios
—en el lugar que él elija para constituirlo
morada de su Nombre—, junto con tu hijo
y tu hija, con tu esclavo y tu esclava, con el
levita que viva en tu ciudad, y con el extranjero, el huérfano y la viuda que estén contigo. 12 Recuerda que fuiste esclavo en Egipto y
observa fielmente estas normas.
13 Celebra durante siete días la fiesta de
las Chozas, apenas termines de recoger los
frutos de tu era y de tu lagar. 14 Te alegrarás
durante la fiesta, junto con tu hijo y tu hija, con tu esclavo y tu esclava, y con el levita, el extranjero, el huérfano y la viuda que
vivan en tu ciudad. 15 Siete días estarás de
fiesta en honor del Señor, tu Dios, en el lugar que él elija. Porque el Señor, tu Dios, te
bendecirá en todas tus cosechas y en todas
tus obras, para que seas plenamente feliz.
16 Tres veces al año, todos los varones se
presentarán delante del Señor, tu Dios, en el
lugar elegido por él: en la fiesta de los Ácimos, en la fiesta de las Semanas y en la fiesta
de las Chozas. Nadie se presentará delante
del Señor con las manos vacías. 17 Cada uno
dará lo que pueda, conforme a la bendición
que el Señor, tu Dios, te haya otorgado.

Los jueces

Ex 23 1-9; 2 Cr 19 5-11

18 En cada una de las ciudades que el Señor, tu Dios, te dé para tus tribus, pondrás
jueces y escribas que dicten sentencias justas en favor del pueblo. 19 No tergiversarás
el derecho; no harás acepción de personas
ni te dejarás sobornar. Porque el soborno
ciega los ojos de los sabios y pervierte las
palabras de los justos. 20 Tu deber es buscar
la justicia, solo la justicia, para que tengas
vida y poseas la tierra que el Señor, tu
Dios, te da.
21 No plantarás ninguna clase de árbol,
para tenerlo como poste sagrado, junto al
altar que dediques al Señor, tu Dios. 22 Tampoco construirás piedras conmemorativas,
porque el Señor, tu Dios, las detesta.

17 1 No sacrificarás al Señor, tu Dios,
ningún animal del ganado mayor o
menor que tenga un defecto o cualquier
clase de imperfección, porque eso es una
abominación para el Señor, tu Dios.
2 Si en medio de ustedes, en una de las
ciudades que el Señor, tu Dios, te dará, hay
un hombre o una mujer que hace lo que es
malo a los ojos del Señor, tu Dios, y quebranta su alianza, 3 porque va a servir a
otros dioses y a postrarse delante de ellos
—delante del sol, la luna o todo el Ejército
del cielo— contrariamente a lo que yo te
he mandado, 4 y el hecho llega a tu conocimiento, realiza una minuciosa investigación. Y si es verdad que la cosa es así, que
se ha cometido semejante abominación en
Israel, 5 saca a las puertas de tu ciudad al
hombre o a la mujer que hayan cometido
ese delito, y apedréalos hasta que mueran.
6 Para que alguien sea condenado a muerte se requiere el testimonio de dos o más
testigos. Nadie será condenado a muerte en
base al testimonio de uno solo. 7 Los testigos
serán los primeros en levantar la mano contra él para hacerlo morir, y después todo el
pueblo hará lo mismo. Así harás desaparecer el mal de entre ustedes.
8 Si te resulta demasiado difícil juzgar un
pleito por homicidio, por reclamación de
derechos, por lesiones, o cualquier otra causa que se haya suscitado en tu ciudad, subirás hasta el lugar que el Señor, tu Dios, elija,
9 y te presentarás a los sacerdotes levitas y al
juez en ejercicio. Tú les expondrás el caso, y
ellos te harán conocer la sentencia. 10 Deberás ajustarte a lo que ellos te digan en el lugar que elija el Señor, tu Dios, procediendo
en todo conforme a sus instrucciones. 11 Procederás de acuerdo con la decisión que ellos
tomen y con la sentencia que pronuncien,
sin apartarse de lo que ellos te indiquen ni
a la derecha ni a la izquierda. 12 El que obre
presuntuosamente, desoyendo al sacerdote
que está allí para servir al Señor, tu Dios, o
al juez, ese hombre morirá. Así harás desaparecer el mal de Israel. 13 Y cuando el pueblo se entere, sentirá temor y dejará de obrar
con presunción.

Los reyes

1 Sm 8 5; 10 24; 16 1; 1 Re 10 – 11; 2 Re 23 1-3

14 Cuando entres en el país que el Señor,
tu Dios, te dará, cuando lo tomes en posesión y vivas en él, si alguna vez dices: «Voy
a poner un rey para que me gobierne, como todas las naciones que están a mi alrededor», 15 pondrás un rey elegido por el Señor, tu Dios, que pertenezca a tu mismo
pueblo. No podrás someterte a la autoridad de un extranjero, de alguien que no
pertenezca a tu pueblo.
16 El rey no deberá tener muchos caballos
ni hacer que el pueblo regrese a Egipto, con
el pretexto de aumentar su caballería; porque el Señor, tu Dios, ha dicho: «No regresen
nunca más por ese camino». 17 Tampoco tendrá muchas mujeres, para que su corazón no
se desvíe, ni acumulará oro y plata en cantidad excesiva. 18 Cuando tome posesión del
trono real, hará escribir en un libro, para su
uso personal, una copia de esta Ley, conforme al texto que conservan los sacerdotes levitas. 19 La tendrá a su lado y la leerá todos
los días de su vida, para que aprenda a temer
al Señor, su Dios, observando todas las palabras de esta Ley y poniendo en práctica estos

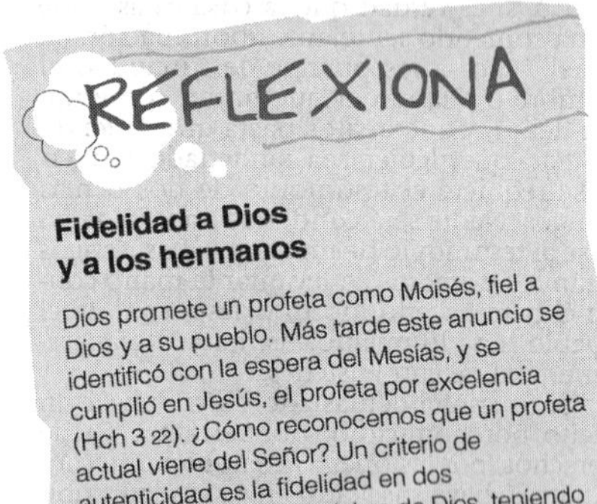

preceptos. 20 De esa manera, no se sentirá superior a sus hermanos, y no se apartará de
estos mandamientos, ni a la derecha ni a la
izquierda. Así prolongarán los días de su reinado, él y sus hijos, en medio de Israel.

DT

El sacerdocio levítico

Nm 18; Ez 44 28-29; Lv 6 – 7; Nm 18 8-24

18 1 Los sacerdotes levitas —o sea, toda la
tribu de Leví— no tendrán parte ni
herencia con los israelitas: ellos se alimentarán de las ofrendas destinadas a los sacrificios y de la herencia del Señor. 2 Por lo tanto, esta tribu no poseerá una herencia en
medio de sus hermanos: su herencia es el
Señor, como él mismo se lo ha declarado.
3 Los derechos de los sacerdotes sobre las
personas que ofrecen en sacrificio un animal del ganado mayor o menor son los siguientes: se dará al sacerdote la espalda, las
quijadas y el estómago. 4 También le darás
las primicias de tu trigo, de tu vino y de tu
aceite, y las primicias de la esquila de tu ganado menor. 5 Porque el Señor, tu Dios, eligió al sacerdote y a sus hijos, entre todas
tus tribus, para que siempre estuviera en su
presencia y oficiara en nombre del Señor.
6 Si un levita que reside en cualquier parte del Israel, se traslada por voluntad propia de una de tus ciudades al lugar que elija el Señor, su Dios, 7 podrá oficiar allí en
nombre del Señor como todos sus hermanos levitas que están en la presencia del Señor. 8 Y comerá una porción igual a la de
ellos, además de lo que obtenga por la venta de sus bienes patrimoniales.

Los profetas

Lv 18 21; 19 31; Jn 12 49-50; Dt 13 2-6;
Jr 14 14-16; Mc 9 4-7; Hch 7 37

9 Cuando entres en la tierra que el Señor,
tu Dios, te dará, no aprendas a practicar las
abominaciones que cometen esas naciones. 10 Que no haya entre ustedes nadie que
inmole en el fuego a su hijo o a su hija, ni
practique la adivinación, la astrología, la
magia o la hechicería. 11 Tampoco habrá
ningún encantador, ni consultor de espectros o de espíritus, ni evocador de muertos.
12 Porque todo el que practica estas cosas es
abominable al Señor, tu Dios, y por causa
de estas abominaciones, él desposeerá a
esos pueblos delante de ti. 13 Tú serás irreprochable en tu trato con el Señor, tu Dios.
14 Porque las naciones que vas a desposeer
escuchan a los astrólogos y adivinos, pero
a ti el Señor no te permite semejante cosa.
15 El Señor, tu Dios, te suscitará un profeta como yo; lo hará surgir de entre ustedes,
de entre tus hermanos, y es a él a quien escucharán. 16 Esto es precisamente lo que pediste al Señor, tu Dios, en el Horeb, el día
de la asamblea, cuando dijiste: «No quiero
seguir escuchando la voz del Señor, mi
Dios, ni miraré más este gran fuego, porque
de lo contrario moriré». 17 Entonces el Señor
me dijo: «Lo que acaban de decir está muy
bien. 18 Por eso, suscitaré entre sus hermanos un profeta semejante a ti, pondré mis
palabras en su boca, y él dirá todo lo que yo
le ordene. 19 Al que no escuche mis palabras, las que este profeta pronuncie en mi
Nombre, yo mismo le pediré cuenta. 20 Y si
un profeta se atreve a pronunciar en mi
Nombre una palabra que yo no le he ordenado decir, o si habla en nombre de otros
dioses, ese profeta morirá». 21 Tal vez te preguntes: «¿Cómo sabremos que tal palabra
no la ha pronunciado el Señor?». 22 Si lo
que el profeta dice en nombre del Señor no
se cumple y queda sin efecto, quiere decir
que el Señor no ha dicho esa palabra. El
profeta ha hablado temerariamente: no le
temas.

Las ciudades de refugio y el derecho de asilo

Nm 35 9-34; Dt 4 41-43

19 1 Cuando el Señor, tu Dios, haya extirpado a las naciones cuyo territorio te
entrega, y cuando tú las hayas desposeído y
vivas en sus ciudades y en sus casas, 2 deberás
poner aparte tres ciudades en medio del territorio que el Señor, tu Dios, te dará en posesión. 3 Medirás convenientemente las distancias y dividirás en tres partes el país que el

Señor, tu Dios, te dará como herencia, para
que allí pueda refugiarse el que haya cometido un homicidio. 4 Pero solo en el caso siguiente: el homicida podrá salvarse huyendo
a una de esas ciudades si mató a su prójimo
involuntariamente, sin haberlo odiado antes. 5 Por ejemplo, si un hombre va a cortar
leña al bosque en compañía de otro, y al
empuñar el hacha para cortar un árbol, el
hierro se suelta del mango y golpea a su
acompañante, provocándole la muerte, el
homicida irá a refugiarse en una de esas ciudades y así pondrá a salvo su vida. 6 Es preciso evitar que el vengador del homicidio persiga lleno de furor al homicida, lo alcance
—ya que el camino es muy largo— y le quite la vida, siendo así que no es reo de muerte, porque nunca fue enemigo de su víctima.
7 Por eso te ordeno que pongas aparte esas
tres ciudades.
8 Si el Señor, tu Dios, extiende tus fronteras como lo juró a tus padres, y te da toda la tierra que les prometió 9 —siempre
que te empeñes en cumplir íntegramente
el mandamiento que hoy te prescribo de
amar al Señor, tu Dios, y seguir sus caminos—, entonces, a esas tres ciudades les
añadirás otras tres. 10 Así no se derramará
sangre inocente en medio del país que el
Señor, tu Dios, te da como herencia, y tú
no te harás culpable de un derramamiento
de sangre.
11 Pero si alguien, impulsado por el odio,
tiende a su prójimo una emboscada y,
arrojándose sobre él, lo hiere mortalmente, y luego va a refugiarse en una de esas
ciudades, 12 los ancianos de su ciudad lo
harán apresar y lo pondrán en manos del
vengador del homicidio, para que muera.
13 No le tendrás compasión, sino que harás
desaparecer de Israel todo derramamiento
de sangre inocente. Así serás feliz.

Los límites de la propiedad

Dt 27 17

14 No desplazarás los límites de la propiedad de tu vecino, los que han establecido los predecesores, en la herencia que recibirás cuando tomes posesión de la tierra
que te da el Señor, tu Dios.

Los testigos

Dt 17 6-7; Mt 18 16; Jn 8 17; Ex 21 23-25

15 No basta un solo testigo para declarar
a un hombre culpable de crimen o delito;
cualquiera sea la índole del delito, la sentencia deberá fundarse en la declaración de
dos o más testigos.
16 Si un falso testigo se levanta contra un
hombre y lo acusa de rebeldía, 17 las dos
partes en litigio comparecerán delante del
Señor, en presencia de los sacerdotes y de
los jueces en ejercicio. 18 Los jueces investi-
garán el caso cuidadosamente, y si se pone
de manifiesto que el acusador es un testigo
falso y ha atestiguado falsamente contra su
hermano, 19 le harán a él lo mismo que él
había proyectado hacer contra su hermano. Así harás desaparecer el mal de entre
ustedes. 20 Y cuando se enteren los otros,
sentirán temor y no volverá a cometerse esta infamia entre ustedes. 21 No tendrás compasión: vida por vida, ojo por ojo, diente
por diente, mano por mano, pie por pie.

Las instrucciones a los combatientes

Dt 1 28-29; 1 Mac 3 56; Dt 24 5

20 1 Cuando salgas a combatir contra tus
enemigos y veas caballos, carros de
guerra y un ejército más numeroso que tú,
no les tengas miedo: el Señor, tu Dios, el
mismo que te hizo salir de Egipto, está
contigo. 2 Y cuando ya estén prontos para
entrar en combate, el sacerdote se adelan-
tará y arengará a la tropa 3 en estos térmi-

VIVE LA PALABRA

Enfrentar las luchas de la vida

En cierto sentido la vida es una lucha continua. Tenemos problemas en la familia y con los amigos, presiones sociales y conflictos laborales. El mensaje del Deuteronomio 20 1 es que Dios está con nosotros y es nuestra fortaleza, por lo que podemos enfrentar los desafíos y problemas de la vida con paz. La paz es signo de la presencia de Dios.

Los conflictos en sí mismos no son «malos» y no hay que evadirlos cuando se presentan. Una dificultad bien llevada puede ser constructiva. Nuestra fe es puesta a prueba y hemos de mantenernos fuertes y fieles a Dios.

¿Eres consciente de los conflictos que existen en tu vida? ¿Sientes a Dios contigo, en tu lucha? Ora y pide al Señor que te guíe siempre para resolver los problemas de modo constructivo.

Dt 20

nos: «Escucha, Israel. Ahora ustedes están próximos a entrar en batalla contra sus enemigos. ¡Tengan valor! No teman, ni se angustien, ni tiemblen ante ellos, [4] porque el Señor, su Dios, los acompaña, y él combatirá en favor de ustedes para darles la victoria sobre sus enemigos».

[5] Los escribas, por su parte, dirán a la tropa:

«¿Alguien construyó una casa nueva y todavía no la estrenó? Que se retire y vuelva a su casa, no sea que muera en el combate y otro hombre la estrene.

[6] ¿Alguien plantó una viña y todavía no recogió los primeros frutos? Que se retire y vuelva a su casa, no sea que muera en el combate y otro hombre los recoja.

[7] ¿Alguien está comprometido con una mujer y todavía no se unió a ella? Que se retire y vuelva a su casa, no sea que muera en el combate y otro hombre se case con ella».

[8] Además, los escribas harán esta advertencia a la tropa:

«¿Alguien tiene miedo y le falta valor? Que se retire y vuelva a su casa, no sea que transmita a sus hermanos su propia cobardía».

[9] Y cuando los escribas hayan terminado de instruir a la tropa, los jefes de batallones se pondrán al frente de ella.

El asedio de las ciudades enemigas

Dt 7 1-5

[10] Cuando te acerques a una ciudad para atacarla, primero le ofrecerás la paz. [11] Si ella la acepta y te abre sus puertas, toda la población te pagará tributo y te servirá. [12] Pero si rehúsa el ofrecimiento de paz y te opone resistencia, deberás sitiarla. [13] Cuando el Señor, tu Dios, la ponga en tus manos, tú pasarás al filo de la espada a todos sus varones. [14] En cuanto a las mujeres, los niños, el ganado y cualquier otra cosa que haya en la ciudad, podrás retenerlos como botín, y disfrutar de los despojos de los enemigos que el Señor, tu Dios, te entrega. [15] Así tratarás a todas las ciudades que estén muy alejadas de ti y que no pertenezcan a las naciones vecinas. [16] Pero en las ciudades de esos pueblos que el Señor, tu Dios, te dará como herencia, no deberás dejar ningún sobreviviente. [17] Consagrarás al exterminio total a los hititas, a los amorreos, a los cananeos, a los perizitas, a los jivitas y a los jebuseos, como te lo ordena el Señor, tu Dios, [18] para que ellos no les enseñen a imitar todas las abominaciones que cometen en honor de sus dioses. Así ustedes no pecarán contra el Señor, su Dios.

[19] Si para conquistar una ciudad tienes que asediarla mucho tiempo, no destruirás sus árboles a golpes de hacha. Come de sus frutos, pero no los cortes. ¿Acaso los árboles del campo son hombres, para que los hagas también a ellos víctimas del asedio? [20] Podrás destruir y cortar, en cambio, los árboles que sepas que no dan ningún fruto, a fin de construir máquinas de asedio contra la ciudad que te oponga resistencia, hasta que logres someterla.

Expiación del homicidio cometido por un desconocido

Nm 19 2; Dt 17 8-12; Mt 27 24

21 [1] Si en la tierra que el Señor, tu Dios, te da en posesión, alguien encuentra un hombre muerto, tendido en medio del campo, y no se sabe quién lo mató, [2] tus ancianos y tus jueces irán a medir las distancias que hay entre la víctima y las ciudades de alrededor. [3] Luego los ancianos de la ciudad más cercana tomarán una ternera que no haya sido sometida a ningún trabajo ni haya estado bajo el yugo; [4] la llevarán hasta un arroyo de agua perenne, a un lugar donde no se cultiva ni se siembra, y la desnucarán junto al arroyo. [5] También se harán presentes los sacerdotes levitas, porque el Señor los eligió para que estuvieran a su servicio y para que bendijeran en su Nombre, y a ellos les corresponde resolver los litigios y los casos de agresión. [6] Luego los ancianos de la ciudad más cercana a la víctima se lavarán las manos en el arroyo, sobre la ternera desnucada, [7] y pronunciarán estas palabras: «Nuestras manos no han derramado esa sangre y nuestros ojos no han visto nada. [8] Perdona, Señor, a tu pueblo Israel, ese pueblo que tú rescataste, y no dejes recaer sangre inocente sobre tu pueblo Israel». Así quedarán absueltos del delito de sangre. [9] De esta manera harás desaparecer de entre ustedes la sangre inocente, haciendo lo que es recto a los ojos del Señor.

Las relaciones familiares

Ex 21 8

[10] Cuando salgas a combatir contra tus enemigos, y el Señor, tu Dios, los ponga en tus manos, si tomas algunos prisioneros [11] y entre ellos ves una mujer hermosa que te resulta atrayente, y por eso la quieres tomar por esposa, [12] deberás llevarla a tu casa. Entonces ella se rapará la cabeza, se cortará las uñas, [13] se quitará su ropa de cautiva y permanecerá en tu casa durante un mes entero, llorando a su padre y a su madre. Solo después de esto podrás unirte a ella para ser su esposo, y ella será tu mujer. [14] Pero si más tarde dejas de quererla, le permitirás disponer de sí misma, y no podrás venderla por dinero ni maltratarla, porque la has violentado.

[15] Si un hombre que tiene dos mujeres, ama a una y a la otra no, y las dos le dan hijos, pero el primogénito es hijo de la mujer

que no ama, [16]cuando reparta la herencia entre sus hijos, no podrá considerar como primogénito al hijo de la mujer que ama, en perjuicio del verdadero primogénito. [17]Él deberá reconocer como primogénito al hijo de la mujer que no ama, dándole dos partes de todo lo que posee, porque este hijo es el primer fruto de su vigor, y por eso le corresponde el derecho de primogenitura.

[18]Si un hombre tiene un hijo indócil y rebelde, que desobedece a su padre y a su madre, y no les hace caso cuando ellos lo reprenden, [19]su padre y su madre lo presentarán ante los ancianos del lugar, en la puerta de la ciudad, [20]y dirán a los ancianos: «Este hijo nuestro es indócil y rebelde; no quiere obedecernos, y es un libertino y un borracho». [21]Entonces todos los habitantes de su ciudad lo matarán a pedradas. Así harás desaparecer el mal de entre ustedes, y todo Israel, cuando se entere, sentirá temor.

[22]Si un hombre, culpable de un crimen que merece la pena de muerte, es ejecutado y colgado de un árbol, [23]su cadáver no quedará en el árbol durante la noche, sino que lo enterrarás ese mismo día, porque el que está colgado de un árbol es una maldición de Dios. Y tú no mancharás el suelo que el Señor, tu Dios, te da como herencia.

Normas diversas

Ex 23 4-5; Lv 19 19; Nm 15 37-40

22 [1]Si ves extraviados al buey o a la oveja de tu hermano, no te despreocupes de ellos y ve a devolvérselos cuanto antes. [2]Si ese hermano no es tu vecino o no sabes quién es, encierra al animal en tu casa y cuídalo hasta que él lo venga a reclamar. Entonces se lo devolverás. [3]Lo mismo harás con su asno, con su ropa y con cualquier otro objeto que pierda tu hermano y que tú encuentres: no podrás despreocuparte de ellos.

[4]Si ves caídos en el camino al asno o al buey de tu hermano, no te despreocupes de ellos y ayúdalo a levantarlos.

[5]La mujer no se pondrá ropa de hombre, ni el hombre un vestido de mujer: el que lo hace resulta abominable a los ojos del Señor, tu Dios.

[6]Si, mientras vas caminando, encuentras en un árbol o en el suelo un nido de pájaros con pichones o con huevos, y la madre está echada encima de ellos, no tomes a la madre con su cría. [7]Deja en libertad a la madre y toma para ti los pichones. Así serás feliz y tendrás una larga vida.

[8]Cuando construyas una casa nueva, pondrás una baranda alrededor de la terraza. Así no harás a tu casa responsable de derramamiento de sangre, en el caso de que alguien se caiga de allí.

[9]No sembrarás en tu viña otra clase de plantas, porque de lo contrario toda la cosecha será sagrada: tanto el producto de lo que siembres como el fruto de la viña.

[10]No ares con un buey y un asno juntos.

[11]No vestirás ropa tejida de lana mezclada con lino.

[12]Coloca unos flecos en las cuatro puntas del manto con que te cubres.

Las acusaciones contra una joven esposa

[13]Si un hombre se casa con una mujer y se une a ella, pero después le toma aversión, [14]la acusa falsamente y la difama, diciendo: «Yo me casé con esta mujer, y cuando me uní a ella comprobé que no era virgen», [15]entonces el padre y la madre de la joven tomarán las pruebas de su virginidad, y las exhibirán ante los ancianos, en la puerta de la ciudad. [16]El padre de la joven dirá a los ancianos: «Yo entregué mi hija a este hombre para que fuera su esposa, pero él le ha tomado aversión [17]y ahora la acusa falsamente, declarando que no encontró en ella las señales de la virginidad. Aquí están las pruebas de que mi hija era realmente virgen». Y enseguida extenderán la sábana nupcial ante los ancianos de la ciudad. [18]Entonces estos tomarán al hombre y lo castigarán [19]por haber difamado a una virgen israelita, condenándolo, además, a pagar cien siclos de plata, que entregarán al padre de la joven. Ella seguirá siendo su mujer, y el hombre no podrá repudiarla nunca más.

[20]Pero si la acusación resulta verdadera y no aparecen las pruebas de la virginidad de la joven, [21]la sacarán a la puerta de la casa de su padre, y la gente de esa ciudad la matará a pedradas, por haber cometido una acción infame en Israel, prostituyéndose en la casa de su padre. Así harás desaparecer el mal de entre ustedes.

El adulterio, la violación y el incesto

Lv 20 10; Jn 8 3-5; Ex 22 15-16; Dt 27 20

[22]Si se sorprende a un hombre acostado con una mujer casada, morirán los dos: el hombre que estaba acostado con la mujer, y también ella. Así harás desaparecer el mal de entre ustedes.

[23]Si una joven virgen está comprometida con un hombre, y otro la encuentra en la ciudad y se acuesta con ella, [24]se hará salir a los dos a la puerta de esa ciudad y los matarán a pedradas: a la joven por no haber pedido auxilio, a pesar de que estaba en la ciudad; y al hombre por haber violado a la mujer de su prójimo. Así harás desaparecer el mal de entre ustedes. [25]Pero si el hombre encuentra en el campo a la joven comprometida y se acuesta con ella

por la fuerza, solo morirá el hombre que se
acostó con ella. [26]A la joven, no le harás
nada, porque no ha cometido un pecado
que merezca la muerte. Es un caso semejante al de un hombre que ataca a otro y lo
mata: [27]como el encuentro se produjo en el
campo, tal vez la joven pidió auxilio, pero
no había nadie que la socorriera.
[28]Si un hombre encuentra a una joven
virgen que no está comprometida, la toma
por la fuerza y se acuesta con ella, y son sorprendidos, [29]el hombre que se acostó con
ella deberá pagar al padre de la joven cincuenta siclos de plata y ella será su mujer.
Nunca podrá repudiarla, porque él la violó.
23 [1]Ningún hombre tomará como esposa a una mujer de su padre, ni descubrirá el borde de la manta de su padre.

Las personas excluidas de la comunidad de Israel

Lv 21 17-21; Is 56 3-5; Mt 19 12;
Neh 13 23-27; Neh 13 1-3; Nm 22 – 24

[2]El que tenga los testículos mutilados o
el pene cortado no será admitido en la
asamblea del Señor.
[3]El bastardo no será admitido en la asamblea del Señor, ni siquiera en la décima generación.
[4]El amonita y el moabita no serán jamás
admitidos en la asamblea del Señor, ni siquiera en la décima generación. [5]Porque
ellos no se adelantaron para ofrecerles agua
y alimento, cuando ustedes iban por el camino, a la salida de Egipto; y porque Moab
contrató a Balaam, hijo de Beor, que era de
Petor en Aram Naharaim, a fin de que te
maldijera. [6]Pero el Señor, tu Dios, no quiso
escuchar a Balaam, sino que cambió la maldición en bendición, porque él te ama. [7]Por
eso, mientras vivas, nunca busques su prosperidad y su bienestar. [8]En cambio, no consideres abominable al edomita, porque es tu
hermano, ni tampoco al egipcio, porque tú
fuiste huésped en su país. [9]A partir de la tercera generación, sus descendientes podrán
ser admitidos en la asamblea del Señor.

Normas diversas

Lv 15 16-17; Dt 20 4; Nm 5 2-3

[10]Cuando emprendas una campaña contra tus enemigos, evita cuidadosamente toda
acción indecente. [11]Si alguno de ustedes ha
caído en estado de impureza a causa de una
polución nocturna, saldrá fuera del campamento y no volverá a entrar en él. [12]Pero al
llegar la tarde se lavará, y al ponerse el sol
entrará de nuevo en el campamento.
[13]Tendrás, asimismo, un lugar fuera del
campamento para hacer allí tus necesidades. [14]También llevarás una estaca en tu
equipaje, y cuando salgas afuera para hacer
tus necesidades, cavarás un hoyo con la estaca y luego lo volverás a tapar para cubrir
tus excrementos. [15]Porque el Señor, tu Dios,
recorrerá el campamento para protegerte y
para poner a tus enemigos en tus manos.
Por eso tu campamento será un lugar santo, y el Señor no debe ver en él nada indecente. De lo contrario se apartaría de ti.
[16]No entregarás al esclavo que acuda a ti
huyendo de su dueño. [17]Se quedará contigo,
entre los tuyos, en el lugar que él elija, en la
ciudad que más le agrade, y no lo molestarás.
[18]Ningún hombre o mujer israelita practicará la prostitución sagrada. [19]No llevarás
a la Casa del Señor, tu Dios, la paga de una
prostituta ni el salario de un perro, cualquiera sea el voto que hayas hecho: porque
ambos son una abominación para el Señor,
tu Dios.
[20]No obligues a tu hermano a pagar interés, ya se trate de un préstamo de dinero,
de víveres, o de cualquier otra cosa que
pueda producir interés. [21]Podrás prestar a
interés al extranjero, pero no a tu compa-

VIVE LA PALABRA

Los marginados

Los mandatos de la alianza ordenan atender a los pobres, los extranjeros, las viudas y los huérfanos. Estas personas no aportaban nada al sistema socioeconómico de aquel tiempo: los pobres no podían sostenerse; los extranjeros eran marginados; las viudas y los huérfanos dependían de la caridad de otros. No atenderlos era un pecado que clamaba al cielo.

La gran desigualdad socioeconómica que existe hoy día y que deja a tantas personas con hambre y sin trabajo, o con sueldos ínfimos, también es un pecado. Recuerda: la falta de atención a los pobres clama al cielo. Si eres pobre y marginado, acógete a Dios para que te dé luz y fuerzas para mejorar tu vida; si tienes medios, pide que te haga generoso con los que no tienen.

Dt 24 10-21

triota, para que el Señor, tu Dios, te bendiga en todas tus empresas, en la tierra de la que vas a tomar posesión.

22 Si haces un voto al Señor, tu Dios, no tardes en cumplirlo, porque él no dejará de pedirte cuenta, y si no lo cumples, cometerás un pecado. 23 Si te abstienes de hacer votos, no cometes ningún pecado. 24 Sé un hombre de palabra, y cumple el voto que hagas espontáneamente al Señor, tu Dios, expresándolo con tus propios labios.

25 Si entras en la viña de tu prójimo, podrás comer todas las uvas que quieras, hasta quedar saciado, pero no guardarás nada en tu bolsa. 26 Si pasas por los sembrados maduros de tu prójimo, podrás arrancar espigas con la mano, pero no aplicarás la hoz.

El divorcio

Eclo 42 9; Is 50 1; Jr 3 1-8;
Mt 5 31; 19 7; Os 1 – 3

24 1 Si un hombre se casa con una mujer, pero después le toma aversión porque descubre en ella algo que le desagrada, y por eso escribe un acta de divorcio, se la entregará y la despedirá de su casa. 2 Una vez que esté fuera de su casa, si la mujer se desposa con otro 3 y este último también la rechaza, escribe un acta de divorcio y la despide, o bien muere, 4 su primer marido no podrá volver a tomarla por esposa, puesto que ella ha sido mancillada. Esto sería abominable a los ojos del Señor, y tú no puedes manchar con un pecado la tierra que el Señor, tu Dios, te da en herencia.

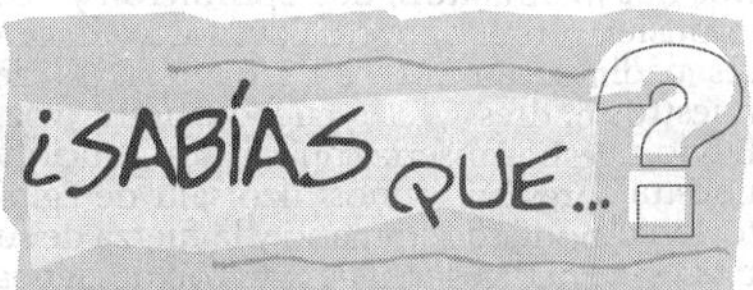

La ley del levirato

La *ley del levirato*, del latín *levir*, que quiere decir «cuñado», decía que si un hombre casado moría sin dejar un hijo varón, su hermano debía unirse con la esposa para darle descendencia legal que recibiera su nombre y sus bienes. Esta práctica de Israel tenía tres razones:

- Tener quien heredara el patrimonio familiar, pues las mujeres no tenían derecho de propiedad.
- Dar protección y ayuda a la viuda.
- Garantizar que el patrimonio familiar quedara en la familia inmediata.

Dt 25 5-10

Leyes humanitarias

Dt 20 7; Ex 21 16; Lv 13; Am 2 8; Lv 19 13ss;
Ez 18 1-10; Rut 2 15-16; 2 Cor 11 24; 1 Cor 9 9

5 Si un hombre acaba de casarse, no saldrá a combatir ni se le impondrá ninguna otra obligación. Quedará libre por un año para ocuparse de su casa y contentar a la mujer que tomó por esposa.

6 Nadie tomará en prenda un molino de mano y ni siquiera la piedra movible del molino, porque ello sería tomar en prenda la vida de una persona.

7 Si se descubre que alguien ha raptado a uno de sus hermanos israelitas —sea que lo haya maltratado o que lo haya vendido—, el ladrón morirá. Así harás desaparecer el mal de entre ustedes.

8 Cuando se produzcan casos de lepra, cuida muy bien de hacer exactamente lo que les indiquen los sacerdotes levitas. Pongan cuidado en practicar lo que yo les he mandado. 9 Acuérdate de lo que el Señor, tu Dios, hizo con Miriam durante el viaje, después que ustedes salieron de Egipto.

10 Si prestas algo a tu prójimo, no entres en su casa a retirar la prenda. 11 Quédate fuera, mientras el hombre a quien concediste el préstamo te trae la prenda. 12 Y si es una persona de condición humilde, no vayas a dormir con su prenda. 13 Se la entregarás al ponerse el sol, para que pueda acostarse con su ropa. Así él te bendecirá, y tú habrás realizado una obra de justicia a los ojos del Señor, tu Dios.

14 No explotarás al jornalero pobre y necesitado, ya sea uno de tus compatriotas, o un extranjero que vive en alguna de las ciudades de tu país. 15 Págale su jornal ese mismo día, antes que se ponga el sol, porque él está necesitado, y su vida depende de su jornal. Así no invocará al Señor contra ti, y tú no te harás responsable de un pecado.

16 Los padres no morirán por culpa de los hijos ni los hijos por culpa de los padres. Cada cual morirá por su propio pecado.

17 No conculcarás el derecho del extranjero o del huérfano, ni tomarás en prenda el vestido de la viuda. 18 Recuerda que fuiste esclavo en Egipto y que el Señor, tu Dios, te rescató de allí. Por eso te ordeno obrar de esta manera.

19 Cuando recojas la cosecha en tu campo, si olvidas en él una gavilla, no vuelvas a buscarla. Será para el extranjero, el huérfano y la viuda, a fin de que el Señor, tu Dios, te bendiga en todas tus empresas.

20 Cuando sacudas tus olivos, no revises después las ramas. El resto será para el extranjero, el huérfano y la viuda. 21 Cuando recojas los racimos de tu viña, no vuelvas a buscar lo que haya quedado. Eso será para el

extranjero, el huérfano y la viuda. 22 Acuérdate siempre que fuiste esclavo en Egipto. Por eso te ordeno obrar de esta manera.

25 1 Si entre dos hombres se produce un litigio y ellos acuden a la justicia, se los juzgará, y se absolverá al inocente y se condenará al culpable. 2 Si este último merece ser apaleado, el juez lo obligará a tenderse en el suelo y lo hará castigar en su presencia, con un número de golpes proporcionado a su culpa. 3 Podrá infligirle hasta cuarenta golpes, pero no más, no sea que, castigándolo más de la cuenta, el castigo resulte excesivo y tu hermano quede envilecido a tus ojos.

4 No pondrás bozal al buey que trilla.

Obligaciones matrimoniales de los cuñados

Lv 18 16; Gn 38 8-9; Rut 4; Mt 22 23-33

5 Si varios hermanos viven juntos y uno de ellos muere sin tener hijos, la mujer del difunto no se casará con un extraño. El hermano del difunto se unirá con ella, y cumplirá con sus deberes de cuñado tomándola por esposa. 6 El primogénito que ella dé a luz llevará el nombre de su hermano difunto, y así su nombre no se borrará de Israel. 7 Pero si el cuñado se niega a tomarla por esposa, ella subirá a la puerta de la ciudad donde están los ancianos, y dirá: «Mi cuñado se niega a perpetuar en Israel el nombre de su hermano; y no está dispuesto a cumplir en mi favor sus deberes de cuñado». 8 Entonces los ancianos de su ciudad llamarán a ese hombre y le pedirán una explicación. Si él persiste en su negativa, diciendo: «No quiero casarme con ella», 9 su cuñada se acercará a él en presencia de los ancianos, le quitará la sandalia del pie, lo escupirá en la cara y le dirá: «Así se debe obrar con el hombre que no edifica la casa de su hermano». 10 Y en adelante, se lo apodará en Israel: «Casa del descalzo».

Normas finales

Lv 19 35-36; Miq 6 10-11; Eclo 42 4; Ex 17 8-16

11 Si unos hombres se pelean, y la mujer de uno de ellos, para librar a su marido de los golpes del otro, extiende la mano y lo toma por las partes genitales, 12 deberás cortarle la mano sin tenerle compasión.

13 No tendrás en tu bolsa dos pesas, una liviana y otra pesada. 14 No tendrás en tu casa dos medidas, una grande y otra pequeña. 15 Deberás tener una pesa exacta y justa, y también una medida exacta y justa, para gozar de una larga vida en el suelo que el Señor, tu Dios, te da. 16 Porque él considera abominable al que procede de esa manera, a cualquiera que comete una injusticia.

17 Recuerda lo que te hizo Amalec cuando ustedes iban por el camino, después que salieron de Egipto: 18 cómo te salió al paso y atacó por la espalda a todos los que se habían quedado a la retaguardia, agotados por el cansancio. Entonces tú estabas fatigado y sin fuerzas, pero él no tuvo temor de Dios. 19 Por eso, cuando el Señor, tu Dios, te libre definitivamente de todos los enemigos que están a tu alrededor, en la tierra que él te dará en herencia, borrarás de todas partes el recuerdo de Amalec. ¡No lo olvides!

Las primicias y los diezmos

Dt 14 22-29; 24 19-21; Jos 24 2-13; Sal 105; 136

26 1 Cuando entres en la tierra que el Señor, tu Dios, te da en herencia, cuando tomes posesión de ella y te establezcas allí, 2 recogerás las primicias de todos los frutos que extraigas de la tierra que te da el Señor, tu Dios, las pondrás en una canasta, y las llevarás al lugar elegido por el Señor, tu Dios, para constituirlo morada de su Nombre. 3 Entonces te presentarás al sacerdote que esté en funciones en aquellos días, y le dirás:

«Yo declaro hoy ante el Señor, tu Dios, que he llegado a la tierra que él nos dio, porque así lo había jurado a nuestros padres».

4 El sacerdote tomará la canasta que tú le entregues, la depositará ante el altar, 5 y tú pronunciarás estas palabras en presencia del Señor, tu Dios:

«Mi padre era un arameo errante que bajó a Egipto y se refugió allí con unos pocos hombres, pero luego se convirtió en una nación grande, fuerte y numerosa. 6 Los egipcios nos maltrataron, nos oprimieron y nos impusieron una dura servidumbre. 7 Entonces pedimos auxilio al Señor, el Dios de nuestros padres, y él escuchó nuestra voz. Él vio nuestra miseria, nuestro cansancio y nuestra opresión, 8 y nos hizo salir de Egipto con el poder de su mano y la fuerza de su brazo, en medio de un gran terror, de signos y prodigios. 9 Él nos trajo a este lugar y nos dio esta tierra que mana leche y miel. 10 Por eso ofrezco ahora las primicias de los frutos del suelo, que tú, Señor, me diste».

Tú depositarás las primicias ante el Señor, tu Dios, y te postrarás delante de él. 11 Luego te regocijarás por todos los bienes que él te concede, a ti y a tu casa, y también se alegrarán el levita y el extranjero que viven contigo.

12 El tercer año, el año del diezmo, cuando tomes la décima parte de tus cosechas y se la des al levita, al extranjero, al huérfano y a la viuda, a fin de que ellos puedan comer en tus ciudades hasta saciarse, 13 dirás en presencia del Señor, tu Dios:

«Yo saqué de mi casa lo que debía ser consagrado, y se lo di al levita, al extranjero, al huérfano y a la viuda, conforme al mandamiento que tú me diste, sin quebrantar ni olvidar ninguno de tus preceptos. 14 No comí nada de eso estando de duelo, no consumí nada en estado de impureza, ni lo ofrecí como alimento a un muerto. Obedecí la voz del Señor, mi Dios, y obré en todo según lo que tú me ordenaste. 15 Inclínate desde tu santa morada, desde lo alto del cielo, y bendice a tu pueblo Israel y a la tierra que nos diste —esa tierra que mana leche y miel— como lo habías jurado a nuestros padres».

Israel, Pueblo de Dios

Dt 7 6; 14 2

16 Hoy el Señor, tu Dios, te ordena practicar estos preceptos y estas leyes. Obsérvalas y practícalas con todo tu corazón y con toda tu alma.

17 Hoy tú le has hecho declarar al Señor que él será tu Dios, y que tú, por tu parte, seguirás sus caminos, observarás sus preceptos, sus mandamientos y sus leyes, y escucharás su voz. 18 Y el Señor hoy te ha hecho declarar que tú serás el pueblo de su propiedad exclusiva, como él te lo ha prometido, y que tú observarás todos sus mandamientos; 19 que te hará superior —en estima, en renombre y en gloria— a todas las naciones que hizo; y que serás un pueblo consagrado al Señor, como él te lo ha prometido.

CELEBRACIÓN Y SANCIÓN DE LA ALIANZA

Promulgación pública de la Ley

Jos 8 30-35; Lv 18 – 20

27 1 Moisés y los ancianos de Israel dieron esta orden al pueblo:

Observa íntegramente el mandamiento que hoy les prescribo. 2 El día en que crucen el Jordán para ir a la tierra que el Señor, tu Dios, te da, construirás unas piedras, bien grandes, las blanquearás con cal, 3 y escribirás en ellas todas las palabras de esta Ley. Harás esto cuando cruces el Jordán para entrar en el país que te da el Señor, tu Dios —esa tierra que mana leche y miel—, como el Señor, el Dios de tus padres, te lo ha prometido.

4 Después de cruzar el Jordán, pondrán esas piedras en el monte Ebal, según instrucciones que hoy les doy, y las blanquearán con cal. 5 Allí construirás también un altar de piedra en honor del Señor, tu Dios. No usarás ningún instrumento de hierro para trabajar las piedras, 6 porque el altar del Señor deberá estar construido con piedras intactas. Ofrecerás en él holocaustos al Señor, tu Dios, 7 e inmolarás sacrificios de comunión. Allí comerás y te alegrarás en la presencia del Señor, tu Dios, 8 y escribirás en las piedras, con rasgos bien claros, todas las palabras de esta Ley.

9 Después, Moisés y los sacerdotes levitas se dirigieron a todo Israel en estos términos: «Calla, Israel, y escucha. Hoy te has convertido en el Pueblo del Señor, tu Dios. 10 Escucha la voz del Señor, tu Dios, y practica los mandamientos y las leyes que hoy te prescribo».

11 Aquel día, Moisés dio esta orden al pueblo:

12 Después de cruzar el Jordán, las tribus de Simeón, Leví y Judá, Isacar, José y Benjamín estarán en el monte Garizim, para proclamar la bendición al pueblo; 13 y las tribus de Rubén, Gad y Aser, Zabulón, Dan y Neftalí estarán en el monte Ebal, para proclamar la maldición.

Las doce maldiciones

14 Los levitas tomarán la palabra y dirán en alta voz a todos los hombres de Israel:

15 Maldito sea el hombre que hace un ídolo tallado o de metal fundido —abominación para el Señor, obra de un artesano— y lo guarda en un lugar oculto. Y todo el pueblo responderá: Amén.

16 Maldito sea el que menosprecia a su padre o a su madre. Y todo el pueblo responderá: Amén.

17 Maldito sea el que desplaza los límites de la propiedad de su vecino. Y todo el pueblo responderá: Amén.

18 Maldito sea el que aparta a un ciego del camino. Y todo el pueblo responderá: Amén.

19 Maldito sea el que conculca el derecho del extranjero, del huérfano o de la viuda. Y todo el pueblo responderá: Amén.

20 Maldito sea el que se acuesta con la mujer de su padre, porque de esa manera descubre el borde de la manta de su padre. Y todo el pueblo responderá: Amén.

21 Maldito sea el que se acuesta con un animal. Y todo el pueblo responderá: Amén.

22 Maldito sea el que se acuesta con su hermana, la hija de su padre o de su madre. Y todo el pueblo responderá: Amén.

23 Maldito sea el que se acuesta con su suegra. Y todo el pueblo responderá: Amén.

24 Maldito sea el que mata ocultamente a su prójimo. Y todo el pueblo responderá: Amén.

25 Maldito sea el que se deja sobornar para quitar la vida a un inocente. Y todo el pueblo responderá: Amén.

26 Maldito sea el que no respeta ni cumple las palabras de esta Ley. Y todo el pueblo responderá: Amén.

Promesas de bendición

Dt 11 26-28; 30 15-20; Lv 26

28 1 Si escuchas la voz del Señor, tu Dios, y te empeñas en practicar todos los mandamientos que hoy te prescribo, él te pondrá muy por encima de todas las naciones de la tierra. 2 Y por haber escuchado la voz del Señor, tu Dios, vendrán sobre ti y te alcanzarán todas estas bendiciones:

3 Bendito serás en la ciudad y bendito en el campo.

4 Benditos serán el fruto de tus entrañas y el fruto de tu suelo, los partos de tu ganado y las crías de tus vacas y tus ovejas.

5 Bendita será tu canasta y bendito el recipiente donde amasas tu pan.

6 Bendito serás al salir y bendito al entrar.

7 El Señor hará que caigan derrotados todos los enemigos que se alcen contra ti: vendrán a atacarte por un camino y por siete caminos huirán de ti.

8 El Señor ordenará que la bendición esté contigo en tus graneros y en todas tus empresas, y te bendecirá en la tierra que él te da.

9 El Señor hará de ti su pueblo santo, como te lo juró, si cumples sus mandamientos y sigues sus caminos. 10 Entonces todos los pueblos de la tierra verán que tú eres llamado con el nombre del Señor, tu Dios, y te temerán.

11 El Señor te dará sobreabundancia de bienes en el fruto de tus entrañas, en las crías de tu ganado y en los productos de tu suelo, de la tierra que él te da, porque así lo juró a tus padres. 12 Él te abrirá el cielo —su rico tesoro— para proveer de lluvia a tu tierra en el momento oportuno y para bendecir todos tus trabajos.

Serás acreedor de muchas naciones y deudor de ninguna. 13 El Señor te pondrá al frente, no detrás. Siempre estarás arriba, nunca abajo, con tal que obedezcas los mandamientos del Señor, tu Dios, que hoy te ordeno practicar cuidadosamente, 14 sin apartarte, ni a la derecha ni a la izquierda, de las palabras que hoy te prescribo y sin ir detrás de otros dioses para servirlos.

Amenazas de maldición

15 Pero si no escuchas la voz del Señor, tu Dios, y no te empeñas en practicar todos los mandamientos y preceptos que hoy te prescribo, caerán sobre ti y te alcanzarán todas estas maldiciones:

16 Maldito serás en la ciudad y maldito en el campo.

17 Maldita será tu canasta y maldito el recipiente donde amasas tu pan.

18 Malditos serán el fruto de tus entrañas y el fruto de tu suelo, las crías de tus vacas y los partos de tus ovejas.

19 Maldito serás al entrar y maldito al salir.

20 El Señor enviará contra ti la maldición, el pánico y el fracaso sobre todas tus empresas, hasta que seas exterminado y desaparezcas rápidamente, a causa de tu mal proceder, por haberme abandonado. 21 El Señor hará que se te contagie la peste, hasta que seas eliminado de la tierra que vas a tomar en posesión. 22 El Señor te castigará con tisis, fiebre, inflamación, ardores, aridez, quemadura y pulgón que te hostigarán hasta que desaparezcas.

23 El cielo sobre tu cabeza será de bronce, y la tierra bajo tus pies será de hierro. 24 En lugar de lluvia, el Señor enviará polvo a tu tierra, y sobre ti caerá arena desde el cielo, hasta que seas exterminado.

25 El Señor te hará caer derrotado ante tus enemigos: saldrás a atacarlo por un camino y por siete caminos huirás de ellos; y todos los reinos de la tierra sentirán horror de ti. 26 Tus cadáveres serán pasto de todas las aves del cielo y de todos los animales de la tierra, y no habrá nadie que los espante.

27 El Señor te herirá con forúnculos de Egipto, con tumores, sarna y tiña, de los que no podrás curarte. 28 El Señor te castigará con locura, ceguera y delirio, 29 y andarás a tientas en pleno día, como anda a tientas un ciego, envuelto en la oscuridad. Nunca verás realizados tus proyectos; serás oprimido y despojado constantemente y nadie saldrá en tu defensa.

30 Te casarás con una mujer y otro gozará de ella. Construirás una casa y no la habitarás. Plantarás una viña y no recogerás sus frutos. 31 Tu buey será degollado delante de tus ojos y no lo podrás comer. Tu asno será arrebatado de tu misma presencia y no te lo devolverán. Tus ovejas serán entregadas a tus enemigos y nadie saldrá en tu defensa. 32 Tus hijos y tus hijas serán entregados a otro pueblo, y tu vista se consumirá de tanto mirar hacia ellos, pero no podrás hacer nada. 33 Un pueblo que no conoces comerá el fruto de tu suelo y todo el producto de tus fatigas. Serás oprimido y explotado constantemente, 34 hasta volverte loco a causa de lo que verán tus ojos. 35 El Señor te herirá con forúnculos malignos e incurables en las rodillas y en las piernas, desde la planta de los pies hasta la cabeza.

36 El Señor los deportará, a ti y al rey que hayas puesto para que te gobierne, a una nación que ni tú ni tus padres conocían, y allí servirás a otros dioses, dioses de madera y de piedra. 37 Entonces serás motivo de consternación y de burla en todos los pueblos adonde el Señor te conduzca.

38 Sembrarás en tus campos mucha semilla, pero cosecharás muy poco, porque la devorará la langosta. 39 Plantarás viñas y las cultivarás, pero no podrás beber ni almacenar el vino, porque se las comerá el gusano. 40 Tendrás olivares en todo tu territorio, pero no podrás ungirte con aceite, porque se caerán las aceitunas. 41 Tendrás hijos e hijas, pero no te pertenecerán, porque serán

llevados cautivos. 42 Los insectos arrasarán
con todos tus árboles y con todos los frutos
de tu suelo. 43 El extranjero que viva en tu
país subirá cada vez más alto, mientras que
tú caerás cada vez más bajo. 44 Él será tu
acreedor, y tú, su deudor; él estará al frente,
y tú, detrás.

45 Todas estas maldiciones caerán sobre
ti, te perseguirán y te alcanzarán hasta exterminarte, por no haber escuchado la voz
del Señor, tu Dios, observando los mandamientos y los preceptos que él te prescribió. 46 Ellas estarán siempre sobre ti y sobre
tus descendientes, como una señal y una
advertencia.

47 Por no haber servido al Señor, tu Dios,
con alegría y de todo corazón, mientras lo
tenías todo en abundancia, 48 servirás a los
enemigos que el Señor enviará contra ti, en
medio del hambre y la sed, de la desnudez
y de toda clase de privaciones. Y él pondrá
en tu cuello un yugo de hierro, hasta destruirte. 49 El Señor alzará contra ti a una nación lejana, que avanzará desde los extremos de la tierra con la velocidad del águila.
Será una nación cuya lengua no entiendes,
50 un pueblo de aspecto feroz, que no sentirá compasión del anciano ni se apiadará
del niño. 51 Ella se comerá los productos de
tu ganado y los frutos de tu suelo, hasta
que quedes exterminado, porque te dejará
totalmente desprovisto de trigo, de vino y
de aceite, de las crías de tus vacas y tus ovejas, hasta hacerte desaparecer. 52 Sitiará a todas tus ciudades, hasta que se derrumben
esas murallas altas e inaccesibles en que
habías depositado tu confianza. Sí, él te sitiará en todas las ciudades que estén dentro de la tierra que el Señor, tu Dios, te da.
53 Y durante el asedio, será tal la penuria a
que te reducirá tu enemigo, que te comerás
hasta el fruto de tus entrañas, la carne de
tus hijos y de tus hijas, los mismos que el
Señor, tu Dios, te había dado.

54 El más fino y delicado entre los hombres de tu pueblo mirará con odio a su hermano, a la esposa que dormía en sus brazos y a los hijos que todavía le queden,
55 para no compartir con ellos la carne de
sus hijos: se la comerá él solo, porque ya no
le quedará más nada, en medio del asedio
y la penuria a que te reducirá tu enemigo en
todas tus ciudades. 56 La más fina y delicada
entre las mujeres de tu pueblo —tan fina y
delicada que ni siquiera se hubiera atrevido
a pisar el suelo con la planta de sus pies—
mirará con odio al esposo de su corazón, a
su hijo y a su hija, 57 y se ocultará para comer la placenta salida de su seno y a los hijos que dé a luz, porque estará privada de
todo, en medio del asedio y la penuria a
que te reducirá tu enemigo.

LATINO/HISPANO DE EUA

Los hispanos de Estados Unidos viven la historia de salvación

El último discurso de Moisés es un cántico a la obra de Dios y un requerimiento de fidelidad a Israel. Los hispanos de Estados Unidos profesamos nuestra fe en el Señor de la historia con este cántico, en el Tercer Encuentro Nacional de Pastoral, en 1985:

¡Oh Señor! que eres el Amo de todo.
Nosotros, los hispanos
de los Estados Unidos,
conscientes de ser un pueblo
de identidad propia
nacidos de unas raíces, tradiciones
culturales, lenguaje y fe comunes,
y unidos en esta diversidad,
te dirigimos esta oración:
Amo y Señor de la historia,
nosotros, tu pueblo, que experimenta él
mismo hambre y dolor,
hacemos una opción preferencial
por los pobres
y nos erguimos en solidaridad con esta
humanidad que sufre.
De tu seno creador hemos nacido.
Somos tu familia, tu pueblo creyente.
En este momento de gracia sentimos
tu llamado hacia la «Misión Profética».
Trabajamos en equipo, participamos en
comunidad, y hablamos en nombre tuyo
a la Iglesia y sociedad.
Levantados como pueblo y dispuestos a ser
autores de nuestra propia historia,
caminamos con esperanza
y marchamos en un proceso continuo.
Juntos contribuimos a la venida del Reino
de Dios aquí y hoy,
luchando para establecer una nueva
sociedad, cuya economía,
relaciones y valores estén basados en el
amor y la justicia de tu Hijo Jesucristo.
Esto te lo pedimos en compañía de María,
la Madre de los creyentes.
Amén.[3]

Dt 29

58 Si no te empeñas en practicar todas las
palabras de esta Ley, como están escritas en
este Libro, temiendo el Nombre glorioso y

terrible del Señor, tu Dios, 59 él te castigará, a
ti y a tu descendencia, con calamidades ex-
traordinarias. Serán calamidades grandes y
persistentes, enfermedades malignas e incurables. 60 Él hará recaer sobre ti todas las plagas de Egipto, esas que tanto te horroriza-
ron. 61 Además, el Señor te enviará todas las
enfermedades y todas las desgracias que no
están escritas en el libro de esta Ley, hasta
que seas exterminado. 62 Después de haber
sido numeroso como las estrellas del cielo,
quedarás reducido a un pequeño número
por no haber escuchado la voz del Señor, tu
Dios. 63 Y así como antes él se complacía en
hacerlos felices y numerosos, luego se com-
placerá en destruirlos y exterminarlos. Y ustedes serán arrancados de la tierra, donde
vas a entrar para tomar posesión de ella.

64 El Señor te dispersará entre todos los
pueblos, de un extremo al otro de la tierra, y
allí servirás a otros dioses que ni tú ni tus padres conocían, dioses de madera y de piedra.
65 No tendrás paz en medio de aquellas naciones y tu pie no encontrará descanso. El Señor llenará de angustia tu corazón, nublará
tus ojos y abatirá tu ánimo. 66 Tu vida estará
pendiente de un hilo; día y noche sentirás temor y no tendrás ninguna seguridad de sobrevivir. 67 Por la mañana dirás: «¡Ojalá fuera
de tarde!», y por la tarde: «¡Ojalá fuera de mañana!», a causa del temor que sentirás y de lo
que verán tus ojos. 68 El Señor te hará volver
en barcos a Egipto, por ese camino del que yo
te dije: «No lo volverás a ver». Allí, ustedes se
venderán a sus enemigos como esclavos y esclavas, pero nadie querrá comprarlos.

ÚLTIMO DISCURSO DE MOISÉS

Introducción

Dt 2 30-35; 3 1-16

69 Estas son las palabras de la alianza que el
Señor ordenó a Moisés hacer con los israelitas en territorio de Moab, además de la alianza que había hecho con ellos en el Horeb.

Evocación de las acciones divinas

29 1 Moisés convocó a todo Israel, y le
dijo:
Ustedes han visto con sus propios ojos
lo que el Señor hizo en Egipto al Faraón, a
sus servidores y a todo su país: 2 las grandes
hazañas que ustedes mismos han presenciado, y aquellos signos y prodigios admirables. 3 Pero hasta el día de hoy, el Señor
no les había dado inteligencia para entender, ni ojos para ver, ni oídos para oír.

4 Yo los hice caminar por el desierto durante cuarenta años, sin que se les gastara
la ropa que llevaban puesta ni las sandalias
que tenían en los pies. 5 No fue pan lo que
comieron, ni vino u otro licor lo que bebieron, para que ustedes supieran que yo
soy el Señor, su Dios.

6 Al llegar a este lugar, Sijón, rey de Jesbón,
y Og, rey de Basán, nos salieron al encuentro
para combatir, pero nosotros los derrotamos. 7 Así conquistamos sus territorios y se
los dimos en herencia a las tribus de Rubén
y de Gad, y a la mitad de la tribu de Manasés. 8 Por eso, observen fielmente las cláusulas de esta alianza y pónganlas en práctica,
para prosperar en todas sus empresas.

La Alianza, sus exigencias y sanciones

9 Hoy todos ustedes han comparecido
ante el Señor, su Dios: los jefes con sus tribus, sus ancianos y sus escribas, todos los
hombres de Israel 10 con sus mujeres y sus
hijos, y también los extranjeros que se han
incorporado a sus campamentos, desde el
leñador hasta el aguatero. 11 Todos están
aquí para entrar en la Alianza del Señor, tu
Dios, esa alianza corroborada con una imprecación, que el Señor, tu Dios, hoy hace
contigo, 12 a fin de convertirte en su pueblo
y ser tu Dios, como te lo ha prometido, y
como lo juró a tus padres, a Abraham, a
Isaac y a Jacob. 13 Esta alianza, corroborada
con una imprecación no la hago solo con
ustedes. 14 La hago con aquel que hoy está
aquí con nosotros delante del Señor, nuestro Dios, y con aquel que no está.

15 Ustedes saben muy bien que nosotros
estuvimos en Egipto, y que luego pasamos
por varias otras naciones. 16 Allí vieron los
ídolos abominables y los fetiches que ellas
tienen, y que no son más que madera y piedra, plata y oro. 17 ¡Que no haya entre ustedes ni hombre ni mujer, ni clan ni tribu, cuyo corazón se aparte hoy del Señor, nuestro
Dios, para ir a servir a los dioses de esas naciones! ¡Que no haya entre ustedes una raíz
que produzca hierbas venenosas o ajenjo!
18 Porque si alguien, al oír los términos de
esta imprecación, se congratula diciendo:
«Todo me irá bien aunque persista en mi
obstinación, ya que el terreno regado no tiene más sed», 19 el Señor no lo perdonará. Al
contrario, la ira y los celos del Señor se encenderán contra ese hombre, hasta que cada
una de las sanciones enumeradas en este Libro caigan sobre él, y el Señor borre su
nombre de la tierra. 20 El Señor lo apartará,
para su desgracia, de todas las tribus de Israel, conforme a las sanciones de la alianza
consignadas en el libro de esta Ley.

¡QUE NO HAYA ENTRE USTEDES [NADIE] CUYO CORAZÓN SE APARTE HOY DEL SEÑOR!

Dt 29 17

La palabra como persona

El Deuteronomio presenta por primera vez la Palabra de Dios personificada (30 14); es decir, identifica a Dios actuando como persona con su palabra dadora de vida, una palabra eficaz que siempre cumple lo que dice. Otros pasajes identifican la Palabra de Dios con la Sabiduría, y a esta como una persona (ver «Sofía, la Sabiduría», Prov 8 12-36).

El evangelio de Juan dice que, en Jesús, «La Palabra se hizo carne y habitó entre nosotros» (Jn 1 14). Lee los cuatro textos mencionados aquí; te ayudarán a comprender la cercanía de Dios en su Palabra.

Platica con Jesús que está en tu corazón. Siéntete seguro/a de proclamar su evangelio, pues él hablará por ti. Así la Palabra de Dios se cumplirá a través de ti.

Dt 30 14

21 Y las generaciones futuras —los niños
que nacerán después de ustedes y los extranjeros que vendrán de tierras lejanas—
verán las calamidades y las enfermedades
que el Señor habrá infligido a ese país. 22 Y
al ver todo su suelo devastado por el azufre y la sal, donde no se siembra ni crece
nada, ni brota ninguna hierba —como sucedió en la catástrofe de Sodoma y Gomorra, de Admá y Seboím, a las que el Señor
destruyó en su ira y su furor—, 23 todas las
naciones preguntarán: «¿Por qué el Señor
trató así a esta tierra? ¿De dónde procede
este enojo tan tremendo?». 24 Y las mismas
naciones responderán: «Porque abandonaron la alianza que el Señor, el Dios de sus
padres, hizo con ellos cuando los hizo salir de Egipto. 25 Fueron a servir a otros dioses y a postrarse delante de ellos, a dioses
que no conocían y que él no les había dado en suerte. 26 Por eso el Señor se irritó
contra este país y atrajo sobre él todas las
maldiciones consignadas en este Libro.
27 El Señor los arrancó de su suelo, con enojo, furia y gran indignación, y los deportó
a otra tierra, como sucede todavía hoy».
28 Las cosas ocultas conciernen al Señor,
nuestro Dios; pero las reveladas son para
nosotros y para nuestros hijos, para que
practiquemos siempre todas las palabras
de esta Ley.

La conversión y el regreso a la patria

Lv 26 40-45; Is 43 5-7; Jr 32 37-39; Rom 10 6-8

30 1 Cuando te sucedan todas estas cosas
—la bendición y la maldición que he
puesto delante de ti—, si las meditas en tu
corazón en medio de las naciones donde el
Señor, tu Dios, te habrá arrojado, 2 si te conviertes al Señor, tu Dios, y tú y tus hijos le
obedecen con todo su corazón y con toda
su alma, exactamente como hoy te lo ordeno, 3 entonces el Señor, tu Dios, cambiará
tu suerte y tendrá misericordia de ti. Él te
volverá a reunir de entre todos los pueblos
por donde te había dispersado. 4 Aunque
tus desterrados se encuentren en los confines del cielo, de allí el Señor, tu Dios, te
volverá a reunir, de allí te tomará. 5 Él te hará entrar en la tierra que poseyeron tus padres, y tú también la poseerás, y hará que
seas más feliz y numeroso que tus padres.
6 El Señor, tu Dios, circuncidará tu corazón y el corazón de tus descendientes, para
que lo ames con todo tu corazón y con toda tu alma, y así tengas vida. 7 Y él hará caer
todas estas maldiciones sobre tus enemigos
y sobre los adversarios que te hayan perseguido. 8 Entonces tú escucharás de nuevo la
voz del Señor y pondrás en práctica todos
sus mandamientos, tal como hoy te los
prescribo. 9 El Señor, tu Dios, te dará abundante prosperidad en todas tus empresas,
en el fruto de tus entrañas, en las crías de tu
ganado y en los productos de tu suelo. Porque el Señor volverá a complacerse en tu
prosperidad, como antes se había complacido en la prosperidad de tus padres. 10 Todo esto te sucederá porque habrás escuchado la voz del Señor, tu Dios, y observado
sus mandamientos y sus leyes, que están es-

DT

¿Quieres vida o quieres muerte?

¿Qué prefieres: la vida o la muerte; la felicidad o la desgracia; lo bueno o lo malo; las bendiciones o las maldiciones? Lee Deuteronomio 30 15-20 y reflexiona sobre la libertad que Dios te ha dado para dirigir tu vida hacia lo bueno y lo bello, el gozo y la vida... no solo durante tu estancia en la tierra, sino para la eternidad. ¿Hacia dónde tienes dirigida tu vida?

Dt 30 15-20

critas en este libro de la Ley, después de haberte convertido al Señor, tu Dios, con todo
tu corazón y con toda tu alma.
11 Este mandamiento que hoy te prescribo
no es superior a tus fuerzas ni está fuera de
tu alcance. 12 No está en el cielo, para que digas: «¿Quién subirá por nosotros al cielo y lo
traerá hasta aquí, de manera que podamos
escucharlo y ponerlo en práctica?». 13 Ni tampoco está más allá del mar, para que digas:
«¿Quién cruzará por nosotros a la otra orilla
y lo traerá hasta aquí, de manera que podamos escucharlo y ponerlo en práctica?».
14 No, la palabra está muy cerca de ti, en tu
boca y en tu corazón, para que la practiques.

LA PALABRA ESTÁ... EN TU BOCA
Y EN TU CORAZÓN, PARA
QUE LA PRACTIQUES. Dt 30 14

Israel ante la vida y la muerte

Sal 1; Dt 11 26-28; Rom 6 21-23; Mt 7 13-14

15 Hoy pongo delante de ti la vida y la felicidad, la muerte y la desdicha. 16 Si escuchas los mandamientos del Señor, tu Dios,
que hoy te prescribo, si amas al Señor, tu
Dios, y cumples sus mandamientos, sus leyes y sus preceptos, entonces vivirás, te
multiplicarás, y el Señor, tu Dios, te bendecirá en la tierra donde ahora vas a entrar
para tomar posesión de ella. 17 Pero si tu
corazón se desvía y no escuchas, si te dejas
arrastrar y vas a postrarte ante otros dioses
para servirlos, 18 yo les anuncio hoy que ustedes se perderán irremediablemente, y no
vivirán mucho tiempo en la tierra que vas
a poseer después de cruzar el Jordán. 19 Hoy
tomo por testigos contra ustedes al cielo y
a la tierra: yo he puesto delante de ti la vida y la muerte, la bendición y la maldición. Elige la vida, y vivirás, tú y tus descendientes, 20 con tal que ames al Señor, tu
Dios, escuches su voz y le seas fiel. Porque
de ello depende tu vida y tu larga permanencia en la tierra que el Señor juró dar a
tus padres, a Abraham, a Isaac y a Jacob.

ÚLTIMAS DISPOSICIONES Y MUERTE DE MOISÉS

Las últimas instrucciones de Moisés

Dt 3 21-28; Jos 1 6-9; 2 Re 23 1-3; Dt 4 25-28

31 1 Moisés fue a decir estas palabras a
todo Israel:
2 «Ya tengo ciento veinte años. En adelante no podré ejercer ninguna actividad;
además, el Señor me dijo: "Tú no pasarás
el Jordán". 3 El Señor, tu Dios, es el que cruzará delante de ti; él eliminará de tu presencia a todas esas naciones, y tú las des-
poseerás de sus dominios. Será Josué el
que cruzará al frente de ti, como el Señor
lo ha ordenado. 4 El Señor tratará a esas naciones como trató a Sijón y a Og —los reyes amorreos— y a sus países, cuando los
destruyó por completo. 5 Él las pondrá en
tus manos, y entonces ustedes deberán
comportarse con ellas conforme a la orden
que les di. 6 ¡Sean fuertes y valientes! No
tengan miedo ni tiemblen ante ellas. Porque el Señor, tu Dios, te acompaña, y él no
te abandonará ni te dejará desamparado».
7 Después Moisés llamó a Josué y le dijo
en presencia de todo Israel:
«Sé fuerte y valiente. Tú irás con este
pueblo hasta la tierra que el Señor les dará,
porque así lo juró a sus padres, y tú los
pondrás en posesión de ella. 8 El Señor irá
delante de ti; él estará contigo y no te
abandonará ni te dejará desamparado. No
temas ni te acobardes».

REFLEXIONA

Entrega del liderazgo

La entrega del liderazgo religioso para la continuación de la misión es indispensable. Cuando esto sucede de manera armónica, el pueblo puede continuar su jornada de fe.

Lee el pasaje en que Moisés pasa el liderazgo a Josué, en Deuteronomio 31 1-8, y reflexiona: ¿cómo se transmite el liderazgo en los grupos y comunidades de jóvenes?, ¿cómo pasa el liderazgo en las comunidades de adultos y en la Iglesia en general?

Dt 31 1-8

La lectura ritual de la Ley

9 Moisés escribió esta Ley y la entregó a
los sacerdotes levitas —los encargados de
transportar el Arca de la Alianza del Señor—
y a todos los ancianos de Israel. 10 Después
les dio las siguientes instrucciones:
Cada siete años, en el tiempo fijado para
el año del perdón, durante la fiesta de las
Chozas, 11 cuando todo Israel se presente delante del Señor en el lugar que él haya elegido, leerás en voz alta esta Ley, en presencia
de todo Israel. 12 Reúne al pueblo —hombres, mujeres y niños, y también a los extranjeros que vivan en tus ciudades— para
que la oigan y así aprendan a temer al Señor,
su Dios, y a practicar cuidadosamente todas
las palabras de esta Ley. 13 También deberán

oírla sus hijos, los que todavía no la conocen, para que aprendan a temer al Señor mientras ustedes vivan en la tierra que van a poseer después de cruzar el Jordán.

Instrucciones del Señor a Moisés y a Josué

14 Entonces el Señor dijo a Moisés: «Ya se
acerca el día de tu muerte. Llama a Josué y
preséntense en la Tienda del Encuentro para que les dé mis instrucciones». Moisés y
Josué se presentaron, 15 y el Señor se apareció en la Tienda, en una columna de nube,
la cual se detuvo a la entrada de la Tienda.
16 El Señor dijo a Moisés: «Pronto irás a
descansar junto con tus padres, y este pueblo se prostituirá yendo detrás de dioses extraños, los dioses de la tierra donde está por
entrar; me abandonará y quebrantará la
alianza que hice con él. 17 Entonces arderá
mi enojo, y yo los abandonaré y les ocultaré mi rostro. Se convertirán en una presa
pronta para ser devorada, muchos males y
desgracias se abatirán sobre ellos, y dirán:
"Estas desgracias me suceden porque mi
Dios no está conmigo". 18 Pero aquel día yo
mantendré oculto mi rostro, por todo el
mal que ellos hicieron yendo detrás de
otros dioses. 19 Por eso, escribe este poema y
enséñalo a los israelitas. Ordénales que lo
reciten, para que me sirva de testigo contra
ellos. 20 Porque cuando yo los introduzca en
la tierra que prometí a sus padres con un
juramento —esa tierra que mana leche y
miel— ellos comerán hasta saciarse y engordarán. Entonces se volverán hacia otros
dioses y los servirán, despreciándome a mí
y quebrantando mi alianza. 21 Pero muchos
males y desgracias se abatirán sobre ellos, y
este poema dará testimonio contra ellos,
porque sus descendientes no lo habrán olvidado. Yo conozco los planes que hoy están tramando, aun antes de introducirlos
en la tierra que juré darles». 22 Aquel día,
Moisés escribió este poema y se lo hizo
aprender a los israelitas.
23 Luego el Señor dio esta orden a Josué,
hijo de Nun: «Sé fuerte y valiente, porque
tú conducirás a los israelitas hasta la tierra
que juré darles, y yo estaré contigo».

La Ley junto al Arca de la Alianza

24 Cuando Moisés terminó de fijar por
escrito las palabras de esta Ley, 25 ordenó a
los levitas encargados de transportar el Arca de la Alianza del Señor: 26 «Tomen este
Libro y pónganlo junto al Arca de la Alianza del Señor, su Dios. Que esté presente allí
como un testigo contra ti. 27 Porque yo conozco muy bien tu rebeldía y tu obstinación. Y si ahora que estoy todavía con ustedes, son tan rebeldes al Señor, ¡cuánto
más lo serán después de mi muerte! 28 Reúneme aquí a todos los ancianos de sus tribus y a sus escribas, para que pueda transmitirles todas estas palabras y para poner
al cielo y a la tierra como testigos contra
ellos. 29 Porque estoy seguro de que cuando
yo muera, ustedes se van a pervertir y se
van a desviar del camino que les he trazado. Y en el futuro les van a suceder muchas
desgracias por haber obrado mal a los ojos
del Señor, su Dios, y por haberlo irritado
con sus malas obras».
30 Entonces Moisés recitó hasta el final
las palabras de este poema, en presencia de
toda la comunidad de Israel:

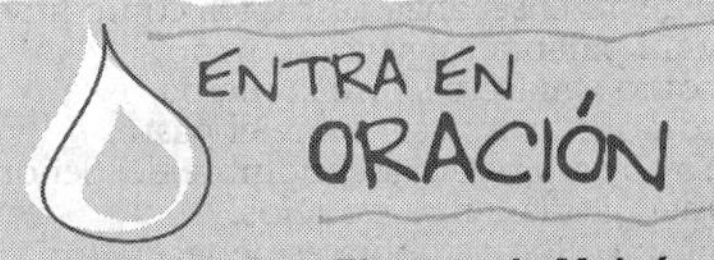

El canto de Moisés

El canto de Moisés es una bella oración de este gran líder por su pueblo. Pide al Espíritu Santo el don de asumir la vida de tu comunidad y ora con estas ideas tomadas del canto de Moisés.

Señor Dios, tú siempre eres fiel, justo y recto, y nosotros con frecuencia somos rebeldes, traidores, ingratos y necios. Sin embargo, tú reaccionas con bondad.

Cómo me conmueve que mi comunidad sea para ti como la niña de tus ojos. ¡Cuánto nos amas, mi Dios!

Traigo en mi corazón la tristeza de haberte rechazado, al preferir el egoísmo y los éxitos. Ante ti quiero reconocerlo en nombre de todos.

Gracias, porque con misericordia nos corriges. En el momento del castigo, nos sobrecoge el miedo y pensamos que nos abandonas. Incrementa nuestra fe y nuestra fidelidad ante ti.

Tú eres nuestra Roca, en ti está nuestra fuerza. Sálvanos, Señor, de escoger lo que nos aleja de ti. Haznos volver al camino tuyo, tantas veces como sea necesario.

Señor Dios mío, tú haces justicia con misericordia. Mi comunidad se alegra por tu perdón. Los enemigos se quedan sin fuerza. ¡Tú eres nuestro único Dios!

Dt 32 1-43

El canto de Moisés

Ex 15; 1 Sm 2; 2 Sm 22; Lc 1 – 2

32 1 «Escucha, cielo, y hablaré,
oiga la tierra las palabras de mi boca.

[2] Que mi enseñanza descienda como lluvia
y mi palabra caiga como rocío,
como aguacero sobre la hierba,
como chaparrones sobre el pasto.
[3] Yo voy a proclamar el nombre del Señor:
¡den gloria a nuestro Dios!
[4] Él es la Roca: su obra es perfecta,
todos sus caminos son justos;
es un Dios fiel y sin falsedad,
justiciero y recto.
[5] Pero se comportaron mal con él
los que ya no son sus hijos,
a causa de su depravación,
esa generación tortuosa y perversa.
[6] ¿Así le pagas al Señor,
pueblo necio e insensato?
¿Acaso no es él tu padre y tu creador,
el que te hizo y te afianzó?

[7] Acuérdate de los días lejanos,
considera las épocas pasadas;
pregúntale a tu padre, y él te informará,
a los ancianos, y ellos te lo dirán:
[8] Cuando el Altísimo dio una herencia
a cada nación,
cuando distribuyó a los hombres,
él fijó las fronteras de los pueblos
según el número de los hijos de Dios.
[9] Pero la parte del Señor es su pueblo,
la porción de su herencia es Jacob.
[10] Lo encontró en una tierra desierta,
en la soledad rugiente de la estepa:
lo rodeó y lo cuidó,
lo protegió como a la pupila de sus ojos.
[11] Como el águila que impulsa a su nidada,
revoloteando sobre sus pichones,
así extendió sus alas, lo tomó
y lo llevó sobre sus plumas.
[12] El Señor solo lo condujo,
no había a su lado ningún dios extranjero.

[13] Lo puso encima de las alturas del país,
para que comiera los frutos de los campos;
lo alimentó con miel de los peñascos,
con aceite de la roca dura;
[14] con cuajada de vaca y leche de oveja,
con la gordura de corderos y carneros;
con toros de Basán y con cabritos,
y con la mejor harina de trigo;
y le dio como bebida,
la sangre espumante de la uva.
[15] Así engordó Iesurún y dio patadas
—¡sí, engordaste, te pusiste
obeso y corpulento!—.
Él rechazó al Dios que lo creó,
despreció a su Roca salvadora.
[16] Provocaron sus celos con dioses extraños,
lo irritaron con abominaciones.
[17] Ofrecieron sacrificios a demonios
que no son Dios,
a dioses que no conocían,
a dioses nuevos, recién llegados,
que sus padres no habían venerado.
[18] Así despreciaste a la Roca que te engendró,
olvidaste al Dios que te hizo nacer.

[19] Al ver esto, el Señor se indignó
y desechó a sus hijos y a sus hijas.
[20] Entonces dijo: Les ocultaré mi rostro,
para ver en qué terminan.
Porque son una generación perversa,
hijos faltos de lealtad.
[21] Provocaron mis celos con algo
que no es Dios,
me irritaron con sus ídolos vanos;
yo provocaré sus celos con algo
que no es un pueblo,
los irritaré con una nación insensata.
[22] Porque se ha encendido el fuego de mi ira
y arderá hasta el fondo del abismo;
consumirá la tierra y sus cosechas
y abrasará los cimientos de las montañas.
[23] Amontonaré desastres sobre ellos,
lanzaré contra ellos todas mis flechas.
[24] Quedarán extenuados por el hambre,
consumidos por la fiebre
y la peste maligna;
enviaré contra ellos los dientes de las fieras
y el veneno de reptiles
que se arrastran sobre el polvo.
[25] Fuera los diezmará la espada,
y dentro, el terror,
tanto al joven como a la muchacha,
al niño de pecho como al anciano.
[26] Yo me propuse reducirlos a polvo
y borrar su recuerdo de entre los hombres,
[27] pero temí que sus enemigos se jactaran,
que cayeran en el error y dijeran:
"Nuestra mano ha prevalecido,
no es el Señor el que hizo todo esto".
[28] Porque esa gente ha perdido el juicio
y carece de inteligencia.
[29] Si fueran sensatos entenderían estas cosas,
comprenderían la suerte que les espera.
[30] ¿Cómo podría uno solo desbandar a mil
y dos, poner en fuga a diez mil,
si su Roca no los hubiera vendido
y el Señor no los hubiera entregado?
[31] Porque la roca de ellos
no es como nuestra Roca:
nuestros mismos enemigos lo confirman.

[32] Su viña es un retoño de la viña de Sodoma,
de las plantaciones de Gomorra.
Sus uvas son uvas venenosas,
sus racimos tienen un sabor amargo.
[33] Su vino es veneno de serpientes,
un terrible veneno de víboras.
[34] ¿Acaso no está esto registrado
y sellado en mis archivos?
[35] Mía será la venganza y la retribución
en el momento que vacilen sus pies,
porque está cerca el día de su ruina
y ya se precipita el desenlace.
[36] Sí, el Señor hará justicia con su pueblo
y tendrá compasión de sus servidores.

Cuando vea que sus manos flaquean
y ya no quedan esclavos ni hombres libres,
37 él dirá: ¿Dónde están sus dioses,
la roca donde buscaron un refugio
38 los que comían la grasa de sus sacrificios
y bebían el vino de sus libaciones?
Que se levanten y vengan en su ayuda,
que sean para ustedes un refugio.

39 Miren bien que yo, solo yo soy,
y no hay otro dios junto a mí.
Yo doy la muerte y la vida,
yo hiero y doy la salud,
y no hay nadie que libre de mi mano.
40 Yo levanto mi mano hacia el cielo y juro:
Tan cierto como que vivo eternamente,
41 cuando afile mi espada fulgurante
y mi mano empuñe la justicia,
me vengaré de mis enemigos
y daré su merecido a mis adversarios.
42 Embriagaré mis flechas con sangre,
mi espada devorará carne:
sangre de muertos y cautivos,
cabezas de jefes enemigos.
43 Naciones, aclamen a su pueblo,
porque él vengará la sangre
de sus servidores,
se vengará de sus enemigos
y purificará su tierra y su pueblo».

44 Moisés fue con Josué, hijo de Nun, y
recitó delante del pueblo todas las palabras de este poema.

La Ley, fuente de vida

Dt 31 19-21

45 Cuando Moisés terminó de recitar estas palabras a todo Israel, 46 les dijo: «Presten atención a todas las palabras de esta
Ley, con las que hoy atestiguo contra ustedes. Prescríbanselas a sus hijos, para que
ellos practiquen cuidadosamente todas las
palabras de esta Ley. 47 Porque esta no es
una palabra vana, sino que es la vida de ustedes, y por ella vivirán muchos años en la
tierra que van a poseer después que crucen
el Jordán».

El anuncio de la muerte de Moisés

Dt 3 26-28; Nm 20 1-13.22-29; Ex 17 1-7

48 Aquel mismo día, el Señor dijo a Moisés: 49 «Sube a esa montaña de los Abarim,
al monte Nebo que está en el país de
Moab, frente a Jericó, y contempla la tierra
de Canaán que yo doy en propiedad a los
israelitas. 50 Tú morirás en la montaña a la
que vas a subir e irás a reunirte con los tuyos, como tu hermano Aarón murió en el
monte Hor y fue a reunirse con los suyos.
51 Porque ustedes fueron infieles a mí junto
a las aguas de Meribá de Cades, en el desierto de Cin, y no manifestaron mi santidad en medio de los israelitas. 52 Por eso no
entrarás en la tierra que yo daré a los israelitas, sino que solamente la verás de lejos».

Las bendiciones de Moisés

Gn 27; 49

33 1 Esta es la bendición con que Moisés,
el hombre de Dios, bendijo a los israelitas antes de morir. 2 Él dijo:

«El Señor vino del Sinaí,
brilló para ellos desde Seír;
resplandeció desde el monte Parán
y llegó a Meribá de Cades,
desde el sur hasta las pendientes.
3 Él ama de veras a los pueblos;
¡todos sus santos están en tus manos!
Ellos se postran a tus pies,
cada uno recibe tus palabras.
4 Moisés nos prescribió una Ley,
que es la posesión de la asamblea de Jacob.
5 Y hubo un rey en Iesurún,
cuando se reunieron los jefes del pueblo,
junto con las tribus de Israel.
6 Que viva Rubén y no muera,
aunque sus hombres sean pocos».
7 De Judá dijo lo siguiente:

«Escucha, Señor, la voz de Judá,
y reintégralo a su pueblo;
él se defenderá con su mano
y tú serás una ayuda contra sus adversarios».

8 Dijo acerca de Leví:

«Que tu Tumim y tu Urim
estén con tu hombre de confianza:
el que pusiste a prueba en Masá
y por quien litigaste
junto a las aguas de Meribá;
9 el que dijo de su padre y de su madre:
"No los he visto";
el que no reconoció a sus hermanos
e ignoró hasta a sus propios hijos.
Porque ellos observaron tu palabra
y mantuvieron tu alianza.
10 Ellos enseñan tus normas a Jacob
y tu Ley a Israel;
hacen subir hasta ti el incienso
y ofrecen el holocausto en tu altar.
11 Bendice, Señor, su valor
y acepta la obra de sus manos.
Castiga las espaldas de sus agresores
y que sus enemigos no se levanten más».

12 Dijo acerca de Benjamín:

«El amado del Señor habita seguro
junto a aquel que lo protege
constantemente;
y habita entre los flancos de sus colinas».

13 Dijo acerca de José:

«Que el Señor bendiga su tierra
con el más excelente don del cielo
—el rocío—

y con el océano que se extiende
por debajo;
14 con los mejores productos del sol
y los brotes más escogidos de cada lunación;
15 con las primicias de las montañas seculares
y la riqueza de las colinas eternas;
16 con la fecundidad de la tierra
y con su plenitud,
y con el favor del que mora en la Zarza.
Que todo esto descienda sobre la cabeza
de José,
sobre la frente del consagrado
entre sus hermanos.
17 Él es un toro primogénito: a él, la gloria;
sus cuernos son cuernos de búfalo:
con ellos embiste a los pueblos
hasta los confines de la tierra.
Así son las decenas de miles de Efraím,
así son los millares de Manasés».

18 Dijo acerca de Zabulón:

«Alégrate, Zabulón, de tus salidas,
y tú, Isacar, en tus tiendas.
19 Ellos convocan a los pueblos
en la montaña,
donde ofrecen sacrificios legítimos,
porque disfrutan de la abundancia
de los mares
y de los tesoros ocultos en la arena».

20 Dijo acerca de Gad:

«¡Bendito sea el que abre campo libre
a Gad!
Tendido como una leona,
despedaza el brazo y también la cabeza.
21 Él se atribuyó las primicias,
porque allí estaba reservada
la porción de un jefe.
Él vino con los jefes del pueblo,
ejecutó la justicia del Señor
y sus juicios en favor de Israel».

22 Dijo acerca de Dan:

«Dan es un cachorro de león,
que se abalanza desde Basán».

23 Dijo acerca de Neftalí:

«Neftalí, saciado de favor
y colmado de la bendición del Señor,
toma posesión del oeste y del sur».

24 Y dijo acerca de Aser:

«¡Bendito sea Aser entre todos los hijos!
Que sea el favorito de sus hermanos
y que bañe sus pies en aceite.
25 Que tus cerrojos sean de hierro y de bronce,
y tu poder dure tanto como tus días.

26 Iesurún, no hay nadie como Dios,
que cabalga por los cielos
para venir en tu ayuda,
y por las nubes, lleno de majestad.
27 El Dios de los tiempos antiguos
es un refugio,
y sus brazos obran desde siempre
aquí abajo.
Él expulsó a tus enemigos delante de ti
y ordenó: ¡Extermina!
28 Así Israel habita seguro,
la fuente de Jacob, en un lugar apartado,
en una tierra de trigo y de vino,
cuyo cielo destila rocío.

29 ¡Dichoso tú, Israel!
¿Quién es como tú, pueblo salvado
por el Señor?
Él es tu escudo protector,
tu espada victoriosa.
Tus enemigos te adularán,
pero tú pisotearás sus espaldas».

La muerte y la sepultura de Moisés

Dt 3 27; 32 49; Nm 20 29

34 1 Moisés subió de las estepas de Moab
al monte Nebo, a la cima del Pisgá,
frente a Jericó, y el Señor le mostró todo el
país: Galaad hasta Dan, 2 todo Neftalí, el territorio de Efraím y Manasés, todo el territorio de Judá hasta el mar Occidental, 3 el Négueb, el Distrito y el valle de Jericó —la
Ciudad de las Palmeras— hasta Soar. 4 Y el
Señor le dijo: «Esta es la tierra que prometí
con juramento a Abraham, a Isaac y a Jacob,
cuando les dije: "Yo se la daré a tus descendientes". Te he dejado verla con tus propios
ojos, pero tú no entrarás en ella».
5 Allí murió Moisés, el servidor del Señor,
en territorio de Moab, como el Señor lo había dispuesto. 6 Él mismo lo enterró en el
Valle, en el país de Moab, frente a Bet Peor,
y nadie, hasta el día de hoy, conoce el lugar
donde fue enterrado. 7 Cuando murió, Moisés tenía ciento veinte años, pero sus ojos
no se habían debilitado, ni había disminuido su vigor. 8 Los israelitas lloraron a
Moisés durante treinta días en las estepas
de Moab. Así se cumplió el período de llanto y de duelo por la muerte de Moisés.
9 Josué, hijo de Nun, estaba lleno del espíritu de sabiduría, porque Moisés había
impuesto sus manos sobre él; y los israelitas
le obedecieron, obrando de acuerdo con la
orden que el Señor había dado a Moisés.
10 Nunca más surgió en Israel un profeta
igual a Moisés —con quien el Señor departía cara a cara—, 11 ya sea por todas las señales y prodigios que el Señor le mandó
realizar en Egipto contra el Faraón, contra
todos sus servidores y contra todo su país,
12 ya sea por la gran fuerza y el terrible poder que él manifestó en presencia de todo
Israel.

LIBROS HISTÓRICOS

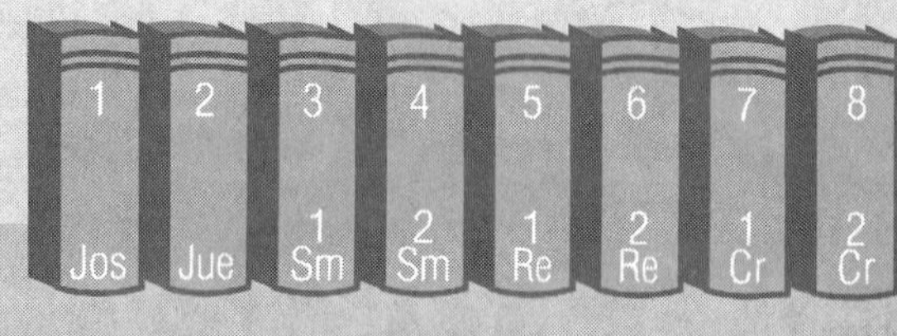
1
Jos
2
Jue
3
1
Sm
4
2
Sm
5
1
Re
6
2
Re
7
1
Cr
8
2
Cr

9
Esd
10
Neh
11
Rut
12
Tob
13
Jdt
14
Est
15
1
Mac
16
2
Mac

Introducción a los Libros

HISTÓRICOS

Al estar ante la prensa o la televisión, ¿qué encontramos? Noticias y más noticias, ofertas comerciales y discursos políticos, avisos sociales y consejos al público, escándalos personales o sociales, reuniones mundiales, y cuánto más. Esta mezcla de acontecimientos es lo que hallaremos en los 16 Libros históricos de la Biblia, que abarcan poco más de un milenio. Dios da a conocer su amor gratuito y su sabiduría salvadora a través de estos sucesos y sus circunstancias; así es como él se revela en la historia, educa a su pueblo y le da a conocer su fidelidad y su misericordia.

INTRODUCCIÓN

Los Libros históricos narran la historia del pueblo de Israel. Se basan en crónicas o anales históricos, pero no dan una visión científica de la historia, sino una perspectiva de fe. Es una historia sagrada en la que los historiadores son teólogos que descubren la presencia salvadora de Dios en el acontecer diario.

La revelación bíblica es esencialmente histórica; la fe de los israelitas no es un catálogo de dogmas y doctrinas abstractas, sino el acercamiento de Dios a las personas en el seno de la historia. Por ello los Libros históricos son los más numerosos del Antiguo Testamento. Se pueden distinguir cuatro grupos, los dos primeros con un enfoque teológico muy claro:

- **Historia deuteronomista: Josué, Jueces, 1 y 2 Samuel, y 1 y 2 Reyes.** Se le llama así porque de estos libros salió el Deuteronomio. Son un canto a la justicia de Dios y un llamado a la conversión y a la esperanza, escritos desde la perspectiva del exilio (siglo VI a.C.), cuando Jerusalén y el templo estaban destruidos y la Tierra prometida, invadida. Enfatizan la alianza con Dios, señalan la infidelidad del pueblo como razón del destierro y de la caída de la monarquía, y presentan a Dios siempre fiel a su pueblo.

  Josué y Jueces narran el establecimiento de los israelitas en la Tierra prometida. 1 y 2 Samuel, y 1 y 2 Reyes, relatan la instauración del reino bajo el poder de David y su división en el reino del Norte (Israel) y el reino del Sur (Judá); presentan a varios reyes y profetas en cada reino, hasta la caída de Jerusalén (587 a.C.).

  El libro de Jueces narra la historia en etapas: (1) propuesta de amor de Dios; (2) infidelidad y pecado de la gente; (3) justo castigo de Dios; (4) arrepentimiento del pueblo y clamor por la ayuda divina; (5) perdón y misericordia de Dios; (6) tiempo de estabilidad, y (7) de nuevo infidelidad y pecado, reiniciándose el ciclo.

- **Historia cronística: 1 y 2 Crónicas, Esdras y Nehemías.** Estos libros además de ser una recopilación de archivos y tradiciones, también revisan la historia para legitimar los oficios para el culto instituidos por David.

  1 y 2 Crónicas presentan una historia paralela a la deuteronómica, narrándola desde Adán hasta el restablecimiento de Israel, después del exilio. Repiten algunos relatos y añaden otros, matizando las tensiones para animar a los reconstructores. Subrayan la infidelidad al culto en el Templo en lugar de a la Alianza en el Sinaí, y muestran un deseo creciente de la venida del Mesías. Esdras y Nehemías describen el regreso del exilio y la reconstrucción de la nación (siglo IV a.C.).

- **Historia de los Macabeos: 1 y 2 Macabeos.** Son dos versiones diferentes de la resistencia judía y la rebelión macabea ante la dominación griega y la imposición de la cultura helenista, en el siglo II a.C.

- **Historias ejemplares: Tobías, Judit, Ester y Rut.** Los cuatro libros se inspiran en relatos patriarcales y narran episodios concretos, en lugar de un transcurrir histórico. Son ficciones literarias cuyo fin es enseñar, exhortar y fortalecer la fe del pueblo en tiempos difíciles. Su contexto histórico-geográfico y su cronología son tratados con gran libertad.

Al leer los Libros históricos, recuerda que sus autores están muy lejos de entender a Dios como lo reveló Jesús, siglos más tarde. Para los cristianos es importante conocer estos libros porque son revelación de Dios, como Jesús mismo lo reconoció, y porque la luz del Antiguo Testamento nos ayuda a comprender el Nuevo Testamento.

OTROS ANTECEDENTES

- Los libros 1 y 2 Crónicas abarcan el mismo período histórico que los libros 1 y 2 Samuel y 1 y 2 Reyes.

- Tobías, Judit y Ester tienen como propósito reforzar la fidelidad a las leyes de Dios en tiempos difíciles.

- El libro de Rut originalmente no era uno de los Libros históricos. Fue integrado a ellos después.

- Tobías, Judit, 1 y 2 Macabeos y algunas partes de Ester no están en todas las traducciones del Antiguo Testamento y tampoco están en muchas Biblias protestantes (ver «¿Por qué la Biblia católica tiene más libros que otras Biblias?», p. 35).

¿Te ha tocado ver una película de aventuras o escuchar a alguien platicar un acontecimiento con riesgos y peligros, y, por alguna razón, quedarte sin conocer el final? En cuanto puedes, preguntas a quienes la vieron: ¿qué pasó al final? El libro de Josué narra el desenlace de la liberación de la esclavitud en Egipto con la entrada a la tierra prometida. Así como Dios estuvo presente con su pueblo en la etapa de liberación, también está con él en el momento de la conquista y reparto de la tierra.

ESQUEMA

- **1 – 12.** Ocupación de la Tierra prometida
- **13 – 21.** Reparto de la Tierra prometida entre las tribus de Israel
- **22 – 24.** Últimos acontecimientos y advertencias finales

PRESENTACIÓN

El libro de Josué recibe su nombre del héroe israelita que continuó la misión de Moisés y organizó al pueblo para la conquista de la Tierra prometida. Al principio del libro, Josué promete a los israelitas que conquistarían la tierra de Canaán y se apoderarían del territorio si eran fieles a la alianza. Ellos respondieron con entusiasmo: «Así como obedecimos en todo a Moisés, también te obedeceremos a ti» (Jos 1 17). Bajo su guía, tomaron posesión de la tierra, se establecieron con sus familias y sus ganados, y trataron de seguir su Alianza con Dios.

Cuando llegaron a Canaán, ya había asentamientos israelitas que posteriormente se unieron a los recién llegados para formar el pueblo de Israel (ver «Líderes unidos», Jos 24 1-28). La conquista no fue rápida ni fácil, como lo relata el libro de Josué, sino compleja y violenta, como lo muestran descubrimientos arqueológicos y lo relata el libro de Jueces.

Hay que profundizar en el mensaje de Dios a través de los escritores sagrados: Dios cuidó a los israelitas todo el tiempo que obedecieron los mandamientos. La creencia en el triunfo del bien y el castigo del mal está en el corazón del libro de Josué, recordándonos que Dios es nuestra esperanza más segura en los altibajos de la historia.

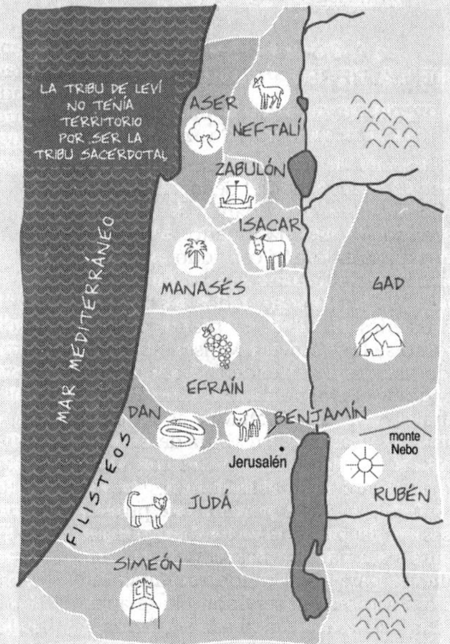

LAS DOCE TRIBUS DE ISRAEL

DATOS

Período descrito
Final de la travesía en el desierto y conquista de la Tierra prometida, hacia 1200 a.C.

Autor
Tradición deuteronomista

Fecha de redacción
Durante el destierro: 587-538 a.C.

Temas
Israel conquista la Tierra prometida. Dios es fiel a la alianza. Triunfo del bien y castigo del mal

JOSUÉ

CONQUISTA DE JERICÓ

CONSAGRACIÓN AL EXTERMINIO

LA OCUPACIÓN DE LA TIERRA PROMETIDA

Los preparativos para la conquista

Ex 24 13; 33 11; Nm 27 18-23

1 1 Después de la muerte de Moisés, el servidor del Señor, el Señor dijo a Josué, hijo de Nun y ayudante de Moisés: 2 «Mi servidor Moisés ha muerto. Ahora levántate y cruza el Jordán con todo este pueblo, para ir hacia la tierra que yo daré a los israelitas. 3 Yo les entrego todos los lugares donde ustedes pondrán la planta de sus pies, como se lo prometí a Moisés. 4 El territorio de ustedes se extenderá desde el desierto y desde el Líbano hasta el Gran Río, el río Éufrates, y hasta el Gran Mar, al occidente. 5 Mientras vivas, nadie resistirá delante de ti; yo estaré contigo como estuve con Moisés: no te dejaré ni te abandonaré. 6 Sé valiente y firme: tú vas a poner a este pueblo en posesión del país que yo les daré, porque así lo juré a sus padres. 7 Basta que seas fuerte y valiente, para obrar en todo según la Ley que te dio Moisés, mi servidor. No te apartes de ella ni a la derecha ni a la izquierda, y así tendrás éxito en todas tus empresas. 8 Que el libro de esta Ley nunca se aparte de ti: medítalo día y noche, para obrar fielmente en todo conforme a lo que está escrito en él. Así harás prosperar tus empresas y tendrás éxito. 9 ¿Acaso no soy yo el que te ordeno que seas fuerte y valiente? No temas ni te acobardes, porque el Señor, tu Dios, estará contigo dondequiera que vayas».

Colaboración de las tribus de la Transjordania

Dt 11 31; Nm 32 6-32; Dt 3 20; Sal 95 11; Heb 3 7; Dt 17 12; 1 6

10 Entonces Josué dio a los escribas del pueblo la siguiente orden: 11 «Recorran el campamento y manden al pueblo que haga provisión de víveres, porque dentro de tres días pasarán el Jordán para ir a ocupar la tierra que el Señor, su Dios, les da en posesión». 12 Luego dijo a los rubenitas, a los gaditas y a la mitad de la tribu de Manasés: 13 «Recuerden la orden que les dio Moisés, el servidor del Señor, cuando dijo: "El Señor, su Dios, les concede el descanso y les da este territorio. 14 Sus mujeres, sus niños y sus rebaños se quedarán en el territorio que les dio Moisés, al otro lado del Jordán. Pero ustedes, todos los guerreros, cruzarán equipados con sus armas al frente de sus hermanos, para prestarles ayuda, 15 hasta que el Señor les conceda el descanso lo mismo que a us-

Te presentamos a... JOSUÉ, EL CAUDILLO SUCESOR DE MOISÉS

Josué fue capitán del ejército israelita durante la primera batalla contra los amalecitas (Ex 17 8-15), y después se convirtió en ayudante de Moisés. Dios ordenó a Moisés capacitarlo, pues él introduciría al pueblo en la Tierra prometida. Su primera misión fue explorar Canaán. Al enviarlo a ella, Moisés le cambió el nombre, de Oseas a Josué, que quiere decir «Dios salva», como el nombre de Jesús. Después lo nombró su sucesor y lo presentó oficialmente a la comunidad (ver «Entrega del liderazgo», Dt 31 1-8).

Dios prometió a Josué ayudarlo y así lo hizo (Jos 3 7). Josué guió al pueblo en la última etapa de su peregrinar al reposo de la Tierra prometida. Por eso es figura, imagen anticipada e imperfecta de Jesús, quien nos conduce al verdadero reposo en la morada eterna.

Dios dijo a Josué: «¿Acaso no soy yo el que te ordeno que seas fuerte y valiente? No temas ni te acobardes, porque el Señor, tu Dios, estará contigo dondequiera que vayas» (Jos 1 9). Esta afirmación se repite con pequeñas variantes a través de la Biblia: Dios siempre apoya a las personas a quienes da una misión. Estas palabras también son para ti: ¡Ten valor y no temas! La próxima vez que oigas en Misa: «El Señor esté con ustedes», recuerda que puedes realizar grandes hazañas en tu misión cristiana y hacer mucho bien porque el Señor está contigo.

Jos 1 18

tedes, y también ellos tomen posesión de la tierra que les da el Señor, su Dios. Entonces volverán al territorio que les pertenece, aquel que les dio Moisés, el servidor del Señor, al otro lado del Jordán, hacia el oriente"». 16 Ellos respondieron a Josué: «Haremos todo lo que nos ordenes e iremos adonde nos mandes. 17 Así como obedecimos en todo a Moisés, también te obedeceremos a ti. Basta que el Señor esté contigo como estuvo con él. 18 Cualquiera que se rebele contra tus órdenes y no te obedezca en todo lo que nos mandes, será castigado con la muerte. Tú, por tu parte, sé fuerte y valiente».

Los espías de Josué en Jericó

Nm 13 1-20; Dt 1 19-25;
Jos 6 22-25; Mt 1 5; Hch 9 25

2 1 Josué, hijo de Nun, envió clandestinamente desde Sitim a dos espías, con la siguiente consigna: «Vayan a observar el terreno». Ellos partieron y, al llegar a Jericó, entraron en casa de una prostituta llamada Rajab, donde se alojaron. 2 Cuando se notificó al rey de Jericó que unos hombres israelitas habían llegado durante la noche para observar el terreno, 3 mandó decir a Rajab: «Saca afuera a esos hombres que vinieron a verte, los que entraron en tu casa, porque han venido únicamente para observar todo el país». 4 Pero la mujer tomó a los dos hombres, los escondió y declaró: «Es verdad que esos hombres vinieron aquí, pero yo no sabía de dónde eran. 5 Se fueron al caer la noche, cuando estaban por cerrarse las puertas de la ciudad, y no sé adónde habrán ido. Salgan enseguida detrás de ellos, porque todavía pueden alcanzarlos». 6 En realidad, los había hecho subir a la terraza, ocultándolos entre unos haces de lino extendidos allí. 7 Entonces unos hombres salieron a perseguirlos en dirección al Jordán, hacia los vados; e inmediatamente después que los perseguidores salieron detrás de ellos, se cerraron las puertas de la ciudad.

El pacto entre Rajab y los espías

8 Cuando Rajab subió a la terraza, donde estaban los espías, estos aún no se habían acostado. 9 Ella les dijo: «Yo sé que el Señor les ha entregado este país, porque el terror que ustedes inspiran se ha apoderado de nosotros, y todos los habitantes han quedado espantados a la vista de ustedes. 10 Nosotros hemos oído cómo el Señor secó las aguas del mar Rojo cuando ustedes salían de Egipto, y cómo ustedes trataron a Sijón y a Og, los dos reyes amorreos que estaban al otro lado del Jordán y que ustedes condenaron al exterminio. 11 Al enterarnos de eso, nuestro corazón desfalleció, y ya no hay nadie que tenga ánimo para oponerles resistencia, porque el Señor, su Dios, es Dios allá arriba, en el cielo, y aquí abajo, en la tierra. 12 Por eso, júrenme ahora mismo por el Señor, que así como yo los traté con bondad, ustedes tratarán de la misma manera a mi familia. Denme una señal segura de 13 que

J
O
S

dejarán con vida a mi padre, a mi madre, a
mis hermanos y a mis hermanas, y a todo
cuanto les pertenece, y que nos librarán de
la muerte». 14 Los hombres le respondieron:
«Nosotros responderemos por ustedes con
nuestra vida, con tal que no nos delates.
Cuando el Señor nos entregue este país, te
trataremos con bondad y lealtad». 15 Entonces la mujer los descolgó por la ventana con
una cuerda, porque su casa daba contra el
muro de la ciudad, y ella vivía junto a él.
16 Y les hizo esta recomendación: «Vayan
hacia la montaña para que sus perseguidores
no puedan alcanzarlos. Manténganse ocultos
allí durante tres días, hasta que ellos estén de
regreso, y después podrán seguir viaje». 17 Los
hombres le respondieron: 18 «Cuando nosotros entremos en el país, tú atarás este cordón
escarlata a la ventana por la que nos hiciste
bajar, y reunirás contigo, dentro de la casa, a
tu padre, a tu madre, a tus hermanos y a toda tu familia. 19 Si alguno sale fuera de las
puertas de tu casa, su sangre caerá sobre su
cabeza y nosotros seremos inocentes. Pero la
sangre de todos los que estén contigo dentro
de la casa caerá sobre nuestras cabezas, si alguien pone su mano sobre alguno de ellos.
20 En cambio, si nos delatas, quedaremos libres del juramento que nos has exigido».
21 «Que se cumpla lo que acaban de decir», replicó ella, y los dejó partir. Apenas se fueron,
la mujer ató a la ventana el cordón escarlata.

El regreso de los espías

22 Los hombres se fueron a la montaña y
se quedaron allí tres días, hasta que regresaron los perseguidores, que los habían
buscado por todas partes sin encontrarlos.
23 Entonces los dos hombres volvieron a
bajar de la montaña, cruzaron el río, y
cuando estuvieron de nuevo con Josué, hijo de Nun, lo informaron de todo lo que
les había ocurrido. 24 «No hay duda —le dijeron— que el Señor nos ha entregado el
país, porque todos sus habitantes están espantados delante de nosotros».

Las instrucciones de Josué a los israelitas

Ex 19 10.15; Dt 20 1; 5 26;
Ex 34 9-10; Dt 4 38; Sal 114 3

3 1 A la madrugada del día siguiente, Josué y todos los israelitas partieron de
Sitim. Cuando llegaron al Jordán, se dispusieron a pasar la noche allí antes de cruzar.
2 Al cabo de tres días, los escribas recorrieron
el campamento 3 dando esta orden al pueblo: «Cuando vean el Arca de la Alianza del
Señor, su Dios, y a los sacerdotes levitas que
la transportan, muévanse del lugar donde
están y síganla. 4 Pero dejen entre ustedes y
el Arca una distancia de mil metros aproxi-
madamente, y no se acerquen a ella. Así sabrán por dónde tienen que ir, porque ustedes nunca pasaron por este camino».
5 Josué dijo al pueblo: «Purifíquense, porque mañana el Señor va a obrar maravillas
en medio de ustedes». 6 Después dijo a los
sacerdotes: «Levanten el Arca de la Alianza y
pónganse al frente del pueblo». Ellos la levantaron y avanzaron al frente del pueblo.
7 Entonces el Señor dijo a Josué: «Hoy
empezaré a engrandecerte a los ojos de todo
Israel, para que sepan que yo estoy contigo
como estuve con Moisés. 8 Ahora ordena a
los sacerdotes que llevan el Arca de la Alianza: "Cuando lleguen al borde del Jordán,
deténganse junto al río"». 9 Josué dijo a los
israelitas: «Acérquense y escuchen las palabras del Señor, su Dios». 10 Y añadió: «En esto conocerán que el Dios viviente está en
medio de ustedes, y que él expulsará delante de ustedes a los cananeos, los hititas, los
jivitas, los perizitas, los guirgazitas, los amorreos y los jebuseos: 11 el Arca de la Alianza
del Señor de toda la tierra va a cruzar el Jordán delante de ustedes. 12 Ahora elijan a doce hombres entre las tribus de Israel, uno
por cada tribu. 13 Y apenas los sacerdotes que
llevan el Arca del Señor de toda la tierra
apoyen sus pies sobre las aguas del Jordán,
estas se abrirán, y las aguas que vienen de
arriba se detendrán como contenidas por
un dique».

Dios, autor de toda hazaña

Igual que la liberación de Egipto, la llegada a la Tierra prometida fue realizada con la ayuda de Dios, en cumplimiento de la promesa. La entrada por el río Jordán es parecida al paso del mar Rojo. Esta vez, los israelitas llevan consigo el Arca de la Alianza, símbolo de la presencia y protección de Dios. Este acontecimiento es figura del Bautismo, mediante el cual Dios nos concede formar parte de la Iglesia, del nuevo Pueblo de Dios.

Al bautizarte tocaste con los pies la entrada de su Reino, la verdadera Tierra prometida. ¿Cómo vives el amor, la paz y la justicia propios del Reino de Dios?

Jos 3

El paso del Jordán

Ex 14 21.22; 2 Re 2 8; Sal 66 6

[14] Cuando el pueblo levantó sus tiendas para cruzar el Jordán, los sacerdotes que llevaban el Arca de la Alianza iban al frente de él. [15] Apenas llegaron al Jordán y sus pies tocaron el borde de las aguas —el Jordán se desborda por sus dos orillas durante todo el tiempo de la cosecha—, [16] las aguas detuvieron su curso: las que venían de arriba se amontonaron a una gran distancia, cerca de Adam, la ciudad que está junto a Sartán; y las que bajaban hacia el mar de la Arabá —el mar de la Sal— quedaron completamente cortadas. Así el pueblo cruzó a la altura de Jericó. [17] Los sacerdotes que llevaban el Arca de la Alianza del Señor permanecían inmóviles en medio del Jordán, sobre el suelo seco, mientras todo Israel iba pasando por el cauce seco, hasta que todo el pueblo terminó de cruzar el Jordán.

Las doce piedras conmemorativas

Jos 3 12; 4 21-24; Ex 12 26; 13 14; Dt 6 20

4 [1] Cuando todo el pueblo terminó de pasar el Jordán, el Señor dijo a Josué: [2] «Elijan a doce hombres del pueblo, uno por cada tribu, [3] y ordénenles lo siguiente: "Retiren de aquí doce piedras, tómenlas de en medio del Jordán, del mismo lugar donde estaban apoyados los pies de los sacerdotes; llévenlas con ustedes y deposítenlas en el lugar donde hoy van a pasar la noche"». [4] Entonces Josué llamó a los doce hombres que había hecho designar entre los israelitas, un hombre por cada tribu, [5] y les dijo: «Vayan hasta el medio del Jordán, ante el Arca del Señor, su Dios, y cargue cada uno sobre sus espaldas una piedra, conforme al número de las tribus de Israel, [6] para que esto quede como un signo en medio de ustedes. Porque el día de mañana sus hijos les preguntarán: "¿Qué significan para ustedes estas piedras?". [7] Y ustedes les responderán: "Las aguas del Jordán se abrieron ante el Arca de la Alianza del Señor; cuando ella atravesó el Jordán, se abrieron las aguas del río. Y estas piedras son un memorial eterno para los israelitas"».

[8] Los israelitas cumplieron la orden de Josué: retiraron doce piedras de en medio del Jordán, según el número de las tribus de Israel, como el Señor se lo había ordenado a Josué; las trasladaron hasta el lugar donde iban a pasar la noche, y las depositaron allí. [9] Después Josué hizo construir doce piedras en medio del Jordán, en el lugar donde se habían apoyado los pies de los sacerdotes que llevaban el Arca de la Alianza, y allí quedaron hasta el día de hoy.

Fin del paso del Jordán

Jos 1 12-15; 3 16-17; Ex 14 27

[10] Los sacerdotes que llevaban el Arca permanecieron de pie en medio del Jordán, hasta que se cumplió todo lo que Josué comunicó al pueblo por orden del Señor, conforme a las instrucciones que Moisés había dado a Josué. El pueblo se apresuró a pasar, [11] y cuando terminó de hacerlo, también pasó el Arca del Señor, con los sacerdotes al frente del pueblo. [12] Delante de los israelitas cruzaron los rubenitas, los gaditas y la mitad de la tribu de Manasés, equipados con sus armas, como lo había dispuesto Moisés. [13] Eran cerca de cuarenta mil guerreros adiestrados, que avanzaban delante del Señor, preparados para combatir en la llanura de Jericó. [14] Aquel día, el Señor engrandeció a Josué a los ojos de todo Israel, y desde entonces lo respetaron como habían respetado a Moisés durante toda su vida.

[15] Luego el Señor dijo a Josué: [16] «Ordena a los sacerdotes que llevan el Arca del Testimonio que salgan del Jordán». [17] Entonces Josué ordenó a los sacerdotes que llevaban el Arca: «Salgan del Jordán». [18] Y cuando estos salieron, apenas sus pies tocaron el suelo firme, las aguas del Jordán volvieron a su cauce y prosiguieron su curso como antes, por encima de sus bordes.

La llegada a Guilgal

Jos 4 6; Ex 14 21-27

[19] El pueblo salió del Jordán el día diez del primer mes, y estableció su campamento en Guilgal, en el extremo oriental de Jericó. [20] Josué hizo construir en Guilgal las doce piedras que habían sacado del Jordán, [21] y dijo a los israelitas: «Cuando los hijos de ustedes, el día de mañana, pregunten a sus padres qué significan estas piedras, [22] ustedes les darán la siguiente explicación: "Israel pasó por el cauce seco del Jordán, [23] porque el Señor, su Dios, secó las aguas del Jordán delante de ustedes, hasta que pasaron, como había secado las aguas del mar Rojo delante de nosotros, hasta que terminamos de pasar. [24] Lo hizo así, para que todos los pueblos de la tierra reconozcan qué poderosa es la mano del Señor, y ustedes teman siempre al Señor, su Dios"».

El pánico de las poblaciones al oeste del Jordán

Jos 2 11

5 [1] Cuando todos los reyes de los amorreos que ocupaban la región situada al oeste del Jordán y todos los reyes de los cananeos que estaban junto al mar, oyeron que el Señor había secado las aguas del Jor-

dán delante de los israelitas, hasta que
ellos pasaron, su corazón desfalleció y nadie tuvo ánimo para oponerles resistencia.

La circuncisión de los israelitas en Guilgal

Nm 14 22-23; Dt 2 14; 8 20

2 En aquel tiempo, el Señor dijo a Josué:
«Fabrícate unos cuchillos de piedra y vuelve
a circuncidar a los israelitas». 3 Josué hizo entonces unos cuchillos de piedra y circuncidó
a los israelitas en la Colina de los Prepucios.
4 Los circuncidó por el siguiente motivo: toda
la población que había salido de Egipto, los
varones aptos para la guerra, habían muerto
en el desierto durante la travesía, después de
la salida de Egipto. 5 Ahora bien, los que habían salido estaban circuncidados; pero los
nacidos después de la salida de Egipto, durante la travesía del desierto, no lo estaban.
6 Porque los israelitas anduvieron por el desierto durante cuarenta años, o sea, el tiempo
suficiente para que desapareciera la nación
entera, con los hombres aptos para la guerra
que habían salido de Egipto. Como ellos no
escucharon la voz del Señor, el Señor juró
que no les dejaría ver la tierra que había prometido darnos, de acuerdo con el juramento
que hizo a nuestros padres, esa tierra que
mana leche y miel. 7 Pero en lugar de ellos
suscitó a sus hijos; y fue a estos a los que circuncidó Josué, ya que estaban incircuncisos
porque no los habían circuncidado durante
la travesía. 8 Cuando todo el pueblo fue circuncidado, se quedaron descansando en el
campamento hasta que se curaron. 9 Entonces el Señor dijo a Josué: «Hoy he quitado
de encima de ustedes el oprobio de Egipto».
Y aquel lugar se llamó Guilgal hasta el día
de hoy.

La celebración de la Pascua

Ex 12 1.15

10 Los israelitas acamparon en Guilgal, y
el catorce del mes, por la tarde, celebraron
la Pascua en la llanura de Jericó. 11 Al día siguiente de la Pascua, comieron de los productos del país —pan sin levadura y granos
tostados— ese mismo día. 12 El maná dejó
de caer al día siguiente, cuando comieron
los productos del país. Ya no hubo más
maná para los israelitas, y aquel año comieron los frutos de la tierra de Canaán.

La aparición del jefe del ejército del Señor

Nm 22 23.31; Ex 23 20; 32 34; Dn 12 1

13 Mientras Josué estaba cerca de Jericó,
alzó los ojos y vio a un hombre que estaba
de pie frente a él, con la espada desenvainada en su mano. Josué avanzó hacia él y le
preguntó: «¿Eres de los nuestros o de nuestros enemigos?». 14 Él respondió: «No, yo
soy el jefe del ejército del Señor y ahora he
venido». Josué cayó con el rostro en tierra,
se postró y exclamó: «Señor, ¿qué tienes
que decir a tu servidor?». 15 El jefe del ejército del Señor le respondió: «Quítate las sandalias de tus pies, porque el lugar donde estás parado es santo». Y Josué así lo hizo.

El sitio y la caída de Jericó

Nm 10 8; Lv 27 28-29; Jos 2 1-21; Heb 11 30

6 1 Jericó estaba herméticamente cerrada
por temor a los israelitas: nadie salía
ni entraba. 2 Entonces el Señor dijo a Josué:
«Yo he puesto en tus manos a Jericó y a su
rey. 3 Por eso ustedes, todos los hombres de
guerra, darán una sola vuelta alrededor de la
ciudad, formando un círculo en torno a ella.
Así lo harán durante seis días. 4 Además, siete sacerdotes irán delante del Arca llevando
siete trompetas de cuerno. El séptimo día,
en cambio, ustedes darán siete vueltas alrededor de la ciudad, y los sacerdotes harán
sonar las trompetas. 5 A la señal dada con el
cuerno, cuando ustedes oigan el sonido de
las trompetas, todo el pueblo prorrumpirá
en fuertes gritos de guerra. Entonces los muros de la ciudad caerán sobre sí mismos, y el
pueblo se lanzará al asalto, cada uno hacia
lo que tenga delante».

La Pascua en la Tierra prometida

¡Celebrar la Pascua en la Tierra prometida! ¡Qué alegría ser testigos del cumplimiento de la promesa del Señor y de la fidelidad de su pueblo al celebrar el memorial de la liberación! Esta Pascua fue a la vez acción de gracias por haber llegado a la meta y súplica para realizar la conquista.

La Pascua cristiana celebrada en la Misa tiene el mismo significado doble: es el signo de gratitud por la liberación definitiva obtenida por Jesús y la oración por excelencia para pedir a Dios su ayuda. Cuando participas en Misa, ¿vives estos dos significados de la Eucaristía?

Jos 5 10-12

VIVE LA PALABRA

La conquista de Jericó

La conquista de Jericó es una de las victorias más famosas en la Biblia. Su lectura es fascinante. Lee Josué 6 1-21 y observa cómo la celebración litúrgica de la victoria es más importante que la historia de la batalla y la conquista: el rey, los sacerdotes y el pueblo entran en procesión con el arca, y agradecen a Dios el cumplimiento de la promesa.

El objetivo de este relato, que parece un himno a los ejércitos de Dios y al Dios de los ejércitos, es expresar y consolidar la fe del pueblo. La batalla de Jericó simboliza el poder de Dios, quien, a través de su pueblo, vence las fuerzas que dificultan o tratan de impedir sus promesas de vida.

Nuestras naciones de América son esencialmente cristianas. ¿Cómo nos ayuda nuestra fe a vencer las fuerzas de la historia que dificultan o impiden que todo el pueblo tenga vida, como Dios lo desea?

Jos 6 1-21

6 Josué, hijo de Nun, convocó a los sacerdotes y les dijo: «Levanten el Arca de la Alianza, y que siete sacerdotes lleven siete trompetas de cuerno delante del Arca del Señor». 7 Después dijo al pueblo: «Vayan adelante y den la vuelta alrededor de la ciudad; que los guerreros avancen delante del Arca del Señor». 8 Enseguida se hizo lo que Josué había dicho al pueblo: los siete sacerdotes que llevaban las siete trompetas de cuerno delante del Señor, avanzaron tocando las trompetas, mientras el Arca de la Alianza del Señor iba detrás de ellos. 9 Los guerreros, por su parte, marchaban delante de los sacerdotes que tocaban las trompetas, mientras que la retaguardia iba detrás del Arca. Y en ningún momento se dejó de tocar las trompetas. 10 Pero Josué dio esta orden al pueblo: «No lancen ningún grito de guerra ni dejen oír sus voces; que no salga de la boca de ustedes ninguna palabra, hasta que yo les diga: "¡Griten!". Solo entonces gritarán». 11 Así hizo que el Arca del Señor diera una vuelta alrededor de la ciudad, formando un círculo en torno a ella. Luego volvieron otra vez al campamento, y allí pasaron la noche.

12 A la mañana siguiente, Josué se levantó de madrugada y los sacerdotes tomaron el Arca del Señor. 13 Los siete sacerdotes que llevaban las siete trompetas de cuerno delante del Arca del Señor, avanzaban sin dejar de tocar las trompetas; los guerreros marchaban delante de ellos, y la retaguardia iba detrás del Arca del Señor. En ningún momento se dejó de tocar las trompetas. 14 Así dieron la vuelta alrededor de la ciudad el segundo día, y después regresaron al campamento. Esto mismo se hizo durante seis días.

15 El séptimo día se levantaron al despuntar el alba y dieron siete vueltas alrededor de la ciudad, de la manera acostumbrada: solo ese día dieron siete vueltas alrededor de la ciudad. 16 Al dar la séptima vuelta, los sacerdotes tocaron con más fuerza las trompetas, y Josué dijo al pueblo: «Lancen el grito de guerra, porque el Señor les entrega la ciudad. 17 Ustedes consagrarán al Señor la ciudad con todo lo que hay en ella, exterminándola por completo. Quedarán con vida solamente Rajab, la prostituta, y todos los que estén con ella en su casa, porque ella ocultó a los emisarios que nosotros habíamos enviado. 18 En cuanto a ustedes, tengan mucho cuidado con lo que está consagrado al exterminio, no sea que, llevados por la codicia, se adueñen de alguna cosa prohibida. Porque entonces pondrían en entredicho al campamento de Israel y le atraerían una desgracia. 19 Todo el oro, la plata y los objetos de bronce y de hierro serán consagrados al Señor y pasarán a formar parte de su tesoro».

20 Entonces el pueblo lanzó un fuerte grito y se tocaron las trompetas. Al oír el sonido de las trompetas, el pueblo prorrumpió en un griterío ensordecedor, y el muro se desplomó sobre sí mismo. Enseguida el pueblo acometió contra la ciudad, cada uno contra lo que tenía adelante, y la tomaron. 21 Luego consagraron al exterminio todo lo que había en ella, pasando al filo de la espada a hombres y mujeres, niños y ancianos, vacas, ovejas y asnos.

La familia de Rajab

22 Josué dijo a los dos hombres que habían explorado el país: «Entren en la casa de la prostituta y hagan salir a esa mujer con todo lo que le pertenece, como se lo han jurado». 23 Aquellos jóvenes espías fueron e hicieron salir a Rajab, a su padre, a su madre, a sus hermanos y todo lo que le pertenecía. También hicieron salir a sus otros

JOS

parientes, y los instalaron fuera del campamento de Israel. 24 Después incendiaron la ciudad y todo lo que había en ella, salvando únicamente la plata, el oro y los objetos de bronce y de hierro, que fueron depositados en el tesoro de la Casa del Señor.

25 Josué dejó con vida a Rajab, la prostituta, a su familia y a todo lo que le pertenecía, y ella habitó en medio de Israel hasta el día de hoy, por haber ocultado a los emisarios que Josué había enviado para explorar Jericó.

La maldición sobre Jericó

1 Re 16 34

26 En aquel tiempo Josué hizo pronunciar el siguiente juramento delante del Señor:

«¡Maldito el hombre
que intente reconstruir
esta ciudad de Jericó!
¡Pondrá los cimientos
sobre su primogénito,
y colocará las puertas
sobre su hijo menor!».

27 El Señor acompañó a Josué, y su fama se extendió por toda la tierra.

El pecado de Acán y derrota de los israelitas en Ai

Dt 13 18; Lv 27 28; Nm 13;
Ex 32 11-13; Nm 14 13-19; Dt 9 26-29

7 1 Pero los israelitas cometieron una infidelidad con las cosas que debían ser consagradas al exterminio. En efecto, Acán —hijo de Carmí, hijo de Zabdí, hijo de Zéraj, de la tribu de Judá— se reservó algunas de esas cosas, y la ira del Señor se encendió contra los israelitas.

2 Desde Jericó, Josué envió unos hombres a Ai, que está cerca de Bet Aven, al este de Betel, con esta consigna: «Suban a explorar la región». Los hombres subieron hasta Ai, la exploraron, 3 y cuando estuvieron de regreso, dijeron a Josué: «No es necesario que se movilice toda la gente. Dos o tres mil hombres bastan para derrotar a Ai. No fatigues a todos haciéndolos ir hasta allá, porque ellos son unos pocos». 4 Entonces subieron contra Ai unos tres mil hombres del pueblo, pero tuvieron que huir ante los hombres de Ai, 5 que mataron a unos treinta y seis israelitas, los persiguieron desde la puerta de la ciudad hasta Sebarim y los derrotaron en la bajada. Ante esto, el pueblo quedó deprimido y se sintió desfallecer.

La queja de Josué

6 Josué desgarró sus vestiduras y se postró hasta la tarde delante del Arca del Señor, con el rostro en tierra. Los ancianos de Israel hicieron lo mismo, y todos esparcieron polvo sobre sus cabezas. 7 Mientras tanto, Josué decía: «¡Señor! ¿Para qué hiciste pasar el Jordán a este pueblo? ¿Solo para ponernos en manos de los amorreos y hacernos desaparecer? ¡Ojalá nos hubiéramos decidido a quedarnos al otro lado del Jordán! 8 ¡Señor! ¿Qué más puedo decir, ahora que Israel ha tenido que volver las espaldas a sus enemigos? 9 Apenas se enteren los cananeos y todos los habitantes del país, estrecharán un círculo contra nosotros y borrarán nuestro nombre de la tierra. Y entonces, ¿qué harás tú por tu Nombre glorioso?».

La respuesta del Señor

10 El Señor respondió a Josué: «¡Levántate! ¿Por qué estás ahí postrado sobre tu rostro? 11 Israel ha pecado: ellos han transgredido mi alianza, la que yo les impuse. Se han quedado con algo que debía ser consagrado al exterminio: se han atrevido a robarlo, a esconderlo y a reservarlo para su uso personal. 12 Por eso los israelitas no podrán hacer frente a sus enemigos, sino que tendrán que volver las espaldas ante sus adversarios, por haberse convertido ellos mismos en algo que debe ser consagrado al exterminio. Yo no estaré más con ustedes si no eliminan lo que debió ser consagrado al exterminio. 13 Ahora levántate y purifica al pueblo. Tú dirás: "Purifíquense para mañana, porque así habla el Señor, el Dios de Israel: En medio de ti, Israel, hay algo que debió ser consagrado al

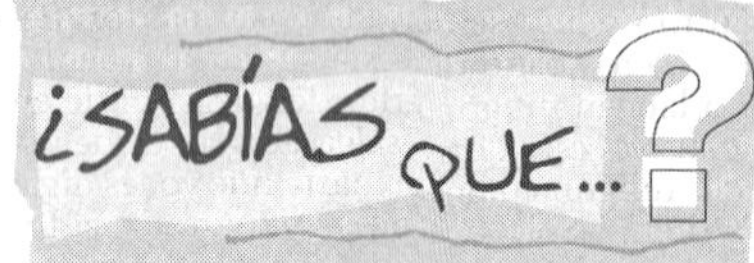

¿Exterminio en la Biblia?

La *consagración al exterminio* o *entregar al anatema* consistía en destruir por completo al enemigo, sus familias, bienes y animales. ¿Por qué? y ¿para qué? El objetivo era renunciar totalmente al botín en una guerra santa, para evitar la codicia y la ambición, purificar la tierra contaminada por la idolatría y reconocer que la victoria es obra de Dios (ver «La guerra santa», Nm 31).

Cuando algo había sido «consagrado al exterminio», no se permitía quedarse con nada. El hacerlo originaba desgracia a toda la comunidad y por eso se castigaba al culpable.

Jos 7 10-26

exterminio, y tú no podrás hacer frente a tus enemigos hasta que lo hayas extirpado". [14]Mañana por la mañana ustedes comparecerán por tribus; la tribu que el Señor señale por medio de la suerte comparecerá por clanes; el clan que el Señor señale comparecerá por familias; y la familia que el Señor señale comparecerá hombre por hombre. [15]El que sea sorprendido en posesión de los objetos condenados al exterminio, será quemado con todos sus bienes porque ha quebrantado la Alianza del Señor y ha cometido una infamia en Israel».

El descubrimiento y el castigo del culpable

[16]A la mañana siguiente, bien temprano, Josué hizo que Israel se fuera acercando tribu por tribu, y la suerte cayó sobre Judá. [17]Luego mandó que se acercaran los clanes de Judá, y la suerte cayó sobre el clan de Zéraj. Enseguida ordenó que se acercaran las familias del clan de Zéraj, y la suerte cayó sobre Zabdí. [18]Y cuando hizo acercar a la familia de Zabdí, hombre por hombre, la suerte cayó sobre Acán, hijo de Carmí, hijo de Zabdí, hijo de Zéraj, de la tribu de Judá.

[19]Josué dijo a Acán: «Hijo mío, da gloria al Señor, el Dios de Israel, y tribútale homenaje. Dime lo que has hecho, sin ocultarme nada». [20]Acán respondió a Josué: «Es verdad, he pecado contra el Señor, el Dios de Israel. Esto es lo que hice: [21]Yo vi entre el botín un hermoso manto de Senaar, doscientos siclos de plata y un lingote de oro que pesa cincuenta siclos; me gustaron y los guardé. Ahora están escondidos en la tierra, en medio de mi tienda, y la plata está debajo».

[22]Josué envío a dos emisarios, que fueron corriendo a la tienda, y encontraron el manto que estaba escondido en ella, y la plata debajo de él. [23]Enseguida retiraron las cosas de la tienda, se las presentaron a Josué y a todos los israelitas, y las extendieron delante del Señor.

[24]Entonces Josué tomó a Acán, hijo de Zéraj, con la plata, el manto y el lingote de oro, a sus hijos y sus hijas, sus vacas, sus ovejas y sus asnos, su tienda y todo lo que poseía, y los condujo hasta el valle de Acor, acompañado de todo Israel. [25]Allí le dijo Josué: «¿Por qué nos has traído la desgracia? Que el Señor te haga desgraciado en este día». Y todo Israel lo mató a pedradas; también apedrearon a los suyos y los quemaron.

[26]Encima de él pusieron un gran montón de piedras, que ha quedado hasta el presente. Así el Señor aplacó su indignación. Por eso aquel lugar se llama valle de Acor, hasta el día de hoy.

La campaña contra Ai

Jos 10 1.28.30; 8 27; Dt 2 34;
Ex 17 9-12; Dt 13 17; Jos 7 26

8 [1]El Señor dijo a Josué: «¡No temas ni te acobardes! Reúne a todos los combatientes y prepárate para subir contra Ai. Yo te entrego al rey de Ai, a su pueblo, su ciudad y su territorio. [2]Trátalos como trataste a Jericó y a su rey. Sin embargo, ustedes podrán retener como botín los despojos y el ganado. Además, tiende una emboscada detrás de la ciudad».

[3]Josué se preparó con todos los combatientes, para subir contra Ai. Eligió treinta mil guerreros valerosos y los hizo salir de noche, [4]dándoles esta orden: «¡Presten atención! Ustedes estarán emboscados detrás de la ciudad. No se alejen demasiado de ella y manténganse alerta. [5]Yo y toda la gente que irá conmigo nos acercaremos a la ciudad, y cuando ellos salgan contra nosotros, como lo hicieron la primera vez, nosotros huiremos. [6]Ellos nos seguirán, porque pensarán que huimos como la vez anterior, y así los apartaremos de la ciudad. Nosotros huiremos delante de ellos. [7]Entonces ustedes saldrán del lugar donde estaban emboscados y ocuparán la ciudad. El Señor, nuestro Dios, la pondrá en sus manos. [8]Y apenas la tomen, la incendiarán. Ustedes actuarán conforme a la palabra del Señor, y tengan en cuenta que les he dado una orden». [9]Josué los envió, y ellos fueron a apostarse en el lugar de la emboscada, entre Betel y Ai, al oeste de Ai. Josué, por su parte, pasó aquella noche en medio de la tropa.

[10]A la madrugada del día siguiente, revistó a la tropa y subió contra Ai, al frente del pueblo, junto con los ancianos de Israel. [11]Todos los combatientes que subieron con él avanzaron hasta llegar frente a la ciudad, y acamparon al norte de Ai. Solamente el valle separaba a Josué de Ai. [12]Él escogió unos cinco mil hombres para tender una emboscada entre Betel y Ai, al oeste de Ai. [13]Así el pueblo estableció todo su campamento al norte de la ciudad, mientras la retaguardia permanecía al oeste. Aquella noche Josué se dirigió al medio del valle.

La batalla de Ai

[14]Al ver esto, el rey de Ai se apresuró a salir con toda su gente para combatir contra Israel en la bajada, frente a la Arabá, sin saber que le habían tendido una emboscada detrás de la ciudad. [15]Josué y todo Israel fingieron caer derrotados delante de ellos y huyeron por el camino del desierto. [16]Entonces se convocó a toda la gente que estaba en la

ciudad para que saliera a perseguirlos, y todos persiguieron a Josué, alejándose así de la ciudad. [17]No hubo un solo hombre en Ai o en Betel que no saliera en persecución de Israel. Y cuando lo hicieron, dejaron abiertas las puertas de la ciudad.

[18]Entonces el Señor dijo a Josué: «Apunta hacia Ai con la jabalina que tienes en la mano, porque yo te entrego la ciudad». Josué apuntó contra la ciudad con la jabalina que tenía en la mano; [19]y tan pronto como extendió su brazo, los hombres que estaban emboscados salieron rápidamente de su escondite, entraron a la carrera en la ciudad, la tomaron y la incendiaron sin perder un instante.

La victoria de los israelitas

[20]Cuando los hombres de Ai volvieron la vista hacia atrás y vieron la humareda que subía de la ciudad hacia el cielo, ya no pudieron escapar ni por un lado ni por el otro, porque la gente que huía hacia el desierto se volvió contra sus perseguidores. [21]En efecto, al ver que los hombres emboscados habían tomado la ciudad y que el humo subía de ella, Josué y todo Israel volvieron atrás y acometieron contra los hombres de Ai. [22]Los que habían tendido la emboscada también salieron de la ciudad para atacarlos, de manera que la gente de Ai quedó atrapada en medio de los israelitas, que avanzaban unos por un lado y otros por el otro. Así los derrotaron sin dejar ningún sobreviviente o fugitivo. [23]Al rey de Ai, en cambio, lo capturaron vivo y lo condujeron ante Josué. [24]Cuando Israel terminó de matar a los habitantes de Ai en campo abierto, en el desierto donde los habían perseguido, y cuando cayó hasta el último de ellos bajo los golpes de las espadas, todo Israel se volvió contra Ai y la pasó al filo de la espada. [25]Los que murieron aquel día, entre hombres y mujeres, fueron doce mil, o sea, todos los habitantes de Ai. [26]Y Josué no retiró la mano con que sostenía la jabalina hasta que consagró al exterminio a todos los habitantes de Ai.

[27]Israel retuvo como botín solamente el ganado y los despojos de la ciudad, según la orden que el Señor había dado a Josué. [28]Este, por su parte, puso fuego sobre Ai y la redujo para siempre a un montón de ruinas, a una devastación que permanece hasta el día de hoy. [29]Al rey de Ai lo hizo colgar de un árbol hasta la tarde. Al ponerse el sol, Josué mandó que descolgaran el cadáver. Lo arrojaron cerca de la puerta de la ciudad y levantaron sobre él un gran montón de piedras, que está todavía hoy.

PERSPECTIVA CATÓLICA

La importancia de los altares

Tan pronto como fue posible, los israelitas construyeron un altar y renovaron su alianza con Dios. El altar es un signo visible de reconsagración y renovación constante (ver Símbolo: «El altar», Gn 12 7).

Los católicos nos reunimos ante el altar como comunidad de fe, para recordar y celebrar nuestra alianza con Dios en Jesús, y compartir su Cuerpo y su Sangre. La próxima vez que estés en la iglesia, observa que el altar está en el centro porque simboliza a Cristo, y piensa en todas las iglesias del mundo donde otras comunidades están celebrando la Misa. Tú estás unido/a a ellas, como el pueblo israelita en el monte Ebal.

Muchas culturas acostumbran tener un pequeño altar en casa. Las imágenes de Jesús, María y los santos simbolizan las múltiples maneras como Dios está presente en la vida de los miembros de una familia.

¿Tienes un altar en tu casa?, ¿qué significa para tu vida de fe? ¿Estás consciente de que llevas a Dios todo el tiempo en el altar de tu corazón?, ¿qué implica esto para tu vida diaria y momentos difíciles?

Jos 8 30-35

El sacrificio y la lectura de la Ley sobre el monte Ebal

Ex 20 24-26; Dt 27 2-3; 28

[30]Entonces Josué construyó un altar al Señor, el Dios de Israel, en el monte Ebal, [31]como Moisés, el servidor del Señor, lo había ordenado a los israelitas y como está escrito en el libro de la Ley de Moisés. Era un altar de piedras intactas, que no habían sido tocadas por el hierro. Sobre él ofrecieron holocaustos al Señor e inmolaron sacrificios de comunión.

[32]Josué escribió allí mismo, sobre las piedras, una copia de la Ley que Moisés había escrito en presencia de los israelitas. [33]Todo Israel, sus ancianos, sus escribas y sus jueces —tanto los forasteros como los nativos—, estaban de pie a ambos lados del Arca, frente a los sacerdotes que llevaban el Arca de la Alianza del Señor, una mitad hacia el monte Garizim y la otra mitad hacia el monte Ebal, según la orden que había dado Moi-

sés, el servidor del Señor, de bendecir primero al pueblo de Israel. 34 Después de eso,
Josué leyó cada una de las palabras de la Ley
—la bendición y la maldición— exactamente como está escrito en el libro de la Ley.
35 Josué no dejó de leer ni una sola de las palabras que había ordenado Moisés, y lo hizo en presencia de toda la asamblea de Israel, incluidas las mujeres, los niños y los
extranjeros que estaban con ellos.

La coalición contra Israel

9 1 Al enterarse de esto, todos los reyes
que estaban de este lado del Jordán, en
la Montaña, en la Sefelá, en toda la costa del
Gran Mar, hasta la región del Líbano —hititas, amorreos, cananeos, perizitas, jivitas y
jebuseos—, 2 se aliaron para combatir de común acuerdo contra Josué y contra Israel.

La astucia de los gabaonitas

Nm 21 24-33; Nm 27 21;
2 Sm 21 1-9; Dt 20 11; Dt 2 34

3 También los habitantes de Gabaón se
enteraron de lo que había hecho Josué con
Jericó y con Ai, 4 y entonces decidieron recurrir a la astucia. Reunieron provisiones
para el viaje, tomaron alforjas viejas para
sus asnos y unos odres viejos, rotos y vueltos a coser; 5 se calzaron sandalias viejas y
remendadas, y se vistieron con ropa gasta-
da. Todo el pan que llevaban como alimento estaba reseco y reducido a migajas.
6 Así fueron hasta el campamento de Josué, en Guilgal, y le dijeron, a él y a los hombres de Israel: «Venimos de un país lejano;
por eso, hagan una alianza con nosotros».
7 Pero los hombres de Israel respondieron a
aquellos jivitas: «Tal vez ustedes habitan por
aquí, entre nosotros. ¿Cómo vamos a hacer
una alianza con ustedes?». 8 Ellos dijeron a
Josué: «Nosotros somos tus servidores».
«¿Quiénes son ustedes? —les preguntó Josué—, ¿de dónde vienen?». 9 Ellos le respondieron: «Nosotros, tus servidores, venimos
de un país muy lejano, atraídos por el renombre del Señor, tu Dios. Porque hemos
oído hablar de él, de todo lo que hizo en
Egipto, 10 y de la manera como trató a los dos
reyes amorreos que estaban al otro lado del
Jordán: a Sijón, el rey de Jesbón, y a Og, el
rey de Basán que residía en Astarot. 11 Por eso
nuestros ancianos y todos los habitantes de
nuestro país nos dijeron: "Provéanse de víveres para el camino, vayan a su encuentro y dí-
ganles: somos sus servidores, hagan por lo
tanto una alianza con nosotros". 12 Este es
nuestro pan: todavía estaba caliente cuando
nos proveímos de él en nuestras casas, el día
en que salimos al encuentro de ustedes; ahora está reseco y convertido en migajas. 13 Estos
son los odres de vino: eran nuevos cuando
los llenamos, y ahora están aquí, todos rotos.
Y estas son nuestra ropa y nuestras sandalias,
gastadas por un viaje excesivamente largo».
14 Entonces los israelitas comieron de sus
provisiones sin consultar la decisión del Señor. 15 Josué hizo las paces con ellos y también el pacto de conservarles la vida; los jefes
de la comunidad, por su parte, les hicieron
un juramento.
16 Pero tres días después de haber concluido este pacto, los israelitas se enteraron de
que aquellos hombres eran de un pueblo
vecino y que vivían en las inmediaciones.
17 Entonces levantaron sus tiendas, y en tres
días llegaron a las ciudades que ellos habitaban. Estas eran Gabaón, Quefirá, Beerot y
Quiriat Iearim. 18 Los israelitas no los mataron, porque los jefes de la comunidad les
habían hecho un juramento por el Señor,
el Dios de Israel. Pero toda la comunidad
murmuró contra sus jefes.

Las condiciones impuestas a los gabaonitas

19 Los jefes declararon a la comunidad en
pleno: «Nosotros les hemos prestado un juramento por el Señor, el Dios de Israel, y ahora no podemos tocarlos. 20 Haremos con ellos
lo siguiente: los dejaremos vivir para no
atraer sobre nosotros la ira del Señor, a causa
del juramento que les hemos hecho». 21 Luego los jefes les dijeron: «¡Que vivan! Pero estarán al servicio de la comunidad como leñadores y aguateros». Y la comunidad obró de
acuerdo con lo que habían dicho los jefes.
22 Josué hizo comparecer a los gabaonitas y les dijo: «¿Por qué ustedes nos han
engañado asegurando que vivían muy lejos de nosotros, cuando en realidad viven
aquí, en las inmediaciones? 23 Ahora pesa
sobre ustedes una maldición, y por eso
nunca faltarán entre ustedes esclavos que
sirvan como leñadores y aguateros en la
Casa de mi Dios». 24 Ellos respondieron a
Josué: «Nosotros estábamos perfectamente
informados de que el Señor, tu Dios, había
dado a su servidor Moisés la orden de entregarles todo el país, y de exterminar a todos los habitantes que encontraran a su
paso. Ante la presencia de ustedes, temi-
mos mucho por nuestras vidas, y por eso
hemos hecho esto. 25 Ahora nos tienes en
tus manos; trátanos como te parezca más
conveniente y justo». 26 Pero Josué los trató
según lo convenido y los libró de los israelitas, que no los mataron. 27 Desde aquel
día, Josué los destinó a cortar leña y a sacar
agua para la comunidad y para el altar del

Señor, en el lugar que el Señor eligiera. Esto es lo que hacen todavía hoy.

La coalición de los cinco reyes amorreos

Jos 8 1-29

10 1 Adonisedec, rey de Jerusalén, se enteró de que Josué se había apoderado
de Ai y la había consagrado al exterminio,
tratando a Ai y a su rey como antes había
tratado a Jericó y a su rey. También se enteró de que los gabaonitas habían hecho las
paces con Israel y se le habían sometido.
2 Esto le produjo un gran temor, porque Gabaón era tan importante como una ciudad
real y más grande aún que Ai. Además, todos sus habitantes eran aguerridos. 3 Entonces Adonisedec, rey de Jerusalén, hizo llegar
a Hohán, rey de Hebrón, a Pirán, rey de Iarmut, a Iafia, rey de Laquis, y a Debir, rey de
Eglón, el siguiente mensaje: 4 «Vengan conmigo y derrotemos a Gabaón, porque ellos
han hecho las paces con Josué y con los israelitas». 5 Una vez reunidos, los cinco reyes
amorreos —los reyes de Jerusalén, de Hebrón, de Iarmut, de Laquís y de Eglón—
marcharon con sus tropas, acamparon frente a Gabaón, y se dispusieron a atacarla.

La victoria de Gabaón

Jos 9 1-15; Is 28 21; Jos 10 16-27; Eclo 46 4-6

6 Entonces los gabaonitas mandaron decir a Josué, que estaba en el campamento de
Guilgal: «No dejes solos a tus servidores.
Ven a salvarnos lo antes posible. Ayúdanos,
porque todos los reyes amorreos que habitan en la Montaña se han reunido contra
nosotros». 7 Josué subió desde Guilgal con
todos los combatientes y con todos los guerreros valerosos, 8 y el Señor le dijo: «No les
temas, porque yo los he puesto en tus manos; ninguno de ellos te podrá resistir».
9 Después de marchar toda la noche desde
Guilgal, Josué cayó sobre ellos sorpresivamente. 10 Y el Señor hizo que huyeran despavoridos delante de Israel, de manera que
este les infligió una gran derrota en Gabaón.
Luego los persiguieron en dirección a la subida de Bet Jorón, y continuaron exterminándolos hasta Azecá y Maquedá.

El auxilio divino

11 Mientras huían delante de Israel —precisamente cuando estaban en la bajada de
Bet Jorón—, el Señor arrojó sobre ellos
desde el cielo, hasta la altura de Azecá,
unas piedras tan grandes que les provocaban la muerte. Fueron más los que murieron a causa del granizo que los que mató
Israel al filo de la espada.
12 Aquella vez, cuando el Señor puso a
los amorreos en manos de los israelitas, Josué se dirigió al Señor y exclamó, en presencia de Israel:

«Detente, sol, en Gabaón,
y tú, luna, en el valle de Aialón».
13 Y el sol se detuvo,
y la luna permaneció inmóvil,
hasta que el pueblo se vengó
de sus enemigos.

¿No está eso escrito en el libro del Justo?
El sol se mantuvo inmóvil en medio del
cielo y dejó de correr hacia el poniente casi un día entero. 14 Jamás hubo otro día, ni
antes ni después, en que el Señor obede-
ciera a la voz de un hombre. Realmente, el
Señor combatía en favor de Israel.
15 Luego Josué regresó al campamento de
Guilgal, acompañado de todo Israel.

¿SABÍAS QUE...?

¡Sol, detente!

Revive esta escena. Los israelitas adquirieron fama de triunfadores y cinco reyes se unieron contra ellos. Josué decide atacarlos por sorpresa en la madrugada y una tormenta de granizo les dificulta la huida. En ese momento, empieza a brillar el sol. Josué le ordena, *tch, tch, tch*, que en hebreo significa «no hagas lo que vas a hacer», y el sol se oculta. Sigue granizando y los israelitas ganan la batalla. El sol contribuye a la victoria, pues, al continuar la tormenta, los enemigos no notan que los israelitas eran muy pocos.

Cuando la ciencia descubrió que el sol no se mueve, hubo muchas discusiones sobre la relación entre la fe y la ciencia. El movimiento del sol o de la tierra no altera el mensaje de este pasaje: la victoria es de Dios, quien permitió tal granizada, pues «fueron más los que murieron a causa del granizo que los que mató Israel al filo de la espada» (Jos 10 11). Esta bella historia nos comunica que la tierra es un don de Dios para su pueblo. Dios es realmente quien la conquista y, como su dueño, él pone las condiciones sobre el buen uso de ella (ver «7 x 7 + 1 = ¡Jubileo!», Lv 25 8-22).

Haz una pequeña entrevista a tus padres o abuelos y pregúntales: ¿han sentido el poder de Dios en algunos eventos de su vida? Pide que te cuenten la historia.

Jos 10

El fin de los cinco reyes amorreos

Jos 8 29; Dt 21 22-23

16 Aquellos cinco reyes, por su parte, habían logrado escapar, refugiándose en una caverna, cerca de Maquedá. 17 Cuando se notificó a Josué que habían encontrado a los cinco reyes escondidos en esa caverna, 18 él ordenó: «Hagan rodar unas piedras bien grandes hasta la entrada de la caverna, y dejen allí apostados a unos cuantos hombres para que los vigilen. 19 Pero ustedes no se detengan: persigan a sus enemigos y córtenles la retirada, para impedirles que entren en sus ciudades. Porque el Señor se los ha entregado». 20 Y cuando Josué y los israelitas los derrotaron por completo, hasta aniquilarlos —solo algunos fugitivos habían escapado de ellos y se habían refugiado en las ciudades fortificadas—, 21 todo el ejército regresó sano y salvo al campamento de Josué, en Maquedá. Nadie había podido causar el menor daño a los israelitas.

22 Entonces Josué dijo: «Despejen la abertura de la caverna, hagan salir a esos cinco reyes, y tráiganlos aquí». 23 Así lo hicieron: sacaron de la caverna a los cinco reyes —los reyes de Jerusalén, de Hebrón, de Iarmut, de Laquís y de Eglón— 24 y, una vez que los tuvieron fuera, se los llevaron a Josué. Este convocó a todos los hombres de Israel y dijo a los oficiales que lo habían acompañado: «Acérquense y pongan sus pies sobre la nuca de estos reyes». Ellos se acercaron y les pusieron el pie sobre la nuca. 25 Luego continuó diciéndoles: «No tengan miedo ni se acobarden; sean fuertes y valientes, porque el Señor hará lo mismo con todos los enemigos, contra los que ustedes tengan que luchar». 26 Después de esto, Josué los mandó matar y los hizo colgar de cinco árboles. Allí quedaron suspendidos hasta la tarde, 27 y a la puesta del sol, Josué mandó que los descolgaran de los árboles. Luego los arrojaron en la cueva donde habían estado escondidos, y a la entrada de la misma pusieron grandes piedras que todavía están allí.

La conquista del sur de Canaán: Maquedá

Jos 8 2; Jue 1 11-13

28 Aquel mismo día, Josué se apoderó de Maquedá y pasó al filo de la espada a la ciudad y a su rey, consagrándolos al exterminio junto con todos los seres vivientes que había en ella. No dejó a nadie con vida, y trató al rey de Maquedá como había tratado al rey de Jericó.

Libná

29 Luego Josué, con todo Israel, pasó de Maquedá a Libná y la atacó. 30 El Señor puso a la ciudad y al rey en manos de Israel, que la pasó al filo de la espada con todos los seres vivientes que había en ella. No dejó a nadie con vida, y trató a su rey como había tratado al rey de Jericó.

Laquís

31 Después Josué, con todo Israel, pasó de Libná a Laquís, la asedió y la atacó. 32 El Señor puso también a Laquís en manos de Israel, que la conquistó al segundo día, y la pasó al filo de la espada con todos los seres vivientes que había en ella, exactamente como había hecho con Libná. 33 Mientras tanto, Horam, rey de Guézer, subió en ayuda de Laquís; pero Josué lo derrotó, a él y a su ejército, hasta no dejar ningún sobreviviente.

Eglón

34 Luego Josué, con todo Israel, pasó de Laquís a Eglón. La sitiaron, la atacaron, 35 y ese mismo día la tomaron y la pasaron al filo de la espada. Aquel día Josué consagró al exterminio a todos los seres vivientes que había en la ciudad, exactamente como había hecho con Laquís.

Hebrón

36 Después Josué, con todo Israel, subió de Eglón a Hebrón. La atacaron, 37 la tomaron, y pasaron al filo de la espada a la ciudad, a su rey, a sus otras ciudades y a todos los seres vivientes que había en ella. Josué no dejó a nadie con vida, sino que hizo con ella lo mismo que había hecho con Eglón: consagró al exterminio a la ciudad y a todos los seres vivientes que había en ella.

Debir

38 Luego Josué, con todo Israel, volvió atrás hasta Debir, la atacó, 39 y se apoderó de la ciudad, de su rey y de todas sus otras ciudades. Los israelitas los pasaron al filo de la espada, y consagraron al exterminio a todos los seres vivientes que había en la ciudad, sin dejar a nadie con vida. Josué trató a Debir como había tratado a Hebrón y a su rey, y como había tratado a Libná y a su rey.

Recapitulación de las conquistas realizadas en el Sur

Jos 11 16; Jue 1 9; Jos 10 14; Dt 3 22

40 Así Josué conquistó toda la región: la Montaña, el Négueb, la Sefelá y los declives de la Montaña, con todos sus reyes. No dejó a nadie con vida, sino que consagró al exterminio a todos los seres vivientes, como el Señor, el Dios de Israel, le había ordenado. 41 Josué conquistó desde Cades Barné hasta Gaza, y toda la región de Gosen hasta Gabaón. 42 En una sola campaña se apoderó de

todos estos reyes y de sus territorios, porque
el Señor, el Dios de Israel, combatía a favor
de los israelitas.
43 Finalmente, Josué regresó al campamento de Guilgal, junto con todo Israel.

La coalición de los cinco reyes del Norte

Jue 4 2-23; Sal 83 10; 48 5; 2 2;
Dt 7 1; 20 16-17

11 1 Cuando Iabín, rey de Jasor, se enteró
de lo que había sucedido, envió mensajeros al rey Iobab de Madón, al rey de
Simrón y al de Acsaf; 2 a los reyes que estaban al norte, en la zona montañosa, y en la
Arabá, al sur de Genesaret, en la región baja
y sobre las alturas de Dor, hacia el oeste.
3 Los cananeos se encontraban al este y al
oeste; los amorreos, los jivitas, los perizitas
y los jebuseos, en la Montaña; y los hititas,
al pie del Hermón, en el territorio de Mispá.
4 Los cinco reyes salieron con todas sus tropas —que formaban una multitud tan numerosa como la arena que está a la orilla del
mar— y con una enorme cantidad de carros
de guerra y caballos. 5 Y una vez reunidos en
el lugar fijado, fueron a acampar todos juntos cerca de las aguas de Merom, para combatir contra Israel. 6 Pero el Señor dijo a Josué: «No les tengas miedo, porque mañana,
a esta misma hora, yo haré que estén todos
muertos delante de Israel. Tú mutilarás sus
caballos y quemarás sus carros de guerra».

La victoria de Merom

7 Entonces Josué, con todos sus combatientes, marchó contra ellos hasta las aguas
de Meróm, atacándolos sorpresivamente.
8 El Señor los puso en manos de Israel, que
los derrotó y los persiguió hasta Sidón —la
Grande— y hasta Misrefot Maim; y por
la parte oriental, hasta el valle de Mispá. La
derrota que les infligió Israel fue tal que no
dejaron ningún sobreviviente. 9 Y Josué los
trató como el Señor se lo había mandado:
mutiló a sus caballos y quemó sus carros
de guerra.

La toma de Jasor y de otras ciudades del Norte

10 En aquel tiempo, Josué volvió atrás, se
apoderó de Jasor y mató a su rey con la espada, porque Jasor había sido antiguamente
la cabeza de todos aquellos reinos. 11 También pasó al filo de la espada a todos los seres vivientes que había en ella, consagrándolos al exterminio total. No quedó nada con
vida, y Jasor fue incendiada. 12 Josué tomó
asimismo todas las ciudades de aquellos reyes, y a estos últimos los capturó y los pasó
al filo de la espada, consagrándolos al exterminio, como Moisés, el servidor del Señor,
se lo había ordenado. 13 Pero Israel no quemó ninguna de las ciudades que ahora vuelven a alzarse sobre sus ruinas, a excepción de
Jasor, que fue la única incendiada por Josué.
14 El botín de estas ciudades, incluido el ganado, se lo repartieron los israelitas; a las
personas, en cambio, las pasaron al filo de la
espada, hasta acabar con todos. No dejaron
a nadie con vida. 15 Josué se atuvo exactamente a las órdenes que le había dado Moisés —el servidor del Señor—, órdenes que
este, a su vez, había recibido del Señor. Y al
ejecutarlas, no descuidó nada de lo que el
Señor había ordenado a Moisés.

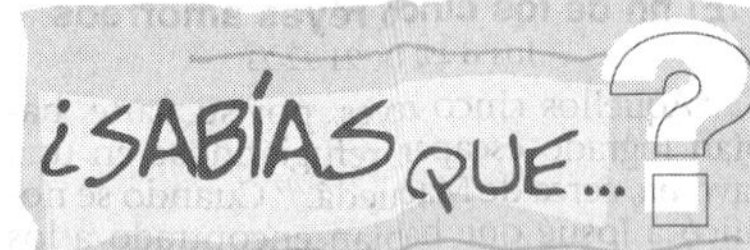

La posesión de las tierras: regalo, lucha y compromiso

La triunfante conquista de Canaán, según el libro de Josué, difiere de la ocupación lenta y penosa en el libro de Jueces. Se debe a que el autor de Josué se centra en que Dios cumple sus promesas y el pueblo colabora con él al construir su historia, mientras que el autor de Jueces resalta lo que sucedió.

Canaán es una tierra pequeña y pobre, pero para los israelitas —después de su travesía en el desierto— pensaban que de sus tierras «mana leche y miel» (Jos 5 6). Vivían ahí muchos pueblos, entre los que dominaba el cananeo. Al principio, las tribus de Israel se establecieron en zonas rocosas y áridas; después, invadieron los pastizales para su rebaño y asumieron la agricultura, de ahí surgió el atractivo de las deidades cananeas relacionadas con la fertilidad.

En el establecimiento en Canaán resuena el mensaje: «llenen la tierra y sométanla» (Gn 1 28). Se trata de colaborar con Dios en la historia y forjar juntos el progreso del pueblo.

¿Cómo construyes tu historia día a día? ¿Qué conquistas mediante tu trabajo y tu esfuerzo ayudado por Dios? ¿Cómo ayudan tus conquistas al desarrollo de tu pueblo?

Jos 12

Resumen de la conquista

Jos 10 40; 9 3-14; Ex 4 21

16 Así Josué conquistó todo este territorio, la Montaña, todo el Négueb, toda la re-

gión de Gosen, la Sefelá, la Arabá, la montaña de Israel y sus estribaciones, [17]desde la montaña Desnuda que sube hacia Seír, hasta Baal Gad, en el valle del Líbano, al pie del Hermón. Josué capturó a sus reyes y los mandó matar. [18]Él tuvo que combatir mucho tiempo contra estos reyes; [19]y como ninguna ciudad, excepto los jivitas que habitan en Gabaón, quiso hacer las paces con los israelitas, estos tuvieron que conquistarlas a todas por la fuerza. [20]Pero el designio del Señor era que ellos se obstinaran en hacer la guerra contra Israel, a fin de que fueran consagrados sin piedad al exterminio y así fueran aniquilados, como el Señor había ordenado a Moisés.

El exterminio de los anaquitas

Dt 2 10-11; Jue 1 20; Jos 14 15; Jue 3 11

[21]En aquel tiempo, Josué hizo una campaña contra los anaquitas y los exterminó de la Montaña: de Hebrón, de Debir, de Anab, en una palabra, de toda la montaña de Judá y de toda la montaña de Israel. Los consagró al exterminio con todas sus ciudades, [22]y no quedó un solo anaquita en territorio de Israel. Solo quedaron algunos en Gaza, en Gad y en Asdod.

[23]Así Josué se apoderó de todo el país, de acuerdo con lo que el Señor le había dicho a Moisés, y lo entregó como propiedad hereditaria a cada una de las tribus de Israel. Y ya no hubo más guerra en el país.

Recapitulación: los reyes derrotados al este y al oeste del Jordán

Nm 21 21-30; Jos 11 16-17

12 [1]Estos son los reyes del país que los israelitas derrotaron y despojaron de su territorio en la parte oriental del Jordán, desde el torrente Arnón hasta el monte Hermón, con toda la Arabá oriental:

[2]Sijón, rey de los amorreos que residía en Jesbón y dominaba desde Aroer —a orillas del torrente Arnón— hasta el torrente Iaboc —que sirve de frontera con los amonitas— incluyendo la cuenca del torrente Arnón, la mitad de Galaad, [3]y el lado oriental de la Arabá, hasta el mar de Genesaret por un lado, y hasta el mar de la Arabá o mar de la Sal por el otro, llegando por el este hasta Bet Ha Iesimot, y por el sur hasta más abajo de las laderas del Pisgá.

[4]Y Og, rey de Basán —uno de los últimos sobrevivientes de los Gigantes—, que residía en Astarot y en Edrei [5]y dominaba en el monte Hermón, en Salcá, en todo el Basán hasta las fronteras de los guesuritas y de los maacatitas, y en la mitad de Galaad hasta las fronteras de Sijón, rey de Jesbón.

[6]Moisés, el servidor del Señor, y los israelitas habían derrotado a estos reyes, y Moisés había dado el territorio en propiedad a los rubenitas, a los gaditas y a la mitad de la tribu de Manasés.

[7]Estos son los reyes que Josué y los israelitas derrotaron en el lado occidental del Jordán —desde Baal Gad, en el valle del Líbano, hasta la montaña Desnuda, que sube hacia Seír— cuyos territorios Josué entregó en posesión a cada una de las tribus de Israel, [8]en la Montaña, en la Sefelá, en la Arabá, en las pendientes, en el desierto y en el Négueb, donde habitaban hititas, amorreos, cananeos, perizitas, jivitas y jebuseos:

[9]el rey de Jericó y el rey de Ai, junto a Betel;
[10]el rey de Jerusalén y el de Hebrón;
[11]el rey de Iarmut y el rey de Laquís;
[12]el rey de Eglón y el rey de Guézer;
[13]el rey de Debir y el rey de Guéder;
[14]el rey de Jormá y el rey de Arad;
[15]el rey de Libná y el rey de Adulam;
[16]el rey de Maquedá y el rey de Betel;
[17]el rey de Tapúaj y el rey de Jéfer;
[18]el rey de Afec y el rey de Sarón;
[19]el rey de Madón y el rey de Jasor;
[20]el rey de Sirmón Meroón y el rey de Acsaf;
[21]el rey de Taanac y el rey de Meguido;
[22]el rey de Quedes y el rey de Iocneam, en el Carmelo;
[23]el rey de Dor, en la región de Dor;
[24]el rey de los Goím, en Galilea, y el rey de Tirsá.

En total, fueron treinta y un reyes.

LA REPARTICIÓN DE LA TIERRA PROMETIDA ENTRE LAS TRIBUS DE ISRAEL

Exhortación del Señor a Josué

Jue 3 3; Jos 12 6

13 [1]Cuando Josué ya era de edad muy avanzada, el Señor le dijo: «Tú eres un anciano muy entrado en años, y todavía queda por conquistar una gran parte del país. [2]El territorio que falta conquistar es el siguiente: todos los distritos de los filisteos y todo el país de los guesuritas, [3]o sea, desde el Sijor, que está sobre la frontera de Egipto, hasta el límite de Ecrón por el norte. Esta región se considera como perteneciente a los cananeos. Allí están los cinco príncipes de los filisteos —el de Gaza, el de Asdod, el de Ascalón, el de Gat y el de Ecrón— y también los avitas, [4]que están al sur. Además queda todo el país de los cananeos, desde Ará de los sidonios hasta Afec y hasta la frontera de los amorreos. [5]Y por último, el país de los guiblitas con todo el Líbano hacia oriente, desde Baal Gad, que está al pie del monte Hermón, hasta la Entrada de Jamat. 6 Yo expulsaré delante de los israelitas a todos los habitantes de la Montaña, desde el Líbano hasta Misrefot Maim, y a todos los sidonios. Tú, por tu parte, distribuye el país entre los israelitas mediante un sorteo, para que lo posean como herencia, según te lo he ordenado. 7 Sí, ya es hora de que repartas este país entre las nueve tribus y media, para que lo posean como herencia. Porque la mitad de la tribu de Manasés, 8 lo mismo que los rubenitas y los gaditas, ya han recibido la herencia que les dio Moisés en el lado oriental del Jordán».

El territorio asignado a las tribus de la Transjordania

Nm 32; Dt 3 12-17; Nm 18 20; Dt 18 1-2

En efecto, Moisés, el servidor del Señor, había asignado a esas tribus, 9 el territorio que va desde Aroer, a orillas del torrente Arnón, con la ciudad que está en medio del valle; todo el altiplano, desde Medbá hasta Dibón, 10 y todas las ciudades de Sijón —el rey de los amorreos que había reinado en Jesbón— hasta la frontera de los amonitas. 11 Además, les había asignado Galaad y el territorio de los guesuritas y de los maacatitas, con toda la montaña del Hermón y todo Basán hasta Salcá. 12 Y en Basán, todo el territorio de Og —que había reinado en Astarot y Edrei, y era uno de los últimos sobrevivientes de los Gigantes—, a quien Moisés venció y despojó de sus dominios. 13 Pero los israelitas no expulsaron a los guesuritas y a los maacatitas, que por eso continúan viviendo en medio de Israel hasta el día de hoy. 14 A la tribu de Leví, en cambio, Moisés no le asignó ninguna herencia: las ofrendas hechas al Señor, el Dios de Israel, son su herencia, como él mismo se lo había declarado.

La tribu de Rubén

Jos 12 6; Nm 31 8; 22 – 24; 31 8

15 Moisés ya había dado una parte a los clanes de la tribu de los rubenitas. 16 A ellos les tocó el territorio que sale de Aroer, a orillas del torrente Arnón, con la ciudad que está en medio del valle; todo el altiplano en dirección a Medbá, 17 hasta llegar a Jesbón, y todas las ciudades del altiplano: Dibón, Bamot Baal, Bet Baal Meón, 18 Iajsá, Quedemot, Mefaat, 19 Quiriataim, Sibmá, Séret Ha Sájar en la montaña que da sobre el valle, 20 Bet Peor, las pendientes del Pisgá y Bet Ha Iesimot. 21 Todas las ciudades del altiplano habían pertenecido a Sijón, el rey de los amorreos que reinaba en Jesbón, y al que Moisés había derrotado, lo mismo que a los príncipes de Madián: Evi, Réquem, Sur, Jur y Reba, vasallos de Sijón que habitaban en aquel país. 22 Asimismo, los israelitas habían pasado al filo de la espada al adivino Balaam, hijo de Beor, junto con las otras víctimas. 23 La ribera del Jordán servía de límite a los rubenitas. Esta fue la herencia asignada a los clanes de los rubenitas: las ciudades y sus poblados.

La tribu de Gad

Jos 12 6; Nm 21 32; Jue 11 32-33

24 Moisés también había dado una parte a los clanes de los gaditas. 25 Su territorio comprendía Iázer, todas las ciudades de Galaad y la mitad del país de los amonitas, hasta Aroer, que está enfrente de Rabbá. 26 Además, desde Jesbón hasta Ramat Ha Mispá y Betonim, y desde Majanaim hasta el territorio de Lo Debar. 27 Y en el valle, Bet Jaram, Bet Mimrá, Sucot y Safón, el resto del reino de Sijón, rey de Jesbón. Y el lado oriental del Jordán, hasta el extremo del mar de Genesaret, les servía de límite. 28 Esta fue la herencia de los clanes de los gaditas: las ciudades y sus poblados.

La mitad de la tribu de Manasés

Nm 26 29; 35 1; Dt 34 1.8; 10 9

29 Moisés también había dado una parte a los clanes de la mitad de la tribu de Manasés. 30 Su territorio, partiendo de Majanaim, comprendía todo Basán, todo el territorio de Og, rey de Basán, y todas las poblaciones de Iair, en Basán: en total, sesenta ciudades. 31 La mitad de Galaad, Astarot y Edrei, ciudades del reino de Og en Basán, pasaron a los clanes de los hijos de Maquir, hijo de Manasés.

32 Este fue el reparto que hizo Moisés en las Estepas de Moab, al otro lado del Jordán, al este de Jericó. 33 Pero Moisés no asignó ninguna herencia a la tribu de Leví, porque el Señor, el Dios de Israel, es su herencia, como él mismo se lo había declarado.

El territorio asignado a las tribus de la Cisjordania

Nm 26 55; 33 54; 35 2-8

14 1 Estos son los territorios que los israelitas recibieron como herencia en el país de Canaán, o sea, los territorios que les asignaron el sacerdote Eleazar, Josué hijo de Nun, y los jefes de familia de las tribus de Israel. 2 Ellos los distribuyeron mediante un sorteo —como el Señor lo había mandado por medio de Moisés— entre las nueve tribus y media que faltaban. 3 Porque a las otras dos tribus y media, Moisés ya les había asignado una herencia al otro lado del Jordán, pero a los levitas no les había dado ninguna herencia en medio de ellos. 4 Los hijos de José, por su parte, habían formado dos tribus: la de Efraím y la de Manasés; pero a los levitas no se les dio ningún territorio dentro del país, sino solamente algunas ciudades de residencia, con los correspondientes campos de pastoreo para su ganado y sus rebaños. 5 En la distribución de la tierra los israelitas hicieron exactamente lo que el Señor había ordenado a Moisés.

La parte de Caleb

Nm 13; 14 6-9.24; Dt 1 22-38; Nm 32 7-9

6 Los hijos de Judá fueron a Guilgal, donde estaba Josué; y Caleb, hijo de Iefuné, el quenizita, le dijo: «Tú sabes muy bien lo que el Señor dijo a Moisés, el hombre de Dios, acerca de mí y de ti, en Cades Barné. 7 Yo tenía cuarenta años cuando Moisés, el servidor del Señor, me envió de Cades Barné a explorar el país, y yo lo informé con toda franqueza. 8 Mientras los compañeros que habían ido conmigo desalentaban al pueblo, yo me mantuve plenamente fiel al Señor, mi Dios. 9 Aquel día, Moisés hizo esta promesa, ratificándola con un juramento: "La tierra que pisaron tus pies será herencia tuya y de tus hijos para siempre, porque te has mantenido plenamente fiel al Señor, mi Dios". 10 Ahora ves que el Señor me ha conservado la vida conforme a su promesa. Ya han pasado cuarenta y cinco años desde que el Señor dirigió esta palabra a Moisés, cuando todavía Israel iba por el desierto. Ahora tengo ochenta y cinco años, 11 pero todavía estoy tan fuerte como el día en que Moisés me envió. Hoy tengo la misma fuerza que tenía entonces, tanto para combatir como para ir de un lado a otro. 12 Por eso, dame esta montaña que el Señor me prometió aquel día. Tú mismo oíste ese día que allí se encuentran los anaquitas, y que las ciudades son grandes y amuralladas. Pero sin duda el Señor estará conmigo, y yo los expulsaré como él me lo prometió». 13 Entonces Josué bendijo a Caleb, hijo de Iefuné, y le dio Hebrón como herencia. 14 Por eso Hebrón ha sido hasta el día de hoy la herencia de Caleb, hijo de Iefuné, el quenizita, ya que él se había mantenido plenamente fiel al Señor, el Dios de Israel. 15 El nombre primitivo de Hebrón fue Quiriat Arbá, y Arbá fue el más grande de los anaquitas.

Después cesó la guerra en el país.

La tribu de Judá

Gn 49 8-12; Dt 33 7

15 1 El territorio que tocó en suerte a la tribu de los hijos de Judá, limitaba en su extremo meridional, hacia el sur, con Edom y el desierto de Cin. 2 Su frontera sur se extendía desde los bordes del mar de la Sal —de la punta que da hacia el sur— 3 hasta la parte meridional de la subida de los Escorpiones; luego pasaba por Cin y subía hasta el sur de Cades Barné; de allí pasaba a Jesrón, subía hasta Adar y daba vuelta hacia Carcaá; 4 finalmente pasaba por Asmón y llegaba al Torrente de Egipto, para ir a terminar en el mar. Este será para ustedes el límite meridional. 5 La frontera oriental era el mar de la Sal hasta la desembocadura del Jordán. La frontera norte, a su vez, partía de la parte del mar, que está junto a la desembocadura del Jordán; 6 luego subía hasta Bet Joglá, pasaba al norte de Be Ha Arabá y llegaba hasta la Piedra de Boján, el rubenita. 7 Después ascendía del valle de Acor a Debir, y daba vuelta hacia Guilgal, que está frente a la subida de Adumim al sur del Torrente. La frontera pasaba inmediatamente junto a las aguas de En Semes, llegaba a En Roguel, 8 y volvía a subir, viniendo desde el sur, por el valle de Ben Hinnom hasta el flanco sur del Jebuseo, es decir, hasta Jerusalén. Desde allí, ascendía a la cima del monte que está frente al valle de Hinnom, por el oeste, y al extremo septentrional del valle de los Refaím. 9 Desde la cima del monte, la frontera daba vuelta hacia la fuente de Neftóaj, y seguía hasta el monte Efrón, para volverse luego hacia Baalá, o sea, hacia Quiriat Iearim. 10 Desde Baalá, la frontera giraba hacia el oeste, hacia el monte Seír, y pasando por el flanco septentrional del monte Iearim —o sea, Quesalom— bajaba hasta Bet Semes y llegaba hasta Timná. 11 Después seguía hasta la pendiente de Ecrón, hacia el norte, giraba hacia Sicrón, y cruzando por el monte de Baalá, salía por Iabneel para ir a terminar en el mar. 12 Finalmente, el límite occidental estaba formado por el Mar Grande y su playa.

Estos eran los límites del territorio asignado a los clanes de los hijos de Judá.

Caleb en Hebrón

Jos 14 14-15; Jue 1 13.14-15

13 A Caleb, hijo de Iefuné, se le asignó una parte en medio de los hijos de Judá, como el Señor se lo había ordenado a Josué. Esa parte era Quiriat Arbá —Arbá era el padre de Anac y Quiriat Arbá es Hebrón—. 14 Caleb expulsó de allí a los tres hijos de Anac —Sesai, Ajimán y Talmai— descendientes de Anac. 15 Luego subió contra los habitantes de Debir, que antes se llamaba Quiriat Séfer. 16 Entonces Caleb dijo: «Al que derrote y conquiste a Quiriat Séfer, yo le daré como esposa a mi hija Acsá». 17 El que la conquistó fue

Otniel, hijo de Quenaz y hermano de Caleb, y este le dio como esposa a su hija Acsá. [18] Cuando ella llegó a la casa de su esposo, este le sugirió que pidiera un campo a su padre. Ella se bajó del asno, y Caleb le preguntó: «¿Qué quieres?». [19] «Quiero que me hagas un regalo, le respondió. Ya que me has mandado al territorio del Négueb, concédeme al menos un manantial». Y él le dio el manantial de Arriba y el manantial de Abajo.

Las ciudades de la tribu de Judá

Jos 19 2-9; Miq 1 11; Jue 1 21; 2 Sm 5 6-9

[20] Esta fue la herencia de los clanes de la tribu de Judá.

[21] Las ciudades fronterizas pertenecientes a la tribu de los hijos de Judá, hacia la frontera de Edom, en el Négueb, eran las siguientes:

Cabseel, Eder, Iagur, [22] Quiná, Dimoná, Adadá, [23] Quedes, Jasor, Itnam, [24] Zif, Télem, Bealot, [25] Jasor Jadatá, Queriot, Jesrón —o sea Jasor— [26] Amam, Semá, Moladá, [27] Jasar Gadá, Jesmón, Bet Pélet, [28] Jasar Sual, Berseba, Biziotiá, [29] Baalá, Iyim, Esem, [30] Eltolad, Quesil, Jormá, [31] Siquelag, Madmaná, Sansaná; [32] Lebaot, Siljim, En Rimón: en total, veintinueve ciudades con sus poblados.

[33] En la Sefelá: Estaol Sorá, Asná, [34] Zanóaj, En Ganín, Tapúaj, Enán, [35] Iarmut, Adulán, Socó, Azecá, [36] Saaraim, Aditaim, Ha Guederá, Guedorotaim: en total, catorce ciudades con sus poblados.

[37] Senan, Jadasá, Migdal Gad, [38] Dilán, Ha Mispá, Iocteel, [39] Laquís, Boscat, Eglón, [40] Cabón, Lajmás, Quitlís, [41] Guederot, Bet Dagón, Naamá, Maquedá: en total, dieciséis ciudades con sus poblados.

[42] Libná, Eter, Asán, [43] Iftaj, Asná, Nesib, [44] Queilá, Aczib, Maresá: en total, nueve ciudades con sus poblados.

[45] Ecrón, con las ciudades dependientes y sus poblados, [46] y a partir de Ecrón, hacia el mar, todas aquellas ciudades que están al lado de Asdod, con sus poblados: [47] Asdod con las ciudades dependientes y sus poblados, Gaza con las ciudades dependientes y sus poblados, hasta el Torrente de Egipto, limitando con el mar Grande.

[48] En la Montaña: Samir, Iatir, Socó, [49] Daná, Quiriat Séfer —o sea, Debir—, [50] Anab, Estemoa, Anim, [51] Gosen, Jolón, Guiló: en total, once ciudades con sus poblados.

[52] Arab, Dumá, Esán, [53] Ianum, Bet Tapúaj, Afecá, [54] Jumtá, Quiriat Arbá —o sea, Hebrón— y Sior: en total, nueve ciudades con sus poblados.

[55] Maón, Carmel, Zif, Iutá, [56] Izreel, Zanoaj, [57] Ha Caín, Guibeá y Timná: en total, diez ciudades con sus poblados.

[58] Jaljul, Bet Sur, Guedor, [59] Maarat, Bet Anot, Eltecón: en total, seis ciudades con sus poblados.

Técoa, Efratá —o sea Belén—, Peor, Etam, Culón, Tatam, Sores, Carem, Galim, Beter, Manaj: en total, once ciudades con sus poblados.

[60] Quiriat Baal —o sea, Quiriat Iearim— y Ha Rabá: en total, dos ciudades con sus poblados.

[61] En el desierto: Bet Ha Arabá, Midim, Secacá, [62] Nigsán, la ciudad de la Sal y Engadí: en total, seis ciudades con sus poblados.

[63] Pero los hijos de Judá no pudieron desposeer a los jebuseos, que ocupaban Jerusalén. Por eso los jebuseos viven todavía hoy en Jerusalén, junto a los hijos de Judá.

La tribu de Efraím

Gn 49 22-26; Dt 33 13-17; Jue 1 29; 1 Re 9 16-17; Dt 20 11

16 [1] La parte que tocó en suerte a los hijos de José se extendía desde el Jordán, a la altura de Jericó, hasta las aguas de Jericó, por el este; luego venía el desierto, que desde Jericó sube por la montaña hasta Betel; [2] siguiendo de Betel hasta Luz, pasaba por Atarot, o sea, por el territorio de los arquitas; [3] después bajaba al oeste, hacia el territorio de los iafletitas, hasta la región de Bet Jorón de Abajo y hasta Guézer, y terminaba en el mar. [4] Esta es la parte que recibieron como herencia Manasés y Efraím, los hijos de José.

[5] El territorio correspondiente a los clanes de los efraimitas fue el siguiente: el límite de su herencia, por el lado oriental, era Atarot Adar hasta Bet Jorón de Arriba, [6] y llegaba hasta el mar. Al norte estaba Micmetat, y al este, el límite doblaba hacia Taanat Silo, pasando al este de Ianóaj. [7] Después bajaba de Ianóaj a Atarot y a Naará, y tocaba Jericó, para terminar en el Jordán. [8] Desde Tapúaj, la frontera iba hacia el oeste por el torrente de Caná, y terminaba en el mar.

Esta es la herencia asignada a los clanes de los efraimitas, [9] además de las ciudades distribuidas a ellos dentro de las posesiones de los hijos de Manasés, todas las ciudades con sus poblados. [10] Pero ellos no pudieron desposeer a los cananeos que habitaban en Guézer, y por eso siguen viviendo en medio de Efraím hasta el día de hoy, aunque tienen que pagar tributo.

La tribu de Manasés

Nm 26 29; 32 39-40; Gn 41 51; Jue 1 27-28; 1 19

17 [1] También a la tribu de Manasés le tocó en suerte una parte del territorio, porque él era el primogénito de José. Pero Ma-

quir, primogénito de Manasés y padre de Galaad, como era un hombre belicoso, ya había
recibido la región de Galaad y la de Basán, 2 y
por eso la suerte correspondió a los otros clanes de los hijos de Manasés, a saber: a los hijos de Abiézer, a los hijos de Jelec, a los hijos
de Asriel, a los hijos de Sequem, a los hijos de
Semidá. Estos eran los hijos varones de Manasés, hijo de José, con sus respectivos clanes. 3 Pero Selofjad —hijo de Jéfer, hijo de
Galaad, hijo de Maquir, hijo de Manasés—
no tenía hijos varones. Sus hijas se llamaban:
Majlá, Noá, Joglá, Milcá y Tirsá. 4 Estas se presentaron al sacerdote Eleazar, a Josué, hijo de
Nun, y a los jefes, y les dijeron: «El Señor ordenó a Moisés que nos diera una herencia
entre nuestros hermanos». Y conforme a la
orden del Señor, se les dio una herencia entre los hermanos de su padre. 5 Así Manasés
obtuvo en suerte diez porciones de territorio,
además de la región de Galaad y de Basán,
que está al otro lado del Jordán, 6 ya que las
hijas de Manasés recibieron una herencia entre sus hijos. La región de Galaad pertenecía
a los otros hijos de Manasés.

7 La frontera de Manasés, por el lado de
Aser, era Micmetat, que está enfrente de Siquem; luego seguía hacia el sur, hasta Iasib, la
fuente de Tapúaj. 8 El territorio de Tapúaj pertenecía a Manasés, mientras que Tapúaj —en
los límites de Manasés— pertenecía a los efraimitas. 9 Luego la frontera bajaba al torrente de
Caná e iba a terminar en el mar. Al sur del torrente hay unas ciudades de Efraím en medio
de las ciudades de Manasés, y el territorio de
Manasés se encuentra al norte del torrente.
10 Al sur el territorio pertenecía a Efraím y al
norte a Manasés; el mar les servía de frontera,
y lindaban con Aser por el norte, y con Isacar
por el este. 11 Además, Manasés tenía en Isacar y en Aser a Bet Seán, Ibleam y Dor, con sus
respectivas ciudades dependientes; y a los habitantes de En Dor, de Taanac y de Meguido
—las tres alturas— con sus respectivas ciudades dependientes. 12 Los hijos de Manasés no
lograron conquistar esas ciudades, y los cananeos pudieron permanecer en aquella región.
13 Pero después, cuando los israelitas se hicieron más fuertes, obligaron a los cananeos a
pagar tributo, aunque no llegaron a desposeerlos.

14 Los hijos de José dijeron a Josué: «¿Por
qué nos has asignado como herencia en el
sorteo una sola porción de territorio, siendo
nosotros un pueblo numeroso, ya que el Señor nos ha bendecido tanto?». 15 Entonces
Josué les respondió: «Si son un pueblo tan
numeroso, suban a los bosques y talen allí a
su gusto en la región de los perizitas y de los
refaítas, porque la montaña de Efraím es demasiado estrecha para ustedes». 16 Los hijos
de José dijeron: «La montaña no nos basta, y
en las llanuras todos los cananeos tienen carros de hierro, tanto los de Bet Seán y sus
ciudades dependientes, como los de la llanura de Izreel». 17 Josué respondió a la casa
de José, es decir, a Efraím y Manasés: «Ustedes son un pueblo numeroso y tienen mucha fuerza. No tendrán solamente una porción, 18 porque la montaña les pertenecerá. Y
si ella está cubierta de bosques, la talarán y
será de ustedes hasta sus límites, ya que des-
poseerán a los cananeos, por más que tengan carros de hierro y sean muy fuertes».

La distribución del territorio en Silo

Jos 13 1; Jue 18 9; Dt 1 13; Nm 26 52-56

18 1 Toda la comunidad de los israelitas se
reunió en Silo, y allí fue instalada la
Tienda del Encuentro. El país ya estaba sometido a los israelitas, 2 pero todavía quedaban siete tribus a las que no se les había repartido su herencia. 3 Entonces Josué dijo a
los israelitas: «¿Hasta cuándo van a demorar
en ir a tomar posesión del país que les dio en
herencia el Señor, el Dios de sus padres? 4 Designen a tres hombres por cada tribu, y yo los
enviaré a recorrer el país. Ellos harán su descripción para que pueda ser repartido, y
después regresarán. 5 Dividirán el territorio
en siete partes. Judá se quedará en su territorio, al sur, y la casa de José en el suyo, al norte. 6 Y cuando ustedes hayan hecho la descripción del país, dividiéndolo en siete partes,
me la traerán para que yo la sortee aquí, en
la presencia del Señor, nuestro Dios. 7 Porque
los levitas no tendrán ninguna parte en medio de ustedes, ya que el sacerdocio del Señor es su herencia; y Gad, Rubén y la mitad
de la tribu de Manasés ya han recibido, en el
lado oriental del Jordán, la herencia que les
asignó Moisés, el servidor del Señor».

8 Cuando los hombres que iban a hacer
la descripción del país se disponían a partir, Josué les dio esta orden: «Vayan a recorrer el país, descríbanlo, y luego regresen.
Después yo lo sortearé entre ustedes delante del Señor, aquí mismo, en Silo». 9 Los
hombres partieron, recorrieron el país y registraron por escrito las ciudades, dividién-
dolas en siete grupos. Después regresaron
al campamento de Silo, donde estaba Josué. 10 Allí Josué echó las suertes entre los
israelitas, delante del Señor, y repartió el
territorio a cada una de las tribus de Israel.

La tribu de Benjamín

Gn 49 27; Dt 33 12; Jos 7 2; 16 2

11 Se extrajo la suerte correspondiente a
los clanes de la tribu de Benjamín, y a ellos

les tocó el territorio comprendido entre el de los hijos de Judá y el de los hijos de José. 12 Por el lado septentrional, el límite partía del Jordán y subía por la pendiente norte de Jericó; luego subía por la montaña hacia el oeste, para terminar en el desierto de Bet Aven. 13 De allí el límite pasaba a Luz, hacia la pendiente meridional de Luz —o sea, de Betel—, y después descendía hasta Atarot Adar, sobre el monte que está al sur de Bet Jorón de Abajo. 14 Luego el límite daba vuelta, girando por el lado oeste, hacia el sur, y saliendo de la montaña que se encuentra frente a Bet Jorón, al sur, iba a terminar en Quiriat Baal —o sea, en Quiriat Iearim—, ciudad que pertenece a los hijos de Judá. Este era el límite occidental.

15 Por el lado meridional, el límite partía del extremo de Quiriat Iearim, seguía hacia Gasín y salía cerca de las aguas de la fuente de Neftóaj. 16 Luego bajaba hasta el extremo del monte que está frente al valle de Ben Hinnom, al norte del valle de los Refaím; seguía bajando por el valle de Hinnom, al sur del flanco de los jebuseos, y descendía hasta En Roguel. 17 Desde allí doblaba hacia el norte y llegaba a En Semes; luego se dirigía hacia Guelilot, que está frente a la subida de Adumim, y bajaba en el Peñasco de Boján, el rubenita. 18 Después pasaba por la pendiente que hay frente a Bet Arabá, al norte, y bajaba hasta la Arabá; 19 seguía por la pendiente de Bet Joglá, hacia el norte, y terminaba en la parte septentrional del mar de la Sal, en el extremo sur del Jordán. Esta era la frontera sur. 20 Por el este, el límite estaba formado por el Jordán.

Esta fue la herencia de los clanes de Benjamín, con los límites que la rodean.

Las ciudades de Benjamín

21 Las ciudades asignadas a los clanes de la tribu de Benjamín fueron las siguientes: Jericó, Bet Joglá, Emec Quesís, 22 Bet Ha Arabá, Semaraim, Betel, 23 Avim, Pará, Ofrá, 24 Quefar Ha Amoní, Ofní, Gueba: en total, doce ciudades con sus poblados. 25 Además, Gabaón, Ramá, Beerot, 26 Mispé, Quefirá, Mosá, 27 Réquem, Irpeel, Taralá, 28 Selá, Elef, Jerusalén —la ciudad jebusea—, Guibeá y Quiriat: en total, catorce ciudades con sus poblados.

Esta fue la herencia que recibieron los clanes de la tribu de Benjamín.

La tribu de Simeón

Gn 49 5; 1 Cr 4 28-33

19 1 La segunda suerte le tocó a Simeón, o sea, a la tribu de los hijos de Simeón con sus clanes. La herencia que se les asignó estaba en medio del territorio de los hijos de Judá. 2 Ellos recibieron como herencia: Berseba, Semá, Moladá, 3 Jasar Sual, Balá Esem, 4 Eltolad, Betul, Jormá, 5 Siquelag, Bet Ha Marcabot, Jasar Susá, 6 Bet Lebaot y Serujén: en total, trece ciudades con sus poblados. 7 Además, Ayín, Rimón, Eter y Asán: en total, cuatro ciudades con sus poblados. 8 También recibieron todos los poblados de los alrededores de estas ciudades, hasta Baalat Beer y Ramat Négueb. Esta era la herencia de los hijos de Simeón con sus clanes, 9 la que se tomó de la porción de territorio asignada a los hijos de Judá, porque la parte de estos últimos era demasiado grande.

Así los hijos de Simeón recibieron su herencia en medio de los hijos de Judá.

La tribu de Zabulón

Gn 49 13; Dt 33 18-19; Jos 12 22

10 La tercera suerte le tocó a los hijos de Zabulón con sus clanes. El límite de su herencia se extendía hasta Sarid; 11 después subía al oeste, hacia Maaralá, y llegaba hasta Dabéset y hasta el torrente que está frente a Iocneam. 12 Partiendo nuevamente de Sarid, el límite iba al este, hacia el levante, hasta llegar a Quislot Tabor; luego llegaba a Daberat y subía a Iafia. 13 Desde allí, yendo hacia el este, pasaba a Guita Jéfer, y a Itá Casín; después llegaba a Rimón y doblaba hacia Neá. 14 Enseguida el límite doblaba hacia el norte, hacia Janatón, para ir a terminar en el valle de Iftajel. 15 Su territorio incluía, además, Catat, Nahalal, Simeón, Idalá y Belén: en total, doce ciudades con sus poblados.

16 Esta fue la herencia asignada a los clanes de los hijos de Zabulón: las ciudades y sus poblados.

La tribu de Isacar

Gn 49 14-15; Dt 33 18-19; Jos 17 16

17 La cuarta suerte le tocó a Isacar, o sea, a los hijos de Isacar con sus clanes. 18 En su territorio estaba Izreel, Ha Quesulot, Sunem, 19 Jafaraim, Sion, Anajarat, 20 Rabit, Quisión, Ebes, 21 Rémet, En Gamín, En Jadá y Bet Pasés. 22 El límite tocaba el Tabor, Sajasim, Bet Semes y terminaba en el Jordán: en total, dieciséis ciudades con sus poblados.

23 Esta fue la herencia a los clanes de los hijos de Isacar: las ciudades y sus poblados.

La tribu de Aser

Gn 49 20; Dt 33 24; Jos 11 1; 12 20

24 La quinta suerte le tocó a la tribu de los hijos de Aser con sus clanes. 25 Su territorio comprendía: Jelcat, Jalí, Beten, Acsaf, 26 Alamélec, Amad y Misal, y hacia el oeste la frontera tocaba el Carmelo y Sijor Lib-

nat. [27] Luego daba vuelta hacia el oriente, hasta Bet Dagón, y remontando hacia el norte, tocaba Zabulón y el valle de Iftajel. Después continuaba hasta Bet Emec y Neiel, e iba a terminar en Cabul. Al norte, el territorio comprendía [28] Abdón, Rejob, Jammón y Caná, hasta Sidón, la Grande. [29] Luego el límite daba vuelta hacia Ramá, hasta la fortaleza de Tiro. De allí doblaba hasta Josá, y terminaba en el mar. El territorio incluía, además, Majaleb, Aczib, [30] Acó, Afec y Rejob: en total, veintidós ciudades con sus poblados.

[31] Esta fue la herencia a los clanes de los hijos de Aser: las ciudades y sus poblados.

La tribu de Neftalí

Gn 49 21; Dt 33 23; Jos 11 1.2.10

[32] La sexta suerte le tocó a los clanes de la tribu de Neftalí. [33] Su frontera partía de Jélef y de Elón Besaananim, y pasando por Adamí Ha Néqueb y Iabnel, hasta Lacum, terminaba en el Jordán. [34] Hacia el oeste, el límite doblaba hasta Aznot Tabor; de allí llegaba a Jucoc, y tocaba Zabulón por el sur, Aser por el oeste y el Jordán por el este. [35] Las ciudades fortificadas eran las siguientes: Siddim, Ser, Jamat, Racat, Genesaret, [36] Adamá, Ramá, Jasor, [37] Quedes, Edrei, En Jasor, [38] Irón, Migdal El, Jorem, Bet Anat, Bet Semes: en total, diecinueve ciudades con sus poblados.

[39] Esta fue la herencia a los clanes de los hijos de Neftalí: las ciudades y sus poblados.

La tribu de Dan

Gn 49 16-17; Dt 33 32; Jue 13 25

[40] La séptima suerte le tocó a los clanes de la tribu de Dan. [41] El territorio de su herencia comprendía Sorá, Estaol, Ir Semes, [42] Salbim, Aialón, Itlá, [43] Elón, Timná, Ecrón, [44] Eltequé, Guibetón, Baalat, [45] Iehud, Bené Berac, Gat Rimón, [46] Me Ha Iarcón y Racón, con el territorio que está enfrente de Jope.

[47] Pero aquel territorio resultaba demasiado estrecho para los hijos de Dan, y por eso subieron a atacar a Lesem. La tomaron y la pasaron al filo de la espada; y una vez que la ocuparon, se establecieron en ella, llamándola Dan, por el nombre de su padre.

[48] Esta fue la herencia de los clanes de la tribu de Dan: las ciudades y sus poblados.

La propiedad hereditaria de Josué

Jos 1 1; 24 30; Jue 2 9; Jos 14 1; 18 6

[49] Cuando los israelitas terminaron de repartirse el territorio y de marcar sus límites, dieron una herencia en medio de ellos a Josué, hijo de Nun. [50] Como el Señor lo había ordenado, le asignaron la ciudad que él pidió, es decir, Timnat Séraj en la montaña de Efraím. Él la reedificó y se estableció en ella.

[51] Estas son las posesiones que el sacerdote Eleazar, Josué hijo de Nun y los jefes de familia de las tribus israelitas distribuyeron mediante un sorteo en Silo, en la presencia del Señor, a la entrada de la Tienda del Encuentro.

Así terminó la repartición del país.

Las ciudades de refugio

Ex 21 13; Nm 35 9-34; Dt 19 1-13; 4 41-43

20 [1] El Señor dijo a Josué: [2] Habla en estos términos a los israelitas:

Determinen cuáles serán las ciudades de refugio —esas de las que yo les hablé por medio de Moisés— [3] para que allí puedan encontrar asilo los homicidas que hayan matado a una persona sin premeditación e inadvertidamente. Así ustedes tendrán un refugio contra el vengador del homicidio. [4] El homicida huirá a una de estas ciudades, se detendrá a la entrada de la puerta, y expondrá su caso a los ancianos de la ciudad. Estos lo admitirán, y le asignarán un lugar para que habite con ellos. [5] Y si el vengador del homicidio lo persigue, no lo pondrán en sus manos, porque mató a su prójimo inadvertidamente, sin haberlo odiado antes. [6] Después de comparecer delante de la comunidad para ser juzgado, el homicida permanecerá en aquella ciudad hasta la muerte del Sumo Sacerdote que esté en funciones en aquellos días. Entonces podrá entrar de nuevo en la ciudad y en su casa, en la ciudad de donde había huido.

[7] Con este fin, los israelitas consagraron las siguientes ciudades: Quedes, en Galilea, en la montaña de Neftalí; Siquem, en la montaña de Efraím; Quiriat Arbá —o sea Hebrón—, en la montaña de Judá. [8] Y al otro lado del Jordán, al este de Jericó, se designó a Béser —de la tribu de Rubén, que estaba situada en el desierto, sobre el altiplano—, a Ramot de Galaad, de la tribu de Gad, y a Golán, situada en Basán y perteneciente a la tribu de Manasés.

[9] Estas fueron las ciudades asignadas a todos los israelitas y a los extranjeros que residían en medio de ellos, para que todo el que matara sin premeditación a una persona pudiera refugiarse en ellas, y así no muriera en manos del vengador del homicidio, antes de comparecer delante de la comunidad.

Las ciudades levíticas

Lv 25 32; Nm 35 1-8; Jos 14 3-4

21 [1] Los jefes de familia de los levitas se acercaron al sacerdote Eleazar, a Josué, hijo de Nun, y a los jefes de familia de las tribus israelitas, [2]que estaban en Silo, en el país de Canaán, y les dijeron: «El Señor ordenó por medio de Moisés que se nos asignaran algunas ciudades, a fin de que residiéramos en ellas, y también sus campos de pastoreo para nuestros ganados». [3]Entonces los israelitas, conforme a la orden del Señor, dieron a los levitas las siguientes ciudades con sus campos de pastoreo, tomándolas de sus propias posesiones.

[4]Se hizo el sorteo para los clanes de los quehatitas; y a los levitas descendientes de Aarón, el sacerdote, les tocaron en suerte trece ciudades de las tribus de Judá, de Simeón y de Benjamín; [5]a los clanes de los otros quehatitas les tocaron en suerte diez ciudades de las tribus de Efraím, de Dan y de la mitad de Manasés. [6]A los clanes de los gersonitas les tocaron en suerte trece ciudades de las tribus de Isacar, de Aser, de Neftalí y de la mitad de Manasés, en Basán. [7]Y a los clanes de los meraritas les tocaron en suerte doce ciudades de las tribus de Rubén, de Gad y de Zabulón. [8]Así los israelitas dieron a los levitas, mediante un sorteo, esas ciudades con sus campos de pastoreo, como el Señor lo había ordenado por medio de Moisés.

Las ciudades de los quehatitas

[9]Ellos les entregaron las ciudades de la tribu de Judá y de la tribu de Simeón que se nombran más adelante. [10]Y como la primera suerte les tocó a los levitas que pertenecían a los clanes de los quehatitas y eran descendientes de Aarón, [11]a ellos les dieron Quiriat Arbá —la ciudad de Arbá, el padre de Anac, o sea, Hebrón—, en la montaña de Judá, con los campos de pastoreo que tenía a su alrededor. [12]Los campos de cultivo y los poblados próximos a la ciudad, en cambio, ya habían sido dados a Caleb, hijo de Iefuné. [13]Y Además de Hebrón —que era una ciudad de refugio para los homicidas—, los israelitas dieron a los descendientes del sacerdote Aarón las ciudades de Libná, [14]Iatir, Estemoa, [15]Jolón, Debir, [16]Ain, Iutá y Bet Semes, cada una con su respectivo campo de pastoreo: nueve ciudades de aquellas dos tribus. [17]De la tribu de Benjamín les dieron Gabaón, Gueba, [18]Anatot y Almón, todas con sus campos de pastoreo: cuatro ciudades. [19]Trece ciudades y sus campos de pastoreo era el total de las ciudades pertenecientes a los sacerdotes hijos de Aarón.

[20]A los clanes de los otros levitas descendientes de Quehat les tocaron en suerte ciudades de la tribu de Efraím. [21]A ellos les dieron Siquem, en la montaña de Efraím —la ciudad de refugio para los homicidas—, con sus correspondientes campos de pastoreo, y también Guézer, [22]Quibsaim, Bet Jorón, cada una con sus campos de pastoreo: cuatro ciudades. [23]De la tribu de Dan les dieron Eltequé, Guibetón, [24]Aialón, Gat Rimón, cada una con sus campos de pastoreo: cuatro ciudades. [25]De la mitad de la tribu de Manasés les dieron Taanac e Ibleam, cada una con sus campos de pastoreo: dos ciudades. [26]Eran en total diez ciudades, con sus campos de pastoreo, para los restantes clanes de los quehatitas.

Las ciudades de los gersonitas

[27]A los clanes levíticos de los gersonitas les dieron: de la mitad de la tribu de Manasés, Golán en Basán —la ciudad de refugio para los homicidas— y también Astarot, cada una con sus campos de pastoreo: dos ciudades. [28]De la tribu de Isacar les dieron Quisión, Daberat, [29]Iarmut y En Ganim, cada una con sus campos de pastoreo: cuatro ciudades. [30]De la tribu de Aser les dieron Misal, Abdón, [31]Jelcat y Rejob, cada una con sus campos de pastoreo: cuatro ciudades. [32]De la tribu de Neftalí les dieron Quedes en Galilea —la ciudad de refugio para los homicidas—, Jamot Dor y Racat, cada una con sus campos de pastoreo: tres ciudades. [33]Las ciudades de los clanes de los gersonitas, con sus respectivos campos de pastoreo, eran trece en total.

Las ciudades de los meraritas

[34]Al resto de los levitas, o sea, a los clanes de los meraritas les dieron: de la tribu de Zabulón, Iocneam, Cartá, [35]Rimón y Nahalal, cada una con sus campos de pastoreo: cuatro ciudades. [36]De la tribu de Rubén, al otro lado del Jordán les dieron Beser —la ciudad de refugio para los homicidas—, que está situada en el desierto, sobre el altiplano, y además, Iahás, [37]Quedemot y Mefaat, cada una con sus campos de pastoreo: cuatro ciudades. [38]De la tribu de Gad, les dieron Ramot de Galaad —la ciudad de refugio para los homicidas— y, además, Majanaim, [39]Jesbón y Iázer, cada una con sus campos de pastoreo: cuatro ciudades. [40]En total, eran doce las ciudades asignadas mediante un sorteo al resto de los clanes levíticos, o sea, a los meraritas.

[41]Por lo tanto, las ciudades levíticas en medio de las posesiones de los israelitas eran cuarenta y ocho en total, con sus campos de pastoreo. [42]Cada una de estas ciudades incluía, además de la ciudad, los campos de pastoreo que tenían a su alrededor. Lo mismo sucedía con todas las ciudades mencionadas.

Conclusión general

Ex 33 14; Dt 11 25; Jos 2 24; 10 8; 23 14; Is 55 10-11

43 Así el Señor entregó a Israel todo el territorio que había jurado dar a sus padres. Los israelitas tomaron posesión de él y lo habitaron. 44 El Señor les dio la paz en todas sus fronteras, como lo había jurado a sus padres, y ninguno de sus enemigos pudo resistirles, porque el Señor se los entregó a todos. 45 Ni una sola de las admirables promesas que el Señor había hecho a los israelitas cayó en el vacío: todas se cumplieron.

ÚLTIMOS ACONTECIMIENTOS Y ADVERTENCIAS FINALES

La despedida de las tribus de la Transjordania

Jos 1 12-18; Nm 32 1-42; Dt 6 2.25

22 1 Entonces Josué convocó a los rubenitas, a los gaditas y a la mitad de la tribu de Manasés, 2 y les dijo: «Ustedes han observado íntegramente las órdenes que les dio Moisés, el servidor del Señor, y me han obedecido en todo lo que yo les mandé. 3 No han abandonado a sus hermanos durante el largo tiempo transcurrido hasta el día de hoy, y han permanecido en la observancia del mandamiento del Señor, su Dios. 4 Ahora sus hermanos han obtenido el descanso que les concedió el Señor, su Dios, conforme a la promesa que él les había hecho. Por lo tanto, regresen a sus campamentos, al territorio que les pertenece, a esa tierra que Moisés, el servidor del Señor, les dio al otro lado del Jordán. 5 Pero pongan mucho cuidado en practicar los mandamientos y la Ley que les prescribió Moisés, el servidor del Señor, a saber: amar al Señor, su Dios, y seguir todos sus caminos; observar sus mandamientos, mantenerse fieles a él, y servirlo con todo el corazón y con toda el alma». 6 Después los bendijo y los despidió, y ellos regresaron a sus campamentos.

7 Moisés había dado a la mitad de la tribu de Manasés un territorio en Basán, mientras que a la otra mitad Josué le había asignado una parte junto a sus hermanos, en el lado occidental del Jordán. Además, cuando Josué los envió a sus campamentos, los bendijo, 8 diciéndoles: «Vuelvan a sus campamentos con grandes riquezas, con muchísimo ganado, con plata, oro, bronce, hierro, y con una gran cantidad de ropa. Pero compartan con sus hermanos los despojos de sus enemigos».

El altar levantado a orillas del Jordán

Nm 25 7-13; Dt 12 5-15; Lv 17 8-9; Jos 7 1-26

9 Así los rubenitas, los gaditas y la mitad de la tribu de Manasés dejaron a los israelitas en Silo, en territorio de Canaán, para regresar a Galaad. Esta era la tierra de su propiedad, donde se habían establecido conforme a la orden que el Señor había dado por intermedio de Moisés. 10 Pero al llegar a los distritos del Jordán, que están en territorio de Canaán, los rubenitas, los gaditas y la mitad de la tribu de Manasés levantaron a orillas del Jordán un altar de aspecto imponente.

11 Cuando los israelitas se enteraron de lo sucedido, dijeron: «Los rubenitas, los gaditas y la mitad de la tribu de Manasés han construido ese altar frente al territorio de Canaán, en los distritos del Jordán, más allá del territorio de los israelitas». 12 Y una vez informados del hecho, toda la comunidad de los israelitas se reunió en Silo para ir a combatir contra ellos. 13 Pero antes enviaron al sacerdote Pinjás, hijo del sacerdote Eleazar, 14 y a otros diez jefes, uno por cada tribu, para que se entrevistaran con los rubenitas, los gaditas y la mitad de la tribu de Mana-

VIVE LA PALABRA

Líderes unidos

Josué reunió a los líderes de las doce tribus en Siquén para renovar la Alianza. Hoy los pueblos descendientes de Abraham necesitamos renovar nuestra alianza con Dios, para acabar con las incomprensiones y luchas entre naciones cristianas, y lograr el entendimiento y respeto mutuo de judíos, musulmanes y cristianos.

Imagina la paz y la justicia que reinaría si todas las naciones y grupos estuviéramos unidos como hijos e hijas de Dios. Piensa ¡qué fuerza tendríamos si juntos enfrentáramos los retos de la vida!

¿Con quién puedes compartir esta visión y ser instrumento de mayor unidad, amor y paz, en tu familia, tu escuela, tu vecindario, tu trabajo, tu pueblo?

Jos 24 1-28

sés, en el territorio de Galaad. Todos ellos
eran jefes de familia en los clanes de Israel.
15 Cuando llegaron a Galaad, donde estaban los rubenitas, los gaditas y la mitad de la
tribu de Manasés, les hablaron en estos términos: 16 «Toda la comunidad del Señor dice
lo siguiente: ¿Cómo se explica esta infidelidad que ustedes han cometido contra el
Dios de Israel, al construir un altar? Así ustedes hoy se han apartado del Señor y se han
rebelado contra él. 17 ¿No teníamos bastante
con el delito de Peor, del que todavía no
estamos purificados y por el cual se desencadenó aquella masacre contra la comunidad del Señor? 18 ¡Hoy ustedes se han apartado del Señor! Y si hoy se rebelan contra él,
mañana él se irritará contra toda la comunidad de Israel. 19 Si la tierra que les pertenece
es impura, pásense a la tierra que pertenece
al Señor, donde reside su Morada, y esta-
blézcanse entre nosotros. Pero no se rebelen
contra él ni nos hagan cómplices de la rebeldía de ustedes, construyendo un altar aparte
del altar del Señor, nuestro Dios. 20 Cuando
Acán, hijo de Zéraj, cometió una infidelidad
respecto del anatema, ¿acaso la ira del Señor
no alcanzó a toda la comunidad de Israel?
No fue él solo el que murió por su delito».

La respuesta de las tribus de la Transjordania

Dt 10 17; Sal 50 1; Gn 31 48;
Is 19 19-20; Dt 12 5-14

21 Los rubenitas, los gaditas y la mitad de
la tribu de Manasés respondieron a los jefes de los clanes de Israel: 22 «¡El Dios de los
dioses, el Señor, lo sabe perfectamente, y
que también lo sepa Israel! Si ha habido
de nuestra parte rebelión contra el Señor o
infidelidad hacia él, que él no nos salve en
este día. 23 Si nos construimos un altar para
alejarnos del Señor o para ofrecer en él holocaustos, ofrendas y sacrificios de comunión, que el mismo Señor nos pida cuenta.
24 En realidad, lo hicimos por temor, pensando que el día de mañana los hijos de
ustedes podrían decir a los nuestros: "¿Qué
tienen que ver ustedes con el Señor, el Dios
de Israel? 25 ¡Rubenitas y gaditas! El Señor
ha puesto un límite entre nosotros y ustedes: el Jordán. Por lo tanto, ustedes no tienen parte con el Señor". Y de esa manera,
sus hijos apartarían a los nuestros del temor del Señor. 26 Entonces resolvimos
construir este altar, no para ofrecer holocaustos y sacrificios, 27 sino para que esté
como testigo entre nosotros y ustedes, y
también entre nuestros descendientes, de
que rendimos culto al Señor en su presencia, con nuestros holocaustos, nuestras víctimas y nuestros sacrificios de comunión.
Así, el día de mañana, los hijos de ustedes
no podrán decir a los nuestros: "Ustedes no
tienen parte con el Señor". 28 Por eso pensamos que si algún día nos llegan a hacer ese
reproche, a nosotros o a nuestros descendientes, les podremos responder: "Miren la
figura del altar del Señor que hicieron
nuestros padres, no para ofrecer holocaustos y sacrificios, sino para que esté como
testigo entre nosotros y ustedes". 29 Lejos de
nosotros, entonces, el deseo de rebelarnos
contra el Señor o de querer apartarnos de
él, construyendo un altar para ofrecer holocaustos, ofrendas o sacrificios, fuera del
altar del Señor, nuestro Dios, que está delante de su Morada».

El restablecimiento de la paz entre las tribus

30 Cuando el sacerdote Pinjás, los jefes
de la comunidad y los jefes de los clanes
de Israel escucharon las palabras que les
dijeron los rubenitas, los gaditas y la mitad de la tribu de Manasés, quedaron conformes. 31 Y Pinjás, el hijo del sacerdote
Eleazar, les respondió: «Ahora reconocemos que el Señor está en medio de nosotros, porque ustedes no han cometido esa
infidelidad contra él; de esa manera, ustedes han librado a los israelitas de la mano
del Señor».
32 Entonces el sacerdote Pinjás, hijo de
Eleazar, y los jefes, dejando a los rubenitas
y a los gaditas, partieron de Galaad y regresaron a Canaán, donde estaban los israelitas. Cuando les transmitieron la noticia, 33 los israelitas quedaron conformes,
bendijeron al Señor, y ya no pensaron más
en hacerles la guerra ni en asolar el país
donde habitaban los rubenitas y los gaditas. 34 Estos últimos, por su parte, dieron al
altar el nombre de «Testigo», porque dijeron: «Este será un testigo, entre nosotros,
de que el Señor es Dios».

Las últimas recomendaciones de Josué al pueblo

Dt 7 31; 1 Sm 12; 1 Re 2 1-9; Dt 28

23 1 Cuando ya hacía mucho tiempo
que el Señor había concedido la paz
a Israel, librándolo de todos los enemigos
que tenía a su alrededor, Josué —que era
un anciano de edad muy avanzada— 2 convocó a todo Israel, a sus ancianos, a sus jefes, a sus jueces y a sus escribas, y les dijo:
«Yo estoy viejo; ya tengo muchos años.
3 Ustedes han visto cómo trató el Señor, su
Dios, a todos esos pueblos a causa de us-

tedes, porque era el Señor, su Dios, el que
combatía por ustedes. 4 Ahora miren bien:
yo les he sorteado como herencia para cada tribu tanto a las naciones que todavía
quedan como a las que yo mismo exterminé, desde el Jordán hasta el gran mar
Occidental. 5 El Señor, su Dios, las dispersará delante de ustedes y las desposeerá
de sus dominios, para que ustedes puedan tomar posesión de su tierra, conforme a la promesa que les hizo el Señor, su
Dios.

6 Por eso, sean cada vez más constantes
en observar y en cumplir todo lo que está
escrito en el libro de la Ley de Moisés, sin
desviarse de él ni a la derecha ni a la izquierda, 7 y sin mezclarse con esos pueblos
que todavía quedan con ustedes. No invoquen el nombre de sus dioses ni juren por
ellos; no los sirvan ni se postren ante ellos.
8 Por el contrario, manténganse fieles al Señor, su Dios, como lo han hecho hasta el
día de hoy. 9 El Señor desposeyó delante de
ustedes a naciones numerosas y fuertes; y
hasta el presente, nadie ha podido resistirles. 10 Bastaba uno solo para perseguir a
mil, porque el Señor, su Dios, era el que
combatía por ustedes, como él mismo les
había prometido. 11 Por eso, pongan sumo
cuidado en amar al Señor, su Dios.

12 Pero si se vuelven atrás y se unen al
resto de esos pueblos que todavía quedan
con ustedes; si establecen con ellos lazos
de parentesco, mezclándose ustedes con
ellos y ellos con ustedes, 13 entonces, tengan la plena seguridad de que el Señor, su
Dios, no seguirá desposeyendo a esas naciones delante de ustedes, y ellos serán para ustedes una red, un lazo, un látigo sobre
sus costados, y aguijones en sus ojos, hasta
que por fin desaparecerán de esta hermosa
tierra que les dio el Señor, su Dios.

14 Ya estoy a punto de irme por el camino que les toca recorrer a todos. Reconozcan entonces, con todo su corazón y con
toda su alma, que ni una sola de todas esas
admirables promesas que les hizo el Señor
ha caído en el vacío: todas se han cumplido, y no falló ni una sola. 15 Pero así como
se han cumplido todas las admirables promesas que les hizo el Señor, su Dios, también él atraerá sobre ustedes todas las amenazas, hasta exterminarlos de esta hermosa
tierra que les dio el Señor, su Dios. 16 Si
quebrantan la Alianza del Señor, su Dios,
la que él les impuso, y van a servir a otros
dioses y a postrarse delante de ellos, la ira
del Señor arderá contra ustedes, y desaparecerán muy pronto de la hermosa tierra
que él les dio».

La asamblea de Siquem

Gn 11 27-32; Nm 21 – 24;
Jos 3 – 4; 6; 1 Re 12 1-24

24 1 Josué reunió en Siquem a todas las
tribus de Israel, y convocó a los ancianos de Israel, a sus jefes, a sus jueces y a
sus escribas, y ellos se presentaron delante
del Señor. 2 Entonces Josué dijo a todo el
pueblo:

«Así habla el Señor, el Dios de Israel: Sus
antepasados, Téraj, el padre de Abraham y
de Najor, vivían desde tiempos antiguos al
otro lado del Río, y servían a otros dioses.
3 Pero yo tomé a Abraham, el padre de ustedes, del otro lado del Río, y le hice recorrer
todo el país de Canaán. Multipliqué su descendencia, y le di como hijo a Isaac. 4 A Isaac
lo hice padre de Jacob y de Esaú. A Esaú le
di en posesión la montaña de Seír, mientras
que Jacob y sus hijos bajaron a Egipto. 5 Luego envié a Moisés y a Aarón, y castigué a
Egipto con los prodigios que realicé en medio de ellos. Después los hice salir de Egipto, a ustedes 6 y a sus padres, y ustedes llegaron al mar. Los egipcios persiguieron a sus
padres, con carros y guerreros, hasta el mar
Rojo. 7 Pero ellos pidieron auxilio al Señor:
él interpuso una densa oscuridad entre ustedes y los egipcios, y envió contra ellos el
mar, que los cubrió. Ustedes vieron con sus
propios ojos lo que hice en Egipto.

Luego permanecieron en el desierto durante largo tiempo, 8 y después los introduje en el país de los amorreos, que habitaban al otro lado del Jordán. Cuando ellos
les hicieron la guerra, yo los entregué en sus
manos, y así pudieron tomar posesión de
su país, porque los exterminé delante de ustedes. 9 Entonces Balac —hijo de Sipor, rey
de Moab— se levantó para combatir contra
Israel, y mandó llamar a Balaam, hijo de
Beor, para que los maldijera. 10 Pero yo no
quise escuchar a Balaam, y él tuvo que bendecirlos. Así los libré de su mano.

11 Después ustedes cruzaron el Jordán y
llegaron a Jericó. La gente de Jericó les hizo
la guerra, y lo mismo hicieron los amorreos,
los perizitas, los cananeos, los hititas, los
guirgasitas, los jivitas y los jebuseos; pero yo
los entregué en sus manos. 12 Hice cundir
delante de ustedes el pánico, que puso en
fuga a toda esa gente y a los dos reyes amorreos. Esto no se lo debes ni a tu espada ni a
tu arco. 13 Así les di una tierra que no culti-
varon, y ciudades que no edificaron, donde
ahora habitan; y ustedes comen los frutos
de viñas y olivares que no plantaron.

14 Por lo tanto, teman al Señor y sírvanlo con integridad y lealtad; dejen de lado

a los dioses que sirvieron sus antepasados al otro lado del Río y en Egipto, y sirvan al Señor. [15] Y si no están dispuestos a servir al Señor, elijan hoy a quién quieren servir: si a los dioses a quienes sirvieron sus antepasados al otro lado del Río, o a los dioses de los amorreos, en cuyo país ustedes ahora habitan. Yo y mi familia serviremos al Señor».

[16] El pueblo respondió: «Lejos de nosotros abandonar al Señor para servir a otros dioses. [17] Porque el Señor, nuestro Dios, es el que nos hizo salir de Egipto, de ese lugar de esclavitud, a nosotros y a nuestros padres, y el que realizó ante nuestros ojos aquellos grandes prodigios. Él nos protegió en todo el camino que recorrimos y en todos los pueblos por donde pasamos. [18] Además, el Señor expulsó delante de nosotros a todos esos pueblos y a los amorreos que habitaban en el país. Por eso, también nosotros serviremos al Señor, ya que él es nuestro Dios».

[19] Entonces Josué dijo al pueblo: «Ustedes no podrán servir al Señor, porque él es un Dios santo, un Dios celoso, que no soportará ni las rebeldías ni los pecados de ustedes. [20] Si abandonan al Señor para servir a dioses extraños, él, a su vez, los maltratará y los aniquilará, después de haberles hecho tanto bien». [21] Pero el pueblo respondió a Josué: «No; nosotros serviremos al Señor». [22] Josué dijo al pueblo: «Son testigos contra ustedes mismos de que han elegido al Señor para servirlo». «Somos testigos», respondieron ellos. [23] «Entonces dejen de lado los dioses extraños que hay en medio de ustedes, e inclinen sus corazones al Señor, el Dios de Israel». [24] El pueblo respondió a Josué: «Nosotros serviremos al Señor, nuestro Dios y escucharemos su voz».

ENTRA EN ORACIÓN

Ayúdanos a construir nuestra historia

Señor, que llevaste a tu pueblo elegido hasta la Tierra prometida y lo apoyaste en su ardua tarea de construir su historia. Ayúdanos a contar siempre contigo.

Te damos gracias de todo corazón, porque tus promesas de vida contigo siempre se cumplen. Ayúdanos a serte fieles y a fomentar la unidad entre nosotros.

Queremos alabarte y servirte siempre. Inclina nuestro corazón a tus palabras, para que seamos dóciles a tu voz.

Jos 24 19-28

La alianza de Siquem

[25] Aquel día Josué estableció una alianza para el pueblo, y les impuso una legislación y un derecho, en Siquem. [26] Después puso por escrito estas palabras en el libro de la Ley de Dios. Además tomó una gran piedra y la construyó allí, al pie de la encina que está en el Santuario del Señor. [27] Josué dijo a todo el pueblo: «Miren esta piedra: ella será un testigo contra nosotros, porque ha escuchado todas las palabras que nos ha dirigido el Señor; y será un testigo contra ustedes, para que no renieguen de su Dios».

[28] Finalmente, Josué despidió a todo el pueblo, y cada uno volvió a su herencia.

La muerte de Josué

Jos 1 1; Jue 1 1; 2 8-10; Jos 19 50; 17 15

[29] Después de un tiempo, Josué, hijo de Nun, el servidor del Señor, murió a la edad de ciento diez años. [30] Lo enterraron en el territorio que había recibido en herencia, en Timnat Séraj, en la montaña de Efraím, al norte del monte Gaás.

[31] Israel sirvió al Señor mientras vivió Josué, y durante toda la vida de los ancianos que le sobrevivieron y que experimentaron las obras del Señor en favor de Israel.

Los restos de José

Gn 50 25; Ex 13 19; Eclo 49 15; Gn 33 19; Jos 14 1; 24 30

[32] Los huesos de José, que los israelitas trasladaron desde Egipto, fueron enterrados en Siquem, en la parcela de campo que Jacob había comprado a los hijos de Jamor, padre de Siquem, por cien monedas de plata, y que había pasado a ser propiedad de los hijos de José.

[33] También murió Eleazar, hijo de Aarón, y lo enterraron en Guibeá, ciudad situada en la montaña de Efraím, que había sido entregada a su hijo Pinjás.

JUECES

«**Mamá y papá me tratan como si fuera un niño.» «No puedo conseguir trabajo si no tengo experiencia, y ¿cómo tendré experiencia si no encuentro trabajo?» Los adolescentes pasan por varias crisis al empezar a madurar hasta convertirse en adultos responsables. En cierto modo, el libro de los Jueces narra la «adolescencia» de Israel; sus dificultades con Dios en la época en que se convierten en una sociedad sedentaria y agrícola. Es un período con grandes líderes que recibían el espíritu del Señor para ayudar a que su pueblo madurara.**

ESQUEMA

- **1 1 – 2 5.** La conquista de Canaán por los israelitas
- **2 6 – 3 6.** Visión de conjunto sobre el período de los jueces
- **3 7 – 16 31.** Historia fragmentaria y anecdótica de los jueces
- **17 – 21.** Apéndices
  - **17 – 18.** Migración de la tribu de Dan
  - **19 – 21.** La guerra contra los benjaminitas

PRESENTACIÓN

El libro de los Jueces narra las dificultades que enfrentan las tribus de Israel para vivir en fidelidad a Dios y en paz con los pueblos extranjeros. Presenta cómo Dios atiende sus oraciones y les envía hombres y mujeres extraordinarios para apoyarlos. A estos líderes famosos —Gedeón, Débora, Sansón y otros nueve— se les llama *jueces*; no son jueces responsables de dictar sentencias en la corte, sino líderes elegidos por Dios para dirigir a los israelitas en tiempos de crisis religiosas y políticas.

Este libro es un escrito de la escuela deuteronomista (ver «Introducción a los Libros históricos», p. 281). Relata historias que probablemente empezaron como leyendas regionales sobre héroes locales. Después, al ser reunidas y editadas por el autor de Jueces, se convirtieron en historias nacionales, que afirmaban la fidelidad a Dios como único camino para la seguridad personal y del pueblo.

En el libro de los Jueces vemos que el juicio de Dios está siempre marcado por su disponibilidad de salvación y restauración de la alianza. Permite descubrir el sentido de la historia; invita a la oración y a la fidelidad en los momentos de elección; señala que las decisiones deben ser hechas a la luz del plan de Dios y reafirma que podemos confiar en Dios en todas las dificultades, tanto grandes como pequeñas.

Se notan ya dos tendencias entrecruzadas, que serán más evidentes conforme avanza la historia. Ciertos israelitas deseaban una monarquía, al estilo de otros pueblos, y algunos pensaban que tenerla era falta de fe en Dios.

DATOS

Período descrito
De 1220 a 1040 a.C.

Autor
Anónimo de la tradición deuteronomista, al inicio del destierro en Babilonia

Fecha de redacción
De 587 a 538 a.C.

Temas
Dios elige a personas y les da el poder de su espíritu para proteger a su pueblo

JUECES

J U E

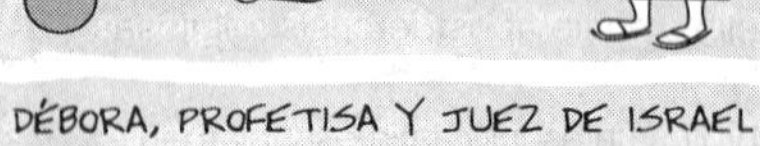

GEDEÓN PIDE UNA PRUEBA A DIOS

LA CONQUISTA DE CANAÁN POR LOS ISRAELITAS

La ocupación progresiva de Canaán: la campaña de Judá contra los cananeos

Jos 24 29; Jue 18 5; 20 18;
Jos 10 1-11; 2 Sm 5 6-12

1 1 Después de la muerte de Josué, los
israelitas consultaron al Señor, diciendo: «¿Quién de nosotros será el primero en subir a luchar contra los cananeos?».
2 El Señor respondió: «Que suba Judá, porque yo he puesto el país en sus manos».
3 Entonces Judá dijo a su hermano Simeón:
«Sube conmigo al territorio que me ha tocado en suerte. Atacaremos a los cananeos,
y después yo iré contigo al territorio que te
ha sido asignado». Y Simeón lo acompañó.
4 Cuando Judá subió, el Señor puso en
sus manos a los cananeos y a los perizitas, y
derrotaron en Bézec a diez mil hombres.
5 Allí se encontraron con Adoní Bézec, combatieron contra él y derrotaron a los cananeos y a los perizitas. 6 Adoní Bézec trató de
escapar, pero ellos lo persiguieron, lo capturaron y le cortaron el dedo pulgar de las manos y de los pies. 7 Entonces Adoní Bézec exclamó: «Setenta reyes, con los pulgares de
sus manos y de sus pies cortados, recogían
migajas debajo de mi mesa. Y ahora Dios
me retribuye de acuerdo con lo que hice».
Luego lo llevaron a Jerusalén, y allí murió. 8 La tribu de Judá atacó a Jerusalén; la
tomaron, pasaron a sus habitantes al filo
de la espada e incendiaron la ciudad.

La conquista de Hebrón

Jos 10 40.36-37; 14 6-15; 15 15-19

9 Luego la tribu de Judá fue a combatir
contra los cananeos que habitaban en la
Montaña, el Négueb y la Sefelá. 10 Judá avanzó contra los cananeos que habitaban en
Hebrón —Hebrón se llamaba antiguamente Quiriat Arbá— y derrotó a Sesai, Ajimán
y Talmai. 11 Desde allí subió contra los habitantes de Debir, que antes se llamaba Quiriat Séfer. 12 Entonces Caleb dijo: «Al que derrote y conquiste a Quiriat Séfer, yo le daré
como esposa a mi hija Acsá». 13 El que la
conquistó fue Otniel, hijo de Quenaz y hermano menor de Caleb, y este le dio como
esposa a su hija Acsá. 14 Cuando ella llegó a
la casa de su esposo, este le sugirió que pidiera un campo a su padre. Ella se bajó del
asno, y Caleb le preguntó: «¿Qué quieres?».

15 «Quiero que me hagas un regalo —le respondió—; ya que me has mandado al territorio del Négueb, concédeme al menos un
manantial». Y él le dio el manantial de Arriba y el manantial de Abajo.

Fracaso de Judá en el litoral marítimo

Jue 4 11; Ex 2 16-22; Jos 13 3;
Nm 14 24; Jos 15 63

16 Los del clan de Jobab, el quenita, que
había sido suegro de Moisés, subieron con
la tribu de Judá desde la ciudad de las Palmeras hasta el desierto de Judá, al sur de
Arad, y se establecieron entre los amalecitas.
17 Judá, por su parte, se fue con su hermano
Simeón. Ellos derrotaron a los cananeos
que habitaban en Sefat y consagraron la ciudad al exterminio total; por eso, la ciudad se
llamó Jormá. 18 Pero Judá no pudo apoderarse de Gaza y su territorio, ni de Ascalón y
su territorio, ni de Ecrón y su territorio. 19 El
Señor estaba con Judá, y este pudo ocupar la
Montaña, pero no logró desposeer a los habitantes de la llanura, porque estaban equipados con carros de hierro.

20 De acuerdo con lo establecido por
Moisés, Hebrón fue asignada a Caleb, y él
expulsó de allí a los tres hijos de Anac. 21 La
tribu de Benjamín, en cambio, no pudo
desposeer a los jebuseos que habitaban en
Jerusalén. Por eso los jebuseos continúan
habitando en Jerusalén con la tribu de
Benjamín, hasta el día de hoy.

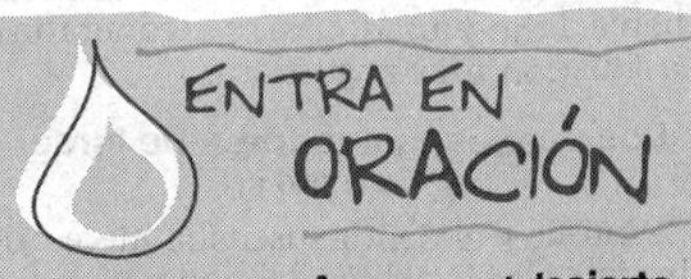

Agua en el desierto

La hija de Caleb, Axá, pidió fuentes de agua como regalo de boda. Su nuevo hogar estaría en el desierto, y sabía que su familia necesitaría manantiales de agua fresca. Axá no temió pedir lo que realmente necesitaba.

Medita unos momentos sobre las siguientes preguntas. Después, ora a Dios sobre las necesidades profundas y significativas que tienen tú y tu familia. ¿Qué le quieres pedir a Dios hoy? ¿En qué ocasiones te has sentido como un desierto estéril, seco y sin vida? ¿Cómo te relacionas con Dios en esos momentos? Platícale con toda confianza.

Jue 1 1-15

La conquista de Betel

2 Sm 19 21; Gn 28 17-19; Jos 18 13; 6 21-25

22 La casa de José, por su parte, subió
contra Betel, y el Señor estaba con ella. 23 La
casa de José envió espías a Betel —la ciudad que antiguamente se llamaba Luz—,
24 y cuando los espías vieron a un hombre
que salía de la ciudad, le dijeron: «Muéstranos el acceso a la ciudad, y te perdona-
remos la vida». 25 Él les indicó el acceso a la
ciudad, y ellos pasaron a sus habitantes al
filo de la espada, pero dejaron ir a aquel
hombre con toda su familia. 26 El hombre
se dirigió al país de los hititas, y fundó una
ciudad, a la que llamó Luz. Este es el nombre que tiene hasta el día de hoy.

Conquistas y fracasos de las tribus del Norte

Jos 17 12-13; 9 27; 19 10-16.24-31.32-39; 2 Re 14 7

27 Manasés, en cambio, no pudo adueñarse de Bet Seán y de Tanac con sus respectivas
ciudades dependientes. Tampoco desposeyó
a los habitantes de Dor, de Ibleam y de Meguido, con sus respectivas ciudades dependientes, sino que los cananeos continuaron
ocupando ese territorio. 28 Pero cuando Israel se hizo más fuerte, obligó a los cananeos a pagar tributo, aunque no llegó a desposeerlos.

29 Efraím no pudo desposeer a los cananeos que habitaban en Guézer, de manera
que estos continuaron viviendo en medio
de él, en Guézer.

30 Zabulón no desposeyó a los habitantes de Quitrón ni a los de Nahalol: los cananeos continuaron viviendo en medio de
él, pero fueron obligados a pagar tributo.

31 Aser no pudo desposeer a los habitantes de Acó, de Sidón, de Majleb, de Aczib,
de Afric y de Rejob. 32 Por eso la tribu de
Aser se estableció en medio de los cananeos que ocupaban el país, ya que no pudieron desposeerlos.

33 Tampoco Neftalí pudo desposeer a los
habitantes de Bet Semes, ni a los de Bet
Anát, y se estableció en medio de los cananeos que habitaban en el país. Pero los habitantes de Bet Semes y de Bet Anát fueron
obligados a pagar tributo.

34 Los amorreos obligaron a la tribu de
Dan a replegarse hacia la región montañosa, impidiéndole bajar hasta el llano. 35 Los
amorreos pudieron permanecer en Har Jé-
res, en Aialón y en Salbim, pero cuando la
casa de José afianzó su poder, fueron obligados a pagar tributo. 36 En cuanto a los
edomitas, su frontera se extiende desde la
cuesta de Acrabim, a partir de la Roca, y
continúa hacia arriba.

El Ángel del Señor

Moisés hablaba con Dios como con un amigo, aunque no podía ver su cara (Ex 33 11). No pasaba lo mismo con el pueblo, a quien Dios hablaba a través de una montaña humeante, rayos y truenos, y el sonido ensordecedor de las trompetas. Por eso le decían a Moisés: «Háblanos tú y oiremos, pero que no nos hable Dios, porque moriremos» (Ex 20 19).

Esta lejanía de Dios y la reverencia ante su poder y su grandeza motivó al pueblo a no pronunciar el nombre de *Yahveh*. Para comunicar lo que había escuchado de Dios, usaba la expresión «el Ángel del Señor... dijo», como en Jue 2 1 y 6 12.

No hay que confundir al Ángel del Señor con los ángeles mensajeros de Dios, que aparecen en otros pasajes de la Biblia (ver Símbolo: «El ángel», Sal 91 11, y el comentario «El ángel de la guarda», Mt 18 6-14).

Jue 2 1-3

Oráculo del Señor en Bojim

Dt 7 1-5; Jos 23 6-13

2 1 El Ángel del Señor subió de Guilgal
a Bojim y dijo: «Yo los hice subir de
Egipto y los introduje en la tierra que prometí a sus padres con un juramento. También dije: "Jamás quebrantaré mi alianza
con ustedes. 2 Pero ustedes no harán ninguna alianza con los habitantes de este
país y destruirán sus altares". A pesar de
eso, no escucharon mi voz. ¿Por qué han
obrado así? 3 Por eso les digo: "No expulsaré a esos pueblos delante de ustedes: ellos
no dejarán de hostigarlos, y sus dioses serán una trampa para ustedes"». 4 Y mientras el Ángel del Señor dirigía estas palabras a los israelitas, el pueblo se puso a
llorar a gritos. 5 Por eso llamaron a aquel
lugar Bojim —que significa «los que lloran»— y ofrecieron allí sacrificios al Señor.

VISIÓN DE CONJUNTO SOBRE EL PERÍODO DE LOS JUECES

La muerte de Josué y de su generación

Jos 24 28.31; Dt 11 2

6 Josué despidió al pueblo, y los israelitas se fueron cada uno a su herencia, para
tomar posesión del país. 7 El pueblo sirvió
al Señor mientras vivió Josué, y durante toda la vida de los ancianos que le sobrevivieron y que habían visto las hazañas del
Señor en favor de Israel. 8 Josué, hijo de
Nun, el servidor del Señor, murió a la edad
de ciento diez años. 9 Lo enterraron en el
territorio de su propiedad, en Timnat Séraj, en la montaña de Efraím, al norte del
monte Gaás.
10 Y cuando toda aquella generación fue
a reunirse con sus padres, surgió una nueva generación que no conocía al Señor ni
la obra que había hecho en favor de Israel.

El castigo divino a la infidelidad de Israel

2 Re 13 2-5; Jue 10 6; 1 Sm 12 10; Nm 25 3; Dt 28 15-46

11 Los israelitas hicieron lo que es malo a
los ojos del Señor y sirvieron a los Baales.
12 Abandonaron al Señor, el Dios de sus padres, que los había hecho salir de Egipto;
fueron detrás de otros dioses —los dioses
de los pueblos vecinos— y se postraron delante de ellos, provocando así la indignación del Señor. 13 Abandonaron al Señor
para servir a Baal y a Astarté.
14 Por eso, la ira del Señor se encendió contra Israel: él los puso en manos de salteadores,
que los despojaron; los entregó a los enemigos que tenían a su alrededor, y no pudieron
oponerles resistencia. 15 En todas las campañas, la mano del Señor se ponía en contra de
ellos para hacerles mal, como el mismo Señor
lo había dicho y jurado. Así se encontraron en
una situación muy angustiosa.

Los Jueces, salvadores de Israel

Os 1 2; Jr 6 16

16 Entonces el Señor suscitaba jueces, que
salvaban a los israelitas del poder de los salteadores. 17 Pero los israelitas no escuchaban
a sus jueces, sino que se prostituían, yendo
detrás de otros dioses y postrándose delante
de ellos. Se desviaban muy pronto del camino seguido por sus padres, que habían obedecido los mandamientos del Señor. Ellos,
en cambio, no hacían lo mismo.
18 Cuando el Señor les suscitaba jueces,
estaba con el juez y los salvaba de las manos de sus enemigos mientras vivía el juez,
porque se compadecía de los gemidos que
les provocaban sus opresores y perseguidores. 19 Pero cuando moría el juez, volvían a
pervertirse más aún que sus antepasados:
iban detrás de otros dioses para servirlos y
postrarse delante de ellos, sin renunciar en
nada a sus malas acciones y a su conducta
obstinada.

VIVE LA PALABRA

No a la idolatría

Podemos pensar que el culto a los ídolos era cosa de otros tiempos y culturas. La verdad es que todos tenemos la tentación de poner personas y cosas por encima de Dios, dejando que guíen decisiones importantes y ocupen un lugar primordial en nuestro corazón, tiempo, recursos y pensamientos.

Por eso conviene que nos preguntemos: ¿Cuánto valor le doy a la fama y la moda; los artistas y las estrellas del deporte; el poder, el placer y el dinero? ¿Me hacen egoísta y superficial, e incluso llego a herir a otras personas por amor a ellos? ¡Es tan fácil ponernos a su servicio pensando que nos llenarán de felicidad!

Lo más preocupante es el culto a los demonios, al que son atraídos algunos jóvenes, ya sea por sus amigos, curiosidad o temeridad. Esta es una de las formas más graves de idolatría, con consecuencias negativas, pues no solo quita la libertad personal, sino que lleva directamente al mal.

Evita las películas, canciones y rituales demoníacos, y, si te atraen mucho, busca apoyo para liberarte de ellas. Si conoces amigos que están cayendo en esto, ora por ellos y recurre a personas capacitadas que puedan ayudarlos.

Pide a Dios que perdone tus pequeñas y grandes infidelidades, y que te ayude a no caer en idolatrías que te separen de él y del amor a tus semejantes.

Jue 2 11-15

La permanencia de las naciones paganas

Dt 17 2; Jos 7 11; Dt 4 38;
Ex 15 25; Dt 8 2.6; Jos 13 2-6

20 La ira del Señor se encendió contra Israel, y él dijo: «Ya que este pueblo ha quebrantado mi alianza, la que yo prescribí a
sus padres, y no ha escuchado mi voz, 21 tampoco yo arrojaré de su presencia a ninguna
de las naciones que dejó Josué cuando murió». 22 Esto lo hacía para probar a Israel por
medio de ellas, y para ver si seguían el camino del Señor, como lo habían seguido sus
padres. 23 Por eso el Señor, en lugar de expulsar inmediatamente a esas naciones, las dejó
en paz y no las entregó en manos de Josué.

Los pueblos que subsistieron

Jos 13 2-6; Dt 7 3-4

3 1 El Señor dejó que sobrevivieran algunas naciones, para poner a prueba por medio de ellas a Israel, a todos
aquellos que no habían intervenido en las
guerras de Canaán. 2 Lo hizo solamente
para enseñar a combatir a los que no lo
habían hecho antes, es decir, a las nuevas
generaciones de israelitas. 3 Esas naciones
son las siguientes: los filisteos con sus
cinco príncipes y todos los cananeos, los
sidonios y los hititas que habitaban en la
montaña del Líbano, desde el monte de
Baal Hermón hasta la Entrada de Jamat.
4 Estas naciones sirvieron para probar a Israel, y ver si era fiel a los mandamientos
que el Señor había dado a sus padres por
medio de Moisés. 5 Por eso los israelitas
tuvieron que vivir en medio de los cananeos, los hititas, los amorreos, los perizitas, los jivitas y los jebuseos. 6 Ellos se casaron con mujeres de estos pueblos, les
dieron por esposas a sus propias hijas, y
sirvieron a sus dioses.

HISTORIA FRAGMENTARIA Y ANECDÓTICA DE LOS JUECES

Otniel, vencedor de Edom

Dt 4 25; 32 18; Jue 2 13-14.16; 1 13; 6 34; 3 30

7 Los israelitas hicieron lo que es malo a
los ojos del Señor: se olvidaron del Señor, su
Dios, y sirvieron a los Baales y a las Aserás.
8 La ira del Señor se encendió contra Israel, y
los entregó a Cusán Riseataim, rey de Edom,
a quien estuvieron sometidos durante ocho
años. 9 Los israelitas clamaron al Señor, y él
hizo surgir un salvador que los libró. Este
fue Otniel, hijo de Quenaz y hermano menor de Caleb. 10 El espíritu del Señor descendió sobre Otniel: él fue juez en Israel y salió
a combatir. El Señor entregó en sus manos a
Cusán Riseataim, rey de Edom, y su mano
prevaleció sobre él. 11 Así hubo paz en el
país durante cuarenta años. Después murió
Otniel, hijo de Quenaz.

Ehúd, vencedor de Moab

Dt 4 25; Jue 6 3.33; 7 12; 4 5; 10 1

12 Los israelitas volvieron a hacer lo que
es malo a los ojos del Señor. Entonces el
Señor dio poder a Eglón, rey de Moab, so-

AFROAMERICANO

El principio de *kujichagulia* = autodeterminación

La gente que sufre grandes abusos suele esconderse silenciosamente y someterse a la injusticia. Las cabezas agachadas y los espíritus aterrorizados invitan a que continúe el mal. Y es así como continúa el círculo de la opresión.

El principio de *kujichagulia* promueve la autodeterminación y señala el valor de levantarnos y hablar, en lugar de someternos en silencio (ver «El sistema de valores *Kwanzaa*», Esd 6 19-22). Este principio adquiere un sentido y fuerza especiales cuando está iluminado por la fe y fortalecido por Dios.

Los jueces, apoyados por el espíritu del Señor, ayudaron a forjar al pueblo de Israel con determinación. Otoniel, Sísara, Gedeón y otros muchos lucharon con firmeza para defender a Israel ante las invasiones de las naciones vecinas, y ayudaron a que el pueblo de Israel diera sus primeros pasos para conformarse en una nación (Jue 3 7-11; 4 14; 6 34).

Pide a Dios que siempre tengas la determinación necesaria para hacer el bien que quiere que hagas en tu familia y dondequiera que te encuentres en tu comunidad.

Jue 3 1-11

bre Israel, porque ellos hacían lo que es
malo a los ojos del Señor. 13 Después de
aliarse con los amonitas y los amalecitas,
Eglón atacó y derrotó a Israel, y se apoderó
de la ciudad de las Palmeras. 14 Así los israelitas estuvieron sometidos a Eglón, rey
de Moab, durante dieciocho años.

15 Los israelitas clamaron al Señor, y él
hizo surgir como salvador a Ehúd, hijo de
Guerá, de la tribu de Benjamín, que era
zurdo. Ellos le encargaron que llevara el
tributo a Eglón, rey de Moab. 16 Ehúd se hizo un puñal de doble filo de un codo de
largo, y se lo ciñó debajo de la ropa, sobre
el lado derecho. 17 Luego fue a presentar el
tributo a Eglón, rey de Moab, que era un
hombre muy obeso. 18 Apenas terminó de
presentar el tributo, Ehúd despidió a la
gente que había transportado la carga, 19 y
él, al llegar a los Ídolos que están junto a
Guilgal, volvió a presentarse delante del
rey y le dijo: «Rey, tengo que comunicarte
un asunto confidencial». El rey dijo: «Retírense todos». Y todos los que estaban con
él salieron de su presencia. 20 Cuando entró
Ehúd, el rey se encontraba en la habitación
de arriba, que era más fresca y estaba reservada para él solo. Ehúd le dijo: «Tengo que
comunicarte un oráculo divino». El rey se
levantó de su trono. 21 Entonces Ehúd extendió su mano izquierda, tomó el puñal
que llevaba sobre el lado derecho, y lo clavó en el vientre del rey. 22 La hoja se hundió
hasta la empuñadura y quedó totalmente
cubierta por la grasa, porque Ehúd no extrajo el puñal del vientre.

23 Después de atrancar las puertas de la
habitación alta, Ehúd salió por la ventana.
24 Enseguida, llegaron los servidores y vieron que las puertas de la habitación alta estaban atrancadas. Entonces dijeron: «Seguramente está haciendo sus necesidades en
la habitación ventilada». 25 Esperaron hasta
cansarse y al ver que no abría la puerta, tomaron la llave, abrieron y encontraron a su
señor muerto en el suelo.

26 Mientras ellos esperaban ansiosamente,
Ehúd había logrado escapar: después de pasar por el lugar llamado los Ídolos, se había
puesto a salvo en Seirá. 27 Apenas llegó al territorio de Israel, tocó el cuerno en la montaña de Efraím y los israelitas bajaron de la
montaña junto con él. Ehúd iba al frente,
28 y les dijo: «Síganme, porque el Señor les
ha entregado a Moab, el enemigo de ustedes». Ellos lo siguieron, ocuparon los vados
del Jordán que estaban en Moab, y no dejaron pasar a nadie. 29 En aquella ocasión derrotaron a los moabitas, que eran cerca de
diez mil hombres, todos fuertes y aguerridos. No pudo escapar ni uno solo. 30 Así fue
humillado Moab bajo la mano de Israel, y
hubo paz en el país durante ochenta años.

Samgar, vencedor de los filisteos

Jue 5 6; 2 Sm 23 12

31 Después de él vino Samgar, hijo de Anat,
que derrotó a seiscientos filisteos con una picana de bueyes. Él también salvó a Israel.

Débora y Barac: la opresión de los cananeos

Dt 4 25; Jos 11 1-11; 1 Sm 12 9-11; Ex 15 20; Gn 35 8; Sal 83 10

4 1 Después que murió Ehúd, los israelitas volvieron a hacer lo que es malo a
los ojos del Señor, 2 y él los entregó en manos
de Iabín, rey de Canaán, que reinaba en Jasor. El jefe de su ejército era Sísara, que vivía
en Jaróset Ha Goím. 3 Los israelitas clamaron
al Señor, porque Iabín tenía novecientos carros de hierro y había oprimido duramente a
los israelitas durante veinte años.

Te presentamos a...

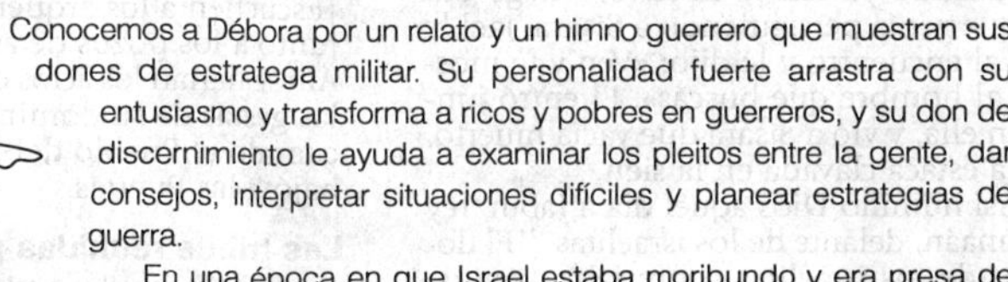

Conocemos a Débora por un relato y un himno guerrero que muestran sus dones de estratega militar. Su personalidad fuerte arrastra con su entusiasmo y transforma a ricos y pobres en guerreros, y su don de discernimiento le ayuda a examinar los pleitos entre la gente, dar consejos, interpretar situaciones difíciles y planear estrategias de guerra.

En una época en que Israel estaba moribundo y era presa de bandidaje, desórdenes y sumisión al enemigo, Débora fue capaz de suscitar ánimo y de contagiar su fe en el Dios salvador. A través de ella, Israel tuvo una victoria definitiva bajo el liderazgo de Barac, jefe del ejército, quien siguió sus instrucciones.

Lee el canto de Débora al Señor vencedor en Jueces 5 1-31; es uno de los himnos más bellos y antiguos de la Biblia. Relata las reacciones de varias tribus frente al enemigo común y nos invita a descubrir la acción liberadora de Dios en la historia, especialmente en tiempos difíciles.

Jue 4 – 5

4 En aquel tiempo, juzgaba a Israel una
profetisa llamada Débora, esposa de Lapi-
dot. 5 Ella se sentaba debajo de la palmera
de Débora, entre Ramá y Betel, en la montaña de Efraím, y los israelitas acudían a ella
para resolver sus litigios. 6 Débora mandó
llamar de Quédes de Neftalí a Barac, hijo de
Abinóam, y le dijo: «El Señor, el Dios de Israel, te ordena lo siguiente: "Ve a reunir en
el monte Tabor a diez mil hombres de la tribu de Neftalí y de la tribu de Zabulón. 7 Yo
atraeré hacia ti, al torrente Quisón, a Sísara,
jefe del ejército de Iabín, con sus carros y sus
tropas, y los pondré en tus manos"». 8 Barac
le respondió: «Si tú vienes conmigo, iré; pero si no vienes, no iré». 9 Ella le dijo: «Yo iré
contigo; pero entonces la gloria de la campaña que vas a emprender no será para ti,
porque el Señor pondrá a Sísara en manos
de una mujer». Débora fue a Quédes junto
con Barac, 10 y él convocó en Quédes a Zabulón y a Neftalí. Lo siguieron diez mil
hombres, y también Débora subió con él.

11 Jéber, el quenita, se había separado de
Caín, de los descendientes de Jobab, el suegro de Moisés, y había extendido su campamento hasta la encina de Saananim, cerca de Quédes.

La derrota y la muerte de Sísara

Ex 14 24; Jue 5 6.24.25

12 Cuando informaron a Sísara que Barac,
hijo de Abinóam, había subido al monte
Tabor, 13 aquel reunió todos sus carros de
guerra —novecientos carros de hierro— y a
toda la gente de que disponía, y los condujo desde Jaróset Ha Goím hasta el torrente
de Quisón. 14 Débora dijo a Barac: «Levántate, porque ha llegado el día en que el Señor pondrá en tus manos a Sísara. El Señor
va delante de ti». Entonces Barac bajó del
monte Tabor, al frente de los diez mil hombres, 15 y el Señor hizo que Sísara, todos sus
carros y todo su ejército huyeran despavoridos delante de Barac. Sísara se bajó de su
carro de guerra y huyó a pie. 16 Barac persiguió a los carros y al ejército hasta Jaróset
Ha Goím, y todo el ejército de Sísara cayó
al filo de la espada. No quedó ni un solo
sobreviviente.

17 Mientras tanto, Sísara huyó a pie hasta
la tienda de Jael, la esposa de Jéber, el quenita, porque Iabín, rey de Jasor, y el clan de
Jéber, el quenita, estaban en buenas relaciones. 18 Jael le salió al encuentro y le dijo:
«Ven, señor mío, pasa por aquí. No temas».
Él entró en su tienda, y ella lo tapó con una
manta. 19 Él le dijo: «Por favor, dame un poco de agua, porque tengo sed». Ella abrió
un recipiente donde había leche y le dio de
beber. Luego lo volvió a cubrir. 20 Él le siguió diciendo: «Quédate a la entrada de la
tienda, y si viene alguien y te pregunta:
"¿Hay aquí algún hombre?", respóndele
que no». 21 Pero Jael, la esposa de Jéber, sacó una estaca de la tienda, tomó en su ma-

no un martillo y, acercándose a él sigilosamente, le clavó la estaca en la sien, hasta
hundirla en la tierra. Sísara estaba profundamente dormido, agotado por el cansancio. Cuando ya estaba muerto, [22] llegó Barac, que venía persiguiendo a Sísara. Jael le
salió al encuentro y le dijo: «Ven y te mostraré al hombre que buscas». Él entró junto con ella, y vio a Sísara que yacía muerto,
con la estaca clavada en la sien.
[23] Así humilló Dios aquel día a Iabín, rey
de Canaán, delante de los israelitas. [24] El dominio de los israelitas sobre Iabín, rey de
Canaán, se fue haciendo cada vez más fuerte, hasta que lo exterminaron por completo.

El canto de Débora y Barac: Preludio

Dt 32 2; Sal 68 9; Hab 3 3-6;
1 Re 19 11-12; Sal 29

5 [1] Aquel día, Débora y Barac, hijo de
Abinóam, entonaron este canto:

[2] «Porque en Israel van
con los cabellos sueltos,
porque el pueblo se ofreció
voluntariamente,
¡bendigan al Señor!

[3] ¡Escuchen, reyes! ¡Presten oído, príncipes!
Yo voy a cantar, voy a cantar al Señor,
celebraré al Señor, el Dios de Israel.
[4] Señor, cuando tú saliste de Seír,
cuando avanzabas desde las estepas de Edom,
tembló la tierra, fluyeron los cielos,
y hasta las nubes se deshicieron en torrentes;
[5] se diluyeron las montañas,
delante del Señor —el del Sinaí—
delante del Señor, el Dios de Israel.

La situación de Israel antes de la batalla

Is 33 8; 1 Sm 13 19-22

[6] En los días de Samgar, hijo de Anat,
en los días de Jael, estaban desiertos
los caminos;
los que antes iban por los senderos
tomaban por sendas desviadas.

[7] Ya no había más jefes,
no había ni uno solo en Israel,
hasta que te levantaste tú, Débora,
hasta que te levantaste tú, madre en Israel.

[8] La gente elegía dioses nuevos,
la guerra ya estaba a las puertas;
no se veía ni un escudo ni una lanza
entre cuarenta mil hombres de Israel.

Invitación a celebrar la victoria

[9] Mi corazón está con los caudillos de Israel,
con los voluntarios del pueblo.
¡Bendigan al Señor!

[10] Ustedes, los que cabalgan en asnas blancas,
montados sobre tapices,
y los que marchan por el camino,
¡atiendan bien!

[11] ¡Escuchen a los arqueros
junto a los pozos de agua!
Allí se narran los actos de justicia del Señor,
las gestas de su dominio en Israel,
cuando el Pueblo del Señor
bajó a las Puertas.

Las tribus reunidas para el combate

Jos 16 1-10; 18 11-28; 19 17-23; Jue 4 4-6

[12] ¡Despierta, Débora, despierta!
¡Sí, despierta, entona un canto!
¡Arriba, Barac,
llévate a tus cautivos, hijo de Abinóam!

[13] Entonces bajó el resto de los nobles,
el Pueblo del Señor bajó en mi defensa
con los héroes.
[14] Lo mejor de Efraím está en el valle,
detrás de ti va Benjamín, entre tus tropas.
De Maquir bajaron los caudillos,
y de Zabulón, los que empuñan
el bastón de mando.
[15] Los príncipes de Isacar están con Débora:
sí, Isacar, firme junto a Barac,
se lanza tras sus pasos en el valle.

Reproches contra las tribus no combatientes

Jos 13 15-23; Nm 23 1; Jos 19 40-51.24-31

Junto a los arroyos de Rubén
hay grandes deliberaciones.
[16] ¿Por qué estás sentado entre los corrales,
oyendo los silbidos
de los que arrean los rebaños?
Junto a los arroyos de Rubén
se hacen muchas indagaciones.
[17] Galaad vive tranquilo
al otro lado del Jordán
y Dan ¿por qué se queda en las naves?
Aser habita a la orilla del mar
y vive tranquilo en sus embarcaderos.

Elogio de Zabulón y Neftalí

Jos 19 32-39

[18] Zabulón es un pueblo
que desafía a la muerte,
igual que Neftalí,
sobre las alturas del campo.

El relato de la batalla

Jos 12 21; 17 11; Jue 1 27; 4 7

[19] Llegaron los reyes al combate:
entonces combatieron los reyes de Canaán,
en Taanac, junto a las aguas de Meguido,
pero no recogieron plata como botín.

20 Desde el cielo combatieron las estrellas,
desde sus órbitas combatieron
contra Sísara.
21 ¡El torrente Quisón los arrastró,
el antiguo torrente, el torrente Quisón!
¡Avanza, alma mía, con denuedo!
22 Los cascos de los caballos
martillaron el suelo, al galope,
al galope de sus corceles.
23 ¡Maldigan a Meroz, dice el Ángel del Señor,
sí, maldigan a sus habitantes!
Porque no acudieron en auxilio del Señor,
en auxilio del Señor, junto a los héroes.

La muerte de Sísara

Lc 1 42; Jue 4 17.19; Jdt 13 8

24 ¡Bendita entre las mujeres sea Jael,
la mujer de Jéber, el quenita!
¡Bendita entre las mujeres
que habitan en tiendas!
25 Sísara pidió agua, ella le dio leche,
le ofreció cuajada en taza de príncipes.
26 Extendió su mano hacia la estaca,
y su derecha, hacia el martillo
de los trabajadores;
martilló a Sísara, le partió la cabeza,
le machacó y le atravesó la sien.
27 Él se desplomó a sus pies,
cayó y quedó tendido;
se desplomó, cayó a sus pies,
allí donde se desplomó, yace aniquilado.

La consternación de la madre de Sísara

28 La madre de Sísara se asoma
por la ventana,
a través del enrejado, y se lamenta:
"¿Por qué tarda en llegar su carro?
¿Por qué se han retrasado
sus carros de combate?".
29 La más sagaz de sus princesas le responde,
y ella misma se repite estas palabras:
30 "Seguro que están recogiendo
y repartiendo el botín;
una cautiva, dos cautivas para cada guerrero,
paños de colores como botín para Sísara,
una tela, dos telas recamadas
para mi cuello".

Conclusión

Nm 10 35; 1 Sm 2 10; Sal 37 20;
2 Sm 23 4; Dn 12 3; Mt 13 43

31 ¡Que así desaparezcan
todos tus enemigos, Señor,
y los que te aman sean como el sol
cuando despunta con toda su fuerza!».

Y hubo paz en el país durante cuarenta años.

Gedeón y Abimélec: la opresión de los madianitas

Dt 4 25; Gn 25 2-6; Jue 3 13; Ex 17 8-16;
Jue 7 12; Jr 46 23; Jl 1 4 – 2 11

6 1 Los israelitas hicieron lo que es malo a los ojos del Señor, y él los entregó en manos de Madián durante siete años.
2 Los madianitas oprimieron a Israel, y para
librarse de ellos, los israelitas se hicieron escondites en las cuevas de las montañas, en
las cavernas y en los lugares escarpados.
3 Cada vez que Israel sembraba, venían los
madianitas, los amalecitas y los orientales,
y los invadían. 4 Acampaban frente a ellos y
destruían los productos del suelo hasta los
confines de Gaza. No dejaban víveres, ovejas, bueyes ni asnos en Israel, 5 porque subían con su ganado y sus tiendas de campaña, y eran numerosos como langostas.
Tanto ellos como sus camellos eran incontables, y entraban en el país para devastar-

VIVE LA PALABRA

Renovada confianza en Dios

Gedeón se cuestiona dónde está Dios ante la opresión. Por eso cuando Dios le da una misión, Gedeón le pide una señal clara de su presencia. El Señor le muestra su cercanía. Gedeón comprende lo absurdo de la idolatría y destruye el altar de los dioses. Posteriormente, reforzado en su fe, se atreve a actuar contra todo cálculo humano y, con un ejército pequeño, vence a enemigos poderosos.

Gedeón sabe que la victoria se debe al Señor, pero, en lugar de darle todo el honor, acepta distinciones y reconocimientos. Al caer en la vanidad, pierde de vista su misión de recordar a todos la grandeza de Dios, y eso contribuye a que el pueblo racaiga en la idolatría.

Piensa en las señales que Dios te da de que está contigo. Al contar con él, ¿eres capaz de luchar por la misión que te confía? ¿Qué harás para seguir recordando a los demás que Dios está presente en su vida?

Jue 6 – 8

JUE

lo. 6 Israel quedó muy debilitado a causa de Madián, y los israelitas clamaron al Señor.

Intervención de un profeta

Jue 3 9.15; 2 1.2.12; Dt 5 6; Ex 20 2; Lv 18 2.30; Ex 20 3.5; Jos 24 15

7 Cuando los israelitas clamaron al Señor a causa de Madián, 8 el Señor les envió un profeta, que les habló en estos términos: «Así habla el Señor, el Dios de Israel: Yo los hice subir de Egipto y los saqué de un lugar de esclavitud; 9 los libré del poder de los egipcios y de las manos de sus opresores. Los expulsé a ellos para entregarles a ustedes su territorio. 10 Y también les dije: "Yo soy el Señor, su Dios. No adoren a los dioses de los amorreos, en cuyo territorio habitan". Pero ustedes no escucharon mi voz».

Vocación de Gedeón

Ex 3; 1 Sm 3 1-14; Jue 2 1; Gn 35 4; Rut 2 4; Ex 3 11; 1 Sm 9 21; Jue 6 36-40; Ex 3 2-6

11 El Ángel del Señor fue a sentarse bajo la encina de Ofrá, que pertenecía a Joás de Abiézer. Su hijo Gedeón estaba moliendo trigo en el lagar, para ocultárselo a los madianitas. 12 El Ángel del Señor se le apareció y le dijo: «El Señor está contigo, valiente guerrero». 13 «Perdón, señor —le respondió Gedeón—; pero si el Señor está con nosotros, ¿por qué nos sucede todo esto? ¿Dónde están todas esas maravillas que nos contaron nuestros padres, cuando nos decían: "El Señor nos hizo subir de Egipto"? Pero ahora él nos ha desamparado y nos ha entregado en manos de Madián».

14 El Señor se volvió hacia él y le dijo: «Ve, y con tu fuerza salvarás a Israel del poder de los madianitas. Soy yo el que te envío». 15 Gedeón le respondió: «Perdón, Señor, pero ¿cómo voy a salvar yo a Israel, si mi clan es el más humilde de Manasés y yo soy el más joven en la casa de mi padre?». 16 «Yo estaré contigo —le dijo el Señor—, y tú derrotarás a Madián como si fuera un solo hombre». 17 Entonces Gedeón respondió: «Señor, si he alcanzado tu favor, dame una señal de que eres realmente tú el que está hablando conmigo. 18 Te ruego que no te muevas de aquí hasta que yo regrese. Enseguida traeré mi ofrenda y la pondré delante de ti». El Señor le respondió: «Me quedaré hasta que vuelvas».

19 Gedeón fue a cocinar un cabrito y preparó unos panes sin levadura con una medida de harina. Luego puso la carne en una canasta y el caldo en una olla; los llevó debajo de la encina y se los presentó. 20 El Ángel del Señor le dijo: «Toma la carne y los panes ácimos, depósitalos sobre esta roca y derrama sobre ellos el caldo». Así lo hizo Gedeón. 21 Entonces el Ángel del Señor tocó la carne y los panes ácimos con la punta del bastón que llevaba en la mano, y salió de la roca un fuego que los consumió. Enseguida el Ángel del Señor desapareció de su vista. 22 Gedeón reconoció entonces que era el Ángel del Señor, y exclamó: «¡Ay de mí, Señor, porque he visto cara a cara al Ángel del Señor!». 23 Pero el Señor le respondió: «Quédate en paz. No temas, no morirás». 24 Gedeón construyó allí un altar al Señor y lo llamó: «El Señor es la paz». Todavía hoy se encuentra ese altar en Ofrá de Abiézer.

Destrucción del altar del Baal

Ex 34 13; Dt 7 5; Jue 2 11; 1 Re 18 27

25 Aquella misma noche, el Señor dijo a Gedeón: «Toma el novillo de tu padre y otro toro de siete años. Luego destruirás el altar del Baal que pertenece a tu padre y cortarás el poste sagrado que está junto a él. 26 Después edificarás al Señor, tu Dios, en la cima de esta altura escarpada, un altar muy bien construido. Entonces tomarás el otro toro y lo ofrecerás en holocausto, con la leña del poste sagrado».

27 Gedeón reunió a diez de sus servidores e hizo lo que el Señor le había dicho. Pero por temor a su familia y a la gente de la ciudad, en lugar de hacerlo de día, lo hizo durante la noche. 28 A la mañana siguiente, toda la gente vio que el altar del Baal estaba destruido y que habían cortado el poste sagrado que estaba junto a él. Vieron también que un novillo había sido ofrecido en holocausto sobre el altar que acababa de ser edificado. 29 Entonces se preguntaron: «¿Quién habrá hecho esto?». Después de averiguarlo, supieron que había sido Gedeón, el hijo de Joás. 30 Enseguida dijeron a Joás: «Trae aquí a tu hijo. ¡Él debe morir, porque ha derribado el altar del Baal y ha cortado el poste sagrado que estaba junto a él!». 31 Pero Joás respondió a los que estaban delante de él: «¿Acaso a ustedes les corresponde defender al Baal? ¿Son ustedes los que tienen que salvarlo? Si Baal es Dios, que se defienda solo, ya que Gedeón derribó su altar. El que pretenda defenderlo, morirá antes del amanecer». 32 Por eso, a partir de ese momento, Gedeón se llamó Ierubaal, porque decían: «¡Que Baal se defienda de él, ya que él derribó su altar!».

Preparativos para el combate

Jue 3 10; Jr 4 5

33 Todo Madián, Amalec y los orientales se reunieron de común acuerdo, cruzaron

el Jordán y acamparon en la llanura de Izreel. 34 Entonces el espíritu del Señor descendió sobre Gedeón: él tocó la trompeta, y
los de Abiézer se reunieron detrás de él.
35 Envió mensajeros por todo el territorio de
Manasés, y ellos también se le unieron. Lo
mismo hizo en Aser, en Zabulón y en Neftalí, y todos ellos acudieron al encuentro.

La prueba del vellón de lana

Jue 6 14-16.17

36 Gedeón dijo a Dios: «Si realmente vas a
salvar a Israel por mi intermedio, como lo
has prometido, concédeme esto: 37 Yo voy a
tender un vellón de lana sobre la era; si cae
rocío solamente sobre el vellón, y todo el
resto queda seco, sabré que tú salvarás a Israel por mi intermedio, como lo has dicho».
38 Así sucedió: Gedeón se levantó de madrugada, exprimió el vellón para sacarle el rocío
y llenó con él una copa de agua. 39 Después
dijo a Dios: «No te enojes conmigo si me
atrevo a hablarte nuevamente. Quisiera hacer otra prueba con el vellón: Que solo el
vellón quede seco y todo el suelo se cubra
de rocío». 40 Así lo hizo Dios aquella noche:
solo el vellón quedó seco, mientras que el
suelo estaba cubierto de rocío.

La reducción del ejército de Gedeón

Dt 8 17-18; 9 4-6; Is 10 13-15;
Dt 20 8; 1 Mac 3 56

7 1 A la mañana siguiente, Ierubaal —es
decir, Gedeón— se levantó de madrugada con la gente que lo acompañaba, y
acamparon en En Jaród. Madián había
acampado más al norte, al pie de la colina
de Moré, sobre el valle. 2 Entonces el Señor
dijo a Gedeón: «La gente que te acompaña
es demasiado numerosa para que yo ponga
a Madián en sus manos. No quiero que Israel se gloríe a expensas mías, diciendo: "Es
mi mano la que me salvó". 3 Por eso, proclama a oídos del pueblo: "El que tenga miedo
o tiemble, que se vuelva"». Así Gedeón los
puso a prueba, y veintidós mil hombres se
volvieron, quedando solo diez mil.
4 Luego el Señor dijo a Gedeón: «Hay todavía demasiada gente; ordénales que bajen
hasta el borde del agua, y allí te los pondré
a prueba. Irán contigo solamente los que yo
te indique; los otros no te acompañarán».
5 Gedeón hizo que la gente bajara hasta el
agua, y el Señor le dijo: «A todos los que beban con la lengua, como lamen los perros,
los pondrás de un lado; y a todos los que se
arrodillen para beber, los pondrás del otro».
6 Los que lamieron el agua llevándosela a la
boca, fueron trescientos; el resto de la tropa,
en cambio, se arrodilló para beber. 7 El Señor dijo a Gedeón: «Yo los voy a salvar con
estos trescientos hombres y pondré a Madián en tus manos. Que el grueso de la tropa regrese cada uno a su casa». 8 Los trescientos hombres recogieron los cántaros de
toda la tropa, y también sus trompetas,
mientras Gedeón despedía a los otros israelitas, quedándose solo con esos trescientos.
El campamento de Madián estaba en el valle, debajo del suyo.

Presagio de la victoria

Jue 6 1.3.33; Gn 37 5-11; 40 5 - 41 36

9 Aquella noche, el Señor dijo a Gedeón:
«Baja ahora mismo contra el campamento
de Madián, porque lo he puesto en tus manos. 10 Si tienes miedo de atacar, baja tú primero con tu servidor Purá 11 y escucha lo que
dicen. Así tendrás valor y atacarás el campamento». Gedeón bajó acompañado de Purá,
su servidor, hasta el extremo del campamento, donde estaban los puestos de guardia.
12 Madián, Amalec y todos los orientales
que habían irrumpido en el valle eran numerosos como langostas, y sus camellos
eran incontables, como la arena de la playa.
13 Cuando llegó Gedeón, oyó que un hombre le estaba contando un sueño a su compañero. «Tuve un sueño —le decía—; vi
que una galleta de cebada venía rodando
por el campamento de Madián. Al llegar a
una tienda, chocó contra ella y la volteó, de
manera que la tienda cayó por tierra». 14 Su
compañero le respondió: «Esto no significa
otra cosa que la espada de Gedeón, hijo de
Joás, el hombre de Israel. Dios ha puesto en
sus manos a Madián y todo su campamento». 15 Cuando Gedeón oyó el relato del sueño y su interpretación, se postró para adorar. Luego regresó al campamento de Israel,
y dijo: «¡Arriba! El Señor ha puesto en manos de ustedes el campamento de Madián».

Derrota y persecución de Madián

Jue 9 43; 1 Sm 11 11; Ex 14 24;
Jue 5 17-18; 6 15.35

16 Gedeón dividió a los trescientos hombres en tres cuerpos, y distribuyó entre ellos
trompetas y cántaros vacíos, con antorchas
dentro de los cántaros. 17 Después dijo: «Fíjense bien en lo que yo hago, y hagan ustedes lo mismo. Cuando llegue al extremo del
campamento, hagan lo mismo que yo. 18 Yo
y todos mis compañeros tocaremos las
trompetas; entonces también ustedes tocarán las trompetas alrededor del campamento y gritarán: "¡Por el Señor y por Gedeón!"».
19 Gedeón y los cien hombres que lo
acompañaban llegaron al extremo del
campamento al comienzo de la guardia de

la medianoche. Cuando se acababa de hacer el relevo de los centinelas, ellos tocaron
las trompetas y rompieron los cántaros
que llevaban en la mano. 20 Los tres cuerpos de la tropa hicieron lo mismo. Tenían
las antorchas en la mano izquierda, y con
la derecha tocaban las trompetas. Y todos
gritaban: «¡Por el Señor y por Gedeón!».
21 Cada uno permanecía quieto en su respectivo lugar, alrededor del campamento.
Entonces se despertó todo el campamento,
y se dieron a la fuga lanzando alaridos.
22 Mientras los trescientos hombres tocaban las trompetas, el Señor hizo que en todo el campamento volvieran la espada
unos contra otros. La tropa huyó hasta Bet
Sitá, hacia Sartán, hasta la orilla de Abel
Mejolá, frente a Tabat.
23 Entonces se reunieron los hombres de Israel, procedentes de Neftalí, de Aser y de
todo Manasés, y persiguieron a Madián.
24 Gedeón envió mensajeros por toda la montaña de Efraím, para que dijeran: «Bajen al
encuentro de Madián y ocupen antes que
ellos los vados hasta Bet Bará y el Jordán».
Los hombres de Efraím se reunieron y ocuparon los vados hasta Bet Bará y el Jordán.
25 Así tomaron prisioneros a los dos jefes madianitas, Oreb y Zeeb; al primero lo mataron
en la peña de Oreb, y al segundo, en el lagar
de Zeeb. Luego de perseguir a Madián, presentaron a Gedeón, que estaba al otro lado
del Jordán, las cabezas de Oreb y Zeeb.

Reproche de Efraím a Gedeón

Jue 12 1-6

8 1 La gente de Efraím dijo a Gedeón:
«¿Qué nos has hecho? ¿Por qué no
nos llamaste cuando fuiste a combatir contra Madián?». Y se lo reprocharon violentamente. 2 Pero él les respondió: «¿Qué hice
yo comparado con lo que hicieron ustedes? Un solo racimo de Efraím vale más
que toda la vendimia de Abiézer. 3 Dios puso en manos de ustedes a los jefes de Madián, Oreb y Zeeb. Comparado con esto,
¿qué he logrado hacer yo?». Después que
les dijo estas palabras, se calmó su animosidad contra él.

Persecución y derrota de Zébaj y Salmuná

Jos 13 27; 1 Re 12 25; Jue 3 6

4 Gedeón llegó hasta el Jordán y lo cruzó. Él y los trescientos hombres que lo
acompañaban estaban cansados y hambrientos. 5 Entonces dijo a la gente de Sucot: «Por favor, traigan un poco de pan para la tropa que me acompaña, porque
están agotados de cansancio, y yo estoy
persiguiendo a Zébaj y a Salmuná, reyes de
Madián». 6 Pero los jefes de Sucot le respondieron: «¿Acaso tienes prisioneros a
Zébaj y a Salmuná para que le demos pan
a tu ejército?». 7 «Está bien —respondió Gedeón—; cuando el Señor ponga en mis
manos a Zébaj y a Salmuná, desgarraré la
carne de ustedes con espinas y cardos del
desierto». 8 De allí subió a Penuel y les hizo el mismo pedido. Pero la gente de Penuel le respondió lo mismo que la gente
de Sucot. 9 Entonces Gedeón dijo a los de
Penuel: «Cuando vuelva victorioso, derribaré esta torre».
10 Zébaj y Salmuná estaban en Carcor con
su ejército. Eran unos quince mil hombres,
es decir, todos los sobrevivientes del campamento de los orientales. Los que habían
caído eran ciento veinte mil armados de espada. 11 Gedeón subió por el camino de los
nómadas, al este de Nóbaj y de Iogboá, y
derrotó al ejército, cuando ya se creían seguros. 12 Zébaj y Salmuná, reyes de Madián,
trataron de huir, pero Gedeón los persiguió, los capturó a los dos y sembró el pánico en todo el ejército.

La venganza de Gedeón

Gn 4 24; 46 27; Jue 4 6; Gn 43 29; 4 14-15.23.24;
Nm 35 19-29; Jue 9 54

13 Después del combate, Gedeón, hijo de
Joás, regresó por la pendiente de Jares.
14 Entonces detuvo a un joven de Sucot, lo
interrogó, y él le dio por escrito los nombres de los jefes y los ancianos de Sucot.
Eran setenta y siete hombres. 15 Luego se
presentó ante los hombres de Sucot y les
dijo: «Aquí están Zébaj y Salmuná, los
hombres por los que ustedes se burlaron
de mí, diciendo: "¿Acaso ya tienes en tu
poder a Zébaj y Salmuná para que les demos pan a tus tropas hambrientas?"».
16 Después tomó a los ancianos de la ciudad, recogió espinas y cardos del desierto e
hirió con ellos a los hombres de Sucot.
17 También derribó la torre de Penuel y mató a los hombres de la ciudad.
18 Gedeón dijo a Zébaj y a Salmuná: «¿Cómo eran los hombres que ustedes mataron
en el Tabor?». «Se parecían a ti —respondieron ellos—; todos tenían aspecto de príncipes». 19 Gedeón les respondió: «Ellos eran
mis hermanos, hijos de mi madre. ¡Juro por
la vida del Señor, que si ustedes les hubieran
perdonado la vida, ahora no los mataría!».
20 Entonces dijo a Iéter, su hijo mayor: «Mátalos aquí mismo». Pero el muchacho tuvo
miedo de sacar la espada, porque todavía era
muy joven. 21 Zébaj y Salmuná dijeron: «Má-
tanos tú, porque un hombre se mide por su

valor». Gedeón se levantó, mató a Zébaj y a Salmuná, y se guardó los adornos que sus camellos llevaban en el cuello.

Propuesta de los israelitas a Gedeón

1 Sm 8 7; 12 12; Ex 32 2-3; Os 3 4; 1 2; Jue 2 3

22 Los hombres de Israel dijeron a Gedeón: «Gobiérnanos tú, y que después de ti nos gobiernen tu hijo y tu nieto, porque nos salvaste del poder de Madián».
23 Pero Gedeón les respondió: «Ni yo los gobernaré ni tampoco mi hijo; solo el Señor los gobernará». 24 Luego añadió: «Les voy a pedir una cosa: que cada uno me dé un anillo de lo que le ha tocado como botín». Porque los vencidos eran ismaelitas, y por eso tenían anillos de oro. 25 «Te los daremos con mucho gusto», respondieron ellos. Entonces él extendió su manto, y cada israelita depositó en él un anillo de su botín. 26 El peso de los anillos que recogió fue de mil setecientos siclos de oro, sin contar los prendedores, los aros y los vestidos de púrpura que llevaban los reyes de Madián, y sin contar tampoco los collares de los camellos. 27 Con todo eso, Gedeón hizo un efod, y lo instaló en su ciudad, en Ofrá. Todo Israel fue a prostituirse allí, delante del efod, que se convirtió en una trampa para Gedeón y su familia.

Muerte de Gedeón

Jue 3 11; Jue 10 2.5; 12 7.10.12.15; 16 31

28 Madián quedó humillado delante de los israelitas, y no volvió a levantar cabeza. El país estuvo tranquilo durante cuarenta años, mientras vivió Gedeón. 29 Ierubaal, hijo de Joás, se fue y permaneció en su casa. 30 Gedeón tuvo setenta hijos propios, porque tenía muchas mujeres. 31 La concubina que tenía en Siquem también le dio un hijo, a quien puso el nombre de Abimélec. 32 Gedeón, hijo de Joás, murió después de una feliz vejez, y fue enterrado en la tumba de su padre Joás, en Ofrá de Abiézer.

Nuevas infidelidades de Israel

Jue 2 19; 3 12; 4 1; 6 1; 10 6; 13 1

33 Después de la muerte de Gedeón, los israelitas volvieron a prostituirse ante los Baales y tomaron como dios a Baal Berit. 34 Así se olvidaron del Señor, su Dios, que los había librado de todos los enemigos de alrededor. 35 Y no agradecieron a la casa de Ierubaal Gedeón todo el bien que él había hecho a Israel.

La coronación de Abimélec

2 Re 10 1-17; 11 1-3; Mt 2 16-18; Jos 24 26

9 1 Abimélec, hijo de Ierubaal, fue a Siquem, donde estaban los hermanos

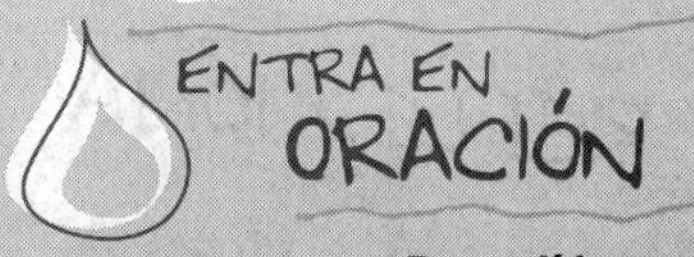

Danos líderes justos y sabios

¡Qué estúpida es la violencia! Abimélec mata a sus setenta hermanos y asume el papel de rey. El menor de sus hermanos, Yotán, sobrevive y profetiza contra él. Usando la parábola de los árboles, comunica a los israelitas que tendrán problemas por reemplazar con un rey a los líderes escogidos por Dios. Como la zarza de este ejemplo, un líder abusivo siempre ocasiona problemas y dolor (Jue 9 7-15).

Padre, inspira con tu Espíritu a los líderes de todas las naciones y empresas, para que su corazón se oriente hacia el bien y tome sabias decisiones. Dales tu gracia para ser fuente de amor y justicia y no causar problemas y dolor.

Ayúdame a descubrir mi vocación, ¿quieres que me prepare para ser líder político, económico, social o religioso y que trabaje activamente para el bien de mi pueblo? Si es así, muéstrame el camino y dame tu luz y tu fuerza para cumplir mi misión. Amén.

Jue 9 1-15

de su madre, y les dijo a ellos y a todo el clan de la casa paterna de su madre: 2 «Digan a todos los señores de Siquem: "¿Qué es mejor para ustedes, que los gobiernen setenta hombres —todos los hijos de Ierubaal— o que los gobierne uno solo? Recuerden además que yo soy de la misma sangre que ustedes"». 3 Los hermanos de su madre comunicaron estas palabras de Abimélec a los señores de Siquem, y estos se pusieron de parte de él, porque decían: «Es nuestro hermano». 4 Luego le dieron setenta siclos de plata del templo de Baal Berit, con los que Abimélec contrató a unos hombres vagos y aventureros, que le sirvieron de escolta. 5 Enseguida entró en la casa de su padre, en Ofrá, y mató a sus hermanos, los setenta hijos de Ierubaal, sobre una misma piedra. Solo escapó Jotam, el hijo menor de Ierubaal, porque logró esconderse. 6 Entonces se reunieron todos los señores de Siquem y todo Bet Miló, y fueron a proclamar rey a Abimélec, junto a la encina de la piedra conmemorativa que está en Siquem.

¡Necesitamos líderes!

¡Necesitamos líderes! Este grito se oye por doquier: en el ambiente religioso, social, económico y político. Lee la parábola de los árboles en Jue 9 7-15 y nota cómo los «más eficaces» rechazan el liderazgo por egocentrismo. Ser líder implica asumir metas que abarquen los intereses de los demás, orientar la energía de todos hacia ellas, dar respuestas creativas a los problemas y ser sensibles ante las expectativas de cada uno.

El liderazgo siempre tiene efectos significativos para el grupo. ¿Puedes comparar las consecuencias de un liderazgo positivo con las de uno mediocre?

Jue 9 7-15

J
U
E

La fábula de Jotam

2 Sm 12 1-4; 2 Re 14 9; Ez 17

7 Cuando le llevaron la noticia a Jotam,
este se puso en la cima del monte Garizim,
y gritó con voz potente: «Escúchenme, señores de Siquem, y que Dios los escuche a
ustedes:

8 Los árboles se pusieron en camino
para ungir a un rey que los gobernara.
Entonces dijeron al olivo:
"Sé tú nuestro rey".
9 Pero el olivo les respondió:
"¿Voy a renunciar a mi aceite
con el que se honra a los dioses
y a los hombres,
para ir a mecerme por encima
de los árboles?".
10 Los árboles dijeron a la higuera:
"Ven tú a reinar sobre nosotros".
11 Pero la higuera les respondió:
"¿Voy a renunciar a mi dulzura
y a mi sabroso fruto,
para ir a mecerme
por encima de los árboles?".
12 Los árboles le dijeron a la vid:
"Ven tú a reinar sobre nosotros".
13 Pero la vid les respondió:
"¿Voy a renunciar a mi mosto
que alegra a los dioses y a los hombres,
para ir a mecerme
por encima de los árboles?".
14 Entonces, todos los árboles
dijeron a la zarza:
"Ven tú a reinar sobre nosotros".
15 Pero la zarza respondió a los árboles:
"Si de veras quieren ungirme
para que reine sobre ustedes,
vengan a cobijarse bajo mi sombra;
de lo contrario, saldrá fuego de la zarza
y consumirá los cedros del Líbano".

16 Y ahora, díganme: ¿Han obrado ustedes
con sinceridad y lealtad al proclamar rey a
Abimélec? ¿Se han portado bien con Ierubaal y con su familia, y lo han tratado como
se merecía? 17 Mi padre combatió por ustedes, arriesgó su vida y los libró del poder de
Madián, 18 y ahora ustedes se han levantado
contra la familia de mi padre, han matado
sobre una misma piedra a sus setenta hijos,
y han proclamado rey de los señores de Siquem a Abimélec, el hijo de su esclava, aduciendo que es hermano de ustedes. 19 Si hoy
han sido sinceros y leales con Ierubaal y con
su familia, que Abimélec sea para ustedes
un motivo de alegría, y ustedes para él. 20 De
lo contrario, que salga fuego de Abimélec
para devorar a los señores de Siquem y de
Bet Miló, y que salga fuego de los señores
de Siquem y de Bet Miló, para devorar a
Abimélec».
21 Después Jotam huyó para ponerse a
salvo, y se estableció en Beer, lejos de su
hermano Abimélec.

Rebelión de los siquemitas contra Abimélec

1 Sm 16 14; 1 Re 22 23; Jr 51 35; Gn 34 2.4

22 Abimélec gobernó tres años en Israel.
23 Pero Dios envió un espíritu de discordia
entre Abimélec y los señores de Siquem, y
estos traicionaron a Abimélec. 24 Así debía
ser castigado el crimen cometido contra
los setenta hijos de Ierubaal, y su sangre
debía recaer sobre su hermano Abimélec,
que los había matado, y sobre los señores
de Siquem, que habían sido cómplices en
la matanza de sus hermanos. 25 Por eso, los
señores de Siquem preparaban emboscadas contra él en las cimas de los montes, y
saqueaban a todos los que pasaban por
allí. Abimélec fue informado de todo esto.
26 Una vez, Gaal, hijo de Ebed, pasó por Siquem junto con sus hermanos, y se ganó la
confianza de los señores de Siquem. 27 Estos
salieron al campo a vendimiar, pisaron las
uvas, hicieron festejos y entraron en el templo de su dios. Después de comer y beber,
maldijeron a Abimélec. 28 Entonces Gaal, hijo de Ebed, exclamó: «¿Qué autoridad tiene
Abimélec sobre Siquem para que le estemos

sometidos? ¿El hijo de Ierubaal, y Zebul, su lugarteniente, no han estado sometidos a la gente de Jamor, el padre de Siquem? ¿Por qué tenemos que estar sometidos a ellos? 29 ¡Si pusieran a este pueblo en mis manos, yo expulsaría a Abimélec, desafiándolo a que refuerce su ejército y salga a combatir!».

30 Zebul, el gobernador de la ciudad, al enterarse de las palabras de Gaal, hijo de Ebed, se enfureció 31 y envió disimuladamente mensajeros a Arumá, donde estaba Abimélec, para avisarle: «Gaal, hijo de Ebed, ha llegado a Siquem con sus hermanos, y está sublevando la ciudad contra ti. 32 Por eso, ven durante la noche con toda la gente que tienes contigo y quédate al acecho en campo abierto. 33 Por la mañana temprano, apenas brille el sol, irrumpirás contra la ciudad. Y cuando Gaal con su gente salga a enfrentarse contigo, lo tratarás como más convenga».

34 Abimélec salió durante la noche con toda su gente y se puso al acecho cerca de Siquem, con su tropa dividida en cuatro grupos. 35 Cuando Gaal, hijo de Ebed, salió y se detuvo a las puertas de la ciudad, Abimélec y la tropa que lo acompañaba salieron de los lugares donde estaban al acecho. 36 Al ver las tropas, Gaal dijo a Zebul: «Mira esa gente que baja de la cima de los montes». «Es la sombra de los montes, y a ti te parecen hombres», le respondió Zebul. 37 Pero Gaal insistió: «Es gente que baja por la ladera del Ombligo de la Tierra, y otro grupo viene por el camino de la Encina de los Adivinos». 38 Entonces Zebul le dijo: «¿No eras tú el que te envalentonabas, diciendo: "¿Quién es Abimélec para que le estemos sometidos?". ¡Ahí está la gente que tú despreciabas! ¡Ve ahora a combatir contra ellos!».

39 Gaal salió al frente de los señores de Siquem y presentó batalla a Abimélec. 40 Abimélec lo persiguió: Gaal emprendió la retirada y muchos cayeron muertos antes de llegar a la puerta de la ciudad. 41 Abimélec regresó a Arumá, y Zebul expulsó de Siquem a Gaal y a sus hermanos, impidiéndoles habitar allí.

Destrucción de Siquem

Dt 29 22; Jr 17 6; Sal 107 34

42 Al día siguiente, la gente de Siquem se puso en campaña. Cuando Abimélec recibió la noticia, 43 reunió sus tropas, las dividió en tres grupos y se puso al acecho en el campo. Al ver que la gente salía de la ciudad, irrumpió contra ellos y los derrotó. 44 Después, Abimélec y el grupo que lo acompañaba volvieron a atacar, y tomaron posiciones frente a la puerta de la ciudad. Mientras tanto, los otros dos grupos se lanzaron contra los que estaban en el campo y los derrotaron. 45 Abimélec atacó la ciudad durante todo el día. Cuando la tomó, mató a la población, arrasó la ciudad y esparció sal sobre ella.

Destrucción de Migdal Siquem

Jue 8 33; 9 20

46 Al enterarse, los señores de Migdal Siquem se refugiaron en la cripta del templo de El Berit. 47 Cuando Abimélec recibió la noticia de que todos los señores de Migdal Siquem estaban en un solo lugar, 48 subió al monte Salmón con todas sus tropas; y tomando un hacha, cortó una rama de árbol, se la puso al hombro, y dijo a las tropas que lo acompañaban: «¡Apúrense! Hagan lo mismo que yo». 49 Cada uno de sus hombres cortó una rama y todos fueron detrás de Abimélec. Después cubrieron la cripta con las ramas y les prendieron fuego. Así murieron también los habitantes de Migdal Siquem, unos mil hombres y mujeres.

Asedio de Tebes y muerte de Abimélec

2 Sm 11 21; 1 Sm 31 4; Jue 9 20

50 Luego Abimélec marchó contra Tebes, la asedió y la conquistó. 51 En medio de la ciudad había una torre fortificada, y todos los habitantes de la ciudad, hombres y mujeres, se refugiaron en ella. La cerraron por dentro y se subieron a la parte más alta de la torre. 52 Abimélec se adelantó para atacar la torre y llegó hasta la puerta con la intención de prenderle fuego. 53 Pero una mujer le arrojó una rueda de molino sobre la cabeza y le partió el cráneo. 54 Él llamó enseguida a su escudero y le dijo: «Desenvaina tu espada y mátame, para que no se pueda decir que me mató una mujer». Entonces el escudero lo atravesó con su espada y él murió. 55 Al ver que Abimélec estaba muerto, los hombres de Israel regresaron cada uno a su lugar.

56 Dios hizo recaer sobre Abimélec el crimen que había cometido contra su padre, cuando mató a sus setenta hermanos. 57 Y también hizo que toda la maldad de la gente de Siquem recayera sobre ellos mismos. Así se cumplió la maldición que Jotam, hijo de Ierubaal, había pronunciado contra ellos.

Los Jueces menores: Tolá

Gn 46 13; Nm 26 23; 1 Cr 7 1

10 1 Después de Abimélec, surgió Tolá, hijo de Puá, hijo de Dodó, para salvar a Israel. Era de Isacar, pero vivía en Samir, en la montaña de Efraím. 2 Él juzgó a Israel durante veintitrés años. Cuando murió, fue sepultado en Samir.

Iaír
Nm 32 41; 1 Re 4 13; 1 Cr 2 21-23

3 Después de él, surgió Iaír, de Galaad. Él
juzgó a Israel durante veintidós años. 4 Tenía
treinta hijos, que iban montados en treinta
asnos y tenían treinta ciudades. Estas últimas se llaman todavía hoy los Poblados de
Iaír, y se encuentran en el territorio de Galaad. 5 Cuando murió Iaír, lo sepultaron en
Camón.

La guerra de los amonitas contra Israel
Dt 4 5; Jue 2 12-14

6 Los israelitas volvieron a hacer lo que
es malo a los ojos del Señor, sirviendo a los
Baales y a las Astartés, a los dioses de
Aram, de Sidón y de Moab, y a los dioses
de los amonitas y de los filisteos. Así abandonaron al Señor y dejaron de servirlo.
7 Entonces la ira del Señor se encendió contra Israel, y él los entregó en manos de los
filisteos y de los amonitas. 8 A partir de ese
momento, los amonitas oprimieron duramente a los israelitas que vivían al otro lado del Jordán, en el país de los amorreos
de Galaad. La opresión duró dieciocho
años. 9 Además, los amonitas cruzaron el
Jordán para atacar también a Judá, a Benjamín y a la casa de Efraím. Israel se encontró así en un grave aprieto.

El arrepentimiento de los israelitas
Jue 3 9.15; Dt 1 41; 1 Sm 12 10;
Dt 32 37-38; Jos 24 23

10 Entonces los israelitas clamaron al Señor, diciendo: «Hemos pecado contra ti,
nuestro Dios, porque te hemos abandonado
para servir a los Baales». 11 Y el Señor dijo a
los israelitas: «Cuando los oprimieron los
egipcios, los amorreos, los amonitas, los filisteos, 12 los sidonios, los amalecitas y los
madianitas, ustedes clamaron hacia mí, y yo
los salvé de su poder. 13 A pesar de eso, ustedes me abandonaron y sirvieron a otros dioses. Por eso, no volveré a salvarlos. 14 Vayan a
invocar a los dioses que ustedes se han elegido: que ellos los salven en el momento del
peligro». 15 Los israelitas respondieron al Señor: «Hemos pecado. Trátanos como quieras, pero, por favor, sálvanos en este día».
16 Ellos hicieron desaparecer a los dioses extraños y sirvieron al Señor. Y el Señor no pudo soportar por más tiempo el sufrimiento
de Israel.

Preparativos de Israel para combatir contra los amonitas

17 Los amonitas se concentraron y fueron a acampar en Galaad. También se reunieron los israelitas y pusieron su campamento en Mispá. 18 Entonces el pueblo y
los jefes de Galaad se dijeron unos a
otros: «¿Quién es el hombre que dirigirá
el combate contra los amonitas? Él quedará al frente de todos los habitantes de
Galaad».

Jefté
Gn 21 10; Jue 9 4; 1 Sm 12 5;
Jr 29 23; 42 5; Rom 1 9

11 1 Jefté, el galaadita, era un guerrero
valeroso. Galaad, su padre, lo había
tenido con una prostituta. 2 Pero como Galaad también tuvo hijos con su esposa, estos, cuando se hicieron grandes, echaron a
Jefté, diciéndole: «Tú no participarás de la
herencia en la casa de nuestro padre, porque eres hijo de otra mujer». 3 Entonces
Jefté huyó lejos de sus hermanos, y se estableció en la región de Tob. Allí se le juntaron unos cuantos aventureros, que lo acompañaban en sus correrías.
4 Al cabo de un tiempo, los amonitas hicieron la guerra a Israel. 5 Y cuando iban a
atacarlo, los ancianos de Galaad fueron a la
región de Tob a buscar a Jefté. 6 «Ven —le dijeron—; tú serás nuestro comandante en la
lucha contra los amonitas». 7 Jefté les respondió: «¿No son ustedes los que me odiaron hasta el punto de echarme de la casa de
mi padre? ¿Por qué acuden a mí ahora que
están en un aprieto?». 8 Los ancianos de Galaad dijeron a Jefté: «Sí, de acuerdo. Pero
ahora recurrimos a ti para que vengas con
nosotros a combatir contra los amonitas.
Tú serás nuestro jefe y el de todos los habitantes de Galaad». 9 Jefté les respondió: «Si
me hacen volver para luchar contra los
amonitas y el Señor me los entrega, yo seré
el jefe de ustedes». 10 «El Señor nos está escuchando, le respondieron los ancianos de
Galaad. ¡Ay de nosotros si no hacemos lo
que tú has dicho!». 11 Jefté partió entonces
con los ancianos de Galaad, y el pueblo lo
proclamó su jefe y comandante. En Mispá,
delante del Señor, Jefté reiteró todas las
condiciones que había puesto.

Tratativas de Jefté con los amonitas
2 Sm 16 10; 19 23; Dt 2 17-23;
Nm 20 1-14-21; 21 29

12 Después, Jefté envió mensajeros al rey
de los amonitas, para decirle: «¿Qué tenemos que ver tú y yo para que vengas a atacarme en mi propio país?». 13 El rey de los
amonitas respondió a los mensajeros de
Jefté: «Lo que pasa es que Israel, cuando
subía de Egipto, se apoderó de mi territorio desde el Arnón hasta el Iaboc y el Jordán. Ahora, devuélvemelo por las buenas».

14 Jefté volvió a enviar mensajeros al rey de los amonitas, 15 para decirle: «Así habla Jefté: Israel no se apoderó del país de Moab ni del país de los amonitas. 16 Cuando subía de Egipto, caminó por el desierto hasta el mar Rojo y después llegó a Cades. 17 Entonces envió mensajeros para que dijeran al rey de Edom: "Por favor, déjame pasar por tu país". Pero el rey de Edom no les hizo caso. También envió mensajeros al rey de Moab; pero tampoco este quiso acceder, y entonces Israel se quedó en Cades. 18 Luego tomó por el desierto, bordeando el territorio de Edom y de Moab, y así llegó hasta la parte oriental del país de Moab. Acampó al otro lado del Arnón, sin violar la frontera de Moab, porque el Arnón está en el límite de Moab. 19 Luego envió mensajeros a Sijón, el rey de los amorreos que reinaba en Jesbón, y le dijo: "Por favor, déjame pasar por tu país hasta llegar a mi destino". 20 Pero Sijón, que desconfiaba de Israel, no lo dejó pasar por su territorio, sino que reunió a toda su gente, acampó en Iahsá y atacó a Israel. 21 El Señor, el Dios de Israel, entregó en manos de los israelitas a Sijón con todas sus tropas. Israel los derrotó y ocupó todo el país de los amorreos que habitaban en esa región. 22 Así ocuparon todo el territorio de los amorreos, desde el Arnón hasta el Iaboc y desde el desierto hasta el Jordán. 23 Y ahora que el Señor, el Dios de Israel, ha desposeído a los amorreos delante de su pueblo Israel, ¿lo vas a desposeer tú a él? 24 ¿No tienes acaso lo que te dio en posesión tu dios Quemós? Así también nosotros tenemos todo lo que nos ha dado en posesión el Señor, nuestro Dios. 25 ¿Vas a ser tú más que Balac, hijo de Sipor, rey de Moab? ¿Se atrevió él a entrar en litigio con Israel o le hizo la guerra? 26 Cuando Israel se estableció en Jesbón y sus poblados, en Aroer y sus poblados, y en todas las ciudades que están a orillas del Arnón, hace ya trescientos años, ¿por qué ustedes no las recuperaron? 27 Yo no te ofendí: eres tú el que procede mal conmigo si me atacas. Que el Señor, el Juez, juzgue hoy quién tiene razón, si los israelitas o los amonitas». 28 Pero el rey de los amonitas no tuvo en cuenta lo que Jefté le había mandado decir.

El voto y la victoria de Jefté

Jue 3 10; 1 Sm 14 24; Lv 27 1-25; 2 Re 3 27

29 El espíritu del Señor descendió sobre Jefté, y este recorrió Galaad y Manasés, pasó por Mispá de Galaad y desde allí avanzó hasta el país de los amonitas. 30 Entonces hizo al Señor el siguiente voto: «Si entregas a los amonitas en mis manos, 31 el primero que salga de la puerta de mi casa a recibirme, cuando yo vuelva victorioso, pertenecerá al Señor y lo ofreceré en holocausto». 32 Luego atacó a los amonitas, y el Señor los entregó en sus manos. 33 Jefté los derrotó, desde Aroer hasta cerca de Minit —eran en total veinte ciudades— y hasta Abel Queramim. Les infligió una gran derrota, y así los amonitas quedaron sometidos a los israelitas.

La inmolación de la hija de Jefté

Ex 15 20; Jos 7 6; Nm 30 3; Ecl 5 3-5; 2 Cr 35 25

34 Cuando Jefté regresó a su casa, en Mispá, le salió al encuentro su hija, bailando al son de panderetas. Era su única hija; fuera de ella, Jefté no tenía hijos ni hijas. 35 Al verla, rasgó sus vestiduras y exclamó: «¡Hija mía, me has destrozado! ¿Tenías que ser tú la causa de mi desgracia? Yo hice una promesa al Señor, y ahora no puedo retractarme». 36 Ella le respondió: «Padre, si has prometido algo al Señor, tienes que hacer conmigo lo que prometiste, ya que el Señor te ha permitido vengarte de tus ene-

¿SABÍAS QUE...?

Promesa que lleva a la muerte

El voto de Jefté y el sacrificio de su hija es uno de los textos más duros de la Biblia (Jue 11 29-40). Sorprende que esté incluido, pues, aunque muchos pueblos practicaban sacrificios humanos, Israel los tenía prohibidos (Gn 22). Al contar la historia el autor ve a un padre lleno de dolor, con lealtad fanática a su promesa, y a una hija dispuesta a honrar la promesa de su padre.

Jefté es considerado héroe de la fe, no por este sacrificio, sino por haber sido un gran jefe guerrero (Heb 11 32). Dios no quiere votos o promesas imprudentes o malas. Si algún día te das cuenta de que hiciste un voto o una promesa que, en lugar de darte vida, paz y gozo, te causa daño a ti o a otros, busca a un sacerdote, dialoga con él y pídele que te ayude a buscar una ofrenda que sea fuente de vida para ti y los demás.

¿Eres capaz de ver tus errores y no obstinarte en ellos, sino buscar cómo enmendarlos?

Jue 11

migos, los amonitas». 37 Después añadió: «Solo te pido un favor: dame un plazo de dos meses para ir por las montañas a llorar con mis amigas por no haber tenido hijos». 38 Su padre le respondió: «Puedes hacerlo». Ella se fue a las montañas con sus amigas, y se lamentó por haber quedado virgen. 39 Al cabo de los dos meses regresó, y su padre cumplió con ella el voto que había hecho. La joven no había tenido relaciones con ningún hombre. De allí procede una costumbre, que se hizo común en Israel: 40 todos los años, las mujeres israelitas van a lamentarse durante cuatro días por la hija de Jefté, el galaadita.

La guerra entre Efraím y Galaad

Jue 8 1-3; 3 28; 7 24

12 1 Los hombres de Efraím se reunieron, cruzaron el Jordán en dirección a Safón, y dijeron a Jefté: «¿Por qué fuiste a combatir contra los amonitas y no nos llamaste para que fuéramos contigo? Ahora vamos a prenderle fuego a tu casa contigo dentro». 2 Pero Jefté les respondió: «Mi pueblo y yo estábamos en un grave conflicto con los amonitas. Yo les pedí ayuda a ustedes, pero no vinieron a salvarme. 3 Al ver que nadie venía en mi ayuda, marché contra los amonitas arriesgando mi propia vida, y el Señor los entregó en mis manos. ¿Por qué entonces han subido hoy a hacerme la guerra?».

4 Jefté reunió a todos los hombres de Galaad y atacó a Efraím. Y los de Galaad derrotaron a los efraimitas, que decían despectivamente: «Ustedes, los de Galaad, son fugitivos de Efraím, en medio de Manasés». 5 Galaad ocupó los vados del Jordán para cortarle el paso a los efraimitas. Y cuando un fugitivo de Efraím intentaba pasar, los hombres de Galaad le preguntaban: «¿Tú eres de Efraím?». Si él respondía que no, 6 lo obligaban a pronunciar la palabra «Shibólet». Pero él decía «Sibólet», porque no podía pronunciar correctamente. Entonces lo tomaban y lo degollaban junto a los vados del Jordán. En aquella ocasión, murieron cuarenta y dos mil hombres de Efraím.

7 Jefté juzgó a Israel durante seis años. Cuando murió, lo sepultaron en Mispá de Galaad, que era su ciudad.

Otros Jueces menores: Ibsán

Jue 10 4; 12 18

8 Después de Jefté, juzgó a Israel Ibsán, que era de Belén. 9 Tenía treinta hijos y treinta hijas. Él casó a sus hijas con extranjeros, y trajo treinta mujeres extranjeras para sus hijos. Fue juez en Israel durante siete años. 10 Cuando Ibsán murió, lo sepultaron en Belén.

Elón

Gn 46 14; Nm 26 26

11 Después de él, juzgó a Israel Elón, que era de Zabulón. Fue juez en Israel durante diez años. 12 Cuando murió Elón, el zabulonita, lo sepultaron en Aialón, en territorio de Zabulón.

Abdón

1 Mac 9 50; Jue 5 14

13 Después de él, juzgó a Israel Abdón, hijo de Hilel, que era de Pireatón. 14 Tenía cuarenta hijos y treinta nietos, que iban montados en setenta asnos, y fue juez en Israel durante ocho años. 15 Cuando murió Abdón, hijo de Hilel, lo sepultaron en Pireatón, en la montaña de Efraím, en territorio de Saalim.

El anuncio del nacimiento de Sansón

Dt 4 25; Gn 11 30; 18 1-15; Lc 1 13; Nm 6 1-8; Ex 3 12-15; Heb 11 32

13 1 Los israelitas volvieron a hacer lo que es malo a los ojos del Señor, y el Señor los entregó en manos de los filisteos durante cuarenta años.

2 Había un hombre de Sorá, del clan de los danitas, que se llamaba Manóaj. Su mujer era estéril y no tenía hijos. 3 El Ángel del Señor se apareció a la mujer y le dijo: «Tú eres estéril y no has tenido hijos, pero vas a concebir y a dar a luz un hijo. 4 Ahora, deja de beber vino o cualquier bebida fermentada, y no comas nada impuro. 5 Porque concebirás y darás a luz un hijo. La navaja nunca pasará por su cabeza, porque el niño estará consagrado a Dios desde el seno materno. Él comenzará a salvar a Israel del poder de los filisteos».

6 La mujer fue a decir a su marido: «Un hombre de Dios ha venido a verme. Su aspecto era tan imponente, que parecía un ángel de Dios. Yo no le pregunté de dónde era, ni él me dio a conocer su nombre. 7 Pero me dijo: "Concebirás y darás a luz un hijo. En adelante, no bebas vino, ni bebida fermentada, ni comas nada impuro, porque el niño estará consagrado a Dios desde el seno de su madre hasta el día de su muerte"».

8 Entonces Manóaj oró a Dios, diciendo: «Te ruego, Señor, que vuelva el hombre que tú nos has enviado y nos indique qué debemos hacer con el niño, cuando haya nacido». 9 Dios escuchó la voz de Manóaj, y el Ángel de Dios se presentó otra vez a la mujer, mientras se encontraba en el campo y su marido no estaba con ella. 10 La mujer corrió en-

Te presentamos a...

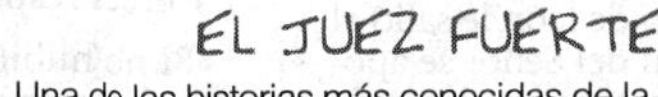

Una de las historias más conocidas de la Biblia es la de Sansón. Muchos lo conocemos por su fuerza en varias hazañas, como matar un león a mano limpia y a mil hombres con la quijada de un burro. Pero ¿sabías que su nacimiento fue anunciado por un ángel y que el libro de los Jueces dice: «El espíritu del Señor comenzó a actuar en él» más veces que en cualquier otra historia? (Jue 13 25; 14 6; 15 14).

Como persona consagrada, Sansón debía abstenerse del alcohol, de comer algo impuro y de cortarse el pelo. Pero rompió todos sus votos; se dejó llevar por la lujuria y usó su gran fuerza para venganzas personales. A pesar de sus imperfecciones, Dios quiso que fuera un instrumento para el bien de su pueblo. Padeció por sus pecados y, finalmente, su trágica muerte dio la victoria a los israelitas sobre los filisteos. Los propósitos de Dios se cumplieron, a pesar de contar con un ser humano imperfecto y pecador.

Jue 13 – 16

seguida a avisarle a su marido: «Se me apareció el hombre que vino a verme el otro día».
11 Manóaj se levantó y fue detrás de su
mujer. Y al llegar adonde estaba el hombre,
le dijo: «¿Eres tú el que le ha hablado a esta mujer?». «Sí, soy yo», respondió él. 12 Entonces Manóaj le preguntó: «Cuando suceda lo que tú has dicho, ¿qué forma de vida
tendrá que llevar el niño y cuál será su conducta?». 13 El Ángel del Señor dijo a Manóaj:
«Él tendrá que abstenerse de todo lo que le
dije a esta mujer: 14 no probará el fruto de la
vid, ni beberá vino ni bebida fermentada;
no comerá nada impuro, y observará todo
lo que le he mandado a esta mujer».
15 Manóaj dijo al Ángel del Señor: «Quédate aquí y te prepararemos un cabrito».
16 Pero el Ángel del Señor le respondió:
«Aunque me obligues a quedarme, no probaré tu comida. Si quieres hacer un holocausto, ofrécelo al Señor». Manóaj no se
había dado cuenta de que aquel hombre
era el Ángel del Señor.
17 Entonces Manóaj le preguntó: «¿Cuál
es tu nombre, para que podamos honrarte
cuando suceda lo que tú has dicho?». 18 Pero el Ángel del Señor le dijo: «¿Por qué me
preguntas mi nombre? Él es misterioso».
19 Manóaj tomó el cabrito y la ofrenda, y
los ofreció sobre la roca en holocausto al
Señor, que es misterioso en sus acciones.
Manóaj y su mujer estaban mirando. 20 Y
cuando la llama subía del altar hacia el cielo, el Ángel del Señor subía en la llama del
altar, a la vista de Manóaj y de su mujer,
que cayeron con el rostro en tierra. 21 El
Ángel del Señor ya no se volvió a aparecer a
Manóaj ni a su mujer. Entonces Manóaj reconoció que aquel hombre era el Ángel del
Señor, 22 y dijo a su mujer: «¡Vamos a morir,
porque hemos visto a Dios!». 23 Pero su mujer le respondió: «Si el Señor quisiera hacernos morir, no habría aceptado de nuestras manos el holocausto y la ofrenda;
tampoco nos habría mostrado todo esto, ni
nos habría comunicado una cosa así».
24 La mujer dio a luz un hijo y lo llamó
Sansón. El niño creció y el Señor lo bendijo. 25 Y el espíritu del Señor comenzó a actuar sobre él en el Campamento de Dan,
entre Sorá y Estaol.

El matrimonio de Sansón

Gn 34 4; 24 3-4; Jue 15 18; Is 28 29;
Jue 3 10; 1 Sm 17 34-37

14 1 Sansón bajó a Timná, y allí le llamó
la atención una mujer filistea. 2 Entonces fue a decir a su padre y a su madre: «He
visto en Timná a una mujer filistea; tráigan-
mela para que sea mi esposa». 3 Su padre y su
madre le replicaron: «¿No hay ninguna mujer entre las hijas de tus hermanos y en todo
tu pueblo, para que vayas a buscarte una
mujer entre esos filisteos incircuncisos?». Pero Sansón dijo a su padres: «Tráemela, porque esa es la que a mí me gusta». 4 Su padre
y su madre no sabían que esto procedía del
Señor. El Señor, en efecto, buscaba un pre-

texto contra los filisteos, porque en ese tiempo los filisteos dominaban a Israel.

5 Sansón bajó a Timná, y al llegar a las viñas de Timná, un cachorro de león le salió al paso rugiendo. 6 El espíritu del Señor se apoderó de él, y Sansón, sin tener nada en la mano, despedazó al león como se despedaza un cabrito. Pero él no contó ni a su padre ni a su madre lo que había hecho. 7 Luego bajó, conversó con la mujer y ella le gustó. 8 Al cabo de un tiempo, Sansón volvió para casarse con ella. Se desvió del camino para ver el cadáver del león, y vio que en su cuerpo había un enjambre de abejas y un panal de miel. 9 Lo recogió con su mano, y fue comiendo miel mientras caminaba. Cuando llegó adonde estaban su padre y su madre, les ofreció miel, y ellos comieron; pero no les dijo que la había sacado del cadáver del león. 10 Luego Sansón bajó para encontrarse con su mujer, y allí ofreció un banquete de siete días, como suelen hacerlo los jóvenes. 11 Al verlo, los filisteos designaron treinta muchachos para que estuvieran con él.

La adivinanza propuesta por Sansón

1 Re 10 1; Ez 17 2

12 Entonces Sansón les dijo: «Les voy a proponer una adivinanza. Si me dan la solución correcta dentro de los siete días que dura el banquete, yo les daré treinta prendas de lino y treinta trajes de fiesta. 13 En caso contrario, ustedes me los darán a mí». Ellos le respondieron: «Dinos tu adivinanza, porque te estamos oyendo». 14 Entonces él les dijo: «Del que come salió comida, y del fuerte salió dulzura». Y al cabo de tres días, aún no habían resuelto la adivinanza.

La solución de la adivinanza

Jue 15 6; Jue 3 10

15 Al cuarto día, dijeron a la mujer de Sansón: «Seduce a tu marido para que nos resuelva la adivinanza. De lo contrario, te quemaremos a ti y a toda tu familia. ¿O es que nos han invitado para quitarnos lo que es nuestro?». 16 La mujer se puso a llorar en brazos de Sansón, y le dijo: «Tú no sientes ningún cariño por mí. Has propuesto una adivinanza a mis compatriotas, y no has querido darme la solución». «No se la di a mi padre ni a mi madre —le respondió él— ¿y te la voy a dar a ti?». 17 Pero ella le estuvo encima llorando los siete días que duró la fiesta, y él, ante tanta insistencia, al séptimo día le dio la solución. Ella se la comunicó a sus compatriotas.

18 El séptimo día, antes que Sansón entrara en la habitación matrimonial, la gente del pueblo le dijo:

«¿Qué hay más dulce que la miel
y más fuerte que el león?».

Y él les respondió:

«Si no hubieran arado con mi ternera,
no habrían resuelto mi adivinanza».

19 Luego el espíritu del Señor se apoderó de Sansón; él bajó a Ascalón y allí mató a treinta hombres. Después de recoger sus despojos, entregó la ropa a los que habían acertado la adivinanza, y regresó furioso a la casa de su padre. 20 Uno de los compañeros que habían estado con él se quedó con su esposa.

Las represalias de Sansón

Jue 14 15

15 1 Después de un tiempo, mientras se cosechaba el trigo, Sansón fue a visitar a su mujer, llevando un cabrito, y dijo: «Quiero estar a solas con mi mujer en la habitación». Pero el padre de ella no lo dejó entrar, 2 diciendo: «Pensé que ya no la querías y se la di a tu compañero. Quédate en cambio con su hermana menor, que es más hermosa». 3 Sansón le replicó: «Esta vez seré inocente del daño que voy a causar a los filisteos».

4 Sansón se fue y cazó trescientos chacales; luego tomó unas antorchas, ató a los animales por la cola, de dos en dos, y les colgó una antorcha entre las colas. 5 Prendió fuego a las antorchas y soltó a los chacales por los sembrados de los filisteos. Así les quemó las gavillas, el trigo todavía en pie, y hasta los viñedos y olivares. 6 «¿Quién ha hecho esto?», preguntaron entonces los filisteos. «Fue Sansón, el yerno del timnita —les respondieron—; lo hizo porque su suegro le quitó a su mujer y se la dio a su compañero». Entonces los filisteos subieron y quemaron a aquella mujer y a su familia. 7 Sansón les dijo: «Ya que me hacen esto, no voy a parar hasta vengarme de ustedes». 8 Y los golpeó a más no poder, dejándolos maltrechos. Después bajó a la cueva de la roca de Etam y se quedó allí.

Sansón entregado a los filisteos

9 Los filisteos subieron a acampar en Judá e hicieron una incursión por Lejí. 10 Los hombres de Judá les preguntaron: «¿Por qué han subido contra nosotros?». Ellos les respondieron: «Subimos para llevar atado a Sansón y hacer con él lo que él hizo con nosotros». 11 Entonces tres mil hombres de Judá bajaron hasta la cueva de la roca de Etam y dijeron a Sansón: «¿No sabes que los filisteos nos tienen dominados? ¿Qué nos has hecho?». Él les respon-

dió: «Yo los traté como ellos me trataron a
mí». 12 Ellos replicaron: «Bajamos para entregarte atado en manos de los filisteos».
Sansón les dijo: «Júrenme que no son ustedes los que me van a matar». 13 «No, no te
mataremos —le respondieron—; solo queremos llevarte atado y entregarte a los filisteos». Entonces lo ataron con dos cuerdas
nuevas y lo sacaron de entre las rocas.

Victoria de Sansón con la quijada de un asno

Ex 17 6; Sal 78 15-16

14 Cuando estaban por llegar a Lejí, los
filisteos le salieron al encuentro dando gritos de triunfo. Entonces el espíritu del Señor se apoderó de él: las cuerdas que sujetaban sus brazos fueron como hilos de
lino quemados por el fuego y las ataduras
se deshicieron entre sus manos. 15 Allí mismo encontró una quijada de asno, todavía
fresca, extendió su mano, la tomó y mató
con ella a mil hombres. 16 Entonces Sansón
exclamó: «Con la quijada de un asno hice
dos pilas de cadáveres; con la quijada de
un asno dejé tendidos a mil hombres».
17 Cuando terminó de hablar, Sansón
arrojó la quijada del asno. Por eso, aquel
lugar se llamó Ramat Lejí, que significa
«Altura de la Quijada». 18 Luego sintió mucha sed e invocó al Señor, diciendo: «Tú
has concedido esta gran victoria por intermedio de tu servidor, y ahora ¿voy a morir
de sed y a caer en manos de los incircuncisos?». 19 Entonces Dios partió el hueco de la
roca que hay en Lejí y brotó el agua. Sansón bebió, se sintió reanimado y revivió.
Por eso la fuente, que todavía hoy está en
Lejí, recibió el nombre de En Hacoré, que
significa «Fuente del que invoca».
20 Sansón juzgó a Israel, en tiempos de
los filisteos, por espacio de veinte años.

Hazaña de Sansón en Gaza

Jos 13 3; 2 1

16 1 Sansón se dirigió a Gaza. Allí vio a
una prostituta y entró en su casa.
2 Cuando anunciaron a la gente de Gaza:
«¡Ha llegado Sansón!», lo cercaron y se pusieron al acecho junto a la Puerta de la ciudad. Así estuvieron a la expectativa toda la
noche, diciendo: «Lo mataremos al despuntar el alba». 3 Pero Sansón estuvo acostado solo hasta la medianoche. Entonces
se levantó, tomó las hojas de la Puerta de
la ciudad y el marco que la sostenía, los
arrancó con barrotes y todo, los cargó sobre sus espaldas, y los subió hasta la cima
del monte que está frente a Hebrón.

Sansón y Dalila

Jos 13 3; Jue 14 15-17

4 Después de esto, Sansón se enamoró
en el valle de Sorec de una mujer llamada
Dalila. 5 Los príncipes de los filisteos fueron a verla y le dijeron: «Sedúcelo y averigua de dónde le viene esa fuerza tan enorme, y qué podríamos hacer para atarlo y
tenerlo sometido. Te daremos cada uno
mil cien siclos de plata».

VIVE LA PALABRA

Manipulación

Dalila trató de obtener el secreto de la fuerza de Sansón tres veces. Uno pensaría que Sansón se habría dado cuenta, pero no fue así. Fastidiado de sus preguntas, le revela su secreto, y Dalila usa la información para traicionarlo ante los filisteos.

Reflexiona sobre los problemas que la manipulación puede causarte a ti o que tú puedas causar:

- ¿Pueden otras personas confiarte sus secretos? ¿Has traicionado alguna confidencia?
- ¿Qué te disgusta más de la conducta de Dalila?
- ¿Qué cualidades buscas en tus amigos y en tu novio/a?
- ¿Qué puedes aprender de Sansón, quien perdió su pelo, su vista y su vida por confiar en Dalila, una amistad no sincera?
- ¿En qué situaciones es prudente callar y no revelar secretos personales para satisfacer la curiosidad de otros?
- ¿Tiene alguien derecho a exigirte darle a conocer secretos que solo Dios debe saber? ¿Por qué sí? ¿Por qué no?

Pide al Señor ser una persona íntegra, que nunca traicione a otra ni use las confidencias ajenas para obtener un provecho personal.

Jue 16 4-22

Sansón traicionado por Dalila

Jue 13 5

6 Dalila dijo a Sansón: «Vamos, dime de
dónde sacas tanta fuerza y con qué habría
que atarte para tenerte sometido». 7 Sansón le respondió: «Si me atan con siete
cuerdas de arco todavía frescas, que no se
han dejado secar, yo me debilitaría y sería
un hombre como cualquiera». 8 Los príncipes de los filisteos le mandaron siete
cuerdas de arco frescas, sin dejarlas secar,
y Dalila lo ató con esas cuerdas. 9 Y como
ella tenía a unos hombres emboscados en
la habitación, le gritó: «¡Sansón, los filisteos se te vienen encima!». Pero él rompió
las cuerdas de arco como se rompe un
cordón de estopa al primer contacto con
el fuego. Y no se descubrió el secreto de
su fuerza.

10 Entonces Dalila dijo a Sansón: «Me has
engañado y no me has dicho más que mentiras. Ahora dime con qué habría que atarte». 11 Él le respondió: «Si me atan fuertemente con cuerdas nuevas y sin usar, yo me
debilitaría y sería como un hombre cualquiera». 12 Dalila tomó unas cuerdas nuevas
y lo ató con ellas. Luego gritó: «¡Sansón, los
filisteos se te vienen encima!». En la habitación había gente emboscada, pero él rompió las cuerdas de sus brazos como si fueran
un hilo.

13 Dalila dijo a Sansón: «Hasta ahora me
has estado engañando; no me has dicho
más que mentiras. Vamos, dime con qué
habría que atarte». Sansón le respondió:
«Si entretejes las siete trenzas de mi cabellera con la urdimbre de un tejido, y las fijas con una clavija de telar, yo me debilitaría y sería como un hombre cualquiera».
14 Entonces ella lo hizo dormir, entretejió
las siete trenzas de su cabellera con la urdimbre de un tejido y las fijó con la clavija. Luego le gritó: «¡Sansón, los filisteos se
te vienen encima!». Él se despertó de su
sueño, y arrancó la clavija y el tejido. Y no
se descubrió el secreto de su fuerza.

15 Entonces ella le dijo: «¿Cómo puedes
decir que me quieres, si tu corazón no está conmigo? Ya me has engañado tres veces y no me has revelado de dónde sacas
tanta fuerza». 16 Y como todos los días lo
acosaba con sus palabras y no dejaba de
importunarlo, fastidiado ya hasta de la
vida, 17 él le abrió todo su corazón y le dijo: «La navaja no ha pasado nunca por mi
cabeza, porque estoy consagrado a Dios
desde el seno de mi madre. Si me cortaran
el cabello, mi fuerza se apartaría de mí,
me debilitaría y sería como los demás
hombres».

Sansón en poder de los filisteos

1 Sm 16 14; 18 12; Job 31 10

18 Dalila comprendió que él le había
abierto todo su corazón, y mandó llamar a
los príncipes de los filisteos, diciendo:
«Suban esta vez, porque me ha revelado todo su secreto». Los príncipes de los filisteos
fueron a verla, llevando el dinero convenido. 19 Luego ella durmió a Sansón sobre sus
rodillas, y llamó a un hombre, que le cortó las siete trenzas de su cabellera. Así él
comenzó a debilitarse y su fuerza se apartó
de él. 20 Dalila gritó: «¡Sansón, los filisteos
se te vienen encima!». Al despertar de su
sueño, Sansón pensó: «Saldré del paso como las otras veces y me libraré». Pero no
sabía que el Señor se había apartado de él.

21 Los filisteos lo tomaron prisionero, le vaciaron los ojos y lo hicieron bajar a Gaza. Allí
lo ataron con una doble cadena de bronce, y
él hacía rodar el molino en la cárcel. 22 Pero su
cabello comenzó a crecer apenas cortado.

Los festejos de los filisteos

1 Sm 5 2-7; Jos 15 41

23 Los príncipes de los filisteos se reunieron para ofrecer un gran sacrificio a Dagón, su dios, y para hacer grandes festejos.
Ellos decían: «Nuestro dios nos ha puesto
en las manos a Sansón, nuestro enemigo».
24 Y al verlo, la gente alababa a su dios,
diciendo: «Nuestro dios nos ha puesto en
las manos a Sansón, nuestro enemigo, al
que devastaba nuestro país y multiplicaba
nuestras víctimas».

25 Cuando todos estuvieron muy alegres,
dijeron: «Llamen a Sansón para que nos
divierta». Entonces trajeron a Sansón de la
cárcel, y él estuvo haciendo piruetas delante de todos. Después lo pusieron de pie entre las columnas.

Venganza y muerte de Sansón

26 Sansón dijo al niño que lo llevaba de la
mano: «Déjame palpar las columnas que
sostienen la casa, para apoyarme en ellas».
27 El edificio estaba repleto de hombres y mujeres. Allí estaban todos los príncipes de los
filisteos, y en la azotea había unos tres mil
hombres y mujeres que se divertían mirando
a Sansón. 28 Entonces Sansón invocó al Señor, con estas palabras: «Señor, acuérdate de
mí y devuélveme la fuerza por esta sola vez,
para que pueda vengarme de los filisteos, de
un solo golpe, por la pérdida de mis dos
ojos». 29 Luego palpó las dos columnas centrales que sostenían el edificio, y se apoyó
contra ellas, poniendo sobre una su brazo
derecho y sobre la otra su brazo izquierdo.
30 Y exclamó: «¡Muera yo junto con los filis-

teos!». Después empujó con toda su fuerza,
y el edificio se desplomó sobre los príncipes
y sobre toda la gente allí reunida. ¡Los que él
mató al morir fueron más numerosos que
los que había matado en toda su vida!
31 Sus hermanos y toda la familia de su
padre bajaron y se llevaron el cadáver.
Luego subieron de nuevo y lo sepultaron
en la tumba de su padre Manóaj, entre Sorá y Estaol. Él había juzgado a Israel durante veinte años.

APÉNDICES

LA MIGRACIÓN DE LA TRIBU DE DAN

El santuario y el ídolo de Micá

Ex 20 4-6; Dt 5 8-10; 1 Re 12 28-31;
Jue 18 1; 19 1; 21 25

17 1 Había un hombre de la montaña de
Efraím, llamado Miqueas. 2 Él dijo a su
madre: «Esos mil cien siclos de plata que te
quitaron, y por los que te oí proferir una imprecación, están en mi poder; yo te los quité,
pero ahora te los devuelvo». Su madre exclamó: «¡Que el Señor te bendiga, hijo mío!».
3 Él le devolvió los mil cien siclos de plata, y su madre dijo: «Yo había consagrado
solemnemente esa plata al Señor, en favor
de mi hijo, para hacer una estatua revestida
de metal fundido». 4 Así, cuando él devolvió
la plata a su madre, ella tomó doscientos siclos de plata y se los entregó al orfebre. Este
hizo una estatua revestida de metal fundido,
y la pusieron en la casa de Miqueas. 5 Y como
este hombre tenía un lugar de culto, se hizo
un efod y unos ídolos familiares, e invistió a
uno de sus hijos para que fuera su sacerdote. 6 En aquel tiempo no había rey en Israel,
y cada uno hacía lo que le parecía bien.

El levita de Belén, sacerdote de Micá

1 Sm 16 4; Miq 5 1; Mt 2 1; Dt 18 6-7;
Jue 18 19; 2 Re 2 12; 6 21

7 Había un hombre joven de Belén de Judá, del clan de Judá, que era levita y residía
allí como forastero. 8 Este hombre había
dejado la ciudad de Belén de Judá, tratando de encontrar un sitio donde residir. Llegó a la montaña de Judá y, mientras iba de
camino, dio con la casa de Micá. 9 Este le
preguntó: «¿De dónde vienes?». «Soy un levita de Belén de Judá —le respondió él—,
y estoy tratando de encontrar un sitio donde residir». 10 Entonces Micá le dijo: «Quédate conmigo, y serás para mí un padre y
un sacerdote. Yo te daré diez siclos de plata al año, además de la ropa y la comida».
Ante su insistencia, 11 el levita accedió a
quedarse con aquel hombre, y el joven fue
para él como uno de sus hijos. 12 Micá invistió al levita, y así el joven se convirtió en
su sacerdote y se quedó en casa de Micá.
13 Entonces Micá exclamó: «¡Ahora sé que
el Señor me hará prosperar, porque tengo a
este levita como sacerdote!».

La tribu de Dan en busca de un territorio

Jue 17 6; Nm 13 – 14; 13 25-26.30.27; Jos 2 24

18 1 En aquel tiempo no había rey en Israel. Y por aquel entonces, la tribu de
Dan buscaba un territorio donde establecerse, porque hasta ese momento no le había tocado ninguna herencia entre las tribus de Israel. 2 Por eso los danitas enviaron
a cinco hombres de sus clanes, hombres
valientes de Sorá y Estaol, para recorrer y
explorar el país. «Vayan a explorar el país»,
les dijeron.
Los hombres llegaron a la montaña de
Efraím, hasta la casa de Micá, y se quedaron allí a pasar la noche. 3 Como estaban
cerca de la casa de Micá, reconocieron la
voz del joven levita. Entonces se le acercaron y le dijeron: «¿Quién te ha traído por
aquí? ¿Qué haces en este lugar? ¿Qué es lo
que tienes aquí?». 4 Él les respondió: «Micá
me ha tratado así y así; me ha tomado a
sueldo y yo soy su sacerdote». 5 Ellos le dijeron: «Consulta entonces a Dios, para que
sepamos si este viaje llegará a feliz término». 6 El sacerdote les respondió: «Vayan en
paz, porque el viaje que han emprendido
está bajo la mirada del Señor».
7 Los cinco hombres partieron y llegaron
a Lais. Allí vieron que la gente del lugar vivía
segura, tranquila y confiada, a la manera de
los sidonios; nadie infligía el menor agravio
a la población, ejerciendo la autoridad despóticamente; además, estaban alejados de
los sidonios y no dependían de nadie. 8 Al
regresar a Sorá y Estaol, donde estaban sus
hermanos, estos les dijeron: «¿Qué noticias
traen?». 9 «Subamos ahora mismo contra
ellos —les respondieron—, porque la región
que acabamos de ver es excelente. ¿Por qué
se quedan quietos? No duden ni un instante en ir a conquistar aquel país. 10 Apenas lleguen, encontrarán gente tranquila y un terreno espacioso. Sí, Dios les ha puesto en las
manos un país donde no falta nada de lo
que puede haber sobre la tierra».

La migración de los danitas

Gn 31 23-35

11 Así partieron de Sorá y Estaol seiscientos hombres del clan de los danitas, cada
uno equipado con armas de guerra. 12 Ellos
subieron a acampar cerca de Quiriat Iearim,
en Judá, y por eso aquel lugar, que se en-

cuentra al oeste de Quiriat Iearim, se llama
hasta el día de hoy «Campamento de Dan».
13 De allí pasaron a la montaña de Efraím y
llegaron a la casa de Micá.
14 Entonces tomaron la palabra los cinco
hombres que habían ido a explorar la región de Lais, y dijeron a sus hermanos:
«¿Saben lo que hay en esas casas? Hay un
efod, unos ídolos familiares y una estatua
de metal fundido. Ahora vean lo que tienen que hacer». 15 Ellos se acercaron hasta
allí, entraron en la casa de Micá, donde estaba el joven levita, y lo saludaron.
16 Y mientras los seiscientos hombres armados se quedaban de guardia ante la
puerta de entrada, 17 los cinco hombres que
habían ido a explorar el país se introdujeron en la casa y tomaron la estatua de metal fundido, el efod y los ídolos familiares.
Mientras tanto, el sacerdote permanecía de
pie junto a la puerta de entrada, con los
seiscientos hombres armados. 18 Al ver que
habían entrado en la casa de Micá y habían
tomado la estatua de metal fundido, el
efod y los ídolos familiares, el sacerdote les
dijo: «¿Qué están haciendo?». 19 Pero ellos
replicaron: «¡Silencio! No digas una sola
palabra y acompáñanos: tú serás para nosotros un padre y un sacerdote. ¿Qué vale
más para ti, ser sacerdote de la casa de un
solo hombre o serlo de una tribu y un clan
en Israel?». 20 El sacerdote se puso muy contento; tomó el efod, los ídolos familiares y
la estatua, y se incorporó a la tropa.
21 Así reanudaron la marcha y se fueron,
luego de poner al frente a las mujeres, los
niños, los rebaños y el equipaje. 22 Ya se habían alejado de la casa de Micá, cuando este y sus vecinos dieron la alarma y persiguieron de cerca a los danitas. 23 Como les
iban gritando detrás, los danitas se dieron
vuelta y preguntaron a Micá: «¿Qué te pasa
para gritar de esa manera?». 24 Él replicó:
«Me quitan a mi dios, el que yo me hice, y
se llevan a mi sacerdote; se van sin dejarme
nada, ¡y encima me preguntan qué me pasa!». 25 Pero los danitas respondieron: «¡No
nos levantes la voz! De lo contrario, algunos hombres irascibles acometerán contra
ustedes y entonces perderán la vida, tú y tu
familia». 26 Luego los danitas siguieron su
camino, y Micá, viendo que eran más fuertes que él, dio la vuelta y se volvió a su casa.

Fundación de la ciudad de Dan y de su santuario

Nm 13 21; Jos 19 47; Gn 30 6; Ex 2 22;
Jue 21 29; 1 Sm 1 3.9.24

27 Los danitas, por su parte, tomaron lo
que había hecho Micá, junto con el sacerdote que él tenía a su servicio, y avanzaron
contra Lais, contra una población tranquila y confiada. La pasaron al filo de la espada y prendieron fuego a la ciudad. 28 No había nadie que pudiera librarla, porque
estaba lejos de Sidón y no dependía de nadie. La ciudad se encontraba en el valle de
Bet Rejob. Los danitas la reconstruyeron y
se establecieron en ella. 29 Y le pusieron el
nombre de Dan, en memoria de su antepasado Dan, que había nacido de Israel.
Pero al principio la ciudad se llamaba Lais.
30 Los danitas construyeron la estatua, y Jonatán, hijo de Gersón, hijo de Moisés, y sus
hijos después de él, fueron los sacerdotes de
la tribu de Dan, hasta el día en que fue deportada del país. 31 Ellos instalaron la estatua
que había hecho Micá, y allí permaneció todo el tiempo que la Casa de Dios estuvo en
Silo.

LA GUERRA CONTRA LOS BENJAMINITAS

El levita de Efraím y su concubina

Jue 17 6.7; Gn 34 3; Os 2 16; Gn 24 54-59

19 1 En aquel tiempo, cuando no había
rey en Israel, un levita que vivía como forastero en los confines de la montaña de Efraím tomó por concubina a una
mujer de Belén de Judá. 2 Pero su concubina le fue infiel y lo abandonó, yéndose a la
casa de su padre en Belén de Judá, donde
permaneció unos cuatro meses. 3 Entonces
su marido fue detrás de ella, para hablarle
al corazón y hacerla volver. Él llevaba consigo un servidor y dos asnos.
La joven lo hizo entrar en la casa de su
padre, y este, al verlo, le salió al encuentro
lleno de alegría. 4 Su suegro, el padre de la
joven, lo retuvo en su casa, y el levita se
quedó con él tres días: comieron, bebieron
y pasaron la noche allí. 5 Al cuarto día, se levantaron de madrugada y el levita se dispuso a partir. Pero el padre de la joven dijo
a su yerno: «Repara tus fuerzas con un pedazo de pan, y luego partirán». 6 Entonces
se sentaron a comer y beber los dos juntos.
El padre de la joven le dijo: «Te invito a
quedarte esta noche, para pasar un momento agradable». 7 El hombre se levantó
para ponerse en camino, pero su suegro le
insistió tanto, que él cambió de parecer y
pasó la noche allí. 8 Al quinto día, se dispuso a partir de madrugada, pero su suegro le
dijo: «Repara antes tus fuerzas». Y se entre-
tuvieron, comiendo los dos juntos hasta
muy avanzado el día. 9 Cuando el levita se
levantó para partir con su concubina y su
servidor, el padre de la joven le dijo: «Ya se

está haciendo tarde. Quédate aquí esta noche y pasarás un momento agradable. Mañana de madrugada se pondrán en camino y regresarás a tu casa». 10 Pero el hombre no quiso quedarse, sino que se levantó y partió. Así llegó frente a Jebús —o sea, Jerusalén— llevando consigo los dos asnos cargados, además de su concubina y su servidor.

La llegada del levita a Guibeá

Gn 18 4; 19 2; 24 32; Jn 13 5

11 Cuando estaban cerca de Jebús, ya era muy tarde, y el servidor dijo a su señor: «Apartémonos del camino para entrar en esta ciudad jebusea y pasar la noche allí». 12 Pero su señor le respondió: «No nos apartemos para entrar en una ciudad extranjera, que no pertenece a los israelitas. Sigamos de largo hasta Guibeá». 13 Luego dijo a su servidor: «Vamos a acercarnos a uno de esos poblados; pasaremos la noche en Guibeá o en Ramá». 14 Siguieron de largo, y a la puesta del sol estuvieron frente en Guibeá de Benjamín. 15 Entonces se apartaron del camino para ir a pasar la noche en Guibeá. Al llegar, el hombre se quedó en la plaza de la ciudad, pero nadie los invitó a su casa para pasar la noche.

16 Entonces llegó un anciano, que al atardecer volvía de trabajar en el campo. Era un hombre de la montaña de Efraím y residía en Guibeá como forastero, porque la gente del lugar era benjaminita. 17 El anciano alzó los ojos y vio al viajero que estaba en la plaza de la ciudad. «¿De dónde vienes y adónde vas?» le preguntó. 18 «Estamos de paso, le respondió él; venimos de Belén de Judá y vamos hasta los confines de la montaña de Efraím, porque yo soy de allí. Fui a Belén de Judá, y ahora estoy de regreso. Pero no hay nadie que me reciba en su casa, 19 aunque tenemos paja y forraje para nuestros asnos, y también pan y vino para mí, para mi mujer y para el servidor que me acompaña. No nos falta nada». 20 El anciano le dijo: «La paz esté contigo. Yo proveeré a todas tus necesidades. No pases la noche en la plaza». 21 Entonces lo llevó a su casa y dio de comer a los asnos. Y ellos se lavaron los pies, comieron y bebieron.

El crimen de los habitantes de Guibeá

Gn 19 4-5.6-8; 1 Sm 11 7; Os 9 9; 10 9

22 Estaban pasando un momento agradable, cuando los hombres de la ciudad, gente pervertida, rodearon la casa y comenzaron a golpear la puerta, diciendo al anciano dueño de casa: «Trae afuera al hombre que entró en tu casa para que tengamos relaciones con él». 23 Pero el dueño de casa se presentó ante ellos y les dijo: «No, hermanos míos, no obren tan perversamente, porque ese hombre es mi huésped. ¡No cometan esa infamia! 24 Yo tengo a mi hija, que es virgen: se la traeré afuera, para que ustedes abusen de ella y la traten como mejor les parezca. Pero no cometan semejante infamia con ese hombre». 25 Sin embargo, ellos no quisieron escucharlo. Entonces el levita tomó a su concubina y la llevó afuera. Los hombres se aprovecharon de ella y la maltrataron toda la noche hasta la madrugada, y al amanecer, la abandonaron.

26 La mujer llegó de madrugada y se cayó a la entrada de la casa del hombre donde estaba su marido. Allí quedó hasta que fue el día. 27 Por la mañana, su marido se levantó, abrió la puerta de la casa y salió para continuar su camino. Al ver a la mujer, su concubina, que estaba tendida a la puerta de la casa, con la mano sobre el umbral, 28 le dijo: «Levántate, vamos». Pero no obtuvo respuesta. Entonces el hombre la cargó sobre su asno y emprendió el camino hacia su pueblo. 29 Cuando llegó a su casa, tomó el cuchillo y partió en doce pedazos el cuerpo de su concubina. Luego los envió a todo el territorio de Israel. 30 El levita había dado esta orden a sus emisarios: «Digan esto a todos los hombres de Israel: "¿Ha sucedido una cosa igual desde que los israelitas subieron del país de Egipto hasta el día de hoy? Reflexionen, deliberen y decidan"». Y todos los que lo veían, exclamaban: «¡Nunca ha sucedido ni se ha visto una cosa semejante, desde que los israelitas subieron de Egipto hasta el día de hoy!».

La venganza de los israelitas

Jue 21 20; Ex 12 3; 1 Sm 7 5-6

20 1 Entonces todos los israelitas salieron como un solo hombre, desde Dan hasta Berseba y hasta la región de Galaad, y la comunidad se reunió delante del Señor, en Mispá. 2 Los dignatarios de todo el pueblo y todas las tribus acudieron a la asamblea del Pueblo de Dios: eran cuatrocientos mil hombres de a pie, armados de espada. 3 Los benjaminitas, por su parte, oyeron que los israelitas habían subido a Mispá.

Los israelitas dijeron: «Cuéntennos cómo ha sucedido el crimen». 4 Entonces el levita, el marido de la mujer asesinada, tomó la palabra y dijo: «Yo y mi concubina llegamos a Guibeá de Benjamín para pasar la noche, 5 y los vecinos de Guibeá se levantaron contra mí: durante la noche, rodearon la casa, intentaron matarme y abusaron de mi concubina hasta hacerla morir. 6 Yo tomé a mi concubina, la corté en pedazos y envié esos pedazos a todo el territorio de la herencia de Israel, porque se había cometido una depravación y una infamia en Israel. 7 Ahora les toca a ustedes, israelitas, tomar aquí mismo una determinación».

8 Todo el pueblo se levantó como un solo hombre y exclamó: «Ninguno de nosotros irá a su campamento; nadie volverá a su casa. 9 Y con Guibeá haremos lo siguiente: sortearemos a los que subirán a atacarla; 10 de entre todas las tribus de Israel, tomaremos a diez hombres de cada cien, a cien de cada mil, y a mil de cada diez mil. Ellos recogerán víveres para la tropa, es decir, para los que irán a dar su merecido a Guibeá de Benjamín por la infamia que ha cometido en Israel». 11 Así, todos los hombres de Israel quedaron unidos como un solo hombre contra aquella ciudad.

El empecinamiento de los benjaminitas

Dt 13 6

12 Las tribus de Israel enviaron emisarios a toda la tribu de Benjamín para decirle: «¿Qué explicación dan del crimen que se ha cometido entre ustedes? 13 Entreguen a esos hombres pervertidos de Guibeá, para que los matemos y hagamos desaparecer el mal de Israel». Pero los benjaminitas no quisieron escuchar la demanda de sus hermanos israelitas.

Los preparativos para el combate

Jue 1 1-2

14 Los benjaminitas de todas las ciudades se reunieron en Guibeá para salir a combatir contra los israelitas. 15 Aquel mismo día se hizo el recuento de los benjaminitas provenientes de las diversas ciudades, y resultaron en total veinticinco mil hombres armados de espada, sin contar a los habitantes de Guibeá. 16 De toda esa tropa, setecientos hombres eran guerreros adiestrados, ambidextros, y capaces de arrojar la piedra de su honda contra un cabello, sin errar el tiro.

17 La gente de Israel también hizo un recuento: descontando a Benjamín, eran cuatrocientos mil hombres armados de espada, todos guerreros. 18 Enseguida subieron a Betel y consultaron a Dios para preguntarle: «¿Quién de nosotros será el primero en subir a luchar contra los benjaminitas?». Y el Señor respondió: «Judá será el primero».

Victoria inicial de los benjaminitas

Jue 2 4; 21 2; Nm 11 4; 14 1;
Is 3 26; 47 1; Nm 25 7-13

19 Los israelitas avanzaron de madrugada para acampar frente a Guibeá 20 y salir a luchar contra Benjamín. Los hombres de Israel se dispusieron en orden de batalla frente a la ciudad, 21 pero los benjaminitas salieron de Guibeá y dejaron tendidos por tierra aquel día a veintidós mil hombres de Israel. 23 Entonces los israelitas subieron a lamentarse delante del Señor hasta la tarde. Luego consultaron al Señor, diciendo: «¿Tenemos que entablar un nuevo combate con los hijos de nuestro hermano Benjamín?». Y el Señor respondió: «Suban a atacarlo». 22 De esta manera, la tropa israelita recobró el valor y volvió a disponer sus filas para el combate en el mismo lugar que el primer día. 24 Los israelitas se acercaron por segunda vez a los benjaminitas, 25 pero también aquel segundo día Benjamín les salió al encuentro desde Guibeá, y dejó tendidos por tierra a dieciocho mil israelitas, todos ellos armados de espada.

26 Entonces los israelitas subieron a Betel con todo el pueblo y allí se lamentaron, sentados delante del Señor: ayunaron todo el día hasta la tarde y ofrecieron al Señor holocaustos y sacrificios de comunión. 27 Después consultaron al Señor, porque en aquel tiempo el Arca de la Alianza de Dios se encontraba allí, 28 y Pinjás, hijo de Eleazar, hijo de Aarón, estaba al servicio de ella. «¿Tenemos que salir otra vez a luchar contra los hijos de nuestro hermano Benjamín, o debemos desistir?», preguntaron al Señor. Y el Señor respondió: «Suban, porque mañana los entregaré en manos de ustedes».

La derrota de Benjamín

Jue 9 34; Jos 8 4.6.16; Jos 18 24;
1 Sm 14 5; Jos 8 20; Dt 2 34-35

29 Israel tendió una emboscada alrededor de Guibeá. 30 Al tercer día, los israelitas avanzaron contra Benjamín, y dispusieron sus filas contra Guibeá, como las otras veces. 31 Los benjaminitas les salieron al encuentro, dejándose arrastrar lejos de la ciudad, y comenzaron como las otras veces a matar gente por los senderos que suben, uno a Betel y el otro a Gabaón. Así mataron a unos treinta hombres de Israel, sobre el campo raso. 32 Entonces los benjaminitas pensaron: «Ya los tenemos derrotados como la primera vez». Pero los israelitas habían dicho: «Vamos a simular que huimos, para atraerlos hasta los caminos, lejos de la ciudad». 33 Todos los hombres de Israel se levantaron de sus puestos y tomaron posiciones en Baal Tamar. Los israelitas que estaban emboscados atacaron desde sus posiciones al oeste de Gueba. 34 Diez mil guerreros adiestrados de todo Israel llegaron frente a Guibeá. El combate se hizo muy encarnizado, sin que

los benjaminitas advirtieran el desastre que
se les venía encima. 35 El Señor hizo que Benjamín cayera derrotado delante de Israel, y
aquel día los israelitas mataron a veinticinco
mil cien hombres de Benjamín, todos ellos
armados de espada.
36b Los hombres de Israel habían cedido terreno a Benjamín, porque contaban con el
apoyo de los que estaban emboscados contra
Guibeá. 37 Estos, por su parte, se desplegaron
rápidamente y atacaron a Guibeá, pasando a
todos sus habitantes al filo de la espada. 38 La
gente de Israel se había puesto de acuerdo con
los que estaban emboscados, para que estos
levantaran una humareda desde la ciudad, 39 y
entonces ellos presentarían batalla. Cuando
Benjamín comenzó a matar a algunos israelitas, unos treinta hombres en total, pensó: «Ya
los tenemos completamente derrotados, como en el primer combate». 40 Pero la columna
de humo empezó a levantarse desde la ciudad, y Benjamín, al mirar atrás, vio que la
ciudad entera subía en llamas hacia el cielo.
41 Entonces los hombres de Israel presentaron
batalla, y los benjaminitas temblaron al ver el
desastre que se les venía encima.
42 Los benjaminitas retrocedieron ante los
hombres de Israel en dirección al desierto,
pero se vieron acosados por los combatientes, y los que venían de la ciudad los atacaron tomándolos entre dos frentes. 43 Así encerraron a Benjamín, lo persiguieron sin
darle tregua y siguieron derrotándolo hasta
llegar a Gueba por el oriente. 44 Cayeron dieciocho mil guerreros de Benjamín. 36a Los
benjaminitas vieron que habían sido derrotados, 45 y los sobrevivientes volvieron la espalda y huyeron al desierto, hacia la Roca
de Rimón. Los israelitas capturaron por los
caminos a cinco mil hombres y, mientras
perseguían a Benjamín hasta Gueba, mataron a otros dos mil. 46 Aquel día cayeron en
total veinticinco mil benjaminitas, todos
ellos guerreros armados de espada.
47 Seiscientos hombres, en cambio, pudieron escapar al desierto, hasta la Roca de Rimón, y allí estuvieron durante cuatro meses.
48 Los israelitas se volvieron contra los
benjaminitas y pasaron al filo de la espada
a los varones de las ciudades, al ganado y a
todo lo que encontraron, y también incendiaron a su paso todas las ciudades.

Compasión de los israelitas por la tribu de Benjamín

Jue 20 23.26

21 1 Los hombres de Israel habían pronunciado este juramento en Mispá:
«Ninguno de nosotros dará su hija en matrimonio a un benjaminita».
2 El pueblo se dirigió a Betel, y allí estuvieron sentados delante del Señor hasta la
tarde, sollozando y derramando abundantes
lágrimas. 3 «Señor, Dios de Israel —decían—,
¿por qué ha sucedido esto en Israel? ¡Hoy le
falta a Israel una de sus tribus!». 4 Al día siguiente, el pueblo se levantó de madrugada,
construyeron allí un altar y ofrecieron holocaustos y sacrificios de comunión. 5 Luego
los israelitas dijeron: «¿Cuál entre todas las
tribus de Israel no ha subido a la asamblea
delante del Señor?». Porque contra el que no
se presentara ante el Señor en Mispá, se había pronunciado este juramento solemne:
«Morirá irremediablemente».

Las jóvenes de Iabés de Galaad entregadas a los benjaminitas

1 Sm 11; 31 11-13; Nm 31 5-6.15-18;
Dt 20 10-20; Jue 20 45-47

6 Los israelitas se compadecieron de su hermano Benjamín, y dijeron: «Hoy le ha sido
arrancada una tribu a Israel. 7 ¿Qué haremos
para proveer de mujeres a los que han sobrevivido, siendo así que hemos jurado por el Señor no darles como esposas a nuestras hijas?».
8 Por eso preguntaron: «¿Hay alguna entre las
tribus de Israel que no ha subido a presentarse ante el Señor en Mispá?». Y resultó que ningún hombre de Iabés de Galaad había venido
al campamento para la asamblea. 9 En efecto,
cuando se pasó revista al pueblo, vieron que
allí no había ningún habitante de Iabés de
Galaad. 10 Entonces la comunidad envió a doce mil de los guerreros, con esta orden: «Vayan
y pasen al filo de la espada a los habitantes de
Iabés de Galaad, incluidas las mujeres y los
niños. 11 Ustedes actuarán de esta manera:
consagrarán al exterminio a todos los varones
y a las mujeres que hayan convivido con
hombres, pero dejarán con vida a las vírgenes». Así lo hicieron. 12 Entre los habitantes de
Iabés de Galaad encontraron cuatrocientas jóvenes vírgenes, que no habían convivido con
ningún hombre, y las llevaron al campamento de Silo, que está en el país de Canaán.
13 Toda la comunidad de Israel envió
emisarios a los benjaminitas, que estaban
en la Roca de Rimón, para anunciarles la
paz. 14 Entonces los benjaminitas volvieron,
y los hombres de Israel les dieron las mujeres que habían dejado con vida en Iabés de
Galaad, pero no alcanzaron para todos.

El rapto de las jóvenes de Silo

15 El pueblo se compadeció de Benjamín,
porque el Señor había abierto una brecha
entre las tribus de Israel. 16 Los ancianos de
la comunidad dijeron: «¿Qué haremos para
proveer de mujeres a los que han sobrevivi-

do, ya que las mujeres de Benjamín han sido exterminadas?». [17]Y agregaron: «¡Que
los sobrevivientes de Benjamín tengan herederos, para que no desaparezca una tribu
de Israel! [18]Porque nosotros no podemos
darles como esposas a nuestras hijas». Los
israelitas, en efecto, habían hecho este juramento: «¡Maldito sea el que entregue una
mujer a Benjamín!».
[19]Entonces dijeron: «Está cerca la fiesta del
Señor que se celebra todos los años en Silo, al
norte de Betel, al este de la ruta que sube de
Betel a Siquem, y al sur de Leboná». [20]Y dieron estas instrucciones a los Benjaminitas:
«Vayan y tiendan una celada entre las viñas.
[21]Estén alerta, y cuando las jóvenes de Silo
salgan a danzar en coros, ustedes saldrán de
las viñas y raptarán cada uno a una de las jóvenes de Silo. Luego se irán al país de Benjamín. [22]Y si sus padres o hermanos vienen a
protestar contra nosotros, les diremos: "Sean
condescendientes con ellos, ya que no hemos
podido capturar en la guerra una mujer para
cada uno. Además, ustedes no hubieran podido dárselas, porque en ese caso se habrían
hecho culpables"». [23]Así lo hicieron los benjaminitas: entre las jóvenes danzantes que habían secuestrado, tomaron las mujeres que
necesitaban. Después se fueron de vuelta a su
herencia, reedificaron las ciudades y se establecieron en ellas.
[24]Al mismo tiempo, los israelitas se reinte-
graron cada uno a su tribu y a su clan; partieron de allí, y se fue cada uno a su herencia.
[25]En aquel tiempo no había rey en Israel,
y cada uno hacía lo que le parecía bien.

SEÑOR,

ABRE MIS OÍDOS A LO QUE QUIERAS DE MÍ;
ANTE MI DESCONFIANZA, DAME SEGURIDAD;
CUANDO NO TE ESCUCHE, INSISTE UNA VEZ MÁS;
SI AÚN NO TE HAGO CASO, ENVÍAME UNA SEÑAL.
¡SUSÚRRAME AL OÍDO! ¡HÁBLAME EN SUEÑOS!
¡GRÍTAME FUERTE! ¡MUÉSTRATE DESCARADAMENTE!
¡DAME PRUEBAS! ¡HAZ LO QUE SEA NECESARIO!
¡VENCE MI TERQUEDAD Y LOGRA LO QUE QUIERAS DE MÍ!

AMÉN

1 Y 2 SAMUEL

Los grupos estudiantiles y las sociedades donde la gente tiene voz y voto suelen debatir abiertamente qué tipo de gobierno y de líderes necesitan, y qué leyes son las mejores para proteger los intereses de las personas, los trabajadores, el medio ambiente... El primer libro de Samuel refleja estas tensiones en Israel cuando el tiempo de los jueces llega a su fin y tienen su primer rey. El segundo libro presenta el reinado de David, quien se convirtió en el rey ideal. Este período de la historia israelita está lleno de fuertes luchas y vigorosas personalidades con las que es fácil identificarse.

ESQUEMA

1 Samuel

- **1 Sm 1 1 – 4 1.** Infancia y vocación de Samuel
- **1 Sm 4 2 – 7 17.** El Arca de la alianza en poder de los filisteos
- **1 Sm 8 – 15.** Los comienzos de la monarquía: el reinado de Saúl
- **1 Sm 16 – 2 Sm 1.** Preeminencia de David y decadencia de Saúl

2 Samuel

- **2 Sm 2 – 4.** David, rey de Judá
- **2 Sm 5 – 8.** David, rey de Judá y de Israel
- **2 Sm 9 – 20.** Crónica de la sucesión al trono de David
- **2 Sm 21 – 24.** Apéndices

DATOS

Período descrito
Aprox. de 1080 a 1000 a.C.

Autor
Tradición deuteronomista, probablemente usó archivos de la corte e historias de héroes

Fecha de redacción
De 700 a 600 a.C.

Temas
Comienzo y desarrollo de la monarquía. El reinado de David y principio del profetismo

Nota
Los dos libros de Samuel originalmente eran uno solo. Fueron divididos al ser traducidos del hebreo al griego

PRESENTACIÓN

Los dos libros de Samuel relatan el fin de la etapa de Israel como federación de tribus y el principio de la monarquía acompañada de profetas. Ante las amenazas de otros pueblos, los israelitas deseaban un gobierno que los fortaleciera políticamente y los ayudara a seguir fieles a la alianza con Dios. Vieron la solución en la monarquía, donde el rey sería un representante del Señor y cuidaría los intereses de Dios y del pueblo.

El primer libro se centra en Samuel, quien ejerció el triple rol de sacerdote, juez y profeta, y estableció los fundamentos para crear una nación. El pueblo le pidió un rey que lo gobernara como en los pueblos vecinos; Samuel se lo comunicó a Dios, quien lo instruyó para que ungiera a Saúl como rey.

La elección de Saúl como el primer rey tiene un rico significado, que se repite constantemente en la historia de salvación. Dios escoge a los pequeños para hacer grandes obras. Saúl era el último y el más pequeño de la última tribu de Israel (1 Sm 9 21) (ver «La sorprendente elección de Dios», Gn 27 1-10, y «¡Viva David, abajo Goliat!», 1 Sm 17).

El segundo libro se centra en David, el segundo rey. Fue líder militar y gobernador poderoso, al mismo tiempo que pecador frágil dispuesto a la conversión. Más tarde, llegó a ser símbolo del rey ideal y del Mesías. Su reinado se convirtió en signo y promesa de que un día Dios establecería un reino de vida, santidad y gracia, de justicia, amor y paz.

La historia relatada en estos dos libros es muy humana. Abrazos entre amigos y puñaladas en pleitos; fieles servidores y traidores; héroes y cobardes; fracasos y triunfos; tristezas y alegrías..., llenan estas páginas que hacen de su lectura una experiencia fascinante y mensajes fácilmente aplicables a situaciones de nuestra vida.

1 SM

INFANCIA Y VOCACIÓN DE SAMUEL

La peregrinación de Elcaná al santuario de Silo

Gn 29 31; Jue 21 19-23; Gn 16 4-6; Rut 4 15

1 [1] Había un hombre de Ramataim, un
sufita de la montaña de Efraím, que se
llamaba Elcaná, hijo de Ierojam, hijo de Elihú, hijo de Toju, hijo de Suf, efraimita. [2] Él
tenía dos mujeres: una se llamaba Ana y la
otra Peniná. Peniná tenía hijos, pero Ana no
tenía ninguno. [3] Este hombre subía cada año
desde su ciudad, para adorar y ofrecer sacrificios al Señor en Silo. Allí eran sacerdotes
del Señor, Jofní y Pinjás, los dos hijos de Elí.
[4] El día en que Elcaná ofrecía su sacrificio,
daba a su esposa Peniná, y a todos sus hijos
e hijas, porciones de la víctima. [5] Pero a Ana
le daba una porción especial, porque la
amaba, aunque el Señor la había hecho estéril. [6] Su rival la afligía constantemente para
humillarla, porque el Señor la había hecho
estéril. [7] Así sucedía año tras año: cada vez
que ella subía a la Casa del Señor, la otra la
afligía de la misma manera. Entonces Ana se
ponía a llorar y no quería comer. [8] Pero Elcaná, su marido, le dijo: «Ana, ¿por qué lloras y no quieres comer? ¿Por qué estás triste?
¿No valgo yo para ti más que diez hijos?».

La súplica y el voto de Ana

Lc 1 48; Nm 6 1-8; Hch 2 13-15

[9] Después que comieron y bebieron en Silo, Ana se levantó. Mientras tanto, el sacerdote Elí estaba sentado en su silla a la puerta del Templo del Señor. [10] Entonces Ana, con
el alma llena de amargura, oró al Señor y lloró desconsoladamente. [11] Luego hizo este voto: «Señor de los ejércitos, si miras la miseria
de tu servidora y te acuerdas de mí, si no te
olvidas de tu servidora y le das un hijo varón, yo lo entregaré al Señor para toda su vida, y la navaja no pasará por su cabeza».
[12] Mientras ella prolongaba su oración delante del Señor, Elí miraba atentamente su
boca. [13] Ana oraba en silencio; solo se movían sus labios, pero no se oía su voz. Elí
pensó que estaba ebria, [14] y le dijo: «¿Hasta
cuándo te va a durar la borrachera? ¡Ve a
que se te pase el efecto del vino!». [15] Ana respondió: «No, mi señor; yo soy una mujer
que sufre mucho. No he bebido vino ni na-

«El Señor la había hecho estéril»

¿Cómo es posible que Dios quiera que alguien sea estéril, se enferme o esté mal? Los israelitas sabían que Dios es el origen de todo y que él no depende de nadie, y pensaban que él hacía todo directamente. Por eso en sus escritos es difícil distinguir *lo que Dios quiere de lo que Dios permite.*

En nuestras culturas usamos frases como «si Dios quiere», «con el favor de Dios», «Dios mediante». ¿En qué se parecen estas expresiones al pensamiento israelita? ¿Cómo se relaciona la intervención de Dios en la historia con nuestra libertad de actuar?

1 Sm 1 – 6

da que pueda embriagar; solo me estaba
desahogando delante del Señor. 16 No tomes
a tu servidora por una mujer cualquiera; si
he estado hablando hasta ahora, ha sido
por el exceso de mi congoja y mi dolor».
17 «Vete en paz —le respondió Elí—, y que el
Dios de Israel te conceda lo que tanto le has
pedido». 18 Ana le dijo entonces: «¡Que tu
servidora pueda gozar siempre de tu favor!».
Luego la mujer se fue por su camino, comió
algo y cambió de semblante.

El nacimiento y la consagración de Samuel

Nm 30 14; 15 8-10

19 A la mañana siguiente, se levantaron
bien temprano y se postraron delante del
Señor; luego regresaron a su casa en Ramá.
Elcaná se unió a su esposa Ana, y el Señor
se acordó de ella. 20 Ana concibió, y a su debido tiempo dio a luz un hijo, al que puso
el nombre de Samuel, diciendo: «Se lo he
pedido al Señor».
21 El marido, Elcaná, subió con toda su familia para ofrecer al Señor el sacrificio anual
y cumplir su voto. 22 Pero Ana no subió, porque dijo a su marido: «No iré hasta que el niño deje de mamar. Entonces lo llevaré, y él se
presentará delante del Señor y se quedará allí
para siempre». 23 Elcaná, su marido, le dijo:
«Puedes hacer lo que mejor te parezca. Quédate hasta que lo hayas destetado, y ojalá
que el Señor cumpla su palabra». La mujer se
quedó, y crió a su hijo hasta que lo destetó.

24 Cuando el niño dejó de mamar, lo
subió con ella, llevando además un novillo de tres años, una medida de harina y
un odre de vino, y lo condujo a la Casa
del Señor en Silo. El niño era aún muy pequeño. 25 Y después de inmolar el novillo,
se lo llevaron a Elí. 26 Ella dijo: «Perdón,
señor mío; ¡por tu vida, señor!, yo soy
aquella mujer que estuvo aquí junto a ti,
para orar al Señor. 27 Era este niño lo que
yo suplicaba al Señor, y él me concedió lo
que le pedía. 28 Ahora yo, a mi vez, se lo cedo
a él: para toda su vida queda cedido al Señor». Después se postraron delante del
Señor.

El canto de Ana

Lc 1 46-55; Sal 89; 18; 25;
113 7-8; 91 12; 37 20.16

2 1 Entonces Ana oró, diciendo:

«Mi corazón se regocija en el Señor,
tengo la frente erguida gracias a mi Dios.
Mi boca se ríe de mis enemigos,
porque tu salvación me ha llenado
de alegría.

2 No hay Santo como el Señor,
porque no hay nadie fuera de ti,
y no hay Roca como nuestro Dios.
3 No hablen con tanta arrogancia,
que la insolencia no les brote de la boca,
porque el Señor es el Dios que lo sabe todo,
y es él quien valora las acciones.

REFLEXIONA

El canto jubiloso de dos santas mujeres

Compara la oración de Ana en 1 Samuel 2 1-10 con la de María en Lucas 1 46-55. Nota su alegría y la fe confiada en el plan de Dios y en su auxilio a los necesitados, hambrientos y pobres. Observa cómo Dios trata al orgulloso, al poderoso y al rico, sobre todo en la oración de María. Aquellas santas mujeres fueron capaces de comprender la grandeza de Dios y su intervención positiva en la historia humana.

¿Qué mujeres fuertes y santas conoces? ¿Quiénes te tienen presente en sus oraciones? Al orar, ¿cómo relacionas la grandeza de Dios con tus necesidades y las de los demás?

1 Sm 2 1-10

[4] El arco de los valientes se ha quebrado,
y los vacilantes se ciñen de vigor;
[5] los satisfechos se contratan
por un pedazo de pan,
y los hambrientos dejan de fatigarse;
la mujer estéril da a luz siete veces,
y la madre de muchos hijos se marchita.

[6] El Señor da la muerte y la vida,
hunde en el Abismo y levanta de él.
[7] El Señor da la pobreza y la riqueza,
humilla y también enaltece.

[8] Él levanta del polvo al desvalido
y alza al pobre de la miseria,
para hacerlos sentar con los príncipes
y darles en herencia un trono de gloria;
porque del Señor son las columnas
de la tierra
y sobre ellas afianzó el mundo.
[9] Él protege los pasos de sus fieles,
pero los malvados desaparecerán
en las tinieblas,
porque el hombre no triunfa por su fuerza.

[10] Los rivales del Señor quedan aterrados,
el Altísimo truena desde el cielo.
El Señor juzga los confines de la tierra;
él fortalece a su rey
y exalta la frente de su Ungido».

[11] Luego Elcaná se fue a su casa en Ramá,
y el niño quedó al servicio del Señor, a las
órdenes del sacerdote Elí.

Los abusos de los hijos de Elí

Lv 7 29-36; 3 3-5

[12] Los hijos de Elí eran unos canallas, que
no reconocían al Señor [13] ni respetaban los
deberes de los sacerdotes para con el pueblo. Cada vez que alguien ofrecía un sacrificio, venía el servidor del sacerdote con un
tenedor de tres dientes en la mano, mientras se cocía la carne. [14] Entonces lo metía en
la olla o el caldero, en la cacerola o el tazón,
y todo lo que recogía el tenedor, se lo guardaba el sacerdote para él. Así hacían con todos los israelitas que iban a Silo. [15] Incluso
antes que se quemara la grasa, venía el servidor del sacerdote y decía a la persona que
ofrecía el sacrificio: «Dale al sacerdote carne
para asar; él no aceptará de ti carne cocida,
sino solo cruda». [16] Y si el hombre le decía:
«Primero hay que quemar la grasa; después,
llévate lo que quieras», el servidor replicaba:
«No, o me la das ahora mismo, o me la llevo por la fuerza». [17] El pecado de esos ayudantes era muy grave delante del Señor, porque deshonraban las ofrendas del Señor.

Samuel en el Templo de Silo

[18] Samuel servía en la presencia del Señor; era un niño, y llevaba ceñido el efod
de lino. [19] Su madre le hacía un pequeño
manto, y se lo traía cada año, cuando subía
con su marido a ofrecer el sacrificio anual.
[20] Entonces Elí bendecía a Elcaná y a su mujer, diciendo: «Que el Señor te conceda una
descendencia de esta mujer, a cambio de
aquel que fue cedido al Señor». Luego se
volvían a su casa. [21] El Señor intervino en
favor de Ana, y ella concibió y dio a luz tres
hijos y dos hijas. Mientras tanto, el joven
Samuel crecía junto al Señor.

Los reproches de Elí a sus hijos

Ex 38 8; Lc 2 52

[22] Elí era ya muy viejo, y oyó hablar de
todo lo que hacían sus hijos a Israel, y cómo se acostaban con las mujeres que prestaban servicio a la entrada de la Tienda del

VIVE LA PALABRA

Educados y autoformados

Los hijos del sacerdote Elí eran abusivos y su conducta era una injuria para el Santuario. Elí no los corregía y eran mal ejemplo para la gente. ¿Y nosotros?

Cuando somos pequeños y adolescentes, toca a nuestros padres educarnos para que tengamos valores sólidos con que guiar nuestra vida, y a nosotros corresponder. Si eres adolescente: ¿cómo estás respondiendo a la educación que te dan tus padres, maestros y otros adultos?, ¿en qué aspectos la aprovechas?, ¿en cuáles necesitas responder mejor?

Cuando somos jóvenes o adultos, la educación está en nuestras manos y consiste en un proceso continuo de autoformación. En estos casos: ¿cómo usas las capacidades que Dios te ha dado para autoformarte?, ¿cómo las puedes usar mejor en adelante?

Agradece y aprovecha los buenos consejos de tus padres y educadores. Cuando formes tu familia, apreciarás más esos valores, podrás educar a tus hijos con tu ejemplo y sabrás aconsejarlos.

1 Sm 2 12-17

Encuentro. 23 Entonces les dijo: «¿Por qué
hacen esas cosas? Oigo hablar a todo el
pueblo de las malas acciones que ustedes
cometen. 24 No, hijos míos, no es nada bueno el rumor que se hace correr entre el
Pueblo del Señor. 25 Si un hombre peca
contra otro hombre, Dios interviene como
árbitro; pero si un hombre peca contra el
Señor, ¿quién puede interceder por él?».
Pero ellos no escucharon la voz de su padre, porque el Señor quería hacerlos morir.
26 En cambio, el joven Samuel iba creciendo, y era apreciado por Dios y por los
hombres.

Anuncio profético contra los descendientes de Elí

1 Sm 3 11-14; 2 Sm 22 26;
Sal 18 26; 1 Sm 22 18-19

27 Un hombre de Dios se presentó a Elí y
le dijo: «Así habla el Señor: Yo me revelé a
la familia de tu padre, cuando ellos estaban
en Egipto, bajo el poder de la casa del Faraón. 28 Elegí a tu padre entre todas las tribus de Israel, para que fuera mi sacerdote y
subiera a mi altar, para que hiciera arder el
incienso y llevara el efod en mi presencia. Y
asigné a la familia de tu padre todas las
ofrendas que hacen quemar los israelitas.
29 ¿Por qué entonces pisotean mi sacrificio y
mi ofrenda, que yo prescribí para mi Morada? ¿Por qué honras a tus hijos más que a
mí, haciéndolos engordar con lo mejor de
todas las ofrendas de mi pueblo Israel?
30 Por eso, el Señor, el Dios de Israel, pronuncia este oráculo: Yo había dicho que tu
familia caminaría siempre en mi presencia.
Pero ahora —oráculo del Señor— ¡lejos de
mí todo eso! Porque yo honro a los que
me honran, pero los que me desprecian
son humillados. 31 Llegan los días en que
amputaré tu brazo y el de la familia de tu
padre, de manera que no habrá más ancianos en tu casa. 32 Tú verás un rival en la Morada; y aunque todo le vaya bien a Israel,
nunca habrá ancianos en tu casa. 33 Sin embargo, mantendré a algunos de tus descendientes cerca de mi altar, para que se consuman tus ojos y se desgaste tu vida; pero
todos los vástagos de tu casa morirán en la
flor de la edad. 34 Y te servirá de señal lo
que les sucederá a tus hijos Jofní y Pinjás:
ambos morirán el mismo día.
35 En cambio, yo me suscitaré un sacerdote fiel, que obrará conforme a mi corazón y a mis deseos. Yo le edificaré una casa duradera, y él caminará en presencia de
mi Ungido todos los días de su vida. 36 Y todos los que subsistan de tu casa irán a postrarse delante de él por una moneda de
plata y una miga de pan, y le dirán: Admí-
teme, por favor, a cualquiera de las funciones sacerdotales, para que tenga un pedazo
de pan que comer».

La vocación de Samuel

Gn 22 1; Ex 3 4; Is 6 8; Jr 1 4-11; 1 Sm 2 27-36

3 1 El joven Samuel servía al Señor en la
presencia de Elí. La palabra del Señor
era rara en aquellos días, y la visión no era
frecuente.
2 Un día, Elí estaba acostado en su habitación. Sus ojos comenzaban a debilitarse y
no podía ver. 3 La lámpara de Dios aún no
se había apagado, y Samuel estaba acostado en el Templo del Señor, donde se encontraba el Arca de Dios. 4 El Señor llamó a
Samuel, y él respondió: «Aquí estoy». 5 Samuel fue corriendo adonde estaba Elí y le
dijo: «Aquí estoy, porque me has llamado».
Pero Elí le dijo: «Yo no te llamé; vuelve a
acostarte». Y él se fue a acostar.
6 El Señor llamó a Samuel una vez más.
Él se levantó, fue adonde estaba Elí y le di-

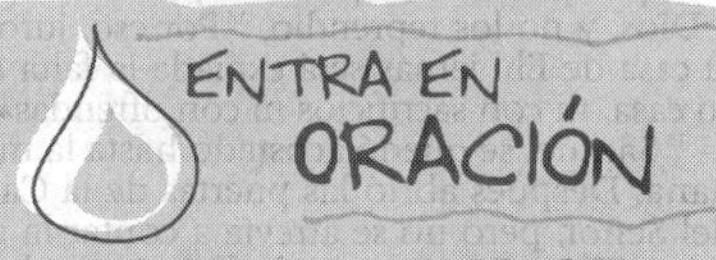

Habla, Señor, te escucho

El sacerdote Elí comprendió que Samuel escuchaba la voz de Dios, y le enseñó a responderle con una simple frase: «Habla, Señor, porque tu servidor escucha» (1 Sm 3 9). Haz oración con esta frase de tanto valor:

«Habla, Señor...»

Desde el fondo de tu corazón invita a Dios para que te platique; que tu actitud sea de apertura a lo que te dirá. Dile para empezar: *«Señor, tú eres grande y poderoso, y sin embargo quieres dialogar conmigo. Estoy listo/a para escuchar lo que me digas...».*

«... porque tu servidor...»

Expresa al Señor tu realidad, dile como eres y cual es tu relación con él. Puedes iniciar diciendo: *«Señor, soy tu servidor/a. Deseo hacer lo que tú quieras, concédeme comprender cómo quieres que te sirva a ti y a mis hermanos».*

«... escucha».

Manifiesta a Dios tu deseo de escuchar su palabra y ponerla en práctica. Dile: *«Mi Dios, no quiero vivir ignorándote. Quiero ser auténtico/a y que tu mensaje sea mi guía y la energía de mi vida».*

1 Sm 3 1-19

jo: «Aquí estoy, porque me has llamado». Elí le respondió: «Yo no te llamé, hijo mío; vuelve a acostarte». 7 Samuel aún no conocía al Señor, y la palabra del Señor todavía no le había sido revelada.

8 El Señor llamó a Samuel por tercera vez. Él se levantó, fue adonde estaba Elí y le dijo: «Aquí estoy, porque me has llamado». Entonces Elí comprendió que era el Señor el que llamaba al joven, 9 y dijo a Samuel: «Ve a acostarte, y si alguien te llama, tú dirás: Habla, Señor, porque tu servidor escucha». Y Samuel fue a acostarse en su sitio.

10 Entonces vino el Señor, se detuvo, y llamó como las otras veces: «¡Samuel, Samuel!». Él respondió: «Habla, porque tu servidor escucha». 11 El Señor dijo a Samuel: «Mira, voy a hacer una cosa en Israel, que a todo el que la oiga le zumbarán los oídos. 12 Aquel día, realizaré contra Elí todo lo que dije acerca de su casa, desde el comienzo hasta el fin. 13 Yo le anuncio que condeno a su casa para siempre a causa de su iniquidad, porque él sabía que sus hijos maldecían a Dios, y no los reprendió. 14 Por eso, juro a la casa de Elí: jamás será expiada la falta de su casa, ni con sacrificios ni con ofrendas».

15 Samuel se quedó acostado hasta la mañana. Después abrió las puertas de la Casa del Señor, pero no se atrevía a contar la visión a Elí. 16 Entonces Elí lo llamó y le dijo: «Samuel, hijo mío». «Aquí estoy», respondió él. 17 Elí preguntó: «¿Qué es lo que te ha dicho? Por favor, no me ocultes nada. Que Dios te castigue si me ocultas algo de lo que él te dijo». 18 Samuel le contó todo, sin ocultarle nada. Elí exclamó: «Él es el Señor; que haga lo que mejor le parezca».

El prestigio de Samuel como profeta

2 Cr 35 18; Hch 13 20

19 Samuel creció; el Señor estaba con él, y no dejó que cayera por tierra ninguna de sus palabras. 20 Todo Israel, desde Dan hasta Berseba, supo que Samuel estaba acreditado como profeta del Señor. 21 El Señor continuó apareciéndose en Silo, porque era allí donde él se revelaba a Samuel.

4 1 Y la palabra de Samuel llegó a todo Israel.

EL ARCA DE LA ALIANZA EN PODER DE LOS FILISTEOS

La derrota de Israel frente a los filisteos

1 Sm 29 1; Nm 10 35; 2 Sm 11 11

En aquellos días, los filisteos se reunieron para combatir contra Israel. Israel les salió al encuentro para el combate, y acamparon en Eben Ezer, mientras los filisteos acampaban en Afec. 2 Los filisteos se alinearon en orden de batalla frente a Israel, y se entabló un duro combate. Israel cayó derrotado delante de los filisteos, y unos cuatro mil hombres fueron muertos en el frente de batalla, en campo abierto. 3 Cuando el pueblo regresó al campamento, los ancianos de Israel dijeron: «¿Por qué el Señor nos ha derrotado hoy delante de los filisteos? Vayamos a buscar a Silo el Arca de la Alianza del Señor: que ella esté presente en medio de nosotros y nos salve de la mano de nuestros enemigos». 4 El pueblo envió unos hombres a Silo, y trajeron de allí el Arca de la Alianza del Señor de los ejércitos, que tiene su trono sobre los querubines. Jofní y Pinjás, los dos hijos de Elí, acompañaban el Arca.

Nueva derrota de los israelitas y captura del Arca

Sal 96 9; 2 Sm 10 12; Jue 13 1

5 Cuando el Arca de la Alianza del Señor llegó al campamento, todos los israelitas lanzaron una gran ovación y tembló la tierra. 6 Los filisteos oyeron el estruendo de la ovación y dijeron: «¿Qué significa esa estruendosa ovación en el campamento de los hebreos?». Al saber que el Arca del Señor había llegado al campamento, 7 los filisteos sintieron temor, porque decían: «Un dios ha llegado al campamento». Y exclamaron: «¡Ay de nosotros, porque nada de esto había sucedido antes! 8 ¡Ay de nosotros! ¿Quién nos librará de este dios poderoso? Este es el dios que castigó a los egipcios con toda clase de plagas en el desierto. 9 ¡Tengan valor y sean hombres, filisteos, para no ser esclavizados por los hebreos, como ellos lo fueron por ustedes! ¡Sean hombres y luchen!».

10 Los filisteos libraron batalla. Israel fue derrotado y cada uno huyó a sus campamentos. La derrota fue muy grande, y cayeron entre los israelitas treinta mil hombres de a pie. 11 El Arca del Señor fue capturada, y murieron Jofní y Pinjás, los dos hijos de Elí.

La muerte de Elí

12 Un hombre de Benjamín escapó del frente de batalla y llegó a Silo ese mismo día, con la ropa desgarrada y la cabeza cubierta de polvo. 13 Cuando llegó, Elí estaba sentado en una silla al borde del camino, a la expectativa, porque su corazón temblaba por el Arca de Dios. El hombre fue a dar la noticia por la ciudad, y toda la ciudad se puso a gritar. 14 Al oír el clamor, Elí preguntó: «¿Qué significa ese tumulto?». Entonces el hombre fue rápidamente a comunicar la noticia a Elí. 15 Este tenía noventa y ocho

años; había perdido la vista y no podía ver. [16]El hombre le dijo: «Vengo del frente de batalla; hoy mismo he escapado de allí». Elí le preguntó: «¿Qué ha pasado, hijo mío?». [17]El mensajero respondió: «Israel huyó delante de los filisteos, y el pueblo ha sufrido un gran desastre; han muerto tus hijos Jofní y Pinjás, y el Arca de Dios ha sido capturada». [18]Apenas el hombre mencionó el Arca de Dios, Elí cayó de su silla hacia atrás, al lado de la puerta; así se rompió la nuca y murió, porque era viejo y pesado. Había juzgado a Israel durante cuarenta años.

La muerte de la nuera de Elí

Os 1 6.9

[19]Su nuera, la mujer de Pinjás, estaba embarazada, próxima a dar a luz. Cuando oyó la noticia de la captura del Arca de Dios, y de la muerte de su suegro y de su marido, se encorvó y dio a luz, porque le sobrevinieron los dolores del parto. [20]Como estaba a punto de morir, las mujeres que la asistían le dijeron: «No temas, has tenido un varón». Pero ella no respondió ni prestó atención. [21]Y puso al niño el nombre de Icabod, diciendo: «La gloria ha sido desterrada de Israel», en alusión a la captura del Arca de Dios y a la muerte de su suegro y de su marido.

Los estragos causados por el Arca

Jue 16 23; Is 45 5-6.20-24; Sal 78 66; Jos 13 2

5 [1]Los filisteos capturaron el Arca de Dios y la trasladaron de Eben Ezer a Asdod. [2]Allí tomaron el Arca de Dios, la introdujeron en el templo de Dagón y la expusieron al lado de Dagón. [3]A la mañana siguiente, los asdoditas se levantaron bien temprano, y encontraron a Dagón caído en el suelo, boca abajo, ante el Arca del Señor. Lo recogieron y lo volvieron a poner en su sitio. [4]Pero a la mañana siguiente, cuando los asdoditas se levantaron, encontraron a Dagón caído en el suelo, boca abajo, ante el Arca del Señor. La cabeza de Dagón y las dos palmas de sus manos yacían cortadas sobre el umbral, y no le quedaba más que el tronco. [5]Por eso, hasta el día de hoy los sacerdotes de Dagón y los que entran en su templo, en Asdod, no pisan el umbral.

[6]La mano del Señor se hizo sentir pesadamente sobre los asdoditas y los devastó, hiriéndolos con tumores por todo el territorio de Asdod. [7]Al ver lo que sucedía, los asdoditas dijeron: «Que el Arca del Señor no se quede entre nosotros, porque su mano es dura contra nosotros y contra Dagón, nuestro dios». [8]Entonces invitaron a todos los príncipes de los filisteos a reunirse con ellos, y dijeron: «¿Qué podemos hacer con el Arca del Dios de Israel?». Ellos respondieron: «Hay que trasladarla a Gat». Así trasladaron el Arca del Dios de Israel.

[9]Pero una vez que fue trasladada, la mano del Señor se hizo sentir sobre la ciudad y cundió un pánico terrible, porque el Señor hirió a la gente de la ciudad, del más pequeño al más grande, y les brotaron tumores. [10]Entonces enviaron el Arca de Dios a Ecrón. Pero apenas el Arca llegó a Ecrón, los ecronitas gritaron: «Han trasladado aquí el Arca del Dios de Israel, para hacerme morir a mí y a mi pueblo». [11]Luego invitaron a reunirse a todos los príncipes de los filisteos, y estos decían: «Devuelvan el Arca del Dios de Israel; que regrese al lugar donde estaba, y no me haga morir a mí y a mi pueblo». Porque reinaba un pánico mortal en toda la ciudad, tal era el peso con que se hacía sentir la mano del Señor. [12]A los que no morían les brotaban tumores, y el clamor de la ciudad subía hasta el cielo.

La devolución del Arca

2 Sm 6 3; 2 Re 2 20; Nm 19 2; Dt 21 3

6 [1]El Arca del Señor permaneció siete meses en territorio filisteo. [2]Luego los filisteos convocaron a los sacerdotes y adivinos, y les preguntaron: «¿Qué haremos con el Arca del Señor? Indíquennos cómo podemos enviarla al lugar donde estaba». [3]Ellos respondieron: «Si devuelven el Arca del Dios de Israel, no la envíen sin nada, sino que deberán ofrecerle una reparación. Si así logran curarse, sabrán por qué su mano no se apartaba de ustedes». [4]«¿Qué reparación debemos ofrecerle?», preguntaron los filisteos. Ellos respondieron: «Cinco tumores de oro y cinco ratones de oro, uno por cada uno de los príncipes filisteos. Porque la misma plaga la han padecido ustedes y ellos. [5]Hagan unas imágenes de los tumores y de los ratones que devastan el país, y den gloria al Dios de Israel. Tal vez así su mano no pese tanto sobre ustedes, sobre sus dioses y sobre su país. [6]¿Por qué se van a obstinar como lo hicieron Egipto y el Faraón? ¿No tuvieron acaso que dejarlos partir cuando el Señor se ensañó con ellos? [7]Hagan ahora mismo un carro nuevo y tomen dos vacas que estén criando y que no hayan llevado el yugo. Aten las vacas al carro, dejando a sus crías encerradas en el establo. [8]Luego tomarán el Arca del Señor y la pondrán sobre el carro. Al lado de ella, en un cofre, colocarán los objetos de oro que le ofrecen en reparación. Después, la dejarán partir. [9]Fíjense bien: si ella sube en dirección a su territorio, hacia Bet Semes, quiere decir que el Señor nos ha infligido esta gran calamidad; en caso contrario, sabremos que no fue su mano la que nos golpeó, sino que esto nos ha sucedido por casualidad».

10 Así lo hicieron: tomaron dos vacas que estaban criando y las ataron al carro, pero encerraron a sus crías en el establo. 11 Luego pusieron sobre el carro el Arca del Señor y el cofre con los ratones de oro y las imágenes de los tumores. 12 Las vacas se fueron derecho por el camino de Bet Semes; iban mugiendo, siempre por el mismo sendero, sin desviarse ni a la derecha ni a la izquierda. Y los príncipes de los filisteos las siguieron hasta la frontera de Bet Semes.

El Arca en Bet Semes

2 Sm 24 22; 1 Re 19 21

13 La gente de Bet Semes estaba cosechando el trigo en el valle. Al levantar los ojos, divisaron el Arca y se alegraron de verla. 14 El carro llegó al campo de Josué de Bet Semes y se detuvo. Allí había una gran piedra. Entonces hicieron astillas la madera del carro y ofrecieron las vacas en holocausto al Señor. 15 Mientras tanto, los levitas habían bajado el Arca del Señor y el cofre que estaba con ella, donde se encontraban los objetos de oro, y los depositaron sobre la piedra grande. La gente de Bet Semes ofreció aquel día holocaustos y sacrificios al Señor. 16 Al ver esto, los príncipes de los filisteos regresaron a Ecrón aquel mismo día.

17 Los tumores de oro que los filisteos presentaron como reparación al Señor fueron uno por Asdod, uno por Gaza, uno por Ascalón, uno por Gat y uno por Ecrón. 18 Y el número de los ratones de oro correspondía al de todas las ciudades de los filisteos, gobernadas por los cinco príncipes, desde las ciudades fortificadas hasta los poblados desguarnecidos. Testigo de esto es la piedra grande sobre la que depositaron el Arca del Señor, y que hasta el día de hoy está en el campo de Josué de Bet Semes.

El Arca en Quiriat Iearim

2 Sm 6 7; Mal 3 2; Sal 76 8; 2 Sm 6 3

19 El Señor castigó a la gente de Bet Semes, porque habían mirado el Arca del Señor. Como él hirió a setenta hombres, el pueblo estuvo de duelo porque el Señor les había infligido un castigo tan grande. 20 Los hombres de Bet Semes dijeron: «¿Quién podrá resistir en la presencia del Señor, este Dios tan santo? ¿A quién enviársela, para que esté lejos de nosotros?». 21 Enseguida mandaron unos mensajeros a los habitantes de Quiriat Iearim, para decirles: «Los filisteos han devuelto el Arca del Señor. Bajen y súbanla con ustedes».

7 1 Entonces llegaron los de Quiriat Iearim y se llevaron el Arca del Señor. La introdujeron en la casa de Abinadab, sobre la colina, y consagraron a su hijo Eliezer para que la cuidara.

La intercesión de Samuel y la victoria sobre los filisteos

Ex 2 23-25; Jue 6 7; 10 10; Jos 24 14; Jue 3 30; 4 23; 11 33

2 Desde el día en que el Arca fue instalada en Quiriat Iearim pasó mucho tiempo —veinte años— y todo Israel suspiraba por el Señor. 3 Samuel dijo entonces a toda la casa de Israel: «Si ustedes se vuelven al Señor de todo corazón, dejen de lado a los dioses extraños y a las Astartés que hay en medio de ustedes; dirijan sus corazones hacia el Señor y sírvanlo solo a él. Así el Señor los librará del poder de los filisteos». 4 Los israelitas retiraron a los Baales y las Astartés, y sirvieron solo al Señor.

5 Luego dijo Samuel: «Reúnan a todo Israel en Mispá, y yo rogaré al Señor por ustedes». 6 Ellos se reunieron en Mispá, sacaron agua y la derramaron delante del Señor; allí ayunaron aquel día, y dijeron: «¡Hemos pecado contra el Señor!». Y Samuel juzgó a los israelitas en Mispá.

7 Los filisteos oyeron que los israelitas se habían reunido en Mispá, y sus príncipes subieron contra Israel. Al enterarse, los israelitas tuvieron miedo de los filisteos 8 y dijeron a Samuel: «No ceses de clamar por nosotros al Señor, nuestro Dios, para que nos salve del poder de los filisteos». 9 Entonces Samuel tomó un corderito y lo ofreció entero en holocausto al Señor. Luego clamó al Señor en favor de Israel, y el Señor lo escuchó.

10 Mientras Samuel ofrecía el holocausto, los filisteos se acercaron a combatir contra Israel. Pero aquel día, el Señor lanzó sus truenos con gran fragor sobre los filisteos. Así sembró la confusión entre ellos, y fueron desbaratados por Israel. 11 Los hombres de Israel salieron de Mispá, persiguieron a los filisteos y los derrotaron hasta más abajo de Betcar. 12 Samuel tomó una piedra, la colocó entre Mispá y El Diente, y la llamó Eben Ezer —que significa «Piedra del socorro»— porque dijo: «Hasta aquí nos ha socorrido el Señor».

13 Así fueron abatidos los filisteos, y ya no volvieron a incursionar en territorio de Israel. Mientras vivió Samuel, la mano del Señor se hizo sentir sobre los filisteos. 14 Las ciudades que los filisteos habían tomado a Israel fueron reconquistadas, desde Ecrón hasta Gat, e Israel libró su territorio del poder de los filisteos. También hubo paz entre Israel y los amorreos.

Samuel, Juez de Israel

15 Samuel juzgó a Israel todos los días de su vida. 16 Cada año hacía un recorrido por

Betel, Guilgal y Mispá, y juzgaba a Israel en todos esos sitios. 17 Luego volvía a Ramá, donde estaba su casa. Allí juzgaba a Israel, y también allí construyó un altar al Señor.

LOS COMIENZOS DE LA MONARQUÍA: EL REINADO DE SAÚL

El pueblo pide un rey

Dt 17 14; Jue 8 23; Sal 47 9; Jue 10 13

8 1 Cuando Samuel envejeció, puso a sus hijos como jueces de Israel. 2 Su hijo mayor se llamaba Joel, y el segundo, Abías; ambos eran jueces en Berseba. 3 Pero ellos no siguieron sus pasos, sino que se dejaron llevar por el afán de lucro, aceptaron regalos y pervirtieron el derecho.

4 Entonces se reunieron todos los ancianos de Israel y acudieron a Samuel en Ramá. 5 «Tú ya eres viejo —le dijeron—, y tus hijos no siguen tus pasos. Ahora danos un rey para que nos gobierne, como lo tienen todas las naciones». 6 A Samuel le disgustó que le dijeran: «Danos un rey para que nos gobierne», y oró al Señor.

7 El Señor dijo a Samuel: «Escucha al pueblo en todo lo que ellos digan, porque no es a ti a quien rechazan: me rechazan a mí, para que no reine más sobre ellos. 8 Como se comportaron conmigo desde el día en que los hice subir de Egipto hasta el día de hoy, abandonándome a mí para servir a otros dioses, así se comportan también contigo. 9 Por eso, escucha su reclamo. Pero les harás una solemne advertencia y les explicarás cuál es el derecho del rey que reinará sobre ellos».

El derecho del rey

Dt 17 15-17; 1 Re 21 1-24; 12 4; Miq 3 4

10 Samuel comunicó todas las palabras del Señor al pueblo que le pedía un rey, 11 diciendo: «Este será el derecho del rey que reinará sobre ustedes. Él tomará a los hijos de ustedes, los destinará a sus carros de guerra y a su caballería, y ellos correrán delante de su carro. 12 Los empleará como jefes de mil y de cincuenta hombres, y les hará cultivar sus campos, recoger sus cosechas, y fabricar sus armas de guerra y los arneses de sus carros. 13 Tomará a las hijas de ustedes como perfumistas, cocineras y panaderas. 14 Les quitará a ustedes los mejores campos, viñedos y olivares, para dárselos a sus servidores. 15 Exigirá el diezmo de los sembrados y las viñas, para entregarlo a sus eunucos y a sus servidores. 16 Les quitará sus mejores esclavos, sus bueyes y sus asnos, para emplearlos en sus propios trabajos. 17 Exigirá el diezmo de los rebaños, y ustedes mismos serán sus esclavos. 18 Entonces, ustedes clamarán a causa del rey que se han elegido, pero aquel día el Señor no les responderá».

19 El pueblo se negó a escuchar la voz de Samuel, e insistió: «¡No! Habrá un rey sobre nosotros, 20 y así seremos como todas las naciones. Nuestro rey nos juzgará, saldrá al frente de nosotros y combatirá en nuestros combates». 21 Samuel escuchó todas las palabras del pueblo y las repitió en presencia del Señor. 22 El Señor dijo a Samuel: «Escúchalos y dales un rey». Entonces Samuel dijo a los hombres de Israel: «Vuelvan cada uno a su ciudad».

Saúl y las asnas de su padre

1 Cr 8 33; 1 Sm 10 23; 16 7.12; 2 Sm 14 25

9 1 Había un hombre de Benjamín llamado Quis, hijo de Abiel, hijo de Seror, hijo de Becorat, hijo de Afiaj, hijo de un benjaminita. El hombre estaba en muy buena posición, 2 y tenía un hijo llamado Saúl, que era joven y apuesto. No había entre los israelitas otro más apuesto que él; de los hombros para arriba, sobresalía por encima de todos los demás.

3 Una vez, se le extraviaron las asnas a Quis, el padre de Saúl. Quis dijo entonces a su hijo Saúl: «Lleva contigo a uno de los servidores y ve a buscar las asnas». 4 Ellos recorrieron la montaña de Efraím y atravesaron la región de Salisá, sin encontrar nada. Cruzaron por la región de Saalem, pero no estaban allí. Recorrieron el territorio de Benjamín, y tampoco las hallaron.

5 Cuando llegaron a la región de Suf, Saúl dijo al servidor que lo acompañaba: «Volvámonos, no sea que mi padre ya no piense más en las asnas y esté inquieto por nosotros». 6 Pero el servidor le respondió: «En esta ciudad hay un hombre de Dios. Es un hombre muy respetado: todo lo que él dice sucede infaliblemente. Vamos allá; a lo mejor él nos indica el camino que debemos tomar». 7 Saúl dijo a su servidor: «Vamos, ¿pero qué podemos llevarle a ese hombre? Ya no queda pan en nuestras alforjas, y tampoco tenemos un regalo para ofrecérselo al hombre de Dios. ¿Qué tenemos?». 8 El servidor volvió a tomar la palabra, y respondió a Saúl: «Mira, aquí tengo un cuarto de siclo de plata; se lo daré al hombre de Dios, y él nos indicará el camino». 10 Saúl dijo a su servidor: «Está bien, vamos». Y se fueron a la ciudad donde estaba el hombre de Dios.

El encuentro de Saúl con Samuel

Gn 24 11; Ex 2 16; 1 Re 14 5; Hch 9 10-16; Ex 2 23; 1 Sm 16 3.12

11 Mientras subían por la cuesta de la ciudad, encontraron a unas jóvenes que salían a sacar agua, y les preguntaron: «¿Está por

aquí el vidente?». 9 —Antiguamente, en Israel, cuando alguien iba a consultar a Dios, decía: «Acudamos al vidente». Porque antes se llamaba «vidente» al que hoy se llama «profeta»—. 12 Ellas les respondieron: «Sí, por ahí derecho, pero apúrense. Precisamente acaba de llegar a la ciudad, porque hoy se ofrece un sacrificio público en el lugar alto. 13 Apenas entren en la ciudad, lo encontrarán antes que suba al lugar alto para el banquete. El pueblo no comerá hasta que él llegue, porque a él le corresponde bendecir el sacrificio, y después comen los invitados. Suban ahora mismo, porque seguro que hoy lo encontrarán».

14 Ellos subieron a la ciudad. Mientras entraban, les salió al encuentro Samuel, que subía al lugar alto. 15 Un día antes de la llegada de Saúl, el Señor había hecho a Samuel esta revelación: 16 «Mañana, a la misma hora, te enviaré a un hombre del país de Benjamín; tú lo ungirás como jefe de mi pueblo Israel, y él salvará a mi pueblo del poder de los filisteos. Porque yo he visto la aflicción de mi pueblo, y su clamor ha llegado hasta mí».

17 Cuando Samuel divisó a Saúl, el Señor le advirtió: «Este es el hombre de quien te dije que regirá a mi pueblo». 18 Saúl se acercó a Samuel en medio de la puerta de la ciudad, y le dijo: «Por favor, indícame dónde está la casa del vidente». 19 «El vidente soy yo —respondió Samuel a Saúl—; sube delante de mí al lugar alto. Hoy ustedes comerán conmigo. Mañana temprano te dejaré partir y responderé a todo lo que te preocupa. 20 Por las asnas que perdiste hace tres días, no te inquietes: ya las han encontrado. Además, ¿de quién va a ser todo lo que hay de valioso en Israel? ¿No será tuyo y de toda la casa de tu padre?». 21 Saúl respondió: «¿No soy un benjaminita, de la más pequeña entre las tribus de Israel? Y mi clan, ¿no es el menor entre todos los clanes de Benjamín? ¿Por qué me hablas así?».

22 Samuel llevó consigo a Saúl y a su servidor, los hizo entrar en la sala y les asignó un puesto especial, a la cabecera de los invitados, que eran unos treinta. 23 Samuel dijo entonces al cocinero: «Sírvele la porción que te di para que la pusieras aparte». 24 El cocinero extrajo el muslo y la cola, y los puso delante de Saúl. Samuel dijo: «Ahí tienes servida tu ración. Come, porque la han reservado para ti, cuando yo invité al pueblo a la fiesta». Así Saúl comió con Samuel aquel día. 25 Enseguida bajaron del lugar alto a la ciudad, y Samuel conversó con Saúl en la azotea.

26 Por la mañana, se levantaron de madrugada. Apenas despuntó el alba, Samuel llamó a Saúl en la azotea y le dijo: «Levántate, voy a dejarte partir». Saúl se levantó, y los dos, él y Samuel, salieron afuera. 27 Cuando habían bajado hasta las afueras de la ciudad, Samuel le dijo: «Dile al servidor que se nos adelante». Él se adelantó, y Samuel añadió: «Detente un momento, y te haré oír la Palabra de Dios».

La unción de Saúl como rey

1 Sm 9 16-17; 13 8

10 1 Samuel tomó el frasco de aceite y lo derramó sobre la cabeza de Saúl.

Luego lo besó y dijo: «¡El Señor te ha ungido como jefe de su herencia! 2 Hoy mismo, cuando te hayas alejado de mí, encontrarás a dos hombres cerca de la tumba de Raquel, en territorio de Benjamín, en Selsáj. Ellos te dirán: "Han hallado las asnas que habías ido a buscar. Ahora tu padre ya no piensa más en ese asunto, y está inquieto por ustedes, diciendo: ¿Qué puedo hacer por mi hijo?". 3 Más adelante, cuando llegues a la Encina de Tabor, te encontrarás con tres hombres que suben a dar culto a Dios en Betel, llevando uno tres cabritos, otro tres hogazas de pan y otro un odre de vino. 4 Ellos te saludarán y te darán dos panes, y tú los aceptarás. 5 Después llegarás a Guibeá de Dios, donde está la guarnición filistea. Apenas entres en la ciudad, tropezarás con un grupo de profetas que bajan del lugar alto, precedidos de arpas, tamborines, flautas y cítaras, en estado de trance profético. 6 Entonces te invadirá el espíritu del Señor; entrarás en trance con ellos y serás cambiado en otro hombre. 7 Cuando te hayan sucedido todas estas señales, haz todo lo que sea conveniente, porque Dios está contigo. 8 Tú bajarás a Guilgal antes que yo, y yo bajaré a unirme contigo para ofrecer holocaustos y sacrificios de comunión. Espera siete días hasta que yo llegue y te comunique lo que debes hacer».

El regreso de Saúl

1 Sm 19 22-24

9 Apenas Saúl se dio vuelta para alejarse de Samuel, Dios le cambió el corazón, y aquel mismo día se cumplieron las señales. 10 Desde allí, se dirigieron a Guibeá, y se encontraron con un grupo de profetas. Entonces lo invadió el espíritu de Dios y entró en trance en medio de ellos. 11 Todos los que lo conocían de antes, al verlo en trance en medio de los profetas, se decían unos a otros: «¿Qué le ha sucedido al hijo de Quis? ¿También Saúl está entre los profetas?». 12 Uno de los presentes intervino, diciendo: «¿Quién es el padre de estos?». Así se hizo proverbial la frase: «¿También Saúl está entre los profetas?».

13 Cuando salió de su trance profético, Saúl regresó a su casa. 14 Su tío les preguntó a él y a su servidor: «¿Adónde fueron?». «A buscar las

asnas —respondió—; pero como no aparecían por ninguna parte, acudimos a Samuel». [15] El tío de Saúl dijo: «Cuéntame lo que les dijo Samuel». [16] Saúl respondió a su tío: «Nos dijo solamente que las asnas habían sido halladas». Pero no le contó nada de lo que había dicho Samuel sobre el asunto del reino.

Saúl, designado y aclamado rey

1 Sm 14 40-42; Jos 7 16-18; Sal 72 15;
1 Sm 8 11-18; Dt 17 14-17

[17] Samuel convocó a todo el pueblo delante del Señor en Mispá, [18] y dijo a los israelitas: «Así habla el Señor, el Dios de Israel: Yo hice subir a Israel de Egipto, y los libré a ustedes de la mano de los egipcios y de la mano de todos los reinos que los oprimían. [19] Pero ustedes han rechazado hoy a su Dios, a él, que los libra de todos sus males y angustias, y le han dicho: "¡No! ¡Tú nos darás un rey!". Por eso preséntense ahora delante del Señor por tribus y por clanes». [20] Samuel hizo que se acercaran todas las tribus de Israel, y la suerte cayó sobre la tribu de Benjamín. [21] Luego hizo que se acercara la tribu de Benjamín por clanes, y la suerte cayó sobre el clan de Matrí. Después hizo que se acercara el clan de Matrí, hombre por hombre, y la suerte cayó sobre Saúl, hijo de Quis. Pero lo buscaron y no lo encontraron.

[22] Entonces volvieron a consultar al Señor: «¿Ha venido aquí ese hombre?». El Señor respondió: «Está allí, escondido entre los equipajes». [23] Fueron corriendo a sacarlo de allí; y cuando se presentó en medio del pueblo, sobresalía por encima de todos, de los hombros para arriba. [24] Samuel dijo a todo el pueblo: «¿Vieron al que ha elegido el Señor? No hay nadie como él en todo el pueblo». Y todo el pueblo lanzó una ovación, gritando: «¡Viva el rey!».

[25] Samuel expuso al pueblo el derecho de la realeza, y lo escribió en un libro que depositó delante del Señor. Luego Samuel despidió a todo el pueblo, y se fue cada uno a su casa. [26] También Saúl se fue a su casa, a Guibeá, y lo acompañaron los valientes a quienes Dios había tocado el corazón. [27] Pero algunos hombres ruines dijeron: «¡Qué va a salvarnos este!». Así lo despreciaron y no le ofrecieron ningún presente.

Victoria de Saúl sobre los amonitas

1 Sm 16 13; Jue 3 10; 19 29; 7 16

11 Cerca de un mes más tarde, [1] Najás, el amonita, subió contra Iabés en Galaad y la sitió. Todos los hombres de Iabés dijeron a Najás: «Pacta con nosotros y te serviremos». [2] Pero Najás, el amonita, les respondió: «Pactaré con ustedes a condición de arrancarles a cada uno el ojo derecho, e infligir así un oprobio a todo Israel». [3] Los ancianos de Iabés le dijeron: «Danos una tregua de siete días para enviar mensajeros por todo el territorio de Israel. Si nadie nos socorre, nos rendiremos a ti». [4] Cuando los mensajeros llegaron a Guibeá de Saúl y comunicaron la noticia en presencia del pueblo, todos se pusieron a llorar a gritos.

[5] En ese momento, Saúl volvía del campo detrás de sus bueyes, y preguntó: «¿Qué le pasa al pueblo para llorar así?». Entonces le contaron lo que habían dicho los hombres de Iabés. [6] El espíritu de Dios irrumpió sobre Saúl cuando este oyó esas palabras, y una violenta ira se apoderó de él. [7] Tomó una yunta de bueyes, los despedazó y envió los pedazos por todo el territorio de Israel, con este mensaje: «Así serán tratados los bueyes del que no salga a combatir detrás de Saúl». El terror del Señor invadió al pueblo, y todos se pusieron en marcha como un solo hombre. [8] Saúl les pasó revista en Bézec: eran trescientos mil israelitas y treinta mil hombres de Judá. [9] Luego dijo a los mensajeros que habían venido: «Así hablarán a los hombres de Iabés en Galaad: "Mañana, a la hora en que más calienta el sol, serán socorridos"». Los mensajeros llevaron la noticia a los hombres de Iabés, y estos se llenaron de alegría.

[10] Entonces los hombres de Iabés dijeron a Najás: «Mañana nos rendiremos a ustedes, y ustedes nos tratarán como mejor les parezca».

[11] A la mañana siguiente, Saúl dividió al pueblo en tres grupos. Ellos irrumpieron en medio del campo en la vigilia de la mañana, y batieron a los amonitas hasta la hora de más calor. Los sobrevivientes se dispersaron de tal manera que no quedaron dos hombres juntos.

Saúl, reconocido por todo el pueblo

1 Sm 10 27; 14 55; 2 Sm 19 23; Jos 4 19-20

[12] El pueblo dijo a Samuel: «¿Quiénes son los que preguntaban si Saúl reinaría sobre nosotros? Entreguen a esos hombres y los mataremos». [13] Pero Saúl intervino, diciendo: «Nadie morirá en este día, porque hoy el Señor ha obtenido una victoria en Israel». [14] Y Samuel dijo al pueblo: «Vengan, vamos a Guilgal y allí renovaremos la realeza». [15] Todo el pueblo fue a Guilgal, y proclamaron rey a Saúl delante del Señor. Allí ofrecieron sacrificios de comunión, y Saúl y todos los hombres de Israel se alegraron sobremanera.

El discurso de despedida de Samuel

Jos 24 1-28; 1 Sm 8 11-18;
Jue 4 – 5; 11 – 12; Jos 24 20

12 [1] Samuel dijo a todo Israel: «Yo les hice caso en todo lo que me dijeron y

les he dado un rey. [2] Ahora, ahí tienen al rey
que marcha al frente de ustedes. En cuanto
a mí, ya estoy viejo y lleno de canas, y ahí
están mis hijos, como unos más entre ustedes. Yo estuve al frente de ustedes desde mi
juventud hasta el día de hoy. [3] ¡Aquí me tienen! Declaren contra mí delante del Señor
y delante de su ungido: ¿A quién le he quitado un buey? ¿A quién le he quitado un
asno? ¿A quién lo he oprimido o perjudicado? ¿Por quién me he dejado sobornar para cerrar los ojos? Díganlo, y yo les restituiré». [4] Ellos respondieron: «Nunca nos has
oprimido ni perjudicado, ni has aceptado
nada de nadie». [5] Él les dijo: «El Señor es
testigo contra ustedes, y también su ungido
es testigo en este día, de que nunca me han
sorprendido con nada en la mano». Ellos le
dijeron: «¡Sí, es testigo!».

[6] Samuel dijo al pueblo: «Es testigo el
Señor, que suscitó a Moisés y a Aarón, e hizo subir de Egipto a los padres de ustedes.
[7] Ahora, preséntense para que entable un
juicio con ustedes delante del Señor, evocando los actos de justicia que el Señor hizo en favor de ustedes y de sus padres.
[8] Después que Jacob llegó a Egipto, los
egipcios los avasallaron, y los padres de
ustedes clamaron al Señor. El Señor envió
entonces a Moisés y a Aarón, que hicieron
salir a sus padres de Egipto y los establecieron en este lugar. [9] Pero ellos olvidaron
al Señor, su Dios, y él los entregó en manos
de Sísara, el jefe del ejército de Jasor, y en
manos de los filisteos y del rey de Moab,
que les hicieron la guerra. [10] Ellos clamaron
al Señor, diciendo: "Hemos pecado, porque abandonamos al Señor y servimos a
los Baales y a las Astartés. ¡Líbranos ahora
de las manos de nuestros enemigos, y te
serviremos!". [11] El Señor envió entonces a
Ierubaal, a Bedán, a Jefté y a Samuel; así
los libró de sus enemigos de alrededor, y
ustedes vivieron seguros. [12] Pero cuando
vieron que los atacaba Najás, el rey de los
amonitas, ustedes me dijeron: "¡No! ¡Que
reine un rey sobre nosotros!", siendo así
que tienen como rey al Señor, su Dios.
[13] Ahora, ahí está el rey que se han elegido
y que han pedido: ya ven que el Señor les
ha dado un rey. [14] Si ustedes temen al Señor
y lo sirven, si escuchan su voz y no se
muestran rebeldes a las órdenes del Señor,
si ustedes mismos y el rey que reina sobre
ustedes siguen al Señor, todo irá bien. [15] Pero si no escuchan la voz del Señor, y si son
rebeldes a sus órdenes, la mano del Señor
se hará sentir sobre ustedes y sobre su rey.

[16] Y ahora, preséntense para ver este gran
prodigio que realizará el Señor a la vista de
ustedes. [17] ¿No estamos en la época de cosechar el trigo? Yo voy a invocar al Señor y
él enviará truenos y lluvia; así ustedes reconocerán y verán qué grande es el mal
que han cometido a los ojos del Señor, al
pedir para ustedes un rey».

[18] Samuel invocó al Señor, y aquel día el
Señor envió truenos y lluvia. Todo el pueblo sintió un gran temor del Señor y de Samuel. [19] Y todo el pueblo dijo a Samuel:
«Ruega al Señor, tu Dios, por tus servidores, y así no moriremos; porque a todos
nuestros pecados hemos añadido la maldad de pedir para nosotros un rey».

[20] Pero Samuel dijo al pueblo: «¡No teman! Por más que hayan cometido todo
este mal, no se aparten del Señor, y sírvanlo de todo corazón. [21] No se aparten siguiendo a dioses falsos, que ni ayudan ni
pueden librar, porque no son nada. [22] No,
el Señor no rechazará a su pueblo, por el
honor de su gran Nombre, porque él ha
querido hacer de ustedes su pueblo. [23] En
lo que a mí respecta, ¡lejos de mí pecar
contra el Señor, dejando de rogar por ustedes! Yo les enseñaré el camino bueno y recto. [24] Basta que teman al Señor y lo sirvan
fielmente de todo corazón. Miren qué
grandes cosas ha hecho el Señor con ustedes. [25] Pero si persisten en hacer el mal, perecerán ustedes junto con su rey».

La rebelión contra los filisteos

2 Sm 10 6; 1 Sm 14 11.22; Jue 6 2

13 [1] Saúl tenía ... años cuando comenzó
a reinar, y reinó ... años sobre Israel.
[2] Saúl seleccionó a tres mil hombres de
Israel: dos mil estaban con él en Micmás y
en la montaña de Betel, y mil con Jonatán
en Guibeá de Benjamín. Al resto del pueblo lo envió a sus campamentos.

[3] Jonatán derrotó al destacamento filisteo
apostado en Gueba, y los filisteos se enteraron. Entonces Saúl hizo tocar la trompeta
por todo el país, diciendo: «¡Que oigan los
hebreos!». [4] Cuando todo Israel oyó que
Saúl había derrotado al destacamento filisteo y que hasta el nombre de Israel causaba
repulsión entre los filisteos, el pueblo acudió a la convocatoria de Saúl en Guilgal.

[5] Los filisteos se reunieron para combatir
contra Israel: tenían tres mil carros, seis mil
guerreros y una tropa numerosa como la
arena que está a la orilla del mar. Luego subieron y acamparon en Micmás, al este de
Bet Aven. [6] Al verse en un grave aprieto,
porque estaban cercados, los hombres de
Israel fueron a esconderse en las cuevas,
entre los matorrales, en las peñas, en los
huecos y en las cisternas. [7] Y algunos hebreos cruzaron el Jordán, hacia el país de
Gad y de Galaad.

Saúl estaba todavía en Guilgal, y todo el pueblo temblaba de miedo detrás de él. 8 Así esperó siete días, según el plazo fijado por Samuel. Pero Samuel no llegaba a Guilgal y el pueblo se le comenzó a desbandar. 9 Entonces Saúl dijo: «Tráiganme el holocausto y los sacrificios de comunión», y él mismo ofreció el holocausto.

La ruptura de Samuel con Saúl

Ex 32 11; 1 Sm 10 8; 2 Sm 24 10; Hch 13 22

10 Apenas terminó de ofrecer el holocausto, llegó Samuel, y Saúl salió a su encuentro para saludarlo. 11 Pero Samuel le dijo: «¿Qué has hecho?». Saúl respondió: «Como vi que el pueblo se me desbandaba, que tú no llegabas en el plazo fijado y que los filisteos estaban reunidos en Micmás, 12 pensé: "Ahora los filisteos bajarán a atacarme en Guilgal, y yo no he aplacado el rostro del Señor". Así que me vi obligado a ofrecer el holocausto». 13 Entonces Samuel replicó a Saúl: «¡Has obrado neciamente! Si hubieras observado el mandamiento que te dio el Señor, tu Dios, él habría afianzado para siempre tu reinado sobre Israel. 14 Pero ahora tu reino no subsistirá. El Señor se ha buscado un hombre según su corazón y lo ha constituido jefe de su pueblo, porque tú no has observado lo que el Señor te mandó». 15 Enseguida, Samuel partió de Guilgal.

Los preparativos para la guerra

Jl 4 10; Is 2 4

En Guibeá de Benjamín, Saúl pasó revista a la tropa que estaba con él: eran unos seiscientos hombres. 16 Saúl, su hijo Jonatán y la tropa que estaba con él se apostaron en Gueba de Benjamín, y los filisteos acamparon en Micmás. 17 Del campamento filisteo salió un cuerpo de asalto dividido en tres grupos: uno tomó la dirección de Ofrá, hacia el país de Sual; 18 otro se dirigió a Bet Jorón, y otro a la altura que domina el valle de las Hienas, hacia el desierto.

19 No había entonces ningún herrero en Israel, porque los filisteos decían: «Hay que evitar que los hebreos se forjen espadas y lanzas». 20 Por eso, todos los israelitas tenían que acudir a los filisteos para reparar sus azadas, sus rejas de arado, sus hachas y sus hoces. 21 Había que pagar dos tercios de siclo por las azadas y las rejas de arado, y un tercio de siclo por afilar las hachas y reparar las picanas. 22 Así, el día de la batalla de Micmás, nadie del ejército que estaba con Saúl y Jonatán tenía en la mano una espada o una lanza. Solo la tenían Saúl y su hijo Jonatán.

23 Un destacamento de los filisteos partió para el paso de Micmás.

La hazaña de Jonatán

1 Sm 17 47; Jue 7 2-7; 1 Sm 13 6; 1 Sm 4 5

14 1 Un día, Jonatán, hijo de Saúl, dijo a su escudero: «Vamos a cruzarnos hasta la guarnición de los filisteos que está allí, al otro lado». Pero no le comunicó nada a su padre. 2 Mientras tanto, Saúl estaba sentado en las afueras de Guibeá, bajo el Granado de Migrón, y tenía con él cerca de seiscientos hombres. 3 Ajías, hijo de Ajitub, hermano de Icabod, hijo de Pinjás, hijo de Elí, el sacerdote del Señor en Silo, llevaba el efod. La tropa tampoco sabía que Jonatán había partido.

4 En uno de los desfiladeros por los que Jonatán trataba de abrirse paso hasta la guarnición de los filisteos, hay dos grandes peñascos, uno a cada lado; el primero se llama Bosés y el otro Sené. 5 Uno de esos peñascos se alza hacia el norte, frente a Micmás, y el otro hacia el sur, frente a Gueba. 6 Jonatán dijo a su escudero: «Vamos a cruzarnos a la guarnición de esos incircuncisos. Pueda ser que el Señor intervenga a favor nuestro, ya que nada le impide dar la victoria, sea con muchos o con pocos». 7 Su escudero le respondió: «Actúa como mejor te parezca; puedes contar conmigo para lo que quieras». 8 Jonatán añadió: «Avanzaremos hasta donde están esos hombres y dejaremos que nos descubran. 9 Si nos dicen: "¡Alto ahí, hasta que los alcancemos!", nos quedaremos en nuestro puesto, sin subir adonde están ellos. 10 Pero si nos dicen: "¡Suban!", entonces subiremos, porque el Señor los entrega en nuestras manos. Esta será la contraseña».

11 Enseguida se hicieron ver de la guarnición filistea, y los filisteos, al descubrirlos, exclamaron: «Miren, son unos hebreos que salen de las cuevas donde se habían escondido». 12 Luego, dirigiéndose a Jonatán y a su escudero, los hombres de la guarnición dijeron: «¡Suban, y les haremos saber una cosa!». Jonatán dijo a su escudero: «Sube detrás de mí, porque el Señor los ha entregado en manos de Israel». 13 Jonatán trepó valiéndose de las manos y los pies, seguido de su escudero. Y a medida que los filisteos caían bajo los golpes de Jonatán, su escudero, que iba detrás, acababa con ellos.

14 En esta primera incursión, Jonatán y su escudero ultimaron a unos veinte hombres, como quien abre un surco en media parcela de campo. 15 El pánico cundió en el campamento, en la campaña y entre todo el pueblo; la guarnición y el cuerpo de asalto también quedaron aterrorizados. Tembló la tierra, y reinó el terror de Dios.

La derrota de los filisteos

Jue 7 22; Ez 38 21

16 Los centinelas de Saúl, en Guibeá de Benjamín, vieron cómo la multitud se agi-

taba y corría de aquí para allá. [17] Entonces Saúl dijo a la tropa que estaba con él: «Pasen revista, a ver si falta alguno de los nuestros». Pasaron revista, y faltaban Jonatán y su escudero. [18] Saúl dijo a Ajías: «Trae aquí el efod». Porque, en ese tiempo, era él quien llevaba el efod delante de Israel. [19] Mientras Saúl le hablaba al sacerdote, el tumulto crecía cada vez más en el campamento de los filisteos. Saúl dijo al sacerdote: «Retira tu mano». [20] Luego Saúl y toda la tropa que lo acompañaba se reunieron y avanzaron hacia el lugar del combate: allí los filisteos habían desenvainado la espada unos contra otros, y la confusión era total. [21] Los hebreos que antes habían estado al servicio de los filisteos, y que habían subido con ellos al campamento, también se plegaron a los israelitas que estaban con Saúl y Jonatán. [22] Y todos los hombres de Israel que estaban escondidos en la montaña de Efraím, al enterarse de la huida de los filisteos, se pusieron igualmente a perseguirlos. [23] Aquel día, el Señor dio la victoria a Israel, y el combate se extendió hasta más allá de Bet Aven.

El juramento de Saúl y la reacción de Jonatán

1 Sm 26 19; Dt 27 15-26; Jos 6 26; 1 Sm 14 17

[24] Los israelitas estaban exhaustos aquel día, porque Saúl había pronunciado sobre el pueblo esta imprecación: «Maldito el hombre que coma algo hasta la tarde, antes que me haya vengado de mis enemigos». Y nadie comió un solo bocado. [25] Así la gente llegó a un bosque donde había miel en el suelo. [26] Al entrar en el bosque, vieron que allí corría la miel, pero nadie se atrevió a probarla por temor al juramento. [27] Sin embargo, Jonatán no había oído cuando su padre imponía al pueblo el juramento. Por eso, alargó el bastón que tenía en la mano, hundió la punta en la miel y se la llevó a la boca. Entonces se le iluminó la mirada. [28] Pero uno de la tropa intervino, diciendo: «Tu padre ha impuesto al pueblo este juramento solemne: "Maldito el hombre que coma algo hoy", y eso que la gente está agotada». [29] Jonatán replicó: «Mi padre ha traído la desgracia al país. ¡Miren cómo se han iluminado mis ojos con solo probar un poco de esta miel! [30] Si hoy la tropa hubiera comido del botín arrebatado al enemigo, ¡cuánto mayor habría sido la derrota de los filisteos!».

La transgresión de un precepto ritual

Lv 19 26; Ez 33 25; 1 Sm 7 17; Gn 8 20; 12 7-8; 2 Sm 24 18-25

[31] Aquel día, ellos derrotaron a los filisteos desde Micmás hasta Aialón, y el pueblo quedó completamente agotado. [32] La tropa se lanzó sobre el botín y tomó ovejas, bueyes y terneros; los degollaron sobre el suelo, y el pueblo los comió con la sangre. [33] Entonces le avisaron a Saúl: «El pueblo está pecando contra el Señor, porque come carne con sangre». Él replicó: «¡Ustedes son unos traidores! Hagan rodar hasta aquí, ahora mismo, una piedra bien grande». [34] Luego añadió: «Dispérsense entre el pueblo y díganle que me traiga cada uno su buey o su oveja. Degüéllenlos aquí y coman; pero no pequen contra el Señor comiendo carne con sangre». Esa noche, cada uno llevó el buey que tenía a mano y lo degollaron en aquel lugar. [35] Saúl edificó un altar al Señor, y ese fue el primer altar construido por él.

Jonatán, salvado por el pueblo

1 Sm 28 6; Jos 7 11-15.19; 2 Sm 14 11; 1 Re 1 52; Lc 21 18

[36] Saúl dijo a la tropa: «Bajemos esta noche a perseguir a los filisteos; los saquearemos hasta que despunte el alba y no les dejaremos ni un solo hombre». Ellos respondieron: «Obra como mejor te parezca». Pero el sacerdote dijo: «Consultemos a Dios aquí mismo». [37] Entonces Saúl interrogó a Dios: «¿Debo bajar a perseguir a los filisteos? ¿Los entregarás en manos de Israel?». Pero Dios no le respondió nada aquel día.

[38] Saúl dijo entonces: «¡Adelántense, ustedes, todos los dignatarios del pueblo! Infórmense y vean en qué consiste el pecado cometido hoy. [39] Porque, ¡por la vida del Señor, el salvador de Israel!, aunque se trate de mi hijo Jonatán, morirá seguramente». Pero nadie le respondió nada. [40] Saúl dijo a todo Israel: «Ustedes se quedarán de un lado, y yo y mi hijo Jonatán del otro». El pueblo dijo a Saúl: «Obra como mejor te parezca».

[41] Saúl dijo al Señor: «Dios de Israel, danos una respuesta exacta». La suerte cayó sobre Saúl y Jonatán, mientras que el pueblo quedó libre. [42] «Ahora —añadió Saúl— echen la suerte entre mi hijo Jonatán y yo». Y la suerte cayó sobre Jonatán. [43] Saúl dijo a Jonatán: «Cuéntame lo que has hecho». Él le respondió: «Simplemente, he probado un poco de miel con la punta del bastón que tenía en la mano. Aquí estoy dispuesto a morir». [44] Saúl dijo: «¡Que Dios me castigue si tú no mueres, Jonatán!». [45] Pero el pueblo replicó a Saúl: «¡Cómo va a morir Jonatán, que ha obtenido esta gran victoria en Israel! ¡De ninguna manera! ¡Por la vida del Señor, no caerá por tierra ni un solo cabello de su cabeza, porque él ha actuado hoy con la ayuda de Dios!». Así el pueblo libró a Jonatán, y él no murió.

[46] Saúl dejó de perseguir a los filisteos, y estos se fueron a su tierra.

Vista de conjunto sobre el reinado de Saúl

1 Sm 18 17-20; 19 11-17

47 Una vez que Saúl asumió el poder real sobre Israel, hizo la guerra a todos sus enemigos de alrededor: a Moab, a los amonitas, a Edom, a los reyes de Sobá y a los filisteos. Dondequiera que iba, salía victorioso. 48 Hizo proezas, derrotó a Amalec y libró a Israel de aquellos que lo saqueaban.

49 Sus hijos fueron Jonatán, Isví y Malquisúa. Sus dos hijas se llamaban la mayor Merab y la menor Mical. 50 La mujer de Saúl se llamaba Ajinóam, hija de Ajimáas. El jefe de su ejército se llamaba Abner, hijo de Ner, tío de Saúl. 51 Quis, el padre de Saúl, y Ner, el padre de Abner, eran hijos de Abiel.

52 La guerra contra los filisteos fue muy encarnizada durante toda la vida de Saúl. Y siempre que él veía a un hombre valiente y aguerrido, lo incorporaba a sus filas.

La guerra contra Amalec

Ex 17 8-16; Dt 25 17-19; Jos 6 17-18; Nm 10 29

15 1 Samuel dijo a Saúl: «Fue el Señor el que me envió a ungirte rey de mi pueblo Israel. Por eso, escucha ahora las palabras del Señor. 2 Así habla el Señor de los ejércitos: Voy a pedir cuenta a Amalec de lo que hizo a Israel, al cortarle el camino cuando este subía de Egipto. 3 Ahora ve y derrota a Amalec. Conságralo al exterminio con todo lo que posee y no lo perdones, mata a hombres y mujeres, niños y pequeños, vacas y ovejas, camellos y asnos».

4 Saúl convocó al pueblo y le pasó revista en Telam: eran doscientos mil hombres de a pie y diez mil hombres de Judá. 5 Luego avanzó hasta la ciudad de Amalec y tendió una emboscada en el barranco. 6 Entonces Saúl avisó a los quenitas: «¡Vamos, retírense de en medio de los amalecitas y bajen, no sea que los trate igual que a ellos! Porque ustedes han sido benévolos con todos los israelitas, cuando bajaban de Egipto». Así los quenitas se retiraron de en medio de Amalec.

La desobediencia de Saúl

Jos 7

7 Saúl derrotó a Amalec desde Javilá hasta la entrada de Sur, que está frente a Egipto. 8 Capturó vivo a Agag, rey de Amalec, y consagró al exterminio a todo el pueblo, pasándolos al filo de la espada. 9 Pero Saúl y el pueblo perdonaron la vida a Agag y a lo mejor del ganado mayor y menor, a los animales cebados, a los corderos y a todo lo que había de bueno, y no quisieron consagrarlos al exterminio. Exterminaron, en cambio, todo lo que era despreciable y sin valor.

Saúl, rechazado definitivamente por el Señor

Gn 6 7; Ex 32 12-14; 2 Sm 24 16; Is 1 11; Os 6 6; Am 5 22; 1 Re 11 30-31

10 La palabra del Señor llegó entonces a Samuel en estos términos: 11 «Estoy arrepentido de haber hecho rey a Saúl, porque se ha apartado de mí y no ha cumplido mis palabras». Samuel quedó muy perturbado y pasó la noche clamando al Señor.

12 A la mañana temprano, Samuel partió al encuentro de Saúl, y le dieron esta información: «Saúl llegó a Carmel y allí se construyó una columna conmemorativa; luego dio la vuelta y siguió adelante para bajar a Guilgal». 13 Entonces Samuel se presentó ante Saúl y este le dijo: «¡Que el Señor te bendiga! Ya he cumplido la palabra del Señor». 14 Pero Samuel le preguntó: «¿Qué son esos balidos que oigo y esos mugidos que llegan a mis oídos?». 15 Saúl respondió: «Los han traído de Amalec, porque el pueblo ha perdonado lo mejor del ganado mayor y menor, para ofrecer sacrificios al Señor, tu Dios. El resto lo hemos consagrado al exterminio».

16 Entonces Samuel dijo a Saúl: «¡Basta! Voy a anunciarte lo que el Señor me dijo anoche». «Habla», replicó él. 17 Samuel añadió: «Aunque tú mismo te consideres poca cosa, ¿no estás al frente de las tribus de Israel? El Señor te ha ungido rey de Israel. 18 Él te mandó hacer una expedición y te dijo: Ve y consagra al exterminio a esos pecadores, los amalecitas; combátelos hasta acabar con ellos. 19 ¿Por qué entonces no has escuchado la voz del Señor? ¿Por qué te has lanzado sobre el botín y has hecho lo malo a los ojos del Señor?». 20 Saúl le replicó: «¡Yo escuché la voz del Señor! Hice la expedición que él me había encomendado; traje a Agag, rey de Amalec, consagré al exterminio a los amalecitas, 21 y el pueblo tomó del botín ovejas y vacas, lo mejor de lo destinado al exterminio, para ofrecer sacrificios al Señor, tu Dios, en Guilgal». 22 Samuel respondió:

«¿Quiere el Señor holocaustos
y sacrificios
o quiere que se obedezca su voz?
La obediencia vale más que el sacrificio;
la docilidad, más que la grasa de carneros.
23 Como pecado de hechicería es la rebeldía;
como crimen de idolatría es la contumacia.
Porque tú has rechazado
la palabra del Señor,
él te ha rechazado a ti para que no seas rey».

24 Saúl dijo a Samuel: «He pecado, porque transgredí la orden del Señor y tus palabras. Tuve miedo del pueblo y escuché su demanda. 25 Pero ahora, te ruego que perdones mi pecado; vuelve conmigo, e iré a

VIVE LA PALABRA

El valor de la obediencia

Dios retira su favor a Saúl por su desobediencia al quedarse con unos animales que eran parte de un botín de guerra. Dios envía a Samuel a corregirlo e insiste en el valor de la obediencia. El rey Saúl se defiende diciendo que deseaba hacer un sacrificio al Señor.

- Lee cómo reaccionó Dios ante lo que hizo Saúl. ¿Qué piensas de esa reacción y de por qué reaccionó así? (1 Sm 15 10-11).
- Fíjate cómo le llama la atención Samuel. ¿Qué mensaje central le comunica Samuel a Saúl? (15 17-19).
- Observa cómo se disculpa Saúl. ¿Ves válida la respuesta de Saúl?, ¿por qué? (15 20-21).
- Profundiza en las razones que Samuel expone sobre la obediencia. ¿Por qué compara la desobediencia con la idolatría? (15 22-23).

Obedecer a Dios es escucharlo y disponerse a actuar como él desea. A Dios le duele que le desobedezcamos porque nos ama y espera que le respondamos con el mismo amor. ¿En qué te cuesta más trabajo decir «sí» a Dios? Pide su ayuda y proponte seguir su camino fielmente.

1 Sm 15 7-26

1 SM

postrarme delante del Señor». 26 Samuel respondió a Saúl: «No volveré contigo, porque
tú has rechazado la palabra del Señor, y él
te ha rechazado a ti para que ya no seas más
rey de Israel».
27 Samuel se dio vuelta para irse, pero
Saúl le tomó el borde de su manto, y este se
rasgó. 28 Entonces Samuel le dijo: «Hoy el
Señor te ha arrebatado el poder real sobre
Israel, y se lo ha conferido a otro mejor que
tú». 29 —Sin embargo, el Esplendor de Israel
no miente ni se arrepiente, porque él no es
un hombre para arrepentirse—. 30 Saúl dijo:
«He pecado, pero te ruego que me honres
ante los ancianos de mi pueblo y ante Israel: vuelve conmigo, y me postraré ante el
Señor, tu Dios». 31 Entonces Samuel volvió
en compañía de Saúl, y este se postró delante del Señor.

Muerte de Agag y partida de Samuel

Jue 5 28

32 Luego dijo Samuel: «Tráiganme a Agag,
rey de los amalecitas». Agag se acercó a él
muy complacido, pensando: «Seguramente,
me he librado de la amargura de la muerte».
33 Pero Samuel dijo:

«Como tu espada ha dejado sin hijos
a tantas mujeres,
así tu madre quedará sin su hijo
entre las mujeres».

¿QUIERE EL SEÑOR HOLOCAUSTOS Y SACRIFICIOS O QUIERE QUE SE OBEDEZCA SU VOZ? 1 Sm 15 22

Y descuartizó a Agag delante del Señor,
en Guilgal.
34 Luego Samuel partió hacia Ramá, y
Saúl se fue a su casa, en Guibeá de Saúl.
35 Samuel no vio nunca más a Saúl hasta el
día de su muerte. Pero estaba de duelo por
él, porque el Señor se había arrepentido de
haberlo hecho rey de Israel.

PREEMINENCIA DE DAVID Y DECADENCIA DE SAÚL

La unción de David

2 Re 9 1.3; Is 11 1; Rom 15 12; Dt 17 15; 1 Re 8 39; Jr 11 20; 1 Sm 11 6

16 1 El Señor dijo a Samuel: «¿Hasta
cuándo vas a estar lamentándote por
Saúl, si yo lo he rechazado para que no
reine más sobre Israel? ¡Llena tu frasco de
aceite y parte! Yo te envío a Jesé, el de Belén, porque he visto entre sus hijos al que
quiero como rey». 2 Samuel respondió:
«¿Cómo voy a ir? Si se entera Saúl, me matará». Pero el Señor replicó: «Llevarás contigo una ternera y dirás: "Vengo a ofrecer
un sacrificio al Señor". 3 Invitarás a Jesé al
sacrificio, y yo te indicaré lo que debes hacer: tú me ungirás al que yo te diga».
4 Samuel hizo lo que el Señor le había
dicho. Cuando llegó a Belén, los ancianos
de la ciudad salieron a su encuentro muy
atemorizados, y le dijeron: «¿Vienes en son
de paz, vidente?». 5 «Sí —respondió él—;
vengo a ofrecer un sacrificio al Señor. Purifíquense y vengan conmigo al sacrificio».
Luego purificó a Jesé y a sus hijos y los invitó al sacrificio.

6 Cuando ellos se presentaron, Samuel vio
a Eliab y pensó: «Seguro que el Señor tiene
ante él a su ungido». 7 Pero el Señor dijo a Samuel: «No te fijes en su aspecto ni en lo elevado de su estatura, porque yo lo he descar-
tado. Dios no mira como mira el hombre;
porque el hombre ve las apariencias, pero
Dios ve el corazón». 8 Jesé llamó a Abinadab
y lo hizo pasar delante de Samuel, el cual dijo: «Tampoco a este ha elegido el Señor».
9 Luego hizo pasar a Sammá; pero Samuel dijo: «Tampoco a este ha elegido el Señor».
10 Así Jesé hizo pasar ante Samuel a siete de
sus hijos, pero Samuel dijo a Jesé: «El Señor
no ha elegido a ninguno de estos».
11 Entonces Samuel preguntó a Jesé: «¿Están aquí todos los muchachos?». Él respondió: «Queda todavía el más joven, que ahora está apacentando el rebaño». Samuel dijo
a Jesé: «Manda a buscarlo, porque no nos
sentaremos a la mesa hasta que llegue
aquí». 12 Jesé lo hizo venir: era de tez clara,
de hermosos ojos y buena presencia. Entonces el Señor dijo a Samuel: «Levántate y
úngelo, porque es este». 13 Samuel tomó el
frasco de óleo y lo ungió en presencia de sus
hermanos. Y desde aquel día, el espíritu del
Señor descendió sobre David. Samuel, por
su parte, partió y se fue a Ramá.

David, al servicio de Saúl

1 Sm 18 10; 19 9; 2 Re 3 15

14 El espíritu del Señor se había retirado de
Saúl, y lo atormentaba un mal espíritu, enviado por el Señor. 15 Sus servidores le dijeron: «Un mal espíritu de Dios no deja de
atormentarte. 16 Basta que nuestro señor lo diga, y los servidores que te asisten buscarán un
hombre que sepa tocar la cítara. Así, cuando
te asalte el mal espíritu de Dios, él tocará la
cítara, y tú te sentirás aliviado». 17 Saúl respondió a sus servidores: «Sí, búsquenme un
hombre que toque bien y tráiganlo». 18 Entonces intervino uno de sus servidores, diciendo: «Justamente he visto a un hijo de Jesé, el de Belén, que sabe tocar. Además, es
valiente y hábil guerrero; habla muy bien, tiene buena presencia y el Señor está con él».
19 Entonces Saúl envió unos mensajeros a
Jesé para decirle: «Envíame a tu hijo David,
que está con el rebaño». 20 Jesé tomó un asno, pan, un odre de vino y un cabrito, y se
los envió a Saúl con su hijo David. 21 David
se presentó a Saúl y se puso a su servicio.
Saúl le tomó un gran afecto y lo hizo su escudero. 22 Luego mandó decir a Jesé: «Que
David se quede a mi servicio porque me ha
caído bien». 23 Y cuando un espíritu de Dios
asaltaba a Saúl, David tomaba la cítara y tocaba. Saúl se calmaba y se sentía aliviado, y
el mal espíritu se retiraba de él.

REFLEXIONA

Dios mira al corazón, no las apariencias

Lee 1 Samuel 16 1-13 para conocer cómo fue la elección de David como rey de Israel. Fíjate de manera especial en el versículo 7. Después reflexiona: ¿Qué ve Dios en el fondo de tu corazón?, ¿cuáles son tus ideales más nobles?, ¿hacia quién están dirigidos tu amor y tu ternura?, ¿qué ansías conocer mejor?, ¿a quién te llama la atención servir?, ¿qué actitudes son las más bellas y cuáles necesitas transformar o eliminar...?

Después piensa, ¿en qué proporción juzgas a las personas con que te relacionas con base en sus sentimientos y actitudes interiores y en sus apariencias externas?

1 Sm 16 7

Goliat, el gigante filisteo

2 Sm 21 15-22; 1 Sm 8 17; 2 Sm 2 14-15

17 1 Los filisteos reunieron sus fuerzas para el combate. Se concentraron en Socó de Judá y acamparon entre Socó y Azecá,
en Efes Damim. 2 También Saúl y los hombres de Israel se reunieron y acamparon en el
valle del Terebinto, y se dispusieron en orden de batalla frente a los filisteos. 3 Estos filisteos estaban apostados en un monte, y los
israelitas en el del lado opuesto, con el valle
de por medio.
4 Entonces salió del campo filisteo un luchador llamado Goliat, de Gat, que medía
casi tres metros de altura. 5 Llevaba en la cabeza un casco de bronce e iba cubierto con
una coraza escamada, también de bronce,
que pesaba más de medio quintal. 6 Tenía
unas canilleras de bronce en las piernas y
una jabalina de bronce a la espalda. 7 El asta de su lanza era gruesa como el palo de
un telar y el hierro de la punta pesaba unos
seis kilos. Su escudero iba delante de él.
8 El filisteo se detuvo y gritó a las filas de
Israel: «¿Para qué salen a presentar batalla?
¿No soy yo el filisteo y ustedes los esclavos
de Saúl? Elijan a un hombre, y que baje a
enfrentarme. 9 Si él es capaz de combatir
conmigo y me derrota, seremos esclavos de
ustedes. Pero si yo puedo más que él y lo
derroto, ustedes serán nuestros esclavos y
nos servirán». 10 Y el filisteo añadió: «Hoy
lanzo un desafío a las filas de Israel. Pre-

1 Sm 16 13

COMPRENDE LOS SÍMBOLOS

La unción

Ungir con aceite u óleo significa autoridad, triunfo y energía para luchar. La unción es símbolo del Espíritu Santo, quien anima la misión de reyes y sacerdotes. Jesús es el Ungido de Dios, pues el Espíritu Santo lo llenó por completo desde su encarnación; nosotros somos ungidos en nuestro Bautismo y otros sacramentos.

1 SM

séntenme un hombre y nos batiremos en duelo». 11 Saúl y todo Israel, al oír estas palabras del filisteo, quedaron espantados y sintieron un gran temor.

David en el frente de batalla

1 Sm 16 11; 18 27; Jos 15 16; Eclo 47 3; 1 Sm 18 12; 20 13

12 David era hijo de aquel efrateo de Belén de Judá, llamado Jesé, que tenía ocho hijos. En tiempos de Saúl, Jesé era ya un hombre viejo, de edad avanzada, 13 y sus tres hijos mayores habían ido a la guerra detrás de Saúl. El mayor de estos tres hijos se llamaba Eliab, el segundo Abinadab y el tercero Sammá; 14 David era el más pequeño. Los tres mayores habían seguido a Saúl, 15 mientras que David solía ir al campamento de Saúl y luego volvía a Belén, para apacentar el rebaño de su padre.

16 Mientras tanto, el filisteo se adelantaba por la mañana y por la tarde, y así se presentó durante cuarenta días.

17 Jesé dijo a su hijo David: «Toma esta bolsa de grano tostado y estos diez panes, y corre a llevárselos a tus hermanos al campamento. 18 Estos diez quesos se los entregarás al comandante. Fíjate bien cómo están tus hermanos y trae algo de ellos como prenda. 19 Saúl está con ellos y con todos los hombres de Israel en el valle del Terebinto, combatiendo contra los filisteos».

20 David se levantó de madrugada, dejó el rebaño al cuidado de un guardián y partió con su carga, como se lo había mandado Jesé. Cuando llegó al cerco del campamento, el ejército avanzaba en orden de batalla, lanzando el grito de guerra. 21 Israelitas y filisteos se alinearon frente a frente. 22 Entonces David dejó las cosas que traía en manos del encargado del equipaje, corrió hacia las filas y fue a saludar a sus hermanos.

23 Mientras estaba hablando con ellos, subió del frente filisteo el luchador llamado Goliat, el filisteo de Gat. Pronunció las mismas palabras, y David lo escuchó. 24 Todos los israelitas, apenas vieron al hombre, huyeron despavoridos delante de él. 25 Un hombre de Israel dijo: «¿Han visto a ese hombre que sube? ¡Él viene a desafiar a Israel! Al que lo derrote, el rey lo colmará de riquezas, le dará su hija como esposa y eximirá de impuestos a su casa paterna en Israel».

26 David preguntó a los hombres que estaban con él: «¿Qué le harán al hombre que derrote a ese filisteo y ponga a salvo el honor de Israel? Porque ¿quién es ese filisteo incircunciso para desafiar a las huestes del Dios viviente?». 27 La gente le repitió lo mismo: «Al que lo derrote le harán tal y tal cosa». 28 Pero Eliab, su hermano mayor, al oírlo hablar así con esos hombres, se irritó contra él y exclamó: «¿Para qué has bajado aquí? ¿Y con quién has dejado esas pocas ovejas en el desierto? Ya sé que eres un atrevido y un mal intencionado: ¡tú has bajado para ver la batalla!». 29 David replicó: «Pero ¿qué he hecho? ¿O ni siquiera se puede hablar?». 30 Enseguida se apartó de él y, dirigiéndose a otro, le hizo la misma pregunta. Y la gente le respondió lo mismo que antes.

31 Los que habían oído las palabras que dijo David se las comunicaron a Saúl, y este lo mandó llamar. 32 David dijo a Saúl: «No hay que desanimarse a causa de ese; tu servidor irá a luchar contra el filisteo». 33 Pero Saúl respondió a David: «Tú no puedes batirte con ese filisteo, porque no eres más que un muchacho, y él es un hombre de guerra desde su juventud». 34 David dijo a Saúl: «Tu servidor apacienta el rebaño de su padre, y siempre que viene un león o un oso y se lleva una oveja del rebaño, 35 yo lo persigo, lo golpeo y se la arranco de la boca; y si él me ataca, yo lo agarro por la quijada y lo mato a golpes. 36 Así he matado leones y osos, y ese filisteo incircunciso será como uno de ellos, porque ha desafiado a las huestes del Dios viviente». 37 Y David añadió: «El Señor, que me ha librado de las garras del león y del oso, también me librará de la mano de ese filisteo». Entonces Saúl dijo a David: «Ve, y que el Señor esté contigo».

VIVE LA PALABRA

¡Viva David, abajo Goliat!

David lo hace parecer muy fácil: una honda, una piedra, buena puntería y ya está; Goliat muere y ganan los israelitas. El mensaje de esta historia fortalece a cualquiera que se sienta acobardado y amenazado: la fuerza humana no vale ante Dios; lo importante es actuar con Dios.

En cada uno de nosotros vive un David (la confianza en Dios) y una multitud de Goliats que pueden derrotarnos. Estos Goliats pueden ser una mala influencia, una adicción, el dudar de sí mismo frente a quienes nos sentimos muy pequeños para vencerlos. Pero Dios siempre apoya a los pequeños; no solo eligió como rey al menor de los hijos de Jesé, sino que le da su fuerza para vencer al enemigo.

Si contamos con Dios, podremos superar nuestras debilidades y tener valor ante los desafíos de la vida. Toma unos minutos para pensar en lo que deseas llegar a ser: ¿cuáles son tus sueños y esperanzas? ¿Qué desea Dios para ti? ¿Qué Goliats se interponen en tu camino?

Ora unos momentos e identifica los pasos que necesitas dar para ponerte en camino a tu destino. ¿Qué estás haciendo para superar estos retos?

1 Sm 17

El combate de David con Goliat

1 Sm 16 11; 2 Sm 3 8; Dt 28 26;
Sal 20 8-9; 1 Re 18 37

38 Saúl vistió a David con su propia indumentaria, le puso en la cabeza un casco de
bronce y lo cubrió con una coraza. 39 Después, David se ciñó la espada de Saúl por encima de su indumentaria, e hizo un esfuerzo
para poder caminar, porque no estaba entrenado. Entonces David dijo a Saúl: «No puedo caminar con todas estas cosas porque no
estoy entrenado». Y David se las quitó. 40 Luego tomó en la mano su bastón, eligió en el
torrente cinco piedras bien lisas, las puso en
su bolsa de pastor, en la mochila, y con la
honda en la mano avanzó hacia el filisteo.
41 El filisteo se fue acercando poco a poco a David, precedido de su escudero. 42 Y
al fijar sus ojos en David, el filisteo lo despreció, porque vio que era apenas un muchacho, de tez clara y de buena presencia.
43 Entonces dijo a David: «¿Soy yo un perro
para que vengas a mí armado de palos?». Y
maldijo a David invocando a sus dioses.
44 Luego le dijo: «Ven aquí, y daré tu carne
a los pájaros del cielo y a los animales del
campo». 45 David replicó al filisteo: «Tú
avanzas contra mí armado de espada, lanza y jabalina, pero yo voy hacia ti en el
nombre del Señor de los ejércitos, el Dios
de las huestes de Israel, a quien tú has desafiado. 46 Hoy mismo el Señor te entregará
en mis manos; yo te derrotaré, te cortaré la
cabeza, y daré tu cadáver y los cadáveres
del ejército filisteo a los pájaros del cielo y
a los animales del campo. Así toda la tierra
sabrá que hay un Dios para Israel. 47 Y toda
esta asamblea reconocerá que el Señor da
la victoria sin espada ni lanza. Porque esta
es una guerra del Señor, y él los entregará
en nuestras manos».
48 Cuando el filisteo se puso en movimiento y se acercó cada vez más para enfrentar a David, este enfiló velozmente en
dirección al filisteo. 49 Enseguida metió la
mano en su bolsa, sacó de ella una piedra
y la arrojó con la honda, hiriendo al filisteo en la frente. La piedra se le clavó en la
frente, y él cayó de bruces contra el suelo.
50 Así venció David al filisteo con la honda
y una piedra; le asestó un golpe mortal, sin
tener una espada en su mano.
51 David fue corriendo y se paró junto al
filisteo; le agarró la espada, se la sacó de la
vaina y lo mató, cortándole la cabeza. Al ver
que su héroe estaba muerto, los filisteos huyeron. 52 Inmediatamente, los hombres de
Israel y de Judá lanzaron el grito de guerra y
persiguieron a los filisteos hasta la entrada
de Gat y hasta las puertas de Ecrón. Muchos
filisteos cayeron heridos de muerte por el
camino de Dos Puertas, hasta Gat y Ecrón.
53 Después, los israelitas volvieron de su encarnizada persecución contra los filisteos y
saquearon su campamento. 54 David tomó
la cabeza del filisteo y la llevó a Jerusalén,
pero dejó las armas en su propia tienda.

La presentación de David a Saúl

55 Al ver que David salía al encuentro del
filisteo, Saúl le había preguntado a Abner,
el jefe del ejército: «Abner, ¿de quién es hijo ese muchacho?». «¡Por tu vida, rey, no lo
sé!», respondió Abner. 56 Entonces el rey dijo: «Averigua de quién es hijo ese muchacho». 57 Cuando David volvió de matar al

filisteo, Abner lo llevó a la presencia de
Saúl con la cabeza del filisteo en la mano.
58 Saúl le preguntó: «¿De quién eres hijo,
muchacho?». David respondió: «Soy hijo
de tu servidor Jesé, el de Belén».

La amistad de Jonatán con David

1 Sm 19 1-7; 20; 23 16-18; 2 Sm 1 26; 30 1-20

18 1 Apenas David terminó de hablar
con Saúl, Jonatán se encariñó con él
y llegó a quererlo como a sí mismo. 2 Saúl
lo hizo quedar con él aquel día y no lo dejó volver a la casa de su padre. 3 Y Jonatán
hizo un pacto con David, porque lo amaba
como a sí mismo. 4 Él se despojó del manto que llevaba puesto y se lo dio a David, y
lo mismo hizo con su indumentaria y hasta con su espada, su arco y su cinturón.
5 Siempre que salía de campaña, enviado
por Saúl, David tenía éxito. Entonces Saúl
lo puso al frente de sus hombres de guerra.
David era bien visto por todo el pueblo y
también por los servidores de Saúl.

Los celos de Saúl contra David

1 Sm 21 12; Jue 5 1; 11 34;
1 Sm 21 12; 18 29; 2 Sm 5 2

6 A su regreso, después que David derrotó al filisteo, las mujeres de todas las ciudades de Israel salían a recibir al rey Saúl,
cantando y bailando, al son jubiloso de
tamboriles y triángulos. 7 Y mientras danzaban, las mujeres cantaban a coro:

«Saúl ha matado a miles
y David a decenas de miles».

8 Saúl se puso furioso y, muy disgustado
por todo aquello, pensó: «A David le atribuyen los diez mil, y a mí tan solo los mil.
¡Ya no le falta más que la realeza!». 9 Y a
partir de ese día, Saúl miró con malos ojos
a David.
10 Al día siguiente, un mal espíritu que
venía de Dios se apoderó de Saúl, y él se
puso a delirar en medio de su casa. David
tocaba su instrumento como los otros días,
y Saúl tenía su lanza en la mano. 11 De
pronto, Saúl empuñó la lanza, pensando:
«Voy a clavar a David contra la pared». Pero David esquivó el golpe una y otra vez.
12 Entonces Saúl le tuvo miedo, porque el
Señor estaba con David y, en cambio, se
había retirado de él. 13 Por eso lo apartó de
su lado, constituyéndolo jefe de un millar
de hombres. Así David iba y venía al frente de las tropas. 14 El éxito lo acompañaba
en todas sus empresas y el Señor estaba
con él. 15 Al ver que todo le salía bien, Saúl
le tuvo miedo, 16 pero todos en Israel y en
Judá amaban a David, porque él iba y venía al frente de ellos.

Los planes de Saúl para deshacerse de David

1 Sm 17 25; 25 28; 2 Sm 21 8

17 Saúl dijo a David: «Ahí tienes a Merab,
mi hija mayor; te la voy a dar por esposa,
pero tendrás que servirme valerosamente y
combatir en las guerras del Señor». En realidad, Saúl pensaba: «Que sean los filisteos, y no yo, los que pongan su mano sobre él». 18 Pero David respondió a Saúl:
«¿Quién soy yo y quién es mi estirpe, el
clan de mi padre en Israel, para que yo sea
el yerno del rey?». 19 Y cuando llegó el momento en que David debía casarse con Merab, la hija de Saúl, se la dieron como esposa a Adriel de Mejolá.
20 Mientras tanto, Mical, la otra hija de
Saúl, se había enamorado de David. Cuando se lo contaron a Saúl, este recibió con
agrado la noticia, 21 porque pensó: «Se la
daré para tenerlo atrapado, y así caerá en
manos de los filisteos». Entonces Saúl dijo
a David por segunda vez: «Hoy vas a ser mi
yerno». 22 Además, dio esta orden a sus servidores: «Díganle a David confidencial-
mente: "El rey te aprecia y todos sus servidores te quieren; ahora es el momento de
convertirte en yerno del rey"». 23 Los servidores del rey repitieron estas palabras a
David, pero él les respondió: «¿Les parece
poca cosa ser yerno del rey? Yo soy un
hombre pobre y de condición humilde».
24 Cuando los servidores informaron a Saúl
de lo que había dicho David, 25 Saúl les dijo: «Háblenle así a David: "Como único
precio a cambio de su hija, el rey quiere
cien prepucios de filisteos, para vengarse
de sus enemigos"». De esta manera, Saúl
pensaba lograr que David cayera en manos
de los filisteos.

El matrimonio de David con la hija de Saúl

26 Los servidores comunicaron estas palabras a David, y a él le agradó la idea de
convertirse en yerno del rey. Antes que se
cumpliera el plazo fijado, 27 David partió
con sus hombres y mató a doscientos filisteos. Luego trajo los prepucios y presentó
ante el rey el número completo, para poder ser su yerno. Entonces Saúl le dio como esposa a su hija Mical.
28 Saúl, al ver esto, comprendió que el
Señor estaba con David y que su hija Mical
lo amaba. 29 Por eso creció el miedo que le
tenía a David y fue su enemigo toda la vida. 30 Los jefes de los filisteos solían hacer
incursiones, y cada vez que salían, David
tenía más éxito que todos los servidores de
Saúl. Así su nombre se hizo célebre.

La intervención de Jonatán en favor de David

1 Sm 18 1; Dt 19 10.13; 21 8-9; 2 Re 21 16

19 [1] Saúl habló a su hijo Jonatán y a todos
sus servidores de su proyecto de matar
a David. Pero Jonatán, hijo de Saúl, quería
mucho a David, [2] y lo puso sobre aviso, diciéndole: «Mi padre Saúl intenta matarte.
Ten mucho cuidado mañana por la mañana;
retírate a un lugar oculto y no te dejes ver.
[3] Yo saldré y me quedaré junto con mi padre
en el campo donde tú estés; le hablaré de ti,
veré qué pasa y te lo comunicaré».
[4] Jonatán habló a su padre Saúl en favor
de David, y le dijo: «Que el rey no peque
contra su servidor David, ya que él no ha
pecado contra ti. Al contrario, sus acciones
te reportan grandes beneficios. [5] Él se jugó
la vida cuando derrotó al filisteo, y el Señor dio una gran victoria a todo Israel. Si
tanto te alegraste al verlo, ¿por qué vas a
pecar con sangre inocente, matando a David sin motivo?». [6] Saúl hizo caso a Jonatán
y pronunció este juramento: «¡Por la vida
del Señor, no morirá!». [7] Jonatán llamó a
David y lo puso al tanto de todo. Luego lo
llevó a la presencia de Saúl, y David quedó
a su servicio como antes.

Nuevo atentado de Saúl contra David

1 Sm 16 14

[8] Al reanudarse la guerra, David salió a
combatir contra los filisteos; les infligió
una gran derrota y ellos huyeron ante él.
[9] Entonces, un mal espíritu del Señor se
apoderó de Saúl. Mientras él estaba sentado en su casa, con la lanza en la mano, y
David tocaba su instrumento, [10] Saúl trató
de clavarlo contra la pared con la lanza. Pero David esquivó el golpe de Saúl, y la lanza se clavó en la pared. Enseguida David
huyó y se puso a salvo.

David, salvado por su esposa Mical

Jos 2 12; Hch 9 25

Aquella misma noche, [11] Saúl envió unos
emisarios a la casa de David, para vigilarlo
y darle muerte a la mañana. Pero Mical, su
esposa, le advirtió: «Si no salvas tu vida esta noche, mañana estarás muerto». [12] Mical
ayudó a David a bajar por la ventana, y él
huyó para ponerse a salvo. [13] Luego, Mical
tomó el ídolo familiar y lo colocó sobre la
cama; puso en la cabecera un cuero de cabra y lo cubrió con una manta.
[14] Saúl envió emisarios para que detuvieran a David, pero Mical les dijo: «Está enfermo». [15] Saúl los mandó de nuevo a ver a
David, con esta orden: «¡Tráiganmelo con
cama y todo, para que yo lo mate!». [16] Pero
cuando los emisarios entraron, no encontraron en la cama más que el ídolo, con el
cuero de cabra en la cabecera. [17] Saúl dijo a
Mical: «¿Qué manera de engañarme es esta? ¡Has dejado escapar a mi enemigo!».
Mical le respondió: «Él me dijo: "O me dejas partir o te mato"».

Saúl y David con el profeta Samuel

2 Re 1 9-14; 1 Sm 10 6.10.12

[18] Una vez que huyó y se puso a salvo, David se presentó a Samuel en Ramá y le contó todo lo que le había hecho Saúl. Luego,
él y Samuel fueron a alojarse en Naiot.
[19] Cuando informaron a Saúl de que David estaba en Naiot, en Ramá, [20] aquel envió emisarios para que detuvieran a David.
Ellos vieron a la comunidad de profetas,
con Samuel a la cabeza, en estado de trance profético. Entonces el espíritu del Señor
invadió a los emisarios de Saúl, y también
ellos entraron en trance. [21] Al enterarse de
esto, Saúl envió otros emisarios, pero también ellos entraron en trance. Por tercera
vez, Saúl volvió a enviar emisarios, y también ellos entraron en trance.
[22] Entonces fue él personalmente a Ramá.
Al llegar a la gran cisterna que está en Secú,
Saúl preguntó: «¿Dónde están Samuel y David?». «Están en Naiot, cerca de Ramá», le
respondieron. [23] De allí se dirigió a Naiot, en
Ramá, y el espíritu del Señor se apoderó de
él, de manera que fue caminando en estado
de trance hasta Naiot, en Ramá. [24] También él
se despojó de su ropa y estuvo en trance delante de Samuel. Luego cayó rendido, y estuvo desnudo todo aquel día y aquella noche.
Por eso se suele decir: «¿También Saúl está
entre los profetas?».

El encuentro de David con Jonatán

1 Sm 24 12; 26 18; Nm 28 11; Gn 4 8

20 [1] David huyó de Naiot, en Ramá, y se
presentó ante Jonatán. «¿Qué hice
yo? —le dijo—. ¿Cuál es mi falta o mi pecado contra tu padre, para que me persiga
a muerte?». [2] Jonatán le respondió: «¡Ni
pensarlo! ¡Tú no morirás! Mira, mi padre
no hace absolutamente nada sin comuni-
cármelo. ¿Por qué entonces me habría de
ocultar este asunto? ¡No hay nada de eso!».
[3] Pero David insistió: «Tu padre sabe muy
bien que yo te he caído en gracia, y habrá
pensado: "Que Jonatán no se entere, no
sea que se entristezca". Sin embargo, ¡por
la vida del Señor y por tu propia vida, estoy a un paso de la muerte!».
[4] Jonatán dijo a David: «Estoy dispuesto a
hacer por ti lo que tú me digas». [5] David le
respondió: «Mañana es la luna nueva, y tendré que compartir la mesa con tu padre. Tú
me dejarás partir, y yo me ocultaré al des-

campado hasta pasado mañana por la tarde. [6]Si tu padre nota mi ausencia, tú le dirás: "David me insistió para que lo dejara ir de una corrida hasta Belén, su ciudad, porque allí se celebra el sacrificio anual de toda la familia". [7]Si él dice: "Está bien", tu servidor podrá sentirse tranquilo. Pero si se pone furioso, sabrás que él ha decidido mi ruina. [8]Sé leal con tu servidor, ya que le has hecho contraer contigo un pacto en nombre del Señor. Si en algo he faltado, mátame tú mismo. ¿Para qué me harás comparecer ante tu padre?». [9]«¡Ni lo pienses! —le dijo Jonatán—. Si supiera realmente que mi padre está decidido a infligirte algún mal, seguro que te lo comunicaría». [10]David le preguntó: «¿Quién me avisará si tu padre te responde duramente?». [11]Jonatán dijo a David: «Vamos al campo». Y los dos salieron al campo.

El pacto de David con Jonatán

1 Sm 24 22; 2 Sm 9; 21 7

[12]Jonatán dijo a David: «¡El Señor, el Dios de Israel, es testigo! Mañana o pasado mañana, a esta misma hora, trataré de averiguar las intenciones de mi padre. Si todo marcha bien para ti y no te mando a nadie que te avise, [13]¡que el Señor me castigue una y otra vez! Y en caso de que mi padre quiera hacerte algún mal, te avisaré también y te dejaré partir. Así podrás irte en paz, y que el Señor esté contigo como lo estuvo con mi padre. [14]Si entonces vivo todavía, tú me demostrarás la fidelidad que el Señor exige. Y si estoy muerto, [15]seguirás siendo leal con mi casa para siempre, aun cuando el Señor haya extirpado de la superficie del suelo a cada uno de los enemigos de David». [16]Y Jonatán concluyó un pacto con la casa de David, en estos términos: «Que el Señor pida cuenta de esto a los enemigos de David». [17]Jonatán hizo prestar otra vez juramento a David, a causa del amor que le tenía, porque lo quería como a sí mismo.

La intervención de Jonatán en favor de David

1 Sm 19 4-5; 18 11; 19 10

[18]Jonatán dijo a David: «Mañana es la luna nueva. Se advertirá tu ausencia, porque notarán que tu puesto está vacío, [19]y lo mismo sucederá pasado mañana. Por eso, desciende bien abajo, al lugar donde estuviste escondido la otra vez, y quédate junto a aquel montón de piedras. [20]Yo, por mi parte, lanzaré tres flechas en esa dirección, como quien tira al blanco. [21]Luego mandaré al servidor a buscar la flecha. Si yo le digo: "La tienes más acá, recógela", entonces ven; puedes estar tranquilo y no hay ningún inconveniente, ¡por la vida del Señor! [22]Pero si yo digo al muchacho: "La tienes más allá", entonces vete, porque el Señor quiere que te vayas. [23]En cuanto a la palabra que nos hemos dado mutuamente, el Señor está entre tú y yo para siempre».

[24]David se escondió en el descampado. Al llegar la luna nueva, el rey se sentó a la mesa para comer. [25]Como lo hacía habitualmente, ocupó su asiento contra la pared, Jonatán se puso enfrente y Abner se sentó al lado de Saúl; pero el puesto de David quedó vacío. [26]Ese día Saúl no dijo nada, porque pensó: «Debe ser una casualidad; seguramente no se ha purificado y se encuentra en estado de impureza». [27]Pero al día siguiente de la luna nueva, el segundo día, el puesto de David aún estaba vacío. Saúl dijo a su hijo Jonatán: «¿Por qué el hijo de Jesé no ha venido al banquete ni ayer ni hoy?». [28]Jonatán respondió a Saúl: «David me insistió para que lo dejara ir hasta Belén. [29]"Por favor —me dijo—, déjame partir, porque se celebra el sacrificio familiar en la ciudad y mi propio hermano me ha ordenado que vaya. Ahora, si quieres hacerme un favor, iré de una escapada a ver a mis hermanos". Por eso él no ha venido a la mesa del rey».

[30]Saúl se enfureció contra Jonatán y le dijo: «¡Hijo de una mala mujer! ¿Acaso yo no sé que tú estás de parte del hijo de Jesé, para vergüenza tuya y deshonra de tu madre? [31]Porque mientras el hijo de Jesé viva sobre la tierra, no habrá seguridad ni para ti ni para tu reino. Manda ahora mismo que me lo traigan, porque merece la muerte». [32]Pero Jonatán replicó a su padre Saúl: «¿Por qué va a morir? ¿Qué ha hecho?». [33]Saúl empuñó la lanza para atacarlo, y entonces Jonatán comprendió que su padre ya tenía resuelto matar a David. [34]Jonatán se levantó de la mesa muy enojado, y no comió nada el segundo día de la luna nueva, porque estaba afligido a causa de David, a quien su padre había injuriado.

[35]A la mañana siguiente, Jonatán salió al campo en compañía de un joven servidor, según lo convenido con David, [36]y dijo a su servidor: «Corre a buscar las flechas que voy a tirar». El servidor fue corriendo, y Jonatán lanzó la flecha más allá de él. [37]Cuando el niño llegó al lugar donde estaba la flecha que había tirado Jonatán, este gritó detrás de él: «Ahí la tienes, más allá». [38]Luego gritó otra vez detrás de él: «¡Rápido, apúrate, no te quedes parado!». El servidor recogió la flecha y volvió adonde estaba su señor, [39]sin darse cuenta de nada; solo Jonatán y David estaban al tanto de la cosa. [40]Luego Jonatán entregó sus armas al niño y le dijo: «Ve y lleva esto a la ciudad».

Amigos para siempre

David y Jonatán tienen una bella amistad. 1 Samuel 18 1-4 relata un pacto entre ellos, y el capítulo 20 narra cómo arriesgan su vida uno por el otro. Jonatán y David tienen siempre presente a Dios. Él les da sabiduría para ver qué es lo correcto. Cuando tienen que separarse renuevan emotivamente sus promesas. Lee ambos pasajes; te gustarán.

¿Tienes amigos/as que te ayudan en tu caminar a Dios? Si tienes amigos/as que son un obstáculo en tu desarrollo personal, ¿qué necesitas hacer para no arruinar tu vida?

1 Sm 20

La despedida de David y Jonatán

41 Cuando el servidor partió, David subió del lado del sur y se postró tres veces con el rostro en tierra. Después, uno y otro se abrazaron llorando, hasta que la pena de David creció más todavía. 42 Entonces Jonatán dijo a David: «Vete en paz, ya que los dos nos hemos hecho un juramento en nombre del Señor, diciendo: "Que el Señor esté entre tú y yo, entre mi descendencia y la tuya para siempre"».

21 1 Enseguida David partió, y Jonatán volvió a la ciudad.

David en el santuario de Nob

Ex 25 30; Mt 12 3-4

2 David llegó a Nob, donde estaba el sacerdote Ajimélec. Este salió a su encuentro muy asustado y le dijo: «¿Por qué estás tú solo, sin nadie que te acompañe?». 3 David respondió al sacerdote Ajimélec: «El rey me dio un encargo y me dijo: "Que nadie sepa nada de la misión que te encomiendo ni de la orden que te di". En cuanto a los demás muchachos, les he dado cita en tal lugar. 4 Si tienes a mano cinco panes, o lo que sea, dámelos ahora mismo». 5 El sacerdote respondió a David: «No tengo a mano pan común; solo hay pan consagrado, con tal que los muchachos se hayan abstenido de tener relaciones con mujeres».

6 «¡Seguro que sí! —respondió David al sacerdote—; las mujeres nos han estado vedadas, como siempre que yo salgo de campaña. Si los muchachos mantienen puros sus cuerpos aun en una expedición profana, ¡con mayor razón tendrán hoy sus cuerpos en estado de pureza!». 7 Entonces el sacerdote le dio pan consagrado, porque allí no había otro pan que el de la ofrenda, el que se retira de la presencia del Señor cuando se lo reemplaza por pan fresco.

8 Aquel día, estaba obligado a quedarse allí, delante del Señor, uno de los servidores de Saúl, llamado Doeg, el edomita, que era el jefe de los pastores de Saúl.

9 David dijo a Ajimélec: «¿No tienes a mano una lanza o una espada? Porque yo no he traído ni mi espada ni mis armas, debido a la urgencia de la misión encomendada por el rey». 10 El sacerdote respondió: «La espada de Goliat, el filisteo que tú derrotaste en el valle del Terebinto, está allí, envuelta en un paño, detrás del efod. Tómala, si quieres, porque aquí no hay otra». «No hay otra espada igual a esa —respondió David—: ¡dámela!».

David entre los filisteos de Gat

1 Re 2 39-41; 1 Sm 18 7; Sal 34 1

11 Ese mismo día, David partió y huyó lejos de Saúl, y llegó adonde estaba Aquís, rey de Gat. 12 Los servidores de Aquís dijeron al rey: «¿Este no es David, el rey del país? ¿No es este aquel por quien cantaban y danzaban, diciendo: Saúl ha matado a miles y David a decenas de miles?».

13 David se tomó muy a pecho esas palabras y tuvo miedo de Aquís, rey de Gat. 14 Entonces se hizo pasar por loco públicamente y se puso a divagar delante de ellos: arañaba las puertas y dejaba correr la saliva por su barba. 15 Aquís dijo a sus servidores: «¿Pero no ven que se ha vuelto loco? ¿A qué me lo han traído? 16 ¿Acaso me faltan locos para que encima me traigan a este a hacer aquí sus locuras? ¿Cómo va a entrar en mi casa un hombre así?».

David al frente de una banda

Sal 57 1; 142 1; 2 Sm 15 1-6

22 1 David partió de allí y se puso a salvo en la caverna de Adulam. Al enterarse, sus hermanos y toda la casa de su padre bajaron a unirse con él. 2 Además, se le juntaron todos los que estaban en algún aprieto, cargados de deudas o descontentos de la vida. Así llegó a ser jefe de unos cuatrocientos hombres.

3 De allí David se fue a Mispé de Moab y dijo al rey de Moab: «Deja que mi padre y mi madre vivan entre ustedes, hasta que yo sepa lo que Dios va a hacer conmigo». 4 Luego los llevó a la presencia del rey de Moab, y ellos se quedaron con él todo el tiempo que David estuvo en el refugio.

VIVE LA PALABRA

La Ley y la conciencia

La Ley reservaba a los sacerdotes los panes ofrecidos al Señor (Lv 24 5-9). Sin embargo, David los reparte entre sus acompañantes. ¿Obró bien? ¿No debemos siempre obedecer la ley?

Este caso permite profundizar en una gran verdad: ninguna ley está sobre la persona. Dios creó al hombre y la mujer, y puso todo bajo su dominio, incluso la Ley. Las leyes existen para ayudarnos a distinguir lo que está bien y lo que está mal, y obrar con rectitud. Pero las leyes no abarcan todas las situaciones de la vida y existen leyes injustas que generan acciones que dañan a ciertos grupos de personas.

Además, la conciencia está por encima de la ley. Ahí, en nuestro núcleo más íntimo, donde nos encontramos con Dios y escuchamos su palabra, inscribe Dios la ley natural: hacer el bien y evitar el mal (ver «El código lakota», Dt 5 1-21).

David y sus acompañantes solo tenían para comer el pan ofrecido a Dios. David obró bien, a pesar de la Ley. Más tarde Jesús aprovechó este hecho para defender la conducta de sus apóstoles, y mostrar la importancia del ser humano sobre la Ley (Mt 12 3-4).

Piensa en las leyes que rigen la vida de tu país: ¿Cuáles buscan el bien común? ¿Cuáles promueven el bienestar de los más necesitados? ¿Cuáles favorecen a los ricos y poderosos? ¿Hay algunas que se oponen al bien de las personas? Pide al Señor que te ayude a formar una conciencia recta, te dé prudencia al juzgar y te fortalezca para obrar siempre según su corazón.

1 Sm 21 1-7

5 El profeta Gad dijo a David: «¡No te quedes en el refugio! Entra en el país de Judá». Entonces David partió y entró en el bosque de Járet.

La masacre de los sacerdotes de Nob

1 Sm 8 12.14-15; 18 3.17-30; Sal 105 15

6 Saúl se enteró de que David y sus compañeros habían sido descubiertos. Él se encontraba entonces en Guibeá, sentado debajo del tamarisco del lugar alto; tenía su espada en la mano y todos sus servidores estaban de pie en torno de él. 7 Saúl dijo a sus servidores: «¡Escuchen, benjaminitas! ¿Acaso el hijo de Jesé también les dará a todos ustedes campos y viñas, y los hará a todos jefes de mil y de cien hombres, 8 para que hayan conspirado contra mí? Nadie me avisa nada cuando mi hijo pacta con el hijo de Jesé. Ninguno de ustedes se conduele conmigo, ni me revela que mi hijo sublevó contra mí a mi esclavo, para que me tienda asechanzas, como sucede en el día de hoy?

9 Entonces intervino Doeg, el edomita, que estaba de pie junto a los servidores de Saúl, y dijo: «Yo vi al hijo de Jesé cuando llegó a Nob, a ver a Ajimélec, hijo de Ajitub. 10 Ajimélec consultó por él al Señor, le dio provisiones y le entregó la espada de Goliat, el filisteo».

11 El rey mandó llamar al sacerdote Ajimélec, hijo de Ajitub, y a toda su casa paterna, los sacerdotes de Nob. Todos ellos comparecieron ante el rey, 12 y Saúl dijo: «¡Escucha bien, hijo de Ajitub!». «A tus órdenes, rey», respondió él. 13 Saúl añadió: «¿Por qué han conspirado contra mí, tú y el hijo de Jesé? Tú le has dado pan y una espada, y has consultado a Dios por él, para que se subleve contra mí y me tienda asechanzas, como sucede en el día de hoy». 14 Ajimélec respondió al rey: «¿Hay entre todos tus servidores alguien tan de confianza como David? Él es yerno del rey, es jefe de tu guardia personal y todos lo honran en tu casa. 15 ¿O acaso es esta la primera vez que consulto a Dios por él? ¡No, lejos de mí! Que el rey no levante ningún cargo contra su servidor ni contra toda su casa paterna, porque tu servidor no sabía absolutamente nada de este asunto». 16 Pero el rey replicó: «¡Morirás sin remedio, Ajimélec, tú y toda tu casa paterna!».

17 Luego el rey dijo a los de su escolta, que estaban apostados junto a él: «¡Vuélvanse y maten a los sacerdotes del Señor, porque también ellos están de parte de David! Aun sabiendo que él huía, no me lo denunciaron». Pero los servidores del rey no quisieron extender su mano para ultimar a los sacerdotes del Señor. 18 Entonces el rey dijo a Doeg: «Vuélvete y mátalos tú». Doeg se volvió y acometió contra los sacerdotes: así mató aquel día a ochenta y cinco hombres que vestían el efod de lino.

La huida de Abiatar al campamento de David

1 Sm 15 3; 2 Re 11 2; 1 Re 2 26-27

19 En Nob, la ciudad de los sacerdotes, Saúl
pasó al filo de la espada a hombres y mujeres, niños y pequeños, bueyes, asnos y ovejas. 20 Solo pudo escapar un hijo de Ajimélec,
hijo de Ajitub, llamado Abiatar, que huyó a
reunirse con David 21 y le contó que Saúl había dado muerte a los sacerdotes del Señor.
22 David dijo a Abiatar: «Ya sabía yo aquel día
que Doeg, el edomita, estaba allí presente
y que no dejaría de informar a Saúl. Yo hice
que las cosas se volvieran contra toda tu casa
paterna. 23 Pero quédate conmigo y no temas.
El que atenta contra tu vida, atenta contra la
mía. Junto a mí, estarás bien protegido».

David en Queilá

1 Sm 14 10-12; 2 Sm 5 19; 1 Sm 22 20-23; 15 4

23 1 A David le llegó esta noticia: «Los filisteos están combatiendo contra
Queilá y saqueando las eras». 2 Entonces
David preguntó al Señor: «¿Debo ir a atacar
a esos filisteos?». El Señor dijo a David: «Sí,
ve; derrotarás a los filisteos y salvarás a
Queilá». 3 Pero los hombres de David le dijeron: «Si nosotros tenemos miedo aquí, en
Judá, ¡cuánto más si vamos a Queilá contra
los escuadrones filisteos!». 4 David interrogó de nuevo al Señor, y el Señor le respondió diciendo: «Baja ya mismo a Queilá,
porque yo entrego a los filisteos en tus manos». 5 David fue a Queilá con sus hombres;
atacó a los filisteos, se llevó sus rebaños y
les infligió una gran derrota. Así salvó David a los habitantes de Queilá.
6 Abiatar, hijo de Ajimélec, que había
ido a refugiarse junto a David, bajó a Queilá con el efod en la mano. 7 Y cuando informaron a Saúl que David había entrado
en Queilá, pensó: «Dios lo ha entregado en
mis manos. Porque él mismo se ha cortado
la retirada, metiéndose en una ciudad con
puertas y cerrojos». 8 Luego convocó a todo
el pueblo a las armas, para bajar a Queilá y
sitiar a David y a sus hombres.
9 Al saber que Saúl tramaba su ruina, David ordenó al sacerdote Abiatar: «Presenta
el efod». 10 Luego dijo: «Señor, Dios de Israel, tu servidor ha oído que Saúl intenta
venir a Queilá, para destruir la ciudad por
causa mía. 11 ¿Es verdad que Saúl bajará, como tu servidor ha oído decir? Señor, Dios
de Israel, dígnate comunicárselo a tu servidor». El Señor respondió: «Sí, él bajará».
12 David continuó diciendo: «Y los señores
de Queilá, ¿me entregarán a mí y a mis
hombres en manos de Saúl?». «Sí —respondió el Señor—; ellos te entregarán».
13 David partió con sus hombres, que eran
unos seiscientos; salieron de Queilá y anduvieron a la ventura. Y cuando informaron a Saúl que David había escapado de
Queilá, él desistió de su expedición.

El encuentro de David y Jonatán en el desierto de Judá

1 Sm 18 3; 26 1; Sal 54 2

14 David anduvo por el desierto, en los sitios bien protegidos, y se estableció en la zona montañosa, en el desierto de Zif. Durante todo ese tiempo, Saúl trató de encontrarlo,
pero Dios no lo puso en sus manos.
15 David advirtió que Saúl se había puesto en campaña para atentar contra su vida.
Por ese entonces, él se encontraba en el
desierto de Zif, en Jorsa. 16 Jonatán, hijo de
Saúl, se puso en camino y fue a verlo allí.
Lo reconfortó en nombre de Dios, 17 y le dijo: «No temas, porque la mano de mi padre
Saúl no te alcanzará. Tú reinarás sobre Israel, y yo seré tu segundo. Hasta mi padre
Saúl lo sabe muy bien». 18 Los dos hicieron
un pacto delante del Señor, y David se quedó en Jorsa, mientras que Jonatán se fue a
su casa.

David, traicionado por la gente de Zif

1 Sm 22 8; 2 Re 7 6-7; 19 8-9

19 Unos hombres de Zif subieron a Guibeá, donde estaba Saúl, y le dijeron: «David
está escondido entre nosotros, en los refugios de Jorsa, sobre la colina de Jaquilá, al
sur de la estepa. 20 Por eso, rey, baja si es que
así lo deseas, y nosotros nos encargaremos
de ponerlo en tus manos». 21 Saúl les respondió: «¡Que el Señor los bendiga, por haberse compadecido de mí! 22 Pero vayan, se
lo ruego, y asegúrense bien. Fíjense por
dónde anda y quién lo ha visto por allí, porque me han dicho que es muy astuto. 23 Observen y reconozcan todos los escondites
donde podría ocultarse. Cuando estén bien
seguros, vuelvan a verme, y yo iré con ustedes. Y si está en el país, registraré todos los
clanes de Judá hasta encontrarlo».
24 Ellos se dirigieron hacia Zif, precedien-
do a Saúl. Mientras tanto, David y sus hombres estaban en el desierto de Maón, en la
depresión al sur de la estepa. 25 Saúl y sus
hombres salieron a buscarlo; pero alguien
avisó a David, y él bajó a la Roca que está
en el desierto de Maón. Saúl se enteró y se
lanzó en persecución de David por el desierto de Maón. 26 Saúl iba por un lado de la
montaña, y David con sus hombres por el
lado opuesto. David apresuró la marcha
para escapar de Saúl. Y cuando Saúl y sus
hombres estaban a punto de cercar a David
y a los suyos para capturarlos, 27 un mensajero fue a decir a Saúl: «Ven enseguida, por-

que los filisteos están incursionando por el país». 28 Saúl dejó entonces de perseguir a David y partió al encuentro de los filisteos. Por eso aquel lugar fue llamado «Roca de las Separaciones».

Saúl, perdonado por David

1 Sm 26; 2 Sm 24 10; 1 Sm 26 9.23; 31 4

24 1 David subió de allí y se estableció en los sitios bien protegidos de Engadí. 2 Cuando Saúl volvió de perseguir a los filisteos, le dieron esta noticia: «David está en el desierto de Engadí». 3 Entonces reunió a tres mil hombres seleccionados entre todo Israel y partió en busca de David y sus hombres, hacia las Peñas de las Cabras salvajes. 4 Al llegar a los corrales de ovejas que están junto al camino, donde había una cueva, Saúl entró a hacer sus necesidades. En el fondo de la cueva, estaban sentados David y sus hombres. 5 Ellos le dijeron: «Este es el día en que el Señor te dice: "Yo pongo a tu enemigo en tus manos; tú lo tratarás como mejor te parezca"». Entonces David se levantó y cortó sigilosamente el borde del manto de Saúl. 6 Pero después le remordió la conciencia, por haber cortado el borde del manto de Saúl, 7 y dijo a sus hombres: «¡Dios me libre de hacer semejante cosa a mi señor, el ungido del Señor! ¡No extenderé mi mano contra él, porque es el ungido del Señor!». 8 Con estas palabras, David retuvo a sus hombres y no dejó que se abalanzaran sobre Saúl. Así Saúl abandonó la cueva y siguió su camino.

La recriminación de David a Saúl

1 Sm 20 1; 2 Sm 3 8; 16 9; 1 Sm 25 39; 13 14; 15 28; 20 14-16

9 Después de esto, David se levantó, salió de la cueva y gritó detrás de Saúl: «¡Mi señor, el rey!». Saúl miró hacia atrás, y David, inclinándose con el rostro en tierra, se postró 10 y le dijo: «¿Por qué haces caso a los rumores de la gente, cuando dicen que David busca tu ruina? 11 Hoy has visto con tus propios ojos que el Señor te puso en mis manos dentro de la cueva. Aquí se habló de matarte, pero yo tuve compasión de ti y dije: "No extenderé mi mano contra mi señor, porque es el ungido del Señor". 12 ¡Mira, padre mío, sí, mira en mi mano el borde de tu manto! Si yo corté el borde de tu manto y no te maté, tienes que comprender que no hay en mí ni perfidia ni rebeldía, y que no he pecado contra ti. ¡Eres tú el que me acechas para quitarme la vida! 13 Que el Señor juzgue entre tú y yo, y que él me vengue de ti. Pero mi mano no se alzará contra ti. 14 "La maldad engendra maldad", dice el viejo refrán. Pero yo no alzaré mi mano contra ti. 15 ¿Detrás de quién ha salido el rey de Israel? ¿A quién estás persiguiendo? ¡A un perro muerto! ¡A una pulga! 16 ¡Que el Señor sea el árbitro y juzgue entre tú y yo; que él examine y defienda mi causa, y me haga justicia, librándome de tu mano!».

17 Cuando David terminó de dirigir estas palabras a Saúl, este exclamó: «¿No es esa tu voz, hijo mío, David?», y prorrumpió en sollozos. 18 Luego dijo a David: «La justicia está de tu parte, no de la mía. Porque tú me has tratado bien y yo te he tratado mal. 19 Hoy sí que has demostrado tu bondad para conmigo, porque el Señor me puso en tus manos y tú no me mataste. 20 Cuando alguien encuentra a su enemigo, ¿lo deja seguir su camino tranquilamente? ¡Que el Señor te recompense por el bien que me has hecho hoy! 21 Ahora sé muy bien que tú serás rey y que la realeza sobre Israel se mantendrá firme en tus manos. 22 Júrame, entonces, por el Señor, que no extirparás mi descendencia después de mí, ni borrarás el nombre de mi familia». 23 Así se lo juró David a Saúl, y este se fue a su casa, mientras David y sus hombres subían a su refugio.

La muerte de Samuel

1 Sm 28 3

25 1 Mientras tanto, murió Samuel. Todo Israel se reunió y estuvo de duelo por él, y lo sepultaron en su casa, en Ramá. David, por su parte, bajó al desierto de Parán.

El pedido de David a Nabal

1 Sm 15 12; Lc 10 5; Jue 8 5; 1 Sm 30 10

2 Había en Maón un hombre que tenía su hacienda en Carmel. Era un hombre muy rico; tenía tres mil ovejas y mil cabras, y estaba esquilando su rebaño en Carmel. 3 Su nombre era Nabal, del clan de Caleb, y su mujer se llamaba Abigail. La mujer era inteligente y atractiva, pero él era rudo y de mal carácter.

4 David oyó en el desierto que Nabal estaba esquilando su rebaño, 5 y envió a diez jóvenes con este encargo: «Suban a Carmel, preséntense a Nabal, y salúdenlo de mi parte. 6 Díganle: "¡Salud! ¡Paz para ti, paz para tu casa y para todos tus bienes! 7 Acabo de oír que te están esquilando el rebaño. Ahora bien, cuando tus pastores estuvieron con nosotros, nunca los hemos molestado, ni se les perdió nada durante todo el tiempo que estuvieron en Carmel. 8 Pregunta a tus servidores y ellos te informarán. Que estos muchachos reciban de ti una buena acogida, ya que llegamos en un día de fiesta. Dales, te lo ruego, lo que tengas a mano, para tus servidores y para tu hijo David"».

9 Los jóvenes fueron a decir a Nabal todas estas cosas de parte de David, y se quedaron esperando. 10 Pero Nabal respondió
a los servidores de David: «¿Quién es David y quién es el hijo de Jesé? Hoy en día
hay muchos esclavos que se evaden de su
dueño. 11 ¿Voy a tomar mi pan, mi agua y
los animales que maté para mis esquilado-
res, y se los voy a dar a gente que ni siquiera sé de dónde viene?». 12 Los jóvenes
de David reanudaron la marcha y se fueron
de vuelta. Al llegar, transmitieron a David
todas estas palabras. 13 Entonces David dijo
a sus hombres: «Que cada uno se ciña su
espada». Ellos se ciñeron cada uno su espada, y también David se ciñó la suya. Luego, unos cuatrocientos hombres subieron
detrás de David, y los otros doscientos se
quedaron con el equipaje.

La actitud de Abigail con respecto a David

14 Uno de sus servidores le avisó a Abigail,
la esposa de Nabal: «Mira que David envió
a unos emisarios desde el desierto, para saludar a nuestro patrón, y él se abalanzó sobre ellos. 15 Sin embargo, esos hombres han
sido muy buenos con nosotros. Nunca nos
molestaron, ni perdimos nada durante todo
el tiempo que anduvimos con ellos, cuando
estábamos en campo abierto. 16 Ellos fueron
para nosotros una muralla, de día y de noche, mientras estuvimos con ellos apacentando el rebaño. 17 Ahora piensa bien lo que
debes hacer, porque es cosa decidida la ruina de nuestro patrón y de toda su casa. En
cuanto a él, ¡no es más que un miserable, al
que ni siquiera se le puede hablar!».
18 Sin pérdida de tiempo, Abigail tomó
doscientos panes, dos odres de vino, cinco
carneros adobados, cinco bolsas de grano
tostado, cien racimos de pasas de uva y
doscientas tortas de higo, y los cargó sobre
unos asnos. 19 Luego dijo a sus servidores:
«Adelántense ustedes, y yo iré detrás». Pero
no le avisó nada a su esposo Nabal.
20 Mientras Abigail, montada en su asno,
bajaba por un recodo de la montaña, David y sus hombres bajaban en dirección a
ella. 21 Entre tanto, David pensaba: «En vano he protegido todo lo que este tenía en
el desierto, sin que se le perdiera ninguno
de sus bienes. Él me ha devuelto mal por
bien. 22 ¡Que Dios castigue a David una y
otra vez, si dejo con vida hasta el alba a
uno solo de sus hombres!».
23 Apenas vio a David, Abigail bajó inmediatamente del asno, y cayó ante él con
el rostro en tierra. 24 Y postrada a sus pies,
exclamó: «¡Que la falta recaiga sobre mí,
señor! ¡Pero permite que tu servidora hable en tu presencia! ¡Escucha sus palabras!
25 Que mi señor no le haga caso a ese miserable de Nabal, porque su nombre dice lo
que él es: él se llama Nabal, que significa
"insensato", y la insensatez lo acompaña.
Pero yo, tu servidora, no había visto a los
jóvenes que había enviado mi señor. 26 Y
ahora, ¡por la vida del Señor y por tu propia vida!, es el mismo Señor el que te impide derramar sangre y hacerte justicia por
tu mano. ¡Que tus enemigos y todos los
que tratan de hacerte mal corran la misma
suerte que Nabal! 27 Con respecto a este obsequio que le he traído a mi señor, que lo
repartan entre tus seguidores. 28 Perdona, te
lo ruego, la falta de tu servidora. Porque el
Señor te hará seguramente una casa perdurable, ya que tú has combatido en las guerras del Señor y en toda tu vida no se encuentra en ti nada malo. 29 Y si un hombre
se alza para perseguirte y atentar contra tu
vida, la vida de mi señor estará bien guardada en la bolsa de los vivientes, junto al
Señor, tu Dios, mientras que él revoleará
con su honda la vida de tus enemigos.
30 Cuando el Señor te haga todo el bien que
te ha prometido y te ponga como jefe en
Israel, 31 que no tengas que sentir turbación
ni remordimiento de conciencia, por haber
derramado sangre sin motivo y por haberte
hecho justicia por ti mismo. Y cuando el
Señor te colme de bienes, acuérdate de tu
servidora».
32 Entonces David dijo a Abigail: «¡Bendito sea el Señor, el Dios de Israel, que hoy te
envía a mi encuentro! 33 ¡Bendito sea tu
buen tino, y bendita también tú, que hoy
me has impedido derramar sangre y hacerme justicia por mí mismo! 34 ¡Por la vida del
Señor, el Dios de Israel, que me ha impedido hacerte daño, si no te hubieras apresura-
do a venir a mi encuentro, juro que antes de
brillar el alba no le habría quedado vivo a
Nabal ni un solo hombre!». 35 Luego David
tomó lo que la mujer le había traído y le dijo: «Sube a tu casa en paz. He escuchado tu
demanda y la tendré en cuenta».

La muerte de Nabal

1 Sm 24 16; Jue 9 57; 1 Re 2 44

36 Cuando Abigail llegó a su casa, Nabal estaba celebrando un regio banquete. Nabal
desbordaba de alegría; y como estaba completamente borracho, ella no le dijo ni una
sola palabra antes del alba. 37 Pero a la mañana, cuando a Nabal ya se le había pasado la
embriaguez, su mujer lo puso al tanto de lo
sucedido. Entonces él tuvo un ataque al corazón y quedó paralizado. 38 Al cabo de unos
diez días, el Señor hizo morir a Nabal.
39 Cuando David supo que Nabal había muer-

to, exclamó: «¡Bendito sea el Señor, que ha
defendido mi causa contra la afrenta que recibí de Nabal y ha preservado del mal a su servidor! ¡El Señor hizo que la maldad de Nabal
recayera sobre él mismo!».

El matrimonio de David con Abigail

2 Sm 3 13-16

Luego David mandó decir a Abigail que
quería tomarla por esposa. 40 Los servidores
de David se presentaron a Abigail en Carmel y le dijeron: «David nos ha mandado
a verte para tomarte por esposa». 41 Ella se
puso de pie, se postró con el rostro en tierra, y respondió: «Aquí está tu esclava, dispuesta a lavar los pies de los servidores de
mi señor». 42 Abigail se levantó rápidamente y montó en un asno, seguida de cinco de
sus esclavas. Luego partió detrás de los enviados de David y él la tomó por esposa.
43 David también se había casado con
Ajinóam de Izreel, y tuvo a las dos por esposas. 44 Saúl, por su parte, había dado a su
hija Mical, la esposa de David, a Paltí, hijo
de Lais, que era de Galim.

Nueva persecución de Saúl contra David

1 Sm 23 19; Jue 7 10; 2 Sm 23 16

26 1 Unos hombres de Zif se presentaron
a Saúl, en Guibeá, para decirle: «David está escondido en la colina de Jaquilá,
frente a la estepa». 2 Entonces Saúl bajó al
desierto de Zif con tres mil hombres, lo
más selecto de Israel, para buscar a David
en el desierto. 3 Saúl acampó junto al camino, en la colina de Jaquilá, que está frente
a la estepa, y David estaba en el desierto. Al
advertir que Saúl venía a perseguirlo en el
desierto, 4 David envió unos espías y así supo que Saúl había llegado realmente. 5 Luego fue al lugar donde acampaba Saúl y observó el sitio donde estaban acostados Saúl
y Abner, hijo de Ner, el jefe de su ejército:
Saúl estaba acostado en el centro, y la tropa acampaba alrededor de él.
6 David preguntó a Ajimélec, el hitita, y a
Abisai, hijo de Seruiá, y hermano de Joab:
«¿Quién quiere bajar conmigo hasta el
campamento de Saúl?». Abisai respondió:
«Yo bajaré contigo». 7 David y Abisai llegaron de noche, mientras Saúl estaba acostado, durmiendo en el centro del campamento. Su lanza estaba clavada en tierra, a
su cabecera, y Abner y la tropa estaban
acostados alrededor de él.

Saúl, perdonado otra vez por David

Gn 2 21; 15 12

8 Abisai dijo a David: «Dios ha puesto
hoy a tu enemigo en tus manos. Déjame
clavarlo en tierra con la lanza, de una sola
vez; no tendré que repetir el golpe». 9 Pero
David replicó a Abisai: «¡No, no lo mates!
¿Quién podría atentar impunemente contra el ungido del Señor?». 10 Y añadió: «¡Por
la vida del Señor, ha de ser el mismo Señor
el que lo hiera, sea cuando le llegue la hora
de morir, o cuando baje a combatir y perezca! 11 ¡Líbreme el Señor de atentar contra
su ungido! Ahora toma la lanza que está a
su cabecera y el jarro de agua, y vámonos».
12 David tomó la lanza y el jarro de agua
que estaban a la cabecera de Saúl, y se fueron. Nadie vio ni se dio cuenta de nada, ni
se despertó nadie, porque estaban todos
dormidos: un profundo sueño, enviado
por el Señor, había caído sobre ellos.

El reproche de David a Saúl

1 Sm 24 17; 20 1; 8 8

13 Luego David cruzó al otro lado y se
puso en la cima del monte, a lo lejos, de
manera que había un gran espacio entre
ellos. 14 Y empezó a gritar a la tropa y a Abner, hijo de Ner: «Abner, ¿vas a responder-
me?». Abner respondió: «¿Quién eres tú,
que gritas al rey?». 15 David dijo a Abner:
«¿No eres todo un hombre? ¿Quién hay
como tú en Israel? ¿Por qué entonces no
has custodiado al rey, tu señor? Porque
uno del pueblo ha venido a matar al rey, tu
señor. 16 ¡No te has comportado nada bien!
¡Por la vida del Señor, ustedes merecen la
muerte, porque no han custodiado a su señor, el ungido del Señor! ¡Fíjate ahora
dónde está la lanza del rey y el jarro de
agua que él tenía a su cabecera!».
17 Saúl reconoció la voz de David y exclamó: «¿No es esa tu voz, David, hijo mío?».
«Sí —dijo David—, es mi propia voz, rey,
mi señor». 18 Y enseguida añadió: «¿Por
qué mi señor persigue así a su servidor?
¿Qué hice yo? ¿Qué hay de malo en mis
manos? 19 Que mi señor, el rey, se digne escuchar ahora las palabras de su servidor: Si
es el Señor el que te instiga contra mí, que
le sea aceptable el aroma de una ofrenda.
Pero si son los hombres, ¡malditos sean delante del Señor!, porque hoy me expulsan y
me impiden participar de la herencia del
Señor, diciéndome: "¡Ve a servir a otros
dioses!". 20 Que ahora mi sangre no caiga en
tierra lejos del rostro del Señor, porque el
rey de Israel se ha puesto en campaña para
buscar a una pulga, como quien persigue
una perdiz en las montañas».
21 Saúl exclamó entonces: «¡He pecado!
¡Vuelve, David, hijo mío! Ya no te haré
ningún mal, porque hoy mi vida ha sido
preciosa a tus ojos. ¡Sí, he sido un necio,
me he equivocado por completo!».

22 David respondió diciendo: «¡Aquí está
la lanza del rey! Que cruce uno de los muchachos y la recoja. 23 El Señor le pagará a
cada uno según su justicia y su lealtad. Porque hoy el Señor te entregó en mis manos,
pero yo no quise atentar contra el ungido
del Señor. 24 Hoy yo he mostrado un gran
aprecio por tu vida: ¡que el Señor muestre
el mismo aprecio por la mía y me libre de
todo peligro!». 25 Entonces Saúl le dijo:
«¡Bendito seas, David, hijo mío! Sí, tú harás grandes cosas y seguro que triunfarás».
Luego David siguió su camino, y Saúl regresó a su casa.

La huida de David al país de los filisteos

27 1 Sin embargo, David pensó: «A pesar
de todo, Saúl terminará por matarme
cualquier día de estos. Es mejor que me
ponga a salvo en el país de los filisteos. Así
Saúl perderá las esperanzas con respecto a
mí: ya no me buscará por todo el territorio
de Israel, y habré escapado de sus manos».
2 Luego David, con los seiscientos hombres
que lo acompañaban, cruzó la frontera y se
presentó a Aquís, hijo de Maoc, rey de Gat.
3 David y sus hombres se quedaron con
Aquís, en Gat, cada uno con su familia, y
David, con sus dos mujeres: Ajinóam, de Izreel, y Abigail, la esposa de Nabal, el de Carmel. 4 Saúl fue informado de que David había huido, y ya no lo buscó más.
5 David dijo a Aquís: «Si quieres hacerme
un favor, di que me asignen un lugar en alguna población de campaña, para instalar-
me allí. ¿Cómo tu servidor va a residir contigo en la ciudad real?». 6 Aquel mismo día,
Aquís le asignó Siquelag. Por eso Siquelag
ha pertenecido a los reyes de Israel hasta el
día de hoy. 7 David permaneció en la región de los filisteos un año y cuatro meses.

Las incursiones de David

1 Sm 30 1-20

8 David subía con sus hombres, y atacaban por sorpresa a los guesuritas, los guir-
zitas y los amalecitas, porque esa gente
ocupaba el territorio que va de Telam en
dirección a Sur y hasta el país de Egipto.
9 David arrasaba el país, sin dejar a nadie
con vida, ni hombre ni mujer; se llevaba
ovejas, vacas, asnos, camellos y ropa, y luego volvía a presentarse ante Aquís. 10 Cuando Aquís le decía: «¿Contra quién han incursionado hoy?», David le respondía:
«Contra el Négueb de Judá»; o bien: «Contra el Négueb de los ierajmelitas»; o bien:
«Hacia el Négueb de los quenitas». 11 David
no dejaba que ningún hombre ni mujer
fuera llevado con vida a Gat, porque decía:
«No vaya a ser que nos denuncien, diciendo lo que ha hecho David». Este fue su modo de proceder todo el tiempo que estuvo
en la región de los filisteos. 12 Pero Aquís
confiaba en él, porque pensaba: «Se ha hecho odioso a su pueblo Israel y será mi servidor para siempre».

David en el ejército filisteo

28 1 En aquellos días, los filisteos concentraron sus fuerzas para entrar en
batalla y combatir contra Israel. Aquís dijo
a David: «Tienes que saber que irás conmigo al frente, tú y tus hombres». 2 «De acuerdo —le respondió David—; ahora sabrás
lo que hará tu servidor». «Muy bien —dijo
Aquís a David—; yo te haré para siempre
jefe de mi guardia personal».

Saúl y la nigromante de Endor

1 Sm 25 1; Lv 20 6; Dt 28 11; 1 Re 14 2; 11 29;
1 Sm 24 21; 31 2-5

3 Samuel había muerto. Todo Israel había estado de duelo por él y lo habían sepultado en Ramá, en su ciudad. Saúl, por
su parte, había expulsado del país a los nigromantes y adivinos.
4 Los filisteos se reunieron y fueron a
acampar en Sunem. Saúl concentró a todo
Israel y acamparon en Gelboé. 5 Pero al divisar el campamento filisteo, tuvo miedo y
se estremeció su corazón. 6 Luego interrogó
al Señor, pero él no le respondió ni por
sueños, ni por el Urim, ni por los profetas.
7 Entonces Saúl dijo a sus servidores: «Búsquenme una nigromante, para que yo vaya
a verla y la consulte». Sus servidores le dijeron: «Precisamente hay una nigromante
en Endor».
8 Saúl se disfrazó, poniéndose otra ropa,
y partió en compañía de dos hombres. Llegaron de noche, y Saúl dijo a la mujer:
«Predíceme el futuro evocando a un muerto, y haz que se aparezca el que yo te diga».
9 Pero la mujer le respondió: «Tú sabes bien
lo que hizo Saúl, cómo extirpó del país a
nigromantes y adivinos. ¿Por qué me tiendes una trampa para hacerme morir?».
10 Entonces Saúl le juró por el Señor: «¡Por
la vida del Señor, nadie te inculpará a causa de esto!». 11 La mujer le dijo: «¿Quién
quieres que se te aparezca?». «Que se me
aparezca Samuel», respondió él.
12 La mujer vio a Samuel y lanzó un
fuerte grito. Luego dijo a Saúl: «¿Por qué
me has engañado? ¡Tú eres Saúl!». 13 Pero
el rey le dijo: «No temas. Dime qué has
visto». La mujer respondió a Saúl: «Vi un
dios que subía de lo profundo de la tierra». 14 «¿Qué forma tiene?», preguntó él.
Ella respondió: «Es un anciano que sube, y

está envuelto en un manto». Saúl comprendió entonces que era Samuel, y se
postró con el rostro en tierra.
15 Samuel dijo a Saúl: «¿Por qué me has
perturbado, haciéndome subir?». «Es que
estoy en un grave aprieto —respondió
Saúl—; los filisteos me hacen la guerra, y
Dios se ha apartado de mí: ya no me responde, ni por medio de los profetas ni en
sueños. Por eso te llamé para que me indiques lo que debo hacer». 16 Samuel replicó:
«Si el Señor se ha apartado de ti y se te ha
vuelto hostil, ¿por qué me interrogas a mí?
17 El Señor ha obrado contigo conforme a
lo que predijo por mi intermedio: él ha
arrancado de tu mano la realeza, para dársela a otro, a David. 18 Porque tú no escuchaste la voz del Señor y no diste libre curso a su ira contra Amalec, por eso, el Señor
te ha tratado de esta manera en el día de
hoy. 19 Y junto contigo, el Señor entregará
también a Israel en manos de los filisteos.
Mañana, tú y tus hijos estarán conmigo, y
también al ejército de Israel el Señor lo entregará en manos de los filisteos».
20 Al instante, Saúl se desplomó en tierra
cuan largo era, aterrorizado por lo que había dicho Samuel. Además, estaba sin fuerzas porque no había comido nada en todo
el día y toda la noche. 21 La mujer se acercó
a Saúl y, al verlo tan abatido por el terror,
le dijo: «Ya ves que tu servidora te ha hecho
caso. Yo arriesgué mi vida y obedecí la orden que me diste. 22 Ahora tú tienes que hacerme caso: deja que te sirva un pedazo de
pan y come. Así tendrás fuerza cuando vayas por el camino». 23 Pero él rehusó, diciendo: «¡No comeré!». Sus servidores, y
también la mujer, le insistieron, y al fin
Saúl les hizo caso; se levantó del suelo y se
sentó en el catre. 24 La mujer tenía en casa
un ternero cebado. Enseguida lo mató, tomó un poco de harina, la amasó e hizo cocer unos panes sin levadura. 25 Después sirvió todo eso a Saúl y a sus servidores. Ellos
comieron y se pusieron en camino aquella
misma noche.

David, excluido del ejército filisteo

1 Sm 27 7; 18 7; 2 Sm 14 17.20

29 1 Los filisteos concentraron todas sus
fuerzas en Afec, y los israelitas acamparon junto a la fuente que está en Izreel.
2 Los príncipes de los filisteos avanzaban al
frente de divisiones de cien y de mil, mientras que David y sus hombres marchaban a
la retaguardia con Aquís. 3 Entonces los jefes filisteos preguntaron: «¿Qué hacen aquí
esos hebreos?». Aquís les respondió: «¿No
ven que es David, el servidor de Saúl, rey
de Israel? Ya hace uno o dos años que está
conmigo, y no lo he sorprendido en ninguna falla, desde que se pasó a mi servicio
hasta el día de hoy». 4 Pero los jefes filisteos
se irritaron contra Aquís y le dijeron:
«¡Despide a ese hombre! Que se vuelva al
lugar que le has asignado y no baje a combatir con nosotros, no sea que lo tengamos
como adversario en pleno combate. ¿Con
qué va a congraciarse con su señor sino
con la cabeza de estos hombres? 5 ¿No es él
acaso ese David de quien decían, cantando
y bailando: "Saúl ha matado a miles y David a decenas de miles"?».
6 Entonces Aquís llamó a David y le dijo:
«¡Por la vida del Señor, tú eres un hombre
derecho! Me gusta verte actuar conmigo en
el ejército, porque no te he sorprendido
en nada malo, desde que te presentaste a
mí hasta el día de hoy. Pero tú no eres persona grata a los príncipes. 7 Por eso, vuélvete en paz, y así no harás nada que desagra-
de a los príncipes de los filisteos». 8 David
dijo a Aquís: «¿Qué he hecho? ¿Has sorprendido a tu servidor en alguna falla, desde que entré a tu servicio hasta hoy, para
que no pueda ir a combatir contra los enemigos de mi señor, el rey?». 9 Aquís respondió a David: «Sí, ya lo sé. Tú eres tan grato
a mis ojos como un ángel de Dios. Pero los
jefes filisteos han dicho que no subas con
nosotros al combate. 10 Levántate entonces
mañana bien temprano, tú y los servidores
de tu señor que vinieron contigo, y váyanse de aquí apenas aclare».
11 David y sus hombres se levantaron
bien temprano, para partir de madrugada y
regresar al país de los filisteos. Estos, por su
parte, subieron a Izreel.

La incursión de los amalecitas contra Siquelag

1 Sm 27 8; 27 3

30 1 Al tercer día, cuando David y sus
hombres llegaron a Siquelag, los amalecitas habían incursionado por el Négueb y
contra Siquelag. Habían arrasado y prendido fuego a Siquelag, 2 llevándose cautivas a
las mujeres y también a todos los que había
allí, del más pequeño al más grande. Pero
no habían matado a nadie, sino que se los
habían llevado a todos, prosiguiendo luego
su camino.
3 Al llegar a la ciudad, David y sus hombres vieron que había sido incendiada, y
que sus mujeres, sus hijos y sus hijas habían sido llevados cautivos. 4 Entonces prorrumpieron en sollozos, hasta que se quedaron sin fuerzas para llorar. 5 Las dos
mujeres de David —Ajinóam de Izreel y
Abigail, la esposa de Nabal, el de Carmel—
también habían sido capturadas.

La campaña de David contra los amalecitas

1 Sm 28 15; 23 9-13; 27 10.3

6 David se vio en un grave aprieto, porque la tropa amenazaba con apedrearlo, ya que todos estaban llenos de amargura por sus hijos y sus hijas. Pero David retomó coraje gracias al Señor, su Dios, 7 y dijo al sacerdote Abiatar, hijo de Ajimélec: «Por favor, preséntame el efod». Abiatar presentó el efod a David, 8 y David interrogó al Señor en estos términos: «¿Debo perseguir a esa banda? ¿La alcanzaré?». El Señor le respondió: «Persíguela. Seguro que la alcanzarás y librarás a los cautivos».

9 David partió con los seiscientos hombres que lo acompañaban, y llegaron al torrente Besor, donde se quedaron los rezagados. 10 Entonces continuó la persecución con cuatrocientos hombres; doscientos se habían detenido, por estar demasiado extenuados para cruzar el torrente Besor.

11 En pleno campo encontraron a un egipcio, y se lo llevaron a David. Le dieron pan para comer y agua para beber, 12 y también le ofrecieron un trozo de torta de higos y dos racimos de pasas de uva. Con la comida él se reanimó, porque en tres días y tres noches no había comido ni bebido nada. 13 Luego David le preguntó: «¿De quién eres y de dónde vienes?». Él respondió: «Soy un muchacho egipcio, esclavo de un amalecita. Mi dueño me abandonó hace tres días, porque caí enfermo. 14 Hicimos una incursión por el Négueb de los quereteos, contra el Négueb de Judá y contra el Négueb de Caleb. También incendiamos Siquelag». 15 David le preguntó: «¿Quieres llevarme adonde está esa banda?». Él respondió: «Júrame por Dios que no me matarás ni me entregarás en manos de mi dueño, y yo te llevaré adonde está esa banda».

16 El muchacho lo guió, y encontraron a los amalecitas desparramados por toda la comarca, comiendo, bebiendo y festejando por el gran botín que habían recogido en el país de los filisteos y en el país de Judá. 17 David los masacró desde el alba hasta la tarde del día siguiente, y no escapó ni uno solo, con excepción de cuatrocientos jóvenes que huyeron montados en camellos.

18 David salvó todo lo que le habían arrebatado los amalecitas y, en especial, libró a sus dos mujeres. 19 No les faltó nadie, ni grande ni pequeño, ni hijos ni hijas, ni nada del botín y de todo lo que les habían quitado los amalecitas: David lo recuperó todo. 20 Se adueñó además de ovejas y vacas, y los que iban delante, arreando ese ganado, decían: «¡Este es el botín de David!».

El reparto del botín

1 Sm 30 10; Nm 31 27

21 David llegó al lugar donde estaban los doscientos hombres que no lo habían seguido, por estar demasiado extenuados, y se habían quedado atrás, junto al torrente Besor. Estos salieron al encuentro de David y de la tropa que lo acompañaba. David se acercó con la tropa y los saludó. 22 Pero entre los que estaban con David había unos hombres mezquinos, que levantaron la voz y dijeron: «¡Por no haber venido con nosotros, no les daremos nada del botín que hemos recuperado, salvo a cada uno su mujer y sus hijos! ¡Que se los lleven y se vayan!». 23 Pero David dijo: «No se comporten así, hermanos míos, con lo que nos ha dado el Señor. Él nos ha protegido y ha puesto en nuestras manos a esa banda que vino a atacarnos. 24 ¿Quién puede estar de acuerdo con lo que ustedes proponen? Porque la parte que le toca al que baja a combatir le tocará también al que cuida el equipaje: juntos participarán del botín».

25 A partir de aquel día, David hizo de esto un precepto y una costumbre para Israel, que sigue en vigencia hasta el día de hoy.

David y los ancianos de Judá

26 Al llegar a Siquelag, David envió parte del botín a los ancianos de Judá y a sus amigos, con este mensaje: «Ahí tienen un obsequio del botín arrebatado a los enemigos del Señor». Se lo envió 27 a los de Betul, a los de Ramot del Négueb y a los de Iatir; 28 a los de Aroer, a los de Sifmot y a los de Estemoa; 29 a los de Racal, a los de las ciudades de Ierajmel y a los de las ciudades de los quenitas; 30 a los de Jormá, a los de Borasán y a los de Atac; 31 a los de Hebrón y a los de todos los lugares que David y sus hombres habían recorrido.

El desastre del Gelboé y la muerte de Saúl

1 Cr 10 1-12

1 Sm 28 1.4; 14 49; Jue 9 54;

1 Sm 26 10; 28 19; 2 Sm 1 1-16

31 1 Los filisteos entablaron combate con Israel. Los hombres de Israel huyeron ante ellos y cayeron heridos de muerte en el monte Gelboé. 2 Los filisteos persiguieron de cerca a Saúl, y mataron a Jonatán, Abinadab y Malquisúa, los hijos de Saúl. 3 El peso del combate recayó entonces sobre Saúl. Los arqueros lo descubrieron, y fue herido gravemente por ellos.

4 Saúl dijo a su escudero: «Saca tu espada y
traspásame, no sea que esos incircuncisos
vengan a traspasarme, para vergüenza mía».
Pero su escudero no quiso hacerlo, porque
tenía mucho miedo. Entonces Saúl tomó
la espada y se dejó caer sobre ella. 5 Al ver
que Saúl estaba muerto, también su escudero se echó sobre su espada y murió junto a él. 6 Así murieron juntos, aquel día, Saúl,
sus tres hijos y su escudero.
7 Los hombres de Israel que estaban al
otro lado del valle y los que estaban al otro
lado del Jordán, al ver que los israelitas
huían y que Saúl y sus hijos habían muerto, abandonaron las ciudades y se dieron a
la fuga. Luego vinieron los filisteos y se establecieron allí.
8 Al día siguiente, cuando llegaron los filisteos para despojar a las víctimas, encontraron a Saúl y a sus tres hijos tendidos sobre el monte Gelboé. 9 Entonces cortaron
la cabeza de Saúl y lo despojaron de sus armas. Luego enviaron mensajeros por todo
el país de los filisteos, para dar la buena
noticia en los templos de sus ídolos y a todo el pueblo. 10 Depositaron las armas de
Saúl en el templo de Astarté y colgaron su
cadáver en los muros de Betsán.
11 Cuando los habitantes de Iabés de Galaad oyeron lo que los filisteos habían hecho a Saúl, 12 todos los hombres valientes
emprendieron la marcha y, después de caminar toda la noche, retiraron de los muros de Betsán el cadáver de Saúl y los cadáveres de sus hijos; luego volvieron a Iabés
y allí los quemaron. 13 Después recogieron
sus huesos, los sepultaron bajo el Tamarisco de Iabés, y ayunaron siete días.

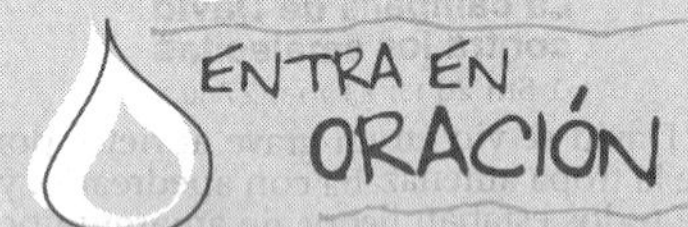

El suicidio no es la solución

Saúl fue derrotado por los filisteos y se quitó la vida al verse herido en manos de sus enemigos. Quien piensa que su vida no tiene sentido, al enfrentar una crisis puede sentir la tentación del suicidio, pero la persona con valores firmes e ideales bellos, aun en situaciones difíciles, encuentra fuerzas para salir adelante (ver «Suicidio de Judas», Mt 27 3-10).

Dios nuestro, tú eres quien da sentido a la vida. De ti venimos y a ti vamos. Nuestra vida es un peregrinaje acompañado de muchas personas y sujeto a muchas altas y bajas. Pero todo momento, por difícil y doloroso que sea, tiene sentido si sabemos encontrarte en él.

Danos tu luz en los ratos y días cuando no vemos la luz al final del túnel y te perdemos de vista. Ayúdanos a ver que nuestros errores y aciertos tienen sentido y que a través de ellos podemos cumplir tu plan de amor.

Concédenos sentirte cerca de nosotros cuando más te necesitamos. Refuerza nuestra seguridad de que nuestra vida es importante para ti, para nosotros mismos y para quienes nos rodean, y que el suicidio nunca es la solución.

Amén.

1 Sm 31 1-7

2 SAMUEL

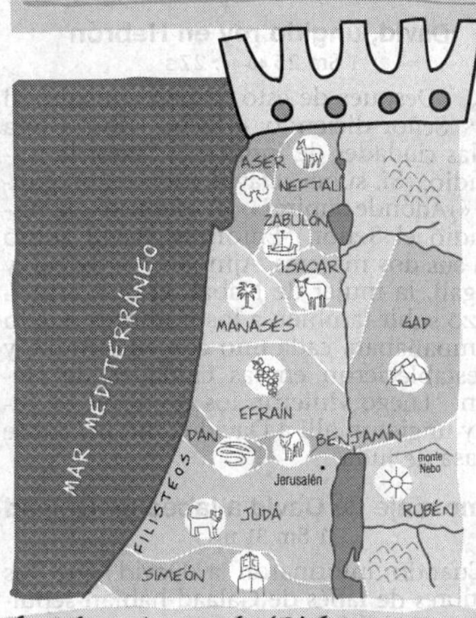

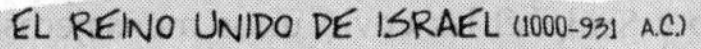

ARREPENTIMIENTO DE DAVID

Reacción de David ante la muerte de Saúl

1 Sm 30 1-26; 31 1-13; 4 12-17; 24 7

1 1 Después de la muerte de Saúl, David volvió de derrotar a los amalecitas y permaneció dos días en Siquelag. 2 Al
tercer día, llegó un hombre del campamento de Saúl, con la ropa hecha jirones y
la cabeza cubierta de polvo. Cuando se
presentó ante David, cayó con el rostro en
tierra y se postró. 3 «¿De dónde vienes?», le
preguntó David. Él le respondió: «Me he
escapado del campamento de Israel». 4 David añadió: «¿Qué ha sucedido? Cuéntame
todo». Entonces él dijo: «La tropa huyó del
campo de batalla y muchos del pueblo cayeron en el combate; también murieron
Saúl y su hijo Jonatán».
5 David dijo al joven que le traía la noticia: «¿Cómo sabes que murieron Saúl y su
hijo Jonatán?». 6 El joven respondió: «Yo estaba por casualidad en el monte Gelboé, y
de pronto vi a Saúl apoyado en su lanza,
mientras los carros y los caballos lo perseguían de cerca. 7 Al darse vuelta, me vio y
me llamó. "Aquí estoy", le dije. 8 Él me preguntó: "¿Quién eres?". Yo le respondí: "Soy
un amalecita". 9 Luego me dijo: "Acércate a
mí y mátame, porque siento el estertor de
la muerte, aunque todavía estoy con vida".
10 Yo me abalancé sobre él y lo maté, porque
sabía que no podría sobrevivir a su derrota.
Enseguida le quité la diadema que tenía en
la cabeza y el brazalete que llevaba en el
brazo, y aquí se los traigo a mi señor».
11 Entonces David rasgó sus vestiduras, y
lo mismo hicieron todos los hombres que
estaban con él. 12 Se lamentaron, lloraron y
ayunaron hasta el atardecer por Saúl, por
su hijo Jonatán, por el Pueblo del Señor y
por la casa de Israel, porque habían caído
al filo de la espada.
13 David preguntó al joven que le había
traído la noticia: «¿De dónde eres?». Él respondió: «Soy el hijo de un forastero amalecita». 14 David le dijo: «¿Y cómo te has
atrevido a extender tu mano para matar al
ungido del Señor?». 15 Luego llamó a uno
de los jóvenes y le ordenó: «¡Acércate y mátalo!». El joven le asestó un golpe mortal,
16 mientras David decía: «Que tu sangre recaiga sobre tu cabeza, ya que tu misma boca atestiguó contra ti, cuando dijiste: "Yo
he dado muerte al ungido del Señor"».

Lamentación de David por la muerte de Saúl y Jonatán

Jue 5 30; 1 Sm 18 1

17 David entonó este canto fúnebre por
Saúl y su hijo Jonatán, 18 y ordenó enseñarlo a la gente de Judá. Es el canto del Arco,
y está escrito en el libro del Justo:

19 «¡Tu esplendor ha sucumbido, Israel,
en las alturas de tus montañas!
¡Cómo han caído los héroes!

20 ¡No lo anuncien en Gat,
no lo publiquen por las calles de Ascalón;
que no se alegren las hijas de los filisteos,
ni lo celebren las hijas
de los incircuncisos!

21 ¡Montañas de Gelboé,
que no caiga sobre ustedes rocío ni lluvia,
ni se cubran de campos fructíferos!
Porque allí fue mancillado
el escudo de los héroes,
el escudo de Saúl, ungido no con aceite,
sino con sangre de heridos
y grasas de guerreros.

22 ¡El arco de Jonatán no retrocedió jamás,
nunca fallaba la espada de Saúl!
23 ¡Saúl y Jonatán, amigos tan queridos,
inseparables en la vida y en la muerte!
Eran más veloces que águilas,
más fuertes que leones.

24 Hijas de Israel, lloren por Saúl,
el que las vestía de púrpura y de joyas
y les prendía alhajas de oro en los vestidos.
25 ¡Cómo han caído los héroes
en medio del combate!
¡Ha sucumbido Jonatán
en lo alto de tus montañas!

26 ¡Cuánto dolor siento por ti, Jonatán,
hermano mío muy querido!
Tu amistad era para mí
más maravillosa que el amor
de las mujeres.

REFLEXIONA

La misma dignidad tiene el amigo que el enemigo

David hizo duelo por Saúl y Jonatán con un canto fúnebre. No se alegró de la muerte de su enemigo, el rey Saúl, pues lo reconocía como el ungido del Señor. En su canto de lamentación habla de él, igual que de su amigo Jonatán.

Si David se hubiera vengado matando a Saúl, ¿crees que habría sido más feliz o más poderoso? ¿Respetas tú de la misma manera a tus enemigos y a tus amigos? Pide a Dios que te ayude a hacerlo.

2 Sm 1 19-27

27 ¡Cómo han caído los héroes,
cómo han perecido las armas
del combate!».

DAVID, REY DE JUDÁ

David, ungido rey en Hebrón

1 Sm 25 40-44; 27 3

2 1 Después de esto, David consultó al
Señor diciendo: «¿Debo subir a una
de las ciudades de Judá?». El Señor le respondió: «Sí, sube». David volvió a preguntar: «¿Adónde subiré?». «A Hebrón», le respondió el Señor. 2 Entonces David subió
con sus dos mujeres, Ajinóam, de Izreel, y
Abigail, la mujer de Nabal, el de Carmel.
3 Hizo subir también a los hombres que lo
acompañaban, cada uno con su familia, y
se establecieron en las ciudades de Hebrón. 4 Luego vinieron los hombres de Judá, y ungieron allí a David como rey sobre
la casa de Judá.

El mensaje de David a Iabés de Galaad

1 Sm 31 11-13

Cuando informaron a David que los
hombres de Iabés de Galaad habían sepultado a Saúl, 5 él les envió unos mensajeros
para decirles: «Que el Señor los bendiga por
haber realizado este acto de fidelidad hacia
Saúl, su señor, dándole sepultura. 6 Quiera
el Señor tratarlos ahora con fidelidad y lealtad. Yo, por mi parte, los trataré con la misma bondad, ya que han obrado así. 7 Manténganse firmes y sean valientes, ahora que
ha muerto Saúl, su señor, y la casa de Judá
me ha ungido a mí para que sea su rey».

El reinado de Isbaal sobre Israel

1 Sm 14 48; 2 Sm 5 5

8 Pero Abner, hijo de Ner, jefe del ejército de Saúl, había tomado a Isbaal, hijo de
Saúl, y lo había hecho cruzar a Majanaim,
9 donde lo proclamó rey de Galaad, de los
asuritas, de Izreel, de Efraím, de Benjamín,
en una palabra, de todo Israel. 10 Isbaal, hijo de Saúl, tenía cuarenta años cuando comenzó a reinar sobre Israel, y reinó dos
años. Solo la casa de Judá seguía a David.
11 David fue rey de Judá, en Hebrón, durante siete años y seis meses.

El enfrentamiento de Israel y Judá en Gabaón

1 Sm 17 8-10; 2 Sm 5 20; 6 8;
1 Sm 23 28; 2 Sm 20 12

12 Abner, hijo de Ner, y los servidores de
Isbaal, hijo de Saúl, salieron de Majanaim
en dirección a Gabaón. 13 También salieron
Joab, hijo de Seruiá, y los servidores de Da-

Te presentamos a... DAVID, EL SALMISTA

David es uno de los héroes más estimados en la Biblia. Su nombre significa «el amado». De pastor pasó al servicio del rey Saúl, a quien sucedió como segundo rey de Israel (1000-961 a.C.).

Desde joven, David confió en Dios y se enfrentó valientemente a los filisteos. Cuando Saúl murió, unificó las doce tribus y estableció su reino en la ciudad neutral de Jerusalén, convirtiéndola en capital y nuevo centro religioso de Israel. Por eso se conoce a Jerusalén como la Ciudad de David.

David fue un gran guerrero, un rey inteligente con corazón de poeta. Escribió algunos salmos para alabar a Dios, pero pecó gravemente. Tuvo relaciones con Betsabé, una mujer casada, lo que generó una cadena de violencia y traición que afectó a toda su familia. Sin embargo, como David amaba apasionadamente a Dios, supo pedir perdón.

David recibió grandes promesas de Dios, sobre todo en sus descendientes. Es el origen genealógico de Jesús, y figura suya, porque siempre buscó agradar a Dios. Cuando Israel fue destruido, el pueblo conservó la esperanza de que vendría un mesías descendiente de David, para guiarlos de nuevo por el camino de Dios. Esta esperanza del mesías davídico se realiza en Jesús.

2 Sm 2

vid, y los encontraron junto al estanque de
Gabaón. Allí tomaron posiciones, unos a
un lado del estanque y otros al otro lado.
14 Abner propuso entonces a Joab: «Que
salgan unos cuantos muchachos y midan
sus armas delante de nosotros». «Muy
bien», replicó Joab. 15 Ellos se levantaron y
avanzaron uno por uno: doce de Benjamín
por Isbaal, hijo de Saúl, y doce entre los
servidores de David. 16 Cada uno tomó por
la cabeza a su adversario y le hundió la espada en el costado, de manera que cayeron
todos al mismo tiempo. Por eso a aquel lugar, que está junto a Gabaón, se lo llamó
«Campo de los costados». 17 Aquel día se libró un combate muy encarnizado, y los
hombres de Israel cayeron derrotados ante
los servidores de David.
18 Allí se encontraban los tres hijos de Seruiá: Joab, Abisai y Asael. Asael, que corría
como una gacela del campo, 19 se lanzó en
persecución de Abner, sin desviarse ni a la
derecha ni a la izquierda. 20 Abner se dio
vuelta y dijo: «¿Eres tú, Asael?». «Sí, soy
yo», respondió él. 21 Abner siguió diciendo:
«Desvíate a la derecha o a la izquierda, agarra a uno de los muchachos y quédate con
sus despojos». Pero él no quiso dejar de
perseguirlo. 22 Abner le insistió, diciendo:
«¡Deja de seguirme! ¿O tendré que dejarte
tendido de un golpe? ¿Y cómo podría luego mirar de frente a tu hermano Joab?».
23 Pero Asael no quiso apartarse, y Abner lo
hirió en el bajo vientre con la punta trase-
ra de su lanza. Esta le salió por detrás, y él
cayó muerto allí mismo. Todos los que llegaban al sitio donde Asael había caído
muerto, se paraban. 24 Joab y Abisai persiguieron a Abner. Y al ponerse el sol, llegaron a la colina de Ammá, que está al este
de Guíaj, sobre el camino del páramo de
Gabaón.

El fin de la lucha

2 Sm 11 25; 18 8; Dt 32 42; 2 Sm 18 16; 20 22

25 Los benjaminitas se concentraron detrás de Abner, formando un grupo bien
compacto, y se apostaron en la cima de
una colina. 26 Entonces Abner gritó a Joab:
«¿Terminará alguna vez esta masacre? ¿No
te das cuenta que al fin no habrá más que
amargura? ¿Qué esperas para decirle a tu
gente que deje de perseguir a sus hermanos?». 27 Joab respondió: «¡Por la vida de
Dios, si tú no hubieras hablado, solo por
la mañana habría dejado esta gente de perseguir a sus hermanos!». 28 Luego Joab hizo
sonar el cuerno, y todo el ejército se detuvo: ya no persiguieron más a Israel y desistieron del combate.
29 Abner y sus hombres caminaron toda
aquella noche por la Arabá y cruzaron el Jordán. Luego recorrieron todo el Bitrón y llegaron a Majanaim. 30 Joab, por su parte, dejó

de perseguir a Abner y reunió toda la tropa. Entre los servidores de David faltaban diecinueve hombres, además de Asael. 31 Los servidores de David, en cambio, habían matado a trescientos sesenta entre los benjaminitas y los hombres de Abner. 32 Joab y sus hombres se llevaron el cadáver de Asael y lo sepultaron en la tumba de su padre, que está en Belén. Después de caminar toda la noche, llegaron a Hebrón cuando despuntaba el día.

3 1 Hubo una larga guerra entre la casa de Saúl y la de David; y mientras la casa de David se iba fortaleciendo, la de Saúl se debilitaba cada vez más.

La familia de David

1 Cr 3 1-4
2 Sm 5 13-16

2 David tuvo varios hijos en Hebrón. El mayor fue Amnón, hijo de Ajinóam de Izreel; 3 el segundo, Quilab, hijo de Abigail, la mujer de Nabal de Carmel; el tercero, Absalón, hijo de Maacá, la hija de Talmai, rey de Guesur; 4 el cuarto, Adonías, hijo de Jaguit; el quinto, Sefatías, hijo de Abital; 5 y el sexto, Itream, hijo de Eglá, esposa de David. Todos estos hijos le nacieron a David en Hebrón.

La ruptura de Abner con Isbaal

2 Sm 21 8-11; 1 Sm 13 14; 15 28

6 Mientras duraba la guerra entre la casa de Saúl y la de David, Abner afianzaba su posición en la casa de Saúl. 7 Saúl había tenido una concubina llamada Rispá, hija de Aiá. E Isbaal dijo a Abner: «¿Por qué te has unido a la concubina de mi padre?». 8 Abner se enfureció por las palabras de Isbaal y replicó: «¿Acaso yo soy un perro, de esos de Judá? Hasta hoy he procedido lealmente con la casa de tu padre Saúl, con sus hermanos y amigos, y no te dejé caer en manos de David. ¡Y ahora tú me recriminas a causa de esa mujer! 9 Que Dios me castigue una y otra vez, si no me comporto con David conforme al juramento que le hizo el Señor, 10 de quitar la realeza a la casa de Saúl y establecer el trono de David sobre Israel y sobre Judá, desde Dan hasta Berseba». 11 Isbaal no fue capaz de responder a Abner ni una sola palabra, porque le tenía miedo.

Tratativas de Abner con David

12 Entonces Abner envió unos mensajeros, para que dijeran a David en nombre suyo: «¿De quién va a ser el país?». Y también: «Sella conmigo un pacto, y yo cooperaré contigo para que todo Israel se ponga de tu parte». 13 David respondió: «Está bien, haré un pacto contigo. Pero solo te pido una cosa: no te presentarás ante mí, si no me traes a Mical, la hija de Saúl, cuando vengas a verme». 14 Además, David envió mensajeros a Isbaal, hijo de Saúl, para intimarle: «Devuélveme a Mical, mi mujer, a la que yo adquirí por cien prepucios de filisteos». 15 Entonces Isbaal mandó que se la sacaran a su marido Paltiel, hijo de Lais. 16 Su marido la acompañó y fue llorando detrás de ella hasta Bajurim. Pero Abner le dijo: «¡Vamos, vuélvete!». Y él se volvió.

17 Mientras tanto, Abner se había entrevistado con los ancianos de Israel, diciendo: «Ya hace tiempo que ustedes quieren a David como rey. 18 Actúen ahora mismo, porque el Señor le ha dicho: "Por medio de David salvaré a mi pueblo Israel del poder de los filisteos y del poder de todos sus enemigos"». 19 Abner habló también a los hombres de Benjamín, y luego fue a comunicarle personalmente a David, en Hebrón, lo que habían acordado Israel y toda la casa de Benjamín.

20 Abner, acompañado de veinte hombres, se presentó a David en Hebrón, y este les ofreció un banquete. 21 Abner dijo a David: «Ahora mismo iré a reunir a todo Israel ante el rey, mi señor. Ellos harán un pacto contigo, y tú reinarás conforme a tus deseos». David despidió a Abner, y él se fue en paz.

El asesinato de Abner

2 Sm 10 3; 15 34; 20 8-10; 18 14;
1 Re 2 5.34; 1 Sm 31 13

22 Poco después, los servidores de David llegaron con Joab de una incursión, trayendo un gran botín. Abner ya no estaba con David en Hebrón, porque este lo había despedido y él se había ido en paz. 23 Apenas llegó Joab con toda la tropa que lo acompañaba, fueron a decirle: «Abner, hijo de Ner, vino a ver al rey y este lo dejó partir en paz». 24 Entonces Joab se presentó al rey y le dijo: «¿Qué has hecho? Ahora que Abner ha venido a verte, ¿por qué lo has dejado irse tranquilamente? 25 Tú sabes bien quién es Abner, hijo de Ner. Él ha venido a engañarte, para enterarse de tus movimientos y saber todo lo que haces».

26 Joab salió de la presencia de David y envió detrás de Abner unos mensajeros, que lo hicieron volver desde la cisterna de Sirá, sin que David supiera nada. 27 Cuando Abner estuvo de vuelta en Hebrón, Joab lo llevó aparte a un lado de la entrada, como para hablar con él en privado, y allí lo hirió mortalmente en el bajo vientre, a causa de la sangre de su hermano Asael.

28 David se enteró enseguida de lo sucedido y exclamó: «Yo y mi reino somos inocentes para siempre, delante del Señor, de la sangre de Abner, hijo de Ner. 29 ¡Que ella recaiga sobre Joab y sobre toda la casa de su padre! ¡Que nunca falten en la casa de Joab

quienes padezcan de blenorrea y de lepra, ni afeminados, ni muertos por la espada, ni hambrientos!». 30 Joab y su hermano Abisai dieron muerte a Abner, porque él les había matado a su hermano Asael, en Gabaón, durante un combate.

31 Luego David dijo a Joab y a todo el pueblo que estaba con él: «Rasguen sus vestiduras, vístanse de luto y laméntense por Abner». Y el rey David iba caminando detrás del féretro, 32 cuando sepultaron a Abner en Hebrón. El rey prorrumpió en sollozos ante la tumba de Abner, y todo el pueblo se puso a llorar. 33 Entonces el rey entonó este canto fúnebre por Abner: «¿Tenía que morir Abner como muere un insensato? 34 Tus manos no estaban atadas ni tus pies sujetos con grillos. ¡Has caído como quien cae víctima de malhechores!».

Y todos siguieron llorando por él.

35 Todo el pueblo trató de obligar a David a que comiera algo cuando aún era de día, pero David pronunció este juramento: «¡Que Dios me castigue una y otra vez, si llego a probar pan o cualquier otro bocado antes de la puesta del sol!». 36 Y todo el pueblo, al tener conocimiento de esto, lo aprobó, como aprobaba todo lo que hacía el rey. 37 Así el pueblo y todo Israel se convencieron aquel día de que el rey no había intervenido en el asesinato de Abner, hijo de Ner.

38 Luego el rey dijo a sus servidores: «¡Sepan que hoy ha caído en Israel un jefe, un gran hombre! 39 A pesar de mi unción real, hoy yo me siento desvalido, mientras que estos, los hijos de Seruiá, son más duros que yo. ¡Que el Señor le dé su merecido al que ha hecho el mal!».

Asesinato de Isbaal y castigo de los homicidas

2 Sm 9 1-13; 2 Sm 22 48; 1 Sm 24 13; 2 Sm 1 5-16; 1 Sm 22 18

4 1 Cuando el hijo de Saúl se enteró de que Abner había muerto en Hebrón, quedó muy desalentado, y todo Israel fue presa del pánico. 2 Ahora bien, el hijo de Saúl tenía dos jefes de bandas armadas; uno se llamaba Baaná y el otro Recab, hijos de Rimón de Beerot, y eran benjaminitas, porque a Beerot también se la consideraba parte de Benjamín. 3 Los de Beerot habían huido a Guitaim, y allí han residido como forasteros hasta el día de hoy.

4 Jonatán, hijo de Saúl, tenía un hijo lisiado de ambos pies. Este era un niño de cinco años cuando llegó de Izreel la noticia de la muerte de Saúl y Jonatán. Su niñera lo tomó consigo y huyó; pero lo hizo con tanta precipitación, que el niño se cayó y quedó rengo. Su nombre era Meribaal.

5 Recab y Baaná, los hijos de Rimón de Beerot, se pusieron en camino, y a la hora de más calor llegaron a la casa de Isbaal, que estaba durmiendo la siesta. 6 Se introdujeron en el interior de la casa, como si estuvieran llevando trigo, e hirieron a Isbaal en el bajo vientre. Luego se pusieron a salvo. 7 Al entrar en la casa, mientras Isbaal estaba acostado en el lecho de su dormitorio, Recab y su hermano Baaná lo habían herido mortalmente y le habían cortado la cabeza. Después se llevaron la cabeza y marcharon toda la noche por el camino de la Arabá. 8 Así presentaron a David, en Hebrón, la cabeza de Isbaal y dijeron al rey: «Aquí está la cabeza de Isbaal, hijo de Saúl, tu enemigo, el que intentó matarte. El Señor ha permitido hoy que mi señor, el rey, se vengara de Saúl y de su descendencia».

9 Pero David respondió a Recab y a su hermano Baaná, los hijos de Rimón de Beerot: «¡Por la vida del Señor, que me libró de todo peligro! 10 Al que me anunció que había muerto Saúl, creyendo ser portador de una buena noticia, lo tomé y lo ajusticié en Siquelag, pagándole así esa buena noticia. 11 Con mucha más razón, ahora que unos hombres malvados han matado a un inocente en su propia casa y sobre su lecho, ¿no tendré que pedirles cuenta de su sangre y borrarlos de la tierra?». 12 Entonces David dio una orden a los jóvenes, y ellos los mataron. Luego les cortaron las manos y los pies, y los colgaron junto a la cisterna de Hebrón. En cuanto a la cabeza de Isbaal, la recogieron y la enterraron en la tumba de Abner, en Hebrón.

DAVID, REY DE JUDÁ Y DE ISRAEL

David, ungido rey de Israel

1 Cr 11 1-3
2 Sm 2 11; 1 Re 2 11

5 1 Todas las tribus de Israel se presentaron a David en Hebrón y le dijeron:

«¡Nosotros somos de tu misma sangre! 2 Hace ya mucho tiempo, cuando aún teníamos como rey a Saúl, eras tú el que conducía a Israel. Y el Señor te ha dicho: "Tú apacentarás a mi pueblo Israel y tú serás el jefe de Israel"».

3 Todos los ancianos de Israel se presentaron ante el rey en Hebrón. El rey estableció con ellos un pacto en Hebrón, delante del Señor, y ellos ungieron a David como rey de Israel.

4 David tenía treinta años cuando comenzó a reinar y reinó cuarenta años. 5 En Hebrón reinó siete años y seis meses sobre Judá, y en Jerusalén, treinta y tres años sobre todo Israel y Judá.

La conquista de Jerusalén

1 Cr 11 4-9

Lv 21 18-20; Mt 21 14; 1 Sm 18 12

6 El rey avanzó con sus hombres sobre Jerusalén, contra los jebuseos que habitaban
en el país. Pero estos dijeron a David: «Tú no
entrarás aquí. Los ciegos y los inválidos bas-
tarán para impedírtelo». Con esto querían
decir: «David nunca podrá entrar aquí». 7 Sin
embargo, David conquistó la fortaleza de
Sion, es decir, la Ciudad de David. 8 Aquel
día, él había dicho: «El que quiera derrotar a
los jebuseos, que se meta por el canal. En
cuanto a los ciegos y a los inválidos, David
siente aversión por ellos». Por eso se dice: «El
ciego y el lisiado no entrarán en la Casa».
9 David se instaló en la fortaleza, y la llamó Ciudad de David. Luego construyó la
ciudad en derredor, desde el Terraplén hacia el interior. 10 Así David se iba engrandeciendo cada vez más, y el Señor, el Dios de
los ejércitos, estaba con él.

La casa y la familia de David en Jerusalén

1 Cr 14 1-7

1 Re 5 15; 2 Sm 2 1-7; 3 2-5

11 Jiram, rey de Tiro, envió una embajada
a David, con madera de cedro, carpinteros
y talladores de piedra, para que le edifica-
ran una casa. 12 David reconoció entonces
que el Señor lo había confirmado como
rey de Israel y que había enaltecido su realeza por amor a su pueblo Israel.
13 David tomó otras concubinas y esposas
después que llegó de Hebrón, y le nacieron
más hijos e hijas. 14 Estos son los nombres
de los hijos que tuvo en Jerusalén: Samúa,
Sobab, Natán, Salomón, 15 Ibjar, Elisúa, Néfeg, Iafía, 16 Elisamá, Eliadá y Elifélet.

Dos victorias de David sobre los filisteos

1 Cr 14 8-16

2 Sm 2 16; 1 Sm 4 11; Gn 3 8

17 Cuando los filisteos oyeron que habían
ungido a David rey de Israel, subieron todos
para atacarlo. David se enteró y bajó al refugio. 18 Los filisteos llegaron y se desplegaron
en el valle de Refaím. 19 Entonces David consultó al Señor, diciendo: «¿Debo subir contra
los filisteos? ¿Los entregarás en mis manos?». El Señor respondió a David: «Sube,
porque ciertamente pondré a los filisteos en
tus manos». 20 Enseguida David se dirigió hacia Baal Perasim, y allí los derrotó. David dijo: «El Señor ha abierto ante mí una brecha
entre mis enemigos, como una brecha abierta por las aguas». Por eso aquel lugar se llamó Baal Perasim, que significa «Señor de las
brechas». 21 Como los filisteos habían abandonado allí sus ídolos, David y sus hombres
se los llevaron.
22 Luego los filisteos subieron una vez
más, y se desplegaron por el valle de Refaím. 23 David consultó al Señor, y él respondió: «No subas de frente; da una vuelta por detrás de ellos, y atácalos por el lado
de las moreras. 24 Cuando oigas un ruido
como de pasos por las copas de las moreras, irrumpe decididamente, porque entonces el Señor saldrá delante de ti a derrotar el campamento de los filisteos».
25 David lo hizo tal como se lo había ordenado el Señor, y derrotó a los filisteos desde Gabaón hasta la entrada de Guezer.

El traslado del Arca de la Alianza a Jerusalén

1 Cr 13; 15; 16 1-3

1 Sm 4 3-4; Ex 25 20; 1 Sm 6 7; Sal 150 3.5;
1 Re 8 63-64; 8 14.55; 1 Cr 16 43

6 1 David reunió nuevamente a lo más
selecto de Israel —treinta mil hombres—, 2 y con todo el pueblo que lo acompañaba se dirigió hacia Baalá de Judá, para
subir de allí el Arca de Dios, la cual es llamada con el Nombre, el nombre del Señor
de los ejércitos, que tiene su trono sobre los
querubines. 3 Luego cargaron el Arca de Dios
en un carro nuevo y se la llevaron de la casa
de Abinadab, que está sobre la colina. Uzá y
Ajió, los hijos de Abinadab, conducían el carro. 4 Uzá iba al lado del Arca, y Ajió avanzaba delante de ella. 5 Mientras tanto, David y
toda la casa de Israel hacían grandes festejos
en honor del Señor, cantando al son de cítaras, arpas, tamboriles, címbalos y platillos.
6 Cuando llegaron a la era de Nacón, Uzá
extendió su mano hacia el Arca de Dios y la
sostuvo, porque los bueyes habían resbalado. 7 Entonces la ira del Señor se encendió
contra Uzá, y Dios lo hirió allí mismo por
ese error. Así él murió junto al Arca de Dios.
8 David se conmovió, porque el Señor había
acometido contra Uzá, y aquel lugar se llamó Peres Uzá —que significa «Brecha de
Uzá»— hasta el día de hoy.
9 Aquel día, David tuvo miedo del Señor y
dijo: «¿Cómo va a entrar en mi casa el Arca
del Señor?». 10 Y no quiso trasladar el Arca del
Señor a su casa, a la Ciudad de David, sino
que mandó que la llevaran a la casa de Obededom de Gat. 11 El Arca del Señor permaneció tres meses en la casa de Obededom de
Gat, y el Señor bendijo a Obededom y a toda su familia.
12 Cuando informaron a David: «El Señor
ha bendecido a la familia de Obededóm y
todos sus bienes a causa del Arca de Dios»,
David partió e hizo subir el Arca de Dios
desde la casa de Obededom a la Ciudad de
David, con gran alegría. 13 Los que transportaban el Arca del Señor avanzaron seis pasos, y él sacrificó un buey y un ternero cebado. 14 David, que solo llevaba ceñido un

efod de lino, iba danzando con todas sus
fuerzas delante del Señor. 15 Así, David y toda la casa de Israel subieron el Arca del Señor en medio de aclamaciones y al sonido
de trompetas.
16 Mientras el Arca del Señor entraba en
la Ciudad de David, Mical, la hija de Saúl,
se asomó por la ventana. Y al ver al rey David que saltaba y danzaba delante del Señor, lo despreció en su corazón.
17 Luego introdujeron el Arca del Señor y
la instalaron en su sitio, en medio de la
tienda que David había levantado para ella,
y David ofreció holocaustos y sacrificios de
comunión delante del Señor. 18 Cuando David terminó de ofrecer el holocausto y los
sacrificios de comunión, bendijo al pueblo
en nombre del Señor de los ejércitos. 19 Después repartió a todo el pueblo, a toda la
multitud de Israel, hombres y mujeres, una
hogaza de pan, un pastel de dátiles y uno
de pasas de uva por persona. Luego todo el
pueblo se fue, cada uno a su casa.
20 Cuando David se volvía para bendecir a
su casa, le salió al encuentro Mical, la hija de
Saúl, y le dijo: «¡Hoy sí que se ha lucido el
rey de Israel, mostrándose desnudo a la vista de las esclavas de sus servidores, como se
desnudaría un inútil cualquiera!». 21 Pero David replicó a Mical: «Lo hice delante del Señor, que me eligió en lugar de tu padre y de
toda su casa, para constituirme jefe del pueblo del Señor, de Israel. He bailado ante el
Señor, 22 y me humillaré todavía más, envile-
ciéndome así a tus ojos. En cambio, esas esclavas de que hablas, ellas sí me considera-
rán digno de honra». 23 Y Mical, hija de Saúl,
no tuvo hijos hasta el día de su muerte.

La profecía de Natán

1 Cr 17 1-15

1 Re 8 16-21; Ex 40 34-38; 1 Sm 13 14; 25 28;
1 Re 11 38; Lc 1 32-33

7 1 Cuando David se estableció en su casa y el Señor le dio paz, librándolo de
todos sus enemigos de alrededor, 2 el rey dijo al profeta Natán: «Mira, yo habito en una
casa de cedro, mientras el Arca de Dios está
en una tienda de campaña». 3 Natán respondió al rey: «Ve a hacer todo lo que tienes
pensado, porque el Señor está contigo».
4 Pero aquella misma noche, la palabra
del Señor llegó a Natán en estos términos:
5 «Ve a decirle a mi servidor David: Así habla el Señor: ¿Eres tú el que me va a edificar
una casa para que yo la habite? 6 Desde el
día en que hice subir de Egipto a los israelitas hasta el día de hoy, nunca habité en
una casa, sino que iba de un lado a otro,
en una tienda que me servía de morada. 7 Y
mientras caminaba entre los israelitas, ¿acaso le dije a uno solo de los jefes de Israel, a
los que mandé apacentar a mi Pueblo:
"¿Por qué no me han edificado una casa de
cedro?". 8 Y ahora, esto es lo que le dirás a
mi servidor David: Así habla el Señor de los
ejércitos: Yo te saqué del campo de pastoreo, de detrás del rebaño, para que fueras el
jefe de mi pueblo Israel. 9 Estuve contigo
dondequiera que fuiste y exterminé a todos
tus enemigos delante de ti. Yo haré que tu
nombre sea tan grande como el de los grandes de la tierra. 10 Fijaré un lugar para mi
pueblo Israel y lo plantaré para que tenga
allí su morada. Ya no será perturbado, ni
los malhechores seguirán oprimiéndolo
como lo hacían antes, 11 desde el día en que

VIVE LA PALABRA

La danza de la vida

El traslado del Arca a Jerusalén por David resultó una fiesta muy alegre. Todo el pueblo acompañó a su rey, quién manifestó su piedad y alegría con aclamaciones y danzas. Solo su esposa Micol vio con desagrado su danza, ignorando que David se hizo uno más entre el pueblo para rendir homenaje al único Señor, ante quien no existe el ridículo.

David ofreció holocaustos y sacrificios de comunión, bendijo al pueblo y repartió comida a la gente. El pueblo guardó un recuerdo tan bello de esta fiesta que la «subida» a Jerusalén para celebrar la alianza se convirtió en una expectativa gozosa. Por eso Jesús subió a Jerusalén cuando llegó la hora de pasar de este mundo al Padre.

Alabar a Dios con música y danza es precioso. Al hacerlo, expresamos nuestra gratitud y gozo por la grandeza y las obras de Dios con todo nuestro ser. ¡Qué bellas son las tradiciones culturales en las que el pueblo alaba a Dios con danza, música y canto! Toca a los jóvenes continuarlas y transmitirlas con cariño a las siguientes generaciones.

2 Sm 6 12-19

La profecía mesiánica de Natán

David se propone edificar un templo a Dios. A través del profeta Natán, Dios aprovecha el doble sentido de la palabra *casa* y le anuncia una dinastía. Mientras David habla de una *casa-templo*, Dios le anuncia que será él quien le construya una *casa-familia* o dinastía real, en la que siempre habría un descendiente con una relación filial con él: «Seré un padre para él, y él será para mí un hijo» (2 Sm 7 14). David respondió a esta predilección de Dios con una oración de alabanza muy bella (7 18-29).

Más tarde, cuando el reino se dividió y los israelitas cayeron en manos de naciones extranjeras, el pueblo recordó y valoró esta profecía. De aquí nació la gran esperanza de que algún día tendrían un rey enviado por Dios, que instauraría un reino al estilo del de David (ver «Vocabulario bíblico: Mesías»).

A pesar de los destierros, ataques e infidelidades de muchos reyes descendientes de David, esta profecía se cumplió mil años después en Jesús, rey y Mesías. Por todo ese tiempo el pueblo mantuvo viva la esperanza de tener algún día un rey justo que gobernara según el corazón de Dios.

2 Sm 7 5-16

2 SM

establecí Jueces sobre mi pueblo Israel. Yo te he dado paz, librándote de todos tus enemigos. Y el Señor te ha anunciado que él mismo te hará una casa. 12 Sí, cuando hayas llegado al término de tus días y vayas a descansar con tus padres, yo elevaré después de ti a uno de tus descendientes, a uno que saldrá de tus entrañas, y afianzaré su realeza. 13 Él edificará una casa para mi Nombre, y yo afianzaré para siempre su trono real. 14 Seré un padre para él, y él será para mí un hijo. Si comete una falta, lo corregiré con varas y golpes, como lo hacen los hombres. 15 Pero mi fidelidad no se retirará de él, como se la retiré a Saúl, al que aparté de tu presencia. 16 Tu casa y tu reino durarán eternamente delante de mí, y tu trono será estable para siempre».

17 Natán comunicó a David toda esta visión y todas estas palabras.

La oración de David

1 Cr 17 16-27

1 Sm 9 21; Sal 104 1; Dt 4 7.33; 1 Re 18 36; 7 16; Jn 17 17; Sal 21 4.7

18 Entonces el rey David fue a sentarse delante del Señor y exclamó: «¿Quién soy yo, Señor, y qué es mi casa para que me hayas hecho llegar hasta aquí? 19 Y como esto te pareció demasiado poco, también le has hecho una promesa a la casa de tu servidor, para un futuro lejano. ¿Es esto lo que haces habitualmente con los hombres, Señor? 20 ¿Y qué más podría decirte David, si tú, Señor, conoces bien a tu servidor? 21 A causa de tu palabra y conforme a tu designio, tú has hecho esta gran obra, dándosela a conocer a tu servidor. 22 Por eso tú eres grande, Señor, no hay nadie como tú, ni hay Dios fuera de ti, por todo lo que hemos escuchado con nuestros propios oídos. 23 ¿Y quién es como tu pueblo, como Israel, la única nación sobre la tierra a quien Dios fue a rescatar para hacerla su pueblo y darle un nombre? Tú has realizado en su favor cosas grandes y terribles, expulsando a las naciones y a sus dioses delante del pueblo que rescataste de Egipto. 24 Tú has establecido a tu pueblo Israel para que sea tu pueblo eternamente, y tú, Señor, eres su Dios. 25 Y ahora, Señor Dios, confirma para siempre la palabra que has pronunciado acerca de tu servidor y de su casa, y obra conforme a lo que has dicho. 26 Que tu Nombre sea engrandecido para siempre, y que se diga: "¡El Señor de los ejércitos es el Dios de Israel!". Y que la casa de David, tu servidor, esté bien afianzada delante de ti. 27 Porque tú mismo, Señor de los ejércitos, Dios de Israel, te has revelado a tu servidor, diciendo: "Yo te edificaré una casa". Por eso tu servidor se ha atrevido a dirigirte esta plegaria. 28 Ahora, Señor, tú eres Dios, tus palabras son leales y has prometido estos bienes a tu servidor. 29 Dígnate, entonces, bendecir la casa de tu servidor, para que ella permanezca siempre en tu presencia. Porque tú, Señor, has hablado, y con tu bendición la casa de tu servidor será bendita para siempre».

Las guerras de David

1 Cr 18 1-13

1 Re 5 1; Jos 11 6-9; 1 Re 7 51; Sal 60 2

8 1 Después de esto, David derrotó a los filisteos y los sometió, despojándolos de su hegemonía. 2 También derrotó a los moabitas y, haciéndolos echarse en tierra, los midió con una cuerda: a lo largo de dos cuerdas, los hizo matar; y a lo largo de una cuerda completa, les perdonó la vida. Los moabitas pasaron a ser vasallos de David, sometidos a tributo.

3 David derrotó a Hadadézer, hijo de Rejob, rey de Sobá, cuando este iba a restable-

cer su dominio sobre el Río. 4 Capturó mil setecientos soldados de caballería y veinte mil hombres de a pie, y mutiló todos los caballos de los carros de guerra, reservándose solo cien. 5 Los arameos de Damasco acudieron en auxilio de Hadadézer, rey de Sobá, pero David derrotó a veintidós mil de esos arameos. 6 Luego puso gobernadores en Aram de Damasco, y los arameos pasaron a ser vasallos de David, sometidos a tributo. El Señor daba la victoria a David en todas sus campañas.

7 David se apoderó de los escudos de oro que llevaban los oficiales de Hadadézer, y se los llevó a Jerusalén. 8 De Tébaj y de Berotai, ciudades de Hadadézer, el rey David se trajo una enorme cantidad de bronce.

9 Cuando Tou, rey de Jamat, oyó que David había derrotado a todo el ejército de Hadadézer, 10 le envió a su hijo Ioram, para saludarlo y felicitarlo por haber hecho la guerra y derrotado a Hadadézer, ya que este era su rival. Ioram llevó consigo objetos de plata, oro y bronce, 11 y el rey David consagró también esos objetos, como lo había hecho con la plata y el oro provenientes de todas las naciones que había sometido: 12 de Aram, de Moab, de los amonitas, de los filisteos y de Amalec, como asimismo del botín de Hadadézer, hijo de Rejob, rey de Sobá.

13 David adquirió gran renombre cuando volvió de derrotar a dieciocho mil arameos en el valle de la Sal. 14 Además, puso gobernadores en Edom, estableciéndolos por todo el país, y todos los edomitas pasaron a ser vasallos de David. El Señor daba la victoria a David en todas sus campañas.

La administración del reino

1 Cr 18 14-17

2 Sm 20 23-26; 1 Re 4 1-6

15 David reinó sobre todo Israel, y administraba el derecho y la justicia a todo su pueblo. 16 Joab, hijo de Seruiá, era el comandante del ejército; Josafat, hijo de Ajilud, el heraldo; 17 Sadoc y Abiatar, hijo de Ajimélec, hijo de Ajitub, eran sacerdotes; Seraías, el secretario; 18 Benaías, hijo de Iehoiadá, comandaba a los quereteos y peleteos; y los hijos de David eran sacerdotes.

CRÓNICA DE LA SUCESIÓN AL TRONO DE DAVID

David y Meribaal, hijo de Jonatán

1 Sm 20 15-16.42; 2 Sm 21 1-14; 16 1-4; 4 4

9 1 David preguntó: «¿Queda algún sobreviviente de la casa de Saúl, a quien yo pueda darle una prueba de lealtad, por amor a Jonatán?». 2 Y como la casa de Saúl había tenido un servidor llamado Sibá, se lo presentaron a David. El rey le dijo: «¿Tú eres Sibá?». Él respondió: «Sí, para servirte». 3 Entonces el rey le preguntó: «¿Queda todavía alguien de la casa de Saúl, para que yo pueda cumplir con él el compromiso de fidelidad contraído ante Dios?». Sibá respondió al rey: «Queda todavía un hijo de Jonatán, que es lisiado de ambos pies». 4 «¿Dónde está?», le dijo el rey. Sibá le respondió: «Está en la casa de Maquir, hijo de Amiel, en Lo Dabar». 5 Y el rey David mandó a buscarlo a la casa de Maquir, hijo de Amiel, en Lo Dabar.

6 Cuando Meribaal, hijo de Jonatán, se presentó ante David, cayó con el rostro en tierra y se postró. David le dijo: «¡Meribaal!». «Aquí estoy, para servirte», respondió él. 7 Luego David añadió: «No tengas miedo. Quiero darte una prueba de fidelidad, por amor a tu padre Jonatán. Voy a devolverte todas las tierras de tu antepasado Saúl, y tú compartirás siempre la mesa conmigo». 8 Meribaal se postró y dijo: «¿Quién es tu servidor, para que te fijes en un perro muerto como yo?».

9 Después el rey llamó a Sibá, el servidor de Saúl, y le dijo: «Todo lo que pertenecía a Saúl y a su familia, se lo doy al hijo de tu señor. 10 Tú trabajarás la tierra para él, y lo mismo harán tus hijos y tus esclavos. Lo que tú aportes, servirá de alimento para la casa de tu señor. En cuanto a Meribaal, compartirá siempre la mesa conmigo». Sibá, que tenía quince hijos y veinte esclavos, 11 respondió al rey: «Tu servidor obrará en todo conforme a lo que ha mandado el rey, mi señor».

Meribaal comía en la mesa de David, como uno de los hijos del rey. 12 Él tenía un hijo pequeño, llamado Micá. Todos los que vivían en la casa de Sibá estaban al servicio de Meribaal, 13 y este habitaba en Jerusalén, porque compartía siempre la mesa del rey. Meribaal renqueaba de ambos pies.

La afrenta de los amonitas a los enviados de David

1 Cr 19 1-5

1 Sm 21 12; 2 Sm 3 24-25

10 1 Después de esto, murió el rey de los amonitas, y su hijo Janún reinó en lugar de él. 2 David dijo: «Voy a retribuirle a Janún, hijo de Najás, las pruebas de lealtad que me ha dado su padre». Y por intermedio de sus servidores, le envió las condolencias por la muerte de su padre. Pero cuando los servidores de David llegaron al país de los amonitas, 3 los jefes amonitas dijeron a Janún, su señor: «¿Crees que David te hace llegar sus condolencias para honrar a tu padre? ¿No será que ha enviado a sus servidores como espías, para explorar la ciudad y sembrar la agitación?». 4 Entonces Janún hizo detener a los servidores de David, les afeitó la mitad de la barba, les cortó la ropa a la altura de las nalgas y los despidió.

[5]Apenas lo pusieron al tanto de lo sucedido, David ordenó que fueran a recibir a aquellos hombres, porque estaban muy avergonzados. Y el rey les mandó decir: «Quédense en Jericó hasta que les crezca la barba, y después vengan».

Primera campaña de Israel contra los amonitas

1 Cr 19 6-15

2 Sm 21 15-22; 23 8-9

[6]Cuando los amonitas advirtieron que se habían atraído el odio de David, mandaron a contratar veinte mil soldados de los arameos de Bet Rejob y de los arameos de Sobá, al rey de Maacá con mil hombres, y a doce mil hombres de la gente de Tob. [7]David, al enterarse, envió a Joab con todo el ejército y con sus guerreros. [8]Los amonitas salieron y formaron en orden de batalla a la entrada de la Puerta, pero los arameos de Sobá y de Rejob, y la gente de Tob y de Maacá se mantuvieron aparte, en campo abierto. [9]Cuando Joab vio que había dos frentes de batalla, uno delante de él y otro detrás, seleccionó a lo más escogido de Israel y los alineó frente a los arameos, [10]dejando el resto de la tropa a las órdenes de su hermano Abisai. Luego les hizo tomar posiciones frente a los amonitas, [11]y dijo: «Si los arameos son más fuertes que yo, tú vendrás en mi ayuda; y si los amonitas son más fuertes que tú, yo iré a auxiliarte. [12]¡Ánimo! ¡Luchemos valerosamente por nuestro pueblo y por las ciudades de nuestro Dios! ¡Y que el Señor haga lo que le parezca bien!».

[13]Entonces Joab avanzó con sus tropas para enfrentarse con Aram, y estos huyeron delante de él. [14]Cuando los amonitas vieron que los arameos habían huido, también ellos huyeron delante de Abisai y entraron en la ciudad. Joab, por su parte, suspendió su campaña contra los amonitas y volvió a Jerusalén.

Nueva victoria de David sobre los arameos

19 16-19

2 Sm 8 3-8

[15]Los arameos, al ver que habían sido vencidos, concentraron sus tropas, [16]y Hadadézer envió mensajeros para movilizar a los arameos del otro lado del Río. Estos llegaron a Helam a las órdenes de Sobac, el jefe del ejército de Hadadézer. [17]Cuando informaron de esto a David, él concentró a todo Israel, cruzó el Jordán y llegó a Helam. Los arameos tomaron posiciones frente a David y le libraron batalla. [18]Pero tuvieron que huir delante de Israel, y David les mató a los arameos setecientos caballos y cuarenta mil hombres de caballería. También hirió a Sobac, el jefe del ejército, el cual murió allí mismo. [19]Cuando todos los reyes que estaban a las órdenes de Hadadézer vieron que habían caído derrotados ante Israel, hicieron las paces con los israelitas y les quedaron sometidos. En adelante, los arameos no quisieron prestar más ayuda a los amonitas.

David y Betsabé

1 Cr 20 1

Gn 38 24-25; 1 Sm 4 3-4; 1 Re 21 8-9; Jue 9 50-54

11 [1]Al comienzo del año, en la época en que los reyes salen de campaña, David envió a Joab con sus servidores y todo Israel, y ellos arrasaron a los amonitas y sitiaron Rabá. Mientras tanto, David permanecía en Jerusalén.

[2]Una tarde, después que se levantó de la siesta, David se puso a caminar por la azotea del palacio real, y desde allí vio a una mujer que se estaba bañando. La mujer era muy hermosa. [3]David mandó a averiguar quién era esa mujer, y le dijeron: «¡Pero si es Betsabé, hija de Eliam, la mujer de Urías, el hitita!». [4]Entonces David mandó unos mensajeros para que se la trajeran. La mujer vino, y David se acostó con ella, que acababa de purificarse de su menstruación. Después ella volvió a su casa. [5]La mujer quedó embarazada y envió a David este mensaje: «Estoy embarazada».

[6]Entonces David mandó decir a Joab: «Envíame a Urías, el hitita». Joab se lo envió, [7]y cuando Urías se presentó ante el rey, David le preguntó cómo estaban Joab y la tropa y cómo iba la guerra. [8]Luego David dijo a Urías: «Baja a tu casa y lávate los pies». Urías salió de la casa del rey y le mandaron detrás un obsequio de la mesa real. [9]Pero Urías se acostó a la puerta de la casa del rey junto a todos los servidores de su señor, y no bajó a su casa.

[10]Cuando informaron a David que Urías no había bajado a su casa, el rey le dijo: «Tú acabas de llegar de viaje. ¿Por qué no has bajado a tu casa?». [11]Urías respondió a David: «El Arca, Israel y Judá viven en tiendas de campaña; mi señor Joab y los servidores de mi señor acampan a la intemperie, ¿y yo iré a mi casa a comer, a beber y a acostarme con mi mujer»? ¡Por la vida del Señor y por tu propia vida, nunca haré una cosa así!». [12]David dijo entonces a Urías: «Quédate aquí todavía hoy, y mañana te dejaré partir». Urías se quedó en Jerusalén aquel día y el día siguiente. [13]David lo invitó a comer y a beber en su presencia y lo embriagó. A la noche, Urías salió y se acostó junto a los servidores de su señor, pero no bajó a su casa.

VIVE LA PALABRA

Un deseo desordenado

Betsabé, una mujer muy bella, estaba casada con Urías. Mientras Urías luchaba en los ejércitos israelitas, David tuvo relaciones con ella. Betsabé quedó embarazada y David mandó traer a Urías para que hiciera el amor con Betsabé y pensara que el bebé era suyo. Pero Urías se resistió a gustar el placer, por solidaridad con sus compañeros en guerra. Cuando David se enteró, dispuso una traición para que Urías muriera en batalla (2 Sm 11 15).

David empezó una serie de pecados a partir de acceder a un deseo desordenado. Primero cometió adulterio; después mintió y finalmente mandó matar a alguien inocente. ¡Es tan fácil caer en un pecado y, para cubrir un error, cometer otros más graves! Las tentaciones son deseos muy atractivos que tienden a separarnos del cumplimiento de la voluntad de Dios, pero si las vencemos fortalecen nuestras convicciones y valores. Solo si caemos en ellas se convierten en pecado.

Reflexiona unos momentos sobre cómo manejas tus deseos y tentaciones sexuales.

2 Sm 11 1-27

14 A la mañana siguiente, David escribió
una carta a Joab y se la mandó por intermedio de Urías. 15 En esa carta, había escrito lo
siguiente: «Pongan a Urías en primera línea,
donde el combate sea más encarnizado, y
después déjenlo solo, para que sea herido
y muera». 16 Joab, que tenía cercada la ciudad, puso a Urías en el sitio donde sabía
que estaban los soldados más aguerridos.
17 Los hombres de la ciudad hicieron una salida y atacaron a Joab. Así cayeron unos
cuantos servidores de David, y también murió Urías, el hitita.
18 Joab envió a David el parte de batalla,
19 y dio esta orden al mensajero: «Cuando termines de comunicar al rey el parte de batalla, 20 si él se enfurece y te dice: "¿Por qué se
acercaron tanto a la ciudad para librar combate? ¿No sabían que arrojan proyectiles desde lo alto de la muralla? 21 ¿Quién hirió mortalmente a Abimélec, hijo de Ierubaal? ¿No
fue una mujer la que le arrojó una piedra de
molino desde lo alto del muro, y así él murió en Tebes? ¿Por qué se acercaron tanto a la
muralla?", entonces tú le dirás: "También ha
muerto tu servidor Urías, el hitita"».
22 El mensajero partió y fue a comunicar a
David todo lo que Joab le había mandado
decir. 23 El mensajero dijo a David: «Esa gente
logró sacarnos ventaja. Hicieron una salida
contra nosotros en campo raso, pero los hicimos retroceder hasta la entrada de la ciudad.
24 Entonces los arqueros dispararon contra
tus servidores desde lo alto del muro, y murieron unos cuantos servidores del rey. También murió tu servidor Urías, el hitita».
25 David respondió al mensajero: «Esto
es lo que dirás a Joab: "No te preocupes
por lo que ha sucedido. La espada devora
hoy a este y mañana a aquel. Intensifica el
ataque contra la ciudad, y destrúyela". Así
le devolverás el ánimo».
26 Cuando la mujer de Urías se enteró de
que su marido había muerto, estuvo de duelo por él. 27 Cuando dejó de estar de luto,
David mandó a buscarla y la recibió en su
casa. Ella se convirtió en su esposa y le dio
un hijo.

Pero lo que había hecho David desagradó al Señor.

Reproche de Natán y arrepentimiento de David

2 Sm 14 4-11; 7 8-9; Jue 6 14; 2 Sm 19 21.24

12 1 Entonces el Señor le envió al profeta
Natán. Él se presentó a David y le dijo:
«Había dos hombres en una misma ciudad, uno rico y el otro pobre. 2 El rico tenía
una enorme cantidad de ovejas y de bueyes.
3 El pobre no tenía nada, fuera de una sola
oveja pequeña que había comprado. La iba
criando, y ella crecía junto a él y a sus hijos:
comía de su pan, bebía de su copa y dormía
en su regazo. ¡Era para él como una hija!
4 Pero llegó un viajero a la casa del hombre
rico, y este no quiso sacrificar un animal de
su propio ganado para agasajar al huésped
que había recibido. Tomó en cambio la oveja del hombre pobre, y se la preparó al que
le había llegado de visita».
5 David se enfureció contra aquel hombre
y dijo a Natán: «¡Por la vida del Señor, el
hombre que ha hecho eso merece la muerte! 6 Pagará cuatro veces el valor de la oveja,
por haber obrado así y no haber tenido
compasión».
7 Entonces Natán dijo a David: «¡Ese
hombre eres tú! Así habla el Señor, el Dios

de Israel: Yo te ungí rey de Israel y te libré de las manos de Saúl; 8 te entregué la casa de tu señor y puse a sus mujeres en tus brazos; te di la casa de Israel y de Judá, y por si esto fuera poco, añadiría otro tanto y aún más. 9 ¿Por qué entonces has despreciado la palabra del Señor, haciendo lo que es malo a sus ojos? ¡Tú has matado al filo de la espada a Urías, el hitita! Has tomado por esposa a su mujer, y a él lo has hecho morir bajo la espada de los amonitas. 10 Por eso, la espada nunca más se apartará de tu casa, ya que me has despreciado y has tomado por esposa a la mujer de Urías, el hitita.

11 Así habla el Señor: "Yo haré surgir de tu misma casa la desgracia contra ti. Arrebataré a tus mujeres ante tus propios ojos y se las daré a otro, que se acostará con ellas en pleno día. 12 Porque tú has obrado ocultamente, pero yo lo haré delante de todo Israel y a la luz del sol"».

13 David dijo a Natán: «¡He pecado contra el Señor!». Natán le respondió: «El Señor, por su parte, ha borrado tu pecado: no morirás. 14 No obstante, porque con esto has ultrajado gravemente al Señor, el niño que te ha nacido morirá sin remedio». 15 Y Natán se fue a su casa.

2 SM

Muerte del hijo de Betsabé y nacimiento de Salomón

2 Sm 13 31; 3 35; Gn 37 35

El Señor hirió al niño que la mujer de Urías había dado a David, y él cayó gravemente enfermo. 16 David recurrió a Dios en favor del niño: ayunó rigurosamente, y cuando se retiraba por la noche, se acostaba en el suelo. 17 Los ancianos de su casa le insistieron para que se levantara del suelo, pero él se negó y no quiso comer nada con ellos. 18 Al séptimo día, el niño murió. Los servidores de David no se atrevían a darle la noticia, porque se decían: «Si cuando el niño estaba vivo le hablábamos y no nos escuchaba, ¿cómo le vamos a decir que el niño está muerto? ¡Es capaz de hacer un disparate!». 19 Pero David advirtió que sus servidores hablaban sigilosamente entre ellos, y comprendió que el niño había muerto. Entonces les preguntó: «¿Ha muerto el niño?». Y ellos le dijeron: «Sí, está muerto».

20 David se levantó del suelo, se bañó, se perfumó y se cambió de ropa. Luego entró en la Casa del Señor y se postró. Una vez que volvió a su casa, pidió que le sirvieran de comer y comió. 21 Sus servidores le dijeron: «¿Qué modo de proceder es este? Cuando el niño estaba vivo, ayunabas y llorabas. ¡Y ahora que él ha muerto, te levantas y te pones a comer!». 22 Él respondió: «Mientras el niño vivía, yo ayunaba y lloraba, pensando: "¿Quién sabe? A lo mejor el Señor se apiada de mí y el niño se cura". 23 Pero ahora que está muerto, ¿para qué voy a ayunar? ¿Acaso podré hacerlo volver? Yo iré hacia él, pero él no volverá hacia mí».

24 David consoló a Betsabé, su mujer, y se unió a ella. Ella concibió y dio a luz un hijo, al que llamó Salomón. El Señor lo amó, 25 y por medio del profeta Natán, mandó ponerle el sobrenombre de Iedidiá —que significa «Amado del Señor»— conforme a la palabra del Señor.

Conquista de Rabá y sometimiento de los amonitas

1 Cr 20 1-3

26 Joab atacó a Rabá de los amonitas y tomó la ciudad real. 27 Luego envió mensajeros a David para decirle: «Acometí contra Rabá y conquisté también la ciudad de las Aguas. 28 Ahora reúne el resto del ejército y acampa contra la ciudad para tomarla, no sea que la tome yo y se llame con mi nombre». 29 David reunió todo el ejército, fue a Rabá, la atacó y la tomó.

30 Después David tomó la corona de la cabeza del dios Milcom y comprobó que pesa-

La fuerza de una parábola

El Señor reprueba el pecado de David y le envía de nuevo al profeta Natán, quien le cuenta una parábola para que tome conciencia de su pecado (ver «Vocabulario bíblico: Parábola»).

En la parábola, David es el juez y se enfurece contra el culpable imaginario. Natán lo desafía: «¡Ese hombre eres tú!» (2 Sm 12 7). David tiene su corazón abierto a Dios, y ante esta acusación pide perdón: «¡He pecado contra el Señor!». Natán le responde en nombre de Dios: «El Señor..., ha borrado tu pecado» (v. 13).

Dios castigó a David con la muerte del hijo del adulterio, pero después le concede otro hijo con Betsabé como signo de que el perdón es vida (vv. 24-25). Esta experiencia de conversión inspiró en David un salmo para pedir perdón.

Ora con el Salmo 51 y señálalo como una oración magnífica para pedir perdón.

2 Sm 12 1-25

ba un talento de oro. La corona tenía una
piedra preciosa que fue colocada sobre la
frente de David. Él se llevó también de la ciudad un enorme botín. 31 En cuanto a la población, la hizo salir de la ciudad, la obligó a
trabajar con sierras, con picos de hierro y hachas, y la empleó en los hornos de ladrillos.
Lo mismo hizo con todas las ciudades de los
amonitas. Luego David y todo el ejército se
volvieron a Jerusalén.

El ultraje de Amnón a su hermana Tamar

Gn 34; Jdt 12 16; Gn 40 7; 34 7;
Jue 19 30; 20 6.10; Lv 20 17; Dt 22 13.16

13 1 Un tiempo después, sucedió lo siguiente. Absalón, hijo de David, tenía una hermana muy hermosa, llamada
Tamar, y Amnón, hijo de David, se enamoró de ella. 2 Era tal su ansiedad, que llegó a
enfermarse a causa de su hermanastra Tamar, porque como la joven era virgen, a
Amnón le parecía imposible llevar a cabo
algo con ella.
3 Amnón tenía un amigo llamado Jonadab, hijo de Simeá, hermano de David. Este hombre era muy perspicaz, 4 y dijo a Amnón: «¿Qué te pasa, príncipe, que cada día
estás más deprimido? ¿No me lo vas a contar?». Amnón le respondió: «Es por Tamar,
la hermana de mi hermano Absalón. Estoy
enamorado de ella». 5 Entonces Jonadab le
dijo: «Acuéstate como si estuvieras enfermo, y cuando tu padre venga a verte, tú le
dirás: "Deja que mi hermana Tamar venga
a darme de comer; que prepare la comida
en mi presencia, de manera que yo pueda
ver, y que me la sirva ella misma"».
6 Amnón se acostó, fingiendo estar enfermo, y cuando el rey fue a verlo, Amnón
le dijo: «Por favor, que venga mi hermana
Tamar a cocinar aquí mismo un par de buñuelos, y que me los sirva con sus propias
manos». 7 David mandó a decir a Tamar:
«Ve a la casa de tu hermano Amnón y pre-
párale la comida».
8 Tamar fue a la casa de su hermano Amnón, que estaba acostado. Tomó la harina,
la amasó, preparó los buñuelos a la vista de
él, y los hizo cocer. 9 Luego retiró la sartén y
la vació delante de él, pero él se negó a comer, y ordenó: «¡Hagan salir a todos de mi
presencia!». Cuando salieron todos, 10 Amnón dijo a Tamar: «Tráeme la comida a la
habitación y dame tú misma de comer». Tamar tomó los buñuelos que había preparado y los llevó a la habitación donde estaba
su hermano Amnón. 11 Pero cuando se los
acercó para que comiera, él la agarró y le dijo: «¡Ven, acuéstate conmigo, hermana!».
12 «¡No, hermano —replicó Tamar—, no trates de forzarme, porque eso no se hace en
Israel! ¡No cometas esa infamia! 13 ¿Adónde
iría yo con mi deshonra? En cuanto a ti,
¡quedarías como un infame en Israel! Por
favor, habla con el rey, y él no se opondrá a
que seas mi esposo». 14 Pero Amnón no quiso escucharla, sino que la tomó por la fuerza y se acostó con ella.
15 Enseguida, Amnón sintió hacia ella un
odio terrible, más fuerte aún que el amor
con que la había amado. Entonces le dijo:
«¡Levántate y vete!». 16 Ella le respondió:
«No, hermano; echarme ahora sería una
maldad peor que la otra que has hecho
conmigo». Pero él no quiso hacerle caso;
17 llamó al joven que lo servía y ordenó:
«¡Échenme a esta a la calle, y atranca la
puerta detrás de ella!». 18 Tamar llevaba una
túnica de mangas largas, porque así vestían
entonces las hijas del rey, cuando eran vírgenes. El sirviente la sacó afuera y atrancó
la puerta detrás de ella.
19 Tamar se cubrió la cabeza con ceniza,
desgarró su túnica de mangas largas y, poniéndose las manos sobre la cabeza, se fue
gritando. 20 Su hermano Absalón le dijo:
«¿Fue tu hermano Amnón el que estuvo
contigo? Ahora, hermana, no hables más
de esto. Él es tu hermano, no tomes la cosa tan a pecho». Y Tamar se quedó desolada en casa de su hermano Absalón.
21 Cuando el rey David se enteró de lo sucedido, se indignó profundamente. 22 Absalón, por su parte, no le dirigió más la palabra a Amnón, debido al rencor que le tenía
por haber violado a su hermana Tamar.

Asesinato de Amnón y huida de Absalón

1 Sm 25 4-8.36; Est 1 10; 2 Re 10 24-25;
2 Sm 19 2; Gn 38 12

23 Dos años más tarde, se hacía la esquila para Absalón en Baal Jasor, que está cerca de Efraím, y él invitó a todos los hijos
del rey. 24 Absalón se presentó al rey y le dijo: «Tu servidor está esquilando las ovejas.
Háganme el honor de venir conmigo el rey
y sus servidores». 25 El rey respondió a Absalón: «No, hijo mío, no vamos a ir todos
a ponerte en gastos». Él le insistió, pero
David no quiso ir y lo despidió con su bendición. 26 Entonces Absalón dijo: «Permite
al menos que venga con nosotros mi hermano Amnón». «¿Para qué va a ir contigo?», repuso David. 27 Pero Absalón le insistió tanto, que David dejó partir con él a
Amnón y a todos los hijos del rey.
Absalón preparó un regio banquete, 28 y
dio esta orden a sus servidores: «¡Fíjense
bien! Cuando Amnón se haya puesto alegre con el vino y yo les diga: "Hieran a

Amnón", ustedes lo matarán. No tengan
miedo, porque soy yo el que lo ordeno.
¡Tengan ánimo y sean valientes!». 29 Los
servidores hicieron a Amnón lo que Absalón les había ordenado. Entonces todos los
hijos del rey se levantaron, montaron cada
uno en su mula y huyeron.
30 Cuando todavía estaban en camino,
David recibió esta noticia: «Absalón ha matado a todos los hijos del rey; no ha quedado ni uno solo». 31 El rey se levantó, rasgó
sus vestiduras y se acostó en el suelo, mientras todos sus servidores permanecían de
pie, con las ropas desgarradas. 32 Pero Jonadab, hijo de Simeá, hermano de David, tomó la palabra y dijo: «Que mi señor no diga que han matado a todos los jóvenes
hijos del rey. Solo ha muerto Amnón, porque Absalón ya había pronunciado la sentencia desde el día en que aquel violó a su
hermana Tamar. 33 Que mi señor el rey no
se preocupe ahora, pensando que han
muerto todos los hijos del rey. No, solo
Amnón ha muerto, 34 y Absalón ha huido».
El joven que estaba de centinela alzó los
ojos, y vio avanzar un gran gentío por el camino que estaba detrás de él, sobre la ladera de la montaña. 35 Entonces Jonadab dijo
al rey: «Ahí llegan los hijos del rey, tal como
tu servidor lo había dicho». 36 Apenas terminó de hablar, entraron los hijos del rey y se
pusieron a llorar a gritos. También el rey y
todos sus servidores derramaron abundantes lágrimas. 37 En cuanto a Absalón, fue a
refugiarse junto a Talmai, hijo de Amijur,
rey de Guesur. Y el rey estuvo de duelo por
su hijo todo aquel tiempo.
38 Absalón, que había ido a refugiarse en
Guesur, estuvo allí tres años. 39 Mientras
tanto, a David se le pasó todo su enojo
contra Absalón, porque se había consolado de la muerte de Amnón.

La estratagema de Joab y el retorno de Absalón

2 Sm 12 1-6; Nm 35 19-21; Job 14 7-12

14 1 Joab, hijo de Seruiá, comprendió que
el rey echaba de menos a Absalón.
2 Entonces hizo venir a Técoa a una mujer muy hábil y le dijo: «Vas a fingir que estás de duelo: vístete de luto, no te perfumes y aparenta ser una mujer que hace ya
mucho tiempo está de duelo por su difunto. 3 Luego te presentarás ante el rey y le re-
petirás exactamente lo que yo te diga». Y
Joab le explicó todo lo que debía decir.
4 La mujer se presentó ante el rey y, postrándose con el rostro en tierra, exclamó:
«¡Auxilio, rey!». 5 «¿Qué te pasa?», le preguntó el rey. Ella respondió: «¡Pobre de mí!
Yo soy una viuda; mi marido ha muerto, 6 y
tu servidora tenía dos hijos, que una vez se
pelearon en el campo. Como no había nadie para separarlos, uno hirió al otro y lo
mató. 7 Y ahora toda la familia se ha levantado contra tu servidora, diciendo: "Entrega
al fratricida; vamos a darle muerte para
vengar al hermano que él asesinó y acabar
así con el heredero". De esta manera apaga-
rán la brasa que aún me queda, privando a
mi marido de un nombre y un sobreviviente sobre la faz de la tierra».
8 El rey dijo a la mujer: «Vete a tu casa. Yo
me encargaré de este asunto». 9 La mujer de
Técoa le respondió: «¡Rey, mi señor, que la
falta recaiga sobre mí y sobre la casa de mi
padre! El rey y su trono están libres de culpa». 10 «Al que te diga algo —añadió el rey—,
tráelo aquí y no volverá a molestarte más».
11 La mujer insistió: «¡Dígnese el rey pronunciar el nombre del Señor, tu Dios, para que
el vengador de la sangre no aumente la desgracia, eliminando a mi hijo!». Entonces el
rey declaró: «¡Por la vida del Señor, no caerá en tierra ni un solo cabello de tu hijo!».
12 La mujer siguió diciendo: «¿Podría esta
servidora decirle una palabra a mi señor,
el rey?». «Habla», replicó él. 13 Ella añadió:
«¿Por qué has pensado semejante cosa contra el Pueblo de Dios? Con las palabras que
acaba de pronunciar, el rey se ha confesado
culpable, ya que no deja volver al que ha
desterrado. 14 Todos tenemos que morir, y
como el agua que se derrama en tierra y ya
no se puede recoger, Dios no vuelve a dar la
vida. Que el rey haga entonces un plan, para que el exiliado no esté más tiempo desterrado lejos de nosotros. 15 Si ahora vengo a
hablar de este asunto al rey, mi señor, es
porque el pueblo me ha atemorizado. Por
eso pensé: "Es preciso que hable con el rey,
a ver si hace lo que le digo. 16 Seguramente el
rey consentirá en librarme del hombre que
quiere extirparnos, a mí y a mi hijo, de la
herencia de Dios". 17 Tu servidora pensó además: "Que la palabra del rey nos traiga la
calma. Porque él es como un ángel de Dios
para distinguir el bien del mal". ¡Que el Señor, tu Dios, esté contigo!».
18 Entonces el rey tomó la palabra y dijo a
la mujer: «Por favor, no me ocultes nada de
lo que te voy a preguntar». La mujer respondió: «Dígnese hablar mi señor, el rey». 19 El
rey continuó diciendo: «¿No está la mano
de Joab detrás de todo esto?». La mujer asintió: «¡Por tu vida, mi señor y rey, tu pregunta ha dado justo en el blanco! Sí, tu servidor
Joab es el que me mandó y puso todas estas
palabras en boca de tu servidora. 20 Lo hizo
para no encarar el asunto de frente. Pero mi
señor posee la sabiduría de un ángel de
Dios y sabe todo lo que pasa en la tierra».

21 Luego el rey dijo a Joab: «Está bien.
Haré lo que has pedido: ve a traer al joven
Absalón». 22 Joab cayó con el rostro en tierra, bendijo al rey y dijo: «Rey, mi señor,
ahora sé que cuento con tu favor, porque
has accedido a mi demanda». 23 Después
Joab partió para Guesur y trajo a Absalón a
Jerusalén. 24 Pero el rey dijo: «Que se retire
a su casa y no venga a verme». Absalón se
retiró a su casa y no se presentó ante el rey.

La prestancia de Absalón

1 Sm 9 2; 2 Sm 18 18

25 No había en todo Israel un hombre
más apuesto que Absalón, ni tan elogiado
como él: desde la planta de los pies hasta
la cabeza, no tenía ningún defecto. 26 Cuando se cortaba la cabellera —y lo hacía cada
año, porque le resultaba demasiado pesada— el pelo cortado pesaba doscientos siclos, según la medida del rey. 27 A Absalón
le nacieron tres hijos y una hija, llamada
Tamar, que era muy hermosa.

El reencuentro de David y Absalón

Jue 15 4-5; 1 Sm 20 8; 2 Sm 15 5; 19 40

28 Absalón estuvo tres años en Jerusalén
sin ver al rey. 29 Entonces mandó a buscar a
Joab para enviarlo ante el rey, pero él no
quiso venir. Lo hizo llamar por segunda
vez, y tampoco quiso venir. 30 Por eso, Absalón dijo a sus servidores: «Ustedes saben
que Joab tiene un campo al lado del mío,
donde ha sembrado cebada. Vayan a prenderle fuego». Y los servidores de Absalón
incendiaron el campo. 31 Joab fue a ver a
Absalón a su casa y le dijo: «¿Por qué tus
servidores han incendiado el campo que
me pertenece?». 32 Absalón replicó a Joab:
«Yo te mandé a decir que vinieras, a fin de
enviarte al rey con este mensaje: "¿Para qué
he vuelto de Guesur? ¡Más me valdría estar
todavía allí! Ahora quiero comparecer ante el rey, y si tengo alguna culpa, que me
haga morir"». 33 Joab fue a ver al rey y le llevó la noticia. Entonces el rey llamó a Absalón. Este se presentó ante él, se postró con
el rostro en tierra, y el rey lo abrazó.

Las intrigas de Absalón

1 Re 1 5; 1 Sm 8 11; 2 Sm 14 33; 1 Re 3 16-28

15 1 Después de esto, Absalón se consiguió un carro de guerra, caballos y
cincuenta hombres que corrían delante de
él. 2 Se levantaba temprano, se paraba junto
al camino de la Puerta, y a todo el que iba a
presentar un pleito al rey, en demanda de
justicia, Absalón lo llamaba y le preguntaba: «¿De qué ciudad eres tú?». Y cuando el
hombre respondía: «Tu servidor es de tal tribu de Israel», 3 él le decía: «Mira, tus razones
son buenas y justas, pero no habrá quien te
escuche en el tribunal del rey». 4 Luego añadía: «¡Ah, si me constituyeran juez en el país!
¡Acudirían a mí todos los que tienen un
pleito o un juicio, y yo les haría justicia!». 5 Y
cuando alguien se acercaba para postrarse
ante él, le tendía la mano, lo abrazaba y lo
besaba. 6 Así procedía Absalón con todo Israel, cuando acudían al rey en demanda de
justicia, y de esta manera se conquistaba el
afecto de los israelitas.

La revuelta de Absalón

Dt 23 22; Gn 28 20-22;
1 Sm 9 13.22; 1 Re 1 41.49

7 Al cabo de cuatro años, Absalón dijo al
rey: «Por favor, déjame ir a Hebrón para
cumplir el voto que hice al Señor. 8 Porque
mientras estaba en Guesur de Aram, tu servidor pronunció este voto: "Si el Señor me
hace volver a Jerusalén, iré a rendirle culto
en Hebrón"». 9 El rey le respondió: «Vete en
paz». Y él partió enseguida para Hebrón.
10 Mientras tanto, Absalón había enviado
emisarios por todas las tribus de Israel, con
esta consigna: «Apenas oigan el toque de la
trompeta, ustedes dirán: "¡Absalón es rey
en Hebrón!"». 11 Junto con Absalón partieron de Jerusalén doscientos hombres, invitados por él, que iban con toda inocencia,
sin sospechar nada del asunto. 12 Además,
Absalón hizo venir de Guiló, su ciudad, a
Ajitófel, el guilonita, consejero de David, y
este lo acompañó mientras ofrecía los sacrificios. La conjuración fue tomando fuerza, y los secuaces de Absalón eran cada vez
más numerosos.

La huida de David

Rut 1 16; Lc 9 57; 22 33

13 Cuando David recibió esta noticia: «Todos los hombres de Israel están de parte de
Absalón», 14 dijo a todos sus servidores que
estaban con él en Jerusalén: «¡Rápido, huyamos! Si Absalón se nos pone delante, no
tendremos escapatoria. ¡Apúrense a partir,
no sea que él nos sorprenda, que precipite la
desgracia sobre nosotros y pase la ciudad al
filo de la espada!». 15 Sus servidores le respondieron: «¡A las órdenes del rey, para todo lo que él decida!». 16 Entonces el rey salió
a pie con toda su familia, pero dejó a diez de
sus concubinas para cuidar la casa. 17 Detrás
del rey salió todo el pueblo, y se detuvieron
junto a la última casa. 18 Todos sus servidores
marchaban a su lado, mientras que los quereteos, los peleteos y los de Gat —los seiscientos hombres que lo habían seguido desde Gat— desfilaban delante de él.
19 El rey dijo a Itai, el de Gat: «¿Por qué
vienes tú también con nosotros? Vuelve y

Un hijo se rebela

Ha pasado el tiempo y Absalón, un hijo de David, es ya mayor. Desea usurpar el trono de su padre y organiza una rebelión. David ve con dolor que su hijo es el líder de la rebelión. Pero, con noble corazón y conmovedor cariño de padre, olvida la rebeldía, preocupado solo por su hijo. Absalón muere en la batalla. La pena de David fue tan grande que a pesar de triunfar contra los rebeldes su ejército entero vivió el duelo por la muerte de su hijo.

¿Qué actitud tienes cuando sientes que una persona querida te traiciona? ¿Qué puedes aprender de David?

2 Sm 15 1-12

quédate con el otro rey, ya que eres extranjero y, además de eso, un exiliado de tu patria. 20 Llegaste apenas ayer, ¿y hoy te haré ir de aquí para allá con nosotros, mientras yo mismo marcho a la ventura? No, regresa y llévate contigo a tus hermanos. ¡Que el Señor sea bondadoso y fiel contigo!». 21 Pero Itai respondió al rey: «¡Por la vida del Señor y por tu propia vida, allí donde esté mi señor, el rey, allí estará tu servidor, en la muerte y en la vida!». 22 Entonces David dijo a Itai: «Está bien, sigue adelante». Así pasó Itai, el de Gat, con todos los hombres y los niños que estaban con él. 23 Todo el mundo lloraba a gritos, mientras el pueblo iba avanzando. El rey permanecía de pie en el torrente Cedrón, y todo el pueblo desfilaba ante él en dirección al desierto.

El Arca de la Alianza llevada de vuelta a Jerusalén

Sal 27 4; 1 Sm 3 18

24 Allí estaba también Sadoc, con todos los levitas que transportaban el Arca de Dios. Ellos depositaron el Arca de Dios junto a Abiatar, hasta que todo el pueblo terminó de salir de la ciudad. 25 Pero el rey dijo a Sadoc: «Lleva de nuevo el Arca de Dios a la ciudad. Si el Señor me mira favorablemente, me hará volver a ver el Arca y su morada. 26 Y si dice: "No me complazco en ti", aquí me tiene: ¡que haga conmigo lo que más le agrade!». 27 Y el rey siguió diciendo al sacerdote Sadoc: «Mira, tú y Abiatar vuelvan en paz a la ciudad, y lleven con ustedes a sus dos hijos, a tu hijo Ajimáas y a Jonatán, el hijo de Abiatar. 28 Yo me voy a demorar en los pasos del desierto, hasta que reciba noticias de ustedes». 29 Entonces Sadoc y Abiatar llevaron de vuelta el Arca de Dios a Jerusalén, y permanecieron allí.

Jusai, espía de David

2 Sm 19 5; Est 6 12; 2 Sm 17 14.23; 19 36

30 David subía la cuesta de los Olivos; iba llorando, con la cabeza cubierta y los pies descalzos. Todo el pueblo que lo acompañaba también llevaba la cabeza cubierta, y lloraba mientras subía. 31 Entonces informaron a David: «Ajitófel está con Absalón entre los conjurados». Y él exclamó: «¡Entorpece, Señor, los consejos de Ajitófel!».

32 Cuando David llegaba a la cumbre, allí donde se adora a Dios, le salió al encuentro Jusai, el arquita, amigo de David, con la túnica hecha jirones y la cabeza cubierta de polvo. 33 David le dijo: «Si sigues adelante conmigo, serás para mí una carga. 34 En cambio, si vuelves a la ciudad y le dices a Absalón: "Rey, yo seré tu servidor; antes servía a tu padre pero ahora te serviré a ti", entonces podrás desbaratar en beneficio mío los planes de Ajitófel. 35 Allí estarán contigo los sacerdotes Sadoc y Abiatar. Todo lo que oigas en la casa del rey se lo comunicarás a ellos. 36 Allí están con ellos sus dos hijos, Ajimáas, el de Sadoc, y Jonatán, el de Abiatar: por medio de ellos me comunicarán todo lo que oigan». 37 Jusai, el amigo de David, llegó a la ciudad al mismo tiempo que Absalón entraba en Jerusalén.

La adhesión de Sibá a David

2 Sm 9 1-6; 17 27-29; 19 30-31

16 1 David acababa de pasar la cumbre, cuando le salió al encuentro Sibá, el servidor de Meribaal, con un par de asnos ensillados y cargados con doscientos panes, cien racimos de pasas de uva, cien frutas frescas y un odre de vino. 2 El rey dijo a Sibá: «¿Qué vas a hacer con eso?». Sibá respondió: «Los asnos servirán de cabalgadura a la familia del rey; el pan y la fruta son para que coman los jóvenes, y el vino, para que beban los que desfallezcan en el desierto». 3 El rey le preguntó: «¿Dónde está el hijo de tu señor?». Sibá respondió al rey: «Se ha quedado en Jerusalén, diciendo: "Hoy la casa de Israel me devolverá el reino de mi padre"». 4 El rey dijo a Sibá: «Desde ahora te pertenecen todos los bienes de Meribaal». Sibá respondió: «¡A tus pies! ¡Quiera mi señor, el rey, dispensarme siempre su favor!».

David, maldecido por Simei

2 Sm 19 17-24; 1 Re 2 8-9.36-46; Dt 26 7

[5]Cuando el rey llegaba a Bajurim salió de allí un hombre del mismo clan que la casa de Saúl, llamado Simei, hijo de Guerá. Mientras salía, iba lanzando maldiciones, [6]y arrojaba piedras contra David y contra sus servidores, a pesar de que todo el pueblo y todos los guerreros marchaban a la derecha y a la izquierda del rey. [7]Y al maldecirlo, decía: «¡Fuera, fuera, hombre sanguinario y canalla! [8]El Señor hace recaer sobre ti toda la sangre de la casa de Saúl, a quien tú has usurpado el reino. ¡El Señor ha puesto la realeza en manos de tu hijo Absalón, mientras que tú has caído en desgracia, porque eres un sanguinario!». [9]Abisai, hijo de Seruiá, dijo al rey: «¿Cómo ese perro muerto va a maldecir a mi señor, el rey? ¡Deja que me cruce y le cortaré la cabeza!». [10]Pero el rey replicó: «¿Qué tengo que ver yo con ustedes, hijos de Seruiá? Si él maldice, es porque el Señor le ha dicho: "¡Maldice a David!". ¿Quién podrá entonces reprochárselo?». [11]Luego David dijo a Abisai y a todos sus servidores: «Si un hijo mío, nacido de mis entrañas, quiere quitarme la vida, ¡cuánto más este benjaminita! Déjenlo que maldiga, si así se lo ha dicho el Señor. [12]Quizá el Señor mire mi humillación y me devuelva la felicidad, a cambio de esta maldición que hoy recibo de él».

[13]David siguió con sus hombres por el camino, mientras Simei iba por la ladera de la montaña, al costado de él; y a medida que avanzaba, profería maldiciones, arrojaba piedras y levantaba polvo. [14]David y su gente llegaron rendidos, y allí retomaron aliento.

Absalón en Jerusalén

Sal 72 15; Dt 17 15; 1 Sm 10 24; 2 Sm 12 11; 15 16

[15]Mientras tanto, Absalón había entrado en Jerusalén con todos los hombres de Israel, y Ajitófel lo acompañaba. [16]Cuando Jusai, el arquita, el amigo de David, llegó adonde estaba Absalón, le dijo: «¡Viva el rey! ¡Viva el rey!». [17]Pero Absalón replicó a Jusai: «¿Esa es tu lealtad hacia tu amigo? ¿Por qué no te has ido con él?». [18]Entonces Jusai dijo a Absalón»: «¡No, de ninguna manera! Yo estoy con aquel a quien ha elegido el Señor, y también esta gente y todos los hombres de Israel. ¡Con él me quedaré! [19]Después de todo, ¿a quién voy a servir? ¿No es acaso a su hijo? Como estuve al servicio de tu padre, así te serviré a ti».

[20]Luego Absalón dijo a Ajitófel: «¡Deliberen a ver qué nos conviene hacer!». [21]Ajitófel dijo a Absalón: «Únete a las concubinas que dejó tu padre al cuidado de su casa. Así todo Israel sabrá que has roto con tu padre, y tus partidarios se sentirán fortalecidos». [22]Entonces le instalaron a Absalón una tienda en la azotea, y él se unió a las concubinas de su padre, a la vista de todo Israel. [23]En aquella época, se buscaba el consejo de Ajitófel como un oráculo divino: tal era la estima que tenían por sus consejos tanto David como Absalón.

El plan de Ajitófel frustrado por Jusai

Os 13 8; 1 Sm 16 18; 22 1; 2 Sm 15 31.34

17 [1]Ajitófel dijo a Absalón: «Déjame elegir doce mil hombres y saldré en persecución de David esta misma noche. [2]Lo sorprenderé cuando esté enteramente agotado y le infundiré terror. Toda la tropa que está con él huirá, y entonces mataré al rey solo. [3]Así haré que todo el pueblo se vuelva hacia ti como una esposa a su marido. Lo que tú quieres es eliminar a un solo hombre; todos los demás quedarán a salvo». [4]La propuesta de Ajitófel le pareció bien a Absalón y a todos los ancianos de Israel.

[5]Sin embargo, Absalón dijo: «Llamen a Jusai, el arquita, y oigámoslo también a él, a ver qué opina». [6]Jusai se presentó ante Absalón, y este le dijo: «Ajitófel ha dicho esto y esto. ¿Debemos hacer lo que él dice? En caso contrario, danos tu opinión». [7]Jusai respondió a Absalón: «Esta vez, el consejo que ha dado Ajitófel no es acertado». [8]Luego añadió: «Tú conoces a tu padre y a sus hombres: ellos son valientes y están exasperados como una osa salvaje cuando le arrebatan sus cachorros. Además, tu padre es un hombre de guerra y no va a pasar la noche con la tropa. [9]Seguro que ahora está escondido en una quebrada o en cualquier otra parte. Y si al comienzo caen algunos de los nuestros, el que se entere dirá: "Ha habido un desastre entre los secuaces de Absalón". [10]Entonces, hasta el más valiente, aunque tenga el ánimo de un león, se sentirá acobardado, porque todo Israel sabe que tu padre es un héroe y que los hombres que están con él son valerosos. [11]Por eso, yo aconsejo lo siguiente: que todo Israel, desde Dan hasta Berseba, se concentre junto a ti en cantidad innumerable como la arena de la playa, y que tú en persona vayas al combate. [12]Así lo alcanzaremos allí donde esté, caeremos sobre él como el rocío sobre el suelo, y no quedará vivo nadie, ni él ni uno solo de sus hombres. [13]Y si se retira a una ciudad, todo Israel hará que lleven cuerdas a esa ciudad, y la arrastraremos hasta el torrente, a tal punto que allí no se encontrará ni una piedrita más». [14]Absalón y todos los hombres de Is-

rael dijeron: «¡El consejo de Jusai, el arquita, es mejor que el de Ajitófel!». El Señor, en efecto, había decidido frustrar el acertado consejo de Ajitófel, para provocar la ruina de Absalón.

El repliegue de David hacia la Transjordania

2 Sm 15 28; Jos 2 4-6; 1 Sm 19 11-17

15 Jusai dijo entonces a los sacerdotes Sadoc y Abiatar: «Ajitófel ha aconsejado tal y tal cosa a Absalón y a los ancianos de Israel, y yo les he dado este otro consejo. 16 Manden ahora mismo a informar a David: "No te quedes esta noche en los pasos del desierto. Cruza más bien al otro lado, no vaya a suceder que sean aniquilados el rey y todo el pueblo que lo acompaña"».

17 Jonatán y Ajimáas estaban junto a la Fuente de Roguel. Una esclava fue a llevarles la noticia, para que ellos, a su vez, fueran a informar a David, porque no podían dejarse ver entrando en la ciudad. 18 Pero un joven los vio y fue a avisar a Absalón. Entonces los dos partieron rápidamente y llegaron a la casa de un hombre de Bajurim, que tenía un pozo en el patio. Ellos bajaron al pozo, 19 y la mujer tomó un lienzo, lo extendió sobre la boca del pozo y esparció encima grano machacado, de manera que no se notaba nada. 20 Los servidores de Absalón entraron en la casa de esa mujer y preguntaron: «¿Dónde están Ajimáas y Jonatán?». La mujer les respondió: «Pasaron por aquí en dirección a las aguas». Ellos registraron, y al no encontrar nada, se volvieron a Jerusalén. 21 Apenas partieron, los jóvenes salieron del pozo y fueron a informar al rey David: «Apresúrense a cruzar las aguas —le dijeron—, porque Ajitófel ha propuesto este plan contra ustedes». 22 David y toda la tropa que iba con él reanudaron la marcha y cruzaron el Jordán. Al despuntar el día, no había quedado nadie sin pasar el Jordán.

El suicidio de Ajitófel

2 Sm 15 12; Jue 9 54; 1 Sm 31 4-6

23 Cuando Ajitófel vio que no habían seguido su consejo, ensilló su asno y se fue a su casa, a su ciudad. Puso en orden los asuntos de su casa y se ahorcó. Así murió, y fue sepultado en el sepulcro de su padre.

David y Absalón en la Transjordania

2 Sm 20 4-13

24 David llegó a Majanaim, mientras Absalón cruzaba el Jordán con todos los hombres de Israel. 25 Absalón había puesto al frente del ejército a Amasá, en lugar de Joab. Amasá era hijo de un hombre llamado Itrá, el ismaelita, que se había unido a Abigail, hija de Jesé y hermana de Seruiá, la madre de Joab. 26 Israel y Absalón acamparon en la región de Galaad. 27 Y cuando David llegó a Majanaim, Sobí, hijo de Najás, el de Rabá de los amonitas, Maquir, hijo de Amiel, el de Lo Dabar, y Barzilai, el galaadita de Roglim, 28 trajeron catres, mantas, jarras, vasijas, trigo, cebada, harina, grano tostado, habas, lentejas, 29 miel, leche cuajada y queso de oveja y de vaca, y se los presentaron a David y a la gente que estaba con él, para que comieran. Porque decían: «La gente está hambrienta, cansada y sedienta de tanto caminar por el desierto».

El enfrentamiento de David y Absalón

2 Sm 21 17; 14 21; 18 12.29; 17 9

18 1 David pasó revista a sus tropas y puso al frente de ellas jefes de mil y cien hombres. 2 Luego dio a la tropa la señal de partida: un tercio iba a las órdenes de Joab, un tercio a las órdenes de Abisai, hijo de Seruiá y hermano de Joab, y el otro tercio a las órdenes de Itai, el de Gat. El rey dijo a la tropa: «Yo también saldré con ustedes». 3 Pero la tropa respondió: «Tú no vendrás con nosotros. Porque si tenemos que huir, eso no le importaría a nadie; y aunque muriera la mitad de nosotros, tampoco nos tendrían en cuenta. Tú, en cambio, vales ahora por diez mil de nosotros. Es mejor que estés pronto a socorrernos desde la ciudad». 4 El rey les dijo: «Haré lo que les parezca bien». Y permaneció al lado de la Puerta, mientras toda la tropa salía en grupos de cien y mil hombres. 5 El rey hizo esta recomendación a Joab, Abisai e Itai: «Trátenme con cuidado al joven Absalón». Y toda la tropa oyó cuando el rey hacía a todos los jefes esa misma recomendación.

6 La tropa salió al campo abierto para enfrentarse con Israel, y se entabló batalla en el bosque de Efraím. 7 Allí el ejército de Israel cayó derrotado ante los servidores de David, y aquel día el desastre fue tan grande, que hubo veinte mil bajas. 8 Desde allí el combate se extendió a toda la región, y el bosque devoró aquel día más gente que la espada.

La muerte de Absalón

2 Sm 14 20; 3 27; 2 28; Jos 7 26; 10 27

9 De pronto, Absalón se encontró frente a los servidores de David. Iba montado en un mulo, y este se metió bajo el tupido ramaje de una gran encina, de manera que la cabeza de Absalón quedó enganchada en la encina. Así él quedó colgado entre el cielo y la tierra, mientras el mulo seguía de largo por debajo de él. 10 Al verlo, un hombre avisó a Joab: «¡Acabo de ver a Absalón colgado de

una encina!». 11 Joab replicó al hombre que le dio la noticia: «Y si lo viste, ¿por qué no lo dejaste tendido allí mismo? ¡Yo ahora te hubiera dado diez siclos de plata y un cinturón!». 12 Pero el hombre dijo a Joab: «Aunque pudiera pesar en la palma de mi mano mil siclos de plata, no atentaría contra el hijo del rey. Porque en presencia nuestra el rey les impartió esta orden, a ti, a Abisai y a Itai: "¡Cuídenme bien al joven Absalón!". 13 Y si yo hubiera atentado alevosamente contra su vida, como al rey no se le oculta nada, tú te habrías puesto contra mí». 14 Entonces Joab replicó: «No voy a perder más tiempo contigo». Y tomando en su mano tres dardos, los clavó en el corazón de Absalón, que estaba todavía vivo en medio de la encina. 15 Luego diez jóvenes, los escuderos de Joab, rodearon a Absalón y lo acabaron de matar.

16 Joab hizo sonar el cuerno y la tropa dejó de perseguir a Israel, porque Joab la retuvo. 17 Luego tomaron a Absalón, lo arrojaron en un gran pozo, en plena foresta, y pusieron encima un enorme montón de piedras. Mientras tanto, todo Israel huyó, cada uno a su tienda.

El monumento de Absalón

1 Sm 15 12

18 Absalón se había construido en vida una piedra conmemorativa, que está en el valle del Rey. Porque él decía: «Yo no tengo un hijo para perpetuar mi nombre». A esa estela la había llamado con su nombre, y se la llama «Monumento de Absalón» hasta el día de hoy.

El anuncio de la muerte de Absalón

2 Sm 4 10; 13 34; 2 Re 9 17-20; 1 Re 1 42; 2 Sm 18 5

19 Ajimáas, hijo de Sadoc, dijo: «¡Iré corriendo a llevar al rey la buena noticia de que el Señor le ha hecho justicia, librándolo de sus enemigos!». 20 Joab le respondió: «Hoy no serás portador de buenas noticias. Otro día sí lo serás, pero hoy no vas a llevar una buena noticia, porque ha muerto el hijo del rey». 21 Luego Joab dijo a un cusita: «Ve a informar al rey de lo que has visto». El cusita se postró delante de Joab y salió corriendo. 22 Ajimáas volvió a decir a Joab: «Pase lo que pase, yo también iré corriendo detrás del cusita». Joab replicó: «¿Para qué vas a correr, hijo mío? Esa buena noticia no te reportará nada bueno». 23 Pero él insistió: «¡Pase lo que pase, iré corriendo!». Entonces Joab le dijo: «Está bien, corre». Ajimáas fue corriendo por el camino del Distrito y se adelantó al cusita.

24 David estaba sentado entre las dos puertas. El centinela, que había subido a la azotea de la Puerta, encima de la muralla, alzó los ojos y vio a un hombre que corría solo. 25 El centinela lanzó un grito y avisó al rey. El rey dijo: «Si está solo, trae una buena noticia». Mientras el hombre se iba acercando, 26 el centinela divisó a otro que venía corriendo y gritó al portero: «¡Otro hombre viene corriendo solo!». El rey comentó: «Ese también trae una buena noticia». 27 Luego el centinela dijo: «Por la manera de correr, me parece que el primero es Ajimáas, hijo de Sadoc». Entonces el rey dijo: «Es una buena persona: seguro que viene con buenas noticias».

28 Cuando Ajimáas se acercó, dijo al rey: «¡Paz!». Y postrándose ante el rey con el rostro en tierra, añadió: «¡Bendito sea el Señor, tu Dios, que ha reprimido a los hombres que alzaron su mano contra el rey, mi señor!». 29 El rey preguntó: «¿Está bien el joven Absalón?». Ajimáas respondió: «Cuando me envió Joab, el servidor del rey, vi un gran tumulto, pero no sé de qué se trataba». 30 El rey le ordenó: «Retírate y quédate allí». Él se retiró y se quedó de pie.

31 Enseguida llegó el cusita y dijo: «¡Que mi señor, el rey, se entere de la buena noticia! El Señor hoy te ha hecho justicia, librándote de todos los que se sublevaron contra ti». 32 El rey preguntó al cusita: «¿Está bien el joven Absalón?». El cusita respondió: «¡Que tengan la suerte de ese joven los enemigos de mi señor, el rey, y todos los rebeldes que buscan tu desgracia!».

El dolor de David por la muerte de Absalón

Ex 16 3; Gn 37 35; 2 Sm 15 30

19 1 El rey se estremeció, subió a la habitación que estaba arriba de la Puerta y se puso a llorar. Y mientras iba subiendo, decía: «¡Hijo mío, Absalón, hijo mío! ¡Hijo mío, Absalón! ¡Ah, si hubiera muerto yo en lugar de ti, Absalón, hijo mío!». 2 Entonces avisaron a Joab: «El rey llora y se lamenta por Absalón». 3 La victoria, en aquel día, se convirtió en duelo para todo el pueblo, porque todos habían oído que el rey estaba muy afligido a causa de su hijo. 4 Aquel día, el ejército entró furtivamente en la ciudad, como lo hubiera hecho un ejército avergonzado por haber huido del combate. 5 Mientras tanto, el rey se había cubierto el rostro y gritaba: «¡Absalón, hijo mío! ¡Absalón, hijo mío, hijo mío!».

6 Joab fue adentro a ver al rey y le dijo: «¡Hoy has cubierto de oprobio el rostro de tus servidores, esos que hoy han salvado tu vida y la vida de tus hijos y tus hijas, de tus mujeres y concubinas! 7 Porque tú amas a los que te odian y odias a los que te aman.

¡Sí, hoy has puesto de manifiesto que para ti no valen nada ni los jefes ni los soldados! Seguro que si hoy Absalón estuviera vivo, y todos nosotros muertos, a ti te parecería una cosa justa. 8Ahora levántate y ve a dar una palabra de aliento a tus servidores. Porque si no sales, ¡juro por el Señor que esta noche no quedará nadie contigo! Y esa sí que será para ti una desgracia peor que todas las que has soportado desde tu juventud hasta ahora». 9Entonces el rey se levantó y fue a sentarse a la Puerta. Y cuando hicieron correr la noticia: «¡El rey está sentado a la Puerta!», todo el pueblo acudió a presentarse ante el rey.

El retorno de David

2 Sm 5 17-25; 21 15-22; 15 10

Mientras tanto, los de Israel habían huido cada uno a su tienda. 10Y en todas las tribus de Israel había discusiones entre el pueblo: «El rey —decían— nos libró de las manos de nuestros enemigos, nos liberó del poder de los filisteos, ¡y ahora ha tenido que huir del país a causa de Absalón! 11Pero Absalón, al que habíamos ungido para que fuera nuestro jefe, ha muerto en el combate. ¿Qué esperan entonces para traer de vuelta al rey?». 12Y lo que se decía en todo Israel llegó a conocimiento del rey.

Entonces el rey David mandó decir a los sacerdotes Sadoc y Abiatar: «Hablen en estos términos a los ancianos de Judá: "¿Por qué van a ser ustedes los últimos en hacer que el rey vuelva a su casa? 13Ustedes son mis hermanos, de mi propia sangre: ¡no pueden ser los últimos en hacer que vuelva el rey!". 14Y a Amasá le dirán: "¿No eres tú de mi misma sangre? ¡Que Dios me castigue una y otra vez, si tú no ocupas para siempre el lugar de Joab, como jefe de mi ejército!"». 15Así el rey se ganó el corazón de todos los hombres de Judá como el de un solo hombre, y ellos le mandaron decir al rey: «Vuelve, tú y todos tus servidores».

El encuentro de David con Simei

2 Sm 16 5; 9; 16 1-4; Sal 32 2;
2 Sm 12 13; 1 Sm 11 13

16El rey emprendió el camino de regreso y llegó hasta el Jordán. Los de Judá, por su parte, habían ido a Guilgal para recibirlo y ayudarlo a pasar el Jordán.

17Simei, hijo de Guerá, el benjaminita de Bajurim, se apresuró a descender con los hombres de Judá al encuentro del rey David, 18llevando consigo a mil hombres de Benjamín. Sibá, el servidor de la casa de Saúl, y con él sus quince hijos y sus veinte servidores, bajaron prontamente al Jordán antes que el rey, 19y cruzaron el vado, para hacer pasar a la familia del rey y complacer todos sus deseos.

En cuanto a Simei, se arrojó a los pies del rey cuando este iba a cruzar el Jordán, 20y exclamó: «¡Que el rey no me tenga en cuenta la falta! ¡No te acuerdes de la falta que cometió tu servidor, el día en que el rey, mi señor, salía de Jerusalén! ¡No le des importancia, 21ya que tu servidor reconoce su pecado! Por eso hoy soy el primero de toda la casa de José que ha bajado al encuentro de mi señor, el rey».

22Entonces intervino Abisai, hijo de Seruiá, y dijo: «¿No va a morir Simei por haber maldecido al ungido del Señor?». 23Pero David replicó: «¿Qué tengo que ver yo con ustedes, hijos de Seruiá, para que hoy se comporten como adversarios míos? Hoy nadie será condenado a muerte en Israel. ¿No estoy acaso ahora seguro de ser el rey de Israel?». 24Luego el rey dijo a Simei: «Tú no morirás». Y se lo juró.

El encuentro con Meribaal

2 Sm 9; 1 Sm 29 9; 16 4

25También Meribaal, hijo de Saúl, bajó al encuentro del rey. No se había cuidado los pies, ni arreglado el bigote, ni hecho lavar la ropa, desde el día en que el rey partió de Jerusalén hasta que volvió sano y salvo. 26Apenas llegó de Jerusalén para recibir al rey, este le dijo: «¿Por qué no has venido conmigo, Meribaal?». 27Él respondió: «¡Rey, mi señor, he sido traicionado por mi servidor! Porque yo había pensado: "Voy a ensillar el asno para montar en él e irme con el rey", ya que estoy lisiado. 28Pero él me calumnió ante mi señor, el rey. Sin embargo, tú eres como un ángel de Dios: trátame entonces como mejor te parezca. 29Porque toda la casa de mi padre no merecía de parte de mi señor, el rey, nada más que la muerte. Y a pesar de todo, tú me has admitido entre tus comensales: ¿qué derecho tengo todavía de reclamar algo al rey?». 30El rey le respondió: «¿Para qué vas a añadir nuevas razones? Ya lo he decidido: tú y Sibá se repartirán las tierras». 31Meribaal dijo al rey: «¡Que él se quede con todo, puesto que mi señor, el rey, ha vuelto a su casa sano y salvo!».

El encuentro con Barzilai

2 Sm 17 27-29

32Barzilai, el de Galaad, había bajado de Roglim y había pasado con el rey el Jordán, para despedirlo junto al río. 33Barzilai era muy anciano, tenía ochenta años, y había abastecido de provisiones al rey durante su permanencia en Majanaim, porque era un hombre de muy buena posición. 34El rey le

dijo: «Sigue adelante conmigo, y yo me ocuparé de tu sustento en Jerusalén». 35 Pero
Barzilai respondió al rey: «¿Cuántos años
más voy a tener de vida para que suba contigo a Jerusalén? 36 ¡Ya tengo ochenta años!
No puedo distinguir lo bueno de lo malo, ni
saborear lo que como o lo que bebo, ni oír
la voz de los cantores y cantoras. ¿Por qué tu
servidor va a ser una carga más para mi señor, el rey? 37 Tu servidor te acompañará un
corto trecho más allá del Jordán. ¿Para qué
me vas a conceder semejante recompensa?
38 Te ruego que me dejes volver, y así moriré
en mi ciudad junto a la tumba de mi padre
y de mi madre. Ahí tienes a tu servidor
Quimham: que él siga adelante con mi señor, el rey, y trátalo como mejor te parezca».
39 El rey dijo entonces: «Que Quimham siga
adelante conmigo; yo lo trataré como mejor
te parezca y haré por ti todo lo que quieras
pedirme». 40 Todo el pueblo pasó el Jordán, y
también pasó el rey. Luego el rey besó a Barzilai y lo bendijo, y él regresó a su casa.

Disensiones entre Israel y Judá

1 Re 12

41 El rey avanzó hasta Guilgal, y Quimham iba con él. Todo el pueblo de Judá
acompañaba al rey, y también la mitad del
pueblo de Israel. 42 Entonces todos los
hombres de Israel se presentaron al rey y le
dijeron: «¿Por qué te tienen acaparado
nuestros hermanos, los hombres de Judá, y
han sido ellos los que hicieron cruzar el
Jordán al rey, a su familia y a todos los
hombres que estaban con David?». 43 Los
hombres de Judá respondieron a los de Israel: «Es porque el rey está más cerca de
nosotros. ¿Por qué se van a irritar a causa
de esto? ¿Acaso hemos comido a costa del
rey o él nos ha concedido algún privilegio?». 44 Pero los hombres de Israel replicaron a los de Judá: «Nosotros tenemos sobre el rey, incluso sobre David, diez veces
más derechos que ustedes. ¿Por qué nos
han relegado? ¿No fuimos nosotros los
primeros en proponer que volviera nuestro
rey?». A esto respondieron los hombres de
Judá con palabras aún más duras.

La rebelión de Seba

Jue 3 27; 2 Sm 15 13.16

20 1 Casualmente se encontraba allí un
malvado llamado Seba, hijo de Bicrí,
un benjaminita. Él tocó la trompeta y exclamó: «Nosotros no tenemos parte con
David ni herencia común con el hijo de Jesé. ¡Cada uno a su tienda, Israel!».
2 Todos los hombres de Israel se apartaron de David para seguir a Seba, hijo de Bicrí; pero los hombres de Judá se mantuvieron unidos a su rey, desde el Jordán hasta
Jerusalén.
3 David entró a su casa en Jerusalén. Entonces el rey tomó a las diez concubinas
que había dejado al cuidado de la casa y
las puso en un recinto bien custodiado. Él
proveía a su mantenimiento, pero no tuvo
más relaciones con ellas, y así estuvieron
recluidas, viviendo como viudas, hasta el
día de su muerte.

Amasá, asesinado por Joab

2 Sm 17 25; 19 14; 14 33; 3 27; Jue 3 21

4 El rey dijo a Amasá: «Convócame a los
hombres de Judá en tres días. Luego preséntate aquí». 5 Amasá fue a convocar a Judá, pero se excedió del plazo que David le había fijado. 6 Entonces David dijo a Abisai: «Ahora
Seba, hijo de Bicrí, va a causarnos más daño
que Absalón. Recluta tú mismo a los servidores de tu señor y persíguelo, no sea que
ocupe algunas plazas fuertes y se nos escape». 7 Así partieron detrás de Abisai los hombres de Joab, los quereteos, los peleteos y todos los Guerreros, saliendo de Jerusalén en
persecución de Seba, hijo de Bicrí.
8 Cuando estaban junto a la piedra grande que hay en Gabaón, Amasá se presentó
delante de ellos. Joab, que iba vestido con
su indumentaria militar, llevaba encima de
ella un cinturón con una espada envainada
y ajustada a la cintura. Y cuando se adelantó, se le cayó la espada. 9 Joab dijo a Amasá: «¿Estás bien, hermano?», y le tomó la
barba con la mano derecha para besarlo.
10 Pero Amasá no había prestado atención a
la espada que tenía Joab en la mano izquierda, y este lo hirió en el bajo vientre,
desparramando sus entrañas por el suelo.
Así murió Amasá, sin que Joab tuviera que
repetir el golpe.
Luego Joab y su hermano Abisai se lanzaron en persecución de Seba, hijo de Bicrí. 11 Uno de los jóvenes de Joab se paró al
lado de Amasá y exclamó: «El que es partidario de Joab y está con David, ¡que siga a
Joab!». 12 Mientras tanto, Amasá, bañado
en sangre, se revolcaba en medio del camino. Al ver que todos se detenían, aquel
hombre retiró a Amasá del camino y arrojó sobre él un manto, porque veía que todos los que llegaban junto a él se paraban.
13 Y una vez que lo apartó del camino, todos siguieron adelante detrás de Joab, para
perseguir a Seba, hijo de Bicrí.

Fin de la rebelión de Seba

2 Re 19 32; 2 Sm 11 21; 14 2; 1 Sm 25 14-28

14 Seba recorrió todas las tribus de Israel
hasta Abel Bet Maacá, y todos los del clan
de Bicrí se reunieron y también lo siguie-

ron. 15 Pero los otros fueron a sitiarlo en Abel Bet Maacá y levantaron contra la ciudad un terraplén que llegaba al antemuro. Como toda la tropa que estaba con Joab se puso a socavar el muro para hacerlo caer, 16 una mujer sagaz gritó desde la ciudad: «¡Escuchen, escuchen! Díganle por favor a Joab que se acerque aquí, para que yo le hable». 17 Él se le acercó y la mujer le dijo: «¿Tú eres Joab?». «Sí, soy yo», respondió él. Ella continuó diciendo: «¡Escucha las palabras de tu servidora!». Joab respondió: «Te escucho». 18 Entonces la mujer habló en estos términos: «Antes se solía decir: "Que se consulte a los de Abel, y asunto concluido". 19 Nosotros somos de lo más pacífico y leal en Israel. ¡Y tú pretendes destruir una ciudad que es madre en Israel! ¿Por qué quieres aniquilar la herencia del Señor?». 20 Pero Joab respondió: «¡Lejos de mí destruir y arruinar! 21 No se trata de eso; lo que pasa es que un hombre de la montaña de Efraím, llamado Seba, hijo de Bicrí, ha alzado su mano contra el rey David. Entréguenlo a él solo, y yo me retiraré de la ciudad». La mujer dijo a Joab: «Enseguida te arrojarán su cabeza por encima del muro».

22 La mujer se dirigió a todo el pueblo con tanta cordura, que ellos le cortaron la cabeza a Seba, hijo de Bicrí, y se la arrojaron a Joab. Este hizo sonar la trompeta y levantaron el asedio, yéndose cada uno a su tienda. Joab, por su parte, se volvió a Jerusalén, junto al rey.

Los oficiales de la corte de David

2 Sm 8 15-18

23 Joab comandaba todo el ejército de Israel; Benaías, hijo de Iehoiadá, estaba al frente de los quereteos y peleteos; 24 Adoram era el encargado del reclutamiento de trabajadores; Josafat, hijo de Ajilud, el archivista; 25 Seiá, el secretario; Sadoc y Abiatar, los sacerdotes. 26 También Irá, el jairita, era sacerdote de David.

APÉNDICES

La ejecución de siete descendientes de Saúl

Jos 9 3-27; Dt 7 22-23; 2 Sm 3 7; 1 Sm 17 46; 2 Sm 24 25

21 1 En tiempos de David, hubo hambre durante tres años consecutivos. David consultó al Señor, y el Señor le respondió: «Esto se debe a Saúl y a esa casa sanguinaria, porque él dio muerte a los gabaonitas». 2 Entonces David convocó a los gabaonitas y les habló. Ellos no pertenecían a Israel, sino que eran un resto de los amorreos, con quienes los israelitas se habían comprometido mediante un juramento. Sin embargo, Saúl había intentado eliminarlos, en su celo por Israel y Judá. 3 David preguntó a los gabaonitas: «¿Qué puedo hacer por ustedes y con qué podré expiar, para que ustedes bendigan la herencia del Señor?». 4 Los gabaonitas le dijeron: «No tenemos con Saúl y su familia ninguna queja por cuestiones de plata y oro, ni tenemos cuestiones con ningún otro hombre en Israel, para hacerlo morir». David respondió: «Haré por ustedes lo que me pidan». 5 Ellos dijeron al rey: «Aquel hombre trató de exterminarnos y proyectaba aniquilarnos, para que no subsistiéramos en todo el territorio de Israel. 6 Que nos entreguen a siete de sus descendientes y nosotros los colgaremos delante del Señor, en Gabaón, en la montaña del Señor». «Yo se los entregaré», respondió el rey.

7 El rey le perdonó la vida a Meribaal, hijo de Jonatán, a causa del juramento que David y Jonatán, hijo de Saúl, se habían hecho en nombre del Señor. 8 Pero tomó a Armoní y Meribaal, los dos hijos que Rispá, hija de Aiá, había tenido con Saúl, y los cinco hijos que Merab, hija de Saúl, había tenido con Adriel, hijo de Barzilai, el de Mejolá, 9 y se los entregó a los gabaonitas. Ellos los colgaron en la montaña, delante del Señor, y sucumbieron los siete al mismo tiempo. Fueron ejecutados en los primeros días de la cosecha, al comienzo de la recolección de la cebada.

10 Rispá, hija de Aiá, tomó una lona y la tendió para poder recostarse sobre la roca. Así estuvo desde el comienzo de la cosecha hasta que las lluvias cayeron del cielo sobre los cadáveres, espantando durante el día a las aves del cielo y durante la noche a las fieras del campo.

11 Cuando informaron a David de lo que hacía Rispá, hija de Aiá, la concubina de Saúl, 12 él fue a pedir los huesos de Saúl y los de su hijo Jonatán a los ciudadanos de Iabés de Galaad, que los habían retirado furtivamente de la explanada de Betsán, donde los habían suspendido los filisteos el día en que derrotaron a Saúl en Gelboé. 13 David se llevó de allí los huesos de Saúl y los de su hijo Jonatán, y también recogió los huesos de los que habían sido colgados. 14 Todos fueron sepultados en el país de Benjamín, en la tumba de Quis, el padre de Saúl. Y una vez que hicieron todo lo que el rey había ordenado, Dios se mostró propicio con el país.

David salvado por Abisai

2 Sm 18 3; 1 Re 11 36

15 Los filisteos reanudaron la guerra contra Israel. Entonces, David bajó con sus servidores y presentaron batalla a los filisteos.
David estaba extenuado, 16 e Isbó Benob,
uno de los descendientes de Rafá, cuya lanza pesaba trescientos siclos de bronce y
que llevaba ceñida una espada nueva, amenazó con matar a David. 17 Pero Abisai, hijo de Seruiá, acudió en su auxilio y abatió
al filisteo, dándole muerte. Los hombres
de David lo conjuraron, diciendo: «Tú no
irás más a combatir con nosotros, no sea
que extingas la lámpara de Israel».

Hazañas contra los filisteos

1 Cr 20 4-8

18 Después hubo un combate contra los
filisteos en Gob. Fue entonces cuando Sibecai, el jusatita, mató a Saf, que era uno
de los descendientes de Rafá.
19 Luego hubo otro combate contra los
filisteos en Gob. Eljanán, hijo de Jaír, el de
Belén, mató a Goliat, de Gat. El asta de la
lanza de Goliat era gruesa como el palo
grande de un telar.
20 También hubo un combate en Gat.
Allí había un hombre de enorme estatura,
que tenía seis dedos en cada mano y seis
en cada pie, veinticuatro en total. También
él era descendiente de Rafá. 21 Y como desafiaba a Israel, lo mató Jonatán, hijo de
Simeá, hermano de David.
22 Estos cuatro eran descendientes de Rafá, en Gat, y fueron abatidos por la mano
de David y de sus servidores.

Salmo de David

Sal 18

22 1 David dirigió al Señor las palabras
de este canto, cuando el Señor lo libró de todos sus enemigos y de la mano de
Saúl. 2 Él dijo:

Yo te amo, Señor, mi fuerza,
3 Señor, mi Roca, mi fortaleza y mi libertador,
mi Dios, el peñasco en que me refugio,
mi escudo, mi fuerza salvadora,
mi baluarte,
mi salvador, que me libras de la violencia.
4 Yo invoco al Señor,
que es digno de alabanza,
y quedo a salvo de mis enemigos.

5 Las olas de la Muerte me envolvieron,
me aterraron los torrentes devastadores,
6 me cercaron los lazos del Abismo,
las redes de la Muerte llegaron hasta mí.

7 Pero en mi angustia invoqué al Señor,
grité a mi Dios pidiendo auxilio,
y él escuchó mi voz desde su Templo,
mi grito llegó hasta sus oídos.

8 Entonces tembló y se tambaleó la tierra:
vacilaron los fundamentos
de las montañas,
y se conmovieron a causa de su furor;
9 de su nariz se alzó una humareda,
de su boca, un fuego abrasador,
y arrojaba carbones encendidos.

10 El Señor inclinó el cielo, y descendió
con un espeso nubarrón bajo sus pies;
11 montó en el Querubín y emprendió vuelo,
planeando sobre las alas del viento.

12 Se envolvió en un manto de tinieblas;
un oscuro aguacero y espesas nubes
lo cubrían como un toldo;
13 las nubes se deshicieron
en granizo y centellas
al fulgor de su presencia.

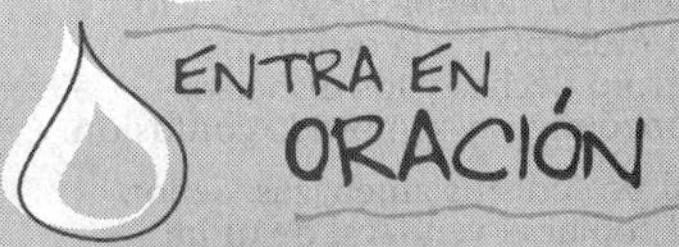

Dios, eres mi fortaleza

Toma este capítulo como tema de una oración personal. David te conduce al elevar su voz a Dios.

«Señor, mi Roca, mi fortaleza y mi libertador».

Señor, fortalece mi confianza. Concédeme a mí y a mi comunidad esta seguridad: tú eres nuestro libertador, contigo ¿qué temeremos?

«Él escuchó mi voz desde su Templo, mi grito llegó hasta sus oídos».

Sí, Señor, yo sé que siempre me escuchas, y que, si yo llego a olvidarte, tú nunca me olvidas.

«Me libró de mi enemigo poderoso, de adversarios más fuertes que yo».

Líbrame de mis enemigos, sean tentaciones al vicio, malas amistades o mi propio egoísmo.

«Tú eres bondadoso con los buenos y eres íntegro con el hombre intachable... tú eres mi lámpara, Señor; Dios mío, tú iluminas mis tinieblas».

Señor, dame la experiencia de tu amor: ¡contigo saldré siempre victorioso/a!

Continúa tu oración...

2 Sm 22

[14] El Señor tronaba desde el cielo,
el Altísimo hacía oír su voz;
[15] arrojó flechas y los dispersó,
lanzó rayos y sembró la confusión.

[16] Al proferir tus amenazas, Señor,
al soplar el vendaval de tu ira,
aparecieron los cauces del mar
y quedaron a la vista los cimientos
del mundo.

[17] Él tendió su mano desde lo alto y me tomó,
me sacó de las aguas caudalosas;
[18] me libró de mi enemigo poderoso,
de adversarios más fuertes que yo.

[19] Ellos me enfrentaron en un día nefasto,
pero el Señor fue mi apoyo:
[20] me sacó a un lugar espacioso,
me libró, porque me ama.
[21] El Señor me recompensó por mi justicia,
me retribuyó por la inocencia
de mis manos:
[22] porque seguí fielmente los caminos
del Señor,
y no me aparté de mi Dios,
haciendo el mal;
[23] porque tengo presente todas sus decisiones
y nunca me alejé de sus preceptos.

[24] Tuve ante él una conducta irreprochable
y me esforcé por no ofenderlo.
[25] El Señor me premió, porque yo era justo
y era inocente ante sus ojos.

[26] Tú eres bondadoso con los buenos
y eres íntegro con el hombre intachable;
[27] eres sincero con los que son sinceros
y te muestras astuto con los falsos.

[28] Porque tú salvas al pueblo oprimido
y humillas los ojos altaneros:
[29] tú eres mi lámpara, Señor;
Dios mío, tú iluminas mis tinieblas.
[30] Contigo puedo atacar a un tropel;
con mi Dios, puedo asaltar una muralla.
[31] El camino de Dios es perfecto,
la promesa del Señor es digna
de confianza.
El Señor es un escudo
para los que se refugian en él,
[32] porque ¿quién es Dios fuera del Señor?
¿y quién es la Roca fuera de nuestro Dios?

[33] Él es el Dios que me ciñe de valor
y hace intachable mi camino;
[34] el que me da la rapidez de un ciervo
y me afianza en las alturas;
[35] el que adiestra mis manos para la guerra
y mis brazos para tender el arco de bronce.

[36] Me entregaste tu escudo victorioso
y tu mano derecha me sostuvo;
me engrandeciste con tu triunfo,
[37] me hiciste dar largos pasos,
y no se doblaron mis tobillos.

[38] Perseguí y alcancé a mis enemigos,
no me volví hasta que fueron aniquilados;
[39] los derroté y no pudieron rehacerse,
quedaron abatidos bajo mis pies.

[40] Tú me ceñiste de valor para la lucha,
doblegaste ante mí a mis agresores;
[41] pusiste en fuga a mis enemigos,
y yo exterminé a mis adversarios.
[42] Imploraron, pero nadie los salvó;
gritaban al Señor, pero no les respondía.
[43] Los deshice como polvo de la tierra,
los pisé como el barro de las calles.

[44] Tú me libraste de un ejército incontable
y me pusiste al frente de naciones:
pueblos extraños son mis vasallos.

[45] Gente extranjera me rinde pleitesía;
apenas me oyen nombrar,
me prestan obediencia.
[46] Los extranjeros palidecen ante mí
y, temblando, abandonan sus refugios.

[47] ¡Viva el Señor! ¡Bendita sea mi Roca!
¡Glorificado sea Dios, la Roca
de mi salvación,
[48] el Dios que venga mis agravios
y pone a los pueblos a mis pies!
[49] Tú me liberas de mis enemigos,
me haces triunfar de mis agresores
y me libras del hombre violento.
[50] Por eso te alabaré entre las naciones
y cantaré, Señor, en honor de tu Nombre.
[51] Él concede grandes victorias a su rey
y trata con fidelidad a su Ungido,
a David y a su descendencia para siempre.

EL SEÑOR FUE MI APOYO:
ME SACÓ..., ME LIBRÓ
PORQUE ME AMA. 2 Sm 22 19-20

Las últimas palabras de David

1 Re 2 1-9; Sal 28 1; 72 1-6;
2 Sm 7 11-16; Is 33 12

23 [1] Estas son las últimas palabras de
David:

Oráculo de David, hijo de Jesé,
oráculo del hombre elevado a lo alto,
el ungido del Dios de Jacob
y el cantor de los himnos de Israel.

[2] El espíritu del Señor habla por mí
y su palabra está en mi lengua;
[3] ha hablado el Dios de Jacob,
la Roca de Israel me ha dicho:

El que gobierna a los hombres con justicia,
el que gobierna con temor de Dios
4 es como la luz matinal al salir el sol,
en una mañana sin nubes:
con ese resplandor, después de la lluvia,
brota la hierba de la tierra.

5 Sí, mi casa está firme junto a Dios,
porque él estableció por mí
una alianza eterna,
bien estipulada y garantida.
¿No es él quien hace germinar mi salvación
y que se cumplan todos mis deseos?

6 En cuanto a los malvados,
son todos como espinas que se tiran
y no se las recoge con la mano:
7 el que las toca se arma de un hierro
o del asta de una lanza,
y allí mismo son consumidas por el fuego.

Los Guerreros de David

1 Cr 11 10-47
2 Sm 23 12; 1 Sm 11 13; 17 43.41; 2 Sm 11 3-27

8 Estos son los nombres de los Guerreros de David:

Isbaal, el jacmonita, jefe de los Tres. Él empuñó su lanza contra ochocientos hombres y los mató de una sola vez.

9 Después de él, Eleazar, hijo de Dodó, el ajojita, uno de los Tres Valientes. Este estaba con David en Pas Damim, donde los filisteos se habían concentrado para el combate. Los hombres de Israel emprendieron la retirada, 10 pero él resistió e hirió a los filisteos, hasta que se le acalambró la mano y se le quedó pegada a la espada. Aquel día, el Señor alcanzó una gran victoria, y el pueblo se reagrupó detrás de Eleazar, pero solo para recoger los despojos.

11 Después de él, Samá, hijo de Agué, el jararita. Los filisteos se habían concentrado en Lejí. Allí había una parcela de campo toda sembrada de lentejas, y el ejército huyó delante de los filisteos. 12 Pero él se apostó en medio del campo, lo defendió y derrotó a los filisteos. Así el Señor alcanzó una gran victoria.

13 Tres de los Treinta bajaron juntos, durante el tiempo de la cosecha, y se unieron a David en la cueva de Adulam, mientras un destacamento de los filisteos acampaba en el valle de Refaím. 14 David se encontraba entonces en el refugio, y una guarnición filistea estaba en Belén. 15 David manifestó este deseo: «¡Quién me diera de beber agua del pozo que está junto a la Puerta de Belén!». 16 Los Tres Valientes irrumpieron en el campamento filisteo, sacaron agua del pozo que está junto a la Puerta de Belén, la trajeron y se la presentaron a David. Pero él no quiso beberla y la derramó como libación al Señor, 17 diciendo: «¡Líbreme el Señor de hacer tal cosa! ¡Es la sangre de estos hombres, que han ido allí exponiendo su vida!». Y no quiso beberla. Esto es lo que hicieron los Tres Valientes.

18 Abisai, hermano de Joab, hijo de Seruiá, era el jefe de los Treinta. Él empuñó su lanza contra trescientos hombres y los mató, ganándose un renombre entre los Treinta. 19 Era el más famoso de ellos, y fue su jefe, pero no llegó a igualar a los Tres.

20 Benaías, hijo de Iehoiadá, era un hombre valiente, rico en hazañas, oriundo de Cabsel. Él mató a los dos héroes de Moab, y fue él quien bajó a la cisterna un día de nieve para matar al león. 21 También mató a un egipcio muy corpulento, que tenía en la mano una lanza. Él enfrentó al egipcio con un garrote, le arrancó la lanza de la mano y lo mató con su propia lanza. 22 Esto es lo que hizo Benaías, hijo de Iehoiadá, y se ganó un renombre entre los Treinta Guerreros. 23 Fue el más famoso de los Treinta, pero no llegó a igualar a los Tres. David lo incorporó a su guardia personal.

24 Asael, hermano de Joab, era uno de los Treinta, y además, Eljanán, hijo de Dodó, de Belén; 25 Samá, de Jarod; Elicá, de Jarod; 26 Jéles, de Bet Pélet; Irá, hijo de Iqués, de Técoa; 27 Abiézer, de Anatot; Sibecai, de Jusá; 28 Salmón, de Ajoj; Majrai, de Netofá; 29 Jeleb, hijo de Baaná, de Netofá; Itai, hijo de Ribai, de Guibeá de los benjaminitas; 30 Benaías, de Pireatón; Hidai, de los torrentes de Gaas; 31 Abí Albón, de Bet Haarabá; Azmávet, de Bajurim; 32 Eliajbá, de Saalbón; Iasen, de Gizón; Jonatán, 33 hijo de Samá, de Harar; Ajiam, hijo de Sarar, de Harar; 34 Elifélet, hijo de Ajasbai, de Bet Maacá; Eliam, hijo de Ajitófel, de Guiló; 35 Jesrai, de Carmel; Paarai, de Arab; 36 Igal, hijo de Natán, de Sobá; Baní, de Gad; 37 Sélec, el amonita; Najrai, de Beerot, escudero de Joab, hijo de Seruiá; 38 Irá, de Iatir; Gareb, de Iatir; 39 Urías, el hitita.

Eran treinta y siete en total.

El censo de los israelitas

1 Cr 21 1-5
Nm 1 1-47

24 1 El Señor volvió a indignarse contra los israelitas e instigó a David contra ellos, diciéndole: «Ve a hacer el censo de Israel y de Judá». 2 El rey dijo a Joab, el jefe del ejército, que estaba con él: «Recorre todas las tribus de Israel, desde Dan hasta Berseba y hagan el censo del pueblo, para que yo sepa el número de la población». 3 Joab respondió al rey: «Que el Señor, tu Dios, multiplique al pueblo cien veces más de lo que es, y que los ojos de mi señor, el rey, puedan verlo. Pero ¿por qué quieres hacer esto?». 4 Sin embargo, la orden del rey se impuso a Joab y a los jefes del ejército, y estos salieron de la presencia del rey para hacer el censo del pueblo de Israel.

5 Cruzaron el Jordán y acamparon en Aroer, al sur de la ciudad que está en el valle del torrente de Gad, dirigiéndose luego a Iazer. 6 Llegaron a Galaad y a la región baja, en Jodsí. Pasaron a Dan Iaán y luego, continuando el circuito, llegaron a Sidón. 7 Entraron en el Fuerte de Tiro y en todas las ciudades de los jivitas y de los cananeos, y luego partieron para Berseba, en el Négueb de Judá. 8 Así recorrieron todo el país y, al cabo de nueve meses y veinte días, llegaron a Jerusalén. 9 Joab presentó al rey las cifras del censo de la población, y resultó que en Israel había 800 000 hombres aptos para el servicio militar, y en Judá 500 000.

El castigo del Señor y el arrepentimiento de David

1 Cr 21 7-17

1 Sm 24 6; 13 13; 28 15; Sal 119 156; Neh 9 19.27.31; Ex 12 23; 32 14; Jon 3 10

10 Pero, después de esto, David sintió remordimiento de haber hecho el recuento de la población, y dijo al Señor: «He pecado gravemente al obrar así. Dígnate ahora, Señor, borrar la falta de tu servidor, porque me he comportado como un necio».

11 A la mañana siguiente, cuando David se levantó, la palabra del Señor había llegado al profeta Gad, el vidente de David, en estos términos: 12 «Ve a decir a David: Así habla el Señor: Te propongo tres cosas. Elige una, y yo la llevaré a cabo». 13 Gad se presentó a David y le llevó la noticia, diciendo: «¿Qué prefieres: soportar tres años de hambre en tu país, o huir tres meses ante la persecución de tu enemigo, o que haya tres días de peste en tu territorio? Piensa y mira bien ahora lo que debo responder al que me envió». 14 David dijo a Gad: «¡Estoy en un grave aprieto! Caigamos más bien en manos del Señor, porque es muy grande su misericordia, antes que caer en manos de los hombres».

15 Entonces el Señor envió la peste a Israel, desde esa mañana hasta el tiempo señalado, y murieron setenta mil hombres del pueblo, desde Dan hasta Berseba. 16 El Ángel extendió la mano hacia Jerusalén para exterminarla, pero el Señor se arrepintió del mal que le infligía y dijo al Ángel que exterminaba al pueblo: «¡Basta ya! ¡Retira tu mano!». El Ángel del Señor estaba junto a la era de Arauná, el jebuseo. 17 Y al ver al Ángel que castigaba al pueblo, David dijo al Señor: «¡Soy yo el que he pecado! ¡Soy yo el culpable! Pero estos, las ovejas, ¿qué han hecho? ¡Descarga tu mano sobre mí y sobre la casa de mi padre!».

La construcción de un altar en la era de Arauná

1 Cr 21 18-28

Gn 23 8-16; Nm 17 13.15; Sal 106 30; 2 Sm 21 14

18 Aquel mismo día, Gad se presentó a David y le dijo: «Sube a construir un altar al Señor en la era de Arauná, el jebuseo». 19 David subió conforme a la palabra que le había dicho Gad por orden del Señor. 20 Arauná miró y vio al rey y a sus servidores que se dirigían hacia él. Entonces salió, se postró ante el rey con el rostro en tierra, 21 y dijo: «¿Por qué mi señor, el rey, viene a ver a su servidor?». David respondió: «Para comprarte esta era y construir en ella un altar al Señor. Así esta plaga dejará de abatirse sobre el pueblo». 22 Arauná dijo a David: «Tómala, y que mi señor, el rey, ofrezca en sacrificio lo que mejor le parezca. Ahí están los bueyes para el holocausto, y los trillos y los yugos servirán de leña». 23 Arauná le dio al rey todo eso, y añadió: «¡Que el Señor, tu Dios, te sea propicio!».

24 Pero el rey dijo a Arauná: «¡De ninguna manera! La compraré por su debido precio; no voy a ofrecer al Señor, mi Dios, holocaustos que no cuestan nada». Y David compró la era y los bueyes por cincuenta siclos de plata.

25 Allí David construyó un altar y ofreció holocaustos y sacrificios de comunión. El Señor aplacó su ira y la plaga cesó de abatirse sobre Israel.

1 Y 2 REYES

Los jóvenes suelen tener sueños de grandeza y heroísmo. Es valioso soñar con realizar cosas significativas, y que nuestras esperanzas se conviertan en una meta de vida. Pero necesitamos empeño, decisión y constancia para que nuestro ideal sea un estímulo para caminar. Los israelitas soñaron con una monarquía y llegaron a ella. Para sostenerla debían ser fieles a Dios, pero, fascinados por su esplendor, olvidaron sus compromisos de fe, y la monarquía nunca llegó a adquirir las cualidades que querían, así, terminó por desaparecer.

ESQUEMA

1 Reyes

- **1 Re 1 – 2.** Salomón, sucesor de David
- **1 Re 3 – 11.** El reinado de Salomón
- **1 Re 12 – 13.** El cisma político y religioso
- **1 Re 14 – 16.** Los reinos de Israel y de Judá hasta los tiempos de Elías
- **1 Re 17 – 2 Re 1.** El ciclo de Elías y Eliseo

2 Reyes

- **2 Re 2 – 13.** El ciclo de Eliseo
- **2 Re 14 – 17.** Los reyes de Israel y de Judá hasta la caída de Samaría
- **2 Re 18 – 25.** Los reyes de Judá hasta la caída de Jerusalén

DATOS

Período descrito
De 961 a 587 a.C.
Autor
Tradición deuteronomista
Fecha de redacción
De 609 a 562 a.C.
Temas
La historia de los reinos de Israel y Judá, desde el rey Salomón hasta la caída de Jerusalén

PRESENTACIÓN

Los reinados de Saúl y David pueden ser comparados con la primavera y el verano del reino de Israel. Los libros 1 y 2 de los Reyes describen el otoño y el invierno de la monarquía.

El comienzo de 1 Reyes narra la gloria del rey Salomón, quien acumuló riquezas, construyó un bello templo y engrandeció Jerusalén. Al morir él, el reino se dividió en dos. El reino del Norte se llamó Israel, y el del Sur recibió el nombre de Judá (ver mapa «División del reino en 931 a.C.», en la página siguiente). Ambos reinos fueron gobernados por una serie de reyes débiles y pecadores. Su falta de competencia y rectitud tuvo consecuencias desastrosas: los dos reinos cayeron en manos de extranjeros, Israel cayó ante Asiria en el año 722 a.C. y Judá ante la fuerza de Babilonia en 587 a.C.

Estos dos libros constituyen una misma obra y continúan la historia de los libros de Samuel. Tienen relatos de dos clases: unos tomados de hechos reales, y otros de estilo reflexivo que muestran juicios y discursos de carácter moral. Sus autores eran de la corriente deuteronomista y presentan una historia profética que proclama la justicia de Dios y denuncia la infidelidad del pueblo y sus dirigentes.

En esta época aparecen los grandes profetas de Israel y de Judá como Elías y Eliseo. Ambos, en lugar de atender servilmente al poder, se opusieron con fuerza a las decisiones y acciones de los reyes cuando eran injustas.

En las terribles crisis que enfrentaron los reinos de Judá e Israel, aprenderemos con el pueblo elegido una gran verdad: solo en Dios hay esperanza. Todo pasa, lo único que permanece es la promesa de Dios.

SALOMÓN, SUCESOR DE DAVID

Los últimos años del rey David

Ecl 4 11

1 1 El rey David estaba viejo, muy avanzado en años, y por más que lo abrigaban
no entraba en calor. 2 Sus servidores le dijeron:
«Sería conveniente buscarle al rey, mi señor,
una jovencita: ella estará al servicio del rey y
cuidará de él; dormirá entre sus brazos, y así
mi señor, el rey, entrará en calor». 3 Entonces
buscaron por todo el territorio de Israel una
joven hermosa; encontraron a Abisag, la sunamita, y se la llevaron al rey. 4 La joven, que
era muy hermosa, cuidaba al rey y estaba a su
servicio. Pero el rey no se unió a ella.
5 Mientras tanto, Adonías, hijo de Jaguit, se
ufanaba diciendo: «Yo seré el rey». Y se consiguió un carro de guerra, caballos y cincuenta hombres que corrían delante de él. 6 Pero
nunca su padre lo había reprendido, preguntándole por qué hacía eso. Además, era muy
apuesto, y había nacido después de Absalón.
7 Adonías mantuvo conversaciones con Joab,
hijo de Sarvia, y con el sacerdote Abiatar, que
le prestaron su apoyo. 8 En cambio, el sacerdote Sadoc, Benaías, hijo de Iehoiadá, el profeta Natán, Samei, Reí y el cuerpo de los valientes de David no estaban de su parte.
9 Un día, Adonías sacrificó ovejas, bueyes y terneros cebados junto a la Piedra de
Zojélet, que está al lado de la fuente de Roguel, e invitó a todos sus hermanos, los hijos del rey y a todos los hombres de Judá
que estaban al servicio del rey; 10 pero no
invitó al profeta Natán, a Benaías, al cuerpo de los valientes de David, ni a su hermano Salomón.

Salomón es nombrado sucesor de David

2 Sm 12 24; Jue 9 5; 1 Re 15 29; 2 Re 10 1-17

11 Entonces Natán dijo a Betsabé, la madre de Salomón: «¿No te has enterado de
que Adonías, el hijo de Jaguit, se ha proclamado rey sin que nuestro señor David
lo sepa? 12 Ahora bien, te voy a dar un consejo para que salves tu vida y la de tu hijo
Salomón. 13 Ve a presentarte ante el rey y dile: Rey, mi señor, tú mismo has hecho este
juramento a tu servidora: "Salomón, tu hijo, reinará después de mí y se sentará en mi
trono". ¿Por qué entonces Adonías se ha
proclamado rey? 14 Y cuando todavía estés
allí, hablando con el rey, yo entraré detrás
de ti y confirmaré tus palabras».
15 Betsabé se presentó ante el rey en su
habitación privada. El rey estaba muy viejo
y Abisag, la sunamita, lo servía. 16 Betsabé se

Te presentamos a... SALOMÓN, EL REY CONSTRUCTOR

Salomón fue el segundo hijo de David y Betsabé, signo del perdón de Dios por su pecado. Fue el tercero y último rey de Israel como reino unido; su reinado duró 40 años. Dios ofreció darle lo que quisiera, pues veía que lo amaba. Salomón pidió sabiduría para discernir entre el bien y el mal. Fue un gobernante capaz y buen organizador, político inteligente y el constructor del primer Templo de Jerusalén. Sin embargo, no fue fiel a Dios: impuso fuertes impuestos a su pueblo, se casó con mujeres extranjeras para establecer pactos con otras naciones y obligó al pueblo a trabajos forzados en sus proyectos de construcción.

Mientras que su padre, el rey David, es figura del Mesías, Salomón sembró la corrupción de la fe. Cuando su hijo Roboam tomó el poder, las diez tribus asentadas en el norte de Israel se separaron para liberarse de su opresión arbitraria. Israel nunca volvió a ser un reino unido. Los libros 1 y 2 Reyes atribuyen esta división a que Salomón aceptó otros dioses, más que a un resultado de errores políticos.

1 Re 1 11-53

inclinó profundamente ante el rey, y este le preguntó: «¿Qué quieres?». 17 Ella le dijo: «Mi señor, tú mismo has hecho a tu servidora este juramento, por el Señor, tu Dios: "Tu hijo Salomón reinará después de mí y se sentará en mi trono". 18 Pero ahora Adonías se ha proclamado rey, sin que tú, mi señor el rey, lo sepas. 19 Él ha sacrificado una gran cantidad de bueyes, de terneros cebados y de corderos, y ha invitado a todos los hijos del rey, al sacerdote Abiatar y a Joab, el jefe del ejército. Pero no ha invitado a tu hijo Salomón. 20 Por eso, todo Israel tiene los ojos puestos en ti, para que le anuncies quién debe sentarse en el trono de mi señor el rey, después de él. 21 De lo contrario, cuando mi señor el rey se vaya a descansar con sus padres, yo y mi hijo Salomón correremos la suerte de los culpables».

22 Todavía estaba hablando con el rey, cuando llegó el profeta Natán. 23 Le anunciaron al rey: «Está aquí el profeta Natán». Él se presentó al rey y se postró delante de él con el rostro en tierra. 24 Luego dijo Natán: «Mi señor el rey, sin duda tú has dicho: "Adonías reinará después de mí y se sentará en mi trono". 25 Porque hoy bajó a sacrificar una gran cantidad de bueyes, de terneros cebados y de corderos, e invitó a todos los hijos del rey, a los jefes del ejército y al sacerdote Abiatar. Ahora están comiendo y bebiendo delante de él, y lo han aclamado: ¡Viva el rey Adonías! 26 Pero a mí, que soy tu servidor, al sacerdote Sadoc, a Benaías, hijo de Iehoiadá, y a tu servidor Salomón, no nos ha invitado. 27 Tal vez esta decisión provenga de mi señor el rey, sin que tú hayas querido hacer saber a tus servidores quién se sentaría en el trono de mi señor el rey, después de él».

28 Entonces el rey David tomó la palabra y dijo: «Llámenme a Betsabé». Ella se presentó al rey y se quedó de pie delante de él. 29 Y el rey juró, diciendo: «¡Por la vida del Señor, que me ha librado de todo peligro, 30 hoy mismo daré cumplimiento a lo que te he jurado por el Señor, el Dios de Israel, cuando dije: Tu hijo Salomón reinará después de mí y se sentará en mi trono en lugar mío!». 31 Betsabé se inclinó con el rostro en tierra y se postró delante del rey. Luego exclamó: «¡Viva para siempre mi señor el rey David!».

32 El rey David dijo: «Llámenme al sacerdote Sadoc, al profeta Natán y a Benaías, hijo de Iehoiadá». Ellos se presentaron ante el rey, 33 y él les ordenó: «Tomen con ustedes a los servidores de su señor, monten a mi hijo Salomón en mi propia mula y háganlo bajar a Guijón. 34 Allí, el sacerdote Sadoc y el profeta Natán lo ungirán rey de Israel; ustedes sonarán la trompeta y lo aclamarán: ¡Viva el rey Salomón! 35 Luego volverán a subir detrás de él, y él vendrá a sentarse en mi trono y reinará en mi lugar: yo lo he constituido jefe de Israel y de Judá». 36 Entonces Benaías, hijo de Iehoiadá, respondió al rey: «¡Amén! Así lo haga el Señor, el Dios de mi señor el rey. 37 Como el Señor estuvo con mi señor el rey, esté también con Salomón y engrandezca su trono más aún que el trono de mi señor el rey David».

La unción real de Salomón

1 Cr 29 21-25; 1 Sm 10 24; 2 Re 11 12

38 El sacerdote Sadoc, el profeta Natán, Benaías, hijo de Iehoiadá, los quereteos y los peleteos bajaron, montaron a Salomón en la mula del rey David y lo llevaron a Guijón. 39 El sacerdote tomó de la Tienda el cuerno

de aceite y ungió a Salomón. Entonces sonó la trompeta y todo el pueblo exclamó: ¡Viva el rey Salomón! 40 Después, todo el pueblo volvió a subir detrás de él, al son de las flautas y dando tales señales de alegría, que la tierra parecía estallar bajo sus gritos.

41 Adonías y los invitados que estaban con él oyeron el ruido cuando terminaban de comer. Joab, por su parte, al oír el sonido de la trompeta, preguntó: «¿A qué se debe ese tumulto en la ciudad?». 42 Todavía estaba hablando, cuando llegó Jonatán, el hijo del sacerdote Abiatar. Adonías dijo: «Ven, tú eres un hombre de bien y seguro que traes buenas noticias». 43 Pero Jonatán tomó la palabra y dijo a Adonías: «¡Al contrario! Nuestro señor, el rey David, ha proclamado rey a Salomón. 44 El rey envió con él al sacerdote Sadoc, al profeta Natán, a Benaías, hijo de Iehoiadá, a los quereteos y a los peleteos, y ellos lo hicieron montar en la mula del rey. 45 Luego el sacerdote Sadoc y el profeta Natán lo ungieron rey en Guijón. De allí todos volvieron a subir muy contentos, y la ciudad está alborotada. Ese es el ruido que ustedes han oído. 46 Además, Salomón se ha sentado en el trono real, 47 y también los servidores del rey fueron a felicitar a nuestro señor el rey David, diciendo: "Que tu Dios haga el nombre de Salomón más ilustre que el tuyo y engrandezca su trono más que el tuyo". El rey, en su lecho, hizo un gesto de asentimiento, 48 y también pronunció estas palabras: "¡Bendito sea el Señor, el Dios de Israel, porque ha permitido hoy que un hombre de mi descendencia esté sentado en mi trono, y que lo vean mis ojos!"».

49 Llenos de pánico, todos los invitados de Adonías se levantaron y se fueron cada uno por su lado. 50 Adonías, por su parte, tuvo miedo de Salomón, se levantó y fue a agarrarse de los cuernos del altar.

51 Entonces le avisaron a Salomón: «Adonías tiene miedo de ti y se ha agarrado de los cuernos del altar, diciendo: "Que el rey Salomón me jure primero que no hará morir a su servidor por la espada"».

52 El rey dijo: «Si se comporta como un hombre de bien, ni uno solo de sus cabellos caerá por tierra; pero si es sorprendido en falta, morirá». 53 Salomón mandó que lo bajaran del altar. Adonías fue a postrarse ante el rey, y Salomón le dijo: «Vete a tu casa».

2 1 Estando ya próximo a su muerte, David hizo estas recomendaciones a su hijo Salomón: 2 «Yo me voy por el camino de todo el mundo. Sé fuerte y compórtate como un hombre. 3 Observa las normas del Señor, tu Dios, siguiendo sus caminos, observando sus preceptos, sus mandamientos, sus leyes y sus instrucciones, según lo que está escrito en la Ley de Moisés. Así prosperarás en todo lo que hagas y en todo lo que emprendas, 4 y el Señor mantendrá esta palabra que me ha dicho: Si tus hijos vigilan su conducta, caminando delante de mí con fidelidad, de todo corazón y con toda su alma, nunca te faltará un descendiente en el trono de Israel.

5 Tú sabes, además, lo que me hizo Joab, hijo de Sarvia, lo que hizo a los dos jefes de los ejércitos de Israel, a Abner, hijo de Ner, y a Amasá, hijo de Iéter: cómo los mató, vengando en tiempo de paz la sangre derramada en la guerra; así manchó con sangre inocente mi cinturón y mis sandalias. 6 Obra conforme a tu sabiduría, y no dejes que sus cabellos blancos bajen en paz al Abismo. 7 En cambio, a los hijos de Barzilai, el galaadita, trátalos con bondad y cuéntalos entre tus comensales, porque así me trataron a mí cuando huía de tu hermano Absalón. 8 Tú tienes todavía cerca de ti a Simei, hijo de Guerá, el benjaminita de Bajurim; él me maldijo despiadadamente el día en que yo iba a Majanaim. Pero cuando bajó a recibirme en el Jordán, yo le juré por el Señor: No te haré morir por la espada. 9 Ahora no lo dejes sin castigo, porque eres un hombre sensato y sabes cómo deberás tratarlo para que sus cabellos blancos bajen ensangrentados al Abismo».

10 David se fue a descansar con sus padres, y lo enterraron en la Ciudad de David. 11 Cuarenta años duró su reinado sobre Israel: reinó siete años en Hebrón y treinta y tres en Jerusalén. 12 Salomón se sentó en el trono de su padre David, y su realeza quedó firmemente afianzada.

El pedido de Adonías y su muerte

1 Sm 16 6-13; 1 Re 15 13;
Sal 45 10; 110 1; 2 Sm 7 11-16

13 Adonías, hijo de Jaguit, fue a ver a Betsabé, la madre de Salomón. «¿Vienes en son de paz?», preguntó ella. «Sí», respondió él. 14 Y añadió: «Tengo algo que decirte». «Habla», replicó ella. 15 Entonces él dijo: «Tú sabes que a mí me correspondía la realeza y que todo Israel tenía los ojos puestos en mí, esperando que yo reinara. Pero la realeza se me escapó de las manos y fue a parar a mi hermano, porque el Señor se la tenía destinada. 16 Ahora tengo que hacerte un solo pedido; no me lo niegues». Ella le dijo: «Habla». 17 Él prosiguió: «Pídele por favor al rey Salomón que me dé por esposa a Abisag, la sunamita. Seguramente no te lo va a negar». 18 «Está bien —respondió Betsabé—, yo misma le hablaré de ti al rey».

19 Betsabé fue a presentarse al rey Salomón para hablarle de Adonías. El rey se levantó, fue a su encuentro y le hizo una inclinación. Luego se sentó en su trono, mandó poner un trono para la madre del rey, y ella se sentó a su derecha. 20 Entonces ella dijo: «Tengo que

hacerte un pequeño pedido; no me lo niegues». El rey respondió: «Pide, madre mía, porque no te lo voy a negar». [21] Ella le dijo: «Que se dé a Abisag, la sunamita, como esposa a tu hermano Adonías». [22] Pero el rey Salomón replicó a su madre, diciendo: «¿Por qué pides para Adonías a la sunamita Abisag? ¡Pide más bien para él la realeza, ya que es mi hermano mayor! ¡Sí, para él, para el sacerdote Abiatar y para Joab, hijo de Sarvia!». [23] Y el rey Salomón juró por el Señor, diciendo: «¡Que Dios me castigue si Adonías no ha pronunciado esta palabra a costa de su propia vida! [24] Y ahora, ¡por la vida del Señor, que me ha afianzado haciéndome sentar en el trono de mi padre David, y que me ha constituido una dinastía, conforme a lo que había dicho, juro que Adonías morirá hoy mismo!». [25] Enseguida el rey Salomón envió a Benaías, hijo de Iehoiadá, y este hirió de muerte a Adonías.

El destierro del sacerdote Abiatar

1 Sm 2 10-36

[26] En cuanto al sacerdote Abiatar, el rey le dijo: «Vete a tus campos de Anatot. Aunque mereces la muerte, hoy no te haré morir, porque has llevado el Arca del Señor delante de mi padre David y has compartido todas sus aflicciones». [27] Y Salomón destituyó a Abiatar de su función de sacerdote del Señor, cumpliendo así la palabra que el Señor había pronunciado contra la casa de Elí, en Silo.

La muerte de Joab

1 Re 1 50; Ex 21 14; 1 Re 2 5

[28] La noticia llegó a oídos de Joab, y como él se había puesto de parte de Adonías, aunque no de Absalón, fue a refugiarse en la Tienda del Señor y se agarró de los cuernos del altar. [29] Cuando informaron al rey Salomón: «Joab se ha refugiado en la Tienda del Señor y está al lado del altar», Salomón mandó decir a Joab: «¿Qué motivo tienes para refugiarte junto al altar?». Joab respondió: «Tuve miedo de ti y fui a refugiarme junto al Señor». Entonces Salomón envió a Benaías, hijo de Iehoiadá, con esta orden: «Ve y mátalo». [30] Benaías entró en la Tienda del Señor y dijo a Joab: «El rey ordena que salgas». Pero él replicó: «No, moriré aquí». Benaías llevó la respuesta al rey: «Joab ha dicho esto y me ha respondido así». [31] Y el rey le dijo: «Procede conforme a lo que él ha dicho: mátalo y luego entiérralo. Así apartarás de mí y de la casa de mi padre la sangre inocente que ha derramado Joab. [32] El Señor hará recaer esa sangre sobre su cabeza, porque él mató a dos hombres más justos y mejores que él, y los hizo morir bajo la espada, sin que lo supiera mi padre David: a Abner, hijo de Ner, jefe del ejército de Israel, y a Amasá, hijo de Iéter, jefe del ejército de Judá. [33] Su sangre recaerá sobre la cabeza de Joab y sobre la cabeza de su descendencia para siempre; en cambio, para David, para su descendencia, para su casa y su trono, habrá paz perpetua de parte del Señor». [34] Entonces Benaías, hijo de Iehoiadá, subió e hirió de muerte a Joab, y este fue sepultado en su casa, en el desierto. [35] En lugar de Joab, el rey puso al frente del ejército a Benaías, hijo de Iehoiadá. Y al sacerdote Sadoc lo puso en lugar de Abiatar.

La desobediencia y muerte de Semei

1 Re 2 8-9; 1 Sm 21 11; 27 2-3; 2 Sm 16 5-8

[36] El rey mandó llamar a Semei y le dijo: «Constrúyete una casa en Jerusalén y quédate allí, sin salir a ninguna parte. [37] Porque si un día sales y cruzas el torrente Cedrón, sábelo bien: morirás irremediablemente; tu sangre recaerá sobre tu cabeza». [38] Semei dijo al rey: «Muy bien. Tu servidor obrará conforme a lo que ha dicho mi señor el rey». Y Semei permaneció largo tiempo en Jerusalén.

[39] Pero, al cabo de tres años, dos esclavos de Semei huyeron al reino de Aquís, hijo de Maacá, rey de Gat. Alguien le avisó a Semei: «Mira que tus esclavos están en Gat». [40] Entonces Semei se levantó, ensilló su asno y se fue a Gat, donde estaba Aquís, para buscar a sus esclavos; no hizo más que ir y traer de Gat a sus esclavos.

[41] Cuando le avisaron a Salomón que Semei había ido de Jerusalén a Gat y que estaba de vuelta, [42] el rey mandó llamar a Semei y le dijo: «¿Acaso no te hice jurar por el Señor, advirtiéndote expresamente que apenas salieras y fueras a cualquier parte podrías estar seguro de que morirías sin remedio? Y tú me respondiste: Está bien, me doy por enterado. [43] ¿Por qué entonces no has cumplido el juramento del Señor y la orden que te di?». [44] Y el rey siguió diciendo a Semei: «Tú sabes bien, y tu corazón lo reconoce, todo el daño que hiciste a mi padre David. El Señor hará recaer tu maldad sobre tu cabeza, [45] mientras que el rey Salomón será bendecido, y el trono de David será estable para siempre delante del Señor». [46] Luego el rey dio una orden a Benaías, hijo de Iehoiadá, y este salió e hirió de muerte a Semei.

Así la realeza quedó afirmada en manos de Salomón.

EL REINADO DE SALOMÓN

Salomón se casa con la hija del Faraón

1 Re 7 1-12; 6 1-38; 9 15

3 [1] Salomón se emparentó con el Faraón, rey de Egipto: tomó por esposa a la hija del Faraón y la llevó a la Ciudad de David, hasta que terminó de construir su propia casa, la Casa del Señor y el muro en torno de Jerusalén. [2] Pero como hasta esos días no se había construido la Casa para el Nombre del

Señor, el pueblo ofrecía sacrificios en los lugares altos. 3 Salomón amaba al Señor y caminaba según las normas de su padre David. Sin embargo, ofrecía sacrificios y quemaba incienso en los lugares altos.

El sueño y la súplica de Salomón

2 Cr 1 3-13

1 Re 9 1-9; Sab 8 21 – 9 12; Eclo 47 14; Ecl 1 16; 2 4-10

4 El rey fue a Gabaón para ofrecer sacrificios allí, porque ese era el principal lugar alto. Sobre ese altar, Salomón ofreció mil holocaustos.

5 En Gabaón, el Señor se apareció a Salomón en un sueño, durante la noche. Dios le dijo: «Pídeme lo que quieras». 6 Salomón respondió: «Tú has tratado a tu servidor David, mi padre, con gran fidelidad, porque él caminó en tu presencia con lealtad, con justicia y rectitud de corazón; tú le has atestiguado esta gran fidelidad, dándole un hijo que hoy está sentado en su trono. 7 Y ahora, Señor, Dios mío, has hecho reinar a tu servidor en lugar de mi padre David, a mí, que soy apenas un muchacho y no sé valerme por mí mismo. 8 Tu servidor está en medio de tu pueblo, el que tú has elegido, un pueblo tan numeroso que no se puede contar ni calcular. 9 Concede entonces a tu servidor un corazón comprensivo, para juzgar a tu pueblo, para discernir entre el bien y el mal. De lo contrario, ¿quién sería capaz de juzgar a un pueblo tan grande como el tuyo?».

CONCEDE ENTONCES A TU SERVIDOR UN CORAZÓN COMPRENSIVO PARA..., DISCERNIR ENTRE EL BIEN Y EL MAL. 1 Re 3 9

10 Al Señor le agradó que Salomón le hiciera este pedido, 11 y Dios le dijo: «Porque tú has pedido esto, y no has pedido para ti una larga vida, ni riqueza, ni la vida de tus enemigos, sino que has pedido el discernimiento necesario para juzgar con rectitud, 12 yo voy a obrar conforme a lo que dices: Te doy un corazón sabio y prudente, de manera que no ha habido nadie como tú antes de ti, ni habrá nadie como tú después de ti. 13 Y también te doy aquello que no has pedido: tanta riqueza y gloria que no habrá nadie como tú entre los reyes, durante toda tu vida. 14 Y si vas por mis caminos, observando mis preceptos y mis mandamientos, como lo hizo tu padre David, también te daré larga vida».

15 Salomón se despertó, y comprendió que había tenido un sueño. Luego regresó a Jerusalén y se presentó ante el Arca de la Alianza del Señor; ofreció holocaustos y sacrificios de comunión, e hizo un banquete para todos sus servidores.

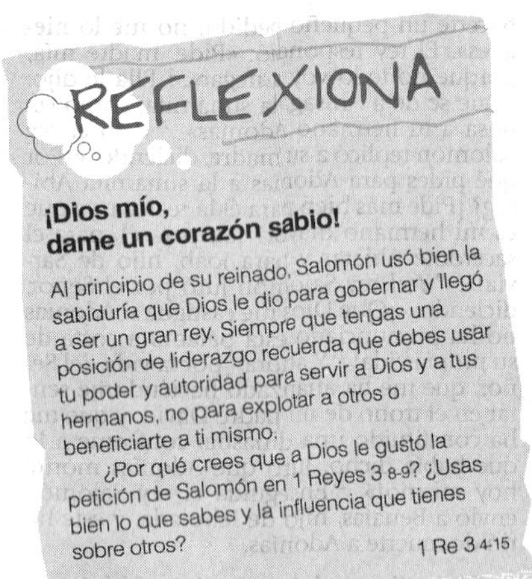

La sabiduría de Salomón para juzgar

Is 9 6; Sal 72 1-2; Prov 16 12

16 Una vez, dos prostitutas fueron a presentarse ante el rey. 17 Una de las mujeres le dijo: «¡Por favor, señor mío! Yo y esta mujer vivimos en la misma casa, y yo di a luz estando con ella en la casa. 18 Tres días después de mi parto, dio a luz también ella. Estábamos juntas; no había ningún extraño con nosotras en la casa, fuera de nosotras dos. 19 Pero una noche murió el hijo de esta mujer, porque ella se recostó encima de él. 20 Entonces se levantó en medio de la noche, tomó de mi lado a mi hijo mientras tu servidora dormía, y lo acostó sobre su pecho; a su hijo muerto, en cambio, lo acostó en mi regazo. 21 A la mañana siguiente, me levanté para amamantar a mi hijo, y vi que estaba muerto. Pero cuando lo observé con mayor atención a la luz del día, advertí que no era mi hijo, el que yo había tenido». 22 La otra mujer protestó: «¡No! ¡El que vive es mi hijo!». Y así discutían en presencia del rey.

23 El rey dijo: «Esta mujer afirma: "Mi hijo es este, el que está vivo; el que está muerto es el tuyo". Esta otra dice: "No, tu hijo es el muerto; el que está vivo es el mío"». 24 Y enseguida añadió: «Tráiganme una espada». Le presentaron la espada, 25 y el rey ordenó: «Partan en dos al niño vivo, y entreguen una mitad a una y otra mitad a la otra». 26 Entonces la mujer cuyo hijo vivía se dirigió al rey, porque se le conmovieron las entrañas por su hijo, y exclamó: «¡Por favor, señor mío! ¡Denle a ella el niño vivo, no lo

maten!». La otra, en cambio, decía: «¡No
será ni para mí ni para ti! ¡Que lo dividan!». 27 Pero el rey tomó la palabra y dijo:
«Entréguenle el niño vivo a la primera mujer, no lo maten: ¡ella es su madre!».
28 Todo Israel oyó hablar de la sentencia
que había pronunciado el rey; y sintieron
por él un gran respeto, porque vieron que
había en él una sabiduría divina para hacer
justicia.

La organización del reino

4 1 El rey Salomón reinó sobre todo Israel. 2 Y estos eran sus ministros: Azarías, hijo de Sadoc, sacerdote; 3 Elijoref y
Ajías, hijos de Sisá, secretarios; Josafat, hijo de Ajilud, archivista; 4 Benaías, hijo de
Iehoiadá, jefe del ejército; Sadoc y Abiatar,
sacerdotes; 5 Azarías, hijo de Natán, jefe de
los prefectos; Zabud, hijo de Natán, familiar del rey; 6 Ajisar, mayordomo de palacio; Adoniram, hijo de Abdá, encargado de
las prestaciones de servicio.
7 Salomón tenía doce prefectos distribuidos por todo Israel. Ellos abastecían al rey
y a su casa, un mes por año cada uno.
8 Sus nombres eran estos: el hijo de Jur, en
la montaña de Efraím; 9 el hijo de Déquer,
en Macás, Saalbim, Bet Semes y Elón, hasta
Bet Janán; 10 el hijo de Jésed, en Arubot; él tenía a su cargo Soco y toda la región de Jéfer;
11 el hijo de Abinadab, en todas las alturas de
Dor; Tafat, hija de Salomón, era su esposa;
12 Baaná, hijo de Ajilud, en Taanac y Meguido, y en todo Bet Seán, que está al lado de
Sartán por debajo de Izreel, desde Bet Seán
hasta Abel Mejolá, más allá de Iocmeam;
13 el hijo de Guéber, en Ramot de Galaad; él
tenía a su cargo los campamentos de Iaír, hijo de Manasés, que están en Galaad, y también el distrito de Argob, que está en Basán:
sesenta grandes ciudades, amuralladas y con
cerrojos de bronce; 14 Ajinadab, hijo de Idó,
en Majanaim; 15 Ajimáas, en Neftalí; también
este se había casado con una hija de Salomón, llamada Basmat; 16 Baaná, hijo de Jusai, en Aser y en Bealot; 17 Josafat, hijo de
Paruá, en Isacar; 18 Simei, hijo de Elá, en Benjamín; 19 Guéber, hijo de Urí, en la región de
Galaad, el país de Sijón, rey de los amorreos,
y de Og, rey de Basán.
Él tenía además un prefecto en el país de
Judá. 20 Judá e Israel eran tan numerosos
como la arena que está a la orilla del mar;
todos comían, bebían y vivían felices.
5 1 Salomón dominaba sobre todos los
reinos, desde el Río hasta el país de
los filisteos y hasta la frontera de Egipto.
Ellos pagaban un tributo y estuvieron sometidos a Salomón durante toda su vida.
2 Los víveres que Salomón recibía cada
día eran estos: treinta barriles de harina de
la mejor calidad y sesenta de harina común;
3 diez bueyes cebados, veinte bueyes de pastoreo y cien reses de ganado menor, sin con-

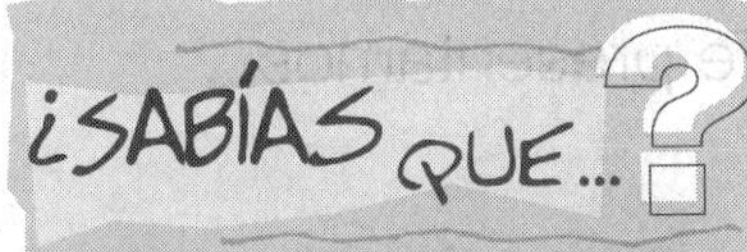

Significado de los números en la Biblia

Los israelitas, como otros pueblos de Oriente, daban significado simbólico a los números. 1 Reyes 4 7 muestra Israel organizado en función del número doce. He aquí los números más simbólicos en la Biblia y algunos ejemplos:

- ***Uno = Unidad.*** Ej. un solo Dios (Dt 6 4), un solo mandamiento (Mc 12 29-30).
- ***Tres = Íntegro, completo.*** Ej. tres días en la tumba (Mt 12 40); la Trinidad (Lc 3 22); tres virtudes: fe, esperanza y amor (1 Cor 13 13).
- ***Cuatro = Universo.*** Ej. cuatro puntos cardinales (Is 11 12); cuatro ríos del paraíso que irrigan la tierra entera (Gn 2 10).
- ***Siete = Totalidad.*** Ej. siete días de la creación (Gn 2 2); siete días para la caída de Jericó (Jos 6 4-5); Jesús saca siete demonios de la Magdalena (Lc 8 2); perdonar setenta veces siete = 7 x 10 x 7 (Mt 18 22).
- ***Diez = Completo.*** Ej. los diez mandamientos (Ex 20 1-17); Job fue insultado diez veces (Job 19 3).
- ***Doce = Pueblo de Dios.*** Ej. doce tribus de Israel (Gn 49 28); doce Apóstoles como fundamento del nuevo pueblo de Dios (Mc 3 14); 12 000 personas salvadas de cada una de las 12 tribus = 144 000 (Ap 7 4-8).
- ***Cuarenta = Una generación, tiempo de prueba y preparación.*** Ej. Diluvio (Gn 7 4); jornada de Israel en el desierto (Ex 16 35); oración de Jesús en el desierto (Mt 4 2).
- ***Mil = Inmenso, sin límite.*** Ej. Dios hace misericordia hasta 1 000 generaciones (Ex 20 6); para Dios 1 000 años son como un día (Sal 90 4). Los múltiplos de mil indican una cantidad ilimitada, como en los 144 000 salvados.

Otros números bíblicos deberían ser explicables por su significado, pero no tenemos la clave para interpretarlos. Por ejemplo, las largas edades de los patriarcas.

1 Re 4 7

Te presentamos... EL TEMPLO DE SALOMÓN

El Templo fue el sello de esplendor del reino de Salomón. En él culmina la larga peregrinación de Dios con Israel en el desierto y se realiza el propósito de David de dar una casa a Dios. Era parte de un complejo de edificios cívicos y sus características están descritas en Ex 25 – 30.

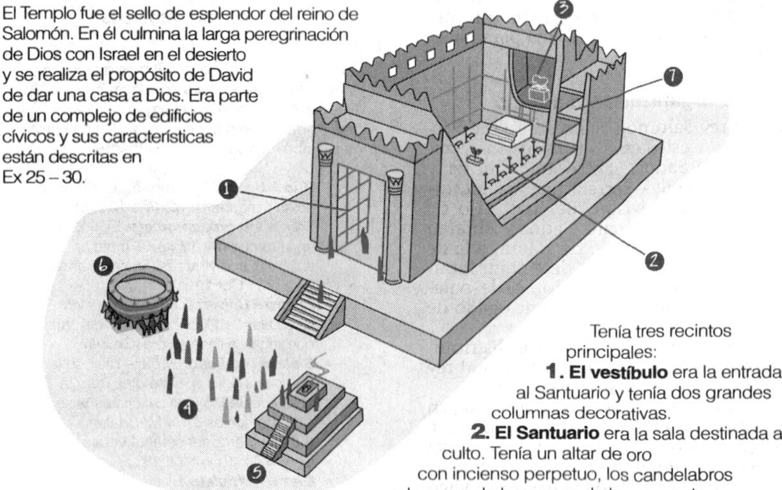

Tenía tres recintos principales:

1. El vestíbulo era la entrada al Santuario y tenía dos grandes columnas decorativas.

2. El Santuario era la sala destinada al culto. Tenía un altar de oro con incienso perpetuo, los candelabros y la mesa de los panes de la presencia que representaban a las tribus de Israel.

3. El lugar santísimo contenía el Arca de la Alianza con las tablas de la Ley y se consideraba el trono de Dios. Solo el sumo sacerdote tenía acceso a él.

Otros elementos importantes eran:

4. El atrio o explanada era donde se congregaba el pueblo para las celebraciones.

5. El altar de los holocaustos era donde se ofrecían los sacrificios de expiación y comunión, y las ofrendas voluntarias.

6. El Mar de bronce era una enorme tina de agua para las purificaciones.

7. Las habitaciones y almacenes eran donde vivían los sacerdotes y siervos del templo, y se tenía lo necesario para el culto.

1 Re 5 19 – 7 51

tar los ciervos, las gacelas, los antílopes y las
aves de corral.
4 Él dominaba sobre toda la región comprendida entre el Éufrates y el Mar, desde
Tifsá hasta Gaza, sobre todos los reyes que
estaban más acá del Éufrates, y gozó de paz
en todas sus fronteras. 5 Judá e Israel vivieron seguros, cada uno bajo su parra y bajo
su higuera, desde Dan hasta Berseba, durante todos los días de Salomón.
6 Salomón tenía cuatro mil establos para
los caballos de sus carros, y doce mil caballos de montar. 7 Los prefectos, cada uno en
el mes que le correspondía, abastecían al
rey Salomón y a todos aquellos que eran
recibidos en su mesa, sin dejar faltar nada.
8 En cuanto a la cebada y al forraje para los
caballos y los animales de tiro, lo llevaban
al lugar donde se encontraba el rey, cada
uno según la consigna recibida.

La sabiduría y el renombre de Salomón

1 Re 3 12; Gn 22 17; 1 Cr 2 6;
1 Re 10 1.23-25; Prov 1 1; 10 1

9 Dios concedió a Salomón una sabiduría
y una inteligencia extremadamente grandes,
y tanta amplitud de espíritu cuanta arena hay
en las playas del mar. 10 La sabiduría de Salomón superaba la de todos los orientales y to-

da la sabiduría de Egipto. 11 Él fue el más sabio de los hombres, más sabio que Etán, el
ezrajita, más que Hemán, Calcol y Dardá, los
hijos de Majol. Su renombre se extendía por
todas las naciones vecinas. 12 Pronunció tres
mil máximas, y sus poemas fueron mil cinco. 13 Trató acerca de las plantas, tanto del cedro del Líbano como del hisopo que crece en
los muros; también trató acerca de los cuadrúpedos, de los pájaros, de los reptiles y de
los peces. 14 De todos los pueblos, y de parte
de todos los reyes de la tierra que habían
oído hablar de la sabiduría del rey Salomón,
acudía gente para escuchar su sabiduría.

La alianza con el rey de Tiro para la construcción del templo

2 Cr 2 2-15

2 Sm 5 11; 7 12-13; Esd 3 7

15 Jiram, rey de Tiro, envió una embajada
a Salomón, porque se enteró de que lo habían ungido rey en lugar de su padre David
y él había sido siempre amigo de David.
16 Entonces Salomón mandó a decir a Jiram:
17 «Tú sabes bien que mi padre David no
pudo construir una Casa para el Nombre
del Señor, su Dios, a causa de las guerras en
que se vio envuelto, hasta que el Señor puso a todos sus enemigos bajo la planta de
sus pies. 18 Pero ahora el Señor, mi Dios, me
ha dado la paz en todas mis fronteras: ya
no hay adversarios ni contratiempos. 19 Por
eso he pensado edificar una Casa para el
Nombre del Señor, mi Dios, conforme a lo
que dijo el Señor a mi padre David: "Tu hijo, el que yo pondré sobre tu trono en lugar
de ti, será el que construirá la Casa para mi
Nombre". 20 Ahora, ordena que corten para
mí cedros en el Líbano; mis servidores trabajarán con los tuyos, y yo te entregaré como salario de tus servidores todo lo que tú
digas. Porque sabes bien que no hay nadie
que sepa cortar árboles como los sidonios».
21 Cuando Jiram oyó las palabras de Salomón, sintió una gran alegría y exclamó:
«¡Bendito sea hoy el Señor, que ha dado a
David un hijo sabio, para que esté al frente de ese pueblo tan numeroso!». 22 Luego
Jiram mandó decir a Salomón: «He recibido tu mensaje. En lo que a mí respecta, haré todo lo que deseas, enviando madera de
cedro y de ciprés. 23 Mis servidores bajarán
los troncos desde el Líbano hasta el Mar, y
yo haré con ellos balsas para transportarlos
por mar hasta el lugar que tú me indiques;
allí haré desatar los troncos, y tú los recogerás. Tú, por tu parte, cumplirás mi deseo
proveyendo de víveres a mi casa».
24 Jiram entregaba a Salomón toda la madera de cedro y de ciprés que él quería, 25 y
Salomón le dio a Jiram veinte mil barriles
de trigo para la manutención de su casa,
más veinte mil cántaros de aceite puro de
oliva. Esto era lo que Salomón entregaba a
Jiram anualmente. 26 El Señor dio sabiduría
a Salomón, tal como se lo había prometido.
Jiram y Salomón vivieron en perfecta armonía, y entre los dos concluyeron un pacto.
27 El rey Salomón hizo un reclutamiento de
obreros en todo Israel: los reclutados fueron
treinta mil. 28 Luego los envió al Líbano por
turnos, dos mil por mes. Así estaban un mes
en el Líbano y dos meses en su casa. Adoniram era el encargado del reclutamiento.
29 Salomón tenía además setenta mil hombres que transportaban las cargas, y ochenta
mil canteros en la montaña, 30 aparte de los
capataces puestos por Salomón para supervisar los trabajos: eran tres mil trescientos
hombres, que dirigían a los que ejecutaban
los trabajos.
31 El rey mandó extraer grandes bloques
de piedras, bien seleccionadas, para poner
con piedras talladas los cimientos de la Casa. 32 Los obreros de Salomón, junto con
los de Jiram y los venidos de Guebal, talla-
ron y prepararon las maderas y las piedras
para edificar la Casa.

La construcción del Templo

2 Cr 3 1-9

Esd 3 8-9; 5 1 - 6 15; Ex 26; Ez 40 - 42; Lv 15 31

6 1 Cuatrocientos ochenta años después
que los israelitas salieron del país de
Egipto, en el cuarto año del reinado de Salomón sobre Israel, en el mes de Ziv —que es
el segundo mes—, Salomón comenzó a
construir la Casa del Señor. 2 La Casa que el
rey Salomón construyó para el Señor tenía
treinta metros de largo, veinte de ancho y
quince de alto. 3 El vestíbulo, frente a la nave
central del Templo, medía diez metros de largo, cubriendo todo el ancho de la Casa, y
cinco metros de ancho, sobre el frente de la
Casa. 4 A la Casa le puso ventanas con marcos
y enrejados. 5 Y, adosado al muro de la Casa,
edificó un anexo que rodeaba los muros de
la Casa, alrededor de la nave central y del lugar santísimo, donde hizo los pisos laterales.
6 El piso bajo medía dos metros de ancho; el
piso intermedio, dos metros y medio de ancho; el tercero, tres metros de ancho; porque
había hecho unas cornisas alrededor de la
Casa, para no empotrar las vigas en los muros de la Casa. 7 Cuando fue construida la Casa, se la edificó con piedras ya preparadas en
la cantera; así no se oyó en la Casa ruido de
martillos, ni de picos, ni de ninguna otra herramienta durante su construcción. 8 La entrada del piso lateral inferior estaba ubicada hacia el lado derecho de la Casa, y por una
escalera caracol se subía al piso intermedio, y
de este, al tercero. 9 Cuando Salomón terminó de construir la Casa, la revistió de un ar-

tesonado con paneles y armadura de cedro. 10 El anexo lo construyó adosado a toda la Casa; tenía dos metros y medio de altura, y estaba unido a la Casa con maderas de cedro.

11 La palabra del Señor llegó a Salomón en estos términos: 12 «En atención a esta Casa que estás construyendo, si tú caminas según mis preceptos, si practicas mis leyes y observas mis mandamientos, obrando de acuerdo con ellos, yo cumpliré mi palabra acerca de ti, la que dije a tu padre David: 13 habitaré en medio de los israelitas y no abandonaré a mi pueblo Israel».

14 Cuando Salomón terminó de construir la Casa, 15 revistió sus muros interiores con planchas de cedro, desde el suelo de la Casa hasta los postes del artesonado; revistió de madera el interior y recubrió el suelo de la Casa con planchas de ciprés. 16 Los diez metros del fondo de la Casa los revistió con planchas de cedro, desde el suelo hasta los postes, y reservó ese espacio interior para el lugar santísimo, el Santo de los santos.

17 La Casa, es decir, la nave central delante del lugar santísimo, medía veinte metros. 18 El cedro del interior de la Casa tenía bajorrelieves en forma de coloquíntidas y de pimpollos. Era todo de cedro y no se veían las piedras. 19 En el fondo de la Casa, en lo más interior, dispuso el lugar santísimo para poner allí el Arca de la Alianza del Señor. 20 Delante del lugar santísimo —que tenía diez metros de largo, diez de ancho y diez de alto, y que Salomón había recubierto de oro puro— se encontraba el altar revestido de cedro. 21 Salomón recubrió de oro fino el interior de la Casa e hizo pasar cadenas de oro por delante del lugar santísimo, al que revistió de oro. 22 Toda la Casa la recubrió íntegramente de oro, y también recubrió de oro el altar para el lugar santísimo.

23 En el lugar santísimo hizo dos querubines de madera de olivo; cada uno medía cinco metros de altura. 24 Las alas del primer querubín medían dos metros y medio cada una, de manera que había cinco metros desde el extremo de una de sus alas hasta el extremo de la otra. 25 El segundo querubín medía también cinco metros; los dos querubines tenían la misma dimensión y la misma forma: 26 uno y otro medían cinco metros de altura. 27 Salomón puso los querubines en medio del recinto interior. Estos tenían las alas desplegadas: un ala del primer querubín tocaba el muro y un ala del segundo tocaba el muro opuesto; y las alas extendidas hacia el centro de la Casa se tocaban una con otra. 28 También a los querubines los revistió de oro.

29 Alrededor de todos los muros de la Casa, hizo cincelar figuras de querubines, de palmeras y pimpollos, tanto en el interior como en el exterior del lugar santísimo. 30 Y revistió de oro el suelo de la Casa, dentro y fuera del lugar santísimo.

31 A la entrada del lugar santísimo, hizo unas puertas de madera de olivo; el dintel y los postes tenían forma pentagonal. 32 Sobre las dos hojas de madera de olivo, hizo cincelar querubines, palmeras y pimpollos; revistió de oro las puertas, y aplicó oro laminado sobre los querubines y las palmeras. 33 Lo mismo hizo para la entrada de la nave central: hizo un marco de madera de olivo, de forma cuadrangular, 34 y dos puertas de madera de ciprés, cada una con dos hojas giratorias. 35 Hizo esculpir querubines, palmeras y pimpollos, y los revistió de oro, bien aplicado a los relieves. 36 Luego edificó el patio interior, con tres hileras de piedras talladas y una hilera de tablas de cedro.

37 En el cuarto año, en el mes de Ziv, se pusieron los fundamentos de la Casa del Señor. 38 En el año undécimo, en el mes de Bul —que es el octavo mes—, fue terminada la Casa en todos sus detalles y conforme al proyecto. Siete años tardó Salomón en terminarla.

La construcción del palacio real

1 Re 3 1

7 1 Salomón edificó también su casa, y tardó trece años en terminarla. 2 Construyó la sala llamada Bosque del Líbano, que medía cincuenta metros de largo, veinticinco de ancho y quince de alto. Estaba asentada sobre cuatro hileras de columnas de cedro, con tirantes de cedro sobre las columnas. 3 En la parte superior, sobre los travesaños que había sobre las columnas —a razón de quince por cada hilera—, tenía un revestimiento de cedro. 4 Había además tres hileras de ventanas con marcos, dispuestas simétricamente una frente a otra, de tres en tres. 5 Todas esas aberturas y sus montantes eran de forma cuadrangular, y estaban una frente a otra, de tres en tres.

6 Él hizo también el Pórtico de las columnas, de veinticinco metros de largo por quince de ancho, y delante de él un vestíbulo con columnas y un alero sobre la fachada. 7 Hizo la sala del trono donde administraba justicia —la Sala del juicio—, que estaba revestida de cedro desde el suelo hasta los postes del artesonado.

8 Su residencia personal, que daba al otro atrio, retirado del Pórtico, estaba construida en un estilo semejante. Y también hizo una casa, parecida a ese Pórtico, para la hija del Faraón con la que se había casado.

9 Todas estas construcciones estaban hechas con piedras seleccionadas, talladas a medida, cortadas con la sierra tanto del lado interior como del exterior, y esto, desde los cimientos hasta las cornisas y, por fuera, hasta el patio grande. 10 También los cimientos

eran de piedras seleccionadas, grandes piedras de cinco y cuatro metros. [11] Sobre los cimientos, había piedras seleccionadas, talladas a medida, y madera de cedro. [12] El patio grande tenía a su alrededor tres hileras de piedras talladas y una hilera de tablas de cedro, iguales a las del atrio interior de la Casa del Señor y a las del vestíbulo de la Casa.

La ornamentación y el mobiliario del Templo

2 Cr 2 12-14

Ex 31 2-6; 35 30-35

[13] El rey Salomón mandó a buscar a Jiram de Tiro, [14] el hijo de una viuda de la tribu de Neftalí. Su padre, un natural de Tiro, había sido artesano del bronce, y él mismo estaba dotado de una gran habilidad, inteligencia y destreza para ejecutar toda clase de trabajos en bronce. Jiram se presentó ante el rey Salomón y ejecutó todos los trabajos que él le encomendó.

[15] Jiram modeló las dos columnas de bronce. La altura de una columna era de nueve metros y un hilo de seis metros medía su contorno. La segunda columna era idéntica a la primera. [16] Él hizo además dos capiteles para colocarlos arriba de las columnas; estos eran de bronce fundido. La altura del primer capitel era de dos metros y medio, y el segundo tenía la misma altura. [17] Hizo unas molduras en forma de red y frisos en forma de guirnaldas para los capiteles que estaban encima de las columnas: siete para el primer capitel y siete para el segundo. [18] Hizo también las granadas: puso dos hileras alrededor de una de las redes, para cubrir los capiteles que remataban las columnas, y lo mismo hizo para el segundo capitel. [19] Los capiteles que estaban encima de las columnas, en el vestíbulo del Templo, tenían una moldura en forma de azucena y medían dos metros. [20] En los capiteles superpuestos a las dos columnas, también en la parte superior, a lo largo del ensanchamiento que estaba más allá de la red, había doscientas granadas distribuidas en hileras circulares, sobre los dos capiteles.

[21] Él construyó esas columnas junto al vestíbulo del Templo: construyó la columna derecha, y la llamó Iaquín; construyó también la columna izquierda, y la llamó Boaz. [22] En lo alto de las columnas había una moldura en forma de azucena. Así quedó concluido el trabajo de las columnas.

[23] Él hizo además el Mar de metal fundido, que medía cinco metros de diámetro y tenía forma circular; su altura era de dos metros y medio, y una cuerda de quince metros medía su circunferencia. [24] Debajo del borde, todo alrededor, tenía una orla de coloquíntidas —diez frutos cada medio metro— que rodeaban todo el contorno del Mar; había dos hileras de frutos, fundidos con el Mar en una sola pieza. [25] El Mar estaba asentado sobre doce toros, tres vueltos hacia el norte, tres hacia el oeste, tres hacia el sur y tres hacia el este. El Mar se elevaba por encima de ellos, que estaban con sus partes traseras vueltas hacia el interior. [26] Su espesor medía un palmo, y su borde tenía forma de copa, semejante al cáliz de una azucena. Su capacidad era de unos setenta mil litros.

[27] Él hizo también los soportes de bronce. Cada soporte tenía dos metros de largo, dos de ancho y uno y medio de alto. [28] Estaban hechos de la siguiente manera: tenían unos paneles encuadrados en un armazón; [29] sobre esos paneles había figuras de leones, de toros y de querubines, y lo mismo sobre el armazón. Tanto arriba como abajo de los leones y toros había unos adornos en bajorrelieve. [30] Cada soporte tenía cuatro ruedas de bronce, con ejes también de bronce, y refuerzos en sus cuatro patas. Estos refuerzos estaban fundidos debajo de los recipientes de agua, sobre el lado opuesto a los bajorrelieves. [31] La abertura para los recipientes estaba dentro de un círculo en forma de corona, que sobresalía medio metro; la abertura era redonda, hecha en forma de zócalo, y medía setenta y cinco centímetros. También el borde de la abertura estaba adornado con figuras esculpidas. Sus paneles eran cuadrados, no redondos. [32] Las cuatro ruedas estaban debajo de los paneles, y los ejes de las ruedas estaban unidos a los soportes. La altura de cada rueda era de setenta y cinco centímetros. [33] Las ruedas estaban hechas como una rueda de carro. Sus ejes, sus llantas, sus rayos y sus cubos eran todos de metal fundido. [34] Había cuatro refuerzos en los cuatro ángulos de cada soporte, formando un mismo cuerpo con él. [35] Arriba del soporte había una pieza circular, de veinticinco centímetros de alto, formando un solo cuerpo con las manijas y paneles del soporte. [36] Sobre las planchas, las manijas y los paneles, Jiram grabó querubines, leones y palmeras, dondequiera había un espacio libre, con bajorrelieves alrededor. [37] Fue así como él hizo los diez soportes: cada uno con el mismo metal, la misma dimensión y el mismo diseño.

[38] Además, hizo diez recipientes de bronce, con una capacidad de mil ochocientos litros cada uno. Cada recipiente medía dos metros, y había un recipiente sobre cada uno de los diez soportes. [39] Luego colocó los soportes, cinco al lado derecho de la Casa y cinco al lado izquierdo. En cuanto al Mar, lo colocó al lado derecho de la Casa, hacia el sudeste.

[40] Jiram hizo también las ollas, las palas y los aspersorios. Así terminó todo el trabajo que debía hacer para el rey Salomón en la Casa del Señor: [41] las dos columnas, las dos

esferas de los capiteles que remataban las
columnas, las dos redes para cubrir las dos
esferas de los capiteles que estaban encima
de las columnas; 42 las cuatrocientas granadas para las dos redes, dos hileras de granadas para cada red, a fin de cubrir las dos
esferas de los capiteles que estaban encima
de las columnas; 43 los diez soportes y los
diez recipientes sobre los soportes; 44 el Mar
único y los doce toros que estaban debajo
de él; 45 las ollas, las palas y los aspersorios.
Todos esos objetos que hizo Jiram para el
rey Salomón, en la Casa del Señor, eran de
bronce bruñido. 46 Los fundió en la región
del Jordán, sobre el suelo arcilloso, entre
Sucot y Sartán. 47 A causa de su gran cantidad, no se pudo calcular el peso del bronce.
48 Salomón mandó hacer asimismo todos los objetos que estaban en la Casa del
Señor: el altar de oro y la mesa sobre la que
se ponía el pan de la ofrenda, hecha también de oro; 49 los candelabros, cinco a la
derecha y cinco a la izquierda, delante del
lugar santísimo, también de oro fino, con
sus cálices, sus lámparas y sus pinzas de
oro; 50 las navetas, los cuchillos, los aspersorios, las tazas y los incensarios de oro fino; los goznes de oro para las puertas del
recinto interior —el Santo de los santos—
y para las puertas de la nave central.
51 Así fue terminado todo el trabajo que
hizo el rey Salomón en la Casa del Señor.
Salomón llevó todas las ofrendas que había consagrado su padre David: la plata, el
oro y los demás utensilios, y los depositó
en los tesoros de la Casa del Señor.

La Dedicación del Templo: el traslado del Arca

2 Cr 5 2-10

2 Sm 6 12-17; 1 Re 6 23-28; Ex 25 16; 40 20

8 1 Entonces Salomón reunió junto a él
en Jerusalén, a los ancianos de Israel, a
todos los jefes de las tribus y a los príncipes
de las casas paternas de los israelitas, para
subir el Arca de la Alianza del Señor desde la
Ciudad de David, o sea, desde Sion. 2 Todos
los hombres de Israel se reunieron junto al
rey Salomón en el mes de Etanim —el séptimo mes— durante la Fiesta. 3 Cuando llegaron todos los ancianos de Israel, los sacerdotes levantaron el Arca, 4 y subieron el Arca del
Señor, con la Tienda del Encuentro y todos
los objetos sagrados que había en la Tienda.
Los que trasladaron todo eso fueron los
sacerdotes y los levitas. 5 Mientras tanto, el
rey Salomón y toda la comunidad de Israel
reunida junto a él delante del Arca, sacrificaban carneros y toros, en tal cantidad que no
se los podía contar ni calcular.
6 Los sacerdotes introdujeron el Arca de la
Alianza en su sitio, en el lugar santísimo de
la Casa —el Santo de los santos— bajo las
alas de los querubines. 7 Porque los querubines desplegaban sus alas sobre el sitio destinado al Arca, y resguardaban por encima el
Arca y sus andas. 8 Las andas eran tan largas
que sus extremos se veían desde el Santo,
por delante del lugar santísimo, aunque no
se las veía desde fuera. Allí han estado hasta
el día de hoy. 9 En el Arca se encontraban
únicamente las dos tablas de piedra que
Moisés, en el Horeb, había depositado allí:
las tablas de la Alianza que el Señor había
hecho con los israelitas a su salida de Egipto.
10 Mientras los sacerdotes salían del Santo, la nube llenó la Casa del Señor, 11 de
manera que los sacerdotes no pudieron
continuar sus servicios a causa de la nube,
porque la gloria del Señor llenaba la Casa.
12 Entonces Salomón dijo:
«El Señor ha decidido habitar en la nube oscura. 13 Sí, yo te he construido la Casa
de tu señorío, un lugar donde habitarás para siempre».

Alocución de Salomón al pueblo

2 Cr 6 3-11

1 Sm 16; 2 Sm 7 1-16

14 Después el rey se volvió y bendijo a toda
la asamblea de Israel, mientras esta permanecía de pie. 15 Él dijo: «Bendito sea el Señor, el
Dios de Israel, que ha cumplido con su mano
lo que su boca había anunciado a mi padre
David, cuando le dijo: 16 "Desde el día en que
hice salir de Egipto a mi pueblo Israel, no había elegido ninguna ciudad, entre todas las
tribus de Israel, para que allí se edificara una
Casa donde residiera mi Nombre, sino que
elegí a David para que estuviera al frente de
mi pueblo Israel". 17 Mi padre David pensó
edificar una Casa para el Nombre del Señor,
el Dios de Israel. 18 Pero el Señor dijo a mi padre David: "Tú has pensado edificar una Casa
para mi Nombre, y has hecho bien al pensar
así. 19 Sin embargo, no serás tú el que edificará la Casa, sino un hijo nacido de tus entrañas: él construirá la Casa para mi Nombre".
20 Y el Señor cumplió la palabra que había dicho: yo he sucedido a mi padre David, y me
he sentado en el trono de Israel, como lo había dicho el Señor. Yo edifiqué la Casa para el
Nombre del Señor, 21 y allí he asignado un lugar para el Arca, donde se encuentra la Alianza que el Señor concluyó con nuestros padres
cuando los hizo salir del país de Egipto».

La súplica de Salomón

2 Cr 6 12-40

1 Re 2 4; Is 66 1; Dt 12 15; Dn 6 11;
1 Re 14 15; Dt 28 63-64; 4 20; 7 6

22 Salomón se puso ante el altar del Señor, frente a toda la asamblea de Israel, extendió sus manos hacia el cielo 23 y dijo:

«Señor, Dios de Israel, ni arriba en el cielo ni abajo en la tierra hay un Dios como tú, que mantienes la Alianza y eres fiel con tus servidores, cuando caminan delante de ti de todo corazón. 24 Tú has cumplido, en favor de mi padre David, la promesa que le habías hecho, y hoy mismo has realizado con tu mano lo que había dicho tu boca. 25 Y ahora, Señor, Dios de Israel, cumple en favor de tu servidor David, mi padre, la promesa que le hiciste, diciendo: "Nunca te faltará un descendiente que esté sentado delante de mí en el trono de Israel, con tal que tus hijos vigilen su conducta, caminando en mi presencia como has caminado tú". 26 Y ahora, Dios de Israel, que se verifique la promesa que hiciste a mi padre, tu servidor David.

27 Pero ¿es posible que Dios habite realmente en la tierra? Si el cielo y lo más alto del cielo no pueden contenerte, ¡cuánto menos esta Casa que yo he construido! 28 No obstante, Señor, Dios mío, vuelve tu rostro hacia la oración y la súplica de tu servidor, y escucha el clamor y la oración que te dirige hoy tu servidor. 29 Que tus ojos estén abiertos día y noche sobre esta Casa, sobre el lugar del que tú dijiste: "Allí residirá mi Nombre". ¡Escucha la oración que tu servidor dirige hacia este lugar! 30 ¡Escucha la súplica y la oración que tu servidor y tu pueblo Israel dirijan hacia este lugar! ¡Escucha desde tu morada en el cielo, escucha y perdona!

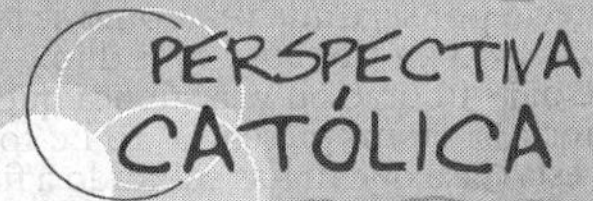

Dios presente en el Templo

En 1 Re 8 27 Salomón se admira del amor de Dios que quiere estar en el Templo, y eso que su presencia no era tan real como en nuestros templos católicos, donde Jesús Eucaristía está presente en las hostias consagradas guardadas en el sagrario o tabernáculo.

La lámpara que está siempre encendida junto al sagrario tiene un doble significado: nos sirve de signo para reconocer su singular presencia en el sagrario y es testimonio de honor perpetuo al Señor. La costumbre de persignarse al pasar frente a una iglesia es signo de reverencia, y un saludo cariñoso a Dios presente ahí: ¿qué valor le das a esta antigua tradición en varios de nuestros países latinoamericanos?

1 Re 8 26-30

31 Cuando un hombre peque contra su prójimo, si se lo obliga a prestar el juramento imprecatorio, y él viene a pronunciar la imprecación ante tu altar, en esta Casa, 32 escucha tú desde el cielo, actúa y juzga a tus servidores: condena al culpable, dándole su merecido, y absuelve al inocente, tratándolo según su justicia.

33 Cuando tu pueblo Israel sea derrotado por el enemigo por haber pecado contra ti, si ellos se vuelven hacia ti y celebran tu Nombre, si oran y te suplican en esta Casa, 34 escucha tú desde el cielo: perdona el pecado de tu pueblo Israel y tráelo de nuevo a la tierra que diste a sus padres.

35 Cuando se cierre el cielo y no haya lluvia, porque ellos pecaron contra ti, si oran hacia este lugar, si celebran tu Nombre y se convierten de su pecado, porque tú los humillaste, 36 escucha tú desde el cielo: perdona el pecado de tus servidores y de tu pueblo Israel, mostrándoles el buen camino que deben seguir, y envía lluvia a la tierra que diste en herencia a tu pueblo.

37 Cuando haya hambre en el país, o haya peste, quemazón o plaga en los sembrados, langosta o pulgón; cuando el enemigo lo tenga sitiado en alguna de sus ciudades, o sobrevenga un flagelo o epidemia, 38 cualquiera sea la oración o la súplica que te dirija un miembro de tu pueblo Israel, sintiéndose tocado en su corazón y con las manos extendidas hacia esta Casa, 39 escúchalas tú desde el cielo, desde el lugar donde habitas; escucha y actúa: trátalo a cada uno según su conducta, tú que conoces su corazón, porque solo tú conoces el corazón de todos los humanos. 40 Así los israelitas sentirán temor de ti mientras vivan en el suelo que diste a sus padres.

41 También al extranjero, que no pertenezca a tu pueblo Israel, y llegue de un país lejano a causa de tu Nombre 42 —porque se oirá hablar de tu gran Nombre, de tu mano poderosa y de tu brazo extendido— cuando él venga a orar hacia esta Casa, 43 escucha tú desde el cielo, desde el lugar donde habitas, y concede al extranjero todo lo que te pida. Así todos los pueblos de la tierra conocerán tu Nombre, sentirán temor de ti como tu pueblo Israel, y sabrán que esta Casa, que yo he construido, es llamada con tu Nombre.

44 Cuando tu pueblo salga a combatir contra su enemigo, por el camino que tú le señales, si ellos oran al Señor y vueltos hacia la ciudad que tú has elegido y hacia la Casa que yo edifiqué para tu Nombre, 45 escucha tú desde el cielo esa oración y esa súplica, y hazles justicia.

46 Cuando pequen contra ti —porque no hay hombre que no peque— y tú, irritado

contra ellos, los pongas a merced del enemigo, y sus vencedores los lleven cautivos a un país enemigo, próximo o lejano, 47 si en el país al que han sido deportados reflexionan y se convierten, si en el país de sus vencedores te suplican, diciendo: "¡Hemos pecado, somos culpables, hemos cometido el mal!"; 48 si en el país de los enemigos que los hayan deportado se vuelven hacia ti de todo corazón y con toda el alma, si te suplican en dirección al país que diste a sus padres, a la ciudad que tú has elegido y a la Casa que yo edifiqué para tu Nombre, 49 escucha tú desde el cielo, desde el lugar donde habitas, esa oración y esa súplica y hazles justicia: 50 perdona a tu pueblo los pecados que haya cometido contra ti y todas las rebeldías de las que se hizo culpable; concédeles que sus enemigos se compadezcan de ellos, 51 porque son tu pueblo y tu herencia, la que tú hiciste salir de Egipto, del horno de fuego.

52 Que tus ojos estén abiertos a la súplica de tu servidor y de tu pueblo Israel, para escucharlos cada vez que te invoquen, 53 porque tú los separaste para ti de entre todos los pueblos, a fin de que fueran tu herencia, como lo dijiste tú mismo, Señor, por medio de tu servidor Moisés, cuando hiciste salir de Egipto a nuestros padres».

La bendición de Salomón a la asamblea

Dt 12 10; Jos 21 44; Dt 31 6; Jos 1 5; Is 45 5-6

54 Cuando Salomón terminó de dirigir al Señor toda esta oración y esta súplica, se levantó de delante del altar del Señor, donde estaba arrodillado con las manos extendidas hacia el cielo. 55 Y puesto de pie, bendijo en voz alta a toda la asamblea de Israel, diciendo: 56 «¡Bendito sea el Señor, que ha dado a su pueblo el descanso, conforme a todo lo que había dicho! No ha caído por tierra ninguna de las promesas que él hizo por medio de su servidor Moisés. 57 ¡Que el Señor, nuestro Dios, esté con nosotros como lo estuvo con nuestros padres, que no nos abandone ni nos rechace! 58 ¡Que incline nuestro corazón hacia él, para que vayamos por todos sus caminos y observemos sus mandamientos, sus preceptos y sus leyes, que él dio a nuestros padres! 59 Que estas súplicas que yo he pronunciado en presencia del Señor, nuestro Dios, estén presentes ante él día y noche, para que haga justicia a su servidor y a su pueblo Israel, según la necesidad de cada día. 60 Así sabrán todos los pueblos de la tierra que el Señor es Dios, y no hay otro; 61 y el corazón de ustedes pertenecerá íntegramente al Señor, nuestro Dios, para caminar según sus preceptos y observar sus mandamientos, como en el día de hoy».

Los sacrificios de la Dedicación del Templo

2 Cr 7 4-10
Esd 6 16-17

62 El rey, y con él todo Israel, ofrecieron sacrificios delante del Señor. 63 Salomón inmoló, como sacrificios de comunión en honor del Señor, veintidós mil bueyes y ciento veinte mil carneros. Así, el rey y todos los israelitas dedicaron la Casa del Señor.

64 Aquel día, el rey consagró el centro del atrio que está delante de la Casa del Señor, ofreciendo allí el holocausto, la ofrenda y la grasa de los sacrificios de comunión, porque el altar de bronce que está delante del Señor resultaba demasiado pequeño para contener los holocaustos, las ofrendas y la grasa de los sacrificios de comunión.

65 En aquella ocasión, Salomón, y con él todo Israel, celebró la Fiesta delante del Señor, nuestro Dios, durante siete días. Se congregó una gran asamblea, venida desde la Entrada de Jamat hasta el Torrente de Egipto. 66 Al octavo día, Salomón despidió al pueblo. Ellos bendijeron al rey y se fueron a sus campamentos, con el corazón desbordante de alegría por todo el bien que el Señor había hecho a su servidor David y a su pueblo Israel.

Nueva aparición del Señor a Salomón

2 Cr 7 11-22
1 Re 3 5-15; Dt 28 15.37; Jr 18 16; 19 8; Dt 29 23-26

9 1 Cuando Salomón terminó de construir la Casa del Señor, la casa del rey y todo lo que fue de su agrado, 2 el Señor se le apareció por segunda vez, como se le había aparecido en Gabaón, 3 y le dijo:

«He oído tu oración y la súplica que has pronunciado en mi presencia. Yo he consagrado esta Casa que tú has edificado a fin de poner allí mi Nombre para siempre: mis ojos y mi corazón estarán allí todos los días.

4 En cuanto a ti, si caminas en mi presencia como lo hizo tu padre David, con integridad de corazón y rectitud, practicando todo lo que te he mandado, observando mis preceptos y mis leyes, 5 entonces yo mantendré para siempre tu trono real sobre Israel, según se lo prometí a tu padre David, cuando dije: "Nunca faltará uno de tus descendientes sobre el trono de Israel".

6 Pero si ustedes y sus hijos defeccionan, si no observan los mandamientos y preceptos que puse delante de ustedes, si van a servir a otros dioses y se postran delante de ellos, 7 entonces yo extirparé a Israel del suelo que le di, y apartaré lejos de mi presencia la Casa que consagré a mi Nombre. Así Israel será la burla y la irrisión de todos los pueblos. 8 Esta Casa se convertirá en un montón de ruinas, y todo el que pase junto a ella quedará pasmado y silbará de estupor. Y se pre-

guntará: "¿Por qué el Señor ha tratado así a este país y a esta Casa?". 9 Y le responderán: "Porque abandonaron al Señor, su Dios, que había hecho salir a sus padres del país de Egipto, y porque siguieron a otros dioses, se postraron ante ellos y los sirvieron: por eso el Señor atrajo sobre ellos esta calamidad"».

Las ciudades cedidas por Salomón a Jiram

2 Cr 8 1-2

10 Durante los veinte años que tardó Salomón en construir los dos edificios —la Casa del Señor y la casa del rey—, 11 Jiram, rey de Tiro, le proporcionó madera de cedro, madera de ciprés y oro a discreción. Por eso, al cabo de ese tiempo, Salomón cedió a Jiram veinte poblados en la región de Galilea. 12 Jiram salió de Tiro para ver los poblados que le había cedido Salomón. Y como no le gustaron, 13 exclamó: «¿Son estas las ciudades que me das, hermano mío?». Y se las llamó «País de Cabul», hasta el día de hoy. 14 Jiram había enviado al rey Salomón ciento veinte talentos de oro.

El reclutamiento de trabajadores para las construcciones de Salomón

2 Cr 8 4-13.16

1 Re 5 27-32; Jue 3 3-5; Dt 2 34

15 Esta fue la manera como Salomón reclutó trabajadores para construir la Casa del Señor, su propia casa, el Terraplén, el muro de Jerusalén, Jasor, Meguido, Guézer, 17b Bet Jorón de Abajo, 18 Baalat y Tamar de la estepa, en el país de Judá; 19 como asimismo los centros de aprovisionamiento que tenía Salomón, las ciudades para los carros de guerra y la caballería, y todas las demás construcciones que Salomón quiso levantar en Jerusalén, en el Líbano y en todo el país sometido a su dominio. 20 A los sobrevivientes de los amorreos, los hititas, los perizitas, los jivitas y los jebuseos, que no pertenecían a Israel 21 —es decir, a sus descendientes, que habían quedado después de ellos en el país, porque los israelitas no habían podido consagrarlos al exterminio total—, Salomón les impuso trabajos forzados hasta el día de hoy. 22 Pero no sometió a esclavitud a ningún israelita, sino que a ellos los empleó como soldados, funcionarios, jefes, escuderos y comandantes de sus carros de guerra y su caballería. 23 Los supervisores de los capataces puestos al frente de las obras de Salomón eran ciento cincuenta hombres, que dirigían al personal ocupado en los trabajos. 24 Una vez que la hija del Faraón pasó de la Ciudad de David a la casa que le había edificado Salomón, este levantó el Terraplén. 16 En cuanto a Guézer, el Faraón, rey de Egipto, la había atacado y conquistado, la había incendiado y matado a todos los cananeos que vivían en la ciudad, y luego se la había entregado como dote a su hija, la esposa de Salomón. 17a Y Salomón reconstruyó Guézer.

25 Tres veces al año, Salomón ofrecía holocaustos y sacrificios de comunión sobre el altar que había construido al Señor, y quemaba incienso sobre el altar que estaba delante del Señor. Así completó la construcción de la Casa.

La flota de Salomón

2 Cr 8 17-18

1 Re 22 49-50; 10 11; 22 49; Gn 10 29; Is 13 12

26 Salomón equipó también una flota en Esión Guéber, que está cerca de Elat, a orillas del mar Rojo, en el país de Edom. 27 Jiram envió como tripulantes, junto con los servidores de Salomón, a algunos de sus súbditos, todos ellos marinos y buenos conocedores del mar. 28 Ellos fueron a Ofir y trajeron de allí cuatrocientos veinte talentos de oro, que entregaron a Salomón.

La visita de la reina de Sabá

2 Cr 9 1-12

Mt 12 42; Jue 14 12-18

10 1 La reina de Sabá oyó hablar de la fama de Salomón, y fue a ponerlo a prueba, proponiéndole unos enigmas. 2 Llegó a Jerusalén con un séquito imponente, con camellos cargados de perfumes, de muchísimo oro y de piedras preciosas. Cuando se presentó ante Salomón, le expuso todo lo que tenía pensado decirle. 3 Salomón respondió a todas sus preguntas: no hubo para el rey ninguna cuestión tan oscura que no se la pudiera explicar.

4 Cuando la reina de Sabá vio toda la sabiduría de Salomón, la casa que había construido, 5 los manjares de su mesa, los aposentos de sus servidores, el porte y las libreas de sus camareros, sus coperos y los holocaustos que ofrecía en la Casa del Señor, se quedó sin aliento 6 y dijo al rey: «¡Realmente era verdad lo que había oído decir en mi país acerca de ti y de tu sabiduría! 7 Yo no lo quería creer, sin venir antes a verlo con mis propios ojos. Pero ahora compruebo que no me habían contado ni siquiera la mitad: tu sabiduría y tus riquezas superan la fama que llegó a mis oídos. 8 ¡Felices tus mujeres, felices también estos servidores tuyos, que están constantemente delante de ti, escuchando tu sabiduría! 9 ¡Y bendito sea el Señor, tu Dios, que te ha mostrado su favor poniéndote sobre el trono de Israel! Sí, por su amor eterno a Israel, el Señor te estableció como rey para que ejercieras el derecho y la justicia».

10 La reina regaló al rey ciento veinte talentos de oro, una enorme cantidad de perfumes y piedras preciosas; nunca más se recibieron tantos perfumes como los que la reina de Sabá dio al rey Salomón.

11 La flota de Jiram, que había transportado el oro de Ofir, trajo también de allí madera de sándalo en gran cantidad y piedras
preciosas. 12 Con la madera de sándalo, el
rey hizo unas balaustradas para la Casa del
Señor y para la casa del rey, y también cítaras y arpas para los músicos. Nunca más se
recibió una madera de sándalo como aquella, ni se la vio más hasta el día de hoy.
13 Por su parte, el rey Salomón dio a la
reina de Sabá todo lo que a ella se le ocurrió pedir, aparte de los regalos que le hizo
como solo podía hacerlo el rey Salomón.
Después, ella emprendió el camino de regreso a su país, acompañada de su séquito.

Las riquezas de Salomón

2 Cr 9 13-24

1 Re 22 49; Is 2 16; 23 1; Sal 48 8; Eclo 47 16

14 El peso del oro que recibía Salomón
en un solo año ascendía a los seiscientos
sesenta y seis talentos, 15 sin contar lo que
aportaban el tránsito de viajantes, el tráfico de mercaderes, todos los reyes de Arabia
y los gobernadores del país.
16 El rey Salomón hizo doscientos grandes escudos de oro trabajado a martillo,
empleando para cada uno seiscientos siclos de oro, 17 y trescientos escudos más pequeños, también de oro trabajado a martillo, empleando para cada uno treinta
minas de oro. Luego el rey los ubicó en la
sala llamada Bosque del Líbano.
18 El rey hizo, además, un gran trono de
marfil, al que recubrió de oro fino. 19 El trono tenía seis gradas, unas cabezas de toros
en la parte posterior, y brazos a ambos lados del asiento; junto a los brazos había
dos leones de pie, 20 y otros doce leones de
pie sobre las seis gradas, a uno y otro lado.
En ningún reino se había hecho nada igual.
21 Toda la vajilla del rey Salomón era de
oro, y todo el mobiliario de la sala llamada
Bosque del Líbano, de oro fino; no se usaba la plata, a la que en tiempos de Salomón
no se la tenía en cuenta para nada. 22 Porque el rey tenía en el mar una flota mercante, junto con la flota de Jiram, y una vez
cada tres años las naves llegaban cargadas
de oro, plata, marfil, monos y pavos reales.
23 El rey Salomón superó a todos los reyes
de la tierra en riqueza y sabiduría. 24 Todo el
mundo trataba de ver a Salomón para oír la
sabiduría que Dios había puesto en su corazón. 25 Y cada uno aportaba sus presentes:
objetos de plata y oro, trajes, armas, perfumes, caballos y mulas. Así, año tras año.
26 Salomón reunió también carros y caballos: llegó a tener mil cuatrocientos carros y
doce mil caballos, que acantonó en las ciudades de guarnición y en Jerusalén, junto a
él. 27 El rey hizo que la plata fuera en Jerusalén tan común como las piedras, y que la
madera de cedro fuera tan abundante como los sicómoros de la Sefelá. 28 Los caballos de Salomón procedían de Musrí y de
Cilicia. Los agentes del rey los adquirían en
Cilicia, a un precio fijo. 29 Cada carro importado de Musrí costaba seiscientos siclos
de plata; cada caballo, ciento cincuenta. En
las mismas condiciones, por medio de esos
agentes, se exportaban para todos los reyes
hititas y para los reyes de Aram.

Decadencia y fin del reinado de Salomón

Dt 17 17; Ex 23 31-33; 34 12-16; Dt 7 1-4; Jue 2 13

11 1 El rey Salomón amó a muchas mujeres, además de la hija del Faraón: mujeres moabitas, amonitas, edomitas, sidonias
e hititas, 2 es decir, de esas naciones de las
que el Señor había dicho a los israelitas: «No
se unan a ellas, y que ellas no se unan a ustedes; seguramente les desviarán el corazón
hacia otros dioses». Pero Salomón se enamoró de ellas. 3 Tuvo setecientas mujeres con
rango de princesas y trescientas concubinas,
y sus mujeres le pervirtieron el corazón.
4 Así, en la vejez de Salomón, sus mujeres
le desviaron el corazón hacia otros dioses,
y su corazón ya no perteneció íntegramente al Señor, su Dios, como el de su padre
David. 5 Salomón fue detrás de Astarté, la
diosa de los sidonios, y detrás de Milcom,
el abominable ídolo de los amonitas. 6 Él
hizo lo que es malo a los ojos del Señor, y
no siguió plenamente al Señor, como lo había hecho su padre David. 7 Fue entonces
cuando Salomón construyó, sobre la mon-

Los pecados de Salomón

Salomón no escuchó al profeta Ajías, quien lo motivaba a convertirse. Se sentía el único juez de sus actos, creía que no necesitaba seguir la ley divina y veía sus riquezas como una bendición, sin darse cuenta de que lo separaban de Dios al sentirse autosuficiente. En su ancianidad aceptó dioses extranjeros y les dio culto, de modo que su corazón «ya no perteneció íntegramente al Señor» (1 Re 11 4).

Piensa en algún período de tu vida en que le has dado enteramente tu corazón a Dios. Renueva esa experiencia y entrégaselo hoy de nuevo y para siempre.

1 Re 11 1-10

taña que está al este de Jerusalén, un lugar alto dedicado a Quemós, el abominable ídolo de Moab, y a Milcom, el ídolo de los amonitas. 8 Y lo mismo hizo para todas sus mujeres extranjeras, que quemaban incienso y ofrecían sacrificios a sus dioses.

9 El Señor se indignó contra Salomón, porque su corazón se había apartado de él, el Dios de Israel, que se le había aparecido dos veces 10 y le había prohibido ir detrás de otros dioses. Pero Salomón no observó lo que le había mandado el Señor. 11 Entonces el Señor dijo a Salomón: «Porque has obrado así y no has observado mi alianza ni los preceptos que yo te prescribí, voy a arrancarte el reino y se lo daré a uno de tus servidores. 12 Sin embargo, no lo haré mientras tú vivas, por consideración a tu padre David: se lo arrancaré de las manos a tu hijo. 13 Pero no le arrancaré todo el reino, sino que le daré a tu hijo una tribu, por consideración a mi servidor David y a Jerusalén, la que yo elegí».

Los enemigos externos de Salomón

2 Sm 8 13-14; 10 15-19

14 El Señor le suscitó a Salomón un adversario: Hadad, el edomita, de la estirpe real de Edom. 15 En efecto, después que David derrotó a Edom, Joab, el general del ejército, al subir para enterrar a las víctimas, ultimó a todos los varones de Edom. 16 Porque Joab se quedó allí seis meses, con todo Israel, hasta acabar con todos los varones de Edom. 17 Pero Hadad, que entonces era muy joven, logró huir con algunos edomitas servidores de su padre, para ir a Egipto. 18 Partieron de Madián y llegaron a Parán, donde se les agregaron algunos hombres de Parán. Luego entraron en Egipto y se presentaron ante el Faraón, rey de Egipto, que dio a Hadad una casa, le aseguró el sustento y le concedió tierras. 19 Hadad se ganó a tal punto el favor del Faraón, que este le dio por esposa a su cuñada, la hermana de Tajfenés, la reina madre. 20 La hermana de Tajfenés le dio un hijo, llamado Guenubat, al que Tajfenés crió en la casa del Faraón. Así Guenubat permaneció en la casa del Faraón, entre los hijos de este. 21 Pero cuando Hadad se enteró en Egipto de que David se había ido a descansar con sus padres, y que también había muerto Joab, el general del ejército, dijo al Faraón: «Déjame ir a mi país». 22 El Faraón le respondió: «¿Qué te falta junto a mí para que ahora trates de ir a tu país?». «Nada —dijo él—, pero déjame partir». 25b Y este es el mal que hizo Hadad: aborreció a Israel y reinó sobre Edom.

23 Dios le suscitó además a Salomón otro adversario: Rezón, hijo de Eliadá. Él había huido de Hadadézer, rey de Sobá, su señor; 24 había agrupado a unos cuantos hombres en torno de él y se había convertido en jefe de una banda. Como David los perseguía a muerte, fue a establecerse en Damasco, y allí reinó. 25a Él fue adversario de Israel durante toda la vida de Salomón.

La rebelión de Jeroboam

1 Re 5 27-32; 22 11; Is 20 1-4;
1 Re 11 13.5-7; 2 Sm 21 17; 1 Re 14 25-26

26 Jeroboam, hijo de Nebat, el efraimita, natural de Seredá —cuya madre, una viuda, se llamaba Seruá—, estaba al servicio de Salomón y se sublevó contra él. 27 La ocasión en que se sublevó contra el rey fue la siguiente: Salomón estaba construyendo el Terraplén y cubría el desnivel que había en la Ciudad de David, su padre. 28 Jeroboam era un hombre de gran valía, y Salomón, al ver cómo el joven ejecutaba la obra, lo puso al frente de los servicios que debía prestar la casa de José.

29 En cierta ocasión, Jeroboam salió de Jerusalén y lo encontró en el camino el profeta Ajías, de Silo; este iba cubierto con un manto nuevo, y los dos estaban solos en el campo. 30 Ajías tomó el manto que llevaba encima y lo desgarró en doce pedazos. 31 Luego dijo a Jeroboam: «Toma para ti diez pedazos, porque así habla el Señor, el Dios de Israel: Yo voy a desgarrar el reino que Salomón tiene en su mano, y te daré las diez tribus. 32 Una sola tribu será para él, por consideración a mi servidor David y a Jerusalén, la ciudad que yo elegí entre todas las tribus de Israel. 33 Porque él me abandonó y se postró delante de Astarté, la diosa de los sidonios, delante de Quemós, el dios de Moab, y delante de Milcom, el dios de los amonitas, y porque no siguió mis caminos haciendo lo que es recto a mis ojos y practicando mis preceptos y mis leyes como su padre David. 34 Pero no le quitaré el reino de su mano, sino que lo mantendré como jefe todos los días de su vida, por consideración a mi servidor David, a quien elegí y que observó mis mandamientos y preceptos; 35 quitaré el reino de manos de su hijo y te lo daré a ti. A ti te daré diez tribus 36 y a su hijo una sola, a fin de que mi servidor David tenga siempre una lámpara ante mí en Jerusalén, la ciudad que yo me elegí para poner mi Nombre en ella. 37 En cuanto a ti, yo te constituiré, tú reinarás conforme a tus deseos y serás rey de Israel. 38 Si obedeces en todo lo que yo te ordene y sigues mis caminos, si haces lo que es recto a mis ojos, observando mis preceptos y mis mandamientos, como lo hizo mi servidor David, yo estaré contigo y te edificaré una dinastía estable, como la edifiqué para David. Te entregaré a Israel 39 y humillaré a la estirpe de David a causa de esto, aunque no para siempre».

40 Salomón trató de dar muerte a Jeroboam, pero este huyó y se refugió en Egipto, junto a Sisac, rey de Egipto, donde permaneció hasta la muerte de Salomón.

Fin del reinado de Salomón

2 Cr 9 29-31

41 El resto de los hechos de Salomón y todo lo que él hizo, lo mismo que su sabiduría, ¿no está escrito en el libro de los Anales
de Salomón? 42 Salomón reinó sobre todo
Israel durante cuarenta años. 43 Luego se fue
a descansar con sus padres, y fue sepultado
en la Ciudad de David, su padre. Su hijo
Roboam reinó en lugar de él.

EL CISMA POLÍTICO Y RELIGIOSO

La asamblea de Siquem (933)

2 Cr 10

Jos 24; 1 Re 5 27-32; 11 29-39; 2 Sm 20 1; Eclo 47 21

12 1 Roboam se dirigió a Siquem, porque allí había ido todo Israel para
proclamarlo rey.
2 Cuando se enteró Jeroboam, hijo de Nebat —que estaba todavía en Egipto, adonde
había huido del rey Salomón—, se volvió
de Egipto. 3 Lo mandaron llamar, y él se presentó con toda la asamblea de Israel. Entonces hablaron así a Roboam: 4 «Tu padre
hizo muy penoso nuestro yugo. Alivia tú
ahora la dura servidumbre y el penoso yugo
que él nos impuso, y te serviremos a ti». 5 Él
les replicó: «Váyanse y vuelvan a verme dentro de tres días». Y el pueblo se retiró.
6 El rey Roboam fue a consultar a los ancianos que habían asistido a su padre Salomón, cuando este aún vivía, y les preguntó: «¿Qué respuesta me aconsejan dar a
este pueblo?». 7 Ellos le hablaron así: «Si
hoy te comportas como servidor de este
pueblo, si te pones a su servicio y les respondes con buenas palabras, serán siempre tus servidores».
8 Pero él desechó el consejo que le habían dado los ancianos, y fue a consultar a
los jóvenes que se habían criado con él y lo
servían como asistentes. 9 Les preguntó: «Y
ustedes, ¿qué aconsejan? ¿Qué debemos
responder a este pueblo que me ha dicho:
"Alivia el yugo que nos impuso tu padre"?». 10 Los jóvenes que se habían criado
con él le dijeron: «A ese pueblo que te ha
dicho: "Tu padre nos impuso un yugo pesado, pero tú alívianos la carga", diles esto:
"¡Mi dedo meñique es más grueso que la
cintura de mi padre! 11 Si mi padre los cargó con un yugo pesado, yo lo haré más pesado aún; si él los castigó con látigos, yo
usaré lonjas con puntas de hierro"».
12 Al tercer día, Jeroboam y todo el pueblo
comparecieron ante Roboam, según lo que
había indicado el rey cuando dijo: «Vuelvan
a verme al tercer día». 13 Pero el rey respondió
al pueblo duramente; desechó el consejo que

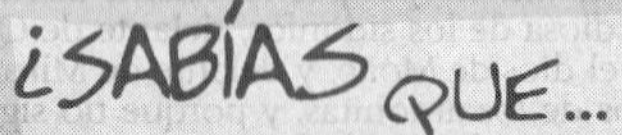

El reino dividido

A la muerte de Salomón, muchos israelitas querían un rey más justo, pues habían sufrido por los altos impuestos y los trabajos forzados. Su hijo, el rey Roboam, no solo rehusó cambiar la situación, sino que la hizo aún más grave. Por ello, las diez tribus del Norte se independizaron y formaron el reino de Israel, con su capital en Samaría. El reino del Sur quedó con solo las tribus de Judá y Simeón; se llamó Judá y siguió con Jerusalén como su capital. Al dividirse, el reino perdió su fuerza y jamás volvió a su antiguo esplendor.

Saúl (1020 a.C.)
↓
David (1000 a.C.)
↓
Salomón (961 a.C.)
↓
División del reino (931 a.C.)
↓

ISRAEL (Norte)
Capital: Samaría
19 reyes en 210 años
Caída ante los asirios (722 a.C.)
Exilio en Asiria

JUDÁ (Sur)
Capital: Jerusalén
20 reyes en 344 años
Caída ante los babilonios (587 a.C.)
Exilio en Babilonia

1 Re 12 16-24

le habían dado los ancianos [14] y, siguiendo el consejo de los jóvenes, les habló así: «Mi padre les impuso un yugo pesado, y yo lo haré más pesado aún; mi padre los castigó con látigos, y yo usaré lonjas con puntas de hierro». [15] Así el rey no escuchó al pueblo, porque ese era el medio de que se valía el Señor para cumplir la palabra que él había dicho a Jeroboam, hijo de Nebat, por boca de Ajías de Silo. [16] Y cuando todo Israel vio que el rey no los había escuchado, el pueblo le respondió:

«¿Qué parte tenemos nosotros con David?
¡No tenemos herencia común
con el hijo de Jesé!
¡A tus tiendas, Israel!
¡Ahora, ocúpate de tu casa, David!».

Israel se fue a sus campamentos, [17] pero Roboam siguió reinando sobre los israelitas que habitaban en las ciudades de Judá. [18] El rey Roboam envió a Adoram, el encargado del reclutamiento, pero todos los israelitas lo mataron a pedradas. Y el mismo rey Roboam tuvo que subir precipitadamente a su carro y huir a Jerusalén. [19] Fue así como Israel se rebeló contra la casa de David hasta el día de hoy.

La división del reino

2 Cr 11 1-4

[20] Cuando todo Israel se enteró de que había vuelto Jeroboam, lo mandaron llamar a la asamblea y lo proclamaron rey de todo Israel. No hubo nadie que siguiera a la casa de David, fuera de la tribu de Judá.

[21] Mientras tanto, Roboam llegó a Jerusalén y convocó a toda la casa de Judá y a la tribu de Benjamín —ciento ochenta mil guerreros adiestrados— para ir a combatir contra la casa de Israel y restituir el reino a Roboam, hijo de Salomón. [22] Pero la palabra del Señor llegó a Semaías, un hombre de Dios, en estos términos: [23] «Di a Roboam, hijo de Salomón, rey de Judá, y a toda la casa de Judá, a Benjamín y al resto del pueblo: [24] Así habla el Señor: No suban a combatir contra sus hermanos, los israelitas; vuelvan cada uno a su casa, porque esto ha sucedido por disposición mía». Ellos escucharon la palabra del Señor, y tomó cada uno el camino de regreso, conforme a la palabra del Señor.

[25] Jeroboam, por su parte, fortificó Siquem, en la montaña de Efraím, y se estableció en ella. Luego salió de allí y fortificó Penuel.

El culto cismático de Israel

2 Cr 11 15

Gn 12 8; 28 10-22; Am 3 14;
Jue 17 – 18; Am 8 14; 1 Re 12 28

[26] Pero Jeroboam pensó: «Tal como se presentan las cosas, el reino podría volver a la casa de David. [27] Si este pueblo sube a ofrecer sacrificios a la Casa de Dios en Jerusalén, terminarán por ponerse de parte de Roboam, rey de Judá, su señor; entonces me matarán a mí y se volverán a Roboam, rey de Judá». [28] Y después de haber reflexionado, el rey fabricó dos terneros de oro y dijo al pueblo: «¡Basta ya de subir a Jerusalén! Aquí está tu Dios, Israel, el que te hizo subir del país de Egipto». [29] Luego puso un ternero en Betel y el otro en Dan. [30] Aquello fue una ocasión de pecado, y el pueblo iba delante de uno de ellos hasta Dan.

[31] Jeroboam construyó templetes en los lugares altos, e instituyó sacerdotes de entre el común de la gente, que no eran hijos de Leví. [32] Además, celebró una fiesta el día quince del octavo mes, como la fiesta que se celebraba en Judá, y subió al altar. Esto lo hizo en Betel, donde ofreció sacrificios a los terneros que había fabricado. En Betel estableció a los sacerdotes de los lugares altos que había construido. [33] El día quince del octavo mes —fecha que había elegido arbitrariamente— subió al altar que había levantado en Betel. Así celebró una fiesta para los israelitas, y subió al altar para quemar incienso.

El altar de Betel, reprobado por un profeta

2 Re 23 15-18; Am 7 10-17; Zac 11 17; Nm 22 17-18

13 [1] Un hombre de Dios vino de Judá a Betel, por orden del Señor, mientras Jeroboam estaba de pie junto al altar para quemar incienso. [2] Y gritó contra el altar, por orden del Señor: «¡Altar! ¡Altar! A la casa de David le nacerá un hijo —su nombre será Josías— y él inmolará sobre ti a los sacerdotes de los lugares altos que queman incienso sobre ti, y hará arder sobre ti huesos humanos». [3] Ese mismo día, el hombre de Dios dio una señal, diciendo: «Esta es la señal de que ha hablado el Señor: el altar se va a resquebrajar, y se desparramará la ceniza grasienta que hay sobre él».

[4] Al oír la palabra que el hombre de Dios proclamaba contra el altar de Betel, Jeroboam extendió su brazo desde encima del altar, diciendo: «¡Deténganlo!». Pero el brazo que había extendido hacia el hombre de Dios le quedó paralizado, y no pudo volverlo atrás. [5] El altar se resquebrajó y se desparramó la ceniza grasienta que había en él, conforme a la señal que había dado el hombre de Dios por orden del Señor. [6] Entonces el rey tomó la palabra y dijo al hombre de Dios: «Aplaca, por favor, el rostro del Señor, tu Dios, y ruega por mí, para que pueda doblar mi brazo». El hombre de Dios aplacó el rostro del Señor, y el rey pudo doblar el brazo como antes.

[7] El rey dijo entonces al hombre de Dios: «Entra conmigo en la casa para reconfortar-

te, y te haré un regalo». 8 Pero el hombre de Dios respondió al rey: «Aunque me des la mitad de tu casa, no iré contigo. No comeré pan ni beberé agua en este lugar, 9 porque esto es lo que se me ha mandado por orden del Señor: No comerás pan ni beberás agua, ni regresarás por el mismo camino». 10 Y se fue por otro camino, sin retomar el que había recorrido para venir a Betel.

El hombre de Dios y el profeta de Betel

1 Re 20 36; 2 Re 17 25; 23 17-18

11 Había un viejo profeta que vivía en Betel. Sus hijos fueron a contarle todo lo que el hombre de Dios había hecho aquel día en Betel, y también le contaron a su padre las palabras que había dicho al rey. 12 Su padre les preguntó: «¿Por qué camino se fue?». Los hijos le indicaron el camino que había tomado el hombre de Dios venido de Judá, 13 y él les dijo: «Ensíllenme el asno». Le ensillaron el asno y él se montó. 14 Luego se fue detrás del hombre de Dios y lo encontró sentado bajo el terebinto. «¿Eres tú el hombre de Dios que vino de Judá?», le preguntó. «Así es», respondió él. 15 Entonces el profeta le dijo: «Ven conmigo a casa a comer algo». 16 Pero el otro replicó: «No puedo volver contigo ni acompañarte. No comeré pan ni beberé agua contigo en este lugar, 17 porque esta es la orden que recibí del Señor: No comerás pan ni beberás agua cuando estés allí, ni regresarás por el camino que tomaste a la ida». 18 El otro le dijo: «Yo también soy profeta como tú, y un ángel me dijo, por orden del Señor: Tráelo contigo a tu casa, para que coma pan y beba agua». Pero en realidad le estaba mintiendo. 19 Así el hombre de Dios regresó con él, y comió y bebió en su casa.

20 Mientras estaban sentados a la mesa, la palabra del Señor llegó al profeta que lo había hecho volver, 21 y este gritó al hombre de Dios venido de Judá: «Así habla el Señor: Porque has sido rebelde a la orden del Señor y no has observado el mandato que te dio el Señor, tu Dios; 22 porque has regresado y has comido pan y bebido agua en el lugar del que te había dicho: "No comas pan ni bebas agua allí", por eso, tu cadáver no entrará en la tumba de tus padres».

23 Después que él comió y bebió, el profeta le ensilló el asno, 24 y el hombre de Dios emprendió el camino de regreso. Pero un león lo encontró en el camino y lo mató. Su cadáver quedó tendido en el camino, y el asno y el león permanecieron de pie al lado de él. 25 Unos hombres que pasaban por ahí vieron el cadáver tendido sobre el camino y al león parado junto a él, y fueron a dar la noticia a la ciudad donde vivía el viejo profeta. 26 Cuando se enteró el profeta que lo había hecho volver atrás, dijo: «¡Es el hombre de Dios que se rebeló contra la orden del Señor! El Señor lo entregó al león, que lo destrozó y lo mató, según la palabra que le había dicho el Señor». 27 Luego dijo a sus hijos: «Ensíllenme el asno». Cuando se lo ensillaron, 28 él partió y encontró el cadáver tendido sobre el camino, mientras que el asno y el león estaban de pie junto al cadáver; el león no había devorado el cadáver ni había despedazado al asno. 29 El viejo profeta recogió el cadáver del hombre de Dios, lo cargó sobre el asno y lo llevó a la ciudad para hacer duelo por él y enterrarlo. 30 Puso el cadáver en su propia tumba, y le entonaron la lamentación: «¡Ay, hermano mío!».

31 Después que lo enterraron, el profeta habló así a sus hijos: «Cuando yo muera, me enterrarán en la tumba donde ha sido sepultado el hombre de Dios; depositen mis huesos junto a los suyos, 32 porque ciertamente se cumplirá la palabra que él proclamó, por orden del Señor, contra el altar de Betel y contra todos los santuarios de los lugares altos que están en las ciudades de Samaría».

33 Después que sucedió esto, Jeroboam no se convirtió de su mala conducta. Volvió a instituir como sacerdotes de los lugares altos a personas tomadas del común de la gente; todo el que lo deseaba era investido por él y se convertía en sacerdote de los lugares altos. 34 Esto fue una ocasión de pecado para la casa de Jeroboam, y provocó su destrucción y su exterminio de la faz de la tierra.

LOS REINOS DE ISRAEL Y DE JUDÁ HASTA LOS TIEMPOS DE ELÍAS

Predicción de la ruina de Jeroboam

1 Re 11 29-39; 1 Sm 28 8;
1 Re 15 29; 16 3; 2 Sm 12 13-18

14 1 En aquel tiempo, cayó enfermo Abías, hijo de Jeroboam. 2 Entonces este dijo a su esposa: «Disfrázate para que nadie sepa que eres la mujer de Jeroboam, y ve a Silo. Allí habita Ajías, el profeta que predijo que yo reinaría sobre este pueblo. 3 Toma contigo diez panes, unas tortas y un tarro de miel, y ve a su casa: él te va a anunciar qué le sucederá a nuestro hijo». 4 Así lo hizo la mujer de Jeroboam: partió hacia Silo y entró en la casa de Ajías. Este ya no podía ver, porque había perdido la vista a causa de su vejez. 5 Pero el Señor le había dicho: «Mira que la mujer de Jeroboam viene a consultarte acerca de su hijo, porque está enfermo. Tú le dirás esto y esto. Cuando ella entre, se hará pasar por otra». 6 Apenas oyó el ruido de los pasos de la mujer, mientras ella entraba por la puerta, Ajías dijo: «Entra, mujer de Jeroboam. ¿Por qué te haces pasar por otra? Yo he sido enviado para hablarte duramente. 7 Ve y dile a Jeroboam: Así habla el Señor, el Dios de Israel: Yo te elevé de en medio del pueblo y te constituí jefe de mi pueblo Israel. 8 Arranqué la realeza a la casa de David para dártela a ti. Pero tú no has sido como mi servidor David, que observó mis mandamientos y me siguió de todo corazón, haciendo únicamente lo que es recto a mis ojos. 9 Tú, en cambio, has obrado peor que todos tus predecesores; has ido a fabricarte otros dioses, ídolos de metal fundido, para provocar mi indignación, y me has arrojado a tus espaldas. 10 Por eso, yo voy a atraer la desgracia sobre la casa de Jeroboam: extirparé a la familia de Jeroboam todos los varones, esclavos o libres en Israel, y barreré hasta los últimos restos de su casa, como se barre el estiércol, bien a fondo. 11 Al de la familia de Jeroboam que muera en la ciudad, lo comerán los perros, y al que muera en descampado, lo comerán las aves del cielo, porque ha hablado el Señor. 12 En cuanto a ti, vete ahora mismo a tu casa: apenas pongas tus pies en la ciudad, el niño morirá. 13 Todo Israel se lamentará por él, y le darán sepultura: él es el único en la familia de Jeroboam que entrará en una tumba, porque solo en él se ha encontrado algo bueno para el Señor, el Dios de Israel, en la casa de Jeroboam. 14 El Señor suscitará para Israel un rey que habrá de extirpar la casa de Jeroboam. 15 El Señor golpeará a Israel, y este se agitará como el junco en las aguas. Arrancará a Israel de este hermoso suelo que dio a sus padres, y los dispersará al otro lado del Río, porque construyeron sus postes sagrados, provocando así la indignación del Señor. 16 Él entregará a Israel por los pecados que cometió Jeroboam y por los que hizo cometer a Israel».

17 La mujer de Jeroboam partió y se fue a Tirsá. Y cuando franqueaba el umbral de su casa, murió el niño. 18 Lo sepultaron, y todo Israel se lamentó por él, conforme a la palabra que había dicho el Señor, por medio de su servidor, el profeta Ajías.

19 El resto de los hechos de Jeroboam, sus batallas y su reinado, todo eso está escrito en el libro de los Anales de los reyes de Israel. 20 Jeroboam reinó durante veintidós años, y se fue a descansar con sus padres. Su hijo Nadab reinó en lugar de él.

El reinado de Roboam en Judá (933-916)

2 Cr 12 13

Dt 32 16-17; 2 Re 16 4; 17 9-10; Dt 12 2-3; 1 Re 15 12

21 Roboam, hijo de Salomón, reinó en Judá. Tenía cuarenta y un años cuando comenzó a reinar, y reinó diecisiete años en Jerusalén, la ciudad que había elegido el Señor entre todas las tribus de Israel para poner allí su Nombre. Su madre se llamaba Naamá, la amonita.

22 Judá hizo lo que es malo a los ojos del Señor, provocando sus celos más que todos sus antepasados, con los pecados que cometieron. 23 También ellos se construyeron lugares altos, piedras conmemorativas y postes sagrados, en cualquier colina elevada y bajo todo árbol frondoso. 24 Incluso se llegó a tener en el país consagrados. Así imitaron todas las costumbres abominables de las naciones que el Señor había desposeído delante de los israelitas.

25 El quinto año del reinado de Roboam, subió Sisac, rey de Egipto, contra Jerusalén, 26 y se apoderó de los tesoros de la Casa del Señor y de la casa del rey. Se apoderó de todo, incluso de los escudos de oro que había hecho Salomón. 27 En lugar de ellos, el rey Roboam hizo unos escudos de bronce, y se los confió a los jefes de los guardias que custodiaban el acceso a la casa del rey. 28 Cada vez que el rey iba a la Casa del Señor, los guardias los llevaban, y luego los volvían a dejar en la sala de guardia.

29 El resto de los hechos de Roboam y todo lo que él hizo, ¿no está escrito en el libro de los Anales de los reyes de Judá? 30 Entre Roboam y Jeroboam hubo guerras continuas. 31 Roboam se fue a descansar con sus padres, y fue sepultado con ellos en la Ciudad de David. Su madre se llamaba Naamá, la amonita. Su hijo Abiam reinó en lugar de él.

El reinado de Abiam en Judá (915-913)

2 Cr 13 1-2.22-23

1 Re 11 36; 2 Re 8 19

15 1 El año decimoctavo del reinado de Jeroboam, hijo de Nebat, Abiam comenzó a reinar sobre Judá. 2 Él reinó tres años en Jerusalén. Su madre se llamaba Maacá, y era hija de Abisalom. 3 Él imitó todos los pecados que su padre había cometido antes que él, y su corazón no perteneció íntegramente al Señor, su Dios, como el de su padre David. 4 Sin embargo, por consideración a David, el Señor, su Dios, le concedió una lámpara en Jerusalén, asegurándole una descendencia y manteniendo en pie a Jerusalén. 5 Porque David había hecho lo que es recto a los ojos del Señor, sin apartarse jamás de lo que él le había mandado, salvo en el caso de Urías, el hitita. 6

7 El resto de los hechos de Abiam y todo lo que él hizo, ¿no está escrito en el libro de los Anales de los reyes de Judá? Entre Abiam y Jeroboam hubo guerra. 8 Abiam se fue a descansar con sus padres y lo sepultaron en la Ciudad de David. Su hijo Asá reinó en lugar de él.

El reinado de Asá en Judá (912-871) y su reforma religiosa

2 Cr 14 1-4 / 15 16-18
1 Re 14 24; 2 Re 23 4-6.12

9 El vigésimo año de Jeroboam, rey de Israel, comenzó a reinar Asá como rey de Judá. 10 Él reinó cuarenta y un años en Jerusalén. Su abuela se llamaba Maacá, y era hija de Abisalom. 11 Asá hizo lo que es recto a los ojos del Señor, igual que su padre David. 12 Expulsó del país a los consagrados y retiró todos los ídolos fabricados por sus antepasados. 13 Incluso despojó del rango de reina madre a su abuela Maacá, por haber dedicado un horrendo fetiche a la diosa Aserá. Asá eliminó ese fetiche, quemándolo en el torrente Cedrón. 14 Sin embargo, no desaparecieron los lugares altos, aunque el corazón de Asá perteneció íntegramente al Señor durante toda su vida. 15 Él hizo llevar a la Casa del Señor las ofrendas consagradas por su padre y las que él mismo había consagrado: plata, oro y otros utensilios.

16 Entre Asá y Basá, rey de Israel, hubo guerras continuas. 17 Basá, rey de Israel, subió contra Judá y fortificó Ramá, para cortarle las comunicaciones a Asá, rey de Judá. 18 Entonces Asá recogió toda la plata y el oro que aún quedaban en los tesoros de la Casa del Señor y en los de la casa del rey, y se los confió a sus servidores, a los que envió luego a Ben Hadad, hijo de Tabrimón, hijo de Jezión, rey de Aram, que residía en Damasco, con el siguiente mensaje: 19 «Hay una alianza entre tú y yo, como la hubo entre mi padre y el tuyo. Aquí te envío como presente plata y oro. Rompe entonces tu alianza con Basá, rey de Israel, para que se retire de mi territorio». 20 Ben Hadad le hizo caso y envió a los jefes de su ejército contra las ciudades de Israel. Atacó a Iyón, Dan, Abel Bet Maacá, toda la región de Quinéret y todo el territorio de Neftalí. 21 Cuando se enteró Basá, suspendió la fortificación de Ramá y regresó a Tirsá. 22 El rey Asá convocó luego a todos los habitantes de Judá, sin excepción, y se llevaron las piedras y la madera con que Basá estaba fortificando Ramá. Con ellas, el rey Asá fortificó Gueba de Benjamín y Mispá.

23 El resto de todos los hechos de Asá, su valentía, sus obras y las ciudades que construyó, ¿no está escrito todo eso en el libro de los Anales de los reyes de Judá? Cuando ya era anciano, se enfermó de los pies. 24 Asá se fue a descansar con sus padres, y fue sepultado en la Ciudad de David, su padre. Su hijo Josafat reinó en lugar de él.

El reinado de Nadab en Israel (911-910)

1 Re 16 15; 14 10-11

25 Nadab, hijo de Jeroboam, comenzó a reinar sobre Israel el segundo año de Asá, rey de Judá, y reinó dos años sobre Israel. 26 Él hizo lo que es malo a los ojos del Señor; siguió el camino de su padre y persistió en el pecado con que este hizo pecar a Israel. 27 Basá, hijo de Ajías, de la casa de Isacar, conspiró contra él y lo ultimó en Guibetón, que pertenecía a los filisteos, cuando Nadab y todo Israel la estaban sitiando. 28 Basá dio muerte a Nadab en el tercer año de Asá, rey de Judá, y se constituyó rey en lugar de él. 29 Apenas comenzó a reinar, masacró a toda la casa de Jeroboam, hasta exterminarla, sin dejar a nadie con vida, conforme a la palabra que había dicho el Señor por medio de su servidor Ajías de Silo. 30 Esto sucedió a causa de los pecados que Jeroboam cometió e hizo cometer a Israel, provocando así la indignación del Señor, el Dios de Israel.

31 El resto de los hechos de Nadab, todo lo que él hizo, ¿no está escrito en el libro de los Anales de los reyes de Israel? 32

El reinado de Basá en Israel (910-887)

1 Re 14 7-11

33 El tercer año de Asá, rey de Judá, comenzó a reinar sobre Israel Basá, hijo de Ajías, y reinó veinticuatro años en Tirsá. 34 Él hizo lo que es malo a los ojos del Señor; siguió el camino de Jeroboam y persistió en el pecado con que este hizo pecar a Israel.

16 1 La palabra del Señor llegó entonces a Jehú, hijo de Janani, contra Basá, en estos términos: 2 «Yo te levanté del polvo y te constituí jefe de mi pueblo Israel. Pero tú has seguido el camino de Jeroboam y has hecho pecar a mi pueblo Israel, provocándome así con sus pecados. 3 Por eso, voy a barrer hasta los últimos restos de Basá y de su casa, y dejaré tu casa como la de Jeroboam, hijo de Nebat. 4 Al de la familia de Basá que muera en la ciudad, lo comerán los perros, y al que muera en descampado, lo comerán las aves del cielo».

5 El resto de los hechos de Basá y todo lo que él hizo, así como su valentía, ¿no está escrito todo eso en el libro de los Anales de los reyes de Israel? 6 Basá se fue a descansar con sus padres y fue sepultado en Tirsá. Su hijo Elá reinó en lugar de él.

7 Además, por medio del profeta Jehú, hijo de Janani, la palabra del Señor fue dirigida a Basá y a su casa, por todo el mal que este había hecho a los ojos del Señor, provocando su indignación con la obra de sus manos, hasta el punto de llegar a ser como la casa de Jeroboam, y también por haber exterminado su estirpe.

El reinado de Elá en Israel (887-886)

1 Re 20 16; Jdt 12 20 – 13 2; 1 Re 14 10; 16 1-3

8 El vigésimo sexto año de Asá, rey de Judá, comenzó a reinar sobre Israel Elá, hijo

de Basá, y reinó dos años en Tirsá. 9 Su servidor Zimrí, jefe de media división de los
carros de guerra, conspiró contra él; y
mientras Elá estaba en Tirsá, bebiendo hasta embriagarse en casa de Arsá, el mayordomo de palacio, 10 entró Zimrí, lo hirió de
muerte y reinó en lugar de él. Era el vigésimo séptimo año de Asá, rey de Judá.
11 Apenas se proclamó rey y se sentó en
su trono, él acabó con toda la casa de Basá,
sin dejarle ningún varón, ni parientes cercanos ni amigos. 12 Zimrí exterminó a toda
la casa de Basá, conforme a la palabra que
el Señor había pronunciado contra él por
medio del profeta Jehú, 13 a causa de todos
los pecados que Basá y su hijo Elá habían
cometido y habían hecho cometer a Israel,
provocando con sus ídolos vanos la indignación del Señor, el Dios de Israel.
14 El resto de los hechos de Elá y todo lo
que él hizo, ¿no está escrito en el libro de
los Anales de los reyes de Israel?

El reinado de Zimrí en Israel (886)

15 El vigésimo séptimo año de Asá, rey de
Judá, comenzó a reinar Zimrí, y reinó siete
días en Tirsá. Mientras tanto, el ejército estaba acampado contra Guibetón, que pertenecía a los filisteos. 16 Cuando el ejército
acampado oyó decir: «Zimrí ha tramado
una conspiración e incluso ha matado al
rey», ese mismo día, en el campamento,
todo Israel proclamó rey de Israel a Omrí,
el jefe del ejército. 17 Omrí y todo Israel con
él subieron de Guibetón y sitiaron a Tirsá.
18 Cuando Zimrí vio que la ciudad era tomada, entró en el torreón del palacio real,
prendió fuego al palacio y así murió. 19 Esto sucedió por el pecado que había cometido, haciendo lo que es malo a los ojos
del Señor, siguiendo el camino de Jeroboam y persistiendo en el pecado que este
había cometido al hacer pecar a Israel.
20 El resto de los hechos de Zimrí y la conspiración que él urdió, ¿no está escrito en el
libro de los Anales de los reyes de Israel?
21 Entonces, el pueblo de Israel se dividió
en dos: una mitad del pueblo siguió a Tibní, hijo de Guinat, para hacerlo rey; la otra
mitad, en cambio, siguió a Omrí. 22 Pero el
partido de Omrí prevaleció sobre los partidarios de Tibní, hijo de Guinat. Tibní murió y Omrí quedó como rey.

El reinado de Omrí en Israel (886-875)

23 El trigésimo primer año de Asá, rey de Judá, comenzó a reinar Omrí sobre Israel, y reinó doce años. Reinó seis años en Tirsá, 24 y
luego le compró a Sémer el monte de Samaría, por dos talentos de plata. Levantó edifica-
ciones en la montaña, y dio a la ciudad que
había edificado el nombre de Samaría, por el
nombre de Sémer, el dueño del monte.
25 Omrí hizo lo que es malo a los ojos
del Señor, y obró peor aún que sus predecesores. 26 Siguió en todo el camino de Jeroboam, hijo de Nebat, y persistió en los
pecados con que él hizo pecar a Israel, provocando con sus ídolos vanos la indignación del Señor, el Dios de Israel.
27 El resto de los hechos de Omrí, todo
lo que él hizo y las proezas que realizó,
¿no está escrito todo eso en el libro de los
Anales de los reyes de Israel? 28 Omrí se
fue a descansar con sus padres y fue sepultado en Samaría. Su hijo Ajab reinó en
lugar de él.

El reinado de Ajab en Israel (875-853)

29 Ajab, hijo de Omrí, comenzó a reinar
sobre Israel el trigésimo octavo año de Asá,
rey de Judá, y reinó sobre Israel, en Samaría, durante veintidós años. 30 Ajab, hijo de
Omrí, hizo lo que es malo a los ojos del
Señor, más que todos sus predecesores. 31 Y
como si no le hubiera bastado persistir en
los pecados de Jeroboam, hijo de Nebat,
tomó por esposa a Jezabel, hija de Etbaal,
rey de los sidonios, y fue a servir a Baal y se

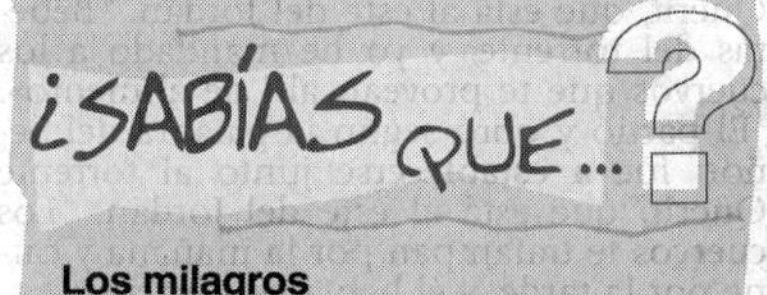

Los milagros siempre causan el bien

El profeta Elías anunció una sequía destructora como castigo por la idolatría del pueblo. Él mismo tiene que emigrar para salvarse del hambre.

Lee 1 Reyes 17 7-24 y observa cómo Dios cuida a Elías. Una viuda de Sarepta, no israelita, lo recibe con hospitalidad y sigue con fe sus instrucciones. Dios recompensa esa acción sencilla y cotidiana con dos milagros.

Un milagro es el resultado por encima del efecto de las leyes naturales establecidas por Dios. Por eso solo Dios puede obrar milagros y lo hace para dar vida, confirmar un mensaje o corroborar el testimonio de sus enviados (ver «Vocabulario bíblico: Milagro»).

Jesús mencionó los dones concedidos a esta viuda para resaltar que la protección de Dios es universal y enfatizar el valor de la fe (Lc 4 25-26). Siempre que sepas sobre un milagro, pregúntate: ¿qué bien hizo Dios?, ¿qué mensaje quiere confirmar?

1 Re 17 7-24

postró delante de él. 32 Construyó además
un altar a Baal en el templo que le había
construido en Samaría. 33 Ajab hizo también el Poste sagrado, y continuó provocando la indignación del Señor, el Dios de
Israel, más que todos los reyes que lo habían precedido.
34 En su tiempo, Jiel de Betel reconstruyó
Jericó: poner los cimientos le costó la vida
de Abiram, su primogénito, y asentar las
puertas le costó la vida de Segub, su hijo
menor, conforme a la palabra que había
pronunciado el Señor por medio de Josué,
hijo de Nun.

EL CICLO DE ELÍAS Y ELISEO

El anuncio de la gran sequía

Mal 3 23; Eclo 48 1-11; Mt 11 14; Ex 16 8.12

17 1 Elías el tisbita, de Tisbé en Galaad,
dijo a Ajab: «¡Por la vida del Señor, el
Dios de Israel, a quien yo sirvo, no habrá
estos años rocío ni lluvia, a menos que yo
lo diga!».
2 La palabra del Señor le llegó en estos
términos: 3 «Vete de aquí; encamínate hacia
el oriente y escóndete junto al torrente
Querit, que está al este del Jordán. 4 Beberás del torrente, y yo he mandado a los
cuervos que te provean allí de alimento».
5 Él partió y obró según la palabra del Señor: fue a establecerse junto al torrente
Querit, que está al este del Jordán. 6 Los
cuervos le traían pan por la mañana y carne por la tarde, y él bebía del torrente.

Elías y la viuda de Sarepta

2 Re 4 1-7; Lc 4 25-26

7 Pero, al cabo de un tiempo, el torrente
se secó porque no había llovido en la región. 8 Entonces la palabra del Señor llegó
a Elías en estos términos: 9 «Ve a Sarepta,
que pertenece a Sidón, y establécete allí;
ahí yo he ordenado a una viuda que te provea de alimento».
10 Él partió y se fue a Sarepta. Al llegar a
la entrada de la ciudad, vio a una viuda
que estaba juntando leña. La llamó y le dijo: «Por favor, tráeme en un jarro un poco
de agua para beber». 11 Mientras ella lo iba
a buscar, la llamó y le dijo: «Tráeme también en la mano un pedazo de pan». 12 Pero ella respondió: «¡Por la vida del Señor,
tu Dios! No tengo pan cocido, sino solo
un puñado de harina en el tarro y un poco
de aceite en el frasco. Apenas recoja un manojo de leña, entraré a preparar un pan para mí y para mi hijo; lo comeremos, y luego moriremos». 13 Elías le dijo: «No temas.
Ve a hacer lo que has dicho, pero antes prepárame con eso una pequeña galleta y tráemela; para ti y para tu hijo lo harás después. 14 Porque así habla el Señor, el Dios
de Israel:

El tarro de harina no se agotará
ni el frasco de aceite se vaciará,
hasta el día en que el Señor haga llover
sobre la superficie del suelo».

15 Ella se fue e hizo lo que le había dicho
Elías, y comieron ella, él y su hijo, durante
un tiempo. 16 El tarro de harina no se agotó
ni se vació el frasco de aceite, conforme a la
palabra que había pronunciado el Señor
por medio de Elías.

La resurrección del hijo de la viuda

2 Re 4 18-37; Lc 7 11-17; Hch 20 10

17 Después que sucedió esto, el hijo de la
dueña de casa cayó enfermo, y su enfermedad se agravó tanto que no quedó en él
aliento de vida. 18 Entonces la mujer dijo a
Elías: «¿Qué tengo que ver yo contigo,
hombre de Dios? ¡Has venido a mi casa para recordar mi culpa y hacer morir a mi hijo!». 19 «Dame a tu hijo», respondió Elías.
Luego lo tomó del regazo de su madre, lo
subió a la habitación alta donde se alojaba
y lo acostó sobre su lecho. 20 E invocó al Señor, diciendo: «Señor, Dios mío, ¿también
a esta viuda que me ha dado albergue la vas
a afligir, haciendo morir a su hijo?». 21 Después se tendió tres veces sobre el niño, invocó al Señor y dijo: «¡Señor, Dios mío, que
vuelva la vida a este niño!». 22 El Señor escuchó el clamor de Elías: el aliento vital
volvió al niño, y este revivió. 23 Elías tomó al
niño, lo bajó de la habitación alta de la casa y se lo entregó a su madre. Luego dijo:
«Mira, tu hijo vive». 24 La mujer dijo entonces a Elías: «Ahora sí reconozco que tú eres
un hombre de Dios y que la palabra del Señor está verdaderamente en tu boca».

El encuentro de Elías con Abdías

1 Re 4 6; 1 Sm 22 1; Ez 33 27; 2 Re 2 16; Ez 3 12.14

18 1 Mucho tiempo después, al tercer
año, la palabra del Señor llegó a
Elías, en estos términos: «Ve a presentarte a
Ajab, y yo enviaré lluvia a la superficie del
suelo». 2 Entonces Elías partió para presentarse ante Ajab.
Como apretaba el hambre en Samaría,
3 Ajab llamó a Abdías, el mayordomo de
palacio. —Abdías era muy temeroso del
Señor, 4 y cuando Jezabel perseguía a
muerte a los profetas del Señor, él había
recogido a cien de ellos, los había ocultado en dos cuevas, cincuenta en cada una,
y los había provisto de pan y agua—. 5 Ajab
dijo a Abdías: «Vamos a recorrer todos los
manantiales y torrentes del país. Tal vez
encontremos pasto para conservar con vida los caballos y las mulas, y así no ten-

Te presentamos a... 

EL PROFETA DEL MONOTEÍSMO

Elías es el gran defensor del culto al único Dios y fue el único profeta que nombró a su sucesor. Su nombre significa «Yahveh es mi Dios». Hombre de fe e intimidad con Dios, realizaba milagros en nombre de Dios, para corroborar su mensaje.

Fue un profeta apasionado que denunció el culto a dioses falsos y la infidelidad de la reina Jezabel y de los reyes Ajab y Ocozías. Con fe heroica demostró que Dios no era comparable con los dioses falsos cananeos, llamados *baales*. Lee 1 Reyes 18 20-40 para que conozcas cómo Elías arriesgó su vida por afirmar la existencia de un solo Dios.

Elías fue considerado el representante ideal del profetismo. El Nuevo Testamento lo recuerda como el profeta por excelencia, y cuando Jesús adquirió fama lo comparaban con él (Mc 6 15). Jesús es la plenitud de la Ley y los Profetas; por eso, en la transfiguración aparece con Moisés y Elías (ver «La transfiguración», Mc 9 2-8).

1 Re 18

dremos que sacrificar ganado». 6 Se repartieron el país para recorrerlo: Ajab partió
solo por un camino y Abdías, también solo, se fue por otro.
7 Mientras Abdías iba por el camino, le
salió al encuentro Elías. Apenas lo reconoció, cayó con el rostro en tierra y dijo:
«¿Eres tú, Elías, mi señor?». 8 «Soy yo —le
respondió él—. Ve a decirle a tu señor que
Elías está aquí». 9 Pero él replicó: «¿Qué
pecado he cometido para que pongas a tu
servidor en manos de Ajab y él me haga
morir? 10 ¡Por la vida del Señor, tu Dios!,
no hay nación ni reino adonde mi señor
Ajab no te haya mandado buscar. Y cuando decían: No está aquí, él hacía jurar a
ese reino y a esa nación que no te habían
encontrado. 11 Y ahora tú dices: "Ve a decirle a tu señor que aquí está Elías". 12 Pero en
cuanto yo me aparte de ti, el espíritu del
Señor te llevará quién sabe adónde, y
cuando vaya a avisarle a Ajab, él no te encontrará y me matará. Sin embargo, tu servidor teme al Señor desde su juventud.
13 ¿Acaso no te han contado lo que hice
cuando Jezabel mataba a los profetas del
Señor, cómo oculté a cien de ellos en dos
cuevas, cincuenta en cada una, y los proveí
de pan y agua? 14 Y ahora tú me dices: "Ve
a decirle a tu señor que aquí está Elías".
¡Seguro que me matará!». 15 Pero Elías replicó: «¡Por la vida del Señor de los ejércitos, a quien yo sirvo! Hoy mismo me presentaré a él».

El encuentro de Elías con Ajab

1 Re 16 31-32

16 Abdías fue al encuentro de Ajab; le comunicó el mensaje, y Ajab fue a encontrarse con Elías. 17 Apenas vio a Elías, Ajab le
dijo: «¿Así que eres tú el que trae la desgracia a Israel?». 18 Elías respondió: «No soy yo
el que traigo la desgracia a Israel, sino tú y
la casa de tu padre, porque han abandonado al Señor y te has ido detrás de los Baales. 19 Y ahora, manda que todo Israel se
reúna junto a mí en el monte Carmelo,
con los cuatrocientos profetas de Baal y los
cuatrocientos profetas de Aserá que comen
a la mesa de Jezabel».

El juicio de Dios en el monte Carmelo

Ex 24 4; Jos 4 1-9.20-24; Lv 1 6-8; 9 24

20 Ajab mandó buscar a todos los israelitas y reunió a los profetas sobre el monte
Carmelo. 21 Elías se acercó a todo el pueblo
y dijo: «¿Hasta cuándo van a andar ren-
queando de las dos piernas? Si el Señor es
Dios, síganlo; si es Baal, síganlo a él». Pero
el pueblo no le respondió ni una palabra.
22 Luego Elías dijo al pueblo: «Como
profeta del Señor, he quedado yo solo,
mientras que los profetas de Baal son cuatrocientos cincuenta. 23 Traigamos dos novillos; que ellos se elijan uno, que lo des-
pedacen y lo pongan sobre la leña, pero
sin prender fuego. Yo haré lo mismo con el
otro novillo: lo pondré sobre la leña y tampoco prenderé fuego. 24 Ustedes invocarán

el nombre de su dios y yo invocaré el nombre del Señor: el dios que responda enviando fuego, ese es Dios». Todo el pueblo
respondió diciendo: «¡Está bien!».
25 Elías dijo a los profetas de Baal: «Elíjan-
se un novillo y prepárenlo ustedes primero,
ya que son los más numerosos; luego invoquen el nombre de su dios, pero no prendan
fuego». 26 Ellos tomaron el novillo que se
les había dado, lo prepararon e invocaron
el nombre de Baal desde la mañana hasta el
mediodía, diciendo: «¡Respóndenos, Baal!».
Pero no se oyó ninguna voz ni nadie que respondiera. Mientras tanto, danzaban junto al
altar que habían hecho. 27 Al mediodía, Elías
empezó a burlarse de ellos, diciendo: «¡Griten bien fuerte, porque es un dios! Pero estará ocupado, o ausente, o se habrá ido de
viaje. A lo mejor está dormido y se despierta». 28 Ellos gritaron a voz en cuello y, según
su costumbre, se hacían incisiones con cuchillos y punzones, hasta chorrear sangre.
29 Y una vez pasado el mediodía, se entregaron al delirio profético hasta la hora en que
se ofrece la ofrenda. Pero no se oyó ninguna
voz, ni hubo nadie que respondiera o prestara atención.
30 Entonces Elías dijo a todo el pueblo:
«¡Acérquense a mí!». Todo el pueblo se acercó a él, y él restauró el altar del Señor que
había sido demolido: 31 tomó doce piedras,
conforme al número de los hijos de Jacob, a
quien el Señor había dirigido su palabra, diciéndole: «Te llamarás Israel», 32 y con esas
piedras construyó un altar al nombre del Señor. Alrededor del altar hizo una zanja, como un surco para dos medidas de semilla.
33 Luego dispuso la leña, despedazó el novillo y lo colocó sobre la leña. 34 Después dijo:
«Llenen de agua cuatro cántaros y derrá-
menla sobre el holocausto y sobre la leña».
Así lo hicieron. Él añadió: «Otra vez». Lo hicieron por segunda vez, y él insistió: «Una
vez más». Lo hicieron por tercera vez. 35 El
agua corrió alrededor del altar, y hasta la
zanja se llenó de agua.
36 A la hora en que se ofrece la ofrenda, el
profeta Elías se adelantó y dijo: «¡Señor,
Dios de Abraham, de Isaac y de Israel! Que
hoy se sepa que tú eres Dios en Israel, que yo
soy tu servidor y que por orden tuya hice
todas estas cosas. 37 Respóndeme, Señor, respóndeme, para que este pueblo reconozca
que tú, Señor, eres Dios, y que eres tú el que
les ha cambiado el corazón».
38 Entonces cayó el fuego del Señor:
Abrazó el holocausto, la leña, las piedras y
la tierra, y secó el agua de la zanja. 39 Al ver
esto, todo el pueblo cayó con el rostro en
tierra y dijo: «¡El Señor es Dios! ¡El Señor
es Dios!». 40 Elías les dijo: «¡Agarren a los
profetas de Baal! ¡Que no escape ninguno!». Ellos los agarraron: Elías los hizo bajar al torrente Quisón y allí los degolló.

El fin de la sequía

Sant 5 18; 2 Re 3 15

41 Elías dijo a Ajab: «Sube a comer y a beber, porque ya se percibe el ruido de la lluvia». 42 Ajab subió a comer y a beber, mientras Elías subía a la cumbre del Carmelo.
Allí se postró en tierra, con el rostro entre
las rodillas. 43 Y dijo a su servidor: «Sube y
mira hacia el mar». Él subió, miró y dijo:
«No hay nada». Elías añadió: «Vuelve a hacerlo siete veces». 44 La séptima vez, el servidor dijo: «Se eleva del mar una nube, pequeña como la palma de una mano». Elías
dijo: «Ve a decir a Ajab: Engancha el carro
y baja, para que la lluvia no te lo impida».
45 El cielo se oscureció cada vez más por las
nubes y el viento, y empezó a llover copiosamente. Ajab subió a su carro y partió para Izreel. 46 La mano del Señor se posó sobre Elías; él se ató el cinturón y corrió
delante de Ajab hasta la entrada de Izreel.

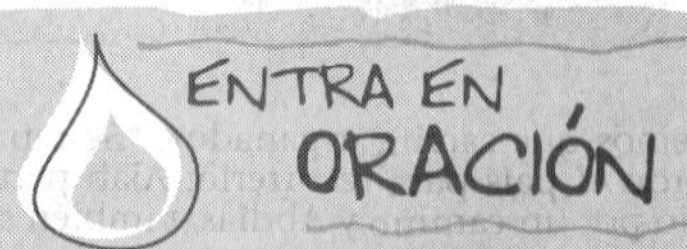

Sal a mi encuentro

Al ser perseguido por la reina Jezabel, Elías huyó en medio de una depresión. En el desierto, Dios lo fortaleció con sueño y comida. A partir de entonces, su huída se convirtió en un peregrinaje al encuentro de Dios en el monte Horeb. Ahí, Dios se le manifestó en una suave brisa, en lugar de en medio del fuego, terremotos y vientos, como solía manifestarse. Ahora, tú, ora con Elías:

Señor, tengo necesidad de ti, en especial cuando mi desánimo llega al extremo y siento un gran vacío. Por más cosas y acciones con que intente llenarlo, solo tú puedes saciarme.

A veces busco el ruido para acallar la sed de ti, pero en el fondo mi corazón te ansía. Cuando deje que los días pasen sin sentido, sal a mi encuentro, muéstrame tu cuidado y torna mi desesperación en fe y esperanza.

Sé que a veces me llamas a la soledad para hacerte presente en mi vida como en la de Elías. Me buscas con ternura, no en el huracán o el fuego, sino en la suave brisa del silencio.

Señor, concédeme descubrirte en el silencio de mi corazón. Amén.

1 Re 19 1-8

El viaje de Elías al monte Horeb

1 Re 18 40; Ex 32 32; Nm 11 15; Jon 4 3

19 1 Ajab contó a Jezabel todo lo que había hecho Elías y cómo había pasado
a todos los profetas al filo de la espada. 2 Jezabel envió entonces un mensajero a Elías
para decirle: «Que los dioses me castiguen si
mañana, a la misma hora, yo no hago con
tu vida lo que tú hiciste con la de ellos». 3 Él
tuvo miedo, y partió enseguida para salvar
su vida. Llegó a Berseba de Judá y dejó allí a
su sirviente. 4 Luego caminó un día entero
por el desierto, y al final se sentó bajo una
retama. Entonces se deseó la muerte y exclamó: «¡Basta ya, Señor! ¡Quítame la vida,
porque yo no valgo más que mis padres!».
5 Se acostó y se quedó dormido bajo la retama. Pero un ángel lo tocó y le dijo: «¡Levántate, come!». 6 Él miró y vio que había a
su cabecera una galleta cocida sobre piedras
calientes y un jarro de agua. Comió, bebió y
se acostó de nuevo. 7 Pero el Ángel del Señor
volvió otra vez, lo tocó y le dijo: «¡Levántate, come, porque todavía te queda mucho
por caminar!». 8 Elías se levantó, comió y
bebió, y fortalecido por ese alimento caminó cuarenta días y cuarenta noches hasta la
montaña de Dios, el Horeb.

El encuentro de Elías con Dios

Ex 14 21; Is 29 6; Ex 3 2-3;
Hch 2 2-3; Ex 3 6; 33 20-23; Is 6 13

9 Allí, entró en la gruta y pasó la noche.
Entonces le fue dirigida la palabra del Señor. 10 El Señor le dijo: «¿Qué haces aquí,
Elías?». Él respondió: «Me consumo de celo
por el Señor, el Dios de los ejércitos, porque
los israelitas abandonaron tu alianza, derribaron tus altares y mataron a tus profetas
con la espada. He quedado yo solo y tratan
de quitarme la vida». 11 El Señor le dijo: «Sal
y quédate de pie en la montaña, delante del
Señor». Y en ese momento el Señor pasaba.
Sopló un viento huracanado que partía las
montañas y resquebrajaba las rocas delante
del Señor. Pero el Señor no estaba en el
viento. Después del viento, hubo un terremoto. Pero el Señor no estaba en el terremoto. 12 Después del terremoto, se encendió un
fuego. Pero el Señor no estaba en el fuego.
Después del fuego, se oyó el rumor de una
brisa suave. 13 Al oírla, Elías se cubrió el rostro con su manto, salió y se quedó de pie a
la entrada de la gruta. Entonces le llegó una
voz, que decía: «¿Qué haces aquí, Elías?».
14 Él respondió: «Me consumo de celo por el
Señor, el Dios de los ejércitos, porque los israelitas abandonaron tu alianza, derribaron
tus altares y mataron a tus profetas con la
espada. He quedado yo solo y tratan de quitarme la vida». 15 El Señor le dijo: «Vuelve
por el mismo camino, hacia el desierto de
Damasco. Cuando llegues, ungirás a Jazael
como rey de Aram. 16 A Jehú, hijo de Nimsí,
lo ungirás rey de Israel, y a Eliseo, hijo de
Safat, de Abel Mejolá, lo ungirás profeta en
lugar de ti. 17 Al que escape de la espada de Jazael, lo hará morir Jehú; al que escape de
la espada de Jehú, lo hará morir Eliseo.
18 Pero yo preservaré en Israel un resto de
siete mil hombres: todas las rodillas que no
se doblaron ante Baal y todas las bocas que
no lo besaron».

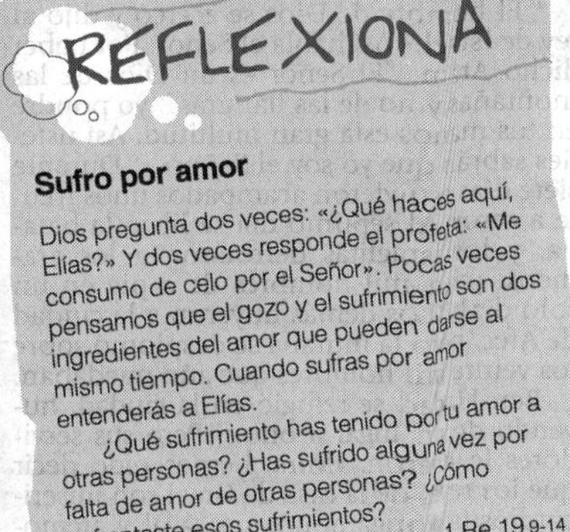

La vocación de Eliseo

2 Re 2 13-14; Lc 8 44; Hch 19 12; Lc 9 61

19 Elías partió de allí y encontró a Eliseo,
hijo de Safat, que estaba arando. Delante
de él había doce yuntas de bueyes, y él iba
con la última. Elías pasó cerca de él y le
echó encima su manto. 20 Eliseo dejó sus
bueyes, corrió detrás de Elías y dijo: «Déjame besar a mi padre y a mi madre; luego te
seguiré». Elías le respondió: «Sí, puedes ir.
¿Qué hice yo para impedírtelo?». 21 Eliseo
dio media vuelta, tomó la yunta de bueyes
y los inmoló. Luego, con los arneses de los
bueyes, asó la carne y se la dio a su gente
para que comieran. Después partió, fue detrás de Elías y se puso a su servicio.

Primera campaña de los arameos: el asedio de Samaría

Jr 9 22-23; Sal 20 8

20 1 Ben Hadad, rey de Aram, reunió todo
su ejército, y acompañado de treinta y
dos reyes, con caballería y carros de guerra,
subió a combatir contra Samaría y la sitió.
2 Entonces envió mensajeros a la ciudad, a
Ajab, rey de Israel, 3 para decirle: «Así habla
Ben Hadad: Tu plata y tu oro me pertenecen

y también me pertenecen tus mujeres y tus hermosos hijos». 4 El rey de Israel respondió diciendo: «¡A tus órdenes, rey, mi señor! A ti pertenecemos yo y todos mis bienes». 5 Pero los mensajeros regresaron y dijeron: «Así habla Ben Hadad: Mando a decirte que me entregues tu plata y tu oro, tus mujeres y tus hijos. 6 Así que mañana, a esta misma hora, te enviaré a mis servidores: ellos registrarán tu casa y las casas de tus súbditos; se apoderarán de todo lo que tú más quieres, y se lo llevarán».

7 El rey convocó a los ancianos del país y les dijo: «¡Fíjense bien cómo ese hombre trata de arruinarme! Porque cuando me reclamó mis mujeres y mis hijos, mi plata y mi oro, yo no le negué nada». 8 Todos los ancianos y todo el pueblo le dijeron: «¡No lo escuches! ¡No aceptes!». 9 Entonces él replicó a los mensajeros de Ben Hadad: «Díganle al rey, mi señor: Haré todo lo que me mandaste la primera vez; pero esto otro no lo puedo hacer». Los mensajeros se fueron y llevaron la respuesta. 10 Ben Hadad le mandó a decir: «Que los dioses me castiguen, si queda bastante polvo en Samaría para que cada uno de mis hombres recoja un puñado». 11 Y el rey de Israel respondió: «Díganle: ¡No hay que cantar victoria antes de tiempo!». 12 Apenas oyó esta palabra, Ben Hadad, que estaba bebiendo con los reyes en las tiendas de campaña, ordenó a sus servidores: «¡A sus puestos!». Y ellos tomaron posiciones frente a la ciudad.

Intervención de un profeta y victoria de Israel

1 Re 16 9

13 Mientras tanto, un profeta se acercó a Ajab, rey de Israel, y dijo: «Así habla el Señor: ¿Ves toda esa gran multitud? Hoy mismo la voy a poner en tus manos. Así sabrás que yo soy el Señor». 14 «¿Por medio de quién?», preguntó Ajab. El profeta dijo: «Así habla el Señor: Por medio de los cuerpos de cadetes que están a las órdenes de los jefes de distritos». Ajab insistió: «¿Y quién librará la batalla?». «Tú», respondió él.

15 Ajab pasó revista a los cadetes de los jefes de distritos, y eran doscientos treinta y dos. A continuación revistó a toda la tropa, a todos los israelitas, y sumaban siete mil. 16 Al mediodía comenzaron a salir, mientras Ben Hadad se embriagaba en las tiendas de campaña, junto con los treinta y dos reyes aliados. 17 Los cadetes de los jefes de distritos salieron en primer lugar. Entonces le avisaron a Ben Hadad: «Unos hombres han salido de Samaría». 18 Él ordenó: «Si salieron en son de paz, captúrenlos vivos, y si salieron en plan de guerra, también captúrenlos vivos».

19 Una vez que salieron de la ciudad los cadetes de los jefes de distritos, con el ejército detrás de ellos, 20 cada uno mató al que se le puso delante. Los arameos huyeron, perseguidos por los israelitas. Ben Hadad, rey de Aram, se salvó a caballo con algunos jinetes. 21 Entonces salió el rey de Israel y se apoderó de los caballos y los carros, infligiendo a Aram una gran derrota.

Nuevos preparativos bélicos

22 El profeta se acercó al rey de Israel y le dijo: «Refuerza tu ejército y piensa bien lo que vas a hacer, porque el año que viene el rey de Aram volverá a subir contra ti». 23 Por su parte, los servidores del rey de Aram dijeron a este: «El Dios de los israelitas es un Dios de las montañas; por eso nos han vencido. Pero luchemos contra ellos en la llanura, y seguramente los venceremos. 24 Actúa de esta manera: destituye a cada uno de esos reyes y reemplázalos por gobernadores. 25 Recluta además un ejército tan numeroso como el que perdiste, con otros tantos caballos y carros. Luego lucharemos contra ellos en la llanura, y seguramente los venceremos». El rey escuchó su parecer y procedió así.

Segunda campaña de los arameos y nueva victoria de los israelitas

Jue 7 1-5

26 Al año siguiente, Ben Hadad pasó revista a los arameos y subió a Afec para librar batalla contra Israel. 27 También los israelitas fueron revistados y abastecidos de víveres, y partieron a su encuentro. Los israelitas acamparon frente a ellos, como dos rebaños de cabras, mientras que los arameos llenaban el país.

28 El hombre de Dios se acercó y dijo al rey de Israel: «Así habla el Señor: Por haber dicho Aram: "El Señor es un Dios de las montañas y no de las llanuras", yo pondré en tus manos esta gran multitud. Así ustedes sabrán que yo soy el Señor». 29 Durante siete días estuvieron acampados unos frente a otros. Al séptimo día se libró la batalla, y los israelitas derrotaron a los arameos: ¡cien mil hombres de a pie en un solo día! 30 Los demás huyeron a la ciudad de Afec, pero la muralla se desplomó sobre los veinte mil hombres que aún quedaban.

Ben Hadad se refugió en la ciudad, huyendo de un lugar a otro. 31 Pero sus servidores le dijeron: «Mira, hemos oído decir que los reyes de la casa de Israel son misericordiosos. Pongámonos un sayal y atémonos cuerdas a la cabeza, y rindámonos al rey de Israel. Tal vez así te perdone la vida». 32 Ellos se ciñeron un sayal y se ataron cuerdas a la cabeza; luego se presentaron al rey

de Israel y le dijeron: «Tu servidor Ben Hadad ha dicho: Perdóname la vida». Él respondió: «¿Vive todavía? ¡Es mi hermano!».
33 Los hombres vieron en esto un buen augurio, y se apresuraron a tomarle la palabra,
diciendo: «¡Ben Hadad es tu hermano!». El
rey añadió: «Vayan a buscarlo». Entonces salió Ben Hadad y él lo hizo subir a su propio
carro. 34 Ben Hadad le dijo: «Restituiré las
ciudades que mi padre le quitó al tuyo, y tú
podrás instalar bazares en Damasco, como
mi padre los había instalado en Samaría».
«Yo, por mi parte —replicó Ajab—, mediante un pacto, te dejaré partir». Ajab concluyó
un pacto en favor de él, y lo dejó partir.

Reprobación profética del pacto de Ajab

1 Re 13 24; 2 Sm 12 1-12; 14 1-20; 1 Re 21 4

35 Uno de la comunidad de los profetas
dijo a su compañero, por orden del Señor:
«¡Golpéame!». Pero el otro se negó a gol-
pearlo. 36 Él le dijo: «Porque no has escuchado la voz del Señor, apenas te alejes de
mí te matará el león». Y apenas el otro se
alejó de su lado, lo encontró el león y lo
mató.
37 El profeta encontró a otro hombre y le
dijo: «¡Golpéame!». El hombre lo golpeó y
lo dejó maltrecho. 38 Luego el profeta fue a
apostarse en el camino, a la espera del rey,
cubriéndose los ojos con una venda para no
ser reconocido. 39 Cuando el rey pasaba, le
gritó: «Tu servidor avanzaba para entrar en
batalla, y de pronto un soldado, abandonando las filas, me trajo un hombre y me
dijo: "Vigila a este hombre. Si llega a faltar,
responderás por él con tu vida, o bien pagarás un talento de plata". 40 Pero mientras yo
estaba ocupado, yendo de acá para allá, el
hombre desapareció». El rey le replicó: «¡Está clara tu sentencia! La has pronunciado tú
mismo». 41 Él se apresuró a quitarse la venda
de los ojos, y el rey de Israel reconoció que
era uno de los profetas. 42 Entonces dijo al
rey: «Así habla el Señor: Porque has dejado
escapar al hombre que yo había consagrado
al exterminio, tu vida responderá por su vida y tu pueblo por su pueblo». 43 El rey de Israel se fue a su casa malhumorado y muy
irritado, y entró en Samaría.

La viña de Nabot

1 Sm 8 14; Lv 25 13; Nm 36 7; 1 Re 20 43

21 1 Después de esto, sucedió lo siguiente: Nabot, el izreelita, tenía una viña
en Izreel, al lado del palacio de Ajab, rey
de Samaría. 2 Ajab dijo a Nabot: «Dame tu
viña para hacerme una huerta, ya que está
justo al lado de mi casa. Yo te daré a cambio una viña mejor o, si prefieres, te pagaré su valor en dinero». 3 Pero Nabot respondió a Ajab: «¡El Señor me libre de ce-
derte la herencia de mis padres!».
4 Ajab se fue a su casa malhumorado y
muy irritado por lo que le había dicho Nabot, el izreelita: «No te daré la herencia de
mis padres». Se tiró en su lecho, dio vuelta
la cara y no quiso probar bocado. 5 Entonces fue a verlo su esposa Jezabel y le preguntó: «¿Por qué estás tan malhumorado y
no comes nada?». 6 Él le dijo: «Porque le
hablé a Nabot, el izreelita, y le propuse:
"Véndeme tu viña o, si quieres, te daré otra
a cambio". Pero él respondió: "No te daré
mi viña"». 7 Su esposa Jezabel le dijo: «¿Así
ejerces tú la realeza sobre Israel? ¡Levántate, come y alégrate! ¡Yo te daré la viña de
Nabot, el izreelita!».
8 Enseguida escribió una carta en nombre de Ajab, la selló con el sello del rey y
la envió a los ancianos y a los notables de la
ciudad, conciudadanos de Nabot. 9 En esa
carta escribió: «Proclamen un ayuno y en
la asamblea del pueblo hagan sentar a Nabot en primera fila. 10 Hagan sentar enfrente a dos malvados, que atestigüen contra
él, diciendo: "Tú has maldecido a Dios y al
rey". Luego sáquenlo afuera y mátenlo a
pedradas».
11 Los hombres de la ciudad, los ancianos y notables, conciudadanos de Nabot,
obraron de acuerdo con lo que les había
mandado Jezabel, según lo que estaba escrito en la carta que les había enviado.
12 Proclamaron un ayuno e hicieron sentar
a Nabot en primera fila. 13 Enseguida llegaron dos malvados que se le sentaron enfrente y atestiguaron contra él diciendo:
«Nabot ha maldecido a Dios y al rey». Entonces lo sacaron fuera de la ciudad y lo
mataron a pedradas. 14 Y mandaron decir a
Jezabel: «Nabot fue apedreado y murió».
15 Cuando Jezabel se enteró de que Nabot había sido matado a pedradas, dijo a
Ajab: «Ya puedes tomar posesión de la viña
de Nabot, esa que él se negaba a venderte,
porque Nabot ya no vive: está muerto».
16 Apenas oyó Ajab que Nabot estaba muerto, bajó a la viña de Nabot, el izreelita, para tomar posesión de ella.

La intervención profética de Elías

Ex 20 13.17; 1 Re 22 35-38; 2 Re 9 25-26;
1 Re 14 10; 2 Re 9 10.36; 1 Re 11 12

17 Entonces la palabra del Señor llegó a
Elías, el tisbita, en estos términos: 18 «Baja al
encuentro de Ajab, rey de Israel en Samaría.
Ahora está en la viña de Nabot: ha bajado
allí para tomar posesión de ella. 19 Tú le dirás: Así habla el Señor: ¡Has cometido un
homicidio, y encima te apropias de lo ajeno! Por eso, así habla el Señor: En el mismo
sitio donde los perros lamieron la sangre de

Nabot, allí también lamerán tu sangre».
20 Ajab respondió a Elías: «¡Me has sorprendido, enemigo mío!». «Sí —repuso Elías—,
te he sorprendido, porque te has prestado a
hacer lo que es malo a los ojos del Señor.
21 Yo voy a atraer la desgracia sobre ti: barreré hasta tus últimos restos y extirparé a todos los varones de la familia de Ajab, esclavos o libres en Israel. 22 Dejaré tu casa como
la de Jeroboam, hijo de Nebat, y como la de
Basá, hijo de Ajías, porque has provocado
mi indignación y has hecho pecar a Israel.
23 Y el Señor también ha hablado contra Jezabel, diciendo: Los perros devorarán la carne de Jezabel en la parcela de Izreel. 24 Al de
la familia de Ajab que muera en la ciudad,
se lo comerán los perros, y al que muera en
despoblado, se lo comerán los pájaros del
cielo».

25 No hubo realmente nadie que se haya
prestado como Ajab para hacer lo que es
malo a los ojos del Señor, instigado por su
esposa Jezabel. 26 Él cometió las peores
abominaciones, yendo detrás de los ídolos, como lo habían hecho los amorreos
que el Señor había desposeído delante de
los israelitas.

27 Cuando Ajab oyó aquellas palabras,
rasgó sus vestiduras, se puso un sayal sobre su carne, y ayunó. Se acostaba con el
sayal y andaba taciturno. 28 Entonces la
palabra del Señor llegó a Elías, el tisbita,
en estos términos: 29 «¿Has visto cómo
Ajab se ha humillado delante de mí? Porque se ha humillado delante de mí, no
atraeré la desgracia mientras él viva, sino
que la haré venir sobre su casa en tiempos
de su hijo».

Preparativos para la campaña contra Ramot de Galaad

2 Cr 18 1-4

2 Re 3 7; 1 Re 20 14; Jue 1 1; 1 Sm 14 37

22 1 Durante tres años, no hubo guerra entre Aram e Israel. 2 Al tercer año, Josafat, rey de Judá, bajó a visitar al rey de Israel.
3 Este dijo a sus servidores: «Ustedes saben
bien que Ramot de Galaad nos pertenece.
Sin embargo, nosotros no hacemos nada para quitársela al rey de Aram». 4 Luego preguntó a Josafat: «¿Irías conmigo a combatir a Ramot de Galaad?». Josafat respondió al rey de
Israel: «Cuenta conmigo como contigo mismo, con mi gente como con la tuya, con mis
caballos como con los tuyos». 5 Pero añadió:
«Consulta primero la palabra del Señor».

La intervención de los falsos profetas

2 Cr 18 5-11

2 Re 3 11; 11 31; Is 30 10

6 El rey de Israel reunió a los profetas,
unos cuatrocientos hombres, y les preguntó: «¿Puedo ir a combatir contra Ramot de
Galaad, o debo desistir?». Ellos respondieron: «Sube, y el Señor la entregará en manos del rey». 7 Pero Josafat insistió: «¿No
queda por ahí algún profeta del Señor para consultar por medio de él?». 8 El rey de
Israel dijo a Josafat: «Sí, queda todavía un
hombre por cuyo intermedio se podría
consultar al Señor. Pero yo lo detesto, porque no me vaticina nada bueno, sino solo
desgracias: es Miqueas, hijo de Imlá». «No
hable el rey de esa manera», replicó Josafat.
9 Entonces el rey de Israel llamó a un eunuco y ordenó: «Que venga enseguida Miqueas, hijo de Imlá».

10 El rey de Israel y Josafat, rey de Judá, estaban sentados cada uno en su trono, con
sus vestiduras reales, sobre la explanada
que está a la entrada de la puerta de Samaría, mientras todos los profetas vaticinaban
delante de ellos. 11 Sedecías, hijo de Canaaná, se había hecho unos cuernos de hierro
y decía: «Así habla el Señor: Con esto embestirás a Aram hasta acabar con él». 12 Y todos los profetas vaticinaban en el mismo
sentido, diciendo: «¡Sube a Ramot de Galaad y triunfarás! ¡El Señor la entregará en
manos del rey!».

La intervención del profeta Miqueas

2 Cr 18 12-27

Nm 22 18; 27 17; Jr 10 21; Ez 34 5-6;
Is 6 1; Ez 13 17; Jr 20 1-2

13 El mensajero que había ido a llamar a
Miqueas le dijo: «Mira que las palabras de
los profetas anuncian a una sola voz buena
fortuna para el rey. Habla tú también como uno de ellos, y anuncia la victoria».
14 Pero Miqueas replicó: «¡Por la vida del
Señor, solo diré lo que el Señor me diga!».
15 Cuando se presentó al rey, este le dijo:
«Miqueas, ¿podemos ir a combatir contra
Ramot de Galaad, o debemos desistir?». Él
le respondió: «Sube y triunfarás; el Señor la
entregará en manos del rey». 16 Pero el rey
le dijo: «¿Cuántas veces tendré que conjurarte a que no me digas más que la verdad
en nombre del Señor?». 17 Miqueas dijo entonces:

«He visto a todo Israel disperso por las
montañas, como ovejas sin pastor. El Señor
ha dicho: Estos ya no tienen dueño; vuélvase cada uno a su casa en paz».

18 El rey de Israel dijo a Josafat: «¿No te
había dicho que este no me vaticina el
bien, sino solo desgracias?». 19 Miqueas siguió diciendo: «Por eso, escucha la palabra
del Señor: Yo vi al Señor sentado en su trono, y todo el Ejército de los cielos estaba de
pie junto a él, a derecha e izquierda. 20 El Señor preguntó: "¿Quién seducirá a Ajab, para que suba y caiga en Ramot de Galaad?".

Ellos respondieron, uno de una manera y otro de otra. 21 Entonces se adelantó el espíritu y, puesto de pie delante del Señor, dijo: "Yo lo seduciré". "¿Cómo?", preguntó el Señor. 22 Él respondió: "Iré y seré un espíritu de mentira en la boca de todos sus profetas". Entonces el Señor le dijo: "Tú lograrás seducirlo. Ve y obra así". 23 Ahora, el Señor ha puesto un espíritu de mentira en la boca de todos estos profetas, porque él ha decretado tu ruina».

24 Sedecías, hijo de Canaaná, se acercó a Miqueas y le dio una bofetada, diciendo: «¿Por dónde se me escapó el espíritu del Señor para hablarte a ti?». 25 Miqueas repuso: «Eso lo verás el día en que vayas de una habitación a otra para esconderte». 26 Entonces el rey de Israel ordenó: «Toma a Miqueas y llévalo a Amón, el gobernador de la ciudad, y a Joás, el hijo del rey. Tú les dirás: 27 Así habla el rey: Encierren a este hombre en la cárcel y ténganlo a pan y agua, hasta que yo regrese victorioso». 28 Miqueas replicó: «Si tú regresas victorioso, quiere decir que el Señor no ha hablado por mi boca».

Muerte de Ajab en Ramot de Galaad

2 Cr 18 28-34

1 Re 21 19

29 El rey de Israel y Josafat, rey de Judá, subieron a Ramot de Galaad. 30 Y el rey de Israel dijo a Josafat: «Yo me voy a disfrazar para entrar en batalla, pero tú quédate con tus vestiduras». El rey de Israel se disfrazó y entró en combate. 31 El rey de Aram, por su parte, había dado esta orden a los treinta y dos comandantes de sus carros de guerra: «No ataquen a nadie, ni pequeño ni grande, sino solo al rey de Israel».

32 Cuando los comandantes de los carros vieron a Josafat, dijeron: «Seguro que ese es el rey de Israel», y se volvieron hacia él para atacarlo. Josafat lanzó un grito, 33 y los comandantes de los carros, al ver que ese no era el rey de Israel, dejaron de perseguirlo. 34 Pero un hombre disparó su arco al azar e hirió al rey de Israel por entre las junturas de la coraza. El rey dijo al conductor de su carro: «Vuelve atrás y sácame del campo de batalla, porque estoy malherido».

35 Aquel día, el combate fue muy encarnizado. El rey debió ser sostenido de pie sobre el carro, frente a los arameos, y murió al atardecer. La sangre de su herida había chorreado hasta el fondo del carro. 36 A la puesta del sol, corrió un grito por el campo de batalla: «¡Cada uno a su ciudad! ¡Cada uno a su tierra! 37 ¡El rey ha muerto!». Así entraron en Samaría y sepultaron allí al rey. 38 Y cuando lavaron el carro en el estanque de Samaría, los perros lamieron su sangre y las prostitutas se bañaron en ella, conforme a la palabra que había dicho el Señor.

39 El resto de los hechos de Ajab y todo lo que él hizo, la casa de marfil que edificó y las ciudades que construyó, ¿no está escrito en el libro de los Anales de los reyes de Israel? 40 Ajab se fue a descansar con sus padres, y su hijo Ocozías reinó en lugar de él.

El reinado de Josafat en Judá (870-846)

2 Cr 20 31 – 21 1

1 Re 15 12; 9 26-28; 10 22; 2 Re 3 7

41 Josafat, hijo de Asá, comenzó a reinar sobre Judá en el cuarto año de Ajab, rey de Israel. 42 Tenía treinta y cinco años cuando inició su reinado, y reinó veinticinco años en Jerusalén. Su madre se llamaba Azubá, hija de Siljí. 43 Siguió en todo el camino de su padre Asá y no se apartó de él, haciendo lo que es recto a los ojos del Señor. 44 Sin embargo, no desaparecieron los lugares altos: el pueblo seguía ofreciendo sacrificios y quemando incienso en los lugares altos. 45 Josafat vivió en paz con el rey de Israel.

46 El resto de los hechos de Josafat, el valor que demostró y las guerras que hizo, ¿no está escrito en el libro de los Anales de los reyes de Judá? 47 Él barrió del país a los restantes consagrados que habían quedado en tiempos de su padre Asá. 48 No había entonces rey en Edom, sino un prefecto del rey. 49 Josafat construyó una flota mercante, para ir a Ofir en busca de oro; pero no pudo ir, porque la flota naufragó en Esión Guéber. 50 Entonces Ocozías, hijo de Ajab, dijo a Josafat: «Que mis servidores vayan con los tuyos en las naves». Pero Josafat no aceptó. 51 Josafat se fue a descansar con sus padres, y fue sepultado con ellos en la Ciudad de David, su padre. Su hijo Joram reinó en lugar de él.

El reinado de Ocozías en Israel (853-852)

52 Ocozías, hijo de Ajab, comenzó a reinar sobre Israel, en Samaría, el decimoséptimo año de Josafat, rey de Judá, y reinó dos años sobre Israel. 53 Él hizo lo que es malo a los ojos del Señor, y siguió el camino de su padre y de su madre, y el camino de Jeroboam, hijo de Nebat, que hizo pecar a Israel. 54 Sirvió a Baal y se postró ante él, provocando así la indignación del Señor, tal como lo había hecho su padre.

El profeta Elías y la muerte de Ocozías

2 Re 3 4-27; 1 Sm 14 27; Mt 10 25;
2 Re 8 9-19; Jr 2 11-13; 2 Re 20 1; Lv 10 2

1 1 Después de la muerte de Ajab, Moab
se sublevó contra Israel. 2 Ocozías se
cayó por el balcón del piso alto de su casa,
en Samaría, y quedó malherido. Entonces
envió unos mensajeros con este encargo:
«Vayan a consultar a Baal Zebub, el dios de
Ecrón, si me repondré de mis heridas». 3 Pero el Ángel del Señor dijo a Elías, el tisbita:
«Sube al encuentro de los mensajeros del
rey de Samaría, y diles: ¿Acaso no hay Dios
en Israel, para que ustedes vayan a consultar
a Baal Zebub, el dios de Ecrón? 4 Por eso, así
habla el Señor: No te levantarás del lecho en
el que te has acostado, porque morirás irremediablemente». Y Elías se fue.

5 Los mensajeros regresaron, y el rey les
preguntó: «¿Cómo es que están de vuelta?». 6 Ellos le dijeron: «Un hombre nos salió al encuentro y nos dijo: Vuelvan a ver
al rey que los ha enviado y díganle: Así habla el Señor: ¿Acaso no hay Dios en Israel,
para que tú mandes a consultar a Baal Zebub, el dios de Ecrón? Por eso, no te levantarás del lecho en el que te has acostado, porque morirás irremediablemente».
7 El rey les preguntó: «¿Cómo era el hombre que subió al encuentro de ustedes y les
dijo esas palabras?». 8 Ellos le respondieron: «Era un hombre con un manto de
piel y con un cinturón de cuero ajustado a
la cintura». Entonces el rey exclamó: «¡Es
Elías, el tisbita!».

9 El rey envió a un oficial con sus cincuenta hombres para buscar a Elías. Cuando él subió a buscarlo, lo encontró sentado en la cumbre de la montaña, y le dijo:
«Hombre de Dios, el rey ha dicho que bajes». 10 Elías respondió al oficial: «Si yo soy
un hombre de Dios, que baje fuego del cielo y te devore, a ti y a tus cincuenta hombres». Y bajó fuego del cielo y lo devoró, a
él y a sus cincuenta hombres.

11 El rey le volvió a enviar otro oficial con
sus cincuenta hombres. Este tomó la palabra y dijo a Elías: «Hombre de Dios, así habla el rey: Baja enseguida». 12 Elías le respondió: «Si yo soy un hombre de Dios, que
baje fuego del cielo y te devore, a ti y a tus

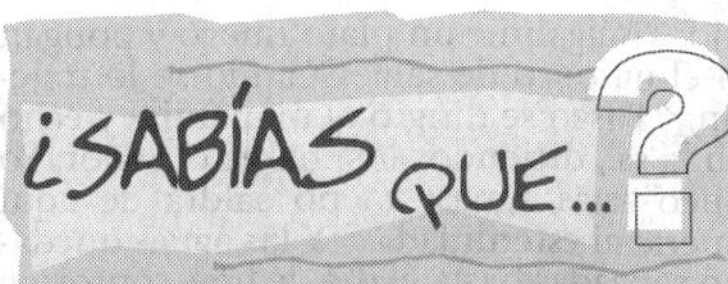

Profecía del retorno de Elías

Elías realizó su ministerio en episodios. Aparecía en momentos importantes y luego se ausentaba, porque el espíritu del Señor lo llevaba a un lugar desconocido (1 Re 18 12). Finalmente desapareció llevado a lo alto por un carro de fuego, con caballos también de fuego.

Sus discípulos lo buscaron durante tres días, sin encontrarlo (2 Re 2 11-18). Su costumbre de presentarse y ausentarse, junto con la falta de detalles sobre su muerte, dio lugar a una tradición popular que prometía que Elías regresaría. El profeta Malaquías anunció que Elías vendría como precursor del Mesías (Mal 3 23). Cuando sus discípulos preguntaron a Jesús sobre esta profecía, él les explicó que Juan el Bautista cumplió el regreso de Elías (Mt 17 1-13).

2 Re 1 – 2

cincuenta hombres». Y bajó fuego del cielo
y lo devoró, a él y a sus cincuenta hombres.
13 El rey volvió a enviar a un tercer oficial
con sus cincuenta hombres. El tercer oficial subió y, al llegar, se puso de rodillas frente a
Elías y le suplicó, diciendo: «Hombre de
Dios, por favor, que mi vida y la vida de estos cincuenta servidores tuyos tengan algún valor a tus ojos. 14 Ya ha bajado fuego
del cielo y ha devorado a los dos oficiales
anteriores con sus cincuenta hombres. Pero ahora, ¡que mi vida tenga algún valor a
tus ojos!».
15 El Ángel del Señor dijo a Elías: «Baja
con él, no le temas». Elías se levantó, bajó
con él a presentarse ante el rey, 16 y le dijo:
«Así habla el Señor: Por haber enviado
mensajeros a consultar a Baal Zebub, el
dios de Ecrón, como si no hubiera Dios en
Israel para consultar su palabra, por eso,
no te levantarás del lecho donde te has
acostado: morirás irremediablemente».
17 El rey murió, conforme a la palabra
del Señor que había pronunciado Elías. En
lugar de él reinó su hermano Joram, en el
segundo año de Joram, hijo de Josafat, rey
de Judá; porque Ocozías no tenía hijos.
18 El resto de los hechos de Ocozías, lo que
él hizo, ¿no está escrito en el libro de los
Anales de los reyes de Israel?

EL CICLO DE ELISEO

ELÍAS Y ELISEO

Elías, arrebatado al cielo

1 Re 19 16.19-21; 12 29; 19 19; Ex 14 16; Is 42 1; 61 1; 2 Re 6 17

2 1 Esto es lo que sucedió cuando el Señor arrebató a Elías y lo hizo subir al
cielo en el torbellino.
Elías y Eliseo partieron de Guilgal, 2 y
Elías dijo a Eliseo: «Quédate aquí, porque
el Señor me ha enviado hasta Betel». Pero
Eliseo respondió: «Juro por la vida del Señor y por tu propia vida que no te dejaré».
Y bajaron a Betel. 3 La comunidad de profetas que había en Betel salió a recibir a Eliseo, y le dijeron: «¿Sabes que hoy el Señor
va a arrebatar a tu maestro por encima de
tu cabeza?». Él respondió: «Claro que lo sé;
¡no digan nada!».
4 Elías le dijo: «Quédate aquí, Eliseo,
porque el Señor me ha enviado a Jericó».
Pero él respondió: «Juro por la vida del Señor y por tu propia vida que no te dejaré».
Y llegaron a Jericó. 5 La comunidad de profetas que había en Jericó se acercó a Eliseo
y le dijeron: «¿Sabes que hoy el Señor va a
arrebatar a tu maestro por encima de tu cabeza?». Él respondió: «Claro que lo sé; ¡no
digan nada!».
6 Elías le dijo: «Quédate aquí, porque el
Señor me ha enviado al Jordán». Pero Eliseo respondió: «Juro por la vida del Señor
y por tu propia vida que no te dejaré». Y se
fueron los dos.
7 Cincuenta hombres de la comunidad
de profetas fueron y se pararon enfrente, a
una cierta distancia, mientras los dos estaban de pie a la orilla del Jordán. 8 Elías se
quitó el manto, lo enrolló y golpeó las
aguas. Estas se dividieron hacia uno y otro
lado, y así pasaron los dos por el suelo seco. 9 Cuando cruzaban, Elías dijo a Eliseo:
«Pide lo que quieres que haga por ti antes
de que sea separado de tu lado». Eliseo
respondió: «¡Ah, si pudiera recibir las dos
terceras partes de tu espíritu!». 10 «¡No es
nada fácil lo que pides! —dijo Elías—; si
me ves cuando yo sea separado de tu lado,
lo obtendrás; de lo contrario, no será así».
11 Y mientras iban conversando por el camino, un carro de fuego, con caballos
también de fuego, los separó a uno del
otro, y Elías subió al cielo en el torbellino.
12 Al ver esto, Eliseo gritó: «¡Padre mío!
¡Padre mío! ¡Carro de Israel y su caballería!». Y cuando no lo vio más, tomó sus
vestiduras y las rasgó en dos pedazos.
13 Luego recogió el manto que se le había
caído a Elías de encima, se volvió y se detuvo al borde del Jordán.

Eliseo sucede a Elías

Nm 11 25; Ez 11 2; 1 Re 18 12

[14] Después, con el manto que se le había
caído a Elías, golpeó las aguas, pero estas
no se dividieron. Entonces dijo: «¿Dónde
está el Señor, el Dios de Elías?». Él golpeó
otra vez las aguas; estas se dividieron hacia
uno y otro lado, y Eliseo cruzó. [15] El grupo
de profetas de Jericó, que lo habían visto de
enfrente, dijeron: «¡El espíritu de Elías se ha
posado sobre Eliseo!». Enseguida fueron a
su encuentro, se postraron hasta el suelo
delante de él, [16] y le dijeron: «Hay aquí, entre tus servidores, cincuenta hombres valientes. Deja que vayan a buscar a tu señor;
tal vez el espíritu del Señor se lo llevó y lo
arrojó sobre alguna montaña o en algún valle». Él replicó: «No envíen a nadie». [17] Pero
ellos lo presionaron tanto, que terminó por
decir: «¡Envíenlos de una vez!». Así enviaron a cincuenta hombres, que lo buscaron
durante tres días, pero no lo encontraron.
[18] Cuando regresaron junto a Eliseo, que se
había quedado en Jericó, él les dijo: «¿No
les había dicho que no fueran?».

Dos milagros de Eliseo

Ex 15 22-25; Lv 2 13; 26 22; 1 Re 13 24

[19] La gente de la ciudad dijo a Eliseo: «El
sitio donde está emplazada la ciudad es
bueno, como mi señor puede ver; pero el
agua es malsana y la tierra, estéril». [20] Eliseo
dijo: «Tráiganme un plato nuevo y pongan
en él un poco de sal». Cuando se lo trajeron, [21] Eliseo se dirigió al manantial y echó
allí la sal, diciendo: «Así habla el Señor: Yo
saneo estas aguas; ya no saldrá de aquí
muerte ni esterilidad». [22] Y las aguas quedaron saneadas hasta el día de hoy, conforme
a la palabra pronunciada por Eliseo.

[23] Desde allí subió a Betel. Mientras iba
subiendo por el camino, unos muchachos
salieron de la ciudad y se burlaban de él, diciendo: «¡Sube, calvo! ¡Sube, calvo!». [24] Él se
dio vuelta, los vio y los maldijo en nombre
del Señor. Entonces salieron del bosque dos
osos, que despedazaron a cuarenta y dos de
esos jóvenes. [25] Desde allí se dirigió al monte Carmelo, y luego volvió a Samaría.

LA GUERRA DE MOAB

El reinado de Joram en Israel (852-841)

3 [1] Joram, hijo de Ajab, comenzó a reinar sobre Israel, en Samaría, el decimoctavo año de Josafat, rey de Judá, y reinó
doce años. [2] Él hizo lo que es malo a los
ojos del Señor, aunque no tanto como su
padre y su madre, ya que retiró la piedra sagrada de Baal que había construido su padre. [3] Sin embargo, persistió en el pecado
que Jeroboam, hijo de Nebat, había hecho
cometer a Israel, y no se apartó de él.

Te presentamos a... ELISEO, SUCESOR DE ELÍAS

El primer libro de los Reyes relata que Elías llama como su discípulo y sucesor a Eliseo, cuyo nombre significa «Dios es salvación» (1 Re 19 19-21). Eliseo era campesino, por lo que siempre fue muy cercano al pueblo, sintió compasión especial por los pequeños y sencillos, y denunció fuertemente la infidelidad de los poderosos.

Fue un profeta lleno de sabiduría y fortaleza, que había recibido el espíritu profético de Elías y tenía el poder de hacer milagros, pues Dios quería mostrar que lo había escogido como mensajero suyo. Tanto reyes como personas pobres pedían su consejo, y hasta los extranjeros lo buscaban por su poder de realizar milagros.

Lee 2 Reyes 4 38-41. Este episodio presenta a Eliseo actuando ante un grupo de profetas. En aquella época, los reyes pagaban a varios profetas para dar oráculos en nombre de Dios. Esos profetas profesionales se diferenciaban fuertemente de los elegidos por Dios, a quienes les daba su espíritu para ser sus portavoces. Desde luego que los profetas profesionales no podían denunciar al rey ni hacerle presión, pues se quedaban sin su oficio; en cambio, los profetas de Dios eran libres ante cualquier poder terreno.

2 Re 2 – 6

La expedición de Joram contra Mesa, rey de Moab

2 Sm 8 2; Is 16 1; 2 Re 1 1; 1 Re 22 7;
1 Re 18 46; Dt 20 19; Jue 11 30-40

4 Mesa, rey de Moab, era criador de rebaños, y pagaba como tributo al rey de Israel
cien mil corderos y cien mil carneros lanu-
dos. 5 Pero al morir Ajab, el rey de Moab se
sublevó contra el rey de Israel. 6 Aquel día,
el rey Joram salió de Samaría y pasó revista a todo Israel. 7 Luego partió y mandó decir a Josafat, rey de Judá: «El rey de Moab
se ha sublevado contra mí; ¿quieres venir
conmigo a combatir contra Moab?». Josafat respondió: «Sí, subiré; cuenta conmigo
como contigo mismo, con mi gente como
con la tuya, con mis caballos como con los
tuyos». 8 Además preguntó: «¿Por qué camino subiremos?». «Por el camino del desierto de Moab», respondió Joram.
9 El rey de Israel, el rey de Judá y el rey de
Edom se pusieron en campaña; pero después de siete días de marcha, faltó el agua
para la tropa y para los animales de carga
que iban detrás. 10 Entonces el rey de Israel
exclamó: «¡Ay, el Señor ha convocado a estos tres reyes para entregarlos en manos de
Moab!». 11 Josafat, por su parte, preguntó:
«¿No hay aquí un profeta del Señor, para
que podamos consultar al Señor?». Uno de
los servidores del rey de Israel tomó la palabra y dijo: «Aquí está Eliseo, hijo de Safat, el que derramaba agua sobre las manos
de Elías». 12 Y Josafat afirmó: «La palabra
del Señor está con él».
El rey de Israel, el rey de Judá y el rey de
Edom bajaron hacia donde estaba Eliseo,
13 pero este dijo al rey de Israel: «¿Qué tengo que ver yo contigo? Recurre a los profetas de tu padre y a los profetas de tu madre». «De ninguna manera —dijo el rey de
Israel—, porque el Señor ha convocado a
estos tres reyes para entregarlos en manos
de Moab». 14 Eliseo respondió: «¡Por la vida
del Señor de los ejércitos, a quien sirvo! Si
no fuera por consideración a Josafat, rey de
Judá, no te tendría en cuenta y ni siquiera
te miraría. 15 Pero ahora, tráiganme un músico». Y mientras el músico pulsaba las
cuerdas, la mano del Señor se posó sobre
Eliseo, 16 y él dijo: «Así habla el Señor:
Abran zanjas y más zanjas en esta quebrada, 17 porque así habla el Señor: Ustedes no
verán viento ni verán lluvia, pero esta quebrada se llenará de agua, para que beban
ustedes, su ganado y sus bestias de carga.
18 Y como esto es demasiado poco a los
ojos del Señor, él entregará a Moab en manos de ustedes. 19 Derrotarán todas las plazas fuertes y todas las ciudades importantes; talarán los mejores árboles, cegarán
todas las fuentes de agua y arruinarán todos los campos fértiles, cubriéndolos de
piedras». 20 En efecto, a la mañana siguiente, a la hora de la ofrenda, vino una correntada por el lado de Edom y se inundó
de agua toda la región.
21 Mientras tanto, todos los moabitas, al
oír que los reyes subían a combatir contra
ellos, se habían movilizado —desde los
que estaban en edad de ceñir las armas en
adelante— y se habían apostado en la
frontera. 22 A la mañana siguiente, bien de
madrugada, cuando el sol brillaba sobre
las aguas, los moabitas vieron frente a ellos
las aguas rojas como sangre, 23 y dijeron:
«¡Es sangre! Seguro que los reyes se batieron a espada y se mataron entre ellos. Y
ahora, ¡al saqueo, Moab!».
24 Pero cuando llegaron al campamento
de Israel, surgieron los israelitas y derrotaron a Moab, que huyó delante de ellos.
Luego siguieron avanzando y derrotando a
Moab: 25 demolieron las ciudades y cada
uno arrojó su piedra en los campos fértiles,
hasta llenarlos de ellas; cegaron todas las
fuentes de agua y talaron los mejores árboles. Al fin, cuando ya no quedó más que Quir
Jaréset, los honderos la cercaron y la atacaron. 26 El rey de Moab, al ver que la guerra
estaba perdida para él, reunió a setecientos
hombres armados de espada, para abrirse
una brecha hacia el rey de Edom; pero fra-
casó. 27 Entonces tomó a su hijo primogénito, el que debía reinar después de él, y lo
ofreció en holocausto sobre la muralla. Y
se desencadenó una ira tan grande contra
Israel, que debieron retirarse de allí y volver a su país.

ALGUNOS MILAGROS DE ELISEO

El aceite de la viuda

1 Re 17 8-15; Ex 21 2-6; Lv 25 39-55; Dt 15 12-18

4 1 La mujer de uno de la comunidad
de profetas imploró a Eliseo, diciendo: «Tu servidor, mi marido, ha muerto, y
tú sabes que era un hombre temeroso del
Señor. Pero ahora ha venido un acreedor
para llevarse a mis dos hijos como esclavos». 2 Eliseo le dijo: «¿Qué puedo hacer
por ti? Dime qué tienes en tu casa». Ella le
respondió: «Tu servidora no tiene en su casa nada más que un frasco de aceite». 3 Eliseo le dijo: «Ve y pide prestados a todos tus
vecinos unos recipientes vacíos; cuantos
más sean, mejor. 4 Luego entra y enciérrate
con tus hijos; echa el aceite en todos esos
recipientes, y cuando estén llenos, colócalos aparte». 5 Ella se fue y se encerró con sus
hijos; estos le presentaban los recipientes,
y ella los iba llenando. 6 Cuando todos es-

tuvieron llenos, ella dijo a su hijo: «Alcánzame otro recipiente». Pero él respondió: «Ya no quedan más». Entonces dejó de correr el aceite. 7 Ella fue a informar al hombre de Dios, y este le dijo: «Ve a vender el aceite y paga la deuda; después, tú y tus hijos podrán vivir con el resto».

El hijo de la mujer de Sunam

Gn 18 9-11; 21 1-2; Sal 113 9; 1 Re 17 17.19; Ex 4 17.20; 8 1; Lc 7 11-17

8 Un día, Eliseo pasó por Sunam. Había allí una mujer pudiente, que le insistió para que se quedara a comer. Desde entonces, cada vez que pasaba, él iba a comer allí. 9 Ella dijo a su marido: «Mira, me he dado cuenta de que ese que pasa siempre por nuestra casa es un santo hombre de Dios. 10 Vamos a construirle una pequeña habitación en la terraza; le pondremos allí una cama, una mesa, una silla y una lámpara, y así, cuando él venga, tendrá donde alojarse».

11 Un día Eliseo llegó por allí, se retiró a la habitación de arriba y se acostó. 12 Después dijo a Guejazí, su servidor: «Llama a esa buena sunamita». El servidor la llamó, y ella se presentó ante él. 13 Eliseo dijo entonces a Guejazí: «Dile: Realmente tú te has desvivido por nosotros; ¿qué se puede hacer por ti? ¿Necesitas una recomendación para el rey o el jefe del ejército?». Ella respondió: «Me siento muy bien donde estoy, en medio de mi gente». 14 Pero Eliseo insistió: «Entonces, ¿qué se puede hacer por ella?». Guejazí respondió: «Lamentablemente, no tiene un hijo y su marido es viejo». 15 «Llámala», dijo Eliseo. Cuando la llamó, ella se quedó junto a la puerta, 16 y Eliseo le dijo: «El año próximo, para esta misma época, tendrás un hijo en tus brazos». Ella exclamó: «No, señor, por favor; tú eres un hombre de Dios, no engañes a tu servidora». 17 Pero la mujer concibió, y dio a luz un hijo al año siguiente, para esa misma época, como se lo había dicho Eliseo.

18 El niño creció. Y un día en que había ido a ver a su padre, que estaba con los segadores, 19 le dijo: «¡Ay, mi cabeza! ¡Ay, mi cabeza!». El padre dijo al servidor: «Llévaselo a su madre». 20 Él lo tomó y se lo llevó a su madre. El niño estuvo en la falda de su madre hasta el mediodía y luego murió. 21 Entonces ella subió, lo acostó en la cama del hombre de Dios, cerró la puerta y salió. 22 Después mandó llamar a su marido y le dijo: «Envíame, por favor, a uno de los servidores con un asna; voy corriendo a ver al hombre de Dios, y enseguida vuelvo». 23 Él le preguntó: «¿Por qué vas a verlo hoy, si no es día de luna nueva ni sábado?». Pero ella le dijo: «No te preocupes». 24 Luego hizo ensillar el asna y dijo a su servidor: «Toma la rienda y camina. No me detengas por el camino, a no ser que yo te lo diga». 25 Así partió y llegó adonde estaba el hombre de Dios, en el monte Carmelo.

Cuando el hombre de Dios la divisó a lo lejos, dijo a Guejazí, su servidor: «Ahí viene nuestra sunamita. 26 Corre a su encuentro y dile: ¿Cómo estás? ¿Cómo están tu marido y tu hijo?». Ella respondió: «Todos bien». 27 Y al llegar junto al hombre de Dios, en la montaña, se abrazó a sus pies. Guejazí se acercó para apartarla, pero el hombre de Dios dijo: «Déjala, porque está muy apenada, y el Señor me lo tuvo oculto, no me manifestó nada». 28 Entonces ella dijo: «¿Le pedí yo un hijo a mi señor? ¿No te dije que no me ilusionaras?».

29 Eliseo dijo a Guejazí: «Cíñete el cinturón, toma mi bastón y vete. Si encuentras a alguien por el camino no lo saludes, y si alguien te saluda no le respondas. Coloca mi bastón sobre el rostro del muchacho». 30 Pero la madre replicó: «Juro por la vida del Señor y por tu propia vida que no te dejaré». Entonces Eliseo se levantó y fue detrás de ella.

31 Mientras tanto, Guejazí se les había adelantado y había puesto el bastón sobre el rostro del muchacho, pero este no dio señales de vida. Volvió entonces a presentarse ante Eliseo y le comunicó: «El muchacho no se ha despertado».

32 Cuando Eliseo llegó a la casa, vio que el muchacho estaba muerto, tendido sobre su lecho. 33 Enseguida entró, se encerró solo con el muchacho y oró al Señor. 34 Luego subió a la cama, se acostó sobre el niño y puso su boca, sus ojos y sus manos sobre la boca, los ojos y las manos del niño; permaneció recostado sobre él y la carne del niño entró en calor. 35 Se puso a caminar por la casa de un lado a otro, se levantó y se recostó sobre él hasta siete veces. Entonces el muchacho estornudó y abrió los ojos. 36 Eliseo llamó a Guejazí y le ordenó: «Llama a la sunamita». Cuando la llamó, ella vino y Eliseo le dijo: «Toma a tu hijo». 37 Ella entró y cayó a los pies de Eliseo con el rostro en tierra. Después levantó a su hijo y salió.

El caldo envenenado

38 Eliseo volvió a Guilgal, cuando el hambre se hacía sentir en la región. Mientras la comunidad de profetas estaba sentada delante de él, dijo a su servidor: «Coloca sobre el fuego la olla grande y prepara un caldo para la comunidad de profetas». 39 Uno de ellos salió al campo para recoger algunas hierbas. Encontró una especie de viña silvestre, de la que recogió los frutos salvajes

hasta llenar su manto. Al volver, los cortó
en pedazos y los echó a la olla del caldo,
porque nadie sabía lo que eran. 40 Luego sirvieron la comida a los hombres, pero apenas probaron el caldo, se pusieron a gritar:
«¡La muerte está en esa olla, hombre de
Dios!». Y no pudieron comer. 41 Eliseo dijo:
«Traigan harina». Él la arrojó en la olla y
agregó: «Sírvele a esta gente, para que coman». Y ya no había nada malo en la olla.

La multiplicación de los panes

Mt 14 13-21; 15 32-38

42 Llegó un hombre de Baal Salisá, trayendo al hombre de Dios pan de los primeros
frutos: veinte panes de cebada y grano recién cortado, en una alforja. Eliseo dijo:
«Dáselo a la gente para que coman». 43 Pero
su servidor respondió: «¿Cómo voy a servir
esto a cien personas?». «Dáselo a la gente
para que coman —replicó él—, porque así
habla el Señor: Comerán y sobrará». 44 El
servidor se lo sirvió; todos comieron y sobró, conforme a la palabra del Señor.

La curación de Naamán

Lv 13; Dt 32 39; Lv 14 1-18; Jn 9 7;
Ez 36 25; 1 Re 8 60; 2 Re 10 18-27; 1 Cor 8

5 1 Naamán, general del ejército del rey
de Aram, era un hombre prestigioso
y altamente estimado por su señor, porque,
gracias a él, el Señor había dado la victoria
a Aram. Pero este hombre, guerrero valeroso, padecía de una enfermedad en la piel.
2 En una de sus incursiones, los arameos se
habían llevado cautiva del país de Israel a
una niña, que fue puesta al servicio de la
mujer de Naamán. 3 Ella dijo entonces a su
patrona: «¡Ojalá mi señor se presentara ante el profeta que está en Samaría! Seguramente, él lo libraría de su enfermedad».
4 Naamán fue y le contó a su señor: «La niña del país de Israel ha dicho esto y esto».
5 El rey de Aram respondió: «Está bien, ve,
y yo enviaré una carta al rey de Israel».

Naamán partió llevando consigo diez talentos de plata, seis mil siclos de oro y diez
trajes de gala, 6 y presentó al rey de Israel la
carta que decía: «Al mismo tiempo que te
llega esta carta, te envío a Naamán, mi servidor, para que lo libres de su enfermedad».
7 Apenas el rey de Israel leyó la carta, rasgó
sus vestiduras y dijo: «¿Acaso yo soy Dios,
capaz de hacer morir y vivir, para que este
me mande librar a un hombre de su enfermedad? Fíjense bien y verán que él está
buscando un pretexto contra mí».

8 Cuando Eliseo, el hombre de Dios, oyó
que el rey de Israel había rasgado sus vestiduras, mandó a decir al rey: «¿Por qué has
rasgado tus vestiduras? Que él venga a mí y
sabrá que hay un profeta en Israel». 9 Naamán llegó entonces con sus caballos y su carruaje, y se detuvo a la puerta de la casa de
Eliseo. 10 Eliseo mandó un mensajero para
que le dijera: «Ve a bañarte siete veces en el
Jordán; tu carne se restablecerá y quedarás
limpio». 11 Pero Naamán, muy irritado, se
fue diciendo: «Yo me había imaginado que
saldría él personalmente, se pondría de pie
e invocaría el nombre del Señor, su Dios;
luego pasaría su mano sobre la parte afectada y curaría al enfermo de la piel. 12 ¿Acaso
los ríos de Damasco, el Abaná y el Parpar,
no valen más que todas las aguas de Israel?
¿No podía yo bañarme en ellos y quedar
limpio?». Y dando media vuelta, se fue muy
enojado. 13 Pero sus servidores se acercaron
para decirle: «Padre, si el profeta te hubiera
mandado una cosa extraordinaria, ¿no la
habrías hecho? ¡Cuánto más si él te dice
simplemente: Báñate y quedarás limpio!».
14 Entonces bajó y se sumergió siete veces en
el Jordán, conforme a la palabra del hombre de Dios; así su carne se volvió como la
de un muchacho joven y quedó limpio.

15 Luego volvió con toda su comitiva
adonde estaba el hombre de Dios. Al llegar, se presentó delante de él y le dijo:
«Ahora reconozco que no hay Dios en toda la tierra, a no ser en Israel. Acepta, te lo
ruego, un presente de tu servidor». 16 Pero
Eliseo replicó: «Por la vida del Señor, a
quien sirvo, no aceptaré nada». Naamán le
insistió para que aceptara, pero él se negó.
17 Naamán dijo entonces: «De acuerdo; pero permite al menos que le den a tu servidor un poco de esta tierra, la carga de dos
mulas, porque tu servidor no ofrecerá holocaustos ni sacrificios a otros dioses, fuera
del Señor. 18 Y que el Señor perdone a tu
servidor este gesto: cuando mi señor entra
en el templo de Rimón para postrarse y se
apoya en mi brazo, yo también me postro
en el templo de Rimón. Así, cuando yo me
postre en el templo de Rimón, que el Señor se digne perdonar este gesto a tu servidor». 19 Eliseo le respondió: «Vete en paz».

La codicia de Guejazí

2 Re 4 27; Ex 4 6-7; Nm 12 10

Después que Naamán se alejó a una
cierta distancia de Eliseo, 20 Guejazí, servidor de Eliseo, el hombre de Dios, pensó:
«Mi señor se ha mostrado demasiado des-
prendido con ese arameo Naamán, al rehusar los presentes que había traído. Por la
vida del Señor, voy a correr detrás de él a
ver si le saco alguna cosa». 21 Guejazí se lanzó detrás de Naamán, y cuando este vio
que corría detrás de él, salió de su carruaje
para ir a su encuentro y le dijo: «¿Pasa al-

go?». 22 «No —respondió él—; pero mi señor te manda decir: Hace apenas un momento vinieron a verme dos muchachos de la montaña de Efraím, de la comunidad de profetas. Te ruego que me des para ellos un talento de plata y dos mudas de ropa». 23 Naamán dijo: «Toma más bien dos talentos». Y le insistió hasta que metió en dos bolsas dos talentos de plata y dos mudas de ropa, que entregó a sus servidores para que los llevaran delante de Guejazí. 24 Al llegar a Ofel, Guejazí recogió todo y lo depositó en su casa. Luego despidió a los dos hombres, y ellos se fueron.

25 Cuando fue a presentarse ante su señor, Eliseo le dijo: «¿De dónde vienes, Guejazí?». Él respondió: «Tu servidor no fue a ninguna parte». 26 Pero Eliseo le replicó: «¿No estaba allí mi espíritu cuando un hombre descendió de su carruaje para ir a tu encuentro? Y ahora que has conseguido esa plata, podrás obtener jardines, olivares y viñas, ovejas y vacas, esclavos y esclavas. 27 Pero la lepra de Naamán se te pegará a ti y a tu descendencia para siempre». Cuando Guejazí se retiró de su presencia, estaba leproso, blanco como la nieve.

El hacha hundida en el río

6 1 La comunidad de profetas dijo a Eliseo: «La sala donde nos reunimos a escucharte es demasiado estrecha para nosotros. 2 Vayamos hasta el Jordán; allí tomaremos cada uno un poste y haremos una sala donde podremos sentarnos». Él respondió: «Vayan». 3 Pero uno de ellos dijo: «Por favor, accede a venir con tus servidores». «Iré», respondió él, 4 y se fue con ellos. Cuando llegaron al Jordán, se pusieron a cortar los árboles. 5 Pero a uno de ellos, al derribar un poste, se le cayó el hacha al agua. Entonces lanzó un grito, diciendo: «¡Ay, mi señor, el hacha era prestada!». 6 El hombre de Dios dijo: «¿Dónde cayó?». Él le mostró el lugar, y Eliseo partió un pedazo de madera; lo arrojó allí, y el hacha salió a flote. 7 Luego dijo: «Levántala». El discípulo extendió la mano y la recogió.

LAS GUERRAS ARAMEAS

El enceguecimiento de las tropas de los arameos

2 Re 6 18; Nm 22 31; 2 Re 2 11; Nm 22 31

8 El rey de Aram estaba en guerra con Israel. Cuando él se reunía en consejo con sus oficiales y decía: «Acamparé en tal o cual lugar», 9 el hombre de Dios mandaba decir al rey de Israel: «Cuidado con pasar por tal lugar, porque allí han bajado los arameos». 10 Entonces el rey de Israel enviaba algunos hombres al lugar que le había dicho el hombre de Dios. Eliseo le avisaba, y él tomaba las precauciones debidas. Esto sucedió más de una vez.

11 El rey de Aram se alarmó ante este hecho. Llamó a sus oficiales y les dijo: «Es preciso que me informen quién de entre nosotros está a favor del rey de Israel». 12 Pero uno de los oficiales le respondió: «No, majestad; Eliseo, el profeta de Israel, es el que comunica al rey de Israel las palabras que tú pronuncias aun en tu dormitorio». 13 El rey dijo: «Vayan y vean dónde está, y yo mandaré a detenerlo». Le informaron que estaba en Dotán, 14 y él envió caballos, carros de guerra y un fuerte destacamento, que llegaron durante la noche y cercaron la ciudad.

15 A la mañana siguiente, el servidor del hombre de Dios se levantó de madrugada y salió. Y al ver que las tropas rodeaban la ciudad con caballos y carros de guerra, dijo a Eliseo: «Ay, señor, ¿cómo vamos a hacer?». 16 «No temas —respondió él—, porque los que están con nosotros son más que los que están con ellos». 17 Luego Eliseo oró diciendo: «Señor, ábrele los ojos para que vea». El Señor abrió los ojos del servidor, y él vio que la montaña estaba repleta de caballos y carros de guerra alrededor de Eliseo.

18 Cuando los arameos descendían hacia él, Eliseo oró al Señor, diciendo: «¡Por favor, enceguece a esta gente!». Y él los encegució, conforme a la palabra de Eliseo. 19 Entonces Eliseo les dijo: «No es este el camino ni es esta la ciudad. Síganme y yo los llevaré hacia donde está el hombre que ustedes buscan». Y los llevó a Samaría. 20 Una vez que entraron en la ciudad, Eliseo dijo: «Señor, abre los ojos de esta gente para que vean». El Señor les abrió los ojos, y vieron que estaban dentro de Samaría.

21 El rey de Israel, al verlos, dijo a Eliseo: «¿Tengo que matarlos, padre mío?». 22 Él replicó: «No los mates. ¿Acaso haces morir a todos los que tu espada y tu arco han tomado prisioneros? Sírveles pan y agua; que coman y beban y después se vayan con su señor». 23 El rey les hizo servir un gran banquete; ellos comieron y bebieron, y después los despidió para que se fueran con su señor.

Las bandas arameas no volvieron a incursionar en territorio de Israel.

Segundo sitio de Samaría: el hambre en la ciudad sitiada

2 Re 17 5; 1 Re 20 1; 2 Re 18 27; 25 3; Lv 26 29

24 Un tiempo después, Ben Hadad, rey de Aram, movilizó todo su ejército y sitió a Samaría. 25 Hubo entonces mucha hambre

en Samaría, y el asedio era tan duro que una cabeza de asno valía ochenta siclos de plata, y unos puñados de estiércol de paloma, cinco siclos de plata.

26 Mientras el rey de Israel pasaba sobre la muralla, una mujer le gritó: «¡Socorro, majestad!». 27 Él respondió: «¡No, que te socorra el Señor! ¿Con qué podría socorrerte yo? ¿Con los productos de la era o del lagar?». 28 Luego añadió: «¿Qué te pasa?». Ella respondió: «Esta mujer me dijo: Trae a tu hijo; lo comeremos hoy, y mañana comeremos el mío. 29 Entonces cocinamos a mi hijo y lo comimos. Al día siguiente, yo le dije: Trae a tu hijo para que lo comamos. Pero ella lo había escondido». 30 Al oír las palabras de aquella mujer, el rey rasgó sus vestiduras; y como pasaba sobre el muro, la gente vio el cilicio que llevaba sobre su carne. 31 El rey dijo: «Que Dios me castigue si Eliseo, hijo de Safat, queda hoy con la cabeza sobre el cuello».

Anuncio de la liberación de la ciudad

2 Re 4 27; Job 13 15; 35 14; Miq 7 7;
Gn 7 11; 8 2; 2 Re 7 17.19

32 Eliseo estaba sentado en su casa, y los ancianos estaban sentados con él. El rey le envió a uno de sus hombres; pero antes que llegara el mensajero, Eliseo dijo a los ancianos: «¿Han visto que este hijo de asesino envía a un hombre a cortarme la cabeza? Estén atentos, y cuando llegue el mensajero, empújenlo con la puerta y atránquenla bien. ¿Acaso no se oyen los pasos de su señor que viene detrás de él?». 33 Todavía les estaba hablando, cuando llegó el rey y le dijo: «Todo este mal nos viene del Señor. ¿Qué puedo esperar todavía del Señor?».

7 1 Eliseo dijo entonces: «Escuchen la palabra del Señor: Así habla el Señor: Mañana, a esta misma hora, se venderá un balde de harina de la mejor calidad por un siclo, y dos baldes de cebada por el mismo precio, en la Puerta de Samaría». 2 El escudero en cuyo brazo se apoyaba el rey tomó la palabra y dijo al hombre de Dios: «Aunque el Señor abriera ventanas en el cielo, ¿podría suceder una cosa así?». Eliseo replicó: «Verás esto con tus propios ojos, pero no lo comerás».

Fin del asedio de Samaría

2 Re 19 35-36; 6 17; 7 2

3 Había cuatro hombres leprosos que se encontraban a la entrada de la Puerta y se decían unos a otros: «¿Por qué nos quedamos aquí a esperar la muerte? 4 Si nos decidimos a entrar en la ciudad, moriremos en ella, porque aprieta el hambre; si nos quedamos aquí, lo mismo moriremos. Por eso, vamos a pasarnos al campo de los arameos; si nos dejan con vida, viviremos; si nos matan, moriremos». 5 A la hora del crepúsculo partieron hacia el campamento de los arameos. Pero cuando llegaron al extremo del campamento, vieron que allí no había nadie. 6 Porque el Señor había hecho oír en el campamento de los arameos un ruido de carros, un fragor de caballos y el estruendo de un gran ejército, de manera que se dijeron unos a otros: «Miren, el rey de Israel ha contratado como mercenarios a los reyes de los hititas y a los reyes de los musritas, para que avancen contra nosotros». 7 Así, a la hora del crepúsculo, habían emprendido la huida, abandonando tiendas, caballos y asnos, y el campamento tal como estaba; se habían dado a la fuga para salvar sus vidas.

8 Aquellos leprosos llegaron al extremo del campamento y entraron en una tienda; y después que comieron y bebieron, se llevaron de allí plata, oro y ropa, y fueron a esconderlos. Después volvieron, entraron en otra tienda, y se llevaron otras cosas que también fueron a esconder.

9 Ellos se dijeron unos a otros: «No está bien lo que estamos haciendo. Este es un día de buenas noticias. Si nos quedamos callados y aguardamos hasta el amanecer, no nos libraremos de un castigo. Vayamos mejor ahora mismo a informar a la casa del rey». 10 Entonces fueron a llamar a los porteros de la ciudad y les informaron, diciendo: «Hemos entrado en el campamento de los arameos y no había nadie; no se oía ni una sola voz humana. Solo estaban los caballos y los asnos atados, y las tiendas intactas». 11 Los porteros lanzaron gritos hacia el interior de la ciudad, y se hizo llegar la noticia a la casa del rey.

12 El rey se levantó de noche y dijo a sus servidores: «Les voy a explicar lo que han urdido contra nosotros los arameos. Como ellos saben que estamos hambrientos, han salido del campamento y se han ocultado en el campo, diciendo: Van a salir de la ciudad; entonces los capturaremos vivos y entraremos en la ciudad». 13 Uno de los oficiales pidió la palabra y dijo: «Tomemos cinco de los caballos que todavía quedan. A fin de cuentas, si se los deja en la ciudad, les sucederá lo mismo que a toda la multitud de Israel que ya ha perecido. Los enviaremos y veremos qué pasa». 14 Tomaron dos carros con sus caballos, y el rey los envió a seguir los rastros del campamento arameo, diciendo: «Vayan a ver». 15 Ellos siguieron las huellas hasta el Jordán, y vieron diseminados por todo el camino el material y la ropa que habían arrojado los arameos en

su fuga precipitada. Después, los mensajeros volvieron para informar al rey.

[16] El pueblo salió a saquear el campamento de los arameos, y se tuvo un balde de harina por un siclo, y dos baldes de cebada por el mismo precio, conforme a la palabra del Señor. [17] El rey había puesto a vigilar la Puerta al escudero en cuyo brazo se apoyaba. Pero el pueblo lo aplastó contra la Puerta, y él murió, conforme a lo que había dicho el hombre de Dios cuando el rey había bajado a encontrarse con él. [18] En efecto, cuando el hombre de Dios había dicho al rey: «Mañana, a esta misma hora, se venderá un balde de harina de la mejor calidad por un siclo, y dos baldes de cebada por el mismo precio, en la Puerta de Samaría», [19] el escudero había replicado al hombre de Dios: «Aunque el Señor abriera ventanas en el cielo, ¿podría suceder una cosa así?». Y Eliseo había dicho: «Verás esto con tus propios ojos, pero no lo comerás». [20] Y esto fue lo que le sucedió: el pueblo lo aplastó contra la Puerta, y él murió.

La devolución de los bienes de la sunamita

2 Re 4 8-37; Rut 1 1; Gn 41 25-32; 2 Re 6 26

8 [1] Eliseo dijo a la madre del niño que él había hecho revivir: «Parte ahora mismo con toda tu familia, y emigra adonde puedas, porque el Señor ha llamado al hambre, y ya viene al país por siete años». [2] La mujer partió e hizo lo que le había dicho el hombre de Dios: emigró con su familia al país de los filisteos y se quedó allí siete años. [3] Al cabo de siete años, la mujer volvió del país de los filisteos, y fue a reclamar al rey su casa y su campo. [4] El rey estaba hablando con Guejazí, el servidor del hombre de Dios: «Cuéntame —le decía— las maravillas que ha hecho Eliseo». [5] Y mientras le estaba contando al rey cómo Eliseo había hecho revivir a un muerto, la madre del niño que él había hecho revivir vino a reclamar al rey su casa y su campo. Guejazí dijo entonces: «¡Rey, señor mío, esta es la mujer y aquí está el hijo que Eliseo hizo revivir!». [6] El rey interrogó a la mujer, y ella le contó todo. Luego puso a su disposición un eunuco, al que ordenó: «Que se le restituya todo lo que le pertenece, con todas las rentas del campo, desde el día en que dejó el país hasta ahora».

La predicción de Eliseo acerca de Ben Hadad y Jazael

2 Re 1 2; Jr 4 16-20; 13 17;
2 Re 10 32-33; 12 18; 1 Re 19 15

[7] Eliseo se dirigió a Damasco. Ben Hadad, rey de Aram, estaba enfermo. Cuando le avisaron: «El hombre de Dios ha venido hasta aquí», [8] el rey dijo a Jazael: «Toma contigo un presente, ve al encuentro del hombre de Dios, y consulta al Señor por medio de él, a ver si me restableceré de esta enfermedad».

[9] Jazael fue al encuentro de Eliseo llevando como presente cuarenta camellos cargados con lo mejor que había en Damasco. Al llegar, se presentó ante él y le dijo: «Tu hijo Ben Hadad, rey de Aram, me ha enviado a preguntarte: ¿Me restableceré de esta enfermedad?». [10] Eliseo respondió: «Ve a decirle: "Sí, te restablecerás"; pero el Señor me ha hecho ver que morirá». [11] Después fijó la mirada y permaneció así largo rato. Y el hombre de Dios lloró. [12] Jazael le preguntó: «¿Por qué llora mi señor?». «Porque sé el mal que harás a los israelitas —respondió Eliseo—; tú incendiarás sus plazas fuertes, matarás a sus jóvenes con la espada, estrellarás a sus niños y abrirás el vientre de sus mujeres embarazadas». [13] Jazael replicó: «Tu servidor no es más que un perro. ¿Cómo va a hacer tales hazañas?». Eliseo respondió: «El Señor me ha hecho ver que tú reinarás sobre Aram».

[14] Él se alejó de Eliseo y fue a ver a su señor, el cual le dijo: «¿Qué te ha dicho Eliseo?». Él respondió: «Me ha dicho que te restablecerás». [15] Pero a la mañana siguiente tomó una manta, la empapó en agua y la extendió sobre el rostro del rey, hasta que murió. Jazael reinó en lugar de él.

El reinado de Joram en Judá (848-841)

2 Cr 21 2-20

2 Sm 7 11-16; 1 Re 11 36; 15 4

[16] El quinto año de Joram, hijo de Ajab, rey de Israel, inició su reinado Joram, hijo de Josafat, rey de Judá. [17] Tenía treinta y dos años cuando comenzó a reinar, y reinó ocho años en Jerusalén. [18] Siguió el camino de los reyes de Israel, conforme a lo que había hecho la casa de Ajab, porque se había casado con una hija de Ajab, e hizo lo que es malo a los ojos del Señor. [19] Pero el Señor no quiso destruir a Judá, a causa de su servidor David, según la promesa que le había hecho de darles a él y a sus hijos una lámpara para siempre.

[20] En ese tiempo, Edom se rebeló contra el poder de Judá y se estableció un rey. [21] Joram partió entonces para Saír con todos sus carros de guerra. Por la noche, se levantó y derrotó a los edomitas, que lo tenían cercado a él y a los jefes de los carros; pero las tropas huyeron a la desbandada. [22] Así se independizó Edom del poder de Judá, hasta el día de hoy. En aquel tiempo, también se rebeló Libná.

23 El resto de los hechos de Joram y todo
lo que él hizo, ¿no está escrito en el libro
de los Anales de los reyes de Judá? 24 Joram
se fue a descansar con sus padres, y fue sepultado con ellos en la Ciudad de David.
Su hijo Ocozías reinó en lugar de él.

El reinado de Ocozías en Judá (841)

2 Cr 22 1-6
1 Re 22 3-4; 2 Re 9 14-15

25 El duodécimo año de Joram, hijo de
Ajab, rey de Israel, inició su reinado Ocozías, hijo de Joram, rey de Judá. 26 Ocozías
tenía veintidós años cuando comenzó a
reinar, y reinó un año en Jerusalén. Su madre se llamaba Atalía, y era hija de Omrí,
rey de Israel. 27 Siguió el camino de la casa
de Ajab e hizo lo que es malo a los ojos del
Señor, como la casa de Ajab, porque estaba
emparentado con ella.
28 Él fue con Joram, hijo de Ajab, a combatir contra Jazael, rey de Aram, a Ramot de
Galaad; pero los arameos hirieron a Joram.
29 El rey Joram volvió a Izreel, para hacerse
curar de las heridas que le habían infligido
los arameos en Ramá, cuando combatía
contra Jazael, rey de Aram. Entonces Ocozías, hijo de Joram, rey de Judá, bajó a Izreel para visitar a Joram, hijo de Ajab, que
estaba herido.

LA REBELIÓN DE JEHÚ

Jehú ungido y proclamado rey de Israel

1 Re 19 16; 18 4; 19 2; 21 8-10; 14 10; 21 23;
Mt 21 7-8

9 1 El profeta Eliseo llamó a uno de la
comunidad de profetas y le dijo:
«Ajústate el cinturón, toma contigo este
frasco de aceite y ve a Ramot de Galaad.
2 Cuando llegues, busca allí a Jehú, hijo de
Josafat, hijo de Nimsí. Luego entra, sácalo
de en medio de sus camaradas y llévalo a
la habitación más retirada. 3 Toma entonces el frasco de aceite, derrámalo sobre su
cabeza y di: Así habla el Señor: Yo te he ungido rey de Israel. Después, abre la puerta
y escapa sin detenerte».
4 El joven profeta partió enseguida para
Ramot de Galaad. 5 Al llegar, encontró a los
jefes del ejército que estaban reunidos, y
dijo: «Tengo un mensaje para ti, jefe». «¿Para quién de nosotros?», preguntó Jehú. Él
respondió: «Para ti, jefe».
6 Jehú se levantó y entró en la casa. Entonces el joven derramó el aceite sobre su cabeza y le dijo: «Así habla el Señor, el Dios de Israel: Yo te he ungido rey del pueblo del
Señor, de Israel. 7 Tú acabarás con la familia
de Ajab, tu señor, y yo vengaré la sangre de
mis servidores los profetas y la sangre de todos los servidores del Señor derramada por
la mano de Jezabel. 8 Toda la casa de Ajab perecerá: extirparé de la dinastía de Ajab a todos los varones, sean esclavos o libres en Israel. 9 Trataré a la casa de Ajab como a la casa
de Jeroboam, hijo de Nebat, y como a la casa de Basá, hijo de Ajías. 10 En cuanto a Jezabel, los perros la devorarán en la parcela de
Izreel, y nadie la sepultará». Enseguida abrió
la puerta y escapó.
11 Cuando Jehú salió a reunirse con los
oficiales de su señor, le preguntaron: «¿Hay
alguna novedad? ¿Para qué vino a verte ese
exaltado?». Él les respondió: «Ustedes conocen a ese hombre y su cantinela». 12 Ellos dijeron: «No es cierto. Explícanos qué pasa».
Entonces él les replicó: «Esto es todo lo que
me dijo: Así habla el Señor: Yo te he ungido
rey de Israel». 13 Inmediatamente, ellos tomaron cada uno su manto y los tendieron a
sus pies, encima de las gradas. Luego tocaron la trompeta y gritaron: «¡Jehú es rey!».

La rebelión de Jehú: el asesinato de Joram, rey de Israel

2 Re 8 29; 1 Re 21 19

14 Jehú, hijo de Josafat, hijo de Nimsí,
conspiró contra Joram. Este, con todo Israel, estaba defendiendo a Ramot de Galaad contra Jazael, rey de Aram, 15 pero tuvo que volver a Izreel para hacerse curar de
las heridas que le habían infligido los arameos, mientras combatía contra Jazael, rey
de Aram.
Jehú dijo: «Si realmente están de acuerdo, que nadie escape de la ciudad para llevar la noticia a Izreel». 16 Luego subió a su
carro y partió para Izreel, porque allí guardaba cama Joram, y Ocozías, rey de Judá,
había bajado a visitarlo.
17 El centinela que estaba apostado en la
torre de Izreel, al ver venir la tropa, dijo:
«Veo una tropa». Joram ordenó: «Toma un
jinete y envíalo a preguntar si todo va
bien». 18 El jinete partió al encuentro de Jehú y dijo: «Así habla el rey: ¿Va todo bien?».
Jehú replicó: «¿Qué te importa a ti si todo
va bien? Colócate ahí detrás». El centinela,
mientras tanto, avisó: «El mensajero los alcanzó, pero no regresa». 19 El rey envió un
segundo jinete, que los alcanzó y dijo: «Así
habla el rey: ¿Va todo bien?». Jehú replicó:
«¿Qué te importa a ti si todo va bien? Colócate ahí detrás». 20 El centinela volvió a
avisar: «Los ha alcanzado, pero no regresa.
Por el modo de conducir, parece Jehú, porque maneja como un loco».
21 Joram ordenó: «¡Enganchen mi carro!». Cuando lo engancharon, Joram, rey
de Israel, y Ocozías, rey de Judá, salieron

cada uno en su carro al encuentro de Jehú.
Lo encontraron en la parcela de Nabot de
Izreel, 22 y apenas Joram vio a Jehú, dijo:
«¿Te va bien, Jehú?». Este respondió: «¿Cómo me va a ir bien, mientras duren las
prostituciones de tu madre Jezabel y sus innumerables brujerías?». 23 Joram volvió las
riendas y huyó, diciendo a Ocozías: «¡Traición, Ocozías!». 24 Pero Jehú, que había tendido su arco, hirió a Joram en plena espalda; la flecha le atravesó el corazón, y él se
desplomó en su carro. 25 Entonces Jehú dijo
a Bidcar, su escudero: «Levántalo y arrójalo
en la parcela del campo de Nabot el izreelita. Acuérdate que cuando tú y yo cabalgá-
bamos a la par, detrás de su padre Ajab, el
Señor pronunció contra él esta sentencia:

26 ¿No he visto ayer la sangre de Nabot
y la sangre de sus hijos?
—oráculo del Señor—.
Yo te daré tu merecido
en este mismo campo
—oráculo del Señor.

Ahora, levántalo y arrójalo en esta parcela, conforme a la palabra del Señor».

El asesinato de Ocozías

2 Cr 22 7-9

27 Al ver esto, Ocozías, rey de Judá, huyó
por el camino de Bet Hagán. Jehú se lanzó en
persecución de él, y ordenó: «¡Hiéranlo también a él!». Lo hirieron sobre su carro, en la
cuesta de Gur, que está cerca de Ibleam, y él
huyó a Meguido, donde murió. 28 Sus servidores lo trasladaron en un carro a Jerusalén,
y lo sepultaron en su tumba, con sus padres,
en la Ciudad de David. 29 Fue en el undécimo
año de Joram, hijo de Ajab, cuando Ocozías
había comenzado a reinar en Judá.

La muerte de Jezabel

1 Re 16 9-18; 21 23; Jr 8 2

30 Jehú llegó a Izreel. Cuando se enteró Jezabel, se pintó los ojos, se arregló el cabello
y se asomó por la ventana. 31 En el momento
en que Jehú franqueaba la puerta de la ciudad, ella le dijo: «¿Cómo te va, Zimrí, asesino de su señor?». 32 Jehú alzó la cabeza hacia
la ventana y exclamó: «¿Quién está conmigo? ¿Quién?». Dos o tres eunucos se inclinaron hacia él, 33 y él les dijo: «¡Tírenla abajo!».
Ellos la tiraron abajo, y su sangre salpicó la
pared y a los caballos, que la pisotearon.
34 Jehú entró, comió y bebió, y luego dijo:
«Encárguense de esta maldita y sepúltenla,
porque al fin de cuentas es hija de rey». 35 Pero cuando fueron a sepultarla, no encontraron más que el cráneo, los pies y las manos.
36 Volvieron a comunicárselo a Jehú, y él dijo: «Así se cumple la palabra que el Señor
pronunció por medio de Elías, el tisbita. En
la parcela de Izreel, los perros devorarán la
carne de Jezabel; 37 y el cadáver de Jezabel será como estiércol sobre los campos, de manera que no se podrá decir: Es Jezabel».

Exterminio de las familias reales de Israel y de Judá

1 Re 15 29; 16 11; 2 Re 11 1;
1 Re 21 21-24; Os 1 4; 2 Cr 22 6

10 1 Ajab tenía setenta hijos en Samaría.
Jehú escribió unas cartas, y las envió
a Samaría, a los jefes de la ciudad, a los ancianos y a los preceptores de los hijos de
Ajab. En ellas decía: 2 «Ahí tienen con ustedes a los hijos de su señor, y tienen también los carros, los caballos, una ciudad
fortificada y un arsenal. Y bien, apenas reciban esta carta, 3 vean cuál es el mejor y el
más capaz entre los hijos de su señor, sién-
tenlo en el trono de su padre y combatan
por la familia de su señor».
4 Ellos sintieron mucho miedo y dijeron:
«Dos reyes no han podido resistir delante
de él, ¿cómo podremos resistir nosotros?».
5 Entonces el mayordomo de palacio, el gobernador de la ciudad, los ancianos y los
preceptores mandaron decir a Jehú: «Somos tus servidores y haremos todo lo que
nos digas. No proclamaremos rey a nadie.
Obra como mejor te parezca».
6 Jehú les escribió una segunda carta, en la
que decía: «Si están de parte mía y aceptan
obedecerme, tomen las cabezas de todos los
hijos de su señor y vengan a verme mañana
a esta misma hora, a Izreel». Ahora bien, los
setenta hijos del rey estaban repartidos entre las personas importantes de la ciudad,
que los criaban. 7 Cuando recibieron esta
carta, tomaron a los hijos del rey, degollaron a los setenta, pusieron sus cabezas en
unas canastas y se las enviaron a Izreel.
8 Un mensajero fue entonces a informar
a Jehú: «Han traído las cabezas de los hijos
del rey». Él ordenó: «Expónganlas en dos
montones a la entrada de la Puerta, hasta
la mañana». 9 A la mañana, él salió y, puesto de pie, dijo a todo el pueblo: «Ustedes
son inocentes. Yo conspiré contra mi señor
y lo maté. Pero a todos estos, ¿quién los ultimó? 10 Sepan entonces que no caerá por
tierra ni una sola palabra del Señor, nada
de lo que él dijo contra la casa de Ajab: el
Señor ha cumplido lo que había dicho por
medio de su servidor Elías». 11 Jehú acabó
con todos los que aún quedaban de la casa de Ajab en Izreel, con todos sus nobles,
sus familiares y sus sacerdotes, sin dejarle
ni un solo sobreviviente.
12 Luego partió y se fue a Samaría. Cuando iba por el camino, en Bet Equed de los

Pastores, 13 Jehú se encontró con los hermanos de Ocozías, rey de Judá, y dijo: «¿Quiénes son ustedes?». «Somos los hermanos de Ocozías —le respondieron— y bajamos a saludar a los hijos del rey y a los hijos de la reina madre». 14 Entonces ordenó: «¡Captúrenlos vivos!». Los capturaron vivos y los mataron junto al pozo de Bet Equed. Eran cuarenta y dos, y no quedó ni uno solo.

El encuentro de Jehú con Jonadab, hijo de Recab

Jr 35 1-11

15 Jehú partió de allí, y se encontró con Jonadab, hijo de Recab, que venía a su encuentro. Él lo saludó y le dijo: «¿Eres tan leal conmigo como yo lo soy contigo?». Jonadab respondió: «Así es». «Si es así, dame la mano», replicó Jehú. Él se la dio, y Jehú lo hizo subir a su carro, 16 diciendo: «Ven conmigo y mira el celo que tengo por el Señor». Y lo llevó en su carro. 17 Al llegar a Samaría, ultimó allí a todos los que aún quedaban de la familia de Ajab: los exterminó a todos, conforme a la palabra que el Señor había dicho a Elías.

Exterminio de todos los servidores de Baal

1 Re 16 31-32; 18 19-40; Dn 2 5; Esd 6 11

18 Jehú reunió luego a todo el pueblo y le dijo: «Ajab sirvió poco a Baal; Jehú lo servirá mucho más. 19 Ahora, convóquenme a todos los profetas de Baal, a todos sus fieles y a todos sus sacerdotes. Que no falte nadie, porque voy a ofrecer un gran sacrificio a Baal. Todo el que falte no sobrevivirá». Pero Jehú obraba con astucia, a fin de hacer desaparecer a los fieles de Baal.

20 Luego dijo: «Convoquen a una asamblea solemne en honor de Baal». Así lo hicieron, 21 y Jehú envió mensajeros por todo Israel. Entonces vinieron todos los fieles de Baal, no quedó nadie sin venir. Entraron en el templo de Baal, y el templo se llenó de bote en bote. 22 Jehú dijo al encargado del vestuario: «Saquen las vestiduras para todos los fieles de Baal». Él sacó las vestiduras. 23 Entonces Jehú llegó al templo de Baal con Jonadab, hijo de Recab, y dijo a los fieles de Baal; «Revisen bien, y fíjense que no haya aquí ningún servidor del Señor, sino solo los fieles de Baal». 24 Luego entraron para ofrecer sacrificios y holocaustos.

Mientras tanto, Jehú había apostado fuera a ochenta hombres y les había dicho: «El que deje escapar a alguno de los que yo pongo en las manos de ustedes, responderá por él con su propia vida». 25 Y cuando terminó de ofrecer el holocausto, Jehú dijo a los guardias y a los oficiales: «¡Entren y mátenlos! ¡Que no salga ni uno solo!». Ellos los mataron al filo de la espada y los arrojaron afuera. Luego los guardias y los oficiales llegaron hasta la ciudadela del templo de Baal, 26 sacaron el poste sagrado del templo de Baal y lo quemaron. 27 Después de haber destruido el poste sagrado de Baal, demolieron su templo y lo convirtieron en una cloaca, que existe hasta el día de hoy.

El reinado de Jehú en Israel (841-814)

1 Re 12 28-29; 2 Re 15 12

28 Así Jehú exterminó a Baal de Israel. 29 Pero Jehú no se apartó de los pecados con que Jeroboam, hijo de Nebat, había hecho pecar a Israel, a saber, los terneros de oro que había en Betel y en Dan.

30 El Señor dijo a Jehú: «Porque tú has obrado bien, haciendo lo que es recto a mis ojos, y has tratado a la casa de Ajab exactamente como yo quería, tus hijos se sentarán en el trono de Israel hasta la cuarta generación». 31 Pero Jehú no se empeñó en seguir de todo corazón la ley del Señor, el Dios de Israel, ni se apartó de los pecados con que Jeroboam había hecho pecar a Israel.

32 En aquellos días, el Señor comenzó a cercenar a Israel. Jazael los derrotó en toda la frontera de Israel, 33 desde el Jordán hacia el oriente: todo el país de Galaad, el territorio de Gad, de Rubén, de Manasés, desde Aroer, que está sobre la ribera del torrente Arnón, y también Galaad y Basán.

34 El resto de los hechos de Jehú y todo lo que él hizo, todas sus hazañas, ¿no está escrito en el libro de los Anales de los reyes de Israel? 35 Jehú se fue a descansar con sus padres y lo sepultaron en Samaría. Su hijo Joacaz reinó en lugar de él. 36 Jehú reinó sobre Israel, en Samaría, durante veintiocho años.

DESDE ATALÍA HASTA LA MUERTE DE ELISEO

El crimen y el interregno de Atalía en Judá (841-835)

2 Cr 22 10-12

1 Re 14 10

11 1 Atalía, la madre de Ocozías, al ver que había muerto su hijo, empezó a exterminar a todo el linaje real. 2 Pero Josebá, hija del rey Joram y hermana de Ocozías, tomó a Joás, hijo de Ocozías, lo sacó secretamente de en medio de los hijos del rey que iban a ser masacrados, y lo puso con su nodriza en la sala que servía de dormitorio. Así lo ocultó a los ojos de Atalía y no lo mataron. 3 Él estuvo con ella en la Casa del Señor, oculto durante seis años, mientras Atalía reinaba sobre el país.

La conjuración contra Atalía y la entronización de Joás

2 Cr 23 1-11
1 Re 1 39.41

4 El séptimo año, Iehoiadá mandó buscar a los centuriones de los carios y de la
guardia, y los hizo comparecer ante él en
la Casa del Señor. Hizo con ellos un pacto,
comprometiéndolos bajo juramento, y les
mostró al hijo del rey. 5 Luego les impartió
esta orden: «Van a hacer lo siguiente: Un
tercio de ustedes, el que entra de servicio el
día sábado y custodia la casa del rey, 6 con
el tercio que está apostado en la puerta del
Sur y el tercio que está apostado en la puerta de la escolta, montarán guardia en la Casa para vigilar el acceso. 7 Los dos cuerpos,
formados por los que dejan el servicio el
día sábado, montarán guardia en la Casa
del Señor, junto al rey. 8 Ustedes se pondrán en círculo alrededor del rey, cada uno
con las armas en la mano. Cualquiera que
intente forzar las filas morirá. Permanezcan junto al rey dondequiera que vaya».
9 Los centuriones ejecutaron exactamente
todo lo que les había ordenado el sacerdote Iehoiadá. Cada uno de ellos tomó a sus
hombres —los que entraban de servicio y
los que eran relevados el día sábado— y se
presentaron ante el sacerdote Iehoiadá. 10 El
sacerdote entregó a los centuriones las lanzas y los escudos del rey David que estaban
en la Casa del Señor. 11 Los guardias se apostaron, cada uno con sus armas en la mano,
desde el lado sur hasta el lado norte de la
Casa, delante del altar y delante de la Casa,
para formar un círculo alrededor del rey.
12 Entonces Iehoiadá hizo salir al hijo del
rey y le impuso la diadema y el Testimonio.
Se lo constituyó rey, se lo ungió, y todos
aplaudieron, aclamando: «¡Viva el rey!».

La muerte de Atalía

2 Cr 23 12-21
2 Re 23 3; 1 Re 1 34.40; 2 30-34; 2 Re 10 26-27

13 Atalía oyó el griterío de la gente que corría, y se dirigió hacia la Casa del Señor, donde estaba el pueblo. 14 Y al ver al rey de pie
sobre el estrado, como era costumbre, a los
jefes y las trompetas junto al rey, y a todo el
pueblo del país que estaba de fiesta y tocaba
las trompetas, rasgó sus vestiduras y gritó:
«¡Traición!». 15 Entonces el sacerdote Iehoiadá impartió órdenes a los centuriones encargados de la tropa, diciéndoles: «¡Háganla salir de entre las filas! Si alguien la sigue, que
sea pasado al filo de la espada». Porque el
sacerdote había dicho: «Que no la maten en
la Casa del Señor». 16 La llevaron a empujo-
nes, y por el camino de la entrada de los Caballos llegó a la casa del rey; allí la mataron.
17 Iehoiadá selló la alianza entre el Señor, el rey y el pueblo, comprometiéndose
este a ser el Pueblo del Señor; y también
selló una alianza entre el rey y el pueblo.
18 Luego, todo el pueblo del país se dirigió
al templo de Baal, lo derribó y destrozó
por completo sus altares y sus imágenes. Y
a Matán, el sacerdote de Baal, lo mataron
delante de los altares.

El sacerdote estableció puestos de guardia en la Casa del Señor. 19 Después tomó a
los centuriones, a los carios, a los guardias y
a todo el pueblo del país; hicieron descender al rey de la Casa del Señor, y por el camino de la puerta de la Escolta, llegaron a la
casa del rey. Joás se sentó en el trono real.
20 Toda la gente del país se alegró y la ciudad
permaneció en calma. A Atalía la habían pasado al filo de la espada en la casa del rey.

El reinado de Joás en Judá (835-796)

2 Cr 24 1-2

12 1 Joás tenía siete años cuando inició su
reinado. 2 Comenzó a reinar en el séptimo año de Jehú, y reinó cuarenta años en
Jerusalén. Su madre se llamaba Sibia, y era
de Berseba. 3 Joás hizo lo que es recto a los
ojos del Señor durante toda su vida, porque
el sacerdote Iehoiadá lo había instruido.
4 Sin embargo, no desaparecieron los lugares
altos: el pueblo seguía ofreciendo sacrificios
y quemando incienso en los lugares altos.

La restauración del Templo de Jerusalén

2 Cr 24 4-14
Ex 30 11-16; Lv 27 2-8; 2 Re 22 3-7

5 Joás dijo a los sacerdotes: «Todo el dinero que se aporte a la Casa del Señor como
ofrenda consagrada —el dinero en moneda
corriente, los aranceles personales según los
recursos de cada uno, y todo el dinero que
aporte cada uno a la Casa del Señor por propia voluntad— 6 lo recibirán los sacerdotes
para sí mismos, cada uno de la gente que conoce, y tendrán que reparar las partes deterioradas de la Casa, allí donde sea necesario».
7 Pero el vigésimo tercer año del rey Joás,
los sacerdotes no habían reparado aún las
partes deterioradas de la Casa. 8 Entonces el
rey Joás llamó al sacerdote Iehoiadá y a los
demás sacerdotes, y les dijo: «¿Por qué no
reparan las partes deterioradas de la Casa?
En adelante, ya no recibirán más dinero de
la gente que conocen, sino que lo entregarán para reparar la Casa». 9 Los sacerdotes
estuvieron de acuerdo en no recibir dinero
del pueblo y en tener que reparar las partes
deterioradas de la Casa.
10 Luego el sacerdote Iehoiadá tomó un
cofre, le hizo una abertura en la tapa, y lo
colocó al lado del altar, a la derecha de

quien entra en la Casa del Señor. Y los sacerdotes guardianes del umbral depositaban allí todo el dinero que se aportaba para la Casa del Señor. 11 Cuando veían que había mucho dinero en el cofre, el secretario del rey subía con el sumo sacerdote a recoger y contar el dinero que se encontraba en la Casa del Señor. 12 Después de haberlo contado, ponían el dinero en manos de los que dirigían las obras, de los supervisores de la Casa del Señor, y ellos lo empleaban para pagar a los carpinteros y constructores que trabajaban en la Casa del Señor, 13 a los albañiles y a los talladores de piedras, y también para comprar la madera y las piedras talladas con que se reparaba la Casa del Señor. Así se cubrían todos los gastos necesarios para reparar la Casa. 14 Sin embargo, con el dinero que se aportaba para la Casa del Señor no se hacían fuentes de plata, ni cuchillos, ni aspersorios, ni trompetas, ni objetos de oro o plata, 15 sino que se lo entregaba a los que dirigían las obras, y ellos lo empleaban para reparar la Casa del Señor. 16 Y no se pedía cuenta a los hombres que recibían el dinero para pagar a los obreros, porque obraban a conciencia. 17 El dinero de los sacrificios de reparación y de los sacrificios por el pecado no se lo destinaba a la Casa del Señor, sino que era para los sacerdotes.

La invasión aramea y asesinato de Joás

2 Cr 24 23-27

2 Re 8 12; 2 Re 16 8; 18 15; 1 Re 15 18-19

18 Por ese entonces, Jazael, rey de Aram, subió a combatir contra Gat y se apoderó de ella. Luego Jazael se dispuso a subir contra Jerusalén. 19 Joás, rey de Judá, tomó todos los objetos que habían consagrado Josafat, Joram y Ocozías, sus padres, reyes de Judá, y los que él mismo había consagrado, así como también todo el oro que había en los tesoros de la Casa del Señor y de la casa del rey, y envió todo eso a Jazael, rey de Aram. Así este se alejó de Jerusalén. 20 El resto de los hechos de Joás y todo lo que él hizo, ¿no está escrito en el libro de los Anales de los reyes de Judá? 21 Sus servidores se sublevaron, urdieron una conspiración y asesinaron a Joás en Bet Miló, mientras él bajaba hacia Silá. 22 Iozacar, hijo de Simat, y Iehozabad, hijo de Somer, sus servidores, fueron los que lo hirieron de muerte. Lo sepultaron con sus padres en la Ciudad de David. Su hijo Amasías reinó en lugar de él.

El reinado de Joacaz en Israel (820-803)

2 Re 14 26-27

13 1 El vigésimo tercer año de Joás, hijo
de Ocozías, rey de Judá, comenzó a reinar sobre Israel, en Samaría, Joacaz, hijo de Jehú, y reinó diecisiete años. 2 Él hizo lo que es malo a los ojos del Señor, y persistió en los pecados con que Jeroboam, hijo de Nebat, había hecho pecar a Israel, sin apartarse de ellos.

3 La ira del Señor se encendió contra Israel, y lo entregó en manos de Jazael, rey de Aram, y de Ben Hadad, hijo de Jazael, todo aquel tiempo. 4 Joacaz aplacó al Señor, y el Señor lo escuchó, al ver cómo el rey de Aram oprimía a Israel. 5 Entonces el Señor dio a Israel un salvador, que lo liberó del dominio de Aram, y los israelitas vivieron tranquilos en sus tiendas como antes. 6 Pero no se apartaron de los pecados con que Jeroboam había hecho pecar a Israel: persistieron en ellos, y aun el poste sagrado permaneció construido en Samaría. 7 Por eso el Señor no le dejó a Joacaz más que un ejército de cincuenta jinetes, diez carros de guerra y mil hombres de a pie. Porque el rey de Aram había hecho perecer a los demás, y los había reducido a polvo que se pisotea.

8 El resto de los hechos de Joacaz y todo lo que él hizo, todas sus hazañas, ¿no está escrito en el libro de los Anales de los reyes de Israel? 9 Joacaz se fue a descansar con sus padres, y lo sepultaron en Samaría. Su hijo Joás reinó en lugar de él.

El reinado de Joás en Israel (803-787)

2 Re 14 15-16

10 El trigésimo séptimo año de Joás, rey de Judá, comenzó a reinar sobre Israel, en Samaría, Joás, hijo de Joacaz, y reinó dieciséis años. 11 Él hizo lo que es malo a los ojos del Señor; no se apartó de ninguno de los pecados con que Jeroboam, hijo de Nebat, había hecho pecar a Israel, y persistió en ellos.

12 El resto de los hechos de Joás y todo lo que él hizo, así como la valentía con que luchó contra Amasías, ¿no está escrito todo eso en el libro de los Anales de los reyes de Israel? 13 Joás se fue a descansar con sus padres, y Jeroboam se sentó en su trono. Joás fue sepultado en Samaría con los reyes de Israel.

Último anuncio y muerte de Eliseo

Gn 50 1; 2 Re 2 12; 13 18-19; 1 Re 11 31; Eclo 48 14

14 Eliseo contrajo la enfermedad que lo llevaría a la muerte. Joás, rey de Israel, bajó a visitarlo y se echó llorando sobre su rostro, mientras decía: «¡Padre mío! ¡Padre mío! ¡Carro de Israel y su caballería!». 15 Eliseo le dijo: «Toma un arco y unas flechas». Él tomó un arco y unas flechas, 16 y Eliseo dijo al rey de Israel: «Tiende el arco». Él lo tendió. Eliseo puso sus manos sobre las manos del rey, 17 y dijo: «Abre la ventana que da hacia el este». Él la abrió y Eliseo

dijo: «¡Tira!». Cuando el rey tiró, Eliseo dijo: «¡Flecha de victoria para el Señor! ¡Flecha de victoria contra Aram! Tú derrotarás
a Aram en Afec hasta el exterminio».
18 Luego dijo Eliseo: «Toma las flechas».
Él las tomó, y Eliseo dijo al rey de Israel:
«¡Lánzalas contra la tierra!». Él las lanzó
tres veces y se detuvo. 19 El hombre de Dios
se irritó contra él y le dijo: «Si hubieras golpeado cinco o seis veces, habrías derrotado
a Aram hasta el exterminio; pero ahora, no
derrotarás a Aram más que tres veces».
20 Eliseo murió y lo enterraron. Había unas
bandas moabitas que todos los años incur-
sionaban por el país. 21 Una vez, unos que estaban enterrando a un hombre, al divisar a
una de esas bandas, arrojaron al muerto en
la tumba de Eliseo y se fueron. Y apenas el
muerto tocó los huesos de Eliseo, revivió y se
puso de pie.

Victoria de Joás sobre los arameos

2 Re 8 12; Dt 1 8; 6 10; 2 Re 17 18-20; 24 20

22 Jazael, rey de Aram, había oprimido a
Israel durante todo el tiempo de Joacaz.
23 Pero el Señor se apiadó de los israelitas y
les tuvo compasión; se volvió hacia ellos a
causa de su alianza con Abraham, Isaac y Jacob, y no quiso destruirlos: hasta entonces,
él no los había arrojado lejos de su presencia. 24 Jazael, rey de Aram, murió, y su hijo
Ben Hadad reinó en lugar de él. 25 Entonces
Joás, hijo de Joacaz, recuperó del poder de
Ben Hadad, hijo de Jazael, las ciudades que
Jazael había arrebatado con las armas a su
padre Joacaz. Joás lo derrotó tres veces, y así
recuperó las ciudades de Israel.

LOS REYES DE ISRAEL Y DE JUDÁ HASTA LA CAÍDA DE SAMARÍA

El reinado de Amasías en Judá (811-782)

2 Cr 25 1-4

2 Re 12 21-22; Dt 24 16; Jr 31 29-30; Ez 14 12-20

14 1 El segundo año de Joás, hijo de Joacaz, rey de Israel, inició su reinado
Amasías, hijo de Joás, rey de Judá. 2 Tenía
veinticinco años cuando comenzó a reinar, y
reinó veintinueve años en Jerusalén. Su madre se llamaba Iehoadán, y era de Jerusalén.
3 Él hizo lo que es recto a los ojos del Señor,
aunque no como su padre David. Obró en
todo como lo había hecho su padre Joás.
4 Sin embargo, no desaparecieron los lugares
altos: el pueblo seguía ofreciendo sacrificios
y quemando incienso en los lugares altos.
5 Cuando su poder real quedó plenamente afianzado, mató a los servidores
que habían dado muerte al rey, su padre.
6 Pero no hizo matar a los hijos de los homicidas, cumpliendo lo que está escrito en
la Ley de Moisés, donde el Señor prescribió
lo siguiente: «No se hará morir a los padres
por las culpas de los hijos, ni a los hijos
por las de los padres, sino que se hará morir a cada uno por su propio pecado».

La victoria de Amasías sobre Edom y su derrota frente a Israel

2 Cr 25 11-12.17-24

Jue 9 8-15; 2 Re 25 14.15; 1 Re 14 26; 1 Mac 1 21-24

7 Amasías derrotó a los edomitas en el valle de la Sal, en número de diez mil, y tomó
por asalto la Roca, a la que llamó Iocteel,
nombre que conserva hasta el día de hoy.
8 Entonces Amasías envió mensajeros a
Joás, hijo de Joacaz, hijo de Jehú, rey de Israel, para decirle: «¡Ven a enfrentarte conmigo cara a cara!». 9 Pero Joás, rey de Israel,
mandó a decir a Amasías, rey de Judá: «El
cardo del Líbano mandó a decir al cedro
del Líbano: Dale tu hija por esposa a mi hijo. Pero un animal salvaje del Líbano pasó
y pisoteó el cardo. 10 Porque has derrotado
a Edom, tu corazón se ha engreído. ¡Disfruta de tu gloria, pero quédate en tu casa!
¿Para qué comprometerte en una guerra
desastrosa y sucumbir, tú y Judá contigo?».
11 Pero Amasías no hizo caso. Entonces subió Joás, rey de Israel, y se enfrentaron él y
Amasías, rey de Judá, en Bet Semes de Judá.
12 Judá fue derrotado ante Israel, y cada uno
huyó a su tienda. 13 Joás, rey de Israel, tomó
prisionero en Bet Semes a Amasías, hijo de
Joás, hijo de Ocozías, rey de Judá. Luego fue
a Jerusalén y abrió una brecha de doscientos
metros en el muro de Jerusalén, desde la
puerta de Efraím hasta la puerta del Ángulo.
14 Se apoderó de todo el oro y la plata y de todos los objetos que había en la Casa del Señor y en los tesoros de la casa del rey, se llevó algunos rehenes, y se volvió a Samaría.
15 El resto de los hechos de Joás, lo que él
hizo, sus hazañas y cómo combatió contra
Amasías, rey de Judá, ¿no está escrito todo
eso en el libro de los Anales de los reyes de Israel? 16 Joás se fue a descansar con sus padres,
y lo sepultaron en Samaría con los reyes de
Israel. Su hijo Jeroboam reinó en lugar de él.

Fin del reinado de Amasías

2 Cr 25 25 - 26 2

17 Amasías, hijo de Joás, rey de Judá, vivió quince años después de la muerte de
Joás, hijo de Joacaz, rey de Israel.
18 El resto de los hechos de Amasías, ¿no
está escrito en el libro de los Anales de los
reyes de Judá? 19 En Jerusalén se urdió una
conspiración contra él, y él huyó a Laquis,
pero lo hicieron perseguir hasta Laquis y allí
le dieron muerte. 20 Después lo trasladaron
sobre unos caballos, y fue sepultado con sus
padres en Jerusalén, en la Ciudad de David.

21 Todo el pueblo de Judá tomó a Azarías, que tenía dieciséis años, y lo proclamaron rey en lugar de su padre Amasías.
22 Él fue quien reconstruyó a Elat y la recuperó para Judá, después que el rey Amasías
se fue a descansar con sus padres.

El reinado de Jeroboam II en Israel (787-747)

Jon 1 1; Dt 7 24; 9 14; 1 Re 14 10; 2 Sm 8 5-10

23 El año decimoquinto de Amasías, hijo
de Joás, comenzó a reinar en Samaría Jeroboam, hijo de Joás, rey de Israel, y reinó
cuarenta y un años. 24 Hizo lo que es malo
a los ojos del Señor, y no se apartó de ninguno de los pecados con que Jeroboam, hijo de Nebat, había hecho pecar a Israel.
25 Él restableció las fronteras de Israel, desde la Entrada de Jamat hasta el mar de la
Arabá, conforme a la palabra que había dicho el Señor, el Dios de Israel, por medio
de su servidor el profeta Jonás, hijo de
Amitai, que era de Gat Jéfer. 26 Porque el Señor había visto la amarga humillación de
Israel, donde no había ni esclavo, ni hombre libre, ni nadie que socorriera a Israel.
27 El Señor no había decidido borrar el
nombre de Israel debajo del cielo, y lo salvó por medio de Jeroboam, hijo de Joás.
28 El resto de los hechos de Jeroboam y
todo lo que él hizo, así como la valentía
con que combatió y cómo recuperó para
Israel a Damasco y Jamat, que habían pertenecido a Judá, ¿no está escrito todo eso
en el libro de los Anales de los reyes de Israel? 29 Jeroboam se fue a descansar con sus
padres, con los reyes de Israel. Su hijo Zacarías reinó en lugar de él.

El reinado de Azarías en Judá (781-740)

2 Cr 26 3-4.19-23
2 Re 5 27; 1 Re 4 6; Is 6 1

15 1 El año vigésimo séptimo de Jeroboam, rey de Israel, inició su reinado
Azarías, hijo de Amasías, rey de Judá. 2 Tenía dieciséis años cuando comenzó a reinar, y reinó cincuenta y dos años en Jerusalén. Su madre se llamaba Jecolías, y era
de Jerusalén. 3 Él hizo lo que es recto a los
ojos del Señor, tal como lo había hecho su
padre Amasías. 4 Sin embargo, no desaparecieron los lugares altos: el pueblo seguía
ofreciendo sacrificios y quemando incienso en los lugares altos.
5 El Señor hirió al rey, y este se enfermó
de lepra hasta el día de su muerte. Por eso
tuvo que recluirse en una casa apartada, y
Jotam, el hijo del rey, estaba al frente del
palacio y gobernaba al pueblo del país.
6 El resto de los hechos de Azarías y todo
lo que él hizo, ¿no está escrito en el libro
de los Anales de los reyes de Judá? 7 Azarías
se fue a descansar con sus padres, y lo sepultaron con ellos en la Ciudad de David.
Su hijo Jotam reinó en lugar de él.

El reinado de Zacarías en Israel (747)

2 Re 10 30

8 El trigésimo octavo año de Azarías, rey
de Judá, comenzó a reinar sobre Israel, en
Samaría, Zacarías, hijo de Jeroboam, y reinó seis meses. 9 Él hizo lo que es malo a los
ojos del Señor, como lo habían hecho sus
padres: no se apartó de los pecados con que
Jeroboam, hijo de Nebat, había hecho pecar a Israel. 10 Salum, hijo de Iabés, conspiró contra él, lo hirió de muerte en Ibleam y
reinó en lugar de él.
11 El resto de los hechos de Zacarías está
escrito en el libro de los Anales de los reyes
de Israel. 12 Esta era la palabra que el Señor
había dicho a Jehú: «Tus hijos se sentarán
en el trono de Israel hasta la cuarta generación». Y así fue.

El reinado de Salum en Israel (746)

2 Re 8 12

13 Salum, hijo de Iabés, comenzó a reinar
en el trigésimo noveno año de Ozías, rey
de Judá, y reinó un mes en Samaría. 14 Menajem, hijo de Gadí, subió desde Tirsá y
entró en Samaría; allí hirió de muerte a Salum, hijo de Iabés, y reinó en lugar de él.
15 El resto de los hechos de Salum y la
conspiración que urdió, todo eso está escrito
en el libro de los Anales de los reyes de Israel.
16 Fue entonces cuando Menajem atacó a
Tapúaj y a todos los que se encontraban
allí, así como a todo su territorio a partir
de Tirsá; la atacó por no haberle abierto las
puertas, y abrió el vientre a todas las mujeres embarazadas.

El reinado de Menajem en Israel (746-737)

17 El trigésimo noveno año de Azarías, rey
de Judá, comenzó a reinar Menajem, hijo de
Gadí, y reinó diez años en Samaría. 18 Él hizo
lo que es malo a los ojos del Señor: no se
apartó de los pecados con que Jeroboam, hijo de Nebat, había hecho pecar a Israel. En su
tiempo, 19 Pul, rey de Asiria, invadió el país, y
Menajem le entregó mil talentos de plata,
para que lo ayudara a afianzar en sus manos
el poder real. 20 Menajem recaudó esa plata
entre toda la gente rica de Israel, a razón de
cincuenta siclos de plata por persona, para
entregarla al rey de Asiria. Así el rey de Asiria
se retiró, y no se quedó allí, en el país.
21 El resto de los hechos de Menajem y
todo lo que él hizo, ¿no está escrito en el
libro de los Anales de los reyes de Israel?

22 Menajem se fue a descansar con sus padres, y su hijo Pecajías reinó en lugar de él.

El reinado de Pecajías en Israel (736-735)

23 El quincuagésimo año de Azarías, rey de Judá, inició su reinado sobre Israel, en Samaría, Pecajías, hijo de Menajem, y reinó dos años. 24 Él hizo lo que es malo a los ojos del Señor: no se apartó de los pecados con que Jeroboam, hijo de Nebat, había hecho pecar a Israel.

25 Su escudero Pécaj, hijo de Remalías, conspiró contra él y lo mató en Samaría, en la torre de la casa del rey. Con la ayuda de cincuenta galaaditas, dio muerte al rey, lo mismo que a Argob y Arié, y reinó en lugar de él.

26 El resto de los hechos de Pecajías, todo lo que él hizo, está escrito en el libro de los Anales de los reyes de Israel.

El reinado de Pécaj en Israel (735-732)

2 Re 16 9; 17 6.23.24; 18 11.32

27 El quincuagésimo segundo año de Azarías, rey de Judá, comenzó a reinar sobre Israel, en Samaría, Pécaj, hijo de Remalías, y reinó veinte años. 28 Él hizo lo que es malo a los ojos del Señor: no se apartó de los pecados con que Jeroboam, hijo de Nebat, había hecho pecar a Israel.

29 En tiempos de Pécaj, rey de Israel, llegó Tiglat Piléser, rey de Asiria, y conquistó Iyón, Abel Bet Maacá, Ianóaj, Quedes, Jasor, Galaad, la Galilea y todo el país de Neftalí; y deportó a sus habitantes a Asiria. 30 Oseas, hijo de Elá, urdió una conspiración contra Pécaj, hijo de Remalías, lo hirió de muerte y reinó en lugar de él, el vigésimo año de Jotam, hijo de Ozías.

31 El resto de los hechos de Pécaj, todo lo que él hizo, está escrito en el libro de los Anales de los reyes de Israel.

El reinado de Jotam en Judá (740-735)

2 Cr 27 1-3.7-9

2 Re 16 5; Is 7 1

32 El segundo año de Pécaj, hijo de Remalías, rey de Israel, inició su reinado Jotam, hijo de Ozías, rey de Judá. 33 Tenía veinticinco años cuando comenzó a reinar, y reinó dieciséis años en Jerusalén. Su madre se llamaba Ierusá, hija de Sadoc. 34 Él hizo lo que es recto a los ojos del Señor, como lo había hecho su padre Ozías. 35 Sin embargo, no desaparecieron los lugares altos: el pueblo seguía ofreciendo sacrificios y quemando incienso en los lugares altos. Jotam fue el que edificó la puerta alta de la Casa del Señor.

36 El resto de los hechos de Jotam, todo lo que él hizo, ¿no está escrito en el libro de los Anales de los reyes de Judá?

37 En aquellos días, el Señor comenzó a lanzar contra Judá a Rasón, rey de Aram, y a Pécaj, hijo de Remalías. 38 Jotam se fue a descansar con sus padres, y fue sepultado con ellos en la Ciudad de David, su padre. Su hijo Ajaz reinó en lugar de él.

El reinado de Ajaz en Judá (735-716)

2 Cr 28 1-27

Lv 18 21; Dt 12 2

16 1 El decimoséptimo año de Pécaj, hijo de Remalías, inició su reinado Ajaz, hijo de Jotam, rey de Judá. 2 Ajaz tenía veinte años cuando comenzó a reinar, y reinó dieciséis años en Jerusalén. Él no hizo lo que es recto a los ojos del Señor, su Dios, a diferencia de su padre David. 3 Siguió el camino de los reyes de Israel; incluso inmoló a su hijo en el fuego, según las costumbres abominables de las naciones que el Señor había desposeído delante de los israelitas. 4 Ofreció sacrificios y quemó incienso en los lugares altos, sobre las colinas y bajo todo árbol frondoso.

La invasión siroefraimita

2 Re 15 37; Is 7 – 8; Os 5 8 – 6 6

5 Entonces Rasón, rey de Aram, y Pécaj, hijo de Remalías, rey de Israel, subieron a combatir contra Jerusalén. Asediaron a Ajaz, pero no pudieron entrar en combate. 6 Fue en aquel tiempo cuando Resín, rey de Aram, recuperó a Elat para Aram. Él desalojó de Elat a los judíos, y los edomitas entraron en Elat, donde han permanecido hasta el día de hoy.

Acuerdo de Ajaz con el rey de Asiria

2 Re 12 19; 15 29

7 Ajaz envió mensajeros a Tiglat Piléser, rey de Asiria, para decirle: «Soy tu servidor y tu hijo; sube a salvarme del poder del rey de Aram y del rey de Israel, que se han levantado contra mí». 8 Ajaz tomó la plata y el oro que había en la Casa del Señor y en los tesoros de la casa del rey, y los envió como presente al rey de Asiria. 9 El rey de Asiria accedió al pedido: subió contra Damasco y la conquistó, deportó a sus habitantes a Quir y dio muerte a Resín.

El altar de Damasco y su réplica en Jerusalén

1 Sm 13 9; 1 Re 12 32-33; Ez 46 4-7; 1 Re 7 23-26

10 El rey Ajaz fue a Damasco, al encuentro de Tiglat Piléser, rey de Asiria, y vio el altar que había en Damasco. Entonces envió al sacerdote Urías el modelo y el diseño del altar, con todos sus detalles. 11 El sacerdote Urías construyó el altar: lo hizo de acuerdo con todas las indicaciones que el rey Ajaz envió desde Damasco, antes de que llegara de allí. 12 Cuando llegó de Damasco, el rey observó el altar. Después se acercó y subió has-

ta él, 13 hizo arder su holocausto y su ofrenda, derramó su libación y roció el altar con la sangre de sus sacrificios de comunión.
14 En cuanto al altar de bronce que estaba delante del Señor, lo retiró del frente de la Casa, del lugar que ocupaba entre el nuevo altar y la Casa del Señor, y lo puso al lado del
nuevo altar, hacia el norte. 15 Luego el rey
Ajaz dio esta orden al sacerdote Urías: «Sobre el altar grande harás arder el holocausto de la mañana y la ofrenda de la tarde, el holocausto del rey y su ofrenda, el holocausto de todo el pueblo del país, su ofrenda y sus libaciones; también lo rociarás con toda la sangre de los holocaustos y toda la sangre de los sacrificios. Del altar de bronce, me ocuparé yo». 16 El sacerdote Urías hizo todo lo
que le había ordenado el rey Ajaz.
17 Este desarmó los paneles de las bases y retiró de encima de ellas los recipientes para el agua; hizo bajar el Mar de bronce de encima de los bueyes que lo sostenían y lo
puso sobre un pavimento de piedras. 18 Por
deferencia al rey de Asiria, suprimió en la Casa del Señor el pórtico del Sábado, que se había construido en el interior, y la entrada exterior reservada al rey.

Fin del reinado de Ajaz

2 Cr 28 26-27
Is 14 28

19 El resto de los hechos de Ajaz, todo lo que él hizo, ¿no está escrito en el libro de
los Anales de los reyes de Judá? 20 Ajaz se
fue a descansar con sus padres, y fue sepultado con ellos en la Ciudad de David. Su hijo Ezequías reinó en lugar de él.

Oseas, último rey de Israel (732-724)

17
1 El duodécimo año de Ajaz, rey de Judá, comenzó a reinar sobre Israel, en Samaría, Oseas, hijo de Elá, rey de Israel. 2 Él hizo lo que es malo a los ojos del
Señor, aunque no tanto como los reyes de Israel que lo habían precedido.

La caída de Samaría (722)

2 Re 18 9-11; 15 29

3 Salmanasar, rey de Asiria, subió contra él, y Oseas se le sometió y le pagó tributo.
4 Pero el rey de Asiria descubrió que Oseas conspiraba: este, en efecto, había enviado mensajeros a So, rey de Egipto, y no había hecho llegar a Asiria el tributo anual. Entonces el rey de Asiria hizo arrestar a Oseas
y lo encerró en una prisión. 5 Luego inva-
dió todo el país, subió contra Samaría y la
sitió durante tres años. 6 En el noveno año
de Oseas, el rey de Asiria conquistó Samaría y deportó a los israelitas a Asiria. Los estableció en Jalaj y sobre el Jabor, río de Gozán, y en las ciudades de Media.

Caída y ruina del reino de Israel

El segundo libro de los Reyes presenta la conquista de los reinos de Israel y de Judá, y las deportaciones del pueblo a Babilonia. Israel fue el primero en caer bajo los asirios, quienes deportaron a un grupo grande de israelitas (ver «El reino dividido», 1 Re 12 16-24).

El autor relata brevemente la caída de su capital, Samaría, y explica con detalle los pecados que la causaron (2 Re 17 5-23). Por influencia de los extranjeros, el pueblo empezó a dar culto también a dioses falsos. De ahí en adelante, Samaría siempre fue vista como fuente de pecado (ver «Vocabulario bíblico: Samaría. Samaritanos»).

2 Re 17 5-23

Reflexión sobre la ruina del reino del Norte

2 Re 18 12; Jos 24 14-24; Lv 18 3;
Dt 12 2; 1 Re 12 26-33

7 Esto sucedió porque los israelitas pecaron contra el Señor, su Dios, que los había hecho subir del país de Egipto, librándolos del poder del Faraón, rey de Egipto, y porque habían venerado a otros dioses. 8 Ellos
imitaron las costumbres de las naciones que el Señor había desposeído delante de los israelitas, y las que habían introducido
los reyes de Israel. 9 Los israelitas perpetra-
ron contra el Señor, su Dios, acciones indebidas: se edificaron lugares altos en todas sus ciudades, tanto en las torres de
guardia como en las plazas fuertes; 10 se
construyeron piedras conmemorativas y postes sagrados sobre todas las colinas elevadas y bajo todo árbol frondoso; 11 allí, en
los lugares altos, quemaron incienso como las naciones que el Señor había desterrado delante de ellos; cometieron malas acciones para provocar al Señor 12 y sirvieron a
los ídolos, aunque el Señor les había dicho: «No harán nada de eso».
13 El Señor había advertido solemnemente a Israel y a Judá por medio de todos los profetas y videntes, diciendo: «Vuelvan de su mala conducta y observen mis mandamientos y mis preceptos, conforme a toda la Ley que prescribí a sus padres y que trans-

mití por medio de mis servidores los profetas». [14] Pero ellos no escucharon, y se obstinaron como sus padres, que no creyeron en el Señor, su Dios. [15] Rechazaron sus preceptos y la alianza que el Señor había hecho con sus padres, sin tener en cuenta sus advertencias. Fueron detrás de ídolos vanos, volviéndose así vanos ellos mismos, por ir detrás de las naciones que los rodeaban, aunque el Señor les había prohibido obrar como ellas. [16] Abandonaron todos los mandamientos del Señor, su Dios, y se hicieron ídolos de metal fundido —¡dos terneros!— construyeron un poste sagrado, se postraron delante de todo el Ejército de los cielos y sirvieron a Baal. [17] Inmolaron a sus hijos y a sus hijas en el fuego, practicaron la adivinación y la magia, y se vendieron para hacer lo que el Señor reprueba, provocando su indignación. [18] El Señor se irritó tanto contra Israel, que lo arrojó lejos de su presencia. Solo quedó la tribu de Judá. [19] Pero tampoco Judá observó los mandamientos del Señor, su Dios, sino que imitó las costumbres que había introducido Israel. [20] Y el Señor rechazó a toda la raza de Israel: los humilló y entregó en manos de salteadores, hasta que al fin los arrojó lejos de su presencia.

[21] Cuando el Señor arrancó a Israel de la casa de David, y fue proclamado rey Jeroboam, hijo de Nebat, este alejó del Señor a Israel y le hizo cometer un gran pecado. [22] Los israelitas imitaron todos los pecados que había cometido Jeroboam, y no se apartaron de ellos, [23] tanto que al fin el Señor apartó a Israel de su presencia, conforme a lo que había dicho por medio de todos sus servidores los profetas. Así Israel fue deportado lejos de su suelo, a Asiria, hasta el día de hoy.

El origen de los samaritanos

1 Re 13 24; 12 31; Gn 32 29

[24] El rey de Asiria hizo venir gente de Babilonia, de Cut, de Avá, de Jamat y de Sefarvaim, y la estableció en las ciudades de Samaría, en lugar de los israelitas. Ellos tomaron posesión de Samaría y ocuparon sus ciudades. [25] Pero cuando comenzaron a establecerse en ese lugar, no veneraban al Señor, y el Señor envió contra ellos leones, que hicieron una masacre. [26] Entonces dijeron al rey de Asiria: «La gente que has deportado y establecido en las ciudades de Samaría no conoce la manera de honrar al dios de ese país, y él les envió unos leones que los hicieron morir, porque ellos no conocían la manera de honrar al dios de ese país». [27] El rey de Asiria impartió esta orden: «Manden allí a uno de los sacerdotes de Samaría que yo he deportado; que vaya a establecerse allí y les enseñe la manera de honrar al dios de ese país». [28] Uno de los sacerdotes deportados de Samaría fue entonces a establecerse en Betel, y les enseñaba cómo se debía venerar al Dios de Israel.

[29] Pero la gente de cada nación se hizo su propio dios y los instalaron en los templos de los lugares altos que habían construido los samaritanos. Cada una de las naciones obró así en la ciudad donde residía: [30] la gente de Babilonia hizo un Sucot Benot; los de Cut, un Nergal; los de Jamat, un Asimá; [31] los avitas, un Nibjaz y un Tartac. En cuanto a los sefarvaítas, continuaron quemando a sus hijos en honor de Adramélec y de Anamélec, dioses de Sefarvaim. [32] Pero también veneraban al Señor, y establecieron sacerdotes, elegidos entre su propia gente, para que oficiaran en los templos de los lugares altos. [33] Así, aunque veneraban al Señor, servían al mismo tiempo a sus propios dioses, según el rito de las naciones de donde habían sido deportados.

[34] Hasta el día de hoy, ellos practican los ritos antiguos: no temen al Señor ni practican los preceptos, los ritos, la Ley y los mandamientos que dictó el Señor a los hijos de Jacob, a quien dio el nombre de Israel. [35] El Señor, en efecto, había concluido con ellos una alianza y les había ordenado: «Ustedes no temerán a otros dioses ni se postrarán delante de ellos, no los servirán ni les ofrecerán sacrificios. [36] Solo temerán al Señor, que los hizo salir de Egipto con gran poder y brazo extendido; se postrarán delante de él y le ofrecerán sacrificios. [37] Observarán los preceptos, los ritos, la Ley y los mandamientos que yo escribí para ustedes, practicándolos todos los días, pero no temerán a otros dioses. [38] No olvidarán la alianza que hice con ustedes, y no temerán a otros dioses. [39] Solo temerán al Señor, su Dios, y él los librará de la mano de todos sus enemigos». [40] Pero ellos no escucharon, sino que continuaron practicando los ritos antiguos.

[41] Así, estas naciones veneran al Señor y sirven también a sus ídolos. Y sus hijos, y los hijos de sus hijos, hacen hasta el día de hoy lo que habían hecho sus padres.

LOS REYES DE JUDÁ HASTA LA CAÍDA DE JERUSALÉN

LA INVASIÓN ASIRIA Y EL PROFETA ISAÍAS

El reinado de Ezequías en Judá (716-687)

2 Cr 29 1-2

Dt 12 2; Ex 23 24; Nm 21 8-9; 1 Re 3 12

18 [1] El tercer año de Oseas, hijo de Elá, rey de Israel, inició su reinado Ezequías, hijo de Ajaz, rey de Judá. [2] Tenía veinticinco años cuando comenzó a reinar, y reinó veintinueve años en Jerusalén. Su madre se llamaba Abí, hija de Zacarías. 3 Él hizo lo que es recto a los ojos del Señor, tal como lo había hecho su padre David. 4 Hizo desaparecer los lugares altos, rompió las piedras conmemorativas, taló el poste sagrado e hizo pedazos la serpiente de bronce que había hecho Moisés, porque hasta esos días los israelitas le quemaban incienso; se la llamaba Nejustán.

5 Ezequías puso su confianza en el Señor, el Dios de Israel, y no hubo después de él ninguno igual entre todos los reyes de Judá, como tampoco lo hubo antes que él. 6 Se mantuvo fiel al Señor sin apartarse de él, y observó los mandamientos que el Señor había dado a Moisés. 7 Tuvo éxito en todas sus empresas, porque el Señor estaba con él. Se rebeló contra el rey de Asiria y no fue más su vasallo. 8 Derrotó a los filisteos hasta Gaza y devastó su territorio, desde las torres de guardia hasta las plazas fuertes.

Evocación de la caída de Samaría

2 Re 17 1-18

9 El cuarto año del rey Ezequías, que era el séptimo año de Oseas, hijo de Elá, rey de Israel, Salmanasar, rey de Asiria, subió contra Samaría y la sitió. 10 Al cabo de tres años la conquistaron: en el sexto año de Ezequías, que era el noveno año de Oseas, rey de Israel, fue tomada Samaría. 11 El rey de Asiria deportó a los israelitas a Asiria y los estableció en Jalaj, y también junto al Jabor, río de Gozán, y en las ciudades de los medos. 12 Esto sucedió porque no habían escuchado la voz del Señor, su Dios, y habían transgredido su alianza; todo lo que había mandado Moisés, el servidor del Señor, ellos no lo habían escuchado ni practicado.

La invasión de Senaquerib y el tributo impuesto a Ezequías

2 Cr 32 1 / Is 36 1
2 Re 19 20.36; Eclo 48 18; 2 Re 12 19

13 El decimocuarto año del rey Ezequías, Senaquerib, rey de Asiria, subió contra todas las ciudades fortificadas de Judá y se apoderó de ellas.

14 Ezequías, rey de Judá, mandó a decir al rey de Asiria, que estaba en Laquis: «He cometido un error; retírate y aceptaré lo que me impongas». El rey de Asiria exigió al rey Ezequías, rey de Judá, trescientos talentos de plata y trescientos talentos de oro. 15 Ezequías entregó entonces toda la plata que se encontraba en la Casa del Señor y en los tesoros de la casa del rey. 16 Fue en aquel tiempo cuando Ezequías desmanteló las puertas del Templo del Señor y los soportes que el mismo Ezequías, rey de Judá, había recubierto de metal, para entregarlos al rey de Asiria.

Amenazas de Senaquerib contra Jerusalén

2 Cr 32 9-19 / Is 36 2-22
1 Re 4 6; 2 Re 17 4; 1 Re 11 14-22.40;
Is 30 1-7; 31 1-3; Jr 42 – 43

17 Desde Laquis, el rey de Asiria envió a Jerusalén, donde estaba Ezequías, al general en jefe, al jefe de los eunucos y al copero mayor, acompañados de una fuerte escolta. Ellos subieron y, al llegar a Jerusalén, se apostaron junto al canal de la piscina superior, sobre la senda del campo del Tintorero. 18 Llamaron al rey, y Eliaquim, hijo de Jilquías, el mayordomo de palacio, salió a su encuentro, junto con Sebná, el secretario, y Joaj, hijo de Asaf, el archivista.

19 El copero mayor les dijo: «Digan a Ezequías: Así habla el gran rey, el rey de Asiria: ¿Qué motivo tienes para estar tan confiado? 20 ¿Piensas que la estrategia y el valor para el combate son cuestión de palabras? ¿En quien confías para rebelarte contra mí? 21 ¡Ah, sí! Tú confías en el apoyo de esa caña quebrada, en Egipto, que perfora y atraviesa la mano de todo el que se apoya en él. Eso es el Faraón, rey de Egipto, para todos los que confían en él. 22 Seguramente, tú me dirás: "Nosotros confiamos en el Señor, nuestro Dios". Pero ¿no fue acaso Ezequías el que suprimió todos los lugares altos y los altares dedicados a él, diciendo a la gente de Judá y de Jerusalén: "Solo delante de este altar, en Jerusalén, ustedes deberán postrarse"? 23 ¡Y bien! Haz una apuesta con mi señor, el rey de Asiria: ¡Yo te daré dos mil caballos, si puedes conseguir bastantes hombres para montarlos! 24 ¿Cómo harías retroceder a uno solo de los más insignificantes servidores de mi señor? ¡Pero tú confías en Egipto para tener carros de guerra y soldados! 25 ¿Acaso he venido a arrasar este país sin el consentimiento del Señor? Fue el Señor quien me dijo: ¡Sube contra ese país y arrásalo!».

26 Eliaquim, hijo de Jilquías, Sebná y Joaj dijeron al copero mayor: «Por favor, háblanos en arameo, porque nosotros lo entendemos. No nos hables en hebreo, a oídos del pueblo que está sobre la muralla». 27 Pero el copero mayor les replicó: «¿Acaso mi señor me envió a decir estas cosas a tu señor y a ti? ¿No están dirigidas a esos hombres apostados sobre la muralla, que tendrán que comer sus excrementos y beber su orina, igual que ustedes?».

28 Entonces el copero mayor, puesto de pie, gritó bien fuerte en hebreo: «Escuchen la palabra del gran rey, el rey de Asiria: 29 Así habla el rey: Que Ezequías no los engañe, porque

él no podrá librarlos de mi mano. 30 Y que Ezequías no los induzca a confiar en el Señor, diciendo: Seguramente el Señor nos librará, y esta ciudad no caerá en manos del rey de Asiria. 31 No le hagan caso a Ezequías, porque así habla el rey de Asiria: Hagan las paces conmigo y ríndanse. Así cada uno de ustedes comerá los frutos de su viña y de su higuera, y beberá el agua de su pozo, 32 hasta que venga yo y los lleve a un país como el de ustedes, un país de trigo y vino nuevo, un país de pan y viñedos, un país de olivares, de aceite fresco y de miel; así ustedes vivirán y no morirán. Pero no escuchen a Ezequías, porque él los seduce, diciendo: «El Señor nos librará». 33 ¿Acaso los dioses de las naciones han librado a sus países de la mano del rey de Asiria? 34 ¿Dónde están los dioses de Jamat y de Arpad? ¿Dónde están los dioses de Sefarvaim, de Hená y de Ivá? ¿Dónde los dioses del país de Samaría? ¿Han librado de mi mano a Samaría? 35 Entre todos los dioses de esos países, ¿hubo alguno que librara de mi mano a su propio país, para que el Señor libre de mi mano a Jerusalén?».

36 El pueblo guardó silencio y no le respondió ni una sola palabra, porque esta era la orden del rey: «No le respondan nada». 37 Eliaquim, hijo de Jilquías, el mayordomo de palacio, Sebná, el secretario, y Joaj, hijo de Asaf, el archivista, se presentaron ante Ezequías con sus vestiduras desgarradas, y le informaron de las palabras del copero mayor.

La intervención del profeta Isaías

Is 37 1-9a

1 Re 21 27; Is 4 3; 10 5-19

19 1 Cuando el rey Ezequías oyó esto, rasgó sus vestiduras, se cubrió con un sayal y fue a la Casa del Señor. 2 Además, envió al mayordomo de palacio Eliaquim, al secretario Sebná y a los sacerdotes más ancianos, todos cubiertos de sayales, para decir al profeta Isaías, hijo de Amós: 3 «Así habla Ezequías: Hoy es un día de angustia, de castigo y de oprobio, porque los hijos están a punto de nacer, pero no hay fuerza para darlos a luz. 4 Tal vez el Señor, tu Dios, escuche las palabras del copero mayor, a quien el rey de Asiria, su señor, envió para insultar al Dios viviente, y el Señor tu Dios, lo castigue por las palabras que ha escuchado. Eleva entonces una plegaria por el resto que todavía subsiste».

5 Los servidores del rey Ezequías fueron a ver a Isaías, 6 y este les dijo: «Díganle a su señor: Así habla el Señor: No temas por las palabras que has oído, y con las que me ultrajaron los lacayos del rey de Asiria. 7 Yo mismo pondré un espíritu en él y, apenas oiga una noticia, regresará a su país; y yo lo haré caer bajo la espada en su propio país».

8 El copero mayor regresó y se encontró con el rey de Asiria, que estaba atacando a Libná. 9 Él había oído, en efecto, que el rey se había retirado de Laquis, al recibir la noticia de que Tirjacá, rey de Cus, se había puesto en campaña para combatirlo.

Nuevas amenazas de Senaquerib contra Jerusalén

Is 37 9b-20 / 2 Cr 32 17.20

2 Re 17 6.24; Jr 10 1-16

Senaquerib envió de nuevo mensajeros a Ezequías para decirle: 10 «Hablen así a Ezequías, rey de Judá: Que no te engañe tu Dios, en quien confías, haciéndote pensar que Jerusalén no será entregada en manos del rey de Asiria. 11 Tú has oído, seguramente, lo que hicieron los reyes de Asiria a todos los países, al consagrarlos al exterminio total. ¿Y tú te vas a librar? 12 ¿Libraron acaso sus dioses a esas naciones que mis padres han destruido, a Gozán, Jarán, Résef y a la gente de Edén que está en Telasar? 13 ¿Dónde están el rey de Jamat, el rey de Arpad, el rey de la ciudad de Sefarvaim, el de Hená y el de Ivá?».

14 Ezequías tomó la carta de la mano de los mensajeros y la leyó. Después subió a la Casa del Señor, la desplegó delante del Señor 15 y oró, diciendo: «Señor de los ejércitos, Dios de Israel, que tienes tu trono sobre los querubines: tú solo eres el Dios de todos los reinos de la tierra, tú has hecho el cielo y la tierra. 16 Inclina tu oído, Señor, y escucha; abre tus ojos, Señor, y mira. Escucha las palabras que Senaquerib ha mandado decir, para insultar al Dios viviente. 17 Es verdad, Señor, que los reyes de Asiria han arrasado todas las naciones y sus territorios. 18 Ellos han arrojado sus dioses al fuego, porque no son dioses, sino obra de las manos del hombre, nada más que madera y piedra. Por eso los hicieron desaparecer. 19 Pero ahora, Señor, Dios nuestro, ¡sálvanos de su mano, y que todos los reinos de la tierra reconozcan que tú solo, Señor, eres Dios!».

Oráculo del Señor contra Senaquerib

Is 37 21-35

2 Sm 5 11; 1 Re 5 20; Sal 139 2-3; 2 Re 19 4

20 Isaías, hijo de Amós, mandó a decir a Ezequías: «Así habla el Señor, Dios de Israel: Tú me has dirigido una súplica acerca de Senaquerib, rey de Asiria, y yo la he escuchado. 21 Esta es la palabra que el Señor ha pronunciado contra él:

Te desprecia, se burla de ti,
la virgen hija de Sion;
a tus espaldas mueve la cabeza
la hija de Jerusalén.

22 ¿A quién has insultado y ultrajado?
¿Contra quién has alzado la voz
y levantado bien alto tus ojos?
¡Contra el Santo de Israel!
23 Por medio de tus mensajeros
has insultado al Señor,
y has dicho: "Con mis numerosos carros
escalé la cima de las montañas,
los rincones inaccesibles del Líbano.
Talé sus cedros más altos,
sus mejores cipreses;
llegué hasta su último extremo,
hasta lo más espeso de su bosque.
24 Excavé pozos y bebí
aguas extranjeras;
sequé con la planta de mis pies
todos los canales de Egipto".
25 ¿No lo has oído? Hace mucho tiempo
que lo he preparado:
lo he planeado desde los tiempos antiguos
y ahora lo llevo a cabo.
Así, tú has reducido a un montón de ruinas
las ciudades fortificadas.
26 Sus habitantes, con las manos caídas,
están aterrorizados, avergonzados:
son como el pasto de los campos
y la gramilla verde,
como la hierba de los techos,
o el grano agostado antes de madurar.
27 Pero yo sé cuándo te sientas,
cuándo sales y cuándo entras,
y cuándo tiemblas de rabia contra mí.
28 Porque has temblado de rabia contra mí,
y tu insolencia ha subido a mis oídos,
pondré mi garfio en tus narices
y mi bozal en tus labios,
y te haré volver por el camino
por donde habías venido.

29 Y esto te servirá de señal: Este año se
comerá del grano caído, y el año próximo,
de lo que brote espontáneamente; pero al
tercer año, siembren y cosechen, planten
viñas y coman de sus frutos. 30 Los sobrevivientes de la casa de Judá, los que todavía
queden, echarán de nuevo raíces por debajo, y producirán frutos por arriba. 31 Porque de Jerusalén saldrá un resto, y del
monte Sion, algunos sobrevivientes. El celo del Señor de los ejércitos hará todo esto. 32 Por eso, así habla el Señor acerca del
rey de Asiria:

Él no entrará en esta ciudad,
ni le lanzará una flecha;
no la enfrentará con el escudo,
ni levantará contra ella un terraplén.
33 Se volverá por el mismo camino,
sin entrar en esta ciudad
—oráculo del Señor—.
34 Yo protegeré a esta ciudad para salvarla,
por mi honor y el de David, mi servidor».

Retirada y muerte de Senaquerib

2 Cr 32 21-23 / Is 37 36-38

Gn 19 13; Ex 12 23; 2 Sm 24 16; Eclo 48 21

35 Aquella misma noche, el Ángel del Señor salió e hirió en el campamento de los
asirios a ciento ochenta y cinco mil hombres. Y cuando los demás se levantaron por
la mañana, vieron que todos eran cadáveres, que estaban muertos. 36 Entonces Senaquerib, rey de Asiria, levantó el campamento, emprendió el regreso y se quedó en
Nínive. 37 Un día, mientras estaba postrado
en el templo de Nisroc, su dios, Adramélec
y Sarecer, sus hijos, lo mataron con la espada, y se pusieron a salvo en el país de
Ararat. Asarhadón, su hijo, reinó en lugar
de él.

Enfermedad y curación de Ezequías

2 Cr 32 24 / Is 38 1-8

2 Re 1 4; Sal 116 8; 2 Re 18 32; Is 7 10-14

20 1 En aquellos días, Ezequías cayó gravemente enfermo. El profeta Isaías,
hijo de Amós, fue a verlo y le dijo: «Así habla el Señor: Ordena todos los asuntos de
tu casa, porque vas a morir. Ya no vivirás
más». 2 Ezequías volvió su rostro hacia la
pared y oró al Señor, diciendo: 3 «¡Ah, Señor! Recuerda que yo he caminado delante
de ti con fidelidad e integridad de corazón,
y que hice lo que es bueno a tus ojos». Y
Ezequías se deshizo en llanto.
4 Isaías no había salido aún del patio
central, cuando le llegó la palabra del Señor: 5 «Vuelve y dile a Ezequías, el jefe de
mi pueblo: Así habla el Señor, el Dios de tu
padre David: He oído tu súplica, he visto
tus lágrimas. Yo te voy a curar: dentro de
tres días subirás a la Casa del Señor. 6 Añadiré otros quince años a tu vida; te libraré,
a ti y a esta ciudad, de manos del rey de
Asiria, y defenderé a esta ciudad por mi honor y el de mi servidor David». 7 Luego dijo Isaías: «Traigan un emplasto de higos».
Lo trajeron, lo aplicaron sobre la úlcera, y
el rey se curó.
8 Entonces Ezequías dijo a Isaías: «¿Cuál
es la señal de que el Señor me sanará y
que dentro de tres días podré subir a la
Casa del Señor?». 9 Isaías respondió: «Esta
es la señal que te da el Señor para confirmar la palabra que ha pronunciado: ¿La
sombra debe avanzar diez grados o retroceder diez grados?». 10 Ezequías respondió: «Es fácil para la sombra adelantar
diez grados, pero no que los retroceda».
11 El profeta invocó al Señor, y él hizo que
la sombra retrocediera los diez grados
que había descendido, en el reloj de sol
de Ajaz.

Los emisarios del rey de Babilonia

2 Cr 32 27-29 / Is 39
1 Re 10 4-5; 2 Re 24 13.15; Dn 1 1-7

12 En aquel tiempo, Merodac Baladán, hijo de Baladán, rey de Babilonia, envió una
carta y un presente a Ezequías, al enterarse
de que había estado enfermo. 13 Ezequías se
alegró de esto, y mostró a los emisarios la
sala del tesoro, la plata, el oro, los perfumes, el aceite precioso, su arsenal y todo lo
que se encontraba en sus depósitos. De todo lo que había en su palacio y en sus dominios, no quedó nada que Ezequías no les
hiciera ver. 14 Entonces el profeta Isaías se
presentó al rey Ezequías y le preguntó:
«¿Qué te ha dicho esa gente y de dónde ha
venido?». Ezequías respondió: «Vinieron de
un país lejano, de Babilonia». 15 Isaías preguntó: «¿Qué han visto en tu casa?». «Han
visto todo lo que hay en mi casa —respondió Ezequías—. No hay nada en mis depósitos que no les haya mostrado».
16 Entonces Isaías dijo a Ezequías: «Escucha
la palabra del Señor: 17 Llegarán los días en
que todo lo que hay en tu casa, todo lo que
han atesorado tus padres hasta el día de hoy,
será llevado a Babilonia. No quedará nada
—dice el Señor—. 18 Y algunos de tus hijos, de
los que han nacido de ti, que tú mismo habrás engendrado, serán tomados para que
sirvan como eunucos en el palacio del rey
de Babilonia». 19 Ezequías respondió a Isaías:
«Es auspiciosa la palabra del Señor que has
pronunciado». Porque se decía a sí mismo:
«Mientras yo viva, habrá paz y seguridad».

Fin del reinado de Ezequías

2 Cr 32 32-33
Eclo 48 17

20 El resto de los hechos de Ezequías, sus
proezas, todo lo que él hizo, la cisterna y el
canal que construyó para llevar el agua a la
ciudad, ¿no está escrito en el libro de los
Anales de los reyes de Judá? 21 Ezequías fue
a descansar con sus padres, y su hijo Manasés reinó en lugar de él.

LA IMPIEDAD DE MANASÉS Y DE AMÓN

El reinado de Manasés en Judá (687-642)

2 Cr 33 1-10.8-20
2 Re 18 4; 1 Re 16 32-33; 2 Re 17 16;
Lv 18 21; 19 31; 1 Sm 3 11; 1 Re 19 18

21 1 Manasés tenía doce años cuando comenzó a reinar, y reinó cincuenta y
cinco años en Jerusalén. Su madre se llamaba Jefsibá. 2 Él hizo lo que es malo a los ojos
del Señor, siguiendo las costumbres abominables de las naciones que el Señor había
desposeído delante de los israelitas. 3 Reedificó los lugares altos que había hecho desaparecer su padre Ezequías; construyó altares a
Baal, hizo un poste sagrado como lo había
hecho Ajab, rey de Israel, y se postró delante
de todo el Ejército de los cielos y lo sirvió.
4 Edificó altares en la Casa del Señor, de la
que el Señor había dicho: «En Jerusalén pondré mi Nombre». 5 Edificó altares a todo el
Ejército de los cielos en los dos atrios de la
Casa del Señor. 6 Inmoló a su hijo en el fuego, practicó la astrología y la magia, e instituyó nigromantes y adivinos. Persistió en
hacer lo que es malo a los ojos del Señor,
provocando su indignación. 7 La estatua de
Aserá que había hecho, la instaló en la Casa
de la que el Señor había dicho a David y a su
hijo Salomón: «En esta Casa y en Jerusalén,
que yo elegí entre todas las tribus de Israel,
pondré mi Nombre para siempre. 8 Ya no permitiré que Israel ande errante lejos del suelo
que di a sus padres, con tal que se empeñen
en practicar todo lo que les he mandado,
conforme a toda la Ley que les prescribió mi
servidor Moisés». 9 Pero ellos no escucharon,
y Manasés los extravió, de manera que obraron peor que las naciones que el Señor había
exterminado delante de los israelitas.
10 Entonces el Señor habló por medio de
sus servidores los profetas, en estos términos: 11 «Porque Manasés, rey de Judá, cometió estas abominaciones, porque superó en
maldad a todo lo que habían hecho los
amorreos antes que él, y también hizo pecar
a Judá con sus ídolos, 12 por eso, así habla el
Señor, el Dios de Israel: Yo haré venir sobre
Jerusalén y Judá una desgracia tal, que le
zumbarán los dos oídos al que oiga hablar
de ella. 13 Tenderé sobre Jerusalén la cuerda
de Samaría y el nivel de la casa de Ajab, y
limpiaré a Jerusalén como se limpia un plato, y una vez limpio, se lo vuelve boca abajo. 14 Rechazaré al resto de mi herencia, los
entregaré en manos de sus enemigos, y serán el botín y la presa de todos sus enemigos, 15 porque han hecho lo que es malo a
mis ojos y no han cesado de provocar mi indignación, desde el día en que sus padres
salieron de Egipto hasta el día de hoy».
16 Manasés derramó también sangre inocente, en tal cantidad que inundó a Jerusalén de un extremo a otro, aparte del pecado que hizo cometer a Judá, haciendo lo
que es malo a los ojos del Señor.
17 El resto de los hechos de Manasés y todo lo que él hizo, así como el pecado que
cometió, ¿no está escrito todo eso en el libro de los Anales de los reyes de Judá?
18 Manasés se fue a descansar con sus padres, y fue sepultado en el jardín de su casa, en el Jardín de Uzá. Su hijo Amón reinó en lugar de él.

El reinado de Amón en Judá (642-640)

2 Cr 33 21-25

19 Amón tenía veintidós años cuando comenzó a reinar, y reinó dos años en Jerusalén. Su madre se llamaba Mesulémet, hija de Jarús, y era de Jotbá. 20 Él hizo lo que es malo a los ojos del Señor, como lo había hecho su padre Manasés. 21 Siguió en todo el camino que había seguido su padre; sirvió a los ídolos que había servido su padre y se postró delante de ellos. 22 Abandonó al Señor, el Dios de sus padres, y no siguió el camino del Señor.

23 Los servidores de Amón conspiraron contra el rey y lo mataron en su casa. 24 Pero el pueblo del país mató a todos los que habían conspirado contra el rey Amón, y proclamó rey en lugar de él a su hijo Josías.

25 El resto de los hechos de Amón, todo lo que él hizo, ¿no está escrito en el libro de los Anales de los reyes de Judá? 26 Lo sepultaron en su tumba, en el Jardín de Uzá. Su hijo Josías reinó en lugar de él.

LA REFORMA RELIGIOSA DE JOSÍAS

El reinado de Josías en Judá (640-609)

2 Cr 34 1-2

1 Re 13 2; Jr 3 6

22 1 Josías tenía ocho años cuando comenzó a reinar, y reinó treinta y un años en Jerusalén. Su madre se llamaba Iedidá, hija de Adaías, y era de Boscat. 2 Él hizo lo que es recto a los ojos del Señor y siguió en todo el camino de su padre David, sin apartarse ni a la derecha ni a la izquierda.

Descubrimiento del libro de la Ley en el Templo

2 Cr 34 8-18

2 Re 12 11-16; Dt 28 61

3 El año decimoctavo de su reinado, el rey Josías envió al secretario Safán, hijo de Asalías, hijo de Mesulam, a la Casa del Señor, con este encargo: 4 «Sube a ver a Jilquías, el sumo sacerdote, para que haga el recuento de toda la plata que se ha traído a la Casa del Señor, la que han recaudado del pueblo los guardianes del umbral. 5 Que se la entreguen a los que dirigen las obras, a los supervisores de la Casa del Señor, para que paguen a los que trabajan en reparar las partes deterioradas de la Casa del Señor 6 —a los carpinteros, a los constructores y albañiles— y se pueda comprar la madera y las piedras talladas necesarias para reparar la Casa. 7 Pero que no se les pida cuenta de la plata que se les entrega, porque ellos obran a conciencia».

8 El sumo sacerdote Jilquías dijo al secretario Safán: «He encontrado el libro de la Ley en la Casa del Señor». Jilquías entregó el libro a Safán, y este lo leyó. 9 Luego el secretario Safán se presentó ante el rey, y le informó, diciendo: «Tus servidores han volcado la plata que se encontraba en la Casa y se la entregaron a los que dirigen las obras, a los encargados de supervisar la Casa del Señor». 10 Luego el secretario Safán anunció al

VIVE LA PALABRA

Discernimiento de los signos de los tiempos

El sumo sacerdote Jelcías descubrió en el Templo un libro viejo de la Ley, escrito en Israel, que quizá fue la primera versión del Deuteronomio. Cuando leyeron el libro al rey Josías, este tomó conciencia del pecado de Judá, se rasgó sus vestiduras en señal de arrepentimiento y mandó consultar a la profetisa Juldá.

Juldá discernió lo que Dios quería decir a través de los hechos de Judá, a la luz de este libro de la Ley. Vio la futura caída de Judá como consecuencia de sus pecados, una señal urgente de conversión, y la bendición de Dios a Josías por su arrepentimiento.

Dios da a sus profetas el don de discernir los signos de los tiempos para descubrir su presencia y escuchar su voz en los acontecimientos. Este don los capacita para analizar la vida personal y las situaciones históricas; percibir la voluntad de Dios sobre una persona o situación, y guiar a personas y grupos sociales en la lucha contra el mal (ver «Diez criterios del profetismo auténtico», Jr 23 25-32).

¿Conoces a alguna persona que te ayude a discernir lo que Dios te dice en esta etapa de tu vida?, ¿has hablado con ella?, ¿qué te dijo y cuál ha sido tu respuesta? Abre tus oídos para que el Espíritu Santo te dé el don de discernir lo que Dios quiere de ti en todo lugar y momento, y te ayude a responder a lo que te dice a través de sus profetas.

2 Re 22 11-20

rey: «Jilquías, el sacerdote, me ha dado un libro». Y Safán lo leyó delante del rey.

La consulta a la profetisa Julda

2 Cr 34 19-28

1 Sm 9 6; 1 Re 14 5; 1 Re 21 29; 2 Re 23 28-30

11 Cuando el rey oyó las palabras del libro
de la Ley, rasgó sus vestiduras, 12 y dio esta
orden a Jilquías, el sacerdote, a Ajicam, hijo
de Safán, a Acbor, hijo de Miqueas, a Safán,
el secretario, y a Asaías, el servidor del rey:
13 «Vayan a consultar al Señor por mí, por
todo el pueblo y por todo Judá, acerca de
las palabras de este libro que ha sido encontrado. Porque es grande el furor del Señor que se ha encendido contra nosotros,
ya que nuestros padres no han obedecido a
las palabras de este libro y no han obrado
conforme a todo lo que está escrito en él».
14 El sacerdote Jilquías, Ajicam, Acbor, Safán y Asaías fueron a ver a la profetisa Julda,
esposa de Salum, hijo de Ticvá, hijo de Jar-
cás, el encargado del vestuario. Ella habitaba en Jerusalén, en el barrio nuevo. Y cuando terminaron de hablar, 15 les dijo: «Así
habla el Señor, el Dios de Israel: Díganle al
hombre que los ha enviado: 16 Así habla el
Señor: Yo voy a traer una desgracia a este lugar y sobre sus habitantes, cumpliendo así
todas las palabras del libro que ha leído el
rey de Judá. 17 Porque me han abandonado
y han quemado incienso a otros dioses, provocando mi indignación con toda la obra
de sus manos, mi furor se ha encendido
contra este lugar, y no se extinguirá. 18 Pero
al rey de Judá que los envía a consultar al
Señor, le dirán: Así habla el Señor, el Dios
de Israel: En lo que respecta a las palabras
que has escuchado... 19 Porque tu corazón se
ha conmovido y te has humillado delante
del Señor al oír lo que dije contra este lugar
y contra sus habitantes, a saber, que se convertirán en una devastación y en una maldición; porque has rasgado tus vestiduras y
has llorado delante de mí, también yo he escuchado —oráculo del Señor—. 20 Por eso,
voy a reunirte con tus padres: serás sepultado en paz y tus ojos no verán nada de la
desgracia que atraeré sobre este lugar». Ellos
llevaron la respuesta al rey.

La lectura de la Ley y la renovación de la Alianza

2 Cr 34 29-32

2 Re 22 21; Ex 24 7

23 1 El rey mandó que se reunieran junto a él todos los ancianos de Judá y
de Jerusalén. 2 Luego subió a la Casa del Señor, acompañado de todos los hombres de
Judá y de todos los habitantes de Jerusalén
—los sacerdotes, los profetas y todo el pueblo, desde el más pequeño al más grande—, y les leyó todas las palabras del libro
de la Alianza, que había sido hallado en la
Casa del Señor. 3 Después, de pie sobre el
estrado, el rey selló delante del Señor la
alianza que obliga a seguir al Señor y a observar sus mandamientos, sus testimonios
y sus preceptos, de todo corazón y con toda el alma, cumpliendo las palabras de esta alianza escritas en aquel libro. Y todo el
pueblo se comprometió en la alianza.

La reforma del culto en Judá

2 Cr 34 3-5

1 Re 15 13; Os 10 5; Is 30 33; Jr 7 31-32; 1 Re 11 7

4 El rey ordenó al sumo sacerdote Jilquías,
a los sacerdotes de segundo orden y a los

VIVE LA PALABRA

Reforma de Josías y conversión ante el pecado social

El autor de Reyes continuamente menciona el pecado de los reyes contra Dios (2 Re 13 11; 16 2; 21 2). Tanto los reyes de Judá como los de Israel dieron culto a dioses falsos, lo que generó una cadena de injusticia, egoísmo e infidelidad; convirtió a otras personas en cómplices y originó estructuras de pecado. Estas estructuras se crean cuando el pecado individual lleva a grupos de personas a hacer el mal a la sociedad, sea por influencia o porque se dictan leyes injustas. ¡Qué rápido brota la disculpa: «todos lo hacen así»! (ver «El pecado tiene consecuencias sociales», Gn 6 1-8).

Lee 2 Reyes 23 1-9 y observa la reacción del rey y del pueblo al leer el libro santo encontrado por Jelcías. La reforma religiosa que emprendió Josías tuvo tres fundamentos: reconocer al único Dios, vivir y gobernar según su ley, y orar a él confiadamente, pidiéndole su luz y su fuerza. Gracias a esta reforma, el rey se convirtió y el pueblo renovó su Alianza con Dios (2 Re 23 21-23).

Ante los problemas sociales, siempre recuerda los tres fundamentos de la reforma de Josías y renueva tu alianza con Dios para servirlo con todo tu corazón y toda tu vida.

2 Re 22 – 23

guardianes del umbral, que sacaran del
Templo del Señor todos los objetos fabricados en honor de Baal, de Aserá y de todo el
Ejército de los cielos; los quemó fuera de Jerusalén, en los baldíos del Cedrón, e hizo
llevar sus cenizas a Betel. 5 Suprimió a los
sacerdotes que habían establecido los reyes
de Judá para quemar incienso en los lugares
altos, en las ciudades de Judá y en los alrededores de Jerusalén, y a los que quemaban
incienso a Baal, al sol, a la luna, a los signos
del zodíaco y a todo el Ejército de los cielos.
6 Sacó del Templo del Señor el poste sagrado, y lo llevó fuera de Jerusalén, al torrente
Cedrón; allí lo quemó hasta reducirlo a
polvo, y arrojó el polvo a la fosa común.
7 Derribó las casas de las Consagradas que
había en la Casa del Señor, y donde las mujeres tejían mantos para Aserá.

8 Hizo venir de las ciudades de Judá a todos los sacerdotes, y profanó los lugares altos
donde esos sacerdotes quemaban incienso,
desde Gueba hasta Berseba. Derribó el lugar
alto dedicado a los sátiros, que estaba a la entrada de la puerta de Josué, el gobernador de
la ciudad, a la izquierda de quien entra por la
puerta de la ciudad. 9 Pero los sacerdotes de
los lugares altos no podían subir al altar del
Señor en Jerusalén, aunque comían los panes
ácimos en medio de sus hermanos.

10 Además, profanó el Tófet del valle de
Ben Hinnom, para que nadie inmolara en el
fuego a su hijo o a su hija, en honor de Moloc. 11 Suprimió los caballos que los reyes de
Judá habían dedicado al sol, a la entrada de
la Casa del Señor, hacia la habitación del eunuco Natán Mélec, en los anexos, y quemó
el carro del sol. 12 El rey derribó los altares
que estaban sobre las terrazas de la habitación alta de Ajaz, construidos por los reyes
de Judá, y también los que había hecho Manasés en los dos atrios de la Casa del Señor;
allí mismo los destrozó y arrojó el polvo en
el torrente Cedrón. 13 El rey profanó los lugares altos que estaban frente a Jerusalén, al sur
del monte de la Destrucción, y que Salomón, rey de Israel, había construido en honor de Astarté, el despreciable ídolo de los
sidonios, en honor de Quemós, el despreciable ídolo de Moab, y en honor de Milcom, el abominable ídolo de los amonitas.
14 También destrozó las piedras conmemorativas, cortó los postes sagrados y cubrió de
huesos humanos el lugar ocupado por ellos.

La extensión de la reforma al antiguo territorio de Israel

2 Cr 34 6-7
1 Re 12 33 – 13 10

15 Josías derribó también el altar que estaba en Betel, el lugar alto que había edificado Jeroboam, hijo de Nebat, el que hizo
pecar a Israel; derribó este altar y su lugar
alto, quemó el lugar alto, lo redujo a polvo, y quemó el poste sagrado.
16 Al darse vuelta, Josías divisó las tumbas
que había allí, sobre la montaña; mandó
recoger los huesos de esas tumbas y los
quemó sobre el altar: así lo profanó, conforme a la palabra del Señor que había proclamado el hombre de Dios, mientras Jeroboam estaba de pie junto al altar, durante
la fiesta. Al darse vuelta, Josías levantó los
ojos y vio la tumba del hombre de Dios
que había proclamado estas cosas, 17 y preguntó: «¿Qué mausoleo es ese que veo?». La
gente de la ciudad le respondió: «Es la tumba del hombre de Dios que vino de Judá y
proclamó las cosas que tú acabas de hacer
contra el altar de Betel». 18 «Déjenla —dijo
el rey—; que nadie remueva sus huesos».
Así fueron respetados sus huesos y los del
profeta que había venido de Samaría.

19 Josías hizo desaparecer también todas
las casas de los lugares altos que se encontraban en las ciudades de Samaría, y que
habían hecho los reyes de Israel para provocar la indignación del Señor: hizo con
ellas lo mismo que había hecho en Betel.
20 Inmoló sobre los altares a todos los sacerdotes de los lugares altos que había allí, y
quemó sobre ellos huesos humanos. Luego
regresó a Jerusalén.

La celebración de la Pascua

2 Cr 35 1.18-19

21 El rey dio esta orden a todo el pueblo:
«Celebren una Pascua en honor del Señor,
su Dios, como está escrito en este libro de la
Alianza». 22 Porque no se había celebrado
una Pascua como aquella desde el tiempo
en que los Jueces habían gobernado a Israel,
ni durante todo el tiempo de los reyes de Israel y de Judá. 23 Fue en el año decimoctavo
del rey Josías cuando se celebró esta Pascua
en honor del Señor, en Jerusalén.

Conclusión sobre la reforma religiosa

24 Josías eliminó también a los nigromantes, los adivinos, los ídolos familiares,
los fetiches y todas las monstruosidades
que se veían en el país de Judá y en Jerusalén, para cumplir las palabras de la Ley, escritas en el libro que el sacerdote Jilquías
encontró en la Casa del Señor.

25 Antes de Josías no hubo otro rey como
él, que se convirtiera al Señor con todo su
corazón, con toda su alma y con todas sus
fuerzas, conforme a toda la Ley de Moisés.
Y después de él no surgió otro igual. 26 Sin
embargo, el Señor no aplacó el ardor de su

ira, que se había encendido contra Judá a
causa de la gran indignación que le había
provocado Manasés. [27] El Señor dijo: «También apartaré de mi presencia a Judá, como
aparté a Israel. Y rechazaré a esta ciudad
que elegí, a Jerusalén, y a la Casa de la que
dije: Allí estará mi Nombre».

Trágico fin de Josías

2 Cr 35 20 – 36 1
2 Re 22 15-20

[28] El resto de los hechos de Josías y todo
lo que él hizo, ¿no está escrito en el libro
de los Anales de los reyes de Judá?
[29] En ese tiempo, el faraón Necao, rey de
Egipto, subió en apoyo del rey de Asiria,
hacia el río Éufrates. El rey Josías le salió al
paso, pero Necao le dio muerte en Meguido, apenas lo divisó. [30] Sus servidores cargaron el cadáver en un carro, lo llevaron de
Meguido a Jerusalén y lo sepultaron en su
tumba. Entonces el pueblo del país tomó a
Joacaz, hijo de Josías, lo ungió y lo proclamó rey en lugar de su padre.

EL FIN DEL REINO DE JUDÁ

El reinado de Joacaz en Judá (609)

2 Cr 36 2-4

[31] Joacaz tenía veintitrés años cuando comenzó a reinar, y reinó tres meses en Jerusalén. Su madre se llamaba Jamutal, hija
de Jeremías, y era de Libná. [32] Él hizo lo que
es malo a los ojos del Señor, tal como lo
habían hecho sus padres.
[33] El faraón Necao lo encadenó en Riblá,
en el país de Jamat, para impedir que reinara en Jerusalén, e impuso al país un tributo
de cien talentos de plata y un talento de oro.
[34] Además, designó rey a Eliaquim, hijo de
Josías, como sucesor de su padre, y le cambió su nombre por el de Joaquim. A Joacaz
lo tomó prisionero y se lo llevó a Egipto,
donde murió.
[35] Joaquim entregó al Faraón el oro y la
plata, pero tuvo que imponer una contribución al país, para pagar la suma recla-
mada por el Faraón: él exigió de la población, según los recursos de cada uno, la
plata y el oro que se debía entregar al faraón Necao.

El reinado de Joaquim en Judá (609-598)

2 Cr 36 5.8

[36] Joaquim tenía veinticinco años cuando comenzó a reinar, y reinó once años en
Jerusalén. Su madre se llamaba Zebidá, hija de Pedaías, y era de Rumá. [37] Él hizo lo
que es malo a los ojos del Señor, tal como
lo habían hecho sus padres.

La campaña de Nabucodonosor

2 Cr 36 6-8
2 Re 21 16

24 [1] En ese tiempo, Nabucodonosor, rey
de Babilonia, se puso en campaña, y
Joaquim le estuvo sometido durante tres
años. Pero después cambió de actitud y se
rebeló contra él. [2] Entonces el Señor envió
contra Joaquim bandas de caldeos, de arameos, de moabitas y de amonitas; las envió contra Judá para aniquilarla, conforme
a la palabra que el Señor había pronunciado por medio de sus servidores los profetas. [3] Fue únicamente por orden del Señor
que sucedió esto en Judá, para apartarla de
su presencia, a causa de los pecados de Manasés, por todo lo que él hizo, [4] y también
por la sangre inocente que derramó, hasta
inundar con ella a Jerusalén: el Señor no
quiso perdonar.
[5] El resto de los hechos de Joaquim y todo lo que él hizo, ¿no está escrito en el libro de los Anales de los reyes de Judá?
[6] Joaquim se fue a descansar con sus padres, y su hijo Joaquín reinó en lugar de él.
[7] El rey de Egipto no volvió a salir de su
país, porque el rey de Babilonia se había
apoderado de todo lo que pertenecía al rey
de Egipto, desde el Torrente de Egipto hasta el río Éufrates.

El reinado de Joaquín y la primera deportación de Judá (598-597)

2 Cr 36 9-10
2 Re 20 17-18; Jr 52 28-31

[8] Joaquín tenía dieciocho años cuando
comenzó a reinar, y reinó tres meses en Jerusalén. Su madre se llamaba Nejustá, hija
de Elnatán, y era de Jerusalén. [9] Él hizo lo
que es malo a los ojos del Señor, tal como
lo había hecho su padre.
[10] En aquel tiempo, los servidores de Nabucodonosor, rey de Babilonia, subieron
contra Jerusalén, y la ciudad quedó sitiada. [11] Nabucodonosor, rey de Babilonia, llegó a la ciudad mientras sus servidores la
sitiaban, [12] y Joaquín, rey de Judá, se rindió
al rey de Babilonia junto con su madre,
sus servidores, sus príncipes y sus eunucos. El rey de Babilonia los tomó prisioneros en el año octavo de su reinado. [13] Luego retiró de allí todos los tesoros de la
Casa del Señor y los tesoros de la casa del
rey, y rompió todos los objetos que Salomón, rey de Judá, había hecho para la Casa del Señor, como lo había anunciado el
Señor. [14] Deportó a todo Jerusalén, a todos
los jefes y a toda la gente rica —diez mil
deportados— además de todos los herreros y cerrajeros: solo quedó la gente más

pobre del país. [15]Deportó a Joaquín a Babilonia; y también llevó deportados de Jerusalén a Babilonia a la madre y a las mujeres del rey, a sus eunucos y a los grandes
del país. [16]A todos los guerreros —en número de siete mil—, a los herreros y cerrajeros —en número de mil—, todos aptos
para la guerra, el rey de Babilonia los llevó
deportados a su país.
[17]El rey de Babilonia designó rey, en lugar de a Joaquín, a su tío Matanías, a quien
le cambió el nombre por el de Sedecías.

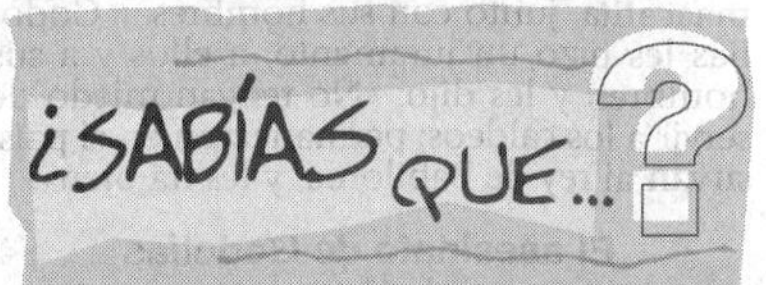

Destrucción de Jerusalén y segunda deportación

Después de Josías, la reforma religiosa en Judá quedó olvidada, a pesar de las fuertes denuncias de los profetas Isaías y Jeremías contra la infidelidad de los reyes. Ante el inminente dominio de Babilonia, Jeremías advirtió que era mejor someterse a este, pero fue tratado como traidor. Ezequiel, desde el exilio, daba el mismo mensaje.

Los reyes hicieron caso a falsos profetas y se aliaron con otros pueblos. En 597 a.C. Nabucodonosor, rey de Babilonia, atacó y venció a Jerusalén, impuso un nuevo rey y deportó a los líderes religiosos y sociopolíticos. Durante diez años, Judá luchó contra Babilonia, sin poder detener varias deportaciones de grupos pequeños. Diez años después, Judá fue vencida totalmente, Jerusalén y el templo fueron incendiados, y hubo una gran deportación al exilio (587 a.C.).

Las profecías de Juldá, Isaías y Jeremías se cumplieron debido a la falta de conversión de los reyes y del pueblo. La autenticidad de un profeta se comprueba con el cumplimiento de lo que lo anuncia (Dt 18 22). Dios siempre es fiel a sus promesas de vida, pero no así el pueblo. Fue hasta el destierro, donde los israelitas se convirtieron, apoyados en los profetas, y donde, en un ambiente de abatimiento y fracaso, renació la esperanza y el deseo de fidelidad.

¿Cómo ves tú a tu país? ¿Qué tipo de conversión necesita? Pide a Dios por sus líderes y capacítate para servir a tu país, según el corazón de Dios.

2 Re 24 – 25

El reinado de Sedecías en Judá (597-587)

2 Cr 36 11-13 / Jr 52 1-3

[18]Sedecías tenía veintiún años cuando
comenzó a reinar, y reinó once años en Jerusalén. Su madre se llamaba Jamutal, hija
de Jeremías, y era de Libná. [19]Él hizo lo que
es malo a los ojos del Señor, tal como lo
había hecho Joaquín. [20]Esto sucedió en Jerusalén y en Judá a causa de la ira del Señor, hasta que al fin él los arrojó lejos de su
presencia. Sedecías se rebeló contra el rey
de Babilonia.

El asedio y la caída de Jerusalén

2 Cr 36 13 / Jr 39 1-7 / 52 4-11

25 [1]El noveno año del reinado de Sedecías, el día diez del décimo mes, Nabucodonosor, rey de Babilonia, llegó con
todo su ejército contra Jerusalén; acampó
frente a la ciudad y la cercaron con una empalizada. [2]La ciudad estuvo bajo el asedio
hasta el año undécimo del rey Sedecías.
[3]En el cuarto mes, el día nueve del mes,
mientras apretaba el hambre en la ciudad y
no había más pan para la gente del país, [4]se
abrió una brecha en los muros de la ciudad. Entonces huyeron todos los hombres
de guerra, saliendo de la ciudad durante la
noche, por el camino de la Puerta entre las
dos murallas, que está cerca del jardín del
rey; y mientras los caldeos rodeaban la ciudad, ellos tomaron por el camino de la
Arabá. [5]Las tropas de los caldeos persiguieron al rey, y lo alcanzaron en las estepas de
Jericó, donde se desbandó todo su ejército.
[6]Los caldeos capturaron al rey y lo hicieron
subir hasta Riblá, ante el rey de Babilonia,
y este dictó sentencia contra él. [7]Los hijos
de Sedecías fueron degollados ante sus propios ojos. A Sedecías le sacó los ojos, lo ató
con una doble cadena de bronce y lo llevó
a Babilonia.

La ruina de Jerusalén y la segunda deportación a Babilonia (587)

2 Cr 36 17-21 / Jr 39 8-10 / 52 12-27
1 Re 7 15-39; 2 Re 16 17; 1 Re 7 45-50

[8]El día siete del quinto mes —era el de-
cimonoveno año de Nabucodonosor, rey
de Babilonia—, Nebuzaradán, comandante de la guardia, que prestaba servicio
ante el rey de Babilonia, entró en Jerusalén. [9]Incendió la Casa del Señor, la casa
del rey y todas las casas de Jerusalén, y
prendió fuego a todas las casas de los nobles. [10]Después, el ejército de los caldeos
que estaba con el comandante de la guardia derribó las murallas que rodeaban a
Jerusalén.

11 Nebuzaradán, el comandante de la guardia, deportó a toda la población que había quedado en la ciudad, a los desertores que se habían pasado al rey de Babilonia y al resto de los artesanos. 12 Pero dejó una parte de la gente pobre del país como viñadores y cultivadores.

13 Además, los caldeos hicieron pedazos las columnas de bronce de la Casa del Señor, las bases y el Mar de bronce que estaban en la Casa del Señor, y se llevaron el bronce a Babilonia. 14 Tomaron también las ollas, las palas, los cuchillos, las fuentes y todos los objetos de bronce que servían para el culto. 15 El comandante de la guardia tomó asimismo los pebeteros, los aspersorios y todos los objetos de oro y plata. 16 En cuanto a las dos columnas, al único Mar de bronce y a las bases que había hecho Salomón para la Casa del Señor, no se podía evaluar el peso de bronce de todos esos objetos. 17 La altura de una columna era de nueve metros; estaba rematada por un capitel de bronce, y la altura del capitel era de un metro y medio. Sobre el capitel, todo alrededor, había una moldura en forma de red y de granadas, todo de bronce. La segunda columna, con su red, era igual a la primera.

Las ejecuciones

Jr 52 24-27

18 El comandante de la guardia apresó a Seraías, el sumo sacerdote, a Sefanías, el segundo sacerdote, y a los tres guardianes del umbral. 19 En la ciudad apresó también a un eunuco, que estaba al frente de los hombres de guerra, a cinco hombres del servicio personal del rey que fueron sorprendidos en la ciudad, al secretario del jefe del ejército, encargado de enrolar al pueblo del país, y a sesenta hombres del pueblo que estaban dentro de la ciudad. 20 Después de tomarlos prisioneros, Nebuzaradán, comandante de la guardia, los llevó ante el rey de Babilonia, a Riblá. 21 El rey de Babilonia los mandó golpear y ejecutar en Riblá, en el país de Jamat. Así fue deportado Judá lejos de su tierra.

Godolías, gobernador de Judá

Jr 40 7-9

22 A la población que había quedado en el país, la que había dejado Nabucodonosor, rey de Babilonia, el rey le puso como gobernador a Godolías, hijo de Ajicam, hijo de Safán. 23 Todos los jefes de las tropas, lo mismo que sus hombres, se enteraron de que el rey de Babilonia había nombrado gobernador a Godolías, y se presentaron ante él en Mispá: eran Ismael, hijo de Natanías, Iojanam, hijo de Caréaj, Seraías, hijo de Tanjumet, el netofita, y Iazanías, hijo del maacatita, junto con sus hombres. 24 Godolías les hizo un juramento, a ellos y a sus hombres, y les dijo: «No tengan miedo de servir a los caldeos; permanezcan en el país, sirvan al rey de Babilonia, y les irá bien».

El asesinato de Godolías

Jr 41 1-3

25 Pero en el séptimo mes, Ismael, hijo de Natanías, hijo de Elisamá, que era de estirpe real, llegó con diez hombres, y ellos mataron a Godolías y a los judíos y caldeos que estaban con él en Mispá. 26 Entonces todo el pueblo, desde el más pequeño hasta el más grande, y los jefes de las tropas, partieron y se fueron a Egipto, por miedo a los caldeos.

La liberación del rey Joaquín en Babilonia

Jr 52 31-34

27 El trigésimo séptimo año de la deportación de Joaquín, rey de Judá, el día veintisiete del duodécimo mes, Evil Merodac, rey de Babilonia, en el año de su entronización, indultó a Joaquín, rey de Judá, y lo hizo salir de la prisión. 28 Le habló amigablemente y le asignó un sitial más elevado que el de los reyes que estaban con él en Babilonia. 29 Le hizo cambiar su ropa de prisionero, y Joaquín comió siempre en su presencia, durante toda su vida. 30 Su mantenimiento fue asegurado por el rey con una asignación regular para cada día, durante toda su vida.

2 RE

Es impresionante comparar los diferentes relatos sobre un hecho. Tal vez tu país ha vivido un temblor, un huracán u otra tragedia. Su relato cambia si tú lo viviste, si hablas con los damnificados o si te enteras por los medios de comunicación. Los libros 1 y 2 de Crónicas relatan los mismos hechos que los libros de los Reyes, pero los interpretan de manera diferente, ya que destacan la importancia de las leyes y el templo para fortalecer la identidad nacional, en lugar de centrarse en la precisión de los eventos históricos.

ESQUEMA

1 Crónicas

- **1 Cr 1 – 9.** Listas genealógicas: desde Adán y hasta David
- **1 Cr 10 – 29.** El reinado de David

2 Crónicas

- **2 Cr 1 – 9.** Reinado de Salomón
- **2 Cr 10 – 36.** Historia de Judá hasta el exilio babilónico

DATOS

Período descrito
Desde la creación hasta el final del cautiverio babilónico
Autor
El cronista. De la tradición sacerdotal. Selecciona información bíblica y la completa con nuevos datos
Fecha de redacción
Siglo IV a.C.
Temas
Nueva visión de la historia de Israel desde la perspectiva del judaísmo

PRESENTACIÓN

El autor o autores, de los dos libros de las Crónicas es conocido como el *Cronista*. Estos libros fueron escritos bajo el dominio del Imperio persa después del exilio en Babilonia, en una época marcada por los esfuerzos para reconstruir Jerusalén y renovar la fe de Israel.

El Cronista intenta hacer una síntesis de toda la historia de Israel y ofrece una nueva meditación sobre la historia de salvación desde la perspectiva del judaísmo naciente (ver «El Templo y la Ley: cimientos del judaísmo», Neh 13). Sacraliza la historia al presentar todos los acontecimientos como consecuencia de la relación con Dios; enfatiza la reorganización del pueblo en torno a la autoridad sacerdotal en lugar del gobierno civil, y revive la esperanza del Mesías.

El primer libro va desde la creación hasta la muerte de David. Utiliza genealogías y sermones vivos. Omite los pecados de David, pues desea que el reino quede como un ideal a ser restablecido algún día.

El segundo libro se centra solo en el reino de Judá y destaca la importancia de la clase sacerdotal en Jerusalén. Esta inclinación a sobrevalorar el Sur sobre el Norte duró hasta tiempos de Jesús, quien era de Galilea, territorio del antiguo reino del Norte.

Los libros de las Crónicas están escritos en un género literario llamado *midrash*, que consiste en actualizar textos antiguos exaltándolos con nuevos signos de tipo sobrenatural. Estos libros convierten en relatos sagrados algunos datos copiados de Samuel y Reyes, los cuales en esta edición de la Biblia están resaltados con letra cursiva.

TRASLADO DEL ARCA A JERUSALÉN

LISTAS GENEALÓGICAS: DESDE ADÁN Y HASTA DAVID

De Adán a Abraham

Gn 5

1 1 Adán, Set, Enós; 2 Quenán, Mahalalel, Iéred; 3 Henoc, Matusalén, Lamec; 4 Noé, Sem, Cam y Jafet.

5 Los descendientes de Jafet fueron Gómer, Magog, Madai, Iaván, Tubal, Mésec y Tirás. 6 Los descendientes de Gómer fueron Asquenaz, Rifat y Togarmá. 7 Los descendientes de Iaván fueron Elisá, Tarsis, Quitim y Rodanim.

8 Los descendientes de Cam fueron Cus, Misraim, Put y Canaán. 9 Los descendientes de Cus fueron Sebá, Javilá, Sabtá, Raemá y Sabtecá. Los descendientes de Raemá fueron Sebá y Dedán. 10 Cus fue padre de Nimrod, que fue el primer guerrero sobre la tierra. 11 Misraim fue padre de los Iuditas, de los anamitas, de los Iahabitas, de los naftujitas, 12 de los patrusitas, de los caslujitas y de los caftoritas, de donde proceden los filisteos. 13 Canaán fue padre de Sidón, su primogénito, y de Jet; 14 también de los jebuseos, de los amorreos, de los guirgasitas, 15 de los jivitas, de los arqueos, de los sineos, 16 de los arvaditas, de los semaritas y de los jamateos.

17 Los descendientes de Sem fueron Elam, Asur, Arpaxad, Lud y Aram. Los descendientes de Aram fueron Us, Jul, Guéter y Mésec. 18 Arpaxad fue padre de Sélaj y este fue padre de Eber. 19 Eber tuvo dos hijos; el nombre del primero era Péleg, porque fue en su tiempo cuando se dividió la tierra. Su hermano se llamaba Ioctán. 20 Ioctán fue padre de Almodad, Sélef, Jasarmávet, Iéraj, 21 Hadoram, Uzal, Diclá, 22 Ebal, Abimael, Sabá, 23 Ofir, Javilá y Iobab. Todos estos fueron descendientes de Ioctán.

24 Sem, Arpaxad, Sélaj, 25 Pélej, Reú, 26 Serug, Najor, Téraj, 27 Abram, o sea, Abraham. 28 Los hijos de Abraham fueron Isaac e Ismael. 29 Esta fue su descendencia:

La descendencia de Abraham

Gn 25 13-16.2-4

El primogénito de Ismael fue Nebaiot; luego, Quedar, Abdeel, Mibsam, 30 Mismá, Dumá, Masá, Jadad, Temá, 31 Ietur, Nafis y Quedmá. Estos son los hijos de Ismael. 32 Descendientes de Queturá, concubina de Abraham: ella dio a luz a Zimrán, Iocsán, Medán, Madián, Isbac y Súaj. Los hijos de Iocsán fueron Sabá y Dedán. 33 Los hijos de Madián fueron Efá, Efer, Henoc, Abidá y Eldaá. Todos estos son hijos de Queturá.

34 Abraham fue padre de Isaac. Los hijos de Isaac fueron Esaú e Israel. 35 Los descendientes de Esaú fueron Elifaz, Reuel, Ieús, Iaelam y Coré. 36 Los hijos de Elifaz fueron Temán, Omar, Sefí, Gaetam, Quenaz, Timná y Amalec. 37 Los hijos de Reuel fueron Nájat, Zéraj, Samá y Mizá. 38 Los descendientes de Seír fueron Lotán, Sobal, Sibeón, Aná, Disón, Eser y Disán.

39 Los hijos de Lotán fueron Jorí y Homam; y la hermana de Lotán fue Timná. 40 Los hijos de Sobal fueron Alián, Manájat, Ebal, Sefí y Onam. Los hijos de Sibeón fueron Aiá y Aná. 41 Los descendientes de Aná fueron Disón y sus hijos, a saber, Jamrán, Esbán, Itrán y Querán. 42 Los hijos de Eser fueron Bilhán, Zaaván y Iaacán. Los hijos de Disán fueron Us y Arán.

43 Los reyes que reinaron en Edom antes que los israelitas tuvieran un rey son los siguientes:

Bela, hijo de Beor, reinó en Edom, y el nombre de su ciudad era Dinhabá. 44 Cuando murió Bela, lo sucedió Iobab, hijo de Zéraj, de Bosrá. 45 Cuando murió Iobab, lo sucedió Jusam, del país de los temanitas. 46 Cuando murió Jusam, lo sucedió Hadad, hijo de Bedad, el que derrotó a Madián en el campo de Moab; el nombre de su ciudad era Avit. 47 Cuando murió Hadad, lo sucedió Samlá, de Masrecá. 48 Cuando murió Samlá, lo sucedió Saúl, de Rejobot del Río. 49 Cuando murió Saúl, lo sucedió Baal Janán, hijo de Acbor. 50 Cuando murió Baal Janán, hijo de Acbor, lo sucedió Hadad; el nombre de su ciudad era Pai, y el nombre de su mujer, Mehetabel, hija de Matred, que a su vez, era hija de Mezahab.

51 Murió Hadad, y hubo caudillos en Edom: el caudillo Timná, el caudillo Aliá, el caudillo Ietet, 52 el caudillo Oholibamá, el caudillo Elá, el caudillo Pinón, 53 el caudillo Quenaz, el caudillo Temán, el caudillo Mibsar, 54 el caudillo Magdiel, el caudillo Iram. Estos fueron los caudillos de Edom.

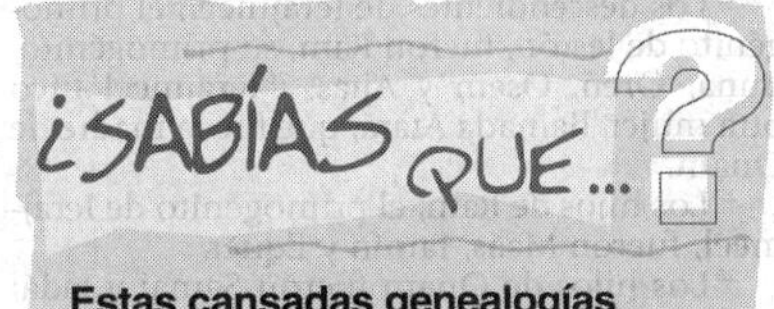

Estas cansadas genealogías

El interés que tienen algunas personas por conocer su árbol genealógico tiene raíces muy antiguas. Los capítulos 1 al 9 de 1 Crónicas consisten en genealogías que trazan la historia de Israel desde Adán hasta Saúl.

Las genealogías eran clave para los israelitas, pues su identidad, el sacerdocio y los cargos de gobierno pasaban de una generación a otra. Ellas daban respuesta a preguntas importantes: ¿cómo se relacionaban unas tribus con otras? ¿Quién era el patriarca de una tribu? ¿Qué derecho tenía una persona para un cargo sacerdotal o para ser rey de Judá?

Las genealogías de David y de Leví son más detalladas por la importancia del reino y el sacerdocio. Resalta a Abraham como el patriarca de todas las tribus, y a David como antecesor de todos los reyes. Destaca a los personajes de la restauración de Jerusalén.

¿Te gustaría conocer a tus antepasados? Comienza por hablar con tus padres, abuelos y tíos sobre tus familiares hasta cuatro generaciones atrás y recopila los datos. Luego organiza tus notas y busca más información sobre su historia y su fe.

1 Cr 1 – 9

La descendencia de Jacob y de Judá

Gn 35 23-26

2 1 Estos son los hijos de Israel: Rubén, Simeón, Leví y Judá, Isacar y Zabulón, 2 Dan, José y Benjamín, Neftalí, Gad y Aser.

3 Los descendientes de Judá fueron Er, Onán y Selá; los tres le nacieron de la hija de Suá, la cananea. Er, el primogénito de Judá, era malo a los ojos del Señor, y el Señor le quitó la vida. 4 Tamar, la nuera de Judá, tuvo de él a Peres y a Zéraj. Los hijos de Judá fueron cinco en total. 5 Los hijos de Peres fueron Jesrón y Jamul. 6 Los hijos de Zéraj fueron Zimrí, Etán, Hemán, Calcol y Dardá: cinco en total. 7 El hijo de Carmí fue Acar, que perturbó a Israel por haber violado el anatema. 8 El hijo de Etán fue Azarías. 9 Los hijos que tuvo Jesrón fueron Ierajmeel, Ram y Quelubai.

10 Ram fue padre de Aminadab; Aminadab fue padre de Najsón, príncipe de los hijos de Judá. 11 Najsón fue padre de Salmá; Salmá fue padre de Booz. 12 Booz fue padre de Obed; Obed fue padre de Jesé. 13 Jesé fue padre de Eliab, su primogénito; de Abinadab, su segundo hijo; de Simeá, el tercero; 14 de Natanael, el cuarto; de Radai, el quinto; 15 de Osem, el sexto; de David, el séptimo. 16 Sus hermanas fueron Seruiá y Abigail. Los hijos de Seruiá fueron Abisai, Joab y Asahel: tres en total. 17 Abigail dio a luz a Amasá, cuyo padre fue Iéter el ismaelita.

18 Caleb, hijo de Jesrón, tuvo hijos con Azubá, su mujer, y con Ieriot. Sus hijos fueron Ieser, Sobab y Ardón. 19 Cuando murió Azubá, Caleb tomó por esposa a Efratá, y de ella le nació Jur. 20 Jur fue padre de Urí, y Urí fue padre de Besalel.

21 Después Jesrón se unió a la hija de Maquir, padre de Galaad. Él tenía sesenta años cuando la tomó por esposa, y de ella le nació Segub. 22 Segub fue padre de Iaír, el cual fue dueño de veintitrés ciudades en el país de Galaad, 23 pero Guesur y Aram le quitaron los campamentos de Iaír, y además, Quenat y sus poblados: sesenta ciudades en total. Todos ellos eran descendientes de Maquir, padre de Galaad. 24 Cuando murió Jesrón, Caleb se unió a Efratá, la esposa de su padre Jesrón, y de ella nació Asjur, padre de Técoa.

25 Los descendientes de Ierajmeel, el primogénito de Jesrón, fueron Ram, su primogénito, Buná, Orén, Osem y Ajías. 26 Ierajmeel tuvo otra mujer, llamada Atará, que fue la madre de Onam.

27 Los hijos de Ram, el primogénito de Ierajmeel, fueron Maás, Iamín y Equer.

28 Los hijos de Onam fueron Samai y Iadá; los hijos de Samai fueron Nadab y Abisur. 29 La esposa de Abisur se llamaba Abiháil, y ella dio a luz a Ajbán y Molid. 30 Los hijos de Nadab fueron Séled y Apaim. Séled murió sin tener hijos, 31 y el hijo de Apaim fue Isei. El hijo de Isei fue Sesán, y el hijo de Sesán, Ajlai. 32 Los hijos de Iadá, el hermano de Samai, fueron Iéter y Jonatán. Iéter murió sin tener hijos, 33 y los hijos de Jonatán fueron Pélet y Zazá. Estos fueron los descendientes de Ierajmeel.

34 Sesán no tuvo hijos, sino hijas; él tenía también un esclavo egipcio que se llamaba Iarjá, 35 a quien dio como esposa a una de sus hijas, y esta fue madre de Atai. 36 Atai fue padre de Natán; Natán fue padre de Zabad; 37 Zabad fue padre de Eflal; Eflal fue padre de Obed; 38 Obed fue padre de Jehú; Jehú fue padre de Azarías; 39 Azarías fue padre de Jeles; Jeles fue padre de Elasá; 40 Elasá fue padre de Sismai; Sismai fue padre de Salum; 41 Salum fue padre de Iecamías; Iecamías fue padre de Elisamá.

42 Los descendientes de Caleb, el hermano de Ierajmeel, fueron los siguientes: Mesá, su primogénito, que fue padre de Zif, y los hijos de Maresá, padre de Hebrón. 43 Los hijos de Hebrón fueron Coré, Tapúaj, Réquem y Semá. 44 Semá fue padre de Rájam, el padre de Iorqueam; Réquem fue padre de Samai. 45 El hijo de Samai fue Maón, y Maón fue padre de Bet Sur.

46 Efá, la concubina de Caleb, dio a luz a Jarán, Mosá y Gazéz; Jarán fue padre de Gazéz.

47 Los hijos de Iahdai fueron Reguem, Jotam, Guesán, Pélet, Efá y Sáaf.

48 Maacá, la concubina de Caleb, dio a luz a Séber y a Tirjaná. 49 También dio a luz a Sáaf, el padre de Madmaná, y a Sevá, el padre de Macbená y de Guibeá.

La hija de Caleb fue Acsá.

50 Estos fueron los hijos de Caleb.

Los descendientes de Jur, el primogénito de Efratá, fueron Sobal, padre de Quiriat Iearim; 51 Salmá, padre de Belén; Járef, padre de Bet Gader. 52 Los descendientes de Sobal, el padre de Quiriat Iearim, fueron Haroé —es decir, la mitad de los manajatitas— 53 y los clanes de Quiriat Iearim, a saber, los itríes, los putíes, los sumatíes y los misraíes. De ellos proceden los soratíes y los de Estaol.

54 Los descendientes de Salmá fueron Belén y los netofatíes, Atrot Bet Joab —la otra mitad de los manajatitas— los soríes, 55 los clanes de los sofríes que habitaban en Iabés, los tiratíes, los simatíes y los sucatíes. Estos son los quenitas, descendientes de Jamat, padre de la casa de Recab.

Los descendientes de David y Salomón

2 Sm 3 2-5 / 5 14-16

3 1 Estos son los hijos que le nacieron a David en Hebrón: Amnón, hijo de Ajinóam, de Izreel, su primogénito; Daniel, hijo de Abigail de Carmel, su segundo hijo; 2 Absalón, hijo de Maacá, hija de Talmai, rey de Guesur, el tercero; Adonías, hijo de Jaguit, el cuarto; 3 Sefatías, hijo de Abital, el quinto; Itream, hijo de su esposa Eglá, el sexto. 4 Estos seis hijos le nacieron a David en Hebrón, donde reinó siete años y seis meses.

Además, David reinó en Jerusalén treinta y tres años, 5 y estos son los hijos que le nacieron en Jerusalén: Simeá, Sobab, Natán y Salomón, los cuatro hijos de Betsabé, hija de Amiel. 6 También Ibjar, Elisamá, Elifélet, 7 Nogá, Néfeg, Iafía, 8 Elisamá, Eliadá, Elifélet, o sea, nueve.

9 Estos son todos los hijos de David, sin contar los hijos de sus concubinas. La hermana de ellos fue Tamar.

10 El hijo de Salomón fue Roboam; el hijo de Roboam, Abías; el hijo de Abías, Asá; el hijo de Asá, Josafat; 11 el hijo de Josafat, Joram; el hijo de Joram, Ocozías; el hijo de Ocozías, Joás; 12 el hijo de Joás, Amasías; el hijo de Amasías, Azarías; el hijo de Azarías, Jotam; 13 el hijo de Jotam, Acaz; el hijo de Acaz, Ezequías; el hijo de Ezequías, Manasés; 14 el hijo de Manasés, Amón; el hijo de Amón, Josías. 15 Los hijos de Josías fueron Iojanam, su primogénito; Joaquim su segundo hijo; Sedecías, el tercero; y Salum, el cuarto. 16 Los hijos de Joaquim fueron Jeconías y Sedecías.

17 Los descendientes de Jeconías, el prisionero, fueron Sealtiel, 18 Malquiram, Pedaías, Senasar, Iecamías, Hosamá y Nedabías. 19 Los hijos de Pedaías fueron Zorobabel y Simei; los hijos de Zorobabel, Mesulam, Jananías, y Selomit, hermana de ellos. 20 Los hijos de Mesulam, Jasubá, Ohel, Berequías, Jasadías y Iusab Jésed: cinco en total. 21 El hijo de Jananías fue Pelatías; el hijo de Pelatías, Isaías; el hijo de Isaías, Refaías; el hijo de Refaías, Arnán; el hijo de Arnán, Abdías; el hijo de Abdías, Secanías. 22 Los hijos de Secanías fueron Semaías, Jatús, Igal, Baríaj, Nearías y Safat: seis en total. 23 Los hijos de Nearías fueron Elioenai, Ezequías, Azricam: tres en total. 24 Los hijos de Elioenai fueron Hodaías, Eliasib, Pelaías, Acub, Iojanam, Delaías y Ananí: siete en total.

La descendencia de Judá

4 1 Los descendientes de Judá fueron Peres, Jesrón, Carmí, Jur y Sobal. 2 Reaías, hijo de Sobal, fue padre de Iájat; Iájat fue padre de Ajumai y de Lahad. Estas son las familias de los soreatitas.

3 Los descendientes de Etam fueron Izreel, Ismá e Ibdás. Su hermana se llamaba Haslelponí. 4 Penuel fue padre de Guedor, y Ezer pa-

dre de Jusá. Estos son los hijos de Jur, el primogénito de Efratá, padre de Belén.

5 Asjur, padre de Técoa, tuvo dos esposas: Jelá y Naará. 6 Naará dio a luz a Ajuzam, a Jéfer, a los timnitas y a los ajastaritas. Estos son los hijos de Naará. 7 Los hijos de Jelá fueron Séret, Sójar y Etnán. 8 Cos fue padre de Anub, de Hasobebá, y de las familias de Ajarjel, hijo de Harum. 9 Pero Iabés fue más célebre que sus hermanos, y su madre le puso el nombre de Iabés, diciendo: «Di a luz con dolor». 10 Iabés invocó al Dios de Israel, exclamando: «Si me bendices verdaderamente, ensancharás mis fronteras, tu mano estará conmigo y alejarás el mal para que desaparezca mi aflicción». Y Dios le concedió lo que él había pedido.

11 Quelub, hermano de Sujá, fue padre de Mejir, que fue a su vez padre de Estón. 12 Estón fue padre de Bet Rafá, de Paseáj, y de Tejiná, el padre de Ir Najás. Estos son los hombres de Recá. 13 Los hijos de Quenaz fueron Otniel y Seraías; los hijos de Otniel, Jatat y Meonatai. 14 Meonatai fue padre de Ofrá, y Seraías fue padre de Joab, fundador del valle de los Herreros, porque eran herreros.

15 Los hijos de Caleb, hijo de Iefuné, fueron Irú, Elá y Náam. El hijo de Elá fue Quenaz.

16 Los hijos de Iehalelel fueron Zif, Zifá, Tiriá y Asarel.

17 Los hijos de Ezrá fueron Iéter, Méred, Efer y Ialón. Bitía dio a luz a Miriam, a Samai, y a Isbaj, padre de Estemoa. 18 La mujer de Estemoa, la de Judá, dio a luz a Iéred, padre de Guedor, a Héber, padre de Socó, y a Iecutiel, padre de Zanóaj. Estos son los hijos de Bitía, la hija del Faraón, que Méred había tomado por esposa. 19 También tuvo hijos la mujer de Odías, hermana de Nájam, padre de Queilá, el garmita, y de Estemoa, el maacatita.

20 Los hijos de Simón fueron Amnón, Riná, Ben Janán y Tilón. Los hijos de Isei fueron Zójet y Ben Zójet. 21 Los descendientes de Selá, hijo de Judá, fueron Er, padre de Lecá, Ladá, padre de Maresá, y las familias de los que trabajan el lino en Bet Asbea. 22 Ioquim, los hombres de Cozebá, Joás y Saraf se casaron en Moab, antes de volver a Belén. Estos son hechos muy antiguos. 23 Ellos eran alfareros y habitaban en Netaím y Guederá; vivían allí con el rey, trabajando a su servicio.

La descendencia de Simeón

Gn 46 10 / Ex 6 15 / Nm 26 12-14

24 Los descendientes de Simeón fueron Nemuel, Iamín, Iarib, Zéraj y Saúl. 25 El hijo de Saúl fue Salum; el hijo de Salum, Mibsam; el hijo de Mibsam, Mismá; 26 el hijo de Mismá, Jamuel; el hijo de Jamuel, Zacur; el hijo de Zacur, Simei. 27 Simei tuvo dieciséis hijos y seis hijas; pero sus hermanos no tuvieron muchos hijos, y todos sus clanes no fueron tan numerosos como los descendientes de Judá.

28 Ellos habitaban en Berseba, Moladá, Jasar Sual, 29 Bilhá, Esem, Tolad, 30 Betuel, Jormá, Siquelag, 31 Bet Marcabot, Jasar Susim, Bet Birí y Saaraim. Estas fueron sus ciudades hasta el reinado de David. 32 Sus poblados fueron Etam, Ain, Rimón, Toquén y Asán —cinco ciudades en total— 33 y todos los poblados que están alrededor de aquellas ciudades, hasta Baalat. Allí habitaron y fueron registrados por grupos.

34 Mesobab, Iamlec, Iosá, hijo de Amasías; 35 Joel, Jehú, hijo de Iosibías, hijo de Seraías, hijo de Asiel; 36 Elioenai, Iaacobá, Iesojaías, Asaías, Adiel, Iesimiel y Benaías; 37 Zizá, hijo de Sifí, hijo de Alón, hijo de Iedaías, hijo de Simrí, hijo de Semaías: 38 todos estos que han sido mencionados por sus nombres, fueron jefes en sus clanes, y sus familias se multiplicaron considerablemente. 39 Se dirigieron a la entrada de Guerar, hasta el oriente del valle, buscando pastos para sus ganados. 40 Y hallaron pastos abundantes y buenos, y una tierra espaciosa, tranquila y segura, porque antes habían vivido allí los descendientes de Cam.

41 Los que fueron mencionados por sus nombres, llegaron en tiempos de Ezequías, rey de Judá, y destruyeron los campamentos de los descendientes de Cam y los refugios que allí se encontraban, consagrándolos al exterminio total hasta el día de hoy. Allí se establecieron en lugar de ellos, porque había pasto para sus ganados.

42 Algunos de los hijos de Simeón —quinientos hombres— fueron a la montaña de Seír, siendo sus jefes Pelatías, Nearías, Refaías y Uziel, hijos de Isei; 43 y después de derrotar al resto de Amalec, que había huido, habitaron allí hasta el día de hoy.

La descendencia de Rubén

Gn 46 9.11.16 / Nm 26 5-6.15-18.59-60

5 1 Descendientes de Rubén, el primogénito de Israel. Rubén fue el primero en nacer, pero como profanó el lecho de su padre, su primogenitura fue entregada a los hijos de José, el hijo de Israel, y no fue inscrito en las genealogías como el primogénito. 2 Judá, en efecto, prevaleció entre sus hermanos y de él procede el Príncipe; pero la primogenitura pertenece a José.

3 Los descendientes de Rubén, el primogénito de Israel, fueron Henoc, Palú, Jesrón y Carmí.

La descendencia de Joel

Nm 32 37-38

4 El hijo de Joel fue Semaías; el hijo de Semaías, Gog; el hijo de Gog, Simei; 5 el hijo de Simei, Micá; el hijo de Micá, Reaías; el hijo de Reaías, Baal; 6 el hijo de Baal, Beerá, a quien Tiglat Piléser, rey de Asiria, llevó cautivo. Este era jefe de los Rubenitas.

7 Sus hermanos, agrupados por familias según sus genealogías, eran Ieiel, el primero,

luego Zacarías, 8 y Belá, hijo de Azaz, hijo de Sema, hijo de Joel.

Estos habitaban en Aroer y se extendían hasta Nebo y Baal Meón. 9 También se extendían hacia el oriente, hasta el borde del desierto que limita con el río Éufrates, porque sus ganados se habían multiplicado en la tierra de Galaad.

10 En tiempos de Saúl combatieron contra los agareos, y estos cayeron en sus manos. Así ocuparon sus campamentos por toda la parte oriental de Galaad.

La descendencia de Gad

11 Los hijos de Gad habitaban frente a ellos en la tierra de Basán hasta Salcá. 12 Joel fue el primero que se estableció en Basán; Sefán, el segundo; luego lo hicieron Ianai y Safat. 13 Sus hermanos, agrupados por familias, fueron Micael, Mesulam, Sebá, Iorai, Iacán, Zía y Héber: siete en total. 14 Estos son los hijos de Abijáil, hijo de Jurí, hijo de Iaróaj, hijo de Guilad, hijo de Micael, hijo de Iesisai, hijo de Iajdó, hijo de Buz. 15 Ají, hijo de Abdiel, hijo de Guní, era jefe de sus familias. 16 Ellos habitaban en Galaad, en Basán y sus poblados, y en todos los campos de pastoreo de Sarón, hasta sus confines. 17 Todos ellos fueron registrados en tiempos de Jotam, rey de Judá, y de Jeroboam, rey de Israel.

18 Los hijos de Rubén, los de Gad y la mitad de la tribu de Manasés, eran muy valientes, llevaban escudo y espada y manejaban el arco. Los que estaban adiestrados para la guerra formaban un ejército de cuarenta y cuatro mil setecientos sesenta hombres. 19 Ellos combatieron contra los agareos, contra Ietur, Nafís y Nodab, 20 y Dios los ayudó, de tal manera que los agareos y todos los que estaban con ellos cayeron en sus manos: en el combate invocaron a Dios y él les fue propicio, porque confiaban en él. 21 Así lograron capturar sus ganados —cincuenta mil camellos, doscientas cincuenta mil ovejas, dos mil asnos— además de cien mil personas. 22 Como era Dios el que combatía a favor de ellos, dieron muerte a muchos enemigos y ocuparon su lugar hasta el exilio.

La mitad de la tribu de Manasés

Nm 32 39

23 Los hijos de la mitad de la tribu de Manasés se establecieron en el país, desde Basán hasta Baal Hermón, Senir y la montaña del Hermón. Ellos eran muy numerosos.

24 Estos son los jefes de sus familias: Efer, Isei, Eliel, Azriel, Jeremías, Hodavías y Iajdiel, hombres valientes y jefes famosos de sus respectivas familias.

25 Pero fueron infieles al Dios de sus padres, y se prostituyeron siguiendo a los dioses de los pueblos del país que Dios había destruido delante de ellos. 26 Por eso, el Dios de Israel suscitó contra ellos a Pul, es decir, a Tiglat Pileser, y este deportó a los rubenitas, a los gaditas y a la mitad de la tribu de Manasés, y los llevó a Jalaj, Jabor, Jará y al río Gozán, hasta el día de hoy.

La descendencia de Leví: Aarón y sus descendientes

Gn 46 11 / Nm 26 59-60

27 Los descendientes de Leví fueron Gersón, Quehat y Merarí. 28 Los hijos de Quehat fueron Amram, Ishar, Hebrón y Uziel. 29 Los hijos de Amram fueron Aarón, Moisés y Miriam. Los hijos de Aarón fueron Nadab, Abihú, Eleazar e Itamar.

30 Eleazar fue padre de Pinjás; Pinjás fue padre de Abisúa; 31 Abisúa fue padre de Buquí; Buquí fue padre de Uzí; 32 Uzí fue padre de Zerajías; Zerajías fue padre de Meraiot; 33 Meraiot fue padre de Amarías; Amarías fue padre de Ajitub; 34 Ajitub fue padre de Sadoc; Sadoc fue padre de Ajimáas; 35 Ajimáas fue padre de Azarías; Azarías fue padre de Iojanam; 36 Iojanam fue padre de Azarías, el cual ejerció el sacerdocio en el Templo que Salomón edificó en Jerusalén; 37 Azarías fue padre de Amarías; Amarías fue padre de Ajitub; 38 Ajitub fue padre de Sadoc; Sadoc fue padre de Salum; 39 Salum fue padre de Jilquías; Jilquías fue padre de Azarías; 40 Azarías fue padre de Seraías; Seraías fue padre de Iehosadac; 41 Iehosadac fue al destierro, cuando el Señor deportó a los habitantes de Judá y de Jerusalén por medio de Nabucodonosor.

6 1 Los descendientes de Leví fueron Gersón, Quehat y Merarí. 2 Los nombres de los hijos de Gersón son los siguientes: Libní y Simí. 3 Los hijos de Quehat fueron Amram, Ishar, Hebrón y Uziel. 4 Los hijos de Merarí fueron Majlí y Musí. Estas son las familias de los levitas, agrupadas según sus padres.

5 El hijo de Gersón fue Libní; el hijo de Libní, Iájat; el hijo de Iájat, Zimá; 6 el hijo de Zimá, Ioaj; el hijo de Ioaj, Idó; el hijo de Idó, Zéraj; el hijo de Zéraj, Ieotrai.

7 El hijo de Quehat fue Aminadab; el hijo de Aminadab, Coré; el hijo de Coré, Asir; 8 el hijo de Asir, Elcaná; el hijo de Elcaná, Ebiasaf; el hijo de Ebiasaf, Asir; 9 el hijo de Asir, Tájat; el hijo de Tájat, Uriel; el hijo de Uriel, Ozías; el hijo de Ozías, Saúl. 10 Los hijos de Elcaná fueron Amasai y Ajimot. 11 El hijo de Ajimot fue Elcaná; el hijo de Elcaná, Sofai; el hijo de Sofai, Nájat; 12 el hijo de Nájat, Eliab; el hijo de Eliab, Ierojam; el hijo de Ierojam, Elcaná; el hijo de Elcaná, Samuel. 13 Los hijos de Samuel fueron Joel, el primogénito, y Abías, el segundo.

14 El hijo de Merarí fue Majlí; el hijo de Majlí, Libní; el hijo de Libní, Simei; el hijo de Simei, Uzá; 15 el hijo de Uzá, Simá; el hijo de Simá, Jaguías; el hijo de Jaguías, Asaías.

Los cantores y sus familias

16 Estos son los cantores que puso David para dirigir el canto en la Casa del Señor, des-

de que el Arca descansó en ella. 17 Ellos servían como cantores ante la Morada —la Tienda del Encuentro— hasta que Salomón edificó el Templo del Señor en Jerusalén, y prestaban servicio conforme a su reglamento.

18 Los que ejercían ese ministerio y sus hijos son los siguientes:

De los descendientes de Quehat: Hemán el cantor, hijo de Joel, hijo de Samuel, 19 hijo de Elcaná, hijo de Ierojam, hijo de Eliel, hijo de Tóaj, 20 hijo de Suf, hijo de Elcaná, hijo de Májat, hijo de Amasai, 21 hijo de Elcaná, hijo de Joel, hijo de Azarías, hijo de Sefanías, 22 hijo de Tájat, hijo de Asir, hijo de Ebiasaf, hijo de Coré, 23 hijo de Ishar, hijo de Quehat, hijo de Leví, hijo de Israel.

24 Además, su hermano Asaf, que asistía a su derecha. Asaf era hijo de Berequías, hijo de Simá, 25 hijo de Micael, hijo de Baasías, hijo de Malquías, 26 hijo de Etní, hijo de Zéraj, hijo de Adaías, 27 hijo de Etán, hijo de Zimá, hijo de Simei, 28 hijo de Iájat, hijo de Gersón, hijo de Leví.

29 Los hijos de Merarí, sus hermanos, que asistían a su izquierda: eran Etán, hijo de Quisí, hijo de Abdí, hijo de Maluc, 30 hijo de Jasabías, hijo de Amasías, hijo de Jilquías, 31 hijo de Amsí, hijo de Baní, hijo de Sémer, 32 hijo de Majlí, hijo de Musí, hijo de Merarí, hijo de Leví.

Las ciudades de los levitas

33 Sus hermanos, los levitas, estaban encargados de todo el servicio de la Morada de la Casa de Dios. 34 Pero Aarón y sus hijos eran los que quemaban las ofrendas en el altar de los holocaustos y en el altar de los perfumes: ellos se ocupaban de todo lo concerniente a las cosas santísimas y del rito de expiación en favor de Israel, según lo que había ordenado Moisés, el servidor de Dios.

35 El hijo de Aarón fue Eleazar; el hijo de Eleazar, Pinjás; el hijo de Pinjás, Abisúa; 36 el hijo de Abisúa, Buquí; el hijo de Buquí, Uzí; el hijo de Uzí, Zerajías; 37 el hijo de Zerajías, Meraiot; el hijo de Meraiot, Amarías; el hijo de Amarías, Ajitub; 38 el hijo de Ajitub, Sadoc; el hijo de Sadoc, Ajimáas.

39 Estos son los lugares de residencia de los descendientes de Aarón, según los límites de sus campamentos:

A los descendientes de Aarón, de la familia de los quehatitas —porque la suerte cayó primero sobre ellos—, 40 se les dio Hebrón en el país de Judá, con sus campos de pastoreo vecinos; 41 pero el campo de la ciudad y sus poblados fueron dados a Caleb, hijo de Iefuné. 42 Las ciudades de refugio concedidas a los hijos de Aarón fueron Hebrón, Libná con sus campos de pastoreo; Iatir y Estemoa con sus campos de pastoreo; 43 Jilaz, Debir, 44 Asán y Bet Semes, con sus respectivos campos de pastoreo. 45 Y de la tribu de Benjamín, se les dio Gueba, Alémet y Anatot, con sus respectivos campos de pastoreo. En total, sus ciudades fueron trece, distribuidas según sus familias.

46 A los otros hijos de Quehat les dieron por sorteo, conforme a sus familias, diez ciudades de la tribu de Efraím, de la tribu de Dan y de media tribu de Manasés. 47 A los hijos de Gersón, según sus familias, les correspondieron trece ciudades de la tribu de Isacar, de la tribu de Aser, de la tribu de Neftalí y de la tribu de Manasés en el Basán. 48 A los hijos de Merarí, según sus familias, les tocaron en suerte doce ciudades de la tribu de Rubén, de la tribu de Gad y de la tribu de Zabulón.

49 Los israelitas dieron a los levitas estas ciudades con sus campos de pastoreo. 50 Ellos les entregaron, mediante un sorteo, las ciudades de las tribus de Judá, de Simeón y de Benjamín antes mencionadas.

51 A las otras familias de los descendientes de Quehat, les tocaron en suerte ciudades de la tribu de Efraím. 52 Les fueron asignadas las siguientes ciudades de refugio: Siquem, en la montaña de Efraím, Guézer, 53 Iocmeam, Bet Jorón, 54 Aialón y Gat Rimón, con sus respectivos campos de pastoreo. 55 Y de la mitad de la tribu de Manasés les fueron asignadas Aner y Bilán, con sus respectivos campos de pastoreo. Esto es lo que se dio a las familias de los otros hijos de Quehat.

56 A los hijos de Gersón, se les dio: de la mitad de la tribu de Manasés, Golán, en Basán, y Astarot, con sus respectivos campos de pastoreo. 57 De la tribu de Isacar, Cades, Dobrat, 58 Ramot y Anem, con sus respectivos campos de pastoreo. 59 De la tribu de Aser, Masal, Abdón, 60 Jucoc y Rejob, con sus respectivos campos de pastoreo. 61 De la tribu de Neftalí, Quedes, en Galilea, Jamón y Quiriataim, con sus respectivos campos de pastoreo.

62 A los demás hijos de Merarí, se les dio: de la tribu de Zabulón, Rimón y Tabor, con sus respectivos campos de pastoreo. 63 De la tribu de Rubén, en la otra parte del Jordán, frente a Jericó, al este del Jordán: Béser en el desierto, Iahsa, 64 Quedemot y Mefaat, con sus respectivos campos de pastoreo. 65 De la tribu de Gad, Ramot, en Galaad, Majanaim, 66 Jesbón y Iazer, con sus respectivos campos de pastoreo.

La descendencia de Isacar

Gn 46 13 / Nm 26 23-24

7 1 Los descendientes de Isacar fueron Tolá, Puá, Iasub y Simrón: cuatro en total. 2 Los descendientes de Tolá fueron Uzi, Refaías, Ieriel, Iajmai, Ibsam y Samuel, hombres valerosos y jefes de las familias de Tolá; su número, en tiempos de David, según sus listas genealógicas, era de 22 600 hombres.

3 Los descendientes de Uzí fueron Izrajías y los hijos de Izrajías: Micael, Abdías, Joel e Isías: cinco jefes en total. 4 Ellos tenían divisiones armadas para la guerra, registradas por familias

según sus listas genealógicas, en número de 36 000 hombres, porque tenían muchas mujeres e hijos. 5 Sus hermanos de todos los clanes de Isacar eran hombres valerosos, 87 000 en total, y todos ellos estaban registrados.

La descendencia de Benjamín y Neftalí

Gn 46 21 / Nm 26 38.39

6 Los descendientes de Benjamín fueron Bela, Béquer, Iediael: tres en total. 7 Los descendientes de Bela fueron Esbón, Uzí, Uziel, Ierimot e Irí: cinco en total; eran jefes de familia y hombres valerosos. Todos estaban registrados y su número era de 22 034. 8 Los descendientes de Béquer fueron Zemirá, Joás, Eliezer, Elioenai, Omrí, Ieremot, Abías, Anatot y Alémet; todos estos eran hijos de Béquer. 9 Estaban registrados según sus listas genealógicas y según los jefes de sus familias, y tenían 20 200 hombres valerosos. 10 Los descendientes de Iediael fueron Bilhán y los hijos de Bilhán: Ieús, Benjamín, Ehúd, Quenaaná, Zetán, Tarsis y Ajisájar. 11 Todos estos fueron hijos de Iediael, jefes de familia y hombres valerosos; su número era de 17 200, aptos para combatir en la guerra. 12 Supim y Jupim eran hijos de Ir; Jusim, hijo de Ajer.

13 Los descendientes de Neftalí fueron Iajasiel, Guní, Iéser y Salum, hijos de Bilhá.

La descendencia de Manasés

14 Los descendientes de Manasés fueron los siguientes: Asriel, que fue hijo de su concubina aramea, la cual dio a luz también a Maquir, padre de Galaad. 15 Maquir le dio una esposa a Jupim y otra a Supim. El nombre de su hermana era Maacá. El segundo de sus descendientes se llamaba Selofjad, y este no tuvo más que hijas. 16 Maacá, la mujer de Maquir, dio a luz un hijo, a quien llamó Peres. Su hermano se llamaba Seres, y sus hijos, Ulam y Réquem. 17 El hijo de Ulam fue Bedán. Estos son los hijos de Galaad, hijo de Maquir, hijo de Manasés. 18 Su hermana Amolequet dio a luz a Ishod, Abiézer y Majlá. 19 Los hijos de Semidá fueron Ajián, Séquem, Licjí y Aniam.

La descendencia de Efraím

20 El hijo de Efraím fue Sutélaj; el hijo de Sutélaj, Béred; el hijo de Béred, Tájat; el hijo de Tájat, Eleadá; el hijo de Eleadá, Tájat; 21 el hijo de Tájat, Zabad; el hijo de Zabad, Sutélaj.

A otros dos hijos de Efraím —Ezer y Ebad— los mataron los hombres de Gat, nativos del país, porque habían bajado a apoderarse de sus ganados. 22 Su padre estuvo de duelo por ellos durante mucho tiempo, y sus hermanos fueron a consolarlo. 23 Después se unió a su mujer, la cual concibió y dio a luz un hijo, al que llamó Beriá, por la desgracia que había sufrido su familia. 24 Su hija fue Seerá, que edificó Bet Jorón, la de Arriba y la de Abajo, y Uzén Seerá.

25 Además, su hijo fue Réfaj; el hijo de Réfaj, Résef; el hijo de Résef, Télaj; el hijo de Télaj, Taján; 26 el hijo de Taján, Ladán; el hijo de Ladán, Amihud; el hijo de Amihud, Elisamá; 27 el hijo de Elisamá, Nun; el hijo de Nun, Josué.

28 Su posesión y sus lugares de residencia eran Betel y sus poblados adyacentes; al este, Naarán; al oeste, Guézer y sus poblados adyacentes; y además, Siquem con sus poblados adyacentes, hasta Aiá y sus poblados adyacentes. 29 En poder de los hijos de Manasés estaban Bet Seán, Tanac, Meguido y Dor, todos ellos con sus respectivos poblados adyacentes. En estas ciudades habitaban los hijos de José, hijo de Israel.

La descendencia de Aser

Gn 46 17 / Nm 26 44-47

30 Los descendientes de Aser fueron Imná, Isvá, Isví, Beriá y Séraj, la hermana de estos. 31 Los descendientes de Beriá fueron Jéber y Malquiel, que fue padre de Birzait. 32 Jéber fue padre de Iaflet, de Sémer, de Jotam, y de Suá, la hermana de estos. 33 Los descendientes de Iaflet fueron Pasac, Bimhal y Asvat. Estos son los hijos de Iaflet. 34 Los descendientes de su hermano Sémer fueron Rogá, Jubá y Aram. 35 Los descendientes de su hermano Hélem fueron Sofaj, Imná, Seles y Amal. 36 Los descendientes de Sofaj fueron Súaj, Jarnefer, Súal, Berí, Imrá, 37 Béser, Hod, Samá, Silsá, Itrán y Beerá. 38 Los descendientes de Iéter fueron Iefuné, Pispá y Ará. 39 Los descendientes de Ulá fueron Araj, Janiel y Risías. 40 Todos estos fueron descendientes de Aser, jefes de familias, guerreros selectos y valerosos, jefes entre los príncipes. Al ser registrados para el servicio militar, su número alcanzó a 26 000 hombres.

La descendencia de Benjamín

Gn 46 21 / Nm 26 38-40

8 1 Benjamín fue padre de Bela, su primogénito; de Asbel, su segundo hijo; de Ajraj, el tercero; 2 de Nojá, el cuarto, y de Rafá, el quinto. 3 Los hijos de Bela fueron Adar, Guerá, padre de Ehúd, 4 Abisúa, Naamán, Ajoaj, 5 Guerá, Sefufán y Juram.

6 Los hijos de Ehúd, los jefes de familia de los que vivían en Gueba y a los que hicieron emigrar a Manájat, 7 fueron Naamán, Ajías y Guerá. Este los condujo en su emigración, y fue padre de Uzá y Ajijud.

8 Sajaraim tuvo hijos en los campos de Moab, después de haber repudiado a sus mujeres Jusim y Baará. 9 De su nueva mujer le nacieron Iobab, Sibías, Mesá, Malcón, 10 Ieús, Saquías y Mirmá. Estos fueron sus hijos, jefes de familia. 11 De Jusim le habían nacido Abitub y Elpáal. 12 Los hijos de Elpáal fueron Eber, Misán y Sémed, el cual edificó Onó, Lud y sus poblados adyacentes.

13 Beriá y Semá fueron jefes de familia de los habitantes de Aialón, los que obligaron a huir a los habitantes de Gat.

14 Sus hermanos fueron Sesac y Ieremot.

Los benjaminitas de Jerusalén y Gabaón

15 Los hijos de Beriá fueron Zebadías, Arad,
Eder, 16 Micael, Ispá y Iojá. 17 Los hijos de Elpáal fueron Zebadías, Mesulam, Jizquí, Jeber,
18 Ismerai, Izlías y Iobab. 19 Los hijos de Simei
fueron Iaquim, Zicrí, Zabdí, 20 Elienai, Siletai,
Eliel, 21 Adaías, Beraías y Simrat. 22 Los hijos de
Sesac fueron Ispán, Eber, Eliel, 23 Abdón, Zicrí,
Janán, 24 Ananías, Elam, Antotías, 25 Ifdías y Penuel. 26 Los hijos de Ierojam fueron Samserai,
Sejarías, Atalías, 27 Iaaresías, Elías y Zicrí. 28 Estos eran los jefes de familia según sus listas genealógicas, y habitaban en Jerusalén.
29 En Gabaón habitaba Abí Gabaón, cuya esposa se llamaba Maacá. 30 Su hijo primogénito
fue Abdón; los otros fueron Sur, Quis, Baal,
Ner, Nadab, 31 Guedor, Ajió y Zéquer. 32 Miclot
fue padre de Simá. También estos habitaban en
Jerusalén, lo mismo que sus hermanos.

Saúl y su familia

1 Sm 14 49-51

33 Ner fue padre de Quis; Quis fue padre de
Saúl; Saúl fue padre de Jonatán, Malquisúa, Abinadab y Esbaal. 34 El hijo de Jonatán fue Meribaal; Meribaal fue padre de Micá. 35 Los hijos de
Micá fueron Pitón, Mélec, Tarea y Ajaz. 36 Ajaz
fue padre de Iehoadá; Iehoadá fue padre de Alémet, Azmávet y Zimrí; Zimrí fue padre de Mosá;
37 Mosá fue padre de Biná; Biná fue padre de
Rafá; Rafá fue padre de Elasá; Elasá fue padre
de Asel. 38 Asel tuvo seis hijos, que se llamaban
Azricam, Bocrú, Ismael, Searías, Abdías y Janán.
Todos estos fueron hijos de Asel.
39 Los hijos de su hermano Esec fueron:
Ulam, el primogénito; Ieús, el segundo; Elifélet, el tercero. 40 Los hijos de Ulam fueron guerreros valerosos y hábiles arqueros; tuvieron
muchos hijos y nietos: 150 en total.
Todos estos eran descendientes de Benjamín.

Los habitantes de Jerusalén

Neh 11 3-19

9 1 Cuando fueron deportados a Babilonia
por sus infidelidades, todos los israelitas
estaban registrados en las listas genealógicas y
en el libro de los reyes de Israel y de Judá.
2 Los primeros que volvieron a habitar en sus
propiedades y ciudades fueron israelitas, sacerdotes, levitas y empleados del Templo. 3 En Jerusalén habitaron descendientes de Judá, de
Benjamín, de Efraím y de Manasés.
4 De los descendientes de Judá: Utai, hijo de
Amihud, hijo de Omrí, hijo de Imrí, hijo de Baní, de los hijos de Peres, hijo de Judá. 5 De los
silonitas: Asaías, el primogénito, y sus hijos.
6 De los hijos de Zéraj: Ieuel y sus hermanos:
690 en total.
7 De los descendientes de Benjamín: Salú, hijo de Mesulam, hijo de Hodavías, hijo de Has-
nuá; 8 Ibneías, hijo de Ierojam; Elá, hijo de Uzí,
hijo de Micrí; y Mesulam, hijo de Sefatías, hijo
de Reuel, hijo de Ibnías, 9 con sus hermanos, según sus listas genealógicas: 956 en total. Todos
estos eran jefes de sus respectivas familias.
10 De los sacerdotes: Iedaías, Iehoiarib, Iaquim;
11 Azarías, hijo de Jilquías, hijo de Mesulam, hijo
de Sadoc, hijo de Meraiot, hijo de Ajitub, prefecto de la Casa de Dios; 12 Adaías, hijo de Ierojam, hijo de Pasjur, hijo de Malquías; Masai, hi-
jo de Adiel, hijo de Iajzerá, hijo de Mesulam,
hijo de Mesilemit, hijo de Imer; 13 y sus hermanos, jefes de sus respectivas familias; 1 760
hombres para el culto de la Casa de Dios.
14 De los levitas: Semaías, hijo de Jasub, hijo
de Azricam, hijo de Jasabías, de los hijos de
Merarí; 15 Bacbacar, Heres, Galal y Matanías, hijo de Micá, hijo de Zicrí, hijo de Asaf; 16 Abdías,
hijo de Semaías, hijo de Galal, hijo de Iedutún;
y Berequías, hijo de Asá, hijo de Elcaná, que habitaba en los poblados de los netofatíes.
17 Los porteros eran Salum, Acub, Talmón,
Ajimán y sus hermanos. Salum era su jefe, 18 y
ellos están hasta el presente junto a la puerta del
rey, al este. Los porteros del campamento de los
hijos de Leví fueron: 19 Salum, hijo de Coré, hijo de Ebiasaf, hijo de Córaj, y sus hermanos los
corajitas, de la misma familia. Ellos se ocupan
del culto como guardianes de los umbrales de la
Tienda, porque sus padres habían tenido a su
cargo la guardia de acceso al campamento del
Señor. 20 Antiguamente, su jefe había sido Pinjás,
hijo de Eleazar. ¡Que el Señor esté con él! 21 Zacarías, hijo de Meselemías, era portero de la entrada de la Tienda del Encuentro. 22 El total de
los elegidos como porteros de los umbrales era
de 212, y estaban inscritos en sus poblados. David y Samuel, el vidente, los habían establecido
en sus cargos permanentemente. 23 Tanto ellos

Los sacerdotes levitas

Según el Pentateuco, los sacerdotes o levitas eran descendientes de Leví (Dt 10 8). David y Salomón les encomendaron todos los servicios del Templo: el canto, los sacrificios y el culto al Señor. En el exilio, ante la falta de reyes, los sacerdotes adquirieron más autoridad y, después del destierro, al multiplicarse las sinagogas, se convirtieron en maestros y guías del pueblo (ver Símbolo: «El sacerdote levita», Lv 21 6).

¿Qué diferencia hay entre ser guiados por un rey o por un sacerdote? ¿Cómo se complementan las funciones cultuales y de enseñanza que ejercen los sacerdotes?

1 Cr 9 14-34

como sus hijos tenían bajo su custodia la entrada de la Tienda, es decir, de la Casa del Señor. [24]Había porteros en los cuatro puntos cardinales: al este, al oeste, al norte y al sur. [25]Sus hermanos, que habitaban en sus poblados, tenían que ir periódicamente a estar con ellos durante siete días. [26]Los cuatro jefes de los porteros, en cambio, estaban de servicio permanentemente. Estos eran los levitas y tenían a su cargo las cámaras y los tesoros de la Casa de Dios. [27]Pasaban la noche alrededor de la Casa de Dios, porque estaban encargados de custodiarla y tenían que abrirla todas las mañanas.

[28]Algunos de ellos tenían el cuidado de los utensilios del culto, y los contaban cada vez que los ponían y los sacaban. [29]Otros tenían a su cuidado los utensilios, todos los vasos sagrados, la harina de las ofrendas, el vino, el aceite, el incienso y los aromas. [30]Pero los que hacían la mezcla de los perfumes aromáticos eran sacerdotes.

[31]Matatías, uno de los levitas, el primogénito de Salum, el coreíta, estaba encargado permanentemente de las ofrendas que se freían en la sartén. [32]Entre los quehatitas, sus hermanos, algunos estaban encargados de preparar cada sábado los panes de la ofrenda.

[33]También había cantores, jefes de familias levíticas, que vivían en las habitaciones del templo, exentos de todo otro servicio, porque se ocupaban día y noche de su ministerio.

[34]Estos son, según sus listas genealógicas, los jefes de las familias levíticas que habitaban en Jerusalén.

Los orígenes de Saúl

[35]En Gabaón habitaban Abí Gabaón y Ieiel, cuya mujer se llamaba Maacá. [36]Su hijo primogénito fue Abdón, y los otros, Sur, Quis, Baal, Ner, Nadab, [37]Guedor, Ajió, Zacarías y Miclot. [38]Miclot fue padre de Simam. También estos habitaban en Jerusalén, lo mismo que sus hermanos. [39]Ner fue padre de Quis. Quis fue padre de Saúl, Saúl fue padre de Jonatán, de Malquisúa, de Abinadab y de Esbaal. [40]El hijo de Jonatán fue Meribaal. Meribaal fue padre de Micá. [41]Los hijos de Micá fueron Pitón, Mélec, Tajrea [42]y Ajaz. Ajaz fue padre de Iará; Iará fue padre de Alémet, de Azmavet y de Zimrí; Zimrí fue padre de Mosá; [43]Mosá fue padre de Biná. El hijo de Biná fue Refaías; el hijo de Refaías, Elasá; y el hijo de Elasá, Asel. [44]Asel tuvo seis hijos, que se llamaban Azricam, Bocrú, Ismael, Searías, Abdías y Janán. Estos fueron los hijos de Asel.

EL REINADO DE DAVID

El desastre de Gelboé y la muerte de Saúl

1 Sm 31 1-13

10 [1]Los filisteos entablaron combate con Israel. Los hombres de Israel huyeron ante ellos y cayeron heridos de muerte en el monte Gelboé. [2]Los filisteos persiguieron de cerca a Saúl y a sus hijos y mataron a Jonatán, Abinadab y Malquisúa, los hijos de Saúl. [3]El peso del combate recayó entonces sobre Saúl. Los arqueros lo descubrieron, y fue herido por ellos. [4]Saúl dijo a su escudero: «Saca tu espada y traspásame, no sea que vengan esos incircuncisos, para vergüenza mía». Pero su escudero no quiso hacerlo, porque tenía mucho miedo. Entonces Saúl tomó la espada y se arrojó sobre ella. [5]Al ver que Saúl estaba muerto, también su escudero se echó sobre su espada y murió. [6]Así murieron Saúl y sus tres hijos; toda su casa murió al mismo tiempo.

[7]Todos los hombres de Israel que estaban en el valle, al ver que la gente huía y que Saúl y sus hijos habían muerto, abandonaron sus ciudades y se dieron a la fuga. Luego vinieron los filisteos y se establecieron allí.

[8]Al día siguiente, cuando llegaron los filisteos para despojar a las víctimas, encontraron a Saúl y a sus hijos tendidos sobre el monte Gelboé. [9]Entonces despojaron a Saúl y se llevaron su cabeza y sus armas. Luego enviaron mensajeros por todo el país de los filisteos, para anunciar la buena noticia a sus ídolos y al pueblo. [10]Depositaron las armas de Saúl en el templo de su dios y colgaron su cabeza en el templo de Dagón.

[11]Cuando todo Iabés de Galaad oyó lo que los filisteos habían hecho a Saúl, [12]todos los hombres valientes emprendieron la marcha, retiraron el cadáver de Saúl y los cadáveres de sus hijos, y se los llevaron a Iabés. Allí sepultaron sus huesos bajo el Terebinto de Iabés y ayunaron siete días.

[13]Así murió Saúl, por haberse rebelado contra el Señor, no observando su palabra, y por haber evocado y consultado al espíritu de un muerto, [14]en lugar de consultar al Señor. Por eso el Señor lo hizo morir y transfirió la realeza a David, hijo de Jesé.

David, ungido rey de Israel

2 Sm 5 1-3

11 [1]Todo Israel se congregó junto a David en Hebrón y le dijeron: «¡Nosotros somos de tu misma sangre! [2]Ya desde antes, incluso cuando Saúl reinaba sobre nosotros, eras tú el que conducía a Israel. Y ahora el Señor te ha dicho: "¡Tú apacentarás a mi pueblo Israel, tú serás el jefe de mi pueblo Israel!"». [3]Todos los ancianos de Israel fueron a Hebrón, donde estaba el rey: David estableció una alianza con ellos en Hebrón, en presencia del Señor, y ellos lo ungieron como rey sobre Israel, conforme el Señor lo había anunciado por medio de Samuel.

La conquista de Jerusalén

2 Sm 5 6-10

[4]David, con todo Israel, avanzó sobre Jerusalén —es decir, Jebús—, donde estaban los

jebuseos, que habitaban el país, 5 pero estos le dijeron: «¡Aquí no podrás entrar!». A pesar de eso, David conquistó la fortaleza de Sion, que es la Ciudad de David. 6 David había dicho: «El primero que mate a un jebuseo será comandante en jefe». Joab, hijo de Seruiá, fue el primero en subir y se convirtió en jefe. 7 David se instaló en la fortaleza, y por eso la llamaron «Ciudad de David». 8 Luego construyó la ciudad en derredor, desde el Miló hasta los alrededores, y Joab restauró el resto de la ciudad. 9 Así David se iba engrandeciendo cada vez más, y el Señor de los ejércitos estaba con él.

Los Guerreros de David

2 Sm 23 8-39

10 Estos son los jefes de los Guerreros de David, que lo sostuvieron durante su reinado, y se unieron a todo Israel para hacerlo rey, conforme a la palabra del Señor acerca de Israel. 11 Esta es la lista de los Guerreros que tenía David: Iasobam, hijo de Jacmoní, jefe de los Tres, que empuñó su lanza y mató a más de trescientos de una sola vez.

12 Después de él, Eleazar, hijo de Dodó, el ajotita, uno de los Tres Valientes. 13 Este estaba con David en Pas Damín, donde los filisteos se habían concentrado para el combate. Allí había una parcela de campo toda sembrada de cebada, y el pueblo huyó delante de los filisteos. 14 Pero él se apostó en medio del campo, lo defendió y derrotó a los filisteos. Así el Señor alcanzó una gran victoria.

15 Tres de los Treinta bajaron juntos a la peña de la cueva de Adulam, donde estaba David, mientras los filisteos acampaban en el valle de Refaím. 16 David se encontraba entonces en el refugio y una guarnición filistea estaba en Belén. 17 David manifestó este deseo: «¡Quién me diera de beber agua del pozo que está junto a la puerta de Belén!». 18 Los Tres Valientes irrumpieron en el campamento filisteo, sacaron agua del pozo que está junto a la puerta de Belén y se la llevaron a David. Pero él no quiso beberla y la derramó como libación al Señor, 19 diciendo: «¡Líbreme Dios de hacer tal cosa! ¿Voy a beber la sangre de estos hombres, al precio de su vida? Ellos la han traído, arriesgando su vida». Y no quiso beber. Esto es lo que hicieron los Tres Valientes.

20 Abisai, hermano de Joab, era el jefe de los Treinta. Él empuñó su lanza contra trescientos hombres y los mató, ganándose un renombre entre los Treinta. 21 Era el más famoso de ellos, y fue su jefe, pero no llegó a igualar a los Tres.

22 Benaías, hijo de Iehoiadá, era un hombre valiente, rico en hazañas, oriundo de Cabsel. Él mató a los dos héroes de Moab, y fue él quien bajó a la cisterna un día de nieve para matar al león. 23 También abatió al egipcio que medía dos metros y medio de alto y tenía en su mano una lanza gruesa como el palo grande de un telar. Benaías lo enfrentó con un garrote, le arrancó la lanza de la mano y le dio muerte con su propia lanza. 24 Esto es lo que hizo Benaías, hijo de Iehoiadá, y así se ganó un renombre entre los Treinta Guerreros. 25 Él era el más famoso de los Treinta, pero no llegó a igualar a los Tres. David lo incorporó a su guardia personal.

26 Los Guerreros valerosos fueron Asahel, hermano de Joab; Eljanán, hijo de Dodó, de Belén; 27 Samot, de Jarod; Jeles, el pelonita; 28 Irá, hijo de Iqués, de Técoa; Abiézer, de Anatot; 29 Sibecai, de Jusá; Ilai, el ajotita; 30 Majrai, de Netofá; Jéled, hijo de Baaná, de Netofá; 31 Itai, hijo de Ribai, de Guibeá de los hijos de Benjamín; Benaías, de Pireatón; 32 Jurai, de los torrentes de Gaás; Abiel, el arbatita; 33 Azmávet, de Bejurim; Eliajabá, de Saalbón; 34 Bené Hasem, el guizonita; Jonatán, hijo de Sagué, el ararita; 35 Ajiam, hijo de Sacar, el ararita; Elifal, hijo de Ur; 36 Jéfer, de Mequerá; Ajías, el pelonita; 37 Jesró, de Carmel; Naarai, hijo de Ezbai; 38 Joel, hermano de Natán; Mibjar, hijo de Agrí; 39 Selec, el amonita; Najrai, de Beerot, escudero de Joab, hijo de Seruiá; 40 Irá, de Iatir; Gareb, de Iatir; 41 Urías, el hitita; Zabad, hijo de Ajlai; 42 Adiná, hijo de Sizá, el rubenita, jefe de los rubenitas, que estaba al frente de los Treinta; 43 Janán, hijo de Maacá; Josafat, el mitnita; 44 Uzías, de Astarot; Sama y Ieiel, hijos de Jotam, de Aroer; 45 Iediael, hijo de Simrí; Jojá, su hermano, el tisita. 46 Elieel, el majavita; Ieribai y Iosavías, hijo de Elnaam; Itmá, el moabita; 47 Eliel, Obed y Iaasiel, de Sobá.

Los primeros partidarios de David

12 1 Estos son los que se unieron a David en Siquelag, mientras él se mantenía alejado de Saúl, hijo de Quis. Ellos estaban entre los guerreros de refuerzo para los combates. 2 Manejaban el arco y la honda con la derecha y con la izquierda, para lanzar flechas y piedras. Eran benjaminitas, parientes de Saúl. 3 Los principales eran Ajiézer y Joás, hijos de Semaá, de Guibeá, y los otros, Ieziel y Pélet, hijos de Azmávet; Beracá y Jehú, de Anatot; 4 Ismaías, de Gabaón, un guerrero de los Treinta y jefe entre ellos; 5 Jeremías, Iajaziel, Iojanam, Iozabad, de Guederot; 6 Eluzai, Ierimot, Bealías, Semarías y Sefatías, de Jarif; 7 Elcaná, Isaías, Azarel, Ioézer, Iasobam, los coreítas; 8 Ioelá y Zebadías, hijos de Ierojam, de Guedor.

9 También algunos gaditas se pasaron a David en el refugio del desierto; eran hombres valerosos, guerreros preparados para el combate, diestros en el manejo del escudo y la lanza, con rostros de león y rápidos como gacelas de los montes. 10 Su jefe era Ezer; el segundo, Abdías; el tercero, Eliab; 11 el cuarto, Mismaná; el quinto, Jeremías; 12 el sexto, Atai; el séptimo, Eliel; 13 el octavo, Iojanam; el noveno, Elzabad; 14 el décimo, Jeremías; el undécimo, Macbanai. 15 Estos eran los jefes de los gaditas, en el ejército: el menor de ellos valía por cien y el mayor por mil.

16 Fueron ellos los que atravesaron el Jordán en el primer mes, cuando se desborda por todas sus riberas, y pusieron en fuga a todos los habitantes de los valles, al este y al oeste.

17 También fueron al refugio, donde estaba David, algunos hombres de Benjamín y de Judá. 18 David se presentó ante ellos y les dijo: «Si vienen como amigos para ayudarme, yo estoy dispuesto a unirme con ustedes; pero si vienen para entregarme a mis enemigos, siendo así que no hay violencia en mis manos, ¡que lo vea el Dios de nuestros padres y haga justicia!».

19 Entonces el espíritu descendió sobre Amasai, el jefe de los Treinta, y este exclamó:

«¡Estamos de tu parte, David!
¡Estamos contigo, hijo de Jesé!
¡Paz, paz para ti, y paz
para el que te ayuda!
¡Porque tu Dios viene en tu auxilio!».

David les dio la bienvenida y los puso al frente de sus divisiones.

20 También algunos hombres de Manasés se plegaron a David, cuando él iba con los filisteos a combatir contra Saúl; pero esa gente no pudo ayudarlo porque los príncipes de los filisteos, reunidos en consejo, lo despidieron, diciendo: «Él se pondrá de parte de Saúl, su señor, a costa de nuestras vidas». 21 Cuando regresó a Siquelag, se plegaron a él algunos de la tribu de Manasés: Adná, Iozabad, Iediael, Micael, Iozabad, Elihú y Siletai, jefes de mil hombres en Manasés. 22 Estos fueron una buena ayuda para David y su tropa, porque todos eran guerreros valerosos y llegaron a ser jefes del ejército.

23 Día tras día David recibía refuerzos, de manera que su campamento llegó a ser enormemente grande.

Los guerreros que proclamaron rey a David en Hebrón

24 Este es el número de los hombres equipados con sus armas, que se presentaron ante David en Hebrón, para transferirle el reino de Saúl, conforme a la orden del Señor: 25 Hombres de Judá, armados de escudo y lanza: 6 800 equipados para la guerra. 26 Hombres de Simeón, guerreros valerosos para el ejército: 7 100. 27 Hombres de Leví: 4 600; 28 además, Iehoiadá, príncipe de los aaronitas, con otros 3 700, 29 y Sadoc, joven guerrero valeroso, con veintidós jefes de su familia. 30 Hombres de Benjamín, parientes de Saúl: 3 000, la mayor parte de los cuales habían estado al servicio de la casa de Saúl. 31 Hombres de Efraím: 20 800 guerreros valerosos, ilustres en sus propias familias. 32 Hombres de la tribu de Manasés: 18 000 designados nominalmente para ir a proclamar rey a David. 33 Hombres de Isacar, expertos en el conocimiento de los tiempos, para discernir lo que Israel debía hacer: 200 jefes, y todos sus hermanos bajo sus órdenes. 34 Hombres de Zabulón: 50 000 aptos para la guerra, y preparados para combatir con toda clase de armas y luchar audazmente y sin vacilación. 35 Hombres de Neftalí: 1 000 jefes con 37 000 hombres, armados de escudo y lanza. 36 Hombres de Dan preparados para el combate: 28 600. 37 Hombres de Aser, aptos para la guerra y preparados para combatir: 40 000. 38 Hombres de la Transjordania, es decir, de Rubén, de Gad y de la mitad de la tribu de Manasés: 120 000, provistos de toda clase de armas de guerra.

39 Todos estos hombres de guerra, formados en orden de batalla, fueron a Hebrón, sinceramente dispuestos a proclamar a David rey de todo Israel; y también todo el resto de Israel estaba decidido unánimemente a hacer rey a David. 40 Durante tres días, permanecieron allí, comiendo y bebiendo con David, porque sus hermanos los habían provisto de víveres. 41 Además, de los pueblos vecinos, y hasta de Isacar, Zabulón y Neftalí habían traído víveres en asnos, camellos, mulas y bueyes, provisiones de harina, tortas de higo y pasas, vino y aceite, y ganado mayor y menor en abundancia; porque reinaba la alegría en Israel.

El traslado del Arca de la Alianza

2 Sm 6 1-11

13 1 Después de consultar a los jefes de mil y de cien hombres y a todos los oficiales, 2 David dijo a toda la asamblea de Israel: «Si a ustedes les parece bien y si el Señor, nuestro Dios, así lo decide, enviaremos mensajeros a nuestros hermanos que han quedado en todas las regiones de Israel y, además, a los sacerdotes y levitas en sus ciudades y poblados, a fin de que se reúnan con nosotros. 3 Entonces traeremos junto a nosotros el Arca de nuestro Dios, ya que no nos hemos preocupado de ella en los tiempos de Saúl».

4 Toda la asamblea resolvió hacerlo así, porque el pueblo entero dio su aprobación. 5 David reunió a todo Israel, desde el Torrente de Egipto hasta la Entrada de Jamat, para traer el Arca de Dios desde Quiriat Iearim. 6 Luego se dirigió con todo Israel a Baalá, a Quiriat Iearim, que está en Judá, para subir desde allí el Arca de Dios, que lleva el nombre del Señor, el que tiene su trono sobre los querubines. 7 Pusieron el Arca de Dios sobre un carro nuevo y la llevaron desde la casa de Abinadab. Uzá y Ajió conducían el carro, 8 mientras David y todo Israel bailaban con todas sus fuerzas delante de Dios, cantando y tocando cítaras, arpas, tamboriles, címbalos y trompetas.

9 Cuando llegaron a la era de Quidón, Uzá extendió su mano para sostener el Arca, porque los bueyes habían resbalado. 10 Entonces la ira del Señor se encendió contra Uzá y lo hirió de muerte por haber extendido su mano hacia el Arca, y Uzá murió allí mismo delante de Dios. 11 David se conmovió, porque el Se-

ñor había acometido contra Uzá, y aquel lugar se llamó Peres Uzá —que significa «Brecha de Uzá»— hasta el día de hoy.

12 Aquel día David tuvo miedo de Dios, y dijo: «¿Cómo voy a llevar a mi casa el Arca de Dios?». 13 Y no trasladó el Arca a su casa, a la Ciudad de David, sino que mandó que la llevaran a la casa de Obededom de Gat. 14 El Arca de Dios permaneció tres meses en la casa de Obededom. Y el Señor bendijo la casa de Obededom y todos sus bienes.

David en Jerusalén

2 Sm 5 11-16

14 1 Jiram, el rey de Tiro, envió a David mensajeros con maderas de cedro, albañiles y carpinteros, para edificarle una casa. 2 Así David reconoció que el Señor lo había afianzado como rey sobre Israel, porque su reino había sido enaltecido a causa de su pueblo Israel.

3 David tomó como esposas a otras mujeres en Jerusalén y tuvo más hijos e hijas. 4 Estos son los nombres de los hijos que le nacieron en Jerusalén: Samúa, Sobab, Natán y Salomón, 5 Ibjar, Elisúa y Elpálet, 6 Nogá, Néfeg y Iafía, 7 Elisamá, Beeliadá y Elifélet.

8 Cuando los filisteos oyeron que habían ungido a David como rey de todo Israel, subieron para atacarlo. Pero David lo supo y les salió al encuentro. 9 Los filisteos vinieron y se desplegaron por el valle de Refaím. 10 David entonces consultó a Dios: «¿Debo atacar a los filisteos? ¿Los entregarás en mis manos?». Y el Señor le respondió: «¡Sube, y yo los entregaré en tus manos!». 11 Ellos subieron a Baal Perasim, y allí David los derrotó. Entonces dijo: «Dios ha abierto ante mí una brecha entre mis enemigos, como una brecha abierta por las aguas». Por eso se llamó a ese lugar Baal Perasim —que significa «Señor de las Brechas»—. 12 Los filisteos abandonaron allí a sus dioses, y David dijo: «¡Que sean arrojados al fuego!».

13 Los filisteos volvieron a desplegarse por el valle. 14 David consultó nuevamente a Dios, y él le respondió: «¡No subas a perseguirlos! Da una vuelta por detrás de ellos y enfréntalos desde el lado de las balsameras. 15 Cuando oigas ruidos de pasos sobre la copa de las balsameras, ataca decididamente, porque Dios saldrá delante de ti para derrotar al ejército de los filisteos». 16 David hizo lo que el Señor le había ordenado y derrotó al ejército de los filisteos, desde Gabaón hasta Guézer. 17 La fama de David se extendió por todas las regiones, porque el Señor lo hizo temible delante de todos los pueblos.

Preparativos para entronizar el Arca

15 1 David construyó casas en la Ciudad de David y preparó un lugar para el Arca de Dios, levantando para ella una Tienda. 2 Después dijo: «El Arca de Dios solo puede ser transportada por los levitas, porque el Señor los ha elegido para trasladar el Arca del Señor y para servirlo constantemente».

3 Entonces David reunió en Jerusalén a todo Israel, para hacer subir el Arca del Señor al lugar que le había preparado. 4 También reunió a los hijos de Aarón y a los levitas: 5 de los descendientes de Quehat, a Uriel, el jefe, y a sus hermanos: ciento veinte en total; 6 de los de Merarí, a Asaías, el jefe, y a sus hermanos: doscientos veinte en total; 7 de los de Gersón, a Joel, el jefe, y a sus hermanos: ciento treinta en total; 8 de los hijos de Elisafán, a Semaías, el jefe, y a sus hermanos: doscientos en total; 9 de los de Hebrón, a Eliel, el jefe, y a sus hermanos: ochenta en total; 10 de los descendientes de Uziel, a Aminadab, el jefe, y a sus hermanos: ciento doce en total.

11 Después David llamó a los sacerdotes Sadoc y Abiatar, y a los levitas Uriel, Asaías, Joel, Semaías, Eliel y Aminadab, 12 y les dijo: «Ustedes son los jefes de la familia de los levitas. Santifíquense, ustedes y sus hermanos, para subir el Arca del Señor, el Dios de Israel, al lugar que yo le he preparado. 13 Por no haber estado ustedes allí la primera vez, el Señor, nuestro Dios, acometió contra nosotros, ya que no fuimos a consultarlo como está mandado». 14 Entonces los sacerdotes y levitas se santificaron para subir el Arca del Señor, el Dios de Israel. 15 Los hijos de los levitas trasladaron el Arca de Dios, sosteniéndola sobre sus hombros con unas andas, como lo había ordenado Moisés según la palabra del Señor.

16 David ordenó a los jefes de los levitas que organizaran a sus hermanos los cantores, con instrumentos musicales, arpas, cítaras y címbalos, para que los hicieran resonar alegremente. 17 Los levitas designaron a Hemán, hijo de Joel; entre sus hermanos, a Asaf, hijo de Berequías; y entre los hijos de Merarí, sus hermanos, a Etán, hijo de Cusaías. 18 Junto con ellos, a sus hermanos de segundo orden: Zacarías, hijo de Iaaziel, Semiramot, Iejiel, Uní, Eliab, Benaías, Maaseías, Matitías, Eliflehú, Micneías, Obededom y Ieiel, los porteros. 19 Los cantores Hemán, Asaf y Etán hacían resonar címbalos de bronce. 20 Zacarías, Aziel, Semiramot, Iejiel, Uní, Eliab, Maasías y Benaías tenían arpas de tonos altos. 21 Matitías, Eliflehú, Micneías, Obededom, Ieiel y Azazaiás tenían cítaras de octava, para dirigir el canto. 22 Quenanías, jefe de los levitas, dirigía el traslado, porque era muy experto. 23 Berequías y Elcaná eran porteros del Arca. 24 Los sacerdotes Sebanías, Josafat, Natanael, Amasai, Zacarías, Benaías y Eliezer, tocaban las trompetas delante del Arca de Dios. Obededom y Iejías eran porteros del Arca.

El Arca de la Alianza en Jerusalén

2 Sm 6 12-16

25 David, los ancianos de Israel y los jefes de mil hombres fueron con gran alegría a subir el

Arca de la Alianza del Señor, desde la casa de
Obededom. 26 Y porque Dios había asistido a
los levitas que trasladaban el Arca de la Alianza
del Señor, se inmolaron siete toros y siete carneros.
27 David iba revestido con un manto de lino, lo mismo que todos los levitas que llevaban
el Arca, los cantores y Quenanías, el que dirigía
el traslado. David llevaba además un efod de lino.
28 Todo Israel subió el Arca de la Alianza del
Señor entre aclamaciones y al son de cuernos,
trompetas, címbalos, arpas y cítaras.
29 Cuando
el Arca de la Alianza del Señor entraba en la
Ciudad de David, Mical, la hija de Saúl, estaba
mirando por una ventana, y al ver al rey David
saltando y bailando, lo despreció en su corazón.

Conclusión de la ceremonia

2 Sm 6 17-19

16 1 Luego introdujeron el Arca de Dios y la
colocaron en medio de la Tienda que
David había hecho levantar para ella, y ofrecieron delante de Dios holocaustos y sacrificios de comunión.
2 Cuando David terminó
de ofrecer los holocaustos y los sacrificios de
comunión, bendijo al pueblo en nombre del
Señor,
3 y distribuyó entre todos los israelitas,
hombres y mujeres, una porción de pan, un
pastel de dátiles y uno de pasas de uva.

Organización del culto

Sal 105 1-15 / 96 / 106 1.47-48 / 2 Sm 6 19-20

4 David puso de servicio delante del Arca del
Señor a algunos levitas, para conmemorar, celebrar y glorificar al Señor, el Dios de Israel.
5 Asaf
era el jefe; Zacarías, el segundo; y además, Uziel,
Semiramot, Iejiel, Matitías, Eliab, Benaías, Obededom y Ieiel, con instrumentos musicales, arpas y cítaras. Asaf hacía sonar los címbalos.
6 Los
sacerdotes Benaías y Iajaziel tocaban ininterrumpidamente las trompetas delante del Arca
de la Alianza de Dios.
7 Aquel día David dispuso
por primera vez que el Señor fuera alabado por
Asaf y sus hermanos de esta manera:

8 «¡Den gracias al Señor,
invoquen su Nombre,
hagan conocer entre los pueblos sus proezas;
9 canten al Señor con instrumentos musicales,
pregonen todas sus maravillas!
10 ¡Gloríense en su santo Nombre,
alégrense los que buscan al Señor!

11 ¡Recurran al Señor y a su poder,
busquen constantemente su rostro;
12 recuerden las maravillas que él obró,
sus portentos y los juicios de su boca!

13 Descendientes de Israel, su servidor,
hijos de Jacob, su elegido:
14 el Señor es nuestro Dios,
en toda la tierra rigen sus decretos.

15 Él se acuerda eternamente de su alianza,
de la palabra que dio por mil generaciones,

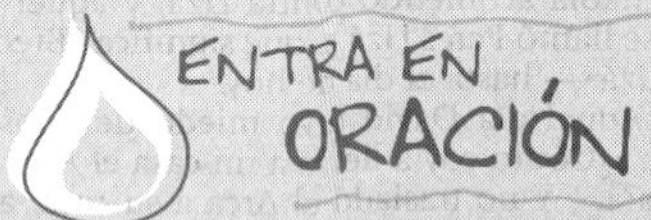

Menú de verbos para la oración

Cuando David introdujo el Arca de la Alianza, todos los servidores del Templo alabaron y dieron gracias al Señor. La siguiente plegaria se inspira en la oración de David. Descubre todas las acciones que puedes hacer para guiar tu oración.

Celebra y alaba la grandeza del Señor.
Proclama sus maravillas y glorifica su nombre.
Entona cantos y medita sus proezas.
Piensa en Dios y busca su mirada.
Recuerda su alianza y sus promesas.
Adora al Señor y reconoce su poder.
Recoge en tu corazón los detalles de amor que recibes.
Alégrate por todo lo que él hace.
Intercede ante él por todo tu pueblo.
Agradece su amor levantando tus manos hacia él.

¿Puedes incluir más acciones que orienten tu oración?

1 Cr 16 8-36

16 del pacto que selló con Abraham,
del juramento que hizo a Isaac:
17 él lo confirmó como norma para Jacob,
como alianza eterna para Israel,
18 cuando dijo: "Yo te daré la tierra de Canaán,
como porción hereditaria de todos ustedes".
19 Cuando formaban un grupo muy pequeño
y eran extranjeros en aquellas regiones;
20 cuando iban de nación en nación
y pasaban de un reino a otro pueblo,
21 no toleró que nadie los oprimiera,
y castigó a reyes, por amor a ellos:
22 "No toquen a mis ungidos
ni maltraten a mis profetas".

23 Cante al Señor toda la tierra,
día tras día, proclamen su victoria.
24 Anuncien su gloria entre las naciones,
y sus maravillas entre los pueblos.
25 Porque el Señor es grande
y muy digno de alabanza,
más temible que todos los dioses.

26 Los dioses de los pueblos
no son más que apariencia,
pero el Señor hizo el cielo;
27 en su presencia hay esplendor y majestad,
en su Santuario, poder y hermosura.
28 Aclamen al Señor, familias de los pueblos,

aclamen la gloria y el poder del Señor;
29 aclamen la gloria del nombre del Señor,
preséntense ante él, trayendo una ofrenda.

30 ¡Que toda la tierra tiemble ante él!
El mundo está firmemente establecido:
¡no se moverá jamás!
31 Alégrese el cielo y exulte la tierra,
digan entre las naciones: "¡El Señor reina!".

32 Resuene el mar y todo lo que hay en él,
regocíjese el campo con todos sus frutos.
33 Griten de gozo los árboles del bosque,
griten de gozo delante del Señor,
porque él viene a gobernar la tierra.

34 ¡Den gracias al Señor, porque es bueno,
porque es eterno su amor!
35 Díganle:
"¡Sálvanos, Dios de nuestra salvación!
Congréganos y líbranos de las naciones,
para que demos gracias a tu santo Nombre
y nos gloriemos en tu alabanza".
36 ¡Bendito sea el Señor, el Dios de Israel,
desde siempre y para siempre!».

Y todo el pueblo respondió: «¡Amén!».
«¡Alabanza al Señor!».
37 David dejó delante del Arca de la Alianza
del Señor a Asaf y a sus hermanos, para que
prestaran servicio permanentemente delante
del Arca, según el ritual de cada día; 38 también
dejó a Obededom y a sus sesenta y ocho hermanos. Obededom, hijo de Iedutún, y Josá eran
porteros. 39 Al sacerdote Sadoc y a sus hermanos,
los sacerdotes, los puso delante de la Morada
del Señor, en el lugar alto de Gabaón, 40 para que
ofrecieran constantemente sacrificios al Señor
en el altar de los holocaustos, por la mañana y
por la tarde, según lo que está escrito en la Ley
que el Señor dio a Israel. 41 Con ellos estaban
Hemán, Iedutún y los demás que habían sido
elegidos nominalmente para celebrar al Señor:
«¡Porque es eterno su amor!». 42 Hemán y Iedutún tenían consigo trompetas, címbalos e instrumentos musicales para acompañar los cantos
de Dios. Los hijos de Iedutún eran porteros.
43 Luego, todo el pueblo se fue a su casa, y
David se volvió para bendecir a su casa.

La profecía de Natán

2 Sm 7 1-17

17 1 Cuando David se estableció en su casa,
dijo al profeta Natán: «Mira, yo habito
en una casa de cedro, mientras el Arca de la
Alianza del Señor está bajo una tienda de
campaña». 2 Natán respondió a David: «Puedes hacer todo lo que tienes pensado, porque
el Señor está contigo».
3 Pero aquella misma noche, la palabra del
Señor llegó a Natán en estos términos: 4 «Ve a
decirle a mi servidor David: Así habla el Señor:
No eres tú el que me edificará la casa para que
yo la habite. 5 Porque desde el día en que hice
subir a Israel hasta el día de hoy, nunca habité
en una casa, sino que anduve de tienda en
tienda y de morada en morada. 6 Y mientras
iba caminando entre todo Israel, ¿acaso dije a
uno solo de sus Jueces, a los que mandé apacentar a mi pueblo: "Por qué no me han edificado una casa de cedro"? 7 Y ahora, esto es lo
que le dirás a mi servidor David: Así habla el
Señor de los ejércitos: Yo te saqué del campo
de pastoreo, de detrás del rebaño, para que
fueras el jefe de mi pueblo Israel. 8 Estuve contigo dondequiera que fuiste y exterminé a todos tus enemigos delante de ti. Yo haré que tu
nombre sea tan grande como el de los grandes
de la tierra. 9 Fijaré un lugar para mi pueblo Israel y lo plantaré para que tenga allí su morada. Ya no será perturbado, y los malhechores
no seguirán devorándolo como antes. 10 Desde
el día en que constituí Jueces sobre mi pueblo
Israel, yo he sometido a todos tus enemigos. Y
ahora te anuncio que el Señor te edificará una
casa. 11 Sí, cuando llegues al término de tus días
y te vayas con tus padres, yo elevaré después de
ti a uno de tus descendientes, a uno de entre
tus hijos, y afianzaré su realeza. 12 Él me edificará una Casa y yo afianzaré su trono para

PERSPECTIVA CATÓLICA

Liturgia de las Horas

El rey David organizó una oración constante, mañana y tarde, ante el Arca de la Alianza, y dio normas especiales para ella (1 Cr 16 37-42). Esta oración era muy importante para la práctica religiosa; se convirtió en oración oficial y era realizada por algunas personas en nombre de las demás.

En la Iglesia católica existe una oración similar, llamada Liturgia de las Horas, con la que respondemos a la invitación de Jesús a «orar siempre» (Lc 18 1). La Liturgia de las Horas convoca a los fieles, particularmente a los sacerdotes y religiosos/as, a consagrar el tiempo y las actividades a Dios en distintas horas del día. Consiste principalmente en la lectura bíblica, salmos e intercesión por los hermanos/as. Es un medio para unirse al sacerdocio de Cristo y se asocia con la Eucaristía, la oración por excelencia.

¿Rezas regularmente? ¿Tienes algún ritual personal como parte de tu vida de oración? ¿Cómo te une la oración a Dios y reaviva tu compromiso con él y tus hermanos?

1 Cr 16 37-43

VIVE LA PALABRA

¿En dónde colocamos a Dios?

¡Cómo nos gusta tener cajas, roperos y cajones! Existe el viejo dicho: un lugar para cada cosa y cada cosa en su lugar. Es una tranquilidad saber que todo está donde debe estar.

Al pensar en Dios, ¿lo ponemos en un lugar especial?, ¿lo visualizamos «allá arriba»? Quizá por evitar esto, Dios no desea que David le construya un Templo (1 Cr 17 4-6). Conoce el peligro de que veamos su presencia solo en un edificio, por más grande y hermoso que sea, y que lo consideremos encerrado ahí.

Al estar en una capilla o iglesia, sentimos la presencia de Dios, pero, al salir, no nos separamos de él. ¡Dios sobrepasa cualquier espacio y camina con nosotros! El lugar de Dios es tu propio ser, habita en ti, por medio de su Espíritu. También está en tu casa y donde trabajas, estudias, gozas y sufres cada día. Vivir en presencia de Dios te hará descubrir su amor constante y te ayudará a transmitirlo a quienes te rodean.

1 Cr 17 1-15

siempre. [13] Yo seré un padre para él, y él será
para mí un hijo. Y jamás retiraré de él mi fidelidad, como se la retiré a aquel que te precedió.
[14] Lo estableceré en mi Casa y en mi reino para
siempre, y su trono será estable eternamente».
[15] Natán comunicó a David todas estas palabras y toda esta visión.

La oración de David

2 Sm 7 18-29

[16] Entonces el rey David fue a sentarse delante del Señor y exclamó: «¿Quién soy yo, Señor
Dios, y qué es mi casa para que me hayas hecho
llegar hasta aquí? [17] Y como esto te pareció demasiado poco, Dios mío, también has hecho
una promesa acerca de la casa de tu servidor,
para un futuro lejano. ¡Tú me has mirado como a un hombre de alto rango, Señor Dios!
[18] ¿Qué más podría decirte David sobre el honor que le has dispensado, si tú ya conoces a tu
servidor? [19] Por amor a tu servidor y conforme a
tu designio, Señor, tú has realizado toda esta
gran obra, dando así a conocer tu inmensa
grandeza. [20] Sí, Señor, no hay nadie como tú, ni
hay Dios fuera de ti, por todo lo que hemos escuchado con nuestros propios oídos. [21] ¿Y hay
sobre la tierra una sola nación como tu pueblo
Israel, ese pueblo a quien el mismo Dios fue a
rescatar para sí, a fin de hacerse un nombre
grande y temible, expulsando a naciones enteras ante el pueblo que rescataste de Egipto?
[22] Tú has hecho que tu pueblo Israel fuera tu
Pueblo para siempre, y tú, Señor, eres su Dios.
[23] Y ahora, Señor, que se mantenga firme eternamente la palabra que has pronunciado acerca de tu servidor y de su casa, y obra conforme
a lo que has dicho. [24] Que se mantenga firme, y
que tu Nombre sea engrandecido para siempre.
Que se diga: "¡El Señor de los ejércitos es el
Dios de Israel, es Dios para Israel!". Y que la
casa de David, tu servidor, esté bien afianzada
delante de ti. [25] Porque tú mismo, Dios mío, le
has revelado a tu servidor que le edificarás una
casa; por eso tu servidor se ha atrevido a dirigirte esta plegaria. [26] Y ahora tú, Señor, que eres
Dios, le has prometido estos bienes a tu servidor. [27] Por eso, dígnate bendecir la casa de tu
servidor, para que ella permanezca siempre en
tu presencia; porque lo que tú has bendecido,
Señor, queda bendito para siempre».

Las guerras de David

2 Sm 8 1-14

18 [1] Después de esto, David derrotó a los filisteos y los sometió, despojándolos de
Gat y sus poblados. [2] También derrotó a los
moabitas, y estos pasaron a ser vasallos de David, sometidos a tributo.
[3] David derrotó a Hadadézer, rey de Sobá,
cuando este iba a establecer su dominio sobre el
río Éufrates. [4] Capturó mil carros, siete mil soldados de caballería y veinte mil hombres de a
pie, y mutiló todos los caballos de los carros de
guerra, reservándose solo cien. [5] Los arameos
de Damasco acudieron en auxilio de Hadadézer, pero David derrotó a veintidós mil de esos
arameos. [6] Luego puso gobernadores en Aram
de Damasco, y los arameos pasaron a ser vasallos de David, sometidos a tributo. El Señor
daba la victoria a David en todas sus campañas.
[7] David se apoderó de los escudos de oro
que llevaban los oficiales de Hadadézer, y se
los llevó a Jerusalén. [8] De Tibjat y de Cun, ciudades de Hadadézer, David trajo una enorme
cantidad de bronce, con el que Salomón hizo
el Mar de bronce, las columnas y los utensilios
de bronce.
[9] Cuando Tou, rey de Jamat, oyó que David
había derrotado a todo el ejército de Hadadézer, rey de Sobá, [10] le envió a su hijo Hadoram
para saludarlo y felicitarlo por haber hecho la
guerra y derrotado a Hadadézer, ya que este
era su rival. Además, le envió toda clase de objetos de plata, oro y bronce, [11] y David consa-

gró también esos objetos, como lo había hecho con la plata y el oro que había traído de todas las naciones: de Edom, de Moab, de los amonitas, de los filisteos y de Amalec.

12 Abisai, hijo de Seruiá, derrotó a dieciocho mil edomitas en el valle de la Sal. 13 Luego puso gobernadores en Edom y todos los edomitas pasaron a ser vasallos de David. El Señor daba la victoria a David en todas sus campañas.

La administración del reino
2 Sm 8 15-18

14 David reinó sobre todo Israel, y administraba el derecho y la justicia a todo su pueblo. 15 Joab, hijo de Seruiá, era el comandante del ejército; Josafat, hijo de Ajilud, el heraldo; 16 Sadoc, hijo de Ajitub, y Ajimélec, hijo de Abiatar, eran sacerdotes; Sausá, el secretario; 17 Benaías, hijo de Iehoiadá, comandaba a los quereteos y peleteos; y los hijos de David eran los principales al lado del rey.

La afrenta de los amonitas a los enviados de David
2 Sm 10 1-5

19 1 Después de esto, murió Najás, el rey de los amonitas, y reinó su hijo en lugar de él. 2 David dijo: «Voy a comportarme lealmente con Janún, hijo de Najás, porque su padre ha sido leal conmigo». Entonces envió a unos mensajeros para presentarle sus condolencias por la muerte de su padre. Pero cuando los servidores de David llegaron al país de los amonitas para darle el pésame a Janún, 3 los jefes de los amonitas dijeron a Janún: «¿Crees que David te hace llegar sus condolencias para honrar a tu padre? ¿No será que sus servidores han venido como espías, para sembrar la agitación y explorar el país?». 4 Entonces Janún hizo detener a los servidores de David, los rapó, les cortó la ropa a la altura de las caderas y los despidió.

5 Apenas lo pusieron al tanto de lo sucedido con aquellos hombres, David ordenó que fueran a recibirlos, porque estaban muy avergonzados. Y el rey les mandó a decir: «Quédense en Jericó hasta que les crezca la barba, y después vengan».

Primera campaña de Israel contra los amonitas
2 Sm 10 6-14

6 Cuando los amonitas se dieron cuenta de que se habían enemistado con David, Janún y los amonitas enviaron mil talentos de plata para contratar carros de guerra y caballería en Aram Naharaim, en Aram de Maacá y en Sobá. 7 Así contrataron treinta y dos mil carros de guerra y al rey de Maacá con sus tropas, que fueron a acampar frente a Madabá, mientras los amonitas se concentraban fuera de sus ciudades y acudían al combate.

8 David, al enterarse, envió a Joab con todo el ejército y con sus guerreros. 9 Los amonitas salieron y formaron en orden de batalla, pero los reyes que habían venido se mantuvieron aparte, en campo abierto. 10 Cuando Joab vio que había dos frentes de batalla, uno delante de él y otro detrás, seleccionó a lo más escogido de Israel y los alineó frente a los arameos, 11 dejando el resto de la tropa a las órdenes de su hermano Abisai. Estos tomaron posiciones frente a los amonitas, 12 y Joab dijo: «Si los arameos son más fuertes que yo, tú vendrás en mi ayuda; y si los amonitas son más fuertes que tú, yo iré a auxiliarte. 13 ¡Ánimo! ¡Luchemos valerosamente por nuestro pueblo y por las ciudades de nuestro Dios! ¡Y que el Señor haga lo que le parezca bien!».

14 Luego Joab avanzó con sus tropas para enfrentarse con los arameos y estos huyeron delante de él. 15 Cuando los amonitas vieron que los arameos habían huido, también ellos huyeron delante de Abisai, el hermano de Joab, y entraron en la ciudad. Joab, por su parte, se volvió a Jerusalén.

Nueva victoria de David sobre los arameos
2 Sm 10 15-19

16 Los arameos, al ver que habían sido vencidos por Israel, enviaron mensajeros para movilizar a los arameos del otro lado del Río. Sofac, el jefe del ejército de Hadadézer, estaba al frente de ellos. 17 Cuando informaron de esto a David, él concentró a todo Israel, cruzó el Jordán, llegó adonde ellos estaban y tomó posiciones contra ellos. David se dispuso en orden de batalla frente a los arameos, y estos entraron en combate. 18 Los arameos huyeron delante de Israel, y David mató a siete mil soldados de caballería y cuarenta mil hombres de a pie. También dio muerte a Sofac, el jefe del ejército. 19 Cuando los que estaban al servicio de Hadadézer vieron que Israel los había derrotado, hicieron las paces con David y le quedaron sometidos. En adelante, los arameos no quisieron prestar más ayuda a los amonitas.

Conquista de Rabá y sometimiento de los amonitas
2 Sm 11 1; 12 26-31

20 1 Al comenzar el año, en la época en que los reyes salen de campaña, Joab condujo el grueso del ejército y arrasó el país de los amonitas. Luego puso sitio a Rabá, mientras David permanecía en Jerusalén. Cuando Joab expugnó y destruyó a Rabá, 2 David tomó la corona de la cabeza del dios Milcom y comprobó que pesaba un talento de oro. La corona tenía una piedra preciosa, que fue colocada sobre la frente de David. Él se llevó también de la ciudad un enorme botín. 3 En cuanto a la

población, la hizo salir de la ciudad y la obligó a trabajar con sierras, con picos de hierro y
hachas. Lo mismo hizo con todas las ciudades
de los amonitas. Luego David y todo el ejército se volvieron a Jerusalén.

Hazañas contra los filisteos

2 Sm 21 18-22

4 Después de esto, se entabló un combate
contra los filisteos en Guézer. Fue entonces
cuando Sibecai, el jusatita, mató a Sipai, uno de
los descendientes de los refaím, y los filisteos
fueron sometidos. 5 Luego hubo otro combate
contra los filisteos, y Eljanán, hijo de Jaír, mató
a Lajmí, hermano de Goliat, el de Gat. El asta de
su lanza era gruesa como el palo grande de un
telar. 6 También hubo un combate en Gat. Allí
había un hombre de enorme estatura, que tenía
seis dedos en cada mano y seis en cada pie, veinticuatro en total. También él era descendiente
de Rafá. 7 Y como desafiaba a Israel, lo mató Jonatán, hijo de Simeá, hermano de David. 8 Estos
hombres eran descendientes de Rafá, en Gat, y
fueron abatidos por la mano de David y de sus
servidores.

El castigo por el censo

2 Sm 24 1-9

21 1 Satán se alzó contra Israel e instigó a
David a hacer un censo de Israel.
2 David dijo a Joab y a los jefes del pueblo:
«Vayan a hacer el recuento de Israel, desde
Berseba hasta Dan, y tráiganme el resultado
para que sepa cuántos son». 3 Joab respondió:
«¡Que el Señor multiplique a su pueblo cien
veces más! Pero, rey y señor mío, ¿no son todos ellos tus servidores? ¿Por qué entonces mi
señor hace esto? ¿Por qué cargar con una culpa a Israel?». 4 Sin embargo, la orden del rey
prevaleció sobre el parecer de Joab, y este salió
a recorrer todo Israel. Luego volvió a Jerusalén
5 y presentó a David las cifras del censo de la
población: en todo Israel había 1 100 000
hombres aptos para el servicio militar, y en
Judá, 470 000. 6 Pero Joab no incluyó en el
censo ni a Leví ni a Benjamín, porque consideraba abominable la orden del rey.
7 Dios vio esto con malos ojos y castigó a Israel. 8 Entonces David dijo a Dios: «He cometido un grave pecado al obrar de esta manera.
Dígnate ahora borrar la falta de tu servidor,
porque me he comportado como un necio».
9 El Señor dirigió su palabra a Gad, el vidente de David, en estos términos: 10 «Ve a decir a David: Así habla el Señor: Te propongo
tres cosas. Elige una, y yo la llevaré a cabo».
11 Gad se presentó a David y le dijo: «Así habla
el Señor: Tienes que elegir, 12 o bien tres años
de hambre; o bien tres meses de derrotas ante
tus enemigos, bajo los golpes de espada de tus
adversarios; o bien tres días en que la espada
del Señor y la peste asolarán el país y el Ángel
del Señor hará estragos en todo el territorio de
Israel. Ahora mira bien qué debo responder al
que me envió». 13 David dijo a Gad: «¡Estoy en
un grave aprieto! Prefiero caer en manos del
Señor, porque es muy grande su misericordia,
antes que caer en manos de los hombres».
14 Entonces el Señor envió la peste a Israel,
y cayeron setenta mil hombres de Israel.
15 Dios mandó un Ángel a Jerusalén para exterminarla; pero cuando la estaba exterminando,
el Señor miró y se arrepintió del mal que le infligía, y dijo al Ángel exterminador: «¡Basta
ya! ¡Retira tu mano!». El Ángel del Señor estaba junto a la era de Ornán, el jebuseo. 16 David
alzó los ojos, y vio al Ángel del Señor erguido
entre la tierra y el cielo, con su espada desenvainada en la mano, apuntando hacia Jerusalén. David y los ancianos, vestidos de sayales,
cayeron con el rostro en tierra, 17 y David dijo

VIVE LA PALABRA

Consecuencias de la autosuficiencia

Al leer que David pecó por hacer un censo, nos preguntamos: ¿es pecado esto? El pecado estuvo en su intención: David se llenó de autosuficiencia por sus victorias y usó el censo para presumir y afianzar su seguridad, sin reconocer que los triunfos venían de Dios.

Dios le llamó la atención por medio del profeta Gad y le dio a escoger entre tres castigos, todos con consecuencias negativas para el pueblo (1 Cr 21 4-17). Observa las dos peticiones de perdón de David en los versículos 8 y 17 y recuerda alguna vez que dijiste «lo siento» superficialmente y otra en que pediste disculpas profundamente. ¿Ves la diferencia entre ambas experiencias?

El arrepentimiento incluye un sentimiento de dolor y un cambio de corazón, que solo se da cuando hay amor y se ven las consecuencias del pecado. Esto impulsa a un compromiso para remediar el mal causado por nuestro pecado.

Señor, concédeme la experiencia de tu amor para que mi arrepentimiento sea profundo y sincero.

1 Cr 21 1-17

a Dios: «¿No he sido yo el que ordenó hacer el
recuento del pueblo? ¿No he sido yo el que ha
pecado y ha obrado mal? Pero estos, las ovejas, ¿qué han hecho? ¡Señor, Dios mío, descarga tu mano sobre mí y sobre la casa de mi
padre, pero no castigues a tu pueblo!».
18 El Ángel del Señor ordenó a Gad que dijera a David: «Que David suba a construir un
altar al Señor en la era de Ornán, el jebuseo».
19 David subió, conforme a la palabra que había dicho Gad en nombre del Señor. 20 Ornán,
que estaba trillando el trigo, al darse vuelta,
había visto al Ángel, y los cuatro hijos que estaban con él se habían escondido. 21 David llegó adonde estaba Ornán. Este dirigió una mirada y, al ver a David, salió de la era y se
postró delante de él con el rostro en tierra.
22 David dijo entonces a Ornán: «Cédeme el terreno de la era para edificar en él un altar al
Señor; entrégamelo por su valor real, y así cesará la plaga que azota a mi pueblo». 23 Ornán
respondió a David: «Tómala, y que mi señor
el rey haga con ella lo que mejor le parezca. Te
doy los bueyes para los holocaustos, los trillos
para que sirvan de leña y el trigo para la ofrenda. Yo te entrego todo esto».
24 Pero el rey David dijo a Ornán: «¡De ninguna manera! La compraré por su precio real
en plata, porque no voy a tomar para el Señor
lo que te pertenece, ni voy a ofrecer un holocausto que no cuesta nada». 25 Así David entregó a Ornán por ese terreno la suma de seiscientos siclos de oro.
26 Allí edificó David un altar al Señor, y ofreció holocaustos y sacrificios de comunión. Invocó al Señor, y él le respondió enviando fuego del cielo sobre el altar del holocausto. 27 Y el
Señor ordenó al Ángel que volviera a enfundar
su espada.
28 En aquel tiempo, al ver que el Señor le había respondido en la era de Ornán, el jebuseo,
David ofreció sacrificios allí. 29 La Morada del
Señor, que Moisés había hecho en el desierto, y
el altar de los holocaustos estaban entonces en
el lugar alto de Gabaón. 30 Pero David no había
podido presentarse allí para consultar a Dios,
porque la espada del Ángel del Señor lo había
llenado de terror.

22 1 David dijo: «¡Esta es la Casa del Señor
Dios, y este el altar para el holocausto
de Israel!».

Preparativos para la construcción del Templo

2 David ordenó que se reuniera a todos los
extranjeros residentes en el territorio de Israel y
los empleó como obreros para que tallaran las
piedras destinadas a la construcción de la Casa
de Dios. 3 También preparó hierro en abundancia, para clavar las hojas de las puertas y para
las grampas, bronce en cantidad incalculable,
4 y madera de cedro sin medida, porque los sidonios y los tirios habían traído a David madera de cedro en abundancia.
5 David, en efecto, pensaba: «Mi hijo Salomón es todavía joven y débil, y la Casa que hay
que edificar para el Señor debe ser extraordinariamente grandiosa, de manera que se hable de
ella y sea famosa en todos los países. Por eso, yo
haré los preparativos». Así, David hizo grandes
preparativos antes de su muerte. 6 Después llamó a su hijo Salomón y le ordenó que edificara
una Casa para el Señor, el Dios de Israel. 7 David
dijo a Salomón: «Hijo mío, yo me había propuesto edificar una Casa para el nombre del
Señor, mi Dios. 8 Pero la palabra del Señor me
llegó en estos términos: "Tú has derramado
mucha sangre y has hecho grandes guerras; tú
no edificarás una Casa para mi Nombre, porque
has derramado mucha sangre sobre la tierra delante de mí. 9 Te nacerá un hijo, que será hombre de paz; yo lo haré vivir en paz con todos los
enemigos de su alrededor, porque su nombre
será Salomón, y mientras él viva, concederé paz
y tranquilidad a Israel. 10 Él edificará una Casa
para mi Nombre; él será para mí un hijo y yo seré para él un padre, y afianzaré su trono real sobre Israel para siempre". 11 Ahora, hijo mío, que
el Señor esté contigo, para que logres edificar la
Casa del Señor, tu Dios, como él lo ha predicho
de ti. 12 Y que el Señor te dé discernimiento e inteligencia cuando te ponga al frente de Israel, a
fin de que observes la Ley del Señor, tu Dios. 13 Si
te empeñas por cumplir los decretos y las leyes
que el Señor ha ordenado a Moisés para Israel,
entonces prosperarás. ¡Sé fuerte y valeroso! ¡No
temas ni te acobardes! 14 Mira lo que yo he preparado con mucha dificultad para la Casa del
Señor: cien mil talentos de oro, un millón de talentos de plata y una incalculable cantidad de
bronce y de hierro. He preparado también maderas y piedras que tú tendrás que acrecentar.
15 Tienes a tu disposición un buen número de
obreros, talladores de piedras, orfebres y expertos en toda clase de obras. 16 El oro, la plata, el
bronce y el hierro son incalculables. Prepárate
para la obra y que el Señor esté contigo».
17 Después David ordenó a todos los jefes de
Israel que ayudaran a su hijo Salomón: 18 «¿Acaso no está con ustedes el Señor, su Dios? ¿No les
ha dado paz por todas partes? Porque él ha
puesto en sus manos a los habitantes del país, y
todo el país está sometido al Señor y a su pueblo. 19 Dedíquense ahora de todo corazón y con
toda su alma a buscar al Señor, su Dios. Prepá-
rense a edificar el Santuario del Señor, su Dios,
a fin de trasladar a la Casa que se va edificar para
el nombre del Señor el Arca de la Alianza del Señor y los utensilios consagrados a Dios».

Organización de los levitas

23 1 Cuando David ya era un anciano de
edad muy avanzada, proclamó a su hijo
Salomón rey de Israel. 2 Reunió a todos los jefes

de Israel, a los sacerdotes y a los levitas, 3 y se hizo el censo de los levitas mayores de treinta años: su número, contados uno por uno, sumaba 38 000 hombres. 4 De estos, 24 000 estaban al frente del servicio de la Casa del Señor; 6 000 eran escribas y jueces, 5 4 000 porteros, y los otros 4 000 alababan al Señor con los instrumentos que David había fabricado con ese fin.

6 David los distribuyó por clases, según los hijos de Leví: Gersón, Quehat y Merarí.

7 Los descendientes de Gersón fueron Ladán y Simei. 8 Los hijos de Ladán fueron Iejiel, el primero, y luego, Zetam y Joel: tres en total. 9 Los hijos de Simei fueron Selomit, Jaziel y Harán: tres en total. Estos fueron los jefes de las familias de Ladán. 10 Los hijos de Simei fueron Iájat, Zizá, Ieús y Beriá. Estos fueron los cuatro hijos de Simei. 11 Iájat era el jefe y Zizá el segundo; Ieús y Beriá no tuvieron muchos hijos, por lo cual fueron registrados en el censo como una sola familia.

12 Los descendientes de Quehat fueron Amram, Ishar, Hebrón y Uziel: cuatro en total. 13 Los hijos de Amram fueron Aarón y Moisés. Aarón fue separado, junto con sus hijos, para consagrar perpetuamente las cosas santísimas, para quemar incienso delante del Señor, y para servirlo y bendecir en su Nombre eternamente. 14 En cuanto a Moisés, hombre de Dios, sus hijos fueron contados en la tribu de Leví. 15 Los hijos de Moisés fueron Gersón y Eliezer. 16 El primer hijo de Gersón fue Sebuel, 17 y el primer hijo de Eliezer, Rejabías. Eliezer no tuvo más hijos, pero los hijos de Rejabías fueron muy numerosos. 18 El primer hijo de Ishar fue Selomit. 19 Los hijos de Hebrón fueron Ieriías, el primero, Amarías, el segundo, Iajaziel, el tercero, y Iecamam, el cuarto. 20 Los hijos de Uziel fueron Micá, el primero, e Isías, el segundo.

21 Los hijos de Merarí fueron Majlí y Musí. Los hijos de Majlí fueron Eleazar y Quis. 22 Eleazar murió sin tener hijos; solo tuvo hijas, y los hijos de Quis, sus hermanos, las tomaron por esposas. 23 Los hijos de Musí fueron Majlí, Eder y Ieremot: tres en total.

24 Estos son los hijos de Leví, según sus familias, los jefes de ellas, registrados nominalmente en el censo, uno por uno. Ellos estaban dedicados al servicio de la Casa del Señor, a partir de los veinte años de edad. 25 Porque David había dicho: «El Señor, el Dios de Israel, ha dado paz a su pueblo y habita en Jerusalén para siempre. 26 De manera que los levitas ya no tienen que transportar la Morada ni todos los utensilios destinados a su servicio». 27 Conforme a estas últimas disposiciones de David, se hizo el cómputo de los hijos de Leví de veinte años para arriba. 28 Estaban a las órdenes de los hijos de Aarón, para el servicio de la Casa del Señor, teniendo a su cargo los atrios y las habitaciones, la purificación de todas las cosas sagradas y la obra del servicio de la Casa de Dios. 29 Asimismo, tenían a su cargo los panes de la ofrenda, la harina para la ofrenda, las tortas sin levadura, las ofrendas fritas a la sartén o cocidas, y todas las medidas de capacidad y longitud. 30 Tenían que presentarse cada mañana y cada tarde, para dar gracias y alabar al Señor. 31 Además, debían ofrecer los holocaustos al Señor en los sábados, novilunios y solemnidades, según el número y el rito establecido delante del Señor para siempre. 32 En resumen, ellos tenían a su cargo el cuidado de la Tienda del Encuentro y la custodia del Santuario, y debían servir a los hijos de Aarón, sus hermanos, en el culto de la Casa del Señor.

Las clases sacerdotales

Nm 3 2-4

24 1 Los descendientes de Aarón también estaban distribuidos por clases. Los hijos de Aarón fueron Nadab, Abihú, Eleazar e Itamar. 2 Nadab y Abihú murieron antes que su padre, sin tener hijos; y fueron Eleazar e Itamar los que ejercieron las funciones sacerdotales. 3 David junto con Sadoc, de los hijos de Eleazar, y con Ajimélec, de los hijos de Itamar, los dividió en clases y los registró según sus funciones. 4 Entre los hijos de Eleazar, había más varones que entre los hijos de Itamar, y por eso, al ser divididos, los jefes de familia fueron dieciséis entre los hijos de Eleazar, y ocho entre los hijos de Itamar. 5 Unos y otros fueron divididos por sorteo, porque tanto entre los hijos de Eleazar como entre los hijos de Itamar había jefes consagrados y jefes al servicio de Dios. 6 El escriba Semaías, hijo de Natanael, uno de los levitas, los inscribió en presencia del rey y de los jefes, y en presencia del sacerdote Sadoc, de Ajimélec, hijo de Abiatar, y de los jefes de las familias sacerdotales y levíticas. Se echaba la suerte, una vez por Itamar y dos veces por Eleazar.

7 La primera suerte cayó sobre Iehoiarib; la segunda sobre Iedaías; 8 la tercera sobre Jarím; la cuarta sobre Seorim; 9 la quinta sobre Malquías; la sexta sobre Miamim; 10 la séptima sobre Hacós; la octava sobre Abías; 11 la novena sobre Iesúa; la décima sobre Secanías; 12 la undécima sobre Eliasib; la duodécima sobre Iaquim; 13 la decimotercera sobre Jupá; la decimocuarta sobre Iesebab; 14 la decimoquinta sobre Bilgá; la decimosexta sobre Imer; 15 la decimoséptima sobre Jezir; la decimoctava sobre Hapisés; 16 la decimonovena sobre Petajías; la vigésima sobre Ezequiel; 17 la vigésima primera sobre Iaquín; la vigésima segunda sobre Gamul; 18 la vigésima tercera sobre Delaías; la vigésima cuarta sobre Maazías.

19 Esta fue su distribución por turnos para entrar en la Casa del Señor, conforme al reglamento establecido por Aarón, su padre, como lo había ordenado el Señor, el Dios de Israel.

20 Los hijos de Leví que aún quedaban eran los siguientes: de los hijos de Amram, Subael; de los hijos de Subael, Iejdías; 21 de Rejabías y

sus hijos, el jefe era Isías; 22 de los isharitas, Selomot, de los hijos de Selomot, Iájat; 23 de los hijos de Hebrón, el jefe era Ierías, Amarías el segundo, Iajziel el tercero y Iecamam el cuarto; 24 de los hijos de Uziel, Micá; de los hijos de Micá, Samir. 25 Isías era hermano de Micá, y el jefe de los hijos de Isías era Zacarías.

26 De los hijos de Merarí: Majlí y Musí, además de los descendientes de su hijo Iaazías. 27 Hijos de Merarí por la línea de su hijo Iaazías: Sóham, Zacur e Ibrí. 28 Por parte de Majlí, Eleazar, que no tuvo hijos. 29 Por parte de Quis, su hijo Ierajmel. 30 Los hijos de Musí eran Majlí, Eder y Ierimot.

Estos eran los hijos de Leví, agrupados por familias. 31 También ellos, igual que sus hermanos, los hijos de Aarón, participaron del sorteo en presencia del rey David, de Sadoc, de Ajimélec, y de los jefes de las familias sacerdotales y levíticas. En cada familia, el jefe fue tratado de la misma manera que su hermano menor.

Organización de los cantores

25 1 David y los jefes del ejército separaron para el servicio del culto a los hijos de Asaf, de Hemán y de Iedutún, los cuales profetizaban, acompañándose con cítaras, arpas y címbalos. La lista de los encargados de este servicio es la siguiente:

2 De los hijos de Asaf: Zacur, José, Netanías y Asarelá, hijos de Asaf. Estos estaban bajo la dirección de Asaf, el cual profetizaba conforme a las órdenes del rey.

3 De Iedutún: los hijos de Iedutún, a saber, Guedalías, Serí, Isaías, Jasabías, Matitías y Simei: seis en total. Estos estaban bajo la dirección de su padre Iedutún, el cual profetizaba al son de la cítara para celebrar y alabar al Señor.

4 De Hemán: los hijos de Hemán, a saber, Buquías, Matanías, Uziel, Sebuel, Ierimot, Jananías, Janani, Eliatá, Guidaltí, Romantí Ezer, Iosbecasá, Malotí, Hotir y Majaziot. 5 Todos estos eran hijos de Hemán, el vidente del rey en los asuntos referentes a Dios. Para exaltar su poder, Dios había dado a Hemán catorce hijos y tres hijas. 6 Todos ellos estaban bajo la dirección de su padre, para cantar en la Casa del Señor al son de címbalos, arpas y cítaras al servicio de la Casa de Dios, siguiendo las indicaciones del rey, de Asaf, de Iedutún y de Hemán. 7 Eran doscientos ochenta y ocho en total, contando a sus hermanos, todos los cuales habían sido instruidos y eran expertos en el canto del Señor.

8 Se sortearon los turnos para el servicio, tanto del grande como del pequeño, del maestro como del discípulo. 9 La primera suerte recayó sobre el asafita José; la segunda sobre Guedalías, con sus hijos y hermanos: doce en total; 10 la tercera sobre Zacur, con sus hijos y hermanos: doce en total; 11 la cuarta sobre Isrí, con sus hijos y hermanos: doce en total; 12 la quinta sobre Netanías, con sus hijos y hermanos: doce en total; 13 la sexta sobre Buquías, con sus hijos y hermanos: doce en total; 14 la séptima sobre Iesarelá, con sus hijos y hermanos: doce en total; 15 la octava sobre Isaías, con sus hijos y hermanos: doce en total; 16 la novena sobre Matanías, con sus hijos y hermanos: doce en total; 17 la décima sobre Simei, con sus hijos y hermanos: doce total; 18 la undécima sobre Azarel, con sus hijos y hermanos: doce en total; 19 la duodécima sobre Jasabías, con sus hijos y hermanos: doce en total; 20 la decimotercera sobre Subael, con sus hijos y hermanos: doce en total; 21 la decimocuarta sobre Matitías, con sus hijos y hermanos: doce en total; 22 la decimoquinta sobre Ieremot, con sus hijos y hermanos: doce en total; 23 la decimosexta sobre Jananías, con sus hijos y hermanos: doce en total; 24 la decimoséptima sobre Iosbecasá, con sus hijos y hermanos: doce en total; 25 la decimoctava sobre Janani, con sus hijos y hermanos: doce en total; 26 la decimonovena sobre Malotí, con sus hijos y hermanos: doce en total; 27 la vigésima sobre Eliatá, con sus hijos y hermanos: doce en total; 28 la vigésima primera sobre Hotir, con sus hijos y hermanos: doce en total; 29 la vigésima segunda sobre Guidaltí, con sus hijos y hermanos: doce en total; 30 la vigésima tercera sobre Majaziot, con sus hijos y hermanos: doce en total; 31 la vigésima cuarta sobre Romantí Ezer, con sus hijos y hermanos: doce en total.

Organización de los porteros

26 1 Los grupos de porteros fueron los siguientes: De los coreítas: Meselemías, hijo de Coré, uno de los hijos de Ebiasaf. 2 Los hijos de Meselemías fueron: el primogénito, Zacarías; el segundo, Iediael; el tercero, Zebadías; el cuarto, Iatniel; 3 el quinto, Elam; el sexto, Iehojanán, y el séptimo, Eliehoenai.

4 Los hijos de Obededom: el primogénito, Semaías; el segundo, Iehozabad; el tercero, Ioaj; el cuarto, Sacar; el quinto, Natanael; 5 el sexto, Amiel; el séptimo, Isacar, y el octavo, Peuletai. Dios, en efecto, lo había bendecido. 6 A su hijo Semaías le nacieron hijos, que tuvieron autoridad sobre sus familias, porque eran hombres muy valientes. 7 Los hijos de Semaías fueron Otní, Rafael, Obed, Elzabad y sus hermanos, Elihú y Semaquías, hombres valientes. 8 Todos estos fueron hijos de Obededom; ellos, sus hijos y sus hermanos eran hombres de gran valor y aptitud para el servicio: eran sesenta y dos en total.

9 Meselemías tuvo hijos y hermanos: eran en total dieciocho hombres valientes.

10 Josá, de los hijos de Merarí, tuvo hijos: el principal de ellos fue Simrí, porque aunque no era el primogénito, su padre lo constituyó jefe; 11 el segundo fue Jilquías; el tercero, Tebalías; el cuarto, Zacarías. Los hijos de Josá fueron trece en total.

12 Los jefes de estos grupos de porteros, lo mismo que sus hermanos, tenían a su cargo la

custodia de la Casa del Señor. 13 Se echaron suertes para cada puerta, entre todas las familias, tanto las pequeñas como las principales. 14 La puerta oriental le tocó en suerte a Selemías. Después sortearon la puerta del norte, y esta le tocó en suerte a su hijo Zacarías, que era prudente consejero. 15 A Obededom le tocó el sur, y a sus hijos los almacenes. 16 A Supim y a Josá les tocó el lado occidental, con la puerta de Salequet, en el camino de la subida. Las guardias estaban dispuestas de esta manera: 17 en la puerta oriental, había seis levitas por día; en la del norte, cuatro por día; en la del sur, cuatro por día; en los almacenes, dos y dos; 18 en el Parbar, al oeste, había cuatro para la subida y dos para el Parbar. 19 Estos eran los grupos de los porteros de los hijos de los coreítas y de los hijos de Merarí.

Los encargados de los tesoros

20 Los levitas, sus hermanos, que estaban encargados de los tesoros de la Casa de Dios y de los depósitos de las cosas sagradas, eran los siguientes:

21 Los hijos de Ladán —descendientes de Gersón por la línea de Ladán— tenían a los iejielitas como jefes de las familias de Ladán, el gersonita. 22 Los hijos de Iejiel, Zetán y su hermano Joel eran los encargados de los tesoros de la Casa del Señor.

23 De los amramitas, isharitas, hebronitas y uzielitas, 24 Subael hijo de Gersón, hijo de Moisés, era el tesorero mayor. 25 Sus hermanos por parte de Eliezer fueron: el hijo de Eliezer, Rejabías; el hijo de Rejabías, Isaías; el hijo de Isaías, Joram; el hijo de Joram, Zicrí; el hijo de Zicrí, Selomit. 26 Selomit y sus hermanos estaban al frente de los tesoros de las ofrendas sagradas que habían sido dedicadas por el rey David, por los jefes de familias, por los jefes de mil y de cien hombres, y por otros oficiales del ejército. 27 Ellos habían consagrado algo del botín de guerra para el sostenimiento de la Casa del Señor. 28 Y lo que habían consagrado el vidente Samuel, Saúl, hijo de Quis, Abner, hijo de Ner, y Joab, hijo de Seruiá, en una palabra, todas las cosas sagradas estaban bajo la custodia de Selomit y sus hermanos.

29 De los isharitas, Quenanías y sus hijos administraban como secretarios y jueces los asuntos de Israel.

30 De los hebronitas, Jasabías y sus hermanos —1 700 hombres valiosos— tenían a su cargo la administración de Israel al oeste del Jordán, en todos los asuntos referentes al Señor y al servicio del rey. 31 El jefe de los hebronitas era Ieriías. En el año cuarenta del reinado de David, se hicieron averiguaciones sobre las genealogías de los hebronitas, y se encontró entre ellos a hombres valerosos en Iezer de Galaad. 32 Los hermanos de Ieriías —2 700 jefes de familia, hombres de gran valor— fueron puestos por el rey David al frente de los rubenitas, de los gaditas y de la mitad de la tribu de Manasés, en todos los asuntos referentes a Dios y al rey.

Organización del reino de David

27 1 El número de los israelitas —incluyendo los jefes de familia, los jefes de mil y cien hombres y los oficiales que servían al rey en lo referente a las divisiones que entraban y salían de servicio cada mes, a lo largo de todo el año— era de 24 000 hombres por cada división. 2 Al frente de la primera división, la del primer mes, estaba Iasobam, hijo de Zabdiel: su división tenía 24 000 hombres. 3 Él pertenecía a la familia de Peres y era el jefe de todos los oficiales del primer mes. 4 Al frente de la división del segundo mes estaba Dodai, el ajojita: su división tenía 24 000 hombres. 5 El jefe del tercer regimiento, el del tercer mes, era Benaías, hijo del sacerdote Iehoiadá: su división tenía 24 000 hombres. 6 Benaías era uno de los Treinta guerreros y se hallaba al frente de ellos; en su división estaba también su hijo Amizabad. 7 El cuarto, el del cuarto mes, era Asahel, hermano de Joab, y le sucedió su hijo Zebadías: su división tenía 24 000 hombres. 8 El quinto jefe, el del quinto mes, era Samhut, el izrajita: su división tenía 24 000 hombres. 9 El sexto, el del sexto mes, era Irá, hijo de Iqués, el tecoíta: su división tenía 24 000 hombres. 10 El séptimo, el del séptimo mes, era Jeles, el pelonita, de los descendientes de Efraím: su división tenía 24 000 hombres. 11 El octavo, el del octavo mes, era Sibecai, de Jusá, de los zarjitas: su división tenía 24 000 hombres. 12 El noveno, el del noveno mes, era Abiézer, de Anatot, de los benjaminitas: su división tenía 24 000 hombres. 13 El décimo, el del décimo mes, era Maharai, de Netofá, de los zarjitas: su división tenía 24 000 hombres. 14 El undécimo, el del undécimo mes, era Benaías, de Pireatón, de los descendientes de Efraím: su división tenía 24 000 hombres. 15 El duodécimo, el del duodécimo mes, era Jeldai, de Netofá, de la estirpe de Otniel: su división tenía 24 000 hombres.

16 Los jefes que estaban al frente de las tribus de Israel fueron los siguientes: De Rubén: Eliezer, hijo de Zicrí. De Simeón: Sefatías, hijo de Maacá. 17 De Leví: Jasabías, hijo de Quemuel. De Aarón: Sadoc. 18 De Judá: Elihú, uno de los hermanos de David. De Isacar: Omrí, hijo de Micael. 19 De Zabulón: Ismaías, hijo de Abdías. De Neftalí: Ierimot, hijo de Azriel. 20 De los descendientes de Efraím: Oseas, hijo de Azazías. De la mitad de la tribu de Manasés: Joel, hijo de Pedaías. 21 De la mitad de la tribu de Manasés, en Galaad: Idó, hijo de Zacarías. De Benjamín: Iaasiel, hijo de Abner. 22 De Dan: Azarel, hijo de Ierojam. Estos eran los jefes de las tribus de Israel.

23 David no hizo el censo de los que tenían menos de veinte años, porque el Señor le había

prometido que multiplicaría a Israel como las estrellas del cielo. 24 Joab, hijo de Seruiá, había comenzado a hacer el censo, pero no lo terminó, porque, a causa de él, la ira del Señor se descargó sobre Israel. Por eso el resultado del censo no figura en el libro de las Crónicas del rey David.

25 Azmávet, hijo de Adiel, era el encargado de los tesoros del rey. Jonatán, hijo de Uzías, el encargado de los depósitos de los campos, de las ciudades, de los poblados y de las fortalezas. 26 Ezrí, hijo de Quelub, el encargado de los agricultores que trabajaban las tierras. 27 Simei, de Ramá, el encargado de las viñas. Sabdí, el sifmita, el encargado del producto de las viñas y de las bodegas. 28 Baal Janán, de Guéder, el encargado de los olivares y los sicomoros de la Sefelá. Joás, el encargado de los depósitos de aceite. 29 Sitrai, de Sarón, el encargado del ganado vacuno que pastaba en Sarón. Safat, hijo de Adlai, el encargado del ganado vacuno de los valles. 30 Obil, el ismaelita, el encargado de los camellos. Jejdeías, de Meronot, el encargado de las asnas. 31 Y Iaziz, de Agar, el encargado del ganado menor. Todos estos eran los encargados de los bienes que pertenecían al rey David.

32 Jonatán, tío de David, hombre prudente e instruido, era consejero. Iejiel, hijo de Iacmoní, era preceptor de los hijos del rey. 33 Ajitófel era consejero del rey. Jusai, el arquita, era amigo del rey. 34 Los sucesores de Ajitófel fueron Iehoiadá, hijo de Benaías, y Abiatar. Joab era el jefe del ejército real.

Instrucciones de David

28 1 David reunió en Jerusalén a todos los jefes de Israel, a los jefes de las tribus, a los jefes de las divisiones que estaban al servicio del rey, a los jefes de mil y de cien hombres, a los administradores de todos los bienes y del ganado del rey y de sus hijos, a los funcionarios, a los guerreros y a todos los hombres de valor. 2 El rey David se puso de pie y dijo:

«Óiganme, hermanos y pueblo mío. Yo me había propuesto construir una Casa donde descansara el Arca de la Alianza del Señor, que es la tarima de los pies de nuestro Dios, y había hecho preparativos para su construcción. 3 Pero Dios me dijo: "Tú no edificarás la Casa para mi Nombre, porque eres hombre de guerra y has derramado sangre".

4 Sin embargo, el Señor, el Dios de Israel, me eligió entre toda mi familia, a fin de que yo fuera rey de Israel para siempre. Porque él eligió como guía a la tribu de Judá, y entre las familias de Judá, a la casa de mi padre; y entre los hijos de mi padre se complació en mí para hacerme rey sobre todo Israel. 5 Y entre todos mis hijos —porque el Señor me ha dado muchos— eligió a mi hijo Salomón para que se sentara en el trono de la realeza del Señor sobre Israel. 6 Y él me dijo: "Tu hijo Salomón edificará mi Casa y mis atrios; porque lo he elegido como hijo y yo seré para él un padre. 7 Afianzaré su reino para siempre, si se mantiene firme en el cumplimiento de mis mandamientos y mis leyes como en el día de hoy".

8 Y ahora, a la vista de todo Israel, que es la asamblea del Señor, y delante de nuestro Dios que nos escucha, yo les digo: "Cumplan y observen todos los mandamientos del Señor, nuestro Dios, para que puedan poseer esta hermosa tierra y puedan dejarla como herencia a sus hijos después de ustedes para siempre".

9 Y tú, Salomón, hijo mío, reconoce al Dios de tu padre, y sírvelo con un corazón íntegro y con ánimo generoso, porque el Señor sondea todos los corazones y sondea hasta el fondo de todos los pensamientos. Si lo buscas, él se dejará encontrar; pero si lo abandonas, él te rechazará para siempre. 10 Ten presente que el Señor te ha elegido para que le edifiques una Casa como Santuario. ¡Sé fuerte, y manos a la obra!».

11 David dio a su hijo Salomón el diseño del vestíbulo y de los demás edificios, de los almacenes, de las habitaciones superiores, de las salas interiores y del lugar del Propiciatorio. 12 Le entregó también el diseño de todo lo que había proyectado para los atrios de la Casa del Señor, para las habitaciones de alrededor, para los tesoros de la Casa de Dios, para los depósitos de las cosas sagradas, 13 para las clases de los sacerdotes y de los levitas, para la manera de ejercer el servicio de la Casa del Señor y para los utensilios destinados al culto de la Casa del Señor. 14 Determinó el peso del oro y la plata para todos los objetos de oro y plata que debían utilizarse en cada servicio; 15 fijó asimismo el peso del oro y la plata para los candelabros de oro y plata con sus lámparas, según el uso a que estaban destinados; 16 también determinó el peso del oro para cada una de las mesas de los panes de la ofrenda, y el peso de la plata destinada a las mesas de plata; 17 el oro puro para los tenedores, los aspersorios y las jarras; el peso del oro y de la plata para cada una de las copas de oro y plata; 18 y el peso del oro refinado para el altar del incienso; finalmente, entregó el modelo de la carroza y de los querubines que cubren con sus alas extendidas el Arca de la Alianza del Señor. 19 Todo esto había sido escrito por la mano del Señor, para dar a conocer los detalles del diseño.

20 David dijo a su hijo Salomón: «¡Sé fuerte y valeroso, y manos a la obra! No temas ni te acobardes, porque el Señor Dios, mi Dios, estará contigo: él no te dejará ni te abandonará hasta que hayas terminado toda la obra necesaria para el servicio de la Casa del Señor. 21 Aquí están las clases de los sacerdotes y levitas para todo el servicio de la Casa de Dios. En todo este trabajo contarás con la ayuda de obreros adiestrados para cualquier tipo de tareas. También los jefes y todo el pueblo estarán a tus órdenes».

Las ofrendas para el Templo

29 1 El rey David dijo a toda la asamblea: «Mi hijo Salomón, el único elegido por Dios, es todavía joven e inexperto, mientras que la obra es grande, porque este palacio no es para los hombres, sino para Dios. 2 Por eso, con todas mis fuerzas he preparado para la Casa de mi Dios, oro para los objetos de oro, plata para los de plata, bronce para los de bronce, hierro para los de hierro, madera para los de madera; y también, piedras de ónix y de engaste, piedras brillantes y de varios colores, piedras preciosas de toda clase y alabastro en abundancia. 3 Más aún, lo que yo poseo personalmente en oro y plata, lo entrego por amor a la Casa de mi Dios, además de todo lo que he preparado para el Templo santo: 4 tres mil talentos de oro, en oro de Ofir, y siete mil talentos de plata finísima para recubrir las paredes de los edificios 5 y para hacer los objetos de oro y plata y todas las obras de orfebrería. ¿Quién de ustedes está dispuesto a ofrecer sus dones al Señor con la misma generosidad?».

6 Entonces los jefes de familia, los jefes de las tribus de Israel, los jefes de mil y de cien hombres, y los encargados de las obras del rey, entregaron espontáneamente sus ofrendas, 7 y dieron para el servicio de la Casa de Dios cinco mil talentos de oro, diez mil dáricos, diez mil talentos de plata, dieciocho mil talentos de bronce y cien mil talentos de hierro. 8 Los que tenían piedras preciosas, las entregaron en manos de Iejiel, el gersonita, para el tesoro de la Casa del Señor. 9 El pueblo se alegró por estas ofrendas voluntarias, porque las habían presentado al Señor de todo corazón. Y también el rey David se llenó de alegría.

Acción de gracias de David

10 Después David bendijo al Señor en presencia de toda la asamblea, diciendo:

«¡Bendito seas, Señor, Dios de nuestro padre Israel, desde siempre y para siempre! 11 Tuya, Señor, es la grandeza, la fuerza, la gloria, el esplendor y la majestad; porque a ti pertenece todo lo que hay en el cielo y en la tierra. Tuyo, Señor, es el reino; tú te elevas por encima de todo. 12 De ti proceden la riqueza y la gloria; tú lo gobiernas todo, en tu mano están el poder y la fuerza, y es tu mano la que engrandece y afianza todas las cosas. 13 Por eso, Dios nuestro, te damos gracias y alabamos tu Nombre glorioso. 14 Porque ¿quién soy yo y quién es mi pueblo, para que podamos presentarte estas ofrendas voluntarias? En realidad, todo viene de ti y de tu mano procede lo que te damos. 15 Nosotros somos extranjeros y peregrinos delante de ti, como lo fueron nuestros padres: nuestros días sobre la tierra pasan como una sombra, sin esperanza. 16 Señor, Dios nuestro, todas estas riquezas que hemos preparado para edificar una Casa a tu santo Nombre proceden de tu mano y todo es tuyo. 17 Yo sé, Dios mío, que tú sondeas el corazón y amas la rectitud: por eso, con rectitud de corazón, te he ofrecido espontáneamente todas estas cosas, y ahora veo con alegría que el pueblo aquí presente te ofrece sus dones generosamente. 18 Señor, Dios de nuestros padres Abraham, Isaac e Israel, conserva para siempre estos mismos pensamientos en el corazón de tu pueblo y dirige su corazón hacia ti. 19 Concede a mi hijo Salomón un corazón íntegro, para que observe y cumpla todos tus mandamientos, tus testimonios y tus leyes, y edifique el Templo que yo te he preparado».

20 Después David dijo a toda la asamblea: «¡Bendigan al Señor, su Dios!». Y toda la asamblea bendijo al Señor, el Dios de sus padres, y se postró delante del Señor y del rey.

21 Al día siguiente ofrecieron sacrificios y holocaustos al Señor: mil novillos, mil carneros y mil corderos, con sus libaciones, y un gran número de sacrificios por todo Israel. 22 Aquel día, comieron y bebieron con gran alegría en la presencia del Señor. Luego proclamaron como segundo rey a Salomón, hijo de David, y lo ungieron como príncipe del Señor. Sadoc fue ungido como sacerdote. 23 Salomón se sentó como rey en el trono del Señor, en lugar de su padre David. Él prosperó y todo Israel le obedeció. 24 Todos los jefes y guerreros, lo mismo que todos los hijos del rey David, juraron fidelidad al rey Salomón. 25 El Señor engrandeció sobremanera a Salomón a los ojos de todo Israel, y le concedió un reinado glorioso como nunca había tenido ningún otro rey de Israel antes de él.

La muerte de David

1 Re 2 10-12

26 David, hijo de Jesé, había reinado sobre todo Israel. 27 Cuarenta años duró su reinado sobre Israel. Reinó siete años en Hebrón y treinta y tres en Jerusalén. 28 Murió después de una dichosa vejez, lleno de años, de riqueza y de gloria, y le sucedió su hijo Salomón. 29 Los hechos del rey David, desde el primero hasta el último, están escritos en las Crónicas de Samuel, el vidente, en las de Natán, el profeta, y en las de Gad, el vidente, 30 con todo lo referente a su reinado y a sus hazañas, y a las vicisitudes que le sobrevinieron a él, a Israel y a todos los reinos de aquellas regiones.

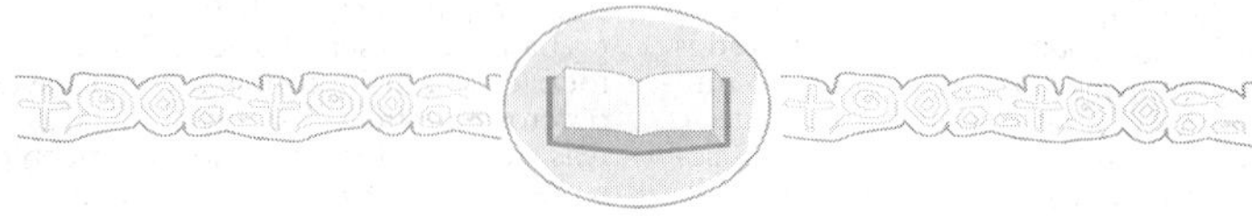

2 CRÓNICAS

SALOMÓN DEDICA EL TEMPLO

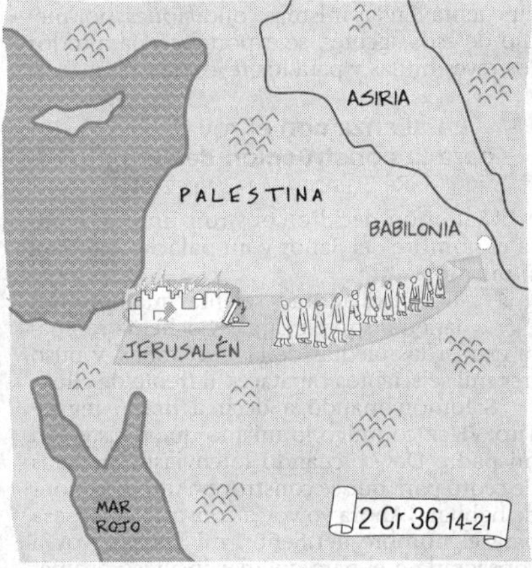

CAÍDA DE JERUSALÉN Y SALIDA AL EXILIO

EL REINADO DE SALOMÓN

El sueño y la súplica de Salomón en Gabaón

1 Re 3 14-15

1 1 Salomón, hijo de David, se afianzó en
su trono, y el Señor, su Dios, estaba con
él y lo engrandeció sobremanera. 2 Salomón
habló a todo Israel, a los jefes de mil y de cien
hombres, a los jueces y a todos los príncipes de
todo Israel, o sea, a los jefes de familia. 3 Después Salomón fue con toda la asamblea al lugar alto de Gabaón, donde estaba la Tienda del
Encuentro de Dios, que Moisés, el servidor del
Señor, había construido en el desierto. 4 El Arca
de Dios, en cambio, había sido llevada por David de Quiriat Iearim al lugar que él mismo le
había preparado en Jerusalén, levantando allí
una tienda de campaña para ella. 5 Pero el altar
de bronce que había hecho Besalel, hijo de Urí,
hijo de Jur, estaba en Gabaón delante de la Morada del Señor, y Salomón fue junto con la
asamblea a consultarlo allí al Señor. 6 Salomón
subió al altar de bronce que estaba junto a la
Tienda del Encuentro, y ofreció sobre él mil
holocaustos, en la presencia del Señor.

7 Aquella misma noche, Dios se apareció a
Salomón y le dijo: «Pídeme lo que quieras».
8 Salomón respondió a Dios: «Tú has tratado
a mi padre David con gran fidelidad y me has
hecho reinar en lugar de él. 9 Ahora, Señor
Dios, que se cumpla la promesa que le hiciste a mi padre David, ya que tú me has constituido rey sobre un pueblo numeroso como el
polvo de la tierra. 10 Por eso, dame sabiduría e
inteligencia, para que yo pueda guiar a este
pueblo, porque ¿quién podría juzgar a un
pueblo tan grande como el tuyo?».

11 Dios respondió a Salomón: «Ya que me haces esta petición y no reclamas riquezas, ni posesiones, ni gloria, ni la muerte de tus enemigos, ni tampoco una larga vida, sino que pides
sabiduría e inteligencia para juzgar a mi pueblo, del cual te he constituido rey, 12 por eso te
son concedidas la sabiduría y el entendimiento, y además te daré riquezas, posesiones y gloria, como no las tuvo ninguno de los reyes antes de ti, ni las tendrá ninguno después de ti».

13 Salomón regresó a Jerusalén desde el lugar alto de Gabaón, donde estaba la Tienda
del Encuentro, y reinó sobre Israel.

La caballería de Salomón

1 Re 10 26-29 / 2 Cr 9 25-28

14 Salomón reunió carros de guerra y caballería: llegó a tener mil cuatrocientos carros y
doce mil caballos, y los acantonó en las ciudades destinadas a las carros, y en Jerusalén, jun-

to al rey. 15 Él hizo que la plata y el oro fueran en Jerusalén tan comunes como las piedras, y la madera de cedro tan abundante como los sicomoros de la Sefelá. 16 Los caballos de Salomón procedían de Musrí y de Cilicia. Los agentes del rey los adquirían en Cilicia, a un precio fijo. 17 Cada carro importado de Musrí costaba seiscientos siclos de plata; cada caballo, ciento cincuenta. En las mismas condiciones, por medio de esos agentes, se exportaban para todos los reyes hititas y para los reyes de Aram.

La alianza con el rey de Tiro para la construcción del Templo

1 Re 5 15-20 / 7 14 / 5 22-26

18 Salomón decidió construir una Casa para el nombre del Señor y un palacio real para sí mismo.

2 1 Entonces reclutó setenta mil hombres para transportar cargas y ochenta mil para extraer las piedras de las montañas, y puso tres mil seiscientos capataces al frente de ellos.

2 Salomón mandó a decir a Jiram, rey de Tiro: «Haz conmigo lo mismo que hiciste con mi padre David, cuando le enviaste maderas de cedro para que se construyera una casa donde habitar. 3 Ahora yo voy a construir una Casa para el nombre del Señor, mi Dios, y voy a consagrarla a él para quemar incienso aromático en su presencia, para presentar las ofrendas dispuestas continuamente, y para ofrecer los holocaustos de la mañana y de la tarde, de los sábados, los novilunios y las solemnidades del Señor, nuestro Dios, y eso para siempre en Israel. 4 La Casa que voy a construir será grande, porque nuestro Dios es más grande que todos los dioses. 5 Pero ¿quién será capaz de construirle una Casa, si ni siquiera el cielo y lo más alto del cielo pueden contenerlo? ¿Y quién soy yo para construirle una Casa, aunque solo sea para quemar incienso en su presencia? 6 Envíame, entonces, un hombre hábil en trabajar el oro, la plata, el bronce, el hierro, la púrpura escarlata, el carmesí y la púrpura violeta, y que sepa esculpir; él trabajará con los artesanos que tengo conmigo en Judá y en Jerusalén, y que mi padre David había puesto a mi disposición. 7 Envíame también madera de cedro, de ciprés y de sándalo del Líbano, porque sé que tus servidores saben talar los árboles del Líbano. Mis servidores trabajarán con los tuyos 8 para prepararme madera en abundancia, porque la Casa que quiero construir será grande y digna de admiración. 9 Yo daré a los que corten la madera veinte mil cargas de trigo y otras tantas de cebada, veinte mil barriles de vino y otros tantos de aceite: todo esto para el mantenimiento de tus servidores».

10 Jiram, rey de Tiro, respondió en una carta que envió al rey Salomón: «Por el amor que el Señor tiene a su pueblo te ha constituido rey sobre él». 11 Y agregaba: «¡Bendito sea el Señor, el Dios de Israel! Él hizo el cielo y la tierra, y dio al rey David un hijo sabio, prudente e inteligente que construirá una Casa para el Señor y un palacio real para sí mismo. 12 Por eso, ahora te envió a Juram Abí, un hombre hábil e inteligente, 13 hijo de una mujer danita, cuyo padre era de Tiro. Él sabe trabajar el oro, la plata, el bronce, el hierro, las piedras preciosas, la madera, la púrpura escarlata, la púrpura violeta, el lino fino y el carmesí. También sabe hacer toda clase de esculturas y ejecutar cualquier obra que se le proponga, junto con tus artesanos y los de tu padre David, mi señor. 14 Que mi señor envíe a sus servidores el trigo, la cebada, el aceite y el vino que ha prometido: 15 nosotros cortaremos toda la madera del Líbano que necesites y te la llevaremos en balsas, por mar, hasta Jope; y luego tú mandarás que la suban a Jerusalén».

El reclutamiento de los trabajadores

1 Re 5 27-32 / 1 Cr 2 1

16 Salomón hizo el censo de todos los extranjeros residentes en Israel, semejante al que había hecho su padre David, y se comprobó que estos eran ciento cincuenta y tres mil seiscientos. 17 Destinó a setenta mil de ellos para transportar las cargas, a ochenta mil para extraer las piedras de las montañas, y puso al frente de ellos a tres mil seiscientos capataces para hacer trabajar al pueblo.

La construcción del Templo

1 Re 6 1-30 / 7 15-22

3 1 Salomón comenzó a construir la Casa del Señor en Jerusalén, sobre el monte Moria, donde el Señor se había aparecido a su padre David, en el lugar que había preparado David sobre la era de Ornán, el jebuseo. 2 Comenzó la construcción en el segundo mes, en el cuarto año de su reinado. 3 Y estas son las bases fijadas por Salomón para edificar la Casa de Dios: el largo medía treinta metros, o sea, sesenta codos de la antigua medida, y el ancho era de diez metros. 4 El Vestíbulo que estaba al frente, cuya longitud cubría todo el ancho de la Casa, era de diez metros, y tenía una altura de sesenta metros. Además, lo recubrió por dentro de oro puro. 5 A la nave central la revistió de madera de ciprés y luego la recubrió de oro fino, sobre el que hizo representar palmeras y guirnaldas. 6 Recubrió la nave con un decorado de piedras preciosas, y el oro empleado era oro de Parvaim. 7 También revistió de oro los postes, los umbrales, los muros y las puertas de la nave, e hizo grabar querubines sobre las paredes. 8 Hizo asimismo el recinto del Santo de los santos: su longitud, que cubría todo el ancho de la Casa, era de diez metros, y tenía diez metros de ancho. Y lo revistió con seiscientos talentos de oro fino. 9 El

peso de los clavos era de cincuenta siclos de
oro, y recubrió de oro el artesonado.
10 Hizo dos querubines, obra de escultores,
en el interior del Santo de los santos, y se los
revistió de oro. 11 Las alas de los querubines
medían diez metros de largo: un ala del primer querubín, de dos metros y medio, tocaba
el muro de la Casa; la otra ala, de dos metros
y medio, tocaba el ala del otro querubín.
12 Un ala del otro querubín, de dos metros y
medio, tocaba el muro de la Casa; la otra ala,
de dos metros y medio, se juntaba con el ala
del primer querubín. 13 Así, las alas desplegadas de los dos querubines medían diez metros. Ellos estaban erguidos sobre sus pies,
con el rostro vuelto hacia el interior. 14 Salomón hizo además el velo de púrpura violeta y
de púrpura roja, de carmesí y de lino, sobre el
cual hizo bordar querubines.
15 Delante de la Casa hizo colocar dos columnas de diecisiete metros y medio de alto,
rematadas por un capitel de dos metros y medio. 16 Hizo guirnaldas en forma de collar y las
puso en lo alto de las columnas; además, hizo
cien granadas y las colocó en las guirnaldas.
17 Y construyó las columnas al frente del Templo, una a la derecha y otra a la izquierda. A
la columna derecha la llamó Iaquim, y a la izquierda, Boaz.

El Mar de bronce

1 Re 7 23-26.38-39.49.50

4 1 Salomón hizo un altar de bronce, de
diez metros de largo, diez de ancho y
cinco de alto.
2 Él hizo además el Mar de metal fundido,
que medía cinco metros de diámetro y tenía
forma circular; su altura era de dos metros y
medio, y una cuerda de quince metros medía
su circunferencia. 3 Debajo del borde, todo alrededor, había unas figuras de toros —diez
cada cinco metros— que rodeaban todo el
contorno del Mar; había dos hileras de toros,
fundidos con el Mar en una sola pieza. 4 El Mar
estaba asentado sobre doce toros, tres vueltos
hacia el norte, tres hacia el oeste, tres hacia el
sur y tres hacia el este. El Mar se elevaba por encima de ellos, que estaban con sus partes traseras vueltas hacia el interior. 5 Su espesor medía
un palmo, y su borde tenía forma de copa, semejante al cáliz de una azucena. Su capacidad
era de más de cien mil litros.
6 También hizo diez recipientes para el
agua; los colocó cinco a la derecha y cinco a
la izquierda, para las abluciones; en ellos se
lavaba lo que servía para el holocausto, pero
los sacerdotes hacían sus abluciones en el Mar
de bronce. 7 Hizo asimismo los diez candeleros de oro, conforme al modelo prescrito, y
los puso en la nave central, cinco a la derecha
y cinco a la izquierda. 8 Hizo diez mesas y las
colocó en la nave central, cinco a la derecha y
cinco a la izquierda. Hizo cien copas de oro.
9 Hizo el atrio de los sacerdotes, y la gran explanada con sus puertas, a las que recubrió de
bronce. 10 En cuanto al Mar, lo puso al lado
derecho, hacia el sudeste.

Los otros utensilios del Santuario

11 Juram hizo las ollas, las palas y los aspersorios. Así terminó el trabajo que debía hacer
para el rey Salomón en la Casa de Dios: 12 las
dos columnas, las dos esferas de los capiteles
que remataban las columnas, las dos redes para cubrir las dos esferas de los capiteles que estaban encima de las columnas; 13 las cuatrocientas granadas para las dos redes, dos hileras de
granadas para cada red, a fin de cubrir las dos
esferas de los capiteles que estaban encima de
las columnas; 14 los diez soportes y los diez recipientes sobre los soportes; 15 el Mar único y los
doce toros que estaban debajo de él; 16 las ollas,
las palas y los tenedores. Todos estos objetos,
Juram Abí los hizo para el rey Salomón, para la
Casa del Señor, en bronce reluciente. 17 El rey los
hizo fundir en la región del Jordán, sobre el
suelo arcilloso, entre Sucot y Seredá. 18 Salomón
hizo todos esos objetos en tal cantidad, que no
se pudo calcular el peso del bronce.
19 Salomón mandó hacer asimismo todos
los objetos que estaban en la Casa del Señor:
el altar de oro y las mesas sobre las que se ponía el pan de la ofrenda; 20 los candeleros y sus
lámparas, para encenderlas conforme al ritual
ante el lugar santísimo, todo de oro fino; 21 los
cálices, las lámparas y las pinzas —¡todo del
oro más puro!—, 22 los cuchillos, los aspersorios, las tazas y los incensarios de oro fino; la
entrada de la Casa, sus puertas interiores para
el Santo de los santos, y las puertas de la nave central, todo de oro.

5 1 Así fue terminado todo el trabajo que
hizo el rey Salomón para la Casa del Señor. Salomón llevó todas las ofrendas que había consagrado su padre David: la plata, el
oro y los demás utensilios, y los depositó en
los tesoros de la Casa de Dios.

La Dedicación del Templo: el traslado del Arca

1 Re 8 1-9

2 Entonces Salomón reunió en Jerusalén a
los ancianos de Israel, a todos los jefes de las tribus y a los príncipes de las casas paternas de los
israelitas, para subir el Arca de la Alianza del Señor desde la Ciudad de David, o sea, desde
Sion. 3 Todos los hombres de Israel se reunieron
junto al rey durante la Fiesta del séptimo mes.
4 Cuando llegaron todos los ancianos de Israel,
los levitas levantaron el Arca, 5 y la subieron con
la Tienda del Encuentro y con todos los objetos
sagrados que había en la Tienda. Los que trasladaron todo eso fueron los sacerdotes leví-

cos. 6 Mientras tanto, el rey Salomón y toda la
comunidad de Israel reunida junto a él delante
del Arca, sacrificaban carneros y toros, en tal
cantidad que no se los podía contar ni calcular.
7 Los sacerdotes introdujeron el Arca de la
Alianza del Señor en su sitio, en el lugar santísimo de la Casa —el Santo de los santos—
bajo las alas de los querubines. 8 Los querubines desplegaban sus alas sobre el sitio destinado al Arca, y recubrían por encima al Arca
y sus andas. 9 Las andas eran tan largas que
sus extremos se veían desde el Santo, por delante del lugar santísimo, aunque no se las
veía desde fuera. Allí han estado hasta el día
de hoy. 10 En el Arca se encontraban únicamente las dos tablas de piedra que Moisés, en
el Horeb, había puesto allí: las tablas de la
Alianza que el Señor había hecho con los israelitas a su salida de Egipto.

La Gloria del Señor en el Templo

1 Re 8 10-13

11 Mientras los sacerdotes salían del Santo
—porque todos los sacerdotes que se hallaban presentes se habían santificado, sin distinción de clases—, 12 los levitas cantores en pleno
—Asaf, Hemán y Iedutún, con sus hijos y sus
hermanos—, vestidos de lino fino, estaban de
pie al oriente del altar, con címbalos, arpas y cítaras. Junto a ellos había ciento veinte sacerdotes que tocaban las trompetas. 13 Los que tocaban las trompetas y los cantores hacían oír sus
voces al unísono, para alabar y celebrar al Señor. Y cuando ellos elevaban la voz al son de
las trompetas, de los címbalos y de los instrumentos musicales, para alabar al Señor «porque es bueno, porque es eterno su amor», una
nube llenó el Templo, la Casa del Señor, 14 de
manera que los sacerdotes no pudieron continuar sus servicios a causa de la nube, porque la
gloria del Señor llenaba la Casa de Dios.

6 1 Entonces Salomón dijo: «El Señor ha
decidido habitar en la nube oscura. 2 Sí,
yo te he construido la Casa de tu señorío, un
lugar donde habitarás para siempre».

Alocución de Salomón al pueblo

1 Re 8 14-21

3 Después el rey se volvió y bendijo a toda la
asamblea de Israel, mientras esta permanecía
de pie. 4 Él dijo: «Bendito sea el Señor, el Dios
de Israel, que ha cumplido con su mano lo que
su boca había anunciado a mi padre David,
cuando le dijo: 5 "Desde el día en que hice salir
del país de Egipto a mi pueblo, no elegí otra
ciudad, entre todas las tribus de Israel, para que
allí se edificara una Casa donde residiera mi
Nombre, ni elegí a otro hombre para que fuera
príncipe de mi pueblo Israel, 6 sino que elegí a
Jerusalén para que allí residiera mi Nombre, y
elegí a David para que estuviera al frente de mi
pueblo Israel". 7 Mi padre David pensó edificar

VIVE LA PALABRA

Dios es misericordia

Rosa: No seas necio. Misericordia no es igual que amor. Así dice la gente que pide limosna...

John: Pues no sabe lo que pide. El diccionario dice que *mercy* significa «clemencia ante un castigo» como si Dios estuviera siempre a punto de castigarnos.

Juana: Pues en español dice que es la «virtud de la compasión que induce a perdonar».

Toño: ¡Qué jaleo! ¡Quitémonos de líos! ¿Qué tal si buscamos en la Biblia?

Mari: Mejor invito a Jacob, mi vecino; es hijo de un rabí, es muy amable y sabe hebreo.

Unos días después:

Jacob: Gracias por invitarme. Le pregunté a mi papá el significado de *misericordia*, y me explicó que no existe en hebreo, y que en este caso, como en otros, la traducción no capta la gran riqueza de los tres términos originales que englobaron en ella.

Toño y Rosa al unísono: ¿Por qué?

Jacob: Porque no hay palabras equivalentes. Miren: *Hesed* indica el amor entre esposos, padres e hijos o amigos íntimos...; un amor que busca el crecimiento del otro y es capaz de perdonar siempre. *Emet* expresa autenticidad y lealtad; un amor incondicional y que dura a pesar de los obstáculos. *Rahamin* señala un amor materno, totalmente gratuito y lleno de bondad, ternura, paciencia y comprensión. ¿Se dan cuenta de todo lo que significan estas tres palabras? Bueno, pues todo esto es *misericordia*.

John: ¡Wow! ¡Pues así sí vale la pena pedir misericordia!

Jacob: Los invito a orar con el Salmo 117. Es el más corto; en él todas las naciones nos unimos para alabar al Señor por su amor y su fidelidad, es decir, por su misericordia.

2 Cr 6 3-11

una Casa para el nombre del Señor, el Dios de Israel. 8 Pero el Señor dijo a mi padre David: "Tú has pensado edificar una Casa para mi Nombre, y has hecho bien al pensar así. 9 Sin embargo, no serás tú el que edificará la Casa, sino un hijo nacido de tus entrañas: él construirá la Casa para mi Nombre". 10 Y el Señor cumplió la palabra que había dicho: yo he sucedido a mi padre David y me he sentado en el trono de Israel, como lo había dicho el Señor. Yo edifiqué la Casa para el nombre del Señor, el Dios de Israel, 11 y allí he puesto el Arca donde se encuentra la Alianza que el Señor concluyó con los israelitas».

La súplica de Salomón

1 Re 8 22-52

12 Salomón, puesto de pie ante el altar del Señor, frente a toda la asamblea de Israel, extendió las manos. 13 Porque él había hecho un estrado de bronce, de dos metros y medio de largo, dos y medio de ancho, y uno y medio de alto, y lo había colocado en medio del atrio. Salomón subió al estrado, se arrodilló frente a toda la asamblea de Israel, extendió sus manos hacia el cielo 14 y dijo:

«Señor, Dios de Israel, ni en el cielo ni en la tierra hay un Dios como tú, que mantienes la Alianza y eres fiel con tus servidores, cuando caminan delante de ti de todo corazón. 15 Tú has cumplido, en favor de mi padre David, la promesa que le habías hecho, y hoy mismo has realizado con tu mano lo que había dicho tu boca. 16 Y ahora, Señor, Dios de Israel, cumple en favor de tu servidor David, mi padre, la promesa que le hiciste, diciendo: "Nunca te faltará un descendiente que esté sentado delante de mí en el trono de Israel, con tal que tus hijos vigilen su conducta, caminando conforme a mi Ley, como has caminado tú". 17 Y ahora, Dios de Israel, que se verifique la promesa que hiciste a mi padre, tu servidor David.

18 Pero ¿es posible que Dios habite realmente con los hombres en la tierra? Si el cielo y lo más alto del cielo no pueden contenerte, ¡cuánto menos esta Casa que yo he construido! 19 No obstante, Señor, Dios mío, vuelve tu rostro hacia la oración y la súplica de tu servidor, y escucha el clamor y la oración que te dirige tu servidor. 20 Que tus ojos estén abiertos día y noche sobre esta Casa, sobre el lugar del que dijiste que allí residiría tu Nombre. ¡Escucha la oración que tu servidor dirige hacia este lugar! 21 ¡Escucha la súplica y la oración que tu servidor y tu pueblo Israel dirijan hacia este lugar! ¡Escucha desde tu morada en el cielo, escucha y perdona!

22 Cuando un hombre peque contra su prójimo, si se lo obliga a prestar el juramento imprecatorio, y él viene a pronunciar la imprecación sobre tu altar, en esta Casa, 23 escucha tú desde el cielo, actúa y juzga a tus servidores: castiga al culpable, dándole su merecido, y absuelve al inocente, tratándolo según su justicia.

24 Cuando tu pueblo Israel sea derrotado por el enemigo por haber pecado contra ti, si ellos se convierten y celebran tu Nombre, si oran y suplican delante de ti en esta Casa, 25 escucha tú desde el cielo: perdona el pecado de tu pueblo Israel y tráelo de nuevo a la tierra que les diste a ellos y a sus padres.

26 Cuando el cielo se cierre y no haya lluvia, porque ellos pecaron contra ti, si oran hacia este lugar, si celebran tu Nombre y se convierten de su pecado, porque tú los humillaste, 27 escucha tú desde el cielo: perdona el pecado de tus servidores y de tu pueblo Israel, mostrándoles el buen camino que deben seguir, y envía lluvia a la tierra que diste en herencia a tu pueblo.

28 Cuando haya hambre en el país, o haya peste, quemazón o plaga en los sembrados, langosta o pulgón; cuando el enemigo lo tenga sitiado en alguna de sus ciudades, o sobrevenga un flagelo o una epidemia, 29 cualquiera sea la oración o la súplica que te dirija un miembro de tu pueblo Israel, sintiéndose tocado por su desgracia y su dolor, y con las manos extendidas hacia esta Casa, 30 escúchalas tú desde el cielo, desde el lugar donde habitas; escucha y perdona a cada uno según su conducta, tú que conoces su corazón, porque solo tú conoces el corazón de los humanos. 31 Así los israelitas sentirán temor de ti y seguirán tus caminos, mientras vivan en el suelo que diste a sus padres.

32 También al extranjero, que no pertenece a tu pueblo Israel y llegue de un país lejano a causa de tu gran Nombre, de tu mano poderosa y de tu brazo extendido, si él viene a orar hacia esta Casa, 33 escucha tú desde el cielo, desde el lugar donde habitas, y concede al extranjero todo lo que te pida. Así todos los pueblos de la tierra conocerán tu Nombre, sentirán temor de ti como tu pueblo Israel, y sabrán que esta Casa, que yo he construido, es llamada con tu Nombre.

34 Cuando tu pueblo salga a combatir contra sus enemigos, por el camino que tú le señales, si ellos oran al Señor vueltos hacia la ciudad que tú has elegido y hacia la Casa que yo edifiqué para tu Nombre, 35 escucha tú desde el cielo esa oración y esa súplica, y hazles justicia.

36 Cuando pequen contra ti —porque no hay hombre que no peque— y tú, irritado contra ellos, los pongas a merced del enemigo, y sus vencedores los lleven cautivos a un país enemigo, próximo o lejano, 37 si en el país al que han sido deportados reflexionan y se convierten, si en el país de sus vencedores te suplican, diciendo: "¡Hemos pecado, somos culpables, hemos cometido el mal!"; 38 si en el país de los enemigos que los hayan deportado se vuelven hacia ti de todo corazón y con toda el alma, si te suplican en dirección al país que diste a sus padres, a la ciudad que

VIVE LA PALABRA

Los jóvenes y los lugares sagrados

El Templo de Jerusalén fue vital para los israelitas. Ahí se reunían a dar culto a Dios para reforzar su fidelidad, pedir perdón o renovar su compromiso personal y como pueblo.

Muchas personas, especialmente los jóvenes, dicen que no van al templo porque les basta su relación personal con Dios. La realidad es que necesitamos el apoyo de la comunidad y participar en la liturgia para mantenernos fieles a él. Sin ellos nos cuesta trabajo ser leales.

Busca una comunidad de jóvenes en la que te sientas a gusto; donde la reflexión, la oración y la liturgia te den alegría, fuerzas y ánimo. Aprovecha peregrinaciones para encontrarte con Dios en un santuario especial. Participa en la Eucaristía siempre que puedas, en especial los domingos. ¡Verás que tu fe se renueva, tu vida tiene más sentido y tus cargas se hacen menos pesadas!

2 Cr 7 1-10

tú has elegido y a la Casa que yo edifiqué para tu Nombre, 39 escucha tú desde el cielo, desde el lugar donde habitas, esa oración y esa
súplica, y hazles justicia: perdona a tu pueblo
los pecados que haya cometido contra ti.
40 Sí, Dios mío, que tus ojos estén abiertos
y tus oídos atentos a las súplicas que se hagan
en este lugar.
41 Y ahora, ¡levántate, Señor Dios, entra en
el lugar de tu Reposo, tú y tu Arca poderosa!
¡Que tus sacerdotes se revistan de la salvación
y tus fieles gocen de felicidad!
42 ¡Señor Dios, no rechaces a tu Ungido,
acuérdate de los favores concedidos a David,
tu servidor!».

Los sacrificios de la Dedicación del Templo

1 Re 8 62-66

7 1 Cuando Salomón terminó de orar, bajó fuego del cielo y devoró el holocausto y los sacrificios. La gloria del Señor llenó la
Casa, 2 y los sacerdotes no podían entrar en
ella, porque la gloria del Señor llenaba la Casa del Señor. 3 Todos los israelitas, al ver que
bajaba el fuego y que la gloria del Señor se
posaba sobre la Casa, se postraron con el rostro en tierra sobre el pavimento, mientras
adoraban y celebraban al Señor, «porque es
bueno, porque es eterno su amor».
4 El rey y todo el pueblo ofrecieron sacrificios delante del Señor. 5 El rey Salomón ofreció en sacrificio 22 000 bueyes y 20 000 carneros. Fue así como el rey y todo el pueblo
dedicaron la Casa de Dios. 6 Los sacerdotes
ocupaban sus puestos, y los levitas tocaban
los instrumentos musicales que había hecho
el rey David para celebrar al Señor, «porque es
eterno su amor». Mientras el mismo David
alababa a Dios por medio de ellos, los sacerdotes tocaban las trompetas en el lado opuesto y todo el pueblo permanecía de pie.
7 Salomón consagró el centro del atrio que
está delante de la Casa del Señor, ofreciendo
allí los holocaustos y la grasa de los sacrificios
de comunión, porque el altar de bronce que
él había hecho no podía contener los holocaustos, la ofrenda y la grasa de los sacrificios.
8 En aquella ocasión, Salomón, y con él todo Israel, celebró la Fiesta durante siete días.
Se congregó una asamblea inmensa, venida
desde la Entrada de Jamat hasta el Torrente de
Egipto. 9 Al octavo día, tuvo lugar una asamblea solemne, porque habían celebrado la dedicación del altar durante siete días y la Fiesta durante otros siete días. 10 El día veintitrés
del séptimo mes, Salomón despidió al pueblo y ellos se fueron a sus campamentos, con
el corazón desbordante de alegría por el bien
que el Señor había hecho a David, a Salomón
y a su pueblo Israel.

Nueva aparición del Señor a Salomón

1 Re 9 1-9

11 Salomón terminó la Casa del Señor y la
casa del rey, llevando así a cabo todo lo que
se había propuesto hacer para la Casa del Señor y para su propia casa. 12 Entonces el Señor
se apareció a Salomón durante la noche y le
dijo: «He oído tu oración y me he elegido este lugar como Templo para los sacrificios.
13 Cuando yo cierre el cielo y no haya lluvia,
cuando ordene a la langosta que devore el país,
cuando envíe a mi pueblo la peste, 14 si mi pueblo, el que es llamado con mi Nombre, se humilla y suplica, si busca mi rostro y se convierte de sus malos caminos, yo escucharé desde el
cielo, perdonaré su pecado y haré que su país se
restablezca. 15 A partir de ahora, mis ojos estarán abiertos y mis oídos atentos a la súplica que
se haga en este lugar. 16 Y a partir de ahora, yo he
elegido y consagrado esta Casa, a fin de que mi
Nombre resida en ella para siempre: mis ojos y
mi corazón estarán allí todos los días.

17 En cuanto a ti, si caminas en mi presencia como lo hizo tu padre David, practicando todo lo que te he mandado, observando mis preceptos y mis leyes, 18 entonces yo mantendré tu trono real, como se lo aseguré a tu padre David, cuando dije: "Nunca te faltará un descendiente que gobierne Israel".

19 Pero si defeccionan y abandonan los preceptos y mandamientos que puse delante de ustedes, si van a servir a otros dioses y se postran delante de ellos, 20 entonces los arrancaré de mi suelo, el que yo les he dado, arrojaré lejos de mi presencia esta Casa que consagré a mi Nombre, y la convertiré en objeto de burla y de irrisión entre todos los pueblos. 21 Y esta Casa, que fue tan magnífica, será motivo de estupor para todo el que pase junto a ella, a tal punto que se preguntará: "¿Por qué el Señor ha tratado así a este país y a esta Casa?". 22 Y se responderá: "Porque abandonaron al Señor, el Dios de sus padres, que los había hecho salir de Egipto, y porque siguieron a otros dioses, se postraron delante de ellos y los sirvieron: por eso el Señor atrajo sobre ellos esta calamidad"».

Las construcciones de Salomón

1 Re 9 10.17b-19

8 1 Al cabo de los veinte años que tardó Salomón en construir la Casa del Señor y su propia casa, 2 él reconstruyó las ciudades que le había dado Jiram y estableció en ellas a los israelitas. 3 Luego se dirigió a Jamat de Sobá y se apoderó de ella. 4 Reconstruyó Tadmor en el desierto, como asimismo todos los centros de aprovisionamiento que había edificado en Jamat. 5 Reconstruyó Bet Jorón de Arriba y Bet Jorón de Abajo —plazas fuertes con muros, puertas y cerrojos— 6 y también Baalat, todos los centros de aprovisionamiento que tenía Salomón, todas las ciudades para los carros de guerra y la caballería, y todas las demás construcciones que Salomón quiso levantar en Jerusalén, en el Líbano y en todo el país sometido a su dominio.

El reclutamiento de trabajadores

1 Re 9 20-23

7 A los sobrevivientes de los hititas, los amorreos, los perizitas, los jivitas y los jebuseos, que no pertenecían a Israel 8 —es decir, a sus descendientes, que habían quedado después de ellos en el país, porque los israelitas no los habían exterminado—, Salomón les impuso trabajos serviles hasta el día de hoy. 9 Pero no sometió a esclavitud a ningún israelita, sino que a ellos los empleó como hombres de guerra, jefes de sus escuderos y comandantes de sus carros de guerra y su caballería. 10 Los supervisores de los capataces puestos por Salomón eran doscientos cincuenta hombres, que dirigían al personal.

El traslado de la hija del Faraón

1 Re 9 24

11 Salomón hizo subir a la hija del Faraón desde la Ciudad de David a la casa que había edificado para ella, porque él decía: «Mi mujer no puede habitar en la casa de David, el rey de Israel, ya que los lugares donde ha entrado el Arca del Señor son sagrados».

La organización del culto

1 Re 9 25

12 Entonces Salomón comenzó a ofrecer holocaustos al Señor sobre el altar que había construido ante el vestíbulo del Templo. 13 Según el rito de cada día, ofrecía lo que había mandado Moisés para los sábados, los novilunios y las tres solemnidades anuales, a saber: la fiesta de los Ácimos, la fiesta de las Semanas y la fiesta de las Chozas. 14 Además, conforme a las disposiciones de su padre David, asignó a las clases sacerdotales sus respectivas funciones; estableció en sus cargos a los levitas, para cantar alabanzas y oficiar en presencia de los sacerdotes, según el rito de cada día; y a los porteros, según sus clases, los encargó de cada una de las puertas, porque así lo había mandado David, el hombre de Dios. 15 Ellos no se apartaron en nada de lo mandado por el rey en lo referente a los sacerdotes y a los levitas, ni tampoco en lo concerniente a los tesoros.

16 Así se llevó a cabo toda la obra de Salomón, desde el día en que se pusieron los cimientos de la Casa del Señor hasta su terminación. La Casa del Señor quedó totalmente concluida.

La flota de Salomón

1 Re 9 26-28

17 Entonces Salomón se dirigió a Esión Guéber y a Elat, a orillas del mar, en el país de Edom. 18 Jiram, por medio de sus servidores, le envió una flota y algunos marineros, buenos conocedores del mar. Ellos fueron a Ofir con los servidores de Salomón, y trajeron de allí cuatrocientos talentos de oro, que entregaron al rey Salomón.

La visita de la reina de Sabá

1 Re 10 1-3

9 1 La reina de Sabá oyó hablar de la fama de Salomón, y fue a ponerlo a prueba, proponiéndole unos enigmas. Llegó a Jerusalén con un séquito imponente, con camellos cargados de perfumes, de gran cantidad de oro y de piedras preciosas. Cuando se presentó ante Salomón, le expuso todo lo que tenía pensado decirle. 2 Salomón respondió a todas sus preguntas: no hubo para él ninguna cuestión tan oscura que no se la pudiera explicar.

3 Cuando la reina vio toda la sabiduría de Salomón, las casa que había construido, 4 los manjares de su mesa, los aposentos de sus servidores, el porte y la librea de sus camareros y de sus coperos, y los holocaustos que ofrecía en la Casa del Señor, se quedó sin aliento 5 y dijo al rey: «¡Realmente era verdad lo que había oído decir en mi país acerca de ti y de tu sabiduría! 6 Yo no lo quería creer, sin venir antes a verlo con mis propios ojos. Pero ahora compruebo que no me habían contado ni siquiera la mitad: el cúmulo de tu sabiduría supera la fama que llegó a mis oídos. 7 ¡Felices tus mujeres, y felices también estos servidores tuyos, que están constantemente delante de ti, escuchando tu sabiduría! 8 ¡Y bendito sea el Señor, tu Dios, que te ha mostrado su favor, poniéndote sobre su trono como rey, al servicio del Señor, tu Dios! ¡Sí, por su amor a Israel, y a fin de hacerlo subsistir para siempre, tu Dios te ha puesto como rey al frente de ellos, para que ejercieras el derecho y la justicia!».

9 La reina regaló al rey ciento veinte talentos de oro, una enorme cantidad de perfumes y piedras preciosas; nunca más hubo tantos perfumes como los que la reina de Sabá dio al rey Salomón.

10 Los servidores de Jiram y de Salomón, que habían traído el oro de Ofir, trajeron también madera de sándalo y piedras preciosas. 11 Con la madera de sándalo, el rey hizo unos tablados para la Casa del Señor y para la casa del rey, y también cítaras y arpas para los músicos. Nunca se había visto nada semejante en el país de Judá.

12 Por su parte, el rey Salomón dio a la reina de Sabá todo lo que a ella se le ocurrió pedir, mucho más de lo que ella misma había traído al rey. Después, la reina emprendió el camino de regreso a su país, acompañada de su séquito.

Las riquezas de Salomón

1 Re 10 14-25

13 El peso del oro que recibía Salomón en un solo año ascendía a seiscientos sesenta y seis talentos, 14 sin contar lo que aportaba el tráfico de los viajantes y mercaderes. Todos los reyes de Arabia y los gobernadores del país llevaban oro y plata a Salomón.

15 El rey Salomón hizo doscientos grandes escudos de oro trabajado a martillo, empleando para cada uno seiscientos siclos de oro, 16 y *trescientos escudos más* pequeños, también de oro trabajado a martillo, empleando para cada uno trescientos siclos de oro. Luego el rey los ubicó en la sala llamada Bosque del Líbano.

17 El rey hizo, además, un gran trono de marfil, al que recubrió de oro puro. 18 El trono tenía seis gradas, una plataforma de oro, unos sostenes, y brazos a ambos lados del asiento; junto a los brazos había dos leones de pie, 19 y otros doce leones de pie sobre las seis gradas, a uno y otro lado. En ningún reino se había hecho nada igual.

20 Toda la vajilla del rey Salomón era de oro, y todo el mobiliario de la sala llamada Bosque del Líbano, de oro fino; no se usaba la plata, a la que en tiempos de Salomón no se la tenía en cuenta para nada. 21 Porque el rey disponía de una flota que iba a Tarsis con los servidores de Jiram, y una vez cada tres años las naves de alta mar llegaban cargadas de oro, plata, marfil, monos y pavos reales.

22 El rey Salomón superó a todos los reyes de la tierra en riqueza y sabiduría. 23 Todos los reyes de la tierra trataban de ver a Salomón para oír la sabiduría que Dios había puesto en su corazón. 24 Y cada uno aportaba sus presentes: objetos de plata y oro, trajes, armas, perfumes, caballos y mulas. Así, año tras año.

La caballería real

1 Re 10 26-29 / 2 Cr 1 14-15

25 Salomón llegó a tener cuatro mil caballerizas para los caballos y los carros de guerra, y doce mil caballos, que acantonó en las ciudades de guarnición y en Jerusalén, junto a él.

26 Él dominaba sobre todos los reyes, desde el Río hasta el país de los filisteos y hasta la frontera de Egipto. 27 El rey hizo que la plata fuera en Jerusalén tan común como las piedras, y que la madera de cedro fuera tan abundante como los sicomoros de la Sefelá. 28 Los caballos para Salomón se importaban de Musrí y de todos los países.

Fin del reinado de Salomón

1 Re 11 41-43

29 El resto de los hechos de Salomón, desde el comienzo hasta el fin, está escrito en las Crónicas del profeta Natán, en la Profecía de Ajías, el silonita, y en las Visiones del vidente Idó acerca de Jeroboam, hijo de Nebat. 30 Salomón reinó sobre todo Israel, en Jerusalén, durante cuarenta años. 31 Luego se fue a descansar con sus padres, y lo sepultaron en la Ciudad de David, su padre. Su hijo Roboam reinó en lugar de él.

HISTORIA DE JUDÁ HASTA EL EXILIO BABILÓNICO

La asamblea de Siquem (933)

1 Re 12 1-19

10 1 Roboam se dirigió a Siquem, porque allí había ido todo Israel para proclamarlo rey.

2 Cuando se enteró Jeroboam, hijo de Nebat —que estaba todavía en Egipto, adonde había huido del rey Salomón—, se volvió de Egipto. 3 Lo mandaron llamar, y él se presentó con toda

la asamblea de Israel. Entonces hablaron así a
Roboam: 4 «Tu padre hizo muy penoso nuestro
yugo. Alivia tú ahora la dura servidumbre y el
penoso yugo que nos impuso tu padre, y te serviremos». 5 Él les replicó: «Vuelvan a verme dentro de tres días». Y el pueblo se retiró.
6 El rey Roboam fue a consultar a los ancianos que habían asistido a su padre Salomón,
cuando este aún vivía, y les preguntó: «¿Qué
respuesta me aconsejan dar a este pueblo?».
7 Ellos le hablaron así: «Si te comportas bien
con este pueblo, si eres condescendiente con
ellos y les respondes con buenas palabras, serán siempre tus servidores».
8 Pero él desechó el consejo que le habían
dado los ancianos, y fue a consultar a los jóvenes que se habían criado con él y lo servían
como asistentes. 9 Les preguntó: «Y ustedes,
¿qué aconsejan? ¿Qué debemos responder a
este pueblo que me ha dicho: "Alivia el yugo
que nos impuso tu padre"?». 10 Los jóvenes que
se habían criado con él le dijeron: «Al pueblo
que te ha dicho: "Tu padre nos impuso un yugo pesado, pero tú alívianos la carga", diles esto: "¡Mi dedo meñique es más grueso que la
cintura de mi padre! 11 Si mi padre los cargó
con un yugo pesado, yo lo haré más pesado
aún; si él los castigó con látigos, yo usaré lonjas con puntas de hierro"».
12 Al tercer día, Jeroboam y todo el pueblo
comparecieron ante Roboam, según lo que
había indicado el rey cuando dijo: «Vuelvan a
verme al tercer día». 13 Pero el rey Roboam les
respondió duramente; desechó el consejo de
los ancianos 14 y, siguiendo el consejo de los
jóvenes, les habló así: «Mi padre les impuso
un yugo pesado, y yo lo haré más pesado aún;
si él los castigó con látigos, yo usaré lonjas
con puntas de hierro».
15 Así el rey no escuchó al pueblo, porque este era el medio de que se valía Dios para cumplir la palabra que él había dicho a Jeroboam,
hijo de Nebat, por boca de Ajías de Silo. 16 Y
cuando todo Israel vio que el rey no los había
escuchado, el pueblo respondió: «¿Qué parte
tenemos nosotros con David? ¡No tenemos herencia común con el hijo de Jesé! ¡A tus tiendas,
Israel! ¡Ahora, ocúpate de tu casa, David!».
Todo Israel se fue a sus campamentos, 17 pero Roboam siguió reinando sobre los israelitas
que habitaban en las ciudades de Judá. 18 El rey
Roboam envió a Adoram, el encargado del reclutamiento, pero los israelitas lo mataron a
pedradas. Y el mismo rey Roboam tuvo que
subir precipitadamente a su carro para huir a
Jerusalén. 19 Fue así como Israel se rebeló contra la casa de David hasta el día de hoy.

La división del reino

1 Re 12 21-24

11 1 Roboam llegó a Jerusalén y convocó a la
casa de Judá y a Benjamín —ciento
ochenta mil guerreros adiestrados— para ir a
combatir contra Israel y recuperar el reino. 2 Pero la palabra del Señor llegó a Semaías, un
hombre de Dios, en estos términos: 3 «Di a Roboam, hijo de Salomón, rey de Judá, y a toda la
gente de Israel que está en Judá y en Benjamín:
4 Así habla el Señor: No suban a combatir contra sus hermanos; que cada uno vuelva a su casa, porque esto ha sucedido por disposición
mía». Ellos escucharon las palabras del Señor y
desistieron de su campaña contra Jeroboam.
5 Roboam habitó en Jerusalén y construyó
ciudades fortificadas en Judá. 6 Reconstruyó
Belén, Etam, Técoa, 7 Betsur, Socó, Adulam,
8 Gat, Maresá, Zif, 9 Adoraim, Laquis, Azecá,
10 Sorá, Aialón y Hebrón, ciudades fortificadas
que están en Judá y en Benjamín. 11 Él reforzó
sus fortificaciones y puso en ellas comandantes y depósitos de víveres, aceite y vino. 12 En
cada ciudad había escudos y lanzas. El rey las
hizo extremadamente fuertes, y así le estuvieron sometidos Judá y Benjamín.

Adhesión de los sacerdotes y levitas a Roboam

13 Los sacerdotes y levitas de todo Israel
acudían desde sus territorios para plegarse a

VIVE LA PALABRA

Sé fiel a tus valores

Muchas veces hemos escuchado decir de la gente enriquecida deshonestamente: «¡Corruptos poderosos!». Aquí tenemos un ejemplo: el rey Roboam, hijo de Salomón, traicionó la Ley de Dios cuando se sintió seguro. Creyó que, por ser rey, estaba exento de obedecer a Dios. El profeta Semeyas corrige al rey por esta actitud. Ni un rey ni un presidente ni un líder de comunidad está sobre la Ley de Dios.

Cuando has estado en una posición de liderazgo, ¿has tenido la tentación de abusar de tu posición? Ora por los líderes de todas las naciones, para que busquen el bien de los que dirigen y no su propio provecho.

2 Cr 12 1-12

Roboam. [14] En efecto, los levitas abandonaron sus campos de pastoreo y sus posesiones y se fueron a Judá y a Jerusalén, porque Jeroboam y sus hijos les impedían ejercer el sacerdocio del Señor, [15] al instituir por su cuenta sacerdotes para los lugares altos, para los sátiros y para los terneros que él había fabricado. [16] Gente de todas las tribus de Israel, que buscaba de todo corazón al Señor, el Dios de Israel, fue detrás de ellos a Jerusalén, para ofrecer sacrificios al Señor, el Dios de sus padres. [17] Así fortalecieron el reino de Judá y, durante tres años, consolidaron a Roboam, hijo de Salomón, ya que durante tres años se siguió el camino de David y Salomón.

Las mujeres y los hijos de Roboam

[18] Roboam tomó por esposa a Majalat, hija de Ierimot, hijo de David y de Abijáil, hijo de Eliab, hijo de Jesé. [19] Ella le dio varios hijos: Ieús, Semarías y Zaham. [20] Después tomó a Maacá, hija de Absalón, de la que le nacieron Abías, Atai, Zizá y Selomit. [21] Roboam amó a Maacá, hija de Absalón, más que a todas sus mujeres y concubinas, ya que tuvo dieciocho mujeres y sesenta concubinas, y fue padre de veintiocho hijos y de sesenta hijas. [22] Roboam puso al frente de sus hermanos a Abías, hijo de Maacá, constituyéndolo príncipe heredero, porque quería hacerlo rey. [23] Además, supo distribuir hábilmente a sus hijos por todas las regiones de Judá y de Benjamín, en todas las ciudades fortificadas, dándoles gran cantidad de víveres y procurándoles muchas mujeres.

La invasión de Sisac, rey de Egipto

1 Re 14 25-28

12 [1] Pero cuando Roboam consolidó su reino y se hizo fuerte, abandonó la Ley del Señor, y con él todo Israel. [2] Y por haber sido infieles al Señor, en el año quinto del rey Roboam, subió contra Jerusalén Sisac, rey de Egipto, [3] con tres mil doscientos carros de guerra, sesenta mil jinetes y una multitud innumerable que venía con él de Egipto, en la que había libios, suquíes y cusitas. [4] Así se apoderó de las ciudades fortificadas de Judá y llegó a Jerusalén.

[5] Entonces el profeta Semaías se presentó a Roboam y a los jefes de Judá, que se habían concentrado en Jerusalén ante el avance de Sisac, y les dijo: «Así habla el Señor: Ustedes me han abandonado a mí, y yo, a mi vez, los he abandonado en manos de Sisac». [6] Los jefes de Israel y el rey se humillaron *y dijeron: «¡El Señor es justo!».* [7] *Cuando el* Señor vio que se habían humillado, la palabra del Señor llegó a Semaías, en estos términos: «Ellos se han humillado: no los destruiré, sino que los libraré dentro de poco, y mi furor no se derramará sobre Jerusalén por la mano de Sisac. [8] Pero le estarán sometidos, y así sabrán lo que es servirme a mí y lo que es servir a los reyes de la tierra».

[9] Sisac, rey de Egipto, subió contra Jerusalén y se apoderó de los tesoros de la Casa del Señor y de la casa del rey. Se apoderó de todo, incluso de los escudos de oro que había hecho Salomón. [10] En lugar de ellos, el rey Roboam hizo unos escudos de bronce, y se los confió a los jefes de los guardias que custodiaban el acceso a la casa del rey. [11] Cada vez que el rey iba a la Casa del Señor, los guardias los llevaban, y luego los volvían a dejar en la sala de guardia.

[12] Por haberse humillado, la ira del Señor se apartó de él y no lo destruyó por completo, ya que aún había algo bueno en Judá.

Fin del reinado de Roboam

1 Re 14 21.29-31

[13] El rey Roboam se reafirmó en Jerusalén y siguió reinando. Roboam tenía cuarenta y un años cuando comenzó a reinar, y reinó diecisiete años en Jerusalén, la ciudad que el Señor eligió entre todas las tribus de Israel para poner su Nombre en ella. Su madre se llamaba Naamá, la amonita. [14] Él obró mal, porque no se empeñó en buscar al Señor de corazón.

[15] Los hechos de Roboam, desde el principio hasta el fin, están escritos en las Crónicas del profeta Semaías y del vidente Idó, para ser registrados en las genealogías. Roboam y Jeroboam estuvieron continuamente en guerra. [16] Roboam se fue a descansar con sus padres, y fue sepultado en la Ciudad de David. Su hijo Abías reinó en lugar de él.

El reinado de Abías en Judá (915-913) y su guerra con Jeroboam

1 Re 15 1-2.7

13 [1] En el año decimoctavo del reinado de Jeroboam, comenzó a reinar Abías sobre Judá [2] y reinó tres años en Jerusalén. Su madre se llamaba Micaía, hija de Uriel, de Guibeá. Abías y Jeroboam se hicieron la guerra. [3] Abías entró en combate con un ejército de cuatrocientos mil guerreros escogidos, y Jeroboam se alineó contra él con ochocientos mil guerreros escogidos.

[4] Abías se paró sobre el monte Semaraim, que está en la montaña de Efraím, y dijo: «¡Escuchen, Jeroboam y todo Israel! [5] ¿Acaso no saben que el Señor, el Dios de Israel, ha dado a David y a sus hijos el reino de Israel para siempre, por medio de una alianza de sal? [6] Pero *Jeroboam,* hijo de Nebat, servidor de Salomón, hijo de David, se reveló contra su señor. [7] Unos hombres inútiles e impíos se unieron a él y prevalecieron sobre Roboam, hijo de Salomón, porque Roboam era joven y débil, y no supo hacerles frente. [8] ¡Ahora ustedes tratan de resistir a la soberanía del Señor, que está en manos de los hijos de David! ¡Ustedes son una

enorme multitud y tienen los terneros de oro que Jeroboam les dio como dioses! 9 ¿Acaso no han expulsado a los sacerdotes del Señor, a los hijos de Aarón y a los levitas, para establecer sacerdotes a la manera de los pueblos paganos? Porque cualquiera que viene con un ternero y siete carneros para recibir la investidura, puede llegar a ser sacerdote de los que no son dioses. 10 En cuanto a nosotros, nuestro Dios es el Señor y no lo hemos abandonado: los sacerdotes que sirven al Señor son los hijos de Aarón y los que ejercen el ministerio son los levitas. 11 Todas las mañanas y todas las tardes, ellos ofrecen holocaustos al Señor y queman el incienso aromático, disponen los panes de la ofrenda sobre la mesa pura y encienden todas las tardes el candelabro de oro con sus lámparas. Porque nosotros observamos las disposiciones del Señor, nuestro Dios, que ustedes han abandonado. 12 ¡Aquí está Dios al frente de nosotros, aquí están los sacerdotes con las trompetas, listos para hacer resonar el grito de guerra contra ustedes! ¡Israelitas, no hagan la guerra contra el Señor, el Dios de sus padres, porque nada conseguirán!».

La victoria de Judá sobre Israel

13 Mientras tanto, Jeroboam hizo dar un rodeo para tender una emboscada y atacar a los hombres de Judá por la espalda, de manera que ellos quedaron delante de Judá y la emboscada detrás. 14 Al darse vuelta, los de Judá advirtieron que les presentaban combate por delante y por detrás. Entonces clamaron al Señor y los sacerdotes tocaron las trompetas. 15 Los hombres de Judá lanzaron el grito de guerra, y mientras ellos gritaban, Dios derrotó a Jeroboam y a todo Israel delante de Abías y de Judá. 16 Los israelitas huyeron delante de Judá, pero Dios los entregó en sus manos: 17 Abías y su ejército les infligieron una gran derrota, y cayeron quinientos mil hombres escogidos de Israel. 18 En esa ocasión, los israelitas quedaron humillados, mientras que los de Judá se fortalecieron por haberse apoyado en el Señor, el Dios de sus padres.

19 Abías persiguió a Jeroboam y le arrebató las ciudades de Betel, Iesaná y Efrón con sus respectivos poblados. 20 Jeroboam ya no recuperó su poderío en los tiempos de Abías: el Señor lo hirió gravemente y él murió. 21 Abías, por el contrario, se hizo cada vez más fuerte. Tuvo catorce mujeres, veintidós hijos y dieciséis hijas.

Fin del reinado de Abías

1 Re 15 7-8

22 El resto de la historia de Abías, sus obras y sus hazañas, están escritos en el Comentario del profeta Idó. 23 Abías se fue a descansar con sus padres y lo sepultaron en la Ciudad de David. Su hijo Asá reinó en lugar de él. En tiempos de este, el país gozó de paz durante diez años.

El reinado de Asá en Judá (912-871)

1 Re 15 9-12

14 1 Asá hizo lo que era bueno y recto a los ojos del Señor, su Dios. 2 Suprimió los altares de los cultos extranjeros y los lugares altos; rompió las piedras conmemorativas y los pilares sagrados, 3 y exhortó a Judá a buscar al Señor, el Dios de sus padres, y a practicar la Ley y los mandamientos. 4 Mandó suprimir de todas las ciudades de Judá los lugares altos y los altares de incienso; y el reino estuvo en paz bajo su reinado. 5 Edificó ciudades fortificadas en Judá, porque el país estaba en paz, y durante aquellos años nadie le hizo la guerra ya que el Señor le había dado tranquilidad.

6 Entonces Asá dijo a Judá: «Construyamos estas ciudades, rodeándolas de murallas, torres, puertas y cerrojos. Tenemos el país a nuestra disposición, porque hemos buscado al Señor, nuestro Dios, y por eso él nos ha buscado a nosotros y nos ha dado tranquilidad por todas partes». Y ellos construyeron las ciudades con todo éxito.

7 Asá tenía en Judá un ejército de trescientos mil hombres, provistos de escudos grandes y lanzas, y otro en Benjamín, de doscientos ochenta mil hombres armados con escudos pequeños y arcos. Todos ellos eran guerreros valerosos.

La invasión y la derrota de Zéraj

8 Zéraj, el cusita, avanzó contra ellos con un ejército de un millón de hombres y trescientos carros de guerra, y llegó hasta Maresá. 9 Asá salió a su encuentro, y ambos se dispusieron para el combate en el valle de Sefatá, junto a Maresá. 10 Entonces Asá invocó al Señor, su Dios, diciendo: «¡Tú solo, Señor, puedes ayudar al débil contra el fuerte! ¡Ayúdanos, Señor, Dios nuestro, porque en ti nos apoyamos y en tu Nombre marchamos contra esta inmensa muchedumbre! ¡Señor, tú eres nuestro Dios! ¡Que ningún mortal prevalezca contra ti!».

11 El Señor derrotó a los cusitas delante de Asá y de Judá, y los cusitas huyeron. 12 Asá y las tropas que lo acompañaban los persiguieron hasta Guerar. Cayeron tantos etíopes que no quedó ningún sobreviviente, porque quedaron destrozados delante del Señor y de su campamento. Los hombres de Judá recogieron un enorme botín. 13 También derrotaron a todas las ciudades de los alrededores de Guerar, porque el terror del Señor se había apoderado de ellas, y las saquearon, ya que había en ellas un gran botín. 14 Atacaron asimismo los campamentos de los que apacentaban los rebaños, y se llevaron una gran cantidad de ovejas y camellos. Después regresaron a Jerusalén.

La profecía de Azarías

15 1 Azarías, hijo de Oded, sobre el que había descendido el espíritu de Dios, 2 salió al encuentro de Asá y le dijo: «¡Escúchenme, Asá y todo Judá y Benjamín! El Señor está con ustedes cuando ustedes están con él. Si lo buscan, él se dejará encontrar por ustedes; si lo abandonan, él los abandonará. 3 Durante mucho tiempo Israel estuvo sin verdadero Dios, sin sacerdote que lo instruyera y sin ley. 4 Pero, en su angustia, ellos se volvieron hacia el Señor, el Dios de Israel; lo buscaron, y el Señor se dejó encontrar por ellos. 5 En aquellos tiempos no había paz para nadie, sino grandes tribulaciones sobre todos los habitantes del país. 6 La gente y las ciudades se destruían unas contra otras, porque Dios las perturbaba con toda clase de calamidades. 7 Pero ustedes, ¡manténganse firmes y no desfallezcan! Porque sus obras serán recompensadas».

La reforma religiosa de Asá

1 Re 15 13-15

8 Al oír estas palabras y la profecía que había pronunciado Azarías, hijo de Oded, Asá se decidió a eliminar los ídolos abominables de todo el territorio de Judá y Benjamín, y también de las ciudades que había conquistado en la montaña de Efraím. Además, restauró el altar del Señor que estaba delante del Vestíbulo del Templo. 9 Luego reunió a todo Judá y Benjamín, y a los hombres de Efraím, de Manasés y de Simeón que residían con ellos, porque mucha gente de Israel se había pasado a Asá, al ver que el Señor, su Dios, estaba con él. 10 Ellos se reunieron en Jerusalén el tercer mes del año quince del reinado de Asá.

11 Aquel día sacrificaron al Señor setecientos bueyes y siete mil ovejas del botín que habían traído, 12 e hicieron un pacto, comprometiéndose a buscar al Señor, el Dios de sus padres, con todo su corazón y con toda su alma: 13 a todo el que no buscara al Señor, el Dios de Israel, se lo haría morir, fuera grande o pequeño, hombre o mujer. 14 Así lo juraron al Señor en alta voz, con gritos de júbilo y al son de trompetas y cuernos. 15 Todo Judá se alegró a causa del juramento, porque lo había prestado de todo corazón y había buscado sinceramente al Señor. Por eso el Señor se dejó encontrar por ellos y les dio paz por todas partes.

16 El rey Asá despojó incluso del rango de Reina Madre a su abuela Maacá, por haber dedicado un horrendo fetiche a la diosa Aserá. Asá eliminó ese fetiche, lo redujo a polvo y lo quemó en el torrente Cedrón. 17 Sin embargo, no desaparecieron de Israel los lugares altos, aunque el corazón de Asá perteneció íntegramente al Señor durante toda su vida. 18 Él hizo llevar a la Casa del Señor las ofrendas consagradas por su padre y las que él mismo había consagrado: plata, oro y otros utensilios. 19 Y no hubo guerra hasta el año treinta y cinco del reinado de Asá.

La guerra de Asá contra Basá, rey de Israel

1 Re 15 16-22

16 1 El año trigésimo sexto del reinado de Asá, Basá, rey de Israel, subió contra Judá y fortificó Ramá, para cortarle las comunicaciones a Asá, rey de Judá. 2 Entonces Asá recogió plata y oro de los tesoros de la Casa del Señor y de la casa del rey, y se los envió a Ben Hadad, rey de Aram, que residía en Damasco, con el siguiente mensaje: 3 «Hay una alianza entre tú y yo, como la hubo entre mi padre y el tuyo. Aquí te envío plata y oro. Rompe tu alianza con Basá, rey de Israel, para que él se retire de mi territorio». 4 Ben Hadad le hizo caso y envió a los jefes de su ejército contra las ciudades de Israel. Ellos atacaron a Ión, Dan, Abel Maim y todos los depósitos de las ciudades de Neftalí. 5 Cuando se enteró Basá, suspendió la fortificación de Ramá e interrumpió los trabajos. 6 El rey Asá movilizó entonces a todo Judá, y se llevaron las piedras y la madera con que Basá estaba fortificando Ramá. Con ellas, Asá fortificó Gueba y Mispá.

7 En aquel tiempo, el vidente Janani se presentó ante Asá, rey de Judá, y le dijo: «Por haberte apoyado en el rey de Aram en vez de apoyarte en el Señor, tu Dios, el ejército del rey de Aram se te ha escapado de las manos. 8 ¿Acaso los cusitas y los libios no formaban un ejército numeroso, con una enorme cantidad de carros de guerra y caballería? Y sin embargo, por haberte apoyado en el Señor, él los entregó en tus manos. 9 Porque los ojos del Señor recorren toda la tierra para sostener a aquellos cuyo corazón está con él íntegramente. En esto te has comportado como un necio. Por eso, de ahora en adelante vivirás en guerra». 10 Asá se irritó contra el vidente y lo hizo poner en la cárcel, porque se había enfurecido con él a causa de esto. Por aquel mismo tiempo, Asá oprimió también a una parte del pueblo.

Fin del reinado de Asá

1 Re 15 23

11 En cuanto a los hechos de Asá, desde el principio hasta el fin, están escritos en el Libro de los reyes de Judá y de Israel. 12 En el trigésimo noveno año de su reinado, Asá se enfermó gravemente de los pies. Pero ni siquiera en su enfermedad recurrió al Señor, sino a los médicos. 13 Asá murió en el cuadragésimo primer año de su reinado, y se fue a descansar con sus padres. 14 Lo sepultaron en la tumba que se había hecho cavar en la Ciudad de David. Lo depositaron sobre un lecho lleno de

ungüentos y de diversos perfumes cuidadosamente preparados, y se encendió en su honor una enorme hoguera.

El reinado de Josafat en Judá (870-846)

1 Re 15 24 / 22 41-45

17 1 En lugar de Asá reinó su hijo Josafat, el cual logró imponerse sobre Israel. 2 Instaló destacamentos en todas las ciudades fortificadas de Judá, y puso gobernadores en el territorio de Judá y en las ciudades de Efraím que había conquistado su padre Asá.

3 El Señor estuvo con Josafat, porque él siguió los caminos que su padre había seguido al comienzo, y no buscó a los Baales, 4 sino que buscó al Dios de su padre y procedió conforme a sus mandamientos, sin imitar lo que hacía Israel. 5 El Señor afianzó el reino bajo su poder, y todo Judá le hacía regalos, de manera que su riqueza y su gloria llegaron a ser muy grandes. 6 Su corazón siguió fervientemente los caminos del Señor, y él hizo desaparecer otra vez de Judá los lugares altos y los postes sagrados.

7 El tercer año de su reinado envió a sus oficiales Ben Jáil, Abdías, Zacarías, Natanael y Miqueas, para que enseñaran en las ciudades de Judá. 8 Con ellos iban los levitas Semaías, Netanías, Zebadías, Asahel, Semiramot, Jonatán, Adonías, Tobías y Tobadonías, y también los sacerdotes Elisamá y Joram: 9 todos ellos enseñaron en Judá, llevando consigo el libro de la Ley del Señor, y recorrieron todas las ciudades de Judá, enseñando al pueblo. 10 El terror del Señor se apoderó de todos los reinos de los países que rodeaban a Judá, de manera que no hicieron la guerra contra Josafat. 11 Algunos filisteos trajeron a Josafat presentes y plata en calidad de tributo. También los árabes le trajeron siete mil setecientos carneros y siete mil setecientos chivos. 12 Así Josafat prosperaba cada día más, y construyó en Judá fortalezas y ciudades de aprovisionamiento.

El ejército de Josafat

13 Josafat tenía abundantes reservas en las ciudades de Judá, y un regimiento de guerreros en Jerusalén. 14 Ellos estaban enrolados por clanes, de la siguiente manera: De Judá, jefes de mil hombres: Adná, el jefe, con 300 000 guerreros. 15 A su lado, Iehojanán, con 280 000 hombres. 16 A su lado, Amasías, hijo de Zicrí, que se había consagrado espontáneamente al Señor, con 200 000 guerreros.

17 De Benjamín: Eliadá, guerrero valeroso, con 200 000 hombres armados de arco y escudo. 18 A su lado, Iehozabad, con 180 000 hombres equipados para la guerra.

19 Estos eran los que estaban al servicio del rey, sin contar los que él había apostado en las ciudades fortificadas de todo Judá.

Preparativos para la campaña contra Ramot de Galaad

1 Re 22 1-4

18 1 Josafat tuvo riquezas y gloria en abundancia. Y como se había emparentado con Ajab, 2 al cabo de unos años bajó a visitarlo a Samaría. Ajab sacrificó gran cantidad de ovejas y bueyes para él y para la gente que lo acompañaba, y lo indujo a subir contra Ramot de Galaad. 3 Ajab, rey de Israel, dijo a Josafat, rey de Judá: «¿Irías conmigo contra Ramot de Galaad?». Josafat respondió al rey de Israel: «Cuenta conmigo como contigo mismo, con mi gente como con la tuya». 4 Pero añadió: «Consulta primero la palabra del Señor».

La intervención de los falsos profetas

1 Re 22 6-12

5 El rey de Israel reunió a los profetas —unos cuatrocientos hombres— y les preguntó: «¿Podemos ir a combatir contra Ramot de Galaad, o debo desistir?». Ellos respondieron: «Sube, y el Señor la entregará en manos del rey». 6 Pero Josafat insistió: «¿No queda por ahí algún profeta del Señor para consultar por medio de él?». 7 El rey de Israel dijo a Josafat: «Sí, queda todavía un hombre por cuyo intermedio se podría consultar al Señor. Pero yo lo detesto, porque nunca me vaticina nada bueno, sino solo desgracias: es Miqueas, hijo de Imlá». «No hable el rey de esa manera», replicó Josafat. 8 Entonces el rey de Israel llamó a un eunuco y ordenó: «Que venga enseguida Miqueas, hijo de Imlá».

9 El rey de Israel y Josafat, rey de Judá, estaban sentados cada uno en su trono, con sus vestiduras reales, sobre la explanada que está a la entrada de la puerta de Samaría, mientras todos los profetas vaticinaban delante de ellos. 10 Sedecías, hijo de Canaaná, se había hecho unos cuernos de hierro y decía: «Así habla el Señor: Con esto embestirás a Aram hasta acabar con él». 11 Y todos los profetas vaticinaban en el mismo sentido, diciendo: «¡Sube a Ramot de Galaad y triunfarás! El Señor la entregará en manos del rey».

La intervención del profeta Miqueas

1 Re 22 13-28

12 El mensajero que había ido a llamar a Miqueas le dijo: «Mira que las palabras de los profetas anuncian a una sola voz buena fortuna para el rey. Habla tú también como uno de ellos, y anuncia la victoria». 13 Pero Miqueas replicó: «¡Por la vida del Señor, solo diré lo que mi Dios me diga!».

14 Cuando se presentó al rey, este le dijo: «Miqueas, ¿podemos ir a combatir contra Ramot de Galaad, o debo desistir?». Él le respondió: «Sube y triunfarán; ellos serán entregados en manos de ustedes». 15 Pero el rey le

dijo: «¿Cuántas veces tendré que conjurarte a que no me digas más que la verdad en nombre del Señor?». 16 Miqueas dijo entonces:

«He visto a todo Israel disperso por las montañas, como ovejas sin pastor.

El Señor ha dicho: Estos ya no tienen dueño; vuélvase cada uno a su casa en paz».

17 El rey de Israel dijo a Josafaat: «¿No te había dicho que este no me vaticina nada bueno, sino solo desgracias?». 18 Miqueas siguió diciendo: «Por eso, escuchen la palabra del Señor: Yo vi al Señor sentado en su trono, y todo el Ejército de los cielos estaba de pie a su derecha y a su izquierda. 19 El Señor preguntó: "¿Quién seducirá a Ajab, para que suba y caiga en Ramot de Galaad?". Ellos respondieron, uno de una manera y otro de otra. 20 Entonces se adelantó el espíritu y, puesto de pie delante del Señor, dijo: "Yo lo seduciré". "¿Cómo?", preguntó el Señor. 21 Él respondió: "Iré y seré un espíritu de mentira en la boca de todos sus profetas". Entonces el Señor le dijo: "Tú lograrás seducirlo. Ve y obra así". 22 Ahora, el Señor ha puesto un espíritu de mentira en la boca de estos profetas, porque él ha decretado tu ruina».

23 Sedecías, hijo de Canaaná, se acercó a Miqueas y le dio una bofetada, diciendo: «¿Por dónde se me escapó el espíritu del Señor para hablarte a ti?». 24 Miqueas repuso: «Eso lo verás el día en que vayas de una habitación a otra para esconderte». 25 Entonces el rey de Israel ordenó: «Tomen a Miqueas y llévenlo a Amón, el gobernador de la ciudad, y a Joás, el hijo del rey. 26 Ustedes dirán: Así habla el rey: Encierren a este hombre en la cárcel y ténganlo a pan y agua, hasta que yo regrese victorioso». 27 Miqueas replicó: «Si tú regresas victorioso, quiere decir que el Señor no ha hablado por mi boca».

Muerte de Ajab en Ramot de Galaad

1 Re 22 29-38

28 El rey de Israel y Josafat, rey de Judá, subieron hacia Ramot de Galaad. 29 Y el rey de Israel dijo a Josafat: «Yo me voy a disfrazar para entrar en batalla, pero tú quédate con tus vestiduras». El rey de Israel se disfrazó, y entraron en combate. 30 El rey de Aram, por su parte, había dado esta orden a los comandantes de sus carros de guerra: «No ataquen a nadie, ni pequeño ni grande, sino solo al rey de Israel».

31 Cuando los comandantes de los carros vieron a Josafat, dijeron: «¡Es el rey de Israel!», y lo rodearon para atacarlo. Josafat lanzó un grito y el Señor lo socorrió: Dios los alejó de él. 32 Los comandantes de los carros, al ver que ese no era el rey de Israel, dejaron de perseguirlo. 33 Pero un hombre disparó su arco al azar e hirió al rey de Israel por entre las junturas de la coraza. El rey dijo al conductor de su carro: «Vuelve atrás y sácame del campo de batalla, porque estoy malherido».

34 Aquel día, el combate fue muy encarnizado. El rey de Israel se mantuvo de pie sobre su carro frente a los arameos hasta la tarde, y murió a la puesta del sol.

El reproche de Jehú a Josafat

19 1 Cuando Josafat, rey de Judá, regresaba sano y salvo a Jerusalén, 2 le salió al encuentro Jehú, hijo de Janani, el vidente, y le dijo: «¿Tenías que ayudar al impío y favorecer a los que odian al Señor? Por eso has atraído sobre ti la cólera del Señor. 3 Sin embargo, tienes algunas cosas buenas, porque has quemado los postes sagrados que han desaparecido del país, y te has esforzado por buscar a Dios de todo corazón».

La reforma judicial de Josafat

4 Josafat residía en Jerusalén, pero salió de nuevo para visitar a su pueblo, desde Berseba hasta la montaña de Efraím, y lo hizo volver al Señor, el Dios de sus padres. 5 Estableció jueces en el país, en todas y cada una de las ciudades fortificadas de Judá, 6 y dijo a los jueces: «Miren bien lo que hacen, porque ustedes no deben juzgar en nombre de los hombres, sino del Señor, que está con ustedes cuando administran la justicia. 7 ¡Que permanezca sobre ustedes el temor del Señor! Tengan mucho cuidado con lo que hacen, porque el Señor, nuestro Dios, no tolera la injusticia, ni la acepción de personas, ni el soborno».

8 También en Jerusalén, Josafat estableció levitas, sacerdotes y jefes de familia de Israel, para dictar las sentencias del Señor y dirimir los pleitos entre los habitantes de Jerusalén. 9 Les dio estas instrucciones: «Obren siempre con temor del Señor, con fidelidad e integridad de corazón. 10 En todo pleito que provenga de sus hermanos residentes en cualquier ciudad —ya sean causas de sangre o cuestiones relativas a la Ley, a los mandamientos, a los preceptos y a las costumbres— ustedes deberán instruirlos, para que no se hagan culpables delante del Señor y su ira no se encienda contra ustedes y contra sus hermanos. Obren de esta manera, y no se harán culpables.

11 El sacerdote Amarías tendrá autoridad sobre ustedes en todos los asuntos concernientes al Señor, y Zebadías, hijo de Ismael, príncipe de la casa de Judá, en todos los asuntos concernientes al rey. Los levitas les servirán de escribas. ¡Tengan ánimo y pónganse a trabajar! ¡Y que el Señor esté con los hombres de bien!».

Invasión de los moabitas y los amonitas

20 1 Después de un tiempo, los moabitas y los amonitas, junto con algunos maonitas, fueron a combatir contra Josafat. 2 Entonces informaron a Josafat, diciéndole: «Una

gran multitud, procedente de Edom, avanza
contra ti desde el otro lado del mar, y ya están
en Jasasón Tamar, es decir, en Engadí».

Súplica de Josafat

3 Josafat, muy atemorizado, decidió consultar al Señor y proclamó un ayuno en todo Judá. 4 Judá se reunió para implorar al Señor, y
acudió gente de todas las ciudades. 5 Entonces
Josafat se puso de pie en medio de la asamblea
de Judá y de Jerusalén, en la Casa del Señor, delante del atrio nuevo, 6 y dijo: «Señor, Dios de
nuestros padres, ¿acaso no eres tú el Dios del
cielo y el que dominas a todos los reinos de las
naciones? ¿No están en tu mano la fuerza y el
poder, sin que nadie pueda resistirte? 7 ¿No has
sido tú, Dios nuestro, el que expulsaste a los
habitantes de esta tierra delante de tu pueblo
Israel, y se la entregaste para siempre a los descendientes de tu amigo Abraham? 8 Ellos la
han habitado y han edificado un Santuario para tu Nombre, diciendo: 9 "Si nos sobreviene alguna desgracia —la espada, el castigo, la peste
o el hambre— nos presentaremos delante de
esta Casa y delante de ti, porque tu Nombre reside en ella; te invocaremos en nuestra angustia, y tú oirás y nos salvarás".
10 Mira ahora a los amonitas, a los moabitas
y a los de las montañas de Seír: tú no permitis-
te que Israel entrara en sus tierras cuando salía
de Egipto, y por eso él se apartó de ellos y no
los destruyó. 11 Ahora ellos nos pagan viniendo
a expulsarnos de tu propiedad, la que tú nos
has dado en posesión. 12 Dios nuestro, ¿no harás justicia contra ellos? Porque nosotros no tenemos fuerza contra esta gran multitud que
viene a atacarnos, y no sabemos qué hacer. Pero nuestros ojos están puestos en ti».
13 Todo Judá permanecía de pie delante del
Señor, con sus niños, sus mujeres y sus hijos.
14 Entonces el espíritu del Señor descendió sobre Iajaziel, hijo de Zacarías, hijo de Benaías,
hijo de Ieiel, hijo de Matanías, uno de los levitas de los hijos de Asaf, que estaba en medio de
la asamblea. 15 Y él dijo: «¡Presten atención, todo Judá, todos ustedes, habitantes de Jerusalén,
y tú, rey Josafat! Así les habla el Señor: No teman ni se acobarden ante esa gran muchedumbre, porque esta guerra no es de ustedes sino de
Dios. 16 Bajen a atacarlos mañana: ellos suben
por la cuesta de Sis y ustedes los encontrarán al
extremo del valle, frente al desierto de Ieruel.
17 No tendrán necesidad de combatir en esta
ocasión: deténganse allí sin moverse y verán la
salvación que el Señor les tienen preparada.
¡No teman ni se acobarden, Judá y Jerusalén!
Salgan mañana a enfrentarse con ellos, porque
el Señor estará con ustedes».
18 Josafat se postró con el rostro en tierra; y
todo Judá y los habitantes de Jerusalén se postraron ante el Señor para adorarlo. 19 Y los levitas del grupo de los descendientes de Quehat y
de los descendientes de Coré se levantaron para alabar en alta voz al Señor, el Dios de Israel.

La victoria de Judá

20 Al día siguiente, muy de madrugada, salieron hacia el desierto de Técoa. Mientras salían,
Josafat se puso de pie y dijo: «¡Escuchen, Judá y
habitantes de Jerusalén! Tengan confianza en el
Señor, nuestro Dios, y estarán seguros; confíen
en sus profetas y triunfarán». 21 Después de consultar al pueblo, designó a unos cantores, para
que avanzaran al frente de los guerreros, revestidos con los ornamentos sagrados y alabaran
al Señor, diciendo: «¡Alaben al Señor, porque es
eterno su amor!». 22 En el momento en que
ellos comenzaron las aclamaciones y las alabanzas, el Señor sembró la discordia entre los
amonitas, los moabitas y los de las montañas
de Seír que habían venido a invadir a Judá, y se
batieron entre sí. 23 Los amonitas y los moabitas
se levantaron contra los habitantes de las montañas de Seír, para consagrarlos al exterminio
total y aniquilarlos, y cuando acabaron con los
habitantes de Seír, se destruyeron mutuamente.

La celebración del triunfo

24 Cuando los hombres de Judá llegaron a la
cima que domina el desierto y volvieron sus
ojos hacia la multitud, no vieron más que cadáveres tendidos por tierra, porque ninguno
había podido escapar. 25 Josafat y su pueblo fueron a saquear los despojos y encontraron mucho ganado, provisiones, ropa y objetos preciosos: fue tanto lo que recogieron que no se lo
podían llevar. Emplearon tres días en saquear el
botín, porque era muy abundante. 26 Al cuarto
día se reunieron en el valle de la Bendición,
donde bendijeron al Señor; por eso se dio a este lugar el nombre de valle de la Bendición hasta el día de hoy. 27 Después, todos los hombres
de Judá y de Jerusalén, con Josafat a la cabeza,
regresaron jubilosamente a Jerusalén, porque el
Señor los había hecho triunfar sobre sus enemigos. 28 Entraron en Jerusalén, en la Casa del
Señor, al son de arpas, cítaras y trompetas. 29 El
terror de Dios se apoderó de los reyes de todos
los países, cuando estos se enteraron de que el
Señor había combatido contra los enemigos de
Israel. 30 El reinado de Josafat gozó de tranquilidad, y su Dios le dio paz por todas partes.

Fin del reinado de Josafat

1 Re 22 41-51

31 Josafat reinó sobre Judá. Tenía treinta y
cinco años cuando inició su reinado, y reinó
veinticinco años en Jerusalén. Su madre se llamaba Azubá, hija de Siljí. 32 Siguió en todo el
camino de su padre Asá y no se apartó de él,
haciendo lo que es recto a los ojos del Señor.
33 Sin embargo, no desaparecieron los lugares
altos y el pueblo aún no se había entregado de

corazón al Dios de sus padres. 34 El resto de los hechos de Josafat, desde el comienzo hasta el fin, están escritos en las Memorias de Jehú, hijo de Janani, que se encuentran incluidas en el Libro de los reyes de Israel.

35 Después de esto, Josafat, rey de Judá, se alió con Ocozías, rey de Israel, aunque este procedía mal. 36 Se asoció con él para construir barcos que fueran a Tarsis, y los fabricaron en Esión Guéber. 37 Entonces Eliezer, hijo de Dodaías, de Maresá, profetizó contra Josafat diciendo: «Por haberte aliado con Ocozías, el Señor abrió una brecha en tus obras». En efecto, los barcos naufragaron y no pudieron ir a Tarsis.

21 1 Josafat se fue a descansar con sus padres, y lo sepultaron con sus antepasados en la Ciudad de David. Su hijo Joram lo sucedió en el trono.

El reinado de Joram en Judá (848-841)

2 Re 8 16-19

2 Joram tenía seis hermanos, hijos de Josafat, que eran: Azarías, Iejiel, Zacarías, Azariahu, Micael y Sefatías. Todos eran hijos de Josafat, rey de Israel. 3 Su padre les había hecho muchos regalos de oro, plata y objetos preciosos, además de algunas ciudades fortificadas de Judá. Pero él había entregado el reino a Joram porque era el hijo mayor; 4 y cuando Joram tomó posesión del reino de su padre y se afianzó en el poder, degolló a todos sus hermanos y a algunos de los jefes de Israel.

5 Joram tenía treinta y dos años cuando comenzó a reinar, y reinó ocho años en Jerusalén. 6 Siguió el camino de los reyes de Israel, conforme a lo que había hecho la casa de Ajab, porque se había casado con una hija de Ajab; e hizo lo que es malo a los ojos del Señor. 7 Pero el Señor no quiso destruir a la casa de David, en razón de la alianza que había concluido con él, y de la promesa que le había hecho de darles, a él y a sus hijos, una lámpara para siempre.

La rebelión de Edom y de Libná

2 Re 8 20-22

8 Durante el reinado de Joram, Edom se rebeló contra Judá, y se instituyó un rey. 9 Entonces Joram cruzó la frontera con sus jefes y todos sus carros de guerra. Durante la noche atacó a los edomitas que lo tenían cercado, a él y a los jefes de los carros de guerra. 10 Sin embargo, Edom se libró de la dominación de Judá hasta el día de hoy. También Libná se rebeló contra él en esa misma época, porque él había abandonado al Señor, el Dios de sus padres.

Advertencia del profeta Elías

11 Además, Joram construyó los lugares altos en las montañas de Judá, incitó a la prostitución a los habitantes de Jerusalén e hizo extraviar a Judá. 12 Entonces le llegó un escrito del profeta Elías que decía: «Así habla el Señor, el Dios de tu padre David: Tú no has seguido los caminos de tu padre Josafat, ni los de Asá, rey de Judá, 13 sino que imitaste a los reyes de Israel e incitaste a Judá y a los habitantes de Jerusalén a que se prostituyeran como la familia de Ajab. También has asesinado a tus hermanos, la familia de tu padre, que eran mejores que tú. 14 Por eso el Señor infligirá un terrible castigo a tu pueblo, a tus hijos, a tus mujeres y a todos tus bienes. 15 Tú mismo padecerás muchas dolencias, y una enfermedad maligna te irá carcomiendo las entrañas día tras día».

Fin del reinado de Joram

2 Re 8 23-24

16 El Señor excitó contra Joram la hostilidad de los filisteos y de los árabes vecinos de los cusitas, 17 que atacaron a Judá, la invadieron y se apoderaron de todos los tesoros que había en el palacio real, y también de sus hijos y de sus mujeres; solamente le quedó Ocozías, que era el menor de sus hijos. 18 Por último, el Señor lo hirió con una enfermedad incurable del vientre. 19 Y después de un tiempo, al cabo de dos años, la enfermedad le carcomió las entrañas, y murió en medio de terribles dolores. Su pueblo no quemó perfumes por él, como había hecho por sus padres. 20 Tenía treinta y dos años cuando comenzó a reinar, y reinó ocho años en Jerusalén. Se fue sin que lo lloraran, y lo sepultaron en la Ciudad de David, pero no en los sepulcros de los reyes.

El reinado de Ocozías en Judá (841)

2 Re 8 25-29a

22 1 Los habitantes de Jerusalén proclamaron rey en lugar de Joram a Ocozías, su hijo menor, porque la banda que invadió el campamento con los árabes había asesinado a todos los hijos mayores. Así reinó Ocozías, hijo de Joram, rey de Judá. 2 Ocozías tenía cuarenta y dos años cuando comenzó a reinar, y reinó un solo año en Jerusalén. Su madre se llamaba Atalía, y era hija de Omrí.

3 Él también siguió los caminos de la casa de Ajab, porque su madre lo instigaba a cometer el mal. 4 Hizo lo que es malo a los ojos del Señor, como los de la familia de Ajab, porque, después de la muerte de su padre, ellos fueron sus consejeros para ruina de él. 5 Por consejo de ellos, fue con Joram, hijo de Ajab, rey de Israel, a combatir contra Jazael, rey de Aram, en Ramot de Galaad. Los arameos hirieron a Joram, 6 y este volvió a Izreel para hacerse curar de las heridas que le habían infligido en Ramot, en la batalla contra Jazael, rey de Aram.

El asesinato de Ocozías

2 Re 8 29b / 9 27-29

Ocozías, hijo de Joram, rey de Judá, bajó a
Izreel para visitar a Joram, hijo de Ajab, que se
encontraba enfermo. 7 Esta visita a Joram estaba dispuesta por Dios para ruina de Ocozías.
Porque cuando llegó, salió con Joram a luchar
contra Jehú, hijo de Nimsí, a quien el Señor
había ungido para extirpar la casa de Ajab.
8 Mientras Jehú hacía justicia con la familia de
Ajab, se encontró con los jefes de Judá y con
los hijos de los hermanos de Ocozías, que estaban a su servicio, y los mató. 9 Después buscó a Ocozías, y lo capturaron en Samaría, donde se había ocultado. Luego lo llevaron a la
presencia de Jehú y lo mataron. Pero le dieron
sepultura, porque decían: «Es el hijo de Josafat, el que buscó al Señor de todo corazón».

El crimen y el interregno de Atalía en Judá (841-835)

2 Re 11 1-3

En la familia de Ocozías no quedó nadie
capaz de reinar. 10 Atalía, la madre de Ocozías,
al ver que había muerto su hijo, comenzó a
exterminar todo el linaje real de la tribu de
Judá. 11 Pero Josebá, hija del rey, tomó a Joás,
hijo de Ocozías, lo sacó de en medio de los
hijos del rey que iban a ser masacrados, y lo
puso con su nodriza en la sala que servía de
dormitorio. Josebá, hija del rey Joram, esposa
del sacerdote Iehoiadá y hermana de Ocozías,
lo ocultó a los ojos de Atalía y no lo mataron.
12 Así estuvo con ellos seis años en la Casa de
Dios, mientras Atalía reinaba sobre el país.

La conjuración contra Atalía y la entronización de Joás

2 Re 11 4-12

23 1 Al séptimo año, Iehoiadá se armó de valor y reunió a los centuriones: a Azarías,
hijo de Ierojam, a Ismael, hijo de Iehojanán,
a Azarías, hijo de Obed, a Maaseías, hijo de
Adaías, y a Elisafat, hijo de Zicrí. Hizo un pacto
con ellos, 2 y recorrieron todo el territorio de Judá congregando a los levitas de todas las ciudades y a los jefes de familia de Israel. Cuando llegaron a Jerusalén, 3 toda la asamblea selló una
alianza con el rey en la Casa de Dios.

Iehoiadá les dijo: «Aquí está el hijo del rey.
Él debe reinar, como lo dijo el Señor acerca de
los descendientes de David. 4 Ustedes harán lo
siguiente: un tercio de ustedes, los sacerdotes y
levitas que entran de servicio el día sábado,
montarán guardia en las puertas; 5 otro tercio
ocupará la casa del rey, y el otro tercio se quedará en la puerta del Fundamento. Mientras
tanto, todo el pueblo permanecerá en los
atrios de la Casa del Señor. 6 Que nadie entre
en la Casa del Señor, fuera de los sacerdotes y
levitas que estén de servicio. Ellos podrán entrar, porque están consagrados. Pero todo el
pueblo observará las normas del Señor. 7 Los
levitas formarán un círculo alrededor del rey,
con las armas en la mano. Cualquiera que intente entrar en el Templo, morirá. Permanezcan junto al rey dondequiera que vaya».

8 Los levitas y todo Judá ejecutaron exactamente lo que les había ordenado el sacerdote
Iehoiadá. Cada uno de ellos tomó a sus hombres —los que entraban de servicio y los que
eran relevados el día sábado— porque el sacerdote Iehoiadá no había exceptuado a ninguna
de las clases. 9 El sacerdote Iehoiadá entregó a
los centuriones las lanzas, los escudos y los broqueles del rey David, que estaban en la Casa de
Dios. 10 Luego apostó a toda la tropa, cada uno
con una jabalina en la mano, desde el lado sur
hasta el lado norte de la Casa, delante del altar
y delante de la Casa, para formar un círculo alrededor del rey. 11 Entonces hicieron salir al hijo
del rey, le impusieron la diadema y el Testimonio, lo proclamaron rey, y Iehoiadá y sus hijos
lo ungieron, aclamando: «¡Viva el rey!».

La muerte de Atalía

2 Re 11 13-20

12 Atalía oyó el griterío de la gente que corría
y aclamaba al rey, y se dirigió hacia la Casa del
Señor, donde estaba el pueblo. 13 Y al ver al rey
de pie sobre el estrado, junto a la entrada, a los
jefes y las trompetas junto al rey, a todo el pueblo que estaba de fiesta y tocaba las trompetas,
y a los cantores que dirigían las aclamaciones
con sus instrumentos musicales, rasgó sus vestiduras y gritó: «¡Traición! ¡Traición!». 14 Entonces el sacerdote Iehoiadá impartió órdenes a los
centuriones encargados de la tropa, diciéndoles: «¡Háganla salir de entre las filas! Si alguien
la sigue, que sea pasado al filo de la espada».
Porque el sacerdote había dicho: «No la maten
en la Casa del Señor». 15 La llevaron a empujo-
nes, y por la entrada de la puerta de los Caballos llegó a la casa del rey; allí la mataron.

16 Iehoiadá selló una alianza entre el Señor,
el rey y todo el pueblo, comprometiéndose
este a ser el Pueblo del Señor. 17 Luego, todo el
pueblo se dirigió al templo de Baal, lo derribó y destrozó sus altares y sus imágenes. Y a
Matán, el sacerdote de Baal, lo mataron delante de los altares.

18 Iehoiadá estableció puestos de guardia en
la Casa del Señor, a las órdenes de los sacerdotes que David había distribuido en la Casa del
Señor, para ofrecer holocaustos al Señor —como está escrito en la Ley de Moisés— con alegría y con cantos, según las normas de David.
19 Puso porteros en las puertas de la Casa del
Señor, para que no entrara absolutamente nada impuro. 20 Después reunió a los centuriones,
a los dignatarios, a las autoridades del pueblo
y a toda la gente del país; hizo descender de la

Casa del Señor al rey, y entraron en la casa del rey por la puerta Alta. Allí hicieron sentar al rey en el trono real. [21] Toda la gente del país se alegró y la ciudad permaneció en calma. A Atalía la habían pasado al filo de la espada.

El reinado de Joás en Judá (835-796)

2 Re 12 1-3

24 [1] Joás tenía siete años cuando inició su reinado, y reinó cuarenta años en Jerusalén. Su madre se llamaba Sibia, y era de Berseba. [2] Joás hizo lo que es recto a los ojos del Señor mientras vivió el sacerdote Iehoiadá. [3] Este lo hizo casar con dos mujeres, y él tuvo hijos e hijas.

La restauración del Templo de Jerusalén

2 Re 12 5-17

[4] Después de esto, Joás resolvió restaurar la Casa del Señor. [5] Reunió a los sacerdotes y a los levitas, y les dijo: «Salgan todos los años por las ciudades de Judá, y recojan dinero de todo Israel para restaurar la Casa de nuestro Dios. Háganlo lo antes posible». Pero los levitas no se apresuraron a hacerlo.

[6] Entonces el rey llamó al Sumo Sacerdote Iehoiadá y le preguntó: «¿Por qué no les has insistido a los levitas para que traigan de Judá y de Jerusalén las contribuciones que Moisés, el servidor de Dios, y la asamblea de Israel prescribieron para la Tienda del Testimonio? [7] Porque Atalía, la impiedad en persona, y sus secuaces han dejado deteriorar la Casa de Dios, y han destinado al culto de los Baales las ofrendas consagradas a la Casa del Señor». [8] Entonces el rey ordenó que se hiciera una cofre y se lo colocara junto a la puerta de la Casa del Señor, en la parte exterior; [9] y se proclamó en Judá y en Jerusalén que trajeran al Señor la contribución que Moisés, el servidor de Dios, había impuesto a Israel en el desierto. [10] Todos los jefes y el pueblo se alegraron, y traían sus ofrendas y las echaban en el cofre hasta que se llenaba.

[11] Cuando era el momento de llevar el cofre a la administración real por medio de los levitas, si veían que había mucho dinero venía el secretario del rey y el inspector del Sumo Sacerdote, vaciaban el cofre para retirar el dinero y luego lo volvían a colocar en su lugar. Así se hacía cada día, y se reunía mucho dinero. [12] El rey y Iehoiadá se lo entregaban a los encargados de las obras de la Casa del Señor, y estos contrataban albañiles y carpinteros para restaurar la Casa del Señor, y también herreros y fundidores de bronce para repararla. [13] Cuando los obreros pusieron manos a la obra, el trabajo fue progresando hasta que la Casa de Dios quedó restaurada y consolidada. [14] Y una vez terminada la obra, trajeron el resto del dinero al rey y a Iehoiadá, a fin de que se fabricaran utensilios para la Casa del Señor: recipientes para el uso litúrgico y para los holocaustos, vasos y objetos de oro y plata. Mientras vivió Iehoiadá se ofrecieron continuamente holocaustos en la Casa del Señor.

La apostasía de Joás y el asesinato de Zacarías

Ex 34 13 / Mt 23 35

[15] Iehoiadá envejeció y murió colmado de días, cuando tenía ciento treinta años. [16] Lo sepultaron junto a los reyes, en la Ciudad de David, porque había obrado bien en Israel en lo que respecta a Dios y a su Casa.

[17] Después de la muerte de Iehoiadá, los jefes de Judá fueron a postrarse delante del rey, y este se dejó llevar por sus palabras. [18] Entonces abandonaron la Casa del Señor, el Dios de sus padres, y rindieron culto a los postes sagrados y a los ídolos. Por este pecado, se desató la indignación del Señor contra Judá y Jerusalén. [19] Les envió profetas que dieron testimonio contra ellos, para que se convirtieran al Señor, pero no quisieron escucharlos. [20] El espíritu de Dios revistió a Zacarías, hijo del sacerdote Iehoiadá, y este se presentó delante del pueblo y les dijo: «Así habla Dios: ¿Por qué quebrantan los mandamientos del Señor? Así no conseguirán nada. ¡Por haber abandonado al Señor, él los abandonará a ustedes!». [21] Ellos se confabularon contra él, y por orden del rey lo apedrearon en el atrio de la Casa del Señor. [22] El rey Joás no se acordó de la fidelidad que le había profesado Iehoiadá, padre de Zacarías, e hizo matar a su hijo, el cual exclamó al morir: «¡Que el Señor vea esto y les pida cuenta!».

La invasión aramea y el asesinato de Joás

2 Re 12 18-22

[23] Al comenzar el año, el ejército de los arameos subió a combatir contra Joás. Invadieron Judá y Jerusalén, ejecutaron a todos los jefes que había en el pueblo, y enviaron el botín al rey de Damasco. [24] Aunque el ejército de Aram había venido con pocos hombres, el Señor entregó en sus manos a un ejército mucho más numeroso, por haberlo abandonado a él, el Dios de sus padres. De esta manera, los arameos hicieron justicia con Joás, [25] y cuando se fueron, lo dejaron gravemente enfermo. Sus servidores tramaron una conspiración contra él para vengar la sangre del hijo del sacerdote Iehoiadá, y lo mataron cuando estaba en su lecho. Así murió, y fue sepultado en la Ciudad de David, pero no en el sepulcro de los reyes. [26] Los conjurados fueron Zabad, hijo de Simat, la amonita, y Jozabad, hijo de Simrit, la moabita.

[27] Todo lo que se refiere a sus hijos, a los numerosos oráculos pronunciados contra él y a la restauración de la Casa de Dios, está escrito en el Comentario al libro de los Reyes.

Su hijo Amasías reinó en lugar de él.

El reinado de Amasías en Judá (811-782)
2 Re 14 1-6

25 1 Amasías tenía veinticinco años cuando
comenzó a reinar, y reinó veintinueve
años en Jerusalén. Su madre se llamaba Iehoadán, y era de Jerusalén. 2 Él hizo lo que es recto
a los ojos del Señor, aunque no de todo corazón. 3 Cuando su poder real quedó plenamente afianzado, mató a los servidores que habían
dado muerte al rey, su padre. 4 Pero no hizo
morir a los hijos de ellos, cumpliendo lo que
está escrito en la Ley, en el libro de Moisés,
donde el Señor prescribió lo siguiente: «*Los padres no morirán por las culpas de los hijos, ni los hijos por las de los padres, sino que cada uno morirá
por su propio pecado*».

La victoria de Amasías sobre Edom
2 Re 14 7

5 Amasías reunió a la gente de Judá y puso
al frente de todo Judá y de Benjamín, agrupados por familias, jefes de mil y de cien hombres. Registró a los que tenían más de veinte
años, y comprobó que había trescientos mil
guerreros aptos para salir en campaña, armados de lanza y escudo. 6 Luego reclutó cien
mil mercenarios de Israel, por cien talentos
de plata. 7 Pero un hombre de Dios se presentó ante él y le dijo: «Que no vaya contigo, rey,
un ejército de Israel, porque el Señor no está
con Israel, con esos efraimitas. 8 Si ellos te
acompañan, por más que luches valerosamente, Dios te hará caer ante el enemigo. Porque es Dios el que tiene poder para socorrer y
derribar». 9 Pero Amasías dijo al hombre de
Dios: «¿Y qué pasa con los cien talentos de
plata que entregué a la tropa de Israel?». El
hombre de Dios respondió: «El Señor puede
darte mucho más». 10 Entonces Amasías licenció a la tropa que había venido de Efraím, para que se fueran a su tierra. Ellos se indignaron contra Judá y volvieron enfurecidos a su
tierra.
11 Amasías se sintió fuerte y avanzó al frente de sus tropas hasta el valle de la Sal, donde
mató a diez mil hombres de Seír. 12 Los hombres de Judá capturaron vivo a otros diez mil
y los llevaron hasta la cumbre de La Roca.
Desde allí los despeñaron, y todos murieron
destrozados. 13 Mientras tanto, las tropas que
Amasías había despedido para que no fueran
con él a la guerra, invadieron las ciudades de
Judá, desde Samaría hasta Bet Jorón, y mataron a tres mil personas, recogiendo además
un gran botín.

La infidelidad de Amasías

14 Después que Amasías volvió de derrotar
a los edomitas, introdujo a los dioses de los
habitantes de Seír y los tomó como propios,
se postró delante de ellos y les quemó incienso. 15 Entonces la ira del Señor se encendió
contra Amasías y le envió un profeta para decirle: «¿Por qué has buscado a los dioses de
esa gente, que no han podido salvar a su pueblo de tus manos?». 16 Mientras el profeta le
estaba hablando, Amasías le replicó: «¿Quién
te ha nombrado consejero del rey? ¡No insistas! ¿O quieres que te maten?». El profeta desistió, no sin antes decir: «Yo sé que Dios ha
decidido destruirte, por haber hecho esto y
no haber escuchado mi consejo».

La derrota de Amasías frente a Israel
2 Re 14 8-14

17 Después de hacerse aconsejar, Amasías,
rey de Judá, envió mensajeros a Joás, hijo de
Joacaz, hijo de Jehú, rey de Israel, para decirle: «¡Ven a enfrentarte conmigo cara a cara!».
18 Pero Joás, rey de Israel, mandó a decir a
Amasías, rey de Judá: «El cardo del Líbano
mandó a decir al cedro del Líbano: Dale tu hija por esposa a mi hijo. Pero un animal salvaje del Líbano pasó y pisoteó el cardo. 19 Tú
dices: "He derrotado a Edom", y por eso tu
corazón se ha engreído y se gloría. ¡Quédate
ahora en tu casa! ¿Para qué comprometerte
en una guerra desastrosa y sucumbir, tú y Judá contigo?».
20 Amasías no hizo caso, porque Dios así lo
había dispuesto, para entregarlo en manos de
Joás por haber venerado a los dioses de
Edom. 21 Entonces subió Joás, rey de Israel, y
se enfrentaron él y Amasías, rey de Judá, en
Bet Semes de Judá. 22 Judá cayó derrotado ante Israel, y cada uno huyó a su tienda. 23 Joás,
rey de Israel, tomó prisionero en Bet Semes a
Amasías, hijo de Joás, hijo de Ocozías, rey de
Judá. Lo llevó a Jerusalén y abrió una brecha
de doscientos metros en el muro de Jerusalén,
desde la puerta de Efraím hasta la puerta del
Ángulo. 24 Se apoderó de todo el oro y la plata y de todos los objetos que se hallaban en la
Casa de Dios, al cuidado de Obededom; se
llevó los tesoros de la casa del rey y algunos
rehenes, y se volvió a Samaría.

Fin del reinado de Amasías
2 Re 14 17-20

25 Amasías, hijo de Joás, rey de Judá, vivió
quince años después de la muerte de Joás, hijo de Joacaz, rey de Israel.
26 El resto de los hechos de Amasías, desde
el comienzo hasta el fin, ¿no está escrito en el
Libro de los reyes de Judá y de Israel? 27 A partir del momento en que Amasías dejó de seguir al Señor, se urdió una conspiración contra él en Jerusalén. Él huyó a Laquis, pero lo
hicieron perseguir hasta Laquis y allí le dieron muerte. 28 Después lo trasladaron sobre
unos caballos, y fue sepultado con sus padres
en la Ciudad de David.

El reinado de Ozías en Judá (781-740)

2 Re 14 21-22 / 15 1-3

26 [1]Todo el pueblo de Judá tomó a Ozías, que tenía dieciséis años, y lo proclamaron rey en lugar de su padre Amasías. [2]Él fue quien reconstruyó Elat y la recuperó para Judá después de la muerte del rey. [3]Ozías tenía dieciséis años cuando comenzó a reinar, y reinó cincuenta y dos años en Jerusalén. Su madre se llamaba Jecolías, y era de Jerusalén. [4]Él hizo lo que es recto a los ojos del Señor, tal como lo había hecho su padre Amasías. [5]Buscó a Dios durante la vida de Zacarías, que lo había instruido en el temor de Dios, y mientras buscó al Señor, Dios lo hizo prosperar.

Victorias y poderío de Ozías

[6]Ozías salió a combatir contra los filisteos y derribó las murallas de Gat, de Iabné y de Asdod. Después construyó fortalezas en Asdod y en la región de los filisteos. [7]Dios lo ayudó contra los filisteos, contra los árabes que habitaban en Gur Baal y contra los meonitas. [8]Los amonitas le pagaban tributo, y su fama se extendió hasta las fronteras de Egipto, porque se había hecho muy poderoso. [9]Además, construyó torres en Jerusalén, en la puerta del Ángulo, en la puerta del Valle y en la Esquina, y las fortificó. [10]También construyó torres en el desierto y abrió muchas cisternas, porque tenía abundante ganado en la llanura y en la meseta. Tenía además labradores y viñadores en las montañas y en los viñedos, ya que era amante de la agricultura.

[11]Ozías tenía un ejército equipado para la guerra y pronto para salir en campaña, agrupado según el censo realizado por el escriba Ieiel y el secretario Maaseías. Este ejército estaba a las órdenes de Jananías, uno de los oficiales del rey. [12]Los jefes de familia que estaban al frente de esos guerreros valerosos sumaban en total dos mil seiscientos. [13]Estos tenían bajo su mando un ejército de trescientos siete mil quinientos soldados, capacitados para ayudar valientemente al rey contra sus enemigos. [14]Ozías proveyó a todo este ejército de escudos, lanzas, cascos, corazas, arcos y hondas. [15]Además, mandó construir en Jerusalén máquinas de guerra ideadas por expertos, para ser colocadas sobre las torres y los ángulos, a fin de arrojar flechas y grandes piedras. Su fama se extendió hasta muy lejos, porque con la ayuda extraordinaria de Dios llegó a hacerse fuerte.

El pecado y el castigo de Ozías

[16]Pero cuando se hizo fuerte, su corazón se ensoberbeció hasta pervertirse, y se rebeló contra el Señor, su Dios, entrando en el Templo del Señor para ofrecer incienso sobre el altar de los perfumes. [17]Detrás de él entró el sacerdote Azarías con otros ochenta sacerdotes del Señor, hombres valerosos, [18]los cuales se opusieron al rey Ozías, diciéndole: «Ozías, no te corresponde a ti ofrecer incienso al Señor, sino a los sacerdotes hijos de Aarón, que han sido consagrados para quemar el incienso. Aléjate del Santuario, porque te has rebelado, y eso no será para ti un título de gloria a los ojos del Señor Dios».

[19]Ozías, que tenía el incensario en la mano para ofrecer el incienso, se enfureció contra los sacerdotes. Pero en ese mismo momento le brotó lepra en su frente, delante de los sacerdotes, en el Templo del Señor, junto al altar de los perfumes. [20]El Sumo Sacerdote Azarías y todos los demás sacerdotes, al volverse hacia él, vieron que tenía lepra en la frente. Entonces lo expulsaron de allí, y él mismo se apresuró a salir porque el Señor lo había herido.

Fin del reinado de Ozías

2 Re 15 5-7

[21]El rey Ozías quedó leproso hasta el día de su muerte. Tuvo que habitar en una casa apartada, porque estaba excluido de la Casa del Señor a causa de su lepra. Su hijo Jotam estaba al frente del palacio real y gobernaba a todo el pueblo del país.

[22]El resto de los hechos de Ozías, desde el comienzo hasta el fin, fue escrito por el profeta Isaías, hijo de Amós. [23]Ozías se fue a descansar con sus padres, y lo sepultaron con ellos en el campo adyacente a la sepultura de los reyes, porque dijeron: «Es un leproso». Su hijo Jotam reinó en lugar de él.

El reinado de Jotam en Judá (740-735)

2 Re 15 32-38

27 [1]Jotam tenía veinticinco años cuando comenzó a reinar, y reinó dieciséis años en Jerusalén. Su madre se llamaba Ierusá y era hija de Sadoc. [2]Él hizo lo que es recto a los ojos del Señor, como había hecho su padre Ozías, pero no entró en el Templo del Señor. Mientras tanto, el pueblo seguía corrompiéndose.

[3]Fue él quien construyó la puerta superior de la Casa del Señor, e hizo muchas obras en el muro del Ofel. [4]Construyó asimismo ciudades en la montaña de Judá, y edificó fortines y torres en los bosques. [5]Combatió contra el rey de los amonitas y lo venció. Aquel año, los amonitas le entregaron cien talentos de plata, diez mil medidas de trigo y diez mil de cebada. Lo mismo le pagaron el segundo y el tercer año. [6]Jotam se hizo poderoso, porque procedía rectamente ante el Señor, su Dios.

[7]El resto de los hechos de Jotam, sus guerras y sus proezas, están escritas en el Libro de los reyes de Israel y de Judá. [8]Tenía veinticinco años cuando comenzó a reinar, y reinó dieciséis años en Jerusalén. [9]Jotam se fue a descansar con sus padres, y lo sepultaron en la Ciudad de David. Su hijo Ajaz reinó en lugar de él.

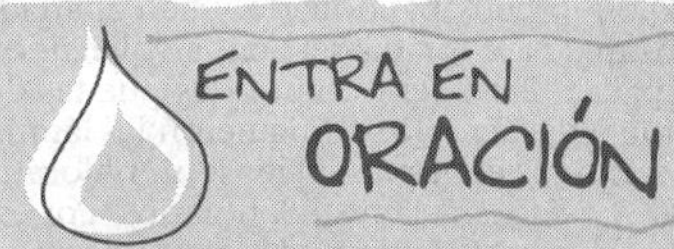

¿Te urge una renovación mayor?

El pueblo abandonó el Templo de Jerusalén por mucho tiempo. Al principio del reinado de Ezequías, estaba tan deteriorado y urgido de intensos esfuerzos para ponerlo en orden, que el rey Ezequías se propuso renovarlo y realizar una reforma religiosa.

A veces nuestra vida de oración sufre también de abandono. Estamos muy ocupados y no damos tiempo a la oración. Cuando decidimos intensificar nuestra relación con Dios por medio de ella, necesitamos un esfuerzo constante para librarnos de nuestros malos hábitos.

Imagina tu vida de oración como si fueras tú el templo. ¿Cómo se ve? ¿Necesitas desempolvarte un poco? ¿Estás lleno de telarañas? ¿Tienes rota la tubería por donde corre la gracia? ¿Tienes fundidos los fusibles y necesitas contacto con el Espíritu para ser luz para los demás? ¿Te urge una renovación mayor? ¿Qué puedes hacer para asegurarte de que no abandonarás tu vida de oración?

2 Cr 29

El reinado de Ajaz en Judá (735-716)

2 Re 16 2-4

28 1 Ajaz tenía veinte años cuando comenzó a reinar, y reinó dieciséis años en Jerusalén. Él no hizo lo que es recto a los ojos
del Señor, a diferencia de su padre David. 2 Siguió los caminos de los reyes de Israel, e incluso hizo ídolos de metal fundido para los
Baales. 3 Quemó incienso en el valle de Ben
Hinnom e inmoló a sus hijos en el fuego, según las costumbres abominables de las naciones que el Señor había desposeído delante
de los israelitas. 4 Ofreció sacrificios y quemó
incienso en los lugares altos, sobre las colinas
y bajo todo árbol frondoso.

La invasión siroefraimita

5 Entonces el Señor, su Dios, lo entregó en
manos del rey de los arameos. Estos lo derrotaron y capturaron gran cantidad de prisioneros que fueron llevados a Damasco. También
fue entregado en manos del rey de Israel, que
le infligió una gran derrota: 6 Pécaj, hijo de
Remalías, mató en un solo día a ciento veinte
mil hombres valientes de Judá, porque habían abandonado al Señor, el Dios de sus padres. 7 Zicrí, un hombre valiente de Efraím,
mató a Maaseías, hijo del rey, a Azricam, mayordomo del palacio, y a Elcaná, que ocupaba el segundo lugar después del rey. 8 Los israelitas capturaron doscientos mil prisioneros
entre las mujeres, los hijos y las hijas de sus
hermanos; también les arrebataron un enorme botín y se lo llevaron a Samaría.

El reproche del profeta Obed a los israelitas

9 Había allí un profeta del Señor, llamado
Obed. Él salió al encuentro del ejército que llegaba a Samaría y les dijo: «El Señor, el Dios de
sus padres, se enfureció contra Judá y lo entregó en manos de ustedes. ¡Pero ustedes los han
masacrado con una furia tal que clama al cielo!
10 ¡Y ahora pretenden convertir a los habitantes
de Judá y de Jerusalén en esclavos y esclavas de
ustedes! ¿Acaso no son ustedes los verdaderos
culpables delante del Señor, su Dios? 11 Por eso,
escúchenme y devuelvan los prisioneros que
han capturado entre sus hermanos, porque la
ira del Señor se ha encendido contra ustedes».

La devolución de los prisioneros de Judá

12 Entonces Azarías, hijo de Iojanam, Berequías, hijo de Mesilemot, Ezequías, hijo de Salum y Amasá, hijo de Jadlai —que eran algunos
de los jefes de los efraimitas—, se levantaron
contra los que regresaban de la expedición 13 y
les dijeron: «¡No traigan aquí a esos prisioneros, porque nos haríamos culpables delante del
Señor! Ustedes tratan de aumentar nuestros pecados y nuestras culpas, siendo así que nuestra
culpa es ya demasiado grande y la ira del Señor
pesa sobre Israel».
14 Los soldados abandonaron a los prisioneros y el botín delante de los jefes y de toda la
asamblea, 15 y algunos hombres, designados expresamente, se hicieron cargo de los prisioneros: vistieron a los que estaban desnudos con lo
que habían recogido en el botín, les dieron ropa y calzado; los alimentaron, les dieron de beber y los perfumaron. Finalmente, los llevaron
de vuelta, cargando sobre asnos a los que estaban débiles, y los condujeron hasta Jericó, la
ciudad de las Palmeras, junto a sus hermanos.
Después regresaron a Samaría.

El recurso de Ajaz al rey de Asiria

2 Re 16 7.8.12-13.17

16 En ese tiempo, el rey Ajaz mandó a pedir
auxilio a los reyes de Asiria. 17 Porque los edomitas habían invadido de nuevo y derrotado a
Judá, llevándose algunos prisioneros. 18 Los filisteos habían saqueado las ciudades de la Sefelá y del Négueb de Judá, se habían apodera-

do de Bet Semes, Aialón y Gederot, y también de Socó, Timná y Guimzó, con sus respectivos poblados, estableciéndose en ellas. 19 Así el Señor humillaba a Judá por culpa de Ajaz, rey de Judá, que había fomentado el desenfreno en Judá y se había rebelado contra el Señor.

20 Tiglat Piléser, rey de Asiria, en lugar de apoyarlo, lo atacó y lo sitió. 21 Ajaz tuvo que despojar la Casa del Señor, el palacio real y las casas de los príncipes, y le entregó todo al rey de Asiria; pero esto no le sirvió de nada.

La impiedad de Ajaz

22 Incluso durante el asedio, el rey Ajaz persistió en su rebeldía contra el Señor. 23 Él mismo ofreció sacrificios a los dioses de Damasco que lo habían derrotado, diciendo: «Ya que estos dioses ayudan a los reyes de Aram, yo les ofreceré sacrificios para que me ayuden también a mí». Pero ellos causaron su ruina y la de todo Israel. 24 Ajaz juntó los utensilios de la Casa de Dios y los hizo pedazos, cerró las puertas de la Casa del Señor y se edificó altares en todos los rincones de Jerusalén; 25 y en cada una de las ciudades de Judá construyó lugares altos para quemar incienso a los dioses extranjeros, provocando así la indignación del Señor, el Dios de sus padres.

Fin del reinado de Ajaz

2 Re 16 19-20

26 El resto de los hechos de Ajaz y todas sus acciones, desde el comienzo hasta el fin, están escritos en el Libro de los reyes de Judá y de Israel. 27 Ajaz se fue a descansar con sus padres y lo sepultaron en la ciudad de Jerusalén, pero no lo llevaron al sepulcro de los reyes de Israel. Su hijo Ezequías reinó en lugar de él.

El reinado de Ezequías en Judá (716-687)

2 Re 18 1-3

29 1 Ezequías tenía veintinueve años cuando comenzó a reinar, y reinó veinticinco años en Jerusalén. Su madre se llamaba Abiá y era hija de Zacarías. 2 Él hizo lo que es recto a los ojos del Señor, tal como lo había hecho su padre David.

La reforma religiosa de Ezequías

3 En el primer mes del primer año de su reinado, Ezequías abrió las puertas de la Casa del Señor y las restauró. 4 Después convocó a los sacerdotes y a los levitas, los reunió en el atrio oriental 5 y les dijo: «¡Escúchenme, levitas! Purifíquense ahora y purifiquen la Casa del Señor, el Dios de sus padres, eliminando todas las impurezas que hay en el Santuario. 6 Porque nuestros padres se han rebelado y han hecho lo que es malo a los ojos del Señor, nuestro Dios; lo han abandonado y han apartado su rostro de la Morada del Señor, volviéndole la espalda. 7 También cerraron las puertas del Vestíbulo del Templo, extinguieron las lámparas y no ofrecieron más incienso ni holocaustos al Dios de Israel en su Santuario. 8 Por eso el Señor se irritó contra Judá y Jerusalén, y lo convirtió en objeto de horror, de estupor y de burla, como ustedes pueden ver con sus propios ojos. 9 ¡Por eso nuestros padres cayeron bajo la espada, y fueron llevados al cautiverio nuestros hijos, nuestras hijas y nuestras mujeres! 10 Ahora yo quiero hacer una alianza con el Señor, el Dios de Israel, para que aparte de nosotros el ardor de su ira. 11 No sean negligentes, hijos míos, ya que el Señor los eligió a ustedes para que estén en su presencia, lo sirvan, le rindan culto y le ofrezcan incienso».

La purificación del Templo

12 Entonces se presentaron los levitas: De los descendientes de Quehat: Majat, hijo de Amasai, y Joel, hijo de Azarías; de los descendientes de Merarí: Quis, hijo de Abdí, y Azarías, hijo de Iehalelel; de los descendientes de Gersón: Ioaj, hijo de Zimá, y Eden, hijo de Ioaj; 13 de los descendientes de Elisafán: Simrí y Ieiel; de los descendientes de Asaf: Zacarías y Matanías; 14 de los descendientes de Hemán: Iejiel y Simei; de los descendientes de Iedutún: Semaías y Uziel.

15 Estos reunieron a sus hermanos, se purificaron y luego fueron a purificar el Templo del Señor, conforme a la orden del rey y según la palabra del Señor. 16 Después, los sacerdotes entraron en el interior de la Casa del Señor para purificarla, y sacaron al atrio todos los objetos impuros que encontraron en el Templo del Señor: allí los recogían los levitas y los arrojaban al torrente del Cedrón. 17 El primer día del primer mes comenzaron la purificación, y al octavo día llegaron al Vestíbulo del Santuario. Emplearon otros ocho días en purificar la Casa del Señor, de manera que la purificación quedó concluida el día dieciséis del primer mes.

18 Entonces entraron a las habitaciones del rey Ezequías y le dijeron: «Hemos purificado toda la Casa del Señor, el altar de los holocaustos con todos sus utensilios, y la mesa de los panes de la ofrenda con todos sus utensilios. 19 Hemos restaurado y purificado todos los objetos que el rey Ajaz había profanado con sus rebeldías durante su reinado: ahora están delante del altar del Señor».

El sacrificio de expiación

20 El rey Ezequías se levantó de madrugada, reunió a los jefes de la ciudad y subió a la Casa del Señor. 21 Trajeron siete terneros, siete carneros, siete corderos y siete chivos para ofrecerlos en sacrificio expiatorio por el rei-

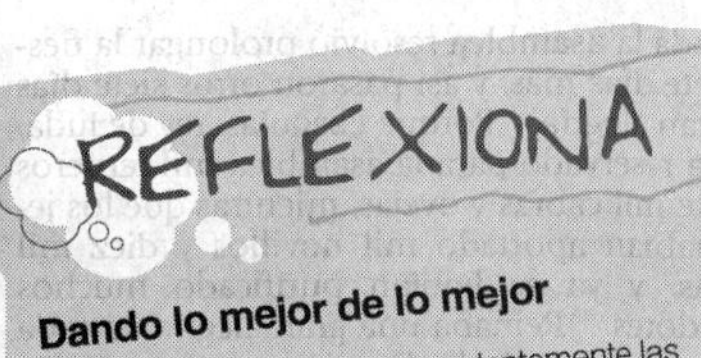

Dando lo mejor de lo mejor

«Los israelitas aportaron abundantemente las primicias del trigo, del vino nuevo, del aceite fresco, de la miel y de todos los productos del campo, y entregaron en abundancia el diezmo de todo» (2 Cr 31 5). De eso se trata: de ser generoso con lo mejor que tenemos, dar lo que más apreciamos, no solo lo que no necesitamos.

Piensa en lo mejor que tienes, incluyendo tu tiempo y tus talentos. ¿Hay alguien que pueda beneficiarse de tu amistad, tu risa, tu compañía, tu energía? No dejes para mañana lo que puedes hacer hoy.

2 Cr 31 2-10

no, por el Santuario y por Judá, y el rey ordenó a los sacerdotes, hijos de Aarón, que los
ofrecieran en holocausto sobre el altar del Señor. 22 Primero inmolaron los terneros, y los
sacerdotes recogieron la sangre y con ella hicieron una aspersión sobre el altar. Luego inmolaron los carneros y con su sangre hicieron
una aspersión sobre el altar. Después inmolaron los corderos y con su sangre hicieron una
aspersión sobre el altar. 23 Por último, acercaron los chivos para el sacrificio expiatorio y
los colocaron delante del rey y de la asamblea
para que les impusieran las manos. 24 Los
sacerdotes los inmolaron, y con la sangre derramada sobre el altar ofrecieron un sacrificio
expiatorio por todo Israel, porque el rey había ordenado que el holocausto y el sacrificio
expiatorio se ofreciera por todo Israel.
25 El rey instaló a los levitas en el Templo del
Señor, con címbalos, arpas y cítaras, como lo
habían ordenado David, Gad, el vidente del
rey, y el profeta Natán: este era, en efecto, un
mandamiento de Dios, que había sido dado
por medio de sus profetas. 26 Cuando los levitas
estuvieron preparados con los instrumentos de
David y los sacerdotes con las trompetas, 27 Ezequías ordenó que se ofreciera el holocausto sobre el altar. En el momento de comenzar el holocausto, comenzaron también los cantos del
Señor y sonaron las trompetas acompañadas
por los instrumentos de David, rey de Israel.
28 Toda la asamblea permaneció postrada,
mientras se cantaban los himnos y resonaban
las trompetas, hasta que terminó el holocausto.
29 Cuando se terminó de ofrecer el holocausto, el rey y todos los que lo acompañaban doblaron sus rodillas y se postraron.
30 Después, el rey Ezequías y los jefes ordenaron a los levitas que alabaran al Señor con las
palabras de David y de Asaf, el vidente. Ellos
cantaron jubilosamente las alabanzas e, inclinándose, se postraron.
31 Ezequías tomó la palabra y dijo: «Ahora
que ustedes han sido consagrados al Señor,
acérquense y presenten en la Casa del Señor
sacrificios y ofrendas de acción de gracias».
Entonces la asamblea ofreció sacrificios y
ofrendas de acción de gracias, y los que eran
generosos presentaron también holocaustos.
32 El número de holocaustos que ofreció la
asamblea fue de setenta terneros, cien carneros
y doscientos corderos. Todo esto se ofreció como holocausto al Señor. 33 Se consagraron también seiscientos terneros y tres mil cabras y
ovejas. 34 Pero como los sacerdotes eran pocos
y no daban abasto para degollar todas las víctimas de los holocaustos, sus hermanos levitas
les ayudaron hasta que el trabajo quedó concluido y los sacerdotes se purificaron, porque
los levitas se habían mostrado más dispuestos
a purificarse que los sacerdotes. 35 Hubo una
gran cantidad de holocaustos, además de la
grasa de los sacrificios de comunión y de las libaciones para los holocaustos. Así quedó restablecido el culto en la Casa del Señor. 36 Ezequías y todo el pueblo se alegraron de que Dios
hubiera predispuesto al pueblo, ya que todo
pudo hacerse tan rápidamente.

Proclamación de la Pascua

30 1 Entonces Ezequías dio órdenes a todo
Israel y Judá, y también escribió cartas a
Efraím y a Manasés para que acudieran a la casa del Señor, en Jerusalén, a celebrar la Pascua
en honor del Señor, el Dios de Israel. 2 El rey,
sus jefes y toda la asamblea de Jerusalén se pusieron de acuerdo para celebrar esta Pascua en
el segundo mes, 3 ya que no habían podido celebrarla a su debido tiempo, porque los sacerdotes no se habían purificado en número suficiente y el pueblo no se había reunido en
Jerusalén. 4 Esto pareció bien al rey y a toda la
asamblea, 5 y decidieron anunciarlo a todo Israel, desde Berseba hasta Dan, para que fueran
a celebrar la Pascua en honor del Señor, el Dios
de Israel, en Jerusalén, porque la mayoría no la
había celebrado como estaba prescrito.
6 Los enviados recorrieron todo Israel y Judá
con las cartas del rey y de sus jefes. En ellas se
decía lo siguiente, conforme a la orden del rey:
«Israelitas: vuelvan al Señor, el Dios de Abraham, de Isaac y de Israel, y él se volverá al resto
que ha quedado de ustedes, a los que han escapado de las manos de los reyes de Asiria. 7 No
sean como sus padres y sus hermanos, que se
rebelaron contra el Señor, el Dios de sus padres,
y por eso él los entregó a la devastación, como
ustedes lo están viendo. 8 No se obstinen como

sus padres, extiendan sus manos hacia el Señor y entren en el Santuario que él ha santificado para siempre. Sirvan al Señor, su Dios, y el ardor de su ira se apartará de ustedes. 9 Si ustedes se convierten al Señor, sus hermanos y sus hijos serán tratados con misericordia por aquellos que los han deportado, y podrán volver a esta tierra, porque el Señor, su Dios, es bondadoso y compasivo: él no apartará su rostro de ustedes si ustedes vuelven a él». 10 Los enviados fueron de ciudad en ciudad, por el territorio de Efraím y Manasés hasta Zabulón, pero todos se reían y se burlaban de ellos. 11 Solamente algunos hombres de Aser, de Manasés y de Zabulón se sometieron y fueron a Jerusalén. 12 Pero fue sobre todo en Judá donde la mano del Señor movió los corazones para que se cumpliera unánimemente la orden del rey y de los jefes, conforme a la palabra del Señor.

Celebración de la Pascua y de los Ácimos

13 Una gran multitud se reunió en Jerusalén para celebrar la fiesta de los Ácimos en el segundo mes: fue una asamblea muy numerosa. 14 Primero retiraron los altares que había en Jerusalén y todos los altares para el incienso, y los arrojaron al torrente Cedrón. 15 Luego inmolaron la Pascua el día catorce del segundo mes. Llenos de compunción, los sacerdotes y los levitas se purificaron y ofrecieron holocaustos en el Templo del Señor. 16 Ocuparon sus puestos, conforme al ritual según la ley de Moisés, el hombre de Dios, y los sacerdotes hacían aspersiones con la sangre que recibían de manos de los levitas. 17 Como en la asamblea había muchos que no se habían purificado, los levitas se encargaron de inmolar las víctimas pascuales de todos los que no estaban debidamente purificados para consagrarlos al Señor. 18 En efecto, una gran parte del pueblo, sobre todo de Efraím, de Manasés, de Isacar y de Zabulón, no se habían purificado y, sin embargo, comieron la Pascua sin ajustarse a lo prescrito. Pero Ezequías rogó por ellos, diciendo: «¡Que el Señor por su bondad perdone 19 a todos los que están dispuestos a buscar de corazón a Dios, el Señor, el Dios de sus padres, aunque no tengan la pureza requerida para las cosas santas!». 20 El Señor escuchó a Ezequías y perdonó al pueblo.

21 Los israelitas que se encontraban en Jerusalén celebraron con gran alegría la fiesta de los Ácimos durante siete días, mientras los levitas y los sacerdotes alababan diariamente al Señor con todas sus fuerzas. 22 Ezequías habló cordialmente a todos los levitas que se habían aplicado con tanto acierto al servicio del Señor. Y así continuaron la solemnidad durante siete días, ofreciendo los sacrificios de comunión y alabando al Señor, el Dios de sus padres. 23 Luego toda la asamblea resolvió prolongar la fiesta siete días más, y así pasaron otros siete días de gran alegría. 24 Porque Ezequías, rey de Judá, había reservado para la asamblea mil terneros y siete mil cabras y ovejas, mientras que los jefes habían aportado mil novillos y diez mil ovejas, y ya se habían purificado muchos sacerdotes. 25 Reinaba una gran alegría en toda la asamblea de Judá, lo mismo que entre los sacerdotes y levitas, entre los que habían llegado de Israel, los forasteros que llegaban del territorio de Israel y los habitantes de Judá. 26 Hubo una alegría muy grande en Jerusalén, porque desde los tiempos de Salomón, hijo de David, rey de Israel, no había sucedido nada semejante en Jerusalén. 27 Después, los sacerdotes levíticos se pusieron a bendecir al pueblo: su voz fue escuchada y su oración llegó hasta la santa morada de Dios en el cielo.

Medidas contra la idolatría

31 1 Una vez terminada la fiesta, los israelitas que se encontraban allí salieron por las ciudades de Judá y destrozaron las piedras conmemorativas, talaron los postes sagrados y demolieron los lugares altos y los altares de todo Judá y Benjamín, y también los de Efraím y Manasés, hasta destruirlos completamente. Luego todos los israelitas regresaron a sus ciudades, cada uno a su posesión.

La reorganización del servicio del Templo

2 Ezequías restableció las clases de los sacerdotes y levitas, clase por clase, cada una según su servicio sacerdotal o levítico, para ofrecer los holocaustos y los sacrificios de comunión, para servir al culto y cantar alabanzas e himnos en las puertas del campamento del Señor. 3 El rey destinó una parte de sus rentas para los holocaustos de la mañana y de la tarde, de los sábados, de los novilunios y de las solemnidades, como está escrito en la Ley del Señor. 4 Luego mandó al pueblo que habitaba en Jerusalén que entregara la parte correspondiente a los sacerdotes y levitas, a fin de que estos pudieran dedicarse enteramente a la Ley del Señor. 5 Cuando se promulgó la orden, los israelitas aportaron abundantemente las primicias del trigo, del vino nuevo, del aceite fresco, de la miel y de todos los productos del campo, y entregaron en abundancia el diezmo de todo. 6 También la gente de Israel y de Judá que habitaba en las ciudades de Judá entregó el diezmo del ganado mayor y menor, como asimismo el diezmo de las cosas santas consagradas al Señor, acumulándolas en montones. 7 Comenzaron a hacer los montones en el tercer mes, y en el séptimo ya habían terminado. 8 Ezequías y los jefes fueron a ver los montones, y bendijeron al Señor y a su pueblo Israel.

9 Ezequías pidió información a los sacerdotes y a los levitas acerca de esos montones, 10 y Azarías, el Sumo Sacerdote, de la casa de Sadoc, le respondió: «Desde que empezaron a traer las ofrendas a la Casa del Señor, hemos comido hasta saciarnos y ha sobrado muchísimo, porque el Señor ha bendecido a su pueblo: toda esta cantidad es lo que ha sobrado». 11 Ezequías mandó preparar unas despensas en la Casa del Señor. Así lo hicieron, 12 y todos llevaron puntualmente las ofrendas, los diezmos y los dones consagrados. El levita Conanías era el encargado principal y tenía a su hermano Simei como ayudante. 13 Iejiel, Azazías, Nájat, Azael, Ierimot, Ioazabad, Eliel, Ismaquías, Májat y Benaías eran los inspectores, a las órdenes de Conanías y de su hermano Simei, por disposición del rey Ezequías y de Azarías, el mayordomo de la Casa de Dios. 14 El levita Coré, hijo de Imná, guardián de la puerta de Oriente, estaba encargado de las ofrendas voluntarias hechas a Dios, para administrar las ofrendas del Señor y los dones santísimos. 15 Él tenía bajo sus órdenes a Eden, Miniamín, Josué, Semaías, Amarías y Secanías, repartidos permanentemente en las ciudades sacerdotales para proveer a sus hermanos, tanto pequeños como grandes, según sus clases: 16 además de los que estaban inscritos en el registro de los varones, de tres años para arriba, todos los que entraban en la Casa del Señor recibían cada día su parte, según sus funciones y sus clases. 17 La inscripción de los sacerdotes se hacía por casas paternas, y la de los levitas —a partir de los veinte años— por funciones y por clases. 18 Esa inscripción valía para toda la familia —para sus mujeres, sus hijos e hijas—, es decir, para toda la asamblea, porque estaban consagrados fielmente al servicio de las cosas santas. 19 En cuanto a los hijos de Aarón, a los sacerdotes que vivían en los campos suburbanos de sus respectivas ciudades, había para cada ciudad personas designadas expresamente, con el fin de repartir las provisiones a todos los varones de familia sacerdotal y a todos los levitas inscritos en el registro.

20 Así procedió Ezequías en todo Judá, e hizo lo que es bueno, recto y leal delante del Señor, su Dios. 21 En todas las obras que emprendió por el servicio de la Casa de Dios, por la Ley y los mandamientos, obró buscando a Dios de todo corazón, y tuvo éxito.

La invasión de Senaquerib

2 Re 18 13 / Is 36 1

32 1 Después de estos acontecimientos y de todas estas pruebas de fidelidad, Senaquerib, rey de Asiria, invadió Judá, sitió las ciudades fortificadas y mandó expugnarlas. 2 Cuando Ezequías vio que Senaquerib había venido con la intención de atacar a Jerusalén, 3 consultó a sus jefes y a sus guerreros sobre la conveniencia de cortar el agua de las fuentes que estaban fuera de la ciudad, y ellos lo apoyaron. 4 Entonces se reunió una gran multitud y taparon todas las fuentes y el arroyo que corría en medio de esa región, diciendo: «Así, cuando lleguen los reyes de Asiria, no encontrarán agua en abundancia».

5 Ezequías obró con decisión: reparó todas las brechas de la muralla, levantó torres sobre ella y otro muro por fuera, fortificó el Miló en la Ciudad de David y fabricó gran cantidad de dardos y escudos. 6 También puso jefes militares al frente del pueblo, los reunió junto a él en la plaza de la puerta de la ciudad, y los animó diciéndoles: 7 «¡Sean fuertes y tengan valor! No teman ni se acobarden ante el rey de Asiria y ante toda la multitud que lo acompaña, porque el que está con nosotros es más poderoso que el que está con él. 8 Con él no hay más que un brazo de carne, pero con nosotros está el Señor, nuestro Dios, para socorrernos y combatir a nuestro lado». El pueblo se sintió reconfortado por las palabras de Ezequías, rey de Judá.

Amenazas de Senaquerib contra Jerusalén

2 Re 18 17-37 / Is 36 2-22

9 Después de esto, Senaquerib, rey de Asiria, que se encontraba en Laquis con todas sus tropas, envió a sus servidores a Jerusalén para decir a Ezequías, rey de Judá, y a todo el pueblo de Judá que estaba en Jerusalén: 10 «Así habla Senaquerib, rey de Asiria: ¿En qué confían ustedes para permanecer sitiados en Jerusalén? 11 ¿No ven que Ezequías los está engañando y que él los expone a morir de hambre y de sed, cuando dice: "El Señor, nuestro Dios, nos librará de la mano del rey de Asiria"? 12 ¿No ha sido el mismo Ezequías el que eliminó sus lugares altos y sus altares, diciendo a Judá y a Jerusalén: "Solo ante un altar se postrarán y sobre él quemarán incienso"? 13 Ustedes saben muy bien lo que hemos hecho, yo y mis padres, a todos los pueblos de las diversas regiones. ¿Acaso los dioses de esas naciones pudieron salvar a sus países de mis manos? 14 Entre todos los dioses de esas naciones que mis padres consagraron al exterminio, ¿hubo alguno capaz de librar a su pueblo de mis manos? ¡Tampoco su dios podrá entonces librarlos a ustedes! 15 ¡Que Ezequías no los engañe ni los seduzca de esa manera! No le crean, porque ningún dios de ninguna nación ni de ningún reino pudo salvar a su pueblo de mis manos ni de las manos de mis padres: ¡cuánto menos su dios podrá librarlos a ustedes!».

16 Mientras los servidores de Senaquerib seguían hablando contra el Señor Dios y contra Ezequías, su servidor, 17 Senaquerib escribió una carta para ultrajar al Señor, el Dios de Israel, y desafiarlo en estos términos: «Así como en los otros países los dioses de las naciones no han

podido librar a sus pueblos, tampoco podrá el dios de Ezequías librar a su pueblo de mis manos». [18] Los servidores de Senaquerib gritaban a voz en cuello, en lengua hebrea, al pueblo de Jerusalén que se hallaba sobre la muralla, para intimidarlos y asustarlos, a fin de apoderarse de la ciudad. [19] Y hablaban del Dios de Jerusalén como si fuera uno de los dioses de los pueblos de la tierra, obra de manos humanas.

Retirada y muerte de Senaquerib

2 Re 19 35-37 / Is 37 36-38

[20] El rey Ezequías y el profeta Isaías, hijo de Amós, oraron y clamaron al Cielo. [21] Entonces el Señor envió un ángel que aniquiló a todos los guerreros valientes, a los jefes y a los oficiales en el campamento del rey de Asiria. Este tuvo que volver a su país, completamente avergonzado, y allí, al entrar en el templo de su dios, algunos de sus hijos lo asesinaron.

[22] Así salvó el Señor a Ezequías y a los habitantes de Jerusalén de las manos de Senaquerib, rey de Asiria, y de las manos de todos los demás, y les dio paz en todas sus fronteras. [23] Muchos llevaron a Jerusalén ofrendas para el Señor y regalos para Ezequías, rey de Judá, el cual, después de esto, adquirió gran prestigio ante todas las naciones.

Enfermedad y curación de Ezequías

2 Re 20 1-11 / Is 38 1-8

[24] En aquel tiempo, Ezequías cayó gravemente enfermo y estuvo a punto de morir. Entonces imploró al Señor; el Señor le respondió y le concedió una señal extraordinaria. [25] Pero Ezequías no correspondió al beneficio recibido: al contrario, su corazón se ensoberbeció, y así atrajo la ira del Señor contra él, contra Judá y contra Jerusalén. [26] Ezequías se arrepintió de su orgullo, junto con los habitantes de Jerusalén, y la ira del Señor no se abatió más sobre ellos en tiempos de Ezequías.

Las riquezas y la gloria de Ezequías

2 Re 20 13 / Is 39 2

[27] Ezequías tuvo riquezas y gloria en abundancia. Adquirió tesoros de plata, oro, piedras preciosas, aromas, escudos y toda clase de objetos valiosos, [28] así como depósitos para sus provisiones de trigo, de vino y de aceite, establos para toda clase de ganado y rebaños para los establos. [29] Levantó ciudades y tuvo gran cantidad de rebaños y ganado menor y mayor, porque Dios le había dado muchísimos bienes.

[30] Ezequías fue el que obstruyó la salida superior de las aguas de Guijón y las canalizó bajo tierra hacia la parte occidental de la Ciudad de David. Ezequías tuvo éxito en todas sus empresas. [31] Sin embargo, durante las conversaciones con los príncipes de Babilonia, enviados para informarse sobre la señal extraordinaria ocurrida en el país, Dios lo abandonó para ponerlo a prueba y conocer sus sentimientos.

Fin del reinado de Ezequías

2 Re 20 20-21

[32] El resto de los hechos de Ezequías y sus obras de piedad están escritos en la Visión del profeta Isaías, hijo de Amós, y en el Libro de los reyes de Judá y de Israel. [33] Ezequías se fue a descansar con sus padres, y lo sepultaron en la cuesta de los sepulcros de los hijos de David. Todos los habitantes de Judá y de Jerusalén le tributaron honras fúnebres. Su hijo Manasés reinó en lugar de él.

El reinado de Manasés en Judá (687-642)

2 Re 21 1-18

33 [1] Manasés tenía doce años cuando comenzó a reinar, y reinó cincuenta y cinco años en Jerusalén. [2] Él hizo lo que es malo a los ojos del Señor, siguiendo las costumbres abominables de las naciones que el Señor había desposeído delante de los israelitas. [3] Reedificó los lugares altos que había derribado su padre Ezequías; construyó altares a los Baales, hizo postes sagrados, y se postró delante de todo el Ejército de los cielos y lo sirvió. [4] Edificó altares en la Casa del Señor, de la que el mismo Señor había dicho: «En Jerusalén estará mi Nombre para siempre». [5] Edificó altares a todo el Ejército de los cielos en los dos atrios de la Casa del Señor. [6] Inmoló a sus propios hijos en el fuego, en el valle de Ben Hinnom, practicó la astrología, la magia y la hechicería, e instituyó nigromantes y adivinos. Persistió en hacer lo que es malo a los ojos del Señor, provocando su indignación. [7] La estatua del ídolo que había hecho, la instaló en la Casa de Dios, de la que el mismo Dios había dicho a David y a su hijo Salomón: «En esta Casa y en Jerusalén, que yo elegí entre todas las tribus de Israel, pondré mi Nombre para siempre. [8] Ya no permitiré que Israel ande errante lejos del suelo que destiné a sus padres, con tal que se empeñen en practicar todo lo que les he mandado, de acuerdo con la Ley, los preceptos y las normas, transmitidos por Moisés». [9] Manasés extravió a Judá y a los habitantes de Jerusalén, a tal punto que obraron peor que las naciones que el Señor había exterminado delante de los israelitas. [10] El señor habló a Manasés y a su pueblo, pero ellos no le prestaron atención.

La conversión de Manasés

[11] Entonces el Señor hizo venir contra ellos a los jefes del ejército del rey de Asiria, y estos capturaron a Manasés con garfios, lo sujetaron con doble cadena de bronce y lo llevaron a Babilonia. [12] En medio de su angustia él aplacó al Señor, su Dios, humillándose profundamente

delante del Dios de sus padres. [13]Le suplicó, y el Señor lo escuchó benignamente: oyó su plegaria y lo hizo volver a su reino, en Jerusalén. Así reconoció Manasés que el Señor es Dios.

[14]Después de esto, construyó una muralla exterior a la Ciudad de David, al oeste del Guijón, en el valle, hasta la puerta de los Peces, rodeando el Ofel, y la hizo muy alta. Además, puso jefes militares en todas las ciudades fuertes de Judá.

[15]Luego retiró de la Casa del Señor los dioses extranjeros y el Ídolo. Hizo lo mismo con todos los altares que él mismo había construido en la montaña de la Casa del Señor y en Jerusalén, arrojándolos fuera de la ciudad. [16]Restauró el altar del Señor e inmoló sobre él sacrificios de comunión y de acción de gracias, y ordenó que Judá sirviera al Señor, el Dios de Israel. [17]El pueblo, sin embargo, continuaba ofreciendo sacrificios en los lugares altos, aunque solo al Señor, su Dios.

Fin del reinado de Manasés

2 Re 21 17-18

[18]El resto de los hechos de Manasés, la oración hecha a su Dios y las palabras de los videntes que le hablaron en nombre del Señor, el Dios de Israel, están escritos en los Anales de los reyes de Israel. [19]Su plegaria y cómo fue escuchado, todo su pecado y su prevaricación, los sitios donde edificó lugares altos y construyó postes sagrados e ídolos, antes de humillarse, están escritos en las Memorias de Jozai. [20]Manasés se fue a descansar con sus padres, y lo sepultaron en su casa. Su hijo Amón reinó en lugar de él.

El reinado de Amón en Judá (642-640)

2 Re 21 19-24

[21]Amón tenía veintidós años cuando comenzó a reinar, y reinó dos años en Jerusalén. [22]Él hizo lo que es malo a los ojos del Señor, como lo había hecho su padre Manasés. Ofreció sacrificios y sirvió a todos los ídolos que había hecho su padre Manasés. [23]Pero no se humilló delante del Señor, como se había humillado su padre Manasés, sino que multiplicó sus culpas. [24]Sus servidores conspiraron contra él y lo mataron en su palacio. [25]Pero el pueblo del país mató a todos los que habían conspirado contra el rey Amón, y el mismo pueblo proclamó rey en lugar de él a su hijo Josías.

El reinado de Josías en Judá (640-609)

2 Re 22 1-2

34 [1]Josías tenía ocho años cuando comenzó a reinar, y reinó treinta y un años en Jerusalén. [2]Hizo lo que es recto a los ojos del Señor y siguió los caminos de su padre David, sin apartarse ni a la derecha ni a la izquierda.

Las primeras reformas religiosas

2 Re 23 4-20

[3]En el octavo año de su reinado, cuando todavía era joven, comenzó a buscar al Dios de su padre David, y en el año duodécimo comenzó a purificar a Judá y Jerusalén de los lugares altos, de los postes sagrados y de los ídolos esculpidos o de metal fundido. [4]Fueron derribados en su presencia los altares de los Baales, e hizo pedazos los incensarios que había encima de ellos; destrozó los postes sagrados y los ídolos esculpidos o de metal fundido, los redujo a polvo, y lo esparció sobre las tumbas de los que les habían ofrecido sacrificios. [5]Quemó los huesos de los sacerdotes sobre sus altares, y así purificó a Jerusalén y a Judá. [6]En las ciudades de Manasés, de Efraím, de Siméon, e incluso de Neftalí, en todas sus plazas, [7]derribó los altares, destruyó los postes sagrados y los ídolos hasta reducirlos a polvo, y destrozó todos los incensarios en todo el país de Israel. Luego regresó a Jerusalén.

Descubrimiento del libro de la Ley en el Templo

2 Re 22 3-10

[8]El año decimoctavo de su reinado, una vez que purificó el país y la Casa, Josías envió a Safán, hijo de Asalías, a Maaseías, gobernador de la ciudad, y a Ioáj, hijo de Ioajaz, el archivista, a reparar la Casa del Señor, su Dios. [9]Ellos se presentaron a Jilquías, el sumo sacerdote, y le entregaron el dinero recaudado para la Casa de Dios, que los levitas guardianes del umbral habían recogido de Manasés, de Efraím y de todo el resto de Israel, de todo Judá y Benjamín, y de los habitantes de Jerusalén. [10]Luego ese dinero se puso en manos de los que dirigían los trabajos, de los encargados de supervisar la Casa del Señor, y ellos lo entregaron a los que ejecutaban las obras que se hacían en la Casa del Señor, para restaurar y reparar el edificio. [11]También se lo dieron a los carpinteros y albañiles, a fin de comprar piedras talladas y madera para el armazón y las vigas de las construcciones, que los reyes de Judá habían dejado deteriorarse.

[12]Estos hombres realizaban su trabajo a conciencia. Como encargados al frente de ellos estaban los levitas Iájat y Abdías, de los hijos de Merarí, y Zacarías y Mesulam, de los hijos de Quehat, que dirigían las obras. Los levitas, que sabían tocar instrumentos musicales, [13]acompañaban a los que llevaban las cargas y dirigían a todos los obreros, cualquiera fuera su oficio. Otros levitas eran escribas, inspectores y porteros.

14 Mientras retiraban el dinero recaudado
para la Casa del Señor, el sacerdote Jilquías encontró el libro de la Ley promulgada por Moisés. 15 Entonces Jilquías tomó la palabra y dijo
a Safán, el secretario: «He encontrado el libro
de la Ley en la Casa del Señor». Jilquías entregó el libro a Safán, 16 y este se lo llevó al rey,
cuando fue a darle cuenta, diciendo: «Tus servidores hicieron todo lo que les habías encomendado: 17 han volcado la plata que se
encontraba en la Casa del Señor y se la entregaron a los encargados y a los que ejecutan los
trabajos». 18 Luego el secretario Safán anunció
al rey: «Jilquías, el sacerdote, me ha dado un
libro». Y Safán lo leyó delante del rey.

La consulta a la profetisa Julda

2 Re 22 11-20

19 Cuando el rey oyó las palabras de la Ley,
rasgó sus vestiduras, 20 y dio esta orden a Jilquías, a Ajicam, hijo de Safán, a Abdón, hijo
de Micá, a Safán, el secretario, y a Asaías, el
servidor del rey: 21 «Vayan a consultar al Señor
por mí y por el resto de Israel y de Judá, acerca de las palabras del libro que ha sido encontrado. Porque es grande el furor del Señor
que se ha derramado sobre nosotros, ya que
nuestros padres no han observado la palabra
del Señor y no han obrado conforme a todo
lo que está escrito en este libro».
22 Jilquías y los que habían sido designados
por el rey fueron a ver a la profetisa Julda, esposa de Salum, hijo de Tocat, hijo de Jasrá, el
encargado del vestuario. Ella habitaba en Jerusalén, en el barrio nuevo. Y una vez que le expusieron el caso, 23 les dijo: «Así habla el Señor, el Dios de Israel: Díganle al hombre que
los ha enviado: 24 Así habla el Señor: Yo voy a
traer una desgracia sobre este lugar y sobre sus
habitantes, cumpliendo así todas las maldiciones escritas en el libro que han leído ante el
rey de Judá. 25 Porque me han abandonado y
han quemado incienso a otros dioses, provocando mi indignación con todas las obras de
sus manos, mi furor se derramará sobre este
lugar, y no se extinguirá. 26 Pero al rey de Judá
que los envía a consultar al Señor, le dirán: Así
habla el Señor, el Dios de Israel: En lo que respecta a las palabras que tú has escuchado...
27 Porque tu corazón se ha conmovido y te has
humillado delante de Dios al oír sus palabras
contra este lugar y contra sus habitantes; porque te has humillado delante de mí, has rasgado tus vestiduras y has llorado en mi presencia, también yo he escuchado —oráculo
del Señor—. 28 Yo voy a reunirte con tus padres: serás sepultado en paz y tus ojos no verán nada de la desgracia que atraeré sobre este lugar». Ellos llevaron la respuesta al rey.

La lectura de la Ley y renovación de la Alianza

2 Re 23 1-3

29 El rey mandó reunir a todos los ancianos
de Judá y de Jerusalén. 30 Luego subió a la Casa
del Señor, acompañado de todos los hombres
de Judá y de los habitantes de Jerusalén —los
sacerdotes, los levitas y todo el pueblo, desde
el más grande al más pequeño—, y les leyó todas las palabras del libro de la Alianza, que había sido hallado en la Casa del Señor. 31 Después, de pie sobre su estrado, el rey selló
delante del Señor la alianza que obliga a seguir
al Señor y a observar sus mandamientos, sus
testimonios y sus preceptos, de todo corazón y
con toda el alma, poniendo en práctica las palabras de la alianza escritas en aquel libro. 32 Él

VIVE LA PALABRA

Cuellos tiesos e inmóviles

Sucedió muy rápido. Estaba parado en un alto, un carro se incrustó en el mío y me lastimé el cuello. No dije nada, aunque me dolía horrores y no podía voltear la cabeza, pues quería ir a una fiesta. Al día siguiente mis padres querían llevarme al médico, pero me rehusé y me fui al cine. Dos días después no me podía mover, me habían puesto un collarín y necesitaban inyectarme para vencer el dolor.

La Biblia usa como metáfora «tu cerviz —parte posterior del cuello— es una barra de hierro» para indicar que alguien es obstinado. Ser *obstinado* impide voltear la cabeza, nos priva de ver alrededor, arriba o abajo: no vemos a los pobres, no vemos a quienes nos necesitan, no vemos a Dios. Cuando somos así, creemos que con ver hacia el frente es suficiente y somos incapaces de escuchar a Dios, que nos habla a través de las personas que están al lado nuestro.

¿Qué es lo que más te disgusta de una persona porfiada y obstinada? ¿Son buenos compañeros y líderes? ¿Por qué? ¿Qué es lo que más te gusta de una persona abierta a las ideas de los demás y flexible? Decide hoy escuchar a Dios y a los que te rodean y darles lo mejor de ti.

2 Cr 36 11-13

hizo que se comprometieran todos los que se
encontraban en Jerusalén y en Benjamín, y los
habitantes de Jerusalén obraron conforme a la
alianza de Dios, el Dios de sus padres.
33 Josías hizo desaparecer todas las abominaciones de los territorios pertenecientes a
los israelitas, y obligó a todos los que se encontraban en Israel a servir al Señor, su Dios.
Durante toda su vida, ellos no dejaron de seguir al Señor, el Dios de sus padres.

Preparación de la Pascua

2 Re 23 21

35 1 Josías celebró en Jerusalén la Pascua
del Señor, e inmolaron la víctima pascual el día catorce del primer mes. 2 Restableció a los sacerdotes en sus funciones y los animó a dedicarse enteramente al servicio de la
Casa del Señor. 3 Luego dijo a los levitas que
instruían a todo Israel y estaban consagrados
al Señor: «Pongan el Arca santa en el Templo
que edificó Salomón, hijo de David, rey de Israel: ya no tendrán que llevarla sobre los hombros. Ahora sirvan al Señor, su Dios, y a su
pueblo Israel. 4 Agrúpense por familias, según
sus clases, conforme a lo que establecieron
por escrito David, rey de Israel, y su hijo Salomón. 5 Ocupen el sitio que les corresponde en
el Santuario, según los grupos de las familias
de sus hermanos, la gente del pueblo, de manera que a cada familia le corresponda una
sección de los levitas. 6 Inmolen la Pascua, santifíquense y prepárenla para sus hermanos, a
fin de que ellos puedan celebrarla según la palabra del Señor transmitida por Moisés».
7 Josías entregó para la gente del pueblo ganado menor —corderos y cabritos— en número de treinta mil, como víctimas pascuales para
todos los que se encontraban allí, y dio además
tres mil bueyes. Todo esto provenía de los bienes del rey. 8 También sus jefes entregaron
ofrendas voluntarias para el pueblo, los sacerdotes y los levitas. Jilquías, Zacarías y Iejiel, ma-
yordomos de la Casa de Dios, dieron a los
sacerdotes dos mil seiscientas víctimas pascuales y trescientos bueyes. 9 Conanías, Semaías y
Netanel, sus hermanos, y Jasabías, Ieiel y Iozabad, jefe de los levitas, dieron a estos cinco mil
víctimas pascuales y quinientos bueyes. 10 Una
vez organizado el servicio, los sacerdotes ocuparon sus puestos, lo mismo que los levitas, según sus clases, conforme a la orden del rey.

Solemne celebración de la Pascua

2 Re 23 22

11 Luego se inmoló la Pascua, y los sacerdotes hacían la aspersión con la sangre recibida
de manos de los levitas, mientras estos deso-
llaban las víctimas. 12 Además, cuando daban
su parte a los grupos de familias de la gente
del pueblo, separaban lo que se debía ofrecer
al Señor en holocausto, como está escrito en
el libro de Moisés. E hicieron lo mismo con
los bueyes. 13 Después asaron al fuego la víctima pascual, como está establecido, cocinaron
las otras ofrendas consagradas, en ollas, cace-
rolas y fuentes, y las repartieron rápidamente
entre toda la gente del pueblo.
14 Luego prepararon la Pascua para ellos y
para los sacerdotes, porque los sacerdotes, hijos de Aarón, habían estado ocupados en ofrecer los holocaustos y las grasas hasta la noche:
por eso los levitas prepararon la Pascua para sí
mismos y para los sacerdotes, hijos de Aarón.
15 Los cantores, hijos de Asaf, estaban en sus
puestos, según las normas de David y de Asaf,
de Hemán y de Iedutún, el vidente del rey; y
también los porteros ocupaban cada uno su
puesto: ninguno de ellos tuvo necesidad de
apartarse de su servicio, porque sus hermanos,
los levitas, les prepararon la Pascua.
16 Así se organizó aquel día todo el servicio
del Señor, para celebrar la Pascua y ofrecer los
holocaustos sobre el altar del Señor, según la
orden del rey Josías. 17 Los israelitas que se encontraban allí celebraron la Pascua en aquella
ocasión, y también la fiesta de los Ácimos durante siete días.
18 Nunca se había celebrado en Israel una
Pascua como esta desde los días del profeta
Samuel; ninguno de los reyes de Israel había
celebrado una Pascua como la que celebró Josías con los sacerdotes y los levitas, con todo
Judá, con los israelitas allí presentes y con los
habitantes de Jerusalén. 19 Fue el año dieciocho del reinado de Josías cuando se celebró
esta Pascua.

Trágico fin de Josías

2 Re 23 28-30a

20 Después de todo esto, cuando Josías ya
había reorganizado el culto del Templo, subió
Necao, rey de Egipto, para combatir en Car-
quemís, junto al río Éufrates. Josías le salió al
paso, 21 pero Necao le envió mensajeros para
decirle: «¿Qué hay entre nosotros, rey de Judá?
Ahora no vengo contra ti, sino contra una
dinastía que me hace la guerra. Dios me ha dicho que me apure. No te opongas a Dios, que
está conmigo, no sea que él te destruya». 22 Pero Josías no cedió, y se obstinó en combatirlo.
Sin escuchar las palabras de Necao, que procedían de la boca de Dios, fue a presentarle batalla en la llanura de Meguido. 23 Los arqueros
dispararon contra el rey Josías, y este dijo a sus
servidores: «Sáquenme, porque estoy gravemente herido». 24 Sus servidores lo sacaron de
su carro de guerra, lo subieron a otro carro y lo
llevaron a Jerusalén, donde murió. Él fue sepultado en los sepulcros de sus padres, y todo
Judá y Jerusalén hicieron duelo por Josías. 25 Jeremías compuso una lamentación sobre Josías,
y todos los cantores y cantoras han hablado de

él en sus cantos fúnebres hasta el día de hoy. Estos cantos se hicieron tradicionales en Israel y ahora están escritos en las Lamentaciones.

[26] El resto de los hechos del rey Josías, sus obras de piedad, acordes con lo que prescribe la Ley del Señor, [27] y todo lo que él hizo, desde el comienzo hasta el fin, está escrito en el Libro de los reyes de Israel y de Judá.

El reinado de Joacaz en Judá (609)

2 Re 23 30b-35

36 [1] El pueblo del país tomó entonces a Joacaz, hijo de Josías, y lo proclamó rey en Jerusalén en lugar de su padre. [2] Joacaz tenía veintitrés años cuando comenzó a reinar, y reinó tres meses en Jerusalén. [3] El rey de Egipto lo destituyó para que no reinara en Jerusalén, e impuso al país un tributo de cien talentos de plata y un talento de oro. [4] El rey de Egipto designó a Eliaquim, hermano de Joacaz, rey de Judá y de Jerusalén, y le cambió su nombre por el de Joaquim. A su hermano Joacaz, Necao lo tomó prisionero y se lo llevó a Egipto.

El reinado de Joaquim en Judá (609-598)

2 Re 23 36 – 24 6

[5] Joaquim tenía veinticinco años cuando comenzó a reinar, y reinó once años en Jerusalén. Hizo lo que es malo a los ojos del Señor, su Dios. [6] Nabucodonosor, rey de Babilonia, subió a atacarlo y lo sujetó con doble cadena de bronce, para conducirlo a Babilonia. [7] Nabucodonosor llevó también a Babilonia parte de los objetos de Casa del Señor y los puso en su palacio de Babilonia. [8] El resto de los hechos de Joaquim, las abominaciones que cometió y todo lo que recayó sobre él está escrito en el Libro de los reyes de Israel y de Judá. Su hijo Joaquim reinó en lugar de él.

El reinado de Joaquín en Judá (598-597)

2 Re 24 8-17

[9] Joaquín tenía dieciocho años cuando comenzó a reinar, y reinó tres meses y diez días en Jerusalén. Hizo lo que es malo a los ojos del Señor. [10] Al comienzo del año, el rey Nabucodonosor mandó que lo llevaran prisionero a Babilonia, junto con los objetos preciosos de la Casa del Señor, y proclamó rey de Judá y de Jerusalén a su pariente Sedecías.

El reinado de Sedecías en Judá (597-587)

2 Re 24 18-20 / Jr 52 1-3

[11] Sedecías tenía veintiún años cuando comenzó a reinar, y reinó once años en Jerusalén. [12] Hizo lo que es malo a los ojos del Señor, su Dios, y no quiso humillarse delante del profeta Jeremías, que hablaba de parte del Señor. [13] Incluso, se rebeló contra el rey Nabucodonosor, que le había hecho jurar fidelidad delante de Dios. Él se obstinó y endureció su corazón, en lugar de volverse al Señor, el Dios de Israel.

[14] De la misma manera, todos los jefes de Judá, los sacerdotes y el pueblo multiplicaron sus infidelidades, imitando todas las abominaciones de los paganos, y contaminaron el Templo que el Señor se había consagrado en Jerusalén. [15] El Señor, el Dios de sus padres, les llamó la atención constantemente por medio de sus mensajeros, porque tenía compasión de su pueblo y de su Morada. [16] Pero ellos escarnecían a los mensajeros de Dios, despreciaban sus palabras y ponían en ridículo a sus profetas, hasta que la ira del Señor contra su pueblo subió a tal punto, que ya no hubo más remedio.

La ruina de Jerusalén y la deportación a Babilonia (587)

2 Re 25 8-21

[17] Entonces Dios hizo subir contra ellos al rey de los caldeos, y este hizo morir por la espada a sus jóvenes en el interior de su Santuario, sin perdonar a nadie, ni joven ni virgen, ni anciano ni hombre encanecido: los entregó a todos en sus manos. [18] Todos los objetos de la Casa de Dios, grandes y pequeños, los tesoros de la Casa del Señor, y los tesoros del rey y de sus jefes, todo se lo llevó a Babilonia. [19] Ellos quemaron la Casa de Dios, demolieron las murallas de Jerusalén, prendieron fuego a todos sus palacios y destruyeron todos sus objetos preciosos. [20] Nabucodonosor deportó a Babilonia a los que habían escapado de la espada y estos se convirtieron en esclavos del rey y de sus hijos hasta el advenimiento del reino persa. [21] Así se cumplió la palabra del Señor, pronunciada por Jeremías: «La tierra descansó durante todo el tiempo de la desolación, hasta pagar la deuda de todos sus sábados, hasta que se cumplieron setenta años».

Esperanza para el porvenir

Esd 1 1-3

[22] En el primer año del reinado de Ciro, rey de Persia, para que se cumpliera la palabra del Señor pronunciada por Jeremías, el Señor despertó el espíritu de Ciro, el rey de Persia, y este mandó proclamar de viva voz y por escrito en todo su reino: [23] «Así habla Ciro, rey de Persia: El Señor, el Dios del cielo, me ha dado todos los reinos de la tierra y él me ha encargado que le edifique una Casa en Jerusalén, de Judá. Si alguno de ustedes pertenece a ese pueblo, ¡que el Señor, su Dios, lo acompañe y que suba...!».

ESDRAS Y NEHEMÍAS

¿Te ha tocado experimentar una guerra y ser herido en ella? ¿Puedes imaginar tus sentimientos si te tocara vivir eso? Piensa en los soldados que solo desean regresar a casa. ¿Qué sentirían si llegaran ilusionados y descubrieran que su casa fue arrasada por un huracán? Ahora puedes comprender a los israelitas. Después de cincuenta años de cautiverio en tierra extranjera, cuando finalmente regresan a su tierra, encuentran la agobiante tarea de reconstruir Jerusalén y comenzar todo de nuevo. Fue un don de Dios contar con la dirección de Esdras y de Nehemías.

ESQUEMA

Esdras

- **1 – 6.** Retorno de los deportados y reconstrucción del Templo
- **7 – 10.** La misión de Esdras

Nehemías

- **1 – 7.** Primera misión de Nehemías
- **8 – 10.** La gran asamblea litúrgica
- **11 1 – 13 3.** Reorganización de la comunidad
- **13 4-31.** Segunda misión de Nehemías

DATOS

Período descrito
Del retorno del exilio al final de la misión de Nehemías (538 a 430 a.C.)

Autor
Escribas de la escuela Cronista

Fecha de redacción
Siglo IV a.C.

Temas
Nacimiento del judaísmo y reconstrucción de Jerusalén

PRESENTACIÓN

Los libros de Esdras y de Nehemías originalmente eran un solo libro. Narran la reconstrucción civil y religiosa de Jerusalén a lo largo de un siglo, de manera un tanto repetida y mezclada.

En 538 a.C., el rey persa, Ciro, conquistó Babilonia y promulgó un edicto para que pudieran regresar a su país los israelitas que estaban en el exilio. Tenía como meta establecer un gran imperio en donde los pueblos bajo su poder se respetaran y vivieran en paz.

Ya en Jerusalén, los israelitas empezaron a reconstruir el Templo, pero fueron agredidos por pueblos vecinos y detuvieron la obra. Tiempo después, el sacerdote Esdras emprendió una reforma religiosa y Nehemías, gobernador de Jerusalén, dirigió el levantamiento de la muralla y la reorganización sociopolítica (ver «Esdras y Nehemías: promotores del judaísmo», Esd 7 11-20).

Fue una época constructiva, en que se integró un sistema de valores basado en la experiencia espiritual del destierro, aplicada a la nueva realidad. Este sistema de valores que dio lugar al judaísmo como expresión de la fe del pueblo de Israel se fundamenta en cuatro elementos:

- ***Jerusalén*** recupera su estatus de Ciudad de David, Ciudad Santa y mesiánica.
- El ***Templo,*** símbolo de la presencia permanente de Dios en su pueblo, retoma su importancia.
- La ***asamblea*** reunida en el culto se convierte en el centro de la identidad del pueblo.
- La ***Ley*** adquiere un lugar central en las celebraciones cultuales y un rol vivificante muy distinto al tono legalista del Levítico.

Esta renovación fue vista como el cumplimiento de las promesas de los profetas antes y durante el exilio. Fue una época de nueva esperanza, pues el pueblo había reconocido su pecado y emprendido su camino a la conversión y la fidelidad a Dios.

ESDRAS

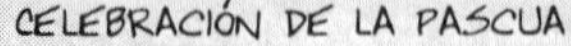

REGRESO DE LOS REPATRIADOS

EL RETORNO DE LOS DEPORTADOS Y LA RECONSTRUCCIÓN DEL TEMPLO

El edicto de Ciro y el retorno de Sesbasar

2 Cr 36 22-23

Jr 25 11-12; 29 10; Zac 1 12; Is 45 1; Ag 1 4

1 1 En el primer año de Ciro, rey de Persia, para que se cumpliera la palabra
del Señor pronunciada por Jeremías, el Señor despertó el espíritu de Ciro, rey de Persia, y este mandó proclamar de viva voz y
por escrito en todo su reino: 2 «Así habla
Ciro, rey de Persia: El Señor, el Dios del
cielo, ha puesto en mis manos todos los
reinos de la tierra, y me ha encargado que
le edifique una Casa en Jerusalén, de Judá.
3 Si alguno de ustedes pertenece a ese pueblo, que su Dios lo acompañe y suba a Jerusalén, de Judá, para reconstruir la Casa
del Señor, el Dios de Israel, el Dios que está en Jerusalén. 4 Que la población de cada
lugar ayude a todos los que queden de ese
pueblo, en cualquier parte donde residan,
proporcionándoles plata, oro, bienes y ganado, como así también otras ofrendas voluntarias para la Casa del Dios que está en
Jerusalén».
5 Entonces los jefes de familia de Judá y de
Benjamín, los sacerdotes y los levitas, y todos los que se sintieron movidos por Dios,
se pusieron en camino para ir a reconstruir
la Casa del Señor que está en Jerusalén. 6 Sus
vecinos les proporcionaron toda clase de
ayuda: plata, oro, bienes, ganado y gran cantidad de objetos preciosos, además de toda
clase de ofrendas voluntarias.
7 El rey Ciro mandó tomar los utensilios
de la Casa del Señor que Nabucodonosor
había llevado desde Jerusalén y había depositado en el templo de su dios. 8 Ciro, rey
de Persia, los puso en manos del tesorero
Mitrídates, y este los contó para entregárse-
los a Sesbasar, el jefe de Judá. 9 El inventario fue el siguiente: copas de oro para la
ofrenda: 30; de plata: 1 000; cuchillos: 29;
10 vasos de oro: 30; de plata: 410; otros
utensilios: 1 000. 11 Total de los utensilios
de oro y plata: 5 400. Todo esto se lo llevó
Sesbasar, cuando se permitió a los deportados subir de Babilonia a Jerusalén.

Dios muestra su providencia por tu medio

Las consoladoras profecías de Isaías, Jeremías y Ezequiel se cumplen con el retorno de los israelitas a la Tierra prometida. La providencia de Dios se expresa en la decisión del rey Ciro de liberarlos del exilio y en la generosidad de los vecinos que comparten sus bienes con ellos.

Solemos orar por quienes sufren hambre, tempestades, guerra..., pero esto no basta. Dios extiende su providencia a los necesitados a través de nuestra solidaridad y generosidad. ¿Crees que debemos hacer el bien, sin ver a quién, cuando se trata de las necesidades básicas? ¿Por qué sí o por qué no?

Esd 1 5-11

La lista de los repatriados con Zorobabel

Neh 7 6-72
Esd 3 2; 5 2; Ag 2 2.21-23; Zac 4 6-10;
1 Cr 3 19; Esd 3 2; 5 2

2 1 Estas son las personas de la provincia
que regresaron de la cautividad en el
exilio, y que volvieron a Jerusalén y a Judá,
cada uno a su ciudad, después de haber sido
deportadas a Babilonia por el rey Nabucodonosor. 2 Los que llegaron con Zorobabel
fueron Josué, Nehemías, Seraías, Reelaías,
Najamaní, Mardoqueo, Bilsán, Mispar, Bigvai, Rejum y Baaná.

El número de la gente del pueblo fue el
siguiente: 3 los hijos de Paros: 2172; 4 los hijos de Sefatías: 372; 5 los hijos de Araj: 775;
6 los hijos de Pajat Moab, es decir, los hijos
de Josué y de Joab: 2812; 7 los hijos de Elam:
1254; 8 los hijos de Zatú: 945; 9 los hijos de
Sacai: 760; 10 los hijos de Baní: 642; 11 los
hijos de Bebai: 623; 12 los hijos de Azgad:
1222; 13 los hijos de Adonicam: 666; 14 los
hijos de Bigvai: 2056; 15 los hijos de Adín:
454; 16 los hijos de Ater, es decir, de Ezequías:
98; 17 los hijos de Besai: 323; 18 los hijos de
Iorá: 112; 19 los hijos de Jasú: 223; 20 los hijos
de Guibar: 95; 21 los hijos de Belén: 123; 22 los
hombres de Netofá: 56; 23 los hombres de
Anatot: 128; 24 los hijos de Bet Azmávet: 42;
25 los hijos de Quiriat Iearim, de Queefirá y
de Beerot: 743; 26 los hijos de Haramá y de
Gueba: 621; 27 los hombres de Micmás: 122;
28 los hombres de Betel y de Ai: 223; 29 los hijos de Nebo: 52; 30 los hijos de Magbís: 156;
31 los hijos del otro Elam: 1254; 32 los hijos
de Jarim: 320; 33 los hijos de Lot, de Jadí y de
Onó: 725; 34 los hijos de Jericó: 345; 35 los hijos de Senaá: 3630.

36 Sacerdotes: los hijos de Iedaías, de la
casa de Josué: 973; 37 los hijos de Imer:
1052; 38 los hijos de Pasjur: 1247; 39 los hijos de Jarim: 1017.

40 Levitas: los hijos de Josué, es decir, de
Cadmiel y los hijos de Hodavías: 74.

41 Cantores: los hijos de Asaf: 128.

42 Porteros: los hijos de Salum, los hijos
de Ater, los hijos de Talmón, los hijos de
Acub, los hijos de Jatitá, los hijos de Sobai:
en total, 139.

43 Empleados del Templo: los hijos de Sijá, los hijos de Jasufá, los hijos de Tabaot,
44 los hijos de Querós, los hijos de Siaá, los
hijos de Padón, 45 los hijos de Levaná, los hijos de Jagabá, los hijos de Acub, 46 los hijos
de Jagab, los hijos de Salmai, los hijos de Janán, 47 los hijos de Guidel, los hijos de Gajar, los hijos de Reaías, 48 los hijos de Resín,
los hijos de Necodá, los hijos de Gazam,
49 los hijos de Uzá, los hijos de Paséaj, los hijos de Besai, 50 los hijos de Asná, los hijos de
los meunitas, los hijos de los nefusitas, 51 los
hijos de Bacbuc, los hijos de Jacufá, los hijos de Jarjur, 52 los hijos de Baslut, los hijos
de Mejidá, los hijos de Jarsá, 53 los hijos de
Barcós, los hijos de Sisrá, los hijos de Témaj,
54 los hijos de Nesíaj, los hijos de Jatifá.

55 Hijos de los servidores de Salomón:
los hijos de Sotai, los hijos de Soféret, los
hijos de Perudá, 56 los hijos de Iaalá, los hijos
de Darcón, los hijos de Guidel, 57 los hijos de
Sefatías, los hijos de Jatil, los hijos de Poquéret Sebaim, los hijos de Amí. 58 El total de
los empleados del Templo y de los hijos
de los servidores de Salomón: 392.

59 Los que volvieron de Tel Melaj, Tel Jarsá,
Querub, Adán e Imer, y que no pudieron
probar si su familia y su estirpe eran de origen israelita, fueron los siguientes: 60 los hijos
de Delaías, los hijos de Tobías, los hijos de
Necodá: 652. 61 Y entre los sacerdotes: los hijos de Hobaías, los hijos de Hacós y los hijos
de Barzilai, que se había casado con una de
las hijas de Barzilai, el galaadita y adoptó el
nombre de este. 62 Ellos buscaron la lista de
sus antepasados, pero no la encontraron, y
por eso se los excluyó del sacerdocio, como
ilegítimos, 63 y el gobernador les prohibió comer de las ofrendas sagradas, hasta que un

sacerdote consultara a Dios por medio del Urim y el Tumín.

64 El conjunto ascendía a 42 360 personas, 65 sin contar sus esclavos y esclavas, que eran 7 337. Había también 200 cantores y cantoras, 66 y tenían 736 caballos, 245 mulas, 67 435 camellos y 6 720 asnos.

68 Al llegar a la casa del Señor que está en Jerusalén, algunos jefes de familia hicieron ofrendas voluntarias para la Casa del Señor, a fin de que fuera construida en el mismo lugar donde había estado. 69 Según sus posibilidades, entregaron al tesoro del culto 61 000 dracmas de oro, 5 000 minas de plata y 100 túnicas sacerdotales.

70 Los sacerdotes, los levitas y una parte del pueblo se establecieron en Jerusalén; los cantores, los porteros, los empleados del Templo y todos los otros israelitas se instalaron en sus respectivas ciudades.

La reconstrucción del altar y la restauración del culto

Neh 7 72 – 8 1

Esd 2 2; 2 Cr 23 18; Lc 24 24; Ex 29 38-46; Lv 23 34; Dt 16 13; Nm 29 12-38

3 1 Cuando llegó el séptimo mes, los israelitas ya estaban en sus respectivas ciudades y todo el pueblo se congregó en Jerusalén como un solo hombre. 2 Entonces Josué, hijo de Josadac, con sus hermanos los sacerdotes, y Zorobabel, hijo de Sealtiel, con sus hermanos, reconstruyeron el altar del Dios de Israel, para ofrecer sobre él holocaustos, como está escrito en la Ley de Moisés, el hombre de Dios. 3 Construyeron el altar en el mismo lugar donde había estado, a pesar del temor que les inspiraban los habitantes del país, y ofrecieron sobre él holocaustos al Señor, los holocaustos de la mañana y de la tarde. 4 También celebraron la fiesta de las Chozas, como está prescrito, ofreciendo diariamente el número de holocaustos fijado para cada día. 5 Después ofrecieron el holocausto perpetuo y los holocaustos de los sábados, de los novilunios y de todas las solemnidades dedicadas al Señor, además de lo que cada uno quería ofrecer voluntariamente al Señor. 6 Desde el primer día del séptimo mes, se comenzó a ofrecer holocaustos al Señor, cuando todavía no se habían puesto los cimientos del Templo del Señor.

7 Entonces se entregó dinero a los que tallaban la piedra y a los carpinteros, y se mandaron víveres, bebidas y aceite a los sidonios y a los tirios para que enviaran por mar a Jope maderas de cedro del Líbano, conforme a la autorización otorgada por Ciro, rey de Persia.

La colocación de los cimientos del nuevo Templo

Jos 6 4; Neh 12 35; 1 Cr 15 24; Neh 12 27; 1 Cr 15 16; 16 5; Ag 2 3

8 El segundo año de su llegada al Templo de Dios en Jerusalén, en el segundo mes, Zorobabel, hijo de Sealtiel, y Josué, hijo de Josadac, con el resto de sus hermanos, los sacerdotes, los levitas y todos los que habían vuelto del exilio a Jerusalén, comenzaron la obra y designaron a algunos levitas mayores de veinte años para que dirigieran los trabajos de la Casa del Señor. 9 Josué, sus hijos y sus hermanos, Cadmiel y sus hijos, y los hijos de Hodavías, se pusieron a dirigir todos juntos a los que trabajaban en la construcción de la Casa de Dios, y lo mismo hicieron los hijos de Jenadad, con sus hijos y sus hermanos los levitas.

10 Una vez que los constructores pusieron los cimientos del Templo del Señor, se

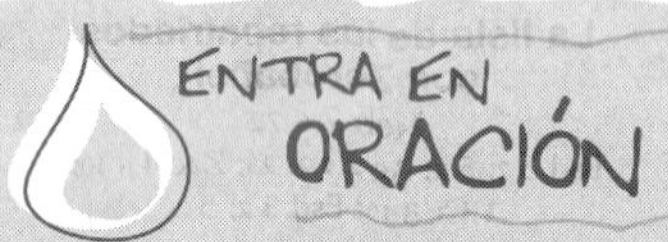

Gracias porque puedo llorar

Los israelitas ancianos recordaron el primer Templo y lloraron al colocar los cimientos en la fiesta celebrada para iniciar su reconstrucción. ¿Lloraron de alegría por ver que el Templo sería reconstruido o por el recuerdo del que habían perdido?

Señor, nuestras lágrimas en tu presencia nos abren a tu amor curativo.

No es bueno pensar que los hombres y las mujeres fuertes nunca lloran ni que al madurar debemos evitar llorar. Gracias porque tu palabra muestra que hay lágrimas santas y que tú eres el consolador de penas.

Nuestras lágrimas por la muerte de un amigo o familiar querido, o por el dolor que sufre una persona, son lágrimas santas, porque nacen del amor. Las lágrimas de conversión son también santas porque son un don de tu Espíritu y nos retornan a ti.

Gracias, mi Dios, porque podemos llorar y tú nos consuelas.

Esd 3 10-13

presentaron los sacerdotes, revestidos y con trompetas, y también los levitas, hijos de Asaf, con sus címbalos, para alabar al Señor, según lo establecido por David, rey de Israel. 11 Ellos cantaban al Señor, alabándolo y dándole gracias: «Porque él es bueno, porque es eterno su amor hacia Israel».

Y todo el pueblo prorrumpía en grandes aclamaciones, alabando al Señor, porque se ponían los cimientos de la Casa del Señor. 12 Muchos sacerdotes, levitas y jefes de familia, ya ancianos, que habían visto el primer Templo, prorrumpieron en llanto, mientras veían poner los cimientos del nuevo; pero muchos otros proferían aclamaciones de júbilo. 13 No se podía distinguir entre las aclamaciones de júbilo y el llanto de la gente, porque las aclamaciones del pueblo eran tan grandes que se oían desde lejos.

La oposición de los samaritanos a la reconstrucción del Templo

Esd 1 2-4; 6 3-12; Ag 1 2-9

4 1 Cuando los enemigos de Judá y de Benjamín se enteraron de que los antiguos exiliados estaban construyendo un Templo para el Señor, el Dios de Israel, 2 se presentaron a Zorobabel, a Josué y a los jefes de familia, y les dijeron: «Permítannos edificar junto con ustedes, porque también nosotros buscamos al mismo Dios y le ofrecemos sacrificios, desde que Asharadón, rey de Asiria, nos trajo aquí». 3 Zorobabel, Josué y los demás jefes de familia israelitas les respondieron: «No podemos edificar junto con ustedes una Casa para nuestro Dios: la edificaremos nosotros solos para el Señor, el Dios de Israel, como lo ordenó Ciro, rey de Persia». 4 Entonces la gente del país empezó a desanimar y a atemorizar al pueblo de Judá, para que no siguiera edificando. 5 Incluso, sobornaron contra ellos a algunos consejeros, para hacer fracasar el proyecto, y lo consiguieron durante todo el tiempo de Ciro, rey de Persia, hasta el reinado de Darío, rey de Persia.

Correspondencia entre los samaritanos y el rey Artajerjes

2 Re 18 7; 24 1.20

6 Al comienzo del reinado de Jerjes, ellos presentaron por escrito una denuncia contra los habitantes de Judá y de Jerusalén.

7 Y en tiempos de Artajerjes, Bislán, Mitrídates, Tabeel y sus otros colegas, le escribieron al mismo Artajerjes, rey de Persia. El texto del documento estaba redactado en arameo y traducido.

8 El gobernador Rejum y el secretario Simsai escribieron al rey Artajerjes una carta contra Jerusalén, en estos términos: 9 «Rejum, el gobernador, Simsai, el secretario, y sus demás colegas; los jueces y los legados, funcionarios persas; la gente de Uruc, de Babilonia y de Susa —es decir, los elamitas—, 10 y los demás pueblos que el gran Asurbanipal desterró y estableció en las ciudades de Samaría y en la región que está de este lado del Éufrates...».

11 Y esta es la copia de la carta que le enviaron: «Al rey Artajerjes, tus servidores, los habitantes de este lado del Éufrates, etc. 12 El rey ha de saber que los judíos que estaban a tu lado y llegaron a Jerusalén están reconstruyendo esta ciudad rebelde y perversa: tra-

VIVE LA PALABRA

Identidad y pertenencia

El pueblo de Israel, consciente de ser el pueblo elegido de Dios y de haber hecho una alianza con él, se sentía único y distinto a las otras naciones. La necesidad de mantenerse fiel a la alianza lo llevaba a evitar el contacto con los pueblos gentiles, al grado de prohibir el matrimonio con extranjeros y exigir dejar a los cónyuges e hijos extranjeros. Por eso, cuando, al regreso del destierro, los samaritanos les ofrecen su ayuda para reconstruir Jerusalén, no la aceptan (ver «Israel y los gentiles», Nm 23 9, y «Vocabulario bíblico: Samaría. Samaritanos»).

Imagina que eres uno de los exiliados que regresa a Jerusalén a reconstruir el Templo por decreto de Ciro, el rey persa. ¿Qué riesgos correrías al aceptar la ayuda de los samaritanos para reconstruir el Templo de tu Dios, con quien habías hecho la alianza? ¿Cómo superarías esos riesgos?

Ahora piensa en tu realidad actual. ¿Cómo sería tu medio ambiente si todos apreciaran sus creencias religiosas y respetaran las de los demás? ¿Qué necesitas hacer para convivir y trabajar por el bien común con personas de otras religiones, sin perder tu identidad católica?

Esd 4 1-5

tan de restaurar sus murallas y reparan sus
cimientos. 13 Sepa bien el rey que si se reconstruye esta ciudad y se levantan sus murallas, ya no se pagarán impuestos, contribuciones ni derechos de peaje, y que, al fin
de cuentas, esta ciudad perjudicará a los reyes. 14 Ahora bien, a nosotros, que somos vasallos aliados de la casa real, nos resulta in-
tolerable que se haga esta afrenta al rey. Por
eso enviamos al rey estas informaciones, 15 a
fin de que se investigue en los Anales de tus
predecesores. En ellos comprobarás que esta es una ciudad rebelde, perjudicial para los
reyes y las provincias; y que en ella se han
fomentado insurrecciones desde los tiempos más remotos. Por ese motivo fue destruida. 16 Hacemos saber al rey que si se reconstruye esta ciudad y se restauran sus
murallas, muy pronto ya no tendrás ninguna posesión de este lado del Éufrates».

17 El rey envió esta respuesta: «A Rejum,
gobernador, a Simsai, secretario, y a los demás colegas residentes en Samaría y en toda la región que está del otro lado del Éufrates, paz, etc.

18 El documento que ustedes nos enviaron
ha sido leído en su traducción, delante de mí.
19 Di orden de que se investigara, y se ha comprobado que esa ciudad se ha sublevado contra los reyes desde los tiempos más remotos
y que en ella se han producido revueltas e insurrecciones. 20 Hubo en Jerusalén reyes poderosos que llegaron a dominar toda la región que está del otro lado del Éufrates, y a
los cuales se pagaban impuestos, contribuciones y derechos de peaje. 21 Manden, por lo
tanto, que se interrumpan los trabajos de esa
gente y que esa ciudad no sea reconstruida
hasta nueva orden. 22 Actúen diligentemente
en este asunto, no sea que aumente el mal en
perjuicio de los reyes».

23 Apenas la copia del documento del rey
Artajerjes fue leída delante del gobernador
Rejum, del secretario Simsai, y de sus colegas, ellos partieron rápidamente hacia Jerusalén, donde estaban los judíos, y por la
fuerza de las armas les obligaron a suspender los trabajos. 24 Así fueron interrumpidas
las obras de la Casa de Dios en Jerusalén, y
quedaron suspendidas hasta el segundo
año del reinado de Darío, rey de Persia.

La reanudación de las obras del Templo

Ag 1 14 – 2 9; Zac 4 9

5 1 Entonces el profeta Ageo y el profeta
Zacarías, hijo de Idó, comenzaron a
profetizar a los judíos de Judea y de Jerusalén, en nombre del Dios de Israel que velaba sobre ellos. 2 Al oírlos, Zorobabel, hijo de
Sealtiel, y Josué, hijo de Josadac, se decidieron a reanudar la construcción de la Casa de
Dios que está en Jerusalén, acompañados
por los profetas de Dios que los apoyaban.

3 En ese mismo tiempo, Tatnai, gobernador de la región de este lado del Éufrates,
Setar Boznai y sus colegas fueron a verlos y
les preguntaron: «¿Quién les dio la orden de
edificar esta Casa y de restaurar este Santuario?». 4 Y añadieron: «¿Cómo se llaman los
hombres que construyen este edificio?». 5 Pero Dios tenía puesta su mirada sobre los ancianos de los judíos, y no se los obligó a suspender los trabajos, hasta tanto se hiciera
llegar un informe a Darío y se recibiera una
respuesta oficial acerca de este asunto.

Informe del gobernador al rey Darío

2 Re 25 8-21; Dn 2 5.23

6 Esta es la copia de la carta que Tatnai,
gobernador de la región de este lado del
Éufrates, Setar Boznai, y sus colegas, los legados de la región de este lado del Éufrates, enviaron al rey Darío.

7 Ellos le enviaron un informe en estos
términos: «Al rey Darío, paz. 8 Sepa el rey
que hemos ido a la provincia de Judá, a la
Casa del gran Dios. Se la está reconstruyendo con bloques de piedra, y sus muros
son revestidos de madera. El trabajo se hace con mucho empeño y adelanta rápidamente. 9 Hemos interrogado a los ancianos, diciéndoles: "¿Quién les dio la orden
de edificar esta Casa y de restaurar este
Santuario?". 10 Además, les hemos preguntado cómo se llamaban, para hacértelo saber, y hemos consignado por escrito los
nombres de los que están al frente. 11 Ellos
nos respondieron: "Nosotros somos los
servidores del Dios del cielo y de la tierra,
y estamos reconstruyendo la Casa que fue
construida hace ya muchos años. Un gran
rey de Israel comenzó a construirla y la
concluyó. 12 Pero nuestros padres irritaron
al Dios del cielo, y él los entregó en manos
de Nabucodonosor, rey de Babilonia, el
caldeo, que destruyó esta Casa y deportó al
pueblo a Babilonia. 13 Sin embargo, Ciro,
rey de Babilonia, en el primer año de su
reinado, autorizó la reconstrucción de esta
Casa de Dios. 14 Además, el rey Ciro hizo
retirar del templo de Babilonia los utensilios de oro y plata de la Casa de Dios, que
Nabucodonosor había sacado del Templo
de Jerusalén y llevado al de Babilonia. Luego esos utensilios fueron devueltos a un tal

Sesbasar, al que el rey Ciro nombró comisionado. 15 Él le dijo: Toma estos utensilios,
ve a depositarlos en el Templo de Jerusalén, y que la Casa de Dios sea reconstruida
en el mismo sitio. 16 Entonces vino Sesbasar y puso los cimientos de la Casa de Dios
que está en Jerusalén; desde ese momento
hasta ahora se ha continuado la construcción, pero todavía no se ha terminado".
17 Ahora, si al rey le parece conveniente,
que se investigue en los archivos reales de
Babilonia si es verdad que el rey Ciro dio la
orden de reconstruir esta Casa de Dios en
Jerusalén. Luego, que el rey nos envíe su
decisión acerca de este asunto».

La respuesta del rey Darío al gobernador

Esd 1 4; 1 Re 6 2; 1 Mac 7 33;
2 Re 10 27; Dt 12 11; 14 23

6 1 Entonces, por orden del rey Darío, se
hicieron investigaciones en los archivos de la tesorería de Babilonia, 2 y se encontró en Ecbátana, la fortaleza situada en
la provincia de los medos, un rollo redactado en estos términos: «Memorándum:
3 El primer año de su reinado, el rey Ciro dio esta orden acerca de la Casa de Dios
en Jerusalén. La Casa será reconstruida como lugar en el que se ofrecen sacrificios, y
serán puestos sus cimientos. Tendrá treinta
metros de alto por treinta de ancho, 4 y habrá tres hileras de bloques de piedra y una
de madera. Los gastos correrán por cuenta
de la casa real. 5 Además, serán restituidos
los utensilios de oro y de plata de la Casa
de Dios, que Nabucodonosor sacó del Templo de Jerusalén y llevó a Babilonia, para
que todo vuelva a ocupar su lugar en el
Templo de Jerusalén y sea depositado nuevamente en la Casa de Dios».
6 «Por lo tanto, ustedes, Tatnai, gobernador de la región del otro lado del Éufrates,
Setar Boznai y todos sus colegas, los legados de la región del otro lado del Éufrates,
no intervengan en este asunto. 7 Dejen trabajar en esa Casa de Dios al comisionado
de Judea y a los ancianos de los judíos.
Que se reconstruya esa Casa de Dios en el
mismo sitio. 8 Estas son mis órdenes acerca
de la conducta que ustedes deben observar
frente a los ancianos de los judíos, para la
reconstrucción de esa Casa de Dios: los
gastos que ellos hagan serán pagados totalmente y sin interrupción de los fondos reales, utilizando los impuestos percibidos en
la región del otro lado del Éufrates. 9 También se les entregará sin falta, cada día, lo
necesario para los holocaustos del Dios del
Cielo —novillos, carneros, corderos, trigo,
sal, vino y aceite— según las indicaciones
de los sacerdotes de Jerusalén, 10 para que
ellos ofrezcan al Dios del cielo sacrificios
de aroma agradable y rueguen por la vida
del rey y de sus hijos. 11 Yo ordeno asimismo: Si alguien no cumple este edicto, se

AFROAMERICANO

El sistema de valores *Kwanzaa*

El comportamiento humano está dirigido por principios y valores que dan identidad a las personas que los comparten. De ahí que las naciones, religiones y grupos sociales organicen y articulen un sistema de valores que les dé unidad y dirija su vida.

En tiempo de Esdras se conformó un sistema de valores que ayudó al pueblo de Israel a vivir según los criterios de Dios. Las culturas africanas organizaron un sistema de valores común a ellas, llamado *Kwanzaa*, compuesto de siete principios articulados por el doctor Maulana Karenga en Estados Unidos (1965).[1] Estos principios orientan el desarrollo integral del individuo, la familia, la comunidad, la nación y la raza, y se celebran durante siete días cada diciembre.

Los católicos afroamericanos en Estados Unidos han iluminado estos principios con las Sagradas Escrituras para darles una espiritualidad cristiana, pues todos los valores tienen su plenitud en Jesús. Reflexiones, retiros y fiestas religiosas se organizan hoy día alrededor de *Kwanzaa*, con un sentido cristiano, lo que da un fuerte apoyo a la pastoral afroamericana. Puedes buscar el artículo sobre cada principio en el pasaje bíblico indicado en ellos.

1. *umoja* = unidad: Sal 133
2. *kujichagulia* = autodeterminación: Jue 3 1-11
3. *ujima* = colaboración y corresponsabilidad: Dt 8 11-18
4. *ujamaa* = economía cooperativa: Neh 4 6-17
5. *nia* = plan, proyecto: 2 Tes 2 17
6. *kuumba* = creatividad y espíritu innovador: Mt 25 14-30
7. *imani* = fe, confianza: Tit 3 12-15

Esd 6 19-22

arrancará una viga de su casa y se lo ajusticiará sobre ella. Luego, se reducirá su casa a un montón de escombros, a causa de este delito. [12] ¡Que el Dios que ha establecido allí su Nombre destruya a cualquier rey o pueblo que intente transgredir esta orden, destruyendo esa Casa de Dios que está en Jerusalén! Yo, Darío, he promulgado este decreto. Que sea cumplido estrictamente».

La conclusión y Dedicación del Templo

Nm 7; 1 Re 8 62-66; 2 Cr 7 1-10; 1 Cr 23 - 24

[13] Entonces Tatnai, gobernador de la región del otro lado del Éufrates, Setar Boznai y sus colegas, cumplieron estrictamente las instrucciones enviadas por el rey Darío. [14] Los ancianos de los judíos llevaron adelante la obra, bajo el impulso del profeta Ageo y de Zacarías, hijo de Idó. Así terminaron la construcción, conforme a la orden del Dios de Israel y a los decretos de Ciro y Darío. [15] La Casa fue concluida el día veintitrés del mes de Adar, en el sexto año del reinado de Darío. [16] Todos los israelitas —los sacerdotes, los levitas y el resto de los repatriados— celebraron alegremente la Dedicación de esta Casa de Dios. [17] Para su Dedicación, ofrecieron cien novillos, doscientos carneros y cuatrocientos corderos. Además, ofrecieron doce chivos, según el número de las tribus de Israel, como sacrificio por el pecado de todo el pueblo. [18] Después establecieron a los sacerdotes según sus categorías y a los levitas según sus clases, para el servicio de Dios en Jerusalén, como está escrito en el libro de Moisés.

La celebración de la Pascua

Ex 12 1-20; 2 Re 23 21-23

[19] Los repatriados celebraron la Pascua el día catorce del primer mes. [20] Como todos los levitas se habían purificado, estaban puros e inmolaron la víctima pascual para todos los que habían vuelto del destierro, para sus hermanos los sacerdotes y para ellos mismos. [21] Comieron la víctima pascual los israelitas que habían vuelto del destierro y todos los que habían renunciado a la impureza de la gente del país y se habían unido a ellos para buscar al Señor, el Dios de Israel. [22] Durante siete días celebraron alegremente la fiesta de los Ácimos, porque el Señor los había llenado de gozo haciendo cambiar la actitud del rey de Asiria hacia ellos, a fin de fortalecer sus manos en los trabajos de la Casa de Dios, el Dios de Israel.

LA MISIÓN DE ESDRAS

El viaje de Esdras a Jerusalén

Esd 7 9.28; 8 18.22.31; Neh 2 8.18

7 [1] Después de estos acontecimientos, bajo el reinado de Artajerjes, rey de Persia, llegó desde Babilonia Esdras, hijo de Seraías, hijo de Azarías, hijo de Jilquías, [2] hijo de Salum, hijo de Sadoc, hijo de Ajitub, [3] hijo de Amarías, hijo de Azarías, hijo de Meralot, [4] hijo de Serajías, hijo de Uzí, hijo de Buquí, [5] hijo de Abisúa, hijo de Pinjás, hijo de Eleazar, hijo del Sumo Sacerdote Aarón. [6] Esdras era un escriba muy versado en la Ley de Moisés, que había sido dada por el Señor, el Dios de Israel. Como la mano del Señor, su Dios, estaba con él, el rey le concedió todo lo que pedía. [7] El séptimo año del reinado de Artajerjes, subieron a Jerusalén un buen número de israelitas, de sacerdotes, de levitas, de cantores, de porteros y de empleados del Templo. [8] Esdras llegó a Jerusalén en el quinto mes del séptimo año del reinado de Artajerjes. [9] Él había decidido salir de Babilonia el primer día del primer mes, y llegó a Jerusalén el primer día del quinto mes, porque la mano bondadosa del Señor, su Dios, estaba sobre él. [10] Esdras se había dedicado de todo corazón a investigar la Ley del Señor, a practicarla, y a enseñar en Israel sus preceptos y sus normas.

El decreto del rey Artajerjes

Est 1 14; Esd 1 4; 8 25-27; Ex 18 13-26

[11] Esta es la copia del documento que el rey Artajerjes envió a Esdras, el sacerdote escriba, especialmente instruido en el texto de los mandamientos del Señor y de sus preceptos concernientes a Israel.

[12b] «Artajerjes, rey de reyes, al sacerdote Esdras, escriba de la Ley del Dios del cielo, paz, etc.

[13] Yo he dado esta orden: Cualquier miembro del pueblo de Israel que esté dentro de mi reino y se ofrezca voluntariamente para ir contigo a Jerusalén, incluidos sus sacerdotes y levitas, puede hacerlo. [14] Tú irás como enviado del rey y de sus siete consejeros, para inspeccionar a Judá y a Jerusalén, de acuerdo con la Ley de tu Dios, que llevas en tus manos. [15] También llevarás la plata y el oro que el rey y sus consejeros han ofrecido voluntariamente al Dios de Israel, que reside en Jerusalén, [16] lo mismo que toda la plata y el oro que recojas en toda la provincia de Babilonia, con las ofrendas voluntarias hechas por el pueblo y los sacerdotes para la Casa de su Dios que está en Jerusalén. [17] Con este dinero, comprarás novillos, carneros, corde-

Te presentamos a... ESDRAS Y NEHEMÍAS, PROMOTORES DEL JUDAÍSMO

Dios envía primero a Esdras y después a Nehemías para que ayuden a reconstruir Jerusalén y renueven la fe del pueblo. Esdras era descendiente de un sacerdote levita en el exilio. Como ahí los sacerdotes no podían ejercer sus funciones religiosas, se dedicó al estudio de las Sagradas Escrituras y se convirtió en maestro de la Ley. Artajerjes, rey de Persia, sucesor del rey Ciro, lo envió a Jerusalén para que ayudara a restaurar la fe de Israel en Dios.

Esdras se destaca por su amor apasionado a Dios, su dedicación a la Ley y su capacidad de organizar la comunidad. Transmitió este entusiasmo al pueblo y trabajó uniendo sus esfuerzos con Nehemías.

Nehemías era copero del rey Artajerjes. Aunque era un buen puesto, ya que era responsable de que sus bebidas no tuvieran veneno, al conocer la pobreza de su patria, confió en Dios y pidió al rey ser enviado a Jerusalén. El rey Artajerjes le dio cartas de recomendación y lo necesario para reconstruir la ciudad. Después lo nombró gobernador.

Nehemías dirigió la reconstrucción de las murallas de Jerusalén, símbolo de unidad y garantía de paz. Se interesó por la comunidad, promovió reformas económicas y sociales, y, con el apoyo del sacerdote Esdras, renovó la alianza. Fue un líder reflexivo, que recurría a Dios en la oración y actuaba en solidaridad fraterna.

Esd 7 11-20

ros, como así también lo necesario para las
ofrendas y libaciones correspondientes, y
ofrecerás todo esto sobre el altar de la Casa
de tu Dios que está en Jerusalén. 18 La plata y
el oro que sobren, úsenlos como les parezca
más conveniente, a ti y a tus hermanos, conforme a la voluntad de su Dios. 19 Deposita
delante de tu Dios en Jerusalén los utensilios
que te fueron entregados para el servicio de
la Casa de tu Dios. 20 Si tuvieras necesidad
de hacer otros gastos para la Casa de tu Dios,
se cubrirán con los fondos del tesoro del rey.
21 Yo mismo, el rey Artajerjes, ordeno a todos los tesoreros de la región que está del
otro lado del Éufrates: "Entreguen exactamente todo lo que les pida el sacerdote Esdras, escriba de la Ley del Dios del cielo,
22 dándole cien talentos de plata, cien bolsas
de trigo, cien barriles de vino, tres mil seiscientos litros de aceite y sal a discreción. 23 Todo lo que el Dios del cielo ordene para su
Casa, deberá cumplirse escrupulosamente, a
fin de que su ira no se descargue sobre el territorio del rey y de sus hijos. 24 Les comunicamos, además, que está prohibido cobrar
impuestos, contribuciones o derechos de peaje, a los sacerdotes, levitas, cantores, porteros
y empleados de la Casa, en una palabra, a todos los servidores de esta Casa de Dios".
25 Y tú, Esdras, con esa sabiduría de tu Dios
que reside en ti, designa jueces y magistrados, para hacer justicia a todo el pueblo que
está del otro lado del Éufrates, es decir, a todos los que conocen la Ley de tu Dios. Y enseña esa Ley a quienes no la conocen. 26 El
que no observe la Ley de tu Dios y la ley del
rey será rigurosamente castigado con la muerte, la expulsión, la multa o la cárcel».

La oración de Esdras

27 ¡Bendito sea el Señor, el Dios de nuestros padres, que inspiró al rey esta decisión
de glorificar la Casa del Señor que está en Jerusalén, 28 y me hizo ganar el favor del rey,
de sus consejeros y de los más importantes
funcionarios reales! Yo cobré ánimo porque
el Señor estaba conmigo, y reuní a algunos
jefes de Israel para que me acompañaran.

Los acompañantes de Esdras

8 1 Estos son los jefes de familia, con su
respectiva genealogía, que partieron
conmigo de Babilonia, bajo el reinado de
Artajerjes:

2 De los hijos de Pinjás: Gersón; de los hijos de Itamar: Daniel; de los hijos de David:
Jatús, 3 hijo de Secanías; de los hijos de Parós: Zacarías, con el cual fueron registrados
150 hombres; 4 de los hijos de Pajat Moab:
Elijonai, hijo de Zerajías, con 200 hombres;
5 de los hijos de Zatú: Secanías, hijo de Iajaziel, con 300 hombres; 6 de los hijos de
Adín: Ebed, hijo de Jonatán, con 50 hombres; 7 de los hijos de Elam: Isaías, hijo de
Atalías, con 70 hombres; 8 de los hijos de Sefatías: Zebadías, hijo de Miguel, con 80
hombres; 9 de los hijos de Joab: Abdías, hijo
de Iejiel, con 218 hombres; 10 de los hijos de
Baní: Selomit, hijo de Josifías, con 160
hombres; 11 de los hijos de Bebai: Zacarías,
hijo de Bebai, con 28 hombres; 12 de los hijos de Azgad: Iojanam, hijo de Hacatán, con
110 hombres; 13 de los hijos de Adonicam:
los menores, a saber, Elifélet, Jeiel y Semaías,
con 60 hombres; 14 y de los hijos de Bigvai:
Utai, hijo de Zacur, con 70 hombres.

Los preparativos para la partida

Esd 7 6; Neh 2 9; Hch 23 23-32; Esd 1 4

15 Yo los reuní a orillas del río que va hacia Ahavá y allí acampamos durante tres
días. Vi que había gente del pueblo y sacerdotes, pero no encontré ningún levita.
16 Entonces llamé a los jefes Eliezer, Ariel,
Semaías, Elnatán, Jarib, Elnatán, Natán,
Zacarías y Mesulán, y a los instructores
Joiarib y Elnatán, 17 y los envié a ver a Idó,
jefe de Casifía, con la orden precisa de lo
que debían decir a él y a sus hermanos que
residían en esa localidad, a fin de que nos
mandaran servidores para la Casa de nuestro Dios. 18 Gracias a que la mano bondadosa de nuestro Dios estaba sobre nosotros, ellos nos enviaron un hombre muy
capaz, llamado Serebías, de los hijos de
Majlí, hijo de Leví, hijo de Israel, junto con
sus hijos y sus hermanos: en total, dieciocho hombres. 19 Además, nos enviaron a Jasabías, de los hijos de Merarí, junto con su
hermano Isaías y con sus hijos: en total,
veinte hombres; 20 y de entre los empleados
del Templo que David y los jefes habían
puesto al servicio de los levitas, enviaron
doscientos veinte hombres, todos registrados personalmente.

21 Allí, a orillas del río Ahavá, proclamé
un ayuno, para humillarnos delante de
nuestro Dios, a fin de pedirle un feliz viaje
para nosotros y nuestros hijos y para todos
nuestros bienes. 22 Porque hubiera sido vergonzoso pedir al rey gente armada y jinetes, para que nos protegieran en el camino
contra el enemigo. Al contrario, nosotros
habíamos dicho al rey: «La mano de nuestro Dios se extiende para bendecir a todos
los que lo buscan, y su poder y su ira caen
sobre todos los que lo abandonan». 23 Así
ayunamos e invocamos a nuestro Dios, y él
nos escuchó.

24 Después tomé aparte a doce de los jefes
de los sacerdotes, y además a Serebías y a Jasabías, junto con diez de sus hermanos; 25 y
pesé delante de ellos la plata, el oro y los
utensilios, que el rey, sus consejeros y sus
funcionarios y todos los israelitas residentes
allí habían ofrecido para la Casa de nuestro
Dios. 26 Pesé y puse en sus manos seiscientos
cincuenta talentos de plata, utensilios de plata por valor de cien talentos, cien talentos de
oro, 27 veinte copas de oro de mil dáricos y
dos vasos de bronce bruñido tan preciosos
como el oro. 28 Luego les dije: «Ustedes están
consagrados al Señor; estos utensilios son sagrados; esta plata y este oro son una ofrenda
voluntaria para el Señor, el Dios de nuestros
padres. 29 Guárdenlos cuidadosamente, hasta
que los pesen delante de los jefes de los
sacerdotes y de los levitas, y delante de los jefes de familia de Israel, en las habitaciones
de la Casa del Señor en Jerusalén». 30 Los
sacerdotes y los levitas recibieron la plata, el
oro y los utensilios que habían sido pesados,
para trasladarlos a Jerusalén, a la Casa de
nuestro Dios.

El viaje desde Babilonia a Jerusalén

31 El día doce del primer mes, partimos de
las orillas del río Ahavá para ir a Jerusalén.
La mano de nuestro Dios estaba sobre nosotros, y él nos preservó durante la marcha de
los ataques enemigos y de las emboscadas.

32 Al llegar a Jerusalén, descansamos tres
días. 33 El cuarto día, fueron pesados la plata, el oro y los utensilios en la Casa de nuestro Dios, y se entregó todo al sacerdote Meremot, hijo de Urías, y a Eleazar, hijo de
Pinjás, junto a los cuales estaban los levitas
Josabad, hijo de Josué, y Noadías, hijo de
Binuí. 34 Después de comprobar la cantidad
y el peso, se tomó nota del peso total.

En aquel tiempo, 35 los deportados que
habían vuelto del exilio ofrecieron como
holocausto al Dios de Israel doce novillos
por todo Israel, noventa y seis carneros, setenta y siete corderos y doce chivos por el
pecado: todo, en holocausto al Señor. 36 Y
se entregaron los decretos del rey a los sátrapas y gobernadores de la región de este
lado del Éufrates, los cuales prestaron su
apoyo al pueblo y a la Casa de Dios.

Los matrimonios con mujeres extranjeras

Ex 34 15-16; Dt 7 1-4; Mal 2 10-12;
Neh 13 23-28; Is 66 2-5

9 1 Una vez terminado todo esto, se me
presentaron los jefes para decirme: «El
pueblo de Israel, los sacerdotes y los levitas
no se han separado de la gente del país, que
practica cosas abominables: los cananeos, los
hititas, los perizitas, los jebuseos, los amonitas, los moabitas, los egipcios y los amorreos.
2 Al contrario, se casaron y casaron a sus hijos
con mujeres de esos pueblos, y así la raza
santa se ha mezclado con la gente del país.
¡Los jefes y los magistrados fueron los primeros en participar en esta traición!». 3 Al oír
esto, yo desgarré mi túnica y mi manto, me
arranqué los pelos de la cabeza y de la barba,
y me senté lleno de consternación. 4 A causa
de esta traición de los deportados, todos los
que temían las palabras del Dios de Israel se
reunieron junto a mí. Yo permanecí sentado
y lleno de consternación, hasta la hora de la
ofrenda de la tarde. 5 Entonces me levanté, y
con la túnica y el manto desgarrados, caí de
rodillas, extendí las manos hacia el Señor, mi
Dios, 6 y dije:

Súplica de Esdras

Lv 26 40; Jon 1 2; Is 4 3;
1 Sm 14 27-29; Lv 18 24-25; Jr 12 1; Sof 3 5

«Dios mío, estoy tan avergonzado y confundido que no me atrevo a levantar mi
rostro hacia ti. Porque nuestras iniquidades se han multiplicado hasta cubrirnos
por completo, y nuestra culpa ha subido
hasta el cielo. 7 Desde los días de nuestros
padres hasta hoy, nos hemos hecho muy
culpables, y a causa de nuestras iniquidades, nosotros, nuestros reyes y nuestros
sacerdotes, fuimos entregados a los reyes
extranjeros, a la espada, al cautiverio, al saqueo y a la vergüenza, como nos sucede en
el día de hoy. 8 Pero ahora, hace muy poco
tiempo, el Señor, nuestro Dios, nos ha concedido la gracia de dejarnos un resto de sobrevivientes y de darnos un refugio en su
Lugar santo. Así nuestro Dios ha iluminado nuestros ojos y nos ha dado un respiro
en medio de nuestra esclavitud. 9 Porque
nosotros estamos sometidos; pero nuestro
Dios no nos ha abandonado en medio de
la servidumbre. Él nos obtuvo el favor de los
reyes de Persia, para animarnos a levantar
la Casa de nuestro Dios y restaurar sus ruinas, y para darnos un refugio seguro en Judá y en Jerusalén.
10 Y ahora, Dios nuestro, ¿qué más podemos decir? Porque hemos abandonado tus
mandamientos, 11 los que nos habías dado
por medio de tus servidores, los profetas,
diciendo: "La tierra en la que entrarán para tomar posesión de ella es una tierra
manchada, manchada por gente del país,
por las abominaciones con que la han llenado de un extremo al otro a causa de su
impureza. 12 Por eso, no entreguen sus hijas
a los hijos de ellos ni casen a sus hijos con
las hijas de esa gente. No busquen nunca
su paz ni su bienestar. Así ustedes llegarán
a ser fuertes, comerán los mejores frutos de
la tierra, y la dejarán en herencia a sus hijos para siempre".
13 Después de todo lo que nos ha sucedido por nuestras malas acciones y nuestra
gran culpa —aunque tú, Dios nuestro, no
has tenido en cuenta todo el alcance de
nuestra iniquidad y nos has dejado estos
sobrevivientes— 14 ¿cómo es posible que
volvamos a violar tus mandamientos y a
emparentarnos con esta gente abominable? ¿No te irritarías hasta destruirnos, sin
dejar ni un resto con vida? 15 Señor, Dios de
Israel, porque tú eres justo, hemos sobrevivido como un resto. ¡Aquí estamos en tu
presencia con nuestras culpas, a pesar de
que en estas condiciones nadie puede
comparecer delante de ti!».

El compromiso de deshacer las uniones ilícitas

Esd 9 2

10 1 Mientras Esdras, bañado en llanto y
postrado delante de la Casa de Dios,
oraba y hacía esta confesión, una gran cantidad de israelitas —hombres, mujeres y
niños— se congregaron a su alrededor, derramando abundantes lágrimas. 2 Entonces
Secanías, hijo de Iejiel, de los hijos de Elam,
dijo a Esdras: «Hemos traicionado a nuestro
Dios, al casarnos con mujeres extranjeras de
la gente del país. A pesar de esto, todavía
queda una esperanza para Israel. 3 Ahora hagamos una alianza con nuestro Dios, com-
prometiéndonos a echar a todas nuestras
mujeres extranjeras y a los hijos nacidos de
ellas, conforme a tu consejo y al de aquellos
que respetan el mandamiento de nuestro
Dios. ¡Que se cumpla lo que ordena la Ley!
4 ¡Levántate, porque este asunto es de tu in-
cumbencia, y nosotros estaremos contigo!
¡Anímate y manos a la obra!».
5 Esdras se levantó e hizo jurar a los jefes
de los sacerdotes y de los levitas, y a todo Israel, que procederían como él lo había di-

cho. Y todos lo juraron. 6 Esdras se alejó de la
Casa de Dios y se dirigió a la habitación de
Iojanam, hijo de Eliasib, donde pasó la noche sin comer ni beber, porque estaba afligido a causa de la traición de los repatriados.

La puesta en práctica de la decisión

Jos 7 19; Jr 13 16; Mal 2 2

7 Se lanzó entonces una proclama en Judá y en Jerusalén, para que todos los repatriados se reunieran en Jerusalén. 8 Al que
no se presentara en el plazo de tres días,
por decisión de los jefes y de los ancianos,
se le confiscarían todos sus bienes y se lo
excluiría de la asamblea de los que habían
vuelto del exilio. 9 Todos los hombres de
Judá y de Benjamín se reunieron en Jerusalén dentro de los tres días. Era el día veinte del noveno mes. Todo el pueblo se ubicó en la plaza de la Casa de Dios, lleno de
temor por este asunto y también porque
llovía a cántaros.
10 El sacerdote Esdras se levantó y les dijo:
«Ustedes cometieron una traición, al casarse
con mujeres extranjeras: así aumentaron la
culpa de Israel. 11 Pero ahora, den gracias al
Señor, el Dios de nuestros padres, y cumplan
su voluntad, separándose de la gente del país
y de las mujeres extranjeras». 12 Toda la asamblea respondió en alta voz: «Sí, haremos lo
que tú nos digas, 13 pero el pueblo es muy numeroso y estamos en época de lluvias. No
podemos permanecer a la intemperie, y además, esto no es cuestión de un día o dos, porque somos muchos los que hemos pecado
en esto. 14 Sería mejor que nuestros jefes re-
presenten a toda la asamblea: todos los que,
dentro de nuestras ciudades, se hayan casado
con mujeres extranjeras, vendrán a presentarse en la fecha señalada, acompañados de los
ancianos y de los jueces de cada ciudad, hasta que se haya alejado de nosotros la ira de
nuestro Dios a causa de este asunto».
15 Solamente Jonatán, hijo de Azael, y Iaj-
zías, hijo de Tigvá, se opusieron a esta manera de proceder, apoyados por Mesulán y
el levita Sabtai. 16 Pero los repatriados hicieron como se había propuesto. El sacerdote
Esdras eligió un jefe de familia por cada
grupo, designándolos personalmente a cada uno. El primer día del décimo mes, comenzaron las sesiones para examinar las
causas; 17 y hasta el primer día del primer
mes, no quedaron resueltos los casos de todos los hombres que se habían casado con
mujeres extranjeras.

La lista de los culpables

Neh 8 7; 10 11

18 Entre los miembros de las familias sacerdotales que se habían casado con mujeres
extranjeras, estaban los siguientes: entre los
hijos de Josué, hijo de Josadac, y entre sus
hermanos: Maasías, Eliezer, Iarib y Guedalías. 19 Estos se comprometieron bajo juramento a echar a sus mujeres, y ofrecieron un
carnero en sacrificio de reparación por su
culpa.
20 Entre los hijos de Imer: Janahí y Zebadías;
21 entre los hijos de Jarim: Maasías, Elías,
Semaías, Iejiel y Uzías;
22 entre los hijos de Pasjur: Elionai, Maasías, Ismael, Natanael, Iosabad y Elasá.
23 Entre los levitas: Iosabad, Simei, Que-
laías —o Quelitá— Petaías, Iejudá y Eliezer.
24 Entre los cantores: Eliasib y Zacur. Entre los porteros: Salum, Telem y Urí.
25 Entre los israelitas: de los hijos de Parós: Ramías, Izías, Malquías, Miamim,
Eleazar, Malquías y Benaías;
26 de los hijos de Elam: Matanías, Zacarías, Iejiel, Abdí, Ieremot y Elías;
27 de los hijos de Zatú: Elionai, Eliasib,
Matanías, Ieremot, Zabad y Azizá;
28 de los hijos de Bebai: Iojanam, Jananías, Zabai y Atlai;
29 de los hijos de Baní: Mesulán, Maluc,
Adaías, Iasub, Seal y Ieramot;
30 de los hijos de Pajat Moab: Adná, Que-
lal, Benaías, Maasías, Matanías, Besalel, Binuí y Manasés;
31 de los hijos de Jarim: Eliezer, Isías, Malquías, Semaías, Simeón, 32 Benjamín, Maluc
y Semarías;
33 de los hijos de Jasum: Matenai, Matatá, Zabad, Elifélet, Ieremai, Manasés y Simei;
34 de los hijos de Baní: Maadai, Amram,
Uel,
35 Benaías, Bedías, Quelui,
36 Vanías, Meremot, Eliasib,
37 Matanías, Matenai y Iasai;
38 de los hijos de Binuí: Simei,
39 Selemías, Natán y Adaías;
40 de los hijos de Sacai: Sasai, Sarai,
41 Azarel, Selemías, Semarías,
42 Salum, Amarías y José;
43 de los hijos de Nebo: Jeiel, Matitías,
Zabad, Zebiná, Iadai, Joel y Benaías.
44 Todos estos se habían casado con extranjeras, y despidieron a sus mujeres y a
sus hijos.

NEHEMÍAS

NEH

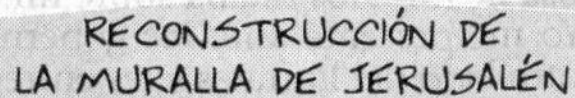
RECONSTRUCCIÓN DE LA MURALLA DE JERUSALÉN

RENOVACIÓN DE LA ALIANZA

LA PRIMERA MISIÓN DE NEHEMÍAS

Las malas noticias llegadas de Jerusalén

1 [1] Palabras de Nehemías, hijo de Jacalías.
En el mes de Quisleu, el vigésimo año de
Artajerjes, mientras yo estaba en Susa, la
ciudadela, [2] llegó Jananí, uno de mis hermanos, con algunos hombres de Judá. Yo les
pregunté por los judíos —el resto que había
sobrevivido al cautiverio— y por Jerusalén.
[3] Ellos me respondieron: «Los que han sobrevivido al cautiverio, allá en la provincia,
soportan muchas penurias y humillaciones.
Las murallas de Jerusalén están en ruinas y
sus puertas han sido incendiadas».

La oración de Nehemías

Dt 7 9-12; 2 Cr 6 40; Dt 30 1-4; 9 29

[4] Al oír estas palabras, me senté a llorar,
y estuve de duelo varios días, ayunando y
orando ante el Dios del cielo. [5] Entonces
dije: «¡Ah, Señor, Dios del cielo! Tú eres el
Dios grande y temible, que mantienes la
alianza y eres fiel con aquellos que te
aman y observan tus mandamientos. [6] Que
tus oídos estén atentos y tus ojos abiertos,
para escuchar la plegaria de tu servidor, la
que ahora yo te dirijo día y noche por los
israelitas, tus servidores, confesando sus
pecados, porque hemos pecado contra ti.
¡Sí, yo y la casa de mi padre hemos pecado! [7] Nos hemos portado mal contigo, no
hemos observado los mandamientos, los
preceptos y las leyes que prescribiste a
Moisés, tu servidor. [8] Acuérdate, sin embargo, de la palabra que ordenaste pronunciar
a Moisés, tu servidor: "Si ustedes son infieles, yo los dispersaré entre los pueblos.
[9] Pero si se convierten a mí, si observan y
practican mis mandamientos, aunque sus
desterrados estén en los confines del cielo,
yo los congregaré y los traeré al lugar que
elegí para hacerlo morada de mi Nombre".
[10] ¡Ellos son tus servidores y tu pueblo, los
que tú has rescatado con tu gran fuerza y tu
brazo poderoso! [11] ¡Ah, Señor! Que tus oídos
estén atentos a la plegaria de tu servidor y
a la plegaria de tus servidores, que se complacen en venerar tu Nombre. Permíteme
lograr mi cometido y que sea bien recibido
por el rey».
Yo era entonces copero del rey.

NEH

VIVE LA PALABRA

Discernimiento y acción ante el pecado social

Cuando Nehemías supo del sufrimiento de su pueblo en Jerusalén, en ayuno y oración le preguntó a Dios qué quería de él. Cuando decidió ir a Jerusalén debe haberse preguntado cómo podía eliminar el dolor causado por tantos años de pecado social (ver «El pecado tiene consecuencias sociales», Gn 6 1-8, y «Reforma de Josías y conversión ante el pecado social», 2 Re 22 – 23). Existen cuatro tipos de acciones que ayudan a erradicar el pecado social:

- *Orar* por la conversión de personas y grupos que tienen el poder de cambiar estructuras de pecado.
- *Atender* a quienes sufren por el pecado social con un amor fraterno y preferencial.
- *Realizar* trabajo de tipo asistencial organizado donando tiempo o dedicándose profesionalmente a instituciones de servicio social.
- *Luchar* por la justicia y la transformación social dentro o fuera de las estructuras que tienen institucionalizado el pecado. Nehemías optó por este tipo de acción al ejercer el cargo de gobernador.

Los dos primeros tipos de acciones corresponden a todo cristiano. Además, el ideal es que cada persona haga una labor asistencial o trabaje en la transformación social, según su vocación personal. ¿A qué tipo de acción social te llama Dios? Respóndele con generosidad.

Neh 1 1-6

El viaje de Nehemías a Jerusalén

2 Re 25 8-10; Jr 52 12-14; 2 Cr 36 19; Esd 7 6; 8 22

2 1 En el mes de Nisán, el vigésimo año
del reinado de Artajerjes, siendo yo el
encargado del vino, lo tomé y se lo ofrecí
al rey. Como nunca había estado triste en
su presencia, 2 el rey me preguntó: «¿Por
qué tienes esa cara tan triste? Tú no estás
enfermo. Seguramente hay algo que te aflige». Yo experimenté una gran turbación, 3 y
dije al rey: «¡Viva el rey para siempre! ¿Cómo no voy a estar con la cara triste, si la
ciudad donde están las tumbas de mis padres se encuentra en ruinas y sus puertas
han sido consumidas por el fuego?». 4 El
rey me dijo: «¿Qué es lo que quieres?». Yo
me encomendé al Dios del cielo, 5 y le respondí: «Si es del agrado del rey y tú estás
contento con tu servidor, envíame a Judá,
a la ciudad donde están las tumbas de mis
padres, para que yo la reconstruya». 6 El rey,
que tenía a la reina sentada a su lado, me
dijo: «¿Cuánto tiempo durará tu viaje y
cuándo estarás de regreso?». Al rey le pareció bien autorizar mi partida, y yo le fijé un
plazo. 7 Luego dije al rey: «Si el rey lo considera conveniente, se me podrían dar cartas para los gobernadores del otro lado del
Éufrates, a fin de que me faciliten el viaje a
Judá. 8 También podrían darme una carta
para Asaf, el supervisor de los parques del
rey, a fin de que me provea de madera para armar las puertas de la ciudadela del
Templo, para las murallas de la ciudad y
para la casa donde voy a vivir». El rey me
concedió todo eso, porque la mano bondadosa de mi Dios estaba sobre mí.
9 Yo me presenté ante los gobernadores
del otro lado del Éufrates y les entregué las
cartas del rey. Además, el rey me había hecho escoltar por oficiales del ejército y por
algunos jinetes. 10 Pero cuando Sambalat, el
joronita, y Tobías, el esclavo amonita, se
enteraron de mi llegada, se disgustaron
mucho de que alguien viniera a prestar
ayuda a los israelitas.

La inspección de las murallas

11 Al llegar a Jerusalén, dejé pasar tres días.
12 Luego me levanté de noche, acompañado
de unos pocos hombres, sin comunicar a
nadie lo que Dios me había inspirado hacer
en favor de Jerusalén y sin llevar otro animal
que aquel en el que iba montado.
13 Salí de noche por la puerta del Valle, en
dirección a la fuente del Dragón y a la puerta del Basural, e inspeccioné atentamente las
murallas de Jerusalén, allí donde había brechas y donde las puertas habían sido consumidas por el fuego. 14 Proseguí mi camino hacia la puerta de la Fuente y hacia el estanque
del Rey, pero no encontré un lugar por donde pasar con mi cabalgadura. 15 Subí entonces
de noche por el Cedrón, inspeccionando
siempre las murallas, y luego volví atrás, pasando de nuevo por la puerta del Valle.
16 Los magistrados no sabían adónde había ido ni qué había hecho: hasta ese mo-

mento, yo no había comunicado nada a
los judíos, ni a los sacerdotes, ni a los notables, ni a los magistrados, ni a los otros
encargados de los trabajos.

La decisión de reconstruir las murallas

Neh 2 10

17 Entonces les dije: «Ustedes ven en qué
lamentable situación nos encontramos. Jerusalén está en ruinas y sus puertas incendiadas. ¡Reconstruyamos las murallas de Jerusalén, y no seremos más objeto de oprobio!».
18 Luego les expliqué cómo la mano bondadosa de mi Dios había estado sobre mí y
también les comuniqué las palabras que
me había dicho el rey. «¡Vamos —dijeron
ellos—, pongámonos a trabajar!». Y emprendieron esta buena obra con toda decisión.
19 Cuando Sambalat, el joronita, Tobías,
el esclavo amonita, y Guésem, el árabe, se
enteraron de esto, se burlaron de nosotros
y nos despreciaron, diciendo: «¿Qué están
haciendo? ¿Se van a rebelar contra el rey?».
20 Yo, por mi parte, les respondí: «El Dios
del cielo nos coronará con el éxito. Nosotros, sus servidores, nos pondremos a trabajar. Ustedes, en cambio, no tienen parte,
ni derechos, ni recuerdos en Jerusalén».

Los trabajos de la reconstrucción

Esd 10 6; Neh 12 39; Jr 31 18;
Neh 13 16; Neh 11 21

3 1 Entonces se levantó Eliasib, el Sumo
Sacerdote, con sus hermanos, los sacerdotes, y reconstruyeron la puerta de las Ovejas: la consagraron, y colocaron sus hojas;
luego continuaron hasta la torre de los Cien
y hasta la torre de Jananel, y consagraron la
muralla. 2 Junto a ellos trabajaron los hombres de Jericó, y a continuación Sacur, hijo de
Imrí.
3 Los hijos de Jasená construyeron la
puerta de los Pescados: hicieron el armazón y colocaron las hojas, los cerrojos y las
barras. 4 Junto a ellos trabajó Meremot, hijo de Urías, hijo de Hacós; luego Mesulam,
hijo de Berequías, y a continuación Sadoc,
hijo de Baaná. 5 Junto a ellos trabajaron los
habitantes de Técoa, pero sus notables se
negaron a colaborar con las autoridades.
6 La puerta de la Vieja la restauraron
Ioiadá, hijo de Paséaj, y Mesulam, hijo de
Besodías: hicieron el armazón y colocaron
las hojas, los cerrojos y las barras. 7 Junto a
ellos trabajaron Melatías de Gabaón y Ia-
dón de Meronot, como así también los
hombres de Gabaón y de Mispá, por cuenta del gobernador de la provincia que está
a este lado del Éufrates.
8 Junto a él trabajó Uziel, hijo de Har-
haiá, del gremio de los orfebres, y a continuación Jananías, del gremio de los perfumistas: ambos dejaron terminada la muralla de Jerusalén hasta el muro Ancho. 9 Junto a ellos trabajó Refaías, hijo de Jur, jefe
de una mitad del distrito de Jerusalén.
10 Junto a él trabajó Iedaías, hijo de Jaru-
maf, al frente de su casa, y a continuación
Jatús, hijo de Hasabnías.
11 En un segundo sector trabajaron Malquías, hijo de Harim, y Jasub, hijo de Pájat
Moab, hasta la torre de los Hornos. 12 Junto
a él trabajó Salum, hijo de Halojés, jefe de
una mitad del distrito de Jerusalén, y también sus hijos.
13 La puerta del Valle la restauraron Janún y los habitantes de Zanóaj: la reconstruyeron, colocaron las hojas, los cerrojos y
las barras, y levantaron quinientos metros
de muralla, hasta la puerta del Basural.
14 La puerta del Basural la restauró Malquías, hijo de Recab, jefe del distrito de Bet
Ha Quérem: él la reconstruyó y colocó las
hojas, los cerrojos y las barras.
15 La puerta de la Fuente la restauró Salum, hijo de Col Jozé, jefe del distrito de
Mispá: él la reconstruyó, la recubrió y colocó las hojas, los cerrojos y las barras;
también rehizo el muro del estanque del
canal, junto al jardín del rey, hasta las escaleras que bajan de la Ciudad de David.
16 Después de él trabajó Nehemías, hijo de
Azbuc, jefe de la mitad del distrito de Betsur;
él reparó hasta el lugar que está enfrente de
las tumbas de David, hasta el estanque arti-
ficial y hasta la Casa de los Valientes.
17 Después de él trabajaron los levitas,
entre ellos, Rejum, hijo de Baní; junto a él,
Jasabías, jefe de la mitad del distrito de
Queilá, trabajó en su propio distrito. 18 Después de él trabajaron sus hermanos: Binuí,
hijo de Jenadad, jefe de la mitad del distrito de Queilá.
19 Junto a él, Ezer, hijo de Josué, jefe de
Mispá, reparó otro sector, frente a la subida del Arsenal, en dirección del Ángulo.
20 Después de él trabajó Baruc, hijo de
Zabat: él reparó otro sector, desde el Ángulo hasta la puerta de la casa de Eliasib, el
Sumo Sacerdote. 21 Después de él trabajó
Meremot, hijo de Urías, hijo de Hacós: él
reparó otro sector, desde la puerta de la casa de Eliasib hasta el extremo de la misma.
22 Después de él trabajaron los sacerdotes
venidos de los alrededores. 23 A continuación trabajaron Benjamín y Jasub, frente a
sus propias casas. Después de ellos trabajó
Azarías, hijo de Maasías, hijo de Ananías,
al costado de la suya. 24 Después de él trabajó Binuí, hijo de Jenadad: él reparó otro
sector, desde la casa de Azarías hasta el
Ángulo y la Esquina.

25 En cuanto a Palai, hijo de Uzai, lo hizo frente al Ángulo y a la torre superior, que sobresale de la casa del rey, junto al patio de la Prisión. Después de él trabajó Pedaías, hijo de Parós, 27 Después de él trabajaron los hombres de Técoa, en otro sector, desde enfrente de la torre que sobresale hasta el muro de Ofel.

28 Junto a la puerta de los Caballos trabajaron los sacerdotes, cada uno enfrente de su casa. 29 Después de ellos trabajó Sadoc, hijo de Imer, enfrente de su casa, y a continuación Semaías, hijo de Secanías, guardián de la puerta Oriental. 30 Después de él trabajó Jananías, hijo de Selemías, y Janún, el sexto hijo de Salaf, en otro sector. A continuación trabajó Mesulam, hijo de Berequías, frente a su vivienda. 31 Después de él trabajó Malquías, del gremio de los orfebres, hasta la casa de los empleados del Templo y de los comerciantes, frente a la puerta de la Inspección y hasta la habitación alta del Ángulo. 32 Y entre la habitación alta del Ángulo y la puerta de las Ovejas, trabajaron los orfebres y los comerciantes.

La continuación de los trabajos, a pesar de los obstáculos

Neh 2 10; Os 12 15; Sal 79 12; Jr 18 23

33 Cuando Sambalat se enteró de que nosotros estábamos restaurando las murallas, se enfureció y manifestó una gran irritación. Se burló de los judíos, 34 y dijo delante de sus hermanos y de las tropas de Samaría: «¿Qué pretenden hacer esos judíos incapaces? ¿Piensan acaso reconstruir, ofrecer sacrificios, terminar en un día? ¿Harán revivir esas piedras extraídas de un montón de escombros y todas calcinadas?». 35 Y Tobías, el amonita, que estaba a su lado, añadió: «¡Déjalos que construyan! ¡Bastará que suba un zorro para hacer que se desmoronen sus murallas de piedra!».

36 ¡Escucha, Dios nuestro, cómo somos despreciados! Que sus ultrajes recaigan sobre sus cabezas, y entrégalos al desprecio en una tierra de cautiverio. 37 No encubras su iniquidad y que su pecado no se borre de tu presencia, porque han agraviado a los constructores.

38 A pesar de todo, trabajamos en la reconstrucción de la muralla, que fue enteramente restaurada hasta media altura. El pueblo, en efecto, se había tomado la obra muy a pecho.

La defensa de los judíos

Nm 14 9; Dt 7 21; Jos 23 9-10

4 1 Cuando Sambalat, Tobías, los árabes, los amonitas y los asdoditas se enteraron de que progresaba la reparación de las murallas de Jerusalén —porque comenzaban a cerrarse las brechas—, se en-

VIVE LA PALABRA

Con fortaleza se puede reconstruir la vida

Hay experiencias muy duras como el divorcio o la muerte de los padres; la violencia y la pobreza en el hogar; el ser rechazados y menospreciados. Toda persona reacciona ante este tipo de vivencias tomando una postura ante ellas.

Observa cómo reaccionó Nehemías ante las personas cínicas y violentas; en lugar de centrarse en sí mismo, fijó su mirada en Dios, quien lo fortaleció (Neh 4 4-9). Contigo puede pasar lo mismo. Ora con confianza y toma las riendas de tu vida, para que las penas no te debiliten ni causes dolor a otros. Dios está contigo y te ayudará a superar los problemas.

Analiza los tipos de reacción posibles y proponte tomar siempre una postura positiva.

- ***Postura pasiva:*** sentirse víctima de los hechos, sin posibilidad de superarlos y dar dirección a la vida.
- ***Postura antisocial:*** verse víctima de los hechos y reaccionar aislándose o marginándose de las personas relacionadas con ellos.
- ***Postura agresiva:*** enojarse y amargarse ante los hechos y reaccionar con agresividad de palabra o de obra.
- ***Postura creativa:*** ver los hechos como una oportunidad de crecimiento personal y manejarlos en beneficio de la madurez personal y el bien de los demás.
- ***Postura transformadora:*** ver los hechos como oportunidades de contribuir al bien social, mediante acciones transformadoras realizadas en colaboración con otras personas.

Neh 3 33-38

furecieron, 2 y se coaligaron para atacar a
Jerusalén y provocar disturbios. 3 Entonces
invocamos a nuestro Dios y montamos
guardia de día y de noche para protegernos
de ellos.
4 El pueblo de Judá decía:

«Flaquea la mano de obra
y hay demasiados escombros;
así nosotros no podremos
reconstruir la muralla».

5 Nuestros adversarios decían: «No sabrán
ni verán nada, hasta que irrumpamos en
medio de ellos. Entonces los mataremos y
pondremos fin a la obra». 6 Y cuando llegaban los judíos que vivían cerca de ellos, nos
repetían insistentemente: «Van a atacarlos
desde todos los lugares donde habitan».
7 Yo aposté entonces a mi gente en las
partes bajas, por detrás de las murallas, en
los puntos desguarnecidos, disponiendo al
pueblo por familias, con sus espadas, sus
lanzas y sus arcos. 8 Y al ver que tenían miedo, me levanté y dije a los notables, a los
magistrados y al resto del pueblo: «¡No les
tengan miedo! Acuérdense del Señor grande y temible, y combatan por sus hermanos, sus hijos, sus hijas, sus mujeres y sus
casas». 9 Cuando nuestros enemigos advirtieron que estábamos alerta y que Dios había desbaratado sus planes, volvimos todos a las murallas, cada uno a su trabajo.
10 Pero, a partir de ese día, solo la mitad
de mi gente hacía el trabajo, mientras la
otra mitad tenía en la mano las lanzas, los
escudos, los arcos y las corazas, y los jefes
estaban detrás de toda la casa de Judá.
11 Los que reconstruían las murallas y los
que transportaban las cargas iban armados: con una mano hacían el trabajo y con
la otra empuñaban el arma; 12 y los que
construían tenían cada uno la espada ceñida a la cintura mientras trabajaban. Además, había junto a mí un hombre encargado de hacer sonar el cuerno. 13 Yo dije a los
notables, a los magistrados y al resto del
pueblo: «La obra es considerable y extensa,
y nosotros estamos esparcidos sobre la
muralla, lejos unos de otros. 14 Allí donde
oigan el sonido del cuerno, corran a reunirse con nosotros: nuestro Dios combatirá a favor nuestro». 15 Así hacíamos el trabajo —mientras una mitad empuñaba las
lanzas— desde que despuntaba el alba
hasta que aparecían las estrellas.
16 En aquella oportunidad, dije también
al pueblo: «Que cada uno, con su servidor,
pase la noche en Jerusalén; de noche, para
montar guardia, y de día, para trabajar».
17 Pero ni yo, ni mis hermanos, ni mi gente,
ni los guardias que me seguían, nos quitá-
bamos la ropa, y cada uno llevaba el arma
en su mano derecha.

Las injusticias entre los repatriados

Jr 34 8-32; 2 Re 4 1

5 1 Entre la gente del pueblo y sus mujeres se levantó una gran protesta
contra sus hermanos judíos. 2 Había algunos que decían: «Tenemos que entregar en
prenda a nuestros hijos y nuestras hijas para conseguir trigo con qué comer y vivir».
3 Otros decían: «Tenemos que empeñar
nuestros campos y nuestras viñas para obtener trigo en medio de la escasez». 4 Y había otros que decían: «Hemos tenido que
hipotecar nuestros campos y nuestras viñas para pagar el tributo al rey. 5 Ahora
bien, nuestra carne es como la carne de
nuestros hermanos, nuestros hijos son como los de ellos. Sin embargo, nosotros tenemos que someter a esclavitud a nuestros
hijos y nuestras hijas, y algunas de nuestras
hijas ya han sido sometidas. Y no podemos
hacer nada, porque nuestros campos y
nuestras viñas pertenecen a otros».

AFROAMERICANO

El principio de *ujamaa* = economía cooperativa

Las personas que construían la muralla y las casas de Jerusalén «con una mano hacían el trabajo y con la otra empuñaban el arma» (Neh 4 11). Trabajaban en conjunto, vigilantes contra el egoísmo, la apatía y los posibles invasores extranjeros, dando testimonio de que Dios estaba con ellos.

El principio de *ujamaa* se refiere a la economía cooperativa realizada mediante el apoyo mutuo (ver «El sistema de valores *Kwanzaa*», Esd 6 19-22). Practicar *ujamaa* significa compartir los recursos financieros y materiales, apoyarse mutuamente en los negocios y cuidar de que todos tengan lo necesario para vivir. Esto implica sacrificar el «yo primero» y el «solo yo», viviendo la solidaridad y la justicia, dos valores cristianos que nacen del amor a los hermanos.

¿Cómo trabajas junto con otros jóvenes para construir la Civilización del Amor? Ruega a Dios que te dé un espíritu generoso, un ánimo fuerte y la habilidad para trabajar en equipo.

Neh 4 6-17

VIVE LA PALABRA

Tengo hambre

El pueblo reclamó a Nehemías que tenía hambre. Lo grave era que no faltaban alimentos, sino que los poderosos los controlaban (Neh 5 7-8). Nehemías tomó decisiones radicales; convocó a una asamblea; reclamó la falta de fraternidad, y ordenó el perdón de las deudas a quien tuviera necesidad.

¡Qué fácil es olvidar que miles de personas mueren de hambre a diario! Los expertos aseguran que hoy en día no escasean los víveres, sino que el abuso político y económico evitan la distribución de alimentos entre quienes carecen de ellos.

Si pudiéramos, como Nehemías, exigir a los ricos y a los poderosos que... Más que entretenernos en soñar, ¡actuemos!

Quienes gobiernan representan al pueblo y deben buscar el bien de todos. Exijamos su honestidad. Motivemos a la sociedad para que trabaje unida y considere siempre a los más pobres, y colaboremos para dar de comer a los hambrientos.

Visualiza a los millones de personas en Latinoamérica y en el mundo entero cuyo trabajo no les permite alimentar a su familia ni tener ropa, vivienda, educación y recreación suficiente. ¿Qué cambios sociales y políticos se requieren para cambiar esta situación? ¿A qué te impulsa la convicción de que Dios quiere que toda la familia humana viva con dignidad y alimento suficiente?

Neh 5 1-19

Medidas de Nehemías en favor de los pobres

Lv 25 13.23; Neh 8 6; Dt 27 15-26; 1 Cr 16 36

6 Yo sentí una gran indignación al oír su
queja y esas palabras. 7 Y después de haber
deliberado conmigo mismo, dirigí un reproche a los notables y a los magistrados,
diciéndoles: «Ustedes imponen una carga a
sus hermanos». Luego convoqué contra
ellos una gran asamblea, 8 y les dije: «Nosotros, en la medida de nuestros recursos,
hemos comprado a nuestros hermanos judíos que habían sido vendidos a las naciones. ¡Y ahora son ustedes los que venden a
sus hermanos, y ellos son vendidos a nosotros mismos!». Todos se quedaron callados, sin encontrar qué responder.
9 Yo seguí diciendo: «Lo que ustedes hacen no está bien. ¿No deberían vivir en el
temor de nuestro Dios, para evitar el desprecio de los paganos, nuestros enemigos?
10 También yo, mis hermanos y mi gente les
hemos prestado dinero y trigo. Condonemos esa deuda. 11 Devuélvanles hoy mismo
sus campos, sus viñas, sus olivares y sus casas, y anulen la deuda de la plata, el trigo, el
vino y el aceite que ustedes les prestaron».
12 Ellos respondieron: «Restituiremos todo,
sin reclamarles nada; haremos como tú dices». Entonces llamé a los sacerdotes e hice
jurar a la gente que obrarían conforme a esta palabra. 13 Luego sacudí el pliegue de mi
manto y dije: «Así sacuda Dios, fuera de su
casa y de sus bienes, a todo aquel que no
cumpla esta palabra; que así sea sacudido y
dejado sin nada». Toda la asamblea respondió: «¡Amén!» y alabó al Señor. El pueblo
obró conforme a esta palabra.

El desinterés de Nehemías

1 Re 10 4-6; 5 2-3

14 Además, desde el día en que se me designó para el cargo de gobernador en el
país de Judá, desde el vigésimo hasta el trigésimo segundo año del rey Artajerjes, es
decir, durante doce años, ni yo ni mis hermanos comimos del impuesto debido al
gobernador. 15 Los primeros gobernadores
que me habían precedido gravaban al pueblo, exigiéndole cada día pan y vino por
valor de cuarenta siclos de plata, y también
sus funcionarios tiranizaban al pueblo. Yo,
en cambio, no obré de esa manera por temor a Dios.
16 También trabajé personalmente en la
reconstrucción de las murallas, no adquirí
ningún campo, y todos mis hombres se reunieron allí para trabajar. 17 A mi mesa se sentaban los notables y los magistrados —ciento cincuenta personas— sin contar los que
acudían a nosotros de las naciones vecinas.
18 Lo que se preparaba cada día —un buey,
seis carneros escogidos y algunas aves— corría por mi cuenta; y cada diez días se traían
odres de vino en cantidad. Sin embargo,
nunca exigí el impuesto debido al gobernador, porque el pueblo ya debía soportar un
duro trabajo.

19 ¡Acuérdate, Dios mío, para mi bien, de
todo lo que hice por este pueblo!

Nuevas intrigas de los enemigos de Nehemías

1 Sm 10 24; 2 Sm 15 10;
1 Re 1 25.34.39; Jr 23 9-40; Zac 13 2-3

6 1 Cuando Sambalat, Tobías, Guésem,
el árabe, y los demás enemigos nuestros supieron que yo había reconstruido las
murallas y que no quedaba en ellas ninguna brecha —aunque hasta entonces no había colocado las hojas de las puertas—,
2 Sambalat y Guésem mandaron a decirme:
«Ven a entrevistarte con nosotros en Quefi-
rim, en el valle de Onó». Pero, en realidad,
lo que se proponían era hacerme el mal.
3 Entonces les envié unos mensajeros para
decirles: «Tengo muchísimo trabajo, y no
puedo bajar. ¿Por qué va a suspenderse la
obra mientras yo la abandono por bajar a
verlos?». 4 Cuatro veces me hicieron la misma invitación, y siempre les di la misma
respuesta. 5 Por quinta vez, Sambalat me
mandó a decir lo mismo por medio de su
servidor, que traía en la mano una carta
abierta. 6 En ella estaba escrito: «Se oye decir
entre la gente —y lo afirma Gasmú— que
tú y los judíos piensan sublevarse, y por eso
reconstruyes las murallas. Según esos rumores, tú vas a ser su rey, 7 e incluso has establecido profetas para que proclamen en Jerusalén, refiriéndose a ti: "¡Hay un rey en
Judá!". Y ahora el rey va a ser informado de
todo esto. Ven, entonces, y pongámonos
de acuerdo». 8 Yo le mandé a decir: «No ha
sucedido nada de lo que tú dices, sino que
son puras invenciones tuyas». 9 En realidad,
lo que ellos querían eran intimidarnos, pensando: «Sus manos se cansarán de trabajar,
y la obra no se realizará». ¡Y ahora, Señor,
fortalece mis manos!
10 Entonces fui a la casa de Semaías, hijo
de Delaías, hijo de Mehetabel, que se hallaba impedido, y él dijo:

«Encontrémonos en la Casa de Dios,
en el interior del Templo,
y cerremos sus puertas;
porque van a venir a matarte
y esta es la noche en que vendrán
a hacerlo».

11 Yo repliqué: «¿Va a huir un hombre como yo? ¿Y qué hombre de mi condición
podría entrar en el Templo y permanecer
con vida? ¡No entraré!». 12 Yo había reconocido, en efecto, que no era Dios el que
lo había enviado: si había pronunciado esa
profecía acerca de mí, era porque lo había
enviado Tobías. 13 Lo habían sobornado
para que yo me dejara intimidar y, obrando de esa manera, cometiera un pecado.
Así me habrían infamado, para cubrirme
de oprobio.
14 Acuérdate, Dios mío, de Tobías, por lo
que hizo, y también de Noadias, la profetisa, y de todos los demás profetas que trataban de intimidarme.

Conclusión de las murallas

Sal 118 22-23; 127 1

15 Las murallas quedaron terminadas el
día veinticinco de Elul, al cabo de cincuenta y dos días. 16 Cuando todos nuestros enemigos se enteraron, todas las naciones vecinas quedaron vivamente impresionadas;
se sintieron muy humilladas a sus propios
ojos y reconocieron que el trabajo había sido ejecutado gracias a nuestro Dios.
17 Aun en aquellos días, algunos notables
de Judá se carteaban frecuentemente con
Tobías, 18 porque estaban ligados a él por
un juramento, ya que era yerno de Secanías, hijo de Ará, y su hijo Iojanam se había
casado con la hija de Mesulam, hijo de Berequías. 19 Ellos hablaban bien de él en mi
presencia y le transmitían mis palabras. Tobías, por su parte, enviaba cartas para intimidarme.

Medidas para la defensa de la ciudad

7 1 Cuando estuvieron reconstruidas
las murallas y yo coloqué las hojas
de las puertas, fueron instalados porteros,
como así también cantores y levitas. 2 Puse
al frente de Jerusalén a mi hermano Jananí, y designé a Ananías comandante de la
ciudadela, porque era un hombre de confianza y temeroso de Dios, más que muchos otros. 3 Luego les dije: «Las puertas de
Jerusalén no se abrirán hasta que comience a calentar el sol, y antes que se haya
puesto, se las cerrará con barras. Además,
los habitantes de Jerusalén montarán guardia, cada uno en su puesto, cada uno enfrente de su casa».

Lista de los primeros repatriados

Esd 2 1-70

4 La ciudad era amplia en todo sentido y
espaciosa, pero la población era poco numerosa y no se reconstruían las casas. 5 Por
eso mi Dios me inspiró reunir a los notables, a los magistrados y al pueblo, para
hacer el registro genealógico. Busqué el registro de los que habían subido al comienzo y encontré escrito lo siguiente:
6 Estas son las personas de la provincia
que volvieron de la cautividad y del exilio.
Después de haber sido deportadas por Nabucodonosor, rey de Babilonia, volvieron a
Jerusalén y a Judá, cada cual a su ciudad.

[7]Llegaron con Zorobabel, Josué, Nehemías, Azarías, Raamías, Najamaní, Mardoqueo, Bilsán, Mispéret, Bigvai, Nejum y Baaná.

Lista de los hombres del pueblo de Israel: [8]los hijos de Parós: 2 172; [9]los hijos de Sefatías: 372; [10]los hijos de Araj: 652; [11]los hijos de Pajat Moab, es decir, los hijos de Josué y de Joab: 2 818; [12]los hijos de Elam: 1 254; [13]los hijos de Zatú: 845; [14]los hijos de Sacai: 760; [15]los hijos de Binuí: 648; [16]los hijos de Bebai: 628; [17]los hijos de Azgad: 2 322; [18]los hijos de Adonicam: 667; [19]los hijos de Bigvai: 2 067; [20]los hijos de Adín: 655; [21]los hijos de Ater, por parte de Ezequías: 98; [22]los hijos de Jasún: 328; [23]los hijos de Besai: 324; [24]los hijos de Jarif: 112; [25]los hijos de Gabaón: 95; [26]los hombres de Belén y Netofá: 188; [27]los hombres de Anatot: 128; [28]los hombres de Bet Azmávet: 42; [29]los hombres de Quiriat Iearim, Quefirá y Beerot: 743; [30]los hombres de Ramá y Gueba: 621; [31]los hombres de Micmás: 122; [32]los hombres de Betel y de Aí: 123; [33]los hombres de Nebo: 52; [34]los hijos del otro Elam: 1 254; [35]los hijos de Jarim: 320; [36]los hijos de Jericó: 345; [37]los hijos de Lod, Jadid y Onó: 721; [38]los hijos de Senaá: 3 930.

[39]Sacerdotes: los hijos de Iedaías, de la casa de Josué: 973; [40]los hijos de Imer: 1 052; [41]los hijos de Pasjur: 1 247; [42]los hijos de Jarim: 1 017.

[43]Levitas: los hijos de Josué, es decir, de Cadmiel y de los hijos de Hodvá: 74.

[44]Cantores: los hijos de Asaf: 148.

[45]Porteros: los hijos de Salum, los hijos de Ater, los hijos de Talmón; los hijos de Acub, los hijos de Jatitá, los hijos de Sobai: 138.

[46]Empleados del Templo: los hijos de Sigá, los hijos de Jasufá, los hijos de Tabaot, [47]los hijos de Querós, los hijos de Sía, los hijos de Padón, [48]los hijos de Lebaná, los hijos de Jagabá, los hijos de Salmai, [49]los hijos de Janán, los hijos de Guidel, los hijos de Gajar, [50]los hijos de Reaías, los hijos de Resín, los hijos de Necodá, [51]los hijos de Gazán, los hijos de Uzá, los hijos de Paséaj, [52]los hijos de Besai, los hijos de los meunitas, los hijos de los nefisitas, [53]los hijos de Bacbuc, los hijos de Jacufá, los hijos de Jarjur, [54]los hijos de Baslit, los hijos de Mejidá, los hijos de Jarsá, [55]los hijos de Barcós, los hijos de Sisrá, los hijos de Témaj, [56]los hijos de Nesíaj, los hijos de Jatifá.

[57]Hijos de los esclavos de Salomón: los hijos de Sotai, los hijos de Soféret, los hijos de Peridá, [58]los hijos de Iaalá, los hijos de Darcón, los hijos de Guidel, [59]los hijos de Sefatías, los hijos de Jatil, los hijos de Poquéret Ha Sebaim, los hijos de Amón. [60]Total de los empleados del Templo y de los hijos de los esclavos de Salomón: 392.

[61]Provenientes de Tel Melaj, Tel Jarsá, Querub, Adón e Imer, que no pudieron probar si su familia y su raza eran de origen israelita: [62]los hijos de Delaías, los hijos de Tobías, los hijos de Necodá: 642. [63]Y entre los sacerdotes, los hijos de Jobaías, los hijos de Jacós, los hijos de Barzilai, que se había casado con una de las hijas de Barzilai, el Gaaladita, y adoptó el nombre de este. [64]Estos buscaron el registro de sus genealogías, pero no lo encontraron; por eso se los excluyó del sacerdocio como ilegítimos, [65]y el gobernador les prohibió comer de las ofrendas sagradas, hasta que un sacerdote consultara a Dios por medio del Urim y el Tumín.

[66]Toda la asamblea comprendía 42 360 personas, [67]sin contar sus servidores y servidoras, que eran 7 337. Había también 245 cantores y cantoras.

[68]Sus camellos eran 435 y sus asnos 6 720.

Las ofrendas para el Templo

Esd 3 1

[69]Algunos jefes de familia hicieron ofrendas voluntarias para la obra. El gobernador entregó al Tesoro 1 000 monedas de oro, 50 copas, 30 túnicas sacerdotales y 500 minas de plata. [70]Los jefes de familia entregaron al Tesoro de la obra 20 000 monedas de oro y 2 200 minas de plata. [71]Lo que entregó el resto del pueblo ascendió a 20 000 monedas de oro, 2 000 monedas de plata y 67 túnicas sacerdotales.

[72]Los sacerdotes, los levitas, los porteros, los cantores, una parte del pueblo, los empleados del Templo y todo Israel se establecieron en sus ciudades. Al llegar el séptimo mes, los israelitas estaban establecidos en ellas.

LA GRAN ASAMBLEA LITÚRGICA

La lectura pública de la Ley

Esd 3 1; 7 6-10

8 [1]Todo el pueblo se reunió como un solo hombre en la plaza que está ante la puerta del Agua. Entonces dijeron a Esdras, el escriba, que trajera el libro de la Ley de Moisés, que el Señor había dado a Israel. [2]El sacerdote Esdras trajo la Ley ante la asamblea, compuesta por los hombres, las mujeres y por todos los que podían entender lo que se leía. Era el primer día del séptimo mes. [3]Luego, desde el alba hasta promediar el día, leyó el libro en la plaza que está ante la puerta del Agua, en presencia de los hombres, de las mujeres y de todos los que podían entender. Y todo el pueblo seguía con atención la lectura del libro de la Ley.

Neh 8 1

COMPRENDE LOS SÍMBOLOS

Volumen o rollo

Los manuscritos conservados en rollo son símbolo de la Torá, los Profetas y los otros Escritos que forman el Antiguo Testamento. Relatan la revelación inicial de Dios en la historia de salvación. Los cristianos les damos una nueva interpretación al verlos como preparación a la revelación definitiva en Jesús.

[4]Esdras, el escriba, estaba de pie sobre
una tarima de madera que habían hecho
para esa ocasión. Junto a él, a su derecha, estaban Matitías, Semá, Anaías, Urías, Jilquías
y Maaseías, y a su izquierda Pedaías, Misael,
Malquías, Jasum, Jasbadaná, Zacarías y Mesulam. [5]Esdras abrió el libro a la vista de todo el pueblo —porque estaba más alto que
todos—, y cuando lo abrió, todo el pueblo
se puso de pie. [6]Esdras bendijo al Señor, el
Dios grande, y todo el pueblo, levantando
las manos, respondió: «¡Amén! ¡Amén!».
Luego se inclinaron y se postraron delante
del Señor con el rostro en tierra.
[7]Josué, Baní, Serebías, Iamín, Acub, Sabtai, Hodías, Maaseías, Quelitá, Azarías, Jozabad, Janán y Pelaías —los levitas— ex-
ponían la Ley al pueblo, que se mantenía
en sus puestos. [8]Ellos leían el libro de la
Ley de Dios con claridad e interpretando el
sentido, de manera que se comprendió la
lectura.
[9]Entonces Nehemías, el gobernador, Esdras, el sacerdote escriba, y los levitas que
instruían al pueblo, dijeron a todo el pueblo: «Este es un día consagrado al Señor, su
Dios: no estén tristes ni lloren». Porque todo el pueblo lloraba al oír las palabras de
la Ley. [10]Después añadió: «Ya pueden retirarse; coman bien, beban un buen vino y
manden una porción al que no tiene nada
preparado, porque este es un día consagrado a nuestro Señor. No estén tristes, porque la alegría en el Señor es la fortaleza de
ustedes». [11]Y los levitas serenaban al pueblo, diciendo: «¡Tranquilícense! Este día es
santo: no estén tristes». [12]Todo el pueblo se
fue a comer y a beber, a repartir porciones y
a hacer grandes festejos, porque habían comprendido las palabras que les habían enseñado.

NEH

PERSPECTIVA CATÓLICA

Liturgia de la Palabra

El pueblo se reunió en asamblea para escuchar la Ley y renovar la Alianza. Los católicos renovamos nuestra alianza con Dios en la Misa, la cual tiene dos partes: la liturgia de la Palabra y la liturgia eucarística.

La Palabra de Dios da a cada Eucaristía un enfoque particular, que varía según el ciclo litúrgico. Su proclamación es tan importante, que se hace desde un sitio especial cerca del altar, llamado *ambón* (ver «Lectura litúrgica dominical», p. 42, y «Leccionario», pp. 1753-1755).

La liturgia de la Palabra contiene:

- La ***proclamación de la Palabra de Dios.*** Los domingos se proclaman tres lecturas: la primera es del Antiguo Testamento; la segunda es de una carta de los Apóstoles, y la tercera es de los evangelios. También incluye nuestra respuesta con un salmo.
- La ***homilía.*** El sacerdote, o quien preside la celebración, nos exhorta a aplicar el mensaje de la Palabra en nuestra vida.
- La ***oración de los fieles.*** Después de acoger la Palabra de Dios elevamos nuestra plegaria mostrando un corazón abierto al bien del mundo entero.

Neh 8 1-12

La celebración de la fiesta de las Chozas

Lv 23 33-36.39-43; Ex 23 14

[13]El segundo día, los jefes de familia de
todo el pueblo, los sacerdotes y los levitas
se reunieron junto a Esdras, el escriba, para profundizar las palabras de la Ley. [14]Y en
la Ley que el Señor había promulgado por

medio de Moisés, encontraron escrito que
los israelitas debían habitar en chozas durante la Fiesta del séptimo mes, 15 y que debían anunciarlo y publicar la proclama por
todas sus ciudades y por Jerusalén, en estos
términos: «Salgan a la montaña y traigan
ramas de olivo, de olivo silvestre, de mirto,
de palmera y de árboles frondosos, para
hacer chozas, como está escrito». 16 El pueblo fue a buscar ramas, y se hicieron chozas sobre sus techos, en sus patios y en los
atrios de la Casa de Dios, en la plaza de la
puerta del Agua y en la plaza de la puerta
de Efraím. 17 Toda la asamblea de los que
habían vuelto del cautiverio hicieron chozas y habitaron en ellas. Desde los días de
Josué, hijo de Nun, hasta ese día, los israelitas no habían hecho nada igual. La alegría fue muy grande.
18 Día tras día, desde el primer día de la
semana hasta el último, se leyó el libro de
la Ley de Dios. Durante siete días se celebró la Fiesta, y al octavo día hubo una
asamblea solemne, como está establecido.

NO ESTÉN TRISTES,
PORQUE LA ALEGRÍA EN EL SEÑOR
ES LA FORTALEZA
DE USTEDES
Neh 8 10

Liturgia de expiación por los pecados de Israel

Lv 26 40; Esd 9 1-2; 10 11; Sal 78; 105; 106;
Bar 1 15 – 2 10; Eclo 36 1-22

9 1 El día veinticuatro de ese mes, los
israelitas se reunieron para un ayuno, vestidos de sayales y cubiertos de polvo. 2 Los de la estirpe de Israel se separaron
de todos los extranjeros y se presentaron
para confesar sus pecados y las faltas de
sus padres. 3 Una vez ubicados en sus
puestos, durante una cuarta parte del día
se leyó el libro de la Ley del Señor, su
Dios, y durante otra cuarta parte, confesaron sus pecados y se postraron delante del
Señor, su Dios. 4 Sobre la tribuna de los levitas se levantó Josué, junto con Binuí,
Cadmiel, Sebanías, Buní, Serebías, Baní y
Quenaní, y clamaron en alta voz al Señor,
su Dios. 5 Luego los levitas Josué, Cadmiel,
Baní, Jasabnías, Serebías, Hodías, Sebanías y Petajías dijeron:

«¡Levántense, bendigan al Señor, su Dios,
desde siempre y para siempre!
Sea bendecido tu Nombre glorioso,
que supera toda bendición y alabanza».

6 Y Esdras dijo:

«¡Tú eres el Señor, solo tú!
Tú hiciste los cielos,
lo más alto del cielo y todo su ejército,
la tierra y todo lo que hay en ella,
los mares y todo lo que contienen.
A todo eso le das vida,
y el ejército del cielo se postra ante ti.
7 Tú, Señor, eres el Dios que elegiste a Abram,
lo hiciste salir de Ur de los caldeos
y le pusiste por nombre Abraham.
8 Al ver que su corazón te era fiel,
concluiste con él la alianza,
para darle el país de los cananeos,
de los hititas, de los amorreos,
de los perizitas, de los jebuseos y guirgasitas,
y para dárselo a su descendencia.
Y has cumplido tus palabras,
porque eres justo.
9 Tú viste la miseria de nuestros padres
en Egipto,
oíste su clamor junto al mar Rojo.
10 Hiciste signos y prodigios contra el Faraón,
contra sus servidores
y todo el pueblo de su país,
porque sabías con qué arrogancia
los habían tratado;
así adquiriste un renombre
que perdura hasta hoy.
11 Abriste ante ellos el mar,
y ellos lo cruzaron sin mojarse los pies;
pero a sus perseguidores los hundiste
en el abismo,
como una piedra en las aguas caudalosas.
12 Los guiaste de día con una columna
de nube
y de noche, con una columna de fuego,
para iluminarles el camino
que debían recorrer.

13 Tú bajaste a la montaña del Sinaí
y hablaste con ellos desde el cielo;
les diste normas justas y leyes fidedignas,
preceptos y mandamientos excelentes.
14 Les hiciste conocer tu santo día sábado
y les prescribiste mandamientos,
preceptos y una Ley,
por medio de Moisés, tu servidor.
15 Tú les diste pan del cielo
para saciar su hambre,
hiciste brotar agua de la roca
para calmar su sed,
y les mandaste ir a tomar posesión
de la tierra
que, con la mano en alto,
habías jurado darles.
16 Pero nuestros padres se mostraron
arrogantes,
se obstinaron y desoyeron
tus mandamientos.
17 Se negaron a obedecer, sin acordarse
de las maravillas que habías hecho
por ellos;

se obstinaron, empecinándose en volver
a su servidumbre en Egipto.
Pero tú eres el Dios del perdón,
compasivo y misericordioso,
lento para enojarte y lleno de fidelidad;
por eso, no los has abandonado.
18 Ellos se fabricaron un ternero
de metal fundido,
diciendo: "Aquí está tu Dios,
el que te hizo salir de Egipto",
y así cometieron un gran ultraje.
19 Pero aún entonces, por tu gran misericordia,
no los abandonaste en el desierto:
la columna de nube no se alejó
de ellos de día,
para guiarlos por el camino,
ni la columna de fuego durante la noche,
para iluminarles el camino
que debían recorrer.
20 Tú les diste tu buen espíritu,
para que supieran discernir;
no les quitaste el maná de la boca
y les diste agua para calmar su sed.
21 Cuarenta años los sustentaste
en el desierto
y nunca les faltó nada:
no se gastaron sus vestidos
ni se les hincharon los pies.

22 Tú les entregaste reinos y pueblos,
y se los repartiste como zona fronteriza;
tomaron posesión del país de Sijón,
rey de Jesbón,
y del país de Og, rey de Basán.
23 Multiplicaste sus hijos
como las estrellas del cielo,
y los introdujiste en la tierra
que habías prometido a sus padres
en posesión.
24 Los hijos entraron y tomaron posesión
del país,
y tú sometiste ante ellos
a los habitantes del país, los cananeos:
los pusiste en sus manos,
igual que a sus reyes y a los pueblos
del país,
para que ellos los trataran a su arbitrio.
25 Así conquistaron plazas fuertes
y un suelo fértil;
se adueñaron de casas
llenas de toda clase de bienes,
de cisternas excavadas, viñas y olivares
y de árboles frutales en abundancia.
Comieron hasta saciarse y engordaron,
y por tu gran bondad,
vivieron en medio de delicias.

26 Pero después fueron indóciles
y se rebelaron contra ti:
arrojaron tu Ley a sus espaldas,
mataron a los profetas
que los conminaban a volver a ti,
y cometieron grandes ultrajes.
27 Tú los entregaste en manos
de sus opresores,
y ellos los oprimían.
En el momento de la opresión,
clamaban a ti;
tú los escuchabas desde el cielo
y, por tu gran misericordia,
les mandabas salvadores
que los salvaban de sus opresores.
28 Pero apenas se sentían tranquilos,
volvían a hacer el mal delante de ti,
y tú los abandonabas
en manos de sus enemigos,
que los oprimían;
ellos volvían a invocarte
y tú los oías desde el cielo:
¡cuántas veces los salvaste
por tu misericordia!

29 Tú los conminabas a que volvieran a tu Ley,
pero ellos se mostraron arrogantes
y no obedecieron tus mandamientos;
pecaron contra tus normas,
las que el hombre debe cumplir
para tener la vida;
volvieron la espalda con rebeldía,
se obstinaron y no obedecieron.

30 Tú fuiste paciente con ellos
durante muchos años;
les advertiste con tu espíritu,
por medio de tus profetas;
pero ellos no escucharon
y tú los entregaste
en manos de otros pueblos.
31 Sin embargo, por tu gran misericordia,
no los has exterminado ni abandonado,
porque eres un Dios compasivo
y misericordioso.

32 Y ahora, Dios nuestro,
Dios grande, poderoso y temible,
que mantienes la alianza y la fidelidad,
no menosprecies las tribulaciones
que nos han sobrevenido a nosotros,
a nuestros reyes y a nuestros jefes,
a nuestros sacerdotes y profetas,
a nuestros padres y a todo tu pueblo,
desde los tiempos de los reyes de Asiria
hasta el día de hoy.
33 Tú has sido justo
en todo lo que nos ha sobrevenido,
porque tú has obrado con fidelidad
y nosotros cometimos el mal.
34 Sí, nuestros reyes, nuestros jefes,
nuestros sacerdotes y nuestros padres
no practicaron tu Ley,
no hicieron caso de tus mandamientos
ni de las advertencias
que les habías hecho.

35 Durante su reinado,
en medio de los grandes bienes
que les concediste,
y en la tierra espaciosa y fértil
que les entregaste,
ellos no te sirvieron
ni se convirtieron de sus malas acciones.
36 Mira que hoy estamos esclavizados,
sí, somos esclavos aquí, en el país
que diste a nuestros padres,
para que gozáramos de sus frutos
y de sus bienes.
37 Sus abundantes productos
son para los reyes
que tú nos has impuesto
a causa de nuestros pecados,
y ellos disponen a su arbitrio
de nuestras personas y nuestro ganado.
¡En qué opresión hemos caído!».

El compromiso de la comunidad

10 1 Como consecuencia de todo esto,
asumimos un firme compromiso y lo
consignamos por escrito. En el documento
sellado atestiguan nuestros jefes, nuestros
levitas y nuestros sacerdotes.
2 En el documento sellado firmaron: Nehemías, el gobernador, hijo de Jacalías, y
Sedecías; 3 Seraías, Azarías, Jeremías, 4 Pasjur, Amarías, Malquías, 5 Jatús, Sebanías,
Maluc, 6 Jarim, Meremot, Abdías, 7 Daniel,
Guinetón, Baruc, 8 Mesulam, Abías, Miamim, 9 Maazías, Bilgai, Semaías: estos son
los sacerdotes.
10 Luego los levitas: Josué, hijo de Aza-
nías, Binuí, de los hijos de Jenanad, Cadmiel, 11 y sus hermanos: Sebanías, Hodías,
Quelitá, Pelaías, Janán, 12 Micá, Rejob, Jasabías, 13 Zacur, Serebías, Sebanías, 14 Hodías,
Baní, Beninú.
15 Luego los jefes del pueblo: Parós, Pájat
Moab, Elán, Zatú, Baní, 16 Buní, Asgad, Bebai, 17 Adonías, Bigvai, Adín, 18 Ater, Ezequías, Azur, 19 Hodías, Jasum, Besai, 20 Jarif,
Anatot, Nebai, 21 Magpiás, Mesulam, Jezir,
22 Mesezabel, Sadoc, Iadúa, 23 Pelatías, Janán,
Anaías, 24 Oseas, Jananías, Jasub, 25 Halojés,
Piljá, Sobec, 26 Rejum, Jasabná, Maaseías,
27 Ajías, Janán, Anán, 28 Maluc, Jarím, Baaná.
29 El resto del pueblo, de los sacerdotes y
levitas, los porteros, los cantores, los empleados del Templo, en una palabra, todos
los que se separaron de los pueblos extranjeros para seguir la Ley de Dios, lo mismo
que sus mujeres y sus hijos, y todos los que
son capaces de entender, 30 se unen a sus
hermanos y a sus dignatarios, y se comprometen con imprecación y juramento a
proceder según la Ley de Dios, que ha sido
dada por medio de Moisés, el servidor de
Dios, y a observar y practicar todos los
mandamientos del Señor, nuestro Dios,
sus normas y preceptos.

Las cláusulas del compromiso

Esd 10 3; 9 12-14; Neh 5 10-31; Ex 20 8;
Dt 15 1-3; Lv 24 5-9; Nm 18 21-24.26

31 En particular, no daremos nuestras hijas a la gente del país ni tomaremos sus
hijas como esposas para nuestros hijos.
32 Si la gente del país trae mercancías o
cualquier otro objeto, para vender en día
sábado, no les compraremos nada en sábado o en día festivo.
El séptimo año, dejaremos los campos
sin cultivar y cancelaremos cualquier clase
de deuda.
33 Nos imponemos la obligación de dar
cada año un tercio de siclo para el culto de
la Casa de nuestro Dios, 34 para el pan de la
ofrenda y la ofrenda perpetua, para el holocausto diario y los sacrificios del sábado,
de las neomenias y solemnidades, para las
ofrendas consagradas y los sacrificios de
expiación por los pecados de Israel, en una
palabra, para todo el servicio de la Casa de
nuestro Dios.
35 En cuanto a la ofrenda de leña, los sacerdotes, los levitas y el pueblo hemos echado
suertes para que cada una de nuestras familias la traiga por turno a la Casa de nuestro
Dios, en los tiempos fijados, año tras año, a
fin de que arda en el altar del Señor, nuestro
Dios, como está escrito en la Ley.
36 Nos obligamos asimismo a traer a la
Casa del Señor, año tras año, los primeros
frutos de nuestro suelo, las primicias de todos los árboles frutales 37 y los primogénitos de nuestros hijos y de nuestro ganado,
como está escrito en la Ley. Los primogénitos de nuestro ganado serán llevados a la
Casa de nuestro Dios para los sacerdotes
que prestan servicio en ella. 38 Lo mejor de
nuestra molienda, de nuestros productos,
de toda clase de frutos, del vino nuevo y
del aceite fresco, los llevaremos a los sacerdotes para los depósitos de la Casa de
nuestro Dios; el diezmo de nuestro suelo
será para los levitas, y ellos mismos cobra-
rán el diezmo en todas las ciudades de
nuestras zonas de cultivo. 39 Un sacerdote,
hijo de Aarón, estará con los levitas cuando cobren el diezmo, y los levitas harán
llegar la décima parte del diezmo a la Casa
de nuestro Dios, para los depósitos del Tesoro. 40 Porque en esos depósitos los israelitas y los hijos de Leví colocarán las ofrendas de trigo, de vino nuevo y aceite fresco.
Allí están también los utensilios del Santuario, los sacerdotes que prestan servicio,
los porteros y los cantores. Así no descui-
daremos la Casa de nuestro Dios.

LA REORGANIZACIÓN DE LA COMUNIDAD

La distribución de los habitantes de Judá

1 Cr 9 2

11 1 Los jefes del pueblo se establecieron en Jerusalén. El resto del pueblo fue sorteado para que uno de cada diez hombres viviera en Jerusalén, la Ciudad Santa, y los otros nueve en las demás ciudades. 2 Y el pueblo bendijo a todos los hombres que se ofrecieron voluntariamente para vivir en Jerusalén.

3 Estos son los jefes de la provincia que se establecieron en Jerusalén, y en las otras ciudades de Judá. Así, todo Israel, los sacerdotes, los levitas, los empleados del Templo y los hijos de los servidores de Salomón, vivían en sus respectivas ciudades, cada uno en su propiedad.

La población judía de Jerusalén

1 Cr 9 4-17

4 En Jerusalén vivían hijos de Judá e hijos de Benjamín.

De los hijos de Judá: Ataías, hijo de Uzías, hijo de Zacarías, hijo de Amarías, hijo de Sefatías, hijo de Mahalalel, de los descendientes de Peres; 5 Maaseías, hijo de Baruc, hijo de Col José, hijo de Jazaías, hijo de Adaías, hijo de Ioiarib, hijo de Zacarías, hijo de Selá. 6 El total de los descendientes de Peres que vivían en Jerusalén era de 468 hombres aguerridos. 7 Los hijos de Benjamín eran: Salú, hijo de Mesulam, hijo de Ioed, hijo de Pedaías, hijo de Colaías, hijo de Maaseías, hijo de Itiel, hijo de Isaías, 8 y sus hermanos Gabai y Salai, en un total de 928 hombres aguerridos.

9 Joel, hijo de Sicri, estaba al frente de ellos, y Judá, hijo de Hasenúa, era el segundo jefe de la ciudad.

10 De los sacerdotes: Iedaías, hijo de Ioiarib, Iaquim, 11 Seraías, hijo de Jilquías, hijo de Mesulam, hijo de Sadoc, hijo de Meraiot, hijo de Ajitub, superintendente de la Casa de Dios, 12 y sus hermanos, que estaban dedicados al servicio del Templo: en total, 822; Adaías, hijo de Ierojam, hijo de Pelalías, hijo de Amsí, hijo de Zacarías, hijo de Pasjur, hijo de Malquías, 13 y sus hermanos, jefes de familia: en total, 242; y Amasai, hijo de Azarel, hijo de Ajzai, hijo de Mesilemot, hijo de Imer, 14 y sus hermanos, hombres aguerridos: en total, 128.

Zabdiel, hijo de Haguedolim, estaba al frente de ellos.

15 De los levitas: Semaías, hijo de Jasub, hijo de Azricam, hijo de Jasabías, hijo de Buní; 16 Sabtai y Jozabad, jefes levíticos encargados de los asuntos exteriores de la Casa de Dios; 17 Matanías, hijo de Micá, hijo de Zabdí, hijo de Asaf, que dirigía el canto de los himnos y entonaba la oración de acción de gracias; Bacbuquías, el segundo entre sus hermanos; Abdá, hijo de Samúa, hijo de Galal, hijo de Iedutún. 18 El total de los levitas en la Ciudad Santa era de 284.

19 Los porteros: Acub, Talmón y sus hermanos, que custodiaban las puertas: en total 172.

20 El resto de los israelitas, de los sacerdotes y levitas vivían en todas las ciudades de Judá, cada uno en su propiedad.

Detalles complementarios sobre los judíos de Jerusalén

21 Los empleados del Templo habitaban el Ofel; Sijá y Guispá estaban al frente de ellos. 22 El jefe de los levitas de Jerusalén era Uzí, hijo de Baní, hijo de Jasabías, hijo de Matanías, hijo de Micá; era uno de los hijos de Asaf, que estaban encargados del canto en el culto de la Casa de Dios. 23 Había, en efecto, una ordenanza del rey y un reglamento que fijaba a los cantores lo que debían hacer cada día. 24 Petajías, hijo de Mesezabel, de los hijos de Zéraj, hijo de Judá, era comisionado del rey para todos los asuntos del pueblo.

La población judía en la provincia

25 En los pueblos de campaña vivía una parte de los hijos de Judá: en Quiriat Arbá y sus poblados; en Dibón y sus poblados; en Icabsel y sus alrededores; 26 en Iesuá, Moladá, Bet Pélet, 27 Jasar Sual, Berseba y sus poblados; 28 en Siclag, Mejoná y sus poblados; 29 en En Rimón, Soreá, Iarmut, 30 Zanóaj, Adulam y sus alrededores, en Laquis y su campaña; en Azecá y sus poblados. Se establecieron desde Berseba hasta el valle de Hinón.

31 Los hijos de Benjamín vivían en Gueba, Micmás, Aiá, Betel y sus poblados; 32 en Anatot, Nob, Anaías, 33 Jasor, Ramá, Guitaim, 34 Jadid, Seboím, Nebalat, 35 Lod, Onó y el valle de los Artesanos.

36 Entre los levitas hubo grupos que fueron de Judá a Benjamín.

Otra lista de sacerdotes y levitas

Neh 10 2-9

12 1 Estos son los sacerdotes y levitas que subieron con Zorobabel, hijo de Sealtiel, y con Josué:

Seraías, Jeremías, Esdras, 2 Amarías, Maluc, Jatús, 3 Secanías, Rejum, Meremot, 4 Idó, Guinetón, Abías, 5 Miamim, Maadías, Bilgá, 6 Semaías, y también Ioiarib, Iedaías, 7 Salú, Amoc, Jilquías, Iedaías. Estos eran los jefes de los sacerdotes y de sus hermanos, en tiempos de Josué.

8 Los levitas eran: Josué, Binuí, Cadmiel, Serebías, Judá y Matanías, encargado este último con sus hermanos de los himnos de alabanza. 9 Bacbuquías, Uní y sus hermanos los asistían en sus cargos.

Lista genealógica de los sumos sacerdotes

10 Josué fue padre de Ioiaquim; Ioiaquim fue padre de Eliasib; Eliasib fue padre de Ioiadá; 11 Ioiadá fue padre de Jonatán; Jonatán fue padre de Iadúa.

Sacerdotes y levitas en la época del Sumo Sacerdote Ioiaquim

Neh 10 3-14; 12 1; Esd 2 40; Neh 11 17

12 En la época de Ioiaquim, los jefes de las familias sacerdotales eran: de la familia de Seraías: Meraías; de la de Jeremías: Jananías; 13 de la de Esdras: Mesulam; de la de Amarías: Iejojanam; 14 de la de Melicú: Jonatán; de la de Sebanías: José; 15 de la de Jarim: Adná; de la de Meraiot: Jelcai; 16 de la de Idó: Zacarías; 17 de la de Adías: Zicrí; de la de Miamim...; de la de Maadías: Piltai; 18 de la de Bilgá: Samuá; de la de Semaías: Jonatán; 19 además, de la de Ioiarib: Matenai; de la de Iedaías: Uzí; 20 de la de Salai: Calai; de la de Amoc: Eber; 21 de la de Jilquías: Jasabías; de la de Iedaías: Netanel.

22 En la época de Eliasib, de Ioiadá, de Iojanam y de Iadúa, los jefes de las familias sacerdotales fueron registrados hasta el reinado de Darío, el persa.

23 Los jefes de familia de los hijos de Leví fueron registrados en el libro de las Crónicas, hasta la época de Iojanam, hijo de Eliasib.

24 Los jefes de los levitas eran Jasabías, Serebías, Josué, Binuí, Cadmiel y sus hermanos, que los asistían alternándose por grupos en la alabanza y en la acción de gracias, según la orden de David, hombre de Dios. 25 Matanías, Bacbuquías, Abdías, Mesulam, Talmón y Acub eran porteros y hacían guardia en los depósitos que estaban junto a las puertas.

26 Todos estos vivían en tiempos de Ioiaquim, hijo de Josué, hijo de Josadac, y en tiempos del gobernador Nehemías y del sacerdote escriba Esdras.

Dedicación de las murallas de Jerusalén

1 Cr 15 16-24; 23 5

27 Cuando se dedicaron las murallas de Jerusalén, se fue a buscar a los levitas de todos los sitios donde vivían para llevarlos a Jerusalén, a fin de celebrar alegremente esa dedicación, con cantos de acción de gracias y con música de címbalos, arpas y cítaras. 28 Los cantores, hijos de Leví, se reunieron de la región cercana a Jerusalén, de los pueblos de los Netofatitas, 29 de Bet Guilgal, de los campos de Gueba y de Azmávet; porque los cantores se habían construido pueblos alrededor de Jerusalén. 30 Los sacerdotes y los levitas se purificaron, y luego purificaron al pueblo, las puertas y las murallas.

31 Yo mandé entonces a los jefes de Judá que subieran a las murallas y organicé dos grandes coros. El primero avanzaba por encima de las murallas hacia la derecha, en dirección de la puerta del Basural. 32 Detrás de este grupo iba Josaías y la mitad de los jefes de Judá, 33 como así también Azarías, Esdras, Mesulam, 34 Judá, Miamim, Semaías y Jeremías, 35 elegidos entre los sacerdotes y provistos de trompetas. Después iban Zacarías, hijo de Jonatán, hijo de Semaías, hijo de Matanías, hijo de Micá, hijo de Zacur, hijo de Asaf, 36 con sus hermanos Semaías, Azarel, Milalai, Guilalai, Maai, Netanel, Judá y Jananí, provistos de los instrumentos musicales de David, hombre de Dios. Y el escriba Esdras iba al frente de todos ellos. 37 A la altura de la puerta de la Fuente, subieron derecho por las gradas de la Ciudad de David, por la cuesta de la muralla, encima de la casa de David, hasta la puerta del Agua, hacia el este.

38 El segundo coro avanzaba hacia la izquierda; yo iba detrás con la otra mitad de los jefes del pueblo, por encima de la muralla, pasando por la torre de los Hornos y hasta el muro Ancho, 39 y después por encima de la puerta de Efraím, la puerta de la Vieja, la puerta de los Pescados, la torre de Jananel y la torre de los Cien, hasta la puerta de las Ovejas, y nos detuvimos en la puerta de la Inspección.

40 Los dos coros se ubicaron en la Casa de Dios. Junto a mí estaban la mitad de los magistrados 41 y los sacerdotes Eliaquim, Maaseías, Miniamín, Miqueas, Elioenai, Zacarías y Jananías, provistos de trompetas, 42 y Maaseías, Semaías, Eleazar, Uzí, Iehojanán, Malquías, Elam y Ezer. Los cantores entonaron su canto bajo la dirección de Izrajías. 43 Aquel día, se ofrecieron grandes sacrificios y hubo mucha alegría, porque Dios les había dado un gran motivo de gozo. También las mujeres y los niños compartían la alegría, y el regocijo de Jerusalén se oía desde lejos.

Las contribuciones para los sacerdotes y levitas

Neh 13 10-13; 1 Cr 23 – 26; 2 Cr 8 14; 29 30; Neh 10 39; Nm 18 26

44 En aquel tiempo, se nombró a los encargados de los depósitos destinados a almacenar las contribuciones, las primicias y

los diezmos, a fin de guardar las porciones
asignadas por la Ley a los sacerdotes y levitas, las cuales provenían de los campos cercanos a las ciudades. Porque la gente de Judá estaba contenta con los sacerdotes y
levitas que ejercían sus funciones. 45 Ellos,
en efecto, aseguraban el culto de su Dios y
los ritos de purificación —lo mismo que
los cantores y porteros— conforme a las
órdenes de David y de su hijo Salomón.
46 Porque desde tiempos antiguos, en los
días de David, Asaf había sido el jefe de
los cantores y se entonaban cantos de alabanza y de acción de gracias a Dios. 47 Todo
Israel, en tiempos de Zorobabel y de Nehemías, daba día tras día las porciones
asignadas a los cantores y porteros. También se daba a los levitas las ofrendas santas, y estos entregaban su parte a los hijos
de Aarón.

La separación de los extranjeros

Dt 23 4-6; Neh 13 4-9.23-27.28

13 1 Aquel día, se leyó el libro de Moisés
en presencia del pueblo, y en él se
encontró escrito: «*El amonita y el moabita no
entrarán jamás en la asamblea de Dios,* 2 *porque no acogieron* a los israelitas *con pan y
agua, sino que contrataron* contra ellos *a Balaam para que los maldijera, pero* nuestro Dios
cambió la maldición en bendición». 3 Cuando
escucharon la Ley, separaron de Israel a todos los mestizos.

LA SEGUNDA MISIÓN DE NEHEMÍAS

Las reformas de Nehemías: Tobías expulsado del Templo

Mt 21 12-13

4 Antes de esto, Eliasib, el sacerdote encargado de las dependencias de la Casa de
nuestro Dios, un pariente de Tobías, 5 había acondicionado para este una habitación amplia, donde antes se depositaban
las ofrendas, el incienso, los utensilios, el
diezmo del trigo, del vino nuevo y del aceite fresco, o sea, lo que estaba mandado para los levitas, los cantores y los porteros, y
lo reservado para los sacerdotes.
6 Mientras tanto, yo estaba ausente de Jerusalén, porque el trigésimo segundo año
de Artajerjes, rey de Babel, había ido a ver
al rey. Al cabo de un tiempo, con el permiso del rey, 7 volví a Jerusalén y me enteré de
la mala acción que había cometido Eliasib
en beneficio de Tobías, al acondicionarle
una sala en el recinto de la Casa de Dios.
8 Esto me disgustó muchísimo, y arrojé fuera de su habitación todo el mobiliario de
la casa de Tobías. 9 Luego mandé purificar
las habitaciones e hice poner de nuevo allí
los utensilios de la Casa de Dios, las ofrendas y el incienso.

Disposiciones sobre el pago de los diezmos

Neh 12 44.47; 10 38

10 Supe también que no se entregaban las
porciones a los levitas, y que los levitas y
cantores encargados del culto se habían refugiado cada uno en su campo. 11 Entonces
encaré a los magistrados y les dije: «¿Por
qué se ha descuidado la Casa de Dios?».
Luego reuní a los levitas y cantores y los
restablecí en sus puestos. 12 Todo Judá trajo

¿SABÍAS QUE...?

El Templo y la Ley: cimientos del judaísmo

Los profetas del exilio y del postexilio fomentaron la fidelidad espiritual de los judíos al centrarlos en el culto a Dios en el Templo, dar un nuevo énfasis a la Ley y hacer una relectura del pasado para iluminar la etapa que estaban viviendo. Al hacer esto fortalecieron la identidad judía y dieron origen al judaísmo. Se tradujeron las Sagradas Escrituras al griego para que los repatriados que no hablaban hebreo las comprendieran, uniendo así a los judíos de habla hebrea y aramea.

El judaísmo nació como defensa del pueblo israelita ante la imposición de la cultura y la religión griega. Fue causa y efecto de un fuerte *etnocentrismo* (centrarse en el propio pueblo) que englobaba su fe, sus costumbres y sus raíces étnicas, lo que generó una comunidad cohesiva y de identidad clara. Este proceso implicó el aislamiento del pueblo y la radicalidad ante la Ley y las prácticas religiosas (ver «Identidad y pertenencia», Esd 4 1-5).

La fidelidad a la Ley se identificó con lealtad a Dios, al grado que se construyó un atrio especial para los fieles en el Templo (ver el Templo en «Jerusalén en tiempos de Jesús», p. 1178). Con el tiempo, la exageración del culto, la exigencia de obedecer las leyes al pie de la letra y la marginación de los pecadores se convirtieron en semillas del fariseísmo, que más tarde fue cuestionado por Jesús en los evangelios.

Neh 13

a los depósitos los diezmos del trigo, del
vino nuevo y del aceite fresco; 13 y puse al
frente de los depósitos al sacerdote Selemías, al escriba Sadoc, y a Pedaías, uno de los levitas, y como ayudante, a Janán, hijo de Zacur, hijo de Matanías, porque se los consideraba personas de confianza. Ellos eran los encargados de distribuir las porciones entre sus hermanos.
14 Por todo esto, ¡acuérdate de mí, Dios mío, y no olvides las obras de piedad que realicé por la Casa de mi Dios y por su culto!

Disposiciones sobre la observancia del sábado

Neh 10 22; Ex 20 8; Jr 17 21

15 En aquellos días, vi gente en Judá que pisaba los lagares durante el sábado. Otros acarreaban gavillas y también cargaban sobre los asnos vino, uvas, higos y toda clase de cargas, para traerlos a Jerusalén en día sábado. Y yo los reprendí, mientras vendían
sus mercaderías. 16 Además, algunos tirios que se habían establecido en Jerusalén hacían entrar pescado y toda clase de mercancías para venderlas durante el sábado a los
judíos, en Jerusalén. 17 Yo encaré a los notables de Judá y les dije: «¡Ustedes obran mal
profanando el día sábado! 18 Eso mismo hicieron sus padres, y por eso nuestro Dios envió tantas desgracias sobre nosotros y sobre esta ciudad. Al profanar el sábado, ustedes aumentan la ira de Dios contra Israel».
19 Cuando las puertas de Jerusalén estaban en penumbra, antes del sábado, mandé que las cerraran y ordené que no las reabrieran hasta pasado el sábado. Además aposté a algunos de mis hombres junto a las puertas, para que no entrara ninguna
carga el día sábado. 20 Una o dos veces, los traficantes y vendedores de toda clase de mercancías se instalaron fuera de Jerusa-
lén. 21 Pero yo les advertí: «¿Por qué se instalan delante de la muralla? Si lo vuelven a hacer, los haré detener». Desde entonces, ya no volvieron más durante el sábado.
22 Luego ordené a los levitas que se purificaran y fueran a custodiar las puertas, a fin de santificar el día sábado.

También por esto, ¡acuérdate de mí, Dios mío, y ten piedad de mí, por tu gran fidelidad!

Prohibición de los matrimonios con extranjeras

Neh 10 31; 13 1-3; 1 Re 11 1-13; 2 Sm 12 24-25

23 También vi en esos días que algunos judíos se habían casado con mujeres asdoditas, amonitas y moabitas. 24 La mitad de
sus hijos hablaban asdodeo u otras lenguas, pero ya no sabían hablar la lengua de
los judíos. 25 Yo los reprendí y los maldije, golpeé a algunos, les tiré de los cabellos y los conjuré en nombre de Dios, diciéndoles: «¡No entreguen sus hijas a los hijos de ellos, ni se casen con sus hijas, ni ustedes,
ni su hijos!». 26 ¿No fue acaso por esto que pecó Salomón, rey de Israel? Entre tantas naciones, no había otro rey semejante a él; era amado por su Dios y Dios lo había hecho rey de todo Israel. Sin embargo, incluso a él, lo hicieron pecar las mujeres extranjeras. 27 ¿También de ustedes se oirá decir que cometen ese gran crimen de traicionar a nuestro Dios, casándose con mujeres extranjeras?

Otras disposiciones

28 Yo eché de mi lado a uno de los hijos de Ioiadá, hijo del Sumo Sacerdote Eliasib, que era yerno de Sambalat, el joronita.
29 ¡Acuérdate de esta gente, Dios mío, porque mancillaron el sacerdocio y la alianza de los sacerdotes y de los levitas!
30 Yo los purifiqué de todo elemento extranjero. Establecí para los sacerdotes y los levitas reglamentos que determinaban la
tarea de cada uno, 31 e hice lo mismo para la ofrenda de la leña, en los tiempos fijados, y para las primicias.

¡Acuérdate de mí, Dios mío, para mi bien!

RUT

Los jóvenes que viven en grandes ciudades sienten presión por el tiempo que pasan en transporte y en múltiples actividades. Sería muy enriquecedor si experimentaran la vida de un poblado pequeño, donde se suele vivir a un ritmo más tranquilo y agradable. Este libro nos presenta a Dios actuando en un ambiente de calma, donde las crisis de la vida y las reacciones de amor rompen la rutina diaria. La historia de Rut es un relato de amor, lealtad y apoyo mutuo entre los ascendientes de David, y muestra que Dios elige libremente a quien quiere que sea parte de su pueblo.

ESQUEMA

- **1.** Rut acompaña a su suegra a Belén
- **2 – 3.** Rut conoce a Booz
- **4.** Boda de Rut y Booz, y descendencia de Rut

PRESENTACIÓN

El libro de Rut es una historia ejemplar, escrita para comunicar la proyección universal del amor de Dios. Desafía la versión exclusivista del judaísmo al presentar a Rut, una extranjera, nacida y criada en la tierra de Moab, como bisabuela del rey David, mostrando así que entre sus antepasados hubo matrimonios mixtos de israelitas y gentiles. La historia deja en claro que Dios realiza sus planes contando con personas de otras naciones, no obstante que los israelitas insistían en la pureza étnica.

Rut fue fiel a su suegra Noemí cuando quedó viuda, sin importarle que fuera de una nación y creencias diferentes. Por apoyarla optó por los israelitas, quienes veían a los extranjeros con recelo y los consideraban enemigos. Dios bendice a Rut y, a través de ella, revela sus planes universales de salvación, mostrando así su amor y predilección más allá de las fronteras de Israel. Mateo nombra a Rut en la genealogía de Cristo (Mt 1 5).

El libro de Rut está lleno de acción y diálogos. En contraste con la mayoría de los libros en la Biblia, habla sobre hechos de la vida ordinaria y no de reyes, guerras y milagros; muestra a Dios acogiendo la vivencia sencilla de la fe y los grandes valores como la generosidad, la solidaridad y la fidelidad; manifiesta la providencia divina mediante la atención de Rut a Noemí, y la generosidad del hacendado Booz hacia Rut. También muestra cómo Dios consuela a quien se encuentra solo en la vida y da esperanza a quienes confían en él.

La mayoría de las traducciones bíblicas coloca este libro entre Jueces y 1 Samuel, por los hechos que relata. Esta edición la presenta con las otras historias edificantes, al final de los Libros históricos.

DATOS

Escenario
Se sitúa esta historia-ficción de 1200 a 1180 a.C.

Autor
Anónimo

Fecha de redacción
Siglos IV-III a.C.

Temas
El plan de Dios incluye a personas no israelitas. Dios trabaja a través de gente común

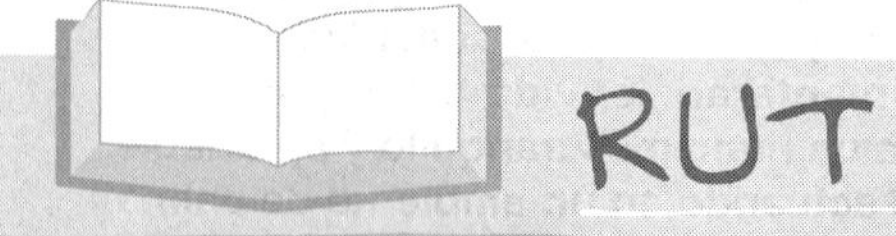

RUT Y NOEMÍ

LAS ESPIGAS EN EL CAMPO DE BOOZ

RUT Y BOOZ

Emigración de la familia de Noemí a Moab

Jue 2 16; Gn 12 10; Jue 17 7; Miq 5 1;
Nm 22 3; Jos 24 9; Jue 3 12.30

1 1 Durante el tiempo de los Jueces hubo una gran sequía en el país, y un
hombre de Belén de Judá emigró a los campos de Moab, con su mujer y sus dos hijos.
2 El hombre se llamaba Elimélec, su esposa
Noemí, y sus dos hijos, Majlón y Quilión:
eran efrateos, de Belén de Judá. Una vez llegados a los campos de Moab, se establecieron allí.
3 Al morir Elimélec, el esposo de Noemí,
ella se quedó con sus hijos. 4 Estos se casaron con mujeres moabitas —una se llamaba Orpá y la otra Rut— y así vivieron unos
diez años. 5 Pero también murieron Majlón
y Quilión, y Noemí se quedó sola, sin hijos y sin esposo. 6 Entonces se decidió a
volver junto con sus nueras, abandonando
los campos de Moab, porque se enteró de
que el Señor había visitado a su pueblo y
le había proporcionado alimento. 7 Así
abandonó, en compañía de sus nueras, el
país donde había vivido.

El regreso de Noemí y Rut a Belén

Rut 2 20; 3 10; Gn 24 27; 1 Sm 26 23;
Gn 38 8-11; 2 Re 2 2-4; Dt 23 2-9; Ex 15 23

Mientras regresaban al país de Judá, 8 Noemí dijo a sus nueras: «Váyanse, vuelva cada
una a la casa de su madre. ¡Que el Señor
tenga misericordia de ustedes, como ustedes la tuvieron con mis hijos muertos y
conmigo! 9 Que el Señor les dé un lugar para vivir tranquilas, en compañía de un nuevo esposo». Y las besó. Pero ellas prorrumpieron en sollozos 10 y le respondieron: «No,
volveremos contigo a tu pueblo».
11 Noemí insistió: «Regresen, hijas mías.
¿Por qué quieren venir conmigo? ¿Acaso
tengo aún hijos en mi seno para que puedan ser sus esposos? 12 Vuélvanse, hijas mías,
vayan. Yo soy demasiado vieja para casarme.
Y aunque dijera que todavía no perdí las es-

VIVE LA PALABRA

Elogio a la lealtad

¡Imagina la situación! Noemí y su esposo dejaron su país para salir de la pobreza. Sus hijos se casaron con extranjeras y todos murieron. Ahora muere su esposo, dejándola desamparada. Con suma tristeza y venciendo la apatía, Noemí decide regresar a Belén, pues ha escuchado que Dios ha bendecido a su pueblo. Habla claramente a sus nueras sobre su decisión y se despide de ellas.

Rut, una de las nueras, cuyo nombre significa «amiga», opta por apoyarla y acompañarla. Por solidaridad y generosidad deja lo conocido y confortable: «yo iré adonde tú vayas y viviré donde tú vivas. Tu pueblo será mi pueblo y tu Dios será mi Dios» (Rut 1 16). Su compromiso y lealtad muestran que las bendiciones de Dios son más que una esperanza para el futuro: Noemí ya no está sola y el viaje es menos difícil de lo anticipado.

Haz una oración de gratitud por las personas que hayan sido leales a ti o a tu familia en tiempos de crisis. Piensa si hay alguien que necesita tu lealtad en estos momentos, y pide a Dios que te dé su luz y fuerza para estar siempre al lado de quien te necesita.

Rut 1 8-22

RUT

peranzas, que esta misma noche voy a unirme con un hombre, y que tendré hijos,
13 ¿esperarían ustedes hasta que ellos se hagan grandes? ¿Dejarían por eso de casarse? No, hijas mías; mi suerte es más amarga que la de ustedes, porque la mano del Señor se ha desatado contra mí».

14 Ellas volvieron a prorrumpir en sollozos, pero al fin Orpá despidió a su suegra con un beso, mientras que Rut se quedó a
su lado. 15 Noemí le dijo: «Mira, tu cuñada regresa a su pueblo y a sus dioses; regresa tú también con ella».

16 Pero Rut le respondió: «No insistas en que te abandone y me vuelva, porque

yo iré adonde tú vayas
y viviré donde tú vivas.
Tu pueblo será mi pueblo
y tu Dios será mi Dios.
17 Moriré donde tú mueras
y allí seré enterrada.
Que el Señor me castigue
más de lo debido,
si logra separarme de ti algo
que no sea la muerte».

18 Al ver que Rut se obstinaba en ir con
ella, Noemí dejó de insistir. 19 Entonces caminaron las dos juntas hasta llegar a Belén. Su llegada conmocionó a toda la ciudad, y las mujeres exclamaban: «¡Pero si esta es
Noemí!». 20 Ella, en cambio, respondía: «No me llamen más Noemí; díganme Mará, porque el Todopoderoso me ha llenado de amargura.
21 Partí llena de bienes y el Señor me hace volver sin nada. ¿Por qué me siguen llamando Noemí, si el Señor da testimonio contra mí y el Todopoderoso me ha hecho desdichada?».

22 Así regresó Noemí con su nuera, la moabita Rut, la que había venido de los campos de Moab. Cuando llegaron a Belén, comenzaba la cosecha de la cebada.

La generosidad de Booz

Lv 19 9-10; 23 22; Dt 24 19-22;
Gn 50 21; Is 40 2; Os 2 18; Rut 3 10

2 1 Noemí tenía, por parte de su esposo, un pariente muy rico llamado
Booz, de la familia de Elimélec. 2 Rut, la moabita, dijo una vez a Noemí: «Déjame ir a recoger espigas al campo, detrás de alguien que me haga ese favor». «Puedes ir,
hija mía», le respondió ella. 3 Entonces Rut se puso a recoger espigas en el campo, detrás de los que cosechaban, y tuvo la suerte de hacerlo en una parcela perteneciente
a Booz, el de la familia de Elimélec. 4 En ese preciso momento, llegaba Booz de Belén y saludó a los cosechadores, diciendo: «El Señor esté con ustedes». «El Señor te bendiga», le respondieron. 5 Booz preguntó al capataz: «¿De quién es esta muchacha?».
6 El capataz le respondió: «Es una joven moabita que volvió con Noemí de los
campos de Moab. 7 Ella pidió que le permitieran recoger y juntar las espigas detrás de los cosechadores. Desde que llegó por la

mañana, ha estado de pie todo el tiempo,
y ahora está aquí descansando un poco».
8 Entonces Booz dijo a Rut: «¡Óyeme
bien, hija mía! No vayas a recoger espigas
a otro campo ni te alejes para nada de
aquí; quédate junto a mis servidores. 9 Fíjate en qué terreno cosechan y ve detrás de
ellos. Ya di orden a mis servidores para que
no te molesten. Si tienes sed, ve a beber en
los cántaros el agua que ellos saquen».
10 Rut se postró con el rostro en tierra y exclamó: «¿Por qué te he caído en gracia para que te fijes en mí, si no soy más que una
extranjera?». 11 Booz le respondió: «Me han
contado muy bien todo lo que hiciste por
tu suegra después que murió tu marido, y
cómo has dejado a tu padre, a tu madre y tu
tierra natal, para venir a un pueblo desconocido. 12 Que el Señor te pague lo que has
hecho; que te recompense con creces el Señor, el Dios de Israel, al que has acudido
para refugiarte bajo sus alas». 13 Rut le dijo:
«¡Ojalá pueda contar siempre con tu favor!
Tú me has consolado y me has hablado
amistosamente, a pesar de que ni siquiera
soy como una de tus servidoras».

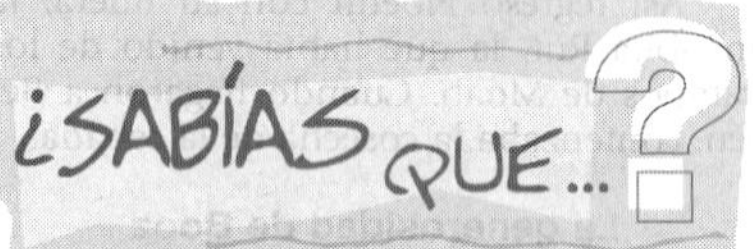

Derecho de rescate

Ya en Belén, un día Rut fue a recoger espigas al campo de Booz, quien era *goel*, o protector de Noemí. El *goel* era un miembro del clan con la obligación de ayudar a sus parientes necesitados y tenía el derecho de reclamar el patrimonio perdido de sus familiares. Ser *goel* implicaba una misión de solidaridad y liberación (ver «Vocabulario bíblico: Goel. Redentor»).

Cuando Booz vio a Rut en su campo, la acogió con bondad por su lealtad a Noemí. Al tratarla, descubrió sus valores, comprendió que Dios quería mostrar su providencia y se propuso ayudarla aunque fuera extranjera.

Las frases «no tengo tiempo», «no lo conozco», «no es de los nuestros» no son excusa para dejar de cumplir con tu misión de bondad y solidaridad. ¿Qué tan frecuentemente das excusas al llamado de Dios para no ayudar a otros?

Rut 2

14 A la hora de la comida, Booz le dijo:
«Acércate aquí; come de este pan y moja tu
bocado en el vinagre». Rut se sentó al lado
de los cosechadores y él le ofreció un puñado de grano tostado. Ella comió hasta
quedar saciada y aún le sobró. 15 Cuando se
levantó para volver a recoger las espigas,
Booz ordenó a sus servidores: «Déjenla recoger también entre las gavillas y no la molesten. 16 Más aún, saquen algunas espigas
de las gavillas y déjenlas caer, y cuando ella
las recoja, no le digan nada». 17 Así Rut estuvo recogiendo espigas hasta el atardecer.
Luego desgranó lo que había recogido, y
era casi una bolsa de cebada.
18 Ella tomó el grano, regresó a la ciudad y
mostró a su suegra lo que había recogido.
También sacó la comida que le había sobrado y se la dio. 19 Su suegra le preguntó:
«¿Dónde has ido hoy a recoger espigas?
¿Dónde estuviste trabajando? ¡Bendito sea
el que se interesó por ti!». Rut contó a su
suegra con quién había estado trabajando y
le dijo: «Estuve trabajando en el campo de
un hombre llamado Booz». 20 Entonces Noemí exclamó: «¡Bendito sea de parte del Señor, que no deja de manifestar su bondad ni
a los vivos ni a los muertos!». Luego añadió:
«Ese hombre es pariente cercano nuestro, es
uno de los que tienen el deber de responder
por nosotros». 21 Rut dijo a su suegra: «Incluso me permitió quedarme con sus servidores hasta que termine la cosecha». 22 Noemí
le respondió: «Es conveniente, hija mía, que
vayas con las servidoras de ese hombre; así
nadie te molestará en otro campo». 23 Rut siguió recogiendo espigas con las servidoras
de Booz, hasta que terminó la cosecha de la
cebada y del trigo. Mientras tanto, vivía con
su suegra.

El consejo de Noemí a Rut

Rut 1 9

3 1 Entonces Noemí, su suegra, le dijo:
«Hija mía, yo quisiera conseguirte un
lugar seguro, donde puedas ser feliz. 2 Por
otra parte, Booz, el hombre con cuyas servidoras estuviste, es pariente cercano nuestro. Esta noche él estará aventando la cebada en la era. 3 Lávate, perfúmate, cúbrete
con tu manto y baja a la era. No dejes que
te reconozca antes que termine de comer y
beber. 4 Cuando se acueste, fíjate en el lugar
donde él esté acostado; entonces ve, destá-
pale los pies y acuéstate allí. Después él

R U T

¡El servicio a los pobres y a la comunidad!

Booz era una persona acaudalada y respetada. Sin fijarse en las diferencias de raza ni credo, se casó con Rut para darle descendencia que reclamara las tierras de Noemí. Dios bendice a Rut por ayudar a Noemí, y muestra que la generosidad y el servicio a los desvalidos es fuente de bendiciones para todos.

Pide a Dios seguir el ejemplo de Rut y Booz, para ser un instrumento de fe y esperanza para los pobres. ¿Cómo afirmas y ayudas a las personas pobres y de distinta raza? Decide cómo lo harás en adelante.

Rut 3

mismo te indicará lo que debes hacer».
[5] Ella le respondió: «Haré todo lo que me
has dicho».

Rut en la era de Booz

1 Sm 24 41; Lc 1 38; Prov 12 4; 31 10;
Eclo 26 1-3; Dt 25 5; Mt 22 24

[6] Rut bajó a la era e hizo todo lo que su
suegra le había mandado. [7] Booz comió y
bebió, y se puso alegre. Luego fue a acostarse junto a la parva de cebada. Ella fue sigilosamente, le destapó los pies y se acostó. [8] A eso de la media noche, el hombre se
despertó sobresaltado, y al incorporarse,
vio que había una mujer acostada a sus
pies. [9] «Y tú, ¿quién eres?», le preguntó.
«Soy Rut, tu servidora —respondió ella—;
extiende tu manta sobre tu servidora, porque a ti te toca responder por mí». [10] Él exclamó: «¡Que el Señor te bendiga, hija
mía! Tú has realizado un segundo acto de
piedad filial, mejor que el primero, al no
pretender a ningún joven, ni pobre ni rico.
[11] Y ahora, no temas, hija mía. Haré por ti
todo lo que me digas, porque toda la gente de mi pueblo sabe muy bien que eres
una mujer decidida. [12] Es verdad que a mí
me toca responder por ti, pero hay otro pariente más cercano que yo. [13] Pasa aquí la
noche; y mañana, si él quiere ejercer contigo su derecho, que lo haga; de lo contrario,
lo haré yo. Te lo juro. Acuéstate hasta que
amanezca».
[14] Rut quedó acostada a sus pies hasta la
madrugada, y se levantó a la hora en que
un hombre todavía no puede reconocer a
otro, porque Booz no quería que se supiera que la mujer había venido a la era. [15] Entonces le dijo: «Trae el manto que tienes
puesto y sujétalo bien». Mientras ella lo sujetó, él midió media bolsa de cebada y puso la carga sobre sus hombros. Después,
ella entró en la ciudad.
[16] Cuando llegó adonde estaba su suegra,
esta le dijo: «¿Cómo te ha ido, hija mía?».
Rut le contó todo lo que el hombre había hecho por ella, [17] y añadió: «Me entregó esta
media bolsa de cebada, diciéndome que no
debía volver con las manos vacías a la casa de
mi suegra». [18] Noemí respondió: «Quédate
tranquila, hija mía, hasta que veas cómo se
resuelve todo esto. Seguramente este hombre no descansará hasta arreglar hoy mismo
este asunto».

Tratativas de Booz con su pariente

Gn 38 8; Dt 25 5-10

4 [1] Booz subió hasta la puerta de la ciudad y se sentó allí. Cuando pasó por
ese lugar el pariente del que había hablado
antes, le dijo: «Amigo, acércate y siéntate
aquí». El hombre se acercó y se sentó. [2] Luego Booz llamó a diez ancianos de la ciudad,
diciéndoles: «Siéntense aquí». Ellos se sentaron, [3] y él dijo a su pariente: «Noemí ha
vuelto de los campos de Moab y ha puesto
en venta la parcela de nuestro hermano Elimélec. [4] Me ha parecido bien informarte de
esto y sugerirte que la compres en presencia
de los que están aquí sentados y de los ancianos de mi pueblo. Si tú quieres ejercer tu
derecho de rescate, puedes hacerlo; de lo
contrario, dímelo para que yo lo sepa. Tú
eres el primero que puede ejercer ese derecho, y después vengo yo». El hombre le respondió: «Está bien, lo haré». [5] Pero Booz
añadió: «Si le compras a Noemí la parcela
de campo, también tendrás que casarte con
Rut, la moabita, esposa del difunto, a fin de
perpetuar el nombre de este sobre su patrimonio». [6] Él respondió: «En esas condiciones yo no puedo comprar, porque perjudi-
caría a mis herederos. Ejerce tú mi derecho,
porque yo no puedo hacerlo».
[7] En Israel existía antiguamente la costumbre de quitarse la sandalia y dársela al otro

para convalidar los convenios de rescate o de intercambio. Esta era la manera de testificar en Israel. 8 Por eso el pariente dijo a Booz: «Adquiérela para ti», y se quitó la sandalia.

La solemne decisión de Booz

Gn 35 23-26; 35 19-20; 38 29; Mt 1 3

9 Entonces Booz dijo a los ancianos y a todo el pueblo: «Ustedes son hoy testigos de que yo compro a Noemí todas las posesiones de Elimélec, de Quilión y de Majlón.
10 También son testigos de que tomo por esposa a Rut, la moabita, que fue mujer de Majlón, para perpetuar el nombre del difunto sobre su patrimonio y para que ese nombre no desaparezca de entre sus hermanos ni en la puerta de su ciudad». 11 Toda la gente que estaba en la puerta de la ciudad y los ancianos respondieron: «Somos testigos. ¡Que el Señor haga a esta mujer semejante a Raquel y a Lía, las dos que edificaron la casa de Israel! ¡Que llegues a ser poderoso en Efratá y adquieras renombre en Belén!
12 Que el Señor te dé una descendencia por medio de esta joven, para que tu casa sea como la de Peres, el hijo que Tamar dio a Judá».

Obed, el hijo de Rut

Lc 1 58; 1 Sm 1 8; Gn 30 3; Is 9 5

13 Booz se casó con Rut y se unió a ella. El Señor hizo que ella concibiera y diera a luz un hijo. 14 Entonces las mujeres dijeron a Noemí: «¡Bendito sea el Señor, que hoy no te deja faltar quien responda por ti! Su nombre será proclamado en Israel. 15 Él te reconfortará y será tu apoyo en la vejez, porque te lo ha engendrado tu nuera que te quiere tanto y que vale para ti más que siete hijos». 16 Noemí tomó al niño, lo puso sobre su regazo y se encargó de criarlo.
17 Las vecinas le dieron un nombre, diciendo: «Le ha nacido un hijo a Noemí», y lo llamaron Obed. Este fue el padre de Jesé, el padre de David.

Genealogía de David, nieto de Obed

1 Cr 2 5-15; Mt 1 3-5; Lc 3 31-33; 1 Sm 17 12; Mt 1 6

18 Esta es la descendencia de Peres: Peres fue padre de Jesrón; 19 Jesrón fue padre de Ram; Ram fue padre de Aminadab; 20 Aminadab fue padre de Najsón; Najsón fue padre de Salmá; 21 Salmá fue padre de Booz; Booz fue padre de Obed; 22 Obed fue padre de Jesé y Jesé fue padre de David.

DIOS DE AMOR Y SALVACIÓN,

RECIBE EN OFRENDA
DE AGRADECIMIENTO MI VIDA,
MIS BIENES Y MI TRABAJO.

BENDICE MI JORNADA DIARIA
CON SUS ESFUERZOS, LOGROS
Y FRACASOS.

TE ENTREGO MI SER Y
MI QUEHACER PARA QUE HAGAS
LO QUE QUIERAS DE MÍ.

LIBÉRAME DE LAS OPRESIONES
QUE ME APARTAN DE TI Y SÁLVAME
DEL PECADO Y LA MUERTE ETERNA.

AMÉN

Nota: Esta oración se encuentra en la p. 202 de la BCJ 1ª edición.

TOBÍAS

En general, las familias continúan su vida cotidiana en medio de los grandes acontecimientos históricos: los padres educan a sus hijos con consejos para el futuro; los jóvenes aman y se casan; las familias superan obstáculos y esperan una vida mejor... El libro de Tobías presenta gente buena que sufre, un padre que orienta a su hijo, un ángel que es compañero de viaje, una boda feliz. Este libro pudiera parecer un cuento o una historia de amor. Te hará sonreír, reflexionar y descubrir la obra de Dios. ¡Disfrútalo!

ESQUEMA

- **1 1-2.** Título del libro
- **1 3 – 3 17.** Sufrimiento de Tobit y Sara en el exilio
- **4 – 11.** Viaje de Tobit
- **12 – 14.** Epílogo

DATOS

Escenario
Se sitúa esta historia-ficción en las condiciones de vida del exilio en Babilonia (587-538 a.C.)

Autor
Anónimo

Fecha de redacción
Fines del siglo III a.C.

Temas
Dios siempre premia la fidelidad de los que sufren

Nota
Es un libro deuteronómico (ver «¿Por qué la Biblia católica tiene más libros que otras Biblias?», p. 35)

PRESENTACIÓN

El libro de Tobías es una historia ejemplar, como la de Rut. Se escribió en una época de mucho sufrimiento, bajo el imperio griego, por lo que el autor coloca la historia en el exilio de Babilonia, otra época de gran dolor.

Tobit, judío piadoso y fiel a la Ley de Dios, vive expatriado con su familia y queda ciego después de una buena acción. Al mismo tiempo, en otra ciudad, vive Sara, joven virtuosa que sufría burlas y humillaciones. Ambos piden en su oración la muerte, pues se sienten turbados por su dolor. Dios responde a sus súplicas enviando al ángel Rafael, el cual cura a Tobit y da a Sara como esposa a Tobías, hijo de Tobit.

La historia de Tobit y Tobías, cuyos nombres significan «bondad» y «el Señor es bueno», reanima al pueblo, recordándole que Dios no se olvida de quienes le son fieles.

Las principales enseñanzas de este libro son:

- La familia es el contexto por excelencia para el desarrollo de los hijos y la transmisión de la fe, y debe establecerse según la voluntad de Dios.
- Dios vela por su pueblo, y envía a sus ángeles para acompañarlo.
- La verdadera piedad religiosa se manifiesta en las buenas obras en favor de nuestros hermanos.

Este libro enfatiza que Dios siempre recompensa la fidelidad; solo es cuestión de tiempo. Aunque todo parezca venirse abajo, aunque nos vaya mal, aunque no comprendamos lo que pasa, Dios siempre es fiel. Nos toca a nosotros descubrir su presencia liberadora en medio del dolor.

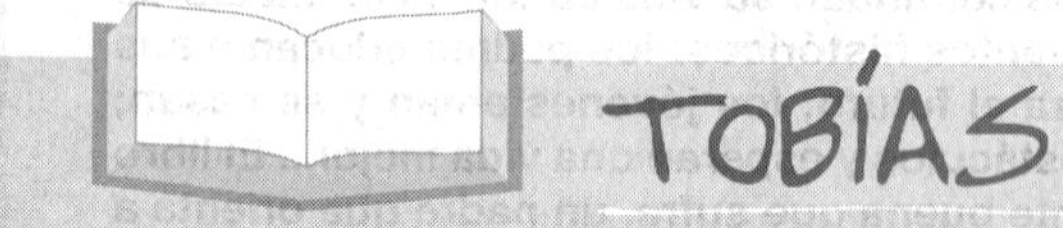

Título del libro

1 1 Libro de los hechos de Tobit, hijo de Tobiel, hijo de Ananiel, hijo de Aduel, hijo de Gabael; de la familia de Asiel, de la tribu de Neftalí. 2 En tiempos de Salmanasar, rey de Asiria, Tobit fue deportado de Tisbé, que está al sur de Cades de Neftalí, en la alta Galilea, más arriba de Jasor, hacia el oeste, al norte de Sefet.

EL SUFRIMIENTO DE TOBIT Y SARA EN EL EXILIO

Tobit en su patria

Dt 10 12; 19 9; Tob 12 8-9; Jon 1 2; Dt 12 5-11; 1 Re 12 26-32; Dt 16 16; 14 22-29; 18 3-5; Nm 18 8-24

3 Yo, Tobit, seguí los caminos de la verdad y de la justicia todos los días de mi vida. Hice muchas limosnas a mis hermanos y a mis compatriotas deportados conmigo a Nínive, en el país de los asirios. 4 Cuando yo era joven y vivía en mi país, la tierra de Israel, toda la tribu de mi antepasado Neftalí se había separado de la casa de David y de Jerusalén, la ciudad elegida entre todas las tribus de Israel para ofrecer sacrificios. Allí se había edificado y consagrado el Templo, en el que habita Dios, para todas las generaciones futuras. 5 Todos mis hermanos y la familia de Neftalí ofrecían sacrificios sobre todas las montañas de Galilea al ternero que Jeroboam, rey de Israel, había fabricado en Dan.

6 Muchas veces yo era el único que iba en peregrinación a Jerusalén, conforme a la norma que obliga para siempre a todo Israel. Me apresuraba a llevar a Jerusalén las primicias de los frutos y de los animales, el diezmo del ganado y las primicias de la esquila de las ovejas. 7 Entregaba todo eso a los sacerdotes, hijos de Aarón, para los sacrificios del altar. A los levitas que cumplían sus funciones en Jerusalén, les entregaba el diezmo del vino y del trigo, del olivo, de las granadas, de los higos y los demás frutos de los árboles. Cambiaba por dinero el segundo diezmo, e iba a gastarlo cada año a Jerusalén. 8 El tercer diezmo lo daba a los

huérfanos, a las viudas y a los prosélitos que vivían con los israelitas; lo repartía cada tres años, y lo comíamos siguiendo las normas de la Ley de Moisés y las instrucciones de Débora, madre de nuestro antepasado Ananiel, porque mi padre había muerto y me había dejado huérfano. 9 Cuando me hice hombre, me casé con Ana, una mujer de la familia de nuestro padre, y de ella tuve un hijo, al que llamé Tobías.

Tobit en el destierro

Gn 39 4; 41; 39 – 40; Dn 2 48-49; Tob 4 1.20; 5 6; 9 2; 10 2; Job 31 16-20; Mt 25 35-36; Tob 2 10; 11 19

10 Después que me deportaron a Asiria, me fui a Nínive. Todos mis hermanos y mis compatriotas comían de los manjares de los paganos. 11 Pero yo me cuidaba muy bien de comer esos manjares. 12 Como me acordaba de mi Dios con toda mi alma, 13 el Altísimo me hizo hallar el favor de Salmanasar, y llegué a ser el encargado de sus compras. 14 Yo iba a Media y hacía las compras, hasta que él murió. En una ocasión, dejé en casa de Gabael, hermano de Gabrí, en Ragués de Media, unas bolsas con diez talentos de plata.

15 Al morir Salmanasar, reinó en su lugar su hijo Senaquerib. Los caminos de Media se volvieron inseguros, y ya no pude volver allí. 16 En tiempos de Salmanasar, yo hacía muchas limosnas a mis compatriotas. 17 Daba mi pan a los hambrientos, vestía a los que estaban desnudos, y enterraba a mis compatriotas, cuando veía que sus cadáveres eran arrojados por encima de las murallas de Nínive. 18 También enterré a los que hizo matar Senaquerib cuando tuvo que huir de Judea, después del castigo que le infligió el Rey del Cielo por todas las blasfemias que había proferido. Lleno de cólera, Senaquerib mató a muchos israelitas. Yo ocultaba sus cuerpos para enterrarlos, y aunque Senaquerib los buscaba, no podía encontrarlos. 19 Un ninivita informó al rey que era yo quien los enterraba. Cuando supe que el rey estaba informado de eso y que me buscaba para matarme, tuve miedo y escapé. 20 Todos mis bienes fueron embargados y confiscados para el tesoro real: no me quedó nada, excepto mi esposa Ana y mi hijo Tobías.

21 Pero antes de cuarenta días, el rey fue asesinado por sus dos hijos, que huyeron a los montes de Ararat. Su hijo Asarhadón reinó en lugar de él, y confió a Ajicar, hijo de mi hermano Anael, la contabilidad y la administración general del reino. 22 Entonces Ajicar intercedió por mí y pude volver a Nínive. Porque bajo el reinado de Senaquerib, rey de Asiria, Ajicar había sido copero mayor, guardasellos, administrador y contador, y Asarhadón lo confirmó en esos cargos. Él pertenecía a mi familia, era mi sobrino.

Las buenas obras de Tobit

Ex 34 22; Am 8 10

2 1 Durante el reinado de Asarhadón regresé a mi casa y me devolvieron a mi mujer Ana y a mi hijo Tobías. En nuestra fiesta de Pentecostés, la fiesta santa de las Semanas, me prepararon una buena comida y me dispuse a comer. 2 Cuando estaba sentado a la mesa llena de manjares, dije a mi hijo Tobías: «Hijo mío, ve a buscar entre nuestros hermanos deportados en Nínive a algún pobre que se acuerde de todo corazón del Señor, y tráelo para que comparta mi comida. Yo esperaré hasta que vuelvas». 3 Tobías salió a buscar a un pobre entre nuestros hermanos, pero al volver me dijo: «¡Padre!». Le pregunté: «¿Qué pasa, hijo?». Él agregó: «Uno de nuestro pueblo ha sido asesinado; lo acaban de estrangular en la plaza del mercado, y su cadáver está tirado allí». 4 Me levanté rápidamente y, sin probar la comida, fui a retirar el cadáver de la plaza, y lo deposité en una habitación para enterrarlo al atardecer.

5 Al volver a casa, me lavé y me puse a comer muy apenado, 6 recordando las palabras del profeta Amós contra Betel:

«Sus fiestas se convertirán en duelo
y todos sus cantos en lamentaciones».

7 Y me puse a llorar. Al atardecer, cavé una fosa y enterré el cadáver. 8 Mis vecinos se burlaban de mí, diciendo: «¡Todavía no ha escarmentado! Por este mismo motivo ya lo buscaron para matarlo. ¡Apenas pudo escapar, y ahora vuelve a enterrar a los muertos!».

La ceguera de Tobit

Mc 5 26; Tob 1 21; Dt 22 1-3; Job 2 9; Tob 1 3

9 Aquella misma noche, después de bañarme, salí al patio y me acosté a dormir junto a la pared, con la cara descubierta a causa del calor. 10 Yo no sabía que arriba, en

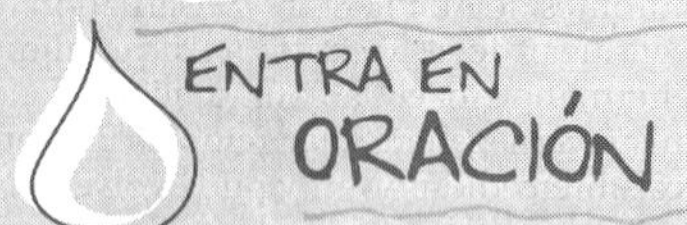

Sentido del sufrimiento

Hasta este momento en la historia de salvación, la salud y el bienestar se veían como premio a la fidelidad a Dios. Tobit es fiel y se esmera en el servicio a su pueblo; sin embargo, sufre fuertemente. Esta historia revela la presencia de Dios en la desgracia, el dolor y la enfermedad. Oremos para que su palabra anide en nuestro corazón y nos ayude a vivir el dolor.

Señor, cuando sufrimos fuertemente, a veces nos ofuscamos y perdemos el sentido de la vida. Haznos sentir tu presencia como lo hiciste con Tobit y Sara.

Ponemos en tus manos a quienes han sufrido una gran pérdida o un trauma, y quieren morirse. No los dejes caer en la desesperación. Concédeles tu luz y tu fuerza. ¡Solo tú puedes sostenerlos!

Ayúdanos a apoyar a quienes sufren y a comunicarles que tú estás con ellos. Queremos ser instrumentos tuyos y avivar su confianza; ser oportunos al llamarles o escribirles.

Danos palabras sabias para convencerles de que tu amor para ellos no tiene límites. ¡Ayúdanos a llevar tu fuerza a quienes la necesitan y concédenos la gracia de contar con el apoyo de otros cuando nosotros lo necesitemos! Amén.

Tob 2

la pared, había unos gorriones; de pronto, sus excrementos calientes cayeron sobre mis ojos, produciéndome unas manchas blancas. Me hice atender por los médicos, pero cuantos más remedios me aplicaban, menos veía a causa de esas manchas, hasta que quedé completamente ciego. Así estuve cuatro años privado de la vista, y todos mis parientes estaban afligidos. Ajicar me proveyó de lo necesario durante dos años, hasta que partió para Elimaida.

[11] Desde ese momento, mi esposa Ana empezó a trabajar en labores femeninas. [12] Enviaba el tejido a sus clientes y recibía el pago correspondiente. Una vez, el 7 del mes de Distros, terminó un tejido y lo entregó a sus clientes. Estos le pagaron lo que correspondía, y además le regalaron un cabrito para comer. [13] Cuando entró en mi casa, el cabrito comenzó a balar. La llamé y le pregunté: «¿De dónde salió ese cabrito? ¿Acaso lo robaste? Devuélvelo a sus dueños, porque no podemos comer nada robado». [14] Ella me respondió: «¡Pero si es un regalo que me han hecho, además del pago!». Yo no le creí, insistí en que lo devolviera a sus dueños, y me enojé con ella por este asunto. Entonces ella me replicó: «¿Para qué te sirvieron tus limosnas y tus obras de justicia? ¡Ahora se ve bien claro!».

La oración de Tobit

Dt 32 4; Sal 119 137; 25 7; Esd 9 7; Dt 28 37; Jr 24 9; Jon 4 3.8; Job 7 15; Tob 2 14

3 [1] Con el alma llena de aflicción, suspirando y llorando, comencé a orar y a lamentarme, diciendo:

[2] «Tú eres justo, Señor,
y todas tus obras son justas.
Todos tus caminos son misericordia
y verdad,
y tú eres el Juez del mundo.
[3] Ahora, Señor, acuérdate de mí y mírame;
no me castigues por mis pecados
y mis errores,
ni por los que mis padres cometieron
delante de ti.
[4] Ellos desoyeron tus mandamientos
y tú nos entregaste al saqueo,
al cautiverio, a la muerte,
a la burla, a la humillación y al escarnio
en todas las naciones
donde nos has dispersado.
[5] Sí, todos tus juicios son verdaderos,
al tratarme así mis pecados,
porque no hemos cumplido
tus mandamientos
ni hemos caminado en la verdad
delante de ti.
[6] Trátame ahora como te parezca:
quítame el aliento de vida,
para que yo desaparezca de la tierra
y quede reducido a polvo.
Más me vale morir que vivir,
porque he escuchado reproches injustos
y estoy agobiado por la tristeza.
Líbrame, Señor, de tanta opresión,
déjame partir hacia la morada eterna
y no apartes de mí tu rostro, Señor.
Porque más me conviene morir
que ver tanta opresión en mi vida
y seguir escuchando insultos».

Las desgracias de Sara

Jdt 1 1; Tob 6 14-15; 7 11;
Gn 37 35; 42 38; 44 29.31; Tob 3 6.8-9

7 Ese mismo día sucedió que Sara, hija
de Ragüel, que vivía en Ecbátana, en Media, fue insultada por una de las esclavas
de su padre. 8 Porque Sara se había casado
siete veces, pero el malvado demonio Asmodeo había matado a sus maridos antes
de que tuvieran relaciones con ella. La esclava le dijo: «Eres tú la que matas a tus
maridos. Te has casado con siete y ni uno
solo te ha dado su nombre. 9 ¿Por qué nos
castigas a causa de tus maridos muertos?
Ve a reunirte con ellos y que jamás veamos
ni a un hijo ni a una hija tuyos».
10 Aquel día Sara se entristeció mucho, se
puso a llorar y subió a la habitación de su
padre, con la intención de ahorcarse. Pero
luego pensó: «¿Y si esto da motivo a que insulten a mi padre y le digan: "Tú tenías una
sola hija querida, y ella se ha ahorcado por
sus desgracias"? No quiero que por culpa
mía mi anciano padre baje a la tumba lleno de tristeza. Mejor será que no me ahor-
que, sino que pida al Señor que me haga
morir. Así no oiré más insultos en mi vida».

Las penas de una niña rica

Lucy era hija única de una familia acomodada, pero era muy desdichada. A punto de suicidarse, decidió orar al Señor y él bendijo su plegaria dándole una nueva vida.

Con frecuencia se oye de jóvenes y adultos de familias ricas que se suicidan. ¿Por qué? Porque la riqueza no basta para dar sentido a su vida y sienten un vacío existencial, o porque al perderla no pueden vivir sin ella. Dios nos da los bienes para generar vida y hacer el bien. ¿Cómo utilizas lo que Dios te ha dado? ¿En qué medida tus posesiones o el deseo de siempre tener más te hacen sentirte vacío/a?

Tob 3 7-15

La oración de Sara

Dn 6 11; 1 Re 8 44-48; Sal 5 8; 28 2; 134 2; Nm 27 8

11 En ese momento Sara extendió los brazos hacia la ventana y oró de este modo:

Espíritus buenos y malos

Muchos pueblos nativoamericanos creen en la presencia de espíritus buenos y malos, que pueden presentarse en forma de animales. Consideran que los espíritus buenos son una ayuda personal y portadores de mensajes positivos, como el ángel Rafael (Tob 3 17), y que los espíritus malos pueden influir y controlar a la gente, como el demonio Asmodeo (v. 8).

Es interesante que diferentes culturas desarrollen creencias religiosas paralelas. Sea que se les llame ángeles y demonios, o buenos y malos espíritus, compartimos una idea común: existen poderes invisibles que influyen en nuestra vida. Pero los cristianos sabemos que Dios tiene poder sobre todos los espíritus.

Tob 3 8-17

«¡Bendito seas, Dios misericordioso,
y bendito sea tu Nombre para siempre!
¡Que todas tus obras te bendigan
eternamente!
12 Ahora elevo mi rostro y mis ojos hacia ti.
13 ¡Líbrame de esta tierra,
para que no oiga más insultos!
14 Tú sabes, Señor,
que yo he permanecido pura,
porque ningún hombre me ha tocado;
15 no he manchado mi nombre
ni el nombre de mi padre,
en el país donde estoy desterrada.
Soy la única hija de mi padre;
él no tiene otro hijo que sea su heredero,
ni tiene parientes cercanos
a quien darme como esposa.
Ya he perdido siete maridos,
¿por qué debo vivir todavía?
Y si no quieres hacerme morir, Señor,
mírame y compadécete de mí,
para que no tenga que oír más insultos».

El ángel Rafael

Tob 6 12-13

16 A un mismo tiempo, fueron oídas en la
gloria de Dios las plegarias de Tobit y de Sara, 17 y fue enviado Rafael para curar a los dos:
para quitar las manchas blancas de los ojos
de Tobit, a fin de que viera con ellos la luz de

TOB

Dios, y para dar a Sara, hija de Ragüel, como esposa a Tobías, hijo de Tobit, librándola del malvado demonio Asmodeo. Porque Tobías tenía derecho a ser su esposo, antes que todos los demás pretendientes. En ese mismo momento, Tobit volvió del patio al interior de su casa, y Sara, hija de Ragüel, bajó de la habitación alta.

EL VIAJE DE TOBIT

Consejos de Tobit a su hijo

Tob 3 6; Ex 20 12; Prov 23 22;
Eclo 3 4.16.27; Tob 13 6; Jn 3 21;
Dt 15 10; Gn 24 4.38; 28 2;
Lv 19 13; Dt 24 15; Mt 7 12

4 [1] Aquel día, Tobit se acordó del dinero que había dejado en depósito a
Gabael, en Ragués de Media, [2] y pensó: «Ya
que he pedido la muerte, haría bien en llamar a mi hijo Tobías para hablarle de ese dinero antes de morir».

[3] Entonces llamó a su hijo Tobías y, cuando este se presentó, le dijo:

«Hijo mío, cuando yo muera, entiérrame dignamente. Honra a tu madre, y no la abandones ningún día de su vida. Trata de
complacerla y no la entristezcas. [4] Acuérdate,
hijo mío, de todos los peligros a los que estuvo expuesta por tu causa, mientras te llevaba en su seno. Y cuando muera, entiérrala junto a mí en la misma tumba.

[5] Acuérdate del Señor todos los días de tu vida, hijo mío, y no peques ni quebrantes sus mandamientos. Practica la justicia todos los días de tu vida y no sigas los caminos de la injusticia.
[6] Porque si vives
conforme a la verdad, te irá bien en todas tus obras.

[7] Da limosna de tus bienes y no lo hagas de mala gana. No apartes tu rostro del pobre y Dios no apartará su rostro de ti.
[8] Da
limosna según la medida de tus posibilidades: si tienes poco, no temas dar de lo poco que tienes.
[9] Así acumularás un buen
tesoro para el día de la necesidad.
[10] Porque
la limosna libra de la muerte e impide caer en las tinieblas:
[11] la limosna es, para todos
los que la practican, una ofrenda valiosa a los ojos del Altísimo.

> NO APARTES TU ROSTRO DEL POBRE Y DIOS NO APARTARÁ SU ROSTRO DE TI. Tob 4 7

> **REFLEXIONA**
>
> **Tobit te da consejos sabios**
>
> Lee Tobías 4 13-19. Encontrarás una serie de consejos de Tobit a su hijo Tobías. Son consejos aplicables a toda época y lugar, en los que conviene reflexionar. En una hoja de papel o en tu diario, haz una lista de los consejos en este pasaje. Pon una «B» en los consejos que sueles seguir «bien» casi siempre; una «A», en los que tienes que prestar más «atención» para ser una persona según el corazón de Dios, y una «EH» en los que te costará un «esfuerzo heroico» seguir, porque tu tendencia natural te impulsa en sentido contrario.
>
> Analiza el resultado de tu reflexión, ¿qué descubriste sobre ti y lo que necesitas hacer para dar testimonio como hijo/a de Dios? Pide a Dios que te ayude en tus esfuerzos por mejorar tu estilo de vida. Tob 4 13-16

[12] Cuídate, hijo mío, de toda fornicación y, sobre todo, cásate con una mujer del linaje de tus padres. No tomes por esposa a una extranjera, que no pertenezca a la tribu de tu padre, porque somos hijos de profetas. Acuérdate, hijo mío, de Noé, Abraham, Isaac y Jacob, nuestros antiguos padres: ellos eligieron sus esposas entre las mujeres de sus parientes. Por eso fueron bendecidos en sus hijos y su descendencia poseerá la tierra en
herencia. [13] Por lo tanto, hijo mío, prefiere a
tus hermanos; no te muestres orgulloso con los hijos y las hijas de tu pueblo, rehusando tomar una esposa entre ellos. Porque el orgullo acarrea la ruina y un gran desorden, y la ociosidad lleva a la decadencia y a la miseria; porque ella es madre del hambre.

[14] No retengas el salario de un trabajador; págale inmediatamente. Si sirves a Dios, él te lo retribuirá. Hijo mío, vigila todas tus acciones y muéstrate siempre bien
educado. [15] No hagas a nadie lo que no te
agrada a ti. No bebas hasta embriagarte y que la embriaguez no te acompañe en el camino.

[16] Comparte tu pan con los que tienen hambre y tus vestidos con los que están desnudos. Da limosna de todo lo que te

sobra y no lo hagas de mala gana. 17 Ofrece tu pan sobre la tumba de los justos, pero no lo des a los pecadores.

18 Pide consejo a las personas sensatas y no desprecies un buen consejo. 19 En toda circunstancia bendice al Señor, tu Dios; pídele que dirija tus pasos y que todos tus caminos y todos tus proyectos lleguen a feliz término. Porque no todas las naciones gozan de la sabiduría, sino que es el Señor el que da todos los bienes: él humilla a quien quiere, hasta lo más profundo del Abismo. Hijo mío, acuérdate de estos preceptos, y que nunca se borren de tu corazón.

Anuncio del dinero depositado

Tob 1 14; Eclo 1 16-17; 2 8-9

20 Y ahora, hijo mío, quiero hacerte saber que dejé en depósito a Gabael, hijo de Gabrí, en Ragués de Media, diez talentos de plata. 21 No te preocupes de que nos hayamos empobrecido. Tú tienes una riqueza muy grande si temes a Dios, si evitas cualquier pecado y si haces lo que agrada al Señor, tu Dios».

Preparativos del viaje de Tobías

Tob 9 2.5

5 1 Entonces Tobías respondió a su padre Tobit: «Haré, padre, todo lo que me has ordenado. 2 Pero ¿cómo podré recuperar ese dinero que tiene Gabael? Él no me conoce a mí ni yo a él. ¿Qué señal le daré para que me reconozca, me crea y me entregue el dinero? Además, no conozco el camino para ir a Media». 3 Tobit le dijo: «Él me dio un recibo y yo le di otro; lo dividí en dos partes, cada uno tomó la suya y yo puse mi parte con el dinero. Ya hace veinte años que deposité esa suma. Ahora, hijo mío, busca una persona de confianza para que te acompañe; le pagaremos un sueldo hasta que vuelvas. Ve y recupera ese dinero».

Encuentro de Tobías con el ángel Rafael

Tob 3 17; Jue 13 16

4 Tobías salió a buscar un buen guía, que conociera el camino para ir con él a Media. Fuera encontró al ángel Rafael, que estaba de pie frente a él, pero no advirtió que era un ángel de Dios. 5 Le preguntó: «¿De dónde eres, amigo?». El ángel le respondió: «Soy uno de tus hermanos israelitas, y he venido a buscar trabajo por aquí». Tobías

Ángeles entre nosotros

En la historia de Tobías conocemos al ángel Rafael. Su nombre significa «medicina de Dios», pues le comunicó cómo remediar el sufrimiento de Tobit y Sara (ver Símbolos: «El ángel», Sal 91 11, y «El ángel guardián», Mt 18 6-14).

Los ángeles nos ayudan en momentos especiales y nos recuerdan que Dios está con nosotros. Las personas que realizan esta misión comunican el gran mensaje: ¡Dios está cerca, te protege y te ayuda! ¿Has realizado la misión de ángel con alguien? ¿Con qué frecuencia tienes la oportunidad de ayudar a las personas en nombre de Dios?

Tob 5

le dijo: «¿Conoces el camino para ir a Media?». 6 Él respondió: «Por supuesto. He estado allí muchas veces y conozco todos los caminos de memoria. He ido frecuentemente a Media y me he alojado en casa de Gabael, uno de nuestros hermanos, que vive en Ragués de Media. Hay dos días de camino desde Ecbátana hasta Ragués, porque Ragués está situada en la montaña y Ecbátana en medio de la llanura». 7 Tobías le dijo: «Espérame, amigo; voy a avisar a mi padre, porque necesito que vengas conmigo. Yo te pagaré tu sueldo». 8 El ángel le respondió: «Te espero, pero no tardes».

9 Tobías entró a avisar a su padre que había encontrado a uno de sus hermanos israelitas. Y Tobit le dijo: «Preséntamelo, para que yo sepa a qué familia y a qué tribu pertenece, y si se puede confiar en él para que te acompañe». Tobías salió a llamarlo y le dijo: «Amigo, mi padre te llama».

Diálogo de Tobit con el ángel Rafael

Tob 2 10; 7 17; 8 21; 1 6-7

10 El ángel entró en la casa. Tobit lo saludó primero y aquel le respondió: «Alégrate, hermano». Pero Tobit le dijo: «¿Qué alegría puedo tener? Estoy ciego, no veo más la luz del cielo y me encuentro sumergido en la oscuridad, como los muertos que ya no

contemplan la luz. Soy un muerto en vida; oigo la voz de los hombres, pero no los veo». El ángel le dijo: «¡Ánimo! Dios te curará pronto». Tobit añadió: «Mi hijo Tobías desea ir a Media. ¿Podrías acompañarlo como guía? Yo te pagaré un sueldo, hermano». El ángel le respondió: «Estoy dispuesto a acompañarlo. Conozco todos los caminos; he ido varias veces a Media, he atravesado todas sus llanuras y conozco muy bien los senderos de sus montañas».
11 Tobit le preguntó: «¿Quieres decirme, hermano, de qué familia y de qué tribu eres?». 12 «¿Qué importa mi tribu?», dijo el ángel. Tobit insistió: «Quiero saber con seguridad de quién eres hijo y cómo te llamas». 13 El ángel le respondió: «Yo soy Azarías, hijo de Ananías el grande, uno de tus hermanos». 14 Tobit le dijo: «¡Bienvenido, hermano, y salud! No tomes a mal que haya querido conocer la verdad acerca de tu familia. Por lo visto, eres un hermano de respetable y noble origen. Conozco a Ananías y a Natán, los dos hijos de Semeías el grande. Ellos me acompañaban a Jerusalén; allí adoraban junto conmigo, y nunca se apartaron del buen camino. Tus hermanos son hombres de bien y tú eres de buena estirpe. ¡Sé bienvenido!».

15 Luego siguió diciendo: «Te pagaré como sueldo una dracma diaria, y tendrás todo lo que necesites, lo mismo que mi hijo. 16 Acompáñalo, y yo te daré un sobresueldo». El ángel respondió: «Sí, iré con él, no tengas miedo. Volveremos tan bien como hemos salido, porque el camino es seguro». 17 Tobit exclamó: «¡Bendito seas, hermano!».

Partida de Tobías

Gn 24 7.40; Ex 23 20; Sal 91 11; Tob 5 17

Después llamó a su hijo y le dijo: «Hijo mío, prepara lo necesario para el viaje y parte con tu hermano. El Dios que está en el cielo los proteja y los haga volver a mi lado sanos y salvos. Que su ángel los acompañe con su protección, hijo mío». Tobías salió para ponerse en camino, y abrazó a su padre y a su madre. Tobit le dijo: «¡Buen viaje!». 18 Su madre se puso a llorar y dijo a Tobit: «¿Por qué has hecho partir a mi hijo? ¿Acaso no es el bastón de nuestra mano, el que guía nuestros pasos? 19 ¿Para qué acumular más dinero? No importa nada comparado con nuestro hijo. 20 Con lo que el Señor nos daba para vivir ya teníamos bastante». 21 Tobit le respondió: «No te preocupes. Nuestro hijo se va muy bien y volverá junto a nosotros con toda felicidad; tus propios ojos verán el día en que regrese sano y salvo. No te preocupes ni temas por ellos, hermana. 22 Un ángel bueno lo acompañará, él hará un buen viaje y volverá sano».

6 1 Y ella dejó de llorar.

El pez del río Tigris

Tob 6 17; 8 2-3; 11 8.11-12

El joven partió con el ángel, y el perro los seguía. Caminaron los dos, y al llegar la primera noche, acamparon a orillas del río Tigris. 2 El joven bajó a lavarse los pies en el río, y de pronto saltó del agua un gran pez que intentó devorarle el pie. El joven gritó, 3 pero el ángel le dijo: «¡Agárralo y no lo dejes escapar!». Entonces él se apoderó del pez y lo sacó a tierra. 4 El ángel le dijo: «Ábrelo, sácale la hiel, el corazón y el hígado, y colócalos aparte; luego tira las entrañas. Porque la hiel, el corazón y el hígado son útiles como remedios». 5 El joven abrió el pez, y le sacó la hiel, el corazón y el hígado. Asó una parte del pez y la comió, y guardó la otra parte después de haberla salado. 6 Luego los dos juntos continuaron su camino, hasta llegar cerca de Media.

7 Entre tanto, el joven preguntó al ángel: «Hermano Azarías, ¿qué clase de remedio hay en el corazón, en el hígado y en la hiel del pez?». 8 El ángel le respondió: «Si se quema el corazón o el hígado del pez delante de un hombre o de una mujer atacados por un demonio o espíritu maligno, desaparecen los ataques para siempre. 9 En cuanto a la hiel, sirve para ungir los ojos afectados de manchas blancas; basta con soplar sobre esas manchas para que se curen».

Propuesta de matrimonio con la hija de Ragüel

Tob 8 21; 10 10; 14 3; 3 8

10 Cuando entraron en Media y ya se acercaban a Ecbátana, 11 Rafael dijo al joven: «¡Hermano Tobías!». Este le preguntó: «¿Qué quieres?». El ángel continuó: «Es necesario que pasemos esta noche en casa de Ragüel. Él es pariente tuyo y tiene una hija que se llama Sara. 12 Ella es su única hija. Por ser tú el pariente más cercano, tienes más derecho que todos los demás a casarte con ella y a heredar los bienes de su padre. Es una joven inteligente, valiente y muy hermosa, y su pa-

dre es una persona honrada». [13]Y añadió: «Tú tienes el derecho de casarte con ella. Escúchame, hermano: esta misma noche yo hablaré de ella a su padre para que te la dé como prometida; y cuando volvamos de Ragués, celebraremos la boda. Sé que Ragüel no podría negártela ni comprometerla con otro, porque incurriría en la pena de muerte, según lo prescrito en el Libro de Moisés. Él sabe que a ti te corresponde tomar por esposa a su hija antes que cualquier otro. Por eso, óyeme bien, hermano: esta noche, hablaremos de la joven y la pediremos en matrimonio. Cuando volvamos de Ragués, la tomaremos y la llevaremos con nosotros a tu casa».

El temor de Tobías y las recomendaciones del ángel

Tob 3 10; Gn 24 14.44.67

[14]Tobías dijo a Rafael: «Hermano Azarías, he oído decir que ella se ha casado siete veces, y que todos sus maridos han muerto la noche misma de la boda, apenas se acercaban a ella. También he oído decir que es un demonio el que los mataba. [15]Tengo miedo, ya que a ella no le hace daño porque la ama, pero mata a todo el que intenta tener relaciones con ella. Yo soy hijo único; y si muero, mi padre y mi madre bajarán a la tumba llenos de dolor por mi causa. Y ellos no tienen otro hijo que les dé sepultura». [16]El ángel le dijo: «¿No recuerdas que tu padre te recomendó casarte con una mujer de tu familia? Escúchame bien, hermano. No te preocupes de ese demonio y cásate con ella. Estoy seguro de que esta noche te la darán por esposa. [17]Cuando entres en la habitación, toma una parte del hígado y el corazón del pez, y colócalos sobre el brasero de los perfumes. El olor se extenderá, lo olerá el demonio, huirá y nunca más volverá a su lado. [18]Antes de tener relaciones con ella, levántense primero los dos para orar; pidan al Señor del cielo que tenga misericordia de ustedes y los salve. No tengas miedo, porque ella está destinada para ti desde siempre y eres tú el que debe salvarla. Ella te seguirá, y presiento que te dará hijos que serán para ti como hermanos. No te preocupes». [19]Cuando Tobías oyó decir esto a Rafael, y supo que Sara era hermana suya, de la misma familia de su padre, la amó intensamente y se enamoró de ella.

Recibimiento en la casa de Ragüel

Gn 29 46; 43 27-28; Tob 1 1-3; Gn 29 15; Tob 9 6

7 [1]Cuando llegaron a Ecbátana, Tobías dijo: «Hermano Azarías, llévame directamente a la casa de nuestro hermano Ragüel». El ángel lo llevó y encontraron a Ragüel sentado a la puerta del patio. Ellos lo saludaron primero, y él les respondió: «¡Salud, hermanos, sean bienvenidos!». Y los hizo pasar a su casa. [2]Luego Ragüel dijo a su mujer Edna: «¡Cómo se parece este joven a mi hermano Tobit!». [3]Edna les preguntó: «¿De dónde son, hermanos?». Ellos le respondieron: «Somos de los hijos de Neftalí deportados a Nínive». [4]Ella les dijo: «¿Conocen ustedes a nuestro hermano Tobit?». «Sí, lo conocemos», le respondieron. Ella les preguntó: «¿Cómo está?». [5]«Vive todavía y está bien», le dijeron. Tobías agregó: «Es mi padre». [6]Ragüel se levantó de un salto, lo besó y lloró. [7]Después le dijo: «¡Bendito seas, hijo mío! Tienes un padre excelente. Es una gran desgracia que un hombre tan justo y generoso se haya quedado ciego». Y echándose al cuello de su hermano Tobías, lloró. [8]También lloraron su mujer Edna y su hija Sara. [9]Luego mataron un cordero del rebaño para recibirlos cordialmente.

Después de lavarse y bañarse, se pusieron a comer. Entonces Tobías dijo a Rafael: «Hermano Azarías, dile a Ragüel que me dé por esposa a mi hermana Sara». [10]Ragüel lo oyó y dijo al joven: «Come, bebe y disfruta de esta noche. Nadie tiene más derecho que tú, hermano, a casarse con mi hija Sara. Ni siquiera yo puedo dársela a otro, ya que tú eres mi pariente más cercano. Pero te voy a decir la verdad, hijo mío. [11]La he dado a siete maridos de nuestros hermanos, y todos murieron la primera noche que iban a tener relaciones con ella. Por el momento, hijo mío, come y bebe; el Señor intervendrá en favor de ustedes».

Pero Tobías replicó: «No comeré ni beberé hasta que hayas tomado una decisión sobre este asunto». Ragüel le respondió: «Está bien. Ella te corresponde a ti según lo prescrito en la Ley de Moisés, y el Cielo decreta que te sea dada. Recibe a tu hermana. Desde ahora tú eres su hermano y ella es tu hermana. A partir de hoy, es tuya para siempre. Que el Señor los asista esta noche, hijo mío, y les conceda su misericordia y su paz».

VIVE LA PALABRA

Bendiciones en la noche de bodas

Lee Tobías 7 – 8. Observa cómo bendice Dios a Sara y Tobías en su noche de bodas, y vence al demonio a través del ángel Rafael, para que Tobías no muera como los otros siete maridos de Sara (Tob 7). Examina la oración de los novios pidiendo la salvación de Dios, expresando su entrega mutua en un amor comprometido y recordando que Dios desea que se unan para apoyarse como iguales (Tob 8 5-8).

Aprovecha esta bella historia para reflexionar sobre la entrega sexual en el matrimonio. Dios bendice a la pareja con amor y paz, y le da una vida nueva que deberá cuidar.

Nuestro organismo es una maravilla y su origen son las manos de Dios. Él nos lo da para sostener la vida y relacionarnos con los demás. Nuestra sexualidad es instrumento de comunión, gozo y plenitud en el matrimonio, de ahí la importancia de la virtud de la castidad, la abstención de relaciones sexuales fuera del matrimonio y la fidelidad al esposo/a.

Dios mío, gracias por mi sexualidad, ayúdame a cuidarla y a usarla según tus planes de amor. Fortaléceme en la práctica de la castidad, y permíteme gozar y crecer en la entrega mutua con mi esposo/a si me llamas al matrimonio.

Tob 7 – 8

Matrimonio de Tobías y Sara

Gn 24 50-51.54; Tob 5 10

12 Ragüel hizo venir a su hija Sara. Cuando
llegó, la tomó de la mano y se la entregó a
Tobías, diciendo: «Recíbela conforme a la Ley
y a lo que está prescrito en el Libro de Moisés, que mandan dártela por esposa. Tómala
y llévala sana y salva a la casa de tu padre.
Que el Dios del cielo los conduzca en paz».
13 Después llamó a la madre de ella y le pidió
que trajera una hoja de papiro. Escribió el
contrato matrimonial, por el que entregaba a
su hija como esposa de Tobías, según lo prescrito en la Ley de Moisés, y lo sellaron. 14 Después empezaron a comer y a beber.
15 Ragüel llamó a su esposa Edna y le dijo:
«Hermana, prepara la otra habitación, y llévala allí a Sara». 16 Ella fue a preparar la habitación, como se lo había dicho su esposo,
llevó allí a Sara y se puso a llorar. Luego enjugó sus lágrimas y le dijo: 17 «¡Ánimo, hija
mía! ¡Que el Señor del cielo cambie tu pena en alegría!». Y salió.

Expulsión del demonio y curación de Sara

Mt 12 22-30.43-45

8 1 Cuando terminaron de comer y beber, decidieron ir a acostarse. Acompañaron al joven y lo hicieron entrar en la
habitación. 2 Entonces Tobías se acordó de
los consejos de Rafael. Sacó de su bolsa el
hígado y el corazón del pez y los colocó sobre el brasero de los perfumes. 3 El olor del
pez alejó al demonio, que huyó por el aire
hacia las regiones de Egipto. Rafael lo persiguió, lo sujetó y lo encadenó al instante.

La oración de Tobías

Dt 3 26; Gn 2 18

4 Mientras tanto, los padres habían salido de la habitación y cerraron la puerta.
Tobías se levantó de la cama y dijo a Sara:
«Levántate, hermana, y oremos para pedir
al Señor que nos manifieste su misericordia y su salvación». 5 Ella se levantó, y los
dos se pusieron a orar para alcanzar la salvación. Él comenzó a decir:

«¡Bendito seas, Dios de nuestros padres,
y bendito sea tu Nombre
por todos los siglos de los siglos!
¡Que te bendigan los cielos
y todas tus criaturas
por todos los siglos!
6 Tú creaste a Adán
e hiciste a Eva, su mujer,
para que le sirviera de ayuda y de apoyo,
y de ellos dos nació el género humano.
Tú mismo dijiste:
"No conviene que el hombre esté solo.
Hagámosle una ayuda semejante a él".
7 Yo ahora tomo por esposa
a esta hermana mía,
no para satisfacer una pasión desordenada,
sino para constituir
un verdadero matrimonio.

¡Ten misericordia de ella y de mí,
y concédenos llegar juntos a la vejez!».

8 Ambos dijeron: «¡Amén, amén!», 9 y se
acostaron a dormir.

El temor de Ragüel

Ragüel se levantó, llamó a sus servidores y
fue con ellos a cavar una fosa. 10 Porque había
pensado: «No sea que Tobías haya muerto y
nos expongamos a caer en el ridículo». 11 Apenas terminaron de cavar la fosa, Ragüel volvió a la casa, llamó a su mujer 12 y le dijo:
«Manda a una de las sirvientas a la habitación, para ver si él está vivo. Así, si está muerto, lo enterraremos sin que nadie se entere».
13 Entonces mandaron a la sirvienta, que encendió la lámpara y abrió la puerta. Al entrar,
los encontró a los dos juntos, profundamente dormidos. 14 Luego salió y les avisó: «Está
vivo; no ha pasado nada malo».

La oración de Ragüel

Tob 3 15; 6 15

15 Entonces Ragüel bendijo al Dios del
cielo, diciendo:

«¡Bendito seas, Señor,
con la más pura bendición!
¡Que te bendigan por todos los siglos!
16 ¡Bendito seas por la alegría
que me has dado!
No ha sucedido lo que yo temía,
sino que nos has tratado
según tu gran misericordia.
17 ¡Bendito seas por haberte compadecido
de estos dos hijos únicos!
¡Concédeles, Señor,
tu misericordia y tu salvación,
y una vida llena de alegría y de gracia!».

18 Después Ragüel ordenó a sus servidores que rellenaran la tumba, antes de que
amaneciera.

La gran fiesta de bodas

Gn 18 6-7; Gn 24 54-55; Dt 24 5

19 Luego dijo a su mujer que hiciera una
hornada de pan. Él fue al establo, tomó
dos bueyes y cuatro carneros, mandó cocinarlos y comenzaron los preparativos.
20 Hizo llamar a Tobías y le dijo: «Durante
catorce días no te moverás de este lugar. Te
quedarás aquí, comiendo y bebiendo conmigo, y alegrando a mi hija que ha sufrido
tanto. 21 Después tomarás la mitad de mis
bienes y volverás sano y salvo a la casa de
tu padre. Cuando mi mujer y yo hayamos
muerto, también recibirás la otra mitad.
¡Ánimo, hijo mío! Yo soy tu padre y Edna
es tu madre. Desde ahora y para siempre,
estamos unidos a ti lo mismo que a tu hermano. ¡Ánimo, hijo mío!».

Viaje de Rafael a Ragués

Tob 3 5; 10 1

9 1 Entonces Tobías llamó a Rafael y le dijo: 2 «Hermano Azarías, toma contigo
cuatro servidores y dos camellos, y ve a Ragués. 3 Preséntate a Gabael, dale el recibo, recupera el dinero y tráelo contigo a la boda.
4 Tú sabes que mi padre estará contando los
días. Si me demoro un solo día más le dará
un gran disgusto. 5 Conoces el juramento que
hizo Ragüel, y yo no puedo quebrantarlo».

Rafael partió para Ragués de Media con
los cuatro servidores y los dos camellos, y
se alojaron en la casa de Gabael. Le presentó el recibo y le dio la noticia de que
Tobías, hijo de Tobit, se había casado y lo
invitaba a la boda. Gabael contó enseguida
las bolsas de dinero con los sellos intactos
y las cargaron sobre los camellos.

Regreso de Rafael con Gabael

6 Por la mañana temprano, partieron
juntos para la boda. Al llegar a la casa de
Ragüel, encontraron a Tobías sentado a la
mesa. Tobías se levantó de un salto y lo saludó. Gabael lloró y lo bendijo diciendo:
«¡Qué hijo tan bueno de un padre excelente, justo y generoso! Que el Señor te dé la
bendición del cielo a ti y a tu mujer, a tu
padre y a los padres de tu mujer. Bendito
sea Dios, que me ha permitido ver el vivo
retrato de mi primo Tobit».

La angustia de Tobit y Ana

Gn 44 18-34; Lc 15 20; Gn 45 26

10 1 Mientras tanto, Tobit contaba uno por
uno los días que debía durar el viaje
de ida y vuelta. Cuando se cumplió el plazo, sin que su hijo hubiera vuelto, 2 pensó:
«¿Lo habrán retenido allí? ¿O habrá muerto Gabael y nadie le habrá entregado el dinero». 3 Y comenzó a preocuparse. 4 Ana, su
mujer, decía: «¡Mi hijo ha muerto, ya no
está entre los vivos!». Y se puso a llorar y a
lamentarse por su hijo, diciendo: 5 «¡Qué
desgracia, hijo mío, luz de mis ojos! ¡Yo te
dejé ir!». 6 Pero Tobit le decía: «¡Tranquilízate, hermana, no pienses eso! Él está bien.
Habrán tenido algún contratiempo. Su com-

pañero es persona de confianza, es uno de nuestros hermanos. No te preocupes por él. Llegará de un momento a otro». 7 Pero ella replicaba: «Déjame, no trates de engañarme. Mi hijo ha muerto». Y todos los días salía a mirar el camino por donde se había ido su hijo, porque no se fiaba de nadie. Al caer la tarde, entraba en su casa y pasaba las noches llorando y lamentándose sin poder dormir.

Despedida de Tobías y Sara

Gn 24 54-61; Gn 24 35; 45 28; 24 21.40.42-46

Cuando pasaron los catorce días de fiesta que Ragüel había prometido celebrar en honor de su hija, Tobías fue a decirle: «Déjame partir, porque seguramente mi padre y mi madre piensan que ya no volverán a verme. Te ruego, padre, que me dejes volver a la casa de mi padre. Ya te dije en qué estado lo dejé». 8 Ragüel respondió a Tobías: «Quédate conmigo, hijo mío. Yo enviaré mensajeros a tu padre Tobit, para que le lleven noticias tuyas». 9 Tobías insistió: «No, por favor. Déjame volver al lado de mi padre». 10 Ragüel le entregó enseguida a Sara, con la mitad de todos sus bienes en servidores y servidoras, en bueyes, carneros, asnos y camellos, en vestidos, plata y utensilios. 11 Así los hizo partir contentos.

Al despedirse de Tobías, le dijo: «¡Salud, hijo mío, y buen viaje! ¡Que el Señor del Cielo los guíe, a ti y a tu esposa Sara, y que yo pueda ver a sus hijos antes de morir!». 12 A su hija Sara le dijo: «Ve a la casa de tu suegro. Desde ahora ellos son tus padres, como los que te hemos dado la vida. Vete en paz, hija mía. ¡Ojalá toda mi vida pueda oír buenas noticias tuyas!». Y después de abrazarlos, los dejó partir. 13 Edna, por su parte, dijo a Tobías: «Hijo y hermano muy querido, quiera el Señor que vuelvas, y que yo tenga vida para ver a tus hijos y a los de mi hija Sara antes de morir. En presencia del Señor, te confío a mi hija para que la cuides. No la entristezcas ni un solo día de tu vida. Vete en paz, hijo mío. De ahora en adelante, yo soy tu madre y Sara es tu hermana. ¡Ojalá pudiéramos ser igualmente felices todos los días de nuestra vida!». Luego besó a los dos y los dejó partir llenos de alegría.

14 Tobías salió feliz y contento de la casa de Ragüel, bendiciendo al Señor del cielo y de la tierra, al Rey del universo, por el buen resultado de su viaje. Ragüel le dijo: «¡Ojalá puedas honrar a tus padres todos los días de su vida!».

El regreso de Tobías a Nínive

Gn 46 28; 33 4; 45 14; 46 29-30; Lc 15 20

11 1 Cuando se acercaron a Caserín, que está frente a Nínive, 2 Rafael dijo a Tobías: «Ya sabes en qué estado dejamos a tu padre. 3 Adelantémonos para preparar la casa, antes que llegue tu esposa con los demás». 4 Los dos siguieron caminando juntos. El ángel le recomendó a Tobías que tuviera a mano la hiel. El perro iba detrás de ellos. 5 Ana estaba sentada con la mirada fija en el camino por donde debía volver su hijo. 6 De pronto advirtió que él llegaba, y dijo al padre: «¡Allí viene tu hijo con su compañero!».

7 Rafael dijo a Tobías, antes que se acercara a su padre: «Sé que tu padre va a recobrar la vista. 8 Úntale los ojos con la hiel del pez; el remedio hará que las manchas blancas se contraigan y se desprendan de sus ojos. Así tu padre recobrará la vista y verá la luz».

9 La madre corrió a echarse al cuello de su hijo, diciéndole: «¡Ahora sí que puedo morir, porque te he vuelto a ver, hijo mío!». Y se puso a llorar.

La curación de Tobit

Hch 9 18; Gn 46 29; Lc 15 20; Tob 13 2.5.10; Dt 32 39

10 Tobit también se levantó y, tropezando, salió por la puerta del patio. Tobías corrió hacia él, 11 con la hiel del pez en su mano; le sopló en los ojos y, sosteniéndolo, le dijo: «¡Ánimo, padre!». Después le aplicó el remedio y se lo frotó. 12 Luego le sacó con ambas manos las escamas de los ojos. 13 Entonces su padre lo abrazó llorando y le dijo: «¡Te veo, hijo mío, luz de mis ojos!». 14 Y añadió:

«¡Bendito sea Dios!
¡Bendito sea su gran Nombre!
¡Benditos sean todos sus santos ángeles!
¡Que su gran Nombre esté sobre nosotros!
¡Benditos sean los ángeles
por todos los siglos!
15 Porque él me había herido,
pero tuvo compasión de mí,
y ahora veo a mi hijo Tobías».

Tobías entró en la casa, lleno de gozo y bendiciendo a Dios en alta voz. Luego informó a su padre sobre el buen resultado del viaje: le contó cómo había recuperado el dinero y cómo se había casado con Sara, hija de Ragüel. Y añadió: «Llegará de un momento a otro, porque está a las puertas de Nínive».

La llegada de Sara

Tob 1 21; 2 10; 14 10

16 Tobit salió al encuentro de su nuera hasta las puertas de Nínive, bendiciendo a Dios lleno de alegría. Al verlo caminar con todo su vigor, sin la ayuda de nadie, los habitantes de Nínive quedaron maravillados. Tobit proclamaba delante de todos que Dios había tenido misericordia de él y le había devuelto la vista. 17 Después se acercó a Sara, la esposa de su hijo Tobías, y la bendijo diciendo: «¡Bienvenida, hija mía! ¡Bendito sea Dios, que te trajo hasta nosotros! ¡Bendito sea tu padre, bendito sea mi hijo Tobías, y bendita seas tú, hija mía! ¡Entra en tu casa con gozo y bendición!». 18 Ese fue un día de fiesta para todos los judíos de Nínive, y los sobrinos de Tobit, Ajicar y Nadab, vinieron a compartir su alegría.

EPÍLOGO

Recompensa ofrecida a Rafael

Tob 8 2-3; 9 2.5; 11 11-12

12 1 Cuando terminó de celebrarse la boda, Tobit llamó a su hijo Tobías y le dijo: «Hijo mío, ya es hora de pagarle lo convenido a tu compañero, agregando incluso algo más». 2 Tobías le respondió: «Padre, ¿cuánto tengo que darle? Aunque le entregara la mitad de los bienes que él trajo conmigo, no saldría perdiendo. 3 Él me ha conducido sano y salvo, ha curado a mi esposa, ha traído conmigo el dinero, y te ha curado a ti. ¿Qué puedo darle por todo esto?». 4 Tobit le dijo: «Hijo, es justo que se lleve la mitad de lo que trajo». 5 Tobías llamó a su compañero y le dijo: «Toma en pago la mitad de lo que has traído, y vete en paz».

Rafael revela su identidad

Sal 105 1; Prov 11 4; 16 8;
Eclo 29 10-11; 29 12; 3 30; Tob 3 2-6; 13 11-15;
Lc 1 19; Ap 8 2

6 Entonces Rafael llamó aparte a los dos y les dijo: «Bendigan a Dios, y celébrenlo delante de todos los vivientes por los bienes que él les ha concedido, para que todos bendigan y alaben su Nombre. Hagan conocer debidamente a todos los hombres las obras de Dios y nunca dejen de celebrarlo. 7 Es bueno mantener oculto el secreto del rey, pero las obras de Dios hay que revelarlas y publicarlas como es debido. Practiquen el bien, y así el mal nunca los dañará. 8 Vale más la oración con el ayuno, y la limosna con la justicia, que la riqueza con la iniquidad. Vale más hacer limosna que acumular oro. 9 La limosna libra de la muerte y purifica de todo pecado. Los que dan limosna gozarán de una larga vida. 10 Los que pecan y practican la injusticia son enemigos de su propia vida.

11 Voy a decirles toda la verdad, sin ocultarles nada. Ya les dije que es bueno mantener oculto el secreto del rey y revelar dignamente las obras de Dios. 12 Cuando tú y Sara hacían oración, era yo el que presentaba el memorial de sus peticiones delante de la gloria del Señor; y lo mismo cuando tú enterrabas a los muertos; 13 y cuando no dudabas en levantarte de la mesa, dejando la comida para ir a sepultar un cadáver. Yo fui enviado para ponerte a prueba; 14 al mismo tiempo, Dios también me ha enviado para curarte a ti y a tu nuera Sara. 15 Yo soy Rafael, uno de los siete ángeles que están delante de la gloria del Señor y tienen acceso a su presencia».

16 Los dos quedaron desconcertados y cayeron con el rostro en tierra, llenos de temor. 17 Pero él les dijo: «No teman, la paz es-

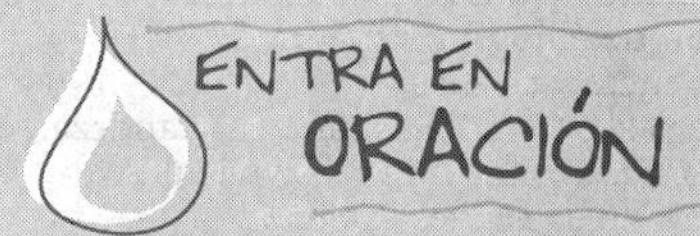

¡Esperanza para los fieles!

Tobit canta un hermoso himno antes de morir. Oremos con él para agradecer la bondad de Dios y manifestar nuestra esperanza en su triunfo contra los opresores.

Bendito seas, te alabamos Señor y Dios nuestro, porque eres nuestro Padre para siempre. Nos alegramos todos los que confiamos en tu grandeza, tu compasión y tus caminos.

Te damos gracias porque respondes a nuestras oraciones con tu amor y sabiduría. Sabemos que tú nos educas y guías por el camino que nos lleva a ti, aunque a veces nos cueste trabajo comprender cómo lo haces.

Te pedimos porque la esperanza del triunfo de tu amor y tu paz sobre el egoísmo y la violencia llene el corazón de todos los jóvenes.

Tob 13

té con ustedes. Bendigan a Dios eternamente. [18] Cuando yo estaba con ustedes, no era
por mi propia iniciativa, sino por voluntad
de Dios. Es a él al que deben bendecir y cantar todos los días. [19] Aunque ustedes me veían
comer y beber, eso no era más que una apariencia. [20] Por eso, bendigan al Señor sobre
la tierra y celebren a Dios. Ahora subo a
Aquel que me envió. Pongan por escrito todo lo que les ha sucedido». Y enseguida se
elevó. [21] Cuando ellos se incorporaron, ya
no lo pudieron ver más. [22] Bendecían a Dios,
entonando himnos, y lo celebraban por haber obrado esas maravillas, ya que se les
había aparecido un ángel de Dios.

Canto de Tobit

Ex 15; Jdt 16

13 [1] Entonces Tobit compuso un canto de alabanza diciendo:

«¡Bendito sea Dios, que vive eternamente,
y bendito sea su reino!
[2] Porque él castiga y tiene compasión,
hace bajar hasta el Abismo
y hace subir de la gran Perdición;
nadie escapa de su mano.
[3] ¡Celébrenlo ustedes, israelitas,
delante de todas las naciones!
Porque él los ha dispersado
en medio de ellas,
[4] pero allí les ha mostrado su grandeza.
Exáltenlo ante todos los vivientes
porque él es nuestro Señor,
nuestro Dios y nuestro Padre,
él es Dios por todos los siglos.
[5] Él los castiga por sus iniquidades,
pero tendrá compasión de todos ustedes,
y los congregará de entre todas las naciones
por donde han sido dispersados.
[6] Si vuelven a él
de todo el corazón y con toda el alma,
practicando la verdad en su presencia,
él se volverá a ustedes
y no les ocultará más su rostro.
[7] Miren lo que ha hecho con ustedes
y celébrenlo en alta voz.
Bendigan al Señor de la justicia
y glorifiquen al Rey de los siglos.
[8] Yo lo celebro en el país de mi destierro,
y manifiesto su fuerza y su grandeza
a un pueblo pecador.
¡Conviértanse, pecadores,
y practiquen la justicia en su presencia!
¡Quién sabe si él no les será favorable
y tendrá misericordia de ustedes!
[9] Yo glorifico a mi Dios, el Rey del cielo,
y mi alma proclama gozosamente
su grandeza.
[10] Que todos lo celebren en Jerusalén:
Jerusalén, Ciudad Santa,
Dios te castigó por las obras de tus hijos,
pero volverá a compadecerse
de los hijos de los justos.
[11] Alaba dignamente al Señor
y bendice al Rey de los siglos,
para que su Templo sea reconstruido
con alegría,
[12] para que Dios alegre en ti
a todos los desterrados
y muestre su amor a todos los desdichados,
por los siglos de los siglos.
[13] Brillará una luz resplandeciente
hasta los confines de la tierra;
pueblos numerosos llegarán a ti desde lejos,
y los habitantes de todos los extremos
de la tierra
vendrán hacia tu santo Nombre,
con las manos llenas de ofrendas
para el Rey del Cielo.
Todas las generaciones manifestarán
en ti su alegría,
y el nombre de la Ciudad elegida
permanecerá para siempre.
[14] ¡Malditos sean los que te insulten,
malditos los que te destruyan,
los que derriben tus murallas,
los que echen por tierra tus torres
y los que incendien tus casas!
Pero ¡benditos para siempre
los que te edifiquen!
[15] Entonces tú te alegrarás y te regocijarás
por los hijos de los justos,
porque todos ellos serán congregados
y bendecirán al Señor de los siglos.
¡Felices los que te aman,
felices los que se alegran por tu paz!
[16] ¡Felices los que se afligieron
por tus desgracias,
porque se alegrarán en ti
y verán para siempre toda tu felicidad!
¡Bendice, alma mía, al Señor, el gran Rey,
[17] porque Jerusalén será reconstruida,
y también su Templo por todos los siglos!
¡Feliz de mí,
si queda alguien de mi descendencia
para ver tu gloria y celebrar al Rey del cielo!
Las puertas de Jerusalén serán hechas
de zafiro y esmeralda,
y todos sus muros, de piedras preciosas;
las torres de Jerusalén
serán construidas de oro,
y sus baluartes, de oro puro.

Las calles de Jerusalén serán pavimentadas
de rubíes y de piedras de Ofir;
18 las puertas de Jerusalén resonarán
con cantos de alegría;
y todas sus casas dirán: ¡Aleluya!
¡Bendito sea el Dios de Israel!
Y los elegidos bendecirán el Nombre santo,
por los siglos de los siglos».

14 1 Así terminó Tobit su canto de acción
de gracias.

Muerte de Tobit

Tob 4 2-3; Gn 47 29; Nah 1 – 3; Tob 4 4; Gn 49 31

2 Tobit murió en paz a la edad de ciento
doce años y fue enterrado honrosamente
en Nínive. Él tenía cincuenta y ocho años
cuando se quedó ciego; y después de recuperar la vista, vivió en la abundancia, haciendo limosnas, bendiciendo siempre a
Dios y celebrando su grandeza.
3 Cuando estaba por morir, llamó a su
hijo Tobías y a los hijos de este y le recomendó: «Hijo mío, llévate a tus hijos 4 y
huye a Media, porque yo creo en la palabra
que Dios pronunció contra Nínive por medio de Nahúm: todo eso se realizará y le
sobrevendrá a Asiria y a Nínive. Se cumplirá todo lo que han anunciado los profetas
enviados por Dios. No se perderá ninguna
de sus palabras, y todo sucederá a su tiempo. Habrá más seguridad en Media que en
Asiria y en Babilonia. Porque yo sé y creo
que todo lo que Dios ha dicho se cumplirá y se realizará: no fallará ni uno solo de
sus oráculos.
Nuestros hermanos que habitan en la tierra de Israel serán llevados cautivos fuera de
su hermoso país. Toda la tierra de Israel
quedará desierta. Samaría y Jerusalén quedarán desoladas. La Casa de Dios será incendiada y devastada por algún tiempo.
5 Pero Dios volverá a compadecerse de ellos
y los hará volver a la tierra de Israel. Ellos reconstruirán el Templo, aunque no como el
primero, hasta que se cumpla el tiempo señalado. Entonces volverán todos del destierro y reconstruirán Jerusalén con toda su
magnificencia. La Casa de Dios será reconstruida en ella, como lo anunciaron los profetas de Israel. 6 Todas las naciones de la tierra se convertirán y temerán de verdad a
Dios. Todos abandonarán los ídolos que los
hicieron extraviar en el error. 7 Y bendecirán
al Dios de los siglos, practicando la justicia.
Todos los israelitas que se hayan salvado en
aquellos días se acordarán sinceramente de
Dios e irán a reunirse en Jerusalén; habitarán seguros en la tierra de Abraham y la recibirán para siempre. Se alegrarán los que
aman verdaderamente a Dios, y desaparecerán de la tierra los que cometen el pecado y
la injusticia.
8 Ahora, hijos míos, yo les recomiendo
que sirvan a Dios de verdad y que hagan
lo que a él le agrada. Manden a sus hijos
que practiquen la justicia y la limosna,
que se acuerden de Dios y bendigan de
verdad su Nombre, siempre y con todas
sus fuerzas.
9 Tú, hijo mío, vete de Nínive; no te quedes aquí. 10 Una vez que hayas enterrado a
tu madre junto a mí, parte el mismo día y
no te quedes más en este país, porque veo
que en él hay mucha injusticia y que se cometen desvergonzadamente muchos fraudes. Mira, hijo mío, lo que Nadab hizo a
Ajicar, que lo había criado. ¿Acaso no lo se-
pultó en vida? Pero Dios hizo pagar su infamia al criminal, porque Ajicar salió a la
luz, mientras que Nadab entró en las tinieblas eternas, por haber tramado la muerte
de Ajicar. A causa de sus limosnas, Ajicar se
libró de la trampa mortal que le había tendido Nadab, y Nadab cayó en la trampa,
para su perdición. 11 Vean entonces, hijos
míos, cómo la limosna produce sus frutos
y cómo la injusticia lleva a la muerte. Pero
ya me falta el aliento».
Entonces lo tendieron sobre su lecho, y
él murió y fue enterrado honrosamente.

Muerte de Tobías

Tob 14 4; Nah 3 19

12 Cuando murió su madre, Tobías la enterró junto a su padre. Después partió con
su esposa para Media y se estableció en Ecbátana, junto a su suegro Ragüel. 13 Cuidó
respetuosamente a sus suegros durante su
vejez, y los enterró en Ecbátana de Media.
Tobías heredó el patrimonio de Ragüel y el
de su padre Tobit, 14 y vivió rodeado de estima, hasta la edad de ciento diecisiete
años. 15 Antes de morir, fue testigo de la ruina de Nínive, y vio como sus habitantes
eran llevados cautivos a Media por Ciaja-
res, rey de Media. Él bendijo a Dios por todo lo que había hecho a los ninivitas y a
los asirios. Antes de su muerte, pudo alegrarse por la suerte de Nínive y bendijo al
Señor Dios por los siglos de los siglos.

PADRE,

DIRIJO A TI ESTA ORACIÓN EN UNIÓN CON
QUIENES ORAN A TI POR LAS MISMAS RAZONES.

GRACIAS POR LAS PAREJAS QUE DAN TESTIMONIO DE TI,
Y POR LOS PADRES QUE HAN SABIDO EDUCAR A SUS HIJOS.

ILUMINA A LOS JÓVENES QUE BUSCAN PAREJA,
Y A LOS NOVIOS PARA QUE DISCIERNAN SI ES EL UNO
PARA EL OTRO.

BENDICE A LOS PROMETIDOS EN SU PREPARACIÓN AL MATRIMONIO
Y AUMENTA SU AMOR, COMPRENSIÓN Y PACIENCIA MUTUA.

FORTALECE LA UNIÓN ENTRE LOS ESPOSOS;
DALES ALEGRÍA EN SU VIDA DIARIA Y FORTALEZA ANTE LOS RETOS.

CUIDA CON TU INMENSO AMOR A TODA FAMILIA,
Y AYUDA A LOS PADRES QUE NO ATINAN CÓMO GUIAR A SUS HIJOS.

AMÉN

¿Qué dirías si tus amigos criticaran a tus bisabuelos porque no usaban computadoras? ¿Imaginas posible un viaje a la luna a principios de 1900? Así como no podemos juzgar la historia según la ciencia moderna, tampoco podemos juzgar la visión moral del Antiguo Testamento como si Jesús hubiera enseñado su evangelio del amor. Este libro presenta la historia de Judit, una persona sin poder de quien Dios se sirve para dar la victoria a su pueblo frente a un enemigo poderoso.

ESQUEMA

- **1 – 3.** Holofernes y su poder. Los judíos en peligro
- **4 – 7.** Ajior y su oración
- **8 – 16.** Judit y su hazaña

DATOS

Escenario
Un libro ficticio sin escenario real, en un ambiente simbólico
Autor
Anónimo
Fecha de redacción
150 años a.C.
Temas
Una mujer de fe y valor, y el poder salvador de Dios
Nota
Es un libro deuteronómico. (Ver «¿Por qué la Biblia católica tiene más libros que otras Biblias?», p. 35)

PRESENTACIÓN

El libro de Judit se escribió cuando Israel sufría bajo el imperio griego y empezaba a surgir el poderío romano. Es una historia ejemplar que presenta una resistencia heroica y una hazaña magnífica, protagonizada por una pequeña ciudad y una mujer audaz. Utiliza personajes históricos fuera de su contexto y protagonistas irreales para dar un mensaje de fe.

La historia se desarrolla en la ciudad de Betulia, que significa «casa de Dios» y simboliza la totalidad del país de Israel. Tiene por protagonistas dos concepciones de la vida: Judit, cuyo nombre significa «la judía», representa la confianza en Dios, protector de los fieles vulnerables, y Holofernes, figura del opresor injusto, arrogante ante Dios.

Judit representa la fe del Pueblo de Dios y es símbolo del vencimiento del bien sobre el mal. Sus acciones tienen un mensaje profético para los israelitas. Ante la marcha del poderoso ejército asirio hacia Jerusalén, el sacerdote de Betulia pide a sus habitantes que se unan para bloquear el avance del enemigo. Ellos aceptan el reto con gran valor, pero con poca esperanza de éxito. Cuando estaban a punto de rendirse, Judit los motiva fuertemente hablándoles de su fe en Dios, «el defensor de los desvalidos, el apoyo de los débiles» (Jdt 9 11).

Judit, una viuda sin hijos, todo un signo de desamparo, representa en cierto modo a todas las mujeres judías que han servido a Dios con fe, valor y decisión. Su función no se limita a animar al pueblo, sino que ella misma derrota al enemigo. El autor subraya un elemento fundamental de la fe judía, urgente en esos momentos en que el Imperio romano estaba creciendo y arrasando todo: la fuerza invencible de Dios fortalece para la acción a quien le es fiel, y merece toda alabanza y acción de gracias.

Nabucodonosor y Arfaxad

Jon 1 2; Esd 6 2; 2 Mac 9 3

1 [1]Era el año duodécimo del reinado de
Nabucodonosor, rey de los asirios en
la gran ciudad de Nínive, mientras Arfaxad
gobernaba a los medos en Ecbátana. [2]Este
último había construido alrededor de Ecbátana una muralla de piedras talladas que
medían un metro y medio de ancho y tres
de largo. La muralla tenía treinta y cinco
metros de altura y veinticinco de ancho.
[3]También había edificado junto a sus puertas unas torres de cincuenta metros de alto,
sobre cimientos de treinta metros de ancho;
[4]y había hecho levantar sus puertas hasta
una altura de treinta y cinco metros, por
veinte de ancho, para que pudiera pasar su
poderoso ejército y desfilar su infantería.

[5]Por aquellos días, el rey Nabucodonosor declaró la guerra al rey Arfaxad, en la
gran llanura que se extiende sobre el territorio de Ragau. [6]Se le unieron todos los habitantes de las montañas, y todos los que
vivían junto al Éufrates, al Tigris y al Hi-
daspes, y en la llanura de Arioc, rey de los
elamitas. También se sumaron a la lucha
numerosos pueblos de los hijos de Jeleúd.

[7]Entonces Nabucodonosor, rey de los
asirios, envió mensajeros a los habitantes
de Persia y a todos los que vivían en Occidente: a los de Cilicia, Damasco, el Líbano
y el Antilíbano, y a todos los que habitaban en el litoral; [8]a las poblaciones del
Carmelo, de Galaad, de la Galilea superior
y de la gran llanura de Esdrelón, [9]así como
a todos los que habitaban en la Samaría y
sus ciudades, a los del otro lado del Jordán,
hasta Jerusalén, Betané, Jesús, Cades, el Torrente de Egipto, Tafne, Ramsés, y a todo el
territorio de Gosén, [10]hasta más arriba de
Tanis y Menfis, y a cuantos habitaban Egipto hasta los confines de Etiopía.

[11]Pero los habitantes de todas esas regiones, sin excepción, despreciaron el llamado de Nabucodonosor, rey de los asirios, y
no se aliaron con él para la guerra, porque
no le temían, sino que lo consideraban como un hombre falto de apoyo. De modo
que humillaron a sus emisarios y los despidieron con las manos vacías.

[12]Nabucodonosor se enfureció contra
todas esas regiones y juró por su trono y
por su reino vengarse de todo el territorio
de Cilicia, Damasco y Siria, y destruir con
su espada a todos los habitantes de Moab,
a los amonitas, a toda la Judea, y a los habitantes de Egipto hasta la región de los
dos mares.

13 El año decimoséptimo, Nabucodonosor
atacó con su ejército al rey Arfaxad, y después de derrotarlo, aniquiló todo su ejército,
su caballería y sus carros de guerra. 14 Se apoderó de sus ciudades, avanzó hasta Ecbátana, se apoderó de sus torres, destruyó sus
plazas y convirtió su esplendor en vergüenza. 15 Además, hizo prisionero a Arfaxad en
las montañas de Ragau, lo atravesó con sus
jabalinas y lo aniquiló para siempre.
16 Finalmente, regresó con sus tropas y
con la enorme multitud de guerreros que
lo habían seguido, y todos se entregaron
despreocupadamente a la buena vida durante ciento veinte días.

La campaña contra Occidente

2 Re 18 19.28; Is 36 4.13; Jos 3 11;
Miq 4 13; Zac 4 14; Sal 97 5

2 1 El año decimoctavo, el día veintidós
del primer mes, se reunieron en el palacio de Nabucodonosor, rey de los asirios,
para llevar a cabo la venganza contra toda la
tierra, tal como lo había anunciado.
2 El rey convocó a todos sus oficiales y a
todos sus funcionarios, y les comunicó en secreto la decisión que había tomado de exterminar a todos aquellos países. 3 Ellos aprobaron la propuesta de aniquilar a todos los que
no habían respondido al llamado del rey.
4 Terminado el consejo, Nabucodonosor, rey de los asirios, llamó a Holofernes,
general en jefe de su ejército y segundo
después de él, y le dijo:
5 «Esto es lo que ordena el gran rey, el señor de toda la tierra: al salir de mi presencia,
tomarás contigo hombres de reconocido valor, unos ciento veinte mil soldados de infantería y un contingente de doce mil caballos con sus jinetes, 6 y atacarás a todos los
pueblos de Occidente, porque se negaron a
escuchar mi llamado. 7 Ordénales que se sometan totalmente, porque en mi indignación voy a marchar contra ellos; cubriré toda la tierra con los pies de mis soldados y se
la entregaré al saqueo. 8 Sus heridos colma-
rán los valles; los torrentes y ríos se desbordarán llenos de cadáveres; 9 y deportaré a sus
cautivos hasta los confines de la tierra. 10 Parte enseguida y ocupa para mí sus territorios.
A los que se rindan, resérvamelos para el día
en que yo los castigue; 11 pero a los que se resistan no los perdones, y entrégalos a la matanza y al saqueo por donde sea que vayas.
12 Juro por mi vida y por el poder de mi reino, que cumpliré con mi propia mano lo
que he dicho. 13 No quebrantes ni una sola
de las órdenes de tu señor, sino ejecútalas
estrictamente como te lo he mandado.
¡Cúmplelas sin tardanza!».
14 Apenas salió Holofernes de la presencia
de su señor, convocó a todos los generales,
oficiales y capitanes del ejército asirio. 15 Reclutó para la campaña ciento veinte mil soldados escogidos y doce mil arqueros de a
caballo, como se lo había ordenado su señor, 16 y los dispuso en orden de batalla.
17 Juntó, además, un gran número de camellos, asnos y mulos para el equipaje, y también innumerables ovejas, bueyes y cabras
para el abastecimiento. 18 Cada hombre recibió provisiones en abundancia y una gran
cantidad de oro y plata del palacio real.

Las campañas victoriosas de Holofernes

Jue 6 5.12; Gn 37 25; 39 1; Jue 8 24;
Ex 15 16; Dt 2 25; Sal 55 6

19 Partió Holofernes con todo su ejército
para preparar el camino al rey Nabucodonosor, y para invadir todo el Occidente con
sus carros de guerra, sus jinetes y sus soldados escogidos. 20 Lo seguía una multitud

El autor quiere confundir a sus lectores

Los tres primeros capítulos del libro de Judit montan el escenario de la acción liberadora de Dios a través de ella. Es difícil entenderlos, pues el autor usa nombres arbitrarios y confunde a propósito personajes, lugares, fechas y situaciones, para no hablar directamente de sus enemigos. Describe a Nabucodonosor como enemigo personal de Dios y a Holofernes como su lugarteniente, cuando en realidad habla del dominio de los griegos seléucidas, no del Imperio babilónico.

Judit desafía a quienes se daban por vencidos y no tenían confianza en Dios, toma fuerzas de su oración y usa todos los recursos a su mano para vencer al enemigo. No solo se trataba de vencerlos físicamente, sino de mantener la fe y la fidelidad a Dios en medio de la cultura griega. En el fondo, la meta del autor es reafirmar que los poderosos no son los peores enemigos, sino la infidelidad que interrumpe la acción del poder liberador de Dios.

¿Tienes la tendencia de culpar a otros de los males que tú mismo/a te causas?

Jdt 1

numerosa como una nube de langostas, y como los granos de arena de la tierra. Su número era incalculable.

[21] Desde Nínive avanzaron durante tres días en dirección a la llanura de Bectilet, y acamparon en sus inmediaciones, al pie de la montaña que está a la izquierda de la Cilicia superior. [22] Desde allí, Holofernes entró en la región montañosa con todo su ejército de soldados, jinetes y carros de guerra. [23] Luego devastó las regiones de Fud y de Lud, y arrasó a todos los rasitas e ismaelitas que estaban al borde del desierto, hacia el sur de Jeleón.

[24] Cruzó el Éufrates, atravesó la Mesopotamia y destruyó todas las ciudades fortificadas que estaban en las riberas del torrente Abroná, hasta las costas del mar.

[25] Después ocupó los territorios de la Cilicia, destrozó a cuantos le opusieron resistencia y avanzó hasta la frontera sur de Jafet, frente a Arabia. [26] Sitió a todos los madianitas, incendió sus campamentos y saqueó sus establos. [27] Luego descendió a la llanura de Damasco, en la época de la cosecha del trigo, e incendió todos sus sembrados; exterminó ovejas y vacas, saqueó sus ciudades, arrasó sus campos y mató a espada a todos sus jóvenes.

[28] El pánico y el terror se apoderaron de todo el litoral, de los habitantes de Sidón y de Tiro, de Sur y de Oquina, y de todos los habitantes de Iamnia. También los de Azoto y Ascalón quedaron despavoridos ante él.

Llegada a las tierras de Palestina

Jdt 2 5; Ex 15 20; Jue 11 34; 1 Sm 18 6; 2 Cr 17 6; Dn 6 8; 11 36; 2 Tes 2 4; Jdt 1 8

3 [1] Entonces le enviaron mensajeros con la siguiente propuesta de paz: [2] «Aquí estamos los servidores del gran rey Nabucodonosor, rendidos ante ti. Trátanos como mejor te parezca. [3] Están a tu disposición nuestras posesiones, todo nuestro territorio, los campos de trigo, nuestras ovejas y nuestras vacas, y también todos los corrales de nuestros campamentos. Puedes hacer con ellos lo que quieras. [4] Incluso nuestras ciudades y sus habitantes están a tu servicio. Ven y trátalas como te parezca».

[5] Los enviados se presentaron ante Holofernes y le transmitieron su mensaje. [6] Él entonces descendió con su ejército hacia la costa del mar, estableció guarniciones en las plazas fuertes y reclutó en ellas hombres selectos como tropas auxiliares. [7] Los habitantes de aquellas ciudades y de las regiones vecinas lo recibieron con guirnaldas y danzas corales al son de los tambores. [8] Pero Holofernes devastó todo su territorio y taló sus bosques sagrados, porque había recibido la orden de exterminar a todos los dioses del país, para hacer que todas las naciones adoraran solamente a Nabucodonosor, y todas sus lenguas y tribus lo invocaran como dios.

[9] Así llegó Holofernes frente a Esdrelón, en las inmediaciones de Dotán, que está frente a las montañas de Judea. [10] Acampó entre Gueba y Escitópolis y permaneció allí un mes, reuniendo provisiones para su ejército.

El pánico y la súplica de los israelitas

1 Mac 14 33-34; Jdt 11 14; 15 8; 2 Mac 1 10; 4 44

4 [1] Cuando los israelitas que habitaban en Judea se enteraron de cómo Holofernes, general en jefe de Nabucodonosor, rey de los asirios, había tratado a aquellos pueblos, y cómo había destruido sus santuarios, entregándolos luego al saqueo, [2] se apoderó de ellos un gran pánico ante su presencia, y temblaron por la suerte de Jerusalén y del Templo del Señor, su Dios; [3] porque hacía poco tiempo que ellos habían vuelto del exilio, y solo recientemente se había congregado todo el pueblo de Judea, y habían sido consagrados los objetos de culto, el altar y el Templo, antes profanados. [4] Entonces alertaron a toda la región de Samaría, Coná, Bet Jorón, Belmain, Jericó, Jobá, Esorá y al valle de Salem. [5] Luego subieron apresuradamente para ocupar las cimas de las montañas más elevadas, fortificaron las aldeas situadas en ellas y se abastecieron de víveres en previsión de una guerra, ya que hacía poco que había terminado la cosecha de sus campos.

[6] El sumo sacerdote Joaquín, que entonces residía en Jerusalén, escribió a los habitantes de Betulia y de Betomestáin, que están frente a Esdrelón, ante la llanura próxima a Dotán, [7] para decirles que ocuparan las subidas de la montaña, porque eran el único camino de acceso a la Judea. Les advertía, además, que sería fácil detener a los invasores, ya que lo angosto del desfiladero no permitía el paso de más de dos hombres a la vez. [8] Los israelitas cumplieron todo lo que les había ordenado el sumo sacerdote Joaquín y el Consejo de Ancianos del pueblo de Israel, que residían en Jerusalén.

[9] Todos los hombres de Israel clamaron insistentemente a Dios y observaron un riguroso ayuno. [10] Ellos, con sus mujeres y sus hijos, su ganado, todos los extranjeros residentes, los jornaleros y los esclavos, se vistieron con sayales. [11] Y todos los israelitas que habitaban en Jerusalén, hombres, mujeres y niños, se postraron ante el Templo, cubrieron de ceniza sus cabezas y extendieron sus sayales ante la presencia del Señor. Cubrieron el altar con un sayal [12] y clamaron ardientemente todos juntos al Dios de Israel, a fin de que no permitiera que sus hijos fueran entregados al pillaje, sus mujeres

deportadas, las ciudades de su herencia destruidas y el Santuario execrado y escarnecido, para satisfacción de los paganos.

13 El Señor escuchó sus plegarias y miró su aflicción. Mientras tanto, en toda Judea y en Jerusalén el pueblo siguió ayunando durante largo tiempo, ante el Santuario del Señor todopoderoso. 14 El sumo sacerdote Joaquín y todos los sacerdotes y ministros que prestaban servicio ante el Señor, vestidos con sayal, ofrecían el holocausto perpetuo, las oraciones y las ofrendas voluntarias del pueblo. 15 Con los turbantes cubiertos de ceniza, imploraban al Señor con todas sus fuerzas, para que tuviera piedad de toda la casa de Israel.

El Informe de Ajior

Jdt 4 5; Sal 83 6-9

5 1 Cuando informaron a Holofernes, general en jefe del ejército de Asiria, que los israelitas se habían preparado para la guerra, bloqueando los pasos de la montaña, fortificando las cimas de los montes más altos y levantando parapetos en las llanuras, 2 se enfureció y convocó a todos los jefes de Moab, a los generales de Amón y a todos los sátrapas del litoral, 3 y les preguntó: «Díganme, cananeos, ¿qué pueblo es ese que vive en la montaña? ¿Cuáles son las ciudades que habita y los efectivos de su ejército? ¿De dónde procede su vigor y su fuerza, y quién es el rey que los gobierna y dirige sus ejércitos? 4 ¿Por qué solo ellos, a diferencia de todos los habitantes de Occidente, se han negado a venir a mi encuentro?».

5 Entonces Ajior, jefe de todos los amonitas, le respondió: «Si me escuchas un momento, te haré conocer la verdad acerca de este pueblo que habita en las montañas cercanas a las que te encuentras. Nada de lo que te diga será falso. 6 Este pueblo desciende de los caldeos. 7 Primero emigraron a Mesopotamia, porque no quisieron seguir a los dioses de sus padres, establecidos en la tierra de Caldea. 8 Abandonaron, pues, el camino de sus padres y adoraron al Dios del cielo, al Dios que ellos habían reconocido. Entonces fueron expulsados de la presencia de sus dioses, y ellos se refugiaron en Mesopotamia, donde habitaron mucho tiempo. 9 Pero luego su Dios les ordenó salir de ese lugar y dirigirse al país de Canaán. Allí se instalaron y se enriquecieron con oro, plata y numerosos rebaños. 10 Después bajaron a Egipto, porque el hambre azotaba el país de Canaán, y permanecieron allí mientras tuvieron qué comer. En Egipto se multiplicaron de tal manera, que su descendencia se hizo innumerable. 11 El rey de Egipto se volvió contra ellos, y los engañó con la fabricación de ladrillos. Así los humillaron y redujeron a esclavitud. 12 Ellos clamaron a su Dios, que castigó al país de Egipto con plagas irremediables; por eso los egipcios los expulsaron. 13 Dios secó el mar Rojo delante de ellos, 14 y los condujo por el camino del Sinaí y de Cades-Barnaa. Ellos desalojaron a todos los habitantes del desierto 15 y se establecieron en el país de los amorreos, exterminando por la fuerza a los jesbonitas. Después cruzaron el Jordán y tomaron posesión de toda la región montañosa, 16 desalojando a su paso a los cananeos, a los perezeos, a los yebuseos, a los siquemitas y a todos los guirgaseos. Allí permanecieron mucho tiempo.

17 Mientras no pecaron contra su Dios gozaron de prosperidad, porque su Dios odia la injusticia. 18 Pero cuando se desviaron del camino que Dios les había señalado, fueron duramente exterminados en numerosos combates, y deportados a una tierra extranjera. El Templo de su Dios fue arrasado hasta sus cimientos, y sus ciudades cayeron en poder de sus adversarios. 19 Pero ahora que se convirtieron a su Dios y volvieron de las regiones donde estaban dispersos, han recuperado Jerusalén, donde se encuentra su Santuario, y se han establecido en las montañas que habían quedado desiertas.

20 Ahora, soberano señor, si este pueblo cae en alguna falta, si peca contra su Dios y comprobamos que han cometido alguna ofensa, entonces sí, podemos subir y hacerles la guerra. 21 Pero si no hay ninguna transgresión en esta gente, déjalos en paz, mi señor, porque el Señor su Dios los protegerá y nosotros seremos la burla de toda la tierra».

22 Apenas Ajior terminó de hablar, toda la multitud que estaba alrededor de la tienda de campaña comenzó a murmurar. Los oficiales de Holofernes, y todos los habitantes del litoral y de Moab, querían despedazarlo. 23 Decían: «No nos dejaremos amedrentar por los israelitas, porque son gente sin fortaleza ni vigor, incapaz de combatir duramente. 24 Holofernes, señor nuestro, subamos, porque serán un bocado para todo tu ejército».

Entrega de Ajior a los israelitas

Jdt 3 8; 2 Re 18 35; Dn 3 15; Jdt 2 5

6 1 Cuando se apaciguó el tumulto de los que rodeaban al Consejo, Holofernes, general en jefe de las fuerzas asirias, increpó a Ajior en presencia de la multitud de extranjeros y de todos los moabitas, diciéndole: 2 «¿Quién eres tú, Ajior, y ustedes, vendidos a Efraím, para que vengan a profetizar entre nosotros como lo has hecho hoy? ¿Por qué quieres disuadirnos de hacer la guerra

al pueblo de Israel, con el pretexto de que su
Dios los protege? ¿Acaso hay otro dios fuera de Nabucodonosor? Él enviará su fuerza
y los exterminará de la superficie de la tierra
sin que su Dios pueda librarlos. 3 Nosotros,
sus servidores, los aplastaremos como si
fueran un solo hombre, y no podrán resistir
el empuje de nuestra caballería. 4 Los convertiremos en cenizas. Sus montañas quedarán empapadas con su sangre y sus llanuras
se llenarán con sus cadáveres. No lograrán
resistir ante nosotros, sino que serán completamente aniquilados. Así lo afirma el rey
Nabucodonosor, dueño de toda la tierra.
Porque él ha hablado y sus palabras no caerán en el vacío. 5 Y tú, Ajior, mercenario amonita, que has pronunciado estas palabras en
un momento de desvarío, no verás más mi
rostro hasta que me haya vengado de esa raza escapada de Egipto. 6 Entonces serás atravesado por la espada de mi ejército y por la
lanza de mis guerreros, y caerás entre sus heridos cuando yo vuelva del combate. 7 Mis
servidores te llevarán a la montaña y te dejarán en una de las ciudades de los desfiladeros, 8 porque no morirás hasta que seas
exterminado junto con esa gente. 9 Pero si
tienes la esperanza de que ellos no sean capturados, ¿por qué te has puesto pálido? Así
lo afirmo, y ninguna de mis palabras dejará
de cumplirse».

10 Luego Holofernes ordenó a los servidores que estaban en su tienda de campaña que tomaran a Ajior, lo llevaran a Betulia y lo entregaran a los israelitas. 11 Los
servidores lo sacaron fuera del campamento, a la llanura, y desde allí pasaron a la región montañosa, hasta llegar a las fuentes
que están al pie de Betulia. 12 Apenas los
defensores de la ciudad los divisaron desde
la cumbre de la montaña, empuñaron sus
armas y salieron fuera de la ciudad, mientras los honderos arrojaban piedras para
impedirles el acceso. 13 Ellos, deslizándose
por la ladera de la montaña, ataron a Ajior
y lo dejaron tendido al pie de la misma.
Luego volvieron adonde estaba su señor.

14 Enseguida los israelitas bajaron de su
ciudad, se acercaron a él y lo desataron. Luego lo condujeron a Betulia y lo presentaron
a los jefes de la ciudad, 15 que en aquellos
días eran Ozías, hijo de Miqueas, de la tribu
de Simeón, Jabrís, hijo de Gotoniel, y Jarmís, hijo de Melquiel. 16 Ellos convocaron a
todos los ancianos de la ciudad, y también
concurrieron a la asamblea los jóvenes y las
mujeres. Pusieron a Ajior en medio de todo
el pueblo, y Ozías lo interrogó acerca de lo
sucedido. 17 Él les refirió las deliberaciones
del Consejo de Holofernes, lo que él mismo
había dicho ante los jefes asirios, y las orgu-
llosas amenazas de Holofernes contra el
pueblo de Israel. 18 Todo el pueblo, postrándose, adoró a Dios y exclamó: 19 «¡Señor,
Dios del cielo!, mira su arrogancia y compadécete de la humillación de nuestra raza;
vuelve en este día tu mirada a los que estamos consagrados a ti». 20 Luego tranquilizaron a Ajior y lo felicitaron efusivamente. 21 Al
terminar la asamblea, Ozías lo llevó a su casa y ofreció un banquete a los ancianos. Y
durante toda aquella noche imploraron la
ayuda del Dios de Israel.

El sitio de Betulia

1 Mac 12 28-29

7 1 Al día siguiente, Holofernes ordenó a
todo su ejército y a las tropas auxiliares
que se le habían unido que emprendieran la
marcha hacia Betulia, que ocuparan los desfiladeros de la montaña y atacaran a los israelitas. 2 Y aquel mismo día todos sus guerreros levantaron el campamento. Su ejército
se componía de ciento setenta mil soldados
de infantería, y de doce mil jinetes, sin contar los encargados del equipaje y los hombres de a pie que los acompañaban; era una
inmensa multitud. 3 Acamparon en el valle
que hay cerca de Betulia, junto a la fuente, y
se desplegaron a lo ancho, desde Dotán hasta Belbáin; y a lo largo, desde Betulia hasta
Kiamón, que está frente a Esdrelón.

4 Al ver aquella multitud, los israelitas quedaron aterrorizados, y se decían unos a otros:
«Estos van a arrasar toda la tierra; ni las más
altas montañas, ni los barrancos, ni las colinas podrán resistir su poder». 5 Entonces cada
uno empuñó sus armas de guerra y montaron guardia toda aquella noche, encendiendo fogatas sobre las torres.

6 Al segundo día, Holofernes hizo desfilar toda su caballería delante de los israelitas que estaban en Betulia. 7 Luego examinó
los accesos de la ciudad, inspeccionó los
manantiales, se apoderó de ellos y colocó
allí un destacamento de soldados. Después
volvió a reunirse con sus tropas.

8 Se le acercaron, entonces, otra vez los
jefes edomitas, los comandantes moabitas
y los oficiales del litoral, y le dijeron:

9 «Señor nuestro, si escuchas este consejo no habrá bajas en su ejército. 10 Este pueblo de los israelitas no confía en sus lanzas, sino en las alturas de las montañas
donde habitan, porque no es fácil escalar
las cimas de sus montañas. 11 Por eso, señor, no entres en combate con ellos y no
caerá ni uno solo de tu pueblo. 12 Quédate
en tu campamento y conserva a todos los
hombres de tu ejército; basta con que tus
servidores se apoderen de la fuente que
brota al pie de la montaña, 13 porque de

VIVE LA PALABRA

Confianza en el desaliento

El desaliento del pueblo ante el gran ejército enemigo era grande. Confiaba en que los montes lo protegerían, pero los sitiadores se apoderaron de la fuente del agua, y el pueblo moría de sed.

Cuando el pueblo estaba a punto de darse por vencido, los ancianos lo exhortaron a confiar en Dios, dándole un plazo antes de claudicar. Dios envió la ayuda inesperada de una mujer, Judit, quien en su primer discurso enfrenta a los ancianos por dar plazos a Dios y los motiva a confiar de verdad en el Señor abandonándose por completo en sus manos, sin ponerle condiciones ni manipularlo (Jdt 8 11-27).

Es normal sentir desaliento en ocasiones. ¡Ánimo! Dios está cerca de ti. Su ayuda puede llegarte en la forma en que menos esperas. Reconoce su mano; agradece su presencia y renueva tu confianza. Lee el Salmo 121, que muestra cómo el auxilio de Dios no está en los montes, sino que «viene del Señor, que hizo el cielo y la tierra» (v. 2).

Jdt 7 – 8

ella sacan el agua todos los habitantes de
Betulia. Así, devorados por la sed, tendrán
que entregar la ciudad. Mientras tanto, nosotros y nuestra gente escalaremos las cimas de las montañas vecinas y acampare-
mos allí, para impedir que alguien salga de
la ciudad. 14 El hambre los consumirá a ellos,
a sus mujeres y a sus niños, y antes que los
alcance la espada caerán tendidos en las calles de la ciudad. 15 Así les harás pagar bien
caro su rebeldía y el haberse rehusado a salir pacíficamente a tu encuentro».
16 La propuesta satisfizo a Holofernes y a
todos sus oficiales, y ordenó que procedie-
ran de ese modo. 17 Un destacamento de
amonitas partió acompañado de cinco mil
asirios. Ellos acamparon en el valle, y se
apoderaron de los depósitos de agua y de
los manantiales de los israelitas. 18 Entre tanto, los edomitas y los amonitas subieron para acampar en la colina situada frente a Dotán, y enviaron a algunos de ellos hacia el
sur y hacia el este, frente a Egrebel, que está
cerca de Cus, a orillas del torrente Mocmur.
El resto del ejército asirio se instaló en la llanura, cubriendo toda la superficie de la región. Sus tiendas de campaña y sus equipajes formaban un inmenso campamento,
porque era una enorme multitud.
19 Al verse rodeados por todos sus enemigos, los israelitas invocaron al Señor, su
Dios, porque se sentían desalentados, y sin
posibilidad de romper el cerco. 20 Todo el
ejército asirio, con sus soldados, sus carros
de guerra y sus jinetes, mantuvieron el cerco durante treinta y cuatro días. A todos los
habitantes de Betulia se les agotaron las reservas de agua 21 y las cisternas comenzaron
a secarse, de manera que nadie podía beber lo que les era indispensable para cada
día, porque el agua se les distribuía racio-
nada. 22 Los niños languidecían, y las mujeres y los jóvenes desfallecían de sed y caían
exhaustos en las plazas de la ciudad y en
los umbrales de las puertas.
23 Todo el pueblo, los jóvenes, las mujeres
y los niños se amotinaron contra Ozías y
contra los jefes de la ciudad, y clamaban a
gritos, diciendo a los ancianos: 24 «Que Dios
sea el juez entre nosotros y ustedes. Ustedes
no han causado un gran mal no haciendo
las paces con los asirios. 25 Ya nadie puede
auxiliarnos, porque Dios nos ha puesto en
manos de ellos para que muramos de sed
ante sus ojos y seamos totalmente destruidos. 26 Llámenlos ahora mismo y entreguen
la ciudad como botín a Holofernes y a todo
su ejército. 27 Es preferible que nos hagan
prisioneros y seamos sus esclavos. Así salvaremos nuestra vida y no tendremos que ver
cómo mueren nuestros pequeños, ni tendremos que contemplar cómo desfallecen
nuestras mujeres y nuestros hijos. 28 Les suplicamos por el cielo y por la tierra, y también por nuestro Dios y Señor de nuestros
padres, que nos castiga por nuestros pecados y las transgresiones de nuestros antepasados, que hagan hoy mismo lo que les decimos».
29 Y toda la asamblea prorrumpió en un
amargo llanto, implorando con fuertes gritos al Señor Dios.
30 Pero Ozías les dijo: «Ánimo, hermanos, resistamos cinco días más. En el transcurso de ellos, el Señor nuestro Dios volverá a apiadarse de nosotros, porque no nos
abandonará hasta el fin. 31 Si transcurridos
estos días no nos llega ningún auxilio, entonces obraré como ustedes dicen». 32 Luego
disolvió a la multitud para que cada uno re-

gresara a su puesto. Los hombres se dirigieron a los muros y a las torres de la ciudad, pero a las mujeres y a los niños los envió a sus casas. Mientras tanto, la ciudad quedó sumida en una profunda consternación.

Presentación de Judit

2 Re 4 18-20; Est 2 7

8 1 En aquellos días, llegaron estas noticias a oídos de Judit, hija de Merarí, hijo de Ox, hijo de José, hijo de Oziel, hijo de Elcías, hijo de Ananías, hijo de Gedeón, hijo de Rafaín, hijo de Ajitob, hijo de Elías, hijo de Jilquías, hijo de Eliab, hijo de Natanael, hijo de Salamiel, hijo de Sarasaday, hijo de Israel. 2 Su esposo Manasés, que era de su misma tribu y de su misma familia, había muerto durante la cosecha de la cebada. 3 Había estado en el campo, vigilando a los que ataban las gavillas, cuando le dio una insolación; cayó en cama, y finalmente murió en Betulia, su ciudad. Allí fue sepultado con sus padres, en el campo que está situado entre Dotán y Belamón.

4 Judit había permanecido viuda en su casa durante tres años y cuatro meses. 5 Sobre la terraza de su casa se había hecho levantar una tienda. Llevaba un sayal sobre su cuerpo y vestía ropas de luto. 6 Desde que quedó viuda ayunaba todos los días, excepto los sábados, los novilunios y los días de fiesta y de regocijo del pueblo de Israel. 7 Era muy hermosa y de aspecto sumamente agradable. Su esposo Manasés le había dejado oro y plata, servidores y servidoras, ganados y campos, y ella había quedado como dueña de todo. 8 Nadie podía reprocharle nada, porque servía a Dios con gran reverencia.

Exhortación de Judit a los jefes del pueblo

Jdt 7 19; 7 28-31; Sal 78 18; Is 40 13; Miq 4 12; Sal 139 17; Job 42 2-3; Dn 3 17; Ex 20 3-6; Sab 3 5-6

9 Judit se enteró de las amargas quejas que el pueblo, angustiado por la falta de agua, había dirigido al jefe de la ciudad. También se enteró de que Ozías había jurado entregar la ciudad a los asirios en el término de cinco días. 10 Envió entonces a la servidora que estaba al frente de todos sus bienes, para que llamara a Jabrís y Jarmís, ancianos de la ciudad. 11 Cuando se presentaron, ella les dijo: «Escúchenme, jefes de la población de Betulia. Ustedes se equivocaron hoy ante el pueblo, al jurar solemnemente que entregarán la ciudad a nuestros enemigos si el Señor no viene a ayudarnos en el término fijado. 12 ¿Quiénes son ustedes para tentar así a Dios y usurpar su lugar entre los hombres? 13 Están poniendo a prueba al Señor todopoderoso, pero esto significa que nunca entenderán nada. 14 Si son incapaces de conocer las profundidades del corazón humano y de conocer los razonamientos de su mente, ¿cómo pretenden escrutar a Dios, que ha hecho todas estas cosas, y conocer su pensamiento o comprender sus designios? No, hermanos. Cuídense para no provocar la ira del Señor, nuestro Dios. 15 Porque si él no quiere venir a ayudarnos en el término de cinco días, tiene poder para protegernos cuando él quiera o para destruirnos ante nuestros enemigos. 16 No exijan entonces garantías a los designios del Señor, nuestro Dios, porque Dios no cede a las amenazas como un hombre ni se le impone nada como a un mortal. 17 Por lo tanto, invoquemos su ayuda, esperando pacientemente su salvación, y él nos escuchará si esa es su voluntad.

18 Porque no hay nadie entre nosotros actualmente, ni tribu, ni familia, ni pueblo, ni ciudad que adore dioses fabricados por mano de hombre, como sucedía en los tiempos pasados. 19 A causa de eso, nuestros padres fueron entregados a la espada y a la depredación, y sucumbieron miserablemente delante de nuestros enemigos. 20 Nosotros, en cambio, no reconocemos otro Dios fuera de él. Por eso esperamos que no nos despreciará, ni a nosotros ni a ninguno de nuestra raza. 21 Si nosotros nos rendimos caerá toda Judea, y nuestro Santuario será saqueado. Entonces tendremos que responder con nuestra propia sangre por esa profanación. 22 Además, en medio de las naciones donde estemos cautivos, Dios nos hará responsables de la matanza de nuestros hermanos, de la deportación de nuestra gente y de la ruina de nuestro país; y seremos objeto de burla y escarnio por parte de nuestros conquistadores. 23 Nuestra esclavitud no nos hará ganar la benevolencia de los vencedores, sino que el Señor, nuestro Dios, la convertirá en deshonra. 24 Por eso, hermanos, demos un buen ejemplo a nuestros hermanos, ya que su vida depende de nosotros; y lo más sagrado que tenemos, el Templo y el altar, también dependen de nosotros.

25 Más aún, demos gracias al Señor, nuestro Dios, que nos somete a prueba, lo mismo que a nuestros padres. 26 Recuerden lo que hizo con Abraham, en qué forma probó a Isaac, y todo lo que le sucedió a Jacob en Mesopotamia de Siria cuando apacentaba las ovejas de Labán, hermano de su madre. 27 A nosotros no nos purificó con el fuego, como a ellos, para probar sus corazones, ni nos castigó, sino que el Señor nos golpea a los que estamos cerca de él, para que nos sirva de advertencia».

28 Ozías le respondió: «Todo lo que has dicho es sensato y nadie puede contrade-

El cuerpo en oración

Judit se postró rostro en tierra para orar y se puso cenizas en la cabeza como signo de arrepentimiento. Somos cuerpo y espíritu, y nos comunicamos con Dios mediante palabras, gestos y movimientos. Los católicos acostumbramos usar cuatro posturas del cuerpo para orar. Aprende a orar cambiando de postura y notarás la diferencia:

De pie, como era usual entre los judíos. Levanta tus brazos y ábrelos en una súplica o acción de gracias intensa, o extiéndelos en forma de cruz y únete a la intercesión universal de Jesús.

De rodillas, según el estilo occidental. Une tus manos y centra tu mirada en el sagrario o en una imagen. Cierra tus ojos y podrás descubrir a Dios en ti mismo.

Sentado en una silla o en el suelo. Trata de que tu cuerpo esté tranquilo, coloca tus palmas hacia arriba. Tu postura inspirará una petición a Dios de sus dones y una entrega a su voluntad.

Postrado de rodillas con la frente en el suelo o acostado boca abajo. Te llevará a una profunda adoración; te sentirás alentado a reconocer la grandeza de Dios y a pedirle que te mire con misericordia.

Genuflexión significa doblar la rodilla, y es un gesto que hacemos en el templo, y que refleja nuestra actitud de amor y respeto ante Jesús Eucaristía.

Jdt 9 1

cirte. 29 No es esta la primera vez que muestras tu sabiduría. Desde que eras joven, todo el pueblo conoce tu inteligencia y la bondad de tu corazón. 30 Pero ahora el pueblo está consumido por la sed y nos ha obligado a hacer lo que le hemos propuesto, y a comprometernos con juramento que no podemos violar. 31 Tú, que eres una mujer piadosa, ruega por nosotros para que el Señor envíe la lluvia que llene nuestras cisternas, así no quedemos exhaustos».
32 Judit les respondió: «Escúchenme. Voy a hacer algo que nuestro pueblo recordará de generación en generación. 33 Esta noche ustedes se pondrán ante la puerta de la ciudad. Yo saldré con mi criada, y antes del pla-
zo fijado para entregar la c... enemigos, el Señor, por mi ... vará a Israel. 34 No traten de ... voy a hacer, porque no les ... haber ejecutado mi proyecto» ... jefes le dijeron: «Vete en paz, ... Dios vaya delante de ti para es... nuestros enemigos». 36 Luego s... ...ción de la tienda y regresaron a sus puestos.

La oración de Judit

Gn 34; Is 46 9-13; Sal 33 16-17; Jue 7 4-7; Jdt 10 4; 11 21.23; 16 6.9; Est 14 1-9

9 1 Entonces Judit, al mismo momento en que se ofrecía en Jerusalén, en el Templo de Dios, el incienso de la tarde, se postró en tierra, echó ceniza sobre su cabeza, puso al descubierto el sayal con que estaba ceñida, e imploró al Señor en alta voz diciendo:

2 «Señor, Dios de mi antepasado Simeón,
tú pusiste en sus manos
una espada vengadora contra los extranjeros
que arrancaron el velo de una virgen
para violarla,
desnudaron su cuerpo para avergonzarla
y profanaron su seno para deshonrarla.
Aunque tú habías dicho: «Eso no se hará»,
ellos, sin embargo, lo hicieron.
3 Por eso entregaste a sus jefes a la masacre,
y así su lecho, envilecido por su engaño,
también por un engaño
quedó ensangrentado.
Bajo tus golpes cayeron muertos
los esclavos con sus príncipes
y los príncipes, sobre sus tronos.
4 Tú entregaste sus mujeres al pillaje,
a sus hijas las llevaste al cautiverio,
y dejaste todos sus despojos
para que fueran repartidos
entre tus hijos predilectos,
los cuales, enardecidos de celo por tu causa
y horrorizados por la mancha infligida
a su propia sangre,
habían invocado tu ayuda.
Ahora, Dios mío, escucha la oración
de esta viuda.
5 Tú has hecho el pasado, el presente
y el porvenir;
tú decides los acontecimientos
presentes y futuros,
y solo se realiza lo que tú has dispuesto.
6 Las cosas que tú has ordenado
se presentan ante ti y exclaman:
«Aquí estamos».
Porque tú preparas todos tus caminos,
y tus juicios están previstos de antemano.
7 Mira cómo los asirios,
sintiéndose poderosos,
se glorían de sus caballos y sus jinetes,
se enorgullecen del vigor de sus soldados,
confían en sus escudos y sus lanzas,

REFLEXIONA

Los *anawim* y nosotros

En su oración, Judit reconoce con humildad su pequeñez y se dirige a Dios con gran confianza en su omnipotencia y protección (Jdt 9 14). Esta humilde aceptación de la pobreza junto con la intrépida confianza en Dios describe a los *anawim*, el grupo fiel que pone su vida en manos de Dios y que formará el resto de Israel. Sus cualidades caracterizan a los «pobres en el espíritu» que menciona más tarde Jesús (Mt 5 3) (ver «Perfil del resto de Israel», Sof 3 9-13).

¿Cómo nos ayudaría a la comunidad cristiana adquirir las cualidades de los *anawim*?

Jdt 9 11-14

en sus arcos y sus hondas,
y no reconocen que tú eres el Señor,
el que pone fin a las guerras.
8 Tu nombre es «Señor».
Quebranta su fuerza con tu poder,
aplasta su poder con tu ira,
porque planean profanar tu Santuario,
manchar la Morada donde habita
la Gloria de tu Nombre,
y derribar tu altar a golpes de hierro.
9 Mira su arrogancia,
descarga tu indignación sobre sus cabezas;
y aunque yo no soy más que una viuda,
dame la fuerza para llevar a cabo mi plan.
10 Haz que mi palabra los engañe
para que aplastes el esclavo
junto con su jefe
y al jefe junto con su esclavo.
Destruye su soberbia
por la mano de una mujer.
11 Porque tu fuerza no está en el número,
ni tu dominio en los fuertes,
sino que tú eres el Dios de los humildes,
el defensor de los desvalidos,
el apoyo de los débiles,
el refugio de los abandonados,
y el salvador de los desesperados.
12 Sí, Dios de mi padre,
Dios de la herencia de Israel,
soberano del cielo y de la tierra,
creador de las aguas
y rey de toda la creación,
escucha mi plegaria.
13 Que mi palabra seductora
se convierta en herida mortal
para los que han maquinado
un plan siniestro
contra tu alianza y tu santa Morada,
el monte Sion y la Casa que es posesión
de tus hijos.
14 Que toda tu nación y cada una de sus tribus
reconozcan que tú eres Dios,
el Dios de toda fuerza y de todo poder,
y que no hay otro protector fuera de ti
para la estirpe de Israel».

Judit llega al campamento asirio

Is 3 18-23

10 1 Cuando Judit terminó de invocar al
Dios de Israel con estas palabras, 2 se
levantó del suelo, llamó a su criada y bajó
a la casa donde pasaba los sábados y los
días de fiesta. 3 Luego se despojó del sayal
que tenía ceñido, se quitó su ropa de viuda, se lavó el cuerpo con agua, se ungió
con perfumes y peinó sus cabellos. Después se ciñó la cabeza con un turbante y se
puso la ropa de fiesta con que solía engalanarse cuando aún vivía su marido Manasés;
4 se calzó las sandalias, se puso collares,
brazaletes, anillos, aros y todas sus joyas, y se embelleció extremadamente, tanto como para seducir a cualquier hombre que la
viera.
5 Entregó a su criada un odre de vino
y una vasija de aceite; llenó una bolsa con granos tostados de cebada, una torta de higos secos y panes puros; lo envolvió todo cuidadosamente y lo entregó a su criada.
6 Después se dirigieron a la puerta de Betulia, donde se encontraron con Ozías y
los ancianos de la ciudad, Jabrís y Jarmís.
7 Cuando vieron a Judit con el rostro transformado y la ropa cambiada, quedaron maravillados de su hermosura y dijeron:

8 «Que el Dios de nuestros padres
te conceda ser bien recibida
y dar cumplimiento
a lo que te has propuesto,
para orgullo de los israelitas
y exaltación de Jerusalén».

9 Judit adoró a Dios y les respondió: «Ordenen que me abran las puertas de la ciudad, para que yo salga a cumplir lo que acaban de expresarme». Ellos ordenaron a los jóvenes que franquearan las puertas, como
ella lo había pedido.
10 Así lo hicieron, y Judit salió acompañada de su criada. Los hombres de la ciudad la siguieron con la mirada, mientras descendía de la montaña hasta que atravesó el valle, y allí la perdieron de vista.
11 Mientras caminaban a lo largo del valle,
les salió al encuentro una avanzada de los
asirios.
12 Detuvieron a Judit y le preguntaron: «¿De dónde eres? ¿De dónde vienes y adónde vas?». Ella respondió: «Soy una he-

brea, pero huyo de mi pueblo porque está a punto de caer en manos de ustedes. 13 Por eso vengo a presentarme ante Holofernes, el general en jefe del ejército, para darle buenas informaciones y mostrarle el camino por el que podrá pasar para apoderarse de toda la región montañosa, sin que pierda ni un solo hombre». 14 Al oír sus palabras y contemplar cautivados la belleza de su rostro, aquellos hombres le dijeron: 15 «Has salvado tu vida, apresurándote a venir ante nuestro señor. Ahora sigue adelante hasta su tienda de campaña, y algunos de nosotros te escoltarán para hacerte comparecer ante él. 16 Cuando te presentes, no temas. Comunícale todo lo que acabas de decir, y él te tratará bien». 17 Entonces eligieron a cien de sus hombres, para que la escoltaran a ella y a su criada hasta la tienda de Holofernes.

18 Cuando se divulgó en el campamento la noticia de su llegada, se produjo una agitación general. Todos se acercaban y la rodeaban, mientras ella permanecía fuera de la tienda de Holofernes esperando que la anunciaran. 19 Maravillados de su hermosura, no podían menos de admirar también a los israelitas y se decían unos a otros: «¿Quién podrá despreciar a un pueblo que tiene semejantes mujeres? No conviene dejar en pie ni a uno solo de sus hombres, porque los sobrevivientes serían capaces de seducir a toda la tierra».

Encuentro de Judit con Holofernes

20 La guardia personal de Holofernes y todos sus oficiales salieron y llevaron a Judit a la tienda. 21 Holofernes estaba reclinado en su lecho, bajo un dosel de púrpura, recamado en oro, esmeraldas y piedras preciosas. 22 Judit fue anunciada, y él salió a la antecámara de la tienda, precedido de lámparas de plata. 23 Cuando apareció Judit delante de él y de sus oficiales, todos quedaron maravillados por la hermosura de su rostro. Ella se postró con el rostro en tierra, pero los servidores de Holofernes la levantaron.

11 1 Holofernes le dijo: «Ten confianza, mujer; no tengas miedo, porque jamás he hecho mal a nadie que se haya decidido a servir a Nabucodonosor, rey de toda la tierra. 2 Incluso ahora, si tu pueblo, que habita en las montañas, no me hubiera despreciado, yo no habría levantado mi lanza contra ellos; son ellos mismos los que han provocado esto. 3 Ahora dime por qué te has escapado de ellos y has venido hasta nosotros. Con solo venir hasta aquí, te has salvado. Ten confianza, porque tu vida está a salvo desde esta misma noche. 4 Nadie te causará ningún daño. Al contrario, te tratarán bien, como corresponde a los servidores de mi señor, el rey Nabucodonosor».

5 Entonces Judit le respondió: «Escucha las palabras de tu esclava, y permítele hablar en tu presencia. Todo lo que te diré esta noche es verdad. 6 Si sigues los consejos de tu servidora, Dios llevará a buen término tu empresa, y no fracasará nada de lo que te has propuesto. 7 ¡Por la vida de Nabucodonosor, rey de toda la tierra, y por su imperio! Él te envió para poner en orden a todos los vivientes. Gracias a ti, no solo lo sirven los hombres, sino que, por tu fuerza, también las fieras salvajes, el ganado y las aves del cielo vivirán sometidos a Nabucodonosor y a toda su dinastía. 8 Hemos oído hablar de tu sabiduría y de la sagacidad de tu inteligencia, y se comenta en toda la tierra que tú eres el más valiente, el más experto y el más admirable estratega de todo el reino. 9 También nos hemos enterado del discurso pronunciado por Ajior en tu Consejo, porque la gente de Betulia le perdonó la vida, y él les contó todo lo que había dicho en tu presencia. 10 Por eso, soberano señor, no desoigas sus palabras, sino más bien tenlas en cuenta, porque son ciertas: nuestro pueblo no puede ser castigado ni sometido por la espada, a no ser que haya pecado contra su Dios.

11 Pero ahora mi señor no debe sentirse frustrado ni derrotado, porque la muerte está por caer sobre ellos. Van a incurrir en un pecado, con el que provocarán la ira de su Dios apenas cometan ese desatino. 12 Porque, como ha empezado a faltarles la comida y escasea el agua, decidieron echar mano a sus ganados y alimentarse con todo lo que Dios, en sus leyes, les ha prohibido comer. 13 Incluso están resueltos a consumir las primicias del trigo y los diezmos del vino y del aceite, que han sido consagrados y reservados para los sacerdotes que ejercen su función ante nuestro Dios en Jerusalén. Esas cosas, a ninguno del pueblo le es lícito ni siquiera tocar con sus manos. 14 Más aún, han enviado gente a Jerusalén, donde todo el mundo hace lo mismo, con el encargo de obtener la debida autorización de los ancianos. 15 Apenas la obtengan harán uso de ella. Y ese mismo día te serán entregados para su perdición.

16 Por eso yo, tu servidora, al enterarme de todo esto, escapé de su lado. Y Dios me ha enviado para realizar contigo grandes hazañas, que llenarán de asombro a todos los que se enteren de ellas. 17 Porque soy piadosa y sirvo noche y día al Dios del cielo. En adelante permaneceré a tu lado, señor mío; pero cada noche saldré al valle para orar a Dios, y cuando incurran en el pecado, él me lo hará saber. 18 Al regresar, te informaré; entonces podrás salir con todo tu ejército; no habrá nadie entre ellos que pueda oponerte resistencia. 19 Luego te conduciré a través de

VIVE LA PALABRA

Bebida mortal

¿Por qué se emborracha la gente? ¿Vale la pena? Excederse en el alcohol y embriagarse tiene muchas consecuencias negativas y puede ser fatal.

Judit aprovecha la borrachera de Holofernes para matarlo. No es necesaria una espada para que el alcohol destruya la vida. Muchos jóvenes toman alcohol sin considerar que pueden tener predisposición genética para convertirse en alcohólicos adictos a corto plazo, y otros, dudan que emborracharse pueda destruir su vida. Para tomar conciencia de los terribles efectos del exceso de alcohol, basta recordar a personas conocidas que por beber perdieron su trabajo y su familia, y a quienes por manejar borrachas mataron o dejaron paralíticas a otras personas o a sí mismas.

Compara el control de Judit sobre sus acciones con el comportamiento sin sentido de Holofernes. ¿Qué mensaje nos da este pasaje?

Jdt 12 10 – 13 10

la Judea hasta las puertas de Jerusalén, y
pondré tu sitial en medio de ella. Tú los
conducirás como a ovejas que no tienen
pastor, y ni siquiera un perro se atreverá a ladrar ante ti. Todas estas cosas me fueron comunicadas anticipadamente, y yo he sido
enviada a anunciártelas».
20 Las palabras de Judit agradaron a Holofernes y a todos sus oficiales, los cuales,
admirados de su sabiduría, exclamaron:
21 «De un confín al otro de la tierra no hay
mujer como esta, por la hermosura de su
rostro y la sensatez de sus palabras». 22 Y
Holofernes añadió: «Dios ha hecho bien en
enviarte delante de tu pueblo para que el
triunfo esté en nuestras manos y la perdición en aquellos que han menospreciado a
mi señor. 23 Tu aspecto es tan encantador
como son hábiles tus palabras. Si obras como lo acabas de decir, tu Dios será mi Dios,
y tú habitarás en el palacio del rey Nabucodonosor y serás famosa en toda la tierra».

12 1 Luego Holofernes la hizo pasar al lugar donde tenía preparada su vajilla de
plata, y ordenó que le sirvieran de sus propios manjares y le dieran a beber de su vino.
2 Pero Judit le dijo: «No debo comer de ellos,
para no incurrir en falta; lo que he traído
conmigo me bastará». 3 Holofernes le respondió: «Y cuando se acaben tus provisiones, ¿de dónde sacaremos otras semejantes,
ya que entre nosotros no hay nadie de tu
pueblo?». 4 Judit le dijo: «Quédate tranquilo,
señor, porque antes que consuma mis provisiones, el Señor habrá cumplido por mi
intermedio lo que tiene determinado».
5 Luego los oficiales de Holofernes la condujeron a su tienda, y ella durmió hasta la
medianoche. Antes de la aurora se levantó 6 y
mandó decir a Holofernes: «Señor, ordena
que me dejen salir para hacer oración». 7 Y él
ordenó a sus guardias personales que no se
lo impidieran. Así permaneció Judit tres días
en el campamento. Cada noche salía al valle
de Betulia y se bañaba en la fuente que estaba en el campamento. 8 Cuando salía del
agua, oraba al Señor, el Dios de Israel, que
dirigiera sus pasos para resurgimiento de los
hijos de su pueblo. 9 Y cuando regresaba, ya
purificada, permanecía en la tienda hasta
que, hacia el atardecer, le traían su alimento.

Judit en el banquete de Holofernes

Jdt 10 4

10 Al cuarto día, Holofernes ofreció un
banquete, exclusivamente para su personal
de servicio, sin invitar a ninguno de sus oficiales. 11 Y dijo a Bagoas, el eunuco que era
su mayordomo: «Trata de convencer a la
mujer hebrea que está bajo tu cuidado para
que venga a comer y a beber con nosotros.
12 Porque sería vergonzoso que dejáramos
partir a una mujer como esta sin haber gozado de ella. Si no logramos conquistarla,
ella se burlará de nosotros». 13 Bagoas salió
de la presencia de Holofernes, fue adonde
estaba Judit y le dijo: «Preciosa joven, no
tengas reparo en presentarte ante mi señor,
para ser honrada por él y beber alegremente con nosotros. Hoy serás tratada como
una de las asirias que viven en el palacio de
Nabucodonosor». 14 Judit le respondió:
«¿Quién soy yo para contradecir a mi señor?
Haré gustosamente todo lo que le agrade, y
eso será para mí un motivo de alegría hasta
el día de mi muerte». 15 Enseguida se levantó, y se atavió con sus vestiduras y con todos sus adornos femeninos. Su criada se
adelantó y le extendió en el piso, ante Holofernes, las pieles que Bagoas le había da-

do para su uso diario, a fin de que comiera
reclinada sobre ellas. 16 Apenas Judit entró y
se reclinó, el corazón de Holofernes quedó
cautivado; su espíritu se turbó y ardió en
deseos de poseerla, porque, desde la primera vez que la vio, buscaba la oportunidad de
seducirla. 17 Holofernes le dijo: «Bebe y alégrate con nosotros». 18 Judit le replicó: «Beberé, con mucho gusto, señor, porque desde el día en que nací, jamás he apreciado
tanto la vida como hoy». 19 Entonces tomó
lo que le había preparado su criada, y comió y bebió en presencia de él, 20 mientras
Holofernes, encantado con ella, bebió tanto vino como nunca lo había hecho en un
solo día desde su nacimiento.

13 1 Cuando se hizo tarde, sus ayudantes
se retiraron inmediatamente. Bagoas
cerró la tienda por fuera, después de hacer
salir a los que estaban con su señor, y todos se fueron a dormir, rendidos porque
habían bebido demasiado. 2 Solo quedaron en la tienda Judit y Holofernes, el cual,
completamente borracho, yacía tendido en
su lecho. 3 Judit había ordenado a su criada
que permaneciera fuera de su dormitorio,
y que la esperara hasta que ella saliera, como todos los días, para hacer oración. Lo
mismo le había dicho a Bagoas.
4 Cuando todos ya se habían retirado de
la tienda, y no quedaba nadie dentro de ella,
ni grande ni pequeño, Judit, de pie junto al
lecho de Holofernes, dijo en su corazón:

«Señor, Dios todopoderoso,
mira favorablemente
lo que voy a hacer en esta hora
para la exaltación de Jerusalén.
5 Ha llegado el momento de acudir
en ayuda de tu heredad,
y de realizar lo que me había propuesto
para aplastar a los enemigos
que se alzaron contra nosotros».

6 Judit se aproximó entonces al poste que
estaba junto a la cabeza del lecho de Holofernes, descolgó la espada que él tenía allí,
7 y acercándose al lecho, lo tomó por la cabellera y exclamó: «¡Dios de Israel, dame
fuerzas en este momento!». 8 Luego le asestó
dos golpes en el cuello con todas sus fuerzas
y le cortó la cabeza. 9 Hizo rodar el tronco
fuera del lecho, arrancó el cortinado de las
columnas, y saliendo le entregó a su criada
la cabeza de Holofernes. 10 Esta la metió en
la bolsa de las provisiones, y las dos se fueron juntas, como lo hacían habitualmente,
para la oración. Atravesaron el campamento
y, bordeando el barranco, subieron la pendiente de Betulia hasta llegar a sus puertas.

El regreso de Judit a Betulia

Is 8 10; Rom 8 31; Sal 66 20; Jdt 9 10

11 Judit gritó desde lejos a los guardias de
las puertas: «¡Abran, abran las puertas!
Dios, nuestro Dios, está con nosotros para
manifestar todavía su fuerza en Israel y su
poder contra nuestros enemigos, como lo
ha hecho hoy». 12 Apenas escucharon su voz,
la gente de la ciudad se apresuró a bajar a las
puertas, y convocaron a los ancianos de la
ciudad. 13 Todos acudieron rápidamente,
desde el más pequeño hasta el más grande,
porque les parecía increíble que hubiera
vuelto. Abrieron las puertas para recibirlas,
encendieron una hoguera para poder ver
mejor, y se agolparon alrededor de ellas.
14 Judit les dijo en voz alta: «¡Alaben, alaben
a Dios! Alaben a Dios, que no ha retirado su
fidelidad del pueblo de Israel, sino que, por
mi intermedio, ha destrozado esta noche a
sus enemigos». 15 Entonces sacó la cabeza de
la bolsa y la mostró, diciendo: «Aquí está la
cabeza de Holofernes, el general en jefe de
los ejércitos asirios, y este es el cortinado bajo el cual dormía completamente ebrio. ¡El

¿SABÍAS QUE...?

¿Apoya Dios la violencia?

La violencia registrada en el Antiguo Testamento desconcierta cuando se presenta como voluntad de Dios. ¿Por qué fortalece Dios a Judit para decapitar a Holoferne, a Josué para arrasar Jericó y a David para matar a Goliat?

Las tribus y naciones primitivas veían a sus dioses como líderes de sus ejércitos. Los hebreos daban a Dios el título de *Sebaot*, que puede traducirse como «Señor de los ejércitos» o como «Señor todopoderoso». Para ellos, los enemigos de Israel eran enemigos de Dios, y su destrucción militar era prueba de bendición divina para Israel.

Posteriormente, los profetas proclamaron el amor universal de Dios, y hablaron de que «sus espadas forjarán arados» (Is 2 4) y tener «una alianza de paz» (Ez 37 26). Así reveló Dios que su amor es para todas las naciones y que nadie será considerado enemigo.

¡Señor, tu poder se manifiesta admirablemente en tu misericordia! Haznos transmisores de tu amor y tu bondad.

Jdt 13 1-10

Señor lo ha matado por la mano de una mujer! 16 ¡Por la vida del Señor, que me protegió en el camino que recorrí! Mi rostro lo sedujo para su perdición, pero él no cometió conmigo ningún pecado que me manchara o me deshonrara».

Celebración del triunfo de Judit

1 Mac 13 5; Sal 106 48

17 Todo el pueblo quedó lleno de asombro, y postrándose, adoraron a Dios y exclamaron unánimemente: «Bendito eres, Dios nuestro, porque hoy has aniquilado a los enemigos de tu pueblo». 18 Ozías, por su parte, dijo a Judit:

«Que el Dios Altísimo te bendiga, hija mía,
más que a todas las mujeres de la tierra;
y bendito sea el Señor Dios,
creador del cielo y de la tierra,
que te ha guiado para cortar la cabeza
del jefe de nuestros enemigos.
19 Nunca olvidarán los hombres
la confianza que has demostrado
y siempre recordarán el poder de Dios.
20 Que Dios te exalte para siempre,
favoreciéndote con sus bienes.
Porque no vacilaste en exponer tu vida,
al ver la humillación de nuestro pueblo,
sino que has conjurado nuestra ruina,
obrado rectamente
delante de nuestro Dios».
Y todo el pueblo añadió:
«¡Amén! ¡Amén!».

La victoria

1 Sm 31 10; 2 Mac 15 35; Jdt 7 13; 10 11; Ex 15 16; Jdt 6 2-4

14 1 Judit les dijo: «Escúchenme, hermanos. Tomen esta cabeza y cuélguenla sobre las almenas de la muralla. 2 Después, cuando despunte el alba y se levante el sol sobre la tierra, cada uno de ustedes tomen sus armas de combate, y todos los que puedan hacerlo salgan de la ciudad. Que vaya al frente un jefe, como si fueran a descender a la llanura, hasta los puestos de avanzada de los asirios, pero no bajen. 3 Ellos tomarán sus armas e irán al campamento a despertar a los jefes de su ejército. Estos, a su vez, correrán hacia la tienda de Holofernes y, al no encontrarlo, quedarán aterrorizados y huirán delante de ustedes. 4 Ustedes y todos los habitantes de Israel los perseguirán, exterminándolos en su retirada. 5 Pero antes de ejecutar todo esto, tráiganme a Ajior, el amonita, para que vea y reconozca al que se burlaba del pueblo de Israel, y lo envió acá para que muriera entre nosotros».

6 Llamaron entonces a Ajior, que estaba en la casa de Ozías. Cuando este llegó y vio la cabeza de Holofernes en la mano de uno de los hombres de la asamblea del pueblo, cayó desvanecido. 7 Apenas lo reanimaron, se arrojó a los pies de Judit y, postrándose ante ella, exclamó: «Bendita seas en todos los campamentos de Judá y en todas las naciones, que al escuchar tu nombre quedarán asombradas. 8 Pero ahora cuéntame lo que has hecho durante todos estos días». Judit, en medio del pueblo, le contó todo lo que había hecho desde el día de su partida hasta ese momento. 9 Cuando terminó de hablar, el pueblo la aclamó dando grandes vítores, y los gritos de júbilo se extendieron por toda la ciudad. 10 Ajior, por su parte, al ver todo lo que había realizado el Dios de Israel, creyó firmemente en él, se hizo circuncidar y fue incorporado al pueblo de Israel hasta el día de hoy.

11 Al despuntar el alba, colgaron de las murallas la cabeza de Holofernes, y todos los israelitas empuñaron sus armas y avanzaron en escuadrones por las laderas de la montaña. 12 Los asirios, al divisarlos, enviaron mensajeros a sus jefes. Estos, a su vez, se dirigieron a los generales y capitanes y a todos sus oficiales. 13 Ellos llegaron a la tienda de Holofernes y dijeron a su mayordomo: «Despierta a nuestro señor, porque esos esclavos han tenido la audacia de bajar a combatir contra nosotros, como si quisieran ser exterminados totalmente». 14 Bagoas entró y golpeó las manos ante la cortina de la tienda, suponiendo que Holofernes estaba acostado con Judit. 15 Como nadie respondía, corrió la cortina, entró en el dormitorio y lo encontró muerto, tendido sobre el umbral y decapitado. 16 Lanzó un alarido, llorando y lamentándose; y dando fuertes gritos, desgarró sus vestiduras. 17 Luego entró en la tienda donde se alojaba Judit, y al no encontrarla, corrió hacia la tropa vociferando: 18 «¡Esos esclavos nos han traicionado! ¡Una mujer hebrea ha cubierto de vergüenza la casa de Nabucodonosor! ¡Miren cómo yace Holofernes, tendido en el suelo y sin cabeza!». 19 Al oír estas palabras, los jefes del ejército asirio rasgaron sus túnicas, completamente desconcertados, y lanzaron grandes gritos y alaridos por todo el campamento.

15 1 Al enterarse de la noticia, los que estaban en el campamento quedaron estupefactos. 2 El terror y el pánico se apoderaron de ellos, y ni un solo hombre permaneció al lado de su compañero. Todos se desbandaron, huyendo apresuradamente por los senderos de la llanura y de la montaña. 3 También emprendieron la fuga los que estaban acampados en la montaña alrededor de Betulia; y todos los israelitas capaces de empuñar las armas se precipitaron sobre ellos.

4 Ozías envió mensajeros a Betomestáin, a Jobá y Kolá, y a todo el territorio de Israel, pa-

Judit es figura de María

Judit liberó a su pueblo de sus enemigos con la ayuda de Dios. La Virgen María colabora con Dios para vencer el mal, por lo que en sus fiestas se leen algunos versículos del libro de Judit: «Que el Dios Altísimo te bendiga, hija mía, más que a todas las mujeres de la tierra» (Jdt 13 18).

María es el modelo por excelencia de confianza en el Señor; aceptó la misión de Dios y cantó su gratitud por escogerla. Habla a María con las palabras del pueblo a Judit: «¡Tú eres la gloria de Jerusalén, tú el gran orgullo de Israel, tú el insigne honor de nuestra raza!... has hecho un gran bien a Israel, y Dios ha aprobado tu obra. Que el Señor todopoderoso te bendiga para siempre» (15 9-10).

Jdt 15 9-10

ra anunciar lo sucedido, y para que todos salieran a perseguir y aniquilar a los enemigos.
5 Cuando la noticia llegó a los demás israelitas, todos, como un solo hombre, cayeron sobre ellos y los derrotaron hasta Jobá. También acudieron los de Jerusalén y los de toda la montaña, porque ya se habían enterado de lo ocurrido en el campamento. Además, los de Galaad y los de Galilea los atacaron por los flancos, causándoles muchas pérdidas, hasta más allá de Damasco y sus fronteras.

Reparto del botín y elogio de Judit

1 Sm 17 53; 2 Cr 20 25; Jdt 4 6; 10 8; 13 4.18.20

6 Mientras tanto, los demás habitantes de Betulia irrumpieron en el campamento asirio y lo saquearon, obteniendo un riquísimo botín.
7 Los otros israelitas, por su parte, al volver de la matanza, se apoderaron del resto. Lo mismo hicieron los habitantes de los pueblos y aldeas, tanto de la montaña como de la llanura. Todos se apoderaron de abundantes despojos, porque los había en grandes cantidades.
8 El sumo sacerdote Joaquim y los ancianos del pueblo de Israel que habitaban en Jerusalén vinieron para contemplar los beneficios con que Dios había colmado a Israel, y también para ver a Judit y saludarla.
9 Al verla, todos a una, la elogiaron y le dijeron:

«¡Tú eres la gloria de Jerusalén,
tú el gran orgullo de Israel,
tú el insigne honor de nuestra raza!
10 Al realizar todo esto con tu propia mano,
has hecho un gran bien a Israel,
y Dios ha aprobado tu obra.
Que el Señor todopoderoso
te bendiga para siempre».

Y todo el pueblo dijo: «¡Amén!».
11 El pueblo se entregó al saqueo del campamento durante treinta días. Asignaron a Judit la tienda de Holofernes, con toda su vajilla de plata, sus lechos, sus recipientes y todo su mobiliario. Ella tomó esas cosas, cargó su mula, enganchó sus carros y amontonó todo encima.

El júbilo del pueblo

Ex 15 20; 1 Sm 18 6; Jdt 3 7

12 Todas las mujeres de Israel acudieron a verla y a elogiarla, y algunas de ellas formaron un coro de danzas en su honor. Judit tomó en sus manos ramos de tirso y los distribuyó entre sus compañeras.
13 Luego ella y las demás muchachas se coronaron con ramos de olivo. Judit, al frente de todo el pueblo, dirigía las danzas corales de todas las mujeres. Al mismo tiempo, los hombres de Israel, con sus armas y ceñidos de coronas, la seguían entonando himnos de alabanza.
14 Entonces Judit entonó este canto de acción de gracias, en presencia de todo Israel, y todo el pueblo repetía a coro:

El canto de Judit

Jue 5; Ex 15; 1 Sm 2 1-10

16 1 «Entonen un canto a mi Dios
con panderetas,
canten al Señor con platillos;
compongan en su honor
un salmo de alabanza,
glorifiquen e invoquen su Nombre.
2 Porque el Señor es un Dios
que pone fin a las guerras:
puso su campamento
en medio del pueblo
y me libró de mis perseguidores.
3 De las montañas del norte llegó Asiria,
avanzó con un ejército innumerable;
sus tropas obstruyeron los valles
y su caballería cubrió las colinas.
4 Amenazó con incendiar mis territorios
y pasar a mis jóvenes al filo de la espada,
con estrellar a mis pequeños contra el suelo,
entregar a mis niños como presa
y a mis muchachas como botín.
5 Pero el Señor todopoderoso los eliminó
por la mano de una mujer.
6 Su jefe no fue abatido por jóvenes guerreros,
ni lo golpearon hijos de titanes,
ni lo atacaron enormes gigantes.
Lo desarmó Judit, la hija de Merarí,
con la hermosura de su rostro.

Mujeres anónimas de Latinoamérica

Muchas veces en la historia: «el Señor todopoderoso los eliminó por la mano de una mujer» (Jdt 16 5). Junto a unas pocas mujeres célebres por sus acciones en favor de su patria, miles de mujeres latinoamericanas han sido protagonistas anónimas de la transformación de sus pueblos. La mayoría, más que reclamar sus derechos individuales y ambicionar el poder, ha trabajado para que todas las personas puedan desarrollarse según su capacidad, habilidades e intereses.

En las comunidades de fe, las mujeres aportan su espíritu crítico, su disposición al servicio, su entusiasmo y su generosidad. Cuando desempeñan un rol de líder, favorecen el espíritu de grupo, promueven un liderazgo compartido, consideran todos los aspectos de la vida y atienden los detalles de la vida familiar y local.

Sin sus aportes se perderían riquezas que solo el genio de la mujer puede ofrecer a la vida de la Iglesia y de la sociedad. No reconocerlo sería una injusticia histórica, especialmente en América, si se tiene en cuenta la contribución de las mujeres al desarrollo material y cultural del Continente, como también a la transmisión y conservación de la fe.

Jdt 16 1-25

7 Ella se quitó su ropa de luto,
para exaltar a los afligidos de Israel;
ungió su rostro con perfumes,
8 se ajustó el cabello con una diadema,
y se puso ropa de lino para seducirlo.
9 Sus sandalias deslumbraron
los ojos del guerrero,
su hermosura le cautivó el corazón,
y la espada le cortó la cabeza.
10 Los persas temblaron por su audacia
y los medos se turbaron por su temeridad.
11 Entonces mi pueblo humillado
gritó de alegría
y los otros se llenaron de espanto;
mi pueblo débil lanzó gritos de triunfo
y ellos quedaron aterrados;
mi pueblo alzó su voz
y ellos se dieron a la fuga.
12 Hijos de jóvenes mujeres los traspasaron,
los acribillaron como a esclavos fugitivos;
todos perecieron en el combate
de mi Señor.
13 Cantaré a mi Dios un canto nuevo.
Señor, tú eres grande y glorioso,
admirable por tu poder e invencible.
14 Que te sirvan todas las criaturas,
porque tú lo dijiste y fueron hechas,
enviaste tu espíritu y él las formó,
y nadie puede resistir a tu voz.
15 Las montañas y las aguas
se sacudirán desde sus cimientos,
las rocas se derretirán como cera
en tu presencia,
pero tú siempre te muestras propicio
con aquellos que te temen.
16 Poco vale un sacrificio de aroma agradable
y menos aún toda la grasa ofrecida
en holocausto,
pero el que honra al Señor será grande
para siempre.
17 ¡Ay de las naciones que se levantan
contra mi pueblo!
El Señor todopoderoso las castigará
en el día del juicio;
pondrá en su carne fuego y gusanos,
y gemirán de dolor eternamente».

Celebración litúrgica de la victoria

Jos 6 17; Nm 31 48-54; Dt 13 13-19; Lv 27 28-29

18 Apenas llegaron a Jerusalén, todos adoraron a Dios; y una vez que el pueblo se purificó, ofrecieron sus holocaustos, sus ofrendas voluntarias y sus dones.
19 Judit dedicó todo el mobiliario de Holofernes, que el pueblo le había obsequiado, y consagró en homenaje a Dios el cortinado que ella misma había arrancado de
su lecho. 20 El pueblo prolongó los festejos durante tres meses delante del Templo de Jerusalén, y Judit permaneció con ellos.

Últimos años de Judit

Gn 23 19; 49 29-32; Jdt 8 2-3

21 Pasado este tiempo, cada uno regresó a su tierra. Judit, por su parte, volvió a Betulia y siguió administrando sus bienes. Se hizo célebre por todo el país durante toda
su vida. 22 Muchos la pretendieron como esposa, pero ella no volvió a casarse, después de que su esposo Manasés murió y
fue a reunirse con sus antepasados. 23 Su fama fue creciendo cada vez más, mientras envejecía en la casa de su esposo, hasta llegar a los ciento cinco años. Otorgó la libertad a su criada, y murió en Betulia, siendo sepultada en la caverna de su esposo
Manasés. 24 La casa de Israel estuvo de duelo por ella durante siete días. Antes de morir había repartido sus bienes entre los parientes de su esposo Manasés y entre sus
propios parientes. 25 Nadie atemorizó a los israelitas mientras vivió Judit, y hasta mucho tiempo después de su muerte.

¡Qué terrible es saber que hay matanzas crueles e inhumanas! No se puede entender que haya gente que realiza actos de terrorismo o que extermina a un grupo de personas. Aún actualmente, cuando se reconocen los derechos humanos, hay grupos étnicos que son objeto de agresión e incluso de muerte. El libro de Ester relata la historia de un plan para aniquilar la población judía en la diáspora, y cómo Dios protegió a su pueblo previniendo a Mardoqueo, quien pidió ayuda a la reina Ester para evitarlo.

ESQUEMA

- **1 1a-1p.** Introducción
- **1 – 2.** Destitución de la reina Vasti y elección de Ester
- **3 – 4.** Amán y Mardoqueo
- **5 1-14.** Ester ante el rey Asuero
- **6 1 – 9 19.** Mardoqueo y Amán
- **9 20 – 10 3.** La fiesta de los *Purim* o suertes
- **10 13a-13k.** Conclusión: interpretación del sueño de Mardoqueo

DATOS

Escenario
El reino persa en el tiempo del rey Jerjes I
Autor
Anónimo
Fecha de redacción
Versión hebrea: finales del siglo III a.C.
Versión griega: finales del siglo II a.C.
Temas
Dios ama a los pequeños y protege a su pueblo. Origen de la fiesta de los *Purim* o suertes

PRESENTACIÓN

Los judíos expatriados siempre vivieron en la inseguridad. Algunos libros tardíos del Antiguo Testamento —Eclesiástico, Tobías y Daniel— reflejan esa realidad. El libro de Ester es una historia ficticia o *midrash* que narra experiencias de los expatriados cuando empezaban a regresar a Jerusalén para reconstruir el templo.

Ester era una judía de la diáspora; vivía en un país persa donde, como esposa del rey, tenía una posición de poder. El libro narra un plan tramado para destruir a los judíos, pero Dios protege a su pueblo y Ester fue avisada de este plan para que intercediera ante el rey y salvara a su gente. La victoria de Ester, cuyo nombre significa «estrella», se celebra en la fiesta anual de los *Purim*, en la que se recuerda que Dios invirtió la suerte de los humildes y los poderosos, bendiciendo a los primeros sobre los segundos.

El libro de Ester nos ha llegado en dos versiones distintas, la hebrea y la griega. Su diferencia de estilo es clara: el texto hebreo es más breve y no menciona a Dios. El texto griego es más elaborado, destaca la dimensión religiosa del relato y lo sitúa en el reinado de Jerjes, a quien llama Asuero, y deja entrever que esta historia-ficción pudo tener fundamento histórico. Las adiciones del texto griego están señaladas en el texto en cursiva.

Las dos versiones subrayan la misma verdad en diferente modo. En la versión griega, Dios salva a su pueblo directamente, y en la hebrea, lo hace a través de medios humanos. La versión griega añade una referencia a elementos importantes del judaísmo: templo, ley, sacerdocio, Jerusalén. La Iglesia católica acepta como reveladas ambas versiones. En *La Biblia Católica para Jóvenes*, los versículos reconocidos por la versión hebrea están con letra cursiva y marcados con letras pequeñas.

LA REINA ESTER CON EL REY ASUERO

LA FIESTA DE LOS PURIM

El sueño de Mardoqueo

2 Re 24 8.15; Jl 4 16; Dn 14 23-30; Dn 7 – 8;
Jl 2 2; Sof 1 14-15; Is 9 1; Sal 97 11; Sal 75 8

1 [1a] *El segundo año del reinado de Artajer-*
jes el Grande, el primer día del mes de
Nisán, Mardoqueo, hijo de Jaír, hijo de Semeí,
hijo de Quis, de la tribu de Benjamín, tuvo un
sueño. [1b] *Mardoqueo era un judío que vivía en*
la ciudad de Susa, un personaje importante
que servía en la corte del rey. [1c] *Era uno de los*
deportados que Nabucodonosor, rey de Babilo-
nia, había llevado cautivos desde Jerusalén,
con Jeconías, rey de Judá.
[1d] *Mardoqueo soñó lo siguiente: había gritos*
y estruendos, truenos, terremotos y confusión so-
bre la tierra. [1e] *De pronto avanzaron dos enor-*
mes dragones, ambos dispuestos a luchar, y lan-
zaron un gran rugido. [1f] *Al oír el rugido, cada*
nación se preparó para el combate, a fin de ha-
cer la guerra a la nación de los justos. [1g] *Era un*
día de oscuridad y tinieblas. Había tribulación
y angustia, aflicción y una gran confusión sobre
la tierra. [1h] *Toda la nación de los justos se estre-*
meció. Aterrorizados por su desgracia, se prepa-
raron a morir y clamaron a Dios. [1i] *De su cla-*
mor surgió, como de una pequeña fuente, un
gran río de aguas caudalosas. [1j] *Brilló una luz y*
despuntó el sol. Entonces los humildes fueron
exaltados y devoraron a los grandes.
[1k] *Al despertar, Mardoqueo, que intuyó en*
este sueño lo que Dios había resuelto hacer, es-
tuvo pensando en él hasta la noche y trataba de
comprenderlo en todos sus detalles.

Descubrimiento de la conspiración

Est 2 21; 6 2; 3 5-6

[1l] *Mardoqueo estaba descansando en la corte,*
con Gabazá y Zarra, dos eunucos del rey que
custodiaban el palacio. [1m] *Al oírlos conversar,*
trató de averiguar sus intenciones, y se enteró de
que preparaban un atentado contra el rey Arta-
jerjes. Entonces los denunció al rey. [1n] *Este hizo*
interrogar a los dos eunucos, y una vez que ellos
confesaron, fueron ejecutados. [1ñ] *El rey mandó*
escribir estos hechos en las Crónicas, y también
Mardoqueo los consignó por escrito. [1o] *Además,*
el rey otorgó a Mardoqueo un cargo en el pala-
cio y lo recompensó con regalos. [1p] *Pero Amán,*
hijo de Hamdatá, el agaguita, que gozaba de
gran prestigio ante el rey, buscó la manera de per-
judicar a Mardoqueo y a su pueblo por lo que
había pasado con los dos eunucos del rey.

El banquete del rey Asuero

[1] Era el tiempo de Asuero, aquel que reinó
sobre ciento veintisiete provincias, desde la
India hasta Etiopía. [2] En aquellos días, cuando el rey Asuero tenía su trono real instalado
en la ciudadela de Susa, [3] en el tercer año de
su reinado, ofreció un banquete a todos sus
oficiales y servidores. Los jefes del ejército de
los persas y de los medos, los nobles y los

gobernadores de las provincias se reunieron
en su presencia. 4 Así, durante mucho tiempo
—¡ciento ochenta días!—, él hizo ostentación de las riquezas de su reino y del magnífico esplendor de su grandeza.
5 Al cabo de ese tiempo, el rey ofreció un
banquete de siete días en el patio del jardín
del palacio real, a toda la población de la
ciudadela de Susa, desde el más grande al
más pequeño. 6 Había cortinas de lino blanco y de púrpura violeta, atadas con cordones de lino fino y de púrpura roja a argollas
de plata y a columnas de alabastro; sobre
un piso de pórfido, alabastro, nácar y mármol negro había divanes de oro y plata. 7 Se
daba de beber en copas de oro, todas de
formas diversas, y el vino del reino corría a
raudales, gracias a la prodigalidad del rey.
8 La regla era que nadie fuera forzado a beber, porque el rey había ordenado a sus ma-
yordomos que respetaran los deseos de cada uno. 9 La reina Vasti, por su parte, había
ofrecido un banquete a las mujeres en el
palacio del rey Asuero.

La reina Vasti se enfrenta al rey

Dn 5 1-4; 6 8-10; 13 6; Est 5 12; 8 58; Dn 3 4; 6 26

10 El séptimo día, cuando el rey estaba
alegre por el vino, ordenó a Mehumán, Bi-
zetá, Jarboná, Bigtá, Abagtá, Zetar y Carcás,
los siete eunucos que estaban al servicio
del rey Asuero, 11 que trajeran a su presencia a la reina Vasti, luciendo la diadema
real, para mostrar su belleza a la gente y a
los príncipes, porque ella era muy hermosa. 12 Pero la reina Vasti no quiso ir, contrariando así la orden del rey transmitida por
los eunucos. Entonces el rey se enfureció
muchísimo y tuvo un arrebato de ira.
13 Luego consultó a los juristas, porque
todos los asuntos del rey debían ser tratados delante de los expertos en la ley y el
derecho. 14 Los que estaban más cerca de él
eran Carsená, Setar, Admatá, Tarsis, Meres,
Marsená y Memucán, los siete jefes de Persia y de Media que pertenecían al consejo
real y ocupaban los primeros puestos en el
reino. 15 El rey les preguntó: «Según la ley,
¿qué se debe hacer con la reina Vasti, por
no haber cumplido la orden del rey Asuero que le transmitieron los eunucos?».
16 Memucán respondió en presencia del
rey y de los príncipes: «La reina Vasti no solo
ha ofendido al rey, sino también a todos los
jefes y a todos los pueblos de todas las provincias del rey Asuero. 17 Porque todas las
mujeres se enterarán de lo que ha hecho la
reina, y eso hará que pierdan el respeto a sus
maridos, diciendo: "El rey Asuero mandó
que llevaran a su presencia a la reina Vasti, y
ella no se presentó". 18 A partir de hoy, cuando las princesas de Persia y de Media oigan
hablar de la conducta de la reina, responderán del mismo modo a sus esposos, los altos
oficiales del rey, y entonces sí que habrá desprecio e irritación. 19 Por lo tanto, si al rey le
parece bien, haga publicar un dictamen real,
que se inscribirá con carácter irrevocable en
las leyes de los persas y los medos, prohibiendo a la reina Vasti presentarse ante el rey
Asuero y dando el título de reina a otra mejor que ella. 20 Así, cuando el decreto promulgado por el rey sea conocido a lo largo y a lo
ancho de su inmenso reino, todas las mujeres honrarán a sus maridos, desde el más
grande hasta el más humilde».
21 La propuesta agradó al rey y a sus oficiales, y el rey hizo lo que había dicho Memucán. 22 Envió cartas a todas sus provincias, a cada una en su propia escritura, y a
cada pueblo en su propia lengua, ordenando que el marido fuera señor en su casa y
que en ella se hablara el idioma del marido.

Ester en el harén de Asuero

Dn 1 3-20

2 1 Después de un tiempo, cuando al rey
Asuero se le pasó el enojo, se acordó
de Vasti, de lo que había hecho y de lo que
se había decretado contra ella. 2 Entonces los
cortesanos que estaban a su servicio dijeron:
«Hay que buscar para el rey algunas jóvenes
vírgenes y hermosas. 3 Que el rey designe
inspectores en todas las provincias de su
reino, para que ellos reúnan en el harén de
la ciudadela de Susa a todas las jóvenes vírgenes y hermosas. Se las pondrá bajo la vigilancia de Hegué, el eunuco del rey encar-

Intercede con valor

El sueño de Mardoqueo, al comienzo y final del libro, marca el espíritu de la obra: Dios escucha el clamor de su pueblo oprimido e interviene en su favor. Ester, una judía de la diáspora, es elegida reina, adquiriendo una posición de poder entre los persas. Esto le permitió convertirse en intercesora de su pueblo y así lo hizo a pesar de correr el riesgo de perder su vida (4 16).

¿Cómo utilizas tu poder en la familia, el barrio, la escuela o el trabajo? ¿Lo usas para ser intercesor de los débiles o para hacer sentir el peso de tu poder?

Est 2 1-11

VIVE LA PALABRA

El recuento de los muertos

¿Es posible desear la destrucción completa de un pueblo? Esto se proponía el rey Asuero, quien quería destruir a todos los judíos en el reino, desde Persia hasta África.

El siglo pasado quedó marcado por sus atentados de exterminio. El más terrible fue en la segunda guerra mundial, cuando millones de judíos fueron aniquilados en campos de concentración, junto con otras personas vistas como indeseables.

Los inicios de nuestro siglo también han visto terrible violencia, pueblos atacados por defender sus tierras, su cultura y sus creencias; destrucciones terroristas de civiles; guerras interminables entre países; muertes a manos de pandillas... Tales atrocidades nacen al juzgar a «otros» aparte de «nosotros» y reprocharles sus creencias y estilo de vida.

¿Acostumbras etiquetar a las personas y calificarlas de indeseables? ¿Te es difícil incluir en el «nosotros» a personas de otras razas, países, religiones y clases sociales? Pide a Dios que puedas ver a toda la gente como hijos suyos y proponte incluir en el «nosotros» a toda la familia humana.

Est 3 1-7

gado de las mujeres, y se las proveerá de cremas de belleza. 4 Y la joven que más le guste
al rey reinará en lugar de Vasti». Al rey le
agradó la propuesta, y así se hizo.
5 En la ciudadela de Susa había un judío
llamado Mardoqueo, hijo de Jaír, hijo de
Semeí, hijo de Quis, un benjaminita 6 que
pertenecía al grupo de deportados que Nabucodonosor, rey de Babilonia, había llevado cautivos desde Jerusalén, con Jeconías, rey de Judá. 7 Mardoqueo había criado
a Hadasá, es decir, a Ester, hija de un tío suyo, que había quedado huérfana de padre
y madre. La joven era muy hermosa y atractiva, y a la muerte de sus padres, Mardoqueo la había adoptado como hija.
8 Al publicarse la orden y el edicto del
rey, y una vez que fueron reunidas muchas
jóvenes en la ciudadela de Susa, bajo el
cuidado de Hegué, también Ester fue llevada a la casa del rey y confiada a Hegué, el
encargado de las mujeres. 9 La joven le cayó
en gracia y se ganó su favor. Por eso, él le
entregó de inmediato las cremas de belleza, fijó su régimen de comida y le asignó
las siete doncellas más distinguidas del palacio real. Luego la trasladó con sus doncellas al mejor departamento del harén. 10 Ester no había manifestado de qué pueblo ni
de qué familia era, porque Mardoqueo le
había ordenado que no lo manifestara. 11 Y
todos los días, este iba y venía frente al patio del harén, para saber cómo se encontraba Ester y cómo la trataban.
12 Ahora bien, según el reglamento de las
mujeres, cada joven debía presentarse ante
el rey Asuero después de haber completado
un tratamiento de belleza de doce meses.
En los primeros seis meses, el tratamiento
consistía en ungirse con aceite de mirra, y
los seis meses restantes se embellecían con
perfumes y otros cosméticos usados por las
mujeres. 13 Y cuando una joven se presentaba ante el rey, le daban todo lo que quería
llevar consigo del harén al palacio real.
14 Ella entraba por la tarde, y a la mañana siguiente volvía al segundo harén, bajo la vigilancia de Saasgaz, el eunuco del rey encargado de las concubinas. Ya no se presentaba
más ante el rey, a no ser que este deseara estar con ella y la llamara expresamente.

La elección de Ester

Est 4 11; 4 17

15 Cuando le tocó el turno a Ester, hija de
Abijáil, tío de Mardoqueo, su padre adoptivo, ella no pidió nada fuera de lo que le
indicó Hegué, el eunuco del rey encargado
de las mujeres. Ester cautivaba a todos los
que la veían. 16 Así fue conducida ante el
rey Asuero, al palacio real, en el décimo
mes, que es el mes de Tebet, en el séptimo
año de su reinado. 17 Él se enamoró de Ester más que de todas las otras mujeres y
ella se ganó su favor más que todas las demás jóvenes. El rey puso la corona real sobre su cabeza y la proclamó reina en lugar
de Vasti. 18 Luego ofreció un gran banquete
a todos sus oficiales y servidores, en honor
de Ester, y además concedió franquicias a
todas las provincias y otorgó regalos con la
generosidad digna de un rey.

Denuncia del atentado contra el rey

Est 2 14

19 Mientras se hacía un segundo reclutamiento de muchachas jóvenes, Mardoqueo se
hallaba sentado en la puerta del palacio real.

EST

20 Ester no había revelado de qué origen ni de
qué pueblo era, tal como le había ordenado
Mardoqueo, pues ella obedecía a Mardoqueo
como cuando vivía con él bajo su tutela.
21 En aquellos días, mientras Mardoqueo
se hallaba en la puerta real, Bigtán y Teres,
dos eunucos del rey que custodiaban la entrada, estaban descontentos y planeaban un
atentado contra el rey Asuero. 22 Al enterarse
del plan, Mardoqueo informó a la reina Ester, y ella, a su vez, le habló al rey por encargo de Mardoqueo. 23 Una vez investigado
el caso y confirmada la denuncia, los dos
eunucos fueron colgados de un patíbulo, y
el hecho fue consignado por escrito en el libro de las Crónicas, en presencia del rey.

Conflicto entre Mardoqueo y Amán

3 1 Un tiempo después, el rey Asuero
promovió a Amán, hijo de Hamdatá,
el agaguita, a la más alta dignidad, dándole un cargo más elevado que el de todos los
demás ministros que estaban con él. 2 Todos los servidores de la puerta real se arro-
dillaban e inclinaban la cabeza ante él,
porque así lo había ordenado el rey. Pero
Mardoqueo no se arrodillaba ni se postraba. 3 Entonces los servidores de la puerta
real preguntaron a Mardoqueo: «¿Por qué
desobedeces la orden del rey?». 4 Y como
todos los días le decían lo mismo, sin que
él les hiciera caso, lo denunciaron ante
Amán, para ver si él persistía en su actitud,
porque les había dicho que era judío.
5 Cuando vio que efectivamente Mardoqueo no se arrodillaba ni inclinaba la cabeza ante él, Amán se enfureció. 6 Pero le
pareció demasiado poco castigarlo a él solo. Como le habían informado a qué pueblo pertenecía, Amán trató de exterminar a
todos los de su raza, a todos los judíos que
vivían en el reino de Asuero.

Decreto real de exterminio

Est 9 24-26; Dn 3 8-12; Gn 41 42;
Dn 3 4-7; Jdt 2 5; Dn 3 11

7 El primer mes, que es el mes de Nisán,
en el duodécimo año del rey Asuero, se echó
el «Pur», es decir, la suerte, delante de Amán,
tomando día por día y mes por mes. Y la
suerte cayó en el día 13 del duodécimo mes,
o sea, el mes de Adar. 8 Amán dijo entonces
al rey Asuero: «En todas las provincias de tu
reino, hay un pueblo particular, disperso entre los otros pueblos y aislado de los demás.
Sus leyes son diferentes de las de los otros
pueblos, y ellos no cumplen las leyes reales.
Al rey no le conviene tolerarlos. 9 Si le parece
bien, se dará por escrito la orden de eliminarlos. Y yo depositaré diez mil talentos de
plata en las manos de los administradores,
para que ingresen en el tesoro real». 10 Entonces el rey se quitó el anillo de su dedo y
se lo dio a Amán, hijo de Hamdatá, el agaguita, enemigo de los judíos. 11 Luego le dijo:
«Puedes quedarte con el dinero, y haz con
ese pueblo lo que mejor te parezca».
12 El día 13 del primer mes fueron convocados los secretarios del rey, y tal como lo
había ordenado Amán, se redactó un escrito
dirigido a los prefectos reales, a los gobernadores de cada una de las provincias y a los jefes de cada pueblo, a cada provincia en su
propia escritura y a cada pueblo en su propia
lengua. Los escritos estaban redactados en
nombre del rey Asuero y sellados con el anillo real. 13 Luego los mensajeros llevaron estos documentos a todas las provincias del
rey, con la orden de matar, destruir y eliminar a todos los judíos, jóvenes y viejos, mujeres y niños, y de confiscar sus bienes. Esto
debía hacerse en un mismo día, el día 13 del
duodécimo mes, es decir, el mes de Adar.
13a *Esta es la copia de la carta: «El Gran Rey*
Artajerjes, a los gobernadores de las ciento
veintisiete provincias, desde la India hasta
Etiopía, y a los jefes de distrito bajo sus órde-
nes, les escribe lo siguiente:
13b *Aunque estoy al frente de numerosas na-*
ciones y soy el soberano de todo el mundo ha-
bitado, sin dejarme llevar por la arrogancia
que da el poder, sino gobernando siempre con
benevolencia y moderación, he tratado de ase-
gurar continuamente a mis súbditos una vida
sin inquietudes, de convertir el reino en un lu-
gar civilizado y próspero hasta sus últimos con-
fines, y de hacer que florezca la paz tan ansia-
da por todos los hombres.
13c *Ahora bien, al consultar a mis servidores*
sobre la manera de llevar a cabo este proyecto,
Amán, ese hombre que se destaca entre nosotros
por su prudencia, que ha dado pruebas cons-
tantes de sus buenos oficios y de su fidelidad in-
quebrantable, y que ha sido elevado a la segun-
da dignidad en el reino, 13d *nos ha advertido que*
mezclado entre los demás pueblos de la tierra
hay uno hostil, cuyas leyes se oponen a las de
cualquier otra nación; un pueblo que desobede-
ce constantemente las órdenes reales, y pone
obstáculos a la buena marcha del reino que no-
sotros dirigimos de manera irreprochable.
13e *Por eso, considerando que esta nación es la*
única que está en contra de todo el mundo, que
tiene leyes extrañas, que vive de manera diferente
de los demás, que es hostil a nuestros intereses, y
comete los peores crímenes, comprometiendo así la
estabilidad del reino, 13f *ordenamos que todas las*
personas indicadas por Amán, encargado de nues-
tros asuntos de Estado y nuestro segundo padre,
sean exterminadas de raíz por la espada de sus
enemigos, incluyendo a mujeres y niños, sin pie-
dad ni miramientos. Esto se hará el día 14 del
duodécimo mes, que es el mes de Adar, del pre-
sente año. 13g *Así, estos opositores de ayer y de hoy*
bajarán con violencia a la tumba en un mismo

día, y nosotros podremos en el futuro tener un go-
bierno estable y tranquilo».
14 Una copia del escrito sería promulgada
con fuerza de ley en cada provincia y comunicada a todos los pueblos, a fin de que estuvieran preparados para aquel día. 15 Los
mensajeros partieron de inmediato con la
orden del rey. El edicto también fue promulgado en la ciudadela de Susa. Mientras el rey
y Amán comían y bebían tranquilamente, en
la ciudad de Susa reinaba la consternación.

Intervención de Mardoqueo y Ester

Gn 45 7

4 1 Cuando Mardoqueo se enteró de lo
que había pasado, rasgó sus vestiduras, se puso un sayal, se cubrió de ceniza y
salió por la ciudad dando gritos de amargura. 2 Se detuvo frente a la puerta real, porque
nadie podía atravesarla vestido con esa ropa. 3 En cada provincia, a medida que iba
llegando la orden del rey y su decreto, había
una gran aflicción entre los judíos, que ayunaban, lloraban y se lamentaban. El sayal y
la ceniza sirvieron de lecho para muchos.
4 Las doncellas y los eunucos de Ester
fueron a comunicárselo, y la reina se estremeció de angustia. Luego envió ropa a
Mardoqueo para que se quitara el sayal y se
vistiera, pero él no quiso hacerlo. 5 Entonces Ester llamó a Hatac, uno de los eunucos que el rey había puesto a su servicio, y
lo mandó a hablar con Mardoqueo para
averiguar qué pasaba y por qué hacía eso.
6 Hatac salió a ver a Mardoqueo, que estaba en la plaza de la ciudad, frente a la puerta
real. 7 Mardoqueo lo puso al tanto de lo que
sucedía y de la suma de dinero que Amán
había prometido entregar al tesoro real por
el exterminio de los judíos. 8 También le dio
una copia del decreto que se había promulgado en Susa ordenando el exterminio, para
que se lo mostrara a Ester y lo informara de
todo, ordenándole que se presentara ante el
rey para interceder por su pueblo y suplicarle clemencia. 8a *Mardoqueo mandó decir a Ester:*
«Acuérdate de cuando eras pobre y pequeña, y re-
cibías de mi mano alimento. Porque Amán, el
primero en dignidad después del rey, ha hablado
contra nosotros para eliminaros. ¡Invoca al Se-
ñor, háblale al rey a favor nuestro y líbranos de la
muerte!».
9 Hatac informó a Ester de lo que le había dicho Mardoqueo. 10 Entonces ella le
ordenó que fuera a decir a Mardoqueo:
11 «Todos los servidores del rey y el pueblo
de las provincias del reino saben que hay
una ley que condena a muerte a cualquier
hombre o mujer que se presente ante el rey
en el patio interior, sin haber sido llamado, a menos que el rey extienda hacia él su
cetro de oro para perdonarle la vida. Y yo
desde hace treinta días que no he sido llamada a la presencia del rey».
12 Cuando informaron a Mardoqueo de
lo que había dicho Ester, 13 mandó que le
respondieran: «No te imagines que por estar en la casa del rey vas a ser la única en
escapar con vida entre los judíos. 14 Si te
quedas callada en este preciso momento,
¿acaso vendrá de otra parte el alivio y la liberación a los judíos? Tú y la casa de tu padre desaparecerán. ¡Quién sabe si no has
llegado a ser reina precisamente para una
ocasión como esta!».
15 Ester mandó responder a Mardoqueo:
16 «Ve a reunir a todos los judíos que están en
Susa, y ayunen por mí. No coman ni beban

Las mujeres calladas en la Biblia

«Mardoqueo se retiró e hizo lo que Ester le había ordenado» (Est 4 17). ¡Qué sorpresa escuchar que un hombre del mundo antiguo obedezca órdenes de una mujer!

Ester, como Judit, tiene un papel excepcional en el Antiguo Testamento. Otras mujeres importantes, como la hija de Jefté; la madre de Sansón y la esposa de Job, no son nombradas. Aun Sara, Rebeca, Raquel, Miriam y Betsabé, que fueron famosas, ejercen un papel secundario, y tuvieron que valerse de influencias o estrategias indirectas para obtener lo que se propusieron.

En la cultura hebrea, una mujer se definía por su relación con los hombres. Antes del matrimonio, estaba al cuidado del padre. Al casarse dejaba la familia paterna y se unía a la de su esposo. Si este moría, permanecía con la familia del marido para criar a sus hijos; si no tenía hijos, debía casarse con su cuñado (ley de levirato).

Hoy en día se procura destacar la voz de las mujeres silenciadas y olvidadas en la Biblia. Más y más personas encuentran la presencia femenina en las historias bíblicas. Todos —hombres y mujeres— podemos beneficiarnos al escuchar las voces de las mujeres bíblicas, que han sido ignoradas por tantos siglos. Lee el libro de Ester y nota su transformación de una mujer débil y miedosa en una mujer que se lo juega todo por salvar la vida de sus hermanos israelitas.

Est 4 1-17

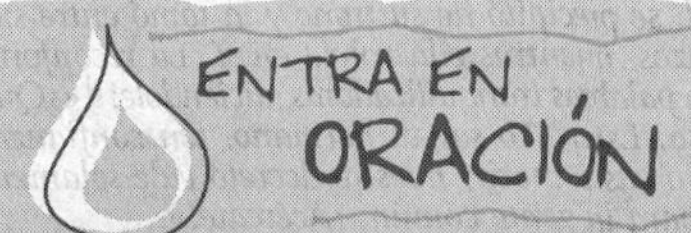

Oración en la angustia

Ora con Mardoqueo, quien defiende a su pueblo y recuerda a Dios su poder liberador; con Ester, quien se prepara con tres días de oración, pidiendo fuerza para ella y su pueblo.

Señor Dios, rey omnipotente, todo está en tus manos. En nuestro miedo y angustia clamamos desde el fondo del corazón y nos abrimos a tu salvación.

Confiamos en ti, Señor. Fortalécenos en las horas de angustia y danos valor para colaborar con tu obra de salvación.

Gracias, Señor, por estar presente en nuestra vida. Tú conoces nuestros sufrimientos y los de los demás. Te pedimos que todos sintamos tu presencia y tu amor.

¡Dios poderoso! Oye la voz de los que no tienen esperanza, líbranos del poder de los malvados y quítanos el miedo.

Est 4 17

durante tres días, ni de día ni de noche. Yo
también ayunaré junto con mis servidoras.
Luego me presentaré al rey, por más que sea
en contra de la ley. Y si es necesario que
muera, moriré». 17 Mardoqueo se retiró e hizo lo que Ester le había ordenado.

La oración de Mardoqueo

Jdt 16 14; Is 41 10-16; 2 Re 19 15; Is 45 21-26; Ex 3 6; Dt 9 5; Sal 6 6; Is 38 18-20

17a *Entonces Mardoqueo, recordando todas*
las obras del Señor, le dirigió esta oración:

17b *«Señor, Señor, Rey todopoderoso,*
todo está sometido a tu poder
y no hay nadie que pueda oponerse a ti
si tú quieres salvar a Israel.
17c *Porque tú has hecho el cielo y la tierra*
y todas las maravillas que hay bajo el cielo;
17d *tú eres el Señor de todas las cosas,*
y no hay nadie que te resista, Señor.
17e *Tú lo conoces todo, y sabes muy bien, Señor,*
que no ha sido por arrogancia,
ni por soberbia o amor propio,
que yo me negué a postrarme
ante el orgulloso Amán.
17f *De buena gana le besaría la planta de los pies*
por la salvación de Israel.
17g *Si yo hice esto,*
fue para no poner la gloria de un hombre
por encima de la gloria de Dios.
No, no me postraré ante nadie
sino solo ante ti, Señor,
y esto no lo hago por soberbia.
17h *Ahora, Señor, Dios y Rey,*
Dios de Abraham,
perdónale la vida a tu pueblo,
porque están buscando cómo destruirnos
ansían exterminar la heredad
que ha sido tuya desde siempre.
17i *No menosprecies tu porción escogida,*
la que has rescatado para ti del país de Egipto.
17j *Escucha mi plegaria,*
muéstrate propicio con tu heredad,
cambia nuestro duelo en alegría,
para que vivamos y cantemos himnos
a tu Nombre, Señor.
¡No hagas enmudecer la boca
de los que te alaban!».

17k *Mientras tanto, Israel clamaba con todas*
sus fuerzas, porque veían que su muerte era in-
minente.

La oración de Ester

Dt 6 20-25; 7 6; Jue 2 6; Sal 136 2; 95 3; Dn 4 27; 11 36; Lv 15 19-30

17l *La reina Ester, presa de una angustia mor-*
tal, también buscó refugio en el Señor. 17m *Se*
despojó de sus vestidos lujosos y se puso ropa de
aflicción y de duelo. En lugar de los perfumes re-
finados, se cubrió la cabeza de ceniza y basura.
Mortificó su cuerpo duramente y dejó caer sus
cabellos enmarañados sobre aquel cuerpo que
antes se complacía en adornar. 17n *Luego oró al*
Señor, Dios de Israel, diciendo:

«¡Señor mío, nuestro Rey, tú eres el Único!
Ven a socorrerme, porque estoy sola,
no tengo otra ayuda fuera de ti
y estoy expuesta al peligro.
17ñ *Yo aprendí desde mi infancia,*
en mi familia paterna,
que tú, Señor, elegiste a Israel
entre todos los pueblos,
y a nuestros padres entre todos sus antepasados,
para que fueran tu herencia eternamente.
¡Y tú has hecho por ellos
lo que habías prometido!
17o *Ahora nosotros hemos pecado contra ti,*
y tú nos entregaste en manos
de nuestros enemigos,
porque hemos honrado a sus dioses.
¡Sí, tú eres justo, Señor!
17p *Pero ellos no se contentaron*
con someternos a una dura esclavitud,
sino que hicieron un pacto con sus ídolos
para anular lo que tu boca había decretado,
para hacer que desaparezca tu heredad
y cerrar la boca de los que te alaban,
extinguiendo la gloria de tu Casa y de tu Altar,
17q *y para abrir, en cambio,*
la boca de las naciones,
a fin de que celebraran a los ídolos vanos
y admiraran eternamente a un rey mortal.

17r *No entregues tu cetro, Señor,*
a los que no son nada.
¡Que no se burlen de nuestra ruina!
Haz que sus planes se vuelvan contra ellos
y castiga de manera ejemplar
a aquel que comenzó a atacarnos.
17s *¡Acuérdate, Señor, y manifiéstate*
en el momento de nuestra aflicción!
Y a mí, dame valor, Rey de los dioses
y Señor de todos los que tienen autoridad.
17t *Coloca en mis labios palabras armoniosas*
cuando me encuentre delante del león,
y cámbiale el corazón
para que deteste al que nos combate
y acabe con él y con sus partidarios.
17u *¡Líbranos de ellos con tu mano*
y ven a socorrerme, porque estoy sola
y no tengo a nadie fuera de ti, Señor!
17v *Tú, que lo conoces todo,*
sabes que yo detesto la gloria de los impíos
y me horroriza el lecho de los incircuncisos
y el de cualquier extranjero.
17w *Tú sabes que estoy aquí por necesidad;*
yo aborrezco la insignia fastuosa
que ciñe mi frente cuando aparezco en público:
la aborrezco como un trapo ensangrentado,
y nunca la uso cuando estoy a solas.
17x *Tu servidora no ha comido*
en la mesa de Amán,
no he sentido estima por los banquetes del rey
ni he bebido el vino de las libaciones.
17y *Tu servidora no encontró la felicidad*
desde que cambió de condición
hasta el presente,
a no ser junto a ti, Señor, Dios de Abraham.
17z *¡Dios, que tienes poder sobre todos,*
oye la voz de los desesperados.
Líbranos de las manos de los perversos
y líbrame a mí de todo temor!».

Ester ante el rey Asuero

5 1a *Al tercer día, una vez que terminó de*
orar, Ester se quitó su ropa de penitente y
se atavió con todo lujo. 1b *Así, deslumbrante de*
hermosura, invocó a Dios que vela por todos y
los salva. Luego tomó consigo a las dos damas de
compañía 1c *y se apoyó delicadamente sobre una*
de ellas, 1d *mientras la otra la seguía sosteniendo*
el ruedo de su vestido. 1e *Ella iba radiante, en el*
apogeo de su belleza, con el rostro sonriente co-
mo una enamorada, aunque su corazón estaba
oprimido por el temor. 1f *Después de atravesar to-*
das las puertas, se detuvo delante del rey. Él es-
taba sentado en su trono real, revestido con to-
dos los atuendos de sus ceremonias públicas,
cubierto de oro y piedras preciosas, e inspiraba
un gran terror. 1g *Entonces alzó su rostro encen-*
dido de majestad y, en un arrebato de ira, lanzó
una mirada fulminante. La reina se sintió des-
vanecer: débil como estaba, cambió de color y
reclinó su cabeza sobre la dama de honor que la
precedía. 1h *Pero Dios cambió el espíritu del rey*
y lo movió a la mansedumbre. Lleno de inquie-
tud, se precipitó de su trono y la tomó entre sus
brazos, mientras ella volvía en sí. La reconfortó
con palabras tranquilizadoras, diciéndole: 1i *«¿Qué*
pasa, Ester? Yo soy tu hermano, ten confianza.
1j *No vas a morir; nuestro decreto vale solamen-*
te para la gente común. ¡Acércate!».
2 Al ver a la reina Ester, que estaba de pie en
el patio, el rey la miró con benevolencia y extendió hacia ella el cetro de oro que tenía en
la mano. Entonces Ester se acercó y tocó la
punta del cetro. 2a *Luego alzó el cetro de oro y lo*
puso sobre el cuello de Ester, la besó y le dijo: «Há-
blame». 2b *Ella le respondió: «Yo te vi, señor, co-*
mo a un ángel de Dios, y mi corazón se estreme-
ció de temor ante tu majestad. 2c *Porque tú eres*
admirable, señor, y tu rostro está lleno de fascina-
ción». 2d *Pero mientras ella hablaba, se desvaneció*
a causa de su debilidad. 2e *El rey estaba descon-*
certado y todo su séquito trataba de reanimarla.

Primer banquete de Ester

Est 7 2; 9 12; Mc 6 23

3 El rey dijo a Ester: «¿Qué tienes, reina Ester? ¿Qué es lo que quieres? ¡Te daré incluso
la mitad de mi reino!». 4 Ester respondió: «Si
al rey le parece bien, venga hoy con Amán al
banquete que he preparado en su honor».
5 Entonces el rey ordenó: «¡Avisen inmediatamente a Amán que acepte la invitación de Ester!». El rey fue con Amán al banquete preparado por Ester 6 y, en el momento de brindar,
le dijo: «¿Qué es lo que pides, Ester? Lo que
sea, te será concedido. ¿Qué es lo que quieres? Aunque sea la mitad de mi reino, lo tendrás». 7 Ester respondió: «¿Sabes cuál es mi petición y mi deseo? 8 Si el rey me ha concedido
su favor, y si a él le parece bien acceder a mi
pedido y complacer mi deseo, que venga con
Amán al banquete que les voy a preparar, y
mañana responderé a la pregunta del rey».

Amán proyecta ahorcar a Mardoqueo

9 Amán había salido aquel día contento y
de buen humor. Pero al ver en la puerta real
a Mardoqueo, que no se levantaba ni se movía ante él, se llenó de furor. 10 Sin embargo,
se contuvo y se fue a su casa. Luego mandó
buscar a sus amigos y a Zeres, su mujer, 11 y
les estuvo hablando del esplendor de sus riquezas, de sus muchos hijos y de lo que el
rey había hecho para engrandecerlo, elevan-
dolo por encima de los demás ministros y
servidores de la corte. 12 Luego Amán añadió:
«Además, la reina Ester preparó y me invitó
hoy a un banquete a mí solo con el rey. Y
también mañana seré su invitado en compañía del rey. 13 Pero todo esto no significa nada para mí, mientras vea a ese judío Mardoqueo sentado en la puerta real».
14 Entonces Zeres, su mujer, y todos sus
amigos le dijeron: «¿Por qué no mandas a
construir una horca de veinticinco metros,
y mañana por la mañana le dices al rey que

cuelguen allí a Mardoqueo? Así irás contento al banquete con el rey». La propuesta agradó a Amán e hizo levantar la horca.

Los honores tributados a Mardoqueo

Est 2 21-23; Gn 41 42-44; Dn 5 29

6 1 Aquella noche, como el rey no podía conciliar el sueño, mandó que le trajeran el libro de las Memorias o Crónicas, para que se lo leyeran en su presencia. 2 Allí constaba por escrito como Mardoqueo había denunciado a Bigtán y a Teres, los dos eunucos del rey guardianes de la entrada, que habían atentado contra el rey Asuero. 3 El rey preguntó: «¿Qué honor o distinción se le otorgó a Mardoqueo a causa de esto?». «No se le dio nada», respondieron los cortesanos que estaban a su servicio.

4 Luego el rey preguntó: «¿Quién anda por el patio?». En ese momento, Amán llegaba al patio exterior del palacio, para pedir al rey que colgara a Mardoqueo de la horca que había hecho preparar para él. 5 Los cortesanos dijeron al rey: «Es Amán el que está en el patio». «¡Que entre!», ordenó el rey. 6 Apenas entró Amán, el rey le preguntó: «¿Cómo habría que tratar a un hombre a quien el rey quiere honrar?". Amán pensó entonces: «¿Hay alguien a quien el rey quiera honrar más que a mí?». 7 Y dijo al rey: «Si hay alguien a quien el rey quiera honrar, 8 que traigan una vestidura real usada por el rey y un caballo que él ha montado, y que pongan en la cabeza de la cabalgadura una diadema real. 9 Entregarán la vestidura y el caballo a un alto funcionario real, para que él mismo vista al hombre a quien el rey quiere honrar; luego lo paseará a caballo por la calle principal de la ciudad, proclamando delante de él: "Así es tratado el hombre a quien el rey quiere honrar"».

10 Entonces el rey dijo a Amán: «Toma enseguida la vestidura y el caballo, tal como lo has indicado, y haz eso mismo con Mardoqueo, el judío que está sentado en la puerta real. No omitas nada de lo que has dicho». 11 Amán tomó la vestidura y el caballo, vistió a Mardoqueo y lo paseó por la calle principal de la ciudad, proclamando delante de él: «Así es tratado el hombre a quien el rey quiere honrar».

12 Luego Mardoqueo volvió a la puerta real, mientras Amán regresaba precipitadamente a su casa, dolorido y tapándose la cara de vergüenza. 13 Amán contó a Zeres, su mujer, y a todos sus amigos lo que había pasado. Entonces sus consejeros y Zeres, su mujer, le dijeron: «Si ese Mardoqueo, ante quien has comenzado a caer, pertenece a la raza de los judíos, no podrás derrotarlo; caerás irremediablemente ante él». 14 Todavía estaban hablando con Amán, cuando llegaron los eunucos del rey, y lo llevaron rápidamente al banquete que había preparado Ester.

Segundo banquete de Ester

Est 3 8-9

7 1 El rey y Amán fueron al banquete con la reina Ester. 2 Aquel segundo día, en el momento de brindar, el rey volvió a decir a Ester: «¿Qué es lo que deseas pedir, reina Ester? Lo que sea, te será concedido. ¿Qué es lo que quieres? Aunque sea la mitad del reino, lo tendrás». 3 La reina Ester tomó la palabra y dijo: «Rey, si estás dispuesto a hacerme un favor y si esto es lo que te agrada, mi petición es que me concedas la vida, y mi deseo es que perdones a mi pueblo. 4 Porque mi pueblo y yo hemos sido elegidos para ser exterminados, muertos y aniquilados. Si hubiéramos sido vendidos como esclavos y esclavas me habría callado, ya que esa desgracia no habría perjudicado tanto al rey».

5 El rey Asuero tomó la palabra y dijo a la reina Ester: «¿Quién es y dónde está el que ha concebido semejante cosa?». 6 Ester respondió: «¡El enemigo y adversario es ese miserable de Amán!». Amán quedó aterrorizado ante el rey y la reina.

Muerte de Amán

7 El rey se levantó enfurecido del banquete y se retiró hacia el jardín del palacio. Mientras tanto Amán, dándose cuenta de que el rey estaba por decidir su muerte, se quedó para implorar por su vida a la reina Ester. 8 Cuando el rey volvió del jardín del palacio a la sala del banquete, Amán se había dejado caer sobre el lecho donde se recostaba Ester. Entonces el rey exclamó: «¡Y todavía se atreve a violar a la reina estando yo en la casa!». El rey dio una orden, y se abalanzaron sobre Amán y le taparon el rostro. 9 Jarboná, uno de los eunucos, dijo en presencia del rey: «Precisamente en casa de Amán se ha instalado una horca de veinticinco metros; él mismo lo hizo levantar para Mardoqueo, aquel que salvó al rey con su denuncia». El rey ordenó: «¡Cuélguenlo allí!». 10 Así colgaron a Amán del patíbulo que él había preparado para Mardoqueo, y se calmó la furia del rey.

Reivindicación de los judíos

Prov 11 8; 26 27; Mt 7 2; Dn 2 48-49

8 1 Ese mismo día, el rey Asuero entregó a la reina Ester todas las posesiones de Amán, el opresor de los judíos, y Mardoqueo fue presentado al rey, porque Ester le había revelado el lazo de parentesco que tenía con ella. 2 El rey se sacó el anillo que le había retirado a Amán y se lo dio a Mardoqueo, y Ester puso a este al frente de todas las posesiones de Amán.

3 Luego Ester habló de nuevo en presencia del rey. Cayó a sus pies, lloró y le suplicó que anulara los planes perversos que Amán, el agaguita, había maquinado contra los judíos. 4 El rey tendió hacia Ester el cetro de

oro. Ella se levantó, permaneció de pie en presencia del rey [5] y dijo: «Si al rey le parece bien y quiere hacerme un favor, si lo juzga conveniente y está contento conmigo, haga revocar por escrito los documentos que Amán, hijo de Hamdatá, el agaguita, concibió y escribió para eliminar a los judíos de todas las provincias del rey. [6] ¿Cómo podré resistir, al ver la desgracia que caerá sobre mi pueblo? ¿Cómo podré ser testigo de la desaparición de mi estirpe?». [7] El rey Asuero dijo entonces a la reina Ester y a Mardoqueo, el judío: «Ya ven que he mandado a ahorcar a Amán por haber atentado contra los judíos, y he dado a Ester todas las posesiones de Amán. [8] Ahora ustedes escriban lo que mejor les parezca en favor de los judíos. Háganlo en nombre del rey y sellen el escrito con el anillo real, porque un documento escrito en nombre del rey y sellado con el anillo real no puede ser revocado». [9] Los secretarios del rey fueron convocados en aquel mismo momento, el día 23 del tercer mes, que es el mes de Siván, y tal como lo ordenó Mardoqueo, se redactó un documento dirigido a los judíos, a los prefectos, a los gobernadores y jefes de las ciento veintisiete provincias, desde la India hasta Etiopía, a cada una en su propia escritura y a cada pueblo en su propia lengua, y también a los judíos en su escritura y su lengua. [10] Los escritos estaban redactados en nombre del rey Asuero y sellados con el anillo real, y se los envió por medio de mensajeros a caballo, montados en corceles de pura sangre de las caballerizas del reino. [11] El decreto real concedía permiso a los judíos, en cualquier ciudad donde estuvieran, a organizarse y defender sus vidas, a destruir, matar y eliminar, incluyendo a los niños y mujeres, y también a saquear los bienes de toda la gente armada de cualquier provincia o pueblo que los atacara. [12] Para esto se fijó una fecha en todas las provincias del rey Asuero: el día 13 del duodécimo mes, es decir, el mes de Adar.

Nuevo decreto real

[12a] *El texto siguiente es una copia de la carta:*

[12b] *«El Gran Rey Artajerjes a los gobernadores de provincia de las ciento veintisiete regiones, desde la India hasta Etiopía, a los que se preocupan de nuestros intereses, ¡salud!*

[12c] *Hay muchos que, cuanto más frecuentes son los honores que reciben de la extrema generosidad de sus bienhechores, tanto más se dejan llevar por el orgullo. Y no solo tratan de perjudicar a nuestros súbditos sino que también, no pudiendo contener su insolencia, conspiran contra sus mismos bienhechores.* [12d] *No les basta con suprimir los sentimientos de gratitud entre los hombres, sino que, exaltados por los aplausos de los que ignoran el bien, se imaginan que escaparán a Dios, que todo lo ve, y a su justicia, que detesta el mal.* [12e] *Así, con frecuencia, muchos de los que tienen autoridad, bajo la presión de ciertos amigos a quienes habían confiado la administración de los asuntos de estado, se han hecho cómplices del asesinato de inocentes y se han visto envueltos en males irremediables,* [12f] *porque los sofismas falaces de una mentalidad perversa engañaron la absoluta buena fe de los soberanos.*

[12g] *Esto se puede comprobar, sin necesidad de remontarnos a historias que nos llegan del pasado, examinando lo que acontece ante nuestros ojos: ¡cuántas impiedades han sido perpetradas por esta calaña de gobernantes indignos!* [12h] *Por eso vamos a tomar precauciones para el futuro, a fin de asegurar a todos los hombres la tranquilidad y la paz del reino,* [12i] *efectuando los cambios oportunos y juzgando siempre con actitud ecuánime los asuntos que se nos presenten.*

[12j] *Ahora bien, Amán, hijo de Hamdatá, un macedonio, extraño a la sangre de los persas y desprovisto por completo de nuestra generosidad, después de ser recibido entre nosotros como huésped,* [12k] *se benefició con los sentimientos de humanidad que manifestamos hacia cualquier nación, hasta el punto de ser llamado nuestro «padre» y de ver que todo el mundo se postraba ante él, porque había obtenido el segundo lugar en el reino.* [12l] *Pero él no fue capaz de moderar su soberbia, e intentó arrebatarnos el poder y la vida.* [12m] *Con toda clase de argucias, reclamó la pena de muerte para Mardoqueo, nuestro salvador y constante bienhechor, para Ester, nuestra irreprochable consorte real, y para su nación entera.* [12n] *Así él pensaba dejarnos aislados y entregar a los macedonios el imperio de los persas.*

[12ñ] *Pero nosotros hemos hallado que los judíos, condenados al exterminio por ese hombre tres veces criminal, no son malhechores. Al contrario, se gobiernan con las leyes más justas,* [12o] *y son hijos del Altísimo, del gran Dios viviente, que para nuestro bien, como antes para el de nuestros antepasados, conserva el reino en el estado más floreciente.*

[12p] *Por lo tanto, no deben tener en cuenta las cartas enviadas por Amán, hijo de Hamdatá, ya que su autor ha sido colgado ante las puertas de Susa con toda su familia. Dios, el soberano de todas las cosas, le ha infligido así el rápido castigo que merecía.* [12q] *Además, deben fijar en todo lugar público una copia de esta carta, y deben permitir que los judíos vivan de acuerdo con sus costumbres. También los ayudarán a defenderse de quienes traten de atacarlos el día fijado para su destrucción, el 13 del duodécimo mes llamado de Adar.* [12r] *Porque Dios, que tiene todas las cosas bajo su poder, ha hecho de esa fecha, no un día de exterminio, sino de alegría para todo el pueblo elegido.* [12s] *En cuanto a ustedes, los judíos, celebrarán gozosamente este día memorable como una de sus fiestas solemnes, a fin de que, ahora y en el futuro, sea una prenda de salvación para nosotros y para los persas de buenos*

sentimientos. Pero para los que conspiran contra nosotros sea el memorial de su perdición.

12t *Cualquier ciudad o provincia en general que no obre de acuerdo con estas normas, será arrasada sin piedad a sangre y fuego. No solo quedará inhabitable para los hombres, sino que hasta las fieras salvajes y los pájaros le tendrán repulsión para siempre».*

La alegría de los judíos

13 Una copia del decreto debía ser promulgada con fuerza de ley en cada provincia y comunicada a todos los pueblos, de manera que los judíos estuvieran preparados aquel día para vengarse de sus enemigos. 14 De inmediato, por orden del rey, partieron a toda velocidad los mensajeros montados en los caballos de las caballerizas reales, y el decreto fue promulgado también en la ciudadela de Susa. 15 Mardoqueo salió de la presencia del rey llevando una vestidura real de púrpura violeta y lino blanco, una gran corona de oro y un manto de lino fino y escarlata. En la ciudad de Susa resonaban los gritos de alegría. 16 Y para los judíos todo era luz y alegría, regocijo y honor. 17 En cada provincia y en cada ciudad, a medida que iba llegando la orden del rey y su decreto, los judíos se sentían desbordantes de gozo y alegría, y celebraban banquetes y fiestas. Y muchos habitantes del país se hicieron judíos, por temor a ellos.

Victoria de los judíos contra sus enemigos

Jdt 15 6-7.11

9 1 El 13 del duodécimo mes, que es el mes de Adar, día en que se debía ejecutar la orden del rey y su decreto, cuando los enemigos de los judíos esperaban dominarlos, se produjo un cambio de situación. De hecho, fueron los judíos los que se impusieron sobre sus enemigos. 2 Ellos se reunieron en sus respectivas ciudades, en todas las provincias del rey Asuero, para atacar a los que buscaban su ruina. Nadie les opuso resistencia, porque el temor a los judíos se había apoderado de todos los pueblos. 3 Todos los jefes de las provincias, los prefectos, los gobernadores y los funcionarios del rey les prestaron su apoyo, porque el temor a Mardoqueo se había apoderado de ellos, 4 ya que este ocupaba un alto cargo en el palacio real, su fama se extendía por todas las provincias, y cada vez era más poderoso.

5 Los judíos pasaron al filo de la espada a todos sus enemigos. Fue una verdadera masacre, un exterminio. Trataron como quisieron a los que los odiaban, 6 y en la ciudadela de Susa mataron y exterminaron a 500 hombres. 7 Acabaron también con Parsandata, Dalfón, Aspata, 8 Porata, Adalías, Aridata, 9 Parmasta, Arisai, Aridai y Vaisata, 10 los diez hijos de Amán, hijo de Hamdatá, el opresor de los judíos. Los mataron, pero no recogieron ningún botín.

Por qué se celebra la fiesta de los *Purim* los días 14 y 15

11 Ese mismo día el rey se enteró del número de los que habían muerto en la ciudadela de Susa, 12 y dijo a la reina Ester: «En la ciudadela de Susa, los judíos mataron y exterminaron a 500 hombres y a los diez hijos de Amán. ¡Qué no habrán hecho en el resto de las provincias reales! Dime si quieres algo más, y te lo daré. ¿Qué otra cosa deseas? Se hará lo que tú digas». 13 Ester respondió: «Si al rey le parece bien, permita que los judíos de Susa puedan actuar también mañana prorrogando el decreto que era válido solo para hoy, y que los hijos de Amán sean colgados del patíbulo». 14 El rey ordenó que así se hiciera: en Susa se prorrogó el decreto, y los diez hijos de Amán fueron colgados. 15 Así, los judíos de Susa se reunieron una vez más el día 14 del mes de Adar y mataron allí a 300 hombres, pero no recogieron ningún botín.

¿SABÍAS QUE...?

Purim significa «suertes»

Aparentemente el libro de Ester justifica la venganza. Lee el capítulo nueve, pero, antes de llegar a conclusiones, recuerda que no es una historia real, sino una historia que trata de resaltar la protección de Dios a su pueblo.

Según la visión hebrea, la liberación quedaría incompleta sin el castigo a los enemigos, el cual se identifica con el cambio radical de los *Purim* o las suertes. Dios estableció una suerte para su pueblo y otra para sus enemigos. La fiesta de los *Purim* es una celebración anual al final del invierno. En ella se intercambian regalos y se comparten alimentos en honor de la acción liberadora de Dios.

Ester expresa la fuerza escondida de quien se confía a Dios. La vida renace, la alegría vuelve al pueblo gracias a las palabras y acción de una mujer. Ester es signo vivo de esperanza. Devuelve el deseo de vivir a un pueblo devastado y descubre la vida en las sombras de la muerte.

Ora con el Salmo 126 y agradece la intervención de Dios en tu vida.

Est 9

[16] En cuanto a los demás judíos de las provincias reales, también se reunieron para defender sus vidas y así se libraron de los ataques de sus adversarios. Ellos mataron a 75 000 entre sus enemigos, pero no recogieron ningún botín. [17] Esto sucedió el día 13 del mes de Adar; el 14 descansaron y celebraron ese día con banquetes y alegría. [18] Pero los judíos de Susa, que se habían concentrado el 13 y el 14, descansaron el día 15 y lo festejaron con banquetes y alegría. [19] Por eso los judíos de las zonas rurales celebran el día 14 del mes de Adar como un día de alegría, de banquetes y fiesta, y en él se envían regalos unos a otros, [19a] *mientras que los que viven en las ciudades celebran el día 15 enviándose recíprocos regalos.*

Institución de la fiesta

Est 3 7; 6 5-13; 9 23-26

[20] Mardoqueo consignó estas cosas por escrito y envió cartas a todos los judíos de las provincias del rey Asuero, tanto a los que estaban cerca como a los más alejados. [21] En ellas disponía que celebraran cada año el 14 y el 15 del mes de Adar, [22] por ser esos los días en que los judíos habían quedado libres de sus enemigos, y por ser ese el mes en que la aflicción se les había cambiado en alegría y el duelo en un día de fiesta. Por eso debían festejarlos como días de banquetes y alegría, enviarse regalos unos a otros y ofrecer donativos a los pobres.

[23] Los judíos convirtieron en una tradición esta fiesta ordenada por Mardoqueo, [24] porque Amán, hijo de Hamdatá, el agaguita, el opresor de todos los judíos, había proyectado eliminar a los judíos y había echado el «Pur», es decir, la suerte, con el fin de arruinarlos y eliminarlos. [25] Pero, cuando se presentó ante el rey, este ordenó por escrito que recayera sobre la cabeza de Amán el plan perverso que había concebido contra los judíos, y lo colgaron de la horca a él y a sus hijos. [26] Por eso estos días son llamados «Purim», de la palabra «Pur». Según el contenido de aquella carta, y por lo que habían visto y les había sucedido, [27] los judíos instituyeron para ellos mismos, para sus descendientes y para todos sus adeptos, la tradición irrevocable de celebrar anualmente esos dos días, según lo dispuesto en aquel escrito y en la fecha fijada.

[28] Estos días son conmemorados y celebrados de generación en generación, en cada familia, en cada provincia y en cada ciudad. Y estos días de «Purim» nunca dejarán de ser festejados entre los judíos, ni se borrará su recuerdo entre sus descendientes.

[29] La reina Ester, hija de Abijáil, y Mardoqueo, el judío, escribieron urgiendo el cumplimiento de esta segunda carta relativa a los «Purim». [30] Se mandaron cartas a todos los judíos de las ciento veintisiete provincias del rey Asuero, con saludos y expresiones de lealtad, [31] para instituir estos días de los «Purim», en las fechas fijadas, como lo habían ordenado Mardoqueo el judío, y la reina Ester, y como lo habían establecido para sí mismos y para sus descendientes, con algunas cláusulas sobre ayunos y lamentaciones.

[32] Así, la orden de Ester confirmó la institución de los «Purim», y esto quedó consignado por escrito.

Elogio de Mardoqueo

10 [1] El rey Asuero impuso un tributo al continente y a las islas del mar. [2] Por lo demás, todo lo concerniente a las hazañas del rey y a su valor, y el relato detallado de la alta dignidad que confirió a Mardoqueo, ¿no está escrito en el libro de las Crónicas de los reyes de Media y de Persia? [3] Porque Mardoqueo, el judío, era el segundo después del rey Asuero. Los judíos lo consideraban un gran hombre y era amado por la multitud de sus hermanos. Él procuraba el bienestar de su pueblo y promovía la felicidad de toda su estirpe.

Interpretación del sueño de Mardoqueo

Est 1 a-k

[3a] *Mardoqueo decía: «¡Todo esto proviene de Dios!* [3b] *Yo recuerdo el sueño que tuve acerca de esto y no se ha omitido un solo detalle.* [3c] *Había una pequeña fuente convertida en río, una luz, el sol y agua abundante. El río es Ester, a la que el rey tomó por esposa y convirtió en reina;* [3d] *los dos dragones somos Amán y yo;* [3e] *las naciones son las que se reunieron para hacer desaparecer el nombre de los judíos,* [3f] *y mi nación es Israel, que clamó a Dios y fue salvada. El Señor ha liberado a su pueblo; el Señor nos ha librado de todos esos males, y Dios hizo esos grandes signos y prodigios, como nunca sucedió entre las naciones.* [3g] *Por eso el Señor ha establecido dos suertes, una para el Pueblo de Dios y otra para todas las naciones paganas.* [3h] *Y cuando llegó la hora, el momento y el día en que había que juzgar a las todas naciones, y las dos suertes salieron delante de Dios,* [3i] *Él se acordó de su pueblo e hizo justicia a su herencia.* [3j] *Por eso estos días del mes de Adar, el 14 y el 15 de dicho mes, serán celebrados como días de asamblea, de gozo y alegría delante de Dios, a lo largo de todas las generaciones, en Israel, su pueblo».*

Posdata del traductor griego del libro

[3k] *El cuarto año del reinado de Tolomeo y de Cleopatra, Dositeo, que decía ser sacerdote y levita, y su hijo Tolomeo trajeron la presente carta acerca de los «Purim», declarando que era auténtica y que había sido traducida por Lisímaco, hijo de Tolomeo, uno de los habitantes de Jerusalén.*

Los campesinos que van a las ciudades, los indígenas que ven sus comunidades invadidas, las personas que tienen que emigrar a otros países en busca de una vida mejor..., todos experimentan un choque cultural que amenaza su identidad personal. Muchos defienden con valentía sus valores, su idioma y su fe. Los libros de los Macabeos relatan una dinámica similar: los Macabeos dirigen al pueblo judío en su lucha por mantener su fe y su cultura ante la imposición de la cultura griega. Su mensaje sigue siendo actual.

1 Y 2 MACABEOS

ESQUEMA

1 Macabeos

- **1 – 2.** La proscripción del judaísmo y el comienzo de la guerra santa
- **3 1 – 9 22.** La guerra de liberación bajo Judas Macabeo (166-160 a.C.)
- **9 23 – 12 53.** Jonatán
- **13 1 – 16 24.** Simón

2 Macabeos

- **1 – 2.** Cartas a los judíos de Egipto y prólogo del autor
- **3.** Historia de Heliodoro
- **4 – 7.** La persecución de Antíoco IV
- **8 – 15.** Historia de Judas Macabeo

DATOS

Período descrito
De 175 a 134 a.C.

Autor
Anónimo

Fecha de redacción
Entre 124 y 100 a.C.

Temas
Diferentes respuestas a la persecución. Condición del justo y el sufrimiento

Nota
1 y 2 Macabeos son libros deuterocanónicos (ver «¿Por qué la Biblia católica tiene más libros que otras Biblias?», p. 35)

PRESENTACIÓN

Israel estuvo bajo el poder persa de 538 a 333 a.C., en que Alejandro Magno constituye el imperio griego. Diez años después, al morir Alejandro, el imperio se divide entre los tolomeos y los seléucidas, y ambos se disputan el poder sobre Israel. Los tolomeos dominan primero y siguen respetando la autonomía religiosa de Israel, como habían hecho los persas y Alejandro.

Cuando los seléucidas toman el poder, tratan de imponer el humanismo griego, que valoraba al ser humano por encima de Dios. 1 y 2 Macabeos relatan esta época en que la fe de Israel peligra ante la abierta confrontación entre el judaísmo y el humanismo griego (175-134 a.C.). La familia de los Macabeos encarna el liderazgo y el sufrimiento de quienes trataron de seguir fieles a Dios y lucharon por mantener su fe y su cultura.

Los dos libros tratan los mismos acontecimientos, pero con un enfoque teológico distinto. El libro 1 trata de alentar a los judíos afirmando que Dios sigue activo en su historia, a pesar de sus pecados, y que su independencia religiosa depende de la política y los valores culturales. El libro 2 tiene como finalidad mantener viva la esperanza judía con el testimonio de la resistencia en la persecución. Destaca el valor del Templo, la Ley, el martirio de los justos y la retribución después de la muerte. Insiste en la fidelidad a Dios, pues él siempre hace justicia.

ORIENTE MEDIO EN TIEMPOS DE LOS MACABEOS

QUEMA DE LA LEY POR LOS GRIEGOS

REDEDICACIÓN DEL TEMPLO

LA PROSCRIPCIÓN DEL JUDAÍSMO Y EL COMIENZO DE LA GUERRA SANTA (167-166 a.C.)

Alejandro Magno y sus sucesores

1 1 Alejandro de Macedonia, hijo de Filipo, partió del país de Quitim, y después de derrotar a Darío, rey de los persas y
los medos, reinó en lugar de él, en primer lugar sobre la Hélade. 2 Libró muchas batallas,
conquistó plazas fuertes y dio muerte a reyes
de la tierra. 3 Avanzó hasta los confines del
mundo y saqueó una multitud de naciones.
La tierra enmudeció en su presencia y por eso
su corazón se ensoberbeció y se llenó de orgullo. 4 Reunió un ejército poderosísimo, y
sometió provincias, naciones y dinastías, que
le pagaron tributo. 5 Después cayó enfermo y,
comprendiendo que iba a morir, 6 convocó a
sus generales, a los nobles que se habían educado con él desde su juventud y, antes de su
muerte, repartió entre ellos su reino. 7 Alejandro murió después de reinar doce años, 8 y
sus generales se hicieron cargo del gobierno,
cada uno en su propia región. 9 Apenas murió, todos se ciñeron la corona, y sus hijos los
sucedieron durante muchos años, llenando
la tierra de calamidades.

Antíoco IV Epífanes y la helenización de Palestina

2 Mac 4 9-17

10 De ellos surgió un vástago perverso, Antíoco Epífanes, hijo del rey Antíoco, que había estado en Roma como rehén y subió al trono el
año ciento treinta y siete del Imperio griego.
11 Fue entonces cuando apareció en Israel un
grupo de renegados que sedujeron a muchos,
diciendo: «Hagamos una alianza con las naciones vecinas, porque desde que nos separamos
de ellas, nos han sobrevenido muchos males».
12 Esta propuesta fue bien recibida, 13 y algunos
del pueblo fueron enseguida a ver al rey y este
les dio autorización para seguir las costumbres
de los paganos. 14 Ellos construyeron un gimnasio en Jerusalén al estilo de los paganos, 15 disi-
mularon la marca de la circuncisión y, renegando de la santa alianza, se unieron a los paganos
y se entregaron a toda clase de maldades.

Campaña de Egipto y profanación del Templo

2 Mac 5 11-21

16 Cuando Antíoco se sintió seguro de su poder, proyectó apoderarse también de Egipto, para gobernar sobre ambos reinos. 17 Entonces en-

Forzados a tomar una postura definida

Israel mantuvo su autonomía cultural y religiosa durante casi cuatro siglos. Dirigía sus asuntos según las normas de la Torá y el *Consejo de Ancianos* o *sanedrín* resolvía las cuestiones legales, en particular las de índole religiosa. El sumo sacerdote era responsable del Templo y de aspectos administrativos de la ciudad, como el cuidado de los muros y los canales de agua. Cuando los seléucidas tomaron Palestina todo siguió igual hasta 175 a.C., en que Antíoco IV Epífanes profanó el Templo y quiso equiparar a Dios con Zeus. Impuso sus normas y sus dioses, y obligó a los judíos a pensar y vivir según los criterios del humanismo griego. Su intención era atacar el corazón de la cultura judía, para vencer la resistencia del pueblo a ser helenizado. ¡Curiosa manera de extender una cultura que exalta a la persona humana!

Los judíos tuvieron que elegir entre aceptar el paganismo o sufrir persecución. Muchos cayeron en la infidelidad; otros valientemente se mantuvieron leales a Dios.

1 Mac 1 10-40

tró en Egipto con un poderoso ejército, con carros, elefantes, caballería y una gran flota. [18] Allí
atacó a Tolomeo, rey de Egipto. Este retrocedió
ante él y huyó, dejando muchos muertos. [19] Antíoco ocupó las ciudades fortificadas de Egipto
y saqueó todo el país. [20] Después de derrotar a
Egipto, emprendió el camino de regreso, el año
ciento cuarenta y tres, y subió contra Israel, llegando a Jerusalén con un poderoso ejército.
[21] Antíoco traspasó arrogantemente en el
Santuario y se llevó el altar de oro, el candelabro con todas sus lámparas, [22] la mesa de los
panes de la ofrenda, los vasos para las libaciones, las copas, los incensarios de oro, el cortinado y las coronas, y arrancó todo el decorado de oro que recubría la fachada del Templo.
[23] Tomó también la plata, el oro, los objetos de
valor y todos los tesoros que encontró escondidos. [24] Cargó con todo eso y regresó a su país, después de haber causado una gran masacre y de haberse jactado insolentemente.
[25] Una gran consternación se extendió por
todo Israel.

[26] Gimieron los jefes y los ancianos,
languidecieron las jóvenes y los jóvenes,
la belleza de las mujeres se marchitó.
[27] El recién casado entonó un canto fúnebre;
sentada en el lecho nupcial,
la esposa estuvo de duelo.
[28] Tembló la tierra por sus habitantes,
y toda la casa de Jacob
se cubrió de vergüenza.

[29] Dos años después, el rey envió a las ciudades de Judá un recaudador de impuestos,
que se presentó en Jerusalén con un poderoso
ejército. [30] Él les habló amistosamente, pero
con la intención de engañarlos, y después que
se ganó su confianza, atacó sorpresivamente a
la ciudad y le asestó un terrible golpe, causando numerosas víctimas entre los israelitas.
[31] Luego saqueó la ciudad, la incendió, y arrasó
sus casas y la muralla que la rodeaba. [32] Sus
hombres tomaron prisioneros a las mujeres y
a los niños y se adueñaron del ganado. [33] Después, levantaron en torno a la Ciudad de David una muralla alta y resistente, protegida por
torres poderosas, y la convirtieron en su Ciudadela. [34] Allí establecieron un grupo de gente
impía, sin fe y sin ley, que se fortificó en ese lugar. [35] Lo proveyeron de armas y víveres, y depositaron allí el botín que habían reunido en
el saqueo de Jerusalén. Así se convirtieron en
una permanente amenaza.

[36] Esto llegó a ser una asechanza
para el Santuario,
una cruel y constante hostilidad para Israel.
[37] Derramaron sangre inocente
alrededor del Templo
y profanaron el Lugar santo.
[38] A causa de ellos, huyeron
los habitantes de Jerusalén
y la Ciudad se convirtió
en una colonia de extranjeros:
se volvió extraña
para los que nacieron en ella
y sus propios hijos la abandonaron.
[39] Su Santuario quedó devastado
como un desierto,
sus fiestas se transformaron en duelo,
sus sábados en motivo de burla
y su honor en desprecio.
[40] Tan grande fue su vergüenza
como lo había sido su gloria,
y su grandeza dio paso a la aflicción.

La persecución religiosa

2 Mac 6 1-11

[41] El rey promulgó un decreto en todo su reino, ordenando que todos formaran un solo
pueblo [42] y renunciaran a sus propias costumbres. Todas las naciones se sometieron a la orden del rey [43] y muchos israelitas aceptaron el
culto oficial, ofrecieron sacrificios a los ídolos
y profanaron el sábado. [44] Además, el rey envió
mensajeros a Jerusalén y a las ciudades de Judá, con la orden escrita de que adoptaran las

costumbres extrañas al país: 45 los holocaustos,
los sacrificios y las libaciones debían supri-
mirse en el Santuario; los sábados y los días
festivos debían ser profanados; 46 el Santuario
y las cosas santas debían ser mancillados; 47 debían construirse altares, recintos sagrados y
templos a los ídolos, sacrificando cerdos y
otros animales impuros; 48 los niños no debían
ser circuncidados y todos debían hacerse abominables a sí mismos con toda clase de impurezas y profanaciones, 49 olvidando así la Ley y
cambiando todas las prácticas. 50 El que no
obrara conforme a la orden del rey, debía morir. 51 En estos términos escribió a todo su reino. Además nombró inspectores sobre todo el
pueblo, y ordenó a las ciudades de Judá que
ofrecieran sacrificios en cada una de ellas.

52 Mucha gente del pueblo, todos los que
abandonaban la Ley, se unieron a ellos y causaron un gran daño al país, 53 obligando a Israel a esconderse en toda clase de refugios.
54 El día quince del mes de Quisleu, en el año
ciento cuarenta y cinco, el rey hizo construir
sobre el altar de los holocaustos la Abominación de la desolación. También construyeron
altares en todos las ciudades de Judá. 55 En las
puertas de las casas y en las plazas se quemaba incienso. 56 Se destruían y arrojaban al fuego los libros de la Ley que se encontraban, 57 y
al que se lo descubría con un libro de la
Alianza en su poder, o al que observaba los
preceptos de la Ley, se lo condenaba a muerte en virtud del decreto real. 58 Valiéndose de
su fuerza, se ensañaban continuamente contra los israelitas sorprendidos en contraven-
ción en las diversas ciudades. 59 El veinticinco
de cada mes, se ofrecían sacrificios en el ara
que se alzaba sobre el altar de los holocaustos. 60 A las mujeres que habían circuncidado
a sus hijos se las mataba, conforme al decreto, 61 con sus criaturas colgadas al cuello. La
misma suerte corrían sus familiares y todos
los que habían intervenido en la circuncisión.

62 Sin embargo, muchos israelitas se mantuvieron firmes y tuvieron el valor de no comer
alimentos impuros; 63 prefirieron la muerte antes que mancharse con esos alimentos y quebrantar la santa alianza, y por eso murieron.
64 Y una gran ira se descargó sobre Israel.

Matatías y sus hijos

2 1 En esos días, Matatías, hijo de Juan,
hijo de Simeón, sacerdote del linaje de
Joarib, salió de Jerusalén y fue a establecerse
en Modín. 2 Tenía cinco hijos: Juan, por sobrenombre Gadí; 3 Simón, llamado Tasí; 4 Judas, llamado Macabeo; 5 Eleazar, llamado
Avarán; y Jonatán, llamado Afús.

6 Al ver las impiedades que se cometían en
Judá y en Jerusalén, 7 Matatías exclamó: «¡Ay
de mí! ¿Para esto he nacido? ¿Para ver la ruina de mi pueblo y la destrucción de la Ciudad Santa? ¿Para quedarme sentado en ella,
mientras es entregada al poder del enemigo y
el Santuario está en manos de extranjeros?

8 Su Templo ha quedado
como un hombre envilecido,
9 los objetos que eran su gloria
fueron llevados como botín,
sus niños masacrados en las plazas,
sus jóvenes pasados al filo
de la espada enemiga.
10 ¿Qué pueblo no ha heredado su realeza,
apoderándose de sus despojos?
11 Ella ha sido privada de todo su esplendor
y de libre se ha convertido en esclava.
12 Y ahí está nuestro Santuario,
nuestro honor y nuestro orgullo,
convertido en un desierto
y profanado por los paganos.
13 ¿Vale la pena seguir viviendo así?».

14 Matatías y sus hijos rasgaron sus vestiduras, se pusieron un sayal y se lamentaron
amargamente.

La rebelión de Matatías

15 Entre tanto, los delegados del rey, encargados de imponer la apostasía, llegaron a la
ciudad de Modín para exigir que se ofrecieran
los sacrificios. 16 Se presentaron muchos israelitas, pero Matatías y sus hijos se agruparon
aparte. 17 Entonces los enviados del rey fueron
a decirle: «Tú eres un jefe ilustre y gozas de autoridad en esta ciudad, respaldado por hijos y
hermanos. 18 Sé el primero en acercarte a ejecutar la orden del rey, como lo han hecho todas las naciones, y también los hombres de Judá y los que han quedado en Jerusalén. Así tú
y tus hijos serán contados entre los Amigos del
rey y gratificados con plata, oro y numerosos
regalos». 19 Matatías respondió en alta voz:
«Aunque todas las naciones que están bajo
el dominio del rey obedezcan y abandonen el
culto de sus antepasados para someterse a sus
órdenes, 20 yo, mis hijos y mis hermanos nos
mantendremos fieles a la Alianza de nuestros
padres. 21 El Cielo nos libre de abandonar la
Ley y los preceptos. 22 Nosotros no acataremos
las órdenes del rey desviándonos de nuestro
culto, ni a la derecha ni a la izquierda».

23 Cuando acabó de pronunciar estas palabras, un judío se adelantó a la vista de todos
para ofrecer un sacrificio sobre el altar de Modín, conforme al decreto del rey. 24 Al ver esto,
Matatías se enardeció de celo y se estremecieron sus entrañas; y dejándose llevar por una
justa indignación, se abalanzó y lo degolló sobre el altar. 25 Ahí mismo mató al delegado real
que obligaba a ofrecer los sacrificios y destruyó
el altar. 26 Así manifestó su celo por la Ley, como
lo había hecho Pinjás con Zimrí, hijo de Salú.

27 Luego comenzó a gritar por la ciudad
con todas sus fuerzas: «Todo el que sienta ce-

VIVE LA PALABRA

Testigos de la fe

El sacerdote Matatías y sus cinco hijos, llamados Macabeos, que significa «martillos», promovieron la resistencia pasiva ante los ataques helenistas. Muchos israelitas sufrieron grandemente al mantenerse firmes y algunos murieron como mártires.

De similar manera, en el siglo XX innumerables personas dieron testimonio de su fe al no someterse a la ideología y prácticas anticristianas del comunismo, el nazismo y las dictaduras. Obispos, sacerdotes y religiosos/as en el mundo entero vivieron su consagración y su misión hasta el derramamiento de sangre. Líderes cristianos —hombres y mujeres— murieron por apoyar sus comunidades de fe, ofreciendo su vida por amor a los hermanos, especialmente por los más pobres y débiles.

Si algún gobierno o político te acusara y te persiguiera por ser católico/a, ¿de qué prácticas y acciones te acusaría?, ¿de qué manera refleja tu vida tu fe en Jesús y tu tradición católica?, ¿cuál sería tu respuesta?

1 Mac 2 19-22

lo por la Ley y quiera mantenerse fiel a la
Alianza, que me siga». 28 Y abandonando todo lo que poseían en la ciudad, él y sus hijos
huyeron a las montañas.

Los judíos, masacrados en el desierto

29 Entonces muchos judíos, amantes de la
justicia y el derecho, se retiraron al desierto
para establecerse allí 30 con sus mujeres, sus hijos y sus ganados, porque la desgracia se había
desencadenado sobre ellos. 31 Los funcionarios
del rey y la guarnición que residía en Jerusalén, en la Ciudad de David, recibieron la denuncia de que algunos hombres, conculcando
la orden del rey, habían ido a ocultarse en los
escondites del desierto. 32 Un fuerte contingente salió a perseguirlos y logró alcanzarlos. Los
cercaron y se dispusieron para atacarlos. Era
un día sábado, 33 y les dijeron: «¡Es hora de
acabar con esto! ¡Salgan, cumplan la orden
del rey y salvarán sus vidas!». 34 Ellos respondieron: «No saldremos, ni obedeceremos la
orden real, profanando así el sábado». 35 Inmediatamente los atacaron, 36 pero ellos no se defendieron, ni siquiera arrojándoles piedras o
cerrando la entrada de sus refugios. 37 «Muramos todos —decían— manteniendo nuestra
integridad. El cielo y la tierra son testigos de
que ustedes nos hacen perecer injustamente».
38 Así fueron atacados en pleno sábado, y perecieron los hombres con sus mujeres, sus hijos
y el ganado. Eran en total unas mil personas.
39 Al enterarse de lo ocurrido, Matatías y
sus amigos se lamentaron amargamente por
las víctimas, 40 pero dijeron: «Si todos nos
comportamos como nuestros hermanos y no
peleamos contra esta gente en defensa de
nuestras vidas y de nuestras costumbres, muy
pronto nos exterminarán de la tierra». 41 Y
aquel mismo día resolvieron lo siguiente:
«Hagamos frente a todo el que venga a atacarnos en día sábado, para no morir como
nuestros hermanos en sus refugios».
42 Entonces se les unió el grupo de los asideos, hombres valientes en Israel, todos ellos
sinceramente fieles a la Ley. 43 También se les
unieron y les prestaron su ayuda todos los
que querían escapar de la opresión. 44 Así formaron una fuerza armada que comenzó a
descargar su ira contra los pecadores y su furor contra los impíos. Los demás tuvieron
que salvarse, huyendo a las naciones extranjeras. 45 Matatías y sus adeptos recorrieron el
país, destruyendo altares, 46 y circuncidando
por la fuerza a los niños incircuncisos que
hallaron en el territorio de Israel. 47 Persiguieron a los arrogantes, y la campaña dio buenos resultados. 48 De esa manera defendieron
la Ley contra los paganos y sus reyes, y no
permitieron que prevalecieran los malvados.

El testamento y la muerte de Matatías

49 Cuando la vida de Matatías llegaba a su
fin, este dijo a sus hijos: «Ahora reinan la insolencia y el ultraje, es tiempo de perturba-
ción y de furor desencadenado. 50 Por lo tanto,
hijos míos, ardan de celo por la Ley, dando la
vida por la Alianza de nuestros padres.
51 Recuerden las obras que realizaron nuestros padres en su tiempo: así alcanzarán una
inmensa gloria y una fama imperecedera.
52 ¿Acaso Abraham no fue hallado fiel en la
prueba y por eso Dios lo contó entre los justos? 53 José, en el momento de la angustia,
observó la Ley, y así llegó a ser señor de Egipto. 54 Pinjás, nuestro padre, por su ardiente celo, recibió la alianza de un sacerdocio eterno.
55 Josué, por haber cumplido la Palabra de
Dios, llegó a ser juez en Israel. 56 Caleb, por
haber dado testimonio ante la asamblea, re-

cibió una herencia en el país. 57 David, por su piedad, heredó un trono real para siempre. 58 Elías, por su ardiente celo por la Ley, fue arrebatado al cielo. 59 Ananías, Azarías y Misael, por haber confiado en Dios, fueron salvados de la llama. 60 Daniel, por su integridad, fue librado de las fauces de los leones.

61 Adviertan, entonces, que a lo largo de las generaciones los que esperan en él no sucumben jamás. 62 No teman las amenazas de un hombre pecador, porque su gloria acabará en podredumbre y gusanos; 63 hoy es exaltado y mañana desaparece, porque habrá vuelto al polvo de donde vino y sus proyectos quedarán frustrados. 64 Por eso, hijos míos, sean valientes, y manténganse firmes en el cumplimiento de la Ley, ya que gracias a ella serán colmados de gloria.

65 Ahí tienen a Simeón, su hermano. Yo sé que es hombre sensato: escúchenlo siempre, y hará las veces de padre. 66 Judas Macabeo ha sido valiente desde su juventud: que él sea el jefe del ejército y dirija la guerra contra los extranjeros. 67 Ustedes, por su parte, reúnan a todos los que practican la Ley y reivindiquen a nuestro pueblo. 68 Devuelvan a los paganos el mal que ellos les han hecho y observen los preceptos de la Ley».

69 Después los bendijo y fue a reunirse con sus padres. 70 Matatías murió el año ciento cuarenta y seis y fue sepultado en Modín, en el sepulcro de sus padres. Todo Israel hizo un gran duelo por él.

LA GUERRA DE LIBERACIÓN BAJO JUDAS MACABEO (166-160 a.C.)

Elogio de Judas Macabeo

3 1 El sucesor de Matatías fue su hijo Judas, llamado Macabeo. 2 Todos sus hermanos y los que habían seguido a su padre le prestaron apoyo y combatieron con entusiasmo por Israel.

3 Él extendió la gloria de su pueblo
y se revistió de la coraza como un héroe;
se ciñó sus armas de guerra y libró batallas,
protegiendo al ejército con su espada.
4 Fue como un león por sus hazañas,
como un cachorro que ruge ante su presa.
5 Persiguió implacablemente a los impíos
y entregó a las llamas
a los perturbadores de su pueblo.
6 Los impíos se acobardaron ante él,
temblaron todos los que hacían el mal,
y gracias a él se logró la salvación.
7 Puso en aprieto a muchos reyes,
alegró a Jacob con sus proezas,
y su memoria será eternamente bendecida.
8 Recorrió las ciudades de Judá,
exterminó de ellas a los impíos
y apartó de Israel la ira de Dios.
9 Su fama llegó hasta los confines de la tierra,
y congregó a los que estaban
a punto de perecer.

Sus primeras victorias

2 Mac 8 1-7

10 Apolonio reunió muchos paganos y un numeroso contingente de Samaría para hacer la guerra contra Israel. 11 Al enterarse de esto, Judas salió a su encuentro, lo derrotó y lo mató. Muchos sucumbieron y los demás se dieron a la fuga. 12 Cuando recogieron el botín, Judas se quedó con la espada de Apolonio, y desde entonces siempre combatió con ella.

13 Serón, el capitán del ejército de Siria, al saber que Judas había agrupado alrededor de él un contingente de hombres adictos y dispuestos a combatir, 14 pensó: «Voy a hacerme famoso y a cubrirme de gloria en todo el reino, atacando a Judas y a sus secuaces, que intentan despreciar la orden del rey». 15 Entonces reanudó la lucha y con él subió un poderoso ejército de impíos para ayudarlo a vengarse de los israelitas. 16 Cuando se acercó a la subida de Betjorón, Judas le salió al encuentro con unos pocos hombres. 17 Estos, al ver el ejército que se les venía encima, dijeron a Judas: «¿Cómo, siendo tan pocos, podremos combatir con una multitud tan poderosa? Además, estamos extenuados porque hoy no hemos comido nada en todo el día». 18 Judas les respondió: «Es fácil que una multitud caiga en manos de unos pocos, y al Cielo le da lo mismo salvar con muchos que con pocos. 19 Porque la victoria en el combate no depende de la cantidad de las tropas, sino de la fuerza que viene del Cielo. 20 Ellos nos atacan, llenos de insolencia y de impiedad, para exterminarnos a nosotros, a nuestras mujeres y a nuestros hijos, y para apoderarse de nuestros despojos. 21 Nosotros, en cambio, luchamos por nuestra vida y por nuestras costumbres. 22 El Cielo los aplastará delante de nosotros: ¡no les tengan miedo!». 23 Apenas terminó de hablar, se lanzó sorpresivamente sobre el enemigo, y Serón fue aplastado con todo su ejército. 24 Después los persiguieron por la pendiente de Betjorón hasta la llanura: allí murieron unos ochocientos hombres, y los demás huyeron al país de los filisteos.

25 Así Judas y sus hermanos comenzaron a ser temidos, y el pánico se extendió por las naciones vecinas. 26 Su fama llegó a oídos del rey, y por todas partes se comentaban las batallas de Judas.

Preparativos bélicos de Antíoco IV

27 Al enterarse de esto, el rey Antíoco se enfureció y mandó reunir todas las fuerzas de su reino, un ejército poderosísimo. 28 Abrió su tesoro y pagó a las tropas el sueldo de un año, ordenándoles que estuvieran preparadas para

cualquier eventualidad. 29 Entonces advirtió
que se le había acabado el dinero del tesoro y
que los tributos de la región eran escasos, debido a las disensiones y calamidades que él
había provocado en el país, al suprimir las costumbres vigentes desde tiempo inmemorial.
30 Por eso temió que no le alcanzara, como
otras veces, para los gastos y los regalos que
antes solía hacer espléndidamente, superando
a los reyes que lo habían precedido. 31 Sumamente preocupado a causa de esto, resolvió ir
a Persia para recoger los tributos de aquellas
provincias y reunir así mucho dinero.

32 Mientras tanto, dejó a cargo del gobierno, desde el río Éufrates hasta la frontera de
Egipto, a Lisias, miembro de la nobleza y de
estirpe real. 33 Le confió la educación de su hijo Antíoco hasta su vuelta 34 y puso a su disposición la mitad de sus tropas y los elefantes,
ordenándole todo lo que debía hacer, especialmente lo relativo a los habitantes de Judea
y de Jerusalén: 35 él debía enviar un ejército
para destruir y aplastar la fuerza de Israel, y lo
que aún quedaba de Jerusalén hasta borrar su
recuerdo. 36 Luego debía establecer extranjeros
en todo su territorio y repartir entre ellos sus
tierras. 37 El rey, por su parte, tomó consigo la
otra mitad del ejército y partió de Antioquía,
capital de su reino, el año ciento cuarenta y
siete. Después de atravesar el río Éufrates, recorrió las provincias de la meseta.

La invasión de Judea

2 Mac 8 8-15

38 Lisias eligió a Tolomeo, hijo de Dorimeno, a Nicanor y a Gorgias, personas influyentes
entre los Amigos del rey, 39 y los envió con cuarenta mil soldados y siete mil jinetes, para que
invadieran el territorio de Judá y lo arrasaran,
como lo había ordenado el rey. 40 Ellos partieron con todo su ejército y acamparon cerca de
Emaús, en la llanura. 41 Al enterarse de su llegada, los mercaderes de la región se presentaron
en el campamento con mucha plata y oro, y
provistos también de cadenas para llevar como
esclavos a los israelitas. A ellos se sumó un contingente de Siria y del país de los filisteos.

42 Judas y sus hermanos vieron que se habían agravado los males y que el ejército estaba acampado dentro de su territorio. También se enteraron de la consigna real de
destruir al pueblo hasta aniquilarlo. 43 Entonces se dijeron unos a otros: «Libremos a nuestro pueblo de la ruina y luchemos por él y
por el Santuario». 44 Luego se convocó a la
asamblea para prepararse a combatir, para
orar y pedir piedad y misericordia.

45 Jerusalén estaba deshabitada
como un desierto,
ninguno de sus hijos entraba ni salía.
El Santuario había sido pisoteado,
los extranjeros ocupaban la Ciudadela,
convertida en albergue de los paganos.
Había desaparecido la alegría de Jacob,
y ya no se oía la flauta ni la cítara.

46 Una vez reunidos, fueron a Mispá, frente
a Jerusalén, porque antiguamente Israel había
tenido allí un lugar de oración. 47 Aquel día
ayunaron, se vistieron con un sayal, esparcieron ceniza sobre sus cabezas y rasgaron sus
vestiduras. 48 Abrieron el libro de la Ley para
descubrir en él lo que los paganos consultaban a sus ídolos. 49 Trajeron las vestiduras sacerdotales, las primicias y los diezmos, hicieron comparecer a los nazireos que habían
cumplido el tiempo de su voto, 50 y levantaron
su voz hacia el Cielo, diciendo: «¿Qué haremos con estos? ¿Adónde los llevaremos? 51 Tu
Santuario ha sido pisoteado y profanado, tus
sacerdotes están de duelo y humillados, 52 y
ahí están los paganos, aliados contra nosotros
para exterminarnos. Tú conoces lo que traman contra nosotros. 53 ¿Cómo podremos hacerles frente, si tú no vienes en nuestra ayuda?». 54 Luego, hicieron sonar las trompetas y
lanzaron grandes alaridos.

55 Inmediatamente, Judas puso oficiales al
frente del ejército: jefes de mil, de cien, de
cincuenta y de diez hombres. 56 A los que estaban construyendo su casa, a los que acababan de casarse o de plantar una viña y a los
que tenían miedo, les ordenó que volvieran
cada uno a su casa, conforme a la Ley. 57 Luego avanzó con el ejército y acampó al sur de
Emaús. Judas les dijo: 58 «Cíñanse las armas,
compórtense valerosamente y estén preparados mañana al amanecer para atacar a esos
paganos que se han aliado contra nosotros a
fin de destruirnos y destruir nuestro Santuario. 59 Porque es preferible para nosotros morir en el combate que ver las desgracias de
nuestra nación y del Santuario. 60 ¡Se cumplirá lo que el Cielo disponga!».

El triunfo de los israelitas en Emaús

2 Mac 8 23-29.34-36

4 1 Gorgias tomó cinco mil hombres y mil
jinetes elegidos, y el ejército partió durante la noche 2 para atacar el campamento de
los judíos y derrotarlos sorpresivamente. La
gente de la Ciudadela los guiaba. 3 Cuando Judas se enteró de esto, salió con sus soldados
para derrotar al ejército real que estaba en
Emaús, 4 mientras el resto de las tropas estaban
dispersas fuera del campamento. 5 Gorgias llegó de noche al campamento de Judas, y al no
encontrar a nadie, los estuvo buscando por las
montañas, pensando que habían huido. 6 Al
rayar el alba, Judas apareció en la llanura con
tres mil hombres, pero estos no disponían de
las armaduras ni de las espadas que hubieran
deseado. 7 Ellos veían, en cambio, que el cam-

pamento de los paganos era poderoso y estaba bien fortificado, rodeado de la caballería y con hombres adiestrados para la guerra.

8 Judas dijo a sus hombres: «No teman a esa muchedumbre ni se asusten por sus ataques. 9 Recuerden cómo se salvaron nuestros padres en el mar Rojo, cuando el Faraón los perseguía con un ejército. 10 Invoquemos ahora al Cielo para que tenga piedad de nosotros y se acuerde de la alianza que hizo con nuestros padres, derrotando hoy a este ejército delante de nosotros. 11 Así reconocerán todas las naciones que hay Alguien que libera y salva a Israel».

12 Los extranjeros alzaron los ojos y, al ver que los judíos venían contra ellos, 13 salieron del campamento a presentar batalla. Los hombres de Judas hicieron sonar la trompeta 14 y entraron en combate. Los paganos fueron derrotados y huyeron hacia la llanura, 15 y los que habían quedado rezagados cayeron al filo de la espada. Los demás fueron perseguidos hasta Gázara y hasta las llanuras de Idumea, Azoto y Iamnia. Los que murieron fueron alrededor de tres mil hombres.

16 Cuando Judas y su ejército dejaron de perseguirlos, 17 Judas dijo al pueblo: «No tengan avidez por el botín, porque nos espera otra batalla. 18 Gorgias y su ejército están cerca de nosotros en la montaña: hagan frente a nuestros enemigos y combatan contra ellos; después podrán apoderarse libremente del botín». 19 Apenas Judas terminó de hablar, se asomó por las montañas un destacamento enemigo. 20 Ellos vieron que los suyos habían huido y que el campamento había sido incendiado, porque el humo que se divisaba ponía de manifiesto lo que había sucedido. 21 Ante tal espectáculo se llenaron de espanto, y como vieron en la llanura al ejército de Judas, dispuesto a librar batalla, 22 huyeron todos al país de los filisteos. 23 Judas volvió entonces al campamento para saquearlo, y recogieron gran cantidad de oro y plata, telas de púrpura violeta y de púrpura marina, y muchas otras riquezas. 24 De regreso cantaban y bendecían al Cielo:

«Porque es bueno,
porque es eterno su amor».

25 Israel obtuvo aquel día una gran victoria.

26 Los extranjeros que habían podido escapar se fueron a anunciar a Lisias todo lo que había sucedido. 27 Esta noticia lo dejó consternado y abatido, porque a Israel no le había sucedido lo que él deseaba y las cosas no habían salido como el rey se lo había ordenado.

Primera campaña y derrota de Lisias

2 Mac 11 1-12

28 Al año siguiente, Lisias reunió sesenta mil hombres elegidos y cinco mil jinetes para combatir contra los judíos. 29 Cuando llegaron a Idumea y acamparon en Betsur, Judas les salió al encuentro con diez mil hombres, 30 y al ver aquel poderoso ejército, hizo esta oración: «Bendito seas, Salvador de Israel, que aplastaste la soberbia del gigante por la mano de tu servidor David y entregaste el ejército de los filisteos en manos de Jonatán, hijo de Saúl, y de su escudero. 31 Entrega así este ejército en manos de tu pueblo Israel. Que ellos se sientan avergonzados de sus tropas y de su caballería. 32 Infúndeles miedo, quiebra la audacia que les da su fuerza y que se conmuevan por su derrota. 33 Derríbalos con la espada de los que te aman, para que te canten himnos de alabanza todos los que conocen tu Nombre».

34 Cuando se enfrentaron los dos ejércitos, cayeron en el combate unos cinco mil hombres de Lisias. 35 Al ver la derrota sufrida por sus tropas y la intrepidez de los soldados de Judas, que estaban resueltos a vivir o a morir heroicamente, Lisias volvió a Antioquía, donde reclutó mercenarios con la intención de regresar a Judea con fuerzas más numerosas.

Restablecimiento del culto

2 Mac 10 1-8

36 Judas y sus hermanos dijeron: «Nuestros enemigos han sido aplastados; subamos a purificar el Santuario y a celebrar su dedicación». 37 Entonces se reunió todo el ejército y subieron al monte Sion. 38 Cuando vieron el Santuario desolado, el altar profanado, las puertas completamente quemadas, las malezas crecidas en los atrios como en un bosque o en una montaña, y las salas destruidas, 39 rasgaron sus vestiduras, hicieron un gran duelo, se cubrieron la cabeza con ceniza 40 y cayeron con el rostro en tierra. Luego, a una señal dada por las trompetas, alzaron sus gritos al cielo. 41 Judas ordenó a unos hombres que combatieran a los que estaban en la Ciudadela hasta terminar la purificación del Santuario. 42 Después eligió sacerdotes irreprochables, fieles a la Ley, 43 que purificaron el Santuario y llevaron las piedras contaminadas a un lugar impuro.

44 Luego deliberaron sobre lo que debía hacerse con el altar de los holocaustos que había sido profanado. 45 Tuvieron la feliz idea de demolerlo para que no fuera un motivo de oprobio, ya que los paganos lo habían contaminado. Lo demolieron, 46 y depositaron sus piedras sobre la montaña del Templo, en un lugar conveniente, hasta que surgiera un profeta y resolviera lo que había que hacer con ellas. 47 Después recogieron piedras sin tallar, como lo prescribe la Ley, y construyeron un nuevo altar, igual que el anterior. 48 También repararon el Santuario y el interior del Templo, y consagraron los atrios. 49 Hicieron nuevos objetos sagrados y colocaron dentro del Templo el candelabro, el altar de los perfumes y la mesa. 50 Quemaron incienso sobre el altar, y encendieron las lámparas

del candelabro que comenzaron a brillar en el Templo. 51 Además, pusieron los panes sobre la mesa, colgaron las cortinas y concluyeron la obra que habían emprendido.

52 El día veinticinco del noveno mes, llamado Quisleu, del año ciento cuarenta y ocho, se levantaron al despuntar el alba 53 y ofrecieron un sacrificio conforme a la Ley, sobre el nuevo altar de los holocaustos que habían construido. 54 Este fue dedicado con cantos, cítaras, arpas y címbalos, justamente en el mismo mes y en el mismo día en que los paganos lo habían profanado. 55 Todo el pueblo cayó con el rostro en tierra y adoraron y bendijeron al Cielo que les había dado la victoria. 56 Durante ocho días celebraron la dedicación del altar, ofreciendo con alegría holocaustos y sacrificios de comunión y de acción de gracias. 57 Adornaron la fachada del Templo con coronas de oro y pequeños escudos, restauraron las entradas y las salas, y les pusieron puertas. 58 En todo el pueblo reinó una inmensa alegría, y así quedó borrado el ultraje infligido por los paganos.

59 Judas, de acuerdo con sus hermanos y con toda la asamblea de Israel, determinó que cada año, a su debido tiempo y durante ocho días a contar del veinticinco del mes de Quisleu, se celebrara con júbilo y regocijo el aniversario de la dedicación del altar.

60 En aquel tiempo, levantaron alrededor del monte Sion altas murallas y torres poderosas, para que los extranjeros no vinieran otra vez y lo pisotearan como lo habían hecho antes. 61 Además, Judas puso en él una guarnición para que lo defendiera, y fortificó a Betsur, a fin de que el pueblo tuviera una fortaleza frente a Idumea.

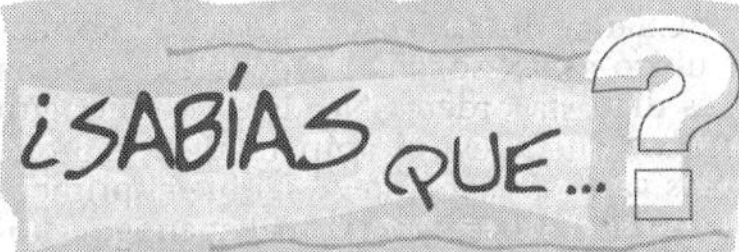

Janucá y la rededicación del Templo

Los griegos prohibieron a los judíos estudiar y practicar su fe, profanaron el Templo metiendo sus dioses, declararon ilegal la circuncisión, y castigaron ferozmente a quienes celebraban el sábado y otras fiestas religiosas. Judas Macabeo organizó al pueblo para retomar el Templo, lo purificó y reinstaló la Ley. Estas acciones culminaron en una nueva dedicación del Templo, que se celebra en Janucá, la fiesta de las Luces, del triunfo de la sabiduría de Dios sobre la sabiduría humana de los griegos.

Janucá se celebra alegremente por ocho días, en diciembre. Cada noche se enciende una vela como símbolo de gratitud del pueblo judío por vencer la amenaza de las grandes potencias y mantenerse fiel a Dios. En ella se conmemoran dos milagros sucedidos al rededicar el Templo: encontrar aceite sin profanar para las lámparas de la consagración y el que las lámparas se mantuvieron encendidas durante ocho días con ese poco de aceite.

La Iglesia católica no celebra Janucá, sino Navidad. Para los cristianos, Jesús representa la fidelidad absoluta a Dios y la luz de las naciones.

1 Mac 4 36-61

Expedición contra idumeos y amonitas

2 Mac 10 14-23

5 1 Cuando las naciones vecinas supieron que había sido reconstruido el altar y restaurado como antes el Santuario, se irritaron profundamente 2 y decidieron acabar con los descendientes de Jacob que vivían entre ellos. Por eso comenzaron a matar y exterminar a mucha gente del pueblo.

3 Judas hizo la guerra contra los descendientes de Esaú que habitaban en Idumea, en la región de Acrabatena, porque tenían asediados a los israelitas. Les infligió una gran derrota, sometiéndolos y apoderándose de sus despojos. 4 Luego se acordó de la maldad de los descendientes de Beán, que eran una trampa y un obstáculo para el pueblo por las emboscadas que le tendían en los caminos. 5 Los obligó a encerrarse en sus torres, los asedió y los consagró al exterminio total, prendiendo fuego a esas torres con todos los que estaban dentro. 6 Luego atacó a los amonitas, y allí encontró un fuerte ejército y una población numerosa cuyo jefe era Timoteo. 7 Después de muchos combates, los desbarató y los deshizo. 8 También ocupó Iazer y sus poblados, y regresó a Judea.

Las campañas contra Galilea y Galaad

9 Los pueblos de Galaad se coaligaron contra los israelitas que vivían en su territorio, para exterminarlos. Pero ellos se refugiaron en la fortaleza de Datemá, 10 desde donde enviaron una carta a Judas y a sus hermanos, diciéndoles: «Los pueblos que nos rodean se coaligaron para exterminarnos; 11 ahora se preparan para venir a tomar la fortaleza donde nos hemos refugiado, y Timoteo está al frente de su ejército. 12 Ven enseguida a librarnos de sus manos, porque muchos de entre nosotros ya han caído; 13 todos nuestros hermanos que vivían en el país de Tobías han sido matados, sus mujeres y sus hijos fueron llevados cautivos y sus bienes han sido robados. Allí han muerto unos mil hombres». 14 Cuando todavía estaban leyendo

la carta, llegaron otros mensajeros de Galilea,
con las vestiduras rasgadas, trayendo esta noticia: 15 «Los habitantes de Tolemaida, de Tiro, de
Sidón y de toda la Galilea de los extranjeros se
han coaligado para acabar con nosotros».
16 Apenas Judas y el pueblo oyeron estas noticias, reunieron una gran asamblea para deliberar sobre lo que debían hacer en favor de sus
hermanos que se encontraban en un aprieto,
amenazados por sus enemigos. 17 Judas dijo a
su hermano Simón: «Elige algunos hombres y
ve a librar a tus hermanos de Galilea; mi hermano Jonatán y yo iremos a la región de Galaad». 18 Dejó para defender a Judea a José, hijo
de Zacarías, y a Azarías, jefe del pueblo, con el
resto del ejército, 19 dándoles esta orden: «Tomen el mando de estas tropas, pero no entren
en batalla con los paganos hasta que nosotros
volvamos». 20 Se le asignaron tres mil hombres
a Simón para la campaña de Galilea y ocho mil
a Judas para la de Galaad.

21 Simón partió para Galilea y, luego de librar muchos combates con los paganos, los
derrotó, los obligó a huir 22 y los persiguió
hasta las puertas de Tolemaida. Allí sucumbieron unos tres mil hombres y Simón se apoderó del botín. 23 Luego tomó consigo a los
judíos de Galilea y de Arbatá, con sus mujeres, sus hijos y todos sus bienes, y en medio
de una gran alegría los llevó a Judea.

24 Judas Macabeo y su hermano Jonatán,
por su parte, atravesaron el Jordán y caminaron tres días por el desierto. 25 Allí se encontraron con los nabateos, que los recibieron amistosamente y los pusieron al tanto de lo que les
ocurría a sus hermanos de la región de Galaad: 26 muchos de ellos se encontraban prisioneros en Bosorá y Bosor, en Alemá, Casfó, Ma-
qued y Carnain, que eran ciudades fuertes e
importantes; 27 también había prisioneros en
las demás ciudades de Galaad, y sus enemigos
tomaban posiciones para atacar las fortalezas
al día siguiente, a fin de apoderarse de ellos y
exterminarlos a todos de una sola vez.

28 Inmediatamente, Judas dio vuelta con su
ejército y se dirigió por el desierto hacia Bosorá,
ocupó la ciudad y, después de pasar al filo de la
espada a todos los varones, la saqueó por completo y la incendió. 29 Partió de allí por la noche
y avanzó hasta la fortaleza. 30 Al llegar el día, los
judíos divisaron una muchedumbre innumerable que levantaba escaleras y empalizadas para
tomar la fortaleza y había pasado a la ofensiva.
31 Al ver que el ataque ya había comenzado y
que el griterío de la ciudad y el sonido de las
trompetas subía hasta el cielo, 32 Judas dijo a sus
hombres: «¡Luchen hoy por nuestros hermanos!». 33 Luego los ordenó en tres columnas y
los hizo avanzar por detrás del enemigo, tocando las trompetas y orando a gritos. 34 Las tropas
de Timoteo, apenas se enteraron que era el Macabeo, huyeron ante él. Judas les infligió una
gran derrota, y ese día dejaron tendidos unos
ocho mil hombres. 35 Luego se volvió contra
Alemá; la atacó, la ocupó y, después de matar a
todos los varones, la saqueó y la incendió.
36 Partiendo de allí, se apoderó de Casfó, Ma-
qued, Bosor y de las demás ciudades de Galaad.

37 Después de estos acontecimientos, Timoteo reunió un nuevo ejército y acampó frente
a Rafón, al otro lado del torrente. 38 Judas
mandó a explorar el campamento y le dieron
este informe: «Todas las naciones vecinas se
han unido a Timoteo y forman un ejército
muy numeroso. 39 Además, tienen como auxiliares a mercenarios árabes. Ahora están
acampados al otro lado del torrente, preparados para atacarte». Entonces Judas salió a su
encuentro, 40 y mientras él se acercaba al torrente con su ejército, Timoteo dijo a sus capitanes: «Si él lo pasa primero y viene sobre
nosotros, no podremos resistir, y nos vencerá
seguramente; 41 pero si se atemoriza y acampa
al otro lado del río, lo atravesaremos nosotros, caeremos sobre él y lo venceremos».

42 Cuando Judas llegó al borde del torrente, ubicó a los escribas del pueblo a la orilla
y les dio esta orden: «No dejen que ningún
hombre quede en el campamento, sino que
todos vayan al combate». 43 Él fue el primero
en cruzar el río en dirección al enemigo, y toda su gente lo siguió. Todos los paganos quedaron derrotados ante ellos, arrojaron sus armas y corrieron a refugiarse en el templo de
Carnain. 44 Pero los judíos se apoderaron de
la ciudad y quemaron el templo con todos
los que había dentro. Carnain fue sometida y
ya nadie pudo resistir a Judas.

45 Judas reunió a todos los israelitas de la región de Galaad, del más pequeño al más grande, con sus mujeres, sus hijos y sus equipajes,
para llevarlos al país de Judá: era una inmensa
muchedumbre. 46 Llegaron a Efrón, ciudad importante y muy fortificada, que estaba sobre el
camino, por la que tenían que pasar necesariamente, ya que no era posible desviarse ni a la
derecha ni a la izquierda. 47 Pero los habitantes
de la ciudad les negaron el paso y bloquearon
las entradas con piedras. 48 Judas les envió un
mensaje en son de paz, diciéndoles: «Permítannos pasar por el territorio de ustedes, para ir a
nuestro país; nadie les hará ningún mal, solo
queremos pasar». Como ellos se negaron a
abrirle, 49 Judas hizo anunciar en el campamento que cada uno tomara posición donde se encontraba. 50 Los soldados ocuparon sus posiciones, y Judas atacó la ciudad todo aquel día y
toda la noche, hasta que cayó en sus manos.
51 Hizo pasar al filo de la espada a todos los varones, arrasó la ciudad, la saqueó y la atravesó
por encima de los cadáveres. 52 Después pasaron
el Jordán en dirección a la gran llanura que está frente a Betsán. 53 Durante todo el trayecto,
Judas fue recogiendo a los rezagados y animan-

do al pueblo hasta llegar a la tierra de Judá.
[54]Todos subieron al monte Sion con júbilo y
alegría, y ofrecieron holocaustos por haber regresado sanos y salvos sin perder a ninguno de
los suyos.

La derrota de José y Azarías en Iamnia

2 Mac 12 32-45

[55]Cuando Judas y Jonatán estaban en el país de Galaad, y su hermano Simón en Galilea,
frente a Tolemaida, [56]José, hijo de Zacarías, y
Azarías, jefes del ejército, al oír las proezas y
combates que aquellos habían llevado a cabo,
[57]dijeron: «Hagámonos célebres también nosotros, luchando contra los paganos que nos
rodean». [58]Entonces ordenaron a las tropas
que estaban bajo su mando que avanzaran sobre Iamnia. [59]Gorgias salió de la ciudad con su
ejército para luchar contra ellos. [60]José y Azarías fueron derrotados y perseguidos hasta la
frontera de Judea. Aquel día cayeron alrededor
de dos mil israelitas. [61]Este fue un grave desastre para el pueblo por no haber obedecido a
Judas y a sus hermanos, creyéndose capaces de
grandes hazañas. [62]Pero ellos no pertenecían a
la estirpe de aquellos hombres a quienes estaba confiada la salvación de Israel.

Otros triunfos de Judas Macabeo

[63]El valiente Judas y sus hermanos alcanzaron gran celebridad en todo Israel y en todas
las naciones donde se oía hablar de ellos. [64]La
gente se agolpaba a su alrededor para aclamar-
los. [65]Judas salió con sus hermanos para hacer
la guerra a los descendientes de Esaú, en la región meridional. Se apoderó de Hebrón y de
sus poblados, destruyó sus fortificaciones e incendió las torres de su alrededor. [66]Luego partió en dirección al país de los filisteos y atravesó Marisá. [67]Aquel día, algunos sacerdotes que
querían mostrar su valentía cayeron en el combate por salir a luchar imprudentemente. [68]En-
seguida Judas se desvió hacia Azoto, en territorio filisteo: allí derribó sus altares, incendió las
estatuas de sus dioses, saqueó sus ciudades y finalmente, regresó al país de Judea.

El fin de Antíoco IV

2 Mac 1 11-17 / 9 / 10 9-11

6 [1]Mientras tanto, el rey Antíoco recorría
las provincias de la meseta. Allí se enteró de que en Persia había una ciudad llamada
Elimaida, célebre por sus riquezas, su plata y
su oro. [2]Ella tenía un templo muy rico, donde se guardaban armaduras de oro, corazas y
armas dejadas allí por Alejandro, hijo de Filipo y rey de Macedonia, el primero que reinó
sobre los griegos. [3]Antíoco se dirigió a esa ciudad para apoderarse de ella y saquearla, pero
no lo consiguió, porque los habitantes de la
ciudad, al conocer sus planes, [4]le opusieron
resistencia. Él tuvo que huir y se retiró de allí
muy amargado para volver a Babilonia.
[5]Cuando todavía estaba en Persia, le
anunciaron que la expedición contra el país
de Judá había fracasado. [6]Le comunicaron
que Lisias había ido al frente de un poderoso
ejército, pero había tenido que retroceder ante los judíos, y que estos habían acrecentado
su poder, gracias a las armas y al cuantioso
botín tomado a los ejércitos vencidos. [7]Ade-
más, habían destruido la Abominación que
él había construido sobre el altar de Jerusalén
y habían rodeado el Santuario de altas murallas como antes, haciendo lo mismo con Betsur, que era una de las ciudades del rey.
[8]Al oír tales noticias, el rey quedó consternado, presa de una violenta agitación, y cayó
en cama enfermo de tristeza, porque las cosas
no le habían salido como él deseaba. [9]Así pasó muchos días, sin poder librarse de su me-
lancolía, hasta que sintió que se iba a morir.
[10]Entonces hizo venir a todos sus amigos y les
dijo: «No puedo conciliar el sueño y me siento desfallecer. [11]Yo me pregunto cómo he llegado al estado de aflicción y de amargura en
que ahora me encuentro, yo que era generoso
y amado mientras ejercía el poder. [12]Pero ahora caigo en la cuenta de los males que causé en
Jerusalén, cuando robé los objetos de plata y
oro que había allí y mandé exterminar sin motivo a los habitantes de Judá. [13]Reconozco que
por eso me suceden todos estos males y muero de pesadumbre en tierra extranjera».
[14]Luego, llamó a Filipo, uno de sus Amigos, y lo puso al frente de todo su reino. [15]Le
entregó su diadema, su manto y su anillo,
encargándole que dirigiera a su hijo Antíoco
y lo educara para que fuera rey. [16]El rey Antíoco murió en aquel lugar, el año ciento cuarenta y nueve. [17]Cuando Lisias se enteró de la
muerte del rey, puso en el trono a su hijo Antíoco, que él había educado desde niño, dándole el sobrenombre de Eupátor.

El sitio de la Ciudadela de Jerusalén

[18]La gente de la Ciudadela tenía confinados
a los israelitas alrededor del Santuario, y no
perdía ocasión de hacerles mal y de apoyar a
los paganos. [19]Judas resolvió acabar con ellos y
convocó a todo el ejército para sitiarlos. [20]El
año ciento cincuenta, se reunieron todos y sitiaron la Ciudadela, construyendo torres de
asalto y empalizadas. [21]Pero varios de los sitiados rompieron el cerco y se les unieron algunos
renegados de Israel, [22]que acudieron al rey para decirle: «¿Hasta cuándo vas a estar sin hacernos justicia y sin vengar a nuestros hermanos?
[23]Nosotros aceptamos de buen grado servir a tu
padre, cumplir sus órdenes y obedecer sus decretos. [24]Por eso, nuestros compatriotas han sitiado la Ciudadela y nos tratan como extraños.
Más aún, han matado a los nuestros que caían

¿Puede ser justa una guerra?

Los Macabeos dirigieron un violento ataque contra los perseguidores de su fe. ¿Crees que hay algo tan fuerte que justifique una guerra?

Entre las enseñanzas de la Iglesia católica sobre la guerra destacan las siguientes:

- «Todo ciudadano y todo gobernante están obligados a empeñarse en evitar las guerras»[1] y siempre es mejor la resistencia pacífica (ver «Resistencia sin violencia», 2 Mac 6 – 7).
- En ocasiones es legítimo defenderse militarmente, pero es «obligación moral desobedecer aquellas decisiones que ordenan genocidios»,[2] o sea, el exterminio de un pueblo.
- Podemos participar en una guerra si se ha hecho todo lo posible para evitarla; el daño causado por el agresor es grave y verdadero; se espera el éxito, y la violencia no ocasionará mayores males.
- En tiempos de guerra, debemos hacer presente el evangelio de la vida y atender a los civiles, heridos y prisioneros de cualquier bando que sean.
- Una persona o grupo social que se abstiene de participar en la guerra por razones de conciencia debe ser respetado por todos y servir a la comunidad de otra forma.

Muchas guerras tienen su origen en la injusticia, de ahí el lema: ¡Si quieres la paz, lucha por la justicia!

1 Mac 6

en sus manos y han confiscado nuestros bienes. 25 Y no solo han levantado su mano contra
nosotros, sino también sobre todos los países
limítrofes. 26 Ahora mismo tienen sitiada la Ciudadela de Jerusalén para apoderarse de ella y
han fortificado el Santuario y la ciudad de Betsur. 27 Si no te adelantas rápidamente, harán cosas mayores todavía y ya no podrás detenerlos».

La guerra entre Lisias y Judas

2 Mac 13 1-17

28 El rey, al oír esto, se enfureció y convocó
a todos sus Amigos, a los capitanes del ejército y a los comandantes de caballería. 29 Además, le llegaron tropas mercenarias de otros
reinos y de las islas del mar. 30 El número de
sus fuerzas era de cien mil soldados, veinte
mil jinetes y treinta y dos elefantes adiestrados para la guerra. 31 Entraron por Idumea y
acamparon cerca de Betsur, atacándola durante mucho tiempo con máquinas de guerra.
Pero los sitiados, en una salida sorpresiva, se
las quemaron y combatieron valerosamente.
32 Entonces Judas levantó el sitio de la Ciudadela y acampó en Betzacaría, frente al campamento del rey. 33 A la mañana siguiente, el rey
se levantó de madrugada y condujo apresuradamente al ejército por el camino de Betzacaría. Las tropas se dispusieron para el ataque y se
tocaron las trompetas. 34 A los elefantes les mostraron mosto de uva y de moras para excitarlos
al combate. 35 Los animales estaban repartidos
entre los batallones. Al lado de cada elefante se
alineaban mil hombres con cota de malla y
cascos de bronce, además de quinientos jinetes
escogidos. 36 Estos estaban pendientes de los
movimientos del animal, de manera que adonde iba él, iban también ellos, sin apartarse de
su lado. 37 Cada elefante llevaba encima, sujeta
con cinchas, una sólida torre de madera que
servía de defensa, y en cada una de ellas iban
tres guerreros que combatían desde allí, además del conductor. 38 En cuanto al resto de la
caballería, el rey la ubicó a un lado y a otro, sobre los dos flancos del ejército, con la misión
de hostigar al enemigo y cubrir a los batallones.
39 Cuando el sol brilló sobre el oro y el bronce de los escudos, sus reflejos iluminaron las
montañas que relucían como antorchas. 40 Una
parte del ejército real se había alineado en lo
alto de la montaña, y la otra en el valle. Todos
avanzaban con paso seguro y en perfecto orden. 41 Los israelitas se estremecían al oír el rumor de aquella multitud, el ruido de su marcha y el estrépito de sus armas, porque era un
ejército inmenso y poderoso. 42 Entonces Judas
se adelantó con sus tropas para entrar en batalla, y cayeron seiscientos hombres del ejército
real. 43 Mientras tanto, Eleazar, llamado Avarán,
vio a un elefante pertrechado con una cota real, que sobresalía entre todos los demás, y pensó que en él iba el rey. 44 Entonces sacrificó su
propia vida para salvar a su pueblo y adquirir
una fama imperecedera. 45 Corrió resueltamente hacia él, a través del batallón, matando a derecha e izquierda. Así se abrió paso a un lado y
a otro 46 y se deslizó por debajo del elefante,
clavándole su espada. Al desplomarse por tierra el animal, cayó sobre él y lo mató. 47 Pero
los judíos, al ver el poderío del rey y el empuje
de sus tropas, emprendieron la retirada.
48 El ejército real subió a Jerusalén, al encuentro de los judíos, y el rey acampó frente a
Judea y al monte Sion. 49 Él hizo la paz con los
habitantes de Betsur, que abandonaron la ciu-

dad por carecer de víveres para resistir el asedio, ya que aquel era un año sabático para la tierra. 50 El rey ocupó Betsur y dejó allí una guarnición para su defensa. 51 Durante mucho tiempo estuvo sitiando el Santuario. Levantó contra él ballestas y torres de asalto, lanzallamas y catapultas, lanza flechas y hondas. 52 Los sitiados, por su parte, construyeron armas similares para el contraataque, y así resistieron mucho tiempo. 53 Pero, al fin, se agotaron los víveres almacenados, porque era el séptimo año y, además, porque los refugiados en Judea, provenientes de las naciones, habían consumido las últimas reservas. 54 Así no quedaron en el Santuario más que unos pocos hombres, porque se hacía sentir el hambre. Los demás se dispersaron, cada uno por su lado.

55 Mientras tanto, Lisias se enteró de que Filipo —a quien el rey Antíoco había encargado antes de morir que educara a su hijo Antíoco, para que fuera rey— 56 había vuelto de Persia y de Media con las tropas que acompañaron al rey, y trataba de tomar el poder. 57 Por eso pensó que era necesario partir enseguida, y dijo al rey, a los capitanes del ejército y a los soldados: «Cada día estamos peor y escasean los víveres; el lugar que asediamos está bien fortificado y nos urgen los asuntos del reino. 58 Tendamos la mano a estos hombres, y hagamos la paz con ellos y con toda su nación. 59 Dejemos que vivan según sus costumbres tradicionales, ya que ellos se han irritado y han hecho todas estas cosas, porque nosotros hemos tratado de abolirlas». 60 El rey y los capitanes aprobaron la propuesta, y el rey mandó ofrecer la paz a los sitiados. Estos la aceptaron, 61 y el rey y los capitanes se comprometieron con un juramento. 62 Con esta garantía salieron de la fortaleza y el rey subió al monte Sion. Pero al ver las fortificaciones de aquel lugar, violó el juramento que había hecho y ordenó destruir la muralla que lo rodeaba. 63 Luego partió rápidamente y volvió a Antioquía, donde encontró a Filipo dueño ya de la ciudad: lo atacó y ocupó la ciudad por la fuerza.

Demetrio I

2 Mac 14 1-10

7 1 El año ciento cincuenta y uno, Demetrio, hijo de Seleuco, salió de Roma y llegó con unos pocos hombres a una ciudad marítima, donde se proclamó rey. 2 Cuando se disponía a entrar en el palacio de sus padres, el ejército apresó a Antíoco y a Lisias para hacerlos comparecer ante él. 3 Apenas se enteró, dijo: «No quiero ni verles la cara». 4 Entonces el ejército los mató y Demetrio ocupó su trono real.

5 Todos los israelitas renegados e impíos acudieron a él, guiados por Álcimo, que ambicionaba el sumo sacerdocio. 6 Ellos acusaron al pueblo delante del rey, diciendo: «Judas y sus hermanos han eliminado a todos tus adictos y a nosotros nos han expulsado de nuestro país. 7 Por eso, manda ahora a una persona de tu confianza, para que vea los estragos que nos han causado a nosotros y a todo el territorio del rey, y los castigue a ellos y a todos los que los apoyan».

8 El rey eligió a Báquides, uno de sus Amigos, que gobernaba la región occidental del Éufrates; este era un personaje importante en la corte y leal al rey. 9 Lo envió junto con el impío Álcimo, a quien confirió el sumo sacerdocio, y le dio la orden de tomar represalias contra los israelitas. 10 Ellos partieron con un ejército numeroso y, al llegar al territorio de Judá, enviaron mensajeros a Judas y a sus hermanos con falsas propuestas de paz. 11 Pero estos, viendo que habían venido con un ejército tan numeroso, no dieron crédito a sus palabras. 12 Sin embargo, un grupo de escribas se reunió con Álcimo y Báquides, tratando de encontrar una solución satisfactoria. 13 Entre los israelitas, los asideos eran los primeros en pedir la paz, 14 porque decían: «El que ha venido con el ejército es un sacerdote de la familia de Aarón: él no nos va a traicionar».

15 Báquides les habló amistosamente y les aseguró bajo juramento: «No vamos a hacerles ningún mal, ni a ustedes ni a sus amigos». 16 Ellos le creyeron, pero él hizo apresar y ejecutar a sesenta de ellos en un solo día, conforme a la palabra que estaba escrita: 17 *«Desparramaron los cadáveres y la sangre de tus fieles alrededor de Jerusalén y nadie les daba sepultura»*. 18 A causa de esto, cundió el pánico en toda la población, y decían: «No hay en ellos verdad ni justicia, porque han violado el compromiso y el juramento que habían hecho».

19 Después, Báquides partió de Jerusalén, acampó en Betzet y mandó apresar a muchos que se habían puesto de su parte y a algunos del pueblo; los degolló y los arrojó en la gran cisterna. 20 Luego puso la provincia en manos de Álcimo, dejando un destacamento a su disposición, y regresó adonde estaba el rey.

21 Álcimo luchó por mantenerse en el sumo sacerdocio, 22 y se unieron a él todos los que perturbaban al pueblo: así se hicieron dueños de Judá y causaron un daño tremendo a Israel. 23 Judas, al ver que Álcimo y sus secuaces hacían a los israelitas más daño que los paganos, 24 salió a recorrer todo el territorio de Judea para vengarse de los desertores y no dejarlo circular por la región. 25 Cuando Álcimo vio que Judas y sus partidarios se fortalecían y que él no podía resistirles, acudió al rey y los acusó de graves delitos.

26 El rey envió entonces a Nicanor, uno de sus generales más distinguidos y enemigo acérrimo de Israel, con la orden expresa de exterminar al pueblo. 27 Nicanor llegó a Jerusalén con un gran ejército, y envió a Judas y sus hermanos un falso mensaje de paz, diciéndo-

les: [28]«No nos hagamos la guerra; iré a entrevistarlos en son de paz con una pequeña escolta». [29]Cuando se presentó ante Judas, ambos se saludaron amistosamente, pero los enemigos estaban preparados para secuestrar a Judas. [30]Este, al darse cuenta de que Nicanor había venido con pérfidas intenciones, tuvo miedo de él y no quiso verlo más. [31]Entonces Nicanor comprendió que sus planes habían sido descubiertos y salió a combatir contra Judas cerca de Cafarsalamá. [32]Allí cayeron unos quinientos hombres del ejército de Nicanor, y los demás huyeron a la Ciudad de David.

[33]Después de esto, Nicanor subió al monte Sion. Algunos sacerdotes y ancianos del pueblo salieron del Santuario para saludarlo amistosamente y mostrarle el holocausto que se ofrecía por el rey. [34]Pero él se burló de ellos con desprecio, los ultrajó y les habló insolentemente. [35]Después, juró muy enojado: «Si no me entregan ahora mismo a Judas y a su ejército, cuando vuelva victorioso, prenderé fuego a esta Casa». Y salió enfurecido. [36]Los sacerdotes entraron al Santuario, y de pie ante el altar y el Templo, exclamaron llorando: [37]«Tú has elegido esta Casa, que es llamada con tu Nombre, a fin de que fuera una casa de oración y de súplica para tu pueblo. [38]Dales su merecido a este hombre y a su ejército, y que caigan al filo de la espada. Acuérdate de sus blasfemias y no les des tregua».

[39]Nicanor partió de Jerusalén y acampó en Betjorón, donde se le unió un contingente de Siria. [40]Judas, por su parte, acampó en Adasa con tres mil hombres, e hizo esta oración: [41]«Cuando los enviados del rey blasfemaron, apareció tu Ángel y exterminó a ciento ochenta y cinco mil de ellos. [42]Así también, destruye hoy ante nosotros a este ejército, para que los demás reconozcan que su jefe blasfemó contra tu Santuario, y júzgalo conforme a su maldad».

[43]El día trece del mes de Adar, los ejércitos entraron en combate y el de Nicanor fue desbaratado. El primero en caer fue el mismo Nicanor, [44]y cuando sus soldados vieron que había caído, tiraron las armas y huyeron. [45]Los israelitas los persiguieron durante todo un día, desde Adasa hasta las proximidades de Gázara, tocando detrás de ellos las trompetas de alarma. [46]De todas las poblaciones judías de los alrededores salía gente que los fue envolviendo, hasta obligarlos a volverse unos contra otros. [47]Así cayeron todos al filo de la espada, y no quedó ni uno solo. Los judíos se apoderaron de los despojos y del botín, y cortaron la cabeza de Nicanor y su mano derecha, que él había levantado con prepotencia. Luego las llevaron y las colgaron a la entrada de Jerusalén. [48]El pueblo se llenó de alegría; todos celebraron ese día como una gran fiesta [49]y determinaron conmemorar cada año aquel día, trece de Adar. [50]Y el país de Judá gozó de paz durante algún tiempo.

El poderío de Roma

8 [1]Entre tanto, la fama de los romanos llegó a oídos de Judas: supo que eran guerreros valerosos, se mostraban benévolos con todos sus aliados y entablaban amistad con todos los que acudían a ellos; sobre todo, se enteró de que eran guerreros valerosos. [2]Le habían contado, en efecto, sus campañas y las proezas que habían realizado entre los galos, dominándolos y sometiéndolos a tributo, [3]como así también todo lo que habían hecho en la región de España, para adueñarse de las minas de plata y de oro que hay allí, [4]y cómo gracias a su habilidad y constancia se habían apoderado de todo el territorio, a pesar de ser un lugar muy distante. Asimismo, a los reyes que habían venido a combatirlos desde los confines de la tierra, los habían derrotado, aplastándolos completamente, mientras que los restantes les pagaban tributo cada año. [5]Ellos habían derrotado y sometido a Filipo y a Perseo, reyes de Quitim, y a cuantos se les opusieron. [6]También habían vencido a Antíoco el Grande, rey de Asia, que les había hecho la guerra con ciento veinte elefantes, con caballos, carros y un ejército muy numeroso: [7]lo tomaron prisionero y le impusieron, a él y a sus sucesores, un fuerte tributo, además de la entrega de rehenes y la cesión [8]de sus mejores provincias —la región de la India, Media y Lidia—, que luego entregaron al rey Eumenes. [9]Los de Grecia habían pensado ir a exterminarlos, [10]pero los romanos, al enterarse, habían enviado contra ellos a un solo general para combatirlos: así mataron a muchos de ellos, llevaron prisioneros a sus mujeres y sus niños, saquearon sus bienes, sometieron al país, arrasaron sus fortalezas y les impusieron su dominio hasta el día de hoy. [11]También destruyeron y sometieron a los demás reinos y a las islas que alguna vez les opusieron resistencia.

[12]En cambio, mantuvieron su amistad con sus aliados y con todos los que buscaron su apoyo. Tienen bajo su dominio a los reyes vecinos y lejanos y son temidos por todos los que oyen hablar de ellos. [13]Solo reinan los que ellos quieren ayudar a reinar, y deponen a los que quieren. Están en el apogeo de su poder. [14]Sin embargo, ninguno de ellos se ciñe la corona ni se reviste de púrpura para engrandecerse. [15]Antes bien, han creado un Senado, donde cada día sesionan trescientos veinte senadores, que deliberan constantemente sobre los asuntos del pueblo, a fin de asegurar el orden público. [16]Cada año confían a un solo hombre el poder y el dominio sobre toda la nación, y todos le obedecen, sin que haya entre ellos envidias ni celos.

[17]Judas eligió a Eupólemo, hijo de Juan, hijo de Hacós, y a Jasón, hijo de Eleazar, y los envió a Roma para concertar un pacto de amistad, [18]con el fin de librarse del yugo, porque veían

que los griegos tenían esclavizado a Israel. 19 Ellos partieron para Roma y, después de un larguísimo viaje, se presentaron ante el Senado y dijeron: 20 «Judas, llamado Macabeo, sus hermanos y el Pueblo judío nos han enviado para concertar con ustedes un pacto de paz y para que nos inscriban en el número de sus aliados y amigos». 21 La propuesta agradó a los romanos. 22 Y esta es la copia del documento que grabaron en planchas de bronce y enviaron a Jerusalén como memorial de paz y de alianza:

23 «¡Que los romanos y la nación de los judíos tengan felicidad en el mar y en la tierra para siempre! ¡Lejos de ellos la espada y el enemigo! 24 Si una guerra amenaza primero a Roma, o a cualquiera de sus aliados, en cualquier parte de sus dominios, 25 la nación de los judíos luchará a su lado de todo corazón según se lo exijan las circunstancias. 26 Los enemigos no recibirán trigo, ni armas, ni dinero, ni naves. Así lo ha establecido Roma. Observarán sus compromisos sin ninguna compensación. 27 De la misma manera, si una guerra amenaza primero a la nación de los judíos, los romanos lucharán a su lado, con toda el alma según se lo exijan las circunstancias. 28 Sus agresores no recibirán trigo, ni armas, ni dinero, ni naves. Así lo ha establecido Roma. Observarán sus compromisos con lealtad».

29 Estas son las cláusulas que los romanos estipularon con el Pueblo judío.

30 «Si posteriormente unos y otros deciden añadir o quitar algo, lo harán de común acuerdo, y lo que añadan o quiten tendrá fuerza obligatoria».

31 «Con relación a los males que el rey Demetrio ha causado a los judíos, ya le hemos escrito lo siguiente: "¿Por qué has hecho sentir pesadamente tu yugo sobre los judíos, nuestros amigos y aliados? 32 Si vuelven a quejarse de ti, nosotros les haremos justicia y te haremos la guerra por mar y por tierra"».

La muerte de Judas Macabeo

9 1 Cuando Demetrio se enteró de que Nicanor y su ejército habían sucumbido en el combate, envió por segunda vez al país de Judá a Báquides y Álcimo, con el ala derecha de su ejército. 2 Estos tomaron el camino de Guilgal y sitiaron a Mesalot en el territorio de Arbela; se apoderaron de ella y mataron a mucha gente. 3 El primer mes del año ciento cincuenta y dos acamparon frente a Jerusalén, 4 de donde partieron con veinte mil hombres y dos mil jinetes en dirección a Berzet. 5 Judas tenía puesto su campamento en Elasá y había con él tres mil hombres elegidos. 6 Pero al ver la multitud de los enemigos, se atemorizaron y muchos desertaron del campamento, de manera que no quedaron más que ochocientos hombres. 7 Judas advirtió que su ejército se había desbandado, precisamente cuando la batalla era inminente y quedó descorazonado, porque no había tiempo de volverlos a reunir. 8 A pesar de su desaliento, dijo a los que habían quedado: «Ataquemos lo mismo a nuestros enemigos: tal vez podamos hacerles frente». 9 Pero ellos trataban de disuadirlo, diciéndole: «¡Imposible! Salvemos primero nuestras vidas; después volveremos con nuestros hermanos para continuar luchando, ya que ahora somos muy pocos». 10 Judas les respondió: «¡Eso nunca! No podemos huir ante ellos. Si es que ha llegado nuestra hora, muramos valientemente por nuestros hermanos, sin que nuestra gloria sufra menoscabo».

11 El ejército enemigo salió del campamento y se aprestó para enfrentarlos. La caballería se había dividido en dos escuadrones; en primera línea, avanzaban los más aguerridos, precedidos por los arqueros y los honderos. 12 Báquides estaba en el ala derecha. Las tropas avanzaron por ambos lados, al sonido de las trompetas. 13 Los hombres de Judas también tocaron las trompetas y la tierra tembló por el estruendo de los ejércitos. La lucha se inició al amanecer y duró hasta la tarde.

14 Judas vio que Báquides y el grueso de su ejército estaban a la derecha. Entonces los israelitas más decididos se unieron a él 15 y derrotaron el ala derecha, persiguiéndola hasta las últimas estribaciones de la montaña. 16 Pero los del ala izquierda, al ver derrotada el ala derecha, se volvieron contra Judas y los suyos, tomándolos por la espalda. 17 La lucha se hizo más encarnizada, y hubo muchas víctimas de uno y otro bando. 18 También cayó Judas y los demás huyeron.

19 Jonatán y Simón tomaron a su hermano Judas y lo sepultaron en el sepulcro de sus padres en Modín. 20 Todo Israel lloró e hizo un gran duelo por él, y muchos días repitieron esta lamentación: 21 «¡Cómo ha caído el héroe que salvaba a Israel!». 22 El resto de las acciones de Judas, de sus guerras, de las proezas que realizó y de sus títulos de gloria no ha sido escrito, porque fueron innumerables.

JONATÁN

Elección de Jonatán

23 Después de la muerte de Judas, reaparecieron los renegados en todo el territorio de Israel y se envalentonaron los impíos. 24 En aquellos días, el hambre asoló el país y la gente se puso de parte de ellos. 25 Báquides eligió a unos hombres impíos y los hizo dueños del país. 26 Ellos buscaban a los amigos de Judas, siguiéndoles las pistas, y se los llevaban a Báquides, que los castigaba y escarnecía. 27 Esta fue una gran tribulación para Israel, como no se había visto desde que dejaron de manifestarse los profetas.

VIVE LA PALABRA

¿Quién es un héroe?

La historia celebra a los héroes, hombres y mujeres que hicieron un bien significativo a los demás, realizaron actos valientes y asumieron grandes riesgos. Judas Macabeo es uno de estos héroes. ¿Somos nosotros capaces de realizar actos heroicos?

Todos podemos ser héroes. El llamado de Dios a amar y compadecernos de los demás puede llevarnos a tomar riesgos y a vencer el temor con valentía y fortaleza. Te sorprenderá lo que puedes lograr en una situación extraordinaria. Dios te ha dado todo lo necesario para hacer actos heroicos, pero un héroe o heroína no se improvisa; se prepara al realizar el deber de cada día con esfuerzo y valor, superando el deseo de quedarse en la comodidad.

Quizá no se publique tu historia ni te levanten un monumento, pero sí puedes mejorar la vida de la gente. Son héroes a los ojos de Dios quienes llegan a la santidad, participan de su amor y lo comunican a los demás.

¡Dios te escogió para que seas héroe ante él! Recuerda a Judas Macabeo y decide si prefieres vivir en la apatía de la cobardía o emprender acciones que te lleven a desarrollar tus talentos al servicio de los demás, aunque impliquen riesgos.

1 Mac 9 9-22

28 Entonces todos los amigos de Judas se
reunieron y dijeron a Jonatán: 29 «Desde la
muerte de tu hermano Judas no tenemos un
hombre como él, capaz de enfrentar a nuestros
enemigos, a Báquides y a los que odian a nuestra nación. 30 Por eso, hoy te elegimos a ti para
que ocupes el lugar de tu hermano, y seas
nuestro jefe y nuestro guía en la lucha que sos-
tenemos». 31 En ese momento Jonatán tomó el
mando como sucesor de su hermano Judas.

La huida de Jonatán al desierto

32 Cuando Báquides lo supo, trató de matarlo. 33 Pero Jonatán, su hermano Simón y
todos sus partidarios, al enterarse de esto,
huyeron al desierto de Técoa y acamparon
junto a las aguas de la cisterna de Asfar. 34 Báquides se enteró el día sábado, y atravesó el
Jordán con todo su ejército.

35 Jonatán envió a su hermano Juan, el encargado de conducir la caravana, a pedir autorización a los nabateos, sus amigos, para dejarles en depósito su equipaje, que era muy
grande. 36 Pero los jambritas, que habitaban en
Madabá, capturaron a Juan con todo lo que
llevaba, y se fueron con el botín. 37 Poco tiempo después, Jonatán y su hermano Simón se
enteraron de que los jambritas celebraban una
gran boda y traían de Nabatá, con mucha
pompa, a la novia, hija de uno de los grandes
magnates de Canaán. 38 Entonces se acordaron
del sangriento fin de su hermano Juan y fueron a esconderse en un repliegue de la montaña. 39 Al alzar los ojos, divisaron una numerosa caravana que avanzaba en medio de un
gran tumulto, y vieron que el novio iba a su
encuentro, acompañado de sus amigos y hermanos, al son de tambores e instrumentos
musicales y con mucha gente armada. 40 Inmediatamente, salieron de su escondite, se precipitaron sobre ellos y los masacraron, dejando
muchas víctimas. Mientras los sobrevivientes
huían a la montaña, ellos se apoderaron de todo el botín. 41 Así la boda terminó en duelo y
la música en lamentaciones. 42 De esta manera
vengaron la sangre de su hermano y volvieron
a las regiones pantanosas del Jordán.

Jonatán y Báquides

43 Cuando Báquides se enteró, fue un día sábado a las riberas del Jordán con un ejército
numeroso. 44 Entonces Jonatán arengó a sus
hombres, diciendo: «¡Ánimo! Luchemos por
defender nuestras vidas, porque ahora no estamos como antes. 45 El enemigo nos asedia por
delante y por detrás, de un lado están las aguas
del Jordán y del otro, los pantanos y las malezas; no hay escapatoria posible. 46 Clamen al
Cielo, para que nos salve de nuestros enemigos». 47 Una vez iniciado el combate, Jonatán
extendió su brazo para descargar un golpe sobre Báquides, pero este lo esquivó, echándose
atrás. 48 Entonces Jonatán y los suyos se tiraron
al Jordán y lo atravesaron a nado, pero sus enemigos no los persiguieron. 49 Aquel día murieron unos mil hombres del ejército de Báquides.

50 Al volver a Jerusalén, Báquides comenzó
a fortificar algunas ciudades en Judea: las fortalezas de Jericó, Emaús, Betjorón, Betel,
Tamnatá, Faratón y Tefón, protegiéndolas
con altas murallas, puertas y cerrojos. 51 En cada una de ellas puso una guarnición para
hostigar a Israel. 52 También fortificó la ciudad de Betsur, Guéser y la Ciudadela, dejan-

do en ellas tropas y depósitos de víveres. 53 Después tomó como rehenes a los hijos de las principales familias del país y los puso bajo custodia en la Ciudadela de Jerusalén.

54 En el segundo mes del año ciento cincuenta y tres, Álcimo mandó derribar las murallas de la parte interior del Santuario, destruyendo así la obra de los profetas. Pero, al comenzar la demolición, 55 sufrió un ataque y la obra se detuvo. Él perdió el habla y la boca le quedó paralizada, de manera que no pudo hablar más ni dar ninguna orden en lo referente a su casa. 56 Álcimo murió en esa época en medio de grandes tormentos. 57 Al ver que Álcimo había muerto, Báquides regresó adonde estaba el rey, y así Judá quedó en paz durante dos años.

58 Todos los renegados se confabularon diciendo: «Jonatán y los suyos viven tranquilos y confiados. Hagamos volver a Báquides, para que los arreste a todos en una sola noche». 59 Ellos fueron a comunicarle su plan, 60 y Báquides partió con un gran ejército. Mientras tanto, envió instrucciones secretas a todos sus aliados de Judea para que se apoderaran de Jonatán y de sus amigos, pero aquellos no pudieron hacerlo porque sus planes fueron descubiertos. 61 En represalia, Jonatán y sus amigos apresaron a unos cincuenta hombres entre los cabecillas de la conspiración, y los mataron.

62 Jonatán y Simón se retiraron con sus compañeros a Betbasí, en el desierto, y la fortificaron, restaurando sus ruinas. 63 Al saber esto, Báquides reunió a toda su gente y convocó a sus partidarios de Judea. 64 Luego acampó frente a Betbasí y la atacó durante varios días, emplazando máquinas de guerra.

65 Pero Jonatán, dejando en la ciudad a su hermano Simón, hizo una incursión por el país con algunos hombres. 66 Derrotó a Odomerá y a sus hermanos, y también a los hijos de Fasirón en sus propios campamentos. Una vez asestados estos primeros golpes, volvieron con más fuerzas. 67 Simón y los suyos salieron de la ciudad e incendiaron las máquinas de guerra. 68 Lucharon contra Báquides y lo derrotaron, dejándolo muy abatido porque sus planes y su campaña habían fracasado. 69 Por eso se enfureció contra los renegados que le habían aconsejado regresar al país y mandó ejecutar a muchos de ellos. Después decidió volver a su país.

70 Al enterarse de esto, Jonatán envió mensajeros a Báquides para concertar con él la paz y para que les devolviera los prisioneros. 71 Báquides aceptó la propuesta y le juró no hacerle ningún daño durante toda su vida; 72 le devolvió los prisioneros capturados anteriormente en Judá y regresó a su país. Y nunca más volvió al territorio de Judea.

73 Hubo así paz en Israel y Jonatán se estableció en Micmás, donde comenzó a gobernar al pueblo y a exterminar a los impíos de en medio de Israel.

Rivalidad entre Alejandro y Demetrio I

10 1 El año ciento sesenta, Alejandro, hijo de Antíoco, por sobrenombre Epífanes, desembarcó y ocupó Tolemaida, donde fue bien recibido y comenzó a reinar. 2 Enterado de esto, el rey Demetrio reclutó un ejército muy numeroso y salió a su encuentro para combatirlo. 3 Además, Demetrio envió a Jonatán una carta amistosa, dándole mayores poderes, 4 haciéndose esta reflexión: «Anticipémonos a negociar la paz con él antes que él la haga con Alejandro en detrimento nuestro, 5 acordándose de los males que le causamos a él, a sus hermanos y a su nación». 6 Demetrio le dio autorización para reclutar tropas, fabricar armamentos y ser su aliado. También ordenó que le entregaran los rehenes detenidos en la Ciudadela.

7 Jonatán fue a Jerusalén y leyó la carta en presencia de todo el pueblo y de los que ocupaban la Ciudadela. 8 Estos últimos quedaron muy atemorizados cuando supieron que el rey lo había autorizado para reclutar tropas, y 9 los de la Ciudadela entregaron los rehenes a Jonatán, el cual los devolvió a sus familias. 10 Jonatán fijó su residencia en Jerusalén y comenzó a reconstruir y restaurar la ciudad. 11 Ordenó a los constructores que reconstruyeran las murallas y que rodearan el monte Sion con un muro de piedras talladas, y así lo hicieron.

12 Los extranjeros que ocupaban las fortalezas levantadas por Báquides huyeron, 13 abandonando cada uno su puesto para regresar a su país. 14 Solo en Betsur quedaron algunos de los que habían renegado de la Ley y de los mandamientos, porque esa era una ciudad de refugio.

15 El rey Alejandro se enteró de los ofrecimientos que Demetrio había hecho a Jonatán. También le contaron las guerras y las proezas que él y sus hermanos habían realizado y las contrariedades que habían soportado. 16 Entonces exclamó: «¿Podremos hallar otro hombre como este? ¡Hagámoslo ahora mismo nuestro amigo y nuestro aliado!». 17 Y enseguida le envió una carta redactada en los siguientes términos: 18 «El rey Alejandro saluda a su hermano Jonatán. 19 Hemos oído que eres un guerrero valiente y digno de nuestra amistad. 20 Por eso te nombramos hoy Sumo Sacerdote de tu nación y te concedemos el título de Amigo del rey para que apoyes nuestra causa y nos asegures tu amistad». Al mismo tiempo, le enviaba una capa de púrpura y una corona de oro.

21 Jonatán se revistió de los ornamentos sagrados el séptimo mes del año ciento sesenta, en la fiesta de las Chozas; reclutó tropas y fabricó una gran cantidad de armas.

22 Apenas supo esto, Demetrio se disgustó mucho y dijo: 23 «¿Qué hemos hecho? Alejandro se nos ha adelantado, ganándose la amistad y el apoyo de los judíos. 24 También yo voy a escribirles en términos persuasivos, ofreciéndoles dignidades y regalos, para que se comprometan a ayudarme». 25 Y les escribió en estos términos: 26 «El rey Demetrio saluda a la nación de los judíos. Nos hemos enterado con satisfacción de que ustedes han observado los pactos hechos con nosotros y han perseverado en nuestra amistad, sin pasarse al enemigo. 27 Continúen guardándonos la misma fidelidad y nosotros los recompensaremos a cambio de la colaboración que nos prestan. 28 Los eximiremos de muchas obligaciones y les haremos regalos.

29 Ya desde ahora, los libero a ustedes, y eximo a todos los judíos de las contribuciones, del impuesto a la sal y de la entrega de las coronas de oro. 30 Renuncio también, a partir de hoy y para siempre, a percibir el tercio de los granos y la mitad de los frutos de los árboles que me corresponden, tanto de Judá como de los tres distritos anexos de Samaría y Galilea.

31 Jerusalén, con su territorio, sus diezmos y derechos, será sagrada y estará exenta de impuestos. 32 Renuncio asimismo a toda autoridad sobre la Ciudadela de Jerusalén y se la cedo al Sumo Sacerdote, a fin de que establezca en ella a todos los hombres que él mismo elija para su defensa.

33 A todo judío llevado cautivo de Judá a cualquier parte de mi reino, le concedo la libertad gratuitamente, y ninguno estará obligado a pagar impuestos, ni siquiera los del ganado.

34 Todas las fiestas, los sábados, los novilunios y los días fijados para las solemnidades —con los tres días que preceden y siguen a cada fiesta— serán días de inmunidad y exención para todos los judíos residentes en mi reino: 35 nadie tendrá derecho a demandar o inquietar a ninguno de ellos por ningún motivo.

36 En los ejércitos del rey se alistarán hasta treinta mil judíos que percibirán el mismo sueldo que las demás tropas del rey. 37 Algunos de ellos serán apostados en las principales fortalezas del rey y otros ocuparán cargos de confianza en el reino. Sus jefes y oficiales serán elegidos entre ellos y todos podrán vivir conforme a sus leyes, tal como lo ha dispuesto el rey para el país de Judá.

38 Los tres distritos de la provincia de Samaría, incorporados a Judea, quedarán anexados definitivamente a ella y considerados como parte suya, de manera que dependan de un solo jefe y no estén sometidos a otra autoridad que la del Sumo Sacerdote.

39 Doy como presente al Templo de Jerusalén la ciudad de Tolemaida y sus alrededores, para cubrir las expensas del Santuario. 40 Por mi parte, daré cada año quince mil siclos de plata, que se tomarán de los ingresos del rey en los lugares apropiados. 41 Toda la cantidad que los agentes del fisco han dejado de pagar, como se hacía en los años precedentes, será entregada desde ahora para las obras del Templo. 42 Además, los cinco mil siclos de plata que se solían recaudar cada año de los ingresos del Santuario quedarán condonados en beneficio de los sacerdotes que ejercen el culto. 43 Todos aquellos que por una deuda al Tesoro real o por cualquier otra causa se refugien en el Templo de Jerusalén o en alguna de sus dependencias, quedarán absueltos, ellos con las posesiones que tengan en mi reino.

44 Los gastos para las obras de construcción y reparación del Santuario correrán por cuenta del rey. 45 También estarán a cargo del rey la construcción de las murallas de Jerusalén y la fortificación de su recinto, lo mismo que la reconstrucción de las murallas en las ciudades de Judea».

46 Cuando Jonatán y el pueblo oyeron estas palabras, no les dieron crédito ni las aceptaron, porque se acordaban del enorme daño que Demetrio había causado a Israel y de la opresión a que los había sometido. 47 Entonces se decidieron por Alejandro porque, a su parecer, les hacía mejores propuestas de paz, y fueron siempre sus aliados.

48 El rey Alejandro reunió un gran ejército y tomó posiciones contra Demetrio. 49 Ambos reyes entablaron batalla, y el ejército de Alejandro emprendió la retirada. Demetrio los persiguió y se impuso sobre ellos. 50 Y aunque combatió encarnizadamente hasta la puesta del sol, Demetrio sucumbió aquel día.

Alianza de Alejandro con Tolomeo VI

51 Alejandro mandó una embajada a Tolomeo, rey de Egipto, con este mensaje. 52 «Yo he vuelto a mi reino, y me he sentado en el trono de mis padres, adueñándome del poder. Después de derrotar a Demetrio, he tomado posesión de mi país, 53 porque combatí con él, lo derroté, a él y a su ejército, y ocupé su trono real. 54 Establezcamos ahora vínculos de amistad entre nosotros: dame a tu hija por esposa, y yo seré tu yerno, y a ti y a ella les haré regalos dignos de ti».

55 El rey Tolomeo respondió en estos términos: «¡Feliz el día en que regresaste al país de tus padres, para sentarte en su trono real! 56 Voy a cumplir ahora mismo lo que tú has escrito. Ven hasta Tolemaida para que nos entrevistemos, y yo seré tu suegro como tú lo has dicho».

57 Tolomeo partió de Egipto con su hija Cleopatra y llegó a Tolemaida, el año ciento sesenta y dos. 58 El rey Alejandro fue a su encuentro, y Tolomeo le entregó a su hija Cleopatra, celebrándose la boda en Tolemaida con la magnificencia propia de los reyes.

59 Luego Alejandro escribió a Jonatán para que fuera a entrevistarse con él. 60 Este fue a Tolemaida con gran pompa; allí se entrevistó con los dos reyes y los obsequió con plata y oro, ofreciendo además numerosos presentes a sus Amigos. De esa manera se ganó el favor de ellos. 61 Entonces un grupo de prevaricadores, la gente más indeseable de Israel, se confabularon contra él y lo acusaron ante el rey. Pero este, en lugar de hacerles caso, 62 ordenó que quitaran a Jonatán la ropa que tenía puesta y lo vistieran de púrpura. Así lo hicieron. 63 El rey lo hizo sentar a su lado y dijo a sus dignatarios: «Recorran con él la ciudad y proclamen que nadie se atreva a levantar ninguna acusación contra él ni a molestarlo por ningún motivo».

64 Apenas sus detractores vieron los honores que le tributaban, los términos de la proclama y la púrpura con que estaba revestido, se dieron a la fuga. 65 El rey lo honró inscribiéndolo entre sus principales Amigos, y lo constituyó general y gobernador. 66 Así Jonatán regresó a Jerusalén en paz y lleno de alegría.

El desafío de Apolonio a Jonatán

67 El año ciento sesenta y cinco, Demetrio, hijo de Demetrio, llegó al país de sus padres, procedente de Creta, 68 y Alejandro, muy contrariado por esta noticia, regresó a Antioquía. 69 Demetrio designó general a Apolonio, el gobernador de la Celesiria, y este reclutó un numeroso ejército y acampó en Iamnia, enviando a decir al Sumo Sacerdote Jonatán:

70 «Tú eres el único que te rebelas contra nosotros, y a causa de ti, yo soy objeto de burla y de desprecio. ¿Por qué usas de tu autoridad contra nosotros en las montañas? 71 Si realmente confías en tus tropas, baja ahora a medirte con nosotros en la llanura, porque yo cuento con las tropas de las ciudades. 72 Averigua, y sabrás quién soy yo y quiénes son los que nos ayudan: ellos dicen que ustedes no pueden resistirnos, ya que dos veces fueron derrotados tus padres en su propio país. 73 Ahora no podrás enfrentar a la caballería y a un ejército tan grande en esta llanura, donde no hay una piedra, ni una roca, ni un sitio donde refugiarse».

La derrota de Apolonio

74 Cuando Jonatán escuchó el mensaje de Apolonio, se turbó profundamente. Entonces eligió a diez mil hombres y salió de Jerusalén. Su hermano Simón se unió a él para ayudarlo. 75 Luego acampó frente a Jope, pero los habitantes de la ciudad le cerraron las puertas porque allí había una guarnición de Apolonio. Apenas comenzó el ataque, 76 los habitantes de la ciudad, aterrorizados, le abrieron las puertas, y así Jonatán se adueñó de Jope. 77 Al enterarse de esto, Apolonio puso en pie de guerra tres mil jinetes y una numerosa infantería, y partió en dirección a Azoto, como si fuera de paso; pero al mismo tiempo se iba adentrando en la llanura, confiado en su numerosa caballería.

78 Jonatán lo persiguió en dirección a Azoto, y los dos ejércitos entablaron batalla. 79 Apolonio había dejado mil jinetes ocultos a espaldas de ellos. 80 Pero Jonatán se dio cuenta de que estaban emboscados detrás de él. Los enemigos rodearon a su ejército, arrojándole flechas durante todo el día. 81 Las tropas se mantuvieron firmes, como lo había ordenado Jonatán, mientras que los caballos de los enemigos se cansaron. 82 Entonces Simón hizo avanzar sus escuadrones y atacó a la infantería, porque la caballería estaba extenuada: así los derrotó y los obligó a huir. 83 La caballería se desbandó por la llanura, y los fugitivos huyeron a Azoto y entraron en la Casa de Dagón, el templo de su ídolo, para ponerse a salvo. 84 Jonatán incendió a Azoto y a las ciudades vecinas y se apoderó del botín. También incendió el templo de Dagón, con todos los que se habían refugiado en él. 85 Los que perecieron por la espada o por el fuego fueron unos ocho mil hombres. 86 Luego Jonatán partió de allí y acampó frente a Ascalón, cuyos habitantes salieron a recibirlo con grandes honores. 87 Después regresó con su gente a Jerusalén, llevando consigo un gran botín. 88 Cuando el rey Alejandro se enteró de todo esto, concedió nuevos honores a Jonatán: 89 le envió un prendedor de oro, como se acostumbra conceder a los parientes de los reyes, y le dio en propiedad Acarón con todo su territorio.

La muerte de Alejandro

11 1 El rey de Egipto reunió un ejército tan numeroso como la arena que hay a orillas del mar y una gran flota, porque pretendía apoderarse con astucia del reino de Alejandro y unirlo al suyo. 2 Entonces se dirigió a Siria con pretextos pacíficos, y los habitantes de las ciudades le abrían las puertas y salían a su encuentro, porque Alejandro había dado orden de recibirlo, ya que era su suegro. 3 A medida que Tolomeo entraba en las ciudades, dejaba una guarnición en cada una de ellas. 4 Cuando estuvo cerca de Azoto le mostraron el templo de Dagón incendiado, la ciudad y sus alrededores en ruinas, los cadáveres esparcidos y los restos calcinados de los que habían sido quemados en la batalla, porque los habían amontonado por donde iba a pasar el rey. 5 Entonces contaron al rey todo lo que había hecho Jonatán, esperando que lo desaprobara, pero el rey guardó silencio. 6 Jonatán, por su parte, fue a encontrarse con el rey en Jope con gran pompa: ambos se saludaron y pasaron la noche allí. 7 Después Jonatán acompañó al rey hasta el río llamado Eléuteros, y de allí regresó a Jerusalén. 8 El rey Tolomeo se adueñó de las ciudades del litoral hasta Seleucia Marítima. Mientras tanto, maquinaba sus planes contra Alejandro.

9 A tal efecto, Tolomeo mandó una embajada al rey Demetrio, con este mensaje: «Hagamos una alianza entre nosotros. Yo te daré a mi hija, la que ahora tiene Alejandro, y tú serás rey en el reino de tu padre. 10 Estoy arrepentido de habérsela entregado, ya que él trató de asesinarme». 11 En realidad, le hacía estos cargos porque ambicionaba su reino. 12 Entonces quitó su hija a Alejandro y se la dio a Demetrio: así rompió con Alejandro y se puso en evidencia su enemistad. 13 Después entró en Antioquía y se ciñó la corona de Asia, poniendo así sobre su frente dos coronas, la de Egipto y la de Asia.

14 En ese momento el rey Alejandro se encontraba en Cilicia, porque la gente de aquella región se había rebelado. 15 Apenas se enteró, salió a combatirlo, pero Tolomeo se movilizó con un poderoso ejército y lo derrotó. 16 Alejandro huyó a Arabia en busca de refugio, y el rey Tolomeo quedó dueño de la situación. 17 El árabe Zabdiel le cortó la cabeza a Alejandro y se la envió a Tolomeo. 18 Pero tres días después murió también Tolomeo, y los habitantes de las plazas fuertes mataron a los egipcios acantonados en ellas. 19 Demetrio comenzó a reinar el año ciento sesenta y siete.

Relaciones de Jonatán y Demetrio II

1 Mac 2 18 / 10 30 / 11 34

20 En ese tiempo, Jonatán reunió a los habitantes de Judea para atacar la Ciudadela de Jerusalén y con ese fin levantó numerosas máquinas de guerra. 21 Algunos renegados, enemigos de su propia nación, acudieron al rey y le anunciaron que Jonatán tenía sitiada a la Ciudadela. 22 Esta noticia lo enfureció y enseguida se puso en marcha y fue a Tolemaida. Al mismo tiempo, escribió a Jonatán, ordenándole suspender el asedio e ir lo antes posible a Tolemaida para entrevistarse con él.

23 Cuando Jonatán se enteró de esto, ordenó continuar el asedio y decidió enfrentar él mismo el peligro: eligió un grupo de ancianos y sacerdotes de Israel, 24 y fue a Tolemaida a entrevistarse con el rey, llevando consigo plata, oro, vestiduras y muchos otros regalos. De esta manera, se ganó el favor del rey. 25 Algunos renegados de su nación lo acusaron, 26 pero el rey lo trató como lo habían hecho sus predecesores y lo honró en presencia de todos sus Amigos. 27 Lo confirmó en el sumo sacerdocio y en todos los altos cargos que había tenido antes, y le dio un lugar preeminente entre sus principales Amigos. 28 Jonatán pidió al rey que eximiera de impuestos a Judea y a los tres distritos de Samaría, prometiéndole en cambio trescientos talentos. 29 El rey lo aprobó y extendió a Jonatán un documento acerca de lo conversado, en los siguientes términos:

30 «El rey Demetrio saluda a su hermano Jonatán y al Pueblo judío. 31 A título de información, les adjuntamos una copia de la carta que hemos escrito acerca de ustedes a nuestro pariente Lástenes. 32 El rey Demetrio saluda a su padre Lástenes. 33 Por sus buenos sentimientos hacia nosotros, hemos decidido favorecer al Pueblo judío, que es Amigo nuestro y respeta nuestros derechos. 34 Les confirmamos los límites territoriales de Judea, con los tres distritos de Aferema, Lida y Ramataim. Estos, con todas sus adyacencias, fueron separados de Samaría y anexados a Judea, para beneficio de los que ofrecen sacrificios en Jerusalén, en compensación por los impuestos reales que el rey percibía de ellos cada año, sobre los productos de la tierra y los frutos de los árboles. 35 En lo que respecta a nuestros otros derechos —los diezmos, los impuestos que nos corresponden de las salinas, y las coronas de oro— a partir de ahora, los declaramos exentos de toda obligación. 36 Ninguna de estas concesiones será derogada de ahora en adelante. 37 Manden hacer una copia de este documento, para entregarla a Jonatán y exponerla en la Montaña santa, en lugar bien visible».

La ayuda de Jonatán a Demetrio II

38 El rey Demetrio vio que todo el país estaba en calma bajo su mando y que no encontraba ninguna resistencia. Entonces licenció a su ejército, enviando a cada uno a su casa, excepto a los extranjeros que había reclutado en las islas de las naciones. Por este motivo, se atrajo la hostilidad de todas las tropas de sus antepasados. 39 Trifón, antiguo partidario de Alejandro, al ver que todas esas tropas protestaban contra Demetrio, fue a ver al árabe Imalcué, preceptor de Antíoco, el hijo de Alejandro. 40 Lo presionó para que se lo entregara, a fin de que reinara en lugar de su padre; lo puso al corriente de todo lo que había hecho Demetrio y del odio que le tenían sus tropas, y permaneció allí mucho tiempo.

41 Entre tanto, Jonatán pidió al rey Demetrio que retirara las guarniciones de la Ciudadela de Jerusalén y de las plazas fuertes, porque hostigaban continuamente a Israel. 42 Demetrio mandó decir a Jonatán: «No solo haré por ti y por tu nación lo que me pides, sino que te colmaré de honores a ti y a tu nación apenas se me presente la ocasión favorable. 43 Pero ahora harías bien en enviarme algunos hombres en mi auxilio, porque todas mis tropas han desertado». 44 Jonatán le envió a Antioquía tres mil soldados aguerridos, y cuando se presentaron al rey, este se alegró de su llegada.

45 Pero los habitantes de la ciudad, unos ciento veinte mil hombres, se amotinaron en las calles con la intención de matar al rey. 46 Este se refugió en su palacio, mientras la gente

ocupaba las calles y comenzaba el ataque. 47 Entonces el rey pidió auxilio a los judíos, y ellos se agruparon todos juntos alrededor de él. Luego se dispersaron por la ciudad, y ese día mataron a unas cien mil personas. 48 Después incendiaron la ciudad y recogieron ese mismo día un cuantioso botín, salvando así al rey. 49 Cuando la gente vio que los judíos dominaban completamente la ciudad, se desanimaron y comenzaron a suplicar al rey: 50 «¡Hagamos las paces! ¡Que esos judíos dejen de atacarnos a nosotros y a la ciudad!». 51 Y deponiendo las armas, hicieron la paz. Los judíos se cubrieron de gloria delante del rey y de todos sus vasallos, y regresaron a Jerusalén con un abundante botín.

52 Así el rey Demetrio se afianzó en su trono real, y el país quedó pacificado bajo su mando. 53 Pero luego faltó a sus promesas y se distanció de Jonatán, no correspondiendo a los servicios que le había prestado y ocasionándole grandes sufrimientos.

Jonatán y Antíoco VI

54 Después de un tiempo, regresó Trifón, acompañado de Antíoco, que todavía era muy joven, y este ocupó el trono, ciñéndose la corona. 55 Todas las tropas dadas de baja por Demetrio se pusieron de su parte y lucharon contra Demetrio, lo derrotaron y lo obligaron a huir. 56 Trifón se apoderó de los elefantes y ocupó Antioquía.

57 Entonces el joven Antíoco escribió a Jonatán, en estos términos: «Te confirmo en el sumo sacerdocio, te pongo al frente de los cuatro distritos y quiero que te cuentes entre los Amigos del rey». 58 Al mismo tiempo, le envió una vajilla de oro y un juego completo de mesa, autorizándolo a beber en copas de oro, a vestirse de púrpura y a llevar un prendedor de oro. 59 A su hermano Simón lo designó comandante desde la Escalera de Tiro hasta la frontera de Egipto.

60 Jonatán salió a hacer un recorrido por la región y las ciudades de este lado del Éufrates, donde se le incorporaron todas las tropas sirias como aliados de guerra. Cuando llegó a Ascalón, sus habitantes salieron a recibirlo con muchos honores. 61 De allí pasó a Gaza, pero los habitantes le cerraron las puertas. Entonces sitió la ciudad y saqueó e incendió sus alrededores. 62 Los habitantes de Gaza fueron a pedirle clemencia y Jonatán hizo las paces con ellos, pero tomó como rehenes a los hijos de los jefes y los envió a Jerusalén. Luego atravesó el país en dirección a Damasco.

63 Jonatán se enteró de que los generales de Demetrio se encontraban cerca de Quedes de Galilea con un ejército numeroso, para hacerlo desistir de su proyecto. 64 Entonces dejó en el país a su hermano Simón y salió al encuentro de ellos. 65 Simón acampó frente a Betsur, la atacó durante muchos días y la sitió. 66 Sus habitantes le hicieron una propuesta de paz y él la aceptó, pero los obligó a evacuar la ciudad, y se apoderó de ella, poniendo allí una guarnición. 67 Jonatán y su ejército acamparon junto al lago de Genesaret y, muy de madrugada, llegaron a la llanura de Asor. 68 El ejército extranjero les salió al encuentro en la llanura, dejando algunos hombres emboscados en las montañas. Mientras el ejército avanzaba de frente, 69 los que estaban emboscados salieron de sus puestos y entraron en combate. 70 Los hombres de Jonatán huyeron y no quedó ni uno solo, a excepción de Matatías, hijo de Absalón, y de Judas, hijo de Calfí, generales del ejército. 71 Jonatán rasgó sus vestiduras, se cubrió de polvo la cabeza y oró. 72 Luego reanudó el combate, derrotó al enemigo y lo puso en fuga. 73 Al ver esto, los hombres de Jonatán que huían se unieron de nuevo a él, persiguieron juntos al enemigo hasta su campamento en Quedes, y acamparon allí. 74 Aquel día cayeron unos tres mil hombres del ejército extranjero. Después Jonatán regresó a Jerusalén.

Embajadas de Jonatán a Roma y Esparta

12 1 Jonatán, al ver que las circunstancias le eran favorables, eligió a unos cuantos hombres y los envió a Roma para confirmar y renovar la amistad con los romanos. 2 También envió cartas a los espartanos y a otros lugares en el mismo sentido. 3 Cuando los judíos llegaron a Roma y se presentaron ante el Senado, dijeron: «El Sumo Sacerdote Jonatán y la nación de los judíos nos han enviado para que ustedes renueven con ellos la amistad y el pacto, tal como quedó establecido anteriormente».

4 El Senado les dio un salvoconducto para los distintos países, a fin de que les permitieran llegar sanos y salvos al país de Judá.

5 Esta es la copia de la carta que Jonatán escribió a los espartanos: 6 «Jonatán, Sumo Sacerdote, el consejo de la nación, los sacerdotes y todo el Pueblo judío saludan a sus hermanos de Esparta. 7 Ya en tiempos pasados, Areios, que reinaba entre ustedes, envió una carta al Sumo Sacerdote Onías en la que le decía que ustedes son hermanos nuestros, como lo atestigua la copia adjunta. 8 Onías recibió al embajador con todos los honores, y aceptó la carta que hablaba claramente de pacto y amistad. 9 Ahora nosotros, aunque no tenemos necesidad de estas cosas, porque encontramos el consuelo en los Libros santos que están en nuestras manos, 10 nos hemos permitido enviarles embajadores para renovar la fraterna amistad que nos liga con ustedes, a fin de no comportarnos como extraños, ya que ha pasado mucho tiempo desde que nos escribieron.

11 En todo momento nos acordamos de ustedes, particularmente en las fiestas y en otros

días apropiados, cuando ofrecemos los sacrificios y hacemos oración, ya que es justo y conveniente acordarse de los hermanos. [12]Nos alegramos mucho de la gloria de ustedes. [13]Nosotros, en cambio, nos hemos visto envueltos en muchas tribulaciones y guerras, y hemos sido atacados por los reyes vecinos. [14]Pero no hemos querido molestarlos, ni a ustedes ni a nuestros otros aliados y amigos, con motivo de estas guerras, [15]porque contamos con el auxilio del Cielo que nos asiste constantemente. Así fuimos liberados de nuestros enemigos y ellos quedaron humillados.

[16]Ahora hemos elegido a Numenio, hijo de Antíoco, y a Antípatro, hijo de Jasón, y los hemos enviado a los romanos para renovar con ellos nuestro antiguo pacto de amistad. [17]Además, les ordenamos que fueran a saludarlos a ustedes y les entregaran la carta con la que queremos renovarles nuestra fraternidad. [18]Tengan ahora la bondad de respondernos».

[19]Esta es la copia de la carta que había sido enviada a Onías: [20]«Areios, rey de los espartanos, saluda a Onías, Sumo Sacerdote. [21]En un documento que trata de los espartanos y los judíos, consta que son hermanos y que pertenecen a la raza de Abraham. [22]Ahora que sabemos esto, hagan el favor de escribirnos para ver cómo están. [23]Nosotros, por nuestra parte, les escribimos: El ganado y todos los bienes de ustedes son nuestros, y los nuestros son de ustedes. En consecuencia, ordenamos que se les envíe un mensaje para comunicarles esto».

Campañas contra Demetrio II

[24]Jonatán tuvo noticias de que los generales de Demetrio habían regresado con un ejército más numeroso que el anterior, para combatir contra él. [25]Partió entonces de Jerusalén y fue a enfrentarlos en la región de Jamat, sin dejarles tiempo a que invadieran sus dominios. [26]Envió espías al campamento enemigo y estos, al regresar, le anunciaron que los sirios se estaban preparando para atacarlos durante la noche. [27]Al ponerse el sol, Jonatán ordenó a sus hombres que velaran toda la noche con las armas en la mano, listos para entrar en combate, y estableció puestos de avanzada alrededor del campamento. [28]Cuando los enemigos supieron que Jonatán y sus hombres estaban preparados para el combate, sintieron un gran temor y encendieron fogatas en su campamento. [29]Pero Jonatán y los suyos, como veían arder las hogueras, no se dieron cuenta de su partida hasta el amanecer. [30]Jonatán los persiguió, pero no pudo alcanzarlos, porque ya habían pasado el río Eléutero. [31]Entonces Jonatán se volvió contra los árabes llamados sabadeos, los derrotó y se apoderó del botín. [32]Luego reanudó la marcha hacia Damasco y recorrió toda la región.

[33]Simón, por su parte, hizo una expedición hasta Ascalón y las fortalezas vecinas. Se volvió luego hacia Jope y la tomó, [34]porque se había enterado de que sus habitantes querían entregar la plaza fuerte a los hombres de Demetrio. Por eso dejó en ella una guarnición para defenderla.

[35]A su regreso, Jonatán reunió en asamblea a los ancianos del pueblo y decidió con ellos construir fortalezas en Judea. [36]También resolvió elevar las murallas de Jerusalén y levantar un gran muro entre la Ciudadela y el resto de la ciudad, a fin de separarlas, de manera que la Ciudadela quedara aislada y sus habitantes no pudieran comprar ni vender. [37]Se reunieron entonces para reconstruir la ciudad, porque se había caído la parte de la muralla que da al torrente oriental, y también se restauró la parte llamada Cafenatá. [38]Simón, por su lado, reconstruyó Adidá en la Sefelá, la fortificó y la aseguró con puertas y cerrojos.

La captura de Jonatán

[39]Mientras tanto, Trifón aspiraba a reinar sobre Asia y a ceñirse la corona, eliminando al rey Antíoco. [40]Temiendo que Jonatán se lo impidiera y le hiciera la guerra, buscaba la manera de detenerlo para deshacerse de él. Entonces se puso en marcha y llegó a Betsán. [41]Jonatán salió a su encuentro con cuarenta mil hombres elegidos para la guerra y también llegó a Betsán. [42]Trifón, al ver que se presentaba con un ejército tan numeroso, no se atrevió a enfrentarlo. [43]Lo recibió con grandes honores, lo recomendó a todos sus Amigos, le hizo regalos y ordenó a sus Amigos y a sus tropas que lo obedecieran como a él mismo. [44]Luego dijo a Jonatán: «¿Por qué has fatigado a toda esta gente si no hay guerra entre nosotros? [45]Mándalos ahora mismo a sus casas, quédate con una pequeña escolta y ven conmigo a Tolemaida. Yo te la entregaré con las otras plazas fuertes, el resto de las tropas y todos los funcionarios. Enseguida emprenderé el regreso, porque para eso he venido». [46]Jonatán confió en él e hizo lo que Trifón le había dicho: licenció las tropas, que se retiraron al país de Judea, [47]y no se reservó más que tres mil soldados, dejando a dos mil en Galilea y haciéndose acompañar por los otros mil. [48]Pero apenas entró Jonatán en Tolemaida, sus habitantes cerraron las puertas, lo apresaron y pasaron al filo de la espada a todos los que habían entrado con él.

[49]Luego Trifón envió tropas y caballería a Galilea y a la Gran Llanura para acabar con todos los partidarios de Jonatán. [50]Pero estos, al darse cuenta de que Jonatán había sido apresado y que había perecido con todos sus acompañantes, se animaron uno a otros y avanzaron en filas bien compactas, resueltos a luchar. [51]Sus perseguidores, viendo que estaban resueltos a jugarse la vida, emprendieron la retirada.

52 Así pudieron regresar sanos y salvos al país de Judá, donde lloraron a Jonatán y a sus compañeros, en medio de un gran temor. Hubo un gran duelo en Israel, 53 y todos los pueblos vecinos trataban de exterminarlos, porque decían: «Ya no tienen jefe ni nadie que los ayude. Ataquémoslos ahora mismo, y borremos su recuerdo de entre los hombres».

SIMÓN

Simón, sucesor de Jonatán

13 1 Simón supo que Trifón había reunido un gran ejército para invadir y devastar a Judea. 2 Viendo que el pueblo era presa del pánico, subió a Jerusalén, reunió a sus habitantes 3 y los exhortó, diciéndoles: «Ustedes saben muy bien todo lo que yo, mis hermanos y la familia de mi padre hemos hecho por las leyes y el Santuario, y las guerras y tribulaciones que hemos soportado. 4 A causa de esto, todos mis hermanos han muerto por Israel y he quedado yo solo. 5 ¡Pero lejos de mí tratar de ponerme a salvo en los momentos de peligro, ya que no valgo más que mis hermanos! 6 Al contrario, vengaré a mi nación, al Santuario, a las mujeres y a los hijos de ustedes, porque todos los pueblos, por el odio que nos tienen, se han unido para exterminarnos». 7 Al oír estas palabras, se enardeció el espíritu del pueblo 8 y todos le respondieron a una sola voz: «Tú eres nuestro jefe, en lugar de Judas y de tu hermano Jonatán: 9 dirige nuestra guerra, y nosotros haremos todo lo que nos mandes». 10 Luego reunió a todos los hombres aptos para la guerra, se apresuró a terminar los muros de Jerusalén y fortificó todo su contorno. 11 Enseguida envió a Jonatán, hijo de Absalón, a Jope, con un buen número de hombres, y este expulsó a sus habitantes y se estableció en ella.

Retirada de Trifón frente a Simón y muerte de Jonatán

12 Trifón partió de Tolemaida al frente de un gran ejército para invadir el país de Judá, llevando prisionero consigo a Jonatán. 13 Entonces Simón acampó en Adidá, frente a la llanura. 14 Al enterarse Trifón de que Simón había sucedido en el mando a su hermano Jonatán y que estaba preparado para combatir con él, le envió mensajeros para decirle: 15 «Tenemos en nuestro poder a tu hermano Jonatán por las deudas contraídas con el tesoro real en el desempeño de su cargo. 16 Envíanos cien talentos de plata y a dos de sus hijos como rehenes, no sea que una vez puesto en libertad se vuelva contra nosotros. Solo así lo soltaremos». 17 Simón, aunque se dio cuenta del engaño, mandó traer el dinero y a los niños, a fin de no provocar una fuerte oposición de parte del pueblo, 18 que de lo contrario hubiera dicho: «Por no haberle enviado el dinero y a los niños, ha muerto Jonatán». 19 Entonces envió a los niños, junto con los cien talentos, pero Trifón faltó a su palabra y no liberó a Jonatán. 20 Después de esto, se puso en marcha para invadir el país y devastarlo. Dio un rodeo por el camino de Adorá, mientras Simón y su ejército le seguían los pasos por todas las partes donde iba. 21 Al mismo tiempo, los de la Ciudadela enviaban mensajeros a Trifón, instándolo a que viniera por el desierto y les hiciera llegar víveres. 22 Trifón dispuso toda su caballería para ir, pero aquella noche cayó tanta nieve que no pudo avanzar. Por eso partió y se fue a Galaad. 23 En las cercanías de Bascamá, hizo matar a Jonatán, que fue enterrado allí mismo. 24 Luego Trifón dio la vuelta y volvió a su país.

25 Simón mandó recoger los restos de su hermano Jonatán y les dio sepultura en Modín, la ciudad de sus padres. 26 Todo Israel hizo un gran duelo por él y lo lloraron durante muchos días. 27 Simón construyó sobre el sepulcro de su padre y de sus hermanos un mausoleo bien alto, de manera que pudiera verse, cubriéndolo por detrás y por delante con piedras pulidas. 28 Levantó siete pirámides, una frente a otra, dedicadas a su padre, a su madre y a sus cuatro hermanos. 29 Las adornó, rodeándolas de grandes columnas, y sobre estas colocó escudos con armas, en recuerdo eterno. Junto a las armas, hizo esculpir unas naves, para que las vieran los que navegan por el mar. 30 Este es el mausoleo que construyó en Modín y que existe hasta el día de hoy.

Acuerdo entre Simón y Demetrio II

31 Trifón, que actuaba insidiosamente con el joven rey Antíoco, terminó por matarlo. 32 Ocupó su trono y se ciñó la corona de Asia, causando grandes estragos en el país. 33 Simón, por su parte, reparó las fortalezas de Judea, las rodeó de altas torres y de grandes murallas con puertas y cerrojos, y almacenó víveres en ellas. 34 Después eligió a algunos hombres y los envió al rey Demetrio, para que este concediera al país un perdón de impuestos, ya que Trifón no había hecho más que cometer depredaciones. 35 El rey Demetrio accedió a su demanda, y le escribió esta carta: 36 «El rey Demetrio saluda a Simón, Sumo Sacerdote y amigo de reyes, a los ancianos y a la nación de los judíos. 37 Hemos recibido la corona de oro y el ramo de palma que ustedes nos enviaron y estamos dispuestos a otorgarles una paz completa y a ordenar a los funcionarios que les concedan la exención de las deudas. 38 Todo lo que hemos decretado en favor de ustedes mantendrá su vigencia, y quedarán en poder de ustedes las fortalezas que han construido. 39 Les indultamos los errores y delitos cometidos hasta el día de hoy y renun-

ciamos a la corona que nos deben. Si se percibía algún otro impuesto de Jerusalén, ya no será exigido. 40 Si alguno de ustedes es apto para
enrolarse en nuestro séquito, podrá inscribirse.
Y que haya paz entre nosotros».
41 El año ciento setenta Israel fue liberado
del yugo de las naciones. 42 A partir de entonces, el pueblo comenzó a escribir en los documentos y contratos: «Año primero de Simón, Sumo Sacerdote insigne y general en
jefe de los Judíos».

Victorias de Simón

2 Mac 10 32-38

43 En aquellos días Simón acampó frente a
Gázara y la sitió con sus tropas. Fabricó una torre móvil de asalto y la acercó a la ciudad; así
embistió uno de los baluartes y lo tomó. 44 Los
que estaban en la torre saltaron al interior de la
ciudad y se produjo entre la gente una gran
conmoción. 45 Los habitantes de la ciudad, con
sus mujeres y sus niños, subieron a la muralla,
rasgándose las vestiduras y pidiendo a gritos a
Simón que les concediera la paz. 46 «No nos trates —le decían— según nuestras maldades, sino según tu misericordia». 47 Entonces Simón
se reconcilió con ellos y dejó de atacarlos, pero
los expulsó de la ciudad y purificó las casas
donde había ídolos. Así entró en la ciudad, entonando himnos y bendiciones. 48 Después de
limpiarla de toda impureza, estableció en ella
gente que practicaba la Ley, la fortificó y se
construyó una residencia.
49 Los que ocupaban la Ciudadela de Jerusalén, como no podían ir y venir por la región
para comprar y vender, se vieron acosados
por el hambre, y muchos de ellos murieron
de inanición. 50 Entonces clamaron a Simón,
pidiéndole la paz. Él se la concedió, pero los
expulsó de allí y purificó la Ciudadela de toda contaminación. 51 Los judíos entraron en
ella el día veintitrés del segundo mes del año
ciento setenta y uno, con vítores y palmas, al
son de arpas, címbalos y cítaras, y entonando
himnos y cantos, porque un gran enemigo
había sido exterminado de Israel. 52 Simón
dispuso que este día se celebrara cada año jubilosamente. Luego fortificó la montaña del
Templo a lo largo de la Ciudadela y se estableció allí con los suyos. 53 Y al ver que su hijo Juan era ya un hombre, lo nombró general
de todas las tropas. Juan vivía en Gázara.

Demetrio II, prisionero de los persas

14 1 El año ciento setenta y dos el rey Demetrio reunió sus tropas y se dirigió a
Media, a fin de obtener ayuda para combatir
a Trifón. 2 Arsaces, rey de Persia y Media, al
saber que Demetrio había traspasado en su
territorio, envió a uno de sus generales para
capturarlo vivo. 3 Este partió y derrotó al ejército de Demetrio; lo tomó prisionero y lo llevó ante Arsaces, el cual lo hizo encarcelar.

Elogio de Simón

4 Mientras vivió Simón,
el país de Judá gozó de paz.
Él procuró el bienestar de la nación;
su autoridad y su magnificencia
fueron siempre aceptadas por todos.
5 Añadió a sus muchas acciones gloriosas
la conquista de Jope como puerto,
y abrió una salida hacia las islas del mar.
6 Extendió las fronteras de su nación
y tuvo el país en sus manos.
7 Repartió numerosos cautivos;
conquistó Gázara, Betsur y la Ciudadela,
y las purificó de toda impureza,
sin encontrar ninguna resistencia.
8 Se cultivaba la tierra en paz,
el suelo producía sus cosechas
y los árboles de la llanura sus frutos.
9 Los ancianos se sentaban en las plazas,
todos comentaban el bienestar reinante,
y los jóvenes iban vestidos
con vistosos uniformes militares.
10 Abasteció de víveres a las ciudades

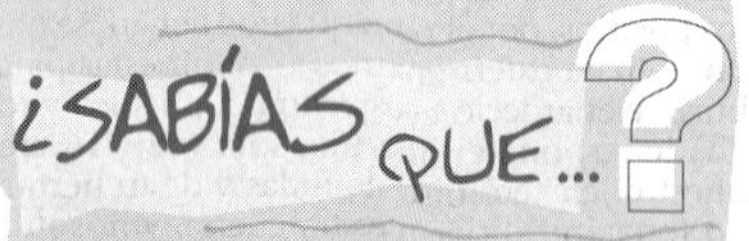

Nace la expectativa de un mesías guerrero

Cuando murió Judas Macabeo, tomó el mando su hermano menor, Jonatán. Con valentía y estrategias políticas obtuvo la libertad de Jerusalén, pero cometió el error de reafirmar el pacto con Roma y aliarse con Esparta, lo que enojó a los seléucidas, quienes lo mandaron matar.

Simón, hermano de Judas y Jonatán, subió al poder y logró la independencia política de Israel durante 30 años. El elogio de Simón canta sus victorias: extendió el territorio de Israel, consiguió paz para los campesinos, defendió a los humildes, abasteció de alimento las ciudades y devolvió al templo su esplendor (1 Mac 14 4-15). El pueblo lo nombró rey, iniciando así la dinastía asmonea.

Esta victoria fortaleció la esperanza mesiánica. Pero como el pueblo se había acostumbrado a pelear, el ideal mesiánico se desvió a un mesías guerrero, aunque los profetas insistieran en la paz.

1 Mac 14 4-15

y las dotó de medios para su defensa,
de manera que el renombre de su gloria
llegó hasta los confines de la tierra.
11 Restableció la paz en su nación,
con gran regocijo de Israel:
12 cada uno se sentó bajo su parra y su higuera
sin que nadie los inquietara.
13 Los enemigos desaparecieron del país
y en aquellos días fueron derrotados los reyes.
14 Amparó a los humildes de su pueblo,
observó fielmente la Ley
y eliminó a los impíos y a los malvados.
15 Dio nuevo esplendor al Templo
y lo enriqueció con muchos vasos sagrados.

Amistad con Esparta y Roma

16 Cuando se supo en Roma y en Esparta
que Jonatán había muerto, lo sintieron mucho. 17 Pero al enterarse que su hermano Simón lo había sucedido como Sumo Sacerdote y había asumido el gobierno del país y de
sus ciudades, 18 le escribieron en planchas de
bronce para renovar con él el pacto de amistad que habían establecido con sus hermanos Judas y Jonatán. 19 El texto fue leído en Jerusalén delante de la asamblea.

20 Esta es la copia de la carta enviada por
los espartanos: «Los magistrados y la ciudad
de los espartanos saludan al Sumo Sacerdote
Simón, a los ancianos, a los sacerdotes y al
resto del Pueblo judío, nuestros hermanos.
21 Los embajadores enviados a nuestro pueblo
nos han informado acerca de la gloria y el
prestigio de ustedes. Por eso nos hemos alegrado de su venida. 22 Hemos registrado sus
declaraciones en las actas del pueblo en los
siguientes términos: Numenio, hijo de Antíoco, y Antípatros, hijo de Jasón, embajadores
de los judíos, se han presentado para renovar
su amistad con nosotros. 23 Fue del agrado del
pueblo recibirlos con todos los honores y depositar la copia de sus discursos en los archivos públicos, para que sirva de recuerdo al
pueblo espartano. Se ha sacado una copia de
esto para el Sumo Sacerdote Simón».

24 Después, Simón envió a Roma a Numenio con un gran escudo de oro que pesaba
mil minas, para confirmar el pacto con ellos.

Decreto de la asamblea

25 Al enterarse de estas cosas, el pueblo dijo: «¿Cómo expresaremos nuestro reconocimiento a Simón y a sus hijos? 26 Porque tanto
él como sus hermanos y toda la familia de su
padre han combatido con firmeza y expulsado a los enemigos de Israel, y le han asegurado la libertad». Entonces hicieron grabar una
inscripción en planchas de bronce y las fijaron sobre unas columnas en el monte Sion.

27 Esta es la copia de la inscripción: «El día
dieciocho del mes de Elul del año ciento setenta y dos —el tercero de Simón, Sumo
Sacerdote insigne— en Asaramel, 28 en la gran
asamblea de los sacerdotes, del pueblo, de
los príncipes de la nación y de los ancianos
del país, se nos ha notificado lo siguiente:

29 En los incesantes combates librados en
nuestro país, Simón, hijo de Matatías, descendiente de la familia de Joarib, y sus hermanos, afrontaron el peligro y se opusieron a
los enemigos de su patria, a fin de preservar
su Santuario y su Ley: así cubrieron de gloria
su nación.

30 Jonatán unificó a su nación y llegó a ser
Sumo Sacerdote, hasta que fue a reunirse con
sus padres. 31 Cuando los enemigos quisieron
invadir el país para devastarlo y levantar su
mano contra el Santuario, 32 surgió Simón y
combatió por su pueblo. Él invirtió gran parte de su fortuna en equipar a los soldados de
su nación y pagarles el sueldo; 33 fortificó las
ciudades de Judea y la ciudad fronteriza de
Betsur, donde antes estaba el arsenal enemigo, y estableció allí una guarnición judía.
34 También fortificó a Jope, en la orilla del
mar, y a Gázara, en la frontera de Azoto, donde antes habitaban los enemigos, y estableció
en ella una población judía, proveyéndola de
todo lo necesario para su mantenimiento.

35 El pueblo, al ver la lealtad de Simón y cómo se interesaba por la gloria de su nación, lo
constituyó su jefe y Sumo Sacerdote por todos los servicios que había prestado, por la
justicia y la fidelidad que manifestó hacia su
nación y por haber buscado de todas las formas posibles la exaltación de su pueblo.

36 En su tiempo y bajo su conducción, se
logró expulsar a los extranjeros del país, en
especial a los que se encontraban en la Ciudad de David, en Jerusalén. Allí habían construido una Ciudadela, de la que salían para
profanar los alrededores del Santuario causando graves ultrajes a su santidad. 37 Simón
puso en ella soldados judíos, la fortificó para
seguridad del país y de la ciudad, y elevó los
muros de Jerusalén.

38 Por estos motivos, el rey Demetrio lo confirmó en el sumo sacerdocio 39 y lo hizo uno
de sus Amigos, colmándolo de grandes honores. 40 Él se había enterado, en efecto, que los
romanos llamaban a los judíos amigos, aliados y hermanos, y que habían recibido con todos los honores a los embajadores de Simón.
41 Supo también que los judíos y los sacerdotes
habían decidido que Simón fuera su jefe y Sumo Sacerdote vitalicio, hasta que surgiera un
profeta digno de fe; 42 que fuera asimismo su
comandante, que se ocupara del Lugar santo y
designara por sí mismo a los encargados de
los trabajos, de la administración del país, de
los asuntos militares y de las plazas fuertes;
43 que cuidara de las cosas santas y fuera obedecido por todos; que todos los documentos

del país se redactaran en su nombre y que se vistiera de púrpura y llevara insignias de oro.

[44] A nadie del pueblo ni de los sacerdotes le estará permitido violar estas disposiciones, contradecir sus órdenes, celebrar asambleas en el país sin su autorización, vestir de púrpura o llevar un prendedor de oro. [45] Todo el que obre contrariamente a estas decisiones, o viole alguna de ellas, será pasible de sanción.

[46] El pueblo entero estuvo de acuerdo en conceder a Simón el derecho de obrar conforme a estas disposiciones. [47] Simón aceptó, y consintió en ejercer el sumo sacerdocio, en ser comandante y etnarca del Pueblo judío y de los sacerdotes, y en ponerse al frente de ellos».

[48] Se decidió que este documento fuera grabado en planchas de bronce, que estas fueran colocadas cerca del Santuario, en un lugar visible, [49] y que se guardaran copias en el Tesoro del Templo a disposición de Simón y de sus hijos.

Carta de Antíoco VII a Simón

15 [1] Antíoco, hijo del rey Demetrio, envió desde las islas del mar una carta a Simón, sacerdote y etnarca de los judíos, y a toda la nación, [2] redactada en los siguientes términos:

«El rey Antíoco saluda a Simón, Sumo Sacerdote y etnarca, y a la nación de los judíos. [3] Puesto que gente indeseable ha usurpado el trono de mis padres, yo estoy dispuesto a hacer valer mis derechos sobre el reino, a fin de restablecerlo como estaba antes. A tal efecto, he reclutado un ejército numeroso y equipado barcos de guerra, [4] con la intención de desembarcar en el país para perseguir a los que lo han arruinado y han devastado muchas ciudades de mi reino. [5] Por eso, ahora ratifico todas las exenciones de tributos que te concedieron mis predecesores, y las otras dispensas de contribuciones que ellos te otorgaron. [6] Te autorizo, además, a acuñar moneda propia, de curso legal en tu país. [7] Jerusalén y el Santuario serán libres. Las armas que has fabricado y las fortalezas que has construido y ocupas, quedarán en tu poder. [8] A partir de este momento, se te condona todo lo que adeudas al tesoro real y todo lo que adeudarás en el futuro. [9] Y cuando hayamos reconquistado nuestro reino, te colmaremos a ti, a tu pueblo y al Santuario de tales honores, que tu gloria será conocida en toda la tierra».

Campaña de Antíoco VII contra Trifón

[10] El año ciento setenta y cuatro Antíoco partió para el país de sus padres; todas las tropas se pusieron de su parte, de manera que solo unos pocos quedaron con Trifón. [11] Antíoco lo persiguió y Trifón se refugió en Dora, a orillas del mar, [12] porque veía que había caído en desgracia y que las tropas lo habían abandonado. [13] Antíoco acampó frente a Dora con ciento veinte mil soldados de infantería y ocho mil jinetes. [14] Luego sitió la ciudad, mientras la escuadra se aproximaba por el mar. De esa manera bloqueó la ciudad por tierra y por mar, sin dejar que nadie entrara o saliera.

Alianza con los romanos

[15] Mientras tanto, Numenio y su comitiva regresaron de Roma con cartas para los reyes de los diversos países, en las que se decía:

[16] «Lucio, cónsul de los romanos, saluda al rey Tolomeo. [17] Los embajadores judíos, enviados por el Sumo Sacerdote Simón y por el Pueblo judío, se han presentado a nosotros como amigos y aliados, para renovar el antiguo pacto de amistad, [18] trayéndonos un escudo de oro de mil minas. [19] En consecuencia, nos ha parecido bien escribir a los reyes de los diversos países que no les hagan ningún daño ni los ataquen, ni a ellos ni a sus ciudades ni a su país, y que no presten apoyo a sus enemigos. [20] También hemos decidido aceptar de ellos el escudo. [21] Por lo tanto, si se encuentra entre ustedes algún hombre indeseable que haya huido del país de los judíos, entréguenlo al Sumo Sacerdote Simón, para que lo castigue de acuerdo con su ley».

[22] Cartas iguales fueron remitidas al rey Demetrio, a Átalo, a Ariarates, a Arsaces [23] y a todos los países, a saber: Sámpsamo, Esparta, Delos, Mindos, Sición, Caria, Samos, Panfilia, Licia, Halicarnaso, Rodas, Fasélida, Cos, Side, Arados, Gortina, Cnido, Chipre y Cirene. [24] Redactaron, además, una copia de esta carta para el Sumo Sacerdote Simón.

Tensiones entre Antíoco VII y Simón

[25] Mientras tanto, el rey Antíoco continuaba el sitio de Dora, acampando en los suburbios de la ciudad, lanzando incesantemente sus tropas contra ella y construyendo máquinas de guerra. Tenía bloqueado a Trifón y nadie podía entrar ni salir. [26] Simón le envió dos mil hombres elegidos para ayudarlo en la lucha, además de plata, oro y abundante material. [27] Pero él no quiso aceptar el envío; más aún, anuló las concesiones que le había hecho antes y se mostró hostil con él. [28] Además, le envió a Atenobio, uno de sus Amigos, para transmitirle el siguiente mensaje: «Ustedes ocupan Jope, Gázara y la Ciudadela de Jerusalén, que son ciudades de mi reino. [29] Han devastado su territorio, causando graves daños al país, y se han adueñado de muchos lugares de mi reino. [30] Devuélvanme ahora mismo las ciudades que han tomado y los impuestos de los lugares ocupados fuera de las fronteras de Judea. [31] De lo contrario, paguen en compensación quinientos talentos de plata, y otros quinientos talentos como indemnización por los daños causados y por los tributos de las ciudades. Si no, iremos a atacarlos».

32 Cuando Atenobio, el Amigo del rey, llegó
a Jerusalén, quedó asombrado al ver la magnificencia de Simón, su aparador con vajilla
de oro y plata y toda la fastuosidad que lo rodeaba. Entonces le transmitió el mensaje del
rey, 33 y Simón respondió: «Nosotros no nos
hemos apoderado de tierras ajenas ni nos hemos apropiado de los bienes de otros, sino de
la herencia de nuestros padres. Nuestros enemigos la retuvieron injustamente en un momento dado, 34 pero nosotros, al presentarse la
ocasión favorable, la hemos recuperado. 35 En
cuanto a Jope y a Gázara, las ciudades que tú
reclamas, eran ellas precisamente las que causaban graves daños al pueblo y asolaban el país. A pesar de todo, te daremos por ellas cien
talentos». Atenobio no le respondió nada, 36 sino que regresó muy indignado y transmitió la
respuesta al rey, informándolo acerca de la
magnificencia de Simón y de todo lo que había visto. Y el rey se enojó muchísimo.
37 A todo esto, Trifón había huido a Ortosia
en un barco. 38 El rey designó a Cendebeo comandante en jefe de la zona marítima y le entregó tropas de infantería y caballería. 39 Le mandó acampar frente a Judea, reconstruir Cedrón,
reforzar sus puertas y hacer la guerra al pueblo,
mientras el rey trataba de alcanzar a Trifón.
40 Cuando Cendebeo llegó a Iamnia, comenzó a
hostigar al pueblo, haciendo incursiones por
Judea, tomando prisioneros y dando muerte a
gente del pueblo. 41 También reconstruyó Cedrón, y puso en ella tropas de caballería e infantería para incursionar por los caminos de Judea, como el rey se lo había ordenado.

Victoria de los hijos de Simón

16 1 Juan subió desde Gázara a contar a su
padre Simón lo que estaba haciendo
Cendebeo. 2 Simón llamó entonces a sus dos
hijos mayores, Judas y Juan, y les dijo: «Yo, mis
hermanos y la familia de mi padre hemos
combatido a los enemigos de Israel desde
nuestra juventud hasta el día de hoy, y gracias
a nosotros se logró más de una vez la liberación de Israel. 3 Pero ahora estoy viejo, mientras que ustedes, por la misericordia del Cielo,
están en la mejor edad. Ocupen mi puesto y el
de mi hermano, salgan a combatir por nuestra
nación y que la ayuda del Cielo esté con ustedes». 4 Después seleccionó veinte mil combatientes y jinetes del país, y estos partieron para atacar a Cendebeo. Pasaron la noche en
Modín 5 y, al amanecer, se levantaron y avanzaron hacia la llanura. De pronto divisaron un
numeroso ejército, compuesto de soldados y
jinetes, que venía a su encuentro. Entre ellos se
interponía un torrente. 6 Juan tomó posiciones
con sus tropas frente al enemigo y, advirtiendo que sus hombres tenían miedo de pasar el
torrente, lo pasó él primero. Al verlo, todos los
demás lo siguieron. 7 Él había dividido su ejército en dos cuerpos, poniendo la caballería en
medio de la infantería, porque la caballería
del enemigo era muy numerosa. 8 Enseguida
tocaron las trompetas, y Cendebeo fue derrotado con todo su ejército. Muchos de ellos
murieron y los restantes huyeron en dirección
a la fortaleza. 9 Entonces fue herido Judas, el
hermano de Juan. Este los persiguió hasta que
Cendebeo entró en Cedrón, la fortaleza que
había reconstruido. 10 Algunos huyeron también a las torres de los campos de Azoto. Juan
las incendió, y murieron unos dos mil enemigos. Luego Juan regresó a Judea sano y salvo.

Muerte de Simón y sucesión de Juan

11 Tolomeo, hijo de Abubos, había sido designado comandante de la llanura de Jericó y
poseía mucha plata y oro 12 por ser yerno del
Sumo Sacerdote. 13 Su corazón se ensoberbeció
tanto que aspiró a adueñarse del país, y por eso
maquinaba pérfidamente la manera de eliminar a Simón y a sus hijos. 14 Una vez, mientras
Simón inspeccionaba las ciudades del país y se
ocupaba de su administración, bajó a Jericó,
con sus hijos Matatías y Judas. Era en el undécimo mes, el mes de Sabat, del año ciento setenta y siete. 15 El hijo de Abubos los recibió dolosamente en la pequeña fortaleza llamada
Doc, que él había hecho construir. Allí les sirvió un gran banquete, a la vez que les preparaba una emboscada. 16 Cuando Simón y sus hijos estuvieron ebrios, Tolomeo y sus hombres
se levantaron, empuñaron sus armas, se precipitaron sobre Simón en la sala del banquete y
lo mataron, junto con sus dos hijos y algunos
de sus servidores. 17 Así cometió una grave traición, devolviendo mal por bien.
18 Luego Tolomeo escribió un informe al rey
acerca de lo sucedido, pidiéndole que le enviara tropas en su auxilio y que le cediera las
ciudades y el país. 19 Además, mandó otros
emisarios a Gázara con el encargo de matar a
Juan y envió cartas a los oficiales del ejército,
invitándolos a reunirse con él para obsequiar-
les oro, plata y otros regalos. 20 Finalmente, envió algunos hombres para que ocuparan Jerusalén y la montaña del Templo. 21 Pero alguien
se adelantó y anunció a Juan en Gázara que su
padre y sus hermanos habían muerto, y añadió: «Ha enviado gente para matarte también
a ti». 22 Esta noticia lo dejó consternado. Entonces mandó arrestar a los hombres que venían a matarlo y los hizo ejecutar, porque sabía que pretendían asesinarlo.
23 El resto de las acciones de Juan, sus guerras y las hazañas que llevó a cabo, las murallas que construyó, sus hechos y sus gestas,
24 todo esto está escrito en los Anales de su
pontificado, a partir del día en que sucedió a
su padre como Sumo Sacerdote.

2 MACABEOS

MARTIRIO DE SIETE HERMANOS Y SU MADRE

CARTAS A LOS JUDÍOS DE EGIPTO Y PRÓLOGO DEL AUTOR

Primera carta: Exhortación a la práctica de la Ley

1 1 Los hermanos judíos de Jerusalén y los del territorio de Judea saludan a los hermanos judíos de Egipto, deseándoles paz y felicidad. 2 Que Dios los colme de bienes y se acuerde de su alianza con Abraham, Isaac y Jacob, sus fieles servidores. 3 Que les dé a todos ustedes un corazón dispuesto a adorarlo y a cumplir su voluntad con magnanimidad y generosidad. 4 Que él les abra el corazón a su Ley y a sus preceptos, y les conceda la paz. 5 Que él escuche sus plegarias y se reconcilie con ustedes, y no los abandone en la adversidad. 6 Esto es lo que ahora suplicamos por ustedes.

7 Ya en el año ciento setenta y nueve del reinado de Demetrio, nosotros, los judíos, les escribimos: «En medio de la tribulación y de la crisis que soportamos durante estos años, desde que Jasón y sus partidarios traicionaron la Tierra santa y el reino, 8 incendiaron la puerta del Templo y derramaron sangre inocente, nosotros suplicamos al Señor y fuimos escuchados. Ofrecimos un sacrificio con la mejor harina, encendimos las lámparas y presentamos los panes». 9 Ahora también les escribimos, para que celebren la fiesta de las Chozas en el mes de Quisleu. 10 En el año ciento ochenta y ocho.

Segunda carta: Acción de gracias por la muerte de Antíoco IV

Los habitantes de Jerusalén y los de Judea, el Consejo de los ancianos y Judas, saludan y desean prosperidad a Aristóbulo, preceptor de rey Tolomeo, del linaje de los sacerdotes consagrados, y a los judíos que están en Egipto. 11 Salvados por Dios de grandes peligros, le damos fervientes gracias por habernos defendido contra el rey. 12 Porque fue Dios quien expulsó a los que combatían contra la Ciudad Santa.

13 Su jefe, en efecto, al llegar a Persia con un ejército aparentemente invencible, fue descuartizado en el templo de Nanea, gracias a un ardid de los sacerdotes de la diosa. 14 Con el pretexto de desposarse con la diosa, Antíoco se presentó allí con sus Amigos, a fin de recibir inmensas riquezas a título de dote. 15 Los sacerdotes del templo de Nanea habían expuesto esas riquezas con motivo de la visita que Antíoco debía hacer al recinto sagrado, acompañado de unas pocas personas. Pero apenas entró Antíoco, cerraron el templo, 16 abrieron la puerta secreta del techo y aplastaron con piedras al rey

y a los otros. Luego los descuartizaron, les cortaron la cabeza y las arrojaron a los que estaban fuera. 17 ¡Sea siempre bendito nuestro Dios,
que entregó a la muerte a los impíos!
18 Estando a punto de celebrar —el día veinticinco de Quisleu— la purificación del Templo, nos ha parecido conveniente informarles
para que también ustedes celebren la fiesta de
las Chozas y la del Fuego, el fuego que apareció cuando Nehemías, después de haber reconstruido el Templo y el altar, ofreció sacrificios. 19 Porque, cuando nuestros padres fueron
deportados a Persia, los sacerdotes piadosos
de entonces, tomando secretamente el fuego
del altar, lo ocultaron en el fondo de un pozo
seco, donde quedó tan bien resguardado que
el lugar fue ignorado por todos.
20 Al cabo de muchos años, cuando Dios así
lo dispuso, Nehemías, enviado por el rey de
Persia, mandó a los descendientes de aquellos
sacerdotes que habían ocultado el fuego que
fueran a buscarlo. 21 Ellos le comunicaron que
no habían encontrado fuego, sino un líquido
espeso, y él les mandó que lo sacaran y lo trajeran. Cuando el sacrificio estuvo dispuesto,
Nehemías ordenó a los sacerdotes que rociaran
con ese líquido la leña y todo lo que había sobre ella. 22 Una vez cumplida esta orden, y pasado algún tiempo, el sol, oculto antes detrás
de las nubes, volvió a brillar y se encendió una
hoguera tan grande que todos quedaron maravillados. 23 Mientras se consumía el sacrificio,
los sacerdotes recitaban una plegaria: Jonatán
entonaba, y los demás respondían junto con
Nehemías. 24 La oración era la siguiente: «Señor,
Señor Dios, creador de todas las cosas, temible
y poderoso, justo y misericordioso, el único
Rey, el único bueno, 25 el único generoso, justo,
omnipotente y eterno; tú que salvas a Israel de
todo mal, tú que elegiste a nuestros padres y los
santificaste: 26 acepta este sacrificio por todo tu
pueblo Israel, conserva a tu herencia y santifí-
cala. 27 Reúne a aquellos de nosotros que están
dispersos, concede la libertad a los que están
esclavizados entre las naciones, mira con bondad a los desheredados y despreciados, para
que los paganos reconozcan que tú eres nuestro Dios. 28 Castiga a los que nos oprimen y nos
ultrajan con arrogancia. 29 Planta a tu pueblo en
tu Lugar santo, conforme a lo que dijo Moisés».
30 Los sacerdotes entonaban himnos, 31 y
cuando el sacrificio quedó consumido, Nehemías mandó derramar el resto del líquido sobre unas grandes piedras. 32 Entonces se encendió una llamarada, que fue absorbida por el
resplandor que brillaba en el altar. 33 Cuando
se divulgó lo sucedido y se comunicó al rey de
los persas que en el sitio donde los sacerdotes
deportados habían escondido el fuego había
aparecido un líquido con el que los sacerdotes
de Nehemías hicieron arder las víctimas del
sacrificio, 34 el rey, después de cerciorarse del
asunto, dio orden de cercar el lugar, declarán-
dolo sagrado. 35 El rey sacó de allí grandes ganancias y las repartía a los que quería favorecer. 36 Nehemías y sus compañeros llamaron a
ese líquido «neftar», que significa «purificación», pero la mayoría lo llamaba «nafta».

2 1 Consta en los archivos que el profeta Jeremías ordenó a los deportados que tomaran fuego, como ya se ha indicado, 2 y que el
profeta, después de entregarles la Ley, les mandó que no olvidaran los preceptos del Señor, ni
se desviaran al ver los ídolos de oro y plata y la
pompa que los rodeaba. 3 Entre otras recomendaciones similares, los exhortaba una y otra vez
a que no apartaran la Ley de sus corazones.
4 Se decía en el escrito como el profeta, advertido por un oráculo, mandó llevar con él la
Tienda y el Arca, y como partió hacia la montaña donde Moisés había subido para contemplar la herencia de Dios. 5 Al llegar, Jeremías encontró una caverna: allí introdujo la
Tienda, el Arca y el altar del incienso y clau-
suró la entrada. 6 Algunos de sus acompañantes volvieron para poner señales en el camino,
pero no pudieron encontrarlo. 7 Y cuando Jeremías se enteró de esto, los reprendió, diciéndoles: «Ese lugar quedará ignorado hasta
que Dios tenga misericordia de su pueblo y lo
reúna. 8 Entonces el Señor pondrá todo de
manifiesto, y aparecerá la gloria del Señor y la
nube, como apareció en tiempos de Moisés y
cuando Salomón oró para que el Santuario
fuera solemnemente consagrado».
9 Además, se hacía constar que Salomón,
lleno del espíritu de sabiduría, ofreció el sacrificio de la dedicación y la terminación del
Templo. 10 Así como Moisés oró al Señor y bajó fuego del Cielo, que devoró las ofrendas
del sacrificio, así también cuando oró Salomón, bajó fuego y consumió la víctima.
11 Moisés había dicho: «Por no haber sido comida, la ofrenda ofrecida por el pecado ha
sido destruida». 12 De la misma manera, Salomón celebró los ocho días de fiesta.
13 Los mismos hechos se narraban en los archivos y en las Memorias de Nehemías, donde se relataba, además, cómo este fundó una
biblioteca, en la que reunió los libros que tratan de los reyes, los libros de los profetas y los
de David, así como también las cartas de los
reyes sobre las ofrendas. 14 Del mismo modo,
Judas reunió todos los escritos dispersos a
causa de las guerras que hemos padecido, los
cuales están ahora en poder nuestro. 15 Si ustedes necesitan alguno de estos escritos, manden a alguien que los venga a buscar.
16 Les escribimos esto, próximos a celebrar
la purificación del Templo; también ustedes
hagan lo posible por celebrar estos días. 17 El
Dios que salvó a todo su pueblo y concedió a
todos la herencia, el reino, el sacerdocio y la
santificación, 18 como lo había prometido por

medio de la Ley, ese mismo Dios —así lo esperamos— tendrá compasión de nosotros y nos reunirá en el Santuario, desde todas las partes de la tierra. Porque él nos ha librado de graves males y ha purificado el Lugar santo.

Prólogo del autor

19 La historia de Judas Macabeo y sus hermanos, de la purificación del gran Templo y
de la dedicación del altar, 20 así como las guerras contra Antíoco Epífanes y su hijo Eupátor,
21 y las manifestaciones celestiales a los que
combatieron valerosamente en favor del judaísmo —los cuales, siendo tan pocos, saquearon todo el país, expulsaron las hordas extranjeras, 22 recuperaron el Santuario célebre en
todo el mundo, liberaron la ciudad y restable-
cieron las leyes que estaban en peligro de ser
abolidas, porque el Señor, en su gran benignidad, se mostró propicio con ellos—, 23 todo esto ha sido expuesto en cinco libros por Jasón
de Cirene, y nosotros intentaremos resumirlo
en uno solo. 24 En efecto, teniendo en cuenta la
enorme cantidad de cifras y la dificultad que
encuentran, por la amplitud de la materia, los
que desean sumergirse en los relatos de la historia, 25 hemos procurado ofrecer un relato
ameno para los aficionados a la lectura, práctico para los que quieren grabar los hechos en
su memoria y útil para todos indistintamente.
26 Para nosotros, que hemos asumido la penosa tarea de hacer este resumen, la obra no
ha sido fácil, sino que nos ha costado muchos
sudores y desvelos, 27 como no es cosa fácil
preparar un banquete, tratando de complacer
a todos. Sin embargo, soportamos con gusto
esta molestia para utilidad de muchos, 28 dejando al autor el examen detallado de cada
hecho, para esforzarnos nosotros por seguir
las reglas de un resumen. 29 Porque así como
al arquitecto de una casa nueva le corresponde preocuparse de toda la construcción, en
tanto que los decoradores y pintores solo se
ocupan de la ornamentación, pienso que lo
mismo sucede con nosotros: 30 al historiador
le compete profundizar y analizar las ideas y
examinar cada cosa en detalle; 31 pero al que se
propone resumir los hechos, se le permite hacer una síntesis de la obra, omitiendo tratar el
tema en forma exhaustiva.
32 Comencemos, entonces, la narración sin
alargar tanto los preliminares, porque sería
absurdo extenderse en la introducción y ser
breve en la historia misma.

HISTORIA DE HELIODORO

La rivalidad entre Simón y Onías

3 1 Cuando la Ciudad Santa se encontraba
en completa paz y las leyes se observaban a la perfección, gracias a la piedad y a la
rectitud del Sumo Sacerdote Onías, 2 solía suceder que hasta los mismos reyes honraban el
Santuario y lo enriquecían con espléndidos
regalos, 3 hasta tal punto que Seleuco, rey de
Asia, mantenía con sus propios recursos todas
las expensas para la celebración de los sacrificios. 4 Pero un tal Simón, de la familia de Bilgá, que había sido designado administrador
del Templo, tuvo diferencias con el Sumo
Sacerdote en lo relativo al control de los mercados de la ciudad. 5 Como no lograba imponerse a Onías, acudió a Apolonio de Tarso,
que era entonces gobernador de Celesiria y de
Fenicia, 6 y le comunicó que el tesoro de Jerusalén estaba repleto de incontables riquezas,
tanto que la cantidad de dinero era incalculable y muy superior al presupuesto de los sacrificios, y nada impedía que fuera puesto a
disposición del rey.

La fe ante un cambio de época histórica

Los libros de los Macabeos cubren el principio del judaísmo en Israel y del imperio griego. Reflejan un tiempo similar al actual: un cambio de época histórica con un horizonte desconocido. Ante esa realidad, los judíos aprendieron a reflexionar teológicamente para validar su historia de salvación mediante un proceso de «actualización», que consiste en leer el pasado para extraer sus enseñanzas con el fin de construir el presente y dar dirección al futuro.

Estos libros nos retan a descubrir la acción de Dios en la historia. Nuestra fe en el Dios salvador nos lleva a comprender el valor de la oración, el sacrificio y el martirio como caminos de resistencia activa frente al hambre y el desempleo; la violencia por razones políticas y el narcotráfico; la injusticia social y la impunidad de los poderosos; la pérdida de valores y destrucción de la identidad...

Los Macabeos también nos ayudan a entender la retribución después de la muerte y el poder intercesor de los santos, tan queridos por nosotros. Hoy, como entonces, Dios suscita nuevos líderes que, con igual celo que los Macabeos, ayuden a construir la historia, inspirados por su lealtad a Dios.

2 Mac 2 19-32

Heliodoro intenta saquear el tesoro del Templo

7 En una audiencia con el rey, Apolonio lo
puso al tanto de las riquezas que le habían sido denunciadas, y el rey designó a Heliodoro,
su encargado de negocios, y lo envió con la
orden de incautarse de aquellos tesoros. Heliodoro emprendió inmediatamente el viaje,
fingiendo que inspeccionaba las ciudades de
Celesiria y Fenicia, aunque su intención era
cumplir los planes del rey. 9 Al llegar a Jerusalén, fue recibido amistosamente por el Sumo
Sacerdote de la ciudad, al que informó sobre
la denuncia que se había hecho y le manifestó el motivo de su presencia, preguntándole si
todo eso era verdad. 10 El Sumo Sacerdote le
explicó que se trataba de unos depósitos pertenecientes a las viudas y a los huérfanos, 11 y
que una parte pertenecía a Hircano, hijo de
Tobías, que era un personaje de posición muy
elevada. Contrariamente a la calumniosa denuncia de Simón, el total ascendía a cuatrocientos talentos de plata y doscientos de oro.
12 Y no se podía defraudar a los que habían depositado su confianza en la santidad de ese
Lugar y en la inviolable majestad de aquel
Templo venerado en todo el mundo.

13 Pero Heliodoro, siguiendo las órdenes del
rey, sostenía inflexiblemente que aquellas riquezas debían ser confiscadas en beneficio del
tesoro real. 14 En la fecha fijada, Heliodoro
procedió a realizar el inventario de los bienes,
con gran consternación de toda la ciudad:
15 los sacerdotes, postrados ante el altar con sus
ornamentos sagrados, suplicaban al Cielo,
que había dictado la ley sobre los bienes en
depósito, rogándole que los conservara intactos para quienes los habían depositado. 16 A
uno se le partía el alma con solo mirar el rostro del Sumo Sacerdote, porque su aspecto y
su palidez revelaban la angustia de su alma.
17 El miedo y el temblor estremecían todo su
cuerpo, descubriendo a quienes lo observaban
el sufrimiento de su corazón. 18 Además, algunos salían de sus casas en grupos para hacer
rogativas públicas, a causa del inminente ultraje a que se vería expuesto el Santuario; 19 las
mujeres, ceñidas de cilicio debajo de los senos, se aglomeraban en las calles; las más jóvenes, habitualmente recluidas, corrían, unas
a las puertas, otras a los muros, y otras se aso-
maban por las ventanas. 20 Todas elevaban sus
plegarias con los brazos extendidos hacia el
Cielo. 21 Daba pena ver a la muchedumbre
postrada desordenadamente, y al Sumo Sacerdote lleno de ansiedad y de angustia. 22 Mientras ellos rogaban al Señor todopoderoso que
guardara intactos los bienes depositados, dando plena seguridad a sus dueños, 23 Heliodoro,
por su parte, comenzó a ejecutar lo que se había propuesto.

24 Pero cuando ya se encontraba con su escolta junto al Tesoro, el Soberano de los
espíritus y de toda Potestad se manifestó tan
esplendorosamente que todos los que se habían atrevido a venir con él, heridos por el
poder de Dios, quedaron sin fuerzas y aco-
bardados. 25 Porque se les apareció un caballo
montado por un temible jinete y ricamente
enjaezado, el cual, arrojándose con ímpetu,
levantó contra Heliodoro sus cascos delante-
ros. El jinete aparecía cubierto con una armadura de oro. 26 También se le aparecieron
otros dos jóvenes de extraordinario vigor, resplandecientes por su hermosura y vestidos
espléndidamente: ellos se pusieron uno a cada lado y lo azotaban sin cesar, moliéndolo a
golpes. 27 Heliodoro cayó en tierra, envuelto
en una densa oscuridad, y enseguida lo recogieron y lo sacaron en una camilla. 28 Así llevaban ahora, incapaz de valerse por sí mismo, al que poco antes había entrado al
Tesoro, acompañado de numeroso séquito y
de toda su escolta. Y todos reconocieron claramente la soberanía de Dios.

29 Mientras él yacía derribado por la fuerza
divina, sin habla y sin esperanza de salvación,
30 los judíos bendecían al Señor, que había glorificado su propio Lugar. El Templo, que poco
antes había estado lleno de miedo y consternación, desbordaba ahora de alegría y de júbilo por la manifestación del Señor todopoderoso. 31 Enseguida, algunos de los acompañantes
de Heliodoro rogaron a Onías que invocara al
Altísimo a fin de que perdonara la vida al que
ya estaba a punto de expirar.

32 El Sumo Sacerdote, temiendo que el rey
sospechara que los judíos habían atentado
contra Heliodoro, ofreció un sacrificio por su
curación. 33 Mientras el Sumo Sacerdote ofrecía el sacrificio de expiación, se aparecieron
otra vez a Heliodoro los mismos jóvenes, cubiertos con las mismas vestiduras, y, puestos
de pie, le dijeron: «Da muchas gracias al Sumo Sacerdote Onías, porque por su intercesión el Señor te concede la vida. 34 Y ahora tú,
que has sido castigado por el Cielo, anuncia
a todos la grandeza del poder de Dios». Dicho esto, desaparecieron.

35 Heliodoro, después de ofrecer un sacrificio al Señor y de orar largamente al que le había concedido la vida, se despidió de Onías y
volvió con sus tropas adonde estaba el rey. 36 Y
daba testimonio delante de todos de las obras
del gran Dios, que él había contemplado con
sus propios ojos. 37 Cuando el rey preguntó a
Heliodoro a quién convendría enviar otra vez
a Jerusalén, él respondió: 38 «Si tienes algún
enemigo o alguien que conspira contra el gobierno, envíalo allá y volverá molido a golpes,
si es que logra salvar su vida. Porque te aseguro que una fuerza divina rodea aquel lugar:
39 el que tiene su morada en el cielo vela por él

y lo protege, y a todos los que se acercan con
malas intenciones los castiga con la muerte».
40 Así terminaron los hechos referentes a
Heliodoro y a la preservación del Tesoro.

LA PERSECUCIÓN DE ANTÍOCO IV

Insidias del administrador Simón

4 1 El susodicho Simón, delator del Tesoro
del Templo y traidor de la patria, ca-
lumniaba a Onías, como si fuera este el que
había maltratado a Heliodoro y el causante de
sus desgracias. 2 Al bienhechor de la ciudad, al
defensor de sus compatriotas, al ferviente
cumplidor de las leyes, se atrevía a calificarlo
de conspirador contra el Estado. 3 La hostilidad llegó a tal punto que uno de los partidarios de Simón cometió varios asesinatos. 4 Entonces Onías, considerando que aquella
rivalidad era peligrosa y que Apolonio, hijo de
Menesteo, gobernador de Celesiria y de Fenicia, fomentaba la maldad de Simón, 5 se hizo
presentar delante del rey, no para acusar a sus
conciudadanos, sino por el bien general de todo su pueblo y de cada uno en particular. 6 Él
veía, efectivamente, que, sin una intervención
real, era imposible lograr la pacificación y contener los desatinos de Simón.

Introducción del helenismo

1 Mac 1 10-15

7 Después que murió Seleuco y le sucedió en
el trono Antíoco, llamado Epífanes, Jasón, hermano de Onías, usurpó fraudulentamente el
sumo sacerdocio, 8 prometiendo al rey en una
entrevista trescientos sesenta talentos de plata,
y ochenta de otras rentas. 9 Se comprometió,
además, por escrito a pagar otros ciento cincuenta talentos, si se le concedía la facultad de
instalar por su propia cuenta un gimnasio y un
ateneo juvenil y de inscribir en un registro a los
antioquenos residentes en Jerusalén.
10 Con el asentimiento del rey y teniendo
los poderes en su mano, comenzó rápidamente a introducir entre sus compatriotas el
estilo de vida de los griegos. 11 Suprimió los
humanitarios privilegios que los reyes habían concedido a los judíos, por intermedio
de Juan, padre de Eupólemo, el mismo Eupólemo que fue enviado como embajador
para hacer una alianza de amistad con los romanos; derogó las instituciones legales e introdujo nuevas costumbres contrarias a la
Ley: 12 así se dio el gusto de fundar un gimnasio al pie mismo de la Acrópolis e indujo a lo
mejor de la juventud a los ejercicios atléticos.
13 Era tal el auge del helenismo y el avance
de la moda extranjera, debido a la enorme
perversidad de Jasón —el cual tenía más de
impío que de Sumo Sacerdote—, 14 que ya los
sacerdotes no tenían ningún celo por el servicio del altar, sino que despreciaban el Templo.
Apenas se daba la señal de lanzar el disco, dejaban de lado los sacrificios y se apresuraban a
participar en los ejercicios de la palestra, que
eran contrarios a la Ley. 15 Sin mostrar ningún
aprecio por los valores nacionales, juzgaban
las glorias de los griegos como las mejores.
16 Por esto mismo los puso en grave aprieto,
porque después tuvieron como enemigos y
opresores a aquellos mismos cuya conducta
emulaban y a los cuales querían imitar en todo. 17 Porque no se violan en vano las leyes divinas: así lo va a demostrar la etapa siguiente.

Jasón rinde homenaje al rey Antíoco

18 Cuando se celebraron en Tiro los juegos
quinquenales con la asistencia del rey, 19 el infame Jasón envió como representantes de Jerusalén a algunos antioquenos, en calidad de
observadores, con un presente de trescientas
dracmas de oro para el sacrificio de Hércules.
Pero ellos consideraron que era inconveniente
emplearlas para el sacrificio y que debían aplicarlas a otra clase de gastos. 20 De esta manera,
el dinero asignado por el donante al sacrificio
de Hércules fue destinado, por voluntad de los
portadores, a la construcción de trirremes.
21 Apolonio, hijo de Menesteo, fue enviado
a Egipto con motivo de la entronización del
rey Filométor. Cuando Antíoco supo que
aquel se había convertido en su adversario político, se preocupó por su propia seguridad.
Por eso, al pasar por Jope, se desvió hacia Jerusalén. 22 Allí fue solemnemente recibido por
Jasón y por la ciudad, e hizo su entrada en medio de antorchas y aclamaciones. Después de
esto, fue a acampar con sus tropas a Fenicia.

Menelao designado Sumo Sacerdote

23 Tres años más tarde, Jasón envió a Menelao, hermano del ya mencionado Simón, para
llevar el dinero al rey y también para gestionar
algunos asuntos importantes. 24 Pero Menelao,
una vez presentado ante el rey, lo impresionó
con su aire majestuoso y logró hacerse investir
del sumo sacerdocio, ofreciéndole trescientos
talentos de plata más que Jasón. 25 Así regresó
provisto del mandato real, pero sin llevar consigo nada digno del sumo sacerdocio, sino
más bien la furia de un cruel tirano y la violencia de una fiera salvaje. 26 De esta manera Jasón, que había suplantado a su propio hermano, fue suplantado a su vez por otro, y se vio
forzado a huir a la región de Amán. 27 Pero Menelao, una vez adueñado del poder, no se preocupaba de pagar las sumas prometidas al rey,
28 a pesar de las reclamaciones de Sóstrates, el
prefecto de la Acrópolis, ya que a él le correspondía percibir los impuestos. Por este motivo, ambos fueron convocados por el rey. 29 Me-

nelao dejó como sustituto en el sumo sacerdocio a su hermano Lisímaco, y Sóstrates dejó
a Crates, jefe de los chipriotas.
30 Mientras tanto, se sublevaron los habitantes de Tarso y de Malos, porque sus ciudades habían sido regaladas a Antióquida, la
concubina del rey. 31 El rey partió apresuradamente para poner las cosas en orden, dejando en su lugar a Andrónico, uno de los grandes dignatarios. 32 Menelao, pensando que se
le había presentado una ocasión favorable, se
apropió de unos objetos de oro del Templo y
se los regaló a Andrónico, y también vendió
otros en Tiro y en las ciudades vecinas. 33 Cuando Onías tuvo la evidencia de lo sucedido, se
lo reprochó, después de haberse retirado a
Dafne, ciudad que estaba cerca de Antioquía
y gozaba de inmunidad. 34 Por eso Menelao,
en conversaciones secretas con Andrónico, lo
instigaba a matar a Onías. Entonces Andrónico se presentó ante Onías, y se ganó astutamente su confianza, estrechándole la mano
derecha con un juramento. Así lo persuadió
a que saliera de su refugio —aun sin disipar
toda sospecha— y lo mató inmediatamente,
conculcando toda justicia.
35 Frente a esto, no solo los judíos, sino
también mucha gente de las otras naciones,
se indignaron y se afligieron por el injusto
asesinato de aquel hombre. 36 Apenas el rey
regresó de las regiones de Cilicia, los judíos
de la ciudad y los griegos que reprochaban
tan mala acción, acudieron a él para quejarse
por la injusta muerte de Onías. 37 Antíoco se
entristeció profundamente y, movido a compasión, lloró recordando la prudencia y la
gran moderación del difunto. 38 Luego, lleno
de indignación, despojó a Andrónico de la
púrpura, desgarró sus vestiduras y lo hizo conducir por toda la ciudad hasta el sitio donde
había tratado tan impíamente a Onías. Allí
hizo ajusticiar al homicida, y así el Señor le
infligió el castigo que había merecido.
39 Lisímaco había cometido muchos robos
sacrílegos en la ciudad con el consentimiento
de Menelao, y la noticia se había divulgado entre la gente. Por eso el pueblo se amotinó contra Lisímaco, cuando ya muchos objetos de oro
habían desaparecido. 40 Como la multitud estaba muy excitada y había llegado al colmo de su
furor, Lisímaco armó cerca de tres mil hombres
e inició una violenta represión, poniendo al
frente a un tal Arauno, hombre avanzado en
edad no menos que en falta de juicio.
41 Cuando advirtieron que Lisímaco los atacaba, unos se armaron de piedras, otros de
palos, y otros, tomando puñados de la ceniza
que había allí, los arrojaban violentamente
contra las tropas. 42 De este modo hirieron a
muchos de ellos y mataron a otros; a todos
los demás los obligaron a huir y dieron muerte al sacrílego junto al Tesoro del Templo.
43 Con motivo de estos sucesos, se entabló
un proceso contra Menelao. 44 Cuando el rey
llegó a Tiro, tres hombres enviados por el Consejo de los ancianos presentaron una acusación contra él. 45 Al verse perdido, Menelao prometió una importante suma a Tolomeo, hijo
de Dorimeno, para que tratara de persuadir al
rey. 46 Tolomeo llevó al rey a una galería, como
quien va a tomar un poco de aire, y allí lo hizo
cambiar de parecer. 47 Así absolvió de las acusaciones a Menelao, que era el causante de todos
esos males. En cambio, condenó a muerte a
aquellos desdichados que hubieran sido absueltos como inocentes, incluso por un tribunal de bárbaros. 48 De esta manera fueron inmediatamente sometidos a un castigo injusto
los que habían defendido la ciudad, el pueblo
y los objetos sagrados. 49 Por eso algunos tirios,
indignados por aquella maldad, se encargaron
de darles una espléndida sepultura. 50 Mientras
tanto, Menelao se mantenía en el poder, gracias a la avaricia de aquellos gobernantes. Su
maldad crecía cada vez más, convirtiéndolo en
el principal adversario de sus compatriotas.

Profanación del Templo

5 1 Alrededor de ese tiempo, Antíoco preparaba su segunda expedición contra
Egipto. 2 Y sucedió que por espacio de unos
cuarenta días aparecieron en toda la ciudad,
corriendo por los aires, jinetes vestidos de oro,
tropas armadas divididas en escuadrones, espadas desenvainadas, 3 regimientos de caballería en orden de batalla, ataques e incursiones
de una y otra parte, movimientos de escudos,
nubes de lanzas, disparos de flechas, destellos
de guarniciones de oro y corazas de toda clase.
4 Ante esto, todos rogaban que aquella aparición fuera señal de buen augurio.
5 Al difundirse el falso rumor de que Antíoco había muerto, Jasón lanzó un ataque
imprevisto contra la ciudad con no menos de
mil hombres. Como los que estaban en la
muralla fueron rechazados y la ciudad al fin
fue tomada, Menelao se refugió en la Acrópolis. 6 Jasón masacró sin piedad a sus propios conciudadanos, sin caer en la cuenta de
que una victoria sobre ellos era el mayor de los
desastres: ¡él se imaginaba que ganaba trofeos
a sus enemigos y no a sus propios compatriotas! 7 Sin embargo, no logró adueñarse del poder y finalmente, sin haber conseguido otra
cosa que su propio fracaso, tuvo que huir de
nuevo al país de Amán.
8 Su conducta perversa tuvo un final desastroso. Acusado ante Aretas, soberano de los
árabes, huyó de ciudad en ciudad; perseguido por todos, aborrecido como transgresor
de las leyes y abominado como verdugo de
su patria y de sus conciudadanos, fue a parar
a Egipto. 9 El que había desterrado a muchos

de su patria murió en el destierro, mientras se dirigía a Lacedemonia con la esperanza de encontrar un refugio, apelando a su origen común. 10 El que había dejado a muchos sin sepultura, no tuvo quien lo llorara; nadie le tributó honras fúnebres y no encontró sitio en el sepulcro de sus antepasados.

11 Cuando el rey se enteró de lo ocurrido, llegó a la conclusión de que Judea tramaba su independencia. Entonces, volvió de Egipto, enfurecido como una fiera, tomó la ciudad por las armas, 12 y mandó a los soldados que hirieran sin compasión a todos los que cayeran en sus manos y degollaran a los que intentaran refugiarse en las casas. 13 Fue una verdadera matanza de jóvenes y ancianos, una masacre de muchachos, mujeres y niños, una carnicería de muchachas y niños de pecho. 14 En solo tres días hubo ochenta mil víctimas: cuarenta mil fueron muertos y otros tantos vendidos como esclavos.

15 No contento con esto, Antíoco tuvo la osadía de entrar en el Templo más santo de toda la tierra, llevando como guía a Menelao, el traidor de las leyes y de la patria. 16 Con sus manos impuras tomó los objetos sagrados, y arrebató con manos sacrílegas los presentes hechos por otros reyes para realzar la gloria y el honor de ese Lugar.

17 Él se engreía porque no tenía en cuenta que el Señor se había irritado por poco tiempo a causa de los pecados cometidos por los habitantes de la ciudad, y por eso había apartado su mirada del Lugar. 18 Si ellos no se hubieran dejado dominar por tantos pecados, también Antíoco habría sido golpeado y hecho desistir de su atrevimiento apenas ingresó en el Santuario, como lo había sido Heliodoro cuando fue enviado por el rey Seleuco para inspeccionar el Tesoro. 19 Pero el Señor no eligió al pueblo a causa de este Lugar, sino a este Lugar a causa del pueblo. 20 Por eso, el mismo Lugar, después de haber participado de las desgracias del pueblo, también participó de su restauración y, habiendo sido abandonado en el tiempo de la ira del Todopoderoso, fue de nuevo restaurado con toda su gloria, cuando el gran Soberano se reconcilió con él.

21 Antíoco, después de haber sacado del Templo mil ochocientos talentos, partió enseguida para Antioquía, creyendo presuntuosamente que era capaz de navegar por la tierra y caminar por el mar: tal era la arrogancia de su corazón. 22 Pero antes, dejó prefectos para que hicieran daño al pueblo. En Jerusalén, deja a Filipo, de origen frigio, un hombre de costumbres más bárbaras que el que lo había designado; 23 en el monte Garizim, dejó a Andrónico, y además de estos, a Menelao, que superaba a todos los otros en maldad, por el odio que tenía a sus compatriotas judíos.

24 Antíoco envió a Apolonio, jefe de los mercenarios de Misia, con un ejército de veintidós mil soldados, dándole la orden de degollar a todos los hombres adultos y de vender a las mujeres y a los niños. 25 Una vez que Apolonio llegó a Jerusalén, fingiendo que venía en son de paz, esperó hasta el santo día del sábado. Y mientras los judíos observaban el descanso, mandó a sus tropas que hicieran un desfile militar. 26 Entonces hizo pasar al filo de la espada a todos los que habían salido a ver el espectáculo. Luego dio una batida por la ciudad con los soldados armados y mató a una gran muchedumbre.

27 Mientras tanto, Judas, llamado el Macabeo, formó un grupo de unos diez hombres y se retiró al desierto. Allí vivía entre las montañas con sus compañeros, como las fieras salvajes, sin comer nada más que hierbas, para no incurrir en ninguna impureza.

REFLEXIONA

La profanación del Templo

El Templo reconstruido después del exilio era el centro de la vida religiosa y social de Israel; el lugar sagrado que representaba la Alianza entre Dios y su pueblo, y la morada de Dios entre ellos; profanarlo era un insulto directo a Dios. Para imaginar la tragedia que significó *para los judíos la profanación del Templo,* lee 2 Macabeos 5 11-20 y el Salmo 79.

¿Cómo reaccionarías si profanaran tu parroquia, tu santuario más querido o la catedral?

2 Mac 5 21-24

La persecución religiosa

1 Mac 1 45-51.60-61 / 2 32-38

6 1 Poco tiempo después, el rey envió a un consejero ateniense para que obligara a los judíos a abandonar las costumbres de sus padres y a no vivir conforme a las leyes de Dios; 2 a profanar el Templo de Jerusalén, dedicándolo a Júpiter Olímpico, y a dedicar el del monte Garizim a Júpiter Hospitalario, conforme a la *idiosincrasia* de los habitantes de aquel lugar. 3 Este recrudecimiento del mal se hacía penoso e insoportable para todos. 4 El Templo se llenó del desenfreno y las orgías de los paganos, que se divertían con prostitutas y tenían relaciones con mujeres en los atrios sagrados, e incluso introducían allí objetos prohibidos. 5 El altar estaba repleto de ofrendas ilegítimas, proscritas por la Ley. 6 No se podía observar el sábado, ni ce-

VIVE LA PALABRA

Resistencia sin violencia

Mientras que 1 Macabeos justifica la guerra, pues muchos judíos lucharon con armas contra sus enemigos, 2 Mac 6 – 7 afirma la resistencia pacífica de quienes se negaron a abandonar sus creencias y adoptar costumbres griegas. Celebraban el *Sabath* en secreto, continuaron circuncidando a sus hijos y aceptaron el martirio por cumplir la Ley.

Más tarde, Jesús insiste en la «no violencia», al invitarnos a poner la otra mejilla y amar a los enemigos (Mt 5 39-44), y da ejemplo de ello hasta su muerte. Su resistencia no es pasiva, confronta el mal y rehúsa cooperar con él; quienes practican la no violencia aceptan los sufrimientos que causa sin darse por vencidos. El cristiano no debe matar, sino saber morir por Dios y sus hermanos.

Analiza qué proporción de los conflictos presentados en la televisión y el periódico son resueltos violenta o pacíficamente. ¿Qué consecuencias tiene resolver los conflictos de una u otra manera? ¿Qué puedes hacer ahora como joven y después, como adulto, para fomentar la «no violencia»?

2 Mac 6 – 7

lebrar las fiestas de nuestros padres, y ni siquiera declararse judío. 7 Por el contrario, todos se
veían penosamente forzados a participar del
banquete ritual con que se conmemoraba cada
mes el nacimiento del rey; y cuando llegaban
las fiestas dionisíacas, se los obligaba a seguir el
cortejo de Dionisos, coronados de guirnaldas.
8 Por instigación de Tolomeo, se publicó
un decreto dirigido a las ciudades griegas de
los alrededores, obligándolas a que procedie-
ran de la misma manera contra los judíos y
los hicieran participar en los banquetes rituales. 9 Además, se ordenaba degollar a los que
rehusaran adoptar las costumbres griegas. Todo esto hacía prever la inminente calamidad.
10 Dos mujeres fueron delatadas por haber
circuncidado a sus hijos, y después de hacerlas pasear públicamente por la ciudad con
sus niños colgados del pecho, las precipitaron desde lo alto de la muralla. 11 Otros, que
se habían reunido en las cavernas cercanas
para celebrar ocultamente el día sábado, fueron denunciados a Filipo y quemados todos
juntos, ya que no se habían atrevido a defenderse por respeto a la santidad de aquel día.
12 Ruego a los lectores de este libro que no
se dejen impresionar por estas calamidades.
Piensen más bien que estos castigos no han
sucedido para la ruina, sino para la educación
de nuestro pueblo. 13 Porque es una señal de
gran benevolencia no tolerar por mucho
tiempo a los impíos, sino infligirles rápidamente un castigo. 14 Antes de castigar a las
otras naciones, el Soberano espera pacientemente que colmen la medida de sus pecados;
pero con nosotros ha decidido obrar de otra
manera, 15 para no tener que castigarnos más
tarde, cuando nuestros pecados hayan llegado
al colmo. 16 Por eso nunca retira de nosotros
su misericordia, y aunque corrige a su pueblo
por medio de la adversidad, no lo abandona.
17 Que esto sirva solamente para recordar ciertas verdades. Y después de estas consideracio-
nes, prosigamos la narración.

El martirio de Eleazar

18 Eleazar, uno de los principales maestros
de la Ley, de edad muy avanzada y de noble

Enseñar con el ejemplo

Eleazar, por no traicionar a Dios y sus principios, aceptó con valor la muerte y la tortura como un auténtico mártir, consciente de que su ejemplo influiría en la juventud (2 Mac 6 18-31). La siguiente canción fue escrita por un estudiante tailandés, cuyo amor a su pueblo lo llevó a una manifestación contra un líder corrupto, donde un policía lo mató:

Me sacrificaría

Si yo fuera un ave capaz de volar lejos,
me gustaría ser una blanca paloma
para guiar a la gente a la libertad.
Si yo fuera la nube en el cielo,
refugiaría y daría lluvias al campo de arroz.
Si fuera un grano de arena yo mismo me
arrojaría para hacer un camino a la gente.
Sacrificaría mi vida por la gente que sufre.
Me sacrificaría sin importar cuántas veces
tuviera que morir.[3]

2 Mac 6 18-31

aspecto, fue forzado a abrir la boca para comer carne de cerdo. 19 Pero él, prefiriendo
una muerte honrosa a una vida infame, marchó voluntariamente al suplicio, 20 después
de haber escupido la carne, como deben hacerlo los que tienen el valor de rechazar lo
que no está permitido comer, ni siquiera por
amor a la vida. 21 Los que presidían este banquete ritual contrario a la Ley, como lo conocían desde hacía mucho tiempo, lo llevaron aparte y le rogaron que hiciera traer
carne preparada expresamente para él y que
le estuviera permitido comer. Asimismo le
dijeron que fingiera comer la carne del sacrificio, conforme a la orden del rey. 22 Obrando
de esa manera, se libraría de la muerte y sería tratado humanitariamente por su antigua
amistad con ellos. 23 Pero él, tomando una
noble resolución, digna de su edad, del prestigio de su vejez, de sus venerables canas, de
la vida ejemplar que había llevado desde su
infancia y, sobre todo, de la santa legislación
establecida por Dios, se mostró consecuente
consigo mismo, pidiendo que lo enviaran de
inmediato a la morada de los muertos. 24 «A
nuestra edad —decía— no está bien fingir.
De lo contrario, muchos jóvenes creerán que
Eleazar, a los noventa años, se ha pasado a
las costumbres paganas. 25 Entonces también
ellos, a causa de mi simulación y de mi apego a lo poco que me resta de vida, se desviarán por culpa mía, y yo atraeré sobre mi vejez la infamia y el deshonor. 26 Porque,
aunque ahora me librara del castigo de los
hombres, no podría escapar, ni vivo ni muerto, de las manos del Todopoderoso. 27 Por
eso, me mostraré digno de mi vejez entregando mi vida valientemente. 28 Así dejaré a
los jóvenes un noble ejemplo, al morir con
entusiasmo y generosidad por las venerables
y santas leyes». Dicho esto, se encaminó resueltamente al suplicio. 29 Al oír estas palabras, que consideraban una verdadera locura, los que lo conducían cambiaron en
crueldad la benevolencia que antes le habían
demostrado. 30 Pero él, a punto ya de morir
bajo los golpes, dijo entre gemidos: «El Señor, que posee el santo conocimiento, sabe
muy bien que, pudiendo librarme de la
muerte, soporto crueles dolores en mi cuerpo azotado; pero mi alma los padece gustosamente por temor a él». 31 De este modo,
Eleazar deja al morir, no solo a los jóvenes,
sino a la nación entera, su propia muerte como ejemplo de *generosidad y como recuerdo de virtud.*

ENTREGANDO MI VIDA VALIENTEMENTE...
DEJARÉ A LOS JÓVENES
UN NOBLE EJEMPLO. 2 Mac 6 27-28

El martirio de siete hermanos y de su madre

7 1 También fueron detenidos siete hermanos, junto con su madre. El rey, flage-
lándolos con azotes y tendones de buey, trató
de obligarlos a comer carne de cerdo, prohibida por la Ley. 2 Pero uno de ellos, hablando en
nombre de todos, le dijo: «¿Qué quieres preguntar y saber de nosotros? Estamos dispuestos a morir, antes que violar las leyes de nuestros padres». 3 El rey, fuera de sí, mandó poner
al fuego sartenes y ollas, 4 y cuando estuvieron
al rojo vivo, ordenó que cortaran la lengua al
que había hablado en nombre de los demás, y
que le arrancaran el cuello cabelludo y le am-
putaran las extremidades en presencia de sus
hermanos y de su madre. 5 Cuando quedó totalmente mutilado, aunque aún estaba con vida, mandó que lo acercaran al fuego y lo arrojaran a la sartén. Mientras el humo de la sartén
se extendía por todas partes, los otros hermanos y la madre se animaban mutuamente a
morir con generosidad, diciendo: 6 «El Señor
Dios nos está viendo y tiene compasión de
nosotros, como lo declaró Moisés en el canto
que atestigua claramente: "El Señor se apiadará de sus servidores"».

7 Una vez que el primero murió de esta
manera, llevaron al suplicio al segundo. Después de arrancarle el cuero cabelludo, le preguntaron: «¿Vas a comer carne de cerdo, antes que sean torturados todos los miembros
de tu cuerpo?». 8 Pero él, respondiendo en su
lengua materna, exclamó: «¡No!». Por eso,
también él sufrió la misma tortura que el primero. 9 Y cuando estaba por dar el último
suspiro, dijo: «Tú, malvado, nos privas de la
vida presente, pero el Rey del universo nos resucitará a una Vida eterna, ya que nosotros
morimos por sus leyes».

10 Después de este, fue castigado el tercero.
Apenas se lo pidieron, presentó su lengua, extendió decididamente sus manos 11 y dijo con
valentía: «Yo he recibido estos miembros como
un don del Cielo, pero ahora los desprecio por
amor a sus leyes y espero recibirlos nuevamente de él». 12 El rey y sus acompañantes estaban
sorprendidos del valor de aquel joven, que no
hacía ningún caso de sus sufrimientos.

13 Una vez que murió este, sometieron al
cuarto a la misma tortura y a los mismos suplicios. 14 Y cuando ya estaba próximo a su
fin, habló así: «Es preferible morir a manos
de los hombres, con la esperanza puesta en
Dios de ser resucitados por él. Tú, en cambio,
no resucitarás para la vida».

15 Enseguida trajeron al quinto y comenzaron a torturarlo. 16 Pero él, con los ojos fijos
en el rey, dijo: «Tú, aunque eres un simple
mortal, tienes poder sobre los hombres y por
eso haces lo que quieres. Pero no creas que

Dios ha abandonado a nuestro pueblo. 17 Espera y verás cómo su poder soberano te ator-
mentará a ti y a tu descendencia».
18 Después de este trajeron al sexto, el cual,
estando a punto de morir, dijo: «No te hagas
vanas ilusiones, porque nosotros padecemos
esto por nuestra propia culpa; por haber pecado contra nuestro Dios, nos han sucedido
cosas tan sorprendentes. 19 Pero tú, que te has
atrevido a luchar contra Dios, no pienses que
vas a quedar impune».
20 Incomparablemente admirable y digna
del más glorioso recuerdo fue aquella madre
que, viendo morir a sus siete hijos en un solo
día, soportó todo valerosamente, gracias a la
esperanza que tenía puesta en el Señor. 21 Llena de nobles sentimientos, exhortaba a cada
uno de ellos, hablándoles en su lengua materna. Y animando con un ardor varonil sus
reflexiones de mujer, les decía: 22 «Yo no sé cómo ustedes aparecieron en mis entrañas; no
fui yo la que les dio el espíritu y la vida ni la
que ordenó armoniosamente los miembros
de su cuerpo. 23 Pero sé que el Creador del universo, el que plasmó al hombre en su nacimiento y determinó el origen de todas las cosas, les devolverá misericordiosamente el
espíritu y la vida, ya que ustedes se olvidan
ahora de sí mismos por amor de sus leyes».
24 Antíoco pensó que se estaba burlando de
él y sospechó que esas palabras eran un insulto. Como aún vivía el más joven, no solo
trataba de convencerlo con palabras, sino que
le prometía con juramentos que lo haría rico
y feliz, si abandonaba las tradiciones de sus
antepasados. Le aseguraba asimismo que lo
haría su Amigo y le confiaría altos cargos.
25 Pero como el joven no le hacía ningún caso,
el rey hizo llamar a la madre y le pidió que
aconsejara a su hijo, a fin de salvarle la vida.
26 Después de mucho insistir, ella accedió a
persuadir a su hijo. 27 Entonces, acercándose a
él y burlándose del cruel tirano, le dijo en su
lengua materna: «Hijo mío, ten compasión
de mí, que te llevé nueve meses en mis entrañas, te amamanté durante tres años y te crie, y
eduqué, dándote el alimento, hasta la edad
que ahora tienes. 28 Yo te suplico, hijo mío,
que mires al cielo y a la tierra, y al ver todo lo
que hay en ellos, reconozcas que Dios lo hizo
todo de la nada, y que también el género humano fue hecho de la misma manera. 29 No
temas a este verdugo: muéstrate más bien digno de tus hermanos y acepta la muerte, para
que yo vuelva a encontrarte con ellos en el
tiempo de la misericordia».
30 Apenas ella terminó de hablar, el joven dijo: «¿Qué esperan? Yo no obedezco el decreto
del rey, sino las normas de la Ley que fue dada a nuestros padres por medio de Moisés. 31 Y
tú, que eres el causante de todas las desgracias
de los hebreos, no escaparás de las manos de
Dios. 32 Es verdad que nosotros padecemos a
causa de nuestros propios pecados; 33 pero si el
Señor viviente se ha irritado por un tiempo
para castigarnos y corregirnos, él volverá a reconciliarse con sus servidores. 34 Tú, en cambio, el más impío e infame de todos los hombres, no te engrías vanamente ni alientes falsas
esperanzas, levantando tu mano contra los hijos del Cielo, 35 porque todavía no has escapado al juicio del Dios todopoderoso que ve todas las cosas. 36 Nuestros hermanos, después
de haber soportado un breve tormento, gozan
ahora de la vida inagotable, en virtud de la
Alianza de Dios. Pero tú, por el justo juicio de
Dios, soportarás la pena merecida por tu soberbia. 37 Yo, como mis hermanos, entrego mi
cuerpo y mi alma por las leyes de nuestros padres, invocando a Dios para que pronto se
muestra propicio con nuestra nación y para
que te haga confesar, a fuerza de aflicciones y

VIVE LA PALABRA

Un adolescente proclama la resurrección

Lee 2 Macabeos 7 24-42. Observa el testimonio de una madre que ve morir a sus siete hijos y ella misma los anima con una clara confesión de fe en Dios, dueño de la vida. Nota cómo los jóvenes aceptan la muerte con valor y cómo un adolescente, a punto de ser torturado y entregar su vida, confiesa la resurrección de los muertos.

La resurrección según la fe judía es distinta de la inmortalidad en la cultura griega. La resurrección es el misterio de resurgir vivo después de la muerte corporal, por el poder de Dios; los que actuaron bien para la Vida eterna, y los que actuaron mal para el castigo eterno (Dn 12 1-4) (ver «La resurrección de los muertos», 1 Cor 15 35-50).

Cada domingo dices en el Credo: «Espero la resurrección de los muertos...» ¿Cómo te ayuda tu fe en la resurrección a vivir una vida plena y a morir confiado de que verás a Dios cara a cara?

2 Mac 7

golpes, que él es el único Dios. 38 ¡Ojalá que se
detenga en mí y en mis hermanos la ira del Todopoderoso, justamente desencadenada sobre
todo nuestro pueblo!».
39 El rey, fuera de sí y exasperado por la burla, se ensañó con este más cruelmente que
con los demás. 40 Así murió el último de los
jóvenes, de una manera irreprochable y con
entera confianza en el Señor. 41 Finalmente
murió la madre, después de todos sus hijos.
42 Pero basta con esto para informar acerca
de los banquetes rituales y de la magnitud de
los suplicios.

HISTORIA DE JUDAS MACABEO

Sus primeros triunfos

8 1 Mientras tanto, Judas Macabeo y sus
compañeros entraban clandestinamente en los pueblos, convocaban a sus familiares y, atrayendo a los que se mantenían fieles
al judaísmo, lograron reunir seis mil hombres. 2 Ellos suplicaban al Señor que se digna-
ra mirar a aquel pueblo pisoteado por todos,
y se compadeciera del Templo profanado por
los impíos. 3 Le rogaban que se apiadara de la
Ciudad, devastada y a punto de ser arrasada,
y escuchara la voz de la sangre que clamaba
hacia él; 4 que se acordara de la inicua masacre de los niños inocentes y se vengara de las
blasfemias proferidas contra su Nombre.
5 Una vez que se puso al frente de sus tropas,
el Macabeo resultó invencible ante los paganos, porque la ira del Señor se había convertido en misericordia. 6 Atacando por sorpresa,
incendiaba ciudades y poblados; ocupaba posiciones estratégicas y derrotaba a numerosos
enemigos. 7 Aprovechaba sobre todo la noche
como aliada para tales incursiones, y por todas
partes se extendía la fama de su valor.

Las derrotas de Nicanor y Báquides

1 Mac 3 38 – 4 27

8 Al ver Filipo que Judas progresaba cada
vez más y sus victorias eran cada día más frecuentes, escribió a Tolomeo, gobernador de
Celesiria y Fenicia, para que prestara apoyo a
la causa del rey. 9 Este designó inmediatamente a Nicanor, hijo de Patroclo, uno de sus
principales Amigos, y lo envió al frente de no
menos de veinte mil hombres de todas las naciones para acabar con toda la población de
Judea. *A su lado puso a* Gorgias, general experimentado en la estrategia militar. 10 Nicanor calculaba que, con la venta de los judíos
prisioneros, podría pagar el tributo del rey a
los romanos, que ascendía a dos mil talentos.
11 Por eso envió enseguida un aviso a las ciudades de la costa, invitando a comprar esclavos judíos y prometiendo entregar noventa
esclavos por talento, sin imaginarse el castigo
que pronto le infligiría el Todopoderoso.
12 El anuncio de la expedición de Nicanor
llegó a oídos de Judas. Cuando este comunicó a sus acompañantes que se acercaba al
ejército enemigo, 13 los cobardes y los que
desconfiaban de la justicia de Dios se dispersaron y buscaron refugio en otra parte.
14 Otros vendían todo lo que les quedaba, y al
mismo tiempo suplicaban al Señor que librara a los que el impío Nicanor ya tenía
vendidos antes que comenzara la lucha. 15 Rogaban al Señor que hiciera esto, si no por
ellos mismos, al menos por las Alianzas concedidas a sus padres y porque ellos llevaban
su Nombre augusto y lleno de majestad.
16 Cuando el Macabeo reunió a sus seguidores, unos seis mil en total, los exhortó a
que no se dejaran acobardar por los enemigos ni se amedrentaran ante la inmensa multitud de gente que venía a atacarlos injustamente. Los animó asimismo a que lucharan
con entusiasmo, 17 teniendo bien presente los
ultrajes perpetrados contra el Santuario, las
violencias contra la Ciudad humillada y la
supresión de las costumbres de sus antepasados. 18 «Ellos —les dijo— confían en sus armas y en su audacia, pero nosotros confiamos en el Dios todopoderoso que puede
deshacer con un solo gesto no solo a los que
nos atacan, sino también al mundo entero».
19 Luego les enumeró todas las ayudas con
que habían sido favorecidos sus antepasados,
especialmente en tiempos de Senaquerib,
cuando murieron ciento ochenta y cinco mil
hombres.
20 Les recordó la batalla librada en Babilonia contra los gálatas, cuando ocho mil judíos entraron en acción junto con cuatro mil
macedonios. En esa oportunidad, los macedonios se encontraban sin salida y los ocho
mil judíos, gracias al auxilio recibido del Cielo, derrotaron a ciento veinte mil enemigos y
se apoderaron de un gran botín.
21 Con estas palabras, los enardeció para la
lucha, y los animó a morir por las leyes y por
la patria. Luego dividió el ejército en cuatro
cuerpos, 22 y puso al frente de cada unidad a
sus hermanos Simón, José y Jonatán, con mil
quinientos hombres a las órdenes de cada
uno. 23 También mandó a Eleazar que leyera
en alta voz el Libro sagrado. Y finalmente,
dándoles como santo y seña el grito «Auxilio
de Dios», se lanzó él mismo a combatir contra Nicanor, al frente del primer cuerpo. 24 Teniendo como aliado al Todopoderoso, mataron a más de nueve mil enemigos, hirieron y
dejaron fuera de combate a la mayor parte
del ejército de Nicanor y obligaron a huir a
todos los demás. 25 También se apoderaron
del dinero de los que habían venido a comprarlos, y después de haberlos perseguido

bastante tiempo, tuvieron que regresar, apremiados por la hora: 26 como era víspera de sábado, no pudieron continuar la persecución.

27 Una vez que recogieron las armas y se llevaron los despojos del enemigo, se pusieron a celebrar el sábado, bendiciendo y alabando una y otra vez al Señor, que los había salvado aquel día, concediéndoles así las primicias de su misericordia. 28 Pasado el sábado, distribuyeron parte del botín entre los damnificados, las viudas y los huérfanos, y se repartieron el resto entre ellos y sus hijos. 29 Después organizaron rogativas, pidiendo al Señor misericordioso que se reconciliara definitivamente con sus servidores.

La derrota de Timoteo y de Báquides

30 En un combate contra las tropas de Timoteo y de Báquides, les causaron más de veinte mil bajas y enseguida se apoderaron de fortalezas muy importantes. Luego distribuyeron un cuantioso botín por partes iguales, entre ellos, los damnificados, los huérfanos, las viudas y también los ancianos. 31 Recogieron cuidadosamente las armas de los enemigos y las depositaron en lugares estratégicos, llevando a Jerusalén el resto del botín. 32 También mataron al jefe de la escolta de Timoteo, un hombre muy impío que había hecho mucho daño a los judíos. 33 Mientras celebraban la victoria en su patria, quemaron a los que habían incendiado las puertas sagradas, incluido Calístenes, que se había refugiado en una choza. Así él recibió el castigo merecido por su impiedad.

34 En cuanto al perversísimo Nicanor, que había traído miles de mercaderes para la venta de los judíos, 35 quedó humillado con el auxilio del Señor por los mismos que él despreciaba como los más viles. Despojado de sus lujosas vestiduras, solo y errante por los campos como un fugitivo, llegó a Antioquía con mucha más suerte que su ejército, que había sido destruido. 36 Y el que había pretendido pagar el tributo a los romanos con la venta de los prisioneros de Jerusalén, pregonaba que los judíos tenían un Defensor y que eran invulnerables porque seguían las leyes prescritas por él.

Muerte de Antíoco IV Epífanes

1 Mac 6 1-16 / 2 Mac 1 11-17

9 1 Por ese tiempo, Antíoco tuvo que retirarse precipitadamente de las regiones de Persia. 2 En efecto, después de haber entrado en la ciudad llamada Persépolis, intentó saquear el templo y apoderarse de la ciudad. Pero el pueblo se amotinó y se defendió con las armas. Antíoco, derrotado por la gente del país, tuvo que emprender una vergonzosa retirada. 3 Cuando estaba en Ecbátana, recibió la noticia de lo que le había sucedido a Nicanor y a las tropas de Timoteo. 4 Enfurecido a causa de esto, pensaba desquitarse con los judíos de la afrenta que le habían inferido los que le obligaron a emprender la retirada. Entonces ordenó al auriga que condujera el carro sin parar hasta el fin del trayecto. Pero, en realidad, ya era inminente el juicio del Cielo porque él había dicho lleno de arrogancia: «Al llegar allí, haré de Jerusalén un cementerio de judíos».

5 El Señor, que todo lo ve, el Dios de Israel, lo castigó con un mal incurable e invisible. Apenas pronunciadas estas palabras, sintió un intenso dolor intestinal con agudos retorcijones internos. 6 Todo esto era muy justo, porque él había atormentado las entrañas de los demás con tantos y tan refinados suplicios. 7 A pesar de esto, no cedía en lo más mínimo su arrogancia; por el contrario, siempre lleno de soberbia, y exhalando contra los judíos el fuego de su furor, mandaba acelerar la marcha. Pero mientras avanzaba velozmente, se cayó del carro y todos los miembros de su cuerpo quedaron lesionados por la violencia de la caída. 8 Aquel que poco antes, llevado de una jactancia sobrehumana, creía dictar órdenes a las olas del mar y pensaba pesar en la balanza las cimas de los montes, era llevado en camilla, después de haber caído en tierra. Así ponía de manifiesto a los ojos de todos el poder de Dios. 9 Su estado era tal que del cuerpo del impío brotaban los gusanos; estando vivo aún, la carne se le caía a pedazos, en medio de dolores y sufrimientos, y el ejército apenas podía soportar el hedor que emanaba de él. 10 A causa de ese olor insoportable, nadie podía llevar ahora al que poco antes se creía capaz de tocar los astros del cielo.

11 Solo entonces, en aquel estado de postración, comenzó a ceder en su desmedida soberbia y a entrar en razón, por los dolores que se hacían cada vez más intensos a causa del castigo divino. 12 Como ni él mismo podía soportar su propio hedor, exclamó: «Es justo someterse a Dios y no creerse igual a él, siendo un simple mortal». 13 Aquel malvado rogaba al Soberano, de quien ya no alcanzaría misericordia, prometiendo 14 que declararía libre a la Ciudad Santa, a la que antes se había dirigido rápidamente para arrasarla y convertirla en un cementerio; 15 que equipararía con los atenienses a todos aquellos judíos que había considerado dignos, no de una sepultura, sino de ser arrojados, junto con sus hijos, como pasto de las fieras y de las aves de rapiña; 16 que adornaría con los más hermosos presentes el Templo santo que antes había saqueado; que devolvería con creces los objetos sagrados y que proveería con sus propios ingresos los fondos necesarios para los sacrificios; 17 y finalmente, que se haría judío y recorrería todos los lugares habitados, proclamando el poder de Dios.

18 Como sus dolores no se calmaban de ninguna forma, porque el justo juicio de Dios se

había abatido sobre él, y desesperando de su salud, escribió a los judíos, en tono de súplica, la carta que se transcribe a continuación:

19 «Antíoco, rey y general, saluda a los judíos, ciudadanos respetables, deseándoles felicidad, salud y prosperidad. 20 Si ustedes y sus hijos se encuentran bien y sus asuntos marchan conforme a sus deseos, damos inmensas gracias por eso. 21 En cuanto a mí, que estoy postrado sin fuerzas en mi lecho, conservo un afectuoso recuerdo de ustedes y de sus buenos sentimientos. Cuando regresaba de las regiones de Persia, contraje una penosa enfermedad, y he creído conveniente preocuparme por la seguridad de todos. 22 No es que desespere de mi salud: al contrario, tengo mucha confianza de que podré recuperarme de mi enfermedad. 23 Sin embargo, he tenido en cuenta que, cuando mi padre emprendió una campaña a las regiones de la meseta, designó a su futuro sucesor. 24 Así, si sucedía algo imprevisto o llegaba una noticia desagradable, los habitantes de las provincias no se perturbarían, sabiendo de antemano a quién quedaba confiado el gobierno. 25 He tenido en cuenta, además, que los soberanos de los países vecinos a mi reino están al acecho, esperando cualquier ocasión favorable. Por eso, he decidido designar rey a mi hijo Antíoco, a quien muchas veces, durante mis campañas a las provincias de la meseta, ya he presentado y recomendado a la mayor parte de ustedes. 26 También a él le he escrito la carta que aquí se adjunta. Y ahora les pido encarecidamente que recuerden mis beneficios públicos y privados, y perseveren en sus buenos sentimientos hacia mí y hacia mi hijo. 27 Porque estoy persuadido de que él seguirá con moderación y humanidad el programa que yo me he trazado, y así se entenderá bien con ustedes».

28 Así murió aquel criminal y blasfemo. Padeciendo los peores sufrimientos, como los había hecho padecer a otros, terminó su vida en un país extranjero, en medio de las montañas y en el más lamentable infortunio. 29 Filipo, su compañero de infancia, conducía el cadáver, pero no fiándose del hijo de Antíoco, se dirigió a Egipto, donde reinaba Tolomeo Filométor.

Purificación y Dedicación del Templo

1 Mac 4 36-61

10 1 Macabeo y sus partidarios, guiados por el Señor, recuperaron el Templo y la Ciudad, 2 derribaron los altares construidos por los *extranjeros en la vía pública* y también los recintos sagrados. 3 Una vez purificado el Templo, construyeron otro altar. Luego, sacando fuego del pedernal, ofrecieron un sacrificio, después de dos años de interrupción, y renovaron el incienso, las lámparas y los panes de la ofrenda. 4 Hecho esto, postrados profundamente, suplicaron al Señor que nunca más los dejara caer en semejantes desgracias, y si alguna vez volvían a pecar, los corrigiera él mismo con bondad, en lugar de entregarlos a los paganos blasfemos y crueles.

5 El mismo día en que el Templo había sido profanado por los extranjeros —es decir, el veinticinco del mes de Quisleu— tuvo lugar la purificación del Templo. 6 Todos la celebraron con alegría, durante ocho días, como se celebra la fiesta de las Chozas, recordando que poco tiempo antes habían tenido que pasar esa misma fiesta en las montañas y las cavernas, igual que las fieras. 7 Por eso, llevando en la mano tirsos, ramas verdes y palmas, elevaban himnos a Aquel que había llevado a término la purificación de su Lugar santo. 8 Y por una resolución votada públicamente, ordenaron que toda la nación de los judíos celebrara cada año esta misma fiesta.

La sucesión de Antíoco y los nuevos éxitos de Judas

9 Tales fueron las circunstancias de la muerte de Antíoco, llamado Epífanes. 10 Ahora vamos a exponer los hechos concernientes a Antíoco Eupátor, hijo de aquel impío, relatando sucintamente los males que acompañan a las guerras.

11 Este, después que heredó el trono, puso al frente de los asuntos de Estado a un tal Lisias, nombrándolo además gobernador supremo de Celesiria y Fenicia. 12 A todo esto, Tolomeo, llamado Macrón, que fue el primero en tratar con justicia a los judíos, reparando así las injusticias cometidas, procuraba resolver pacíficamente los asuntos referentes a ellos. 13 A causa de esto, fue acusado ante Eupátor por los Amigos del rey, y a cada momento oía que lo llamaban traidor por haber abandonado Chipre, cuyo gobierno le había confiado Filométor, para pasarse a Antíoco Epífanes. Y al no poder desempeñar con honor tan alto cargo, se quitó la vida, envenenándose.

14 Gorgias, nombrado jefe militar de la región, mantenía un ejército de mercenarios y no perdía la ocasión de hostigar a los judíos. 15 Al mismo tiempo que él, los idumeos, que dominaban importantes fortificaciones, hostilizaban a los judíos, y trataban de fomentar la guerra, acogiendo a los fugitivos de Jerusalén.

16 Los partidarios del Macabeo, después de celebrar una rogativa y de pedir a Dios que luchara en favor de ellos, se lanzaron contra las fortificaciones de los idumeos. 17 Los atacaron resueltamente y se apoderaron de las fortalezas, haciendo retroceder a todos los que combatían en las murallas y degollando a cuantos caían en sus manos. Así mataron por lo menos a veinte mil. 18 En dos torres muy bien fortificadas y abastecidas de todo lo necesario para resistir el asedio, se habían refugiado no menos de nueve mil hombres. 19 El Macabeo

dejó entonces a Simón y a José, junto con Zaqueo y muchos otros —en número suficiente
para asediarlos—, y él partió para otros lugares donde era más necesaria su presencia. 20 Pero los hombres de Simón, dominados por la
codicia, se dejaron sobornar por algunos de
los que estaban en las torres y, a cambio de setenta mil dracmas, dejaron escapar a unos
cuantos. 21 Cuando el Macabeo se enteró de lo
sucedido, reunió a los jefes del pueblo y acusó
a aquellos hombres de haber vendido por dinero a sus hermanos, dejando en libertad a
sus propios enemigos. 22 Luego los hizo ejecutar por traidores, e inmediatamente tomó las
dos torres. 23 Llevando todo a feliz término,
con las armas en la mano, logró matar en las
dos fortalezas a más de veinte mil hombres.

La expedición de Timoteo

24 Timoteo, que ya antes había sido derrotado por los judíos, después de reclutar numerosas tropas extranjeras y de reunir una considerable cantidad de caballos traídos de Asia, se
presentó con la intención de conquistar Judea
por las armas. 25 Mientras él se aproximaba, el
Macabeo y sus hombres cubrieron de polvo su
cabeza y se ciñeron la cintura con cilicios, para
suplicar a Dios. 26 Postrados al pie del altar, le
pedían que se mostrara propicio con ellos, haciéndose enemigo de sus enemigos y adversario de sus adversarios, como lo declara la Ley.

27 Al terminar la súplica, empuñaron las armas y avanzaron un buen trecho fuera de la ciudad. Cuando estuvieron cerca de sus enemigos,
se detuvieron. 28 Al despuntar el alba, los dos
bandos se lanzaron al combate. Unos tenían
como prenda de éxito y de victoria, además de
su valor, su confianza en el Señor; los otros
combatían impulsados solo por su arrojo. 29 En
lo más encarnizado de la batalla, los enemigos
vieron aparecer en el cielo cinco hombres ma-
jestuosos montados en caballos con frenos de
oro, que se pusieron al frente de los judíos.
30 Esos hombres colocaron al Macabeo en medio de ellos y, cubriéndolo con sus armas, lo hicieron invulnerable, mientras arrojaban flechas
y rayos contra los adversarios. Estos, encegueci-
dos por el resplandor, se dispersaron en el más
completo desorden. 31 Así perecieron veinte mil
quinientos soldados y seiscientos jinetes.

32 El mismo Timoteo tuvo que refugiarse en
una fortaleza muy bien defendida, llamada
Guézer, donde gobernaba Quereas. 33 Las tropas de Macabeo, enardecidas por la victoria,
sitiaron la ciudadela durante cuatro días. 34 Los
defensores, confiados en la solidez inexpugnable de la plaza fuerte, proferían blasfemias y
maldiciones. 35 Pero al amanecer del quinto
día, veinte jóvenes de las tropas del Macabeo,
enfurecidos por las blasfemias, saltaron viril-
mente sobre la muralla y, con ímpetu salvaje,
mataban a todos los que se les ponían delante. 36 Otros, igualmente, escalaban el muro para atacar a los sitiados por el lado opuesto,
prendían fuego a las torres y, encendiendo hogueras, quemaban vivos a los blasfemos.
Otros, mientras tanto, derribaron las puertas y,
abriendo paso al resto del ejército, se apoderaron de la ciudad. 37 A Timoteo, que estaba escondido en una cisterna, lo degollaron junto
con su hermano Quereas y con Apolófanes.
38 Una vez concluidas estas proezas, bendijeron al Señor con himnos y acciones de gracias,
porque él había concedido tan grandes beneficios a Israel y les había dado la victoria.

Campaña de Lisias

1 Mac 4 26-35

11 1 Muy poco tiempo después, Lisias, tutor
y familiar del rey, que estaba al frente de
los asuntos de Estado, 2 reunió unos ochenta
mil hombres y toda la caballería, y marchó

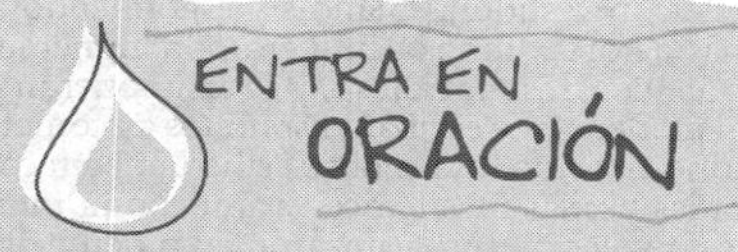

**Dios de la paz
y de la vida, ¡escúchanos!**

Con frecuencia se confía en la guerra y la violencia para resolver conflictos. ¿Es coherente que llamemos asesino a quien mata a una persona en la vida diaria, pero exaltamos como héroe a quien lo hace en la guerra (ver «¿Puede ser justa una guerra?», 1 Mac 6).

Incluso en la guerra Dios está cerca de la gente. Oremos por los pueblos y las personas que luchan en ellas:

Señor, ilumina a las personas responsables de resolver los conflictos entre naciones y grupos sociales, para que no causen destrucción y muerte.

Fortalece a quienes luchan para que respeten a los civiles y no se destruyan ellos sicológicamente.

Acompaña a los que pelean, anímalos en sus frustraciones, apóyalos en su dolor y hazlos sensibles ante amigos y enemigos.

Ayuda a quienes atienden a los lesionados, para que lleven consuelo a los heridos y tu paz a los moribundos.

Conforta y muestra tu providencia a los niños huérfanos y a las mujeres viudas.

Impúlsanos a todos, jóvenes, adultos y niños a colaborar para que reine la paz. Amén.

2 Mac 11 1-11

contra los judíos. Tenía la intención de convertir la ciudad en un lugar de residencia para los
griegos, 3 de hacer del Santuario una fuente de
recursos, como los otros santuarios de los paganos, y de poner en venta cada año el cargo de
Sumo Sacerdote. 4 Él no tenía en cuenta para
nada el poder de Dios, porque estaba engreído
con sus regimientos de infantería, sus millares
de jinetes y sus ochenta elefantes.

5 Una vez que entró en Judea, se acercó a
Betsur, una plaza fuerte que distaba unos veintiocho kilómetros de Jerusalén, y la sitió.
6 Cuando los partidarios del Macabeo supieron
que Lisias había sitiado la fortaleza, comenzaron a suplicar al Señor con gemidos y lágrimas,
unidos a la multitud, pidiéndole que enviara
un ángel protector para salvar a Israel. 7 El propio Macabeo, que fue el primero en empuñar
las armas, exhortó a los demás a afrontar el peligro junto con él, a fin de salvar a sus hermanos. Todos se lanzaron al combate con gran
entusiasmo 8 y, cuando todavía estaban cerca
de Jerusalén, apareció al frente de ellos un jinete con vestiduras blancas y esgrimiendo armas de oro. 9 Todos bendijeron unánimemente al Dios misericordioso, y se enardecieron de
tal manera, que estaban dispuestos a acometer,
no solo contra los hombres, sino también contra las bestias más feroces y aun contra murallas de hierro. 10 Así avanzaron en orden de batalla, protegidos por su aliado celestial, porque
el Señor se había compadecido de ellos. 11 Y
lanzándose como leones contra los enemigos,
derribaron a once mil soldados y a mil seiscientos jinetes, y a todos los demás los obligaron a huir. 12 La mayoría de estos escaparon heridos y sin armas, y el mismo Lisias se salvó
huyendo vergonzosamente.

13 Como Lisias no era ningún insensato, reflexionó sobre la derrota que acababa de sufrir,
y reconoció que los hebreos eran invencibles
porque el Dios poderoso combatía con ellos.
14 Entonces les envió una embajada para pro-
ponerles una reconciliación en condiciones razonables, prometiéndoles que induciría al rey
a hacerse amigo de ellos. 15 El Macabeo, no teniendo otra preocupación que el bien público,
accedió a todas las propuestas de Lisias; y el rey
concedió todo lo que el Macabeo había pedido por escrito a Lisias en favor de los judíos.

16 La carta escrita por Lisias a los judíos decía lo siguiente:

«Lisias saluda a la comunidad de los judíos.
17 Juan y Absalón, los legados de ustedes, al entregarme por escrito sus peticiones, me han pedido una respuesta favorable respecto de lo allí
consignado. 18 Ya he comunicado al rey todo lo
que era necesario notificarle, y él ha otorgado
todo lo que le pareció admisible. 19 Por lo tanto, si mantienen su buena disposición respecto
del Estado, yo procuraré favorecerlos en adelante. 20 En cuanto a las cuestiones de detalle,
he dado instrucciones a sus enviados y a los
míos, para que las discutan con ustedes. 21 ¡Que
les vaya bien! Año ciento cuarenta y ocho, el
veinticuatro del mes de Dióscoro».

22 La carta del rey estaba concebida en estos términos:

«El rey Antíoco saluda a su hermano Lisias.
23 Habiendo pasado nuestro padre a la compañía de los dioses, deseamos que los súbditos de
nuestro reino puedan dedicarse sin temor al
cuidado de sus propios intereses. 24 Y como hemos sabido que los judíos no quieren adoptar
las costumbres helénicas promovidas por nuestro padre, sino que prefieren seguir sus propias
costumbres y piden que se les permita vivir
conforme a sus leyes, 25 deseosos de que también esta nación esté tranquila, decretamos que
su Santuario sea restituido a su primitivo estado y que ellos se gobiernen de acuerdo con las
costumbres de sus antepasados. 26 Por lo tanto,
harás un buen servicio enviándoles una embajada de paz, a fin de que, conociendo nuestra
decisión, puedan vivir confiados y se dediquen
de buen ánimo a sus propias ocupaciones».

27 Esta es la carta del rey al pueblo:

«El rey Antíoco saluda al Consejo de los ancianos y a todos los judíos. 28 Es nuestro deseo
que se encuentren bien. También nosotros gozamos de perfecta salud. 29 Menelao nos ha hecho saber el deseo que ustedes tienen de volver a sus propios hogares. 30 A todos los que se
pongan en camino antes del treinta del mes de
Xántico, se les asegura la impunidad. 31 Los judíos podrán gobernarse según sus leyes, como
lo hacían antes, especialmente en lo que se refiere a los alimentos, y ninguno de ellos será
molestado para nada a causa de las faltas cometidas por ignorancia. 32 Les envío además a
Menelao para que les infunda confianza.
33 ¡Que les vaya bien! Año ciento cuarenta y
ocho, el quince del mes de Xántico».

34 También los romanos enviaron a los judíos la siguiente carta:

«Quinto Memio y Tito Manio, legados de
los romanos, saludan al pueblo de los judíos.
35 Damos nuestro consentimiento a todo lo
que les ha concedido Lisias, familiar del rey.
36 Pero en lo que respecta a lo que él consideró que debía someter al juicio del rey, en-
víennos urgentemente a alguien con instrucciones detalladas sobre el particular, para que
las expongamos como les conviene a ustedes,
ya que vamos a ir a Antioquía. 37 Mándennos
a algunos lo antes posible, a fin de que también nosotros conozcamos el punto de vista
de ustedes. 38 ¡Salud! Año ciento cuarenta y
ocho, el quince del mes de Xántico».

Jope y Iamnia

12 1 Concluidas las negociaciones, Lisias
volvió adonde estaba el rey, mientras

los judíos se dedicaban a los trabajos del campo. 2 Pero algunos de los gobernadores locales, Timoteo y Apolonio, hijo de Geneo, además de Jerónimo y Demofón, y también Nicanor, jefe de los chipriotas, no los dejaban vivir tranquilos ni disfrutar de la paz.

3 Algunos habitantes de Jope, por su parte, perpetraron un enorme crimen. En efecto, invitaron a los judíos que vivían con ellos a subir con sus mujeres e hijos a unas embarcaciones que habían equipado, disimulando las malas intenciones que tenían contra ellos. 4 Como se trataba de una decisión unánime de toda la ciudad, los judíos aceptaron la invitación, porque deseaban vivir en paz y no tenían ninguna sospecha. Pero una vez que estuvieron en alta mar, los tiraron al agua: así murieron alrededor de doscientos.

5 Cuando Judas se enteró de la crueldad cometida contra sus compatriotas, hizo saber a sus hombres lo que había pasado 6 y, después de invocar a Dios, el justo Juez, se dirigió contra los asesinos de sus hermanos; incendió el puerto durante la noche, prendió fuego a las embarcaciones e hizo perecer a los que se habían refugiado allí. 7 Como las puertas de la ciudad estaban cerradas, se retiró con la intención de volver y exterminar por completo la población de Jope.

8 Informado, entre tanto, de que los de Iamnia maquinaban hacer algo parecido con los judíos que vivían allí, 9 atacó también durante la noche a los iamnitas e incendió el puerto y la flota, de manera que el resplandor de las llamas se vio incluso en Jerusalén, a una distancia de casi cincuenta kilómetros.

10 Cuando estaba a dos kilómetros de allí, en una expedición contra Timoteo, lo atacaron unos árabes: eran no menos de cinco mil de a pie y quinientos jinetes. 11 Se entabló una lucha encarnizada, y las tropas de Judas obtuvieron la victoria, gracias al auxilio de Dios. Los nómadas, derrotados, pidieron la paz a Judas, comprometiéndose a darles ganado y a ayudarlos en lo sucesivo. 12 Judas, comprendiendo que podrían prestarle muchos servicios, accedió a hacer la paz con ellos y, después de estrecharse la mano, los árabes regresaron a sus campamentos.

Destrucción de Caspín y otras ciudades

1 Mac 5 24-54

13 Luego atacó a una ciudad fortificada con terraplenes, rodeada de murallas y habitada por gente de diversas nacionalidades, que se llamaba Caspín. 14 Los sitiados, confiando en la solidez de las murallas y en la reserva de víveres, trataban despectivamente a los hombres de Judas, insultándolos y profiriendo blasfemias y maldiciones. 15 Judas y sus compañeros —después de invocar al supremo Señor del universo que, sin arietes ni máquinas de guerra, derribó a Jericó en tiempos de Josué— asaltaron ferozmente la muralla. 16 Y apoderándose de la ciudad, por la voluntad de Dios, realizaron una matanza indescriptible, hasta tal punto que el lago vecino, de quince metros de ancho, parecía colmado con la sangre que lo había inundado.

17 Luego se alejaron de allí ciento cincuenta kilómetros y llegaron a Járaca, donde vivían los judíos llamados tubienos. 18 Pero no encontraron a Timoteo por aquellas regiones, porque, en vista de que no conseguía nada, se había retirado de allí, no sin antes dejar en cierto lugar una guarnición bastante fuerte. 19 Dositeo y Sosípatro, capitanes de Macabeo, avanzaron contra la fortaleza y mataron a los hombres que Timoteo había dejado en ella: eran más de diez mil. 20 Luego el Macabeo distribuyó su ejército en batallones; puso al frente a aquellos dos capitanes y se dirigió contra Timoteo, que había reunido ciento veinte mil soldados y dos mil quinientos jinetes. 21 Al enterarse de que se acercaba Judas, Timoteo mandó que las mujeres y los niños, junto con el resto del equipaje, se adelantaran hasta la fortaleza llamada Carnión, que era inexpugnable y de difícil acceso, por lo accidentado del terreno. 22 Apenas apareció el primer batallón de Judas, el pánico y el terror se apoderaron de los enemigos, porque se manifestó ante ellos Aquel que todo lo ve. Entonces huyeron en todas direcciones, de manera que muchas veces se herían unos a otros y se atravesaban entre ellos mismos con sus espadas. 23 Judas los perseguía implacablemente, acribillando a aquellos impíos, y así llegó a matar a unos treinta mil.

24 Timoteo, que cayó en manos de los hombres de Dositeo y Sosípatro, les pidió con mucha habilidad que lo dejaran en libertad, porque los padres y hermanos de muchos de ellos estaban en su poder y corrían el riesgo de ser ejecutados. 25 Cuando les aseguró con toda clase de argumentos que los devolvería sanos y salvos, lo pusieron en libertad, para salvar a sus hermanos. 26 Después, Judas marchó contra Carnión y contra el templo de Atargatis y mató a veinticinco mil personas.

27 Una vez derrotados y destruidos estos enemigos, Judas emprendió una campaña contra la plaza fuerte de Efrón, donde se había establecido Lisias con gente de todas partes. Jóvenes vigorosos apostados delante de las murallas combatían con vigor, y en el interior había muchas reservas de máquinas de guerra y proyectiles. 28 Después de invocar al Soberano que aplasta con su poder las fuerzas de los enemigos, los judíos se apoderaron de la ciudad y mataron allí a unas veinticinco mil personas.

29 Partiendo de allí, avanzaron contra Escitópolis, que dista de Jerusalén unos ciento diez kilómetros. 30 Pero los judíos que vivían

allí les atestiguaron que los habitantes de la
ciudad los habían tratado con benevolencia y
les habían brindado una buena acogida en
momentos de adversidad. 31 Entonces Judas y
sus compañeros les dieron las gracias y los
exhortaron a seguir siendo deferentes con sus
compatriotas. Luego regresaron a Jerusalén,
porque se acercaba la fiesta de las Semanas.
32 Pasada la fiesta llamada de Pentecostés,
se dirigieron contra Gorgias, gobernador de
Idumea. 33 Este salió a atacarlos con tres mil
soldados y cuatrocientos jinetes, 34 y cayeron
en el combate algunos judíos. 35 Un tal Dositeo, valeroso jinete de las tropas de Bacenor,
se apoderó de Gorgias y, tirándole de la capa,
lo arrastraba con fuerza a fin de capturar vivo
a aquel infame. Pero un jinete tracio se abalanzó sobre Dositeo y lo hirió por la espalda,
y así Gorgias pudo huir hacia Marisa. 36 Como los hombres de Esdrín estaban extenuados por haber combatido durante mucho
tiempo, Judas rogó al Señor que se manifestara como su aliado y su guía en el combate.
37 Y entonando en la lengua de sus padres un
himno de guerra, cayó sorpresivamente sobre
los hombres de Gorgias y los derrotó.
38 Luego Judas reunió al ejército y se dirigió
hacia la ciudad de Odolam. Como estaba ya
próximo el séptimo día de la semana, se purificaron con los ritos de costumbre y celebraron el sábado en aquel lugar. 39 Los hombres
de Judas fueron al día siguiente —dado que el
tiempo urgía— a recoger los cadáveres de los
caídos para sepultarlos con sus parientes, en
los sepulcros familiares. 40 Entonces encontraron debajo de las túnicas de cada uno de los
muertos objetos consagrados a los ídolos de
Iamnia, que la Ley prohíbe tener a los judíos.
Así se puso en evidencia para todos que esa
era la causa por la que habían caído. 41 Todos
bendijeron el proceder del Señor, el justo Juez,
que pone de manifiesto las cosas ocultas, 42 e
hicieron rogativas pidiendo que el pecado cometido quedara completamente borrado. El
noble Judas exhortó a la multitud a que se
abstuvieran del pecado, ya que ellos habían
visto con sus propios ojos lo que había sucedido a los caídos en el combate a causa de su
pecado. 43 Y después de haber recolectado entre sus hombres unas dos mil dracmas, las envió a Jerusalén para que se ofreciera un sacrificio por el pecado. Él realizó este hermoso y
noble gesto con el pensamiento puesto en la
resurrección, 44 porque si no hubiera *esperado
que los caídos en la batalla* iban a resucitar,
habría sido inútil y superfluo orar por los difuntos. 45 Además, él tenía presente la magnífica recompensa que está reservada a los que
mueren piadosamente, y este es un pensamiento santo y piadoso. Por eso, mandó ofrecer el sacrificio de expiación por los muertos,
para que fueran librados de sus pecados.

PERSPECTIVA CATÓLICA

El purgatorio y el plan de Dios

¿Qué pasa con quienes mueren por Dios, pero han pecado? 2 Mac 12 43-46 enfrenta esta pregunta y habla de ofrecer sacrificios y oraciones por los difuntos que pecaron, poniendo una base de la doctrina católica del purgatorio, que nace de la conciencia del pecado y la fe en la resurrección de los muertos.

Pecar es optar por algo contrario a Dios. Los pecados leves dañan nuestra relación con él, y los pecados graves la rompen. ¿Qué pasa con quienes mueren con pecados leves? ¿Cómo unirnos plenamente con Dios, si elegimos lo opuesto a él? Necesitamos un proceso de purificación para estar en unión perfecta con Dios. A este proceso lo llamamos *purgatorio*. Consiste en una gran sed de ser colmados del amor de Dios, para identificarnos con él (ver «Purificación, salvación y purgatorio», 1 Cor 3 10-15).

Ayudamos a quienes están en su proceso de purificación con la Misa, nuestra oración y ofreciendo por ellos nuestro servicio a los demás, nuestros recursos y lo necesario para ganar indulgencias. Estas ayudas se llaman sufragios (ver «La comunión de los santos», 1 Tes 4 13-18).

2 Mac 12 43-46

Campaña de Antíoco V y Lisias y suplicio de Menelao

13 1 El año ciento cuarenta y nueve, los hombres de Judas se enteraron de que Antíoco Eupátor avanzaba contra Judea con un ejército numeroso, 2 y que con él venía Lisias, su
tutor y encargado de los asuntos de Estado.
Ambos conducían un ejército griego de ciento
diez mil soldados, cinco mil trescientos jinetes,
veintidós elefantes y trescientos carros armados de cuchillas. 3 También se unió a ellos Menelao, el cual, con toda mala intención, trataba
de ganarse a Antíoco, no para salvar a su patria,
sino para ser restablecido en su cargo. 4 Pero el
Rey de los reyes provocó la indignación de Antíoco contra aquel criminal, porque Lisias le hizo ver que aquel hombre era el causante de todos los males. Entonces Antíoco ordenó que lo
llevaran a Berea para que lo mataran según las

costumbres del lugar. 5 Allí hay una torre de veinticinco metros, llena de ceniza, provista de una máquina giratoria inclinada por todas partes hacia la ceniza. 6 Es costumbre arrojar en ese lugar a los reos de robo sacrílego o de algún otro crimen enorme, a fin de hacerlos morir. 7 Con este suplicio murió el impío Menelao, sin ser ni siquiera sepultado en la tierra. 8 Esto le sucedió con toda justicia; en efecto, aquel que había perpetrado tantos crímenes contra el altar, cuyo fuego y ceniza son sagrados, encontró él mismo la muerte en la ceniza.

9 El rey avanzaba, animado de brutales sentimientos, dispuesto a tratar a los judíos con más crueldad que su mismo padre. 10 Al enterarse de esto, Judas ordenó a sus tropas que invocaran al Señor día y noche, para que también esa vez, como en otras ocasiones, acudiera en auxilio de los que estaban en peligro de ser despojados de la Ley, de la patria y del Santuario, 11 y no permitiera que el pueblo, que apenas comenzaba a reanimarse, cayera en manos de paganos blasfemos. 12 Todos unánimemente cumplieron la orden y suplicaron al Señor misericordioso con lamentaciones, ayunos y postraciones, durante tres días seguidos. Entonces Judas los arengó, animándolos a estar preparados. 13 Después de reunirse en particular con los Ancianos, resolvió no esperar que el ejército del rey invadiera Judea y se adueñara de la ciudad, sino ponerse en marcha para decidir la situación con la ayuda de Dios.

14 Judas, dejándolo todo en manos del Creador del universo, exhortó a sus compañeros a luchar valerosamente hasta la muerte por las leyes, el Santuario, la ciudad, la patria y las instituciones. Luego acampó en las inmediaciones de Modín. 15 Y dando a sus hombres este santo y seña: «Victoria de Dios», atacó durante la noche con los jóvenes más aguerridos el campamento del rey. Así dio muerte a unos dos mil hombres del ejército y al más grande de los elefantes con su conductor. 16 Finalmente, sembrando el pánico y la confusión en el ejército, se retiraron victoriosos. 17 Al amanecer, ya todo había terminado, gracias a la protección *que el Señor* había brindado a Judas.

18 El rey, que había sufrido en carne propia la audacia de los judíos, intentó apoderarse de sus fortalezas de manera sistemática. 19 Se acercó a Betsur, plaza fuerte de los judíos, pero fue rechazado, puesto en fuga y vencido. 20 Judas envió a los sitiados todo lo que necesitaban, 21 pero Rodoco, un hombre del ejército judío, revelaba los secretos al enemigo. Por eso fue buscado, detenido y ejecutado. 22 El rey volvió a tratar con los habitantes de Betsur, hizo las paces con ellos y se retiró.

Luego atacó a las tropas de Judas, pero fue derrotado. 23 En ese momento supo que Filipo, a quien había dejado en Antioquía al frente del gobierno, se había sublevado. Muy consternado, mandó llamar a los judíos y juró someterse a sus legítimas demandas. Después de esta reconciliación, ofreció un sacrificio, honró al Santuario y se mostró generoso con el Lugar santo. 24 El rey prestó una buena acogida al Macabeo y dejó a Hegemónidas como gobernador desde Tolemaida hasta la región de los guerraínos. 25 Luego se trasladó a Tolemaida, pero sus habitantes descontentos por ese tratado, se indignaron y querían anular lo convenido. 26 Entonces Lisias subió a la tribuna y defendió el asunto lo mejor que pudo. Así los persuadió, logró calmarlos y los dispuso favorablemente. Después partió para Antioquía.

Esto es lo que sucedió con la expedición y la retirada del rey.

La intervención del sumo sacerdote

1 Mac 7 1-21

14 1 Al cabo de tres años, Judas y sus hombres recibieron la noticia de que Demetrio, el hijo de Seleuco, había atracado en el puerto de Trípoli con un poderoso ejército y una flota, 2 adueñándose del país y haciendo ejecutar a Antíoco y a su tutor Lisias.

3 Un cierto Álcimo, que antes había sido Sumo Sacerdote, pero que se había contaminado voluntariamente en el tiempo de la ruptura con el paganismo, comprendiendo que él ya no podía rehabilitarse ni acceder al altar sagrado, 4 fue a ver al rey Demetrio hacia el año ciento cincuenta y uno, y le obsequió una corona de oro y una palma, además de los acostumbrados ramos de olivo del templo. Y aquel día se contentó con eso.

5 Pero él encontró una ocasión propicia para sus perversos designios, cuando Demetrio lo convocó ante el Consejo, y lo consultó acerca de las actitudes y planes de los judíos. Álcimo respondió: 6 «Los judíos llamados asideos, capitaneados por Judas Macabeo, fomentan la guerra y las sediciones, y no dejan que el reino viva en paz. 7 Debido a eso, aunque he sido despojado de la dignidad heredada de mis antepasados —me refiero al sumo sacerdocio—, he venido aquí, 8 en primer lugar, sinceramente preocupado por los intereses del rey y, en segundo lugar, por consideración hacia mis compatriotas. A causa de la conducta irreflexiva de los hombres ya mencionados, toda nuestra nación padece no pocos infortunios. 9 Por eso, ya que tú eres el rey, una vez que te informes detalladamente de todo esto, vela por nuestro país y nuestra nación amenazados por todas partes, de acuerdo con los sentimientos humanitarios que demuestras hacia todos. 10 Ciertamente, mientras Judas viva, es imposible que el Estado goce de paz».

11 Apenas Álcimo pronunció estas palabras, los demás Amigos del rey que eran hostiles a Judas se apresuraron a incitar aún más a Demetrio. 12 Este designó inmediatamente a Nicanor, que dirigía la tropa de los elefantes, lo nombró gobernador de Judea, y lo envió 13 con la orden de matar a Judas y dispersar a sus partidarios, restableciendo a Álcimo como Sumo Sacerdote del Templo más excelso. 14 Los paganos que habían huido de Judea por temor a Judas se unieron en masa a Nicanor, pensando que los infortunios y las derrotas de los judíos serían sus propias victorias.

15 Cuando los judíos se enteraron de la expedición de Nicanor y de la invasión de los paganos, se cubrieron de polvo y suplicaron a Aquel que había establecido a su pueblo para siempre y nunca dejaba de proteger a su propia herencia en forma bien visible. 16 Bajo la orden de su jefe, partieron inmediatamente de allí y se trabaron en lucha con ellos junto al poblado de Desau. 17 Simón, el hermano de Judas, había entrado en combate con Nicanor, pero sufrió un ligero revés a causa del ataque sorpresivo de los enemigos. 18 Nicanor, enterado de la audacia de los hombres de Judas y del valor con que defendían a su patria, temió definir la situación de una manera sangrienta. 19 Por eso envió a Posidonio, Teodoto y Matatías para concertar la paz.

La alianza entre Judas y Nicanor

20 Después de un detenido examen de la propuesta, el jefe la comunicó a las tropas, y por decisión unánime aceptaron el tratado. 21 Se fijó un día en que los jefes se reunirían a solas en un lugar determinado; se puso una tarima de cada lado y se prepararon asientos. 22 Judas distribuyó algunos hombres armados en puntos estratégicos, por si se producía inesperadamente algún ataque a traición por parte de los enemigos. Sin embargo, la entrevista se realizó normalmente.

23 Nicanor vivía en Jerusalén sin molestar a nadie: incluso licenció a las tropas que se le habían incorporado en masa. 24 Se veía constantemente con Judas y sentía por él un sincero aprecio; 25 le aconsejó que se casara y que tuviera hijos. Judas se casó y vivió tranquilamente, disfrutando de la vida.

Reanudación de las hostilidades

1 Mac 7 29-30

26 *Cuando Álcimo* vio la comprensión que reinaba entre ellos, consiguió una copia del pacto celebrado y se presentó ante Demetrio, diciéndole que Nicanor abrigaba sentimientos contrarios a los intereses del Estado, ya que había nombrado lugarteniente suyo a Judas, el rival de su reino. 27 El rey se puso fuera de sí y, excitado por las calumnias de ese miserable, escribió a Nicanor, manifestándole su disgusto por el acuerdo y ordenándole que le mandara inmediatamente preso a Antioquía al Macabeo. 28 Cuando Nicanor recibió la noticia, quedó desconcertado, porque le indignaba romper el acuerdo sin que aquel hombre hubiera cometido ninguna injusticia. 29 Pero como no era posible oponerse al rey, buscaba la ocasión favorable para cumplir la orden valiéndose de alguna estratagema. 30 El Macabeo, por su parte, viendo que Nicanor lo trataba más secamente y que le demostraba una gran frialdad en sus relaciones habituales, pensó que esa actitud no presagiaba nada bueno. Entonces reunió a un buen número de sus compañeros y se ocultó de Nicanor.

31 Cuando este advirtió que Judas se había burlado de él tan hábilmente, se presentó en el augusto y santo Templo, mientras los sacerdotes ofrecían los sacrificios rituales, y les exigió que le entregaran a aquel hombre. 32 Como ellos juraron que no sabían dónde se encontraba el hombre que buscaba, 33 él, extendiendo la mano derecha hacia el Santuario, pronunció este juramento: «Si no me entregan prisionero a Judas, arrasaré este recinto consagrado a Dios, derribaré el altar y levantaré aquí mismo un espléndido templo a Dionisos». 34 Dicho esto, se fue. Los sacerdotes, con las manos extendidas hacia el cielo, invocaron a Aquel que había combatido incesantemente en favor de nuestra nación, diciendo: 35 «Tú, Señor de todas las cosas, que no necesitas de nada, has querido que el Santuario donde tú habitas estuviera en medio de nosotros. 36 Por eso ahora, Señor santo, lleno de toda santidad, preserva para siempre de toda profanación esta Casa recién purificada».

Celo religioso y trágico fin de Razís

37 Un tal Razís, uno de los ancianos de Jerusalén, buen patriota, sumamente estimado y llamado por su bondad «Padre de los judíos», fue denunciado a Nicanor. 38 Él, en los primeros tiempos de la ruptura con el paganismo, había abrazado la causa del judaísmo, entregándose a ella en cuerpo y alma, con una gran entereza. 39 Nicanor, queriendo poner en evidencia la hostilidad que profesaba contra los judíos, envió más de quinientos soldados para detenerlo, 40 porque le parecía que, tomándolo prisionero, ocasionaba un gran perjuicio a los judíos. 41 Cuando las tropas estaban a punto de ocupar la torre, forzando la puerta de entrada y dando órdenes de traer fuego e incendiar las puertas, Razís, acorralado por todas partes, se arrojó sobre su espada. 42 Él prefirió morir noblemente, antes que caer en manos de aquellos desal-

mados y soportar ultrajes indignos de su nobleza. 43 Pero, por lo precipitado del ataque,
no acertó el golpe, y como las tropas ya se
abrían paso a través de las puertas, subió valerosamente a lo alto del muro y se arrojó
con intrepidez sobre la multitud. 44 Esta retrocedió a una cierta distancia y él cayó en medio del espacio vacío. 45 Estando aún con vida, lleno de ardor, se incorporó sangrando
copiosamente, y a pesar de sus graves heridas, pasó corriendo por entre las tropas y se
paró sobre una roca escarpada. 46 Cuando ya
estaba completamente exangüe, se arrancó
las entrañas y, tomándolas con ambas manos, las arrojó contra aquella gente. Así, invocando al Señor de la vida y del espíritu para que un día se las devolviera, murió aquel
hombre.

Derrota y muerte de Nicanor

15 1 Cuando Nicanor supo que los hombres de Judas se hallaban en las regiones de Samaría, resolvió atacarlos sin ningún
riesgo el día de descanso. 2 Los judíos que
iban con él por la fuerza le dijeron: «No los
mates tan despiadada y cruelmente; respeta
más bien el día que ha sido santificado especialmente por Aquel que todo lo ve». 3 El muy
perverso preguntó si había en el cielo un Soberano que hubiera ordenado celebrar el día
sábado. 4 Ellos le respondieron: «El mismo
Señor que vive en el cielo es el Soberano que
ha mandado observar el séptimo día». 5 Él replicó: «También yo soy soberano en la tierra
y ordeno empuñar las armas para servir al
rey». Sin embargo, no llegó a realizar su funesto designio.
6 Nicanor, ensoberbecido sobremanera, había decidido levantar un monumento público, con los trofeos ganados a los hombres de
Judas. 7 Por el contrario, el Macabeo mantenía
una confianza inalterable, esperando recibir
la ayuda del Señor. 8 Él exhortaba a sus compañeros a no temer el ataque de los paganos,
y a contar con la victoria que también esta vez
les vendría de la mano del Todopoderoso, recordando los auxilios que antes habían recibido del Cielo. 9 También los alentaba, por
medio de la Ley y los Profetas, recordándoles
los combates que habían sostenido exitosa-
mente, y así reavivó su coraje. 10 Y al mismo
tiempo que les infundía valor, los estimulaba
mostrándoles la deslealtad de los paganos y
cómo violaban sus juramentos.
11 De esa manera, armó a cada uno de
ellos, no tanto con la seguridad que dan los

Te presentamos a... LAS SECTAS JUDÍAS

Dos siglos antes de Cristo, el judaísmo dio lugar a distintas maneras de vivir la fe, de donde surgieron sectas o grupos separatistas religiosos. Entre estos grupos, que constituyen el entorno religioso en que vivió Jesús, destacan tres:

Fariseos. Originalmente su escuela se llamaba *hasidim* o los *fieles*. *Fariseo* significa «separado» y refleja un cumplimiento riguroso de la Ley. Creían en la resurrección y se oponían al humanismo helenista. Fueron ampliamente respetados y los primeros cristianos aceptaron algunas de sus enseñanzas.

Saduceos. Fue una secta conservadora, cuyo nombre se deriva del sumo sacerdote Sadoc. Sus miembros eran grandes propietarios, tuvieron altos puestos en el Templo y tenían poder en los acuerdos económicos y políticos. Enfatizaban el culto en el templo y no creían en la resurrección. Existieron desde siglo I a.C. hasta la caída de Jerusalén, en 70 d.C.

Esenios. Descendían de los *hasidim* del siglo II a.C., igual que los fariseos. El término *esenio*, que significa «sanador» o «piadoso», no está en la Biblia. Los esenios formaban comunidades aisladas con un estilo de vida sencillo, dedicadas a la virtud y la oración. No veían la necesidad de sacrificios en el Templo. La predicación de Juan el Bautista y algunas enseñanzas de Jesús reflejan su posición.

2 Mac 15

escudos y las lanzas, cuanto con la confianza que infunden las palabras de aliento. Además les expuso un sueño totalmente fidedigno, que los alegró a todos. 12 Él había visto lo siguiente: Onías, el que había sido Sumo Sacerdote, hombre cabal, de trato modesto, de carácter afable, de hablar mesurado, ejercitado desde niño en todas las prácticas virtuosas, oraba con los brazos extendidos por toda la comunidad de los judíos. 13 Luego apareció también un personaje que se destacaba por sus cabellos blancos y su prestancia, revestido de una dignidad soberana y majestuosa. 14 Entonces Onías tomó la palabra y dijo: «Este es Jeremías, el profeta de Dios, que ama a sus hermanos, y ora sin cesar por su pueblo y por la Ciudad Santa». 15 Después Jeremías extendió su mano derecha y entregó a Judas una espada de oro, diciendo mientras se la daba: 16 «Recibe esta espada santa como un don de Dios: con ella destruirás a tus enemigos».

17 Reconfortados con estas bellísimas palabras de Judas, capaces de llevar al heroísmo y de robustecer los corazones juveniles, todos decidieron no quedarse a la defensiva, sino lanzarse valerosamente a la ofensiva, y decidir la situación luchando con la mayor valentía, porque estaban en peligro la Ciudad, las instituciones sagradas y el Santuario. 18 El cuidado de las mujeres y los niños, de sus hermanos y parientes, pasaba a segundo plano; lo primero y principal era el Templo consagrado. 19 Y no era menor la angustia de los que habían quedado en la ciudad, preocupados como estaban por el combate que se iba a librar en campo abierto. 20 Todos aguardaban el desenlace inminente. Los enemigos ya se habían concentrado y el ejército se había alineado en orden de batalla; los elefantes estaban situados en lugares estratégicos y la caballería se había ubicado en los flancos.

21 Entonces el Macabeo, al ver las tropas que tenía delante, la variedad de las armas con que estaban equipadas y la ferocidad de los elefantes, extendió las manos hacia el cielo e invocó al Señor que hace prodigios, porque sabía muy bien que no es por medio de las armas, sino de la manera como él lo decide, que otorga la victoria a los que la merecen. 22 Él hizo su invocación con estas palabras: «Tú, gran Señor, enviaste a tu ángel a Ezequías, rey de Judá, y él exterminó a ciento ochenta y cinco mil hombres del ejército de Senaquerib. 23 *Envía también ahora*, Soberano del cielo, un ángel protector delante de nosotros para sembrar el pánico y el terror. 24 ¡Que por la fuerza de tu brazo queden aterrados los que avanzan blasfemando contra tu Pueblo santo!». Así terminó su oración.

Derrota y muerte de Nicanor

1 Mac 7 43-50

25 Mientras las tropas de Nicanor avanzaban al son de trompetas y cantos de guerra, 26 los hombres de Judas se enfrentaron con sus enemigos entre invocaciones y plegarias. 27 Ellos luchaban con sus manos, y con el corazón oraban a Dios. Así abatieron a no menos de treinta y cinco mil hombres, y se regocijaron por la visible intervención de Dios.

28 Cuando volvían gozosos del combate, reconocieron a Nicanor, tendido en tierra con su armadura. 29 Entre gritos y clamores, bendecían al Señor en la lengua de sus padres. 30 Después, el que se había entregado por entero, en cuerpo y alma, combatiendo en primera línea por sus compatriotas, el que había conservado hacia ellos el afecto de su juventud, mandó cortar la cabeza y un brazo entero de Nicanor, y ordenó que los llevaran a Jerusalén. 31 Al llegar allí, convocó a sus compatriotas y a los sacerdotes, se puso delante del altar y mandó buscar a los de la Ciudadela. 32 Entonces les mostró la cabeza del malvado Nicanor y el brazo que aquel blasfemo, en un arrebato de soberbia, había levantado contra la santa Casa del Todopoderoso. 33 Luego mandó que la lengua del impío Nicanor fuera cortada a pedazos y arrojada a los pájaros, y que su brazo fuera colgado frente al Santuario, como pago de su insensatez. 34 Todos elevaron sus bendiciones hacia el cielo, en honor del Señor que se les había manifestado, exclamando: «¡Bendito sea el que ha conservado sin mancha su Lugar santo!». 35 Judas mandó colgar de la Ciudadela la cabeza de Nicanor, como un signo manifiesto y visible a todos de la protección del Señor.

36 Todos decretaron de común acuerdo que aquel día no se dejara de conmemorar, sino que fuera celebrado el día trece del duodécimo mes —llamado Adar en arameo—, víspera del día llamado de Mardoqueo.

Epílogo del autor

37 Estos son los sucesos referentes a Nicanor. Como a partir de entonces la Ciudad quedó en poder de los hebreos, aquí mismo terminaré mi relato. 38 Si este ha sido bueno y bien logrado, no es otra cosa lo que yo pretendía. Si, por el contrario, es imperfecto y mediocre, lo cierto es que hice todo lo que pude. 39 Porque así como beber solamente vino o solamente agua es perjudicial y, en cambio, el vino mezclado con agua es agradable y produce un placer especial, de la misma manera la disposición armoniosa del relato agrada a los oídos de los que leen la obra. Y con esto, llegamos al fin.

LIBROS PROFÉTICOS

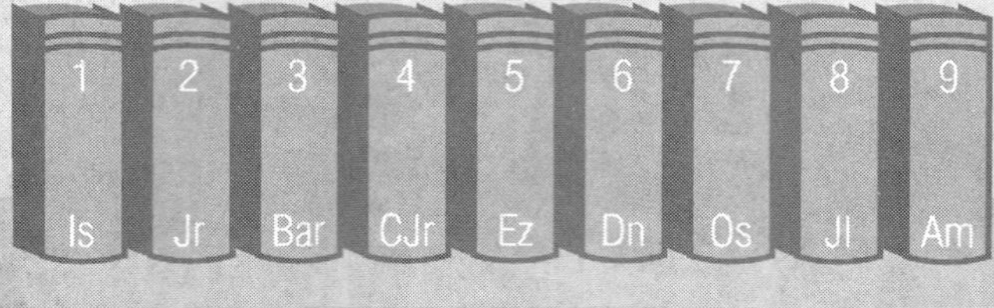
1 Is
2 Jr
3 Bar
4 CJr
5 Ez
6 Dn
7 Os
8 Jl
9 Am

10 Abd
11 Jon
12 Miq
13 Nah
14 Hab
15 Sof
16 Ag
17 Zac
18 Mal

Introducción a los

LIBROS PROFÉTICOS

¿Has escuchado a un orador que parece que comprende lo que hay en tu corazón y lo que vives; que te corrige y motiva a cambiar tu conducta y actitud, aunque te duela? ¿Está esa persona cerca de Dios, es totalmente honesta, habla movida por el amor y te da esperanza? Es posible que estés ante un profeta actual. Los profetas comunican lo que Dios nos quiere decir. En esta sección encontrarás a los profetas de la Biblia, personas únicas y valientes, que transmitieron lo que Dios quería comunicar al antiguo pueblo de Israel, denunciaron los pecados y anunciaron la salvación.

INTRODUCCIÓN

Un profeta es una persona —a veces una comunidad— que habla de parte de Dios. Conforme lees estos libros recuerda que el rol de los profetas sigue vivo y que su mensaje es relevante para nosotros, si sabemos interpretarlo y aplicarlo a nuestra realidad.

La Biblia divide los Libros proféticos en mayores y menores, por el tamaño de su obra y no por la importancia de su mensaje. Isaías, Jeremías, Ezequiel y Daniel son los profetas mayores, cuyos libros son más extensos. La falta de orden cronológico suele causar confusiones de tipo histórico, por lo que al leer cada libro conviene revisar su presentación para situarlo en el tiempo.

Los profetas eran personas llamadas por Dios para ser sus portavoces ante el pueblo, sobre todo en tiempo de crisis. Su mensaje se conoce como *profecía* u *oráculo*; usan muchos símbolos y metáforas, y escriben en variados géneros literarios entre los que destacan gestas o hazañas, cartas, oraciones o plegarias, lamentaciones, oráculos, relatos de la vida y lenguaje apocalíptico.

Los profetas realizaron con valentía su misión y con frecuencia tenían problemas, pues su mensaje era duro, sobre todo para los poderosos y los dirigentes del pueblo:

- ***Enfatizan la Alianza con Dios,*** su fidelidad y la necesidad de guiar su conducta de acuerdo con la Ley.
- ***Denuncian la infidelidad a Dios,*** que lo ofende a él, hiere a las personas y destruye al pueblo, advirtiéndoles el castigo si no se convierten.
- ***Motivan a la conversión y dan esperanza de una vida nueva,*** exhortan a acogerse a la misericordia de Dios y a responder a su amor.

Dios fortalece a los profetas para transmitir su cercanía y protección al pueblo, al tiempo que lo desafía a vivir según su corazón. Envió profetas que hablaran directamente a los reyes, pues su misión de líderes es guiar al pueblo según los ideales de Dios para evitar injusticias, divisiones y depravaciones humanas. La introducción al Antiguo Testamento tiene una tabla que muestra a los profetas que Dios envió a cada rey y a los que suscitó en la época del exilio y de la restauración de Jerusalén (ver «Esquema de reyes y profetas», p. 55).

Los pecados que denunciaron los profetas con más intensidad pertenecen a los cuatro sistemas de funcionamiento social. Estos pecados son la idolatría, los falsos profetas y el culto hipócrita vacío de buenas obras (sistema religioso); las injusticias sociales de los gobernantes que oprimían a su pueblo sin compasión, en lugar de cuidar de él según el corazón de Dios (sistema político); la explotación y trampas de los ricos y comerciantes que reducían a la gente sencilla a la pobreza y miseria (sistema económico); las injusticias de jueces y tribunales que se dejaban comprar por los poderosos e imponían castigos desproporcionados a los pobres (sistema judicial).

Los anuncios de esperanza dados por los profetas están íntimamente ligados con la comprensión de Dios, al tiempo que revelan su amor incondicional; su perdón para quien se arrepiente y enmienda; su promesa de un rey (el Mesías), que gobernaría con sabiduría y crearía paz, justicia y unidad. También transmiten la revelación paulatina de Dios, quien, a través de ellos, comunica que ama a todas las naciones y que la salvación es para todos.

Es importante reconocer que Dios sigue enviando profetas a lo largo de la historia para recordarnos su amor y llamarnos a conversión. De hecho, todos los cristianos estamos llamados desde nuestro Bautismo a ser sacerdotes, profetas y pastores. Cumplimos nuestra misión de profetas cuando anunciamos a Jesús e invitamos a las personas a seguirlo fielmente y responder al amor de Dios. ¡Qué maravilloso y comprometedor es el llamado a ser profetas de esperanza entre los jóvenes de hoy!

NOTAS COMPLEMENTARIAS

- Las historias y el mensaje de los profetas que no escribieron, Samuel, Natán, Elías y Eliseo, se encuentran en los libros históricos 1 y 2 Samuel, y 1 y 2 Reyes.
- Los profetas que escribieron además de predicar se conocen como «profetas clásicos», y son los que se presentan en esta sección.
- Los profetas que predicaron y escribieron antes del exilio son: Oseas, Amós, Jeremías, Primer Isaías, Abdías, Miqueas, Nahúm, Habacuc y Sofonías.
- Los profetas que acompañaron al pueblo durante el exilio en Babilonia son: Ezequiel y el Segundo Isaías.
- Los profetas que apoyaron al pueblo en la etapa posterior al exilio son: *Joel*, *Ageo*, *Zacarías*, Malaquías, Tercer Isaías y Baruc.
- Siete de los profetas hablan de la llegada del «Día del Señor», cuando Dios juzgará las acciones de cada persona al final de los tiempos (ver «Vocabulario bíblico: Día del Señor»).

ISAÍAS

Prepárate a gozar del libro de Isaías, el cual llega al fondo del corazón con sus cantos, poemas y oráculos sobre la vida del pueblo. Con hermoso lenguaje nos brinda la elocuente propuesta de Dios en diversos escenarios de la vida. ¿Te sientes triste o presionado/a? Lee sus poemas de consolación. ¿Tienes sed de Dios? Isaías te lleva y exhorta a confiar en él. Isaías te habla a ti y a mí; con ardor denuncia la injusticia, la opresión y la infidelidad a Dios. Es un hombre que habla de Dios y con Dios, y con la fuerza de su palabra nos desafía a todos.

ESQUEMA

- **1 – 39.** Primera parte del libro de Isaías
  - **1 – 5.** Oráculos sobre Judá y Jerusalén
  - **6 1 – 9 6.** El libro del Emanuel
  - **9 7 – 27 13.** Oráculos diversos
  - **28 – 33.** Oráculos sobre Israel y Judá
  - **34 – 35.** El juicio de las naciones y la restauración de Israel
  - **36 – 39.** Apéndice histórico
- **40 – 55.** Segunda parte del libro de Isaías
- **56 – 66.** Tercera parte del libro de Isaías

DATOS

Período descrito
De 742 a 500 a.C.
Autores
Isaías y sus discípulos
Fecha de redacción
Primer Isaías:
De 740 a 687 a.C.
Segundo Isaías:
De 587 a 540 a.C.
Tercer Isaías:
De 538 a 486 a.C.
Temas
Gloria de Dios y miseria humana, justicia social, esperanza del futuro, profecías mesiánicas, Dios es el Señor de todas las naciones

PRESENTACIÓN

El libro de Isaías fue redactado por varios escritores con diferentes estilos, pero guarda una profunda unidad. Los estudiosos distinguen en él tres obras distintas, llamadas Primero, Segundo y Tercer Isaías.

Este libro es el que mejor prepara para recibir la Buena Nueva de Jesús, por lo que se lee con frecuencia en la liturgia. Los tres Isaías insisten en la santidad de Dios, la gravedad del pecado contra él y los hermanos, el valor de la conversión, la gloria de Dios, la fidelidad de Dios hacia el pueblo elegido, y los anuncios mesiánicos.

El Primer Isaías (Is 1 – 39) fue llamado por Dios en el Templo (740-687 a.C.). Declaró el peligro de aliarse con poderes extranjeros, pues Dios quería que confiaran solamente en él; denunció la injusticia y la opresión a los pobres, y fomentó la esperanza al anunciar la venida de un rey perfecto.

El Segundo Isaías (40 – 55) profetizó durante el exilio en Babilonia (587-538 a.C.). Retomó los temas del Primer Isaías para orientar y animar a los cautivos en tierra extranjera. Su mensaje creaba conciencia del pecado nacional y proclamaba la esperanza que viene con la conversión. Entre sus profecías están los célebres poemas del Siervo de Dios y la promesa de que Israel regresará a su tierra.

El Tercer Isaías (56 – 66) profetizó en Jerusalén, durante el tiempo de la reconstrucción del Templo y la ciudad (537-500 a.C.). Reavivó la exigencia de justicia y fidelidad ante las prácticas injustas y la apatía religiosa, y abrió horizontes universales en esa época en que nacía el judaísmo. Sus últimas profecías anuncian un Israel perfecto y «un cielo nuevo y una tierra nueva» (65 17), promesa que se repite en el Apocalipsis (Ap 21).

I S

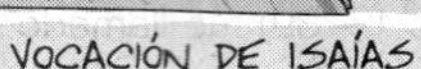

REGRESO DEL EXILIO A PALESTINA

PRIMERA PARTE DEL LIBRO DE ISAÍAS

ORÁCULOS SOBRE JUDÁ Y JERUSALÉN

Título

Abd 1; 2 Re 15 1-7; 15 32-38; 16 1-20; 18 1 – 20 21

1 1 Visión que tuvo Isaías, hijo de Amós, acerca de Judá y de Jerusalén, en tiempos de Ozías, de Jotam, de Ajaz y de Ezequías, reyes de Judá.

La infidelidad de Israel

Dt 30 19; 31 28; Miq 1 2; Sal 50 4; Ex 4 22; Jr 3 19

2 ¡Escuchen, cielos! ¡Presta oído, tierra!,
porque habla el Señor:
Yo crie hijos y los hice crecer,
pero ellos se rebelaron contra mí.
3 El buey conoce a su amo
y el asno, el pesebre de su dueño;
¡pero Israel no conoce,
mi pueblo no tiene entendimiento!

Invectiva contra Judá

Is 30 9; Jr 2 13; Is 5 19.24; 10 20; 12 6; Lv 26 14-33; Jr 30 12-15; Gn 18 16-33; 19 1-29; Dt 32 5-6

4 ¡Ay, nación pecadora,
pueblo cargado de iniquidad,
raza de malhechores,
hijos destructores!
¡Han abandonado al Señor,
han despreciado al Santo de Israel,
se han vuelto atrás!
5 ¿Dónde pueden ser golpeados todavía,
ustedes, que persisten en la rebelión?
Toda la cabeza está enferma
y todo el corazón dolorido;
6 de la planta de los pies a la cabeza,
no hay nada intacto:
¡heridas, contusiones, llagas vivas,
que no han sido curadas ni vendadas,
ni aliviadas con aceite!
7 Su país es una desolación,
sus ciudades, presa del fuego;
su suelo, delante de ustedes,
lo devoran extranjeros:
¡hay tanta desolación
como en el desastre de Sodoma!
8 La hija de Sion ha quedado
como una choza en un viñedo,
como una cabaña
en una plantación de pepinos,
como una ciudad sitiada.
9 ¡Si el Señor de los ejércitos
no nos hubiera dejado
algunos sobrevivientes,

Is 1 3

COMPRENDE LOS SÍMBOLOS

El buey y el burro

Isaías considera al buey y al burro como símbolos de fidelidad y reconocimiento a su amo, en contraste con la infidelidad del pueblo que es ingrato ante la vida que Dios le ha dado. En los belenes o nacimientos colocamos estos animales como un llamado a reconocer fielmente a Dios hecho niño por nosotros.

seríamos como Sodoma,
nos pareceríamos a Gomorra!

Inutilidad del culto sin la práctica de la justicia

Is 29 13-14; Dt 32 32; Am 5 21-27;
Sal 50 9-13; 51 18; 32 1; Lv 26 3-12.14-39

10 ¡Escuchen la palabra del Señor,
jefes de Sodoma!
¡Presten atención a la instrucción
de nuestro Dios,
pueblo de Gomorra!
11 ¿Qué me importa la multitud
de sus sacrificios? —dice el Señor—.
Estoy harto de holocaustos de carneros
y de la grasa de animales cebados;
no quiero más sangre
de toros, corderos y chivos.
12 Cuando ustedes vienen a ver mi rostro,
¿quién les ha pedido que pisen mis atrios?
13 No me sigan trayendo vanas ofrendas;
el incienso es para mí una abominación.
Luna nueva, sábado,
convocación a la asamblea...
¡no puedo aguantar la falsedad y la fiesta!
14 Sus lunas nuevas y solemnidades
las detesto con toda mi alma;
se han vuelto para mí una carga
que estoy cansado de soportar.
15 Cuando extienden sus manos,
yo cierro los ojos;
por más que multipliquen las plegarias,
yo no escucho:
¡las manos de ustedes están llenas de sangre!
16 ¡Lávense, purifíquense,
aparten de mi vista
la maldad de sus acciones!
¡Cesen de hacer el mal,
17 aprendan a hacer el bien!
¡Busquen el derecho,
socorran al oprimido,
hagan justicia al huérfano,
defiendan a la viuda!
18 Vengan, y discutamos
—dice el Señor—:
Aunque sus pecados sean
como la escarlata,
se volverán blancos como la nieve;
aunque sean rojos como la púrpura,
serán como la lana.
19 Si están dispuestos a escuchar,
comerán los bienes del país;

VIVE LA PALABRA

¡Dios quiere justicia no un culto falso!

La palabra *religión* viene del latín *religio*, que quiere decir «religar», o sea, volver a relacionarnos con Dios y con nuestros hermanos. Dios acoge nuestros actos de culto cuando brotan de un corazón sincero y comprometido, pero detesta que participemos en ellos si descuidamos nuestro deber de justicia y solidaridad.

El Primer Isaías, igual que Jeremías, denuncia la hipocresía de los ritos religiosos que no van acompañados de justicia, sinceridad y buenas obras. Exhorta al pueblo, en nombre de Dios, a practicar el bien, buscar la justicia, rescatar al oprimido y defender a los huérfanos y a las viudas.

¿Por qué piensas que Dios detesta los ritos que no están avalados con las buenas obras? ¿Te parece muy fuerte, exagerado o estimulante lo que dice Isaías? ¿A qué te motiva Isaías con su denuncia?

Is 1 10-20

20 pero si rehúsan hacerlo y se rebelan,
serán devorados por la espada,
porque ha hablado la boca del Señor.

Infidelidad y purificación de Israel

Ez 16; 23; Os 1 – 3; Jr 2 2; 3 6-13; Is 3 12-15; Zac 8 3; Is 17 10-11; 57 5; 65 3; Jr 2 20; Ez 6 13; Is 5 24; 9 17-18

21 ¡Cómo se ha prostituido
la ciudad fiel!
Estaba llena de equidad,
la justicia moraba en ella,
¡y ahora no hay más que asesinos!
22 Tu plata se ha vuelto escoria,
se ha aguado tu mejor vino.
23 Tus príncipes son rebeldes
y cómplices de ladrones;
todos aman el soborno
y corren detrás de los regalos;
no hacen justicia al huérfano
ni llega hasta ellos la causa de la viuda.
24 Por eso —oráculo del Señor de los ejércitos,
el Fuerte de Israel—:
¡Ay! ¡Me desquitaré de mis adversarios
y me vengaré de mis enemigos!
25 Volveré mi mano contra ti,
depuraré tu escoria con potasa
y eliminaré todos tus desechos.
26 Haré a tus jueces como eran antes
y a tus consejeros, como al principio.
Después de esto, te llamarán
«Ciudad de la Justicia», «Ciudad Fiel».
27 Sion será rescatada por el derecho
y los que se conviertan, por la justicia.
28 Los rebeldes y pecadores
serán destrozados juntamente
y desaparecerán los que abandonan
al Señor.
29 Ustedes se avergonzarán de las encinas
que tanto amaban,
se sonrojarán de los jardines que eligieron;
30 porque serán como una encina
de hojas secas,
como un jardín sin agua.
31 El hombre fuerte se convertirá en estopa
y su obra será la chispa:
arderán los dos juntos
y no habrá quien extinga el fuego.

Sion, centro del Reino universal del Señor

Miq 4 1-3; Sal 87; Is 56 6-8; 60 11-14; Lc 24 47; Zac 9 10; Jl 4 9-11

2 1 Palabra que Isaías, hijo de Amós, recibió *en una visión*, acerca de Judá y de Jerusalén:

2 Sucederá al fin de los tiempos,
que la montaña de la Casa del Señor
será afianzada sobre la cumbre
de las montañas,
se elevará por encima de las colinas.
Todas las naciones afluirán hacia ella
3 y acudirán pueblos numerosos, que dirán:
«¡Vengan, subamos a la montaña del Señor,
a la Casa del Dios de Jacob!
Él nos instruirá en sus caminos
y caminaremos por sus sendas».
Porque de Sion saldrá la Ley
y de Jerusalén, la palabra del Señor.
4 Él será juez entre las naciones
y árbitro de pueblos numerosos.
Con sus espadas forjarán arados
y podaderas con sus lanzas.
No levantará la espada una nación
contra otra
ni se adiestrarán más para la guerra.
5 ¡Ven, casa de Jacob,
y caminemos a la luz del Señor!

La llegada del Día del Señor

Dt 18 14; 17 16-17; Is 5 15; 40 4; Os 10 8; Ap 6 15-16; Jr 10 11-15; 17 5

6 Sí, tú has desechado a tu pueblo,
a la casa de Jacob,
porque están llenos de adivinos de Oriente,
de astrólogos, como los filisteos,
y estrechan la mano de los extranjeros.
7 Su país está lleno de plata y oro
y sus tesoros no tienen fin.
Su país está lleno de caballos
y sus carros de guerra no tienen fin.
8 Su país está lleno de ídolos;
ellos se postran ante la obra de sus manos,
ante lo que fabricaron sus propios dedos.
9 El hombre será doblegado
y el mortal, humillado
—tú no podrías perdonarlos—.
10 ¡Entra en la roca
y escóndete en el polvo,
lejos del Terror del Señor
y del esplendor de su majestad!
11 La mirada altanera del hombre
será humillada,
la arrogancia humana será abatida,
y solo el Señor será exaltado
en aquel día.
12 Porque habrá un día para el Señor
de los ejércitos
contra todo lo arrogante y altanero,
contra todo lo alto y encumbrado,
13 contra todos los cedros del Líbano,
altaneros y elevados,
contra todas las encinas de Basán,
14 contra todas las montañas altivas,
contra todas las colinas encumbradas,
15 contra todas las altas torres,
contra todo muro fortificado,
16 contra todas las naves de Tarsis,
contra todos los barcos suntuosos.
17 El orgullo del hombre será humillado,
la arrogancia humana será abatida,

De sus espadas forjarán arados

Isaías 2 1-5 promueve el paso de la violencia a la no violencia para solucionar conflictos. A mediados del siglo pasado, este oráculo originó un movimiento internacional que sigue siendo relevante. Lee este pasaje tan inspirador y únete al esfuerzo de convertir instrumentos de violencia en herramientas de paz.

En 1959, la Unión Soviética introdujo la idea del desarme internacional en la Asamblea General de las Naciones Unidas. En 1961, cuando John F. Kennedy fue elegido presidente de Estados Unidos y propuso el desarme como un objetivo de su gobierno, ambos países anunciaron un plan con el lema de Isaías «Con sus espadas forjarán arados» (Is 2 4).[1] Entre las obras derivadas de esta iniciativa profética, destacan: una biblioteca especializada en promover la paz; uso de materiales militares para la investigación espacial y el arte; transferencia de fondos destinados para armas al desarrollo laboral, y transformación de edificios militares en casas-habitación.

Sueña con Isaías y Miqueas en la paz: ¿a qué se destinarían los billones de dólares que se gastan en armamento cada año? Se podrían construir escuelas y hospitales en todo el mundo, encontrar remedios para enfermedades, eliminar hambrunas, construir casas y centros sociales; tendríamos un mundo nuevo...

¿Qué importancia tiene para ti la paz? ¿Experimentas violencia en tu vecindario, tu pueblo, tu nación...? ¿Qué piensas sobre la guerra entre naciones? Todos podemos promover la paz. ¿De qué manera puedes ayudar tú a convertir «espadas» en «arados»?

Is 2 1-5

y solo el Señor será exaltado
en aquel día,
18 y hasta el último de los ídolos desaparecerá.
19 ¡Entren en las cavernas de las rocas
y en las cuevas del suelo,
lejos del Terror del Señor
y del esplendor de su majestad,
cuando él se levante para llenar la tierra
de espanto!
20 Aquel día, el hombre arrojará
a los topos y a los murciélagos
los ídolos de plata y los ídolos de oro
que se había fabricado para adorarlos,
21 y se meterá en las hendiduras de las rocas
y en las grietas de los peñascos,
lejos del Terror del Señor
y del esplendor de su majestad,
cuando él se levante para llenar la tierra
de espanto.
22 ¡Dejen entonces al hombre
que solo tiene aliento en sus narices!
¿En qué se lo puede estimar?

La anarquía en Jerusalén

Is 1 24; Dt 18 14; Jos 13 22; Ex 13 16.18;
2 Sm 5 3; Ecl 10 16; Gn 19; Sal 128 2;
Prov 12 14; Jr 23 13; Os 4 12

3 1 Miren que el Señor de los ejércitos
retira de Jerusalén y de Judá
toda clase de sustento:
todo sustento de pan y todo sustento
de agua,
2 el soldado y el hombre de guerra,
el juez y el profeta,
el adivino y el anciano,
3 el jefe de batallón, el dignatario
y el consejero,
el experto en artes mágicas
y el hábil encantador.
4 Yo les daré por jefes a adolescentes,
y niños caprichosos los dominarán.
5 La gente se maltratará mutuamente,
unos contra otros;
el joven acometerá contra el anciano
y el plebeyo contra el noble.
6 Entonces un hombre agarrará a su hermano
en la casa de su padre, y le dirá:
«Tú tienes un manto, sé nuestro jefe;
que este montón de ruinas esté bajo
tu mando».
7 Pero el otro replicará en aquel día:
«Yo no sirvo para curar,
y no hay en mi casa ni pan ni manto;
¡no harán de mí un jefe del pueblo!».
8 Sí, Jerusalén tropieza
y Judá se desmorona,
porque su lengua y sus acciones
están contra el Señor,
desafiando su mirada gloriosa.
9 Su descaro atestigua contra ellos,
y como Sodoma publican su pecado,
¡no lo ocultan!
¡Ay de ellos,
porque son los causantes
de su propia desgracia!
10 ¡Feliz el justo, porque le irá bien,
comerá el fruto de sus acciones!
11 ¡Ay del malvado, porque le irá mal,
se le devolverá lo que hicieron sus manos!
12 ¡Pueblo mío! Un niño pequeño lo tiraniza
y mujeres dominan sobre él.
¡Pueblo mío! Tus guías te extravían
y confunden el camino por donde vas.

IS

El juicio del Señor contra su pueblo

Jr 2 9; Miq 6 1-5; Os 4 1-5; Is 5 1; Am 2 6.8; Miq 2 1-2; Is 1 23.26; 5 23; Lv 19 15; Prov 22 22-23

13 El Señor se levanta para un juicio,
se pone de pie para juzgar a su pueblo.
14 El Señor entabla un pleito
contra los ancianos y los príncipes
de su pueblo.
«¡Ustedes han arrasado la viña,
tienen en sus casas lo que arrebataron
al pobre!
15 ¿Con qué derecho aplastan a mi pueblo
y trituran el rostro de los pobres?»
—oráculo del Señor de los ejércitos.

Contra el lujo de las mujeres de Jerusalén

Is 32 9-15; Am 4 1-3; 8 10; Is 47 3; Jr 13 26; Ez 16 37; 2 Sm 1 12; Is 24 4; 33 9; Jr 14 2; Os 4 3; Is 47 1; Job 2 13; Lam 2 10

16 Dice el Señor: Ya que las hijas de Sion
son tan arrogantes,
ya que andan con el cuello estirado,
provocando con la mirada,
y caminan con los pasos cortos,
haciendo sonar las hebillas de sus pies,
17 por eso, el Señor cubrirá de sarna
la cabeza de las hijas de Sion,
y pondrá al descubierto su desnudez.

18 Aquel día, el Señor suprimirá todo adorno: hebillas, soles y lunetas, 19 pendientes,
brazaletes y velos, 20 turbantes, cadenillas,
cinturones, talismanes y amuletos, 21 sortijas
y anillos para la nariz, 22 vestidos de fiesta,
pañuelos, chales y bolsos, 23 espejos, telas finas, diademas y mantillas.

24 En vez de perfume habrá podredumbre,
en vez de cinturón, una cuerda,
en vez de bucles, calvicie,
en vez de trajes lujosos, un sayal:
sí, en vez de hermosura,
una marca de fuego.
25 Tus hombres caerán bajo la espada
y tus guerreros en el campo de batalla.
26 Tus puertas gemirán y estarán de duelo,
y tú, desolada, te sentarás en el suelo.

4 1 Siete mujeres agarrarán a un hombre,
en aquel día,
diciendo: «Comeremos nuestro propio pan
y nos vestiremos con nuestra ropa,
con tal de llevar tu nombre:
¡borra nuestra afrenta!».

La gloria del Señor sobre los sobrevivientes de Jerusalén

Is 6 13; 52 2; 61 11; Am 9 13; Jr 23 5-6; Zac 3 8; 6 12; Is 1 8-9; 6 13; 10 20-22; Ex 19 6; 32 32; Ez 13 9; Mal 3 16; Ap 13 8

2 Aquel día, el germen del Señor
será la hermosura y la gloria
de los sobrevivientes de Israel,
y el fruto del país será su orgullo
y su ornato.

3 Entonces, el resto de Sion, los sobrevivientes de Jerusalén, serán llamados santos: todos ellos estarán inscritos para la
vida, en Jerusalén. 4 Cuando el Señor lave
la suciedad de las hijas de Sion y limpie a

Te presentamos a... EL PRIMER ISAÍAS,

EL PROFETA MESIÁNICO DEL EMANUEL

En hebreo Isaías significa «Dios es salvación»; recibió su misión en una experiencia de la santidad de Dios, que lo purificó e hizo de él un profeta transparente. Profetizó en Jerusalén durante los reinados de Ozías, Jotam, Ajaz y Ezequías, en una época marcada por constantes ataques y asedios militares, que crearon gran inestabilidad y miedo en el pueblo (740-687 a.C.). Esto favoreció el abuso de los poderosos, lo que produjo escandalosas injusticias y diferencias sociales.

Isaías denunció fuertemente la corrupción, la explotación de los pobres y el culto hipócrita; expresó lo dramático del panorama social presentando al país como un enfermo en el que la miseria, el hambre y la muerte lo estaban apagando hasta acabarse (Is 10 18-19). Proclamó poéticamente la Jerusalén del futuro, cuando «la gloria del Señor, *en lo más alto de todo, será un reparo*» (4 5), y el pueblo caminará en la luz y la paz gracias al «celo del Señor de los ejércitos» (9 6).

Su obra proclama con frecuencia la esperanza mesiánica y promueve la confianza en Dios. Destaca en ella el «libro del Emanuel» (Dios con nosotros), llamado así porque anuncia la venida del Mesías para implantar el derecho y dar a conocer a Dios (caps. 7 – 13).

Is 1 – 39

Jerusalén de la sangre derramada en ella,
con el soplo abrasador del juicio, 5 él crea-
rá sobre toda la extensión del monte Sion
y en su asamblea, una nube de humo durante el día, y la claridad de un fuego lla-
meante durante la noche. Porque la gloria
del Señor, en lo más alto de todo, será un
reparo 6 y una choza, para dar sombra
contra el calor durante el día, y servir de
abrigo y refugio contra la tempestad y la
lluvia.

El poema de la viña

Mt 21 33-43; Sal 80 9-19; Ez 15 1-8; 17 3-10; 19 10-14; Jr 2 21; 5 10; 12 10; Is 27 2-5; Jn 15 1-2

5 1 Voy a cantar en nombre de mi amigo el canto de mi amado a su viña.
Mi amigo tenía una viña
en una loma fértil.
2 La cavó, la limpió de piedras
y la plantó con cepas escogidas;
edificó una torre en medio de ella
y también excavó un lagar.
Él esperaba que diera uvas,
pero dio frutos agrios.
3 Y ahora, habitantes de Jerusalén
y hombres de Judá,
sean ustedes los jueces
entre mi viña y yo.
4 ¿Qué más se podía hacer por mi viña
que yo no lo haya hecho?
Si esperaba que diera uvas,
¿por qué dio frutos agrios?
5 Y ahora les haré conocer
lo que haré con mi viña:
Quitaré su valla, y será destruida,
derribaré su cerco y será pisoteada.
6 La convertiré en una ruina,
y no será podada ni escardada.
Crecerán los abrojos y los cardos,
y mandaré a las nubes
que no derramen lluvia sobre ella.
7 Porque la viña del Señor de los ejércitos
es la casa de Israel,
y los hombres de Judá
son su plantación predilecta.
¡Él esperó de ellos equidad,
y hay efusión de sangre;
esperó justicia,
y hay gritos de angustia!

Poema de la viña del amigo

Isaías usa varias imágenes rurales para dar su mensaje. Como el pueblo sabe de plantas y raíces, viñas y retoños, podas y cosechas, el profeta presenta a Dios como quien ha cuidado a Israel, su viña, y, decepcionado, recibe como fruto injusticias y desprecios.

El profeta habla del tierno cuidado que Dios nos tiene y de su derecho a esperar que demos frutos. *Jesús retomará este símbolo* en el evangelio de Juan, cuando se presenta como la vid verdadera y habla de nosotros como sus ramas (Jn 15 1). Producir buen fruto depende de unirnos a él por una fe activa, la oración y los sacramentos, especialmente la Eucaristía.

Lee el poema de la viña en Is 5 1-7. ¿Eres fruta que amarga la vida de los demás? ¿Cómo puedes aprovechar los dones que tienes para madurar y nutrir a quienes te rodean?

Is 5 1-7

Seis maldiciones contra los poderosos de Judá: contra los explotadores

Am 6 1-7; Miq 2 1-5; Jr 22 13-19; Hab 2 6-20; Ez 7 5-26; Lc 6 24-26; Mt 23

8 ¡Ay de los que acumulan una casa tras otra
y anexionan un campo a otro,
hasta no dejar más espacio
y habitar ustedes solos en medio del país!
9 El Señor de los ejércitos lo ha jurado
a mi oído:
Sí, muchas mansiones, grandes y hermosas,
quedarán desoladas por falta de habitantes.
10 Porque diez yugadas de viña
no darán más que un tonel,
y diez medidas de semilla
producirán una sola.

Contra los libertinos

Is 28 7-8; 56 12; 22 13; Am 4 1; Miq 2 11; Sab 2 7-8; Am 8 15; Lv 10 3; Nm 20 13; Lv 10 3; Nm 20 13

11 ¡Ay de los que madrugan
para correr tras la bebida,
y hasta muy entrada la noche
se acaloran con el vino.
12 Hay cítara y arpa,
tamboriles y flautas
y vino en sus banquetes;
pero ellos no miran la acción del Señor
ni ven la obra de sus manos.
13 Por eso mi pueblo será deportado
por falta de conocimiento;
sus nobles morirán de hambre
y su muchedumbre se abrasará de sed.
14 Por eso el Abismo dilata su garganta,
abre sus fauces desmesuradamente,

y allí se precipitan
el esplendor de la ciudad
y su muchedumbre,
su tumulto y sus festejos.
15 El hombre será doblegado,
el mortal, humillado,
y serán humillados los ojos altaneros;
16 pero el Señor de los ejércitos
será exaltado por su rectitud,
y el Dios santo se mostrará santo
por su justicia.
17 Los corderos pacerán como en sus praderas
y en las ruinas engordarán los cabritos.

Contra los impíos

Jr 17 15; 2 Pe 3 3-4; Is 28 9-10; 30 11; 1 4; Sal 22 4

18 ¡Ay de los que arrastran la culpa
con las cuerdas de la falsedad,
y tiran del pecado
como con las riendas de un carro!
19 Los que dicen: «¡Que se apure,
que haga pronto su obra,
para que la veamos;
que se acerque y llegue
el designio del Santo de Israel,
para que podamos conocerlo!».

Contra los que tergiversan la verdad

Am 5 7; Miq 3 2; Prov 17 15

20 ¡Ay de los que llaman bien al mal
y mal al bien,
de los que cambian las tinieblas en luz
y la luz en tinieblas,
de los que vuelven dulce lo amargo
y amargo lo dulce!

Contra los que presumen de sabios y los libertinos injustos

Prov 3 7; Rom 11 25; Is 29 14

21 ¡Ay de los que se tienen por sabios
y se creen muy inteligentes!
22 ¡Ay de los valientes para beber vino
y de los campeones para mezclar bebidas,
23 de los que absuelven por soborno
al culpable
y privan al justo de su derecho!
24 Por eso, como la lengua de fuego
devora la paja
y la hierba seca se consume en la llama,
así su raíz será como podredumbre
y su brote se disipará como el polvo,
porque rechazaron la ley
del Señor de los ejércitos
y despreciaron la palabra del Santo de Israel.

La ira del Señor

Hab 3 6; Sal 18 8; Is 9 11.16.20

25 Por eso la ira del Señor
se enciende contra su pueblo:
el Señor extiende su mano contra él
y lo golpea,
se estremecen las montañas
y sus cadáveres son como basura
en medio de las calles.
A pesar de todo esto, no se aplacó su ira
y su mano está aún extendida.

La invasión asiria

Is 10 5-6; Jr 5 15-17; 6 22-30; Os 5 14; Am 3 12; Is 8 22

26 Él alza una insignia para una nación lejana,
la llama con un silbido desde el extremo
de la tierra,
y ella acude veloz, rápidamente.

VIVE LA PALABRA

¡Ay de los que llaman bien al mal y mal al bien!

Isaías presenta una serie de lamentaciones por comportamientos que provocan la ira de Dios (Is 5 8-25). «¡Ay de los que llaman bien al mal y mal al bien!» (5 20) es quizá la frase que mejor describe la confusión y la hipocresía, especialmente de los jueces que absolvían a culpables y condenaban a inocentes. ¡Es tan fácil, también para nosotros, caer en un error o dejarnos llevar por presiones y confundir el mal por bien! El auténtico bien siempre causa felicidad aun en medio del dolor!

Lee Isaías 5 20-25 y piensa ¿tiene razón Isaías? ¿Por qué?

- ¿Serías feliz si Isaías te dijera claramente qué males estás confundiendo con bienes? ¿Por qué?
- ¿Serías feliz si tuvieras la seguridad de que siempre actúas rectamente? ¿Por qué?
- ¿Serías feliz si no pudieras distinguir *entre lo dulce* y lo amargo de la vida? ¿Por qué?
- *En tu «viaje» hacia* la madurez, ¿qué es lo que más te confunde sobre lo que es bueno y lo que es malo? ¿Puedes llegar a ser una persona madura si ignoras tu conciencia y no eres responsable de tus actos?

Ahora, inspirado/a en el mismo texto, haz una lista de acciones o actitudes que debes evitar para poder ser feliz, o que han causado que otras personas pierdan su felicidad.

Is 5 8-25

IS

27 Nadie siente cansancio ni tropieza,
nadie dormita ni duerme,
a nadie se le desata el cinturón
ni se le rompe la correa del calzado.
28 Sus flechas son filosas,
están tensos todos sus arcos;
los cascos de sus caballos
son como pedernal,
las ruedas de sus carros, como torbellinos.
29 Su rugido es el de una leona,
ruge como los cachorros de león;
brama y se apodera de la presa,
la arrebata y nadie puede librarla.
30 Aquel día, lanzará un bramido contra ella
como el bramido del mar.
Mirarán a la tierra,
y solo habrá tinieblas y angustia,
la luz será oscurecida
por sombríos nubarrones.

EL LIBRO DEL EMANUEL

VISIÓN INAUGURAL: LA VOCACIÓN DE ISAÍAS

Ap 4 2.8; Ez 1 11; 10 21; Ex 40 34-35; 33 20;
Jr 1 6-10; Dn 10 16; Ex 4 10-13; Jn 12 39-41;
Mt 13 14-15; Hch 28 26-27

6 1 El año de la muerte del rey Ozías, yo
vi al Señor sentado en un trono elevado y excelso, y las orlas de su manto llenaban el Templo. 2 Unos serafines estaban
de pie por encima de él. Cada uno tenía
seis alas: con dos se cubrían el rostro, y con
dos se cubrían los pies, y con dos volaban.
3 Y uno gritaba hacia el otro:

«¡Santo, santo, santo es el Señor
de los ejércitos!
Toda la tierra está llena de su gloria».

La «santidad» de Dios

Isaías experimentó la «santidad» de Dios en el Templo, al ser purificado, fortalecido y enviado a su misión (Is 6 1-8). Al decir que Dios es santo, los israelitas expresan su naturaleza perfecta y misteriosa, diferente a todo lo creado. Es una santidad sublime, pero a la vez alcanzable. Estamos llamados a ser santos como Dios es santo.

Por la perfección de Dios, su santidad es superior a lo que podemos penetrar (trascendencia divina). Por su cercanía a nosotros, podemos experimentarla al abrirnos a su amor, su grandeza y su poder.

Igual que a Isaías, Dios te invita a vivir su amor y llevarlo a los demás, para que brille su luz al ver nuestras buenas obras, hasta que toda lengua proclame: «¡Santo, santo, santo es el Señor de los ejércitos! Toda la tierra está llena de su gloria» (6 3). Escucha al Señor que te pregunta: «¿A quién enviaré?», y respóndele como Isaías, «¡Aquí estoy: envíame!» (6 8).

Is 6 1-8

4 Los fundamentos de los umbrales temblaron
al clamor de su voz, y la Casa
se llenó de humo. 5 Yo dije:
«¡Ay de mí, estoy perdido

VIVE LA PALABRA

Vocación de un/a profeta

La vocación del Primer Isaías presenta la dinámica que suele darse cuando Dios llama a una persona para que sea su profeta y le da una misión. Lee Isaías 6 10-13 para que veas cómo se dio esta dinámica en Isaías.

- Dios sale al encuentro de la persona, le abre los ojos y le encomienda una misión.
- La persona reconoce su pecado y el de su pueblo, así como sus limitaciones para la misión, y no se atreve a aceptar la misión.
- Dios rehúsa la negativa y fortalece a su profeta.

Descubre este mismo esquema en la elección y vocación de Moisés (Ex 3 1-12), Samuel (1 Sm 3 1-14), Jeremías (Jr 1 4-10), María (Lc 1 26-38) y Pedro (Lc 5 1-11). Piensa en tu vida y examina si Dios ya te ha mostrado tu misión y cómo le has respondido. Si aún no has tenido esta experiencia, ábrete al Señor cuando salga a tu encuentro para darte una misión. Él sabe lo que puedes hacer con su ayuda y te fortalecerá para que hagas lo que te pide.

Is 6 1-13

Porque soy un hombre de labios impuros,
y habito en medio de un pueblo
de labios impuros;
¡y mis ojos han visto al Rey,
el Señor de los ejércitos!».

6 Uno de los serafines voló hacia mí, llevando en su mano una brasa que había tomado con unas tenazas de encima del altar. 7 Él le hizo tocar mi boca, y dijo:

«Mira: esto ha tocado tus labios;
tu culpa ha sido borrada
y tu pecado ha sido expiado».

8 Yo oí la voz del Señor que decía: «¿A
quién enviaré y quién irá por nosotros?».
Yo respondí: «¡Aquí estoy: envíame!». 9 «Ve,
me dijo; tú dirás a este pueblo:

"Escuchen, sí, pero sin entender;
miren bien, pero sin comprender".
10 Embota el corazón de este pueblo,
endurece sus oídos y cierra sus ojos,
no sea que vea con sus ojos
y oiga con sus oídos,
que su corazón comprenda
y que se convierta y sane».
11 Yo dije: «¿Hasta cuándo, Señor?».
Él respondió:
«Hasta que las ciudades
queden devastadas, sin habitantes,
hasta que las casas estén sin un hombre
y el suelo devastado sea una desolación.
12 El Señor alejará a los hombres
y será grande el abandono
en medio del país.
13 Y si queda una décima parte,
ella, a su vez, será destruida.
Como el terebinto y la encina
que, al ser abatidos,
conservan su tronco talado,
así ese tronco es una semilla santa».

EL SIGNO DEL EMANUEL

Primer vaticinio de Isaías a Ajaz

2 Re 16 5-9; 20 20; Is 28 16; 30 15; 2 Cr 20 20

7 1 En tiempos de Ajaz, hijo de Jotam,
hijo de Ozías, rey de Judá, Resín, rey
de Aram, y Pécaj, hijo de Remalías, rey de
Israel, subieron contra Jerusalén para atacarla, pero no la pudieron expugnar. 2 Cuando se *informó a la casa de David:* «Aram está acampado en Efraím», se estremeció su
corazón y el corazón de su pueblo, como se
estremecen por el viento los árboles del
bosque.
3 El Señor dijo a Isaías: «Ve al encuentro
de Ajaz, tú y tu hijo Sear Iasub, al extremo
del canal del estanque superior, sobre la
senda del campo del Tintorero. 4 Tú le dirás: Mantente alerta y no pierdas la calma;
no temas, y que tu corazón no se intimide
ante esos dos cabos de tizones humeantes,
ante el furor de Resín de Aram y del hijo de
Remalías. 5 Porque Aram, Efraím y el hijo
de Remalías se han confabulado contra ti,
diciendo: 6 «Subamos contra Judá, hagamos cundir el pánico, sometámosla y pongamos allí como rey al hijo de Tabel».

7 Pero así habla el Señor:
Eso no se realizará, eso no sucederá.
8a Porque la cabeza de Aram es Damasco,
y la cabeza de Damasco, Resín;
9a la cabeza de Efraím es Samaría,
y la cabeza de Samaría, el hijo de Remalías.
8b —Dentro de sesenta y cinco años,
Efraím será destrozado,
y no será más un pueblo—.
9 Si ustedes no creen, no subsistirán».

María en el horizonte profético

Bajo el reinando de Ajaz en Judá, Siria e Israel (Efraín) quieren dominar Judá para hacer un frente más fuerte contra Asiria. Ajaz está desorientado porque peligran su trono y dinastía; Dios le envía una señal de su protección con Isaías, quien le comunica que la salvación vendrá a través de un niño que Dios le va a dar de la familia de Jessé, padre del rey David. La señal consiste, tanto en la doncella que da a luz, como en el nombre simbólico del niño, *Emanuel*, que quiere decir «Dios con nosotros».

Los expertos identifican a este niño como el hijo de Ajaz, el futuro rey Ezequías. Pero Ajaz no hace caso de la señal y abre las puertas a Asiria, lo que tendrá un resultado desastroso.

Esta señal, desechada por Ajaz, fue interpretada más tarde desde la perspectiva mesiánica. Al traducir la Biblia al griego, la palabra hebrea *almah*, que significa «joven», fue traducida por *parthenos*, que significa «virgen». Así, en el horizonte profético, quedó anunciada la virginidad y maternidad de María, la cual muestra que su Hijo es obra del Espíritu Santo y que Jesús es verdadero Hijo de Dios (Lc 1 35; Mt 1 23).[2]

Is 7 10-17

Segundo vaticinio

Is 38 22; 8 18; 20 3; 37 30; Jr 44 29-30; Dt 33 13;
Job 11 8; Mt 16 1-4; Gn 16 11; Jue 13 3;
Lc 1 31; Is 8 8.10; 41 10; Mt 1 23; Miq 3 11;
Sof 3 15; Dt 1 39; 2 Sm 14 17; Is 8 7-8; 36 1

10 Una vez más, el Señor habló a Ajaz en
estos términos: 11 «Pide para ti un signo de
parte del Señor, en lo profundo del Abismo,
o arriba, en las alturas». 12 Pero Ajaz respondió: «No lo pediré ni tentaré al Señor».
13 Isaías dijo: «Escuchen, entonces, casa de
David: ¿Acaso no les basta cansar a los
hombres, que cansan también a mi Dios?
14 Por eso el Señor mismo les dará un signo.
Miren, la joven está embarazada y dará a luz
un hijo, y lo llamará con el nombre de Emanuel. 15 Él se alimentará de leche cuajada y
miel, cuando ya sepa desechar lo malo y
elegir lo bueno. 16 Porque antes de que el niño sepa desechar lo malo y elegir lo bueno,
quedará abandonada la tierra de esos dos
reyes, ante los cuales estás aterrorizado.
17 El Señor hará venir sobre ti, sobre tu
pueblo y sobre la casa de tu padre, días como no los hubo iguales desde que Efraím
se separó de Judá».

La invasión devastadora

Is 5 26; 37 9; 3 24; 2 Sm 10 4-6;
Is 7 8-9; 8 4; 10 17-19; 17 2; Ez 25 5; Sof 2 6-7

18 Aquel día, el Señor llamará con un silbido al tábano que está en el extremo de

COMPRENDE LOS SÍMBOLOS

La Virgen del Signo

La imagen de la Virgen del Signo refleja la profecía de Isaías sobre Emanuel, Dios con nosotros. María, Madre de Dios, lleva en su vientre al niño Jesús en actitud de bendecir. Este icono o imagen nos invita a admirar el viaje amoroso de Dios desde el infinito hasta nuestra humanidad para darnos vida y alegría.

los canales de Egipto, y a la abeja que está
en el país de Asiria. 19 Ellos vendrán a po-
sarse en los barrancos escarpados, en las
grietas de las rocas, sobre todos los matorrales y sobre todos los abrevaderos.
20 Aquel día, el Señor rapará con una navaja, alquilada al otro lado del Río —con el
rey de Asiria—, la cabeza y el vello del cuerpo; y la navaja afeitará también la barba.
21 Aquel día, cada uno criará una ternera
y dos ovejas; 22 y como darán leche en
abundancia, se comerá leche cuajada, porque todo el que quede en medio del país se
alimentará con leche cuajada y miel.
23 Aquel día, todo lugar donde había mil
plantas de vid, a un valor de mil siclos de
plata, se cubrirá de cardos y espinas. 24 Allí
habrá que entrar con flechas y arco, porque
todo el país será cardos y espinas. 25 Y por
temor a los cardos y espinas, tú ya no irás
a todas esas montañas que se escardaban
con la azada: serán un lugar donde se sueltan los bueyes y que es pisoteado por las
ovejas.

El hijo de Isaías, presagio viviente

2 Re 16 10-16; 18 2; Os 1 1-9; Is 7 14.16.20; 17 3

8 1 El Señor me dijo: «Toma una tabla
bien grande y escribe sobre ella,
con caracteres comunes: Rápido Botín –
Saqueo Veloz». 2 Yo puse como testigos fi-
dedignos al sacerdote Urías y a Zacarías,
hijo de Baraquías. 3 Luego tuve relaciones
con la profetisa, y ella concibió y dio a
luz un hijo. Entonces el Señor me dijo:
«Llámalo con el nombre de Rápido Botín
– Saqueo Veloz, 4 porque antes de que el
niño aprenda a decir "papá" y "mamá",
las riquezas de Damasco y el botín de
Samaría serán llevados ante el rey de
Asiria».

La invasión asiria

Jn 9 7.11; Is 7 1-2.14.20; Is 17 12-14;
Jr 46 7; 47 2; Dn 11 10.40

5 El Señor me volvió a hablar otra vez,
diciendo:
6 Porque este pueblo rehúsa
las aguas de Siloé, que corren mansamente,
y desfallece ante Resín y el hijo de Remalías,
7 por eso, el Señor hace subir contra ellos
las aguas torrenciales y caudalosas del Río
—el rey de Asiria con toda su gloria—.
Él rebasará todos sus cauces,
desbordará por todas sus orillas,
8 y pasará por Judá, inundará, crecerá,
llegará hasta el cuello.
Y sus alas desplegadas abarcarán
toda la extensión de tu país, Emanuel.

La presencia de Dios, garantía de victoria

Is 5 19; 14 26-27; Sal 33 10-11;
Prov 21 30; Is 7 14; Rom 8 31

9 ¡Tiemblen, pueblos, y espántense;
presten atención, regiones lejanas
de la tierra!
¡Cíñanse las armas y espántense!
¡Cíñanse las armas y espántense!
10 Hagan un proyecto: ¡fracasará!
Digan una palabra: ¡no se realizará!
Porque Dios está con nosotros.

El Señor, piedra de tropiezo para Israel

Ex 3 19; 14 31; 1 Re 18 46; 2 Sm 15 12; 1 Re 16 20;
1 Pe 3 14; Is 7 2; 1 Pe 3 15; Is 6 3; 29 22-23; 17 10;
2 Sm 22 2; Rom 9 32-33; Mt 21 44

11 Porque así me habló el Señor, cuando
me tomó con su mano y me conminó a
que no siguiera el camino de este pueblo:

12 No llamen «conjura»
a todo lo que este pueblo llama «conjura»;
no teman lo que él teme
ni tiemblen por eso.
13 Pero al Señor de los ejércitos,
a él sí proclámenlo santo:
que solo él les infunda temor,
que solo él los haga temblar.
14 Él será un santuario,
una piedra de tropiezo
y un escollo insuperable
para las dos casas de Israel;
será una red y una trampa
para los habitantes de Jerusalén.
15 Muchos de entre ellos tropezarán,
caerán y se quebrarán,
se enredarán en la trampa
y quedarán atrapados.

Retiro provisorio del profeta

Jr 32 14; Is 29 11; 1 Re 21 8; Is 1 10; 2 3; 5 24;
Sal 27 14; 31 25; 13 2; Heb 2 13;
Is 7 3; 10 21; Jr 6 1-8; Os 1 – 3

16 Voy a guardar el testimonio,
a sellar la instrucción entre mis discípulos.
17 Esperaré en el Señor,
que oculta su rostro a la casa de Jacob:
sí, lo aguardaré.

18 Yo y los hijos que me dio el Señor somos signos y presagios en Israel, de parte
del Señor de los ejércitos, que habita en el
monte Sion.

Contra los nigromantes y adivinos

Is 19 3; 1 Sm 28 7-20; 2 Re 21 6;
Lv 19 31; Dt 18 11; 1 Sm 28 3.9

19 Seguramente les dirán:
«Consulten a los nigromantes y adivinos,
que musitan y susurran.
¿No debe un pueblo consultar a sus dioses,
consultar a los muertos en favor de los vivos,
20 para recibir instrucción y testimonio?».
Seguro que se expresan así
porque para ellos no despunta la aurora.

Tiempos oscuros para Israel

2 Re 6 26-27; Sal 72 12-16; Ex 22 27;
1 Re 21 10; Is 5 30; Miq 3 6

21 La gente pasará por el país,
abrumada y hambrienta;
y enfurecida por el hambre,
maldecirá a su rey y a su Dios.
Volverá su rostro hacia lo alto,
22 luego mirará a la tierra,
y solo habrá aflicción y tinieblas,
angustiosa oscuridad.
Pero la tiniebla será disipada,
23 porque ya no habrá oscuridad
allí donde reinaba la angustia.

La gran luz y el niño maravilloso

2 Sm 2 9; 1 Re 22 3-6; 2 Re 10 32-33;
Is 8 22-23; 42 7; 58 8-10; 60 1.20; Lc 1 78; Is 7 14;
Lc 2 11; Ez 39 9; Os 2 20; Is 11 2; 10 21;
1 Sm 24 12; Is 11 6-9; Miq 5 4; Mt 4 13-16

En un primer tiempo, el Señor humilló al país de Zabulón y al país de Neftalí, pero en el futuro llenará de gloria la ruta del mar, el otro lado del Jordán, el distrito de los paganos.

9 1 El pueblo que caminaba
en las tinieblas
ha visto una gran luz;
sobre los que habitaban
en el país de la oscuridad
ha brillado una luz.
2 Tú has multiplicado la alegría,
has acrecentado el gozo;
ellos se regocijan en tu presencia,
como se goza en la cosecha,
como cuando reina la alegría
por el reparto del botín.
3 Porque el yugo que pesaba sobre él,
la barra sobre su espalda
y el palo de su carcelero,
todo eso lo has destrozado
como en el día de Madián.
4 Porque todas las botas usadas en la refriega
y las túnicas manchadas de sangre,
serán presa de las llamas,
pasto del fuego.
5 Porque un niño nos ha nacido,
un hijo nos ha sido dado.
La soberanía reposa sobre sus hombros
y se le da por nombre:
«Consejero maravilloso, Dios fuerte,
Padre para siempre, Príncipe de la paz».

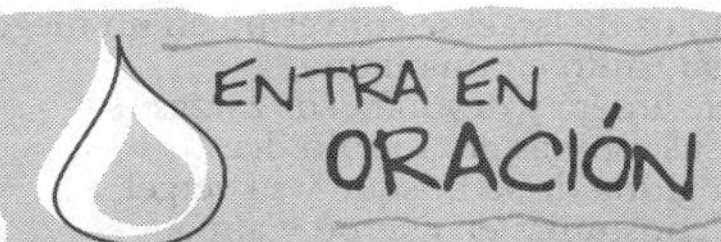

¡Un niño nos ha nacido!

Lee Isaías 9 1-6. Este poema es otra gran profecía mesiánica. El pueblo sentía que caminaba en las tinieblas y vio una gran luz; esa luz para los cristianos es Jesús. Él encarna los títulos que recibe el nuevo rey en este poema. Ora dirigiéndote a Jesús con estos títulos, que proclamamos cada año en la Misa de la media noche de Navidad:

Jesús, tú eres «Consejero prudente», conoces el camino de la salvación y el Reino de Dios. Ayúdanos a descubrirlo y a seguirlo con entusiasmo.

Jesús, niño nacido en Belén, tú eres el Hijo de Dios, el «Dios fuerte». Gracias por hacerte pequeño y venir a nosotros.

Jesús, tú eres el «Príncipe de la paz», fortalece nuestra esperanza en este tiempo de conflictos y guerras.

Jesús, Consejero prudente, Dios fuerte y Príncipe de la paz, ayúdanos a saber construir un mundo de justicia y de amor donde prevalezca la paz. Amén.

Is 9 1-6

6 Su soberanía será grande,
y habrá una paz sin fin
para el trono de David
y para su reino;
él lo establecerá y lo sostendrá
por el derecho y la justicia,
desde ahora y para siempre.
El celo del Señor de los ejércitos
hará todo esto.

ORÁCULOS DIVERSOS

El castigo de Samaría

Is 55 10-11; Am 4 6-11; Os 7 10-15; Jr 5 5-6;
2 Re 15 16.23-31; Os 6 7-11; 10 3-4; 13 9-11

7 El Señor ha enviado una palabra a Jacob,
ella caerá sobre Israel;
8 la conocerá el pueblo entero,
Efraím y los habitantes de Samaría,
esos que andan diciendo
con arrogancia y presunción:
9 «¡Cayeron los ladrillos,
pero construiremos con piedras talladas;
fueron cortados los sicómoros,
pero los suplantaremos con cedros!».
10 El Señor suscitó contra él a sus adversarios
e incitó a sus enemigos,
11 Aram al este, los filisteos por detrás,
y ellos devoraron a Israel a boca llena.
A pesar de todo esto, no se aplacó su ira
y su mano está aún extendida.
12 Pero el pueblo no ha vuelto
al que lo golpeaba,
no ha buscado al Señor de los ejércitos.
13 Y el Señor arrancó a Israel, en un solo día,
cabeza y cola, palmera y junco.
14 —El anciano y el noble son la cabeza,
el profeta, maestro de mentiras,
es la cola—.
15 Los guías de este pueblo lo extraviaron
y los que se dejaron guiar,
han sido devorados.
16 Por eso el Señor no perdona a sus jóvenes
ni se compadece de sus huérfanos
y de sus viudas,
porque todo este pueblo es impío
y malvado
y toda boca profiere insensateces.
A pesar de todo esto, no se aplacó su ira
y su mano está aún extendida.
17 Porque la maldad quema como el fuego,
devora cardos y espinas,
arde en las espesuras del bosque,
y el humo se alza en torbellinos.
18 Por el furor del Señor de los ejércitos
se incendia el país,
y el pueblo es como pasto del fuego.
Nadie se compadece de su hermano,
19 cada uno devora la carne de su prójimo:
corta a la derecha, y queda con hambre;
devora a la izquierda, y no se sacia.
20 Manasés devora a Efraím,
Efraím a Manasés,
y los dos juntos acometen contra Judá.
A pesar de todo esto, no se aplacó su ira
y su mano está aún extendida.

Contra los malos jueces

Is 1 17-23; 3 14; 5 23; Ex 22 21-23; Jr 5 28

10 1 ¡Ay de los que promulgan
decretos inicuos
y redactan normas onerosas,
2 para impedir que se haga justicia
a los débiles
y privar de su derecho a los pobres
de mi pueblo,
para hacer de las viudas su presa
y expoliar a los huérfanos!
3 ¿Qué harán ustedes el día del castigo,
cuando llegue de lejos la tormenta?
¿Hacia quién huirán en busca de auxilio
y dónde depositarán sus riquezas?
4 No habrá más remedio que encorvarse
con los prisioneros
y sucumbir con los que caen muertos.

A pesar de todo esto, no se aplacó su ira
y su mano está aún extendida.

Contra Asiria

Is 5 26-30; 14 24-27; 36 18-20; 37 24-29;
Dt 8 17; Is 45 9

5 ¡Ay de Asiria! Él es el bastón de mi ira
y la vara de mi furor está en su mano.
6 Yo lo envío contra una nación impía,
lo mando contra un pueblo que provocó
mi furor,
para saquear los despojos y arrebatar
el botín,
y pisotearlo como al barro de las calles.
7 Pero él no lo entiende así,
no es eso lo que se propone:
él no piensa más que en destruir
y en barrer una nación tras otra.
8 Él dice, en efecto: «¿No son reyes
todos mis jefes?
9 ¿No le pasó a Calnó lo mismo
que a Carquemis?
¿No es Jamat como Arpad
y Samaría como Damasco?
10 Así como mi mano alcanzó
a los reinos de los ídolos,
cuyas estatuas superaban
las de Jerusalén y Samaría,
11 lo mismo que hice con Samaría
y sus imágenes,
¿no lo haré con Jerusalén y sus ídolos?».

12 Pero cuando el Señor termine de realizar toda su obra en el monte Sion y en Jerusalén, castigará al rey de Asiria por este fruto
de su corazón arrogante y por la orgullosa
altivez de su mirada. 13 Porque él ha dicho:

«Yo he obrado con la fuerza de mi mano,
y con mi sabiduría, porque soy inteligente.
He desplazado las fronteras de los pueblos
y he saqueado sus reservas:
como un héroe, he derribado
a los que se sientan en tronos.
14 Mi mano tomó como un nido
las riquezas de los pueblos;
como se juntan huevos abandonados,
así he depredado toda la tierra,
y no hubo nadie que batiera las alas
o abriera el pico para piar».

15 ¿Se gloría el hacha contra el leñador?
¿Se envanece la sierra
contra el que la *maneja?*
¡*Como* si el bastón manejara
al que lo empuña
y el palo levantara al que no es un leño!
16 Por eso el Señor de los ejércitos
hará que la enfermedad consuma su vigor
y dentro de su carne hará arder una fiebre,
como el ardor del fuego.
17 La Luz de Israel se convertirá en un fuego
y su Santo en una llama,
que arderá y devorará sus zarzas
y sus espinas en un solo día.
18 La gloria de su bosque y su vergel,
la consumirá en cuerpo y alma,
como se va extinguiendo un agonizante;
19 y el resto de los árboles de su bosque
será un número tan reducido
que un niño los podrá anotar.

El pequeño resto

Is 4 3; 11 11.16; 28 5; Os 5 13; 2 Cr 28 16.20;
Is 1 4; 7 3; 9 5; 48 19; Gn 22 17; Os 2 1;
Is 8 7-8; 28; 17; Rom 9 27-28

20 Aquel día, el resto de Israel
y los sobrevivientes de la casa de Jacob
dejarán de apoyarse en aquel
que los golpea,
y se apoyarán con lealtad
en el Señor, el Santo de Israel.
21 «Un resto volverá», un resto de Jacob,
al Dios Fuerte.
22 Sí, aunque tu pueblo, Israel,
sea como la arena del mar,
solo un resto volverá.
La destrucción está decidida,
desbordante de justicia.

23 Porque el Señor de los ejércitos ejecutará este decreto de exterminio en medio
de todo el país.

Asiria, instrumento divino

Is 14 24-27; 30 27-33; 31 4-9; 37 22-29; Miq 1 10-15

24 Por eso, así habla el Señor de los ejércitos: Pueblo mío, que habitas en Sion, no temas nada de Asiria, que te golpea con el bastón y alza su vara contra ti a la manera de
Egipto. 25 Porque dentro de poco, de muy
poco tiempo, se acabará mi furor contra ti, y
mi ira los destruirá. 26 El Señor de los ejércitos blandirá el látigo contra él, como cuando
golpeó a Madián en la roca de Oreb, y alzará su vara sobre el mar, como la alzó en Egipto. 27 Aquel día, su carga será quitada de tus
espaldas y su yugo se apartará de tu cuello.

Avanza el devastador
por el lado de Rimón,
28 llega hasta Aiat,
atraviesa Migrón,
deja su equipaje en Micmás.
29 Cruzan el desfiladero,
en Gueba pasan la noche,
tiembla Ramá,
huye Guibeá de Saúl.
30 ¡Grita con toda tu voz, Bat Galim,
presta atención, Laisa,
respóndele, Anatot!

31 Se desbanda Madmená,
buscan refugio los habitantes de Guebim.
32 Un día más, para hacer alto en Nob,
y él agitará su mano
hacia la montaña de la hija de Sion,
hacia la colina de Jerusalén.
33 ¡Miren! El Señor, el Señor de los ejércitos,
desgaja con ímpetu el ramaje:
los árboles más altos son talados,
los más elevados, abatidos;
34 él corta con el hierro la espesura del bosque,
y cae el Líbano con su esplendor.

El reinado del nuevo David

Is 4 2; Jr 23 5; Rom 15 12;
Is 6 13; 37 31; 42 1; 59 21; 61 1; Jn 1 32-33;
Is 9 5; 28 6; Os 4 1; 6 6; Col 2 2;
Is 9 6; 32 1-2; 29 19-20; Sal 72 2-4.12-13;
2 Tes 2 8; Ap 2 16; Ef 6 14

11 1 Saldrá una rama del tronco de Jesé
y un retoño brotará de sus raíces.
2 Sobre él reposará el espíritu del Señor:
espíritu de sabiduría y de inteligencia,
espíritu de consejo y de fortaleza,
espíritu de ciencia y de temor del Señor

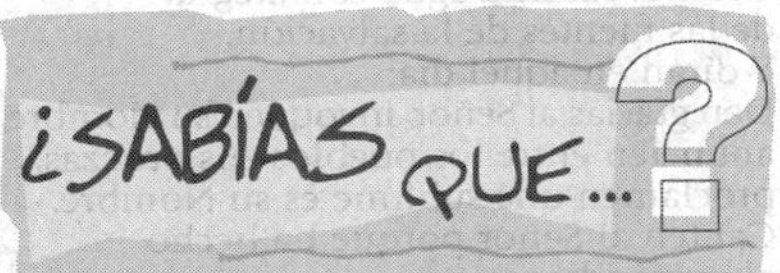

Los dones del espíritu del Señor

Isaías 11 2 presenta los dones del espíritu del Señor: sabiduría e inteligencia; consejo y fortaleza; ciencia y piedad; temor del Señor o espíritu de reverencia. Estos dones eran especialmente necesarios para los reyes o gobernantes y los sacerdotes que dirigían los destinos del pueblo.

Jesús tuvo estos dones en plenitud desde el momento de su concepción en María, y el Espíritu *Santo nos los* da a nosotros en nuestro Bautismo para hacernos semejantes a Jesús, haciendo de nosotros sacerdotes, profetas y reyes para llevar a los demás a Dios. En la Confirmación el Espíritu nos llena con ellos para que podamos ser testigos de Jesús toda la vida.

Cada día de esta semana, trata de hacer vida uno de estos dones. En la noche pregúntate: ¿cómo me ayudó la *sabiduría* a ser semejante a Jesús? Y así sucesivamente.

Is 11 2

3 —y lo inspirará el temor del Señor—.
Él no juzgará según las apariencias
ni decidirá por lo que oiga decir:
4 juzgará con justicia a los débiles
y decidirá con rectitud para los pobres
del país;
herirá al violento con la vara de su boca
y con el soplo de sus labios hará morir
al malvado.
5 La justicia ceñirá su cintura
y la fidelidad ceñirá sus caderas.

La paz mesiánica

Is 65 25; 35 9; Lv 26 6; Os 2 20;
Job 5 22-23; Gn 3 15; Jr 31 33-34; Hab 2 14; 3 3

6 El lobo habitará con el cordero
y el leopardo se recostará junto al cabrito;
el ternero y el cachorro de león
pacerán juntos,
y un niño pequeño los conducirá;
7 la vaca y la osa vivirán en compañía,
sus crías se recostarán juntas,
y el león comerá paja lo mismo
que el buey.
8 El niño de pecho jugará
sobre el agujero de la cobra,
y en la cueva de la víbora
meterá la mano el niño apenas destetado.
9 No se hará daño ni estragos
en toda mi Montaña santa,
porque el conocimiento del Señor
llenará la tierra
como las aguas cubren el mar.

El retorno de los desterrados

Rom 15 12; Is 5 26; 2 2; 4 5-6; 43 16-19;
48 20-21; 40 3-4; 41 17-20;
Ex 14 21-29; 15 19; 35 8; 43 19

10 Aquel día, la raíz de Jesé
se construirá como emblema
para los pueblos:
las naciones la buscarán
y la gloria será su morada.
11 Aquel día, el Señor alzará otra vez su mano
para rescatar al resto de su pueblo,
a los que hayan quedado de Asiria
y de Egipto,
de Patrós, de Cus, de Elam, de Senaar,
de Jamat y de las costas del mar.
12 Él levantará un emblema para las naciones,
reunirá a los deportados de Israel
y congregará a los dispersos de Judá,
desde los cuatro puntos cardinales.
13 Cesarán los celos de Efraím
y serán exterminados los opresores de Judá;
Efraím no tendrá más celos de Judá
y Judá no hostigará más a Efraím.
14 Ellos se lanzarán a Occidente,
hacia la cuesta de los filisteos,

I
S

VIVE LA PALABRA

¿Preguntas locas, visión extraordinaria o promesa divina?

- ¿Qué le recomendarías a un borreguito que está pastando y de repente ve que viene un lobo?
- ¿Qué debería hacer un cabrito si oliera a una pantera que se acerca cada vez más?
- ¿Qué harías si ves a un chiquillo atrayendo con una cazuela de comida, primero a un ternerito y después a un león, y si ves a un bebé jugando con una culebra?
- ¿Te imaginas a una vaca amamantando a un osito y a una osa acariciando con sus pezuñas a una ternerita recién nacida?

Lee Isaías 11 6-9. En este pasaje Isaías visualiza justamente lo que recién leíste. Con estas imágenes comunica la armonía y la paz que reinarán cuando Dios habite en cada persona, comunidad, pueblo y nación.

Piensa en las personas con quienes tienes conflictos y busca la manera de reconciliarte o de establecer un trato más suave con ellas. Escribe una visión actualizada del reinado de Dios en tu nación y en el mundo entero: ¿cómo visualizas a los peores enemigos que conoces conviviendo en armonía y paz? Ora a Dios por ellos, proponte fomentar siempre la paz y motiva a otros jóvenes para juntos construir la Civilización del Amor.

Is 11 6-9

y juntos despojarán a los hijos de Oriente;
extenderán su mano sobre Edom y Moab
y los amonitas estarán bajo su dominio.
15 El Señor secará el golfo del mar de Egipto
y agitará su mano contra el Río:
con su soplo abrasador,
lo dividirá en siete brazos,
y hará que se lo pueda pasar en sandalias.
16 Habrá un camino para el resto de su pueblo,
para lo que haya quedado de Asiria,
como lo hubo para Israel
cuando subió del país de Egipto.

Canto de alabanza y acción de gracias

Sal 118 21; Jr 33 11; Is 10 25; 43 3; Ex 15 2; Is 55 1; Jr 2 13; 17 13; Zac 14 8; Jn 9 11; 4 14; Sal 105 1; Is 52 8-9

12 1 Tú dirás en aquel día:
Te doy gracias, Señor,
porque te habías irritado contra mí,
pero se ha apartado tu ira
y me has consolado.
2 Este es el Dios de mi salvación:
yo tengo confianza y no temo,
porque el Señor es mi *fuerza*
y mi protección;
él fue mi salvación.

EL SEÑOR ES MI FUERZA
Y MI PROTECCIÓN;
ÉL FUE MI SALVACIÓN. Is 12 2

3 Ustedes sacarán agua con alegría
de las fuentes de la salvación.
4 Y dirán en aquel día:
Den gracias al Señor, invoquen su Nombre,
anuncien entre los pueblos sus proezas,
proclamen qué sublime es su Nombre.
5 Canten al Señor porque ha hecho
algo grandioso:
¡que sea conocido en toda la tierra!
6 ¡Aclama y grita de alegría, habitante de Sion,
porque es grande en medio de ti
el Santo de Israel!

ORÁCULOS SOBRE LOS PUEBLOS EXTRANJEROS

Oráculo sobre Babilonia

Is 21 1-10; 47 1-15; Jr 50 – 51; Ap 17 – 18; Is 34 10-17

13 1 Oráculo sobre Babilonia, que Isaías,
hijo de Amós, recibió en una visión:
2 Sobre un monte desierto
alcen un estandarte,
lancen un grito hacia ellos, agiten la mano,
para que entren por las Puertas
de los nobles.
3 Yo di una orden a los que
me están consagrados,
convoqué a los guerreros de mi ira,
a los que se alegran de mi triunfo.
4 ¡Escuchen! ¡Un tumulto en las montañas,
algo así como una inmensa muchedumbre!

¡Escuchen! ¡Un alboroto de reinos,
de naciones congregadas!
Es el Señor de los ejércitos que pasa revista
al ejército para la batalla.
5 Ya vienen de un país lejano,
desde los extremos del cielo,
el Señor y los instrumentos de su furor
para arrasar toda la tierra.
6 ¡Giman, porque está cerca el Día del Señor
y viene del Devastador
como una devastación!
7 Por eso desfallecen todas las manos
y se descorazonan todos los mortales.
8 Se llenan de espanto,
dolores y convulsiones los invaden,
se retuercen como una parturienta,
se miran unos a otros con estupor,
sus rostros están encendidos como llamas.
9 ¡Miren! Ahí llega el Día del Señor,
día cruel, de furor y de ira ardiente,
para hacer de la tierra una devastación
y exterminar de ella a los pecadores.
10 Porque los astros del cielo
y sus constelaciones
no irradiarán más su luz;
el sol se oscurecerá al salir
y la luna dejará de brillar.
11 Yo castigaré al mundo por su maldad
y a los malvados por su iniquidad.
Pondré fin al orgullo de los arrogantes
y humillaré la soberbia de los violentos.
12 Haré a los mortales más escasos
que el oro fino,
a los hombres, más escasos
que el oro de Ofir.
13 Por eso, haré temblar los cielos,
y la tierra se moverá de su sitio
bajo el furor del Señor de los ejércitos,
en el día de su ira ardiente.
14 Entonces, como una gacela espantada
y como un rebaño al que nadie congrega,
cada uno se volverá a su pueblo,
cada uno huirá a su país.
15 Todo el que sea descubierto,
será traspasado,
y el que sea apresado, caerá bajo la espada.
16 Sus niños pequeños serán estrellados
ante sus ojos,
sus casas saqueadas y sus mujeres violadas.
17 ¡Miren! Yo suscito contra ellos a los medos,
que no estiman la plata,
ni les importa el oro:
18 sus arcos acribillarán a los jóvenes,
no se apiadarán del fruto de las entrañas
ni sentirán compasión por los niños.
19 Babilonia, hermosura de los reinos,
gloria y orgullo de los caldeos,
soportará la misma catástrofe
que Dios envió a Sodoma y Gomorra.
20 Quedará despoblada para siempre,
no la habitarán a lo largo
de las generaciones;
allí el árabe no plantará su tienda
ni los pastores apacentarán sus rebaños.
21 Allí se apacentarán las fieras del desierto
y los búhos llenarán sus casas;
allí anidarán los avestruces
y danzarán los sátiros;
22 las hienas aullarán en sus mansiones
y los chacales en sus palacios suntuosos.
Su hora ya está por llegar
y no serán prolongados sus días.

Los oráculos contra las naciones y la pedagogía de Dios

La Biblia da el nombre de *oráculo* a los mensajes de Dios transmitidos por los profetas. El Primer Isaías denuncia los países vecinos: Egipto, Asiria, Filistea, Babilonia, Moab y Edom, con oráculos contra las naciones, que muestran el dolor de Israel y sus deseos de desquitarse de la opresión. Al leerlos, recuerda que Dios se reveló poco a poco e instruyó gradualmente a Israel sobre sus criterios. Sabía que solo así podría comprender su grandeza, descubrir el valor de sus enseñanzas y prepararse a acoger a Jesús, quien nos revela plenamente a Dios y su mensaje.

Dios también usa su pedagogía hoy día y nos conduce a él mediante nuestras experiencias y reflexiones. ¡Abre tu mente y tu corazón a su palabra, y llevarás una vida con sentido y esperanza!

Is 14 21-27

El retorno del exilio

Is 61 5; Zac 2 13; Sof 2 9

14 1 Porque el Señor tendrá compasión
de Jacob y elegirá de nuevo a Israel, y
los instalará en su propio suelo. Los extranjeros se unirán a ellos y serán agrega-
dos a la casa de Jacob. 2 Los pueblos los
acogerán y los llevarán a su lugar. La casa
de Israel los poseerá como esclavos y esclavas, en el suelo del Señor. Así harán cautivos a los que los habían hecho cautivos y
dominarán a sus tiranos.

Sátira contra el rey de Babilonia

Jr 50 23-24; Ap 18 9-20; Ez 32 18-32

3 Y el día en que el Señor te haga descansar de tu pena y tu tormento, y de la dura servidumbre a la que fuiste sometido,
4 entonarás esta sátira contra el rey de Babilonia. Tú dirás:

¡Qué fin ha tenido el tirano,
en qué acabó su frenesí!
5 El Señor quebró el bastón de los malvados,
el cetro de los déspotas;
6 al que golpeaba con saña a los pueblos,
dando golpes incesantes,
al que dominaba con furia a las naciones,
persiguiendo sin tregua.
7 Toda la tierra descansa tranquila,
se lanzan gritos de júbilo.
8 Hasta los cipreses,
los cedros del Líbano,
se regocijan de tu suerte:
«¡Desde que yaces tendido,
nadie sube a talarnos!».
9 Abajo, se estremeció el Abismo
al anuncio de tu llegada;
por ti, él despierta a las Sombras,
a los potentados de la tierra;
hace levantar de sus tronos
a todos los reyes de las naciones.
10 Todos ellos hablan a coro y te dicen:
«¡Tú también has perdido
las fuerzas como nosotros,
te has vuelto igual que nosotros!
11 Tu majestad ha sido precipitada al Abismo,
junto con el sonido de tus arpas;
tienes debajo de ti un colchón de gusanos
y te cubren las lombrices».
12 ¡Cómo has caído del cielo,
Lucero, hijo de la aurora!
¡Cómo has sido precipitado por tierra,
tú que subyugabas a las naciones,
13 tú que decías en tu corazón:
«Subiré a los cielos;
por encima de las estrellas de Dios
construiré mi trono,
me sentaré en la montaña
de la asamblea divina,
en los extremos del norte;
14 escalaré las cimas de las nubes,
seré semejante al Altísimo!».
15 ¡Pero te han hecho bajar al Abismo,
a las profundidades de la Fosa!
16 Los que te *ven, fijan en ti la mirada,*
meditan tu suerte:
«¿Es este el hombre que hacía temblar
la tierra,
que sacudía los reinos,
17 que hacía del mundo un desierto,
demolía sus ciudades
y no soltaba a sus prisioneros?».
18 Todos los reyes de las naciones
descansan llenos de gloria,
cada uno en su tumba.
19 Pero tú has sido arrojado
lejos de tu sepulcro
como un aborto abominable,
como un cadáver pisoteado.
Los que han sido masacrados,
traspasados por la espada,
son depositados sobre las piedras de la fosa.
20 Pero tú no te unirás con ellos
en una sepultura,
porque has destruido tu país,
has asesinado a tu pueblo.
¡Nunca más será nombrada
una raza de malhechores!
21 Preparen la masacre de los hijos
por los crímenes de sus padres;
que no se levanten para adueñarse
de la tierra
y cubrir de ciudades el mundo.

Contra Babilonia

Nm 10 35; Sal 12 6; 102 14

22 Yo me alzaré contra ellos —oráculo del
Señor de los ejércitos— y extirparé de Babilonia el nombre y el resto, el vástago y la posteridad —oráculo del Señor—. 23 La convertiré en propiedad de erizos, en agua estancada,
y la barreré con la escoba del exterminio
—oráculo del Señor de los ejércitos.

Contra Asiria

Is 7 7; 8 10; 40 8; 10 5-11; 5 25; 8 10; Dn 4 32

24 El Señor de los ejércitos pronunció este juramento:

«Sí, como lo he proyectado, así será;
como lo he planeado, así sucederá.
25 Yo haré pedazos a Asiria en mi tierra
y la pisotearé sobre mis montañas;
su yugo será quitado de encima de ellos
y su carga se apartará de sus espaldas».
26 Esta es la decisión tomada
contra toda la tierra;
esta es la mano extendida
contra todas las naciones.
27 Si el Señor de los ejércitos
ha tomado una decisión,
¿quién la hará fracasar?
Su mano está extendida:
¿quién la hará volver atrás?

Amenaza contra Filistea

Is 10 5.20; Am 5 19; Jr 1 13-14

28 El año de la muerte del rey Ajaz
se pronunció este oráculo:
29 No te alegres, Filistea entera,
porque se ha quebrado la vara
que te golpeaba:
de la raíz de la serpiente saldrá una víbora
y su fruto será una serpiente voladora.

30 Los pobres pacerán en mi pradera
y los indigentes se recostarán seguros;
pero yo haré morir de hambre a tu raíz
y mataré lo que aún quede de ti.
31 ¡Gime, Puerta! ¡Grita, Ciudad!
¡Desfallece, Filistea toda entera!
Porque del Norte viene una humareda
y nadie se desbanda en sus formaciones.
32 ¿Qué responder a los enviados
de esa nación?
Que el Señor ha fundado a Sion
y que en ella se refugian los pobres
de su pueblo.

Lamentación por la ruina de Moab

Is 25 10-11; Nm 21 27-30; Ez 25 8-11;
Am 2 1-3; Jr 48 34-38

15 1 Oráculo sobre Moab.
La noche en que fue devastada,
sucumbió Ar de Moab.
La noche en que fue devastada,
sucumbió Quir de Moab.
2 La gente de Dibón ha subido
a los lugares altos para llorar.
Por Nebo y por Medebá,
está gimiendo Moab.
Todas las cabezás están rapadas,
todas las barbas cortadas.
3 Van por sus calles vestidos de sayal,
sobre sus techos y en sus plazas
todos lanzan gemidos,
deshechos en llanto.
4 Gritan Jesbón y Elealé,
hasta en Iahás se hace oír su voz.
Por eso se estremecen las entrañas de Moab,
hasta su alma se estremece.
5 Mi corazón grita por Moab,
sus fugitivos llegan hasta Soar,
hasta Eglat Selisiyá.
Sí, por la subida de Lujit,
la gente sube llorando;
sí, por el camino de Joronaim
se lanza un grito desgarrador.
6 Porque las aguas de Nimrim
son una desolación:
el pasto está seco,
la hierba consumida,
ya no existe el verdor.
7 Por eso se llevan más allá del torrente
de los Sauces
lo que han podido ahorrar y sus reservas.
8 Porque el clamor va recorriendo
el territorio de Moab:
sus alaridos llegan hasta Eglaim,
sus alaridos llegan a Beer Elim;
9 porque las aguas de Dimón están llenas
de sangre.
Pero yo añadiré a las desgracias de Dimón
un león para los fugitivos de Moab,
para el resto de Admá.

Pedido de asilo de los moabitas a Judá

Dt 10 18; Is 9 6; 11 3-4; Jr 23 5; 2 Sm 7 13; Prov 25 5

16 1 Envíen un cordero de parte
del soberano del país,
desde la Roca, por el desierto,
a la montaña de la hija de Sion.
2 Como un pájaro espantado,
como nidada dispersa,
así estarán las hijas de Moab
en los vados del Arnón.
3 Presenta un plan,
toma una decisión.
Extiende tu sombra
como la noche en pleno mediodía,
oculta a los desterrados,
no delates al prófugo.
4 Que encuentren en ti un asilo
los desterrados de Moab,
sé tú su escondite
frente al devastador.
Porque cuando cese la extorsión,
se acabe la devastación
y se vaya del país el que lo pisotea,
5 el trono será afianzado en la fidelidad
y sobre él se sentará con lealtad,
en la tienda de David,
un juez celoso del derecho
y dispuesto a hacer justicia.

Lamentación por Moab

Jr 48 29-33; Sof 2 8; 2 Sm 6 19; Jr 44 19; Is 10 25; 29 17

6 Nos hemos enterado del orgullo de Moab,
el muy orgulloso:
¡de su arrogancia, su orgullo, su arrebato,
su charlatanería inconsistente!
7 Por eso, Moab gime por sí mismo,
todos están gimiendo.
¡Por las tortas de uva de Quir Jaréset,
ellos suspiran, enteramente abatidos!
8 Porque languidecen
los fértiles campos de Jesbón,
la viña de Sibmá,
cuyas cepas escogidas dejaban volteados
a los señores de las naciones:
ellas llegaban hasta Iazer,
se perdían en el desierto;
sus sarmientos se extendían
hasta más allá del mar.
9 Por eso, uno mi llanto al de Iazer
por la viña de Sibmá;
yo te riego con mis lágrimas
a ti, Jesbón, y a Elealé,
porque sobre tu siega y tu cosecha
enmudecieron los cantos de la vendimia.
10 El gozo y la alegría
se han retirado de los vergeles;
ya no hay en las viñas
ni gritos ni aclamaciones;
nadie pisa el vino en los lagares,
han cesado los cantos de la vendimia.

IS

[11] Por eso, mis entrañas
vibran como una lira por Moab,
y mi corazón, por Quir Jaréset.
[12] Por más que Moab se presente
y se fatigue en los lugares altos,
por más que vaya a su santuario a orar,
no le valdrá de nada.

[13] Esta es la palabra que el Señor pronunció hace tiempo sobre Moab. [14] Y ahora, así
habla el Señor: «Dentro de tres años, com-
putados como los años de un mercenario,
la gloria de Moab será envilecida, a pesar de
su inmensa muchedumbre: no quedará
más que un poco, muy poco, casi nada».

Oráculo sobre Damasco y Efraím

Jr 49 23-27; Am 1 3-6

17 [1] Oráculo sobre Damasco. ¡Miren!
Damasco ya no será una ciudad,
se ha convertido en un montón de ruinas.
[2] Sus poblaciones, abandonadas para siempre,
serán para los rebaños:
allí pacerán sin que nadie los moleste.
[3] Efraím perderá su plaza fuerte
y Damasco, la realeza.
El resto de Aram tendrá la misma suerte
que la gloria de los hijos de Israel
—oráculo del Señor de los ejércitos—.
[4] Aquel día, disminuirá la gloria de Jacob
y enflaquecerá la gordura de su cuerpo.
[5] Será como cuando el segador recoge la mies
y su brazo siega las espigas,
como cuando se desgranan las espigas
en el valle de Refaím
[6] y solo queda un residuo;
o como cuando se golpea un olivo:
quedan dos o tres aceitunas
en lo alto de la copa,
cuatro o cinco en las ramas del árbol frutal
—oráculo del Señor, Dios de Israel.

El fin de la idolatría

Is 51 13; 1 4; Is 27 9

[7] Aquel día, el hombre volverá la mirada
hacia su Creador, y sus ojos mirarán al Santo de Israel. [8] Ya no volverá la mirada hacia
los altares que son obra de sus manos, ni
mirará hacia los postes sagrados y los altares de incienso que fabricaron sus dedos.

Contra los cultos a la fertilidad

Is 51 13; Ez 22 12; Dt 8 11; Is 43 3;
Sal 28 1; Jr 15 18; Miq 1 9

[9] Aquel día, tus ciudades de refugio
serán abandonadas
como las de los jivitas y los amorreos
delante de los hijos de Israel,
y habrá una desolación.
[10] Porque tú has olvidado al Dios
de tu salvación
y no te has acordado de la Roca
de tu refugio.
Por eso plantas plantaciones deliciosas
e injertas gajos extranjeros.
[11] El mismo día que plantas, los ves crecer,
y a la mañana siguiente,
ves germinar tu semilla.
Pero la cosecha se pierde en un día funesto,
y el dolor es incurable.

La invasión de los pueblos

Is 8 9-10; 28 2; Ez 38 9; Is 33 2; 37 36;
Ex 14 27; Sal 30 6

[12] ¡Ah, ese rugido de pueblos numerosos,
que rugen como rugen los mares!
¡Ese bramido de naciones,
que braman como las aguas encrespadas!
[13] Él los amenaza, y huyen bien lejos,
empujados como paja por el viento
de las montañas,
como la flor del cardo por el vendaval.
[14] ¡Al atardecer, sobreviene el espanto,
antes del amanecer, ya no existen más!
Esta es la parte de los que nos despojan
y la suerte de los que nos saquean.

Oráculo sobre Etiopía

Is 19 21; Miq 4 1; Is 45 14;
Sof 3 10; Sal 87 4; Dt 12 5; 26 2

18 [1] ¡Ah, país del zumbido de alas,
más allá de los ríos de Cus,
[2] que envías emisarios por mar,
en canoas de junco, sobre las aguas!
Vayan, mensajeros veloces,
a una nación esbelta, de tez bronceada,
a un pueblo temible de cerca y de lejos,
a una nación vigorosa y dominadora,
cuyo país está surcado de ríos.
[3] ¡Habitantes del mundo entero,
y ustedes, los que pueblan la tierra:
cuando se alce el estandarte, observen,
cuando suene la trompeta, escuchen!
[4] Porque así me ha hablado el Señor:
Yo observaré impasible en mi puesto,
como el calor ardiente y deslumbrante,
como nube de rocío en el calor
de la cosecha.
[5] Porque antes de la cosecha,
acabada la floración,
cuando la flor se convierte en un racimo
que madura,
se cortan los pámpanos con la podadora,
se arrancan y se quitan los sarmientos.
[6] Todos ellos serán abandonados
a las aves de rapiña en las montañas
y a las fieras de la tierra:
las aves de rapiña pasarán allí el verano
y todas las fieras de la tierra, el invierno.

7 En aquel tiempo, se llevarán dones al
Señor de los ejércitos de parte de un pueblo
esbelto y bronceado, de un pueblo temible
de cerca y de lejos, de una nación vigorosa y
dominadora, cuyo país está surcado de ríos:
se llevarán hasta el lugar donde reside el
Nombre del Señor de los ejércitos, a la montaña de Sion.

Oráculo sobre Egipto

Jr 46; Ez 29 – 32; Sal 68 5; Is 29 10; 1 Re 22 19-23

19 1 Oráculo sobre Egipto.
¡Miren al Señor que entra en Egipto,
montado sobre una nube ligera!
Ante él vacilan los ídolos de Egipto,
y el corazón de Egipto se disuelve
en su interior.
2 Yo incitaré a egipcios contra egipcios
y combatirán hermano contra hermano,
amigo contra amigo,
ciudad contra ciudad,
reino contra reino.
3 El espíritu de Egipto se desvanecerá
en su interior,
yo confundiré sus designios,
y ellos consultarán a ídolos y encantadores,
a nigromantes y adivinos.
4 Entregaré a los egipcios
en manos de un amo implacable,
y un rey cruel los dominará
—oráculo del Señor de los ejércitos—.
5 Las aguas del mar se secarán
y el Río quedará árido y reseco;
6 los canales apestarán,
los Nilos de Egipto bajarán hasta secarse,
las cañas y los juncos se marchitarán.
7 Toda la vegetación de los bordes del Nilo
y todas las plantas sembradas
junto a él se secarán:
serán arrasadas y desaparecerán.
8 Gemirán los pescadores,
los que arrojan el anzuelo
en el Nilo estarán de duelo,
y desfallecerán los que echan la red
sobre las aguas.
9 Los que trabajan el lino
quedarán defraudados,
las cardadoras y los tejedores
se pondrán lívidos,
10 sus tejedores se sentirán acongojados
y todos los asalariados, afligidos.
11 ¡Qué necios son los príncipes de Soán!
¡Los más sabios consejeros del Faraón
forman un consejo de estúpidos!
¿Cómo pueden ustedes decir al Faraón:
«Yo soy hijo de sabios,
hijo de antiguos reyes»?
12 ¿Dónde están tus sabios?
¡Vamos, que te anuncien
y te den a conocer
lo que el Señor de los ejércitos
ha proyectado contra Egipto!
13 ¡Se han enloquecido los príncipes de Soán,
se ilusionan los príncipes de Nof,
los dignatarios de sus tribus
han extraviado a Egipto!
14 El Señor ha derramado en medio de ellos
un espíritu de vértigo,
y ellos extravían a Egipto
en todo lo que emprende,
como pierde pie el borracho
cuando vomita.

15 Y no será para provecho de Egipto nada de lo que hagan la cabeza y la cola, la
palmera y el junco.

La conversión de Egipto y de Asiria

Is 8 18; Jue 2 16-18; Ex 6 3; Ez 6 14; 13 14.21;
Os 6 1; Gn 12 2; Zac 8 13; Is 18 7; Sal 87

16 Aquel día, los egipcios serán como mujeres: temblarán y estarán aterrorizados ante la
mano amenazadora del Señor de los ejércitos,
que él agitará contra ellos. 17 La tierra de Judá
será el espanto de Egipto: cada vez que se la
mencione, Egipto temblará a causa del designio que el Señor ha proyectado contra él.
18 Aquel día, habrá en la tierra de Egipto
cinco ciudades que hablarán la lengua de
Canaán y jurarán por el Señor de los ejércitos; una de ellas se llamará Ciudad del Sol.
19 Aquel día, habrá un altar para el Señor
en medio del país de Egipto, y una estela para el Señor junto a la frontera. 20 Esto servirá
de señal y de testimonio para el Señor de los
ejércitos en el país de Egipto. Cuando ellos
clamen al Señor a causa de sus opresores, él
les enviará un salvador y un defensor, para
que los libre. 21 El Señor se dará a conocer a
los egipcios, y los egipcios conocerán al Señor en aquel día. Lo servirán con sacrificios
y ofrendas; harán votos al Señor y los cumplirán. 22 El Señor herirá a Egipto, pero solo
para sanarlo. Ellos se volverán al Señor, y él
los escuchará y los sanará.
23 Aquel día, habrá un camino entre Egipto y Asiria: los asirios irán a Egipto, y los
egipcios a Asiria; y Egipto rendirá culto junto con Asiria.
24 Aquel día, estarán juntos los tres, Egipto, Asiria e Israel, y este será una bendición
en medio de la tierra. 25 El Señor de los ejércitos los bendecirá, diciendo: «Bendito sea
Egipto, mi pueblo, y Asiria, la obra de mis
manos, e Israel, mi herencia».

Anuncio simbólico de la derrota de Egipto

2 Re 18 17; Is 36 2; 2 Sm 10 4; Is 30 3-7

20 1 El año en que el general en jefe enviado por Sargón, rey de Asiria, llegó

a Asdod, la atacó y la tomó, 2 en ese mismo
tiempo, el Señor habló por medio de
Isaías, hijo de Amós, diciendo: «Ve, despó-
jate del sayal que llevas ceñido, y quítate
las sandalias de los pies». Él lo hizo así, y
anduvo desnudo y descalzo.
3 El Señor dijo: «Así como mi servidor
Isaías anduvo desnudo y descalzo durante
tres años, como signo y presagio contra
Egipto y contra Cus, 4 así el rey de Asiria
llevará desnudos y descalzos, y con las nalgas al aire, a los cautivos de Egipto y a los
deportados de Cus, jóvenes y viejos, para
vergüenza de Egipto. 5 La gente sentirá terror y vergüenza a causa de Cus, su esperanza, y a causa de Egipto, su orgullo. 6 Y
los habitantes de esta costa dirán en aquel
día: "¡Ahí está nuestra esperanza, a la que
acudíamos en busca de auxilio, para ser librados del rey de Asiria! Y ahora nosotros
¿cómo podremos escapar?"».

La caída de Babilonia

Is 13 – 14; 47 1-15; Jr 50 – 51; Ap 17 – 18

21 1 Oráculo sobre el desierto del mar.
¡Como torbellinos que pasan
por el Négueb,
él viene del desierto,
de un país temible!
2 Una visión siniestra me ha sido revelada:
el traidor traiciona,
el devastador devasta.
«¡Sube, Elam,
al asedio, medos!
Yo hago cesar todos los gemidos».
3 Por eso mis entrañas
se sienten convulsionadas;
me asaltan los dolores,
dolores como los del parto.
Me desconcierta lo que oigo,
me espanta lo que veo.
4 Se extravía mi mente,
el pánico me aterra;
el crepúsculo que ansiaba
se ha vuelto para mí un horror.
5 Se pone la mesa,
se extiende el tapiz,
se come, se bebe.
¡De pie, príncipes,
engrasen el escudo!
6 Porque así me ha hablado el Señor:
«¡Ve, aposta al centinela,
que anuncie lo que vea!
7 Si ve gente a caballo,
parejas de jinetes,
hombres montados en asnos,
hombres montados en camellos,
que preste atención,
mucha atención».
8 Entonces gritó el vigía:
«Sobre la atalaya, Señor,
estoy siempre de pie, todo el día;
en mi puesto de guardia,
estoy alerta toda la noche.
9 ¡Miren, llegan hombres montados,
parejas de jinetes!».
Luego retoma la palabra y dice:
«¡Ha caído, ha caído Babilonia,
y todas las estatuas de sus dioses
se han hecho añicos contra el suelo!».
10 ¡Pueblo mío, trillado
y aventado en la era,
lo que oí del Señor de los ejércitos,
el Dios de Israel,
te lo he anunciado!

Oráculo sobre Dumá

Ez 33 1-9; Sal 130 6; Is 17 14;
2 Re 19 35; Sal 30 6; Rom 13 12

11 Oráculo sobre Dumá.
Alguien me grita desde Seír:
«Centinela, ¿cuánto queda de la noche?
Centinela, ¿cuánto queda de la noche?».
12 El centinela responde:
«Llega la mañana y de nuevo la noche.
Si quieren preguntar, pregunten;
vengan otra vez».

Oráculo sobre las tribus árabes

Jr 49 8; Gn 10 7; 25 3; Is 16 14; Jr 49 28-29

13 Oráculo en la estepa.
Entre las malezas, en la estepa,
ustedes pasarán la noche,
caravanas de los dedanitas.
14 Lleven agua al encuentro de los sedientos,
habitantes del país de Temá,
salgan a recibir con pan a los fugitivos.
15 Porque ellos huyen ante las espadas,
ante la espada desenvainada,
ante el arco tendido,
ante el encarnizamiento del combate.

16 Porque así me ha hablado el Señor:
«Dentro de un año, computado como los
años de un mercenario, se habrá terminado toda la gloria de Quedar. 17 Y el resto de
los arqueros de los valientes hijos de Quedar será muy poca cosa. Porque ha hablado el Señor, el Dios de Israel».

Contra la euforia de Jerusalén

1 Re 7 2-5; 2 Re 20 20; 1 Cor 15 32; Sab 2 7-9; Is 5 11

22 1 Oráculo sobre el valle de la Visión.
¿Qué es lo que te sucede
para que subas en masa a las azoteas,
2 tú, que estás llena de bullicio,
ciudad tumultuosa, ciudad alegre?
Tus víctimas no son víctimas de la espada
ni muertos en el combate.

3 Tus jefes desertaron todos juntos,
cayeron prisioneros sin disparar el arco;
todos tus valientes fueron apresados,
mientras huían lejos.
4 Por eso dije: «¡Aparten sus ojos de mí,
voy a llorar amargamente;
no insistan en consolarme
por la devastación de la hija
de mi pueblo!».
5 Porque es un día de confusión,
de humillación y consternación,
enviado por el Señor de los ejércitos:
en el valle de la Visión se socavaba el muro,
el clamor llegaba a la montaña.
6 Elam tomó la aljaba,
Aram montó a caballo,
Quir desenfundó el escudo.
7 Tus valles más hermosos
se llenaron de carros de guerra,
los jinetes se apostaron a la Puerta
8 y cayó la defensa de Judá.
Aquel día, ustedes volvieron los ojos
hacia el arsenal de la Casa de Bosque.
9 Vieron qué numerosas eran
las brechas de la Ciudad de David;
juntaron agua en la cisterna inferior;
10 contaron las casas de Jerusalén
y derribaron algunas para reforzar
la muralla;
11 hicieron un depósito entre los dos muros
para las aguas de la cisterna antigua.
¡Pero no se fijaron en el que hacía todo eso,
ni miraron al que lo planeó
hace mucho tiempo!
12 Aquel día, el Señor de los ejércitos
convocaba al llanto y al luto,
a raparse la cabeza y vestirse de sayal;
13 en cambio, hay gozo y alegría,
se matan bueyes y se degüellan ovejas,
se come carne y se bebe vino:
«¡Comamos y bebamos,
porque mañana moriremos!».
14 El señor de los ejércitos
se ha revelado a mi oído:
No, esta falta no les será expiada
hasta que ustedes mueran,
dice el Señor de los ejércitos.

Contra Sebná, el mayordomo de palacio

Is 36 3.11.22; 2 Re 18 18.26.37; Ap 3 7; Mt 16 19

15 Así habla el Señor de los ejércitos:
«Ve a encontrarte con ese intendente,
Sebná, el mayordomo de palacio,
16 que talla su sepulcro en la altura
y se cava una morada en la roca.
¿Qué tienes y a quién tienes aquí,
para tallarte aquí un sepulcro?
17 Mira que el Señor te arroja
de un solo golpe, hombre fuerte;
te envuelve bien envuelto,
18 te ata fuerte como un ovillo
y te arroja como una bola
a un país de vastas dimensiones.
Allí morirás, y allí irán a parar
los carruajes que eran tu gloria,
¡tú, deshonra de la casa de tu señor!
19 Yo te derribaré de tu sitial
y te destituiré de tu cargo.
20 Y aquel día, llamaré a mi servidor
Eliaquim, hijo de Jilquías;
21 lo vestiré con tu túnica,
lo ceñiré con tu faja,
pondré tus poderes en su mano,
y él será un padre para los habitantes
de Jerusalén
y para la casa de Judá.
22 Pondré sobre sus hombros
la llave de la casa de David:
lo que él abra, nadie lo cerrará;
lo que él cierre, nadie lo abrirá.
23 Lo clavaré como una estaca
en un sitio firme,
y será un trono de gloria
para la casa de su padre.
24 De él estará suspendida
toda la gloria de la casa de su padre:
retoños y gajos,
todos los vasos pequeños,
desde las tazas
hasta las vasijas de todas clases.
25 Aquel día —oráculo del Señor
de los ejércitos—
cederá la estaca clavada en un sitio firme,
se quebrará, caerá,
y la carga que estaba sobre ella
será destruida,
porque ha hablado el Señor.

Oráculo sobre Tiro y Sidón

Ez 26 – 28; Am 1 9-10; Zac 9 2-4; Is 2 16;
Sal 48 8; Ap 18 23; Jr 25 11-12

23 1 Oráculo sobre Tiro.
¡Giman, naves de Tarsis,
porque su puerto ha sido devastado!
Cuando llegaban de Quitim,
recibieron el anuncio.
2 ¡Enmudezcan, habitantes de la costa,
comerciantes de Sidón,
cuyos emisarios atraviesan el mar,
3 por las aguas profundas!
El grano de Sijor, las cosechas del Nilo,
le aportaban ganancias:
¡ella era el emporio de las naciones!
4 Avergüénzate, Sidón, fortaleza del mar,
porque el mar habla así:
«No he sufrido los dolores del parto,
ni he dado a luz;
no he criado muchachos
ni hice crecer muchachas».
5 Cuando se enteren en Egipto,
temblarán por las noticias de Tiro.

[6] Emigren a Tarsis,
giman, habitantes de la costa.
[7] ¿Es esta la ciudad alegre,
la de orígenes remotos,
cuyos pasos la llevaron
a colonias lejanas?
[8] ¿Quién ha concebido esto contra Tiro,
la que repartía coronas,
cuyos comerciantes eran príncipes
y sus mercaderes, grandes de la tierra?
[9] Lo ha concebido el Señor de los ejércitos,
para envilecer la soberbia
de todo esplendor,
para humillar a los grandes de la tierra.
[10] Cultiva tu tierra, hija de Tarsis,
como a lo largo del Nilo:
¡el puerto no existe más!
[11] Él ha extendido su mano sobre el mar,
ha hecho temblar los reinos;
el Señor ha ordenado a Canaán
que destruya sus fortalezas.
[12] Él ha dicho: «¡No te regocijarás nunca más,
virgen violada, hija de Sidón!».
Levántate y emigra a Quitim,
aunque tampoco allí tendrás descanso.
[13] Mira el país de los caldeos,
ese pueblo que ya no existe;
Asiria lo destinó a las fieras del desierto:
levantaron sus torres de asalto,
demolieron sus palacios,
lo redujeron a escombros.
[14] ¡Giman, naves de Tarsis,
porque su fortaleza ha sido devastada!

[15] Aquel día, Tiro será olvidada durante setenta años, que es la duración de la vida de un rey. Al cabo de setenta años, a Tiro le sucederá como en la canción de la prostituta:

[16] «¡Toma la cítara,
recorre la ciudad,
prostituta olvidada!
Toca bien, canta mucho,
para que se acuerden de ti».

[17] Al cabo de setenta años, el Señor visitará a Tiro. Ella volverá a su antiguo comercio, y se prostituirá con todos los reinos de la tierra, sobre la superficie del suelo. [18] Pero sus ganancias y sus salarios serán consagrados al Señor. No serán acumulados ni atesorados: serán para los que habitan delante del Señor, a fin de que coman hasta saciarse y se atavíen espléndidamente.

APOCALIPSIS DE ISAÍAS

La conmoción universal

Os 4 3; Jr 4 28; Gn 9 16

24 [1] Miren, el Señor arrasa la tierra
y la deja desierta,
trastorna su faz y dispersa a sus habitantes.
[2] Correrán la misma suerte
tanto el pueblo como el sacerdote,
el esclavo como su señor,
la esclava como su señora,
el comprador como el vendedor,
el que pide prestado como el que presta,
el acreedor como el deudor.
[3] La tierra es arrasada, sí, arrasada,
saqueada por completo,
porque el Señor ha pronunciado
esta palabra.
[4] La tierra está de duelo, desfallece,
el mundo se marchita,
desfallecen las alturas junto con la tierra.
[5] La tierra está profanada
bajo los pies de los que la habitan,
porque ellos violaron las leyes,
transgredieron los preceptos,
rompieron la alianza eterna.
[6] Por eso la Maldición devora la tierra
y sus habitantes soportan la pena;
por eso se consumen los habitantes
de la tierra
y no quedan más que unos pocos.

La ciudad desolada

Jr 7 34; 16 9; 25 10; Ez 26 13; Ap 18 22

[7] El vino nuevo está de duelo,
la viña desfallece,
gimen los que estaban alegres.
[8] Cesó la alegría de los tamboriles,
se acabó el tumulto de los que se divierten,
cesó la alegría de las cítaras.
[9] Ya no se bebe vino entre canciones,
el licor es amargo para el que lo bebe.
[10] Se ha derrumbado la ciudad del caos,
está cerrada la entrada de todas las casas.
[11] Se pide vino a gritos por las calles,
se ha apagado toda alegría,
ha sido desterrada la alegría del país.
[12] No queda más que desolación en la ciudad,
la puerta ha sido rota a pedazos.

La salvación de un resto

Is 17 4-11; 10 20-23

[13] Sí, en medio de la tierra,
entre las naciones,
sucederá lo que pasa con el olivo,
cuando se bajan a golpes las aceitunas,
o cuando todavía quedan unos racimos,
una vez acabada la vendimia.
[14] Ellos elevan la voz, gritan de alegría,
aclaman desde el poniente
la majestad del Señor.
[15] Por eso en el oriente se glorifica al Señor,
y en las costas del mar,
el nombre del Señor, Dios de Israel.
[16] Desde el confín de la tierra oímos cantar:
«¡Gloria al Justo!».

El juicio y la victoria del Señor

Jr 48 43-44; Gn 7 11; Ex 24 9-11.16; Ap 4 10-11

Pero yo digo: «¡Desfallezco,
desfallezco! ¡Ay de mí!».
Los traidores traicionan,
los traidores perpetran traiciones.
17 ¡Terror, fosa y red,
contra ti, habitante de la tierra!
18 El que huya del grito de terror
caerá en la fosa;
el que suba del fondo de la fosa
quedará atrapado en la red.
Porque están abiertas las compuertas
de lo alto
y tiemblan los cimientos de la tierra.
19 ¡La tierra se quiebra, se resquebraja,
la tierra se parte, se parte en pedazos,
se mueve, se conmueve la tierra!
20 La tierra se tambalea como un borracho
y se sacude como una cabaña.
Tanto le pesa su pecado
que cae y no se alzará nunca más.
21 Aquel día, el Señor pedirá cuenta
al ejército de lo alto, en la altura,
y a los reyes de la tierra, sobre la tierra.
22 Ellos serán reunidos,
reunidos en un calabozo,
recluidos en una prisión,
y después de muchos días
tendrán que dar cuenta.
23 La luna se sonrojará
y el sol se avergonzará,
porque reinará el Señor de los ejércitos
sobre el monte Sion y en Jerusalén,
y ante sus ancianos resplandecerá la Gloria.

Canto de acción de gracias por la salvación

Is 4 5-6; Ap 4 10-11

25 1 Señor, tú eres mi Dios, yo te exalto,
doy gracias a tu Nombre.
Porque tú has realizado designios
admirables,
firmemente establecidos
desde tiempos antiguos.
2 Has hecho de la ciudad
un montón de escombros,
de la ciudad fortificada, una ruina.
La ciudadela enemiga ya no es una ciudad,
nunca más será reconstruida.
3 Por eso te glorifica un pueblo fuerte,
la ciudad de los tiranos siente temor de ti.
4 Porque has sido un refugio para el débil,
un refugio para el pobre en su angustia,
un resguardo contra la tormenta,
una sombra contra el calor.
Porque el soplo de los tiranos
es como tormenta de invierno,
5 como el calor en el suelo reseco.
Tú acallas el tumulto del enemigo:
como el calor por la sombra de una nube,
así se extingue el canto de los tiranos.

El banquete escatológico

Mt 8 11; Jn 6 51-54; Ap 7 17; 21 4; 1 Cor 15 26.54

6 El Señor de los ejércitos
ofrecerá a todos los pueblos
sobre esta montaña
un banquete de manjares suculentos,
un banquete de vinos añejados,
de manjares suculentos, medulosos,
de vinos añejados, decantados.
7 Él arrancará sobre esta montaña
el velo que cubre a todos los pueblos,
el paño tendido sobre todas las naciones.
8 Destruirá la Muerte para siempre;
el Señor enjugará las lágrimas
de todos los rostros,
y borrará sobre toda la tierra
el oprobio de su pueblo,
porque lo ha dicho él, el Señor.
9 Y se dirá en aquel día:
«Ahí está nuestro Dios,
de quien esperábamos la salvación:
es el Señor, en quien nosotros esperábamos;
¡alegrémonos y regocijémonos
de su salvación!».

La humillación de Moab

Is 16 6-14

10 Porque la mano del Señor se posará
sobre esta montaña,
pero Moab será pisoteado en su suelo,
como se pisotea la paja en el estercolero.
11 En medio de esto, extenderá sus manos,
como las extiende el nadador para nadar;
pero el Señor aplastará su orgullo,
a pesar del esfuerzo de sus manos.
12 Los baluartes inaccesibles de tus murallas
los derribó, los abatió,
los echó por tierra hasta el polvo.

Canto de victoria

Is 60 18; Sal 118 19-20

26 1 Aquel día, se entonará este canto
en el país de Judá:
Tenemos una ciudad fuerte,
el Señor le ha puesto como salvaguardia
muros y antemuros.
2 Abran las puertas,
para que entre una nación justa,
que se mantiene fiel.
3 Su carácter es firme,
y tú la conservas en paz,
porque ella confía en ti.
4 Confíen en el Señor para siempre,
porque el Señor es una Roca eterna.
5 Él doblegó a los que habitaban en la altura,
en la ciudad inaccesible;

la humilló hasta la tierra,
le hizo tocar el polvo.
6 Ella es pisoteada
por los pies del pobre,
por las pisadas de los débiles.

Salmo: la esperanza en los juicios del Señor

Os 13 13-14; Is 37 3; Ez 37; Ef 5 14

7 La senda del justo es recta,
tú allanas el sendero del justo.
8 Sí, en la senda trazada por tus juicios,
esperamos en ti, Señor:
tu Nombre y tu recuerdo
son el deseo de nuestra alma.
9 Mi alma te desea por la noche,
y mi espíritu te busca de madrugada,
porque cuando tus juicios
se ejercen sobre la tierra,
los habitantes del mundo
aprenden la justicia.
10 Si se hace gracia al malvado,
no aprende la justicia:
en el país de la rectitud,
obra perversamente,
sin mirar la majestad del Señor.
11 Señor, tu mano está levantada,
pero ellos no la ven:
¡que vean avergonzados
tu celo por el pueblo,
que los devore el fuego
destinado a tus adversarios!
12 Señor, tú nos aseguras la paz,
porque eres tú el que realiza por nosotros
todo lo que nosotros hacemos.
13 Señor, Dios nuestro,
otros señores nos han dominado,
pero a nadie reconocemos fuera de ti,
solamente pronunciamos tu Nombre.
14 Los muertos no revivirán,
las Sombras no se levantarán:
tú has intervenido para exterminarlos,
hiciste desaparecer hasta su recuerdo.
15 Has engrandecido la nación, Señor,
has engrandecido la nación,
has manifestado tu gloria,
has ensanchado todas las fronteras del país.
16 En medio de la angustia, Señor,
acudimos a ti,
clamamos en la opresión,
cuando nos golpeaba tu castigo.
17 Como la mujer embarazada,
que está por dar a luz,
se retuerce y da gritos de dolor,
así éramos nosotros delante de ti, Señor.
18 Hemos concebido, nos hemos retorcido,
y no dimos a luz más que viento.
¡No hemos traído la salvación a la tierra,
no le nacieron habitantes al mundo!
19 Pero tus muertos revivirán,
se levantarán sus cadáveres.
¡Despierten y griten de alegría
los que yacen en el polvo!
Porque tu rocío es un rocío de luz,
y la tierra dará vida a las Sombras.

El castigo de los habitantes de la tierra

Mt 6 6; Job 14 13-15; Gn 4 10; Ap 3 10; 6 10; Sal 74 14; Is 51 9-10; Sal 74 23; Job 7 12

20 ¡Ve, pueblo mío, entra en tus habitaciones
y cierra tus puertas por dentro;
escóndete por un instante,
hasta que pase la ira!
21 Porque el Señor sale de su morada
para pedir cuenta de su iniquidad
a los habitantes de la tierra:
la tierra pondrá al descubierto
la sangre derramada
y ya no cubrirá a sus muertos.

El castigo de Leviatán

27 1 Aquel día, el Señor castigará
con su espada bien templada,
grande y fuerte,
a Leviatán, la Serpiente huidiza,
a Leviatán, la Serpiente tortuosa,
y matará al Dragón que está en el mar.

El canto de la viña

Is 5 1-7

2 Aquel día, canten a la viña deliciosa:
3 Yo, el Señor, soy su guardián,
la riego constantemente;
para que nadie le haga daño,
la cuido día y noche.
4 Ya no estoy enojado:
aunque haya cardos y espinas
iré a luchar contra ellos
y los quemaré todos juntos.
5 A menos que se acojan a mi amparo,
que hagan las paces conmigo:
¡sí, que hagan las paces conmigo!

La expiación de los pecados de Israel

Is 40 6-8; Ez 17 10; Dt 7 5; 2 Re 23 4.15; Is 17 8

6 En los días que vendrán, Jacob echará raíces,
Israel florecerá, dará brotes,
y llenará el mundo con sus frutos.
7 ¿Acaso el Señor lo ha golpeado
como golpeó al que lo golpeaba?
¿Lo ha matado como mató
a los que lo mataban?
8 Al expulsarlo, al despoblarlo,
has concluido tu pleito con él.

Él lo arrolló con su soplo violento,
en un día de viento del este.
9 Así será expiada la iniquidad de Jacob,
y este será el fruto del perdón
de su pecado:
¡él tratará todas las piedras de altar
como piedra caliza que se tritura,
los postes sagrados y los altares de incienso
no quedarán en pie!

La ciudad abandonada

Is 7 25; 13 21; Dt 32 6; Os 4 6; 1 6; Is 43 1.7

10 La plaza fuerte está solitaria,
es un pastizal abierto,
abandonado como el desierto.
Allí va a pacer el ternero,
allí se recuesta y deshoja las ramas.
11 Al secarse, se quiebran las ramas,
y vienen mujeres a prenderles fuego.
Porque este es un pueblo sin inteligencia:
por eso su Creador no le tiene compasión,
el que lo formó no se apiada de él.

El retorno de los israelitas

Gn 15 18; 2 Re 24 7; Os 11 11

12 Aquel día, el Señor trillará el grano
desde el curso del Río
hasta el Torrente de Egipto,
y ustedes, israelitas,
serán espigados uno por uno.
13 Aquel día, sonará la gran trompeta,
y vendrán los que estaban perdidos
en el país de Asiria
y los desterrados en el país de Egipto,
para adorar al Señor
sobre la santa Montaña, en Jerusalén.

ORÁCULOS SOBRE ISRAEL Y JUDÁ

La caída de Samaría

Is 9 7-20; 5 11-13; Os 7 5-7; Am 6 4-10; Is 5 26-29; 11 2-5

28 1 ¡Ay de la soberbia corona
de los ebrios de Efraím,
y de la flor marchita que lucen
como adorno,
sobre lo alto del valle fértil!
¡Ay de ustedes, los volteados por el vino!
2 Miren, el Señor tiene a un hombre
fuerte y poderoso:
como tormenta de granizo
y tempestad arrasadora,
como tormenta de aguas impetuosas,
torrenciales,
él lo echa todo por tierra violentamente.
3 Con ambos pies será pisoteada
la soberbia corona de los ebrios de Efraím.
4 Y la flor marchita que lucen como adorno,
sobre lo alto del valle fértil,
será como una breva antes del verano:
el primero que la ve,
apenas la tiene en la mano, se la traga.
5 Aquel día, el Señor de los ejércitos
será una espléndida corona
y una diadema de gloria
para el resto de su pueblo;
6 inspirará la justicia
a los que se sientan en el tribunal,
y dará fortaleza
a los que rechazan el asalto a las puertas.

Contra los sacerdotes y los falsos profetas

Is 5 11-12.22-23; Os 4 18; 7 5; Jr 5 15; 1 Cor 14 21

7 Estos también se extravían por el vino
y van dando tumbos por la bebida:
sacerdote y profeta se extravían
por la bebida,
se aturden con el vino,
van dando tumbos por la bebida,
se extravían en la visión,
titubean en la decisión.
8 ¡Sí, todas las mesas están llenas
de vómitos inmundos,
no queda espacio limpio!
9 «¿A quién pretende instruir
y hacerle comprender lo que él oye?
¿A niños recién destetados,
que acaban de dejar el pecho?
10 Porque todo no es más que:
sau lasau, sau lasau,
cau lacau, cau lacau,
un poco aquí, otro poco allí».
11 Ahora bien: en un lenguaje balbuciente
y en una lengua extranjera,
el Señor hablará a este pueblo,
12 al que le dijo una vez: «Este es el descanso,
hagan descansar al exhausto,
aquí está la tranquilidad».
¡Pero ellos no quisieron escuchar!
13 Entonces la palabra del Señor les sonará así:
sau lasau, sau lasau,
cau lacau, cau lacau,
un poco aquí, otro poco allí,
a fin de que caigan de espaldas al caminar,
se destrocen y queden enredados
en la trampa.

El falso refugio y el verdadero fundamento puesto por el Señor

Is 3 1-4; 31 1; 8 7-8; 30 10-12; Sal 118 22; Zac 4 7; Mt 21 42; 1 Cor 3 11; 1 Pe 2 6; 2 Sm 5 17-25

14 Por eso, escuchen la palabra del Señor,
ustedes, gente burlona,
dominadores de este pueblo
que está en Jerusalén.
15 Ustedes dicen: «Hemos hecho
una alianza con la Muerte,
hemos establecido un pacto con el Abismo.

Cuando pase el flagelo desencadenado,
no nos alcanzará,
porque hemos hecho de la mentira
un refugio
y nos hemos amparado en el engaño».
16 Por eso, así habla el Señor:
Miren que yo pongo una piedra en Sion,
una piedra a toda prueba,
una piedra angular, escogida,
bien cimentada:
el que tenga fe no vacilará.
17 Yo usaré el derecho como medida
y la justicia como plomada.
El granizo barrerá el refugio de la mentira
y las aguas inundarán el escondite.
18 La alianza que hicieron con la Muerte
será anulada
y no se mantendrá el pacto con el Abismo.
Cuando pase el flagelo desencadenado,
serán aplastados:
19 los arrollará cada vez que pase,
porque pasará una mañana tras otra,
de día y de noche,
y será algo terrible comprender el mensaje.
20 El lecho será demasiado corto
para estirarse,
la manta demasiado estrecha
para envolverse.
21 ¡Sí, el Señor se alzará
como en el monte Parasim,
se enfurecerá como en el valle de Gabaón,
para realizar su obra, una obra extraña,
para ejecutar su tarea, una tarea inaudita!
22 Por lo tanto, dejen de burlarse,
no sea que se aprieten más las ataduras,
porque es un decreto de exterminio
el que yo escuché
de parte del Señor de los ejércitos
contra todo el país.

La parábola del agricultor

Job 32 8; 35 11; Is 41 15; Am 1 3;
Is 8 23; Sal 118 23; Is 9 5

23 ¡Presten oído y escuchen mi voz,
estén atentos y oigan mi palabra!
24 ¿Acaso el que ara para sembrar
se pasa todo el día arando,
abriendo surcos y rastrillando su terreno?
25 Una vez igualada la superficie,
¿no siembra el hinojo y esparce el comino,
planta el trigo en hileras,
la cebada en el lugar señalado
y la espelta en sus linderos?
26 *El que le enseña estas* reglas,
el que lo instruye, es su Dios.
27 El hinojo no se trilla con el rastrillo,
no se pasa sobre el comino
la rueda del carro:
el hinojo se golpea con la vara
y el comino con el bastón.
28 ¿Se tritura el grano? No,
no se lo trilla indefinidamente;
se hace girar la rueda del carro,
se lo machaca, pero no se lo tritura.
29 También esto procede del Señor
de los ejércitos,
admirable por su consejo y grande
por su destreza.

Asedio y liberación de Jerusalén

2 Sm 5 6-9; Lv 23 4-37; Is 33 7-9; 30 33; Ez 24 2-14;
Is 36 22 – 37 3; Job 20 8; Is 31 4-5; 36 – 37

29 1 ¡Ay, Ariel, Ariel,
ciudad contra la que acampó David!
Añadan un año a otro año,
que las fiestas completen su ciclo:
2 entonces yo oprimiré a Ariel,
habrá gemidos y quejidos,
y tú serás para mí como un «ariel».
3 Yo acamparé contra ti, como David,
te cercaré con empalizadas
y levantaré contra ti torres de asalto.
4 Abatida, hablarás desde la tierra
y tu palabra saldrá débilmente del polvo;
tu voz vendrá de la tierra,
como la de un espectro,
y tu palabra será un susurro desde el polvo.
5 Pero el tropel de tus adversarios
quedará reducido a polvo,
y el tropel de los tiranos
será como paja que se lleva el viento.
De repente, en un instante,
6 serás visitada por el Señor de los ejércitos,
con trueno, fragor y gran estruendo,
huracán, tempestad y llama de fuego
devorador.
7 Pasará como un sueño, una visión nocturna,
el tropel de todas las naciones
que atacaban a Ariel,
todos los que combatían contra ella
y su fortaleza
y la tenían cercada.
8 Como el hambriento sueña que come,
y se despierta con el estómago vacío;
como el sediento sueña que bebe,
y se despierta exhausto, con la garganta seca,
así le sucederá al tropel de todas las naciones
que atacan a la montaña de Sion.

La ceguera del pueblo

Is 6 9-10; 51 21; 1 Sm 26 12; Rom 11 8;
Miq 3 6-7; Jr 32 9-14; Ap 5 1-15; Hch 8 30-31

9 ¡Pásmense y quédense pasmados,
enceguézcanse y quédense ciegos!
¡Embriáguense, pero no con vino,
vacilen, pero no por la bebida!
10 Porque el Señor ha derramado
sobre ustedes
un espíritu de letargo,

REFLEXIONA

Coherencia del mensaje con la alianza

Isaías proclama que Dios transforma la vida de los pobres y necesitados, al decir que los sordos oirán, los ciegos verán y los humildes se alegrarán (Is 29 18-19), y lo ratifica al llevar la buena nueva a los pobres, sanar a los de corazón destrozado y liberar a los cautivos (61 1). Jesús describe su misión y la llegada del Reino de Dios en los mismos términos (ver «Proyecto mesiánico de Jesús», Lc 4 16-30). Todo profeta auténtico, como Isaías y Jesús, el profeta por excelencia, se mantienen fieles a la alianza con Dios que pide atender al pobre y proteger al desvalido.

¿Qué sentimientos y acciones despierta en ti este texto de Isaías y el que Jesús se lo haya adjudicado a sí mismo?

Is 29 18-19

les ha cerrado los ojos —los profetas—,
les ha cubierto sus cabezas
—los videntes—
11 y toda visión es para ustedes
como las palabras de un libro sellado.
Se lo dan a uno que sabe leer, diciéndole:
«Lee esto». Pero él responde: «No puedo,
porque el libro está sellado». 12 Le dan el libro a uno que no sabe leer, diciéndole: «Lee
esto». Y él responde: «No sé leer».

Contra el formalismo religioso

Is 1 10-20; Sal 78 36-37; Am 5 21-23; Mt 15 8-9; Is 5 21; 1 Cor 1 19

13 El Señor ha dicho:
Este pueblo se acerca a mí con la boca
y me honra con los labios,
pero su corazón está lejos de mí,
y el temor que me tiene
no es más que un precepto humano,
aprendido por rutina.
14 Por eso, yo seguiré haciendo prodigios,
prodigios estupendos,
en medio de este pueblo:
desaparecerá la sabiduría de sus sabios
y se eclipsará la inteligencia
de sus inteligentes.

Contra los que obran a espaldas del Señor

Is 10 15; 45 9; 64 7; Rom 9 20-21

15 Ay de los que traman secretamente
para ocultar sus proyectos al Señor,
de los que actúan en la oscuridad
y dicen: «¿Quién nos ve
y quién nos conoce?».
16 ¡Qué desatino el de ustedes!
¿Acaso se puede pensar
que el alfarero es igual al barro
para que la obra diga al que la hizo:

VIVE LA PALABRA

Fe y política

Isaías profetiza contra Israel porque hizo pactos con Egipto, sin que Dios lo quisiera. Los líderes políticos siempre deben buscar el bien de su pueblo, y los ciudadanos, como Isaías, debemos exigir integridad en ellos y en nosotros mismos.

La corrupción política, la impunidad de las clases privilegiadas, el enriquecimiento ilícito y el mal manejo de las instituciones gubernamentales, sobre todo en la administración de la justicia y la inversión pública, no deben existir nunca, pues destruyen a las personas y las naciones. Es el liderazgo transparente y respetuoso el que favorece el bienestar y el desarrollo de toda la gente y las naciones.

Los laicos tenemos la misión profética de participar en la política para buscar la justicia y el bien común. Cuando no asumimos esta misión, dejamos que las fuerzas del mal manejen el poder en detrimento del pueblo, especialmente de los más débiles. Por eso, la Doctrina Social de la Iglesia exige nuestro compromiso sociopolítico (ver «Raíces proféticas de la Doctrina Social de la Iglesia», Am 8 4-8 y «El dinero y la justicia con los pobres», Sant 5 1-6).

¿Cómo vives este compromiso según las capacidades propias de tu edad? ¿Cómo te preparas para vivirlo como adulto responsable?

Is 30 1-7

«No me ha hecho él»,
y la vasija diga de su alfarero:
«No entiende nada»?

Perspectivas de salvación

Is 32 15-20; 35 5; 42 16-19; 41 17;
Mt 5 3-4; Is 10 1-2; 5 23

17 ¿No falta poco, muy poco tiempo,
para que el Líbano se vuelva un vergel
y el vergel parezca un bosque?
18 Aquel día, los sordos oirán
las palabras del libro,
y verán los ojos de los ciegos,
libres de tinieblas y oscuridad.
19 Los humildes se alegrarán más y más
en el Señor
y los más indigentes se regocijarán
en el Santo de Israel.
20 Porque se acabarán los tiranos,
desaparecerá el insolente,
y serán extirpados los que acechan
para hacer el mal,
21 los que con una palabra hacen condenar
a un hombre,
los que tienden trampas al que actúa
en un juicio,
y porque sí no más perjudican al justo.
22 Por eso, así habla el Señor,
el Dios de la casa de Jacob,
el que rescató a Abraham:
En adelante, Jacob no se avergonzará
ni se pondrá pálido su rostro.
23 Porque, al ver lo que hago en medio de él,
proclamarán que mi Nombre es santo,
proclamarán santo al Santo de Jacob
y temerán al Dios de Israel.
24 Los espíritus extraviados
llegarán a entender
y los recalcitrantes aceptarán la enseñanza.

Contra el pacto con Egipto

Is 31 1-3; 36 5-9; 14 29; Nm 21 4-9

30 1 ¡Ay de los hijos rebeldes
—oráculo del Señor—
que hacen planes sin contar conmigo,
que concluyen pactos contrarios
a mi espíritu,
añadiendo así un pecado tras otro!
2 Se ponen en camino para bajar a Egipto
sin haberme consultado,
para refugiarse al amparo del Faraón
y protegerse a la sombra de Egipto.
3 El amparo del Faraón será su vergüenza
y la protección a la sombra de Egipto,
su confusión.
4 Aunque sus jefes estén en Soán
y sus mensajeros hayan llegado a Janés,
5 todos ellos serán defraudados
por un pueblo que no sirve de nada,
que no les aporta ayuda ni provecho,
sino vergüenza y oprobio.

La inutilidad de la ayuda egipcia

Is 36 6; Sal 87 4; 89 11

6 Oráculo sobre las bestias del Négueb:
Por una tierra de miseria y angustia,
de donde salen la leona y el león,
la víbora y la serpiente voladora,
ellos llevan sus riquezas a lomo de asnos
y sus tesoros sobre la giba de los camellos,
a un pueblo que no sirve de nada.
7 ¡Egipto! Su ayuda es inútil y vana;
por eso yo lo llamé: «Rahab, la inmóvil».

El testimonio escrito del profeta

Is 8 1-2; Jr 36 2; Hab 2 2-3

8 Ahora ve, escribe esto
en una tabla, delante de ellos,
e inscríbelo en un libro:
que sirva de testimonio perpetuo
para el tiempo futuro.

Castigo de la rebeldía y de la falsa confianza

Is 1 2-4; Am 2 12; 7 13; Jr 11 21;
1 Re 22 8-27; Is 6 3; 7 9; Dt 32 30

9 Porque este es un pueblo en rebeldía,
son hijos mentirosos,
hijos que no quieren escuchar
la enseñanza del Señor.
10 Ellos dicen a los videntes:
«¡No tengan visiones!»,
y a los profetas:
«¡No nos vaticinen la verdad!
¡Háblennos de cosas agradables,
tengan visiones ilusorias!
11 ¡Apártense del camino,
desvíense del sendero,
dejen de ponernos por delante
al Santo de Israel!».
12 Por eso, así habla el Santo de Israel:
Porque ustedes desprecian esta palabra
y confían en lo que es tortuoso y retorcido,
para tener donde apoyarse;
13 por eso, esta falta será para ustedes
como una grieta amenazadora
que se va agrandando en un muro elevado,
y de pronto, en un instante,
sobreviene el derrumbe;
14 o como se quiebra una vasija de alfarero
hecha añicos sin piedad,
sin que se encuentre entre sus pedazos
ni un trozo para sacar fuego del brasero
o para extraer agua del aljibe.
15 Porque así habla el Señor, el Santo de Israel:
En la conversión y en la calma
está la salvación de ustedes;
en la serenidad y la confianza
está su fuerza.
¡Pero ustedes no lo han querido!

[16] Ustedes dijeron: «¡No, huiremos
a caballo!».
Está bien, tendrán que huir.
«¡Cabalgaremos velozmente!».
Está bien, sus perseguidores
serán más veloces.
[17] Ante la amenaza de uno solo,
temblarán mil;
ante la amenaza de cinco, ustedes huirán,
hasta que sean dejados como un mástil
en la cumbre de una montaña,
como señal sobre una colina.

La conversión y la prosperidad futura de Jerusalén

Is 54 8; 5 16; Os 2 21; Sal 36 6-7; Sal 1 1; Is 8 17; 25 9; 26 8; 12 1; 25 8; 2 20; 27 9; Jl 4 18; Is 2 12-15; 9 1

[18] A pesar de todo, el Señor espera
para apiadarse de ustedes;
a pesar de todo, él se levantará
para tenerles compasión:
porque el Señor es un Dios de justicia.
¡Felices todos los que esperan en él!

[19] Sí, pueblo de Sion, que habitas en Jerusalén, ya no tendrás que llorar: él se apiadará de ti al oír tu clamor; apenas te escuche,
te responderá. [20] Cuando el Señor les haya
dado el pan de la angustia y el agua de la
aflicción, aquel que te instruye no se ocultará más, sino que verás a tu maestro con tus
propios ojos. [21] Tus oídos escucharán detrás
de ti una palabra: «Este es el camino, síganlo, aunque se hayan desviado a la derecha o
a la izquierda». [22] Tendrás por impuros a tus
ídolos recubiertos de plata y a tus estatuas
enchapadas en oro; los arrojarás como inmundicia, y les dirás: «¡Fuera de aquí!».
[23] El Señor te dará lluvia para la semilla que
siembres en el suelo, y el pan que produzca
el terreno será rico y sustancioso. Aquel día,
tu ganado pacerá en extensas praderas. [24] Los
bueyes y los asnos que trabajen el suelo comerán forraje bien sazonado, aventado con
el bieldo y la horquilla. [25] En todo monte elevado y en toda colina alta, habrá arroyos y
corrientes de agua, el día de la gran masacre,
cuando se derrumben las torres. [26] Entonces,
la luz de la luna será como la luz del sol, y la
luz del sol será siete veces más intensa —como la luz de siete días— el día en que el Señor vende la herida de su pueblo y sane las
llagas de los golpes que le infligió.

Castigo de las naciones

Dt 12 5; 1 Re 8 29; Is 28 2; 29 7; 2 Re 6 18-20; 1 Re 8 2-65; Ez 45 24; Sal 28 1; 29 4; Is 10 5-19; 14 24-27

[27] ¡Miren que el nombre del Señor
viene de lejos!
Arde su ira y es densa la humareda;
sus labios desbordan de indignación
y su lengua es como fuego devorador.
[28] Su aliento es como un torrente desbordado,
que sube hasta el cuello,
para zarandear a las naciones
con la criba destructora
y poner el freno del extravío
en las quijadas de los pueblos.
[29] Entonces, ustedes cantarán
como en la noche sagrada de la fiesta,
y habrá alegría en los corazones,
como cuando se avanza al son de la flauta
para ir a la montaña del Señor,
hacia la Roca de Israel.
[30] El Señor hará oír su voz majestuosa
y mostrará su brazo que se descarga
en el ardor de su ira, en la llama
de un fuego devorador,
en el huracán, la tormenta y el granizo.
[31] Asiria temblará ante la voz del Señor,
que golpeará con el bastón;
[32] y cada vez que pase la vara vengadora
que el Señor descargará contra ella,
irá acompañada de tamboriles y cítaras,
en los combates que el Señor
entablará con ella,
blandiendo su brazo.
[33] Porque la hoguera está preparada
hace tiempo,
está dispuesta también para el rey:
se ha hecho una pira profunda y ancha,
con fuego y leña en abundancia,
y el soplo del Señor la encenderá
como un torrente de azufre.

Inutilidad de la alianza con Egipto

Is 30 1-7; Sal 146 3; Ez 28 9; Is 1 28; 10 18; 29 20

31 [1] ¡Ay de los que bajan a Egipto
para pedir ayuda,
y buscan apoyo en los caballos!
Ellos confían en los carros,
porque son numerosos,
y en los jinetes, porque son muy fuertes,
pero no miran al Santo de Israel
ni consultan al Señor.
[2] Sin embargo, él también es sabio:
hace venir la desgracia
y no revoca su palabra,
se levanta contra la casa de los malvados
y contra la ayuda de los malhechores.
[3] Los egipcios son hombres y no dioses,
sus caballos son carne y no espíritu.
Cuando el Señor extienda su mano,
tropezará el que ayuda,
y caerá el que es ayudado,
y todos juntos desaparecerán.

I S

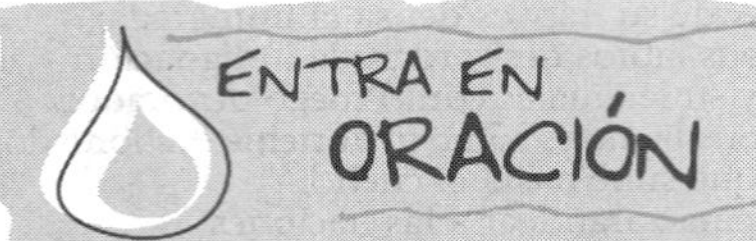

Shalom

Shalom es el saludo acostumbrado en Israel; significa «paz» en un sentido muy completo, pues abarca el deseo del bienestar total de la persona.

Shalom a la creación de Dios, a todas las personas que desean rectitud, felicidad y plenitud de vida. Shalom para toda la gente que busca la justicia.

Shalom a mis vecinos y amigos, a mi país y continente. Shalom para que vivamos sin guerras ni violencia, construyendo la Civilización del Amor en todo el mundo.

Shalom en nuestra mente y corazón. Shalom para que irradiemos la verdad y la justicia en todo lo que hacemos y seamos fuente de shalom para quienes nos rodean.

Is 32 18-20

El combate del Señor en favor de Jerusalén

Dt 32 11; Sal 36 8; Is 10 24-27; 30 27-33

4 Porque así me ha hablado el Señor:
Como gruñe el león
o el cachorro de león sobre su presa,
cuando se llama contra él
a todos los pastores,
sin dejarse intimidar por sus gritos
ni amedrentarse por el tumulto,
así el Señor de los ejércitos bajará a combatir
sobre la montaña de Sion y su colina.
5 Como pájaros que revolotean,
así el Señor de los ejércitos protegerá
a Jerusalén:
él protegerá, salvará,
perdonará, librará.
6 ¡Vuelvan, israelitas,
a aquel de quien se han apartado tanto!
7 Sí, en aquel día, cada uno rechazará
sus ídolos de plata y sus ídolos de oro,
esos que ustedes se han fabricado
con sus manos pecadoras.
8 *Asiria caerá bajo una espada*
que no es de un hombre,
una espada no humana la devorará:
ella huirá delante de la espada
y sus jóvenes irán a trabajos forzados.
9 Su roca huirá aterrorizada,
y sus jefes, espantados, abandonarán
el estandarte.
—Oráculo del Señor,
que tiene su fuego en Sion
y su horno en Jerusalén.

El reinado de un rey justo

Is 11 3-4; Jr 23 5-6; Is 30 10; 6 10; 5 20

32 1 Sí, un rey reinará
conforme a la justicia
y los príncipes gobernarán según el derecho.
2 Ellos serán como un refugio contra el viento,
como un reparo contra la tormenta,
como una corriente de agua en suelo árido,
como la sombra de un peñasco
en tierra reseca.
3 No se obnubilarán los ojos de los que ven
y los oídos de los que oyen estarán atentos;
4 el irreflexivo aprenderá a comprender
y la lengua tartamuda hablará
con soltura y claridad.
5 Ya no se llamará noble al necio
ni se dará al sinvergüenza
un título honorífico.

El comportamiento del necio y del noble

Sal 14 1; Ecl 10 13; Sal 10 2.7-11

6 Porque el necio dice necedades
y su corazón maquina el mal,
para proceder con impiedad
y proferir aberraciones contra el Señor,
para dejar al hambriento
con el estómago vacío
y privar de bebida al sediento.
7 En cuanto al sinvergüenza, usa malas artes,
no planea más que infamias,
para arruinar a los indigentes con engaños,
cuando el pobre reclama su derecho.
8 El hombre noble, en cambio,
piensa noblemente
y se mantiene firme en su nobleza.

Contra las mujeres indolentes

Is 3 16-24; 22 1-14; Am 4 1-3

9 ¡De pie, mujeres indolentes,
escuchen mi voz!
¡Presten oído a mi palabra,
mujeres demasiado confiadas!
10 Dentro de un año y unos días,
ustedes temblarán, mujeres confiadas,
porque terminará la vendimia
y no llegará la cosecha.
11 ¡Tiemblen, indolentes,
estremézcanse, confiadas,
desvístanse, desnúdense,
cíñanse la cintura!
12 Laméntense por los campos,
por los campos deliciosos,
por las viñas fértiles,
13 por el suelo de mi pueblo,
porque crecerán espinas y zarzas

en todas las casas felices
de la ciudad alegre.
14 Sí, la ciudadela ha quedado desierta
y la ciudad tumultuosa, abandonada.
Ofel y la Torre de guardia
serán madrigueras para siempre,
delicia de los asnos salvajes,
pastizal para los rebaños...

El reino futuro de la justicia y la paz

Is 11 2-9; Ez 37 9-10; Jl 3 1-2; Is 9 6; Sal 72 2-3; Is 33 15-16; 28 12; Jr 23 6; Sal 1 1

15 ... hasta que sea infundido en nosotros
un espíritu desde lo alto.
Entonces el desierto será un vergel
y el vergel parecerá un bosque.
16 En el desierto habitará el derecho
y la justicia morará en el vergel.
17 La obra de la justicia será la paz,
y el fruto de la justicia, la tranquilidad
y la seguridad para siempre.
18 Mi pueblo habitará en un lugar de paz,
en moradas seguras,
en descansos tranquilos
19 —pero la selva caerá abatida
y la ciudad será humillada por completo—.
20 ¡Felices ustedes, los que siembran
junto al agua,
los que dejan sueltos al buey y al asno!

Súplica en un tiempo de angustia

Is 10 14-26; 30 31-32; Jr 30 16; Is 30 18-19; Sal 67 2; 123 3; Is 25 9; Sal 33 22; Is 12 2-3; Sal 46 2; 77 3; Is 17 13; Sal 68 2; Is 2 11.17; 11 2; Sal 110 10

33 1 ¡Ay de ti, devastador
que no has sido devastado,
traidor, a quien no han traicionado!
Cuando termines de devastar,
serás devastado,
cuando acabes de traicionar,
te traicionarán a ti.
2 Señor, ten piedad de nosotros,
nosotros esperamos en ti.
Sé nuestro brazo cada mañana
y nuestra salvación
en el tiempo de la angustia.
3 Al estruendo de tu voz, huyen los pueblos;
cuando te alzas, se dispersan las naciones.
4 Como arrasa la oruga, se recoge el botín;
se abalanzan sobre él,
como una bandada de langostas.
5 El Señor es sublime
porque habita en las alturas:
él llena a Sion con el derecho y la justicia,
6 él será la seguridad de tus días.
La sabiduría y la ciencia
son la riqueza salvadora;
el temor del Señor, ese es su tesoro.

La intervención del Señor en medio de la desolación

Ex 24 5; Is 24 4; Sal 12 6; Is 9 17-18; Am 2 1; Is 10 16-17

7 La gente de Ariel grita por las calles,
los mensajeros de paz lloran amargamente.
8 Los senderos están desolados,
nadie transita por los caminos.
Se ha roto la alianza,
se rechaza a los testigos,
no se tiene en cuenta a nadie.
9 La tierra está de duelo y desfallece,
el Líbano pierde el color y se marchita,
el Sarón se ha convertido en una estepa,
el Basán y el Carmelo se deshojan.
10 «Ahora me levantaré, dice el Señor,
ahora me erguiré,
ahora me alzaré.
11 Ustedes han concebido heno
y darán a luz paja;
mi soplo es un fuego que los va a devorar.
12 Los pueblos serán calcinados,
como espinas cortadas, arderán en el fuego.
13 Los que están lejos, escuchen lo que hice;
los que están cerca, reconozcan mi poder».

Condiciones para librarse del Juicio divino

Is 4 5; 30 27; Dt 9 3; Sal 15 2-5; 24 4; Ez 18 5-9; Sal 118 19-20; Is 1 23; 5 23; Prov 1 10-16

14 Están aterrados en Sion los pecadores,
un temblor invade a los impíos:
«¿Quién de nosotros habitará
en un fuego devorador?
¿Quién de nosotros habitará
en una hoguera eterna?».
15 El que obra con justicia
y habla con rectitud,
el que rehúsa una ganancia extorsionada,
el que sacude sus manos
para no retener el soborno,
el que tapa sus oídos
a las propuestas sanguinarias,
el que cierra los ojos para no ver la maldad:
16 ese hombre habitará en las alturas,
rocas fortificadas serán su baluarte,
se le dará su pan
y tendrá el agua asegurada.

La gloria futura de Sion

Is 37 1-6; 28 11; Is 30 29; Sal 122 1-4; Is 12 6.3; Ez 47 1-12; Sal 46 5; Miq 7 18-19

17 Tus ojos verán a un rey en su hermosura,
contemplarán un país
que se extiende a lo lejos.
18 Tú evocarás lo que te horrorizaba:
«¿Dónde está el que contaba,
dónde el que pesaba,
dónde el que numeraba las torres?».

IS

19 Ya no verás más a aquel pueblo brutal,
aquel pueblo de lenguaje difícil,
que tartamudea en un idioma
incomprensible.
20 Mira a Sion, la ciudad de nuestras fiestas,
que tus ojos vean a Jerusalén,
morada tranquila,
tienda que no será desplazada,
cuyas estacas no serán arrancadas
y cuyas cuerdas no se romperán.
21 Porque allí el Señor se muestra magnífico
con nosotros,
como un lugar de ríos,
de canales anchurosos,
por donde no circula ningún barco a remos
ni atraviesa ningún navío poderoso.
23 ¡Se aflojan tus cordajes,
ya no sostienen el mástil,
ni se despliega el pabellón!
22 Porque el Señor es nuestro Juez,
el Señor es nuestro Legislador,
el Señor es nuestro Rey:
él nos salvará.
23d Entonces se repartirán un inmenso botín,
hasta los tullidos participarán del saqueo.
24 Ningún habitante dirá: «Me siento mal»,
y al pueblo que habita allí
le será perdonada su culpa.

EL JUICIO DE LAS NACIONES Y LA RESTAURACIÓN DE ISRAEL

El juicio de las naciones

Is 41 1; 49 1; Am 3 9; Is 30 27-28; 14 19-20; Ap 6 12-14

34 1 ¡Acérquense, naciones, para oír;
pueblos, presten atención!
¡Escuche la tierra y todo lo que hay en ella,
el mundo y todo lo que él produce!
2 Porque el Señor está irritado
contra todas las naciones
y enfurecido contra todos sus ejércitos:
los ha consagrado al exterminio,
los ha destinado a la matanza.
3 Sus víctimas son arrojadas afuera,
de sus cadáveres sube el hedor,
y con su sangre se disuelven las montañas.
4 Se diluye todo el ejército del cielo,
los cielos son enrollados como un pliego,
y todo su ejército se marchita
como se marchita el follaje de la vid,
como cae marchita la hoja de la higuera.

El castigo de Edom

Eclo 27 1; 66 16; Ez 21 13-22; Is 63 1-6; Jl 4 9;
Sal 137 7; Is 35 4; 59 18; 28 17; 2 Re 21 13;
Gn 1 2; Is 13 21; 29 18; Ap 20 12

5 Porque mi espada se abrevó en el cielo:
miren cómo baja sobre Edom,
sobre el pueblo que he condenado al juicio.
6 La espada del Señor está llena de sangre,
impregnada de grasa,
de la sangre de corderos y chivos,
de la grasa de riñones de carneros.
Porque el Señor tiene un sacrificio en Bosrá,
una gran matanza en el país de Edom.
7 Caen los búfalos con los terneros cebados,
los novillos con los toros:
su tierra se abreva con sangre,
su suelo se impregna de grasa.
8 Porque es un día de venganza para el Señor,
un año de desquite para la causa de Sion.
9 Sus torrentes se transformarán en resina
y su suelo en azufre;
su tierra se convertirá en resina ardiente,
10 que no se extinguirá ni de día ni de noche:
la humareda subirá incesantemente.
Quedará desierta de generación
en generación,
nunca más pasará nadie por allí.
11 Se adueñarán de ella el pelícano y el erizo,
la lechuza y el cuervo habitarán allí.
Se extenderá sobre ella la plomada del caos
y el nivel del vacío.
12 Los nobles no proclamarán más un rey
y todos sus príncipes serán aniquilados.
13 En sus palacios crecerán zarzas,
en sus fortalezas, ortigas y espinas;
será una morada de chacales,
una guarida de avestruces.
14 Las fieras del desierto se juntarán
con las hienas,
los sátiros se llamarán unos a otros.
Allí también descansará Lilit
y tendrá un lugar de reposo.
15 Allí anidará la serpiente
y pondrá sus huevos,
los incubará y los hará empollar;
y allí también se reunirán los buitres,
cada uno con su pareja.
16 Consulten el libro del Señor y lean:
no falta ninguno de ellos,
ni uno solo ha perdido su pareja,
porque lo ha mandado la boca del Señor
y su espíritu los ha congregado.
17 Él mismo ha echado la suerte para ellos,
su mano les asignó una parte con la cuerda:
ellos la poseerán para siempre,
habitarán allí de generación en generación.

Liberación y felicidad de Israel

Is 41 18-19; 40 5; Ex 16 10; Is 40 29-30; 29 18;
Mt 11 5; Is 32 4; 43 20; 44 3; 41 18

35 1 ¡Regocíjese el desierto
y la tierra reseca,
alégrese y florezca la estepa!
2 ¡Sí, florezca como el narciso,
que se alegre y prorrumpa
en cantos de júbilo!

Le ha sido dada la gloria del Líbano,
el esplendor del Carmelo y del Sarón.
Ellos verán la gloria del Señor,
el esplendor de nuestro Dios.
3 Fortalezcan los brazos débiles,
robustezcan las rodillas vacilantes;
4 digan a los que están desalentados:
«¡Sean fuertes, no teman:
ahí está su Dios!
Llega la venganza, la represalia de Dios:
él mismo viene a salvarlos».
5 Entonces se abrirán los ojos de los ciegos
y se destaparán los oídos de los sordos;
6 entonces el tullido saltará como un ciervo
y la lengua de los mudos gritará de júbilo.
Porque brotarán aguas en el desierto
y torrentes en la estepa;
7 el páramo se convertirá en un estanque
y la tierra sedienta en manantiales;
la morada donde se recostaban
los chacales
será un paraje de caña y papiros.
8 Allí habrá una senda y un camino
que se llamará «Camino santo».
No lo recorrerá ningún impuro
ni los necios vagarán por él;
9 no habrá allí ningún león
ni entrarán en él las fieras salvajes.
Por allí caminarán los redimidos,
10 volverán los rescatados por el Señor;
y entrarán en Sion con gritos de júbilo,
coronados de una alegría perpetua:
los acompañarán el gozo y la alegría,
la tristeza y los gemidos
se alejarán.

APÉNDICE HISTÓRICO

La invasión asiria y amenazas de Senaquerib contra Jerusalén

2 Re 18 13-37; Is 37 10s

36 1 El decimocuarto año del rey Ezequías, Senaquerib, rey de Asiria, subió
contra todas las ciudades fortificadas de Judá y se apoderó de ellas. 2 Desde Laquis, el
rey de Asiria envió a Jerusalén, donde estaba Ezequías, al copero mayor acompañado
de una fuerte escolta. Este se apostó junto al
canal de la piscina superior, sobre la senda
del campo del Tintorero. 3 Eliaquim, hijo de
Jilquías, el mayordomo de palacio, salió a su
encuentro, con Sebná, el secretario, y Joaj,
hijo de Asaf, el archivista.

4 El copero mayor les dijo: «Digan a Ezequías: Así habla el gran rey, el rey de Asiria:
¿Qué motivo tienes para estar tan confiado? 5 ¿Piensas que la estrategia y la valentía
para el combate son cuestión de palabras?
¿En quién confías para rebelarte contra mí?
6 ¡Ah, sí! Tú confías en el apoyo de esa caña
quebrada, en Egipto, que perfora y atraviesa la mano de todo el que se apoya en él.
Eso es el Faraón, rey de Egipto, para todos
los que confían en él. 7 Seguramente, tú me
dirás: Nosotros confiamos en el Señor, nuestro Dios. Pero ¿no fue acaso Ezequías el que
suprimió todos los lugares altos y los altares dedicados a él, diciendo a la gente de Judá y de Jerusalén: "Solo delante de este altar ustedes deberán postrarse"? 8 ¡Y bien! Haz
una apuesta con mi señor, el rey de Asiria:
¡Yo te daré dos mil caballos, si puedes conseguir bastantes hombres para montarlos!
9 ¿Cómo harías retroceder a uno solo de los
más insignificantes servidores de mi señor?
¡Pero tú confías en Egipto para tener carros
de guerra y soldados! 10 ¿Acaso he venido a
arrasar este país sin el consentimiento del
Señor? Fue el Señor quien me dijo: ¡Sube a
ese país, y arrásalo!».

11 Eliaquim, Sebná y Joaj dijeron al copero
mayor: «Por favor, háblanos en arameo, porque nosotros lo entendemos. No nos hables
en hebreo, a oídas del pueblo que está sobre
la muralla». 12 Pero el copero mayor les replicó: «¿Acaso mi señor me envió a decir estas
cosas a tu señor y a ti? ¿No están dirigidas a
esos hombres apostados sobre la muralla,
que tendrán que comer sus excrementos y
beber su orina, igual que ustedes?».

13 Entonces el copero mayor, puesto de
pie, gritó bien fuerte en hebreo: «Escuchen
las palabras del gran rey, el rey de Asiria:
14 Así habla el rey: Que Ezequías no los engañe, porque él no podrá librarlos. 15 Y que
Ezequías no los induzca a confiar en el Señor, diciendo: Seguramente el Señor nos librará, y esta ciudad no caerá en manos del
rey de Asiria. 16 No le hagan caso a Ezequías,
porque así habla el rey de Asiria: Hagan las
paces conmigo y ríndanse. Así cada uno de
ustedes comerá los frutos de su viña y de su
higuera, y beberá el agua de su pozo, 17 hasta que venga yo y los lleve a un país como
el de ustedes, un país de trigo y vino nuevo,
un país de pan y viñedos. 18 Que Ezequías
no los seduzca, diciendo: El Señor nos librará. ¿Acaso los dioses de las naciones han
librado a sus países de las manos del rey de
Asiria? 19 ¿Dónde están los dioses de Jamat
y de Arpad? ¿Dónde están los dioses de Sefarvaim? ¿Dónde los dioses del país de Samaría? ¿Han librado de mi mano a Samaría? 20 Entre todos los dioses de esos países,
¿hubo alguno que librara de mi mano a su
propio país, para que el Señor libre de mi
mano a Jerusalén?».

21 Ellos guardaron silencio y no le respondieron ni una sola palabra, porque esta era la

orden del rey: «No le respondan nada». 22 Eliaquim, hijo de Jilquías, el mayordomo de palacio, Sebná, el secretario, y Joaj, hijo de Asaf, el archivista, se presentaron ante Ezequías con sus vestiduras desgarradas, y lo informaron de las palabras del copero mayor.

La intervención del profeta Isaías

2 Re 19 1-9a

37 1 Cuando el rey Ezequías oyó esto, rasgó sus vestiduras, se cubrió con un sayal y fue a la Casa del Señor. 2 Además, envió al mayordomo de palacio Eliaquim, al secretario Sebná y a los sacerdotes más ancianos, todos cubiertos de sayales, para decir al profeta Isaías, hijo de Amós: 3 «Así habla Ezequías: Hoy es un día de angustia, de castigo y de oprobio, porque los hijos están a punto de nacer, pero no hay fuerza para darlos a luz. 4 Tal vez el Señor, tu Dios, escuche las palabras del copero mayor, a quien el rey de Asiria, su señor, envió para insultar al Dios viviente, y el Señor tu Dios lo castigue por las palabras que ha escuchado. Eleva entonces una plegaria por el resto que todavía subsiste».

5 Los servidores del rey Ezequías fueron a ver a Isaías, 6 y este les dijo: «Díganle a su señor: Así habla el Señor: No temas por las palabras que has oído y con las que me ultrajaron los lacayos del rey de Asiria. 7 Yo mismo pondré un espíritu en él y, apenas oiga una noticia, regresará a su país; y yo lo haré caer bajo la espada en su propio país».

8 El copero mayor regresó y se encontró con el rey de Asiria, que estaba atacando a Libná. Él había oído, en efecto, que el rey se había retirado de Laquis, 9 al recibir esta noticia acerca de Tirjacá, rey de Cus: «Se ha puesto en campaña para combatirte».

Nuevas amenazas de Senaquerib contra Jerusalén

2 Re 19 9b-19

Al oír esto, Senaquerib envió mensajeros a Ezequías para decirle: 10 «Háblenle así a Ezequías, rey de Judá: Que no te engañe tu Dios, en quien confías, haciéndote pensar que Jerusalén no será entregada en manos del rey de Asiria. 11 Tú has oído, seguramente, lo que hicieron los reyes de Asiria a *todos los países, al consagrarlos* al exterminio total. ¿Y tú te vas a librar? 12 ¿Libraron acaso sus dioses a esas naciones que mis padres han destruido, a Gozán, Jarán, Résef, y a la gente de Edén que está en Telasar? 13 ¿Dónde están el rey de Jamat, el rey de Arpad, el rey de la ciudad de Sefarvaim, el de Hená y el de Ivá?».

14 Ezequías tomó la carta de manos de los mensajeros y la leyó. Después subió a la Casa del Señor, la desplegó delante del Señor 15 y oró al Señor, diciendo: 16 «Señor de los ejércitos, Dios de Israel, que tienes tu trono sobre los querubines: tú solo eres el Dios de todos los reinos de la tierra, tú has hecho el cielo y la tierra. 17 Inclina tu oído, Señor, y escucha; abre tus ojos, Señor, y mira. Escucha todas las palabras que Senaquerib ha mandado decir, para insultar al Dios viviente. 18 Es verdad, Señor, que los reyes de Asiria han arrasado todas las naciones y sus territorios. 19 Ellos han arrojado sus dioses al fuego, porque no son dioses, sino obra de las manos del hombre, nada más que madera y piedra. Por eso los hicieron desaparecer. 20 Pero ahora, Señor, Dios nuestro, ¡sálvanos de su mano, y que todos los reinos de la tierra reconozcan que tú solo, Señor, eres Dios!».

Oráculo del Señor contra Senaquerib

2 Re 19 20-34

21 Isaías, hijo de Amós, mandó a decir a Ezequías: Así habla el Señor, Dios de Israel: Tú me has dirigido una súplica acerca de Senaquerib, rey de Asiria. 22 Esta es la palabra que el Señor ha pronunciado contra él:

Te desprecia, se burla de ti,
la virgen hija de Sion;
a tus espaldas mueve la cabeza
la hija de Jerusalén.
23 ¿A quién has insultado y ultrajado?
¿Contra quién has alzado la voz
y levantado bien alto tus ojos?
¡Contra el Santo de Israel!
24 Por medio de tus servidores
has insultado al Señor
y has dicho: Con mis numerosos carros
escalé la cima de las montañas,
los rincones inaccesibles del Líbano.
Talé sus cedros más altos,
sus mejores cipreses;
llegué hasta su último extremo,
hasta lo más espeso de su bosque.
25 Excavé pozos y bebí
aguas extranjeras;
sequé con las plantas de mis pies
todos los canales de Egipto.
26 ¿No lo has oído?
Hace mucho tiempo
que lo he preparado:
lo he planeado desde los tiempos antiguos
y ahora lo llevo a cabo.
Así, tú has reducido a un montón de ruinas
las ciudades fortificadas.
27 Sus habitantes, con las manos caídas,
están aterrorizados, avergonzados:
son como el pasto de los campos

¿SABÍAS QUE...?

Salmo de lamentación

Los salmos son poemas, cantos y oraciones con los que las personas expresan a Dios sus experiencias, anhelos y sentimientos. Tienen una doble riqueza: transforman las vivencias humanas en oración y, por estar en la Biblia, son Palabra de Dios que nos ayuda a orar en diversas situaciones de la vida. Además de los 150 salmos reunidos en el libro de los Salmos, existen salmos situados en su contexto histórico, como el cántico del mar de Moisés (Ex 15); la acción de gracias de Ana (1 Sm 2); el canto de Tobías (Tob 13) y el del rey Ezequías (Is 38 9-20).

Lee el cántico de Ezequías y nota cómo se dirige a Dios en la oscuridad de la noche y la prueba, y en la luz de la alegría. Aprecia las imágenes poéticas con que se queja en su enfermedad (vv. 13-14). Observa su confianza en Dios y su alabanza al sanar (v. 20).

Cada generación crea un vocabulario con el que mejor expresa lo que piensa y lo que siente. Aprende de Ezequías y habla a Dios como a un amigo, con imágenes fuertes y palabras poéticas; quejándote, pidiéndole, agradeciéndole y alabándolo. Él recibe con gusto tu oración. Si te inspiras, escribe un poema o canción y ora con él en otras ocasiones, ya sea como lo escribiste, añadiéndole algo o modificándolo según lo que desees comunicarle ese día.

Is 38 9-20

y la gramilla verde,
como la hierba de los techos
o el grano agostado antes de madurar.
28 Pero yo sé cuándo te sientas,
cuándo sales y cuándo entras,
y cuándo tiemblas de rabia contra mí.
29 Porque has temblado de rabia contra mí
y tu insolencia ha subido a mis oídos,
pondré mi garfio en tus narices
y mi bozal en tus labios,
y te haré volver por el camino
por donde habías venido.

30 Y esto te servirá de señal: Este año se
comerá del grano caído, y el año próximo,
de lo que brote espontáneamente; pero al
tercer año, siembren y cosechen, planten viñas y coman de sus frutos. 31 Los sobrevivientes de la casa de Judá, los que todavía
queden, echarán de nuevo raíces por debajo, y producirán frutos por arriba. 32 Porque
de Jerusalén saldrá un resto, y del monte
Sion, algunos sobrevivientes. El celo del Señor de los ejércitos hará todo esto. 33 Por eso,
así habla el Señor acerca del rey de Asiria:

Él no entrará en esta ciudad,
no le lanzará una flecha,
no la enfrentará con el escudo,
ni levantará contra ella un terraplén.
34 Se volverá por el mismo camino,
sin entrar en esta ciudad
—oráculo del Señor—.
35 Yo defenderé a esta ciudad para salvarla,
por mi honor y el de David, mi servidor.

Retirada y muerte de Senaquerib

2 Re 19 35-37

36 El Ángel del Señor salió e hirió en el
campamento de los asirios a ciento ochenta y cinco mil hombres. Y cuando los demás
se levantaron por la mañana, vieron que todos eran cadáveres, que estaban muertos.
37 Entonces Senaquerib, rey de Asiria, levantó el campamento, emprendió el regreso y
se quedó en Nínive. 38 Un día, mientras estaba postrado en el templo de Nisroc, su
dios, Adramélec y Sarecer, sus hijos, lo mataron con la espada, y se pusieron a salvo en
el país de Ararat. Asarhadón, su hijo, reinó
en lugar de él.

Enfermedad y curación de Ezequías

2 Re 20 1-11

38 1 En aquellos días, Ezequías cayó gravemente enfermo. El profeta Isaías,
hijo de Amós, fue a verlo y le dijo: «Así habla el Señor: Ordena los asuntos de tu casa, porque vas a morir. Ya no vivirás más».
2 Ezequías volvió su rostro hacia la pared y
oró al Señor, 3 diciendo: «¡Ah, Señor! Recuerda que yo he caminado delante de ti
con fidelidad e integridad de corazón, y que
hice lo que es bueno a tus ojos». Y Ezequías se deshizo en llanto.

4 Entonces la palabra del Señor llegó a
Isaías en estos términos: 5 «Ve a decir a Ezequías: Así habla el Señor, el Dios de tu padre
David: He oído tu súplica, he visto tus lágrimas. Yo añadiré otros quince años a tu vida;
6 te libraré, a ti y a esta ciudad, de manos del
rey de Asiria, y defenderé a esta ciudad».
22 Ezequías respondió: «¿Cuál es la señal de
que podré subir a la Casa del Señor?». 7 «Esta
es la señal que te da el Señor para confirmar
la palabra que ha pronunciado: 8 En el reloj

de sol de Ajaz, yo haré retroceder diez grados
la sombra que ya ha descendido». Y el sol retrocedió en el reloj los diez grados que había
descendido. 21 Luego dijo Isaías: «Traigan un
emplasto de higos; aplíquenlo sobre la úlcera, y el rey sanará».

El canto de Ezequías

Sal 116; 27 13; 2 Cor 5 1-4;
Sal 69 4; 121 1; 103 3-5; Bar 2 17

9 Escrito de Ezequías, rey de Judá, cuando
cayó enfermo y se repuso de su enfermedad:

10 «Yo decía: En lo mejor de mis días
me tengo que ir:
he sido destinado a las puertas del Abismo
por el resto de mis años.
11 Yo decía: Ya no contemplaré al Señor
en la tierra de los vivientes;
no veré más a los hombres
entre los habitantes del mundo.
12 Arrancan mi morada y me la arrebatan,
como una tienda de pastores.
Como un tejedor, yo enrollaba mi vida,
pero él me corta de la trama:
¡de la mañana a la noche
terminas conmigo!
13 Pido auxilio hasta la mañana;
él quiebra todos mis huesos como un león:
¡de la mañana a la noche terminas
conmigo!
14 Estoy piando como una golondrina,
gimo como una paloma.
Mis ojos se consumen de mirar a lo alto:
¡me oprimen, Señor, sé tú mi fiador!
15 ¿Qué diré para que me responda,
si es él quien lo hace?
Andaré errante a lo largo de mis años,
con amargura en el alma.
16 Los que el Señor protege, vivirán,
y su espíritu animará todo lo que hay
en ellos:
tú me restablecerás y me harás revivir.
17 Mi amargura se cambió en bienestar:
tú has preservado mi vida
de la fosa del aniquilamiento,
porque has arrojado detrás de tus espaldas
todos mis pecados.
18 No, el Abismo no te da gracias,
la Muerte no te alaba,
los que bajan a la Fosa
no esperan en tu fidelidad.
19 *El viviente, el que vive, te da gracias,*
como yo en el día de hoy.
De padres a hijos,
se da a conocer tu fidelidad.
20 Porque tú me salvaste, Señor,
haremos resonar nuestras liras
todos los días de nuestra vida
junto a la Casa del Señor».

¿SABÍAS QUE...?

La esperanza del Segundo Isaías

El Segundo Isaías, *el profeta mesiánico del Siervo de Dios*, vivió en Babilonia (587-538 a.C.). Consoló al pueblo, lo invitó a prepararse para su liberación mediante un nuevo éxodo desde Babilonia y anunció la restauración de Jerusalén como esposa fiel de Dios (Is 40 1-5). Fortaleció su esperanza al proclamar que Dios siempre cumple sus promesas porque su palabra es eficaz: lo que dice, hace.

Lucas usa este pasaje para describir el ministerio de Juan el Bautista que anuncia la llegada de Jesús (Lc 3 4-6). Dios te pide que, como Isaías y el Bautista, proclames la esperanza hoy día. ¿Con qué palabras y actos das esperanza a otros jóvenes? ¿Cómo les anuncias y les ofreces el amor de Dios?

Is 40 – 55

Los emisarios del rey de Babilonia

2 Re 20 12-19

39 1 En aquel tiempo, Merodac Baladán,
hijo de Baladán, rey de Babilonia,
envió una carta y un presente a Ezequías,
al enterarse de que se había restablecido
de su enfermedad. 2 Ezequías se alegró de
esto, y mostró a los emisarios la sala del
tesoro, la plata, el oro, los perfumes, el
aceite precioso, su arsenal y todo lo que se
encontraba en sus depósitos. De todo lo
que había en su palacio y en sus dominios, no quedó nada que Ezequías no les
hiciera ver. 3 Entonces el profeta Isaías se
presentó al rey Ezequías y le preguntó:
«¿Qué te ha dicho esa gente y de dónde ha
venido?». Ezequías respondió: «Vinieron a
verme de un país lejano, de Babilonia».
4 Isaías preguntó: «¿Qué han visto en tu casa?». «Han visto todo lo que hay en mi
casa —respondió Ezequías—. No hay nada en mis depósitos que no les haya mostrado».

5 Entonces Isaías dijo a Ezequías: «Escucha la palabra del Señor de los ejércitos:
6 Llegaron los días en que todo lo que hay
en tu casa, todo lo que han atesorado tus
padres hasta el día de hoy, será llevado a
Babilonia. No quedará nada, dice el Señor.
7 Y algunos de tus hijos, de los que han na-

cido de ti, que tú mismo habrás engendrado, serán tomados para que sirvan como eunucos en el palacio del rey de Babilonia». [8] Ezequías respondió a Isaías: «Es auspiciosa la palabra del Señor que has pronunciado». Porque se decía a sí mismo: «Mientras yo viva, habrá paz y seguridad».

SEGUNDA PARTE DEL LIBRO DE ISAÍAS

Anuncio de liberación

Is 49 13; 51 3.12; 52 9; 61 2; Ex 22 3.6.8; Jr 16 18

40 1 ¡Consuelen, consuelen a mi Pueblo,
dice su Dios!
2 Hablen al corazón de Jerusalén
y anúncienle
que su tiempo de servicio se ha cumplido,
que su culpa está paga,
que ha recibido de la mano del Señor
doble castigo por todos sus pecados.

El camino del Señor en el desierto

Mt 3 3; Jn 1 23; Is 49 11; Mal 3 1;
Lc 1 76; Is 58 8; 60 1-2; 35 2

3 Una voz proclama:
¡Preparen en el desierto
el camino del Señor,
tracen en la estepa
un sendero para nuestro Dios!
4 ¡Que se rellenen todos los valles
y se aplanen todas las montañas y colinas;
que las quebradas se conviertan en llanuras
y los terrenos escarpados, en planicies!
5 Entonces se revelará la gloria del Señor
y todos los hombres la verán juntamente,
porque ha hablado la boca del Señor.

Estabilidad y eficacia de la Palabra de Dios

Is 40 23-24; 51 12; Sant 1 10-11;
1 Pe 1 24; Sal 119 89; 1 Pe 1 25

6 Una voz dice: «¡Proclama!».
Y yo respondo: «¿Qué proclamaré?».
«Toda carne es hierba
y toda su consistencia,
como la flor de los campos:
7 la hierba se seca, la flor se marchita
cuando sopla sobre ella el aliento del Señor.
Sí, el pueblo es la hierba.
8 La hierba se seca, la flor se marchita,
pero la palabra de nuestro Dios
permanece para siempre».

Anuncio de la llegada del Señor

Is 41 27; 52 7; 60 6; 61 1; 52 6; 58 9; Jn 12 15;
Is 62 11; Ap 22 12; Ez 34 11-31; Lc 15 4-7; Jn 10

9 Súbete a una montaña elevada,
tú que llevas la buena noticia a Sion;
levanta con fuerza tu voz,
tú que llevas la buena noticia a Jerusalén.
Levántala sin temor,
di a las ciudades de Judá:
«¡Aquí está su Dios!».
10 Ya llega el Señor con poder
y su brazo le asegura el dominio:
el premio de su victoria lo acompaña
y su recompensa lo precede.
11 Como un pastor, él apacienta su rebaño,
lo reúne con su brazo;
lleva sobre su pecho a los corderos
y guía con cuidado a las que han dado
a luz.

La grandeza incomparable del Señor

Job 28 23-27; Rom 11 34; 1 Cor 2 16; Prov 8 22-31;
Sal 62 10; Hch 17 29; Is 17 13-14; 45 5

12 ¿Quién midió las aguas en el hueco
de su mano
y abarcó con la palma
las dimensiones del cielo?
¿Quién hizo caber en una medida
el polvo de la tierra
o pesó en una báscula las montañas
y en una balanza la colinas?
13 ¿Quién abarcó el espíritu del Señor
y qué consejero lo instruyó?
14 ¿Con quién se aconsejó
para que le hiciera comprender,
para que le enseñara el sendero del derecho,
para que le enseñara la ciencia
y le hiciera conocer
el camino de la inteligencia?
15 Sí, las naciones son como una gota
que cae de un balde,
cuentan como un grano de polvo
en la balanza;
las islas pesan lo mismo que el polvillo.
16 El Líbano no bastaría para encender
fogatas,
sus animales no bastarían
para los holocaustos.
17 Todas las naciones son como nada ante él,
cuentan para él como la nada y el vacío.

Sátira contra la idolatría

Is 40 25; 44 7; Jr 10 6; Hch 17 29; Is 41 6-7; 44 9-20;
Jr 2 27-28; Sab 13 10-19

18 ¿A quién asemejarán ustedes a Dios
y con qué imagen lo representarán?
19 Al ídolo, lo funde un artesano,
un orfebre lo recubre de oro
y le suelda cadenas de plata.
41 6 Ellos se ayudan mutuamente
y uno dice al otro: «¡Fuerza!».
7 El artesano anima al orfebre;
el que forja a martillo,
al que golpea el yunque,
diciendo de la soldadura: «¡Está bien!».

IS

Luego se sujeta al ídolo con clavos,
para que no se tambalee.
40 20 El que es demasiado pobre
para hacer esa ofrenda
elige una madera que no se pudra
y se busca un hábil artesano
para construir un ídolo que no se tambalee.

El poder del Señor

Is 41 26; 46 10; 17 13; Job 34 18-20;
Sal 147 4; Gn 1 14-19

21 ¿No lo saben acaso?
¿Nunca lo han escuchado?
¿No se les anunció desde el principio?
¿No han comprendido cómo se fundó
la tierra?
22 Él está sentado sobre la cúpula de la tierra,
donde los habitantes son como langostas.
Él extiende los cielos como un tul,
los despliega como una tienda
para habitar en ellos.
23 Él aniquila a los soberanos
y reduce a nada a los árbitros de la tierra:
24 apenas plantados, apenas sembrados,
apenas su tallo echa raíz en la tierra,
él sopla sobre ellos y se secan,
y el huracán se los lleva como paja.
25 «¿A quién me van a asemejar,
para que yo me iguale a él?», dice el Santo.
26 Levanten los ojos a lo alto
y miren: ¿quién creó todos estos seres?
El que hace salir a su ejército uno por uno
y los llama a todos por su nombre:
¡su vigor es tan grande, tan firme su fuerza,
que no falta ni uno solo!

Exhortación a la confianza

Is 49 14-16; Rom 11 34; Sal 103 5

27 ¿Por qué dices, Jacob,
y lo repites tú, Israel:
«Al Señor se le oculta mi camino
y mi derecho pasa desapercibido
a mi Dios»?
28 ¿No lo sabes acaso?
¿Nunca lo has escuchado?
El Señor es un Dios eterno,
él crea los confines de la tierra;
no se fatiga ni se agota,
su inteligencia es inescrutable.
29 Él fortalece al que está fatigado
y acrecienta la fuerza del que no tiene vigor.
30 Los jóvenes se fatigan y se agotan,
los muchachos tropiezan y caen.
31 Pero los que esperan en el Señor
renuevan sus fuerzas,
despliegan alas como las águilas;
corren y no se agotan,
avanzan y no se fatigan.

Un instrumento del Señor para liberar a su Pueblo

Is 45 1-7; 40 19-20.23; 44 6

41 1 ¡Silencio delante de mí, costas lejanas,
y que los pueblos renueven su fuerza!
¡Que se acerquen y entonces hablen!
Comparezcamos juntos a juicio:
2 ¿Quién suscitó desde el Oriente
a aquel a quien la victoria le sale al paso?
¿Quién le entrega las naciones
y le somete a los reyes?
Su espada los reduce a polvo,
su arco, a paja que se avienta.
3 Él los persigue y pasa sano y salvo,
sin tocar el camino con sus pies.
4 ¿Quién obró así, quién hizo esto?
El que llama a las generaciones
desde el principio,
yo, el Señor, el Primero,
y que seré el mismo al final.
5 Las costas lo ven y sienten temor,
tiemblan los confines de la tierra:
¡ya se acercan, ya llegan!

Exhortación a la confianza en el Señor

Is 43 1-7

8 Pero tú, Israel, mi servidor,
Jacob, a quien yo elegí,
descendencia de Abraham, mi amigo;
9 tú, a quien tomé de los confines de la tierra
y llamé de las regiones más remotas,
yo te dije: «Tú eres mi servidor,
yo te elegí y no te rechacé».
10 No temas, porque yo estoy contigo,
no te inquietes, porque yo soy tu Dios;
yo te fortalezco y te ayudo,
yo te sostengo con mi mano victoriosa.
11 Sí, quedarán avergonzados y confundidos
los que se enfurecen contra ti;
serán como nada y desaparecerán
aquellos que te desafían.
12 Buscarás, pero no los encontrarás,
a aquellos que te provocan;
serán como nada, absolutamente nada,
los que te hacen la guerra.
13 Porque yo, el Señor, soy tu Dios,
el que te sostengo de la mano derecha
y te digo: «No temas,
yo vengo en tu ayuda».
14 Tú eres un gusano, Jacob,
eres una lombriz, Israel,
pero no temas, yo vengo en tu ayuda
—oráculo del Señor—
y tu redentor es el Santo de Israel.
15 Yo te convertiré en una trilladora,
afilada, nueva, de doble filo:
trillarás las montañas y las pulverizarás,
y dejarás las colinas como rastrojo.

16 Las aventarás y el viento se las llevará,
y las dispersará la tormenta;
y tú te alegrarás en el Señor,
te gloriarás en el Santo de Israel.

Las maravillas del Señor en favor de su Pueblo

Is 35 6-7; 43 20; Sal 107 35

17 Los pobres y los indigentes
buscan agua en vano,
su lengua está reseca por la sed.
Pero yo, el Señor, les responderé,
yo, el Dios de Israel, no los abandonaré.
18 Haré brotar ríos en las cumbres desiertas
y manantiales en medio de los valles;
convertiré el desierto en estanques,
la tierra árida en vertientes de agua.
19 Pondré en el desierto cedros,
acacias, mirtos y olivos silvestres;
plantaré en la estepa cipreses,
junto con olmos y pinos,
20 para que ellos vean y reconozcan,
para que reflexionen y comprendan
de una vez
que la mano del Señor ha hecho esto,
que el Santo de Israel lo ha creado.

Desafío del Señor a los dioses paganos

Is 43 8-13; 44 7-11; 41 2.24

21 ¡Expongan su caso, dice el Señor,
presenten sus pruebas, dice el rey de Jacob!
22 Que se adelanten, y nos anuncien
lo que está por suceder.
¿Qué aconteció en el pasado?
Díganlo, y prestaremos atención.
O bien, predigan lo que va a venir,
para que conozcamos su desenlace.
23 Anuncien lo que pasará después
y así sabremos que ustedes son dioses.
Hagan algo, sea bueno o malo,
para que lo veamos con asombro y temor.
24 ¡Pero no, ustedes no son nada
y sus obras, menos que nada!
¡Qué abominable el que los elige a ustedes!

Un siervo llega del Oriente

Is 40 13; 41 22; 40 21; 40 9; 50 2; 59 16; 63 5; 40 13

25 Yo lo suscité desde el Norte, y él vino;
desde el Oriente lo llamé por su nombre.

¿SABÍAS QUE...?

Los poemas del Servidor

Los cuatro poemas del Servidor, escritos por el Segundo Isaías, son la cumbre de la fe del pueblo en el Antiguo Testamento. Lee los comentarios que explican cada uno:

- El primer poema ofrece una profecía sobre el Siervo de Dios (ver Is 42 1-7).
- El segundo poema se refiere al pueblo fiel, escogido por Dios desde el seno materno (ver 49 1-7).
- El tercer poema habla del valeroso sufrimiento del Siervo de Dios (ver 50 7-8).
- El último poema relata la tortura y la exaltación del Siervo de Dios (ver 52 13 – 53 12).

Sorprende la similitud de estos cuatro poemas con las palabras y hechos de Jesús, quien presentó el significado de su vida a la luz de ellos: «el Hijo del hombre, que no vino para ser servido, sino para servir y dar su vida en rescate por una multitud» (Mt 20 28). Cuando las primeras comunidades cristianas descubrieron esta semejanza, comprendieron el sentido vivificante del sufrimiento de Jesús. Por eso, en la liturgia de Semana Santa meditamos estos poemas para preparar la alegría pascual.

Is 42 1-7

REFLEXIONA

La misión del Servidor

La Biblia llama «Servidor del Señor» o «Siervo de Dios» a las personas elegidas por Dios para colaborar en la historia de salvación. El primer canto de Isaías enfatiza cómo Dios elige al Servidor, se complace en él y le da su espíritu, para que instruya a su pueblo con tolerancia y suavidad, sin discriminar ni juzgar, haciendo justicia e implantando el derecho. Así será la luz de las naciones (Is 42 1-7).

¿Cómo puedes ser servidor del Señor en tu familia y comunidad? Identifica las actitudes del Servidor que necesitas cultivar y proponte practicar una de manera especial cada semana.

Is 42 1-7

Él pisotea a los gobernantes como barro,
como un alfarero que pisa la arcilla.
26 ¿Quién lo anunció desde el principio,
para que pudiéramos saberlo?
¿Quién lo declaró desde hace tiempo,
para que dijéramos: «¡Tiene razón!»?
No, nadie lo anuncia, nadie lo predice,
nadie oyó las palabras de ustedes.
27 Yo, el Primero, dije a Sion:
«¡Aquí están, sí, aquí están!»,
y envié a Jerusalén un heraldo
de buenas noticias.
28 Miré, y no había nadie,
no había entre ellos ni un solo consejero,
para poder interrogarlos y tener
una respuesta.
29 ¡Ahí están! ¡Todos ellos no son nada,
sus obras, absolutamente nada,
sus estatuas, viento y vacío!

Primer poema del Siervo de Dios

Mt 12 18-21; Jn 1 32-34; Mt 3 16;
Jn 8 12; 9; Is 44 6-8; 48 11

42 1 Este es mi servidor,
a quien yo sostengo,
mi elegido, en quien se complace mi alma.
Yo he puesto mi espíritu sobre él
para que lleve el derecho a las naciones.
2 Él no gritará, no levantará la voz
ni la hará resonar por las calles.
3 No romperá la caña quebrada
ni apagará la mecha que arde débilmente.
Expondrá el derecho con fidelidad;
4 no desfallecerá ni se desalentará
hasta implantar el derecho en la tierra,
y las costas lejanas esperarán su Ley.
5 Así habla Dios, el Señor,
el que creó el cielo y lo desplegó,
el que extendió la tierra
y lo que ella produce,
el que da el aliento al pueblo que la habita
y el espíritu a los que caminan por ella.
6 Yo, el Señor, te llamé en la justicia,
te sostuve de la mano, te formé
y te destiné a ser la alianza del pueblo,
la luz de las naciones,
7 para abrir los ojos de los ciegos,
para hacer salir de la prisión
a los cautivos
y de la cárcel a los que habitan
en las tinieblas.
8 ¡*Yo soy el Señor*, este es mi Nombre!
No cederé mi gloria a ningún otro
ni mi alabanza a los ídolos.
9 Las cosas antiguas ya han sucedido
y yo anuncio cosas nuevas;
antes que aparezcan,
yo se las hago oír a ustedes.

Himno al Señor por su victoria

Sal 96; 98; Ap 5 9; Is 44 27; 50 2; Sal 107 33; Is 42 19

10 ¡Canten al Señor un canto nuevo,
alábenlo desde los confines de la tierra;
resuene el mar y todo lo que hay en él,
las costas lejanas y sus habitantes!
11 ¡Que alcen la voz el desierto y sus ciudades,
los poblados donde habita Quedar!
¡Griten de alegría los habitantes de la Roca,
aclamen desde la cumbre de las montañas!
12 ¡Den gloria al Señor,
proclamen su alabanza en la costas lejanas!
13 El Señor irrumpe como un héroe,
se enardece como un guerrero;
lanza un grito de guerra,
un alarido estridente,
se arroja como un héroe
contra sus enemigos:
14 «Yo permanecí callado mucho tiempo,
guardé silencio y me contuve;
ahora gimo como una parturienta,
me sofoco y estoy jadeante.
15 Arrasaré montañas y colinas,
y secaré todo su verdor;
convertiré los ríos en tierra árida
y secaré los estanques.
16 Conduciré a los ciegos
por un camino que ignoran,
los guiaré por senderos desconocidos;
cambiaré las tinieblas en luz
delante de ellos,
y el suelo escarpado en una llanura.
Estas son las cosas que haré,
y no dejaré de hacerlas.
17 Así retrocederán llenos de vergüenza
los que confían en los ídolos,
los que dicen al metal fundido:
"Ustedes son nuestros dioses"».

Israel, Pueblo sordo y ciego

Is 6 9-10; 41 8; Mt 13 9-15; Is 9 17-18

18 ¡Oigan, ustedes, los sordos;
ustedes, los ciegos, miren y vean!
19 ¿Quién es ciego, sino mi servidor
y sordo como el mensajero que yo envío?
¿Quién es ciego como el que ha pactado
conmigo
y sordo como el Siervo de Dios?
20 Tú has visto muchas cosas,
pero sin prestar atención;
has abierto los oídos, pero sin escuchar.
21 El Señor, a causa de su justicia,
quería hacer grande y gloriosa la Ley;
22 pero ahora no es más que un pueblo
saqueado y despojado,
están todos atrapados en cuevas
y encerrados en cárceles.
Se los saquea, y nadie los libra,
se los despoja, y nadie dice: «¡Restituye!».

No tengas miedo

¡No tengas miedo! Graba bien esta frase, capaz de transformar tu vida espiritual. Si el miedo te da pies de plomo, la confianza te da alas para realizar los anhelos bellos y nobles que Dios ha puesto en tu corazón. No esperes más, empieza a volar aunque sea bajito y despacio; la siguiente oración te ayudará.

Señor, soy feliz por tu elección y tu llamado. Siento tu cariño cuando me dices «tú me perteneces» (Is 43 1). Tu amor me envuelve desde que vivía en el seno de mi madre. Mi autoestima crece al saber que me amas y que nadie me puede quitar tu amor.

Tú me has rescatado de muchos peligros y seguirás salvándome... Cuando sienta abandono o angustia, recuérdame que valgo mucho para ti. ¡Qué maravilloso es saber que soy valioso/a y que tú me amas! (v. 4).

Me has creado para ti, me formaste y me guías para que te dé gloria (v. 7). ¿Cómo, Señor, te alabaré por tu gran amor? Transmitiendo a mis hermanos que no tengan miedo, pues todos somos valiosos para ti.

Is 43 1-7

23 ¿Quién de ustedes presta oído a esto
y escucha atentamente con miras al futuro?
24 ¿Quién entregó a Jacob al despojo,
y a Israel a los expoliadores?
¿No es el Señor, contra quien
hemos pecado
por no querer seguir sus caminos
y haber desoído su Ley?
25 El Señor derramó contra él el ardor de su ira
y el estallido de la guerra;
lo envolvió en llamas,
pero él no comprendió;
lo quemó, pero él no hizo caso.

Predilección y solicitud de Dios por su Pueblo

Is 41 8.14; Sal 91; 1 Cor 3 15

43 1 Y ahora, así habla el Señor,
el que te creó, Jacob,
el que te formó, Israel:
No temas, porque yo te he redimido,
te he llamado por tu nombre,
tú me perteneces.
2 Si cruzas por las aguas, yo estaré contigo,
y los ríos no te anegarán;
si caminas por el fuego, no te quemarás,
y las llamas no te abrasarán.
3 Porque yo soy el Señor, tu Dios,
el Santo de Israel, tu salvador.
Yo entregué a Egipto para tu rescate,
a Cus y a Sebá a cambio de ti.
4 Porque tú eres de gran precio a mis ojos,
porque eres valioso, y yo te amo,
entrego hombres a cambio de ti
y pueblos a cambio de tu vida.
5 No temas, porque yo estoy contigo:
traeré a tu descendencia desde Oriente
y te reuniré desde Occidente.
6 Yo diré al Norte: «¡Dámelo!»,
y al Sur: «¡No lo retengas,
trae a mis hijos desde lejos
y a mis hijas desde el extremo de la tierra:
7 a todos los que son llamados
con mi Nombre,
a los que he creado para mi gloria,
a los que yo mismo hice y formé!».

Israel, testigo del único Dios

Is 41 21-29; Jn 15 16

8 ¡Hagan salir al pueblo ciego,
pero que tiene ojos,
sordo, pero que tiene oídos!
9 ¡Que se reúnan todas las naciones
y se congreguen los pueblos!
¿Quién de entre ellos había anunciado
estas cosas?
¿Quién nos predijo lo que sucedió
en el pasado?
Que aduzcan testigos para justificarse,
para que se los oiga, y se pueda decir:
«Es verdad».
10 Ustedes son mis testigos
y mis servidores —oráculo del Señor—:
a ustedes los elegí
para que entiendan y crean en mí,
y para que comprendan que Yo Soy.
Antes de mí no fue formado ningún dios
ni habrá otro después de mí.
11 Yo, yo solo soy el Señor,
y no hay salvador fuera de mí.
12 Yo anuncié, yo salvé, yo predije,
y no un dios extraño entre ustedes.
Ustedes son mis testigos
—oráculo del Señor—
y yo soy Dios.
13 Yo soy el mismo desde siempre,
y no hay nadie que libre de mi mano:
lo que yo hago ¿quién lo revocará?

La destrucción de Babilonia

Is 41 14; Lv 17 1; Is 6 3

14 Así habla el Señor,
el redentor de ustedes, el Santo de Israel:
A causa de ustedes,
yo envié gente a Babilonia,
para hacer saltar todos los cerrojos,

y el júbilo de los caldeos se convertirá
en lamentos.
15 Yo soy el Señor, el Santo,
el Creador de Israel, su Rey.

El nuevo Éxodo

Is 40 3; Ex 14 21-29; Is 65 17; 2 Cor 5 17;
Ap 21 5; Is 35 6-7; Ex 17 1-7

16 Así habla el Señor,
el que abrió un camino a través del mar
y un sendero entre las aguas impetuosas;
17 el que hizo salir carros de guerra y caballos,
todo un ejército de hombres aguerridos;
ellos quedaron tendidos, no se levantarán,
se extinguieron, se consumieron
como una mecha.
18 No se acuerden de las cosas pasadas,
no piensen en las cosas antiguas;
19 yo estoy por hacer algo nuevo:
ya está germinando, ¿no se dan cuenta?
Sí, pondré un camino en el desierto
y ríos en la estepa.
20 Me glorificarán las fieras salvajes,
los chacales y los avestruces;
porque haré brotar agua en el desierto
y ríos en la estepa,
para dar de beber a mi Pueblo, mi elegido,
21 el Pueblo que yo me formé
para que pregonara mi alabanza.

Reproche a Israel por su ingratitud

Gn 27 36; Os 12 4; Jr 9 3; 25 9

22 Pero tú no me has invocado, Jacob,
porque te cansaste de mí, Israel.
23 No me trajiste el cordero
de tus holocaustos
ni me honraste con tus sacrificios;
yo no te abrumé exigiéndote ofrendas
ni te cansé reclamándote incienso.
24 Tú no compraste para mí caña aromática
ni me saciaste con la grasa de tus víctimas.
¡Me has abrumado, en cambio,
con tus pecados,
me has cansado con tus iniquidades!
25 Pero soy yo, solo yo,
el que borro tus crímenes
por consideración a mí,
y ya no me acordaré de tus pecados.
26 Interpélame, y vayamos juntos a juicio;
alega tú mismo para justificarte.
27 Ya tu primer padre pecó
y tus portavoces se rebelaron contra mí.
28 Por eso execré a los príncipes consagrados,
entregué a Jacob al exterminio total,
y a Israel, a los ultrajes.

La efusión del espíritu del Señor

Is 43 1; 44 24; Sal 22 10; Dt 32 15; 33 5.26;
Ez 39 29; Jl 3 1; Zac 12 10; Jn 7 38-39; Is 42 1; 11 2

44 1 Y ahora escucha, Jacob, mi servidor,
Israel, a quien yo elegí.
2 Así habla el Señor, el que te hizo,
el que te formó desde el seno materno
y te ayuda.
No temas, Jacob, mi servidor,
Iesurún, a quien yo elegí.
3 Porque derramaré agua
sobre el suelo sediento
y torrentes sobre la tierra seca;
derramaré mi espíritu
sobre tu descendencia
y mi bendición sobre tus vástagos.
4 Ellos brotarán como la hierba entre las aguas,
como sauces al borde de los arroyos.
5 Uno dirá: «Yo pertenezco al Señor»
y otro llevará el nombre de Jacob;
otro escribirá sobre su mano: «Del Señor»,
y será designado con el nombre de Israel.

El Señor, el único Dios

Is 42 8; 41 21-29; 43 8-13; Ap 1 8.17;
Is 17 10; Sal 29 1; 71 3

6 Así habla el Señor, el Rey de Israel,
su redentor, el Señor de los ejércitos:
Yo soy el Primero y yo soy el Último,
y no hay ningún dios fuera de mí.
7 ¿Quién es como yo? ¡Que lo proclame!
¡Que lo haga saber y me lo demuestre!
¿Quién hizo oír desde siempre
lo que va a sobrevenir
y nos anuncia lo que va a suceder?
8 ¡No tiemblen ni teman!
¿No te lo predije y anuncié hace tiempo?
Ustedes son mis testigos:
¿hay algún dios fuera de mí?
¡No hay ninguna Roca! ¡Yo no la conozco!

Nueva sátira contra los ídolos

Jr 10 1-16; 2 26-28; Sab 13 11-19

9 Los fabricantes de ídolos no valen nada, y
sus obras más preciadas no sirven para nada;
sus testigos no ven ni conocen nada, para su
propia vergüenza. 10 ¿Quién modela un Dios
o funde una estatua, que no sirven para nada? 11 Sí, todos sus devotos quedarán avergonzados, porque esos artífices no son más que
hombres. ¡Que se reúnan todos y comparez-
can! ¡Sentirán espanto y confusión a la vez!
12 El herrero forja la imagen, la trabaja al
fuego y la modela con el martillo: la trabaja con su brazo robusto. Después siente
hambre y decae su fuerza; si no bebe agua,
queda agotado. 13 El carpintero toma las
medidas con la cuerda, diseña la forma
con el estilete, la trabaja con el cincel y la
dibuja con el compás; le da figura de hombre y la belleza de un ser humano, para
que habite en una casa.
14 Él, en efecto, cortó algún cedro, o tomó
un roble y una encina que había dejado cre-

cer entre los árboles del bosque, o plantó un
abeto que luego la lluvia hizo crecer. [15] El
hombre se sirve de ellos para hacer fuego,
los toma para calentarse y también los enciende para cocer el pan. Pero, además, hace con ellos un dios y se postra ante él; hace
un ídolo y lo adora. [16] Él hace arder al fuego
la mitad de la madera, y asa la carne sobre
las brasas; luego come la carne asada y se sacia. También se calienta y exclama: «¡Voy
entrando en calor, mientras miro las llamas!». [17] Con el resto, hace un dios, su ídolo, y lo adora; se postra y le suplica, diciendo: «¡Líbrame, porque tú eres mi dios!».
[18] Ellos no saben ni comprenden, porque tienen tan tapados los ojos y el corazón, que no pueden ver ni entender. [19] Ninguno reflexiona, ni tiene conocimiento e
inteligencia, para pensar: «Quemé la mitad
al fuego, hice cocer el pan sobre las brasas,
asé la carne y la comí, y con el resto, haré
una Abominación: ¡Voy a adorar un tronco de árbol!». [20] ¡Él se alimenta de ceniza,
su corazón engañado lo extravía! Ya no
puede librarse ni decir: «¿No es una mentira lo que tengo en mi mano?».

Llamado a la conversión

Is 41 8; 43 10; 44 1; 43 25; Jr 31 18; Is 41 14; 49 14-16

[21] ¡Acuérdate de esto, Jacob,
porque tú eres mi servidor, Israel!
Yo te formé, tú eres mi servidor;
Israel, yo no me olvidaré de ti.
[22] Yo he disipado tus rebeldías
como una nube
y tus pecados como un nubarrón.
¡Vuelve hacia mí, porque yo te redimí!

Canto de júbilo de los rescatados

Is 49 13; 55 12; Sal 96 12; 148 1-9; Is 42 10-12

[23] ¡Griten de alegría, cielos,
porque el Señor ha obrado;
aclamen, profundidades de la tierra!
¡Montañas, prorrumpan en gritos
de alegría,
y tú, bosque, con todos tus árboles!
Porque el Señor ha redimido a Jacob
y manifiesta su esplendor en Israel.

Ciro, instrumento de salvación

Is 42 5; 47 10-15; 54 11-17; 60 10-18; Ap 21

[24] Así habla el Señor, tu redentor,
el que te formó desde el seno materno:
Soy yo, el Señor, el que hago
todas las cosas;
yo solo despliego los cielos,
yo extiendo la tierra,
¿y quién está conmigo?
[25] Yo hago fracasar los presagios
de los charlatanes
y hago delirar a los adivinos;
hago retroceder a los sabios
y cambio su ciencia en locura.
[26] Yo confirmo la palabra de mis servidores
y cumplo el designio de mis mensajeros.
Yo digo de Jerusalén: «¡Que sea habitada!»,
y de las ciudades de Judá:
«¡Que sean reconstruidas!»,
y yo restauraré sus ruinas.
[27] Yo digo a las aguas profundas: «¡Séquense,
haré que se sequen tus corrientes!».
[28] Yo digo de Ciro: «¡Mi pastor!».
Él cumplirá toda mi voluntad,
diciendo de Jerusalén:
«¡Que sea reconstruida!»,
y del Templo:
«¡Se pondrán tus cimientos!».

Adviento

Durante el Adviento repetimos con frecuencia Isaías 45 8. Lee esta cita y observa cómo la salvación viene del cielo, pero la victoria llega cuando la tierra se abre a ella.

La palabra *adventus* significa «venida» y los primeros cristianos la usaban para referirse a la última venida del Señor en su gloria. El Adviento nos invita a esperar su venida bajo una triple perspectiva: escatológica, litúrgica y espiritual.

- ***La venida escatológica*** se vive las primeras semanas del Adviento, al abrirnos a la última venida de Jesús (parusía), cuando veremos la gloria y majestuosidad de Dios.
- ***La venida litúrgica*** se celebra la última semana del Adviento, al centrarnos en el nacimiento de Jesús y su encarnación en la historia, misterio que se actualiza en la liturgia de Navidad.
- ***La venida espiritual*** es la venida oculta que se da en el corazón de quien fielmente recibe a Cristo en los sacramentos y la oración; es el alimento que nos sostiene con esperanza hasta la parusía.

¡Cómo anhelamos la salvación de Jesús! Pídesela orando con esta exclamación propia de Adviento: «¡Manifiéstanos, Señor, tu misericordia y danos tu salvación!» (Sal 85 8).

Is 45 8

Ciro, el ungido del Señor

Is 41 1-5; 44 6; Am 4 13; Sal 85 11-12; Is 61 11

45 1 Así habla el Señor a su ungido,
a Ciro, a quien tomé
de la mano derecha,
para someter ante él a las naciones
y desarmar a los reyes,
para abrir ante él las puertas de las ciudades,
de manera que no puedan cerrarse.
2 Yo iré delante de ti
y allanaré los cerros;
romperé las puertas de bronce
y haré saltar los cerrojos de hierro.
3 Te daré tesoros secretos
y riquezas escondidas,
para que sepas que yo soy el Señor,
el que te llama por tu nombre,
el Dios de Israel.
4 Por amor a Jacob, mi servidor,
y a Israel, mi elegido,
yo te llamé por tu nombre,
te di un título insigne,
sin que tú me conocieras.
5 Yo soy el Señor, y no hay otro,
no hay ningún Dios fuera de mí.
Yo te hice empuñar las armas,
sin que tú me conocieras,
6 para que se conozca,
desde el Oriente y el Occidente,
que no hay nada fuera de mí.
Yo soy el Señor, y no hay otro.
7 Yo formo la luz y creo las tinieblas,
hago la felicidad y creo la desgracia:
yo, el Señor, soy el que hago todo esto.
8 ¡Destilen, cielos, desde lo alto,
y que las nubes derramen la justicia!
¡Que se abra la tierra
y produzca la salvación,
y que también haga germinar la justicia!
Yo, el Señor, he creado todo esto.

El poder soberano del Señor

Is 29 16; Rom 9 20

9 ¡Ay del que desafía al que lo modela,
siendo solo un tiesto entre los tiestos
de la tierra!
¿Acaso la arcilla dice al alfarero:
«¿Qué haces?»
o «Tu obra no tiene asas»?
10 ¡Ay del que dice a un padre:
«¿Qué has engendrado?»,
o a una mujer: «¿Qué has dado a luz?»!
11 Así habla el Señor,
el Santo de Israel, el que lo modela:
¿Acaso van a interrogarme sobre mis hijos
y a darme órdenes sobre la obra
de mis manos?
12 Soy yo el que hice la tierra
y he creado al hombre sobre ella;
mis manos extendieron el cielo
y yo dirijo todo su ejército.
13 Yo lo suscité en la justicia
y allanaré todos sus caminos.
Él reconstruirá mi ciudad
y repatriará a mis desterrados,
sin pago ni soborno,
dice el Señor de los ejércitos.

El sometimiento de los enemigos

Is 43 3; 2 Re 5 15; Is 44 6

14 Así habla el Señor:
Las ganancias de Egipto,
las mercancías de Cus,
y los hombres de Sebá, de elevada estatura,
desfilarán ante ti y te pertenecerán;
irán detrás de ti, desfilarán encadenados,
se postrarán ante ti y te dirán suplicantes:
«Solo en ti está Dios, y no hay otro;
los dioses no son nada».
15 ¡Realmente, tú eres un Dios que se oculta,
Dios de Israel, Salvador!
16 Los fabricantes de ídolos
están avergonzados y confundidos,
se van todos juntos, llenos de confusión.
17 Israel ha sido salvado por el Señor,
con una salvación eterna;
ustedes no quedarán avergonzados
ni confundidos
por los siglos de los siglos.

La revelación de los designios divinos

Gn 1 – 2; Is 44 24; 48 16; Jn 18 20; Hch 26 26

18 Porque así habla el Señor,
el que creó el cielo y es Dios,
el que modeló la tierra,
la hizo y la afianzó,
y no la creó vacía,
sino que la formó para que fuera habitada:
Yo soy el Señor, y no hay otro.
19 Yo no hablé en lo secreto,
en algún lugar de un país tenebroso.
Yo no dije a los descendientes de Jacob:
«Búsquenme en el vacío».
Yo, el Señor, digo lo que es justo,
anuncio lo que es recto.

La conversión de los pueblos

Is 41 9-12.22; 48 5; Sal 18 32; Rom 14 11; Flp 2 10-11

20 ¡Reúnanse y vengan,
acérquense todos juntos,
fugitivos de las naciones!
No saben lo que hacen
los que llevan su ídolo de madera,
y suplican a un dios que no puede salvar.
21 ¡Declaren, expongan sus pruebas!
¡Sí, deliberen todos juntos!
¿Quién predijo esto antiguamente
y lo anunció en los tiempos pasados?

¿No fui yo, el Señor?
No hay otro Dios fuera de mí;
un Dios justo y salvador,
no lo hay, excepto yo.
22 Vuélvanse a mí, y serán salvados,
todos los confines de la tierra,
porque yo soy Dios, y no hay otro.
23 Lo he jurado por mí mismo,
de mi boca ha salido la justicia,
una palabra irrevocable:
Ante mí se doblará toda rodilla,
toda lengua jurará por mí,
24 diciendo: Solo en el Señor
están los actos de justicia y el poder.
Hasta él llegarán avergonzados
todos los que se enfurecieron contra él.
25 En el Señor hallará la justicia y se gloriará
toda la descendencia de Israel.

La derrota de los dioses de Babilonia

Jr 51 44; 43 12; 48 7; Is 4 3; Am 5 15; Sal 115 5-7; Is 41 7; 1 Re 18 26-29; Is 45 20

46 1 ¡Bel se doblega, Nebo se desploma!
Sus estatuas han sido puestas
sobre bestias y animales de carga;
los ídolos que ustedes llevaban en andas
son una carga para el animal agotado.
2 ¡Se desploman, se doblegan todos juntos,
no pueden librar al que los lleva
y ellos mismos van a la cautividad!
3 ¡Escúchenme, casa de Jacob
y todo el resto de la casa de Israel,
ustedes, que fueron llevados
desde el seno materno,
cargados por mí desde antes de nacer!
4 Hasta que envejezcan,
yo seré siempre el mismo,
y hasta que encanezcan, yo los sostendré.
Yo he obrado, y me haré cargo de eso:
los sostendré y los libraré.
5 ¿A quién me van a asemejar o igualar?
¿Con quién me van a comparar,
que sea semejante a mí?
6 Los que malgastan el oro de sus bolsas
y pesan la plata en la balanza,
contratan a un orfebre para que haga un dios,
lo adoran y se postran ante él;
7 lo llevan sobre sus hombros, lo sostienen,
lo ponen en su sitio, y allí se queda,
sin poder moverse de su lugar:
por más que se le grite, él no responde,
ni puede salvar de la angustia.

El Señor, dueño del pasado y del futuro

Is 44 21; 43 18; 44 6; 14 26-27; 45 8

8 ¡Recuerden esto, y compréndanlo bien;
piénsenlo en su corazón, rebeldes!
9 Recuerden lo que sucedió antiguamente;
porque yo soy Dios, y no hay otro,
soy Dios, y no hay nadie igual a mí.
10 Yo anuncio el final desde el comienzo,
y desde mucho antes,
lo que aún no ha sucedido;
yo digo: «Mi designio se cumplirá
y haré todo lo que me agrade».
11 Llamo del Oriente al ave de rapiña,
y de un país lejano, al hombre
de mi designio.
Así hablé, y así haré que suceda,
tracé un plan, y lo voy a ejecutar.
12 Escúchenme, duros de corazón,
ustedes, los que están lejos de la justicia:
13 yo hago que se acerque mi justicia
—¡ella no está lejos!—
y mi salvación no tardará.
Pondré la salvación en Sion
y mi esplendor será para Israel.

Lamentación sobre Babilonia

Is 13; Ap 18 7-8; Sof 2 15

47 1 ¡Baja y siéntate en el polvo,
virgen, hija de Babilonia!
¡Siéntate en el suelo, sin trono,
hija de los caldeos!
Porque ya no volverán a llamarte
«Delicada» y «Refinada».
2 ¡Toma el mortero y muele la harina;
quítate el velo,
levántate el vestido, descúbrete el muslo,
cruza los ríos!
3 ¡Que se descubra tu desnudez
y que se vea tu ignominia!
Yo me vengaré y nadie se me opondrá,
4 dice nuestro redentor:
su nombre es Señor de los ejércitos,
el Santo de Israel.
5 ¡Siéntate en silencio y entra en las tinieblas,
hija de los caldeos!
Porque ya no volverán a llamarte
«Soberana de los reinos».
6 Yo estaba irritado contra mi pueblo,
profané mi herencia,
y los entregué en tus manos.
Tú no les tuviste compasión:
hasta al anciano lo abrumaste
con el peso de tu yugo.
7 Tú decías: «Seré siempre soberana,
a lo largo de los siglos».
Pero no te preocupabas de esto,
no tenías presente el futuro.
8 Y ahora, escucha esto, voluptuosa,
tú, que reinas confiada
y dices en tu corazón:
«¡Yo, y nadie más que yo!
¡Nunca me quedaré viuda
ni me veré privada de hijos!».
9 Estas dos cosas te sobrevendrán,
de repente, en un solo día:
la privación de tus hijos y la viudez
vendrán sobre ti con todo su rigor,

pese a tus muchos sortilegios
y al cúmulo de tus encantamientos.
10 Tú te fiabas de tu maldad,
pensando: «Nadie me ve».
Tu sabiduría y tu ciencia
te hicieron perder la cabeza,
mientras decías en tu corazón:
«¡Yo, y nadie más que yo!».
11 Pero te va a suceder una desgracia,
que no sabrás conjurar;
va a caer sobre ti un desastre,
que no podrás aplacar;
te va a sobrevenir de improviso
una catástrofe que no imaginabas.
12 Persiste en tus encantamientos
y en tus muchos sortilegios,
por los que has bregado desde tu juventud:
¡tal vez puedan servirte de algo,
tal vez logres infundir terror!
13 ¡Te has cansado de recibir consejos!
¡Que se presenten y te salven
los que investigan el cielo,
los que observan las estrellas,
los que pronostican cada luna nueva
lo que te va a suceder!
14 Pero ellos serán como paja:
el fuego los quemará;
no podrán librarse a sí mismos
del poder de las llamas;
no serán brasas para dar calor
ni fuego para sentarse ante él.
15 Eso son para ti tus adivinos,
por los que has bregado desde tu juventud:
ellos andan errantes, cada uno por su lado,
no hay nadie que pueda salvarte.

El cumplimiento de las predicciones divinas

Is 29 13; Jr 5 2; Sal 71 6; Ex 32 9; Dt 9 6;
2 Re 17 14; Ex 34 6; Ez 20 9.14; 36 22-23; Is 42 8

48 1 Escuchen esto, casa de Jacob,
ustedes, que se llaman
con el nombre de Israel
y salieron de las aguas de Judá;
ustedes, que juran por el nombre del Señor
e invocan al Dios de Israel,
pero sin lealtad ni justicia.
2 —Sin embargo, ellos se llaman
«Los de la Ciudad Santa»
y se apoyan en el Dios de Israel,
cuyo nombre es Señor de los ejércitos—.
3 Yo anuncié de antemano
las cosas pasadas,
salieron de mi boca, yo las predije;
obré súbitamente, y ellas sucedieron.
4 Yo sabía que tú eres obstinado,
que tu cerviz es una barra de hierro
y que tu frente es de bronce.
5 Por eso te las anuncié de antemano,
te las predije antes que sucedieran,
para que no dijeras: «Las hizo mi ídolo;
las ordenó mi estatua, mi imagen fundida».
6 Tú has oído, has visto todo esto,
y ustedes ¿no lo van a anunciar?
Desde ahora te hago oír cosas nuevas,
guardadas en secreto, y que no conocías.
7 Ahora son creadas, no desde hace tiempo;
antes de hoy, nunca las habías oído
para que no dijeras: «¡Ya las sabía!».
8 No, tú no habías oído ni sabías nada,
ni tus oídos fueron abiertos de antemano,
porque yo sé que no haces
más que traicionar
y que te llaman «Rebelde
desde el seno materno».
9 Por amor a mi Nombre, modero mi ira,
por mi honor, la reprimo en favor de ti,
a fin de no exterminarte.
10 Yo te purifiqué, y no por dinero,
te probé en el crisol de la aflicción:
11 lo hice por mí, solo por mí,
porque ¿cómo iba a ser profanado
mi Nombre?
Y mi gloria no la cederé a ningún otro.

Aquel a quien ama y conduce el Señor

Is 41 4; 40 13; 53 10; 42 1; Miq 3 8

12 Escúchame, Jacob,
tú, Israel, a quien yo llamé:
Yo soy, yo soy el Primero
y también soy el Último.
13 Sí, mi mano fundó la tierra,
mi mano derecha desplegó los cielos:
apenas los llamo
ellos se presentan todos juntos.
14 Reúnanse todos y escuchen:
¿Quién entre ustedes anunció estas cosas?
Aquel a quien ama el Señor
cumplirá su voluntad sobre Babilonia
y sobre la raza de los caldeos.
15 Yo, solo yo, hablé y lo llamé,
yo lo conduje y lo hice triunfar.
16 ¡Acérquense a mí, escuchen esto:
Desde el comienzo,
nunca hablé en lo secreto,
desde que esto sucede, yo estoy allí!
—Ahora me han enviado el Señor
y su espíritu.

Mirada retrospectiva hacia el pasado

Is 41 14; Sal 81 14-17; Is 66 12.22; 1 Sm 24 22

17 Así habla el Señor, tu redentor,
el Santo de Israel:
Yo soy el Señor, tu Dios,
el que te instruye para tu provecho,
el que te guía por el camino
que debes seguir.
18 ¡Si tú hubieras atendido
a mis mandamientos,
tu prosperidad sería como un río
y tu justicia, como las olas del mar!

El éxito del Servidor

En el segundo poema del Siervo o Servidor, Dios le ratifica su elección y le confirma que será luz de las naciones. Lee Isaías 49 1-7, escoge las dos frases que más lleguen a tu corazón y reflexiona: ¿qué me dice Dios a través de esta lectura?, ¿qué le respondo?

Recuerda que Jesús dijo que no había venido para ser servido, sino para servir (Mt 20 28). Lee de nuevo el pasaje de Isaías con Jesús en mente. ¿Qué aspectos de su vida comprendes mejor ahora y qué te impacta más? ¿Qué sentimientos evoca en ti esta toma de conciencia?

Is 49 1-7

19 Como la arena sería tu descendencia,
como los granos de arena,
el fruto de tus entrañas;
tu nombre no habría sido extirpado
ni borrado de mi presencia.

Invitación a salir de Babilonia

Is 52 11; Jr 51 6; Ap 18 4; Sal 78 15-16; Ex 17 1-7

20 ¡Salgan de Babilonia,
huyan de los caldeos!
¡Con gritos de alegría
anuncien, hagan oír estas cosas!
¡Divúlguenlas hasta los extremos
de la tierra!
Digan: «El Señor ha redimido
a su servidor Jacob».
21 Ellos no sufrieron sed,
cuando los llevaba por los desiertos:
él hizo brotar para ellos agua de la roca,
partió la roca y fluyeron las aguas.
22 Pero no hay paz para los impíos,
dice el Señor.

Segundo poema del Siervo de Dios

Is 42 1-9; Jr 1 5; Mt 3 17; 12 18; Hch 13 47; Lc 2 32

49 1 ¡Escúchenme, costas lejanas,
presten atención, pueblos remotos!
El Señor me llamó desde el seno materno,
desde el vientre de mi madre
pronunció mi nombre.
2 Él hizo de mi boca una espada afilada,
me ocultó a la sombra de su mano;
hizo de mí una flecha punzante,
me escondió en su aljaba.
3 Él me dijo: «Tú eres mi Servidor, Israel,
por ti yo me glorificaré».
4 Pero yo dije: «En vano me fatigué,
para nada, inútilmente,
he gastado mi fuerza».
Sin embargo, mi derecho está junto al Señor,
y mi retribución, junto a mi Dios.
5 Y ahora, ha hablado el Señor,
el que me formó desde el seno materno
para que yo sea su Servidor,
para hacer que Jacob vuelva a él
y se le reúna Israel.
Yo soy valioso a los ojos del Señor
y mi Dios ha sido mi fortaleza.
6 Él dice: «Es demasiado poco que seas
mi Servidor
para restaurar a las tribus de Jacob
y hacer volver a los sobrevivientes de Israel;
yo te destino a ser la luz de las naciones,
para que llegue mi salvación
hasta los confines de la tierra».
7 Así habla el Señor,
el redentor y el Santo de Israel,
al que es despreciado, al abominado
de la gente,
al esclavo de los déspotas:
Al verte, los reyes se pondrán de pie,
los príncipes se postrarán,
a causa del Señor, que es fiel,
y del Santo de Israel, que te eligió.
8 Así habla el Señor:
En el tiempo favorable, yo te respondí,
en el día de la salvación, te socorrí.
Yo te formé
y te destiné a ser la alianza del pueblo,
para restaurar el país,
para repartir las herencias devastadas,
9 para decir a los cautivos: «¡Salgan!»
y a los que están en las tinieblas:
«¡Manifiéstense!».

La alegría de los repatriados

2 Cor 6 2; Is 42 6-7; 40 1-4

Ellos se apacentarán a lo largo
de los caminos,
tendrán sus pastizales
hasta en las cumbres desiertas.
10 No tendrán hambre, ni sufrirán sed,
el viento ardiente y el sol no los dañarán,
porque el que se compadece de ellos
los guiará
y los llevará hasta las vertientes de agua.
11 De todas mis montañas yo haré un camino
y mis senderos serán nivelados.
12 Sí, ahí vienen de lejos,
unos del norte y del oeste,
y otros, del país de Sinim.

I S

¿SABÍAS QUE...?

Dios también es madre

Dios es como una madre amorosa. Si no fuera así, ¿de dónde tomarían las madres su amor?

Dios se define a sí mismo como «compasivo y bondadoso, lento para enojarse, y pródigo en amor y fidelidad» (Ex 34 6). Es un amor totalmente gratuito que evoca el regazo materno y no requiere méritos de parte del ser amado porque nace del mismo Dios.

El amor es nuestra energía más poderosa, y el amor de una madre es el más fuerte y tenaz. Aunque la Biblia se refiere a Dios como Padre, las cualidades de su amor son de índole femenina. La raíz hebrea de la palabra *compasión* significa «matriz» o «útero», y la ternura, paciencia, comprensión y disposición de Dios al perdón hablan más del corazón de una madre que del de un padre (ver «Dios es misericordia», 2 Cr 6 3-11).

Como Dios es todo amor y es el manantial del amor, su manera de amar no admite comparación. Nuestra experiencia del amor, sea femenina o masculina, siempre es reflejo imperfecto de la hoguera incandescente del amor de Dios, a quien Juan define diciendo: «Dios es amor» (1 Jn 4 8). En esta breve definición cristaliza todos los esfuerzos de la humanidad por definir a Dios.

Is 49 15-16

13 ¡Griten de alegría, cielos,
regocíjate, tierra!
¡Montañas, prorrumpan en gritos de alegría,
porque el Señor consuela a su pueblo
y se compadece de sus pobres!

La reconstrucción de Sion

Is 40 27; 54 8; Sal 22 2-3; Os 11 8-9;
Is 44 21; 60 4; 65 23; Jr 31 27; Zac 2 8

14 Sion decía: «El Señor me abandonó,
mi Señor se ha olvidado de mí».
15 ¿Se olvida una madre de su criatura,
no se compadece del hijo de sus entrañas?
¡Pero aunque ella se olvide,
yo no te olvidaré!
16 Yo te llevo grabada en las palmas
de mis manos,
tus muros están siempre ante mí.
17 Tus constructores acuden presurosos,
los que te demolieron y arrasaron
se alejan de ti.
18 Levanta los ojos y mira a tu alrededor:
todos se reúnen y llegan hasta ti.
¡Juro por mi vida —oráculo del Señor—
que a todos ellos te los pondrás
como un adorno
y los lucirás como una novia!
19 Porque tus ruinas, tus escombros
y tu país destruido
resultarán estrechos para tus habitantes,
y estarán lejos los que te devoraban.
20 Los hijos que dabas por perdidos
dirán otra vez a tus oídos:
«El lugar es muy estrecho para mí,
dame sitio para que pueda habitar».
21 Y tú dirás en tu corazón:
«¿Quién me engendró estos hijos?
Yo estaba sin hijos, estéril,
desterrada y dejada de lado;
y a estos ¿quién los crió?
Yo me había quedado sola,
y estos ¿dónde estaban?».

Las naciones, al servicio del Pueblo de Dios

Is 11 12; 60 4-9; Bar 5 6; 60 16.14; 30 18

22 Así habla el Señor:

Yo alzaré mi mano hacia las naciones
e izaré mi estandarte hacia los pueblos;
ellos traerán a tus hijos en su regazo
y tus hijas serán llevadas a hombros.
23 Tendrás a reyes como tutores
y sus princesas serán tus nodrizas.
Se postrarán ante ti con el rostro en tierra
y lamerán el polvo de tus pies.
Así sabrás que yo soy el Señor
y que no se avergonzarán
los que esperan en mí.

El poder irresistible del Señor

Is 41 11; Jr 31 11; Lc 11 21-22; Ap 16 6; Is 1 24

24 ¿Se le puede quitar el botín a un guerrero?
¿Se le escapa el cautivo al vencedor?
25 Ahora bien, así habla el Señor:
Sí, al guerrero se le quitará el cautivo
y al violento se le escapará el botín;
yo mismo litigaré con tus litigantes
y yo mismo salvaré a tus hijos.
26 A tus opresores les haré comer
su propia carne,
como con vino nuevo,
se embriagarán con su sangre.
Así sabrán todos los hombres
que yo, el Señor, soy tu salvador
y que tu redentor es el Fuerte de Jacob.

Israel rechazado solo por un tiempo

Dt 24 1-4; Os 2 4-9; Bar 4 6; Is 66 4; Sal 106 9; 107 35

50 1 Así habla el Señor:
¿Dónde está el acta de divorcio

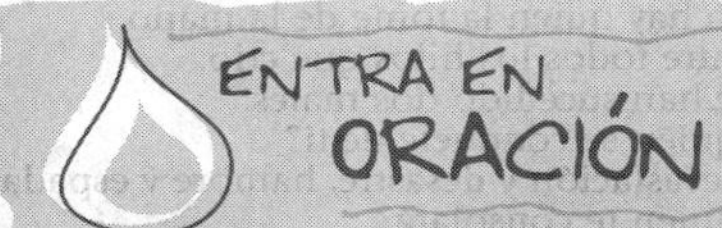

La fuerza del Siervo de Dios

En el tercer poema del Siervo, el Señor está totalmente consciente de su misión y su destino. Continúa su ministerio sin desfallecer cuando lo enfrentan sus enemigos.

Lee Isaías 50 4-9 y piensa en cómo refleja el Servidor la relación de Jesús con su Padre celestial. Después medita los versos que te inspiran y ora con ellos; pide a Dios que te fortalezca para ser profeta entre los jóvenes.

Si estás en grupo, aprovecha para hacer una oración comunitaria. Puedes seguir el esquema de la sección «Reflexión y oración en comunidad», pp. 41-42.

Is 50 4-9

con la que despedí a la madre de ustedes?
O bien, ¿a cuál de mis acreedores
yo los he vendido?
No, ustedes fueron vendidos por sus culpas,
por los crímenes de ustedes
fue despedida su madre
2 ¿Por qué no había nadie cuando vine
ni respondió nadie cuando llamé?
¿Será demasiado corta mi mano
para rescatar?
¿No tengo fuerza para librar?
Yo, con una amenaza, seco el mar
y hago de los ríos un desierto;
sus peces se pudren por falta de agua
y se mueren de sed.
3 Yo visto los cielos de negro
y los cubro con ropa de luto.

Tercer poema del Siervo de Dios

Is 42 1-9; 52 13 – 53 12; Mt 27 30; Ez 3 8-9; *Sal 25 3*; Rom 8 31-33

4 El mismo Señor me ha dado
una lengua de discípulo,
para que yo sepa reconfortar al fatigado
con una palabra de aliento.
Cada mañana, él despierta mi oído
para que yo escuche como un discípulo.
5 El Señor abrió mi oído
y yo no me resistí ni me volví atrás.
6 Ofrecí mi espalda a los que me golpeaban
y mis mejillas, a los que me arrancaban
la barba;
no retiré mi rostro
cuando me ultrajaban y escupían.
7 Pero el Señor viene en mi ayuda:
por eso, no quedé confundido;
por eso, endurecí mi rostro
como el pedernal,
y sé muy bien que no seré defraudado.
8 Está cerca el que me hace justicia:
¿quién me va a procesar?
¡Comparezcamos todos juntos!
¿Quién será mi adversario en el juicio?
¡Que se acerque hasta mí!
9 Sí, el Señor viene en mi ayuda:
¿quién me va a condenar?
Todos ellos se gastarán como un vestido,
se los comerá la polilla.
10 ¿Quién entre ustedes teme al Señor
y escucha la voz de su Servidor?
Aunque camine en las tinieblas,
sin un rayo de luz,
que confíe en el nombre del Señor
y se apoye en su Dios.
11 Pero ustedes, los que atizan el fuego
y arman flechas incendiarias,
caminen al resplandor de sus hogueras
y entre las flechas que encendieron.
Esto les sucederá por obra mía
y ustedes yacerán en medio de tormentos.

La certeza de la salvación

Mt 5 6; 6 33; Ez 33 24; Sal 102 26-27; 2 Pe 3 7-12

51 1 ¡Escúchenme, los que van
tras la justicia,
ustedes, los que buscan al Señor!
Fíjense en la roca de la que fueron tallados,
en la cantera de la que fueron extraídos;
2 fíjense en su padre Abraham
y en Sara, que los dio a luz:
cuando él era uno solo, yo lo llamé,
lo bendije y lo multipliqué.
3 Sí, el Señor consuela a Sion,
consuela todas sus ruinas:
hace su desierto semejante a un Edén,
y su estepa, a un jardín del Señor.
Allí habrá gozo y alegría,
acción de gracias y resonar de canciones.
4 ¡Préstenme atención, pueblos,
y ustedes, naciones, óiganme bien,
porque de mí saldrá la Ley
y mi derecho será la luz de los pueblos!
En un instante 5 estará cerca mi justicia,
mi salvación aparecerá como la luz
y mis brazos juzgarán a los pueblos;
las costas lejanas esperan en mí
y ponen su esperanza en mi brazo.
6 ¡Levanten sus ojos hacia el cielo
y miren abajo, a la tierra!
Sí, el cielo se disipará como el humo,
la tierra se gastará como un vestido
y sus habitantes morirán como insectos.
Pero mi salvación permanecerá
para siempre
y mi justicia no sucumbirá.

IS

IS

[7] ¡Escúchenme, los que conocen la justicia,
el pueblo que tiene mi Ley en su corazón!
No teman el desprecio de los hombres
ni se atemoricen por sus ultrajes.
[8] Porque la polilla se los comerá
como a un vestido,
como a lana, los consumirá la tiña.
Pero mi justicia permanece para siempre,
y mi salvación, por todas las generaciones.

El brazo salvador del Señor

Is 40 10; Ex 6 6; Sal 89 11; Job 9 13; 7 12; 38 8; Ex 14 2; Is 43 16; Ex 14 21-22

[9] ¡Despierta, despierta,
revístete de poder, brazo del Señor!
¡Despierta como en los días antiguos,
como en las generaciones pasadas!
¿No eres tú el que hace pedazos a Rahab,
el que traspasa al Dragón?
[10] ¿No eres tú el que secó el Mar,
las aguas del gran Océano,
el que hizo de lo profundo del mar
un camino para que pasaran los redimidos?
[11] Los rescatados del Señor volverán,
llegarán a Sion entre gritos de júbilo:
una alegría eterna coronará sus cabezas,
los acompañará el gozo y la alegría,
huirán la aflicción y los gemidos.

El Señor, liberador de su Pueblo

Is 43 11; 40 1; 44 24; 55 5; 60 9; Jr 1 9; Dt 18 18

[12] ¡Soy yo, soy yo el que los consuelo!
¿Quién eres tú para temer a un mortal,
a un hombre frágil como la hierba?
[13] ¿Olvidas acaso al Señor, que te hizo,
que extendió el cielo y fundó la tierra?
¿Temblarás sin cesar, todo el día,
ante la furia del opresor,
cuando se dispone a destruir?
Pero ¿dónde está la furia del opresor?
[14] Pronto será liberado el prisionero:
no morirá en la fosa ni le faltará el pan.
[15] Porque yo soy el Señor, tu Dios,
que agito el mar, y rugen las olas:
mi nombre es Señor de los ejércitos.
[16] Yo puse mis palabras en tu boca
y te oculté a la sombra de mi mano,
mientras planto un cielo y fundo una tierra,
y digo a Sion: «¡Tú eres mi Pueblo!».

El resurgimiento de Jerusalén

Is 52 1; Jr 15 5; Nah 3 7

[17] *¡Despiértate, despiértate,*
levántate, Jerusalén,
tú que has bebido de la mano del Señor
la copa de su furor!
¡Tú has bebido hasta las heces
una copa, un cáliz embriagador!
[18] No hay nadie que la guíe
entre los hijos que ella dio a luz;
no hay quien la tome de la mano
entre todos los hijos que crió.
[19] Te han sucedido dos males:
¿quién se conduele de ti?
Devastación y desastre, hambre y espada:
¿quién te consolará?
[20] Tus hijos sucumben, yacen tendidos
a la entrada de todas las calles,
como un antílope atrapado en la red,
colmados de la ira del Señor,
de la amenaza de tu Dios.
[21] Por eso, ¡escucha esto, pobre desdichada,
ebria, pero no de vino!
[22] Así habla el Señor, tu Dios,
el que defiende la causa de su Pueblo:
Yo he retirado de la mano
la copa embriagadora;
de la copa, del cáliz de mi furor,
ya no volverás a beber.
[23] Yo lo pondré en la mano de tus verdugos,
de aquellos que te decían:
«Doblégate para que pasemos»,
mientras tú ponías la espalda
como un suelo,
como una calle para los transeúntes.

El inminente rescate de los cautivos

Is 51 9; Ap 21 27; Is 45 13; Ez 36 20-22

52 [1] ¡Despierta, despierta,
revístete de tu fuerza, Sion!
¡Vístete con tus vestidos más bellos,
Jerusalén, Ciudad Santa!
Porque ya no entrarán más en ti
el incircunciso ni el impuro.
[2] ¡Sacúdete el polvo, levántate,
Jerusalén cautiva!
¡Desata las ataduras de tu cuello,
hija de Sion cautiva!

[3] Porque así habla el Señor: Ustedes fueron vendidos por nada, y también sin dinero serán redimidos.
[4] Porque así habla el Señor: Mi Pueblo
bajó primero a Egipto, para residir allí como extranjero, y luego Asiria lo oprimió
sin razón. [5] Y ahora, ¿qué tengo que hacer
yo aquí —oráculo del Señor—, ya que mi
Pueblo ha sido deportado por nada? Sus
dominadores lanzan alaridos —oráculo
del Señor— y todo el día, sin cesar, es despreciado mi Nombre. [6] Por eso mi Pueblo
conocerá mi Nombre en ese día, porque yo
soy aquel que dice: «¡Aquí estoy!».

El mensajero de la buena noticia

Is 40 9; Nah 2 1; Ap 14 6; Sal 93 1; Ez 43 4; Is 40 1; 41 14; 45 22; Sal 98 1-4

[7] ¡Qué hermosos son sobre las montañas
los pasos del que trae la buena noticia,
del que proclama la paz,

del que anuncia la felicidad,
del que proclama la salvación
y dice a Sion: «¡Tu Dios reina!».
8 ¡Escucha! Tus centinelas levantan la voz,
gritan todos juntos de alegría,
porque ellos ven con sus propios ojos
el regreso del Señor a Sion.
9 ¡Prorrumpan en gritos de alegría,
ruinas de Jerusalén,
porque el Señor consuela a su Pueblo,
él redime a Jerusalén!
10 El Señor desnuda su santo brazo
a la vista de todas las naciones,
y todos los confines de la tierra
verán la salvación de nuestro Dios.

Invitación a salir de Babilonia

Is 48 20; 2 Cor 6 17; Ap 18 4; Ex 12 11.33-34; Dt 16 3; Ex 14 19; Is 58 8

11 ¡Retírense, retírense, salgan de aquí,
no toquen nada impuro!
¡Salgan de en medio de ella, purifíquense,
los que llevan los vasos del Señor!
12 Porque no saldrán apresuradamente
ni partirán como fugitivos,
ya que al frente de ustedes irá el Señor,
y en la retaguardia, el Dios de Israel.

Cuarto poema del Siervo de Dios

Is 42 1-9; 49 1-13; 50 4-9; Sal 22; Flp 2 9; Ef 1 20-21; Jn 12 32

13 Sí, mi Siervo triunfará:
será exaltado y elevado
a una altura muy grande.
14 Así como muchos
quedaron horrorizados a causa de él,
porque estaba tan desfigurado
que su aspecto no era el de un hombre
y su apariencia no era más
la de un ser humano,
15 así también él asombrará
a muchas naciones,
y ante él los reyes cerrarán la boca,
porque verán lo que nunca
se les había contado
y comprenderán algo que nunca
habían oído.

53 1 ¿Quién creyó lo que nosotros
hemos oído
y a quién se le reveló el brazo del Señor?
2 Él creció como un retoño en su presencia,
como una raíz que brota de una tierra árida,
sin forma ni hermosura
que atrajera nuestras miradas,
sin un aspecto que pudiera agradarnos.
3 Despreciado, desechado por los hombres,
abrumado de dolores y habituado
al sufrimiento,
como alguien ante quien se aparta el rostro,
tan despreciado, que lo tuvimos por nada.

PERSPECTIVA CATÓLICA

El Siervo doliente

El último poema del Siervo de Dios se aplica a la pasión y Pascua de Jesús (Mt 3 17; Lc 4 17-21; Hch 8 32-33). Los católicos lo meditamos cada Viernes Santo, unidos a la Iglesia universal. Es Cristo Jesús, Servidor inocente, quien: «ofrece su vida en sacrificio de reparación, verá su descendencia, prolongará sus días y la voluntad del Señor se cumplirá por medio de él» (Is 53 10).

¿Por qué tenía que sufrir el Hijo amado? Porque el amor, el gozo, la gloria y el dolor brotan de la misma fuente. Basta con ver a unos padres ante su hija moribunda.

Al decir que ha llegado la hora de morir como el trigo, Jesús anuncia la cercanía de su pasión y su gloria (Jn 12 23). Más tarde, Jesús explica cómo se relacionan el dolor y la gloria con la imagen de los dolores de parto, presagio de una nueva vida, fruto del amor (Jn 16 21).

¡El dolor de Jesús no es estéril! Mira con nuevos ojos el crucifijo: árbol sin hojas que presagia el verdor de la primavera. Que tu asombro no sea por el dolor, sino por la intensidad del amor... Y, cuando te encuentres con el dolor, no lo rehúses: debilitarías tu potencial de crecer en el amor. Une tu dolor a Jesús, quien en la humillación encontró el triunfo; en el dolor halló el gozo, y en la cruz alcanzó la gloria.

Padre bueno con corazón de madre, no entiendo ni me gusta el dolor. Me abandono a tu amor y confío en tu sabiduría para que sepa vivir el amor y el dolor como tu Hijo Jesús, el Siervo de Dios.

Is 52 13 – 53 12

4 Pero él soportaba nuestros sufrimientos
y cargaba con nuestras dolencias,
y nosotros lo considerábamos golpeado,
herido por Dios y humillado.
5 Él fue traspasado por nuestras rebeldías
y triturado por nuestras iniquidades.
El castigo que nos da la paz recayó sobre él
y por sus heridas fuimos sanados.
6 Todos andábamos errantes como ovejas,
siguiendo cada uno su propio camino,
y el Señor hizo recaer sobre él
las iniquidades de todos nosotros.

IS

7 Al ser maltratado, se humillaba
y ni siquiera abría su boca:
como un cordero llevado al matadero,
como una oveja muda
ante el que la esquila,
él no abría su boca.
8 Fue detenido y juzgado injustamente,
y ¿quién se preocupó de su suerte?
Porque fue arrancado
de la tierra de los vivientes
y golpeado por las rebeldías de mi pueblo.
9 Se le dio un sepulcro con los malhechores
y una tumba con los impíos,
aunque no había cometido violencia
ni había engaño en su boca.
10 El Señor quiso aplastarlo
con el sufrimiento.
Si ofrece su vida en sacrificio de reparación,
verá su descendencia, prolongará sus días,
y la voluntad del Señor se cumplirá
por medio de él.
11 A causa de tantas fatigas, él verá la luz
y, al saberlo, quedará saciado.
Mi Servidor justo justificará a muchos
y cargará sobre sí las faltas de ellos.
12 Por eso le daré una parte entre los grandes,
y él repartirá el botín
junto con los poderosos.
Porque expuso su vida a la muerte
y fue contado entre los culpables,
siendo así que llevaba el pecado de muchos
e intercedía en favor de los culpables.

Nuevo desposorio del Señor con su esposa abandonada

Is 49 14-26; 62 1-9; 66 7-14

54 1 ¡Grita de alegría, estéril,
tú que no has dado a luz;
prorrumpe en gritos de alegría, aclama,
tú que no has conocido
los dolores del parto!
Porque los hijos de la mujer desamparada
son más numerosos
que los de la desposada,
dice el Señor.
2 ¡Ensancha el espacio de tu tienda,
despliega tus lonas sin mezquinar,
alarga tus cuerdas, afirma tus estacas!
3 Porque te expandirás a derecha
y a izquierda,
tu descendencia poseerá naciones enteras
y poblará ciudades desoladas.
4 *No temas, porque no te* avergonzarás;
no te sonrojes, porque no serás
confundida:
olvidarás la ignominia de tu adolescencia
y no te acordarás del oprobio de tu viudez.
5 Porque tu esposo es aquel que te hizo:
su nombre es Señor de los ejércitos;
tu redentor es el Santo de Israel:
él se llama «Dios de toda la tierra».
6 Sí, como a una esposa abandonada
y afligida
te ha llamado el Señor:
«¿Acaso se puede despreciar
a la esposa de la juventud?»,
dice el Señor.
7 Por un breve instante te dejé abandonada,
pero con gran ternura te uniré conmigo;
8 en un arrebato de indignación,
te oculté mi rostro por un instante,
pero me compadecí de ti con amor eterno,
dice tu redentor, el Señor.
9 Me sucederá como en los días de Noé,
cuando juré que las aguas de Noé
no inundarían de nuevo la tierra:
así he jurado no irritarme más contra ti
ni amenazarte nunca más.
10 Aunque se aparten las montañas
y vacilen las colinas,
mi amor no se apartará de ti,
mi alianza de paz no vacilará,
dice el Señor, que se compadeció de ti.

La restauración de Jerusalén

Is 60 10-18; Ap 21

11 ¡Oprimida, atormentada, sin consuelo!
¡Mira! Por piedras, te pondré turquesas
y por cimientos, zafiros;
12 haré tus almenas de rubíes,
tus puertas de cristal
y todo tu contorno de piedras preciosas.
13 Todos tus hijos serán discípulos del Señor,
y será grande la paz de tus hijos.
14 Estarás afianzada en la justicia,
lejos de la opresión, porque nada temerás,
lejos del temor, porque no te alcanzará.
15 Si alguien te ataca, no será de parte mía;
el que te ataque, caerá a causa de ti.
16 Yo he creado al herrero que sopla las brasas
y extrae una herramienta para su obra;
yo he creado también al destructor
para arrasar.
17 Ninguna herramienta forjada contra ti
resultará eficaz,
y tú desmentirás a toda lengua
que se alce para juzgarte.
Esta es la herencia de los servidores
del Señor,
esta es la victoria que yo les aseguro
—oráculo del Señor.

Promesa de una alianza eterna

Ap 21 6; 22 17; Eclo 24 19-22; Hch 13 34

55 1 ¡Vengan a tomar agua,
todos los sedientos,
y el que no tenga dinero, venga también!
Coman gratuitamente su ración de trigo,
y sin pagar, tomen vino y leche.

[2] ¿Por qué gastan dinero en algo
que no alimenta
y sus ganancias, en algo que no sacia?
Háganme caso, y comerán buena comida,
se deleitarán con sabrosos manjares.
[3] Presten atención y vengan a mí,
escuchen bien y vivirán.
Yo haré con ustedes una alianza eterna,
obra de mi inquebrantable amor a David.
[4] Yo lo he puesto como testigo
para los pueblos,
jefe y soberano de naciones.
[5] Tú llamarás a una nación que no conocías,
y una nación que no te conocía
correrá hacia ti,
a causa del Señor, tu Dios,
y por el Santo de Israel, que te glorifica.

Los inescrutables caminos del Señor

Os 5 6; Sal 145 18; Zac 1 3; Sal 103 11

[6] ¡Busquen al Señor
mientras se deja encontrar,
llámenlo mientras está cerca!
[7] Que el malvado abandone su camino
y el hombre perverso, sus pensamientos;
que vuelva al Señor,
y él le tendrá compasión,
a nuestro Dios, que es generoso en perdonar.
[8] Porque los pensamientos de ustedes
no son los míos,
ni los caminos de ustedes son mis caminos
—oráculo del Señor—.
[9] Como el cielo se alza por encima de la tierra,
así sobrepasan mis caminos
y mis pensamientos
a los caminos y a los pensamientos
de ustedes.

La eficacia de la Palabra del Señor

Sal 65 10-11; 104 13-15; Dt 8 3; Is 44 26; 46 10-11

[10] Así como la lluvia y la nieve
descienden del cielo
y no vuelven a él sin haber empapado
la tierra,
sin haberla fecundado y hecho germinar,
para que dé la semilla al sembrador
y el pan al que come,
[11] así sucede con la palabra
que sale de mi boca:
ella no vuelve a mí estéril,
sino que realiza todo lo que yo quiero
y cumple la misión que yo le encomendé.

Últimas palabras de consuelo

Is 35 10; 51 3.11; Sal 96 12; 98 8; Sal 47 2;
Is 41 19; 44 3-4; Zac 1 8-11

[12] Sí, ustedes saldrán gozosamente
y serán conducidos en paz;
al paso de ustedes, las montañas
y las colinas
prorrumpirán en gritos de alegría,
y aplaudirán todos los árboles del campo.
[13] En lugar de zarzas brotarán cipreses,
y mirtos en lugar de ortigas:
esto dará al Señor un gran renombre,
será una señal eterna, que no se borrará.

TERCERA PARTE DEL LIBRO DE ISAÍAS

El Templo, Casa de oración para todos los pueblos

Is 46 13; 51 6.8; Sab 3 14-15; Ap 2 17; 3 5;
1 Re 8 41-43; Mt 21 13

56 [1] Así habla el Señor: Observen
el derecho y practiquen la justicia,

VIVE LA PALABRA

La Palabra de Dios es eficaz

La Palabra de Dios siempre es eficaz: revela cómo es Dios y cumple lo que anuncia. Dabar, en hebreo, significa a la vez «palabra» y «cosa»; es decir, la realización de la palabra.

Sin embargo, es normal no tener una conversión palpable siempre que oramos con la Palabra. Entonces, ¿cómo decir que la Palabra de Dios es eficaz? Es común que su Palabra actúe lentamente, como la semilla que deja ver una plantita tras largas semanas, y da su fruto meses después. Dios se adapta al ritmo de nuestra sicología. En ocasiones el efecto de su Palabra es inmediato y visible, otras veces su mensaje reblandece nuestra conciencia para más tarde poder penetrar en nuestro corazón y transformar nuestra vida.

Es importante que no solo ores con la Palabra de Dios cuando sientes ilusión y te es fácil, sino que perseveres cuando sientes fastidio o dificultad para hacerlo. Dios actúa en ti más allá de lo que puedes comprender e imaginar. Él te conoce y te ama más que tú mismo/a. Pide que te ayude a valorar y a confiar siempre en la eficacia de su Palabra.

Is 55 6-11

porque muy pronto llegará mi salvación
y ya está por revelarse mi justicia.
2 ¡Feliz el hombre que cumple estos preceptos
y el mortal que se mantiene firme en ellos,
observando el sábado sin profanarlo
y preservando su mano de toda mala acción!
3 Que no diga el extranjero
que se ha unido al Señor:
«El Señor me excluirá de su Pueblo»;
y que tampoco diga el eunuco:
«Yo no soy más que un árbol seco».
4 Porque así habla el Señor:
A los eunucos que observen mis sábados,
que elijan lo que a mí me agrada
y se mantengan firmes en mi alianza,
5 yo les daré en mi Casa
y dentro de mis muros
un monumento y un nombre
más valioso que los hijos y las hijas:
les daré un nombre perpetuo,
que no se borrará.
6 Y a los hijos de una tierra extranjera
que se han unido al Señor para servirlo,
para amar el nombre del Señor
y para ser sus servidores,
a todos los que observen el sábado
sin profanarlo
y se mantengan firmes en mi alianza,
7 yo los conduciré hasta mi santa Montaña
y los colmaré de alegría
en mi Casa de oración;
sus holocaustos y sus sacrificios
serán aceptados sobre mi altar,
porque mi Casa será llamada
Casa de oración para todos los pueblos.
8 Oráculo del Señor,
que reúne a los desterrados de Israel:
Todavía reuniré a otros junto a él,
además de los que ya se han reunido.

Contra los malos pastores

Is 3 12; 9 15; Ez 34 2; Jr 10 21; 12 10; 23 1-2

9 ¡Bestias del campo,
fieras de la selva,
vengan todas a devorar!
10 Sus guardianes son todos ciegos,
ninguno de ellos sabe nada.
Todos ellos son perros mudos,
incapaces de ladrar.
Desvarían acostados,
les gusta dormitar.
11 Esos perros voraces
nunca terminan de saciarse,
¡y ellos son los pastores!
No saben discernir,
cada uno toma por su camino,
todos, hasta el último,
detrás de su ganancia.
12 «¡Vengan! Voy en busca de vino;
nos embriagaremos con bebida fuerte,
y mañana será lo mismo que hoy,
o más, muchísimo más».

La indiferencia ante la muerte de los justos

Miq 7 2; Sal 12 2; Sab 4 10-11

57 1 El justo desaparece
y a nadie le llama la atención;
los hombres de bien son arrebatados,
sin que nadie comprenda
que el justo es arrebatado
a consecuencia de la maldad.
2 Pero llegará la paz:
los que van por el camino recto
descansarán en sus lechos.

Contra los idólatras

Ez 16; 23; Is 65 1-7; Jr 2 20-25

3 ¡Y ustedes, acérquense aquí,
hijos de una hechicera,
raza de un adúltero y una prostituta!
4 ¿De quién se burlan?
¿Contra quién abren la boca
y sacan la lengua?
¿No son ustedes hijos de la rebeldía,
una raza bastarda?
5 ¡Ustedes, que arden de lujuria
junto a los terebintos,
bajo todo árbol frondoso,
e inmolan niños en los torrentes,
en las hendiduras de las rocas!
6 Las piedras lisas del torrente son tu parte:
¡sí, ellas te han tocado en suerte!
En su honor has derramado libaciones,
has presentado ofrendas,
y yo ¿me dejaré aplacar con esas cosas?
7 Sobre una montaña alta y empinada
has instalado tu lecho,
y allí has subido a ofrecer sacrificios.
8 Detrás de los postes de la puerta
has colocado tu memorial;
te has desnudado, bien lejos de mí,
y has subido al lecho que habías tendido;
has hecho un trato con uno de esos
con quienes te gusta acostarte,
y has contemplado la «insignia».
9 Corres hacia Mólec con el aceite,
prodigas tus perfumes;
envías muy lejos a tus mensajeros,
los haces descender hasta el Abismo.
10 Te has cansado de tanto caminar,
pero no dices: «¡Es inútil!».
Has renovado la fuerza de tu brazo,
y por eso no te has debilitado.
11 ¿De quién tenías miedo, a quién temías,
para mentir y no acordarte de mí,
para no prestarme ninguna atención?
¿Será porque me quedé callado
y cerré los ojos
que tú no me temes?

El optimismo del Tercer Isaías

El Tercer Isaías, el profeta mesiánico de la consolación, ve con gran optimismo la salvación de Dios. En medio de su denuncia sobre la idolatría, la apatía en el culto, las divisiones y la injusticia, que obstaculizan la salvación, proclama la presencia de Dios y da esperanza a su pueblo: «Yo he visto sus caminos, pero lo sanaré, lo guiaré y lo colmaré de consuelos» (Is 57 18).

En tiempos de guerra, hambre, catástrofes naturales, enfermedad, problemas familiares..., este libro nos recuerda que Dios está con nosotros para salvarnos. En situaciones críticas, medita a diario algunos versículos.

Is 56 – 66

12 ¡Pero yo voy a denunciar tu justicia
y tus obras:
ellas no te servirán de nada!
13 Cuando clames, que te libren tus ídolos:
¡el viento se los llevará a todos ellos,
un soplo los disipará!
Pero el que se refugia en mí
heredará la tierra
y entrará en posesión
de mi santa Montaña.

Promesa de perdón para los pecadores arrepentidos

Sal 51 19; 130 3; Is 54 8; Ef 2 17; Is 48 22

14 Entonces se dirá:
¡Abran paso, abran paso,
preparen un camino,
quiten los obstáculos del camino
de mi Pueblo!
15 Porque así habla el que es alto y excelso,
el que habita en una morada eterna,
aquel cuyo Nombre es santo:
Yo habito en una altura santa,
pero estoy con el contrito y humillado,
para reavivar los espíritus humillados,
para reavivar los corazones contritos.
16 No, yo no recrimino para siempre
ni me irrito eternamente,
porque entonces desfallecerían ante mí
el espíritu y el aliento de vida
que yo mismo hice.
17 Por sus ganancias injustas, yo me irrité
y lo herí, ocultándome en mi irritación,
pero el rebelde siguió el camino
que quería.
18 Yo he visto sus caminos, pero lo sanaré,
lo guiaré y lo colmaré de consuelos;
y de los labios de los que están de duelo,
19 haré brotar la acción de gracias.
¡Paz al que está lejos,
paz al que está cerca!
Yo lo sanaré, dice el Señor.
20 Pero los impíos son como un mar agitado,
que no se puede calmar
y cuyas aguas arrojan fango y cieno.
21 ¡No hay paz para los impíos!,
dice el Señor.

El falso ayuno

Os 8 1; Miq 3 8; Is 55 6; 56 1; Sal 73 28; Mal 3 14; Mt 6 18.16; Jr 6 26; Est 4 3; Dn 9 3; Mt 11 21

58 1 ¡Grita a voz en cuello,
no te contengas,
alza tu voz como una trompeta:
denúnciale a mi pueblo su rebeldía
y sus pecados a la casa de Jacob!
2 Ellos me consultan día tras día
y quieren conocer mis caminos,
como lo haría una nación
que practica la justicia
y no abandona el derecho de su Dios;
reclaman de mí sentencias justas,
les gusta estar cerca de Dios:
3 «¿Por qué ayunamos y tú no lo ves,
nos afligimos y tú no lo reconoces?».
Porque ustedes, el mismo día en que ayunan,
se ocupan de negocios
y maltratan a su servidumbre.
4 Ayunan para entregarse a pleitos y querellas
y para golpear perversamente con el puño.
No ayunen como en esos días,
si quieren hacer oír su voz en las alturas.
5 ¿Es este acaso el ayuno que yo amo,
el día en que el hombre se aflige a sí mismo?
Doblar la cabeza como un junco,
tenderse sobre el cilicio y la ceniza:
¿a eso lo llamas ayuno
y día aceptable al Señor?

El ayuno agradable al Señor

Is 1 11; Am 5 21; Dt 15 12-15; Jr 34 8-9; Is 42 3; Mt 25 34-40; Job 31 19-20; Mt 5 14; Jn 8 12; 4 14; Is 61 4

6 Este es el ayuno que yo amo
—oráculo del Señor—:
soltar las cadenas injustas,
desatar los lazos del yugo,
dejar en libertad a los oprimidos
y romper todos los yugos;

El ayuno que yo quiero

Isaías 58 1-11 se proclama con frecuencia en Cuaresma. El Señor es muy claro y severo al indicar que no tolera el ayuno que consiste solo en abstenerse de comer y no se asocia con la justicia y la solidaridad. Lee el texto de Isaías y después el siguiente mensaje, tomado de una homilía de monseñor Óscar Romero, asesinado en El Salvador por su profetismo.

En los países pobres y en los hogares donde hay hambre, debe celebrarse la Cuaresma como una motivación para dar un sentido de cruz redentora al sacrificio que se vive; no para un conformismo falso que Dios no quiere, sino para que, sintiendo en carne viva las consecuencias del pecado y la injusticia, estimule el trabajo por la justicia social y un amor verdadero a los pobres...

Los invito para que celebremos nuestra Cuaresma dando a nuestros sufrimientos, nuestra sangre, nuestro dolor, el mismo valor que Cristo dio a su situación de pobreza, opresión, marginación e injusticia. Así convertiremos nuestro sufrimiento en la cruz salvadora que redime al mundo y al pueblo.[3]

Ora al Señor desde el fondo de tu corazón: *Señor, que miras las intenciones de nuestro corazón, concédenos ser coherentes con nuestro amor y cumplir las exigencias de la justicia.*

Is 58 1-12

7 compartir tu pan con el hambriento
y albergar a los pobres sin techo;
cubrir al que veas desnudo
y no despreocuparte de tu propia carne.
8 Entonces despuntará tu luz
como la aurora
y tu llaga no tardará en cicatrizar;
delante de ti avanzará tu justicia
y detrás de ti irá la gloria del Señor.
9 Entonces llamarás, y el Señor responderá;
pedirás auxilio, y él dirá: «¡Aquí estoy!».
Si eliminas de ti todos los yugos,
el gesto amenazador y la palabra maligna;
10 *si ofreces tu pan al hambriento*
y sacias al que vive en la penuria,
tu luz se alzará en las tinieblas
y tu oscuridad será como el mediodía.
11 El Señor te guiará incesantemente,
te saciará en los ardores del desierto
y llenará tus huesos de vigor;
tú serás como un jardín bien regado,
como una vertiente de agua,
cuyas aguas nunca se agotan.
12 Reconstruirás las ruinas antiguas,
restaurarás los cimientos seculares,
y te llamarán «Reparador de brechas»,
«Restaurador de moradas en ruinas».

La observancia del sábado

Is 56 1-8; Ex 31 15; Ez 20 12-24; Sal 37 4; Job 22 26; Is 40 5

13 Si dejas de pisotear el sábado,
de hacer tus negocios en mi día santo;
si llamas al sábado «Delicioso»
y al día santo del Señor «Honorable»;
si lo honras absteniéndote de traficar,
de entregarte a tus negocios
y de hablar ociosamente,
14 entonces te deleitarás en el Señor;
yo te haré cabalgar sobre las alturas del país
y te alimentaré con la herencia
de tu padre Jacob,
porque ha hablado la boca del Señor.

El pecado, barrera entre Dios y su Pueblo

Is 50 2; 50 1; Jr 5 25; Dt 31 17-18; Is 1 5; Sal 7 15; Job 15 35; Is 14 29; Sal 58 3-10; Mt 3 7; Prov 1 16

59 1 No, el Señor no es corto de mano
para salvar
ni duro de oído para escuchar:
2 han sido las culpas de ustedes
las que han puesto una barrera
entre ustedes y su Dios;
sus pecados le han hecho
cubrirse el rostro
para dejar de escucharlos.
3 Las manos de ustedes
están manchadas de sangre
y sus dedos, de iniquidad;
sus labios dicen mentiras,
sus lenguas murmuran perfidias.
4 Nadie apela con justa razón
ni va a juicio de buena fe;
se pone la confianza en palabras vacías
y se habla con falsedad;
se está grávido de malicia
y se da a luz la iniquidad.
5 Ellos incuban huevos de víboras
y tejen telas de araña;
el que come de esos huevos, muere,
y si se los rompe, salta una culebra.
6 Con sus telas no se hará un vestido
y nadie se cubrirá con lo que hacen.
Sus obras son obras de maldad
y en sus manos no hay más que violencia;
7 sus pies corren hacia el mal,
se apresuran para derramar sangre inocente;
sus planes son planes perversos,
a su paso hay devastación y ruina.

[8] No conocen el camino de la paz,
en sus senderos, no existe el derecho.
Abren para sí mismos sendas tortuosas:
el que las recorre, no conoce la paz.

Humilde reconocimiento del pecado

Jr 13 16; Am 5 18-20; Jr 8 15; 14 7;
Sal 51 5; 55 11-12; Job 1 1.8

[9] Por eso, el derecho está lejos de nosotros,
y la justicia, fuera de nuestro alcance.
Esperábamos luz, y solo hay tinieblas,
claridad, y caminamos a oscuras.
[10] Andamos a tientas como los ciegos
contra la pared,
andamos a tientas, como el que está
sin ojos;
en pleno mediodía tropezamos
como al anochecer,
en pleno vigor estamos como los muertos.
[11] Todos nosotros gruñimos como osos,
gemimos sin cesar como palomas.
Esperábamos el juicio, ¡y nada!,
la salvación, y está lejos de nosotros.
[12] Porque son muchas nuestras rebeldías
delante de ti
y nuestros pecados atestiguan
contra nosotros;
sí, nuestras rebeldías nos acompañan
y conocemos bien nuestras iniquidades:
[13] fuimos rebeldes
y renegamos del Señor,
dimos la espalda a nuestro Dios,
hablamos de oprimir y traicionar,
y urdimos palabras engañosas
en el corazón.
[14] Así retrocede el derecho
y se mantiene alejada la justicia,
porque la verdad está por el suelo
en la plaza
y la rectitud no tiene acceso.
[15] La verdad está ausente
y los que se apartan del mal
son despojados.

La intervención justiciera del Señor

Is 63 5; Sab 5 17-23; Is 65 7; 33 3

El Señor ha visto con desagrado
que ya no existe el derecho.
[16] Él vio que no había nadie,
se sorprendió de que nadie interviniera.
Entonces su brazo lo socorrió
y su justicia lo sostuvo.
[17] Él se puso la justicia por coraza,
y sobre su cabeza, el casco de la salvación;
se vistió con la ropa de la venganza
y se envolvió con el manto del celo.
[18] Conforme a las obras, será la retribución:
furor para sus adversarios,
represalia para sus enemigos.
[19] Desde el Occidente,
se temerá el nombre del Señor,
y desde el Oriente, se respetará su gloria,
porque él vendrá como un río encajonado,
impulsado por el soplo del Señor.
[20] Él vendrá como redentor para Sion
y para los hijos de Jacob
convertidos de su rebeldía
—oráculo del Señor.

Oráculo de Salvación

Rom 11 26-27; Is 42 1; 51 16

[21] Por mi parte, dice el Señor, esta es mi
alianza con ellos: mi espíritu que está sobre
ti y mis palabras que yo he puesto en tu boca, no se apartarán de tu boca, ni de la boca
de tus descendientes, ni de los descendientes de tus descendientes, desde ahora y para
siempre, dice el Señor.

La gloria de la nueva Jerusalén

Ap 21 9-27; Is 49 18-22; 54 8; 62 4-12; 55 5;
Zac 14 6-7; Ap 21 23; 22 5

60 [1] ¡Levántate, resplandece,
porque llega tu luz
y la gloria del Señor brilla sobre ti!
[2] Porque las tinieblas cubren la tierra
y una densa oscuridad, a las naciones,
pero sobre ti brillará el Señor
y su gloria aparecerá sobre ti.
[3] Las naciones caminarán a tu luz,
y los reyes, al esplendor de tu aurora.
[4] Mira a tu alrededor y observa:
todos se han reunido y vienen hacia ti;
tus hijos llegan desde lejos
y tus hijas son llevadas en brazos.
[5] Al ver esto, estarás radiante,
palpitará y se ensanchará tu corazón,
porque se volcarán sobre ti
los tesoros del mar
y las riquezas de las naciones
llegarán hasta ti.
[6] Te cubrirá una multitud de camellos,
de dromedarios de Madián y de Efá.
Todos ellos vendrán desde Sabá,
trayendo oro e incienso,
y pregonarán las alabanzas del Señor.
[7] En ti se congregarán
todos los rebaños de Quedar,
los carneros de Nebaiot estarán
a tu servicio:
subirán como ofrenda aceptable
sobre mi altar
y yo glorificaré mi Casa gloriosa.
[8] ¿Quiénes son esos que vuelan
como una nube,
como palomas a su palomar?
[9] Son barcos que se reúnen para mí,
con naves de Tarsis al frente,

IS

¿SABÍAS QUE...?

La nueva Jerusalén

La nueva Jerusalén que anuncia Isaías es una profecía sobre la intervención victoriosa de Dios al final de los tiempos, relatada en el género literario escatológico (ver «Vocabulario bíblico: Escatología»). ¿Cuándo se cumplirá plenamente esta profecía? Cuando Dios, con entrañable ternura, restablezca Jerusalén como la ciudad verdaderamente santa, un pueblo de justos donde no se volverá a hablar de violencia y habrá alegría y gozo eterno (Is 60 18; 62 7 y 65 18).

En el Nuevo Testamento la escatología está vinculada al anuncio de la segunda venida de Cristo al final de los tiempos. Entonces la cruz gloriosa de Cristo resplandecerá con «luz eterna» (60 19), faro que guiará todos los pueblos de la tierra. En el Apocalipsis se repite la profecía de la nueva Jerusalén, al hablar de la boda del Cordero con la Iglesia (Ap 19 6-8).

Is 60 – 66

para traer a tus hijos de lejos,
y con ellos su oro y su plata,
por el nombre del Señor, tu Dios,
y por el Santo de Israel, que así te glorifica.
10 Gente extranjera reconstruirá tus murallas
y sus reyes te servirán,
porque yo te castigué en mi irritación,
pero en mi benevolencia tengo piedad de ti.
11 Tus puertas estarán siempre abiertas,
no se cerrarán ni de día ni de noche,
para que te traigan las riquezas
de las naciones,
bajo la guía de sus reyes.
12 Porque la nación y el reino
que no te sirvan, perecerán,
y las naciones serán exterminadas.
13 Hasta ti llegará la gloria del Líbano,
con el ciprés, el olmo y el abeto,
para glorificar el lugar de mi Santuario,
para honrar el lugar donde se posan
mis pies.
14 Los hijos de tus opresores
irán a inclinarse ante ti,
y todos los que te despreciaban
se postrarán ante la planta de tus pies
y te llamarán: «Ciudad del Señor»,
«Sion del Santo de Israel».
15 Antes estuviste abandonada,
aborrecida y despoblada,
pero yo haré de ti el orgullo de los siglos,
la alegría de todas las generaciones.
16 Mamarás la leche de las naciones,
mamarás del pecho de los reyes,
y sabrás que yo, el Señor, soy tu salvador,
y que tu redentor es el Fuerte de Jacob.
17 Haré llegar oro en lugar de bronce
y plata en lugar de hierro;
bronce en lugar de madera
y hierro en lugar de piedra.
Por magistrados te daré la Paz,
y por gobernantes, la Justicia.
18 Ya no se oirá hablar de violencia en tu país
ni de expoliación y desastre
en tus fronteras;
a tus murallas las llamarás «Salvación»,
y a tus puertas, «Alabanza».
19 El sol ya no será tu luz durante el día,
ni la claridad de la luna
te alumbrará de noche:
el Señor será para ti una luz eterna
y tu Dios será tu esplendor.
20 Tu sol no se pondrá nunca más
y tu luna no desaparecerá,
porque el Señor será para ti una luz eterna
y se habrán cumplido los días de tu duelo.
21 En tu pueblo, todos serán justos
y poseerán la tierra para siempre:
serán un retoño de mis plantaciones,
obra de mis manos,
para manifestar mi gloria.
22 El más pequeño se convertirá en un millar,
el menor, en una nación poderosa.
Yo, el Señor, lo haré rápidamente,
a su tiempo.

La misión del profeta

Lc 4 18-19; Is 42 1; Mt 3 16; Lc 7 22; Is 58 12; 55 3

61 1 El espíritu del Señor está sobre mí,
porque el Señor me ha ungido.
Él me envió a llevar la buena noticia
a los pobres,
a vendar los corazones heridos,
a proclamar la liberación a los cautivos
y la libertad a los prisioneros,
2 a proclamar un año de gracia del Señor,
un día de venganza para nuestro Dios;
a consolar a todos los que están de duelo,
3 a cambiar su ceniza por una corona,
su ropa de luto por el óleo de la alegría,
y su abatimiento por un canto de alabanza.
Ellos serán llamados «Encinas de justicia»,
«Plantación del Señor, para su gloria».
4 Ellos reconstruirán las ruinas antiguas,
restaurarán los escombros del pasado,
renovarán las ciudades en ruinas,
los escombros de muchas generaciones.

[5] Se presentarán extranjeros
para apacentar sus rebaños,
hijos de forasteros serán sus labradores
y viñadores.
[6] Y ustedes serán llamados
«Sacerdotes del Señor»,
se les dirá «Ministros de nuestro Dios».
Se alimentarán con las riquezas
de las naciones,
se enorgullecerán con su magnificencia.
[7] Ya que su ignominia fue el doble
de la cuenta
y recibieron como parte vergüenza
e insultos,
ellos poseerán el doble en su tierra
y gozarán de una alegría eterna.
[8] Porque yo, el Señor, amo el derecho
y odio lo que se arrebata injustamente;
les retribuiré con fidelidad
y estableceré en favor de ellos
una alianza eterna.
[9] Su descendencia será conocida
entre las naciones,
y sus vástagos, en medio de los pueblos:
todos los que los vean, reconocerán
que son la estirpe bendecida por el Señor.

La alegría de Sion

1 Sm 2 1; Lc 1 46; Ap 21 2; Is 45 8

[10] Yo desbordo de alegría en el Señor,
mi alma se regocija en mi Dios.
Porque él me vistió con las vestiduras
de la salvación
y me envolvió con el manto de la justicia,
como un esposo que se ajusta la diadema
y como una esposa que se adorna
con sus joyas.
[11] Porque así como la tierra da sus brotes
y un jardín hace germinar lo sembrado,
así el Señor hará germinar la justicia
y la alabanza
ante todas las naciones.

La nueva Jerusalén

Is 54; Mt 21 5; Is 40 10

62 [1] Por amor a Sion no me callaré,
por amor a Jerusalén no descansaré,
hasta que *irrumpa su justicia*
como una luz radiante
y su salvación,
como una antorcha encendida.
[2] Las naciones contemplarán tu justicia
y todos los reyes verán tu gloria;
y tú serás llamada con un nombre nuevo,
puesto por la boca del Señor.
[3] Serás una espléndida corona
en la mano del Señor,
una diadema real en las palmas de tu Dios.
[4] No te dirán más «¡Abandonada!»,
ni dirán más a tu tierra «¡Devastada!»,
sino que te llamarán «Mi deleite»,
y a tu tierra «Desposada».
Porque el Señor pone en ti su deleite
y tu tierra tendrá un esposo.
[5] Como un joven se casa con una virgen,
así te desposará el que te reconstruye;
y como la esposa es la alegría de su esposo,
así serás tú la alegría de tu Dios.
[6] Sobre tus murallas, Jerusalén,
yo he apostado centinelas:
que nunca se queden callados,
ni de día ni de noche.
Ustedes, los que hacen
que el Señor se acuerde,
no se tomen descanso,
[7] ni lo dejen descansar a él
hasta que restablezca a Jerusalén
y la convierta en motivo de alabanza
sobre la tierra.
[8] El Señor lo juró por su mano derecha
y por su brazo poderoso:
«Nunca más daré tu trigo
como alimento a tus enemigos,
ni los extranjeros beberán el vino nuevo
por el que tú has trabajado.
[9] Los que lo cosechen lo comerán,
y alabarán al Señor;
los que lo vendimien lo beberán
en mis atrios sagrados».

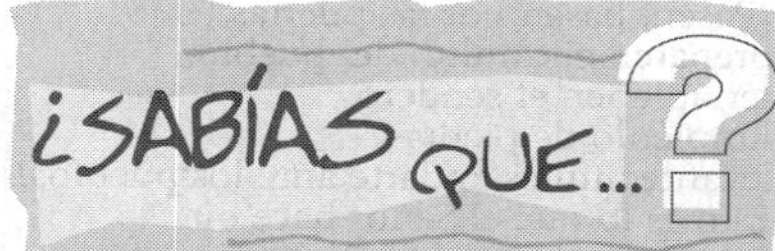

La novia y el novio

La Biblia convierte gradualmente las figuras de la novia y el novio en una metáfora de la relación entre Israel y Dios. El Tercer Isaías proclama que Dios ama a su pueblo con los matices de un novio, lo colma de dones y bendiciones, y continúa siéndole fiel.

Cuando Israel se aparta de la alianza y va tras otros dioses, lo compara con una esposa infiel, incluso con una prostituta que activamente busca dioses falsos al olvidarse del verdadero Dios. Pero, aun ante infidelidad tan grave, el amor de Dios es inmenso, al grado de mandar al profeta Oseas que se case con una prostituta para ser signo vivo de su fidelidad al pueblo (ver «El amor esponsal de Dios por su pueblo», Os 1 – 2).

¿Por qué crees que la Biblia describe el amor fiel de Dios como el de un novio por su novia?

Is 61 10 – 62 5

IS

10 ¡Pasen, pasen por las puertas,
preparen el camino del pueblo,
terraplenen el sendero,
límpienlo de piedras,
levanten un estandarte ante los pueblos!
11 Esto es lo que el Señor hace oír
hasta el extremo de la tierra:
«Digan a la hija de Sion:
Ahí llega tu Salvador;
el premio de su victoria lo acompaña
y su recompensa lo precede.
12 A ellos se los llamará "Pueblo santo",
"Redimidos por el Señor";
y a ti te llamarán "Buscada",
"Ciudad no abandonada"».

La victoria del Señor sobre Edom

Is 34 1-17; Ap 19 13-15; 14 19-20

63 1 ¿Quién es ese que llega desde Edom,
desde Bosrá, con las ropas enrojecidas?
¿Quién es ese, ataviado espléndidamente,
que se yergue con la plenitud de su poder?
—Soy yo, el que habla con justicia,
yo, el poderoso para salvar.
2 —¿Por qué están rojas tus vestiduras,
y tu ropa como la del que pisa el lagar?
3 —En la cuba he pisado yo solo,
nadie de entre los pueblos estaba conmigo.
Los he pisoteado con ira,
los he estrujado con furor;
su sangre salpicó mi ropa
y manché todas mis vestiduras.
4 Porque tenía previsto un día de venganza
y había llegado mi año de redención.
5 Miré, y no había quien me socorriera;
me sorprendí de que nadie me sostuviera.
Entonces me socorrió mi brazo
y mi furor me sostuvo.
6 Pisoteé a los pueblos en mi ira,
los embriagué en mi furor,
hice correr su sangre hasta el suelo.

Salmo: evocación de la misericordia de Dios hacia su Pueblo

Sal 77 12-21; 89 1; Dt 32 5.15;
Ex 32 11-14; 14 5-31; Sal 77 21

7 Recordaré los favores del Señor,
alabaré sus proezas,
por todo el bien que él nos hizo
en su gran bondad hacia la familia
de Israel,
y por todo el bien que nos hizo
en su compasión
y en la abundancia de su misericordia.
8 Él dijo: «Realmente son mi Pueblo,
son hijos que no decepcionarán».
Y él fue para ellos un salvador
9 en todas sus angustias.
No intervino ni un emisario
ni un mensajero:
él mismo, en persona, los salvó;
por su amor y su clemencia,
él mismo los redimió;
los levantó y los llevó
en todos los tiempos pasados.
10 Pero ellos se rebelaron
y afligieron su santo espíritu.
Entonces él se volvió su enemigo
y combatió contra ellos.
11 Ellos se acordaron de los días del pasado,
de Moisés, su servidor:
¿Dónde está el que hizo subir de las aguas
al pastor de su rebaño?
¿Dónde está el que puso dentro de él
su santo espíritu,
12 el que hizo marchar su brazo glorioso
a la derecha de Moisés,
el que separó las aguas delante de ellos,
para ganarse un renombre eterno?
13 ¿Dónde está el que los condujo
por el fondo del Océano,
como a un caballo por el desierto,
sin que ellos tropezaran?
14 Como a ganado que desciende al valle,
el espíritu del Señor les dio un descanso.
¡Así guiaste a tu Pueblo
para hacerte un Nombre glorioso!

Invocación del Pueblo al Dios salvador

Is 41 14; Sal 74 3; 18 8-10

15 Mira desde el cielo y contempla,
desde tu santo y glorioso dominio.
¿Dónde están tus celos y tu valor,
tu ternura entrañable y tu compasión?
¡No, no permanezcas insensible!
16 Porque tú eres nuestro padre,
porque Abraham no nos conoce
ni Israel se acuerda de nosotros.
¡Tú, Señor, eres nuestro padre,
«nuestro Redentor» es tu Nombre
desde siempre!
17 ¿Por qué, Señor, nos desvías de tus caminos
y endureces nuestros corazones
para que dejen de temerte?
¡Vuelve, por amor a tus servidores
y a las tribus de tu herencia!
18 ¿Por qué los impíos hollaron tu Lugar santo
y nuestros adversarios pisotearon
tu Santuario?
19 ¡Desde hace mucho tiempo,
tú no nos gobiernas,
y ya no somos llamados por tu Nombre!
¡Si rasgaras el cielo y descendieras,
las montañas se disolverían delante de ti,
64 1 como el fuego enciende un matorral,
como el fuego hace hervir el agua!
Así manifestarías tu Nombre
a tus adversarios
y las naciones temblarían ante ti.

[2] Cuando hiciste portentos inesperados,
[3] que nadie había escuchado jamás,
ningún oído oyó, ningún ojo vio
a otro Dios, fuera de ti,
que hiciera tales cosas
por los que esperan en él.
[4] Tú vas al encuentro de los que practican
la justicia
y se acuerdan de tus caminos.

Confesión de los pecados y súplica

1 Cor 2 9; Is 30 18; 63 16; Sal 25 7; 79 1

Tú estás irritado, y nosotros hemos pecado,
desde siempre fuimos rebeldes contra ti.
[5] Nos hemos convertido
en una cosa impura,
toda nuestra justicia es
como un trapo sucio.
Nos hemos marchitado como el follaje
y nuestras culpas nos arrastran
como el viento.
[6] No hay nadie que invoque tu Nombre,
nadie que despierte para aferrarse a ti,
porque tú nos ocultaste tu rostro
y nos pusiste a merced de nuestras culpas.
[7] Pero tú, Señor, eres nuestro padre,
nosotros somos la arcilla,
y tú, nuestro alfarero:
¡todos somos la obra de tus manos!
[8] No te irrites, Señor, hasta el exceso,
no te acuerdes para siempre de las culpas.
¡Mira que todos nosotros somos tu Pueblo!
[9] Tus santas ciudades han quedado desiertas:
Sion se ha convertido en un desierto,
Jerusalén, en una desolación.
[10] Nuestra Casa santa y gloriosa,
donde te alababan nuestros padres,
ha sido presa de las llamas,
y todo lo que teníamos de precioso
se ha convertido en una ruina.
[11] Ante esto, ¿vas a permanecer insensible,
Señor?
¿Te quedarás callado
y nos afligirás hasta el fin?

Reprobación del culto ilícito

Is 57 3-13; Rom 10 20-21; Dt 32 21

65 [1] Yo me dejé consultar
por los que no me interrogaban;
salí al encuentro de los que no me buscaban.
Yo dije: «¡Aquí estoy, aquí estoy!»
a una nación que no invocaba mi Nombre.
[2] Tendí mis manos incesantemente
hacia un pueblo rebelde,
que va por un mal camino,
tras sus propios designios.
[3] Es un pueblo que no cesa de provocarme
en mi propia cara,
sacrificando en los jardines
y quemando incienso sobre ladrillos.
[4] Ellos se sientan en los sepulcros
y pasan la noche en las grutas,
comen carne de cerdo
y hay en sus platos un caldo inmundo.
[5] Ellos dicen: «Apártate, no te me acerques,
porque te dejaría consagrado».
¡Esas cosas son una humareda
en mis narices,
un fuego que arde todo el día!
[6] Pero todo eso está escrito ante mí,
y no me quedaré callado,
sino que les daré su merecido
y se lo pondré en su propio pecho,
[7] por sus culpas y las culpas de sus padres,
por todas juntas, dice el Señor.
Porque ellos quemaron incienso
en las montañas
y me ultrajaron sobre las colinas,
yo les mediré su retribución
y la pondré en su propio pecho.

La suerte de los buenos y de los malos

Is 4 3; 57 13; 66 4; Lc 6 20-26; Ap 2 17

[8] Así habla el Señor:
Cuando se encuentra jugo en un racimo,
se dice: «No lo destruyas,
porque hay una bendición en él».
Yo obraré así a causa de mis servidores,
a fin de no destruirlo todo:
[9] haré salir de Jacob una descendencia
y de Judá, a un poseedor de mis montañas;
mis elegidos las poseerán
y mis servidores habitarán allí.
[10] El Sarón será un redil de ovejas
y el valle de Acor un corral de vacas,
para mi Pueblo que me habrá buscado.
[11] Pero ustedes, los que han abandonado
al Señor
y se han olvidado de mi santa Montaña,
los que preparan una mesa para la Fortuna
y llenan una copa para el Destino,
[12] a ustedes, los destinaré a la espada
y doblarán la rodilla para el degüello.
Porque yo llamé, y no respondieron,
hablé, y no escucharon;
ustedes hicieron lo que me desagrada
y eligieron lo que yo no quiero.
[13] Por eso, así habla el Señor:
¡Mis servidores comerán
y ustedes estarán hambrientos!
¡Mis servidores beberán
y ustedes estarán sedientos!
¡Mis servidores se alegrarán
y ustedes quedarán avergonzados!
[14] ¡Mis servidores cantarán con júbilo
en el corazón
y ustedes gritarán con el corazón dolorido,
gemirán con el espíritu desgarrado!

15 Ustedes dejarán su nombre a mis elegidos
para una imprecación:
«¡Así te haga morir el Señor!».
A mis servidores, en cambio,
se los llamará con otro nombre.
16 Todo el que se bendiga en el país
se bendecirá por el Dios del Amén,
y todo el que jure en el país
jurará por el Dios del Amén,
porque las angustias pasadas
habrán sido olvidadas
y estarán ocultas a mis ojos.

El nuevo cielo y la nueva tierra

Is 51 6; 66 22; Ap 21 1.4; Jr 31 5; Am 9 14; Is 11 7-9

17 Sí, yo voy a crear
un cielo nuevo y una tierra nueva.
No quedará el recuerdo del pasado
ni se lo traerá a la memoria,

VOY A CREAR UN CIELO NUEVO
Y UNA TIERRA NUEVA. NO QUEDARÁ
EL RECUERDO DEL PASADO. Is 65 17

18 sino que se regocijarán y se alegrarán
para siempre
por lo que yo voy a crear:
porque voy a crear a Jerusalén
para la alegría
y a su pueblo para el gozo.
19 Jerusalén será mi alegría,
yo estaré gozoso a causa de mi pueblo,
y nunca más se escucharán en ella
ni llantos ni alaridos.
20 Ya no habrá allí niños que vivan pocos días
ni ancianos que no completen sus años,
porque el más joven morirá a los cien años
y al que no llegue a esa edad
se lo tendrá por maldito.
21 Edificarán casas y las habitarán,
plantarán viñas y comerán sus frutos:
22 no edificarán para que habite otro
ni plantarán para que coma un extraño,
porque mi pueblo vivirá
tanto como los árboles
y mis elegidos disfrutarán
de la obra de sus manos.
23 Ellos no se fatigarán en vano
ni tendrán hijos para un fin desastroso,
porque serán la estirpe de los bendecidos
por el Señor,
ellos y sus vástagos junto con ellos.
24 Antes que llamen, yo les responderé;
estarán hablando,
y ya los habré escuchado.
25 El lobo y el cordero pacerán juntos,
el león comerá paja como el buey
y la serpiente se alimentará de polvo:
No se hará daño ni estragos
en toda mi Montaña santa,
dice el Señor.

El culto agradable al Señor

Mt 5 34-35; Hch 7 49-53;
Sal 24 1-2; 50 8-12; Esd 9 4; 10 3

66 1 Así habla el Señor: El cielo es mi trono,
y la tierra, el estrado de mis pies.
¿Qué casa podrán edificarme ustedes
y dónde estará el lugar de mi reposo?
2 Todo esto lo hizo mi mano
y todo me pertenece
—oráculo del Señor—.
Aquel hacia quien vuelvo la mirada
es el pobre, de espíritu acongojado,
que se estremece ante mis palabras.

Contra la degeneración del culto

Is 57 5; 65 4; 41 28; 50 2; 2 Tes 1 8

3 Se inmola un buey,
y se mata a un hombre,
se sacrifica un cordero,
y se desnuca un perro,
se presenta una ofrenda,
y se ofrece sangre de cerdo,
se quema un memorial de incienso,
y se bendice una iniquidad.
Porque ellos han elegido
sus propios caminos
y se complacen en sus ídolos,
4 también yo elegiré sus desgracias
y les enviaré lo que más temen.
Yo llamé, y nadie respondió,
hablé, y ellos no escucharon,
sino que hicieron lo que me desagrada
y eligieron lo que yo no quiero.

La llegada imprevista de la salvación

2 Tes 1 10; Is 5 19; Jr 17 15; 2 Pe 3 4;
Is 49 20-22; Ap 12 5

5 ¡Escuchen la palabra del Señor,
ustedes que se estremecen ante su palabra!
Dicen sus hermanos,
los que tienen odio contra ustedes
y los rechazan a causa de mi Nombre:
«Que el Señor manifieste su gloria,
así veremos la alegría de ustedes».
Pero son ellos los que se avergonzarán.
6 Una voz retumba desde la ciudad,
una voz sale del Templo:
es la voz del Señor que retribuye
a sus enemigos.
7 Antes de las contracciones, ella dio a luz;
antes de que le llegaran los dolores,
dio a luz un hijo varón.
8 ¿Quién oyó jamás algo semejante,
quién ha visto una cosa igual?
¿Se da a luz un país en un solo día?
¿Se hace nacer una nación de una sola vez?

Pero Sion, apenas sintió los dolores,
ha dado a luz a sus hijos.
9 ¿Acaso yo abriré la matriz
y no haré dar a luz?, dice el Señor.
¿Acaso la voy a cerrar,
yo que hago nacer?, dice tu Dios.

La felicidad de Israel y el castigo de sus enemigos

Is 65 18-19; 60 1-3; Jn 16 20-22; Is 30 27-29

10 ¡Alégrense con Jerusalén
y regocíjense a causa de ella,
todos los que la aman!
¡Compartan su mismo gozo
los que estaban de duelo por ella,
11 para ser amamantados y saciarse
en sus pechos consoladores,
para gustar las delicias
de sus senos gloriosos!
12 Porque así habla el Señor:
Yo haré correr hacia ella
la paz como un río,
y la riqueza de las naciones
como un torrente que se desborda.
Sus niños de pecho serán llevados en brazos
y acariciados sobre las rodillas.
13 Como un hombre es consolado
por su madre,
así yo los consolaré a ustedes,
y ustedes serán consolados en Jerusalén.
14 Al ver esto, se llenarán de gozo
y sus huesos florecerán como la hierba.
La mano del Señor se manifestará
a sus servidores,
y a sus enemigos, su indignación.
15 Porque ya viene el Señor
en medio del fuego
—sus carros son como un torbellino—
para descargar su ira con furor
y sus amenazas con las llamas del fuego.
16 Porque el Señor entra en juicio
con todos los vivientes
por el fuego y por su espada,
y serán numerosas las víctimas del Señor.

Contra los ritos paganos

Is 65 5.3; 66 3

17 Los que se santifican y se purifican
para entrar en los jardines,
detrás de uno que va en el medio;
los que comen carne de cerdo,
animales inmundos y ratas,
serán aniquilados todos juntos
—oráculo del Señor—
con sus obras y sus pensamientos.

La ofrenda de todas las naciones

Ez 34 13; Mt 24 31; 25 32; Is 65 17; Mc 9 48

18 Entonces, yo mismo vendré a reunir a
todas las naciones y a todas las lenguas, y
ellas vendrán y verán mi gloria. 19 Yo les daré una señal, y a algunos de sus sobrevivientes los enviaré a las naciones: a Tarsis,
Put, Lud, Mésec, Ros, Tubal y Javán, a las
costas lejanas que no han oído hablar de
mí ni han visto mi gloria. Y ellos anunciarán mi gloria a las naciones.
20 Ellos traerán a todos los hermanos de
ustedes, como una ofrenda al Señor, hasta
mi Montaña santa de Jerusalén. Los traerán
en caballos, carros y literas, a lomo de mulas y en dromedarios —dice el Señor—, como los israelitas llevan la ofrenda a la Casa
del Señor en un recipiente puro. 21 Y también de entre ellos tomaré sacerdotes y le-

INDÍGENA

Universalidad de la fecundidad y el amor

El libro de Isaías cierra con un poema de perspectiva universal, en el que exalta la fecundidad de la tierra, el Pueblo de Dios y la creación entera, y comunica la ternura del amor maternal de Dios a quien le es fiel. Los pueblos indígenas tienen una visión y sentimientos similares, como refleja el siguiente comentario:

Todos los pueblos indígenas de este continente, pero especialmente los andinos, vemos en la tierra la manifestación de la acción fecunda de Dios... la experimentamos en todo tiempo y en todo lugar: en el agua, en el aire, en el fuego, en la piedra, en la tierra, donde quiera estamos en presencia de la tierra y en presencia de la acción de Dios que ve por nosotros como una Madre amorosa (Is 49 13-16).

> Según dicen los que conocen la palabra antigua, la tierra es más de lo que todo el mundo llama tierra, abarca el tiempo y el espacio entrelazados y es la raíz del trabajo, de los seres, las personas, los pueblos, las culturas y las religiones.
>
> En nuestra experiencia de vida en la tierra, Dios se nos manifiesta como madre. Para nosotros la tierra es uno de los misterios espirituales más grandes que existen. En todo momento, en todo lugar y en toda experiencia de vida, Dios se nos da como madre. Todos esos momentos y todas esas actividades que hacemos en la historia y en la tierra son para nosotros los signos más claros de la salvación y de la presencia y acción de Dios padre y madre.[4]

Is 66 7-14

I
S

vitas, dice el Señor. [22] Porque así como permanecen delante de mí el cielo nuevo y la
tierra nueva que yo haré —oráculo del Señor—, así permanecerán la raza y el nombre de ustedes.
[23] De luna nueva en luna nueva, y de
sábado en sábado, todos vendrán a postrarse delante de mí, dice el Señor. [24] Y al
salir, se verán los despojos de los hombres que se han rebelado contra mí, porque

su gusano no morirá,
su fuego no se extinguirá
y serán algo horrible
para todos los vivientes.

¡AQUÍ ESTOY: ENVÍAME!

SEÑOR, DESDE MI BAUTISMO
ME HICISTE PROFETA, PERO RARA VEZ
ME ACUERDO QUE DESEAS
QUE CUMPLA CON ESTA MISIÓN.

¡CUÁNTAS VECES ME QUEJO DE LO MAL
QUE ESTÁN LAS COSAS A MI ALREDEDOR!

¡Y QUÉ POCAS VECES PROFETIZO EN TU NOMBRE,
AL ESTILO DE JESÚS!

QUIERO PROCLAMAR SIEMPRE
TU ALIANZA DE AMOR CON NOSOTROS;
DECIRLE A LA GENTE QUE TENIÉNDOTE COMO SEÑOR,
EL MUNDO SERÍA MEJOR.

QUIERO DENUNCIAR CON VALENTÍA LO QUE SE OPONE
A QUE VIVAMOS COMO HIJOS E HIJAS TUYOS;
TU PUEBLO FIEL, LLAMADO A CREAR UNA SOCIEDAD
DONDE REINE EL AMOR, LA JUSTICIA Y LA PAZ.

¡AQUÍ ESTOY: ENVÍAME!
INDÍCAME CON CLARIDAD ADÓNDE
Y A QUIÉN QUIERES QUE VAYA.

AYÚDAME A COMPRENDER TUS PALABRAS DE VIDA
Y VALOR PARA COMPARTIRLAS.

UTILÍZAME PARA QUE TU MENSAJE SE EXTIENDA
EN EL PUEBLO JOVEN DE MI PATRIA, DE MODO
QUE CADA DÍA HAYA UNA JUVENTUD PROFÉTICA
MÁS NUMEROSA, CAPAZ DE CONVERTIR
LOS ACONTECIMIENTOS DE NUESTRO TIEMPO
EN HISTORIA DE SALVACIÓN.

¡AQUÍ ESTOY: ENVÍAME!

En la mayoría de las novelas es fácil distinguir al héroe del villano. El villano puede gozar la vida sin preocuparse por el sufrimiento que causa. El héroe ayuda a la gente en tiempos difíciles y la anima a resolver sus problemas aun con sacrificios. Así son los profetas: buscan el bien del pueblo y le dicen, de parte de Dios, qué debe hacer para alcanzarlo. Jeremías fue uno de estos profetas, un profeta joven, solidario con su pueblo; audaz y valiente en su prédica; capaz de denunciar a sus mayores, con el poder de Dios.

JEREMÍAS

ESQUEMA

- **1 1-3.** Introducción
- **1 4 – 25 38.** Oráculos contra Judá y Jerusalén
- **26 – 35.** Relatos biográficos y anuncios de salvación
- **36 – 45.** Los padecimientos de Jeremías
- **46 – 51.** Oráculos contra las naciones
- **52.** Apéndice histórico

DATOS

Período descrito
De 626 a 583 a.C.
Autor
Jeremías y escribas deuteronomistas. En *la redacción participó* Baruc, secretario de Jeremías
Fecha de redacción
Alrededor del año 580 a.C.
Temas
Urgencia de la conversión de Israel. Jeremías y su misión profética. Anuncio de la Nueva Alianza

PRESENTACIÓN

Jeremías, *el profeta joven que destruye y edifica* (Jr 1 10), fue un profeta tímido y violento, delicado y terrible, dedicado a proclamar el mensaje de Dios. Su vida y su ministerio fueron difíciles, dolorosos, variados, y se pueden dividir en cuatro etapas:

- El capítulo 1 relata su vocación de muy joven. Los cinco siguientes capítulos muestran cómo, durante la reforma religiosa del rey Josías (640-609 a.C.), Jeremías insiste al pueblo que se convierta y le anuncia el castigo de manos del enemigo si no lo hace.
- En los capítulos 7 al 20, Jeremías denuncia la política corrupta de los sucesores de Josías, los motiva a permanecer bajo Babilonia y se lamenta ante la conducta del pueblo. Por ello, es perseguido y obligado a ocultarse para salvar su vida.
- En los capítulos 21 al 24, el profeta acusa al rey, a los sacerdotes y a los falsos profetas, que engañan al pueblo en lugar de guiarlo hacia Dios. Su denuncia causa que lo persigan, lo arrojen a un pozo y lo encarcelen.
- Los últimos 27 capítulos relatan los juicios de Jeremías contra varias naciones extranjeras; describen sus sufrimientos y proclaman la esperanza. Jeremías escribe a los deportados y les promete la restauración de Judá, el regreso a su tierra, un porvenir bueno y una salvación duradera.

La misión de Jeremías se encierra en esta frase con la que Dios le manifiesta su vocación: «te establezco en este día..., para arrancar y derribar..., para edificar y plantar» (1 10). Jeremías «arranca y derriba» la idolatría, las injusticias y los engaños con sus enérgicas denuncias y sus anuncios del castigo y el destierro, y «edifica y planta» al proclamar el regreso al Señor e interceder solidariamente por la salvación del pueblo.

Título

2 Re 21 24 – 23 30; Jr 3 6; Sof 1 1; 2 Re 23 26 – 24 6;
Jr 22 13-19; 2 Re 24 17 – 25 7; Jr 21 1-10;
2 Re 25 8-21; Jr 39 9; 52 15.28-30

1 1 Palabras de Jeremías, hijo de Jilquías,
uno de los sacerdotes de Anatot, en territorio de Benjamín. 2 La palabra del Señor
le llegó en los días de Josías, hijo de Amón,
rey de Judá, en el año decimotercero de su
reinado; 3 y también en los días de Joaquim,
hijo de Josías, rey de Judá, hasta el fin del
undécimo año de Sedecías, hijo de Josías,
rey de Judá, es decir, hasta la deportación de
Jerusalén en el quinto mes.

ORÁCULOS CONTRA JUDÁ Y JERUSALÉN

COMIENZO DE LA PREDICACIÓN DE JEREMÍAS

Vocación de Jeremías

Is 49 1-5; Lc 1 15; Gal 1 15; Ex 4 10; Ez 2 6;
Is 6 6-7; Ez 3 1-3; Jr 18 7; 31 28; 45 4

4 La palabra del Señor llegó a mí
en estos términos:
5 «Antes de formarte en el vientre materno,
yo te conocía;
antes de que salieras del seno,
yo te había consagrado,
te había constituido profeta
para las naciones».
6 Yo respondí:
«¡Ah, Señor! Mira que no sé hablar,
porque soy demasiado joven».
7 El Señor me dijo:
«No digas: "Soy demasiado joven",
porque tú irás adonde yo te envíe
y dirás todo lo que yo te ordene.
8 No temas delante de ellos,
porque yo estoy contigo para librarte
—oráculo del Señor—».
9 El Señor extendió su mano,
tocó mi boca y me dijo:
«Yo pongo mis palabras en tu boca.
10 Yo te establezco en este día
sobre las naciones y sobre los reinos,
para arrancar y derribar,
para perder y demoler,
para edificar y plantar».

Primeras visiones y revelaciones

Jr 24 3; Am 7 8; 8 2; Ez 12 28;
Is 55 10-11; Dn 9 14; Jr 4 5-31

11 La palabra del Señor llegó a mí en estos
términos: «¿Qué ves, Jeremías?». Yo respondí: «Veo una rama de almendro». 12 Entonces
el Señor me dijo: «Has visto bien, porque yo
vigilo sobre mi palabra para realizarla».
13 La palabra del Señor llegó a mí por segunda vez, en estos términos: «¿Qué ves?».
Yo respondí: «Veo una olla hirviendo, que
se vuelca desde el Norte». 14 Entonces el Señor me dijo:

VIVE LA PALABRA

¿Quién? ¿Yo?

—¿Quién? ¿Yo? No puedo porque...

¿Cuántas veces has reaccionado así cuando te piden tareas difíciles? Jeremías personifica esta tendencia humana de evadir lo difícil. Lee Jeremías 1 4-10; no te pierdas la lectura de su vocación, ¡es preciosa!

Dios nos llama a ser sus profetas; tiene un sueño para nosotros, adecuado a nuestra edad y situación personal y social. ¡Acepta tu misión!

—¿A quién hablas, Señor? ¿A mí?

—¡Sí, a ti! Conmigo todo lo puedes. No tengas miedo.

¿Cómo podría él —y cómo podemos nosotros— rechazar el llamado de Dios? ¿Cómo te pide Dios que colabores en la misión salvadora de Jesús? (ver «Vocación de un/a profeta», Is 6 1-13).

Jr 1 4-10

«Del Norte se desencadenará la desgracia
contra todos los habitantes del país.
15 Porque ahora voy a convocar
a todas las familias de los reinos del Norte
—oráculo del Señor—.
Ellos vendrán, y cada uno instalará
su trono
a la entrada de las puertas de Jerusalén,
contra todos los muros que la rodean
y contra todas las ciudades de Judá.
16 Pronunciaré mis sentencias contra ellos,
por todas sus maldades,
porque me han abandonado,
han quemado incienso a dioses extraños,
y se han postrado ante las obras
de sus manos.
17 En cuanto a ti, cíñete la cintura,
levántate y diles
todo lo que yo te ordene.
No te dejes intimidar por ellos,
no sea que te intimide yo delante de ellos.
18 Mira que hoy hago de ti
una plaza fuerte,
una columna de hierro,
una muralla de bronce,
frente a todo el país:
frente a los reyes de Judá y a sus jefes,
a sus sacerdotes y al pueblo del país.
19 Ellos combatirán contra ti,
pero no te derrotarán,
porque yo estoy contigo para librarte
—oráculo del Señor».

La fidelidad de Israel en el desierto

Os 2 16-17; Jr 11 15; Ex 13 17; 19 6

2 1 La palabra del Señor llegó a mí en estos términos:
2 Ve a gritar a los oídos de Jerusalén:
Así habla el Señor:
Recuerdo muy bien la fidelidad
de tu juventud,
el amor de tus desposorios,
cuando me seguías por el desierto,
por una tierra sin cultivar.
3 Israel era algo sagrado para el Señor,
las primicias de su cosecha:
todos los que comían de él
se hacían culpables,
les sobrevenía una desgracia
—oráculo del Señor—.
4 ¡Escuchen la palabra del Señor,
casa de Jacob,
y todas las familias de la casa de Israel!
5 Así habla el Señor:
¿Qué injusticia encontraron
en mí sus padres
para que se alejaran de mí
y fueran detrás de ídolos vanos,
volviéndose así vanos ellos mismos?
6 Ellos no preguntaron:
«¿Dónde está el Señor,
que nos hizo subir del país de Egipto,
el que nos condujo por el desierto,
por una tierra de estepas y barrancos,
por una tierra árida y tenebrosa,
por una tierra que nadie atraviesa
y donde no habita ningún hombre?».
7 Yo los hice entrar en un país de vergeles,
para que comieran de sus frutos
y sus bienes;
pero ustedes entraron
y contaminaron mi país
e hicieron de mi herencia
una abominación.
8 Los sacerdotes no preguntaron:
«¿Dónde está el Señor?»,
los depositarios de la Ley
no me conocieron,
los pastores se rebelaron contra mí,

Te presentamos a... JEREMÍAS, EL QUE DESTRUYE Y EDIFICA

¿Alguna vez te han rechazado o ignorado cuando invitas a hacer buenas acciones? Eso le pasó a Jeremías, a quien Dios llamó siendo muy joven. Sin embargo, fue fiel a su misión y, aunque se quejaba frecuentemente con Dios, encontraba en él su apoyo y la razón de seguir adelante.

Jeremías tiene un mensaje para todas las situaciones. Seguro del amor de Dios, denuncia valientemente lo que está mal; vive en carne propia el dolor de su pueblo, y anuncia grandes esperanzas. Varios pasajes de su libro, llamados «las confesiones de Jeremías», narran sus fascinantes combates con Dios, pues su misión no fue fácil y con mucha confianza le manifiesta sus problemas.

Jeremías es figura de Cristo. Como él, vive el drama del pecado y el dolor, es torturado como traidor en su patria y sufre por la infidelidad de su pueblo hasta su muerte. Lee el libro de Jeremías; te fascinará su lenguaje fuerte y atrevido.

Jr 2

los profetas profetizaron en nombre de Baal
y fueron detrás de los que no sirven
de nada.
9 Por eso, voy a entrar todavía
en pleito con ustedes
—oráculo del Señor—
y también con los hijos de sus hijos.
10 ¡Sí, crucen a las costas de los Quitim
y miren,
envíen gente a Quedar y fíjense bien,
a ver si ha sucedido una cosa igual!
11 ¿Cambia de dioses una nación?
—¡y sin embargo, esos no son dioses!—.
Pero mi pueblo ha cambiado su Gloria
por algo que no sirve de nada.
12 ¡Espántense de esto, cielos,
horrorícense y queden paralizados!
—oráculo del Señor—.
13 Porque mi pueblo ha cometido
dos maldades:
me abandonaron a mí,
la fuente de agua viva,
para cavarse cisternas, cisternas agrietadas,
que no retienen el agua.
14 ¿Acaso Israel fue adquirido como esclavo
o nació en la esclavitud?
¿Por qué entonces se ha convertido
en una presa?
15 Los cachorros de león rugen contra él,
hacen oír sus bramidos,
han *hecho de su país una desolación*,
sus ciudades son incendiadas,
se quedan sin habitantes.
16 ¡Hasta los hijos de Nof y de Tafnes
te han rapado el cráneo!
17 ¿Acaso no te sucede todo esto
por haber abandonado al Señor, tu Dios,
mientras él te conducía por el camino?
18 Y ahora, ¿por qué tienes que tomar
el camino de Egipto
para beber el agua del Sijor?
¿Por qué tienes que tomar
el camino de Asiria
para beber el agua del Río?
19 ¡Que tu propia maldad te corrija
y tus apostasías te sirvan de escarmiento!
Reconoce, entonces, y mira
qué cosa tan mala y amarga
es abandonar al Señor, tu Dios,
y dejar de temerme
—oráculo del Señor de los ejércitos.

Los pecados de idolatría

Mt 11 28-30; Dt 32 37-38

20 Sí, hace mucho que has quebrado tu yugo,
has roto tus ataduras
y has dicho: «¡No serviré!».
Sí, sobre toda colina elevada
y bajo todo árbol frondoso,
te has acostado, te has prostituido.
21 ¡Y eso que yo te había plantado
con cepas escogidas,
todas de simiente genuina!
¿Cómo entonces te has vuelto
una planta degenerada,
una viña bastarda?
22 Por más que te laves con potasa
y no mezquines la lejía,
permanecerá la mancha de tu iniquidad
ante mí
—oráculo del Señor—.
23 ¿Cómo puedes decir:
«No me he contaminado,
no he ido detrás de los Baales»?
Mira tu conducta en el Valle,
reconoce lo que has hecho.

¡Camella veloz, que va de un lado
para otro!
24 ¡Asna salvaje, habituada al desierto!
En el ardor de su deseo aspira el viento:
¿quién puede refrenar su ansiedad?
Los que la buscan no necesitan fatigarse,
en su tiempo de celo se la encuentra.
25 No dejes que tus pies queden descalzos
ni que tu garganta sienta sed.
Pero tú dices: «¡No hay nada que hacer!
¡No!
A mí me gustan los extranjeros
y quiero ir detrás de ellos».
26 Como se turba un ladrón
al ser sorprendido,
así quedarán turbados
los de la casa de Israel,
ellos, sus reyes y sus príncipes,
sus sacerdotes y sus profetas,
27 los que dicen a un trozo de madera:
«¡Tú me has dado a luz!».
Porque ellos me vuelven la espalda,
no la cara,
y después, en el tiempo de su desgracia,
dicen: «¡Levántate y sálvanos!».
28 ¿Dónde están tus dioses,
esos que te has fabricado?
¡Que se levanten, si es que pueden salvarte
en el tiempo de tu desgracia!
Porque tan numerosos como tus ciudades
son tus dioses, Judá.
29 ¿Por qué me recriminan,
si todos ustedes se han rebelado contra mí?
—oráculo del Señor—.
30 En vano he golpeado a los hijos de ustedes:
ellos no aprendieron la lección;
la espada de ustedes devoró a sus profetas
como un león que lo destruye todo.
31 ¡Qué clase de gente son ustedes!
Vean lo que dice el Señor:
¿Acaso he sido yo para Israel
un desierto o una tierra tenebrosa?
¿Por qué dice mi pueblo:
«Somos libres, ya no acudiremos a ti»?
32 ¿Olvida una joven sus atavíos,
una novia sus ceñidores?
¡Pero mi pueblo se ha olvidado de mí
hace ya un sinnúmero de días!
33 ¡Qué bien te abres camino
para ir en busca del amor!
Así, también tú te has habituado
a los caminos de la maldad.
34 Hasta en los bordes de tu vestido
se encuentra sangre de gente pobre,
inocente,
que tú no habías sorprendido
perforando una pared.
Y a pesar de todo esto,
35 tú dices: «Sí, soy inocente,
seguramente su ira se ha apartado de mí».
Pero yo entro en juicio contigo,
porque tú dices: «No tengo pecado».
36 ¡Con qué ligereza
cambias de camino!
También serás defraudada por Egipto,
como lo fuiste por Asiria.
37 También de allí tendrás que salir
con las manos sobre tu cabeza,
porque el Señor ha rechazado
a aquellos en los que confías,
y no te irá bien con ellos.

RECONOCE, ENTONCES, Y MIRA QUÉ COSA TAN MALA Y AMARGA ES ABANDONAR AL SEÑOR. Jr 2 19

Llamado a la conversión

Dt 24 1-4; Os 1 – 3

3 1 La palabra del Señor llegó a mí en
estos términos:

Si un hombre repudia a su mujer
y ella, al irse de su lado,
llega a ser la mujer de otro,
¿puede aquel volver de nuevo a ella?
¿No está acaso esa mujer
irremediablemente mancillada?
Y tú, que te has prostituido
con tantos amantes,
¿podrás volver a mí?
—oráculo del Señor—.
2 Alza tus ojos a los montes desolados y mira:
¿dónde no has sido violada?
Te sentabas a la espera junto a los caminos,
como el árabe en el desierto;
así has contaminado el país
con tus prostituciones y tu maldad.
3 Por eso se detuvieron los aguaceros
y no hubo lluvia de primavera.
Pero tú tenías frente de prostituta,
rehusabas avergonzarte.
4 Y aún ahora me gritas: «¡Padre mío!
¡Tú eres el amigo de mi juventud!
5 ¿Acaso él guardará rencor eternamente?
¿Mantendrá su ira para siempre?».
¡Tú hablas así
y haces el mal a más no poder!

Parábola de las dos hermanas

Jr 31 22; 2 20; Lc 13 1-5; Nah 3 6; Is 50 1;
2 Re 17 5-6; Ez 16; 23; Jr 2 27;
Os 7 13; Jr 2 23.27.35; Os 6 1-6

6 El Señor me dijo en los días del rey Josías: ¿Has visto lo que hizo la apóstata Israel? Se ha ido a toda montaña elevada y
bajo todo árbol frondoso, para prostituirse
allí. 7 Yo pensaba: Después de hacer todo esto, ella volverá otra vez a mí. ¡Pero no ha
vuelto! Su hermana, la traidora Judá, ha visto esto: 8 ella vio que, por todos los adulterios que había cometido la apóstata Israel,

yo la había repudiado y le había dado el acta de divorcio. Pero la traidora Judá, su hermana, no sintió ningún temor, sino que fue
y también ella se prostituyó. 9 Así, con su frí-
vola prostitución profanó el país, cometiendo el adulterio con la piedra y la madera.

10 A pesar de todo esto, su hermana, la
traidora Judá, no volvió a mí de todo corazón, sino solo engañosamente —oráculo
del Señor.

11 El Señor me dijo:
La apóstata Israel se ha mostrado más justa
que la traidora Judá.
12 Ve entonces a gritar estas palabras
hacia el Norte:
¡Vuelve, apóstata Israel
—oráculo del Señor—,
y no te mostraré un rostro severo,
porque yo soy misericordioso
—oráculo del Señor—
y no guardo rencor para siempre.
13 Pero reconoce tu culpa,
porque te has rebelado contra el Señor,
tu Dios,
y has prodigado tus favores a los extranjeros,
bajo todo árbol frondoso:
¡ustedes no han escuchado mi voz!
—oráculo del Señor.

14 ¡Vuelvan, hijos apóstatas —oráculo del
Señor—, porque yo soy el dueño de ustedes!
Yo los tomaré, a uno de una ciudad y a dos
de una familia, y los conduciré a Sion. 15 Después les daré pastores según mi corazón, que
los apacentarán con ciencia y prudencia. 16 Y
cuando ustedes se hayan multiplicado y fruc-
tificado en el país, en aquellos días —oráculo del Señor— ya no se hablará más del Arca
de la Alianza del Señor, ni se pensará más en
ella; no se la recordará, ni se la echará de menos, ni se la volverá a fabricar.

17 En aquel tiempo, se llamará a Jerusalén
«Trono del Señor»; todas las naciones se reunirán en ella, y ya no seguirán más los impulsos de su corazón obstinado y perverso.

18 En aquellos días, la casa de Judá irá
hacia la casa de Israel, y ellas vendrán juntas del país del Norte a la tierra que yo di a
sus padres en herencia.

El retorno de Israel al Señor

Ex 3 8; Ez 20 6; Dn 8 9; Is 63 16; Os 11 1;
Jr 2 22; 3 12; Os 14 5; Nm 25 1-3; Esd 9 6-7;
Dt 10 16; Jr 21 12

19 Yo me había dicho:
¡Cómo quisiera contarte entre mis hijos
y darte una tierra deliciosa,
la herencia más hermosa de las naciones!
Yo me había dicho:
Tú me llamarás «Mi padre»,
y nunca dejarás de ir detrás de mí.
20 Pero como una mujer traiciona
a su marido,
así me han traicionado ustedes,
casa de Israel
—oráculo del Señor—.
21 En los montes desolados se escucha una voz:
son llantos y súplicas de los hijos de Israel,
porque han tomado
por un camino torcido,
se han olvidado del Señor, su Dios.
22 —¡Vuelvan, hijos apóstatas,
yo los sanaré de sus apostasías!
—Aquí estamos, venimos hacia ti,
porque tú eres el Señor, nuestro Dios.
23 ¡Sí, son una mentira las colinas
y el tumulto de las montañas!
¡Sí, en el Señor, nuestro Dios,
está la salvación de Israel!
24 La Ignominia ha devorado
las ganancias de nuestros padres
desde nuestra juventud:
sus ovejas y sus vacas,
sus hijos y sus hijas.
25 Acostémonos en nuestra ignominia
y que nos cubra nuestra vergüenza,
porque hemos pecado contra el Señor,
nuestro Dios,
nosotros y nuestros padres,
desde nuestra juventud hasta el día de hoy,
y no hemos escuchado
la voz del Señor, nuestro Dios.

4 1 Si quieres volver, Israel
—oráculo del Señor—,
vuélvete a mí.
Si apartas tus ídolos abominables,
no tendrás que huir de mi presencia.
2 Si juras por la vida del Señor
con lealtad, rectitud y justicia,
entonces las naciones se bendecirán en él
y en él se gloriarán.
3 Porque así habla el Señor
a los hombres de Judá y a Jerusalén:
Roturen el terreno baldío
y no siembren entre espinas.
4 Circuncídense para el Señor
y quiten el prepucio de sus corazones,
hombres de Judá y habitantes de Jerusalén,
no sea que mi furor estalle como un fuego
y queme, sin que nadie lo extinga,
a causa de sus malas acciones.

Invasión del enemigo del Norte

Jr 1 13-15; Jl 2 1; Jr 8 14; 14 13; 51 2

5 ¡Anuncien esto en Judá,
proclámenlo en Jerusalén!
¡Toquen la trompeta en el país,
griten a voz en cuello y digan:
Reúnanse y entremos
en las ciudades fortificadas!
6 ¡Levanten una señal hacia el lado de Sion,
busquen un refugio, no se detengan!

Porque yo hago venir del Norte
una desgracia
y una gran calamidad.
7 Un león ha subido de su espesura,
un destructor de naciones
se ha puesto en marcha,
ha salido de su morada,
para reducir tu país a la devastación:
tus ciudades serán destruidas
y quedarán despobladas.
8 A causa de esto, pónganse un cilicio,
laméntense y giman,
porque no se ha apartado de nosotros
el ardor de la ira del Señor.
9 Aquel día —oráculo del Señor—
desfallecerá el corazón del rey
y el corazón de los príncipes;
los sacerdotes estarán consternados
y quedarán atónitos los profetas.
10 Yo dije: «¡Ah, Señor,
realmente has engañado a este pueblo
y a Jerusalén,
diciendo: "Ustedes tendrán paz",
y ahora estamos con la espada
a la garganta!».
11 En aquel tiempo,
se dirá a este pueblo y a Jerusalén:
Un viento abrasador,
sobre los montes desolados,
avanza por el desierto hacia la hija
de mi pueblo,
y no es para aventar y desgranar el trigo:
12 es un viento impetuoso
que llega para servirme.
Ahora, yo mismo, voy a pronunciar
juicios contra ellos.
13 ¡Ahí sube como las nubes,
sus carros son como el huracán,
sus caballos, más veloces que las águilas!
¡Ay de nosotros, porque somos devastados!
14 ¡Limpia tu corazón de toda maldad,
a fin de ser salvada, Jerusalén!
¿Hasta cuándo se albergarán dentro de ti
tus pensamientos culpables?
15 Porque una voz anuncia desde Dan,
y da la infausta noticia
desde la montaña de Efraím.
16 Háganselo saber a las naciones,
proclámenlo contra Jerusalén:
Llegan invasores de una tierra lejana
y lanzan gritos contra las ciudades de Judá.
17 Rodean a Jerusalén como los guardianes
de un campo,
porque ella se ha rebelado contra mí
—oráculo del Señor—.
18 Tu conducta y tus acciones
te han acarreado todo esto.
Ahí está tu mal: ¡Qué amargo es!
¡Cómo te llega al corazón!
19 ¡Mis entrañas, mis entrañas!
¡Me retuerzo de dolor!
¡Las fibras de mi corazón!
¡Mi corazón se conmueve dentro de mí,
no puedo callarme!
Porque oigo el sonido de la trompeta,
el clamor del combate.
20 Se anuncia un desastre tras otro,
porque está devastado todo el país:
mis tiendas fueron devastadas de repente,
mis pabellones, en un instante.
21 ¿Hasta cuándo tendré que ver la señal
y oír el sonido de la trompeta?
22 Ciertamente, mi pueblo es necio,
ellos no me conocen;
son hijos insensatos,
faltos de entendimiento;
son sabios para hacer el mal,
pero no saben hacer el bien.
23 Miro a la tierra, y es un caos,
a los cielos, y ya no tienen su luz.
24 Miro a las montañas, y ellas tiemblan,
se sacuden todas las colinas.
25 Miro, y no hay ni un solo hombre,
y han huido todos los pájaros del cielo.
26 Miro, y el vergel es un desierto,
todas sus ciudades están en ruinas,
delante del Señor,
delante del ardor de su ira.
27 Porque así habla el Señor:
Todo el país será una desolación,
pero no consumaré el exterminio.
28 A causa de esto, el país estará de duelo
y se oscurecerán los cielos en lo alto,
porque yo hablé y no me arrepentiré,
lo decidí y no me retractaré.
29 Al grito de la caballería y los arqueros,
huye todo el país:
entran en las espesuras,
suben a los peñascos,
todas las ciudades son abandonadas,
no queda un solo habitante.
30 Y tú, ¿qué vas a hacer?
Aunque te vistas de púrpura
y te atavíes con adornos de oro,
aunque te pintes los ojos con antimonio,
en vano te embellecerás:
tus amantes te desprecian,
lo que buscan es quitarte la vida.
31 Sí, oigo gritos como los de una parturienta,
gemidos como los de una primeriza:
es la voz de la hija de Sion
que pierde el aliento,
que extiende las manos:
«¡Ay, pobre de mí, estoy exhausta
frente a los asesinos!».

La depravación moral de Judá

Gn 18 16-33; Ez 14 12; Am 4 6;
Ap 16 9-11; Jr 2 20; Mt 11 28-30

5 1 Recorran las calles de Jerusalén,
miren e infórmense bien;
busquen por sus plazas

J R

a ver si encuentran un hombre,
si hay alguien que practique el derecho,
que busque la verdad,
y yo perdonaré a la ciudad.
2 Aun cuando dicen: «¡Por la vida del Señor!»,
en realidad, juran falsamente.
3 ¿Acaso tus ojos, Señor,
no están puestos en la verdad?
Tú los golpeaste, y no les dolió,
los exterminaste, y rehusaron
aceptar la lección;
endurecieron su rostro más que una roca,
no quisieron convertirse.
4 Yo decía: «Solo la gente del pueblo
es la que obra estúpidamente,
porque no conocen el camino del Señor,
el derecho de su Dios.
5 Me dirigiré a los grandes y les hablaré:
Ellos sí que conocen el camino del Señor,
el derecho de su Dios».
Pero también ellos han quebrado el yugo,
han roto las ataduras.
6 Por eso los ataca el león de la selva,
los devasta el lobo de las estepas,
el leopardo está al acecho
frente a sus ciudades:
todo el que sale de ellas es despedazado.
Porque son numerosas sus rebeldías,
incontables sus apostasías.
7 ¿Cómo podré perdonarte esto?
Tus hijos me han abandonado,
han jurado por lo que no es Dios.
Yo los sacié, y ellos fueron adúlteros,
van en tropel a los prostíbulos.
8 Son caballos bien cebados y fogosos,
cada uno relincha por la mujer
de su vecino.
9 ¿No los voy a castigar por esto?
—oráculo del Señor—.
De una nación semejante,
¿no me voy a vengar?
10 Suban a sus terrazas y destruyan,
pero no lleven a cabo el exterminio.
Arranquen sus sarmientos,
ya que no pertenecen al Señor.
11 Porque la casa de Israel y la casa de Judá
no han hecho más que traicionarme
—oráculo del Señor—.
12 Ellos renegaron del Señor,
diciendo: «¡Él no cuenta!
¡No nos pasará nada malo,
no veremos ni la espada ni el hambre!
13 Los profetas no son más que viento,
y no está en ellos la palabra del Señor».
14 *Por eso, así habla el Señor,*
el Dios de los ejércitos:
Por haber pronunciado esta palabra,
13b les sucederá lo siguiente:
14c Yo haré que mis palabras
sean un fuego en tu boca,
y ese pueblo será la leña
que el fuego devorará.
15 Yo haré venir contra ustedes,
casa de Israel,
a una nación lejana —oráculo del Señor—:
es una nación invencible,
una nación antiquísima,
una nación cuya lengua no conoces
y a la que no entiendes cuando habla.
16 Su aljaba es como un sepulcro abierto,
todos ellos son guerreros valerosos.
17 Ella devorará tu cosecha y tu pan,
devorará tus rebaños y tu ganado,
devorará tu viña y tu higuera,
destruirá con la espada tus plazas fuertes,
en las que tienes puesta tu confianza.
18 Sin embargo, tampoco en aquellos días
—oráculo del Señor—
consumaré el exterminio con ustedes.

19 Y cuando ellos digan: «¿Por qué razón el
Señor, nuestro Dios, nos ha hecho todo esto?», tú les responderás: «Así como ustedes
me han abandonado y han servido en su
propio país a dioses extraños, así servirán a extranjeros en un país que no es el de ustedes».

20 Anuncien esto en la casa de Jacob,
proclámenlo en Judá, diciendo:
21 Escuchen bien esto,
pueblo estúpido y sin inteligencia:
ellos tienen ojos y no ven,
tienen oídos y no oyen.
22 ¿No me temen a mí?
—oráculo del Señor—.
¿No temblarán delante de mí,
que puse la arena como frontera del mar,
límite eterno e infranqueable?
Sus olas se agitan, pero son impotentes,
braman, pero no lo traspasan.
23 Este pueblo tiene un corazón
rebelde e indócil,
se han apartado y se han ido,
24 y no han dicho en su corazón:
«Temamos al Señor, nuestro Dios,
que da la lluvia, la lluvia de otoño
y la lluvia de primavera a su debido tiempo,
y que nos asegura las semanas fijas
para la cosecha».
25 Las iniquidades de ustedes
han desordenado esto,
sus pecados los han privado
de estos bienes.
26 Sí, en mi pueblo hay hombres malvados,
que están al acecho,
agazapados como cazadores,
tienden trampas, atrapan a los hombres.
27 Como una jaula llena de pájaros,
así están sus casas llenas de engaño.
Por eso se hacen poderosos y ricos,
28 están gordos, rozagantes,
traspasan los límites del mal.
Ellos no hacen justicia,
no hacen justicia al huérfano, y prosperan,
no juzgan con rectitud a los indigentes.

29 ¿No los voy a castigar por esto?
—oráculo del Señor—.
De una nación semejante,
¿no me voy a vengar?
30 Es algo espantoso, horrible,
lo que sucede en el país:
31 los profetas profetizan falsamente
y los sacerdotes dominan a su arbitrio.
¡Y a mi pueblo le gusta que sea así!
Pero ¿qué harán ustedes al fin?

El asedio de Jerusalén

Jl 2 1; Jr 1 13-15; 12 10

6 1 ¡Busquen un refugio, benjaminitas,
fuera de Jerusalén!
¡Toquen la trompeta en Técoa,
levanten una señal en Bet Haquérem!
Porque desde el Norte amenaza
una desgracia
y un gran desastre.
2 Yo destruyo a la hija de Sion,
a la hermosa, la refinada.
3 Pastores con sus rebaños llegan hasta ella,
plantan sus tiendas a su alrededor,
cada uno apacienta su manada.
4 ¡Emprendan contra ella una guerra santa!
¡De pie, subamos al asalto
en pleno mediodía!
¡Ay de nosotros, porque declina el día,
se alargan las sombras del atardecer!
5 ¡De pie, subamos de noche,
destruyamos sus baluartes!
6 Porque así habla el Señor de los ejércitos:
¡Talen sus árboles,
levanten terraplenes contra Jerusalén!
¡Es la ciudad de la mentira,
dentro de ella, todo es opresión!
7 Como un pozo hace brotar sus aguas,
así ella hace brotar su maldad.
«¡Violencia, atropello!», se oye decir allí,
tengo siempre delante las heridas
y los golpes.
8 ¡Escarmienta, Jerusalén,
no sea que mi alma se aparte de ti,
y yo te convierta en una desolación,
en una tierra deshabitada!
9 Así habla el Señor de los ejércitos:
Rebusca como si fuera una viña
al resto de Israel;
vuelve a pasar tu mano
como el vendimiador sobre los pámpanos.
10 ¿A quién hablar,
a quién advertir para que escuchen?
Sus oídos están incircuncisos,
no pueden prestar atención;
la palabra del Señor se ha convertido
en un oprobio para ellos, ¡no la quieren!
11 —Yo estoy lleno del furor del Señor:
estoy cansado de reprimirlo.
—Derrámalo sobre los niños en la calle
y sobre los grupos de jóvenes,
porque serán apresados
el hombre y la mujer,
el anciano y el que está cargado de años.
12 Sus casas pasarán a manos de otros,
lo mismo que los campos y las mujeres,
porque yo extenderé mi mano
contra los habitantes del país
—oráculo del Señor—.
13 Porque del más pequeño al más grande,
todos están ávidos de ganancias,
y desde el profeta hasta el sacerdote,
no hacen otra cosa que engañar.
14 Ellos curan a la ligera
el quebranto de mi pueblo,
diciendo: «¡Paz, paz!»,
pero no hay paz.
15 ¿Se avergüenzan de la abominación
que cometieron?
¡No, no sienten la menor vergüenza,
no saben lo que es sonrojarse!
Por eso, ellos caerán con los que caen,
sucumbirán cuando tengan
que dar cuenta,
dice el Señor.
16 Así habla el Señor:
Deténgase sobre los caminos y miren,
pregunten a los senderos antiguos
dónde está el buen camino, y vayan por él:
así encontrarán tranquilidad
para sus almas.
Pero ellos dijeron: «¡No iremos!».
17 Yo suscité para ustedes centinelas:
«Presten atención al toque de la trompeta».
Pero ellos dijeron:
«¡No prestaremos atención!».
18 Por eso, ¡escuchen, naciones,
y tú, comunidad, ten presente
lo que les espera!
19 Escucha, tierra:
Yo atraigo sobre este pueblo una desgracia,
fruto de sus propios designios,
porque no han atendido a mis palabras
y han despreciado mi Ley.
20 ¿Qué me importa el incienso
que llega de Sabá
y la caña aromática de un país lejano?
Yo no acepto los holocaustos de ustedes
y sus sacrificios no me agradan.
21 Por eso, así habla el Señor:
Yo pongo obstáculos delante de este pueblo
y tropezarán contra ellos;
padres e hijos, vecinos y amigos
perecerán todos juntos.
22 Así habla el Señor:
¡Miren! Un pueblo llega del país del Norte
y surge una nación de los confines
de la tierra.
23 Empuñan el arco y la jabalina,
son crueles y despiadados,
su voz resuena como el mar,
van montados a caballo,
dispuestos como un solo hombre

para la batalla
contra ti, hija de Sion.
24 Al enterarnos de la noticia,
desfallecieron nuestras manos,
se apoderó de nosotros la angustia,
un temblor como de parturienta.
25 ¡No salgan al campo,
no vayan por el camino,
porque el enemigo tiene una espada,
reina el terror por todas partes!
26 ¡Cíñete un cilicio, hija de mi pueblo,
y revuélcate en la ceniza,
llora como por un hijo único,
entona un lamento lleno de amargura!
Porque en un instante
llega sobre nosotros el devastador.
27 Yo te constituí examinador de mi pueblo,
para que conozcas y examines su conducta.
28 Son todos rebeldes, calumniadores:
bronce o hierro, todos están pervertidos.
29 El fuelle resopla,
el plomo se derrite por el fuego.
Pero en vano se depura una y otra vez,
no se desprenden las escorias.
30 «Plata de desecho», así se los llama
porque el Señor los ha desechado.

ORÁCULOS PRONUNCIADOS SOBRE TODO EN TIEMPOS DE JOAQUÍN

Anuncio de la destrucción del Templo

Jr 26 1-19; Is 1 16-17; Ex 20 2-3; Mt 21 13;
1 Sm 1 – 3; 4 12-22; Is 50 2; 65 12

7 1 Palabra que llegó a Jeremías de parte
del Señor, en estos términos: 2 Párate a
la puerta de la Casa del Señor, y proclama allí
esta palabra. Tu dirás: Escuchen la palabra
del Señor, todos ustedes, hombres de Judá
que entran por estas puertas para postrarse
delante del Señor. 3 Así habla el Señor de los
ejércitos, el Dios de Israel: Enmienden su
conducta y sus acciones, y yo haré que ustedes habiten en este lugar. 4 No se fíen de estas
palabras ilusorias: «¡Aquí está el Templo del
Señor, el Templo del Señor, el Templo del Señor!». 5 Pero si ustedes enmiendan realmente
su conducta y sus acciones, si de veras se
hacen justicia unos a otros, 6 si no oprimen
al extranjero, al huérfano y a la viuda, si no
derraman en este lugar sangre inocente, si
no van detrás de otros dioses para desgracia
de ustedes mismos, 7 entonces yo haré que
ustedes *habiten en este lugar, en el* país
que he dado a sus padres desde siempre y para siempre.
8 ¡Pero ustedes se fían de palabras ilusorias, que no sirven para nada! 9 ¡Robar, matar, cometer adulterio, jurar en falso, quemar
incienso a Baal, ir detrás de otros dioses que
ustedes no conocían! 10 Y después vienen a
presentarse delante de mí en esta Casa que
es llamada con mi Nombre, y dicen: «¡Estamos salvados!», a fin de seguir cometiendo
todas estas abominaciones. 11 ¿Piensan acaso
que es una cueva de ladrones esta Casa que
es llamada con mi Nombre? Pero yo también veo claro —oráculo del Señor.
12 Vayan a mi lugar santo de Silo, donde yo
hice habitar mi Nombre en otro tiempo, y
vean lo que hice con él a causa de la maldad
de mi pueblo Israel. 13 Y ahora, porque ustedes cometieron todas esas acciones —oráculo del Señor—, porque yo les hablé incansablemente y ustedes no escucharon, porque
yo los llamé y ustedes no respondieron, 14 yo
trataré a la Casa que es llamada con mi
Nombre, en la cual ustedes han puesto su
confianza, y al lugar que les he dado a ustedes lo mismo que a sus padres, de la misma
manera que traté a Silo. 15 Los arrojaré lejos
de mi rostro, como arrojé a todos los her-

LATINO/HISPANO

Los hispanos ante su misión profética

Jeremías une su voz a la de otros profetas para reclamar solidaridad y justicia con los pobres y oprimidos. De igual manera, los hispanos católicos en Estados Unidos, en solidaridad con los grupos más necesitados, proclamamos y tratamos de poner en práctica las siguientes líneas proféticas:

- Nosotros, como pueblo hispano, hacemos una opción preferencial por y en solidaridad con los pobres y marginados.
- Nosotros, como pueblo hispano, hacemos una opción preferencial por los jóvenes hispanos para que participen en todos los niveles de la pastoral.
- Nosotros, como pueblo hispano, queremos seguir una línea de Iglesia promotora y ejemplo de justicia.
- Nosotros, como pueblo hispano, queremos seguir una línea de valoración y promoción de la mujer, reconociendo su igualdad y dignidad, y su papel en la Iglesia, familia y sociedad.[1]

NOTA: En Estados Unidos ha habido tres Encuentros Nacionales de Pastoral Hispana (1972, 1977 y 1985). En ellos, los líderes de la comunidad latina se reunieron para dar dirección y energía al ministerio con el pueblo latinoamericano en este país.

Jr 7 5-7

manos de ustedes, a toda la descendencia de
Efraím.

Contra los cultos idolátricos

Jr 11 14; 14 11; 44 17-19

16 En cuanto a ti, no ruegues por este pueblo, no eleves gritos ni plegarias en favor de
él, no me insistas, porque no te escucharé.
17 ¿No ves acaso lo que ellos hacen en las ciudades de Judá y en las calles de Jerusalén?
18 Los hijos juntan leña, los padres encienden el fuego, las mujeres amasan la pasta
para hacer tortas a la Reina del cielo, y se derraman libaciones a otros dioses, a fin de
agraviarme. 19 Pero ¿es a mí al que agravian?
—oráculo del Señor—. ¿No es más bien a
ellos mismos, para su propia confusión?
20 Por eso, así habla el Señor: Miren que mi
ira y mi furor se van a derramar sobre este
lugar, sobre los hombres y los animales, sobre los árboles de los campos y los frutos del
suelo: ¡arderá mi furor y no se extinguirá!

Contra el culto puramente exterior

Jr 11 1-4; Dt 6 3; 26 17; Ez 3 1-7

21 Así habla el Señor de los ejércitos, el
Dios de Israel: ¡Añadan holocaustos a sus sacrificios y cómanse la carne! 22 Porque el día
en que hice salir a sus padres del país de
Egipto, no les hablé ni les ordené nada acerca de holocaustos y sacrificios. 23 Esta fue la
orden que les di: Escuchen mi voz, así yo seré su Dios y ustedes serán mi Pueblo; sigan
por el camino que yo les ordeno, a fin de que
les vaya bien. 24 Pero ellos no escucharon ni
inclinaron sus oídos, sino que obraron según sus designios, según los impulsos de su
corazón obstinado y perverso; se volvieron
hacia atrás, no hacia delante. 25 Desde el día
en que sus padres salieron de Egipto hasta el
día de hoy, yo les envié a todos mis servidores los profetas, los envié incansablemente,
día tras día. 26 Pero ellos no me escucharon ni
inclinaron sus oídos, sino que se obstinaron
y obraron peor que sus padres.
27 Tú les dirás todas estas palabras y no te
escucharán; los llamarás y no te responderán. 28 Entonces les dirás: «Esta es la nación
que no ha escuchado la voz del Señor, su
Dios, ni ha recibido la lección. La verdad ha
desaparecido, ha sido arrancada de su boca».

Contra las perversiones cultuales

Jr 19 1-15; 32 34; Lv 18 21; Jr 19 6; Bar 2 23

29 Córtate la cabellera y arrójala,
entona un canto fúnebre
sobre los montes desolados,
porque el Señor ha desechado y rechazado
a la generación que provocó su ira.

30 Porque la gente de Judá hizo lo que es
malo a mis ojos —oráculo del Señor—.
Ellos han puesto sus ídolos en la Casa que
es llamada con mi Nombre, para hacerla
impura; 31 edificaron el lugar alto de Tófet,
que está en el valle de Ben Hinnom, para
quemar a sus hijos y a sus hijas, cosa que
yo no ordené ni se me pasó por la mente.
32 Por eso, llegarán los días —oráculo del
Señor— en que no se dirá más «el Tófet» ni
«valle de Ben Hinnom», sino «valle de la
Masacre», y se enterrará a los muertos en
Tófet, por falta de sitio. 33 Los cadáveres de
este pueblo serán pasto de las aves del cielo y de las fieras de la tierra, sin que nadie
las espante. 34 Y yo haré desaparecer de las
ciudades de Judá y de las calles de Jerusalén el grito de alegría y el grito de júbilo, el

VIVE LA PALABRA

¡No tengas una falsa seguridad en el Templo!

El Templo de Jerusalén vale por la presencia de Dios en él y la autenticidad de la comunidad que le da culto. Cuando los *asirios vencieron* al reino del Norte (722 a.C.), Judá, el reino del Sur, se sentía seguro porque tenía el Templo y la gente creía que Dios no permitiría su destrucción, pero no era así. Jeremías insiste al pueblo que no se engañe celebrando un culto hipócrita que desagrada a Dios, y lo invita a convertirse, enfatizando que su relación con Dios se mide por la práctica del amor y la justicia, no por ritos sin relación con la vida (Jr 7 3-15) (ver «Dios quiere justicia, no un culto falso», Is 1 10-20).

A las puertas del Templo, Jeremías denuncia la infidelidad a la alianza y anuncia la destrucción del Templo si no se corrigen (Jr 2 – 7). Siglos después, Jesús anuncia de nuevo la destrucción del Templo, por la incoherencia entre la fe y la vida del pueblo (Mt 24 1-2).

Lee Jeremías 7 1-14 y reflexiona sobre la relación entre tu vida y tu participación en celebraciones religiosas: ¿te llama a conversión Jeremías? ¿Por qué es importante que tanto tú como todos los cristianos escuchemos al profeta?

Jr 7 1-14

canto del esposo y el canto de la esposa,
porque el país se convertirá en una ruina.

El castigo de los idólatras

Ez 6 4-6; Jr 25 33; 16 4; 2 Re 9 37

8 1 En aquel tiempo —oráculo del Señor— sacarán de sus tumbas los huesos de los reyes de Judá, los huesos de sus
príncipes, los huesos de los sacerdotes, los
huesos de los profetas y los huesos de los habitantes de Jerusalén. 2 Los expondrán ante
el sol y la luna, y ante todo el Ejército de los
cielos, a los que ellos amaron y sirvieron, a
los que ellos siguieron y consultaron, y ante los cuales se postraron. Y no serán recogidos ni enterrados, sino que se convertirán
en estiércol sobre la superficie del suelo.
3 La muerte será preferible a la vida para todos los sobrevivientes que hayan quedado
de esa familia perversa, en todos los lugares adonde yo los expulsaré —oráculo del
Señor de los ejércitos.

El obstinado extravío de Israel

Jr 2 31; 5 3; Is 1 3

4 Tú les dirás: Así habla el Señor:
¿No se levanta el que cae?
¿Y no vuelve el que se desvía?
5 ¿Por qué entonces ha defeccionado
este pueblo
y Jerusalén es una apostasía sin fin?
Ellos se aferran a sus ilusiones,
se niegan a volver.
6 Yo escuché con la mayor atención:
ellos no hablan como es debido,
ni uno solo se arrepiente de su maldad,
diciendo: «¿Qué es lo que hice?».
Todos vuelven a sus andanzas,
como un caballo que se lanza al combate.
7 Hasta la cigüeña, en el cielo,
conoce sus estaciones;
la tórtola, la golondrina y la grulla
tienen en cuenta el tiempo
de sus migraciones.
¡Pero mi pueblo no conoce
el derecho del Señor!
8 ¿Cómo ustedes se atreven a decir:
«Somos sabios
y la Ley del Señor está con nosotros»,
siendo así que la ha falsificado
la pluma engañosa de los escribas?
9 Los sabios se cubrirán de vergüenza,
quedarán espantados, atrapados.
Ellos han despreciado *la palabra del Señor:*
¿qué sabiduría es entonces la de ellos?
10 Por eso, yo entregaré sus mujeres a otros,
y sus campos a usurpadores.
Porque del más pequeño al más grande,
todos están ávidos de ganancias,
y desde el profeta hasta el sacerdote,
no hacen otra cosa que engañar.
11 Ellos curan a la ligera
el quebranto de la hija de mi pueblo,
diciendo: «¡Paz, paz!»,
pero no hay paz.
12 ¿Se avergüenzan de la abominación
que cometieron?
¡No, no sienten la menor vergüenza,
no saben lo que es sonrojarse!
Por eso, ellos caerán con los que caen,
sucumbirán cuando tengan que dar cuenta,
dice el Señor.
13 Cuando quiero cosechar entre ellos
—oráculo del Señor—
no hay uvas en la viña,
no hay higos en la higuera,
y el follaje está marchito.

Fuga precipitada ante el avance del enemigo

Jr 4 5; 14 19; Nm 21 6; Jn 3 14-15

14 ¿Por qué nos quedamos quietos?
Reúnanse y entremos en las plazas fuertes
para perecer allí,
porque el Señor, nuestro Dios,
nos hace perecer
y nos da de beber agua envenenada,
porque hemos pecado contra el Señor.
15 Se esperaba la paz, ¡y no hay nada bueno...!
el tiempo de la curación,
¡y sobrevino el espanto!
16 Desde Dan se escucha
el resuello de sus caballos;
por el ruido de los relinchos
de sus corceles
tiembla toda la tierra.
Ellos llegan y devoran
el país y todo lo que hay en él,
la ciudad y a los que habitan en ella.
17 Porque yo envío contra ustedes
serpientes venenosas,
contra las que no hay encantamientos:
ellas los morderán —oráculo del Señor—
18 y no habrá remedio.

Lamentación del profeta por la ruina de su pueblo

Jr 6 27-30; 5 20-25; 14

Me invade la aflicción,
mi corazón está dolorido.
19 El grito de alarma de la hija de mi pueblo
se eleva a lo largo de todo el país:
«¿No está el Señor en Sion,
no está en ella su Rey?».
¿Por qué me han indignado con sus ídolos,
con las Vanidades del extranjero?
20 «Pasó la cosecha, terminó el verano,
¡y nosotros no hemos sido salvados!».
21 Estoy abrumado por el desastre
de la hija de mi pueblo,
estoy ensombrecido, la consternación
se apoderó de mí.

[22] ¿No hay más bálsamo en Galaad?
¿No hay allí ningún médico?
¿Por qué entonces no cicatriza
la llaga de la hija de mi pueblo?
[23] ¡Ojalá mi cabeza se convirtiera en llanto
y mis ojos en fuente de lágrimas,
para llorar de día y de noche
por las víctimas de la hija de mi pueblo!

La corrupción moral de Judá

Sal 12 1-5; Gn 27 36

9 [1] ¡Ah, si tuviera en el desierto
un albergue decaminantes!
Yo abandonaría a mi pueblo
y me iría lejos de ellos.
Porque todos son adúlteros,
una banda de traidores.
[2] Tienden su lengua como un arco:
la mentira, y no la verdad,
es lo que reina en el país,
porque ellos van de mal en peor
y no me conocen —oráculo del Señor—.
[3] Que cada uno se cuide de su amigo
y nadie se fíe de su hermano,
porque el hermano suplanta al hermano
y el amigo no hace más que calumniar.
[4] Cada uno se burla de su amigo,
ellos no dicen la verdad;
han habituado sus lenguas a mentir,
están pervertidos, son incapaces
de convertirse.
[5] ¡Violencia y más violencia!
¡Engaño y más engaño!
Ellos se niegan a conocerme
—oráculo del Señor—.
[6] Por eso, así habla el Señor de los ejércitos:
Yo voy a depurarlos y a probarlos,
porque ¿qué puedo hacer ante su maldad?
[7] Su lengua es una flecha mortífera,
las palabras de su boca no son
más que engaño;
se habla de paz al amigo
y por dentro se le tiende una celada.
[8] ¿No los voy a castigar por esto?
—oráculo del Señor—.
De una nación semejante,
¿no me voy a vengar?

La razón del castigo inminente

Ex 19 5; Jr 23 15; Dt 4 27; 28 36.64; Ap 8 11

[9] Yo haré resonar en las montañas
llantos y gemidos,
y en las praderas del desierto,
un canto fúnebre.
Porque están abrasadas,
nadie transita por ellas,
y no se escucha el rumor de los rebaños;
desde los pájaros del cielo hasta el ganado
todos huyeron, se han ido.
[10] Yo haré de Jerusalén
un montón de escombros,
una guarida de chacales,
reduciré las ciudades de Judá
a una desolación,
sin ningún habitante.
[11] ¿Quién es el hombre bastante sabio
para comprender todo esto?
¿A quien le habló la boca del Señor
para que lo anuncie?
¿Por qué ha perecido el país,
ha sido abrasado como el desierto
por donde nadie transita?
[12] Dice el Señor: Ellos abandonaron mi
Ley, la que yo había puesto delante de ellos;
no escucharon mi voz ni procedieron conforme a ella, [13] sino que siguieron los impulsos de su corazón obstinado, y a los Baales,
que sus padres les enseñaron a conocer. [14] Por
eso, así habla el Señor de los ejércitos, el
Dios de Israel: Yo les haré comer ajenjo y les
daré de beber agua envenenada. [15] Los dispersaré entre las naciones, que ni ellos ni sus
padres conocían, y enviaré la espada detrás
de ellos, hasta exterminarlos por completo.

La mortandad general

Ecl 12 5; Am 5 16; Jr 8 23; Jl 2 9; Jr 6 11; Dt 32 25; Lam 1 20

[16] Así habla el Señor de los ejércitos:
¡Atención! ¡Llamen a las plañideras,
y que vengan!
¡Manden a buscar a las más expertas,
y que vengan!
[17] ¡Que se apuren a lanzar gemidos
por nosotros!
¡Que nuestros ojos se deshagan en lágrimas
y brote el llanto de nuestras pupilas!
[18] Porque se oye desde Sion el rumor
de los gemidos:
«¡Cómo hemos sido devastados,
cubiertos de vergüenza!
Tenemos que abandonar el país,
porque han derribado nuestros hogares».
[19] ¡Sí, escuchen, mujeres, la palabra del Señor,
que reciban sus oídos la palabra de su boca!
Enseñen a sus hijas este gemido
y unas a otras, este canto fúnebre:
[20] «La Muerte ha trepado
por nuestras ventanas,
ha entrado en nuestros palacios,
arrancando de las calles a los niños,
y a los jóvenes de las plazas.
[21] Los cadáveres de los hombres yacen
como estiércol sobre la superficie
de los campos,
como una gavilla detrás del segador,
y nadie los recoge».

La verdadera sabiduría

Prov 3 5; Ecl 9 11; Eclo 10 22; 1 Cor 1 31; 2 Cor 10 17; Jr 16 21; 22 16; Sal 140 13

[22] Así habla el Señor:
Que el sabio no se gloríe de su sabiduría,
que el fuerte no se gloríe de su fuerza
ni el rico se gloríe de su riqueza.

23 El que se gloría, que se gloríe de esto:
de tener inteligencia y conocerme.
Porque yo soy el Señor,
el que practica la fidelidad,
el derecho y la justicia sobre la tierra.
Sí, es eso lo que me agrada
—oráculo del Señor.

24 Llegarán los días —oráculo del Señor—
en que yo castigaré a todo circunciso que es
un incircunciso: 25 a Egipto, a Judá, a Edom,
a los amonitas, a Moab y a todos los «Sienes
rapadas» que habitan en el desierto. Porque
todas las naciones son incircuncisas, y toda
la casa de Israel es incircuncisa de corazón.

Los ídolos y el Dios viviente

Is 40 19; Sal 115 4-8; Jr 51 15-19; Sal 135 7.15-18

10 1 ¡Escuchen, casa de Israel, la palabra
que les dirige el Señor! 2 Así habla el
Señor:

No imiten las costumbres de los paganos
ni se atemoricen por los signos del cielo,
porque son los paganos
los que temen esas cosas.
3 Sí, el Terror de los pueblos no vale nada:
es una madera que se corta en el bosque,
una obra cincelada por la mano del orfebre;
4 se la embellece con plata y oro,
se la asegura con clavos y martillos,
para que no se tambalee.
5 Ellos son como un espantapájaros
en un campo de pepinos;
no pueden hablar,
hay que transportarlos,
porque no dan ni un paso.
¡No les tengan miedo,
no hacen ningún mal,
ni tampoco son capaces de hacer el bien!
6 No hay nadie como tú, Señor:
tú eres grande
y es grande la fuerza de tu Nombre.
7 ¿Quién no sentirá temor de ti,
Rey de las naciones?
Sí, eso es lo que te corresponde,
porque entre todos los sabios
de las naciones
y en todos sus reinos,
no hay nadie como tú.
8 Todos ellos, por igual,
son estúpidos y necios:
vana es su enseñanza,
no son más que madera,
9 plata laminada traída de Tarsis
y oro de Ufaz,
obra de un orfebre,
de las manos de un fundidor,
con vestiduras de púrpura y carmesí:
¡obra de artesanos es todo eso!
10 Pero el Señor es el Dios verdadero,
él es un Dios viviente y un Rey eterno.
Cuando él se irrita, la tierra tiembla
y las naciones no pueden soportar su enojo.

11 Esto es lo que ustedes dirán de ellos:
«Los dioses que no hicieron ni el cielo ni la
tierra, desaparecerán de la tierra y de debajo del cielo».

12 Con su poder él hizo la tierra,
con su sabiduría afianzó el mundo,
y con su inteligencia extendió el cielo.
13 Cuando él truena, retumban las aguas
en el cielo,
hace subir las nubes desde el horizonte,
desata la lluvia con los relámpagos,
hace salir el viento de sus depósitos.
14 El hombre queda aturdido, sin comprender,
el fundidor se avergüenza de su ídolo,
porque su estatua es una mentira,
y en nada de eso hay aliento de vida;
15 son pura vanidad, una obra ridícula,
perecerán cuando haya que dar cuenta.
16 Pero no es como ellos la Parte de Jacob,
porque él ha modelado todas las cosas;
Israel es la tribu de su herencia,
su nombre es: «Señor de los ejércitos».

El dolor por el desastre inminente

Jr 23 1-8; Is 54 1-2

17 ¡Recoge del suelo tu equipaje,
tú que estás bajo el asedio!
18 Porque así habla el Señor:
Esta vez lanzaré como una honda
a todos los habitantes del país;
estrecharé el cerco sobre ellos,
para que sean alcanzados.
19 ¡Ay de mí, a causa de mi desastre!
¡Mi llaga es incurable!
Y eso que yo decía:
«Es mi sufrimiento, lo soportaré».
20 Mi tienda ha sido devastada
y se han roto todas mis cuerdas.
Mis hijos me dejaron, ya no están más,
no hay nadie que despliegue mi tienda
y levante mis toldos.
21 Porque los pastores se han vuelto necios
y no han buscado al Señor:
por eso no han obrado con acierto
y se ha dispersado todo su rebaño.
22 ¡Oigan el rumor! ¡Ya llega!
Un gran estruendo viene del país del Norte
para hacer de las ciudades de Judá
una desolación, una guarida de chacales.

Oración del profeta

Prov 20 24; Sal 6 2; 38 2; 79 6-7

23 Yo sé, Señor,
que el hombre no es dueño de su camino,
ni está en poder del caminante
dirigir sus propios pasos.
24 Corrígeme, Señor, pero con equidad,
no según tu indignación,
para no rebajarme demasiado.
25 Derrama tu furor
sobre las naciones que no te conocen,

y sobre las familias que no invocan
tu Nombre.
Porque ellas han devorado a Jacob,
lo han devorado, lo han exterminado,
y han devastado su morada.

Exhortación al cumplimiento de la Alianza

Dt 28 49-62; Jr 31 31-34; 33 19-22; 2 28; 14 11

11 1 Palabra que llegó a Jeremías de parte
del Señor, en estos términos: 2 Habla a
los hombres de Judá y a los habitantes de Jerusalén, 3 y diles: Así habla el Señor, Dios de
Israel: Maldito sea el hombre que no escucha
las palabras de esta Alianza, 4 que yo prescribí a los padres de ustedes, el día en que los
hice salir del país de Egipto, de ese horno para fundir el hierro. Yo les dije: Escuchen mi
voz y obren conforme a todo lo que les prescribo; entonces ustedes serán mi Pueblo y yo
seré su Dios. 5 Así mantendré el juramento
que hice a sus padres, de darles una tierra
que mana leche y miel, como sucede en el
día de hoy. Yo respondí: «Amén, Señor».

6 El Señor me dijo: Proclama todas estas
palabras en las ciudades de Judá y en las calles de Jerusalén, diciendo: Escuchen las
palabras de esta Alianza y pónganlas en
práctica. 7 Porque yo dirigí una solemne advertencia a sus padres el día en que los hice
salir del país de Egipto, y hasta el día de
hoy les he advertido incansablemente, diciendo: «¡Escuchen mi voz!». 8 Pero ellos no
han escuchado ni han inclinado sus oídos,
sino que han seguido los impulsos de su
corazón obstinado y perverso. Por eso hice
venir sobre ellos todas las palabras de esta
Alianza, que yo les había ordenado practicar y ellos no han practicado.

9 El Señor me dijo: Se han conjurado los
hombres de Judá y los habitantes de Jerusalén. 10 Han vuelto a las iniquidades de sus
primeros padres, que rehusaron escuchar
mis palabras; también ellos han ido detrás
de otros dioses para servirlos. La casa de Israel y la casa de Judá han roto la Alianza que
yo había hecho con sus padres. 11 Por eso, así
habla el Señor: Yo haré venir sobre ellos una
desgracia de la que no podrán librarse; gritarán hacia mí, pero yo no los escucharé.
12 Las ciudades de Judá y los habitantes de
Jerusalén irán a gritar a los dioses a los que
quemaron incienso, pero ellos no podrán
salvarlos en el tiempo de su desgracia.

13 Porque tan numerosos como tus ciudades
son tus dioses, Judá.
Tan numerosos como las calles de Jerusalén
son los altares que ustedes
han construido a la Ignominia,
los altares para quemar incienso a Baal.

14 En cuanto a ti, no ruegues por este pueblo, no eleves gritos ni plegarias en favor de
ellos, porque yo no escucharé cuando clamen hacia mí a causa de su desgracia.

15 ¿Qué viene a hacer mi amada
en mi Casa?
Su conducta no es más que doblez.
¿Acaso los votos y la carne consagrada
alejarán de ti la desgracia?
Entonces sí podrías alegrarte.
16 «Olivo frondoso de hermosa figura»
es el nombre que te dio el Señor.
Pero en medio de un gran estruendo,
él prendió fuego a su follaje
y arden sus ramas.

17 El Señor de los ejércitos, que te había
plantado, anuncia una desgracia contra ti,
a causa del mal que la casa de Israel y la casa de Judá han cometido para agraviarme,
quemando incienso en honor de Baal.

Conspiración contra Jeremías en Anatot

Is 53 7; Hch 8 32;
Jr 15 10-21; 17 14-18; 18 18-23; 20 7-18

18 El Señor de los ejércitos me lo ha hecho
saber y yo lo sé. Entonces tú me has hecho ver
sus acciones. 19 Y yo era como un manso cordero, llevado al matadero, sin saber que ellos
urdían contra mí sus maquinaciones: «¡Destruyamos el árbol mientras tiene savia, arran-
quémoslo de la tierra de los vivientes, y que
nadie se acuerde más de su nombre!». 20 Señor de los ejércitos, que juzgas con justicia,
que sondeas las entrañas y los corazones, ¡que
yo vea tu venganza contra ellos, porque a ti
he confiado mi causa!

21 Por eso, así habla el Señor contra los
hombres de Anatot, que intentan quitarte
la vida, diciendo: «¡No profetices en nombre del Señor, si no quieres morir en nuestras manos!». 22 Por eso, así habla el Señor
de los ejércitos: Yo los voy a castigar: sus jóvenes morirán bajo la espada, sus hijos y
sus hijas morirán de hambre. 23 No quedará ningún resto, porque haré venir una desgracia sobre la gente de Anatot, el año en
que tengan que dar cuenta.

12 1 Tú eres demasiado justo, Señor,
para que yo te recrimine;
sin embargo, quiero tratar contigo
una cuestión de justicia.
¿Por qué prospera el camino
de los malvados
y están en paz todos los traidores?
2 Tú los plantas y ellos echan raíces,
crecen y producen fruto.
Tú estás cerca de sus labios
y lejos de sus sentimientos.
3 Pero tú me conoces, Señor, tú me ves,
has sondeado mi actitud hacia ti.

VIVE LA PALABRA

Las confesiones de Jeremías

En sus cinco confesiones, Jeremías expresa a Dios su enojo, dudas y temores con sinceridad y lenguaje directo. Se queja de la necedad del pueblo; le protesta cuando se frustra en su misión, le reclama porque permite que los malvados prosperen y le discute porque se deja llevar por las apariencias. Lee Jeremías 12 1-3 para que escuches el tono confianzudo y enérgico con que Jeremías le habla a Dios.

Las confesiones de Jeremías nos enseñan a orar llanamente a Dios. ¿Con qué actitud te diriges a Dios cuando te falta valor para seguir luchando? ¿Te ha dado fuerzas Dios cuando te falta el ánimo y dudas de ti mismo/a? ¿Buscas con quien compartir tus problemas?

No sufras solo/a. Dios siempre pone adultos y jóvenes buenos cerca de ti con quienes compartir tus luchas, tus faltas y fracasos. ¿Has encontrado ya a esos buenos amigos? Si no, ¡búscalos! ¡Seguro que los encontrarás!

Jr 11 18 – 12 6

Arrástralos como ovejas al matadero,
resérvalos para el día de la masacre.
4 ¿Hasta cuándo el país estará de duelo
y se secará toda la hierba del campo?
Por la maldad de los que habitan en él
perecen las bestias y los pájaros.
Porque ellos dicen:
«¡Él no ve nuestros senderos!».
5 Si ya te fatiga una carrera de a pie,
¿cómo competirás con los caballos?
Si en una tierra de paz no te sientes seguro,
¿qué harás en la espesura del Jordán?
6 Porque hasta tus hermanos
y la casa de tu padre,
hasta ellos mismos te traicionan,
ellos mismos gritan a voz en cuello
detrás de ti.
No te fíes de ellos
cuando te dirigen hermosas palabras.

La devastación de Judá

Os 8 1; Jr 10 16; 7 33; Is 56 9; 5 1; Os 8 7; Jr 4 8

7 He abandonado mi casa,
he rechazado mi herencia,
he entregado lo que más quería
al poder de sus enemigos.
8 Mi herencia ha sido para mí
como un león en la selva;
ella lanzó rugidos contra mí,
por eso la detesto.
9 Mi herencia es un pájaro multicolor,
asediado por las aves de rapiña.
¡Vayan, reúnanse, todas las fieras
del campo,
vengan a devorar!
10 Muchos pastores han arrasado mi viña,
han pisoteado mi parcela,
han hecho de mi parcela deliciosa
un desierto desolado;
11 la han convertido en una desolación,
está de duelo, desolada delante de mí;
todo el país está devastado,
sin que nadie se lo tome a pecho.
12 Por todos los montes del desierto
llegaron devastadores,
porque el Señor tiene una espada
que devora
de un extremo al otro del país:
¡no hay paz para ningún ser viviente!
13 Sembraron trigo y cosecharon espinas,
se han agotado sin ningún provecho:
¡avergüéncense de sus cosechas,
por el ardor de la ira del Señor!

14 Así habla el Señor: A todos mi malos vecinos que tocan la herencia que hice heredar
a mi pueblo Israel, yo los voy a arrancar de
su suelo, y a la casa de Judá la arrancaré
de en medio de ellos. 15 Pero, después de haberlos arrancado, me compadeceré nuevamente de ellos y los haré volver, cada uno a
su herencia y cada uno a su país. 16 Y si ellos
aprenden los caminos de mi pueblo, juran-
do por mi Nombre, por la vida del Señor,
como ellos enseñaron a mi pueblo a jurar
por Baal, entonces serán edificados en medio de mi pueblo. 17 Pero si no escuchan, yo
arrancaré a esa gente: la arrancaré y la haré
desaparecer —oráculo del Señor.

El simbolismo de la faja estropeada

Jr 19 27-28; Is 20 26; Ez 4 11-13; Sal 109 19

13 1 Así me habló el Señor: «Ve a comprarte una faja de lino; te la ajustarás
a la cintura, pero no la meterás en el agua».
2 Yo compré la faja, conforme a la palabra
del Señor, y me la ajusté a la cintura.
3 La palabra del Señor me llegó por segunda vez, en estos términos: 4 «Toma la faja que habías comprado y que llevas puesta a la cintura. Ve enseguida a Perat y
escóndela allí en la hendidura de una ro-

ca». 5 Yo fui a esconderla en Perat, como el
Señor me lo había ordenado.
6 Al cabo de muchos días, el Señor me
dijo: «Ve enseguida a Perat y recoge la faja
que yo te mandé esconder allí». 7 Yo fui a
Perat, cavé y recogí la faja del lugar donde
la había escondido: la faja estaba estropea-
da, no servía para nada.
8 Entonces la palabra del Señor me llegó
en estos términos: 9 Así habla el Señor: De
esa misma manera destruiré el orgullo de Judá y el gran orgullo de Jerusalén. 10 Este pueblo malvado, que se niega a escuchar mis palabras, que sigue los impulsos de su corazón
obstinado, que va detrás de otros dioses para servirlos y postrarse delante de ellos, será
como esta faja que ya no sirve para nada.
11 Porque así como la faja se adhiere a la cintura del hombre, así yo me había adherido a
toda la casa de Israel y a toda la casa de Judá
—oráculo del Señor— para que ellos fueran
mi pueblo, mi renombre, mi honor y mi
gloria. ¡Pero no han escuchado!

Los cántaros rotos

Jr 25 15-19; 15 5; 21 7; 51 3

12 Tú les dirás esta palabra: Así habla el
Señor, el Dios de Israel: «Todo cántaro debe
llenarse de vino». Y si ellos te dicen: «¿No
sabemos acaso que todo cántaro debe llenarse de vino?», 13 tú les responderás: «Así
habla el Señor: Yo voy a llenar de bebida
embriagante a todos los habitantes de este
país: a los reyes descendientes de David que
se sientan en su trono, a los sacerdotes, a
los profetas y a todos los habitantes de Jerusalén. 14 Los haré pedazos unos contra
otros, a los padres y a los hijos juntamente
—oráculo del Señor—: no me dejaré llevar
de la piedad, ni de la clemencia, ni de la
compasión, sino que los destruiré».

Una última advertencia

Is 2 11-19; Am 5 18-20

15 ¡Escuchen y presten atención,
no sean altaneros,
porque ha hablado el Señor!
16 ¡Den gloria al Señor, su Dios,
antes que él haga oscurecer,
antes que los pies de ustedes tropiecen
contra las montañas del crepúsculo!
Ustedes aguardan la luz,
y él la cambiará en tinieblas,
la convertirá en densa oscuridad.
17 Si ustedes no escuchan esto,
mi alma llorará en secreto,
por el orgullo de ustedes;
lloraré a lágrima viva,
mis ojos se disolverán en lágrimas,
porque el rebaño del Señor
irá al cautiverio.
18 Digan al rey y a la reina madre:
Siéntense en el suelo,
porque se les ha caído de la cabeza
la corona de gloria.
19 Las ciudades del Négueb están bloqueadas
y nadie abre paso.
Todo Judá ha sido deportado,
deportado masivamente.
20 ¡Levanta los ojos, Jerusalén,
y mira a los que llegan del Norte!
¿Dónde está el rebaño
que se te había confiado,
las ovejas que eran tu gloria?
21 ¿Qué dirás cuando te impongan como jefes
a esos mismos que tú habías acostumbrado
a ser tus amigos íntimos?
¿No serás acaso presa de los dolores
como una parturienta?
22 Tal vez te digas entonces:
«¿Por qué me pasa esto?».
Por tu gran iniquidad
te han levantado las faldas,
han sido violados tus talones.
23 ¿Puede un etíope cambiar de piel
o un leopardo de pelaje?
Así ustedes, ¿podrían hacer el bien,
habituados como están a hacer el mal?
24 Pero yo los dispersaré como paja
al viento del desierto.
25 Esta es tu suerte, la parte
que yo he medido para ti
—oráculo del Señor—.
Porque tú me has olvidado
y has confiado en la mentira,
26 yo, a mi vez, te alzaré las faldas
hasta el rostro
para que se vea tu vergüenza.
27 ¡Tus adulterios y tus relinchos,
tu infame prostitución!
Sobre las colinas, en los campos,
he visto tus Inmundicias.
¡Ay de ti, Jerusalén, que no te purificas!
¿Hasta cuándo seguirás así?

La gran sequía

Jr 5 20-25; 8 18-23; 23 9-40; 43 11; Ap 13 10; Jr 16 4; 42 17

14 1 Palabra del Señor que llegó a Jeremías con motivo de la gran sequía:

2 Judá está de duelo
y sus puertas desfallecen;
están lúgubres, aterradas,
y se eleva el clamor de Jerusalén.
3 Los nobles mandan a sus criados
en busca de agua;
ellos van a las cisternas,
pero no encuentran agua;
vuelven con los cántaros vacíos;
avergonzados y confundidos,
se agarran la cabeza.
4 Al ver el suelo agrietado,
porque no hay lluvia en el país,

los campesinos, avergonzados,
se agarran la cabeza.
5 Sí, hasta la cierva en el campo
deja abandonadas sus crías,
por falta de pasto;
6 los asnos salvajes se paran
en los montes desolados,
aspiran el aire como los chacales;
sus ojos se consumen,
porque no hay más hierba.
7 ¡Si nuestra iniquidad atestigua
contra nosotros,
obra, Señor, a causa de tu Nombre!
Porque son muchas nuestras apostasías,
hemos pecado contra ti.
8 Señor, esperanza de Israel,
su salvador en el tiempo de la angustia:
¿por qué te comportas
como un extranjero en el país,
como un viajero que solo acampa
para pernoctar?
9 ¿Por qué procedes
como un hombre aturdido,
como un guerrero impotente para salvar?
Pero tú, Señor, estás en medio de nosotros,
nosotros somos llamados con tu Nombre:
¡no nos abandones!

10 Así habla el Señor acerca de este pueblo: ¡Cómo les gusta vagabundear! ¡No re-
frenan sus pasos! Pero el Señor no se complace en ellos: ahora se va a acordar de sus
faltas y va a castigar sus pecados. 11 El Señor
me dijo: No ruegues en favor de este pueblo, no pidas por su bien. 12 Aunque ayunen,
no escucharé sus gritos; aunque ofrezcan
holocaustos y ofrendas, no los aceptaré. Antes bien, los voy a exterminar por la espada,
por el hambre y la peste.
13 Entonces dije: «¡Ah, Señor! Mira que los
profetas les dicen: Ustedes no verán la espada ni pasarán hambre, porque yo les daré
una paz duradera en este lugar». 14 El Señor
me respondió: Es falso eso que los profetas
profetizan en mi Nombre; yo no los envié,
no les di ninguna orden ni les hablé. Visiones engañosas, vana adivinación, fantasías
de su imaginación: eso es lo que ellos profetizan para ustedes. 15 Por eso, acerca de los
profetas que profetizan en mi Nombre sin
que yo los haya enviado, y que andan diciendo: «No habrá espada ni hambre en este
país»: Así habla el Señor: ¡Por la espada y el
hambre serán aniquilados esos profetas! 16 Y
aquellos a quienes ellos *profetizan, serán
arrojados por las calles* de Jerusalén, a consecuencia del hambre y de la espada, sin que
haya nadie para enterrarlos, ni a ellos, ni a
sus mujeres, ni a sus hijos ni a sus hijas. Yo
derramaré sobre ellos su propia maldad.

17 Tú les dirás esta palabra:
Que mis ojos se deshagan en lágrimas,
día y noche, sin cesar,
porque la virgen hija de mi pueblo
ha sufrido un gran quebranto,
una llaga incurable.
18 Si salgo al campo abierto,
veo las víctimas de la espada;
si entro en la ciudad,
veo los sufrimientos del hambre.
Sí, hasta el profeta y el sacerdote
recorren el país y no logran comprender.
19 ¿Has rechazado del todo a Judá?
¿Estás disgustado con Sion?
¿Por qué nos has herido sin remedio?
Se esperaba la paz, ¡y no hay nada bueno...!,
el tiempo de la curación,
¡y sobrevino el espanto!
20 Reconocemos, Señor, nuestra maldad,
la iniquidad de nuestros padres,
porque hemos pecado contra ti.
21 A causa de tu Nombre, no desprecies,
no envilezcas el trono de tu Gloria:
¡acuérdate, no rompas tu Alianza
con nosotros!
22 Entre los ídolos de las naciones,
¿hay alguien que haga llover?
¿Es el cielo el que envía los chaparrones?
¿No eres tú, Señor, nuestro Dios?
Nosotros esperamos en ti,
porque eres tú el que has hecho todo esto.

REFLEXIONA

Invitación urgente a la conversión

Lee Jeremías 14 13-16. Su ataque contra los falsos profetas nos ofrece un criterio de la autenticidad de los profetas. Quien habla de parte de Dios exige la conversión constante y radical, para que vivamos según la voluntad divina. En cambio, el falso profeta ofrece paz y abundancia, según los deseos del pueblo. ¿Qué tipo de profetas conoces? ¿A quiénes prefieres hacer caso? ¿Por qué? (ver «Diez criterios del profetismo auténtico», Jr 23 25-32).

Jr 14 13-16

15 1 El Señor me dijo: Aunque Moisés y
Samuel se presentaran delante de mí,
yo no me conmovería de este pueblo.
¡Échalos fuera de mi presencia y que se vayan! 2 Y si ellos te dicen: «¿Adónde iremos?»,
tú les responderás:

¡El destinado a la muerte, a la muerte,
el destinado a la espada, a la espada,

el destinado al hambre, al hambre,
el destinado al cautiverio, al cautiverio!

3 Yo mandaré contra ellos cuatro clases
de castigos —oráculo del Señor—: la espada para matar, los perros para arrastrar, los
pájaros del cielo y las fieras de la tierra para devorar y destruir. 4 Haré de ellos el espanto de todos los reinos de la tierra, a
causa de Manasés, hijo de Ezequías, rey de
Judá, por todo lo que él hizo en Jerusalén.

5 ¿Quién tendrá piedad de ti, Jerusalén,
y quién se condolerá por ti?
¿Quién se apartará de su camino
para averiguar cómo estás?
6 Fuiste tú la que me rechazaste
—oráculo del Señor—,
la que te volviste atrás.
Entonces, yo extendí mi mano y te destruí,
cansado de tenerte compasión.
7 Yo los aventé con la horquilla
por las ciudades del país.
Dejé sin hijos a mi pueblo, lo hice perecer,
porque no se apartaban de sus caminos.
8 Hice a sus viudas más numerosas
que la arena de los mares;
hice venir en pleno mediodía un devastador
sobre las madres de los jóvenes guerreros;
hice caer de repente sobre ellas
la angustia y el pánico.
9 Desfallece la que dio a luz siete veces,
está a punto de expirar;
su sol se ha puesto en pleno día,
quedó avergonzada y confundida.
Al resto de ellos los entregaré a la espada
delante de sus enemigos
—oráculo del Señor.

Amarga queja de Jeremías

Jr 1 4-10.17-19; 11 18 – 12 6; 17 14-18; 18 18-23; 20 7-18

10 ¡Qué desgracia, madre mía,
que me hayas dado a luz,
a mí, un hombre discutido y controvertido
por todo el país!
Yo no di ni recibí nada prestado,
pero todos me maldicen.
11 ¡Que así sea, Señor,
si no te he servido bien,
si en el tiempo de la desgracia
y de la angustia,
no intervine ante ti por mi enemigo!
12 ¿Se puede quebrar el hierro,
el hierro del Norte, y el bronce?
13 Tu riqueza y tus tesoros
los entregaré como botín,
gratuitamente, por todos tus pecados,
en todo tu territorio.
14 Haré que sirvas a tus enemigos
en un país que no conocías,
porque un fuego se encendió
en mis narices
y arde contra ustedes.
15 Señor, acuérdate de mí, tómame en cuenta,
y véngame de mis perseguidores;
no dejes que me arrebaten,
abusando de tu paciencia:
mira que soporto injurias por tu causa.
16 Cuando se presentaban tus palabras,
yo las devoraba,
tus palabras eran mi gozo
y la alegría de mi corazón,
porque yo soy llamado con tu Nombre,
Señor, Dios de los ejércitos.
17 Yo no me senté a disfrutar
en la reunión de los que se divierten;
forzado por tu mano,
me mantuve apartado,
porque tú me habías llenado
de indignación.
18 ¿Por qué es incesante mi dolor,
por qué mi llaga es incurable,
se resiste a sanar?
¿Serás para mí como un arroyo engañoso,
de aguas inconstantes?
19 Por eso, así habla el Señor:
Si tú vuelves, yo te haré volver,
tú estarás de pie delante de mí;
si separas lo precioso de la escoria,
tú serás mi portavoz.
Ellos se volverán hacia ti,
pero tú no te volverás hacia ellos.
20 Yo te pondré frente a este pueblo
como una muralla de bronce inexpugnable.
Te combatirán, pero no podrán contra ti,
porque yo estoy contigo
para salvarte y librarte
—oráculo del Señor—.
21 Yo te libraré de la mano de los malvados
y te rescataré del poder de los violentos.

Jeremías llamado a vivir una vida solitaria

Jr 16 4; 42 17; 25 10; 33 11

16 1 La palabra del Señor me llegó en estos términos: 2 No tomes para ti una
mujer ni tengas hijos e hijas en este lugar.
3 Porque así habla el Señor acerca de los hijos y de las hijas que han nacido en este lugar, de las madres que los dan a luz y de los
padres que los engendran en este país: 4 Ellos
morirán de una muerte horrible y no serán
llorados ni sepultados: se convertirán en estiércol sobre la superficie del suelo; serán
exterminados por la espada y el hambre, y
sus cadáveres serán pasto de las aves del cielo y de los animales de la tierra.

5 Más aún, así habla el Señor: No entres en
una casa donde hay un banquete fúnebre;
no vayas a lamentarte ni te conduelas con
ellos. Porque yo he retirado de este pueblo
mi paz, la fidelidad y la compasión —oráculo del Señor—. 6 Grandes y pequeños morirán en este país; no serán enterrados ni llorados, y nadie se hará incisiones ni se rapará la

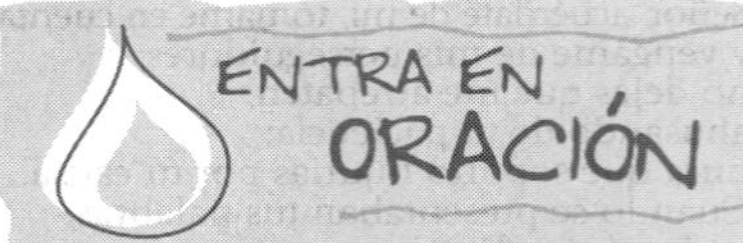

Señor, hazme justicia

Jeremías está en una etapa de desolación y se queja ante Dios, quien le confirma su misión y le da ánimo. Cuando sientas desilusión ante tu misión, dialoga con Dios como hizo Jeremías.

—*¡Señor! ¿Por qué tanto mal y tan difícil hacer el bien? ¡Simplemente no es justo!*

—*Tienes razón..., pero recuerda que yo siempre respeto la libertad humana y sigo esperando paciente y lealmente..., tenme confianza y, aunque no entiendas, sé fuerte.*

—*¡Hazme justicia! ¡He devorado tus palabras, las he saboreado y me han llenado de alegría! Sin embargo, me siento solo y no sé qué hacer..., y ¡aún me pides más!*

—*¡No seas ingrato conmigo! Eres mi profeta, te necesito, confía en mí y seme fiel. ¡Cuento contigo para que la gente se convierta y el mundo sea mejor!*

Jr 15 10-21

cabeza por ellos. 7 No se partirá el pan para el
que está de duelo, con el fin de consolarlo
por el muerto, ni se le hará beber la copa del
consuelo, por su padre o por su madre.
8 No entres en la casa donde hay un fes-
tejo, para sentarte a la mesa con ellos a comer y beber. 9 Porque así habla el Señor de
los ejércitos, el Dios de Israel: Yo haré desaparecer de este lugar, ante los ojos de ustedes y en sus propios días, el grito de alegría
y el grito de júbilo, el canto del esposo y el
canto de la esposa.
10 Cuando tú anuncies a este pueblo todas estas cosas, ellos te dirán: «¿Por qué el
Señor nos amenaza con esta calamidad tan
grande? ¿Cuál es nuestra iniquidad, cuál es
el pecado que hemos cometido contra el
Señor, nuestro Dios?». 11 Entonces tú les
responderás: Es porque los padres de ustedes me han abandonado —oráculo del Señor— y han ido detrás de otros dioses, los
han servido y se han postrado delante de
ellos; me han abandonado a mí y no han
observado mi Ley. 12 *En cuanto* a ustedes,
han obrado peor que sus padres: cada uno
sigue los impulsos de su corazón obstinado y perverso, sin escucharme a mí. 13 Pero
yo los arrojaré de esta tierra, a un país que
ni ustedes ni sus padres han conocido, y
allí servirán a otros dioses día y noche, porque no les tendré compasión.

El retorno de los dispersos de Israel

Jr 23 7-8; Ex 20 2

14 Por eso, llegarán los días —oráculo del
Señor— en que no se dirá más: «Por la vida
del Señor que hizo subir a los israelitas del
país de Egipto», 15 sino más bien: «Por la vida
del Señor que hizo subir a los israelitas del
país del Norte y de todos los países adonde
los había expulsado». Yo los haré volver a este suelo, que había dado a sus padres.

Otro anuncio de la invasión

Hab 1 14-17; Ap 18 6

16 Yo voy a enviar numerosos pescadores
—oráculo del Señor— y ellos los pescarán;
después de esto, enviaré numerosos cazadores que los cazarán por todas las montañas y
colinas, y hasta en las hendiduras de las rocas. 17 Porque yo tengo los ojos fijos sobre todos sus caminos; ellos no se me ocultan, y su
iniquidad no puede esconderse a mis ojos.
18 Yo les pagaré el doble por su iniquidad y su
pecado, porque ellos han profanado mi país
con los cadáveres de sus ídolos y han llenado mi herencia con sus abominaciones.

La conversión de las naciones

Is 45 14; 40 20; 42 8

19 Señor, mi fuerza y mi fortaleza,
mi refugio en el día de la angustia,
hacia ti vendrán las naciones
desde los confines de la tierra, y dirán:
«Solo mentira heredaron nuestros padres,
algo inútil, que no sirve para nada».
20 ¿Puede el hombre fabricarse dioses?
¡Pero ellos no son dioses!
21 Por eso, yo les haré conocer,
esta vez sí que les haré conocer
mi mano y mi poder,
y así sabrán que mi nombre es «Señor».

El pecado de Judá y su castigo

Jr 15 13-14

17 1 El pecado de Judá está escrito
con un buril de hierro,
está grabado con punta de diamante
sobre la tabla de su corazón
y sobre los cuernos de sus altares,
2 como testimonio contra ellos.
Sus altares y sus postes sagrados
están junto a cada árbol frondoso,
sobre las colinas elevadas,
3 en las montañas y en campo abierto.
Tu riqueza, todos tus tesoros
los entregaré como botín,
gratuitamente, por todos tus pecados,
en todo tu territorio.
4 Tendrás que desprenderte de tu herencia,
la que yo te había dado.
Haré que sirvas a tus enemigos
en un país que no conocías,

porque el fuego de mi ira
que ustedes encendieron
arderá para siempre.

La felicidad del que confía en el Señor

Jr 9 22-23; Sal 146 3-4; 40 5; 1 3; Ez 47 12

5 Así habla el Señor:
¡Maldito el hombre que confía en el hombre
y busca su apoyo en la carne,
mientras su corazón se aparta del Señor!
6 Él es como un matorral en la estepa
que no ve llegar la felicidad;
habita en la aridez del desierto,
en una tierra salobre e inhóspita.
7 ¡Bendito el hombre que confía en el Señor
y en él tiene puesta su confianza!
8 Él es como un árbol plantado
al borde de las aguas,
que extiende sus raíces hacia la corriente;
no teme cuando llega el calor
y su follaje se mantiene frondoso;
no se inquieta en un año de sequía
y nunca deja de dar fruto.

Dos proverbios: el enigma del corazón humano y las riquezas mal adquiridas

Prov 17 3; Jr 11 20; 32 19; Sal 62 13; Mt 16 27

9 Nada más tortuoso
que el corazón humano
y no tiene arreglo: ¿quién puede conocerlo?
10 Yo, el Señor, sondeo el corazón
y examino las entrañas,
para dar a cada uno según su conducta,
según el fruto de sus acciones.
11 Perdiz que empolla huevos
sin haberlos puesto
es el que adquiere riqueza injustamente:
en la mitad de sus días
tiene que abandonarla
y, al final, resulta un insensato.

YO, EL SEÑOR, SONDEO EL CORAZÓN..., PARA DAR A CADA UNO SEGÚN SU CONDUCTA. Jr 17 10

Confianza en el Templo

Jr 14 8; 2 13

12 ¡Trono de gloria,
exaltado desde el comienzo,
es el lugar de nuestro Santuario!
13 Tú, Señor, eres la esperanza de Israel:
todos los que te abandonan
quedarán confundidos,
los que se apartan de ti
serán escritos en el polvo,
porque han abandonado el manantial
de agua viva.

Súplica de Jeremías

Jr 11 18 – 12 6; 15 10-21; 18 18-23; 20 7-18

14 ¡Sáname, Señor, y quedaré sano,
sálvame y estaré a salvo,
porque tú eres mi alabanza!
15 Mira cómo me dicen:
«¿Dónde está la palabra del Señor?
¡Que se cumpla!».
16 Pero yo no te instigué a mandar
una desgracia
ni he deseado el día irreparable.
Tú lo sabes: lo que salía de mi boca
está patente delante de tu rostro.
17 No seas para mí un motivo de terror,
tú, mi refugio en el día de la desgracia.
18 ¡Que se avergüencen mis perseguidores,
y no yo;
que se aterroricen ellos, y no yo!
Atrae sobre ellos un día de desgracia,
quiébralos con un doble quebranto.

Observancia del sábado

Ex 20 8-11; Dt 5 12-15; Is 58 13-14; Neh 13 15-21

19 Así me habló el Señor: Ve, párate en la
puerta del Pueblo, por donde entran y salen
los reyes de Judá, y en todas las puertas de Jerusalén, 20 y diles: ¡Escuchen la palabra del
Señor, reyes de Judá y Judá todo entero, y todos ustedes, habitantes de Jerusalén que entran por estas puertas! 21 Así habla el Señor:
Cuídense bien, por su propia vida, de llevar
una carga en día sábado y de introducirla
por las puertas de Jerusalén. 22 No saquen
ninguna carga de sus casas en día sábado, ni
hagan ningún trabajo. Santifiquen el día sábado, como yo les ordené a sus padres. 23 Pero ellos no escucharon ni inclinaron su oído,
sino que se negaron obstinadamente a escuchar y aprender la lección.
24 Si ustedes me escuchan verdaderamente —oráculo del Señor— y no introducen
ninguna carga por las puertas de esta ciudad en día sábado; si santifican el día sábado no haciendo ningún trabajo, 25 entonces, por las puertas de esta ciudad,
entrarán reyes que se sientan en el trono de
David; entrarán montados en carros y caballos, ellos y sus príncipes, los hombres
de Judá y los habitantes de Jerusalén. Esta
ciudad será habitada para siempre, 26 y de
las ciudades de Judá y de los alrededores
de Jerusalén, de la Sefelá, de la Montaña y
del Négueb, se traerán holocaustos y sacrificios, ofrendas e incienso, y se traerá el sacrificio de alabanza a la Casa del Señor.
27 Pero si ustedes no escuchan mi orden
de santificar el día sábado, y de no llevar
cargas cuando entran por las puertas de Jerusalén en día sábado, entonces yo encen-
deré en sus puertas un fuego que devorará
los palacios de Jerusalén, y no se extinguirá.

J R

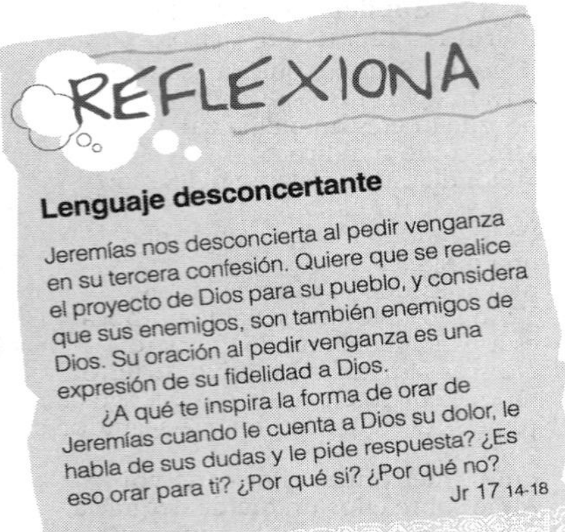

Jeremías en el taller del alfarero

Ez 18 21-24

18 [1] Palabra que llegó a Jeremías de parte del Señor, en estos términos: [2] «Baja ahora mismo al taller del alfarero, y allí
te haré oír mis palabras». [3] Yo bajé al taller
del alfarero, mientras él trabajaba en el torno. [4] Y cuando la vasija que estaba haciendo le salía mal, como suele pasar con la arcilla en manos del alfarero, él volvía a hacer
otra, según le parecía mejor.
[5] Entonces la palabra del Señor me llegó
en estos términos: [6] ¿No puedo yo tratarlos
a ustedes, casa de Israel, como ese alfarero?
—oráculo del Señor—. Sí, como la arcilla
en la mano del alfarero, así están ustedes
en mi mano, casa de Israel. [7] A veces yo hablo, con respecto a una nación o a un reino, de arrancar, derribar y perder; [8] pero si
la nación de la que hablé se convierte de su
maldad, entonces me arrepiento del mal
que había pensado infligirle. [9] Otras veces
hablo, con respecto a una nación o a un
reino, de edificar y plantar; [10] pero si esa nación hace lo malo a mis ojos, sin escuchar
mi voz, entonces me arrepiento del bien
que había prometido hacerle.
[11] Y ahora, habla en estos términos a los
hombres de Judá y a los habitantes de Jerusalén: *Así habla el Señor: Miren que yo fa-*
brico contra ustedes una desgracia y medito
contra ustedes un proyecto. Vuelvan de su
mal camino, enmienden su conducta y sus
acciones. [12] Pero ellos dirán: «¡Es inútil! Queremos seguir nuestros propios designios, obra-
remos cada uno según los impulsos de nuestro corazón obstinado y perverso».

[13] Por eso, así habla el Señor:
Pregunten entre las naciones:
¿Quién ha oído nada igual?
Ha cometido la cosa más horrible
la virgen de Israel.
[14] ¿Abandona las cuestas rocosas
la nieve del Líbano?
¿Se agotan las aguas de las montañas,
frescas y fluyentes?
[15] ¡Mi pueblo, en cambio,
se ha olvidado de mí!
Ellos queman incienso a la Nada
y han tropezado en sus caminos,
en los senderos antiguos,
para ir por sendas desviadas,
por un camino sin trazar.
[16] Así han hecho de su país una devastación,
un motivo de burla perpetua.
Todo el que pase por allí
se quedará pasmado y moverá la cabeza.
[17] Yo los dispersaré como el viento del este
delante del enemigo:
yo les mostraré la espalda, no el rostro,
en el día de su ruina.

Conspiración contra Jeremías

Jr 11 18 – 12 6; 15 10-21; 17 14-18; 20 7-18

[18] Ellos dijeron: «¡Vengan, tramemos un
plan contra Jeremías, porque no le faltará
la instrucción al sacerdote, ni el consejo al
sabio, ni la palabra al profeta! Vengan, in-
ventemos algún cargo contra él, y no pres-
temos atención a sus palabras».

[19] ¡Préstame atención, Señor,
y oye la voz de los que me acusan!
[20] ¿Acaso se devuelve mal por bien
para que me hayan cavado una fosa?
Recuerda que yo me presenté delante de ti
para hablar en favor de ellos,
para apartar de ellos tu furor.
[21] Por eso, entrega sus hijos al hambre
y déjalos a merced de la espada.
¡Que sus mujeres se queden
sin hijos y sin marido,
que sus hombres mueran víctimas
de la peste,
que sus jóvenes caigan bajo la espada
en el combate!
[22] ¡Que se oiga el clamor que sale de sus casas,
cuando mandes de repente
salteadores contra ellos!
Porque han cavado una fosa
para atraparme
y han ocultado trampas bajo mis pies.
[23] Pero tú, Señor, conoces bien
sus planes asesinos contra mí.
¡No les perdones su iniquidad,
que su pecado no se borre de tu vista!
¡Que tropiecen delante de ti,
y en el tiempo de tu ira, obra contra ellos!

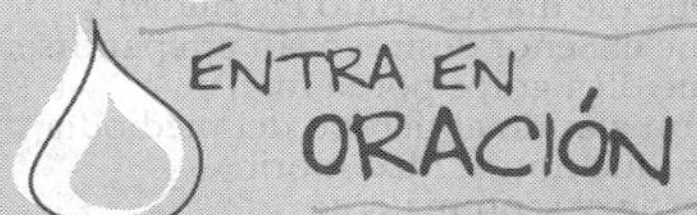

El alfarero hace maravillas en mí

¿Has visto a un alfarero trabajar o has hecho una vasija de arcilla? El alfarero coloca un trozo de barro en una rueda de alfarería y la hace girar, moldeándolo con sus manos para darle forma según la imagen que tiene en mente. Cada pieza que hace es original, no existe otra igual.

Medita en silencio sobre los siguientes pensamientos, dejándote moldear por Dios, el alfarero maravilloso.

- *Señor, quiero ser barro en tus manos, dejarme moldear por tu amor, tu llamado, tus correcciones...*
- *Pongo en tus manos las llagas que me hacen sufrir para que las sanes y las conviertas en fortalezas ante la vida...*
- *Te presento mis actitudes y conductas con que más fallo a tu amor..., trabájalas conmigo y transfórmalas en crecimiento espiritual continuo.*
- *Estoy desorientado/a con relación a..., da forma a mis ideales y moldea mi carácter, para ir adonde tú quieres que yo vaya.*

Siento tu amor formándome como tú quieres... ¡Gracias, Señor! Continúa tu obra en mí. ¡Es tan reconfortante saber que me moldeas con amor y firmeza! ¡Quiero dejarme siempre moldear por ti!

Jr 18 1-17

El cántaro roto

Jr 18 1-12; 7 29-34; Dt 28 53-57

19 [1]Así habló el Señor a Jeremías: Ve a comprar un cántaro de arcilla. Luego llevarás contigo a algunos de los ancianos del pueblo y de los ancianos de los sacerdotes, [2]saldrás al valle de Ben Hinnom, que está a la entrada de la puerta de la Alfarería, y proclamarás allí las palabras que yo te indicaré. [3]Tú dirás: Escuchen la palabra del Señor, reyes de Judá y habitantes de Jerusalén. Así habla el Señor de los ejércitos, el Dios de Israel: Yo haré venir sobre este lugar una desgracia tal, que a todo el que oiga hablar de ella le zumbarán los oídos. [4]Porque ellos me han abandonado y han enajenado este lugar, quemando en él incienso a otros dioses, que no conocían ellos, ni sus padres, ni los reyes de Judá, y porque han llenado este lugar de sangre inocente. [5]Han edificado lugares altos a Baal, para quemar en el fuego a sus hijos como holocaustos a Baal, cosa que yo no había ordenado ni dicho, y que jamás se me pasó por la mente. [6]Por eso, llegarán los días —oráculo del Señor— en que este lugar ya no será llamado «el Tófet» ni «valle de Ben Hinnom», sino «valle de la Masacre». [7]Yo frustraré en este lugar el designio de Judá y de Jerusalén; los haré caer delante de sus enemigos por la espada y por la mano de aquellos que atentan contra su vida, y entregaré sus cadáveres como pasto a las aves del cielo y a los animales de la tierra. [8]Convertiré esta ciudad en una devastación y en un motivo de estupor: todo el que pase junto a ella quedará pasmado y silbará de estupor al ver todas sus plagas. [9]Yo les haré comer la carne de sus hijos y de sus hijas, y se comerán unos a otros, bajo la presión del asedio a que los someterán sus enemigos y los que atentan contra su vida.

[10]Tú quebrarás el cántaro a la vista de los hombres que te hayan acompañado, [11]y les dirás: Así habla el Señor de los ejércitos: De esta misma manera quebraré a este pueblo y a esta ciudad, como se quiebra una vasija de alfarero que ya no se puede reparar, y los muertos serán enterrados en Tófet, porque no habrá otro sitio donde enterrarlos. [12]Así trataré a este lugar —oráculo del Señor— y a los que habitan en él: haré a esta ciudad semejante a Tófet. [13]Las casas de Jerusalén y las casas de los reyes de Judá serán impuras como el lugar de Tófet: sí, todas esas casas sobre cuyos techos se quemó incienso a todo el Ejército de los cielos y se derramaron libaciones a otros dioses.

[14]Cuando Jeremías regresó de Tófet, adonde el Señor lo había enviado a profetizar, se paró en el atrio de la Casa del Señor, y dijo a todo el pueblo: [15]Así habla el Señor de los ejércitos, el Dios de Israel: «Miren que yo atraigo sobre esta ciudad y sobre sus poblados toda la desgracia con que los había amenazado, porque ellos se han obstinado en no escuchar mis palabras».

20 [1]El sacerdote Pasjur, hijo de Imer, inspector principal de la Casa del Señor, oyó a Jeremías profetizar estas cosas. [2]Entonces mandó golpear a Jeremías, el profeta, y lo hizo poner en el cepo que está en la puerta Alta de Benjamín, en la Casa del Señor. [3]Pero a la mañana siguiente, cuando Pasjur sacó a Jeremías del cepo, este le dijo: «El nombre que te dio el Señor no es Pasjur, sino "Terror por todas partes". [4]Porque así habla el Señor: Yo haré que seas presa del terror, tú y todos tus amigos; ellos caerán bajo la espada de sus enemigos, y tú lo verás con tus propios ojos. Y yo entregaré a todo Judá

en manos del rey de Babilonia, que los deportará a Babilonia y los herirá con la espada. 5 Todas las riquezas de esta ciudad, todas
sus ganancias y todo lo que hay de precioso
en ella, junto con todos los tesoros de los
reyes de Judá, los entregaré en manos de sus
enemigos: ellos los saquearán, los tomarán
y se los llevarán a Babilonia. 6 En cuanto a ti,
Pasjur, tú y todos los que habitan en tu casa
irán al cautiverio: llegarás a Babilonia y allí
morirás, y allí serás enterrado, tú y todos tus
amigos a quienes les has profetizado falsamente».

El drama interior de Jeremías

Jr 11 18 – 12 6; 15 10-21; 17 14-18; 18 18-23; Gn 19 24-25

7 ¡Tú me has seducido, Señor,
y yo me dejé seducir!
¡Me has forzado y has prevalecido!
Soy motivo de risa todo el día,
todos se burlan de mí.
8 Cada vez que hablo, es para gritar,
para clamar: «¡Violencia, devastación!».
Porque la palabra del Señor es para mí
oprobio y afrenta todo el día.
9 Entonces dije: «No lo voy a mencionar,
ni hablaré más en su Nombre».
Pero había en mi corazón
como un fuego abrasador,
encerrado en mis huesos:
me esforzaba por contenerlo,
pero no podía.
10 Oía los rumores de la gente:
«¡Terror por todas partes!
¡Denúncienlo! ¡Sí, lo denunciaremos!».
Hasta mis amigos más íntimos
acechaban mi caída:
«Tal vez se lo pueda seducir;
prevaleceremos sobre él
y nos tomaremos nuestra venganza».
11 Pero el Señor está conmigo
como un guerrero temible:
por eso mis perseguidores tropezarán
y no podrán prevalecer;
se avergonzarán de su fracaso,
será una confusión eterna, inolvidable.
12 Señor de los ejércitos,
que examinas al justo,
que ves las entrañas y el corazón,
¡que yo vea tu venganza sobre ellos!,
porque a ti he encomendado mi causa.
13 ¡Canten al Señor, alaben al Señor,
porque él libró la vida del indigente
del poder de los *malhechores!*
14 *¡Maldito el día* en que nací!
¡El día en que mi madre me dio a luz
jamás sea bendecido!
15 ¡Maldito el hombre que dio a mi padre
la noticia:
«Te ha nacido un hijo varón»,
llenándolo de alegría!
16 Que ese día sea como las ciudades
que el Señor destruyó sin arrepentirse;
que oiga gritos por la mañana
y un alarido al tiempo del mediodía,
17 porque no me hizo morir
desde el seno materno:
¡así mi madre hubiera sido mi tumba
y su gravidez hubiera durado para siempre!
18 ¿Por qué salí del vientre materno
para no ver más que pena y aflicción,
y acabar mis días avergonzado?

INVECTIVAS CONTRA LOS REYES Y LOS FALSOS PROFETAS

La respuesta a Sedecías

Jr 27 12-15; 37 3-10

21 1 Palabra que llegó a Jeremías de parte del Señor, cuando el rey Sedecías
le envió a Pasjur, hijo de Malquías, y al
sacerdote Sefanías, hijo de Maasías, para
decirle: 2 «Por favor, consulta al Señor por
nosotros, ya que Nabucodonosor, rey de
Babilonia, nos hace la guerra. Tal vez el Señor renueve por nosotros todas sus maravillas, y lo fuerce a retirarse».
3 Jeremías les dijo: «Díganle a Sedecías:
4 Así habla el Señor, el Dios de Israel: Yo
haré retroceder las armas de guerra que ustedes empuñan, con las que combaten al
rey de Babilonia y a los caldeos que los
asedian desde fuera de los muros, y las
amontonaré en medio de esta ciudad. 5 Yo
mismo combatiré contra ustedes con mano fuerte y brazo poderoso, con ira, furor y
una gran irritación. 6 Heriré a los habitantes de esta ciudad, hombres y animales, y
ellos morirán de una gran peste. 7 Después
de esto —oráculo del Señor— entregaré a
Sedecías, rey de Judá, a sus servidores y a la
población que aún quede en esta ciudad
después de la peste, de la espada y el hambre; los entregaré en manos de Nabucodonosor, rey de Babilonia, en manos de sus
enemigos y en manos de los que atentan
contra su vida: él los pasará al filo de la espada, sin piedad, sin clemencia y sin compasión».
8 Y a este pueblo le dirás: «Así habla el
Señor: Miren que yo pongo delante de ustedes el camino de la vida y el camino de
la muerte. 9 El que permanezca en esta ciudad morirá por la espada, el hambre y la
peste; pero el que salga y se rinda a los caldeos que los asedian, vivirá, y su vida será
para él un botín. 10 Porque yo he vuelto mi
rostro hacia esta ciudad para mal y no para bien —oráculo del Señor—: ella será entregada en manos del rey de Babilonia, que
la hará arder por el fuego».

VIVE LA PALABRA

El fuego de Dios vence la resistencia del profeta

En su quinta confesión, Jeremías está al límite de sus fuerzas. Siente que Dios lo engañó y se reprocha a sí mismo por haberle escuchado, pues la gente lo espía, se burla de él y busca su perdición (Jr 20 7-10). De pronto se da cuenta de que Dios ha estado con él, le pide ver la vida desde su perspectiva y lo alaba (vv. 11-12). Pero esta toma de conciencia no le quita el coraje que siente (vv. 14-18).

La Palabra de Dios y la autenticidad de su mensaje son tan poderosas que Jeremías continúa su misión a pesar de sus quejas y corajes. Y tú, ¿te dejas abatir por tus inseguridades y el maltrato de los demás? Pide a Dios su fuerza para continuar siempre tu misión.

Jr 20 7-18

Contra la casa real

Jr 9 1-10; Dt 17 14-20; Am 5 11-13; Miq 3 9-12; Sal 45; 72

11 A la casa real de Judá:
¡Escuchen la palabra del Señor!
12 Casa de David, así habla el Señor:
Hagan justicia cada mañana,
y libren al explotado
de la mano del opresor,
no sea que mi furor estalle como un fuego
y arda sin que nadie lo extinga,
a causa de la maldad de sus acciones.
13 ¡Aquí estoy contra ti,
Moradora del valle,
Roca de la llanura! —oráculo del Señor—.
Ustedes dicen:
«¿Quién bajará contra nosotros,
quién entrará en nuestras guaridas?».
14 Soy yo el que los voy a castigar
conforme al fruto de sus acciones
—oráculo del Señor—.
Yo prenderé fuego a su bosque
y él consumirá todos sus alrededores.

22 1 Así habla el Señor: Baja a la casa del
rey de Judá, y pronuncia allí esta palabra. 2 Tú dirás: Escucha la palabra del Señor,
rey de Judá que te sientas en el trono de David, tú y también tus servidores y tu pueblo,
que entran por estas puertas. 3 Así habla el
Señor: Practiquen el derecho y la justicia; libren al explotado de la mano del opresor;
no maltraten ni hagan violencia al extranjero, al huérfano y a la viuda; no derramen
sangre inocente en este lugar. 4 Porque si ustedes cumplen realmente esta palabra, entonces, por las puertas de esta Casa, entrarán
reyes que se sientan en el trono de David;
entrarán montados en carros y caballos,
ellos con sus servidores y su pueblo. 5 Pero si
ustedes no escuchan estas palabras, juro por
mí mismo —oráculo del Señor— que esta
Casa se convertirá en un montón de ruinas.

6 Porque así habla el Señor acerca de la
casa real de Judá:
Tú eras para mí como Galaad,
como una cumbre del Líbano,
pero juro que te convertiré en un desierto,
en una ciudad deshabitada.
7 Consagraré contra ti destructores,
cada uno con sus armas;
ellos talarán tus cedros escogidos
y los harán caer en el fuego.
8 Numerosas naciones pasarán junto a
esta ciudad, y se dirán unos a otros: «¿Por
qué el Señor trató así a esta gran ciudad?».
9 Y se les responderá: «Porque abandonaron
la Alianza del Señor, su Dios, y se postraron
delante de otros dioses y los sirvieron».

Contra Joacaz

2 Re 23 29-30; 23 34

10 No lloren por el que está muerto
ni se lamenten por él.
Lloren más bien por el que parte,
porque él no volverá nunca más
ni verá otra vez su país natal.
11 Porque así habla el Señor acerca de Salum, hijo de Josías, rey de Judá, que sucedió en el trono a su padre Josías: «El que
salió de este lugar ya no regresará: 12 morirá en el lugar adonde ha sido deportado,
no verá más este país».

Contra Joaquim

Am 6 8; Dt 24 15; Jr 9 23; 34 5; Is 14 16-19; Jr 36 29-31

13 ¡Ay del que edifica su casa
sin respetar la justicia
y sus pisos altos sin respetar el derecho,
del que hace trabajar de balde a su prójimo
y no le remunera su trabajo!
14 ¡Ay del que dice:
«Me edificaré una casa espaciosa,
con pisos altos bien aireados»,

y luego le abre ventanas,
la recubre de cedro
y la pinta de rojo vivo!
15 ¿Eres acaso rey
porque ostentas la mejor madera de cedro?
¿Acaso tu padre no comía y bebía?
Pero también practicaba
el derecho y la justicia,
y entonces todo le iba bien.
16 Él juzgaba la causa del pobre
y del indigente,
y entonces todo le iba bien.
¿No es eso conocerme?
—oráculo del Señor—.
17 Pero tú no tienes ojos ni corazón
más que para tus ganancias,
para derramar sangre inocente,
para practicar la opresión y la violencia.
18 Por eso, así habla el Señor
acerca de Joaquim, hijo de Josías,
rey de Judá:
¡Pobre de ese hombre!
Nadie se lamentará por él:
«¡Ay, hermano mío! ¡Ay, hermana mía!».
Nadie se lamentará por él:
«¡Ay, señor! ¡Ay, su Majestad!».
19 Será sepultado como un asno,
será arrastrado y arrojado
más allá de las puertas de Jerusalén.

Contra la nación personificada

Jr 2 25.31; 3 25; 21 13; 22 6; 4 31

20 ¡Sube hasta el Líbano y grita,
levanta tu voz en Basán,
grita desde los Abarim,
porque todos tus amantes
han sido destrozados!
21 Yo te hablé cuando estabas tranquila,
pero tú dijiste: «¡No escucharé!».
Este ha sido tu camino desde tu juventud:
nunca has escuchado mi voz.
22 A todos tus pastores
los apacentará el viento,
tus amantes irán al cautiverio;
entonces quedarás avergonzada
y confundida
por toda tu maldad.
23 Tú, que habitas en el Líbano,
que anidas entre los cedros,
¡cómo gemirás cuando te asalten
los dolores
y un temblor como de parturienta!

Contra Conías

Jr 52 31-34; 2 Re 25 27-30

24 ¡Lo juro por mi vida! —oráculo del Señor—: Aunque Conías, hijo de Joaquim,
rey de Judá, fuera un anillo en mi mano
derecha, de allí lo arrancaría. 25 Yo te entregaré en manos de los que atentan contra tu
vida, en manos de los que tú más temes, en
manos de Nabucodonosor, rey de Babilonia, y en manos de los caldeos. 26 Yo te arrojaré, a ti y a tu madre que te dio a luz, a un
país extraño, donde ustedes no han nacido, y allí morirán. 27 Pero al país al que ansían volver, allí no volverán.

28 ¿Es este hombre, Conías,
una vasija despreciable, rota,
un objeto que ya nadie quiere?
¿Por qué él y su descendencia
han sido arrojados, echados
a un país que no conocían?
29 ¡Tierra, tierra, tierra!
Escucha la palabra del Señor.
30 Así habla el Señor:
Inscriban a este hombre: «Sin hijo,
un fracasado en la vida»,
porque ninguno de su descendencia
logrará sentarse en el trono de David
ni seguir dominando en Judá.

Los malos pastores y el rey justo

Jr 10 21; 25 34-38; 33 12-16; 16 14-15

23 1 ¡Ay de los pastores que pierden y
dispersan el rebaño de mi pastizal!
—oráculo del Señor—. 2 Por eso, así habla
el Señor, Dios de Israel, contra los pastores que apacientan a mi pueblo: Ustedes
han dispersado mis ovejas, las han expulsado y no se han ocupado de ellas. Yo, en
cambio, voy a ocuparme de ustedes, para
castigar sus malas acciones —oráculo del
Señor.
3 Yo mismo reuniré el resto de mis ovejas, de todos los países adonde las había
expulsado, y las haré volver a sus praderas,
donde serán fecundas y se multiplicarán.
4 Yo suscitaré para ellas pastores que las
apacentarán; y ya no temerán ni se espan-
tarán, y no se echará de menos a ninguna
—oráculo del Señor.

5 Llegarán los días —oráculo del Señor—
en que suscitaré para David
un germen justo;
él reinará como rey y será prudente,
practicará la justicia y el derecho en el país.
6 En sus días, Judá estará a salvo
e Israel habitará seguro.
Y se lo llamará con este nombre:
«El Señor es nuestra justicia».

7 Por eso, llegarán los días —oráculo del
Señor— en que ya no se dirá: «Por la vida
del Señor que hizo subir a los israelitas del
país de Egipto», 8 sino más bien: «por la vida del Señor que hizo subir a los descendientes de la casa de Israel, y los hizo llegar
del país del Norte y de todos los países
adonde los había expulsado, para que habiten en su propio suelo».

Anuncio del mesías-pastor

Lee Jeremías 23 1-8, y observa lo que Dios dice a los pastores que no han sabido cuidar de su pueblo, y su promesa de un nuevo rey descendiente de David, que gobernará con sabiduría y practicará el derecho y la justicia. Ese rey es Jesús, quien se llama a sí mismo «buen Pastor» y explica en qué consiste un buen liderazgo (ver «Yo soy el buen Pastor», Jn 10 11-18).

Todo cristiano/a debe ser líder, capaz de llevar a otras personas hacia Dios: ¿cómo es tu liderazgo? ¿Adónde llevas a la gente que te sigue?

Jr 23 1-8

Contra los falsos profetas

Jr 14 13-16; 30 21-24; 20 9; 51 20-24

9 A los profetas:
Se me parte el corazón en el pecho,
se aflojan todos mis huesos;
soy como un hombre borracho,
como un hombre vencido por el vino,
a causa del Señor
y a causa de sus santas palabras.
10 Porque el país está lleno de adúlteros
—sí, a causa de la maldición,
el país está de duelo,
se han secado las praderas del desierto—:
ellos corren hacia la maldad
y emplean su fuerza para la injusticia.
11 Hasta el profeta y el sacerdote son impíos,
aun en mi propia Casa
encuentro su maldad
—oráculo del Señor—.
12 Por eso su camino será para ellos
como un terreno resbaladizo;
serán empujados a las tinieblas
y allí caerán.
Porque yo atraeré sobre ellos una desgracia
en el año de su castigo
—oráculo del Señor—.
13 Entre los profetas de Samaría,
yo he visto el desatino:
ellos profetizaban por Baal
y extraviaron a mi pueblo Israel.
14 Pero entre los profetas de Jerusalén,
he visto cosas horribles:
son adúlteros, viven en la mentira,
tienden la mano a los malhechores,
¡y así nadie se convierte de su maldad!
Todos ellos son para mí como Sodoma
y los habitantes de la ciudad,
como Gomorra.
15 Por eso, así habla el Señor de los ejércitos
contra los profetas:
Yo les haré comer ajenjo
y les daré de beber agua envenenada,
porque de los profetas de Jerusalén
ha salido la impiedad a todo el país.
16 Así habla el Señor de los ejércitos:
No escuchen las palabras de los profetas
que profetizan para ustedes:
no hacen más que ilusionarlos,
lo que dicen son visiones
de su imaginación,
no lo que sale de la boca del Señor.
17 Ellos se atreven a decir
a los que desprecian la palabra del Señor:
«¡Ustedes tendrán paz!».
Y a los de corazón obstinado, les dicen:
«¡No les sucederá nada malo!».
18 Pero ¿quién de ellos asistió
al consejo del Señor
para ver y escuchar su palabra?
¿Quién prestó atención y oyó su palabra?
19 Miren el huracán del Señor:
se ha desencadenado el furor,
se desata el torbellino,
y se abate sobre la cabeza de los malvados.
20 La ira del Señor no se volverá atrás
hasta haber ejecutado y cumplido
los designios de su corazón.

Jr 23 5

COMPRENDE LOS SÍMBOLOS

El árbol de Jesé

En este árbol las ramas representan las generaciones de reyes y profetas del Antiguo Testamento que brotan de la raíz oculta de la casa de Jesé, padre de David. La flor simboliza la Virgen de quien nacerá Jesús, nuevo líder de paz, sabiduría y salvación, según las profecías de Isaías (11 1) y Jeremías.

JR

Al término de estos días,
ustedes comprenderán esto claramente.
21 Yo no envié a esos profetas,
pero ellos corrieron;
yo no les hablé,
pero ellos profetizaron.
22 Si hubieran asistido a mi consejo,
habrían proclamado mis palabras
a mi pueblo,
lo habrían hecho volver de su mal camino
y de la maldad de sus acciones.
23 ¿Acaso yo soy Dios solo de cerca
—oráculo del Señor—
y no soy Dios de lejos?
24 ¿Puede un hombre esconderse
en un lugar secreto
sin que yo lo vea? —oráculo del Señor—.
¿Acaso no lleno el cielo y la tierra?
—oráculo del Señor.

25 Yo escuché lo que dicen los profetas que
profetizan falsamente en mi Nombre, diciendo: «¡He tenido un sueño! ¡He tenido
un sueño!». 26 ¿Hasta cuándo continuará esto
en el corazón de esos profetas, que profetizan falsamente y vaticinan sus propios pensamientos engañosos? 27 Con los sueños que
se cuentan unos a otros, ellos piensan hacer
que mi pueblo se olvide de mi Nombre, como sus padres olvidaron mi Nombre por el
de Baal. 28 El profeta que tenga un sueño, que
cuente ese sueño, y el que tenga mi palabra,
que pronuncie fielmente mi palabra.

¿Qué tiene en común la paja con el grano?
—oráculo del Señor—.
29 ¿No es mi palabra como fuego
—oráculo del Señor—,
como martillo que pulveriza la roca?

30 Por eso, aquí estoy contra los profetas
—oráculo del Señor— que se roban mis
palabras unos a otros. 31 Aquí estoy contra
los profetas —oráculo del Señor—, que
sueltan su lengua para proferir oráculos.
32 Aquí estoy contra los profetas que profetizan sueños engañosos —oráculo del Señor—, que los cuentan y extravían a mi
pueblo con sus mentiras y sus jactancias,
siendo así que yo no los envié ni los mandé, y que no sirven de nada para este pueblo —oráculo del Señor.

33 Y cuando este pueblo, o un profeta, o
un sacerdote, te pregunten: «¿Cuál es la
"carga" del Señor?», tú les responderás:
«Ustedes *son la "carga", y yo los* arrojaré»
—oráculo del Señor.

34 En cuanto al profeta, al sacerdote o al
hombre de este pueblo que diga: «Carga del
Señor», yo castigaré a ese hombre y a su casa. 35 Así deberá hablar cada uno con su prójimo o con su hermano: «¿Qué ha respondido el Señor?» y «¿Qué ha dicho el Señor?».

36 Pero ustedes no mencionarán la «carga del
Señor», porque la «carga» para cada uno será su palabra, ya que ustedes han distorsio-
nado las palabras del Dios viviente, el Señor
de los ejércitos, nuestro Dios. 37 Al profeta le
hablarás así: «¿Qué te ha respondido el Señor?» y «¿Qué ha dicho el Señor?».

38 Pero si ustedes dicen: «Carga del Señor», entonces, así habla el Señor: Ustedes
han pronunciado esta palabra: «Carga del
Señor», siendo así que yo les prohibí que
dijeran: «Carga del Señor». 39 Por eso, yo los
levantaré como una «carga» y los arrojaré
lejos de mi presencia, a ustedes y a la ciudad que yo les he dado, tanto a ustedes como a sus padres. 40 Yo les infligiré un oprobio perpetuo y una ignominia eterna, que
no se olvidará jamás.

Visión de las dos canastas de higos

2 Re 24 11-16; Jr 29 16-20; 2 1-19; 11 1-17; 31 31-34

24 1 El Señor me hizo ver dos canastas de
higos, puestas delante del Templo del
Señor. Esto sucedió después que Nabucodonosor, rey de Babilonia, deportó de Jerusalén
a Jeconías, hijo de Joaquim, rey de Judá, así
como también a los príncipes de Judá, a los
artesanos y a los cerrajeros, y se los llevó a Babilonia. 2 Una canasta tenía higos muy buenos, como brevas; la otra tenía higos muy
malos, tan malos que no se los podía comer.
3 El Señor me dijo: «¿Qué ves, Jeremías?».
«Higos —respondí—; los higos buenos son
muy buenos; los higos malos son muy malos, tan malos que no se los puede comer».

4 Entonces la palabra del Señor me llegó
en estos términos: 5 Así habla el Señor, Dios
de Israel: Como a estos higos buenos, así
miraré yo para su bien a los deportados de
Judá que envié de este lugar al país de los
caldeos. 6 Yo pondré mis ojos sobre ellos
para su bien, y los haré volver a este país;
los edificaré y no los demoleré, los plantaré y no los arrancaré. 7 Les daré un corazón
para que me conozcan a mí, que soy el Señor; ellos serán mi Pueblo y yo seré su
Dios, porque volverán a mí de todo corazón. 8 Pero como a esos higos malos, que de
tan malos no se los puede comer —sí, así
habla el Señor—, de esa misma manera,
trataré a Sedecías, rey de Judá, a sus príncipes y al resto de Jerusalén, tanto a los que
han quedado en este país como a los que habitan en el país de Egipto. 9 Yo haré de ellos
un objeto de terror para todos los reinos de
la tierra, un objeto de escarnio, de sátira y
de risa, y una maldición en todos los lugares adonde los expulsaré. 10 Enviaré contra
ellos la espada, el hambre y la peste, hasta
que desaparezcan por completo del suelo que
les di a ellos y a sus padres.

Babilonia, instrumento y objeto del castigo divino

Jr 36 1; 27 6; 43 10; 16 9; 51 60-64

25 1 Palabra que llegó a Jeremías acerca
de todo el pueblo de Judá, el cuarto
año de Joaquim, hijo de Josías, rey de Judá,
es decir, el primer año de Nabucodonosor,
rey de Babilonia. 2 Esto es lo que dijo el profeta Jeremías acerca de todo el pueblo de Judá y de todos los habitantes de Jerusalén:
3 Desde el año trece de Josías, hijo de
Amón, rey de Judá, hasta el día de hoy —son
ya veintitrés años— me ha llegado la palabra
del Señor, y yo les he hablado incansablemente, sin que ustedes me escucharan. 4 También el Señor les ha enviado incansablemente a todos sus servidores los profetas, pero
ustedes no han escuchado ni han inclinado
sus oídos para oír. 5 Él les decía: Vuélvanse cada uno de su mal camino y de la maldad de
sus acciones, y habitarán en el suelo que les
ha dado el Señor, a ustedes y a sus padres,
desde siempre y para siempre. 6 No vayan detrás de otros dioses para servirlos y para postrarse delante de ellos, no me agravien con la
obra de sus manos, y no les haré ningún mal.
7 Pero ustedes no me escucharon —oráculo
del Señor— agraviándome con la obra de sus
manos, para su propia desgracia.
8 Por eso, así habla el Señor de los ejércitos: Porque ustedes no han escuchado mis
palabras, 9 yo mando a buscar todos los
clanes del Norte —oráculo del Señor— y a
Nabucodonosor, rey de Babilonia, mi servidor, y los hago venir contra este país,
contra sus habitantes y contra todas estas
naciones de alrededor. Así los consagraré
al exterminio total, y los convertiré en una
desolación, en un motivo de estupor y en
ruinas perpetuas. 10 Haré desaparecer de entre ellos el grito de alegría y el grito de júbilo, el canto del esposo y el canto de la esposa, el ruido del molino y la luz de la
lámpara. 11 Todo este país será una ruina y
una devastación, y esas naciones servirán
al rey de Babilonia durante setenta años.
12 Pero cuando hayan pasado los setenta
años, yo castigaré por su iniquidad al rey
de Babilonia y a aquella nación —oráculo
del Señor— así como también al país de
los caldeos, y los convertiré en desolacio-
nes perpetuas. 13 Yo haré venir sobre ese
país todas las palabras que pronuncié contra él, todo lo que está escrito en este libro.

La copa de la ira del Señor

Jr 46 – 51; 10 21; 33 12-13

Esto es lo que profetizó Jeremías contra
todas las naciones. 14 Porque también a
ellas las someterán naciones poderosas y
grandes reyes, y yo les retribuiré según su
conducta y según la obra de sus manos.
15 Porque así me ha hablado el Señor, Dios
de Israel: «Toma de mi mano esta copa de vino del furor, y dásela de beber a todas las naciones a las que yo te envío; 16 ellas la beberán, se marearán y se enloquecerán, a causa
de la espada que envío en medio de ellas».
17 Yo tomé la copa de la mano del Señor y se
la hice beber a todas las naciones a las que
me había enviado el Señor: 18 a Jerusalén y a
las ciudades de Judá, a sus reyes y a sus príncipes, para convertirlos en una ruina, una devastación, un motivo de estupor y una mal-

Diez criterios del profetismo auténtico

A Jeremías le duele ver que su pueblo se extravía al creer en los falsos profetas y los denuncia abiertamente (Jr 23 9-40). ¿Cómo saber que un profeta, que dice hablar en nombre de Dios, es falso, como Jananías? (28 1-17). Dios mismo nos ilumina con su Palabra para que podamos discernir la autenticidad de sus profetas, y nos indica que «si lo que el profeta dice en nombre del Señor no se cumple y queda sin efecto, quiere decir que el Señor no ha dicho esa palabra. El profeta ha hablado temerariamente» (Dt 18 22).

A continuación se presentan diez criterios para discernir si un/a profeta es auténtico. Puedes profundizar en cada uno al revisar sus artículos correspondientes:

- Coherencia del mensaje con la alianza (ver Is 29 18-19).
- Fidelidad a Dios y a los hermanos (ver Dt 18 15-22).
- Invitación urgente a la conversión (ver Jr 14 13-16).
- Inserción en la comunidad de fe (ver Hch 6 1-7).
- Denuncia del pecado personal y social (ver Ez 14 6).
- Evangelización como culto a Dios (ver Rom 1 9).
- Afirmación de las verdades de la fe (ver 2 Tim 2 1-6).
- Solidaridad e identificación con los pecadores (ver Bar 2 11-26).
- Discernimiento de los signos de los tiempos (ver 2 Re 22 11-20).
- Esperanza como raíz y meta de la profecía (ver 2 Pe 3, p. 1612).

Jr 23 25-32

¿SABÍAS QUE...?

El mensaje de los cestos de higos

Lee Jeremías 24 1-10. Dios encarga a Jeremías que sostenga la esperanza de su pueblo en tiempos de gran tribulación entre la primera y la segunda deportación de los habitantes del reino de Judá a Babilonia (ver «Destrucción de Jerusalén y segunda deportación», 2 Re 24 – 25).

El mensaje de Jeremías fue muy duro y desconcertante para la gente de Judá. Con la metáfora de los cestos de higos, les anunció que la salvación no vendría de ellos, sino de personas fieles a Dios en el exilio. Mientras tanto, en Babilonia, el profeta Ezequiel comunicaba el mismo mensaje y fortalecía la fidelidad de quienes serían instrumento de salvación para su pueblo.

Cuando un grupo está encerrado en sí mismo es posible que la solución de sus problemas tenga que venir de fuera. Dios envía a personas ajenas al conflicto para dar una luz nueva y ayudar a encontrar la respuesta. ¡Ábrete siempre a la salvación de Dios, por donde quiera que te la mande! Entrégate a Dios para ser mediador de su amor para los demás.

Jr 24 1-10

dición, como sucede en el día de hoy; 19 al Faraón, rey de Egipto, a sus servidores, a sus
príncipes y a todo su pueblo; 20 a toda la mezcla de pueblos; a todos los reyes del país de
Us; a todos los reyes del país de los filisteos:
a Ascalón, Gaza, Ecrón y el resto de Asdod;
21 a Edom, Moab y los amonitas; 22 a todos los
reyes de Tiro, a todos los reyes de Sidón, a
los reyes de las costas lejanas que están más
allá del mar; 23 a Dedán, Temá y Buz; a todos
los «Sienes rapadas»; 24 a todos los reyes de
Arabia que habitan en el desierto; 25 a todos
los reyes de Zimrí, a todos los reyes de Elam,
a todos los reyes de Media; 26 a todos los reyes del Norte, *próximos y lejanos, uno después del* otro: o sea, a todos los reyes de la
tierra que están sobre la superficie del suelo.
Y el rey de Sesac beberá después de ellos.
27 Tú les dirás: Así habla el Señor de los
ejércitos, el Dios de Israel: ¡Beban hasta
embriagarse, vomiten y caigan para no levantarse más, delante de la espada que yo
envío en medio de ustedes! 28 Y si ellos se
niegan a tomar de tu mano la copa para
beber, tú les dirás: Así habla el Señor de los
ejércitos: ¡Tendrán que beber! 29 Porque si
yo inflijo un castigo, comenzando por la
ciudad que es llamada con mi Nombre, ustedes, ¿van a quedar impunes? No, no quedarán impunes, porque yo llamo a la espada contra todos los habitantes de la tierra
—oráculo del Señor de los ejércitos.
30 En cuanto a ti, profetiza contra ellos
todas estas palabras. Tú les dirás:

El Señor ruge desde lo alto,
desde su santa morada alza su voz;
ruge con furia contra su redil,
lanza un grito como los que pisan la uva
contra todos los habitantes de la tierra.
31 Llega el estruendo hasta el confín
de la tierra,
porque el Señor está en pleito
con las naciones,
entabla juicio a todo ser viviente,
y a los malvados los entrega a la espada
—oráculo del Señor—.
32 Así habla el Señor de los ejércitos:
Miren cómo pasa la desgracia
de nación en nación;
se desata una gran tempestad
desde los extremos de la tierra.

33 Habrá víctimas del Señor, en aquel
día, desde un extremo a otro de la tierra;
no serán lloradas ni recogidas ni enterra-
das: se convertirán en estiércol sobre la superficie del suelo.

34 ¡Giman, pastores, y griten,
revuélquense en el polvo,
encargados del rebaño!
Porque les ha llegado el día de la matanza
y caerán como carneros escogidos.
35 ¡No hay asilo para los pastores,
no escaparán los encargados del rebaño!
36 ¡Escuchen el clamor de los pastores,
el gemido de los encargados del rebaño,
porque el Señor devasta sus pastizales,
37 sus prósperas praderas son destruidas,
ante el ardor de la ira del Señor!
38 Un cachorro de león abandona su guarida:
sí, el país es una devastación,
a causa de la espada arrasadora,
a causa del ardor de su ira.

RELATOS BIOGRÁFICOS Y ANUNCIOS DE SALVACIÓN

Arresto de Jeremías por su discurso contra el Templo

Jr 7 1-15; Miq 3 12

26 1 Al comienzo del reinado de Joaquim,
hijo de Josías, rey de Judá, llegó esta

palabra a Jeremías, de parte del Señor: 2 Así
habla el Señor: Párate en el atrio de la Casa
del Señor y di a toda la gente de las ciudades de Judá que vienen a postrarse en la Casa del Señor todas las palabras que yo te
mandé decirles, sin omitir ni una sola. 3 Tal
vez escuchen y se conviertan de su mal camino; entonces yo me arrepentiré del mal
que pienso hacerles a causa de la maldad de
sus acciones. 4 Tú les dirás: Así habla el Señor: Si ustedes no me escuchan ni caminan
según la Ley que yo les propuse; 5 si no escuchan las palabras de mis servidores los
profetas, que yo les envío incansablemente
y a quienes ustedes no han escuchado, 6 entonces yo trataré a esta Casa como traté a Silo y haré de esta ciudad una maldición para
todas las naciones de la tierra.

7 Los sacerdotes, los profetas y todo el
pueblo oyeron a Jeremías mientras él pro-
nunciaba estas palabras en la Casa del Señor. 8 Y apenas Jeremías terminó de decir
todo lo que el Señor le había ordenado decir al pueblo, los sacerdotes y los profetas
se le echaron encima, diciendo: «¡Vas a
morir! 9 Porque has profetizado en nombre
del Señor, diciendo: Esta Casa será como
Silo, y esta ciudad será arrasada y quedará
deshabitada». Entonces todo el pueblo se
amontonó alrededor de Jeremías en la Casa del Señor.

10 Al enterarse de esto, los jefes de Judá subieron de la casa del rey a la Casa del Señor,
y se sentaron para el juicio a la entrada de la
puerta Nueva de la Casa del Señor. 11 Los
sacerdotes y los profetas dijeron a los jefes y
a todo el pueblo: «Este hombre es reo de
muerte, porque ha profetizado contra esta
ciudad, como ustedes lo han escuchado con
sus propios oídos». 12 Pero Jeremías dijo a
los jefes y a todo el pueblo: «El Señor es el
que me envió a profetizar contra esta Casa y
contra esta ciudad todas las palabras que ustedes han oído. 13 Y ahora, enmienden su
conducta y sus acciones, y escuchen la voz
del Señor, su Dios, y el Señor se arrepentirá
del mal con que los ha amenazado. 14 En
cuanto a mí, hagan conmigo lo que les parezca bueno y justo. 15 Pero sepan que si ustedes me hacen morir, arrojan sangre inocente sobre ustedes mismos, sobre esta
ciudad y sobre sus habitantes. Porque verdaderamente el Señor me ha enviado a ustedes para decirles todas estas palabras».

16 Los jefes y todo el pueblo dijeron a los
sacerdotes y a los profetas: «Este hombre
no es reo de muerte, porque nos ha hablado en nombre del Señor, nuestro Dios».
17 Entonces se levantaron algunos hombres
de entre los ancianos del país, y dijeron a
toda la asamblea del pueblo: 18 «Miqueas
de Moréset profetizó en los días de Ezequías, rey de Judá, y dijo a todo el pueblo
de Judá: Así habla el Señor de los ejércitos:

Sion será un campo arado,
Jerusalén, un montón de ruinas,
y la montaña del Templo,
una altura boscosa.

19 ¿Acaso Ezequías, rey de Judá, y todo
Judá lo hicieron morir? ¿No temió él al Señor y aplacó el rostro del Señor, de suerte
que el Señor se arrepintió del mal con que
los había amenazado? Nosotros, en cambio, estamos por hacernos un daño enorme a nosotros mismos».

20 Hubo además otro hombre que profetizaba en nombre del Señor: Urías, hijo de Semaías, de Quiriat Iearim. Él profetizó contra
esta ciudad y contra este país en los mismos
términos que Jeremías. 21 El rey Joaquim, todos sus guardias y los jefes oyeron sus palabras, y el rey intentó darle muerte. Al enterarse, Urías sintió temor y huyó a Egipto. 22 Pero
el rey Joaquim envió a Egipto a Elnatán
acompañado de algunos hombres. 23 Ellos sacaron a Urías de Egipto y lo llevaron ante el
rey Joaquim, que lo hizo matar con la espada y arrojó su cadáver a la fosa común.

24 Sin embargo, Ajicam, hijo de Safán, protegió a Jeremías e impidió que fuera entregado en manos del pueblo para ser ejecutado.

La acción simbólica del yugo

Jr 25 1-14; 14 5; 21 7.9; 32 24; 42 17

27 1 Al comienzo del reinado de Sedecías, hijo de Josías, rey de Judá, llegó
a Jeremías esta palabra, de parte del Señor:
2 Así me ha hablado el Señor: Fabrícate
unas ataduras y unas barras de yugo, y ajús-
talas a tu cuello. 3 Luego enviarás un mensaje al rey de Edom, al rey de Moab, al rey
de los amonitas, al rey de Tiro y al rey de Sidón, por medio de los mensajeros que vinieron a Jerusalén para ver a Sedecías, rey
de Judá. 4 Tú les ordenarás que comuni-
quen esto a sus señores: Así habla el Señor
de los ejércitos, el Dios de Israel: Digan a
sus señores: 5 Con mi gran fuerza y mi brazo poderoso, yo hice la tierra, al hombre y
los animales que están sobre la superficie
de la tierra, y los entrego a quien me parece bien. 6 Ahora, yo entregué todos estos
países en manos de Nabucodonosor, rey de
Babilonia, mi servidor; hasta los animales
del campo se los di para que lo sirvan. 7 Todas las naciones lo servirán, a él, a su hijo y
al hijo de su hijo, hasta que también a su
país le llegue la hora, y lo sometan a servidumbre numerosas naciones y grandes reyes. 8 En cuanto a la nación o al reino que
no lo sirva a él, a Nabucodonosor, rey de

Babilonia, y que no someta su cuello al yugo del rey de Babilonia, yo castigaré a esa
nación con la espada, el hambre y la peste
—oráculo del Señor— hasta hacerla desaparecer completamente por medio de él.
9 No escuchen entonces a sus profetas, a sus
adivinos, a sus oniromantes, a sus astrólogos y a sus hechiceros, que les dicen: «¡Ustedes no servirán al rey de Babilonia!».
10 Porque ellos les profetizan lo que es falso,
para alejarlos de su propio suelo, para que
yo los expulse y ustedes perezcan. 11 En
cambio, a la nación que someta su cuello al
yugo del rey de Babilonia y lo sirva, yo la
instalaré en su propio suelo —oráculo del
Señor— para que lo cultive y habite en él.
12 Yo hablé a Sedecías, rey de Judá, en estos mismos términos: Sometan su cuello al
yugo del rey de Babilonia, sírvanlo a él y a
su pueblo, y vivirán. 13 ¿Por qué morirán, tú
y tu pueblo, por la espada, el hambre y la
peste, según lo que dijo el Señor a toda nación que no sirva al rey de Babilonia? 14 No
escuchen las palabras de los profetas que
les dicen: «¡Ustedes no servirán al rey de
Babilonia!». Porque es falso lo que ellos les
profetizan. 15 No, yo no los envié —oráculo del Señor— y ellos profetizan falsamente en mi Nombre, para que yo los expulse
y ustedes perezcan junto con los profetas
que profetizan para ustedes.
16 A los sacerdotes y a todo el pueblo, les
hablé en estos términos: Así habla el Señor:
No escuchen las palabras de los profetas que
les profetizan diciendo: «Los objetos de la
Casa del Señor serán traídos ahora de Babilonia, y muy pronto». Porque es mentira lo
que ellos profetizan para ustedes. 17 No les
hagan caso: sirvan al rey de Babilonia, y vivirán. ¿Por qué esta ciudad tendrá que convertirse en una ruina? 18 Pero si ellos son realmente profetas, y si la palabra del Señor está
con ellos, que intervengan ante el Señor de
los ejércitos, para evitar que lleguen a Babilonia los objetos que aún quedan en la Casa del Señor, en la casa de Judá y en Jerusalén. 19 Porque así habla el Señor de los
ejércitos acerca de las columnas, del Mar de
bronce, de las bases y de los demás objetos
que aún quedan en esta ciudad, 20 esos que
no se llevó el rey de Babilonia cuando deportó de Jerusalén a Babilonia a Jeconías, hijo de Joaquim, rey de Judá, y a todos los notables de Judá *y de Jerusalén.* 21 *Sí, así habla*
el Señor de los ejércitos, Dios de Israel, acerca de los objetos que aún quedan en la Casa del Señor, en la casa del rey de Judá y en
Jerusalén: 22 Serán llevados a Babilonia, y allí
quedarán hasta el día en que me ocuparé de
ellos —oráculo del Señor—. Entonces, los
haré subir y los haré volver a este lugar.

Enfrentamiento de Jeremías con Ananías

Jr 14 13-16; 23 9-40; 24 1-10

28 1 Aquel mismo año, al comienzo del
reinado de Sedecías, rey de Judá, el
cuarto año, en el quinto mes, Ananías, hijo
de Azur, que era un profeta de Gabaón, me
habló así en la Casa del Señor, en presencia
de los sacerdotes y de todo el pueblo: 2 «Así
habla el Señor de los ejércitos, el Dios de Israel: ¡Yo he quebrado el yugo del rey de Babilonia! 3 Dentro de dos años, devolveré a
este lugar los objetos de la Casa del Señor
que Nabucodonosor, rey de Babilonia, sacó
de este lugar y se llevó a Babilonia. 4 Y también a Jeconías, hijo de Joaquim, rey de Judá, y a todos los deportados de Judá que
fueron a Babilonia, los haré volver a este lugar —oráculo del Señor— cuando yo quiebre el yugo del rey de Babilonia».
5 Entonces el profeta Jeremías se dirigió al
profeta Ananías, en presencia de los sacerdotes y de todo el pueblo, que estaban de pie
en la Casa del Señor, 6 y el profeta Jeremías
dijo: «¡Amén! ¡Que así lo haga el Señor!
Que el Señor cumpla tus palabras, las que tú
has profetizado, haciendo volver los objetos
de la Casa del Señor y a todos los deporta-

Dios anima a aceptar un mal menor

Jeremías anticipa el dominio de Babilonia y, en nombre de Dios, comunica al rey Sedecías que conviene someterse, pero el rey no hace caso. Para enfatizar su mensaje, Jeremías se pone un yugo al cuello como signo de que es mejor estar bajo el yugo de Babilonia que caer bajo la manipulación del Faraón de Egipto.

Sedecías se alió con Egipto. Nabucodonosor, rey de Babilonia, saqueó Jerusalén y el Templo, y deportó a un grupo de israelitas. El gobernador fue asesinado y la gente huyó a Egipto llevándose a Jeremías (ver «Destrucción de Judá y segunda deportación», 2 Re 24 – 25).

Habrá veces en que tendrás que escoger entre dos soluciones dolorosas. Pide a Dios que te ayude a discernir dónde está el mal menor, a aceptarlo y a encontrar la forma de seguir viviendo tu fe.

Jr 27 – 29

dos, de Babilonia a este lugar. 7 Sin embargo,
escucha bien esta palabra que yo digo a tus
oídos, y a los oídos de todo el pueblo: 8 Los
profetas que nos han precedido desde siempre, a mí y a ti, profetizaron la guerra, el
hambre y la peste a numerosos países y contra grandes reinos. 9 Pero si un profeta profetiza la paz, solo cuando se cumple la palabra
de ese profeta, él es reconocido como profeta verdaderamente enviado por el Señor».
10 El profeta Ananías tomó la barra que estaba sobre el cuello de Jeremías y la quebró.
11 Luego dijo, en presencia de todo el pueblo:
«Así habla el Señor: De esta misma manera,
dentro de dos años, yo quebraré el yugo de
Nabucodonosor, rey de Babilonia, que está
encima del cuello de todas las naciones». Y
el profeta Jeremías se fue por su camino.
12 Después que el profeta Ananías quebró
la barra que estaba sobre el cuello del profeta Jeremías, la palabra del Señor llegó a Jeremías, en estos términos: 13 «Ve a decirle a Ananías: Así habla el Señor: Tú has quebrado
barras de madera, pero yo pondré en lugar de
ellas barras de hierro. 14 Porque así habla el
Señor de los ejércitos, el Dios de Israel: Yo he
puesto un yugo de hierro sobre todas estas
naciones, para que sirvan a Nabucodonosor,
rey de Babilonia, y ellas lo servirán; hasta los
animales del campo se los he dado».
15 El profeta Jeremías dijo al profeta Ananías: «¡Escucha bien, Ananías! El Señor no
te ha enviado, y tú has infundido confianza
a este pueblo valiéndote de una mentira.
16 Por eso, así habla el Señor: Yo te enviaré
lejos de la superficie del suelo: este año morirás, porque has predicado la rebelión contra el Señor». 17 El profeta Ananías murió ese
mismo año, en el séptimo mes.

Carta a los exiliados

2 Re 24 12-16; Jr 25 11; Is 55 6-9; Sab 6 12-13

29 1 Estos son los términos de la carta que
el profeta Jeremías envió desde Jerusalén al resto de los ancianos que estaban en el
exilio, a los sacerdotes, a los profetas y a todo el pueblo que Nabucodonosor había deportado de *Jerusalén a Babilonia*, 2 después
que partieron de Jerusalén el rey Jeconías, la
reina madre, los eunucos, los príncipes de
Judá y de Jerusalén, los herreros y los cerrajeros. 3 La carta fue llevada por Eleasá, hijo de
Safán, y por Guemarías, hijo de Jilquías, a
quienes Sedecías, rey de Judá, había enviado
a Babilonia, para entrevistarse con Nabucodonosor, rey de Babilonia. Esa carta decía:
4 Así habla el Señor de los ejércitos, el
Dios de Israel, a todos los desterrados que
yo hice deportar de Jerusalén a Babilonia:
5 Construyan casas y habítenlas; planten
huertas y coman sus frutos; 6 cásense y tengan hijos e hijas; casen a sus hijos y den a
sus hijas como esposas, para que tengan hijos e hijas: multiplíquense allí y no dismi-
nuyan. 7 Busquen la prosperidad del país
adonde yo los he deportado, y rueguen al
Señor en favor de él, porque de su prosperidad depende la prosperidad de ustedes.
8 Porque así habla el Señor de los ejércitos,
el Dios de Israel: No se dejen engañar por
los profetas que están en medio de ustedes,
ni por sus adivinos; no escuchen los sueños
que ellos sueñan, 9 porque ellos les profetizan falsamente en mi Nombre, sin que yo
los haya enviado —oráculo del Señor.
10 Porque así habla el Señor: Una vez que
se hayan cumplido setenta años para Babilonia, yo los visitaré y realizaré en favor de ustedes mi promesa, haciéndolos volver a este
lugar. 11 Porque yo conozco muy bien los planes que tengo proyectados sobre ustedes
—oráculo del Señor—: son planes de prosperidad y no de desgracia, para asegurarles un
porvenir y una esperanza. 12 Entonces, cuando ustedes me invoquen y vengan a suplicar-
me, yo los escucharé; 13 cuando me busquen,
me encontrarán, porque me buscarán de todo corazón, 14 y yo me dejaré encontrar por
ustedes —oráculo del Señor—. Yo cambiaré
la suerte de ustedes y los reuniré de todas las
naciones y de todos los lugares adonde los
expulsé —oráculo del Señor— y los haré volver al lugar de donde los había deportado.
16 Porque así habla el Señor al rey que
sienta en el trono de David y a todo el pueblo que habita en esta ciudad, a sus hermanos que no partieron con ustedes al exilio;
17 así habla el Señor de los ejércitos: Yo enviaré contra ellos la espada, el hambre y la
peste; los haré semejantes a higos en mal estado, que de tan malos no se pueden comer;
18 los perseguiré con la espada, el hambre y
la peste, y haré de ellos un objeto de terror
para todos los reinos de la tierra, una imprecación y un objeto de horror, de estupor
y de escarnio en todas las naciones adonde
los expulsaré, 19 porque no han escuchado
mis palabras —oráculo del Señor—, siendo
así que yo les envié incansablemente a mis
servidores los profetas. Pero ustedes no me
han escuchado —oráculo del Señor.
20 En cuanto a ustedes, todos los deportados que yo envié de Jerusalén a Babilonia,
escuchen la palabra del Señor. 15 Porque ustedes dicen: «El Señor nos ha suscitado
profetas en Babilonia», 21 así habla el Señor
de los ejércitos, el Dios de Israel, acerca de
Ajab, hijo de Colaías, y de Sedecías, hijo
de Maasías, que profetizan para ustedes la
mentira en mi Nombre: Yo los entrego en
manos de Nabucodonosor, rey de Babilonia, que los herirá a la vista de ustedes. 22 Y

ellos darán origen a una maldición que re-
petirán todos los deportados de Judá en
Babilonia: «¡Que el Señor te trate como a
Sedecías y como a Ajab, a quienes el rey de
Babilonia hizo asar en el fuego!», 23 porque
han cometido una locura en Israel, adulte-
rando con la mujer del prójimo y pronunciando en mi Nombre palabras que yo no
les había mandado. ¡Yo lo sé y soy testigo!
—oráculo del Señor.

Respuesta a la protesta de Semaías

Jr 21 1; 20 2; 29 9; 14 4; 28 16

24 En cuanto a Semaías, de Nejelam, tú le
dirás: 25 Así habla el Señor de los ejércitos, el
Dios de Israel: Tú has enviado en tu nombre
cartas a todo el pueblo que está en Jerusalén, al sacerdote Sofonías, hijo de Maasías, y
a todos los sacerdotes, en estos términos:
26 «El Señor te ha constituido sacerdote en
lugar del sacerdote Iehoiadá, para que vigi-
les en la Casa del Señor a cualquier exaltado
que quiera pasar por profeta, y lo metas en
el cepo y en el calabozo. 27 ¿Por qué entonces no has reprendido a Jeremías de Anatot
que profetiza para ustedes? 28 Porque él nos
mandó decir a Babilonia: "Esto va para largo. Construyan casas, y habítenlas; planten
huertas y coman sus frutos..."».

29 El sacerdote Sofonías leyó esta carta en
presencia del profeta Jeremías, 30 y la palabra
del Señor llegó a Jeremías en estos términos:
31 Envía este mensaje a todos los deportados:
«Así habla el Señor acerca de Semaías, de Nejelam: Porque Semaías les ha profetizado sin
que yo lo haya enviado, y les ha infundido
confianza por medio de una mentira, 32 por
eso, así habla el Señor: Yo voy a castigar a Semaías, de Nejelam, y a su descendencia: ninguno de los suyos habitará en medio de este
pueblo ni verá el bien que yo haré a mi pueblo —oráculo del Señor— porque él ha profetizado la rebelión contra el Señor.

PROMESAS DE RESTAURACIÓN: LA NUEVA ALIANZA

Introducción

Jr 36 2; 51 60; 29 14; 32 37; Zac 10 10

30 1 Palabra que llegó a Jeremías de parte del Señor, en estos términos: 2 Así
habla el Señor, el Dios de Israel: Escribe en
un libro todas las palabras que yo te he dirigido, 3 porque llegarán los días *—oráculo
del Señor—* en que cambiaré la suerte de
mi pueblo Israel y Judá —dice el Señor— y
los haré volver al país que he dado a sus
padres, y ellos lo poseerán.

4 Estas son las palabras que el Señor dirigió a Israel y a Judá:

5 Así habla el Señor:
Hemos oído un grito de terror,
¡es el pánico y no la paz!
6 Averigüen y vean
si puede un varón dar a luz.
¿Por qué, entonces, veo a todos los hombres
con las manos en las caderas
como una parturienta?
¿Por qué todos los rostros
se han puesto lívidos?
7 ¡Ay! Porque es grande aquel Día,
y no hay otro igual.
Es un tiempo de angustia para Jacob,
pero él se salvará de la angustia.

8 Aquel día —oráculo del Señor de los
ejércitos— yo quebraré el yugo de su cuello
y romperé sus ataduras. Ya no servirán a extranjeros, 9 sino que servirán al Señor, su
Dios, y a David, su rey, que yo les suscitaré.

10 ¡Y tú no temas, servidor mío Jacob,
—oráculo del Señor—,
no te espantes, Israel!
Porque yo te salvaré de un país lejano,
y a tu descendencia,
del país de su cautiverio.
Jacob volverá y vivirá en calma,
tranquilo y sin que nadie lo perturbe.
11 Porque yo estoy contigo
—oráculo del Señor— para salvarte.
Sí, yo aniquilaré a todas las naciones
entre las cuales te había dispersado,
pero a ti no te aniquilaré:
te corregiré con equidad,
pero no te dejaré impune.
12 Porque así habla el Señor:
¡Tu herida es incurable,
irremediable tu llaga!
13 Nadie defiende tu causa,
no hay remedio para tu herida,
tú ya no tienes cura.
14 Todos tus amantes te han olvidado,
no se interesan por ti.
Porque yo te he golpeado
como golpea un enemigo,
con un castigo cruel,
a causa de tu gran iniquidad,
porque tus pecados eran graves.
15 ¿Por qué gritas a causa de tu herida,
de tu dolor incurable?
A causa de tu gran iniquidad,
porque tus pecados eran graves,
yo te hice todo esto.
16 Pero los que te devoran serán devorados
y todos tus adversarios irán al cautiverio;
los que te despojan serán despojados
y a los que te saquean,
los entregaré al saqueo.
17 Sí, yo cicatrizaré tu llaga
y te sanaré de todas tus heridas
—oráculo del Señor—
porque te llaman «La Expulsada,
esa Sion de la que nadie se preocupa».

VIVE LA PALABRA

El carácter de Dios

Jeremías habla de la promesa de la restauración y da una perspectiva de gozo y esperanza; anuncia el regreso del destierro como un segundo éxodo hacia la Tierra prometida. Lee Jeremías 30 – 33 para identificar muchos de los aspectos del carácter de Dios. A continuación hay dos ejemplos; completa tú las otras características de Dios, según Jeremías:

30 5: Dios escucha el terror de su pueblo
30 10: Dios quita el miedo
30 11:
30 17:
30 21:
30 22:
31 3:
31 7:
etcétera.

Jr 30 – 33

Restauración de Sion y de sus instituciones

Is 54 1-3; Ex 19 12; 33 20; Jr 31 31; Ez 11 20

18 Así habla el Señor:
Sí, yo cambiaré la suerte
de las tiendas de Jacob
y tendré compasión de sus moradas;
la ciudad será reconstruida
sobre sus escombros
y el palacio se levantará en su debido lugar.
19 De allí saldrán cantos de alabanza
y risas estridentes.
Los multiplicaré y no disminuirán,
los glorificaré y no serán menoscabados.
20 Sus hijos serán
como en los tiempos antiguos,
su comunidad será estable ante mí
y yo castigaré a todos sus opresores.
21 Su jefe será uno de ellos
y de en medio de ellos saldrá su soberano.
Yo lo haré acercarse, y él avanzará hacia mí,
porque si no, ¿quién se atrevería
a avanzar hacia mí? —oráculo del Señor—.
22 *Ustedes serán mi* Pueblo y yo seré su Dios.

El Juicio del Señor

Jr 23 19-20

23 ¡Miren el huracán del Señor,
ha estallado el furor,
arrecia la tempestad,
gira sobre la cabeza de los malvados!
24 El ardor de la ira del Señor
no se volverá atrás
hasta haber ejecutado y cumplido
los designios de su corazón.
Al término de estos días,
ustedes lo entenderán.

El retorno de los deportados

Os 2 16-17; 11 1-9; Is 65 21-22; Am 9 14; Sal 126 5-6

31 1 En aquel tiempo —oráculo del Señor— yo seré el Dios de todas las familias de Israel y ellos serán mi Pueblo.

2 Así habla el Señor:
Halló gracia en el desierto
el pueblo que escapó de la espada;
Israel camina hacia su descanso.
3 De lejos se le apareció el Señor:
Yo te amé con un amor eterno,
por eso te atraje con fidelidad.
4 De nuevo te edificaré y serás reedificada,
virgen de Israel;
de nuevo te adornarás con tus tamboriles
y saldrás danzando alegremente;
5 de nuevo plantarás viñas
sobre los montes de Samaría:
los que las planten
tendrán los primeros frutos.
6 Porque llega el día en que los vigías gritarán
sobre la montaña de Efraím:
«¡De pie, subamos a Sion,
hacia el Señor, nuestro Dios!».
7 Porque así habla el Señor:
¡Griten jubilosos por Jacob,
aclamen a la primera de las naciones!
Háganse oír, alaben y digan:
«¡El Señor ha salvado a su pueblo,
al resto de Israel!».
8 Yo los hago venir del país del Norte
y los reúno desde los extremos de la tierra;
hay entre ellos ciegos y lisiados,
mujeres embarazadas y parturientas:
¡es una gran asamblea la que vuelve aquí!
9 Habían partido llorando,
pero yo los traigo llenos de consuelo;

los conduciré a los torrentes de agua
por un camino llano,
donde ellos no tropezarán.
Porque yo soy un padre para Israel
y Efraím es mi primogénito.
10 ¡Escuchen, naciones, la palabra del Señor,
anúncienla en las costas más lejanas!
Digan: «El que dispersó a Israel
lo reunirá,
y lo cuidará como un pastor a su rebaño».
11 Porque el Señor ha rescatado a Jacob,
lo redimió de una mano más fuerte que él.
12 Llegarán gritando de alegría
a la altura de Sion,
afluirán hacia los bienes del Señor,
hacia el trigo, el vino nuevo y el aceite,
hacia las crías de ovejas y de vacas.
Sus almas serán como un jardín
bien regado
y no volverán a desfallecer.
13 Entonces la joven danzará alegremente,
los jóvenes y los viejos se regocijarán;
yo cambiaré su duelo en alegría,
los alegraré y los consolaré de su aflicción.
14 Colmaré a los sacerdotes
con la grasa de las víctimas,
y mi pueblo se saciará de mis bienes
—oráculo del Señor.

El llanto y la compasión

Mt 2 18-19; 1 Sm 10 2; Is 49 14-16; Os 11 8-9

15 Así habla el Señor:
¡Escuchen! En Ramá se oyen lamentos,
llantos de amargura:
es Raquel que llora a sus hijos;
ella no quiere ser consolada,
porque ya no existen.
16 Así habla el Señor:
Reprime tus sollozos,
ahoga tus lágrimas,
porque tu obra recibirá su recompensa
—oráculo del Señor—
y ellos volverán del país enemigo.
17 Sí, hay esperanza para tu futuro
—oráculo del Señor—:
los hijos regresarán a su patria.
18 Oigo muy bien a Efraím
que se estremece de pesar:
«Me has corregido, y yo acepté la corrección
como un ternero no domado.
Conviérteme y yo me convertiré,
porque tú, Señor, eres mi Dios.
19 Sí, después de apartarme, me arrepentí,
y al darme *cuenta, me he golpeado el pecho.*
Estoy avergonzado y confundido,
porque cargo con el oprobio
de mi juventud».
20 ¿Es para mí Efraím un hijo querido
o un niño mimado,
para que cada vez que hablo de él,
todavía lo recuerde vivamente?
Por eso mis entrañas se estremecen por él,
no puedo menos que compadecerme de él
—oráculo del Señor.

Exhortación a retomar el buen camino

Is 40 3; Jr 3 12; Os 2 18-19

21 Levanta para ti mojones,
colócate señales,
fíjate bien en el sendero,
en el camino que has recorrido.
¡Vuelve, virgen de Israel,
vuelve a estas tus ciudades!
22 ¿Hasta cuándo irás de aquí para allá,
hija apóstata?
Porque el Señor crea algo nuevo en el país:
la mujer rodea al varón.

La restauración de Judá

Zac 2 8; Is 49 19-20; Jr 1 10; Dt 5 3; Ez 18 2

23 Así habla el Señor de los ejércitos, el
Dios de Israel: De nuevo se dirá esta pala-

Las lágrimas de Raquel

Raquel fue la «madre del pueblo de Israel», la esposa amada de Jacob, cuyos hijos encabezaron las doce tribus de Israel (Gn 29 28-30). Raquel llora por la muerte y cautiverio de sus hijos «los israelitas», por lo que se ha convertido en símbolo del trauma e implacable dolor por la violencia y la muerte de los niños. El evangelio de Mateo la menciona en la masacre de los niños inocentes en Belén (Mt 2 16-18).

El momento del parto va acompañado de dolor y desemboca en la alegría del nacimiento y nueva vida. El dolor del exilio va a desembocar en la nueva vida del retorno a Jerusalén; la alegría que seguirá será mucho más ruidosa que el dolor del exilio. Todo lo que Dios nos envía está destinado a acabar en una alegría sin límites, lo que nunca pasa con el aborto.

En Estados Unidos, el «Proyecto Raquel» da atención pastoral a mujeres que han tenido un aborto. Si Jeremías da esperanza al anunciar que Dios reunirá a sus hijos dispersos en Babilonia, el «Proyecto Raquel» centra la esperanza en la misericordia de Dios hacia las madres cuyos hijos no volverán nunca, ayudándolas a sanar sicológica, moral y espiritualmente del trauma del aborto.

¿Conoces a alguna madre que ha sufrido un aborto? ¿Cómo puedes llevarle un poco del consuelo de Dios y hacerla sentir su amor?

Jr 31 15-17

bra en el país de Judá y en sus ciudades,
cuando yo haya cambiado su suerte: ¡Que
el Señor te bendiga, morada de justicia,
Montaña santa!
24 Allí se establecerán Judá y todas sus
ciudades, los agricultores y los que se desplazan con los rebaños. 25 Porque yo abre-
varé a los que están agotados y colmaré a
los que están exhaustos.
26 De pronto me desperté y abrí los ojos,
y mi sueño había sido agradable.
27 Llegarán los días —oráculo del Señor— en que yo sembraré la casa de Israel
y la casa de Judá con semilla de hombres y
semilla de animales. 28 Y así como yo he velado sobre ellos para arrancar y derribar,
para demoler, perder y hacer el mal, así
también velaré sobre ellos para edificar y
para plantar —oráculo del Señor.

29 En aquellos días, no se dirá más:
Los padres comieron uva verde
y los hijos sufren la dentera.
30 No, cada uno morirá
por su propia iniquidad:
todo el que coma uva verde
sufrirá la dentera.

La Nueva Alianza

Heb 8 8-12; Ex 19; Jr 2 1-9; 11 1-17; 24 6-7; Ez 36 25-28

31 Llegarán los días —oráculo del Señor—
en que estableceré una Nueva Alianza con la
casa de Israel y la casa de Judá. 32 No será como la Alianza que establecí con sus padres el
día en que los tomé de la mano para hacerlos salir del país de Egipto, mi Alianza que
ellos rompieron, aunque yo era su dueño
—oráculo del Señor—. 33 Esta es la Alianza
que estableceré con la casa de Israel, después
de aquellos días —oráculo del Señor—:
pondré mi Ley dentro de ellos, y la escribiré
en sus corazones; yo seré su Dios y ellos serán mi Pueblo. 34 Y ya no tendrán que enseñarse mutuamente, diciéndose el uno al
otro: «Conozcan al Señor». Porque todos me
conocerán, del más pequeño al más grande
—oráculo del Señor—. Porque yo habré perdonado su iniquidad y no me acordaré más
de su pecado.

La inquebrantable fidelidad del Señor a Israel

Is 51 15; Jr 33 20-21; Sal 89 34-38

35 Así habla el Señor,
el que puso el sol para alumbrar el día,
la luna y las estrellas para iluminar la noche,
el que agita el mar y rugen sus olas;
su nombre es Señor de los ejércitos:
36 Si este ordenamiento dejara de regir
delante de mí —oráculo del Señor—
entonces, también la descendencia
de Israel
dejaría de ser para siempre
una nación delante de mí.
37 Así habla el Señor:
Si se pudieran medir los cielos en lo alto
y explorar aquí abajo los cimientos
de la tierra,
también yo rechazaría
a la descendencia de Israel
a causa de todo lo que hicieron
—oráculo del Señor.

La nueva Jerusalén

Ez 41 13; Zac 2 5; 14 11; Ap 22 3

38 Llegarán los días —oráculo del Señor— en que la ciudad será reconstruida
para el Señor, desde la torre de Jananel hasta la puerta del Ángulo. 39 La cuerda de medir se extenderá en línea recta hasta la colina de Gareb, y luego girará hacia Goa.
40 Todo el valle de los cadáveres y de la ceniza de los sacrificios, y todos los campos
hasta el torrente Cedrón, hasta el ángulo
de la puerta de los Caballos, al oriente, estarán consagrados al Señor: ¡nunca más se
arrancará, nunca más se demolerá!

PERSPECTIVA CATÓLICA

Contrición

Jeremías llama a su pueblo a arrepentirse de su pecado y regresar a Dios. Los católicos llamamos «contrición» a esta acción que nace del amor, pues solo este genera dolor por haber ofendido y el deseo sincero de no volver a hacerlo. Piensa en la persona a quien más quieres; ¿qué sientes cuando le haces daño sin darte cuenta..., y cuando la hieres consciente e intencionalmente? ¡Es horrible!, ¿no?

En el sacramento de la Reconciliación hacemos un acto de contrición para expresar el dolor por nuestras ofensas y el deseo de no pecar más. En la Misa, al pedir perdón en el «Yo confieso», imploramos la intercesión de María, los ángeles, los santos y nuestra comunidad.

Jeremías hace una breve oración de contrición: «conviérteme y me convertiré porque tú, Señor, eres mi Dios» (Jr 31 18). Escribe tu propia oración para usarla cuando quieras reconciliarte con Dios, quien espera tu regreso lleno de ternura y alegría.

Jr 31 18-20

La restauración futura

Lv 25 25; Jr 16 4; 22 1-9; Ex 34 6-7; Jr 7 30-31

32 1 Palabra que llegó a Jeremías de parte del Señor, el décimo año de Sedecías, rey de Judá, que era el año decimoctavo de Nabucodonosor. 2 En ese entonces, el ejército del rey de Babilonia estaba asediando a Jerusalén, y el profeta Jeremías estaba preso en el patio de la guardia, en la casa del rey de Judá. 3 Allí lo había puesto preso Sedecías, porque profetizaba en estos términos: «Así habla el Señor: Miren que yo voy a entregar esta ciudad en manos del rey de Babilonia, y él la tomará; 4 Sedecías no escapará de las manos de los caldeos, sino que caerá en manos del rey de Babilonia: él le hablará cara a cara y lo verá con sus propios ojos; 5 Sedecías será llevado a Babilonia, y allí permanecerá hasta que yo me ocupe de él —oráculo del Señor—. Si ustedes combaten contra los caldeos, no conseguirán nada».

6 Jeremías dijo: «La palabra del Señor me llegó en estos términos: 7 Janamel, hijo de tu tío Salum, viene hacia ti para decirte: Compra mi campo que está en Anatot, porque a ti te corresponde adquirirlo, en virtud del derecho de rescate». 8 Janamel, el hijo de mi tío, vino a verme en el patio de la guardia, según la palabra del Señor, y me dijo: «Cómprame mi campo que está en Anatot, en el país de Benjamín, porque tú tienes el derecho de adquisición y de rescate: cómpramelo». Yo comprendí que esa era la palabra del Señor; 9 compré a Janamel, el hijo de mi tío, el campo que está en Anatot, y le pesé la plata: diecisiete siclos de plata. 10 Hice la escritura, la sellé, la certifiqué con testigos y pesé la plata en una balanza. 11 Luego tomé la escritura de la compra —la que había sido sellada, con las cláusulas y las estipulaciones, y la que había quedado abierta— 12 y la entregué a Baruc, hijo de Nerías, hijo de Maasías, en presencia de Janamel, el hijo de mi tío, en presencia de los testigos que habían firmado la escritura de la compra, y en presencia de todos los judíos que estaban en el patio de la guardia.

13 Luego, a la vista de ellos, di esta orden a Baruc: 14 «Así habla el Señor de los ejércitos, el Dios de Israel: Toma estas escrituras —la que está sellada y la que está abierta— y mételas en una vasija de arcilla, para que se conserven por mucho tiempo. 15 Porque así habla el Señor de los ejércitos, el Dios de Israel: De nuevo se comprarán casas, campos y viñas en este país».

16 Después de entregar la escritura de la compra a Baruc, hijo de Nerías, yo dirigí al Señor esta súplica: 17 «¡Ah, Señor! Tú has hecho el cielo y la tierra con tu gran fuerza y tu brazo poderoso: para ti no hay nada imposible. 18 Tú das prueba de fidelidad a millares, y retribuyes la iniquidad de los padres en el pecho de sus hijos después de ellos. ¡Dios grande y fuerte, cuyo nombre es Señor de los ejércitos, 19 grande en consejo y poderoso en obras, que tienes los ojos abiertos sobre los caminos de los hombres, para dar a cada uno según su conducta y según el fruto de sus acciones! 20 Tú has hecho signos y prodigios en el país de Egipto, y también en Israel y entre los hombres hasta el día de hoy, y así te has ganado un renombre, como se ve en el día de hoy. 21 Tú has hecho salir a tu pueblo Israel del país de Egipto, con signos y prodigios, con mano fuerte y brazo poderoso, provocando un gran terror. 22 Tú les has dado esta tierra, como se lo habías jurado a sus padres, una tierra que mana leche y miel. 23 Pero cuando entraron y tomaron posesión

---

PERSPECTIVA CATÓLICA

Una alianza diferente

Este pasaje es una de las joyas del Antiguo Testamento. Fue escrito para dar esperanza a Jerusalén cuando fue destruida por Babilonia.

La alianza del Sinaí fue renovada varias veces con Josué, David, Josías y Nehemías. Ahora Jeremías anuncia una «Nueva Alianza» con la Ley grabada en el corazón, sellada por el perdón de Dios y fortalecida para proyectar el amor de Dios a través del nuestro (Jr 31 33-34). La primera Alianza, en el Sinaí, fue escrita en dos tablas de piedra. En la Nueva Alianza Dios transformará los corazones de piedra en corazones de carne, capaces de compadecerse de los pobres y de sentir como Dios siente.

Jesús cumplió esta profecía con su muerte y resurrección, y celebró la Nueva Alianza anticipadamente en la Última Cena con sus discípulos. Los católicos la revivimos una y otra vez en la Eucaristía, unidos a sus discípulos de toda época y lugar (ver «Cumplimiento de la Nueva Alianza», Mt 26 26-29).

Cuando comulgues recuerda esta *alianza de Dios contigo* y con los otros miembros de la Iglesia, y piensa: ¿es el amor de Dios el que dirige nuestros sentimientos, actitudes y acciones?

Jr 31 31-34

de ella, no escucharon tu voz ni caminaron según tu Ley: no hicieron nada de lo que tú les habías mandado, y tú les enviaste toda esta desgracia. 24 Ahora, los terraplenes llegan hasta la ciudad para expugnarla, y la ciudad va a ser entregada, por la espada, el hambre y la peste, en manos de los caldeos que combaten contra ella. Así se ha cumplido lo que tú habías dicho, y tú lo estás viendo. 25 Sin embargo, eres tú el que me ha dicho: "Compra el campo a precio de plata y toma unos testigos", mientras la ciudad es entregada en manos de los caldeos».

26 La palabra del Señor llegó a Jeremías en estos términos: 27 Yo, el Señor, soy el Dios de todo ser viviente: ¿hay algo imposible para mí? 28 Por eso, así habla el Señor: Yo voy a entregar esta ciudad en manos de los caldeos y en manos de Nabucodonosor, rey de Babilonia, y él la tomará. 29 Los caldeos que combaten contra esta ciudad entrarán en ella, le prenderán fuego y la quemarán, con las casas sobre cuyos techos se quemaba incienso a Baal y se derramaban libaciones a otros dioses, a fin de agraviarme. 30 Porque los hijos de Israel y los hijos de Judá han hecho desde su juventud lo que es malo a mis ojos; porque los hijos de Israel no han hecho más que agraviarme con la obra de sus manos —oráculo del Señor—. 31 Sí, esta ciudad ha sido para mí un motivo de ira y de furor, desde el día en que fue edificada hasta el día de hoy, y yo la apartaré lejos de mi rostro, 32 a causa de todo el mal que los hijos de Israel y los hijos de Judá han cometido para agraviarme: ellos, sus reyes, sus príncipes, sus sacerdotes y sus profetas, los hombres de Judá y los habitantes de Jerusalén. 33 Ellos me han vuelto la espalda, no el rostro; y aunque traté de enseñarles incansablemente, no han escuchado ni aprendido la lección. 34 Han puesto sus ídolos inmundos en la Casa que es llamada con mi Nombre, para volverla impura. 35 Han edificado los lugares altos de Baal que están en el valle de Ben Hinnom, para hacer pasar por el fuego en honor de Moloc a sus hijos y a sus hijas, cosas que yo no *les había mandado* ni se me había pasado por la mente: ¡cometer esta abominación para hacer pecar a Judá!

36 Y ahora, así habla el Señor, el Dios de Israel, a esta ciudad de la que ustedes dicen: «Va a caer en manos del rey de Babilonia, por la espada, el hambre y la peste». 37 Yo los reuniré de todos los países adonde los había expulsado a causa de mi ira, de mi furor y de mi gran irritación; los haré volver a este lugar y haré que vivan seguros. 38 Ellos serán mi Pueblo y yo seré su Dios. 39 Les daré un corazón íntegro y una conducta íntegra, a fin de que me teman constantemente, para su propia felicidad y la de sus hijos después de ellos. 40 Estableceré con ellos una alianza eterna, por la cual nunca dejaré de seguirlos para hacerles el bien, y pondré mi temor en sus corazones, para que nunca se aparten de mí. 41 Mi alegría será colmarlos de bienes, y los plantaré sólidamente en este país, con todo mi corazón y con toda mi alma. 42 Porque así habla el Señor: Así como atraje sobre este país toda esta gran desgracia, así también atraeré sobre ellos todo el bien que les prometo. 43 Entonces se comprarán campos en este país del que ustedes dicen: «Es un país desolado, sin hombres ni animales, que va a caer en manos de los caldeos». 44 Se comprarán campos a precio de plata, se firmarán escrituras, se las sellará, se pondrán testigos en el país de Benjamín, en los alrededores de Jerusalén, en todas las ciudades de Judá, en las ciudades de la Montaña, en las ciudades de la Sefelá y en las ciudades del Négueb. Porque yo cambiaré su suerte —oráculo del Señor.

PONDRÉ MI TEMOR EN SUS CORAZONES, PARA QUE NUNCA SE APARTEN DE MÍ. Jr 32 40

Nuevas promesas de restauración

Jr 31 31; Sal 106 1; 1 Cr 16 34

33 1 La palabra del Señor llegó a Jeremías por segunda vez, mientras todavía estaba detenido en el patio de la guardia, en estos términos: 2 Así habla el Señor que hizo la tierra y la formó para que subsistiera —¡su nombre es el Señor!—: 3 Invócame y yo te responderé, y te anunciaré cosas grandes y ocultas, que tú no conocías. 4 Porque así habla el Señor, el Dios de Israel, acerca de las casas de esta ciudad y de las casas de los reyes de Judá, derribadas para levantar terraplenes y empalizadas, 5 a fin de combatir a los caldeos y llenar la ciudad con los cadáveres de los hombres que yo herí en mi ira y en mi furor, porque oculté mi rostro a esta ciudad a causa de todas sus maldades: 6 Yo voy a cicatrizar su llaga y la voy a sanar; los sanaré y les descubriré tesoros de paz y seguridad. 7 Cambiaré la suerte de Judá y la suerte de Israel, y los reconstruiré como al principio. 8 Los purificaré de toda la iniquidad con que pecaron contra mí, les perdonaré todas las iniquidades con que pecaron y se rebelaron contra mí. 9 Jerusalén será para mí un nombre gozoso, un honor y una gloria, entre todas las naciones de la tierra, que oirán todo el bien que yo les hago: ellas temerán y temblarán por todo el bienestar y toda la paz que les concedo.

10 Así habla el Señor: En este lugar del que ustedes dicen: «Está desierto, sin hombres ni animales», en las ciudades de Judá y en las calles de Jerusalén, que están devastadas, sin hombres ni habitantes ni animales, se oirá de nuevo 11 el grito de alegría y el grito de júbilo, el canto del esposo y el canto de la esposa, y el canto de los que dicen, mientras presentan el sacrificio de alabanza en la Casa del Señor:

«Den gracias al Señor de los ejércitos,
porque es bueno el Señor,
porque es eterno su amor».

Sí, yo cambiaré la suerte de este país, y será como al principio, dice el Señor.

12 Así habla el Señor de los ejércitos: En este lugar que está desierto, sin hombres ni animales, y en todas sus ciudades, habrá de nuevo un redil donde los pastores harán descansar a sus rebaños. 13 En todas las ciudades de la Montaña, en las ciudades de la Sefelá, en las ciudades del Négueb, en el país de Benjamín, en los alrededores de Jerusalén y en las ciudades de Judá, las ovejas pasarán de nuevo bajo las manos del que las recuenta, dice el Señor.

Promesas sobre el reino y el sacerdocio

2 Sm 7; Jr 23 5-6; 31 35-36

14 Llegarán los días —oráculo del Señor— en que yo cumpliré la promesa que pronuncié acerca de la casa de Israel y la casa de Judá:

15 En aquellos días y en aquel tiempo,
haré brotar para David un germen justo,
y él practicará la justicia
y el derecho en el país.
16 En aquellos días, estará a salvo Judá
y Jerusalén habitará segura.
Y la llamarán así:
«El Señor es nuestra justicia».

17 Porque así habla el Señor: Nunca le faltará a David un sucesor que se siente en el trono de la casa de Israel. 18 Y a los sacerdotes levitas nunca les faltará un descendiente que esté delante de mí para ofrecer el holocausto, hacer quemar la ofrenda y presentar el sacrificio cada día.

19 La palabra del Señor llegó a Jeremías en estos términos: 20 Así habla el Señor: Si ustedes pueden romper mi alianza con el día y mi alianza con la noche, de manera que el día y la noche no aparezcan más a su tiempo, 21 entonces también se romperá mi alianza con mi servidor David, de manera que no tenga más un hijo que reine sobre su trono, y mi alianza con los sacerdotes levitas, mis ministros. 22 Así como no se puede contar el ejército del cielo, ni medir la arena del mar, así multiplicaré la descendencia de David, mi servidor, y a los levitas, que son mis ministros.

23 La palabra del Señor llegó a Jeremías en estos términos: 24 ¿No ves lo que dice esta gente: «A las dos familias que había elegido, el Señor las ha rechazado»? Así desprecian a mi pueblo, y ya no lo consideran una nación. 25 Así habla el Señor: Si yo no establecí mi alianza con el día y con la noche, si no fijé el ordenamiento del cielo y de la tierra, 26 entonces también rechazaré a la descendencia de Jacob y de David, mi servidor, no tomando de ella jefes para el linaje de Abraham, de Isaac y de Jacob. Pero no, yo cambiaré su suerte y me compadeceré de ellos.

FRAGMENTOS ADICIONALES

Anuncio de la destrucción de Jerusalén y de la cautividad de Sedecías

Jr 21 1-7; 32 1-5

34 1 Palabra que llegó a Jeremías de parte del Señor, mientras Nabucodonosor, rey de Babilonia, y todo su ejército, junto con todos los reinos de la tierra sometidos a su dominio y todos los pueblos, combatían contra Jerusalén y contra todas sus ciudades: 2 Así habla el Señor, el Dios de Israel: Ve a decir a Sedecías, rey de Judá: Así habla el Señor: Mira que yo voy a entregar esta ciudad en manos del rey de Babilonia, y él la incendiará. 3 Tú mismo no te librarás de él, porque ciertamente serás capturado y entregado en sus manos. Tus ojos verán los ojos del rey de Babilonia, él te hablará cara a cara, y tú irás a Babilonia. 4 Sin embargo, ¡escucha la palabra del Señor, Sedecías, rey de Judá! Así habla el Señor acerca de ti: Tú no morirás por la espada, 5 sino que morirás en paz. Y así como se quemaron perfumes por tus padres, los reyes antiguos que te han precedido, así se quemarán perfumes por ti, y se entonará por ti la lamentación: «¡Ay Señor!». Esta es la palabra que yo te he dicho —oráculo del Señor.

6 El profeta Jeremías dijo a Sedecías, rey de Judá, todas estas palabras en Jerusalén. 7 Mientras tanto, el ejército del rey de Babilonia combatía contra Jerusalén y contra todas las ciudades de Judá que todavía quedaban, o sea, contra Laquis y contra Azecá. Porque estas eran las únicas plazas fuertes que habían quedado entre las ciudades de Judá.

La liberación de los esclavos

Dt 15 12-18; Gn 15 9-10

8 Palabra que llegó a Jeremías de parte del Señor, después que el rey Sedecías concertó un pacto con todo el pueblo de Jerusalén, para proclamar una liberación: 9 Cada uno debía dejar en libertad a su esclavo hebreo —varón o mujer— de manera que

nadie retuviera como esclavo a un hermano suyo judío. 10 Todos los jefes y todo el pueblo que habían participado en la alianza aceptaron dejar en libertad a sus esclavos y esclavas, de manera que ya no los tendrían a su servicio: aceptaron y los dejaron en libertad. 11 Pero después se volvieron atrás e hicieron retornar a los esclavos y esclavas que habían dejado en libertad, y los redujeron de nuevo a la esclavitud.

12 Entonces la palabra del Señor llegó a Jeremías en estos términos: 13 Así habla el Señor, el Dios de Israel: Yo establecí una alianza con sus padres, el día en que los hice salir del país de Egipto, del lugar de esclavitud, diciendo: 14 «Al cabo de cada siete años, cada uno de ustedes dejará libre a su hermano, al hebreo que se haya vendido a ti: él te servirá seis años, y después lo dejarás en libertad». Pero sus padres no escucharon ni inclinaron sus oídos. 15 Hoy ustedes se habían convertido y habían hecho lo que es recto a mis ojos, proclamando cada uno la liberación de su prójimo; ustedes habían hecho un pacto en mi presencia, en la Casa que es llamada con mi Nombre. 16 Pero después se volvieron atrás y profanaron mi Nombre: cada uno hizo retornar a su esclavo y a su esclava, que habían dejado enteramente libres, y los redujeron de nuevo a la esclavitud.

17 Por eso, así habla el Señor: Ustedes no me han escuchado, proclamando cada uno la liberación de su hermano y de su prójimo. Ahora, yo proclamo para ustedes una liberación —oráculo del Señor—: los dejo librados a la espada, a la peste y al hambre, y los convertiré en un motivo de horror para todos los reyes de la tierra. 18 Y a los hombres que transgredieron mi alianza, que no cumplieron las cláusulas del pacto que habían concertado en mi presencia, los trataré como al ternero que ellos cortaron en dos y entre cuyos pedazos pasaron. 19 A los jefes de Judá y a los jefes de Jerusalén, a los eunucos y a los sacerdotes, y a toda la gente del país que pasaron entre los pedazos del ternero, 20 los entregaré en manos de sus enemigos y en manos de los que atentan contra sus vidas, y sus cadáveres serán pasto de los pájaros del cielo y de los animales de la tierra. 21 En cuanto a Sedecías, rey de Judá, y a sus jefes, los entregaré en manos de sus enemigos, en manos de los que atentan contra sus vidas, y en manos del ejército del rey de Babilonia, que acaba de levantar el asedio. 22 Yo daré una orden —oráculo del Señor— y los haré volver hacia esta ciudad: combatirán contra ella, la tomarán y la incendiarán. Y a las ciudades de Judá las convertiré en un país desolado y sin habitantes.

El ejemplo de los recabitas

2 Re 10 15-16; 1 Re 12 22; 13 1; 1 Cr 29 13; Heb 11 13; Jr 6 8; 44 4

35 1 Palabra que llegó a Jeremías de parte del Señor, en los días de Joaquim, hijo de Josías, rey de Judá, en estos términos: 2 «Ve al clan de los recabitas y habla con ellos; llévalos a la Casa del Señor, a una de las salas, y dales a beber vino». 3 Yo tomé entonces a Iaazanías, hijo de Jeremías, hijo de Jabasinías, así como a sus hermanos, a todos sus hijos y a toda la familia de los recabitas. 4 Los llevé a la Casa del Señor, a la sala de los hijos de Janán, hijo de Igdalías, hombre de Dios, la que estaba al lado de la sala de los jefes, encima de la sala de Maasías, hijo de Salum, guardián del umbral. 5 Luego puse ante los hijos de la familia de los recabitas jarras llenas de vino y copas, y les dije: «Beban el vino».

6 Pero ellos respondieron: «Nosotros no bebemos vino. Porque Jonadab, hijo de Recab, nuestro antepasado, nos ha dado esta orden: Nunca beban vino, ni ustedes, ni sus hijos. 7 No edifiquen casas, no siembren semillas, no planten viñas ni tengan nada de eso; habiten en tiendas durante toda la vida, a fin de vivir largos días sobre el suelo donde ustedes residen como extranjeros. 8 Y nosotros hemos obedecido las instrucciones de Jonadab, hijo de Recab, nuestro antepasado, en todo lo que él nos ordenó: nosotros no bebemos vino durante toda la vida, lo mismo que nuestras mujeres, nuestros hijos y nuestras hijas; 9 no edificamos casas para habitar, no tenemos viñas ni campos ni sembrados, 10 sino que habitamos en tiendas. Así obedecemos y obramos en todo conforme a lo que nos ha ordenado Jonadab, nuestro antepasado. 11 Pero cuando Nabucodonosor, rey de Babilonia, subió contra el país, dijimos: Vengan, entremos en Jerusalén para escapar del ejército de los caldeos y del ejército de Aram. Por eso estamos ahora en Jerusalén».

12 La palabra del Señor llegó entonces a Jeremías en estos términos: 13 Así habla el Señor de los ejércitos, el Dios de Israel: Ve a decir a los hombres de Judá y a los habitantes de Jerusalén: ¿No aprenderán ustedes la lección ni escucharán mis palabras? 14 La palabra de Jonadab, hijo de Recab, se ha puesto en práctica: él ordenó a sus hijos que no bebieran vino, y ellos no lo han bebido hasta el día de hoy, obedeciendo la orden de sus antepasados; yo, en cambio, les he hablado a ustedes incansablemente, y no me han escuchado. 15 Les envié incansablemente a todos mis servidores los profetas, para decirles: Vuelvan de su mal camino, enmienden sus acciones, no vayan detrás de otros dioses para servirlos, y entonces habitarán en el suelo

que yo les he dado, a ustedes y a sus padres. ¡Pero ustedes no han inclinado el oído ni me han escuchado! 16 Así, los hijos de Jonadab, hijo de Recab, cumplieron la orden que les había dado su padre, mientras que este pueblo no me ha escuchado. 17 Por eso, así habla el Señor, el Dios de los ejércitos, el Dios de Israel: Yo voy a atraer sobre Judá y sobre todos los habitantes de Jerusalén toda la desgracia con que los había amenazado. Porque les hablé, y ellos no escucharon, los llamé, y ellos no respondieron.

18 Y a la familia de los recabitas, Jeremías les dijo: «Así habla el Señor de los ejércitos, el Dios de Israel: Porque ustedes han obedecido la orden de Jonadab, su antepasado; porque han observado todos sus mandamientos y han obrado conforme a lo que él les ordenó, 19 por eso, así habla el Señor de los ejércitos, el Dios de Israel: Nunca le faltará a Jonadab, hijo de Recab, un descendiente que esté todos los días en mi presencia».

LOS PADECIMIENTOS DE JEREMÍAS

Lectura pública de los oráculos de Jeremías

2 Re 22 8-23; Ex 34; Jr 45; 22 13-19

36 1 El cuarto año de Joaquim, hijo de Josías, rey de Judá, llegó a Jeremías esta palabra de parte del Señor: 2 Toma un rollo y escribe en él todas las palabras que yo te he dicho acerca de Israel, de Judá y de todas las naciones, desde que comencé a hablarte en tiempos de Josías, hasta el día de hoy. 3 Tal vez los de la casa de Judá, al enterarse de todo el mal que tengo pensado hacerles, se vuelvan cada uno de su mal camino, y así yo pueda perdonarles su iniquidad y su pecado.

4 Jeremías llamó a Baruc, hijo de Nerías, y Baruc escribió en un rollo, bajo el dictado de Jeremías, todas las palabras que el Señor le había dicho. 5 Luego Jeremías dio esta orden a Baruc: «Yo estoy impedido; no puedo entrar en la Casa del Señor. 6 Por eso irás tú, y leerás las palabras del Señor en el rollo que has escrito bajo mi dictado. Lo harás a oídos del pueblo, en la Casa del Señor, en el día del ayuno; y que lo oigan también todos los hombres de Judá que vengan de sus ciudades. 7 *Tal vez su plegaria llegue hasta el* Señor, y se vuelva cada uno de su mal camino. Porque es grande la ira y el furor con que el Señor ha amenazado a este pueblo». 8 Baruc, hijo de Nerías, hizo exactamente lo que le había ordenado el profeta Jeremías, leyendo en el rollo las palabras del Señor, en la Casa del Señor.

9 El quinto año de Joaquim, hijo de Josías, rey de Judá, en el noveno mes, se convocó para un ayuno delante del Señor a todo el pueblo de Jerusalén y a todo el pueblo que llegaba de las ciudades de Judá a Jerusalén. 10 Entonces Baruc leyó en el rollo las palabras de Jeremías, en la Casa del Señor, en la sala de Guemarías, hijo de Safán, el secretario, en el atrio superior, a la entrada de la puerta Nueva de la Casa del Señor; y lo hizo en presencia de todo el pueblo.

11 Miqueas, hijo de Guemarías, hijo de Safán, al oír todas las palabras del Señor escritas en el rollo, 12 bajó a la casa del rey, a la sala del secretario, donde estaban sesionando todos los jefes: Elisamá, el secretario, Delaías, hijo de Semaías, Elnatán, hijo de Acbor, Guemarías, hijo de Safán, Sedecías, hijo de Ananías, y todos los demás jefes. 13 Y Miqueas les contó todo lo que había oído cuando Baruc leía en el rollo, delante de todo el pueblo.

14 Entonces todos los jefes enviaron a Iehudí, hijo de Natanías, hijo de Selemías, hijo de Cusí, para que dijera a Baruc: «Toma el libro que has leído en presencia del pueblo y ven». Baruc, hijo de Nerías, tomo consigo el rollo y se presentó ante ellos. 15 Ellos le dijeron: «Siéntate y léelo delante de nosotros». Baruc lo leyó delante de ellos. 16 Y cuando oyeron todas las palabras, temblando, se miraron unos a otros, y exclamaron: «Es preciso que comuniquemos al rey todas estas palabras». 17 Luego interrogaron a Baruc, diciendo: «Indícanos cómo has escrito todas estas palabras». 18 Baruc les respondió: «Jeremías me dictaba de viva voz todas estas palabras, y yo escribía con tinta en el rollo». 19 Los jefes dijeron a Baruc: «Ve y ocúltate, tú lo mismo que Jeremías; que nadie sepa dónde están». 20 Y después de depositar el rollo en la sala de Elisamá, el secretario, se presentaron ante el rey en la corte, y lo pusieron al tanto de todo.

21 El rey envió a Iehudí para que tomara el rollo, y este lo tomó de la sala del secretario Elisamá. Iehudí lo leyó delante del rey y de todos los jefes que estaban de pie junto a él. 22 El rey estaba sentado en la sala de invierno —era entonces el noveno mes— y había ante él un brasero encendido. 23 Y a medida que Iehudí leía tres o cuatro columnas, el rey las cortaba con el cortaplumas del secretario y las arrojaba al fuego del brasero. Así hasta que todo el rollo se consumió por completo en el fuego del brasero. 24 Pero ni el rey ni sus servidores temblaron al oír todas estas palabras, ni se rasgaron las vestiduras. 25 Y aunque Elnatán, Delaías y Guemarías intervinieron ante el rey para que no quemara el rollo, él

no les hizo caso. 26 Luego el rey ordenó a Ierajmel, hijo del rey, a Seraías, hijo de Azriel, y a Selemías, hijo de Abdel, que apresaran a Baruc, el escriba, y a Jeremías, el profeta. Pero el Señor los mantuvo ocultos.

27 La palabra del Señor llegó a Jeremías, después que el rey quemó el rollo con las palabras que había escrito Baruc bajo el dictado de Jeremías, en estos términos: 28 «Toma otro rollo y escribe en él todas las palabras que estaban en el primer rollo, el que quemó Joaquim, rey de Judá. 29 Y tú dirás contra Joaquim, rey de Judá: Así habla el Señor: Tú has quemado este rollo, diciendo: ¿Por qué has escrito que el rey de Babilonia vendrá indefectiblemente, que él arrasará este país y hará desaparecer de él a hombres y animales? 30 Por eso, así habla el Señor contra Joaquim, rey de Judá: Él no tendrá un descendiente que se siente en el trono de David, y su cadáver será arrojado al calor durante el día y al frío durante la noche. 31 A él, a su descendencia y a sus servidores, los castigaré por su iniquidad, y haré venir sobre ellos, sobre los habitantes de Jerusalén y sobre la gente de Judá, todo el mal con que los amenacé, sin que ellos me escucharan».

32 Entonces Jeremías tomó otro rollo y se lo entregó a Baruc, hijo de Nerías, el escriba. Este escribió en él, bajo el dictado de Jeremías, todas las palabras del rollo que Joaquim, rey de Judá, había quemado en el fuego. Y además, fueron añadidas muchas otras palabras como aquellas.

REFLEXIONA

¿Eres suficientemente valiente?

Las palabras de Jeremías contra el rey Joaquín son muy severas. El rey se niega a escuchar consejos, *dirige a* su nación a la ruina y, cuando le leen las profecías de Jeremías, *ordena* quemar el pergamino (Jr 36 27).

Hoy día, Dios sigue enviando profetas que nos exhortan a extinguir la discriminación; atender al hermano necesitado; cuidar de la tierra, y terminar con la violencia y todo mal. ¿Cuál es tu reacción ante los profetas actuales? ¿Tienes la humildad necesaria para admitir tus faltas? ¿Eres suficientemente valiente para hacer algo al respecto?

Jr 36 17-27

Juicio sobre Sedecías

2 Re 24 17-20; Jr 22 20-30; 13 18-19

37 1 El rey Sedecías, hijo de Josías —a quien Nabucodonosor, rey de Babilonia, había constituido rey en el país de Judá—, reinó en lugar de Conías, hijo de Joaquim. 2 Pero ni él, ni sus servidores, ni el pueblo del país escucharon las palabras que había dicho el Señor por medio del profeta Jeremías.

3 El rey Sedecías envió a Iucal, hijo de Selemías, y al sacerdote Sefanías, hijo de Maasías, para que dijeran al profeta Jeremías: «Ruega por nosotros al Señor, nuestro Dios». 4 Mientras tanto, Jeremías se desplazaba libremente en medio del pueblo, y aún no lo habían puesto en la cárcel. 5 Además, las tropas del Faraón habían salido de Egipto, y los caldeos que sitiaban a Jerusalén, al oír la noticia, habían levantado el asedio.

6 La palabra del Señor llegó al profeta Jeremías en estos términos: 7 Así habla el Señor, el Dios de Israel: Esto es lo que le dirán al rey de Judá, que los envía a consultarme: El ejército del Faraón que salió en auxilio de ustedes, se volverá a su país, a Egipto. 8 Entonces los caldeos volverán, combatirán contra esta ciudad, la tomarán y la incendiarán. 9 Así habla el Señor: No se engañen a ustedes mismos, diciendo: «Seguro que los caldeos se irán lejos de nosotros». ¡Porque ellos no se irán! 10 Aun cuando derrotaran a todo el ejército de los caldeos que combaten contra ustedes, y no les quedaran más que algunos heridos, estos se levantarían cada uno en su tienda y prenderían fuego a esta ciudad.

11 Como el ejército de los caldeos se había alejado de Jerusalén por el avance de las tropas del Faraón, 12 Jeremías quiso salir de Jerusalén para ir al país de Benjamín, a fin de ocuparse allí de una repartición de bienes en medio de los suyos. 13 Y mientras estaba en la puerta de Benjamín, donde se encontraba un capitán de guardias llamado Jirías, hijo de Selemías, hijo de Ananías, este detuvo al profeta Jeremías, diciendo: «¡Vas a pasarte a los caldeos!». 14 Jeremías respondió: «¡Es falso! Yo no me paso del lado de los caldeos». Pero Jirías no lo escuchó; detuvo a Jeremías y lo llevó ante los jefes. 15 Estos se irritaron contra Jeremías, lo golpearon y lo encarcelaron en la casa de Jonatán, el secretario, que habían convertido en prisión. 16 Así Jeremías fue a parar dentro de una cisterna abovedada y pasó allí mucho tiempo.

Consulta secreta de Sedecías al profeta

Jr 32 2

17 El rey Sedecías lo mandó traer, y lo interrogó secretamente en su propia casa, diciendo: «¿Hay alguna palabra de parte del Se-

ñor?». «Sí», respondió Jeremías, y añadió:
«Tú serás entregado en manos del rey de Babilonia». 18 Luego Jeremías dijo al rey Sedecías: «¿Qué falta cometí contra ti, contra tus
servidores y contra este pueblo, para que me
hayan puesto en una prisión? 19 ¿Dónde están
los profetas que les profetizaban, diciendo:
El rey de Babilonia no vendrá contra ustedes
ni contra este país? 20 Y ahora, ¡dígnate escuchar, rey, mi señor! Que mi súplica llegue
hasta ti: ¡No me hagas volver a la casa de Jonatán, el secretario, no sea que muera allí!».
21 Entonces el rey Sedecías mandó poner bajo
custodia a Jeremías en el patio de la guardia,
y ordenó que le dieran cada día una rosca de
pan de la calle de los Panaderos, hasta que
no hubiera más pan en la ciudad. Y Jeremías
permaneció en el patio de la guardia.

Jeremías arrojado a un aljibe

Jr 21 9; 39 15-18; 45 5

38 1 Sefatías, hijo de Matán, Guedalías,
hijo de Pasjur, Iucal, hijo de Selemías, y Pasjur, hijo de Malquías, oyeron las
palabras que Jeremías decía a todo el pueblo: 2 «Así habla el Señor: El que permanezca en esta ciudad morirá por la espada,
el hambre y la peste; el que se rinda a los
caldeos vivirá y su vida será para él un botín: sí, él quedará con vida. 3 Así habla el
Señor: Esta ciudad será entregada al ejército del rey de Babilonia, y este la tomará».
4 Los jefes dijeron al rey: «Que este hombre sea condenado a muerte, porque con semejantes discursos desmoraliza a los hombres de guerra que aún quedan en esta
ciudad, y a todo el pueblo. No, este hombre
no busca el bien del pueblo, sino su desgracia». 5 El rey Sedecías respondió: «Ahí lo tienen en sus manos, porque el rey ya no puede nada contra ustedes». 6 Entonces ellos
tomaron a Jeremías y lo arrojaron al aljibe
de Malquías, hijo del rey, que estaba en el
patio de la guardia, descolgándolo con cuerdas. En el aljibe no había agua sino solo barro, y Jeremías se hundió en el barro.
7 Ebed Mélec, el cusita, un eunuco de la casa del rey, se enteró de que habían puesto a
Jeremías en el aljibe. Mientras el rey estaba
sentado a la puerta de Benjamín, 8 Ebed Mélec salió de la casa del rey y le dijo: 9 «Rey, mi
señor, esos hombres han obrado mal tratando así a Jeremías; lo han arrojado al aljibe, y
allí abajo morirá de hambre, porque ya no
hay pan en la ciudad». 10 El rey dio esta orden
a Ebed Mélec, el cusita: «Toma de aquí a tres
hombres contigo, y saca del aljibe a Jeremías,
el profeta, antes de que muera». 11 Ebed Mélec tomó consigo a tres hombres y entró en
la casa del rey, en el vestuario; tomó de allí
unos trapos y unos vestidos viejos, y se los
hizo llegar a Jeremías con unas cuerdas, dentro del aljibe. 12 Ebed Mélec, el cusita, dijo a
Jeremías: «Colócate estos trapos y estos vestidos viejos entre las axilas y las cuerdas». Jeremías lo hizo así. 13 Ellos tiraron a Jeremías
con las cuerdas y lo sacaron del aljibe. Y Jeremías permaneció en el patio de la guardia.

Último encuentro de Jeremías con Sedecías

Jr 4 2; 16 14; 38 2; Abd 7

14 El rey Sedecías mandó que le trajeran a
Jeremías, el profeta, a la tercera entrada de
la Casa del Señor. El rey dijo a Jeremías:
«Tengo que preguntarte una cosa; no me
ocultes nada». 15 Jeremías respondió a Sedecías: «Si te la digo, seguro que me harás
morir; y si te doy un consejo, no me escucharás». 16 Pero el rey Sedecías hizo este juramento a Jeremías, en secreto: «¡Por la vida del Señor que nos ha dado la vida, no te
haré morir ni te pondré en manos de los
hombres que atentan contra tu vida!».
17 Jeremías dijo a Sedecías: «Así habla el
Señor, Dios de los ejércitos, el Dios de Israel:
Si te rindes a los jefes del rey de Babilonia, tu
vida estará a salvo, y esta ciudad no será incendiada: vivirás tú, y también tu familia.
18 Pero si no te rindes a los jefes del rey de Babilonia, esta ciudad será entregada en manos
de los caldeos e incendiada, y tú no escaparás de sus manos». 19 El rey Sedecías dijo a Jeremías: «Estoy preocupado por los judíos
que se pasaron al enemigo; temo que los caldeos me entreguen en sus manos, y ellos me

REFLEXIONA

Negociación riesgosa

Jeremías fue acusado de desmoralizar a las tropas, considerado un traidor y echado a un pozo pantanoso por recomendar que aceptaran el yugo de Babilonia. Abdemélec, un africano de Etiopía, sabía que el mensaje venía de Dios y obtuvo permiso del rey para rescatar al profeta Jeremías, aceptando el riesgo de entrar en serios conflictos si lo descubrían los consejeros del rey.

¿Estás dispuesto/a a correr riesgos cuando Dios te pide hacer el bien a los demás? ¿Estás dispuesto/a a ayudar y animar a los que se arriesgan por defender a los pobres?

Jr 38 1-38

traten desconsideradamente». 20 Jeremías respondió: «No te entregarán. Escucha entonces la voz del Señor en esto que yo te digo; así te irá bien y estará a salvo tu vida. 21 Pero si te niegas a rendirte, esto es lo que el Señor me hizo ver: 22 todas las mujeres que aún quedan en la casa del rey de Judá serán llevadas a los jefes de los caldeos, y ellas dirán:

¡Te han seducido y han podido contra ti
tus amigos más íntimos!
Apenas tus pies se hundieron en el fango,
ellos se echaron para atrás.

23 A todas tus mujeres y a tus hijos se los llevarán a los caldeos; y tú mismo no escaparás de sus manos, sino que caerás en manos del rey de Babilonia. En cuanto a esta ciudad, será consumida por el fuego».

24 Sedecías dijo a Jeremías: «Que nadie se entere de estas palabras, y tú no morirás. 25 Si los jefes se enteran de que yo hablé contigo, y vienen a decirte: "Infórmanos sobre lo que has dicho al rey y sobre lo que él te dijo; no nos ocultes nada y no te haremos morir", 26 tú les dirás: "He pedido encarecidamente al rey que no me haga volver a la casa de Jonatán, a morir allí"».

27 Todos los jefes, en efecto, fueron a ver a Jeremías y lo interrogaron. Pero él les informó ateniéndose a lo que le había ordenado el rey, y ellos lo dejaron tranquilo, porque nadie había oído la conversación. 28 Jeremías permaneció en el patio de la guardia hasta el día en que Jerusalén fue tomada. Y él estaba allí cuando Jerusalén fue tomada.

La caída de Jerusalén y la captura de Sedecías

2 Re 25 1-21

39 1 El noveno año de Sedecías, rey de Judá, en el décimo mes, Nabucodonosor, rey de Babilonia, llegó hasta Jerusalén con todo su ejército, y la sitiaron. 2 El undécimo año de Sedecías, el día nueve del cuarto mes, se abrió una brecha en la ciudad. 3 Entonces entraron todos los jefes del rey de Babilonia, y se instalaron en la puerta del Medio: Nergalsaréser, Samgarnebó, Sarsequim, jefe de los eunucos, Nergalsaréser, gran mago, y todos los otros jefes del rey de Babilonia.

4 Al ver esto, Sedecías, rey de Judá, y todos los hombres de guerra huyeron de la ciudad, saliendo de noche por el camino del jardín del rey, por la puerta entre las dos murallas, y tomaron el camino de la Arabá. 5 Las tropas de los caldeos los persiguieron, y alcanzaron a Sedecías en las estepas de Jericó. Lo apresaron y lo hicieron subir a Riblá, en el país de Jamat, ante Nabucodonosor, rey de Babilonia, y este dictó sentencia contra él. 6 El rey de Babilonia hizo degollar en Riblá a los hijos de Sedecías ante sus propios ojos, y también a todos los nobles de Judá. 7 A Sedecías le sacó los ojos y lo ató con una doble cadena de bronce, para llevarlo a Babilonia.

8 Los caldeos incendiaron la casa del rey y las casas del pueblo, y derribaron las murallas de Jerusalén. 9 Nebuzaradán, comandante de la guardia, deportó a Babilonia al resto de la población que había quedado en la ciudad, a los desertores que se habían pasado a él, y al resto de los artesanos. 10 Solo a los más pobres entre el pueblo, a los que no poseían nada, Nebuzaradán, comandante de la guardia, los dejó en el país de Judá, asignándoles en aquel día viñas y terrenos.

11 Nabucodonosor, rey de Babilonia, había dado esta orden a Nebuzaradán, comandante de la guardia, acerca de Jeremías: 12 «Tómalo, mira por él, y no le hagas ningún mal, sino trátalo como él te diga». 13 Nebuzaradán, comandante de la guardia, Nebusazbán, jefe de los eunucos, Nergalsaréser, jefe de los magos, y todos los altos oficiales del rey de Babilonia, 14 mandaron sacar a Jeremías del patio de la guardia, y se lo encomendaron a Godolías, hijo de Ajicam, hijo de Safán, para que lo dejara ir a su casa. Así Jeremías permaneció en medio del pueblo.

Oráculo en favor de Ebed Mélec

Jr 45 1-5

15 La palabra del Señor llegó a Jeremías, mientras estaba detenido en el patio de la guardia, en estos términos: 16 Ve a decir a Ebed Mélec, el cusita: Así habla el Señor de los ejércitos, el Dios de Israel: Yo voy a cumplir mis palabras acerca de esta ciudad, para mal y no para bien; tú las tendrás presentes en aquel día. 17 Pero yo te libraré en aquel día —oráculo del Señor— y tú no serás entregado en las manos de los hombres que temes. 18 Porque ciertamente yo te dejaré escapar, y no caerás bajo la espada; tu vida será para ti un botín, porque has confiado en mí —oráculo del Señor.

La liberación de Jeremías

Jr 39 11-14

40 1 Palabra que llegó a Jeremías de parte del Señor, después que Nebuzaradán, comandante de la guardia, lo dejó ir de Ramá, donde lo encontró atado con cadenas entre todos los cautivos de Jerusalén y de Judá, que eran deportados a Babilonia.

2 El comandante de la guardia tomó aparte a Jeremías y le dijo: «El Señor, tu Dios, anunció esta desgracia para este lugar, 3 y la hizo venir; él obró conforme a lo que había dicho. Porque ustedes han pecado contra el Señor y no han escuchado su voz, les ha sobrevenido esto. 4 Y ahora, yo te libro hoy de

las cadenas que tienes en tus manos. Si quieres venir conmigo a Babilonia, ven y yo velaré por ti; pero si prefieres no venir conmigo a Babilonia, no lo hagas. Tienes todo el país delante de ti: ve adonde te guste o te convenga ir». 5 Y como él aún no se decidía a volver, añadió: «Vuelve junto a Godolías, hijo de Ajicam, hijo de Safán, a quien el rey de Babilonia nombró gobernador de las ciudades de Judá, y permanece con él en medio del pueblo, o ve adonde te convenga ir». El comandante de la guardia le dio víveres y un regalo, y lo despidió. 6 Jeremías se fue junto a Godolías, hijo de Ajicam, a Mispá, y permaneció con él, en medio del pueblo que había quedado en el país.

Godolías, gobernador de Judá

2 Re 25 22-26; 1 Re 15 16-22

7 Todos los jefes de las tropas que estaban en el campo, lo mismo que sus hombres, se enteraron de que el rey de Babilonia había nombrado a Godolías, hijo de Ajicam, gobernador del país, y le había encomendado a los hombres, las mujeres y los niños, y a la gente pobre del país, que no habían sido deportados a Babilonia. 8 Ellos se presentaron a Godolías en Mispá: eran Ismael, hijo de Natanías, Iojanam, hijo de Caréaj, Seraías, hijo de Tanjumet, los hijos de Efai el netofita e Iazanías, hijo de Maacá, junto con sus hombres. 9 Godolías, hijo de Ajicán, hijo de Safán, les hizo este juramento, a ellos y a sus hombres: «No tengan miedo de servir a los caldeos; permanezcan en el país, sirvan al rey de Babilonia, y les irá bien. 10 Yo permaneceré en Mispá, para estar a las órdenes de los caldeos que vengan hasta nosotros. En cuanto a ustedes, recojan el vino, los frutos y el aceite, pónganlos en recipientes, y permanezcan en las ciudades que ocupan».

11 También los judíos que estaban en Moab, entre los amonitas y en Edom, y los que estaban en todos los demás países, oyeron que el rey de Babilonia había dejado un resto de Judá y le había puesto como gobernador a Godolías, hijo de Ajicam, hijo de Safán. 12 Todos esos judíos volvieron de los lugares adonde habían sido expulsados; y una vez llegados al país de Judá, junto a Godolías, en Mispá, recogieron vino y frutos en gran cantidad.

13 Iojanam, hijo de Caréaj, y todos los jefes de las tropas que estaban en el campo, se presentaron a Godolías, en Mispá, 14 y le dijeron: «¿No sabes acaso que Baalís, rey de los amonitas, envió a Ismael, hijo de Natanías, para que atente contra tu vida?». Pero Godolías, hijo de Ajicam, no les creyó. 15 Entonces Iojanam, hijo de Caréaj, dijo en secreto a Godolías, en Mispá: «Déjame que vaya a matar a Ismael, hijo de Natanías, sin que nadie se entere. ¿Por qué va a atentar contra tu vida? ¿Por qué van a ser dispersados todos los judíos que se han reunido junto a ti, y por qué va a perecer todo el resto de Judá?». 16 Pero Godolías, hijo de Ajicam, respondió a Iojanam, hijo de Caréaj: «No hagas eso, porque es falso lo que tú dices acerca de Ismael».

41 1 Ahora bien, en el séptimo mes, Ismael, hijo de Natanías, hijo de Elisamá, que era de estirpe real, fue con diez hombres a Mispá, a ver a Godolías, hijo de Ajicam, y comieron todos juntos allí en Mispá. 2 De pronto, Ismael, hijo de Natanías, se levantó con los diez hombres que lo acompañaban, e hirieron con la espada a Godolías, hijo de Ajicam, hijo de Safán: así hicieron morir a quien el rey de Babilonia había designado gobernador del país. 3 Ismael mató también a todos los judíos que estaban con Godolías en Mispá, y a los guerreros caldeos que se encontraban allí.

4 Al día siguiente del asesinato de Godolías, cuando nadie lo sabía aún, 5 llegaron unos hombres de Siquem, de Silo y de Samaría, ochenta en total, con la barba raída, la ropa desgarrada, y con el cuerpo lleno de incisiones, trayendo ofrendas e incienso para presentarlos en la Casa del Señor. 6 Ismael, hijo de Natanías, les salió al encuentro desde Mispá. Él iba llorando, y cuando los alcanzó les dijo: «¡Vengan a ver a Godolías, hijo de

REFLEXIONA

Solidaridad en época de desilusión

Llegó el momento del castigo anunciado por Jeremías: el pueblo pierde su rey, la Tierra prometida, su Ciudad Santa y el Templo. Jeremías había anunciado que la salvación vendría de los deportados y hubiera podido irse con ellos a Babilonia, para ser protagonista de la salvación; sin embargo, escogió quedarse en Judá para apoyar al pueblo en su espera.

A veces Dios nos pide un profetismo *abierto y motivador; otras veces*, humilde y de apoyo en situaciones duras. ¿Qué tipo de profetismo te pide Dios ante la situación que viven los jóvenes a tu alrededor?

Jr 39 – 40

Ajicam!». 7 Pero cuando llegaron al centro de
la ciudad, Ismael, hijo de Natanías, y los
hombres que lo acompañaban, los degollaron y los arrojaron dentro de la cisterna.
8 Entre ellos se encontraban diez hombres, que dijeron a Ismael: «No nos mates,
porque tenemos escondido en el campo
trigo, cebada, aceite y miel». Y él desistió
de hacerlos morir junto con sus hermanos.
9 La cisterna donde Ismael arrojó los cadáveres de los hombres que había matado
era la gran cisterna que había hecho el rey
Asá para defenderse de Basá, rey de Israel;
es esa la que Ismael, hijo de Natanías, llenó de víctimas. 10 Luego Ismael llevó cautivo a todo el resto de la gente que estaba en
Mispá, así como también a las hijas del rey,
que Nebuzaradán, comandante de la guardia, había confiado a Godolías, hijo de Ajicam. Ismael, hijo de Natanías, los llevó
cautivos y partió con la intención de pasar
a territorio amonita.
11 Cuando Iojanam, hijo de Caréaj, y todos los jefes de las tropas que estaban con
él, se enteraron del crimen que había cometido Ismael, hijo de Natanías, 12 reunieron a
todos los hombres y fueron a combatir contra él. Lo alcanzaron junto a las grandes
Aguas de Gabaón. 13 Al ver a Iojanam, hijo
de Caréaj, y a todos los jefes de las tropas
que lo acompañaban, toda la gente que estaba con Ismael se alegró. 14 Toda la gente
que Ismael llevaba cautiva desde Mispá dio
media vuelta y se fue con Iojanam, hijo de
Caréaj. 15 En cuanto a Ismael, hijo de Natanías, escapó de Iojanam con ocho hombres,
y se fue a territorio amonita.
16 Iojanam, hijo de Caréaj, y todos los jefes de las tropas que lo acompañaban, tomaron a todo el resto del pueblo que Ismael,
hijo de Natanías, se había llevado cautivo
desde Mispá, después de dar muerte a Godolías, hijo de Ajicam: eran hombres de guerra, mujeres, niños y eunucos, a los que él
hizo volver de Gabaón. 17 Emprendieron la
marcha e hicieron un alto en Guerut Quim-
hán —que está en las cercanías de Belén—
con el propósito de seguir adelante y entrar
en Egipto, 18 lejos de los caldeos. Ellos les temían, en efecto, porque Ismael, hijo de Natanías, había matado a Godolías, hijo de
Ajicam, a quien el rey de Babilonia había
designado gobernador del país.

La huida a Egipto

Gn 31 50; Jue 11 10; 1 Sm 12 5; Jr 38 20

42 1 Entonces todos los jefes de las tropas, con Iojanam, hijo de Caréaj,
Azarías, hijo de Maasías, y todo el pueblo,
desde el más pequeño al más grande, acudieron 2 al profeta Jeremías y le dijeron:
«¡Que nuestra súplica llegue hasta ti! Ruega al Señor, tu Dios, en favor de todo este
resto, porque de los muchos que éramos
hemos quedado unos pocos, como lo ves
con tus propios ojos. 3 Que el Señor, tu
Dios, nos indique el camino que debemos
seguir y lo que debemos hacer».
4 El profeta Jeremías les dijo: «De acuerdo.
Voy a rogar al Señor, su Dios, como ustedes
dicen, y les comunicaré todo lo que el Señor
les responda, sin ocultarles nada». 5 Ellos dijeron a Jeremías: «Que el Señor sea un testigo veraz y fidedigno contra nosotros, si no
obramos en todo conforme a la palabra que
el Señor, tu Dios, te enviará para nosotros.
6 Nos guste o no, oiremos la voz del Señor,
nuestro Dios, a quien ahora te enviamos a
consultar, para que nos vaya bien por haber
obedecido la voz del Señor, nuestro Dios».
7 Al cabo de diez días, la palabra del Señor llegó a Jeremías. 8 Él llamó a Iojanam,
hijo de Caréaj, a todos los jefes de las tropas que estaban con él, y también a todo el
pueblo, del más pequeño al más grande, 9 y
les dijo: «Así habla el Señor, el Dios de Israel, a quien ustedes me enviaron para presentarle una súplica: 10 Si ustedes permanecen en este país, yo los edificaré y no los
demoleré, los plantaré y no los arrancaré,
porque me arrepiento del mal que les hice.
11 No teman al rey de Babilonia, del que
ahora tienen miedo; no lo teman —oráculo del Señor— porque yo estoy con ustedes
para salvarlos y para librarlos de su mano.
12 Yo haré que ustedes encuentren compasión, y él se compadecerá de ustedes y los
dejará habitar en el país. 13 Pero si ustedes,
desoyendo la voz del Señor, su Dios, dicen:
"No permaneceremos en este país"; 14 si dicen: "No, entraremos en el país de Egipto;
allí no veremos guerra, no oiremos el sonido de la trompeta, ni estaremos hambrientos de pan; es allí donde queremos permanecer", 15 entonces, escuchen la palabra del
Señor, ustedes, resto de Judá: Así habla el
Señor de los ejércitos, el Dios de Israel: Si
ustedes pretenden a toda costa entrar en
Egipto, para residir allí, 16 la espada que ustedes temen los alcanzará allí, en Egipto, y
el hambre que les da miedo se adherirá a
ustedes allí, en Egipto, y morirán. 17 Todos
los que pretendan a toda costa entrar en
Egipto para residir allí, morirán por la espada, el hambre y la peste; ninguno de
ellos sobrevivirá ni escapará a la desgracia
que atraeré sobre ellos. 18 Porque así habla
el Señor de los ejércitos, el Dios de Israel:
Como se ha derramado mi ira y mi furor
sobre los habitantes de Jerusalén, así se derramará sobre ustedes mi furor cuando entren en Egipto; ustedes se convertirán en

imprecación, devastación, maldición e ignominia, y no volverán más a este lugar».

19 Pero Jeremías dijo: «Esta es la palabra que el Señor les dirige, resto de Judá: "No entren en Egipto". Sepan bien que hoy yo les hago una solemne advertencia. 20 Ustedes se han perjudicado a sí mismos cuando me enviaron ante el Señor, su Dios, diciendo: "Ruega en favor nuestro al Señor, nuestro Dios; comunícanos todo lo que diga el Señor, nuestro Dios, y nosotros lo haremos". 21 Hoy se lo he comunicado a ustedes, pero ustedes no han oído la voz del Señor, su Dios, en nada de lo que él me envió a decirles. 22 Y ahora pueden estar seguros de que morirán por la espada, el hambre y la peste, en el lugar donde quieren entrar para residir allí».

43 1 Apenas Jeremías terminó de comunicar a todo el pueblo todas las palabras del Señor, su Dios, las que el Señor le había mandado decirles —las palabras antes mencionadas—, 2 Azarías, hijo de Maasías, Iojanam, hijo de Caréaj, y todos aquellos hombres arrogantes dijeron a Jeremías: «¡Es falso lo que tú dices! No es el Señor, nuestro Dios, el que te ha enviado a decirnos: "No entren en Egipto para residir allí". 3 Es Baruc, hijo de Nerías, el que te instiga contra nosotros, a fin de entregarnos en manos de los caldeos, para que ellos nos maten o nos destierren a Babilonia».

4 Pero Iojanam, hijo de Caréaj, lo mismo que todos los jefes de las tropas y todo el pueblo, se negaron a escuchar la voz del Señor, que les mandaba quedarse en el país de Judá. 5 Iojanam, hijo de Caréaj, y todos los jefes de las tropas tomaron a todo el resto de Judá, a los que habían vuelto a residir en el país de Judá, después de haber sido dispersados entre las naciones vecinas: 6 a los hombres, las mujeres, los niños y las hijas del rey, a todas las personas que Nebuzaradán, comandante de la guardia, había dejado con Godolías, hijo de Ajicam, hijo de Safán, y también al profeta Jeremías y a Baruc, hijo de Nerías. 7 Y ellos entraron en el país de Egipto, porque no escucharon la voz del Señor. Así llegaron a Tafnis.

Anuncio de la conquista de Egipto por Nabucodonosor

Jr 13 1; 25 9; 21 2; 46 13;
Ez 29 19-20; Jr 46 23; Ez 30 13

8 La palabra del Señor llegó a Jeremías en Tafnis en estos términos: 9 Toma en tus manos unas piedras grandes, y húndelas, a la vista de algunos judíos, en el cemento del piso de ladrillos que está a la entrada de la casa del Faraón, en Tafnis. 10 Luego les dirás: Así habla el Señor de los ejércitos, el Dios de Israel: Miren que yo mando traer a Nabucodonosor, rey de Babilonia, mi servidor: él instalará su trono encima de estas piedras que yo he hundido, y extenderá sobre ellas su baldaquino. 11 Él vendrá y castigará al país de Egipto: ¡El destinado a la muerte, a la muerte, el destinado al cautiverio, al cautiverio, el destinado a la espada, a la espada!

12 Prenderá fuego a los templos de los dioses de Egipto, los quemará y llevará cautivos a los dioses; espulgará el país de Egipto como un pastor espulga su ropa, y saldrá de allí sano y salvo. 13 Hará pedazos los obeliscos de Bet Semes —la que está en el país de Egipto— e incendiará los templos de los dioses de Egipto.

Vaticinio de Jeremías contra los refugiados en Egipto

Jr 11 11.17; 7 9; 35 15; 2 Cr 36 15;
Jr 25 18; Hab 2 10; Jr 21 10

44 1 Palabra que llegó a Jeremías para todos los judíos que habitaban en Egipto, los que habitaban en Migdol, en Tafnis, en Nof y en el distrito de Patrós: 2 Así habla el Señor de los ejércitos, el Dios de Israel: Ustedes han visto todo el mal que atraje sobre Jerusalén y sobre todas las ciudades de Judá: hoy ellas están en ruinas y sin habitantes, 3 a causa del mal que cometieron para agraviarme, yendo a quemar incienso en honor de otros dioses que no conocían ellos, ni ustedes, ni sus padres. 4 Yo les envié incansablemente a todos mis servidores los profetas, para decirles: No cometan estas cosas abominables que yo detesto. 5 Pero ellos no han escuchado ni han inclinado su oído, a fin de convertirse de su maldad dejando de quemar incienso a otros dioses. 6 Entonces se derramaron mi ira y mi furor, y abrasaron las ciudades de Judá y las calles de Jerusalén, que se han convertido en ruina y desolación, como sucede en el día de hoy.

7 Y ahora, así habla el señor, Dios de los ejércitos, el Dios de Israel: ¿Por qué se hacen un mal tan grande a ustedes mismos? ¿Por qué se hacen exterminar de en medio de Judá, hombres y mujeres, niños y pequeños, sin dejar para ustedes ni siquiera un resto? 8 Esto es lo que consiguen, agraviándome con las obras de sus manos y quemando incienso a otros dioses en el país de Egipto, donde han entrado para residir allí, a fin de hacerse exterminar y de convertirse en maldición e ignominia entre todas las naciones de la tierra. 9 ¿Acaso han olvidado la maldad de sus padres, la maldad de los reyes de Judá y la de sus príncipes, la maldad de ustedes mismos y de sus mujeres, cometidas en el país de Judá y en las calles de Jerusalén? 10 Hasta el día de hoy, ellos no han sen-

tido compunción ni temor y no han caminado conforme a mi Ley y a mis preceptos, que yo puse delante de ustedes y de sus padres. 11 Por eso, así habla el Señor de los ejércitos, el Dios de Israel: Yo vuelvo mi rostro contra ustedes para su mal, para exterminar a todo Judá. 12 Tomaré al resto de Judá que se empeñó en entrar en Egipto para residir allí, y todos desaparecerán completamente en el país de Egipto: caerán bajo la espada, desaparecerán completamente por el hambre desde el más pequeño al más grande, morirán por la espada y el hambre, y se convertirán en imprecación, devastación, maldición e ignominia. 13 Yo pediré cuenta a los que habitan en el país de Egipto como le pedí cuenta a Jerusalén por medio de la espada, el hambre y la peste. 14 No habrá fugitivo ni sobreviviente para el resto de Judá, para los que entraron en el país de Egipto a fin de residir allí. En cuanto a volver al país de Judá, adonde ellos suspiran por volver, no, no volverán, salvo algunos fugitivos.

15 Todos los hombres que sabían que sus mujeres quemaban incienso a otros dioses, así como también las mujeres presentes —una gran asamblea— y todo el pueblo que habitaba en el país de Egipto, en Patrós, respondieron a Jeremías: 16 «En lo que respecta a la palabra que nos has dirigido en nombre del Señor, no te escucharemos. 17 Por el contrario, llevaremos a cabo la promesa que ha salido de nuestra boca: quemaremos incienso a la Reina de los cielos y le haremos libaciones, como lo hacíamos nosotros y nuestros padres, nuestros reyes y nuestros príncipes, en las ciudades de Judá y en las calles de Jerusalén. Entonces nos saciábamos de pan, éramos felices y no veíamos la desgracia. 18 Pero desde que dejamos de quemar incienso a la Reina de los cielos y de derramarle libaciones, carecemos de todo y desapareceremos completamente por la espada y el hambre». 19 Y las mujeres añadieron: «Cuando nosotros quemamos incienso a la Reina de los cielos y le derramamos libaciones, ¿acaso hacemos tortas con su figura y *le derramamos libaciones* sin el consentimiento de nuestros maridos?».

20 Jeremías dijo entonces a todo el pueblo, a los hombres, a las mujeres y a toda la gente que le había dado esa respuesta: 21 «¿Acaso el Señor no recordó y tuvo bien presente ese incienso que ustedes quemaban en las ciudades de Judá y en las calles de Jerusalén, ustedes y sus padres, sus reyes y sus príncipes, y también el pueblo del país? 22 Y como el Señor ya no podía soportar las malas acciones y las abominaciones que ustedes cometían, su país se ha convertido en un desierto, una devastación y una maldición, y ha quedado despoblado, como en el día de hoy. 23 Porque ustedes quemaron incienso y pecaron contra el Señor, porque ustedes no escucharon la voz del Señor ni caminaron según su Ley, sus preceptos y sus testimonios, por eso les ha sobrevenido esta desgracia, como en el día de hoy».

24 Jeremías dijo a todos los hombres y a todas las mujeres: «Escuchen la palabra del Señor, todos ustedes, gente de Judá, que están en el país de Egipto: 25 Así habla el Señor de los ejércitos, el Dios de Israel: Ustedes, las mujeres, con su boca han declarado esto, y con sus manos lo han llevado a cabo: "Cumpliremos nuestros votos de quemar incienso a la Reina de los cielos y derramarle libaciones". Muy bien: ¡cumplan sus votos, hagan libaciones! 26 Pero escuchen la palabra del Señor, todos ustedes, gente de Judá que habitan en el país de Egipto: Juro por mi gran Nombre —dice el Señor— que mi Nombre no será más invocado por la boca de ningún hombre de Judá, y que nadie dirá: ¡Por la vida del Señor! en todo el país de Egipto. 27 Yo vigilo sobre ustedes para mal y no para bien: todos los hombres de Judá que están en el país de Egipto desaparecerán completamente por la espada y por el hambre, hasta ser exterminados. 28 Solo unos pocos librados de la espada retornarán de Egipto al país de Judá. Y todo el resto de Judá, los que entraron en el país de Egipto para residir allí, sabrán qué palabra se realiza, si la mía o la de ellos.

29 Y esta será para ustedes —oráculo del Señor— la señal de que yo voy a castigarlos, en este lugar, a fin de que sepan que mis palabras contra ustedes se cumplirán seguramente para su propio mal: 30 Así habla el Señor: Voy a entregar al faraón Jofrá, rey de Egipto, en manos de sus enemigos y en manos de los que atentan contra su vida, como entregué a Sedecías, rey de Judá, en manos de su enemigo Nabucodonosor, rey de Babilonia, que intentaba quitarle la vida».

Reproches y promesas de Jeremías a Baruc

Jr 51 31-35

45 1 Palabra que el profeta Jeremías dirigió a Baruc, hijo de Nerías, cuando él, bajo el dictado de Jeremías, escribía estas palabras en un rollo, en el cuarto año de Joaquim, hijo de Josías, rey de Judá: 2 «Así habla el Señor, el Dios de Israel, acerca de ti, Baruc: 3 Tú dices: "¡Pobre de mí, porque el Señor añade aflicción a mi dolor! ¡Estoy cansado de gemir, y no encuentro descanso!". 4 Esto es lo que le dirás a Baruc: Así habla el Señor: Lo que había edificado, lo voy a demoler; lo que había plantado, lo

voy a arrancar. 5 ¡Tú buscas para ti grandes
cosas! No las busques más, porque yo haré venir una desgracia sobre todo ser viviente —oráculo del Señor—, pero yo haré que tú conserves la vida como botín dondequiera que vayas».

ORÁCULOS CONTRA LAS NACIONES

46 1 Esta es la palabra del Señor que llegó al profeta Jeremías, acerca de las naciones.

Oráculo contra Egipto

Is 19; Ez 29 – 32

2 Para Egipto, concerniente al ejército del faraón Necao, rey de Egipto, que se encontraba junto al río Éufrates, en Carquemis, y a quien Nabucodonosor, rey de Babilonia, derrotó en el cuarto año de Joaquim, hijo de Josías, rey de Judá.

3 ¡Apronten el escudo y el broquel,
y avancen para el combate!
4 ¡Ensillen los caballos
y que monten los jinetes!
¡Formen con los cascos puestos,
bruñan las lanzas,
vistan las corazas!
5 Pero ¿qué es lo que veo?
¡Están aterrados, retroceden!
Sus guerreros son derrotados,
huyen a la desbandada,
sin mirar para atrás.
¡Cunde el terror por todas partes!
—oráculo del Señor—.
6 El más ágil no puede huir
ni escapa el más valiente:
al norte, a orillas del Éufrates,
ellos tropiezan y caen.
7 ¿Quién es ese que sube como el Nilo
y cuyas aguas se encrespan como los ríos?
8 Es Egipto el que sube como el Nilo
y cuyas aguas se encrespan como los ríos.
Él decía: «Subiré, cubriré la tierra,
haré perecer la ciudad y sus habitantes.
9 ¡A la carga, corceles,
avancen enfurecidos los carros,
salgan los valientes,
gente de Cus y de Put
que empuñan el escudo,
y lidios que tensan el arco!».
10 Pero ese día es para el Señor de los ejércitos
un día de venganza para vengarse
de sus adversarios.
La espada devora y se sacia,
se abreva de su sangre.
Porque el Señor de los ejércitos
tiene un sacrificio
en el país del Norte, junto al río Éufrates.
11 ¡Sube a Galaad, recoge bálsamo,
virgen, hija de Egipto!
En vano multiplicas los remedios,
tu llaga no cicatriza.
12 Las naciones han conocido tu ignominia,
la tierra está llena de tus gritos,
porque un valiente tropieza contra el otro
y caen los dos juntos.

13 Palabra que el Señor dirigió al profeta Jeremías, cuando Nabucodonosor, rey de Babilonia, llegó para atacar al país de Egipto.

14 ¡Anúncienlo en Egipto,
proclámenlo en Nigdol,
háganlo oír en Nof y Tafnis!
Digan: ¡De pie, prepárate,
porque la espada devora a tu alrededor!
15 ¿Por qué huye Apis,
por qué tu Toro no ha resistido?
¡El Señor lo ha atropellado!
16 Tu muchedumbre tropieza y cae,
y se dicen unos a otros:
«¡Arriba, volvamos a nuestro pueblo,
a nuestra tierra natal,
lejos de la espada destructora!».
17 Den este nombre al Faraón, rey de Egipto:
«Puro alboroto, pero a destiempo».
18 ¡Juro por mi vida —oráculo del Rey
cuyo nombre es Señor de los ejércitos—
que alguien vendrá,
como el Tabor entre las montañas
y como el Carmelo sobre el mar!
19 Prepara el equipaje para el destierro,
hija que habitas en Egipto,
porque Nof será una devastación,
incendiada, despoblada.
20 Egipto era una ternera magnífica,
un tábano del Norte la acomete.
21 Hasta sus mercenarios, en medio de ella,
eran como terneros cebados;
pero ellos también retroceden,
huyen todos juntos, no resisten.
Porque les llega el día de su ruina,
el tiempo en que tendrán que dar cuenta.
22 ¡Escuchen! Son como una serpiente
que silba,
porque avanzan con ímpetu,
llegan hasta ella con hachas
como si fueran leñadores;
23 talan su bosque
—oráculo del Señor—
aunque era abundante.
Porque son más numerosos que langostas
y no se los puede contar.
24 ¡Está avergonzada la hija de Egipto,
es entregada al pueblo del Norte!

25 El Señor de los ejércitos, el Dios de Israel, ha dicho: «Yo voy a castigar a Amón de No, al Faraón y a Egipto, a todos sus dioses y a sus reyes, al Faraón y a los que confían en él. 26 Los entregaré en manos de los que atentan contra su vida, en manos

de Nabucodonosor, rey de Babilonia, y en manos de sus servidores. Pero después de esto, Egipto será habitado como en los tiempos antiguos —oráculo del Señor».

27 ¡Y tú no temas, servidor mío Jacob,
no te espantes, Israel!
Porque yo te salvaré de un país lejano,
y a tu descendencia,
del país de su cautiverio.
Jacob volverá y vivirá en calma,
tranquilo y sin que nadie lo perturbe.
28 Tú no temas, servidor mío Jacob
—oráculo del Señor—,
porque yo estoy contigo.
Sí, yo aniquilaré a todas las naciones
adonde yo mismo te expulsé,
pero a ti no te aniquilaré:
te corregiré con equidad,
aunque no te dejaré impune.

Oráculo contra los filisteos

Am 1 6-8; Sof 2 4-7; Is 14 28-32; Ez 25 15-17; Zac 9 5-7

47 1 Palabra del Señor, concerniente a los filisteos, que llegó al profeta Jeremías antes que el Faraón derrotara a Gaza.
2 Así habla el Señor:

¡Miren! Las aguas suben desde el Norte,
se convierten en un torrente desbordado;
inundan la tierra y lo que ella contiene,
la ciudad y sus habitantes.
Gritan los hombres, lanzan gemidos
todos los habitantes del país.
3 Al fragor de los cascos de sus corceles,
al estruendo de sus carros de guerra,
al tumulto de sus ruedas,
los padres se desentienden de sus hijos,
porque sus manos desfallecen.
4 Es a causa del día que llega
para arrasar a todos los filisteos,
para cortar a Tiro y a Sidón
todo resto de ayuda.
Porque el Señor arrasa a los filisteos,
al resto de la isla de Caftor.
5 Gaza se rapó la cabeza,
Ascalón está perdida.
Asdod, resto de los anaquitas,
¿hasta cuándo te *harás incisiones*?
6 ¡Ah, espada del Señor!
¿Hasta cuándo no descansarás?
¡Vuelve a tu vaina,
quédate tranquila y cálmate!
7 ¿Cómo puede descansar,
cuando el Señor le da una orden?
Hacia Ascalón y hacia la costa del mar,
hacia allí le ha dado cita.

Oráculo contra Moab

Am 2 1-3; Sof 2 8-11; Is 15 – 16; Ez 25 8-11

48 1 Para Moab. Así habla el Señor de los ejércitos, el Dios de Israel:

¡Ay de Nebo, porque ha sido devastada!
¡Ha sido tomada Quiriataim,
la ciudadela está humillada y deshecha!
2 ¡Ya no existe la gloria de Moab!
En Jesbón traman el mal contra ella:
«¡Vengan, extirpémosla como nación!».
También tú, Madmén,
serás reducida a silencio,
la espada avanza detrás de ti.
3 Oigan el clamor de Joronaim:
¡devastación y desastre total!
4 ¡Moab ha sido destrozado,
se hacen oír los gritos hasta Soar!
5 Sí, por la cuesta de Lujit
la gente sube llorando;
sí, por la pendiente de Joronaim
se oye un grito: «¡Desastre!».
6 ¡Huyan, sálvese quien pueda,
como un matorral en el desierto!
7 Por haber confiado
en tus obras y en tus tesoros,
también tú serás capturado.
Quemós irá hacia el destierro,
con sus sacerdotes y sus príncipes.
8 El devastador ocupará cada ciudad,
ni una sola escapará;
perecerá el valle y será arrasada la meseta,
como lo ha dicho el Señor.
9 Traigan sal para Moab,
porque será completamente destruido;
sus ciudades serán una desolación,
donde nadie habita.
10 ¡Maldito el que ejecuta con negligencia
el trabajo del Señor!
¡Maldito el que aparta su espada
de la sangre!

11 Moab vivió tranquilo desde su juventud,
él reposaba sobre sus heces;
no lo trasvasaban de vasija en vasija
—no había ido al destierro—.
Así se conservó su sabor
y no se alteró su aroma.

12 Por eso, llegarán los días —oráculo del
Señor— en que yo enviaré trasvasadores
que lo trasvasarán; ellos vaciarán sus vasijas y romperán sus tinajas. 13 Y Moab se
avergonzará de Quemós, como la casa de
Israel se avergonzó de Betel, en quien confiaba.

14 ¿Cómo pueden decir: «Somos guerreros,
hombres valientes para el combate»?
15 El devastador de Moab subió contra él,
lo mejor de sus jóvenes baja al matadero
—oráculo del Rey
cuyo nombre es Señor de los ejércitos—.
16 La ruina de Moab es inminente,
se precipita su desgracia.
17 Conduélanse por él, todos ustedes,
sus vecinos,
todos lo que conocen su nombre.

JR

Digan: «¡Cómo se ha quebrado
el cetro poderoso,
el bastón lleno de gloria!».
18 ¡Baja de la gloria, siéntate en el estiércol,
hija que habitas en Dibón!
Porque el devastador de Moab
ha subido contra ti,
ha destruido tus plazas fuertes.
19 Párate en el camino, al acecho,
habitante de Aroer;
pregunta al fugitivo y al prófugo,
dile: «¿Qué ha sucedido?».
20 ¡Moab está derrotado!
¡Sí, ha sido deshecho!
¡Lancen gritos y alaridos!
¡Anuncien sobre el Arnón:
Moab está devastado!

21 Llega un juicio al país de la meseta, a
Jolón e Iahsá, contra Mefaat, 22 contra Dibón, contra Nebo, contra Bet Diblataim,
23 contra Quiriataim, contra Bet Gamul,
contra Bet Meón, 24 contra Queriot, contra
Bosrá, y contra todas las ciudades del país
de Moab, lejanas y cercanas.

25 ¡Ha sido abatido el poder de Moab
y se ha roto su brazo!
—oráculo del Señor—.

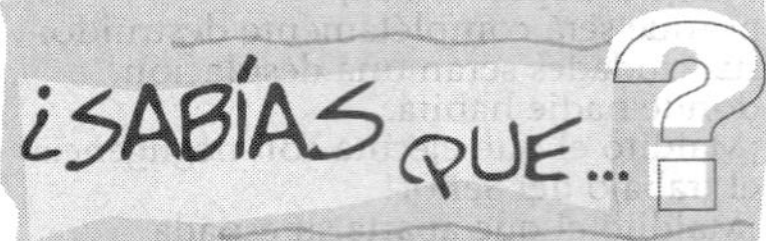

La venganza de Dios en la Biblia

Los oráculos vengativos de Jeremías contra las naciones se parecen a los de Isaías, Ezequiel, Daniel y Amós. Expresan el dolor profundo del pueblo de Israel y anuncian castigos a las naciones enemigas.

El original hebreo habla de «justicia vindicativa», o sea, de un castigo justo que muestre la victoria del bien sobre el mal. Este concepto, que nace de la imagen de Dios como juez supremo que ejerce su justicia contra quienes causan el mal, desafía nuestro criterio cristiano. Jesús enseña que Dios «hace salir su sol sobre malos y buenos» (Mt 5 45), y que el Padre ama a todos sus hijos, sin distinción de nación, condición social, sexo o religión.

Siempre que dudes ante un mensaje que te parece incoherente, torna tu mirada a Jesús y considera el mensaje de la Biblia entera (ver p. 36). Recuerda que es Jesús quien nos revela plenamente cómo es y cómo actúa Dios.

Jr 46 – 51

26 ¡Embriáguenlo, porque ha desafiado al
Señor! Que Moab se revuelque en su vómito y se convierta también él en un motivo
de risa. 27 ¿Acaso no te reías de Israel? ¿Lo
han sorprendido entre ladrones, para que
siempre que hables de él sacudas la cabeza?

28 ¡Abandonen las ciudades
y habiten en las rocas,
habitantes de Moab!
¡Hagan como la paloma que pone su nido
en las laderas de un barranco!
29 Hemos oído el orgullo de Moab,
el muy orgulloso:
¡qué altanería, qué orgullo, qué arrogancia,
qué altivez en su corazón!
30 Yo conozco su petulancia
—oráculo del Señor—,
sus vanas habladurías,
sus obras inconsistentes.
31 Por eso gimo a causa de Moab,
lanzo gritos por todo Moab,
suspiro por la gente de Quir Jaréset.
32 Lloro por ti como por Iazer,
viña de Sibmá;
tus sarmientos sobrepasaban el mar,
llegaban hasta Iazer.
Pero sobre tu cosecha y tu vendimia
ha irrumpido un devastador.
33 El gozo y la alegría se han retirado
de los vergeles del país de Moab.
Yo hice secar el vino de las cubas,
el pisador no pisa las uvas,
el grito del pisador
ya no es grito de vendimia.

34 El clamor de Jesbón llega hasta Elealé;
alzan la voz hasta Iahás, desde Soar hasta
Joronaim y Eglat Selisiá. Porque hasta las
aguas de Nimrim son una desolación. 35 Yo
haré desaparecer de Moab —oráculo del Señor— al que sube a los lugares altos y quema incienso a sus dioses. 36 Por eso mi corazón lanza un quejido por Moab como una
flauta; mi corazón lanza un quejido como
una flauta por la gente de Quir Jaréset. Por
eso se han perdido las ganancias que habían obtenido. 37 Porque están rapadas todas las cabezas y raídas todas las barbas; en
todas las manos hay incisiones y todos llevan cilicio. 38 Sobre los techos de Moab y en
sus plazas no hay más que lamentos; porque yo he destrozado a Moab como un vaso que nadie quiere —oráculo del Señor—.
39 ¡Cómo ha quedado deshecho! ¡Giman!
¡Con qué vergüenza Moab ha vuelto la espalda! Moab se ha convertido en la risa y el
espanto de sus vecinos.

40 Porque así habla el Señor:
¡Miren! Él planea como un águila,
extiende sus alas hacia Moab.

41 Las ciudades son tomadas,
conquistadas las plazas fuertes.
El corazón de los valientes de Moab,
en ese día,
es como el corazón de una parturienta.
42 Moab ha sido aniquilado como pueblo,
por haber desafiado al Señor.
43 ¡Pánico, fosa y red sobre ti,
habitante de Moab!
—oráculo del Señor—.
44 El que escape del pánico caerá en la fosa;
el que suba de la fosa
será atrapado en la red.
Porque yo atraeré esto sobre Moab,
el año en que tengan que dar cuenta.
45 A la sombra de Jesbón se detienen
los fugitivos exhaustos,
pero sale un fuego de Jesbón
y una llama de la ciudad de Sijón;
ella devora las sienes de Moab
y el cráneo de los turbulentos.
46 ¡Ay de ti, Moab!
¡Ha perecido el pueblo de Quemós!
Porque tus hijos son llevados prisioneros,
y tus hijas al cautiverio.
47 Pero yo cambiaré la suerte de Moab,
en los días futuros
—oráculo del Señor—.
Hasta aquí el juicio de Moab.

Oráculo contra Amón

Am 1 13-15; Ez 25 1-7; Sof 2 8-11

49 1 Para los amonitas. Así habla el Señor:
¿Acaso Israel no tiene hijos,
no tiene heredero?
¿Por qué Milcom ha heredado Gad
y su pueblo se ha establecido
en sus ciudades?
2 Por eso llegan los días
—oráculo del Señor—
en que haré oír a Rabá de los amonitas
el grito de guerra:
ella será una colina desolada,
sus ciudades serán incendiadas,
e Israel heredará a sus herederos,
dice el Señor.
3 ¡Gime, Jesbón,
porque Hai ha sido devastada,
lancen gritos, hijas de Rabá!
¡Pónganse un cilicio, laméntense,
y vayan de aquí para allá por los cercos,
porque Milcom va al cautiverio,
con sus sacerdotes y sus príncipes!
4 ¿Por qué te glorías de los valles,
de tu fértil valle,
hija apóstata,
tú que confías en tus tesoros
y dices: «¿Quién me atacará?».
5 Yo hago venir sobre ti el pánico
—oráculo del Señor de los ejércitos—
desde todos tus alrededores:
ustedes serán expulsados,
cada uno por su lado,
y nadie reunirá a los fugitivos.

6 Después de esto, cambiaré la suerte de
los amonitas —oráculo del Señor.

Oráculo contra Edom

Abd 1-9; Am 1 11-12; Is 34; Ez 25 12-14;
Lam 4 21-22; Sal 60 10-11

7 Para Edom.
Así habla el Señor de los ejércitos:
¿No hay más sabiduría en Temán?
¿Están faltos de consejo los inteligentes
o se desgastó su sabiduría?
8 ¡Huyan, vuelvan la espalda,
escóndanse bajo tierra,
habitantes de Dedán,
porque yo atraigo la ruina sobre Esaú,
es el momento de dar cuenta!
9 Si llegan hasta ti vendimiadores,
no dejarán ni un racimo;
si son ladrones nocturnos,
arrasarán a su gusto.
10 Sí, yo mismo desnudé a Esaú,
puse al descubierto sus escondites,
y no puede ocultarse.
Su raza y sus hermanos
han sido devastados,
sus vecinos ya no existen.
11 ¡Deja a tus huérfanos, yo los haré vivir,
y que tus viudas confíen en mí!

12 Porque así habla el Señor: Los que no estaban condenados a beber la copa, la tuvieron que beber. Y tú ¿vas a quedar impune?
¡No, no vas a quedar impune, sino que la vas
a beber! 13 Sí, lo juro por mí mismo —oráculo del Señor—: Bosrá se convertirá en devastación, oprobio, desierto y maldición, y todas sus ciudades serán ruinas eternas.

14 He oído un mensaje de parte del Señor,
un heraldo ha sido enviado a las naciones:
«¡Reúnanse! ¡Al asalto de la ciudad!
¡De pie para el combate!».
15 Porque yo te hago pequeño
entre las naciones,
despreciable entre los hombres.
16 Te engañó tu suficiencia,
la soberbia de tu corazón,
a ti, que habitas en las hendiduras
de la roca,
que ocupas la altura de una colina.
Aunque eleves tu nido como el águila,
de allí te precipitaré
—oráculo del Señor.

17 Edom se convertirá en una devastación;
todo el que pase junto a ella quedará pasmado, y silbará de estupor al ver todas sus
plagas. 18 Como en la catástrofe de Sodoma
y Gomorra, y de sus ciudades vecinas —di-

ce el Señor—, allí no habitará más ningún
hombre, no residirá ningún ser humano.
[19] Como un león que sube de la espesura del Jordán a una pradera siempre verde,
así yo los haré huir de allí en un instante, y
allí estableceré a mi elegido.

Porque ¿quién es como yo?
¿Quién me citará a juicio?
¿Quién es el pastor que se me opondrá?
[20] Por eso, oigan el plan del Señor
sobre Edom,
sus proyectos sobre los habitantes
de Temán:
Sí, hasta las ovejas más pequeñas
serán arrastradas,
su pradera se asombrará a causa de ellas.
[21] Por el estruendo de su caída
tiembla la tierra,
y el eco resuena hasta el mar Rojo.
[22] ¡Miren! Él sube, planea como el águila,
despliega sus alas sobre Bosrá;
el corazón de los guerreros de Edom,
en aquel día,
será como el corazón de una parturienta.

Oráculo contra Damasco

Am 1 3-5; Is 17 1-3; Zac 9 1

[23] Para Damasco.
Jamat y Arpad están avergonzadas,
porque han oído una mala noticia;
su corazón se deshace de ansiedad,
no puede calmarse.
[24] Damasco desfallece, emprende la huida,
la asalta el terror,
es presa de la angustia y los dolores
como una parturienta.
[25] ¡Cómo está abandonada
la ciudad gloriosa,
la ciudad de la alegría!
[26] Por eso sus jóvenes caerán en sus plazas
y todos los hombres de guerra
perecerán aquel día
—oráculo del Señor de los ejércitos—.
[27] Yo prenderé fuego a la fortaleza
de Damasco
y él devorará los palacios de Ben Hadad.

Oráculos contra las tribus árabes

Is 21 13-17; Jr 25 23-24

[28] Para Quedar y los reinos de Jasor, derrotados por Nabucodonosor, rey de Babilonia.

Así habla el Señor:
¡De pie! ¡Al asalto de Quedar!
¡Devasten a los hijos del Oriente!
[29] Tomen sus tiendas y sus rebaños,
sus toldos y sus equipajes;
quítenles sus camellos
y griten contra ellos:
«¡Terror por todas partes!».
[30] Huyan, emigren rápidamente,
escóndanse bajo tierra,
habitantes de Jasor —oráculo del Señor—,
porque Nabucodonosor, rey de Babilonia,
ha tramado un plan contra ustedes,
ha urdido contra ustedes un proyecto.
[31] ¡De pie! ¡Avancen contra una nación
despreocupada,
que se siente segura —oráculo del Señor—,
que no tiene puertas ni cerrojos,
y vive apartada!
[32] Sus camellos serán el botín,
y sus muchos rebaños, la presa.
Yo dispersaré a los cuatro vientos
a los «Sienes rapadas»,
de todos lados atraeré su ruina
—oráculo del Señor—.
[33] Jasor será una guarida de chacales,
una desolación para siempre;
allí no habitará ningún hombre,
no residirá ningún ser humano.

Oráculo contra Elam

Jr 25 14-20

[34] Palabra que el Señor dirigió al profeta
Jeremías acerca de Elam, al comienzo del
reinado de Sedecías, rey de Judá:

[35] Así habla el Señor de los ejércitos:
Yo voy a quebrar el arco de Elam,
principio de su fuerza.
[36] Haré venir contra Elam cuatro vientos
desde los cuatro confines del cielo.
Los dispersaré a los cuatro vientos,
y no habrá ni una sola nación
adonde no lleguen
los expulsados de Elam.
[37] Aterraré a Elam delante de sus enemigos
y delante de los que atentan contra su vida;
atraeré sobre ellos una desgracia,
el ardor de mi ira —oráculo del Señor—.
Enviaré la espada detrás de ellos,
hasta haberlos exterminado.
[38] Porque pondré mi trono en Elam,
y haré desaparecer de allí al rey
y a los príncipes
—oráculo del Señor.

[39] Pero en los días futuros, yo cambiaré
la suerte de Elam —oráculo del Señor.

Oráculo contra Babilonia: la caída de la ciudad

Is 13 – 14; 21 1-10; 47;
Jr 6 22-24; 49 19-21; 10 12-16; Ap 18

50 [1] Palabra que el Señor dirigió a Babilonia, al país de los caldeos, por medio del profeta Jeremías:

[2] ¡Anúncienlo entre las naciones,
proclámenlo, no lo oculten!
Digan: ¡Babilonia ha sido tomada!

¡Bel se ha cubierto de vergüenza!
¡Marduc ha sido destrozado!
¡Sus estatuas han sido humilladas,
están destrozados sus ídolos!
3 Porque del Norte sube una nación
contra ella:
dejará su tierra devastada
y no habrá más habitantes;
tanto los hombres como los animales
han emigrado, se han ido.
4 En aquellos días y en aquel tiempo
—oráculo del Señor—
vendrán los hijos de Israel,
junto con los hijos de Judá;
irán llorando mientras caminan
y buscarán al Señor, su Dios.
5 Preguntarán por el camino de Sion,
con el rostro vuelto hacia ella:
«¡Vengan, unámonos al Señor
en una alianza eterna, inolvidable!».
6 Ovejas perdidas, eso era mi pueblo:
sus pastores las extraviaban,
las hacían rondar por las montañas;
iban de montaña en colina,
olvidándose de su redil.
7 El que las encontraba, las devoraba,
sus adversarios decían:
«No somos culpables,
porque ellos pecaron contra el Señor,
morada de justicia,
esperanza de sus padres».
8 ¡Emigren de en medio de Babel,
salgan del país de los caldeos!
Sean como los machos cabríos
a la cabeza del rebaño.
9 Porque yo suscito y hago subir
contra Babilonia
una asamblea de grandes naciones
del Norte,
que se alinearán contra ella,
y así será conquistada.
Sus flechas son
como las de un hábil guerrero
que nunca vuelve con las manos vacías.
10 Caldea será saqueada,
y todos sus saqueadores se saciarán
—oráculo del Señor—.
11 ¡Sí, alégrense, diviértanse,
expoliadores de mi herencia!
¡Salten como una ternera en el pasto,
relinchen como padrillos!
12 La madre de ustedes ha sido humillada,
está confundida la que los dio a luz.
Ahora es la última de las naciones,
un desierto, un páramo, una estepa.
13 A causa de la irritación del Señor,
no será más habitada,
toda ella será una desolación.
El que pase por Babilonia
quedará pasmado
y silbará de estupor al ver todas sus heridas.
14 ¡Formen fila alrededor de Babilonia,
todos ustedes, los que tensan el arco;
disparen contra ella, no ahorren las flechas,
porque ha pecado contra el Señor!
15 ¡Lancen alaridos a su alrededor!
Ella se rinde, caen sus bastiones,
se derrumban sus murallas.
¡Esta es la venganza del Señor!
¡Vénguense de ella,
háganle lo mismo que ella hizo!
16 Supriman de Babilonia al sembrador,
y al que empuña la hoz en el tiempo
de la cosecha.
Ante la espada destructora,
cada uno se vuelve hacia su pueblo,
cada uno huye a su país.

17 Israel era una oveja descarriada, ahuyentada por los leones.

Primero la devoró el rey de Asiria, y ahora, últimamente, le quebró los huesos Nabucodonosor, rey de Babilonia.
18 Por eso, así habla el Señor de los ejércitos, el Dios de Israel: Voy a pedir cuenta al rey de Babilonia y a su país, como le pedí cuenta al rey de Asiria.

19 Haré volver a Israel a su pastizal,
para que paste en el Carmelo y en Basán
y se sacie en la montaña de Efraím
y Galaad.
20 En aquellos días y en aquel tiempo
—oráculo del Señor—
se buscará la iniquidad de Israel,
y habrá desaparecido,
los pecados de Judá, y no se encontrarán,
porque yo perdonaré a los que deje
con vida.
21 ¡Sube al país de Merataim,
sube contra él
y contra los habitantes de Pecod!
¡Masacra y consagra al exterminio
lo que queda de él
—oráculo del Señor—
y obra como yo te ordené!
22 ¡Hay ruido de guerra en el país
y un desastre total!
23 ¡Cómo fue abatido y se hizo pedazos
el martillo de toda la tierra!
¡Cómo ha quedado desolada
Babilonia entre las naciones!
24 Te puse una trampa y quedaste atrapada,
sin darte cuenta, Babilonia.
Has sido sorprendida y tomada,
porque habías provocado al Señor.
25 El Señor abrió su arsenal
y extrajo las armas de su furor,
porque el Señor de los ejércitos
tiene una tarea
en el país de los caldeos.
26 Vengan aquí todos, sin excepción,
abran sus graneros,
amontónenla como gavillas,

consagrenla al exterminio:
¡que no quede nada!
27 Masacren todos sus bueyes,
que bajen al matadero.
¡Ay de ellos, porque les ha llegado el día,
el tiempo de dar cuenta!
28 ¡Oigan! Fugitivos y prófugos de Babel
vienen a anunciar en Sion
la venganza del Señor, nuestro Dios,
la venganza de su Templo.
29 Convoquen a los arqueros contra Babel,
a todos los que tensan el arco;
acampen contra ella, a su alrededor,
que no escape ni uno solo.
¡Retribúyanle conforme a sus obras,
trátenla según lo que ella hizo,
porque ha sido arrogante con el Señor,
con el Santo de Israel!
30 Por eso caerán sus jóvenes en las plazas
y todos sus hombres de guerra
perecerán en aquel día
—oráculo del Señor—.
31 Aquí estoy contra ti, Arrogante
—oráculo del Señor de los ejércitos—,
porque ha llegado tu día,
el tiempo en que tendrás que dar cuenta.
32 Entonces tropezará y caerá la Arrogante,
sin que nadie la haga levantar.
Prenderé fuego a sus ciudades
y él devorará todos sus contornos.
33 Así habla el Señor de los ejércitos:
Los hijos de Israel están oprimidos
junto con los hijos de Judá;
sus carceleros los retienen
y se niegan a soltarlos.
34 Pero su redentor es fuerte,
su nombre es Señor de los ejércitos:
él sí que defenderá su causa
para dar tranquilidad a la tierra
y hacer temblar a los habitantes de Babel.
35 ¡Una espada contra los caldeos
—oráculo del Señor—
y sobre los habitantes de Babel,
sobre sus príncipes y sus sabios!
36 ¡Una espada sobre sus adivinos,
y ellos desvarían!
¡Una espada sobre sus guerreros,
y son presa del pánico!
37 ¡Una espada sobre sus caballos y sus carros,
y sobre la mezcla de gente que hay en ella,
y se vuelven como mujeres!
¡Una espada sobre sus tesoros,
y son saqueados!
38 ¡Una espada sobre sus aguas,
y ellas se secan!
Porque es un país de ídolos
y se glorían de esas figuras horrendas.

39 Por eso las fieras del desierto habitarán allí con las hienas, y vivirán allí los
avestruces; nunca más será habitada, y nadie morará allí de generación en generación. 40 Como cuando Dios provocó la catástrofe de Sodoma y Gomorra y de sus
ciudades vecinas —oráculo del Señor—,
allí no habitará más ningún hombre, no
residirá ningún ser humano.

41 ¡Miren! Un pueblo viene del Norte,
una gran nación y reyes numerosos
surgen desde el confín de la tierra.
42 Empuñan el arco y la jabalina,
son crueles e implacables;
su estruendo es como el rugido del mar,
van montados a caballo,
alineados como un solo hombre,
contra ti, hija de Babilonia.
43 Cuando el rey de Babilonia oyó la noticia
desfallecieron sus manos,
la angustia se apoderó de él,
y un temblor como de parturienta.

44 Como un león que sube de la espesura del Jordán a una pradera siempre verde,
así yo los haré huir de allí en un instante, y
allí estableceré a mi elegido.

Porque ¿quién es como yo?
¿Quién me citará a juicio?
¿Quién es el pastor que se me opondrá?
45 Por eso, oigan el plan del Señor
sobre Babilonia,
sus proyectos sobre el país de los caldeos.
Sí, hasta las ovejas más pequeñas
serán arrastradas,
la pradera se asombrará a causa de ellas.
46 Por el estruendo de la toma de Babilonia
tiembla la tierra,
y el eco resuena entre las naciones.

51 1 Así habla el Señor:
¡Miren que yo suscito
contra Babilonia
y contra los habitantes de Leb Camai
un viento arrasador!
2 Yo envío aventadores a Babilonia,
para que la avienten y vacíen su tierra.
¡Sí, la atacarán de todas partes
en el día de su desgracia!
3 Que el arquero tense su arco
y se yerga en su coraza.
No perdonen a sus jóvenes,
consagren al exterminio todo su ejército.
4 Que caigan víctimas de la espada
en el país de los caldeos,
y sean traspasados en sus calles.
5 Porque su país está lleno de crímenes
contra el Santo de Israel;
porque Israel y Judá no han enviudado
de su Dios, el Señor de los ejércitos.
6 ¡Huyan de en medio de Babilonia
y sálvese quien pueda!
¡No perezcan por culpa de ella!
Porque este es para el Señor
el tiempo de la venganza:

él le dará su merecido.
7 Babilonia era una copa de oro
en la mano del Señor,
para embriagar a toda la tierra;
las naciones bebieron su vino,
por eso se enloquecieron.
8 De pronto cayó Babilonia y se quebró.
—¡Giman por ella!
Traigan bálsamo para su dolor,
a ver si se cura.
9 —Hemos querido curar a Babilonia,
pero no sanó.
—¡Déjenla y vayámonos,
cada uno a su país,
porque el juicio contra ella
llega hasta el cielo
y se eleva hasta las nubes!
10 El Señor nos ha reivindicado:
¡vengan a contar en Sion
la obra del Señor, nuestro Dios!
11 ¡Afilen las flechas,
provéanse de escudos!
El Señor despertó el espíritu
del rey de los Medos,
porque tiene pensado destruirla.
¡Sí, esta es la venganza de nuestro Dios,
la venganza de su Templo!
12 ¡Levanten un estandarte
contra los muros de Babilonia,
refuercen la guardia,
aposten centinelas,
tiendan emboscadas!
Porque el Señor decidió llevar a cabo
lo que dijo contra los habitantes de Babel.
13 Tú que habitas
junto a las aguas caudalosas
y eres rica en tesoros:
ha llegado tu fin,
el término de tus ganancias.
14 El Señor de los ejércitos
lo juró por sí mismo:
«Te llenaré de hombres
como de langostas,
y entonarán contra ti
el canto de los vendimiadores».
15 Con su poder, él hizo la tierra,
con su sabiduría, afianzó el mundo,
y con su *inteligencia extendió* el cielo.
16 Cuando él truena,
retumban las aguas en el cielo,
hace subir las nubes desde el horizonte,
desata la lluvia con los relámpagos,
hace salir el viento de sus depósitos.
17 El hombre queda aturdido, sin comprender,
el fundidor se avergüenza de su ídolo,
porque su estatua es una mentira
y no hay en nada de eso aliento de vida;
18 son pura vanidad, una obra ridícula,
perecerán cuando haya que dar cuenta.
19 Pero no es como ellos la Parte de Jacob,
porque él ha modelado todas las cosas;
Israel es la tribu de su herencia,
su nombre es Señor de los ejércitos.
20 Tú fuiste para mí un martillo,
un arma de guerra.
Contigo martillé naciones,
contigo destruí reinos,
21 contigo martillé caballos y jinetes,
contigo martillé carros de guerra
y conductores,
22 contigo martillé hombres y mujeres,
contigo martillé ancianos y niños,
contigo martillé jóvenes y muchachas,
23 contigo martillé pastores y rebaños,
contigo martillé labradores y yuntas,
contigo martillé gobernadores y prefectos.

24 Pero yo haré pagar a Babilonia y a todos los habitantes de Caldea, a la vista de
ustedes, todo el mal que ellos hicieron en
Sion —oráculo del Señor.

25 ¡Aquí estoy contra ti,
Montaña de la Destrucción
—oráculo del Señor—,
que destruías toda la tierra!
Extenderé mi mano contra ti,
te haré rodar de lo alto de las rocas
y haré de ti una montaña de brasas.
26 No se extraerá de ti ni piedra angular
ni piedra de fundación,
porque serás una desolación eterna
—oráculo del Señor—.
27 ¡Levanten un estandarte en el país,
toquen la trompeta entre las naciones!
Convoquen a las naciones
para la guerra santa,
recluten a los reinos contra ella:
a Ararat, Miní y Asquenaz.
Designen oficiales para el reclutamiento,
hagan avanzar los caballos
como langostas erizadas.
28 Alisten naciones contra ella,
al rey de Media,
a sus gobernadores y a todos sus prefectos,
a toda la tierra bajo su dominio.
29 La tierra tiembla y se sacude,
porque se cumple contra Babel
el proyecto del Señor
de reducir su país a una devastación
sin habitantes.
30 Los guerreros de Babilonia
dejaron de combatir,
se quedaron en las fortalezas;
se ha secado su vigor,
se han vuelto como mujeres;
sus moradas han sido incendiadas,
se han roto sus cerrojos.
31 Va corriendo un emisario tras otro,
un mensajero tras otro,
para anunciar al rey de Babilonia
que toda su ciudad ha sido tomada.

J
R

32 Los vados han sido ocupados,
los bastiones, incendiados,
los hombres de guerra están despavoridos.
33 Porque así habla el Señor de los ejércitos,
el Dios de Israel:
La hija de Babilonia es como una era
en el momento de ser apisonada;
un poco más, y llegará para ella
el tiempo de la cosecha.
34 ¡Me ha devorado, me ha consumido
Nabucodonosor, rey de Babilonia!
¡Me ha dejado como un plato vacío!
¡Me ha tragado como el Dragón,
ha llenado su vientre con mis delicias
y me ha expulsado!
35 ¡Que la violencia hecha a mi carne
caiga sobre Babel!,
dice la que habita en Sion.
¡Caiga mi sangre
sobre los habitantes de Caldea!,
dice Jerusalén.
36 Por eso, así habla el Señor:
Yo voy a defender tu causa
y a encargarme de tu venganza;
yo secaré su mar
y agotaré su manantial.
37 Babel será un montón de escombros,
una guarida de chacales,
una devastación y un motivo de estupor,
un lugar deshabitado.
38 Rugen todos juntos
como cachorros de león,
gruñen como crías de leonas.
39 Mientras entran en calor,
les preparo un festín,
los embriagaré para que se emboten;
así dormirán un sueño eterno
y no se despertarán
—oráculo del Señor—.
40 Los haré bajar como corderos al matadero,
como carneros y chivos.
41 ¡Cómo ha sido tomada Sesac
y conquistada la gloria de toda la tierra!
¡Cómo ha sido devastada Babilonia
en medio de las naciones!
42 El mar subió contra Babel,
la cubrió el tumulto de sus olas.
43 Sus ciudades son una devastación,
un páramo, una estepa,
nadie habita en ellas,
por allí no pasa ningún hombre.
44 Yo castigaré a Bel en Babel,
sacaré de su boca lo que se tragó;
las naciones no afluirán más hacia él,
y hasta el muro de Babilonia caerá.
45 ¡Salgan de en medio de ella, pueblo mío,
y salve cada uno su vida
del ardor de la ira del Señor!
46 No se descorazonen,
ni teman por los rumores
que se oirán en el país.
Un año correrá un rumor
y otro al año siguiente:
la violencia reinará en el país
y un tirano se levantará contra otro.
47 Porque llegarán los días
en que pediré cuenta a los ídolos
de Babilonia:
todo su país se cubrirá de vergüenza
y caerán sus víctimas en medio de ella.
48 Gritarán jubilosos contra Babilonia
el cielo, la tierra y lo que hay en ella,
porque del Norte llegarán sus devastadores
—oráculo del Señor—.
49 Babilonia también tiene que caer
por las víctimas de Israel,
así como cayeron por Babilonia
las víctimas de toda la tierra.
50 ¡Vayan, salvados de la espada,
no se detengan!
¡Acuérdense del Señor desde lejos
y piensen en Jerusalén!
51 Sentíamos vergüenza al oír el ultraje,
la confusión cubría nuestro rostro,
porque invadieron extranjeros
los lugares santos de la Casa del Señor.
52 Por eso, llegarán los días
—oráculo del Señor—
en que castigaré a los ídolos de Babilonia
y las víctimas gemirán en todo su país.
53 Aunque Babel se eleve hasta el cielo
y haga inaccesible su alta fortaleza,
le llegarán devastadores de parte mía
—oráculo del Señor—.
54 ¡Oigan! Un clamor sale de Babilonia,
un gran estruendo del país de los caldeos.
55 Porque el Señor devasta a Babilonia
y hace cesar su gran estrépito;
sus olas braman
como las aguas caudalosas
y resuena el estruendo de su voz.
56 Porque llega contra Babilonia
un devastador:
sus guerreros son capturados,
se quiebran sus arcos.
Sí, el Señor es el Dios de las represalias:
él paga estrictamente.
57 Yo embriagaré a sus príncipes y a sus sabios,
a sus gobernadores, a sus prefectos
y sus guerreros:
ellos dormirán el sueño eterno
y no se despertarán
—oráculo del Rey cuyo nombre es
Señor de los ejércitos—.
58 Así habla el Señor de los ejércitos:
Los muros de Babilonia, la extensa,
serán arrasados por completo,
y sus altas puertas
serán incendiadas.
Así, los pueblos se fatigan por nada
y solo para el fuego
se extenúan las naciones.

VIVE LA PALABRA

¿Qué le pasó a Babilonia, el peor enemigo?

Babilonia se convirtió en el prototipo de los enemigos de Israel, pues al arrasar a Jerusalén y deportar a sus dirigentes, parecía que había destruido la Ciudad Santa y al pueblo israelita. Sin embargo, un grupo de exiliados, identificados más tarde como el resto de Israel, conservó la alianza y mantuvo la esperanza de su salvación y de la restauración del reino (Jr 50 1-7; 51 15-33). Esta esperanza se cumplió cuando los persas vencieron a Babilonia y permitieron a los israelitas regresar a reconstruir Jerusalén, lo que fue visto como castigo de Dios a sus enemigos (51 34-58).

Hoy, Jerusalén es una ciudad moderna y el judaísmo una gran religión. Babilonia no existe desde hace siglos y nadie venera a su dios Marduk. El mensaje es claro: grandes ciudades y culturas vienen y van, pero Dios permanece a lo largo de la historia y es fuente de esperanza y vida para su pueblo.

¿Cómo ves el contexto histórico actual? ¿Es época de decadencia religiosa..., de reforma y renovación..., de fidelidad a Dios? Escucha su llamado a ser fiel, mantener la esperanza y compartirla con quienes han perdido el sentido de la vida. Dios cuenta contigo, ¿cuentas tú con él? (ver «Perfil del resto de Israel», Sof 3 9-13).

Jr 50 – 51

El oráculo contra Babilonia

59 Esta es la orden que el profeta Jeremías
dio a Seraías, hijo de Nerías, hijo de Maasías, cuando este partió para Babilonia con
Sedecías, rey de Judá, en el cuarto año de su
reinado. Seraías era el encargado de las etapas durante la marcha. 60 Jeremías había escrito en un libro toda la desgracia que debía
sobrevenir a Babilonia, todas estas palabras
escritas contra Babilonia. 61 Y Jeremías dijo a
Seraías: «Cuando llegues a Babilonia, procura leer en voz alta todas estas palabras.
62 Luego dirás: "Señor, tú has dicho de este
lugar que sería destruido, de manera que no
quedaría en él ningún habitante, ni hombre
ni animal, sino que sería una desolación
perpetua". 63 Y cuando hayas acabado de leer
este libro, lo atarás a una piedra y lo arrojarás en medio del Éufrates. 64 Entonces dirás:
De esta manera se hundirá Babilonia, y no
se levantará nunca más de la desgracia que
yo haré venir sobre ella».

Aquí concluyen las palabras de Jeremías.

APÉNDICE HISTÓRICO

Jr 39 1-18; 2 Re 24 18 – 25 30

52 1 Sedecías tenía veintiún años cuando
comenzó a reinar, y reinó once años en
Jerusalén. Su madre se llamaba Jamutal, hija
de Jeremías, y era de Libná. 2 Él hizo lo que es
malo a los ojos del Señor, tal como lo había
hecho Joaquim. 3 Esto sucedió en Jerusalén y
en Judá a causa de la ira del Señor, hasta que
al fin él los arrojó lejos de su presencia.

Sedecías se rebeló contra el rey de Babilonia.

4 El noveno año del reinado de Sedecías,
el día diez del décimo mes, Nabucodonosor,
rey de Babilonia, llegó con todo su ejército
contra Jerusalén. Ellos acamparon frente a la
ciudad y la cercaron con una empalizada.
5 La ciudad estuvo bajo el asedio hasta el año
undécimo del rey Sedecías. 6 En el noveno
día del cuarto mes, mientras apretaba el
hambre en la ciudad y no había más pan para la gente del país, 7 se abrió una brecha en
la ciudad. Entonces huyeron todos los hombres de guerra, saliendo de la ciudad durante la noche, por el camino de la puerta entre
las dos murallas que está cerca del jardín del
rey; y mientras los caldeos rodeaban la ciudad, ellos tomaron el camino de la Arabá.
8 Las tropas de los caldeos persiguieron al rey,
y alcanzaron a Sedecías en las estepas de Jericó, donde se desbandó todo su ejército, dejándolo solo. 9 Los caldeos capturaron al rey
y lo hicieron subir hasta Riblá, en el país de
Jamat, ante el rey de Babilonia, que dictó
sentencia contra él. 10 El rey de Babilonia hizo degollar a los hijos de Sedecías ante sus
propios ojos, y también a todos los jefes de
Judá, en Riblá. 11 Luego le sacó los ojos a Sedecías y lo ató con una doble cadena de
bronce. Así lo llevó a Babilonia, donde lo tuvo prisionero hasta el día de su muerte.

12 El día diez del quinto mes —era el de-
cimonoveno año de Nabucodonosor, rey de
Babilonia— Nebuzaradán, comandante de la
guardia, que prestaba servicio ante el rey de
Babilonia, entró en Jerusalén. 13 Incendió la
Casa del Señor, la casa del rey y todas las casas de Jerusalén, y prendió fuego a todas las
casas de los nobles. 14 Después, el ejército de

los caldeos que estaba con el comandante de la guardia derribó todas las murallas que rodeaban a Jerusalén.

15 Nebuzaradán, el comandante de la guardia, deportó a toda la población que había quedado en la ciudad, a los desertores que se habían pasado al rey de Babilonia y al resto de los artesanos. 16 Pero dejó una parte de la gente pobre del país como viñadores y cultivadores.

17 Además, los caldeos hicieron pedazos las columnas de bronce de la Casa del Señor, las bases y el Mar de bronce que estaba en la Casa del Señor, y se llevaron todo el bronce a Babilonia. 18 Tomaron también las ollas, las palas, los cuchillos, los aspersorios, las fuentes y todos los utensilios de bronce que servían para el culto. 19 El comandante de la guardia tomó asimismo las palanganas, los pebeteros, los aspersorios, las ollas, los candelabros, las fuentes y las bandejas: todos los objetos de oro y plata. 20 En cuanto a las dos columnas, al único Mar de bronce, a los doce bueyes de bronce que lo sostenían y a las bases que había hecho el rey Salomón para la Casa del Señor, no se podía evaluar el peso de bronce de todos esos objetos. 21 En lo que respecta a las columnas, la altura de una columna era de nueve metros; un hilo de seis metros medía su circunferencia; su espesor era de cuatro dedos, y era hueca por dentro. 22 Estaba rematada por un capitel de bronce, y la altura del capitel era de dos metros y medio. Sobre el capitel, todo alrededor, había una moldura en forma de red y de granadas, todo de bronce. La segunda columna, con sus granadas, era igual a la primera. 23 Había noventa y seis granadas que sobresalían en relieve, y las granadas eran cien en total, alrededor de toda la red.

24 El comandante de la guardia apresó a Seraías, el sumo sacerdote, a Sefanías, el segundo sacerdote, y a los tres guardianes del umbral. 25 En la ciudad apresó también a un eunuco, que estaba al frente de los hombres de guerra, a siete hombres del servicio personal del rey que fueron sorprendidos en la ciudad, al secretario del jefe del ejército, encargado de enrolar al pueblo del país, y a sesenta hombres del pueblo que estaban en medio de la ciudad. 26 Después de tomarlos prisioneros, Nebuzaradán, comandante de la guardia, los llevó ante el rey de Babilonia, a Riblá. 27 El rey de Babilonia los mandó golpear y ejecutar en Riblá, en el país de Jamat. Así fue deportado Judá lejos de su tierra.

28 Este es el número de la población deportada por Nabucodonosor: en el séptimo año, 3 023 judíos; 29 en el año decimoctavo de Nabucodonosor, de Jerusalén, 832 personas; 30 en el año vigésimo tercero de Nabucodonosor, Nebuzaradán, comandante de la guardia, deportó a 745 judíos. En total: 4 600 personas.

La liberación del rey Joaquín en Babilonia

31 El trigésimo séptimo año de la deportación de Joaquín, rey de Judá, el día veinticinco del duodécimo mes, Evil Merodac, rey de Babilonia, en el año de su entronización, indultó a Joaquín, rey de Judá, y lo hizo salir de la prisión. 32 Le habló amigablemente y le asignó un sitial más elevado que el de los reyes que estaban con él en Babilonia. 33 Le hizo cambiar su ropa de prisionero, y Joaquín comió siempre en su presencia, durante toda su vida. 34 Su mantenimiento fue asegurado por el rey de Babilonia con una asignación regular para cada día, hasta el día de su muerte, durante toda su vida.

Imagina un pueblo que sufre una epidemia fuerte. La gente sabe que el médico puede curarla, pero se niega a verlo porque le pedirá que deje de comer lo que le hace daño y no use pesticidas en sus sembradíos. Algo semejante pasaba con el pueblo de Israel. Dios estaba listo para perdonarlo, pero la gente no buscaba su perdón, aun sabiendo que, si pedía su misericordia, volvería a vivir en la esperanza, la paz y la bondad. El libro de Baruc relata cómo el pueblo de Israel se acerca a Dios y es sanado por él.

BARUC Y CARTA DE JEREMÍAS

ESQUEMA

Baruc

- **1 1-14.** Introducción
- **1 15 – 3 8.** Oración penitencial
- **3 9 – 4 4.** Reflexión sobre la Sabiduría
- **4 5 – 5 9.** Exhortación a los exiliados y consuelo de Jerusalén

Carta de Jeremías

- Versos 1-72

DATOS

Período descrito
Entre 500 y 300 a.C.

Autor
Anónimo. Se atribuye el libro *a Baruc,* escribano de Jeremías

Fecha de redacción
Siglo II a.C.

Temas
Conversión y consolación

Nota
El libro de Baruc es deuterocanónico (ver «¿Por qué la Biblia católica tiene más libros que otras Biblias?», p. 35)

PRESENTACIÓN

El libro de Baruc fue editado por un autor desconocido que atribuye su obra a Baruc para darle autoridad, según la costumbre de la época. Baruc, *el profeta de las lamentaciones litúrgicas,* fue escribano (secretario) de Jeremías y testigo de su misión; gozaba de autoridad tanto entre los judíos que reconstruyeron Jerusalén como entre los que estaban en la diáspora, fuera de Israel.

El libro consiste en varios manuscritos escritos por diversos autores con el estilo de Jeremías. El editor sitúa todos estos escritos en el exilio, aunque tratan asuntos del judaísmo que sucedieron dos o tres siglos más tarde.

Es un libro de carácter litúrgico, que reúne plegarias recitadas en asambleas solemnes y contiene tres secciones: conversión, homilía y consuelo final. Introduce el género literario de los lamentos entre los profetas. Sus temas principales son el llamado a la conversión y el consuelo de Dios a su pueblo.

El mensaje de Baruc motiva a mantener una firme confianza en la bondad divina, a pesar de los sufrimientos provocados por las dificultades y el pecado. Exhorta a resistir las presiones de culturas con valores contrarios a la voluntad divina y fomenta la fidelidad a Dios, la cual ayuda a enfrentar situaciones desconocidas que pudieran presentarse.

Este libro no se incluye en la Biblia hebrea. La Iglesia lo aceptó como libro canónico por su contenido de conversión y esperanza. Algunas versiones le añaden una carta escrita por Jeremías a los exiliados. En *La Biblia Católica para Jóvenes,* la carta se ubica aparte, para no perder la rica unidad de la celebración de Baruc.

BARUC Y CARTA DE JEREMÍAS

ORACIÓN PENITENCIAL DE LOS DESTERRADOS

CARTA CONTRA LA IDOLATRÍA

BAR

Introducción

2 Re 24 8-17; Jr 22 24-30

1 1 Texto del escrito que Baruc, hijo de
Nerías, hijo de Maasías, hijo de Sedecías, hijo de Asadías, hijo de Jilquías, escribió en Babilonia, 2 en el año quinto, el séptimo día del mes, en la época en que los
caldeos habían tomado Jerusalén y la habían incendiado.
3 Baruc leyó el texto de este escrito en presencia de Jeconías, hijo de Joaquim, rey de
Judá, y de todo el pueblo que había venido
para escuchar esta lectura; 4 en presencia de
las autoridades y de los príncipes reales, de los
ancianos y de todo el pueblo —desde el más
pequeño hasta el más grande— de todos los
que habitaban en Babilonia junto al río Sud.
5 Se derramaron lágrimas, se ayunó y se oró
delante del Señor. 6 También se recogió dinero según las posibilidades de cada uno, 7 y se
lo envió a Jerusalén, al sacerdote Joaquim,
hijo de Jilquías, hijo de Salom, y a los otros
sacerdotes y a todo el pueblo que se encontraba con él en Jerusalén. 8 Baruc ya había recuperado, el décimo día del mes de Siván,
los vasos de la Casa del Señor sacados del
Templo, a fin de devolverlos a la tierra de Judá. Eran objetos de plata que había hecho
Sedecías, hijo de Josías, rey de Judá, 9 después que Nabucodonosor, rey de Babilonia,
deportó desde Jerusalén y llevó a Babilonia a
Jeconías, a los príncipes, a los rehenes, a los
nobles y a la gente del país.
10 Les escribieron lo siguiente: Aquí les enviamos dinero; compren con él víctimas para los holocaustos y los sacrificios por el pecado, y también incienso; hagan ofrendas y
preséntenlas sobre el altar del Señor, nuestro
Dios. 11 Rueguen por la vida de Nabucodonosor, rey de Babilonia, y por la de su hijo Baltasar, para que sus días sean sobre la tierra como los días del cielo. 12 Que el Señor nos dé
fuerza e ilumine nuestros ojos, para que vivamos a la sombra de Nabucodonosor, rey
de Babilonia, y a la sombra de su hijo Baltasar, y lo sirvamos mucho tiempo, gozando
de su favor. 13 Rueguen también por nosotros
al Señor, nuestro Dios, porque hemos pecado contra él, y la ira del Señor y su indignación no se han alejado de nosotros hasta el
día de hoy. 14 Lean este libro, que nosotros les
enviamos para que se haga confesión de los
pecados en la Casa del Señor, en el día de la
Fiesta y en los días de la Asamblea.

PERSPECTIVA CATÓLICA

Celebración penitencial comunitaria

Baruc, *el profeta de las lamentaciones litúrgicas*, dirige la oración de una asamblea reunida para reconciliarse con Dios. ¡Qué saludable es confesar nuestros pecados y reconocer abiertamente nuestro espíritu «rebelde» y nuestra «estupidez»! (Bar 1 19).

La Iglesia católica realiza dos tipos de actos penitenciales comunitarios:

- Las celebraciones comunitarias son las más frecuentes. Tienen lugar como preparación de grandes fiestas, durante las peregrinaciones, congresos y otros eventos. En ellas proclamamos y meditamos la Palabra de Dios; reconocemos que solo Dios es santo, que hemos pecado y que necesitamos conversión; pedimos perdón juntos y hacemos una breve confesión personal, pues varios sacerdotes oyen confesiones simultáneamente.[1]
- En casos excepcionales, la Iglesia acepta la confesión y absolución general, pero solo recibe la absolución quien está arrepentido, pues el arrepentimiento y la conversión son esenciales en el sacramento de la reconciliación. En estos casos, las personas deben confesar sus pecados graves cuando puedan hacerlo.[2]

Bar 1 15-22

ORACIÓN PENITENCIAL

La confesión de los pecados

Dt 28 15-68; Jr 27 12; 7 34; 33 10-11; 36 30

15 Ustedes dirán: Al Señor, nuestro Dios,
pertenece la justicia; a nosotros, en cambio, la vergüenza reflejada en el rostro, como sucede en el día de hoy: vergüenza para los hombres de Judá y los habitantes de
Jerusalén, 16 para nuestros reyes y nuestros
jefes, para nuestros sacerdotes, nuestros
profetas y nuestros padres. 17 Porque hemos pecado contra el Señor, 18 le hemos sido infieles y no hemos escuchado la voz
del Señor, nuestro Dios, que nos mandaba
seguir los preceptos que él puso delante de
nosotros. 19 Desde el día en que el Señor hizo salir a nuestros padres del país de Egipto, hasta el día de hoy, hemos sido infieles
al Señor, nuestro Dios, y no nos hemos
preocupado por escuchar su voz.
20 Por eso han caído sobre nosotros tantas
calamidades, así como también la maldición
que el Señor profirió por medio de Moisés,
su servidor, el día en que hizo salir a nuestros
padres del país de Egipto, para darnos una
tierra que mana leche y miel. Esto es lo que
nos sucede en el día de hoy. 21 Nosotros no
hemos escuchado la voz del Señor, nuestro
Dios, conforme a todas las palabras de los
profetas que él nos envió. 22 Cada uno se dejó llevar por los caprichos de su corazón perverso, sirviendo a otros dioses y haciendo el
mal a los ojos del Señor, nuestro Dios.

2 1 Por eso el Señor ha cumplido la
amenaza que había pronunciado
contra nosotros, contra los jueces que go-
bernaron a Israel, contra nuestros reyes,
contra nuestros jefes y contra los hombres
de Israel y de Judá. 2 Nunca se hizo bajo el
cielo nada semejante a lo que él hizo en Jerusalén, conforme a lo que está escrito en
la Ley de Moisés, 3 a tal punto que llegamos
a comer, uno la carne de su hijo, y otro la
carne de su hija. 4 Él los entregó en manos
de todos los reinos que nos rodean, para
que cayeran en el oprobio y la desolación,
entre todos los pueblos de los alrededores
donde el Señor los dispersó. 5 Así quedaron
sometidos, en lugar de prevalecer, porque
nosotros hemos pecado contra el Señor,
nuestro Dios, al no escuchar su voz.
6 Al Señor, nuestro Dios, pertenece la
justicia; a nosotros, en cambio, y a nuestros padres la vergüenza reflejada en el rostro, como sucede en el día de hoy. 7 Todo lo
que el Señor había anunciado contra nosotros, todas esas desgracias nos han sobrevenido. 8 Nosotros no hemos aplacado
con nuestras súplicas el rostro del Señor,
apartándonos cada uno de los pensamientos de su corazón perverso. 9 Por eso el Señor estuvo atento a estas calamidades y las
descargó sobre nosotros, porque él es justo
en todo lo que nos manda hacer. 10 Pero
nosotros no hemos escuchado la voz del
Señor, que nos mandaba seguir los preceptos que él puso delante de nosotros.

Súplica para obtener el perdón

Dn 9 15-16; Jr 32 20-21; Is 38 18; Dt 28 65-67;
Ez 36 22; Dn 9 15; Jr 31 31; Sal 44 23; Jr 31 33

11 Y ahora, Señor, Dios de Israel, que hiciste salir a tu pueblo de la tierra de Egipto
con mano fuerte, con signos y portentos,
con gran poder y con el brazo en alto, ha-

ciéndote así un Nombre famoso hasta el
día de hoy, 12 nosotros hemos pecado, nos
hemos hecho impíos, hemos incurrido en
la injusticia, Señor, Dios nuestro, desobe-
deciendo todas tus normas. 13 Que tu furor
se aparte de nosotros, porque hemos quedado muy pocos entre las naciones donde
nos has dispersado.

14 Escucha, Señor, nuestra oración y nuestra súplica, y por tu honor, líbranos y concédenos el favor de aquellos que nos han
deportado, 15 para que toda la tierra conozca
que tú eres el Señor, nuestro Dios, porque tu
Nombre ha sido invocado sobre Israel y sobre su raza. 16 Mira, Señor, desde tu santa
morada y piensa en nosotros; inclina tu oído y escucha; 17 abre, Señor, tus ojos y mira;
porque no son los muertos que están en el
Abismo, aquellos cuyo espíritu ha sido
arrancado de sus entrañas, los que tributan
gloria y justicia al Señor; 18 sino que es el alma llena de aflicción, y son los que caminan encorvados y sin fuerzas, los ojos debilitados y el alma hambrienta los que te
tributan, Señor, gloria y justicia. 19 No es por
las obras de justicia de nuestros padres y de
nuestros reyes que nosotros presentamos
nuestra súplica delante de tu rostro, Señor,
Dios nuestro. 20 Porque tú has enviado sobre
nosotros tu furor y tu indignación, como lo
habías anunciado por medio de tus servidores, los profetas, diciendo: 21 Así habla el Señor: *Doblequen sus espaldas y sirvan al rey de
Babilonia,* y permanecerán en la tierra que
yo he dado a sus padres. 22 Pero si ustedes no
escuchan la voz del Señor, sirviendo al rey
de Babilonia, 23 *yo haré cesar en las ciudades de
Judá y dentro de Jerusalén el grito de gozo y el
grito de alegría, el canto del esposo y el canto de
la esposa, y todo el país se convertirá en un desierto sin habitantes.* 24 Y nosotros no hemos
escuchado tu voz, que nos mandaba servir
al rey de Babilonia; por eso, tú has cumplido la amenaza que habías pronunciado por
medio de tus servidores, los profetas, a saber, que serían sacados de su sitio los huesos de nuestros reyes y los huesos de nuestros padres. 25 Y ahora *han sido arrojados al
calor del día y al frío de la noche,* después de
haber muerto en medio de crueles sufrimientos, por el hambre, la espada y la peste. 26 Tú has reducido esta Casa sobre la que
había sido invocado tu Nombre, a lo que es
en el día de hoy, a causa de la maldad de la
casa de Israel y de la casa de Judá.

27 Sin embargo, tú nos has tratado, Señor, Dios nuestro, conforme a toda tu benignidad y a tu gran compasión, 28 como lo
habías anunciado por medio de Moisés, tu
servidor, el día en que le ordenaste escribir
tu Ley en presencia de los israelitas, diciendo: 29 «Si ustedes no escuchan mi voz, esta
grande, esta inmensa muchedumbre será
reducida a un pequeño número entre las
naciones adonde los dispersaré. 30 Yo sé, en
efecto, que ellos no me escucharán, porque son un pueblo obstinado y rebelde,
pero en la tierra de su exilio, volverán sobre sí mismos 31 y conocerán que yo soy el
Señor, su Dios. Les daré un corazón y oídos dóciles, 32 y ellos me alabarán en la tierra de su exilio y se acordarán de mi Nombre. 33 Se arrepentirán de su obstinación y
de sus malas acciones, porque se acordarán
de la suerte de sus padres que pecaron contra el Señor. 34 Entonces los haré volver a la
tierra que juré dar a sus padres, a Abraham,
a Isaac y a Jacob, y se adueñarán de ella.
Los multiplicaré y ya no disminuirán. 35 Es-

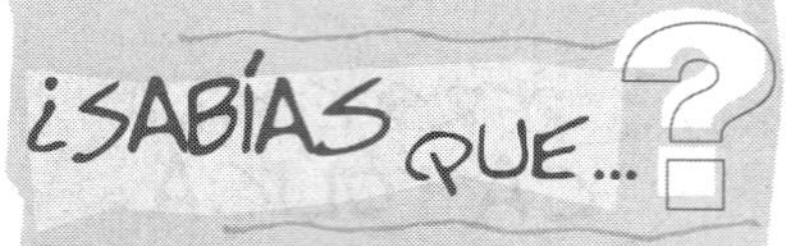

Solidaridad e identificación con los pecadores

Una característica de Baruc y otros profetas es su solidaridad e identificación con el pueblo pecador. Esta solidaridad, uno de los criterios del profeta auténtico, lo lleva a pedir perdón a Dios por los pecados cometidos por el pueblo a lo largo del tiempo (ver «Diez criterios del profetismo auténtico», Jr 23 25-32).

Al entrar el Tercer Milenio, el papa Juan Pablo II asumió esta actitud de solidaridad e identificación con los pecados cometidos por los católicos a lo largo de los siglos. En nombre de la Iglesia pidió perdón a Dios por los daños hechos al pueblo de Israel y la violación de los derechos de razas, grupos étnicos y otras tradiciones religiosas; por la intolerancia y la violencia en el servicio a la verdad; por la aceptación de la violación de los derechos humanos y la corresponsabilidad en graves formas de injusticia y marginación social; por las rupturas de la unidad eclesial y la indiferencia religiosa...

¡Señor, no está en nuestras manos anular los efectos del pecado histórico ni dejar de sentirlos; sana nuestros corazones y redobla nuestra motivación para crear un mundo mejor donde reine la paz!

Bar 2 11-26

tableceré para ellos una alianza eterna, para que yo sea su Dios y ellos sean mi Pueblo, y ya no arrojaré más a mi pueblo Israel
de la tierra que les he dado».

3 [1] Señor todopoderoso, Dios de Israel,
es un alma angustiada y un espíritu
acongojado el que grita hacia ti. [2] Escucha,
Señor, y ten piedad, porque hemos pecado
contra ti. [3] Tú permaneces para siempre,
mientras que nosotros perecemos para
siempre. [4] Señor todopoderoso, Dios de Israel, escucha la plegaria de los muertos de
Israel, de los hijos de aquellos que han pecado contra ti y no han escuchado la voz
del Señor, su Dios, por lo que han caído
sobre nosotros estas calamidades. [5] No te
acuerdes de las injusticias de nuestros padres, sino acuérdate en este momento de tu
mano y de tu Nombre. [6] Porque tú eres el
Señor, nuestro Dios, y nosotros te alabaremos, Señor. [7] Sí, tú has infundido tu temor
en nuestro corazón, para que invocáramos
tu Nombre, y nosotros te alabaremos en
nuestro exilio, porque hemos arrojado de
nuestro corazón toda la injusticia de nuestros padres que pecaron contra ti. [8] Aquí estamos hoy en la tierra de nuestro exilio
donde tú nos has dispersado, soportando
el oprobio, la maldición y la condena, por
todas las injusticias de nuestros padres, que
se apartaron del Señor, nuestro Dios.

REFLEXIÓN SOBRE LA SABIDURÍA

Exhortación a volver a la fuente de la Sabiduría

Prov 4 20-23; Jr 2 13; Eclo 1 5; Is 48 18

[9] Escucha, Israel, los mandamientos de vida;
presta atención para aprender a discernir.
[10] ¿Por qué, Israel, estás en un país
de enemigos
y has envejecido en una tierra extranjera?
[11] ¿Por qué te has contaminado
con los muertos,
contándote entre los que bajan al Abismo?
[12] ¡Tú has abandonado
la fuente de la sabiduría!
[13] Si hubieras seguido el camino de Dios,
vivirías en paz para siempre.
[14] Aprende dónde está el discernimiento,
dónde está la fuerza y dónde la inteligencia,
para conocer al mismo tiempo
dónde está la longevidad y la vida,
dónde la luz de los ojos y la paz.

SI HUBIERAS SEGUIDO EL CAMINO
DE DIOS, VIVIRÍAS EN PAZ
PARA SIEMPRE.
Bar 3 13

La Sabiduría inaccesible a la inteligencia humana

Job 28 12-20; Jr 27 6; Ez 28 4-5; Zac 9 2; Job 28 13-14

[15] ¿Quién ha encontrado
el lugar de la Sabiduría,
quién ha entrado en sus tesoros?
[16] ¿Dónde están los jefes de las naciones,
los que dominaban las bestias de la tierra
[17] y se divertían con las aves del cielo;
los que atesoraban la plata y el oro,
en los que los hombres
ponen su confianza,
y cuyas posesiones no tenían límite;
[18] los que trabajaban la plata
con tanto cuidado,
que sus obras sobrepasan la imaginación?
[19] Ellos han desaparecido,
han bajado al Abismo,
y han surgido otros en su lugar.
[20] Otros más jóvenes han visto la luz
y han habitado sobre la tierra,
pero no han conocido
el camino de la ciencia,
[21] no han comprendido sus senderos.
Tampoco sus hijos la han alcanzado
y se han alejado de sus caminos.
[22] No se oyó nada de ella en Canaán,
ni se la vio en Temán.
[23] Ni siquiera los hijos de Agar,
que buscan la ciencia sobre la tierra,
ni los mercaderes de Merrán y de Temán,
inventores de fábulas y buscadores
de inteligencia,
han conocido el camino de la sabiduría,
ni se han acordado de sus senderos.
[24] ¡Qué grande, Israel, es la morada de Dios,
qué extenso es el lugar de su dominio!
[25] ¡Es grande y no tiene fin,
excelso y sin medida!
[26] Allí nacieron los famosos gigantes
de los primeros tiempos,
de gran estatura y expertos en la guerra.
[27] Pero no fue a ellos a quienes Dios eligió
y les dio el camino de la ciencia;
[28] ellos perecieron por su falta
de discernimiento,
perecieron por su insensatez.
[29] ¿Quién subió al cielo para tomarla
y hacerla bajar de las nubes?
[30] ¿Quién atravesó el mar para encontrarla
y traerla a precio de oro fino?
[31] Nadie conoce su camino,
ni puede comprender su sendero.

La Sabiduría, prerrogativa de Israel

Job 28 23; Is 40 26; Eclo 24 8.10s;
Prov 8 11; Sab 9 10; Jn 1 4

[32] Pero el que todo lo sabe, la conoce,
la descubrió con su inteligencia;
el que formó la tierra para siempre,
y la llenó de animales cuadrúpedos;

33 el que envía la luz, y ella sale,
la llama, y ella obedece temblando.
34 Las estrellas brillan alegres
en sus puestos de guardia:
35 él las llama, y ellas responden:
«Aquí estamos»,
y brillan alegremente
para aquel que las creó.
36 ¡Este es nuestro Dios,
ningún otro cuenta al lado de él!
37 Él descubrió todos los caminos de la ciencia
y se la dio a Jacob, su servidor,
y a Israel, su predilecto.
38 Después de esto apareció sobre la tierra,
y vivió entre los hombres.

La Sabiduría identificada con la Ley

Eclo 24 23; Prov 1 32-33; Dt 4 8.32-37; Sab 9 18

4 1 La Sabiduría es el libro
de los preceptos de Dios,
y la Ley que subsiste eternamente:
los que la retienen, alcanzarán la vida,
pero los que la abandonan, morirán.
2 Vuélvete, Jacob, y tómala,
camina hacia el resplandor,
atraído por su luz.

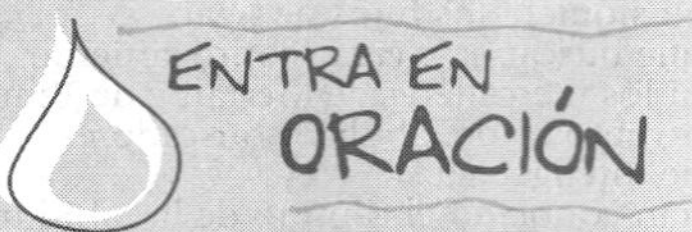

Renuévanos y fortalécenos

Baruc presenta al pueblo de Jerusalén como una madre que reconoce que el pecado de sus hijos causó el destierro, los motiva a convertirse, los alienta ante el castigo y los anima a reforzar su fe (Bar 4 5 – 5 9). Jerusalén es figura de la Iglesia, quien, como comunidad cristiana, pide perdón a Dios por el pecado universal y ora por la gracia para vencerlo.

Señor, te presentamos el dolor y el pecado de nuestros hermanos en todo tiempo y espacio. Te ofrecemos la desolación de quienes abandonaron tus caminos, la soledad de quienes prefieren su egoísmo y las cadenas de quienes se han atado a dioses falsos.

Compadécete de la profunda fragilidad humana y renuévanos a todos, que tu presencia y tu consuelo nos impulsen a convertirnos a ti. Apóyanos para ser fuente de integridad, fortalécenos para sostener a quienes vacilan, danos tu gracia para convocar a los extraviados y haz de nosotros profetas de esperanza. Amén.

Bar 4 – 5

3 No cedas a otro tu gloria,
ni tus privilegios a un pueblo extranjero.
4 Felices de nosotros, Israel,
porque se nos dio a conocer
lo que agrada a Dios.

EXHORTACIÓN A LOS EXILIADOS Y CONSUELO DE JERUSALÉN

El castigo de Israel, consecuencia de su infidelidad

Is 50 1; 52 3; Dt 32 5.17

5 ¡Ánimo, pueblo mío,
memorial viviente de Israel!
6 Ustedes fueron vendidos a las naciones,
pero no para ser aniquilados;
es por haber excitado la ira de Dios,
que fueron entregados a sus enemigos.
7 Ustedes irritaron a su Creador,
ofreciendo sacrificios a los demonios
y no a Dios;
8 olvidaron al Dios, eterno,
el que los sustenta,
y entristecieron a Jerusalén, la que los crió.
9 Porque ella, al ver que la ira del Señor
se desencadenaba contra ustedes, exclamó:

El lamento de Jerusalén

Lam 1 1-2; Jr 5 15; 6 22-23; Dt 28 49-50; Is 60 1-3; 40 1

«Escuchen, ciudades vecinas de Sion:
Dios me ha enviado un gran dolor.
10 Yo he visto el cautiverio
que el Eterno infligió
a mis hijos y a mis hijas.
11 Yo los había criado gozosamente
y los dejé partir con lágrimas y dolor.
12 Que nadie se alegre al verme viuda
y abandonada por muchos.
Estoy desolada por los pecados de mis hijos,
porque se desviaron de la Ley de Dios:
13 ellos no conocieron sus preceptos,
no siguieron los caminos
de sus mandamientos
ni anduvieron por las sendas
de la instrucción,
conforme a su justicia.
14 ¡Que vengan las vecinas de Sion,
y recuerden el cautiverio
que el Eterno infligió
a mis hijos y a mis hijas!
15 Porque él hizo venir contra ellos
a una nación lejana,
una nación insolente,
de lengua desconocida,
que no respetó al anciano
ni tuvo compasión del niño;
16 que se llevó a los hijos queridos de la viuda
y la dejó desolada, privándola de sus hijas.
17 Y yo ¿cómo podré socorrerlos?

[18] El mismo que les infligió esos males
los librará de las manos de sus enemigos.
[19] ¡Vayan, hijos, vayan,
mientras yo me quedo desolada!
[20] Yo me quité el vestido de fiesta,
me puse ropa de suplicante
y clamaré al Eterno mientras viva.
[21] ¡Ánimo, hijos, clamen a Dios,
y él los librará de la tiranía
y del poder de sus enemigos!
[22] Porque yo espero que el Eterno
les dará la salvación,
y el Santo me ha llenado de alegría
por la misericordia que pronto les llegará
del Eterno, su Salvador.
[23] Yo los dejé partir con dolor y lágrimas,
pero Dios los hará volver a mí,
con gozo y alegría para siempre.
[24] Así como ahora las ciudades vecinas de Sion
están viendo el cautiverio de ustedes,
así verán pronto la salvación
que les llegará de Dios,
con la gran gloria y el esplendor del Eterno.
[25] Hijos, soporten con paciencia la ira
que les ha sobrevenido de parte de Dios.
Tu enemigo te ha perseguido,
pero pronto verás su ruina
y pondrás tu pie sobre su cuello.
[26] Mis tiernos hijos han recorrido
ásperos caminos,
fueron llevados como un rebaño
arrebatado por el enemigo.
[27] ¡Ánimo, hijos, clamen a Dios,
porque aquel que los castigó
se acordará de ustedes!
[28] Ya que el único pensamiento de ustedes
ha sido apartarse de Dios,
una vez convertidos,
búsquenlo con un empeño
diez veces mayor.
[29] Porque el que atrajo sobre ustedes
estos males
les traerá, junto con su salvación,
la eterna alegría».

Mensaje de consolación para Jerusalén

Is 34 9; 60 4-5; 52 1; 61 10; 40 3-4.5; 42 16

[30] ¡Ánimo, Jerusalén!
El que te dio un nombre te consolará.
[31] ¡Ay de los que te maltrataron
y se alegraron de tu caída!
[32] ¡Ay de las ciudades que esclavizaron
a tus hijos,
ay de aquella que recibió a tus hijos!
[33] Porque así como ella se alegró de tu caída
y se regocijó por tu ruina,
así se afligirá por su propia desolación.
[34] Yo le quitaré su alegría
de ciudad populosa,
y su jactancia se convertirá en duelo.
[35] Caerá fuego sobre ella de parte del Eterno
durante muchos días,
y será morada de los demonios
por muy largo tiempo.
[36] Mira hacia el Oriente, Jerusalén,
y contempla la alegría
que te viene de Dios.
[37] Ahí llegan tus hijos,
los que habías visto partir;
llegan reunidos desde el oriente
al occidente
por la palabra del Santo,
llenos de gozo por la gloria de Dios.

5 [1] Quítate tu ropa de duelo
y de aflicción, Jerusalén,
vístete para siempre con el esplendor
de la gloria de Dios,
[2] cúbrete con el manto de la justicia de Dios,
coloca sobre tu cabeza la diadema
de gloria del Eterno.
[3] Porque Dios mostrará tu resplandor
a todo lo que existe bajo el cielo.
[4] Porque recibirás de Dios para siempre
este nombre:
«Paz en la justicia» y «Gloria en la piedad».
[5] Levántate, Jerusalén, sube a lo alto
y dirige tu mirada hacia el Oriente:
mira a tus hijos reunidos
desde el oriente al occidente
por la palabra del Santo,
llenos de gozo,
porque Dios se acordó de ellos.
[6] Ellos salieron de ti a pie,
llevados por enemigos,
pero Dios te los devuelve,
traídos gloriosamente
como en un trono real.
[7] Porque Dios dispuso que sean aplanadas
las altas montañas y las colinas seculares,
y que se rellenen los valles
hasta nivelar la tierra,
para que Israel camine seguro
bajo la gloria de Dios.
[8] También los bosques
y todas las plantas aromáticas
darán sombra a Israel por orden de Dios,
[9] porque Dios conducirá a Israel en la alegría,
a la luz de su gloria,
acompañándolo con su misericordia
y su justicia.

CJR

CARTA DE JEREMÍAS

Jr 29 1; Sal 115 4-5; Is 46 7; Sab 13 16; 14 29; Dn 14 21; Jr 10 3-9.14

Copia de la carta enviada por Jeremías a los que iban a ser llevados cautivos a Babilonia por el rey de los babilonios, para anunciarles lo que Dios le había ordenado.

1 A causa de los pecados que ustedes han cometido contra Dios, serán llevados cautivos a Babilonia por Nabucodonosor, rey de los babilonios. 2 Cuando lleguen a Babilonia, permanecerán allí muchos años y por largo tiempo, hasta siete generaciones; pero después de esto los haré salir de allí en paz. 3 Ahora bien, ustedes verán en Babilonia dioses de plata, de oro y de madera, que son llevados a hombros, e infunden temor a las naciones. 4 Tengan cuidado, entonces, no sea que también ustedes se hagan semejantes a los extranjeros y se dejen invadir por el temor a esos dioses, 5 al ver delante y detrás de ellos una multitud que los adora. Digan más bien en su corazón: «A ti, Señor, hay que adorar». 6 Porque mi ángel está con ustedes y él cuida de sus vidas.

7 La lengua de esos dioses, en efecto, ha sido limada por un artífice, y aunque ellos están recubiertos de oro y plata, son falsos y no pueden hablar. 8 Como para una joven que le gusta adornarse, esa gente toma oro y fabrica coronas para las cabezas de sus dioses. 9 También, algunas veces, los sacerdotes sustraen a sus dioses el oro y la plata, que gastan para sí mismos y los dan, incluso, a las prostitutas sagradas. 10 Adornan con vestidos a estos dioses de plata, oro y madera, como si fueran hombres, pero ellos no pueden librarse del orín y de la *polilla,* 11 *a pesar del manto de púrpura con* que se los cubre. Les limpian la cara a causa del polvo del templo que se amontona sobre ellos. 12 Alguno de ellos tiene un cetro como un gobernador de provincia, pero no puede matar al que lo ofende. 13 Otro tiene en su derecha un puñal y un hacha, pero no puede defenderse de la guerra ni de los ladrones. 14 Por todo esto aparece claro que ellos no son dioses: no los teman, entonces.

15 Así como una vasija rota ya no sirve para nada, así sucede también con sus dioses, una vez instalados en sus templos: 16 sus ojos se llenan del polvo levantado por los pies de los que entran. 17 Y así como a un hombre que ha ofendido al rey se lo encierra en una celda, porque está condenado a muerte, así también los sacerdotes refuerzan los templos de esos dioses con puertas, cerrojos y trancas, para que no sean

¿SABÍAS QUE...?

Una carta polémica

La carta de Jeremías, dirigida a algunas comunidades judías de la diáspora, recoge la tradición oral de dicho profeta.

Probablemente fue escrita durante el dominio griego (siglo II). Algunas versiones de la Biblia la presentan como el capítulo 6 de Baruc, pero rompe el estilo de la plegaria penitencial de su libro.

Más que una carta, parece un sermón en contra de la idolatría. Critica fuerte y burlonamente a quienes confían en los Baales, seres sin vida que, «si se los pone de pie, no se mueven por sí mismos; si se los inclina, no se pueden enderezar; como a muertos se les presentan las ofrendas» (CJr 26).

Señala el valor de las personas rectas que ignoran los ídolos y van por el camino recto hacia Dios. Siempre que tengas la tentación de valorar objetos materiales antes que a Dios, repite en tu corazón: «A ti, Señor, hay que adorar» (v. 5).

CJr

VIVE LA PALABRA

Amuletos y supersticiones

La carta de Jeremías denuncia la necedad de confiar en deidades falsas (CJr v. 4). Aún hoy día mucha gente cree en supersticiones y usa amuletos, pues piensa que la protege o da buena suerte. Estas creencias de tipo mágico asignan un poder invisible a ciertos objetos o acciones para manipular a las personas en favor propio, ofendiendo a nuestro Creador y limitando la libertad humana, uno de sus dones más preciosos. Pidamos perdón por algunos pecados actuales debidos a la confianza en «deidades» falsas:

Dios del amor, único y verdadero, perdón por querer sustituirte con una fuerza impersonal o un principio de energía. Por tratar de divinizar al ser humano colocándolo en tu lugar y haciéndolo centro y fin de nuestra vida. Perdón, Señor, perdón.

Perdón por la tendencia creciente de sustituir la oración y meditación cristiana por otras que no nos llevan a ti. Por poner la confianza en amuletos, pirámides, metales, piedras, cristales y dinero, en lugar de en ti. Perdón, Señor, perdón.

Perdón por sustituir la fe en ti con horóscopos, adivinación, canalización, hechicería, brujería, santería y espiritismo. Perdón también por los cultos que separan de ti. Perdón, Señor, perdón.

Dios mío, fortalece mi fe. En los momentos difíciles, ven a mi encuentro. No permitas que ponga mi fe y mi confianza en objetos y ritos de tipo mágico. Amén.

CJr

despojados por los ladrones. 18 Encienden
lámparas, en mayor número aún que para
sí mismos, aunque los dioses no pueden
ver ninguna de ellas. 19 Son como uno de
los postes del templo, de los cuales se dice
que están carcomidos por dentro, y mientras los gusanos de la tierra los devoran
junto con sus vestidos, ellos no sienten nada. 20 Su cara está ennegrecida por el humo
del templo. 21 Sobre su cuerpo y su cabeza
revolotean murciélagos, golondrinas y otros
pájaros; y también hay gatos. 22 Por todo esto, ustedes reconocerán que no son dioses:
no los teman, entonces.
23 Ellos no harán brillar el oro con que se
los recubre para embellecerlos, si nadie le
quita el orín, porque ni aun cuando los
fundían se daban cuenta de nada. 24 Han sido comprados a muy alto precio, y no hay
en ellos ni un soplo de vida. 25 Como no tienen pies, son llevados en andas, mostrando
así a los hombres que no valen nada. Y sus
propios servidores también tienen que
avergonzarse, porque si esos dioses caen
por tierra, ellos tienen que levantarlos. 26 Si
se los pone de pie, no se mueven por sí mismos; si se los inclina, no se pueden enderezar; como a muertos se les presentan las
ofrendas. 27 Los sacerdotes venden sus víctimas y sacan provecho de ellas; de la misma
manera, sus mujeres conservan en sal una
parte de la víctima, en lugar de repartirla al
pobre y al desvalido. Y hasta la menstruan-
te y la parturienta tocan esas víctimas. 28 Sabiendo, entonces, por estas cosas que no
son dioses, no los teman.
29 ¿Cómo se los puede llamar dioses? ¡Si
son mujeres las que sirven a esos dioses de
plata, de oro y de madera! 30 En sus templos, los sacerdotes permanecen sentados
con sus túnicas desgarradas, con la cabeza
y la barba raída y la cabeza descubierta;
31 gritan y vociferan delante de sus dioses,
como lo hacen algunos en un banquete fúnebre. 32 Ellos quitan los vestidos a los dioses para vestir a sus mujeres y a sus hijos.
33 Y esos dioses no pueden devolver el bien
o el mal que se les hace, ni pueden entronizar o derrocar a un rey. 34 Tampoco son
capaces de dar riquezas o dinero. Si alguien les hace un voto y no lo cumple,
ellos no le piden cuenta. 35 No libran a un
hombre de la muerte, ni arrancan al débil
de las manos del poderoso. 36 No devuelven la vista a un ciego ni salvan al que está
necesitado. 37 No se compadecen de la viuda ni favorecen al huérfano. 38 Estos pedazos de madera, recubiertos de oro y plata,
son como piedras extraídas de la montaña,
y sus servidores quedarán avergonzados.
39 ¿Cómo se puede, entonces, pensar o decir que son realmente dioses?
40 Más aún, los mismos caldeos los desa-
creditan: cuando ven a un mudo que no
puede hablar, lo presentan a Bel, pidiéndole que recupere el habla, como si el dios

fuera capaz de entender; 41 y ellos no pueden recapacitar y abandonar a esos dioses,
porque les falta el buen sentido. 42 También
las mujeres, ceñidas de cordones, se instalan en los caminos quemando afrechillo;
43 y cuando alguna de ellas, solicitada por
un transeúnte, se acuesta con él, se burla
de su vecina, porque no fue distinguida como ella ni se rasgó su cordón. 44 Todo lo
que concierne a estos dioses es mentira.
¿Cómo se puede, entonces, pensar o decir
que son realmente dioses?

45 Ellos han sido fabricados por artesanos y orfebres; y no pueden ser otra cosa
que lo que estos obreros quieren que sean.
46 Aquellos que los fabrican no vivirán mucho tiempo: ¿cómo pueden ser dioses las
cosas fabricadas por ellos? 47 Porque no
han dejado a sus descendientes más que
mentira e ignominia. 48 Cuando les sobreviene una guerra u otras calamidades, los
sacerdotes se consultan para saber dónde
esconderse junto con sus dioses. 49 ¿Cómo
no comprenden que no pueden ser dioses
los que no pueden salvarse a sí mismos ni
de la guerra ni de las calamidades? 50 Como
son simples pedazos de madera recubiertos de oro y plata, más tarde se sabrá que
son pura mentira. Se pondrá de manifiesto
a todas las naciones y a todos los reyes que
no son dioses, sino obras de manos de
hombres, y que no hay nada en ellos que
sea obra de Dios. 51 ¿Quién, entonces, puede dejar de admitir que no son dioses?

52 Ellos no pueden entronizar a un rey en
un país, ni dar la lluvia a los hombres, 53 ni
dirimir sus propias causas, ni librar al que
sufre la injusticia, porque son impotentes:
son como cuervos que vuelan entre el cielo y la tierra. 54 Si llega a caer fuego sobre el
templo de estos dioses de madera recubiertos de oro y plata, sus sacerdotes huirán y se pondrán a salvo, mientras que
ellos se quemarán como postes. 55 Ellos no
pueden resistir a un rey ni a un ejército
enemigo. 56 ¿Cómo se puede, entonces, admitir o pensar que son dioses?

57 Estos dioses de madera recubiertos de
plata y oro no pueden salvarse de ladrones
y salteadores; los más fuertes les arrancan
el oro y la plata y se van con las vestiduras
que los cubrían, sin que ellos se puedan
socorrer a sí mismos. 58 De manera que vale
más ser un rey que da prueba de su valentía, o un objeto útil en una casa, del que se
sirve su dueño, que ser estos falsos dioses.
O vale más ser la puerta de una casa, que
asegura lo que hay en ella, o una columna
de madera en un palacio real, que ser estos
falsos dioses. 59 El sol, la luna y las estrellas,
que están puestas para alumbrar y para ser
útiles, se muestran dóciles; 60 lo mismo el
relámpago, cuando aparece, es bien visible; igualmente el viento sopla en toda la
región; 61 las nubes, cuando Dios les ordena
recorrer toda la tierra, cumplen su cometido; y también el fuego, cuando es enviado
de lo alto para consumir montes y bosques, lleva a cabo lo que se le ordena. 62 Pero esos dioses no se parecen a ninguna de
estas cosas, ni en belleza ni en poder. 63 Por
lo tanto, no se puede pensar ni decir que
son realmente dioses, ya que no son capaces de hacer justicia ni de favorecer a los
hombres. 64 Sabiendo, entonces, que no son
dioses, no los teman.

65 Ellos, en efecto, no pueden maldecir
ni bendecir a los reyes; 66 son incapaces de
mostrar a las naciones señales en el cielo,
de brillar como el sol, o de alumbrar como
la luna. 67 Las fieras valen más que ellos,
porque pueden refugiarse bajo cubierto y
valerse por sí mismas. 68 Nos es bien manifiesto, entonces, que de ninguna manera
ellos son dioses: por eso, no los teman.

69 Así como un espantapájaros en un me-
lonar no protege nada, así sucede también
con sus dioses de madera recubiertos de oro
y plata. 70 O bien, son comparables a una
zarza en un huerto, sobre la cual se posan
todos los pájaros, o a un muerto arrojado
en la oscuridad. 71 Por la púrpura y el lino,
que se pudren sobre ellos, ustedes reconocerán que no son dioses; más aún, ellos
mismos serán al fin devorados y se convertirán en un oprobio para el país. 72 Vale más,
entonces, un hombre justo que no tiene
ídolos, porque estará a salvo del oprobio.

El primer capítulo del libro de Ezequiel parece una escena de una película de ciencia-ficción: criaturas de cuatro cabezas, una carroza cuyas cuatro ruedas tienen ojos y se elevan al cielo, un ser luminoso rodeado de nubes. Más que ningún otro profeta, Ezequiel —hombre de personalidad compleja, a la vez poeta y hombre de leyes, sacerdote y profeta, místico y razonador— presenta visiones asombrosas llenas de imágenes y símbolos comprensibles para los judíos exiliados en Babilonia.

ESQUEMA

- **1 – 3 21.** La visión inaugural y la vocación del profeta
- **3 22 – 23.** La predicación de Ezequiel antes de la caída de Jerusalén
- **24.** Persecución contra Jeremías
- **25 – 32.** Oráculos contra las naciones
- **33 – 39.** La predicación de Ezequiel durante y después del asedio de Jerusalén
- **40 – 48.** La legislación de Ezequiel: la Nueva Jerusalén

DATOS

Período descrito
De 597 a 573 a.C.
Autor
Ezequiel y sus discípulos escribas que registraban sus palabras y hechos
Fecha de redacción
Mediados del siglo VI a.C.
Temas
La gloria de Dios, anuncio del futuro Mesías, del rey pastor y del Espíritu que da vida.
El Templo y el culto.
La responsabilidad personal

EZEQUIEL

PRESENTACIÓN

Ezequiel, *el profeta de las visiones y del compromiso personal*, fue sacerdote y profeta. Ejerció su sacerdocio en el Templo de Jerusalén antes de ser destruido en 587 a.C. Fue exilado a Babilonia en la primera deportación, junto con los notables de la ciudad, y desde allá supo de la ruina de su patria, la cual interpretó a la luz de Dios.

Su libro cubre dos épocas. En Jerusalén llama a Judá a convertirse y denuncia la opresión de otras naciones. Después, en el destierro, da un mensaje de consuelo y restauración. Sus principales contribuciones pertenecen a la segunda época y son cuatro:

1. Ve la gloria de Dios presente en el mundo de Israel, la cual consiste en una realidad luminosa que se percibe cuando las personas se arrepienten de sus pecados, aceptan la liberación de Dios y lo adoran en el Templo.

2. Introduce el concepto de la responsabilidad personal en el cumplimiento de la Ley de Dios, al enfatizar que cada individuo puede y debe dirigir su vida según la Alianza con Dios.

3. Manifiesta gran interés en el culto, pues sueña con una comunidad organizada alrededor del Templo y con la Ley de Dios inscrita en el corazón de cada uno.

4. Visualiza un nuevo Israel, donde el único rey es Dios. Gobernará a través de un «príncipe» que vendrá de la casa de David y que como pastor alimentará sus ovejas, las sanará y reunirá a las que están perdidas, restaurando así la unidad de Israel. Este príncipe, quien es el Mesías esperado, buscará la santidad, la pureza de vida y el culto, más que el poder político y las conquistas militares (Ez 34).

EZEQUIEL

UN CORAZÓN NUEVO

VISIÓN DE LOS HUESOS SECOS

EZ

LA VISIÓN INAUGURAL Y LA VOCACIÓN DEL PROFETA

Introducción

2 Re 24 10-15

1 [1]El año treinta, el día quinto del cuarto
mes, mientras me encontraba en medio
de los deportados, a orillas del río Quebar, se
abrió el cielo y tuve visiones divinas. [2]El día
cinco del mes —era el año quinto de la deportación del rey Joaquín— [3]la palabra del Señor llegó a Ezequiel, hijo del sacerdote Buzí,
en el país de los caldeos, a orillas del río Quebar. Allí la mano del Señor descendió sobre él.

Visión del carro divino

Sal 18 11; 50 3; Ex 13 21; Dn 7 13

[4]Yo miré, y vi un viento huracanado que venía del norte, y una gran nube con un fuego
fulgurante y un resplandor en torno de ella; y
de dentro, de en medio del fuego, salía una
claridad como de electro. [5]En medio del fuego, vi la figura de cuatro seres vivientes, que
por su aspecto parecían hombres. [6]Cada uno
tenía cuatro rostros y cuatro alas. [7]Sus piernas
eran rectas; sus pies, como pezuñas de ternero,
y resplandecían con el fulgor del bronce bruñido. [8]Por debajo de sus alas, aparecían unas
manos de hombre, sobre los cuatro costados;
los cuatro seres tenían rostros y alas. [9]Sus alas
se tocaban una a la otra, y ellos no se volvían
cuando avanzaban: cada uno iba derecho hacia delante. [10]En cuanto a la forma de sus rostros, los cuatro tenían un rostro de hombre, un
rostro de león a la derecha, un rostro de toro a
la izquierda, y un rostro de águila. [11]Sus alas
estaban extendidas hacia lo alto: cada uno tenía dos alas que se tocaban entre sí y otras dos
que les cubrían el cuerpo. [12]Ellos avanzaban
de frente: iban adonde los impulsaba el espíritu, y no se volvían al avanzar. [13]Entre los seres
vivientes había un fuego como de brasas incandescentes, como de antorchas, que se agitaba en medio de ellos; el fuego resplandecía,
y de él salían rayos. [14]Los seres vivientes iban y
venían, y parecían relámpagos.

[15]Yo miré a los seres vivientes, y vi que en
el suelo, al lado de cada uno de ellos, había
una rueda. [16]El aspecto de las ruedas era brillante como el topacio y las cuatro tenían la
misma forma. En cuanto a su estructura, era
como si una rueda estuviera metida dentro
de otra. [17]Cuando avanzaban, podían ir en
las cuatro direcciones, y no se volvían al
avanzar. [18]Las cuatro ruedas tenían llantas, y
yo vi que las llantas estaban llenas de ojos,
en todo su alrededor. [19]Cuando los seres vivientes avanzaban, también avanzaban las

Te presentamos a... EZEQUIEL, EL PROFETA DE LAS VISIONES Y EL COMPROMISO PERSONAL

Ezequiel fue gran predicador, poeta y maestro. Perteneció a una familia sacerdotal y estaba casado. Tenía una personalidad compleja, tierna y colérica, contemplativa y práctica. Su nombre significa «fuerza de Dios».

Fue organizador social entre sus hermanos en cautiverio, y ejerció su ministerio profético con parábolas, imágenes, visiones y gestos simbólicos (ver «¿Teatro o acciones proféticas simbólicas?», Ez 4 1 – 5 4). Las siguientes visiones marcaron su vida y su mensaje:

- La visión de las criaturas del cielo fundamentó su vocación profética y su teología sobre la gloria de Dios (caps. 1 – 3). Contiene cuatro seres, que la tradición cristiana convirtió en símbolos de los evangelistas.
- La visión de la destrucción del Templo le reveló que la gloria de Dios no solo residía en el Templo, sino que acompañaba a su pueblo dondequiera que estuviera (caps. 8 – 11).
- La visión de los huesos secos que vuelven a la vida le ayudó a comprender que el espíritu de Dios infundiría nueva vida a Israel (cap. 37).
- Las visiones sobre el nuevo Templo le comunicaron al profeta que Dios reconstruiría Jerusalén y el templo (caps. 40, 43 y 47).

Ez 1

ruedas al lado de ellos, y cuando los seres vivientes se elevaban por encima del suelo,
también se elevaban las ruedas. 20 Ellos iban
adonde los impulsaba el espíritu, y las ruedas se elevaban al mismo tiempo, porque el
espíritu de los seres vivientes estaba en las
ruedas. 21 Cuando ellos avanzaban, avanzaban las ruedas, y cuando ellos se detenían, se
detenían las ruedas; y cuando ellos se elevaban por encima del suelo, las ruedas se elevaban al mismo tiempo, porque el espíritu
de los seres vivientes estaba en las ruedas.
22 Sobre las cabezas de los seres vivientes,
había una especie de plataforma reluciente
como el cristal, que infundía temor y se extendía por encima de sus cabezas. 23 Ellos estaban debajo de la plataforma con las alas
erguidas, tocándose una a la otra, mientras
las otras dos les cubrían el cuerpo. 24 Yo oí el
ruido de sus alas cuando ellos avanzaban:
era *como el ruido de aguas torrenciales*, como la voz del Todopoderoso, como el estruendo de una multitud o de un ejército
acampado. Al detenerse, replegaban sus alas.
25 Y se produjo un estruendo sobre la plataforma que estaba sobre sus cabezas.
26 Encima de la plataforma que estaba sobre sus cabezas, había algo así como una
piedra de zafiro, con figura de trono; y encima de esa especie de trono, en lo más alto,
una figura con aspecto de hombre. 27 Entonces vi un fulgor como de electro, algo así como un fuego que lo rodeaba desde lo que
parecía ser su cintura para abajo; vi algo así
como un fuego y una claridad alrededor de
él: 28 como el aspecto del arco que aparece en
las nubes los días de lluvia, así era la claridad
que lo rodeaba. Este era el aspecto, la semejanza de la gloria del Señor. Al verla, caí con
el rostro en tierra y oí una voz que hablaba.

Visión del libro

Dn 10 11; Dt 9 7-24; Ez 12 2; 33 33

2 1 Esa voz me dijo: Levántate, hijo de
hombre, porque voy a hablarte.
2 Cuando me habló, un espíritu entró en
mí y me hizo permanecer de pie, y yo escuché
al que me hablaba. 3 Él me dijo: Hijo de hombre, yo te envío a los israelitas, a un pueblo de
rebeldes que se han rebelado contra mí; ellos
y sus padres se han sublevado contra mí hasta el día de hoy. 4 Son hombres obstinados y
de corazón endurecido aquellos a los que yo
te envío, para que les digas: «Así habla el Señor». 5 Y sea que escuchen o se nieguen a hacerlo —porque son un pueblo rebelde— sabrán que hay un profeta en medio de ellos.
6 En cuanto a ti, hijo de hombre, no les temas
ni tengas miedo de lo que digan, porque estás
entre cardos y espinas, y sentado sobre escorpiones; no tengas miedo de lo que digan ni te
acobardes delante de ellos, porque son un
pueblo rebelde. 7 Tú les comunicarás mis palabras, sea que escuchen o se nieguen a hacerlo, porque son un pueblo rebelde.
8 Y tú, hijo de hombre, escucha lo que te
voy a decir; no seas rebelde como ese pueblo
rebelde: abre tu boca y come lo que te daré.

9 Yo miré y vi una mano extendida hacia mí,
y en ella había un libro enrollado. 10 Lo desplegó delante de mí, y estaba escrito de los
dos lados; en él había cantos fúnebres, gemidos y lamentos.

3 1 Él me dijo: Hijo de hombre, come lo
que tienes delante: come este rollo, y ve
a hablar a los israelitas. 2 Yo abrí mi boca y él
me hizo comer ese rollo. 3 Después me dijo:
Hijo de hombre, alimenta tu vientre y llena
tus entrañas con este libro que yo te doy. Yo lo
comí y era en mi boca dulce como la miel.

4 Él me dijo: Hijo de hombre, dirígete a los
israelitas y comunícales mis palabras. 5 Porque no se te envía a un pueblo que habla
una lengua oscura y difícil, sino al pueblo de
Israel. 6 Si yo te enviara a pueblos numerosos
que hablan una lengua oscura y difícil, cuyas
palabras no entiendes, ellos te escucharían.
7 Pero el pueblo de Israel no querrá escucharte, porque no quieren escucharme a mí, ya
que todos los israelitas tienen la frente dura
y el corazón endurecido. 8 Por eso yo haré tu
rostro duro como el de ellos y tu frente dura
como la de ellos: 9 haré tu frente como el diamante, que es más duro que la roca. No les
tengas miedo ni te acobardes delante de
ellos, porque son un pueblo rebelde.

10 Él me dijo: Hijo de hombre, recibe en tu
corazón y escucha atentamente todas las palabras que yo te diré; 11 después, dirígete a tus
compatriotas que están en el exilio y háblales.
Sea que te escuchen o que se nieguen a hacerlo, les dirás: «Así habla el Señor». 12 Entonces un espíritu me arrebató y oí detrás de mí
el estruendo de un gran tumulto, cuando la
gloria del Señor se levantó de su sitio; 13 oí el
ruido que hacían las alas de los seres vivientes al juntarse una con la otra, el ruido de las
ruedas al lado de ellos y el estruendo de un
gran tumulto. 14 El espíritu me arrebató y me
llevó, y yo fui, amargado y lleno de furor,
mientras la mano del Señor pesaba fuertemente sobre mí. 15 Así llegué a Tel Aviv, junto
a los deportados, que habitaban a orillas del
río Quebar; y allí permanecí siete días como
aturdido en medio de ellos.

El profeta, centinela de su pueblo

Ez 33 1-9; Is 21 6.8.11; Ez 18 24; 33 12-13; 2 Pe 2 11

16 Al cabo de siete días, la palabra del Señor
me llegó en estos términos: 17 Hijo de hombre,
yo te he puesto como centinela del pueblo de
Israel. Cuando escuches una palabra de mi boca, tú les advertirás de parte mía. 18 Cuando yo
diga al malvado: «Vas a morir», si tú no se lo
adviertes, si no hablas para advertir al malvado que abandone su mala conducta, y de esa
manera salve su vida, el malvado morirá por
su culpa, pero a ti te pediré cuenta de su sangre. 19 Si tú, en cambio, adviertes al malvado y
él no se convierte de su maldad y de su mala
conducta, él morirá por su culpa, pero tú habrás salvado tu vida. 20 Y cuando el justo se
aparte de su justicia para hacer el mal, yo lo
haré tropezar, y él morirá porque tú no se
lo has advertido: morirá por su propio pecado
y no le serán tenidas en cuenta sus obras de
justicia, pero a ti te pediré cuenta de su sangre.
21 Si tú, en cambio, adviertes al justo para que
no peque y el justo no peca, él vivirá porque
ha sido advertido, y tú habrás salvado tu vida.

LA PREDICACIÓN DE EZEQUIEL ANTES DE LA CAÍDA DE JERUSALÉN

El profeta atado y reducido a silencio

Ez 1 28; 2 2; 33 22

22 La mano del Señor descendió sobre mí y
él me dijo: Levántate, sal al valle y allí te hablaré. 23 Yo me levanté y salí al valle: la gloria

VIVE LA PALABRA

Un centinela alimentado y fortalecido por Dios

Dios presenta a Ezequiel un rollo con su palabra y le pide que se lo coma. Él lo saborea y encuentra su palabra dulce como la miel (Ez 3 3).

Después de siete días de preparación, Dios lo constituye centinela de Israel, para que vigile y estimule la atención a los hermanos a pesar de que no querían aceptar su mensaje. A mucha gente, sean jóvenes o adultos, les encanta saborear la Palabra de Dios y gozar con ella, pero les falta valor para ser centinelas que velen por los derechos humanos, la atención a los más débiles, la educación de los más pobres...

¿Con qué frecuencia te alimentas de la dulce Palabra de Dios? ¿Qué tipo de centinela te pide Dios que seas? ¿A quién o qué causa te pide que cuides? ¿Qué calidad de centinela eres? Pide a Dios que te dé fuerzas para ser centinela valiente y cumplido/a.

Ez 2 3 – 3 21

del Señor estaba allí como la gloria que había
visto junto al río Quebar, y caí con el rostro
en tierra. 24 Entonces un espíritu entró en mí
y me hizo permanecer de pie. Él me habló y
me dijo: Ve a encerrarte dentro de tu casa.
25 En cuanto a ti, hijo de hombre, pondrán sogas sobre ti y te atarán con ellas, para que no
puedas presentarte en medio de ellos. 26 Yo
haré que se te pegue la lengua al paladar y
quedarás mudo: así dejarás de reprenderlos,
porque son un pueblo rebelde. 27 Pero cuando yo te hable, abriré tu boca y les dirás: «Así
habla el Señor: el que quiera escuchar que escuche, y el que no quiera escuchar que no
escuche», porque son un pueblo rebelde.

Anuncio simbólico del sitio de Jerusalén

Lv 17 15; Hch 10 14; Ez 12 18-19

4 1 Hijo de hombre, toma un ladrillo, colócalo delante de ti y graba sobre él la
ciudad de Jerusalén. 2 Luego la sitiarás: levantarás contra ella torres de asedio, harás terraplenes, instalarás campamentos y emplazarás
a su alrededor máquinas de guerra. 3 Toma enseguida una sartén de hierro y colócala como
muro de hierro entre ti y la ciudad. Mírala fijamente: ella quedará sitiada y tú serás el que
la asedia. Esto es una señal para los israelitas.
4 Acuéstate sobre el lado izquierdo, y yo
pondré sobre ti las culpas de los israelitas: tú
cargarás con sus culpas durante todo el tiempo que estés acostado sobre ese lado. 5 Yo te
he fijado un número de días equivalente a
los años de su iniquidad: por eso, durante
trescientos noventa días cargarás con las culpas del pueblo de Israel. 6 Al cabo de estos
días, te acostarás por segunda vez, sobre el
lado derecho, y cargarás con las culpas del
pueblo de Judá durante cuarenta días: yo te
he fijado un día por cada año. 7 Después di-
rigirás tu rostro y tu brazo desnudo hacia el
asedio de Jerusalén y profetizarás contra ella.
8 Yo te ato con sogas, para que no puedas
darte vuelta de un lado a otro, hasta que hayas cumplido los días de tu asedio.
9 Toma también trigo, cebada, habas, lentejas, mijo y espelta: échalos en un recipiente y
prepárate con eso la comida. Tú comerás de
ese pan durante todo el tiempo que estés
acostado de un lado, o sea, durante ciento
noventa días. 10 Cada día pesarás una ración
de veinte siclos, y la comerás a una hora determinada. 11 También beberás el agua medida
—la sexta parte de un hin— y la beberás a una
hora determinada. 12 Prepararás este alimento
en forma de galleta de cebada y lo cocerás sobre excrementos humanos, a la vista del pueblo. 13 Y tú dirás: «Así habla el Señor, el Dios
de Israel: Así de impuro será el pan que comerán los israelitas, entre las naciones adonde yo los arrojaré». 14 Entonces exclamé: ¡Señor, yo nunca he incurrido en impureza!
Desde mi infancia hasta el presente, jamás he
comido un animal encontrado muerto o despedazado, ni ha entrado carne impura en mi
boca. 15 Él me respondió: «Está bien, te permito que en lugar de excrementos humanos uses
bosta de vaca para hacer tu pan». 16 Luego añadió: «Hijo de hombre, yo acabaré con las reservas de pan que hay en Jerusalén: comerán

VIVE LA PALABRA

¿Teatro o acciones proféticas simbólicas?

Lee lo que hace Ezequiel para atraer la atención de la gente. Dios lo dejó mudo durante doce años como signo de que el pueblo rebelde no quería escuchar su mensaje (Ez 3 22-27) y él usó gestos simbólicos para cumplir su misión.

Se recuesta sobre su lado izquierdo durante varios días, y después sobre el derecho, para señalar los años que los desterrados de Israel y de Judá estarán en exilio (4 4-6); se alimenta con raciones mínimas de comida, cocinada sobre excremento, como signo de la falta de alimentos durante el asedio de la ciudad (4 10-16); hace un boquete en la muralla para anunciar el exilio (12 7). Incluso su viudez se convierte en acción simbólica y mensaje de Dios (24 15-27). Dios mismo explica el significado de los gestos para que se comprenda su mensaje y no queden solo como acciones curiosas y vacías de sentido, o sean malinterpretados.

Los cristianos también necesitamos usar medios creativos: radio, televisión e internet; oraciones y servicios públicos de oración; teatro y conciertos; dinámicas y actividades cívico-religiosas como marchas y vigilias, que lleven a las personas el mensaje de Dios.

¿Qué hace tu Iglesia local para crear conciencia de las actitudes y conductas que hay que cambiar? ¿Qué puedes hacer tú, tomando en cuenta tus dones y limitaciones, como hizo Ezequiel?

Ez 4 1 – 5 4

angustiosamente el pan racionado y beberán ansiosamente el agua medida. 17 De esta manera, al faltar el pan y el agua, todos desfallecerán y se pudrirán a causa de sus culpas».

El simbolismo del pelo dividido en tres partes

Jr 1 16; Dt 28 53; Lv 26 32; Ez 4 16

5 1 Hijo de hombre, toma una espada afilada, úsala como navaja de afeitar y pásala por tu cabeza y por tu barba; después toma una balanza y divide en partes el pelo que hayas cortado. 2 Una tercera parte, la quemarás en medio de la ciudad, cuando se cumplan los días del asedio; la otra tercera parte, la cortarás con la espada, alrededor de toda la ciudad; y la tercera parte restante, la esparcirás al viento —y yo desenvainaré la espada detrás de ellos—. 3 De esta última parte, tomarás una pequeña cantidad y la recogerás en tu manto. 4 Y de allí mismo, recogerás unos pocos cabellos, los arrojarás al fuego y los quemarás. De allí saldrá fuego sobre todo Israel.

5 Así habla el Señor: Esta es la ciudad de Jerusalén. Yo la había puesto en medio de las naciones, con otros países a su alrededor. 6 Pero ella se rebeló contra mis leyes con una maldad mayor que la de las naciones, y contra mis preceptos, más que los países que la rodean. Sí, han despreciado mis leyes y no han seguido mis preceptos. 7 Por eso, así habla el Señor: Porque ustedes han sido más rebeldes que las naciones que los rodean y no han seguido mis preceptos, porque no han practicado mis leyes y ni siquiera han procedido según las costumbres de las naciones que los rodean, 8 por eso, así habla el Señor: Yo también me pongo contra ti y haré justicia a la vista de todas las naciones: 9 haré contigo lo que nunca hice ni haré jamás, a causa de todas tus abominaciones. 10 Por eso, los padres comerán a sus hijos, y los hijos comerán a sus padres; te infligiré justos castigos y dispersaré a todos los vientos todo lo que reste de ti.

11 Por eso, juro por mi vida —oráculo del Señor—: por haber contaminado mi Santuario con todos tus horrores y todas tus abominaciones, también yo te arrasaré, sin una mirada de piedad y sin compadecerme. 12 Una tercera parte de tu pueblo morirá por la peste y perecerá de hambre en medio de ti; la otra tercera parte caerá al filo de la espada en tus alrededores; y a la tercera parte restante, la *dispersaré a todos los vientos* y desenvainaré la espada detrás de ellos. 13 Desahogaré mi ira, saciaré mi furor contra ellos y me vengaré; y cuando haya desahogado mi furor contra ellos, sabrán que yo, el Señor, he hablado llevado por mis celos. 14 Te convertiré en ruinas y en oprobio entre las naciones que te rodean, a los ojos de todos los que pasen. 15 Serás oprobio y objeto de ultraje, escarmiento y motivo de horror para las naciones que te rodean, cuando yo te inflija justos castigos con ira, con indignación y con violentos reproches. Yo, el Señor, he hablado.

16 Y cuando arroje contra ustedes las flechas siniestras del hambre, las flechas exterminadoras que enviaré para destruirlos, yo les haré pasar hambre y acabaré con las reservas de pan. 17 Enviaré contra ustedes el hambre y las bestias feroces, y ellas te privarán de tus hijos; pasarán por ti la peste y la sangre, y haré venir la espada contra ti. Yo, el Señor, he hablado.

Anuncio contra las montañas de Israel

Lv 26 30-31; Mt 1 7; Jr 10 14-15

6 1 La palabra del Señor me llegó en estos términos: 2 Hijo de hombre, vuelve tu rostro hacia las montañas de Israel y profetiza contra ellas. 3 Dirás: Montañas de Israel, escuchen la palabra del Señor. Así habla el Señor a las montañas y a las colinas, a los cauces de los torrentes y a los valles: Yo haré caer la espada sobre ustedes y haré desaparecer sus lugares altos. 4 Sus altares serán devastados, sus braseros para el incienso serán destrozados y haré caer los cadáveres de ustedes delante de sus ídolos. 5 Pondré los cadáveres de los israelitas delante de sus ídolos y dispersaré sus huesos alrededor de sus altares. 6 En todos los lugares donde ustedes habiten, las ciudades quedarán en ruinas y los lugares altos serán devastados. Así quedarán en ruinas y execrados sus altares, destrozados y arrasados sus ídolos, derribados sus braseros para el incienso y aniquiladas sus obras. 7 Los cadáveres caerán en medio de ustedes, y así sabrán que yo soy el Señor.

8 Pero yo dejaré mi resto. Y cuando los que se hayan librado de la espada estén en medio de las naciones, cuando ustedes sean dispersados entre los pueblos, 9 los sobrevivientes se acordarán de mí en medio de las naciones donde hayan sido deportados. Yo desgarraré su corazón prostituido que se apartó de mí y sus ojos que se prostituyeron detrás de sus ídolos; sentirán horror de sí mismos por las maldades que cometieron con todas sus abominaciones. 10 Y sabrán que yo, el Señor, no en vano los amenacé con estos males.

11 Así habla el Señor: Aplaude, patalea y di: «¡Bien hecho!», por todas las execrables abominaciones del pueblo de Israel, que va a perecer por la espada, el hambre y la peste. 12 El que está lejos morirá por la peste; el que está cerca caerá bajo la espada; y el que quede sitiado morirá de hambre. Así desahogaré mi furor contra ellos. 13 Y ustedes sabrán que yo soy el Señor, cuando sus cadáveres estén en medio de sus ídolos, alrededor de sus altares, en toda colina elevada y en todas las cumbres de las montañas, bajo todo árbol frondoso y bajo to-

do terebinto tupido, allí mismo donde ofrecían perfume agradable a todos sus ídolos. [14]Extenderé mi mano contra ellos, haré del país una devastación y una desolación, desde el desierto hasta Riblá, en todos los lugares donde habitan, y ellos sabrán que yo soy el Señor.

El anuncio del fin

Am 5 18; Ez 7 8-9; Mal 3 6; Lam 2 9; Is 29 14

7 [1]La palabra del Señor me llegó en estos términos: [2]Y tú, hijo de hombre, di: Así habla el Señor a la tierra de Israel: ¡Es el fin! Llega el fin sobre los cuatro extremos del país. [3]¡Ya ha llegado tu fin! Voy a derramar mi ira sobre ti, te juzgaré según tu conducta y haré recaer sobre ti todas tus abominaciones. [4]No te miraré con piedad y no me compadeceré, porque haré recaer sobre ti tu mala conducta, y tus abominaciones persistirán en medio de ti: así ustedes sabrán que yo soy el Señor.

[5]Así habla el Señor: ¡Una desgracia nunca vista! ¡Ya llega la desgracia! [6]¡Llega el fin, se acerca el fin para ti, ya es inminente! [7]¡Te toca el turno, habitante del país! Llega el tiempo, el día está cerca. ¡Hay confusión y no alegría en las montañas! [8]Ahora, enseguida, derramaré mi furor sobre ti, desahogaré mi ira contra ti, te juzgaré según tu conducta y haré recaer sobre ti todas tus abominaciones. [9]No te miraré con piedad y no me compadeceré, haré recaer sobre ti tu mala conducta, y tus abominaciones persistirán en medio de ti: así ustedes sabrán que yo, el Señor, soy el que golpeo.

[10]¡Ya llega el día, ya llega! ¡Te toca el turno, ha florecido la vara, ha germinado el orgullo! [11]La violencia se ha alzado como vara de maldad. No queda nada de ellos, nada de su tumulto ni de su agitación; no hay tregua para ellos. [12]Ha llegado el tiempo, el día es inminente: que el comprador no se alegre ni el vendedor se entristezca, porque la ira amenaza a toda la multitud. [13]No, el vendedor no recuperará lo que ha vendido, aunque siga viviendo. Porque la visión que amenaza a la multitud no será revocada, y a causa de su iniquidad, nadie podrá retener su vida. [14]Tocarán la trompeta y se harán los preparativos, pero nadie acudirá al combate, porque mi ira amenaza a toda la multitud.

[15]¡Fuera la espada, dentro la peste y el hambre! El que está en el campo morirá por la espada y al que está en la ciudad, lo consumirán el hambre y la peste. [16]Los sobrevivientes huirán, y estarán en las montañas como las palomas de los valles; y todos morirán, cada uno por su culpa.

[17]Todas las manos desfallecerán y flaquearán todas las rodillas. [18]Se vestirán de sayal y los invadirá el pánico; habrá confusión en todos los rostros y todas las cabezas serán rapadas. [19]Arrojarán su plata por las calles y su oro se convertirá en basura: su plata y su oro no podrán salvarlos el día del furor del Señor. No saciarán su avidez, ni llenarán sus entrañas, porque el oro y la plata fueron la piedra de tropiezo que los hizo caer en la iniquidad. [20]Pusieron su orgullo en la hermosura de sus joyas e hicieron con ellas las imágenes abominables de sus ídolos. Por eso las convertiré en inmundicia: [21]las entregaré como botín a los extranjeros y como despojos a los impíos de la tierra, y ellos las profanarán. [22]Apartaré de ellos mi rostro y mi tesoro será profanado: entrarán en él los invasores y lo profanarán.

[23]Llevarán a cabo una matanza, porque el país está lleno de juicios por homicidio y la ciudad llena de violencia. [24]Haré venir a las naciones más feroces, para que se adueñen de sus casas; acabaré con la soberbia de los poderosos y serán profanados sus santuarios. [25]¡Llega la angustia! Buscarán paz, pero no la tendrán; [26]vendrá una desgracia sobre otra y una mala noticia tras otra. Implorarán una visión al profeta, le faltará la enseñanza al sacerdote y el consejo a los ancianos. [27]El rey estará de duelo, el príncipe se cubrirá de desolación y temblarán las manos de la gente. Yo los trataré conforme a su conducta, los juzgaré según sus juicios, y sabrán que yo soy el Señor.

Visión de la idolatría de Jerusalén

Dn 14 36; 32 21; Ex 24 16; Lv 26 1; Ez 9 9; 5 11

8 [1]El sexto año, el quinto día del sexto mes, mientras yo estaba sentado en mi casa y los ancianos de Judá estaban sentados delante de mí, descendió sobre mí la mano del Señor. [2]Yo miré y vi una figura con aspecto humano. Desde lo que parecía ser su cintura para abajo, había fuego, y desde su cintura para arriba, había una especie de claridad, un fulgor como de electro. [3]Extendió algo así como una mano y me tomó por un mechón de mis cabellos. Un espíritu me levantó entre la tierra y el cielo y me llevó en una visión divina a Jerusalén, hasta la entrada de la puerta interior que da hacia el norte, allí donde está emplazado el Ídolo de los celos que provoca los celos de Dios. [4]Allí estaba la gloria del Dios de Israel, tal como yo la había visto en el valle. [5]Él me dijo: «Hijo de hombre, levanta tus ojos hacia el norte». Yo levanté mis ojos hacia el norte y vi que al norte de la puerta del altar, justo a la entrada, estaba el Ídolo de los celos. [6]Él me dijo: «Hijo de hombre, ¿ves lo que hacen? ¿Ves las grandes abominaciones que cometen aquí los israelitas para que yo me aleje de mi Santuario? Pero tú verás abominaciones más grandes todavía».

[7]Después me llevó a la entrada del atrio; yo miré y vi que había un agujero en el muro. [8]Él me dijo: «Hijo de hombre, abre un boquete en el muro». Yo abrí un boquete y vi

que había una puerta. 9 Él me dijo: «Entra y mira las abominaciones que están cometiendo ahí». 10 Yo entré y miré, y vi que había toda clase de reptiles y de animales horribles y todos los ídolos de la casa de Israel, grabados en todas las paredes. 11 Setenta hombres de entre los ancianos del pueblo de Israel —entre los cuales se encontraba Iazanías, hijo de Safán— estaban de pie delante de ellos: cada uno tenía un incensario en la mano, y subía el perfume de una nube de incienso. 12 Él me dijo: «Hijo de hombre, ¿ves lo que los ancianos del pueblo de Israel hacen a escondidas, cada uno en su habitación adornada de pinturas? Porque ellos piensan: El Señor no nos ve; el Señor ha abandonado el país». 13 Después él me dijo: «Verás que cometen abominaciones más grandes todavía».

14 Y me llevó hasta la entrada de la puerta de la Casa del Señor, la que da hacia el norte, y vi que allí había unas mujeres sentadas llorando a Tamuz. 15 Él me dijo: «¿Has visto, hijo de hombre? Tú verás abominaciones más grandes todavía». 16 Luego me llevó hacia el atrio interior de la Casa del Señor, y vi que a la entrada del Templo del Señor, entre el vestíbulo y el altar, había unos veinticinco hombres, dando la espalda al Templo del Señor, y con sus rostros vueltos hacia el oriente; y ellos se postraban hacia el oriente, delante del sol. 17 Él me dijo: «¿Has visto, hijo de hombre? ¿No le basta al pueblo de Judá cometer las abominaciones que aquí cometen, que también han llenado el país de violencia y no cesan de irritarme? Ellos llevan el ramo hasta su nariz. 18 Yo también obraré con furor, sin una mirada de piedad y sin tener compasión. Gritarán con toda su voz a mis oídos, pero no los escucharé».

Exterminio del Templo y de la Ciudad Santa

Is 4 3; Ez 11 13; Am 7 2-5; Sal 10 11

9 1 Él gritó fuertemente a mis oídos: «Acérquense, Castigos de la ciudad, cada uno con su instrumento de exterminio en la mano». 2 Entonces llegaron seis hombres del lado de la puerta superior que mira hacia el norte, cada uno con su instrumento de destrucción en la mano. En medio de ellos había un hombre vestido de lino, con la cartera de escriba en la cintura. Todos entraron y se detuvieron delante del altar de bronce. 3 La gloria del Dios de Israel se levantó de encima de *los querubines sobre l*os cuales estaba, se dirigió hacia el umbral de la Casa, y llamó al hombre vestido de lino que tenía la cartera de escriba en la cintura. 4 El Señor le dijo: «Recorre toda la ciudad de Jerusalén y marca con una T la frente de los hombres que gimen y se lamentan por todas las abominaciones que se cometen en medio de ella». 5 Luego oí que les decía a los otros: «Recorran la ciudad detrás de él, hieran sin una mirada de piedad y sin tener compasión. 6 Maten y exterminen a todos, ancianos, jóvenes, niños y mujeres, pero no se acerquen a ninguno que esté marcado con la T. Comiencen por mi Santuario». Y comenzaron por los ancianos que estaban delante de la Casa. 7 Después dijo: «Contaminen la Casa y llenen de víctimas los atrios; luego salgan y golpeen en la ciudad». 8 Mientras ellos herían, yo quedé solo y caí con el rostro en tierra. Entonces grité: «¡Ah, Señor! ¿Vas a exterminar todo el resto de Israel, derramando tu furor contra Jerusalén?». 9 Él me respondió: «La iniquidad de la casa de Israel y de Judá es inmensamente grande; el país está lleno de sangre y la ciudad está colmada de injusticia, porque ellos piensan: "El Señor ha abandonado el país, el Señor no ve nada". 10 Yo tampoco tendré una mirada de piedad ni me compadeceré, sino que haré recaer sobre ellos su mala conducta». 11 Entonces el hombre vestido de lino, que tenía la cartera de escriba en la cintura, dio cuenta diciendo: «Hice lo que tú me habías ordenado».

Nueva visión del carro divino

Ap 8 5; Ex 40 34-35; 1 Re 8 10-11; Ez 1 5-21

10 1 Yo miré, y sobre la plataforma que estaba encima de la cabeza de los querubines, había como una piedra de zafiro: por encima de ellos, se veía algo así como la figura de un trono. 2 El Señor dijo al hombre vestido de lino: «Entra en medio del círculo, debajo del querubín, llena tus manos con las brasas incandescentes que están entre los querubines, y espárcelas sobre la ciudad». Y el hombre entró allí, ante mis propios ojos. 3 Cuando el hombre entró, los querubines estaban a la derecha de la Casa y la nube llenaba el atrio interior. 4 La gloria del Señor se elevó por encima del querubín y se dirigió hacia el umbral de la Casa: la nube llenó la Casa, y el atrio se llenó de la claridad de la gloria del Señor. 5 El ruido de las alas de los querubines se oyó hasta en el atrio exterior, como la voz del Todopoderoso cuando habla. 6 Cuando el Señor ordenó al hombre vestido de lino que tomara fuego de en medio del círculo, entre los querubines, el hombre avanzó y se detuvo al lado de la rueda. 7 El querubín extendió su mano hacia el fuego que estaba entre los querubines, lo tomó y lo puso en las manos del hombre vestido de lino: este lo recibió y salió. 8 Entonces apareció bajo las alas de los querubines algo así como una mano de hombre. 9 Yo miré, y vi que había cuatro ruedas al lado de los querubines, una al lado de cada uno, y el aspecto de las ruedas era brillante como el topacio. 10 En cuanto a su aspecto, las cuatro tenían la misma forma, y era como si una rueda estuviera metida dentro de otra. 11 Cuando avanzaban, podían ir en las cuatro direcciones y no se volvían al avanzar, porque iban derecho hacia el lugar adonde estaba orientada la cabeza, sin volverse al avanzar. 12 Y todo su cuerpo, sus espaldas, sus manos y sus alas, lo mismo que las ruedas, estaban llenas de ojos, alrededor de las cuatro ruedas. 13 Yo oí que se daba a estas ruedas el nombre de «círculo». 14 Cada uno de ellos tenía cuatro rostros: el primero era un rostro de querubín, el segundo, un rostro de hombre, el tercero, un rostro de león y el cuarto, un rostro de águila. 15 Los querubines se elevaron: eran los mismos seres vivientes que yo había visto a orillas del río Quebar. 16 Cuando los querubines avanzaban, las ruedas avanzaban al lado de ellos, y cuando desplegaban sus alas para elevarse por encima del suelo, las ruedas no se apartaban de su lado. 17 Cuando los querubines se detenían, ellas también se detenían, y cuando se elevaban, las ruedas se elevaban al mismo tiempo, porque el espíritu de los seres vivientes estaba en las ruedas.

18 La gloria del Señor salió de encima del umbral de la Casa y se detuvo sobre los querubines. 19 Al salir, los querubines desplegaron sus alas y se elevaron del suelo, ante mis propios ojos, y las ruedas lo hicieron al mismo tiempo. Ellos se detuvieron a la entrada de la puerta oriental de la Casa del Señor, y la gloria del Dios de Israel estaba sobre ellos, en lo alto. 20 Eran los seres vivientes que yo había visto debajo del Dios de Israel a orillas del río Quebar, y reconocí que eran querubines. 21 Cada uno tenía cuatro rostros y cuatro alas, y una especie de manos de hombre debajo de sus alas. 22 En cuanto a la forma de sus rostros, era la misma que yo había visto en una visión a orillas del río Quebar. Cada uno avanzaba derecho hacia delante.

Amenaza contra los malos consejeros de Jerusalén

Lv 18 3; Dt 12 30; Ez 9 9

11 1 Un espíritu me levantó y me llevó a la puerta oriental de la Casa del Señor, la que da hacia el oriente, y vi que a la entrada de la puerta *había veinticinco hombres. En* medio de ellos divisé a Iazanías, hijo de Azur, y a Pelatías, hijo de Benaías, jefes del pueblo. 2 Él me dijo: Hijo de hombre, estos son los que hacen planes perversos y dan malos consejos en esta ciudad. 3 Ellos dicen: «Aún no está cerca el momento de reconstruir las casas. La ciudad es la olla y nosotros somos la carne». 4 Por eso, profetiza contra ellos, profetiza, hijo de hombre. 5 El espíritu del Señor cayó sobre mí y me dijo: Di: Así habla el Señor: Ustedes han dicho esto, casa de Israel, y yo sé lo que están pensando. 6 Ustedes han multiplicado las víctimas en esta ciudad, han llenado de cadáveres sus calles. 7 Por eso, así habla el Señor: Los cadáveres que ustedes han puesto en medio de la ciudad, esa es la carne, y la ciudad es la olla, de la que los haré salir a ustedes. 8 Ya que tienen miedo de la espada, yo atraeré la espada contra ustedes —oráculo del Señor—. 9 Los haré salir de en medio de la ciudad, los entregaré en manos de extranjeros y les infligiré justos castigos. 10 Ustedes caerán bajo la espada; los juzgaré en el territorio mismo de Israel, y así sabrán que yo soy el Señor. 11 Ni esta ciudad será para ustedes una olla, ni ustedes serán la carne en medio de ella: yo los juzgaré en el territorio mismo de Israel. 12 Entonces sabrán que yo soy el Señor, cuyos preceptos ustedes no han seguido y cuyas leyes no han practicado, porque han imitado las costumbres de las naciones que están a su alrededor. 13 Y mientras yo profetizaba, murió Pelatías, hijo de Benaías. Yo caí con el rostro en tierra y grité fuertemente: «¡Ah Señor, tú estás exterminando al resto de Israel!».

El espíritu nuevo prometido a los exiliados

Jr 32 39; Ez 36 36; Jr 4 4; Ez 36 28

14 La palabra del Señor me llegó en estos términos: 15 Hijo de hombre, los habitantes de Jerusalén dicen esto de tus hermanos, de tus parientes y de toda la casa de Israel: «Ellos están lejos del Señor; a nosotros se nos ha dado esta tierra en posesión». 16 Por eso di: Así habla el Señor: Sí, yo los conduje a naciones lejanas; sí, yo los dispersé entre los pueblos, pero soy momentáneamente un santuario para ellos, en los países adonde han ido. 17 Por eso di: Así habla el Señor: Yo los reuniré de entre los pueblos, los congregaré de entre los países donde han sido dispersados y les daré la tierra de Israel. 18 Ellos entrarán allí y exterminarán todos los ídolos y todas las abominaciones. 19 Yo les daré otro corazón y pondré dentro de ellos un espíritu nuevo: arrancaré de su cuerpo el corazón de piedra y les daré un corazón de carne, 20 a fin de que sigan mis preceptos y observen mis leyes, poniéndolas en práctica. Así ellos serán mi pueblo y yo seré su Dios. 21 En cuanto a aquellos cuyo corazón va detrás de sus ídolos y de sus abominaciones, yo haré recaer sobre sus cabezas su mala conducta —oráculo del Señor.

La gloria del Señor abandona Jerusalén

Ez 1 5-14; 10 1-17; 1 28; 3 14

22 Entonces los querubines desplegaron sus alas, y las ruedas se movieron junto con ellos. La gloria del Dios de Israel estaba sobre ellos, en lo alto. 23 La gloria del Señor se elevó de en medio de la ciudad y se detuvo sobre la montaña que está al oriente de la ciudad. 24 El

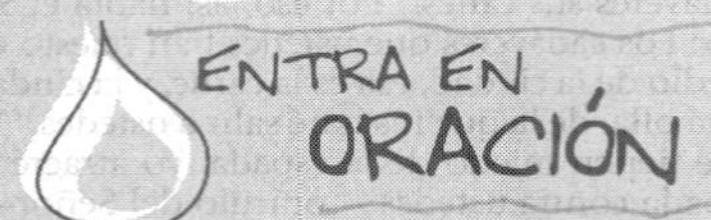

Te regalo un corazón fiel

¿Qué pensarías si tu jefe o maestro te dijera: «te daré el gusto que necesitas para hacer todo lo que te pido, te fortaleceré en tus debilidades y te infundiré energía para que cumplas tus labores». Suena increíble, ¿no? Así es Dios. Nos da todo lo que necesitamos para vivir en su amor. Lee Ezequiel 11 19-20 y ora sobre este pasaje guiado/a por las siguientes preguntas:

- ¿En qué ocasiones sientes que tu corazón es de carne y cuándo de piedra?
- ¿Cómo está tu corazón hoy: abierto a vivir el amor de Dios amando a los hermanos o impenetrable a este don maravilloso? Presenta tu corazón a Dios para que lo haga similar al suyo.
- ¿Está tu corazón herido como carne al rojo vivo? Pide a Dios que lo sane, dándote un espíritu nuevo con que perdonar el pasado y superar las crisis que te han herido.

Ez 11 17-20

espíritu me elevó y me llevó a Caldea, donde
estaban los deportados. Esto sucedió en una
visión, por obra del espíritu de Dios. Luego se
alejó de mí la visión que yo había contemplado,
25 y conté a los deportados todas las cosas
que el Señor me había hecho ver.

Anuncio simbólico de la deportación

Jr 18 1; Ez 2 5-7; Is 6 10

12 1 La palabra del Señor me llegó en estos
términos: 2 Hijo de hombre, tú habitas
en medio de un pueblo rebelde: ellos tienen
ojos para ver, pero no ven, tienen oídos para
oír, pero no oyen, porque son un pueblo rebelde.
3 En cuanto a ti, hijo de hombre, prepara
tu equipaje como si tuvieras que ir al exilio,
y parte en pleno día, a la vista de ellos. Emigrarás
del lugar donde te encuentras hacia otro
lugar, a la vista de ellos: tal vez así comprendan
que son un pueblo rebelde. 4 Sacarás tu
equipaje en pleno día, a la vista de ellos, y saldrás
por la tarde, también a la vista de ellos,
como salen los deportados. 5 Abrirás un boquete
en el muro y saldrás por él, a la vista de
ellos. 6 Cargarás el equipaje sobre tus espaldas
y saldrás cuando sea de noche, cubriéndote el
rostro para no ver el país, porque yo te he convertido
en un presagio para el pueblo de Israel.
7 Yo hice exactamente lo que se me había
ordenado: saqué mi equipaje en pleno día
como quien parte para el exilio, y por la tarde
abrí un boquete en el muro con la mano.
Salí cuando estaba oscuro y cargué el equipaje
sobre mis espaldas, a la vista de ellos.
8 A la mañana, la palabra del Señor me llegó
en estos términos: 9 Hijo de hombre, ¿no te
ha preguntado la casa de Israel, ese pueblo rebelde,
qué es lo que estás haciendo? 10 Diles:
Así habla el Señor: Este oráculo se refiere al
príncipe que está en Jerusalén y a todo el pueblo
de Israel que vive en medio de ella. 11 Diles
también: Yo soy un presagio para ustedes. Lo
mismo que yo hice se hará con ellos: serán deportados
e irán al exilio. 12 El príncipe que está
en medio de ellos cargará el equipaje sobre sus
espaldas durante la noche, y saldrá por el boquete
que abrirán en el muro para hacerlo salir;
y él se cubrirá el rostro, para no ver el país.
13 Yo tenderé mi red sobre él y él quedará preso
en mi trampa. Lo llevaré a Babilonia, la tierra
de los caldeos, pero no la verá y morirá allí.
14 Y a todos los que lo rodean, a su guardia y a

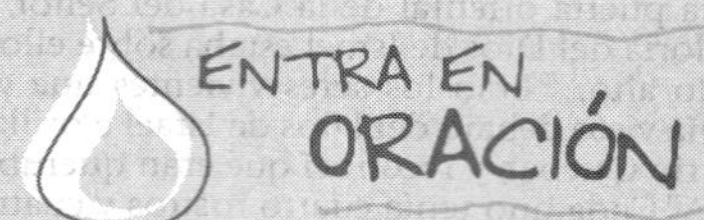

La gloria del Señor nos envuelve siempre

La expresión *la gloria del Señor* significa que Dios nos protege y nos cuida lleno de bondad y compasión (Ex 33 19). Ezequiel ve la gloria del Señor abandonar el Templo de Jerusalén para irse con los deportados; la ve en el exilio y la ve regresar al templo reconstruido (Ez 9 3; 10 18; 11 22-25; 43 1-10).

Gracias, Señor, porque tu gloria nos envuelve todo el tiempo, dondequiera que estemos. Concédeme buscar siempre tu ternura, protección, compasión y perdón. Ayúdame a dar testimonio de tu grandeza y tu poder y a compartir tu bondad con quienes me rodean.

Te bendigo porque manifiestas tu gloria enviándonos a tu Hijo Jesús. Te alabo por las personas que nos protegen y ayudan en tu nombre. Te agradezco poder experimentar tu gloria en la Santa Misa. ¡Cúbreme siempre con tu gloria y ayúdame a hacerla presente entre mis hermanos! Amén.

Ez 11 22-25

todas sus tropas, los dispersaré a todos los vientos y desenvainaré la espada detrás de ellos. 15 Y cuando los disperse entre las naciones y los disemine por los países, sabrán que yo soy el Señor. 16 Pero dejaré que un pequeño número de ellos escapen de la espada, del hambre y de la peste, para que cuenten todas sus abominaciones entre las naciones adonde vayan: así se sabrá que yo soy el Señor.

17 El Señor me dirigió su palabra en estos términos: 18 Hijo de hombre, comerás tu pan con estremecimiento y beberás tu agua con inquietud y ansiedad. 19 Y dirás a la población del país: Así habla el Señor a los habitantes de Jerusalén que viven en la tierra de Israel: Ustedes comerán su pan con ansiedad y beberán su agua con terror, para que el país quede horrorizado porque está lleno de la violencia de todos sus habitantes. 20 Las ciudades habitadas quedarán en ruinas y el país se convertirá en un desierto: así ustedes sabrán que yo soy el Señor.

Respuesta al escepticismo del pueblo

Ez 18 2-3; 2 Pe 3 3-4

21 La palabra del Señor me llegó en estos términos: 22 Hijo de hombre, ¿qué significa ese refrán que se escucha en la tierra de Israel: «Pasan los días y no se cumple ninguna visión»? 23 Tú diles, en cambio: Así habla el Señor: Yo acabaré con este refrán y no se lo repetirá más en Israel. Diles más bien: Se acercan los días en que toda visión se cumplirá; 24 ya no habrá más visiones ilusorias ni predicciones engañosas en medio de la casa de Israel, 25 porque yo, el Señor, diré lo que tenga que decir, y la palabra que pronuncie se cumplirá sin demora. Sí, en vida de ustedes, pueblo rebelde, pronunciaré una palabra y la cumpliré —oráculo del Señor.

26 La palabra del Señor me llegó en estos términos: 27 Hijo de hombre, el pueblo de Israel dice: «Las visiones que este tiene van para largo; él profetiza para un futuro lejano». 28 Por eso, diles: Así habla el Señor: En adelante, todas mis palabras se cumplirán sin demora; lo que yo diga se realizará —oráculo del Señor.

Invectivas contra los falsos profetas

Jr 14 15-16; 27 9-10; Am 5 18

13 1 La palabra del Señor me llegó en estos términos: 2 Hijo de hombre, profetiza contra los profetas de Israel; profetiza, y di a los que profetizan por su propia iniciativa: Escuchen la palabra del Señor: 3 Así habla el Señor: ¡Ay de los profetas insensatos que siguen su propia inspiración, sin haber tenido ninguna visión! 4 Chacales entre las ruinas: ¡eso han sido tus profetas, Israel!

5 Ustedes no han subido a las brechas ni han levantado un muro alrededor de la casa de Israel, a fin de que pueda resistir en el combate, el día del Señor. 6 Tienen visiones ilusorias y hacen predicciones engañosas, esos que andan diciendo: «¡Oráculo del Señor!», sin que el Señor los haya enviado. ¡Y todavía esperan que él confirme sus anuncios! 7 ¿O no es verdad que ustedes tienen visiones ilusorias y hacen predicciones engañosas, cuando dicen: «¡Oráculo del Señor!», sin que yo haya hablado?

8 Por eso, así habla el Señor: Por haber hablado falsamente y haber tenido visiones engañosas, yo estoy aquí contra ustedes —oráculo del Señor—. 9 Mi mano se alzará contra los profetas que tienen visiones ilusorias y hacen predicciones engañosas: ellos no participarán en el consejo de mi pueblo, no serán inscritos en el libro de la casa de Israel, ni entrarán en la tierra de Israel. Así ustedes sabrán que yo soy el Señor.

10 Porque ellos extraviaron a mi pueblo, anunciando: «¡Paz!», cuando en realidad no había paz, y mientras mi pueblo se construía una pared inconsistente, ellos la recubrían con cal; 11 por eso, di a esos que recubren con cal: Vendrá una lluvia torrencial, yo haré caer piedras duras de granizo, y se desatará un viento huracanado. 12 Y cuando la pared se haya derrumbado, les preguntarán: «¿Dónde está la cal con que la habían recubierto?». 13 Por eso, así habla el Señor: En mi furor, desataré un viento huracanado; en mi ira, enviaré una lluvia torrencial; y en mi enojo, haré caer piedras duras de granizo, hasta que todo quede derruido. 14 Derribaré la pared que ustedes recubrieron con cal, la dejaré a ras del suelo, y sus cimientos quedarán al desnudo. La pared se desplomará, y ustedes perecerán en medio de ella. Así sabrán que yo soy el Señor. 15 Y una vez que se haya desahogado mi ira contra esa pared y contra los que la recubrían con cal, les diré: Ya no existe la pared, ni tampoco los que la recubrían, 16 esos profetas que profetizaban sobre Jerusalén y tenían para ella visiones de paz, cuando no había paz —oráculo del Señor.

Invectivas contra las falsas profetisas

1 Sm 9 7

17 Y tú, hijo de hombre, vuelve tu rostro contra las hijas de tu pueblo que profetizan por su propia iniciativa, y profetiza contra ellas. 18 Dirás: Así habla el Señor: ¡Ay de aquellas que tejen ligaduras mágicas para atar las manos, y preparan velos para las cabezas de gente de todas las edades, a fin de atrapar vidas humanas! ¡Ustedes pretenden atrapar la vida de la gente de mi pueblo y preservar la suya propia! 19 Me han profanado delante de mi pueblo por unos

puñados de cebada y unas migajas de pan,
matando a los que no deben morir, dejando
con vida a los que no deben vivir, y diciendo
mentiras a mi pueblo, que siempre está dispuesto a escucharlas.
20 Por eso, así habla el Señor: Yo estoy contra las ligaduras que ustedes usan para atrapar como pájaros las vidas humanas. Las
arrancaré de los brazos de ustedes, y dejaré
en libertad las vidas que ustedes han atrapado. 21 También romperé sus velos, y libraré a
mi pueblo de las manos de ustedes, para que
ya no sean una presa en sus manos. Así sabrán que yo soy el Señor. 22 Ustedes hacen sufrir al justo con engaños, cuando yo no lo
hago sufrir, y reconfortan al impío para que
no se convierta de su mala conducta y salve
su vida. 23 Por eso, no tendrán más falsas visiones ni volverán a hacer predicciones: yo
libraré a mi pueblo de las manos de ustedes,
y así sabrán que yo soy el Señor.

Reprobación de la idolatría

Ez 20 1-4

14 1 Algunos de los ancianos de Israel vinieron a verme, y se sentaron ante mí. 2 Entonces la palabra del Señor me llegó en estos
términos: 3 Hijo de hombre, esta gente tiene el
corazón apegado a sus ídolos y ha puesto delante de sí lo que es ocasión de sus culpas.
¿Voy a dejar que ellos me consulten? 4 Por eso,
habla con ellos y diles: Así habla el Señor: Si
un hombre de Israel que tiene el corazón apegado a sus ídolos y ha puesto delante de sí lo
que es ocasión de sus culpas, va y se presenta
al profeta, yo mismo, el Señor, me veré obligado a responderle, a causa de la multitud de
sus ídolos. 5 Lo haré, a fin de llegar al corazón
del pueblo de Israel, porque todos se han alejado de mí a causa de sus ídolos.
6 Por eso, di a la casa de Israel: Así habla el
Señor: Conviértanse, apártense de sus ídolos;
aparten su rostro de todas sus abominaciones. 7 Porque si un hombre de Israel, o un extranjero que reside en Israel, se aleja de mí,
construye en su corazón un altar para sus
ídolos y pone delante de sí lo que es ocasión
de sus culpas, y si luego se presenta al profeta para consultarme, yo mismo, el Señor, me
veré obligado a responderle. 8 Volveré mi rostro contra ese hombre, haré que sirva de escarmiento y de ejemplo, y lo extirparé de en
medio de mi pueblo. Así ustedes sabrán que
yo soy el Señor. 9 Pero si el profeta se deja seducir y pronuncia una palabra, habré sido
yo, el Señor, el que sedujo a ese profeta: extenderé mi mano contra él y lo exterminaré
de en medio de mi pueblo Israel. 10 Uno y
otro cargarán con esa culpa: el profeta y el
que lo consulta serán igualmente culpables.
11 Así, nunca más el pueblo de Israel andará
errante lejos de mí, y no volverá a mancharse
con todas sus rebeldías: ellos serán mi Pueblo y yo seré su Dios —oráculo del Señor.

El juicio inexorable contra Jerusalén

Ez 18; 33 10-20; Gn 18 22-23

12 La palabra del Señor me llegó en estos
términos: 13 Hijo de hombre, si un país peca
contra mí cometiendo alguna infidelidad, yo
extenderé mi mano contra él y agotaré todas
sus reservas de alimento: enviaré el hambre
sobre él y extirparé por igual a hombres y animales. 14 Pero si se encuentran en ese país estos tres hombres: Noé, Daniel y Job, ellos salvarán su vida a causa de su justicia —oráculo
del Señor.
15 Si yo suelto las bestias feroces contra ese
país para dejarlo despoblado, y él se convierte en un desierto intransitable, a causa de las
fieras; 16 aunque se encuentren en ese país estos tres hombres, juro por mi vida —oráculo
del Señor— que no podrán salvar ni a sus
hijos ni a sus hijas: ellos solos se salvarán,
mientras que el país quedará desierto.
17 O bien, si yo atraigo la espada contra ese
país, diciendo: «Pase la espada por este país
y extirpe de él a hombres y animales»; 18 aunque se encuentren en ese país estos tres hombres, juro por mi vida —oráculo del Señor—
que no podrán salvar ni a sus hijos ni a sus
hijas: ellos solos se salvarán.

REFLEXIONA

Denuncia del pecado personal y social

Los profetas son enviados a denunciar la idolatría y la maldad, todos aquellos hechos y estructuras que impiden nuestra comunión con Dios y la distribución justa de los bienes universales, con la finalidad de motivar el regreso a Dios (ver «Diez criterios del profetismo auténtico», Jr 23 25-32).

Jesús denunció el pecado y sus consecuencias, buscó siempre vencer el egoísmo que nos impide vivir el Reino de Dios. Haz tú lo mismo: denuncia con valor lo que va contra Dios y anuncia con tu ejemplo la justicia, la paz, la solidaridad y el amor. ¿Tu denuncia profética es constructiva?

Ez 14 6

[19] O si envío la peste contra ese país y desahogo en forma sangrienta mi indignación contra ellos, extirpando por igual a hombres y animales; [20] aunque se encuentren en ese país Noé, Daniel y Job, juro por mi vida —oráculo del Señor— que no podrán salvar ni a sus hijos ni a sus hijas: ellos solos se salvarán a causa de su justicia.

[21] Así habla el Señor: Aunque yo envié contra Jerusalén mis cuatro terribles castigos —la espada, el hambre, las bestias feroces y la peste— para extirpar de ella a hombres y animales, [22] ahí queda un resto de sobrevivientes que hacen salir a sus hijos y a sus hijas y vienen adonde están ustedes. Ustedes verán su mala conducta y sus obras, y se consolarán de la desgracia que atraje sobre Jerusalén, de todo lo que mandé contra ella. [23] Ellos los consolarán, porque ustedes verán su mala conducta y sus obras, y así sabrán que no sin motivo hice todo esto en la ciudad —oráculo del Señor.

Parábola de la vid arrojada al fuego

Is 5 4.7; Os 9 10; Jn 15 1-6; Jr 2 21

15 [1] La palabra del Señor me llegó en estos términos: [2] Hijo de hombre, ¿en qué aventaja la leña de la vid a la de cualquier otra rama de los árboles del bosque? [3] ¿Se saca de ella madera para emplearla en una obra? ¿Se hace con ella una percha para colgar alguna cosa? [4] No, se la echa al fuego para ser consumida: el fuego devora sus dos extremos y arde también el centro. ¿Servirá entonces para alguna cosa? [5] Cuando todavía estaba intacta, no se la utilizaba para nada: ¡cuánto menos se hará algo con ella, una vez que el fuego la devore y esté quemada! [6] Por eso, así habla el Señor: como a la leña de la vid, entre los árboles del bosque, la arrojé al fuego para que se consuma, así arrojo a los habitantes de Jerusalén. [7] Yo vuelvo mi rostro contra ellos: salieron del fuego, pero el fuego los devorará. Entonces ustedes sabrán que yo soy el Señor, cuando vuelva mi rostro contra ellos. [8] Yo haré del país una desolación, porque han sido infieles —oráculo del Señor.

Jerusalén, esposa infiel del Señor

Os 2; Ez 23; Is 1 21; Jr 2 2; 3 6-11

16 [1] La palabra del Señor me llegó en estos términos: [2] Hijo de hombre, da a conocer a Jerusalén sus abominaciones. [3] Tú dirás: Así habla el Señor a Jerusalén: Por tus orígenes y tu nacimiento, perteneces al país de Canaán; tu padre era un amorreo y tu madre una hitita. [4] Al nacer, el día en que te dieron a luz, tu cordón umbilical no fue cortado, no fuiste lavada con agua para ser purificada ni frotada con sal, ni envuelta en pañales. [5] Nadie se compadeció de ti para hacerte alguna de esas cosas, sino que fuiste arrojada en pleno campo, porque dabas asco el día que naciste.

[6] Yo pasé junto a ti, te vi revolcándote en tu propia sangre y entonces te dije: «Vive [7] y crece como un retoño del campo». Tú comenzaste a crecer, te desarrollaste y te hiciste mujer; se formaron tus senos y crecieron tus cabellos, pero estabas completamente desnuda. [8] Yo pasé junto a ti y te vi. Era tu tiempo, el tiempo del amor; extendí sobre ti el borde de mi manto y cubrí tu desnudez; te hice un juramento, hice una alianza contigo —oráculo del Señor— y tú fuiste mía. [9] Yo te lavé con agua, limpié la sangre que te cubría y te perfumé con óleo. [10] Te puse un vestido bordado, te calcé con zapatos de cuero fino, te ceñí con una banda de lino y te cubrí con un manto de seda. [11] Te adorné con joyas, puse brazaletes en tus muñecas y un collar en tu cuello; [12] coloqué un anillo en tu nariz, pendientes en tus orejas y una espléndida diadema en tu cabeza. [13] Estabas adornada de oro y de plata, tu vestido era de lino fino, de seda y de tela bordada; te alimentabas con la mejor harina, con miel y aceite. Llegaste a ser extraordinariamente hermosa y te convertiste en una reina. [14] Tu fama se extendió entre las naciones, porque tu belleza era perfecta gracias al esplendor con que yo te había adornado —oráculo del Señor.

[15] Pero tú te preciaste de tu hermosura y te aprovechaste de tu fama para prostituirte; te entregaste sin pudor a todo el que pasaba y fuiste suya. [16] Tomaste tus vestidos para hacerte lugares altos de vivos colores, y te prostituiste en ellos. [17] Tomaste tus joyas hechas con mi oro y mi plata, que yo te había regalado, y te fabricaste imágenes de hombres con las que te prostituiste. [18] Tomaste tus vestidos bordados para cubrirlas, y pusiste delante de ellas mi aceite y mi incienso. [19] Y el pan que yo te había dado, la mejor harina, el aceite y la miel con que yo te alimentaba, los ofreciste delante de ellas como perfume de aroma agradable —oráculo del Señor.

[20] Tomaste a tus hijos y a tus hijas, los que tú habías engendrado para mí, y los sacrificaste a esas imágenes *como alimento*. ¿Acaso no te bastaba con prostituirte, [21] que también inmolaste a mis hijos y los entregaste, haciéndolos pasar por el fuego en honor de ellas? [22] En medio de todas tus abominaciones y prostituciones, no te acordaste de los días de tu juventud, cuando estabas completamente desnuda, revolcándote en tu sangre.

[23] Y en el colmo de tu maldad —¡ay, ay de ti!, oráculo del Señor— [24] te has edificado una colina y has levantado un montículo en todas las plazas. [25] A la entrada de todos los caminos edificaste un montículo, hiciste de tu hermosura una cosa abominable y entregaste tu

cuerpo a todo el que pasaba, multiplicando
tus prostituciones. 26Te prostituiste a los egipcios, tus vecinos de cuerpo robusto, y multiplicaste tus prostituciones para provocarme.
27Por eso, yo extendí mi mano contra ti. Ra-
cioné tu alimento y te entregué a la avidez de
tus enemigos, a las ciudades de los filisteos,
avergonzadas ellas mismas de tu conducta infame. 28No satisfecha con esto, te prostituiste
a los asirios; te prostituiste a ellos, y aun así
no quedaste satisfecha. 29Entonces multiplicaste tus prostituciones en una tierra de comerciantes, en Caldea, pero ni siquiera con
esto quedaste satisfecha.

30¡Qué enloquecido estaba tu corazón
—oráculo del Señor— cuando hacías todo esto, obra de una prostituta empedernida!
31Cuando tú edificabas una colina a la entrada de todos los caminos, y levantabas un
montículo en todas las plazas, no eras como
la prostituta que busca un salario. 32La mujer
adúltera, en lugar de su marido, recibe un regalo. 33A todas las prostitutas se les da un
regalo; tú, en cambio, dabas regalos a todos
tus amantes, tú los sobornabas a fin de que
acudieran a ti de todas partes para tus prostituciones. 34Al prostituirte, te sucedía lo contrario que a las otras mujeres: nadie corría detrás de ti, eras tú la que pagabas y nadie te
pagaba a ti. ¡Hacías exactamente lo contrario!

35Por eso, prostituta, escucha la palabra del
Señor. 36Así habla el Señor: Por haberte exhi-
bido desvergonzadamente y haber descubierto tu desnudez en tus prostituciones con tus
amantes y con todos tus ídolos abominables,
y por la sangre de tus hijos que les has ofrecido, 37por todo eso, yo voy a reunir a todos tus
amantes, a los que has complacido y amado,
y también a los que has odiado; los reuniré
contra ti, de todas partes, descubriré ante ellos
tu desnudez, y ellos verán toda tu desnudez.
38Te aplicaré el castigo de las mujeres adúlteras y sanguinarias, y descargaré sobre ti mi furor y mis celos. 39Yo te entregaré en sus manos. Ellos arrasarán tus colinas y demolerán
tus montículos; te despojarán de tus vestidos,
te arrebatarán tus joyas y te dejarán completamente desnuda. 40Incitarán a la asamblea
contra ti, te lapidarán y te atravesarán con sus
espadas. 41Quemarán tus casas y te infligirán
justos castigos a la vista de una multitud de
mujeres. Yo te haré renunciar a la prostitución
y ya no harás más regalos. 42Así se apaciguará
*mi furor contra ti y mis celo*s se apartarán de
ti, quedaré tranquilo y no me irritaré más.
43Porque no te has acordado de los días de tu
juventud y has provocado mi ira con todas estas cosas, yo haré recaer tu mala conducta sobre tu cabeza —oráculo del Señor—. ¿Acaso
no has cometido una infamia con todas tus
prácticas abominables?

44Todos los que hacen proverbios, harán
uno acerca de ti, diciendo: «De tal madre, tal
hija». 45Sí, tú eres la hija de tu madre, que
sentía asco de su marido y de sus hijos; eres
la hermana de tus hermanas, que sentían asco de sus maridos y de sus hijos: la madre de
ustedes era una hitita y su padre un amorreo.
46Tu hermana mayor es Samaría, que junto
con sus hijas habita a tu izquierda, y tu hermana menor es Sodoma, que junto con sus
hijas habita a tu derecha. 47Pero tú no te has
contentado con seguir sus caminos y practicar sus mismas abominaciones, sino que te
has corrompido más que ellas en todos tus
caminos. 48Juro por mi vida —oráculo del Señor— que tu hermana Sodoma y sus hijas no
han obrado como tú y tus hijas. 49Esta fue la
iniquidad de tu hermana Sodoma: soberbia,
buena mesa y total despreocupación. Además de esto, ella y sus hijas no socorrieron al
pobre y al indigente; 50se enorgullecieron y
cometieron abominaciones en mi presencia.
Por eso las rechacé, como tú lo has visto. 51Y
Samaría no cometió ni la mitad de tus pecados. Tú has cometido más abominaciones que
tus hermanas, y con las abominaciones cometidas has hecho que ellas parecieran justas. 52Carga, entonces, con tu ignominia, por
haber intercedido en favor de tus hermanas:
tú, con tus pecados, te has hecho más abominable que ellas, y ellas son más justas que
tú. Avergüénzate y carga con tu ignominia, ya
que has hecho justas a tus hermanas.

53Yo cambiaré su suerte, la suerte de Sodoma con sus hijas y la suerte de Samaría
con sus hijas, y cambiaré tu suerte en medio
de ellas, 54a fin de que cargues con tu igno-

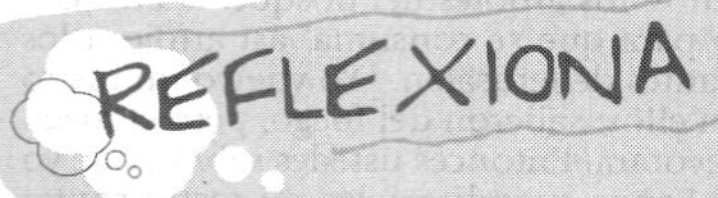

¡Qué venganza tan especial!

Lee Ezequiel 16 59-63 y conocerás la naturaleza especial de la *venganza* de Dios. Observa cómo se vengará Dios por tus infidelidades y actúa en consecuencia. ¿Qué te pareció lo que dice Ezequiel? ¿Estás abierto a recibir la venganza de Dios? Más vale que así sea, pues solo él paga el mal perdonando las ofensas de una manera tan comprensiva y dadora de vida; y tú ¿respondes de la misma manera?

Ez 16 59-63

minia y sientas vergüenza de lo que has hecho, para consuelo de ellas. 55 Tu hermana
Sodoma y sus hijas, lo mismo que Samaría y
sus hijas, volverán a su antigua condición. Y
tú también volverás a tu antigua condición.
56 ¿Acaso no has comentado muchas cosas
acerca de Sodoma, en el día de tu orgullo,
57 antes que fuera descubierta tu desnudez?
Lo mismo que ella, tú eres ahora objeto de
burla para las ciudades de Edom y de todas
sus vecinas, y para las ciudades de los filisteos, que se burlan de ti en tus alrededores.
58 Así cargarás con tu infamia y con tus abominaciones —oráculo del Señor.
59 Porque así habla el Señor: Yo obraré
contigo como has obrado tú, que despreciaste el juramento imprecatorio, quebrantando
la alianza. 60 Pero yo me acordaré de la alianza que hice contigo en los días de tu juventud y estableceré para ti una alianza eterna.
61 Tú te acordarás de tu conducta y te sentirás
avergonzada, cuando yo tome a tus hermanas, a las mayores y a las menores que tú, y
te las dé como hijas, sin que ellas participen
de tu alianza. 62 Yo estableceré mi alianza
contigo, y tú sabrás que yo soy el Señor, 63 para que te acuerdes y te avergüences, y para
que en tu confusión no te atrevas a abrir la
boca, cuando yo te haya perdonado todo lo
que has hecho —oráculo del Señor.

La alegoría de las águilas y la vid

2 Re 24 10-17.20; Ez 12 13; 20 40

17 1 La palabra del Señor me llegó en estos términos: 2 Hijo de hombre, plantea un enigma y narra una parábola a la casa
de Israel. 3 Tú dirás: Así habla el Señor:

El águila grande,
de grandes alas y largas plumas,
de espeso plumaje, lleno de colorido,
llegó hasta el Líbano
y tomó la copa de un cedro.
4 Arrancó la más alta de sus ramas
y la llevó a un país de comerciantes,
la puso en una ciudad de mercaderes.

5 Tomó además una semilla del país
y la sembró en un campo de cultivo:
la plantó como un sauce
junto a abundantes aguas.
6 Ella brotó y se convirtió en una vid,
exuberante, de tamaño pequeño,
que volvía sus ramas hacia el águila
y tenía sus raíces debajo de ella.
Así se convirtió en una vid,
produjo ramas y dio sarmientos.

7 Pero había otra águila grande,
de grandes alas y abundante plumaje,
y esa vid le tendió ansiosamente sus raíces
y dirigió sus ramas hacia ella,
para que la regara mejor que el terreno
donde había sido plantada.
8 Ella estaba plantada en un campo fértil,
junto a abundantes aguas,
para dar sarmientos y producir frutos,
para convertirse en una espléndida vid.

9 Por eso, dirás: Así habla el Señor:
¿Podrá florecer esa vid?
¿Acaso no se la arrancará de raíz
y se cortarán sus frutos
para que se sequen todos
sus tiernos retoños?
Sí, se secará, y no hará falta
un brazo fuerte ni mucha gente
para arrancarla de raíz.
10 Ahora está bien plantada: ¿podrá florecer?
Apenas la toque el viento del este,
¿no quedará completamente seca?
¡En el mismo lugar donde brotó, se secará!

11 La palabra del Señor me llegó en estos
términos: 12 Di a este pueblo rebelde: ¿No saben lo que esto significa? Luego dirás: El rey
de Babilonia llegó a Jerusalén, tomó a su rey
y a sus príncipes y se los llevó consigo a Babilonia. 13 Tomó, en cambio, a un vástago de
estirpe real, hizo un pacto con él, lo comprometió con un juramento y se llevó a todos los
hombres importantes del país, 14 para que ese
reino fuera humilde e incapaz de sublevarse,
para que mantuviera su pacto, y así pudiera
subsistir. 15 Pero el príncipe se rebeló contra el
rey, enviando mensajeros a Egipto a fin de obtener caballos y un ejército numeroso. Ahora
bien, ¿prosperará el que ha hecho esto? El
que violó el pacto, ¿escapará con vida? 16 Juro
por mi vida —oráculo del Señor— que él
morirá en Babilonia, en el lugar donde reside
el rey que lo hizo reinar, cuyo juramento despreció y cuyo pacto quebrantó. 17 Y el Faraón
no podrá intervenir en favor de él con un
gran ejército y tropas numerosas, en el momento del combate, cuando se levanten terraplenes y se construyan empalizadas para
exterminar muchas vidas humanas. 18 El príncipe despreció un juramento y quebrantó un
pacto; había dado su mano, y después hizo
todo esto: ¡no escapará con vida!
19 Por eso, así habla el Señor: Juro por mi
vida que haré recaer sobre su cabeza mi juramento, que él despreció, y mi pacto, que él
quebrantó. 20 Tenderé sobre él mi red y quedará prendido en mi trampa. Lo llevaré a Babilonia, y allí le haré rendir cuenta de la infidelidad que cometió contra mí. 21 Lo mejor de sus
escuadrones caerá bajo la espada, y los sobrevivientes serán dispersados a todos los vientos.
Así sabrán que yo, el Señor, he hablado.
22 Así habla el Señor:

Yo también tomaré la copa de un gran cedro,
cortaré un brote de la más alta
de sus ramas,

y lo plantaré en una montaña muy elevada:
23 lo plantaré en la montaña más alta de Israel.
Él echará ramas y producirá frutos,
y se convertirá en un magnífico cedro.
Pájaros de todas clases anidarán en él,
habitarán a la sombra de sus ramas.
24 Y todos los árboles del campo sabrán
que yo, el Señor, humillo al árbol elevado
y exalto al árbol humillado,
hago secar al árbol verde
y reverdecer al árbol seco.
Yo, el Señor, lo he dicho y lo haré.

La responsabilidad individual

Jr 31 29; Dt 24 16; 2 Pe 3 9; Mt 16 27

18 1 La palabra del Señor me llegó en estos términos: 2 ¿Por qué andan repitiendo este refrán en la tierra de Israel:

«Los padres comieron uva verde,
y los hijos sufren la dentera»?

3 Juro por mi vida —oráculo del Señor—
que ustedes nunca más dirán este refrán en
Israel. 4 Porque todas las vidas me pertenecen, tanto la del padre como la del hijo: la
persona que peca, esa morirá.
5 Si un hombre es justo y practica el derecho y la justicia; 6 si no participa de las comidas sagradas en las montañas y no levanta
sus ojos hacia los ídolos de la casa de Israel;
si no deshonra a la mujer de su prójimo y no
se acerca a una mujer en los días de su menstruación; 7 si no oprime a nadie, si devuelve la
prenda al deudor y no quita nada por la fuerza; si da su pan al hambriento y viste al desnudo; 8 si no presta con usura ni cobra intereses; si aparta su mano de la injusticia y juzga
imparcialmente en los litigios; 9 si camina según mis preceptos y observa mis leyes,
obrando con fidelidad, ese hombre es justo y
seguramente vivirá —oráculo del Señor.
10 Pero si engendra un hijo ladrón y sanguinario, que hace alguna de esas cosas, 11 mientras que él no ha hecho ninguna de ellas, un
hijo que participa de las comidas sagradas en
las montañas y deshonra a la mujer de su prójimo; 12 que oprime al pobre y al indigente,
que saca las cosas por la fuerza y no devuelve
la prenda; que levanta sus ojos a los ídolos y
comete abominaciones; 13 que presta con usura y cobra intereses: este hijo no vivirá. A causa de todas las abominaciones que cometió,
morirá irremediablemente, y su sangre recaerá sobre él.
14 Pero si un hombre engendra un hijo que
ve todos los pecados cometidos por su padre, los ve, pero no los imita: 15 no participa
de las comidas sagradas en las montañas ni
levanta sus ojos a los ídolos de la casa de Israel; no deshonra a la mujer de su prójimo;
16 no oprime a nadie, no retiene la prenda ni
saca las cosas por la fuerza; da su pan al
hambriento, viste al desnudo 17 y aparta su
mano de la injusticia; no presta con usura ni
cobra intereses; cumple mis leyes y camina
según mis preceptos: ese hijo no morirá por
las culpas de su padre, sino que vivirá. 18 Pero su padre, que oprimió y sacó las cosas por
la fuerza, y no hizo el bien en medio de su
pueblo, él sí morirá a causa de sus culpas.
19 Ustedes preguntarán: «¿Por qué el hijo no
carga con las culpas de su padre?». Porque el
hijo practicó el derecho y la justicia, observó
todos mis preceptos y los puso en práctica,
por eso vivirá. 20 La persona que peca, esa morirá; el hijo no cargará con las culpas del pa-

VIVE LA PALABRA

La responsabilidad genera vida

Ezequiel desmiente el abuso del proverbio popular «Los padres comieron uva verde, y los hijos sufren la dentera» (Ez 18 2), y subraya la responsabilidad personal, al declarar que «la persona que peca, esa morirá; el hijo no cargará con las culpas del padre, ni el padre cargará con las culpas del hijo» (Ez 18 20). Reflexiona sobre algunos elementos importantes de este mensaje y piensa cómo aplicarlos en tu vida.

El compromiso sobre nuestros actos es personal. Si nuestra historia es dolorosa, Dios nos ayudará a sanarla y a dejar atrás el fatalismo que nos impide mejorar nuestra vida.

Dios dice claramente que quiere la vida de todos: «cuando el malvado se aparta del mal que ha *cometido, para practicar el derecho y la justicia*, él mismo preserva su vida» (18 27); «Yo no deseo la muerte de nadie —oráculo del Señor—. Conviértanse, entonces, y vivirán» (18 32).

No debemos justificar nuestros actos porque «otros lo hacen», o porque «así me enseñaron». Aprende a juzgar tus decisiones y a guiar tu conducta en función de la vida. Lo que piensas hacer, ¿fomenta, nutre, cuida, lastima, dificulta, mata... tu vida o la de los demás?

Ez 18 1-32

dre, ni el padre cargará con las culpas del hijo. Sobre el justo recaerá su justicia, y sobre el
malvado, su maldad.
21 Pero si el malvado se convierte de todos
los pecados que ha cometido, observa todos
mis preceptos y practica el derecho y la justicia, seguramente vivirá, y no morirá. 22 Ninguna de las ofensas que haya cometido le será recordada: a causa de la justicia que ha
practicado, vivirá. 23 ¿Acaso deseo yo la muerte del pecador —oráculo del Señor— y no
que se convierta de su mala conducta y viva?
24 Pero si el justo se aparta de su justicia y
comete el mal, imitando todas las abominaciones que comete el malvado, ¿acaso vivirá?
Ninguna de las obras justas que haya hecho
será recordada: a causa de la infidelidad y
del pecado que ha cometido, morirá.
25 Ustedes dirán: «El proceder del Señor no
es correcto». Escucha, casa de Israel: ¿Acaso
no es el proceder de ustedes, y no el mío, el
que no es correcto? 26 Cuando el justo se aparta de su justicia, comete el mal y muere, muere por el mal que ha cometido. 27 Y cuando el
malvado se aparta del mal que ha cometido,
para practicar el derecho y la justicia, él mismo preserva su vida. 28 Él ha abierto los ojos y
se ha convertido de todas las ofensas que había cometido: por eso, seguramente vivirá, y
no morirá. 29 Y sin embargo, la casa de Israel
dice: «El proceder del Señor no es correcto».
¿Acaso no es el proceder de ustedes, y no el
mío, el que no es correcto?
30 Por eso, casa de Israel, yo los juzgaré a cada uno de ustedes según su conducta —oráculo del Señor—. Conviértanse y apártense de
todas sus rebeldías, de manera que nada los
haga caer en el pecado. 31 Arrojen lejos de ustedes todas las rebeldías que han cometido
contra mí y háganse un corazón nuevo y
un espíritu nuevo. ¿Por qué quieres morir, casa de Israel? 32 Yo no deseo la muerte de nadie
—oráculo del Señor—. Conviértanse, entonces, y vivirán.

Lamentación *por* los últimos reyes de Judá

Is 5; Ez 17 6-10; 47 12; Ap 22 1-2; Jn 15 6

19 1 Entona una lamentación sobre los
príncipes de Israel. 2 Tú dirás:

¡Tu madre sí que era una leona
en medio de los leones!
Recostada entre los cachorros,
amamantaba sus crías.
3 A uno de sus cachorros lo enalteció
y él se convirtió en un león:
aprendió a desgarrar su presa,
devoró a los hombres.
4 Pero las naciones se concertaron
contra él y quedó atrapado en su fosa:
así lo llevaron con garfios a la tierra
de Egipto.
5 Al ver que nada podía esperar,
que su esperanza estaba perdida,
tomó a otro de sus cachorros
e hizo de él un león.
6 Él se paseaba entre los leones,
convertido en un león:
aprendió a desgarrar su presa,
devoró a los hombres.
7 Hizo estragos en sus palacios,
devastó sus ciudades;
la tierra y sus habitantes se espantaron
por el fragor de sus rugidos.
8 Las naciones marcharon contra él,
desde las regiones circundantes:
tendieron sus redes contra él,
y quedó atrapado en su fosa.
9 Lo encerraron con garfios en una jaula,
lo llevaron al rey de Babilonia
y lo pusieron en una fortaleza,
para que no volviera a oírse su voz
por las montañas de Israel.
10 Tu madre se parecía a una vid,
plantada al borde de las aguas:
desbordada de frutos y de hojas,
porque el agua era abundante.
11 Le salieron unas ramas vigorosas,
que fueron cetros de soberanos.
Su talla se elevó por encima del follaje,
era bien visible por su altura,
por la abundancia de sus ramas.
12 Pero fue arrancada con furor y arrojada
por el suelo.
El viento del este secó sus frutos,
que fueron cortados y se secaron;
y el fuego devoró su rama vigorosa.
13 Ahora está plantada en el desierto,
en una tierra reseca y sedienta.
14 De su rama ha salido un fuego
que devoró sus ramas y sus frutos.
Ya no hay en ella ninguna rama vigorosa,
ningún cetro de soberanos.

Esta es una lamentación, y se la canta como tal.

Historia de las infidelidades de Israel

Nm 14 28-30; Dt 1 34-35; Ez 16 59-63

20 1 El séptimo año, el día diez del quinto
mes, algunos de los ancianos de Israel
vinieron a consultar al Señor y se sentaron delante de mí. 2 La palabra del Señor me llegó en
estos términos: 3 Hijo de hombre, habla a los
ancianos de Israel y diles: Así habla el Señor:
¿Ustedes han venido a consultarme? Juro por
mi vida que no permitiré que ustedes me consulten —oráculo del Señor—. 4 ¿Vas a juzgarlos? ¿Vas a juzgarlos, hijo de hombre? Dales a
conocer las abominaciones de sus padres. 5 Tú

les dirás: Así habla el Señor: El día en que elegí a Israel, alcé mi mano para hacer un juramento a la descendencia de Jacob y me manifesté a ellos en la tierra de Egipto; alcé mi mano y les dije: Yo soy el Señor, su Dios. 6 Aquel día, alcé mi mano, jurándoles que los haría salir del país de Egipto y los llevaría a una tierra que yo mismo había explorado para ellos: una tierra que mana leche y miel, el más espléndido de todos los países. 7 Les dije: Arrojen lejos de ustedes las cosas abominables que atraen sus miradas y no se contaminen con los ídolos de Egipto: Yo soy el Señor, su Dios. 8 Pero ellos se rebelaron contra mí y no quisieron escucharme; ninguno arrojó las cosas abominables que atraían sus miradas y no abandonaron los ídolos de Egipto. Entonces yo pensé derramar mi furor y desahogar mi ira contra ellos en la tierra de Egipto. 9 Pero actué a causa de mi Nombre, para que no fuera profanado a los ojos de las naciones en medio de las cuales habitaban: yo me manifesté a ellos ante los ojos de aquellas naciones, haciéndolos salir del país de Egipto.

10 Yo los hice salir del país de Egipto y los conduje al desierto. 11 Les di mis preceptos y les hice conocer mis leyes, que hacen vivir al hombre que las practica. 12 Les di además mis sábados, como una señal entre ellos y yo, para que supieran que yo, el Señor, soy el que los santifico. 13 Pero la casa de Israel se rebeló contra mí en el desierto: ellos no siguieron mis preceptos y despreciaron mis leyes, que hacen vivir al hombre que las practica, y no hicieron más que profanar mis sábados. Entonces pensé derramar mi furor sobre ellos en el desierto para exterminarlos. 14 Pero actué a causa de mi Nombre, para que no fuera profanado a los ojos de las naciones, en cuya presencia los había hecho salir de Egipto. 15 No obstante, alcé mi mano en el desierto para jurarles que no los dejaría entrar en la tierra que les había dado, esa tierra que mana leche y miel, el más espléndido de todos los países. 16 Yo obré así, porque habían despreciado mis leyes, no habían seguido mis preceptos y habían profanado mis sábados, por el apego que tenían a sus ídolos. 17 Con todo, tuve compasión de ellos, de manera que no los destruí ni los exterminé en el desierto.

18 Dije entonces a sus hijos en el desierto: No sigan los preceptos de sus padres, no observen sus leyes ni se contaminen con sus ídolos. 19 *Yo, el Señor, soy su Dios;* sigan mis preceptos y observen mis leyes, poniéndolas en práctica. 20 Santifiquen mis sábados: que ellos sean una señal entre ustedes y yo, para que se sepa que yo, el Señor, soy su Dios. 21 Pero también los hijos se rebelaron contra mí, no siguieron mis preceptos ni observaron mis leyes, poniéndolas en práctica —esas leyes que hacen vivir al hombre que las practica— y profanaron mis sábados. Entonces pensé derramar mi furor y desahogar mi ira contra ellos en el desierto. 22 Sin embargo, retiré mi mano y actué a causa de mi Nombre, para que no fuera profanado a los ojos de las naciones, en cuya presencia los había hecho salir. 23 Pero una vez más, alcé mi mano en el desierto, para jurarles que los dispersaría entre las naciones y los diseminaría por los países, 24 ya que no habían practicado mis leyes, habían despreciado mis preceptos y profanado mis sábados, y tenían la mirada puesta en los ídolos de sus padres. 25 Incluso, llegué a imponerles preceptos que no eran buenos, y leyes que no dan la vida. 26 Yo los contaminé con sus propias ofrendas, cuando inmolaban en el fuego a todos los primogénitos, y lo hice con el fin de inspirarles horror, para que supieran que yo soy el Señor.

27 Por eso, hijo de hombre, habla a la casa de Israel y diles: Así habla el Señor: Sus padres me ultrajaron más todavía, cometiendo esta infidelidad contra mí: 28 cuando los hice entrar en la tierra que, con la mano levantada, había jurado darles, ellos, al ver cualquier colina o cualquier árbol frondoso, ofrecían allí sus sacrificios, presentaban allí sus ofrendas provocativas, depositaban allí sus perfumes de aroma agradable y derramaban allí sus libaciones. 29 Yo les dije entonces: «¿Qué es ese lugar alto al que ustedes van?». Y lo llamaron «Lugar alto» hasta el día de hoy. 30 Por eso, di a la casa de Israel: Así habla el Señor: ¡Ustedes se están contaminando de la misma manera que sus padres y se están prostituyendo con sus abominaciones! 31 Al presentar sus dones, inmolando a sus hijos en el fuego, se están contaminando con todos sus ídolos hasta el día de hoy, ¿y yo me dejaré consultar por ustedes, casa de Israel? Juro por mi vida —oráculo del Señor— que no me dejaré consultar por ustedes. 32 No sucederá nada de lo que ustedes se imaginan cuando dicen: «Seremos como las demás naciones, como las tribus de los otros países, servidores de la madera y de la piedra». 33 Juro por mi vida —oráculo del Señor— que reinaré sobre ustedes con mano fuerte y brazo extendido, y con furor incontenible. 34 Los sacaré de entre los pueblos y los reuniré de entre los países donde habían sido dispersados con mano fuerte y brazo extendido, y con furor incontenible. 35 Los llevaré al desierto de los pueblos y allí entraré en juicio con ustedes cara a cara. 36 Así como entré en juicio con sus padres en el desierto del país de Egipto, así lo haré con ustedes —oráculo del Señor—. 37 Los haré pasar bajo la vara y los introduciré en el vínculo de la alianza. 38 Excluiré de entre ustedes a los rebeldes y a los que me han sido infieles: a ellos los haré salir del país donde viven como

extranjeros, pero no entrarán en la tierra de Israel, y así ustedes sabrán que yo soy el Señor.
39 En cuanto a ustedes, casa de Israel, así
habla el Señor: Que cada uno vaya a servir a
sus ídolos, pero juro que después ustedes me
escucharán y ya no profanarán más mi santo
Nombre con sus ofrendas y sus ídolos. 40 Porque en mi santa montaña, en la santa montaña de Israel —oráculo del Señor—, allí me
servirá todo el pueblo de Israel, congregado
enteramente en el país. Allí los recibiré con
agrado y aceptaré sus ofrendas, lo mejor de
sus contribuciones y los dones que me consagren. 41 Yo los recibiré a ustedes con un perfume de aroma agradable, cuando los haga
salir de entre los pueblos y los reúna de entre los países donde estaban dispersos, y por
medio de ustedes pondré de manifiesto mi
santidad a los ojos de las naciones. 42 Y cuando los haga entrar en la tierra de Israel, en el
país que, con la mano levantada, juré dar a
sus padres, ustedes sabrán que yo soy el Señor. 43 Allí se acordarán de su conducta y de
todas las acciones con las cuales se han contaminado, y sentirán asco de ustedes mismos a causa de todas las maldades que han
cometido. 44 Y ustedes, casa de Israel, sabrán
que yo soy el Señor, cuando actúe en favor
de ustedes a causa de mi Nombre, y no según su mala conducta y sus acciones co-
rrompidas —oráculo del Señor.

La espada del Señor contra Jerusalén

Jr 21 14; Sal 83 15; Lc 23 51; Ez 7 17

21 1 La palabra del Señor me llegó en estos
términos: 2 Hijo de hombre, vuelve tu
rostro en dirección al sur, vaticina hacia el sur
y profetiza contra el bosque del campo del
Négueb. 3 Tú dirás al bosque del Négueb: Escucha la palabra del Señor. Así habla el Señor:
Yo voy a prenderte fuego, y él consumirá todo
árbol verde y todo árbol seco. La llama ardiente no se extinguirá y arderá toda la superficie, desde el Négueb hasta el norte. 4 Y todos
los mortales verán que yo, el Señor, soy el que
encendí ese fuego, que no se extinguirá. 5 Yo
exclamé: ¡Ay, Señor! Ellos andan diciendo de
mí: «¡Este no es más que *un fabulador!*».
6 La palabra del Señor me llegó en estos
términos: 7 Hijo de hombre, vuelve tu rostro
hacia Jerusalén, vaticina contra sus santuarios y profetiza contra la tierra de Israel. 8 Tú
dirás a la tierra de Israel: Así habla el Señor:
Aquí estoy contra ti: yo sacaré mi espada de
su vaina y extirparé de ti al justo y al impío.
9 Porque quiero extirpar de ti al justo y al impío, por eso saldrá mi espada de su vaina
contra todos ustedes, desde el sur hasta el
norte. 10 Y todos los mortales sabrán que yo,
el Señor, he sacado mi espada de su vaina, y
no volverá a ser envainada.

El gemido del profeta

11 Y tú, hijo de hombre, gime; agobiado
por el dolor, gime amargamente a la vista de
ellos. 12 Y cuando te pregunten: «¿Por qué gi-
mes?», tú les responderás: Es por una noticia. Apenas llegue, desfallecerán todos los
corazones, se paralizarán todas las manos,
decaerán todos los espíritus y flaquearán todas las rodillas. Ya está por llegar, ya va a suceder —oráculo del Señor.
13 La palabra del Señor me llegó en estos
términos: 14 Profetiza, hijo de hombre, y di:
Así habla el Señor:

¡Una espada, una espada afilada y bruñida!
15 Afilada para provocar una masacre,
bruñida para fulgurar como el rayo.
16 Se la hizo bruñir para empuñarla:
la espada fue afilada y bruñida
para ponerla en mano de un verdugo.

17 ¡Grita, laméntate, hijo de hombre,
porque ella se alza contra mi pueblo,
contra todos los príncipes de Israel,
entregados a la espada junto con mi pueblo!
Por eso, golpéate el pecho,
18 porque es el momento de la prueba...
—oráculo del Señor.

19 Y tú, hijo de hombre, profetiza,
golpea con las palmas de tus manos.
Que la espada duplique y triplique
sus golpes:
ella es la espada de las matanzas,
la gran espada de la matanza
que los tiene acorralados.
20 Para que desfallezcan los corazones
y haya muchas víctimas,
yo he puesto en todas las puertas
una espada,
hecha para fulgurar como el rayo,
bruñida para provocar una masacre.

21 ¡Muestra tu filo a la derecha,
toma posición a la izquierda,
donde quiera seas dirigida!
22 Yo también golpearé
con las palmas de mis manos
y aplacaré mi furor.
Yo, el Señor, he hablado.

La espada del rey de Babilonia

2 Sm 20 15-16; Jr 32 34; Ez 17 24

23 La palabra del Señor me llegó en estos
términos: 24 Y tú, hijo de hombre, traza dos
caminos para que llegue la espada del rey de
Babilonia. Los dos caminos arrancarán de un
mismo país. A la entrada de cada camino,
pondrás una señal indicando la dirección de
una ciudad. 25 Tú trazarás el camino para que
la espada llegue a Rabá de los amonitas, y a
Judá, que tiene su plaza fuerte en Jerusalén.
26 Porque el rey de Babilonia se ha detenido

en la encrucijada, allí donde se bifurcan los
caminos, para consultar los presagios: sacude
las flechas, consulta a los ídolos y examina el
hígado de las víctimas. 27 En su mano derecha
está el presagio que señala «Jerusalén», para
ordenar la matanza, lanzar el grito de guerra,
colocar arietes contra las puertas, levantar terraplenes y construir torres de asalto. 28 A los
habitantes de Jerusalén les parecerá que ese
presagio es falso, porque tienen a su favor un
juramento solemne. Pero él les recordará su
delito, y serán capturados.
29 Por eso, así habla el Señor: Porque ustedes, al ser descubiertas sus rebeldías, al ponerse en evidencia los pecados que han cometido
en todas sus acciones, han hecho que se les re-
cordara su delito; y porque se han acordado de
ustedes, por eso, serán capturados.
30 En cuanto a ti, infame malvado, príncipe de Israel, cuyo día ha llegado al mismo
tiempo que la expiación final, 31 así habla el
Señor: ¡Saquen el turbante, quiten la diadema! Esto ya no será más así: lo humilde será
elevado, lo excelso será humillado. 32 ¡Ruinas, ruinas, todo lo convierto en ruinas! Pero esto no sucederá hasta que llegue aquel a
quien le pertenece el juicio, y a él se lo daré.

La espada contra los amonitas

Ez 25 1-7; Jr 49 1-6; Am 1 13-15; Sof 2 8-11

33 Y tú, hijo de hombre, profetiza. Tú dirás:
Así habla el Señor acerca de los amonitas y
de sus sarcasmos. Tú dirás: «¡Una espada,
una espada! Desenvainada para la masacre,
bruñida para devorar, para fulgurar como el
rayo», 34 para descargarla sobre el cuello de
los infames malvados, cuyo día llegará al
mismo tiempo que la expiación final, mientras se tienen acerca de ti visiones ilusorias y
se predice la mentira.
35 ¡Vuelve la espada a la vaina! En el mismo lugar donde fuiste creado, en tu país de
origen, yo te juzgaré. 36 Derramaré mi indignación sobre ti, atizaré contra ti el fuego de
mi furor, y te entregaré en manos de gente
brutal, artífices del exterminio. 37 Serás presa
del fuego, tu sangre correrá en medio del
país, y no quedará ni el recuerdo de ti, porque yo, el Señor, he hablado.

Los crímenes de Jerusalén

Ez 20 4; 23 26; Ex 22 21-22; Lv 18 – 19; 26 33

22 1 *La palabra del Señor me llegó* en estos
términos: 2 Y tú, hijo de hombre, ¿no vas
a juzgar, no vas a juzgar a la ciudad sanguinaria? Dale a conocer todas sus abominaciones.
3 Tú le dirás: Así habla el Señor: ¡Ay de la ciudad que derrama sangre en medio de ella para que llegue su hora, y se fabrica ídolos para
contaminarse! 4 Por la sangre que has derramado te has hecho culpable, y por los ídolos
que fabricaste te has contaminado; has hecho
que se acercara tu día y que llegara el término
de tus años. Por eso te he convertido en el
oprobio de las naciones y en la irrisión de todos los países. 5 Los que están cerca y los que
están lejos se burlarán de ti, ciudad famosa
por tu impureza, grande por tu anarquía. 6 En
ti, los príncipes de Israel se valen de su poder
solo para derramar sangre. 7 En ti se desprecia
al padre y a la madre, se extorsiona al extranjero que reside en medio de ti, y se oprime al
huérfano y a la viuda. 8 Tú menosprecias mis
cosas santas y profanas mis sábados. 9 En ti hay
calumniadores que incitan a derramar sangre
y hay gente que participa de las comidas sagradas en las montañas. En ti se cometen ig-
nominias: 10 se descubre la desnudez del padre
y se fuerza a la mujer a tener relaciones en el
período de su menstruación. 11 Uno comete
abominación con la mujer de su prójimo; otro
contamina a su nuera de una manera infame;
otro viola a su hermana, la hija de su propio
padre. 12 En ti se acepta soborno para derramar
sangre. Practicas la usura y prestas a interés,
extorsionas a tu prójimo y te olvidas de mí
—oráculo del Señor.
13 Pero yo voy a golpear con las palmas de
mis manos, a causa de las ganancias que has
obtenido y de la sangre que corre en medio de
ti. 14 ¿Podrá resistir tu corazón y estarán firmes
tus manos, los días en que yo me enfrente contigo? Yo, el Señor, lo he dicho y lo haré. 15 Te
dispersaré entre las naciones, te diseminaré
por otros países y eliminaré de ti tu impureza.
16 Tú te has profanado a ti misma a los ojos de
las naciones, pero sabrás que yo soy el Señor.
17 La palabra del Señor me llegó en estos
términos: 18 Hijo de hombre, la casa de Israel
se ha convertido para mí en escoria: todos,
sean plata, cobre, estaño, hierro o plomo, se
han convertido en escoria dentro del crisol.
19 Por eso, así habla el Señor: Porque todos
ustedes se han convertido en escoria, yo voy
a amontonarlos en medio de Jerusalén. 20 Así
como se amontona plata, cobre, hierro, plomo y estaño en medio del crisol, y se atiza el
fuego para fundirlos, así yo los amontonaré
en mi ira y en mi furor; los pondré allí y los
fundiré. 21 Los amontonaré, atizaré contra ustedes el fuego de mi furor y los fundiré en
medio de Jerusalén. 22 Como se funde la plata
en medio del crisol, así ustedes serán fundidos en medio de ella, y sabrán que yo, el Señor, he derramado mi furor contra ustedes.
23 La palabra del Señor me llegó en estos
términos: 24 Hijo de hombre, dile a Jerusalén:
Tú eres una tierra que no ha sido purificada,
sobre la que no ha llovido en el día de la ira.
25 Hay una conjuración de profetas en medio
de ella. Como un león rugiente que despe-

VIVE LA PALABRA

Dios nos desafía a la acción

El Señor se queja de que Jerusalén no haya aprendido del castigo del destierro, pues sigue oprimiendo al huérfano y a la viuda (Ez 22 18-29). Dios ve las injusticias que persisten en los países y a nivel mundial, y pide que luchemos por erradicarlas.

La justicia es la virtud que consiste en dar constantemente a Dios y al prójimo lo que les es debido (CIC 1807). Como el Cuerpo de Cristo activo en la historia, debemos ayudar para que brille la justicia de Dios. La política y la dinámica socioeconómica solas no tienen la capacidad de eliminar la pobreza, la explotación al trabajador, el desamparo ante la ley, la inseguridad en los barrios, los prejuicios raciales y la discriminación social. Se requieren esfuerzos constantes y fuertes en la lucha por un mundo mejor (ver «La justicia, la fidelidad y la vida», Hab 1 – 3).

¡Anímate, Dios te desafía a la acción! ¿Te vas a quedar con los brazos cruzados?

Ez 22

daza la presa, han devorado a la gente, se
han apoderado de las riquezas y objetos preciosos y han multiplicado las viudas en la
ciudad. 26 Sus sacerdotes han violado mi Ley,
han profanado mis cosas santas; no han separado lo sagrado de lo profano, ni han hecho conocer la diferencia entre lo puro y lo
impuro; han cerrado sus ojos a mis sábados
y yo he sido profanado en medio de ellos.
27 Sus jefes, en medio de la ciudad, son como lobos que despedazan la presa, derramando sangre y haciendo perecer a la gente,
a fin de acumular ganancias. 28 Sus profetas
los recubren con cal, proponiendo falsas visiones y predicciones engañosas. Ellos dicen:
«Así habla el Señor», cuando el Señor no había hablado. 29 Los terratenientes practican la
extorsión, cometen robos, explotan al pobre
y al indigente, y atropellan al extranjero,
contra todo derecho. 30 Yo busqué entre ellos
un hombre que levantara un cerco y se mantuviera firme sobre la brecha delante mí, pero no lo encontré. 31 Entonces derramé mi furia contra ellos, los exterminé con el fuego
de mi furor e hice recaer sobre sus cabezas su
mala conducta —oráculo del Señor.

Historia simbólica de Jerusalén y de Samaría

Ez 16; Jr 3 6-13; Ez 20 7-8; Jr 25 15-18

23 1 La palabra del Señor me llegó en estos
términos: 2 Hijo de hombre, había dos
mujeres, hijas de una misma madre, 3 que se
prostituyeron en Egipto, se prostituyeron en
su juventud; allí manosearon sus senos, allí
acariciaron sus pechos virginales. 4 La mayor
se llamaba Oholá, y su hermana, Oholibá.
Ellas fueron mías y engendraron hijos e hijas
—Oholá es el nombre de Samaría, y Oholibá,
el de Jerusalén—. 5 Oholá se prostituyó mientras me pertenecía: se enamoró perdidamente
de sus amantes, de los asirios, guerreros 6 vestidos de púrpura, gobernadores y prefectos,
todos jóvenes y atrayentes, hábiles jinetes.
7 Ella ofreció sus prostituciones a lo mejor de
los asirios y, después de enamorarse perdidamente, se contaminó con todos sus ídolos.
8 Pero no dejó de prostituirse con los egipcios, que se habían acostado con ella, cuando
era joven, acariciando sus pechos virginales y
prodigando sobre ella sus prostituciones. 9 Por
eso la entregué en manos de sus amantes, en
manos de los asirios, de los que se había enamorado perdidamente. 10 Ellos descubrieron
su desnudez, tomaron a sus hijos y a sus hijas,
y a ella misma la mataron con la espada. Así
se hizo famosa entre las mujeres, por el castigo que le habían infligido.
11 Su hermana Oholibá vio todo esto, pero
se entregó a una pasión más perversa y se prostituyó más que su hermana. 12 Ella se enamoró
perdidamente de los asirios, gobernadores y
prefectos, guerreros espléndidamente vestidos,
hábiles jinetes, todos jóvenes y atrayentes. 13 Yo
vi que se había contaminado: las dos habían
tomado el mismo camino. 14 Pero Oholibá fue
más lejos todavía con sus prostituciones: vio
unos hombres esculpidos en el muro, imágenes de caldeos pintadas de rojo, 15 con cinturones ceñidos a las caderas, con amplios turbantes en la cabeza, todos ellos con prestancia de
oficiales; eran imágenes de babilonios, originarios de Caldea. 16 Apenas los vio, se enamoró perdidamente de ellos y les envió mensajeros a Caldea. 17 Los babilonios fueron a
compartir el lecho de sus amores y la contaminaron con sus prostituciones, y una vez que
se contaminó, su corazón se hastió de ellos.
18 Ella había puesto de manifiesto sus prostitu-

ciones y había descubierto su desnudez. Entonces mi corazón se hastió de ella, como me
había hastiado de su hermana. 19 Multiplicó
sus prostituciones, acordándose de los días de
su juventud, cuando se prostituía en Egipto:
20 se enamoró perdidamente de hombres diso-
lutos, que tienen miembros de asnos y semen
de padrillos. 21 ¡Tú añorabas la lascivia de tu juventud, cuando los egipcios manoseaban tus
senos, acariciando tus pechos juveniles!
22 Por eso, Oholibá, así habla el Señor: Yo
voy a suscitar contra ti a tus amantes, de los
que te habías hastiado, y los traeré contra ti de
todas partes: 23 a los babilonios y a todos los
caldeos, a los de Pecod, de Soa y de Coa —y
con ellos, a todos los asirios—, jóvenes atrayentes, gobernadores y prefectos, escuderos,
guerreros y jinetes. 24 Llegarán contra ti desde
el Norte, con carros y rodados, al frente de
una multitud de pueblos, y te atacarán por todas partes con escudos y cascos. Yo los encargaré del juicio, y ellos te juzgarán conforme a
sus leyes. 25 Desataré mis celos contra ti, y serás tratada con furor: te arrancarán la nariz y
las orejas, y lo quede de ti caerá bajo la espada. Se apoderarán de tus hijos y de tus hijas, y
lo que quede de ti será devorado por el fuego.
26 Te despojarán de tus vestidos y se apoderarán de tus joyas. 27 Pondré fin a tu lascivia y a
la prostitución que comenzaste en Egipto; ya
no levantarás tus ojos hacia ellos y no te acordarás más de Egipto. 28 Porque así habla el Señor: Voy a entregarte en manos de los que tú
detestas, en manos de aquellos de los que te
has hastiado. 29 Te tratarán con odio, se apoderarán de todo el fruto de tus esfuerzos y te
abandonarán completamente desnuda. Así
quedará al descubierto la vergüenza de tus
prostituciones. Tu lascivia y tus prostituciones
30 serán la causa de todo esto, porque te has
prostituido yendo detrás de las naciones y te
has contaminado con sus ídolos.
31 Por haber seguido el camino de tu hermana, yo pondré su copa en tu mano. 32 Así
habla el Señor:
«Tú beberás la copa de tu hermana, ancha
y profunda, de gran capacidad. Serás motivo
de burla y escarnio. 33 Te llenarás de embriaguez y de aflicción. ¡Copa de ruina y desolación es la copa de tu hermana Samaría! 34 Tú
la beberás hasta las heces, la romperás con
tus dientes, y con sus pedazos te desgarrarás
los pechos. Porque yo he hablado —oráculo
del Señor».
35 Por eso, así habla el Señor: Porque tú me
has olvidado y me has arrojado detrás de tu
espada, carga tú también con tu lascivia y tus
prostituciones. 36 El Señor me dijo: Hijo de
hombre, ¿no vas a juzgar a Oholá y Oholibá?
Dales a conocer sus abominaciones, 37 porque
han sido adúlteras y hay sangre en sus manos; han cometido adulterios con sus ídolos
y les han ofrecido como alimento a mis hijos,
los que ellas me habían engendrado. 38 Y todavía me hicieron algo más: contaminaron
mi Santuario en aquel día y profanaron mis
sábados. 39 Y mientras inmolaban a sus hijos
en honor de sus ídolos, entraban ese mismo
día en mi Santuario para profanarlo. ¡Esto es
lo que han hecho en medio de mi casa!
40 Más aún, ellas mandaron llamar por medio de un mensajero a hombres que debían
venir de lejos. Así llegaron aquellos para los
que tú te bañaste, te pintaste los ojos y te
adornaste con joyas. 41 Luego te recostaste en
un lecho suntuoso, ante una mesa servida
donde habías puesto mi incienso y mi aceite.
42 Allí se escuchaba el ruido de una multitud
despreocupada. A ellos se sumaba una cantidad de hombres, venidos de todas partes del
desierto. Ellos pusieron pulseras en los brazos de las mujeres y espléndidas coronas en
sus cabezas. 43 Entonces, yo pensé de esa mujer consumida por tantos adulterios: Ahora
todos se van a prostituir con ella. 44 Y se acercaron a ella como a una prostituta, se acercaron a Oholá y Oholibá, esas mujeres lascivas.
45 Pero hombres justos las juzgarán como se
juzga a las adúlteras y a las sanguinarias, porque son adúlteras y hay sangre en sus manos.
46 Porque así habla el Señor: Que se convoque contra ellas una asamblea y se las entregue a la vejación y al saqueo. 47 Que la
asamblea las mate a pedradas, y se las des-
pedace con la espada; que se degüelle a sus
hijos y a sus hijas, y que se prenda fuego a
sus casas. 48 Así haré desaparecer la lascivia
del país. Todas las mujeres recibirán una lección y no imitarán la mala conducta de ustedes. 49 Sobre ustedes recaerá su propia lascivia y cargarán con los pecados de idolatría.
Entonces sabrán que yo soy el Señor.

PERSECUCIÓN CONTRA JEREMÍAS

Anuncio simbólico del sitio de Jerusalén

Ez 11 3-12; Job 16 18

24 1 El año noveno, el día diez del décimo
mes, la palabra del Señor me llegó en
estos términos: 2 Hijo de hombre, anota la fecha del día de hoy, justo la de este día, porque
hoy mismo el rey de Babilonia se ha lanzado
contra Jerusalén. 3 Di una parábola a ese pueblo rebelde. Tú les dirás: Así habla el Señor:

Arrima la olla al fuego,
arrímala y échale agua.
4 Agrégale trozos de carne,
los mejores trozos —la pata y la espalda—,
llénala con los mejores huesos.
5 Toma lo mejor del rebaño
y amontona leña debajo de ella,

para que hierva a borbotones
y se cocinen hasta los huesos.
6 Por eso, así habla el Señor:
¡Ay de la ciudad sanguinaria,
esa olla herrumbrada
cuya herrumbre no desaparece!
Vacíala pedazo a pedazo,
sin que la suerte caiga sobre ella.
7 Porque la sangre que derramó
está en medio de ella:
la puso sobre la roca desnuda,
no la derramó por tierra
ni la cubrió con el polvo.
8 Para que desborde mi ira,
para dar lugar a mi venganza,
he puesto su sangre sobre la roca desnuda,
a fin de que no sea cubierta.
9 Por eso, así habla el Señor:
¡Ay de la ciudad sanguinaria!
Yo también voy a encender
una gran hoguera.
10 Amontona la leña, enciende el fuego,
cocina bien la carne,
prepara el condimento,
y que se consuman los huesos.
11 Coloca luego la olla vacía sobre las brasas,
para que se recaliente
y el bronce se ponga al rojo vivo,
para que se fundan las impurezas
dentro de ella y se consuma su herrumbre.

12 Pero es tanta su herrumbre, que no desaparece ni con el fuego. 13 Yo he querido pu-
rificarte de tu infame lascivia, pero tú no te
has dejado purificar: por eso, no quedarás
purificada hasta que no haya apaciguado mi
furor contra ti. 14 Yo, el Señor, he hablado y
esto sucederá; obraré y no me volveré atrás,
no tendré compasión ni me arrepentiré.
Conforme a tu conducta y a tus malas acciones se te juzgará —oráculo del Señor.

La muerte de la esposa del profeta

Jr 18; Eclo 36 22; Jr 7 1-15; Lam 2 7

15 La palabra del Señor me llegó en estos
términos: 16 Hijo de hombre, yo voy a arreba-
tarte de golpe la delicia de tus ojos, pero tú no
te lamentarás, ni llorarás, ni derramarás *lágri-*
mas. 17 Suspira en silencio, no hagas ninguna
clase de duelo, cíñete el turbante, cálzate con
sandalias, no te cubras la barba ni comas pan
de duelo. 18 Yo hablé al pueblo por la mañana,
y por la tarde murió mi esposa; y a la mañana
siguiente hice lo que se me había ordenado.
19 La gente me dijo: «¿No vas a explicarnos qué
significa lo que haces?». 20 Yo les dije: La palabra del Señor me llegó en estos términos: 21 Di
a la casa de Israel: Así habla el Señor: Yo voy a
profanar mi Santuario, el orgullo de su fuerza,
la delicia de sus ojos y la esperanza de sus vidas. Los hijos y las hijas que ustedes han dejado, caerán bajo la espada, 22 y ustedes harán
lo mismo que yo: no se cubrirán la barba, no
comerán el pan de duelo, 23 no se quitarán el
turbante de la cabeza ni las sandalias de los
pies, no se lamentarán, ni llorarán, sino que
se consumirán a causa de sus culpas y gemirán unos con otros. 24 Ezequiel habrá sido para ustedes un presagio: ustedes harán lo mismo que él hizo, y cuando esto suceda sabrán
que yo soy el Señor.

25 En cuanto a ti, hijo de hombre, el día en
que yo les quite su refugio, su espléndida alegría, la delicia de sus ojos, la pasión de sus vidas, y también a sus hijos y a sus hijas, 26 ese
día llegará hasta ti un fugitivo para comunicarte la noticia. 27 Ese día tu boca se abrirá para hablar al fugitivo y ya no te quedarás mudo; serás para ellos un presagio, y así sabrán
que yo soy el Señor.

ORÁCULOS CONTRA LAS NACIONES

Contra Amón

Ez 21 33-37; Am 1 13-15; Jr 49 1-6; Ez 6 11

25 1 La palabra del Señor me llegó en estos
términos: 2 Hijo de hombre, vuelve tu
rostro hacia los amonitas y profetiza contra
ellos. 3 Tú dirás a los amonitas: Escuchen la palabra del Señor: Así habla el Señor: Porque te
has burlado de mi Santuario cuando fue profanado, de la tierra de Israel cuando fue devastada, y del pueblo de Judá cuando iba al destierro, 4 por eso, te voy a entregar en posesión a
los orientales: ellos instalarán en ti sus campamentos y establecerán en ti sus moradas; ellos
comerán tus frutos y beberán tu leche. 5 Convertiré a Rabá en un pastizal de camellos y a las
ciudades de los amonitas en un corral de ovejas: así ustedes sabrán que yo soy el Señor.
6 Así habla el Señor: Porque has aplaudido
y pataleado, porque te has regocijado, con todo el desprecio de tu alma, a causa de la tierra de Israel, 7 por eso yo extenderé mi mano
contra ti; te entregaré como presa a las naciones, te extirparé de entre los pueblos, y te haré desaparecer de entre los países y te aniquilaré: así sabrás que yo soy el Señor.

Contra Moab

Am 2 1-3; Jr 48; Sof 2 8-11

8 Así habla el Señor: Porque Moab ha dicho:
«La casa de Judá es igual que todas las naciones», 9 por eso, yo desmantelaré la ladera de
Moab, arrasaré de un extremo al otro sus ciudades, las joyas de ese país: Bet Iesimot, Baal
Meón y Quiriataim. 10 Los entregaré en posesión a los orientales, junto con los amonitas,
para que no quede ni el recuerdo de los amonitas entre las naciones, 11 e infligiré justos castigos a Moab: así sabrán que yo soy el Señor.

Contra Edom

Ez 35; Am 1 11-12; Jr 49 7-22; Is 21 13-14

12 Así habla el Señor: Porque Edom se ha vengado implacablemente de la casa de Judá y se ha hecho gravemente culpable al vengarse de ella, 13 por eso, así habla el Señor: Yo extiendo mi mano contra Edom; exterminaré de él a hombres y animales, y lo convertiré en una ruina. Desde Temán hasta Dedán, todos caerán bajo la espada. 14 Me vengaré de Edom, por medio de mi pueblo Israel: él lo tratará conforme a mi ira y mi furor, y Edom conocerá mi venganza —oráculo del Señor.

Contra los filisteos

Sof 2 4-7

15 Así habla el Señor: Porque los filisteos han obrado por venganza y se han vengado con profundo desprecio, por el afán de destruir, a causa de una antigua enemistad, 16 por eso, así habla el Señor: Yo extiendo mi mano contra los filisteos; extirparé a los quereteos y haré perecer al resto de los que habitan la costa del mar. 17 Ejecutaré contra ellos terribles venganzas, castigándolos furiosamente; y cuando ejecute mi venganza contra ellos, sabrán que yo soy el Señor.

Contra Tiro

Is 23; Ez 25 3; 29 17-21; Is 24 8-9; Jr 25 10; Ap 18 22

26 1 En el año undécimo, el primer día del mes, la palabra del Señor me llegó en estos términos: 2 Hijo de hombre, porque Tiro se ha reído de Jerusalén, diciendo: «¡La "Puerta de los pueblos" se ha roto a pedazos! ¡Ha llegado mi turno: yo me llenaré de riquezas, ahora que ella está en ruinas!». 3 Por eso, así habla el Señor: Aquí estoy, Tiro, contra ti: Yo haré subir contra ti a naciones numerosas, como el mar hace subir su oleaje. 4 Destruirán las murallas de Tiro y derribarán sus torres. Barreré de ella hasta el polvo y la convertiré en una roca desnuda. 5 Ella será en medio del mar un lugar para secar las redes, porque yo he hablado —oráculo del Señor—. Sí, Tiro será presa de las naciones 6 y sus poblados de tierra adentro serán aniquilados por la espada. Así se sabrá que yo soy el Señor.

7 Porque así habla el Señor: Yo voy a traer contra Tiro, desde el Norte, a Nabucodonosor, *rey de Babilonia, rey de reyes, y él vendrá* con caballos, carros de guerra y jinetes, y con una coalición de pueblos numerosos.

8 Él pasará por la espada a tus poblados de tierra adentro. Armará contra ti torres de asalto, elevará contra ti terraplenes y levantará contra ti sus escudos. 9 Lanzará golpes de ariete contra tus muros y demolerá tus torres con sus hachas. 10 Será tal la cantidad de sus caballos que te dejará cubierta de polvo. Tus murallas temblarán al estruendo de su caballería, de sus ruedas y sus carros, cuando él entre por tus puertas como se entra en una ciudad expugnada. 11 Pisoteará todas tus calles con los cascos de sus caballos; matará a tu pueblo con la espada, y tus sólidos pilares se derrumbarán por tierra. 12 Se llevarán tus riquezas como botín, saquearán tus mercancías, derribarán tus murallas y demolerán tus lujosas mansiones. Hundirán en el fondo del mar tus piedras, tus vigas y tus escombros. 13 Yo haré cesar la algarabía de tus canciones y ya no se escuchará el sonido de tus cítaras. 14 Te convertiré en una roca desnuda, en un lugar para secar las redes. No volverás a ser edificada, porque yo, el Señor, he hablado —oráculo del Señor.

Lamentación sobre Tiro

Jon 3 6; Ap 18 9-19; Ez 32 18-32; Ap 18 21

15 Así habla el Señor a Tiro: ¡Cómo temblarán las costas lejanas por el estruendo de tu caída, cuando giman las víctimas y haya una mortandad en medio de ti! 16 Todos los príncipes del mar bajarán de sus tronos, se quitarán sus mantos y se despojarán de sus vestiduras bordadas. Estremecidos de espanto, se sentarán en el suelo, temblarán sin cesar y quedarán consternados por ti.

17 Ellos entonarán por ti esta lamentación:

«¡Cómo has desaparecido,
barrida por los mares,
tú, ciudad tan ilustre, poderosa en el mar,
cuyos habitantes infundían terror
en todo el continente!
18 Ahora tiemblan las costas
en el día de tu caída,
y las islas que están en el mar
se horrorizan de tu desenlace!».

19 Porque así habla el Señor: Cuando yo haga de ti una ciudad en ruinas, como las ciudades donde nadie habita; cuando haga subir contra ti el océano y te cubran las aguas caudalosas, 20 entonces te precipitaré con los que bajan a la Fosa, con los hombres del pasado; te haré habitar en las regiones profundas, en las soledades perpetuas, con los que bajan a la Fosa, para que no vuelvas a ser restablecida en la tierra de los vivientes. 21 Haré que seas un objeto de espanto, y no existirás más. Te buscarán, y no te encontrarán jamás —oráculo del Señor.

Lamentación por la caída de Tiro

1 Re 10; Ap 18 18-19

27 1 La palabra del Señor me llegó en estos términos: 2 Hijo de hombre, entona una lamentación sobre Tiro. 3 Tú le dirás a Tiro, la que tiene su trono sobre los puertos

del mar y trafica con los pueblos hasta en las
costas más lejanas: Así habla el Señor:

Tiro, tú decías: «Yo soy una nave
de perfecta hermosura».
4 Tu territorio está en el corazón del mar.
Tus constructores te hicieron
de una hermosura perfecta.
5 Con cipreses de Senir fabricaron para ti
todo tu maderaje.
Tomaron un cedro del Líbano
para construirte un mástil.
6 Con encinas de Basán hicieron tus remos.
Te hicieron la cubierta de marfil
incrustado en madera de pino
de las costas de Quitim.
7 De lino recamado de Egipto
estaba hecha tu vela,
para que te sirviera de estandarte.
Tu toldo era de púrpura violeta y escarlata
de las costas de Elisá.
8 Los habitantes de Sidón y de Arvad
eran tus remeros.
A bordo iban tus expertos, Tiro,
ellos eran tus timoneles.
9 Tenías veteranos y expertos de Guebal,
para reparar tus averías.
Tenías todas las naves del mar
y sus marineros,
para negociar tus mercancías.
10 Hombres de Persia, de Lud y de Put
servían en tu ejército como guerreros.
Ellos colgaban de ti escudos y cascos
y realzaban tu esplendor.

11 Hombres de Arvad, con tu ejército, defendían tus muros por todas partes, y los ga-
maditas, apostados en sus torres, colgaban
sus escudos alrededor de tus muros, haciendo que tu hermosura fuera perfecta.
12 Tarsis comerciaba contigo por la gran
abundancia de todas tus riquezas: entregaba
plata, hierro, estaño y plomo a cambio de tus
mercaderías. 13 Javán, Tubal y Mésec traficaban
contigo: entregaban esclavos y objetos de
bronce a cambio de tus mercancías. 14 La gente
de Bet Togarmá entregaba caballos de tiro, caballos de montar y mulos, a cambio de tus
mercaderías. 15 Los hombres de Rodas traficaban contigo; numerosas islas participaban de
tu comercio: te daban como pago colmillos
de marfil y madera de ébano. 16 Edom comerciaba contigo por la abundancia de tus productos: entregaba topacio, púrpura escarlata,
brocados, lino fino, corales y rubíes, a cambio
de tus mercaderías. 17 Incluso Judá y la tierra de
Israel traficaban contigo: entregaban trigo de Minit, mijo, miel, aceite y resina, a cambio de tus
mercaderías. 18 Damasco comerciaba contigo
por la abundancia de tus productos, por la
abundancia de todas tus riquezas: te abastecía
de vino de Jelbón y de lana de Sájar. 19 Vedán y
Javán, desde Uzal, entregaban hierro forjado,
casia y caña aromática, a cambio de tus mercaderías. 20 Dedán traficaba contigo abastecién-
dote de monturas. 21 Arabia y todos los príncipes de Quedar participaban de tu comercio:
negociaban contigo a cambio de corderos, carneros y chivos. 22 Los comerciantes de Sabá y
de Raemá traficaban contigo: entregaban los
mejores bálsamos, toda clase de piedras preciosas y oro, a cambio de tus mercaderías. 23 Jarán, Cané y Edén, los comerciantes de Sabá,
Asur y Quilmad traficaban contigo: 24 ellos
abastecían tus mercados a cambio de espléndidos vestidos, de mantos de púrpura violeta,
tejidos recamados, tapices multicolores y cuerdas sólidamente trenzadas. 25 Las naves de Tarsis transportaban tus mercaderías.

Te llenaste de una carga muy pesada
en el corazón de los mares.
26 Tus remeros te llevaron
por las aguas profundas.
Pero el viento del este te destrozó
en el corazón de los mares.
27 Tus riquezas, tus mercancías,
tus cargamentos, tus marineros
y tus timoneles,
los que reparan tus averías
y tus agentes de comercio,
todos tus hombres de guerra
y toda la tripulación que llevas contigo
se hundirán en el corazón de los mares
el día de tu naufragio.
28 Al oír los gritos de tus timoneles,
temblarán las riberas.

29 Entonces descenderán de sus naves
todos los que empuñan los remos.
Los marineros y todos los timoneles
del mar permanecerán en tierra.
30 Ellos harán oír su clamor a causa de ti,
y gritarán amargamente.
Se cubrirán la cabeza de polvo
y se revolcarán en la ceniza.
31 Se raparán los cabellos por tu causa
y se ceñirán un sayal.
Llorarán por ti llenos de amargura,
con amargos lamentos.
32 Entonarán una lamentación entre gemidos,
se lamentarán por ti, diciendo:
«¿Quién era igual a Tiro
en medio de los mares?
33 Cuando se desembarcaban tus mercaderías,
saciabas a muchos pueblos;
con tus muchas riquezas y tus mercancías
enriquecías a los reyes de la tierra.
34 Pero ahora estás destrozada por el mar
en lo profundo de las aguas.
Tus mercancías y toda tu tripulación
se han hundido contigo.
35 Los habitantes de las costas lejanas
están consternados por ti;
a sus reyes se les erizaron los cabellos

y tienen el rostro demudado.
36 Los mercaderes de los pueblos
silban a causa de ti;
te has convertido en un motivo de espanto
y no existirás nunca más».

Contra el rey de Tiro

Gn 3 5; Is 14 13; Ez 14 14; Is 31 1

28 1 La palabra del Señor me llegó en estos términos: 2 Hijo de hombre, di al
príncipe de Tiro: Así habla el Señor:

Tu corazón se llenó de arrogancia
y dijiste: «Yo soy un dios;
estoy sentado en un trono divino,
en el corazón de los mares».
¡Tú, que eres un hombre y no un dios,
te has considerado igual a un dios!

3 Sí, eres más sabio que Daniel:
ningún secreto te supera.
4 Con tu sabiduría y tu inteligencia,
te has hecho una fortuna,
acumulaste oro y plata en tus tesoros.
5 Por tu gran habilidad para el comercio
fuiste acrecentando tu fortuna,
y tu corazón se llenó de arrogancia
a causa de tantas riquezas.
6 Por eso, así habla el Señor:

Porque te has considerado igual a un dios,
7 yo traigo contra ti gente extranjera,
las más feroces de las naciones:
ellos desenvainarán la espada
contra tu bella sabiduría,
y profanarán tu esplendor.
8 Te precipitarán en la Fosa
y morirás de muerte violenta
en el corazón de los mares.

9 ¿Te atreverás a decir: «Yo soy un dios»,
delante de tus verdugos?
Serás un hombre, no un dios,
en manos de los que te traspasen.
10 Tendrás la muerte de los incircuncisos,
en manos de extranjeros,
porque yo he hablado
—oráculo del Señor.

11 La palabra del Señor me llegó en estos
términos: 12 Hijo de hombre, entona una lamentación sobre el rey de Tiro. Tú le dirás:
Así habla el Señor:

Eras un modelo de perfección,
lleno de sabiduría
y de acabada hermosura.
13 Estabas en Edén, el Jardín de Dios,
recubierto de piedras preciosas
de todas las especies: sardo, malaquita
y diamante,
crisólito, ónix y jaspe, zafiro,
topacio y esmeralda.
Llevabas adornos labrados en oro
y encajes preparados para ti
el día en que fuiste creado.
14 Yo había hecho de ti un querubín protector,
con sus alas desplegadas;
estabas en la montaña santa de Dios
y te paseabas entre piedras de fuego.
15 Eras irreprochable en tus caminos
desde el día en que fuiste creado,
hasta que apareció tu iniquidad:
16 a fuerza de tanto traficar, tu interior
se llenó de violencia y caíste en el pecado.

Por eso yo te expulso como algo profanado
lejos de la montaña de Dios;
te hago desaparecer, querubín protector,
de entre las piedras de fuego.
17 Tu corazón se llenó de arrogancia
a causa de tu hermosura;
corrompiste tu sabiduría
a causa de tu esplendor.
Pero yo te arrojé por tierra y te expuse
como espectáculo delante de los reyes.
18 Con tus numerosas culpas,
con tu comercio venal,
profanaste tus santuarios.
Pero yo hago brotar de ti mismo
el fuego que te devora.
Te reduciré a ceniza sobre el suelo
delante de todos los que te miran.
19 Todos los pueblos que te conocen
están consternados por ti;
te has convertido en un motivo de espanto
y no existirás nunca más.

Contra Sidón

Ez 26 2

20 La palabra del Señor me llegó en estos
términos: 21 Hijo de hombre, vuelve tu rostro
hacia Sidón y profetiza contra ella.
22 Tú dirás: Así habla el Señor:

Aquí estoy contra ti, Sidón;
voy a ser glorificado en medio de ti.
Y cuando le inflija un justo castigo
y manifieste en ella mi santidad,
se sabrá que yo soy el Señor.
23 Enviaré la peste contra ella
y la sangre correrá por sus calles;
las víctimas caerán bajo la espada
alzada contra ella de todas partes.
Así se sabrá que yo soy el Señor.

24 Entonces ya no habrá para la casa de Israel ni espina punzante ni aguijón doloroso
entre todos los vecinos que la desprecian. Así
se sabrá que yo soy el Señor.

La liberación de Israel

Ez 34 25.17.28; 37 25; 38 8; Dt 33 28; Jr 23 6; Am 9 14

25 Así habla el Señor: Cuando yo reúna a la
casa de Israel de entre los pueblos en que ha
sido dispersada, manifestaré mi santidad por

medio de ellos, a los ojos de las naciones.
Ellos habitarán en su propio suelo, el que di
a mi servidor Jacob: 26 vivirán seguros en él,
construirán casas, plantarán viñas y habitarán seguros, cuando yo inflija un justo castigo a todos los pueblos vecinos que la desprecian. Así se sabrá que yo soy el Señor, su Dios.

Contra Egipto

2 Re 18 21; Is 36 6; Ez 21 8

29 1 El décimo año, el día doce del décimo mes, la palabra del Señor me llegó
en estos términos: 2 Hijo de hombre, vuelve
tu rostro contra el Faraón, rey de Egipto, y
profetiza contra él y contra todo Egipto. 3 Habla y di: Así habla el Señor:

Aquí estoy contra ti, Faraón, rey de Egipto,
enorme dragón recostado
en el cauce de sus Nilos,
que dices: «El Nilo me pertenece,
yo mismo me lo hice».
4 Yo te pondré garfios en las mandíbulas,
pegaré a tus escamas los peces de tus Nilos
y te sacaré fuera de sus corrientes,
con todos los peces de tus Nilos
pegados a tus escamas.
5 Te arrojaré en el desierto,
a ti y a todos los peces de tus Nilos;
quedarás tendido en pleno campo
y no serás recogido ni enterrado.
Te daré como pasto a las bestias de la tierra
y a los pájaros del cielo.
6 Entonces todos los habitantes de Egipto
sabrán que yo soy el Señor.
Porque tú has sido un apoyo de caña
para la casa de Israel:
7 apenas te agarraban, te partías
y les desgarrabas toda la mano;
cuando se apoyaban en ti, te quebrabas
y hacías vacilar todos sus miembros.

8 Por eso, así habla el Señor: Yo traigo contra ti una espada, y extirparé de ti a hombres
y animales. 9 La tierra de Egipto será una desolación y una ruina, y ellos sabrán que yo
soy el Señor. Por haber dicho: «El Nilo me
pertenece, yo mismo me lo hice», 10 por eso,
aquí estoy contra ti y contra tus Nilos. Dejaré a la tierra de Egipto desolada y en ruinas,
desde Migdol hasta Siene, y hasta la frontera
de Cus. 11 Ningún pie humano transitará por
ella, ningún pie de animal la cruzará, y estará deshabitada durante cuarenta años. 12 Yo
haré de la tierra de Egipto la más desolada
entre las tierras desoladas, y sus ciudades serán una desolación entre las ciudades en ruinas, durante cuarenta años. Dispersaré a los
egipcios entre las naciones y los diseminaré
por los países.

13 Porque así habla el Señor: Al cabo de
cuarenta años, reuniré a los egipcios de entre
los pueblos en los que habían sido dispersados. 14 Cambiaré la suerte de Egipto y los haré volver a la tierra de Patrós, su país de origen. Allí serán un reino humilde, 15 el más
humilde de los reinos, y Egipto ya no se levantará por encima de las naciones. Yo mismo lo haré pequeño, para que no pueda dominar a las naciones. 16 Ya no ofrecerá una
falsa seguridad a la casa de Israel, ni hará que
se le recuerde un delito, por haber ido detrás
de él. Así se sabrá que yo soy el Señor.

17 El año vigésimo séptimo, el día primero
del primer mes, la palabra del Señor me llegó en estos términos: 18 Hijo de hombre, Nabucodonosor, rey de Babilonia, ha exigido
de su ejército un gran esfuerzo contra Tiro.
Todas las cabezas han quedado rapadas y todas las espaldas llagadas, pero él no ha logrado de Tiro, ni para sí ni para su ejército,
ninguna recompensa por el esfuerzo realizado. 19 Por eso, así habla el Señor: Voy a entregar la tierra de Egipto al rey de Babilonia. Él
se llevará sus riquezas, saqueará sus despojos
y se apoderará del botín, que servirá de recompensa para su ejército. 20 En retribución
por el esfuerzo realizado contra Tiro, yo le
entrego la tierra de Egipto, porque ellos trabajaron para mí —oráculo del Señor.

21 Aquel día, yo acrecentaré la fuerza de la
casa de Israel, y haré que tú puedas hablar libremente en medio de ellos. Así sabrán que
yo soy el Señor.

El Día del Señor contra Egipto

Ez 7 7; 21 8; 27 10; 7 21; Is 1 7

30 1 La palabra del Señor me llegó en estos términos: 2 Profetiza, hijo de hombre, y di: Así habla el Señor:

Giman, diciendo: «¡Ay! ¡Qué día!».
3 Porque se acerca un día,
se acerca el día del Señor.
Será un día cargado de nubarrones,
el tiempo de las naciones.
4 La espada penetrará en Egipto,
Cus se retorcerá de espanto,
cuando caigan las víctimas en Egipto,
cuando sean arrebatadas sus riquezas
y derruidos sus cimientos.
5 Cus, Put y Lud, toda esa mezcla de pueblos,
y los libios,
y los hijos del país de la Alianza,
caerán con ellos bajo la espada.

6 Así habla el Señor:

Caerán los que sostienen a Egipto,
se derrumbará su arrogante poderío:
desde Migdol hasta Siene,
todos caerán bajo la espada
—oráculo del Señor—.
7 Serán los más desolados
entre los países desolados y sus ciudades

estarán entre las ciudades en ruinas.
Y sabrán que yo soy el Señor,
8 cuando prenda fuego a Egipto
y sean destrozados todos los que lo apoyan.

9 Aquel día, mensajeros enviados por mí
partirán en barco, para dar la alarma en Cus,
que vive confiada. Ellos se estremecerán de
espanto en el día de Egipto, que ya está por
llegar.

10 Así habla el Señor:

Yo haré cesar el tumulto de Egipto
por la mano de Nabucodonosor,
rey de Babilonia.
11 Él y su pueblo, la más feroz de las naciones,
serán llevados para arrasar el país.
Desenvainarán sus espadas contra Egipto
y llenarán de víctimas el país.
12 Convertiré en tierra seca los canales del Nilo
y venderé el país a gente malvada.
Devastaré el país y todo lo que hay en él
por manos de extranjeros.
Yo, el Señor, he hablado.

13 Así habla el Señor:

Haré desaparecer los ídolos
y acabaré con los falsos dioses de Nof.
No habrá más un príncipe en Egipto
y haré cundir el terror en ese país.
14 Devastaré a Patrós, incendiaré a Soán
e infligiré justos castigos a No.
15 Derramaré mi furor en Sin
—la plaza fuerte de Egipto—
y extirparé el tumulto de No.
16 Prenderé fuego a Egipto,
Sin se retorcerá de dolor,
se abrirán brechas en No
y los adversarios de No
la ocuparán en pleno día.
17 Los jóvenes de On y de Pi Béset
caerán bajo la espada
y esas mismas ciudades irán al cautiverio.
18 En Tafnis el día se oscurecerá,
cuando yo quiebre allí el cetro de Egipto
y se acabe su arrogante poderío.
A ella la cubrirá un nubarrón
y sus hijas irán al cautiverio.
19 Infligiré justos castigos a Egipto,
y se sabrá que yo soy el Señor.

20 En el año undécimo, el día siete del primer mes, la palabra del Señor me llegó en estos términos: 21 Hijo de hombre, yo quiebro
el brazo del Faraón, rey de Egipto; y nadie lo
cura dándole medicamentos y aplicándole
un vendaje, para que se fortalezca y pueda
empuñar la espada. 22 Por eso, así habla el
Señor: Aquí estoy contra el Faraón, rey de
Egipto: yo quebraré sus dos brazos —el sano
y el roto— y haré caer la espada de su mano.
23 Dispersaré a los egipcios entre las naciones
y los diseminaré entre los países. 24 Pero fortaleceré los brazos del rey de Babilonia y
pondré mi espada en su mano; y quebraré
los brazos del Faraón, que lanzará gemidos
delante de él como un herido de muerte.
25 Fortaleceré los brazos del rey de Babilonia,
mientras que al Faraón se le caerán los brazos. Y cuando ponga mi espada en la mano
del rey de Babilonia y él la extienda contra el
país de Egipto, se sabrá que yo soy el Señor.
26 Dispersaré a los egipcios entre las naciones
y los diseminaré por los países. Entonces se
sabrá que yo soy el Señor.

El cedro del Líbano, imagen de Egipto

Ez 17 23; Gn 2 8; Nm 16 33; Ez 32 18-31; Is 14 15

31 1 En el año undécimo, el primer día del
tercer mes, la palabra del Señor me llegó en estos términos: 2 Hijo de hombre, di al
Faraón, rey de Egipto, y a todos sus súbditos:

¿A quién te asemejaste por tu grandeza?
3 A un ciprés, a un cedro del Líbano,
de hermoso ramaje, de follaje tupido,
de altura tan elevada que su copa
emerge entre las nubes.
4 Las aguas lo hicieron crecer
y el océano subterráneo lo elevó,
haciendo correr sus ríos en torno del lugar
donde estaba plantado,
y enviando sus canales
a todos los árboles del campo.
5 Por eso superó en altura
a todos los árboles del campo;
su ramaje se hizo frondoso
y se alargaron sus ramas,
regadas por las aguas caudalosas,
cuando él echaba sus brotes.
6 En su ramaje anidaban
todos los pájaros del cielo;
bajo sus ramas tenían cría
todas las bestias del campo,
y a su sombra se albergaban
todas las grandes naciones.
7 Era hermoso por su grandeza,
por la envergadura de su copa,
porque sus raíces se hundían
en las aguas caudalosas.
8 Ningún cedro en el Jardín de Dios
podía hacerle sombra;
no había entre los cipreses
ramas semejantes a las suyas,
y ninguno de los plátanos
era comparable a su ramaje.
Ningún árbol en el Jardín de Dios
se le asemejaba en hermosura.
9 Yo lo había embellecido
con abundantes ramas,
y lo envidiaban todos los árboles de Edén
que están en el Jardín de Dios.

10 Por eso, así habla el Señor: Por haberse
elevado tan alto, por haber erguido su copa

entre las nubes, y por haberse ensoberbecido a causa de su altura, 11 por todo eso, yo lo
puse en manos de un jefe de naciones, que
lo tratará conforme a su maldad. Yo lo he rechazado, 12 y gente extranjera, las más feroces
de las naciones, lo han talado y arrojado por
las montañas. Sus ramas cayeron en todos
los valles, y su copa se desgajó en los cauces
de todos los ríos del país. Todos los pueblos
de la tierra se han apartado de su sombra, y
lo han abandonado. 13 Sobre su tronco caído
se posan todos los pájaros del cielo, y en sus
ramas se cobijan todas las bestias del campo, 14 para que ningún árbol plantado junto
a las aguas se eleve tan alto ni levante su copa entre las nubes, y para que ningún árbol
bien regado intente erguirse hasta ellas con
toda su altura. ¡Porque todos están destinados a la muerte, a las regiones profundas, en
medio de los seres humanos que bajan a la
Fosa!
15 Así habla el Señor: Cuando el cedro se
precipitó en el Abismo, yo hice que el océano subterráneo estuviera de duelo a causa de
él: lo cerré, contuve sus ríos, y las grandes
aguas quedaron detenidas. Vestí de luto al Líbano por causa de él, y todos los árboles del
campo languidecieron. 16 Hice temblar a las
naciones por el estruendo de su caída, cuando lo precipité en el Abismo, con los que bajan a la Fosa. En las regiones subterráneas se
consolaron todos los árboles de Edén, lo más
selecto y lo mejor del Líbano, todos los árboles bien regados. 17 También ellos, los que lo
auxiliaban y vivían a su sombra en medio de
las naciones, bajaron con él al Abismo, donde están las víctimas de la espada. 18 ¿A quién
te asemejabas en gloria y en grandeza, entre
los árboles de Edén? ¡Y sin embargo has sido
precipitado a las regiones subterráneas, con
los árboles de Edén! Ahí estás tendido, en
medio de incircuncisos, con las víctimas de la
espada. Este es el Faraón y todos sus súbditos
—oráculo del Señor.

Lamentación sobre el Faraón

Job 40 25 – 41 26; Ez 31 13-16; Am 8 9

32 1 El año duodécimo, el primer día del
duodécimo mes, la palabra del Señor
me llegó en estos términos: 2 Hijo de hombre, entona una lamentación sobre el Faraón, rey de Egipto. Tú le dirás:

¡Estás perdido, león de las naciones!
Tú, como un dragón en los mares,
resoplabas con tus narices,
enturbiabas el agua con tus patas
y agitabas sus corrientes.

3 Así habla el Señor:

Yo tenderé mi red sobre ti
en la asamblea de las naciones numerosas
y ellas te alzarán con mis redes.
4 Te estrellaré contra el suelo,
te arrojaré en pleno campo,
y haré que se posen sobre ti
todos los pájaros del cielo
y que se sacien contigo
todas las bestias de la tierra.
5 Pondré tu carne sobre las montañas
y llenaré los valles con tus despojos.
6 Regaré la tierra con el flujo de tu sangre
hasta la cima de las montañas,
y los cauces de los ríos se llenarán de ella.
7 Y cuando te hayas extinguido, yo cubriré
los cielos y oscureceré las estrellas,
cubriré el sol con una nube y la luna
no hará brillar su luz.
8 Oscureceré a causa de ti
todos los astros luminosos del cielo,
y envolveré a tu país en tinieblas
—oráculo del Señor.

9 Yo afligiré el corazón de muchos pueblos, cuando yo lleve a tus cautivos entre
las naciones, a países que tú no conocías.
10 Dejaré consternados por tu causa a pueblos numerosos; se erizarán los cabellos de
sus reyes, a causa de ti, cuando levante mi
espada contra ellos, y temblarán estremecidos, cada uno por su propia vida, en el día
de tu caída.
11 Porque así habla el Señor:

La espada del rey de Babilonia te alcanzará.
12 Por la espada de guerreros,
los más feroces entre las naciones,
yo haré caer a tu multitud.
Ellos abatirán la soberbia de Egipto
y toda su multitud será destruida.
13 Haré perecer todo su ganado
del borde de las aguas caudalosas:
ya no las enturbiará el pie del hombre
ni la pezuña de los animales.
14 Entonces haré que sus aguas
queden limpias, y que sus ríos corran
como el aceite —oráculo del Señor—.
15 Y cuando convierta a Egipto
en una desolación
y el país sea despojado
de todo lo que lo llena,
cuando hiera a todos los que lo habitan,
se sabrá que yo soy el Señor.

16 Esta es una lamentación que entonarán
las hijas de las naciones. La entonarán sobre
Egipto y sobre toda su multitud —oráculo
del Señor.
17 El año duodécimo, el día quince del
mes, la palabra del Señor me llegó en estos
términos: 18 Hijo de hombre, entona un canto fúnebre sobre la multitud de Egipto y
húndela, a ella y a las capitales de las naciones más ilustres, en las regiones más profundas, con los que bajan a la Fosa.

19 ¿Eres tú más privilegiado que otros? ¡Baja y acuéstate con los incircuncisos!

20 Ellos caerán entre las víctimas de la espada. Una espada está dispuesta: ¡arrastren a Egipto y a toda su multitud! 21 Entonces los más fuertes guerreros y sus ayudantes les dirán, desde el medio del Abismo: «¡Han bajado y yacen tendidos los incircuncisos, víctimas de la espada!».

22 Allí está Asiria con toda su asamblea en torno de su tumba, víctimas todos ellos, caídos bajo la espada. 23 Su tumba ha sido puesta en lo más hondo de la Fosa y su asamblea está en torno de su tumba: ¡son todos víctimas, los caídos bajo la espada, los que sembraban el terror por la tierra de los vivientes!

24 Allí está Elaín con toda su multitud en torno de su tumba, víctimas todos ellos, caídos bajo la espada: ¡son los que bajaron incircuncisos a las regiones profundas, los que expandían el terror por la tierra de los vivientes! Ahora cargan con su ignominia, junto con los que bajan a la Fosa. 25 Se le ha puesto un lecho en medio de las víctimas, con toda su multitud en torno de su tumba: son todos incircuncisos, víctimas de la espada, porque sembraron el terror por la tierra de los vivientes. Ahora cargan con su ignominia junto con los que bajan a la Fosa, y han sido puestos en medio de las víctimas.

26 Allí están Mésec, Tubal y toda su multitud en torno de su tumba, todos incircuncisos, atravesados por la espada, porque expandieron el terror por la tierra de los vivientes. 27 Ellos no yacen con los héroes caídos antiguamente —con los que bajaron al Abismo con sus armas de guerra, con sus espadas debajo de sus cabezas y sus escudos sobre sus restos— porque el terror de los héroes reinaba en la tierra de los vivientes. 28 Tú, en cambio, yacerás en medio de los incircuncisos, con las víctimas de la espada.

29 Allí está Edom, con sus reyes y todos sus príncipes que, a pesar de su poderío, fueron puestos entre las víctimas de la espada. Ellos yacen entre los incircuncisos, entre los que bajaron a la Fosa.

30 Allí están todos los príncipes del Norte y todos los sidonios, que bajaron avergonzados junto con las víctimas, a pesar del terror que inspiraba su bravura. Yacen incircuncisos entre las víctimas de la espada, y cargan con su ignominia junto con los que bajan a la Fosa.

31 El Faraón los verá *y se consolará a la vista de toda* esa multitud. El Faraón y todo su ejército serán víctimas de la espada —oráculo del Señor—. 32 Sí, yo dejé que sembrara el terror en la tierra de los vivientes, pero yacerá en medio de los incircuncisos, junto con las víctimas de la espada, el Faraón y toda su multitud —oráculo del Señor.

LA PREDICACIÓN DE EZEQUIEL DURANTE Y DESPUÉS DEL ASEDIO DE JERUSALÉN

El profeta, centinela de Israel

Ez 3 17-19

33 1 La palabra del Señor me llegó en estos términos: 2 Hijo de hombre, habla a la gente de tu pueblo. Tú les dirás: Si yo hago venir la espada contra un país, la gente de ese país toma a uno de sus hombres y lo pone como centinela; 3 y cuando este ve venir la espada sobre el país, toca la trompeta para advertir al pueblo. 4 Si alguien escucha el sonido de la trompeta, pero no hace caso de la alarma, y entonces llega la espada y lo mata, la sangre de este hombre recaerá sobre su propia cabeza. 5 Él escuchó el sonido de la trompeta, pero no hizo caso: su sangre recaerá sobre él. En cambio, si hace caso de la alarma, habrá salvado su vida.

6 Pero si el centinela ve venir la espada y no toca la trompeta, de manera que el pueblo no es advertido, y cuando llega la espada mata a alguno de ellos, este perecerá por su culpa, pero al centinela le pediré cuenta de su sangre.

7 También a ti, hijo de hombre, yo te he puesto como centinela de la casa de Israel: cuando oigas una palabra de mi boca, tú les advertirás de mi parte. 8 Cuando yo diga al malvado: «Vas a morir», si tú no hablas para advertir al malvado que abandone su mala conducta, el malvado morirá por su culpa, pero a ti te pediré cuenta de su sangre. 9 Si tú, en cambio, adviertes al malvado para que se convierta de su mala conducta, y él no se convierte, él morirá por su culpa, pero tú habrás salvado tu vida.

10 Y tú, hijo de hombre, di a la casa de Israel: Ustedes andan diciendo: «Nuestras rebeldías y nuestros pecados pesan sobre nosotros, y nos estamos consumiendo a causa de ellos. ¿Cómo podremos vivir?». 11 Tú diles, en cambio: «Juro por mi vida —oráculo del Señor— que yo no deseo la muerte del malvado, sino que se convierta de su mala conducta y viva. ¡Conviértanse, conviértanse de su conducta perversa! ¿Por qué quieren morir, casa de Israel?».

12 Y tú, hijo de hombre, di a la gente de tu pueblo: Al justo no lo librará su justicia si comete un delito; al impío no lo hará sucumbir su maldad si se convierte de ella. Y cuando un justo peque, no podrá sobrevivir a causa de su justicia. 13 Si yo digo al justo: «Vivirás», pero él, confiado en su justicia, comete una iniquidad, no quedará ningún recuerdo de su justicia: él morirá por la iniquidad que cometió. 14 Por el contrario, si digo al malvado: «Morirás», pero él se convierte de su pecado y practica el derecho y la justicia: 15 si devuelve lo que tomó en prenda, si restituye lo que

arrebató por la fuerza y observa los preceptos
de vida, dejando de cometer la iniquidad, él
ciertamente vivirá y no morirá. 16 No quedará
contra él el recuerdo de ninguno de los pecados que cometió: ha practicado el derecho y
la justicia, por eso vivirá.
17 La gente de tu pueblo dice: «El proceder
del Señor no es correcto». Pero es el proceder de
ellos el que no es correcto. 18 Cuando el justo
se aparta de su justicia y comete la iniquidad,
muere a causa de eso. 19 Y cuando el malvado
se convierte de su maldad y practica el derecho
y la justicia, vive a causa de eso. 20 Ustedes dicen: «La conducta del Señor no es correcta».
Pero yo los juzgaré a cada uno de ustedes según su conducta, pueblo de Israel.

La noticia de la caída de Jerusalén

Ez 24 26-27; 3 26-27

21 En el año undécimo de nuestro exilio, el
día cinco del décimo mes, un fugitivo llegó de
Jerusalén y me dio esta noticia: «La ciudad ha
sido tomada». 22 La mano del Señor había descendido sobre mí por la tarde, antes que llegara el fugitivo; y a la mañana siguiente, apenas
este llegó, el Señor me abrió la boca. Entonces
recuperé el habla y ya no me quedé mudo.

La devastación de Israel

Ez 11 15; Lv 17 10-14; 18 20

23 La palabra del Señor me llegó en estos términos: 24 Hijo de hombre, los que habitan en
esas ruinas, en la tierra de Israel, andan diciendo: «Abraham, que era uno solo, recibió esta
tierra en posesión. Nosotros somos muchos, y
se nos ha dado esta tierra en posesión».
25 Por eso, diles: Así habla el Señor: Ustedes comen víctimas sin desangrar, levantan
sus ojos a sus ídolos, derraman sangre, ¡y
pretenden poseer el país! 26 Ustedes confían
en sus espadas, cometen lo que es abominable, contaminan a la mujer de su prójimo, ¡y
pretenden poseer el país! 27 Tú les dirás: Así
habla el Señor: Juro por mi vida que los que
están entre las ruinas caerán bajo la espada,
a los que están por el campo los daré como
pasto a las fieras, y los que están en las fortalezas y en las cuevas morirán de peste.
28 Haré de este país un desierto desolado, y se
acabará su arrogante poderío. Las montañas
de Israel quedarán devastadas y nadie más
pasará por ellas. 29 Y cuando yo convierta a
este país en un desierto desolado, por todas
las abominaciones que han cometido, entonces se sabrá que yo soy el Señor.

La actitud del pueblo ante el profeta

Mc 7 26; Lc 8 21; 7 32; Dt 18 21

30 Hijo de hombre, la gente de tu pueblo se
reúne para hablar de ti junto a los muros y a
las puertas de las casas, y se dicen unos a otros:
«Vamos a escuchar qué palabra nos dirige el
Señor». 31 Acuden a ti en tropel y se sientan delante de ti; escuchan tus palabras, pero no las
practican. Porque hay mucho amor en sus palabras, pero lo único que buscan es su propio
interés. 32 Tú eres para ellos como un cantor de
canciones de amor, que tiene buena voz y toca armoniosamente. Escuchan tus palabras, y
nadie las cumple. 33 Pero cuando todo esto suceda —¡y ya está a punto de suceder!— sabrán
que había un profeta en medio de ellos.

Oráculo contra los pastores de Israel

Jr 23 1-6; Zac 11 4-17; Is 56 9-12; 66 18-19

34 1 La palabra del Señor me llegó en estos
términos: 2 ¡Profetiza, hijo de hombre,
profetiza contra los pastores de Israel! Tú dirás
a esos pastores: Así habla el Señor: ¡Ay de los

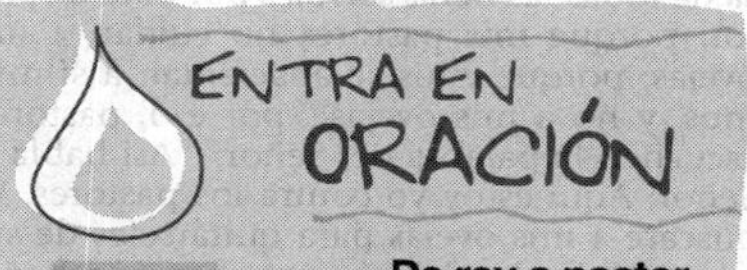

De rey a pastor, ¡qué cambio!

Después de haber sido gobernado por reyes, visto el reino dividido y caído bajo el poder extranjero, Israel ansiaba un reino unido y próspero. Ezequiel ve la solución en que Dios los gobierne como pastor.

¿Un Dios-pastor? ¿De rey a pastor? ¡Suena absurdo! Sin embargo, el cambio tiene un sentido profundo. Los reyes gobiernan centrados en sí mismos, con lujo, mandatos y sirvientes, y heredan el poder a sus hijos. El pastor gobierna guiando a sus ovejas con su voz; protegiéndolas, alimentándolas, sanándolas y buscando a las perdidas; usa el liderazgo de unas para atraer a las otras. Su labor se centra en las ovejas y, si no es así, el rebaño se enferma y se dispersa.

Ezequiel declara a Dios como único rey-pastor y habla de un «príncipe» que gobierne bajo su dirección. Solo así lograrían la paz, la unidad y la prosperidad tan deseadas.

¿Qué tal si nuestros gobernantes tuvieran un poco de pastores? ¿Qué pasa en una parroquia cuando el sacerdote no sabe ser pastor? ¿Crees tú que el ideal del pastor también corresponde a los padres de familia como jefes de la célula de la sociedad? Y tú, ¿qué tipo de líder eres y serás en el futuro?

Ez 34

pastores de Israel que se apacientan a sí mismos! ¿Acaso los pastores no deben apacentar el rebaño? 3 Pero ustedes se alimentan con la leche, se visten con la lana, sacrifican a las ovejas más gordas y no apacientan el rebaño. 4 No han fortalecido a la oveja débil, no han curado a la enferma, no han vendado a la herida, no han hecho volver a la descarriada, ni han buscado a la que estaba perdida. Al contrario, las han dominado con rigor y crueldad. 5 Ellas se han dispersado por falta de pastor, y se han convertido en presa de todas las bestias salvajes. Mis ovejas se han dispersado, 6 y andan errantes por todas las montañas y por todas las colinas elevadas. ¡Mis ovejas están dispersas por toda la tierra, y nadie se ocupa de ellas ni trata de buscarlas!

7 Por eso, pastores, oigan la palabra del Señor. 8 Lo juro por mi vida —oráculo del Señor—: Porque mis ovejas han sido expuestas a la depredación y se han convertido en presa de todas las fieras salvajes por falta de pastor; porque mis pastores no cuidan a mis ovejas; porque ellos se apacientan a sí mismos, y no a mis ovejas; 9 por eso, pastores, escuchen la palabra del Señor: 10 Así habla el Señor: Aquí estoy yo contra los pastores. Yo buscaré a mis ovejas para quitárselas de sus manos, y no les dejaré apacentar mi rebaño. Así los pastores no se apacentarán más a sí mismos. Arrancaré a las ovejas de su boca, y nunca más ellas serán su presa.

11 Porque así habla el Señor: ¡Aquí estoy yo! Yo mismo voy a buscar mi rebaño y me ocuparé de él. 12 Como el pastor se ocupa de su rebaño cuando está en medio de sus ovejas dispersas, así me ocuparé de mis ovejas y las libraré de todos los lugares donde se habían dispersado, en un día de nubes y tinieblas. 13 Las sacaré de entre los pueblos, las reuniré de entre las naciones, las traeré a su propio suelo y las apacentaré sobre las montañas de Israel, en los cauces de los torrentes y en todos los poblados del país. 14 Las apacentaré en buenos pastizales y su lugar de pastoreo estará en las montañas altas de Israel. Allí descansarán en un buen lugar de pastoreo, y se alimentarán con ricos pastos sobre las montañas de Israel. 15 Yo mismo apacentaré a mis ovejas y las llevaré a descansar —oráculo del Señor—. 16 Buscaré a la oveja perdida, haré volver a la descarriada, vendaré a la herida y curaré a la enferma, pero exterminaré a la que está gorda y robusta. Yo las *apacentaré con justicia.*

17 En cuanto a ustedes, ovejas de mi rebaño, así habla el Señor: Yo voy a juzgar entre oveja y oveja, entre carneros y chivos. 18 ¿No les basta con apacentarse en buenos pastizales, que pisotean el resto del pasto? ¿No les basta con beber agua limpia, que enturbian el resto con sus pies? 19 ¡Así mis ovejas tienen que comer lo que ustedes han pisoteado, y tienen que beber lo que ustedes han enturbiado con sus pies! 20 Por eso, así les habla el Señor: Yo mismo voy a juzgar entre la oveja gorda y la oveja flaca. 21 Porque ustedes han empujado con el costado y con la espalda, y han atacado con los cuernos a las más débiles hasta dispersarlas fuera del pastizal, 22 yo acudiré en auxilio de mis ovejas y ellas no estarán más expuestas a la depredación: yo juzgaré entre oveja y oveja.

23 Suscitaré al frente de ellas a un solo pastor, a mi servidor David, y él las apacentará: las apacentará y será su pastor. 24 Yo, el Señor, seré su Dios, y mi servidor David será príncipe en medio de ellas. Yo, el Señor, he hablado.

25 Yo estableceré para ellos una alianza de paz y haré desaparecer del país a las bestias feroces. Ellos habitarán seguros en el desierto y dormirán en los bosques. 26 Haré que ellos y los alrededores de mi colina sean una bendición, y haré caer la lluvia a su debido tiempo, una lluvia de bendición. 27 Los árboles del campo darán sus frutos y la tierra dará sus productos, y ellos vivirán seguros en su propio suelo. Y cuando rompa las barras de su yugo y los libre de las manos de los que los tienen esclavizados, sabrán que yo soy el Señor. 28 Ya no serán presa de las naciones ni los devorarán las bestias salvajes. Vivirán seguros, sin que nada

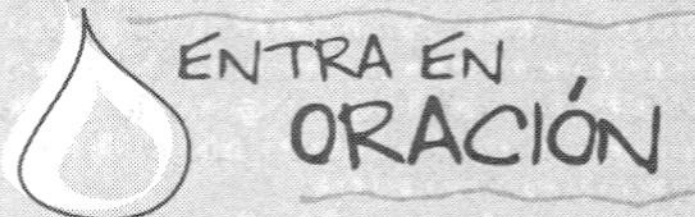

Suscitaré un pastor bueno

La profecía de Ezequiel sobre Dios como rey-pastor se cumple en Jesús, quien se identifica a sí mismo con un buen pastor (Jn 10 1-18). Ora para que puedas seguir su ejemplo:

Señor Dios, pastor verdadero, gracias porque puedo ser a la vez oveja y pastor. ¡Qué tranquilidad saber que me cuidas y me alimentas! ¡Qué honor que me llames para que te ayude a pastorear a tu pueblo!

Hazme consciente de las personas que necesitan de mí, de quienes están lastimadas, descarriadas o perdidas. Con tu ayuda, quiero fortalecerlas, reconfortarlas y llevarlas a ti. Ayúdame, Señor, a saber ser oveja que te sigue con confianza y pastor que te ayude a traer a otros jóvenes a tu rebaño.

Ez 34 23

los perturbe. [29]Y haré brotar para ellos una
plantación famosa: no habrá más víctimas del
hambre en el país ni tendrán que soportar los
insultos de las naciones. [30]Así sabrán que yo, el
Señor, estoy con ellos, y que ellos son mi Pueblo, la casa de Israel —oráculo del Señor—.
[31]Ustedes, mis ovejas, son el rebaño humano que yo apaciento, y yo soy su Dios —oráculo del Señor—.

Vaticinio contra las montañas de Edom

Ez 25 12-14; Dt 2 1; Ap 16 6

35 [1]La palabra del Señor me llegó en estos términos: [2]Hijo de hombre, vuelve
tu rostro hacia la montaña de Seír y profetiza contra ella. [3]Tú le dirás: Así habla el Señor: ¡Aquí estoy contra ti, montaña de Seír!
Yo extenderé mi mano contra ti y te convertiré en un desierto desolado. [4]Dejaré tus ciudades en ruinas y tú misma serás una desolación. Así sabrás que yo soy el Señor.
[5]Porque has mantenido una antigua enemistad y has entregado a los israelitas al filo
de la espada, en el día de su desastre, en el día
de la expiación final: [6]por eso, juro por mi vida —oráculo del Señor—: Te convertiré en
sangre y la sangre te perseguirá. ¡Te has hecho
reo de sangre y la sangre te perseguirá!
[7]Yo haré de la montaña de Seír un desierto desolado, y extirparé de ella al que va y al
que viene. [8]Llenaré sus montes de víctimas:
las víctimas de la espada caerán en tus colinas, en tus valles y en todos los cauces de tus
ríos. [9]Te convertiré en una desolación eterna
y tus ciudades no volverán a ser habitadas.
Así ustedes sabrán que yo soy el Señor.
[10]Porque tú dices: «Las dos naciones y los
dos territorios me pertenecen: los voy a tomar
en posesión», siendo así que el Señor estaba
allí, [11]por eso, juro por mi vida —oráculo del
Señor— que voy a obrar con el mismo furor y
con el mismo celo con que obraste tú, en tu
odio contra ellos, y me daré a conocer a ti
cuando te juzgue. [12]Entonces sabrás que yo, el
Señor, he oído todas las blasfemias que pro-
nunciaste contra las montañas de Israel, cuando dijiste: «¡Están devastadas; nos han sido
entregadas como presa!». [13]Ustedes me han
desafiado con su lengua y han multiplicado
sus palabras contra mí. Pero yo he oído todo.
[14]Así habla el Señor: Yo te convertiré en
una desolación, para alegría de toda la tierra.
[15]Así como tú te alegraste cuando quedó desolada la herencia de la casa de Israel, yo haré lo mismo contigo: ¡quedarás desolada,
montaña de Seír, igual que todo Edom! Así
se sabrá que yo soy el Señor.

Oráculo sobre las montañas de Israel

Is 58 12; 61 4; Jr 30 18; Nm 13 32

36 [1]Y tú, hijo de hombre, profetiza sobre
las montañas de Israel. Tú dirás: ¡Montañas de Israel, escuchen la palabra del Señor!
[2]Así habla el Señor: Porque el enemigo ha dicho contra ustedes: «¡Ah, estas alturas antiguas
han pasado a ser posesión nuestra!», [3]por eso,
profetiza diciendo: Así habla el Señor: Sí, ustedes han sido devastadas y asediadas por todas
partes, hasta convertirse en posesión del resto
de las naciones, y han sido objeto de las habladurías y difamaciones de la gente. [4]Por eso,
montañas de Israel, escuchen la palabra del
Señor: Así habla el Señor a las montañas, a las
colinas, a los cauces de los torrentes y a los valles, a las ruinas desiertas y a las ciudades
abandonadas, que han sido saqueadas y escar-
necidas por el resto de las naciones vecinas.
[5]Por eso, así habla el Señor: Sí, en el ardor de

VIVE LA PALABRA

La Ley grabada en nuestros corazones

Las tablas en que fueron escritos los diez mandamientos son las tablas de piedra más famosas del mundo. Nadie sabe dónde están, y si las encontraran, ¡cantidad de personas irían a verlas!

Ezequiel nos comunica que Dios nos concede algo más maravilloso: graba su ley del amor en nuestros corazones, participándonos su espíritu. ¡Imagínate qué pasaría si todas las personas dejáramos que el espíritu de Dios nos llenara y transformara nuestros corazones, para que todas nuestras acciones fueran generadas por el amor!

¿Qué dices? ¿Dejas que Dios te dé un corazón y un espíritu nuevos llenos de su amor? Lee con apertura y constancia su palabra e incorpórate a una comunidad de fe.

¡Dios te necesita! ¡Tu pueblo te necesita! El mensaje es claro: si queremos un mundo mejor, necesitamos que el amor de Dios anide en nuestros corazones y oriente toda nuestra vida. ¡No te detengas por ser joven! ¡Puedes mejorar la vida de tanta gente con tu manera de ser y de actuar!

Ez 36 25-28

mis celos, yo hablo contra el resto de las naciones y contra todo Edom, que con el corazón desbordante de alegría y el alma llena de
desprecio, se han atribuido la posesión de mi
país, para destruirlo y saquearlo.
6 Por eso, profetiza sobre la tierra de Israel.
Tú dirás a las montañas y a las colinas, a los
cauces de los torrentes y a los valles: Así habla el Señor: Yo he hablado en mis celos y en
mi furor, porque ustedes han soportado el
oprobio de las naciones. 7 Por eso, así habla
el Señor: Juro con la mano levantada que
son las naciones vecinas las que cargarán
con su propia ignominia.
8 Ustedes, en cambio, montañas de Israel,
echarán ramas y producirán frutos para mi
pueblo Israel, que ya está a punto de llegar.
9 ¡Sí, yo voy hacia ustedes, me vuelvo hacia
ustedes! Serán cultivadas y sembradas, 10 y
multiplicaré sobre ustedes a los hombres de
todo el pueblo de Israel. Las ciudades serán
habitadas y las ruinas reconstruidas. 11 Multiplicaré sobre ustedes a hombres y animales,
y ellos serán numerosos y fecundos. Haré
que ustedes vuelvan a poblarse como en los
tiempos antiguos y las haré más prósperas
que al comienzo. Así sabrán que yo soy el
Señor. 12 Yo haré que los hombres de mi pueblo Israel caminen sobre ustedes, y ellos tomarán posesión de ti: tú serás una herencia
para ellos y ya no los privarás de sus hijos.
13 Así habla el Señor: Porque te han dicho:
«Tú devoras a los hombres y privas de sus hijos a tu nación», 14 por eso, ya no volverás a
devorar a los hombres ni a privar de sus hijos
a tu nación —oráculo del Señor—. 15 Nunca
más te haré escuchar el ultraje de las naciones;
ya no soportarás el oprobio de los pueblos ni
privarás de sus hijos a tu nación —oráculo del
Señor—.

La profanación del nombre del Señor

Ez 22 3-12; Lv 15 19-22; Ez 20 9.14.39

16 La palabra del Señor me llegó en estos términos: 17 Hijo de hombre, cuando el pueblo
de Israel habitaba en su propio suelo, lo contaminó con su conducta y sus acciones: su
conducta era ante mí como la impureza de
una mujer en su menstruación. 18 Entonces derramé mi furor sobre ellos, por la sangre que
habían derramado sobre el país y por los ídolos con que lo habían contaminado. 19 Los dispersé entre las naciones y ellos se diseminaron
por los países. Los juzgué según su conducta y
sus acciones. 20 Y al llegar a las naciones adonde habían ido, profanaron mi santo Nombre,
haciendo que se dijera de ellos: «Son el pueblo
del Señor, pero han tenido que salir de su
país». 21 Entonces yo tuve compasión de mi
santo Nombre, que el pueblo de Israel profa-
naba entre las naciones adonde había ido.

Viento, aliento, espíritu y huesos secos

En castellano, las palabras *aliento, espíritu* y *viento* tienen tres significados diferentes. En hebreo la palabra *ruah* indica los tres conceptos: el «aliento de vida» que Dios sopla para dar vida al primer ser humano es *ruah* (Gn 2 7); «el espíritu del Señor» que entra en David es *ruah* (1 Sm 16 13), y la «fuerte ráfaga de viento» en Pentecostés es *ruah* (Hch 2 2).

El espíritu de Dios *(ruah)* es quien transforma la muerte en vida. Así lo ve claramente Ezequiel en su visión de los huesos secos. Lee Ezequiel 37 1-14, te fascinará este pasaje en el que el aliento, el espíritu y el viento tienen la función de dar vida donde antes solo había desolación y muerte.

Este oráculo se refiere a la restauración de Israel, pero la tradición cristiana ve en él un anticipo de la fe en la resurrección de los muertos. Cuando estés desanimado/a o deprimido/a... recuerda este pasaje y pide al Señor que te envíe su espíritu para que te renueve y fortalezca.

Ez 37 1-14

La renovación espiritual de Israel

Ez 47 1; Nm 19 9; 31 23;
Ez 11 19.20; 37 23.27; 28 13; Gn 2 8-17; Is 51 3

22 Por eso, di al pueblo de Israel: Así habla el
Señor: Yo no obro por consideración a ustedes,
casa de Israel, sino por el honor de mi santo
Nombre, que ustedes han profanado entre las
naciones adonde han ido. 23 Yo santificaré mi
gran Nombre, profanado entre las naciones,
profanado por ustedes. Y las naciones sabrán
que yo soy el Señor —oráculo del Señor—
cuando manifieste mi santidad a la vista de
ellas, por medio de ustedes. 24 Yo los tomaré
de entre las naciones, los reuniré de entre todos los países y los llevaré a su propio suelo.
25 Los rociaré con agua pura, y ustedes quedarán purificados. Los purificaré de todas sus impurezas y de todos sus ídolos. 26 Les daré un corazón nuevo y pondré en ustedes un espíritu
nuevo: les arrancaré de su cuerpo el corazón de
piedra y les daré un corazón de carne. 27 Infundiré mi espíritu en ustedes y haré que sigan
mis preceptos, y que observen y practiquen

mis leyes. 28 Ustedes habitarán en la tierra que yo he dado a sus padres. Ustedes serán mi Pueblo y yo seré su Dios. 29 Los salvaré de todas sus impurezas. Llamaré al trigo y lo multiplicaré, y no enviaré más el hambre sobre ustedes. 30 Multiplicaré los frutos de los árboles y los productos de los campos, para que ya no tengan que soportar entre las naciones el oprobio del hambre. 31 Ustedes se acordarán de su mala conducta y de sus acciones perversas, y sentirán asco de ustedes mismos a causa de sus culpas y sus abominaciones. 32 Yo no obro por consideración a ustedes, sépanlo bien —oráculo del Señor—. Sientan vergüenza y confusión por su conducta, pueblo de Israel.

33 Así habla el Señor: El día en que los purifique de todas sus culpas, yo poblaré las ciudades y las ruinas serán reconstruidas. 34 La tierra devastada será cultivada, después de haber sido una desolación a la vista de todos los que pasaban. 35 Entonces dirán: «Esta tierra había sido devastada, pero ahora es como un jardín de Edén; las ciudades estaban en ruinas, devastadas y derruidas, y ahora son plazas fuertes habitadas». 36 Y las naciones que hayan quedado alrededor de ustedes sabrán que yo, el Señor, he reconstruido lo que estaba derruido y replantado lo que había sido devastado. Yo, el Señor, lo he dicho y lo haré.

37 Así habla el Señor: Yo me dejaré buscar por el pueblo de Israel, para concederles también esto: los multiplicaré como un rebaño humano, 38 como un rebaño de ovejas consagradas; como el rebaño reunido en Jerusalén con motivo de sus fiestas. Así las ciudades en ruinas se llenarán de un rebaño humano, y sabrán que yo soy el Señor.

Visión simbólica de la restauración de Israel

Ez 3 22; 8 4; Gn 2 7; Ap 7 1; Sal 104 30; Ap 11 11

37 1 La mano del Señor se posó sobre mí, y el Señor me sacó afuera por medio de su espíritu y me puso en el valle, que estaba lleno de huesos. 2 Luego me hizo pasar a través de ellos en todas las direcciones, y vi que los huesos tendidos en el valle eran muy numerosos y estaban resecos. 3 El Señor me dijo: «Hijo de hombre, ¿podrán revivir estos huesos?». Yo respondí: «Tú lo sabes, Señor». 4 Él me dijo: «Profetiza sobre estos huesos, diciéndoles: Huesos secos, escuchen la palabra del Señor. 5 Así habla el Señor a estos huesos: Yo voy a infundirles a ustedes un espíritu, y vivirán. 6 Pondré nervios en ustedes, haré crecer carne sobre ustedes, los recubriré de piel, les infundiré un espíritu, y vivirán. Así sabrán que yo soy el Señor». 7 Yo profeticé como se me había ordenado, y mientras profetizaba, se produjo un estruendo: hubo un temblor, y los huesos se juntaron unos con otros. 8 Al mirar, vi que los huesos se cubrían de nervios, que brotaba la carne y se recubrían de piel, pero no había espíritu en ellos. 9 Entonces el Señor me dijo: «Convoca proféticamente al espíritu, profetiza, hijo de hombre. Tú dirás al espíritu: Así habla el Señor: Ven, espíritu, ven de los cuatro vientos, y sopla sobre estos muertos para que revivan». 10 Yo profeticé como él me lo había ordenado, y el espíritu penetró en ellos. Así revivieron y se incorporaron sobre sus pies. Era un ejército inmenso.

11 Luego el Señor me dijo: Hijo de hombre, estos huesos son toda la casa de Israel. Ellos dicen: «Se han secado nuestros huesos y se ha desvanecido nuestra esperanza. ¡Estamos perdidos!». 12 Por eso, profetiza diciéndoles: Así habla el Señor: Yo voy a abrir las tumbas de ustedes, los haré salir de ellas, y los haré volver, pueblo mío, a la tierra de Israel. 13 Y cuando abra sus tumbas y los haga salir de ellas, ustedes, mi pueblo, sabrán que yo soy el Señor. 14 Yo pondré mi espíritu en ustedes, y vivirán; los estableceré de nuevo en su propio suelo, y así sabrán que yo, el Señor, lo he dicho y lo haré —oráculo del Señor—.

Representación simbólica de la unidad de Israel

Zac 11 7.14; Is 11 12-13; Jr 3 18

15 La palabra del Señor me llegó en estos términos: 16 Hijo de hombre, toma un trozo de madera y escribe sobre él: «Judá y los israelitas que le están unidos». Toma después otro trozo y escribe: «José, madera de Efraím, y toda la casa de Israel unida a él». 17 Júntalos luego uno con el otro, de manera que formen una sola pieza de madera y sean una sola cosa en tu mano. 18 Y cuando la gente de tu pueblo te pregunte: «¿No vas a explicarnos qué quieres decir con esto?», 19 tú les responderás: Así habla el Señor: Yo voy a tomar la madera de José, que está en la mano de Efraím, y a las tribus de Israel unidas a él, y les añadiré la madera de Judá. Así haré de todos ellos un solo trozo de madera, y serán una sola cosa en mi mano.

20 Los trozos de madera sobre los que hayas escrito deberán estar en tu mano, bien a la vista de ellos. 21 Entonces les dirás: Así habla el Señor: Yo voy a tomar a los israelitas de entre las naciones adonde habían ido; los reuniré de todas partes y los llevaré a su propio suelo. 22 Haré de ellos una sola nación en la tierra, en las montañas de Israel, y todos tendrán un solo rey: ya no formarán dos naciones ni estarán más divididos en dos reinos. 23 Ya no volverán a contaminarse con sus ídolos, con sus abominaciones y con todas sus rebeldías. Los salvaré de sus pecados de apostasía y los purificaré: ellos serán mi Pueblo y yo seré su Dios.

24 Mi servidor David reinará sobre ellos y todos
ellos tendrán un solo pastor. Observarán mis
leyes, cumplirán mis preceptos y los pondrán
en práctica. 25 Habitarán en la tierra que di a mi
servidor Jacob, donde habitaron sus padres.
Allí habitarán para siempre, ellos, sus hijos y
sus nietos; y mi servidor David será su príncipe eternamente. 26 Estableceré para ellos una
alianza de paz, que será para ellos una alianza
eterna. Los instalaré, los multiplicaré y pondré
mi Santuario en medio de ellos para siempre.
27 Mi morada estará junto a ellos: yo seré su
Dios y ellos serán mi Pueblo. 28 Y cuando mi
Santuario esté en medio de ellos para siempre,
las naciones sabrán que yo soy el Señor, el que
santifico a Israel.

Vaticinio contra Gog, rey de Magog

Ez 28 36; Jue 9 37; Am 8 8; Ap 11 13; Gn 19 24

38 1 La palabra del Señor me llegó en estos
términos: 2 Hijo de hombre, vuelve tu
rostro hacia Gog, el príncipe supremo de Mésec y Tubal, en el país de Magog, y profetiza
contra él. 3 Tú dirás: Así habla el Señor: Aquí
estoy contra ti, Gog, príncipe supremo de
Mésec y Tubal. 4 Yo te haré volver, te pondré
garfios en las mandíbulas y te haré salir con
todo tu ejército: caballos y jinetes, todos ellos
perfectamente equipados, una multitud inmensa, todos con escudos y broqueles, y armados cada uno con su espada. 5 Persia, Cus
y Put estarán con ellos, todos con escudos y
cascos. 6 Gómer con todos sus escuadrones,
Bet Togarmá, en los confines del norte, con
todos sus escuadrones, y numerosos pueblos
estarán contigo. 7 Prepárate y permanece alerta, tú y toda la coalición que se ha concentrado junto a ti, y ponte a mi disposición.
8 Después de muchos días, se te encomen-
dará una misión. Al cabo de los años, tú irás
a un país restaurado de una masacre, a una
nación congregada de entre pueblos numerosos en las montañas de Israel, que habrán estado en ruinas durante largo tiempo. Una vez
que hayan sido sacados de entre los pueblos,
todos ellos vivirán confiados. 9 Entonces subirás como una tempestad, llegarás como un
nubarrón hasta cubrir el país, tú con todos tus
escuadrones, y numerosos pueblos contigo.
10 Así habla el Señor: Aquel día, los pensamientos acudirán a tu mente y maquinarás
un proyecto perverso. 11 Tú dirás: «Voy a subir
contra un país abierto, atacaré a gente pacífi-
ca que vive confiada en ciudades sin murallas,
sin cerrojos ni puertas». 12 Tú irás a saquear los
despojos, a conquistar un botín y a poner tu
mano sobre unas ruinas que se han vuelto a
poblar, sobre un pueblo que ha sido reunido
de entre las naciones, que se ocupa de su ganado y de sus bienes, y habita en el Ombligo
de la Tierra. 13 Sabá, Dedán, los comerciantes
de Tarsis y todos sus traficantes te dirán: «¿Vienes a saquear los despojos? ¿Has concentrado
esta multitud para conquistar un botín, para
llevarte plata y oro, para obtener ganado y posesiones, y para saquear grandes despojos?».
14 Por eso, profetiza, hijo de hombre. Tú le
dirás a Gog: Así habla el Señor: Aquel día,
cuando mi pueblo Israel viva confiado, ¿no
es cierto que tú te movilizarás? 15 Vendrás de
tu país, de los confines del norte, acompañado de pueblos numerosos, todos montados a
caballo, con una enorme multitud y un ejército incontable. 16 Subirás contra mi pueblo
Israel como un nubarrón, hasta cubrir el país.
Esto sucederá al cabo de mucho tiempo: entonces, yo te haré venir contra mi país, para
que las naciones me conozcan, cuando por
medio de ti, Gog, manifieste mi santidad a la
vista de ellas.
17 Así habla el Señor: Sí, tú eres aquel de
quien yo hablé antiguamente por medio de mis
servidores, los profetas de Israel. En aquellos
días, durante años, ellos profetizaron que yo
te llevaría contra los israelitas. 18 Pero aquel
día, cuando Gog llegue a la tierra de Israel
—oráculo del Señor—, estallará mi furor.
19 En mis celos y en el fuego de mi indignación, lo declaro: Sí, aquel día habrá un gran
temblor en el suelo de Israel. 20 Temblarán ante mí los peces del mar, los pájaros del cielo,
las bestias del campo, todos los reptiles que
se arrastran por el suelo y todos los hombres
que hay sobre la faz de la tierra. Se desplo-
marán las montañas, caerán las pendientes
escarpadas y todos los muros se derrumbarán
por tierra. 21 Convocaré contra Gog toda clase
de terrores —oráculo del Señor— y unos volverán la espada contra otros. 22 Le haré rendir
cuentas por medio de la peste y de la sangre;
haré caer una lluvia torrencial, duras piedras
de granizo, fuego y azufre, sobre él, sobre sus
escuadrones y sobre los numerosos pueblos
que estarán con él. 23 Así manifestaré mi grandeza y mi santidad, y me daré a conocer a la
vista de numerosas naciones, y ellas sabrán
que yo soy el Señor.

Nuevo vaticinio contra Gog

Ez 38; Dt 21 23; Nm 19 16; Ap 19 17-18

39 1 Y tú, hijo de hombre, profetiza contra
Gog. Dirás: Así habla el Señor: Aquí estoy contra ti, Gog, príncipe supremo de Mésec
y Tubal. 2 Yo te haré volver, te conduciré, te haré subir desde los confines del norte y te llevaré a las montañas de Israel. 3 Derribaré tu
arco de tu mano izquierda y haré caer tus flechas de tu mano derecha. 4 Caerás sobre las
montañas de Israel, tú con todos tus escuadrones y los pueblos numerosos que te acompañen. Yo te entregaré como pasto a las aves
de rapiña de todas las especies y a las fieras

salvajes. 5 Caerás en campo abierto, porque yo he hablado —oráculo del Señor—. 6 Enviaré fuego sobre Magog y sobre los que viven confiados en las costas lejanas, y ellos sabrán que yo soy el Señor. 7 Daré a conocer mi santo Nombre en medio de mi pueblo Israel y no dejaré que mi santo Nombre vuelva a ser profanado. Así sabrán las naciones que yo soy el Señor, santo en Israel. 8 Miren que va a llegar todo esto, y va a suceder —oráculo del Señor—. Este es el día que yo he anunciado.

9 Entonces los habitantes de las ciudades de Israel saldrán a encender fuego y quemarán las armas: broqueles y escudos, arcos y flechas, mazas y lanzas. Durante siete días se hará fuego con ellas. 10 No tomarán leña del campo ni la cortarán en los bosques, sino que harán fuego con las armas. Despojarán a los que los despojaron y saquearán a sus depredadores —oráculo del Señor.

11 Aquel día, yo le daré a Gog un mausoleo, una tumba en Israel: el valle de Abarim, al este del Mar, el que cierra el camino a los que pasan. Allí enterrarán a Gog y a toda su multitud, y se lo llamará valle de Hamón Gog. 12 El pueblo de Israel los enterrará durante siete meses, a fin de purificar el país. 13 Todo el pueblo del país se movilizará para enterrarlos, y esto será un honor para ellos, el día en que yo seré glorificado —oráculo del Señor—. 14 Pondrán aparte algunos hombres encargados permanentemente de recorrer el país y de enterrar a los que hayan quedado tendidos por el suelo, a fin de purificarlo. Al cabo de siete meses comenzarán la búsqueda. 15 Los encargados de recorrer el país pasarán, y cuando alguno vea huesos humanos, pondrá una señal al lado de ellos, hasta que los sepultureros los entierren en el valle de Hamón Gog 16 y así purifiquen el país. También una ciudad recibirá el hombre de Hamoná.

17 En cuanto a ti, hijo de hombre, así habla el Señor: Di a todos los pájaros y a todas las fieras salvajes: ¡Reúnanse y vengan! Reúnanse de todas partes para el sacrificio que yo les ofrezco, un gran sacrificio sobre las montañas de Israel. Ustedes comerán carne y beberán sangre; 18 comerán la carne de guerreros valerosos y beberán la sangre de príncipes de la tierra: carneros, corderos, chivos y toros, engordados todos ellos en Basán. 19 Comerán grasa hasta saciarse, beberán sangre hasta embriagarse, en mi sacrificio, el que yo inmolé para ustedes. 20 En mi mesa, ustedes se saciarán de caballos y jinetes, de guerreros valerosos y soldados de todas clases —oráculo del Señor.

Conclusión de los oráculos proféticos

Ex 14 4; Ez 37 14; 11 19

21 Yo haré valer mi gloria entre las naciones, y todas ellas verán mi juicio, que yo mismo ejecuté, y mi mano, que yo descargué sobre ellas. 22 Y el pueblo de Israel sabrá, de ese día en adelante, que yo soy el Señor, su Dios. 23 Las naciones sabrán que la casa de Israel fue al exilio por sus propias culpas, porque ellos se rebelaron contra mí. Entonces les oculté mi rostro, los entregué en manos de sus adversarios y todos cayeron bajo la espada. 24 Los traté conforme a su impureza y a sus rebeldías, y les oculté mi rostro.

25 Por eso, así habla el Señor: Ahora voy a cambiar la suerte de Jacob: tendré compasión de toda la casa de Israel y me mostraré celoso de mi santo Nombre. 26 Ellos olvidarán su ignominia y todas las rebeldías que cometieron contra mí cuando habiten seguros en su propio suelo, sin que nada los perturbe. 27 Cuando yo los haga volver de entre los pueblos y los congregue lejos de los países de sus enemigos, manifestaré mi santidad por medio de ellos a la vista de naciones numerosas. 28 Ellos sabrán que yo, el Señor, soy su Dios, cuando los congregue en su propio suelo después de haberlos deportado entre las naciones, sin dejar allí a ninguno de ellos. 29 Y ya no les ocultaré más mi rostro, porque habré derramado mi espíritu sobre la casa de Israel —oráculo del Señor.

LA LEGISLACIÓN DE EZEQUIEL: LA NUEVA JERUSALÉN

Introducción

Ez 1 3; 8 3; 37 1; 17 23; 20 40; 34 13-14; Ap 11 1; 21 15

40 1 El año vigésimo quinto de nuestro exilio, al comienzo del año, el décimo día del mes, es decir, catorce años después de la destrucción de la ciudad, ese mismo día, la mano del Señor descendió sobre mí, y él me llevó allá. 2 En una visión divina, me llevó a la tierra de Israel y me posó sobre una montaña muy alta, sobre la que había algo así como las construcciones de una ciudad, al sur. 3 Él me llevó hasta allí, y yo vi a un hombre que por su aspecto parecía de bronce, con una cuerda de lino y una vara de medir en la mano. Estaba de pie en el pórtico. 4 El hombre me dijo: «Hijo de hombre, mira bien, escucha cuidadosamente y presta atención a todo lo que te voy a mostrar, porque has sido traído aquí para que yo te muestre todo esto. Comunica luego al pueblo de Israel todo lo que vas a ver».

5 Allí había un muro, que rodeaba toda la parte exterior de la Casa. La vara de medir que el hombre tenía en la mano era de seis codos, a razón de codo y palmo, es decir, de medio metro por cada codo. El hombre midió el espesor y la altura de la construcción, y ambos medían una vara.

6 Luego fue hasta la puerta que daba en dirección al oriente, subió sus gradas y midió el

umbral de la puerta: su anchura era de una vara. 7 Cada celda lateral medía una vara de largo
por una de ancho; el espacio entre una celda y
otra era de dos metros y medio; y el umbral de
la puerta, por el lado del vestíbulo de la puerta, hacia el interior, era de una vara. 8 Él midió
el vestíbulo de la puerta: 9 este tenía cuatro metros, y sus pilares eran de un metro. El vestíbulo de la puerta estaba situado hacia el interior. 10 Las celdas de la puerta que daba hacia el
este eran tres de un lado y tres del otro, y todas
tenían la misma dimensión. También los pilares tenían la misma dimensión, de un lado y
del otro. 11 Él midió la anchura de la entrada de
la puerta, que era de cinco metros, y la longitud de la puerta, que era de seis metros y medio. 12 Delante de las celdas, a uno y otro lado,
había una baranda de medio metro; y cada
celda medía tres metros por tres. 13 También
midió la puerta, desde el techo de una celda al
de la celda de enfrente: su ancho era de doce
metros y medio, desde una abertura a la otra.
14 Luego midió el vestíbulo, que era de diez
metros, y el atrio rodeaba todo el vestíbulo de
la puerta. 15 El corredor que iba desde el frente
de la puerta hasta la fachada del vestíbulo de
la puerta interior era de veinticinco metros.
16 Sobre las celdas y sus pilares había ventanas
con enrejados, hacia el interior de la puerta,
todo en derredor. De la misma manera, la parte interior del vestíbulo estaba rodeada de ventanas, y sobre las columnas había grabados en
forma de palmeras.

17 El hombre me llevó hasta el atrio exterior,
y allí vi unas habitaciones y un pavimento
construido alrededor de todo el atrio: había
treinta habitaciones sobre el pavimento. 18 El
pavimento bordeaba las puertas, en toda la extensión de las mismas: este era el pavimento
interior. 19 Él midió la anchura del atrio, desde
el frente de la puerta interior hasta el frente del
atrio interior, por la parte de fuera: el ancho
era de cincuenta metros al este y al norte.

20 El hombre midió el ancho y el largo de la
puerta que daba hacia el norte, sobre el atrio
exterior. 21 Sus celdas —tres de un lado y tres
del otro—, sus pilares y su vestíbulo tenían la
misma dimensión que los de la primera puerta: veinticinco metros de largo y doce metros
y medio de ancho. 22 Sus ventanas, su vestíbulo y sus palmeras tenían la misma dimensión
que las de la puerta que daba hacia el este. A
ella se subía por siete gradas, frente a las cua-
les estaba su vestíbulo. 23 *Allí había* una puerta que daba al atrio interior, frente a la puerta
del norte, igual que para la puerta del este. El
hombre midió la distancia de una puerta a la
otra, y era de cincuenta metros.

24 Luego me condujo en dirección al sur, y
yo vi que había una puerta que daba hacia el
sur. Él midió las celdas, los pilares y el vestíbulo: estos tenían las mismas dimensiones
que los anteriores. 25 La puerta y su vestíbulo
estaban rodeados de ventanas semejantes a las
ventanas anteriores. Su largo era de veinticinco metros y su ancho de doce metros y medio.
26 Su escalinata tenía siete gradas y enfrente de
ella estaba su vestíbulo. También tenía palmeras sobre los pilares, que estaban uno de un lado y otro del otro. 27 El atrio interior tenía una
puerta en dirección al sur. El hombre midió la
distancia de una puerta a la otra en dirección
al sur, y era de cincuenta metros.

28 El hombre me llevó hasta el atrio interior por la puerta del sur, y midió la puerta
del sur. Sus dimensiones eran las mismas
que las anteriores. 29 Sus celdas, sus pilares y
su vestíbulo tenían las mismas dimensiones
que las anteriores. La puerta, lo mismo que
su vestíbulo, estaba rodeada de ventanas. Su
largo era de veinticinco metros y su ancho de
doce metros y medio. 30 A su alrededor había
unos vestíbulos de doce metros y medio de
largo y dos metros y medio de ancho. 31 Su
vestíbulo daba hacia el atrio exterior; había
palmeras grabadas sobre sus pilares y su escalinata tenía ocho gradas.

32 El hombre me llevó hasta el atrio interior, hacia el este, y midió la puerta: esta tenía
la misma dimensión que las anteriores. 33 Sus
celdas, sus pilares y su vestíbulo tenían también las mismas dimensiones que los anteriores. La puerta y su vestíbulo estaban rodeados de ventanas. Su largo era de veinticinco
metros y su ancho de doce metros y medio.
34 Su vestíbulo daba hacia el atrio exterior; había palmeras sobre sus pilares, de un lado y
del otro, y su escalinata tenía ocho gradas.

35 El hombre me llevó hasta la puerta del
norte y la midió: esta tenía la misma dimensión que las anteriores. 36 Ella tenía sus celdas, sus pilares y su vestíbulo, con ventanas
alrededor. Su largo era de veinticinco metros
y su ancho de doce metros y medio. 37 Su vestíbulo daba hacia el atrio exterior; había palmeras sobre sus pilares, de un lado y del
otro, y su escalinata tenía ocho gradas.

38 También había una habitación que daba
sobre el vestíbulo de la puerta: allí se lavaba
el holocausto. 39 En el vestíbulo de la puerta
había dos mesas de un lado y dos mesas del
otro para inmolar sobre ellas el holocausto,
la víctima del sacrificio por el pecado y la del
sacrificio de reparación. 40 Fuera del vestíbulo, a un lado de quien sube hacia la entrada
de la puerta del norte, había dos mesas, y al
otro lado, hacia el vestíbulo de la puerta,
otras dos mesas. 41 Había cuatro mesas de un
lado de la puerta, y cuatro del otro, es decir,
ocho mesas para inmolar las víctimas. 42 Además, había cuatro mesas para el holocausto,
talladas en piedra, que tenían setenta y cinco

centímetros de largo, setenta y cinco de ancho y cincuenta de alto. Sobre ellas se depositaban los instrumentos para inmolar las víctimas del holocausto y de los sacrificios. 43 En la parte interior, había unas ranuras de un palmo dispuestas alrededor. Sobre estas mesas se colocaba la carne de las ofrendas.

44 El hombre me llevó hacia el atrio interior, y vi que en él había dos habitaciones, una sobre el lado de la puerta del norte, en dirección al sur, y otra sobre el lado de la puerta del sur, en dirección al norte. 45 Él me dijo: «Esta habitación que da hacia el sur es para los sacerdotes encargados del culto de la Casa, 46 y la habitación que da hacia el norte es para los sacerdotes encargados del culto del altar. Estos son los hijos de Sadoc, aquellos levitas que se acercan al Señor para servirlo».

47 El hombre midió el atrio: su largo era de cincuenta metros y su ancho de otros cincuenta, es decir, un cuadrado. Y el altar estaba delante de la Casa.

48 El hombre me llevó hasta el vestíbulo de la Casa y midió sus pilares: tenían dos metros y medio, el de un lado y el del otro. Luego midió el ancho de la puerta: era de siete metros. También midió las paredes laterales de la puerta: estas tenían un metro y medio de un lado, y uno y medio del otro. 49 El largo del vestíbulo era de seis metros. A él se subía por diez gradas, y tenía columnas junto a los pilares, una de cada lado.

El Santo

1 Re 6 3.17; 2 Cr 3 5

41 1 El hombre me introdujo en el Templo y midió los pilares: estos tenían tres metros de ancho, a un lado y al otro. 2 El ancho de la entrada era de cinco metros y las paredes laterales de la entrada medían dos metros y medio de un lado, y lo mismo del otro. Luego midió el largo del Templo: veinte metros, y su ancho: diez metros.

3 Enseguida entró en el recinto interior y midió el pilar de la entrada, que era de un metro. También midió la entrada, que tenía tres metros, y las paredes laterales de la entrada, que tenían dos metros y medio, por uno y otro lado. 4 Después midió su largo: diez metros, y su ancho: otros diez metros sobre el frente del Templo. Entonces me dijo: «Este es el Santo de los santos».

5 El hombre midió la pared de la Casa, cuyo espesor era de tres metros, y el edificio lateral, que tenía un ancho de dos metros alrededor de toda la Casa. 6 Las piezas laterales estaban dispuestas unas sobre otras, formando tres pisos de treinta piezas cada uno. Había además unos soportes que sobresalían alrededor de la pared exterior de la Casa, para que las piezas laterales estuvieran sostenidas, pero no por la pared de la Casa. 7 La Casa se ensanchaba hacia arriba, porque una rampa subía cada vez más alto, por el costado de la Casa, hasta las piezas laterales superiores. Por eso la Casa tenía un ensanchamiento hacia arriba y así, del piso inferior se subía al superior, a través del intermedio.

8 Yo vi una elevación alrededor de la Casa: era la terraza que servía de fundamento a las piezas laterales y que medía una vara completa, es decir, tres metros. 9 El espesor de la pared exterior del edificio lateral era de dos metros y medio, y el espacio libre entre las piezas laterales de la Casa 10 y las habitaciones tenía un ancho de diez metros, alrededor de toda la Casa. 11 El edificio lateral tenía unas puertas que daban al espacio libre: una puerta en dirección al norte, y otra en dirección al sur. El ancho del espacio libre era de dos metros y medio, todo alrededor.

12 La construcción que estaba frente al patio, por el lado oeste, tenía un ancho de treinta y cinco metros; toda la pared de la construcción tenía dos metros y medio de espesor, y su largo era de cuarenta y cinco metros.

13 El hombre midió la Casa: cincuenta metros de largo; el patio, la construcción y sus muros: cincuenta metros de largo; 14 el ancho de la fachada de la Casa y del patio hacia el este: cincuenta metros. 15 Él midió el ancho de la construcción frente al patio, por su parte posterior, y también sus galerías de uno y otro lado: cincuenta metros.

El interior del Templo y los vestíbulos del atrio, 16 los umbrales, las ventanas con enrejados y las galerías de los tres costados, frente al umbral, estaban revestidos de madera por todas partes, desde el suelo hasta las ventanas, y también las ventanas estaban recubiertas. 17 Hasta por encima de la entrada, hasta el interior de la Casa y también por fuera, alrededor de toda la pared, en el interior y en el exterior, había figuras 18 grabadas: eran querubines y palmeras, una palmera entre dos querubines. Cada querubín tenía dos rostros: 19 un rostro de hombre vuelto hacia la palmera de un lado, y un rostro de león vuelto hacia la palmera del otro lado. Estaban grabados en toda la pared de la Casa: 20 los querubines y las palmeras estaban grabados sobre la pared, desde el suelo hasta por encima de la entrada.

21 Los postes de la puerta del Templo eran cuadrados, y delante del Santo de los santos había algo que tenía el aspecto 22 de un altar de madera, de un metro y medio de altura, uno de largo y uno de ancho. Sus ángulos, su base y sus paredes eran de madera. El hombre me dijo: «Esta es la mesa que está delante del Señor». 23 El Templo tenía una puerta doble y también el Santo de los santos 24 tenía una puerta doble: eran puertas con dos

hojas movibles, dos para una puerta y dos para la otra. 25 Sobre la puerta del Templo estaban representados querubines y palmeras, iguales a los de las paredes; y sobre la fachada del vestíbulo, por fuera, había un alero de madera. 26 Había ventanas con enrejados y palmeras, de un lado y de otro, sobre las paredes laterales del vestíbulo, las piezas laterales de la Casa y los aleros.

Las dependencias de la Casa

42 1 El hombre me hizo salir hacia el atrio exterior, en dirección al norte, y me llevó hasta las habitaciones que estaban frente al patio y frente a la construcción, hacia el norte. 2 Su largo era de cincuenta metros por el norte, y su ancho de veinticinco metros. 3 De frente a las puertas del atrio interior y de frente al pavimento del atrio exterior, había unas galerías que corrían paralelamente una en cada uno de los tres pisos. 4 Delante de las habitaciones había un corredor de cinco metros de ancho hacia el interior y de cincuenta metros de largo. Sus puertas daban hacia el norte. 5 Las habitaciones superiores eran más estrechas que las inferiores y las intermedias, porque las galerías les quitaban espacio, 6 ya que estaban dispuestas en tres pisos y no tenían columnas como las columnas del atrio: por eso eran más estrechas que las habitaciones inferiores y las intermedias, a partir del suelo. 7 La pared exterior, que correspondía a las habitaciones en dirección al atrio exterior, tenía un largo de veinticinco metros sobre el frente de las habitaciones. 8 Porque el largo de las habitaciones que daban al atrio exterior era de veinticinco metros, mientras que las que daban al frente del Templo tenían cincuenta metros. 9 Más abajo de estas habitaciones había una entrada, situada al este del que entraba por el atrio exterior.

10 A lo ancho del muro del atrio, en dirección al sur, sobre el frente del patio y sobre el frente de la construcción, había unas habitaciones 11 con un pasillo delante de ellas. Su aspecto era el mismo que el de las habitaciones situadas hacia el norte: tenían el mismo largo, el mismo ancho, las mismas salidas, las mismas disposiciones y las mismas entradas. 12 Al pie de las habitaciones que daban al sur, había una entrada al comienzo de cada pasillo, frente al muro situado sobre la parte oriental.

13 El hombre me dijo: «Las habitaciones *del norte y del sur, que están* frente al patio, son las habitaciones santas donde los sacerdotes que se acercan al Señor comerán las cosas santísimas. Allí se depositarán las cosa santísimas: la oblación, la víctima del sacrificio por el pecado y la del sacrificio de reparación, porque ese lugar es santo. 14 Cuando los sacerdotes entren en el Santuario, no saldrán del lugar santo al atrio exterior sin dejar antes en ellas las vestiduras utilizadas para el culto, porque esas vestiduras son sagradas. Deberán ponerse otra ropa para acercarse al sitio destinado al pueblo».

15 Cuando el hombre terminó de medir el interior de la Casa, me hizo salir hacia la puerta que daba al oriente, y midió todo el contorno. 16 Midió con la vara de medir el lado oriental: doscientos cincuenta metros. Se volvió 17 y midió el lado septentrional: doscientos cincuenta metros. Se volvió 18 hacia el lado meridional y lo midió: doscientos cincuenta metros. 19 Se volvió hacia el lado occidental y lo midió: doscientos cincuenta metros. 20 Él midió los cuatro costados, y allí había un muro circundante de doscientos cincuenta metros de largo por doscientos cincuenta de ancho, para separar lo sagrado de lo profano.

El retorno de la Gloria del Señor

Ez 1 28; 3 12; 10 18-19; 11 22-23; 3 14; 40 34-35; 1 Re 8 10-11; Is 6 1-4

43 1 El hombre me llevó hacia la puerta que miraba al oriente, 2 y yo vi que la gloria del Dios de Israel venía desde el oriente, con un ruido semejante al de las aguas caudalosas, y la tierra se iluminó con su Gloria. 3 Esta visión era como la que yo había visto cuando el Señor vino a destruir la ciudad, y como la que había visto junto al río Quebar. Entonces caí con el rostro en tierra.

4 La gloria del Señor entró en la Casa por la puerta que daba al oriente. 5 El espíritu me levantó y me introdujo en el atrio interior, y yo vi que la gloria del Señor llenaba la Casa. 6 Y oí que alguien me hablaba desde la Casa, mientras el hombre permanecía de pie junto a mí. 7 La voz me dijo: «Hijo de hombre, este es el lugar de mi trono, el lugar donde se asienta la planta de mis pies. Aquí habitaré para siempre en medio de los israelitas. El pueblo de Israel no profanará más mi Nombre: ni ellos ni sus reyes con sus prostituciones, ni los cadáveres de sus reyes con sus tumbas. 8 Al poner su umbral junto al mío y los postes de sus puertas al lado de los míos, con un simple muro de por medio, los israelitas mancharon mi santo Nombre con las abominaciones que cometieron, y yo los devoré en mi indignación. 9 Pero, de ahora en adelante, alejarán de mí sus prostituciones y los cadáveres de sus reyes, y yo habitaré en medio de ellos para siempre. 10 En cuanto a ti, hijo de hombre, describe la Casa al pueblo de Israel. Que ellos se avergüencen de sus culpas y tomen las medidas de su diseño. 11 Y si se avergüenzan de lo que hicieron, tú les darás a conocer la forma de la Casa y su diseño, sus salidas y sus entradas, y todos los preceptos y leyes concernientes a ella. Fíjalas por escrito a la vista de todos, para que observen

todo lo concerniente a ella y lo realicen. 12 Esta
es la ley concerniente a la Casa: todo su ámbito y sus alrededores, sobre la cima de la montaña, son un lugar santísimo. Tal es la ley concerniente a la Casa».

El altar

Ex 27 1-8; 1 Re 8 64; 2 Cr 4 1; 1 Re 18 32

13 Estas son las dimensiones del altar, con
sus medidas en codos, a razón de un codo y
palmo, es decir, de medio metro por cada codo. La fosa circundante medía medio metro
de alto por medio de ancho, con un reborde
de un palmo sobre su contorno. La altura del
altar era la siguiente: 14 desde el basamento
sobre el suelo hasta la plataforma inferior, un
metro de alto y medio de ancho; y desde la
plataforma pequeña hasta la plataforma más
grande, dos metros de alto y uno de ancho.
15 Desde allí hasta el ara del altar había dos
metros, y por encima de ella sobresalían cuatro cuernos. 16 El ara medía seis metros de largo por seis de ancho: era un cuadrado perfecto. 17 La plataforma superior era un cuadrado
de siete metros de largo por siete de ancho,
con un reborde de veinticinco centímetros.
La fosa circundante era de medio metro, y sus
gradas estaban vueltas hacia el oriente.

La consagración del altar

Ex 29 36-37; Lv 8 11.15-16; 16 18-19

18 El hombre me dijo: Hijo de hombre, así
habla el Señor: Estas son las normas concernientes al altar, cuando sea construido para
ofrecer el holocausto sobre él y rociarlo con
sangre. 19 Tú darás un ternero como sacrificio
por el pecado a los sacerdotes levitas, a los descendientes de Sadoc que se acercan a mí para
servirme —oráculo del Señor—. 20 Luego tomarás una parte de su sangre y la echarás sobre los cuatro cuernos del altar, sobre los cuatro ángulos del zócalo y alrededor de todo su
reborde. Así le quitarás el pecado y harás la expiación por él. 21 Después tomarás el ternero
del sacrificio por el pecado, y este será quemado en una dependencia de la Casa, fuera del
Santuario. 22 El segundo día, ofrecerás un chivo
sin defecto como sacrificio por el pecado y se
quitará el pecado del altar, como se había hecho con el ternero. 23 Cuando hayas acabado
de quitar el pecado, tomarás un ternero sin defecto y un carnero sin defecto, sacados del rebaño, 24 y los presentarás delante del Señor: los
sacerdotes les echarán sal y los ofrecerán en
holocausto al Señor. 25 Durante siete días, ofrecerás diariamente un chivo en sacrificio por el
pecado; también se ofrecerá un ternero y un
carnero sin defecto, sacados del rebaño. 26 Durante siete días se hará la expiación por el altar,
se lo purificará y se lo dedicará. 27 Al cabo de
estos días, desde el día octavo en adelante, los
sacerdotes ofrecerán sobre el altar los holocaustos de ustedes y sus sacrificios de comunión, y yo los aceptaré —oráculo del Señor.

Reglas para la admisión en el Santuario: el privilegio del príncipe

Ez 43 4; 45 7; 46 2-18; 48 21-22

44 1 El hombre me hizo volver en dirección a la puerta exterior del Santuario,
la que miraba hacia el oriente, y esa puerta
estaba cerrada. 2 Entonces el Señor me dijo:
«Esta puerta permanecerá cerrada. No será
abierta, y nadie entrará por ella, porque el
Señor, el Dios de Israel, ha entrado por ella.
Por eso permanecerá cerrada. 3 Solamente el
príncipe en ejercicio se sentará allí para comer en la presencia del Señor. Él entrará por
el camino del vestíbulo de la puerta y saldrá
por ese mismo camino».

Los levitas

Ez 43 5; 44 15; Nm 18 1-6; 1 Cr 9 26-32; 26 20-28

4 Luego me llevó por la puerta septentrional hacia la fachada de la Casa. Yo miré, y vi
que la gloria del Señor llenaba la Casa del Señor. Entonces caí con el rostro en tierra. 5 El
Señor me dijo: Presta atención, hijo de hombre; mira bien, y escucha cuidadosamente lo
que te voy a decir acerca de todas las normas
concernientes a la Casa del Señor y a todo su
ritual. Ten bien en cuenta quiénes podrán ser
admitidos en la Casa del Señor y quiénes deberán ser excluidos del Santuario. 6 Tú dirás a
esos rebeldes, al pueblo de Israel: Así habla el
Señor: ¡Basta ya, pueblo de Israel, de todas
las abominaciones que ustedes han cometido, 7 introduciendo gente extranjera, de corazón y cuerpo incircuncisos, para que estuvieran en mi Santuario y profanaran mi Casa,
mientras ustedes me ofrecían grasa y sangre
como alimento! Así ustedes, con todas sus
abominaciones, quebrantaron mi alianza.
8 No se encargaron ustedes mismos de ejercer
mi sagrado ministerio, sino que pusieron a
esa gente para que lo ejerciera en lugar de ustedes, en mi propio Santuario.

9 Por eso, así habla el Señor: Ningún extranjero, de corazón y cuerpo incircuncisos, ninguno de los extranjeros que residen en medio
de Israel, podrá entrar en mi Santuario. 10 Los
levitas, que me abandonaron cuando Israel se
descarriaba lejos de mí para seguir a sus ídolos, cargarán con su culpa: 11 ellos tendrán a su
cargo en mi Santuario la custodia de las puertas de la Casa y el cuidado de la Casa. Ellos inmolarán el holocausto y el sacrificio para el
pueblo, y estarán ante el pueblo para servirlo.
12 Porque ellos lo sirvieron delante de sus ídolos e hicieron caer en la iniquidad a la casa de

Israel, por eso yo levanto mi mano contra ellos
—oráculo del Señor— y ellos cargarán con su
culpa: 13 no se aproximarán a mí para ejercer la
función sacerdotal, ni se aproximarán a mis
cosas santas —las cosas santísimas—, sino que
cargarán con el oprobio y las abominaciones
que cometieron. 14 Yo los pongo como encargados del cuidado de la Casa y de todo el servicio que deba prestarse en ella.

Los sacerdotes

Nm 18 1-19; Lv 6 3-4; 21 7-14; Ez 20 11-12

15 En cambio, los sacerdotes levíticos, hijos
de Sadoc, que ejercieron el ministerio en mi
Santuario cuando Israel se descarriaba lejos de
mí, se acercarán a mí para servirme y estarán
en mi presencia para ofrecerme la grasa y la
sangre —oráculo del Señor—. 16 Ellos entrarán
en mi Santuario, se acercarán a mi mesa para
servirme y se encargarán de mi servicio.
17 Cuando entren por las puertas del atrio
interior, se revestirán con vestiduras de lino:
no llevarán ropa de lana cuando presten servicio a las puertas del atrio interior y en la Casa.
18 Tendrán turbantes de lino sobre su cabeza y
también usarán calzoncillos de lino. No se ceñirán con nada que haga transpirar. 19 Cuando
salgan al atrio exterior, donde está el pueblo,
se quitarán las vestiduras que se hayan puesto
para prestar servicio, dejándolas en las habitaciones del Santuario, y se pondrán otra ropa,
para no santificar al pueblo con sus vestiduras.
20 No se raparán la cabeza ni dejarán crecer libremente sus cabellos, sino que se cortarán los
cabellos cuidadosamente. 21 Ningún sacerdote
beberá vino cuando deba entrar en el atrio interior. 22 Ellos no se casarán con una viuda ni
con una mujer repudiada, sino solo con una
virgen de la raza del pueblo de Israel. Pero podrán casarse con la viuda de otro sacerdote.
23 Los sacerdotes instruirán a mi pueblo sobre la diferencia entre lo sagrado y lo profano,
y le enseñarán a distinguir lo puro de lo impuro. 24 En los litigios, ellos tendrán autoridad
para juzgar: juzgarán según mis leyes, observarán mis preceptos y mis instrucciones en todas
mis solemnidades, y observarán mis sábados.
25 Los sacerdotes no tocarán a un hombre
muerto, para no incurrir en impureza, a no
ser que se trate del padre o la madre, de un hijo o de una hija, o de un hermano o hermana
que no haya tenido marido. 26 Después de su
purificación, se contarán siete días, 27 y el día
que entren en el lugar santo, en el atrio interior, para prestar servicio en el lugar santo,
ofrecerán su sacrificio por el pecado —oráculo del Señor.
28 Los sacerdotes no tendrán una herencia,
porque yo soy su herencia. Ustedes no les
darán una propiedad en Israel, porque yo
soy su propiedad. 29 Ellos se alimentarán con
la oblación y con las víctimas del sacrificio
por el pecado y del sacrificio de reparación.
Todo lo dedicado al Señor en Israel será para ellos. 30 También será para el sacerdote la
mejor de todas las primicias y de todas las
ofrendas que ustedes presenten. Ustedes entregarán al sacerdote lo mejor de sus mo-
liendas, para que la bendición permanezca
sobre tu casa. 31 Los sacerdotes no comerán
ningún animal encontrado muerto o destrozado por las fieras, sea ave o ganado.

La repartición de la tierra

Ez 48 8-20; 42 15-20

45 1 Cuando ustedes hagan el sorteo para
repartirse el país en herencia, reservarán
un tributo para el Señor, una fracción santa
de territorio, de doce mil quinientos metros de
largo por diez mil de ancho. Ese territorio será
santo en toda su extensión. 2 De allí se destinará para el Santuario un cuadrado de doscientos cincuenta metros de cada lado, con

El valor de las fiestas patronales

Ezequiel promueve la restauración de las fiestas porque expresan y alimentan la vitalidad de la comunidad y el culto. Las fiestas patronales fortalecen la relación con Dios y los hermanos. La alegría impulsa a celebrar la vida, al compartir música, comida y bailes..., la fiesta es del pueblo y para el pueblo. Claro que se celebra a la Virgen o al santo patrono, pero quien goza la música, los juegos, los bailes, los retos deportivos... es la gente.

La comunidad se organiza y se genera una renovación espiritual y social. Los padrinos ayudan a cubrir los costos y mucha gente participa en comités que hacen realidad la tan esperada fiesta.

Hay celebraciones litúrgicas, procesiones, novenas... El ideal del culto festivo es promover la solidaridad, la reconciliación, la amistad, la unión de esfuerzos y las relaciones familiares, sin que haya derroche ni exhibicionismo de poder y de dinero.

¿Te gusta participar en estas fiestas? ¿Por qué sí? ¿Por qué no? ¿Te gustaría que cambiaran de estilo? ¿En qué? ¿Puedes ayudar a que las fiestas sean aún más valiosas para nuestro pueblo?

Ez 45 22-25

una zona de veinticinco metros alrededor de
él. 3 Sobre esta área medirás un espacio de doce mil quinientos metros de largo por cinco
mil de ancho: allí estará el Santuario, el lugar
santísimo. 4 Esta será la fracción santa del país,
destinada a los sacerdotes que sirven al Santuario y se acercan al Señor para servirlo: ellos
tendrán allí un sitio para sus casas y pastizales
para su ganado. 5 Un espacio de doce mil quinientos metros de largo y cinco mil de ancho
será para los levitas que sirven a la Casa: ellos
poseerán allí ciudades donde habitar. 6 Como
propiedad de la ciudad, ustedes demarcarán
un espacio de dos mil quinientos metros de
ancho por doce mil quinientos de largo, junto
a la parte reservada al Santuario: esto será para todo el pueblo de Israel.
7 Al príncipe le corresponderá una propiedad, a ambos lados de la parte reservada al
Santuario y a los límites de la ciudad: se extenderá a lo largo de ellos, por el lado occidental hacia el oeste y por el lado oriental
hacia el este. Esa propiedad tendrá una longitud igual a la de las otras partes del país,
desde la frontera occidental hasta la frontera
oriental 8 del país. Esa será su propiedad en
Israel. Así mis príncipes no oprimirán más a
mi pueblo, sino que dejarán el país al pueblo de Israel, según sus tribus.

Derechos y deberes del príncipe

Jr 22 2-3; Lv 19 35-36

9 Así habla el Señor: ¡Ya es demasiado, príncipes de Israel! Acaben con la violencia y la depredación, practiquen el derecho y la justicia,
dejen de extorsionar a mi pueblo —oráculo
del Señor—. 10 Tengan balanzas justas, un efá
justo y un bat justo. 11 El efá y el bat tendrán la
misma capacidad, de manera que tanto el bat
como el efá contendrán la décima parta del jómer. Según el jómer se medirá su capacidad.
12 El siclo será de veinte gueras. Veinte siclos
más veinte siclos y quince siclos serán para ustedes una mina.
13 Este es el tributo que ustedes reservarán:
un sexto de efá por jómer de trigo y un sexto
de efá por jómer de cebada. 14 Y esta es la medida para el aceite: un décimo de bat por cor,
a razón de diez bat por jómer, ya que diez
bat hacen un jómer. 15 Se reservará una cabeza de ganado menor por cada rebaño de doscientos animales, entre los rebaños de Israel,
para la oblación, el holocausto y los sacrificios de comunión, como expiación en favor
de ellos —oráculo del Señor—. 16 Todo el
pueblo del país deberá reservar este tributo
para el príncipe de Israel. 17 Pero el príncipe
se encargará de los holocaustos, la oblación
y la libación, en las fiestas, los días de luna
nueva, los sábados y todas las solemnidades
del pueblo de Israel. Él proveerá lo necesario
para el sacrificio por el pecado, para la oblación, el holocausto y los sacrificios de comunión, a fin de expiar por el pueblo de Israel.
18 Así habla el Señor: El primer día del primer mes, tomarás un ternero sin defecto para
quitar el pecado del Santuario. 19 El sacerdote
tomará sangre de la víctima por el pecado y la

VIVE LA PALABRA

Bebe del agua viva y tendrás vida

Ezequiel ve brotar del templo ríos de agua vivificadora. Gracias a ellos los árboles darán frutos nuevos y tendrán hojas medicinales, y el mar Muerto será saneado y podrá sostener la vida. Esta imagen es signo de que Dios es vitalidad activa y fuente de toda vida.

Más adelante, Jesús se identifica como «agua viva» (Jn 4 10-13) y proclama: «El que tenga sed, venga a mí; y beba el que cree en mí. Como dice la Escritura: *De su seno brotarán manantiales de agua viva*» (7 37-38). Con su muerte Jesús cumple la profecía de Ezequiel, pues de su costado brota sangre y agua para redención de la humanidad (19 34).

El Apocalipsis proyecta esta profecía a la Vida eterna, al referirse al trono de Dios y al Cordero (Cristo) de donde emana el agua (Ap 22 1-5). Esta imagen alude a la plenitud del paraíso, donde viviremos eternamente con Dios.

¿Qué aspectos de tu vida necesitan ser vivificados por el Espíritu Santo que vive en ti? ¿De tu corazón: amabilidad, compasión, misericordia...? ¿De tu inteligencia: creatividad, análisis crítico? ¿De tus habilidades...? ¿De tu disposición a dar vida a los demás...?

Aunque el corazón, la inteligencia, las habilidades y la voluntad de todas las personas a nuestro alrededor estuvieran plenamente vivificadas, solo sería una sombra de la vida que nos espera con Dios. ¡Déjate vivificar por Dios y renovarás tu vida y tu esperanza!

Ez 47 1-12

pondrá sobre los postes de la puerta de la Casa, sobre los cuatro ángulos del zócalo del altar y sobre los postes de la puerta del atrio interior. [20]Lo mismo hará el primer día del
séptimo mes, en favor de cualquiera que haya
pecado por inadvertencia o ignorancia. Así
harán la expiación por la Casa.
[21]El día catorce del primer mes, ustedes celebrarán la fiesta de la Pascua. Durante siete
días se comerá pan sin levadura. [22]Aquel día,
el príncipe ofrecerá un ternero por sí mismo y
por todo el pueblo del país, en sacrificio por
el pecado. [23]Durante los siete días de la fiesta,
cada uno de los siete días ofrecerá siete terneros y siete carneros sin defecto en holocausto
al Señor, y un chivo en sacrificio por el pecado. [24]Como oblación, ofrecerá una medida de
harina por cada ternero y cada carnero, y siete litros de aceite por cada medida.
[25]El día quince del séptimo mes, con ocasión de la Fiesta, el príncipe hará lo mismo
durante siete días: el mismo sacrificio por el
pecado, el mismo holocausto, la misma oblación y el mismo aceite.

46 [1]Así habla el Señor: la puerta del atrio
interior que mira hacia el este permanecerá cerrada durante los seis días labora-
bles, pero se la abrirá el día sábado. También
se la abrirá el día de la luna nueva. [2]El príncipe entrará desde fuera, por el vestíbulo de
la puerta, y se quedará de pie junto al poste
de la puerta. Los sacerdotes ofrecerán su holocausto y su sacrificio de comunión, y él se
postrará sobre el umbral de la puerta. Luego
saldrá, pero la puerta no se cerrará hasta la
tarde. [3]También la gente del pueblo se postrará a la entrada de esta puerta, delante del
Señor, los sábados y los días de luna nueva.
[4]El holocausto que el príncipe ofrecerá al
Señor el día sábado será de seis corderos sin
defecto y de un carnero sin defecto; [5]la oblación será de una medida de harina por el carnero, y por los corderos dará lo que pueda,
más siete litros de aceite por cada medida.
[6]El día de la luna nueva, en cambio, presentará un ternero sin defecto, seis corderos y
un carnero sin defecto. [7]También ofrecerá,
como oblación, una medida de harina por el
ternero, otra medida por el carnero, y lo que
pueda dar por los corderos, más siete litros
de aceite por cada medida.
[8]Cuando el príncipe entre, lo hará por el
camino del vestíbulo de la puerta, y saldrá por
ese mismo camino. [9]*Pero cuando* la gente del
pueblo se presente delante del Señor, con ocasión de las fiestas, el que entre para adorar por
el camino de la puerta septentrional saldrá
por el camino de la puerta meridional, y el
que entre por el camino de la puerta meridional saldrá por el camino de la puerta septentrional: no volverá por el camino por donde
haya entrado, sino que saldrá por el lado
opuesto. [10]El príncipe estará en medio de
ellos: entrará cuando ellos entren y saldrá
cuando ellos salgan.
[11]En las fiestas y solemnidades, la oblación consistirá en una medida de harina por
el ternero, en otra medida por el carnero, y
en lo que pueda dar por los corderos, más
siete litros de aceite por cada medida.
[12]Cuando el príncipe presente una ofrenda
voluntaria, un holocausto o un sacrificio de
comunión como ofrenda voluntaria al Señor,
se le abrirá la puerta que mira hacia el este. Él
ofrecerá su holocausto y sus sacrificios de comunión como lo hace el día sábado; luego saldrá, y la puerta se cerrará cuando haya salido.
[13]Cada día ofrecerás en holocausto al Señor un cordero nacido en el año y sin defecto: lo ofrecerás cada mañana. [14]También ofrecerás cada mañana, como oblación al Señor,
la sexta parte de una medida de harina y dos
litros de aceite para amasar la harina de la
mejor calidad. Esta es una institución perpetua, fijada para siempre. [15]Cada mañana se
ofrecerá el cordero, la oblación y el aceite, como holocausto perpetuo.

Derechos inmobiliarios del príncipe

1 Re 21

[16]Así habla el Señor: Si el príncipe hace a alguno de sus hijos un regalo tomado de su herencia, el regalo pertenecerá a su hijo: será su
propiedad por derecho hereditario. [17]Pero si
hace a alguno de sus servidores un regalo tomado de su herencia, el regalo pertenecerá al
servidor hasta el año del perdón: entonces, él
tendrá que devolverlo al príncipe. Solamente a
sus hijos pertenecerá su herencia. [18]El príncipe
no tomará nada de la herencia del pueblo para privarlo de lo que le pertenece: solo de su
propio patrimonio legará bienes a sus hijos,
para que mi pueblo no se disperse, al ser privado de su propiedad.

Las cocinas del Templo

Ez 42 1-2; 1 Sm 2 12-16

[19]El hombre me llevó por la entrada que
estaba al lado de la puerta, hacia las habitaciones santas reservadas a los sacerdotes,
esas que miran hacia el norte, y vi que al fondo, hacia el oeste, había un espacio. [20]Él me
dijo: «Aquí está el lugar donde los sacerdotes
harán hervir la víctima del sacrificio de reparación y del sacrificio por el pecado, y donde
harán cocer la oblación, para que no se saque nada al atrio exterior, y así no quede
santificado el pueblo».
[21]Luego me hizo salir al atrio exterior y me
hizo pasar por los cuatro ángulos del atrio:
había un patio en cada ángulo del atrio. [22]En

los cuatro ángulos del atrio había pequeños patios de veinte metros de largo y quince de ancho, todos de las mismas dimensiones. 23 Alrededor de los cuatro había una hilera de piedras, y en la parte baja de las hileras, todo alrededor, había unos fogones. 24 Él me dijo: «Estas son las cocinas donde los servidores de la Casa hervirán los sacrificios del pueblo».

La fuente del Templo

Jl 4 8; Zac 13 1; Ex 15 25; Is 44 4; Jr 17 8

47 1 El hombre me hizo volver a la entrada de la Casa, y vi que salía agua por debajo del umbral de la Casa, en dirección al oriente, porque la fachada de la Casa miraba hacia el oriente. El agua descendía por debajo del costado derecho de la Casa, al sur del altar. 2 Luego me sacó por el camino de la puerta septentrional, y me hizo dar la vuelta por un camino exterior, hasta la puerta exterior que miraba hacia el oriente. Allí vi que el agua fluía por el costado derecho. 3 Cuando el hombre salió hacia el este, tenía una cuerda en la mano. Midió quinientos metros y me hizo caminar a través del agua, que me llegó a los tobillos. 4 Midió otros quinientos metros y me hizo caminar a través del agua, que me llegó a las rodillas. Midió otros quinientos metros y me hizo caminar a través del agua, que me llegó a la cintura. 5 Luego midió otros quinientos metros, y ya era un torrente que no pude atravesar, porque el agua había crecido: era un agua donde había que nadar, un torrente intransitable.

6 El hombre me dijo: «¿Has visto, hijo de hombre?», y me hizo volver a la orilla del torrente. 7 Al volver, vi que a la orilla del torrente, de uno y otro lado, había una inmensa arboleda. 8 Entonces me dijo: «Estas aguas fluyen hacia el sector oriental, bajan hasta la estepa y van a desembocar en el Mar. Se las hace salir hasta el Mar, para que sus aguas sean saneadas. 9 Hasta donde llegue el torrente, tendrán vida todos los seres vivientes que se mueven por el suelo y habrá peces en abundancia. Porque cuando esta agua llegue hasta el Mar, sus aguas quedarán saneadas, y habrá vida en todas partes adonde llegue el torrente. 10 Los pescadores se apostarán a su orilla: desde Engadí hasta En Eglaim habrá lugares para tender las redes. Allí habrá tantas clases de peces como en el Mar Grande, y serán muy numerosos. 11 Pero sus charcos y sus lagunas no serán saneados, sino que quedarán como salinas. 12 Al borde del torrente, sobre sus dos orillas, crecerán árboles frutales de todas las especies. No se marchitarán sus hojas ni se agotarán sus frutos, y todos los meses producirán nuevos frutos, porque el agua sale del Santuario. Sus frutos servirán de alimento y sus hojas de remedio».

Los límites de la Tierra santa

Nm 34 1-12; Jos 1 1-14

13 Así habla el Señor: Esta es la frontera del país que ustedes se repartirán como herencia, entre las doce tribus de Israel, asignando dos partes a José. 14 Lo heredarán todos por igual, porque yo juré con la mano en alto que se lo daría a sus padres, y por eso este país le corresponde a ustedes como herencia. 15 La frontera del país es la siguiente: por el lado septentrional, desde el Mar Grande, en dirección a Jetlón, hasta la Entrada de Jamat: Sedad, 16 Berotá, Sibraim —que está entre el territorio de Damasco y el territorio de Jamat— y Jaser Ticón, hacia el territorio de Jaurán. 17 La frontera irá desde el mar hasta Jasar Enán, quedando al norte el territorio de Damasco y también el de Jamat: este es el lado septentrional. 18 Por el lado oriental, entre Jaurán y Damasco, entre Galaad y el país de Israel, la frontera estará delimitada por el Jordán, hasta el mar oriental, en dirección a Tamar: este es el lado oriental. 19 Por el lado meridional, hacia el sur, la frontera irá desde Tamar hasta las aguas de Meribá de Cades, hacia el Torrente, hasta el Mar Grande: este es el lado meridional, hacia el sur. 20 Por el lado occidental, el Mar Grande servirá de frontera hasta enfrente de la Entrada de Jamat: este es el lado occidental.

21 Ustedes se repartirán el país según las tribus de Israel, 22 de la siguiente manera lo sortearán como herencia para ustedes y para los extranjeros que residan y tengan hijos en medio de ustedes, porque a ellos deberán tratarlos como a un israelita de nacimiento: así ellos recibirán una herencia con ustedes, entre las tribus de Israel. 23 En la tribu donde resida el extranjero, allí le darán su herencia —oráculo del Señor.

La repartición del país

Ez 45 1-4

48 1 Estos son los nombres de las tribus. Por el extremo septentrional, bordeando el camino de Jetlón, hacia la Entrada de Jamat y Jasar Enán, con el territorio de Damasco hacia el norte, al borde de Jamat, desde el lado oriental hasta el lado occidental: una parte para Dan. 2 Sobre la frontera de Dan, desde el lado oriental hasta el lado occidental: una parte para Aser. 3 Sobre la frontera de Aser, desde el lado oriental hasta el lado occidental: una parte para Neftalí. 4 Sobre la frontera de Neftalí, desde el lado oriental hasta el lado occidental: una parte para Manasés. 5 Sobre la frontera de Manasés, desde el lado oriental hasta el lado occidental: una parte para Efraím. 6 Sobre la frontera de Efraím, desde el lado oriental hasta el lado occidental: una parte para Rubén. 7 Sobre la frontera de Rubén, desde el lado oriental hasta el lado occidental: una parte para Judá. 8 Sobre la frontera de Judá, desde el lado oriental hasta el lado occidental: allí estará el tributo que ustedes reservarán para el Señor. Tendrá doce mil quinientos metros de ancho, y su longitud será igual que las otras partes, desde el lado oriental hasta el lado occidental. El Santuario estará en el medio.

9 El tributo que ustedes reservarán para el Señor tendrá doce mil quinientos metros de largo por diez mil de ancho. 10 Ese tributo sagrado estará distribuido de la siguiente manera: a los sacerdotes les corresponderá una extensión de doce mil quinientos metros de largo por el norte, de cinco mil metros de ancho por el oeste, de cinco mil metros de ancho por el este, y de doce mil quinientos metros de largo por el sur. El Santuario del Señor estará en el medio. 11 Esta parte será para los sacerdotes consagrados, los hijos de Sadoc, que ejercieron mi ministerio y no se descarriaron como los levitas, cuando se descarriaron los israelitas. 12 Así, a los sacerdotes les corresponderá una fracción de la parte reservada del país, una porción santísima, junto al territorio de los levitas.

13 En cuanto a los levitas, también ellos tendrán una extensión de doce mil quinientos metros de largo por cinco mil de ancho, a lo largo del territorio de los sacerdotes. En total, tendrán doce mil quinientos metros de largo por cinco mil de ancho.

14 No se podrá vender, permutar o expropiar nada de esta porción escogida del país, porque está consagrada al Señor. 15 Los dos mil quinientos metros que quedarán a lo largo de estos doce mil quinientos metros serán un espacio profano para la ciudad, destinados a viviendas y pastizales. La ciudad estará en el medio, 16 y sus dimensiones serán las siguientes: dos mil quinientos cincuenta metros por el lado del norte, y otros tantos por el sur, el este y el oeste. 17 La ciudad tendrá unos pastizales de ciento veinticinco metros cada uno, al norte, al sur, al este y al oeste. 18 En cuanto a la extensión restante, a lo largo de la parte reservada para el Señor —es decir, cinco mil metros hacia el este y otros tantos hacia el oeste—, lo que allí se produzca servirá para alimentar a los que trabajen en la ciudad. 19 La cultivarán esos mismos trabajadores, tomados de entre todas las tribus de Israel.

20 El conjunto de la parte reservada tendrá doce mil quinientos *metros por doce mil: así,* lo que ustedes reservarán será un cuadrado, incluyendo lo que pertenece a la ciudad. 21 El resto será para el príncipe, a uno y otro lado de la parte reservada y de la que pertenece a la ciudad. A él le corresponderá una extensión de doce mil quinientos metros por el lado este, hasta la frontera oriental; y de doce mil quinientos metros por el lado oeste, hasta la frontera occidental, a lo largo de las otras partes. La parte reservada y el Santuario del templo quedarán en el medio. 22 La propiedad de los levitas y lo que pertenece a la ciudad estarán entre la frontera de Judá y la frontera de Benjamín, en medio de lo que pertenecerá al príncipe.

23 En cuanto al resto de las tribus, desde el lado oriental hasta el lado occidental: una parte para Benjamín. 24 Sobre la frontera de Benjamín, desde el lado oriental hasta el lado occidental: una parte para Simeón. 25 Sobre la frontera de Simeón, desde el lado oriental hasta el lado occidental: una parte para Isacar. 26 Sobre la frontera de Isacar, desde el lado oriental hasta el lado occidental: una parte para Zabulón. 27 Sobre la frontera de Zabulón, desde el lado oriental hasta el lado occidental: una parte para Gad. 28 Sobre la frontera de Gad, por el lado meridional, hacia el sur, la frontera llegará desde Tamar hasta las aguas de Meribá de Cades, hasta el Torrente y hasta el Mar Grande.

29 Este es el país que ustedes se distribuirán por sorteo, como herencia para las tribus de Israel: estas serán sus partes —oráculo del Señor.

Las puertas y el nombre de la ciudad

Ap 21 12-13; Is 1 26; Zac 8 3

30 Estas son las salidas de la ciudad. El lado septentrional medirá dos mil doscientos cincuenta metros. 31 Las puertas de la ciudad llevarán los nombres de las tribus de Israel. Habrá tres puertas al norte: la puerta de Rubén, la de Judá y la de Leví. 32 El lado oriental medirá dos mil quinientos cincuenta metros y tendrá tres puertas: la puerta de José, la de Benjamín y la de Dan. 33 El lado meridional medirá dos mil doscientos cincuenta metros y tendrá tres puertas: la puerta de Simeón, la de Isacar y la de Zabulón. 34 El lado occidental medirá dos mil doscientos cincuenta metros y tendrá tres puertas: la puerta de Gad, la de Aser y la de Neftalí. 35 El perímetro total será de nueve mil metros. Y en adelante, el nombre de la ciudad será: «El Señor está allí».

¿Has escuchado a alguien que ha vivido una persecución religiosa? Muchas personas han tenido esta experiencia. Algunas viven como refugiadas en otros países y con dolor comparten sobre la muerte de sus padres, hijos y hermanos, que fallecieron por defender su fe y los derechos de los pobres. ¿Has visto los valores de tu cultura destruidos o amenazados por una cultura extranjera? El libro de Daniel se escribió en un tiempo de persecución y opresión cultural que amenazaba al pueblo de Israel.

ESQUEMA

- **1 – 6.** Parte narrativa
  - **3 24-90.** Suplemento griego: Oración de Azarías
- **7 – 14.** Visiones apocalípticas
  - **13 – 14.** Suplemento griego: Historia de Susana

DATOS

Período descrito
Siglos VI a II a.C.
Autor
Colección producida por varios autores
Fecha de redacción
De 167 a 164 a.C.
Temas
Dar esperanza a los que sufrían opresión y persecución

PRESENTACIÓN

Este libro lleva el nombre de su protagonista, Daniel, que significa «Dios juzga». Se escribió en la época de las rebeliones de los Macabeos contra el imperio griego (siglo II a.C.). Su meta era confortar a los judíos, mantener viva su esperanza ante la persecución de Antíoco IV Epífanes, y defender la identidad religiosa, la cultura judía, las normas y el culto de los creyentes.

Aunque se escribió en el siglo II a.C., los lugares, personas y fechas que cita apuntan al tiempo del exilio, cuatro siglos antes. Este recurso literario era usado para hablar de las tribulaciones del presente con un código obtenido de situaciones históricas; en ese caso, se usaban referencias del Imperio babilónico y persa.

El libro presenta a Daniel, *el profeta joven del Señor de la historia,* reafirmando las promesas de Dios y su fidelidad durante el tiempo del judaísmo naciente. Su contenido es más una reflexión teológica sobre la historia que un libro profético, aunque contiene los últimos anuncios del Antiguo Testamento sobre la proximidad del Mesías. Es el único libro que llegó a nosotros en los tres idiomas bíblicos: hebreo, arameo y griego, y es el único del Antiguo Testamento escrito en género apocalíptico (ver «Vocabulario bíblico: Apocalíptica»).

El libro contiene historias de personajes ficticios y visiones de tipo apocalíptico llenas de símbolos que podían ser comprendidos por los israelitas, pero no por los griegos. La primera parte presenta seis historias de Daniel con tres amigos que viven su fe durante el destierro. La segunda parte narra visiones de Daniel sobre los cuatro imperios que dominaron Israel después de Babilonia: medos, persas, griegos tolomeos y griegos seléucidas. Sus visiones sobre el desenlace de la historia al final de los tiempos hablan de la fe en la resurrección de forma bastante clara.

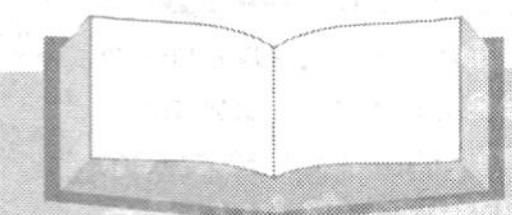

DANIEL

LOS TRES JÓVENES EN EL HORNO

EN LA FOSA DE LOS LEONES

PARTE NARRATIVA

Daniel y sus compañeros en la corte de Nabucodonosor

2 Cr 36 5-7; 2 Re 25 29-30; 2 Mac 6 18 – 7 42;
Lv 11; Gn 41 12.16

1 1 El tercer año del reinado de Joaquim, rey de Judá, llegó a Jerusalén
Nabucodonosor, rey de Babilonia, y la sitió. 2 El Señor entregó en sus manos a Joaquim, rey de Judá, y una parte de los objetos de la Casa de Dios. Nabucodonosor los
llevó al país de Senaar, y depositó los objetos en el tesoro de su dios.
3 El rey ordenó a Aspenaz, jefe de sus eunucos, que seleccionara, entre los israelitas
de estirpe real o de familia noble, 4 a algunos jóvenes sin ningún defecto físico, de
buena presencia, versados en toda clase
de sabiduría, dotados *de conocimiento,*
inteligentes y aptos para servir en el palacio del rey, a fin de que se los instruyera en
la literatura y en la lengua de los caldeos.
5 El rey les asignó para cada día una porción de sus propios manjares y del vino
que él bebía. Ellos debían ser educados durante tres años, y al cabo de esos años se
pondrían al servicio del rey. 6 Entre ellos
se encontraban Daniel, Ananías, Misael y
Azarías, que eran judíos. 7 Pero el jefe de
los eunucos les puso otros nombres: a Daniel lo llamó Beltasar; a Ananías, Sadrac; a
Misael, Mesac, y a Azarías, Abed Negó.
8 Daniel estaba decidido a no contaminarse con los manjares del rey y con el vino que él bebía, y rogó al jefe de los eunucos que no lo obligara a contaminarse.
9 Dios hizo que él se ganara el afecto y la
simpatía del jefe de los eunucos. 10 Pero este dijo a Daniel: «Yo temo a mi señor el rey,
que les ha asignado la comida y la bebida;
si él llega a ver el rostro de ustedes más de-
macrado que el de los jóvenes de su misma
edad, ustedes harían peligrar mi cabeza
delante del rey». 11 Daniel dijo al guardia a
quien el jefe de los eunucos había confiado el cuidado de Daniel, Ananías, Misael y
Azarías: 12 «Por favor, pon a prueba a tus
servidores durante diez días; que nos den
legumbres para comer y agua para beber;
13 compara luego nuestros rostros con los
de los jóvenes que comen los manjares del
rey, y actúa con tus servidores conforme a
lo que veas». 14 Él aceptó la propuesta, y los

puso a prueba durante diez días. 15 Al cabo
de esos días, se vio que ellos tenían mejor
semblante y estaban más rozagantes que
todos los jóvenes que comían los manjares
del rey. 16 Desde entonces, el guardia les retiró los manjares y el vino que debían tomar, y les dio legumbres.
17 Dios concedió a estos cuatro jóvenes
ciencia e inteligencia en todo lo referente a
la literatura y la sabiduría, y Daniel podía
entender visiones y sueños de toda índole.
18 Al cabo de los días que el rey había fijado para que le fueran presentados los jóvenes, el jefe de los eunucos los llevó ante
Nabucodonosor. 19 El rey conversó con
ellos, y entre todos no se encontró ningún
otro como Daniel, Ananías, Misael y Azarías. Ellos permanecieron al servicio del
rey, 20 y en todo lo que el rey les preguntó
sobre cuestiones de sabiduría y discernimiento, los encontró diez veces superiores
a todos los magos y adivinos que había en
todo su reino. 21 Así continuó Daniel hasta
el primer año del rey Ciro.

El sueño de Nabucodonosor y su recurso a los magos

Gn 40 8; 41 16; Dn 3 96

2 1 El segundo año del reinado de Nabucodonosor, este tuvo unos sueños,
y su espíritu quedó tan perturbado que no
pudo seguir durmiendo. 2 El rey mandó llamar a los magos, los adivinos, los hechiceros y los caldeos, para que le explicaran sus
sueños. Ellos fueron a presentarse delante
del rey, 3 y él les dijo: «He tenido un sueño,
y mi espíritu está ansioso por conocer ese
sueño». 4 Los caldeos respondieron al rey:
«¡Viva el rey eternamente! Di a tus servidores lo que has soñado, y nosotros expondremos la interpretación». 5 Pero el rey tomó la palabra y dijo a los caldeos: «Mi
decisión ya está tomada: si no me dan a conocer el sueño y su interpretación, ustedes
serán cortados en pedazos y sus casas quedarán reducidas a un basural. 6 En cambio,
si me exponen el sueño y su interpretación, recibirán de mí obsequios, regalos y
grandes honores. Por lo tanto, expónganme
me el sueño y su interpretación».
7 Ellos respondieron por segunda vez, diciendo: «Que el rey diga a sus servidores lo
que ha soñado, y nosotros expondremos la
interpretación». 8 El rey replicó: «Yo sé ciertamente que ustedes están tratando de ganar
tiempo, porque han visto que mi decisión
está tomada. 9 Pero si no me dan a conocer el
sueño, habrá para ustedes una sola sentencia. Ustedes se han confabulado para entre-
tenerme con palabras engañosas y perversas,
hasta que los tiempos cambien. Por eso, díganme el sueño, y así sabré que pueden ex-
ponerme su interpretación». 10 Los caldeos
respondieron delante del rey, diciendo: «No
hay ningún hombre sobre la tierra que pueda exponer lo que pide el rey, ya que ningún
rey, por grande y poderoso que sea, ha pedido jamás una cosa semejante a un mago,
adivino o caldeo. 11 Lo que pide el rey es excesivo, y no hay nadie que pueda exponerlo
ante el rey, fuera de los dioses, cuya morada
no está con los mortales». 12 El rey se enfureció terriblemente a causa de esto, y ordenó
ejecutar a todos los sabios de Babilonia. 13 Se
promulgó el decreto de hacer morir a los sabios, y también se buscó a Daniel y a sus
compañeros para darles muerte.

La intervención de Daniel

Prov 2 6; Sal 139 11-18

14 Entonces Daniel se dirigió con cautela
y discreción a Arioc, capitán de guardias del
rey, que había salido para matar a los sabios de Babilonia. 15 Él tomó la palabra y dijo a Arioc, comandante del rey: «¿Por qué
este decreto tan perentorio de parte del
rey?». Arioc informó del asunto a Daniel,
16 y este fue a pedir al rey que le concediera
un plazo para exponerle la interpretación.
17 Daniel se fue a su casa e informó del
asunto a Ananías, Misael y Azarías, sus
compañeros, 18 instándolos a implorar misericordia ante el Dios del cielo acerca de
aquel misterio, a fin de que no los hicieran
perecer, a ellos y a él, con el resto de los sabios de Babilonia. 19 Entonces el misterio
fue revelado a Daniel en una visión nocturna, y él bendijo al Dios del cielo. 20 Daniel
tomó la palabra y exclamó:

«Bendito sea el nombre de Dios,
desde siempre y para siempre,
porque a él pertenecen la sabiduría
y la fuerza.
21 Él hace alternar los tiempos y las estaciones,
él depone y entroniza a los reyes,
da la sabiduría a los sabios
y el conocimiento a los que saben discernir.
22 Él revela las cosas profundas y ocultas,
conoce lo que está en las tinieblas
y la luz habita junto a él.
23 A ti, Dios de mis padres,
yo te alabo y glorifico,
porque me has dado la sabiduría y la fuerza;
y ahora me has manifestado
lo que te habíamos pedido,
porque nos has hecho conocer
lo concerniente al rey».

VIVE LA PALABRA

Los imperios humanos y el Reino de Dios

Daniel interpreta un sueño del rey Nabucodonosor y proclama que Dios interviene en la historia para darnos una vida mejor (Dn 2 26-49). El rey ve una estatua de oro, plata, bronce y hierro fundido con barro. Los metales simbolizan distintos imperios, unos con más esplendor, pero todos sostenidos por una mezcla de cualidades y debilidades humanas, representadas en el hierro fundido con barro en los pies.

Cae una gran piedra signo de que, «el Dios del cielo suscitará un reino que nunca será destruido y cuya realeza no pasará a otro pueblo» (2 44). Es el reino mesiánico anunciado por los profetas; el reino sin fin que prometió el ángel Gabriel al anunciar a María el nacimiento de Jesús (Lc 1 32-33).

El contraste entre los imperios humanos y el Reino de Dios es grande; mientras los imperios tienen muchos problemas y terminan desmoronándose, el Reino de Dios es un gozo eterno. Nuestra historia sucede en un vaivén entre ambos. Vivimos guerras, degradaciones humanas, injusticias, opresiones políticas, imposiciones culturales..., fruto de la debilidad y el pecado, pero también experimentamos amor, libertad, justicia, verdad, dignidad..., propios del Reino de Dios.

Parecería inútil preguntar qué tipo de reino prefieres. Sin embargo no es ocioso hacerte estas preguntas: ¿cómo luchaste el mes pasado para que Dios reine en nuestro mundo? Y el mes entrante y el siguiente, y el siguiente..., ¿cómo lo harás?

Dn 2 26-49

24 A causa de esto, Daniel se presentó a Arioc, a quien el rey había encargado ejecutar a los sabios de Babilonia, y le habló de esta manera: «No hagas morir a los sabios de Babilonia. Llévame ante la presencia del rey, y yo le expondré la interpretación». 25 Arioc llevó rápidamente a Daniel ante la presencia del rey, y le dijo: «He hallado entre los deportados de Judá a un hombre que hará conocer al rey la interpretación». 26 El rey tomó la palabra y dijo a Daniel, llamado Beltsasar: «¿Eres tú capaz de darme a conocer el sueño que tuve y su interpretación?». 27 Daniel respondió ante el rey, diciendo: «El rey interroga sobre un misterio que no se lo puede aclarar ningún sabio, adivino, mago o astrólogo. 28 Sin embargo, hay en el cielo un Dios que revela los misterios, y que ha dado a conocer al rey Nabucodonosor lo que sucederá en los días venideros. Tu sueño y las visiones de tu imaginación, cuando estabas en tu lecho, fueron estos:

La interpretación del sueño *de Nabucodonosor*

Gn 41 16; 1 Cor 2 10-11

29 A ti, rey, mientras estabas en tu lecho, te sobrevinieron pensamientos acerca de lo que va a suceder en adelante, y el que revela los misterios te ha hecho conocer lo que va a suceder. 30 En cuanto a mí, este misterio me ha sido revelado no porque yo tenga una sabiduría superior a la de todos los vivientes, sino para que se ponga de manifiesto al rey la interpretación, y así conozcas los pensamientos de tu corazón.

31 Tú, rey, estabas mirando, y viste una gran estatua. Esa estatua, enorme y de un brillo extraordinario, se alzaba delante de ti, y su aspecto era impresionante. 32 Su cabeza era de oro fino; su pecho y sus brazos, de plata; su vientre y sus caderas, de bronce; 33 sus piernas, de hierro, y sus pies, parte de hierro y parte de arcilla. 34 Tú estabas mirando, y de pronto se desprendió una piedra, sin que interviniera ninguna mano: ella golpeó la estatua sobre sus pies de hierro y de arcilla, y los pulverizó. 35 Entonces fueron pulverizados al mismo tiempo el hierro, la arcilla, el bronce, la plata y el oro; fueron como la paja en la era durante el verano: el viento se los llevó y no quedó ningún rastro. En cuanto a la piedra que había golpeado la estatua, se convirtió en una gran montaña, y llenó toda la tierra.

36 Este fue el sueño; ahora diremos su interpretación en presencia del rey. 37 Tú, rey, eres el rey de reyes, a quien el Dios del cielo ha conferido la realeza, el poder, la fuerza y la gloria; 38 él ha puesto en tus manos a los hombres, los animales del campo y las aves del cielo, cualquiera sea el lugar

donde habitan, y te ha hecho dominar sobre todos ellos: por eso la cabeza de oro eres tú. 39 Después de ti surgirá otro reino inferior a ti, y luego aparecerá un tercer reino, que será de bronce y dominará sobre toda la tierra. 40 Y un cuarto reino será duro como el hierro: así como el hierro tritura y pulveriza todo —como el hierro que destroza—, él los triturará y destrozará a todos ellos. 41 También has visto los pies y los dedos, en parte de arcilla de alfarero y en parte del hierro, porque ese será un reino dividido: habrá en él algo de la solidez del hierro, conforme a lo que has visto del hierro mezclado con la masa de arcilla; 42 pero como los dedos de los pies son en parte de hierro y en parte de arcilla, una parte del reino será fuerte, y una parte frágil. 43 Tú has visto el hierro mezclado con la masa de arcilla, porque ellos se mezclarán entre sí por lazos matrimoniales, pero no llegarán a adherirse mutuamente, como el hierro no se mezcla con la arcilla. 44 Y en los días de estos reyes, el Dios del cielo suscitará un reino que nunca será destruido y cuya realeza no pasará a otro pueblo: él pulverizará y aniquilará a todos esos reinos, y él mismo subsistirá para siempre, 45 porque tú has visto que una piedra se desprendía de la montaña, sin la intervención de ninguna mano, y ella pulverizó el hierro, el bronce, la arcilla, la plata y el oro. El Dios grande hace conocer al rey lo que va a suceder en adelante. El sueño es cierto y su interpretación digna de fe».

46 Entonces el rey Nabucodonosor cayó con el rostro en tierra, se postró delante de Daniel y ordenó que le ofrecieran ofrendas y perfumes de aroma agradable. 47 El rey se dirigió a Daniel y le dijo: «Realmente, el Dios de ustedes es el Dios de los dioses, el Señor de los reyes, y el que revela los misterios, porque tú has podido revelarme este misterio». 48 Luego el rey confirió a Daniel un alto rango y le otorgó numerosos y magníficos regalos. Le dio autoridad sobre toda la provincia de Babilonia y lo hizo jefe de todos los sabios de Babilonia. 49 Daniel rogó al rey que pusiera al frente de la administración de la provincia de Babilonia a Sadrac, Mesac y Abed Negó, y él permaneció en la corte del rey.

La adoración de la estatua de oro

Ap 13 14-15; Jr 29 21-22

3 1 El rey Nabucodonosor hizo una estatua de oro, de treinta metros de alto y tres de ancho, y la construyó en la llanura de Dura, en la provincia de Babilonia. 2 Luego mandó reunir a los sátrapas, prefectos, gobernadores, consejeros, tesoreros, juristas, magistrados y a todos los jefes de provincia, para que asistieran a la dedicación de la estatua que había construido el rey Nabucodonosor. 3 Entonces se reunieron los sátrapas, prefectos, gobernadores, consejeros, tesoreros, juristas, magistrados y todos los jefes de provincia, para la dedicación de la estatua que había construido el rey Nabucodonosor. Y se pusieron de pie ante la estatua construida por el rey.

4 El heraldo proclamó con fuerza: «A todos ustedes, pueblos, naciones y lenguas, se les ordena lo siguiente: 5 Apenas escuchen el sonido de la trompeta, el pífano, la cítara, la sambuca, el laúd, la cornamusa y de toda clase de instrumentos, ustedes deberán postrarse y adorar la estatua de oro que ha construido el rey Nabucodonosor. 6 El que no se postre para adorarla será arrojado inmediatamente dentro de un horno de fuego ardiente». 7 Por tal motivo, apenas todos los pueblos oyeron el sonido de la trompeta, el pífano, la cítara, la sambuca, el laúd, la cornamusa y de toda clase de instrumentos, todos los pueblos, naciones y lenguas se postraron para adorar la estatua de oro que había construido el rey Nabucodonosor.

8 En ese mismo momento, se acercaron unos caldeos y acusaron a los judíos. 9 Tomando la palabra, dijeron al rey Nabucodonosor: «¡Viva el rey eternamente! 10 Tú, rey, has ordenado que todo el que oiga el sonido de la trompeta, el pífano, la cítara, la sambuca, el laúd, la cornamusa y de toda clase de instrumentos, tiene que postrarse y adorar la estatua de oro; 11 y que todo el que no se postre para adorarla debe ser arrojado dentro de un horno de fuego ardiente. 12 Pero hay unos judíos, Sadrac, Mesac y Abed Negó, a quienes tú has encomendado la administración de la provincia de Babilonia: esos hombres no te han hecho caso, rey; ellos no sirven a tus dioses ni adoran la estatua de oro que tú has construido».

13 Entonces Nabucodonosor, lleno de indignación y de furor, mandó traer a Sadrac, Mesac y Abed Negó. Cuando esos hombres fueron traídos ante la presencia del rey, 14 Nabucodonosor tomó la palabra y les dijo: «¿Es verdad, Sadrac, Mesac y Abed Negó, que ustedes no sirven a mis dioses y no adoran la estatua de oro que yo construí? 15 ¿Están dispuestos ahora, apenas oigan el sonido de la trompeta, el pífano, la cítara, la sambuca, el laúd, la cornamusa y de toda clase de instrumentos, a postrarse y adorar la estatua que

yo hice? Porque si ustedes no la adoran, serán arrojados inmediatamente dentro de un
horno de fuego ardiente. ¿Y qué dios podrá
salvarlos de mi mano?».
16 Sadrac, Mesac y Abed Negó respondieron al rey Nabucodonosor, diciendo: «No
tenemos necesidad de darte una respuesta
acerca de este asunto. 17 Nuestro Dios, a
quien servimos, puede salvarnos del horno
de fuego ardiente y nos librará de tus manos. 18 Y aunque no lo haga, ten por sabido,
rey, que nosotros no serviremos a tus dioses ni adoraremos la estatua de oro que tú
has construido».
19 Nabucodonosor se llenó de furor y la
expresión de su rostro se alteró frente a Sadrac, Mesac y Abed Negó. El rey tomó la
palabra y ordenó activar el horno siete veces más de lo habitual. 20 Luego ordenó a
los hombres más fuertes de su ejército que
ataran a Sadrac, Mesac y Abed Negó, para
arrojarlos en el horno de fuego ardiente.
21 Entonces estos tres, con sus mantos,
sus calzados, sus gorros y toda su ropa, fueron atados y arrojados dentro del horno de
fuego ardiente. 22 Como la orden del rey era
perentoria y el horno estaba muy encendido, la llamarada mató a los hombres que
habían llevado a Sadrac, Mesac y Abed Negó. 23 En cuanto a estos tres, Sadrac, Mesac
y Abed Negó, cayeron atados dentro del
horno de fuego ardiente.

Suplemento griego: Oración de Azarías

24 Y ellos caminaban en medio de las llamas, ala-
bando a Dios y bendiciendo al Señor. 25 Azarías, de
pie en medio del fuego, tomó la palabra y oró así:

26 «Bendito eres, Señor,
Dios de nuestros padres,
y digno de alabanza,
que tu Nombre sea glorificado eternamente.
27 Porque tú eres justo en todo
lo que has hecho por nosotros,
todas tus obras son verdaderas,
tus caminos son rectos
y todos tus juicios son verdad.
28 Tú has ejecutado justas sentencias,
en todo lo que has hecho recaer
sobre nosotros
y sobre Jerusalén, la Ciudad Santa
de nuestros padres.
Con verdad y justicia nos has tratado así,
a causa de nuestros pecados.
29 Sí, nosotros hemos pecado
y cometido la iniquidad,
apartándonos de ti.
Sí, hemos pecado gravemente,
no hemos escuchado tus mandamientos,

VIVE LA PALABRA

Tres jóvenes dan testimonio de su fe

Dios hace todo bien y nos hizo a las personas parecidas a él, con el fin de que podamos vivir y relacionarnos con él. A todas nos hizo con la misma dignidad, varones y mujeres, de raza negra, amarilla, blanca y roja..., también a los mestizos y mulatos. Todos reflejamos la belleza y la grandeza de Dios; nadie posee el modelo exclusivo de belleza, la máxima inteligencia, el amor por excelencia, pues ninguna raza puede agotar el parecido con Dios.

Lee la historia de los tres jóvenes en Daniel 3 1-22 y, después, pregúntate: ¿es mi fe tan fuerte como la de Sidrac, Misac y Abdénago, para vencer las tentaciones que me llevan a abandonar a mi Dios? ¿Es mi fidelidad tan grande como la de ellos?

El papa Juan Pablo II habla de cuatro dimensiones de la fidelidad.[1] Reflexiona sobre ellas en tu vida:

- ***Búsqueda.*** ¿Con qué frecuencia e intensidad buscas al Dios de la vida?
- ***Acogida.*** Cuando Dios te habla por medio de otras personas, los signos de los tiempos, la naturaleza, su palabra, la oración..., ¿qué tanto lo escuchas y acoges lo que te dice?
- ***Coherencia.*** Una vez que has acogido la Palabra de Dios, ¿qué tan coherente es tu vida con su mensaje?
- ***Constancia.*** Nuestra debilidad nos impide ser fieles todo el tiempo, pero Dios nos da su gracia para mantenernos unidos a él y reconciliarnos cuando pecamos. ¿Qué tan constante eres en tu búsqueda de esta gracia?

Como ves, se ha cerrado el círculo..., estás de nuevo en la búsqueda de Dios, quien te da la fe y los medios para perseverar en ella. Toma de la mano a Dios y nunca la sueltes.

Dn 3 17-18

30 *no los hemos observado ni cumplido,*
según lo que tú nos habías mandado
para nuestro bien.
31 *Sí, todo lo que tú has hecho recaer*
sobre nosotros,
todo lo que nos has hecho,
lo has hecho con toda justicia.
32 *Nos has entregado en las manos*
de nuestros enemigos,
gente sin ley, los peores impíos,
ya un rey injusto, el más perverso
de la tierra.
33 *Y ahora no podemos abrir la boca,*
la vergüenza y el oprobio cayeron
sobre tus servidores
y sobre aquellos que te adoran.
34 *No nos abandones para siempre*
a causa de tu Nombre,
no anules tu Alianza,
35 *no apartes tu misericordia de nosotros,*
por amor a Abraham, tu amigo,
a Isaac, tu servidor, y a Israel, tu santo,
36 *a quienes prometiste una descendencia*
numerosa como las estrellas del cielo
y como la arena que está a la orilla del mar.
37 *Señor, hemos llegado a ser*
más pequeños que todas las naciones,
y hoy somos humillados en toda la tierra
a causa de nuestros pecados.
38 *Ya no hay más en este tiempo,*
ni jefe, ni profeta, ni príncipe,
ni holocausto, ni sacrificio,
ni oblación, ni incienso,
ni lugar donde ofrecer las primicias,
39 *y así, alcanzar tu favor.*
Pero que nuestro corazón contrito
y nuestro espíritu humillado
nos hagan aceptables
40 *como los holocaustos de carneros*
y de toros,
y los millares de corderos cebados;
que así sea hoy nuestro sacrificio
delante de ti,
y que nosotros te sigamos plenamente,
porque no quedan confundidos
los que confían en ti.
41 *Y ahora te seguimos de todo corazón,*
te tememos y buscamos tu rostro.
42 *No nos cubras de vergüenza,*
sino trátanos según tu benignidad
y la abundancia de tu misericordia.
43 *Líbranos conforme a tus obras*
maravillosas,
y da gloria a tu Nombre, Señor.
44 *Que sean confundidos todos los que*
hacen daño a tus servidores:
que sean cubiertos de vergüenza,
privados de todo dominio,
y que su fuerza sea quebrantada.
45 *Que ellos sepan que tú eres el Señor,*
el único Dios,
glorioso sobre la tierra».

46 *Los servidores del rey, que los habían arro-*
jado en el horno, no cesaban de alimentar el
fuego con betún, resina, estopa y sarmientos.
47 *La llama se elevaba hasta veinticinco metros*
por encima del horno, 48 *y al extenderse, abra-*
só a los caldeos que se hallaban alrededor del
horno. 49 *Pero el Ángel del Señor bajó al horno*
al mismo tiempo que Azarías y sus compañe-
ros; alejó del horno la llama de fuego 50 *y pro-*
dujo en medio del horno como una brisa, una
frescura de rocío, de manera que el fuego no
los tocó para nada ni les causó daño ni tor-
mento.

Canto de los tres jóvenes

51 *Entonces los tres, a una sola voz, se pusie-*
ron a celebrar, a glorificar y a bendecir a Dios
dentro del horno, diciendo:

52 *«Bendito seas, Señor, Dios de nuestros padres,*
alabado y exaltado eternamente.
Bendito sea tu santo y glorioso Nombre,
alabado y exaltado eternamente.
53 *Bendito seas en el Templo de tu santa gloria,*
aclamado y glorificado eternamente
por encima de todo.
54 *Bendito seas en el trono de tu reino,*
aclamado por encima de todo
y exaltado eternamente.
55 *Bendito seas tú, que sondeas los abismos*
y te sientas sobre los querubines,
alabado y exaltado eternamente
por encima de todo.
56 *Bendito seas en el firmamento del cielo,*
aclamado y glorificado eternamente.

57 *Todas las obras del Señor, bendigan al Señor,*
¡alábenlo y glorifíquenlo eternamente!
58 *ángeles del Señor, bendigan al Señor,*
¡alábenlo y glorifíquenlo eternamente!
59 *Cielos, bendigan al Señor,*
¡alábenlo y glorifíquenlo eternamente!
60 *Todas las aguas que están sobre los cielos,*
bendigan al Señor,
¡alábenlo y glorifíquenlo eternamente!
61 *Todos los ejércitos celestiales,*
bendigan al Señor,
¡alábenlo y glorifíquenlo eternamente!
62 *Sol y luna, bendigan al Señor,*
¡alábenlo y glorifíquenlo eternamente!
63 *Astros del cielo, bendigan al Señor,*
¡alábenlo y glorifíquenlo eternamente!
64 *Lluvias y rocíos, bendigan al Señor,*
¡alábenlo y glorifíquenlo eternamente!
65 *Todos los vientos, bendigan al Señor,*
¡alábenlo y glorifíquenlo eternamente!

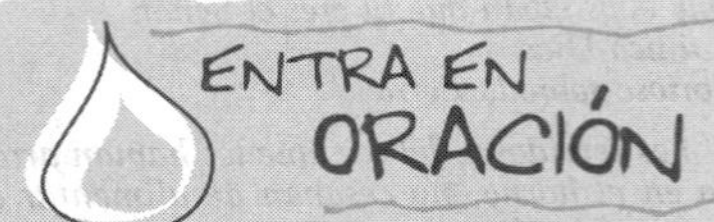

Tres jóvenes oran a Dios

El cántico de los tres jóvenes que glorifican y bendicen a Dios cuando se encontraban en el horno es muy bello. Como una brisa suave elevan su oración con fe y esperanza (Dn 3 46-90). Te sugerimos tres modos de orar con este cántico: usa las palabras de los jóvenes para hacer tu oración; alaba a Dios con lo que te rodea o actualiza su oración inspirándote en la siguiente plegaria:

Oh Dios, toda la creación se orienta a ti cuando te la ofrecemos en alabanza.

Que te canten los lápices y los libros, que te alaben las clases y las vacaciones.

Que te alaben las máquinas y su ruido, nuestro trabajo y nuestro cansancio. Que nuestras acciones te digan: ¡tú eres grande!

Que te bendiga el instrumental médico y las medicinas, que te alaben los que sanan y los que sufren, oh Creador de la ciencia, la salud y la vida.

La belleza de los campos y el bullicio de la ciudad, los automóviles en las carreteras y los niños en los parques; los satélites y las redes de comunicación...; el fuego y los átomos; la lluvia y la tecnología... ¡Que todo te diga en este momento: qué grande eres, mi Señor!

«Den gracias al Señor, ¡porque es bueno, porque es eterno su amor!» (Dn 3 89).

Dn 3 46-90

DN

66 *Fuego y calor, bendigan al Señor,*
¡alábenlo y glorifíquenlo eternamente!
67 *Frío y heladas, bendigan al Señor,*
¡alábenlo y glorifíquenlo eternamente!
68 *Rocíos y escarchas, bendigan al Señor,*
¡alábenlo y glorifíquenlo eternamente!
69 *Hielos y frío, bendigan al Señor,*
¡alábenlo y glorifíquenlo eternamente!
70 *Heladas y nieves, bendigan al Señor,*
¡alábenlo y glorifíquenlo eternamente!
71 *Noches y días, bendigan al Señor,*
¡alábenlo y glorifíquenlo eternamente!
72 *Luz y tinieblas, bendigan al Señor,*
¡alábenlo y glorifíquenlo eternamente!
73 *Rayos y nubes, bendigan al Señor,*
¡alábenlo y glorifíquenlo eternamente!
74 *Que la tierra bendiga al Señor,*
que lo alabe y glorifique eternamente.
75 *Montañas y colinas, bendigan al Señor,*
¡alábenlo y glorifíquenlo eternamente!
76 *Todo lo que brota sobre la tierra,*
bendiga al Señor,
¡alábenlo y glorifíquenlo eternamente!
77 *Manantiales, bendigan al Señor,*
¡alábenlo y glorifíquenlo eternamente!
78 *Mares y ríos, bendigan al Señor,*
¡alábenlo y glorifíquenlo eternamente!
79 *Cetáceos y todo lo que se mueve*
en las aguas, bendigan al Señor,
¡alábenlo y glorifíquenlo eternamente!
80 *Todas las aves del cielo, bendigan al Señor,*
¡alábenlo y glorifíquenlo eternamente!
81 *Todas las fieras y animales,*
bendigan al Señor,
¡alábenlo y glorifíquenlo eternamente!
82 *Todos los hombres, bendigan al Señor,*
¡alábenlo y glorifíquenlo eternamente!
83 *Israel, bendice al Señor,*
¡alábenlo y glorifíquenlo eternamente!
84 *Sacerdotes del Señor, bendigan al Señor,*
¡alábenlo y glorifíquenlo eternamente!
85 *Servidores del Señor, bendigan al Señor,*
¡alábenlo y glorifíquenlo eternamente!
86 *Espíritus y almas de los justos,*
bendigan al Señor,
¡alábenlo y glorifíquenlo eternamente!
87 *Santos y humildes de corazón,*
bendigan al Señor,
¡alábenlo y glorifíquenlo eternamente!
88 *Ananías, Azarías y Misael,*
bendigan al Señor,
¡alábenlo y glorifíquenlo eternamente!
Porque él nos ha librado del Abismo,
nos ha salvado del poder de la muerte.
Él nos ha arrancado del horno
de llamas ardientes,
nos ha rescatado de en medio del fuego.
89 *Den gracias al Señor, porque es bueno,*
¡porque es eterno su amor!
90 *Todos los que temen al Señor,*
bendigan al Señor, al Dios de los dioses,
alábenlo y denle gracias,
¡porque es eterno su amor!».

Asombro de Nabucodonosor

Dn 6 27; 2 44; 4 31

91 El rey Nabucodonosor quedó estupe-
facto y se levantó rápidamente. Y tomando
la palabra, dijo a sus cortesanos: «¿No eran
tres los hombres que fueron atados y arrojados dentro del fuego?». Ellos le respondieron, diciendo: «Así es, rey». 92 Él replicó:
«Sin embargo, yo veo cuatro hombres que
caminan libremente por el fuego sin sufrir
ningún daño, y el aspecto del cuarto se asemeja a un hijo de los dioses». 93 Entonces
Nabucodonosor se acercó a la puerta del

horno de fuego ardiente y, tomando la palabra, dijo: «Sadrac, Mesac y Abed Negó,
servidores del Dios Altísimo, salgan y vengan». Y Sadrac, Mesac y Abed Negó salieron de en medio del fuego.
94 Una vez reunidos los prefectos, los gobernadores y los cortesanos del rey, comprobaron que el fuego no había tenido poder sobre el cuerpo de aquellos hombres,
que sus cabellos no se habían quemado, que
sus mantos estaban intactos y que ni siquiera el olor del fuego se había adherido
a ellos. 95 Nabucodonosor tomó la palabra
y dijo: «Bendito sea el Dios de Sadrac, Mesac y Abed Negó, porque ha enviado a su
Ángel y ha salvado a sus servidores, que
confiaron en él y, quebrantando la orden
del rey, entregaron su cuerpo antes que servir y adorar a cualquier otro dios que no
fuera su Dios. 96 Por eso, yo doy este decreto: "Todo pueblo, nación o lengua que hable irreverentemente contra el Dios de Sadrac, Mesac y Abed Negó, será cortado en
pedazos y su casa quedará reducida a un
basural, porque no hay otro dios que pueda
librar de esa manera"». 97 Entonces Nabucodonosor hizo prosperar a Sadrac, Mesac
y Abed Negó en la provincia de Babilonia.

El sueño del árbol

Dn 2 1 – 3 10; 5 11.14; Ez 31 3-14; Mt 13 31-32

98 El rey Nabucodonosor, a todos los
pueblos, naciones y lenguas que habitan
sobre toda la tierra: ¡Tengan ustedes paz en
abundancia! 99 Me ha parecido bien publicar los signos y prodigios que ha realizado
en mi favor el Dios Altísimo:

100 ¡Qué grandes son sus signos!
¡Qué poderosos sus prodigios!
¡Su reino es un reino eterno
y su dominio dura
de generación en generación!

4 1 Yo, Nabucodonosor, estaba tranqui-
lo en mi casa y floreciente en mi palacio, 2 cuando tuve un sueño que me ho-
rrorizó: las obsesiones que me asaltaron en
mi lecho y las visiones de mi imaginación
me llenaron de espanto. 3 Entonces ordené
que hicieran comparecer en mi presencia a
todos los sabios de Babilonia, para que me
dieran a conocer la interpretación del sueño. 4 Se presentaron los magos, los adivinos, los caldeos y los astrólogos, y yo conté el sueño delante de ellos, pero ellos no
me hicieron conocer la interpretación.
5 Finalmente, se presentó ante mí Daniel
—llamado Beltsasar, según el nombre de
mi dios— en quien reside el espíritu de los
dioses santos, y yo conté el sueño delante
de él: 6 «Beltsasar, jefe de los magos, yo sé
que en ti reside el espíritu de los dioses
santos y que ningún misterio te desconcierta: escucha las visiones del sueño que
he tenido y dime su interpretación.

7 Yo contemplaba en mi lecho
las visiones de mi imaginación:
Vi un árbol gigantesco
en el centro de la tierra.
8 El árbol creció y se volvió corpulento;
su altura llegaba hasta el cielo
y se lo veía desde los extremos
de toda la tierra.
9 Su follaje era hermoso
y su fruto abundante:
había en él comida para todos.
Debajo de él se guarecían
los animales de los campos,
y en sus ramas anidaban
los pájaros del cielo;
de él se alimentaban todos los vivientes.

10 Yo contemplaba recostado en mi lecho
las visiones de mi imaginación, y vi que un
Guardián, un Santo, descendía del cielo.
11 Él gritaba con fuerza y decía:

"Derriben el árbol y corten sus ramas,
arranquen sus hojas y dispersen sus frutos;
que huyan los animales de debajo de él
y los pájaros, de sus ramas.
12 Pero dejen en la tierra el tronco
con sus raíces,
sujeto con cadenas de hierro y bronce,
entre la hierba de los campos.
Que sea empapado por el rocío del cielo
y comparta con los animales
la hierba de la tierra;
13 que sea cambiado su corazón de hombre
y adquiera instintos de animal,
y que siete tiempos pasen sobre él.
14 Por un decreto de los Guardianes
se pronuncia esta sentencia,
y por una orden de los Santos,
esta decisión,
para que los vivientes reconozcan
que el Altísimo domina
sobre la realeza de los hombres,
que él la da a quien quiere
y eleva al más humilde de los hombres".

15 Este es el sueño que tuve, yo, el rey
Nabucodonosor; y tú, Beltsasar, dame su
interpretación, porque ninguno de los sabios de mi reino ha podido hacérmela conocer. Tú sí que eres capaz de hacerlo,
porque en ti reside el espíritu de los dioses santos».

La interpretación del sueño

Prov 19 17; Eclo 3 30

16 Daniel, llamado Beltsasar, quedó aturdido por un instante y sus pensamientos
lo llenaron de espanto. Pero el rey tomó la
palabra y dijo: «Beltsasar, que no te espan-
ten el sueño y su interpretación». Beltsasar
respondió diciendo: «Señor mío, ¡que este
sueño sea para tus enemigos, y su interpretación para tus adversarios! 17 El árbol
que tú viste, que creció y se volvió corpulento, cuya altura llegaba hasta el cielo y
se lo veía desde toda la tierra, 18 que tenía
un hermoso follaje y fruto abundante, en
el que había alimentos para todos, bajo el
cual habitaban los animales de los campos y en cuyas ramas anidaban los pájaros
del cielo, 19 ese árbol eres tú, rey. Porque tú
has crecido y te has hecho poderoso; ha
crecido tu grandeza y ha llegado hasta el
cielo, y tu dominio se extiende hasta los
extremos de la tierra. 20 El rey ha visto además a un Guardián, un Santo, que descendía del cielo y decía: «Derriben el árbol
y destrúyanlo. Pero dejen en la tierra el
tronco con sus raíces, sujeto con cadenas
de hierro y bronce, entre la hierba de los
campos. Que sea empapado por el rocío
del cielo y que tenga su parte con los animales de los campos, hasta que pasen sobre él siete tiempos». 21 Esta es la interpretación, rey, y es el decreto del Altísimo que

REFLEXIONA

La conversión del rey Nabucodonosor

La historia de la conversión de Nabucodonosor es simbólica. No se refiere al rey de Babilonia, sino que quiere mostrar el retorno a Dios mediante una experiencia fuerte, después de vivir sin él. En su sueño, Nabucodonosor fue humillado al tener que actuar como un animal salvaje por siete años debido a su soberbia. Solo así fue capaz de reconocer el poder de Dios, volver su mente y su corazón hacia él, *darle gracias y alabarlo* (Dn 4 25-34).

¿Estás abierto a Dios o eres tan soberbio/a que requieres una experiencia fuerte para encontrarte con tu Creador?

Dn 4

alcanza a mi señor el rey. 22 Tú serás arrojado de entre los hombres, y convivirás con
los animales de los campos; te alimentarás
de hierba como los bueyes y serás empapado por el rocío del cielo; siete tiempos
pasarán sobre ti, hasta que reconozcas que
el Altísimo domina sobre la realeza de los
hombres y que él la da a quien quiere. 23 Y
si se ha ordenado dejar el tronco con las
raíces del árbol, es porque conservarás tu
realeza, apenas hayas reconocido que es el
Cielo el que domina. 24 Por eso, rey, acepta
mi consejo: redime tus pecados con la justicia y tus faltas con la misericordia hacia
los pobres; tal vez así tu prosperidad será
duradera».

Cumplimiento del sueño

Ap 14 8; 16 19; Dn 3 99-100

25 Todo esto le sucedió al rey Nabucodonosor. 26 Al cabo de doce meses, mientras se
paseaba por la terraza del palacio real de
Babilonia, 27 el rey tomó la palabra y dijo:
«¿No es esta la gran Babilonia, que yo edifiqué como residencia real gracias a mi
poderío y para gloria de mi majestad?».
28 La palabra estaba todavía en la boca del
rey, cuando cayó del cielo una voz: «A ti, rey
Nabucodonosor, se dirige esta palabra: La
realeza te será retirada. 29 Te arrojarán de
entre los hombres y convivirás con los animales de los campos; te alimentarás de
hierba como los bueyes, y pasarán sobre ti
siete tiempos, hasta que reconozcas que el
Altísimo domina sobre la realeza de los
hombres y él la da a quien quiere». 30 En ese
mismo instante, la palabra se cumplió en
Nabucodonosor: él fue arrojado de entre
los hombres; empezó a comer hierba como los bueyes y su cuerpo fue empapado
por el rocío, hasta que sus cabellos crecieron como plumas de águila, y sus uñas, como las de los pájaros.

La curación de Nabucodonosor

31 Al cabo de los días fijados, yo, Nabucodonosor, levanté mis ojos hacia el cielo,
y recobré la razón. Entonces bendije al Altísimo, glorifiqué y celebré al que vive eternamente,

cuyo dominio es un dominio eterno
y cuyo reino dura
de generación en generación.
32 Todos los habitantes de la tierra
no cuentan para nada ante él;
él hace lo que le agrada
con el Ejército de los cielos
y con los habitantes de la tierra,

y no hay nadie que pueda tomarle la mano y decirle: «¿Qué haces?».

33 En ese momento, recobré la razón; y para gloria de mi realeza, también recuperé la majestad y el esplendor. Mis familiares y mis dignatarios acudieron a mí; yo fui restablecido en mi reino y mi grandeza se acrecentó extraordinariamente. 34 Ahora yo, Nabucodonosor, glorifico, exalto y celebro al Rey del cielo, porque todas sus obras son verdad y sus caminos son justicia. Y él tiene poder para humillar a los que caminan con arrogancia.

El banquete de Baltasar

Dn 1 2.17; Ap 9 20

5 1 El rey Baltasar ofreció un gran banquete a mil de sus dignatarios, y bebió vino en la presencia de esos mil. 2 Estimulado por el vino, Baltasar mandó traer los vasos de oro y plata que Nabucodonosor, su padre, había sacado del Templo de Jerusalén, para que bebieran en ellos el rey y sus dignatarios, sus mujeres y sus concubinas. 3 Entonces trajeron los vasos de oro que habían sido sacados del Templo, de la Casa de Dios en Jerusalén, y bebieron en ellos el rey y sus dignatarios, sus mujeres y sus concubinas. 4 Mientras bebían vino, glorificaban a los dioses de oro y plata, de bronce, hierro, madera y piedra.

5 De pronto, aparecieron unos dedos de mano humana, que escribían sobre el estuco del muro del palacio real, frente al candelabro, y el rey veía el extremo de esa mano que escribía.

6 Entonces el rey cambió de color y sus pensamientos lo llenaron de espanto; se le aflojaron todos los miembros y se entrechocaban sus rodillas. 7 El rey gritó con fuerza que hicieran venir a los adivinos, a los caldeos y los astrólogos. Y tomando la palabra, dijo a los sabios de Babilonia: «Cualquiera que lea la inscripción y me la interprete, se vestirá de púrpura, llevará un collar de oro en su cuello y ocupará el tercer puesto en el reino». 8 Pero cuando entraron todos los sabios del rey, no fueron capaces de leer la inscripción ni de hacer conocer al rey su interpretación. 9 El rey Baltasar sintió un gran temor, cambió de color, y sus dignatarios quedaron consternados.

La intervención de Daniel

Sal 135 12-17; Est 6 7-11

10 La reina, enterada de las palabras del rey y de sus dignatarios, entró en la sala del banquete y, tomando la palabra, dijo: «¡Viva el rey eternamente! Que tus pensamientos no te llenen de espanto y no cambies de color. 11 En tu reino hay un hombre que posee el espíritu de los dioses santos; mientras vivía tu padre, se encontró en él una clarividencia, una perspicacia y una sabiduría igual a la sabiduría de los dioses; y el rey Nabucodonosor, tu padre, lo constituyó jefe de los magos, los adivinos, los caldeos y los astrólogos. 12 Ahora bien, ya que en este Daniel, a quien el rey dio el nombre de Beltsasar, se ha encontrado un espíritu superior, así como también ciencia, inteligencia y el arte de interpretar sueños, resolver enigmas y solucionar problemas, que se llame a Daniel y él expondrá la interpretación».

13 Daniel fue introducido en la presencia del rey, y este, tomando la palabra, le dijo: «¿Así que tú eres Daniel, uno de los deportados judíos que el rey, mi padre, hizo venir de Judá? 14 Yo he oído decir que en ti reside el espíritu de los dioses, y que se han hallado en ti clarividencia, perspicacia y una sabiduría superior. 15 Acaban de ser traídos a mi presencia los sabios y los adivinos, para que lean esta inscripción y me la interpreten, pero ellos no han sido capaces de interpretar la cosa. 16 Yo he oído de ti que puedes dar interpretaciones y resolver problemas. Si tú ahora puedes leer la inscripción y me haces conocer su interpretación, te vestirás de púrpura, llevarás un collar de oro en tu cuello y ocuparás el tercer puesto en el reino».

Interpretación de Daniel

17 Daniel tomó la palabra y dijo en presencia del rey: «Puedes guardar para ti tus dones y dar a otros tus regalos; de todas maneras, yo leeré al rey la inscripción y le haré conocer su interpretación. 18 Escucha, rey: El Dios Altísimo dio a tu padre Nabucodonosor la realeza, y también magnificencia, gloria y majestad. 19 Y a causa de la magnificencia que le concedió, todos los pueblos, naciones y lenguas temblaban de temor delante de él: él mataba y hacía vivir a quien quería, exaltaba y humillaba a quien quería. 20 Pero cuando se ensoberbeció su corazón y su espíritu se obstinó hasta la arrogancia, fue depuesto de su trono real y le fue retirada la gloria. 21 Él fue expulsado de entre los hombres y adquirió instintos de bestia; convivió con los asnos salvajes, se alimentó de hierba como los bueyes y su cuerpo fue empapado por el rocío, hasta que supo que el Dios Altísimo

domina sobre la realeza de los hombres y
entroniza a quien él quiere.
22 Pero tú, su hijo Baltasar, no has querido humillarte, aunque sabías todo esto.
23 Te has exaltado contra el Señor del cielo: han traído a tu presencia los vasos de
su Casa, y han bebido vino en ellos, tú y
tus dignatarios, tus mujeres y tus concubinas; has glorificado a los dioses de plata y oro, de bronce, hierro, madera y piedra, que no ven, ni oyen, ni entienden,
pero no has celebrado al Dios que tiene
en su mano tu aliento y a quien pertenecen todos tus caminos. 24 Por eso ha sido
enviada esta mano de parte de él, y ha sido trazada esta inscripción. 25 Esta es la
inscripción que ha sido trazada: *Mené, Tequel, Parsín*. 26 Y esta es la interpretación
de las palabras: *Mené*: Dios ha *contado* los
días de tu reinado y les ha puesto fin;
27 *Tequel*: tú has sido *pesado* en la balanza y
hallado falto de peso; 28 *Parsín*: tu reino ha
sido *dividido* y entregado a los medos y a
los persas».
29 Entonces Baltasar mandó revestir de
púrpura a Daniel e hizo poner en su cuello
el collar de oro y proclamar que ocuparía
el tercer puesto en el reino.
30 Esa misma noche, mataron a Baltasar,
rey de los caldeos.
6 1 Y Darío, el medo, lo sucedió en el
trono a los sesenta y dos años de
edad.

Daniel en el foso de los leones

Dn 5 7.16.29; 1 Re 8 44.48; Dn 3 15-18

2 Darío consideró oportuno poner al
frente del reino a ciento veinte sátrapas,
distribuidos por todo el reino, 3 y establecer sobre ellos a tres ministros —entre los
cuales estaba Daniel— a quienes esos sátrapas debían rendir cuenta, a fin de que
no se atentara contra los intereses del rey.
4 Ahora bien, este Daniel sobresalía entre
los ministros y sátrapas, porque había en él
un espíritu superior, y el rey pensaba ponerlo al frente de todo el reino. 5 Por eso
los ministros y los sátrapas trataron de encontrar un pretexto para acusar a Daniel en
lo referente a los asuntos del reino. Pero
no pudieron encontrar ningún pretexto ni
falta, porque él era fiel y no se le descubrió
ninguna negligencia ni falta.
6 Esos hombres dijeron: «No encontraremos ningún motivo de acusación contra
Daniel, sino es en la Ley de su Dios». 7 Los
ministros y los sátrapas acudieron precipitadamente al rey y le hablaron así: «¡Viva
eternamente el rey Darío! 8 Todos los ministros del reino, los prefectos y los sátrapas, los familiares y los gobernadores, se
han puesto de acuerdo para que el rey pro-
mulgue un edicto y ponga en vigencia una
prohibición, a saber: Todo el que dentro de
los próximos treinta días dirija una plegaria a cualquier dios u hombre que no seas
tú, rey, será arrojado en el foso de los leo-

VIVE LA PALABRA

Fuerte entre los leones

Daniel relata cómo, frente a un edicto real que exigía adorar la estatua de Nabucodonosor, prefirió la muerte antes que ofender al Señor. El mismo rey admira su valor y cuando arroja a Daniel a la fosa de los leones le dice: «¡Tu Dios, al que sirves con tanta constancia, te salvará!» (Dn 6 17).

Hoy día nadie nos fuerza a adorar una estatua, pero ¡vaya si tenemos tentaciones de relegar a Dios al último lugar o ignorarlo! La presión contra nuestra conciencia y nuestra fe siempre existe. Reflexiona sobre las siguientes preguntas:

- ¿Qué actitudes, circunstancias o valores, amenazan tu fe con una intensidad similar a la que enfrentó Daniel? Es decir, ¿qué fuerzas te impulsan a abandonar tu fe, descuidar los valores de Dios y no hacer la oración que nutre tu vida espiritual?
- ¿Cómo sería tu vida si estuvieras todo el tiempo en la fosa de los leones? Es decir, ¿cómo te sentirías si no tuvieras nada de amor, *libertad, paz, alegría* y consuelo? ¿Te das cuenta de que *estos dones* vienen de Dios, pero que tú tienes que acogerlos, promoverlos y comunicarlos, para que sean un realidad en tu vida?

¡Sigue el ejemplo del joven Daniel y sé firme en tu fe, que es fuente de vida! ¡No te dejes comer por los leones! Dios te libra y te salva de ellos, pero tú tienes que estar abierto a esa salvación.

Dn 6 11-28

nes. 9 Por lo tanto, rey, promulga la prohibición y consígnala por escrito, para que
no sea modificada, conforme a la ley de los
medos y de los persas, que es irrevocable».
10 A causa de esto, el rey Darío puso por escrito la prohibición.
11 Cuando Daniel supo que el documento
había sido firmado, entró en su casa. Esta
tenía en el piso superior unas ventanas que
se abrían en dirección a Jerusalén, y tres veces por día, él se ponía de rodillas, invocando y alabando a su Dios, como lo había
hecho antes. 12 Aquellos hombres acudieron
precipitadamente y encontraron a Daniel
orando y suplicando a su Dios. 13 Entonces
se presentaron ante el rey y, refiriéndose a la
prohibición real, le dijeron: «¿Acaso no has
escrito una prohibición según la cual todo
el que dirija una oración dentro de los próximos treinta días, a cualquier dios u hombre que no seas tú, rey, debe ser arrojado al
foso de los leones?». El rey tomó la palabra
y dijo: «Así es, en efecto, según la ley de los
medos y de los persas, que es irrevocable».
14 Entonces ellos tomaron la palabra y
dijeron en presencia del rey: «Daniel, uno
de los deportados de Judá no te ha hecho
caso, rey, ni a ti ni a la prohibición que tú
has escrito, y tres veces al día hace su oración». 15 Al oír esto, el rey se apenó profundamente y puso todo su empeño por salvar
a Daniel: hasta el atardecer se esforzó por
librarlo. 16 Pero esos hombres acudieron
precipitadamente al rey y le dijeron: «Tienes que saber, rey, que, según la ley de los
medos y de los persas, ninguna prohibición o edicto promulgado por el rey puede
ser modificado».
17 Entonces el rey mandó traer a Daniel y
arrojarlo al foso de los leones. El rey tomó
la palabra y dijo a Daniel: «Tu Dios, al que
sirves con tanta constancia, te salvará».
18 Luego trajeron una piedra y la pusieron
sobre la abertura del foso; el rey la selló
con su anillo y con el anillo de sus dignatarios, para que no se cambiara nada en lo
concerniente a Daniel.

La liberación de Daniel

Dn 3 49; Sal 22 22; 145 13

19 El rey se retiró a su palacio; ayunó toda la noche, no hizo venir a sus concubinas y se le fue el sueño. 20 Al amanecer, apenas despuntado el día, el rey se levantó y
fue rápidamente al foso de los leones.
21 Cuando se acercó a él, llamó a Daniel
con voz angustiosa. El rey tomó la palabra
y dijo a Daniel: «Daniel, servidor del Dios
viviente, ¿ha podido tu Dios, al que sirves
con tanta constancia, salvarte de los leones?». 22 Daniel dijo al rey: «¡Viva el rey eternamente! 23 Mi Dios ha enviado a su Ángel
y ha cerrado las fauces de los leones, y ellos
no me han hecho ningún mal, porque yo
he sido hallado inocente en su presencia;
tampoco ante ti, rey, había cometido ningún mal». 24 El rey sintió una gran alegría a
causa de Daniel, y ordenó que lo sacaran
del foso. Daniel fue sacado del foso, y no
se le encontró ni un rasguño, porque había
confiado en su Dios. 25 Luego el rey mandó
traer a los hombres que habían acusado a
Daniel y los hizo arrojar al foso de los leones, con sus hijos y sus mujeres. Y no habían llegado aún al fondo del foso, cuando
ya los leones se apoderaron de ellos y les
trituraron todos los huesos.
26 Entonces el rey Darío escribió a todos
los pueblos, naciones y lenguas que habitan sobre la tierra: «¡Tengan ustedes paz en
abundancia! 27 Yo ordeno que en todo el
dominio de mi reino se tiemble y se sienta
temor ante el Dios de Daniel,

porque él es el Dios viviente
y subsiste para siempre;
su reino no será destruido
y su dominio durará hasta el fin.
28 Él salva y libera,
realiza signos y prodigios
en el cielo y sobre la tierra.
Él ha salvado a Daniel
del poder de los leones».

29 Así este Daniel estuvo en auge bajo el
reinado de Darío y bajo el reinado de Ciro
el persa.

VISIONES APOCALÍPTICAS

Las cuatro bestias y el hijo del hombre

Ap 13; Ez 1 6ss;
Ap 20 4.12-15; 19 19-21; 1 7; 14 16; Dn 2 44

7 1 El año primero de Baltasar, rey de Babilonia, Daniel tuvo un sueño y unas
visiones en su imaginación, mientras se hallaba en su lecho. Él escribió el sueño. Este es
el comienzo del relato. 2 Daniel tomó la palabra y dijo: Yo miraba en mis visiones nocturnas, y vi los cuatro vientos del cielo que
agitaban el gran mar. 3 Y cuatro animales
enormes, diferentes entre sí, emergieron del
mar. 4 El primero era como un león y tenía
alas de águila. Yo estuve mirando hasta que
fueron arrancadas sus alas; él fue levantado
de la tierra y puesto de pie sobre dos patas
como un hombre, y le fue dado un corazón
de hombre. 5 Luego vi otro animal, el segun-

El Hijo del hombre

En la visión de las bestias aparece un juicio ante un anciano sentado en un trono, rodeado de gloria y poder eternos. De pronto se presenta un «hijo de hombre» a quien se le da todo poder (Dn 7 9-14). En hebreo, *ben adam* quiere decir literalmente «hijo de hombre», es decir, ser humano. Al utilizar estos símbolos y este concepto, Daniel une lo humano y lo divino y comunica a los israelitas que Dios los liberará de la opresión a través de una persona como ellos.

Con el tiempo, los judíos dieron el título de «hijo del hombre» al Mesías prometido, pues esperaban que viniera de Dios y que fuera muy humano para que se solidarizara con sus sufrimientos. Posteriormente, Jesús se identificó con valentía como «Hijo del hombre» ante Caifás y el Consejo de Ancianos, afirmando así que él era el Mesías esperado. Caifás tomó esta afirmación de Jesús como una blasfemia (Mt 26 64-65).

Esta visión de Daniel es una de las más hermosas profecías del Mesías prometido: Jesús une la naturaleza divina del Hijo de Dios con la naturaleza humana del Hijo del hombre.

Dn 7 9-14

do, semejante a un oso; él estaba medio erguido y tenía tres costillas en su boca, entre
sus dientes. Y le hablaban así: «¡Levántate,
devora carne en abundancia!». 6 Después de
esto, yo estaba mirando y vi otro animal como un leopardo; tenía cuatro alas de pájaro
sobre el dorso y también cuatro cabezas, y le
fue dado el dominio. 7 Después de esto, yo
estaba mirando en las visiones nocturnas y
vi un cuarto animal, terrible, espantoso y extremadamente fuerte; tenía enormes dientes
de hierro, comía, trituraba y el resto lo piso-
teaba con las patas. Era diferente de todos
los animales que lo habían precedido, y tenía diez cuernos. 8 Yo observaba los cuernos,
y vi otro cuerno, pequeño, que se elevaba
entre ellos. Tres de los cuernos anteriores
fueron arrancados delante de él, y sobre este
cuerno había unos ojos como de hombre y
una boca que hablaba con insolencia.

9 Yo estuve mirando
hasta que fueron colocados unos tronos
y un Anciano se sentó.
Su vestidura era blanca como la nieve
y los cabellos de su cabeza
como la lana pura;
su trono, llamas de fuego,
con ruedas de fuego ardiente.
10 Un río de fuego brotaba
y corría delante de él.
Miles de millares lo servían,
y centenares de miles
estaban de pie en su presencia.
El tribunal se sentó
y fueron abiertos unos libros.

11 Yo miraba a causa de las insolencias
que decía el cuerno: estuve mirando hasta
que el animal fue muerto, y su cuerpo destrozado y entregado al ardor del fuego.
12 También a los otros animales les fue retirado el dominio, pero se les permitió seguir
viviendo por un momento y un tiempo.

13 Yo estaba mirando,
en las visiones nocturnas,
y vi que venía sobre las nubes del cielo
como un Hijo de hombre;
él avanzó hacia el Anciano
y lo hicieron acercar hasta él.
14 Y le fue dado el dominio,
la gloria y el reino,
y lo sirvieron todos los pueblos,
naciones y lenguas.
Su dominio es un dominio eterno
que no pasará,
y su reino no será destruido.

Interpretación de la visión

Ap 20 4; 17 12; 13 5-10; Dn 11 36; 10 8

15 Yo, Daniel, quedé profundamente turbado en mi espíritu, y las visiones de mi
imaginación me llenaron de espanto. 16 Me
acerqué a uno de los que estaban de pie y le
pregunté la verdad acerca de todo aquello.
Él me habló y me hizo conocer la interpretación de las cosas. 17 «Esos cuatro animales
enormes son cuatro reyes que se alzarán de
la tierra; 18 y los Santos del Altísimo recibirán la realeza, y la poseerán para siempre,
por los siglos de los siglos».
19 Entonces quise saber la verdad acerca
del cuarto animal, que era diferente de todos los demás, extremadamente terrible, y
que tenía dientes de hierro y garras de
bronce: el que devoraba, trituraba y piso-
teaba el resto con las patas; 20 y también
acerca de los diez cuernos de su cabeza, y
del otro cuerno que se había elevado y ante el cual habían caído tres; es decir, el

La literatura apocalíptica

Al leer a Daniel nos preguntamos: ¿qué significan las cuatro fieras; el carnero y el chivo, y el hombre vestido de lino, en los capítulos 7, 8 y 10? Son imágenes en lenguaje apocalíptico.

Apocalipsis significa «revelar o descubrir», en griego. Los judíos crearon este tipo de literatura en época de la persecución helénica, para hablar con símbolos descifrables solo por ellos y usaron nombres del pasado que no les causaran problemas entre sus opresores. El último libro del Nuevo Testamento es otro ejemplo de literatura apocalíptica (ver «Vocabulario bíblico: Apocalíptica»).

Los símbolos apocalípticos suelen ser difíciles de descifrar y para conocer su significado hay que ayudarse con comentarios bíblicos profesionales. Por ejemplo, la bestia con cuatro cabezas representa a Babilonia, Media, Persia y Grecia, los cuatro imperios que dominaron Israel (Dn 7). Los cuernos en la cuarta bestia son símbolo de Antíoco IV Epífanes, el rey que persiguió a los judíos cuando vivía Daniel (v. 11).

Al escribir como si los hechos hubieran sucedido en el pasado, el autor interpreta la historia desde una perspectiva profética, que «anuncia» el porvenir con seguridad. Con este recurso literario, común en aquella época, Daniel fortalece la esperanza de los judíos y les transmite el triunfo definitivo de Dios.

Dn 8 1-14

cuerno que tenía ojos y una boca que hablaba con insolencia, y que parecía más
grande que los otros. 21 Yo miraba, y este
cuerno hacía la guerra a los Santos del Altísimo y prevalecía sobre ellos, 22 hasta que
vino el Anciano, se hizo justicia a los Santos del Altísimo y llegó el momento en
que los Santos entraron en posesión de la
realeza.
23 Él habló así:

«En lo que respecta al cuarto animal,
habrá sobre la tierra un cuarto reino,
diferente de todos los reinos:
él devorará toda la tierra,
la pisoteará y la triturará.
24 En cuanto a los diez cuernos,
de este reino surgirán diez reyes,
y otro surgirá después de ellos:
será diferente de los anteriores
y abatirá a tres reyes.
25 Hablará contra el Altísimo
y maltratará a los Santos del Altísimo.
Tratará de cambiar los tiempos festivos
y la Ley,
y los Santos serán puestos en sus manos
por un tiempo, dos tiempos
y la mitad de un tiempo.
26 Pero luego se sentará el tribunal,
y a ese rey se le quitará el dominio,
para que sea destruido
y aniquilado definitivamente.
27 Y la realeza, el dominio y la grandeza
de todos los reinos
bajo el cielo
serán entregados al pueblo
de los Santos del Altísimo.
Su reino es un reino eterno,
y todos los imperios
lo servirán y le obedecerán».

28 Aquí termina el relato. En cuanto a mí,
Daniel, mis pensamientos me llenaron de
espanto y cambié de color. Y yo conservé
estas cosas en mi corazón.

La visión del carnero y el chivo

Dn 7 8; Ez 20 6.15; Dn 9 27; 11 31; 12 6-13

8 1 El tercer año del reinado del rey Baltasar, se me presentó una visión, a mí,
Daniel, después de aquella que se me había
presentado anteriormente. 2 En esa visión,
yo estaba mirando; y mientras miraba, estaba en Susa, la ciudadela que está en la provincia de Elam. En esa visión, yo estaba mirando, y me encontraba junto al río Ulai.
3 Alcé mis ojos, miré, y vi un carnero que estaba parado ante el río. Tenía dos cuernos;
los dos cuernos eran altos, pero uno era más
alto que el otro, y el más alto se elevó en último término. 4 Yo vi al carnero que embestía hacia el oeste, hacia el norte y hacia el
sur. Ningún animal podía resistir ante él, y
nadie podía librar de su poder; él obraba a
su arbitrio y se engrandecía.
5 Presté atención, y vi un chivo que venía
del occidente, sobre la faz de toda la tierra,
sin tocar el suelo; ese chivo tenía un cuerno
imponente entre sus ojos. 6 Llegó hasta el
carnero de los dos cuernos, que yo había
visto parado ante el río, y corrió hacia él
con todo el ardor de su fuerza. 7 Lo vi avanzar hacia el carnero, hecho una furia contra
él; lo golpeó y le quebró sus dos cuernos,
y el carnero no tuvo fuerza para resistir an-

te él: lo arrojó por tierra y lo pisoteó, y no
hubo nadie que librara al carnero de su poder. 8 Así el chivo se engrandeció enormemente; pero una vez que se hizo fuerte, el
cuerno grande se quebró, y cuatro cuernos
imponentes se elevaron en lugar de él, hacia los cuatro vientos del cielo.
9 De uno de ellos salió otro cuerno pequeño, que se agrandó mucho hacia el sur,
hacia el oriente y hacia la Hermosura. 10 Se
agrandó hasta el Ejército del cielo, hizo caer
por tierra a una parte de este Ejército y de
las estrellas, y las pisoteó. 11 Se agrandó hasta llegar al Jefe del Ejército y le suprimió el
sacrificio perpetuo; el lugar de su Santuario
fue avasallado, 12 lo mismo que su Ejército.
Sobre el sacrificio perpetuo fue instalada la
iniquidad, y se echó por tierra la verdad. Él
tuvo éxito en todo lo que emprendió.
13 Entonces oí a un Santo que hablaba, y
otro Santo dijo al que hablaba: «¿Hasta
cuándo se verá el sacrificio perpetuo suprimido, la iniquidad desoladora instalada, el
Lugar santo y el Ejército pisoteados?». 14 Él
respondió: «Hasta que pasen dos mil trescientas tardes y mañanas: entonces el Lugar santo será reivindicado».

Interpretación del ángel Gabriel

Dn 9 21-23; 10 15-19; Ap 1 17; 19 9; 21 5; Dn 12 4.9-13

15 Mientras yo, Daniel, miraba la visión y
trataba de comprender, vi que estaba de pie
frente a mí alguien con aspecto de hombre.
16 Y oí una voz de hombre en medio del río
Ulai que gritaba diciendo: «Gabriel, explí-
cale la aparición a este hombre». 17 Él llegó
hasta donde yo estaba, y cuando llegó, sentí un gran temor y caí sobre mi rostro. Él
me dijo: «Entiende, hijo de hombre, que la
visión se refiere al tiempo del Fin». 18 Mientras él me hablaba, yo caí en trance con el
rostro en tierra. Él me tocó y me hizo poner de pie en el lugar donde estaba. 19 Luego añadió: «Voy a hacerte saber lo que
sucederá al término de la Indignación, porque el Fin llegará en el momento fijado.
20 El carnero que viste con dos cuernos representa a los reyes de los medos y de los
persas; 21 el chivo velludo es el rey de Javán,
y el gran cuerno que estaba entre sus ojos
es el primer rey. 22 Una vez quebrado este,
los cuatro que surgieron en lugar de él son los
cuatro reinos que surgirán de su nación,
pero no con su misma fuerza. 23 Al fin de su
reinado,

cuando los pecadores hayan colmado
la medida,
surgirá un rey atrevido y astuto.

24 Su poderío se acrecentará,
pero no por su propia fuerza;
causará destrucciones inauditas
y tendrá éxito en lo que emprenda,
destruirá a los poderosos,
al pueblo de los Santos.
25 Gracias a su astucia,
el engaño triunfará por medio de él,

INDÍGENA

Solidaridad y memoria histórica

Daniel es solidario con el pecado del pueblo e intercede ante Dios confiadamente. El siguiente relato habla de la solidaridad y la confianza de los indígenas como Pueblo de Dios:

> Antes de las fiestas, en conmemoraciones históricas o cuando tenemos una necesidad especial o crisis, los indígenas hacemos frecuentes peregrinaciones a santuarios, cerros, lagos, manantiales y cuevas. Durante la peregrinación nos levantamos de la postración social y económica en que nos encontramos y nos volvemos a integrar como comunidad y como pueblo. Cuando peregrinamos tenemos nuestras propias autoridades, recuperamos nuestros lugares y espacios, usamos nuestro propio lenguaje y comunicación. Vamos a encontrarnos con Dios, con Cristo, con Nuestra Madre, con nuestro Santo Patrono.
>
> Con la peregrinación hacemos una experiencia que nos reintegra con nuestros antepasados, nos fortalece en el momento presente y nos anima para resolver todas nuestras necesidades, y superar las tragedias y los dramas más dolorosos. Recuperamos la memoria de nuestra historia y nuestra identidad cultural. Sabemos que nuestros problemas son también problemas de Dios y que él se identifica con nosotros. Durante la peregrinación nos alegramos, compartimos material y espiritualmente todo lo que tenemos. Somos nuevamente un pueblo de hermanos que camina.[2]

Dn 8 1-10

¡SEÑOR, ESCUCHA! ¡SEÑOR, PERDONA! ¡SEÑOR, PRESTA ATENCIÓN Y OBRA!

Dn 9 19

su corazón se ensoberbecerá
y destruirá tranquilamente a muchos.
Se alzará contra el Jefe de los jefes,
pero luego será destrozado
sin que intervenga ninguna mano.
26 La visión de las tardes y las mañanas,
tal como ha sido expuesta, es verdad.
En cuanto a ti, oculta la visión,
porque es para días lejanos».

27 Yo, Daniel, me desvanecí y estuve enfermo varios días. Luego me levanté y me dediqué a los asuntos del rey. La visión me
dejó perplejo, y no atinaba a comprender.

La profecía de Jeremías sobre los setenta años

Jr 25 11-14; 29 10; Dt 27 – 28; Dn 3 25-45;
Neh 1 5-11; Bar 1 15 – 2 19

9 1 El primer año de Darío, hijo de
Asuero, de la raza de los medos, que
fue constituido rey sobre el reino de los
caldeos, 2 el primer año de su reinado, yo,
Daniel, investigaba en los Libros el número de años que, según la palabra del Señor
al profeta Jeremías, debían cumplirse sobre las ruinas de Jerusalén: eran setenta
años. 3 Yo volví mi rostro hacia el Señor
Dios para obtener una respuesta, con oraciones y súplicas, mediante el ayuno, el cilicio y las cenizas. 4 Oré al Señor, mi Dios,
y le hice esta confesión:
«¡Ah, Señor, Dios, el Grande, el Temible,
el que mantiene la alianza y la fidelidad
con aquellos que lo aman y observan sus
mandamientos! 5 Nosotros hemos pecado,
hemos faltado, hemos hecho el mal, nos
hemos rebelado y nos hemos apartado de
tus mandamientos y tus preceptos. 6 No hemos escuchado a tus servidores los profetas, que hablaron en tu Nombre a nuestros
reyes, a nuestros jefes, a nuestros padres y
a todo el pueblo del país. 7 ¡A ti, Señor, la
justicia! A nosotros, en cambio, la vergüenza reflejada en el rostro, como les sucede en este día a los hombres de Judá, a
los habitantes de Jerusalén y a todo Israel,
a los que están cerca y a los que están lejos,
en todos los países adonde tú los expulsaste, a causa de la infidelidad que cometieron contra ti. 8 ¡A nosotros, Señor, la vergüenza reflejada en el rostro, y también a
nuestros reyes, a nuestros jefes y a nuestros
padres, porque hemos pecado contra ti!
9 ¡Al Señor, nuestro Dios, la misericordia y
el perdón, porque nos hemos rebelado
contra él! 10 Nosotros no hemos escuchado
la voz del Señor, nuestro Dios, para seguir
sus leyes, que él puso delante de nosotros
por medio de sus servidores los profetas.
11 Todo Israel ha transgredido tu Ley y se ha
apartado para no escuchar tu voz. Entonces se descargaron sobre nosotros la imprecación y el juramento que están escritos
en la Ley de Moisés, servidor de Dios, porque nosotros pecamos contra el Señor. 12 Y
él cumplió la palabra que había pronunciado contra nosotros y contra los jueces
que nos juzgaban, haciendo recaer sobre
nosotros una gran desgracia, porque nunca
ha sucedido bajo el cielo lo que sucedió en
Jerusalén. 13 Toda esa desgracia nos sobrevino según lo que está escrito en la Ley de
Moisés. Pero nosotros no hemos aplacado
la ira del Señor, nuestro Dios, convirtién-
donos de nuestra iniquidad y reconociendo tu fidelidad. 14 El Señor estuvo atento a
estas calamidades y las descargó sobre nosotros, porque el Señor, nuestro Dios, es
justo en todas las obras que hizo; pero nosotros no hemos escuchado su voz.
15 Y ahora, Señor, Dios nuestro, que hiciste salir a tu pueblo del país de Egipto
con mano poderosa, y así te ganaste un renombre que perdura hasta el día de hoy,
nosotros hemos pecado y hemos hecho el
mal. 16 Señor, por todas tus obras de justicia, que tu ira y tu furor se aparten de tu
Ciudad, de Jerusalén, tu santa Montaña.
Porque a causa de nuestros pecados y de
las iniquidades de nuestros padres, Jerusalén y tu pueblo son el escarnio de todos los
que nos rodean. 17 Y ahora, Dios nuestro,
escucha la oración y las súplicas de tu servidor, y a causa de ti mismo, Señor, que
brille tu rostro sobre tu Santuario desolado. 18 Inclina tu oído, Dios mío, y escucha;
abre tus ojos y mira nuestras ruinas y la
ciudad que es llamada con tu Nombre,
porque no presentamos nuestras súplicas
delante de ti a causa de nuestros actos de
justicia, sino a causa de tu gran misericordia. 19 ¡Señor, escucha! ¡Señor, perdona!
¡Señor, presta atención y obra! ¡No tardes más, a causa de ti, Dios mío, porque
tu Ciudad y tu pueblo son llamados con tu
Nombre!».

Las setenta semanas

Dn 8 15-18; 10 9-11; Rom 3 24-26; Esd 3 1-3;
Dn 11 31; Mt 24 15

20 Yo hablaba todavía, orando y confesando mi pecado y el pecado de mi pueblo
Israel, y presentando mi súplica delante
del Señor, mi Dios, en favor de la Montaña
santa de mi Dios; 21 yo hablaba todavía en
oración, cuando Gabriel, ese hombre al
que había visto al comienzo en la visión,

se acercó a mí en rápido vuelo, a la hora de
la ofrenda de la tarde. 22 Él me instruyó y
me habló, diciendo: «Daniel, yo he salido
para abrirte la inteligencia. 23 Cuando tú
comenzabas tus súplicas, salió una palabra, y yo he venido a anunciártela, porque
tú eres objeto de predilección. Discierne la
palabra y entiende la visión.

24 Setenta semanas han sido fijadas
sobre tu pueblo y tu Ciudad Santa,
para poner fin a la transgresión,
para sellar el pecado,
para expiar la iniquidad,
para instaurar la justicia eterna,
para sellar la visión y al profeta,
y para ungir el Santo de los santos.
25 Tienes que saber y comprender esto:
Desde que salió la orden de reconstruir
a Jerusalén,
hasta que aparezca un Jefe ungido,
pasarán siete semanas;
luego, durante sesenta y dos semanas,
ella será reconstruida con la plaza y el foso,
pero en tiempos de angustia.
26 Y después de las sesenta y dos semanas,
será suprimido un ungido inocente;
en la Ciudad y en el Lugar santo,
hará estragos el pueblo de un jefe invasor;
pero su fin sobrevendrá en un cataclismo,
y hasta el fin habrá guerra
y las devastaciones decretadas.
27 Él impondrá una alianza a muchos
durante una semana;
y durante la mitad de la semana
hará cesar el sacrificio y la ofrenda.
Y sobre un ala del Templo
estará la Abominación de la desolación,
hasta que el exterminio decretado
se derrame sobre el devastador».

La visión del hombre vestido de lino

Dn 8 16-18; 9 21-23; Ap 12 7; Dn 7 13; Is 6 7;
Jr 1 9; Ap 1 17; Hch 9 7; 22 9

10 1 El año tercero de Ciro, rey de Persia,
una palabra fue revelada a Daniel,
que había recibido el nombre de Beltsasar.
Esta palabra es verdadera y se refiere a un
gran combate. Él prestó atención a la palabra y le fue dada la inteligencia en el transcurso de la visión.

2 En aquellos *días, yo, Daniel, estuve de*
duelo tres semanas enteras: 3 no comí ningún manjar exquisito; ni la carne ni el vino
entraron en mi boca, ni me hice ninguna
unción, hasta que se cumplieron tres semanas enteras.

4 Y el día veinticuatro del primer mes, yo
estaba a orillas del Gran Río, es decir, el Tigris. 5 Alcé mis ojos y vi a un hombre vestido de lino y ceñido con un cinturón de oro
fino de Ufaz. 6 Su cuerpo brillaba como el
crisólito, su rostro tenía el aspecto del relámpago, sus ojos eran como antorchas de
fuego, sus brazos y sus piernas como el fulgor del bronce bruñido, y el sonido de sus
palabras como el estruendo de una multitud. 7 Solo yo, Daniel, veía la aparición; los
hombres que estaban conmigo no la vieron, sino que los invadió un gran temor y
huyeron a esconderse. 8 Así quedé yo solo
contemplando esta gran aparición, y me
sentí desfallecer; mi semblante se demudó
hasta desfigurarse, y no pude sobreponerme. 9 Yo oí el sonido de sus palabras y, al
oírlo, caí en trance con el rostro en tierra.

10 De pronto, una mano me tocó y me hizo poner, temblando, sobre mis rodillas y sobre las palmas de mis manos. 11 Luego me dijo: «Daniel, hombre predilecto, fíjate en las
palabras que voy a decirte, y ponte de pie en
el lugar donde estás, porque ahora yo he sido enviado a ti». Y mientras me decía estas
palabras, yo me puse de pie, temblando. 12 Él
me dijo: «No temas, Daniel, porque desde el
primer día en que te empeñaste en comprender y en humillarte delante de tu Dios, fueron oídas tus palabras, y yo he venido a causa de ellas. 13 El Príncipe del reino de Persia
me opuso resistencia durante veintiún días,
pero Miguel, uno de los primeros Príncipes,
ha venido en mi ayuda. Yo lo dejé allí, junto
al Príncipe de los reyes de Persia, 14 y vine para hacerte comprender lo que sucederá a tu
pueblo en los días venideros, porque también esta es una visión para aquellos días».

15 Mientras él me dirigía estas palabras,
volví mi rostro hacia el suelo y me quedé
mudo. 16 De pronto, una figura como la de
un hijo de hombre tocó mis labios. Yo abrí
mi boca y me puse a hablar, y dije al que
estaba de pie frente a mí: «Mi Señor, ante
esta aparición, yo me estremecí de dolor y
no pude sobreponerme. 17 ¿Y cómo podría
este servidor hablar con mi Señor, aquí
presente, si ahora me faltan las fuerzas y ya
me he quedado sin aliento?». 18 Aquel que
parecía un hombre me volvió a tocar y me
fortaleció. 19 Luego me dijo: «No temas,
hombre predilecto. ¡La paz esté contigo!
¡Sé fuerte y valeroso!». Mientras él me hablaba, recobré las fuerzas y le dije: «Que
hable mi Señor, ya que me has fortalecido». 20 Él respondió: «¿Sabes por qué he venido hasta ti? Ahora vuelvo a combatir
contra el Príncipe de Persia, y una vez que
haya concluido, vendrá el Príncipe de Javán. 21 Pero yo te voy a indicar lo que está

consignado en el Libro de la Verdad. No
hay nadie para fortalecerme contra ellos,
fuera de Miguel, el Príncipe de ustedes.

11 1 Yo, por mi parte, estuve apostado
para darle fuerza y apoyo, durante el
primer año de Darío el medo.
2 Y ahora voy a anunciarte la verdad.

La división del reino de Alejandro Magno

1 Mac 1 2-6; Dn 2 43; 8 23-25

Todavía surgirán tres reyes en Persia, y el
cuarto poseerá riquezas más grandes que todos los demás. Y cuando este se haya hecho
poderoso por su riqueza, movilizará todo
contra el reino de Javán. 3 Luego surgirá un
rey guerrero, que ejercerá un dominio inmenso y hará lo que le parezca. 4 Sin embargo, apenas logre afianzarse, su reino será dividido y repartido a los cuatro vientos del
cielo, pero no en provecho de sus descendientes, y sin el dominio que él había ejercido. Porque su reino será arrancado de raíz
y pasará a otros, distintos de aquellos.
5 El rey del Sur se hará poderoso, pero uno
de sus jefes será más fuerte que él, y ejercerá
un dominio más grande que el suyo. 6 Al cabo de algunos años, ellos se aliarán, y la hija del rey del Sur se presentará al rey del Norte para concertar un acuerdo equitativo.
Pero ella no conservará la fuerza de su brazo, y su descendencia no subsistirá: ella misma será entregada, y junto con ella, los que
la habían llevado, así como su hijo y el
que la había sostenido. En aquellos tiempos, 7 surgirá en lugar de su padre un retoño
de las mismas raíces que ella: él atacará al
ejército y entrará en la fortaleza del rey del
Norte, luchará contra ellos y vencerá. 8 Hasta
a sus dioses, con sus estatuas de metal fundido y sus objetos de plata y oro, los llevará
cautivos a Egipto; y él, durante algunos años,
se mantendrá alejado del rey del Norte. 9 Este último entrará entonces en el reino del rey
del Sur, y luego regresará a su país.
10 Los hijos del rey del Norte reanudarán
las hostilidades y reunirán una gran multitud
de tropas. Uno de ellos irrumpirá como un
río desbordado, inundará y llevará las hostilidades hasta su fortaleza. 11 El rey del Sur se
irritará y saldrá a combatir contra el rey del
Norte. Este pondrá en pie de guerra una gran
multitud, pero ella caerá en manos del rey
del Sur. 12 La multitud será aniquilada; entonces se ensoberbecerá su corazón y abatirá a
millares de hombres, pero ya no será el más
fuerte. 13 El rey del Norte pondrá otra vez en
pie de guerra una multitud más grande que
la primera y, al cabo de algunos años, irrumpirá con un gran ejército y muy bien pertrechado. 14 En aquellos tiempos, se alzarán muchos contra el rey del Sur, y unos hombres
violentos de tu pueblo se levantarán para dar
cumplimiento a una visión, pero fracasarán.
15 El rey del Norte vendrá, levantará terraplenes y tomará una ciudad fortificada. Las fuerzas del Sur no resistirán, y ni siquiera sus tropas escogidas tendrán vigor para resistir. 16 El
invasor hará lo que le parezca y nadie se le
opondrá; se instalará en el país de la Hermosura, y el país entero caerá en sus manos.
17 Entonces se dispondrá a someter todo el
reino del Sur, y concertará un acuerdo con él:
le dará una mujer excepcional para destruirlo, pero eso no perdurará ni le dará resultado. 18 Se volverá hacia las regiones costeras, y
conquistará un buen número de ellas; pero
un magistrado acabará con el ultraje, sin que
él pueda devolverle la afrenta. 19 Luego se volverá hacia las fortalezas de su país, pero tropezará, caerá y no se lo encontrará más.
20 En lugar de él, surgirá uno que hará
pasar a un recaudador de tributos por la
tierra más hermosa del reino, pero en unos
días será destrozado, aunque no de frente
ni en la guerra.
21 En lugar de él, surgirá un plebeyo, que
no estará investido de la dignidad real. Él
llegará tranquilamente y se adueñará de la
realeza por medio de intrigas. 22 Las fuerzas
opositoras serán barridas ante él y quedarán
destrozadas, así como también el príncipe
de la Alianza. 23 Se valdrá de los pactos con-
certados con él para actuar dolosamente: así
se encumbrará y se hará fuerte con poca gente. 24 Entrará tranquilamente en las regiones
más fértiles de la provincia, y hará lo que no
habían hecho ni sus padres ni los padres de
sus padres: distribuirá entre su gente botín,
despojos y riquezas, y hará planes contra las
fortalezas, pero solo por un tiempo. 25 Al
frente de un gran ejército, excitará su fuerza
y su coraje contra el rey del Sur, y este entrará en guerra con un gran ejército, extremadamente fuerte, pero no resistirá, porque se
confabularán contra él. 26 Los mismos que
comían de sus manjares lo destrozarán, su
ejército será barrido y caerán muchas víctimas. 27 Los dos reyes, llenos de malas intenciones, se dirán mentiras sentados a la misma mesa; pero no se logrará nada, porque el
tiempo fijado todavía está por venir. 28 Él regresará a su país con grandes riquezas y lleno de aversión contra la Alianza santa: ac-
tuará y luego regresará a su país.
29 En el tiempo fijado, retornará al Sur, pero esta última vez no será como la primera.
30 Naves de Quitim vendrán contra él, y se
desanimará; se volverá atrás y desahogará su

Inmortalidad, Vida eterna y resurrección

Muchas corrientes filosóficas afirman que el alma es inmortal y varias religiones creen en la Vida eterna, pero la fe en la resurrección es una verdad revelada en la Biblia. La sangre de los mártires y la fidelidad de los justos capacitó a los judíos para recibir esta revelación.

La vida de los justos no es inútil a los ojos de Dios. Si fueron fieles a Dios sus nombres están escritos en su corazón y resucitarán para vivir eternamente con él. Unida a la fe en la resurrección, está la certeza del Juicio final y de la retribución por nuestra conducta: «muchos... se despertarán, unos para la Vida eterna y otros para la ignominia, para el horror eterno» (Dn 12 2).

Daniel describe a los justos resucitados que brillan como las estrellas, puesto que al resucitar seremos transformados plenamente. Habla de la resurrección personal, de manera más clara que Sab 5 15 y 2 Mc 7 23.

¡Seguro que todos queremos resucitar y estar con Dios! Por ahora, esta verdad requiere de nuestra fe. En el Juicio final comprenderemos los caminos admirables de Dios, cuyo «Amor es fuerte como la Muerte» (Cant 8 6).

Dn 12 1-4

furor contra la Alianza santa; a su regreso,
llegará a un entendimiento con aquellos que
abandonen la Alianza santa. 31 Fuerzas enviadas por él atacarán, profanarán el Santuario
y la Ciudadela, abolirán el sacrificio perpetuo e instalarán la Abominación de la desolación. 32 Por medio de intrigas, él hará apos-
tatar a los transgresores de la Alianza, pero el
pueblo de los que conocen a Dios se mantendrá firme y entrará en acción. 33 *Hombres
prudentes* del pueblo instruirán a muchos,
pero serán víctimas de la espada y del fuego,
del cautiverio y del saqueo, durante algunos
días. 34 Mientras ellos caigan, recibirán un
poco de ayuda, y muchos se unirán a ellos,
pero hipócritamente. 35 Algunos de los hombres prudentes caerán, a fin de ser purificados, acrisolados y blanqueados, hasta el tiempo del Fin, porque el plazo está fijado.
36 El rey obrará a su arbitrio, se exaltará
y engrandecerá por encima de todo dios, y
dirá cosas monstruosas contra el Dios de
los dioses. Y tendrá éxito hasta que se agote la Ira, porque lo que está decretado se
ejecutará. 37 Él no respetará a los dioses de
sus padres, ni al dios favorito de las mujeres; no respetará a ninguna divinidad, porque se engrandecerá por encima de todo.
38 En su lugar honrará al dios de las fortalezas: honrará a un dios que no conocieron
sus padres, con oro, plata, piedras preciosas y objetos de valor. 39 Utilizará como defensores de la fortaleza al pueblo de un
dios extranjero; y a todo el que lo reconozca lo colmará de honores, le dará autoridad sobre muchos y le distribuirá parcelas
de tierra.

Fin de Antíoco IV Epífanes

40 En el tiempo del Fin, el rey del Sur acometerá contra él. El rey del Norte lo atacará
como un torbellino, con carros de guerra,
caballería y numerosas naves; entrará en los
países como un río desbordado y los inundará. 41 Entrará en el país de la Hermosura, y
caerán millares de hombres, pero se librarán de su mano Edom, Moab y el resto de
los amonitas. 42 Extenderá su mano sobre los
países, y el país de Egipto no escapará. 43 Se
adueñará de los tesoros de oro y plata, y de
todos los objetos preciosos de Egipto; los
libios y los cusitas marcharán en su séquito. 44 Pero noticias llegadas de Oriente y del
Norte lo llenarán de espanto; entonces partirá lleno de furor para destruir y exterminar
a mucha gente. 45 Plantará los pabellones de
su palacio entre el mar y la montaña santa
de la Hermosura, y luego llegará a su fin, sin
que nadie venga en su ayuda.

La resurrección y la retribución final

Dn 10 13; Ap 12 7; Mt 24 21; 2 Mac 7 9; Ez 37 10

12 1 En aquel tiempo, se alzará Miguel,
el gran Príncipe,
que está de pie junto a los hijos de tu pueblo.
Será un tiempo de tribulación,
como no lo hubo jamás,
desde que existe una nación
hasta el tiempo presente.
En aquel tiempo,
será liberado tu pueblo:
todo el que se encuentre inscrito en el Libro.
2 Y muchos de los que duermen
en el suelo polvoriento
se despertarán, unos para la Vida eterna,

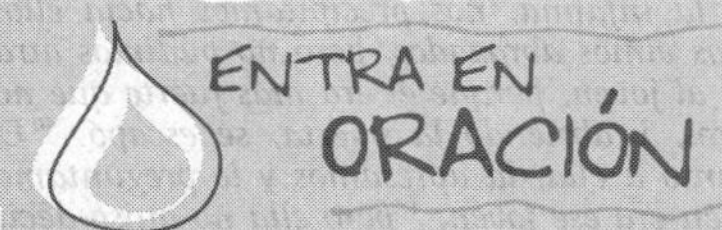

Susana

El capítulo 13 presenta a Daniel como héroe, pero, al leerlo con atención, reconocemos también el heroísmo de Susana, quien elige el riesgo de morir antes que pecar. En su oración pide la justicia de Dios, quien inspira a Daniel para que actúe con sabiduría y la apoye.

Señor, quiero recurrir a ti siempre que necesite tomar una opción entre varias alternativas. Confío en tu luz para discernir tu voluntad.

Ante mis debilidades y tentaciones, quiero buscarte siempre. Sé que me harás fuerte y no me dejarás caer.

Al enfrentar una injusticia, toca mi corazón. Concédeme ser siempre instrumento de tu amor.

Dame, Señor, inclinación a la oración para vivir cerca de ti, fuente de energía y sabiduría. Así, con tu ayuda, podré enfrentar los pequeños y grandes riesgos de mi vida.

Dn 13

y otros para la ignominia,
para el horror eterno.
3 Los hombres prudentes resplandecerán
como el resplandor del firmamento,
y los que hayan enseñado
a muchos la justicia
brillarán como las estrellas,
por los siglos de los siglos.

4 En cuanto a ti, Daniel, oculta estas palabras y sella el Libro hasta el tiempo del
Fin. Muchos buscarán aquí y allí, y aumen-
tará el conocimiento».

Última revelación y epílogo

Dn 10 5; Ap 10 5-6; Dn 7 25; 11 35

5 Yo, Daniel, miré y vi que otros dos
hombres estaban de pie, uno en una orilla
del río y otro en la orilla opuesta. 6 Uno de
ellos dijo al hombre vestido de lino que estaba sobre las aguas del río: «¿Para cuándo
será el fin de estos prodigios?». 7 Yo oí al
hombre vestido de lino que estaba sobre
las aguas del río. Él alzó su mano derecha,
y su mano izquierda hacia el cielo y juró
por aquel que vive eternamente: «Pasará
un tiempo, dos tiempos y la mitad de un
tiempo; y cuando se haya acabado de
aplastar la fuerza del pueblo santo, se acabarán también todas estas cosas».
8 Yo oí, pero no entendí. Entonces dije:
«Señor mío, ¿cuál será la última de estas cosas?». 9 Él respondió: «Ve, Daniel, porque estas palabras están ocultas y selladas hasta el
tiempo final. 10 Muchos serán purificados,
blanqueados y acrisolados; los malvados
harán el mal, y ningún malvado podrá
comprender, pero los prudentes comprenderán. 11 A partir del momento en que será
abolido el sacrificio perpetuo y será instalada la Abominación de la desolación, pasarán mil doscientos noventa días. 12 ¡Feliz el
que sepa esperar y llegue a mil trescientos
treinta y cinco días! 13 En cuanto a ti, ve hacia el Fin: tú descansarás y te levantarás para recibir tu suerte al fin de los días».

Suplemento griego: Historia de Susana

Jr 29 21-23; Dt 22 22; Jn 8 4-5; Nm 5 18-22; Heb 4 13; Sal 33 13-15; Dn 5 11.14; Sab 4 8-9; Ex 23 7; Dt 19 16-21

13 1 *Había en Babilonia un hombre llamado*
Joaquín. 2 *Él se había casado con una*
mujer llamada Susana, hija de Jilquías, que era
muy hermosa y temía a Dios, 3 *porque sus pa-*
dres eran justos y habían instruido a su hija se-
gún la Ley de Moisés. 4 *Joaquín era muy rico y*
tenía un jardín contiguo a su casa. Muchos ju-
díos iban a visitarlo, porque era el más estima-
do de todos. 5 *Aquel año, se había elegido como*
jueces a dos ancianos del pueblo. A ellos se re-
fiere la palabra del Señor: «La iniquidad salió
en Babilonia de los ancianos y de los jueces que
se tenían por guías del pueblo». 6 *Esos ancianos*
frecuentaban la casa de Joaquín y todos los que
tenían algún pleito acudían a ellos. 7 *Hacia el*
mediodía, cuando todos ya se habían retirado,
Susana iba a pasearse por el jardín de su espo-
so. 8 *Los dos ancianos, que la veían todos los*
días entrar para dar un paseo, comenzaron a
desearla. 9 *Ellos perdieron la cabeza y apartaron*
sus ojos para no mirar al Cielo y no acordarse
de sus justos juicios. 10 *Los dos ardían de pasión*
por ella, pero se ocultaban mutuamente su tor-
mento, 11 *porque sentían vergüenza de confesar*
el deseo que tenían de acostarse con ella, 12 *y se*
las ingeniaban para verla todos los días. 13 *Un*
día, después de decirse el uno al otro: «Volva-
mos a casa, es la hora de almorzar», se separa-
ron y se fueron cada uno por su lado, 14 *pero*
ambos volvieron sobre sus pasos y se encontra-
ron frente a frente. Obligados a darse una ex-
plicación, ambos confesaron su pasión y se pu-
sieron de acuerdo para buscar el momento en
que pudieran sorprender a solas a Susana.

15 Una vez, mientras ellos aguardaban una ocasión favorable, Susana entró como en los días anteriores, acompañada solamente por dos jóvenes servidoras, y como hacía calor, quiso bañarse en el jardín. 16 Allí no había nadie, fuera de los dos ancianos, escondidos y al acecho. 17 Ella dijo a las servidoras: «Tráiganme la crema y los perfumes, y cierren la puerta del jardín para que pueda bañarme». 18 Las servidoras obedecieron, cerraron la puerta del jardín y salieron por la puerta lateral para ir a buscar lo que Susana les había ordenado, sin saber que los ancianos estaban escondidos. 19 En cuanto las servidoras salieron, ellos se levantaron y arrojándose sobre ella le dijeron: 20 «La puerta del jardín está cerrada y nadie nos ve. Nosotros ardemos de pasión por ti; consiente y acuéstate con nosotros. 21 Si te niegas, daremos testimonio contra ti, diciendo que un joven estaba contigo y que por eso habías hecho salir a tus servidoras». 22 Susana gimió profundamente y dijo: «No tengo salida: si consiento me espera la muerte, si me resisto no escaparé de las manos de ustedes. 23 Pero prefiero caer entre sus manos sin haber hecho nada, que pecar delante del Señor». 24 Susana gritó con todas sus fuerzas; los dos ancianos también se pusieron a gritar contra ella, 25 y uno de ellos corrió a abrir la puerta del jardín. 26 Al oír esos gritos en el jardín, la gente de la casa se precipitó por la puerta lateral para ver lo que ocurría, 27 y cuando los ancianos contaron su historia, los servidores quedaron desconcertados, porque jamás se había dicho nada semejante de Susana.

28 Al día siguiente, cuando el pueblo se reunió en casa de Joaquín, su marido, también llegaron los ancianos con la intención criminal de hacer morir a Susana. 29 Ellos dijeron en presencia del pueblo: «Manden a buscar a Susana, hija de Jilquías, la mujer de Joaquín». Fueron a buscarla, 30 y ella se presentó acompañada de sus padres, sus hijos y todos sus parientes. 31 Susana era una mujer muy delicada y de gran hermosura, 32 y como tenía puesto el velo, aquellos malvados se lo hicieron quitar para complacerse con su belleza. 33 Todos sus familiares lloraban, lo mismo que todos los que la veían. 34 Los dos ancianos se levantaron en medio de la asamblea y le pusieron las manos sobre la cabeza. 35 Ella, bañada en lágrimas, levantó sus ojos al cielo, porque su corazón estaba lleno de confianza en el Señor. 36 Los ancianos dijeron: «Mientras nos paseábamos solos por el jardín, esta mujer entró allí con dos servidoras; cerró la puerta y después hizo salir a las servidoras. 37 Entonces llegó un joven que estaba escondido y se acostó con ella. 38 Nosotros, que estábamos en un rincón del jardín, al ver la infamia, nos precipitamos hacia ellos. 39 Los vimos abrazados, pero no pudimos atrapar al joven, porque él era más fuerte que nosotros, y abriendo la puerta, se escapó. 40 En cuanto a ella, la apresamos y le preguntamos quién era ese joven, 41 pero ella no quiso decirlo. De todos esto somos testigos». La asamblea les creyó porque eran ancianos y jueces del pueblo, y Susana fue condenada a muerte. 42 Pero ella clamó en alta voz: «Dios eterno, tú que conoces los secretos, tú que conoces todas las cosas antes que sucedan, 43 tú sabes que ellos han levantado contra mí un falso testimonio. Yo voy a morir sin haber hecho nada de todo lo que su malicia ha tramado contra mí».

44 El Señor escuchó su voz: 45 cuando la llevaban a la muerte, suscitó el santo espíritu de un joven llamado Daniel, 46 que se puso a gritar: «¡Yo soy inocente de la sangre de esta mujer!». 47 Todos se volvieron hacia él y le preguntaron: «¿Qué has querido decir con esto?». 48 De pie, en medio de la asamblea, él respondió: «¿Son ustedes tan necios, israelitas? ¡Sin averiguar y sin tener evidencia ustedes han condenado a una hija de Israel! 49 Vuelvan al lugar del juicio, porque estos hombres han levantado un falso testimonio contra ella». 50 Todo el pueblo se apresuró a volver, y los ancianos dijeron a Daniel: «Ven a sentarte en medio de nosotros y dinos qué piensas, ya que Dios te ha dado la madurez de un anciano». 51 Daniel les dijo: «Sepárenlos bien a uno del otro y yo los interrogaré». 52 Cuando estuvieron separados, Daniel llamó a uno de ellos y le dijo: «¡Hombre envejecido en el mal! Ahora han llegado al colmo los pecados que cometías anteriormente 53 cuando dictabas sentencias injustas, condenabas a los inocentes y absolvías a los culpables, a pesar de que el Señor ha dicho: "No harás morir al inocente y al justo". 54 Si es verdad que tú la viste, dinos bajo qué árbol los has visto juntos». Él respondió: «Bajo una acacia». 55 Daniel le dijo entonces: «Has mentido a costa de tu cabeza: el Ángel de Dios ya ha recibido de él tu sentencia y viene a partirte por el medio». 56 Después que lo hizo salir, mandó venir al otro y le dijo: «¡Raza de Canaán y no de Judá, la belleza te ha descarriado, el deseo ha pervertido tu corazón! 57 Así obraban ustedes con las hijas de Israel, y el miedo hacía que ellas se les entregaran. ¡Pero una hija de Judá no ha podido soportar la iniquidad de ustedes! 58 Dime ahora, ¿bajo qué árbol los sorprendiste juntos?». Él respondió: «Bajo un ciprés». 59 Daniel le dijo entonces: «Tú también has mentido a costa de tu cabeza: el Ángel de Dios te espera con la espada en la mano, para partirte por el medio. Así acabará con ustedes».

LATINO/HISPANO DE EUA

Profetas activos en la historia

Daniel termina su libro hablando de la conversión de los países enemigos de Israel y proclamando la grandeza de Dios. El profeta joven de hoy enfrenta otro tipo de enemigos. El siguiente salmo nos invita a orar y a actuar para proclamar la grandeza de Dios en nuestra vida.

Profetas de Esperanza, tenemos la misión
de estar activos en la historia y ser agentes de transformación.

Ante la soledad que abruma y empuja al alcohol,
ante el individualismo que deja al prójimo sin atención,
ante la ambición desmedida, que atropella sin compasión,
profetas sí qué hacen falta, que promuevan el amor.

En los hogares que sufren tensiones y falta de amor,
en los lugares que explotan al pobre trabajador,
en los barrios infectados de basura y putrefacción,
profetas sí que hacen falta, que transformen la nación.

Cuando la desorientación quita a la vida el sentido,
cuando el círculo de la pobreza atrapa sin dejar salir,
cuando prevalece la injusticia, el racismo y el clasismo,
profetas sí que hacen falta, que muevan a la conversión.

Ante las armas que hieren y matan sin ton ni son,
ante las drogas que quitan la razón,
ante el materialismo que causa destrucción,
profetas sí que hacen falta, que proclamen otra visión.

Profetas de Esperanza, tenemos la misión
de estar activos en la historia y ser agentes de transformación.

Dn 14

60 Entonces toda la asamblea clamó en alta
voz, bendiciendo a Dios que salva a los que
esperan en él. 61 Luego, todos se levantaron
contra los dos ancianos, a los que Daniel por
su propia boca había convencido de falso tes-
timonio, y se les aplicó la misma pena que
ellos habían querido infligir a su prójimo.
62 Para cumplir la Ley de Moisés, se los conde-
nó a muerte y ese día se salvó la vida de una
inocente. 63 Jilquías y su mujer dieron gracias
a Dios por su hija Susana, lo mismo que Joa-
quín, su marido, y todos sus parientes, porque
nada indigno se había hallado en ella. 64 Des-
de ese día, Daniel fue grande a los ojos del
pueblo.

Daniel y los sacerdotes de Bel

14 *1 El rey Astiages fue a reunirse con sus*
padres y le sucedió Ciro el Persa. 2 Da-
niel vivía junto al rey, el cual lo estimaba más
que a cualquier otro de sus amigos.
3 Había en Babilonia un ídolo llamado Bel,
a quien se le ofrecía todos los días más de seis-
cientos kilos de harina, de la mejor calidad,
cuarenta ovejas y más de doscientos litros de
vino. 4 El rey veneraba al ídolo e iba todos los
días a adorarlo; Daniel, en cambio, adoraba a su
Dios. 5 El rey le dijo: «¿Por qué no adoras a
Bel?». Él le respondió: «Yo no venero ídolos he-
chos por la mano del hombre, sino solo al Dios
viviente que ha creado el cielo y la tierra y que
tiene dominio sobre todo ser viviente». 6 Enton-
ces dijo el rey: «¿Tú no crees que Bel es un dios
vivo? ¿No ves lo que come y bebe diariamen-
te?». 7 Daniel se puso a reír y le dijo: «No te en-
gañes, rey, por dentro es de arcilla y por fuera
de bronce, y no ha comido ni bebido jamás».
8 El rey se enfureció, mandó llamar a los sacer-
dotes de Bel y les dijo: «Si no me dicen quién

consume este alimento, ustedes morirán, pero si demuestran que es Bel el que lo come, morirá Daniel por haber blasfemado contra Bel». 9 Daniel dijo al rey: «Que se haga según tu palabra». Los sacerdotes eran setenta, sin contar las mujeres y los niños.

10 El rey fue con Daniel al templo de Bel, 11 y los sacerdotes de Bel le dijeron: «Nosotros vamos a salir de aquí, y tú, rey, vas a servir la comida y a ofrecer el vino aromatizado; luego cierra la puerta y séllala con tu anillo. Cuando vengas mañana por la mañana, si no compruebas que Bel se lo ha comido todo, moriremos nosotros; si no, morirá Daniel, que ha mentido contra nosotros». 12 Ellos estaban seguros de sí mismos, porque habían hecho debajo de la mesa una entrada secreta, por donde entraban todos los días para llevarse las ofrendas. 13 Cuando salieron, el rey hizo poner los alimentos delante de Bel. 14 Pero Daniel mandó a sus servidores que trajeran ceniza y la esparcieran por todo el suelo del templo, sin más testigos que el rey. Después salieron, cerraron la puerta, la sellaron con el anillo real y se fueron. 15 Los sacerdotes fueron de noche, como de costumbre, con sus mujeres y sus hijos, y comieron y bebieron todo. 16 Muy de madrugada, el rey fue junto con Daniel 17 y le preguntó: «Daniel, ¿los sellos están intactos?». «Están intactos, rey», le respondió. 18 Apenas abrió la puerta, el rey miró la mesa y exclamó: «Tú eres grande, Bel, y en ti no hay engaño». 19 Daniel se puso a reír, retuvo al rey para que no avanzara más adentro y dijo: «Fíjate en el suelo y reconoce de quién son esas huellas». 20 «Veo huellas de hombres, de mujeres y de niños», dijo el rey, 21 y lleno de furia mandó arrestar a los sacerdotes, con sus mujeres y sus hijos. Ellos le mostraron entonces la puerta secreta por donde entraban para consumir lo que estaba sobre la mesa. 22 El rey los mandó matar y entregó a Bel en manos de Daniel, que destruyó el ídolo y su templo.

Daniel y el Dragón

23 También había un gran Dragón, que era venerado por los babilonios. 24 El rey dijo a Daniel: «¿Vas a decir que también este es de bronce? Míralo, él vive, come y bebe; no puedes negar que es un dios vivo: adóralo, entonces». 25 Daniel le respondió: «Yo adoro al Señor, mi Dios, porque él es el Dios viviente. Si tú me lo permites, rey, yo mataré este Dragón sin espada ni palo». 26 El rey se lo permitió. 27 Entonces Daniel tomó resina, grasa y crines, las coció, hizo con todo esto unas bolitas, y las echó en las fauces del Dragón. Este se las tragó y reventó. Daniel dijo: «¡Miren lo que ustedes veneran!». 28 Cuando los babilonios se enteraron, se enfurecieron y se amotinaron contra el rey, diciendo: «El rey se hizo judío: destruyó la estatua de Bel, mató al Dragón y masacró a los sacerdotes». 29 Después fueron a decir al rey: «Entréganos a Daniel; si no, te mataremos a ti y a tu familia». 30 Ante esta amenaza, el rey se vio obligado a entregarles a Daniel.

Daniel en el foso de los leones

31 Ellos lo arrojaron al foso de los leones, donde permaneció seis días. 32 En el foso había siete leones a los que se daba diariamente dos personas y dos ovejas, pero esta vez no les dieron nada, para que devoraran a Daniel.

33 En ese momento, el profeta Habacuc, que estaba en Judea, acababa de hacer preparar un guiso y de poner pequeños trozos de pan en una canasta, e iba hacia el campo a llevar su comida a los segadores. 34 El Ángel del Señor dijo a Habacuc: «Lleva la comida que tienes a Daniel, que está en Babilonia, en el foso de los leones». 35 «Señor —respondió Habacuc—, nunca he visto a Babilonia y no conozco ese foso». 36 El Ángel del Señor lo tomó por la cabeza y lo llevó de los cabellos hasta Babilonia, al borde del foso, con la rapidez de su espíritu. 37 Habacuc exclamó: «Daniel, Daniel, toma la comida que el Señor te envía». 38 Y Daniel dijo: «Tú, Dios, te acordaste de mí, y no abandonaste a los que te aman». 39 Después se levantó y comió, mientras que el Ángel de Dios volvió a llevar enseguida a Habacuc a su lugar.

40 El séptimo día, el rey fue a llorar a Daniel. Se acercó al foso, miró y vio que Daniel estaba tranquilamente sentado. 41 Entonces exclamó: «¡Tú eres grande, Señor, Dios de Daniel, y no hay otro Dios fuera de ti!». 42 Después hizo salir a Daniel del foso y mandó arrojar en él a los que habían querido destruirlo, y al instante ellos fueron devorados en su presencia.

«Toma por esposa a una mujer entregada a la prostitución». ¿Que me case con quién, Señor? Una imagen vale más que mil palabras, y la vida de Oseas fue un signo vivo de la fidelidad inalterable de Dios ante la infidelidad de Israel. Oseas se entrega totalmente a Dios y tiene un amor inquebrantable a su esposa infiel. Explica que la alianza del Sinaí sobrepasa cualquier pacto frío, lleno de formalismo, y que su mejor símbolo es la relación amorosa que exige fidelidad mutua por tratarse de un amor completo y profundo.

ESQUEMA

- **1 – 3.** La vida matrimonial de Oseas
- **4 1 – 14 1.** Reproches y amenazas contra Israel
- **14 2-10.** La salvación de Israel

DATOS

Período descrito
De 758 a 730 a.C.
Autor
Oseas y otros escribas profetas
Fecha de redacción
De 730 a 720 a.C.
Temas
Fidelidad de Dios, como esposo y padre amoroso. Visión de la historia desde la perspectiva del amor

PRESENTACIÓN

Oseas, *el profeta de la fidelidad*, predicó en el reino del Norte antes de la invasión asiria (722 a.C.). Era una época de bienestar económico por el comercio y los impuestos de los mercaderes extranjeros. Las culturas de otros pueblos influían negativamente en las costumbres morales y el culto de los israelitas. Sus reyes y las clases poderosas practicaban la idolatría, usaban el poder para enriquecerse y oprimían y abusaban de los pobres.

La alianza con Dios hecha en el Sinaí había pasado a un segundo plano. Varios profetas, entre ellos Oseas, consideraban la alianza del Sinaí como el matrimonio de Dios con el pueblo de Israel. Por ello la idolatría era vista como un adulterio religioso.

Oseas hizo de su vida un signo de denuncia ante todas esas infidelidades a Dios. Al iniciar su ministerio, Dios ordenó a Oseas que se casara con la prostituta Gomer y tuviera hijos con ella. Su matrimonio sería una profecía en acción, más fuerte que su palabra. Oseas respondió a su vocación siguiendo la lógica del amor: ama a Dios, ama a su esposa y ama a su pueblo. Por eso ignoró la ley que le permitía el divorcio y permaneció fiel a Gomer, a pesar de que lo traicionaba con otros hombres.

Oseas refleja las cualidades de Dios: es clemente, compasivo, fiel y recuerda insistentemente al pueblo la misericordia divina, para que sienta el impulso a la conversión, pues solo el amor y la misericordia acercan a Dios (Os 2 14-23) (ver «Dios es misericordia», 2 Cr 6 3-11).

Oseas ve la constante infidelidad del pueblo, tanto en el presente como en el pasado, y siente intensamente el pecado de los líderes violentos y egoístas. Su dolor es grande y denuncia el mal que hacen con la pasión de un amante despechado (13 7-11). Sin embargo, proclama constantemente que Dios siempre espera el retorno de Israel, pues lo ama sincera e incondicionalmente (14 1-2).

EL MATRIMONIO DE OSEAS: SÍMBOLO DE LA FIDELIDAD DE DIOS

LA VIDA MATRIMONIAL DE OSEAS

Título

2 Re 15-16; 14 23-29

1 [1]Palabra del Señor que fue dirigida a
Oseas, hijo de Beerí, en tiempos de
Ozías, de Jotam, de Ajaz y de Ezequías, reyes de Judá, y en tiempos de Jeroboam, hijo de Joás, rey de Israel.

El matrimonio de Oseas y el nombre simbólico de sus hijos

Is 1 21; Jr 2 20.23; Ez 6 9; 16 15.34; 2 Re 9 1-10 – 10 1-17; Os 14 4; Miq 5 9; Is 30 16; Zac 4 6

[2]Comienzo de lo que habló el Señor por
medio de Oseas. El Señor le dijo: «Ve, toma
por esposa a una mujer entregada a la
prostitución, y engendra hijos de prostitución, porque el país no hace más que prostituirse, apartándose del Señor».
[3]Él fue y tomó por esposa a Gómer, hija
de Diblaim; ella concibió y le dio un hijo.
[4]Entonces el Señor dijo a Oseas: «Llámalo
Izreel, porque dentro de poco tiempo pediré cuenta a la casa de Jehú por la sangre
derramada en Izreel, y pondré fin al reinado de la casa de Israel. [5]Aquel día, yo quebraré el arco de Israel en el valle de Izreel».
[6]Ella concibió otra vez y dio a luz una
hija. El Señor dijo a Oseas: «Llámala "No
compadecida", porque ya no volveré a
compadecerme de la casa de Israel, sino
que les retiraré mi compasión. [7]Pero me
compadeceré de la casa de Judá, y los salvaré por el Señor, su Dios. No los salvaré
por medio del arco, ni de la espada, ni de
las armas de guerra, ni tampoco por medio
de caballos y jinetes».
[8]Después que dejó de amamantar a «No
compadecida», Gómer concibió y dio a luz
un hijo. [9]Entonces el Señor dijo: «Llámalo
"No es mi pueblo", porque ustedes no son
mi pueblo, ni yo seré para ustedes "El que
es"».

Perspectivas para el futuro

Gn 22 17; 1 Re 4 20; Dt 5 26; Jr 3 18; Ez 37 19.22.24

2 [1]El número de los israelitas
será como la arena del mar,
que no se puede medir ni contar;
y en lugar de decirles:
«Ustedes no son mi pueblo»,
les dirán: «Hijos del Dios viviente».
[2]Entonces los hijos de Judá
se reunirán con los hijos de Israel:
designarán para sí un jefe único
y desbordarán del país,
porque será grande el día de Izreel.
[3]Digan a sus hermanos: «Mi pueblo»
y a sus hermanas: «Compadecida».

El Señor y su esposa infiel

Os 4 1; 12 3; Is 1 18; Miq 6 1-2; Bar 6 42;
Ez 16 4-5.22; Jr 2 25; Dt 7 13; 8 16-17;
Lv 26 32-35; Is 5 5-6

4 ¡Acusen a su madre, acúsenla!
Porque ella no es mi mujer
ni yo soy su marido.
Que aparte de su rostro sus prostituciones,
y sus adulterios de entre sus senos.
5 Si no, la desnudaré por completo
y la dejaré como el día en que nació;
haré de ella un desierto,
la convertiré en tierra árida
y la haré morir de sed.
6 Y no tendré compasión de sus hijos,
porque son hijos de prostitución.
7 Sí, su madre se prostituyó,
la que los concibió se cubrió de vergüenza,
porque dijo: «Iré detrás de mis amantes,
los que me dan mi pan y mi agua,
mi lana y mi lino, mi aceite y mis bebidas».
8 Por eso voy a obstruir su camino
con espinas,
la cercaré con un muro,
y no encontrará sus senderos.
9 Irá detrás de sus amantes
y no los alcanzará,
los buscará y no los encontrará.
Entonces dirá:
«Volveré con mi primer marido,
porque antes me iba mejor que ahora».
10 Ella no reconoció que era yo el que le daba
el trigo, el vino nuevo y el aceite fresco;
el que le prodigaba la plata y el oro
que ellos emplearon para Baal.
11 Por eso retiraré mi trigo a su tiempo
y mi vino en su estación;
arrancaré mi lana y mi lino,
con los que cubría su desnudez.
12 Ahora descubriré su deshonra
a la vista de todos sus amantes,
y nadie la librará de mi mano.
13 Haré cesar toda su alegría,
sus fiestas, sus novilunios, sus sábados
y todas sus solemnidades.
14 Devastaré su viña y su higuera,
de las que ella decía:
«Este es el salario
que me dieron mis amantes».
Las convertiré en una selva
y las devorarán los animales del campo.
15 Le pediré cuenta por los días de los Baales,
a los que ella quemaba incienso,
cuando se adornaba con su anillo y su collar
e iba detrás de sus amantes,
olvidándose de mí —oráculo del Señor.

La reconciliación del Señor con su Pueblo

Jr 20 7; Dt 8 2-5; Jos 7 26; Is 65 10; Jr 29 11;
Os 11 1-3; 2 4; Ex 20 3; Dt 5 7; Jr 30 9; Ez 37 24-25

16 Por eso, yo la seduciré,
la llevaré al desierto
y le hablaré a su corazón.
17 Desde allí, le daré sus viñedos
y haré del valle de Acor
una puerta de esperanza.
Allí, ella responderá
como en los días de su juventud,
como el día en que subía del país de Egipto.
18 Aquel día —oráculo del Señor—
tú me llamarás: «Mi Esposo»
y ya no me llamarás: «Mi Baal».
19 Le apartaré de la boca los nombres
de los Baales,
y nunca más serán mencionados
por su nombre.
20 Yo estableceré para ellos, en aquel día,
una alianza con los animales del campo,
con las aves del cielo y los reptiles
de la tierra;
extirparé del país el arco, la espada
y la guerra,
y haré que descansen seguros.
21 Yo te desposaré para siempre,
te desposaré en la justicia y el derecho,
en el amor y la misericordia;
22 te desposaré en la fidelidad,
y tú conocerás al Señor.
23 Aquel día yo responderé
—oráculo del Señor—,
responderé a los cielos
y ellos responderán a la tierra;
24 y la tierra responderá
al trigo, al vino nuevo y al aceite fresco,
y ellos responderán a Izreel.

Os 2 16

COMPRENDE LOS SÍMBOLOS

El desierto

El desierto es símbolo de la revelación clara del auxilio de Dios durante la travesía de Israel en él. El encuentro profundo con Dios en la esterilidad y la soledad del desierto realzan la fuerza con la que Dios habla al corazón. A veces, el desierto significa tentación y pone a prueba nuestra fidelidad a Dios.

¿SABÍAS QUE...?

El amor esponsal de Dios por su pueblo

Dios expresa su amor al pueblo bajo distintas imágenes y matices, como creador y padre (Dt 32 6); madre tierna (Is 49 15); rey de su pueblo (Sal 145 1) y pastor que lo guía (Ez 34 31). Isaías habla de Dios como novio/esposo de Israel, su novia/esposa (Is 62 5). Esta bella imagen se basa en las palabras de Dios al hacer la alianza: «serán mi propiedad exclusiva entre todos los pueblos» (Ex 19 5), que reflejan la fórmula del matrimonio hebreo: tú eres mío y yo soy tuya.

Dios quiere que el amor de Oseas sea tan completo y tenaz que refleje su gran amor al pueblo elegido, de ahí que le pida casarse con una prostituta, en un heroico gesto de fidelidad incondicional. Lee los dos primeros capítulos de Oseas, poniendo a Dios en el lugar del esposo y a Israel en el de la esposa. ¡Verás cómo se reflejan las relaciones de Dios con su pueblo idólatra!

Algunos santos, como santa Teresa de Ávila y san Juan de la Cruz, vivieron el amor esponsal (como esposo) de Dios en una experiencia íntima e intensa, llamada «matrimonio espiritual», la cual describen en obras de gran belleza literaria. Dios quiere que tú también recibas el gran amor que te tiene, sea como tu creador, padre, rey, pastor o esposo. Desea que, si llegas a separarte de él, confíes en su misericordia y dejes que su amor vuelva a unirte a él.

Os 1 – 2

25 Yo la sembraré para mí en el país;
tendré compasión de «No compadecida»
y diré a «No es mi pueblo»:
«¡Tú eres mi pueblo!»,
y él dirá: «¡Dios mío!».

3 1 El Señor me dijo: «Ve una vez más, y
ama a una mujer amada por otro y
adúltera, como ama el Señor a los israelitas, mientras ellos se vuelven a otros dioses
y aman las tortas de uvas». 2 Yo la compré
por quince siclos de plata, y por una carga
y media de cebada. 3 Entonces le dije: «Durante mucho tiempo, estarás conmigo; no
te prostituirás ni te entregarás a otro hombre. Y yo haré lo mismo contigo».

4 Porque durante mucho tiempo, los israelitas estarán sin rey y sin jefe, sin sacrificio y sin piedra conmemorativa, sin efod y
sin ídolos familiares. 5 Después los israelitas volverán y buscarán al Señor, su Dios, y
a David, su rey; y acudirán con temor al Señor y a sus bienes, en los días futuros.

REPROCHES Y AMENAZAS CONTRA ISRAEL

El pleito del Señor con su Pueblo

Os 2 4; Is 3 13-15; Miq 6 1-5; Jr 7 9; 4 28

4 1 Escuchen la palabra del Señor,
israelitas,
porque el Señor tiene un pleito
con los habitantes del país:
ya no hay fidelidad, ni amor,
ni conocimiento de Dios en el país.
2 Solo perjurio y engaño,
asesinato y robo,
adulterio y extorsión,
y los crímenes sangrientos
se suceden uno tras otro.
3 Por eso, el país está de duelo
y languidecen todos sus habitantes;
hasta los animales del campo
y los pájaros del cielo,
y aun los peces del mar, desaparecerán.

Acusación contra los sacerdotes

Jr 5 4; Mal 2 1-9; Jr 2 11; Miq 6 14

4 ¡No, que nadie acuse ni haga reproches!
¡Mi pleito es contigo, sacerdote!
5 Tú tropezarás en pleno día;
también el profeta tropezará
en la noche junto contigo,
y yo haré perecer a tu madre.

Fidelidad incondicional

Oseas recibe a Gomer después de su infidelidad, pero ella no se enmienda y vuelve a traicionarlo. Sin embargo, Oseas siguió fiel a ella, manifestando con este gesto que la fidelidad de Dios es incondicional; es decir, que es para siempre, y que él quiere que perdonemos a quien nos traiciona.

Dios es fiel porque así es él; no porque nosotros seamos fieles. Jesús reafirma con hechos y palabras esta misma verdad. ¿Qué sentimientos despiertan en ti al conocer esta fidelidad incondicional de Dios?

Os 3 1-3

[6] Mi pueblo perece
por falta de conocimiento.
Porque tú has rechazado el conocimiento,
yo te rechazaré de mi sacerdocio;
porque has olvidado la instrucción
de tu Dios,
también yo me olvidaré de tus hijos.
[7] Todos, sin excepción, pecaron contra mí,
cambiaron su Gloria por la Ignominia.
[8] Se alimentan con el pecado de mi pueblo
y están ávidos de su iniquidad.
[9] Pero al sacerdote le sucederá
lo mismo que al pueblo:
yo le pediré cuenta de su conducta
y le retribuiré sus malas acciones.

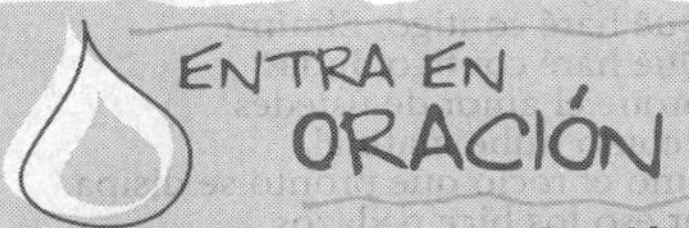

Oración por los sacerdotes

Oseas denuncia la infidelidad de los sacerdotes diciéndoles que Dios está en pleito contra ellos porque no lo conocen. Como en lenguaje bíblico, «conocer a Dios» abarca la inteligencia, el corazón y las obras, la denuncia es muy severa; implica que los sacerdotes no reconocen a Dios, no lo aman y no responden a su vocación con su comportamiento.

Los sacerdotes son tan humanos como cualquier persona y necesitan ser fortalecidos continuamente con la oración, la amistad y el consejo, para mantener su fidelidad a Dios. Te invitamos a orar con frecuencia por ellos con esta letanía.

Señor, te pedimos por todos los sacerdotes en unión con sus obispos:

Para que sean signo de unidad e instrumento eficaz de tu amor.

Para que fomenten la participación de la comunidad y trabajen en pastoral de conjunto.

Para que sean solidarios con los fieles, especialmente con los pobres y necesitados.

Para que su oración sea rica y crezcan en santidad.

Para que sean buenos evangelizadores, guías pastorales y animadores espirituales.

Para que celebren los sacramentos haciéndote presente con autenticidad y reverencia.

Para que den testimonio de su sacerdocio, aun en situaciones adversas.

Para que tengan amistades que les ayuden en su jornada de fe.

Para que el Espíritu Santo renueve su misión y María los acompañe en ella.

Os 4 3-10

[10] Comerán, pero no se saciarán,
se prostituirán, pero no aumentarán,
porque han abandonado al Señor,
para entregarse a la prostitución.

Consecuencias de la corrupción de los sacerdotes

Os 1 2; Dt 12 2; 1 Re 14 23;
Jr 2 20; Os 13 1; Nm 25 1

[11] El vino y el mosto hacen perder la razón.
[12] Mi pueblo consulta a su pedazo de madera
y su vara lo adoctrina,
porque un espíritu de prostitución
lo extravía
y se han prostituido lejos de su Dios.
[13] Sacrifican en las cumbres de las montañas
y queman incienso sobre las colinas,
bajo la encina, el álamo y el terebinto,
porque su sombra es agradable.
Por eso se prostituyen las hijas de ustedes
y sus nueras cometen adulterio.
[14] Pero yo no pediré cuenta a sus hijas
por su prostitución
ni a sus nueras por su adulterio,
porque ellos mismos se van aparte
con prostitutas
y ofrecen sacrificios con las consagradas
a la prostitución.
¡Así, un pueblo que no entiende
va a la ruina!

Advertencia a Judá

Os 9 15; 12 12; Am 5 5; 1 Sm 11 14; Os 5 8; Am 4 4

[15] ¡Si tú te prostituyes, Israel,
que al menos Judá no se haga culpable!
¡No vayan a Guilgal,
no suban a Bet Aven,
ni juren por la vida del Señor!

La obstinación y el castigo de Israel

Os 13 15; Jr 4 11; Os 10 5-6; Is 1 29

[16] Sí, Israel se ha vuelto obstinado
como una vaca empacada.
¿Puede ahora el Señor apacentarlos
como a corderos en campo abierto?
[17] Israel está apegado a los ídolos: ¡déjalo!
[18] Cuando terminan de embriagarse,
se entregan a la prostitución;
sus jefes aman la Ignominia.
[19] El viento los envolverá con sus alas
y se avergonzarán de sus sacrificios.

La corrupción de las clases dirigentes

Is 24 2; Jr 13 23; Prov 27 22;
Os 1 2; 4 1; Am 8 11-12; Jn 7 34

5 [1] ¡Escuchen esto, sacerdotes,
presta atención, casa de Israel,
atiende, casa del rey,
porque el juicio es con ustedes!
Sí, ustedes han sido una trampa en Mispá
y una red tendida sobre el Tabor.
[2] Ellos ahondaron la fosa de Sitim
y yo los voy a corregir a todos.

[3] Yo conozco a Efraím
y no se me oculta Israel:
porque tú, Efraím,
has inducido a la prostitución,
Israel se ha vuelto impuro.
[4] Sus acciones no los dejan volver a su Dios,
porque hay en medio de ellos
un espíritu de prostitución
y no conocen al Señor.
[5] La arrogancia de Jacob atestigua contra él;
Israel y Efraím tropiezan por su propia culpa
y, junto con ellos, también tropieza Judá.
[6] Con sus rebaños y su ganado
irán en busca del Señor,
pero no lo encontrarán:
él se ha librado de ellos.
[7] Han traicionado al Señor,
porque engendraron bastardos:
ahora la luna nueva los va a devorar,
a ellos junto con sus campos.

La guerra fratricida entre Israel y Judá

Is 7; 30 – 31; Dt 19 14; Is 50 9

[8] ¡Hagan sonar el cuerno en Guibeá
y la trompeta en Ramá!
¡Den la alarma en Bet Aven!
¡Alerta, Benjamín!
[9] Efraím será una desolación
en el día del castigo;
entre las tribus de Israel,
yo hago saber una cosa cierta.
[10] Los jefes de Judá han sido
como los que desplazan los límites:
sobre ellos derramaré
mi furor a raudales.
[11] Efraím está oprimido,
se ha conculcado el derecho,
porque él había resuelto
ir detrás de la inmundicia.
[12] Yo seré como polilla para Efraím
y como caries para la casa de Judá.

El fracaso de la alianza con el extranjero

Os 7 11; 8 9; 2 Re 15 19; 16 7-9;
Os 13 7; Am 3 12; Is 5 29

[13] Cuando Efraím vio su enfermedad
y Judá su llaga,
Efraím acudió a Asiria
y Judá envió mensajeros al gran rey.
Pero él no puede sanarlos
ni curarlos de la llaga.
[14] Porque yo soy como un león para Efraím
y como un cachorro de león
para la casa de Judá.
Yo, yo mismo desgarraré y me iré,
me llevaré la presa y nadie me la arrancará.

El alejamiento del Señor

Dt 4 29-31; Jr 29 13; Am 5 4

[15] Yo me iré, regresaré a mi lugar,
hasta que ellos se reconozcan culpables
y busquen mi rostro:
en su angustia, me buscarán ardientemente.

Retorno pasajero de Israel al Señor

Ez 37; Sal 72 6; 63 2; Dt 11 14; Os 13 3;
Jr 1 10; 5 14; Os 4 1; Is 1 11-17;
Am 5 22-24; Mt 9 13; 12 7

6 [1] «Vengan, volvamos al Señor:
él nos ha desgarrado,
pero nos sanará;
ha golpeado, pero vendará nuestras heridas.
[2] Después de dos días nos hará revivir,
al tercer día nos levantará,
y viviremos en su presencia.
[3] Esforcémonos por conocer al Señor:
su aparición es cierta como la aurora.
Vendrá a nosotros como la lluvia,
como la lluvia de primavera
que riega la tierra».
[4] ¿Qué haré contigo, Efraím?
¿Qué haré contigo, Judá?
Porque el amor de ustedes
es como nube matinal,
como el rocío que pronto se disipa.
[5] Por eso los hice pedazos
por medio de los profetas,
los hice morir con las palabras de mi boca,
y mi juicio surgirá como la luz.
[6] Porque yo quiero amor y no sacrificios,
conocimiento de Dios
más que holocaustos.

QUIERO AMOR
Y..., CONOCIMIENTO DE DIOS
MÁS QUE HOLOCAUSTOS.
Os 6 6

Las infidelidades del pasado y del presente

Jr 31 32; 2 Re 15 25; 1 Re 17 18;
Sal 10 11; Jr 2 19; Prov 5 21-22

[7] Ellos violaron mi alianza en Adam,
allí me traicionaron.
[8] Galaad es una ciudad de malhechores,
llena de improntas de sangre.
[9] Como bandidos que están al acecho,
una banda de sacerdotes
asesina en el camino de Siquem:
¡es una infamia lo que hacen!
[10] En la casa de Israel
he visto una cosa horrible:
allí se prostituye Efraím,
se contamina Israel.
[11] También a ti, Judá,
se te ha destinado una cosecha,
cuando yo cambie la suerte de mi pueblo.

7 [1] Cuando yo quería sanar a Israel,
se reveló la culpa de Efraím,
las maldades de Samaría.
Sí, ellos obran de mala fe;
el ladrón entra en la casa,
mientras una banda despoja fuera.
[2] Y no se detienen a pensar
que yo me acuerdo de toda su maldad.

Ahora los rodean sus malas acciones
y ellas están delante de mi rostro.

La astucia de los conspiradores y los golpes de Estado

2 Re 14 – 16

3 Con su perfidia, ellos entretienen al rey,
y con sus mentiras, a los príncipes.
4 ¡Son todos adúlteros!
Se parecen a un horno encendido,
que el panadero deja de avivar
desde que se amasa la pasta
hasta que ha fermentado.
5 En la fiesta de nuestro rey,
los príncipes se enervan
bajo los ardores del vino;
él tiende la mano a esos burlones.
6 Porque ellos se acercaron encubiertamente,
aunque su corazón es como un horno.
Toda la noche se adormece su furor,
y a la mañana se enciende
como una llama de fuego.
7 Todos ellos se inflaman como un horno
y devoran a sus jefes.
¡Así han caído sus reyes uno tras otro,
pero nadie entre ellos clama hacia mí!

El recurso al extranjero, ruina de Israel

8 Efraím se mezcla con los pueblos,
es un pastel cocido a medias.
9 Los extranjeros han devorado su vigor,
y él no lo sabe.
También le han salido canas,
y él no lo sabe.
10 La arrogancia de Israel atestigua contra él,
pero ellos no vuelven al Señor, su Dios;
a pesar de todo esto, no lo buscan.
11 Efraím es como una paloma ingenua,
falta de discernimiento:
apelan a Egipto, se van hacia Asiria.
12 Pero allí donde vayan,
yo tenderé sobre ellos mi red;
los haré caer como pájaros del cielo,
los atraparé apenas se oiga
que están reunidos.

La obstinación de Israel en el mal

Os 9 6; Jr 42 18

13 ¡Ay de ellos, porque han huido lejos de mí!
¡Sobre ellos la devastación,
porque se han rebelado contra mí!
¡Sí, yo quiero rescatarlos,
pero ellos dicen mentiras contra mí!
14 No gritaron hacia mí de corazón,
cuando se lamentaban en sus lechos.
Por trigo y vino nuevo se hacen incisiones
y se han obstinado contra mí.
15 Yo mismo los dirigí, fortalecí sus brazos,
pero ellos traman el mal contra mí.
16 Se vuelven, pero no hacia lo alto,
son como un arco fallido.
Sus jefes caerán bajo la espada,
por la insolencia de su lenguaje:
esto hará que se rían de ellos en Egipto.

Un grito de alarma

Os 9 15; Jr 12 7; Os 6 7; 6 3; 4 1

8 1 ¡Lleva a tu boca la trompeta!
Como un águila,
se abate la desgracia sobre la casa del Señor,
porque ellos han transgredido mi alianza
y se han rebelado contra mi Ley.
2 Ellos gritan hacia mí: «¡Dios mío,
nosotros, los de Israel, te conocemos!».
3 Pero Israel ha rechazado el bien:
el enemigo lo perseguirá.

La anarquía política y religiosa

2 Re 15 10.14.25; 17 16; Os 10 5-6; Job 4 8; Prov 22 8

4 Entronizaron reyes, pero sin contar conmigo;
designaron príncipes,
pero sin mi aprobación.
Se hicieron ídolos con su plata y su oro,
para su propio exterminio.
5 Yo rechazo tu ternero, Samaría;
mi ira se ha encendido contra ellos.
¿Hasta cuándo no podrán recobrar
la inocencia?
6 Porque ese ternero proviene de Israel:
lo hizo un artesano, y no es Dios.
Sí, el ternero de Samaría
quedará hecho pedazos.
7 Porque siembran vientos,
recogerán tempestades.
Tallo sin espiga no produce harina,
y si la produce,
se la tragarán los extranjeros.

Israel, presa de las naciones

Os 5 13; 2 7

8 ¡Israel ha sido tragado!
Ahora están entre las naciones
como un objeto sin valor,
9 porque ellos subieron a Asiria.
El asno salvaje se queda solo,
pero Efraím paga los amores con regalos.
10 Aunque hagan regalos entre las naciones,
ahora los voy a reunir,
y dentro de poco se retorcerán
bajo el peso del rey de los príncipes.

Inutilidad del culto puramente exterior

Os 10 1; 12 12; 6 6; Am 5 21-24; Os 9 3; 11 5

11 Efraím multiplicó los altares
para expiar el pecado,
pero esos altares le han servido
solo para pecar.
12 Por más que escriba para él
mil normas de mi Ley
se las tendría por una cosa extraña.
13 En cuanto a los sacrificios que me ofrecen,
¡que los inmolen, que se coman la carne!

VIVE LA PALABRA

¿Quieres cosechar tempestades o amor?

Con una rica metáfora, Oseas afirma que en Israel «siembran viento, recogerán tempestades» (8 7-12), pues su conducta no está enraizada en Dios. Dos capítulos más adelante los motiva: «siembren semillas de justicia, cosechen el fruto de la fidelidad» (10 12). Piensa en lo que cosecharás si siembras las siguientes semillas en tu vida:

- Si siembro generosidad y amabilidad, cosecharé...
- Si siembro impaciencia y gruñidos, cosecharé...
- Si siembro estudio y disciplina, cosecharé...
- Si siembro alegría y buen humor, cosecharé...
- Si siembro amargura y rencor, cosecharé...
- Si siembro egoísmo y mentira, cosecharé...
- Si siembro amabilidad y ayuda, cosecharé...
- Si siembro oración y reflexión en la fe, cosecharé...
- Si siembro chismes y divisiones, cosecharé...
- Si siembro drogas y vicios, cosecharé...
- Si siembro compromiso y responsabilidad, cosecharé...
- Si siembro agresividad y violencia, cosecharé...

Completa la lista con las mejores semillas que sueles sembrar a tu alrededor, y también con las malas semillas que tienen efectos negativos para ti y los demás.

Os 8 7-12

¡El Señor no los aceptará!
Ahora, él se acordará de sus culpas
y pedirá cuenta de sus pecados:
entonces ellos regresarán a Egipto.

Contra el lujo de las construcciones

Dt 32 15.18; Is 1 2-3; Jr 2 32; Ez 22 12

14 Israel se olvidó de su Creador
y se construyó palacios;
Judá multiplicó sus plazas fuertes,
pero yo enviaré fuego a sus ciudades
y él consumirá sus ciudadelas.

Las penalidades del exilio

Os 1 2; 2 11; 8 7; Is 65 22; Dt 28 3.8-43;
Os 8 13; 10 6; Ex 23 14-17

9 1 ¡No te alegres, Israel,
no te regocijes como los pueblos!
Porque te has prostituido lejos de tu Dios
y has amado el salario de las prostitutas
sobre todas las eras de trigo.
2 Pero la era y el lagar no los alimentarán
y el vino nuevo los dejará defraudados.
3 No habitarán en el país del Señor:
Efraím regresará a Egipto,
y en Asiria comerán un alimento impuro.
4 No harán al Señor libaciones de vino
y sus sacrificios no le agradarán;
su pan será como un pan de duelo,
y todos los que lo coman
quedarán contaminados,
porque ese pan será para ellos mismos
y no entrará en la Casa del Señor.
5 ¿Qué harán ustedes el día de la solemnidad,
el día de la fiesta del Señor?
6 Ellos escaparon a la devastación,
pero Egipto los reunirá, Menfis los enterrará,
la ortiga heredará sus tesoros de plata,
las espinas invadirán sus tiendas.

La hostilidad contra el profeta

Jr 6 17; Ez 3 17; 33 2-7; Am 7 10-17; Jr 20 1-6;
2 Cr 24 20-21; Mt 23 29-36; Lc 11 51; Jue 19 – 21

7 ¡Han llegado los días de pedir cuenta,
han llegado los días de la retribución:
que lo sepa Israel!
El profeta se vuelve loco,
el hombre del espíritu delira,
a causa de la enormidad de tu falta
y de tu gran hostilidad.
8 El profeta, centinela de Efraím,
está junto a Dios,
pero se le tiende una red
en todos sus caminos
y él encuentra hostilidad
hasta en la Casa de su Dios.
9 Ellos se han corrompido profundamente
como en los días de Guibeá;
pero él se acordará de sus culpas
y pedirá cuenta de sus pecados.

Castigo por el crimen de Baal Peor

Nm 25; Ez 26 – 28; Job 3 11-12; Lc 23 29

10 Como uvas en el desierto,
yo encontré a Israel;
como una breva en la higuera,

al comienzo de la estación,
yo vi a sus padres.
Pero, al llegar a Baal Peor,
se consagraron a la Ignominia
y se hicieron abominables
como el objeto de su amor.
11 ¡Efraím! Su gloria saldrá volando
como un pájaro:
no habrá más parto, ni embarazo,
ni concepción.
12 Aunque críen a sus hijos,
se los quitaré antes que sean hombres.
Sí, ¡ay de ellos cuando yo los abandone!
13 Cuando yo vi a Efraím,
era una plantación en una pradera,
pero tendrá que llevar sus hijos al verdugo.
14 ¡Dales, Señor...! ¿Qué les darás?
Dales un vientre estéril y pechos resecos.

Castigo por el crimen de Guilgal

1 Sm 11 14-15

15 Toda su perversidad se manifestó
en Guilgal:
allí comencé a detestarlos.
Por la maldad de sus acciones
los arrojaré de mi casa,
ya no los amaré más;
todos sus jefes son rebeldes.
16 Efraím está herido,
se ha secado su raíz,
ya no fructificará.
Aunque tengan hijos,
yo mataré el fruto precioso de sus entrañas.
17 Mi Dios los rechazará
porque no lo escucharon,
y andarán errantes entre las naciones.

El castigo de la idolatría

Is 5 1-7; Am 5 7; Os 9 3; 11 5; 2 Re 23 15-16;
Gn 3 18; Is 5 6; 7 23.25; Lc 23 30; Is 2 10.19.21

10 1 Israel era una viña exuberante,
que producía su fruto.
Cuanto más se multiplicaban sus frutos,
más multiplicaba él los altares;
cuanto mejor le iba al país,
mejores hacía él las piedras
conmemorativas.
2 Su corazón está dividido,
ahora tendrán que expiar:
el mismo Señor destrozará sus altares,
devastará sus piedras conmemorativas.
3 Seguramente dirán entonces:
«No tenemos rey,
porque no hemos temido al Señor.
Pero el rey ¿qué podría hacer
por nosotros?».
4 Se pronuncian palabras,
se jura en falso,
se firman alianzas,
mientras el derecho crece
como la hierba venenosa
en los surcos de los campos.
5 Los habitantes de Samaría tiemblan
por el ternero de Bet Aven.
Sí, su pueblo está de duelo por él,
lo mismo que sus sacerdotes:
¡que se alegren de su gloria,
ahora que ha sido desterrada
lejos de nosotros!
6 El ternero será llevado a Asiria
como tributo para el gran rey.
Efraím soportará el oprobio
e Israel se avergonzará de sus intrigas.
7 ¡Samaría está completamente perdida!
Su rey es como una astilla
sobre la superficie de las aguas.
8 Los lugares altos de Aven, el pecado de Israel,
también serán destruidos;
espinas y cardos invadirán sus altares.
Ellos dirán entonces a las montañas:
«Cúbrannos»,
y a las colinas: «¡Caigan sobre nosotros!».

Castigo por el crimen de Guibeá

Jue 19 – 21; Os 9 9; Jr 2 13

9 ¡Desde los días de Guibeá,
tú has pecado, Israel!
¡Allí se han quedado!
¿No los sorprenderá en Guibeá
la guerra contra los injustos?
10 Yo los corregiré como me parezca:
los pueblos se reunirán contra ellos,
cuando sean corregidos
por su doble crimen.

Amenazas y llamado a la conversión

Jr 4 3; Os 5 15; Dt 4 29; Is 42 1; Sal 85 11.14

11 Efraím era una ternera bien adiestrada,
le gustaba trillar.
Pero yo hice pasar el yugo
sobre su hermosa cerviz:
yo unciré a Efraím,
Judá tendrá que arar,
Jacob pasará el rastrillo.
12 Siembren semillas de justicia,
cosechen el fruto de la fidelidad,
roturen un campo nuevo:
es tiempo de buscar al Señor,
hasta que él venga
y haga llover para ustedes la justicia.

El fin del reino de Israel

Os 8 7; Is 31 1; Miq 1 13; 2 Re 8 12; Os 4 15

13 Ustedes han arado la maldad,
han cosechado la injusticia,
han comido el fruto de la mentira.
Porque has confiado en tu poderío,
en la multitud de tus guerreros,
14 habrá un tumulto en medio de tu pueblo;
todas tus fortalezas serán devastadas,
como Salmán devastó a Bet Arbel

en el día del combate,
cuando fue aplastada
la madre con sus hijos.
15 Esto es lo que les hizo Betel,
por la enorme maldad de ustedes:
al despuntar el alba, el rey de Israel
estará completamente perdido.

El amor paternal del Señor

Jr 2 1-9; Mt 2 15; Dt 1 31; 8 16; Os 8 15

11 1 Cuando Israel era niño, yo lo amé,
y de Egipto llamé a mi hijo.
2 Pero cuanto más los llamaba,
más se alejaban de mí;
ofrecían sacrificios a los Baales
y quemaban incienso a los ídolos.
3 ¡Y yo había enseñado a caminar a Efraím,
lo tomaba por los brazos!
Pero ellos no reconocieron
que yo los cuidaba.
4 Yo los atraía con lazos humanos,
con ataduras de amor;
era para ellos como los que alzan
a una criatura contra sus mejillas,
me inclinaba hacia él y le daba de comer.
5 Efraím volverá a Egipto
y Asiria será su rey,
porque rehusaron volver a mí.
6 La espada hará estragos en sus ciudades,
destrozará los barrotes de sus puertas
y los devorará a causa de sus intrigas.

La victoria del amor divino

Dt 22 36; Jr 31 20; Is 54 8; Nm 23 19

7 Mi pueblo está aferrado a su apostasía:
se los llama hacia lo alto,
pero ni uno solo se levanta.
8 ¿Cómo voy a abandonarte, Efraím?
¿Cómo voy a entregarte, Israel?
¿Cómo voy a tratarte como a Admá
o a dejarte igual que Seboím?
Mi corazón se subleva contra mí
y se enciende toda mi ternura:
9 no daré libre curso al ardor de mi ira,
no destruiré otra vez a Efraím.
Porque yo soy Dios, no un hombre:
soy el Santo en medio de ti,
y no vendré con furor.

El retorno del exilio

Am 1 2; Jr 23 30

10 Ellos irán detrás del Señor;
él rugirá como un león,
y cuando se ponga a rugir,
sus hijos vendrán temblando
del Occidente.
11 Vendrán temblando desde Egipto
como un pájaro,
y como una paloma, desde el país de Asiria;
y yo los haré habitar en sus casas
—oráculo del Señor.

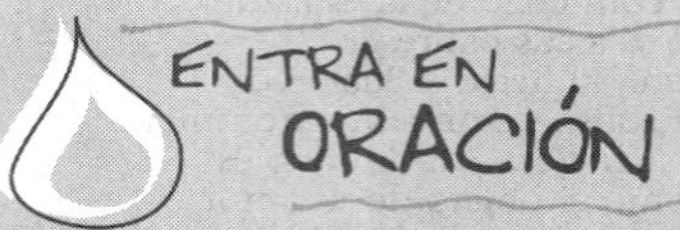

El amor de Dios como padre

Inicialmente Oseas comparó a Dios con un esposo fiel y paciente. Ahora lo presenta como padre, en un conmovedor texto sobre el cual te invitamos a meditar y a orar.

En espíritu de oración, adopta la mejor actitud que puedas tener como hijo/a con un padre o madre ideal. Después sigue estos pasos:

- Lee Oseas 11 1-4, siente en carne propia la ternura de Dios hacia ti y recuerda tu respuesta rebelde y egoísta. ¿Cómo te trata Dios? Identifica las imágenes o palabras que llegan más a tu corazón y úsalas para dialogar con él.
- Lee los versículos del 5 al 7. ¿Qué sientes al ver cómo te habla tu buen Padre? ¿Qué quieres decirle para mejorar tu relación con él?
- Lee los versículos del 8 al 11. Deja que las palabras apasionadas, misericordiosas y poéticas con que Dios te confiesa su amor lleguen a lo más profundo de ti. ¿Qué sientes? ¿Qué piensas? ¿Qué reacciones despiertan en ti?
- Por último, lee todo el capítulo 11 visualizando tu vida como hijo/a de este Dios que ama con ternura sin igual y con misericordia incondicional. Dedica unos minutos de silencio para entrar en íntima comunión con Dios, y recuerda la parábola del hijo pródigo (Lc 15).
- Repite esta oración siempre que tengas dudas sobre la bondad de Dios o te sientas solo/a y marginado/a... ¡En la casa de Dios, tu padre, eres bienvenido/a!

Os 11

Perversión religiosa y política de Israel

Os 4 2; 7 1; 10 4.13; Os 1 7; 8 7; 13 15

12 1 Efraím me ha rodeado de mentira
y la casa de Israel, de falsedad.
—Pero Judá está todavía cerca de Dios
y se mantiene fiel al muy Santo—.
2 Efraím se apacienta de viento
y corre todo el día tras el viento del este;
multiplica el fraude y la devastación;
hacen una alianza con Asiria
y llevan aceite a Egipto.

OS

El juicio del Señor a Israel

Os 2 4; Gn 25 26; 27 35-36; 32 25.29; 28 12-19; 35 15; Os 11 5

3 El Señor tiene un pleito con Israel,
pedirá cuenta a Jacob de su conducta,
le retribuirá según sus acciones.
4 En el seno materno suplantó a su hermano
y cuando fue adulto luchó con Dios.
5 Luchó con el Ángel y venció,
lloró y le imploró.
En Betel lo encontró,
y allí Dios habló con él.
6 —¡El Señor es el Dios de los ejércitos:
«el Señor» es su nombre!—.
7 Tú volverás con la ayuda de tu Dios:
observa la fidelidad y la rectitud,
y espera siempre en tu Dios.

Avidez y castigo de Israel

Zac 14 21; Prov 31 24; Ap 3 17-18

8 Canaán tiene en su mano balanzas falsas,
le gusta defraudar.
9 Efraím dijo: «Sí, yo me enriquecí,
he amasado una fortuna;
pero en todas mis ganancias,
no encontrarán en mí
ningún delito que sea pecado».

Perspectivas de reconciliación

Os 13 4; Ex 20 2; Dt 5 6; Os 2 16; Ex 33 7; Nm 12 2-8; Dt 18 15.18-22

10 Yo soy el Señor, tu Dios,
desde el país de Egipto:
te haré habitar de nuevo en tiendas,
como en los días del Encuentro.
11 Yo hablaré a los profetas
y multiplicaré las visiones,
y por medio de los profetas,
hablaré en parábolas.

Nuevas amenazas

Os 6 8; 4 15

12 Galaad es pura falsedad,
ellos se han convertido en nada;
en Guilgal sacrifican toros:
así sus altares serán
como un montón de piedras
sobre los surcos del campo.

Contra Jacob y Efraím

Gn 29 1-30; Nm 12 6-8; Dt 18 15.18

13 Jacob huyó a los campos de Aram.
Israel sirvió por una mujer,
y por una mujer cuidó los rebaños.
14 Pero, por un profeta,
el Señor hizo subir a Israel de Egipto,
y por un profeta él fue protegido.
15 Efraím apenó a Dios amargamente:
su Señor arrojará sobre él la sangre vertida,
y le devolverá sus agravios.

Castigo de la idolatría

Os 8 5-6; 6 4

13 1 Cuando hablaba Efraím
cundía el terror,
él se había encumbrado en Israel,
pero se hizo culpable a causa de Baal
y murió.
2 Ahora siguen pecando:
se fabrican estatuas de metal fundido,
hacen con su plata ídolos de su invención.
¡Obra de artesanos es todo eso!
Luego dicen: «Ofrézcanles sacrificios».
¡Hombres besan a terneros!
3 Por eso serán como nube de la mañana,
como rocío que pronto se disipa,
como paja aventada lejos de la era,
como humo que sale por la ventana.

Castigo de la ingratitud

Os 12 10; Is 44 8; Sal 18 22; Os 2 16; 8 14

4 Pero yo soy el Señor, tu Dios,
desde el país de Egipto:
no conoces a otro Dios más que a mí,
y fuera de mí no hay salvador.
5 Yo te conocí en el desierto,
en la tierra de la aridez.
6 Al llegar a sus campos de pastoreo,
ellos se saciaron;
y una vez saciados,
se enorgulleció su corazón:
por eso se olvidaron de mí.
7 Yo seré para ellos como un león,
como un leopardo estaré al acecho
junto al camino;
8 los atacaré como una osa privada de su cría,
desgarraré las fibras de su corazón,
los devoraré allí mismo como una leona,
y las fieras los destrozarán.

Fin de la dinastía real

1 Sm 8 5-6; Os 10 15

9 ¡Ahí estás maltrecho, Israel!
¿Quién podrá socorrerte?
10 ¿Dónde está tu rey, para salvarte,
y tus jueces, para defenderte,
aquellos de los que decías:
«Dame un rey y príncipes»?
11 En mi ira, yo te di un rey,
y en mi furor, te lo quitaré.

La ruina inevitable

Is 37 3; 1 Cor 15 55; Os 12 2; Ez 19 12; Os 10 14; 2 Re 15 16

12 La iniquidad de Efraím
está guardada bajo sello,
su pecado, escondido en lugar seguro.
13 Llegan los dolores del parto
para que él nazca,
pero es un hijo que no se da maña:
¡llegada la hora,
no atina a salir del seno materno!

14 ¿Y yo voy a rescatarlos
del poder del Abismo?
¿Voy a redimirlos de la muerte?
¿Dónde está, Muerte, tu pestilencia?
¿Dónde están tus plagas, Abismo?
La compasión se oculta a mis ojos.
15 Por más que Efraím prospere
entre sus hermanos,
llegará el viento del este,
el soplo del Señor, que sube del desierto,
y se agotará su fuente,
se secará su manantial.
Él despojará el tesoro
de todos los objetos preciosos.

14 1 Samaría tendrá que expiar,
porque se ha rebelado
contra su Dios.
Ellos caerán bajo la espada,
sus recién nacidos serán estrellados
y abrirán el vientre de las embarazadas.

LA SALVACIÓN DE ISRAEL

Llamado a la conversión y promesa de restauración

Jr 31; Is 1 17ss

2 Vuelve, Israel, al Señor tu Dios,
porque tu falta te ha hecho caer.
3 Preparen lo que van a decir
y vuelvan al Señor.
Díganle: «Borra todas las faltas,
acepta lo que hay de bueno,
y te ofreceremos el fruto de nuestros labios.
4 Asiria no nos salvará,
ya no montaremos a caballo,
ni diremos más "¡Dios nuestro!"
a la obra de nuestras manos,
porque solo en ti el huérfano
encuentra compasión».
5 Yo los curaré de su apostasía,
los amaré generosamente,
porque mi ira se ha apartado de ellos.
6 Seré como rocío para Israel:
él florecerá como el lirio,
hundirá sus raíces
como el bosque del Líbano;
7 sus retoños se extenderán,
su esplendor será como el del olivo
y su fragancia como la del Líbano.
8 Volverán a sentarse a mi sombra,
harán revivir el trigo,
florecerán como la viña,
y su renombre será
como el del vino del Líbano.
9 Efraím, ¿qué tengo aún que ver
con los ídolos?
Yo le respondo y velo por él.
Soy como un ciprés siempre verde,
y de mí procede tu fruto.

Epílogo

Sal 107 43; Prov 4 7; Dt 32 4

10 ¡Que el sabio comprenda estas cosas!
¡Que el hombre inteligente las entienda!
Los caminos del Señor son rectos:
por ellos caminarán los justos,
pero los rebeldes tropezarán en ellos.

Yo me comprometo...

Oseas termina su libro llamando a la conversión y la esperanza. Este poema de la doctora Elizabeth S. Tapia, de las Filipinas, miembro del Consejo Mundial de las Iglesias, también tiene un llamado de esperanza, que viene de su compromiso con la vida. ¿Qué te pide Dios a ti y qué tipo de respuesta le das?

No debemos oprimir a los niños,
ni al pueblo nativo.
Tampoco a las mujeres, a las personas
sin hogar, a los refugiados
y a las víctimas de la guerra.
Necesitamos vivir con sensibilidad hacia
todas las personas y hacia la creación.
Yo creo en la interrelación de la vida:
Del Creador y todas las criaturas.
Del cosmos y los individuos.
Del norte, sur, este y oeste.
Del descanso y la oración.
De los alimentos y la libertad.
De la teología y la ecología.
Por lo tanto me comprometo,
junto con ustedes:
A cuidar de la madre tierra.
A luchar por la paz y la justicia.
A elegir la vida y celebrarla.
Pues en todo esto creo. Amén.[1]

Os 14 1-7

O S

Imagina una reunión continental inmensa con gente de toda edad, condición social y raza, en ambiente de fiesta y expectativa. No ha habido anuncios, así es que se preguntan: ¿qué hace junta gente de Perú, Canadá, Chile, Brasil, Bolivia, Estados Unidos, México..., de edades y estilos de vida tan variados? ¡Celebrar la vida y el amor! Cada uno ha sido impulsado por el Espíritu, como un barco por el viento. Es el *Día del Señor,* la cita de Dios para dar a cada uno su misión profética. Este es el mensaje del profeta Joel, quien proclama que la efusión del Espíritu no tiene barrera alguna.

ESQUEMA

- **1 1 – 2 17.** El clamor del pueblo
- **2 18-27.** La respuesta del Señor
- **3 y 4.** El Día del Señor y el juicio de las naciones

DATOS

Período descrito
Desde la reconstrucción del Templo hasta *la invasión griega* (515-343 a.C.)

Autor
Joel y escribas

Fecha de redacción
Siglo IV a.C.

Temas
Dios es fiel a pesar de plagas o guerra, y él garantiza nuestra esperanza. Efusión del espíritu

PRESENTACIÓN

Joel, *el profeta de la efusión del espíritu,* no indica con exactitud cuándo desempeñó su ministerio. La investigación bíblica se inclina a situarlo años después del regreso del exilio. El templo había sido ya reconstruido, Israel gozaba de cierta paz política y religiosa, y el pueblo vivía una fe medio adormecida.

Joel aprovecha la sacudida que produce una plaga de langostas para exhortar a renovar la fidelidad de Israel a Dios. Compara la plaga con un ejército invasor que saquea la ciudad y ve el fin de la plaga gracias a que la oración y la penitencia del pueblo atraen la lluvia oportuna y posteriormente nuevas cosechas.

El mensaje más importante de Joel contiene tres aspectos: un llamado a la penitencia (Jl 1 13-20), el canto épico sobre el *día del Señor* (2 1-17) y el anuncio del envío del espíritu de Dios que renueva a su pueblo (3 1-5). El anuncio del *Día del Señor* es un tema recurrente en la historia de Israel. A veces se describe como un tiempo de alegría y celebración (Is 9 2); otras, como un día de castigo y destrucción (Am 5 19-25). Joel le da los dos sentidos: es el juicio de todas las naciones que han atacado a Israel (cap. 4) y el momento de la venida del espíritu sobre cada miembro del pueblo elegido (Jl 3 1-5). Esta promesa tendrá su pleno cumplimiento el día de Pentecostés (Hch 2 14-21) (ver «El Día del Señor», Mal 3 13-21).

La obra de Joel establece un enlace entre el estilo profético y el apocalíptico, y concluye con la afirmación de que Dios habita en Sión (Jerusalén) y que la tierra será nuevamente fértil. El mensaje central de Joel consiste en proclamar que, a pesar de las plagas o la guerra, Dios está siempre con nosotros, y su presencia fundamenta nuestra esperanza.

JOEL

EFUSIÓN DEL ESPÍRITU

EL CLAMOR DEL PUEBLO

Prólogo: la tragedia

Ex 10 1-15; Dt 28 28; Am 7 1-2; Mal 3 11; Ap 9 3-9

1 [1] Palabra del Señor, que fue dirigida a Joel, hijo de Petuel.

Lamentación por la ruina del país

[2] ¡Escuchen esto, ancianos,
presten atención, todos los habitantes del país!
¿Sucedió algo así en los días de ustedes
o en los días de sus padres?
[3] Cuéntenlo a sus hijos,
y estos a los suyos,
y ellos a la siguiente generación.
[4] Lo que dejó la oruga, lo devoró la langosta,
lo que dejó la langosta, lo devoró el pulgón,
lo que dejó el pulgón, lo devoró el roedor.

Convocatoria al pueblo

Is 5 11; 28 7-8; Sab 2 7-9; 1 Re 5 5; Miq 4 4; Os 4 3; Am 4 7-9; Is 16 10; Jr 25 10; Jl 2 12-13.15-17; Jon 3 5-9

[5] ¡Despierten, borrachos, y lloren!
Laméntense todos los bebedores de vino
porque el vino nuevo se les ha retirado
de la boca.
[6] Un pueblo ha subido contra mi país,
un pueblo poderoso e innumerable;
sus dientes son dientes de león
y tiene colmillos de leona.
[7] ¡Él convirtió mi viña en una desolación
e hizo trizas mi higuera;
las peló por completo y las derribó,
y sus ramas se volvieron blancas!
[8] Gime, como una virgen vestida de luto
por el esposo de su juventud.
[9] La ofrenda y la libación han desaparecido
de la Casa del Señor.
Están de duelo los sacerdotes,
los ministros del Señor.
[10] El campo está devastado,
la tierra está de duelo,
porque el trigo ha sido arrasado,
ha faltado el vino nuevo
y el aceite fresco se agotó.
[11] Aflíjanse, labradores,
laméntense, viñadores,
por el trigo y la cebada,
porque se ha perdido
la cosecha de los campos.
[12] La viña está seca
y la higuera marchita;
granados, palmeras y manzanos,
todos los árboles del campo se han secado.

Sí, el gozo, lleno de confusión,
se ha apartado de los seres humanos.

Llamado al ayuno y a la oración

13 ¡Vístanse de duelo y laméntense,
sacerdotes!
¡Giman, servidores del altar!
¡Vengan, pasen la noche
vestidos de penitencia,
servidores de mi Dios!
Porque se ha privado a la Casa de su Dios
de ofrenda y libación.
14 Prescriban un ayuno,
convoquen a una reunión solemne,
congreguen a los ancianos
y a todos los habitantes del país,
en la Casa del Señor, su Dios,
y clamen al Señor.

Anuncio del Día del Señor

Am 5 18; Ez 30 2-3; Os 4 3; Jr 14 3-6

15 ¡Ay, qué Día!
Porque está cerca el Día del Señor,
y viene del Devastador
como una devastación.
16 ¿No ha sido retirado el alimento
delante de nuestros ojos,
y también el gozo y la alegría,
de la Casa de nuestro Dios?
17 Los granos se han petrificado
bajo los terrones;
los silos están devastados,
los graneros en ruinas,
porque se ha perdido el trigo.
18 ¡Cómo muge el ganado!
Las manadas de vacas vagan sin rumbo,
porque no tienen donde pastar.
¡También los rebaños de ovejas desfallecen!

Súplica del profeta

19 Señor, yo clamo a ti,
porque el fuego ha devorado
los pastizales de la estepa,
las llamas han consumido
todos los árboles del campo.
20 Hasta los animales del campo
suspiran por ti,
porque los cauces de agua
se han secado,
y el fuego ha devorado
los pastizales de la estepa.

Alarma en el Día del Señor

Am 5 18; Sof 1 15; Gn 2 6; Ap 9 7-9; Is 13 8;
Jl 4 15-16; Mal 3 2.23; Nah 1 6; Ap 6 17

2 1 ¡Toquen el cuerno en Sion, hagan
sonar la alarma en mi monte santo!
¡Tiemblen todos los habitantes del país,
porque llega el Día del Señor,
porque está cerca!
2 ¡Día de tinieblas y oscuridad,
día nublado y de sombríos nubarrones!
Como la aurora que se extiende
sobre las montañas,
avanza un pueblo numeroso y fuerte
como no lo hubo jamás,
ni lo habrá después de él,
hasta en las generaciones más lejanas.
3 Delante de él, el fuego devora,
detrás de él, la llama consume.
El país es como un jardín de Edén
delante de él,
detrás de él, un desierto desolado.
¡Nada se le escapa!
4 Su aspecto es como el de los caballos,
se abalanzan como corceles:
5 como un estrépito de carros de guerra
que saltan sobre la cima de los montes;
como el crepitar de la llama ardiente
que devora la hojarasca;
como un pueblo fuerte
en orden de batalla.
6 Ante él, los pueblos se estremecen,
se crispan todos los rostros.
7 Se abalanzan como valientes,
como guerreros escalan las murallas.
Cada uno avanza hacia delante
y no se entrecruzan sus caminos.
8 No se atropellan entre sí,
cada uno va por su línea;
arremeten en medio de las flechas,
sin romper la formación.
9 Se precipitan sobre la ciudad,
se abalanzan sobre las murallas,
suben a las casas,
entran por las ventanas como el ladrón.
10 ¡Ante él, la tierra tiembla,
los cielos se conmueven,
el sol y la luna se ensombrecen,
las estrellas pierden su brillo!
11 El Señor hace oír su voz
al frente de sus tropas:
¡qué numerosos son sus batallones,
qué poderoso el que ejecuta su palabra!
Porque el Día del Señor es grande y terrible:
¿quién podrá soportarlo?

Llamado a la penitencia

Dt 4 29-30; Is 58 5-7; Sal 79 10

12 Pero aún ahora
—oráculo del Señor—
vuelvan a mí de todo corazón,
con ayuno, llantos y lamentos.

Miércoles de Ceniza

La primera lectura en la liturgia del Miércoles de Ceniza es Joel 2 12-17, al iniciar la Cuaresma cada año. La imposición de la ceniza es un sacramental instituido por la Iglesia católica como signo del carácter penitencial de la Cuaresma, y tiene sentido solo si va acompañada de una conversión sincera y real (ver «Significado de la Cuaresma», Mt 6 16-18).

Lee lo que dice Joel, te impresionará su lenguaje fuerte, variado y motivador. Al igual que otros profetas y después Jesús, Joel llama a la conversión del corazón que lleva al arrepentimiento y al cambio de vida.

¿Cuándo son engañosos los actos penitenciales? ¿A quién engañan, a ti o a Dios? ¿Por qué?

Jl 2 12-17

13 Desgarren su corazón y no sus vestiduras,
y vuelvan al Señor, su Dios,
porque él es bondadoso y compasivo,
lento para la ira y rico en fidelidad,
y se arrepiente de sus amenazas.
14 ¡Quién sabe si él no se volverá atrás
y se arrepentirá,
y dejará detrás de sí una bendición:
la ofrenda y la libación
para el Señor, su Dios!
15 ¡Toquen el cuerno en Sion,
prescriban un ayuno,
convoquen a una reunión solemne,
16 reúnan al pueblo,
convoquen a la asamblea,
congreguen a los ancianos,
reúnan a los pequeños
y a los niños de pecho!
¡Que el recién casado salga de su alcoba
y la recién casada de su lecho nupcial!
17 Entre el vestíbulo y el altar
lloren los sacerdotes,
los servidores del Señor,
y digan: «¡Perdona, Señor, a tu pueblo,
no entregues tu herencia al oprobio
para que las naciones se burlen de ella!
¿Por qué se ha de decir entre los pueblos:
Dónde está su Dios?».

LA RESPUESTA DEL SEÑOR

La respuesta del Señor a la súplica de su pueblo

Zac 1 14; 8 2; Jl 1 10; Dt 11 14;
Jr 1 14-15; 4 6; Am 4 10; Os 6 3;
Jl 4 17; Ez 2 5; 6 7.10.13.14; Ex 6 2; 7 5

18 El Señor se llenó de celos por su tierra
y se compadeció de su pueblo.
19 El Señor respondió y dijo a su pueblo:
«Ahora, yo les envío
el trigo, el vino nuevo y el aceite,
y ustedes se saciarán con esto.
Nunca más los entregaré
al oprobio entre las naciones.
20 Al que viene del Norte
lo alejaré de ustedes,
lo arrojaré a una tierra árida y desolada:
su vanguardia, hacia el mar oriental,
su retaguardia, hacia el mar occidental;
y subirá su hedor,
subirá su pestilencia».
—¡Porque él ha hecho grandes cosas!

Anuncio de la salvación

21 ¡No temas, tierra,
alégrate y regocíjate,
porque el Señor ha hecho grandes cosas!
22 ¡No teman, animales del campo!
Los pastizales de la estepa han reverdecido,
los árboles producen sus frutos,
la higuera y la viña dan sus riquezas.
23 ¡Alégrense, habitantes de Sion,
regocíjense en el Señor, su Dios!
Porque él les ha dado la lluvia de otoño
en su justa medida,
e hizo caer sobre ustedes
lluvia temprana y lluvia tardía
como en los primeros tiempos.
24 Las eras se llenarán de trigo,
y los lagares desbordarán
de vino nuevo y aceite fresco.
25 Yo los resarciré por los años
en que lo devoraron todo
la langosta y el pulgón,
el roedor y la oruga,
mi gran ejército que envié contra ustedes.
26 Comerán hasta saciarse,
y alabarán el nombre del Señor, su Dios,
que ha hecho maravillas con ustedes.
¡Mi pueblo jamás quedará avergonzado!
27 Así ustedes sabrán que yo estoy
en medio de Israel,
que yo soy el Señor, su Dios, y no hay otro.
¡Mi pueblo jamás quedará avergonzado!

JL

VIVE LA PALABRA

Derramaré mi espíritu

Joel proclama la universalidad del don del espíritu de Dios y su llamado a ser profeta sin distinción de sexo o condición social (Jl 3 1-5). Esta profecía se cumplió el día de Pentecostés, y Pedro la menciona en su predicación, ese día en que el Espíritu Santo inició el tiempo de la Iglesia (Hch 2 16-21).

Ser profeta no es algo del pasado ni de unas cuantas personas. Todos los cristianos recibimos el Espíritu Santo en el Bautismo y los católicos somos confirmados como signo de la eficacia de sus dones para cumplir nuestra misión.

Con el fin de que el Espíritu Santo renovara la Iglesia y su misión, el papa Juan XXIII reunió a todos los obispos del mundo en el Concilio Vaticano II, a mediados del siglo XX. Desde entonces la Iglesia católica ha enfatizado la lectura, oración y estudio de la Palabra de Dios como fuente de la vida y el profetismo cristiano.

Alimentate seguido con la Palabra de Dios para que el espíritu que habita en ti renueve sus dones y te dé valor para ponerlos en práctica. No defraudes a Dios ni a quien puede mejorar su vida gracias a tu acción profética.

Jl 3 1-5

EL DÍA DEL SEÑOR Y EL JUICIO DE LAS NACIONES

La efusión del espíritu de Dios

Hch 2 17-21; Nm 11 25-30; Jl 2 11;
Rom 10 13; Abd 17; Ap 14 1

3 1 Después de esto,
yo derramaré mi espíritu
sobre todos los seres humanos:
sus hijos y sus hijas profetizarán,
sus ancianos tendrán sueños proféticos
y sus jóvenes verán visiones.
2 También sobre los esclavos y las esclavas
derramaré mi espíritu en aquellos días.
3 Haré prodigios en el cielo y en la tierra:
sangre, fuego y columnas de humo.
4 El sol se convertirá en tinieblas
y la luna en sangre,
antes que llegue el Día del Señor,
día grande y terrible.
5 Y todo el que invoque
el nombre del Señor se salvará,
porque sobre el monte Sion
y en Jerusalén se encontrará refugio,
como lo ha dicho el Señor,
y entre los sobrevivientes
estarán los que llame el Señor.

El juicio de las naciones

Jr 29 14; Ez 25 3.6.8.12.15; Am 1 3 – 2 3; Abd 11-14

4 1 Porque en aquellos días,
en aquel tiempo,
cuando yo cambie la suerte de Judá
y de Jerusalén,
2 congregaré a todas las naciones
y las haré bajar al valle de Josafat.
Allí entraré en juicio con ellas
a favor de Israel, mi pueblo y mi herencia,
porque lo han dispersado entre las naciones
y se han repartido mi tierra.
3 Echaban suertes sobre mi pueblo,
cambiaban a un niño por una prostituta,
vendían a una niña por vino y se lo bebían.

Te juzgarán por el amor

Joel presenta el juicio de Dios a los pueblos que oprimieron a Israel en un gran valle imaginario llamado *Josafat*, que significa «Dios juzga» (Jl 4 2). Anuncia este juicio en medio de prodigios y en términos escatológicos, o sea, refiriéndolo a los últimos tiempos, y lo ve como castigo de Dios.

En contraste, cuando Jesús presenta el Juicio final, lo refiere a los actos de amor hechos con los necesitados (Mt 25 31-46). Si murieras mañana en un accidente, ¿qué actos de amor hacia los necesitados le presentarías a Dios?

Jl 4 2

J L

Contra los fenicios y los filisteos

Am 1 9.6; Ez 27 13; Am 1 6;
1 Re 10 1; Is 60 6; Ez 27 22

4 Y ustedes también, Tiro y Sidón y todos
los distritos de Filistea, ¿qué quieren de
mí? ¿Van a tomar represalias contra mí? Si
las toman, yo las haré caer muy pronto sobre sus cabezas. 5 ¡Ustedes, que sacaron mi
plata y mi oro y se llevaron a sus templos
mis tesoros preciosos; 6 ¡ustedes, que vendieron los hijos de Judá y de Jerusalén a los
habitantes de Javán, para alejarlos de su territorio! 7 Yo los haré resurgir del lugar
donde ustedes los vendieron y haré recaer
esas represalias sobre sus cabezas. 8 Venderé a los hijos y a las hijas de ustedes, los entregaré a los hijos de Judá, y ellos los venderán a los sabeos, a una nación lejana,
porque ha hablado el Señor.

Convocación de los pueblos para el Día del Señor

Is 2 4; Miq 4 3; Is 63 1-6; Mt 3 12;
Jl 1 15; 2 10; Am 9 5; Zac 9 8

9 Publiquen esto entre las naciones:
¡Santifíquense para el combate!
¡Animen a los valientes!
¡Que se presenten y suban
todos los hombres de guerra!
10 Forjen espadas con sus azadones
y lanzas con sus hoces;
que el débil diga: «¡Soy un valiente!».
11 Apúrense a venir
todas las naciones de alrededor,
y congréguense allí.
¡Que desciendan tus valientes, Señor!
12 ¡Que despierten y suban las naciones
al valle de Josafat!
Porque allí me sentaré para juzgar
a todas las naciones de alrededor.
13 Pongan mano a la hoz:
la mies está madura;
vengan a pisar:
el lagar está lleno;
las cubas desbordan:
¡tan grande es su maldad!
14 ¡Multitudes innumerables
en el valle de la Decisión!
Porque se acerca el Día del Señor
en el valle de la Decisión.
15 El sol y la luna se oscurecen,
las estrellas pierden su brillo.
16 El Señor ruge desde Sion
y desde Jerusalén hace oír su voz:
¡tiemblan el cielo y la tierra!
¡Pero el Señor será un refugio
para su pueblo,
un resguardo para los israelitas!
17 Así ustedes sabrán que yo soy el Señor,
su Dios,
que habito en Sion, mi santa Montaña.
Jerusalén será un lugar santo,
y los extranjeros no pasarán más por ella.

La restauración de Israel

Am 9 13; Jr 17 25; Ez 37 25

18 Aquel día,
las montañas destilarán vino nuevo
y manará leche de las colinas;
por todos los torrentes de Judá
correrán las aguas,
y brotará un manantial
de la Casa del Señor,
que regará el valle de las Acacias.
19 Egipto se convertirá en una desolación
y Edom en un desierto desolado,
a causa de la violencia cometida
contra los hijos de Judá,
cuya sangre inocente derramaron
en su país.
20 Pero Judá será habitada para siempre
y Jerusalén por todas las generaciones.
21 Yo vengaré su sangre, no la dejaré impune,
y el Señor morará en Sion.

En muchos países existe un abismo tremendo entre el lujo de las grandes mansiones, tiendas, hoteles y restaurantes, y la miseria de los sectores más pobres de la población. Esta realidad es aberrante ante los ojos de Dios, quien es el Padre de todos, ama a todos por igual, tiene una preferencia por los más débiles y quiere la justicia. La injusticia social proviene del egoísmo, la ambición y la debilidad de personas y grupos humanos que crean estructuras para su propio beneficio, en detrimento de los demás. Amós es enviado a predicar el deseo de justicia que hay en el corazón de Dios.

ESQUEMA

- **1 1-2.** Título y prólogo
- **1 3 – 2.** Oráculos contra las naciones vecinas y contra el reino de Israel
- **3 – 6.** Advertencias y amenazas contra Israel
- **7 – 9.** Visiones proféticas

DATOS

Período descrito
De 783 a 746 a.C.
Autor
Amós y escribas posteriores
Fecha de redacción
Siglos VIII-VII a.C.
Temas
Dios quiere justicia y amor. Israel será destruido por la hipocresía y atropello de los ricos y la clase dirigente

PRESENTACIÓN

Amós, *el profeta de la justicia social,* es el primer profeta que escribe lo que predica. Con él empieza el llamado «profetismo clásico» de los profetas predicadores-escritores. Su estilo es sobrio aunque contiene técnicas poéticas y usa variedad de metáforas.

La misión de Amós se realiza en la época del reino dividido. Amós cuidaba ganado y cultivaba higueras cerca de Jerusalén (Am 7 14). Dios lo envió a profetizar a Israel, el reino del Norte, donde había una gran bonanza económica.

Amós resintió fuertemente el contraste entre la vida sencilla del campo y las aberraciones sociales en Israel. Fue fuerte y franco al criticar la ambición, el lujo y las injusticias de los poderosos, quienes «venden al justo por dinero..., pisotean sobre el polvo de la tierra la cabeza de los débiles y desvían el camino de los humildes» (Am 2 6-7). Su mensaje deja claro que Dios no bendice los abusos de los poderosos ni tolera la miseria de los oprimidos, y que el bienestar y la prosperidad de las capas altas de la sociedad, construidos sobre la pobreza y la opresión de los más débiles, son contrarios a su corazón.

El profeta tiene la audacia de profetizar la caída de Israel en una época de holgura económica que daba seguridad a los ricos y poderosos. Denuncia con valor las ceremonias religiosas que cumplían los detalles rituales, pero se organizaban con dinero ilícito e ignoraban las necesidades de su prójimo (5 21-24). Ve que la magnitud del lujo, la injusticia, la opresión, el culto hipócrita y la falsa seguridad religiosa ya no se enmendarán fácilmente, así que tarde o temprano Israel será destruido, lo que sucedió cuarenta años después.

La última sección, sobre la restauración de Israel (9 11-15), fue añadida posteriormente, para dar a su libro un mensaje abierto a la esperanza. Dios nunca deja sin esperanza a su pueblo.

AMÓS

VOCACIÓN DE AMÓS

ORÁCULO CONTRA LOS EXPLOTADORES

Título

Am 8 8; 9 5; Zac 14 5

1 [1] Palabras de Amós, uno de los pastores de Técoa. Esto es lo que vio acerca de Israel en tiempos de Ozías, rey de Judá, y en tiempos de Jeroboam, hijo de Joás,
rey de Israel, dos años antes del terremoto.

Prólogo

Jr 25 30; Jl 4 16; Am 11 10

[2] Él dijo:
El Señor ruge desde Sion
y desde Jerusalén hace oír su voz:
los campos de pastoreo están desolados
y se ha secado la cumbre del Carmelo.

ORÁCULOS CONTRA LAS NACIONES VECINAS Y CONTRA EL REINO DE ISRAEL

Contra Damasco

Is 17 1-3; Jr 49 23-27

[3] Así habla el Señor:
Por tres crímenes de Damasco, y por cuatro,
no revocaré mi sentencia.
Porque trillaron a Galaad
con trilladoras de hierro,
[4] yo enviaré fuego contra la casa
de Jazael,
y él consumirá los palacios de Ben Hadad;
[5] haré saltar el cerrojo de Damasco,
extirparé de Bicat Aven a los habitantes
y de Bet Eden al que empuña el cetro,
y el pueblo de Aram será deportado a Quir,
dice el Señor.

Contra Gaza y Filistea

Jr 47; Sof 2 4-7

[6] Así habla el Señor:
Por tres crímenes de Gaza, y por cuatro,
no revocaré mi sentencia.
Porque deportaron poblaciones enteras
para entregarlas a Edom,
[7] yo enviaré fuego contra los muros de Gaza
y él consumirá sus palacios;
[8] extirparé de Asdod a los habitantes,
y de Ascalón al que empuña el cetro;
volveré mi mano contra Edom,
y el resto de los filisteos perecerá,
dice el Señor.

Contra Tiro y los fenicios

Is 23; Ez 26 – 28

9 Así habla el Señor:
Por tres crímenes de Tiro, y por cuatro,
no revocaré mi sentencia.
Porque entregaron a Edom
poblaciones enteras de cautivos,
sin acordarse de una alianza
entre hermanos,
10 yo enviaré fuego contra los muros de Tiro
y él consumirá sus palacios.

Contra Edom

Is 34; Jr 49 7-22; Ez 35

11 Así habla el Señor:
Por tres crímenes de Edom, y por cuatro,
no revocaré mi sentencia.
Porque persiguió a su hermano
con la espada
y ahogó todo sentimiento de piedad;
porque conserva su enojo para siempre
y mantiene incesantemente su furor,

Amós habla a Canadá y a tu país

Los canadienses estamos muy acostumbrados a superar climas extremos y deseamos el bien común y la justicia. Sin embargo, permitimos que los sueldos de los empresarios alcancen niveles escandalosos y con frecuencia cuestionamos la inversión en proyectos de bienestar social. Por eso consideramos que el profeta Amós, quien denuncia fuertemente la injusticia social y opresión de los pobres por ir contra la naturaleza humana, tiene un mensaje especial para nosotros.

El mensaje de Amós motiva a todas las personas y grupos sociales que estamos convencidos de que el gobierno y las instituciones educativas, de salud..., deben buscar el bien común y la justicia. Todos los cristianos debemos responder a su mensaje luchando para que sea inaceptable la injusticia y el abuso del poder en nuestras naciones y en el mundo, de modo que «el derecho corra como el agua y la justicia como un torrente inagotable» (Am 5 24).

El profeta Amós habla a todos los países. ¿Cómo lucha tu nación contra el abuso del poder y la injusticia? ¿Cómo puedes contribuir tú, ahora que eres joven, y el día de mañana como adulto, para que haya justicia?

Am 1

12 yo enviaré fuego contra Temán
y él consumirá los palacios de Bosrá.

Contra Amón

Jr 49 1-6; Ez 21 33-37; 25 1-7

13 Así habla el Señor:
Por tres crímenes de los amonitas,
y por cuatro,
no revocaré mi sentencia.
Porque abrieron el vientre
de las embarazadas de Galaad,
a fin de ensanchar su propio territorio,
14 yo incendiaré los muros de Rabá
y el fuego consumirá sus palacios,
entre gritos de guerra,
en un día de combate,
entre la borrasca, en un día de tempestad;
15 y su rey irá al cautiverio,
junto con todos sus oficiales,
dice el Señor.

Contra Moab

Is 15 – 16; Jr 48; Ez 25 8-11

2 1 Así habla el Señor:
Por tres crímenes de Moab,
y por cuatro,
no revocaré mi sentencia.
Porque él quemó los huesos
del rey de Edom hasta calcinarlos,
2 yo enviaré fuego contra Moab
y él consumirá los palacios de Queriot;
Moab morirá en el tumulto,
entre gritos de guerra,
al sonido de la trompeta;
3 extirparé al juez de en medio de él,
y con él, mataré a todos sus oficiales,
dice el Señor.

Contra Judá

Lv 26 14-16; Os 8 14

4 Así habla el Señor:
Por tres crímenes de Judá, y por cuatro,
no revocaré mi sentencia.
Porque despreciaron la Ley del Señor
y no observaron sus preceptos;
porque los extraviaron sus falsos dioses,
a los que habían seguido sus padres,
5 yo enviaré fuego contra Judá
y él consumirá los palacios de Jerusalén.

Contra Israel

Am 5 7.12; Ex 22 25-26; Dt 24 12-13; Nm 6 1-21

6 Así habla el Señor:
Por tres crímenes de Israel, y por cuatro,
no revocaré mi sentencia.

Porque ellos venden al justo por dinero
y al pobre por un par de sandalias;
7 pisotean sobre el polvo de la tierra
la cabeza de los débiles
y desvían el camino de los humildes;
el hijo y el padre tienen relaciones
con la misma joven,
profanando así mi santo Nombre;
8 se tienden sobre ropas tomadas en prenda,
al lado de cualquier altar,
y beben en la Casa de su Dios
el vino confiscado injustamente...
9 ¡Y pensar que yo destruí ante ellos
al amorreo,
cuya altura era igual a la de los cedros
y que era fuerte como las encinas:
arranqué su fruto por arriba
y sus raíces por debajo!
10 Y a ustedes, los hice subir del país de Egipto
y los conduje cuarenta años por el desierto,
para que tomaran en posesión
el país del amorreo.
11 Yo suscité profetas entre sus hijos
y nazireos entre sus jóvenes;
¿no es así, israelitas?
—oráculo del Señor—.
12 Pero ustedes hicieron beber vino
a los nazireos
y ordenaron a los profetas:
«¡No profeticen!».
13 Por eso, yo los voy a aplastar,
como aplasta un carro cargado de gavillas.
14 El hombre veloz no tendrá escapatoria,
el fuerte no podrá valerse de su fuerza
ni el valiente salvará su vida;
15 el arquero no resistirá,
el de piernas ágiles no escapará,
el jinete no salvará su vida,
16 y el más valeroso entre los valientes
huirá desnudo aquel día
—oráculo del Señor.

ADVERTENCIAS Y AMENAZAS CONTRA ISRAEL

Elección y castigo de Israel

Ex 19 4-6; Dt 7 6-8; Mt 11 20-24

3 1 Escuchen esta palabra que el Señor
pronuncia contra ustedes, israelitas,
contra toda la familia que yo hice subir del
país de Egipto:

2 Solo a ustedes los elegí
entre todas las familias de la tierra;
por eso les haré rendir cuenta
de todas sus iniquidades.

La vocación profética

Jl 2 1; Is 45 7; Jr 7 25; Ap 10 3; Jr 20 7-9

3 ¿Van juntos dos hombres
sin haberse puesto de acuerdo?
4 ¿Ruge el león en la selva
sin tener una presa?
¿Alza la voz el cachorro desde su guarida
sin haber cazado nada?

Te presentamos a... AMÓS, EL PROFETA DE LA JUSTICIA SOCIAL

Amós era pastor y cultivador de higos. No se sabe si era asalariado o un ranchero con empleados, pues sus escritos proyectan su ambiente campesino, pero su lenguaje es de persona educada. Originario de Judá, llega a Samaría, capital del reino del Norte, como un extraño, y se escandaliza de la marginación y el sufrimiento de los pobres causados por la explotación de los ricos.

A Amós le molestan fuertemente las injusticias y trata de sacudir las conciencias adormecidas. Explica que no es profeta por contrato, sino que el Señor irrumpió en su vida y cambió su oficio de pastor por el de profeta. Si tuviera que ganarse la vida como profeta, no se atrevería a denunciar a los poderosos, pero la misión que Dios le dio genera en él un compromiso irresistible, «El Señor ha hablado: *¿quién no profetizará?*» (Am 3 8) (ver «Eliseo, sucesor de Elías», 2 Re 2 – 6).

Amós es el primer profeta que habla del «resto», un pequeño grupo que se salva del castigo que sufrirá todo el pueblo, pues ha sido fiel a Dios (5 15). El concepto de «el resto» será elaborado más tarde por Isaías, Jeremías, Miqueas y Sofonías (ver «Perfil del resto de Israel», Sof 3 9-13).

Am 3 1-10

5 ¿Cae el pájaro a tierra sobre una trampa
si no hay un cebo?
¿Salta la trampa del suelo
sin haber atrapado nada?
6 ¿Suena la trompeta en una ciudad
sin que el pueblo se alarme?
¿Sucede una desgracia en la ciudad
sin que el Señor la provoque?
7 Porque el Señor no hace nada
sin revelar su secreto a sus servidores
los profetas.
8 El león ha rugido: ¿quién no temerá?
El Señor ha hablado: ¿quién no profetizará?

Oráculo contra Samaría

Sof 3 8; Am 2 6-8; 2 Re 17 3-6; Ex 22 12; Gn 31 39

9 Hagan oír su voz en los palacios de Asiria
y en los palacios de Egipto, y digan:
Reúnanse en las montañas
de Samaría,
y vean cuántos desórdenes hay
en medio de ella,
cuántas opresiones en su interior.
10 No saben obrar con rectitud
—oráculo del Señor—
esos que amontonan violencia
y devastación en sus palacios.
11 Por eso, así habla el Señor:
El enemigo cercará el país,
te despojará de tu poderío
y tus palacios serán saqueados.
12 Así habla el Señor:
Como el pastor arranca
de las fauces del león
dos patas o la punta de una oreja,
así serán librados los israelitas
que están sentados en Samaría,
en un rincón del diván,
sobre un lecho confortable.

Contra Betel y contra las casas suntuosas

1 Sm 1 3; 1 Re 12 29-30; 13 1-5; 22 39

13 Escuchen y atestigüen
contra la casa de Jacob
—oráculo del Señor de los ejércitos—:
14 El día en que yo castigue a Israel
por sus crímenes,
castigaré los altares de Betel;
los ángulos del altar serán demolidos
y caerán por tierra.
15 Derribaré la casa de invierno
junto con la casa de verano;
desaparecerán las casas de marfil
y las mansiones se derrumbarán
—oráculo del Señor.

Contra las mujeres de Samaría

Is 3 16-24; 32 9-14; 5 11-12

4 1 Escuchen esta palabra,
vacas de Basán,
que están sobre las montañas de Samaría,
ustedes, que oprimen a los débiles,
maltratan a los indigentes
y dicen a sus maridos: «¡Trae de beber!».
2 El Señor ha jurado por su santidad:
Sí, llegarán días sobre ustedes
en que las levantarán con garfios,
y hasta a la última de ustedes, con arpones.
3 Saldrán por las brechas, una tras otra,
y serán arrojadas hacia el Hermón
—oráculo del Señor.

Contra el culto meramente exterior

2 Re 2 1; Lv 7 11; Mt 6 2-4

4 ¡Vayan a Betel, y pequen,
a Guilgal, y pequen más todavía!
Ofrezcan sus sacrificios por la mañana,
y al tercer día sus diezmos;
5 quemen masa fermentada
en acción de gracias,
proclamen públicamente
sus ofrendas voluntarias,
ya que es eso lo que les gusta, israelitas
—oráculo del Señor.

Contra la insensibilidad de Israel

Lv 26 14-39; Sab 12 2.10; Jr 14 1-6; Ex 9 1-7;
Is 34 2-3; Gn 19; Am 3 7; 5 8.27; Os 12 6

6 Yo les hice pasar hambre
en todas sus ciudades,
y los privé de pan en todas sus poblaciones,
¡pero ustedes no han vuelto a mí!
—oráculo del Señor—.
7 Yo les negué la lluvia
tres meses antes de la cosecha;
hice llover sobre una ciudad
y sobre la otra no;
un campo recibía la lluvia,
y el campo donde no llovía, se secaba;
8 dos y tres ciudades se arrastraban
hasta la otra ciudad, para beber agua,
y no calmaban su sed;
¡pero ustedes no han vuelto a mí!
—oráculo del Señor—.
9 Yo los castigué con la sequía y el pulgón,
devasté sus huertas y sus viñas;
la langosta devoró sus higueras y olivares,
¡pero ustedes no han vuelto a mí!
—oráculo del Señor—.
10 Yo desencadené la peste contra ustedes,
como la peste de Egipto;

maté con la espada a sus jóvenes,
mientras sus caballos eran capturados;
hice subir hasta sus narices el hedor
de sus campamentos,
¡pero ustedes no han vuelto a mí!
—oráculo del Señor—.
11 Yo les envié una catástrofe
como la de Sodoma y Gomorra,
y ustedes fueron como un tizón
salvado del incendio,
¡pero ustedes no han vuelto a mí!
—oráculo del Señor—.
12 Por eso, mira cómo voy a tratarte, Israel;
y ya que te voy a tratar así,
prepárate a enfrentarte con tu Dios, Israel.
13 Porque el que forma las montañas
y crea el viento,
el que descubre al hombre
cuál es su designio,
el que hace la aurora y las tinieblas,
el que camina sobre las alturas de la tierra,
se llama «Señor, Dios de los ejércitos».

Lamentación sobre Israel

Am 5 16-17; Miq 1 8; Ez 19 1;
Dt 28 62; Am 5 15; Is 4 3

5 1 Escuchen esta palabra
que yo pronuncio contra ustedes,
es un canto fúnebre, casa de Israel:
2 Ha caído y no volverá a levantarse
la virgen de Israel;
yace postrada sobre su suelo
y nadie la levanta.
3 Porque así habla el Señor
a la casa de Israel:
De la ciudad que sale a combatir
con mil hombres
quedarán solo cien,
y de la que sale con cien
no quedarán más que diez
para la casa de Israel.

Llamado a la conversión

Am 5 6.14; 10 12; Am 4 4; 8 14; Os 4 15;
Job 9 9; 38 31; Am 9 6

4 Así habla el Señor a la casa de Israel:
Búsquenme a mí, y vivirán.
5 No busquen a Betel,
no vayan a Guilgal,
no pasen a Berseba,
porque Guilgal irá al cautiverio
y Betel se reducirá a nada.
6 Busquen al Señor y vivirán,
no sea que él caiga como fuego
sobre la casa de José,
y devore a Betel,
sin que nadie lo apague.

VIVE LA PALABRA

Despierta tu conciencia adormecida

Amós se esfuerza en despertar la conciencia social. Responde a sus esfuerzos y marca con un asterisco las frases que son realidad en tu pueblo o país:

- Nadie se muere de hambre ___;
- Toda la gente vive en una casa decente ___;
- Todos los niños tienen escuela y los jóvenes que lo desean pueden seguir sus estudios ___;
- Las mujeres son respetadas y valoradas ___;
- No hay desempleo y los salarios mínimos alcanzan para sostener a la familia ___;
- Los patrones respetan los derechos de los trabajadores y pagan justamente su trabajo ___;
- Reina la paz y no hay violencia ni agresiones ___;
- Los medios de comunicación promueven el desarrollo humano ___;
- Se protege a los niños, a los ancianos y a los enfermos ___;
- Los jóvenes son valorados y se impulsa el desarrollo de sus habilidades ___;
- Nuestras relaciones reflejan el amor de Dios ___;
- *Nuestra oración origina solidaridad* y cuidado a los más necesitados ___;
- Nos preparamos para la Misa con la justicia y el amor ___;
- Nos preocupamos de que exista derecho y justicia en nuestra nación ___.

Después de este análisis, ¿cuál sería el mensaje de Amós a tu pueblo o nación? ¿Qué le respondes a Dios, quien te habla a través de su profeta?

Am 5 7-15

[8] El que hace las Pléyades y el Orión,
el que cambia las tinieblas en aurora
y la luz del día en oscuridad,
el que convoca a las aguas del mar
y las derrama sobre la tierra,
se llama «el Señor».
[9] Él desencadena la ruina sobre la fortaleza
y la ruina alcanza a la plaza fuerte.

Amenazas y exhortaciones

Am 6 12; Dt 28 30-33; Zac 5 3-4; Sof 1 3; Sal 34 13-15; 37 27; Jl 2 14

[7] ¡Ay de los que convierten el derecho
en veneno
y echan por tierra la justicia!
[10] ¡Ay de los que aborrecen
al que recrimina en la Puerta
y detestan al que habla con integridad!
[11] Por eso, por haber esquilmado al débil,
exigiéndole un tributo de grano,
esas casas de piedras talladas
que ustedes construyeron,
no las habitarán,
de esas viñas selectas que plantaron,
no beberán el vino.
[12] Porque yo conozco la multitud
de sus crímenes
y la enormidad de sus pecados,
¡opresores del justo, que exigen rescate
y atropellan a los pobres en la Puerta!
[13] Por eso, el hombre sensato
se calla en este tiempo,
porque es un tiempo de desgracia.
[14] Busquen el bien y no el mal,
para que tengan vida,
y así el Señor, Dios de los ejércitos,
estará con ustedes,
como ustedes dicen.
[15] Aborrezcan el mal, amen el bien,
y hagan triunfar el derecho en la Puerta:
tal vez el Señor, Dios de los ejércitos,
tenga piedad del resto de José.

Inminencia del castigo

Am 5 1; Is 15 3; Jr 9 16-20; Ex 12 12; Is 5 5-7

[16] Por eso, así habla el Señor,
Dios de los ejércitos:
Habrá lamentaciones en todas las plazas
y gemidos en todas las calles.
Convocarán a los campesinos
para el duelo
y a las plañideras para los lamentos.
[17] Habrá lamentaciones en todas las viñas,
cuando yo pase en medio de ti,
dice el Señor.

Esperanza ilusoria en el Día del Señor

Jl 2 1-2; Sof 1 14-18; Jr 13 16

[18] ¡Ay de los que suspiran
por el Día del Señor!
¿Qué será para ustedes el Día del Señor?
¡Será tinieblas y no luz!
[19] Como cuando alguien huye de un león
y se topa con un oso;
o al entrar en su casa,
apoya su mano contra la pared
y lo muerde una serpiente...
[20] ¡El Día del Señor será tinieblas y no luz,
será oscuro, sin ningún resplandor!

Contra el culto de Israel

Am 4 4-5; Is 1 11-17; Os 6 6; Hch 7 42-43

[21] Yo aborrezco, desprecio sus fiestas,
y me repugnan sus asambleas.
[22] Cuando ustedes me ofrecen holocaustos,
no me complazco en sus ofrendas
ni miro sus sacrificios de terneros cebados.
[23] Aleja de mí el bullicio de tus cantos,
no quiero oír el sonido de tus arpas.
[24] Que el derecho corra como el agua,
y la justicia como un torrente inagotable.
[25] ¿Acaso ustedes me ofrecieron
sacrificios y ofrendas en el desierto
durante cuarenta años, casa de Israel?
[26] Ustedes se llevarán a Sicut, su rey,
y a Queván, su dios estelar,
esos ídolos que se han fabricado,
[27] porque yo los deportaré
más allá de Damasco,
dice el Señor, cuyo nombre es
«Dios de los ejércitos».

EL DERECHO CORRA
COMO EL AGUA, Y LA JUSTICIA
COMO UN TORRENTE
INAGOTABLE.
Am 5 24

Contra la falsa seguridad de los libertinos

Lc 6 24-25; Jr 5 12-13; Am 3 15; 1 Cr 22 5; Neh 12 36; Ap 18 14

6 [1] ¡Ay de los que se sienten seguros
en Sion
y de los que viven confiados
en la montaña de Samaría,
esos notables de la primera de las naciones,
a los que acude la casa de Israel!

VIVE LA PALABRA

¡Nuevo y mejorado!

Puede parecernos que la denuncia de Amós por el lujo despreocupado solo está dirigida a los adultos, grandes ricos y gobernantes. Y a nosotros, ¿qué nos dice?

¡Nuevo y mejorado! Son dos palabras comunes en los anuncios publicitarios. No importa cuán bueno es el producto, tarde o temprano, además de ser nuevo será mejorado.

¿Alguna vez has caído en la trampa de lo nuevo y mejorado, sin que necesites ese producto? ¿Sufres por no estar al último grito de la moda y te esfuerzas por tener objetos que, según los anuncios, te darán una vida maravillosa?

Amós nos habla a todos los que compramos y acumulamos cosas innecesarias, lujos y comodidades, cuando podemos usar nuestros recursos en beneficio de los más pobres. Además, dejarnos atraer por cosas superfluas con frecuencia nos impide sentir hambre de la Palabra de Dios (Am 8 11).

Basta con pensar en el lujo de los carros que tienen aire acondicionado y calefacción, estéreo, motores que gastan cantidad de gasolina, sin que esto mejore la utilidad práctica del vehículo y compararlos con las limitaciones e incomodidades de los millones de viviendas en el mundo, para darnos cuenta de que el mensaje de Amós es de suma actualidad.

Señor, quiero hacerte caso, pero es muy difícil ir contra la corriente. Dame valor para tener solo lo que necesito y generosidad para compartir mis recursos con los más pobres.

Am 6 1-8

2 Pasen por Calné y vean,
de allí, vayan a Jamat la grande,
bajen después a Gat de Filistea.
¿Son ellas más prósperas que estos reinos,
y su territorio es más grande
que el de ustedes?
3 ¡Ustedes creen alejar el día de la desgracia
y apresuran el reinado de la violencia!
4 Acostados en lechos de marfil
y apoltronados en sus divanes,
comen los corderos del rebaño
y los terneros sacados del establo.
5 Improvisan al son del arpa,
y, como David,
inventan instrumentos musicales;
6 beben el vino en grandes copas
y se ungen con los mejores aceites,
pero no se afligen por la ruina de José.
7 Por eso, ahora irán al cautiverio
al frente de los deportados,
y se terminará la orgía de los libertinos.

La magnitud del castigo

Am 4 2; Is 28 1-4; Am 2 14-16; Sof 1 7; Zac 2 17

8 El Señor lo ha jurado por sí mismo
—oráculo del Señor,
Dios de los ejércitos—:
Yo aborrezco el orgullo de Jacob,
y detesto sus palacios;
entregaré la ciudad
y todo lo que hay en ella.
9 Y si quedan diez hombres
en una sola casa, morirán.
10 Solo quedarán unos pocos fugitivos
para sacar los huesos de la casa;
y si se pregunta al que está
en el fondo de la casa:
«¿Hay alguien todavía contigo?»,
él responderá: «Nadie»,
y añadirá: «¡Silencio!
¡No hay que pronunciar ahora
el nombre del Señor!».
11 Porque el Señor da una orden
y bajo sus golpes
la casa grande se derrumba
y la pequeña se agrieta.

Perversión de la justicia

Am 5 7

12 ¿Acaso galopan los caballos por las rocas
o se ara con bueyes en el mar?
Pero ustedes convierten el derecho
en veneno
y el fruto de la justicia en ajenjo.

La victoria convertida en derrota

Dt 8 17; 9 4; 32 27; Jos 24 12; 2 Re 17 5-6

13 Ustedes se alegran a causa de Lo Dabar
y dicen: «¿No es acaso por nuestra fuerza
que nos hemos apoderado de Carnaín?».

[14] Por eso, yo voy a suscitar contra ustedes,
casa de Israel
—oráculo del Señor, Dios de los ejércitos—
una nación que los oprimirá,
desde la Entrada de Jamat
hasta el torrente de la Arabá.

VISIONES PROFÉTICAS

Primera visión: las langostas

Jl 1 4-7

7 [1] El Señor me hizo ver esto:
Él formaba langostas,
cuando comenzaba a crecer la hierba,
la que brota después de la siega
destinada al rey.
[2] Cuando ellas terminaron de devorar
la hierba del país yo dije:
«Perdona, Señor, por favor.
¿Cómo subsistirá Jacob? ¡Es tan pequeño!».
[3] El Señor se arrepintió de esto:
«No sucederá», dijo el Señor.

Segunda visión: el fuego

Is 66 16; Ez 21 1-4

[4] El Señor me hizo ver esto:
Él convocaba al fuego para juzgar;
el fuego devoró el gran océano
y estaba por devorar los campos.
[5] Yo dije: «Basta, Señor, por favor.
¿Cómo subsistirá Jacob? ¡Es tan pequeño!».
[6] El Señor se arrepintió de eso:
«Tampoco esto sucederá», dijo el Señor.

Tercera visión: la plomada

2 Re 23 15-16; Os 4 13; 10 8

[7] El Señor me hizo ver esto:
Él estaba de pie junto a un muro,
con una plomada en la mano.
[8] El Señor me preguntó: «¿Qué ves, Amós?».
Yo respondí: «Una plomada».
El Señor me dijo: «Voy a tirar la plomada
en medio de mi pueblo Israel;
ya no voy a perdonarlo más.
[9] Los lugares altos de Isaac serán devastados,
y los santuarios de Israel, arrasados,
cuando me levante con la espada
contra la casa de Jeroboam».

El conflicto entre Amós y Amasías

Jr 26 8-11; 2 Sm 7 – 8

[10] Amasías, el sacerdote de Betel, mandó
a decir a Jeroboam, rey de Israel: «Amós
conspira contra ti en medio de la casa de
Israel; el país ya no puede tolerar todas sus
palabras. [11] Porque él anda diciendo: "Jeroboam morirá por la espada e Israel irá al
cautiverio lejos de su país"». [12] Después,
Amasías dijo a Amós: «Vete de aquí, vidente, refúgiate en el país de Judá, gánate allí
la vida y profetiza allí. [13] Pero no vuelvas a
profetizar en Betel, porque este es un santuario del rey, un templo del reino».
[14] Amós respondió a Amasías: «Yo no soy
profeta, ni hijo de profetas, sino pastor y
cultivador de sicómoros; [15] pero el Señor
me sacó de detrás del rebaño y me dijo:
"Ve a profetizar a mi pueblo Israel". [16] Y
Ahora, escucha la palabra del Señor.

Tú dices: "No profetices contra Israel,
no vaticines contra la casa de Isaac".

PERSPECTIVA CATÓLICA

Raíces proféticas de la «Doctrina Social de la Iglesia»

El ideal de la cooperación entre Dios y la humanidad para construir una sociedad de paz, justicia y amor existe desde el Pentateuco (Gn 1 27-31; Dt 24 14-15). Pero son los profetas, en especial Amós, quienes especifican el ideal social y ponen las raíces de la «Doctrina Social de la Iglesia» (Is 58; Jr 7 4-11; Sof 2 3). Santiago, en su carta, insiste en varios aspectos relacionados con la justicia social (ver Hab 1 – 3).

Jesús iluminó y fortaleció estas raíces proféticas, y el Espíritu Santo ha guiado a la comunidad cristiana para articular y fomentar la aplicación de dicha doctrina. Así se han generado valiosos esfuerzos para promover la dignidad personal y los derechos humanos; trabajar por la libertad, la igualdad radical y el respeto a la diversidad; buscar el bien común mediante el ejercicio apropiado de la autoridad, etcétera (ver Sant 4 13 – 5 6).

¿Qué ideal, de los mencionados en el párrafo anterior, te da más energía para luchar por él?, ¿por qué? ¿Qué puedes hacer ahora de joven y cuando seas adulto para colaborar a que haya justicia en tu país?

Am 8 4-8

17 Por eso, dice el Señor:
"Tu mujer se prostituirá en plena ciudad,
tus hijos y tus hijas caerán bajo la espada;
tu suelo será repartido con la cuerda,
tú mismo morirás en tierra impura
e Israel irá al cautiverio lejos de su país"».

Cuarta visión: la canasta de frutos maduros

Jr 1 11-12; 24 1

8 1 El Señor me hizo ver esto:
Había una canasta de frutos maduros.
2 Y él me preguntó: «¿Qué ves, Amós?».
Yo respondí:
«Una canasta de frutos maduros».
El Señor me dijo:
«Mi pueblo Israel está maduro para su fin,
ya no voy a perdonarlo más».
3 Aquel día, los cantos del palacio
se convertirán en gemidos
—oráculo del Señor—.
¡Serán tantos los cadáveres,
que se los arrojará en cualquier lugar!

Contra los defraudadores y explotadores

Am 2 6-8; 4 1; Dt 25 13; Mt 6 10-11; Am 2 6; 9 5

4 Escuchen esto, ustedes,
los que pisotean al indigente
para hacer desaparecer a los pobres del país.
5 Ustedes dicen:
«¿Cuándo pasará el novilunio
para que podamos vender el grano,
y el sábado, para dar salida al trigo?
Disminuiremos la medida,
aumentaremos el precio,
falsearemos las balanzas para defraudar;
6 compraremos a los débiles con dinero
y al indigente por un par de sandalias,
y venderemos hasta los desechos del trigo».
7 El Señor lo ha jurado por el orgullo de Jacob:
Jamás olvidaré ninguna de sus acciones.
8 ¿No temblará la tierra a causa de esto
y estarán de duelo todos sus habitantes?
Crecerá toda entera como el Nilo,
se hinchará y bajará como el Río de Egipto.

Anuncio de un castigo misterioso

Is 13 10; Jl 2 2; Sof 1 15; Mc 15 33;
Jr 48 37; 6 26; Zac 12 10

9 Aquel día —oráculo del Señor—
yo haré que el sol se ponga al mediodía,
y en pleno día cubriré la tierra de tinieblas;
10 cambiaré sus fiestas en duelo
y todos sus cantos en lamentaciones;
haré que todos se ciñan un sayal
y que se rapen todas las cabezas;
haré que estén de duelo
como por un hijo único,
y su final será como un día de amargura.

Hambre y sed de la Palabra de Dios

Am 4 6; Dt 8 3; 28 28-29; 30 11-13; Os 5 6; Sal 74 9

11 Vendrán días —oráculo del Señor—
en que enviaré hambre sobre el país,
no hambre de pan, ni sed de agua,
sino de escuchar la palabra del Señor.
12 Se arrastrarán de un mar a otro
e irán errantes del norte al este,
buscando la palabra del Señor,
pero no la encontrarán.

Nuevo anuncio del castigo

Os 8 5-6; 1 Re 12 30; Am 5 5

13 Aquel día, desfallecerán de sed
las jóvenes hermosas y los jóvenes.
14 Los que juran por el Ídolo de Samaría,
diciendo: «¡Por la vida de tu Dios, Dan!»
y «¡Por la vida de tu Poder, Berseba!»,
todos ellos caerán para no levantarse más.

Quinta visión: la caída del Santuario

Jr 23 23-24; Sal 139 7-12

9 1 Yo vi al Señor de pie junto al altar,
y él dijo: ¡Golpea el capitel
y temblarán los umbrales!
Destruye a todos los que van a la cabeza,
y a los últimos, los mataré por la espada.
No escapará ningún fugitivo,
ni uno solo se podrá evadir.
2 Si fuerzan la entrada del Abismo,
mi mano los sacará de allí;
si suben hasta el cielo,
de allí los derribaré;
3 si se esconden en la cumbre del Carmelo,
allí los buscaré y agarraré;
si se ocultan de mi vista en el fondo del mar,
allí mandaré a la Serpiente que los muerda;
4 si van cautivos delante de sus enemigos,
allí ordenaré a la espada que los mate;
yo tendré puestos mis ojos sobre ellos
para su mal y no para su bien.

Doxología

Am 4 13; 5 8; 8 8; Sal 104 3; Am 5 8

5 El Señor de los ejércitos
toca la tierra y ella se deshace,
y todos sus habitantes están de duelo;
la tierra entera crece como el Nilo
y luego baja como el Río de Egipto.

6 Él construyó en el cielo las gradas de su trono
y cimentó su bóveda sobre la tierra;
él convoca a las aguas del mar
y las derrama sobre la faz de la tierra:
¡su nombre es «el Señor»!

Ningún privilegio para Israel

Jos 13 2; Am 3 12

7 Israelitas, ¿no son ustedes para mí
como los cusitas?
—oráculo del Señor—.
¿Acaso no hice salir a Israel
del país de Egipto,
como a los filisteos de Caftor
y a los arameos de Quir?
8 Los ojos del Señor están puestos
en ese reino pecador,
para exterminarlo de la faz de la tierra.

Castigo a todos los pecadores

Am 5 15; Jr 30 11; Is 30 28; Lc 22 31; Is 28 15; Jr 5 12; Miq 3 11

Pero yo no exterminaré completamente
a la casa de Jacob —oráculo del Señor—.
9 Porque daré una orden
y zarandearé a la casa de Israel
entre todas las naciones,
como se zarandea el trigo en la criba,
sin que caiga a tierra un solo grano.
10 Así morirán por la espada
todos los pecadores de mi pueblo,
esos que decían: «No se acercará,
no nos sucederá la desgracia».

Perspectivas de restauración para Israel

Hch 15 16-17; Jl 4 18; Lv 26 5; Is 65 21-22

11 Aquel día, yo levantaré la choza derruida de David,
repararé sus brechas, restauraré sus ruinas,
y la reconstruiré
como en los tiempos pasados,
12 para que ellos tomen posesión
del resto de Edom y de todas las naciones
que han sido llamadas con mi Nombre
—oráculo del Señor que cumplirá
todo esto—.
13 Llegan los días —oráculo del Señor—
en que el labrador seguirá de cerca
al que siega,
y el que vendimia al que siembra.
Las montañas harán correr el vino nuevo
y destilarán todas las colinas.
14 Yo cambiaré la suerte de mi pueblo Israel;
ellos reconstruirán las ciudades devastadas
y las habitarán,
plantarán viñedos y beberán su vino,
cultivarán huertas y comerán sus frutos.
15 Los plantaré en su propio suelo,
y nunca más serán arrancados
del suelo que yo les di,
dice el Señor, tu Dios.

SEÑOR, ¿DÓNDE ESTÁS?

¿DÓNDE ESTÁS QUE LA VIOLENCIA SIGUE?
¿POR QUÉ NO AYUDAS A QUIEN BUSCA Y NO ENCUENTRA TRABAJO?
¿DÓNDE TE ENCUENTRAS EN LOS BARRIOS EMPOBRECIDOS?
¿POR QUÉ HAY TANTA SOLEDAD ENTRE LOS NIÑOS Y ANCIANOS?

¡APARECE! ¡HABLA! ¡ACTÚA! ¡ES URGENTE!

***

RECUERDA QUE ACTÚO A TRAVÉS DE MIS SEGUIDORES.

TE INVITO A PROMOVER LA PAZ Y LA RECONCILIACIÓN,
A PREPARARTE PARA SER ÚTIL A LA SOCIEDAD,
A DAR TERNURA Y COMPAÑÍA A NIÑOS Y ANCIANOS.

¡ÚNETE A OTROS JÓVENES! ¡COLABORA CON LOS ADULTOS!
¡ACTÚA EN MI NOMBRE Y CONSTRUYE UN MUNDO MEJOR!

***

GRACIAS, SEÑOR, POR TUS PALABRAS,
QUIERO SER INSTRUMENTO TUYO PARA HACER EL BIEN.
DAME TU LUZ Y TU FUERZA, QUE ESO ME BASTA.

AMÉN

¿Has escuchado los refranes: «Lo que siembres, cosecharás» y «El que la hace, la paga»? Tal parece que nos dice Abdías. «Lo mismo que tú has hecho, se te hará a ti: ¡tu merecido recaerá sobre tu cabeza!» (Abd v. 15). Si eres honesto, las personas confiarán en ti y te hablarán con la verdad; si mientes, engañas o robas, te tendrán desconfianza. Si eres responsable, contribuirás al bienestar social; si contaminas y destruyes la tierra, arruinarás la vida en nuestro planeta. ¿Qué tipo de acciones siembras en tu vida? ¿Qué cosecharás tú y qué heredarán tus hijos y las futuras generaciones?

ESQUEMA

- **Versos 1-15.** Sentencia, culpa y ruina de Edom
- **Versos 16-21.** Desquite de Israel

PRESENTACIÓN

Los idumeos descendían de Esaú, hermano de Jacob, y habitaban Edom. Eran considerados «hermanos» de los israelitas, por ser ambos nietos de Abraham, pero nunca tuvieron buenas relaciones. Saúl, el primer rey de Israel, atacó Edom, y el rey David lo sometió sin consideración, por lo que los habitantes de Edom guardaban serios resentimientos contra los israelitas.

Abdías, *el profeta de la indignación*, relata el grave conflicto cuando Nabucodonosor, rey de Babilonia, atacó y destruyó Jerusalén, y Edom decidió colaborar y apoyar a Babilonia (587 a.C.). Profetizó contra Edom acusándolo por no ayudar a sus «hermanos», sino aprovecharse de su desgracia, gozarse en ella y saquearlos (Abd vv. 10-13).

Desde la perspectiva política hay que considerar que el Imperio babilónico se había extendido a toda Asia Menor, y que para Edom apoyar a Jerusalén significaba enemistarse con un imperio poderoso. Desde la perspectiva de Dios, Edom debía apoyar al pueblo hermano, perdonando las ofensas anteriores, y esto es lo que proclama el profeta en su mensaje.

El libro de Abdías es el más corto del Antiguo Testamento. Anuncia que el *Día del Señor* será castigo para las naciones enemigas de Israel y liberación para los desterrados de Jerusalén.

Conviene recordar que el Imperio babilónico fue posterior al Asirio, cuyo mapa está en la presentación del profeta Nahúm, pues los Libros proféticos no están presentados en orden cronológico.

IMPERIO BABILÓNICO

DATOS

Período descrito
Los diez años de sitio a Jerusalén por Nabucodonosor entre 587-538 a.C.

Autor
Abdías

Fecha de redacción
Fines del siglo VI a.C.

Temas
Dios castigará a Edom por haber explotado la desgracia de Judá

INDIGNACIÓN DEL PROFETA CONTRA EDOM

Título y prólogo

Jr 49 14

[1a] Visión de Abdías sobre Edom.
[1c] Hemos oído un mensaje
[1] de parte del Señor,
un heraldo ha sido enviado a las naciones:
«¡De pie! ¡Al asalto de la ciudad!
¡Al combate!».

La sentencia contra Edom

Jr 49 15-22; Is 19 11-15

[2] ¡Yo te hago pequeño entre los pueblos,
tú eres el más despreciado!
[3] La soberbia de tu corazón te engañó,
a ti, que habitas en las hendiduras
de la roca,
que pones tu morada en las alturas,
y dices en tu corazón:
«¿Quién me precipitará por tierra?».
[4] *Aunque te encumbres como* el águila,
aunque coloques tu nido entre las estrellas,
de allí te precipitaré —oráculo del Señor.

La ruina de Edom

Jr 49 9.10; 38 22; Sal 41 10; Jr 49 22

[5] Si vinieran ladrones a tu casa,
o asaltantes nocturnos,
¿se llevarían más de lo que necesitan?
Si vinieran vendimiadores,
¿no dejarían algunos racimos?
En cambio tú ¡cómo has sido arrasado!
[6] ¡Cómo ha sido registrado Esaú
y han sido explorados sus tesoros
escondidos!
[7] Te han expulsado hasta las fronteras,
todos tus aliados te han engañado;
tus amigos te han derrotado,
los que compartían tu pan
tendieron un lazo bajo tus pies:
«¡Ya no hay más inteligencia en él!».
[8] ¿Acaso ese día —oráculo del Señor—
no haré desaparecer a los sabios de Edom
y la inteligencia de la montaña de Esaú?
[9] Tus valientes tendrán miedo, Temán,
a fin de que todo hombre sea extirpado
de la montaña de Esaú.

La culpa de Edom

Am 1 11-12; Jl 3 5

Por la masacre, [10] por la violencia
contra tu hermano Jacob,
la vergüenza te cubrirá
y tú serás extirpado para siempre.
[11] El día en que estabas allí presente,

cuando los extranjeros llevaban
a su ejército cautivo,
cuando extraños franqueaban sus puertas
y echaban suertes sobre Jerusalén,
tú también eras como uno de ellos.
12 ¡No mires con aire de triunfo a tu hermano
en el día de su desastre!
¡No te alegres por los hijos de Judá
en el día de su perdición!
¡No profieras insolencias
en el día de la angustia!
13 ¡No entres por la puerta de mi pueblo
en el día de su ruina!
¡No te regocijes, también tú,
al ver su desgracia
en el día de su ruina!
¡No extiendas tu mano hacia sus riquezas
en el día de su ruina!
14 ¡No te apostes en las encrucijadas
para exterminar a sus fugitivos!
¡No entregues a sus sobrevivientes
en el día de la angustia!
15 ¡Porque está cerca el Día del Señor
contra todas las naciones!
Lo mismo que tú has hecho, se te hará a ti:
¡tu merecido recaerá sobre tu cabeza!

Abdías, *el profeta de la indignación*

La breve visión de Abdías manifiesta un fuerte grito de venganza, con el que el profeta expresa su deseo vehemente de que el Señor, justo juez, haga caer su castigo sobre el enemigo cruel que se ha aprovechado de las desgracias de Israel. ¿Crees que Dios castigará a Edom por traicionar a sus hermanos de raza? ¿Por qué merece Abdías el título de *profeta de la indignación*?

Y, a ti, ¿qué tipo de profeta te pide Dios ser? Escribe tu nombre y enseguida un título que describa tu vocación profética.

Abd 15

Desquite de Israel sobre Edom

Jr 25 15; Jl 3 5; 4 17

16 Sí, como ustedes bebieron
sobre mi Montaña santa,
así beberán sin cesar todas las naciones:
¡beberán y se hartarán,
y será como si nunca hubieran existido!
17 Pero sobre la montaña de Sion
habrá refugiados
—ese será un lugar santo—
y la casa de Jacob reconquistará
sus posesiones.
18 ¡La casa de Jacob será un fuego,
la casa de José, una llama,
y la casa de Esaú, la paja!
La abrasarán y la consumirán,
y no habrá sobrevivientes
en la casa de Esaú,
porque ha hablado el Señor.

El nuevo Israel

Am 9 12; Miq 4 6-7; Zac 14 9; Sal 22 28-30

19 Los del Négueb poseerán la montaña de
Esaú y la Sefelá, el país de los filisteos; ellos
poseerán el territorio de Efraím y el territorio
de Samaría, y Benjamín ocupará Galaad.
20 Los deportados, este ejército de los israelitas, poseerán el país de los cananeos
hasta Sarepta, y los deportados de Jerusalén que están en Sefarad, poseerán las ciudades del Négueb.
21 Ellos subirán victoriosos a la montaña
de Sion, para juzgar a la montaña de Esaú.
¡Y al Señor pertenecerá la realeza!

SEÑOR,

ME INDIGNA LA OPRESIÓN, LAS INJUSTICIAS
Y LA EXPLOTACIÓN AL POBRE Y AL DÉBIL.

ME ENOJA QUE A DIARIO EXISTAN
ABORTOS, ASESINATOS Y MUERTES SIN SENTIDO.

ME ENFURECEN LOS POLÍTICOS QUE MIRAN POR SÍ MISMOS,
EN LUGAR DE EN EL BENEFICIO DEL PUEBLO.

ME IRRITAN LOS PADRES QUE MALEDUCAN
Y LOS MAESTROS QUE NO ENSEÑAN.

ME SULFURAN LOS SACERDOTES QUE HACEN DAÑO
EN LUGAR DE LLEVAR A TI.

¡AYÚDAME A TORNAR ESTOS SENTIMIENTOS
EN MOTIVACIÓN A LA ACCIÓN!

¡QUE ME ENFOQUE DE AHORA EN ADELANTE EN CONSTRUIR
UNA SOCIEDAD DONDE REINE TU AMOR, JUSTICIA Y BONDAD!

AMÉN

Estás viendo una comedia cuyo tema es un doctor que actúa como mecánico de coches al tratar a sus pacientes. La enfermedad no es algo cómico, pero los disparates del actor te hacen reír. Es claro que está bromeando. Su sátira e ironía resaltan el buen cuidado que se espera del médico. En el libro de Jonás leerás una sátira bíblica sobre los profetas. Este libro usa el ridículo como estrategia literaria y presenta al profeta como antihéroe. Su objetivo es indicar la universalidad de Dios: él es el Señor de todo pueblo y persona, aun de nuestros enemigos.

ESQUEMA

- **Cap. 1.** La huida de Jonás
- **Cap. 2.** Súplica y liberación de Jonás
- **Cap. 3.** Conversión y perdón de Nínive
- **Cap. 4.** Disgusto del profeta y misericordia de Dios

DATOS

Período descrito
Siglo VIII a.C.
Autor
Anónimo
Fecha de redacción
Siglo V a.C.
Temas
Universalidad de la misericordia de Dios

PRESENTACIÓN

Durante la reconstrucción de Jerusalén, después del exilio, los líderes exhortaban a los judíos para alejarse de los pueblos y personas extranjeras con el fin de evitar la idolatría (ver «Identidad y pertenencia», Esd 4 1-5).

Por el hecho de haber sido elegidos por Dios, los israelitas pensaban que él rechazaría a otras naciones y esto los llevó a discriminar diversos pueblos. El libro de Jonás es una parábola cuyo objetivo es corregir este error y actitud discriminatoria, anunciando el alcance universal del amor de Dios.

La historia se sitúa en el siglo VIII a.C., cuando Nínive era capital de Asiria. Se burla del egocentrismo de los judíos que se consideraban como los únicos buenos, y presenta a Jonás como antihéroe. Describe todas las criaturas como buenas, menos a Jonás, quien rechaza su misión profética fugándose en un barco. Su acción acarrea una tempestad tan fuerte, que tuvo que ser arrojado al mar (Jon 1 1-3).

Al final, Jonás profetiza en Nínive la necesidad de convertirse. El mensaje de Dios es aceptado y hasta los animales participan en la actitud de penitencia (3 7). El lector sonríe indulgente al imaginar las vacas y corderos pidiendo perdón.

Dios muestra su misericordia con todos, buenos y malos. Jonás se enfurece, pues deseaba que los malos fueran castigados, olvidándose de que él también había desobedecido a Dios.

Para colmo, se seca la única planta que daba sombra a Jonás en el sol ardiente. Dios amonesta al profeta por su enojo, manifestándole que, si él se inquieta por una planta de ricino, más se preocupa Dios por los habitantes de Nínive (4 6-11). El objetivo del libro se cumple al relatar que el mensaje de Dios fue aceptado por los paganos e incluso por los enemigos de Israel.

JONÁS EN EL PEZ GRANDE

La huida de Jonás

2 Re 14 25; Sal 107 23-30; Hch 27 18; Mt 8 24-25

1 1 La palabra del Señor se dirigió a Jonás, hijo de Amitai, en estos términos:
2 «Levántate, parte ahora mismo para Nínive,
la gran ciudad, y proclama contra ella, porque su maldad ha subido hasta mí». 3 Pero
Jonás se levantó para huir a Tarsis, lejos de la
presencia del Señor. Bajó a Jope y encontró
allí un barco que zarpaba hacia Tarsis; pagó
su pasaje y se embarcó para irse con ellos a
Tarsis, lejos de la presencia del Señor. 4 Pero
el Señor envió un fuerte viento sobre el mar,
y se desencadenó una tempestad tan grande
que el barco estaba a punto de partirse. 5 Los
marineros, aterrados, invocaron cada uno a
su dios, y arrojaron el cargamento al mar para aligerar la nave. Mientras tanto, Jonás ha-
bía descendido al fondo del barco, se había
acostado y dormía profundamente. 6 El capitán se acercó a él y le preguntó: «¿Qué haces aquí dormido? ¡Levántate! ¡Clama a tu
dios! Tal vez ese dios se acuerde de nosotros,
para que no perezcamos». 7 Luego se dijeron
unos a otros: «Echemos suertes para saber
por culpa de quién nos viene esta desgracia». Así lo hicieron, y la suerte recayó sobre
Jonás.

Jonás arrojado al mar

Gn 1 9-10; Sal 17 6; 50 15; Dt 21 8; Jr 26 15

8 Entonces le dijeron: «Explícanos por qué
nos sobrevino esta desgracia. ¿Cuál es tu oficio? ¿De dónde vienes? ¿Cuál es tu país? ¿A
qué pueblo perteneces?». 9 Él les respondió:
«Yo soy hebreo y venero al Señor, el Dios del
cielo, quien hizo el mar y la tierra». 10 Aquellos hombres sintieron un gran temor, y le
dijeron: «¿Qué has hecho?», ya que comprendieron, por lo que él les había contado,
que huía de la presencia del Señor. 11 Y como
el mar se agitaba cada vez más, le preguntaron: «¿Qué haremos contigo para que el mar
se nos calme?». 12 Jonás les respondió: «Le-
vántenme y arrójenme al mar, y el mar se les
calmará. Yo sé muy bien que por mi causa
les ha sobrevenido esta gran tempestad».
13 Los hombres se pusieron a remar con fuerza, para alcanzar tierra firme; pero no lo consiguieron, porque el mar se volvía cada vez

Universalidad de la salvación

Los destinatarios del libro de Jonás eran los judíos duros de corazón que querían la salvación de Dios solo para ellos. Jonás recibe la misión de anunciar la misericordia universal de Dios, pero, en lugar de aceptar esta misión, huye. ¡Vaya profeta! Ante una tormenta causada por la infidelidad, los marineros paganos invocan al Señor.

Con este gesto el libro empieza a comunicar que Dios es el Señor de todos los pueblos, no solo de Israel (Jon 1 14). ¿Cómo tratas a personas de otras razas y religiones?

Jon 1 1-15

más tempestuoso contra ellos. 14 Entonces
invocaron al Señor, diciendo: «¡Señor, no
permitas que perezcamos a causa de la vida
de este hombre! No nos hagas responsables
de una sangre inocente, ya que tú, Señor, has
obrado conforme a tu voluntad». 15 Luego,
levantaron a Jonás, lo arrojaron al mar, y enseguida se aplacó la furia del mar. 16 Los
hombres, llenos de un gran temor al Señor,
le ofrecieron sacrificio e hicieron votos.

Súplica y liberación de Jonás

Mt 12 40; Sal 120 1; 69 2; 30 4; 3 9

2 1 El Señor hizo que un gran pez se tra-
gara a Jonás, y este permaneció en el
vientre del pez tres días y tres noches. 2 Entonces Jonás oró al Señor, su Dios, desde el
vientre del pez, 3 diciendo:

«Desde mi angustia invoqué al Señor,
y él me respondió;
desde el seno del Abismo, pedí auxilio,
y tú escuchaste mi voz.
4 Tú me arrojaste a lo más profundo,
al medio del mar:
la corriente me envolvía,
¡todos tus torrentes y tus olas
pasaron sobre mí!
5 Entonces dije: He sido arrojado
lejos de tus ojos,
pero yo seguiré mirando
hacia tu santo Templo.
6 Las aguas me rodeaban
hasta la garganta
y el Abismo me cercaba;
las algas se enredaban en mi cabeza.
7 Yo bajé hasta las raíces de las montañas:
sobre mí se cerraron para siempre
los cerrojos de la tierra;
pero tú me hiciste subir vivo de la Fosa,
Señor, Dios mío.
8 Cuando mi alma desfallecía,
me acordé del Señor,
y mi oración llegó hasta ti,
hasta tu santo Templo.
9 Los que veneran ídolos vanos
abandonan su fidelidad,
10 pero yo, en acción de gracias,
te ofreceré sacrificios y cumpliré mis votos:
¡La salvación viene del Señor!».

11 Entonces el Señor dio una orden al pez
y este vomitó a Jonás sobre la tierra firme.

Jesús y Jonás

Cuando los marinos echan a Jonás al agua, Dios provee un enorme pez que se traga al profeta. Siglos más tarde, Jesús explica que en él se cumplirá la «señal de Jonás» (Mt 16 4; Lc 11 30). ¿Qué quiere decir esto? ¿Por qué esta comparación si Jesús fue un profeta fiel y Jonás uno rebelde y discriminador?

Jonás estuvo en la oscuridad del vientre del pez durante tres días, antes de que Dios ordenara al pez escupirlo; Jesús experimentó la oscuridad de la muerte antes de resucitar glorioso al tercer día. Al salir del pez, Jonás anunció la universalidad del amor de Dios; al triunfar Jesús de la muerte, envió a sus Apóstoles a predicar la buena noticia de salvación al mundo entero.

Jon 2 2-10

La predicación de Jonás

Lc 11 30-32; Mt 12 41; Ez 26 16; 27 30-31; Jl 2 14

3 1 La palabra del Señor fue dirigida por
segunda vez a Jonás, en estos términos:
2 «Levántate, parte ahora mismo para Nínive,
la gran ciudad, y anúnciale el mensaje que yo
te indicaré». 3 Jonás se levantó y partió para
Nínive, conforme a la palabra del Señor. Ní-

nive era una ciudad enormemente grande: se
necesitaban tres días para recorrerla. 4 Jonás
comenzó a internarse en la ciudad y caminó
durante todo un día, proclamando: «Dentro
de cuarenta días, Nínive será destruida».

La conversión de Nínive y el perdón de Dios

5 Los ninivitas creyeron a Dios, decretaron un ayuno y se vistieron con ropa de penitencia, desde el más grande hasta el más
pequeño. 6 Cuando la noticia llegó al rey de
Nínive, este se levantó de su trono, se quitó
su vestidura real, se vistió con ropa de penitencia y se sentó sobre ceniza. 7 Además,
mandó proclamar en Nínive el siguiente
anuncio: «Por decreto del rey y de sus funcionarios, ningún hombre ni animal, ni el
ganado mayor ni el menor, deberán probar
bocado: no pasten ni beban agua; 8 vístanse
con ropa de penitencia hombres y animales; clamen a Dios con todas sus fuerzas y
conviértase cada uno de su mala conducta
y de la violencia que hay en sus manos. 9 Tal
vez Dios se vuelva atrás y se arrepienta, y
aplaque el ardor de su ira, de manera que
no perezcamos». 10 Al ver todo lo que los ninivitas hacían para convertirse de su mala
conducta, Dios se arrepintió de las amenazas que les había hecho y no las cumplió.

Disgusto del profeta y misericordia de Dios

Ex 34 6-7; 1 Re 19 4

4 1 Jonás se disgustó mucho y quedó
muy enojado. 2 Entonces oró al Señor,
diciendo: «¡Ah, Señor! ¿No ocurrió acaso lo
que yo decía cuando aún estaba en mi país?
Por eso traté de huir a Tarsis lo antes posible.
Yo sabía que tú eres un Dios bondadoso y
compasivo, lento para enojarte y de gran misericordia, y que te arrepientes del mal con
que amenazas. 3 Ahora, Señor, quítame la vida, porque prefiero morir antes que seguir
viviendo». 4 El Señor le respondió: «¿Te parece que tienes razón para enojarte?». 5 Jonás
salió de Nínive y se sentó al este de la ciudad: allí levantó una choza y se sentó a la
sombra de ella, para ver qué iba a suceder en
la ciudad. 6 Entonces el Señor hizo crecer allí
una planta de ricino, que se levantó por encima de Jonás para darle sombra y librarlo
de su disgusto. Jonás se puso muy contento
al ver esa planta. 7 Pero al amanecer del día
siguiente, Dios hizo que un gusano picara el
ricino y este se secó. 8 Cuando salió el sol,
Dios hizo soplar un sofocante viento del este. El sol golpeó la cabeza de Jonás, y este se
sintió desvanecer. Entonces se deseó la
muerte, diciendo: «Prefiero morir antes que
seguir viviendo». 9 Dios le dijo a Jonás: «¿Te
parece que tienes razón de enojarte por ese
ricino?». Y él respondió: «Sí, tengo razón para estar enojado hasta la muerte». 10 El Señor
le replicó: «Tú te conmueves por ese ricino
que no te ha costado ningún trabajo y que tú
no has hecho crecer, que ha brotado en una
noche y en una noche se secó, 11 y yo, ¿no me
voy a conmover por Nínive, la gran ciudad,
donde habitan más de ciento veinte mil seres humanos que no saben distinguir el bien
del mal, y donde hay además una gran cantidad de animales?».

VIVE LA PALABRA

Fidelidad equivocada

Los ninivitas escucharon el anuncio de Jonás y abandonaron su mala conducta, por lo que Dios no los castigó como los había amenazado (Jon 3 10). Jonás se enfadó con Dios porque los perdonó, y consideró su perdón como señal de deslealtad a Israel. No entendía que la fidelidad de Dios nace de un amor sin fronteras de raza, nación o religión.

¿Alguna vez te has enfadado con Dios porque las cosas no son como tú quieres? Es posible que tu enojo brote de lealtades equivocadas. Deja que Dios sea Dios, y que realice su plan de salvación, te guste o no.

Esto significa que no siempre obtendremos lo que deseamos ni de la manera como lo pedimos. En ocasiones será en el dolor o en la frustración donde nos encontremos con nosotros mismos y con Dios; otras veces será en el gozo y el éxito de otra persona donde veremos su mano protectora. Lo importante es siempre estar dispuestos a ver las cosas desde la perspectiva de su amor a nosotros y a los demás por igual, sin distinción alguna.

Jon 4 1-8

Piensa en una persona de la ciudad que va a trabajar a un poblado, donde el tiempo se mide por la sombra del sol y la comunidad solo conoce su realidad local. Igual se extraña un campesino que emigra a la ciudad o a otro país para sobrevivir, y necesita aprender cómo desarrollarse en un ambiente diferente y con tecnologías desconocidas. La experiencia de Miqueas fue similar; de una pequeña aldea llegó a Jerusalén como refugiado y ahí recibió la misión de profetizar cuando Asiria amenazaba al país. Dios se valió de su experiencia campesina para transmitir sus juicios en una ciudad.

ESQUEMA

- **1 – 3.** Proceso de Dios contra Israel
- **4 – 5.** Promesas del Señor a Sion
- **6 1 – 7 7.** Nuevo proceso del Señor a Israel
- **7 8-20.** Promesas de restauración

DATOS

Período descrito
De 722 a 700 a.C.
Autor
Miqueas y editores posteriores
Fecha de redacción
Fines del s. VII y VI a.C.
Temas
Advertencias contra la injusticia, promesas de un nuevo futuro

PRESENTACIÓN

Miqueas, *el profeta campesino en Jerusalén*, es contemporáneo del Primer Isaías en la época de los reyes Jotam, Ajaz y Ezequías, pero sus enfoques son muy diferentes (siglo VIII a.C.). Mientras que Isaías pertenecía a la clase sacerdotal y denunció la hipocresía de quien daba culto a Dios sin defender los derechos de los pobres ni actuar contra la injusticia, Miqueas era campesino y su predicación contra la injusticia nacía de una perspectiva diferente sobre el sufrimiento de los oprimidos.

Miqueas es portavoz apasionado de Dios. Su relación con la gente que trabaja la tierra lo obliga a denunciar a quienes codician y roban sus campos y sus hogares (Miq 2 2). Proclama que el Señor mostrará su justicia castigando la infidelidad a la alianza, que causa una brecha cada vez más profunda entre ricos y pobres. Por ser una persona muy sensible a las injusticias, lo hiere la deshonestidad de los jueces, los engaños causados por los falsos profetas, el ardid que encubre la explotación al débil y que da una seguridad ficticia de que se está bien con Dios.

Miqueas anuncia al Mesías apuntando las características que tendrá Jesús. En tanto Israel esperaba un mesías guerrero y triunfador, el profeta lo presenta procedente del pequeño resto: fiel, humilde y pacífico; que nacerá en Belén, la pequeña ciudad de David. La salvación viene de Dios y él quiere que se dé a partir de lo pequeño y lo humilde, no de lo grande, poderoso y esplendoroso.

El libro de Miqueas es una colección de oráculos que alternan sentencias severas (1 8 – 2 11) y promesas confortantes sobre la fidelidad de Dios (cap. 4); tiene entretejidas algunas confesiones de fe del profeta (3 8; 7 7). Es un texto ampliamente editado y revisado para mantener el mensaje del profeta relevante durante tiempos de cambio. Se advierte la incorporación de dos añadidos (2 12-13; 7 8-20), que son reflexiones sobre sus oráculos durante el exilio.

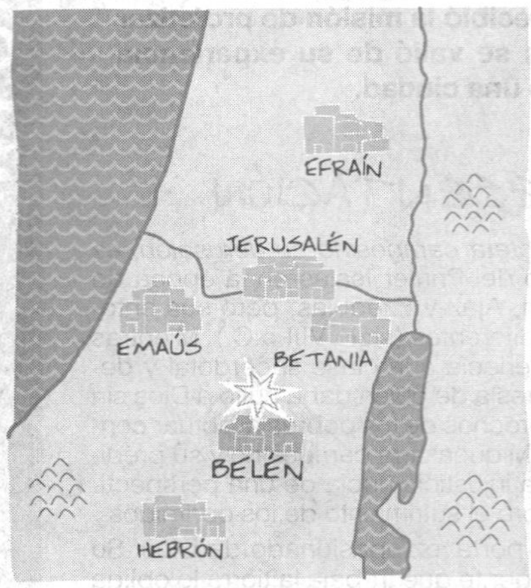

Título

Jr 26 18; 2 Re 15 32-38; 16 1-19; 18; Is 1 1; Abd 1

1 [1] Palabra del Señor que llegó a Miqueas de Moréset, en tiempos de Jotam, Ajaz y Ezequías, reyes de Judá. Esto es lo que él vio acerca de Samaría y Jerusalén.

EL PROCESO DE DIOS CONTRA ISRAEL

El juicio del Señor contra Samaría

Is 28 1-4; Nah 1; Hab 3

2 ¡Escuchen, todos los pueblos;
presten atención, tierra
y todo lo que hay en ella!
Que el Señor sea testigo contra ustedes,
el Señor, desde su santo Templo.
3 Porque el Señor sale de su Lugar sagrado,
desciende y camina sobre las alturas
de la tierra.
4 A su paso se derriten las montañas
y se agrietan los valles,
como la cera ante el fuego,
como el agua derramada
por una pendiente.
5 Todo esto, por la rebeldía de Jacob,
por el pecado de la casa de Israel.
¿Cuál es la rebeldía de Jacob?
¿No es acaso Samaría?
¿Y cuál es el pecado de Judá?
¿No es acaso Jerusalén?
6 Yo haré de Samaría un campo de ruinas,
una tierra para plantar viñedos;
haré rodar sus piedras hasta el valle
y pondré al desnudo sus cimientos.
7 Todas sus estatuas serán destrozadas,
todos sus salarios serán presa de las llamas,
y yo arrasaré todos sus ídolos.
Porque ella los amontonó
con salarios de prostitutas
y volverán a ser salario de prostitución.

Lamentación por la ruina de las ciudades del Sur

Is 10 28-34; 20 2-4; Ez 24 17-23; 2 Sm 1 20

8 A causa de esto, me lamentaré y gemiré,
andaré descalzo y desnudo,
lanzaré aullidos como los chacales,
gritos lastimeros como los avestruces.
9 ¡Porque el golpe es irremediable!
Sí, ha llegado hasta Judá,

hasta tocar la Puerta de mi pueblo,
hasta la misma Jerusalén.
10 ¡No lo anuncien en Gat,
no vayan a llorar en Boquim!
¡En Bet Leafrá,
revuélquense en el polvo!
11 ¡Toquen la trompeta,
habitantes de Safir!
¿No ha salido avergonzada de su ciudad
la población de Saanán?
El lamento de Bet Esel
los priva a ustedes de su apoyo.
12 Ha temblado por sus bienes
la población de Marot.
Porque la desgracia ha bajado
de parte del Señor
hasta la puerta de Jerusalén.
13 ¡Engancha los corceles al carro,
población de Laquis!
—Allí comenzó el pecado de la hija de Sion,
porque en ti se encontraron
las rebeldías de Israel—.
14 Por eso serás entregada como dote
junto con Moréset Gat.
Bet Aczib será una decepción
para los reyes de Israel.
15 ¡También contra ti llevaré al conquistador,
población de Maresá!
¡Se irá para siempre de Adulam
la gloria de Israel!
16 ¡Arráncate los cabellos, córtalos,
a causa de tus hijos queridos!
¡Agranda tu calvicie como la del buitre,
porque han ido al cautiverio, lejos de ti!

Contra la violencia de los poderosos

Sal 36 5; Is 5 8; Hab 2 6-20

2 1 ¡Ay de los que proyectan iniquidades
y traman el mal durante la noche!
Al despuntar el día, lo realizan,
porque tienen el poder en su mano.
2 Codician campos y los arrebatan,
casas, y se apoderan de ellas;
oprimen al dueño y a su casa,
al propietario y a su herencia.
3 Por eso, así habla el Señor:
Yo proyecto contra esta gente
una desgracia tal
que ustedes no podrán apartar el cuello,
ni andar con la cabeza erguida,
porque será un tiempo de desgracia.
4 Aquel día, se proferirá contra ustedes
una sátira
y se entonará esta lamentación:
«Hemos sido completamente devastados;
¡se transfiere a otros la parte de mi pueblo!

INDÍGENA

Un nuevo Miqueas entre nosotros

Algunas personas quieren que los indígenas se integren en la sociedad moderna, aunque ellos prefieran su cultura. Los indígenas andinos han defendido su tierra, sus costumbres y su esperanza con mucho sufrimiento, y encontraron un defensor en el obispo Luis Dalle, a quien recuerdan familiarmente como «Lucho».

Como el profeta Miqueas, el obispo Lucho, un misionero francés, denunció a quienes: «Codician campos y los arrebatan, casas, y se apoderan de ellas; oprimen al dueño y a su casa, al propietario y a su herencia» (Miq 2 2). Sus palabras fueron fuente de esperanza para los indígenas:

«El hombre andino tiene su propia idea respecto de los cambios necesarios. Y, que conste, los planteamientos del hombre andino son tan válidos como los nuestros, pues no tenemos el monopolio de la sabiduría». «Este pueblo creativo no acepta ser sometido, clama por la autenticidad. Conserva sus tradiciones, a pesar del impacto de la cultura dominante. Defiende sus formas de organización social».[2]

Miq 2 1-5

¿Cómo me la quita a mí
y reparte nuestros campos
al que nos lleva cautivos?».
5 Por eso, no tendrás a nadie
que arroje la cuerda para medirte un lote,
en la asamblea del Señor.

La oposición del pueblo contra el profeta

Am 2 12; Is 30 10; Jr 14 13-16; 29 8-9

6 «¡No vaticinen! —vaticinan ellos—.
No hagan estos vaticinios:
¡El oprobio no se alejará!
7 ¿Acaso ha sido maldecida la casa de Jacob?
¿Se ha agotado la paciencia del Señor?
¿Es esa su manera de obrar?
¿No habla con benevolencia
al que camina con rectitud?».
8 Desde hace tiempo,
mi pueblo se construye en enemigo;
ustedes arrancan el manto
de encima de la ropa
a los que pasan confiados,
al volver de la guerra.

9 Echan de sus casas amadas
a las mujeres de mi pueblo,
a sus niños los privan para siempre
de mi honor.
10 ¡Levántense y caminen,
este no es un lugar de reposo!
A causa de la impureza,
tú provocas la destrucción,
y la destrucción será cruel.
11 Si apareciera un hombre
que corre tras el viento
y propala esta mentira:
«¡Yo te vaticino vino y licor!»,
ese sí sería el profeta de este pueblo.

Promesa de salvación

Is 4 3; Jr 3 18; Ez 37 15-28; Jn 10 7

12 Sí, yo voy a reunir a todo Jacob,
voy a congregar al resto de Israel;
los juntaré como a ovejas en un corral,
como a un rebaño en medio de su pastizal:
¡será una ruidosa multitud de hombres!
13 El que abre camino sube a la vanguardia,
los demás se abren camino,
franquean la puerta y salen por ella:
¡su rey pasa al frente de ellos,
el Señor marcha a la cabeza!

Contra los jefes que oprimen al pueblo

Is 5 20.23; Jr 11 11; Mt 23 13

3 1 Después dije: ¡Escuchen, jefes de Jacob
y magistrados de la casa de Israel!
¿No les corresponde a ustedes conocer
el derecho,
2 a ustedes, que odian el bien y aman el mal,
que arrancan la piel de la gente
y la carne de encima de sus huesos?
3 Ellos devoran la carne de mi pueblo,
le arrancan la piel,
le quiebran los huesos,
lo despedazan como carne
que se echa en la olla,
como carne dentro de la caldera.
4 Entonces clamarán al Señor,
pero él no les responderá.
Él les ocultará su rostro en ese tiempo
por las malas acciones que han cometido.

Contra los profetas mercenarios

Ez 13; Jr 23 9ss

5 Así habla el Señor contra los profetas
que extravían a mi pueblo:
Cuando sus dientes tienen algo que morder,
ellos gritan: «¡Paz!».
Pero al que no les llena la boca,
le declaran la guerra santa.
6 Por eso, ustedes tendrán noches sin visiones,
y tinieblas en vez de presagios.
El sol se ocultará para los profetas
y el día se les oscurecerá.
7 Los videntes quedarán avergonzados
y los adivinos serán confundidos.
Todos se cubrirán la barba,
porque no habrá respuesta de Dios.
8 Yo, en cambio, gracias al espíritu del Señor,
estoy lleno de fuerza,
de justicia y de coraje,
para denunciar su rebeldía a Jacob
y su pecado a Israel.

La ruina de Jerusalén por la corrupción de sus jefes

Jr 26 18; Miq 1 6

9 ¡Escuchen esto, jefes de la casa de Jacob
y magistrados del pueblo de Israel,
ustedes, que abominan la justicia
y tergiversan el derecho,
10 que edifican con sangre a Sion
y a Jerusalén con injusticia!
11 Sus jueces juzgan por regalos,
sus sacerdotes instruyen por un sueldo,
sus profetas adivinan por dinero,
y todavía se apoyan en el Señor, diciendo:
«¿No está el Señor en medio de nosotros?
¡No nos puede pasar nada malo!».
12 Por eso, a causa de ustedes,
Sion será un campo arado,
Jerusalén, un montón de ruinas,
y la montaña del Templo,
una altura boscosa.

PROMESAS DEL SEÑOR A SION

El reinado futuro del Señor en Sion

Is 56 6-8; 66 18-20; Zac 8 20-23; Jn 4 22; Os 2 20;
1 Re 5 5; Zac 3 10

4 1 Sucederá al fin de los tiempos
que la montaña de la Casa del Señor
será afianzada sobre la cumbre
de las montañas
y se elevará por encima de las colinas.
Los pueblos afluirán hacia ella
2 y acudirán naciones numerosas, que dirán:
«¡Vengan, subamos a la Montaña del Señor
y a la Casa del Dios de Jacob!
Él nos instruirá en sus caminos
y caminaremos por sus sendas».
Porque de Sion saldrá la Ley,
y de Jerusalén, la palabra del Señor.
3 Él será juez entre pueblos numerosos
y árbitro de naciones poderosas,
hasta las más lejanas.

Con sus espadas forjarán arados
y podaderas con sus lanzas.
No levantará la espada
una nación contra otra
ni se adiestrarán más para la guerra.
4 Cada uno se sentará bajo su parra
y bajo su higuera,
sin que nadie lo perturbe,
porque ha hablado la boca
del Señor de los ejércitos.
5 Todos los pueblos caminan
cada uno en el nombre de su dios;
pero nosotros caminamos
en el nombre del Señor, nuestro Dios,
por siempre jamás.

El retorno a Sion del Rebaño disperso

Miq 2 12-13

6 Aquel día —oráculo del Señor—
yo reuniré a las ovejas tullidas,
congregaré a las descarriadas
y a la que yo había maltratado.
7 De las tullidas, haré un resto,
y de las alejadas, una nación poderosa.
Y el Señor reinará sobre ellas
en la montaña de Sion,
desde ahora y para siempre.
8 Y tú, Torre del Rebaño,
Altura de la hija de Sion,
a ti llegará otra vez la antigua soberanía,
la realeza de la hija de Jerusalén.

Exilio y liberación de Sion

Is 66 7-11; 55 8-9

9 Y ahora ¿por qué lanzas alaridos?
¿Acaso no tienes un rey,
o ha desaparecido tu consejero,
para que te retuerzas
como una parturienta?
10 Retuércete y sufre, hija de Sion,
como una parturienta,
porque ahora vas a salir de la ciudad
y habitarás al descampado.
Tú llegarás hasta Babilonia
y allí serás liberada;
allí el Señor te redimirá
de la mano de tus enemigos.

La victoria de Sion sobre las naciones

Ez 38 – 39; Ap 19 11-21; 20 7-10; 1 Re 22 11;
Is 60 3-5; Sal 72 10-11

11 Ahora se han reunido contra ti
numerosas naciones, que dicen:
«¡Que sea profanada,
para que nuestros ojos se regocijen
a la vista de Sion!».
12 Pero ellos no conocen
los planes del Señor
ni comprenden su designio:
él los ha reunido como gavillas en la era.
13 ¡Levántate y trilla, hija de Sion!
Yo haré de hierro tu cuerno,
y tus pezuñas, de bronce:
triturarás a pueblos numerosos;
consagrarás al Señor su botín,
y sus riquezas al Señor de toda la tierra.

Asedio de Jerusalén y humillación de su rey

14 ¡Ahora, reagrupa tus tropas, ciudad sitiada!
Han puesto un asedio contra nosotros;
golpean con la vara en la mejilla
al juez de Israel.

La restauración de la dinastía davídica

Mt 2 6; Jn 7 42; Is 7 14; Jue 6 24; Sal 2 9

5 1 Y tú, Belén Efratá, tan pequeña
entre los clanes de Judá,
de ti me nacerá el que debe gobernar
a Israel:
sus orígenes se remontan al pasado,
a un tiempo inmemorial.

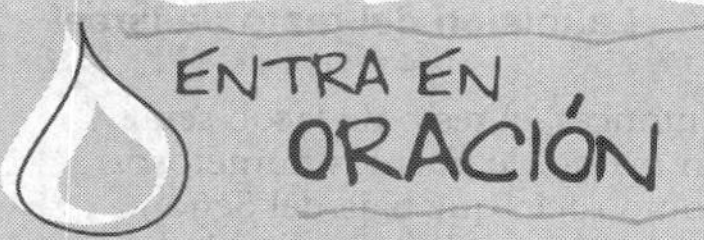

Comienzos humildes

Miqueas, *el profeta campesino en Jerusalén,* proclama que el Señor suscitará un nuevo rey mesiánico. Recogerá las ovejas y hará con ellas un resto (ver «Perfil del resto de Israel», Sof 3 9-13). Será un rey humilde, que vendrá de Belén, una ciudad pequeña e insignificante, libre de corrupción política. Pastoreará con la fuerza del Señor, y él mismo será la paz (Miq 5 3-4). Mateo, en su evangelio, indica que esta profecía se cumple con el nacimiento de Jesús (Mt 2 5-6).

Querido Dios, fortalece mi confianza en ti, quiero ser parte del resto fiel de nuestro siglo, para cuidar de otros jóvenes. Gracias por escoger a personas sencillas para realizar tus planes. Te presento mis pequeños dones, tú los conoces. Ayúdame a desarrollarlos y a ponerlos a tu servicio, para ser siempre instrumento de tu amor y de tu paz. Amén.

Miq 5 2-5

2 Por eso, el Señor los abandonará
hasta el momento en que dé a luz
la que debe ser madre;
entonces el resto de sus hermanos
volverá junto a los israelitas.
3 Él se mantendrá de pie y los apacentará
con la fuerza del Señor,
con la majestad del nombre del Señor,
su Dios.
Ellos habitarán tranquilos,
porque él será grande hasta los confines
de la tierra.
4 ¡Y él mismo será la paz!
Si Asiria invade nuestro país
y pisa nuestros palacios,
le opondremos siete pastores
y ocho príncipes del pueblo:
5 Ellos apacentarán a Asiria con la espada
y al país de Nemrod con el acero.
Y él nos librará de Asiria,
si llega a invadir nuestro país
y pisa nuestra frontera.

La misión del resto de Israel

Is 4 3; Os 14 6

6 Entonces, el resto de Jacob será,
en medio de pueblos numerosos,
como rocío que baja del Señor,
como chaparrón sobre la hierba,
que no espera en el hombre
ni aguarda nada de los seres humanos.
7 Entonces, el resto de Jacob
será entre las naciones,
en medio de pueblos numerosos,
como un león entre los animales de la selva,
como un cachorro de león entre los rebaños:
cuando él pasa, pisotea y destroza,
sin que nadie pueda librar.

Abolición de las guerras y de la idolatría

Is 2 6ss; Os 14 4; Zac 9 10

8 Que tu mano se alce contra tus adversarios
y sean extirpados todos tus enemigos.
9 Aquel día —oráculo del Señor—
yo extirparé tus caballos de en medio de ti
y haré desaparecer tus carros de guerra;
10 extirparé las ciudadelas de tu país
y derribaré todas tus fortalezas;
11 extirparé de tus manos los sortilegios
y no tendrás más adivinos;
12 extirparé de en medio de ti
tus ídolos y tus piedras conmemorativas,
y ya no volverás a postrarte
ante la obra de tus manos;
13 arrancaré de en medio de ti
tus postes sagrados
y derribaré tus ídolos.
14 ¡Y me vengaré con ira y furor
de las naciones que no hayan obedecido!

NUEVO PROCESO DEL SEÑOR A ISRAEL

El pleito del Señor con su Pueblo

Is 3 13-15; 5 3-4; Os 4 1-5; Dt 5 6;
1 Sm 12 6; Nm 22 – 24

6 1 Escuchen lo que dice el Señor:
¡Levántate, convoca a juicio
a las montañas

VIVE LA PALABRA

Amor con amor se paga

El Señor se queja por la ingratitud de su pueblo ante su obra de liberación, la cual empezó desde que lo sacó de Egipto: «¿Qué te hice, pueblo mío, o en qué te molesté? Respóndeme» (Miq 6 3-4). La liturgia recoge estas palabras el Viernes Santo.

Dios nos ama hasta darnos a su Hijo y espera que le respondamos con amor. ¿Cómo le has respondido tú? Un sabio consejo nos propone que practiquemos la virtud contraria a las faltas que más nos molestan en otros:

- ¿Te molesta alguien egoísta? Comparte tus bienes y sirve a tu comunidad.
- ¿Vives atemorizado por la violencia? Busca la reconciliación y actúa con tranquilidad.
- ¿Te enoja que te traten mal? Sonríe a todas las personas y habla con bondad.

¡Cómo simplifica Miqueas el camino para vivir la voluntad de Dios! Busca «nada más que practicar la justicia, amar la fidelidad y caminar humildemente con tu Dios» (6 8).

Miq 6 3-8

y que las colinas escuchen tu voz!
2 ¡Escuchen, montañas, el pleito del Señor,
atiendan, fundamentos de la tierra!
Porque el Señor tiene un pleito
con su pueblo,
entabla un proceso contra Israel:
3 «¿Qué te hice, pueblo mío,
o en qué te molesté? Respóndeme.
4 ¿Será porque te hice subir de Egipto,
porque te rescaté de un lugar de esclavitud
y envié delante de ti
a Moisés, Aarón y Miriam?
5 Recuerda, pueblo mío,
lo que tramaba Balac, rey de Moab,
y qué le respondió Balaam, hijo de Beor.
Recuerda el trayecto desde Sitim
hasta Guilgal,
y así reconocerás los actos justicieros
del Señor».

El verdadero culto

Lv 18 21; 20 2-5; 1 Sm 15 22; Is 1 11-17; 58 1-12;
Am 5 21-24; Zac 7 4-6

6 ¿Con qué me presentaré al Señor
y me postraré ante el Dios de las alturas?
¿Me presentaré a él con holocaustos,
con terneros de un año?
7 ¿Aceptará el Señor miles de carneros,
millares de torrentes de aceite?
¿Ofreceré a mi primogénito
por mi rebeldía,
al fruto de mis entrañas
por mi propio pecado?
8 Se te ha indicado, hombre, qué es lo bueno
y qué exige de ti el Señor:
nada más que practicar la justicia,
amar la fidelidad
y caminar humildemente con tu Dios.

Contra el fraude y la mentira

Am 8 4-6; 2 6-7; 4 1.10

9 La voz del Señor llama a la ciudad.
—¡Es prudente *temer tu* Nombre!—.
¡Oigan, tribu de Judá
y asamblea de la ciudad!
12 ¡Sus ricos están llenos de violencia,
sus habitantes hablan falsamente
y la lengua es pura mentira en su boca!
10 ¿Tendré que tolerar todavía
en la casa del impío
los tesoros mal adquiridos
y la execrable medida rebajada?
11 ¿Puedo tener por justas las balanzas falsas
o la bolsa de pesas fraudulentas?
13 Por eso, yo comencé a golpearte
y a devastarte por tus pecados.
14 Tú comerás, pero no te saciarás,
y el hambre te devorará por dentro;
ahorrarás, pero no conservarás,
y lo que conserves, yo lo entregaré
a la espada.
15 Sembrarás, pero no cosecharás;
pisarás la aceituna,
pero no te ungirás con aceite,
tendrás mosto, pero no beberás el vino.

El mal ejemplo de los reyes de Samaría

16 Tú observas los decretos de Omrí
y todas las prácticas de la casa de Ajab;
procedes según sus consejos,
para que yo te entregue a la desolación,
y a tus habitantes a la burla.
¡Ustedes soportarán
el oprobio de los pueblos!

La injusticia universal

Sal 14 1-3; Jr 5 1; 9 3; 12 6; Mt 10 35-36

7 1 ¡Ay de mí! He llegado a ser
como los segadores en verano,
como el que rebusca después de la vendimia:
¡ni un racimo para comer,
ni una breva de las que tanto me gustan!
2 El hombre fiel ha desaparecido del país:
¡no queda ni un justo entre los hombres!
Todos están al acecho para derramar sangre,
cada uno atrapa a su hermano en la red.
3 Sus manos se emplean para el mal;
para hacer un favor, el príncipe exige
y el juez reclama una gratificación;
el poderoso manifiesta su avidez
y se pervierte la justicia.
4 El mejor entre ellos es como una zarza,
el más justo, peor que una mata espinosa.
Pero ha llegado tu castigo,
el día anunciado por tus centinelas:
es el momento de su consternación.
5 No se fíen de un compañero,
no tengan confianza en un amigo;
cuídate de abrir la boca
delante de la que se recuesta en tu pecho.
6 Porque el hijo denigra al padre,
la hija se alza contra su madre,
la nuera contra su suegra,
y cada uno tiene como enemigos
a los de su casa.
7 Pero yo aguardo al Señor,
espero en el Dios de mi salvación.
¡Mi Dios me escuchará!

YO AGUARDO AL SEÑOR, ESPERO EN EL DIOS DE MI SALVACIÓN. Miq 7 7

PROMESAS DE RESTAURACIÓN

Confianza de Sion en medio de la prueba

Sal 42 4.11; Jl 2 17

8 No te alegres de mi suerte, enemiga mía,
porque si he caído, me levantaré;
si habito en las tinieblas,
el Señor es mi luz.
9 Tengo que soportar la ira del Señor,
porque he pecado contra él,
hasta que él juzgue mi causa
y me haga justicia.
Él me hará salir a la luz y
yo contemplaré su justicia.
10 Mi enemiga lo verá
y se cubrirá de vergüenza,
ella, que me decía:
«¿Dónde está el Señor, tu Dios?».
Mis ojos gozarán al verla,
cuando sea pisoteada
como el barro de las calles.

Anuncio de la restauración

Sal 51 20; Neh 2 17; 6 15; Dt 19 8; Is 54 2

11 ¡Llega el día de reconstruir tus murallas!
Aquel día se extenderán tus fronteras;
12 aquel día vendrán hacia ti
desde Asiria hasta Egipto
y desde Egipto hasta el Río,
de un mar hasta el otro
y de una montaña hasta la otra.
13 La tierra quedará desolada
a causa de sus habitantes,
como pago de sus malas acciones.

Oración por la prosperidad del pueblo

Ez 34 1; Sal 95 7; 23 1-2.4; Is 40 3; 26 11

14 Apacienta con tu cayado a tu pueblo,
al rebaño de tu herencia,
al que vive solitario en un bosque,
en medio de un vergel.
¡Que sean apacentados
en Basán y en Galaad,
como en los tiempos antiguos!
15 Como en los días en que salías de Egipto,
muéstranos tus maravillas.
16 Las naciones verán y se avergonzarán
de todo su poderío;
se taparán la boca con la mano
y quedarán sordos sus oídos.
17 Lamerán el polvo como la serpiente,
como los gusanos de la tierra;
saldrán temblorosas de sus refugios,
irán temblando hacia el Señor,
nuestro Dios,
y sentirán temor delante de ti.

La confianza en el perdón de Dios

Jr 50 20; Sal 103 9; Ex 34 6-7; Lc 1 73; Gn 22 16-18; 28 13-15

18 ¿Qué dios es como tú,
que perdonas la falta
y pasas por alto la rebeldía
del resto de tu herencia?
Él no mantiene su ira para siempre,
porque ama la fidelidad.
19 Él volverá a compadecerse de nosotros
y pisoteará nuestras faltas.
Tú arrojarás en lo más profundo del mar
todos nuestros pecados.
20 Manifestarás tu lealtad a Jacob
y tu fidelidad a Abraham,
como lo juraste a nuestros padres
desde los tiempos remotos.

Si se hiciera una película del libro de Nahúm habría que advertir al público sobre sus escenas de devastación, desolación y violencia. Nahúm describe a Dios empeñado en destruir a los enemigos de Israel. ¿Qué provocó la ira del profeta? ¿Qué puede enojar tanto a Dios? Nahúm lanza palabras de verdadera ira contra los asirios que atropellan la dignidad y las leyes de todo pueblo a su alcance. Nahúm significa «consolador», porque los israelitas veían un consuelo en la destrucción de sus enemigos.

NAHÚM

ESQUEMA

- **1 2 – 2 1.** La ira del Señor
- **2 2 – 3 19.** Ruina de Nínive

IMPERIO ASIRIO

DATOS

Período descrito
De 754 a 681 a.C.

Autor
Nahúm

Fecha de redacción
Primera mitad siglo VII a.C.

Temas
Dios es Señor de la historia. Nahúm interpreta el castigo de Asiria, desde el amor de Dios por su pueblo

PRESENTACIÓN

Nahúm, el *profeta contra el opresor,* escribió palabras muy duras contra el Imperio asirio cuando era el terror del Medio Oriente. En el año 722 a.C., Asiria había destruido el reino de Israel o reino del Norte. En 701 a.C. invadió también el reino del Sur, Judá; cercó Jerusalén e hizo sentir su crueldad a los habitantes, aunque la ciudad no cayó en sus manos.

Nahúm se sitúa en la perspectiva del oprimido, y desde ahí profetiza la destrucción de Asiria como un castigo de Dios al opresor, usa un lenguaje muy violento. Su primer capítulo es un salmo al poder de Dios como el Señor de la historia, celoso y vengador.

En los capítulos 2 y 3 anuncia la destrucción de Nínive, capital de Asiria, por el poder de Babilonia. Compara el mapa del Imperio asirio que se presenta aquí con el del Imperio babilónico, que floreció un siglo más tarde (ver «Presentación del libro de Abdías»). Nahúm interpreta la caída de dicho Imperio como realización de la justicia de Dios.

Escondidas entre las amenazas y la violencia contra Asiria, Nahúm recuerda el amor y la protección de Dios: «El Señor es bueno con los que esperan en él, es un refugio en el día de la angustia; reconoce a los que confían en él» (Nah 1 7), y tiene palabras de aliento y paz para el pueblo elegido (2 1). Pero se ha criticado mucho la alegría de Nahúm ante la caída de Asiria y su falta de denuncia ante los pecados de su propio pueblo.

DIOS SALVA A ISRAEL Y CASTIGA A SUS ENEMIGOS

Título

Is 13 1; Gn 10 11; 2 Re 19 36; Jon 1 2; Ez 7 26

1 [1] Oráculo sobre Nínive. Libro de la visión de Nahúm de Elcós.

LA IRA DEL SEÑOR

Dt 4 24; Ex 20 5-6; 34 6-7; Is 50 2; Ap 6 17

[2] El señor es un Dios celoso y vengador,
el Señor es vengador e irascible.
El Señor se venga de sus adversarios
y guarda rencor a sus enemigos.
[3] El señor es lento para enojarse,
pero es grande en poder
y no deja a nadie impune.
Él camina en la tempestad y el huracán,
la nube es el polvo de sus pies.
[4] Él increpa al mar y lo seca,
y agota todos los ríos;
el Basán y el Carmelo languidecen,
se marchita el verdor del Líbano.
[5] Las montañas tiemblan ante él,
se deshacen las colinas;
en su presencia se hunde la tierra,
el mundo y todos sus habitantes.
[6] ¿Quién se mantendrá de pie ante su furor?
¿Quién resistirá al ardor de su ira?
Su furia se derrama como fuego,
y las rocas se parten ante él.
[7] El Señor es bueno con los que esperan en él,
es un refugio en el día de la angustia;
reconoce a los que confían en él
[8] cuando pasa la inundación;
aniquila a los que se rebelan contra él
y persigue a sus enemigos en las tinieblas.

A los jefes de Judá

Is 29 15; 30 1-2; Os 7 5; Jr 30 11; 1 Cor 1 19

[9] ¿Que traman ustedes contra el Señor?
Él aniquila por completo,
y la calamidad no se repetirá dos veces.
[10] Como un manojo de espinas enmarañadas,
como la paja seca,
ellos serán completamente devorados.

A Nínive

2 Re 19 4.16; Is 37 23-24

[11] De ti ha salido
el que trama el mal contra el Señor,
el que concibe planes siniestros.

VIVE LA PALABRA

La ira como efecto del amor

Es difícil imaginar a Dios lleno de ira, porque creemos en su amor y su misericordia. Sin embargo, es normal experimentar ira como efecto del amor. Si alguien secuestra a un miembro de tu familia, ¿no sentirías ira contra el agresor? ¿No sentimos ira por la destrucción que causan las guerras y el terrorismo? Si no somos capaces de enojarnos contra quienes explotan al débil, maltratan a los niños, denigran a las mujeres, promueven la drogadicción..., nuestro amor por quien sufre es solo palabrería.

Considerar solo el lado amable de Dios es olvidar la otra cara del amor. Dios nos ama infinitamente, pero odia el pecado. Hoy día la conciencia del pecado es muy baja. Nunca tengas miedo de reconocer la gravedad del pecado que ofende a Dios, a ti mismo/a y a los demás. Es el primer paso para la conversión y el auténtico desarrollo personal. Termina tu reflexión y ora con el Salmo 53.

Nah 1 2-8

A Judá

2 Re 19 35-36; Is 9 3

12 Así habla el Señor:
Por compactos y numerosos que sean,
ellos serán talados y desaparecerán.
Aunque yo te humillé,
ya no volveré a humillarte.
13 Ahora quebraré el yugo que pesa sobre ti
y romperé tus ataduras.

Al rey de Nínive

Is 14 19-21; Jr 8 1-2

14 El Señor decreta contra ti:
Ninguna descendencia
perpetuará tu nombre;
extirparé del templo de tus dioses
las imágenes esculpidas y fundidas,
y haré de tu sepulcro una ignominia.

A Judá: anuncio de la salvación

Is 52 7-10; 5 1-7; Sal 80 13-17

2 1 Miren sobre las montañas
los pasos del que trae
la buena noticia,
del que proclama la paz.
Celebra tus fiestas, Judá,
cumple tus votos,
porque el hombre siniestro
no pasará más por ti:
ha sido exterminado por completo.
3 Sí, el Señor ha restaurado la viña de Jacob
y la viña de Israel.
Los salteadores las habían saqueado
y habían destruido sus sarmientos.

LA RUINA DE NÍNIVE

El asalto de Nínive

Is 5 26-30; Jr 5 15-17; 6 22-30; Is 13 7-8

2 ¡Un destructor te ataca de frente!
¡Monta guardia en la fortaleza,
vigila los accesos, cíñete el cinturón,
concentra todas tus fuerzas!
4 El escudo de sus valientes está enrojecido,
sus guerreros visten de púrpura;
los carros relucen con el fuego de los aceros
mientras se los dispone para el combate;
y los conductores se enardecen.
5 Los carros avanzan con furia
en campo abierto
y se precipitan sobre las plazas;
su aspecto es como de antorchas,
corren de aquí para allá como relámpagos.
6 ¡Se convoca a las tropas escogidas,
tropiezan en su carrera!
Se abalanzan sobre la muralla
y se coloca el parapeto.
7 Se abren las puertas que dan a los ríos
y se derrumba el palacio.
8 La Estatua es retirada
y llevada al exilio;
sus servidoras gimen como palomas
y se golpean el pecho.
9 Nínive es como un estanque,
cuyas aguas se escurren.
«¡Deténganse! ¡Deténganse!».
Pero nadie se vuelve.
10 «¡Arrasen con la plata, arrasen con el oro!».
¡Es una reserva inagotable,
hay montones de objetos preciosos!

11 ¡Devastación, depredación, desolación!
El corazón desfallece,
se aflojan las rodillas,
tiembla todo su cuerpo,
se crispan todos los rostros.

Sentencia sobre el león de Asiria

Os 5 14; Miq 5 7; Jr 4 7

12 ¿Dónde está la guarida de los leones,
la cueva de los cachorros,
donde el león iba a llevar su cría,
sin que nadie lo espantara?
13 El león despedazaba para cebar a sus crías
y estrangulaba para sus leonas;
llenaba de presas su escondrijo
y sus guaridas de rapiñas.
14 ¡Aquí estoy contra ti!
—oráculo del Señor de los ejércitos—.
Levantaré una humareda con tus carros
y la espada devorará tus cachorros;
suprimiré de la tierra tus rapiñas
y ya no se oirá la voz de tus mensajeros.

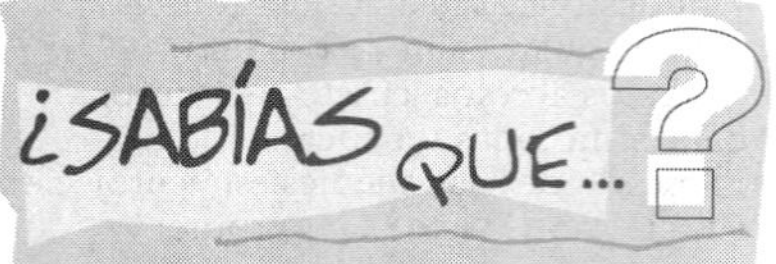

La imagen de Dios vengativo en algunos profetas

La imagen de Dios, que ordena acciones violentas para vengarse y castigar a las naciones enemigas de Israel, es frecuente en los Libros históricos y en algunos profetas como Nahúm, Abdías, Habacuc y Sofonías (ver «¿Apoya Dios la violencia?», Jdt 13 1-10).

¿Acaso Dios es distinto en el Antiguo y el Nuevo Testamento? ¿Estaban estos profetas equivocados o reflejan el verdadero rostro de Dios? ¡Estas preguntas son importantes!

Hay que recordar que Dios se revela poco a poco, y que esos profetas aún no habían recibido la revelación plena de Dios. Otros profetas nos ayudan a comprender que Dios ama a todas las naciones y que *no quiere ningún tipo de violencia* (ver «La venganza de Dios en la Biblia», Jr 46 – 51), pero será Jesús el que revele sin equívoco el amor universal de Dios (ver «Cómo leer, estudiar y comprender la Biblia», p. 36).

Nah 3

El saqueo y la deshonra de Nínive

Ez 39 11-16; Ap 17 – 18; Nah 2 14; Os 2 5

3 1 ¡Ay de la ciudad sanguinaria,
repleta de mentira,
llena de rapiña,
que nunca suelta la presa!
2 ¡Chasquido de látigos,
estrépito de ruedas,
galope de caballos,
rodar de carros,
3 carga de caballería,
centelleo de espadas,
relampagueo de lanzas!
¡Multitud de víctimas,
cuerpos a montones,
cadáveres por todas partes!
¡Se tropieza con los cadáveres!
4 Por las muchas prostituciones
de la prostituta llena de encanto,
maestra en sortilegios,
que esclavizaba a naciones y tribus
con sus prostituciones y sortilegios,
5 ¡aquí estoy contra ti!
—oráculo del Señor de los ejércitos—.
Te descubriré las faldas hasta el rostro,
mostraré a las naciones tu desnudez
y a los reinos tu infamia.
6 Arrojaré inmundicias sobre ti,
te cubriré de ignominia
y te expondré como espectáculo.
7 Así, todo el que te vea
huirá lejos de ti, diciendo:
«¡Nínive ha sido devastada!
¿Quién se lamentará por ella?
¿Dónde iré a buscar
alguien que te consuele?».

El ejemplo de Tebas

Os 10 14

8 ¿Acaso vales más que No Amón,
asentada entre las corrientes del Nilo,
rodeada por las aguas,
con un mar como baluarte
y el agua como muralla?
9 Cus y Egipto eran su fuerza,
una fuerza ilimitada;
Put y los libios
eran sus auxiliares.
10 También ella fue deportada,
tuvo que ir al cautiverio.
También sus recién nacidos
fueron estrellados
en todas las encrucijadas.
Se echó la suerte sobre sus nobles,
todos sus grandes fueron cargados
de cadenas.

11 También tú serás embriagada
y quedarás embotada.
También tú buscarás un refugio
delante del enemigo.

Pérdida irremediable de Nínive

Is 19 16; Jr 51 30; 1 Re 22 17

12 Todas tus plazas fuertes son higueras
cargadas de brevas:
se las sacude, y ellas caen
en la boca del que las come.
13 ¡Tus tropas, dentro de ti,
son una sarta de mujeres!
A tu enemigo se le abren de par en par
las puertas de tu país:
¡el fuego ha devorado tu cerrojos!
14 ¡Abastécete de agua para el asedio,
refuerza tus defensas,
entra en el barro y pisa la arcilla,
toma el molde para los ladrillos!
15 Allí el fuego te devorará,
la espada te exterminará.
¡Prolifera como el pulgón!
¡Prolifera como la langosta!
16 Has multiplicado tus traficantes
más que las estrellas del cielo.
17 Tus capitanes son como langostas,
tus escribas, como un enjambre de insectos,
que se posan sobre los cercos
en un día de frío.
Sale el sol y se escapan,
16b el pulgón despliega sus alas y vuela
17b y nadie sabe dónde está.

Lamentación fúnebre

Nm 27 17; Zac 13 7; Mt 18 12; Jr 10 19

18 ¡Cómo se han adormecido tus pastores,
rey de Asiria!
Tus tropas escogidas yacen inertes,
tu pueblo está disperso por las montañas
y no hay quien los reúna.
19 Tu fractura no tiene remedio,
tu herida es incurable.
Todos los que oyen la noticia
aplauden por tu ruina.
Porque ¿sobre quién no ha pasado
tu incesante maldad?

SEÑOR,

PERDÓN POR LAS VECES QUE HE HERIDO A OTRA PERSONA
COMO RAYO QUE CAE CON FUERZA, QUEMA Y ANIQUILA.

PERDÓN POR HABERME METIDO EN AMBIENTES Y LÍOS
QUE, COMO EL REMOLINO, ME HUNDEN CADA VEZ MÁS.

PERDÓN POR SACAR MI IRA Y ENOJOS,
CREANDO DISCORDIA, AMARGURA Y ANGUSTIA
A MI ALREDEDOR.

PERDÓN POR COOPERAR A CREAR EN EL MUNDO
UN CAOS EN EL QUE NO SE PUEDE VIVIR BIEN.

PERDÓN, SEÑOR, PERDÓN; PIDO TU GRACIA
PARA DEJAR ATRÁS LO QUE ME APARTA DE TU AMOR.

PERDÓN, SEÑOR, PERDÓN

HABACUC

Con frecuencia cuestionamos cómo es posible que Dios nos acepte con nuestros defectos y pecados, y que esté dispuesto a perdonar incluso nuestros pecados graves. Otras veces nos preguntamos por qué tuvimos que pasar fuertes sufrimientos para acercarnos a él y acoger su salvación. Habacuc tampoco comprendía esto y le preguntó cándidamente a Dios sobre sus dudas. Él le respondió revelándole la naturaleza de su justicia y mandándole a proclamarla. ¡La justicia de Dios es maravillosa! ¡Habacuc te ayudará a conocerla!

ESQUEMA

- **1 2 – 2 4.** Diálogo del profeta con Dios
- **2 5-20.** Maldiciones contra el opresor
- **3 1-19.** Salmo de Habacuc: la intervención victoriosa del Señor

DATOS

Período descrito
De 610 a 600 a.C., *durante* el reinado del rey Joaquín
Autor
Habacuc
Fecha de redacción
Última década del siglo VII a.C.
Temas
Dios justo está presente en todo lo que sucede. La fidelidad salvará al justo

PRESENTACIÓN

Habacuc, *el profeta que cuestiona a Dios*, vivió el ocaso del Imperio asirio y el nacimiento del Imperio babilónico, en la gran región de Caldea o Mesopotamia, a fines del siglo VII a.C. (ver «Vocabulario bíblico: Mesopotamia»). Es contemporáneo de Jeremías, pero sus mensajes son muy diferentes.

Mientras Jeremías se identifica y solidariza con el sufrimiento de su pueblo, Habacuc habla de las campañas militares contra Judá y relata los diez años de crisis por los que pasó entre las dos deportaciones a Babilonia (ver «Destrucción de Jerusalén y segunda deportación», 2 Re 24 – 25). Mientras Jeremías proclama el amor de Dios en diversas situaciones, Habacuc denuncia la corrupción del rey Joaquín y proclama la intervención salvadora o justificadora de Dios a través de los caldeos o babilonios.

Dios escoge a Habacuc para anunciar que los caldeos eran instrumento suyo para castigar las injusticias e infidelidad del pueblo elegido a la alianza. El profeta no comprende esto y cuestiona a Dios: ¿por qué escoge como instrumento de su justicia a unos opresores violentos y crueles? ¿Por qué acepta en silencio que los malvados destruyan también a los inocentes? ¿Por qué predomina el mal sobre el bien?

Por medio de una visión, Dios responde a Habacuc y le promete que «el justo vivirá por su fidelidad» (Hab 2 4), aunque no sea inmediatamente. Habacuc reflexiona sobre la justicia de Dios y termina su libro con un himno de alabanza que anuncia la confianza en la fuerza salvadora de Dios sobre todo tipo de desgracia (cap. 3). En el Nuevo Testamento, Pablo aplicará estas palabras a la justificación por la fe en Jesucristo (ver «Cumplir la Ley, tener fe y ser aceptado por Dios», Rom 3 21-31, y «La fe *versus* las buenas obras», Ef 2 1-10).

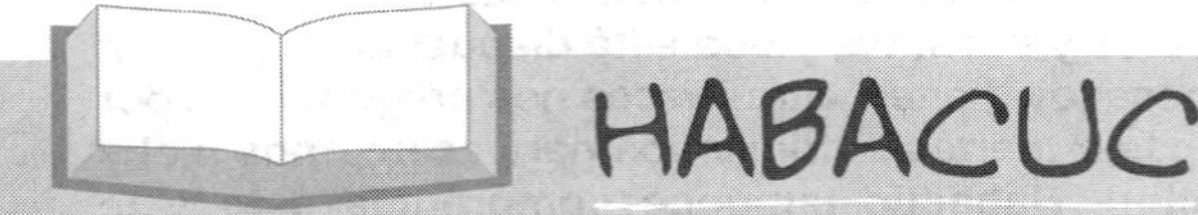

HABACUC ALABA A DIOS EN MEDIO DE LAS CALAMIDADES

HAB

Título

Is 13 1; Nah 1 1

1 [1] Oráculo que el profeta Habacuc recibió en una visión.

DIÁLOGO DEL PROFETA CON DIOS

Primera queja del profeta: la falta de justicia

Sal 13 2-4; Jr 14 9; 9 2-5; Miq 7 2-3; Is 59 14

[2] ¿Hasta cuándo, Señor, pediré auxilio
sin que tú escuches,
clamaré hacia ti: «¡Violencia!»,
sin que tú salves?
[3] ¿Por qué me haces ver la iniquidad
y te quedas mirando la opresión?
No veo más que saqueo y violencia,
hay contiendas y aumenta la discordia.
[4] Por eso la Ley no tiene vigencia
y el derecho no aparece jamás:
¡sí, el impío asedia al justo,
por eso sale a luz un derecho falseado!

Primer oráculo: los caldeos, castigo de Dios

Hch 13 41; Is 10 5-15; Ez 38 8-12

[5] Miren a las naciones y observen,
asómbrense y queden pasmados,
porque en estos días realizaré una obra
que si se la contaran, no la creerían.
[6] Sí, yo voy a suscitar a los caldeos,
ese pueblo salvaje e impetuoso,
que recorre las extensiones de la tierra,
para usurpar moradas ajenas.
[7] ¡Es aterrador y temible:
en él solo se funda
su derecho y preeminencia!
[8] Sus caballos son más ágiles que leopardos,
más rapaces que lobos nocturnos;
sus jinetes galopan,
sus jinetes vienen de lejos,
vuelan como el águila que se lanza
sobre su presa.
[9] ¡Todos llegan para la violencia
con el rostro tendido hacia delante,
y amontonan cautivos como arena!

VIVE LA PALABRA

La justicia, la fidelidad y la vida

Habacuc anuncia que Dios no acepta la injusticia en su pueblo y que le duele usar la crueldad de los caldeos para implantar su justicia. Aunque esto parece contradictorio, no lo es. La justicia de Dios es un concepto hebreo muy rico, con varias facetas complementarias:

- ***La justicia es una cualidad de Dios.*** Ser justo es ser santo, ser el amor perfecto. Por ser justo, Dios nos protege y nos cuida; decreta sus leyes y nos exige vivirlas; premia la fidelidad y castiga la maldad. ¿Qué te revela esta faceta de la justicia de Dios? (ver «La santidad de Dios», Is 6 1-8, y «Fidelidad incondicional», Os 3 1-3).
- ***Dios refleja su justicia en las personas justas.*** Ser justo implica vivir fielmente la alianza como hijo o hija de Dios, amando y cuidando a los demás. ¿Eres una persona justa? (ver «Consistente, confiable y coherente», Gal 2 11-14).
- ***La justicia humana es vertical y horizontal.*** La justicia vertical consiste en adorar y alabar a Dios por ser justo, santo y misericordioso: ¿cómo vives este sentido de la justicia? La justicia horizontal consiste en atender al hermano, trabajar por el bien común y luchar contra la opresión: ¿te reclama Dios esta actitud? ¿Por qué ambos sentidos son las dos caras de la justicia? (ver «Adóralo, ámalo, alábalo», Sal 145 – 150, «Raíces proféticas de la Doctrina Social de la Iglesia», Am 8 4-8, y «Dios quiere justicia, no un culto falso», Is 1 10-20).
- ***Dios nos justifica.*** Si rompemos la alianza, Dios nos perdona con amor y restaura su justicia. Esta acción de Dios se llama «justificación»: nos hace justos y nos ayuda a ser santos. ¿Qué espera de nosotros cuando nos justifica? (ver «La esperanza del Segundo Isaías», Is 40 – 50, y «Las plagas y el género épico», Ex 7 – 10).
- ***Los cristianos creemos en la salvación o justificación en Jesucristo.*** Somos salvados por la fe que recibimos en el Bautismo, nos identifica con Cristo y nos ayuda a vencer el pecado. La justificación cristiana es una iniciativa de la misericordia del Padre, ¿a qué te compromete esta salvación? (ver «Cumplir la Ley, tener fe y ser aceptados por Dios», Rom 3 21-31).

Hab 1 – 3

HAB

10 Él se burla de los reyes,
los soberanos son un juguete para él,
juega con las ciudades fortificadas,
levanta un terraplén y las conquista.
11 Entonces, cambia el viento
y sigue adelante...
¡Él hace de la fuerza su dios!

Segunda queja del profeta: los agravios del opresor

Dt 33 27; Sal 90 1-2; 5 5-6; 35 22-26; Jr 16 16; Ez 12 13; 17 20

12 ¿No eres tú, Señor,
desde los tiempos antiguos,
mi Dios, mi Santo, que no muere jamás?
Tú, Señor, pusiste a ese pueblo
para hacer justicia,
tú, mi Roca, lo estableciste para castigar.
13 Tus ojos son demasiado puros
para mirar el mal
y no puedes contemplar la opresión.
¿Por qué, entonces, contemplas
a los traidores
y callas cuando el impío devora
a uno más justo que él?
14 ¡Tú tratas a los hombres
como a los peces del mar,
como a reptiles, que no tienen jefe!
15 ¡Él los pesca a todos con el anzuelo,
los barre y los recoge con sus redes!
Por eso se alegra y se regocija,
16 y ofrece sacrificios e incienso a sus redes,
porque gracias a ellas
su porción es abundante
y sus manjares, suculentos.
17 ¿Vaciará sus redes sin cesar,
masacrando a los pueblos sin compasión?

Segundo oráculo: el justo vivirá por su fidelidad

Nm 23 1-6; Is 8 1; Jr 30 2; 2 Pe 3 4-10; Rom 1 17; Gal 3 11

2 1 Me pondré en mi puesto de guardia
y me apostaré sobre el muro;
vigilaré para ver qué me dice el Señor,
y qué responde a mi reproche.

2 El Señor me respondió y dijo:
Escribe la visión,
grábala sobre unas tablas
para que se la pueda leer de corrido.
3 Porque la visión aguarda
el momento fijado,
ansía llegar a término y no fallará;
si parece que se demora, espérala,
porque vendrá seguramente, y no tardará.
4 El que no tiene el alma recta, sucumbirá,
pero el justo vivirá por su fidelidad.

EL QUE NO TIENE EL ALMA RECTA, SUCUMBIRÁ, PERO EL JUSTO VIVIRÁ POR SU FIDELIDAD. Hab 2 4

IMPRECACIONES CONTRA EL OPRESOR

Preludio

Is 5 14; Prov 27 20; Is 14 4; Miq 2 4

5 ¡Ciertamente, la riqueza es traidora,
y el hombre presuntuoso no subsistirá,
el que dilata su garganta como el Abismo
y es insaciable como la Muerte,
el que reúne para sí a todas las naciones
y acapara para él a todos los pueblos!
6 ¿No entonarán todos estos contra él
sátiras, sarcasmos y enigmas?
Ellos dirán:

La codicia

Is 5 8; Sal 6 4; Lc 6 24-26; Is 33 1; Hab 2 17

¡Ay del que acumula lo que no le pertenece
—¿hasta cuándo?—
y se carga de objetos prendados!
7 ¿No se levantarán de repente tus acreedores,
y no se despertarán tus expoliadores?
¡Tú serás una buena presa para ellos!
8 Por haber despojado a numerosas naciones,
lo que resta de esos pueblos te despojará a ti,
a causa de la sangre humana derramada
y de la violencia contra el país,
contra la ciudad y todos sus habitantes.

Las ganancias ilícitas

Jr 22 13-17; 49 16; Lc 19 40

9 ¡Ay del que acumula para su casa
ganancias deshonestas,
a fin de establecer en lo alto su nido
y escapar a los golpes de la desgracia!
10 Hiciste un proyecto vergonzoso
para tu casa:
al diezmar a numerosos pueblos,
atentas contra tu propia vida.
11 Porque la piedra gritará desde el muro
y desde el armazón le responderá la viga.

La violencia

Jr 23 13; Mt 3 10; Jr 51 58; Is 11 9; Nm 14 21

12 ¡Ay del que edifica una ciudad con sangre
y la funda sobre la injusticia!
13 ¿No proviene del Señor de los ejércitos
que solo para el fuego
se fatiguen los pueblos
y las naciones se extenúen por nada?
14 Porque la tierra se llenará
del conocimiento de la gloria del Señor,
como las aguas cubren el mar.

La crueldad

Gn 9 20-25; Lam 4 21; Is 51 17; Hab 2 8

15 ¡Ay del que hace beber a su prójimo!
¡Tú derramas tu veneno
hasta embriagarlo,
para contemplar su desnudez!
16 Te has saciado de ignominia, no de gloria;
¡bebe tú también y muestra tu prepucio!
El cáliz de la mano del Señor
se volverá sobre ti,
y tu gloria se convertirá en ignominia.
17 Porque la violencia hecha al Líbano
te cubrirá
y la matanza de los animales te aterrará,
a causa de la sangre humana derramada
y de la violencia contra el país,
contra la ciudad y todos sus habitantes.

La idolatría

Is 40 20; Os 3 4; Ez 21 26; Sof 1 7; Zac 2 17

19 ¡Ay del que dice al madero: «Despierta»,
y a la piedra muda: «Levántate»!
¿Puede eso pronunciar un oráculo?
¡Sin duda, está recubierto de oro y plata,
pero no hay soplo de vida en su interior!
18 ¿De qué sirve una imagen esculpida,
para que el artista la talle,
o una imagen de metal fundido,
un oráculo falso,
para que el artista ponga su confianza
en ella,
fabricando ídolos mudos?
20 El Señor reside en su santo Templo,
¡guarde silencio toda la tierra delante de él!

SALMO DE HABACUC: LA INTERVENCIÓN VICTORIOSA DEL SEÑOR

Job 38 – 40

3 1 Oración del profeta Habacuc, en el
tono de las lamentaciones.

HAB

Confianza en las calamidades

Habacuc concluye su libro con un himno de dimensiones cósmicas. Alaba al Señor porque combatirá por su pueblo y lo salvará a pesar de sus pecados. El profeta sigue seguro de Dios en medio de la pobreza que dejó la invasión enemiga. Sabe que el Señor lo llenará de gozo porque salvará al pueblo que ha corregido, le dará su fuerza y lo hará caminar por las alturas (Hab 3 19). Cuando te rodea la calamidad, ¿permaneces seguro en el Señor?

Hab 3

2 ¡Señor, yo he oído tu renombre!
¡He visto tu obra, Señor!
¡En el curso de los años, hazla revivir,
en el curso de los años, manifiéstala;
pero en la conmoción,
acuérdate de tener piedad!
3 Dios viene de Temán,
y el Santo, del monte Parán.
Su majestad cubre los cielos, *Pausa*
y su alabanza llena la tierra.
4 Su resplandor es como la luz,
brotan rayos de sus manos,
y allí está el secreto de su fuerza.
5 Delante de él avanza la Peste,
y la Fiebre sigue sus pasos.
6 Él se detiene, y hace vacilar la tierra,
mira, y hace estremecer a las naciones.
¡Se desmoronan las montañas eternas,
se hunden las colinas antiguas,
sus caminos de siempre!
7 Yo he visto anonadados
a los campamentos de Cusán,
se conmueven las tiendas del país de Madián.
8 ¿Arde la ira del Señor contra los ríos?
¿Tu cólera se enciende contra los ríos
y tu furor contra el mar,
para que montes en tus caballos,
en tus carros de guerra victoriosos?
9 Tú pones al desnudo tu arco
y sacias de flechas su cuerda. *Pausa*
Abres la tierra, y brotan torrentes.
10 Te ven las montañas y se espantan,
pasa una lluvia torrencial,
el océano hace oír su voz
y levanta sus manos en alto.
11 El sol y la luna se detienen en su morada,
a la luz de tus flechas que vuelan,
al resplandor del centelleo de lanza.
12 Con furia recorres la tierra,
con ira pisoteas las naciones.
13 Has salido para salvar a tu pueblo,
para salvar a tu Ungido;
has abatido el techo de la casa del impío,
has descubierto sus cimientos
hasta la roca. *Pausa*
14 Has traspasado con tus flechas
la cabeza de sus jefes,
que se lanzaban tempestuosamente
para destrozarme,
entre gritos de alegría,
como quien devora
a un pobre ocultamente.
15 Con tus caballos has surcado el mar,
entre el bullir de las aguas caudalosas.
16 Al oírlo, se conmovieron mis entrañas,
ante el fragor, balbucean mis labios;
la caries entra en mis huesos
y debajo de mí tiemblan mis pasos.
Espero tranquilo el día de la angustia,
que le sobrevendrá al pueblo
que nos ataca.
17 Porque la higuera no florece,
ni se recoge nada en las viñas;
fracasa la cosecha del olivo
y los campos no dan alimento;
las ovejas desaparecen del corral
y no hay bueyes en los establos.
18 Pero yo me alegraré en el Señor,
me regocijaré en Dios, mi Salvador.
19 El Señor, mi Señor, es mi fortaleza:
él da a mis pies la agilidad de las gacelas
y me hace caminar por las alturas.

Del maestro de coro. Para instrumentos de cuerda.

SEÑOR, ¡CUÁNTO NOS ENSEÑAN TUS PROFETAS!

QUIERO, COMO HABACUC, VER LA LUZ EN LA OSCURIDAD,
MANTENER LA ESPERANZA EN MEDIO DE LA DESOLACIÓN
Y ALABARTE POR LA VIDA AUN EN SITUACIONES DIFÍCILES.

EN SITUACIONES DE PROBLEMAS FAMILIARES,
PERMÍTEME VER LA BONDAD EN CADA PERSONA,
Y DARTE GRACIAS POR TU PRESENCIA EN ELLAS.

ANTE PROFESORES Y JEFES QUE CAUSAN DOLOR Y DAÑO,
AYÚDAME A MADURAR DE LA EXPERIENCIA,
Y QUE CON MI CONDUCTA DÉ HONRA A TU NOMBRE.

QUE CON MI TESTIMONIO DE VIDA LLEVE ESTE MENSAJE
A LOS JÓVENES QUE HAN PERDIDO LA ESPERANZA.
¡AYÚDAME, SEÑOR! ¡DAME TU LUZ Y TU FUERZA!

AMÉN, ¡ALELUYA! AMÉN

SOFONÍAS

Cada día se realizan más trasplantes de órganos con éxito. Pero esto no quita el miedo del enfermo ante una operación tan seria, en la que se extrae el miembro dañado, se inserta el sano y existe el riesgo de que el cuerpo lo rechace. El profeta Sofonías tiene un espíritu esperanzador, similar al del médico y el paciente en una cirugía. Ambos se lanzan a la operación confiando en el éxito final. Sofonías presenta la restauración de Jerusalén con este mismo espíritu de esperanza, tiempo de gozo para Dios y su pueblo, después de una etapa difícil de purificación y renovación.

ESQUEMA

- **1 2 – 2 3.** El Día del Señor
- **2 4 – 3 8.** Oráculos contra las naciones y contra Jerusalén
- **3 9-20.** Promesas de salvación

DATOS

Período descrito
De 689 a 639 a.C.
Autor
Sofonías
Fecha de redacción
Fines del siglo VII a.C.
Temas
El *Día de la ira del Señor;* condenación del pecado. Perfil del resto de Israel

PRESENTACIÓN

Manasés fue un rey pésimo, porque construyó altares paganos en el Templo de Jerusalén a cambio de cierta seguridad con los asirios, lo que ocasionó la época de mayor decadencia religiosa del Antiguo Testamento (2 Re 21 3-16). Extrañamente no hubo profetas en su época, hasta que Sofonías, *el Profeta del resto,* rompió el silencio de Dios y predicó años después, durante los reinados de Amón y Josías.

Como Josías subió al trono a los ocho años de edad, fue necesario que un consejo real ejerciera el poder. Sofonías predica a este consejo y pone los cimientos de la reforma que realizará más tarde Josías, la cual el profeta no llegó a ver. Sigue las huellas de la profecía tradicional con nuevo ardor y un enfoque particular. Considera que el orgullo es el fundamento de la incredulidad, la falta de confianza, la rebelión y la perfidia, los pecados que van contra Dios y contra el prójimo, lleva a la idolatría y la injusticia y hace la situación insostenible (Sof 1 – 3).

Aunque Sofonías reconoce que hay mucha gente culpable, señala que los verdaderos responsables son las personas con autoridad civil y religiosa: los ministros y príncipes, los jueces y comerciantes, los sacerdotes y los falsos profetas. Sus pecados provocan la irrupción del *Día del Señor,* cuando la *ira de Dios* hará justicia en la tierra. De esta ira escaparán los humildes, el resto de Israel anunciado por los profetas anteriores, quienes mantienen su fidelidad y confianza en el Señor, tanto en épocas de prosperidad como de crisis (3 12-13).

El libro termina con un canto de gozo y esperanza ante la intervención salvadora de Dios que ama a su pueblo. Y, como es común en la tradición profética, Sofonías corona su anuncio al proclamar que la fidelidad de Dios es mayor que todas nuestras infidelidades.

EL RESTO FIEL DE ISRAEL GUARDA LA ALIANZA

Título
2 Re 22 1

1 [1] Palabra del Señor dirigida a Sofonías,
hijo de Cusí, hijo de Guedalías, hijo
de Amarías, hijo de Ezequías, en tiempos de
Josías, hijo de Amón, rey de Judá.

SOF

EL DÍA DEL SEÑOR

El juicio de Dios: contra toda la tierra
Jr 7 20; Os 4 3

[2] Yo lo arrasaré todo
de la superficie de la tierra
—oráculo del Señor—.
[3] Arrasaré a los hombres y a las bestias,
arrasaré a los pájaros del cielo
y a los peces del mar;
haré caer a los malvados
y extirparé a los hombres
de la superficie de la tierra
—oráculo del Señor.

Contra los cultos extranjeros

[4] Extenderé mi mano contra Judá
y contra todos los habitantes de Jerusalén;
extirparé de este lugar
todo lo que queda de Baal,
el nombre de sus ministros
y a los sacerdotes junto con ellos.
[5] Exterminaré a los que se postran
en las terrazas
ante el Ejército de los cielos,
a los que se postran delante del Señor
y juran por Milcom,
[6] a los que se apartan del Señor,
a los que no lo buscan
ni lo consultan.
[7] ¡Silencio delante del Señor,
porque el Día del Señor está cerca!
Sí, el Señor ha preparado un sacrificio
y ha consagrado a sus invitados.

Contra los dignatarios de la corte
2 Re 23 4s.12; 21 3-5; Hab 2 20; Zac 2 17; Ap 19 17-18

[8] El día del sacrificio del Señor,
yo pediré cuenta a los jefes
y a los hijos del rey,
y a todos los que se visten
a la moda extranjera.
[9] Aquel día pediré cuenta
a todos los que saltan
por encima del umbral,

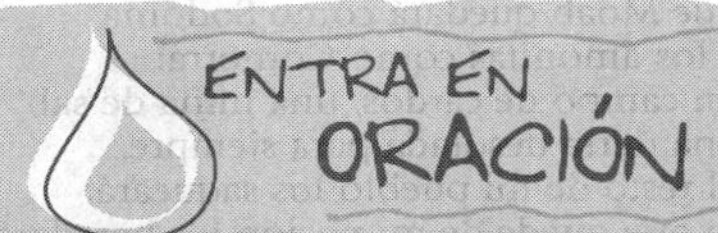

El Día de la ira del Señor

Según Sofonías, el *Día de la ira del Señor* es el momento solemne en que Dios condena los pecados de Israel y de las otras naciones. Es tiempo de angustia y desolación por la aflicción de ver que se buscó poder y riqueza, cuando Dios valora la justicia y la fidelidad.

Oh Dios, te descubriré cara a cara en el juicio después de mi muerte. Tu misericordia convocará mi historia, y ante tu grandeza veré todos mis actos: los que me avergüenzo de haber cometido y los que se identifican con tu gran bondad.

Rey mío, que salvas por amor, tú escuchaste al ladrón arrepentido, fortalece mi esperanza y hazme confiar en tu bondad.

Te pido por quienes son juzgados en este día. Perdona sus fallas y concédeles el descanso eterno. Amén.

Sof 1 11-18

a los que llenan de violencia
y de fraude la casa de su señor.

Contra los mercaderes de Jerusalén

Neh 3 3; 2 Re 22 14; Is 23 8; Zac 14 21

10 Aquel día —oráculo del Señor—
se oirá un clamor
desde la puerta de los Peces,
un alarido desde la Ciudad nueva
y un gran estruendo desde las colinas.
11 Giman, habitantes del Mortero,
porque todos los mercaderes
han sido aniquilados,
y han sido extirpados
todos los que pesan la plata.

Contra los escépticos

Jr 48 11; 5 12; Sal 10 4; Dt 28 30-33

12 En aquel tiempo
yo escudriñaré con lámparas a Jerusalén
y pediré cuenta a los hombres
que se sientan sobre sus heces,
los que dicen en su corazón:
«El Señor no hace ni bien ni mal».
13 Entonces, su riqueza será entregada
al saqueo,
y sus casas, a la desolación;
construirán casas y no las habitarán,
plantarán viñas y no beberán su vino.

El Día de la ira del Señor

Jl 2 1.2; Jr 9 21; Ez 7 19; Dt 4 24

14 ¡Está cerca el gran Día del Señor!
¡Está cerca y llega rápidamente!
¡Qué amargo es el clamor del Día del Señor!
¡Hasta el valeroso lanza un grito estridente!
15 ¡Día de ira será aquel día,
día de angustia y aflicción,
día de ruina y desolación,
día de tinieblas y oscuridad,
día nublado y de sombríos nubarrones,
16 día de sonidos de trompeta
y de gritos de guerra
contra las ciudades fortificadas
y contra las almenas elevadas!
17 Yo llenaré a los hombres de angustia,
y ellos caminarán como ciegos,
porque han pecado contra el Señor;
su sangre será derramada como polvo,
y sus entrañas, como estiércol:
18 ni su plata ni su oro
podrán librarlos.
En el Día de la ira del Señor
y por el fuego de sus celos,
será devorada toda la tierra;
porque él hará un terrible exterminio
de todos los habitantes de la tierra.

Llamado a la conversión

Sof 1 7; Am 5 4; Sof 3 12; Is 57 15; 66 2

2 1 ¡Reúnanse, sí, reúnanse,
gente sin vergüenza,
2 antes que sean aventados
como la paja que desaparece en un día,
antes que llegue sobre ustedes
el ardor de la ira del Señor,
antes que llegue sobre ustedes
el Día de la ira del Señor!
3 Busquen al Señor, ustedes,
todos los humildes de la tierra,
los que ponen en práctica sus decretos.
Busquen la justicia,
busquen la humildad,
tal vez así estarán protegidos
en el Día de la ira del Señor.

ORÁCULOS CONTRA LAS NACIONES Y CONTRA JERUSALÉN

Contra los filisteos

Am 1 6-8; Is 14 28-32; Ez 25 15-17; Dt 2 23; Jr 47 4

4 Porque Gaza será abandonada
y Ascalón quedará desolada;

Asdod será expulsada en pleno día
y Ecrón será arrancada de raíz.
5 ¡Ay de los habitantes de la liga del mar,
del pueblo de los quereteos!
La palabra del Señor está contra ustedes,
Canaán, tierra de los filisteos:
«¡Yo te haré perecer,
hasta dejarte sin habitantes!».
6 La liga del mar se convertirá en un pastizal,
en campos de pastoreo
y en corrales de ovejas.
7 Y la liga pertenecerá
al resto del pueblo de Judá:
apacentarán sus ganados junto al mar,
y al caer la tarde,
descansarán en las casas de Ascalón;
porque el Señor, su Dios,
los visitará y cambiará su suerte.

Contra Moab y Amón

Am 1 13 – 2 3; Is 15 – 16; Jr 48 1 – 49 6; Is 14 2

8 Yo escuché los insultos de Moab
y las injurias de los amonitas,
cuando insultaron a mi pueblo
y se engrandecieron a costa de su territorio.
9 Por eso, juro por mi vida
—oráculo del Señor de los ejércitos,
Dios de Israel—
que Moab quedará como Sodoma
y los amonitas como Gomorra:
un campo de cardos, una mina de sal,
una tierra desolada para siempre.
El resto de mi pueblo los saqueará,
lo que quede de mi nación los heredará.
10 Eso es lo que recibirán
a cambio de su orgullo,
porque han insultado
al Pueblo del Señor de los ejércitos,
y se han engrandecido a costa de él.
11 El Señor se mostrará terrible con ellos,
cuando él reduzca a nada
a todos los dioses de la tierra
y se postren ante él, cada una en su lugar,
hasta las naciones de las costas más lejanas.

Contra Etiopía

Is 18 – 20; Jr 46; Ez 29 – 32

12 ¡También ustedes, cusitas,
serán víctimas de mi espada!...

Contra Asiria

Is 47 8.10; Jr 18 16; 19 8; 49 17

13 Él extenderá su mano contra el Norte
y hará desaparecer a Asiria;
convertirá a Nínive en una desolación,
en una tierra árida como el desierto.

VIVE LA PALABRA

Perfil del resto de Israel

Al conocer cómo el resto de Israel mantenía la alianza en medio de dificultades, unos jóvenes decidieron nombrar a su grupo «resto fiel» y algunos miembros ofrecieron investigar el perfil del resto de Israel para saber cómo debían ser. Aquí están los valores que encontraron y cómo piensan vivirlos.

Martín: Lo primero es vivir sencillamente, comprar solo lo que necesitamos, usar cosas naturales y recicladas y no desperdiciar...

Juana: También debemos ser humildes, aceptar nuestros dones y usarlos para el bien del pueblo, sin esconderlos ni presumir, y aceptar nuestras debilidades, sin sentirnos mal...

Elena: Pero, ¡ojo!, hay que tener seguridad y confianza en nosotros mismos, no ser tímidos ni callados. Tenemos que ser testigos valientes de nuestra fe y confianza en Dios.

Martín: Lo de la confianza es clave, pues solo con su ayuda podremos hacer lo que nos proponemos y aguantar los malos tiempos.

Federico: Yo creo que nuestro testimonio es lo más importante, tenemos que ser siempre rectos y no andar haciendo chismes ni diciendo mentiras.

Lucio: Yo busqué sobre el liderazgo y no encontré nada directo, pero pienso que todos debemos ser líderes, si no, *¿cómo llevaremos a otros jóvenes hacia Jesús?* Los profetas fueron los líderes del resto de Israel, y del resto salieron María, José y varios Apóstoles. Así que ser «resto fiel» supone ser líderes que colaboran con Dios en su obra de salvación.

Elena: Mauricio, ¿tomaste nota de todo? Tenemos que revisar periódicamente cómo vamos para mantenernos «en órbita» siempre. ¿Les parece?

Sof 3 9-13

[14] En medio de ella descansarán los rebaños,
los animales de toda clase;
hasta el pelícano y el erizo
pasarán la noche en sus capiteles;
el búho gritará en la ventana
y el cuervo sobre el umbral,
porque el maderaje de cedro
ha sido arrancado.
[15] Así quedará la ciudad feliz,
la que vivía segura
y decía en su corazón:
«¡Yo, y nadie más que yo!».
¿Cómo es que se ha convertido
en una desolación,
en un refugio de animales?
Todos los que pasan junto a ella
silban y hacen gestos con la mano.

Contra Jerusalén y sus jefes

Am 4 6s; Ez 22 25-26; Dt 32 4

3 [1] ¡Ay de la rebelde, de la impura,
de la ciudad opresora!
[2] Ella no escuchó el llamado,
no aprendió la lección,
no puso su confianza en el Señor
ni se acercó a su Dios.
[3] Sus jefes, en medio de ella,
son leones rugientes;
sus jueces, lobos nocturnos,
que no dejan nada para roer a la mañana;
[4] sus profetas son fanfarrones,
hombres traicioneros;
sus sacerdotes han profanado
las cosas santas
y han violado la Ley.
[5] El Señor es justo en medio de ella,
no comete injusticias;
él dicta su sentencia cada mañana,
nunca falta al despuntar el día.
Pero el injusto no conoce la vergüenza.

La lección de las naciones

Jr 3 19; Am 4 6s; Sof 1 18

[6] *Yo he arrasado naciones,*
sus almenas fueron destruidas;
dejé desiertas sus calles,
nadie las transita;
sus ciudades fueron saqueadas,
¡no queda ni un hombre,
ni un solo habitante!
[7] Yo pensaba: «Al menos tú me temerás,
tú aprenderás la lección;
no podrá apartarse de sus ojos
todo aquello con que yo la he castigado».
¡Pero ellos no se cansaron de pervertir
todas sus acciones!

La excelsa hija de Sión

Cuando Sofonías habla de la hija de Sión, se refiere a Jerusalén, que será bendecida con la salvación de Dios. La tradición católica ha dado a María el título de «excelsa hija de Sión», pues la salvación en Jesús llegó a través de ella.

Los católicos reconocemos a María como intercesora ante Cristo, madre de la comunicad eclesial y signo por excelencia del valor de la mujer ante Dios. Cuando la recordamos en la Misa, conmemoramos que su «sí» a Dios hizo posible el misterio de Jesús (Lc 1 38).

En cada Misa, pide a María que te acerque a Jesús y ¡alégrate porque a través de ella el Señor está contigo!

Sof 3 14-20

[8] Por eso, espérenme —oráculo del Señor—,
esperen el día en que yo me levantaré
como testigo;
porque yo he decidido reunir a las naciones
y congregar a los reinos,
para derramar sobre ellos mi indignación
y todo el ardor de mi ira.
Porque por el fuego de mis celos
será devorada toda la tierra.

PROMESAS DE SALVACIÓN

La conversión de los pueblos

Mal 1 11; Is 18 7

[9] Entonces, yo haré que sean puros
los labios de los pueblos,
para que todos invoquen
el nombre el Señor
y lo sirvan con el mismo empeño.
[10] Desde más allá de los ríos de Cus,
mis adoradores, los que están dispersos,
me traerán ofrendas.

El humilde resto de Israel

Is 53 9; Ap 14 5

[11] Aquel día,
ya no tendrás que avergonzarte
de las malas acciones

con las que me has ofendido,
porque yo apartaré
a esos jactanciosos prepotentes
que están en medio de ti,
y ya no volverás a engreírte
sobre mi santa Montaña.
12 Yo dejaré en medio de ti
a un pueblo pobre y humilde,
que se refugiará en el nombre del Señor.
13 El resto de Israel
no cometerá injusticias
ni hablará falsamente;
y no se encontrarán en su boca
palabras engañosas.
Ellos pacerán y descansarán
sin que nadie los perturbe.

La restauración de Jerusalén

Is 12 6; 40 2; Zac 2 14; Jr 32 41

14 ¡Grita de alegría, hija de Sion!
¡Aclama, Israel!
¡Alégrate y regocíjate de todo corazón,
hija de Jerusalén!
15 El Señor ha retirado las sentencias
que pesaban sobre ti
y ha expulsado a tus enemigos.
El Rey de Israel, el Señor,
está en medio de ti:
ya no temerás ningún mal.
16 Aquel día, se dirá a Jerusalén:
¡No temas, Sion,
que no desfallezcan tus manos!
17 ¡El Señor, tu Dios, está en medio de ti,
es un guerrero victorioso!
Él exulta de alegría a causa de ti,
te renueva con su amor
y lanza por ti gritos de alegría,
18 como en los días de fiesta.

EL SEÑOR, TU DIOS...
EXULTA DE ALEGRÍA A CAUSA DE TI,
TE RENUEVA CON SU AMOR... COMO
EN LOS DÍAS DE FIESTA. Sof 3 17-18

El retorno de los dispersos

Jr 23 3; Ez 34 11.16; Miq 4 6-8

Yo aparté de ti la desgracia,
para que no cargues más con el oprobio.
19 En aquel tiempo,
yo exterminaré a todos tus opresores,
salvaré a las ovejas tullidas,
reuniré a las descarriadas,
y les daré fama y renombre
en todos los países donde tuvieron
que avergonzarse.
20 En aquel tiempo, yo los haré volver,
en aquel tiempo, los reuniré.
Sí, les daré fama y renombre
entre todos los pueblos de la tierra,
cuando cambie la suerte de ustedes
ante sus propios ojos,
dice el Señor.

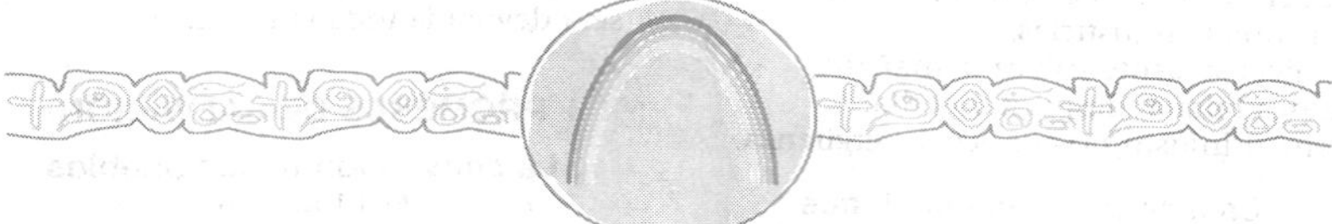

Las guerrillas invadieron y destruyeron una aldea; sus habitantes tuvieron que huir, abandonar sus bienes y establecerse en otras poblaciones. Conforme pudieron, regresaron poco a poco y los líderes empezaron a guiar la reconstrucción de la aldea y a forjar de nuevo su identidad como pueblo, pero tenían dificultades para ponerse de acuerdo. Igual pasó a los judíos que regresaron del exilio. Por eso, Esdras y Nehemías los guiaron para reconstruir Jerusalén, y los profetas Ageo y Zacarías enfatizaron el judaísmo para reforzar su identidad nacional.

AGEO

ESQUEMA

- **1 1-15.** Reconstrucción del Templo
- **2 1-19.** Gloria del segundo Templo
- **2 20-23.** Promesas a Zorobabel

PRESENTACIÓN

Ageo, *el profeta de la renovación del culto y la Ley,* desempeña su ministerio cuando los primeros exiliados regresaron a Jerusalén en 538 a.C. Fue una época muy difícil.

Las pocas familias que regresaron guiadas por Zorobabel, un descendiente del rey David que quería restaurar la monarquía, estaban desunidas y tenían intereses diferentes. Los judíos que se habían quedado en Jerusalén no aceptaban a los recién llegados, por lo que se crearon divisiones y se tuvo que detener la reconstrucción del Templo. Más tarde, cuando la obra fue reemprendida, los repatriados se sentían tristes porque, dada la pobreza del pueblo, su obra nunca alcanzaría el esplendor del primer Templo. Por encima de esto, había conflictos con los pueblos vecinos y veían con inquietud el nacimiento del Imperio persa.

Ageo interpretó las sequías que se daban y la escasez en las cosechas como un mensaje de Dios llamando a renovar el compromiso con la Ley y a realizar un esfuerzo común para reconstruir el Templo (Ag 1 9-11). Profetizó que el nuevo Templo sería fuente de unidad de todas las naciones, y que brillaría la gloria de Dios y *la paz* del Señor. Cuando estuviera terminado y el culto restablecido, el pueblo vería su futuro con más confianza y recibiría las bendiciones de Dios. Esta esperanza fue la que sostuvo al pueblo en esa dura etapa de reconstrucción.

El ministerio de Ageo fue breve, quizá porque los persas notaron que apoyaba la ambición de Zorobabel a la monarquía y volvieron a expatriarlo. Ni Esdras ni Zacarías, que fueron contemporáneos a él, lo nombran en ninguna de sus obras.

DATOS

Período descrito
De 521 a 486 a.C.
Autor
Ageo
Fecha de redacción
Fines del siglo VI a.C.
Temas
La reconstrucción del Templo, vínculo de unidad y conversión

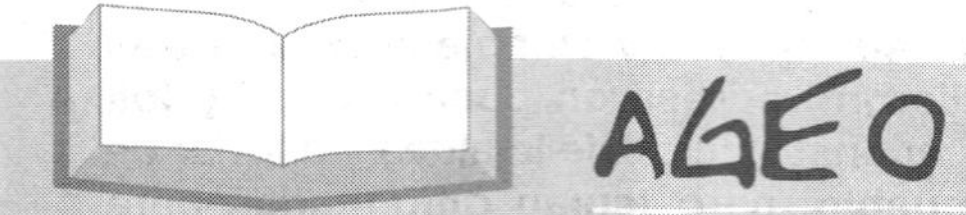

AGEO

EL PROFETA AGEO RENUEVA EL CELO POR LA FE Y EL AMOR AL TEMPLO

Título
Esd 3 2.8; 5 2; Neh 12 1; Zac 4 6-10

1 1 En el segundo año del rey Darío, el
primer día del sexto mes, la palabra
del Señor fue dirigida, por medio del profeta Ageo, a Zorobabel, hijo de Sealtiel, gobernador de Judá, y a Josué, hijo de Iehosadac, el Sumo Sacerdote, en estos términos:

El reproche del Señor a su Pueblo
Esd 1 2-4; 3 8-9.11; 2 Sm 7 2; Lv 26 19-20

2 Así habla el Señor de los ejércitos: Este
pueblo dice: «Todavía no ha llegado el
momento de reconstruir la Casa del Señor». 3 Y la palabra del Señor llegó, por medio del profeta Ageo, en estos términos:
4 ¿Es este acaso el momento de que ustedes
vivan en sus casas revestidas de madera,
mientras esta Casa está en ruinas? 5 Ahora
bien, así habla el Señor de los ejércitos:
¡Consideren la situación en que se encuentran! 6 Ustedes han sembrado mucho, pero
han cosechado poco; han comido, pero no
se han saciado; han bebido, pero no han
apagado su sed; se han vestido, pero no se
han abrigado; y el asalariado ha puesto su
jornal en saco roto.
7a Así habla el Señor de los ejércitos: 8 Suban a la montaña, traigan madera y recons-
truyan la Casa; yo la aceptaré gustoso y manifestaré mi gloria, dice el Señor.
7b ¡Consideren la situación en que se encuentran! 9 Ustedes esperaban mucho y la cosecha fue escasa. Y yo aventé lo que ustedes
habían llevado a su casa. ¿Por qué? —oráculo del Señor de los ejércitos—. A causa de mi
Casa, que está en ruinas, mientras cada uno
de ustedes se preocupa por la suya propia.
10 Por eso, por culpa de ustedes, el cielo ha retenido el rocío y la tierra ha rehusado sus frutos. 11 Yo he llamado a la sequía sobre la tierra
y sobre las montañas, sobre el trigo, el vino
nuevo, el aceite fresco y sobre todo lo que
produce el suelo, sobre los hombres y los animales, y sobre todo el trabajo de sus manos.

La reconstrucción del Templo
Is 4 3; Ag 2 4; Jue 6 12; 2 Sm 7 3; Esd 1 5

12 Entonces Zorobabel, hijo de Sealtiel,
Josué, hijo de Iehosadac, el Sumo Sacerdo-

Una casa familiar

El profeta Ageo motiva a los repatriados para reconstruir el Templo y confiar en Dios. Tener un templo es clave para todos los pueblos, pues ahí nos encontramos de manera especial con Dios. En México, la Virgen de Guadalupe pidió a san Juan Diego un templo accesible al pueblo nativo: «mucho deseo que aquí me levanten mi casita sagrada».[1] Con la aceptación del obispo, los indígenas levantaron una humilde ermita, que hoy es una gran basílica adonde acuden miles de personas a diario.

Virgencita de Guadalupe, gracias por anunciar al verdadero Dios a partir de tu solidaridad con los nuevos pueblos mestizos de América y por dejarnos para siempre tu imagen.

Gracias por pedir un templo donde ir a encontrarnos con Dios, como hijos con su padre y con su madre. ¡Cómo nos conmueve que quieras que lo conozcamos en tu amor y tu ternura de madre compasiva! Ayuda a nuestro Continente a formar una gran comunidad que se reúna en la casa de Dios para honrarlo, recibir su bendición y fortalecerse para la misión. Amén.

Ag 1

te, y todo el resto del pueblo escucharon la
voz del Señor, su Dios, y las palabras del
profeta Ageo, según la misión que el Señor,
su Dios, le había encomendado. Y el pueblo sintió temor en la presencia del Señor.
13 Ageo, el mensajero del Señor, habló al
pueblo conforme al mensaje del Señor, diciendo: «Yo estoy con ustedes —oráculo
del Señor—». 14 Entonces el Señor despertó
el espíritu de Zorobabel, hijo de Sealtiel,
gobernador de Judá, el de Josué, hijo de Iehosadac, el Sumo Sacerdote, y el espíritu
de todo el resto del pueblo: ellos fueron y
se pusieron a trabajar en el Templo de su
Dios, el Señor de los ejércitos. 15 Era el día
veinticuatro del sexto mes, del segundo
año del rey Darío.

La gloria del nuevo Templo

Esd 3 10-13; Heb 12 26; Is 60 7-11

2 1 El día veintiuno del séptimo mes, la
palabra del Señor llegó, por medio
del profeta Ageo, en estos términos: 2 Di a
Zorobabel, hijo de Sealtiel, gobernador de
Judá, a Josué, hijo de Iehosadac, el Sumo
Sacerdote, y al resto del pueblo: 3 ¿Queda
alguien entre ustedes que haya visto esta
Casa en su antiguo esplendor? ¿Y qué es lo
que ven ahora? ¿No es como nada ante sus
ojos? 4 ¡Ánimo, Zorobabel! —oráculo del
Señor—. ¡Ánimo, Josué, hijo de Iehosadac,
Sumo Sacerdote! ¡Ánimo, todo el pueblo
del país! —oráculo del Señor—. ¡Manos a la
obra! Porque yo estoy con ustedes —oráculo del Señor de los ejércitos— 5 según el
compromiso que contraje con ustedes
cuando salieron de Egipto, y mi espíritu
permanece en medio de ustedes. ¡No teman! 6 Porque así habla el Señor de los
ejércitos: Dentro de poco tiempo, yo haré
estremecer el cielo y la tierra, el mar y el
suelo firme. 7 Haré estremecer a todas las
naciones: entonces afluirán los tesoros de
todas las naciones y llenaré de gloria esta
Casa, dice el Señor de los ejércitos.
8 ¡Son míos el oro y la plata! —oráculo
del Señor de los ejércitos—. 9 La gloria última de esta Casa será más grande que la primera, dice el Señor de los ejércitos, y en este lugar yo daré la paz —oráculo del Señor
de los ejércitos.

Consulta a los sacerdotes

Lv 22 4-7; Am 4 6-9

10 El día veinticuatro del noveno mes, el segundo año de Darío, la palabra del Señor llegó al profeta Ageo, en estos términos: 11 Así
habla el Señor de los ejércitos: Consulta a los
sacerdotes sobre el caso siguiente: 12 «Si alguien lleva en los pliegues de su ropa carne
ofrecida en sacrificio y toca con ellos pan,
caldo, vino, aceite o cualquier clase de alimentos, ¿todo esto quedará consagrado?».
Los sacerdotes respondieron: «¡No!». 13 Ageo
prosiguió: «Si alguien, contaminado por un
cadáver, toca alguna de estas cosas, ¿quedarán impuras?». Los sacerdotes respondieron:
«¡Sí, quedarán impuras!». 14 Entonces Ageo
tomó la palabra y dijo: «¡Así es este pueblo!
¡Así es esta nación delante de mí! —oráculo
del Señor—. ¡Así es toda la obra de sus manos! ¡Y lo que ellos ofrecen aquí es impuro!».

Promesa de prosperidad

Ag 1 6; Am 4 6.9; Gn 39 5; 49 25;
Dt 12 7; Is 65 8; Mal 3 10

15 Y ahora, reflexionen desde hoy en adelante. Antes de poner piedra sobre piedra

en el Templo del Señor, [16] ¿qué les pasaba a
ustedes? Alguien iba a pesar un montón de
grano estimado en veinte medidas, y no
había más que diez; iba al lagar para sacar
cincuenta medidas, y no había más que
veinte. [17] Yo los castigué con la sequía, el
pulgón y el granizo en toda la obra de sus
manos, ¡pero ustedes no han vuelto a mí!
—oráculo del Señor.
[18] Reflexionen desde hoy en adelante,
desde el día veinticuatro del noveno mes,
en que se pusieron los cimientos del Templo del Señor. Reflexionen: [19] ¿Queda aún
semilla en el granero? ¿Todavía no han dado nada la vid, la higuera, el granado y el
olivo? A partir de este día, yo daré mi bendición.

Promesa a Zorobabel

Ag 2 6; Jue 7 22; Ez 38 21; Zac 6 12-13

[20] La palabra del Señor llegó por segunda
vez a Ageo, el día veinticuatro del mismo
mes, en estos términos: [21] Habla a Zorobabel,
gobernador de Judá, y dile: Yo haré estremecer el cielo y la tierra, [22] derribaré el trono de los reinos y destruiré el poder de los
reinos de las naciones; derribaré los carros
y sus conductores, los caballos y sus jinetes
caerán abatidos, cada uno bajo la espada
de su hermano. [23] Aquel día —oráculo del
Señor de los ejércitos— yo te tomaré a ti,
Zorobabel, hijo de Sealtiel, mi servidor
—oráculo del Señor—, y haré de ti un
anillo para sellar, porque yo te he elegido
—oráculo del Señor de los ejércitos.

SEÑOR,

¿CÓMO ME GUSTARÍA QUE MI CORAZÓN
ESTUVIERA SIEMPRE LLENO DE AMOR, FE Y ESPERANZA!

SIN EMBARGO, CON FRECUENCIA REINAN EN ÉL
LA ENVIDIA, EL EGOÍSMO, EL RENCOR Y EL CHISME.
NO PERMITAS QUE ESTOS SENTIMIENTOS PERDUREN EN MÍ;
DAME PRONTO UN CORAZÓN NUEVO PARA AMAR.

TAMBIÉN ES FRECUENTE QUE MI FE EN TI DECAIGA,
NO TE ESCUCHE Y ESTROPEE MI RELACIÓN CONTIGO.
NO PERMITAS QUE ME APARTE DE TI Y DE TU CAMINO;
RENUEVA Y FORTIFICA PRONTO MI FE EN TI.

MUCHAS VECES ANIDAN EN MI CORAZÓN
LA APATÍA, LA DEPRESIÓN Y EL DISGUSTO POR LA VIDA.
CUIDA QUE ESOS ESTADOS DE ÁNIMO NO PERDUREN,
SINO QUE PRONTO RENAZCA FORTALECIDA MI ESPERANZA.

AMÉN

Nota: Esta oración se encuentra en la p. 820 de la BCJ 1ª edición.

ZACARÍAS

Cuando tenemos gran ilusión por un evento que estamos organizando, sea una fiesta de graduación, un partido de fútbol, una boda o la renovación de nuestra casa, generalmente nuestras expectativas suelen ser altas. Vemos todo perfecto, nuestro partido será el campeón, la obra que estamos realizando será muy bella. Zacarías tuvo una reacción similar. Consideraba que la restauración nacional se fundamentaba en el templo, y se dedica a proclamar y promover la perfección de los sacerdotes como responsables del culto y pastores de la comunidad.

ESQUEMA

- **1 – 8.** Primera parte del libro de Zacarías
  - **1 1-6.** Llamado a la conversión
  - **1 7 – 6 15.** Las visiones proféticas
  - **7 – 8.** Discursos proféticos
- **9 – 14.** Segunda parte del libro de Zacarías
  - **9 – 11.** Israel entre los pueblos
  - **12 – 14.** Salvación y gloria futura de Jerusalén

DATOS

Período descrito
Restauración de Jerusalén y dominación griega (de 520 a 333 a.C.)

Autor
Zacarías escribe la primera parte del libro. Otros profetas atribuyen sus profecías a Zacarías

Fecha de redacción
Primer Zacarías: siglo VI a.C.
Segundo Zacarías: siglo III a.C.

Temas
El Templo reconstruido reúne el poder civil y religioso. Importancia de los sacerdotes como pastores del pueblo

PRESENTACIÓN

El libro de Zacarías, el profeta del ministerio sacerdotal, fue escrito por varios autores, en épocas y situaciones muy distantes. Algunos autores distinguen por lo menos dos obras diferentes.

El Primer Zacarías (Zac 1 – 8) llegó a Jerusalén en uno de los grupos repatriados del exilio alrededor del año 520 a.C. Pertenecía a una familia sacerdotal y, al igual que Ageo, ayudó a forjar la identidad del pueblo, centrándolo en el templo, el culto y la ley.

Muchos profetas denuncian el culto falso y la profanación del Templo. En contraste, Zacarías promueve la reconstrucción del Templo, pues lo considera clave para la restauración de la alianza. Su estilo escatológico fortalece una esperanza universal al anunciar la reintegración gloriosa de Jerusalén (ver «Literatura apocalíptica», Dn 8 1-14).

Tres siglos más tarde, siguiendo la costumbre de la época, varios profetas anónimos atribuyeron sus escritos a Zacarías. El Segundo Zacarías (Zac 9 – 14) fortalece la identidad nacional con visiones y discursos proféticos, en la época de sometimiento al Imperio griego. Estos escritos dan especial importancia a los sacerdotes como pastores del pueblo, insisten en la responsabilidad de los dirigentes y destacan el trabajo de los profetas. El énfasis en los profetas y sacerdotes fue muy importante en ese tiempo en que el pueblo carecía de reyes que lo gobernaran.

Esta segunda obra, da esperanza al pueblo con su fuerte contenido mesiánico, por lo que es muy citada en el Nuevo Testamento. Habla del pastor bueno, el Mesías humilde y el reinado de la verdad, la justicia, el amor y la paz. Presenta a Jerusalén como agua de vida y al pueblo renovado y purificado, que reconoce al fin a su Dios.

ZACARÍAS

ANUNCIO DEL MESÍAS

Zac 11 17 «¡Pobre del pastor inútil que abandona el rebaño!»

LOS PASTORES ANTE SU PUEBLO

PRIMERA PARTE DEL LIBRO DE ZACARÍAS

Llamado a la conversión

Mal 3 7; Jr 3 22; 25 5; Jl 2 13; 1 Re 8 46-51; Lc 15 20

1 1 En el octavo mes del segundo año
de Darío, la palabra del Señor llegó
al profeta Zacarías, hijo de Berequías, hijo
de Idó, en estos términos: 2 El Señor se irritó violentamente contra los padres de ustedes. 3 Tú les dirás: Así habla el Señor de
los ejércitos: Vuelvan a mí —oráculo del
Señor de los ejércitos— y yo volveré a ustedes, dice el Señor de los ejércitos. 4 No sean
como sus padres, a quienes los antiguos
profetas interpelaron, diciendo: Así habla
el Señor de los ejércitos: Vuelvan de sus
malos caminos y de sus malas acciones.
Pero ellos no escucharon, ni me prestaron
atención —oráculo del Señor—. 5 ¿Dónde
están sus padres? Y los profetas ¿viven para siempre? 6 Pero mis palabras y mis decretos, que yo había ordenado a mis servidores los profetas, ¿acaso no alcanzaron a
sus padres? Por eso, ellos se convirtieron y
dijeron: «El Señor de los ejércitos nos ha
tratado según nuestros caminos y nuestras
acciones, como había resuelto hacerlo».

LAS VISIONES PROFÉTICAS

Primera visión: los jinetes

Ap 6 1-10; Is 54 6-10; Zac 2 5-9

7 El vigésimo cuarto día del undécimo
mes, que es el mes de Sebat, en el segundo
año de Darío, la palabra del Señor fue dirigida al profeta Zacarías, hijo de Berequías,
hijo de Idó, en estos términos: 8 Yo tuve una
visión durante la noche: Había un hombre
montado en un caballo rojo. Estaba parado
entre los mirtos que se encuentran en la
hondonada, y detrás de él había caballos rojos, alazanes, negros y blancos. 9 Yo pregunté: «¿Quiénes son estos, mi Señor?». Y el ángel que hablaba conmigo me respondió: «Yo
te indicaré quiénes son estos». 10 El hombre
que estaba entre los mirtos dijo: «Estos son
los que el Señor envió a recorrer la tierra».
11 Ellos se dirigieron al Ángel del Señor que
estaba entre los mirtos, y le dijeron: «Veni-

mos de recorrer la tierra y hemos visto que
toda la tierra está en calma y tranquila».
12 Entonces el Ángel del Señor dijo: «Señor
de los ejércitos, ¿hasta cuándo esperarás para compadecerte de Jerusalén y de las ciudades de Judá, contra las cuales estás irritado
desde hace setenta años?». 13 El Señor dirigió
al ángel que hablaba conmigo palabras
buenas, palabras consoladoras. 14 Entonces
el ángel me dijo: «Proclama esto: Así habla
el Señor de los ejércitos: Yo siento un gran
celo por Jerusalén y por Sion, 15 y estoy violentamente irritado contra las naciones seguras de sí mismas; porque yo estaba un poco irritado, pero ellas agravaron la desgracia.
16 Por eso, así habla el Señor: Yo he vuelto
a Jerusalén con piedad; allí será reconstruida
mi Casa —oráculo del Señor de los ejércitos— y la cuerda de medir será tendida sobre
Jerusalén. 17 Proclama también esto: Así habla el Señor de los ejércitos: Mis ciudades re-
bosarán de bienes; el Señor consolará de
nuevo a Sion y elegirá otra vez a Jerusalén».

Segunda visión: los cuernos y los herreros

Dt 33 17; Dn 7 8; Ap 3 1; Jr 48 25

2 1 Yo levanté los ojos, y tuve una visión:
Había cuatro cuernos. 2 Entonces pregunté al ángel que hablaba conmigo: «¿Qué
son estos cuernos?». Él me respondió: «Son
los cuernos que dispersaron a Judá, a Israel
y a Jerusalén». 3 Después el Señor me mostró cuatro herreros. 4 Yo pregunté: «¿Qué vienen a hacer estos?». Él me respondió: «Aquellos son los cuernos que dispersaron a Judá,
a tal punto que nadie podía levantar la cabeza; pero estos han venido para aterrarlos,
para derribar los cuernos de las naciones
que atacaron al país de Judá, a fin de dis-
persarlo».

Tercera visión: el medidor

Jr 31 38-39; Ap 11 1; 21 15; Is 49 19-20

5 Yo levanté los ojos, y tuve una visión:
Había un hombre que tenía en la mano
una cuerda de medir. 6 Entonces le pregunté: «¿Adónde vas?». Él me respondió: «Voy
a medir Jerusalén, para ver cuánto tiene de
ancho y cuánto de largo». 7 Mientras el ángel que hablaba conmigo estaba allí, otro
ángel le salió a su encuentro 8 y le dijo:
«Corre, habla a ese joven y dile: Jerusalén
será una ciudad abierta por la gran cantidad de hombres y animales que habrá en
ella. 9 Yo seré para ella —oráculo del Señor— una muralla de fuego a su alrededor,
y seré su Gloria en medio de ella».

Exhortación a los exiliados para que huyan de Babilonia

Is 48 20; Jr 50 8; 51 6; Sof 3 14-15

10 ¡Vamos! Huyan del país del Norte
—oráculo del Señor—,
porque yo los dispersé
a los cuatro vientos del cielo
—oráculo del Señor—.
11 ¡Vamos! ¡Sálvate, Sion,
tú, que habitas en Babilonia!
12 Porque así habla el Señor de los ejércitos
a las naciones que los despojaron
—ya que el que los toca a ustedes
toca la pupila de mis ojos—:
13 ¡Sí, yo levanto mi mano contra ellos,
y serán despojados
por sus mismos esclavos!
¡Así ustedes sabrán que me ha enviado
el Señor de los ejércitos!
14 Grita de júbilo y alégrate, hija de Sion:
porque yo vengo a habitar en medio de ti
—oráculo del Señor.

Entrada triunfal del Señor en Sion

Is 45 22; Sof 1 7; Hab 2 20

15 Aquel día, muchas naciones
se unirán al Señor:
ellas serán un pueblo para él
y habitarán en medio de ti.
¡Así sabrás que me ha enviado a ti
el Señor de los ejércitos!
16 El Señor tendrá a Judá como herencia,
como su parte en la Tierra santa,
y elegirá de nuevo a Jerusalén.
17 ¡Que callen todos los hombres
delante del Señor,
porque él surge de su santa Morada!

> MUCHAS NACIONES SE UNIRÁN AL SEÑOR: ELLAS SERÁN UN PUEBLO PARA ÉL.
> Zac 2 15

Cuarta visión: la vestidura de Josué

Job 1 6; Jds 9; Am 4 11; Lc 15 22; Ez 36 33

3 1 Luego me hizo ver al Sumo Sacerdote Josué, de pie ante el Ángel del Señor, mientras el Adversario estaba a su derecha para acusarlo. 2 El Ángel del Señor

dijo al Adversario: «¡Que el Señor te reprima, Adversario! ¡Sí, que te reprima el Señor, el que eligió a Jerusalén! ¿No es este
acaso un tizón salvado del fuego?».
3 Josué, de pie delante del ángel, estaba
vestido con ropa sucia. 4 El ángel tomó la palabra y dijo a los que estaban de pie delante
de él: «Quítenle la ropa sucia». Luego dijo a
Josué: «Yo te he sacado de encima tu iniquidad y te pondré vestiduras de fiesta». 5 Y añadió: «Coloquen sobre su cabeza un turbante
limpio y pónganle vestiduras de fiesta». Ellos
le pusieron el turbante limpio sobre la cabeza y las vestiduras de fiesta, mientras el Ángel
del Señor permanecía allí de pie.
6 Después el Ángel del Señor advirtió solemnemente a Josué: 7 «Así habla el Señor de
los ejércitos: Si vas por mis caminos y observas mis mandamientos, tú mismo gober-
narás mi Casa y cuidarás mis atrios, y yo te
daré libre acceso entre los que están aquí».
8 Escucha, Josué, Sumo Sacerdote, tú y
tus compañeros que se sientan delante de
ti —porque estos hombres son un presagio—: Yo suscitaré a mi servidor «Germen». 9 Sí, esta es la piedra que pongo delante de Josué: sobre esta única piedra hay
siete ojos. Yo mismo voy a grabar su inscripción —oráculo del Señor de los ejércitos— y voy a eliminar la iniquidad de este
país en un solo día.
10 Aquel día —oráculo del Señor de los
ejércitos— ustedes se invitarán unos a otros
debajo de la parra y de la higuera.

El simbolismo del cuatro

Zacarías da un significado simbólico al número cuatro. Ve cuatro cuernos que representan las naciones que oprimieron a Israel y cuatro herreros que las vencen (Zac 2 1-4), así como cuatro carros enviados a los cuatro puntos cardinales (6 1-8). Este número es especial para los pueblos nativoamericanos por su relación con la naturaleza: hay cuatro puntos cardinales (este, sur, oeste norte), cuatro partes en el corazón (aurícula derecha e izquierda; ventrículos derecho e izquierdo), cuatro estaciones en el año (primavera, verano, otoño, invierno), cuatro etapas en la vida humana (niño, joven, adulto y anciano) y cuatro elementos básicos (fuego, agua, aire y tierra).

Cuando los nativoamericanos hacen una oración formal, con frecuencia la dirigen a los cuatro puntos cardinales:

- Al este (amarillo), donde nace el sol, la dirección de la luz y la sabiduría.
- Al sur (blanco), donde hay calor, la dirección de la vida.
- Al oeste (negro), donde se pone el sol, la dirección del agua y la purificación.
- Al norte (rojo), donde hay frío, la dirección de la fuerza ante la adversidad.

Algunas veces se añade: «arriba» (azul), hacia el Padre Celestial, y «abajo» (verde), hacia la Madre Tierra.

Zac 3 1-10

Quinta visión: el candelabro y los olivos

Ex 25 31-40; Zac 3 9; Ap 5 6; 11 4

4 1 El ángel que hablaba conmigo volvió
y me despertó, como a quien se lo
despierta de su sueño. 2 Él me preguntó:
«¿Qué ves?». Yo le respondí: «Veo un candelabro de oro macizo, con un recipiente en la
parte superior: sobre el candelabro hay siete
lámparas, y siete mecheros para las lámparas que están arriba de él. 3 A su lado hay dos
olivos: uno a la derecha y otro a la izquierda del recipiente». 4 Yo tomé la palabra y dije al ángel que hablaba conmigo: «¿Qué son
estas cosas, mi Señor?». 5 El ángel que hablaba conmigo me respondió: «¿No sabes qué
son estas cosas?». Yo le dije: «No, mi Señor».
6a Él me respondió: 10b «Estas siete lámparas
son los ojos del Señor que vigilan toda la
tierra». 11 Entonces tomé la palabra y le dije:
«¿Qué son esos dos olivos, a la derecha y a
la izquierda del candelabro?». 12 Por segunda vez le pregunté: «¿Qué son las dos ramas
de olivo, que derraman aceite dorado a través de los dos tubos de oro?». 13 Él me respondió: «¿No sabes lo que son esas cosas?».
Yo le dije: «No, mi Señor». 14 Él me respondió: «Son los dos Ungidos que están de pie
junto al Señor de toda la tierra».
6b Esta es la palabra del Señor acerca de
Zorobabel: ¡No por el poder ni por la fuerza, sino por mi espíritu...! —dice el Señor
de los ejércitos.
7 ¿Quién eres tú, gran montaña? ¡Ante
Zorobabel te convertirás en una llanura! Él
sacará la piedra maestra a los gritos de:
«¡Qué hermosa, qué hermosa es!».
8 La palabra del Señor me llegó en estos
términos: 9 Las manos de Zorobabel pusie-

ron los cimientos de esta Casa, y sus manos la terminarán. Así sabrán que me ha
enviado a ustedes el Señor de los ejércitos.
10a ¿Quién de ustedes despreció el día de los
modestos comienzos? Que se alegre al ver
la piedra elegida en manos de Zorobabel.

Sexta visión: el rollo que vuela

Ez 2 9-10; Ap 10 9-11; Ex 20 7.15

5 1 Yo levanté de nuevo los ojos y tuve
una visión: Había un rollo que volaba. 2 El ángel me preguntó: «¿Qué ves?». Yo
le respondí: «Veo un rollo que vuela: tiene
diez metros de largo por cinco de ancho».
3 Él me dijo: «Esta es la Maldición que se
desencadena sobre todo el país. Porque según lo escrito de un lado, todo ladrón será
eliminado, y según lo escrito del otro, todo
perjuro será eliminado. 4 Yo la desencadena-
ré —oráculo del Señor de los ejércitos—:
ella entrará en la casa del ladrón y en la casa del que jura falsamente por mi Nombre;
se instalará en medio de su casa, y la consumirá junto con sus maderas y sus piedras».

Séptima visión: el recipiente y la mujer

Ap 12 14; Gn 10 10; 11 2; Is 11 11; Dn 1 2

5 El ángel que hablaba conmigo se adelantó y me dijo: «Levanta los ojos y mira qué
es eso que avanza». 6 Yo le pregunté: «¿Qué es
eso?». Él me respondió: «Es un recipiente
que avanza». Él agregó: «Esta es la culpa de
ellos en todo el país». 7 Entonces se levantó
un disco de plomo, y vi una mujer instalada
en el interior del recipiente. 8 El ángel me dijo: «Esta es la Maldad». Luego la arrojó al interior del recipiente y arrojó la masa de plomo sobre la abertura. 9 Yo levanté los ojos y
tuve una visión. Había dos mujeres que
avanzaban. El viento soplaba en sus alas:
ellas tenías dos alas como las de la cigüeña,
y levantaron el recipiente entre la tierra y el
cielo. 10 Yo pregunté al ángel que hablaba
conmigo: «¿Adónde llevan el recipiente?».
11 Él me respondió: «Le van a edificar una casa en la tierra de Senaar, y cuando esté preparada, la colocarán sobre su pedestal».

Octava visión: los carros

Ap 6 2-8

6 1 Yo levanté de nuevo los ojos y tuve
una visión: Había cuatro carros que
salían de entre las dos montañas, y las montañas eran de bronce. 2 El primer carro era tirado por caballos rojos; el segundo por caballos negros, 3 el tercero por caballos blancos y el cuarto por caballos manchados.
4 Tomé la palabra y dije al ángel que hablaba conmigo: «¿Qué son estos, mi Señor?».
5 Él me respondió: «Ellos avanzan a los cuatro vientos del cielo, después de haberse
presentado ante el Señor de toda la tierra.
6 El carro de caballos rojos avanza hacia el
país del oriente; el de los caballos negros
hacia el norte, el de los blancos hacia el occidente, y el de los manchados hacia el sur».
7 Ellos avanzaron llenos de brío, ansiosos
por recorrer la tierra. El ángel les dijo: «Vayan a recorrer la tierra». Y ellos recorrieron
la tierra. 8 Él me llamó y me dijo: «Mira, los
que avanzan hacia el país del Norte hacen
reposar mi espíritu en ese país».

La corona para Josué

Zac 3 8; Jr 23 5; Dt 28 1

9 La palabra del Señor me llegó en estos
términos: 10 Recoge las ofrendas de los deportados: de Jeldai, de Tobías y de Iedaías.
Tú mismo irás ese día a la casa de Josías,
hijo de Sefanías, adonde ellos acaban de
llegar de Babilonia: 11 tomarás la plata y el
oro, harás una corona y la pondrás sobre la
cabeza de Josué, hijo de Iehosadac, el Sumo Sacerdote. 12 Tú le dirás: Así habla el Señor de los ejércitos: Aquí hay un hombre
llamado «Germen»: allí donde esté, algo va
a germinar, y él reconstruirá el Templo del
Señor. 13 Él reconstruirá el Templo del Señor, llevará las insignias reales, se sentará y
dominará en su trono. Habrá un sacerdote
a su derecha, y habrá un perfecto acuerdo
entre los dos. 14 Y la corona será para Jeldai,
Tobías y Iedaías, y para Josías, hijo de Sefanías, un memorial en el Templo del Señor.
15 Entonces los que están lejos vendrán y
reconstruirán el Santuario del Señor. Así
sabrán que me envió a ustedes el Señor de
los ejércitos. Esto sucederá si escuchan verdaderamente la voz del Señor, su Dios.

LOS DISCURSOS PROFÉTICOS

La cuestión del ayuno

Zac 8 21; Ex 32 11; 1 Sm 13 12; 1 Re 13 6;
Lv 27 8.11-12.14; Lam 2 18; Jl 2 12-17

7 1 El cuarto año del rey Darío, el día cuatro del noveno mes, el mes de Quisleu,
2 Betel Saréser, gran mago del rey, y sus hombres enviaron una delegación para aplacar el

rostro del Señor 3 y preguntar a los sacerdotes
de la Casa del Señor de los ejércitos y a los
profetas: «¿Debo seguir llorando e impo-
niéndome privaciones en el quinto mes, como lo he hecho durante tantos años?».

Las lecciones del pasado

Is 58 5; Mt 6 16; Is 1 16-17;
Ez 2 4-5; 2 Re 17 14; Ez 11 19

4 La palabra del Señor me llegó en estos
términos: 5 Habla a todo el pueblo del país
y a los sacerdotes, diciéndoles: Si ustedes
han ayunado y se han lamentado en el
quinto y el séptimo mes desde hace setenta años, ¿es por mí que han practicado esos
ayunos? 6 Y cuando comen y beben ¿no lo
hacen por ustedes mismos? 7 ¿No son estas
las palabras que proclamó el Señor por intermedio de los antiguos profetas, cuando
Jerusalén estaba habitada y tranquila, rodeada de sus ciudades, y estaban poblados
el Négueb y la Sefelá?
8 La palabra del Señor llegó a Zacarías en
estos términos: 9 Así habla el Señor de los
ejércitos: Hagan justicia de verdad, practiquen mutuamente la fidelidad y la misericordia. 10 No opriman a la viuda ni al huérfano, al extranjero ni al pobre, y no piensen en
hacerse mal unos a otros. 11 Pero ellos no quisieron hacer caso: se mostraron rebeldes y
endurecieron sus oídos para no oír; 12 endurecieron su corazón como el diamante para
no escuchar la instrucción y las palabras que
el Señor de los ejércitos les había dirigido
por su espíritu, por intermedio de los antiguos profetas. Entonces el Señor de los ejércitos se irritó profundamente. 13 Y sucedió lo
siguiente: Así como él llamaba y ellos no escuchaban, así también ellos llamarán y yo
no escucharé, dice el Señor de los ejércitos.
14 Yo los esparcí como un torbellino por todas las naciones que ellos no conocían, y el
país fue devastado detrás de ellos, sin que
nadie fuera ni volviera. De una tierra de delicias, ellos hicieron una desolación.

REFLEXIONA

Dios no es tranquilizador de conciencias

Zacarías nos alerta sobre el peligro de practicar la religión para tranquilizar nuestra conciencia. Dios no acepta la alabanza y el ayuno de quien descuida la justicia y el derecho. Por eso, profeta tras profeta insiste en que el verdadero culto debe impulsarte a luchar por la justicia y fortalecerte para trabajar por los más necesitados (Zac 7 9).

El verdadero contacto con Dios siempre da la paz, pero nunca deja en paz. ¿Qué te dice Dios sobre tu vida y el culto que le das?

Zac 7 4-12

Perspectivas de la salvación mesiánica

Zac 1 14; Is 1 26; 65 20; Jr 31 31; Sal 72 17; Ef 4 25

8 1 La palabra del Señor llegó
en estos términos:

2 Así habla el Señor de los ejércitos:
Siento un gran celo por Sion
y ardo de pasión por ella.
3 Así habla el Señor:
Yo he vuelto a Sion,
y habitaré en medio de Jerusalén.
Jerusalén será llamada
«Ciudad de la Fidelidad»,
y la montaña del Señor de los ejércitos,
«Montaña Santa».
4 Así habla el Señor de los ejércitos:
Los ancianos y las ancianas
se sentarán de nuevo
en las plazas de Jerusalén,
cada uno con su bastón en la mano,
a causa de sus muchos años.
5 Las plazas de la ciudad se llenarán
de niños y niñas, que jugarán en ellas.
6 Si esto parece imposible
a los ojos del resto de este pueblo,
¿será también imposible para mí?
—oráculo del Señor de los ejércitos—.
7 Así habla el Señor de los ejércitos:
Yo salvo a mi pueblo
de los países del oriente,
y de los países donde se pone el sol.
8 Los haré volver y habitarán
en medio de Jerusalén.
Ellos serán mi Pueblo, y yo seré su Dios,
en la fidelidad y en la justicia.

9 Así habla el Señor de los ejércitos: Que se
fortalezcan las manos de ustedes, los que escuchan en estos días, de la boca de los profetas, estas palabras pronunciadas desde el día
en que se pusieron los cimientos de la Casa

del Señor de los ejércitos, para la reconstrucción del Templo. 10 Porque antes de estos días
no había salario para los hombres ni ración
para los animales, ni había seguridad para
los que iban y venían, a causa del enemigo:
yo había lanzado a todos los hombres unos
contra otros. 11 Pero ahora, yo no trataré al
resto de este pueblo como en los tiempos pasados —oráculo del Señor de los ejércitos—.
12 Porque hay semillas de paz: la viña dará su
fruto, la tierra sus productos y el cielo su
rocío. Yo daré todo esto como herencia al
resto de este pueblo. 13 Y así como ustedes,
pueblo de Judá y pueblo de Israel, fueron
una maldición entre las naciones, así yo los
salvaré, y ustedes serán una bendición. ¡No
teman! ¡Que sus manos se fortalezcan!
14 Porque así habla el Señor de los ejércitos: Así como yo había resuelto hacerles
mal cuando sus padres me irritaban —dice
el Señor de los ejércitos— y no me arrepentí, 15 así, en cambio, decidí en estos días
hacer el bien a Jerusalén y al pueblo de Judá. ¡No teman!

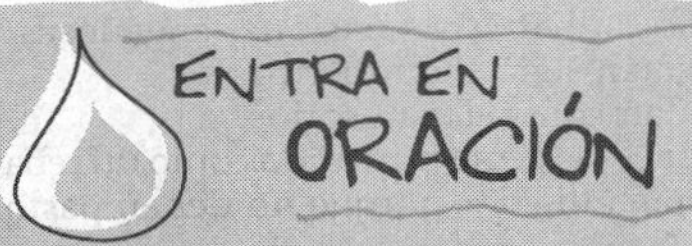

Serás una bendición

Dios promete guiar a su pueblo a la superación y el progreso, y retirar el tiempo de crisis: «Así yo los salvaré, y ustedes serán una bendición. ¡No teman! ¡Que sus manos se fortalezcan!» (Zac 8 13). Ora con estas palabras de ánimo pensando en lo que significan.

Señor, es maravilloso que me digas que seré una bendición..., ¡pero con frecuencia me vencen las dificultades, me frustro y no me veo como bendición! Incrementa mi fe, quiero mantener siempre presente que tú me salvarás y seré una bendición.

Cuando mis estudios o mi trabajo sean muy difíciles, quiero recordar que estás conmigo y me dices: ¡No temas! ¡Anímate!

Cuando me llegue alguna enfermedad, ayúdame a verla como una bendición para ser mejor, y concédeme escuchar que me dices: ¡No temas! ¡Anímate!

Si mi familia está pasando una época pésima, envía tu salvación y ayúdame a recordar tus palabras: ¡No temas! ¡Anímate!

Zac 8 9-17

16 Esto es lo que deberán practicar: dígan-
se mutuamente la verdad y dicten en sus
puertas sentencias que restablezcan la paz;
17 no piensen en hacerse mal unos a otros y
no amen el falso juramento. Porque yo aborrezco todo eso —oráculo del Señor.

Respuesta a la cuestión del ayuno

Zac 7 1-3; Mt 9 14-15

18 La palabra del Señor me llegó en estos
términos: 19 «Así habla el Señor de los ejércitos: El ayuno del cuarto, del quinto, del
séptimo y el décimo mes se convertirán para la casa de Judá en alegría, en gozo y en
hermosas solemnidades. ¡Pero amen la verdad y la paz!».

Jerusalén, centro cultual del mundo

Zac 7 2; 14 16; Miq 4 1; Est 2 5; 3 6.10; Neh 1 2; Is 7 14

20 Así habla el Señor de los ejércitos: Vendrán asimismo pueblos y habitantes de
muchas ciudades. 21 Los habitantes de una
ciudad irán a otra, diciendo: «Vamos a apaciguar el rostro del Señor y a buscar al Señor
de los ejércitos; yo también quiero ir». 22 Pueblos numerosos y naciones poderosas vendrán a Jerusalén a buscar al Señor de los ejércitos y a apaciguar el rostro del Señor.
23 Así habla el Señor de los ejércitos: En
aquellos días, diez hombres de todas las
lenguas que hablan las naciones tomarán a
un judío por el borde de sus vestiduras y le
dirán: «Queremos ir con ustedes, porque
hemos oído que Dios está con ustedes».

SEGUNDA PARTE DEL LIBRO DE ZACARÍAS

ISRAEL ENTRE LOS PUEBLOS

El triunfo de Dios sobre los pueblos vecinos

Is 23 9-11; Ez 26 4; Is 4 3

9 1 Oráculo.

La palabra del Señor llegó al país de Jadrac,
y en Damasco está su reposo;
porque al Señor pertenece
la fuente de Aram,
como todas las tribus de Israel,
2 y también Jamat, que está en su frontera,
y Tiro y Sidón.
Por su gran sabiduría,
3 Tiro se construyó una fortaleza,
amontonó plata como polvo
y oro fino como barro de las calles.

4 Pero el Señor va a apoderarse de eso,
arrojará su poderío en el mar
y ella misma será presa de las llamas.
5 Lo verá Ascalón y temerá;
también Gaza, y se retorcerá de dolor,
y lo mismo Ecrón,
porque su esperanza quedó defraudada;
Gaza no tendrá más rey,
Ascalón ya no será habitada
6 y gente bastarda se instalará en Asdod.
Yo aniquilaré el orgullo del filisteo,
7 quitaré la sangre de su boca
y sus abominaciones de entre sus dientes.
Él también será un resto para nuestro Dios,
será como un jefe en Judá,
y Ecrón será como un jebuseo.
8 Yo acamparé junto a mi casa
como una guardia
contra los que pasan y vuelven:
no pasará más entre ellos ningún opresor,
porque ahora he visto con mis ojos.

El Mesías humilde y pacífico

Mt 21 5; 11 29; Os 2 20; Is 11 6; Sal 72 8

9 ¡Alégrate mucho, hija de Sion!
¡Grita de júbilo, hija de Jerusalén!
Mira que tu Rey viene hacia ti;
él es justo y victorioso,
es humilde y está montado sobre un asno,
sobre la cría de un asna.
10 Él suprimirá los carros de Efraím
y los caballos de Jerusalén;
el arco de guerra será suprimido
y proclamará la paz a las naciones.
Su dominio se extenderá
de un mar hasta el otro,
y desde el Río hasta los confines de la tierra.

MIRA QUE TU REY VIENE HACIA TI;
ÉL ES JUSTO Y VICTORIOSO,
ES HUMILDE Y ESTÁ MONTADO
SOBRE UN ASNO.
Zac 9 9

La liberación de los cautivos

Ex 24 4-8; Sal 18 15; Jr 31 12-13

11 En cuanto a ti, por la sangre de su alianza,
yo libraré a tus cautivos de la fosa sin agua.
12 Vuelvan a la plaza fuerte,
cautivos llenos de esperanza.
Sí, hoy mismo lo declaro:
yo te daré una doble compensación.
13 Porque yo tendí mi arco: es Judá;
lo armé con Efraím.
Lanzaré a tus hijos, Sion,
contra tus hijos, Javán;
te empuñaré como una espada de guerrero.

14 El Señor aparecerá sobre ellos,
y su flecha partirá como el rayo.
El Señor hará sonar la trompeta
y avanzará en los torbellinos del sur.
15 El Señor de los ejércitos los escudará;
ellos triunfarán y pisotearán
las piedras de las hondas,
beberán la sangre como si fuera vino,
se llenarán como la copa de la aspersión,
como los ángulos del altar.
16 El Señor, su Dios, los salvará en aquel día,
como al rebaño de su pueblo;
como piedras de una diadema,
resplandecerán sobre su tierra.
17 ¡Qué felicidad y qué hermosura!
El trigo dará vigor a los jóvenes
y el vino nuevo a las jóvenes.

Contra la idolatría

Dt 11 4; Sal 135 7; Mt 9 36

10 1 Pidan al Señor la lluvia
en el tiempo de la primavera.
El Señor es el que produce los relámpagos;
él les dará una lluvia abundante,
y a cada uno la hierba en su campo.
2 Porque los ídolos dan respuestas vanas,
y los adivinos ven visiones engañosas,
relatan sueños quiméricos
y dan consuelos ilusorios.
Por eso la gente ha partido como un rebaño,
están afligidos porque no tienen pastor.

Liberación y retorno de Israel

Ez 34 2; Is 41 17; Dt 30 1-3; Bar 2 30-34; Zac 12 5

3 Mi ira se ha encendido contra los pastores
y yo castigaré a los machos cabríos.

REFLEXIONA

Esperanza en un Mesías humilde

El Segundo Zacarías da su mensaje en una época en que urge la intervención de Dios ante la nueva crisis de fe causada por la dominación griega. En contraste con el Primer Zacarías, que fincaba la esperanza en el restablecimiento de la identidad nacional, anuncia al Mesías como un Rey humilde y pacífico, un Pastor atento a sus ovejas; un profeta y siervo fiel. Este Mesías será Jesús ungido por el Espíritu como profeta, sacerdote y rey.

¿En qué crisis hoy urge la intervención de Dios? ¿Hacemos caso a sus profetas?

Zac 9 – 14

Cuando el Señor de los ejércitos
visite a su rebaño
—la casa de Judá—,
hará de ella su caballo de honor
en el combate.
4 De él saldrá la Piedra angular,
de él la Estaca,
de él el arco de guerra,
de él todos los jefes.
Todos juntos 5 serán como héroes,
que pisotean el barro de las calles
en el combate;
combatirán porque el Señor estará con ellos,
mientras que los jinetes
quedarán confundidos.
6 Yo fortificaré a la casa de Judá
y salvaré a la casa de José.
Los restableceré porque tendré piedad
de ellos,
y serán como si yo
no los hubiera rechazado,
porque yo soy el Señor, su Dios,
y los escucharé.
7 Efraím será como un héroe,
y su corazón se alegrará como con el vino:
sus hijos verán y se regocijarán,
su corazón se llenará de júbilo en el Señor.
8 Les silbaré y los reuniré,
porque yo los he liberado,
y ellos serán tan numerosos como antes.
9 Yo los diseminé entre los pueblos,
pero se acordarán de mí
en las regiones lejanas,
criarán a sus hijos y estos volverán.
10 Los haré volver del país de Egipto,
y los congregaré de Asiria;
los haré entrar en el país de Galaad
y en el Líbano,
y no habrá lugar suficiente para ellos.
11 Atravesarán el mar de Egipto,
él golpeará las olas en el mar,
y se secarán las profundidades del Nilo.
Será abatido el orgullo de Asiria,
y el cetro de Egipto será arrebatado.
12 Yo los fortaleceré en el Señor,
y ellos avanzarán en su Nombre
—oráculo del Señor.

La ruina de las grandes potencias

11 1 Abre tus puertas, Líbano,
y que tus cedros sean presa
de las llamas.
2 Gime, ciprés,
porque ha caído el cedro,
porque los poderosos han sido arrasados.
Giman, encinas de Basán,
porque ha sido abatida
la selva impenetrable.
3 Escuchen el gemido de los pastores,
porque ha sido arrasado su esplendor;
escuchen el rugido de los leones,
porque ha sido arrasado
el orgullo del Jordán.

Alegoría de los dos pastores

Ez 34; Jr 12 3; Mt 27 3-10; Jn 10 12-13; Mt 18 12-14

4 Así habla el Señor, mi Dios: Apacienta
las ovejas destinadas al matadero, 5 aquellas que sus compradores matan impunemente, mientras los vendedores dicen:
«¡Bendito sea el Señor, ya soy rico!», y los

VIVE LA PALABRA

Necesitamos buenos pastores

Lee Zacarías 11 4-17. El profeta usa una alegoría para denunciar el incumplimiento de la misión por los líderes; habla de ellos como malos pastores. Los tres pastores simbolizan a los reyes que, al romper la alianza, generaron la destrucción del pueblo. Los bastones rotos señalan la falta de bondad y el poco esfuerzo de los líderes por preservar la unidad del pueblo. Las treinta monedas, precio que se pagaba por los esclavos, son signo del poco valor que los líderes daban a Dios.

¡Qué grande es la responsabilidad del pastor! Y ¡qué duro el versículo 17 contra los malos pastores!

Los mejores pastores entre los jóvenes son los mismos jóvenes. Para hacer bien su labor necesitan alimentarse continuamente con la Palabra de Dios, nutrirse con los sacramentos y mantenerse en comunión con la Iglesia.

¿Existen buenos pastores juveniles en tu medio? ¿Hay sacerdotes, religiosas y adultos que apoyan la pastoral juvenil? ¿Te llama Dios a ser pastor joven entre los jóvenes? ¿Tienes vocación de dedicar tu vida adulta a pastorear la juventud?

Zac 11 4-17

pastores no se compadecen de ellas. 6 No,
ya no tendré compasión de los habitantes
del país —oráculo del Señor— y entregaré
a cada uno en manos de su vecino y en manos de su rey; ellos aplastarán el país, y yo
no los libraré de sus manos.

7 Entonces apacenté las ovejas destinadas
al matadero por los traficantes de ovejas. Tomé dos bastones: a uno lo llamé «Favor» y al
otro «Vínculo». Me puse a apacentar las ovejas, 8 e hice desaparecer a los tres pastores en
un mes. Pero yo perdí la paciencia con ellas,
y ellas también se hastiaron de mí.

9 Yo dije: «¡No las apacentaré más! ¡La
que quiera morir, que muera! ¡La que quiera desaparecer, que desaparezca! ¡Y las que
queden, que se devoren entre sí!». 10 Después tomé mi bastón «Favor», y lo quebré
para romper mi pacto, el que yo había establecido con todos los pueblos. 11 El pacto
quedó roto ese día, y los traficantes de ovejas que me observaban reconocieron que
esa era una palabra del Señor.

12 Yo les dije: «Si les parece bien, páguen-
me mi salario; y si no, déjenlo». Ellos pesa-
ron mi salario: treinta siclos de plata. 13 Pero
el Señor me dijo: «¡Echa al Tesoro ese lindo
precio en que he sido valuado por ellos!».
Yo tomé los treinta siclos de plata y los eché
en el Tesoro de la Casa del Señor. 14 Después
quebré mi segundo bastón «Vínculo», para
romper la fraternidad entre Judá e Israel.

15 El Señor me dijo: Toma ahora la mochila de un pastor insensato. 16 Porque yo voy a
suscitar en el país un pastor que no se preo-
cupará de la oveja perdida, ni buscará a la extraviada, ni curará a la herida, ni alimentará
a la sana, sino que comerá la carne de las
más gordas y les arrancará hasta las pezuñas.

17 ¡Pobre del pastor inútil
que abandona el rebaño!
¡La espada caiga sobre su brazo
y sobre su ojo derecho!
¡Que su brazo se seque por completo
y que su ojo derecho se apague totalmente!

LA SALVACIÓN Y LA GLORIA FUTURA DE JERUSALÉN

Renovación de Jerusalén y de Judá

Gn 2 7; Is 42 5; 51 17; Zac 14 10

ZAC

12 1 Vaticinio. Palabra del Señor sobre Israel. Oráculo del Señor que desplegó
los cielos, cimentó la tierra y formó el espíritu del hombre en su interior. 2 Yo haré de
Jerusalén una copa de vértigo para todos
los pueblos de alrededor, y lo mismo pasará con Judá cuando asedien a Jerusalén.

3 Aquel día, yo haré de Jerusalén una piedra pesada para todos los pueblos: todos
los que intenten levantarla se desgarrarán
gravemente. Y se reunirán contra ella todas
las naciones de la tierra.

4 Aquel día —oráculo del Señor— yo
aturdiré a todos los caballos y enloqueceré
a sus jinetes; abriré mis ojos sobre la casa
de Judá y enceguceré a todos los pueblos.
5 Y los jefes de Judá dirán en su corazón:
«La fuerza para los habitantes de Jerusalén
está en el Señor de los ejércitos, su Dios».

6 Aquel día, yo haré a los jefes de Judá semejantes a un brasero encendido bajo la le-

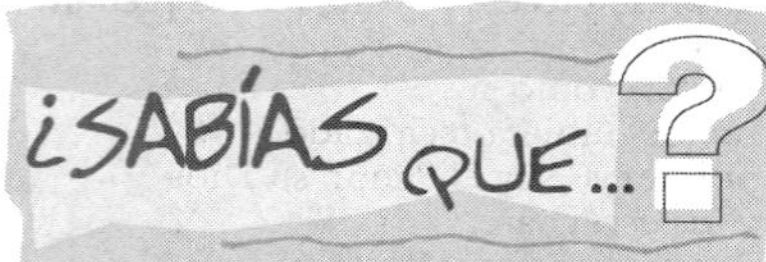

Profecías mesiánicas

Zacarías proclama varias profecías sobre el Mesías que anticipan el misterio y la vida de Jesús:

- Presenta al mesías-rey al entrar en Jerusalén: «Mira que tu Rey viene hacia ti; él es justo y victorioso, es humilde y está montado sobre un asno» (Zac 9 9). Esta profecía coincide con la entrada triunfal de Jesús en Jerusalén antes de su pasión (Mt 21 5).
- Prevé la dispersión de las ovejas cuando el pastor sea herido (Zac 13 7). Mateo describe así a los discípulos que abandonan a Jesús en Getsemaní (Mt 26 31).
- Anuncia la Palabra de Dios: «Mirarán hacia mí. En cuanto al que ellos traspasaron, se lamentarán por él como por un hijo único y lo llorarán amargamente como se llora al primogénito» (Zac 12 10). La muerte de Jesús en la cruz cumple esta profecía (Jn 19 37).

Una vez más, es evidente que el espíritu de Dios preparó la llegada y la misión del Mesías, durante el Antiguo Testamento. Busca cada cita del profeta Zacarías y la que le corresponde en el Nuevo Testamento. Compáralas y descubre cómo relacionan los escritores las profecías con Jesús.

Zac 9 – 14

ña, a una antorcha encendida en las gavillas. Ellos consumirán a derecha e izquierda
a todos los pueblos de alrededor, pero Jerusalén quedará instalada en el mismo lugar.
7 El Señor salvará primero las tiendas de Judá, a fin de que la gloria de la casa de David
y la gloria de los habitantes de Jerusalén no
se eleven en detrimento de Judá.
8 Aquel día, el Señor escudará a los habitantes de Jerusalén: el más débil entre ellos
será como David, y la casa de David será
como Dios, como el Ángel del Señor al
frente de ellos.

La gran lamentación sobre el «Traspasado»

Zac 14 3; Jn 19 37; Am 8 10

9 Aquel día, yo me pondré a destruir todas las naciones que vendrán contra Jerusalén. 10 Derramaré sobre la casa de David y
sobre los habitantes de Jerusalén un espíritu de gracia y de súplica; y ellos mirarán
hacia mí. En cuanto al que ellos traspasaron, se lamentarán por él como por un hijo único y lo llorarán amargamente como
se llora al primogénito.
11 Aquel día, habrá un gran lamento en
Jerusalén, como el lamento de Hadad Rimón, en la llanura de Meguido. 12 El país se
lamentará, familia por familia:

la familia de la casa de David por su lado,
y sus mujeres por su lado;
la familia de la casa de Natán por su lado,
y sus mujeres por su lado;
13 la familia de la casa de Leví por su lado,
y sus mujeres por su lado;
la familia de la casa de Semei por su lado,
y sus mujeres por su lado;
14 todas las familias restantes,
cada una por su lado,
y sus mujeres por su lado.

La purificación del país

Jn 7 38; Ez 36 25; 2 Re 1 8; Mt 3 4

13 1 Aquel día, habrá una fuente abierta
para la casa de David y para los habitantes de Jerusalén, a fin de lavar el pecado
y la impureza.
2 Aquel día —oráculo del Señor de los
ejércitos— yo extirparé del país el nombre
de los ídolos y no se los volverá a mencionar; de la misma manera, expulsaré de esta
tierra a los profetas y el espíritu de impureza. 3 Y sucederá que si alguien profetiza todavía, su padre y su madre que lo engendraron le dirán: «¡Tú no vivirás, porque has
dicho una mentira en nombre del Señor!».
Y su padre y su madre, que lo engendraron,
lo traspasarán mientras profetiza.
4 Aquel día, los profetas se avergonzarán
cada uno de su visión, mientras estén profetizando, y no se pondrán más el manto
de pelos para engañar. 5 Cada uno dirá: «Yo
no soy profeta, yo soy un hombre que cultiva la tierra, porque la tierra es mi ocupa-

¿SABÍAS QUE...?

El nacimiento del judaísmo

Hablar del judaísmo evoca un pueblo entero, con su identidad, religión, costumbres, moral y fiestas. Sus raíces fueron puestas por el pueblo exiliado en Babilonia, al reflexionar sobre sus tradiciones, escuchar el mensaje de los profetas y orar con los salmos para fortalecer su fe y su identidad.

El judaísmo empezó a desarrollarse con la reforma religiosa de Esdras y Nehemías, quienes promovieron el aislamiento del pueblo elegido para preservar su fe y sus tradiciones frente a la influencia de otras culturas. Se consolidó a lo largo de cinco siglos, durante el Imperio grecorromano, conforme se fortalecía la identidad del pueblo en torno al Templo, la Ciudad Santa y el liderazgo sacerdotal. En este contexto se dieron varias dinámicas sociorreligiosas importantes:

- Se consideró al Pentateuco como la Torá o Ley, a la que dieron prioridad sobre el rico significado de la alianza, lo que ocasionó más tarde al fariseísmo.
- Se institucionalizó la sinagoga como lugar de oración, donde los sábados se leía la Torá y los Profetas, en una celebración litúrgica que no disminuía el culto a Dios en el templo.
- Se enfatizó la función del Sanedrín o Consejo de Ancianos como cuerpo responsable de juzgar el cumplimiento de la ley.
- Se generaron una serie de sectas judías, que caracterizaron el ambiente social en la época de Jesús (ver «Las sectas judías», 2 Mac 15).

Zac 14

ción desde mi juventud». 6 Y si se le pregunta: «¿Qué son esas heridas en tu pecho?», él responderá: «Las he recibido en la
casa de mis amigos».

El pastor herido y el rebaño purificado

Ez 34; Mt 26 31; Is 1 25; 48 10; Sal 91 15

7 ¡Despierta, espada, contra mi pastor
y contra el hombre que me acompaña!
—oráculo del Señor de los ejércitos—.
Hiere al pastor y que se dispersen las ovejas,
y yo volveré mi mano contra los pequeños.
8 Entonces, en todo el país
—oráculo del Señor—,
dos tercios serán exterminados, perecerán,
y solo un tercio quedará en él.
9 Yo haré pasar ese tercio por el fuego,
y los purificaré como se purifica la plata,
los probaré como se prueba el oro.
Él invocará mi Nombre,
y yo lo escucharé;
yo diré: «¡Este es mi Pueblo!»
y él dirá: «¡El Señor es mi Dios!».

El combate final y el esplendor de Jerusalén

Jl 4 2-12; Mt 16 27; Ap 21 23; Ez 47; Zac 12 16;
Jr 31 40; Is 66 24; Ez 38 21

14 1 Mira que llega un día para el Señor, y
tus despojos serán repartidos en medio de ti. 2 Yo reuniré a todas las naciones
para combatir contra Jerusalén. La ciudad
será tomada, las casas saqueadas y las mujeres violadas. La mitad de la ciudad partirá
para el exilio, pero el resto del pueblo no
será extirpado de la ciudad. 3 Entonces el Señor saldrá a combatir contra esas naciones,
como cuando él combate en el día de la batalla. 4 Aquel día, sus pies se asentarán sobre
el monte de los Olivos, que está frente a Jerusalén, hacia el este. El monte de los Olivos se partirá por la mitad, de este a oeste,
formando un inmenso valle: una mitad de
la montaña se retirará hacia el norte y la
otra mitad hacia el sur. 5 Y el valle de mis
montañas quedará obstruido desde Goa
hasta Jasol; quedará obstruido como lo fue
a causa del terremoto, en tiempos de Ozías,
rey de Judá. Y vendrá el Señor, mi Dios, y
todos los santos con él.
6 Aquel día, no habrá más astros luminosos, frío ni hielo. 7 Será un día único —el
Señor lo conoce— y no habrá día ni noche,
sino que al anochecer habrá luz. 8 Aquel
día, saldrán de Jerusalén aguas vivas, la mitad hacia el mar oriental y la otra mitad hacia el mar occidental, tanto en verano como
en invierno. 9 El Señor será rey sobre toda la
tierra: aquel día, él será el único Señor y será único su Nombre.
10 Todo el país se convertirá en una llanura, desde Gueba hasta Rimón, al sur de
Jerusalén. Y esta será encumbrada y habitada en su mismo lugar, desde la puerta de
Benjamín hasta el lugar de la puerta Antigua, es decir, hasta la puerta de los Ángulos, y desde la torre de Jananel hasta los Lagares del rey. 11 Se habitará en ella, y ya no
habrá nada consagrado al exterminio: Jerusalén será habitada con seguridad.
12 Y el Señor castigará a todos los pueblos
que hayan hecho la guerra contra Jerusalén
con esta plaga: hará que se pudra su carne
cuando todavía estén en pie, sus ojos se pudrirán en sus órbitas y su lengua dentro de
su boca. 13 Aquel día, cundirá entre ellos un
pánico enorme enviado por el Señor; cada
uno agarrará la mano de su compañero y levantarán la mano unos contra otros. 14 Judá
también combatirá en Jerusalén, y se amon-
tonarán las riquezas de todas las naciones
de alrededor: oro, plata y ropa, en cantidad
enorme. 15 Y será igual la plaga de los caballos, mulos, camellos, asnos y de todos los
animales que se encuentren en esos campamentos: ¡será una plaga igual a aquella!
16 Y todos los sobrevivientes de todas las
naciones que hayan luchado contra Jerusalén, subirán año tras año a postrarse delante
del Rey, Señor de los ejércitos, y a celebrar la
fiesta de las Chozas. 17 Y si alguno de las familias de la tierra no sube a Jerusalén para
postrarse delante del Rey, Señor de los ejércitos, no habrá lluvia para ellos. 18 Si la familia
de Egipto no sube y no viene, caerá sobre
ellos la plaga con que el Señor herirá a las naciones que no suban para celebrar la fiesta de
las Chozas. 19 Este será el castigo de Egipto y
el castigo de todas las naciones que no suban
para celebrar la fiesta de las Chozas.
20 Aquel día, los cascabeles de los caballos llevarán esta inscripción: «Consagrado
al Señor»; y las ollas de la Casa del Señor
serán como copas de la aspersión delante
del altar. 21 Y toda olla en Jerusalén y en Judá estará consagrada al Señor de los ejércitos: todos los que ofrezcan sacrificios irán
a buscarlas para cocinar las víctimas en
ellas. Y aquel día, ya no habrá más traficantes en la Casa del Señor de los ejércitos.

«¡Me lo prometiste!» Estas tres palabras son terribles si nos las echan en cara. Una promesa es sagrada, y romperla hiere y destruye nuestras relaciones. El libro de Malaquías se centra en las promesas a Dios que ha roto el pueblo: los sacerdotes habían ofrecido sacrificios de poca calidad, y los varones se habían divorciado de sus esposas judías y casado con mujeres extranjeras. Ante estas realidades, el profeta anuncia la llegada de alguien que castigará a los malos, premiará a los buenos y purificará al pueblo de sus infidelidades.

ESQUEMA

- **1 1 – 2 9.** Dios ama a Israel y se queja de la perversión del culto
- **2 10-16.** Profanación del matrimonio
- **2 17 – 3 5.** El *Día del Señor*
- **3 6-12.** Los diezmos del Templo
- **3 13-24.** Triunfo de la justicia del Señor

PRESENTACIÓN

El libro de Malaquías, más que ser obra de un profeta individual, es una colección de oráculos bajo su nombre, que significa «mi mensajero». Se escribió cuando ya estaba terminada la reconstrucción del Templo de Jerusalén y se había restaurado el culto. Era una época de gran desánimo, pues no se habían cumplido las profecías de Ageo y Zacarías sobre un reino de justicia y paz.

Malaquías, *el profeta del Día del Señor*, inicia su misión confrontando valientemente al pueblo que se queja de Dios. Le hace ver que Dios sí los ama y que se los ha comprobado una y otra vez. También les anuncia claramente la llegada del *Día del Señor*, en la que Dios hará justicia.

El profeta insiste en que sus problemas no se deben a la deslealtad de Dios, sino a la de ellos. Hace una larga lista de pecados, entre los que resaltan los siguientes: los sacerdotes se han desviado y desvían a los demás; el culto es mediocre y vacío de obras buenas; el templo ha sido profanado y hay negligencia en el pago del diezmo; no se guardan las leyes contra los matrimonios mixtos y son infieles en el matrimonio; no dan testimonio de su fe con una vida moral; prevalecen las injusticias contra las viudas, los huérfanos y los extranjeros.

Malaquías no se detiene en la denuncia, sino que promueve vigorosamente la conversión y levanta la esperanza del pueblo al hablarles de un mensajero que los purificará para que puedan presentarse justos ante Dios el *Día del Señor*. Los evangelios asocian esta profecía del mensajero que prepara el camino al Señor con Juan el Bautista, quien preparó la venida de Jesús, el Mesías de Nazaret. De esta manera, Malaquías establece un lazo mesiánico con el Nuevo Testamento haciéndolo uno de los más citados.

DATOS

Período descrito
De 500 a 450 a.C.
Autor
Colección de oráculos reunida por un escriba anónimo
Fecha de redacción
De 515 a 445 a.C.
Tema
Anuncio del mensajero del Mesías y del *Día del Señor*

M A L

DÍA DEL SEÑOR: DÍA DE PURIFICACIÓN

Título
Is 13 1

1 [1] Oráculo. Palabra del Señor a Israel
por medio de Malaquías.

El amor del Señor a Israel
Os 11 1; Dt 7 7-9; 4 37; Ez 16; Gn 25 23; Rom 9 13

[2] ¡Yo los he amado!, dice el Señor,
y ustedes dicen: «¿En qué nos has amado?».
¿Esaú no era el hermano de Jacob?
—oráculo del Señor—.
Sin embargo, yo amé a Jacob
[3] y aborrecí a Esaú.
Yo hice de sus montañas una desolación
y di su herencia a los chacales
del desierto.
[4] Si Edom dice: «¡Hemos sido destruidos,
pero reconstruiremos nuestras ruinas!»,
así habla el Señor de los ejércitos:
Ellos edificarán, y yo demoleré,
se los llamará «Territorio de maldad»
y «Pueblo contra quien el Señor
está enojado para siempre».
[5] Ustedes lo verán con sus ojos y dirán:
«¡Grande es el Señor,
aún más allá del territorio de Israel!».

Condiciones del verdadero culto
Dt 5 16; Is 29 13; Lv 22 18-25; Am 5 21; Sof 3 9

[6] El hijo honra a su padre
y el servidor teme a su señor.
Pero si yo soy Padre, ¿dónde está mi honor?
si soy Señor, ¿dónde está mi temor?,
les dice el Señor de los ejércitos,
a ustedes, sacerdotes,
que desprecian mi Nombre.
Y ustedes dicen:
«¿En qué hemos despreciado tu Nombre?».
[7] Presentando sobre mi altar
un alimento manchado.
Y ustedes dicen:
«¿En qué te hemos manchado?».
Diciendo:
«La mesa del Señor es despreciable».
[8] Cuando ustedes presentan
un animal ciego para el sacrificio,
¿no están obrando mal?
Y cuando presentan
un animal rengo o enfermo,
¿no están obrando mal?
Ofrécelos a tu gobernador,
a ver si te recibe bien y se muestra favorable,
dice el Señor de los ejércitos.

[9] Y ahora, aplaquen el rostro de Dios,
para que él tenga piedad de nosotros.
Todo esto viene de las manos de ustedes,
¿acaso él se les mostrará favorable?,
dice el Señor de los ejércitos.
[10] ¿No habrá alguien entre ustedes
que cierre las puertas,
para que no enciendan en vano
el fuego de mi altar?
Yo no me complazco en ustedes,
dice el Señor de los ejércitos,
y no acepto las ofrendas de sus manos.
[11] Pero desde la salida del sol hasta su ocaso,
mi Nombre es grande entre las naciones
y en todo lugar se presenta a mi Nombre
un sacrificio de incienso
y una ofrenda pura;
porque mi Nombre es grande
entre las naciones,
dice el Señor de los ejércitos.
[12] Pero ustedes lo profanan cuando dicen:
«La mesa del Señor está manchada,
y su alimento es despreciable».
[13] Ustedes dicen: «¡Qué fastidio!»
y me provocan,
dice el Señor de los ejércitos.
Cuando traen un animal robado,
rengo o enfermo,
cuando traen esas ofrendas,
¿puedo yo aceptarlas de sus manos?,
dice el Señor.
[14] ¡Maldito sea el tramposo
que tiene un animal macho en su rebaño,
lo ofrece en voto y después sacrifica
al Señor uno mutilado!
Porque yo soy un gran Rey,
dice el Señor de los ejércitos,
y mi Nombre es temible
entre las naciones.

Advertencia a los sacerdotes

Dt 28 15; 18 1-8; 33 8-11; Mt 23 13.15

2 [1] ¡Y ahora, para ustedes
es esta advertencia, sacerdotes!
[2] Si no escuchan
y no se deciden a dar gloria a mi Nombre,
dice el Señor de los ejércitos,
yo enviaré sobre ustedes la maldición
y maldeciré sus bendiciones;
ya las he maldecido,
porque ustedes no se deciden a hacer eso.
[3] Yo les quebraré el brazo,
les tiraré estiércol a la cara
—el estiércol de sus fiestas—
y ustedes serán barridos con él.
[4] Entonces sabrán que yo les hice
esta advertencia,
para que subsista mi alianza con Leví,
dice el Señor de los ejércitos.
[5] Mi alianza con él era vida y paz,
y yo se las concedía;
era temor, y él me temía
y reverenciaba mi Nombre.
[6] La verdadera doctrina estaba en su boca
y en sus labios no había maldad;
él caminaba conmigo en paz y con rectitud,
y apartaba a muchos del mal.

PERSPECTIVA CATÓLICA

Fidelidad y ruptura matrimonial

Malaquías denuncia el matrimonio con mujeres extranjeras que adoraban a otros dioses y el divorcio de la primera esposa, aunque la Ley de Moisés permitía este (Dt 24 1). Actualmente, la Iglesia católica acepta matrimonios mixtos, pues todos somos hijos del mismo Padre, pero continúa exigiendo el amor conyugal exclusivo y prohibiendo el divorcio.

Cuando la vida de una pareja está marcada por la violencia, falta de respeto, carencia de amor e infidelidad, la Iglesia católica permite que los esposos separen su vida, asuntos y vivienda. En estos casos, aprueba el divorcio civil para salvaguardar los derechos civiles de los cónyuges y de los hijos.

En la Iglesia católica, el divorcio religioso no existe, por eso las personas separadas no pueden casarse de nuevo (ver «Matrimonio indisoluble, no divorcio» Mt 5 31-32).

Cuando las condiciones humanas y religiosas para celebrar el sacramento del Matrimonio no se dieron, la Iglesia declara nulo el vínculo matrimonial religioso. Esto significa que no hubo sacramento y que cada persona puede celebrarlo con otra pareja.

Si algún día te encuentras ante una situación matrimonial grave, con confianza consulta al tribunal matrimonial de tu diócesis. Ahí te ayudarán a discernir el mejor camino que debes seguir.

Mal 2 10-15

M
A
L

[7] Porque los labios del sacerdote
guardan la ciencia
y de su boca se busca la instrucción,
porque es el mensajero del Señor
de los ejércitos.
[8] Pero ustedes se han desviado del camino,
han hecho tropezar a muchos
con su doctrina,
han pervertido la alianza con Leví,
dice el Señor de los ejércitos.
[9] Por eso yo los he hecho despreciables
y viles para todo el pueblo,
porque ustedes no siguen mis caminos
y hacen acepción de personas
al aplicar la Ley.

La profanación del matrimonio

Dt 1 31; Ef 4 6; Gn 2 24; Mt 5 31-32; Ef 5 24-32

[10] ¿No tenemos todos un solo Padre?
¿No nos ha creado un solo Dios?
¿Por qué nos traicionamos unos a otros,
profanando así la alianza
de nuestros padres?
[11] Judá ha traicionado,
y se ha cometido una abominación
en Israel y en Jerusalén.
Porque Judá ha profanado
lo que está consagrado al Señor,
lo que él ama,
casándose con la hija
de un dios extranjero.
[12] Al hombre que hace esto,
que el Señor le arranque
de los campamentos de Jacob
al testigo, al garante
y aun al que presenta la ofrenda
al Señor de los ejércitos.
[13] Ustedes hacen todavía otra cosa:
cubren el altar del Señor
de lágrimas, llantos y gemidos,
porque él no se vuelve más
hacia la ofrenda,
ni la acepta de las manos de ustedes.
[14] Y ustedes dicen: «¿Por qué?».
Porque el Señor ha sido testigo
entre ti y la esposa de tu juventud,
a la que tú traicionaste,
aunque ella era tu compañera
y la mujer de tu alianza.
[15] *¿No ha hecho él un solo* ser,
que tiene carne y espíritu?
¿Y qué busca este único ser?
Una descendencia dada por Dios.
Tengan cuidado, entonces, de su espíritu
y que nadie traicione
a la mujer de su juventud.

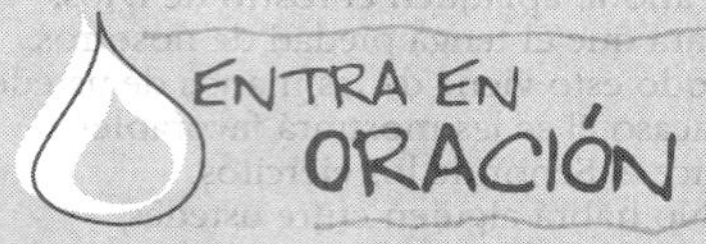

Refinados como la plata

Mónica observaba a un artesano trabajar la plata y le preguntó: «¿Cómo se funde y refina la plata?». El platero contestó: «Es un proceso delicado; necesito estar muy atento para que el calor del horno no sobrepase el grado justo y dañe la plata». Mónica interpeló: «¿Cómo sabe que el proceso terminó y que la plata ya está lista?». El platero repuso: «Es muy sencillo, la plata está lista cuando puedo ver mi imagen reflejada en ella».

Nuestro proceso de purificación es similar. Pide a Dios que te purifique de lo que te impide reflejar el amor de Jesús.

Señor, purifícame con tu sabiduría y amor. Quita de mí el egoísmo, la avaricia, la envidia y todo sentimiento de venganza y odio. Quiero ser maleable en tus manos. Lléname de tu luz para comprender que el sufrimiento es fuente de purificación y de tu fuerza para soportar el proceso purificador. Dame la seguridad de que estás cerca de mí, cuidándome siempre.

¡Aquí estoy! Me abandono en tus manos. Trabaja en mí, sin obstáculos de mi parte, ¡que tu imagen se refleje en mi vida, para hacerte presente ante los demás!

Mal 3 2

[16] Porque si alguien repudia por aversión,
cubre su ropa de violencia,
dice el Señor de los ejércitos,
el Dios de Israel.
Tengan cuidado, entonces,
de su espíritu y no traicionen.

Contra los escépticos

Ex 43 24; Mal 3 15; Jr 12 1-2; Job 21 7-8; Ecl 8 11

[17] Ustedes cansan al Señor con sus palabras,
y dicen: «¿En qué lo cansamos?».
Cuando ustedes dicen:
«Todo el que obra mal
es bien visto por el Señor,
y él se complace en ellos»,
o también:
«¿Dónde está el Dios de la justicia?».

El Día del Señor

Antes del imperialismo asirio y babilónico, se habla del *Día del Señor*, como su visita privilegiada, día de culto por la intervención de Dios en la historia (Lv 23 39). Israel esperaba feliz el *Día del Señor* y los profetas lo veían como tiempo de júbilo por las batallas ganadas con el poder de Dios (Is 9 3).

Ante la infidelidad del pueblo, Dios anunció la llegada del día del castigo y la destrucción, y el *Día del Señor* empezó a verse como el día de juicio (Am 5 19-25; Jl 1 5). Ezequiel y Daniel dan un nuevo sentido al *Día del Señor*, refiriéndolo a todas las naciones y al tiempo final que seguirá más allá de la muerte, por la resurrección, y Malaquías habla de un juicio claro entre el justo y el malvado (Ez 7 6; Dn 12; Mal 3 18).

El Nuevo Testamento da un significado muy rico y lleno de esperanza al *Día del Señor*. Timoteo lo ve como la encarnación de Cristo en la historia y los Hechos de los Apóstoles como la venida del Espíritu en Pentecostés (2 Tim 1 10; Hch 2 14-21). También se ve como el día del triunfo total de Dios o parusía, cuando tendrá lugar el Juicio final y se transformarán gloriosamente nuestros cuerpos en Jesús (1 Cor 1 8; Flp 2 16; Flm 3.20-21).

Mal 3 13-21

El Día del Señor

Mt 11 10; Hch 13 24-25; Sof 1 14; Jl 2 11; Lv 19 13

3 [1]Yo envío a mi mensajero,
para que prepare el camino
delante de mí.
Y enseguida entrará en su Templo
el Señor que ustedes buscan;
y el Ángel de la alianza que ustedes desean
ya viene, dice el Señor de los ejércitos.
2 ¿Quién podrá soportar el Día de su venida?
¿Quién permanecerá de pie
cuando aparezca?
Porque él es como el fuego del fundidor
y como la lejía de los lavanderos.
3 Él se sentará para fundir y purificar:
purificará a los hijos de Leví
y los depurará como al oro y la plata;
y ellos serán para el Señor
los que presentan la ofrenda
conforme a la justicia.
4 La ofrenda de Judá y de Jerusalén
será agradable al Señor,
como en los tiempos pasados,
como en los primeros años.
5 Yo me acercaré a ustedes para el juicio
y atestiguaré decididamente
contra los adivinos, los adúlteros
y los perjuros,
contra los que oprimen al asalariado,
a la viuda y al huérfano,
contra los que violan
el derecho del extranjero,
y no temen, dice el Señor de los ejércitos.

Mal 3 20

COMPRENDE LOS SÍMBOLOS

El sol de la justicia

Para Israel el sol fue creado por Dios para iluminar nuestro peregrinar, dar alegría y fecundidad. El sol de la justicia es signo de la salvación, que llegará el *Día del Señor*. Para los cristianos es figura de Jesús, «sol naciente» (Lc 1 78), para iluminar nuestra vida con la alegría de la salvación.

Los diezmos del Templo

Nm 23 19; Zac 1 3; Dt 28 8.12.15; Prov 3 9-10; Is 61 9

6 Porque yo, el Señor, no he cambiado,
¡pero ustedes no dejan de ser hijos de Jacob!
7 Desde la época de sus padres,
ustedes se apartan de mis preceptos
y no los observan.
¡Vuelvan a mí y yo me volveré a ustedes!,
dice el Señor de los ejércitos.
Ustedes dicen: «¿Cómo volveremos?».

8 ¿Puede un hombre defraudar a Dios?
¡Sin embargo, ustedes me defraudan a mí!
Ustedes dicen:
«¿En qué te hemos defraudado?».
En el diezmo y en los tributos.
9 Sobre ustedes pesa una maldición,
porque ustedes, la nación entera,
me defraudan.
10 Lleven el diezmo íntegro
a la casa del Tesoro,
para que haya alimento en mi Casa.
Sométanme a esta prueba,
dice el Señor de los ejércitos,
y verán si no les abro
las compuertas del cielo
y derramo para ustedes
la bendición en abundancia.
11 Yo les espantaré la langosta,
para que no destruya los frutos de la tierra
y la viña no les quede estéril en el campo,
dice el Señor de los ejércitos.
12 Todas las naciones los proclamarán felices,
porque ustedes serán una tierra de delicias,
dice el Señor de los ejércitos.

Triunfo de los justos en el Día del Señor

Job 21 14-15; Is 58 3; Jr 12 1; Sal 103 13;
Am 5 18-20; Lc 1 78

13 Ustedes hablan duramente contra mí,
dice el Señor,
14 y todavía preguntan:
«¿Qué hemos dicho contra ti?».
Ustedes dicen: «Es inútil servir a Dios,
¿y qué ganamos con observar
sus mandamientos
o con andar enlutados
delante del Señor de los ejércitos?
15 Por eso llamamos felices a los arrogantes:
¡prosperan los que hacen el mal;
desafían a Dios, y no les pasa nada!».
16 Entonces se hablaron unos a otros
los que temen al Señor.
El Señor prestó atención y escuchó:
ante él se escribió un memorial,
en favor de los que temen al Señor
y respetan su Nombre.
17 Ellos serán mi propiedad exclusiva,
dice el Señor de los ejércitos,
en el Día que yo preparo.
Yo tendré compasión de ellos,
como un hombre tiene compasión
de su hijo que lo sirve.
18 Ustedes volverán a ver la diferencia
entre el justo y el impío,
entre el que sirve a Dios y el que no lo sirve.
19 Porque llega el Día,
abrasador como un horno.
Todos los arrogantes
y los que hacen el mal serán como paja;
el Día que llega los consumirá,
dice el Señor de los ejércitos,
hasta no dejarles raíz ni rama.
20 Pero para ustedes,
los que temen mi Nombre,
brillará el sol de justicia
que trae la salud en sus rayos,
y saldrán brincando
como terneros bien alimentados.
21 Ustedes pisotearán a los impíos,
que serán ceniza
bajo la planta de sus pies,
en el Día que yo preparo,
dice el Señor de los ejércitos.

Apéndice: la venida de Elías

Mt 17 10-13; Eclo 48 10; Lc 1 17

22 Acuérdense de la Ley de Moisés,
mi servidor,
a quien yo prescribí, en el Horeb,
preceptos y leyes para todo Israel.
23 Yo les voy a enviar a Elías, el profeta,
antes que llegue el Día del Señor,
grande y terrible.
24 Él hará volver el corazón de los padres
hacia sus hijos
y el corazón de los hijos hacia sus padres,
para que yo no venga a castigar el país
con el exterminio total.

LIBROS POÉTICOS

1
2
3
Sal
Cant
Lam

Introducción a los LIBROS POÉTICOS

¿Alguna vez has tratado de aprender de memoria la página entera de un libro? ¿Te cuesta el mismo trabajo aprenderte una canción o una poesía? ¿Por qué? La rima y el ritmo de sus estrofas, su melodía y cadencia, las frases cortas, repetitivas o ligeramente modificadas, la riqueza de las imágenes, la importancia de lo que expresan..., todo contribuye a que una canción o una poesía sea atractiva y fácilmente guardada en la memoria. La poesía bíblica tiene todas estas cualidades y algo más: expresan la revelación de Dios a la humanidad y la fe profunda de un pueblo a través de los siglos.

INTRODUCCIÓN

Una ojeada al Antiguo Testamento nos permite ver que casi la mitad de él, incluyendo la mayor parte de los Libros proféticos y sapienciales, tienen elementos poéticos de todo tipo: épicos y líricos, religiosos y profanos, populares y litúrgicos. Pero solo se consideran Libros poéticos los Salmos, el Cantar de los Cantares y las Lamentaciones. Oseas e Isaías están catalogados por su contenido específico como proféticos, y Job como sapiencial.

El libro de los Salmos contiene gran variedad de himnos religiosos, la mayoría escritos para el culto. El Cantar de los Cantares es una serie de poemas de amor. Las Lamentaciones convierten en Palabra de Dios las quejas desesperadas y los gritos de dolor profundo de un pueblo que sufre y encuentra a Dios en medio de sus padecimientos.

La poesía hebrea nace entre los siglos XI y X a.C., aunque los temas se remontan a sus antecedentes como pueblo y a sus reflexiones sobre el comienzo de la historia. Cuando los israelitas se instalan en Canaán, después de su jornada por el desierto, los pueblos vecinos tenían ya obras literarias importantes, donde la poesía ocupaba un puesto especial.

Al principio, los israelitas adoptaron algunas poesías de otras culturas, especialmente de Mesopotamia, *modificándolas* para expresar sus ideas y sentimientos religiosos. Pronto empezaron a expresar sus propias tradiciones orales en poesías para facilitar su memorización. Por eso los primeros escritos bíblicos son de tipo poético.

La poesía hebrea usa un lenguaje simbólico propio de toda literatura poética, y cargado de fuerte contenido teológico. Debido a ello, el mundo de las imágenes bíblicas poéticas plantea un auténtico desafío, tanto a los traductores como al lector, pues se requiere de una sensibilidad especial, entrenamiento e imaginación, para comprender la riqueza y profundidad de la poesía bíblica.

Con el tiempo, los israelitas crearon sus propios géneros poéticos, de modo que podemos distinguir: *cantos de trabajo* (Nm 21 17-18; Jr 25 30); *cantos de banquete* (Is 5 11-13; Am 6 4-6; Cant 5 1); *cantos de amor* (Is 5 1-7; Jr 7 34; Cant); *cantos de boda* (Sal 45; Is 62); *cantos de burla* (Nm 21 27-30); *sátiras* o *poemas irónicos* (Is 14; 28 7-13; 37 22-29); *elegías* o *cantos de lamento* (2 Sm 1 19-27; 3 33-34; Lam 1 – 5); *epinicios* o *cantos de victoria* (Ex 15; Jue 5; 1 Sm 18 7; Jue 16 23-24; Jdt 16); *fábulas* (Jue 9 7-15; 2 Re 14 9).

También crearon sus propios recursos literarios; el paralelismo fue uno de sus rasgos más distintivos. Este supone la repetición de palabras o ideas en varias líneas de un verso, algunas veces contrastando la segunda línea con la primera (paralelismo antitético):

Porque el Señor cuida el camino de los justos,
pero el camino de los malvados termina mal (Sal 1 6).

Otras veces, completando el pensamiento de la primera línea en la segunda (paralelismo sintético):

Las promesas del Señor son sinceras
como plata purificada en el crisol, depurada siete veces (12 7).

En otras ocasiones reforzando la idea de la primera línea al mencionarla con más ímpetu (paralelismo sinonímico):

¡Ten piedad de mí, Señor, por tu bondad,
por tu gran compasión, borra mis faltas! (51 3).

Otro recurso muy usado es la repetición periódica de un estribillo o de las mismas palabras al principio y al fin de un poema. Las otras dos características importantes de la poesía hebrea son la sonoridad y el ritmo, pero ambas se pierden por completo en las traducciones.

NOTAS COMPLEMENTARIAS

- Las ediciones modernas de la Biblia acostumbran unir los Libros poéticos con los sapienciales en una sola sección llamada los *Escritos* o simplemente *Sapienciales*, ya que los judíos dividían la Sagrada Escritura en tres grandes bloques: la Ley o Torá, los Profetas y los Escritos.

- El libro de los Salmos es el libro del Antiguo Testamento que se cita más veces en el Nuevo Testamento. También es el que más se usa en la liturgia de la Iglesia.

- *La poesía* del Antiguo Testamento influyó fuertemente en los escritores del Nuevo Testamento y ha sido muy apreciada a lo largo de los siglos, pues su gran riqueza y sensibilidad expresan aspectos fundamentales de la humanidad y permiten gozarla siempre y obtener un gran fruto espiritual.

SALMOS

¡Tango y salsa! ¡Cumbia y jazz! ¡Rock y rap! La música siempre une y expresa el sentir de la gente. Con el canto y danza propias de su cultura, el pueblo judío, inspirado por Dios, le expresaba sus tristezas y alegrías, le pedía perdón, lo alababa y le agradecía sus bendiciones. También compuso cánticos sobre la vida y la muerte, el pecado y la misericordia, cantos de celebración y de cuestionamiento ante sus caminos misteriosos. La música se tocaba con variados instrumentos y se usaba en la liturgia y oraciones comunitarias.

ESQUEMA

Los salmos se dividen en cinco libros. El final de los cuatro primeros concluye con esta exclamación: «¡Bendito sea el Señor, el Dios de Israel, desde siempre y para siempre! ¡Amén! ¡Amén!»

- **Libro I:** Salmos 1 – 41
- **Libro II:** Salmos 42 – 72
- **Libro III:** Salmos 73 – 89
- **Libro IV:** Salmos 90 – 106
- **Libro V:** Salmos 107 – 150

DATOS

Autores
Son muchos, a veces llamados salmistas. Varios salmos se atribuyen a David, por su fama de compositor y músico, a pesar de que él no los escribió

Fecha de redacción
Siglo X a II a.C.

Temas
Varios

PRESENTACIÓN

Los salmos son oraciones poéticas o cantos con que el pueblo de Israel expresaba a Dios sus sentimientos, ideas y peticiones. En ellos los salmistas hacen de la historia del pueblo y de su propia historia una oración. Al ser inspirados por Dios, los salmos nos enseñan a orar con la Palabra de Dios y nos ayudan a comunicarle nuestro propio sentir.

Los salmos formaban parte de toda liturgia judía, tanto en el Templo como en la casa. Por ello formaban parte esencial de la vida religiosa del pueblo.

Jesús oraba con los salmos, como se ve en los evangelios. Los Apóstoles transmitieron a los primeros cristianos su cariño especial por los salmos, y Pablo recomienda cantarlos con corazón agradecido (Col 3 16). Las primeras comunidades cristianas descubrieron la presencia oculta de Cristo en varios de ellos. Por eso, además de dar al texto su sentido original, damos una interpretación cristiana a los salmos:

- **Recordamos** la alianza del Sinaí y pensamos en la alianza nueva y eterna instituida por Jesús.
- **Exaltamos** la Ley o Torá y consideramos la ley de amor que nos dio Jesús y cómo nos enseñó a vivir con libertad el espíritu de la Ley.
- **Valoramos** la intervención de Dios en la historia de Israel y su presencia en el Templo, y afirmamos nuestra fe en Cristo, presente en la comunidad, y en los sacramentos.
- **Adoramos** a Dios como Rey del universo y proclamamos a Jesús, que hizo presente el Reino de Dios en la tierra.

Con el tiempo, los salmos se convirtieron en cánticos de la Iglesia y pasaron a ser parte de la celebración eucarística y Liturgia de las Horas (ver «Liturgia de las Horas», en 1 Cr 16 37-43). Al orar con ellos, nos unimos a la alabanza incesante de los cristianos y de la comunidad judía.

SALMO 1
Los dos caminos

Jr 17 8; 21 8; Dt 30 15-20; Mt 7 13-14; Sal 119

1 ¡Feliz el hombre
que no sigue el consejo de los malvados,
ni se detiene en el camino de los pecadores,
ni se sienta en la reunión de los impíos,
2 sino que se complace en la ley del Señor
y la medita de día y de noche!
3 Él es como un árbol
plantado al borde de las aguas,
que produce fruto a su debido tiempo,
y cuyas hojas nunca se marchitan:
todo lo que haga le saldrá bien.
4 No sucede así con los malvados:
ellos son como paja que se lleva el viento.
5 Por eso, no triunfarán los malvados en el juicio,
ni los pecadores en la asamblea de los justos;
6 porque el Señor cuida el camino de los justos,
pero el camino de los malvados termina mal.

SALMO 2
El rey davídico, figura del Mesías

Sal 110; Hch 4 25-28; Is 40 15-17; Heb 1 5;
Ap 19 15; 2 26-27

1 ¿Por qué se amotinan las naciones
y los pueblos hacen vanos proyectos?
2 Los reyes de la tierra se sublevan,
y los príncipes conspiran
contra el Señor y contra su Ungido:
3 «Rompamos sus ataduras,
librémonos de su yugo».

4 El que reina en el cielo se sonríe;
el Señor se burla de ellos.
5 Luego los increpa airadamente
y los aterra con su furor:
6 «Yo mismo establecí a mi Rey
en Sion, mi santa Montaña».

7 Voy a proclamar el decreto del Señor:
Él me ha dicho: «Tú eres mi hijo,
yo te he engendrado hoy.
8 Pídeme, y te daré las naciones como herencia,
y como propiedad, los confines de la tierra.
9 Los quebrarás con un cetro de hierro,
los destrozarás como a un vaso de arcilla».

10 Por eso, reyes, sean prudentes;
aprendan, gobernantes de la tierra.
11 Sirvan al Señor con temor;
12 temblando, ríndanle homenaje,
no sea que se irrite y vayan a la ruina,
porque su enojo se enciende en un instante.

¡Felices los que se refugian en él!

SALMO 3
La confianza en Dios, garantía de seguridad

2 Sm 15 13-14; Sal 18 3; 62 8; Jon 2 10

1 *Salmo de David. Cuando huía de su hijo Absalón.*

2 Señor, ¡qué numerosos son mis adversarios,
cuántos los que se levantan contra mí!
3 ¡Cuántos son los que dicen de mí:
«Dios ya no quiere salvarlo»!
4 Pero tú eres mi escudo protector y mi gloria,
tú mantienes erguida mi cabeza.
5 Invoco al Señor en alta voz
y él me responde desde su santa Montaña.
6 Yo me acuesto y me duermo,
y me despierto tranquilo
porque el Señor me sostiene.
7 No temo a la multitud innumerable,
apostada contra mí por todas partes.
8 ¡Levántate, Señor!
¡Sálvame, Dios mío!
Tú golpeas en la mejilla a mis enemigos
y rompes los dientes de los malvados.
9 ¡En ti, Señor, está la salvación,
y tu bendición sobre tu pueblo!

SALMO 4
Súplica y exhortación a la confianza en Dios

Ef 4 26; Sal 51 21; Dn 9 17

1 *Del maestro de coro. Para instrumentos de cuerda. Salmo de David.*

2 Respóndeme cuando te invoco, Dios, mi defensor,
tú, que en la angustia me diste un desahogo:
ten piedad de mí y escucha mi oración.
3 Y ustedes, señores,
¿hasta cuando ultrajarán al que es mi honor,
amarán lo que es falso
y buscarán lo engañoso?
4 Sepan que el Señor hizo maravillas por su amigo:
él me escucha siempre que lo invoco.
5 Tiemblen, y no pequen más;
reflexionen en sus lechos y guarden silencio,
6 ofrezcan los sacrificios que son debidos
y tengan confianza en el Señor.
7 Hay muchos que preguntan:
«¿Quién nos mostrará la felicidad,
si la luz de tu rostro, Señor,
se ha alejado de nosotros?».
8 Pero tú has puesto en mi corazón más alegría
que cuando abundan el trigo y el vino.
9 Me acuesto en paz y enseguida me duermo,
porque solo tú, Señor, aseguras mi descanso.

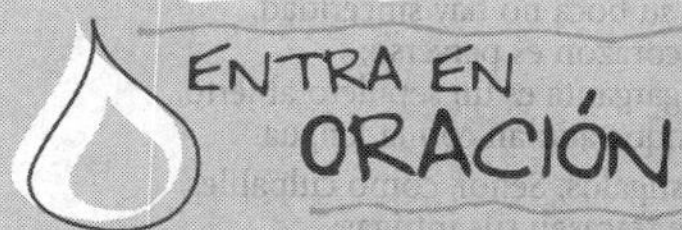

Para toda ocasión, un salmo

¡Gracias, Señor! ¡Te alabo, oh Dios mío! ¡Sálvanos de la opresión y la injusticia! Dios mío, ¿por qué sufro?

El libro de los Salmos incluye muchos estilos de oración: individual, comunitaria y como pueblo. En ellos, los judíos hacen de su experiencia humana una plegaria (ver «Salmos principales según su género literario», p. 1741).

Ora con el Salmo 1, para sentirte seguro/a y que el Señor te proteja en el camino de los justos. Después ora con el Salmo 4, para experimentar el alivio que da estar en manos de Dios cuando sufrimos angustias y ofensas. Deja que la confianza de los salmistas te ayude a incrementar tu propia confianza en Dios.

Sal 4

SALMO 5
Invocación a la bondad y a la justicia de Dios

Sal 84 4; Prov 6 17-19; Sal 138 2; Ap 7 15-16

1 *Del maestro de coro. Para flautas. Salmo de David.*

2 Señor, escucha mis palabras,
atiende a mis gemidos;
3 oye mi clamor, mi Rey y mi Dios,
porque te estoy suplicando.
4 Señor, de madrugada ya escuchas mi voz:
por la mañana te expongo mi causa
y espero tu respuesta.
5 Tú no eres un Dios que ama la maldad;
ningún impío será tu huésped,
6 ni los orgullosos podrán resistir
delante de tu mirada.

Tú detestas a los que hacen el mal
7 y destruyes a los mentirosos.
¡Al hombre sanguinario y traicionero
lo abomina el Señor!
8 Pero yo, por tu inmensa bondad,
llegaré hasta tu Casa,
y me postraré ante tu santo Templo
con profundo temor.
9 Guíame, Señor, por tu justicia,
porque tengo muchos enemigos:
ábreme un camino llano.

S A L

10 En su boca no hay sinceridad,
su corazón es perverso;
su garganta es un sepulcro abierto,
aunque adulan con la lengua.
11 Castígalos, Señor, como culpables,
que fracasen sus intrigas;
expúlsalo por sus muchos crímenes,
porque se han rebelado contra ti.
12 Así se alegrarán los que en ti se refugian
y siempre cantarán jubilosos;
tú proteges a los que aman tu Nombre,
y ellos se llenarán de gozo.
13 Porque tú, Señor, bendices al justo,
como un escudo lo cubre tu favor.

SALMO 6

Súplica de un enfermo grave

Jr 10 24; Sal 38 2; Jr 17 14-15; Sal 88 11-13; 119 115

1 *Del maestro de coro. Para instrumentos de cuerda. En octava. Salmo de David.*

2 Señor, no me reprendas por tu enojo
ni me castigues por tu indignación.
3 Ten piedad de mí, porque me faltan las fuerzas;
sáname, porque mis huesos se estremecen.
4 Mi alma está atormentada,
y tú, Señor, ¿hasta cuándo...?
5 Vuélvete, Señor, rescata mi vida,
sálvame por tu misericordia,
6 porque en la Muerte nadie se acuerda de ti,
¿y quién podrá alabarte en el Abismo?
7 Estoy agotado de tanto gemir:
cada noche empapo mi lecho con llanto,
inundo de lágrimas mi cama.
8 Mis ojos están extenuados por el pesar
y envejecidos a causa de la opresión.
9 Apártense de mí todos los malvados,
porque el Señor ha oído mis sollozos.
10 El Señor ha escuchado mi súplica,
el Señor ha aceptado mi plegaria.
11 ¡Que caiga sobre mis enemigos
la confusión y el terror,
y en un instante retrocedan avergonzados!

SALMO 7

Plegaria de un inocente perseguido

Sal 6 5; 3 4; Ex 34 6-7; Eclo 27 25-27

1 *Lamentación de David. La que cantó al Señor a propósito de Cus, el benjaminita.*
2 Señor, Dios mío, en ti me refugio:
sálvame de todos los que me persiguen;
3 líbrame, para que nadie pueda atraparme
como un león, que destroza sin remedio.
4 Señor, Dios mío, si cometí alguna bajeza,
o hay crímenes en mis manos;
5 si he pagado con traición a mi amigo
o he despojado sin razón a mi adversario:
6 que el enemigo me persiga y me alcance,
que aplaste mi vida contra el suelo
y deje tendido mi honor en el polvo.
7 Levántate, Señor, lleno de indignación;
álzate contra el furor de mis adversarios.
Despierta para el juicio que has convocado:
8 que una asamblea de pueblos te rodee,
y presídelos tú, desde lo alto.
9 El Señor es el Juez de las naciones:
júzgame, Señor, conforme a mi justicia
y de acuerdo con mi integridad.
10 ¡Que se acabe la maldad de los impíos!
Tú que sondeas las mentes y los corazones,
tú que eres un Dios justo, apoya al inocente.
11 Mi escudo es el Dios Altísimo,
que salva a los rectos de corazón.
12 Dios es un Juez justo
y puede irritarse en cualquier momento.
13 Si no se convierten, afilará la espada,
tenderá su arco y apuntará;
14 preparará sus armas mortíferas,
dispondrá sus flechas incendiarias.
15 El malvado concibe la maldad,
está grávido de malicia y da a luz la mentira.
16 Cavó una fosa y la ahondó,
pero él mismo cayó en la fosa que hizo:
17 su maldad se vuelve sobre su cabeza,
su violencia recae sobre su cráneo.
18 Daré gracias al Señor por su justicia
y cantaré al nombre del Señor Altísimo.

SALMO 8

La grandeza y la dignidad del hombre

Sal 19 2-7; 104; Mt 21 16; Job 7 17-18;
Heb 2 6-9; Eclo 17 1-4; Ef 1 22

1 *Del maestro de coro. Con la cítara de Gat. Salmo de David.*

2 ¡Señor, nuestro Dios,
qué admirable es tu Nombre en toda la tierra!
Tú, que afirmaste tu majestad sobre el cielo,
3 con la alabanza de los niños
y de los más pequeños,
construiste una fortaleza contra tus adversarios
para reprimir al enemigo y al rebelde.
4 Al ver el cielo, obra de tus manos,
la luna y la estrellas que has creado:
5 ¿qué es el hombre para que pienses en él,
el ser humano para que lo cuides?
6 Lo hiciste poco inferior a los ángeles,
lo coronaste de gloria y esplendor;
7 le diste dominio sobre la obra de tus manos,
todo lo pusiste bajo sus pies:

VIVE LA PALABRA

La dignidad humana, un regalo de Dios

¡Los seres humanos somos el centro del universo, más importantes aun que el sol y las galaxias! Nuestro valor es superior porque Dios nos creó a su imagen y semejanza (Gn 1 26), no por tener más cualidades que otros seres de la naturaleza.

Si viajáramos con los astronautas, la visión cósmica nos mostraría nuestra pequeñez. Esta sensación de insignificancia y grandeza a la vez hace que el salmista exclame: «¿qué es el hombre para que pienses en él, el ser humano para que lo cuides?» (Sal 8 5). Sin embargo, Dios nos tiene presentes siempre en su corazón.

Al orar con el Salmo 8, reconoce tu grandeza como creación maravillosa de Dios, alábalo con gozo por hacerte como eres, y asume tu responsabilidad de amar y cuidar nuestro planeta.

Sal 8

8 todos los rebaños y ganados,
y hasta los animales salvajes;
9 las aves del cielo, los peces del mar
y cuanto surca los senderos de las aguas.

10 ¡Señor, nuestro Dios,
qué admirable es tu Nombre en toda la tierra!

SALMO 9

El Señor, juez de las naciones

Sal 138 1; 96 13; 37 39; 7 18; Job 7 18; 16 18

1 *Del maestro de coro. Para oboes y arpa. Salmo de David.*

2 Te doy gracias, Señor, de todo corazón
y proclamaré todas tus maravillas.
3 Quiero alegrarme y regocijarme en ti,
y cantar himnos a tu Nombre, Altísimo.

4 Cuando retrocedían mis enemigos,
tropezaron y perecieron delante de ti,
5 porque tú defendiste mi derecho y mi causa,
sentándote en el trono como justo Juez.

6 Escarmentaste a las naciones,
destruiste a los impíos
y borraste sus nombres para siempre;
7 desapareció el enemigo: es una ruina irreparable;
arrasaste las ciudades, y se perdió hasta su recuerdo.

8 Pero el Señor reina eternamente
y establece su trono para el juicio:
9 él gobierna al mundo con justicia
y juzga con rectitud a las naciones.

10 El Señor es un baluarte para el oprimido,
un baluarte en los momentos de peligro.
11 ¡Confíen en ti los que veneran tu Nombre,
porque tú no abandonas a los que te buscan!

12 Canten al Señor, que reina en Sion,
proclamen entre los pueblos sus proezas.
13 Porque él pide cuenta de la sangre,
se acuerda de los pobres y no olvida su clamor.

14 Ten piedad de mí, Señor,
mira cómo me oprimen los que me odian,
tú que me alzas de las puertas de la Muerte
15 para que pueda proclamar tus alabanzas
y alegrarme por tu victoria
en las puertas de la hija de Sion.

16 Los pueblos se han hundido
en la fosa que abrieron,
su pie quedó atrapado en la red que ocultaron.
17 El Señor se dio a conocer, hizo justicia,
y el impío se enredó en sus propias obras.

18 Vuelvan al Abismo los malvados,
todos los pueblos que se olvidan de Dios.
19 Porque el pobre no será olvidado para siempre
ni se malogra eternamente
la esperanza del humilde.
20 ¡Levántate, Señor!
Que los hombres no se envanezcan,
y las naciones sean juzgadas en tu presencia.
21 Infúndeles pánico, Señor,
para que aprendan que no son más que hombres.

SALMO 10 (9)

Sal 22; 17 2.12; Ex 22 21-22; Dt 10 18

1 ¿Por qué te quedas lejos, Señor,
y te ocultas en los momentos de peligro?
2 El pobre se consume por la soberbia del malvado
y queda envuelto en las intrigas tramadas contra él.

3 Porque el malvado se jacta de su ambición,
el codicioso blasfema y menosprecia al Señor;
4 el impío exclama en el colmo de su arrogancia:
«No hay ningún Dios que me pida cuenta».
Esto es lo único que piensa.

5 Sus caminos prosperan constantemente;
tus juicios, allá arriba, lo tienen sin cuidado;
elimina de un soplo a todos sus rivales
6 y se dice a sí mismo: «No vacilaré,
seré siempre feliz, no tendré contrariedades».

S A L

Doble numeración

En muchas versiones de la Biblia, junto al número de los Salmos del 10 al 147, aparece otro entre paréntesis: la numeración baja es la de la liturgia y la alta es la hebrea. Esto se debe a que, al traducir los salmos del hebreo al griego, los traductores unieron algunos y separaron otros. La traducción al latín, que es la que sigue la Iglesia católica, usa la numeración griega.

Aprende el número de tu salmo preferido en las dos versiones y así podrás identificar cuál corresponde a la Biblia que tengas entre manos. Por ejemplo, el salmo de «El buen Pastor» es el 22 para la liturgia y el 23 en la versión hebrea.

Observa qué numeración tiene *La Biblia Católica para Jóvenes.*

Sal 9 – 10

7 Su boca está llena de maldiciones,
de engaños y de violencias;
detrás de sus palabras hay malicia y opresión;
8 se pone al acecho en los poblados
y mata al inocente en lugares ocultos.

Sus ojos espían a los débiles;
9 acecha ocultamente como el león en su guarida;
se agazapa para atrapar al pobre,
y lo atrapa arrastrándolo en sus redes.
10 Espía, se inclina, se dobla,
y cae sobre el débil con todas sus fuerzas.
11 Luego piensa: «Dios lo olvida;
aparta su rostro y nunca ve nada».

12 ¡Levántate, Señor Dios, alza tu mano,
no te olvides de los pobres!
13 ¿Por qué el malvado desprecia a Dios,
pensando que tú no pides cuenta?

14 Pero tú lo estás viendo:
tú consideras los trabajos y el dolor,
para tomarlos en tus propias manos.
El débil se encomienda a ti;
tú eres el *protector del huérfano.*
15 ¡Quiebra el brazo del malvado y del impío,
castiga su malicia y no subsistirá!
16 El Señor reina para siempre
y los paganos desaparecerán de la tierra.
17 Tú, Señor, escuchas los deseos de los pobres,
los reconfortas y les prestas atención.
18 Tú haces justicia al huérfano y al oprimido:
¡que el hombre hecho de tierra
no infunda más temor!

SALMO 11 (10)
La justicia de Dios, motivo de confianza

Hab 2 20; Mt 5 34; Gn 19 24

1 *Del maestro de coro. De David.*

Yo tengo mi refugio en el Señor,
¿cómo pueden decirme entonces:
«Escapa a la montaña como un pájaro,
2 porque los malvados tienden su arco
y ajustan sus flechas a la cuerda,
para disparar desde la penumbra
contra los rectos de corazón?
3 Cuando ceden los cimientos,
¿qué puede hacer el justo?».

4 Pero el Señor está en su santo Templo,
el Señor tiene su trono en el cielo.
Sus ojos observan el mundo,
sus pupilas examinan a los hombres:
5 el Señor examina al justo y al culpable,
y odia al que ama la violencia.

6 Que él haga llover brasas y azufre
sobre los impíos,
y les toque en suerte un viento abrasador.
7 Porque el Señor es justo y ama la justicia,
y los que son rectos verán su rostro.

SALMO 12 (11)
El clamor de los justos frente a la mentira y la soberbia

Is 59 3-4.15; Jr 9 7

1 *Del maestro de coro. En octava. Salmo de David.*

2 ¡Sálvanos, Señor, porque ya no hay gente buena,
ha desaparecido la lealtad entre los hombres!
3 No hacen más que mentirse unos a otros,
hablan con labios engañosos y doblez de corazón.

4 Que el Señor elimine los labios engañosos
y las lenguas jactanciosas de los que dicen:
5 «En la lengua está nuestra fuerza;
nuestros labios nos defienden,
¿quién nos dominará?».

6 «Por los sollozos del humilde
y los gemidos del pobre,
ahora me levantaré —dice el Señor—
y daré mi ayuda al que suspira por ella».

7 Las promesas del Señor son sinceras
como plata purificada en el crisol,
depurada siete veces.

8 Tú nos protegerás, Señor,
nos preservarás para siempre de esa gente;
9 por todas partes merodean los malvados
y se encumbran los hombres más indignos.

SALMO 13 (12)

Súplica en una situación angustiosa

Lam 6 8; Sal 38 17

1 *Del maestro de coro. Salmo de David.*
2 ¿Hasta cuándo me tendrás olvidado, Señor?
¿Eternamente?
¿Hasta cuándo me ocultarás tu rostro?
3 ¿Hasta cuándo mi alma estará acongojada
y habrá pesar en mi corazón, día tras día?
¿Hasta cuándo mi enemigo prevalecerá sobre mí?
4 ¡Mírame, respóndeme, Señor, Dios mío!
Ilumina mis ojos,
para que no caiga en el sueño de la muerte,
5 para que mi enemigo no pueda decir:
«Lo he vencido»,
ni mi adversario se alegre de mi fracaso.

6 Yo confío en tu misericordia:
que mi corazón se alegre porque me salvaste.
¡Cantaré al Señor porque me ha favorecido!

SALMO 14 (13)

La insensatez de los que olvidan a Dios

Sal 53; Rom 3 11-12; Dt 28 67

1 *Del maestro de coro. De David.*

El necio se dice a sí mismo:
«No hay Dios».
Todos están pervertidos,
hacen cosas abominables,
nadie practica el bien.

2 El Señor observa desde el cielo
a los seres humanos,
para ver si hay alguien que sea sensato,
alguien que busque a Dios.

3 Todos están extraviados,
igualmente corrompidos;
nadie practica el bien,
ni siquiera uno solo.

4 *¿Nunca aprenderán los malvados,*
los que devoran a mi pueblo
como si fuera pan,
y no invocan al Señor?

5 Miren cómo tiemblan de espanto,
porque Dios está a favor de los justos.
6 Ustedes se burlan de las aspiraciones del pobre,
pero el Señor es su refugio.

7 ¡Ojalá venga desde Sion
la salvación de Israel!
Cuando el Señor cambie la suerte de su pueblo,
se alegrará Jacob,
se regocijará Israel.

SALMO 15 (14)

Condiciones para acercarse al Señor

Is 33 15-16; Miq 6 6-8; Sal 24 3-6

1 *Salmo de David.*

Señor, ¿quién se hospedará en tu Tienda?,
¿quién habitará en tu santa Montaña?

2 El que procede rectamente
y practica la justicia;
el que dice la verdad de corazón
3 y no calumnia con su lengua.

El que no hace mal a su prójimo
ni agravia a su vecino,
4 el que no estima a quien Dios reprueba
y honra a los que temen al Señor.

El que no se retracta de lo que juró,
aunque salga perjudicado;
5 el que no presta su dinero a usura
ni acepta soborno contra el inocente.

El que procede así, nunca vacilará.

SALMO 16 (15)

El Señor, herencia y felicidad de sus amigos

Nm 18 20; Eclo 45 20-22; Hch 2 25-28; 13 35

1 *Mictán de David.*

Protégeme, Dios mío,
porque me refugio en ti.
2 Yo digo al Señor:
«Señor, tú eres mi bien,
no hay nada superior a ti».
3 Ellos, en cambio, dicen a los dioses de la tierra:
«Mis príncipes, ustedes son toda mi alegría».
4 Multiplican sus ídolos y corren tras ellos,
pero yo no les ofreceré libaciones de sangre,
ni mis labios pronunciarán sus nombres.
5 El Señor es la parte de mi herencia y mi cáliz,
¡tú decides mi suerte!
6 Me ha tocado un lugar de delicias,
estoy contento con mi herencia.

7 Bendeciré al Señor que me aconseja,
¡hasta de noche me instruye mi conciencia!
8 Tengo siempre presente al Señor:
él está a mi lado, nunca vacilaré.

9 Por eso mi corazón se alegra,
se regocijan mis entrañas
y todo mi ser descansa seguro:
10 porque no me entregarás a la Muerte
ni dejarás que tu amigo vea el sepulcro.

11 Me harás conocer el camino de la vida,
saciándome de gozo en tu presencia,
de felicidad eterna a tu derecha.

SAL

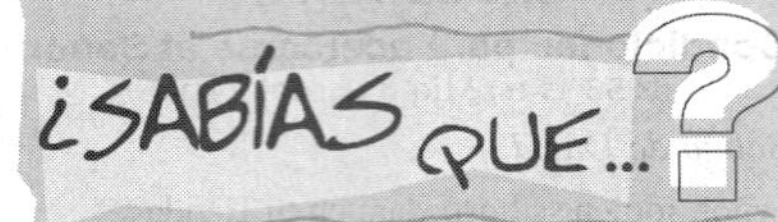

El Señor es mi herencia

El Salmo 16 es una profesión de fe, alegre y confiada de la tribu de Leví, que es la tribu sacerdotal. Al dividir la Tierra prometida, los levitas no recibieron territorio alguno, pues el Señor les había dicho: «no recibirás una herencia... ni tendrás una parte entre ellos: yo soy tu parte y tu herencia» (Nm 18 20).

Quienes se consagran a Dios y hacen voto de pobreza viven el espíritu de este salmo de manera radical, renuncian a poseer bienes y confiesan de palabra y obra que el Señor es su refugio, su único bien, su alegría y su herencia (Sal 16 2-5). Centran su futuro en Dios, seguros de que su destino está en sus manos (16 5); su pobreza indica su preferencia por el Señor, más que un rechazo a los bienes materiales.

Sal 16

SALMO 17 (16)

Súplica del justo en la persecución

Sal 7 4-6; Job 23 11-12; Dt 32 10-11; Jr 15 15-16; Ap 22 4; Sal 73 25-26

1 *Oración de David.*

Escucha, Señor, mi justa demanda,
atiende a mi clamor;
presta oído a mi plegaria,
porque en mis labios no hay falsedad.

2 Tú me harás justicia,
porque tus ojos ven lo que es recto:
3 si examinas mi corazón
y me visitas por las noches,
si me pruebas al fuego,
no encontrarás malicia en mí.

Mi boca no se excedió
4 ante los malos tratos de los hombres;
yo obedecí fielmente a tu palabra,
5 y mis pies se mantuvieron firmes
en los caminos señalados:
¡mis pasos nunca se apartaron de tus huellas!

6 *Yo te invoco, Dios* mío, porque tú me respondes:
inclina tu oído hacia mí y escucha mis palabras.
7 Muestra las maravillas de tu gracia,
tú que salvas de los agresores
a los que buscan refugio a tu derecha.

8 Protégeme como a la pupila de tus ojos;
escóndeme a la sombra de tus alas
9 de los malvados que me acosan,
del enemigo mortal que me rodea.

10 Se han encerrado en su obstinación,
hablan con arrogancia en los labios;
11 sus pasos ya me tienen cercado,
se preparan para derribarme por tierra,
12 como un león ávido de presa,
como un cachorro agazapado en su guarida.

13 Levántate, Señor, enfréntalo, doblégalo;
líbrame de los malvados con tu espada,
14 y con tu mano, Señor, sálvame de los hombres:
de los mortales que lo tienen todo en esta vida.

Llénales el vientre con tus riquezas;
que sus hijos también queden hartos
y dejen el resto para los más pequeños.
15 Pero yo, por tu justicia, contemplaré tu rostro,
y al despertar, me saciaré de tu presencia.

SALMO 18 (17)

Acción de gracias al Rey después de la victoria

2 Sm 22; Jue 5 4-5; Sal 77 18-19; 29; Job 36 29-30; Sal 2 8-9; Ap 2 26-28; Rom 15 9

1 *Del maestro de coro. De David, el servidor del Señor, que dirigió al Señor las palabras de este canto, cuando él lo libró de todos sus enemigos y de las manos de Saúl.* 2 *Dijo:*

Yo te amo, Señor, mi fuerza,
3 Señor, mi Roca, mi fortaleza y mi libertador,
mi Dios, el peñasco en que me refugio,
mi escudo, mi fuerza salvadora, mi baluarte.
4 Invoqué al Señor, que es digno de alabanza
y quedé a salvo de mis enemigos.

5 Las olas de la Muerte me envolvieron,
me aterraron los torrentes devastadores,
6 me cercaron los lazos del Abismo,
las redes de la Muerte llegaron hasta mí.

7 Pero en mi angustia invoqué al Señor,
grité a mi Dios pidiendo auxilio,
y él escuchó mi voz desde su Templo,
mi grito llegó hasta sus oídos.

8 Entonces tembló y se tambaleó la tierra;
vacilaron los fundamentos de las montañas,
y se conmovieron a causa de su furor;
9 de su nariz se alzó una humareda,
de su boca, un fuego abrasador,
y arrojaba carbones encendidos.

10 El Señor inclinó el cielo, y descendió
con un espeso nubarrón bajo sus pies;
11 montó en el Querubín y emprendió vuelo,
planeando sobre las alas del viento.

12 Se envolvió en un manto de tinieblas;
un oscuro aguacero y espesas nubes
lo cubrían como un toldo;

13 las nubes se deshicieron en granizo y centellas
al fulgor de su presencia.
14 El Señor tronaba desde el cielo,
el Altísimo hacía oír su voz;
15 arrojó sus flechas y los dispersó,
multiplicó sus rayos y sembró la confusión.
16 Al proferir tus amenazas, Señor,
al soplar el vendaval de tu ira,
aparecieron los cauces del mar
y quedaron a la vista los cimientos.
17 Él tendió su mano desde lo alto y me tomó,
me sacó de las aguas caudalosas;
18 me libró de mi enemigo poderoso,
de adversarios más fuertes que yo.
19 Ellos me enfrentaron en un día nefasto,
pero el Señor fue mi apoyo:
20 me sacó a un lugar espacioso,
me libró, porque me ama.
21 El Señor me recompensó por mi justicia,
me retribuyó por la inocencia de mis manos:
22 porque seguí fielmente los caminos del Señor,
y no me aparté de mi Dios, haciendo el mal;
23 porque tengo presente todas sus decisiones
y nunca me alejé de sus preceptos.
24 Tuve ante él una conducta irreprochable
y me esforcé por no ofenderlo.
25 El Señor me premió, porque yo era justo
y mis manos eran inocentes a sus ojos.
26 Tú eres bondadoso con los buenos
y eres íntegro con el hombre intachable;
27 eres sincero con los que son sinceros
y te muestras astuto con los falsos.
28 Porque tú salvas al pueblo oprimido
y humillas los ojos altaneros;
29 tú eres mi lámpara, Señor:
Dios mío, tú iluminas mis tinieblas.
30 Contigo puedo asaltar una muralla;
con mi Dios, puedo escalar cualquier muralla.
31 El camino de Dios es perfecto,
la promesa del Señor es digna de confianza.
El Señor es un escudo para los que se refugian en él,
32 porque ¿quién es Dios fuera del Señor?,
¿y quién es la Roca fuera de nuestro Dios?
33 Él es el Dios que me ciñe de valor
y hace intachable mi camino;
34 el que me da la rapidez de un ciervo
y me afianza en las alturas;
35 el que adiestra mis manos para la guerra
y mis brazos para tender el arco de bronce.
36 Me entregaste tu escudo victorioso
y tu mano derecha me sostuvo;
me engrandeciste con tu triunfo,
37 me hiciste dar largos pasos,
y no se doblaron mis tobillos.
38 Perseguí y alcancé a mis enemigos,
no me volví hasta que fueron aniquilados;
39 los derroté y no pudieron rehacerse,
quedaron abatidos bajo mis pies.
40 Tú me ceñiste de valor para la lucha,
doblegaste ante mí a mis agresores;
41 pusiste en fuga a mis enemigos,
y yo exterminé a mis adversarios.
42 Imploraron, pero nadie los salvó;
gritaban al Señor, pero no les respondía.
43 Los deshice como polvo barrido por el viento,
los pisé como el barro de las calles.
44 Tú me libraste de un ejército incontable
y me pusiste al frente de naciones:
pueblos extraños son mis vasallos.
45 Gente extranjera me rinde pleitesía;
apenas me oyen nombrar, me prestan obediencia.
46 Los extranjeros palidecen ante mí
y, temblando, abandonan sus refugios.
47 ¡Viva el Señor! ¡Bendita sea mi Roca!
¡Glorificado sea el Dios de mi salvación,
48 el Dios que venga mis agravios
y pone a los pueblos a mis pies!
49 Tú me liberas de mis enemigos,
me haces triunfar de mis agresores
y me libras del hombre violento.
50 Por eso te alabaré entre las naciones
y cantaré, Señor, en honor de tu Nombre.
51 Él concede grandes victorias a su rey
y trata con fidelidad a su Ungido,
a David y a su descendencia para siempre.

SALMO 19 (18)
La gloria de Dios en sus obras

Gn 1 1-8; Job 38 31-33; Sal 9 3; 119

1 *Del maestro de coro. Salmo de David.*
2 El cielo proclama la gloria de Dios
y el firmamento anuncia la obra de sus manos;
3 un día transmite al otro este mensaje
y las noches se van dando la noticia.
4 Sin hablar, sin pronunciar palabras,
sin que se escuche su voz,
5 resuena su eco por toda la tierra
y su lenguaje, hasta los confines del mundo.
Allí puso una tienda para el sol,
6 y este, igual que un esposo que sale de su alcoba,
se alegra como un atleta al recorrer su camino.
7 Él sale de un extremo del cielo,
su órbita llega hasta el otro extremo,
y no hay nada que escape a su calor.
8 La ley del Señor es perfecta,
reconforta el alma;

S A L

VIVE LA PALABRA

Los cielos proclaman la gloria de Dios

Mientras otros pueblos adoraban los astros, Israel contemplaba en ellos a su Creador. La primera parte del Salmo 19 alaba la armonía de la naturaleza con las leyes que le dio Dios. ¿Te has estremecido ante los imponentes rayos y truenos de una tormenta, y gozado con el arco iris? ¿Te maravilla el poder de un tornado y la cadencia de las olas en el océano? ¿Te han deleitado las flores y cautivado los copos de nieve? ¿Te has admirado ante el cielo estrellado y extasiado ante las hermosas puestas del sol?

En la segunda mitad de este salmo, el salmista proclama que la Ley de Dios es igualmente maravillosa. En general nos cuesta aceptar la bondad de la ley, y aún más amarla. En nuestra pretensión por ser libres, nos olvidamos de que la ley por excelencia es el amor. Si tuviéramos en el corazón y la mente esta ley de Jesús, con qué gusto diríamos: ¡el amor da consuelo al ignorante, alegría y luz al corazón! ¡El amor es preferible al oro, es más dulce que la miel! (19 8-11).

Canta, ora, con el Salmo 19. Alaba a Dios y dale gracias por los muchos caminos que utiliza para llenarnos de sus dones.

Sal 19

el testimonio del Señor es verdadero,
da sabiduría al simple.
9 Los preceptos del Señor son rectos,
alegran el corazón;
los mandamientos del Señor son claros,
iluminan los ojos.
10 La palabra del Señor es pura,
permanece para siempre;
los juicios del Señor son la verdad,
enteramente justos.
11 Son más atrayentes que el oro,
que el oro más fino;
más dulces que la miel,
más que el jugo del panal.
12 También a mí me instruyen:
observarlos es muy provechoso.
13 Pero ¿quién advierte sus propios errores?
Purifícame de las faltas ocultas.
14 Presérvame, además, del orgullo,
para que no me domine:
entonces seré irreprochable
y me veré libre de ese gran pecado.
15 ¡Ojalá sean de tu agrado
las palabras de mi boca,
y lleguen hasta ti mis pensamientos,
Señor, mi Roca y mi redentor!

SALMO 20 (19)

Oración por el Rey

Sal 18 10.50-51; 1 Re 18 30;
Sal 33 16-17; 147 10-11; Is 40 30-31

1 *Del maestro de coro. Salmo de David.*
2 El Señor te haga triunfar
en el momento del peligro,
que el nombre del Dios de Jacob sea tu baluarte.
3 Que él te auxilie desde su Santuario
y te proteja desde Sion;
4 que se acuerde de todas tus ofrendas
y encuentre aceptables tus holocaustos.
5 Que satisfaga todos tus deseos
y cumpla todos tus proyectos,
6 para que aclamemos tu victoria
y alcemos los estandartes
en nombre de nuestro Dios.
¡Que el Señor te conceda todo lo que pides!
7 Ahora sé que el Señor
ha dado la victoria a su Ungido,
lo ha hecho triunfar desde su santo cielo
con las proezas de su mano salvadora.
8 Unos se fían de sus carros y otros de sus caballos,
pero nuestra fuerza está en el nombre
de nuestro Dios.
9 Ellos tropezaron y cayeron,
mientras nosotros nos mantuvimos
erguidos y confiados.
10 ¡Señor, concede la victoria al rey,
escúchanos cuando te invocamos!

SALMO 21 (20)

Acción de gracias por la victoria del Rey

Sal 20; 61 1-8; 2 Re 20 1-7; Is 38 1-20; Sal 18

1 *Del maestro de coro. Salmo de David.*
2 Señor, el rey se regocija por tu fuerza,
¡y cuánto se alegra por tu victoria!
3 Tú has colmado los deseos de su corazón,
no le has negado lo que pedían sus labios.
4 Porque te anticipas a bendecirlo con el éxito
y pones en su cabeza una corona de oro puro.

[5] Te pidió larga vida y se la diste:
días que se prolongan para siempre.
[6] Su gloria se acrecentó por tu triunfo,
tú lo revistes de esplendor y majestad;
[7] le concedes incesantes bendiciones,
lo colmas de alegría en tu presencia.
[8] Sí, el rey confía en el Señor
y con la gracia del Altísimo no vacilará.
[9] Tu mano alcanzará a todos tus enemigos,
tu derecha vencerá a los que te odian.
[10] Los convertirás en un horno encendido,
cuando se manifieste tu presencia.
El Señor los consumirá con su enojo,
el fuego los destruirá por completo:
[11] eliminarás su estirpe de la tierra,
y a sus descendientes de entre los hombres.
[12] Ellos trataron de hacerte mal,
urdieron intrigas, pero sin resultado:
[13] porque tú harás que vuelvan la espalda,
apuntándoles a la cara con tus arcos.
[14] ¡Levántate, Señor, con tu fuerza,
para que cantemos y celebremos tus proezas!

SALMO 22 (21)

Oración del justo perseguido

Is 52 13 – 53 12; Mt 27 35.39.43.46; Sab 2 18-20; Jn 19 28; 12 27; Heb 2 12.18

[1] *Del maestro de coro. Según la melodía de «La cierva de la aurora». Salmo de David.*

[2] Dios mío, Dios mío,
¿por qué me has abandonado?
¿Por qué estás lejos
de mi clamor y mis gemidos?
[3] Te invoco de día, y no respondes,
de noche, y no encuentro descanso;
[4] y sin embargo, tú eres el Santo,
que reinas entre las alabanzas de Israel.
[5] En ti confiaron nuestros padres:
confiaron, y tú los libraste;
[6] clamaron a ti y fueron salvados,
confiaron en ti y no quedaron defraudados.
[7] Pero yo soy un gusano, no un hombre;
la gente me escarnece
y el pueblo me desprecia;
[8] los que me ven, se burlan de mí,
hacen una mueca y mueven la cabeza, diciendo:
[9] «Confió en el Señor, que él lo libre;
que lo salve, si lo quiere tanto».
[10] Tú, Señor, me sacaste del seno materno,
me confiaste al regazo de mi madre;
[11] a ti fui entregado desde mi nacimiento,
desde el seno de mi madre, tú eres mi Dios.
[12] No te quedes lejos, porque acecha el peligro
y no hay nadie para socorrerme.
[13] Me rodea una manada de novillos,
me acorralan toros de Basán;
[14] abren sus fauces contra mí
como leones rapaces y rugientes.
[15] Soy como agua que se derrama
y todos mis huesos están dislocados;
mi corazón se ha vuelto como cera
y se derrite en mi interior;
[16] mi garganta está seca como una teja
y la lengua se me pega al paladar.
[17] Me rodea una jauría de perros,
me asalta una banda de malhechores;
taladran mis manos y mis pies
[16c] y me hunden en el polvo de la muerte.
[18] Yo puedo contar todos mis huesos;
ellos me miran con aire de triunfo,
[19] se reparten entre sí mi ropa
y sortean mi túnica.
[20] Pero tú, Señor, no te quedes lejos;
tú que eres mi fuerza, ven pronto a socorrerme.
[21] Libra mi cuello de la espada
y mi vida de las garras del perro.
[22] Sálvame de la boca del león,
salva a este pobre de los toros salvajes.
[23] Yo anunciaré tu Nombre a mis hermanos,
te alabaré en medio de la asamblea:
[24] «Alábenlo, los que temen al Señor;
glorifíquenlo, descendientes de Jacob;
témanlo, descendientes de Israel.
[25] Porque él no ha mirado con desdén
ni ha despreciado la miseria del pobre:
no le ocultó su rostro
y lo escuchó cuando pidió auxilio».
[26] Por eso te alabaré en la gran asamblea
y cumpliré mis votos delante de los fieles:
[27] los pobres comerán hasta saciarse
y los que buscan al Señor lo alabarán.
¡Que sus corazones vivan para siempre!
[28] Todos los confines de la tierra
se acordarán y volverán al Señor;
todas las familias de los pueblos
se postrarán en su presencia.
[29] Porque solo el Señor es rey
y él gobierna a las naciones.
[30] Todos los que duermen en el sepulcro
se postrarán en su presencia;
todos los que bajaron a la tierra
doblarán la rodilla ante él,
y los que no tienen vida
[31] glorificarán su poder.
Hablarán del Señor a la generación futura,
[32] anunciarán su justicia
a los que nacerán después,
porque esta es la obra del Señor.

SAL

PERSPECTIVA CATÓLICA

Esperanza en la desesperación

El Salmo 22 profetiza la pasión de Jesús, por lo que se cita varias veces en los evangelios. Los católicos oramos con él en la liturgia del Domingo de Ramos y del Viernes Santo.

Para comprender mejor su espíritu, lee atentamente Mateo 27 45-50; al hacerlo, percibirás palabras de desesperación en boca de Jesús. Después, lee el Salmo 22, y verás que en realidad Jesús, lleno de confianza, ora a su Padre.

Observa cómo la primera parte del salmo es una lamentación del «Siervo de Dios» (ver Is 52 13 – 53 12), con muchos detalles proféticos que se cumplen en Jesús: la vergüenza del suplicio (Sal 22 7), la sed por deshidratación (v. 16), los miembros dislocados (v. 15), los insultos y burlas de los enemigos (v. 8), las manos y pies taladrados (v. 17), y el sorteo de sus ropas (v. 19). Después fíjate en las palabras de confianza inquebrantable que contiene la segunda parte: «tú, Señor, no te quedes lejos» (v. 20), «te alabaré en medio de la asamblea» (v. 23), «se postrarán en su presencia» (v. 30).

Por último, pausadamente entona este salmo ante un crucifijo. Cada vez que un verso resuene en tu interior, contempla a Cristo unos minutos y deja que la Palabra de Dios penetre en el fondo de tu corazón.

Sal 22

SALMO 23 (22)
El buen Pastor

Ez 34; Jn 10 1-16; Job 10 21-22

1 *Salmo de David.*

El Señor es mi pastor,
nada me puede faltar.

2 Él me hace descansar en verdes praderas,
me conduce a las aguas tranquilas
3 *y repara mis fuerzas;*
me guía por el recto sendero,
por amor de su Nombre.

4 Aunque cruce por oscuras quebradas,
no temeré ningún mal,
porque tú estás conmigo:
tu vara y tu bastón me infunden confianza.

5 Tú preparas ante mí una mesa,
frente a mis enemigos;
unges con óleo mi cabeza
y mi copa rebosa.

6 Tu bondad y tu gracia me acompañan
a lo largo de mi vida;
y habitaré en la Casa del Señor,
por muy largo tiempo.

SALMO 24 (23)
Liturgia de entrada en el templo

Is 66 1-2; Sal 27 8-9; 2 Sm 6 12-16; Sal 118 19-20

1 *Salmo de David.*

Del Señor es la tierra y todo lo que hay en ella,
el mundo y todos sus habitantes,
2 porque él la fundó sobre los mares,
él la afirmó sobre las corrientes del océano.

3 ¿Quién podrá subir a la Montaña del Señor
y permanecer en su recinto sagrado?

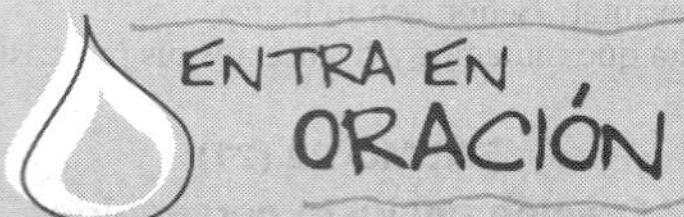

El buen Pastor nos cuida

Este hermoso salmo ofrece dos imágenes de Dios: la del buen Pastor y la del generoso anfitrión. Ambas reflejan la cercanía, la bondad y el cuidado de Dios, y se cumplen plenamente en Jesús.

Lee pausadamente el Salmo 23 y ora con él: siéntete como una oveja. ¿Qué confianza te inspira tener al Señor como tu Pastor?, ¿qué significa para ti la hierba fresca y el agua tranquila que te ofrece? Completa las siguientes frases para orar sobre distintos aspectos de tu vida:

- *Señor, me dejo guiar por tu senda y con confianza te entrego estas inquietudes...*
- *Confiado/a en ti me siento libre para vivir, amar y gozar. Tu vara y tu bastón me dan seguridad en esta situación...*
- *Me siento una oveja mimada por ti, buen Pastor. Sé que me buscas y me amas, y deseo evitar esto que me aleja de ti...*
- *Señor, de oveja me transformas en huésped. Quiero gozar con tus atenciones y cariño...*

Gracias por ser mi anfitrión y recibirme en tu mesa. Gracias por el don de la Eucaristía, que me confirma que: «Tu bondad y tu gracia me acompañan a lo largo de mi vida» (v. 6).

Sal 23

4 El que tiene las manos limpias
y puro el corazón;
el que no rinde culto a los ídolos
ni jura falsamente:
5 él recibirá la bendición del Señor,
la recompensa de Dios, su salvador.
6 Así son los que buscan al Señor,
los que buscan tu rostro, Dios de Jacob.
7 ¡Puertas, levanten sus dinteles,
levántense, puertas eternas,
para que entre el Rey de la gloria!
8 ¿Y quién es ese Rey de la gloria?
Es el Señor, el fuerte, el poderoso,
el Señor poderoso en los combates.
9 ¡Puertas, levanten sus dinteles,
levántense, puertas eternas,
para que entre el Rey de la gloria!
10 ¿Y quién es ese Rey de la gloria?
El Rey de la gloria
es el Señor de los ejércitos.

SALMO 25 (24)

Súplica para conocer los caminos de Dios

Sal 86 4; 85 10-11; Prov 19 23; Sal 141 8-9

1 *De David.*
A ti, Señor, elevo mi alma,
2 Dios mío, yo pongo en ti mi confianza;
¡que no tenga que avergonzarme
ni se rían de mí mis enemigos!
3 Ninguno de los que esperan en ti
tendrá que avergonzarse:
se avergonzarán los que traicionan en vano.
4 Muéstrame, Señor, tus caminos,
enséñame tus senderos.
5 Guíame por el camino de tu fidelidad;
enséñame, porque tú eres mi Dios y mi salvador,
y yo espero en ti todo el día.
6 Acuérdate, Señor, de tu compasión y de tu amor,
porque son eternos.
7 No recuerdes los pecados ni las rebeldías
de mi juventud:
por tu bondad, Señor, acuérdate de mí
según tu fidelidad.
8 El Señor es bondadoso y recto:
por eso muestra el camino a los extraviados;
9 él guía a los humildes para que obren rectamente
y enseña su camino a los pobres.
10 Todos los senderos del Señor son amor y fidelidad,
para los que observan los preceptos de su alianza.
11 ¡Por el honor de tu Nombre, Señor,
perdona mi culpa, aunque es muy grande!
12 ¿Hay alguien que teme al Señor?
Él le indicará el camino que debe elegir:
13 su alma descansará feliz
y su descendencia poseerá la tierra.
14 El Señor da su amistad a los que lo temen
y les hace conocer su alianza.
15 Mis ojos están siempre fijos en el Señor,
porque él sacará mis pies de la trampa.
16 Mírame, Señor, y ten piedad de mí,
porque estoy solo y afligido:
17 alivia las angustias de mi corazón,
y sácame de mis tribulaciones.
18 Mira mi aflicción y mis fatigas,
y perdona todos mis pecados.
19 Mira qué numerosos son mis enemigos
y qué violento es el odio que me tienen.
20 Defiende mi vida y líbrame:
que no me avergüence de haber confiado en ti;
21 la integridad y la rectitud me protegen,
porque yo espero en ti, Señor.
22 Salva, Dios mío, a Israel
de todas sus angustias.

SALMO 26 (25)

Apelación a la justicia de Dios

Sal 7; 17; 18 21-28; Job 31; Sal 73 13; Dt 21 6-7

1 *De David.*

Júzgame, Señor,
porque he procedido con integridad.
Yo he confiado en el Señor,
sin desviarme jamás.
2 Examíname, Señor, y pruébame,
sondea hasta lo más íntimo de mi ser;
3 porque tu amor está siempre ante mis ojos,
y yo camino en tu verdad.
4 No me reúno con la gente falsa
ni me doy con los hipócritas;
5 odio la compañía de los malhechores
y no me uno a los malvados.
6 Por eso lavo mis manos en señal de inocencia
y doy vueltas alrededor de tu altar,
7 proclamando tu alabanza en alta voz
y narrando tus maravillas.
8 Yo amo la Casa donde habitas,
el lugar donde reside tu gloria.
9 No me incluyas entre los pecadores
ni entre los hombres sanguinarios:
10 ellos tienen las manos llenas de infamia,
y su derecha está repleta de sobornos.
11 Yo, en cambio, procedo íntegramente:
líbrame y concédeme tu gracia.
12 Mis pies están firmes sobre el camino llano,
y en la asamblea bendeciré al Señor.

SALMO 27 (26)
La seguridad del que confía en el Señor

Sal 18 29; 36 10; 23 6; Os 11 8; Sal 86 11

1 *De David.*

El Señor es mi luz y mi salvación,
¿a quién temeré?
El Señor es el baluarte de mi vida,
¿ante quién temblaré?

2 Cuando se alzaron contra mí los malvados
para devorar mi carne,
fueron ellos, mis adversarios y enemigos,
los que tropezaron y cayeron.

3 Aunque acampe contra mí un ejército,
mi corazón no temerá;
aunque estalle una guerra contra mí,
no perderé la confianza.

4 Una sola cosa he pedido al Señor,
y esto es lo que quiero:
vivir en la Casa del Señor
todos los días de mi vida,
para gozar de la dulzura del Señor
y contemplar su Templo.

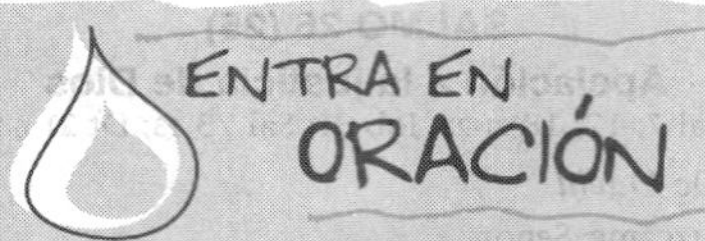

Buscaré tu rostro

El Salmo 27 expresa la confianza inalterable del salmista. En la primera parte proclama que vive inundado de la presencia divina (vv. 1-6); después, al ver debilitadas sus fuerzas, eleva una súplica esperanzada (vv. 7-12), y termina pregonando su certidumbre y su fe (vv. 13-14). Ora siguiendo el espíritu de este salmo:

Señor, mi corazón busca tu rostro. No te ocultes, te necesito, tú eres mi auxilio. Te busco para conocer tu voluntad y practicarla, para vivir siempre ante tu mirada.

¡Qué consolador es saber que, cuando estoy en dificultades, vuelves tu rostro hacia mí, y cuando estoy en peligro de caer, fortaleces mi debilidad! ¡Recuérdame siempre que vivo en tu presencia, Señor!

¡Cuántos jóvenes viven en tu ausencia, oh Dios, porque te han marginado de sus vidas! Concédeles el deseo ardiente de vivir cerca de ti y gozar de tu ternura.

Quiero terminar cada día cantando con este salmo: ¡Espero en ti, Señor; en ti soy fuerte y tengo ánimo; espero en ti, Señor!

Sal 27

5 Sí, él me cobijará en su Tienda de campaña
en el momento del peligro;
me ocultará al amparo de su Tienda
y me afirmará sobre una roca.

6 Por eso tengo erguida mi cabeza
frente al enemigo que me hostiga;
ofreceré en su Tienda sacrificios jubilosos,
y cantaré himnos al Señor.

7 ¡Escucha, Señor, yo te invoco en alta voz,
apiádate de mí y respóndeme!

8 Mi corazón sabe que dijiste:
«Busquen mi rostro».
Yo busco tu rostro, Señor,

9 no lo apartes de mí.

No alejes con ira a tu servidor,
tú, que eres mi ayuda;
no me dejes ni me abandones,
mi Dios y mi salvador.

10 Aunque mi padre y mi madre me abandonen,
el Señor me recibirá.

11 Indícame, Señor, tu camino
y guíame por un sendero llano,
porque tengo muchos enemigos.

12 No me entregues a la furia de mis adversarios,
porque se levantan contra mí testigos falsos,
hombres que respiran violencia.

13 Yo creo que contemplaré la bondad del Señor
en la tierra de los vivientes.

14 Espera en el Señor y sé fuerte;
ten valor y espera en el Señor.

SALMO 28 (27)
Súplica y acción de gracias

Prov 26 24-25; Jr 50 29; Is 5 12; Sal 52 7

1 *De David.*

Yo te invoco, Señor;
tú eres mi Roca, no te quedes callado,
porque si no me respondes,
seré como los que bajan al sepulcro.

2 Oye la voz de mi plegaria,
cuando clamo hacia ti,
cuando elevo mis manos hacia tu Santuario.

3 No me arrastres con los malvados
ni con los que hacen el mal:
con los que hablan de paz a su prójimo,
mientras su corazón está lleno de maldad.

4 Trátalos conforme a sus acciones,
como corresponde a su mala conducta;
trátalos según la obra de sus manos,
págales su merecido.

5 Ellos no valoran lo que hace el Señor
ni la obra de sus manos:
por eso él los derribará
y no volverá a edificarlos.

[6] Bendito sea el Señor,
porque oyó la voz de mi plegaria;
[7] el Señor es mi fuerza y mi escudo,
mi corazón confía en él.
Mi corazón se alegra porque recibí su ayuda:
por eso le daré gracias con mi canto.
[8] El Señor es la fuerza de su pueblo,
el baluarte de salvación para su Ungido.
[9] Salva a tu pueblo y bendice a tu herencia;
apaciéntalos y sé su guía para siempre.

SALMO 29 (28)

La grandeza del Señor revelada en la tempestad

Sal 77 17-19; 92 2-6; 144 5-6; Ex 19 16; Job 37 4-5

[1] *Salmo de David.*

¡Aclamen al Señor, hijos de Dios,
aclamen la gloria y el poder del Señor!
[2] ¡Aclamen la gloria del nombre del Señor,
adórenlo al manifestarse su santidad!

[3] ¡La voz del Señor sobre las aguas!
El Dios de la gloria hace oír su trueno:
el Señor está sobre las aguas torrenciales.

[4] ¡La voz del Señor es potente,
la voz del Señor es majestuosa!

[5] La voz del Señor parte los cedros,
el Señor parte los cedros del Líbano;
[6] hace saltar al Líbano como a un novillo
y al Sirión como a un toro salvaje.

[7] La voz del Señor lanza llamas de fuego;
[8] la voz del Señor hace temblar el desierto,
el Señor hace temblar el desierto de Cades.

REFLEXIONA

El poder de Dios sobre las tormentas de la vida

El Salmo 29 repite siete veces «la voz del Señor» para expresar su poder en la tempestad que experimenta el pueblo de Israel. Siete es el número de la perfección. ¡La voz del Señor es perfecta! El pueblo creyente canta en paz en medio de la tormenta, confiado en el poder del Señor. Ante las fuerzas incontrolables de los desequilibrios económicos, sociales y mundiales que estamos viviendo, este salmo nos invita a fortalecer nuestra esperanza en el triunfo final de Dios, ante el cual cantamos, ¡Gloria!

¿Has vivido alguna tormenta en la vida en la que has sentido el poder y el triunfo de Dios?

Sal 29

[9] La voz del Señor retuerce las encinas,
el Señor arrasa las selvas.
En su Templo, todos dicen: «¡Gloria!».

[10] El Señor tiene su trono
sobre las aguas celestiales,
el Señor se sienta en su trono de Rey eterno.
[11] El Señor fortalece a su pueblo,
él bendice a su pueblo con la paz.

SALMO 30 (29)

Acción de gracias después de una grave enfermedad

Sal 97 12; Is 54 7-8; Sal 88 11-13

[1] *Salmo. Canto para la Dedicación del Tem-*
plo. De David.

[2] Yo te glorifico, Señor, porque tú me libraste
y no quisiste que mis enemigos se rieran de mí.
[3] Señor, Dios mío, clamé a ti y tú me sanaste.
[4] Tú, Señor, me levantaste del Abismo
y me hiciste revivir,
cuando estaba entre los que bajan al sepulcro.

[5] Canten al Señor, sus fieles;
den gracias a su santo Nombre,
[6] porque su enojo dura un instante,
y su bondad, toda la vida:
si por la noche se derraman lágrimas,
por la mañana renace la alegría.

[7] Yo pensaba muy confiado:
«Nada me hará vacilar».
[8] Pero eras tú, Señor, con tu gracia,
el que me afirmaba sobre fuertes montañas,
y apenas ocultaste tu rostro,
quedé conturbado.

[9] Entonces te invoqué, Señor,
e imploré tu bondad:
[10] «¿Qué se ganará con mi muerte
o con que yo baje al sepulcro?

¿Acaso el polvo te alabará
o proclamará tu fidelidad?
[11] Escucha, Señor, ten piedad de mí;
ven a ayudarme, Señor».

[12] Tú convertiste mi lamento en júbilo,
me quitaste el luto y me vestiste de fiesta,
[13] para que mi corazón te cante sin cesar.
¡Señor, Dios mío, te daré gracias eternamente!

SALMO 31 (30)

Oración confiada en un momento de angustia

Sal 71 1-2; Lc 23 46; Hch 7 59; Job 19 13-19; Sal 22; 69; Jr 20 7-10; Ap 7 15-16

[1] *Del maestro de coro. Salmo de David.*

[2] Yo me refugio en ti, Señor,
¡que nunca me vea defraudado!

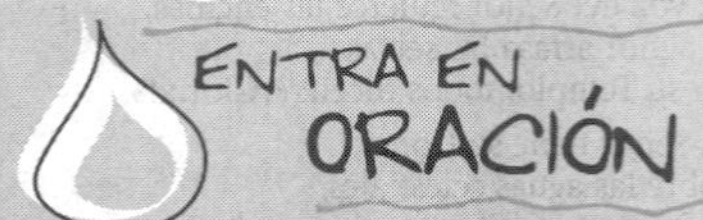

En el vaivén de la vida

El Salmo 31 nos ayuda a ponernos en manos de Dios cuando estamos en el colmo de la angustia o la tristeza, cuando rebosamos de alegría y gratitud, cuando tenemos gran sed de Dios o nos sentimos secos espiritualmente. Nos lleva a abandonarnos por completo en Dios, sobre todo ante la aflicción y las crisis, pues para los israelitas el ser humano es una unidad, no está dividido en cuerpo y espíritu.

Te invitamos a orar:

- Por unos minutos concéntrate en lo que en estos momentos te causa:frustración, sufrimiento, tensión, alegría, esperanza, gratitud. Escríbelo para que puedas concientizarlo.
- Siente profundamente el vaivén de tu vida y entrégaselo a Dios; deja que el Espíritu te guíe libremente.
- Lee lentamente cada estrofa de este bonito salmo; relaciona sus palabras con los sentimientos que acabas de concientizar.
- Reflexiona: ¿cuál fue el mensaje de Dios a través de este salmo? Toma nota y ora de nuevo con el salmo un par de días; ten en cuenta las palabras de Dios para ti.

¡Toda situación alegre y difícil, o cualquier necesidad, son impulso para dialogar con Dios! Dedica diariamente unos momentos para dialogar con él.

Sal 31

Líbrame, por tu justicia;
3 inclina tu oído hacia mí
y ven pronto a socorrerme.

Sé para mí una roca protectora,
un baluarte donde me encuentre a salvo,
4 porque tú eres mi Roca y mi baluarte:
por tu Nombre, guíame y condúceme.

5 Sácame de la red que me han tendido,
porque tú eres mi refugio.
6 *Yo pongo mi vida en tus manos:*
tú me rescatarás, Señor, Dios fiel.

7 Yo detesto a los que veneran ídolos vanos
y confío en el Señor.
8 ¡Tu amor será mi gozo y mi alegría!
Cuando tú viste mi aflicción
y supiste que mi vida peligraba,
9 no me entregaste al poder del enemigo,
me pusiste en un lugar espacioso.

10 Ten piedad de mí, Señor,
porque estoy angustiado:
mis ojos, mi garganta y mis entrañas
están extenuados de dolor.

11 Mi vida se consume de tristeza,
mis años, entre gemidos;
mis fuerzas decaen por la aflicción
y mis huesos están extenuados.

12 Soy la burla de todos mis enemigos
y la irrisión de mis propios vecinos;
para mis amigos soy motivo de espanto,
los que me ven por la calle huyen de mí.
13 Como un muerto, he caído en el olvido,
me he convertido en una cosa inútil.

14 Oigo los rumores de la gente
y amenazas por todas partes,
mientras se confabulan contra mí
y traman quitarme la vida.

15 Pero yo confío en ti, Señor,
y te digo: «Tú eres mi Dios,
16 mi destino está en tus manos».
Líbrame del poder de mis enemigos
y de aquellos que me persiguen.

17 Que brille tu rostro sobre tu servidor,
sálvame por tu misericordia;
18 Señor, que no me avergüence
de haberte invocado.

Que se avergüencen los malvados
y bajen mudos al Abismo;
19 que enmudezcan los labios mentirosos,
los que profieren insolencias contra el justo
con soberbia y menosprecio.

20 ¡Qué grande es tu bondad, Señor!
Tú la reservas para tus fieles;
y la brindas a los que se refugian en ti,
en la presencia de todos.

21 Tú los ocultas al amparo de tu rostro
de las intrigas de los hombres;
y los escondes en tu Tienda de campaña,
lejos de las lenguas pendencieras.

22 ¡Bendito sea el Señor!
Él me mostró las maravillas de su amor
en el momento del peligro.

23 En mi turbación llegué a decir:
«He sido arrojado de tu presencia».
Pero tú escuchaste la voz de mi súplica,
cuando yo te invocaba.

24 Amen al Señor, todos sus fieles,
porque él protege a los que son leales
y castiga con severidad a los soberbios.
25 Sean fuertes y valerosos,
todos los que esperan en el Señor.

SALMO 32 (31)
La felicidad del que ha sido perdonado por Dios
Rom 4 7-8; Sal 51; 33

1 *De David. Poema.*
¡Feliz el que ha sido absuelto de su pecado
y liberado de su falta!
2 ¡Feliz el hombre a quien el Señor
no le tiene en cuenta las culpas,
y en cuyo espíritu no hay doblez!
3 Mientras me quedé callado,
mis huesos se consumían
entre continuos lamentos,
4 porque de día y de noche
tu mano pesaba sobre mí;
mi savia se secaba por los ardores del verano.
5 Pero yo reconocí mi pecado,
no te escondí mi culpa,
pensando: «Confesaré mis faltas al Señor».
¡Y tú perdonaste mi culpa y mi pecado!
6 Por eso, que todos tus fieles te supliquen
en el momento de la angustia;
y cuando irrumpan las aguas caudalosas
no llegarán hasta ellos.
7 Tú eres mi refugio,
tú me libras de los peligros
y me colmas con la alegría de la salvación.
8 Yo te instruiré,
te enseñaré el camino que debes seguir;
con los ojos puestos en ti, seré tu consejero.
9 No sean irracionales como el caballo y la mula,
cuyo brío hay que contener con el bozal y el freno
para poder acercarse.
10 ¡Cuántos son los tormentos del malvado!
Pero el Señor cubrirá con su amor
al que confía en él.
11 ¡Alégrense en el Señor, regocíjense los justos!
¡Canten jubilosos los rectos de corazón!

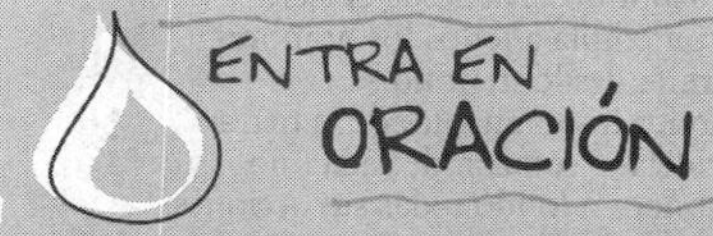

Conversión y segunda virginidad

El Salmo penitencial 32 se atribuye al rey David cuando pecó con Betsabé (ver «Un deseo desordenado», 2 Sm 11 1-27). Confesar nuestro pecado y ser perdonados es muy liberador, pero es necesario romper el círculo vicioso del pecado, aunque nos lleve varios intentos.

Dado que este salmo nace de un pecado sexual, se presta para pedir a Dios perdón por el mal uso de nuestra sexualidad, especialmente por relaciones fuera del matrimonio. Muchos jóvenes, incluso a temprana edad, llevan una vida sexual activa y, al reflexionar sobre la dignidad de su cuerpo y lo sagrado de la intimidad sexual en el matrimonio, desean consagrar a Dios una «segunda virginidad». Obviamente se trata de una virginidad del corazón y del espíritu, no física, pero igualmente valiosa ante Dios, pues nace del deseo de conversión.

Si estás en esta situación, ora con este salmo varias veces para prepararte al sacramento de la Reconciliación. Después confiesa tu pecado y sigue orando con el salmo para fortalecerte en tu propósito. Si vuelves a caer no te desanimes, dejar un hábito no es fácil; sin embargo, Dios te ayudará y llegarás a tu meta: ofrecer a tu esposo/a el don de tu sexualidad y mostrar a Dios tu gratitud por este don.

Sal 32

SALMO 33 (32)
Himno de alabanza al poder de Dios
Sal 119 64; Gn 1 9-10; Job 38 8-11;
Sal 94 9-11; 139 1-16

1 Aclamen, justos, al Señor:
es propio de los buenos alabarlo.
2 Alaben al Señor con la cítara,
toquen en su honor el arpa de diez cuerdas;
3 entonen para él un canto nuevo,
toquen con arte, profiriendo aclamaciones.
4 Porque la palabra del Señor es recta
y él obra siempre con lealtad;
5 él ama la justicia y el derecho,
y la tierra está llena de su amor.
6 La palabra del Señor hizo el cielo,
y el aliento de su boca, los ejércitos celestiales;
7 él encierra en un cántaro las aguas del mar
y pone en un depósito las olas del océano.
8 Que toda la tierra tema al Señor,
y tiemblen ante él los habitantes del mundo;
9 porque él lo dijo, y el mundo existió,
él dio una orden, y todo subsiste.
10 El Señor frustra el designio de las naciones
y deshace los planes de los pueblos,
11 pero el designio del Señor
permanece para siempre,
y sus planes, a lo largo de las generaciones.
12 ¡Feliz la nación cuyo Dios es el Señor,
el pueblo que él se eligió como herencia!

[13] El Señor observa desde el cielo
y contempla a todos los hombres;
[14] él mira desde su trono
a todos los habitantes de la tierra;
[15] modela el corazón de cada uno
y conoce a fondo todas sus acciones.

[16] El rey no vence por su mucha fuerza
ni se libra el guerrero por su gran vigor;
[17] de nada sirven los caballos para la victoria:
a pesar de su fuerza no pueden salvar.
[18] Los ojos del Señor están fijos sobre sus fieles,
sobre los que esperan en su misericordia,
[19] para librar sus vidas de la muerte
y sustentarlos en el tiempo de indigencia.

[20] Nuestra alma espera en el Señor:
él es nuestra ayuda y nuestro escudo.
[21] Nuestro corazón se regocija en él:
nosotros confiamos en su santo Nombre.
[22] Señor, que tu amor descienda sobre nosotros,
conforme a la esperanza que tenemos en ti.

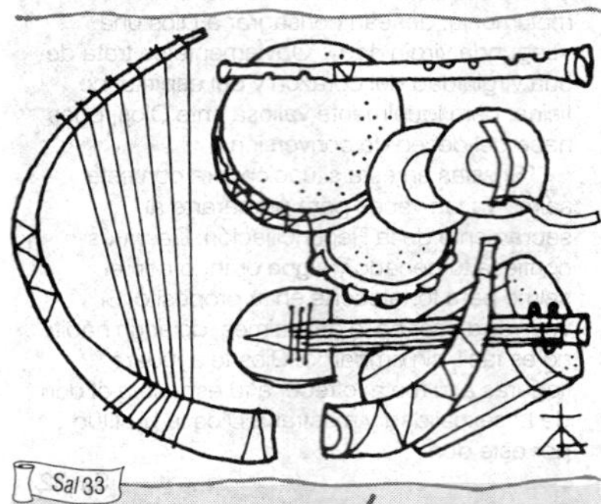

Sal 33

COMPRENDE LOS SÍMBOLOS

Instrumentos musicales

Los instrumentos simbolizan las melodías que acompañan la oración de los salmos y dan ritmo a los sentimientos y acciones dirigidas al Señor. La música expresa con belleza nuestro amor y fortalece nuestra comunión con Dios y los hermanos; en la liturgia y en la oración es preludio de la alabanza a Dios en el cielo.

SALMO 34 (33)

Canto de acción de gracias

1 Sm 21 11-16; 1 Pe 3 10-12; Mt 11 29-30; Jn 19 36

[1] *De David. Cuando se fingió demente delante de Abimélec, y tuvo que irse, echado por él.*

[2] Bendeciré al Señor en todo tiempo,
su alabanza estará siempre en mis labios.

Un salmo alfabético

Hay nueve salmos alfabéticos, en los cuales cada frase empieza con una letra del alfabeto hebreo, *aleph, beth, guímel...* que equivalen a las primeras tres letras a, b, c..., de ese alfabeto. Estos salmos integran un acróstico con un solo tema. El Salmo 34 se centra en los humildes del Señor y destaca las cualidades de quienes confían en él (ver «Perfil del resto de Israel», Sof 3 9-13).

Cuando quieras orar y se te dificulte concentrarte, puedes crear un acróstico. Escribe verticalmente una frase significativa, por ejemplo: *Tú eres mi Señor.* Después habla con Dios sobre ese tema, empieza con cada letra, por ejemplo: «t» tú me creaste; «u» urge que cambie mi vida; «e» eres muy bueno conmigo, etcétera. En tu plegaria-acróstico puedes usar las letras de tu nombre o de la persona por la que quieres orar.

Sal 34

[3] Mi alma se gloría en el Señor:
que lo oigan los humildes y se alegren.
[4] Glorifiquen conmigo al Señor,
alabemos su Nombre todos juntos.

[5] Busqué al Señor: él me respondió
y me libró de todos mis temores.
[6] Miren hacia él y quedarán resplandecientes,
y sus rostros no se avergonzarán.
[7] Este pobre hombre invocó al Señor:
él lo escuchó y lo salvó de sus angustias.

[8] El Ángel del Señor acampa
en torno de sus fieles, y los libra.
[9] ¡Gusten y vean qué bueno es el Señor!
¡Felices los que en él se refugian!
[10] Teman al Señor, todos sus santos,
porque nada faltará a los que lo temen.
[11] Los ricos se empobrecen y sufren hambre,
pero los que buscan al Señor no carecen de nada.

[12] Vengan, hijos, escuchen:
voy a enseñarles el temor del Señor.
[13] ¿Quién es el hombre que ama la vida
y desea gozar de días felices?
[14] Guarda tu lengua del mal,
y tus labios de palabras mentirosas.

15 Apártate del mal y practica el bien,
busca la paz y sigue tras ella.
16 Los ojos del Señor miran al justo
y sus oídos escuchan su clamor;
17 pero el Señor rechaza a los que hacen el mal
para borrar su recuerdo de la tierra.
18 Cuando ellos claman, el Señor los escucha
y los libra de todas sus angustias.
19 El Señor está cerca del que sufre
y salva a los que están abatidos.
20 El justo padece muchos males,
pero el Señor lo libra de ellos.
21 Él cuida todos sus huesos,
no se quebrará ni uno solo.
22 La maldad hará morir al malvado,
y los que odian al justo serán castigados;
23 Pero el Señor rescata a sus servidores,
y los que se refugian en él no serán castigados.

SALMO 35 (34)

Oración de un inocente acusado y perseguido

Sal 22; 69; Jn 15 25; Sal 38 22

1 *De David.*

Combate, Señor, a los que me atacan,
pelea contra los que me hacen la guerra.
2 Toma el escudo y el broquel,
levántate y ven en mi ayuda;
3 empuña la lanza y la jabalina
para enfrentar a mis perseguidores;
dime: «Yo soy tu salvación».
4 Que sufran una derrota humillante
los que intentan quitarme la vida;
que vuelvan la espalda confundidos
los que traman mi perdición.
5 Que sean como la paja ante el viento,
mientras el Ángel del Señor los arrastra;
6 que su camino sea oscuro y resbaladizo,
mientras el Ángel del Señor los persigue.
7 Porque me tendieron sus redes sin motivo
y me cavaron una fosa mortal:
8 ¡que los sorprenda un desastre imprevisto;
que sean atrapados por sus propias redes,
y caigan en la fosa que ellos mismos cavaron!
9 Pero yo me alegraré en el Señor,
me regocijaré por su victoria;
10 todo mi ser proclamará:
«Señor, no hay nadie igual a ti;
tú libras al débil de las manos del más fuerte,
y al pobre, de aquel que lo despoja».
11 Se presentan contra mí testigos falsos;
me piden cuenta de cosas que ignoro;
12 me devuelven mal por bien,
dejando mi alma desolada.
13 Yo, en cambio, cuando ellos estaban enfermos,
me cubría con ropas de penitente,
afligía mi alma con ayunos
y oraba con la cabeza inclinada.
14 Ellos eran para mí como un amigo o un hermano,
y yo andaba triste y abatido,
como quien llora la muerte de su madre.
15 Pero cuando tropecé ellos se alegraron,
se juntaron todos contra mí
y me golpearon sorpresivamente;
me desgarraban sin cesar,
16 se burlaban de mí con crueldad
y rechinaban contra mí sus dientes.
17 Señor, ¿cuánto tiempo vas a tolerarlo?
Líbrame de los animales rugientes,
salva mi vida de los leones;
18 y te daré gracias en la gran asamblea,
te alabaré en medio de una multitud.
19 ¡Que no canten victoria
mis enemigos traicioneros,
ni se guiñen el ojo los que me odian sin motivo!
20 Ellos no hablan de paz,
sino que atacan a los oprimidos de la tierra;
traman planes engañosos
21 y se ríen de mí a carcajadas, diciendo:
«Lo hemos visto con nuestros propios ojos».
22 Tú también lo has visto, Señor, no te calles;
no te quedes lejos de mí, Señor:
23 ¡despiértate, levántate, Dios mío,
Señor mío, defiende mi causa!
24 Júzgame según tu justicia, Señor:
Dios mío, que no canten victoria sobre mí;
25 que no piensen: «Se cumplió nuestro deseo»,
ni digan: «Lo hemos devorado».
26 Que sufran una derrota humillante
los que se alegran de mi desgracia;
que se cubran de confusión y de vergüenza
los que se envalentonan contra mí.
27 Canten, en cambio, y alégrense,
los que desean mi triunfo;
los que desean mi felicidad, repitan siempre:
«¡Qué grande es el Señor!».
28 Entonces mi lengua pregonará tu justicia,
y cada día proclamaré tu alabanza.

SALMO 36 (35)

La maldad del pecador y la bondad de Dios

Rom 3 18; Mt 7 3-5; Sal 57 11; 71 19

1 *Del maestro de coro. De David, el servidor del Señor.*

2 El pecado habla al impío
en el fondo de su corazón;

para él no hay temor de Dios,
3 porque se mira con tan buenos ojos
que no puede descubrir ni aborrecer su culpa.
4 Las palabras de su boca son maldad y traición;
dejó de ser sensato y de practicar el bien;
5 en su lecho, solo piensa hacer el mal,
se obstina en el camino del crimen
y no reprueba al malvado.

6 Tu misericordia, Señor, llega hasta el cielo,
tu fidelidad hasta las nubes.
7 Tu justicia es como las altas montañas,
tus juicios, como un océano inmenso.

Tú socorres a los hombres y a las bestias:
8 ¡qué inapreciable es tu misericordia, Señor!
Por eso los hombres se refugian
a la sombra de tus alas.

9 Se sacian con la abundancia de tu casa,
les das de beber del torrente de tus delicias.
10 En ti está la fuente de la vida,
y por tu luz vemos la luz.

11 Extiende tu gracia sobre los que te reconocen,
y tu justicia sobre los rectos de corazón.
12 ¡Que el pie del orgulloso no me alcance
ni me derribe la mano del malvado!

13 Miren cómo cayeron los malhechores:
fueron derribados, y ya no podrán levantarse.

SALMO 37 (36)
La suerte del justo y del malvado

Sal 73; Job 21 7-26; Mt 5 3-12;
Prov 20 24; Sal 34 15; 9 10

1 *De David.*

No te exasperes a causa de los malos,
ni envidies a los que cometen injusticias,
2 porque pronto se secarán como el pasto
y se marchitarán como la hierba verde.

3 Confía en el Señor y practica el bien;
habita en la tierra y vive tranquilo:
4 que el Señor sea tu único deleite,
y él colmará los deseos de tu corazón.

5 Encomienda tu suerte al Señor,
confía en él, y él hará su obra;
6 hará brillar tu justicia como el sol,
y tu derecho, como la luz del mediodía.

7 Descansa en el Señor y espera en él;
no te exasperes por el hombre que triunfa,
ni por el que se vale de la astucia
14c para derribar al pobre y al humilde.
8 Domina tu enojo, reprime tu ira;
no te exasperes, no sea que obres mal:
9 porque los impíos serán aniquilados,
y los que esperan al Señor, poseerán la tierra.

10 Un poco más, y el impío ya no existirá;
si buscas su casa, ya no estará;
11 pero los humildes poseerán la tierra
y gozarán de una gran felicidad.

12 El malvado urde intrigas contra el justo,
y al verlo, rechinan sus dientes;
13 pero el Señor se burla de él,
sabiendo que se le acerca la hora.

14 Los impíos desenvainan la espada
y tienden sus arcos para matar al justo;
15 pero su espada les atravesará el corazón
y sus arcos quedarán destrozados.

16 Vale más la pobreza del justo
que las grandes riquezas del malvado:
17 porque los brazos del impío se quebrarán,
pero el Señor sostiene a los justos.

18 El Señor se preocupa de los buenos
y su herencia permanecerá para siempre;
19 no desfallecerán en los momentos de penuria,
y en tiempos de hambre quedarán saciados.

20 Pero los malvados irán a la ruina,
y los enemigos del Señor pasarán
como la hermosura de los prados,
se disiparán más pronto que el humo.

21 El impío pide prestado y no devuelve,
el justo, en cambio, da con generosidad;
22 los que el Señor bendice, poseerán la tierra,
y los que él maldice, serán exterminados.

23 El Señor asegura los pasos del hombre
en cuyo camino se complace:
24 aunque caiga no quedará postrado,
porque el Señor lo lleva de la mano.

25 Yo fui joven, ahora soy viejo,
y nunca vi a un justo abandonado,
ni a sus hijos mendigando el pan;
26 él presta siempre con generosidad
y su descendencia será bendecida.

27 Aléjate del mal, practica el bien,
y siempre tendrás una morada,
28 porque el Señor ama la justicia
y nunca abandona a sus fieles.

Los impíos serán aniquilados
y su descendencia quedará extirpada,
29 pero los justos poseerán la tierra
y habitarán en ella para siempre.

30 La boca del justo expresa sabiduría
y su lengua dice lo que es recto:
31 la ley de Dios está en su corazón
y sus pasos no vacilan.

32 El malvado está al acecho del justo
con la intención de matarlo,
33 pero el Señor no lo abandona en sus manos
ni deja que lo condenen en el juicio.

34 Espera en el Señor y sigue su camino:
y tú mismo verás la ruina de los malos.

35 Yo vi a un impío lleno de arrogancia,
que florecía como un cedro frondoso;

[36] pasé otra vez, y ya no estaba,
lo busqué, y no se lo pudo encontrar.

[37] Observa al inocente, fíjate en el bueno:
el que busca la paz tendrá una descendencia;
[38] pero los pecadores serán aniquilados
y su descendencia quedará extirpada.

[39] La salvación de los justos viene del Señor,
él es su refugio en el momento del peligro;
[40] el Señor los ayuda y los libera,
los salva porque confiaron en él.

SALMO 38 (37)

Súplica de un enfermo que se reconoce culpable

Job 19 1-20; Sal 102 4-6; Job 12 4-5; Sal 41 6-10

[1] *Salmo de David. En memoria.*

[2] Señor, no me reprendas por tu enojo
ni me castigues por tu indignación.

[3] Porque me han traspasado tus flechas
y tu brazo se descargó sobre mí:
[4] no hay parte sana en mi carne,
a causa de tu furor.

No hay nada intacto en mis huesos,
a causa de mis pecados;
[5] me siento ahogado por mis culpas:
son como un peso que supera mis fuerzas.

[6] Mis heridas hieden y supuran,
a causa de mi insensatez;
[7] estoy agobiado, decaído hasta el extremo,
y ando triste todo el día.

[8] Siento un ardor en mis entrañas,
y no hay parte sana en mi carne;
[9] estoy agotado, deshecho totalmente,
y rujo con más fuerza que un león.

[10] Tú, Señor, conoces todos mis deseos,
y no se te ocultan mis gemidos:
[11] mi corazón palpita, se me acaban las fuerzas,
y me falta hasta la luz de mis ojos.

[12] Mis amigos y vecinos se apartan de mis llagas,
mis parientes se mantienen a distancia;
[13] los que atentan contra mí me tienden lazos,
y los que buscan mi ruina me amenazan de muerte;
todo el día proyectan engaños.

[14] Pero yo, como un sordo, no escucho;
como un mudo, no abro la boca:
[15] me parezco a uno que no oye
y no tiene nada que replicar.

[16] Yo espero en ti, Señor:
tú me responderás, Señor, Dios mío.
[17] Solo te pido que no se rían de mí,
ni se aprovechen cuando tropiecen mis pies.

[18] Porque estoy a punto de caer
y el dolor no se aparta de mí:
[19] sí, yo confieso mi culpa
y estoy lleno de pesar por mi pecado.
[20] Mi enemigos mortales son fuertes;
y son muchos los que me odian sin motivo,
[21] los que me retribuyen con maldades
y me atacan porque busco el bien.
[22] Pero tú, Señor, no me abandones,
Dios mío, no te quedes lejos de mí;
[23] ¡apresúrate a venir en mi ayuda,
mi Señor, mi salvador!

SALMO 39 (38)

Meditación y súplica en el momento del dolor

Sal 88; 37; 90 9-10

[1] *Del maestro de coro. De Iedutún. Salmo de David.*

[2] Yo pensé: «Voy a vigilar mi proceder
para no excederme con la lengua;
le pondré una mordaza a mi boca,
mientras tenga delante al malvado».

[3] Entonces me encerré en el silencio,
callé, pero no me fue bien:
el dolor se me hacía insoportable;
[4] el corazón me ardía en el pecho,
y a fuerza de pensar, el fuego se inflamaba,
¡hasta que al fin tuve que hablar!

[5] Señor, dame a conocer mi fin
y cuál es la medida de mis días,
para que comprenda lo frágil que soy:
[6] no me diste más que un palmo de vida,
y mi existencia es como nada ante ti.

Ahí está el hombre: es tan solo un soplo,
[7] pasa lo mismo que una sombra;
se inquieta por cosas fugaces
y atesora sin saber para quién.

[8] Y ahora, Señor, ¿qué esperanza me queda?
Mi esperanza está puesta solo en ti:
[9] líbrame de todas mis maldades,
y no me expongas a la burla de los necios.
[10] Yo me callo, no me atrevo a abrir la boca,
porque eres tú quien hizo todo esto.
[11] Aparta de mí tus golpes:
¡me consumo bajo el peso de tu mano!
[12] Tú corriges a los hombres,
castigando sus culpas;
carcomes como la polilla sus tesoros:
un soplo, nada más, es todo hombre.

[13] Escucha, Señor, mi oración;
presta oído a mi clamor;
no seas insensible a mi llanto,
porque soy un huésped en tu casa,
un peregrino, lo mismo que mis padres.

[14] No me mires con enojo,
para que pueda alegrarme,
antes que me vaya y ya no exista más.

SAL

VIVE LA PALABRA

Aquí estoy, Señor, para hacer tu voluntad

El Salmo 40 refleja la vida de Jesús. ¿Con qué frecuencia le dices: «Aquí estoy, Señor, para hacer tu voluntad?». Ora primero con el salmo que se presenta aquí y después con el original. Por último, escribe tu propio salmo: ¿cómo expresas a Dios tu disposición para hacer su voluntad?

Aquí estamos, ¡presente!
A seguir a Jesús venimos,
pues él nos mantiene unidos,
al tiempo que nos envía
a llevar por los caminos
su amor a quien se siente perdido.
Aquí estamos, ¡presente!
Para renovar el mundo contigo
dar a los desdichados
alegría y esperanza, paz y cariño,
y ser testimonio vivo
de que sigues activo hoy día.

Aquí estamos, ¡presente!
Hemos oído tu llamado
para forjarnos discípulos,
y que con nuestra vida toda
construyamos la historia,
según tus santos designios.
Aquí estamos, ¡presente!
Dispuestos a continuar tu misión,
haz de nosotros profetas,
que llevemos por doquier,
la esperanza que los jóvenes
ansían tanto poseer.

Sal 40

SALMO 40 (39)
Canto de acción de gracias

Sal 69 2-3.15-16; Jr 17 7; Sal 139 17-18; Heb 10 5-7; Sal 50 7-15; 51 18-19; 69 31-32; 70

1 *Del maestro de coro. De David. Salmo.*

2 Esperé confiadamente en el Señor:
él se inclinó hacia mí
y escuchó mi clamor.

3 Me sacó de la fosa infernal,
del barro cenagoso;
afianzó mis pies sobre la roca
y afirmó mis pasos.

4 Puso en mi boca un canto nuevo,
un himno a nuestro Dios.
Muchos, al ver esto, temerán
y confiarán en el Señor.

5 ¡Feliz el que pone en el Señor
toda su confianza,
y no se vuelve hacia los rebeldes
que se extravían tras la mentira!

6 ¡Cuántas maravillas has realizado,
Señor, Dios mío!
Por tus designios en favor nuestro,
nadie se te puede comparar.
Quisiera anunciarlos y proclamarlos,
pero son innumerables.

7 Tú no quisiste víctima ni ofrenda;
pero me diste un oído atento;
no pediste holocaustos ni sacrificios,
8 entonces dije: «Aquí estoy.
9 En el libro de la Ley está escrito
lo que tengo que hacer:
yo amo, Dios mío, tu voluntad,
y tu ley está en mi corazón».

10 Proclamé gozosamente tu justicia
en la gran asamblea;
no, no mantuve cerrados mis labios,
tú lo sabes, Señor.

11 No escondí tu justicia dentro de mí,
proclamé tu fidelidad y tu salvación,
y no oculté a la gran asamblea
tu amor y tu fidelidad.

12 Y tú, Señor, no te niegues
a tener compasión de mí;
que tu amor y tu fidelidad
me protejan sin cesar.

13 Porque estoy rodeado de tantos males,
que es imposible contarlos.
Las culpas me tienen atrapado
y ya no alcanzo a ver:
son más que los cabellos de mi cabeza,
y me faltan las fuerzas.

14 Líbrame, Señor, por favor;
Señor, ven pronto a socorrerme.
15 Que se avergüencen y sean humillados
los que quieren acabar con mi vida.

Que retrocedan confundidos
los que desean mi ruina;
16 queden pasmados de vergüenza
los que se ríen de mí.

17 Que se alegren y se regocijen en ti
todos los que te buscan,
y digan siempre los que desean tu victoria:
«¡Qué grande es el Señor!».

[18] Yo soy pobre y miserable,
pero el Señor piensa en mí;
tú eres mi ayuda y mi libertador,
¡no tardes, Dios mío!

SALMO 41 (40)
Acción de gracias de un enfermo restablecido

Sal 31 12-14; 38 12-13; Job 19 13-19; Jn 13 18

[1] *Del maestro de coro. Salmo de David.*

[2] Feliz el que se ocupa del débil y del pobre:
el Señor lo librará en el momento del peligro.

[3] El Señor lo protegerá y le dará larga vida,
lo hará dichoso en la tierra
y no lo entregará a la avidez de sus enemigos.
[4] El Señor lo sostendrá en su lecho de dolor
y le devolverá la salud.

[5] Yo dije: «Ten piedad de mí, Señor,
sáname, porque pequé contra ti».
[6] Mis enemigos solo me auguran desgracias:
«¿Cuándo se morirá y desaparecerá su nombre?».
[7] Si alguien me visita, habla con falsedad,
recoge malas noticias y las divulga al salir.

[8] Mis adversarios se juntan
para murmurar contra mí,
y me culpan de los males que padezco, diciendo:
[9] «Una enfermedad incurable ha caído sobre él;
ese que está postrado no volverá a levantarse».
[10] Hasta mi amigo más íntimo, en quien yo confiaba,
el que comió mi pan, se puso contra mí.
[11] Pero tú, Señor, ten piedad de mí;
levántame y les daré su merecido.

[12] En esto reconozco que tú me amas,
en que mi enemigo no canta victoria sobre mí.
[13] Tú me sostuviste a causa de mi integridad,
y me mantienes para siempre en tu presencia.

[14] ¡Bendito sea el Señor, el Dios de Israel,
desde siempre y para siempre!
¡Amén! ¡Amén!

SALMO 42 (41)
Nostalgia de la Casa del Señor

Jn 4; Sal 27 4-5; Jon 2 4

[1] *Del maestro de coro. Poema de los hijos de Coré.*

[2] Como la cierva sedienta
busca las corrientes de agua,
así mi alma suspira
por ti, mi Dios.
[3] Mi alma tiene sed de Dios,
del Dios viviente:
¿Cuándo iré a contemplar
el rostro de Dios?
[4] Las lágrimas son mi único pan
de día y de noche,

Sal 42

COMPRENDE LOS SÍMBOLOS

La cierva jadeante de sed

Es símbolo del deseo de Dios que nos lleva a orar. Como el agua da vida a la cierva, Cristo crucificado y resucitado nos ofrece el agua viva para renacer en el Bautismo y fortalecernos en el camino al Padre. La búsqueda de Dios en la vida terrena es continua y está llena de nuevos encuentros dadores de vida.

mientras me preguntan sin cesar:
«¿Dónde está tu Dios?».
[5] Al recordar el pasado,
me dejo llevar por la nostalgia:
¡cómo iba en medio de la multitud
y la guiaba hacia la Casa de Dios,
entre cantos de alegría y alabanza,
en el júbilo de la fiesta!

[6] ¿Por qué te deprimes, alma mía?
¿Por qué te inquietas?
Espera en Dios, y yo volveré a darle gracias,
a él, que es mi salvador y mi Dios.

[7] Mi alma está deprimida:
por eso me acuerdo de ti,
desde la tierra del Jordán y el Hermón,
desde el monte Misar.
[8] Un abismo llama a otro abismo,
con el estruendo de tus cataratas;
tus torrentes y tus olas
pasaron sobre mí.
[9] De día, el Señor me dará su gracia;
y de noche, cantaré mi alabanza
al Dios de mi vida.
[10] Diré a mi Dios:
«Mi Roca, ¿por qué me has olvidado?
¿Por qué tendré que estar triste,
oprimido por mi enemigo?».
[11] Mis huesos se quebrantan
por la burla de mis adversarios;

Fe y fortaleza

Lee el Salmo 43 y observa cómo el salmista le expone a Dios sentimientos encontrados. Se queja por estar oprimido, pero reconoce a Dios como su salvación y fortaleza; le expresa su angustia y también le canta su gratitud.

Manuel Morales, un pequeño comerciante mexicano canonizado recientemente, vivió la espiritualidad de este salmo hasta el martirio. Durante la persecución religiosa, luchó por defender pacífica y legalmente la Iglesia. Yendo en el mismo automóvil que un sacerdote, lo amenazaron de muerte y el sacerdote trató de salvarle la vida, pero Manuel declaró con fortaleza: «Deje que me fusilen, señor cura, yo muero, pero Dios no muere, él velará por mi esposa y mis hijos», y antes de que le dispararan gritó: «Viva Cristo Rey y la Virgen de Guadalupe».[1]

Señor, en la angustia y la opresión, tú eres mi Dios y mi fortaleza... Dame seguridad, que mi vida siempre esté en tus manos y que alcance la Vida eterna contigo. Amén.

Sal 43

mientras me preguntan sin cesar:
«¿Dónde está tu Dios?».

12 ¿Por qué te deprimes, alma mía?
¿Por qué te inquietas?
Espera en Dios, y yo volveré a darle gracias,
a él, que es mi salvador y mi Dios.

SALMO 43 (42)

Sal 9 5; 119 154; 44 10.24; 42 10

1 Júzgame, Señor,
y defiende mi causa
contra la gente sin piedad;
líbrame del hombre falso y perverso.

2 Si tú eres mi Dios y mi fortaleza,
¿por qué me rechazas?
¿Por qué tendré que estar triste,
oprimido por mi enemigo?

3 Envíame tu luz y tu verdad:
que *ellas* me encaminen
y me guíen a tu santa Montaña,
hasta el lugar donde habitas.

4 Y llegaré al altar de Dios,
el Dios que es la alegría de mi vida;
y te daré gracias con la cítara,
Señor, Dios mío.

5 ¿Por qué te deprimes, alma mía?
¿Por qué te inquietas?
Espera en Dios, y yo volveré a darle gracias,
a él, que es mi salvador y mi Dios.

SALMO 44 (43)

Lamentación del pueblo después de un desastre nacional

Is 63 7 - 64 11; Sal 74; 79; 80; 2 Sm 7 22-23; Dt 8 17-18; Rom 8 36

1 *Del maestro de coro. De los hijos de Coré. Poema.*

2 Señor, nuestros padres nos contaron,
y por eso llegó a nuestros oídos,
la obra que hiciste antiguamente,
3 con tu propia mano, cuando ellos vivían.

Tú expulsaste a las naciones
para plantarlos a ellos;
y para hacerlos crecer,
destruiste a los pueblos.

4 No ocuparon la tierra con su espada
ni su brazo les obtuvo la victoria:
fue tu mano derecha y tu brazo,
fue la luz de tu rostro, porque los amabas.

5 Eras tú, mi Rey y mi Dios,
el que decidía las victorias de Jacob:
6 con tu auxilio embestimos al enemigo
y en tu Nombre aplastamos al agresor.

7 Porque yo no confiaba en mi arco
ni mi espada me dio la victoria:
8 tú nos salvaste de nuestros enemigos
y confundiste a nuestros adversarios.

9 El Señor ha sido siempre nuestro orgullo:
damos gracias a tu Nombre eternamente.

10 Pero ahora nos rechazaste y humillaste:
dejaste de salir con nuestro ejército,
11 nos hiciste retroceder ante el enemigo
y nuestros adversarios nos saquearon.

12 Nos entregaste como ovejas al matadero
y nos dispersaste entre las naciones;
13 vendiste a tu pueblo por nada,
no sacaste gran provecho de su venta.

14 Nos expusiste a la burla de nuestros vecinos,
a la risa y al escarnio de los que nos rodean;
15 hiciste proverbial nuestra desgracia
y los pueblos nos hacen gestos de sarcasmo.

16 Mi oprobio está siempre ante mí
y mi rostro se cubre de vergüenza,
17 por los gritos de desprecio y los insultos,
por el enemigo sediento de venganza.

18 ¡Y todo esto nos ha sobrevenido
sin que nos hayamos olvidado de ti,
sin que hayamos traicionado tu alianza!

19 Nuestro corazón no se volvió atrás
ni nuestros pasos se desviaron de tu senda,
20 como para que nos aplastaras
en un lugar desierto
y nos cubrieras de tinieblas.
21 Si hubiéramos olvidado el nombre
de nuestro Dios
y recurrido a un dios extraño,
22 el Señor lo habría advertido,
porque él conoce los secretos más profundos.

23 Por tu causa nos dan muerte sin cesar
y nos tratan como a ovejas que van al matadero.
24 ¡Despierta, Señor! ¿Por qué duermes?
¡Levántate, no nos rechaces para siempre!
25 ¿Por qué ocultas tu rostro
y te olvidas de nuestra desgracia y opresión?
26 Estamos hundidos en el polvo,
nuestro cuerpo está pegado a la tierra.

27 ¡Levántate, ven a socorrernos;
líbranos por tu misericordia!

SALMO 45 (44)

Poema nupcial en honor del Rey

Cant 5 10-16; 3 6-11; Ez 16 10-13; Heb 1 8-9

1 *Del maestro de coro. Según la melodía de «Los lirios». De los hijos de Coré. Poema. Canto de amor.*

2 Me brota del corazón un hermoso poema,
yo dedico mis versos al rey:
mi lengua es como la pluma
de un hábil escribiente.

3 Tú eres hermoso,
el más hermoso de los hombres;
la gracia se derramó sobre tus labios,
porque el Señor te ha bendecido para siempre.
4 Cíñete, guerrero, la espada a la cintura;
5 con gloria y majestad, avanza triunfalmente;
cabalga en defensa de la verdad y de los pobres.
Tu mano hace justicia, y tu derecha, proezas;
6 tus flechas son punzantes,
se te rinden los pueblos
y caen desfallecidos los rivales del rey.

7 Tu trono, como el de Dios,
permanece para siempre;
el cetro de tu realeza es un cetro justiciero:
8 tú amas la justicia y odias la iniquidad.

Por eso el Señor, tu Dios, prefiriéndote a tus iguales,
te consagró con el óleo de la alegría:
9 tus vestiduras exhalan
perfume de mirra, áloe y acacia.

Las arpas te alegran desde los palacios de marfil;
10 una hija de reyes está de pie a tu derecha:
es la reina, adornada con tus joyas
y con oro de Ofir.

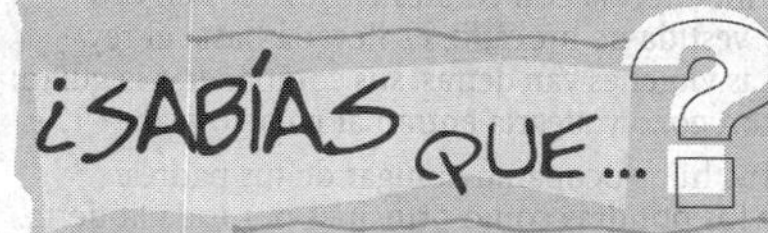

La riqueza literaria y de contenido en los salmos

Lee el Salmo 45 y observa cómo es a la vez una alabanza a Dios, un canto nupcial y un anuncio de la relación de Cristo con la Iglesia. Los salmos tienen gran riqueza literaria y de contenido, expresada en tres géneros literarios mayores, que incluyen varios géneros menores. Un mismo salmo suele tener varios géneros, por eso se clasifican según su género principal. Este salmo se considera un himno real y mesiánico.

Los principales géneros literarios son:

- **Himnos:** alaban a Dios en la creación y en la historia, y señalan sus atributos. Incluyen los himnos de *alabanza* e himnos *reales* y cantos de *peregrinación* de «las subidas».
- **Salmos de súplica:** articulan el sufrimiento personal o del pueblo y buscan el auxilio de Dios en las situaciones de necesidad de la vida. Incluyen las lamentaciones individuales y comunitarias.
- **Salmos de acción de gracias:** enumeran los peligros de los que salva el Señor, y expresan la fe y confianza en una continuada protección divina. Como los salmos de súplica, hay acciones de gracias individuales y colectivas.
- **Salmos didácticos:** su finalidad es enseñar comportamientos o actitudes, e instruir sobre la vida y la fe. Incluyen los salmos *históricos, litúrgicos, proféticos* y *sapienciales*.

En todos los géneros literarios hay salmos mesiánicos que anuncian distintos rasgos del mesías prometido. Cuando quieras orar o incluir en una liturgia algún salmo, consulta el índice de oraciones bíblicas: Salmos principales según su género literario, p. 1741.

Sal 45

11 ¡Escucha, hija mía, mira y presta atención!
Olvida tu pueblo y tu casa paterna,
12 y el rey se prendará de tu hermosura.

Él es tu señor: inclínate ante él;
13 la ciudad de Tiro vendrá con regalos
y los grandes del pueblo buscarán tu favor.

14 Embellecida con corales engarzados en oro
15 y vestida de brocado, es llevada hasta el rey.
Las vírgenes van detrás, sus compañeras la guían;
16 con gozo y alegría entran al palacio real.
17 Tus hijos ocuparán el lugar de tus padres,
y los pondrás como príncipes por toda la tierra.
18 Yo haré célebre tu nombre
por todas las generaciones:
por eso, los pueblos te alabarán eternamente.

SALMO 46 (45)

La presencia salvadora de Dios en medio de su pueblo

Sal 48; 76; Is 33 20-21; 24 18-23; Job 9 5-6; Ez 39 9-10

1 *Del maestro de coro. De los hijos de Coré. Para oboes. Canto.*

2 El Señor es nuestro refugio y fortaleza,
una ayuda siempre pronta en los peligros.
3 Por eso no tememos,
aunque la tierra se conmueva
y las montañas se desplomen
hasta el fondo del mar;
4 aunque bramen y se agiten sus olas,
y con su ímpetu sacudan las montañas.

El Señor de los ejércitos está con nosotros,
nuestro baluarte es el Dios de Jacob.

5 Los canales del Río alegran la Ciudad de Dios,
la más santa Morada del Altísimo.
6 El Señor está en medio de ella: nunca vacilará;
él la socorrerá al despuntar la aurora.
7 Tiemblan las naciones, se tambalean los reinos:
él hace oír su voz y se deshace la tierra.

8 El Señor de los ejércitos está con nosotros,
nuestro baluarte es el Dios de Jacob.

9 Vengan a contemplar las obras del Señor,
él hace cosas admirables en la tierra:
10 elimina la guerra hasta los extremos del mundo;
rompe el arco, quiebra la lanza
y prende fuego a los escudos.

11 Ríndanse y reconozcan que yo soy Dios:
yo estoy por encima de las naciones,
por encima de toda la tierra.

12 El Señor de los ejércitos está con nosotros,
nuestro baluarte es el Dios de Jacob.

SALMO 47 (46)

Himno al Señor, rey del universo

Sof 3 14-15; Sal 24 7-10; Is 2 2-4

1 *Del maestro de coro. De los hijos de Coré. Salmo.*

2 Aplaudan, todos los pueblos,
aclamen al Señor con gritos de alegría;
3 porque el Señor, el Altísimo, es temible,
es el soberano de toda la tierra.
4 Él puso a los pueblos bajo nuestro yugo,
y a las naciones bajo nuestros pies;
5 él eligió para nosotros una herencia,
que es el orgullo de Jacob, su predilecto.

6 El Señor asciende entre aclamaciones,
asciende al sonido de trompetas.

7 Canten, canten a nuestro Dios, canten,
canten a nuestro Rey:
8 el Señor es el Rey de toda la tierra,
cántenle un hermoso himno.

9 El Señor reina sobre las naciones
el Señor se sienta en su trono sagrado.

10 Los nobles de los pueblos se reúnen
con el pueblo del Dios de Abraham:
del Señor son los poderosos de la tierra,
y él se ha elevado inmensamente.

SALMO 48 (47)

Canto de alabanza a la ciudad de Dios

Sal 46; 76; 97 8

1 *Canto. Salmo de los hijos de Coré.*

2 El Señor es grande y digno de alabanza,
en la Ciudad de nuestro Dios.
3 Su santa Montaña, la altura más hermosa,
es la alegría de toda la tierra.

La Montaña de Sion, la Morada de Dios,
es la Ciudad del gran Rey:
4 el Señor se manifestó como un baluarte
en medio de sus palacios.

5 Porque los reyes se aliaron
y avanzaron unidos contra ella;
6 pero apenas la vieron quedaron pasmados
y huyeron despavoridos.

7 Allí se apoderó de ellos el terror
y dolores como los del parto,
8 como cuando el viento del desierto
destroza las naves de Tarsis.

9 Hemos visto lo que habíamos oído
en la Ciudad de nuestro Dios,
en la Ciudad del Señor de los ejércitos,
que él afianzó para siempre.

10 Nosotros evocamos tu misericordia
en medio de tu Templo, Señor.
11 Tu alabanza, lo mismo que tu renombre,
llega hasta los confines de la tierra.

Tu derecha está llena de justicia:
12 se alegra la Montaña de Sion;
las ciudades de Judá se regocijan
a causa de tus juicios.

13 Den una vuelta alrededor de Sion
y cuenten sus torreones;

[14] observen sus baluartes y miren sus palacios,
para que puedan decir a la próxima generación:
[15] «Así es el Señor, nuestro Dios».
Él nos guiará eternamente.

SALMO 49 (48)
La inutilidad de las riquezas ante la muerte

Eclo 11 18-19; Ecl 3 18-21; 1 Tim 6 7; Job 10 21-22

[1] *Del maestro de coro. De los hijos de Coré. Salmo.*

[2] Oigan esto, todos los pueblos;
escuchen, todos los habitantes del mundo:
[3] tanto los humildes como los poderosos,
el rico lo mismo que el pobre.

[4] Mi boca hablará sabiamente,
mis reflexiones serán muy sensatas.
[5] Voy a inspirarme para componer un proverbio,
revelaré mi enigma al son de la cítara.

[6] ¿Por qué voy a temer
en los momentos de peligro,
cuando me rodea la maldad de mis opresores,
[7] de esos que confían en sus riquezas
y se jactan de su gran fortuna?

[8] No, nadie puede rescatarse a sí mismo
ni pagar a Dios el precio de su liberación,
[10] para poder seguir viviendo eternamente
sin llegar a ver el sepulcro:
[9] el precio de su rescate es demasiado caro,
y todos desaparecerán para siempre.

[11] Cualquiera ve que mueren los sabios;
necios e ignorantes perecen por igual,
y dejan a otros sus riquezas:
[12] la tumba es su residencia perpetua,
su morada por los siglos de los siglos,
por más que hayan poseído muchas tierras.
[13] Ningún hombre permanece en la opulencia,
sino que muere lo mismo que los animales:
[14] este es el destino de los que tienen riquezas,
y el final de la gente insaciable.

[15] Serán puestos como ovejas en el Abismo,
la Muerte será su pastor;
bajarán derecho a la tumba,
su figura se desvanecerá
y el Abismo será su mansión.

[16] Pero Dios rescatará mi vida,
me sacará de las garras del Abismo.

[17] No te preocupes cuando un hombre
se enriquece
o aumenta el esplendor de su casa:
[18] cuando muera, no podrá llevarse nada,
su esplendor no bajará con él.

[19] Aunque en vida se congratulaba, diciendo:
«Te alabarán porque lo pasas bien»,
[20] igual irá a reunirse con sus antepasados,
con esos que nunca verán la luz.

[21] El hombre rico no reflexiona,
y muere lo mismo que los animales.

SALMO 50 (49)
Reproche del Señor por la infidelidad a la alianza

Ex 24 4-8; Rom 2 17-24; Sal 91 16

[1] *Salmo de Asaf.*

El Dios de los dioses, el Señor,
habla para convocar a la tierra
desde la salida del sol hasta el ocaso.

[2] El Señor resplandece desde Sion,
que es el dechado de toda hermosura:
[3] ya viene nuestro Dios, y no callará;
un fuego devorador lo precede,
la tempestad ruge a su alrededor.

[4] Él llama desde lo alto al cielo y a la tierra,
para entablar un juicio contra su pueblo:
[5] «Reúnanme a mis amigos,
a los que sellaron mi alianza con un sacrificio».

[6] ¡Que el cielo proclame su justicia,
porque el Señor es el único Juez!

[7] «Escucha, pueblo mío, yo te hablo;
Israel, voy a alegar contra ti:
yo soy el Señor, tu Dios.

[8] No te acuso por tus sacrificios:
¡tus holocaustos están siempre en mi presencia!
[9] Pero yo no necesito los novillos de tu casa
ni los cabritos de tus corrales.

[10] Porque son mías todas las fieras de la selva,
y también el ganado de las montañas más altas.
[11] Yo conozco los pájaros de los montes
y tengo ante mí todos los animales del campo.

[12] Si tuviera hambre, no te lo diría,
porque es mío el mundo y todo lo que hay en él.
[13] ¿Acaso voy a comer la carne de los toros
o a beber la sangre de los cabritos?

[14] Ofrece al Señor un sacrificio de alabanza
y cumple tus votos al Altísimo;
[15] invócame en los momentos de peligro:
yo te libraré, y tú me glorificarás».

[16] Dios dice al malvado:
«¿Cómo te atreves a pregonar mis mandamientos
y a mencionar mi alianza con tu boca,
[17] tú, que aborreces toda enseñanza
y te despreocupas de mis palabras?

[18] Si ves a un ladrón, tratas de emularlo;
haces causa común con los adúlteros;
[19] hablas mal sin ningún reparo
y tramas engaños con tu lengua;
[20] te sientas a conversar contra tu hermano,
deshonras al hijo de tu propia madre.

SAL

VIVE LA PALABRA

Amistad renovada

El Salmo 51 —una hermosa oración atribuida al rey David— es el salmo penitencial por excelencia. Guía nuestra conversión y nos revela el perdón de Dios si nos arrepentimos. El arrepentimiento auténtico, no el sentirse culpable, renueva nuestra amistad con Dios y se expresa en cinco movimientos:

- *Sentir dolor por haber ofendido a Dios y expresárselo llanamente:* «Aparta tu vista de mis pecados, y borra todas mis culpas» (v. 11).
- *Acoger la inmensa compasión de Dios, sin complejos de culpa que solo bloquean su amor. Háblale de tú a Dios, olvida tus remordimientos, confía en él y dile llanamente:* «por tu bondad, por tu gran compasión, borra mis faltas» (v. 3).
- *Confesar la falta, sin culpar a otros ni a las circunstancias. Di a Dios cómo ofendiste a tu hermano/a, te lastimaste a ti mismo/a y, al hacerlo,* «contra ti solo pequé» (v. 6).
- *Recibir la misericordia de Dios. Pide su gracia de tener un corazón limpio:* «que con tu espíritu generoso me sostenga» (v. 14).
- *Reforzar la amistad con Dios, sin caer en la autocrítica. Manifiesta a Dios tu alegría por haber sido invitado a ser profeta y testigo del amor de Dios:* «enseñaré tu camino a los impíos y los pecadores volverán a ti» (v. 15).

Solo la luz permite valorar la oscuridad... Quien está acostumbrado a lo oscuro, no pide luz. Acude al sacramento de la Reconciliación, para que Cristo te libere de tu pecado y el espíritu de Dios te dé su luz y su fuerza para no caer de nuevo en las tinieblas del mal.

Sal 51

21 Haces esto, ¿y yo me voy a callar?
¿Piensas acaso que soy como tú?
Te acusaré y te argüiré cara a cara.
22 Entiendan bien esto, los que olvidan a Dios,
no sea que yo los destruya sin remedio.

23 El que ofrece sacrificios de alabanza,
me honra de verdad;
y al que va por el buen camino,
le haré gustar la salvación de Dios».

SALMO 51 (50)
Súplica del pecador arrepentido

2 Sm 11 – 12; Rom 3 4; Heb 9 13-14;
Am 5 21-25; Jr 30 18

1 *Del maestro de coro. Salmo de David.* 2 *Cuando el profeta Natán lo visitó, después que aquel se había unido a Betsabé.*

3 ¡Ten piedad de mí, Señor, por tu bondad,
por tu gran compasión, borra mis faltas!
4 ¡Lávame totalmente de mi culpa
y purifícame de mi pecado!

5 Porque yo reconozco mis faltas
y mi pecado está siempre ante mí.
6 Contra ti, contra ti solo pequé
e hice lo que es malo a tus ojos.

Por eso, será justa tu sentencia
y tu juicio será irreprochable;
7 yo soy culpable desde que nací;
pecador me concibió mi madre.

8 Tú amas la sinceridad del corazón
y me enseñas la sabiduría en mi interior.
9 Purifícame con el hisopo y quedaré limpio;
lávame, y quedaré más blanco que la nieve.

10 Anúnciame el gozo y la alegría:
que se alegren los huesos quebrantados.
11 Aparta tu vista de mis pecados
y borra todas mis culpas.

12 Crea en mí, Dios mío, un corazón puro,
y renueva la firmeza de mi espíritu.
13 No me arrojes lejos de tu presencia
ni retires de mí tu santo espíritu.

14 Devuélveme la alegría de tu salvación,
que tu espíritu generoso me sostenga:
15 yo enseñaré tu camino a los impíos
y los pecadores volverán a ti.

16 ¡Líbrame de la muerte, Dios, salvador mío,
y mi lengua anunciará tu justicia!
17 Abre mis labios, Señor,
y mi boca proclamará tu alabanza.

18 Los sacrificios no te satisfacen;
si ofrezco un holocausto, no lo aceptas:
19 mi sacrificio es un espíritu contrito,
tú no desprecias el corazón contrito y humillado.

20 Trata bien a Sion, Señor, por tu bondad;
reconstruye los muros de Jerusalén.
21 Entonces aceptarás los sacrificios rituales
—las ofrendas y los holocaustos—
y se ofrecerán novillos en tu altar.

SALMO 52 (51)

Denuncia contra los prepotentes

1 Sm 21 8; 22 6-7; Jn 3 19-20; Sal 92 13-15

1 *Del maestro de coro. Poema de David.* 2 *Cuando el edomita Doeg vino a avisar a Saúl, diciéndole: «David ha entrado en casa de Ajimélec».*

3 ¿Por qué te jactas de tu malicia,
hombre prepotente y sin piedad?
4 Estás todo el día tramando maldades,
tu lengua es como navaja afilada,
y no haces más que engañar.

5 Prefieres el mal al bien,
la mentira a la verdad;
6 amas las palabras hirientes,
¡lengua mentirosa!

7 Por eso Dios te derribará,
te destruirá para siempre,
te arrojará de tu tienda,
te arrancará de la tierra de los vivientes.

8 Al ver esto, los justos sentirán temor
y se reirán de él, diciendo:
9 «Este es el hombre
que no puso su refugio en Dios,
sino que confió en sus muchas riquezas
y se envalentonó por su maldad».

10 Yo, en cambio, como un olivo frondoso
en la Casa de Dios,
he puesto para siempre mi confianza
en la misericordia del Señor.

11 Te daré gracias eternamente
por lo que has hecho,
y proclamaré la bondad de tu Nombre
delante de tus fieles.

SALMO 53 (52)

La insensatez de los que olvidan a Dios

Sal 14; Rom 3 11-12; Dt 28 67

1 *Del maestro de coro. Para la enfermedad. Poema de David.*

2 El necio se dice a sí mismo:
«No hay Dios».
Todos están pervertidos,
hacen cosas abominables,
nadie practica el bien.

3 El Señor observa desde el cielo
a los seres humanos,
para ver si hay alguien que sea sensato,
alguien que busque a Dios.

4 Todos están extraviados,
igualmente corrompidos;
nadie practica el bien,
ni siquiera uno solo.

5 ¡Nunca aprenderán los malvados,
los que devoran a mi pueblo
como si fuera pan,
y no invocan al Señor?

6 Ellos temblaron de espanto
donde no había nada que temer;
Dios ha dispersado los huesos de tus agresores:
tú los has confundido, porque Dios los rechazó.

7 ¡Ojalá venga desde Sion
la salvación de Israel!
Cuando el Señor cambie la suerte de su pueblo,
se alegrará Jacob,
se regocijará Israel.

SALMO 54 (53)

Plegaria en el momento de la persecución

1 Sm 23 19; Sal 86 14

1 *Del maestro de coro. Para instrumentos de cuerda. Poema de David.* 2 *Cuando los habitantes de Zif vinieron a decir a Saúl: «¿No se ha escondido David entre nosotros?».*

3 Dios mío, sálvame por tu Nombre,
defiéndeme con tu poder.
4 Dios mío, escucha mi súplica,
presta atención a las palabras de mi boca.

5 Porque gente soberbia se ha alzado contra mí,
hombres violentos atentan contra mi vida,
sin tener presente a Dios.

6 Pero Dios es mi ayuda,
el Señor es mi verdadero sostén:
7 que el mal recaiga sobre mis adversarios,
¡destrúyelos, Señor, por tu fidelidad!

8 Te ofreceré un sacrificio voluntario,
daré gracias a tu Nombre, porque es bueno,
9 porque me has librado
de todos mis adversarios
y he visto la derrota de mis enemigos.

SALMO 55 (54)

Lamentación del justo perseguido y traicionado

Jr 9 1-8; Ap 12 6; Mt 26 21-24; 1 Pe 5 7

1 *Del maestro de coro. Para instrumentos de cuerda. Poema de David.*

2 Dios mío, escucha mi oración,
no seas insensible a mi súplica;
3 atiéndeme y respóndeme.

La congoja me llena de inquietud;
4 estoy turbado por los gritos del enemigo,
por la opresión de los malvados:
porque acumulan infamias contra mí
y me hostigan con furor.

5 Mi corazón se estremece dentro de mi pecho,
me asaltan los horrores de la muerte,

S A L

[6] me invaden el temor y el temblor,
y el pánico se apodera de mí.
[7] ¡Quién me diera alas de paloma
para volar y descansar!
[8] Entonces huiría muy lejos,
habitaría en el desierto.
[9] Me apuraría a encontrar un refugio
contra el viento arrasador y la borrasca.
[10] Confunde sus lenguas, Señor, divídelas,
porque no veo más que violencia
y discordia en la ciudad,
[11] rondando día y noche por sus muros.
Dentro de ella hay maldad y opresión,
[12] en su interior hay ruindad;
la crueldad y el engaño
no se apartan de sus plazas.
[13] Si fuera mi enemigo el que me agravia,
podría soportarlo;
si mi adversario se alzara contra mí,
me ocultaría de él.
[14] ¡Pero eres tú, un hombre de mi condición,
mi amigo y confidente,
[15] con quien vivía en dulce intimidad:
juntos íbamos entre la multitud
a la Casa del Señor!
[16] Que la muerte los sorprenda,
que bajen vivos al Abismo,
porque dentro de sus moradas
solo existe la maldad.
[17] Yo, en cambio, invoco al Señor,
y él me salvará.
[18] De tarde, de mañana, al mediodía,
gimo y me lamento,
pero él escuchará mi clamor.
[19] Él puso a salvo mi vida;
se acercó cuando eran muy numerosos
los que estaban contra mí.
[20] Dios, que reina desde siempre,
los oyó y los humilló.
Porque ellos no se corrigen
ni temen a Dios;
[21] alzan las manos contra sus aliados
y violan los pactos.
[22] Su boca es más blanda que la manteca,
pero su corazón desea la guerra;
sus palabras son más suaves que el aceite,
pero hieren como espadas.
[23] Confía tu suerte al Señor,
y él te sostendrá:
nunca permitirá que el justo perezca.
[24] Y tú, Dios mío, los precipitarás
en la fosa más profunda.
Los hombres sanguinarios y traidores
no llegarán ni a la mitad de sus días.
Yo, en cambio, confío en ti, Señor.

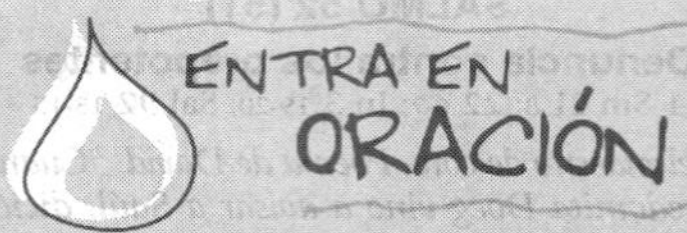

Confianza ante el temor

¿Podemos tener confianza cuando tenemos temor? Para tener confianza necesitamos sentirnos seguros, y ¿cómo sentirnos seguros cuando tenemos miedo? El salmista nos da la solución: clamar a Dios, pedir su auxilio y su justicia. La fe y la esperanza en Dios siempre nos fortalecen ante los desafíos de la vida.

Padre bueno, en ti confío cuando siento temor. Tú vences mi miedo. Fortaléceme ante quienes me conducen al pecado, me apartan de ti y quieren que acepte los valores de una cultura de la muerte. ¡Tú eres el Dios de la vida, y yo quiero tener vida!

Quiero confiar en Dios, igual que Jesús lo hizo: «confío en él y ya no temo: ¿qué puede hacerme un simple mortal?» (Sal 56 5). *Tú me libras de la muerte y de toda tentación, para que camine siempre en tu presencia* (v. 14). *¡Gracias, Señor!*

Sal 56

SALMO 56 (55)
Oración confiada en medio de la persecución

1 Sm 21 11-12; Heb 13 6; Sal 118 6

[1] *Del maestro de coro. Según la melodía de «La paloma de los dioses lejanos». De David. Mictán. Cuando los filisteos se apoderaron de él en Gat.*

[2] Ten piedad de mí, Señor, porque me asedian,
todo el día me combaten y me oprimen:
[3] mis enemigos me asedian sin cesar,
son muchos los que combaten contra mí.
[4] Cuando me asalta el temor,
yo pongo mi confianza en ti, Dios Altísimo;
[5] confío en Dios y alabo su Palabra,
confío en él y ya no temo:
¿qué puede hacerme un simple mortal?
[6] Me afligen constantemente con sus palabras,
solo piensan en hacerme daño;
[7] conspiran, se esconden y siguen mis rastros,
esperando la ocasión de quitarme la vida.
[8] ¿Podrán librarse a pesar de su maldad?
¡Derriba a esa gente, Dios mío, con tu enojo!
[9] Tú has anotado los pasos de mi destierro,
¡recoge mis lágrimas en tu odre!:
¿acaso no está todo registrado en tu Libro?
[10] Mis enemigos retrocederán cuando te invoque.
Yo sé muy bien que Dios está de mi parte;

[11] confío en Dios y alabo su palabra;
[12] confío en él y ya no temo:
¿qué pueden hacerme los hombres?
[13] Debo cumplir, Dios mío, los votos que te hice:
te ofreceré sacrificios de alabanza,
[14] porque tú libraste mi vida de la muerte
y mis pies de la caída,
para que camine delante de Dios
en la luz de la vida.

SALMO 57 (56)

Oración de un hombre perseguido

1 Sm 24 4-5; Sal 108 2-6

[1] *Del maestro de coro. «No destruyas». De David. Mictán. Cuando, huyendo de Saúl, se escondió en la cueva.*

[2] Ten piedad de mí, Dios mío, ten piedad,
porque mi alma se refugia en ti;
yo me refugio a la sombra de tus alas
hasta que pase la desgracia.
[3] Invocaré a Dios, el Altísimo,
al Dios que lo hace todo por mí:
[4] él me enviará la salvación desde el cielo
y humillará a los que me atacan.
¡Que Dios envíe su amor y su fidelidad!
[5] Yo estoy tendido en medio de leones
que devoran con avidez a los hombres;
sus dientes son lanzas y flechas,
su lengua, una espada afilada.
[6] ¡Levántate, Dios, por encima del cielo,
y que tu gloria cubra toda la tierra!
[7] Ellos tendieron una red a mi paso,
para que yo sucumbiera;
cavaron una fosa ante mí,
pero cayeron en ella.
[8] Mi corazón está firme, Dios mío,
mi corazón está firme.
Voy a cantar al son de instrumentos:
[9] ¡despierta, alma mía!
¡Despierten, arpa y cítara,
para que yo despierte a la aurora!
[10] Te alabaré en medio de los pueblos, Señor,
te cantaré entre las naciones,
[11] porque tu misericordia se eleva hasta el cielo
y tu fidelidad hasta las nubes.
[12] ¡Levántate, Dios, por encima del cielo,
y que tu gloria cubra toda la tierra!

SALMO 58 (57)

Maldición contra los gobernantes injustos

Sal 82; Ex 21 6; 22 7; Dt 19 17

[1] *Del maestro de coro. «No destruyas». De David. Mictán.*

[2] ¿Acaso ustedes, los poderosos,
pronuncian realmente sentencias justas
y gobiernan a los hombres con rectitud?
[3] ¡No! Ustedes cometen injusticias
a plena conciencia
y favorecen la opresión en la tierra.
[4] Los impíos están extraviados
desde el seno materno;
desde su nacimiento se descarriaron los impostores.
[5] Tienen un veneno semejante al de las víboras;
son como una serpiente sorda, que cierra los oídos,
[6] para no oír la voz del encantador,
la voz del mago que ejerce su arte con destreza.
[7] Rómpeles, Dios mío, los dientes en la boca;
arráncales, Señor, esos colmillos de leones.
[8] Que se diluyan como agua que se evapora;
que se marchiten como hierba pisoteada.
[9] Sean como una babosa que se deshace al pasar,
como un aborto de mujer que no llegó a ver el sol.
[10] Que los arrastre el vendaval —verdes o quemados—
antes que produzcan espinas como una zarza.
[11] El justo se alegrará al contemplar la Venganza
y lavará sus pies en la sangre de los impíos.
[12] Entonces dirán los hombres:
«Sí, el justo recibe su recompensa;
sí, hay un Dios que hace justicia en la tierra».

SALMO 59 (58)

Plegaria de un inocente perseguido

1 Sm 19 11-12; Sal 46 10-11

[1] *Del maestro de coro. «No destruyas». De David. Mictán. Cuando Saúl dio orden de vigilar su casa para matarlo.*

[2] Líbrame de mis enemigos, Dios mío,
defiéndeme de los que se levantan contra mí;
[3] líbrame de los que hacen el mal
y sálvame de los hombres sanguinarios.
[4] Mira cómo me están acechando:
los poderosos se conjuran contra mí;
sin rebeldía ni pecado de mi parte, Señor,
[5] sin culpa mía, se disponen para el ataque.
Despierta, ven a mi encuentro y observa,
[6] Señor de los ejércitos, Dios de Israel:
levántate para castigar a las naciones,
no tengas compasión de los traidores.
[7] Vuelven al atardecer, aullando como perros,
y recorren la ciudad.
[8] Mira cómo sueltan sus lenguas,
hay puñales en sus labios,
y dicen: «¿Quién nos va a oír?».
[9] Pero tú, Señor, te ríes de ellos
y te burlas de todos los paganos.
[10] Yo miro hacia ti, fuerza mía,
porque Dios es mi baluarte;
[11] él vendrá a mi encuentro con su gracia
y me hará ver la derrota de mis enemigos.
[12] Quítales la vida, Dios mío,
y que mi pueblo no lo olvide:

dispérsalos y derríbalos con tu poder,
tú, Señor, que eres nuestro escudo.
13 Cada palabra que pronuncian
es un pecado en su boca;
¡queden atrapados en su orgullo,
por las blasfemias y mentiras que profieren!
14 Extermínalos con tu furor,
extermínalos y que no existan más:
así se sabrá que Dios gobierna en Israel
y hasta los confines de la tierra.
15 Vuelven al atardecer, aullando como perros,
y recorren la ciudad:
16 vagan en busca de comida;
mientras no se sacian, siguen ladrando.
17 Pero yo cantaré tu poder,
y celebraré tu amor de madrugada,
porque tú has sido mi fortaleza
y mi refugio en el peligro.

CELEBRARÉ TU AMOR DE MADRUGADA,
PORQUE TÚ HAS SIDO
MI FORTALEZA Y MI REFUGIO
EN EL PELIGRO.
Sal 59 17

18 ¡Yo te cantaré, fuerza mía,
porque tú eres mi baluarte,
Dios de misericordia!

SALMO 60 (59)

Lamentación después de la derrota

2 Sm 8 2.3.13; 1 Cr 18 2.3.12; Sal 108 7-14

1 *Del maestro de coro. Según la melodía de «El lirio del testimonio». Mictán de David. Para enseñar.* 2 *Cuando luchó contra Aram Naharaim y contra Aram de Sobá, y Joab volvió para derrotar a Edom, en el valle de la Sal, dando muerte a doce mil hombres.*

3 ¡Tú nos has rechazado, Señor, nos has deshecho!
Estabas irritado: ¡vuélvete a nosotros!
4 Hiciste temblar la tierra, la agrietaste:
repara sus grietas, porque se desmorona.
5 Impusiste a tu pueblo una dura prueba,
nos hiciste beber un vino embriagador.
6 Diste a tus fieles la señal de retirada,
para que huyeran de los arqueros.
7 ¡Sálvanos con tu poder, respóndenos,
para que se pongan a salvo tus predilectos!
8 El Señor habló desde su Santuario:
«Yo repartiré triunfalmente a Siquem
y distribuiré el valle de Sucot.
9 Mío es Galaad, Manasés me pertenece;
Efraím es mi yelmo, mi cetro es Judá,
10 Moab es la vasija donde yo me lavo;
plantaré mis sandalias en Edom
y cantaré victoria sobre Filistea».
11 ¿Quién me llevará hasta la ciudad fortificada,
quién me conducirá hasta Edom,

VIVE LA PALABRA

Dios es mi roca y mi almohada

Antonio: Con qué compararías a Dios, ¿con una roca o con una almohada?
Daniela: Con una roca, porque Dios es fuerte y seguro. Cuando pienso en una roca, pienso en algo que me apoya cuando las cosas cambian a mi alrededor.
Antonio: Para mí, Dios es como una almohada. Con él me siento tranquilo y cómodo. Cuando llego a casa puedo sentarme y recostarme en Dios. ¡Qué alivio se siente!
Daniela: Pero una almohada no tiene forma y ¡es tan ordinaria!... En cambio, una roca se distingue y es estable y firme.
Antonio: Pero una roca es dura e inflexible. ¿Qué clase de compasión puede tener una roca?
Daniela: ¿Qué clase de fuerza podrías extraer de una almohada?
Antonio: La fuerza que proviene de relajarte y descansar; la fuerza de ser animado para seguir adelante.
Daniela: Perdóname, pero una almohada parece demasiado suave para ser como Dios.
Antonio: Y una roca es demasiado dura.
Daniela: ¿No será *Dios al mismo tiempo como una roca y una almohada?*
Antonio: Bueno, yo sé que es almohada. Basta leer el Salmo 62, que empieza, «Solo en Dios descansa mi alma...». Oye, fíjate lo que dice después: «Solo él es mi Roca salvadora, él es mi baluarte: nunca vacilaré» (Sal 62 7).
Daniela: ¿Ya ves? Lo sabía, lo sentía, estaba segura, Dios es roca y almohada a la vez.

Sal 62

12 si tú, Señor, nos has rechazado
y ya no sales con nuestro ejército?
13 Danos tu ayuda contra el adversario,
porque es inútil el auxilio de los hombres.
14 Con Dios alcanzaremos la victoria
y él aplastará a nuestros enemigos.

SALMO 61 (60)

Súplica en el destierro

Sal 27 4-5; 75 2; 89

1 *Del maestro de coro. Para instrumentos de cuerda. De David.*

2 ¡Dios mío, escucha mi clamor,
atiende a mi plegaria!
3 Yo te invoco desde los confines de la tierra,
mientras mi corazón desfallece.

Condúceme a una roca inaccesible,
4 porque tú eres para mí un refugio
y una fortaleza frente al enemigo.

5 ¡Que yo sea siempre un huésped en tu Tienda
y pueda refugiarme al amparo de tus alas!
6 Porque tú, Dios mío, tienes en cuenta mis votos
y me das la herencia de los que temen tu Nombre.

7 Añade días a los días del rey:
que duren sus años por muchas generaciones;
8 que reine para siempre en la presencia del Señor,
que la Gracia y la Fidelidad lo protejan.

9 Así cantaré a tu Nombre eternamente
y días tras día cumpliré mis votos.

SALMO 62 (61)

Dios, la única esperanza de salvación

Sal 39 6-7; Is 40 15; Rom 2 6; 2 Tim 4 14

1 *Del maestro de coro. Al estilo de Iedutún. Salmo de David.*

2 Solo en Dios descansa mi alma,
de él me viene la salvación.
3 Solo él es mi Roca salvadora,
él es mi baluarte: nunca vacilaré.

4 ¿Hasta cuándo se ensañarán con un hombre
para derribarlo entre todos,
como si fuera un muro *inclinado*
o un cerco que está por derrumbarse?

5 Solo piensan en menoscabar mi dignidad
y se complacen en la mentira;
bendicen con la boca
y maldicen con el corazón.

6 Solo en Dios descansa mi alma,
de él me viene la esperanza.
7 Solo él es mi Roca salvadora,
él es mi baluarte: nunca vacilaré.

8 Mi salvación y mi gloria
están en Dios:
él es mi Roca firme,
en Dios está mi refugio.

9 Confíen en Dios constantemente,
ustedes, que son su pueblo;
desahoguen en él su corazón,
porque Dios es nuestro refugio.

10 Los hombres no son más que un soplo,
los poderosos son solo una ficción:
puestos todos juntos en una balanza,
pesarían menos que el viento.

11 No se fíen de la violencia,
ni se ilusionen con lo robado;
aunque se acrecienten las riquezas,
no pongan el corazón en ellas.

12 Dios ha dicho una cosa,
dos cosas yo escuché:
que el poder pertenece a Dios,
13 y a ti, Señor, la misericordia.
Porque tú retribuyes a cada uno
según sus acciones.

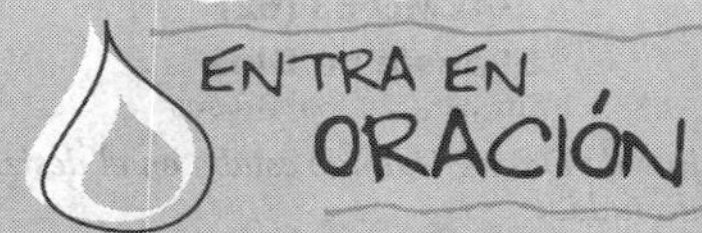

Deseo de Dios

El Salmo 63 es uno de los más poéticos y bellos. Canta la intimidad con Dios en un tuteo conmovedor: «tú eres mi Dios», «por ti suspira mi carne», «tu amor vale más que la vida», «a la sombra de tus alas grito alegre».

Igual que el salmista, prueba la ternura de Dios que nos da seguridad y energía; verás cómo ambas crecen al estrechar tu relación con él y desearlo más. Reflexiona un poco sobre tus deseos de intimidad con Dios. Escribe cuándo:

- te has sentido como «tierra sedienta, reseca y sin agua» (63 2)
- has pensado que el amor de Dios «vale más que la vida» (63 4)
- piensas en él al acostarte y durante la noche meditas (63 7)
- te alegras a la sombra de sus alas mientras tu alma estrecha a Dios con un fuerte abrazo (63 9)

Como signo de tu relación con Dios, da un fuerte abrazo a las personas con quienes convives. Que a través de tu cariño, experimenten el amor de Dios.

Sal 63

SALMO 63 (62)
El ansia de Dios
1 Sm 22 – 24; Sal 36 8-10

1 *Salmo de David. Cuando estaba en el desierto de Judá.*

2 Señor, tú eres mi Dios,
yo te busco ardientemente;
mi alma tiene sed de ti,
por ti suspira mi carne
como tierra sedienta, reseca y sin agua.
3 Sí, yo te contemplé en el Santuario
para ver tu poder y tu gloria.
4 Porque tu amor vale más que la vida,
mis labios te alabarán.
5 Así te bendeciré mientras viva
y alzaré mis manos en tu Nombre.
6 Mi alma quedará saciada
como con un manjar delicioso,
y mi boca te alabará
con júbilo en los labios.
7 Mientras me acuerdo de ti en mi lecho
y en las horas de la noche medito en ti,
8 veo que has sido mi ayuda
y soy feliz a la sombra de tus alas.
9 Mi alma está unida a ti,
tu mano me sostiene.
10 Que caigan en lo más profundo de la tierra
los que buscan mi perdición;
11 que sean pasados al filo de la espada
y arrojados como presa a los chacales.
12 Pero el rey se alegrará en el Señor;
y los que juran por él se gloriarán,
cuando se haga callar a los traidores.

SALMO 64 (63)
El castigo de los malhechores
Sal 55 22; Jr 9 2; 11 20; Sal 7 13-14

1 *Del maestro de coro. Salmo de David.*

2 Dios mío, escucha la voz de mi lamento,
protégeme del enemigo temible.
3 Apártame de la conjuración de los malvados,
de la agitación de los que hacen el mal.
4 Ellos afilan su lengua como una espada
y apuntan como flechas sus palabras venenosas,
5 para disparar a escondidas contra el inocente,
tirando de sorpresa y sin ningún temor.
6 Se obstinan *en sus malos propósitos*
y esconden sus trampas con astucia,
pensando: «¿Quién podrá verlo?».
7 Proyectan maldades y disimulan sus proyectos:
su interior es un abismo insondable.
8 Pero Dios los acribilla a flechazos
y quedan heridos de improviso;
9 su misma lengua los lleva a la ruina,
y aquellos que los ven mueven la cabeza.
10 Por eso, todos los hombres sentirán temor:
proclamarán esta obra de Dios
y reconocerán lo que él hizo.
11 El justo se alegrará en el Señor
y encontrará un refugio en él;
y se gloriarán todos los rectos de corazón.

SALMO 65 (64)
Acción de gracias por los beneficios de Dios
Is 66 19.23; Job 38 6-7

1 *Del maestro de coro. De David. Canto.*

2 A ti, Señor, te corresponde
un canto de alabanza en Sion,
y todos tienen que cumplir sus votos,
3 porque tú escuchas las plegarias.
A ti acuden todos los hombres
4 bajo el peso de sus culpas:
nuestras faltas nos abruman,
pero tú las perdonas.
5 Feliz el que tú eliges y atraes
para que viva en tus atrios:
¡que nos saciemos con los bienes de tu Casa,
con los dones sagrados de tu Templo!
6 Por tu justicia, Dios, salvador nuestro,
nos respondes con obras admirables:
tú eres la esperanza de los confines de la tierra
y de las islas más remotas.
7 Tú afianzas las montañas con tu poder,
revestido de fortaleza;
8 acallas el rugido de los mares,
el estruendo de las olas
y el tumulto de los pueblos.
9 Los que habitan en las tierras más lejanas
temen tus obras prodigiosas;
tú haces que canten de alegría
el oriente y el occidente.
10 Visitas la tierra, la haces fértil
y la colmas de riquezas;
los canales de Dios desbordan de agua,
y así preparas sus trigales:
11 riegas los surcos de la tierra,
emparejas sus terrones;
la ablandas con aguaceros
y bendices sus brotes.
12 Tú coronas el año con tus bienes,
y a tu paso rebosa la abundancia;
13 rebosan los pastos del desierto
y las colinas se ciñen de alegría.
14 Las praderas se cubren de rebaños
y los valles se revisten de trigo:
todos ellos aclaman y cantan.

SALMO 66 (65)

Canto de alabanza y acción de gracias

Ef 1 12.14; Ex 14 – 15; Jos 3; Sal 74 13-15; 114

1 *Del maestro de coro. Canto. Salmo.*

¡Aclame al Señor toda la tierra!
2 ¡Canten la gloria de su Nombre!
Tribútenle una alabanza gloriosa,
3 digan al Señor: «¡Qué admirables son tus obras!».
Por la inmensidad de tu poder,
tus enemigos te rinden pleitesía;
4 toda la tierra se postra ante ti,
y canta en tu honor, en honor de tu Nombre.
5 Vengan a ver las obras del Señor,
las cosas admirables que hizo por los hombres:
6 él convirtió el Mar en tierra firme,
a pie atravesaron el Río.
Por eso, alegrémonos en él,
7 que gobierna eternamente con su fuerza;
sus ojos vigilan a las naciones,
y los rebeldes no pueden sublevarse.
8 Bendigan, pueblos, a nuestro Dios,
hagan oír bien alto su alabanza:
9 él nos concedió la vida
y no dejó que vacilaran nuestros pies.
10 Porque tú nos probaste, Señor,
nos purificaste como se purifica la plata;
11 nos hiciste caer en una red,
cargaste un fardo sobre nuestras espaldas.
12 Dejaste que cabalgaran sobre nuestras cabezas,
pasamos por el fuego y por el agua,
¡hasta que al fin nos diste un respiro!
13 Yo vengo a tu Casa a ofrecerte holocaustos,
para cumplir los votos que te hice:
14 los votos que pronunciaron mis labios
y que mi boca prometió en el peligro.
15 Te ofreceré en holocausto animales cebados,
junto con el humo de carneros;
te sacrificaré bueyes y cabras.
16 Los que temen al Señor, vengan a escuchar,
yo les contaré lo que hizo por mí:
17 apenas mi boca clamó hacia él,
mi lengua comenzó a alabarlo.
18 Si hubiera tenido malas intenciones,
el Señor no me habría escuchado;
19 pero Dios me escuchó
y atendió al clamor de mi plegaria.
20 Bendito sea Dios,
que no rechazó mi oración
ni apartó de mí su misericordia.

SALMO 67 (66)

Oración después de la cosecha

Nm 6 24-25; Sal 98 9; 85 13

1 *Del maestro de coro. Para instrumentos de cuerda. Salmo. Canto.*

2 El Señor tenga piedad y nos bendiga,
haga brillar su rostro sobre nosotros,
3 para que en la tierra se reconozca su dominio,
y su victoria entre las naciones.
4 ¡Que los pueblos te den gracias, Señor,
que todos los pueblos te den gracias!
5 Que canten de alegría las naciones,
porque gobiernas a los pueblos con justicia
y guías a las naciones de la tierra.
6 ¡Que los pueblos te den gracias, Señor,
que todos los pueblos te den gracias!
7 La tierra ha dado su fruto:
el Señor, nuestro Dios, nos bendice.
8 Que Dios nos bendiga,
y lo teman todos los confines de la tierra.

SALMO 68 (67)

Canto de victoria al Dios de Israel

Nm 10 35; Sal 18 10-11; Dt 10 18; 27 19; Jue 5 4-5; Is 60 6-7.11-14; Ef 4 8-10

1 *Del maestro de coro. De David. Salmo. Canto.*

2 ¡Se alza el Señor!
Sus enemigos se dispersan
y sus adversarios huyen delante de él.
3 Tú los disipas como se disipa el humo;
como se derrite la cera ante el fuego,
así desaparecen los impíos delante del Señor.
4 Pero los justos se regocijan,
gritan de gozo delante del Señor
y se llenan de alegría.
5 ¡Canten al Señor,
entonen un himno a su Nombre!
¡Ábranle paso al que cabalga sobre las nubes!
Su Nombre es «el Señor»:
¡griten de alegría en su presencia!
6 El Señor en su santa Morada
es padre de los huérfanos y defensor de las viudas:
7 él instala en un hogar a los solitarios
y hace salir con felicidad a los cautivos,
mientras los rebeldes habitan en un lugar desolado.
8 Señor, cuando saliste al frente de tu pueblo,
cuando avanzabas por el desierto,
9 tembló la tierra y el cielo dejó caer su lluvia,
delante del Señor —el del Sinaí—,
delante del Señor, el Dios de Israel.
10 Tú derramaste una lluvia generosa, Señor:
tu herencia estaba exhausta y tú la reconfortaste;
11 allí se estableció tu familia,
y tú, Señor, la afianzarás
por tu bondad para con el pobre.
12 El Señor pronuncia una palabra
y una legión de mensajeros anuncia la noticia:
13 «Huyen los reyes, huyen con sus ejércitos,
y te repartes como botín los adornos de un palacio.
14 ¡No se queden recostados entre los rebaños!
Las alas de la Paloma están recubiertas de plata,
y su plumaje, de oro resplandeciente».

15 Cuando el Todopoderoso dispersó a los reyes,
caía la nieve sobre el Monte Umbrío.

16 ¡Montañas divinas, montañas de Basán,
montañas escarpadas, montañas de Basán!
17 ¿Por qué miran con envidia, montañas escarpadas,
a la Montaña que Dios prefirió como Morada?
¡Allí el Señor habitará para siempre!

18 Los carros de guerra de Dios
son dos miríadas de escuadrones relucientes:
¡el Señor está en medio de ellos,
el Sinaí está en el Santuario!

19 Subiste a la altura llevando cautivos,
recogiste dones entre los hombres
—incluso entre los rebeldes—
cuando te estableciste allí, Señor Dios.

20 ¡Bendito sea el Señor, el Dios de nuestra salvación!
Él carga con nosotros día tras día;
21 él es el Dios que nos salva
y nos hace escapar de la muerte.
22 Sí, Dios aplastará la cabeza de sus enemigos,
el cráneo de los que se obstinan en sus delitos.

23 Dice el Señor: «Los traeré de Basán,
los traeré desde los abismos del mar,
24 para que hundas tus pies
en la sangre del enemigo
y la lengua de tus perros también tenga su parte».

25 Ya apareció tu cortejo, Señor,
el cortejo de mi Rey y mi Dios hacia el Santuario:
26 los cantores van al frente; los músicos, detrás;
las jóvenes, en medio, van tocando el tamboril.

27 ¡Bendigan al Señor en medio de la asamblea!
¡Bendigan al Señor desde la fuente de Israel!
28 Allí Benjamín, el más pequeño, abre la marcha
con los príncipes de Judá, vestidos de brocado,
con los príncipes de Zabulón
y los príncipes de Neftalí.

29 Tu Dios ha desplegado tu poder:
¡sé fuerte, Dios, tú que has actuado por nosotros!
30 A causa de tu Templo, que está en Jerusalén,
los reyes te presentarán tributo.

31 Reprime a la Fiera de los juncos,
al tropel de los toros y terneros:
que esos pueblos se rindan a tus pies,
trayendo lingotes de oro.

El Señor dispersó a los pueblos guerreros;
32 telas preciosas llegan de Egipto y Etiopía,
con sus propias manos,
presenta *sus dones a Dios.*

33 ¡Canten al Señor, reinos de la tierra,
entonen un himno al Señor,
34 al que cabalga por el cielo,
por el cielo antiquísimo!

Él hace oír su voz poderosa,
35 ¡reconozcan el poder del Señor!

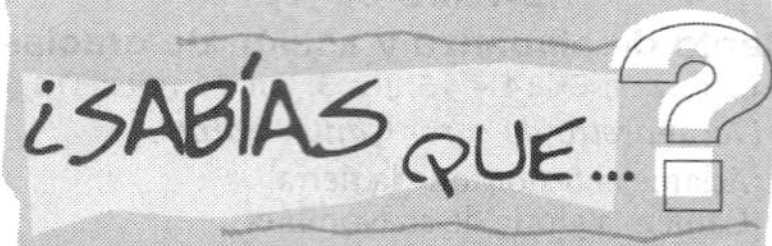

No te quedes angustiado/a

El Salmo 69 es de tipo profético y uno de los más citados en el Nuevo Testamento en referencia a la pasión de Cristo. Orar con él sabiendo cómo sus palabras reflejan la vida de Jesús añade al salmo una gran fuerza, pues nos fortalece ante situaciones difíciles de nuestra vida personal o como pueblo.

Ora con el salmo para recordar que Dios está con nosotros y el mundo está en sus manos. Te ayudará a hacer la transición de un grito de angustia a una petición confiada, y de ahí a una acción de gracias por el encuentro con Dios y la luz que te brinda en la oscuridad.

Sal 69

Su majestad brilla sobre Israel
y su poder, sobre las nubes.
36 Tú eres temible, Señor, desde tus santuarios.
El Dios de Israel concede a su pueblo
el poder y la fuerza.
¡Bendito sea Dios!

SALMO 69 (68)
Súplica angustiosa en medio de las desgracias

Jn 15 25; 2 17; Rom 15 3; Mt 27 34; Rom 11 9-10; Hch 1 20; Ap 3 5

1 *Del maestro de coro. Según la melodía de «Los lirios». De David.*

2 ¡Sálvame, Dios mío,
porque el agua me llega a la garganta!
3 Estoy hundido en el fango del Abismo
y no puedo hacer pie;
he caído en las aguas profundas,
y me arrastra la corriente.

4 Estoy exhausto de tanto gritar,
y mi garganta se ha enronquecido;
se me ha nublado la vista
de tanto esperar a mi Dios.

5 Más numerosos que los cabellos de mi cabeza
son los que me odian sin motivo;
más fuertes que mis huesos,
los que me atacan sin razón.
¡Y hasta tengo que devolver
lo que yo no he robado!

[6] Dios mío, tú conoces mi necedad,
no se te ocultan mis ofensas.
[7] Que no queden defraudados por mi culpa
los que esperan en ti, Señor del universo;
que no queden humillados por mi causa
los que te buscan, Dios de Israel.
[8] Por ti he soportado afrentas
y la vergüenza cubrió mi rostro;
[9] me convertí en un extraño para mis hermanos,
fui un extranjero para los hijos de mi madre:
[10] porque el celo de tu Casa me devora,
y caen sobre mí los ultrajes de los que te agravian.

[11] Cuando aflijo mi alma con ayunos,
aprovechan para insultarme;
[12] cuando me visto de penitente,
soy para ellos un motivo de risa;
[13] los que están a la puerta murmuran contra mí,
y los bebedores me hacen burla con sus cantos.

[14] Pero mi oración sube hasta ti, Señor,
en el momento favorable:
respóndeme, Dios mío, por tu gran amor,
sálvame, por tu fidelidad.

[15] Sácame del lodo para que no me hunda,
líbrame de los que me odian
y de las aguas profundas;
[16] que no me arrastre la corriente,
que no me trague el Abismo,
que el Pozo no se cierre sobre mí.

[17] Respóndeme, Señor, por tu bondad y tu amor,
por tu gran compasión vuélvete a mí;
[18] no le ocultes el rostro a tu servidor,
respóndeme pronto, porque estoy en peligro.

[19] Acércate a mi y rescátame,
líbrame de mis enemigos:
[20] tú conoces mi afrenta,
mi vergüenza y mi deshonra,
todos mis enemigos están ante ti.

[21] La vergüenza me destroza el corazón,
y no tengo remedio.
Espero compasión y no la encuentro,
en vano busco un consuelo:
[22] pusieron veneno en mi comida,
y *cuando tuve sed* me dieron vinagre.

[23] Que su mesa se convierta en una trampa,
y sus manjares, en un lazo;
[24] que se nuble su vista y no vean,
y sus espaldas se queden sin fuerzas.

[25] Descarga sobre ellos tu indignación
que los alcance el ardor de tu enojo;
[26] que sus poblados se queden desiertos
y nadie habite en sus tiendas.

[27] Porque persiguen al que tú has castigado
y aumentan los dolores del que tú has herido.
[28] Impútales una culpa tras otra,
no los declares inocentes;
[29] bórralos del Libro de la Vida,
que no sean inscritos con los justos.

[30] Yo soy un pobre desdichado, Dios mío,
que tu ayuda me proteja:
[31] así alabaré con cantos el nombre de Dios,
y proclamaré su grandeza dando gracias;
[32] esto agradará al Señor más que un toro,
más que un novillo con cuernos y pezuñas.

[33] Que lo vean los humildes y se alegren,
que vivan los que buscan al Señor:
[34] porque el Señor escucha a los pobres
y no desprecia a sus cautivos.

[35] Que lo alaben el cielo, la tierra y el mar,
y todos los seres que se mueven en ellos;
[36] porque el Señor salvará a Sion
y volverá a edificar las ciudades de Judá:
[37] el linaje de sus servidores la tendrá como herencia,
y los que aman su nombre morarán en ella.

SALMO 70 (69)

Apremiante petición de la ayuda divina

Sal 40 14-18

[1] *Del maestro de coro. De David. En memoria.*

[2] ¡Líbrame, Dios mío!
¡Señor, ven pronto a socorrerme!
[3] Que se avergüencen y sean humillados
los que quieren acabar con mi vida.

Que retrocedan confundidos
los que desean mi ruina;
[4] que vuelvan la espalda avergonzados
los que se ríen de mí.

[5] Que se alegren y se regocijen en ti
todos los que te buscan;
y digan siempre los que desean tu victoria:
«¡Qué grande es nuestro Dios!».
[6] Yo soy pobre y miserable:
ven pronto, Dios mío;
tú eres mi ayuda y mi libertador,
¡no tardes, Señor!

SALMO 71 (70)

Oración de un anciano

Sal 31 2-4; 40 15; Is 46 3-4

[1] Yo me refugio en ti, Señor,
¡que nunca tenga que avergonzarme!
[2] Por tu justicia, líbrame y rescátame,
inclina tu oído hacia mí, y sálvame.
[3] Sé para mí una roca protectora,
tú que decidiste venir siempre en mi ayuda,
porque tú eres mi Roca y mi fortaleza.
[4] ¡Líbrame, Dios mío, de las manos del impío,
de las garras del malvado y del violento!

SAL

[5] Porque tú, Señor, eres mi esperanza
y mi seguridad desde mi juventud.
[6] En ti me apoyé desde las entrañas de mi madre;
desde el seno materno fuiste mi protector,
y mi alabanza está siempre ante ti.
[7] Soy un motivo de estupor para muchos,
pero tú eres mi refugio poderoso.
[8] Mi boca proclama tu alabanza
y anuncia tu gloria todo el día.
[9] No me rechaces en el tiempo de mi vejez,
no me abandones, porque se agotan mis fuerzas;
[10] mis enemigos hablan contra mí,
y los que me acechan se confabulan, diciendo:
[11] «Dios lo tiene abandonado: persíganlo,
captúrenlo, porque no hay quien lo libre».
[12] ¡Señor, no te quedes lejos de mí;
Dios mío, ven pronto a socorrerme!
[13] ¡Queden confundidos y humillados
los que atentan contra mi vida!
¡Queden cubiertos de oprobio y de vergüenza
los que buscan mi perdición!
[14] Yo, por mi parte, seguiré esperando
y te alabaré cada vez más.
[15] Mi boca anunciará incesantemente
tus actos de justicia y salvación,
aunque ni siquiera soy capaz de enumerarlos.
[16] Vendré a celebrar las proezas del Señor,
evocaré tu justicia, que es solo tuya.
[17] Dios mío, tú me enseñaste desde mi juventud,
y hasta hoy he narrado tus maravillas.
[18] Ahora que estoy viejo y lleno de canas,
no me abandones, Dios mío,
hasta que anuncie las proezas de tu brazo
a la generación que vendrá.
[19] Tu justicia llega hasta el cielo, Señor:
tú has hecho grandes cosas,
y no hay nadie igual a ti, Dios mío.
[20] Me hiciste pasar por muchas angustias,
pero de nuevo me darás la vida;
me harás subir de lo profundo de la tierra,
[21] acrecentarás mi dignidad
y volverás a consolarme.
[22] Entonces te daré gracias con el arpa,
por tu fidelidad, Dios mío;
te cantaré con la cítara,
a ti, el Santo de Israel.
[23] Mis labios te cantarán jubilosos,
y también mi alma, que tú redimiste.
[24] Yo hablaré de tu justicia todo el día,
porque quedarán confundidos y avergonzados
los que buscaban mi perdición.

SALMO 72 (71)

Plegaria por el rey

Is 11 1-5; Zac 9 9-10; Job 29 12; Sal 61 7-8; Os 14 6-9

[1] *De Salomón.*

Concede, Señor, tu justicia al rey
y tu rectitud al descendiente de reyes,
[2] para que gobierne a tu pueblo con justicia
y a tus pobres con rectitud.
[3] Que las montañas traigan al pueblo la paz,
y las colinas, la justicia;
[4] que él defienda a los humildes del pueblo,

VIVE LA PALABRA

Vive el Reino de Dios y extiende su reinado

El Salmo 72 se escribió durante la monarquía y después del exilio se le dio un alcance mesiánico y profético. Declara la esperanza en el Mesías, rey universal y eterno, que reinará «a lo largo de las generaciones» (Sal 72 5).

Jesús anunció que el reino de justicia y de paz ya está entre nosotros (Lc 17 21). Él es el rey defensor de los humildes (Sal 72 4), que hace justicia contra el opresor y se compadece del abandonado (vv. 12-13). Pero Dios reina solo cuando una persona, grupo social o nación vive según los valores instaurados por Jesús:

- el amor como ley fundamental;
- la justicia como base de la economía y la política;
- la libertad como base del desarrollo personal y social;
- la verdad como fuente del sentido de la vida;
- *la paz como fundamento de las relaciones* sociales.

Los cristianos entramos al Reino de Dios por nuestro Bautismo. A partir de entonces tenemos la misión de construir su reino día a día, junto con toda persona de buena voluntad que vive y promueve sus valores. Tu vida tendrá sentido, valdrá la pena y será feliz si Dios reina en tu corazón y extiendes su Reino donde quiera que estés.

Sal 72

socorra a los hijos de los pobres
y aplaste al opresor.
5 Que dure tanto como el sol y la luna,
a lo largo de las generaciones;
6 que sea como lluvia que cae sobre el césped
y como chaparrones que riegan la tierra.
7 Que en sus días florezca la justicia
y abunde la paz, mientras dure la luna;
8 que domine de un mar hasta el otro,
y desde el Río hasta los confines de la tierra.

9 Que se inclinen ante él las tribus del desierto,
y sus enemigos muerdan el polvo;
10 que los reyes de Tarsis y de las costas lejanas
le paguen tributo.
Que los reyes de Arabia y de Sebá
le traigan regalos;
11 que todos los reyes le rindan homenaje
y lo sirvan todas las naciones.
12 Porque él librará al pobre que suplica
y al humilde que está desamparado.
13 Tendrá compasión del débil y del pobre,
y salvará la vida de los indigentes.
14 Los rescatará de la opresión y la violencia,
y la sangre de ellos será preciosa ante sus ojos.
15 Por eso, que viva largamente
y le regalen oro de Arabia;
que oren por él sin cesar
y lo bendigan todo el día.
16 Que en el país abunden los trigales
y ondeen sobre las cumbres de las montañas;

La sabiduría en los salmos

La sabiduría de Israel se desarrolla entre luces y sombras. Los salmos son un diálogo con Dios sobre ambas. Al platicar con él, los sabios tratan de descubrir «el Santuario de Dios» (Sal 73 17), sin *detenerse* en apariencias superficiales. El Salmo 73 es sapiencial o didáctico; plantea el problema de la retribución; explora por qué prospera el malvado, y se opone enérgicamente al refrán «Dios bendice al justo con sus bienes».

¿Con qué frecuencia platicas con Dios sobre tu búsqueda de la verdad, tu reflexión sobre el sentido de la vida, tus inquietudes para el futuro?

Sal 73

que sus frutos broten como el Líbano
y florezcan como la hierba de los campos.
17 Que perdure su nombre para siempre
y su linaje permanezca como el sol;
que él sea la bendición de todos los pueblos
y todas las naciones lo proclamen feliz.
18 Bendito sea el Señor, Dios de Israel,
el único que hace maravillas.
19 Sea bendito eternamente su Nombre glorioso
y que su gloria llene toda la tierra.

¡Amén! ¡Amén!
20 Fin de las oraciones de David, hijo de Jesé.

SALMO 73 (72)

Interrogante sobre la prosperidad de los malvados

Sal 37; 49; Job 21 13-26

1 *Salmo de Asaf.*
¡Qué bueno es Dios para Israel,
para los limpios de corazón!
2 Pero casi se desvían mis pasos,
faltó poco para que diera un traspié,
3 porque tuve envidia de los presuntuosos,
al ver la prosperidad de los malvados.

4 Para ellos no hay sufrimientos,
su cuerpo está sano y robusto;
5 no comparten las penas de los hombres
ni son golpeados como los demás.
6 Por eso, el orgullo es su collar
y la violencia, el manto que los cubre;
7 la malicia se les sale por los poros,
su corazón rebosa de malos propósitos.
8 Se burlan y hablan con maldad;
desde lo alto, amenazan con prepotencia;
9 su boca se insolenta contra el cielo
y su lengua se pasea por la tierra.
10 Por eso, el Pueblo de Dios se vuelve hacia ellos,
y beben el agua a raudales.
11 Ellos dicen: «¿Acaso Dios lo va a saber?
¿Se va a enterar el Altísimo?».
12 Así son esos malvados
y, siempre tranquilos, acrecientan sus riquezas.

13 Entonces, ¿en vano mantuve puro mi corazón
y lavé mis manos en señal de inocencia?
14 Porque yo era golpeado todo el día
y cada mañana soportaba mi castigo.
15 Si hubiera dicho: «Voy a hablar como ellos»,
habría traicionado al linaje de tus hijos.
16 Yo reflexionaba, tratando de entenderlo,
pero me resultaba demasiado difícil.
17 ¡Hasta que entré en el Santuario de Dios
y comprendí el fin que les espera!
18 Sí, tú los pones en un terreno resbaladizo
y los precipitas en la ruina.

19 ¡Qué pronto quedan devastados
y acaban consumidos por el horror!
20 Son como un sueño al despertar, Señor:
al levantarte, disipas hasta su imagen.

21 Cuando se agriaba mi corazón
y me torturaba en mi interior,
22 yo era un necio y no comprendía,
era como un animal ante ti.

23 Pero yo estoy siempre contigo,
tú me has tomado de la mano derecha;
24 me guiarás con tu consejo
y después, me recibirás con gloria.

25 ¿A quién sino a ti tengo yo en el cielo?
Si estoy contigo, no deseo nada en la tierra.
26 Aunque mi corazón y mi carne se consuman,
Dios es mi herencia para siempre
y la Roca de mi corazón.

27 Los que se apartan de ti terminan mal,
tú destruyes a los que te son infieles.
28 Mi dicha es estar cerca de Dios:
yo he puesto mi refugio en ti, Señor,
para proclamar todas tus acciones.

SALMO 74 (73)
Lamentación pública por la destrucción del templo

2 Re 25 9; Is 64 10; 51 9-10; Sal 89 10-11; Gn 1

1 *Poema de Asaf.*

¿Por qué, Señor, nos rechazaste para siempre
y arde tu indignación
contra las ovejas de tu rebaño?

2 Acuérdate del pueblo que adquiriste
en otro tiempo,
de la tribu que rescataste
para convertirla en tu herencia;
acuérdate de Sion, donde pusiste tu Morada.

3 Vuelve tus pasos hacia esta ruina completa:
todo lo destruyó el enemigo en el Santuario.
4 Rugieron tus adversarios
en el lugar de tu asamblea,
pusieron como señales sus propios estandartes.

5 Alzaron sus hachas
como en la espesura de la selva;
6 destrozaron de un golpe todos los adornos,
los deshicieron con martillos y machetes;
7 prendieron fuego a tu Santuario,
profanaron, hasta arrasarla,
la Morada de tu Nombre.

8 *Habían pensado: «Acabemos con ellos,*
quememos todos los templos de Dios en el país».
9 Ya no vemos señales ni quedan profetas:
no hay nadie entre nosotros que sepa hasta cuándo.

10 ¿Hasta cuándo, Señor, te insultará el enemigo?
¿Nunca cesará el adversario
de despreciar tu Nombre?

11 ¿Por qué retiras tu mano, Señor,
y la mantienes oculta en el pecho?

12 Pero tú, Señor, eres mi Rey desde el principio,
tú lograste victorias en medio de la tierra:
13 deshiciste el Mar con tu poder
y quebraste las cabezas del dragón marino;
14 aplastaste las cabezas de Leviatán
y lo diste como alimento a las fieras del desierto.

15 Hiciste brotar manantiales y torrentes,
secaste los ríos caudalosos;
16 tuyo es el día, tuya también la noche,
tú afirmaste la luna y el sol;
17 fijaste las fronteras de la tierra,
formaste el verano y el invierno.

18 Recuerda, Señor, que el enemigo te ha ultrajado,
un pueblo insensato ha despreciado tu Nombre:
19 no entregues a los buitres la vida de tu Paloma
ni te olvides para siempre de los pobres.

20 Ten presente tu alianza,
porque todos los rincones del país
están repletos de violencia.
21 Que el débil no retroceda lleno de confusión,
que el pobre y el oprimido alaben tu Nombre.

22 Levántate, Señor, defiende tu causa,
recuerda que el insensato te ultraja sin cesar.
23 No olvides los gritos de tus adversarios,
porque crece el tumulto de los que se alzan
contra ti.

SALMO 75 (74)
El Señor, único juez

1 Sm 2 1-10; Sal 113; Lc 1 45-54; Mt 24 23-28

1 *Del maestro de coro. «No destruyas». Salmo de Asaf. Canto.*

2 Te damos gracias, Señor, te damos gracias:
los que invocan tu Nombre narran tus maravillas.

3 «En el momento que yo decida,
juzgaré con rectitud.
4 Se conmueve la tierra con todos sus habitantes,
pero yo he afianzado sus columnas.

5 Digo a los arrogantes: "¡Basta de arrogancia!",
y a los impíos: "¡No levanten la frente!,
6 no levanten la frente contra el cielo
ni hablen con actitud insolente"».

7 Porque ni del oriente ni del occidente,
ni del desierto ni de las montañas...
8 ¡El Señor es el único Juez,
que a unos humilla, y a otros exalta!
9 Hay una copa en la mano del Señor,
con un vino espumante, lleno de aromas:
la ofrece, y la sorben hasta el final,
la beben todos los malvados de la tierra.

10 Pero yo me alegraré para siempre,
cantaré al Dios de Jacob:

[11] él quebrará el poder de los malvados
y acrecentará el poder de los justos.

SALMO 76 (75)

La manifestación del poder invencible de Dios

Sal 46; 48 4-8

[1] *Del maestro de coro. Para instrumentos de cuerda. Salmo de Asaf. Canto.*

[2] Dios es bien conocido en Judá,
su Nombre es grande en Israel.
[3] En Jerusalén está su Tienda de campaña,
en Sion se levanta su Morada.
[4] Allí quebró las flechas fulgurantes del arco,
el escudo, la espada y las armas de guerra.

[5] ¡Tú eres resplandeciente, majestuoso!
[6] Montañas de botín fueron arrebatadas
a los valientes,
que ya duermen el sueño de la muerte:
a los guerreros no les respondieron los brazos.
[7] Por tu amenaza, Dios de Jacob,
quedaron inmóviles los carros de guerra
y los caballos.

[8] Solo tú eres temible:
¿quién podrá resistir delante de ti
al ímpetu de tu ira?
[9] Desde el cielo proclamas la sentencia:
la tierra tiembla y enmudece,
[10] cuando te alzas para el juicio, Señor,
para salvar a los humildes de la tierra.

[11] Sí, el furor de los hombres tendrá que alabarte,
los que sobrevivan al castigo te festejarán.
[12] Hagan votos al Señor, su Dios, y cúmplanlos;
los que están a su alrededor,
traigan regalos al Temible,
[13] al que deja sin aliento a los príncipes
y es temible para los reyes de la tierra.

SALMO 77 (76)

Súplica fundada en el pasado de Israel

Sal 143; Lam 3 21-22; Ex 15 1-18;
Gn 46 26-27; Is 63 11-14

[1] *Del maestro de coro. Al estilo de Iedutún. De Asaf. Salmo.*

[2] Invocaré al Señor con toda mi voz,
gritaré al Señor, y él me escuchará.
[3] Busco al Señor en el momento de mi angustia;
de noche, tiendo mi mano sin descanso,
y mi alma rechaza todo consuelo.

[4] Yo me acuerdo del Señor, y me lamento;
medito, y mi espíritu desfallece:
[5] tú no me dejas conciliar el sueño,
estoy turbado, y no puedo hablar.

[6] Pienso en los tiempos antiguos,
me acuerdo de los días pasados;
[7] reflexiono de noche en mi interior,
medito, y mi espíritu se pregunta:

[8] ¿Puede el Señor rechazar para siempre?
¿Ya no volverá a mostrarse favorable?
[9] ¿Se habrá agotado para siempre su amor,
y habrá caducado eternamente su promesa?

[10] ¿Se habrá olvidado Dios de su clemencia
o, en su enojo, habrá contenido su compasión?

VIVE LA PALABRA

El camino completo

Los salmos históricos oran sobre los acontecimientos del pasado desde una perspectiva amplia. El salmista mira hacia atrás y medita; descubre al Dios fiel que libera a su pueblo con misericordia, y pide que enseñen a sus hijos lo que aprendieron de Dios.

Y tú, ¿aprendes de tus propias experiencias? Examina el camino recorrido desde tu infancia: ¿a *través de qué* personas, procesos y actividades te ha dado Dios la vida, la sabiduría y la capacidad de actuar que tienes ahora?

En esta etapa de tu caminar: ¿qué te da vida?, ¿qué desafíos tienes ante tu desarrollo personal y crecimiento cristiano?, ¿qué te dificulta hacer el bien?

En cuanto al futuro: ¿hacia dónde vas?, ¿qué dirección lleva tu vida?, ¿tienes tu inteligencia, tu corazón y tu potencial de acción encaminados a causas nobles, grandes y bellas?

Si eres adolescente o joven es muy probable que en pocos años busques pareja, te cases y tengas hijos: ¿qué les comunicarás sobre Dios?, ¿cómo ayudarás a que sean hombres y mujeres de provecho, auténticos discípulos de Jesús?

Mira el camino completo. ¡No seas tan miope que solo veas el presente ni tan ingenuo/a que no analices tu pasado ni tan infantil que no prepares tu futuro!

Sal 78

SAL

[11] Entonces dije —¡y este es mi dolor!—:
«¡Cómo ha cambiado la derecha del Altísimo!».
[12] Yo recuerdo las proezas del Señor,
sí, recuerdo sus prodigios de otro tiempo;
[13] evoco todas sus acciones,
medito en todas sus hazañas.
[14] Tus caminos son santos, Señor.

¿Hay otro dios grande como nuestro Dios?
[15] Tú eres el Dios que hace maravillas,
y revelaste tu poder entre las naciones.
[16] Con tu brazo redimiste a tu pueblo,
a los hijos de Jacob y de José.

[17] Cuando te vieron las aguas, Señor,
cuando te vieron las aguas, temblaron,
¡se agitaron hasta los abismos del mar!
[18] Las nubes derramaron aguaceros,
retumbaron los densos nubarrones
y zigzaguearon tus rayos.

[19] El trueno resonó en la bóveda del cielo,
tus relámpagos iluminaron el mundo,
tembló y se tambaleó la tierra.
[20] Te abriste un camino entre las aguas,
un sendero entre las aguas caudalosas,
y no quedó ningún rastro de tus huellas.

[21] Tú guiaste a tu pueblo como a un rebaño,
por medio de Moisés y de Aarón.

SALMO 78 (77)
Meditación sobre la historia de Israel

Sal 105; 106; Sab 16 – 19; Neh 9 9-37;
Ex 14 – 16; 7 14 – 11 10; Jos 24 8-13

[1] *Poema de Asaf.*

Pueblo mío, escucha mi enseñanza,
presta atención a las palabras de mi boca:
[2] yo voy a recitar un poema,
a revelar enigmas del pasado.

[3] Lo que hemos oído y aprendido,
lo que nos contaron nuestros padres,
[4] no queremos ocultarlo a nuestros hijos,
lo narraremos a la próxima generación:
son las glorias del Señor y su poder,
las maravillas que él realizó.

[5] El Señor dio una norma a Jacob,
estableció una ley en Israel,
y ordenó a nuestros padres
enseñar estas cosas a sus hijos.

[6] Así las aprenderán las generaciones futuras
y los hijos que nacerán después;
y podrán contarlas a sus propios hijos,
[7] para que pongan su confianza en Dios,
para que no se olviden de sus proezas
y observen sus mandamientos.

[8] Así no serán como sus padres,
una raza obstinada y rebelde,
una raza de corazón inconstante
y de espíritu infiel a Dios:
[9] como los arqueros de la tribu de Efraím,
que retrocedieron en el momento del combate.

[10] Ellos no mantuvieron su alianza con Dios,
se negaron a seguir su ley;
[11] olvidaron las proezas del Señor
y las maravillas que les hizo ver.

[12] El Señor hizo prodigios a la vista de sus padres,
en la tierra de Egipto, en los campos de Tanis;
[13] abrió el Mar para darles paso
y contuvo las aguas como un dique;
[14] de día los guiaba con la nube,
y de noche, con el resplandor del fuego.

[15] Partió las rocas en el desierto
y les dio de beber a raudales:
[16] sacó manantiales del peñasco,
hizo correr las aguas como ríos.

[17] Pero volvieron a pecar contra él
y a rebelarse contra el Altísimo en el desierto:
[18] tentaron a Dios en sus corazones,
pidiendo comida a su antojo.

[19] Hablaron contra Dios, diciendo:
«¿Acaso tiene Dios poder suficiente
para preparar una mesa en el desierto?
[20] Es verdad que cuando golpeó la roca,
brotó el agua y desbordaron los torrentes;
pero ¿podrá también darnos pan
y abastecer de carne a su pueblo?».

[21] El Señor, al oírlos, se indignó,
y un fuego se encendió contra Jacob;
su enojo se alzó contra Israel,
[22] porque no creyeron en Dios
ni confiaron en su auxilio.
[23] Entonces mandó a las nubes en lo alto
y abrió las compuertas del cielo:
[24] hizo llover sobre ellos el maná,
les dio como alimento un trigo celestial;
[25] todos comieron un pan de ángeles,
les dio comida hasta saciarlos.

[26] Hizo soplar desde el cielo el viento del este,
atrajo con su poder el viento del sur;
[27] hizo llover sobre ellos carne como polvo
y pájaros como arena del mar:
[28] los dejó caer en medio del campamento,
alrededor de sus tiendas.

[29] Ellos comieron y se hartaron,
el Señor les dio lo que habían pedido;
[30] pero apenas saciaron su avidez,
cuando aún estaban con la boca llena,
[31] la ira del Señor se desató contra ellos:
hizo estragos entre los más fuertes
y abatió a lo mejor de Israel.

[32] A pesar de todo, volvieron a pecar
y no creyeron en sus maravillas;

33 por eso él acabó sus días como un soplo,
y sus años en un solo instante.
34 Cuando los hacía morir, lo buscaban
y se volvían a él ansiosamente:
35 recordaban que Dios era su Roca,
y el Altísimo, su libertador.
36 Pero lo elogiaban de labios para fuera
y mentían con sus lenguas;
37 su corazón no era sincero con él
y no eran fieles a su alianza.
38 El Señor, que es compasivo,
los perdonaba en lugar de exterminarlos;
una y otra vez reprimió su enojo
y no dio rienda suelta a su furor:
39 sabía que eran simples mortales,
un soplo que pasa y ya no vuelve.
40 ¡Cuántas veces lo irritaron en el desierto
y lo afligieron en medio de la soledad!
41 Volvían a tentar a Dios
y a exasperar al Santo de Israel,
42 sin acordarse de lo que hizo su mano,
cuando los rescató de la opresión.
43 Porque él hizo portentos en Egipto
y prodigios en los campos de Tanis;
44 convirtió en sangre sus canales,
y también sus ríos, para que no bebieran;
45 les mandó tábanos voraces
y ranas que hacían estragos.
46 Entregó sus cosechas al pulgón
y el fruto de sus trabajos a las langostas;
47 destruyó sus viñedos con el granizo
y sus higueras con la helada;
48 desató la peste contra el ganado
y la fiebre contra los rebaños.
49 Lanzó contra ellos el ardor de su enojo,
su ira, su furor y su indignación
—un tropel de mensajeros de desgracias—,
50 dando así libre curso a su furor;
no los quiso librar de la muerte,
hizo que la peste acabara con sus vidas.
51 Hirió a los primogénitos de Egipto,
a los hijos mayores de la tierra de Cam;
52 *sacó a su pueblo* como a un rebaño,
y los guió como a ovejas por el *desierto*:
53 los condujo seguros y sin temor,
mientras el Mar cubría a sus adversarios.
54 Los llevó hasta su Tierra santa,
hasta la Montaña que adquirió con su mano;
55 delante de ellos expulsó a las naciones,
les asignó por sorteo una herencia
e instaló en sus tiendas a las tribus de Israel.
56 Pero ellos tentaron e irritaron a Dios,
no observaron los preceptos del Altísimo;
57 desertaron y fueron traidores como sus padres,
se desviaron como un arco fallido.

Una oración que reclama

¿Por qué hay gritos de venganza en los salmos? ¿Acaso no son una oración? La súplica del Salmo 79 respira angustia y en ella predominan sentimientos de venganza, pero tiene un sentido más profundo: el pueblo ora ante la destrucción del Templo y el destierro a Babilonia y dialoga con Dios sin irritarse contra él; le habla de tú, lo encuentra cercano a sus sufrimientos.

Los orantes manifiestan a Dios su coraje contra quienes mataron a sus hermanos y destruyeron su ciudad. Sus gritos de venganza no tienen el espíritu cristiano que Jesús nos inculcó después; son expresiones que buscan que la justicia de Dios resplandezca.

Observa cómo le recuerdan que son su heredad, su pueblo y sus ovejas; cómo le piden compasión, que borre sus faltas, salve de la ruina a Jerusalén y proteja el Templo. Ve cómo terminan dando gracias y cantando alabanzas por siempre.

Nunca cortes tu relación con Dios. Di lo que esté en tu corazón y pide a Jesús que te libre de todo deseo de venganza.

Sal 79

58 Lo afligieron con sus lugares de culto,
le provocaron celos con sus ídolos:
59 Dios lo advirtió y se llenó de indignación,
y rechazó duramente a Israel.
60 Abandonó la Morada de Silo,
la Tienda donde habitaba entre los hombres;
61 entregó su Fortaleza al cautiverio,
su Arca gloriosa en manos del enemigo.
62 Entregó su pueblo a la espada,
se enfureció *contra* su herencia;
63 el fuego devoró a sus jóvenes,
y no hubo canto nupcial para sus vírgenes;
64 sus sacerdotes cayeron bajo la espada,
y sus viudas no pudieron celebrar el duelo.
65 Pero el Señor se levantó como de un sueño,
como un guerrero adormecido por el vino:
66 él hirió al enemigo con la espada,
le infligió una derrota completa.
67 Rechazó a los campamentos de José
y no eligió a la tribu de Efraím:

SAL

[68] eligió a la tribu de Judá,
a la montaña de Sion, su predilecta.
[69] Construyó su Santuario como el cielo en lo alto,
como la tierra, que cimentó para siempre;
[70] y eligió a David, su servidor,
sacándolo de entre los rebaños de ovejas.
[71] Cuando iba detrás de las ovejas, lo llamó
para que fuera pastor de Jacob, su pueblo,
y de Israel, su herencia;
[72] él los apacentó con integridad de corazón
y los guió con la destreza de su mano.

SALMO 79 (78)

Lamentación del pueblo por la suerte de Jerusalén

Sal 44; 74; 80; 2 Re 25 9-10; Jr 10 25; Jl 2 17; Eclo 36 1-5

[1] *Salmo de Asaf.*

Señor, los paganos invadieron tu herencia,
profanaron tu santo Templo,
hicieron de Jerusalén un montón de ruinas;
[2] dieron los cadáveres de tus servidores
como pasto a las aves del cielo,
y la carne de tus amigos, a las fieras de la tierra.

[3] Derramaron su sangre como agua
alrededor de Jerusalén
y nadie les daba sepultura.
[4] Fuimos el escarnio de nuestros vecinos,
la irrisión y la burla de los que nos rodean.

[5] ¿Hasta cuándo, Señor?
¿Estarás enojado para siempre?
¿Arderán tus celos como un fuego?

[6] Derrama tu furor
sobre las naciones que no te reconocen,
y sobre los reinos que no invocan tu Nombre,
[7] porque han devorado a Jacob,
y han devastado su dominio.

[8] No recuerdes para nuestro mal
las culpas de otros tiempos;
compadécete pronto de nosotros,
porque estamos totalmente abatidos.

[9] Ayúdanos, Dios salvador nuestro,
por el honor de tu Nombre;
líbranos y perdona nuestros pecados,
a causa de tu Nombre.

[10] ¿Por qué han de decir los paganos:
«¿Dónde está su Dios?».
Que se ponga de manifiesto entre las naciones,
ante nuestros propios ojos,
cómo has vengado la sangre de tus servidores,
que ha sido derramada.

[11] Llegue hasta tu presencia
el lamento de los cautivos,
preserva con tu brazo poderoso
a los que están condenados a muerte.

Sal 80

COMPRENDE LOS SÍMBOLOS

La viña

Simboliza al Pueblo de Dios, del que Dios esperaba buenos frutos que no dio al apartarse de él. Dios es el viñador y pidió a su Hijo que cuidara su viña. Cristo instauró un nuevo Pueblo de Dios, donde él es la vid y nosotros sus sarmientos; si permanecemos en él y él en nosotros, daremos fruto bueno y abundante.

[12] Devuelve siete veces a nuestros vecinos
la afrenta que te hicieron, Señor.

[13] Y nosotros, que somos tu pueblo
y las ovejas de tu rebaño,
te daremos gracias para siempre,
y cantaremos tus alabanzas
por todas las generaciones.

SALMO 80 (79)

Súplica por la restauración de Israel

Is 63 15 - 64 11; Ez 34; Jr 12 7-13

[1] *Del maestro de coro. Según la melodía de «Los lirios». Testimonio. De Asaf. Salmo.*

[2] Escucha, Pastor de Israel,
tú que guías a José como a un rebaño;
tú que tienes el trono sobre los querubines,
[3] resplandece ante Efraím, Benjamín y Manasés;
reafirma tu poder y ven a salvarnos.

[4] ¡Restáuranos, Señor de los ejércitos,
que brille tu rostro y seremos salvados!

[5] Señor de los ejércitos,
¿hasta cuándo durará tu enojo,
a pesar de las súplicas de tu pueblo?
[6] Les diste de comer un pan de lágrimas,
les hiciste beber lágrimas a raudales;
[7] nos entregaste a las disputas de nuestros vecinos,
y nuestros enemigos se burlan de nosotros.

[8] ¡Restáuranos, Señor de los ejércitos,
que brille tu rostro y seremos salvados!

[9] Tú sacaste de Egipto una vid,
expulsaste a los paganos y la plantaste;
[10] le preparaste el terreno, echó raíces
y llenó toda la región.
[11] Las montañas se cubrieron con su sombra,
y los cedros más altos con sus ramas;
[12] extendió sus sarmientos hasta el mar
y sus retoños hasta el Río.
[13] ¿Por qué has derribado sus cercos
para que puedan saquearla
todos los que pasan?
[14] Los jabalíes del bosque la devastan
y se la comen los animales del campo.
[15] Vuélvete, Señor de los ejércitos,
observa desde el cielo y mira:
ven a visitar tu vid,
[16] la cepa que plantó tu mano,
el retoño que tú hiciste vigoroso.
[17] ¡Que perezcan ante el furor de tu mirada
los que le prendieron fuego y la talaron!
[18] Que tu mano sostenga al que está a tu derecha,
al hombre que tú fortaleciste,
[19] y nunca nos apartaremos de ti:
devuélvenos la vida e invocaremos tu Nombre.
[20] ¡Restáuranos, Señor de los ejércitos,
que brille tu rostro y seremos salvados!

SALMO 81 (80)

Himno y amonestación de una fiesta litúrgica

Lv 23 34; Ex 17 1-7; 20 2-3; Dt 9 7; Lv 26 7-8

[1] *Del maestro de coro. Con la cítara de Gat. De Asaf.*
[2] ¡Canten con júbilo al Señor, nuestra fuerza,
aclamen al Dios de Jacob!
[3] Entonen un canto, toquen el tambor,
y la cítara armoniosa, junto con el arpa.
[4] Toquen la trompeta al salir la luna nueva,
y el día de luna llena, el día de nuestra fiesta.
[5] Porque esta es una ley para Israel,
un precepto del Dios de Jacob:
[6] él se la impuso como norma a José,
cuando salió de la tierra de Egipto.
Oigo una voz desconocida que dice:
[11c] «Abre tu boca y la llenaré con mi palabra.
[7] Yo quité el peso de tus espaldas
y tus manos quedaron libres de la carga.
[8] Clamaste en la aflicción, y te salvé;
te respondí oculto entre los truenos,
aunque me provocaste junto a las aguas de Meribá.
[9] Oye, pueblo mío, yo atestiguo contra ti,
¡ojalá me escucharas, Israel!
[10] No tendrás ningún dios extraño,
no adorarás a ningún dios extranjero:

Servicio a nuestros hermanos en cualquier lugar

El clamor de Dios en el Salmo 82, «¡Defiendan al desvalido y al huérfano, hagan justicia al oprimido y al pobre!» (v. 3), debe hacer eco en el corazón de todo joven cristiano, en especial en quien goza de educación, abundancia y libertad. En Estados Unidos, igual que en otras naciones, la Iglesia promueve la justicia en el ámbito nacional e internacional; muchos católicos ofrecen su tiempo al servicio de los más vulnerables y se organizan ayudas para quienes carecen de comida, ropa y medicinas en otros países.

Para Dios la misericordia y la justicia van juntas, y así debe ser para nosotros. Coloca estas palabras en tu corazón, para que te impulsen a ser activo en la ayuda social. Ofrece ayuda generosa a tu parroquia o a instituciones de apoyo social.

En Estados Unidos colabora con Catholic Charities y con Catholic Relief Services (www.Catholicrelief.org). Contribuye en la campaña anual para la Iglesia en América Latina, que apoya proyectos de desarrollo y educación en esas naciones.

Sal 82 2-4

[11] yo, el Señor, soy tu Dios,
que te hice subir de la tierra de Egipto.
[12] Pero mi pueblo no escuchó mi voz,
Israel no me quiso obedecer:
[13] por eso los entregué a su obstinación,
para que se dejaran llevar por sus caprichos.
[14] ¡Ojalá mi pueblo me escuchara,
e Israel siguiera mis caminos!
[15] Yo sometería a sus adversarios en un instante,
y volvería mi mano contra sus opresores.
[16] Los enemigos del Señor tendrían que adularlo,
y ese sería su destino para siempre;
[17] yo alimentaría a mi pueblo con lo mejor del trigo
y lo saciaría con miel silvestre».

SALMO 82 (81)

Reproche a los jueces injustos

Is 3 13-14; Ex 23 6; Jn 10 34

[1] *Salmo de Asaf.*
El Señor se levanta en la asamblea divina
y juzga en medio de los dioses:

SAL

[2] «¿Hasta cuándo juzgarán injustamente
y favorecerán a los malvados?
[3] ¡Defiendan al desvalido y al huérfano,
hagan justicia al oprimido y al pobre;
[4] libren al débil y al indigente,
rescátenlos del poder de los impíos!».
[5] Pero ellos caminan en la oscuridad,
faltos de inteligencia y comprensión,
mientras vacilan los fundamentos de la tierra.
[6] Yo había pensado: «Ustedes son dioses,
todos son hijos del Altísimo».
[7] Pero morirán como cualquier hombre,
caerán como cualquiera de los príncipes.
[8] Levántate, Señor, juzga a la tierra,
porque tú eres el dueño de todas las naciones.

SALMO 83 (82)

Súplica por la liberación de Israel

Jue 4 – 5; 7 25; 8 10-21

[1] *Canto. Salmo de Asaf.*
[2] ¡Señor, no te quedes callado,
Dios mío, no guardes silencio,
no permanezcas inmóvil!
[3] Mira cómo se agitan tus enemigos
y alzan la cabeza tus adversarios:
[4] hacen planes contra tu pueblo
y conspiran contra tus protegidos.
[5] Dicen: «Vamos a eliminarlos como nación,
que ya ni se mencione el nombre de Israel».
[6] Así conspiran de común acuerdo
y sellan una alianza contra ti.

[7] Son los campamentos de Edom,
los ismaelitas, moabitas y agarenos;
[8] Guebal, Amón y Amalec;
Filistea, con los habitantes de Tiro;
[9] hasta los asirios se aliaron con ellos
y prestaron ayuda a los descendientes de Lot.
[10] Trátalos como a Madián y como a Sísara,
como a Jabín en el torrente Quisón:
[11] ellos fueron exterminados en Endor
y se convirtieron en abono de la tierra.
[12] Trata a sus jefes como a Oreb y a Zeeb,
y a sus príncipes como a Zebá y a Salmaná,
[13] los que dijeron: «Conquistemos para nosotros
los territorios del Señor».
[14] Conviértelos, Dios mío, en hojarasca,
en paja agitada por el viento.
[15] Como fuego que abrasa la selva,
como llama que incendia las montañas,
[16] persíguelos con tu tormenta,
llénalos de terror con tu borrasca.
[17] Cúbreles el rostro de ignominia,
para que busquen tu Nombre, Señor.
[18] Queden avergonzados, aterrados para siempre,
y desaparezcan llenos de confusión,
[19] para que reconozcan que solo tú
llevas el nombre de «Señor»,
el Altísimo sobre toda la tierra.

SALMO 84 (83)

Ferviente anhelo del peregrino

Sal 42 2-3; 5 3; Ez 34 6

[1] *Del maestro de coro. Con la cítara de Gat. De los hijos de Coré. Salmo.*
[2] ¡Qué amable es tu Morada,
Señor del Universo!
[3] Mi alma se consume de deseos
por los atrios del Señor;
mi corazón y mi carne claman ansiosos
por el Dios viviente.
[4] Hasta el gorrión encontró una casa,
y la golondrina tiene un nido
donde poner sus pichones,
junto a tus altares, Señor del universo,
mi Rey y mi Dios.
[5] ¡Felices los que habitan en tu Casa
y te alaban sin cesar!

PERSPECTIVA CATÓLICA

La salvación está cerca

Los católicos cantamos el Salmo 85 durante el Adviento, la etapa de preparación a la llegada del Salvador. Exclamamos junto con el salmista: «¿No volverás a darnos la vida, para que tu pueblo se alegre en ti? Manifiéstanos, Señor, tu misericordia y danos tu salvación» (vv. 7-8). Afirmamos nuestra esperanza en el Mesías, unida al anhelo de paz, fidelidad, salvación y justicia, al proclamar que «la Verdad brotará de la tierra, y la Justicia mirará desde el cielo» (v. 12).

El mensaje profético de este salmo se cumple con la llegada de Jesús, nacido de la fidelidad radiante de María, quien surgió de la tierra, enviada como don del cielo por el gran amor de Dios hacia su pueblo. ¿Qué necesitas hacer en tu vida diaria para que surjan en ti el amor y la fidelidad, la justicia y la paz? ¿Puede darse esto si no das a la oración tiempo, silencio, atención y disponibilidad?

Sal 85 10-11

6 ¡Felices los que encuentran su fuerza en ti,
al emprender la peregrinación!
7 Al pasar por el valle árido,
lo convierten en un oasis;
caen las primeras lluvias,
y lo cubren de bendiciones;
8 ellos avanzan con vigor siempre creciente
hasta contemplar a Dios en Sion.
9 Señor del universo, oye mi plegaria,
escucha, Dios de Jacob;
10 protege, Dios, a nuestro Escudo
y mira el rostro de tu Ungido.
11 Vale más un día en tus atrios
que mil en otra parte;
yo prefiero el umbral de la Casa de mi Dios
antes que vivir entre malvados.
12 Porque el Señor es sol y escudo;
el Señor da la gracia y la gloria,
y no niega sus bienes
a los que proceden con rectitud.
13 ¡Señor del universo,
feliz el hombre que confía en ti!

SALMO 85 (84)

Oración por el pueblo y promesa de salvación

Sal 126; Ez 11 23; Jn 1 14; Sal 67 7

1 *Del maestro de coro. De los hijos de Coré. Salmo.*
2 Fuiste propicio, Señor, con tu tierra,
cambiaste la suerte de Jacob;
3 perdonaste la culpa de tu pueblo,
lo absolviste de todos sus pecados;
4 reprimiste toda tu indignación
y aplacaste el ardor de tu enojo.
5 ¡Restáuranos, Dios, salvador nuestro;
olvida tu aversión hacia nosotros!
6 ¿Vas a estar enojado para siempre?
¿Mantendrás tu ira eternamente?
7 ¿No volverás a darnos la vida,
para que tu pueblo se alegre en ti?
8 ¡Manifiéstanos, Señor, tu misericordia
y danos tu salvación!
9 Voy a proclamar lo que dice el Señor:
el Señor promete la paz,
la paz para su pueblo y sus amigos,
y para los que se convierten de corazón.
10 Su salvación está muy cerca de sus fieles,
y la Gloria habitará en nuestra tierra.
11 El Amor y la Verdad se encontrarán,
la Justicia y la Paz se abrazarán;
12 la Verdad brotará de la tierra
y la Justicia mirará desde el cielo.
13 El mismo Señor nos dará sus bienes
y nuestra tierra producirá sus frutos.
14 La Justicia irá delante de él,
y la Paz, sobre la huella de sus pasos.

SALMO 86 (85)

Plegaria humilde y confiada

Sal 25 1; 5 2-3; Ap 15 4;
Sal 27 11; 34 6; 25 16; Ex 33 6

1 *Oración de David.*
Inclina tu oído, Señor, respóndeme,
porque soy pobre y miserable;
2 protégeme, porque soy uno de tus fieles,
salva a tu servidor que en ti confía.
3 Tú eres mi Dios: ten piedad de mí, Señor,
porque te invoco todo el día;
4 reconforta el ánimo de tu servidor,
porque a ti, Señor, elevo mi alma.
5 Tú, Señor, eres bueno e indulgente,
rico en misericordia con aquellos que te invocan:
6 ¡atiende, Señor, a mi plegaria,
escucha la voz de mi súplica!
7 Yo te invoco en el momento de la angustia,
porque tú me respondes.
8 No hay otro dios igual a ti, Señor,
ni hay obras como las tuyas.
9 Todas las naciones que has creado
vendrán a postrarse delante de ti,
y glorificarán tu Nombre, Señor,
10 porque tú eres grande, Dios mío,
y eres el único que hace maravillas.
11 Indícame tu camino, Señor,
para que yo viva según tu verdad;
orienta totalmente mi corazón
al temor de tu Nombre.
12 Te daré gracias, Dios mío, de todo corazón,
y glorificaré tu Nombre eternamente;
13 porque es grande el amor que me tienes,
y tú me libraste del fondo del Abismo.
14 Dios mío, los orgullosos se levantaron contra mí,
y una banda de forajidos atenta contra mi vida
sin preocuparse para nada de ti.
15 Pero tú, Señor, Dios compasivo y bondadoso,
lento para enojarte, rico en amor y fidelidad,
16 vuelve hacia mí tu rostro y ten piedad de mí;
fortalece a tu servidor,
salva al hijo de tu servidora.
17 Dame una prueba de tu bondad,
para que mis adversarios queden confundidos,
al ver que tú, Señor, eres mi ayuda y mi consuelo.

SALMO 87 (86)

Jerusalén, patria espiritual de todos los pueblos

Sal 46; 48; Is 2 2-3; Gal 4 26; Ef 5 22-23

1 *De los hijos de Coré. Salmo. Canto.*
¡Esta es la Ciudad que fundó el Señor
sobre las santas Montañas!

S
A
L

[2] Él ama las puertas de Sion
más que a todas las moradas de Jacob.
[3] Cosas admirables se dicen de ti,
Ciudad de Dios:
[4] «Contaré a Egipto y a Babilonia
entre aquellos que me conocen;
filisteos, tirios y etíopes han nacido en ella».
[5] Así se hablará de Sion:
«Este, y también aquel,
han nacido en ella,
y el Altísimo en persona la ha fundado».
[6] Al registrar a los pueblos, el Señor escribirá:
«Este ha nacido en ella».
[7] Y todos cantarán, mientras danzan:
«Todas mis fuentes de vida están en ti».

SALMO 88 (87)

Lamentación en medio de un peligro mortal

Job 10 15; 17 1; Sal 38 12; Lam 3 7; Job 17 13-14

[1] *Canto. Salmo de los hijos de Coré. Del maestro de coro. Para la enfermedad. Para la aflicción. Poema de Hemán, el Aborigen.*

[2] ¡Señor, mi Dios y mi salvador,
día y noche estoy clamando ante ti:
[3] que mi plegaria llegue a tu presencia;
inclina tu oído a mi clamor!
[4] Porque estoy saturado de infortunios,
y mi vida está al borde del Abismo;
[5] me cuento entre los que bajaron a la tumba,
y soy como un hombre sin fuerzas.
[6] Yo tengo mi lecho entre los muertos,
como los caídos que yacen en el sepulcro,
como aquellos en los que tú ya ni piensas,
porque fueron arrancados de tu mano.
[7] Me has puesto en lo más hondo de la fosa,
en las regiones oscuras y profundas;
[8] tu indignación pesa sobre mí,
y me estás ahogando con tu oleaje.
[9] Apartaste de mí a mis conocidos,
me hiciste despreciable a sus ojos;
estoy prisionero, sin poder salir,
[10] y mis ojos se debilitan por la aflicción.
Yo te invoco, Señor, todo el día,
con las manos tendidas hacia ti.
[11] ¿Acaso haces prodigios por los muertos,
o se alzan los difuntos para darte gracias?
[12] ¿Se proclama tu amor en el sepulcro,
o tu fidelidad en el reino *de la muerte?*
[13] *¿Se anuncian* tus maravillas en las tinieblas,
o tu justicia en la tierra del olvido?
[14] Yo invoco tu ayuda, Señor,
desde temprano te llega mi plegaria:
[15] ¿Por qué me rechazas, Señor?
¿Por qué me ocultas tu rostro?

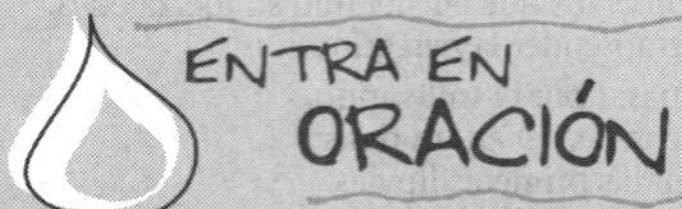

Cantaré eternamente el amor del Señor

Este himno real se centra en la fidelidad del amor de Dios, orando sobre ella desde distintas perspectivas que siguen el recorrer de la historia de salvación. Proclama su poder cósmico sobre el mar, el mundo y cuanto contiene, las potencias marinas, el norte y el sur, y los grandes montes. Canta su elección del pueblo de Israel; confirma la promesa mesiánica hecha por Natán a David, pregunta dónde está su fidelidad ante la derrota del rey y suplica que muestre de nuevo su amor.

Ora unos momentos con el espíritu del Salmo 89:

- Di a Dios lo feliz que te sientes de ser elegido/a como miembro de la Iglesia, el nuevo Pueblo de Dios. Bendícelo por la creación y todo lo bueno que te da a través de ella.
- Agradece el cumplimiento de sus promesas en Jesús, hermano y salvador nuestro.
- Reflexiona sobre la fidelidad del amor misericordioso de Dios, que nos llama constantemente a la conversión.
- Pide a Dios de todo corazón que vivas siempre en su amor, junto con tu familia, tus amigos, tu comunidad, tu pueblo y el mundo entero.

Termina con la exclamación: «*¡Bendito sea el Señor eternamente! ¡Amén! ¡Amén!*» (Sal 89 53), frase con que corona cada uno de los cuatro primeros libros del salterio.

Sal 89

[16] Estoy afligido y enfermo desde niño,
extenuado bajo el peso de tus desgracias;
[17] tus enojos pasaron sobre mí,
me consumieron tus terribles aflicciones.
[18] Me rodean todo el día como una correntada,
me envuelven todos a la vez.
[19] Tú me separaste de mis parientes y amigos,
y las tinieblas son mis confidentes.

SALMO 89 (88)

Himno y súplica al Dios fiel

Sal 24 1-2; Ex 34 6-7; 2 Sm 7; Ap 1 5;
Jr 33 20-21; Sal 80 13-14

[1] *Poema de Etán, el Aborigen.*

[2] Cantaré eternamente el amor del Señor,
proclamaré tu fidelidad por todas las generaciones.

3 Porque tú has dicho:
«Mi amor se mantendrá eternamente,
mi fidelidad está afianzada en el cielo.
4 Yo sellé una alianza con mi elegido,
hice este juramento a David, mi servidor:
5 "Estableceré tu descendencia para siempre,
mantendré tu trono por todas las generaciones"».
6 El cielo celebre tus maravillas, Señor,
y tu fidelidad en la asamblea de los santos,
7 porque ¿quién es comparable al Señor
en las alturas?
¿quién es como el Señor entre los hijos de Dios?
8 Dios es temible en el consejo de los santos,
más grande y terrible
que cuantos están a su alrededor.
9 Señor, Dios del universo, ¿hay alguien como tú?
Tú eres fuerte y estás rodeado de fidelidad.
10 Tú dominas la soberbia del mar
y calmas la altivez de sus olas;
11 tú aplastaste a Rahab como a un cadáver,
deshiciste a tus enemigos con tu brazo poderoso.
12 Tuyo es el cielo, tuya la tierra:
tú cimentaste el mundo y todo lo que hay en él;
13 tú has creado el norte y el sur,
el Hermón y el Tabor aclaman tu Nombre.
14 Tu brazo está lleno de poder,
tu mano es fuerte, alta es tu derecha;
15 la Justicia y el Derecho son la base de tu trono,
el Amor y la Fidelidad te preceden.
16 ¡Feliz el pueblo que sabe aclamarte!
Ellos caminarán a la luz de tu rostro;
17 se alegrarán sin cesar en tu Nombre,
serán exaltados a causa de tu justicia.
18 Porque tú eres su gloria y su fuerza;
con tu favor, acrecientas nuestro poder.
19 Sí, el Señor es nuestro escudo,
el Santo de Israel es realmente nuestro rey.
20 Tú hablaste una vez en una visión
y dijiste a tus amigos:
«Impuse la corona a un valiente,
exalté a un guerrero del pueblo.
21 Encontré a David, mi servidor,
y lo ungí con el óleo sagrado,
22 para que mi mano esté siempre con él
y mi brazo lo haga poderoso.
23 El enemigo no lo aventajará,
ni podrán oprimirlo los malvados:
24 yo aplastaré a sus adversarios ante él
y golpearé a los que lo odian.
25 Mi fidelidad y mi amor lo acompañarán,
su poder crecerá a causa de mi Nombre:
26 extenderé su mano sobre el mar
y su derecha sobre los ríos.
27 Él me dirá: "Tú eres mi padre,
mi Dios, mi Roca salvadora".
28 Yo lo constituiré mi primogénito,
el más alto de los reyes de la tierra.
29 Le aseguraré mi amor eternamente,
y mi alianza será estable para él;
30 le daré una descendencia eterna
y un trono duradero como el cielo.
31 Si sus hijos abandonan mi enseñanza
y no proceden de acuerdo con mis juicios;
32 si profanan mis preceptos
y no observan mis mandamientos,
33 castigaré sus rebeldías con la vara
y sus culpas, con el látigo.
34 Pero a él no le retiraré mi amor
ni desmentiré mi fidelidad;
35 no quebrantaré mi alianza
ni cambiaré lo que salió de mis labios.
36 Una vez juré por mi santidad
—¡jamás mentiré a David!—:
37 "Su descendencia permanecerá para siempre
y su trono, como el sol en mi presencia;
38 como la luna, que permanece para siempre,
será firme su sede en las alturas"».
39 Pero tú te has irritado contra tu Ungido,
lo has rechazado y despreciado;
40 desdeñaste la alianza con tu servidor,
profanaste por tierra su insignia real.
41 Abriste brechas en todas sus murallas,
redujiste a escombros todas sus fortalezas;
42 los que pasan por el camino lo despojan,
y es la burla de todos sus vecinos.
43 Alzaste la mano de sus adversarios,
llenaste de alegría a sus enemigos;
44 mellaste el filo de su espada
y no lo sostuviste en el combate.
45 Le quitaste su cetro glorioso
y derribaste por tierra su trono;
46 abreviaste los días de su juventud
y lo cubriste de vergüenza.
47 ¿Hasta cuándo, Señor?
¿Te ocultarás para siempre?
¿Arderá tu furor como el fuego?
48 Recuerda, Señor, qué corta es mi vida
y qué efímeros creaste a los hombres.
49 ¿Quién vivirá sin ver la muerte?
¿Quién se librará de las garras del Abismo?
50 ¿Dónde está, Señor, tu amor de otro tiempo,
el que juraste a David por tu fidelidad?
51 Recuerda, Señor, las afrentas de tu servidor:
yo tengo que soportar los insultos de los pueblos.
52 ¡Cómo afrentan, Señor, tus enemigos,
cómo afrentan las huellas de tu Ungido!
53 ¡Bendito sea el Señor eternamente!
¡Amén! ¡Amén!

Salmo 90 (89)
Meditación sobre la brevedad de la vida

Gn 3 19; 2 Pe 3 8; Is 40 6-7; Job 14 1-2; Ecl 12 1-7

1 *Oración de Moisés, hombre de Dios.*
Señor, tú has sido nuestro refugio
a lo largo de las generaciones.
2 Antes que fueran engendradas las montañas,
antes que nacieran la tierra y el mundo,
desde siempre y para siempre, tú eres Dios.
3 Tú haces que los hombres vuelvan al polvo,
con solo decirles: «Vuelvan, seres humanos».
4 Porque mil años son ante tus ojos
como el día de ayer, que ya pasó,
como una vigilia de la noche.
5 Tú los arrebatas, y son como un sueño,
como la hierba que brota de mañana:
6 por la mañana brota y florece,
y por la tarde se seca y se marchita.
7 ¡Estamos consumidos por tu ira
y consternados por tu indignación!
8 Pusiste nuestras culpas delante de tus ojos,
y nuestros secretos a la luz de tu mirada.
9 Nuestros días transcurren
bajo el peso de tu enojo,
y nuestros años se acaban como un suspiro.
10 Nuestra vida dura apenas setenta años,
y ochenta, si tenemos más vigor:
en su mayor parte son fatiga y miseria,
porque pasan pronto, y nosotros nos vamos.
11 ¿Quién puede conocer la violencia de tu enojo
y ver el fondo de tu indignación?
12 Enséñanos a calcular nuestros años,
para que nuestro corazón alcance la sabiduría.
13 ¡Vuélvete, Señor! ¿Hasta cuándo...?
Ten compasión de tus servidores.
14 Sácianos enseguida con tu amor,
y cantaremos felices toda nuestra vida.
15 Alégranos por los días en que nos afligiste,
por los años en que soportamos la desgracia.
16 Que tu obra se manifieste a tus servidores,
y que tu esplendor esté sobre tus hijos.
17 Que descienda hasta nosotros
la bondad del Señor;
que el Señor, nuestro Dios,
haga prosperar la obra de nuestras manos.

Sal 91 11

COMPRENDE LOS SÍMBOLOS

El ángel

La palabra *ángel* indica el oficio de mensajero de Dios. Los *ángeles son enviados para mostrarnos* su presencia y protección en nuestra vida. Cada día y cada noche los ángeles nos hacen ver la providencia amorosa del Señor y nos guían en nuestro caminar hacia él. En el cielo millares de ángeles sirven y alaban a Dios.

SALMO 91 (90)
La seguridad del que confía en Dios

Job 5 19-22; Mt 4 6; Lc 10 19

1 Tú que vives al amparo del Altísimo
y resides a la sombra del Todopoderoso,
2 di al Señor: «Mi refugio y mi baluarte,
mi Dios, en quien confío».
3 Él te librará de la red del cazador
y de la peste perniciosa;
4 te cubrirá con sus plumas,
y hallarás un refugio bajo sus alas.
5 No temerás los terrores de la noche,
ni la flecha que vuela de día,
6 ni la peste que acecha en las tinieblas,
ni la plaga que devasta a pleno sol.
7 Aunque caigan mil a tu izquierda
y diez mil a tu derecha,
tú no serás alcanzado:
4c su brazo es escudo y coraza.
8 Con solo dirigir una mirada,
verás el castigo de los malos,
9 porque hiciste del Señor tu refugio
y pusiste como defensa al Altísimo.
10 No te alcanzará ningún mal,
ninguna plaga se acercará a tu tienda,
11 porque él te encomendó a sus ángeles
para que te cuiden en todos tus caminos.
12 Ellos te llevarán en sus manos
para que no tropieces contra ninguna piedra;
13 caminarás sobre leones y víboras,
pisotearás cachorros de león y serpientes.
14 «Él se entregó a mí,
por eso, yo lo libraré;
lo protegeré, porque conoce mi Nombre;
15 me invocará, y yo le responderé.

Estaré con él en el peligro,
lo defenderé y lo glorificaré;
16 le haré gozar de una larga vida
y le haré ver mi salvación».

SALMO 92 (91)

Alabanza al amor y a la justicia de Dios

Sal 33 1-3; 8; 37 35-36; 1 3; 52 10

1 *Salmo. Canto. Para el día sábado.*
2 Es bueno dar gracias al Señor,
y cantar, Dios Altísimo, a tu Nombre;
3 proclamar tu amor de madrugada,
y tu fidelidad en las vigilias de la noche,
4 con el arpa de diez cuerdas y la lira,
con música de cítara.
5 Tú me alegras, Señor, con tus acciones,
cantaré jubiloso por la obra de tus manos.
6 ¡Qué grandes son tus obras, Señor,
qué profundos tus designios!
7 El hombre insensato no conoce
y el necio no entiende estas cosas.
8 Si los impíos crecen como la hierba
y florecen los que hacen el mal,
es para ser destruidos eternamente:
9 tú, en cambio, eres el Excelso para siempre.
10 Mira, Señor, cómo perecen tus enemigos
y se dispersan los que hacen el mal.
11 Pero a mí me das la fuerza de un toro salvaje
y me unges con óleo purísimo.
12 Mis ojos han desafiado a mis calumniadores,
mis oídos han escuchado
la derrota de los malvados.
13 El justo florecerá como la palmera,
crecerá como los cedros del Líbano:
14 trasplantado en la Casa del Señor,
florecerá en los atrios de nuestro Dios.
15 En la vejez seguirá dando frutos,
se mantendrá fresco y frondoso,
16 para proclamar qué justo es el Señor,
mi Roca, en quien no existe la maldad.

SALMO 93 (92)

El Señor, rey de la creación

Sal 97 1; 96 10; Job 7 12

1 ¡Reina el Señor, revestido de majestad!
El Señor se ha revestido,
se ha ceñido de poder.
El mundo está firmemente establecido:
¡no se moverá jamás!
2 Tu trono está firme desde siempre,
tú existes desde la eternidad.
3 Los ríos hacen resonar sus voces, Señor,
los ríos hacen resonar su fragor.
4 Pero más fuerte que las aguas impetuosas,
más fuerte que el oleaje del mar,
es el Señor en las alturas.
5 Tus testimonios, Señor, son dignos de fe,
la santidad embellece tu Casa
a lo largo de los tiempos.

SALMO 94 (93)

Invocación al Dios de justicia

Ex 22 21-22; Dt 24 17-22; 1 Cor 3 20; Job 5 17

1 ¡Dios vengador de las injusticias,
Señor, Dios justiciero, manifiéstate!
2 ¡Levántate, Juez de la tierra,
dales su merecido a los soberbios!
3 ¿Hasta cuándo triunfarán, Señor,
hasta cuándo triunfarán los malvados?
4 ¿Hasta cuándo hablarán con arrogancia
y se jactarán los malhechores?
5 Ellos pisotean a tu pueblo, Señor,
y oprimen a tu herencia;
6 matan a la viuda y al extranjero,
asesinan a los huérfanos;
7 y exclaman: «El Señor no lo ve,
no se da cuenta el Dios de Jacob».
8 ¡Entiendan, los más necios del pueblo!
y ustedes, insensatos, ¿cuándo recapacitarán?
9 El que hizo el oído, ¿no va a escuchar?
El que formó los ojos, ¿será incapaz de ver?
10 ¿Dejará de castigar el que educa a las naciones
y da a los hombres el conocimiento?
11 ¡El Señor conoce los planes de los hombres
y sabe muy bien que son vanos!
12 Feliz el que es educado por ti, Señor,
aquel a quien instruyes con tu ley,
13 para darle un descanso
después de la adversidad,
mientras se cava una fosa para el malvado.
14 Porque el Señor no abandona a su pueblo
ni deja desamparada a su herencia:
15 la justicia volverá a los tribunales
y los rectos de corazón la seguirán.
16 ¿Quién se pondrá a mi favor contra los impíos?
¿Quién estará a mi lado contra los malhechores?
17 Si el Señor no me hubiera ayudado,
ya estaría habitando en la región del silencio.
18 Cuando pienso que voy a resbalar,
tu misericordia, Señor, me sostiene;
19 cuando estoy cargado de preocupaciones,
tus consuelos me llenan de alegría.
20 ¿Podrá aliarse contigo un tribunal inicuo,
que comete injusticias en nombre de la ley?
21 Ellos atentan contra la vida de los justos
y condenan a muerte al inocente.
22 Pero el Señor es mi fortaleza,
mi Dios es la Roca en que me refugio:
23 él les devolverá su misma iniquidad
y los destruirá por su malicia.
¡El Señor, nuestro Dios, los destruirá!

SAL

SALMO 95 (94)
Liturgia procesional de entrada al santuario

Sal 24 1-2; 100 3; Ez 34; Heb 3 7-11; Ex 17 1-7;
Nm 20 2-13; Dt 32 5-20; Nm 14 30-34

1 ¡Vengan, cantemos con júbilo al Señor,
aclamemos a la Roca que nos salva!
2 ¡Lleguemos hasta él dándole gracias,
aclamemos con música al Señor!
3 Porque el Señor es un Dios grande,
el soberano de todos los dioses:
4 en su mano están los abismos de la tierra,
y son suyas las cumbres de las montañas;
5 suyo es el mar, porque él lo hizo,
y la tierra firme, que formaron sus manos.
6 ¡Entren, inclinémonos para adorarlo!
¡Doblemos la rodilla ante el Señor que nos creó!
7 Porque él es nuestro Dios,
y nosotros, el pueblo que él apacienta,
las ovejas conducidas por su mano.
Ojalá hoy escuchen la voz del Señor:
8 «No endurezcan su corazón como en Meribá,
como en el día de Masá, en el desierto,
9 cuando sus padres me tentaron y provocaron,
aunque habían visto mis obras.
10 Cuarenta años me disgustó esa generación,
hasta que dije:
"Es un pueblo de corazón extraviado,
que no conoce mis caminos".
11 Por eso juré en mi indignación:
"Jamás entrarán en mi Reposo"».

SALMO 96 (95)
La gloria del Señor, rey del universo

Sal 98; 1 Cr 26 23-33; Is 40 17-20;
1 Cor 8 4-6; Sal 93 1

1 Canten al Señor un canto nuevo,
cante al Señor toda la tierra;
2 canten al Señor, bendigan su Nombre,
día tras día, proclamen su victoria.
3 Anuncien su gloria entre las naciones,
y sus maravillas entre los pueblos.
4 Porque el Señor es grande
y muy digno de alabanza,
más temible que todos los dioses.
5 Los dioses de los pueblos
no son más que apariencia,
pero el Señor hizo el cielo;
6 en su presencia hay esplendor y majestad,
en su Santuario, *poder y hermosura*.
7 *Aclamen al* Señor, familias de los pueblos,
aclamen la gloria y el poder del Señor;
8 aclamen la gloria del nombre del Señor.
Entren en sus atrios trayendo una ofrenda,
9 adoren al Señor al manifestarse su santidad:
¡que toda la tierra tiemble ante él!

INDÍGENA

Providencia cariñosa

El Salmo 96 alaba a Dios al reconocer y alegrarse con los cielos y la tierra como don suyo, fruto de su poder y su bondad. La creencia de la *Pachamama*, a quien los pueblos andinos identifican con el cuidado providente de Dios, refleja la sabiduría y la alegría de este salmo. Vivir conforme a *Pachamama* significa experimentar la relación vital con la tierra, mantener el equilibrio ecológico, practicar la bondad y la solidaridad fraterna, transmitir a otros la protección de Dios, y ver cada experiencia y momento de la vida como signo de su presencia.

Su fe en la *Pachamama* está integrada en un mestizaje profundo con sus tradiciones católicas. Una misionera boliviana ve en ella la raíz de su vocación religiosa, según narra:

> Soy mestiza, de origen quechua, nací en la región amazónica de Bolivia, que venera mucho a María. Dios empezó a llamarme el día de mi Confirmación, en que hubo lluvia, viento, frío, sol y arco iris, fenómenos naturales ligados a mi experiencia de la *Pachamama*, o relación vital entre la tierra y nosotros, que nos habla de Dios.
>
> Esa vivencia me preparó para que, al conocer a religiosas de mi congregación, comprendiera lo que significa vivir en sus manos providentes al servicio del pueblo en la evangelización. Con la ayuda de Jesús opté por ser misionera y mi vida ha sido como este salmo, un continuo bendecir, adorar, gritar a las criaturas, comunicar la grandeza del Señor, contar a los pueblos sus maravillas, anunciar la salvación de Dios. Los invito a hacer lo mismo. ¡Aleluya, aleluya!

Nohemy Montaño, MESST. Sal 96

10 Digan entre las naciones: «¡El Señor reina!
El mundo está firme y no vacilará.
El Señor juzgará a los pueblos con rectitud».
11 Alégrese el cielo y exulte la tierra,
resuene el mar y todo lo que hay en él;
12 regocíjese el campo con todos sus frutos,
griten de gozo los árboles del bosque.
13 Griten de gozo delante del Señor,
porque él viene a gobernar la tierra:
él gobernará al mundo con justicia,
y a los pueblos con su verdad.

La realeza y el Reino de Dios

Al visualizar a Dios como rey, surge en nuestro corazón el deseo de alabar su grandeza como lo hacen los Salmos del 96 al 99. Revisa estos salmos y escribe los términos con que alaban al Señor, por ejemplo: magnífico, generoso, eterno, amable, justo; ¿cuántos más encuentras tú?

Pero no basta alabar a Dios por ser rey; como sus súbditos. Hay que responder a su tipo de gobierno y usar nuestro poder de manera similar a él. ¿Cómo usas el poder que tienes para cuidar la vida, fomentar el amor, promover la justicia e implantar la paz?

Sal 96 – 99

SALMO 97 (96)
La manifestación de la realeza divina

Sal 93; 18 9; 77 19; 50 6; 48 12; 83 19

1 ¡El Señor reina! Alégrese la tierra,
regocíjense las islas incontables.
2 Nubes y Tinieblas lo rodean,
la Justicia y el Derecho son
la base de su trono.

3 Un fuego avanza ante él
y abrasa a los enemigos a su paso;
4 sus relámpagos iluminan el mundo;
al verlo, la tierra se estremece.

5 Las montañas se derriten como cera
delante del Señor, que es el dueño de toda la tierra.
6 Los cielos proclaman su justicia
y todos los pueblos contemplan su gloria.

7 Se avergüenzan los que sirven a los ídolos,
los que se glorían en dioses falsos;
todos los dioses se postran ante él.

8 Sion escucha y se llena de alegría,
se regocijan las ciudades de Judá,
a causa de tus juicios, Señor.

9 Porque tú, Señor, eres el Altísimo:
estás por encima de toda la tierra,
mucho más alto que todos los dioses.

10 Tú amas, Señor, a los que odian el mal,
proteges la vida de tus fieles
y los libras del poder de los malvados.

11 Nace la luz para el justo,
y la alegría para los rectos de corazón.
12 Alégrense, justos, en el Señor
y alaben su santo Nombre.

SALMO 98 (97)
Invitación a proclamar la realeza del Señor

Sal 96; Is 52 9; 55 12; Sal 67 5

1 *Salmo.*
Canten al Señor un canto nuevo,
porque él hizo maravillas:
su mano derecha y su santo brazo
le obtuvieron la victoria.

2 El Señor manifestó su victoria,
reveló su justicia a los ojos de las naciones:
3 se acordó de su amor y su fidelidad
en favor del pueblo de Israel.

Los confines de la tierra han contemplado
el triunfo de nuestro Dios.
4 Aclame al Señor toda la tierra,
prorrumpan en cantos jubilosos.

5 Canten al Señor con el arpa
y al son de instrumentos musicales;
6 con clarines y sonidos de trompeta
aclamen al Señor, que es Rey.

7 Resuene el mar y todo lo que hay en él,
el mundo y todos sus habitantes;
8 aplaudan las corrientes del océano,
griten de gozo las montañas al unísono.

9 Griten de gozo delante del Señor,
porque él viene a gobernar la tierra:
él gobernará al mundo con justicia,
y a los pueblos con rectitud.

SALMO 99 (98)
Himno al Señor, rey justo y santo

Is 6 3; Ex 19 18-19; 33 11; Nm 20 12

1 ¡El Señor reina! Tiemblan los pueblos.
Él tiene su trono sobre los querubines:
la tierra vacila.
2 ¡Grande es el Señor en Sion!
3 Él se alza sobre todas las naciones.
Alaben tu Nombre grande y temible.
¡Santo es el Señor!

4 Tú eres el rey poderoso que ama la justicia,
tú has establecido lo que es recto,
tú ejerces sobre Jacob el derecho y la justicia.
5 Glorifiquen al Señor, nuestro Dios,
adórenlo ante el estrado de sus pies.
¡Santo es el Señor!

6 Moisés y Aarón, entre sus sacerdotes,
y Samuel, entre los que invocaban su Nombre,
clamaban al Señor y él les respondía.

7 Dios les hablaba desde la columna de nube;
ellos observaban sus mandamientos
y los preceptos que les había dado.
8 Señor, nuestro Dios, tú les respondías;
tú eras para ellos un Dios indulgente,
pero te vengabas de sus malas acciones.
9 Glorifiquen al Señor, nuestro Dios,
y adórenlo en su santa Montaña:
el Señor, nuestro Dios, es santo.

SALMO 100 (99)
Himno procesional de entrada al santuario

Sal 95 7; Jr 33 1; Sal 106 1

1 *Salmo de acción de gracias.*
Aclame al Señor toda la tierra,
2 sirvan al Señor con alegría,
lleguen hasta él con cantos jubilosos.
3 Reconozcan que el Señor es Dios:
él nos hizo y a él pertenecemos;
somos su pueblo y ovejas de su rebaño.
4 Entren por sus puertas dando gracias,
entren en sus atrios con himnos de alabanza,
alaben al Señor y bendigan su Nombre.
5 ¡Qué bueno es el Señor!
Su misericordia permanece para siempre,
y su fidelidad por todas las generaciones.

EL SEÑOR..., NOS HIZO
Y A ÉL PERTENECEMOS;
SOMOS SU PUEBLO Y OVEJAS
DE SU REBAÑO.
Sal 100 3

SALMO 101 (100)
Las cualidades del buen gobernante

Sal 26 11-12; Prov 11 20; 17 20; 30 10; 21 4; 25 5

1 *De David. Salmo.*
Celebraré con un canto la bondad y la justicia:
a ti, Señor, te cantaré;
2 expondré con sensatez el camino perfecto:
¿cuándo vendrás en mi ayuda?
Yo procedo con rectitud de corazón
en los asuntos de mi casa;
3 nunca pongo mis ojos
en cosas infames.
Detesto la conducta de los descarriados
y no los cuento entre mis amigos;
4 la gente falsa se aparta de mí
y nunca apruebo al malvado.
5 Al que difama en secreto a su prójimo
lo hago desaparecer;
al de mirada altiva y corazón soberbio
no lo puedo soportar.
6 Pongo mis ojos en las personas leales
para que estén cerca de mí;
el que va por el camino perfecto
es mi servidor.
7 No habita dentro de mi casa
el hombre traicionero;
la gente mentirosa no puede permanecer
delante de mi vista.
8 Hago desaparecer día tras día
a los malvados del país,
para extirpar de la Ciudad del Señor
a todos los que hacen el mal.

SALMO 102 (101)
Súplica y promesa de salvación

Sal 22 31-32; Is 51 6-8; Heb 1 10-12; Sal 69 36-37

1 *Oración del afligido que, en su angustia, derrama su llanto ante el Señor.*
2 Señor, escucha mi oración
y llegue a ti mi clamor;
3 no me ocultes tu rostro
en el momento del peligro;
inclina hacia mí tu oído,
respóndeme pronto, cuando te invoco.
4 Porque mis días se disipan como el humo,
y mis huesos arden como brasas;
5 mi corazón se seca, marchitado como la hierba,
¡y hasta me olvido de comer mi pan!
6 Los huesos se me pegan a la piel,
por la violencia de mis gemidos.
7 Me parezco a una lechuza del desierto,
soy como un búho entre las ruinas;
8 estoy desvelado, y me lamento
como un pájaro solitario en el tejado;
9 mis enemigos me insultan sin cesar,
y enfurecidos, me cubren de imprecaciones.
10 Yo como ceniza en vez de pan
y mezclo mi bebida con lágrimas,
11 a causa de tu indignación y tu furor,
porque me alzaste en alto y me arrojaste.
12 Mis días son como sombras que se agrandan,
y me voy secando como la hierba.
13 Pero tú, Señor, reinas para siempre,
y tu Nombre permanece eternamente.
14 Tú te levantarás, te compadecerás de Sion,
porque ya es hora de tenerle piedad,
ya ha llegado el momento señalado:
15 tus servidores sienten amor por esas piedras
y se compadecen de esas ruinas.
16 Las naciones temerán tu Nombre, Señor,
y los reyes de la tierra se rendirán ante tu gloria:
17 cuando el Señor reedifique a Sion
y aparezca glorioso en medio de ella;
18 cuando acepte la oración del desvalido
y no desprecie su plegaria.

[19] Quede esto escrito para el tiempo futuro
y un pueblo renovado alabe al Señor:
[20] porque él se inclinó desde su alto Santuario
y miró a la tierra desde el cielo,
[21] para escuchar el lamento de los cautivos
y librar a los condenados a muerte.
[29] Los hijos de tus servidores tendrán una morada
y su descendencia estará segura ante ti,
[22] para proclamar en Sion el nombre del Señor
y su alabanza en Jerusalén,
[23] cuando se reúnan los pueblos y los reinos,
y sirvan todos juntos al Señor.
[24] Mis fuerzas se debilitaron por el camino
y se abreviaron mis días;
[25] pero yo digo: «Dios mío,
no me lleves en la mitad de mi vida,
tú que permaneces para siempre».
[26] En tiempos remotos, fundaste la tierra,
y el cielo es obra de tus manos;
[27] ellos se acaban, y tú permaneces:
se desgastan lo mismo que la ropa,
los cambias como a un vestido, y ellos pasan.
[28] Tú, en cambio, eres siempre el mismo,
y tus años no tienen fin.

SALMO 103 (102)
Himno a la bondad de Dios

Ex 34 6-7; Sal 86 15; 145 8

[1] *De David.*
Bendice al Señor, alma mía,
que todo mi ser bendiga a su santo Nombre;
[2] bendice al Señor, alma mía,
y nunca olvides sus beneficios.
[3] Él perdona todas tus culpas
y cura todas tus dolencias;
[4] rescata tu vida del sepulcro,
te corona de amor y de ternura;
[5] él colma tu vida de bienes,
y tu juventud se renueva como el águila.
[6] El Señor hace obras de justicia
y otorga el derecho a los oprimidos;
[7] él mostró sus caminos a Moisés
y sus proezas al pueblo de Israel.
[8] El Señor es bondadoso y compasivo,
lento para enojarse y de gran misericordia;
[9] no acusa de manera inapelable
ni guarda rencor eternamente;
[10] no nos trata según nuestros pecados
ni nos paga conforme a nuestras culpas.
[11] Cuanto se alza el cielo sobre la tierra,
así de inmenso es su amor por los que lo temen;
[12] cuanto dista el oriente del occidente,
así aparta de nosotros nuestros pecados.
[13] Como un padre cariñoso con sus hijos,
así es cariñoso el Señor con sus fieles;

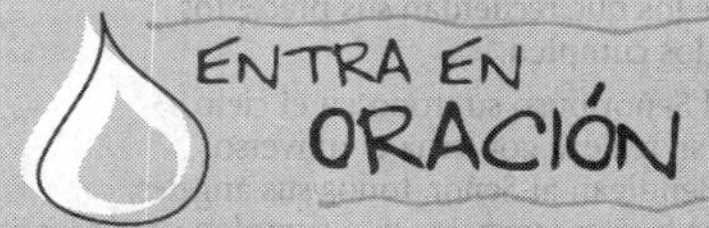

Siete días con la ternura de Dios

El Salmo 103 proclama ¡Dios es amor!, canta su misericordia, y nos invita a alabar y agradecer sus bendiciones. Puedes hacer una semana de renovación espiritual con este salmo. Anota cada día tu meditación:

Día 1: Ora con el salmo completo. Saborea lo que dice y dilo desde el fondo de tu corazón. Escribe: ¿qué sentimientos y motivaciones dejó en ti la Palabra de Dios?

Día 2: Céntrate en los versículos del 1 al 5 y bendice al Señor por aquello que más te inspira. Escribe: ¿qué bendiciones de Dios rebosan en tu corazón y te llevan a alabarlo?

Día 3: Medita sobre los versículos del 6 al 10. Escribe: ¿qué palabras te dan más consuelo, cuáles son más motivadoras y cuáles te desafían más?

Día 4: Lee los versículos del 11 al 14. Escribe la frase que tiene un significado más fuerte para ti hoy día. Repítela varias veces y piensa en los aspectos de tu vida que serán transformados al vivir el amor de Dios de esa manera; escríbelos.

Día 5: Lee los versículos del 15 al 18. Revisa tu vida y escribe: ¿qué virtudes has practicado, sin lograrlo?, ¿por qué se las ha llevado el viento?, ¿cómo puedes afianzarlas en el amor, para que enraícen en ti y lleguen a dar fruto en el futuro?

Día 6: Medita sobre los versículos del 19 al 22. Escribe una bendición a Dios que refleje tus meditaciones de los días anteriores.

Día 7: Revisa todas tus notas, después lee todo el salmo y ten presente tu experiencia espiritual de esta semana. Disfruta tu oración con Dios. Termina alabándolo primero con las palabras del salmo y posteriormente con tus propias palabras.

Sal 103

[14] él conoce de qué estamos hechos,
sabe muy bien que no somos más que polvo.
[15] Los días del hombre son como la hierba:
él florece como las flores del campo;
[16] las roza el viento, y ya no existen más,
ni el sitio donde estaban las verá otra vez.
[17] Pero el amor del Señor permanece para siempre,
y su justicia llega hasta los hijos y los nietos
[18] de los que lo temen y observan su alianza,

SAL

de los que recuerdan sus preceptos
y los cumplen.
19 El Señor puso su trono en el cielo,
y su realeza gobierna el universo.
20 ¡Bendigan al Señor, todos sus ángeles,
los fuertes guerreros que cumplen sus órdenes
apenas oyen la voz de su palabra!
21 ¡Bendigan al Señor, todos sus ejércitos,
sus servidores, los que cumplen su voluntad!
22 ¡Bendíganlo todas sus obras,
en todos los lugares donde ejerce su dominio!
¡Bendice al Señor, alma mía!

SALMO 104 (103)

La gloria de Dios en la creación

Gn 1; Heb 1 17; Job 38 8-11; Gn 9 11-15;
Prov 8 22-31; Job 34 14-15

1 Bendice al Señor, alma mía:
¡Señor, Dios mío, qué grande eres!

¡Cuántas son tus obras, Señor!

El Salmo 104 alaba a Dios por la creación. Solo las personas podemos entonar alabanzas a Dios, quien nos hizo sus colaboradores mediante el trabajo (v. 23), y solo nosotros podemos exclamar ante el mal que causamos ¡Qué se acabe el pecado, Señor! (v. 35).

La espiritualidad nativoamericana vincula íntimamente a las personas con la naturaleza, y los ancianos desean que los niños la amen y transmitan ese afecto a sus hijos. Este poema anónimo de la tradición *mohawk* concuerda con el Salmo 104:

¡Oh Gran Espíritu, creador de todas las cosas: seres humanos, árboles, hierba y moras!

Ayúdanos, sé bueno con nosotros; permítenos ser felices en la tierra.

Permítenos dirigir a nuestros niños hacia una buena y larga vida.

A nuestro pueblo dale una mente buena para amarse unos a otros.

¡Oh Gran Espíritu, sé bueno con nosotros! Permite a tu pueblo ver árboles verdes, hierba verde, flores y moras la próxima primavera.

Así te encontraremos de nuevo. ¡Oh Gran Espíritu, escucha nuestra plegaria! [2]

Gn 5 1-2

Estás vestido de esplendor y majestad
2 y te envuelves con un manto de luz.
Tú extendiste el cielo como un toldo
3 y construiste tu mansión sobre las aguas.
Las nubes te sirven de carruaje
y avanzas en alas del viento.
4 Usas como mensajeros a los vientos,
y a los relámpagos, como ministros.
5 Afirmaste la tierra sobre sus cimientos:
¡no se moverá jamás!
6 El océano la cubría como un manto,
las aguas tapaban las montañas;
7 pero tú las amenazaste y huyeron,
escaparon ante el fragor de tu trueno.
8 Subieron a las montañas, bajaron por los valles,
hasta el lugar que les habías señalado:
9 les fijaste un límite que no pasarán,
ya no volverán a cubrir la tierra.
10 Haces brotar fuentes en los valles,
y corren sus aguas por las quebradas.
11 Allí beben los animales del campo,
los asnos salvajes apagan su sed.
12 Las aves del cielo habitan junto a ellas
y hacen oír su canto entre las ramas.
13 Desde lo alto riegas las montañas,
y la tierra se sacia con el fruto de tus obras.
14 Haces brotar la hierba para el ganado
y las plantas que el hombre cultiva,
para sacar de la tierra el pan
15 y el vino que alegra el corazón del hombre,
para que él haga brillar su rostro con el aceite
y el pan reconforte su corazón.
16 Se llenan de savia los árboles del Señor,
los cedros del Líbano que él plantó;
17 allí ponen su nido los pájaros,
la cigüeña tiene su casa en los abetos;
18 los altos peñascos son para las cabras,
y en las rocas se refugian los erizos.
19 Hiciste la luna para medir el tiempo,
señalaste al sol el momento de su ocaso;
20 mandas la oscuridad, y cae la noche:
entonces rondan las fieras de la selva
21 y los cachorros rugen por la presa,
pidiendo a Dios su alimento.
22 Haces brillar el sol y se retiran,
van a echarse en sus guaridas:
23 entonces sale el hombre a trabajar,
a cumplir su jornada hasta la tarde.
24 ¡Qué variadas son tus obras, Señor!
¡Todo lo hiciste con sabiduría,
la tierra está llena de tus criaturas!
25 Allí está el mar, grande y dilatado,
donde se agitan, en número incontable,
animales grandes y pequeños.
26 Por él transitan las naves, y ese Leviatán
que tú formaste para jugar con él.

27 Todos esperan de ti
que les des la comida a su tiempo:
28 se la das, y ellos la recogen;
abres tu mano, y quedan saciados.
29 Si escondes tu rostro, se espantan;
si les quitas el aliento,
expiran y vuelven al polvo.
30 Si envías tu aliento, son creados,
y renuevas la superficie de la tierra.

31 ¡Gloria al Señor para siempre,
alégrese el Señor por sus obras!
32 Él mira, y la tierra se estremece;
toca las montañas, y echan humo.
33 Cantaré al Señor toda mi vida;
mientras yo exista, celebraré a mi Dios:
34 que mi canto le sea agradable,
y yo me alegraré en el Señor.
35 Que los pecadores desaparezcan de la tierra
y los malvados ya no existan más.
¡Bendice al Señor, alma mía!
¡Aleluya!

SALMO 105 (104)

Las maravillas de Dios en favor de su pueblo

Sal 78; 1 Cr 16 8-22;
Gn 15; 12 10-20; 20; 41; 46 1 – 47 12; Ex 7 – 10; 15

1 ¡Den gracias al Señor, invoquen su Nombre,
hagan conocer entre los pueblos sus proezas;
2 canten al Señor con instrumentos musicales,
pregonen todas sus maravillas!
3 ¡Gloríense en su santo Nombre,
alégrense los que buscan al Señor!
4 ¡Recurran al Señor y a su poder,
busquen constantemente su rostro;
5 recuerden las maravillas que él obró,
sus portentos y los juicios de su boca!
6 Descendientes de Abraham, su servidor,
hijos de Jacob, su elegido:
7 el Señor es nuestro Dios,
en toda la tierra rigen sus decretos.

8 Él se acuerda eternamente de su alianza,
de la palabra que dio por mil generaciones,
9 del pacto que selló con Abraham,
del juramento que hizo a Isaac:
10 él lo confirmó como norma para Jacob,
como alianza eterna para Israel,
11 cuando dijo: «Yo te daré la tierra de Canaán,
como porción hereditaria de todos ustedes».

12 Cuando formaban un grupo muy pequeño
y eran extranjeros en aquellas regiones;
13 cuando iban de nación en nación
y pasaban de un reino a otro pueblo,
14 no toleró que nadie los oprimiera,
y castigó a reyes, por amor a ellos:
15 «No toquen a mis ungidos
ni maltraten a mis profetas».
16 Él provocó una gran sequía en el país
y agotó todas las provisiones.
17 Pero antes envió a un hombre,
a José, que fue vendido como esclavo:
18 le ataron los pies con grillos
y el hierro oprimió su garganta,
19 hasta que se cumplió lo que él predijo,
y la palabra del Señor lo acreditó.

20 El rey ordenó que lo soltaran,
el soberano de pueblos lo puso en libertad;
21 lo nombró señor de su palacio
y administrador de todos sus bienes,
22 con pleno poder para instruir a los príncipes
y enseñar sabiduría a los ancianos.

23 Entonces Israel entró en Egipto,
Jacob residió en la tierra de Cam.
24 El Señor hizo a su pueblo muy fecundo,
más fuerte que sus mismos opresores;
25 cambió el corazón de los egipcios,
para que sintieran odio por su pueblo
y trataran con perfidia a sus servidores.

26 Luego envió a Moisés, su servidor,
y a Aarón, que era su elegido;
27 por su intermedio realizó prodigios,
hizo portentos en la tierra de Cam:
28 atrajo las tinieblas, y hubo oscuridad,
pero ellos rechazaron sus palabras.

29 Transformó sus aguas en sangre
e hizo morir a sus peces;
30 el país quedó cubierto de ranas,
hasta en los aposentos del rey;
31 dio una orden y vinieron los insectos,
los mosquitos invadieron el país.

32 Les mandó granizo en vez de lluvia,
y cayeron llamaradas en su tierra;
33 abatió sus higueras y viñedos,
y destrozó los árboles en sus campos;
34 dio una orden, y vinieron langostas
y pulgones en número incontable,
35 que comieron toda la hierba del campo
y devoraron los frutos de la tierra.
36 Hirió de muerte a los primogénitos de aquel país,
a las primicias de todo ser viviente;
37 sacó a su pueblo cargado de oro y plata,
y nadie desfalleció entre sus tribus:
38 los egipcios se alegraron de su partida,
porque los había dominado el terror.
39 Tendió una nube para que los cubriera,
y envió un fuego para alumbrarlos de noche;
40 pidieron de comer y les mandó codornices,
los sació con pan del cielo;
41 abrió la roca, brotaron las aguas
y corrieron como un río por el desierto.

42 Él se acordó de la palabra sagrada,
que había dado a Abraham, su servidor,
43 e hizo salir a su pueblo con alegría,
a sus elegidos, entre cantos de triunfo;
44 les dio las tierras de los paganos,
y ellos heredaron las riquezas de los pueblos,
45 a fin de observar sus mandamientos
y cumplir fielmente sus leyes.

¡Aleluya!

SALMO 106 (105)
El amor de Dios y las infidelidades de su pueblo

Sal 78; Ex 14 – 15; Nm 11 4-6; 16; Ex 32; Nm 13 25 – 14 37; Dt 1 25-36; Nm 25; Ex 17; Jue 2 11-26

1 *¡Aleluya!*
¡Den gracias al Señor, porque es bueno,
porque es eterno su amor!
2 ¿Quién puede hablar de las proezas del Señor
y proclamar todas sus alabanzas?
3 ¡Felices los que proceden con rectitud,
los que practican la justicia en todo tiempo!

4 Acuérdate de mí, Señor,
por el amor que tienes a tu pueblo;
visítame con tu salvación,
5 para que vea la felicidad de tus elegidos,
para que me alegre con la alegría de tu nación
y me gloríe con el pueblo de tu herencia.

6 Hemos pecado, igual que nuestros padres;
somos culpables, hicimos el mal:
7 nuestros padres, cuando estaban en Egipto,
no comprendieron tus maravillas;
no recordaron la multitud de tus favores,
y en el mar Rojo desafiaron al Altísimo.

8 Pero él los salvó por amor de su Nombre,
para poner de manifiesto su poder:
9 increpó al mar Rojo, y este se secó;
los llevó por los abismos como por un desierto,
10 los salvó de las manos del enemigo,
los rescató del poder del adversario.

11 El agua cubrió a sus opresores,
ni uno solo quedó con vida:
12 entonces creyeron en sus palabras
y cantaron sus alabanzas.

13 Pero muy pronto se olvidaron de sus obras,
no tuvieron en cuenta su designio;
14 ardían de avidez en el desierto
y tentaron a *Dios en la soledad:*
15 entonces, él les dio lo que pedían,
pero hizo que una enfermedad los consumiera.

16 En el campamento tuvieron celos de Moisés,
y de Aarón, el consagrado al Señor;
17 pero se abrió la tierra y devoró a Datán,
se cerró sobre Abirón y sus secuaces:
18 ardió un fuego contra aquella turba,
y las llamas abrasaron a los malvados.

19 En Horeb se fabricaron un ternero,
adoraron una estatua de metal fundido:
20 así cambiaron su Gloria
por la imagen de un toro que come pasto.

21 Olvidaron a Dios, que los había salvado
y había hecho prodigios en Egipto,
22 maravillas en la tierra de Cam
y portentos junto al mar Rojo.

23 El Señor amenazó con destruirlos,
pero Moisés, su elegido,
se mantuvo firme en la brecha
para aplacar su enojo destructor.

24 Despreciaron una tierra apetecible,
no creyeron en su palabra;
25 murmuraron dentro de sus tiendas
y no escucharon la voz del Señor.

26 Pero él alzó la mano y les juró
que los haría morir en el desierto,
27 que dispersaría a sus descendientes
por los pueblos
y los diseminaría por diversas regiones.

28 Luego se unieron al Baal de Peor
y comieron víctimas ofrecidas a dioses muertos;
29 con esas acciones irritaron al Señor
y cayó sobre ellos una plaga.

30 Pero Pinjás se levantó e hizo justicia,
y entonces cesó la plaga:
31 esto le fue tenido en cuenta a su favor,
por todas las generaciones, para siempre.

32 Irritaron al Señor junto a las aguas de Meribá,
y Moisés sufrió mucho por culpa de ellos,
33 porque lo amargaron profundamente,
y él no supo medir sus palabras.

34 No exterminaron a los pueblos
como el Señor les había mandado;
35 se mezclaron con los paganos
e imitaron sus costumbres;
36 rindieron culto a sus ídolos,
que fueron para ellos una trampa.

37 Sacrificaron en honor de los demonios
a sus hijos y a sus hijas;
38 derramaron sangre inocente,
y la tierra quedó profanada.

39 Se mancharon con sus acciones
y se prostituyeron con su mala conducta;
40 por eso el Señor se indignó contra su pueblo
y abominó de su herencia.

41 Los puso en manos de las naciones
y fueron dominados por sus enemigos;
42 sus adversarios los oprimieron
y los sometieron a su poder.

43 El Señor los libró muchas veces,
pero ellos se obstinaron en su actitud,
y se hundieron más y más en su maldad.

44 Sin embargo, él miró su aflicción
y escuchó sus lamentos.
45 Se acordó de su alianza en favor de ellos
y se arrepintió por su gran misericordia;
46 hizo que les tuvieran compasión
los que los habían llevado cautivos.
47 Sálvanos, Señor y Dios nuestro;
congréganos de entre las naciones,
para que podamos dar gracias a tu santo Nombre
y gloriarnos de haberte alabado.
48 ¡Bendito sea el Señor, Dios de Israel,
desde ahora y para siempre!
Y todo el pueblo diga:
¡Amén! ¡Aleluya!

SALMO 107 (106)

Liturgia de acción de gracias

Sal 106; Is 43 5-6; Lc 1 53; Lv 26 40-41; Job 6 6-7; Jon 1; Job 12 21-24; 22 19

1 ¡Den gracias al Señor, porque es bueno,
porque es eterno su amor!
2 Que lo digan los redimidos por el Señor,
los que él rescató del poder del enemigo
3 y congregó de todas las regiones:
del norte y del sur, del oriente y el occidente;
4 los que iban errantes por el desierto solitario,
sin hallar el camino hacia un lugar habitable.
5 Estaban hambrientos, tenían sed
y ya les faltaba el aliento;
6 pero en la angustia invocaron al Señor,
y él los libró de sus tribulaciones:
7 los llevó por el camino recto,
y así llegaron a un lugar habitable.
8 Den gracias al Señor por su misericordia
y por sus maravillas en favor de los hombres,
9 porque él sació a los que sufrían sed
y colmó de bienes a los hambrientos.
10 Estaban en tinieblas, entre sombras de muerte,
encadenados y en la miseria,
11 por haber desafiado las órdenes de Dios
y despreciado el designio del Altísimo.
12 Él los había agobiado con sufrimientos;
sucumbían, y nadie los ayudaba;
13 pero en la angustia invocaron al Señor,
y él los libró de sus tribulaciones:
14 los sacó de las tinieblas y las sombras,
e hizo pedazos sus cadenas.
15 Den gracias al Señor por su misericordia
y por sus maravillas en favor de los hombres,
16 porque él destrozó las puertas de bronce
y quebró los cerrojos de hierro.
17 Estaban debilitados y oprimidos,
a causa de sus rebeldías y sus culpas;
18 la comida les daba náuseas,
y ya tocaban las puertas de la muerte.
19 Pero en la angustia invocaron al Señor,
y él los libró de sus tribulaciones:
20 envió su palabra y los sanó,
salvó sus vidas del sepulcro.
21 Den gracias al Señor por su misericordia
y por sus maravillas en favor de los hombres:
22 ofrézcanle sacrificios de acción de gracias
y proclamen con júbilo sus obras.
23 Los que viajaron en barco por el mar,
para traficar por las aguas inmensas,
24 contemplaron las obras del Señor,
sus maravillas en el océano profundo.
25 Con su palabra desató un vendaval,
que encrespaba las olas del océano:
26 ellos subían hasta el cielo, bajaban al abismo,
se sentían desfallecer por el mareo,
27 se tambaleaban dando tumbos como ebrios,
y su pericia no les valía de nada.
28 Pero en la angustia invocaron al Señor,
y él los libró de sus tribulaciones:
29 cambió el huracán en una brisa suave
y se aplacaron las olas del mar;
30 entonces se alegraron de aquella calma,
y el Señor los condujo al puerto deseado.
31 Den gracias al Señor por su misericordia
y por sus maravillas en favor de los hombres:
32 aclámenlo en la asamblea del pueblo,
alábenlo en el consejo de los ancianos.
33 Él hizo de los ríos un desierto,
y de los oasis, una tierra estéril;
34 transformó el suelo fértil en una salina,
por la maldad de sus habitantes.
35 Convirtió el desierto en un lago,
y la tierra reseca en un oasis;
36 allí puso a los hambrientos,
y ellos fundaron una ciudad habitable.
37 Sembraron campos y plantaron viñas,
que produjeron frutos en las cosechas;
38 él los bendijo y se multiplicaron,
y no dejó que les faltara el ganado.
39 Cuando eran pocos, y estaban abatidos
por el peso de la desgracia y la aflicción,
40 el que cubre de vergüenza a los príncipes
y los extravía por un desierto sin huellas,
41 levantó a los pobres de la miseria
y multiplicó sus familias como rebaños.
42 Que los justos lo vean y se alegren,
y enmudezcan todos los malvados.
43 El que es sabio, que retenga estas cosas
y comprenda la misericordia del Señor.

SALMO 108 (107)

Plegaria nacional

Sal 57 8-12; 60 7-14

1 *Canto. Salmo de David.*
2 Mi corazón está firme, Dios mío,
mi corazón está firme.

Voy a cantar al son de instrumentos:
¡despierta, alma mía!
3 ¡Despierten, arpa y cítara,
para que yo despierte a la aurora!
4 Te alabaré en medio de los pueblos, Señor,
te cantaré entre las naciones,
5 porque tu misericordia se eleva hasta el cielo
y tu fidelidad hasta las nubes.

6 ¡Levántate, Dios, por encima del cielo,
y que tu gloria cubra toda la tierra!
7 ¡Sálvanos con tu poder, respóndenos,
para que se pongan a salvo tus predilectos!

8 El Señor habló desde su Santuario:
«Yo repartiré triunfalmente a Siquem
y distribuiré el valle de Sucot.

9 Mío es Galaad, Manasés me pertenece,
Efraím es mi yelmo, mi cetro es Judá.
10 Moab es la vasija donde yo me lavo;
plantaré mis sandalias en Edom
y cantaré victoria sobre Filistea».

11 ¿Quién me llevará hasta la ciudad fortificada,
quién me conducirá hasta Edom,
12 si tú, Señor, nos has rechazado
y ya no sales con nuestro ejército?

13 Danos tu ayuda contra el adversario,
porque es inútil el auxilio de los hombres.
14 Con Dios alcanzaremos la victoria,
y él aplastará a nuestros enemigos.

SALMO 109 (108)

Apelación a la justicia de Dios

Sal 35 12-13.22; Hch 1 20; Job 5 4-5; 20 18-19;
Sal 22 7-8.32; Is 65 13-15

1 *Del maestro de coro. De David. Salmo.*

Dios de mi alabanza, no te quedes callado,
2 porque unos hombres malvados y mentirosos
han abierto su boca contra mí.

Me han hablado con mentira en los labios,
3 me han envuelto con palabras de odio,
me combaten sin motivo.

4 Me acusan, a cambio de mi amor,
aunque yo oraba por ellos.
5 Me devuelven mal por bien
y odio por amor, diciendo:

6 «Que se ponga contra él a un impío,
y tenga un acusador a su derecha;
7 que salga condenado del juicio
y su apelación quede frustrada.

8 Que sean pocos sus días
y que otro ocupe su cargo;
9 que sus hijos queden huérfanos,
y su mujer, viuda.

10 Que sus hijos vayan errantes, pidiendo limosna,
y sean echados de sus casas derruidas;
11 que el acreedor se apodere de sus bienes,
y gente extraña le arrebate sus ganancias.

12 Que ni uno solo le tenga piedad,
y nadie se compadezca de sus huérfanos;
13 que su posteridad sea exterminada,
y en una generación desaparezca su nombre.

14 Que el Señor recuerde la culpa de sus padres,
y no borre el pecado de su madre:
15 que estén siempre delante del Señor,
y él extirpe su recuerdo de la tierra.

16 Porque nunca pensó en practicar la misericordia,
sino que persiguió hasta la muerte
al pobre, al desvalido y al hombre atribulado.
17 Amó la maldición: que recaiga sobre él;
no quiso la bendición: que se retire de él.

18 Se revistió de la maldición como de un manto:
¡que ella penetre como agua en su interior
y como aceite en sus huesos;
19 que sea como un vestido que lo cubra
y como un cinturón que lo ciña para siempre!».

20 Que así retribuya el Señor a mis acusadores,
a aquellos que me calumnian.
21 Pero tú, Señor, trátame bien,
por el honor de tu Nombre;
líbrame, por la bondad de tu misericordia.

22 Porque yo soy pobre y miserable,
y mi corazón está traspasado;
23 me desvanezco como sombra que declina,
soy sacudido como la langosta.

24 De tanto ayunar se me doblan las rodillas,
y mi cuerpo está débil y enflaquecido;
25 soy para ellos un ser despreciable:
al verme, mueven la cabeza.

26 Ayúdame, Señor, Dios mío,
sálvame por tu misericordia,
27 para que sepan que aquí está tu mano,
y que tú, Señor, has hecho esto;
28 no importa que ellos maldigan,
con tal que tú me bendigas.

Queden confundidos mis adversarios,
mientras tu servidor se llena de alegría:
29 que mis acusadores se cubran de oprobio,
y la vergüenza los envuelva como un manto.

30 Yo daré gracias al Señor en alta voz,
lo alabaré en medio de la multitud,
31 porque él se puso de parte del pobre,
para salvarlo de sus acusadores.

SALMO 110 (109)

El Mesías, rey y sacerdote

Sal 2; Mt 26 64; Hch 2 34-35; Rom 8 34; 1 Cor 15 25;
Ef 1 20; 1 Pe 3 20; Heb 1 13; 5 5; 7 1; 8 1; 10 12

1 *De David. Salmo.*

Dijo el Señor a mi Señor:
«Siéntate a mi derecha,

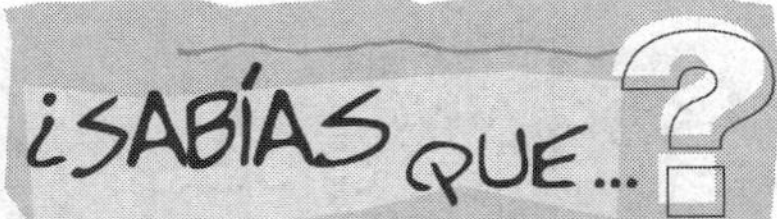

Salmo mesiánico-sacerdotal

El Salmo 110 es uno de los más antiguos. Procede de la liturgia de coronación del rey David y es profético. Dios promete a David que sus enemigos serán vencidos (vv. 1-2), le habla como si fuera su hijo y vincula su reinado con la misión sacerdotal, basándose en la ofrenda de Melquisedec en la época patriarcal (vv. 3-4).

Melquisedec, rey de Salem, daba culto al Dios de Abraham como Dios supremo. Como patriarca, Abraham era el sacerdote de su familia, pero reconoce al rey superior a él y le da el diezmo de la victoria en el combate. Melquisedec ofrece pan y vino al Dios Altísimo y bendice a Abraham (Gn 14 18-20). El simbolismo de este hecho es muy fuerte:

- Muestra la universalidad de Dios al valerse de todas las naciones para unir a la humanidad con él.
- Es signo anticipado de la ofrenda de pan y vino hecha por Jesús.

Melquisedec es figura de Jesús, quien es rey universal y sacerdote eterno, por su condición de Hijo de Dios, no por una investidura terrena. El Nuevo Testamento cita este salmo más de 20 veces afirmando que en Cristo se cumple su sentido profético (Hch 2 34-35; Heb 7 1-19), y en la Misa recordamos que Jesús es sacerdote según el rito de Melquisedec.

Sal 110

mientras yo pongo a tus enemigos
como estrado de tus pies».
2 El Señor extenderá el poder de tu cetro:
«¡Domina desde Sion, en medio de tus enemigos!».
3 «Tú eres príncipe desde tu nacimiento,
con esplendor de santidad;
yo mismo te engendré como rocío,
desde el seno de la aurora».
4 El Señor lo ha jurado y no se retractará:
«Tú eres sacerdote para siempre,
a la manera de Melquisedec».
5 A tu derecha, Señor, él derrotará a los reyes,
en el día de su enojo;
6 juzgará a las naciones, amontonará cadáveres
y aplastará cabezas por toda la tierra.
7 En el camino beberá del torrente,
por eso erguirá su cabeza.

SALMO 111 (110)
Alabanza al Señor, bienhechor de su pueblo

Sal 112 3; Prov 1 7; 9 10

1 *¡Aleluya!*
Doy gracias al Señor de todo corazón,
en la reunión y en la asamblea de los justos.
2 Grandes son las obras del Señor:
los que las aman desean comprenderlas.
3 Su obra es esplendor y majestad,
su justicia permanece para siempre.
4 Él hizo portentos memorables,
el Señor es bondadoso y compasivo.
5 Proveyó de alimento a sus fieles
y se acuerda eternamente de su alianza.
6 Manifestó a su pueblo el poder de sus obras,
dándole la herencia de las naciones.
7 Las obras de sus manos son verdad y justicia;
todos sus preceptos son indefectibles:
8 están afianzados para siempre
y establecidos con lealtad y rectitud.
9 Él envió la redención a su pueblo,
promulgó su alianza para siempre:
su Nombre es santo y temible.
10 El temor del Señor es el comienzo
de la sabiduría:
son prudentes los que lo practican.
¡El Señor es digno de alabanza eternamente!

SALMO 112 (111)
Elogio del hombre justo

Sal 1; 111

1 *¡Aleluya!*
Feliz el hombre que teme al Señor
y se complace en sus mandamientos.
2 Su descendencia será fuerte en la tierra:
la posteridad de los justos es bendecida.
3 En su casa habrá abundancia y riqueza,
su generosidad permanecerá para siempre.
4 Para los buenos brilla una luz en las tinieblas:
es el Bondadoso, el Compasivo y el Justo.
5 Dichoso el que se compadece y da prestado,
y administra sus negocios con rectitud.
6 El justo no vacilará jamás,
su recuerdo permanecerá para siempre.

S A L

[7] No tendrá que temer malas noticias:
su corazón está firme, confiado en el Señor.
[8] Su ánimo está seguro, y no temerá,
hasta que vea la derrota de sus enemigos.
[9] Él da abundantemente a los pobres:
su generosidad permanecerá para siempre,
y alzará su frente con dignidad.
[10] El malvado, al verlo, se enfurece,
rechinan sus dientes y se consume;
pero la ambición de los malvados se frustrará.

SALMO 113 (112)

El amor del Señor por los humildes

1 Sm 2 5.8; Lc 1 47-55

[1] *¡Aleluya!*

Alaben, servidores del Señor,
alaben el nombre del Señor.
[2] Bendito sea el nombre del Señor,
desde ahora y para siempre.
[3] Desde la salida del sol hasta su ocaso,
sea alabado el nombre del Señor.
[4] El Señor está sobre todas las naciones,
su gloria se eleva sobre el cielo,
[5] ¿Quién es como el Señor, nuestro Dios,
que tiene su morada en las alturas,
[6] y se inclina para contemplar
el cielo y la tierra?
[7] Él levanta del polvo al desvalido,
alza al pobre de su miseria,
[8] para hacerlo sentar entre los nobles,
entre los nobles y su pueblo;
[9] él honra a la mujer estéril en su hogar,
haciendo de ella una madre feliz.

SALMO 114 (113a)

Himno pascual

Ex 19 6; Sal 78 54; 74 14-15; Jue 5 4; Ex 17 1-7

¡Aleluya!

[1] Cuando Israel salió de Egipto,
la familia de Jacob, de un pueblo extranjero,
[2] Judá se convirtió en su Santuario,
la tierra de Israel fue su dominio.
[3] El Mar, al verlos, huyó,
el Jordán se volvió atrás;
[4] los montes saltaron como carneros,
y las colinas, como corderos.
[5] ¿Qué tienes, Mar? ¿Por qué huyes?
Y tú, Jordán, ¿por qué te vuelves atrás?
[6] Montes, ¿por qué saltan como carneros,
y ustedes, colinas, como corderos?
[7] Tiembla, tierra, delante del Señor,
ante el rostro del Dios de Jacob,
[8] el que convierte las rocas en estanques,
y los peñascos en manantiales.

¡Aleluya!

Los Salmos 113 al 118 se conocen como el *Hallel* porque en la versión hebrea empiezan con esa palabra, la cual pasó al griego y al latín como *aleluya*, que significa «alabad a Yahveh». El *Hallel* se cantaba en el culto del Templo de Jerusalén y en las sinagogas: reúne himnos de alabanza a Dios por las maravillas del universo y cánticos de acción de gracias por la liberación de Egipto, fundamento de la fe de Israel.

Jesucristo, como buen judío, cantaba los salmos. En su Última Cena pascual antes de su muerte, entonó con sus discípulos el *Hallel*, que cerraba ritualmente la celebración de la Pascua judía, alabando al Señor por la liberación del pueblo (Mt 26 30). Los cristianos cantamos estos salmos para celebrar la alegría de nuestra fe.

Sal 113 – 118

SALMO 115 (113b)

Himno al único Dios

Ez 36 22-23; Sal 135 15-18; 118 2-4; Dt 1 10-11

[1] No nos glorifiques a nosotros, Señor:
glorifica solamente a tu Nombre,
por tu amor y tu fidelidad.
[2] ¿Por qué han de decir las naciones:
«Dónde está su Dios»?
[3] Nuestro Dios está en el cielo y en la tierra,
él hace todo lo que quiere.
[4] Los ídolos, en cambio, son plata y oro,
obra de las manos de los hombres.
[5] Tienen boca, pero no hablan,
tienen ojos, pero no ven;
[6] tienen orejas, pero no oyen,
tienen nariz, pero no huelen.
[7] Tienen manos, pero no palpan,
tienen pies, pero no caminan;
ni un solo sonido sale de su garganta.
[8] Como ellos serán los que los fabrican,
los que ponen en ellos su confianza.
[9] Pueblo de Israel, confía en el Señor:
él es tu ayuda y tu escudo;

[10] familia de Aarón, confía en el Señor:
él es tu ayuda y tu escudo;
[11] confíen en el Señor todos los que lo temen:
él es su ayuda y su escudo.

[12] Que el Señor se acuerde de nosotros
y nos bendiga:
bendiga al pueblo de Israel,
bendiga a la familia de Aarón,
[13] bendiga a los que temen al Señor,
a los pequeños y a los grandes.

[14] Que el Señor los multiplique,
a ustedes y a sus hijos;
[15] y sean bendecidos por el Señor,
que hizo el cielo y la tierra.

[16] El cielo pertenece al Señor,
y la tierra la entregó a los hombres.

[17] Los muertos ya no alaban al Señor,
ni tampoco los que bajaron al sepulcro.
[18] Nosotros, los vivientes, bendecimos al Señor,
desde ahora y para siempre.

¡Aleluya!

SALMO 116 (114-115)

Canto de acción de gracias

Sal 18 5-7; Ex 34 6; 1 Cor 4 13; 10 16; Lv 7 11

[1] Amo al Señor, porque él escucha
el clamor de mi súplica,
[2] porque inclina su oído hacia mí,
cuando yo lo invoco.

[3] Los lazos de la muerte me envolvieron,
me alcanzaron las redes del Abismo,
caí en la angustia y la tristeza;
[4] entonces invoqué al Señor:
«¡Por favor, sálvame la vida!».

[5] El Señor es justo y bondadoso,
nuestro Dios es compasivo;
[6] el Señor protege a los sencillos:
yo estaba en la miseria y me salvó.

[7] Alma mía, recobra la calma,
porque el Señor ha sido bueno contigo.
[8] Él libró mi vida de la muerte,
mis ojos de las lágrimas y mis pies de la caída.
[9] Yo caminaré en la presencia del Señor,
en la tierra de los vivientes.

[10] Tenía confianza, incluso cuando dije:
«¡Qué grande es mi desgracia!».
[11] Yo, que en mi turbación llegué a decir:
«¡Los hombres son todos mentirosos!».

[12] ¿Con qué pagaré al Señor
todo el bien que me hizo?

[13] Alzaré la copa de la salvación
e invocaré el nombre del Señor.
[14] Cumpliré mis votos al Señor,
en presencia de todo su pueblo.

[15] ¡Qué penosa es para el Señor
la muerte de sus amigos!
[16] Yo, Señor, soy tu servidor,
tu servidor, lo mismo que mi madre:
por eso rompiste mis cadenas.

[17] Te ofreceré un sacrificio de alabanza,
e invocaré el nombre del Señor.
[18] Cumpliré mis votos al Señor,
en presencia de todo su pueblo,
[19] en los atrios de la Casa del Señor,
en medio de ti, Jerusalén.

¡Aleluya!

SALMO 117 (116)

Himno de alabanza

Rom 15 11

[1] ¡Alaben al Señor, todas las naciones,
glorifíquenlo, todos los pueblos!

[2] Porque es inquebrantable su amor por nosotros,
y su fidelidad permanece para siempre.

¡Aleluya!

SALMO 118 (117)

Himno procesional de acción de gracias

Sal 115; 135 19-20; Heb 13 6; Ex 15 2;
Sal 24 7-10; Mt 21 42; Hch 4 11; Mt 21 9; 23 39

[1] ¡Aleluya!

¡Den gracias al Señor, porque es bueno,
porque es eterno su amor!
[2] Que lo diga el pueblo de Israel:
¡es eterno su amor!
[3] Que lo diga la familia de Aarón:
¡es eterno su amor!
[4] Que lo digan los que temen al Señor:
¡es eterno su amor!

[5] En el peligro invoqué al Señor,
y él me escuchó dándome un alivio.
[6] El Señor está conmigo: no temeré;
¿qué podrán hacerme los hombres?
[7] El Señor está conmigo y me ayuda:
yo veré derrotados a mis adversarios.

[8] Es mejor refugiarse en el Señor
que fiarse de los hombres;
[9] es mejor refugiarse en el Señor
que fiarse de los poderosos.

[10] Todos los paganos me rodearon,
pero yo los derroté en el nombre del Señor;
[11] me rodearon por todas partes,
pero yo los derroté en el nombre del Señor;
[12] me rodearon como avispas,
ardían como fuego en las espinas,
pero yo los derroté en el nombre del Señor.

[13] Me empujaron con violencia para derribarme,
pero el Señor vino en mi ayuda.

S A L

PERSPECTIVA CATÓLICA

Este es el *Día del Señor*

Este himno de acción de gracias tiene una resonancia muy fuerte para los católicos. Lo proclamamos cada año en la temporada pascual y cantamos constantemente «Este es el Día que hizo el Señor: alegrémonos y regocijémonos en él» (Sal 118 24-25). Identifícate con los sentimientos de Jesús al orar con él y, con los de todos los cristianos, al vivir el triunfo de Jesús sobre la muerte:

- Canta con Jesús que Dios es bueno y su amor es eterno.
- Refúgiate en manos del Padre como hizo Jesús ante las pruebas.
- Siente la fuerza del Padre, quien alentó a Jesús ante sus enemigos.
- Transforma las agresiones que sufres en actos de amor, para triunfar como Jesús sobre el mal.
- Entrega tu vida al Padre agradecido/a que te escucha y consciente de que si sigues sus caminos gozarás de su presencia...
- Haz fiesta porque, al vencer el pecado y la muerte, Jesús alcanzó para ti una vida nueva para siempre...

Cada vez que proclames este himno en el tiempo pascual, repite la experiencia de hacerte solidario con Jesús y su misterio de salvación. Únete a Jesús que bendice, alaba y da gracias a su Padre.

Sal 118

14 El Señor es mi fuerza y mi protección;
él fue mi salvación.

15 Un grito de alegría y de victoria
resuena en las tiendas de los justos:
«La mano del Señor hace proezas,
16 la mano del Señor es sublime,
la mano del Señor hace proezas».

17 No, no moriré:
viviré para publicar lo que hizo el Señor.
18 El Señor me castigó duramente,
pero no me entregó a la muerte.

19 «Abran las puertas de la justicia
y entraré para dar gracias al Señor».

20 «Esta es la puerta del Señor:
solo los justos entran por ella».

21 Yo te doy gracias porque me escuchaste
y fuiste mi salvación.

22 La piedra que desecharon los constructores
es ahora la piedra angular.
23 Esto ha sido hecho por el Señor
y es admirable a nuestros ojos.
24 Este es el día que hizo el Señor:
alegrémonos y regocijémonos en él.

25 Sálvanos, Señor, asegúranos la prosperidad.
26 ¡Bendito el que viene en nombre del Señor!

Nosotros los bendecimos desde la Casa del Señor:
27 el Señor es Dios, y él nos ilumina.

«Ordenen una procesión con ramas frondosas
hasta los ángulos del altar».

28 Tú eres mi Dios, y yo te doy gracias;
Dios mío, yo te glorifico.

29 ¡Den gracias al Señor, porque es bueno,
porque es eterno su amor!

SALMO 119 (118)
Elogio de la ley del Señor

Sal 1; 19 8-15

1 Felices los que van por un camino intachable,
los que siguen la ley del Señor,
2 Felices los que cumplen sus normas
y lo buscan de todo corazón,
3 los que van por sus caminos,
sin hacer ningún mal.
4 Tú promulgaste tus mandamientos
para que se cumplieran íntegramente.

5 ¡Ojalá yo me mantenga firme
en la observancia de tus preceptos!
6 Así no sentiré vergüenza,
al considerar tus mandamientos.
7 Te alabaré con un corazón recto,
cuando aprenda tus justas decisiones.
8 Quiero cumplir fielmente tus preceptos:
no me abandones del todo.

9 ¿Cómo un joven llevará una vida honesta?
Cumpliendo tus palabras.
10 Yo te busco de todo corazón:
no permitas que me aparte de tus mandamientos.
11 Conservo tu palabra en mi corazón,
para no pecar contra ti.
12 Tú eres bendito, Señor:
enséñame tus preceptos.

13 Yo proclamo con mis labios
todos los juicios de tu boca.
14 Me alegro de cumplir tus normas,
más que de todas las riquezas.
15 Meditaré tus leyes
y tendré en cuenta tus caminos.
16 Mi alegría está en tus preceptos:
no me olvidaré de tu palabra.

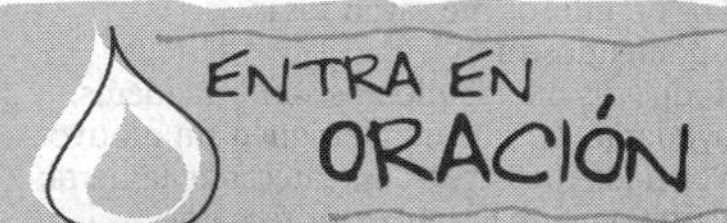

El salmo más largo elogia la ley

El autor del Salmo 119 dialoga con Dios sobre su voluntad y su ley con este canto compuesto de breves refranes, reunidos en 22 estrofas alfabéticas en hebreo. Celebra que la ley divina está escrita en su corazón, y como un enamorado la elogia tuteándola y diciéndole: te amo, te quiero, me gustas, te adoro... Se refiere a ella con más de diez términos distintos: precepto, camino, ley, decreto, promesa, derecho, normas, mandatos...

Consciente de que el mandamiento de Jesús es el amor, coloca palabras que expresen amor en el lugar donde el salmo habla de decretos y normas. Verás que tu oración se convierte en una clave para encontrar a Dios y vivir en fraternidad. Seguir el mandamiento del amor es la energía esencial que nos impulsa a comunicar siempre alegría, libertad y justicia.

Sal 119

17 Sé bueno con tu servidor,
para que yo viva y pueda cumplir tu palabra.
18 Abre mis ojos,
para que contemple las maravillas de tu ley.
19 Soy un peregrino en la tierra,
no me ocultes tus mandamientos.
20 Mi alma se consume,
deseando siempre tus decisiones.
21 Tú amenazas a esos malditos arrogantes,
que se desvían de tus mandamientos.
22 Aparta de mí la vergüenza y el desprecio,
porque yo cumplo tus normas.
23 Aunque los poderosos se confabulen contra mí,
yo meditaré tus preceptos.
24 Porque tus normas son todo mi deleite,
y tus preceptos, mis consejeros.
25 Mi alma está postrada en el polvo:
devuélveme la vida conforme a tu palabra.
26 Te expuse mi conducta y tú me escuchaste:
enséñame tus preceptos.
27 Instrúyeme en el camino de tus leyes,
y yo meditaré tus maravillas.
28 Mi alma llora de tristeza:
consuélame con tu palabra.
29 Apártame del camino de la mentira,
y dame la gracia de conocer tu ley.
30 Elegí el camino de la verdad,
puse tus decretos delante de mí.
31 Abracé tus normas:
no me defraudes, Señor.
32 Correré por el camino de tus mandamientos,
porque tú me infundes ánimo.
33 Muéstrame, Señor, el camino de tus preceptos,
y yo los cumpliré a la perfección.
34 Instrúyeme, para que observe tu ley
y la cumpla de todo corazón.
35 Condúceme por la senda de tus mandamientos,
porque en ella tengo puesta mi alegría.
36 Inclina mi corazón hacia tus normas
y no hacia la codicia.
37 Aparta mi vista de las cosas vanas;
vivifícame con tu palabra.
38 Cumple conmigo tu promesa,
la que hiciste a tus fieles.
39 Aparta de mí el oprobio que temo,
porque tus juicios son benignos.
40 Yo deseo tus mandamientos:
vivifícame por tu justicia.
41 Que llegue hasta mí tu misericordia, Señor,
y tu salvación conforme a tu promesa.
42 Así responderé a los que me insultan,
porque confío en tu palabra.
43 No quites de mi boca la palabra verdadera,
porque puse mi esperanza en tus juicios.
44 Yo cumpliré fielmente tu ley:
lo haré siempre, eternamente.
45 Y caminaré por un camino espacioso,
porque busco tus preceptos.
46 Hablaré de tus normas delante de los reyes,
y no quedaré confundido.
47 Me deleitaré en tus mandamientos,
que yo amo tanto.
48 Elevaré mis manos hacia tus mandamientos
y meditaré en tus preceptos.
49 Acuérdate de la palabra que me diste,
con la que alentaste mi esperanza.
50 Lo que me consuela en la aflicción
es que tu palabra me da la vida.
51 Los orgullosos se burlan de mí como quieren,
pero yo no me desvío de tu ley.
52 Me acuerdo, Señor, de tus antiguos juicios,
y eso me sirve de consuelo.
53 Me lleno de indignación ante los pecadores,
ante los que abandonan tu ley.
54 Tus preceptos son para mí como canciones,
mientras vivo en el destierro.
55 Por la noche, Señor, me acuerdo de tu Nombre,
y quiero cumplir tu ley.
56 Esto me ha sucedido
porque he observado tus mandamientos.
57 El Señor es mi herencia:
yo he decidido cumplir tus palabras.

58 Procuro de todo corazón
que me mires con bondad;
ten piedad de mí, conforme a tu promesa.
59 Examino atentamente mis caminos,
y dirijo mis pasos hacia tus normas.
60 Me apresuro, sin titubear,
a cumplir tus mandamientos.
61 Los lazos de los malvados me rodean,
pero yo no me olvido de tu ley.
62 Me levanto a medianoche
para alabarte por tus justas decisiones.
63 Soy amigo de todos tus fieles,
de los que cumplen tus leyes.
64 La tierra, Señor, está llena de tu amor;
enséñame tus preceptos.
65 Tú fuiste bueno con tu servidor,
de acuerdo con tu palabra, Señor.
66 Enséñame la discreción y la sabiduría,
porque confío en tus mandamientos.
67 Antes de ser afligido, estaba descarriado;
pero ahora cumplo tu palabra.
68 Tú eres bueno y haces el bien:
enséñame tus mandamientos.
69 Los orgullosos traman engaños contra mí:
pero yo observo tus preceptos.
70 Ellos tienen el corazón endurecido,
yo, en cambio, me regocijo en tu ley.
71 Me hizo bien sufrir la humillación,
porque así aprendí tus preceptos.
72 Para mí vale más la ley de tus labios
que todo el oro y la plata.
73 Tus manos me hicieron y me formaron;
instrúyeme, para que aprenda tus mandamientos.
74 Tus fieles verán con alegría
que puse mi esperanza en tu palabra.
75 Yo sé que tus juicios son justos, Señor,
y que me has humillado con razón.
76 Que tu misericordia me consuele,
de acuerdo con la promesa que me hiciste.
77 Que llegue hasta mí tu compasión, y viviré,
porque tu ley es toda mi alegría.
78 Que se avergüencen los orgullosos,
porque me afligen sin motivo;
yo, en cambio, meditaré tus preceptos.
79 Que se vuelvan hacia mí tus fieles;
los que tienen en cuenta tus normas.
80 Que mi corazón cumpla íntegramente
tus preceptos,
para que yo no quede confundido.
81 Mi alma se consume por tu salvación;
yo espero en tu palabra.
82 Mis ojos se consumen por tu palabra,
¿cuándo me consolarás?
83 Aunque estoy como un odre resecado por el humo,
no me olvido de tus preceptos.
84 ¿Cuántos serán los días de mi vida?
¿Cuándo juzgarás a mis perseguidores?
85 Los orgullosos me cavan fosas,
oponiéndose a tu ley.
86 Todos tus mandamientos son verdaderos;
ayúdame, porque me persiguen sin motivo.
87 Por poco me hacen desaparecer de la tierra;
pero yo no abandono tus preceptos.
88 Vivifícame por tu misericordia,
y cumpliré tus normas.
89 Tu palabra, Señor, permanece para siempre,
está firme en el cielo.
90 Tu verdad permanece por todas las generaciones;
tú afirmaste la tierra y ella subsiste.
91 Todo subsiste hasta hoy conforme a tus decretos,
porque todas las cosas te están sometidas.
92 Si tu ley no fuera mi alegría,
ya hubiera sucumbido en mi aflicción.
93 Nunca me olvidaré de tus preceptos:
por medio de ellos, me has dado la vida.
94 Sálvame, porque yo te pertenezco
y busco tus preceptos.
95 Los malvados están al acecho para perderme,
pero yo estoy atento a tus normas.
96 He comprobado que toda perfección es limitada:
¡qué amplios, en cambio, son tus mandamientos!
97 ¡Cuánto amo tu ley,
todo el día la medito!
98 Tus mandamientos me hacen más sabio
que mis enemigos,
porque siempre me acompañan.
99 Soy más prudente que todos mis maestros,
porque siempre medito tus normas.
100 Soy más inteligente que los ancianos,
porque observo tus preceptos.
101 Yo aparto mis pies del mal camino,
para cumplir tu palabra.
102 No me separo de tus juicios,
porque eres tú el que me enseñas.
103 ¡Qué dulce es tu palabra para mi boca,
es más dulce que la miel!
104 Tus preceptos me hacen comprender:
por eso aborrezco el camino de la mentira.
105 Tu palabra es una lámpara para mis pasos,
y una luz en mi camino.
106 Hice el juramento —y lo sostengo—
de cumplir tus justas decisiones.
107 Estoy muy afligido, Señor:
vivifícame, conforme a tu palabra.
108 Acepta, Señor, las ofrendas de mis labios,
y enséñame tus decisiones.
109 Mi vida está en constante peligro,
pero yo no me olvido de tu ley.
110 Los pecadores me tienden una trampa,
pero yo no me aparto de tus preceptos.
111 Tus normas son mi herencia para siempre,
porque alegran mi corazón.
112 Estoy decidido a cumplir tus preceptos,
siempre y a la perfección

113 Detesto la doblez del corazón
y amo tu ley,
114 Tú eres mi amparo y mi escudo:
yo espero en tu palabra.
115 Que los malvados se aparten de mí:
yo cumpliré los mandamientos de mi Dios.
116 Sé mi sostén conforme a tu promesa, y viviré:
que mi esperanza no quede defraudada.

117 Dame tu apoyo y seré salvado,
y fijaré la mirada en tus preceptos.
118 Tú abandonas a los que se desvían
de tus preceptos,
porque todo lo que piensan es mentira.
119 Tú eliminas como escoria a los impíos,
por eso amo tus normas.
120 Mi carne se estremece de temor por ti,
y respeto tus decisiones.

121 He obrado conforme al derecho y a la justicia:
no me entregues a mis opresores.
122 Otorga una garantía a mi favor,
para que no me opriman los orgullosos.
123 Mis ojos se consumen por tu salvación
y por tu promesa de justicia.
124 Trátame conforme a tu bondad,
y enséñame tus preceptos.

125 Yo soy tu servidor: instrúyeme,
y así conoceré tus normas.
126 Ha llegado, Señor, el tiempo de obrar;
han quebrantado tu ley.
127 Por eso amo tus mandamientos
y los prefiero al oro más fino.
128 Por eso me guío por tus preceptos
y aborrezco todo camino engañoso.

129 Tus normas son admirables:
por eso las observo.
130 La explicación de tu palabra ilumina
y da inteligencia al ignorante.
131 Abro mi boca y aspiro hondamente,
porque anhelo tus mandamientos.
132 Vuelve tu rostro y ten piedad de mí;
es justo que lo hagas
con los que aman tu Nombre.
133 Afirma mis pasos conforme a tu palabra,
para que no me domine la maldad.
134 Líbrame de la opresión de los hombres,
y cumpliré tus mandamientos.
135 Que brille sobre mí la luz de tu rostro,
y enséñame tus preceptos.
136 Ríos de lágrimas brotaron de mis ojos,
porque no se cumple tu ley.
137 Tú eres justo, Señor,
y tus juicios son rectos.
138 Tú impones tus normas con justicia
y con absoluta lealtad.
139 El celo me consume,
porque mis adversarios olvidan tu palabra.
140 Tu palabra está bien acrisolada,
y por eso la amo.
141 Soy pequeño y despreciable,
pero no olvido tus preceptos.
142 Tu justicia es eterna
y tu ley es la verdad.
143 Cuando me asalta la angustia y la opresión,
tus mandamientos son toda mi alegría.
144 La justicia de tus normas es eterna;
instrúyeme y viviré.

145 Yo clamo de todo corazón: escúchame, Señor,
y observaré tus preceptos.
146 Clamo a ti: sálvame,
y cumpliré tus normas.
147 Me anticipo a la aurora para implorar tu ayuda;
yo espero en tu palabra.
148 Mis ojos se anticipan a las vigilias de la noche,
para meditar tus enseñanzas.

149 Por tu amor, oye mi voz, Señor;
vivifícame por tu justicia.
150 Se acercan a mí los que me persiguen con perfidia,
los que están alejados de tu ley.
151 Pero tú estás cerca, Señor,
y todos tus mandamientos son verdaderos.
152 Yo sé desde hace mucho tiempo
que tú afirmaste para siempre tus normas.

153 Mira mi aflicción y líbrame,
porque no me olvido de tu ley.
154 Defiende mi causa y sálvame;
vivifícame, conforme a tu promesa.
155 La salvación está lejos de los impíos,
porque no buscan tus preceptos.
156 Tu compasión es muy grande, Señor;
vivifícame por tu justicia.

157 Son muchos los que me persiguen y me oprimen,
pero yo no me desvié de tus normas.
158 Veo a los pecadores y siento indignación,
porque no cumplen tu palabra.
159 Mira, Señor, que yo amo tus preceptos:
vivifícame por tu amor.
160 Lo primordial de tu palabra es la verdad,
y tus justos juicios permanecen para siempre.

161 Los poderosos me persiguen sin motivo,
pero yo temo únicamente tu palabra.
162 Yo me alegro en tu promesa,
como quien logra un gran botín.
163 Odio y aborrezco la mentira;
en cambio, amo tu ley.
164 Te bendigo muchas veces al día,
porque tus juicios son justos.

165 Los que aman tu ley gozan de una gran paz,
nada los hace tropezar.
166 Yo espero tu salvación, Señor,
y cumplo tus mandamientos.
167 Mi alma observa tus normas,
y las ama intensamente.
168 Yo observo tus mandamientos y tus normas,
porque tú conoces todos mis caminos.

169 Que mi clamor se acerque a ti, Señor:
instrúyeme conforme a tu palabra.
170 Que mi plegaria llegue a tu presencia:
líbrame, conforme a tu promesa.
171 Que mis labios expresen tu alabanza,
porque me has enseñado tus preceptos.
172 Que mi lengua se haga eco de tu promesa,
porque todos tus mandamientos son justos.

173 Que tu mano venga en mi ayuda,
porque yo elegí tus preceptos.
174 Yo ansío tu salvación, Señor,
y tu ley es toda mi alegría.
175 Que yo viva y pueda alabarte,
y que tu justicia venga en mi ayuda.
176 Ando errante como una oveja perdida:
ven a buscar a tu servidor.
Yo nunca olvido tus mandamientos.

SALMO 120 (119)

Súplica del que sufre la traición y la mentira

Sal 12 3-5; 140 3

1 *Canto de peregrinación.*

En mi aflicción invoqué al Señor,
y él me respondió.
2 ¡Líbrame, Señor, de los labios mentirosos
y de la lengua traicionera.

3 ¿Con qué te castigará el Señor,
lengua traicionera?
4 Con flechas afiladas de guerrero
y con brasas de retama.

5 ¡Ay de mí, que estoy desterrado en Mésec,
y vivo en los campamentos de Quedar!
6 Mucho tiempo he convivido
con los que odian la paz.
7 Cuando yo hablo de paz,
ellos declaran la guerra.

SALMO 121 (120)

El Señor, guardián de su pueblo

Nm 6 24-26; Sal 124 8; Dt 32 10; Is 25 4

1 *Canto de peregrinación.*

Levanto mis ojos a las montañas:
¿de dónde me vendrá la ayuda?
2 La ayuda me viene del Señor,
que hizo el cielo y la tierra.

3 Él no dejará que resbale tu pie:
¡tu guardián no duerme!
4 No, no duerme ni dormita
el guardián de Israel.

5 El Señor es tu guardián,
es la sombra protectora a tu derecha:
6 de día, no te dañará el sol,
ni la luna de noche.

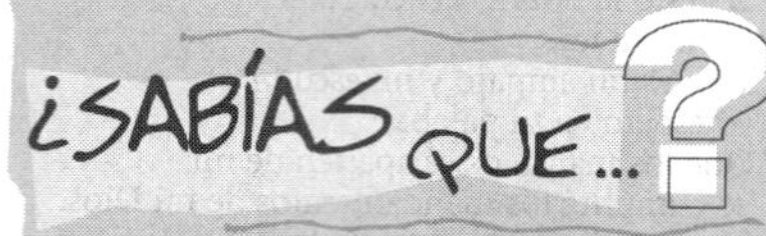

Salmos de peregrinación

Los salmos de *las subidas* o de *peregrinación* expresan la oración y sentimientos de los caminantes que van al encuentro con Dios. Se refieren a la peregrinación al Templo del Señor en Jerusalén, que los judíos debían visitar cada año. Estos salmos, escritos generalmente después del retorno del exilio, expresan la alegría de llegar al destino y participar en una asamblea litúrgica en comunión profunda con Dios y el pueblo.

Nosotros, como seguidores de Jesús, somos una Iglesia peregrina hacia el Padre. Piensa en tu vida como una peregrinación constante hacia Dios; siempre estás caminando a su encuentro y el encontrarse con él es más maravilloso.

Sal 120 – 134

7 El Señor te protegerá de todo mal
y cuidará tu vida.
8 Él te protegerá en la partida y el regreso,
ahora y para siempre.

SALMO 122 (121)

Canto de alabanza a Jerusalén

Sal 82 2-5; Ef 2 19-22; Dt 16 16

1 *Canto de peregrinación. De David.*

¡Qué alegría cuando me dijeron:
«Vamos a la Casa del Señor»!

2 Nuestros pies ya están pisando
tus umbrales, Jerusalén.
3 Jerusalén, que fuiste construida
como ciudad bien compacta y armoniosa.

4 Allí suben las tribus,
las tribus del Señor
—según es norma en Israel—
para celebrar el nombre del Señor.
5 Porque allí está el trono de la justicia,
el trono de la casa de David.

6 Auguren la paz a Jerusalén:
«¡Vivan seguros los que te aman!
7 ¡Haya paz en tus muros
y seguridad en tus palacios!».

8 Por amor a mis hermanos y amigos,
diré: «La paz esté contigo».

9 Por amor a la Casa del Señor, nuestro Dios,
buscaré tu felicidad.

SALMO 123 (122)
Oración confiada en medio de la hostilidad

Sal 25 15; 69 4; Job 12 5

1 *Canto de peregrinación.*
Levanto mis ojos hacia ti,
que habitas en el cielo.
2 Como los ojos de los servidores
están fijos en las manos de su señor,
y los ojos de la servidora
en las manos de su dueña:
así miran nuestros ojos al Señor, nuestro Dios,
hasta que se apiade de nosotros.
3 ¡Ten piedad, Señor,
ten piedad de nosotros,
porque estamos hartos de desprecios!
4 Nuestra alma está saturada
de la burla de los arrogantes,
del desprecio de los orgullosos.

SALMO 124 (123)
Acción de gracias por la liberación

Sal 69 2-3.15-16; Jon 2 4; Sal 121 2

1 *Canto de peregrinación. De David.*
Si el Señor no hubiera estado de nuestra parte
—que lo diga Israel—,
2 si el Señor no hubiera estado de nuestra parte,
cuando los hombres se alzaron contra nosotros,
3 nos habrían devorado vivos.
Cuando ardió su furor contra nosotros,
4 las aguas nos habrían inundado,
un torrente nos habría sumergido,
5 nos habrían sumergido las aguas turbulentas.
6 ¡Bendito sea el Señor, que no nos entregó
como presa de sus dientes!
7 Nuestra vida se salvó como un pájaro
de la trampa del cazador:
la trampa se rompió y nosotros escapamos.
8 Nuestra ayuda está en el nombre del Señor,
que hizo el cielo y la tierra.

SALMO 125 (124)
La seguridad de los que confían en el Señor

Dt 32 10; Prov 3 22

1 *Canto de peregrinación.*
Los que confían en el Señor
son como el monte Sion,
que permanece inconmovible para siempre.
2 Jerusalén está rodeada de montañas:
así rodea el Señor a su pueblo,
desde ahora y para siempre.
3 No permanecerá el cetro de los malvados
sobre la herencia de los justos;
no sea que también los justos
inclinen sus manos a la maldad.
4 Colma de bienes, Señor, a los buenos
y a los rectos de corazón.
5 ¡Que el Señor haga ir con los malvados
a los que se desvían por caminos tortuosos!
¡Paz a Israel!

SALMO 126 (125)
Oración de los repatriados

Job 8 21; Ez 36 36; Lc 1 49; Is 25 8-9

1 *Canto de peregrinación.*
Cuando el Señor cambió la suerte de Sion,
nos parecía que soñábamos:
2 nuestra boca se llenó de risas,
y nuestros labios, de canciones.
Hasta los mismos paganos decían:
«¡El Señor hizo por ellos grandes cosas!».
3 ¡Grandes cosas hizo el Señor por nosotros
y estamos rebosantes de alegría!
4 ¡Cambia, Señor, nuestra suerte
como los torrentes del Négueb!
5 Los que siembran entre lágrimas
cosecharán entre canciones.

6 El sembrador va llorando
cuando esparce la semilla,
pero vuelve cantando
cuando trae las gavillas.

SALMO 127 (126)
La providencia de Dios

Dt 8 11-18; Prov 3 5-6.24-26; Mt 6 25-34; Prov 12 8

1 *Canto de peregrinación. De Salomón.*
Si el Señor no edifica la casa,
en vano trabajan los albañiles;
si el Señor no custodia la ciudad,
en vano vigila el centinela.
2 Es inútil que ustedes madruguen;
es inútil que velen hasta muy tarde
y se desvivan por ganar el pan:
¡Dios lo da a sus amigos mientras duermen!
3 Los hijos son un regalo del Señor,
el fruto del vientre es una recompensa;
4 como flechas en la mano de un guerrero
son los hijos de la juventud.
5 ¡Feliz el hombre
que llena con ellos su aljaba!
No será humillado al discutir con sus enemigos
en la puerta de la ciudad.

S A L

SALMO 128 (127)
La bendición de los justos

Sal 121; 127; 37 3-5; Prov 31

1 *Canto de peregrinación.*

¡Feliz el que teme al Señor
y sigue sus caminos!
2 Comerás del fruto de tu trabajo,
serás feliz y todo te irá bien.
3 Tu esposa será como una vid fecunda
en el seno de tu hogar;
tus hijos, como retoños de olivo
alrededor de tu mesa.

4 ¡Así será bendecido
el hombre que teme al Señor!
5 ¡Que el Señor te bendiga desde Sion
todos los días de tu vida:
que contemples la paz de Jerusalén
6 y veas a los hijos de tus hijos!
¡Paz a Israel!

SALMO 129 (128)
El Señor, defensor invencible de su pueblo

Sal 124 1; 118 13.26

1 *Canto de peregrinación.*

¡Cuánto me han asediado desde mi juventud
—que lo diga Israel—,
2 cuánto me han asediado desde mi juventud,
pero no pudieron contra mí!
3 Clavaron un arado en mis espaldas
y abrieron largos surcos.
4 Pero el Señor, que es justo,
rompió el yugo de los impíos.

5 ¡Retrocedan llenos de vergüenza
todos los que aborrecen a Sion:
6 sean como la hierba de los techos,
que se seca antes de ser arrancada!
7 Con ella, el segador no llena su mano,
ni cubre su pecho el que ata las gavillas.
8 Y nadie comenta al pasar:
«El Señor los ha bendecido».
Descienda sobre ustedes nuestra bendición,
en el nombre del Señor.

SALMO 130 (129)
La esperanza del perdón

Sal 5 2-3; 55 2-3; 1 Re 8 39-40; Tit 2 14

1 *Canto de peregrinación.*
Desde lo más profundo te invoco, Señor.
2 ¡Señor, oye mi voz!
Estén tus oídos atentos
al clamor de mi plegaria.
3 Si tienes en cuenta las culpas, Señor,
¿quién podrá subsistir?
4 Pero en ti se encuentra el perdón,
para que seas temido.
5 Mi alma espera en el Señor,
y yo confío en su palabra.
6 Mi alma espera al Señor,
más que el centinela la aurora.
Como el centinela espera la aurora,
7 espere Israel al Señor,
porque en él se encuentra la misericordia
y la redención en abundancia:
8 él redimirá a Israel
de todos sus pecados.

SALMO 131 (130)
La infancia espiritual

Sal 139 6; Is 66 12-13

1 *Canto de peregrinación. De David.*

Mi corazón no se ha ensoberbecido, Señor,
ni mis ojos se han vuelto altaneros.
No he pretendido grandes cosas
ni he tenido aspiraciones desmedidas.
2 No, yo aplaco y modero mis deseos:
como un niño tranquilo en brazos de su madre,
así está mi alma dentro de mí.
3 Espere Israel en el Señor,
desde ahora y para siempre.

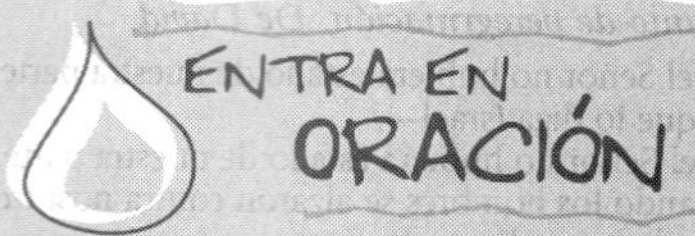

Abrázame, Dios, como una madre

Ora con el Salmo 131 y déjate llevar por sus ricas y bellas imágenes. Lo único que necesitas es dejarte amar confiadamente como un niño por su madre. No dejes que la soberbia te impida abandonarte en los brazos de Dios, quien, con su amor de madre, te sostiene, te abraza y te comunica seguridad.

Eres amado/a simplemente por ser tú. ¿Recuerdas alguna vez que te hayas sentido así, o has visto alguna vez a una madre tranquilizando a su bebé con canciones e historias? Piensa que el amor de Dios se parece a esa experiencia.

Aprende este bello salmo. Cuando adquieras algún complejo de superioridad o tomes una posición altanera, rézalo para que mejore tu relación con Dios y con los demás. Cuando necesites ánimo y consuelo, rézalo y te sorprenderá la seguridad que sientes.

Sal 131

SALMO 132 (131)
Liturgia procesional del Arca de la Alianza
2 Sm 6 –7; Sal 89 20-38; 2 Cr 6 41-42

1 *Canto de peregrinación.*

Acuérdate, Señor, en favor de David,
de todos sus desvelos,
2 del juramento que prestó al Señor,
del voto que hizo al Fuerte de Jacob:

3 «No entraré bajo el techo de mi casa
ni me acostaré en mi propio lecho;
4 no daré descanso a mis ojos
ni reposo a mis párpados,
5 hasta que encuentre un lugar para el Señor,
una Morada para el Fuerte de Jacob».

6 Sí, oímos hablar del Arca en Efratá,
y la encontramos en los campos de Jaar.

7 ¡Entremos en su Morada,
postrémonos ante el estrado de sus pies!
8 ¡Levántate, Señor,
entra en el lugar de tu Reposo,
tú y tu Arca poderosa!

9 Que tus sacerdotes se revistan de justicia
y tus fieles griten de alegría.
10 Por amor a David, tu servidor,
no rechaces a tu Ungido.

11 El Señor hizo un juramento a David,
una firme promesa, de la que no se retractará:
«Yo pondré sobre tu trono
a uno de tus descendientes.

12 Si tus descendientes observan mi alianza
y los preceptos que yo les enseñaré,
también se sentarán sus hijos
en tu trono para siempre».

13 Porque el Señor eligió a Sion,
y la deseó para que fuera su Morada.
14 «Este es mi Reposo para siempre;
aquí habitaré, porque lo he deseado.

15 Yo lo bendeciré con abundantes provisiones,
y saciaré de pan a sus pobres;
16 revestiré a los sacerdotes con la salvación,
y sus *fieles gritarán de alegría.*

17 Allí haré germinar el poder de David:
yo preparé una lámpara para mi Ungido.
18 Cubriré de vergüenza a sus enemigos,
y su insignia real florecerá sobre él».

SALMO 133 (132)
El gozo de la unión fraternal
Sal 87; Ex 30 25.30

1 *Canto de peregrinación. De David.*

¡Qué bueno y agradable
es que los hermanos vivan unidos!

AFROAMERICANO

El principio de *umoja* = unidad

El Salmo 133 canta a la amistad y la fraternidad. Las imágenes del ungüento perfumado y el rocío que usa este salmo indican que la unión es bendición del Señor y vida para siempre.

La unidad es clave para vivir bien. Los afroamericanos nombran al «principio de la unidad» *umoja* y la ven urgente en sus familias, la comunidad, las naciones y las razas (ver «El sistema de valores *Kwanzaa*», Esd 6 19-22).

Esta unidad nos evita herirnos y matarnos entre hermanos, y sostiene la integración familiar aun en las dificultades. Por eso la unidad es tan importante en todo tiempo y lugar.

Nuestra fe y el principio de *umoja* dicen que debemos unirnos para realizar actos positivos. Unámonos para ayudarnos en los estudios, iniciar algún negocio honesto, protegernos unos a otros, respetarnos y amar a la humanidad; para detener el narcotráfico, los crímenes y la violencia en nuestras comunidades; para dar lo mejor de nosotros mismos.

«¡Qué bueno y agradable es que los hermanos vivan unidos!» (Sal 133 1).

Sal 133

2 Es como el óleo perfumado sobre la cabeza,
que desciende por la barba
—la barba de Aarón—
hasta el borde de sus vestiduras.
3 Es como el rocío del Hermón
que cae sobre las montañas de Sion.

Allí el Señor da su bendición,
la vida para siempre.

SALMO 134 (133)
Alabanza nocturna
Sal 135 1-2; Nm 6 24

1 *Canto de peregrinación.*

Bendigan al Señor,
ustedes, que son sus servidores,
los que pasan en la Casa del Señor
las horas de la noche.
2 Eleven las manos al Santuario
y bendigan al Señor.
3 El Señor que hizo el cielo y la tierra
los bendiga desde Sion.

S A L

SALMO 135 (134)
Acción de gracias por los beneficios de Dios

Ex 18 11; Jr 10 13; 51 16;
Sal 136 17-22; 115 4-11

1 ¡Aleluya!
Alaben el nombre del Señor,
alábenlo, servidores del Señor,
2 los que están en la Casa del Señor,
en los atrios del Templo de nuestro Dios.

3 Alaben al Señor, porque es bueno,
canten a su Nombre, porque es amable;
4 porque el Señor eligió a Jacob,
a Israel, para que fuera su posesión.

5 Sí, yo sé que el Señor es grande,
nuestro Dios está sobre todos los dioses.
6 El Señor hace todo lo que quiere
en el cielo y en la tierra,
en el mar y en los océanos.

7 Levanta las nubes desde el horizonte,
con los relámpagos provoca la lluvia,
saca a los vientos de sus depósitos.

8 Él hirió a los primogénitos de Egipto,
tanto a los hombres como a los animales:
9 realizó señales y prodigios
—en medio de ti, Egipto—
contra el Faraón y todos sus ministros.

10 Derrotó a muchas naciones
y mató a reyes poderosos:
11 a Sijón, rey de los amorreos,
a Og, rey de Basán,
y a todos los reyes de Canaán.
12 Y dio sus territorios en herencia,
en herencia a su pueblo, Israel.

13 Tu Nombre, Señor, permanece para siempre,
y tu recuerdo, por todas las generaciones:
14 porque el Señor defiende a su pueblo
y se compadece de sus servidores.

15 Los ídolos de las naciones son plata y oro,
obra de las manos de los hombres:
16 tienen boca, pero no hablan;
tienen ojos, pero no ven;
17 tienen orejas, pero no oyen,
y no hay aliento en su boca.

18 ¡Que sean como ellos los que los fabrican,
y también los que confían en ellos!

19 *Pueblo de Israel, bendice al Señor;*
familia de Aarón, bendice al Señor;
20 familia de Leví, bendice al Señor;
fieles del Señor, bendigan al Señor.

21 ¡Bendito sea el Señor desde Sion,
el que habita en Jerusalén!
¡Aleluya!

SALMO 136 (135)
Canto pascual de acción de gracias por las maravillas de Dios

Gn 1; Prov 8 27-29; Dt 8 2-15;
Lc 1 48.71; Sal 145 15-16

21 ¡Aleluya!

1 ¡Den gracias al Señor, porque es bueno,
porque es eterno su amor!
2 ¡Den gracias al Dios de los dioses,
porque es eterno su amor!
3 ¡Den gracias al Señor de los señores,
porque es eterno su amor!

4 Al único que hace maravillas,
¡porque es eterno su amor!
5 al que hizo los cielos sabiamente,
¡porque es eterno su amor!
6 al que afirmó la tierra sobre las aguas,
¡porque es eterno su amor!

7 Al que hizo los grandes astros,
¡porque es eterno su amor!
8 el sol, para gobernar el día,
¡porque es eterno su amor!
9 la luna y las estrellas para gobernar la noche,
¡porque es eterno su amor!

10 Al que hirió a los primogénitos de Egipto,
¡porque es eterno su amor!
11 y sacó de allí a su pueblo,
¡porque es eterno su amor!
12 con mano fuerte y brazo poderoso,
¡porque es eterno su amor!

13 Al que abrió en dos partes el mar Rojo,
¡porque es eterno su amor!
14 al que hizo pasar por el medio a Israel,
¡porque es eterno su amor!
15 y hundió en el mar Rojo
al Faraón con sus tropas,
¡porque es eterno su amor!

16 Al que guió a su pueblo por el desierto,
¡porque es eterno su amor!
17 al que derrotó a reyes poderosos,
¡porque es eterno su amor!
18 y dio muerte a reyes temibles,
¡porque es eterno su amor!
19 a Sijón, rey de los amorreos,
¡porque es eterno su amor!
20 y a Og, rey de Basán,
¡porque es eterno su amor!

21 Al que dio sus territorios en herencia,
¡porque es eterno su amor!
22 en herencia a Israel, su servidor,
¡porque es eterno su amor!
23 al que en nuestra humillación
se acordó de nosotros,
¡porque es eterno su amor!

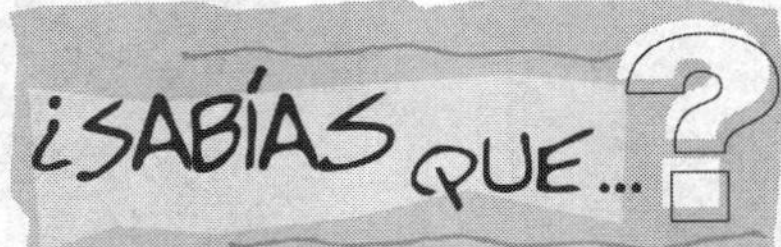

Testimonio de fidelidad y antitestimonio de fraternidad

El corazón del Salmo 137 es un vigoroso testimonio de fidelidad en que se recuerda a Jerusalén en tierra extranjera y se expresa la negación a cantar himnos a Dios ante los paganos. Olvidar a Jerusalén significaba perder el sentido de Dios y acordarse de la Ciudad Santa ayudaba a mantenerse fieles.

Las expresiones de venganza y de crueldad contra los edomitas y los babilonios, en la última parte del salmo, se contraponen rotundamente con el espíritu del evangelio que prohíbe la venganza. Para orar con esas palabras, en este y otros salmos similares, hay que aplicarlas a nuestra lucha contra los poderes que se oponen al Reino de Dios; nunca contra personas y pueblos.

Sal 137

24 y nos libró de nuestros opresores,
¡porque es eterno su amor!
25 Al que da el alimento a todos los vivientes,
¡porque es eterno su amor!
26 ¡Den gracias al Señor del cielo,
porque es eterno su amor!

SALMO 137 (136)
Lamentación de los israelitas en el exilio

Lam 3 48; Jr 51 50; Sal 122; Ez 25 12-14; Lam 4 21-22; Jr 50 – 51; Ap 18 6

1 Junto a los ríos de Babilonia,
nos sentábamos a llorar,
acordándonos de Sion.
2 En los sauces de las orillas
teníamos colgadas nuestras cítaras.

3 Allí nuestros carceleros
nos pedían cantos,
y nuestros opresores, alegría:
«¡Canten para nosotros un canto de Sion!».
4 ¿Cómo podíamos cantar un canto del Señor
en tierra extranjera?

5 Si me olvidara de ti, Jerusalén,
que se paralice mi mano derecha;
6 que la lengua se me pegue al paladar
si no me acordara de ti,
si no pusiera a Jerusalén
por encima de todas mis alegrías.

7 Recuerda, Señor, contra los edomitas,
el día de Jerusalén,
cuando ellos decían: «¡Arrásenla!
¡Arrasen hasta sus cimientos!».
8 ¡Ciudad de Babilonia, la devastadora,
feliz el que te devuelva el mal que nos hiciste!
9 ¡Feliz el que tome a tus hijos
y los estrelle contra las rocas!

SALMO 138 (137)
Acción de gracias por el cumplimiento de las promesas de Dios

Sal 9 2; 5 8; Lc 1 51-52

1 *De David.*

Te doy gracias, Señor, de todo corazón,
te cantaré en presencia de los ángeles.
2 Me postraré ante tu santo Templo,
y daré gracias a tu Nombre
por tu amor y tu fidelidad,
porque tu promesa ha superado tu renombre.

3 Me respondiste cada vez que te invoqué
y aumentaste la fuerza de mi alma.
4 Que los reyes de la tierra te bendigan
al oír las palabras de tu boca,
5 y canten los designios del Señor,
porque la gloria del Señor es grande.

6 El Señor está en las alturas,
pero se fija en el humilde
y reconoce al orgulloso desde lejos.
7 Si camino entre peligros, me conservas la vida,
extiendes tu mano contra el furor de mi enemigo,
y tu derecha me salva.

8 El Señor lo hará todo por mí.
Tu amor es eterno, Señor,
¡no abandones la obra de tus manos!

SALMO 139 (138)
La omnipresencia de Dios

Job 11 8-9; 23 8-9; Jr 23 23-24; Eclo 18 5-7

1 *Del maestro de coro. De David. Salmo.*

Señor, tú me sondeas y me conoces,
2 tú sabes si me siento o me levanto;
de lejos percibes lo que pienso,
3 te das cuenta si camino o si descanso,
y todos mis pasos te son familiares.

4 Antes que la palabra esté en mi lengua,
tú, Señor, la conoces plenamente;

VIVE LA PALABRA

Nuestra vida es sagrada

El Salmo 139 habla poéticamente del íntimo cuidado que Dios tiene de nosotros, desde antes de ser creados. Sus palabras, «Tú creaste mis entrañas, me plasmaste en el seno de mi madre» (v. 13), son quizá los argumentos bíblicos más fuerte contra el aborto.

Nadie que tenga fe puede negar que Dios nos dio la vida antes de nacer y que fuimos creados por él a través de nuestros padres. Estamos ante el amor y el conocimiento profundo de Dios desde nuestra etapa en el vientre materno. La misión que nos da a cada uno/a se basa justamente en que nos conoce con amor y desde toda la eternidad.

Lee el Salmo 139 y goza de la presencia de Dios en tu vida, desde el momento de tu gestación:

- ¿Cómo te conforta saber que Dios ha estado siempre contigo?
- ¿Cómo fortalece este salmo tu seguridad de que nadie ni nada puede disminuir el valor que tienes ante Dios y ante ti mismo/a?
- Agradece a Dios el don de la vida, asúmelo con responsabilidad y usa los dones que te dio para amar y hacer el bien.
- Cuando te encuentres ante discusiones frías sobre el aborto desde las perspectivas legales y científicas, sé fuente de luz y de amor para iluminar estas con tu fe en el único Creador.

Sal 139

5 me rodeas por detrás y por delante
y tienes puesta tu mano sobre mí;
6 una ciencia tan admirable me sobrepasa:
es tan alta que no puedo alcanzarla.

7 ¿Adónde iré para estar lejos de tu espíritu?
¿Adónde huiré de tu presencia?
8 Si subo al cielo, allí estás tú;
si me tiendo en el Abismo, estás presente.

9 Si tomara las alas de la aurora
y fuera a habitar en los confines del mar,
10 también allí me llevaría tu mano
y me sostendría tu derecha.

11 Si dijera: «¡Que me cubran las tinieblas
y la luz sea como la noche a mi alrededor!»,
12 las tinieblas no serían oscuras para ti
y la noche sería clara como el día.

13 Tú creaste mis entrañas,
me plasmaste en el seno de mi madre:
14 te doy gracias porque fui formado
de manera tan admirable.
¡Qué maravillosas son tus obras!

Tú conocías hasta el fondo de mi alma
15 *y nada de mi ser se te ocultaba,*
cuando yo era formado en lo secreto,
cuando era tejido en lo profundo de la tierra.

16 Tus ojos ya veían mis acciones,
todas ellas estaban en tu Libro;
mis días estaban escritos y señalados,
antes que uno solo de ellos existiera.

17 ¡Qué difíciles son para mí tus designios!
¡Y qué inmenso, Dios mío, es el conjunto de ellos!
18 Si me pongo a contarlos, son más que la arena;
y si terminara de hacerlo,
aun entonces seguiría a tu lado.

19 ¡Ojalá, Dios mío, hicieras morir a los malvados
y se apartaran de mí los hombres sanguinarios,
20 esos que hablan de ti con perfidia
y en vano se rebelan contra ti!

21 ¿Acaso yo no odio a los que te odian
y aborrezco a los que te desprecian?
22 Yo los detesto implacablemente,
y son para mí verdaderos enemigos.

23 Sondéame, Dios mío, y entra en mi interior;
examíname y conoce lo que pienso;
24 observa si estoy en un camino falso
y llévame por el camino eterno.

SALMO 140 (139)

Súplica e imprecación contra los difamadores

Rom 3 13; Sal 11 6-7

1 *Del maestro de coro. Salmo de David.*

2 Líbrame, Señor, de la gente malvada,
protégeme de los hombres violentos,
3 de los que solo piensan en hacer el mal
y provocan discordias todo el día.

¡Dios cuida a quienes sufren persecución!

Se piensa que la persecución rara vez existe, pero tristemente no es así; se persigue a las personas por su color, su origen étnico, sus creencias políticas, su aspecto físico, su fe... El acoso puede ser tan intangible como un comentario hiriente o tan agresivo como una golpiza o la muerte misma.

El Salmo 140 es una excelente oración para pedir a Dios su ayuda en la persecución. Jesús fue perseguido por ser fiel a la buena nueva, pero nunca perdió la confianza en que su Padre estaba con él (Jn 16 32). En unión con Jesús, pide a Dios la conversión de los perseguidores y protección a los perseguidos.

Recordemos a Marta González, catequista de Argentina; Nevardo Fernández, militante de Colombia; Vilmar José de Castro, de las comunidades de Base en Brasil; Teresa Rosales, religiosa en Nicaragua, y a tantos más... y digamos con el salmo «el Señor hace justicia a los humildes... los buenos vivirán en tu presencia» (Sal 140 13-14).

Sal 140

4 Ellos afilan su lengua como serpientes,
en sus labios hay veneno de víboras.
5 Defiéndeme, Señor, de las manos del impío,
protégeme de los hombres violentos,
de los que intentan hacerme tropezar
y han tendido una red ante mis pies:
6 los prepotentes me han ocultado trampas y lazos,
me han puesto asechanzas al borde del camino.

7 Pero yo digo al Señor: «Tú eres mi Dios»:
escucha, Señor, el clamor de mi súplica;
8 Señor, mi Señor, mi ayuda poderosa,
recubre *mi cabeza en el momento* del combate.

9 No satisfagas los deseos del malvado
ni dejes que se cumplan sus proyectos;
10 que no levanten cabeza los que me asedian,
y su maledicencia los envuelva.

11 Que se acumulen sobre ellos
carbones encendidos,
que caigan en lo profundo y no puedan levantarse.
12 Que los difamadores no estén seguros en la tierra,
y la desgracia persiga a muerte al violento.

13 Yo sé que el Señor hace justicia a los humildes
y defiende los derechos de los pobres.
14 Sí, los justos darán gracias a tu Nombre
y los buenos vivirán en tu presencia.

SALMO 141 (140)

Plegaria contra las seducciones del mal

Ex 30 8; Prov 9 8; 27 6.9

1 *Salmo de David.*

Yo te invoco, Señor, ven pronto en mi ayuda:
escucha mi voz cuando te llamo;
2 que mi oración suba hasta ti como el incienso,
y mis manos en alto, como la ofrenda de la tarde.
3 Coloca, Señor, un guardián en mi boca
y un centinela a la puerta de mis labios;
4 no dejes que mi corazón se incline a la maldad,
o a cometer delitos con hombres perversos.

¡No, nunca gustaré de sus manjares!
5 Que el justo me golpee como amigo y me corrija,
pero que el óleo del malvado
no perfume mi cabeza:
yo seguiré oponiendo mi oración a sus maldades.

6 Sus príncipes cayeron despeñados,
esos que se complacían en oírme decir:
7 «Como una piedra de molino hecha pedazos
están esparcidos nuestros huesos
ante las fauces del Abismo».

8 Pero mis ojos, Señor, están fijos en ti:
en ti confío, no me dejes indefenso.
9 Protégeme del lazo que me han tendido
y de las trampas de los que hacen el mal.
10 ¡Caigan los malvados en sus propias redes,
mientras yo paso sin hacerme daño!

SALMO 142 (141)

Oración de un afligido

Sal 57 1; 141 9; 79 8

1 *Poema de David. Cuando estaba en la cueva. Oración.*

2 Invocaré al Señor con toda mi voz,
con toda mi voz suplicaré al Señor;
3 expondré mi queja ante él,
expresaré mi angustia en su presencia.

4 Ya se me acaba el aliento,
pero tú conoces mi camino:
en la senda por donde voy
me han ocultado una trampa.

5 Miro a la derecha, observo,
y no hay nadie que se ocupe de mí;
ya no tengo dónde refugiarme,
nadie se interesa por mi vida.

6 Por eso clamo a ti, Señor,
y te digo: «Tú eres mi refugio,
mi herencia en la tierra de los vivientes».

7 Atiende a mi clamor,
porque estoy en la miseria;
líbrame de mis perseguidores,
porque son más fuertes que yo.

8 Sácame de la prisión,
y daré gracias a tu Nombre:
porque los justos esperan
que me concedas tu favor.

SALMO 143 (142)

Humilde apelación a la fidelidad y a la justicia de Dios

Job 14 3-4; Rom 3 20; Lam 3 6; Sal 77 12-13; 25 1-5

1 *Salmo de David.*

Señor, escucha mi oración,
atiende a mi plegaria;
respóndeme, por tu fidelidad y tu justicia.
2 No llames a juicio a tu servidor,
porque ningún ser viviente es justo en tu presencia.

3 El enemigo me persiguió a muerte,
aplastó mi vida contra el suelo;
me introdujo en las tinieblas,
como a los muertos de hace muchos años.
4 El aliento se extingue en mi interior,
mi corazón desfallece en mi pecho.

5 Me acuerdo de los tiempos pasados,
medito todas tus acciones;
considero la obra de tus manos
6 y extiendo mis brazos hacia ti:
suspiro por ti como tierra reseca.

7 Respóndeme enseguida, Señor,
porque estoy sin aliento.
No me ocultes tu rostro,
para que yo no sea como los que bajan a la fosa.

8 Que yo experimente tu amor por la mañana,
porque confío en ti;
indícame el camino que debo seguir,
porque a ti elevo mi alma.

9 Líbrame, Señor, de mis enemigos,
porque me refugio en ti;
10 enséñame a hacer tu voluntad,
porque tú eres mi Dios.

Que tu espíritu bondadoso me conduzca
por una tierra llana.
11 Por amor de tu Nombre, Señor,
consérvame la vida.

Por tu justicia, sácame del peligro;
12 por tu fidelidad, destruye a mi enemigo;
aniquila a mis opresores,
porque yo soy tu servidor.

SALMO 144 (143)

Oración por la victoria y la prosperidad

Sal 18; 33 2-3; Job 42 14-15; Lv 26 4-5

1 *De David.*

Bendito sea el Señor, mi Roca,
el que adiestra mis brazos para el combate
y mis manos para la lucha.

2 Él es mi bienhechor y mi fortaleza,
mi baluarte y mi libertador;
él es el escudo con que me resguardo,
y el que somete los pueblos a mis pies.

3 Señor, ¿qué es el hombre para que tú lo cuides,
y el ser humano para que pienses en él?
4 El hombre es semejante a un soplo,
y sus días son como una sombra fugaz.

5 Inclina tu cielo, Señor, y desciende;
toca las montañas para que arrojen humo.
6 Lanza un rayo y dispersa a tus enemigos,
dispara tus flechas, y confúndelos.

7 Extiende tu mano desde lo alto,
y líbrame de las aguas caudalosas;
sálvame del poder de los extranjeros,
8 que dicen mentiras con la boca
y tienen las manos llenas de traición.

9 Dios mío, yo quiero cantarte un canto nuevo
y tocar para ti con el arpa de diez cuerdas,
10 porque tú das la victoria a los reyes
y libras a David, tu servidor.

Líbrame de la espada maligna,
11 sálvame del poder de los extranjeros,
que dicen mentiras con la boca
y tienen las manos llenas de traición.

12 Que nuestros hijos sean como plantas,
florecientes en plena juventud;
que nuestras hijas se asemejen a columnas,
esculpidas como las de un palacio.

13 Que nuestros graneros estén repletos
con productos de todas las especies;
que nuestros rebaños se reproduzcan a millares
en todas nuestras praderas.

14 Que nuestros bueyes estén bien cargados,
que no haya brechas ni aberturas en los muros
ni gritos de angustia en nuestras plazas.

15 ¡Feliz el pueblo que tiene todo esto,
feliz el pueblo cuyo Dios es el Señor!

EL SEÑOR ES BUENO CON TODOS
Y TIENE COMPASIÓN DE
TODAS SUS CRIATURAS.
Sal 145 9

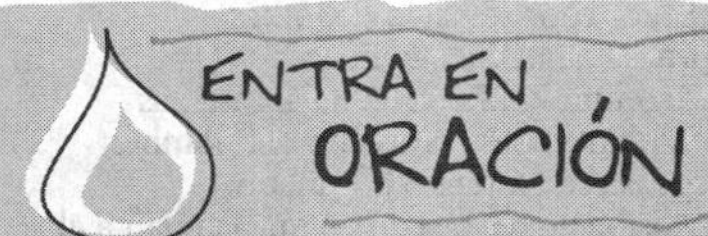

Adóralo, ámalo, alábalo

Los últimos cinco salmos te invitan a adorar y alabar a Dios con una fe sincera. Adorar a Dios es reconocerlo como es, dejando que todo nuestro ser salga a su encuentro, y que nuestra adoración, amor y alabanza brote de lo más íntimo del corazón.

- Contempla a nuestro Padre Dios, consciente de la sabiduría, providencia y amor con que creó el cosmos magnífico y los átomos imperceptibles, lo inorgánico y la vida, nuestra dignidad y facultades humanas. Reconócelo como el Creador de todas las cosas; deja que su grandeza penetre en lo más profundo de tu corazón. Adóralo, ámalo y alábalo por todo esto.
- Céntrate en los dones que Dios te dio, en el amor que puedes dar, la energía que te lleva a actuar, la inteligencia que te permite razonar, la nobleza que te mueve a perdonar. Reconócelo como el Señor de la historia; vive intensamente el gozo de haber sido creado/a a su imagen y semejanza. Adóralo, ámalo y alábalo por todo esto.
- Recuerda la predilección de Dios por los pobres, los pecadores, los necesitados; la misión de Jesús de implantar su reino en la tierra y su elección de nosotros, como sus colaboradores. Reconócelo como redentor, liberador y salvador; piensa en la vida nueva de quien se acerca *a él con fe y esperanza*. Adóralo, ámalo y alábalo por todo esto.

Cuando digas junto con Jesús en el Padrenuestro «santificado sea tu nombre», recuerda esta oración y alaba el nombre bendito del Padre. Alábalo siempre en tu corazón, con palabras y acciones; refleja en tu vida su santidad por medio del amor hacia el prójimo.

Sal 145 – 150

SALMO 145 (144)

Himno de alabanza a Dios

Sal 111 2-4.12; Ex 34 6; Sab 1 13-14;
Dn 3 33; Sal 104 27-28

Te alabaré, Dios mío, a ti, el único Rey,
y bendeciré tu Nombre eternamente;
2 día tras día te bendeciré,
y alabaré tu Nombre sin cesar.
3 ¡Grande es el Señor y muy digno de alabanza:
su grandeza es insondable!

4 Cada generación celebra tus acciones
y le anuncia a las otras tus portentos:

5 ellas hablan del esplendor de tu gloria,
y yo también cantaré tus maravillas.

6 Ellas publican tus tremendos prodigios
y narran tus grandes proezas;

7 divulgan el recuerdo de tu inmensa bondad
y cantan alegres por tu victoria.

8 El Señor es bondadoso y compasivo,
lento para enojarse y de gran misericordia;

9 el Señor es bueno con todos
y tiene compasión de todas sus criaturas.

10 Que todas tus obras te den gracias, Señor,
y tus fieles te bendigan;

11 que anuncien la gloria de tu reino
y proclamen tu poder.

12 Así manifestarán a los hombres tu fuerza
y el glorioso esplendor de tu reino:

13 tu reino es un reino eterno,
y tu dominio permanece para siempre.

El Señor es fiel en todas sus palabras
y bondadoso en todas sus acciones.

14 El Señor sostiene a los que caen
y endereza a los que están encorvados.

15 Los ojos de todos esperan en ti,
y tú les das la comida a su tiempo;

16 abres tu mano y colmas de favores
a todos los vivientes.

17 El Señor es justo en todos sus caminos
y bondadoso en todas sus acciones;

18 está cerca de aquellos que lo invocan,
de aquellos que lo invocan de verdad.

19 El Señor cumple los deseos de sus fieles,
escucha su clamor y les da la salvación;

20 el Señor protege a todos sus amigos
y destruye a los malvados.

21 Mi boca proclamará la alabanza del Señor:
que todos los vivientes bendigan su santo Nombre,
desde ahora y para siempre.

S
A
L

SALMO 146 (145)
Alabanza a Dios, defensor de los oprimidos

Sal 104 33; 1 Mac 2 63; Jr 17 7; Ex 22 20-21

1 *¡Aleluya!*
¡Alaba al Señor, alma mía!
2 Alabaré al Señor toda mi vida;
mientras yo exista, cantaré al Señor.

3 No confíen en los poderosos,
en simples mortales, que no pueden salvar:
4 cuando expiran, vuelven al polvo,
y entonces se esfuman sus proyectos.

5 Feliz el que se apoya en el Dios de Jacob
y pone su esperanza en el Señor, su Dios:
6 él hizo el cielo y la tierra,
el mar y todo lo que hay en ellos.

Él mantiene su fidelidad para siempre,
7 hace justicia a los oprimidos
y da pan a los hambrientos.

El Señor libera a los cautivos,
8 abre los ojos de los ciegos
y endereza a los que están encorvados.

9 El Señor protege a los extranjeros
y sustenta al huérfano y a la viuda;
8c el Señor ama a los justos
y entorpece el camino de los malvados.

10 El Señor reina eternamente,
reina tu Dios, Sion,
a lo largo de las generaciones.

¡Aleluya!

SALMO 147 (146-147)
Himno de alabanza a Dios todopoderoso, protector de su pueblo

Jr 31 10; Is 40 26.28; 1 Sm 2 7-8; Sal 104 10-14.27-28; Job 5 9-10; Is 55 10-11; Dt 33 3-4

¡Aleluya!

1 ¡Qué bueno es cantar a nuestro Dios,
qué agradable y merecida es su alabanza!

2 El Señor reconstruye a Jerusalén
y congrega a los dispersos de Israel;
3 sana a los que están afligidos
y les venda las heridas.

4 Él cuenta el número de las estrellas
y llama a cada una por su nombre:
5 nuestro Señor es grande y poderoso,
su inteligencia no tiene medida.

6 El Señor eleva a los oprimidos
y humilla a los malvados hasta el polvo.

7 Respondan al Señor dándole gracias,
toquen la cítara para nuestro Dios.

8 El Señor cubre el cielo de nubes
y provee de lluvia a la tierra;
hace brotar la hierba en las montañas
y las plantas para provecho del hombre;
9 dispensa su alimento al ganado,
y a los pichones de cuervo que claman a él.

10 No le agrada el vigor de los caballos
ni valora los músculos del hombre:
11 el Señor ama a los que lo temen
y a los que esperan en su misericordia.

12 ¡Glorifica al Señor, Jerusalén,
alaba a tu Dios, Sion!

13 Él reforzó los cerrojos de tus puertas
y bendijo a tus hijos dentro de ti;
14 él asegura la paz en tus fronteras
y te sacia con lo mejor del trigo.

15 Envía su mensaje a la tierra,
su palabra corre velozmente;
16 reparte la nieve como lana
y esparce la escarcha como ceniza.

17 Él arroja su hielo como migas,
y las aguas se congelan por el frío;
18 da una orden y se derriten,
hace soplar su viento y corren las aguas.

19 Revela su palabra a Jacob,
sus preceptos y mandatos a Israel:
20 a ningún otro pueblo trató así
ni le dio a conocer sus mandamientos.

¡Aleluya!

SALMO 148
Alabanza universal

Sal 103 21-22; Jr 31 35-36

1 *¡Aleluya!*

Alaben al Señor desde el cielo,
alábenlo en las alturas;
2 alábenlo, todos sus ángeles,
alábenlo, todos sus ejércitos.

3 Alábenlo, sol y luna,
alábenlo, astros luminosos;
4 alábenlo, espacios celestiales
y aguas que están sobre el cielo.

5 Alaben el nombre del Señor,
porque él lo ordenó, y fueron creados;
6 él los afianzó para siempre,
estableciendo una ley que no pasará.

7 Alaben al Señor desde la tierra,
los cetáceos y los abismos del mar;
8 el rayo, el granizo, la nieve, la bruma,
y el viento huracanado
que obedece a sus órdenes.

9 Las montañas y todas las colinas,
los árboles frutales y todos los cedros;

10 las fieras y los animales domésticos,
los reptiles y los pájaros alados.

11 Los reyes de la tierra y todas las naciones,
los príncipes y los gobernantes de la tierra;
12 los ancianos, los jóvenes y los niños,
13 alaben el nombre del Señor.

Porque solo su Nombre es sublime;
su majestad está sobre el cielo y la tierra,
14 y él exalta la fuerza de su pueblo.

¡A él, la alabanza de todos sus fieles,
y de Israel, el pueblo de sus amigos!

¡Aleluya!

SALMO 149

Alabanza a Dios por el triunfo de su pueblo

Is 61 9; 62 4-5; Neh 4 10-12; Zac 9 13-16

1 *¡Aleluya!*

Canten al Señor un canto nuevo,
resuene su alabanza en la asamblea de los fieles;
2 que Israel se alegre por su Creador
y los hijos de Sion se regocijen por su Rey.

3 Celebren su Nombre con danzas,
cántenle con el tambor y la cítara,
4 porque el Señor tiene predilección por su pueblo
y corona con el triunfo a los humildes.
5 Que los fieles se alegren por su gloria
y canten jubilosos en sus fiestas.

6 Glorifiquen a Dios con sus gargantas
y empuñen la espada de dos filos:
7 para tomar venganza de los pueblos
y castigar a las naciones;
8 para atar con cadenas a sus reyes,
y con grillos de hierro a sus jefes.

9 Así se les aplicará la sentencia dictada:
esta es la victoria de todos tus fieles.

SALMO 150

Sinfonía de alabanza a Dios

Sal 41 14; 72 18-20; 89 52; 106 48

1 *¡Aleluya!*

Alaben a Dios en su Santuario,
alábenlo en su poderoso firmamento;

2 Alábenlo por sus grandes proezas,
alábenlo por su inmensa grandeza,

3 Alábenlo con toques de trompeta,
alábenlo con el arpa y la cítara;
4 alábenlo con tambores y danzas,
alábenlo con laúdes y flautas.

5 Alábenlo con platillos sonoros,
alábenlo con platillos vibrantes,
6 ¡Que todos los seres vivientes
alaben al Señor!

¡Aleluya!

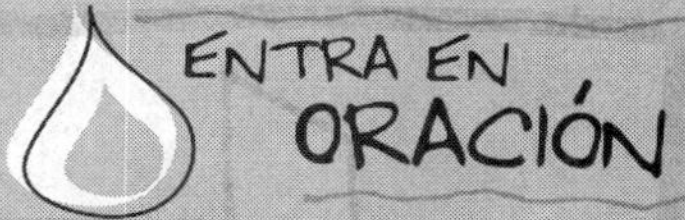

Canta y baila para Dios

¡Alaba a Dios con el clarinete y el saxofón; alaba a Dios con flautas y tambores!

¡Alaba a Dios con el corno y la caracola; alaba a Dios con marimba y tom-tom!

¡Alaba a Dios con la guitarra y el violín; alaba a Dios con banjo y ukulele!

¡Alaba a Dios con la gaita y el acordeón; alaba a Dios con piano y cascabeles!

¡Alaba a Dios con el carrillón y la ocarina; alaba a Dios con bongó y maracas!

¡Alaba a Dios con música clásica y sacra; alaba a Dios con congas, tangos y danzones!

¡Alaba a Dios con la cumbiamba y la samba; alaba a Dios con jazz y rock!

¡Alaba a Dios con danza moderna y folklórica; alaba a Dios con polca, vals y salsa!

Todos los seres vivos, quienes tengan manos, pies y voces, los que se afanan en la radio, la televisión, el cine y el teatro, ¡alaben al Señor!

Todos los jóvenes que gozan de la vida, que brincan, se alborotan y gritan, ¡alaben a Dios mañana, tarde y noche!

Sal 150

TENGO SED DE TI, MI DIOS.

SED DE SER UNA PERSONA ÍNTEGRA Y EQUILIBRADA,

SED DE TENER UNA IDENTIDAD CLARA Y VALORARME,

SED DE SOLIDARIDAD Y AMISTADES BUENAS,

SED DE QUE MI VIDA TENGA SENTIDO Y ESPERANZA,

SED DE SEGUIDORES Y TESTIGOS TUYOS A MI ALREDEDOR,

SED DE UNA ESPIRITUALIDAD SÓLIDA QUE ME DÉ VIDA,

SED DE UN MUNDO NUEVO DONDE REINES TÚ.

SACIA MI SED Y AYÚDAME A SACIAR LA DE LOS DEMÁS.

AMÉN

¿Has escrito poemas de amor a quien ha cautivado tu corazón? ¿Quisieras ser poeta para expresar románticamente la belleza de tu amor? Mucha gente se sorprende al encontrar en la Biblia poemas de amor, sobre todo cuando se da cuenta de que los enamorados se aman en cuerpo y alma. Sin embargo, no debería extrañarse, pues todo amor verdadero surge de Dios y es una huella de su presencia, porque Dios es amor. En el Cantar de los Cantares dos jóvenes cantan apasionada y tiernamente su anhelo profundo de unirse al ritmo del corazón del amado y la alegría de la posesión mutua.

CANTAR DE LOS CANTARES

ESQUEMA

- **1 1-4.** Título y preludio
- **1 5 – 2 7.** Primer canto
- **2 8 – 3 5.** Segundo canto
- **3 6 – 5 1.** Tercer canto
- **5 2 – 6 3.** Cuarto canto
- **6 4 – 8 7.** Quinto canto
- **8 8-14.** Apéndices

DATOS

Autor
Anónimo, puede haber sido uno o varios autores
Fecha de redacción
Siglo III a.C.
Temas
Dignidad y pasión del amor humano
Nota
Como recurso literario se atribuye a Salomón, pues es el ideal de los sabios israelitas

PRESENTACIÓN

Por la belleza y expresividad de sus imágenes, el Cantar de los Cantares es una pequeña joya de la literatura universal. En sus cantos los enamorados se buscan (Cant 3 1), se encuentran (3 4), se anhelan (2 17), sufren por la ausencia (5 6) y gozan la posesión mutua total (8 5), en una cadencia donde la voz de la mujer se escucha el doble de veces que la del varón.

Aunque el Cantar no habla para nada de Dios, los judíos lo leían en la celebración del matrimonio, por ser inspirado por él. Su sentido religioso radica en expresar llana y directamente el amor de una pareja, pues todo amor proviene de Dios y es reflejo de su amor apasionado y bello. Sin este canto, la revelación contenida en la Biblia estaría incompleta, pues el resto de sus libros enfatiza el amor entre Dios y nosotros, y el amor entre nosotros, como hermanos, hijos del mismo Padre.

Su visión sobre el amor de la pareja destruye mitos, tabúes y visiones puritanas sobre la sexualidad, al exaltar la belleza de los cuerpos y proclamar las delicias del amor, sin ninguna tonalidad moralista. Supera la marginación y el desprecio de la mujer al valorar la reciprocidad y fidelidad de la pareja, la cual abarca su relación afectiva, sicológica, espiritual y sexual. La naturaleza entera acompaña y adorna el amor de la pareja, amor que alcanza su máxima expresión en el matrimonio.

En el siglo II d.C., los judíos empezaron a ver este libro como una alegoría de la relación de Dios con su pueblo, al estilo de como lo veían los profetas. Los cristianos lo empezaron a considerar un símbolo de la unión de Cristo con la Iglesia. Más tarde, varios místicos lo han usado para expresar el amor apasionado en la vida espiritual. Pero el amor de la pareja continúa siendo el mensaje central de la revelación de Dios.

Título

Cant 6 8; 8 11-12

1 1 El Canto más hermoso, de Salomón.

Preludio

Cant 8 1; 4 10; 5 1; Ecl 2 3; Cant 1 12; 7 6; 3 7-11

La Amada

2 ¡Que me bese ardientemente con su boca!
Porque tus amores son más deliciosos
que el vino;
3 sí, el aroma de tus perfumes es exquisito,
tu nombre es un perfume que se derrama:
por eso las jóvenes se enamoran de ti.
4 Llévame contigo: ¡corramos!
El rey me introdujo en sus habitaciones:
¡gocemos y alegrémonos contigo,
celebremos tus amores más que el vino!
¡Cuánta razón tienen para amarte!

La hermosura de la Amada

Cant 8 8; 2 15; 7 13; 8 12; Is 5 1

5 Soy morena, pero hermosa,
hijas de Jerusalén,
como los campamentos de Quedar,
como las tiendas de Salmá.
6 No se fijen en mi tez morena:
he sido tostada por el sol.
Los hijos de mi madre se irritaron contra mí,
me pusieron a cuidar las viñas,
¡y a mi propia viña no la pude cuidar!

Ansiosa interpelación al Amado ausente

Sal 23 1-3; Jn 10 1-16

7 Dime, amado de mi alma,
dónde llevas a pastar el rebaño,
dónde lo haces descansar al mediodía,
para que yo no ande vagando
junto a los rebaños de tus compañeros.

Respuesta de los pastores

Jr 31 21

Coro

8 Si tú no lo sabes,
¡la más bella de las mujeres!,
sigue las huellas del rebaño
y lleva a pastar tus cabritos
junto a las cabañas de los pastores.

Elogio de la Amada

Cant 5 13; 4 4; 7 5

El Amado

9 Yo te comparo, amada mía,
a una yegua uncida al carro del Faraón.
10 ¡Qué hermosas son tus mejillas
entre los aros
y tu cuello entre los collares!
11 Te haremos pendientes de oro,
con incrustaciones de plata.

Elogio del Amado

Cant 4 12.16; 5 1; 4 6.10.13-14; 5 13; 5 8-9; 1 Sm 24 1-2

La Amada

12 Mientras el rey está en su diván,
mi nardo exhala su perfume.
13 Mi amado es para mí una bolsita de mirra
que descansa entre mis pechos.
14 Mi amado es para mí un racimo de alheña
en las viñas de Engadí.

Expresiones de amor mutuo

Cant 4 1.7; 6 4; 2 14; 5 12; Is 35 1-2; Os 14 6; Mt 6 28; Is 16 7; Jr 7 18; Cant 5 8

El Amado

15 ¡Qué hermosa eres, amada mía,
qué hermosa eres!
¡Tus ojos son palomas!

La Amada

16 ¡Qué hermoso eres, amado mío,
eres realmente encantador!
¡Qué frondoso es nuestro lecho!
17 Las vigas de nuestra casa son los cedros,
y nuestro artesonado, los cipreses.

2 1 Yo soy el narciso de Sarón,
el lirio de los valles.

El Amado

2 Como un lirio entre los cardos
es mi amada entre las jóvenes.

La Amada

3 Como un manzano
entre los árboles silvestres,
es mi amado entre los jóvenes:
yo me senté a su sombra tan deseada
y su fruto es dulce a mi paladar.
4 Él me hizo entrar en la bodega
y enarboló sobre mí la insignia del Amor.
5 Reconfórtenme con pasteles de pasas,
reanímenme con manzanas,
porque estoy enferma de amor.

El amor erótico en el Cantar de los Cantares

El Cantar de los Cantares es una declaración del profundo amor de un joven y una joven enamorados, con un lenguaje lleno de gracia, belleza, poesía y realidad que da gusto leer y explaya el espíritu. Su mensaje original revela el sentido del «amor-eros» como don de Dios, sentido que se perdió por muchos siglos de interpretarlo como la relación de Dios con su pueblo en lugar de la relación de una pareja.

Para comprender mejor este libro, así como la vida y el amor, conviene distinguir los distintos tipos de amor, según los conceptos griegos:

- ***Ágape es el amor-entrega con un compromiso sin tonalidades sexuales.*** Se da en la relación interpersonal como hijos de Dios y miembros de la comunidad humana.
- ***Eros es el amor-entrega con un compromiso y expresión de intimidad sexual.*** Es el lazo de convivencia más íntima, cuyo grado máximo es el amor conyugal.
- ***Philia es el amor-amistad con un compromiso de acompañamiento providente.*** Su expresión máxima se encuentra en el amor entre padres e hijos, y entre amigos íntimos.

En ninguna de estas categorías caen las relaciones sexuales solo por placer *(porneia)*, lo que reduce y desfigura el amor auténtico. La peor aberración es la pornografía o comercialización del cuerpo humano para causar placer sexual.

Como ves, los otros libros de la Biblia hablan continuamente del *ágape* y del *philia*. Solo el Cantar se centra en el *eros*, de ahí la gran importancia de este libro en la revelación de Dios.

Cant

La apacible unión de los enamorados

Cant 8 3; 7 7

6 Su izquierda sostiene mi cabeza
y con su derecha me abraza.

Cant 2 1-2

COMPRENDE LOS SÍMBOLOS

La azucena y la aurora

La azucena y el lirio son símbolos de pureza y virginidad; apuntan a la elección del ser amado. Significan el privilegio de Israel entre los pueblos y de María entre todas las mujeres. La aurora simboliza a María, amanecer de la nueva etapa histórica en la que Jesús, el sol esplendoroso, ilumina toda vida.

El Amado

7 ¡Júrenme, hijas de Jerusalén,
por las gacelas y las ciervas del campo,
que no despertarán ni desvelarán
a mi amor,
hasta que ella quiera!

Visita del Amado al llegar la primavera

Cant 6 11; 7 13-14; Ecl 12 5

La Amada

8 ¡La voz de mi amado!
Ahí viene, saltando por las montañas,
brincando por las colinas.
9 Mi amado es como una gacela,
como un ciervo joven.

Ahí está: se detiene
detrás de nuestro muro;
mira por la ventana,
espía por el enrejado.

10 *Habla mi amado, y me dice:*
«¡Levántate, amada mía,
y ven, hermosa mía!
11 Porque ya pasó el invierno,
cesaron y se fueron las lluvias.
12 Aparecieron las flores sobre la tierra,
llegó el tiempo de las canciones,
y se oye en nuestra tierra
el arrullo de la tórtola.
13 La higuera dio sus primeros frutos
y las viñas en flor exhalan su perfume.
¡Levántate, amada mía,
y ven, hermosa mía!
14 Paloma mía, que anidas
en las grietas de las rocas,
en lugares escarpados,
muéstrame tu rostro,
déjame oír tu voz;
porque tu voz es suave
y es hermoso tu semblante».

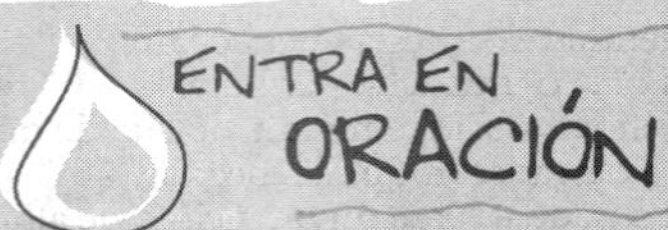

Medita sobre el amor como pareja

Lee pausadamente el segundo canto, siente la paz y el gozo profundo que brotan de la poesía con que los enamorados expresan su amor (Cant 2 8 – 3 5). Deja que las imágenes y el lenguaje poético penetren y se graben en tu corazón. Esta meditación te ayudará a vivir tu amor de manera serena y apasionada a la vez, con la persona que Dios te dé por pareja.

Ahora lee el mismo canto concentrándote en los enamorados y la cadencia de su amor. Vive el gozo de la presencia y el diálogo amoroso entre ellos, sus caricias tiernas y dedicación apasionada... Siente el dolor de la separación, la nostalgia ante la ausencia y el deseo de superar la soledad con la entrega mutua total.

Por último, contempla el potencial maravilloso de tu amor. Experimenta la búsqueda, el deseo y el encuentro de la persona que llena o llenará tus más profundos anhelos espirituales, sicológicos y sensuales. Llénate de ternura, paciencia y gozo ante la persona a quien entregarás tu corazón o a quien lo tienes ya entregado. Este amor viene de Dios y él desea para ti un amor de la misma calidad que el de los enamorados en el Cantar de los Cantares.

Ante la encrucijada del amor y la necesidad de discernir su autenticidad, repite la meditación con estos o con los siguientes cantos. Pide a tu pareja que haga lo mismo; el dialogar les ayudará a distinguir y a valorar la calidad de su amor.

Cant 2

La oposición de los hermanos

Ez 13 4; Neh 3 35; Lc 13 32; Cant 1 6

Coro

15 Cacen a los zorros,
a esos zorros pequeños
que arrasan las viñas,
¡y nuestras viñas están en flor!

Respuesta decidida de la Amada

Cant 6 3; 7 11; Os 2 4-25; Cant 8 14

La Amada

16 ¡Mi amado es para mí,
y yo soy para mi amado,
que apacienta su rebaño entre los lirios!
17 Antes que sople la brisa
y huyan las sombras
¡vuelve, amado mío,
como una gacela,
o como un ciervo joven,
por las montañas de Beter!

El Amado perdido y reencontrado

Cant 5 6; Is 65 1; Jr 29 13; Jn 20 13.17; Gn 2 24;
Cant 6 9; 8 2; 2 7; 8 4

3 1 En mi lecho, durante la noche,
busqué al amado de mi alma.
¡Lo busqué y no lo encontré!
2 Me levantaré y recorreré la ciudad;
por las calles y las plazas,
buscaré al amado de mi alma.
¡Lo busqué y no lo encontré!

3 Me encontraron los centinelas
que hacen la ronda por la ciudad:
«¿Han visto al amado de mi alma?».
4 Apenas los había pasado,
encontré al amado de mi alma.
Lo agarré, y no lo soltaré
hasta que lo haya hecho entrar
en la casa de mi madre,
en la habitación de la que me engendró.

El Amado

5 ¡Júrenme, hijas de Jerusalén,
por las gacelas y las ciervas del campo,
que no despertarán ni desvelarán a mi amor,
hasta que ella quiera.

Aparición del suntuoso cortejo nupcial

Cant 6 10; 8 5; 1 12; 8 11-12; Sal 91 5; Is 61 10; 62 3.5

Coro

6 ¿Qué es eso que sube del desierto,
como una columna de humo,
perfumada de mirra y de incienso
y de todos los perfumes exóticos?

La Amada

7 ¡Es la litera de Salomón!
La rodean sesenta guerreros,
de los más valientes de Israel:
8 todos ellos provistos de espada,
adiestrados para el combate,
cada uno con su espada a la cintura
por temor a los peligros de la noche.
9 El rey Salomón se hizo una litera
con maderas del Líbano.
10 Sus columnas las hizo de plata,
su respaldo de oro,
su asiento de púrpura,
con el interior revestido de ébano.
Hijas de Jerusalén,
11 salgan a contemplar al rey Salomón,
con la corona que le ciñó su madre,
el día de su boda, el día de su alegría.

La belleza deslumbrante de la Amada

Cant 4 3; 6 5-7; Ez 27 10-11;
Cant 7 4; Os 14 7; Prov 5 3.15-16

El Amado

4 1 ¡Qué hermosa eres, amada mía,
qué hermosa eres!
Tus ojos son palomas,
detrás de tu velo.
Tus cabellos, como un rebaño de cabras
que baja por las laderas de Galaad.
2 Tus dientes, como un rebaño
de ovejas esquiladas
que acaban de bañarse:
todas ellas han tenido mellizos
y no hay ninguna estéril.
3 Como una cinta escarlata son tus labios
y tu boca es hermosa.
Como cortes de granada son tus mejillas,
detrás de tu velo.
4 Tu cuello es como la torre de David,
construida con piedras talladas:
de ella cuelgan mil escudos,
toda clase de armaduras de guerreros.
5 Tus pechos son como dos ciervos jóvenes,
mellizos de una gacela,
que pastan entre los lirios.
6 Antes que sople la brisa
y huyan las sombras,
iré a la montaña de la mirra,
a la colina del incienso.

7 Eres toda hermosa, amada mía,
y no tienes ningún defecto.

8 ¡Ven conmigo del Líbano, novia mía,
ven desde el Líbano!

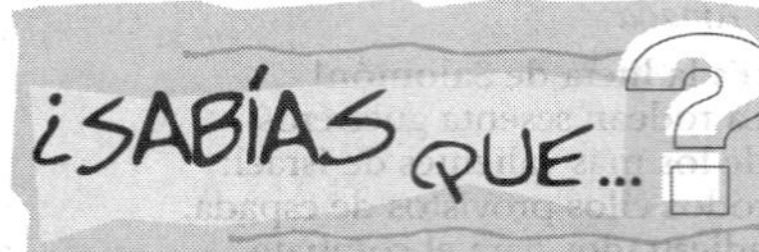

Moral y sexualidad en la Biblia

La imagen de la fidelidad de Dios como esposo del pueblo escogido llevó a Israel a ver el amor humano como reflejo del amor divino, lo que produjo gran respeto por la sexualidad humana (Os 2 16-17). Dos de los diez mandamientos dan normas morales relativas a la sexualidad: el sexto prohíbe tener relaciones sexuales con alguien que no sea el cónyuge. El noveno es más delicado; prohíbe desear al esposo/a del prójimo.

Las historias que presentan con naturalidad a los patriarcas y reyes con más de una esposa corresponden a los valores culturales de esa época específica, que fueron transformados con el ideal de la monogamia hacia finales del Antiguo Testamento. Pero fue el cristianismo el que estableció la monogamia como norma moral. Para evitar confusiones, conviene recordar que siempre hay que considerar el mensaje completo de la Biblia y que la revelación de Dios fue paulatina.

Cant 4

Desciende desde la cumbre del Amaná,
desde las cimas del Sanir y del Hermón,
desde la guarida de los leones,
desde los montes de los leopardos.

9 ¡Me has robado el corazón
hermana mía, novia mía!
¡Me has robado el corazón
con una sola de tus miradas,
con una sola vuelta de tus collares!
10 ¡Qué hermosos son tus amores,
hermana mía, novia mía!
Tus amores son más deliciosos que el vino,
y el aroma de tus perfumes,
mejor que todos los ungüentos.
11 ¡Tus labios destilan miel pura,
novia mía!
Hay miel y leche bajo tu lengua,
y la fragancia de tus vestidos
es como el aroma del Líbano.

12 Eres un jardín cerrado
hermana mía, novia mía;
eres un jardín cerrado,
una fuente sellada.
13 Tus brotes son un vergel de granadas,
con frutos exquisitos: valheña con nardos,
14 nardo y azafrán,
caña aromática y canela,
con todos los árboles de incienso,
mirra y áloe,
con los mejores perfumes.
15 ¡Fuente que riega los jardines,
manantial de agua viva,
que fluye desde el Líbano!

Los deseos de la Amada

Cant 1 12

La Amada

16 ¡Despierta, viento del norte,
ven, viento del sur!
¡Soplen sobre mi jardín
para que exhale su perfume!
¡Que mi amado entre en su jardín
y saboree sus frutos deliciosos!

El gozo de la mutua posesión

Cant 1 12.2

El Amado

5 1 Yo entré en mi jardín, hermana mía,
novia mía;
recogí mi mirra y mi bálsamo,
comí mi miel y mi panal,
bebí mi vino y mi leche.

¡Coman, amigos míos,
beban, y embriáguense de amor!

Visita nocturna y búsqueda del Amado perdido

Ap 3 20; Cant 3 1.3.5; 2 7.16

La Amada

2 Yo duermo, pero mi corazón vela:
oigo a mi amado que golpea.
«¡Ábreme, hermana mía, mi amada,
paloma mía, mi preciosa!
Porque mi cabeza está empapada
por el rocío
y mi cabellera por la humedad de la noche».
3 «Ya me quité la túnica,
¿cómo voy a ponérmela de nuevo?
Ya me lavé los pies,
¿cómo voy a ensuciármelos?».
4 Mi amado pasó la mano
por la abertura de la puerta,
y se estremecieron mis entrañas.

5 Me levanté para abrirle a mi amado,
y mis manos destilaron mirra,
fluyó mirra de mis dedos,
por el pasador de la cerradura.

6 Yo misma le abrí a mi amado,
pero él ya había desaparecido.
¡El alma se me fue detrás de él!
¡Lo busqué y no lo encontré,
lo llamé y no me respondió!
7 Me encontraron los centinelas
que hacen la ronda en la ciudad;
los guardias de las murallas
me golpearon y me hirieron,
me arrancaron el manto.
8 Júrenme, hijas de Jerusalén,
que si encuentran a mi amado,
le dirán... ¿qué le dirán?
Que estoy enferma de amor.

Los encantos del Amado ausente

Cant 4 1-14; 1 Sm 16 12;
2 Sm 18 3; Sal 144 12; Eclo 26 18

Coro

9 ¿Qué tiene tu amado más que los otros,
tú, la más hermosa de las mujeres?
¿Qué tiene tu amado más que los otros
para que nos conjures de esa manera?

La Amada

10 Mi amado es apuesto y sonrosado,
se distingue entre diez mil.
11 Su cabeza es un lingote de oro puro,
sus cabellos son ramas de palmera,
negros como un cuervo.
12 Sus ojos son dos palomas
junto a una corriente de agua,
que se bañan en leche
y se posan sobre un estanque.
13 Sus mejillas son canteros perfumados,
almácigos de hierbas aromáticas.
Sus labios son lirios
que destilan mirra pura.
14 Sus manos, brazaletes de oro,
adornados con piedras de Tarsis.
Su vientre, un bloque de marfil,
todo incrustado de zafiros.
15 Sus piernas, columnas de alabastro,
asentadas sobre bases de oro puro.
Su aspecto es como el Líbano,
esbelto como los cedros.
16 Su paladar rebosa dulzura
y todo en él es una delicia.
Así es mi amado, así es mi amigo,
hijas de Jerusalén.

El feliz encuentro con el Amado

Cant 4 12-16

Coro

6 1 ¿Adónde se ha ido tu amado,
tú, la más hermosa de las mujeres?
¿Adónde se dirigió tu amado,
para que lo busquemos contigo?

La Amada

2 Mi amado ha bajado a su jardín,
a los canteros perfumados,
para apacentar su rebaño en los jardines,
para recoger lirios.
3 ¡Mi amado es para mí,
y yo soy para mi amado,
que apacienta su rebaño entre los lirios!

MI AMADO ES PARA MÍ,
Y YO SOY PARA MI AMADO.
Cant 6 3

El encanto incomparable de la Amada

Cant 4 1-9.12-16

El Amado

4 ¡Eres bella, amiga mía, como Tirsá,
hermosa como Jerusalén!
5 Aparta de mí tus ojos,
porque me fascinan.
Tus cabellos son un rebaño de cabras
que bajan por las laderas de Galaad.
6 Tus dientes, como un rebaño de ovejas
que acaban de bañarse:
todas ellas han tenido mellizos
y no hay ninguna estéril.
7 Como cortes de granada son tus mejillas,
detrás de tu velo.

8 Son sesenta las reinas,
ochenta las concubinas,
e innumerables las jóvenes.
9 Pero una sola es mi paloma, mi preciosa.
Ella es la única de su madre,
la preferida de la que la engendró:
al verla, la felicitan las jóvenes,
las reinas y concubinas la elogian.

10 «¿Quién es esa que surge como la aurora,
bella como la luna,
resplandeciente como el sol,
imponente como escuadrones
con sus insignias?».

Encuentro sorpresivo con el Amado

Cant 7 2-14; 2 6.7.11.16; 4 12-16

La Amada

11 Yo bajé al jardín de los nogales,
a ver los retoños del valle,
a ver si brotaba la viña,
si florecían los granados...

CANT

VIVE LA PALABRA

No devaluemos el don de la atracción sexual

Hoy día estamos invadidos de imágenes explícitamente sexuales en televisión, carteles, revistas y películas. Las comedias, novelas y pláticas valoran cada vez más el libertinaje sexual presentado bajo el título falso de *amor libre*. La economía explota el placer sexual para obtener ganancias y la pornografía —cada vez más al alcance de niños y adolescentes— llega a grados inauditos de degradación humana.

No dejes que los medios de comunicación y los amigos desorientados desvirtúen la naturaleza maravillosa del amor y perviertan su expresión con prácticas superficiales y destructivas. Promueve y busca siempre el amor auténtico. Si te atrae el libertinaje sexual y la pornografía, pregúntate: ¿son estos los propósitos de Dios para mi sexualidad?, ¿enriquecen ellos mi amor humano o lo degradan?

Pide a Dios la gracia de vivir un amor sincero, puro, apasionado y completo, que te haga feliz a ti y a tu pareja. Prepara tu corazón, tu mente, tu espíritu, tu alma..., tu ser entero para este gran amor; evita y vence las tentaciones que puedan llevarte por el camino traicionero del libertinaje sexual y de la pornografía. La vivencia del amor auténtico, reflejo del amor de Dios, ennoblece, exalta y genera una felicidad verdadera y profunda.

Cant 7

12 Y sin que yo me diera cuenta,
me encontré en la carroza
con mi príncipe.

Los atractivos físicos de la Amada

Cant 4 14; 4 5; 1 10; Nm 21 27; Is 15 4; 35 2; Cant 1 15; 2 7

Coro

7 1 ¡Vuelve, vuelve Sulamita,
vuelve, vuelve, para que te veamos!

El Amado

¿Por qué miran a la Sulamita,
bailando entre dos coros?
2 ¡Qué bellos son tus pies en las sandalias,
hija de príncipe!
Las curvas de tus caderas son como collares,
obra de las manos de un orfebre.
3 Tu ombligo es un cántaro,
donde no falta el vino aromático.
Tu vientre, un haz de trigo,
bordeado de lirios.
4 Tus pechos son como dos ciervos jóvenes,
mellizos de una gacela.
5 *Tu cuello es como una torre de* marfil.
Tus ojos, como las piscinas de Jesbón,
junto a la puerta Mayor.
Tu nariz es como la Torre del Líbano,
centinela que mira hacia Damasco.
6 Tu cabeza se yergue como el Carmelo,
tu cabellera es como la púrpura:
¡un rey está prendado de esas trenzas!
7 ¡Qué hermosa eres, qué encantadora,
mi amor y mi delicia!
8 Tu talle se parece a la palmera,
tus pechos a sus racimos.
9 Yo dije: Subiré a la palmera,
y recogeré sus frutos.
¡Que tus pechos sean
como racimos de uva,
tu aliento como aroma de manzanas,
10 y tu paladar como un vino delicioso,
que corre suavemente hacia el amado,
fluyendo entre los labios y los dientes!

El amor plenamente compartido

Cant 2 16

La Amada

11 Yo soy para mi amado,
y él se siente atraído hacia mí.

Invitación al encuentro amoroso

Cant 2 10.13; Ap 22 17; Cant 3 4; 1 2; Prov 7 13

12 ¡Ven, amado mío,
salgamos al campo!
Pasaremos la noche en los poblados;
13 de madrugada iremos a las viñas,
veremos si brotan las cepas,
si se abren las flores,
si florecen las granadas...
Allí te entregaré mi amor.
14 Las mandrágoras exhalan su perfume,
los mejores frutos están a nuestro alcance:

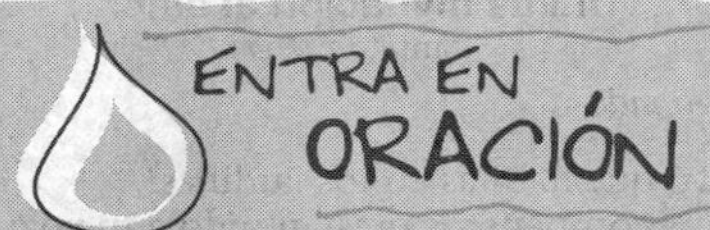

El amor de las personas consagradas a Dios

El Cantar de los Cantares puede leerse como una bella parábola del amor entre Dios y las personas de vida consagrada. Solo se consagra a Dios quien, al experimentar la iniciativa del amor divino, opta libre y conscientemente por dedicar su amor exclusivamente a él, inspirado/a por la frase: «¡Mi amado es para mí, y yo soy para mi amado!» (Cant 2 16).

Al hacer su voto de castidad entrega a Dios todas las dimensiones de su amor haciendo vida las palabras: «Grábame como un sello sobre tu corazón... porque el Amor es fuerte como la Muerte... Sus flechas son flechas de fuego, sus llamas, llamas del Señor» (8 6).

Antiguamente un sello era signo de posesión. La persona que se entrega a Dios es sellada por él como posesión suya; las personas consagradas son signo del amor de Dios. Con su entrega corresponden al amor infinito de Dios que expresan en un compromiso profundo de servicio a los hermanos.

En presencia de Dios, déjate llenar de su amor y pregúntale: ¿quieres que consagre mi amor entero a ti?

Cant 8 6

los nuevos y los añejos, amado mío,
los he guardado para ti.

8 1 ¡Ah, si tú fueras mi hermano,
criado en los pechos de mi madre!
Al encontrarte por la calle podría besarte,
sin que la gente me despreciara.
2 Yo te llevaría a la casa de mi madre,
te haría entrar en ella,
y tú me enseñarías...
Te daría de beber vino aromatizado
y el jugo de mis granadas.

La apacible unión de los enamorados

Cant 2 6

3 Su izquierda sostiene mi cabeza
y con su derecha me abraza.

El Amado

4 Júrenme, hijas de Jerusalén,
que no despertarán,
ni desvelarán a mi amor,
hasta que ella quiera.

La fuerza irresistible del amor

Dt 6 6-8; 11 18; Jr 31 33; Prov 3 3;
Is 43 2; Cant 2 17

Coro

5 ¿Quién es esa que sube del desierto,
reclinada sobre su amado?

El Amado

Te desperté debajo del manzano,
allí donde tu madre te dio a luz,
donde te dio a luz la que te engendró.

La Amada

6 Grábame como un sello sobre tu corazón,
como un sello sobre tu brazo,
porque el Amor es fuerte como la Muerte,
inflexibles como el Abismo son los celos.
Sus flechas son flechas de fuego,
sus llamas, llamas del Señor.
7 Las aguas torrenciales
no pueden apagar el amor,
ni los ríos anegarlo.
Si alguien ofreciera toda su fortuna
a cambio del amor,
tan solo conseguiría desprecio.

APÉNDICES

El porvenir de la hermana menor

Cant 1 6; 2 8.9.17; 5 1

Los hermanos

8 Tenemos una hermana pequeña,
aún no le han crecido los pechos.
¿Qué haremos con nuestra hermana,
cuando vengan a pedirla?
9 Si fuera una muralla,
le pondríamos almenas de plata;
si fuera una puerta,
la reforzaríamos con tablas de cedro.

La hermana menor

10 Yo soy una muralla,
y mis pechos son como torreones:
por eso soy a los ojos de él
como quien ha encontrado la paz.

CANT

La viña del Amado

Cant 3 7; 1 6; Is 7 23

El Amado

11 Salomón tenía una viña en Baal Hamón;
la confió a unos cuidadores,
y cada uno le traía mil siclos de plata
por sus frutos.
12 Mi viña es solo para mí,

para ti, Salomón, son los mil siclos,
y doscientos para los cuidadores.

Última invitación al amor

Cant 4 12; 2 17

El Amado

13 ¡Tú que habitas en los jardines!,
mis compañeros prestan oído a tu voz;
deja que yo te oiga decir:
14 «Apúrate, amado mío,
como una gacela,
como un ciervo joven,
sobre las montañas perfumadas».

PADRE BUENO,

FUENTE DE TODO AMOR, TERNURA Y COMPASIÓN.

GRACIAS POR LA CAPACIDAD DE AMAR,
ACEPTAR, VALORAR Y HACER FELIZ A LOS DEMÁS.

GRACIAS POR MOSTRAR QUE EL AMOR
ES BUSCAR AL OTRO, COMPRENDER Y HACER EL BIEN.

GRACIAS POR ENSEÑAR A PERDONAR
Y A ENTREGAR LA VIDA POR EL SER AMADO.

GRACIAS POR EL POTENCIAL DE EXPRESAR EL AMOR
EN LA INTIMIDAD SEXUAL DEL MATRIMONIO.

GRACIAS POR LAS VOCACIONES DE AMOR A TI,
EN EL SERVICIO A LOS DEMÁS.

GRACIAS, MIL GRACIAS POR TU AMOR
Y POR LA MARAVILLOSA OPORTUNIDAD DE AMAR.

AMÉN

El sufrimiento de un pueblo, sea por causas naturales o acciones humanas destructivas, es común a lo largo de la historia y sucede en todas las naciones. El pueblo de Dios sufrió por la destrucción de Jerusalén, pero mantuvo la mirada en Dios. En su desconcierto protestó y se quejó hasta encontrar a Dios como el amigo que ofrece su hombro para darle consuelo y apoyo. Muchas veces es difícil expresar la intensidad del dolor, pero el Espíritu Santo inspiró el libro de las Lamentaciones, donde la queja angustiada se convierte en oración.

ESQUEMA

- **Cap. 1.** Primera lamentación
- **Cap. 2.** Segunda lamentación
- **Cap. 3.** Tercera lamentación
- **Cap. 4.** Cuarta lamentación
- **Cap. 5.** Quinta lamentación

DATOS

Período descrito
Exilio de Babilonia: 587-538 a.C.
Autor
Colección de varios autores
Fecha de redacción
Fines del siglo VI a.C.
Temas
Poemas sobre el dolor y la crisis de fe por la destrucción de Jerusalén

PRESENTACIÓN

El libro de las Lamentaciones es una colección de cinco elegías o cantos de lamento —en su mayoría fúnebres— que expresan el drama de los israelitas al perder su Templo, su ciudad, sus hogares y su libertad (2 Re 24 – 25). Los cuatro primeros son poemas acrósticos que, al abarcar todas las letras del alfabeto hebreo, expresan que su dolor es total (ver «Un salmo alfabético», Sal 34).

Los cinco poemas comparan a la ciudad con una joven o una madre fecunda que sufre el agravio de su maternidad y el dolor de su viudez. El acento materno hace más conmovedora la queja y expresa el desconcierto de la fe. Jerusalén era sede de las promesas de Dios, de su presencia y su justicia, y el pueblo se pregunta: ¿les había fallado el Señor?, ¿eran los extranjeros más fuertes que Dios?, ¿ya no había esperanza?

En su reflexión, el pueblo reconoce que su pecado y terquedad causó la caída de Jerusalén y que solo le queda presentar la dolorosa realidad a Dios y confiar en su misericordia, que perdona al pecador y purifica a su pueblo. Esto no anula la terrible realidad que provoca su llanto, quejas desesperadas y súplicas angustiadas que se convierten en Palabra de Dios. Orar con las Lamentaciones nos ayuda a expresar nuestros sufrimientos y súplicas.

Los católicos leemos estos cantos en la liturgia de Semana Santa. Con ellos manifestamos nuestro dolor y nos apoyamos en la espera de la llegada del Día del Señor, en que vencerá el pecado y la muerte.

La versión de la Biblia llamada de los Setenta atribuía este libro a Jeremías y, con el tiempo, la tradición popular identificó el lloriqueo con él. Excepto que Jeremías tiene un estilo literario más espontáneo y recio, por lo que actualmente se considera que el libro de las Lamentaciones es de varios autores anónimos.

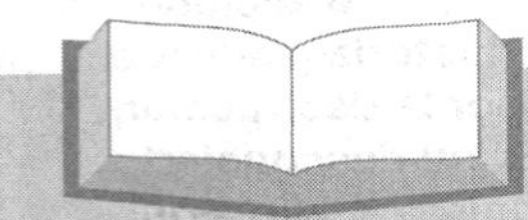

LAMENTACIONES

HUMILLADOS Y OPRIMIDOS EN EL DESTIERRO

PRIMERA LAMENTACIÓN

Lam 2 20; 5 1; 2 12; 4 4; Jr 52 6; 4 19

La desolación de Jerusalén

1 [1] ¡Cómo está solitaria la ciudad populosa!
Se ha quedado como una viuda
la grande entre las naciones;
la princesa entre las provincias
tiene que pagar tributo.

[2] Pasa la noche llorando,
las lágrimas corren por sus mejillas.
No hay nadie que la consuele
entre todos los que la amaban;
todos sus amigos la han traicionado,
se han convertido en enemigos.

[3] Judá está desterrada, en la miseria
y en la más dura esclavitud.
Ella habita entre las naciones,
sin encontrar un descanso.
Todos sus perseguidores la alcanzaron
en angostos desfiladeros.

[4] Los caminos de Sion están de duelo,
porque nadie acude a las fiestas.
Todas sus puertas están desoladas,
gimen sus sacerdotes,
sus vírgenes están afligidas,
¡y qué amargura hay en ella!

[5] Sus adversarios han prevalecido,
sus enemigos están tranquilos,
porque el Señor la ha llenado de aflicción
por sus muchas rebeldías.
Sus niños han partido al cautiverio
delante del adversario.

[6] La hija de Sion ha perdido
todo su esplendor.
Sus príncipes parecían ciervos
que no encuentran donde pastar:
iban caminando sin fuerzas
delante del perseguidor.

[7] Jerusalén recuerda sus días
de miseria y de vida errante,
cuando cayó su pueblo en poder del adversario,
sin que nadie la socorriera.
Sus adversarios la miraban
y se reían de su ruina.

[8] Jerusalén ha pecado gravemente
y se ha convertido en algo inmundo.
Los que la honraban la consideran despreciable,
porque han visto su desnudez;
también ella gime y se vuelve hacia atrás.

[9] ¡Hasta en sus vestidos aparece su impureza!
¡Ella no pensó en el futuro,
y cayó de manera portentosa,
sin que nadie la consolara!
«¡Mira, Señor, mi opresión,
porque triunfa el enemigo!».

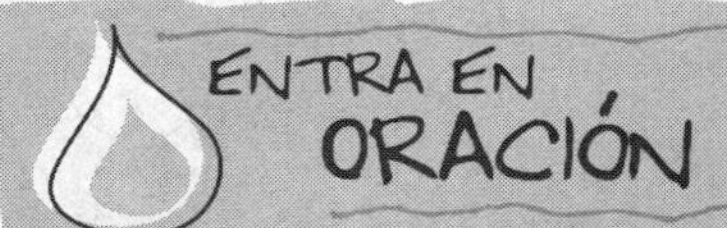

La fe no es anestesia para el dolor

La primera lamentación habla de la ciudad arruinada. A partir del verso 12, Jerusalén expresa crudamente su dolor. ¡Qué importante es que esta dramática situación esté en la Biblia! Dios inspiró estas palabras para que no veamos la fe como una anestesia para el dolor, sino como la fuente de fortaleza para permanecer fieles en el amor en medio del sufrimiento. No podemos ignorar el dolor, sino comprenderlo, aceptarlo y ser solidarios con quienes lo padecen.

Escribe un lamento a Dios de parte de tu pueblo. Expresa su queja de dolor y sufrimiento.

Lam 1 12

10 El adversario extendió su mano
hacia todos sus tesoros.
¡Sí, ella ha visto a los paganos
entrar en su Santuario,
aunque tú mismo habías prohibido
que entraran en tu asamblea!

11 Todo su pueblo va gimiendo
en busca de pan;
dan sus tesoros a cambio de alimento
para recobrar sus fuerzas.
«¡Mira, Señor, y fíjate cómo estoy envilecida!».

Lamento de Jerusalén por su desgracia

12 ¡Todos ustedes, los que pasan por el camino,
fíjense bien y miren
si hay un dolor comparable al mío:
a este dolor que me atormenta,
porque el Señor ha querido afligirme
en el día de su furor!

13 Él envió un fuego desde lo alto,
lo hizo bajar hasta mis huesos.
Tendió una red a mis pies,
me hizo retroceder.
Me convirtió en una desolación,
estoy siempre dolorida.

14 Él ha vigilado mis rebeldías,
ellas se entrelazan en su mano.
Su yugo está sobre mi cuello,
hace flaquear mi fuerza.
El Señor me ha puesto en unas manos
a las que no puedo resistir.

15 El Señor derribó a mis valientes,
que estaban dentro de mí.
Convocó contra mí una asamblea
para destrozar a mis jóvenes.
El Señor pisoteó en el lagar
a la virgen hija de Judá.

16 A causa de esto, estoy llorando,
mis ojos se deshacen en llanto,
porque está lejos de mí el consolador
que podría reanimarme.
Mis hijos están desolados,
porque triunfa el enemigo.

17 Sion extiende sus manos,
pero nadie la consuela.
El Señor dio órdenes contra Jacob
a sus adversarios de alrededor.
Jerusalén ha llegado a ser
una cosa inmunda en medio de ellos.

18 Pero el Señor es justo,
porque yo fui rebelde a su palabra.
¡Oigan bien, todos los pueblos,
y miren mi dolor!
Mis vírgenes y mis jóvenes
han partido al cautiverio.

19 Llamé a mis amantes,
pero ellos me engañaron.
Mis sacerdotes y mis ancianos
han expirado en la ciudad,
mientras buscaban alimento
para recobrar sus fuerzas.

Súplica de Jerusalén por la liberación

20 ¡Mira, Señor, cómo estoy angustiada,
me hierven las entrañas!
Mi corazón se conmueve en mi interior,
porque he sido rebelde.
Fuera, me priva de hijos la espada,
dentro, la muerte.

21 ¡Oigan cómo estoy gimiendo,
sin que nadie me consuele!
Todos mis enemigos, al oír mi desgracia,
se alegraron de lo que has hecho.
¡Que llegue el Día que tú has anunciado,
y que ellos estén igual que yo!

22 ¡Que llegue hasta tu presencia
toda su maldad!
Trátalos como me trataste a mí
por todas mis rebeldías,
porque son muchos mis gemidos
y mi corazón está sufriendo.

SEGUNDA LAMENTACIÓN

Is 66 1; Jr 16 9; 18 18; Lam 1 20.22; 3 46

La indignación del Señor contra Israel

2 1 ¡Cómo cubrió de nubes el Señor,
en su enojo, a la hija de Sion!
Precipitó del cielo a la tierra
la gloria de Israel;
no se acordó del estrado de sus pies,
en el día de su ira.

LAM

VIVE LA PALABRA

Crecer a través del dolor

Las lamentaciones ayudan a los israelitas a vivir su dolor, a llorar su quebranto y a expresar la tragedia que viven. Los motivan a examinar su historia y a aceptar la responsabilidad de su pecado; les recuerdan las grandes bendiciones de Dios y les dan esperanza para el futuro, pues la misericordia de Dios siempre está a nuestro alcance.

Cuando sufras la pérdida de un ser querido o experimentes un fuerte daño a tu persona o a tus bienes, acepta el dolor y exprésalo sencillamente a quien te pueda apoyar, al tiempo que recurres a Dios, fuente de consuelo y de valor. Agradece los momentos que gozaron juntos y sana las experiencias dolorosas que hubo en su relación.

Reprimir el dolor tiende a causar daños sicológicos, pues queda como llaga interna que sangra sin darnos cuenta, cubierta con una capa de insensibilidad solo aparente. En cambio, su aceptación consciente, el apoyo de los hermanos y la entrega a Dios nos ayudan a crecer y a fortalecernos.

Finalmente, aunque parezca difícil, ábrete al futuro. Mientras tengamos vida, Dios nos llama a vivirla plenamente con fe, esperanza y amor.

Lam 2

2 El Señor devoró sin piedad
todas las moradas de Jacob;
derribó en su indignación
las fortalezas de la hija de Judá;
echó por tierra y profanó el reino
y sus príncipes.

3 Abatió, en el ardor de su ira,
toda la fuerza de Israel;
retiró su mano derecha frente al enemigo;
encendió en Jacob una llama como de fuego
que devora a su alrededor.

4 Tendió su arco como un enemigo,
afirmó su mano derecha;
como un adversario, dio muerte
a lo más apuesto de la juventud;
en el campamento de la hija de Sion
derramó como un fuego su furor.

5 El Señor se portó como un enemigo
y devoró a Israel:
devoró todos sus palacios,
destruyó sus fortalezas;
multiplicó en la hija de Judá
las lamentaciones y los lamentos.

6 Desmanteló su morada como una huerta,
arrasó el Lugar de los encuentros.
El Señor hizo olvidar en Sion
las fiestas y los sábados;
despreció, en el ímpetu de su ira,
al rey y al sacerdote.

7 El Señor rechazó su propio altar,
repudió su Santuario;
entregó en manos del enemigo
los muros de sus palacios;
se lanzaron gritos en la Casa del Señor
como en un día de fiesta.

8 El Señor decidió arrasar la muralla
de la hija de Sion:
tomó sus medidas y no retiró su brazo
hasta dejarla derruida;
cubrió de luto el antemural y el muro,
que se desmoronaron juntamente.

9 Sus puertas se hundieron en la tierra,
él quebró sus cerrojos;
su rey y sus príncipes están
entre las naciones, ¡no hay más Ley!
Tampoco sus profetas obtienen
visiones de parte del Señor.

10 Están sentados en el suelo, silenciosos,
los ancianos de la hija de Sion;
se han cubierto la cabeza de polvo,
se han vestido con un sayal.
Dejan caer su cabeza hasta el suelo
las vírgenes de Jerusalén.

11 Mis ojos se deshacen en llanto,
me hierven las entrañas;
mi bilis se derrama en la tierra
por el desastre de la hija de mi pueblo,
mientras desfallecen sus niños y pequeños
en las plazas de la ciudad.

12 Ellos preguntan a sus madres:
«¿Dónde hay pan y vino?»,
mientras caen desfallecidos como heridos
de muerte en las plazas de la ciudad,
exhalando su espíritu
en el regazo de sus madres.

13 ¿A quién podré compararte?
¿A quién te asemejaré, hija de Jerusalén?
¿A quién te igualaré, para poder consolarte,
virgen hija de Jerusalén?
Porque tu desastre es inmenso
como el mar: ¿quién te sanará?

Los niños/as de la calle

El segundo poema de las Lamentaciones menciona el hambre y la violencia en las calles cuando se vivía la derrota y destrucción de Judá; era tiempo de guerra y destrucción. ¿Es diferente lo que ocurre actualmente en nuestras calles, ciudades y pueblos?

Cuántos/as niños/as sufren hambre, pobreza y violencia. Al iniciarse el Tercer Milenio, tan orgulloso de su desarrollo, se calcula que hay 40 millones de niños/as que viven en las calles de América Latina; se mantienen mendigando o realizando trabajos que van desde limpiavidrios de coches y venta de dulces hasta la prostitución.[1] Niños/as que tienen truncadas sus esperanzas para el futuro; un problema que tiene rostro y nombre, que es nuestro y no solo de ellos.

Señor, perdona nuestro pecado de indiferencia, nuestro impermeable de egoísmo. ¡Ten misericordia de los/as niños/as de la calle, y despierta en mí y en otra mucha gente el deseo y el compromiso de hacer algo por ellos!

Lam 2 11

14 Tus profetas te transmitieron
visiones falsas e ilusorias.
No revelaron tu culpa
a fin de cambiar tu suerte,
sino que te hicieron vaticinios
falsos y engañosos.

15 Al verte, golpean las manos
todos los que pasan por el camino;
silban y mueven la cabeza
sobre la hija de Jerusalén:
«¿Es esta el dechado de toda hermosura,
la alegría de toda la tierra?».

16 Abren sus fauces contra ti
todos tus enemigos;
silban, rechinan los dientes, diciendo:
«¡La hemos devorado!
Sí, este es el día que esperábamos:
ya lo alcanzamos, lo estamos viendo».

17 El Señor ha realizado su designio,
ha cumplido su palabra,
la que había decretado hace tiempo:
demolió sin compasión,
hizo que el enemigo se alegrara de tu suerte,
exaltó el poder de tus adversarios.

Exhortación a Jerusalén

18 ¡Invoca al Señor de corazón,
gime, hija de Sion!
¡Deja correr tus lágrimas a raudales,
de día y de noche:
no te concedas descanso,
que no repose la pupila de tus ojos!

19 ¡Levántate, y grita durante la noche,
cuando comienza la ronda!
¡Derrama tu corazón como agua
ante el rostro del Señor!
¡Eleva tus manos hacia él,
por la vida de tus niños pequeños,
que desfallecen de hambre
en todas las esquinas!

20 ¡Mira, Señor, y considera
a quién has tratado así!
¿Puede ser que las mujeres se coman a sus hijos,
a los pequeños que antes mimaban?
¿Puede ser que se asesine en el Santuario
al sacerdote y al profeta?

21 En las calles están tendidos
el niño y el anciano;
mis vírgenes y mis jóvenes
cayeron bajo la espada;
tú has sembrado la muerte en el día de tu ira,
has degollado sin piedad.

22 Convocaste como para un día de fiesta
los terrores que me rodean;
en el día de la ira del Señor
no hay escapados ni sobrevivientes.
¡A los que yo había mimado y hecho crecer
los aniquiló mi enemigo!

TERCERA LAMENTACIÓN

Is 38 13; Sal 22 8.15; Jr 14 11; 15 1; Is 54 8-9;
Sal 103 8-9; Is 41 4; 45 21; Job 2 10; Jr 1 8

La aflicción de Jerusalén

3 1 Yo soy el hombre que ha soportado
la miseria bajo la vara de su furor.
2 Él me condujo y me hizo caminar
por las tinieblas, y no por la luz.
3 Solo contra mí, una y otra vez,
vuelve su mano todo el día.

4 Él marchitó mi carne y mi piel,
quebró todos mis huesos.
5 Edificó contra mí un cerco
de veneno y fatiga.
6 Me confinó en las tinieblas,
como a los que murieron hace mucho tiempo.

7 Me tiene cercado y no puedo salir,
hizo pesada mi cadena.
8 Por más que grite y pida auxilio,
cierra el paso a mi plegaria.
9 Cercó mis caminos con piedras talladas,
entorpeció mis senderos.

[10] Fue para mí un oso en acecho,
un león agazapado.
[11] Me apartó del camino y me desgarró,
me dejó desolado.
[12] Apuntó con su arco e hizo de mí
el blanco de su flecha.

[13] Me clavó en los riñones
las flechas de su aljaba.
[14] Fui la irrisión de mi pueblo,
el motivo constante de sus cantos burlones.
[15] Él me sació de amargura,
me abrevó con ajenjo.

[16] Partió mis dientes con un guijarro,
me revolcó en la ceniza.
[17] Ya no hay paz para mi alma,
me olvidé de la felicidad.
[18] Por eso dije: «Se ha agotado mi fuerza
y la esperanza que me venía del Señor».

La misericordia y la justicia del Señor, motivo de esperanza

[19] Recordar mi opresión y mi vida errante
es ajenjo y veneno.
[20] Mi alma no hace más que recordar
y se hunde dentro de mí;
[21] Pero me pongo a pensar en algo
y esto me llena de esperanza:

[22] La misericordia del Señor
no se extingue ni se agota su compasión;
[23] ellas se renuevan cada mañana,
¡qué grande es tu fidelidad!
[24] El Señor es mi parte, dice mi alma,
por eso espero en él.
[25] El Señor es bondadoso con los que esperan
en él, con aquellos que lo buscan.

[26] Es bueno esperar en silencio
la salvación que viene del Señor.
[27] Es bueno para el hombre cargar
con el yugo desde su juventud.

[28] Que permanezca solitario y silencioso,
cuando el Señor se lo impone.
[29] Que ponga su boca sobre el polvo:
¡tal vez haya esperanza!
[30] Que ofrezca su mejilla al que lo golpea
y se sacie de oprobios.

[31] Porque el Señor nunca rechaza
a los hombres para siempre.
[32] Si aflige, también se compadece,
por su gran misericordia.
[33] Porque él no humilla ni aflige de corazón
a los hijos de los hombres.

[34] Cuando se aplasta bajo los pies
a todos los prisioneros de un país;
[35] cuando se conculca el derecho de un hombre
ante el rostro del Altísimo;
[36] cuando se perjudica a alguien en un pleito,
¿acaso no lo ve el Señor?

[37] ¿Quién dijo algo y eso sucedió,
sin que el Señor lo ordenara?
[38] ¿No salen de la boca del Altísimo
los males y los bienes?
[39] ¿De qué se queja el hombre mientras vive?
¡Que domine más bien su pecado!

[40] ¡Examinemos a fondo nuestra conducta
y volvamos al Señor!
[41] Levantemos en nuestras manos
el corazón hacia el Dios del cielo.
[42] Hemos sido infieles y rebeldes;
¡tú no has perdonado!

VIVE LA PALABRA

¿Qué es eso de ser dóciles en la juventud?

«Es bueno para el hombre cargar con el yugo desde su juventud» (Lam 3 27). Este pasaje nos cuestiona. ¿Qué sentido tiene ser dócil ante la desgracia y esperar en silencio ante el mal? ¿Cómo se relaciona esto con Dios, salvador y dador de vida? ¡Es bueno esperar la salvación de Dios!

Ser dócil a Dios consiste en orientar nuestra libertad para vivir siempre teniendo como fin y camino el amor, aunque implique sacrificio y sufrimiento.

Toda profesión, sea de atleta, artista, científico o técnico, requiere esfuerzo, educación, capacitación y preparación intensa; exige disciplina, autodominio y uso correcto de la libertad para alcanzar la meta. Esta disciplina o docilidad en favor de la libertad es un tesoro en la vida de todo/a joven cristiano, pues motiva a:

- Ser generosos y firmes en las obras buenas, independientemente de lo que pase.
- Ayudar sin buscar agradecimiento, recompensa o alabanza.
- *Aceptar el menosprecio y la marginación* con tal de vivir y compartir el amor.
- Ejercer autodominio para hacer siempre presente el Reino de Dios.
- Ser profetas de esperanza en un mundo plagado de dolor.

Lee Lamentaciones 3 19-33 y 55-60: ¿qué fuentes de esperanza encuentras en estos versículos y cómo puedes relacionarlas con tu vida?

Lam 3

[43] Te has cubierto de indignación
y nos has perseguido, ¡has matado sin piedad!
[44] Te has cubierto con una nube
para que no pase la plegaria.
[45] Nos has convertido en basura
y desecho en medio de los pueblos.

[46] Abren sus fauces contra nosotros
todos nuestros enemigos.
[47] Nos asaltan el terror y la fosa,
la ruina y el desastre.
[48] Ríos de lágrimas brotan de mis ojos,
por el desastre de la hija de mi pueblo.

[49] Mis ojos lloran sin descanso,
no hay un alivio,
[50] hasta que el Señor vuelva su mirada
y observe desde el cielo.
[51] Mis ojos me hacen sufrir
al ver a las hijas de mi ciudad.

[52] Me han cazado como a un pájaro
los que me odian sin razón.
[53] Ahogaron mi vida en un pozo
y arrojaron piedras sobre mí.
[54] Las aguas corrieron sobre mi cabeza,
y yo exclamé: «¡Estoy perdido!».

[55] Entonces invoqué tu Nombre, Señor,
desde lo más profundo del pozo.
[56] Tú escuchaste mi voz:
«¡No cierres tu oído a mi grito de auxilio!».
[57] Te acercaste el día que te invoqué
y dijiste: «¡No temas!».

[58] Tú has defendido mi causa, Señor,
has rescatado mi vida.
[59] Has visto el daño que me hacen,
¡defiende mi derecho!
[60] Has visto su sed de venganza,
todos sus planes contra mí.

[61] Has escuchado sus insultos, Señor,
todos sus planes contra mí.
[62] Los labios de mis agresores y sus maquinaciones
están contra mí todo el día.
[63] Míralos cuando se sientan o se levantan:
soy el motivo de sus cantos burlones.

[64] Tú les darás su merecido, Señor,
conforme a la obra de sus manos.
[65] *Les endurecerás* el corazón,
y tu maldición caerá sobre ellos.
[66] Los perseguirás con saña
y los exterminarás debajo de los cielos.

CUARTA LAMENTACIÓN

Jr 6 13.27-30; Lam 2 11-12.20; Is 40 2

Las consecuencias de la infidelidad de Israel

4 [1] ¡Cómo se ha oscurecido el oro,
se ha empañado el oro más puro!
Las piedras sagradas están tiradas
en todas las esquinas.

[2] Los hijos de Sion, tan preciados,
valuados a precio de oro fino,
¡cómo son tenidos por vasos de arcilla,
obra de las manos de un alfarero!

[3] Hasta los chacales presentan las ubres
para amamantar a sus cachorros;
pero la hija de mi pueblo se ha vuelto cruel
como los avestruces del desierto.

[4] La lengua de las criaturas se pega
al paladar a causa de la sed;
los niños pequeños piden pan,
y nadie se lo reparte.

[5] Los que comían manjares exquisitos
desfallecen por las calles;
los que se habían criado entre púrpura
se abrazan a los residuos.

[6] La iniquidad de la hija de mi pueblo
ha superado el pecado de Sodoma,
que fue destruida en un instante
sin que se moviera una mano contra ella.

[7] Sus jóvenes eran más puros que la nieve,
más blancos que la leche;
sus cuerpos, más rojizos que el coral,
su figura, un zafiro.

[8] Su semblante se ha vuelto más oscuro que el hollín,
no se los reconoce por las calles;
tienen la piel pegada a los huesos,
reseca como madera.

[9] Fueron más dichosos los muertos por la espada,
que los muertos por el hambre:
aquellos se desangraron, traspasados;
estos, por falta de frutos en los campos.

[10] Las mismas manos de tiernas mujeres
cocinaron a sus hijos:
ellos les sirvieron de alimento
en el desastre de la hija de mi pueblo.

[11] El Señor desahogó su furor,
derramó el ardor de su ira;
encendió un fuego en Sion
que devoró hasta sus cimientos.

[12] Nunca hubieran creído los reyes de la tierra
ni todos los habitantes del mundo,
que entrarían el adversario y el enemigo
por las puertas de Jerusalén.

[13] Esto sucedió por los pecados de sus profetas,
por las iniquidades de sus sacerdotes,
que derramaron en medio de ella
la sangre de los justos.

[14] Vagaban como ciegos por las calles,
manchados de sangre,
de manera que no se podía tocar
sus vestiduras.

[15] «¡Apártense! ¡Un impuro! —les gritaban—
¡Apártense, apártense! ¡No toquen!».
Si huían y vagaban entre las naciones,
se decía: «¡No pueden quedarse más aquí!».

[16] El rostro del Señor los dispersó,
no volverá a mirarlos.
Ya no se respeta a los sacerdotes
ni se tiene piedad de los ancianos.

[17] Aún se consumían nuestros ojos,
aguardando en vano una ayuda;
en nuestros puestos de guardia,
mirábamos hacia una nación que no puede salvar.

[18] Se acechaban nuestros pasos,
no podíamos andar por las calles.
Se acercaba nuestro fin,
se habían cumplido nuestros días:
¡sí, había llegado nuestro fin!

[19] Nuestros perseguidores eran más veloces
que las águilas del cielo:
nos hostigaban en las montañas,
nos tendían emboscadas en el desierto.

[20] El Ungido del Señor, nuestro aliento vital,
quedó atrapado en sus fosas:
aquel de quien decíamos:
«¡A su sombra viviremos entre las naciones!».

LAM

Imprecación contra Edom

[21] ¡Regocíjate y alégrate, hija de Edom,
tú que habitas en el país de Us!
También tú recibirás la copa:
te embriagarás y te desnudarás.

[22] Tu iniquidad se ha borrado, hija de Sion:
¡él no volverá a desterrarte!
Él castigará tu culpa, hija de Edom,
¡pondrá al descubierto tus pecados!

QUINTA LAMENTACIÓN

Is 55 1; Jr 9 10; Is 34 13-15; Jr 31 18; Lam 3 31

Súplica por la conversión y restauración de Israel

5 [1] ¡Recuerda, Señor, lo que nos ha sucedido,
mira y contempla nuestro oprobio!
[2] Nuestra herencia pasó a manos de extranjeros,
nuestras casas, a manos de extraños.
[3] Estamos huérfanos, sin padre,
nuestras madres son como viudas.
[4] Tenemos que pagar el agua que bebemos,
la leña nos cuesta dinero.
[5] Somos empujados con el yugo al cuello,
estamos fatigados, no nos dan respiro.
[6] Tendemos las manos hacia Egipto,
hacia Asiria, para saciarnos de pan.
[7] *Nuestros padres pecaron, y ya no existen:*
nosotros cargamos con sus culpas.
[8] Estamos dominados por esclavos
y nadie nos arranca de sus manos.
[9] Arriesgamos la vida para conseguir nuestro pan,
afrontando la espada del desierto.
[10] Nuestra piel quema como un horno,
por los ardores del hambre.
[11] Han violado a las mujeres en Sion,
a las vírgenes en las ciudades de Judá.
[12] Los príncipes fueron colgados de las manos,
no se respetó la dignidad de los ancianos.
[13] Los jóvenes arrastraron la piedra de moler,
los niños se doblaron bajo el peso de la leña.
[14] Los ancianos ya no acuden a la puerta de la ciudad,
los jóvenes ya no tocan sus cítaras.
[15] Cesó la alegría de nuestro corazón,
nuestra danza se ha cambiado en luto.
[16] Se ha caído la corona de nuestras cabezas:
¡ay de nosotros, porque hemos pecado!
[17] Por esto nuestro corazón está dolorido,
por esto se nublan nuestros ojos:
[18] porque el monte Sion está desolado
y los zorros se pasean por él.
[19] Pero tú, Señor, reinas para siempre,
tu trono permanece eternamente.
[20] ¿Por qué nos tendrás siempre olvidados
y nos abandonarás toda la vida?
[21] ¡Vuélvenos hacia ti, Señor, y volveremos:
renueva nuestros días
como en los tiempos pasados!
[22] ¿O es que nos has desechado completamente
y te has irritado con nosotros sin medida?

Conviértenos a ti, Señor

Una súplica a Dios presenta todos los sufrimientos expresados en los otros poemas y corona el libro de las Lamentaciones. Después de recordar las tragedias que ha pasado, el pueblo pone su confianza en el Señor, confiesa su pecado y afirma su fe en que el amor de Dios permanece para siempre. Por último pide su ayuda para regresar a él.

¿Qué tan rápido regresas a Dios después de haberte apartado de él? ¿Qué es lo que te dificulta hacerlo?

Lam 5 17-22

LIBROS SAPIENCIALES

1
2
3
4
5
Job
Prov
Ecl
Sab
Eclo

Introducción a los
LIBROS SAPIENCIALES

¿Qué significa para ti la sabiduría? ¿A qué personas sabias conoces? En la Biblia encontrarás dos tipos principales de sabiduría; ambas tratan asuntos de la vida diaria, pero desde distintas perspectivas. La *sabiduría popular* trata de guiar la conducta del pueblo con diferentes tipos de consejos, mientras que la *sabiduría monárquica* tiene por objeto guiar el comportamiento de los reyes y las personas que ejercían oficios en la corte. Cuando los profetas rechazan la sabiduría, generalmente se refieren a la sabiduría de los poderosos, que muchas veces estaba en oposición con la Ley de Dios.

INTRODUCCIÓN

La sabiduría representa la actitud general y las respuestas de un pueblo ante las grandes preguntas, desafíos y misterios de la existencia humana, por lo que siempre tiene una dimensión universal. La sabiduría bíblica tiene cuatro fuentes: la revelación de Dios; la experiencia personal y colectiva reflexionada; la tradición transmitida de padres a hijos y de generación en generación, y las nuevas ideas provenientes del intercambio cultural.

Aunque muchos libros bíblicos tienen elementos de sabiduría, los libros propiamente sapienciales son Job, Proverbios, Eclesiastés, Sabiduría y Eclesiástico. Se caracterizan por:

- Centrar la vida a la luz de la creación del ser humano a imagen y semejanza de Dios, con la misión de dominar las realidades creadas y desarrollar todas sus capacidades.
- Tener pocas referencias a la alianza, la Ley y la historia de Israel.
- Ser el ámbito privilegiado para presentar la dimensión universal de la revelación de Dios a su pueblo.
- Explorar los misterios de la vida, el sufrimiento y la muerte.
- Descubrir y compartir lecciones morales y prácticas para la vida diaria.
- Reflexionar sobre el tema del premio y el castigo divino.

Por muchos siglos, los hebreos valoraron más la sabiduría de las naciones vecinas, como Egipto y Mesopotamia. Por eso, para elogiar la sabiduría de Salomón se compara con la de los sabios de Oriente, y los personajes del libro de Job que aportan nuevas luces sobre el sufrimiento son extranjeros.

Fue hasta después del destierro, a partir del año 538 a.C., cuando se da una aceptación progresiva de la sabiduría israelita. Primero se editan las colecciones de los Proverbios con una introducción que proclama el temor del Señor; posteriormente se publican Job y Eclesiastés; finalmente, la Biblia griega añade Sabiduría y Eclesiástico, los cuales avanzan el sentido teológico de la sabiduría de manera significativa.

La incorporación de los grandes núcleos teológicos de la elección de Israel, la alianza y la Ley en los escritos sapienciales culmina con el Eclesiástico. En él se identifica a la sabiduría con la Ley, y a la voz de la sabiduría con la voz de Dios, hasta llegar a confesar que el único sabio es Dios (Eclo 1 8), y que Dios habla por medio de la sabiduría, igual que a través de la Ley y los Profetas (24 23-34). Él es la fuente de la sabiduría y puede otorgarla a quien la busca o se la pide.

Los Libros sapienciales cubren una amplia gama de temas. Tratan las destrezas del artesano, las habilidades del ama de casa, la capacidad y la madurez intelectual. Resaltan el arte y el acierto de actuar con éxito en todos los ámbitos de la vida: en la vida privada y pública, en la familia y la sociedad, en los asuntos temporales y espirituales, en lo profano y lo religioso. Proclaman que la forma más alta y profunda de la sabiduría se da en la prudencia. Confiesan que la máxima expresión de la sabiduría se proyecta en el conocimiento y la relación respecto a sí mismo, a los demás, a las cosas y a Dios.

El sabio israelita estaba convencido de que la vida y la creación entera se rigen por leyes y principios secretos, cuya causa última está en Dios, quien creó el mundo con un orden fundamental. De ahí que los sabios deban investigar y desentrañar esas leyes y principios para poder dominar la creación, según la voluntad de Dios, y enseñar a sus discípulos a descubrir el sentido profundo de las cosas y el orden latente en la creación, para colaborar en la obra de la creación y alcanzar la felicidad y el éxito en la vida.

NOTAS COMPLEMENTARIAS

- **La sabiduría de Salomón alcanzó tal reputación que le adjudicaron cuatro libros que él no escribió: Proverbios, Eclesiastés, Cantar de los Cantares y Eclesiástico.**
- **Sabiduría fue escrito en griego y Eclesiástico fue añadido posteriormente al traducir la Biblia al griego.**
- **Sabiduría y Proverbios presentan la sabiduría como a una persona y la identifican con la divinidad. Pero la revelación de Dios como sabiduría se da hasta el Nuevo Testamento.**
- ***Job* y *Eclesiastés* desafían la sabiduría tradicional sobre el sufrimiento como castigo divino. El libro de Sabiduría da nuevas luces sobre la inmortalidad y la resurrección que aparecen durante las guerras macabeas, pero el verdadero significado del sufrimiento se encuentra en el misterio pascual de Jesús.**

Tal vez has sufrido la miseria, la marginación o el abandono, o tienes una amistad o familiar con una enfermedad irremediable. Quizás has presenciado la muerte causada por la violencia o las drogas, o has visto niños deformes o muertos por desnutrición. Es posible que estas experiencias te hayan hecho exclamar: «¿Por qué, Señor?» ¿Cómo puede permitir Dios que sufran personas inocentes? El sufrimiento siempre provoca una reacción. Job, al igual que otros creyentes, es sensible al dolor y trata de comprenderlo y vivirlo desde la perspectiva de la fe.**

ESQUEMA

- **1 – 2.** Prólogo narrativo
- **3 – 27.** Diálogos entre Job y sus amigos
- **28.** Paréntesis: reflexión sobre la sabiduría
- **29 – 31.** Conclusión del diálogo
- **32 – 37.** Entrada a escena de Elihú
- **38 1 – 42 6.** La intervención de Dios
- **42 7-17.** Epílogo

DATOS

Autor
Tres autores anónimos
Fecha de redacción
Principios del siglo V a.C.
Temas
El sentido del sufrimiento humano

PRESENTACIÓN

El libro de Job es el primero de los cinco Libros sapienciales. Relata la historia de un héroe imaginario con el fin de corregir la creencia tradicional de que Dios bendice a los justos con riquezas y castiga a los pecadores con enfermedades, sufrimientos y pobreza. Después del exilio, el testimonio de judíos fieles que sufrían fuertemente empezó a desafiar esta creencia y a generar reflexiones al respecto.

El principio y el final del libro siguen la visión tradicional sobre el sentido del dolor al presentar a Job como un justo bendecido por Dios con riquezas (Job 1 1-3; 42 7-17). En la parte central —una obra poética de gran alcance literario, que constituye el cuerpo del libro— avanza la revelación sobre el sentido del dolor al mostrar a Job con terribles sufrimientos y presenta una serie de argumentos (caps. 3 – 31).

El diálogo entre Dios y el Tentador desafía a mantener una fe profunda y desinteresada en medio del dolor. Job se queja con Dios, lo cuestiona sobre el sentido de su dolor y le confiesa tenazmente su inocencia. Tres amigos lo reprenden, pues piensan que sus sufrimientos se deben a un pecado desconocido cometido por Job. Un cuarto personaje defiende a Dios ante los cuestionamientos de Job.

Mientras que los Libros sapienciales manifiestan la sabiduría del pueblo, el libro de Job introduce el plan divino en la literatura sapiencial. En su respuesta a Job, Dios señala que sus planes están lejos de la comprensión humana (caps. 38 – 42). Todo lo que podemos hacer es ponernos confiadamente en sus manos.

Posteriormente, el libro de la Sabiduría introducirá la luz de la resurrección. Pero la verdadera iluminación sobre el sentido del dolor está en el marco del amor dador de vida, vivido por Jesús hasta la cruz. Nuestros sufrimientos tienen sentido en la medida en que los unimos al dolor salvador de Cristo.

PRÓLOGO NARRATIVO

Presentación de Job

Ez 14 14

1 1 Había en el país de Us un hombre llamado Job. Este hombre era íntegro y
recto, temeroso de Dios y alejado del mal.
2 Le habían nacido siete hijos y tres hijas, 3 y
poseía una hacienda de siete mil ovejas, y tres
mil camellos, quinientas yuntas de bueyes y
quinientas asnas, además de una servidumbre muy numerosa. Este hombre era el más
rico entre todos los Orientales.
4 Sus hijos tenían la costumbre de ofrecer por turno un banquete, cada uno en su
propia casa, e invitaban a sus tres hermanas a comer y a beber con ellos. 5 Una vez
concluido el ciclo de los festejos, Job los
hacía venir y los purificaba; después se levantaba muy de madrugada y ofrecía un
holocausto por cada uno de ellos. Porque
pensaba: «Tal vez mis hijos hayan pecado y
maldecido a Dios en su corazón». Así procedía *Job indefectiblemente*.

El comienzo de la prueba

1 Re 22 19-23; Zac 3 1-2; Ap 12 10;
Ecl 5 14; Eclo 40 1-2; 11 14

6 El día en que los hijos de Dios fueron a
presentarse delante del Señor, también el
Adversario estaba en medio de ellos. 7 El Señor le dijo: «¿De dónde vienes?». El Adversario respondió al Señor: «De rondar por la tierra, yendo de aquí para allá». 8 Entonces el
Señor le dijo: «¿Te has fijado en mi servidor
Job? No hay nadie como él sobre la tierra: es
un hombre íntegro y recto, temeroso de
Dios y alejado del mal». 9 Pero el Adversario
le respondió: «¡No por nada teme Job al Señor! 10 ¿Acaso tú no has puesto un cerco protector alrededor de él, de su casa y de todo lo
que posee? Tú has bendecido la obra de sus
manos y su hacienda se ha esparcido por todo el país. 11 Pero extiende tu mano y tócalo
en lo que posee: ¡seguro que te maldecirá en
la cara!». 12 El Señor dijo al Adversario: «Está
bien. Todo lo que le pertenece está en tu poder, pero no pongas tu mano sobre él». Y el
Adversario se alejó de la presencia del Señor.

Job privado de sus bienes y de sus hijos

13 El día en que sus hijos e hijas estaban comiendo y bebiendo en la casa del hermano
mayor, 14 llegó un mensajero y dijo a Job: «Los
bueyes estaban arando y las asnas pastaban
cerca de ellos, 15 cuando de pronto irrumpieron los sabeos y se los llevaron, pasando a los
servidores al filo de la espada. Yo solo pude
escapar para traerte la noticia». 16 Todavía estaba hablando, cuando llegó otro y le dijo:
«Cayó del cielo fuego de Dios, e hizo arder a

las ovejas y a los servidores hasta consumir-
los. Yo solo pude escapar para traerte la noticia». 17 Todavía estaba hablando, cuando llegó
otro y le dijo: «Los caldeos, divididos en tres
grupos, se lanzaron sobre los camellos y se
los llevaron, pasando a los servidores al filo
de la espada. Yo solo pude escapar para traerte la noticia». 18 Todavía estaba hablando,
cuando llegó otro y le dijo: «Tus hijos y tus hijas comían y bebían en la casa de su hermano mayor, 19 y de pronto sopló un fuerte viento del lado del desierto, que sacudió los
cuatro ángulos de la casa. Esta se desplomó
sobre los jóvenes, y ellos murieron. Yo solo
pude escapar para traerte la noticia.
20 Entonces Job se levantó y rasgó su
manto; se rapó la cabeza, se postró con el
rostro en tierra 21 y exclamó:

«Desnudo salí del vientre de mi madre,
y desnudo volveré allí.
El Señor me lo dio y el Señor me lo quitó:
¡bendito sea el nombre del Señor!».

22 En todo esto, Job no pecó ni dijo nada
indigno contra Dios.

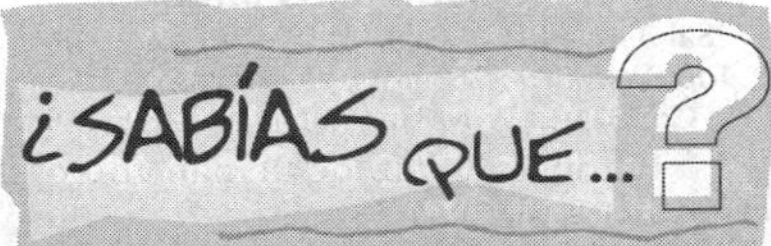

En buenos y malos tiempos

Job era un extranjero rico que temía a Dios y lo servía fielmente; evitaba el mal y procuraba que sus hijos se purificaran con frecuencia; sin embargo, padecía fuertemente. El autor de esta historia ficticia escoge la figura de un extranjero para atenuar el escándalo del tremendo dolor del inocente.

Lee Job 1 18-21 y observa la reacción de Job al inicio de la historia cuando pierde a sus hijos, su hogar y sus bienes: bendice y alaba a Dios en lugar de culparlo; después, en su ardua lucha por entender su sufrimiento, lo cuestiona directamente.

Job es un modelo para nosotros porque, a pesar de su crisis, no se retira de Dios. Como él, sigamos firmes en nuestra fe, sin creer que el dolor es castigo divino. Si en los momentos dolorosos de la vida nos abandonamos confiados en manos de Dios, nuestro sufrimiento se convierte en una oportunidad para crecer y madurar.

¿Qué has aprendido del sufrimiento que te ha tocado vivir? ¿Te ha hecho más fuerte y solidario/a con el dolor de otros? ¿Por qué es el sufrimiento más un desafío al amor que un desafío a la fe?

Job 1

La culminación de la prueba

Lc 22 31; Tob 2 14

2 1 El día en que los hijos de Dios fueron
a presentarse delante del Señor, también fue el Adversario en medio de ellos, para presentarse delante del Señor. 2 El Señor le
dijo: «¿De dónde vienes?». El Adversario respondió al Señor: «De rondar por la tierra,
yendo de aquí para allá». 3 Entonces el Señor
le dijo: «¿Te has fijado en mi servidor Job?
No hay nadie como él sobre la tierra: es un
hombre íntegro y recto, temeroso de Dios y
alejado del mal. Él todavía se mantiene firme en su integridad, y en vano me has instigado contra él para perderlo». 4 El Adversario respondió al Señor: «¡Piel por piel! Un
hombre da todo lo que tiene a cambio de su
vida. 5 Pero extiende tu mano contra él y tócalo en sus huesos y en su carne: ¡seguro
que te maldecirá en la cara!». 6 El Señor respondió al Adversario: «Está bien. Ahí lo tienes en tu poder, pero respétale la vida».
7 El Adversario se alejó de la presencia del
Señor, e hirió a Job con una úlcera maligna,
desde la planta de los pies hasta la cabeza.
8 Job tomó entonces un pedazo de teja para
rascarse, y permaneció sentado en medio
de la ceniza. 9 Su mujer le dijo: «¿Todavía
vas a mantenerte firme en tu integridad?
Maldice a Dios y muere de una vez». 10 Pero
él le respondió: «Hablas como una mujer
insensata. Si aceptamos de Dios lo bueno,
¿no aceptaremos también lo malo?». En todo esto, Job no pecó con sus labios.

Los amigos de Job

Is 52 14

11 Tres amigos de Job se enteraron de todos los males que le habían sobrevenido, y
llegaron cada uno de su país. Eran Elifaz de
Temán, Bildad de Súaj y Sofar de Naamá,
los cuales se pusieron de acuerdo para ir a
expresarle sus condolencias y consolarlo.
12 Al divisarlo de lejos, no lo reconocieron.
Entonces se pusieron a llorar a gritos, rasgaron sus mantos y arrojaron polvo sobre
sus cabezas. 13 Después permanecieron sentados en el suelo junto a él, siete días y siete noches, sin decir una sola palabra, porque veían que su dolor era muy grande.

DIÁLOGO ENTRE JOB Y SUS AMIGOS

PRIMER CICLO DE DISCURSOS

Monólogo inicial: la protesta de Job

Jr 20 14-18; Mt 26 24; Job 10 18-19;
Ez 32 18-32; Ecl 6 3

3 1 Después de esto, Job rompió el silencio y maldijo el día de su nacimiento. 2 Tomó la palabra y exclamó:

3 ¡Desaparezca el día en que nací
y la noche que dijo:
«Ha sido engendrado un varón»!
4 ¡Que aquel día se convierta en tinieblas!
Que Dios se despreocupe de él desde lo alto
y no brille sobre él ni un rayo de luz.
5 Que lo reclamen para
sí las tinieblas y las sombras,
que un nubarrón se cierna sobre él
y lo aterrorice un eclipse de sol.
6 ¡Sí, que una densa oscuridad
se apodere de él
y no se lo añada a los días del año
ni se lo incluya en el cómputo de los meses!

7 ¡Que aquella noche sea estéril
y no entre en ella ningún grito de alegría!
8 Que la maldigan los que maldicen
los días, los expertos en excitar a Leviatán.
9 Que se oscurezcan las estrellas de su aurora;
que espere en vano la luz
y no vea los destellos del alba.
10 Porque no me cerró
las puertas del seno materno
ni ocultó a mis ojos tanta miseria.
11 ¿Por qué no me morí al nacer?
¿Por qué no expiré al salir
del vientre materno?
12 ¿Por qué me recibieron dos rodillas
y dos pechos me dieron de mamar?
13 Ahora yacería tranquilo,
estaría dormido y así descansaría,
14 junto con los reyes y consejeros de la tierra
que se hicieron construir mausoleos,
15 o con los príncipes que poseían oro
y llenaron de plata sus moradas.
16 O no existiría, como un aborto enterrado,
como los niños que nunca vieron la luz.
17 Allí, los malvados dejan de agitarse,
allí descansan los que están extenuados.
18 También los prisioneros están en paz,
no tienen que oír los gritos del carcelero.
19 Pequeños y grandes son allí
una misma cosa,
y el esclavo está liberado de su dueño.

20 ¿Para qué dar la luz a un desdichado
y la vida a los que están llenos de amargura,
21 a los que ansían en vano la muerte
y la buscan más que a un tesoro,
22 a los que se alegrarían de llegar a la tumba
y se llenarían de júbilo
al encontrar un sepulcro,
23 al hombre que se le cierra el camino
y al que Dios cerca por todas partes?

24 Los gemidos se han convertido en mi pan
y mis lamentos se derraman como agua.
25 Porque me sucedió lo que más temía
y me sobrevino algo terrible.
26 ¡No tengo calma, ni tranquilidad, ni sosiego,
solo una constante agitación!

Primer discurso de Elifaz: la felicidad de los justos

Sal 34 20; Prov 12 21; Eclo 2 10; 2 Pe 2 9; Job 9 2; 15 14; 25 4-6; 15 15-16; 1 Sm 2 7-8; 1 Cor 3 13ss; Prov 3 11-12; Dt 32 39; Os 6 1

4 1 Entonces Elifaz de Temán tomó la
palabra y dijo:

2 ¿Se atrevería alguien a hablarte,
estando tú tan deprimido?
Pero ¿quién puede contener sus palabras?
3 Tú has enseñado a mucha gente
y has fortalecido las manos debilitadas;

VIVE LA PALABRA

Acompañar en el dolor

¿Cómo acompañamos en sus sentimientos a los que sufren? Muchas veces nos abstenemos de apoyar a quien sufre porque no sabemos qué decir o cómo actuar. Los amigos de Job nos dan ejemplo de qué hacer en tales situaciones.

Al conocer la desgracia por la que pasaba Job, lo visitaron para «expresarle sus condolencias y consolarlo» (Job 2 11). Como Job estaba irreconocible debido a su gran sufrimiento, lloraron y expresaron su duelo según sus costumbres. Después optaron por hacer algo notable: lo acompañaron en sus sentimientos, «permanecieron sentados en el suelo junto a él, siete días y siete noches, sin decirle una sola palabra, porque veían que su dolor era muy grande» (v. 13).

Los amigos de Job dedicaron su tiempo para estar con él. Solo después de compartir así su pena, cuando Job empezó a quejarse, se atrevieron a hablar. ¡Cuántas veces el acompañamiento es la única forma *de apoyar a alguien* que sufre! Tal vez suena inútil, pero no lo es. Es difícil soportar el dolor solos, sobre todo cuando es tan grande que no se ve cómo superarlo.

Si tu familia o tus amigos sufren, no los abandones. Tu presencia basta para sentirse apoyados. Si después se abren contigo, compréndelos y aliéntalos. Eso es todo, y eso es mucho.

Job 2

4 tus palabras sostuvieron al que tropezaba
y has robustecido las rodillas vacilantes.
5 Pero ahora te llega el turno, y te deprimes,
te ha tocado a ti, y estás desconcertado.
6 ¿Acaso tu piedad no te infunde confianza
y tu vida íntegra no te da esperanza?
7 Recuerda esto:
¿quién pereció siendo inocente
o dónde fueron exterminados
los hombres rectos?
8 Por lo que he visto,
los que cultivan la maldad
y siembran la miseria, cosechan eso mismo:
9 ellos perecen bajo el aliento de Dios,
desaparecen al soplo de su ira.
10 Los leones cesan de rugir y bramar
y los dientes de sus cachorros
son quebrados;
11 el león perece por falta de presa
y las crías de la leona se dispersan.
12 Una palabra me llegó furtivamente,
su leve susurro cautivó mis oídos.
13 Entre las pesadillas
de las visiones nocturnas,
cuando un profundo sopor
invade a los hombres,
14 me sobrevino un temor, un escalofrío,
que estremeció todos mis huesos:
15 una ráfaga de viento pasa sobre mi rostro,
eriza los pelos de mi cuerpo;
16 alguien está de pie,
pero no reconozco su semblante,
es solo una forma delante de mis ojos;
hay un silencio, y luego oigo una voz:

17 ¿Puede un mortal ser justo ante Dios?
¿Es puro un hombre ante su Creador?
18 Si él no se fía de sus propios servidores
y hasta en sus ángeles encuentra errores,
19 ¡cuánto más en los que habitan
en casas de arcilla,
y tienen sus cimientos en el polvo!
Ellos son aplastados como una polilla,
20 de la noche a la mañana
quedan pulverizados:
sin que nadie se preocupe,
perecen para siempre.
21 ¿No se les arranca la estaca de su tienda,
y mueren por falta de sabiduría?

5 1 ¡Clama, a ver si alguien te responde!
¿A cuál de los santos te volverás?
2 Porque la exasperación mata al insensato
y la pasión hace morir al necio.
3 Yo he visto al insensato echar raíces,
pero al instante maldije su morada.
4 Sus hijos estarán lejos de toda ayuda,
aplastados en la Puerta,
sin que nadie los libre.
5 Lo que ellos cosechen
se lo comerá el hambriento,
y el sediento suspirará por sus riquezas.
6 No, el mal no sale del suelo
ni la miseria brota de la tierra:
7 es el hombre el que engendra la miseria,
como las águilas levantan vuelo
hacia lo alto.
8 Yo, por mi parte, buscaría a Dios,
a él le expondría mi causa.
9 Él realiza obras grandes e inescrutables,
maravillas que no se pueden enumerar.
10 Derrama la lluvia sobre la tierra
y hace correr el agua por los campos.
11 Pone a los humildes en las alturas
y los afligidos alcanzan la salvación.
12 Hace fracasar los proyectos de los astutos
para que no prospere el trabajo
de sus manos.
13 Sorprende a los sabios en su propia astucia
y el plan de los malvados
se deshace rápidamente.
14 En pleno día, chocan contra las tinieblas,
y andan a tientas al mediodía,
como si fuera de noche.
15 Él salva al huérfano de la espada,
y al indigente, de la mano del poderoso.
16 Así, el débil recupera la esperanza
y los malvados cierran la boca.

¡FELIZ EL HOMBRE
A QUIEN DIOS REPRENDE
Y QUE NO DESDEÑA LA LECCIÓN
DEL TODOPODEROSO!
Job 5 17

17 ¡Feliz el hombre a quien Dios reprende
y que no desdeña la lección
del Todopoderoso!
18 Porque él hiere, pero venda la herida;
golpea, pero sana con sus manos.
19 Seis veces te librará de la angustia,
y la séptima, el mal no te alcanzará.
20 En tiempo de hambre,
te librará de la muerte,
y en la guerra, del filo de la espada.
21 Estarás protegido contra el azote
de las malas lenguas
y no temerás cuando llegue la devastación.
22 Te reirás de la devastación y del hambre
y no temerás a las fieras de la tierra.
23 Sí, tendrás una alianza
con las piedras del campo
y las fieras estarán en paz contigo.
24 Sabrás que en tu tienda hay prosperidad,
y cuando revises tu morada, nada faltará.
25 Verás que se multiplica tu descendencia
y que tus retoños son
como la hierba de la tierra.
26 Llegarás a la tumba lleno de vigor
como se levanta una parva
a su debido tiempo.
27 Esto es lo que hemos comprobado,
y es así: escúchalo bien, y saca provecho.

Respuesta de Job: la miseria del hombre sobre la tierra

Job 16 13; 34 6; Sal 88 16-18; 7 15; 29 12-13; 31 16-20; Eclo 40 1; Sal 78 39; Sab 2 1.4; Sal 8 5; 144 3-4; 139

6 1 Job respondió, diciendo:

2 ¡Ah, si pudiera pesarse mi dolor
y se pusiera en la balanza
toda mi desgracia!
3 Ahora pesarían más que la arena del mar,
¡por eso digo tantos desatinos!
4 Las flechas del Todopoderoso
están clavadas en mí
y mi espíritu absorbe su veneno;
los terrores de Dios están enfilados
contra mí.
5 ¿Rebuzna el asno salvaje
sobre la hierba verde
o muge el toro junto a su forraje?
6 ¿Se come sin sal un alimento insípido
o tiene sabor la clara de huevo?
7 Lo que yo me resistía incluso a tocar
es mi alimento en la enfermedad.

8 ¡Si al menos se cumpliera mi pedido
y Dios me concediera lo que espero!
9 ¡Si Dios se decidiera a aplastarme,
si soltara su mano y me partiera en dos!
10 Entonces tendría de qué consolarme
y saltaría de gozo
en mi implacable tormento,
por no haber renegado
de las palabras del Santo.
11 ¿Qué fuerza tengo para poder esperar?
¿Cuál es mi fin para soportar con paciencia?
12 ¿Tengo acaso la resistencia de las piedras
o es de bronce mi carne?
13 No, no encuentro ninguna ayuda
dentro de mí mismo
y se me han agotado los recursos.

14 Bien merece la lealtad de su amigo
el hombre deshecho
que ha perdido el temor a Dios.
15 Pero mis hermanos me han traicionado
como un torrente,
como el cauce de los torrentes pasajeros,
16 que corren turbios durante el deshielo,
arrastrando la nieve derretida.
17 Al llegar el verano, se evaporan;
con el calor, se extinguen
en su propio lecho.
18 Las caravanas desvían su trayecto,
se internan en el desierto y perecen.
19 Las caravanas de Temá vuelven los ojos
hacia ellos,
los viajantes de Sabá esperan encontrarlos.
20 Pero se avergüenzan de haber esperado,
llegan hasta allí, y quedan defraudados.
21 Así son ahora ustedes para mí:
ven algo horrible, y se llenan de espanto.

22 Yo nunca les dije: «Denme algo,
regálenme una parte de sus bienes;
23 líbrenme del poder del enemigo,
rescátenme de las manos de los violentos».
24 Instrúyanme, y yo me callaré;
háganme entender dónde está mi error.
25 ¿Acaso son hirientes las palabras rectas?
Pero ¿qué se arregla
con los reproches de ustedes?
26 ¿O pretenden arreglarlo todo con reproches,
mientras echan al viento
las palabras de un desesperado?
27 ¡Ustedes echarían suertes
sobre un huérfano
y traficarían con su propio amigo!
28 ¡Decídanse de una vez, vuélvanse hacia mí!
¿Acaso les voy a mentir en la cara?
29 Vuelvan, les ruego, y que no haya falsedad;
vuelvan, está en juego mi justicia.
30 ¿Acaso hay falsedad en mi lengua
o mi paladar no sabe discernir
la desgracia?

7 1 ¿No es una servidumbre
la vida del hombre sobre la tierra?
¿No son sus jornadas las de un asalariado?
2 Como un esclavo que suspira por la sombra,
como un asalariado que espera su jornal,
3 así me han tocado en herencia meses vacíos,
me han sido asignadas noches de dolor.
4 Al acostarme, pienso:
«¿Cuándo me levantaré?».
Pero la noche se hace muy larga
y soy presa de la inquietud hasta la aurora.
5 Gusanos y costras polvorientas
cubren mi carne,
mi piel se agrieta y supura.
6 Mis días corrieron más veloces
que una lanzadera:
al terminarse el hilo, llegaron a su fin.

7 Recuerda que mi vida es un soplo
y que mis ojos no verán más la felicidad.
8 El ojo que ahora me mira, ya no me verá;
me buscará tu mirada, pero ya no existiré.
9 Una nube se disipa y desaparece:
así el que baja al Abismo no sube más.
10 No regresa otra vez a su casa
ni el lugar donde estaba lo vuelve a ver.

11 Por eso, no voy a refrenar mi lengua:
hablaré con toda la angustia de mi espíritu,
me quejaré con amargura en el alma.
12 ¿Acaso yo soy el Mar o el Dragón marino
para que dispongas una guardia contra mí?
13 Cuando pienso: «Mi lecho me consolará,
mi cama compartirá mis quejidos»,
14 entonces tú me horrorizas con sueños
y me sobresaltas con visiones.
15 ¡Más me valdría ser estrangulado,
prefiero la muerte
a estos huesos despreciables!
16 Yo no viviré eternamente:
déjame solo, porque mis días son un soplo.
17 ¿Qué es el hombre para que lo tengas
tan en cuenta y fijes en él tu atención,

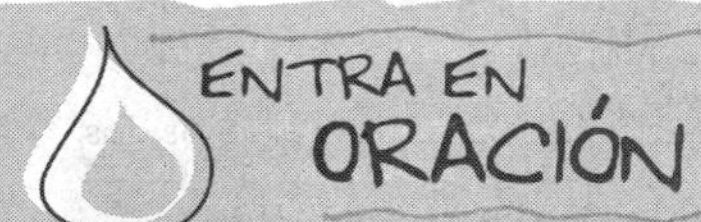

Es válido cuestionar a Dios

Job se distingue de sus amigos, pues, mientras ellos hablan sobre Dios, él habla con Dios. ¿Qué puedes aprender de la oración de Job en su sufrimiento?

- Sé honesto con Dios y contigo mismo. Si sufres, dile claramente a Dios lo que sientes. Puedes escribir tu oración en un diario o cuaderno.
- Expresa tus sentimientos con libertad, incluyendo tu impaciencia, ira y desconcierto, como lo hizo Job. Dios es comprensivo y te conoce con amor. Los sentimientos negativos reprimidos producen reacciones sicológicas y sociales peligrosas.
- Tómate de la mano de Dios y dile con toda confianza: *[Te] hablaré con toda la angustia de mi espíritu, me quejaré con amargura en el alma* (Job 7 11).
- Acoge su luz y pide que te ayude a buscar a un consejero o una comunidad que te apoye. Dios tiene muchos caminos para ayudarte.

Job 7

18 visitándolo cada mañana
y examinándolo a cada instante?
19 ¿Cuándo dejarás de mirarme?
¿No me darás tregua ni para tragar saliva?

20 Si pequé, ¿qué daño te hice,
a ti, guardián de los hombres?
¿Por qué me has tomado como blanco
y me he convertido en una carga para ti?
21 ¿Por qué no perdonas mis ofensas
y pasas por alto mis culpas?
¡Mira que muy pronto me acostaré
en el polvo,
me buscarás, y ya no existiré!

Primer discurso de Bildad: la triste suerte de los impíos

Job 34 10-12; Dt 32 4; Sal 37 1-2; Prov 10 28

8 1 Bildad de Súaj replicó, diciendo:

2 ¿Hasta cuándo hablarás de esta manera
y tus palabras serán un viento impetuoso?
3 ¿Acaso Dios distorsiona el derecho
y el Todopoderoso tergiversa la justicia?
4 Si tus hijos pecaron contra él,
él los dejó librados a sus propios delitos.
5 En cambio, si tú recurres a Dios
e imploras al Todopoderoso,
6 si te mantienes puro y recto,
seguramente, él pronto velará por ti
y restablecerá tu morada de hombre justo.
7 Tus comienzos habrán sido poca cosa,
frente a la grandeza de tu porvenir.

8 Interroga, si no, a las generaciones pasadas,
considera lo que experimentaron
sus padres.
9 Nosotros somos de ayer y no sabemos nada,
nuestros días sobre la tierra
son una sombra.
10 Ellos te instruirán y te hablarán,
sacarán de su corazón estas palabras:
11 ¿Brota el papiro fuera de los pantanos?
¿Crece el junco donde no hay agua?
12 Tierno aún, y sin que nadie lo corte,
se seca más pronto
que cualquier otra hierba.
13 Tal es la suerte de los que olvidan a Dios,
así perece la esperanza del impío.
14 Su confianza es apenas un hilo,
su seguridad, una tela de araña.
15 Se apoya sobre su casa, y ella no resiste,
se aferra a ella, y no queda en pie.
16 Ahí está lleno de savia ante los rayos del sol,
sus retoños se extienden sobre su jardín;
17 sus raíces se entrelazan en el pedregal,
se prenden al terreno rocoso.
18 Pero apenas lo arrancan de su sitio,
este reniega de él, diciendo: «Nunca te vi».
19 ¡Esa es la buena suerte que le toca,
mientras otro brota del polvo!
20 No, Dios no desdeña al hombre íntegro,
ni toma de la mano a los malvados.
21 Él llenará otra vez tu boca de risas
y tus labios de aclamaciones jubilosas.
22 Los que te odian se cubrirán de vergüenza,
y la tienda de los malvados no existirá más.

Respuesta de Job al discurso de Bildad: la fuerza irresistible de Dios

Job 38 – 42; Is 13 10-13; Sal 19 5-7; 89 11; Rom 9 20-21; Ecl 9 2-3; Job 7 11-15; Sab 16 15; 7 2

9 1 Job respondió, diciendo:

2 Sí, yo sé muy bien que es así:
¿cómo un mortal podría tener razón
contra Dios?
3 Si alguien quisiera disputar con él,
no podría responderle
ni una vez entre mil.
4 Su corazón es sabio, su fuerza invencible:
¿quién le hizo frente y se puso a salvo?
5 Él arranca las montañas
sin que ellas lo sepan
y las da vuelta con su furor.

6 Él remueve la tierra de su sitio
y se estremecen sus columnas.
7 Él manda al sol que deje de brillar
y pone un sello sobre las estrellas.
8 Él solo extiende los cielos
y camina sobre las crestas del mar.
9 Él crea la Osa Mayor y el Orión,
las Pléyades y las Constelaciones del sur.
10 Él hace cosas grandes e inescrutables,
maravillas que no se pueden enumerar.
11 Él pasa junto a mí, y yo no lo veo;
sigue de largo, y no lo percibo.
12 Si arrebata una presa, ¿quién se lo impedirá
o quién le preguntará qué es lo que hace?
13 Dios no reprime su furor:
los secuaces de Rahab
yacen postrados a sus pies.

14 ¡Cuánto menos podría replicarle yo
y aducir mis argumentos frente a él!
15 Aun teniendo razón, no podría responder
y debería implorar al que me acusa.
16 Aunque lo llamara y él me respondiera,
no creo que llegue a escucharme.
17 Él me aplasta por una insignificancia
y multiplica mis heridas sin razón.
18 No me da tregua ni para tomar aliento,
sino que me sacia de amarguras.
19 Si es cuestión de fuerza, él es el más fuerte;
si de justicia, ¿quién podría emplazarlo?
20 Si tengo razón,
por mi propia boca me condena;
si soy íntegro, me declara perverso.
21 ¡Yo soy un hombre íntegro:
nada me importa de mí mismo
y siento desprecio por mi vida!
22 ¡Todo es igual! Por eso digo:
«Él extermina al íntegro y al malvado».
23 Si un azote siembra la muerte de improviso,
se ríe de la desesperación de los inocentes.
24 Si un país cae en manos de un malvado,
pone un velo sobre el rostro de los jueces:
si no es él, ¿quién otro puede ser?

25 Mis días pasan más rápido que un corredor,
huyen sin ver la felicidad.
26 Se deslizan como barcas de junco,
como un águila que se lanza sobre su presa.
27 Si pienso: «Voy a olvidarme de mis quejas,
voy a poner buena cara y sonreír»,
28 me asalta el terror por todos mis pesares,
sabiendo que tú no me absuelves.
29 Seré juzgado culpable,
¿para qué entonces fatigarme en vano?
30 Aunque me lavara con nieve
y purificara mis manos con potasa,
31 tú me hundirías en el fango
y hasta mi ropa
sentiría abominación por mí.

32 ¡No, él no es un hombre como yo,
para responderle y comparecer juntos
en un juicio!
33 ¡Si hubiera al menos un árbitro
entre nosotros,
que pusiera su mano sobre los dos,
34 para que Dios aparte su vara de mí
y no me atemorice su terror!
35 Entonces le hablaría sin temor,
porque estoy convencido de que no soy así.

10 1 Mi alma está asqueada de la vida,
quiero dar libre curso a mi queja,
expresaré toda mi amargura.
2 Diré a Dios: «No me condenes,
dame a conocer por qué me recriminas».
3 ¿Es un placer para ti oprimir,
despreciar la obra de tus manos
y favorecer el designio de los malvados?
4 ¿Acaso tienes ojos de carne?
¿Ves tú las cosas
como las ven los hombres?
5 ¿Son tus días como los de un mortal
y tus años como los días de un hombre,
6 para que estés al acecho de mi culpa
y vayas en busca de mi pecado,
7 aun sabiendo que no soy culpable
y que nadie puede librar de tu mano?

8 Tus manos me modelaron y me hicieron,
y luego, cambiando de parecer,
me destruyes.
9 Acuérdate que me hiciste de la arcilla
y que me harás retornar al polvo.
10 ¿Acaso no me derramaste como leche
y me cuajaste como el queso?
11 Me revestiste de piel y de carne
y me tejiste con huesos y tendones.
12 Me diste la vida y me trataste con amor,
y tu solicitud preservó mi aliento.

13 ¡Pero tú ocultabas algo en tu corazón,
ahora comprendo lo que tenías pensado!
14 Si yo peco, tú me vigilas
y no me absuelves de mi culpa.
15 Si soy culpable, ¡ay de mí!
Si soy inocente,
tampoco puedo alzar cabeza,
saturado de ignominia,
embriagado de aflicción.
16 Si me levanto, tú me cazas como un león
y redoblas contra mí tu asombroso poder.
17 Suscitas contra mí nuevos testigos,
acrecientas tu furor contra mí
y me atacas con tropas de relevo.
18 ¿Por qué me sacaste del seno materno?
Yo habría expirado sin que nadie me viera,
19 sería como si nunca hubiera existido,
me habrían llevado del vientre a la tumba.
20 ¡Duran tan poco los días de mi vida!
¡Apártate de mí!
Así podré sonreír un poco,
21 antes que me vaya, para no volver,
a la región de las tinieblas y las sombras,
22 a la tierra de la oscuridad y el desorden,
donde la misma claridad es tiniebla.

VIVE LA PALABRA

Actitudes ante el sufrimiento

Los amigos de Job están seguros de que Dios lo está castigando y así se lo dicen una y otra vez. Job, a pesar de creer que su vida ha perdido sentido y desea la muerte, rechaza esta imagen de Dios y se queja violentamente con él.

Hay quien, al leer Job 10 1-22, se asusta por las palabras injuriosas y atrevidas con que cuestiona a Dios su justicia. Pero el Espíritu Santo inspiró este libro para enseñarnos que es mejor quejarnos con Dios que retirarnos de él. La oración perseverante nos ayuda a enfrentar el dolor con fe en que su amor nos dará fuerzas para aceptar el sufrimiento y seguir adelante en la vida.

Cuando sufres tienes la opción de vivir amargado/a, culpándote a ti mismo/a, a Dios o a otras personas el resto de tus días, o de aceptar el sufrimiento como un desafío que superar. También puedes sentirte víctima, manipular a otros con tu dolor o entrar en una apatía ante la vida que perdura largo tiempo, o vivir el sufrimiento como un proceso de purificación y madurez.

¿Cuál es tu actitud ante el sufrimiento? ¿Qué frutos da vivir el misterio del dolor tomados de la mano de Dios? ¿Qué efectos tiene abandonarlo cuando estamos inmersos en fuertes sufrimientos? ¿Estás dispuesto/a a seguir tu relación con Dios en momentos de intenso dolor ¿Por qué sí? ¿Por qué no? ¿Cómo te ayuda a llevar tu sufrimiento la contemplación de Jesús en la cruz?

Job 10

Primer discurso de Sofa: la sumisión al juicio de Dios

Rom 11 33; Job 39 5-8; 1 Cor 2 6-16

11 1 Sofar de Naamá respondió, diciendo:
2 ¿No habrá una respuesta
para tanto palabrerío?
¿Tendrá siempre razón
el que habla demasiado?
3 ¿Tu locuacidad hará callar a los demás
y te burlarás sin que nadie te confunda?
4 Tú has dicho: «Mi doctrina es pura
y estoy limpio ante tus ojos».
5 En cambio, si Dios hablara
y abriera sus labios contra ti;
6 si te revelara los secretos de la sabiduría,
tan sutiles para el entendimiento,
sabrías que Dios aún olvida
una parte de tu culpa.
7 ¿Puedes tú escrutar
las profundidades de Dios
o vislumbrar la perfección
del Todopoderoso?
8 *Ella es más alta que el cielo:*
¿qué puedes hacer tú?
Es mas honda que el Abismo:
¿qué puedes entender?
9 Por su extensión, es más larga que la tierra
y más ancha que el mar.
10 Si Dios pasa y aprisiona,
y si convoca a juicio,
¿quién se lo impedirá?
11 Él conoce a los hombres falsos,
ve la maldad ¿y no la sabrá discernir?
12 Pero un necio asentará cabeza
cuando se domestique un asno salvaje
de la estepa.
13 En cuanto a ti, si enderezas tu corazón
y extiendes tus manos hacia Dios,
14 si alejas la maldad que hay en tus manos
y no dejas que la injusticia
habite en tu tienda,
15 entonces sí erguirás tu frente inmaculada,
estarás firme y nada temerás.
16 Así te olvidarás de las penas,
las recordarás
como una correntada pasajera.
17 La vida se alzará más radiante
que el mediodía,
la oscuridad será como una alborada.
18 Estarás seguro,
porque habrá una esperanza;
observarás a tu alrededor,
y te acostarás tranquilo.
19 Descansarás sin que nadie te perturbe
y muchos tratarán de ganarse tu favor.
20 Pero los ojos de los malvados se consumen,
les falta todo refugio
y el último suspiro
será su única esperanza.

Respuesta de Job: los designios desconcertantes de Dios

Job 13 2; 34 3; Is 11 2; Prov 8 14;
Sal 107 40; Prov 17 28; Is 6 1-5

12 1 Job respondió, diciendo:
2 ¡Realmente, ustedes son la voz del pueblo
y junto con ustedes morirá la sabiduría!
3 Pero yo también, como ustedes,
soy capaz de entender,
no estoy en nada por debajo de ustedes;
¿o acaso hay alguien que ignore estas cosas?

[4] El que invoca a Dios
para que él le responda,
ha llegado a ser la irrisión de sus amigos:
¡el justo, el perfecto,
es un motivo de irrisión!
[5] «¡A la desgracia, el desprecio
—así opina la gente feliz—
un golpe más para el que se tambalea!».
[6] Las tiendas de los salteadores están en paz;
hay seguridad para los que provocan a Dios,
para el que tiene a Dios en un puño.

[7] Pero interroga a las bestias, y te instruirán,
a los pájaros del cielo, y te informarán,
[8] a los reptiles de la tierra, y te enseñarán,
a los peces del mar, y te explicarán.
[9] ¿Quién no sabe, entre todos ellos,
que todo esto lo hizo la mano del Señor?
[10] Él tiene en su mano
la vida de todo viviente
y el espíritu de todo ser humano.

[11] ¿Acaso el oído no discierne las palabras
como el paladar gusta los alimentos?
[12] En los cabellos blancos está la sabiduría
y en la edad avanzada, la inteligencia.
[13] Pero con Dios están la sabiduría y el poder,
a él pertenecen el consejo y la inteligencia.
[14] Si él destruye, nadie reconstruye;
si aprisiona, nadie puede abrir.
[15] Si él retiene las aguas, hay sequía;
si las suelta, inundan la tierra.
[16] Con él están la fuerza y la prudencia,
a él pertenecen el que yerra
y el que hace errar.
[17] Él hace andar descalzos a los consejeros
y priva a los jueces de su sano juicio.
[18] Desata los cinturones de los reyes
y les ata una cuerda a la cintura.
[19] Hace andar descalzos a los sacerdotes
y derriba a los que están
firmemente establecidos.
[20] Deja sin habla a los más seguros
y priva de la razón a los ancianos.
[21] Cubre de desprecio a los nobles
y afloja el cinturón de los tiranos.
[22] Despoja los abismos de sus tinieblas
e ilumina las cosas oscuras.
[23] Exalta a las naciones y las hace desaparecer,
expande a los pueblos y los suprime.
[24] Priva de inteligencia a los jefes de la tierra
y los hace vagar
por un desierto sin caminos:
[25] así andan a tientas en la oscuridad, sin luz,
y se tambalean como ebrios.

13 [1] Sí, todo esto lo vi
con mis propios ojos,
lo escuché con mis oídos y lo entendí.
[2] Lo que ustedes saben, lo sé yo también:
no estoy por debajo de ustedes.
[3] Pero yo quiero hablarle al Todopoderoso,
mi deseo es discutir con Dios.
[4] ¡Ustedes lo encubren todo
con sus mentiras,
médicos inútiles son todos ustedes!
[5] ¡Si se callaran de una vez,
darían una prueba de sabiduría!

[6] Escuchen, entonces, mi defensa;
presten atención a mi querella.
[7] ¿Es por Dios que ustedes
hablan falsamente
y para favorecerlo apelan al engaño?
[8] ¿Se muestran parciales en atención a él
y pretenden ser los abogados de Dios?
[9] ¿Eso los beneficiará cuando él los examine?
¿Jugarán con él como se juega
con un hombre?
[10] No, él será el primero en acusarlos
si toman partido solapadamente.
[11] ¿Acaso no los espantará su majestad,
y su terror no se abatirá sobre ustedes?
[12] Las que ustedes alegan
son sentencias de ceniza,
sus respuestas son de barro.

[13] Dejen de hablarme, soy yo el que hablaré,
¡no importa lo que me pueda pasar!
[14] Arriesgaré el todo por el todo
y pondré en peligro mi vida.
[15] ¡Que él me mate! Ya no tengo esperanza,
solo quiero defender mi conducta ante él.
[16] Y esto mismo será un triunfo para mí,
porque ningún impío
puede comparecer ante él.
[17] Oigan, oigan bien mis palabras,
que mis declaraciones lleguen a sus oídos.
[18] Estoy preparado para el juicio,
yo sé que la razón estará de mi parte.
[19] ¿Hay alguien que me pueda incriminar?
Entonces aceptaría quedarme callado
y expirar.

Requisitoria de Job al Señor

Job 9 34; 23 6; Sal 4 7; 44 25; 88 15; 25 7;
Is 40 6-8; Eclo 40 1-11;
Sal 37 2; 144 3-4; Is 51 6; 2 10; Job 7 1

[20] Concédeme dos cosas solamente,
y así no me ocultaré de tu presencia:
[21] aparta de mí la palma de tu mano
y que tu terror no me atemorice.
[22] Luego llámame, y yo te responderé,
o hablaré yo, y tú me responderás.
[23] ¿Cuántas son mis culpas y mis pecados?
Dame a conocer mi rebeldía y mi pecado.
[24] ¿Por qué ocultas tu rostro
y me consideras tu enemigo?
[25] ¿Quieres atemorizar a una hoja
llevada por el viento?
¿Vas a perseguir a una paja reseca?
[26] ¡Tú que dictas contra mí
sentencias amargas
y me imputas las culpas de mi juventud,

27 tú que pones mis pies en el cepo,
tú que vigilas todos mis senderos
y cercas las plantas de mis pies!
28 Así este hombre se deshace
como madera carcomida,
como ropa devorada por la polilla.

14 1 El hombre, nacido de mujer,
tiene una vida breve
y cargada de tormentos:
2 como una flor, brota y se marchita;
huye sin detenerse, como una sombra.
3 ¡Y sobre alguien así tú abres los ojos,
lo enfrentas contigo en un juicio!
4 Pero ¿quién sacará lo puro de lo impuro?
Nadie, ciertamente.
5 Ya que sus días están determinados
y tú conoces el número de sus meses,
ya que le has puesto
un límite infranqueable,
6 ¡aparta de él tu mirada y déjalo solo,
para que disfrute de su jornada
como un asalariado!
7 Para el árbol hay una esperanza:
si es cortado, aún puede reverdecer
y no dejará de tener retoños.
8 Aunque su raíz haya envejecido en el suelo
y su tronco esté muerto en el polvo,
9 apenas siente el agua,
produce nuevos brotes
y echa ramas, como una planta joven.
10 Pero el hombre, cuando muere,
queda inerte;
el mortal que expira, ¿dónde está?
11 El agua del mar se evapora,
un río se agota y se seca:
12 así el hombre se acuesta y no se levanta;
desaparecerán los cielos,
antes que él se despierte,
antes que se alce de su sueño.
13 ¡Ah, si tú me ocultaras en el Abismo,
si me escondieras hasta que pase tu enojo
y me fijaras un plazo para acordarte de mí!
14 —Un hombre, una vez muerto,
¿podrá revivir?—.
Entonces yo esperaría,
todos los días de mi servicio,
hasta que llegue mi relevo:
15 tú llamarías, y yo te respondería,
ansiarías ver la obra de tus manos.
16 Porque entonces no contarías mis pasos
ni observarías mi pecado;
17 mi delito estaría bajo sello en una bolsa
y cubrirías mi culpa con un enduido.
18 Pero la montaña cae y se desmorona,
la roca es removida de su sitio;
19 las aguas desgastan las piedras,
al polvo de la tierra se lo lleva el aguacero:
¡así tú destruyes la esperanza del mortal!
20 Lo abates para siempre, y él se va,
desfiguras su rostro y lo despides.
21 Se honra a sus hijos, pero él no lo sabe;
si son envilecidos, él no se da cuenta.
22 ¡Solo en carne propia siente el sufrimiento,
solo por sí mismo está de duelo!

SEGUNDO CICLO DE DISCURSOS

Segundo discurso de Elifaz: nadie es justo ante Dios

Prov 8 25; 1 Cor 2 16; Rom 11 33-35;
Job 4 17; 20 6-7; Prov 22 8; Gal 6 8

15 1 Elifaz de Temán replicó, diciendo:
2 ¿Acaso un sabio da respuestas en el aire
y llena de viento su interior?
3 ¿Arguye con palabras inútiles
y con discursos que no sirven de nada?
4 ¡Más aún, tú destruyes la piedad,
y anulas la reflexión delante de Dios!
5 Porque es tu culpa la que inspira
tus palabras
y eliges el lenguaje de la gente astuta.
6 Tu misma boca te condena, no yo;
tus propios labios atestiguan contra ti.
7 ¿Eres tú el primer hombre que nació?
¿Fuiste dado a luz antes que las colinas?
8 ¿Has tenido acceso al consejo divino
y has acaparado la sabiduría?
9 ¿Qué sabes tú que nosotros no sepamos?
¿Qué entiendes tú más que nosotros?
10 Aquí también hay ancianos
de cabellos blancos,
gente de más edad que tu mismo padre.
11 ¿No te basta el consuelo que Dios te da
y una palabra pronunciada con dulzura?
12 ¿Por qué te dejas arrastrar por tus impulsos?
¿Qué significan esos ojos huraños,
13 cuando vuelves tu saña contra Dios
y lanzas denuestos por la boca?

14 ¿Qué es el hombre para que sea puro
y el nacido de mujer para que sea justo?
15 Si Dios no se fía ni siquiera de sus santos
y el cielo no es puro a sus ojos,
16 ¡cuánto menos ese ser abominable
y corrompido,
el hombre, que bebe como agua
la iniquidad!

17 Yo te lo voy a explicar, escúchame;
déjame contarte algo que vi.
18 Es lo que refieren los sabios,
lo que no les ocultaron sus padres:
19 a ellos solos les fue dada la tierra
y ningún extraño pasaba
en medio de ellos.
20 El malvado se atormenta
todos los días de su vida,
muy pocos años están reservados
al hombre cruel;
21 voces horribles resuenan en sus oídos,
en plena paz, lo asalta el devastador.

22 Él no espera evadirse de las tinieblas
y está destinado a la espada.
23 Anda errante como pasto de los buitres
y sabe que su ruina es segura.
El día tenebroso
24 lo aterra,
la angustia y la opresión lo acometen,
como un rey preparado para el ataque.
25 Porque extendía su mano contra Dios
y se envalentonaba contra el Todopoderoso;
26 arremetía contra él con el cuello tendido,
con todo el espesor
de sus escudos blindados,
27 porque había untado su rostro con grasa
y había robustecido sus lomos.

28 Ahora habita en ciudades destruidas,
en casas donde ya nadie vive,
que amenazan convertirse en escombros.
29 Él no se enriquecerá, no durará su fortuna,
ni sus posesiones se extenderán por el país.
30 No escapará de las tinieblas,
una llama secará sus retoños,
su flor será arrastrada por el viento.
31 Que no confíe en la mentira,
porque se equivoca,
y su recompensa será la decepción.
32 Su follaje se marchitará antes de tiempo
y su ramaje no mantendrá su verdor.
33 Como una vid,
perderá sus uvas todavía agrias,
como un olivo dejará caer sus flores.
34 Sí, la raza del impío es estéril,
el fuego devora la tienda del hombre venal.
35 El que concibe malicia, engendra maldad,
y su vientre está grávido de mentira.

Respuesta de Job: la incomprensión de los amigos y el aparente abandono de Dios

Job 30 12-14; 31 1-40; Gn 4 10; Ez 24 7-8;
Sal 88 4-6; Ecl 12 1-7; Eclo 29 14-20

16 1 Job respondió, diciendo:

2 Ya escuché muchos discursos semejantes,
¡tristes consoladores son todos ustedes!
3 ¿Terminarán de una vez
las palabras en el aire?
¿Qué es lo que te incita a replicar así?
4 También yo hablaría como ustedes,
si ustedes estuvieran en mi lugar.
Los ensordecería con palabras
y les haría gestos de conmiseración.
5 Los reconfortaría con mi boca
y mis labios no dejarían de moverse.
6 *Pero si hablo*, no se alivia mi dolor;
si me callo, tampoco se aparta de mí.

7 Porque ahora,
él me ha extenuado y desolado,
todos sus terrores
8 me tienen acorralado;
se levanta contra mí como testigo,
mi debilidad me acusa en mi propia cara.
9 Su ira me desgarra y me hostiga,
él rechina sus dientes contra mí.
Mi adversario me atraviesa con la mirada;
10 ellos abrieron sus fauces contra mí,
me golpearon con desprecio las mejillas,
se confabularon todos contra mí.
11 Dios me entrega al poder del injusto,
me arroja en manos de los malvados.
12 Yo estaba tranquilo y él me destrozó,
me tomó por el cuello y me hizo pedazos.
Me puso como blanco ante él,
13 sus flechas vuelan a mi alrededor.
Traspasa mis riñones sin piedad
y derrama por tierra mi hiel.
14 Abre en mí una brecha tras otra,
arremete contra mí como un guerrero.
15 Llevo cosido un cilicio a mi piel,
tengo hundida la frente en el polvo.
16 Mi rostro está enrojecido por el llanto
y la oscuridad envuelve mis pupilas.
17 Sin embargo,
no hay violencia en mis manos
y mi plegaria es pura.

18 ¡Tierra, no cubras mi sangre,
que no haya un lugar de descanso
para mi clamor!
19 Aún ahora, mi testigo está en el cielo
y mi garante, en las alturas.
20 Mis amigos se burlan de mí,
mientras mis ojos derraman lágrimas
ante Dios.
21 ¡Que él sea árbitro entre un hombre y Dios,
como entre un hombre y su prójimo!
22 Porque mis años están contados
y voy a emprender el camino sin retorno.

17 1 ¡Se me ha agotado el aliento,
se han extinguido mis días,
solo me queda el sepulcro!
2 ¿No soy acaso el blanco de las burlas
y no me desvelan sus provocaciones?
3 Deposita junto a ti una fianza a mi favor:
si no, ¿quién estrechará mi mano?
4 Tú cerraste su corazón al discernimiento;
por eso, no los dejarás triunfar.
5 ¡Se anuncia el reparto a los amigos,
mientras los ojos de los hijos desfallecen!
6 Me has convertido en burla de la gente,
soy como alguien
a quien se escupe en la cara.
7 Mis ojos se debilitan por la tristeza
y todos mis miembros son como la sombra.
8 Los hombres rectos
quedan consternados por esto,
y el inocente se indigna contra el impío.
9 Pero el justo se afianza en su camino
y el de manos puras redobla su energía.
10 ¡Vengan todos ustedes, vengan otra vez:
no encontraré un solo sabio entre ustedes!
11 Han pasado mis días,
se han deshecho mis planes

y las aspiraciones de mi corazón.
12 Ellos cambian la noche en día:
«La luz, dicen, está cerca de las tinieblas».
13 ¿Qué puedo esperar?
El Abismo es mi morada,
en las tinieblas extendí mi lecho.
14 Yo grito a la Fosa: «¡Tú eres mi padre!»,
y a los gusanos:
«¡Mi madre y mis hermanos!».
15 ¿Dónde está entonces mi esperanza?
Y mi felicidad, ¿quién la verá?
16 ¿Bajarán conmigo al Abismo?
¿Nos hundiremos juntos en el polvo?

Segundo discurso de Bildad: el castigo inexorable de los malvados

Job 16 9-10; Sal 35 7-8; 140 6; 34 17; 37 28

18 1 Bildad de Súaj respondió, diciendo:
2 ¿Hasta cuándo nos impedirás hablar?
Reflexiona, y luego hablaremos.
3 ¿Por qué seremos tenidos por animales
y pasaremos por torpes ante tus ojos?
4 Tú, que te desgarras en tu enojo:
¿acaso la tierra quedará desierta por tu causa
o la roca será removida de su sitio?

5 Sí, la luz del malvado se extingue
y la llama de su fuego no brilla más.
6 La luz se oscurece en su tienda
y su lámpara se apaga sobre él.
7 Se acortan sus pasos vigorosos,
su propio designio lo hace tropezar.
8 Porque sus pies lo meten en una trampa
y va caminando entre redes:
9 un lazo le aprisiona el talón
y un cepo se cierra sobre él.
10 Lo espera una cuerda oculta en el suelo
y una trampa tendida sobre el camino.
11 Lo asaltan terrores por todas partes
y lo amenazan a cada paso.
12 Su vigor se convierte en hambre
y la ruina permanece a su lado;
13 la enfermedad corroe su piel,
el Primogénito de la Muerte
devora sus miembros.
14 Lo arrancan de la seguridad de su tienda
y lo llevan ante el Rey de los terrores.
15 El fuego se instala en su tienda
y se esparce azufre sobre su morada.
16 Por debajo se secan sus raíces
y por arriba se marchita su ramaje.
17 Su recuerdo desaparece de la tierra
y se borra su nombre en la región.
18 Lo arrojan de la luz a las tinieblas
y lo arrastran fuera del mundo.
19 No tiene estirpe ni posteridad en su pueblo,
no quedan sobrevivientes
donde él habitaba.
20 El Occidente se estremece por su destino
y el Oriente es presa del horror.
21 Sí, tales son las moradas del injusto,
este es el lugar del que no conoce a Dios.

Respuesta a Job: la íntima esperanza en la reivindicación

Job 16 18-21; 2 Cor 3 18; 1 Cor 13 12; Sal 58 12

19 1 Job respondió, diciendo:
2 ¿Hasta cuándo me van a afligir
y me van a torturar con sus palabras?
3 Ya es la décima vez que me ultrajan,
que me maltratan desvergonzadamente.
4 Aunque fuera verdad que cometí un error,
mi error me concierne solo a mí.
5 Ustedes se envalentonan contra mí
y me imputan mi ignominia:
6 pero sepan que es Dios el que me agravia
y que él me ha envuelto en su red.
7 Si grito: «¡Violencia!», no tengo respuesta;
si pido auxilio, no se hace justicia.
8 Él cercó mi camino y no puedo pasar;
cubrió de tinieblas mi sendero.
9 Me ha despojado de mi honor
y quitó la corona de mi cabeza.
10 Me demolió por completo, y ya me voy;
arrancó, como un árbol, mi esperanza.
11 Encendió su indignación contra mí
y me trató como a su enemigo.
12 Sus escuadrones llegaron en tropel,
se abrieron camino hasta mí
y acamparon alrededor de mi tienda.
13 Mis hermanos se alejaron de mí
y soy un extraño para mis amigos.
14 Desaparecieron mis allegados y familiares,
me olvidaron 15 los huéspedes de mi casa.
Mis servidoras me consideran un extraño,
me he convertido en un intruso para ellas.
16 Llamo a mi servidor, y no responde,
aunque se lo pida por favor.
17 Mi mujer siente asco de mi aliento,
soy repugnante para los hijos
de mis entrañas.
18 Hasta los niños pequeños me desprecian:
cuando me levanto, se burlan de mí.
19 Mis amigos íntimos me abominan,
los que yo amaba se vuelven contra mí.
20 Los huesos se me pegan a la piel
y se me desprenden los dientes de las encías.

21 ¡Apiádense, apiádense de mí, amigos míos,
porque me ha herido la mano de Dios!
22 ¿Por qué ustedes me persiguen como Dios
y no terminan de saciarse con mi carne?
23 ¡Ah, si se escribieran mis palabras
y se las grabara en el bronce;
24 si con un punzón de hierro y plomo
fueran esculpidas en la roca para siempre!
25 Porque yo sé que mi Redentor vive
y que él, el último, se alzará sobre el polvo.

VIVE LA PALABRA

El misterio del sufrimiento humano

Nos acercamos a la cumbre del libro de Job, quien enfrenta una angustia existencial al no poder resolver el dilema en que se encuentra. Se siente herido por Dios y sabe que no puede ser un castigo porque no ha pecado; además, está seguro del amor y la justicia de Dios. Esta triple experiencia lo lleva a reconocer que no entiende lo que pasa.

Job repite una y otra vez que es inocente y que Dios no es injusto. Su fe en Dios y la certeza de su inocencia lo llevan a muchos enfrentamientos con Dios. Su convicción es tan fuerte que refuta apasionadamente a sus tres amigos cuando le insisten que pecó, y por eso le va tan mal.

En estos momentos, Job reprocha a sus amigos por atormentarlo con su posición filosófica, sin considerar su dolor (Job 19 2-4). Después les cuenta de nuevo sus pesares y cómo todos lo han abandonado, incluso Dios (vv. 5-22). De repente pide que registren las palabras, de modo que lo que dirá quede escrito para el día de su Juicio final (vv. 23-26).

Entonces, de la soledad más profunda, Job da un «brinco de fe»: si Dios no le habla ahora, le explica lo que sufre y le hace justicia, lo hará en el futuro (vv. 25-29). Esta confesión de fe tiene un valor inmenso, por haber sido hecha cuando Job no tenía indicio alguno de que su suerte cambiaría, sino que estaba seguro de que moriría pronto. Y tu fe, ¿es tan fuerte como la de Job?

Job 19

26 Y después que me arranquen esta piel,
yo, con mi propia carne, veré a Dios.
27 Sí, yo mismo lo veré,
lo contemplarán mis ojos,
no los de un extraño.
¡Mi corazón se deshace en mi pecho!
28 Si ustedes dicen: «¿Cómo lo perseguiremos
y qué pretexto encontraremos
para procesarlo?»,
29 teman que la espada
los hiera a ustedes mismos,
porque esas son culpas dignas de la espada:
y entonces sabrán que hay un juez.

Segundo discurso de Sofa: la justa retribución de la maldad

Gn 11 4; Is 14 13-14; Ez 28 2.17;
Sab 5 18-20; Job 27 13; Ap 21 8

20 1 Sofar de Naamá respondió, diciendo:

2 Mis pensamientos me obligan a replicar,
porque no puedo dominar mi excitación.
3 Tengo que oír reproches injuriosos,
pero mi inteligencia
me inspira una respuesta.
4 ¿No sabes acaso que desde siempre,
desde que el hombre fue puesto
sobre la tierra,
5 el júbilo de los malvados acaba pronto
y la alegría del impío dura solo un instante?
6 Aunque su altura se eleve hasta el cielo
y llegue a tocar las nubes con la cabeza,
7 él perece para siempre,
como sus excrementos,
y sus conocidos preguntan: «¿Dónde está?».
8 Huye como un sueño, y nadie lo encuentra,
desechado como una visión nocturna.
9 El ojo que lo miraba no lo ve más,
el lugar que ocupaba lo pierde de vista.
10 Sus hijos indemnizan
a los que él empobreció
y sus propias manos restituyen las riquezas.
11 El vigor juvenil que llenaba sus huesos
yace con él en el polvo.
12 El mal era dulce a su boca
y él lo disimulaba bajo su lengua;
13 lo saboreaba y no lo soltaba,
lo retenía en medio de su paladar;
14 pero su comida se corrompe en las entrañas,
es un veneno de víboras dentro de él.
15 Tiene que vomitar las riquezas que tragó,
Dios se las arranca de su vientre.
16 ¡Él mamaba veneno de serpientes
y lo mata la lengua de la víbora!
17 Ya no ve más los arroyos de aceite
ni los torrentes de miel y leche cuajada.
18 Devuelve las ganancias sin tragarlas,
y no disfruta de lo que lucró
con sus negocios,
19 porque oprimió y dejó sin amparo
a los pobres,
y usurpó casas que no había edificado.
20 Su voracidad no conocía descanso
y nada escapaba a sus deseos;
21 nadie se libraba de su avidez,
por eso no dura su prosperidad.
22 En el colmo de la abundancia,
lo asalta la angustia,

le sobrevienen toda clase de desgracias.
[23] Mientras él llena su vientre,
Dios descarga el ardor de su ira
y hace llover el fuego de su enojo sobre él.
[24] Si escapa del arma de hierro,
lo traspasa el arco de bronce:
[25] la flecha le sale por la espalda,
y la punta fulgurante por el hígado.
Lo invaden los terrores,
[26] todas las tinieblas están reservadas para él,
lo consume un fuego que nadie atiza
y que devora lo que aún queda de su tienda.
[27] Los cielos revelan su iniquidad
y la tierra se levanta contra él.
[28] Un diluvio se lleva su casa,
una correntada, en el día de la ira.
[29] Esta es la porción que Dios asigna
al malvado,
la herencia que le tiene destinada.

Respuesta de Job: ¿dónde está la justicia de Dios?

Job 12 6; Jr 12 1-2; Mal 3 15.18-19; Sal 73 3-12; Ecl 8 10-14

21 [1] Job respondió, diciendo:

[2] ¡Oigan, oigan bien mis palabras,
concédanme al menos este consuelo!
[3] Tengan paciencia mientras hablo yo,
y una vez que haya hablado,
se podrán burlar.
[4] ¿Acaso yo me quejo de un hombre
o no tengo motivo para estar indignado?
[5] Vuélvanse a mí, y quedarán consternados,
se pondrán la mano sobre la boca.
[6] Cuando me acuerdo,
yo mismo me horrorizo
y todo mi cuerpo se estremece.

[7] ¿Cómo es posible que vivan los malvados,
y que aun siendo viejos,
se acreciente su fuerza?
[8] Su descendencia se afianza ante ellos,
sus vástagos crecen delante de sus ojos.
[9] Sus casas están en paz, libres de temor,
y no los alcanza la vara de Dios.
[10] Su toro fecunda sin fallar nunca,
su vaca tiene cría sin abortar jamás.
[11] Hacen correr a sus niños como ovejas,
sus hijos pequeños saltan de alegría.
[12] Entonan canciones con el tambor
y la cítara
y se divierten al son de la flauta.
[13] Acaban felizmente sus días
y descienden en paz al Abismo.
[14] Y ellos decían a Dios:
«¡Apártate de nosotros,
no nos importa conocer tus caminos!
[15] ¿Qué es el Todopoderoso
para que lo sirvamos
y qué ganamos con suplicarle?».
[16] ¿No tienen la felicidad en sus manos?
¿No está lejos de Dios el designio
de los malvados?
[17] ¿Cuántas veces se extingue su lámpara
y la ruina se abate sobre ellos?
¿Cuántas veces en su ira
él les da su merecido,
[18] y ellos son como paja delante del viento,
como rastrojo que se lleva el huracán?

[19] ¿Reservará Dios el castigo para sus hijos?
¡Que lo castigue a él, y que él lo sienta!
[20] ¡Que sus propios ojos vean su fracaso,
que beba el furor del Todopoderoso!
[21] ¿Qué le importará de su casa después de él,
cuando se haya cortado
el número de sus meses?
[22] Pero ¿puede enseñarse la sabiduría a Dios,
a él, que juzga a los seres más elevados?
[23] Uno muere en la plenitud de su vigor,
enteramente feliz y tranquilo,
[24] con sus caderas repletas de grasa
y la médula de sus huesos bien jugosa.
[25] Otro muere con el alma amargada,
sin haber gustado la felicidad.
[26] Después, uno y otro yacen juntos
en el polvo
y los recubren los gusanos.

[27] ¡Sí, yo sé lo que ustedes piensan,
los razonamientos que alegan contra mí!
[28] «¿Dónde está, dicen ustedes,
la casa del potentado
y la tienda en que habitaban
los malvados?».
[29] Pero ¿no han preguntado
a los que pasan por el camino?
¿No han advertido, por las señales que dan,
[30] que el impío es preservado
en el día de la ruina
y es puesto a salvo en el día del furor?
[31] ¿Quién le echa en cara su conducta?
¿Quién le devuelve el mal que hizo?
[32] Es llevado al cementerio,
y una lápida monta guardia sobre él.
[33] Son dulces para él los terrones del valle;
todo el mundo desfila detrás de él,
y ante él, una multitud innumerable.
[34] ¡Que inútil es el consuelo que me ofrecen!
Sus respuestas son puras falacias.

TERCER CICLO DE DISCURSOS

Tercer discurso de Elifaz: los sufrimientos de Job, atribuidos a sus pecados

Job 35 7; Lc 17 9-10; Is 2 11-17; 57 15; Lc 1 52-53

22 [1] Elifaz de Temán replicó, diciendo:

[2] ¿Puede un hombre ser útil a Dios?
Incluso el más capaz, ¿le es útil en algo?

3 ¿Le importa al Todopoderoso
que tú seas justo?
¿Obtiene una ganancia
si tu conducta es perfecta?
4 ¿Es por tu piedad que te reprueba
y entabla un juicio contigo?
5 ¿No es más bien por tu enorme maldad
y porque tus faltas no tienen límite?
6 Tú exigías sin motivo
prendas a tus hermanos
y despojabas de su ropa a los desnudos.
7 No dabas de beber al extenuado
y negabas el pan al hambriento.
8 «¡El país pertenece al de brazo fuerte;
el privilegiado se instala en él!».
9 Despedías a las viudas con las manos vacías
y quebrabas los brazos de los huérfanos.
10 Por eso ahora estás rodeado de lazos
y te estremece un terror repentino.
11 Se oscureció la luz, y no ves;
te sumergen las aguas desbordadas.

¿SABÍAS QUE...?

Argumentos en el debate con Dios

Capítulo tras capítulo, los tres amigos disciernen con Job sobre su dolorosa situación, firmes en sus respectivas posturas:

- El razonamiento de los amigos es sencillo. Si sufre atrozmente, su pecado debe ser inmenso (Job 22 5-14).
- Job, consciente de que no puede arrepentirse de pecados no cometidos, señala que personas inocentes sufren cruelmente y lanza a Dios la gran pregunta: ¿por qué? Después le reclama y le jura su inocencia (24 1-4; 27 1-6).

Imagina las consecuencias de la postura de los tres amigos: ¿qué sentimientos tendría un refugiado de guerra y una madre que perdió a su hijo si vieran su dolor como resultado de pecados suyos desconocidos?

Ahora piensa en cómo vivirían su situación al estilo de Job: ¿qué sentimientos y qué actitudes despierta el *interpretar el dolor como un misterio*?

¿Cómo afecta cada posición la relación de la persona consigo misma, con Dios y con la comunidad?

Job 20 – 31

12 ¿No está Dios en la cima del cielo?
¡Mira qué alta es la bóveda estrellada!
13 Por eso dijiste: «¿Qué sabe Dios?
¿Puede juzgar a través de los nubarrones?
14 Las nubes lo tapan, no puede ver;
él se pasea por los bordes del cielo».
15 ¿Quieres seguir por el camino antiguo
que recorrieron los hombres perversos?
16 Ellos fueron arrebatados antes de tiempo,
cuando un río inundó sus cimientos.
17 Decían a Dios: «¡Apártate de nosotros!
¿Qué puede hacernos el Todopoderoso?».
18 Y aunque él llenaba sus casas de bienes,
el designio de los malvados
seguía lejos de él.
19 Los justos lo ven y se alegran,
el inocente se burla de ellos:
20 «¿No ha sido aniquilada su fortuna
y el fuego devoró hasta sus residuos?».

21 Llega a un acuerdo con Dios, reconcíliate,
y así alcanzarás la felicidad.
22 Recibe la instrucción de sus labios
y guarda sus palabras en tu corazón.
23 Si vuelves al Todopoderoso con humildad
y alejas de tu tienda la injusticia;
24 si arrojas el oro en el polvo y el oro de Ofir
entre las piedras del torrente,
25 entonces el Todopoderoso será tu oro,
él será un montón de plata para ti.
26 En el Todopoderoso estará tu deleite
y levantarás tu rostro hacia Dios.
27 Tú le suplicarás y él te escuchará,
y podrás cumplir tus votos.
28 Si te propones algo, te saldrá bien,
y sobre tus senderos brillará la luz.
29 Porque él humilla la altivez del soberbio
pero salva al que baja los ojos.
30 Él libra al hombre inocente,
y tú te librarás por la pureza de tus manos.

Respuesta de Job: el silencio de Dios y el triunfo del mal

Job 38 – 41; Sal 17 3; 139 1-6; Prov 22 28; Sal 94 5-7; Eclo 23 18

23 1 Job respondió diciendo:

2 También hoy, mi queja es un desafío,
mientras gimo bajo el peso de su mano.
3 ¡Ah, si supiera cómo encontrarlo,
si pudiera llegar hasta su tribunal!
4 Yo expondría mi causa ante él
y llenaría mi boca de recriminaciones.
5 Sabría entonces cuál sería su respuesta,
y estaría atento a lo que él me dijera.
6 ¿Le haría falta mucha fuerza
para disputar conmigo?
No, solo bastaría que me prestara atención.
7 Allí, un hombre recto discutiría con él,
y yo haría triunfar mi derecho
para siempre.

VIVE LA PALABRA

Cuando la angustia pesa más que la vida

Job se quejó muchas veces ante Dios, atrapado por una severa y prolongada angustia, que lo llevó a desear la muerte (Job 3 21-22; 10 18); sin embargo, nunca atentó contra su vida.

Este libro reconoce el drama de levantarse cada mañana con el pavor de tener ante sí un nuevo día, en lugar de alegrarse por ello. ¿Haz tenido esta experiencia? ¿Conoces a alguien que se siente así?

Igual que Job, es clave seguir en comunicación con Dios. Aunque no se entienda el sufrimiento y parezca que no se puede superar, una buena relación con Dios es fuente de paz. No se trata de ignorar el dolor ni la tristeza que paralizan la vida. Y, ante el sentimiento de culpa, tan común en esas circunstancias, hay que aprender de Job, quien en su dolor repasa lo valioso de su vida (23 11), y aunque forcejea con Dios, sigue confiando en él.

¡Tantos jóvenes tienen la tentación de suicidarse y es un número tan grande el que lo hace, que alguna vez necesitarás dejar que la experiencia de Job ilumine la situación! Entonces recuerda que es importante expresar la angustia, incluso con el llanto, fortalecer la confianza en el amor de Dios y buscar el apoyo de una persona competente. Ten presente que usualmente es contraindicado argumentar que la vida es bella, pues la persona que sufre no la ve así, y que enfocar la crisis como si fuera un pecado incrementa la angustia con sentimientos de culpa. ¡Oración, expresión y apoyo son los tres elementos indicados ante este tipo de situación!

Job 23 10-12

8 Pero voy hacia delante, y él no está,
hacia atrás, y no lo percibo;
9 lo busco a la izquierda, y no lo diviso,
vuelvo a la derecha, y no lo veo.
10 Sin embargo, él sabe en qué camino estoy:
si me prueba en el crisol,
saldré puro como el oro.
11 Mis pies han seguido sus pasos,
me mantuve en su camino y no me desvié.
12 No me aparté del mandamiento
de sus labios,
guardé en mi pecho las palabras de su boca.
13 Pero él ya decidió:
¿quién lo hará volver atrás?
Lo que él desea, lo hace.
14 Él va a ejecutar mi sentencia,
y hay en él muchos designios semejantes.
15 Por eso, le tengo temor, reflexiono,
y *tiemblo ante él.*
16 Dios me ha quitado el ánimo,
el Todopoderoso me ha llenado de espanto:
17 porque no son las tinieblas
las que me aniquilan
ni tampoco la oscuridad
que cubre mi rostro.

24 1 ¿Por qué al Todopoderoso
no se le ocultan los tiempos,
pero sus fieles no ven esos días?
2 Los malvados remueven los mojones,
se apoderan del rebaño y del pastor.
3 Se llevan el asno de los huérfanos,
toman en prenda el buey de la viuda;
9 arrancan al huérfano del pecho materno
y toman en prenda
al niño pequeño del pobre.
4 Desvían al indigente del camino,
y los pobres del país tienen que esconderse.
5 Como asnos salvajes en el desierto,
salen los pobres, buscando una presa;
y aunque ellos trabajan hasta la tarde,
no tienen pan para sus hijos.
6 Cosechan en el campo del impío,
vendimian la viña del malvado.
7 Pasan la noche desnudos, por falta de ropa,
sin un abrigo para taparse del frío.
8 Empapados por el aguacero
de las montañas,
sin refugio, se acurrucan contra las rocas.
10 Andan desnudos, por falta de ropa,
cargan las gavillas, y están hambrientos.
11 Exprimen el aceite entre
dos máquinas de moler,
pisotean el lagar, y están sedientos.
12 De la ciudad,
salen los gemidos de los moribundos,
las gargantas de los heridos piden auxilio,
¡pero Dios no escucha sus plegarias!
13 Hay otros que se rebelan contra la luz:
no reconocen sus caminos
ni se detienen en sus senderos.
14 El asesino se levanta antes del alba
para matar al pobre y al indigente.
El ladrón merodea por la noche,
16a en la oscuridad, perfora las casas.
15 El adúltero aguarda la penumbra, pensando:

«¡Ningún ojo me verá!»,
y se cubre la cara con un velo.
16b Ellos se encierran durante el día,
todos ellos ignoran la luz.
17 Porque, para ellos,
la mañana es la hora sombría,
están habituados a los terrores de la noche.
25 ¿Acaso no es así?
¿Quién me puede desmentir
o reducir a la nada mis palabras?

Tercer discurso de Bildad: himno a la grandeza de Dios

Sal 49 15; Is 14 11; 26 14; Ez 21 37; Job 21 30; Sal 103 19; Heb 2 8; Job 4 17

25 1 Bildad de Súaj replicó, diciendo:

2 Su dominio es soberano y temible:
él hace reinar la paz en sus alturas.
3 ¿Se pueden contar sus legiones?
¿Sobre quién no se alza su luz?
4 ¿Cómo puede un hombre
ser justo ante Dios
o ser puro un hijo de mujer?
5 Si hasta la luna no tiene brillo
ni las estrellas son puras a sus ojos,
6 ¡cuánto menos el hombre, ese gusano,
el hijo del hombre, que es solo una lombriz!
26 5 Bajo la tierra se retuercen las Sombras,
las aguas y los que habitan en ellas.
6 El Abismo está desnudo ante él,
y nada cubre a la Perdición.
7 Él extiende el Norte sobre el vacío,
suspende la tierra sobre la nada.
8 Encierra el agua en sus densos nubarrones,
y las nubes no se rompen bajo su peso.
9 Oscurece la faz de la luna llena,
desplegando sus nubes sobre ella.
10 Trazó un círculo
sobre la superficie de las aguas,
en el límite mismo de la luz y las tinieblas.
11 Las columnas del cielo vacilan,
presas de terror por su amenaza.
12 Con su fuerza, reprimió al Mar,
con su inteligencia, quebrantó a Rahab.
13 Con su soplo, despejó los cielos,
su mano traspasó a la Serpiente huidiza.
14 ¡Y esto no es más
que un vestigio de su poder!
¡Qué eco tan débil percibimos de él!
¿Quién entenderá, entonces,
su poderío atronador?

Respuesta de *Job*: *afirmación* de su inocencia

1 Re 23 24; Prov 15 11; Sal 139 8.11-12; Gn 1 7-14; Is 51 9-10; Job 34 5; 33 4

1 Job replicó, diciendo:

2 ¡Qué bien has ayudado al débil
y socorrido al brazo sin fuerza!
3 ¡Qué bien has aconsejado al ignorante
y enseñado la prudencia al simple!
4 ¿A quién le has dirigido tus palabras
y quién inspiraba lo que salió de ti?
27 1 Job continuó pronunciando su poema, y dijo:

2 ¡Por el Dios viviente,
que me priva de mi derecho,
y por el Todopoderoso,
que me llenó de amargura:
3 mientras haya en mí un aliento de vida
y el soplo de Dios esté en mis narices,
4 mis labios no dirán nada falso
ni mi lengua pronunciará una mentira!
5 ¡Lejos de mí darles la razón a ustedes:
hasta que expire,
no renunciaré a mi integridad!
6 Me aferré a mi justicia, y no la soltaré:
mi corazón no se avergüenza
de ninguno de mis días.

7 ¡Que mi enemigo tenga
la suerte del malvado,
y mi adversario, la del hombre injusto!
8 Porque ¿qué puede esperar el impío,
aunque suplique,
aunque eleve su alma a Dios?
9 ¿Acaso Dios escuchará su grito
cuando le sobrevenga la calamidad?
10 ¿Se deleita él en el Todopoderoso
e invoca a Dios en todo tiempo?
11 Yo los instruyo sobre la conducta de Dios,
no oculto las intenciones del Todopoderoso:
12 Si todos ustedes ya lo han comprobado,
¿por qué se pierden en pensamientos vanos?

Tercer discurso de Sofar: insistencia en el justo castigo de los malvados

Job 20 29; 18 13; Jr 15 2; Ap 6 8

13 Esta es la parte que Dios asigna al malvado
y la herencia que los violentos
reciben del Todopoderoso.
14 Si tienen muchos hijos, la espada los espera,
y sus vástagos no se saciarán de pan.
15 A los que sobrevivan,
los sepultará la Muerte,
y sus viudas no llorarán.
16 Si él acumula plata como polvo
y amontona ropa fina como arcilla,
17 ¡que siga amontonando!:
un justo se vestirá con ella
y un inocente heredará la plata.
18 Se edificó una casa como la araña,
como la choza que hace un guardián.
19 Se acuesta rico, pero es por última vez:
abre los ojos, y no queda nada.
20 En pleno día lo asaltan los terrores
y por la noche lo arrebata un torbellino.
21 El viento del este lo levanta y se lo lleva,
lo barre del lugar donde habita.

22 Se lo hostiga sin compasión
y tiene que huir de la mano que lo hiere.
23 La gente aplaude por su ruina
y se lo silba por todas partes.
24 18 Es algo frágil
sobre la superficie de las aguas,
su posesión es maldecida en el país
y nadie toma el camino de sus viñedos.
19 La sequía y el calor consumen
las aguas de la nieve,
y el Abismo arrebata
a aquellos que pecaron.
20 El seno que lo formó se olvida de él,
nadie más se acuerda de su nombre,
y la injusticia es quebrada
como un árbol.
21 Él maltrataba a la estéril privada de hijos
y no hacía ningún bien a la viuda.
22 Pero aquel que con su fuerza
sojuzga a los tiranos,
se levanta, y no le permite
que cuente más con su vida.
23 Él lo dejaba apoyarse con seguridad,
pero sus ojos vigilaban sus caminos.
24 Se encumbró por un instante,
y ya no existe,
se dobla como una hierba amarga
que se arranca
y se marchita
como la cabeza de una espiga.

PARÉNTESIS: REFLEXIÓN SOBRE LA SABIDURÍA

La Sabiduría, inaccesible a los hombres

Ecl 7 24; Bar 3 15; Eclo 1 6; Bar 3 29-31; Sab 7 9

28 1 Hay un sitio
de donde se extrae la plata
y un lugar donde se refina el oro;
2 el hierro se saca del polvo
y la piedra fundida da el cobre.
3 El hombre disipa las tinieblas
y explora hasta el límite más extremo
la roca lóbrega y sombría.
4 Gente extranjera perfora galerías
ignoradas por el pie del caminante;
allí, lejos de los mortales,
oscilan suspendidos en el vacío.
5 La tierra, de donde sale el alimento,
se transforma en su interior
como por el fuego.
6 Sus piedras son el lugar del zafiro
y contienen polvo de oro.
7 El ave de rapiña no conoce ese camino
y el ojo del buitre nunca lo vio.
8 No lo pisaron los animales feroces
ni el león anduvo por él.
9 El hombre extiende su mano al pedernal
y conmueve las montañas hasta su raíz.
10 Abre túneles en la roca
y ve toda clase de piedras preciosas.
11 Explora las fuentes de los ríos
y saca a luz tesoros escondidos.
12 Pero la Sabiduría, ¿de dónde sale?
¿Y cuál es el lugar de la Inteligencia?
13 El hombre no conoce su camino
ni se la encuentra en la tierra
de los vivientes.
14 El Abismo dice: «No está en mí»,
y el Mar: «No está conmigo».
15 No se puede dar oro fino a cambio de ella
ni se la compra a precio de plata.
16 No se la evalúa con oro de Ofir
ni con ónix precioso o zafiro.
17 No se le igualan ni el oro ni el cristal,
ni se la puede cambiar por vasos de oro.
18 Los corales y el cuarzo,
¡mejor ni nombrarlos!,
y adquirir la Sabiduría
vale más que las perlas.
19 El topacio de Cus no se le iguala,
ni se la puede evaluar con oro fino.
20 La Sabiduría, entonces, ¿de dónde viene?
¿Y cuál es el lugar de la Inteligencia?

La Sabiduría, solo accesible al Creador

Job 26 6; Bar 3 32; Prov 2 6; 8 27-30;
Is 40 12-14; 36 27-33; Eclo 1 8-9.19

21 Ella se oculta a los ojos
de todos los vivientes
y se esconde de los pájaros del cielo.
22 La Perdición y la Muerte dicen:
«Solo su fama llegó a nuestros oídos».
23 Dios es el que discierne sus caminos
y solo él sabe donde está,
24 porque él mira hasta los confines
de la tierra
y ve todo lo que hay bajo el cielo.
25 Cuando él daba consistencia al viento
y fijaba las medidas de las aguas;
26 cuando imponía una ley a la lluvia
y un camino al estampido de los truenos,
27 entonces, él la vio y la valoró,
la apreció y la escrutó hasta el fondo.
28 Y dijo al hombre:
«El temor de Dios es la Sabiduría,
y apartarse del mal, la Inteligencia».

CONCLUSIÓN DEL DIÁLOGO

Último discurso de Job: evocación de la felicidad pasada

Sal 127 3-5; 128 3; Job 20 17; Sab 8 10-12; Dt 32 2;
Prov 16 15; Is 11 4-5; Sal 132 9; Sal 1 1-4

29 1 Job continuó pronunciando su poema, y dijo:
2 ¡Si pudiera volver a los tiempos pasados,
a los días en que Dios cuidaba de mí,

3 cuando hacía brillar su lámpara
sobre mi cabeza
y yo caminaba a su luz entre las tinieblas!
4 ¡Si estuviera como en el otoño de mi vida,
cuando Dios protegía mi tienda,
5 cuando el Todopoderoso
aún estaba conmigo
y me rodeaban mis hijos;
6 cuando mis pies
se bañaban en leche cuajada
y la roca derramaba para mí
arroyos de aceite!

7 Si yo salía a la puerta principal de la ciudad
y ocupaba mi puesto en la plaza,
8 los jóvenes se retiraban al verme,
los ancianos se levantaban
y permanecían de pie.
9 Los príncipes retenían sus palabras
y se tapaban la boca con la mano;
10 a los jefes se les apagaba la voz,
se les pegaba la lengua al paladar.
21 Ellos me escuchaban con expectación,
callaban para oír mi consejo.
22 Después que yo hablaba, nadie replicaba,
mi palabra caía sobre ellos gota a gota.
23 Me esperaban como a la lluvia,
abrían su boca como a la lluvia
de primavera.
24 Si les sonreía, les costaba creerlo
y no querían perderse la luz de mi rostro.
25 Yo les elegía el camino
y me ponía al frente;
me instalaba como un rey con sus tropas
y adonde yo los llevaba, se dejaban guiar.

11 Sí, el que me oía me felicitaba
y el que me veía
daba testimonio a mi favor.
12 Porque yo salvaba al pobre
que pedía auxilio
y al huérfano privado de ayuda.
13 El desesperado
me hacía llegar su bendición,
y yo alegraba el corazón de la viuda.
14 Me había revestido de justicia,
y ella me cubría,
mi rectitud era como un manto
y un turbante.
15 Yo era ojos para el ciego
y pies para el lisiado,
16 era un padre para los indigentes
y examinaba a fondo
el caso del desconocido.
17 Rompía las mandíbulas del *injusto*
y le hacía soltar la presa de sus dientes.
18 Entonces pensaba: «Moriré en mi nido,
multiplicaré mis días como el ave fénix.
19 Mi raíz se extenderá hacia el agua
y el rocío se posará en mi ramaje.
20 Mi gloria será siempre nueva en mí
y el arco rejuvenecerá en mi mano».

La miseria del momento presente

Job 24 4.24; 16 7-11; Lam 3 14;
Sal 69 13; 109 6; Zac 3 1

30 1 Pero ahora se ríe de mí
hasta la gente más joven que yo,
a cuyos padres yo no consideraba dignos
de juntarlos con los perros de mis rebaños.
2 ¿De qué me hubiera servido
la fuerza de sus manos?
Ellos habían perdido todo su vigor:
3 agotados por la penuria y el hambre,
roían el suelo reseco,
la tierra desierta y desolada.
4 Arrancaban malezas de los matorrales
y raíces de retama eran su alimento.
5 Se los expulsaba
de en medio de los hombres;
se los echaba a gritos, como a un ladrón.
6 Habitaban en los barrancos de los torrentes,
en las grietas del suelo y los peñascos.
7 Rebuznaban entre los matorrales,
se apretujaban bajo los cardos.
8 ¡Gente envilecida, raza sin nombre,
echados a golpes del país!

9 ¡Y ahora, ellos me hacen burla
con sus cantos,
soy el tema de sus dichos jocosos!
10 Abominan y se alejan de mí,
no les importa escupirme en la cara.
11 Porque Dios aflojó mi cuerda y me humilló,
ellos también pierden el freno ante mí.
12 A mi derecha se levanta una turba:
se abren camino hasta mí para arruinarme,
13 destruyen mi sendero para perderme:
atacan sin que nadie los detenga,
14 irrumpen como por una ancha brecha,
avanzan rodando como un torbellino.
15 Los terrores se han vuelto contra mí,
mi dignidad es arrastrada
como por el viento,
mi esperanza de salvación ha pasado
como una nube.

Amarga queja contra Dios

Job 16 12-17

16 Y ahora mi vida se diluye en mi interior,
me han tocado días de aflicción.
17 De noche, siento taladrar mis huesos,
los que me roen no se dan descanso.
18 Él me toma de la ropa con gran fuerza,
me ciñe como el cuello de mi túnica.
19 Él me ha arrojado en el fango,
y me asemejo al polvo y la ceniza.
20 Clamo a ti, y no me respondes;
me presento, y no me haces caso.
21 Te has vuelto despiadado conmigo,
me atacas con todo el rigor de tu mano.
22 Me levantas y me haces cabalgar
en el viento,
y me deshaces con la tempestad.

23 Sí, ya lo sé, me llevas a la muerte,
al lugar de reunión de todos los vivientes.
24 ¿Acaso no tendí mi mano al pobre
cuando en su desgracia me pedía auxilio?
25 ¿No lloré con el que vivía duramente
y mi corazón no se afligió por el pobre?

26 Yo esperaba lo bueno y llegó lo malo,
aguardaba la luz y llegó la oscuridad.
27 Me hierven las entrañas incesantemente,
me han sobrevenido días de aflicción.
28 Ando ensombrecido y sin consuelo,
me alzo en la asamblea y pido auxilio.
29 Me he convertido
en hermano de los chacales
y en compañero de los avestruces.
30 Mi piel ennegrecida se me cae,
mis huesos arden por la fiebre.
31 Mi cítara solo sirve para el duelo
y mi flauta para acompañar a los que lloran.

Declaración de la propia inocencia

Ex 20 14-17; Dt 5 18-21; Ecl 9 5; Prov 11 1; 7;
Dt 22 23-24; Prov 6 23-25; Ex 21 2s;
Lv 25 39s; Is 58 7; Tob 4 7-11.16; Mt 25 35-36

31 1 Yo establecí un pacto con mis ojos
para no fijar la mirada
en ninguna joven.
2 Porque ¿cuál es la porción
que Dios asigna desde lo alto
y la herencia que el Todopoderoso
distribuye desde el cielo?
3 ¿No es la ruina para el injusto
y el desastre para los que hacen el mal?
4 ¿Acaso él no ve mis caminos
y cuenta todos mis pasos?

5 Si caminé al lado de la mentira
y mis pies corrieron hacia el engaño,
6 ¡que Dios me pese en una balanza justa
y reconocerá mi integridad!
7 Si mi paso se desvió del camino
y mi corazón fue detrás
de lo que veían mis ojos;
si alguna mancha se adhirió a mis manos,
8 ¡que otro coma lo que yo siembro
y mis retoños sean arrancados de raíz!
9 Si me dejé seducir por alguna mujer
o *aceché a la* puerta de mi vecino,
10 ¡que mi mujer muela el grano para otro
y que otros abusen de ella!
11 Porque eso sí que es una infamia,
un delito reprobado por los jueces;
12 es un fuego que devora hasta la Perdición
y exterminará de raíz todas mis cosechas.
13 Si desestimé el derecho de mi esclavo
o el de mi servidora,
cuando litigaban conmigo,
14 ¿qué haré cuando Dios se levante,
qué le replicaré cuando me pida cuenta?
15 El que me hizo a mí,
¿no lo hizo también a él?
¿No es uno mismo el que nos formó
en el seno materno?
16 Si rehusé a los pobres lo que ellos deseaban
y dejé desfallecer los ojos de la viuda;
17 si comí yo solo mi pedazo de pan,
sin que el huérfano lo compartiera
18 —yo, que desde mi juventud lo crie
como un padre
y lo guie desde el vientre de mi madre—,
19 si vi a un miserable sin ropa
o a un indigente sin nada para cubrirse,
20 y no me bendijeron en lo íntimo de su ser
por haberse calentado
con el vellón de mis corderos;
21 si alcé mi mano contra un huérfano,
porque yo contaba con una ayuda
en la Puerta,
22 ¡que mi espalda se desprenda del cuello
y mi brazo sea arrancado de su juntura!
23 Porque el terror de Dios
me acarrearía la ruina
y no podría resistir ante su majestad.
24 Si deposité mi confianza en el oro
y dije al oro fino: «Tú eres mi seguridad»;
25 si me alegré de tener muchas riquezas
y de haber adquirido una enorme fortuna;
26 si a la vista del sol resplandeciente
y de la luna que pasaba radiante,
27 mi corazón se dejó seducir en secreto
y les envié besos con la mano:
28 ¡también eso sería un delito
reprobado por los jueces,
porque yo habría renegado
del Dios de lo alto!

29 ¿Acaso me alegré del infortunio
de mi enemigo
y me regocijé cuando le tocó
una desgracia?
30 No, no dejé que mi boca pecara,
pidiendo su muerte con una imprecación.
31 ¿No decían los hombres de mi tienda:
«¿Hay alguien que no se sació
con su carne?».
32 Ningún extranjero pasaba la noche fuera,
y yo abría mi puerta al caminante.
33 Si oculté mis transgresiones
como un hombre cualquiera,
escondiendo mi culpa en mi pecho,
34 porque temía el murmullo de la gente
o me asustaba el desprecio de mis parientes,
y me quedaba en silencio,
sin salir a la puerta...
38 Si mi tierra gritó venganza contra mí
y también sus surcos derramaron lágrimas;
39 si comí sus frutos sin pagar
y extorsioné a sus propietarios,
40 ¡que en lugar de trigo salgan espinas,
y en vez de cebada, ortigas punzantes!

35 ¡Ah, si alguien quisiera escucharme!
Aquí está mi firma:
¡que el Todopoderoso me responda!
En cuanto al documento
que escriba mi oponente,
36 yo lo llevaré sobre mis espaldas,
y me lo ceñiré como una corona.
37 Sí, le manifestaré cada uno de mis pasos;
como un príncipe, me acercaré hasta él.

40c Aquí terminan las palabras de Job.

ENTRADA EN ESCENA DE ELIHÚ

La reacción de Elihú

Gn 22 21; Jr 25 23; Job 4 17; Lv 19 32

32 1 Estos tres hombres dejaron de responder a Job, porque él estaba convencido de su justicia. 2 Entonces se encendió la ira de Elihú, hijo de Baraquel, el
buzita de la familia de Ram. Su ira se encendió contra Job, porque él pretendía ser
más justo que Dios. 3 Y su ira se encendió
también contra sus tres amigos, porque no
habían encontrado una respuesta, con lo
cual condenaban a Dios. 4 Mientras ellos
hablaban con Job, Elihú se había mantenido a la expectativa, porque ellos tenían
más edad que él. 5 Pero al ver que estos tres
hombres se habían quedado sin respuesta,
se llenó de indignación.

¿SABÍAS QUE...?

Elihú, un intruso en el libro de Job

El monólogo de Elihú, un personaje judío, fue añadido posteriormente e interfiere con la lógica que lleva el libro (Job 32 – 37). Afirma de manera poco clara y con lenguaje pomposo la posición de los amigos de Job. Elihú, aparece para defender la creencia tradicional judía del sufrimiento como castigo de Dios, ante los cuestionamientos audaces de Job, un personaje extranjero.

Aunque sus rasgos de parodia o crítica burlesca dificultan su interpretación, este monólogo tiene un mensaje importante: el sufrimiento es educador; a través de él, Dios busca la conversión y la enmienda del pecador, al hacer del sufrimiento un medio de salvación y revelación (33 17). En *contraste con los profetas que* presentan a un Dios cercano, Elihú hace sentir a Job el peso de un Dios lejano e inconmovible, que no se preocupa por él.

Job 32 – 37

Primer discurso de Elihú: la pedagogía de Dios a través del sufrimiento

Eclo 25 4-6; Sab 4 8; Job 4 12-16; 11 6

6 Entonces Elihú, hijo de Baraquel, el buzita, tomó la palabra y dijo:

Yo soy muy joven todavía
y todos ustedes son ancianos;
por eso me sentí intimidado,
temeroso de exponerles mi saber.
7 Yo pensaba: «Que hable la edad,
que los muchos años enseñen la sabiduría».
8 Pero es el espíritu que hay en el hombre
y el soplo del Todopoderoso,
el que lo hace inteligente:
9 no son los viejos los más sabios,
ni los ancianos comprenden
lo que es recto.
10 Por eso les digo: «Escúchenme,
también yo expondré mi saber».

11 Yo esperaba que ustedes hablaran,
prestaba oído a sus razonamientos;
mientras trataban de expresarse,
12 fijaba mi atención en ustedes.
Pero no hay nadie
que haya refutado a Job,
ninguno de ustedes
respondió a sus palabras.
13 No digan, entonces:
«Hemos hallado la sabiduría;
es Dios el que nos instruye,
no un hombre».
14 No voy a dirigir palabras como esas,
no voy a responder como lo hacen ustedes.

15 Han quedado consternados,
no han vuelto a responder;
se han quedado sin palabras.
16 ¡Ya esperé bastante! Si ellos no hablan,
si se quedan allí y no responden más,
17 yo también recitaré mi parte,
también yo expondré mi saber.
18 Porque las palabras bullen dentro de mí,
el espíritu me impulsa en mi interior.
19 Mi pecho es como un vino
que no tiene salida
y hace estallar los odres nuevos.
20 Quiero hablar para desahogarme,
abriré mis labios y responderé.
21 No tomaré partido por nadie,
no adularé a ningún hombre.
22 Porque yo no sé lo que es adular:
si lo hiciera, pronto me llevaría mi Creador.

Elihú acusa de orgullo a Job

Job 10 7; 23 10; 13 24; 19 11; 4 12-16; 5 17-18; 30 17

33 1 ¡Vamos, Job, escucha mis palabras,
oye atentamente lo que voy a decir!
2 Ya ves que he abierto mi boca,
mi lengua ha comenzado a hablar.
3 Mi corazón desborda de palabras sabias,
mis labios dirán la pura verdad.
4 A mí me hizo el soplo de Dios,
el aliento del Todopoderoso me dio la vida.
5 Respóndeme, si eres capaz;
prepárate, y toma posición ante mí.
6 Para Dios, yo soy igual que tú,
yo también fui modelado de la arcilla.
7 Por eso, no te espantará el temor a mí
ni el peso de mi mano te abrumará.

8 Sí, tú has dicho a mis oídos
—yo escuché el sonido de tus palabras—:
9 «Soy puro, no cometí ninguna falta;
estoy limpio y libre de culpa;
10 sin embargo, él encuentra
pretextos contra mí
y me considera su enemigo.
11 Pone mis pies en el cepo
y vigila todos mis pasos».
12 Pero yo te respondo:
En esto no tienes razón,
porque Dios es más grande que el hombre.
13 ¿Por qué pretendes litigar con él
como si no respondiera
a ninguna de tus palabras?
14 En realidad, Dios habla una vez,
y luego otra, sin que se preste atención.

DIOS HABLA UNA VEZ,
Y LUEGO OTRA, SIN QUE
SE PRESTE ATENCIÓN. Job 33 14

15 En un sueño, en una visión nocturna,
cuando un profundo sopor
invade a los hombres
y ellos están dormidos en su lecho,
16 entonces, él se revela a los mortales
y los atemoriza con apariciones,
17 para apartar al hombre de sus malas obras
y extirpar el orgullo del mortal;
18 para preservar su alma de la Fosa,
y su vida, del Canal subterráneo.
19 También lo corrige en su lecho
por el sufrimiento,
cuando sus huesos tiemblan sin cesar:
20 el hombre siente náusea de la comida
y pierde el gusto
por los manjares apetecibles;
21 su carne desaparece de las miradas
y se transparentan sus huesos,
que antes no se veían;
22 su alma se acerca a la Fosa,
y su vida, a las aguas de la Muerte.
23 Si hay un ángel junto a él,
un intérprete, uno entre mil,
para indicarle al hombre su deber;
24 si él tiene compasión y dice:
«Líbralo de bajar a la Fosa,
yo he encontrado un rescate»,
25 entonces su carne recupera
la frescura juvenil
y él vuelve a los días de su adolescencia;
26 invoca a Dios, que se le muestra propicio,
contempla su rostro con gritos de alegría,
anuncia a los demás su salvación,
27 y entona, entre los hombres, este canto:
«Yo había pecado y tergiversado el derecho,
pero él no me trató como correspondía;
28 ¡libró mi alma de pasar por la Fosa
y mi vida contempla la luz!».
29 Todo esto es lo que hace Dios,
dos y tres veces, en favor del hombre,
30 para hacer volver su vida de la Fosa
e iluminarlo con la luz de los vivientes.
31 Atiende, Job, escúchame;
cállate, y yo hablaré.
32 Si tienes algo que decir, replícame,
habla, porque yo quisiera darte la razón.
33 De lo contrario, escúchame;
cállate, y te enseñaré la sabiduría.

Segundo discurso de Elihú: defensa de la justicia de Dios

Sal 62 13; Prov 24 12; Mt 16 27;
Rom 2 6; Sal 104 29; 33 14-15

34 1 Elihú tomó la palabra y dijo:
2 ¡Escuchen, sabios, mis palabras,
y ustedes, los expertos, préstenme atención!
3 Porque el oído discierne las palabras
como el paladar gusta los alimentos.
4 Decidamos entre nosotros lo que es recto,
reconozcamos todos juntos lo que es bueno.
5 Porque Job declara: «Yo tengo razón,
pero Dios me privó de mi derecho.
6 Él miente en lo que concierne a mi caso;
mi llaga es incurable,
aunque no cometí ninguna falta».
7 ¿Hay alguien como Job,
que bebe los sarcasmos como agua,
8 que va en compañía de los malhechores
y camina con los hombres perversos?
9 Porque él dice:
«Al hombre no le sirve de nada
tratar de obtener el favor de Dios».
10 Por eso, escúchenme, hombres sensatos:
¡lejos de Dios la maldad,
y del Todopoderoso, la injusticia!
11 Porque él retribuye al hombre
según sus obras
y trata a cada uno conforme a su conducta.
12 ¡No, no es cierto que Dios hace el mal
y que el Todopoderoso
tergiversa el derecho!

13 ¿Quién le ha encomendado la tierra
y quién lo encargó del mundo entero?
14 Si él retirara su espíritu
y recogiera su aliento de vida,
15 todos los vivientes expirarían a la vez
y los hombres volverían al polvo.

16 Si tienes inteligencia, escucha esto,
presta atención al sonido de mis palabras.
17 ¿Sabría gobernar alguien
que odia el derecho?
¿Vas a condenar al Justo, al Poderoso?
18 ¡A él, que llama «¡Inútil!» a un rey
y «¡Malvados!» a los dignatarios,
19 que no toma partido por los príncipes
ni favorece al rico en perjuicio del pobre,
porque todos son obra de sus manos!
20 Ellos mueren en un instante,
en plena noche;
él hiere a los nobles, y desaparecen,
depone al hombre fuerte
sin la ayuda de nadie.
21 Porque sus ojos miran
los caminos del hombre
y él observa todos sus pasos:
22 no hay tinieblas ni oscuridad
donde puedan ocultarse
los que hacen el mal.
23 Porque él no fija al hombre una fecha
para presentarse a juicio ante Dios:
24 él quebranta a los grandes
sin previo examen
y pone a otros en lugar de ellos.
25 Así, porque él conoce todas sus acciones,
los derriba en una noche,
y quedan aplastados.
26 Los abofetea como a malhechores
en un lugar que está a la vista de todos,
27 porque se negaron a seguirlo
y no comprendieron todos sus caminos,
28 haciendo que llegara hasta él
el grito del pobre
y que él escuchara el clamor
de los oprimidos.
29 Si él se queda inmóvil, ¿quién lo sacudirá?
Si cubre su rostro, ¿quién lo verá?
Él vigila, sin embargo,
a naciones e individuos
30 para que no reine ningún hombre impío,
uno de esos que son una trampa
para el pueblo.
31 Tú solo tienes que decir a Dios:
«Yo fui seducido, no volveré a hacer el mal;
32 instrúyeme, hasta *que pueda ver.*
*Si come*tí una injusticia,
no voy a reincidir».
33 ¿Acaso él retribuirá según tu parecer,
siendo así que tú has despreciado
su instrucción?
Ya que eres tú el que decide, no yo,
dile todo lo que sepas.
34 Los hombres sensatos me dirán
y también todo sabio que me escuche:
35 «Job no sabe lo que dice
y sus palabras carecen de sentido».
36 Que Job sea examinado hasta el final
por haber respondido
como un hombre perverso.
37 Porque él, a su pecado, añade la rebeldía,
aplaude en medio de nosotros
y multiplica sus palabras contra Dios.

Tercer discurso de Elihú: la necesidad de recurrir a Dios con humildad

Job 7 20; 22 3

35 1 Elihú tomó la palabra y dijo:

2 ¿Piensas que estás en tu derecho,
al decir: «Soy más justo que Dios»?
3 Porque tú dices: «¿De qué me sirve,
qué gano yo con no pecar?».
4 Pero yo te daré una respuesta,
a ti y a tus amigos contigo.
5 Mira hacia el cielo y contempla,
observa las nubes: ¡son más altas que tú!
6 Si pecas, ¿qué daño le causas?
Con tus muchas rebeldías,
¿qué le puedes hacer?
7 Si eres justo, ¿qué le das
o qué recibe él de tu mano?
8 ¡A un hombre como tú afecta tu maldad,
y tu justicia, a un simple mortal!

9 Se grita bajo el peso de la opresión,
se pide auxilio contra el brazo
de los poderosos.
10 Pero nadie dice:
«¿Dónde está Dios, mi Creador,
el que hace resonar cantos en la noche,
11 el que nos instruye
más que a las bestias de la tierra
y nos hace más sabios
que a los pájaros del cielo?».
12 Entonces, por más que griten,
él no responde,
a causa del orgullo de los malvados.
13 ¡No, Dios no escucha las cosas vanas,
el Todopoderoso no se da por aludido!
14 Menos aún cuando tú dices que no lo ves,
que hay un juicio pendiente ante él,
y que tú lo esperas.
15 Y ahora, porque su enojo no castiga
y él no tiene muy en cuenta las rebeldías,
16 Job ha abierto su boca en vano,
y es por ignorancia
que se excede en el hablar.

Cuarto discurso de Elihú: la justicia y la grandeza de Dios

Job 5 17; 22 23-30; 2 Cr 33 9-13; Eclo 42 15 – 43 33; Is 40 13-14; Rom 11 33-34

36 1 Elihú tomó la palabra y dijo:

2 Sopórtame un poco, y yo te instruiré:

aún queda algo por decir
en defensa de Dios.
3 Traeré de lejos mi saber
para justificar a mi Creador.
4 No, mis palabras no mienten:
es un maestro consumado
el que está junto a ti.

5 Dios es grande y no se retracta,
él es grande por la firmeza
de sus decisiones.
6 Él no deja vivir al malvado
y hace justicia a los oprimidos.
7 No retira sus ojos de los justos,
los sienta en el trono con los reyes
y los exalta para siempre.
8 Si a veces están atados con cadenas,
o prisioneros en los lazos de la opresión,
9 es para denunciarles sus acciones
y las rebeldías que cometieron
en su arrogancia.
10 Él les abre el oído para que se corrijan
y los exhorta a convertirse de la maldad.
11 Si ellos escuchan y se someten,
acaban sus días prósperamente
y sus años en medio de delicias;
12 pero si no escuchan, atraviesan el Canal
y perecen a causa de su ignorancia.
13 Los de corazón impío, que acumulan rencor
y no piden auxilio cuando él los encadena,
14 mueren en plena juventud,
como se consumen los de vida licenciosa.
15 Con la opresión, él salva al oprimido
y le abre el oído por medio de la aflicción.
16 También a ti te invita a pasar de la angustia
a un lugar espacioso y sin estrechez,
donde tu mesa, bien servida,
estará llena de manjares.
17 Pero si tu medida está colmada
para el juicio condenatorio,
el juicio y la sentencia te arrastrarán.
18 Que el furor no te incite a la rebeldía
ni te extravíe la magnitud de la expiación.
19 ¿Acaso en el peligro valdrán
ante Dios tus riquezas
y todos los alardes de la fuerza?
20 No suspires por aquella noche
en que los pueblos serán arrancados
de su sitio.
21 ¡Cuídate de volverte hacia la maldad,
ya que por eso fuiste probado
con la desgracia!

22 Sí, Dios es sublime por su fuerza:
¿quién instruye como él?
23 ¿Quién inspecciona su conducta?
¿Quién puede decirle: «Has obrado mal»?
24 Acuérdate más bien de exaltar su obra,
que otros hombres celebran con sus cantos.
25 Todo el mundo la contempla,
el hombre la percibe desde lejos.
26 Sí, Dios es tan grande
que no podemos comprenderlo,
el número de sus años es insondable.
27 Él atrae hacia lo alto las gotas de agua
y destila la lluvia
que alimenta las vertientes:
28 la lluvia que derraman las nubes
y que cae a raudales sobre el suelo.
31 Así él sustenta a los pueblos
y les da alimento en abundancia.
29 ¿Quién comprenderá
el desplazamiento de las nubes
y el fragor que sale de su morada?
30 Él extiende su luz a su alrededor
y sumerge las profundidades del océano.
32 Cubre de rayos la palma de sus manos
y le señala un blanco seguro.
33 Su trueno anuncia su llegada,
y en su ira, él crea la tempestad.

Dios interviene en el debate

Dios responde a las interrogantes de Job a través de dos discursos. Con el primero, lo prepara para que dialogue con él, en lugar de cuestionarlo rebeldemente; le lanza varias preguntas, le recuerda que nació después de la creación del mundo y le hace ver que tiene un conocimiento y poder limitados, muy lejanos del poder y la sabiduría divina (Job 38 1 – 40 2).

La respuesta de Job a Dios es breve y humilde (40 3-5), lo que permite a Dios iniciar su segundo discurso. Le dice que sus planes son inabarcables y que es absurdo que le eche la culpa. «¿Quieres realmente anular mi sentencia, y condenarme a mí para justificarte?» (40 8). Después le presenta al hipopótamo y al cocodrilo, dos animales mitológicos que simbolizan el poder del mal, y le da su enseñanza a través de ellos; ni siquiera a fieras tan espantosas abandona Dios, sino que las cuida y controla con amor.

El mensaje de Dios es claro: la tierra y el cosmos están en buenas manos, puesto que Dios se ocupa de todas sus criaturas con sabiduría y justicia. «Dios habla una vez, y luego otra, sin que se preste atención» (33 14): ¿Qué te dice a través de la historia de Job? ¿Cómo le respondes?

Job 38 4-38

37 [1] También por eso tiembla mi corazón
y se me salta fuera del pecho.
[2] ¡Escuchen el estampido de su voz
y el estruendo que sale de su boca!
[3] Él lanza su rayo bajo los cielos
y hasta los confines de la tierra
llega su fulgor.
[4] Detrás de él, ruge una voz:
hace tronar su voz majestuosa
y no retiene los relámpagos
mientras se deja oír su voz.
[5] Dios nos hace contemplar maravillas,
realiza grandes cosas,
que no llegamos a entender.
[6] Cuando dice a la nieve:
«Cae sobre la tierra»,
y a los aguaceros: «Lluevan con fuerza»,
[7] él suspende la actividad de los hombres,
para que todos reconozcan su obra;
[8] las fieras se meten en sus guaridas
y se refugian en sus madrigueras.
[9] De la constelación austral
irrumpe la tormenta,
y el frío, de los vientos del norte.
[10] Al soplo de Dios se forma el hielo
y se congela la extensión de las aguas.
[11] Él carga la nube de humedad,
y el nubarrón expande su relámpago,
[12] que gira en derredor, conforme a sus planes,
para ejecutar cada uno de sus mandatos
por toda la superficie de la tierra:
[13] sea que cumpla su voluntad para un castigo
o para dispensar sus beneficios.

[14] Presta atención a esto, Job,
detente y considera las maravillas de Dios.
[15] ¿Sabes acaso cómo Dios las dirige
y cómo su nube hace brillar el rayo?
[16] ¿Sabes cómo se balancean las nubes,
maravillas de un maestro en sabiduría?
[17] Tú, que no soportas el ardor de tu ropa,
cuando la tierra está en calma
bajo el viento del sur,
[18] ¿puedes extender con él la bóveda del cielo,
sólida como un espejo de metal fundido?
[19] Enséñanos qué debemos decirle:
no discutiremos más,
a causa de la oscuridad.
[20] Si yo hablo, ¿alguien se lo cuenta?
¿Hay que informarlo
de lo que dice un hombre?
[21] Hasta ahora no se veía la luz:
estaba oscurecida por las nubes;
pero pasó un *viento y las disipó.*
[22] *¡Un* áureo resplandor viene del norte;
una terrible majestad
reina en torno de Dios!
[23] ¡Es el Todopoderoso,
y no lo podemos alcanzar!
Él es sublime por su fuerza y su equidad,
grande por su justicia y no oprime a nadie.
[24] Por eso lo temen los hombres,
y él no tiene en cuenta ni siquiera
a los sabios.

LA INTERVENCIÓN DE DIOS

PRIMER DISCURSO DEL SEÑOR

Interpelación inicial

Job 9 17; 40 7

38 [1] El Señor respondió a Job desde la
tempestad, diciendo:

[2] ¿Quién es ese que oscurece mi designio
con palabras desprovistas de sentido?
[3] ¡Ajústate el cinturón como un guerrero:
yo te preguntaré, y tú me instruirás!

El señorío de Dios sobre la tierra y el mar

Job 15 7; Jr 31 38-39; Ap 11 1-2; Job 9 6;
1 Sm 2 8; Sal 118 22; Mt 21 42; Zac 4 7;
Bar 3 34-35; Job 7 12; Jr 5 22; Jon 2 7; Job 10 21

[4] ¿Dónde estabas
cuando yo fundaba la tierra?
Indícalo, si eres capaz de entender.
[5] ¿Quién fijó sus medidas? ¿Lo sabes acaso?
¿Quién tendió sobre ella
la cuerda para medir?
[6] ¿Sobre qué fueron hundidos sus pilares
o quién asentó su piedra angular,
[7] mientras los astros de la mañana
cantaban a coro
y aclamaban todos los hijos de Dios?
[8] ¿Quién encerró con dos puertas al mar,
cuando él salía a borbotones
del seno materno,
[9] cuando le puse una nube por vestido
y por pañales, densos nubarrones?
[10] Yo tracé un límite alrededor de él,
le puse cerrojos y puertas,
[11] y le dije: «Llegarás hasta aquí y no pasarás;
aquí se quebrará la soberbia de tus olas».
[12] ¿Has mandado una vez
en tu vida a la mañana,
le has indicado su puesto a la aurora,
[13] para que tome a la tierra por los bordes
y sean sacudidos de ella los malvados?
[14] Ella adquiere forma
como la arcilla bajo el sello
y se tiñe lo mismo que un vestido:
[15] entonces, a los malvados
se los priva de su luz
y se quiebra el brazo que se alzaba.

[16] ¿Has entrado hasta las fuentes del mar
y has caminado por el fondo del océano?
[17] ¿Se te han abierto las Puertas de la Muerte
y has visto las Puertas de la Sombra?
[18] ¿Abarcas con tu inteligencia
la extensión de la tierra?
Indícalo, si es que sabes todo esto.

El señorío de Dios sobre los fenómenos meteorológicos

Job 36 27 – 37 24; Ex 9 18-26; Ap 16 2; Ex 14 21; Sal 48 8; Job 9 9; 1 Re 17 1; Bar 3 34-35

19 ¿Por dónde se va adonde habita la luz
y dónde está la morada de las tinieblas,
20 para que puedas guiarla hasta su dominio
y mostrarle el camino de su casa?
21 ¡Seguro que lo sabes,
porque ya habías nacido
y es muy grande el número de tus días!
22 ¿Has entrado hasta los depósitos de la nieve
y has visto las reservas del granizo,
23 que yo guardo para los tiempos de angustia,
para los días de guerra y de combate?
24 ¿Por qué camino se expande la luz
y el viento del este se propaga sobre la tierra?
25 ¿Quién ha abierto un cauce al aguacero
y un camino al estampido de los truenos,
26 para hacer llover
sobre una tierra despoblada,
sobre un desierto
donde ningún hombre habita,
27 para regar los páramos desolados
y hacer brotar una hierba en la estepa?
28 ¿Acaso la lluvia tiene un padre,
y quién ha engendrado las gotas del rocío?
29 ¿Del vientre de quién sale el hielo,
y quién da a luz la escarcha del cielo,
30 cuando las aguas se endurecen como piedra
y se congela la superficie del océano?
31 ¿Anudas tú los lazos de las Pléyades
o desatas las cuerdas del Orión?
32 ¿Haces salir las Híadas a su tiempo
y guías a la Osa y sus cachorros?
33 ¿Conoces las leyes de los cielos?
¿Regulas su dominio sobre la tierra?
34 ¿Puedes alzar tu voz hasta las nubes
para que te cubra una masa de agua?
35 ¿Parten los relámpagos cuanto tú los envías
y ellos te dicen: «Aquí estamos»?
36 ¿Quién puso en el ibis la sabiduría
o quién dio al gallo la inteligencia?
37 ¿Quién cuenta las nubes sabiamente
y quién inclina los odres del cielo,
38 cuando el polvo se funde en una masa
y los terrones se pegan entre sí?

El señorío de Dios sobre los animales

Sal 104 21; 147 9; 1 Sm 24 3; Job 6 5; 11 12; 24 5; Is 14 8; Sal 22 22; Nm 23 22; Lv 11 16; Is 13 21

39 ¿Cazas tú la presa para la leona
y aplacas el hambre de sus cachorros,
40 cuando se agazapan en sus guaridas
y están al acecho en la espesura?
41 ¿Quién prepara
las provisiones para el cuervo,
cuando sus pichones claman a Dios
y andan errantes por falta de alimento?

39 1 ¿Sabes tú cómo dan a luz
las cabras monteses?
¿Observas el parto de las ciervas?
2 ¿Cuentas los meses de su gravidez
y conoces el tiempo de su alumbramiento?
3 Ellas se agachan, echan sus crías
y depositan sus camadas.
4 Sus crías se hacen robustas y crecen,
se van al campo y no vuelven más.

5 ¿Quién dejó en libertad al asno salvaje
y soltó las ataduras del onagro?
6 Yo le di la estepa como casa
y como morada, la tierra salitrosa.
7 Él se ríe del tumulto de la ciudad,
no oye vociferar al arriero.
8 Explora las montañas en busca de pasto,
va detrás de cada brizna verde.

9 ¿Aceptará servirte el toro salvaje
y pasará la noche junto a tu establo?
10 ¿Lo mantendrás sobre el surco
con una rienda
y trillará los valles detrás de ti?
11 ¿Contarías con él
porque tiene mucha fuerza
o podrías encomendarle tus trabajos?
12 ¿Confías acaso que él volverá
para reunir los granos en tu era?

13 El avestruz bate sus alas alegremente,
pero no tiene el plumaje de la cigüeña.
14 Cuando abandona sus huevos en la tierra
y deja que se calienten sobre el polvo,
15 olvida que un pie los puede pisar
y que una fiera puede aplastarlos.
16 Es cruel con sus crías,
como si no fueran suyas,
y no teme que sea vana su labor,
17 porque Dios le negó la sabiduría
y no le concedió la inteligencia.
18 Pero apenas se levanta y toma impulso,
se ríe del caballo y de su jinete.

19 ¿Le das tú la fuerza al caballo
y revistes su cuello de crines?
20 ¿Lo haces saltar como una langosta?
¡Es terrible su relincho altanero!
21 Él piafa de contento en la llanura,
se lanza con brío al encuentro de las armas:
22 se ríe del miedo y no se asusta de nada,
no retrocede delante de la espada.
23 Por encima de él resuena la aljaba,
la lanza fulgurante y la jabalina.
24 Rugiendo de impaciencia,
devora la distancia,
no se contiene cuando suena la trompeta.
25 Relincha a cada toque de trompeta,
desde lejos olfatea la batalla,
las voces de mando y los gritos de guerra.

26 ¿Es por tu inteligencia
que se cubre de plumas el halcón
y despliega sus alas hacia el sur?
27 ¿Por una orden tuya levanta vuelo el águila
y pone su nido en las alturas?

[28] La roca es su morada de día y de noche,
la peña escarpada es su fortaleza.
[29] Desde allí está al acecho de su presa
y sus ojos miran a lo lejos.
[30] Sus pichones se hartan de sangre;
donde hay cadáveres, allí está ella.

El desafío del Señor y la respuesta de Job

Job 9 3; 38 3; Gn 18 27-32; Job 21 5

40 [1] El Señor se dirigió a Job, y le dijo:

[2] ¿Va a ceder el que discute
con el Todopoderoso?
¿Va a replicar el que reprueba a Dios?
[3] Y Job respondió al Señor:
[4] ¡Soy tan poca cosa!
¿Qué puedo responderte?
Me taparé la boca con la mano.
[5] Hablé una vez, y no lo voy a repetir;
una segunda vez, y ya no insistiré.

SEGUNDO DISCURSO DEL SEÑOR

Interpelación inicial del Señor

Job 9 17; Sal 89 10-14; Lc 1 51; Job 37 2-5; Sal 93 1; 104 1-2; Is 2 11-18; 14 9-15

[6] El Señor respondió a Job desde la tempestad, diciendo:
[7] ¡Ajústate el cinturón como un guerrero:
yo te preguntaré, y tú me instruirás!
[8] ¿Quieres realmente anular mi sentencia,
y condenarme a mí, para justificarte?

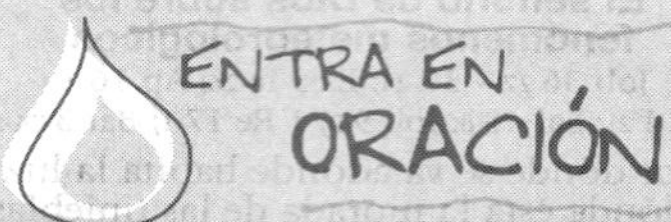

La experiencia de Dios

Aunque Dios no resuelve el misterio del dolor, Job siente el amor de Dios en la respuesta que recibe, lo que le permite abrir su mente y su corazón a otras realidades, y tener una fuerte experiencia de Dios, que lo lleva a exclamar: «Yo te conocía solo de oídas, pero ahora te han visto mis ojos» (Job 42 5).

Señor, toda explicación sobre ti, tus planes y tu bondad se queda corta cuando experimento tu presencia. Solo deseo una cosa: dejarme amar por ti. Aquí estoy tal cual soy, para que me ames como solo tú sabes hacerlo.

Job 42 5

[9] ¿Tienes acaso un brazo como el de Dios
y truena tu voz como la de él?
[10] ¡Adórnate entonces
de magnificencia y altivez,
revístete de esplendor y majestad!
[11] Da libre curso a los desbordes de tu ira
y humilla al orgulloso con tu sola mirada.
[12] Con una mirada, doblega al arrogante,
aplasta a los malvados allí donde están.

VIVE LA PALABRA

¿Por qué? ¿Por qué? ¿Por qué?

En ninguno de los discursos resuelve Dios la pregunta sobre el sufrimiento. Seguimos con tantas dudas... ¿Por qué Job se conforma con la respuesta que Dios le dio?

Job fue fiel a Dios incluso en sus cuestionamientos. En un forcejeo entre su corazón y su mente, dejó triunfar a su corazón, que lo impulsaba a confiar en el amor de Dios, aunque su mente no entendiera el sentido del dolor. A partir de este libro, el pueblo elegido empezó a ver el sufrimiento del inocente como un misterio y no como un castigo.

Hoy día aún seguimos preguntando: ¿por qué hay hambruna en un mundo donde sobran alimentos? ¿Por qué muere alguien a quien amamos y necesitamos? ¿Por qué nacen bebés discapacitados que no gozarán de la vida? ¿Qué sentido puede tener tanto sufrimiento?

Podemos dirigir nuestras inquietudes y dudas a Dios con todos los sentimientos encontrados que nos causa el misterio del dolor. Él está *siempre listo a escucharnos* y ayudarnos a sobrellevar las penas, *mostrándonos un misterio* aún mayor, pero dador de vida y paz: Jesús, el hombre más inocente, padeció y murió para alcanzar nuestra salvación; venció la muerte con su resurrección. Al unir nuestros sufrimientos a los de Jesús y ofrecerlos por la salvación de la humanidad, encontramos el sentido del dolor y podemos seguir la vida con esperanza.

Job 42

13 ¡Húndelos a todos juntos en el polvo,
enciérralos en la prisión subterránea!
14 Entonces, yo mismo te alabaré
por la victoria obtenida con tu mano.

Behemot, el hipopótamo

Gn 2 7.19; Ecl 3 19-21; Prov 8 22; Sal 68 31

15 Mira ante ti a Behemot:
él se alimenta de pasto como un buey.
16 ¡Cuánta fuerza hay en sus riñones,
qué vigor en los músculos de su vientre!
17 Endereza su cola como un cedro,
los nervios de sus muslos
están bien entrelazados.
18 Sus huesos son tubos de bronce:
sus miembros, como barras de hierro.
19 Es la primera de las obras de Dios,
que lo convirtió en el adalid
de sus compañeros,
20 porque las montañas le aportan un tributo,
y también las fieras que retozan en ellas.
21 Él se recuesta bajo los lotos,
en lo oculto de los cañaverales y pantanos.
22 Los lotos lo cubren con su sombra,
los sauces del torrente lo rodean.
23 Si el río se enfurece, no se perturba;
está sereno, aunque un Jordán
le llegue a la garganta.
24 ¿Quién podrá tomarlo por los ojos
o taladrar su nariz con un punzón?

Leviatán, el cocodrilo

Job 3 8; 26 13; Ez 29 3-5; 32 2-8; 19 4.9;
Job 9 4; 40 4; Lv 26 21; Ex 19 5; 1 Cor 10 26;
Sal 18 9; Ap 9 17-18; Ez 11 19; 36 26; 32 2

25 Y a Leviatán
¿podrás pescarlo con un anzuelo
y sujetar su lengua con una cuerda?
26 ¿Le meterás un junco en las narices
o perforarás con un garfio sus mandíbulas?
27 ¿Acaso te hará largas súplicas
o te dirigirá palabras tiernas?
28 ¿Hará un pacto contigo
y lo tomarás como esclavo para siempre?
29 ¿Jugarás con él como con un pájaro
y lo atarás
para *entretenimiento* de tus hijas?
30 ¿Traficarán con él los pescadores
y se lo disputarán los comerciantes?
31 ¿Acribillarás con dardos su piel
y su cabeza a golpes de arpón?

32 Prueba a ponerle la mano encima:
piensa en el combate y desistirás.

41 1 Tu esperanza se vería defraudada:
con solo mirarlo quedarías aterrado.
2 ¿No es demasiado feroz para excitarlo?
¿Quién podría resistir ante él?
3 ¿Quién lo enfrentó, y quedó sano y salvo?
¡Nadie debajo de los cielos!
4 No dejaré de mencionar sus miembros,
hablaré de su fuerza incomparable.
5 ¿Quién rasgó el exterior de su manto
o atravesó su doble coraza?
6 ¿Quién forzó las puertas de sus fauces?
¡En torno de sus colmillos reina el terror!
7 Su dorso es una hilera de escudos,
trabados por un sello de piedra.
8 Se aprietan unos contra otros,
ni una brisa pasa en medio de ellos.
9 Están adheridos entre sí,
forman un bloque y no se separan.
10 Su estornudo arroja rayos de luz,
sus ojos brillan
como los destellos de la aurora.
11 De sus fauces brotan antorchas,
chispas de fuego escapan de ellas.
12 Sale humo de sus narices
como de una olla que hierve sobre el fuego.
13 Su aliento enciende los carbones,
una llamarada sale de su boca.
14 En su cerviz reside la fuerza
y cunde el pánico delante de él.
15 Sus carnes son macizas:
están pegadas a él y no se mueven.
16 Su corazón es duro como una roca,
resistente como una piedra de molino.
17 Cuando se yergue, tiemblan las olas,
se retira el oleaje del mar.
18 La espada lo toca, pero no se clava,
ni tampoco la lanza, el dardo o la jabalina.
19 El hierro es como paja para él,
y el bronce, como madera podrida.
20 Las flechas no lo hacen huir,
las piedras de la honda
se convierten en estopa.
21 La maza le parece una brizna de hierba
y se ríe del estruendo del sable.
22 Tiene por debajo tejas puntiagudas,
se arrastra como un rastrillo sobre el barro.
23 Hace hervir las aguas profundas
como una olla,
convierte el mar en un pebetero.
24 Deja detrás de él una estela luminosa:
el océano parece cubierto
de una cabellera blanca.
25 No hay en la tierra nadie igual a él,
ha sido hecho para no temer nada.
26 Mira de frente a los más encumbrados,
es el rey de las bestias más feroces.

Última respuesta de Job

Mt 19 26; Mc 9 23; Lc 1 37; Job 38 2; 19 27; 40 4; 2 8

42 1 Job respondió al Señor, diciendo:

2 Yo sé que tú lo puedes todo
y que ningún proyecto
es irrealizable para ti.

3 Sí, yo hablaba sin entender,
de maravillas que me sobrepasan
y que ignoro.
4 «Escucha, déjame hablar;
yo te interrogaré y tú me instruirás».
5 Yo te conocía solo de oídas,
pero ahora te han visto mis ojos.
6 Por eso me retracto,
y me arrepiento en el polvo y la ceniza.

EPÍLOGO

El reproche del Señor a los amigos de Job

Job 13 7-10; 27 4; 22 30; Gn 20 17; Is 53 12

7 Después de haber dirigido estas palabras a Job, el Señor dijo a Elifaz de Temán:
«Mi ira se ha encendido contra ti y contra
tus dos amigos, porque no han dicho la
verdad acerca de mí, como mi servidor
Job». 8 Ahora consíganse siete toros y siete
carneros, y vayan a ver a mi servidor Job.
Ofrecerán un holocausto por ustedes mismos, y mi servidor Job intercederá por ustedes. Y yo, en atención a él, no les infligiré ningún castigo humillante, por no haber
dicho la verdad acerca de mí, como mi servidor Job. 9 Entonces Elifaz de Temán, Bildad de Súaj y Sofar de Naamá fueron a hacer lo que les había dicho el Señor, y el Señor tuvo consideración con Job.

La reivindicación de Job

Job 8 7; Dt 30 3-5; Sal 90 15; Prov 14 20;
Job 19 13-14; Gn 24 22; Job 5 26; Gn 25 8

10 Después, el Señor cambió la suerte de
Job, porque él había intercedido en favor
de sus amigos, y duplicó todo lo que Job tenía. 11 Todos sus hermanos y sus hermanas,
lo mismo que sus antiguos conocidos, fueron a verlo y celebraron con él un banquete
en su casa. Se compadecieron y lo consolaron por toda la desgracia que le había enviado el Señor. Y cada uno de ellos le regaló
una moneda de plata y un anillo de oro.
12 El Señor bendijo los últimos años de
Job mucho más que los primeros. Él llegó a
poseer catorce mil ovejas, seis mil camellos,
mil yuntas de bueyes y mil asnas. 13 Tuvo
además siete hijos y tres hijas. 14 A la primera
la llamó «Paloma», a la segunda «Canela», y
a la tercera «Sombra para los párpados». 15 En
todo el país no había mujeres tan hermosas
como las hijas de Job. Y su padre les dio una
parte de herencia entre sus hermanos.
16 Después de esto, Job vivió todavía ciento cuarenta años, y vio a sus hijos y a los hijos de sus hijos, hasta la cuarta generación.
17 Job murió muy anciano y colmado de días.

DIOS MÍO, DIOS MÍO,

SOLO QUEDA DE MÍ UN GUIÑAPO DESFALLECIDO,
BUSCO LA ESPERANZA Y NO LA ENCUENTRO,
QUIERO VIDA NUEVA Y CAIGO MÁS PROFUNDO...

¿DÓNDE ESTÁS, MI DIOS DADOR DE VIDA?

ME DESPRECIAN, ME MARGINAN Y SUFRO,
CUANTO MÁS DESEO QUE ME ACEPTEN Y COMPRENDAN,
EN MAYOR SOLEDAD ME ENCUENTRO...

¿DÓNDE ESTÁS,
MI DIOS DEL AMOR SOLIDARIO?

ACÓGEME DESDE MI PENURIA,
FORTALECE MI FE,
SÉ MI REFUGIO Y MI SOCORRO,
DALE SENTIDO A MI DOLOR
Y SACRIFICIO.

¡DIOS MÍO, DIOS MÍO!

PROVERBIOS

Toda librería y puesto de revistas vende folletos para lograr el triunfo en la vida y el éxito en los negocios: «Cómo lograr y mantener el amor», «Siete pasos para dejar las drogas», «Cómo hacerse rico en dos meses», «Libérate de tu miedo», etcétera. Pueden ser buenos consejos o ideas equivocadas. El libro de los Proverbios es una colección de consejos para la vida, dados por los sabios de Israel a su pueblo. Fueron inspirados por Dios y se apoyan en la experiencia sicológica y la reflexión de los sabios sobre la vida, hecha a la luz de su fe, según su cultura y su tiempo.

ESQUEMA

- **1 1-6.** Título y finalidad de la obra
- **1 7 – 9 18.** Elogio y recomendación de la Sabiduría
- **10 1 – 22 16.** Primera colección de proverbios salomónicos
- **22 17 – 24 34.** Sentencias de los sabios
- **25 1 – 30 14.** Segunda colección de proverbios salomónicos
- **30 15-33.** Sentencias de Lemuel
- **31.** Otras colecciones de proverbios

DATOS

Autor
Varios autores. El rey Salomón es autor de una de las colecciones. El libro se le atribuye a él, pues es el sabio por excelencia en Israel
Fecha de redacción
Los proverbios se fueron creando durante los siglos X al VI a.C. Se recopilaron entre los siglos V al III a.C.

PRESENTACIÓN

Los sabios de Israel seguían una larga tradición de reflexión sobre las tres voces de la historia: la experiencia, la inteligencia y el sentido común del pueblo, y deseaban transmitir esta sabiduría a las siguientes generaciones. El libro de los Proverbios comparte la reflexión de los sabios y la sabiduría popular. Da pautas de conducta y soluciones para problemas comunes; ofrece consejos sobre cómo evitar la pereza, el engaño y el orgullo; recomienda cómo tratar bien a los hijos, padres, esposos y ancianos; habla sobre el beneficio de reír, la visita a los vecinos y el gozo de las cosas pequeñas.

El libro de los Proverbios es un cofre de tesoros proveniente del mundo antiguo. Su estructura literaria sigue un paralelismo complementario, o contrario, y su enfoque se apoya en tres pilares:

- Dios crea y sostiene la armonía del universo y nos invita a colaborar en esta obra.
- La vida es lo más importante y su fin fundamental es vivir felizmente, al ser justos, sabios y generosos, y evitar el adulterio, la embriaguez, la injusticia... que amenazan la felicidad.
- Los valores están enraizados en «el temor de Dios», que consiste en un amor lleno de respeto y reverencia hacia él, traducido en el esfuerzo por ser fiel a la alianza.

Algunas enseñanzas pueden parecernos anticuadas o graciosas, pero el fondo del mensaje sigue actual. El libro entero da una lección que Jesús retoma, acentúa y presenta con mayor claridad y fuerza: la fe consiste en vivir rectamente al tener presente a Dios. No basta con creer verdades religiosas; hay que vivir diariamente los valores del Reino.

PROVERBIOS

LOS PROVERBIOS TRANSMITEN LA SABIDURÍA POPULAR DE GENERACIÓN EN GENERACIÓN

Título y finalidad de la obra

Sal 111 10; Eclo 1 14; Prov 9 10

1 [1] Proverbios de Salomón,
hijo de David, rey de Israel,
[2] para conocer la sabiduría y la instrucción,
para entender las palabras profundas,
[3] para obtener una instrucción esmerada
—justicia, equidad y rectitud—,
[4] para dar perspicacia a los incautos,
y al joven, ciencia y reflexión;
[6] para entender los proverbios
y las sentencias agudas,
las palabras de los sabios y sus enigmas.
[5] Que escuche el sabio, y acrecentará su saber,
y el inteligente adquirirá el arte de dirigir.
[7] El temor del Señor es el comienzo de la sabiduría,
los necios desprecian la sabiduría y la instrucción.

ELOGIO Y RECOMENDACIÓN DE LA SABIDURÍA

Advertencia preliminar

Prov 6 20; Ex 13 8; Dt 4 9; Sal 78 5

[8] Escucha, hijo mío, la instrucción de tu padre
y no rechaces la enseñanza de tu madre,
[9] porque son una diadema de gracia
para tu cabeza y un collar para tu cuello.

Contra las malas compañías

Sal 1 1; Eclo 11 29-34; Prov 5 5; 7 27; Is 59 7

[10] Hijo mío, si los pecadores intentan seducirte,
tú no aceptes.
[11] Si ellos dicen: «Ven con nosotros,
tendamos una emboscada sangrienta,
acechemos por puro gusto al inocente;
[12] traguémoslos vivos como el Abismo,
todos enteros, como los que bajan a la Fosa;
[13] hallaremos toda clase de bienes preciosos,
llenaremos nuestras casas con el botín;
[14] tendrás tu parte igual que nosotros,
todos haremos una bolsa común»:
[15] hijo mío, no los acompañes por el camino,
retira tus pies de sus senderos,
[16] porque sus pies corren hacia el mal
y se apresuran para derramar sangre.
[17] Pero en vano se tiende la red,
si pueden verla todos los pájaros:
[18] ellos tienden contra sí mismos
una emboscada sangrienta,
están al acecho contra sus propias vidas.
[19] Tal es la suerte del que obtiene ganancias injustas:
le quitan la vida al que las posee.

La sabiduría y el temor de Dios

La primera sección del libro se dirige a la juventud para ayudarla a madurar y crecer en sabiduría, justicia y rectitud. Enseña familiarmente y con cariño, dejando claro que: «El temor del Señor es el comienzo de la sabiduría» (Prov 1 7; 9 10). El temor del Señor consiste en venerar a Dios, aceptar sus planes y esforzarse por serle fiel. El temor de Dios no significa tenerle miedo, pues Dios es amor y misericordia.

Bíblicamente, ser sabio es confiar en el Señor y serle fiel, pues así se alcanza la felicidad. Y tú, ¿qué tan sabio/a eres?

Prov 1 1-7

Llamado y amenazas de la Sabiduría

Sab 6 9-21; Eclo 24 19-22; Prov 8 1-21.32-36

20 La Sabiduría clama por las calles,
en las plazas hace oír su voz;
21 llama en las esquinas más concurridas,
a la entrada de las puertas de la ciudad,
dice sus palabras:
22 «¿Hasta cuándo, incautos, amarán la ingenuidad?
¿Hasta cuándo los insolentes
se complacerán en su insolencia
y los necios aborrecerán la ciencia?
23 Tengan en cuenta mi reproche:
yo voy a abrirles mi corazón
y les haré conocer mis palabras.
24 Porque llamo y ustedes se resisten,
extiendo mi mano y nadie presta atención,
25 porque ustedes desoyen todos mis consejos
y no aceptan mi reproche,
26 yo, a mi vez, me reiré de la ruina de ustedes,
me burlaré cuando los asalte el terror,
27 cuando los invada el terror como una tormenta
y les llegue la ruina como un huracán,
cuando les sobrevengan la angustia y la tribulación.
28 Entonces me llamarán, y yo no responderé,
me buscarán ansiosamente, y no me encontrarán.
29 Porque ellos aborrecieron la ciencia
y no eligieron el temor del Señor,
30 porque no quisieron mi consejo
y despreciaron todos mis reproches,
31 gustarán el fruto de su propia conducta,
se hartarán de sus consejos.
32 Porque a los ingenuos los mata su propio
extravío y la desidia pierde a los necios,
33 pero el que me escucha vivirá seguro
y estará tranquilo, sin temer ningún mal».

La protección que da la Sabiduría

Mt 13 44-46; Prov 5 2-20; Sal 37 9.29

2 1 Hijo mío, si recibes mis palabras
y guardas contigo mis mandamientos,
2 prestando oído a la sabiduría
e inclinando tu corazón al entendimiento;
3 si llamas a la inteligencia
y elevas tu voz hacia el entendimiento,
4 si la buscas como si fuera plata
y la exploras como un tesoro,
5 entonces comprenderás el temor del Señor
y encontrarás la ciencia de Dios.
6 Porque el Señor da la sabiduría,
de su boca proceden la ciencia y la inteligencia.
7 Él reserva su auxilio para los hombres rectos,
es un escudo para los que caminan con integridad;
8 él protege los senderos de la equidad
y cuida el camino de sus fieles.
9 Entonces comprenderás la justicia y la equidad,
la rectitud y todas las sendas del bien.
10 Porque la sabiduría entrará en tu corazón
y la ciencia será la delicia de tu alma;
11 la reflexión cuidará de ti
y la inteligencia te protegerá,
12 para librarte del mal camino,
del hombre que habla con perversidad;
13 de los que abandonan los senderos de la rectitud,
para tomar por caminos tenebrosos;
14 de los que gozan haciendo el mal
y se regocijan en las perversiones de la maldad;
15 de los que van por caminos tortuosos
y por senderos retorcidos.
16 Así te librarás de la mujer ajena,
de la extraña que se vale de palabras seductoras,
17 que abandona al amigo de su juventud
y olvida la alianza de su Dios:
18 su casa se hunde en la muerte
y sus senderos van hacia las Sombras;
19 los que entren en ella no podrán volver atrás
ni alcanzarán los senderos de la vida.
20 Así tú irás por el camino de los buenos
y seguirás el sendero de los justos,
21 porque los rectos habitarán la tierra
y los hombres íntegros permanecerán en ella.
22 Pero los malvados serán extirpados de la tierra
y los traidores serán arrancados de ella.

La Sabiduría y el temor del Señor

Dt 11 18-21; Sal 37 3-7; Rom 12 16;
Job 5 17-18; Heb 12 5-11

3 1 Hijo mío, no olvides mi enseñanza,
y que tu corazón observe

mis mandamientos,
2 porque ellos te aportarán largos días,
años de vida y prosperidad.
3 Que nunca te abandonen
la buena fe y la lealtad: átalas a tu cuello,
escríbelas sobre la tabla de tu corazón,
4 y encontrarás favor y aprobación
a los ojos de Dios y de los hombres.
5 Confía en el Señor de todo corazón
y no te apoyes en tu propia inteligencia;
6 reconócelo a él en todos tus caminos
y él allanará tus senderos.
7 No seas sabio a tus propios ojos,
teme al Señor y apártate del mal:
8 eso será un remedio para tu carne
y savia para tus huesos.
9 Honra al Señor con tus bienes
y con las primicias de todas tus ganancias:
10 así tus graneros se llenarán de trigo
y tus lagares desbordarán de vino nuevo.
11 No desprecies, hijo mío,
la corrección del Señor,
ni te disgustes cuando él te reprende,
12 porque el Señor reprende a los que ama
como un padre a su hijo muy querido.

Valor y frutos de la Sabiduría

Sab 8 16; Prov 8 22-31; Eclo 1 1-4

13 ¡Feliz el hombre que encontró la sabiduría
y el que obtiene la inteligencia,
14 porque ganarla vale más que la plata
y ella rinde más que el oro fino!
15 Es más preciosa que las perlas
y nada apetecible se le puede igualar.
16 En su mano derecha hay larga vida,
y en su izquierda, riqueza y gloria.
17 Sus caminos son caminos deliciosos
y todos sus senderos son apacibles.
18 Es un árbol de vida para los que se aferran a ella
y los que la retienen son felices.

19 Por la sabiduría, el Señor fundó la tierra,
por la inteligencia, afianzó los cielos;
20 por su ciencia brotaron los océanos
y las nubes destilan el rocío.

La seguridad que da la Sabiduría

Sal 91 5-12; 3 6; 121 3

21 Conserva, hijo mío, la prudencia y la reflexión;
que ellas no se aparten de tus ojos.
22 Ellas serán vida para tu alma
y gracia para tu cuello.
23 Entonces irás seguro por el camino
y tu pie no tropezará.
24 Si te acuestas, no temblarás,
y una vez acostado, tu sueño será agradable.
25 No temerás ningún sobresalto
ni a los malvados que llegan como una tormenta.
26 Porque el Señor será tu seguridad
y preservará tu pie de la trampa.

La ayuda al prójimo

Eclo 4 3; Lv 19 18; Sant 2 15-16;
Prov 24 1.19; 15 8-9.26

27 No niegues un beneficio al que lo necesite,
siempre que esté en tus manos hacerlo.

VIVE LA PALABRA

Escoge la dirección de tu vida

Un capitán de barco llega a su destino si conoce su nave y sabe cómo guiar a sus marineros; si está familiarizado con el mar y está seguro de su destino; si elige la ruta adecuada y puede vencer los problemas en la travesía. Dios nos dio la libertad para decidir el destino de nuestra vida. Para hacerlo necesitas conocerte a ti mismo/a, analizar la realidad y optar por los medios oportunos: «Entonces irás seguro por el camino y tu pie no tropezará» (Prov 3 23).

La libertad tiende puentes desde lo que eres hoy hacia lo que quieres ser y hacer en el futuro, lo que implica anticipar o prever tu porvenir. En esto consiste «la prudencia»; prever, prevenir y prudencia se derivan de la misma raíz latina y se refieren al arte de dar los pasos oportunos para conseguir lo que se desea. Necesitas una excelente puntería para dirigir tu marcha y acertar sobre un objetivo en movimiento: tu vida misma. Ni el apocamiento ni la astucia tramposa te llevarán ahí, pues son enemigos poderosos de la prudencia.

Lee Proverbios 3 21-35, donde se explica el valor de la prudencia y en qué consiste esta. Decide qué actos sabios necesitas hacer y planear para desarrollar los dones que Dios te ha dado y qué hábitos necesitas dejar atrás para realizar tu potencial y ponerlo al servicio de los demás. Piensa en lo que será tu vida, si no le das la dirección adecuada para realizar los deseos de tu corazón y el plan de Dios a la luz de tu inteligencia.

Prov 3 21-29

28 No digas a tu prójimo:
«Vuelve después, mañana te daré»,
si tienes con qué ayudarlo.
29 No trames el mal contra tu prójimo,
mientras vive confiado junto a ti.
30 No litigues con un hombre sin motivo,
si no te ha causado ningún mal.

La suerte final de los impíos

Sant 4 6; 1 Pe 5 5; Ecl 3 18.20

31 No envidies al hombre violento
ni elijas ninguno de sus caminos.
32 Porque el hombre perverso
es abominable para el Señor,
y él reserva su intimidad para los rectos.
33 La maldición del Señor
está en la casa del malvado,
pero él bendice la morada de los justos.
34 Él se burla de los insolentes
y concede su favor a los humildes.
35 Los sabios heredarán la gloria,
pero los necios cargarán con la ignominia.

La Sabiduría, gloria del que la posee

Prov 1 2-5; Eclo 6 18-37

4 1 Escuchen, hijos, la instrucción de un padre,
presten atención, para poder comprender:
2 lo que yo les doy es una sana doctrina,
no abandonen mi esperanza.
3 Yo también fui un hijo para mi padre,
tierno y muy querido a los ojos de mi madre.
4 Él me decía para instruirme:
Que tu corazón retenga mis palabras,
observa mis mandamientos y vivirás.
5 Adquiere la sabiduría, adquiere la inteligencia,
no olvides las palabras de mi boca
ni te desvíes de ellas.
6 No la abandones, y ella te protegerá,
ámala, y ella te cuidará.
7 El comienzo de la sabiduría es tratar de adquirirla;
con todo lo que poseas, adquiere la inteligencia.
8 Apréciala al máximo, y ella te encumbrará;
te glorificará, si tú la abrazas.
9 Pondrá en tu cabeza una diadema de gracia,
te obsequiará una corona de gloria.

La Sabiduría, guía en el camino

Jn 1 4-9; Prov 3 19-21; 12 35-36.46

10 Escucha, hijo mío, y recibe mis palabras,
y tus años de vida se multiplicarán.
11 Yo te instruyo sobre el camino de la sabiduría,
te encamino por senderos rectos.
12 Cuando camines, no se acortará tu paso,
y si corres, no tropezarás.
13 Aférrate a la instrucción, no la sueltes;
guárdala bien, porque ella es tu vida.
14 No entres en la senda de los malvados
ni avances por el camino de los malos.
15 Evítalo, no pases por allí, desvíate de él,
y pasa de largo.
16 Porque ellos no duermen, si no hacen el mal;
pierden el sueño, si no hacen caer a alguien,
17 ya que se alimentan con el pan de la maldad
y beben el vino de la violencia.
18 La senda de los justos es como la luz del alba,
que va en aumento hasta que es pleno día.
19 Pero el camino de los malos
es como una densa oscuridad:
ellos no saben dónde van a tropezar.

La Sabiduría, fuente de vida

Prov 3 18; 13 14

20 Hijo mío, presta atención a lo que te digo,
inclina tu oído a mis palabras.

Palabras de un padre a su hijo

El siguiente texto fue escrito originalmente en náhuatl; presenta los sabios consejos de un padre indígena en el México del siglo XVI. Este espíritu de enseñanzas ligadas a la fe en Dios son comunes en muchas familias mexicanas.

Hijo mío, mi collar, mi pluma preciosa, has venido a la vida, has nacido, has venido a salir a la tierra, en la tierra del Señor Nuestro. Te forjó, te dio forma, te hizo nacer Aquel por quien se vive, Dios. Hemos visto por ti tus madres, tus padres; y tus tías, tus tíos, tus parientes, han visto por ti... (p. 49).

Y ama, agradece, respeta, teme, ve con temor, obedece, haz lo que quiere el corazón de la madre, del padre, porque es su don, porque es su merecimiento, porque es su dádiva; porque a ellos les corresponde el servicio, la obediencia, el respeto (p. 53).

Arroja también de ti lo no bueno, lo no recto, el polvo, la basura. Tú no dañes, no ensucies la estera, el sitial, la comunidad, la paz. Porque, si así haces, entonces no saldrás como humano (p. 79).

Así te doy aliento, así te fortalezco, así te pongo barniz blanco, así te atavío con plumas. No en alguna parte tires, no en algún lugar arrojes lo que te he expresado. Ojalá que esto te sea inspiración, te haga recordar al Señor, al Señor Nuestro, Dios (p. 86).[1]

Prov 4

21 Que ellas no se aparten de tus ojos,
guárdalas bien dentro de tu corazón,
22 porque son vida para los que las encuentran
y salud para todo ser viviente.
23 Con todo cuidado vigila tu corazón,
porque de él brotan las fuentes de la vida.
24 Aparta de ti las palabras perversas
y aleja de tus labios la malicia.
25 Que tus ojos miren de frente
y tu mirada vaya derecho hacia delante.
26 Fíjate bien dónde pones los pies
y que sean firmes todos tus caminos.
27 No te desvíes ni a derecha ni a izquierda,
aparta tus pies lejos del mal.

PROV

Los falsos encantos de la mujer adúltera

Prov 7 1-27; Eclo 9 1-9

5 1 Hijo mío, atiende a mi sabiduría,
inclina tu oído a mi inteligencia,
2 para que guardes la debida discreción
y tus labios conserven la ciencia.
3 Porque los labios de la mujer ajena destilan miel
y su paladar es más suave que el aceite,
4 pero al final, ella es amarga como el ajenjo,
cortante como una espada de doble filo.
5 Sus pies descienden a la Muerte,
sus pasos se precipitan en el Abismo;
6 ella no tiene en cuenta el sendero de la vida,
va errante sin saber adónde.

Los peligros del adulterio

7 Por eso, hijos, escúchenme
y no se aparten de las palabras de mi boca.
8 Aleja de ella tu camino
y no te acerques a la entrada de su casa,
9 no sea que entregues a otros tu honor,
y tus años, a un hombre cruel;
10 que gente extraña se sacie con tu fuerza
y tus trabajos vayan a parar a casa ajena,
11 y que al fin tengas que gemir,
cuando estén consumidos tu cuerpo y tu carne.
12 Entonces dirás:
«¿Cómo aborrecí la instrucción
y mi corazón despreció las advertencias?
13 Yo no escuché la voz de mis maestros
ni atendí a los que me enseñaban.
14 Faltó poco para que estuviera
en el colmo de la desgracia,
en medio de la asamblea y de la comunidad».

La fidelidad conyugal

Eclo 16 17; 17 15.19-20; 24 30-31

15 Bebe el agua de tu cisterna
y la que fluye de tu propio pozo.
16 Que tus fuentes no se dispersen hacia fuera
ni tus corrientes de agua por las calles.
17 Que ellas sean para ti solo
y que no haya extraños junto a ti.
18 ¡Bendita sea tu fuente,
y encuentra tu alegría en la mujer de tu juventud,
19 cierva amable, graciosa gacela!
Que en todo tiempo
te embriaguen sus amores
y estés siempre prendado de su afecto.
20 Hijo mío, ¿por qué te dejarás prendar
por la mujer ajena
y abrazarás los pechos de una extraña?
21 Los caminos del hombre
están bajo la mirada del Señor
y él tiene en cuenta todos sus senderos.
22 El malvado será presa de sus propias faltas
y quedará atrapado en los lazos de su pecado.
23 Morirá por falta de instrucción
y se extraviará por su gran necedad.

Peligros de las fianzas

Eclo 29 14-20; Prov 17 18; 22 26-27

6 1 Hijo mío, si te has hecho garante
de tu prójimo
y has estrechado tu mano en favor de otro,
2 si te has enredado con tus palabras
y te has dejado atrapar por tu propia boca,
3 entonces, hijo mío, obra así para librarte,
ya que has caído en las manos de tu prójimo:
ve a echarte a sus pies e importúnalo,
4 no concedas descanso a tus ojos
ni reposo a tus párpados;
5 líbrate como una gacela de la red
y como un pájaro de la mano del cazador.

Contra la pereza

Prov 24 30-34; 30 24-25; Eclo 22 1-2

6 Fíjate en la hormiga, perezoso,
observa sus costumbres y aprende a ser sabio:
7 ella, que no tiene jefe ni capataz ni dueño,
8 se provee de alimento en verano
y junta su comida durante la cosecha.
9 ¿Hasta cuándo estarás recostado, perezoso,
cuándo te levantarás de tu sueño?
10 «Dormir un poco, dormitar otro poco,
descansar otro poco de brazos cruzados»:
11 así te llegará la pobreza como un salteador
y la miseria como un hombre armado.

Contra los malvados y simuladores

Eclo 27 22-27; 28 13-26; Prov 26 24-28

12 Es un infame, un malvado,
el que tiene la boca llena de perversidad;
13 guiña el ojo, toca con los pies,
hace una seña con los dedos:
14 en su corazón depravado maquina el mal,

VIVE LA PALABRA

Haz lo contrario de lo que detesta Dios

Examina lo que Dios detesta en Proverbios 6 16-19. Ahora, transforma la lista en elementos positivos y pon todo tu ser al servicio de los demás.

- Ojos humildes, capaces de ver siempre la verdad de los demás.
- Lengua verdadera, que aporte sinceramente sus criterios.
- Manos que protegen al inocente, acogedoras y justas.
- Un corazón que planea el bien y propone proyectos creativos para el bien común.
- Pies listos para movilizarse donde sea necesario ayudar.
- Un testigo confiable, que transmita seguridad.
- Alguien que brinda medios para que las familias vivan en armonía.

¡Este es el tipo de persona que todos debemos ser!

Prov 6 16-19

siempre está sembrando discordias.
15 Por eso, llegará su ruina de repente,
será destrozado de improviso y sin remedio.

Las siete cosas abominables

Prov 1 16; 19 5; 25 18

16 Hay seis cosas que detesta el Señor,
y siete que son para él una abominación:
17 los ojos altaneros, la lengua mentirosa
y las manos que derraman sangre inocente;
18 el corazón que trama proyectos malignos,
los pies rápidos para correr hacia el mal,
19 el falso testigo que profiere mentiras,
y el que siembra discordias entre hermanos.

Contra el adulterio

Eclo 23 16-27

20 Observa, hijo mío, el precepto de tu padre
y no rechaces la enseñanza de tu madre.
21 Átalos a tu corazón constantemente,
anúdalos a tu cuello.
22 Que ellos te guíen mientras caminas,
que velen sobre ti cuando estás acostado,
y conversen contigo cuando despiertas.
23 Porque el precepto es una lámpara,
la enseñanza, una luz,
y las reglas de la instrucción, un camino de vida,
24 a fin de preservarte de una mala mujer
y de la lengua seductora de una extraña.
25 No codicies su hermosura en tu corazón
ni te dejes cautivar por sus miradas.
26 Porque el precio de una prostituta
es un mendrugo de pan,
pero una mujer casada anda a la pesca
de una vida lujosa.
27 ¿Puede un hombre ponerse fuego en el pecho
sin que se inflame su ropa?
28 ¿Se puede caminar sobre brasas
sin quemarse los pies?
29 Eso le pasa al que se acuesta
con la mujer de su prójimo:
el que la toque no quedará impune.
30 ¿Acaso no se desprecia al ladrón,
aunque robe para saciar su apetito
cuando tiene hambre?
31 Una vez descubierto, paga siete veces
y tiene que entregar todos los bienes de su casa.
32 El que comete adulterio es un insensato,
se arruina a sí mismo el que obra así:
33 lo que conseguirá son golpes e ignominia,
y su oprobio nunca se borrará.
34 Porque los celos enfurecen al varón,
y no tendrá compasión en el día de la venganza;
35 no aceptará ninguna compensación,
ni querrá saber nada aunque quieras darle más.

Contra las seducciones de la mujer adúltera

Dt 6 8; Eclo 9 3-7; Prov 23 27-28; 5 3

7 1 Hijo mío, observa mis palabras
y atesora mis mandamientos.
2 Observa mis preceptos, y vivirás,
guarda mi enseñanza como la pupila de tus ojos.
3 Átalos a tus dedos,
escríbelos sobre la tabla de tu corazón.
4 Di a la Sabiduría: «Tú eres mi hermana»,
y llama «Amiga» a la Inteligencia,
5 para preservarte de la mujer ajena,
de la extraña que se vale de palabras seductoras.
6 Mientras yo estaba a la ventana de mi casa,
miré a través de mi reja,
7 y vi entre los incautos,
divisé entre los adolescentes
a un joven falto de juicio,

8 que pasaba por la calle, junto a la esquina,
y se dirigía hacia la casa de ella,
9 en el crepúsculo, al caer el día,
en medio de la noche y la oscuridad.
10 De pronto, le sale al paso esa mujer,
con aire de prostituta y el corazón lleno de astucia:
11 es bulliciosa, procaz,
sus pies no paran en su casa;
12 unas veces en las calles, otras en las plazas,
está al acecho en todas las esquinas.
13 Ella lo agarra, lo cubre de besos,
y le dice con todo descaro:
14 «Tenía que ofrecer sacrificios de comunión,
hoy mismo he cumplido mis votos;
15 por eso salí a tu encuentro,
ansiosa por verte, y te encontré.
16 He cubierto mi lecho con mantas
de telas multicolores, de hilo de Egipto;
17 he perfumado mi cama con mirra,
con áloes y cinamomo.
18 ¡Ven! Embriaguémonos de amor hasta la mañana,
entreguémonos a las delicias del placer.
19 Porque mi marido no está en casa,
ha emprendido un largo viaje,
20 se llevó la bolsa del dinero,
no volverá hasta la luna llena».
21 Así lo persuade con su gran desenvoltura,
lo arrastra con sus labios seductores.
22 Enseguida, él la sigue,
como un buey que es llevado al matadero,
como un ciervo que cae en el lazo,
23 hasta que una flecha le atraviesa el hígado,
como un pájaro que se precipita en la trampa,
sin advertir que está en juego su vida.

24 Y ahora, hijo mío, escúchame,
y presta atención a las palabras de mi boca:
25 que tu corazón no se desvíe hacia sus caminos,
que no se extravíe por sus senderos,
26 porque son muchas las víctimas
que ella hizo caer,
y eran fuertes todos los que ella mató:
27 su casa es el camino del Abismo,
que baja a las cámaras de la Muerte.

El llamado de la Sabiduría

Prov 1 20-23; Jn 7 35; Prov 3 14; 16 16; Job 28 15-19

8 1 ¿No está llamando la Sabiduría
y no hace oír su voz la Inteligencia?
2 En las cumbres más altas que bordean el camino,
apostada en el cruce de los senderos,
3 al lado de las puertas, a la entrada de la ciudad,
en los lugares de acceso, ella dice en alta voz:
4 «A ustedes, hombres, yo los llamo,
y mi voz se dirige a los seres humanos.
5 Entiendan, incautos, qué es la perspicacia;
entiendan, necios, qué es la sensatez.
6 Escuchen:
es muy importante lo que voy a decir,
mis labios se abren para expresar lo que es recto.
7 Sí, mi boca profiere la verdad,
la maldad es una abominación para mis labios.
8 Todas mis palabras son conformes a la justicia,
no hay en ellas nada retorcido o sinuoso;
9 todas son exactas para el que sabe entender
y rectas para los que han hallado la ciencia.
10 Adquieran mi instrucción, no la plata,
y la ciencia más que el oro acrisolado.
11 Porque la Sabiduría vale más que las perlas,
y nada apetecible se le puede igualar».

Los tesoros de la Sabiduría

Eclo 24; 19 20; Is 11 2-5; 1 Re 3 14-15;
Mt 7 7-8; Jn 14 21; 3 16; Eclo 1 6s

12 Yo, la Sabiduría, habito con la prudencia
y poseo la ciencia de la reflexión.
13 El temor del Señor es detestar el mal:
yo detesto la soberbia, el orgullo,
la mala conducta y la boca perversa.
14 A mí me pertenecen el consejo y la habilidad,
yo soy la inteligencia, mío es el poder.
15 Por mí reinan los reyes
y los soberanos decretan la justicia;
16 por mí gobiernan los príncipes
y los nobles juzgan la tierra.
17 Yo amo a los que me aman
y los que me buscan ardientemente,
me encontrarán.
18 Conmigo están la riqueza y la gloria,
los bienes perdurables y la justicia.
19 Mi fruto vale más que el oro, que el oro fino,
y rindo más que la plata acrisolada.
20 Yo voy por el sendero de la justicia,
en medio de las sendas de la equidad,
21 para repartir posesiones a los que me aman
y para colmar sus tesoros.

La Sabiduría en la creación

Jn 1 1-3; Eclo 1 4.9; 24 8.9; Gn 1 6; Job 28 23-27;
Sab 9 9; Sal 104 7-9

22 El Señor me creó como primicia de sus caminos,
antes de sus obras, desde siempre.
23 Yo fui formada desde la eternidad,
desde el comienzo,
antes de los orígenes de la tierra.
24 Yo nací cuando no existían los abismos,
cuando no había fuentes de aguas caudalosas.
25 Antes que fueran cimentadas las montañas,
antes que las colinas, yo nací,
26 cuando él no había hecho aún la tierra
ni los espacios
ni los primeros elementos del mundo.
27 Cuando él afianzaba el cielo, yo estaba allí;
cuando trazaba el horizonte sobre el océano,

Sofía, la sabiduría

Muchos personajes de la Biblia: Jesús, María, algunos patriarcas, profetas y Apóstoles, son bien conocidos e incluso han salido en la televisión. Pero hay un personaje que, a pesar de su importancia, es poco popular y probablemente nunca saldrá en ella. Se llama Sofía, que quiere decir «sabiduría»; en realidad, ni siquiera se piensa en ella como un personaje.

El libro de los Proverbios describe la sabiduría como una persona viva y dadora de vida, omnipotente y creadora, compañera inseparable de Dios, providente y motivadora universal. El Nuevo Testamento ve la sabiduría personificada como anterior a la creación, y la considera como una preparación de la Revelación de Jesucristo, Palabra de Dios creadora y eterna (Jn 1 1-2) (ver «La Palabra como persona», Dt 30 14).

Los creyentes afirmamos que la sabiduría es de Dios, y por eso es para nosotros un tesoro invaluable. La Biblia nos hace querer la sabiduría de modo especial. Ella le da a nuestra vida su verdadero significado y nos ayuda a verla en su justo valor.

Prov 8 12-36

28 cuando condensaba las nubes en lo alto,
cuando infundía poder a las fuentes del océano,
29 cuando fijaba su límite al mar
para que las aguas no transgredieran sus bordes,
cuando afirmaba los cimientos de la tierra,
30 yo estaba a su lado como un hijo querido
y lo deleitaba día tras día,
recreándome delante de él en todo tiempo,
31 recreándome *sobre* la faz de la tierra,
y mi delicia era estar
con los hijos de los hombres.

Felicidad del que encuentra la Sabiduría

Eclo 14 20-27; Ap 3 20; Sab 6 14;
1 Jn 5 12; Sab 1 12-16

32 Y ahora, hijos, escúchenme:
¡felices los que observan mis caminos!
33 Escuchen la instrucción y sean sabios:
¡no la descuiden!
34 ¡Feliz el hombre que me escucha,
velando a mis puertas día tras día
y vigilando a la entrada de mi casa!
35 Porque el que me encuentra
ha encontrado la vida
y ha obtenido el favor del Señor;
36 pero el que peca contra mí
se hace daño a sí mismo
y todos los que me odian, aman la muerte.

El banquete de la Sabiduría

Mt 22 1-14; Is 55 1-3; Eclo 24 19-21

9 1 La Sabiduría edificó su casa,
talló sus siete columnas,
2 inmoló sus víctimas, mezcló su vino,
y también preparó su mesa.
3 Ella envió a sus servidoras a proclamar
sobre los sitios más altos de la ciudad:
4 «El que sea incauto, que venga aquí».
Y al falto de entendimiento, le dice:
5 «Vengan, coman de mi pan,
y beban del vino que yo mezclé.
6 Abandonen la ingenuidad, y vivirán,
y sigan derecho por el camino de la inteligencia».

La corrección de los sabios y de los necios

Prov 19 25; 15 12.33; 1 7; 2 5

7 El que corrige a un insolente
se atrae la ignominia,
y el que reprende a un malvado, el deshonor.
8 No reprendas a un insolente,
no sea que te odie;
reprende a un sabio, y te amará.
9 Da al sabio y se hará más sabio aún,
instruye al justo y ganará en saber.
10 El comienzo de la sabiduría
es el temor del Señor,
y la ciencia del Santo es la inteligencia.
11 Porque tus días se multiplicarán gracias a mí
y se añadirán años a tu vida.
12 Si eres sabio, lo eres para ti,
si eres insolente, tú solo lo sufrirás.

La invitación de la Necedad

Prov 9 1-6; 20 17; 7 27

13 La señora Necedad es turbulenta,
es estúpida y no sabe nada.
14 Ella se sienta a la puerta de su casa,
en una silla, sobre las alturas de la ciudad,
15 para gritar a los transeúntes
que van derecho por el camino:
16 «El que sea incauto, que venga aquí».
Y al falto de entendimiento, le dice:
17 «¡Las aguas robadas son dulces,
y el pan quitado a escondidas, delicioso!».
18 Pero él no sabe que allí están las Sombras,
y sus invitados, en las profundidades del Abismo.

PRIMERA COLECCIÓN DE PROVERBIOS SALOMÓNICOS

10 1 Proverbios de Salomón.

Un hijo sabio es la alegría de su padre,
pero un hijo necio es la aflicción de su madre.
2 Tesoros mal adquiridos no sirven de nada,
pero la justicia libra de la muerte.
3 El Señor no deja que el justo sufra hambre,
pero rechaza la avidez de los malvados.
4 La mano indolente empobrece,
pero el brazo laborioso enriquece.
5 El que junta en verano es un hombre precavido,
el que duerme en la cosecha es despreciable.
6 Las bendiciones descienden sobre el justo,
la boca de los malvados encubre la violencia.
7 La memoria del justo es bendecida,
pero el nombre de los malvados se pudrirá.
8 El de corazón sabio acepta los mandamientos,
pero el de labios necios va a la perdición.
9 El que camina con integridad camina seguro,
el que sigue caminos tortuosos será descubierto.
10 El que guiña el ojo hace sufrir,
el que reprende con franqueza da tranquilidad.
11 La boca del justo es una fuente de vida,
pero la de los malvados encubre la violencia.
12 El odio provoca altercados,
pero el amor cubre todas las faltas.
13 En labios del inteligente
se encuentra la sabiduría,
y la vara es para las espaldas del insensato.
14 Los sabios atesoran la ciencia,
pero la boca del necio es una ruina inminente.
15 La fortuna del rico es su plaza fuerte,
la pobreza de los débiles es su ruina.
16 El salario del justo lleva a la vida,
la renta del impío, al pecado.
17 El que respeta la instrucción
camina hacia la vida,
pero el que rechaza la reprensión se extravía.
18 El que disimula su odio tiene labios mentirosos,
y el que levanta una calumnia es un necio.
19 Donde abundan las palabras
nunca falta el pecado,
el que refrena sus labios
es un hombre precavido.
20 Plata acrisolada es la lengua del justo,
el corazón de los malvados no vale gran cosa.
21 Los labios del justo sustentan a muchos,
pero los necios mueren por falta de sensatez.
22 La bendición del Señor es la que enriquece,
y nada le añade nuestro esfuerzo.
23 Cometer una infamia es una diversión
para el insensato,
y lo mismo es la sabiduría
para el hombre inteligente.
24 Al malvado le sucederá lo que teme,
y a los justos se les dará lo que desean.
25 Pasa la tormenta, y ya no existe el malvado,
pero el justo tiene cimientos eternos.
26 Como vinagre para los dientes
y humo para los ojos,
así es el perezoso para el que le da un encargo.
27 El temor del Señor acrecienta los días,
pero los años de los malvados serán acortados.
28 La esperanza de los justos es alegre,
pero la expectativa de los malvados
se desvanecerá.
29 El camino del Señor es refugio
para el hombre íntegro
y ruina para los que hacen el mal.
30 El justo no vacilará jamás,
pero los malvados no habitarán la tierra.
31 De la boca del justo brota la sabiduría,
pero la lengua perversa será extirpada.
32 Los labios del justo destilan benevolencia,
y la boca de los malvados, perversidad.

11 1 El Señor aborrece las balanzas falseadas,
pero le agradan las pesas exactas.
2 Junto con la arrogancia llega la ignominia,
pero la sabiduría está con los humildes.
3 La integridad guía a los hombres rectos,
pero la perversidad arruina a los traidores.
4 La fortuna no sirve de nada en el día de la ira,
pero la justicia libra de la muerte.
5 La justicia del hombre íntegro allana su camino,
pero el malvado cae por su maldad.
6 La justicia libra a los hombres rectos,
pero los traidores quedan atrapados
por su avidez.

LA JUSTICIA LIBRA A LOS HOMBRES RECTOS, PERO LOS TRAIDORES QUEDAN ATRAPADOS POR SU AVIDEZ.
Prov 11 6

7 Cuando muere el malvado,
se desvanece toda esperanza
y se esfuma la confianza puesta en las riquezas.
8 El justo es librado del peligro
y en lugar de él cae el malvado.
9 El impío arruina al prójimo con su boca,
pero los justos se salvan por su experiencia.
10 Cuando los justos son felices, se alegra la ciudad;
cuando perecen los malvados,
se oyen gritos de alegría.
11 Con la bendición de los hombres rectos
se levanta una ciudad,
la boca de los malvados la destruye.
12 El que desprecia a su prójimo es un insensato,
y el hombre inteligente sabe callar.
13 El chismoso revela los secretos,
pero el hombre fiel guarda la debida reserva.

[14] Por falta de gobierno un pueblo se hunde,
pero se salva si hay muchos hombres
de consejo.
[15] El que sale fiador de otro la pasa muy mal,
el que evita las fianzas está seguro.
[16] Una mujer agraciada obtiene la gloria,
y los audaces obtienen la riqueza.
[17] El hombre fiel se hace bien a sí mismo,
pero el cruel atormenta su propia carne.
[18] El malvado obtiene un salario engañoso,
y el que siembra justicia,
una recompensa segura.
[19] Así como la justicia conduce a la vida,
el que va detrás del mal camina hacia la muerte.
[20] Los corazones tortuosos
son abominables para el Señor,
pero los que caminan con integridad
gozan de su favor.
[21] Tarde o temprano, el malo no quedará impune,
pero la descendencia de los justos se salvará.
[22] Anillo de oro en la trompa de un cerdo
es la mujer hermosa pero falta de juicio.
[23] Los justos no desean más que el bien,
y los malvados solo pueden esperar el furor.
[24] Uno da generosamente y acrecienta su haber,
otro ahorra más de la cuenta
y acaba en la indigencia.
[25] El hombre generoso prosperará,
y al que da de beber le saciarán la sed.
[26] El pueblo maldice al que acapara el trigo,
pero cubre de bendiciones al que lo vende.
[27] El que busca ardientemente el bien
se gana el favor,
pero al que busca el mal, el mal lo alcanzará.
[28] El que confía en su riqueza se marchita,
pero los justos crecerán como el follaje.
[29] El que perturba su propia casa heredará viento,
y el necio será esclavo del sabio.
[30] El fruto de la justicia es árbol de vida,
y el sabio cautiva los corazones.
[31] Si el justo es retribuido en la tierra,
¡cuánto más el malvado y el pecador!

12 [1] El que ama la corrección, ama la ciencia,
y el que detesta la reprensión se embrutece.
[2] El hombre de bien obtiene el favor del Señor,
pero el Señor condena al malicioso.
[3] Nadie se afianza por medio de la maldad,
pero la raíz de los justos será inconmovible.
[4] Una mujer perfecta es la corona de su marido,
la desvergonzada es como caries en sus huesos.
[5] Los proyectos de los justos son rectos,
las maquinaciones de los malvados
no son más que engaño.
[6] Las palabras de los malvados
son emboscadas sangrientas,
pero a los hombres rectos
los libra su propia boca.

Nada más que la verdad

Si eres honesto/a en lo pequeño, lo serás en lo grande. Ninguna mentira queda oculta para Dios, quien conoce la verdad de los hechos y de las intenciones.

La mentira siempre daña a otros y lastima nuestra integridad, pues «El que dice la verdad declara lo que es justo, pero el testigo falso es un impostor» (Prov 12 17). Calumniar o acusar falsamente a alguien es un pecado grave, sobre todo cuando origina daños severos a su reputación o su vida.

«¿Juras, con la ayuda de Dios, decir la verdad, toda la verdad y nada más que la verdad?» Todos hemos escuchado esta pregunta cuando se testifica en el tribunal en Estados Unidos. Además de solicitar una respuesta afirmativa del testigo, se le pide colocar su mano izquierda sobre la Biblia, para asegurar que será honesto. A pesar de este juramento, muchos testigos mienten; a este delito se le conoce como *perjurio* y acarrea severos castigos, porque la inocencia o culpabilidad de alguien depende de este juramento.

Ya sea en el tribunal o en nuestra vida diaria hay que estar dispuestos a decir «la verdad, toda la verdad y nada más que la verdad».

Prov 12 13-22

[7] Apenas derribados, los malvados no existen más,
pero la casa de los justos se mantiene en pie.
[8] A un hombre se lo alaba por su buen juicio,
pero el de corazón falso cae en la ignominia.
[9] Más vale hombre sencillo
que se basta a sí mismo
que jactancioso al que le falta el pan.
[10] El justo provee a las necesidades de su ganado,
pero las entrañas de los malvados son crueles.
[11] El que cultiva su tierra se saciará de pan,
pero el que persigue quimeras es un insensato.
[12] El malvado codicia la presa de los impíos,
pero la raíz de los justos está bien afianzada.
[13] En el pecado de los labios
hay una trampa funesta,
pero el justo escapa del peligro.
[14] El hombre se sacia con el fruto de sus palabras,
y cada uno recibe el salario de su trabajo.
[15] Al necio le parece que su camino es recto,
pero el sabio escucha un consejo.
[16] El necio manifiesta enseguida su disgusto,
pero el hombre prudente disimula una afrenta.

[17] El que dice la verdad declara lo que es justo,
pero el testigo falso es un impostor.
[18] El charlatán corta como una espada,
pero la lengua de los sabios es un remedio.
[19] Los labios veraces permanecen para siempre,
pero la lengua mentirosa, solo por un instante.
[20] Hay engaño en el corazón
de los que traman el mal,
y alegría para los que dan consejos saludables.
[21] Al justo no le pasará nada malo,
pero los malvados están llenos de desgracias.
[22] Los labios mentirosos
son abominables para el Señor,
pero los que practican la verdad
gozan de su favor.
[23] El hombre prudente disimula lo que sabe,
pero el corazón de los necios
proclama su insensatez.
[24] La mano laboriosa dominará,
la indolente pagará tributo.
[25] La inquietud deprime el corazón del hombre,
pero una buena palabra lo reconforta.
[26] El justo aventaja a los demás,
pero a los malvados los extravía su conducta.
[27] El indolente no tiene presa de caza para asar,
y el bien más preciado es un hombre laborioso.
[28] En el sendero de la justicia está la vida,
y el camino que ella sigue no lleva a la muerte.

13 [1] Un hijo sabio ama la corrección,
pero el insolente no escucha el reproche.
[2] El hombre comerá del fruto de sus palabras,
pero los traidores están ávidos de violencia.
[3] El que vigila su boca protege su vida,
el que abre demasiado sus labios
acaba en la ruina.
[4] El perezoso codicia y su deseo es vano,
pero el deseo de los laboriosos será colmado.
[5] El justo detesta la mentira,
pero el malvado causa vergüenza y confusión.
[6] La justicia preserva al que camina con integridad,
pero la maldad arruina al pecador.
[7] Hay quien presume de rico y no tiene nada,
y hay quien se hace el pobre
y posee grandes bienes.
[8] La riqueza es una garantía
para la vida de un hombre,
pero el pobre no escucha amenazas.
[9] La luz de los justos resplandece,
pero la lámpara de los malvados se extingue.
[10] El fatuo provoca discordias con su presunción,
y la sabiduría está
con los que se dejan aconsejar.
[11] La riqueza adquirida de golpe no dura,
pero el que junta poco a poco, la acrecienta.
[12] La esperanza diferida enferma el corazón,
el deseo colmado es un árbol de vida.
[13] El que desprecia la palabra se perderá,
pero el que respeta los mandamientos
será recompensado.
[14] La enseñanza del sabio es fuente de vida,
para apartarse de las trampas de la muerte.
[15] El buen juicio se gana el favor,
pero los traidores caminan hacia su ruina.
[16] El hombre prudente sabe bien lo que hace,
pero el necio va ostentando su insensatez.
[17] Un mal emisario hunde en la desgracia,
pero un enviado fiel devuelve la salud.
[18] Miseria e ignominia
para el que desecha la corrección,
el que tiene en cuenta una advertencia
será honrado.
[19] Deseo cumplido es deleite para el alma,
apartarse del mal es una abominación
para los necios.
[20] Acude a los sabios, y te harás sabio,
pero el que frecuenta a los necios
se echa a perder.
[21] El mal persigue a los pecadores,
y el bien recompensa a los justos.
[22] El hombre de bien deja una herencia
a los hijos de sus hijos,
pero la fortuna del pecador
está reservada para el justo.
[23] El surco de los pobres da comida en abundancia,
pero hay quien se pierde por falta de justicia.
[24] El que mezquina la vara odia a su hijo,
el que lo ama se esmera por corregirlo.
[25] El justo come hasta saciarse,
pero el estómago de los malvados está vacío.

14 [1] La sabiduría edifica una casa,
pero la necedad la destruye
con sus propias manos.
[2] El que camina con rectitud teme al Señor,
el que va por caminos tortuosos lo desprecia.
[3] De la boca del necio brota el orgullo,
los labios de los sabios son su defensa.
[4] Donde no hay bueyes, el establo está limpio,
pero la fuerza de un toro da mucha ganancia.
[5] Un testigo veraz no engaña,
pero el testigo falso profiere mentiras.
[6] El insolente busca sabiduría y no la encuentra,
pero la ciencia es fácil para el inteligente.
[7] Aléjate de la presencia de un necio:
no hallarás ciencia en sus labios.
[8] La sabiduría del prudente
es saber discernir su camino,
la insensatez de los necios es puro engaño.
[9] El necio se burla de los sacrificios expiatorios,
pero entre los hombres rectos
se encuentra el favor de Dios.
[10] El corazón conoce su propia amargura
y ningún extraño se asocia a su alegría.
[11] La casa de los malvados será destruida,
pero la tienda de los rectos florecerá.

INDÍGENA

Palabras de una madre a su hija

Este extracto presenta los consejos de una madre náhuatl a su hija.

Ahora, mi niñita, tortolita, mujercita, tienes vida, has nacido, has salido, has caído de mi seno, de mi pecho. Porque te ha forjado, porque te ha moldeado, te hizo, te formó menudita tu padre, tu Señor..., un poquito concede a las personas, las hace merecer su fama, su honra, su calor, su tibieza, su dulzura, su sabrosura, el Señor Nuestro (p. 91).

Y bien canta, bien habla, bien conversa, bien responde, bien ruega; la palabra no es algo que se compre. No como muda, tonta, te vuelvas... Así bien, al lado y junto de la gente vivirás, así merecerás... una verdurita, un nopalito, para que de este modo agradezcas al Señor Nuestro su misericordia con las gentes, su benevolencia con las personas (pp. 91-92).

Y no te hagas amiga de los mentirosos, de los ladrones, de las malas mujeres, de los entrometidos, de los perezosos... Y si has de tener tus pertenencias, tus propiedades, no las desperdiciarás, no sin consideración las llevarás al mercado. Así no se afligirá el Señor Nuestro, porque lo ayudarás, porque conservarás lo tuyo gracias a Él... (pp. 95-97).[2]

Prov 14 1

12 Hay caminos que parecen rectos,
pero al final son caminos de muerte.
13 También entre risas, sufre el corazón,
y al fin la alegría termina en pesar.
14 El descarriado se sacia
con los frutos de su conducta,
y el hombre de bien, con sus acciones.
15 El incauto cree todo lo que le dicen,
pero el prudente vigila sus pasos.
16 El sabio teme el mal y se aparta de él,
el necio es temerario y se siente seguro.
17 El iracundo comete locuras,
el hombre reflexivo sabe aguantar.
18 La herencia de los incautos es la necedad,
la corona de los prudentes es la ciencia.
19 Los malos se doblegarán ante los buenos,
y los malvados, a las puertas del justo.
20 El pobre resulta odioso aun para su vecino,
pero el rico tiene muchos amigos.
21 El que desprecia a su prójimo peca,
pero ¡feliz el que se apiada de los humildes!
22 ¿No viven extraviados los que traman el mal?
Pero hay amor y fidelidad
para los que se dedican al bien.
23 Toda fatiga trae algún provecho,
pero la charlatanería solo aporta indigencia.
24 La corona de los sabios es la prudencia,
la diadema de los necios, la insensatez.
25 Un testigo veraz salva las vidas,
el que profiere mentiras es un impostor.
26 El temor del Señor es un refugio seguro,
que sirve de defensa para los hijos.
27 El temor del Señor es fuente de vida,
que aparta de los lazos de la muerte.
28 Un pueblo numeroso es la gloria del rey,
la falta de súbditos es la ruina del soberano.
29 El que tarda en enojarse
muestra gran inteligencia,
el iracundo pone de manifiesto su necedad.
30 Un corazón apacible es la vida del cuerpo,
pero la envidia corroe los huesos.
31 El que oprime al débil ultraja a su Creador,
el que se apiada del indigente, lo honra.
32 El malvado es arrasado por su propia malicia,
el justo encuentra un refugio en su integridad.
33 En el corazón inteligente reposa la sabiduría,
pero entre los necios no se la conoce.
34 La justicia exalta a una nación,
pero el pecado es la vergüenza de los pueblos.
35 El favor del rey es para el servidor prudente,
y su furor, para el desvergonzado.

15 1 Una respuesta suave aplaca la ira,
una palabra hiriente exacerba el furor.
2 La lengua de los sabios hace amable la ciencia,
pero la boca de los necios rebosa necedad.
3 Los ojos del Señor están en todas partes,
vigilando a los malos y a los buenos.
4 La lengua afable es un árbol de vida,
la lengua perversa hiere en lo más vivo.
5 El necio desprecia la instrucción de su padre,
el que acepta la reprensión se muestra prudente.
6 En casa del justo hay mucha riqueza,
en las ganancias del malo hay turbación.
7 Los labios de los sabios siembran la ciencia,
no así el corazón de los necios.
8 El sacrificio de los malvados
es abominable para el Señor,
la plegaria de los hombres rectos
obtiene su favor.
9 El Señor abomina la conducta del malvado,
pero ama al que va tras la justicia.
10 El que abandona la senda
recibirá su escarmiento,
el que detesta la reprensión morirá.
11 El Abismo y la Perdición están delante del Señor:
¡cuánto más los corazones de los hombres!

VIVE LA PALABRA

¡Maneja tu ira!

Lee los proverbios del capítulo 15 y escoge los cinco que mejor representan cómo expresas tu ira o enojo. Generalmente llamamos *ira* a un enojo muy fuerte que despierta deseos de venganza o de corregir urgentemente la situación que nos irrita tanto.

De cómo manejemos la ira dependen muchos aspectos de nuestra vida personal y nuestras relaciones sociales. Nos puede llevar a buscar apasionadamente el bien, o a causar agresión y violencia. También la podemos reprimir, lo que suele causar daños sicológicos y provocar reacciones que no podemos controlar. Por eso, es importante aprender a manejar el cómo, cuándo, cuánto y dónde expresar la ira. Nunca olvides que: «El buen juicio de un hombre aplaca su ira, y su gloria es pasar por alto una ofensa» (Prov 19 11).

Cuando sientas ira:

- Expresa tus sentimientos en una carta o en un diario y reflexiona hacia dónde te llevan.
- Haz una caminata rápida, corre o haz otra forma de ejercicio para «dar salida» a la ira. Ya en calma, piensa en qué hacer.
- Después, con tranquilidad, habla con la persona con quien te enojaste, dile cómo te sientes y busca la manera de resolver el conflicto.
- Comparte tu ira con Dios en la oración y pide su ayuda.

Prov 15

12 Al insolente no le gusta que lo reprendan,
ni va adonde están los sabios.
13 Un corazón contento alegra el semblante,
un corazón afligido abate el espíritu.
14 Un corazón inteligente busca la ciencia,
la boca de los necios se alimenta de necedad.
15 Para el desdichado, todos los días son malos,
pero el corazón feliz siempre está de fiesta.
16 Más vale poco con temor del Señor
que un gran tesoro con inquietud.
17 Más vale un plato de legumbres con amor
que un buey cebado, pero con odio.
18 El hombre iracundo provoca altercados,
el que tarda en enojarse aplaca las disputas.
19 El camino del perezoso
es como un cerco de espinas,
pero la senda de los laboriosos está despejada.
20 Un hijo sabio es la alegría de su padre,
un hijo necio desprecia a su madre.
21 La necedad es la alegría del insensato,
pero el inteligente va derecho por su camino.
22 Por falta de deliberación, fracasan los planes,
con muchos consejeros, se llevan a cabo.
23 Es un placer para el hombre
dar una buena respuesta,
¡y qué buena es una palabra oportuna!
24 El prudente sube por un sendero de vida,
y así se aparta del Abismo profundo.
25 El Señor derriba la casa de los soberbios,
pero mantiene en pie los linderos de la viuda.
26 Las malas intenciones
son abominables para el Señor,
pero le agradan las palabras puras.
27 El que obtiene ganancias deshonestas
perturba su casa,
el que detesta el soborno vivirá.
28 El justo medita antes de responder,
pero la boca de los malos rebosa maldad.
29 El Señor está lejos de los malvados,
pero escucha la plegaria de los justos.
30 Una mirada luminosa alegra el corazón,
una buena noticia vigoriza los huesos.
31 El oído atento a una advertencia saludable
se hospedará en medio de los sabios.
32 El que rechaza la corrección
se desprecia a sí mismo,
el que escucha una reprensión
adquiere sensatez.
33 El temor del Señor es escuela de sabiduría,
y la humildad precede a la gloria.

16 1 El hombre hace proyectos en su corazón,
pero el Señor pone la respuesta
en sus labios.
2 El hombre piensa que
todos sus caminos son puros,
pero el Señor pesa los corazones.
3 Encomienda tus obras al Señor,
y se realizarán tus proyectos.
4 El Señor lo hizo todo con un fin,
incluso al malvado, para el día nefasto.
5 El corazón altanero es abominable para el Señor,
tarde o temprano no quedará impune.
6 Por la bondad y la fidelidad se expían las faltas,
y con el temor del Señor se evita el mal.

[7] Cuando el Señor se complace
en la conducta de un hombre,
lo reconcilia hasta con sus mismos enemigos.
[8] Más vale poco con justicia
que abundantes ganancias con injusticia.
[9] El corazón del hombre se fija un trayecto,
pero el Señor asegura sus pasos.
[10] Hay un oráculo en los labios del rey:
él no se equivoca cuando dicta sentencia.
[11] La báscula y las balanzas justas
pertenecen al Señor,
y son obra suya todas las pesas de la bolsa.
[12] El rey aborrece las malas acciones,
porque un trono se afianza gracias a la justicia.
[13] Los labios justos gozan del favor del rey:
él ama al que habla con rectitud.
[14] El furor del rey es mensajero de muerte,
pero un hombre sabio lo aplaca.
[15] Cuando el rostro del rey está radiante, hay vida,
y su favor es como lluvia de primavera.
[16] Adquirir sabiduría vale más que el oro fino,
adquirir inteligencia es preferible a la plata.
[17] La senda de los hombres rectos
es apartarse del mal,
el que vigila su camino preserva su vida.
[18] Antes de la catástrofe está el orgullo,
y antes de la caída, el espíritu altanero.
[19] Más vale ser humilde entre los pobres
que repartir el botín con los orgullosos.
[20] El que está atento a la palabra
encontrará la dicha,
y ¡feliz el que confía en el Señor!
[21] El que sabe discernir tiene fama de inteligente,
y las palabras dulces son más persuasivas.
[22] El buen juicio es fuente de vida
para el que lo posee,
pero la necedad es el castigo de los necios.
[23] El corazón del sabio da sensatez a su boca
y hace más persuasivas sus palabras.
[24] Las palabras amables son un panal de miel,
dulce al paladar y saludable para el cuerpo.
[25] Hay caminos que parecen rectos,
pero al final son caminos de muerte.
[26] El hambre del trabajador trabaja para él,
porque su boca lo estimula.
[27] El hombre infame cava la desgracia,
y en sus labios hay como un fuego devorador.
[28] El hombre perverso siembra discordia,
y el calumniador separa a los amigos.
[29] El hombre violento seduce a su prójimo
para llevarlo por el mal camino.
[30] El que cierra los ojos,
maquinando cosas perversas,
y aprieta los labios, ya ha cometido el mal.
[31] Corona de gloria son los cabellos blancos,
y se la encuentra en el camino de la justicia.
[32] El que tarda en enojarse vale más que un héroe,
y el dueño de sí mismo,
más que un conquistador.
[33] Las suertes se echan en los pliegues del manto,
pero la decisión viene del Señor.

17 [1] Mejor un mendrugo seco con tranquilidad
que una casa llena de banquetes
con discordia.
[2] El servidor prudente se impondrá
al hijo desvergonzado
y compartirá la herencia con los hermanos.
[3] Hay un crisol para la plata
y un horno para el oro,
pero el que prueba los corazones es el Señor.
[4] El malhechor hace caso a la maledicencia,
el mentiroso presta oído a la lengua maligna.
[5] El que se burla del pobre ultraja a su Creador,
el que se alegra de una desgracia
no quedará impune.
[6] Corona de los ancianos son los nietos,
y la gloria de los hijos son sus padres.
[7] No le queda bien al necio un lenguaje refinado,
¡cuánto menos a los nobles la mentira!
[8] Un regalo es un talismán para el que lo da:
dondequiera que vaya, todo le sale bien.
[9] El que disimula una ofensa cultiva la amistad,
volver sobre la cosa separa del amigo.
[10] Hace más una reprensión
a un hombre inteligente
que cien golpes a un necio.
[11] El malvado solo busca la rebelión,
pero le será enviado un mensajero cruel.
[12] Más vale toparse
con una osa privada de sus crías
que con un necio en su locura.
[13] Si alguien devuelve mal por bien,
la desdicha no se apartará de su casa.
[14] Iniciar un altercado es abrir una compuerta:
retírate antes que estalle la disputa.
[15] Absolver al malvado y condenar al justo
son dos cosas que abomina el Señor.
[16] ¿Para qué sirve el dinero en manos de un necio?
¿Para adquirir sabiduría?
¡Si no tiene inteligencia!
[17] El amigo ama en cualquier ocasión,
y un hermano nace
para compartir la adversidad.
[18] Es un insensato el que estrecha la mano
para salir fiador de su prójimo.
[19] El que ama las querellas ama el pecado,
el que alza demasiado su puerta busca la ruina.
[20] El corazón perverso no hallará la felicidad,
y la lengua tortuosa caerá en la desgracia.
[21] El que engendra a un tonto, es para su aflicción,
y no hay alegría para el padre de un necio.
[22] Un corazón alegre es el mejor remedio,
pero el espíritu abatido reseca los huesos.
[23] El malvado acepta regalos bajo cuerda

para torcer los senderos de la justicia.
24 Delante del hombre inteligente está la sabiduría,
pero el necio mira a cualquier parte.
25 Un hijo necio es la tristeza de su padre
y la amargura de aquella que lo engendró.
26 Si no está bien multar a un hombre justo,
golpear a los nobles supera toda medida.
27 El que mide sus palabras
es un hombre que sabe,
y el que mantiene su sangre fría es inteligente.
28 Hasta el necio, si calla, puede pasar por sabio,
y por inteligente, si cierra los labios.

18 1 El que vive aislado sigue sus caprichos
y se irrita contra todo sano consejo.
2 El insensato no desea comprender,
sino revelar sus propias opiniones.
3 Junto con la maldad, llega la ignominia,
y con la pérdida del honor, el desprecio.
4 Aguas profundas son las palabras de un hombre,
torrente desbordante es la fuente de la sabiduría.
5 No está bien rehabilitar al malvado,
perjudicando al justo en el juicio.
6 Los labios del insensato promueven litigios
y su boca incita a golpear.
7 La boca del insensato es su ruina y sus labios,
una trampa para su vida.
8 Las palabras del detractor son como golosinas
que bajan hasta el fondo de las entrañas.
9 El que se deja estar en su trabajo
es hermano del que destruye.
10 El nombre del Señor es una torre fortificada:
el justo corre hacia ella y se pone a salvo.
11 La fortuna del rico es su plaza fuerte,
se la imagina como un muro inexpugnable.
12 Antes de la ruina el hombre se ensoberbece,
pero la humildad precede a la gloria.
13 El que responde antes de escuchar
muestra su necedad y se atrae el oprobio.
14 El espíritu de un hombre
lo sostiene en su enfermedad,
pero ¿quién levantará a un espíritu abatido?
15 Un corazón inteligente adquiere conocimiento,
y el oído de los sabios busca la ciencia.
16 Un regalo abre paso al que lo da
y lo introduce en la presencia de los grandes.
17 El primero en defender su causa tiene razón,
hasta que llega la parte adversa y lo impugna.
18 Las suertes ponen fin a los litigios
y deciden entre los poderosos.
19 Un hermano ofendido
es más irreductible que una plaza fuerte,
y los litigios son como cerrojo de ciudadela.
20 El hombre sacia su estómago
con el fruto de sus palabras:
cada uno se sacia con lo que sale de sus labios.
21 La muerte y la vida dependen de la lengua,
y los que son indulgentes con ella
comerán de su fruto.
22 El que encontró una mujer
encontró la felicidad
y obtuvo el favor del Señor.
23 El pobre habla suplicando,
pero el rico responde duramente.
24 Hay compañeros que llevan a la ruina
y hay amigos más apegados que un hermano.

19 1 Más vale un pobre que camina
con integridad
que un hombre insensato y de labios tortuosos.
2 Sin la ciencia, ni el mismo celo es bueno,
y el que se precipita malogra su intento.
3 La necedad del hombre pervierte su camino,
y luego su corazón se irrita contra el Señor.
4 La fortuna multiplica los amigos,
pero el pobre se ve separado hasta de su amigo.
5 El testigo falso no quedará impune
y el que profiere mentiras no escapará.

VIVE LA PALABRA

La trampa de la pereza

Varios proverbios advierten sabiamente contra la pereza, al grado de llegar a decir «El perezoso hunde su mano en el plato y ni siquiera es capaz de llevársela a la boca» (Prov 19 24). ¿Acaso no caemos en esto cuando empezamos proyectos y los dejamos sin terminar por flojera?

Lee estos proverbios:

- Prov 6 6-11: ¿qué puedes aprender de la hormiga?
- Prov 10 26: *¿por qué crees que le llama al perezoso vinagre y humo?*

Si no puedes dominar la pereza en las cosas comunes, fíjate a qué grado de apatía puedes llegar. Lee Proverbios 22 13.

Si eres perezoso/a, ¿qué hábitos vas a cambiar para vivir con sabiduría y prudencia; con ganas de triunfar? Si no tienes metas, decide adónde quieres llegar.

Prov 19 15-24

[6] Son muchos los que adulan al noble
y todos son amigos del que hace regalos.
[7] Al pobre hasta sus hermanos lo aborrecen,
¡cuánto más se alejarán de él sus amigos!
[8] El que adquiere buen juicio se ama a sí mismo,
al que es razonable le irá bien.
[9] El testigo falso no quedará impune
y el que profiere mentiras perecerá.
[10] No le sienta bien al insensato
una vida confortable,
¡cuánto menos a un esclavo
gobernar a los príncipes!
[11] El buen juicio de un hombre aplaca su ira,
y su gloria es pasar por alto una ofensa.
[12] Como rugido de león es la furia del rey,
y su favor, como rocío sobre la hierba.
[13] Un hijo insensato
es una calamidad para su padre,
y las rencillas de una mujer
son una gotera incesante.
[14] Casa y fortuna son herencia de los padres,
pero una mujer prudente es un don del Señor.
[15] La pereza hace caer en el letargo,
y la persona indolente pasará hambre.
[16] El que guarda los preceptos
se guarda a sí mismo,
el que descuida su propia conducta morirá.
[17] El que se apiada del pobre presta al Señor,
y él le devolverá el bien que hizo.
[18] Corrige a tu hijo mientras haya esperanza,
pero no te arrebates hasta hacerlo morir.
[19] El hombre irascible se expone a las multas,
si tratas de ayudarlo, empeoras las cosas.
[20] Escucha el consejo y acepta la corrección,
y al fin llegarás a ser sabio.
[21] Hay muchos proyectos
en el corazón del hombre,
pero solo se realiza el designio del Señor.
[22] Lo que se espera de un hombre es la fidelidad
y más vale ser pobre que mentiroso.
[23] El temor del Señor lleva a la vida,
el que se sacia de él pasa la noche
sin ser visitado por el mal.
[24] El perezoso hunde su mano en el plato
y ni siquiera es capaz de llevársela a la boca.
[25] Golpea al insolente,
y el simple se hará precavido,
reprende al inteligente, y sabrá entender.
[26] El que maltrata a su padre y echa a su madre
es un hijo que causa vergüenza y deshonor.
[27] Si dejas, hijo mío, de escuchar la instrucción,
te extraviarás lejos de las palabras
de la sabiduría.
[28] El testigo infame se burla del derecho,
y la boca de los malvados devora la iniquidad.
[29] Hay castigos establecidos para los insolentes
y golpes, para las espaldas de los necios.

20 [1] El vino es excitante y la bebida turbulenta:
el que se embriaga no se hará sabio.
[2] Como rugido de león es la furia del rey:
el que lo pone fuera de sí se juega la vida.
[3] Es un honor para el hombre evitar las disputas,
pero el necio provoca su estallido.
[4] El perezoso no ara en otoño,
en la cosecha busca, y no hay nada.
[5] Aguas profundas
son los designios del corazón humano:
el hombre inteligente sabe extraerlas.
[6] Muchos se precian de su fidelidad,
pero ¿quién encontrará a un hombre sincero?
[7] El justo camina con integridad,
¡felices sus hijos después de él!
[8] Un rey sentado en el tribunal discierne
con su mirada toda maldad.
[9] ¿Quién puede decir: «Purifiqué mi corazón,
estoy limpio de mi pecado»?
[10] Dos pesas y dos medidas diferentes
son cosas abominables para el Señor.
[11] Por su manera de obrar,
el niño ya da a conocer
si su conducta será pura y recta.
[12] El oído que oye y el ojo que ve:
ambas cosas las hizo el Señor.
[13] No ames el sueño, para no empobrecerte,
abre bien los ojos y te saciarás de pan.
[14] «¡Malo, malo!», dice el comprador,
pero apenas sale, se felicita.
[15] Hay oro y muchas perlas,
pero nada más precioso que una boca sabia.
[16] Toma su ropa, porque salió fiador de otro,
tómalo a él como prenda,
porque dio su aval a gente extraña.
[17] Es agradable al hombre el pan de la mentira,
pero después la boca se le llena de guijarros.
[18] Los proyectos se afianzan con el consejo
y la guerra se hace con estrategia.
[19] El calumniador descubre los secretos,
no tengas nada que ver con un charlatán.
[20] Al que maldice a su padre y a su madre
se le apagará la lámpara en plena oscuridad.
[21] Fortuna adquirida rápidamente al comienzo
no será bendecida al final.
[22] No digas: «Voy a pagar mal con mal»,
espera en el Señor y él te salvará.
[23] El Señor abomina el uso de dos pesas,
las balanzas falseadas no son nada bueno.
[24] Del Señor dependen los pasos del hombre:
¿cómo puede el hombre
comprender su camino?
[25] Es una trampa para el hombre
consagrar algo a la ligera
y recapacitar después de hacer un voto.
[26] Un rey sabio discierne a los malvados
y hace girar la rueda sobre ellos.

[27] El espíritu del hombre es una lámpara del Señor,
que sondea hasta el fondo de sus entrañas.
[28] La bondad y la fidelidad custodian al rey,
y él sostiene su trono por la justicia.
[29] La gloria de los jóvenes es su vigor,
y el esplendor de los ancianos,
los cabellos blancos.
[30] Las llagas de una herida
son un remedio para el mal
y los golpes curan hasta el fondo de las entrañas.

21 [1] El corazón del rey es una corriente
de agua en manos del Señor:
él lo dirige hacia donde quiere.
[2] Al hombre le parece que todo su camino es recto,
pero el Señor pesa los corazones.
[3] Practicar la justicia y el derecho
agrada al Señor más que los sacrificios.
[4] Los ojos altaneros, el corazón arrogante,
la luz de los malvados: todo eso es pecado.
[5] Los proyectos del hombre laborioso
son pura ganancia,
el que se precipita acaba en la indigencia.
[6] Tesoros adquiridos con engaños
son ilusión fugaz de los que buscan la muerte.
[7] La rapiña de los malvados
los arrastra a ellos mismos,
porque se niegan a practicar el derecho.
[8] Tortuoso es el camino del criminal,
pero el que es puro obra con rectitud.
[9] Más vale habitar en un rincón del techo
que compartir la casa
con una mujer pendenciera.
[10] El alma del malvado desea el mal,
él no se apiada de su prójimo.
[11] El simple se hace sabio
cuando se castiga al insolente,
y asimila la ciencia cuando se instruye al sabio.
[12] El justo observa la casa del malvado
y precipita en la desgracia a los malos.
[13] El que cierra los oídos al clamor del débil
llamará y no se le responderá.

EL QUE CIERRA LOS OÍDOS
AL CLAMOR DEL DÉBIL LLAMARÁ Y
NO SE LE RESPONDERÁ. Prov 21 13

[14] Un regalo hecho a escondidas aplaca la ira
y un obsequio bajo cuerda, la furia violenta.
[15] Practicar la justicia es una alegría para el justo,
pero es una calamidad para los malhechores.
[16] *El que se extravía del* camino de la prudencia
descansará en la Asamblea de las Sombras.
[17] El que ama el placer termina en la indigencia,
el que ama el vino y la buena vida
no se enriquecerá.
[18] El malvado servirá de rescate por el justo
y el traidor, por los hombres rectos.

NATIVOAMERICANO

Generosidad

«El hombre generoso será bendecido, porque comparte su pan con el pobre» (Prov 22 9). La generosidad es un valor importante para los pueblos nativoamericanos. Para ellos ser considerados generosos es un gran halago y decirle a alguien que es envidioso es un insulto. Cuando una persona sube de nivel social, no debe alardear de lo que uno tiene, sino compartirlo con generosidad.

Entre los lakotas, la generosidad es uno de los valores principales y existe una ceremonia especial llamada *otuhan*, o el «día de dar», que es cuando la gente ofrece sus posesiones para honrarse unos a otros. Por ejemplo, los jóvenes que se gradúan de la preparatoria dan regalos a la comunidad, como una manera de honrar a quienes los ayudaron a lo largo del camino.

Prov 22 9

[19] Más vale habitar en un país desierto
que con una mujer pendenciera y de mal genio.
[20] En la morada del sabio
hay tesoros preciosos y perfume,
pero el necio se los devora.
[21] El que va tras la justicia y la fidelidad
encontrará vida, justicia y honor.
[22] El sabio toma por asalto una ciudad de valientes
y abate la fuerza en que ella confiaba.
[23] El que guarda su boca y su lengua
guarda su vida de las angustias.
[24] Insolente se llama al arrogante
y altanero que actúa con excesiva soberbia.
[25] El deseo mata al perezoso,
porque sus manos se niegan a trabajar.
[26] El malvado ambiciona todo el día,
pero el justo da sin rehusar jamás.
[27] El sacrificio de los malvados
es una abominación,
¡cuánto más si se lo ofrece con infamia!
[28] El testigo mentiroso perecerá,
pero el hombre que escucha,
siempre podrá hablar.
[29] El malvado se muestra atrevido,
pero el que es recto afianza su camino.
[30] No hay sabiduría, ni inteligencia,
ni consejo delante del Señor.
[31] Se equipa el caballo para el día del combate,
pero la victoria pertenece al Señor.

22 [1] Vale más el buen nombre
que las muchas riquezas,
y ser estimado vale más que la plata y el oro.
[2] El rico y el pobre tienen esto en común:
el Señor los hizo a los dos.
[3] El hombre precavido ve el mal y se esconde,
los incautos siguen adelante y la pagan.
[4] Premio de la humildad son el temor del Señor,
la riqueza, el honor y la vida.
[5] Hay espinas y trampas en el camino
del hombre tortuoso:
el que cuida de sí mismo se aparta de ellas.
[6] Inicia al niño en el camino que debe seguir,
y ni siquiera en su vejez se apartará de él.
[7] El rico domina a los pobres
y el deudor es esclavo del acreedor.
[8] El que siembra injusticia cosechará desgracias
y la vara de su furor lo aniquilará.
[9] El hombre generoso será bendecido,
porque comparte su pan con el pobre.
[10] Echa al insolente y cesará la pelea:
no habrá más discordias ni insultos.
[11] El que ama la pureza del corazón
y habla con gracia, tiene al rey por amigo.
[12] Los ojos del Señor vigilan la ciencia,
y él confunde las palabras del traidor.
[13] El perezoso dice: «Fuera hay un león,
voy a ser ultimado en medio de la calle».
[14] Fosa profunda es la boca de las mujeres ajenas:
el que irrita al Señor caerá en ella.
[15] La necedad está adherida al corazón del joven:
la vara de la corrección la alejará de él.
[16] El que explota al débil para engrandecerse
tendrá que dar al rico y acabará en la indigencia.

SENTENCIAS DE LOS SABIOS

[17] Palabras de los sabios.
Inclina tu oído, escucha mis palabras,
y presta atención a mi experiencia:
[18] será una delicia conservarlas dentro de ti
y tenerlas siempre a punto sobre tus labios.
[19] Para que pongas tu confianza en el Señor,
hoy te voy a *instruir* también a ti.
[20] ¿Acaso no te he escrito treinta discursos,
que contienen consejos e instrucciones,
[21] para hacerte conocer
con exactitud las palabras verdaderas,
y así puedas responder fielmente
al que te envía?
[22] No robes al débil porque es débil,
ni atropelles al pobre en la puerta de la ciudad,
[23] porque el Señor defenderá su causa,
y a los que lo despojan, los despojará de la vida.
[24] No te juntes con un hombre irascible
ni vayas con un hombre iracundo,

Transmisión de la sabiduría

Los pueblos antiguos memorizaban proverbios y cantos para mantener viva la herencia de sus padres y sabios maestros, con el fin de transmitirlas a las siguientes generaciones. Al igual que los jóvenes de Israel, los jóvenes de muchos pueblos, como los náhuatl de México, los quechuas y aymaras en los Andes sudamericanos, grababan en la memoria sus textos sagrados redactados en forma poética. Como de ello dependía que su vida tuviera sabiduría, la tarea de transmitir la memoria religiosa del pueblo estaba en manos de los sacerdotes indígenas locales:

Los *tlamatinime* o «sabios náhuatl» motivaban a los jóvenes a vivir junto a Dios para recibir su amor y pedirle su ayuda. El inca Pachacútec, uno de los mayores constructores del imperio de los incas, solo quería que se guardara en la memoria lo bueno del pasado. Los *taytayachags* o «sabios andinos» conversaban con el agua, con la tierra y con el aire, porque consideraban que tiene vida como nosotros.

Los proverbios bíblicos, además de ser un tesoro de sabiduría humana, tienen la garantía de ser Palabra de Dios. Escoge los que tienen más significado para ti y memorízalos. Verás cambios en tu vida.

Prov 23 15-25

[25] no sea que aprendas sus costumbres
y te pongas una trampa a ti mismo.
[26] No seas de los que estrechan la mano,
de los que salen fiadores por una deuda:
[27] si no tienes con qué pagar,
te quitarán el lecho donde te acuestas.
[28] No desplaces los linderos antiguos,
esos que colocaron tus padres.
[29] ¿Ves a un hombre hábil en su oficio?
Él se presentará delante de los reyes
y no estará al servicio de gente mediocre.

23 [1] Si te sientas a la mesa con un señor,
fíjate bien en lo que tienes delante;
[2] clava un cuchillo en tu garganta,
si tienes mucho apetito.
[3] No ambiciones sus manjares,
porque son un alimento engañoso.
[4] No te afanes por enriquecerte,
deja de pensar en eso.

5 Tus ojos vuelan hacia la riqueza,
y ya no hay nada, porque ella se pone alas
y vuela hacia el cielo como un águila.
6 No comas el pan del hombre malicioso
ni codicies sus manjares,
7 porque él es en realidad
como piensa dentro de sí:
«Come y bebe», te dice,
pero su corazón no está contigo.
8 El bocado que comiste, lo vomitarás,
y habrás desperdiciado tus lindas palabras.
9 No hables a los oídos de un insensato,
porque despreciará el buen sentido
de tus palabras.
10 No desplaces los linderos antiguos,
ni te metas en los campos de los huérfanos,
11 porque su Vengador es poderoso
y defenderá su causa contra ti.
12 Abre tu corazón a la instrucción
y tus oídos a las palabras de la ciencia.
13 No mezquines la corrección a un niño:
si lo golpeas con la vara, no morirá.
14 Tú lo golpearás con la vara,
y librarás su vida del Abismo.
15 Hijo mío, si tu corazón es sabio,
también se alegrará mi corazón:
16 mis entrañas se regocijarán
cuando tus labios hablen con rectitud.
17 Que tu corazón no envidie a los pecadores,
sino que siempre tema al Señor.
18 Así, ciertamente, tendrás un porvenir
y tu esperanza no quedará defraudada.
19 Escucha, hijo mío, y te harás sabio,
y enderezarás tu corazón por el buen camino.
20 No te juntes con los borrachos
ni con los que se hartan de carne,
21 porque el borracho y el glotón se empobrecen,
y la modorra hace andar vestido con harapos.
22 Escucha a tu padre, que te engendró,
y no desprecies a tu madre cuando sea vieja.
23 Adquiere la verdad y no la vendas,
lo mismo que la sabiduría,
la instrucción y la inteligencia.
24 El padre de un justo se llena de gozo,
el que tiene un hijo sabio se alegra por él:
25 ¡que se alegren tu padre y tu madre
y se llene de gozo la que te hizo nacer!
26 Hijo mío, préstame atención
y acepta de buena gana mis caminos.
27 Porque la prostituta es una fosa profunda,
y la mujer extraña, un pozo estrecho:
28 también ella está al acecho como un ladrón
y multiplica las traiciones entre los hombres.
29 ¿Para quién los lamentos?
¿Para quién los quejidos?
¿Para quién las querellas?
¿Para quién los suspiros?
¿Para quién las heridas sin motivo?
¿Para quién la mirada turbia?
30 Para los que se la pasan bebiendo
y van en busca de vino aromatizado.
31 No mires el vino: ¡qué rojo es!
¡Cómo centellea en la copa!
¡Cómo fluye suavemente!
32 Pero al fin muerde como una serpiente
y pica como una víbora.
33 Tus ojos verán cosas extrañas,
tu corazón hablará sin ton ni son;
34 serás como un hombre acostado en alta mar,
acostado en la punta de un mástil.
35 «Me han golpeado, pero no me dolió;
me han pegado, pero no me di cuenta.
¿Cuándo me despertaré?
¡Volveré a pedir más todavía!».

24 1 No envidies a los malvados
ni desees estar con ellos,
2 porque su corazón solo trama violencia
y sus labios no hablan más que de fechorías.
3 Con la sabiduría se construye una casa
y con la inteligencia se mantiene firme;
4 con la ciencia se llenan las despensas
de todos los bienes preciosos y agradables.
5 Más vale un sabio que un hombre fuerte
y un hombre instruido que uno muy vigoroso,
6 porque la guerra se gana con estrategia,
y la victoria, con el número de consejeros.
7 La sabiduría es demasiado elevada para el necio:
en la puerta de la ciudad, él no abre la boca.
8 Al que solo piensa en hacer el mal
se lo llama maestro en malignidad.
9 La necedad no trama más que el pecado,
y el insolente se hace abominable a los hombres.
10 Si flaqueas en el día de la adversidad,
¡qué poca fuerza tienes!
11 Libra a los que son arrastrados a la muerte,
salva a los que van con pasos vacilantes
al suplicio.
12 Si dices: «¡Este no es asunto mío!»,
¿no lo tendrá en cuenta
el que pesa los corazones?
Aquel que te observa lo sabrá
y retribuirá a cada uno según sus obras.
13 Come miel, hijo mío, porque es buena;
la miel de panal es dulce a tu paladar.
14 Ten presente que así es la sabiduría
para tu alma:
si la encuentras, tendrás un porvenir
y tu esperanza no quedará defraudada.
15 No aceches, malvado, la morada del justo
ni despojes su vivienda,
16 porque el justo, aunque caiga siete veces,
se levantará,
mientras que los malvados se hunden
en la desgracia.

[17] Si cae tu enemigo, no te alegres,
y si tropieza, no te regocijes,
[18] no sea que el Señor lo vea y lo tome a mal,
y aparte de él su indignación.
[19] No te exasperes contra los malhechores
ni tengas envidia de los malvados,
[20] porque el malvado no tiene porvenir
y su lámpara se extinguirá.
[21] Teme al Señor, hijo mío, y también al rey,
y no te mezcles con los sediciosos,
[22] porque su calamidad surgirá de repente
y ¿quién conoce la ruina que causarán ellos dos?

[23] También estas son palabras de los sabios.

No está bien hacer acepción
de personas en el juicio.
[24] Al que dice a un culpable: «Tú eres inocente»,
lo maldicen los pueblos
y lo execran las naciones;
[25] a quienes lo condenan todo les va bien
y serán bendecidos con la felicidad.
[26] Da un beso en los labios
el que da una respuesta acertada.
[27] Ordena tu trabajo fuera, prepáralo en el campo,
y después edificarás tu casa.
[28] No atestigües sin motivo contra tu prójimo:
¿acaso pretendes engañar con tus labios?
[29] No digas: «Le haré lo mismo que él me hizo,
le pagaré conforme a sus obras».
[30] Yo pasé junto al campo de un holgazán
y junto a la viña de un falto de entendimiento,
[31] y vi que las ortigas habían crecido
por todas partes,
los cardos cubrían la superficie
y su cerco de piedras estaba demolido.
[32] Al ver esto, me puse a reflexionar,
miré y aprendí la lección:
[33] «Dormir un poco, dormitar otro poco,
y descansar otro poco de brazos cruzados»:
[34] así te llegará la pobreza como un salteador
y la miseria como un hombre armado.

SEGUNDA COLECCIÓN DE PROVERBIOS SALOMÓNICOS

25 [1] Estos también son proverbios de Salomón,
coleccionados por los hombres de Ezequías,
rey de Judá.

[2] Es gloria de Dios mantener oculta una cosa,
y gloria de los reyes investigarla.
[3] El cielo por su altura,
la tierra por su profundidad,
y el corazón de los reyes son inescrutables.
[4] Quita las escorias de la plata,
y saldrá un vaso para el orfebre;
[5] quita al malvado de la presencia del rey,
y su trono se afianzará en la justicia.
[6] No te des importancia en la presencia del rey
ni te pongas en el lugar de los grandes:
[7] más vale que te digan: «Sube aquí»,
que verte humillado ante un noble.
Lo que han visto tus ojos,
[8] no te apresures a llevarlo a juicio;
porque ¿qué harás al final,
cuando tu prójimo te cubra de confusión?
[9] Defiende tu causa contra tu prójimo,
pero no reveles el secreto de otro,
[10] no sea que te eche en cara el que lo oye
y tu infamia sea irreparable.
[11] Manzanas de oro con filigranas de plata
es la palabra dicha oportunamente.
[12] Anillo de oro y collar de oro fino es el sabio
que reprende al que sabe escuchar.
[13] Como frescura de nieve en tiempo de cosecha
es el emisario fiel para aquel que lo envía:
él reconforta el ánimo de su señor.
[14] Nubes y viento, pero sin lluvia,
es el que se jacta de dar y no da nada.
[15] Con mucha paciencia
se convence a un magistrado,
y una lengua suave quiebra hasta un hueso.
[16] ¿Has encontrado miel?
Come lo indispensable,
no sea que te hartes y la tengas que vomitar.
[17] Pon tu pie raramente en la casa de tu vecino,
no sea que se harte de ti y te aborrezca.
[18] Maza, espada y flecha puntiaguda
es el que atestigua falsamente contra su prójimo.
[19] Diente picado, pie que vacila
es confiar en el traidor
cuando llega la adversidad.
[20] Quitar el manto en un día de frío,
echar vinagre sobre una llaga
es entonar canciones a un corazón afligido.
[21] Si tu enemigo tiene hambre, dale de comer;
si tiene sed, dale de beber:
[22] así acumulas carbones encendidos
sobre su cabeza
y el Señor te recompensará.
[23] El viento del norte engendra la lluvia,
y la lengua simuladora, un rostro irritado.
[24] Más vale habitar en un rincón del techo
que compartir la casa
con una mujer pendenciera.
[25] Agua fresca para una garganta reseca
es una buena noticia que llega de un país lejano.
[26] Fuente enturbiada y manantial contaminado
es el justo que vacila ante el malvado.
[27] No es bueno comer mucha miel
ni buscar excesivos honores.
[28] Ciudad desmantelada y sin muralla
es el hombre que no domina su genio.

26 [1] Como nieve en verano y lluvia
en la cosecha,

PROV

así de mal le sienta la gloria al insensato.
[2] Como revolotea el pájaro y vuela la golondrina,
así no alcanza una maldición gratuita.
[3] El látigo para el caballo,
el freno para el asno,
y la vara para las espaldas del insensato.
[4] No respondas al insensato según su necedad,
no sea que también tú te asemejes a él;
[5] responde al insensato según su necedad,
no sea que pase por sabio a sus propios ojos.
[6] Se mutila los pies, bebe sinsabores,
el que envía mensajes por medio de un necio.
[7] Como las piernas vacilantes del rengo,
así es un proverbio en boca de los necios.
[8] Como sujetar una piedra en la honda,
es tributar honores a un insensato.
[9] Espina en la mano de un borracho
es un proverbio en la boca de los insensatos.
[10] Arquero que hiere a todos los que pasan
es el que toma a sueldo a un insensato
o a un borracho.
[11] Como el perro vuelve sobre su vómito,
así el insensato reincide en su necedad.
[12] ¿Has visto a un hombre que se tiene por sabio?
Se puede esperar más de un necio que de él.
[13] El perezoso dice:
«¡Hay un león en el camino!
¡Un león por las plazas!».
[14] La puerta gira sobre sus bisagras
y el perezoso sobre su lecho.
[15] El perezoso hunde su mano en el plato
y se fatiga de solo llevarla a la boca.
[16] El perezoso se tiene por más sabio
que siete personas que responden con acierto.
[17] Como agarrar de las orejas a un perro suelto,
es entrometerse en una disputa ajena.
[18] Como un loco que arroja al azar
teas y flechas mortíferas,
[19] así es el hombre que engaña a su prójimo
y después le dice:
«¡No era más que una broma!».
[20] Sin leña se apaga el fuego,
y si no hay un detractor se apacigua la pelea.
[21] Carbón para las brasas y leña para el fuego
es el pendenciero para atizar una disputa.
[22] Las palabras del detractor son como golosinas
que bajan hasta el fondo de las entrañas.
[23] Escorias de plata aplicadas a un vaso de barro
son los labios melosos con un corazón maligno.
[24] El que odia finge con sus labios,
pero alberga engaño en su interior:
[25] si adopta un tono amable, no te fíes,
porque hay siete abominaciones en su corazón;
[26] el odio se puede ocultar con astucia,
pero en la asamblea se descubrirá su malicia.
[27] El que cava una fosa caerá en ella,
al que hace rodar una piedra,
se le vuelve encima.
[28] La lengua mentirosa detesta a sus víctimas
y la boca aduladora causa la ruina.

27 [1] No te gloríes del día de mañana,
porque no sabes lo que depara cada día.
[2] Que te alabe otro, no tu boca,
que sea un extraño, no tus propios labios.
[3] Pesada es la piedra y también la arena,
pero más pesado aún
es el despecho de un necio.
[4] Cruel es el furor, agua desbordada la ira,
pero ¿quién resistirá a los celos?
[5] Más vale una reprensión abierta
que un cariño disimulado.
[6] Leal es la herida que inflige el amigo,
engañosos los besos del enemigo.
[7] El hombre satisfecho pisotea un panal de miel;
para el hambriento, hasta lo amargo es dulce.
[8] Como pájaro que anda lejos de su nido,
así es el hombre que anda lejos de su hogar.
[9] El aceite perfumado alegra el corazón,
y la dulzura de un amigo,
más que el propio consejo.
[10] No abandones a tu amigo
ni al amigo de tu padre,
ni acudas a tu hermano
en el día de tu infortunio:

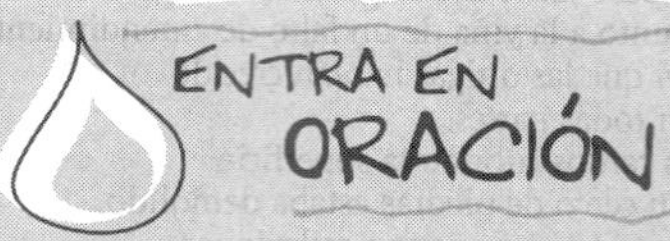

Integridad

Una persona de conducta íntegra es recta, incluso si no consigue fama o riqueza. «Más vale un pobre que camina con integridad que un rico de caminos tortuosos» (Prov 28 6).

Señor Dios, quiero ser un/a joven coherente y constante en el bien. Ayúdame a no mentir, a mantener mi honestidad y a ser firme ante quienes no tienen un criterio recto.

Quiero reflejar tu presencia en el compromiso con los demás, hablar bien de toda la gente. Concédeme hacer el bien sin buscar agradecimiento o compensación. Con darte gusto me basta.

Hazme persona digna de confianza, capaz de aceptar mis errores, disculparme cuando sea necesario y pronta a perdonar sin guardar resentimientos. Ayúdame para que todas mis palabras, acciones y decisiones hagan de mí una persona íntegra siempre. Amén.

Prov 28 6

MÁS VALE UNA REPRENSIÓN ABIERTA QUE UN CARIÑO DISIMULADO. Prov 27 5

más vale vecino cerca que hermano lejos.
11 Sé sabio, hijo mío, alegra mi corazón,
y podré replicar al que me denigra.
12 El hombre precavido ve el mal y se esconde,
los incautos siguen adelante y la pagan.
13 Toma su ropa, porque salió fiador de otro,
tómalo a él como prenda,
porque dio su aval a gente extraña.
14 Saludar al prójimo en alta voz, de madrugada,
es tenido en cuenta como una maldición.
15 Gotera incesante en día de lluvia
y mujer pendenciera, se asemejan:
16 querer frenarla es como frenar el viento
o recoger aceite con la mano.
17 El hierro se afila con el hierro,
y el hombre en el trato con el prójimo.
18 El que cuida una higuera comerá de su fruto
y el que respeta a su patrón recibirá honores.
19 Como el rostro se refleja en el agua,
así el hombre se mira a sí mismo en los demás.
20 El Abismo y la Perdición son insaciables,
e insaciables son también los ojos del hombre.
21 Hay un crisol para la plata
y un horno para el oro,
pero el hombre es apreciado por su reputación.
22 Aunque machaques al necio en un mortero,
entre los granos, con un pisón,
su necedad no se apartará de él.
23 Conoce bien el estado de tus ovejas,
presta mucha atención a tus rebaños,
24 porque la riqueza no dura para siempre
ni una diadema indefinidamente.
25 Una vez cortada la hierba, aparecido el renuevo
y apilado el heno de las montañas,
26 ten corderos para vestirte,
chivos para pagar el precio de un campo,
27 y bastante leche de cabra para alimentarte,
para mantener a tu familia
y para que vivan tus servidoras.

28 1 El malvado huye sin que nadie lo persiga,
pero el justo está seguro
como un cachorro de león.
2 Cuando hay rebelión en un país,
son muchos sus jefes;
con un hombre inteligente y experto,
reina la estabilidad.
3 Hombre pobre que explota a los débiles
es como lluvia torrencial que deja sin pan.
4 Los que abandonan la Ley elogian al malvado,
los que la observan se indignan contra él.
5 Los malvados no entienden lo que es recto,
los que buscan al Señor lo entienden todo.
6 Más vale un pobre que camina con integridad
que un rico de caminos tortuosos.
7 El que observa la Ley es un hombre inteligente,
el que frecuenta a los libertinos
deshonra a su padre.
8 El que acrecienta su fortuna con usura e interés
la acumula para el que se compadece
de los pobres.
9 Si uno aparta su oído para no oír la Ley,
hasta su plegaria es una abominación.
10 El que extravía a los rectos por el mal camino
caerá él mismo en su propia fosa,
pero los hombres íntegros
heredarán la felicidad.
11 El hombre rico se tiene por sabio,
pero el pobre inteligente lo conoce a fondo.
12 Cuando triunfan los justos, hay gran fiesta;
cuando se imponen los malvados,
todos se esconden.
13 El que encubre sus delitos no prosperará,
pero el que los confiesa y abandona,
obtendrá misericordia.
14 Feliz el hombre que siempre teme al Señor,
pero el obstinado caerá en la desgracia.
15 León rugiente y oso hambriento
es el malvado que domina a un pueblo débil.
16 Un príncipe sin inteligencia
multiplica las extorsiones,
pero el que detesta el lucro prolongará sus días.
17 El hombre cargado con la sangre de otro
huirá hasta el sepulcro: ¡que nadie lo detenga!
18 El que camina con integridad se salvará,
el que va tortuosamente por dos caminos,
cae en uno de ellos.
19 El que cultiva su suelo se saciará de pan,
el que persigue quimeras se hartará de pobreza.
20 El hombre sincero será colmado de bendiciones,
el que quiere hacerse rico de golpe
no quedará impune.
21 No está bien hacer acepción de personas,
pero un hombre se vuelve venal
por un bocado de pan.
22 El malicioso corre detrás de la fortuna,
sin saber que le sobrevendrá la indigencia.
23 El que reprende a otro será al fin más estimado
que el hombre de lengua aduladora.
24 El que despoja a su padre y a su madre y dice:
«Esto no es una falta»,
es compañero del que destruye.
25 El hombre ambicioso siembra discordias,
el que confía en el Señor tendrá prosperidad.
26 El que se fía de sí mismo es un insensato,
el que procede sabiamente se salvará.
27 El que da al pobre no conocerá la indigencia,
pero al que cierra los ojos
lo llenarán de maldiciones.
28 Cuando triunfan los malvados,

todos se esconden;
cuando desaparecen, se multiplican los justos.

29 [1] El hombre reacio a las reprensiones
será destrozado de golpe y sin remedio.
[2] Cuando gobiernan los justos,
el pueblo se alegra;
cuando domina un malvado, el pueblo gime.
[3] El que ama la sabiduría es la alegría de su padre,
el que frecuenta prostitutas dilapida sus bienes.
[4] Con el derecho, un rey da estabilidad al país,
pero el que lo abruma con impuestos lo arruina.
[5] El hombre que adula a su prójimo
le tiende una red bajo sus pies.
[6] En el crimen del malvado hay una trampa,
pero el justo corre lleno de alegría.
[7] El justo se preocupa por la causa de los pobres,
pero el malvado es incapaz de comprender.
[8] Los provocadores alborotan la ciudad,
pero los sabios calman la efervescencia.
[9] Cuando un sabio entra en pleito con un necio,
sea que se irrite o se divierta, no resuelve nada.
[10] Los sanguinarios odian al hombre íntegro,
pero los rectos buscan su compañía.
[11] El insensato da libre curso a su mal humor,
pero el sabio lo refrena y apacigua.
[12] Si un jefe se deja llevar de habladurías,
todos sus servidores se vuelven malvados.
[13] El pobre y el opresor tienen esto en común:
el Señor ilumina los ojos de los dos.
[14] Si un rey juzga a los pobres
conforme a la verdad,
su trono estará firme para siempre.
[15] La vara y la reprensión dan sabiduría,
pero el joven consentido avergüenza a su madre.
[16] Cuando se multiplican los malvados,
aumentan los crímenes,
pero los justos verán su caída.
[17] Corrige a tu hijo, y él te dará tranquilidad
y colmará tu alma de delicias.
[18] Cuando no hay visión profética,
el pueblo queda sin freno,
pero ¡feliz el que observa la Ley!
[19] A un esclavo no se lo corrige con palabras:
aunque entienda, no las tiene en cuenta.
[20] ¿Has visto a un hombre que se apura a hablar?
Se puede esperar más de un necio que de él.
[21] Si a un esclavo se le consiente desde su infancia,
terminará por convertirse en un rebelde.
[22] El hombre irascible siembra discordias,
el furibundo multiplica los crímenes.
[23] *El orgullo lleva al hombre a la humillación,*
el de espíritu humilde alcanzará honores.
[24] El cómplice de un ladrón se odia a sí mismo:
oye la fórmula imprecatoria,
pero no lo denuncia.
[25] El miedo tiende al hombre una trampa,
pero el que confía en el Señor se pone a salvo.
[26] Muchos buscan el favor del que gobierna,
pero el derecho de cada uno viene del Señor.
[27] El hombre inicuo es abominable para los justos,
el que sigue el camino recto
es abominable para el malvado.

OTRAS COLECCIONES DE PROVERBIOS

SENTENCIAS DE AGUR

30 [1] Palabras de Agur, hijo de Iaqué, de Masá.

Oráculo de este gran hombre:
¡Me he fatigado, Dios,
me he fatigado, Dios, y estoy exhausto!
[2] Sí, soy demasiado torpe para ser un hombre
y no tengo la inteligencia de un ser humano;
[3] nunca aprendí la sabiduría,
¡y qué puedo saber de la ciencia del Santo!
[4] ¿Quién subió a los cielos y descendió?
¿Quién recogió el viento en sus puños?
¿Quién contuvo las aguas en su manto?
¿Quién estableció los confines de la tierra?
¿Cuál es su nombre y el nombre de su hijo,
si es que lo sabes?
[5] Toda Palabra de Dios es acrisolada,
Dios es un escudo para el que se refugia en él.
[6] No añadas nada a sus palabras,

REFLEXIONA

Cuervos y águilas

«Al ojo que se burla de su padre y desprecia la vejez de su madre, lo vaciarán los cuervos del torrente y lo devorarán los aguiluchos» (Prov 30 17). Si este texto se cumpliera hoy día, ¡cuántos cuervos y águilas revolotearían en nuestras ciudades! ¿Cuántos jóvenes se han burlado de sus padres o los han criticado con sus amigos? El cuarto mandamiento de Dios, que pide que honremos a nuestro padre y madre, es el único que incluye una promesa «para que tus días vean muchos en la tierra que el Señor, tu Dios, te da» (Ex 20 12).

¡Mantengamos los cuervos y las águilas lejos! ¡Tratemos siempre a nuestros padres con amor y respeto!

Prov 30 17

no sea que te reprenda y seas tenido
por mentiroso.
7 Hay dos cosas que yo te pido,
no me las niegues antes que muera:
8 aleja de mí la falsedad y la mentira;
no me des ni pobreza ni riqueza,
dame la ración necesaria,
9 no sea que, al sentirme satisfecho,
reniegue y diga: «¿Quién es el Señor?»,
o que, siendo pobre, me ponga a robar
y atente contra el nombre de mi Dios.
10 No denigres a un servidor delante de su patrón,
no sea que él te maldiga y cargues con la culpa.
11 Hay cierta clase de gente que maldice a su padre
y no bendice a su madre,
12 gente que se considera pura
y no se ha lavado de su inmundicia.
13 ¡Qué altaneros son los ojos de esa gente,
cuánto desdén hay en sus miradas!
14 Sus dientes son espadas,
y sus mandíbulas, cuchillos,
para devorar a los desvalidos de la tierra
y a los más pobres entre los hombres.

PROVERBIOS NUMÉRICOS

15 La sanguijuela tiene dos hijas: «¡Dame!» y «¡Dame!».

Hay tres cosas insaciables
y cuatro que nunca dicen: «¡Basta!»:
16 el Abismo y el vientre estéril,
la tierra, que no se sacia de agua,
y el fuego, que nunca dice: «¡Basta!».
17 Al ojo que se burla de su padre
y desprecia la vejez de su madre,
lo vaciarán los cuervos del torrente
y lo devorarán los aguiluchos.
18 Hay tres cosas que me superan
y cuatro que no comprendo:
19 el camino del águila en el cielo,
el camino de la serpiente sobre la roca,
el camino de la nave en alta mar
y el camino del hombre en una joven.
20 Esta es la conducta de la mujer adúltera:
come, se limpia la boca y exclama:
«¡No hice nada malo!».
21 Por tres cosas tiembla la tierra
y hay cuatro que no puede soportar:
22 un esclavo que llega a rey,
un tonto que se harta de pan,
23 una mujer odiada que encuentra marido
y una esclava que hereda a su señora.
24 Hay cuatro seres, los más pequeños de la tierra,
que son sabios entre los sabios:
25 las hormigas, pueblo sin fuerza,
que aseguran sus provisiones en verano;
26 los damanes, pueblo sin poder,
que instalan sus casas en la roca;
27 las langostas, que no tienen rey,
pero avanzan todas en escuadrones;
28 la lagartija, que puedes agarrar con la mano,
pero habita en los palacios de los reyes.
29 Hay tres cosas de paso majestuoso

VIVE LA PALABRA

Todos los días de mi vida

Cuando los esposos se miran a los ojos y hacen su promesa matrimonial «para todos los días de mi vida», hacen una promesa de tipo profético, en la que se comprometen a convivir y perseverar hasta que la muerte los separe y se reúnan en Dios. Por eso los aniversarios de plata a los 25 años de casados y los de oro a los 50, son tan significativos y una ocasión de especial gratitud a ellos por su testimonio de vida, y al Señor por el apoyo que les dio.

El peligro de caer en el adulterio se menciona continuamente en la literatura sapiencial y, aunque se centra en la mujer debido a la cultura de la época, es igualmente grave si el que lo comete es el hombre, pues tiene un desenlace amargo «como el ajenjo, cortante como una espada de doble filo» (Prov 5 4).

Imaginemos el último capítulo de Proverbios escrito en lenguaje no sexista, como corresponde a nuestra espiritualidad cristiana actual, y escuchemos lo que diría. Un hombre y una mujer valiosos, ¿quién los encontrará? Son más preciosos que las perlas (31 10); se hacen el bien y nunca el mal todos los días de su vida (v. 12); abren su boca con sabiduría, su lengua enseña con amor (v. 26); se levantan sus hijos para felicitarlos (v. 28).

Oremos por los matrimonios para que vivan siempre según el corazón de Dios y, con su sabiduría, alcancen la felicidad y puedan educar a sus hijos. Oremos también para que los novios se preparen con sabiduría al matrimonio, asegurando así el éxito.

Prov 31 10-11

y cuatro que caminan con elegancia:
30 el león, el más fuerte entre los animales,
que no retrocede ante nada;
31 el gallo vigoroso, o el chivo,
y el rey al frente de su regimiento.
32 Si fuiste tan tonto que te exaltaste a ti mismo
y luego reflexionaste, tápate bien la boca,
33 porque apretando la leche se saca manteca,
apretando la nariz se saca sangre
y apretando la ira se saca una disputa.

SENTENCIAS DE LEMUEL

31 1 Palabras de Lemuel, rey de Masá, que le inculcó su madre:

2 ¡No, hijo mío! ¡No, hijo de mis entrañas!
¡No, hijo de mis votos!
3 No entregues tu vigor a las mujeres,
ni tu vida a las que corrompen a los reyes.
4 No es propio de los reyes, Lemuel,
no es propio de los reyes beber vino,
ni de los príncipes desear bebidas fuertes,
5 no sea que por beber
se olviden de los decretos
y traicionen la causa de los desvalidos.
6 Den bebida fuerte al que va a perecer
y vino al que está sumido en la amargura:
7 que beba y se olvide de su miseria
y no se acuerde más de su desgracia.
8 Abre tu boca en favor del mudo
y en defensa de todos los desamparados;
9 abre tu boca, juzga con justicia
y defiende la causa del desvalido y del pobre.

ELOGIO DE LA BUENA AMA DE CASA

Prov 3 15; 18 22; 1 29

10 Una buena ama de casa,
¿quién la encontrará?
Es mucho más valiosa que las perlas.
11 El corazón de su marido confía en ella
y no le faltará compensación.
12 Ella le hace el bien, y nunca el mal,
todos los días de su vida.
13 Se procura la lana y el lino,
y trabaja de buena gana con sus manos.
14 Es como los barcos mercantes:
trae sus provisiones desde lejos.
15 Se levanta cuando aún es de noche,
distribuye la comida a su familia
y las tareas a sus servidoras.
16 Tiene en vista un campo, y lo adquiere,
con el fruto de sus manos planta una viña.
17 Ciñe vigorosamente su cintura
y fortalece sus brazos para el trabajo.
18 Ve con agrado que sus negocios prosperan,
su lámpara no se apaga por la noche.
19 Aplica sus manos a la rueca
y sus dedos manejan el huso.
20 Abre su mano al desvalido
y tiende sus brazos al indigente.
21 No teme por su casa cuando nieva,
porque toda su familia tiene la ropa forrada.
22 Ella misma se hace sus mantas,
y sus vestidos son de lino fino y púrpura.
23 Su marido es respetado en la puerta de la ciudad,
cuando se sienta entre los ancianos del lugar.
24 Confecciona telas finas y las vende,
y provee de cinturones a los comerciantes.
25 Está revestida de fortaleza y dignidad,
y afronta confiada el porvenir.
26 Abre su boca con sabiduría
y hay en sus labios una enseñanza fiel.
27 Vigila la marcha de su casa
y no come el pan ociosamente.
28 Sus hijos se levantan y la felicitan,
y también su marido la elogia:
29 «¡Muchas mujeres han dado
pruebas de entereza,
pero tú las superas a todas!».
30 Engañoso es el encanto y vana la hermosura:
la mujer que teme al Señor merece ser alabada.
31 Entréguenle el fruto de sus manos
y que sus obras la alaben públicamente.

«**Nada hay nuevo bajo el sol», «Mejor es la tristeza que la risa», «¿En qué aventaja el sabio al necio?» Si vieras estas frases en carteles o titulares de periódicos, pensarías que los publica la Asociación Internacional de Pesimistas. Te sorprenderá saber que están en la Biblia; las escribió el autor del Eclesiastés. Él notaba que la pobreza no correspondía a la conducta del pueblo, sino al injusto sistema opresivo impuesto por los invasores persas y griegos. El libro clama por una nueva visión de Dios y de la vida, y cuestiona las posiciones negativas ante la ella.**

ECLESIASTÉS

ESQUEMA

- **1 1-11.** Introducción. Los cambios constantes
- **1 12 – 2 26.** Sabiduría, trabajo y riqueza
- **3 1 – 5 19.** Tiempos y moderación
- **6 1 – 8 17.** Sabiduría y justicia
- **9 1 – 11 10.** Recompensas y límites de la sabiduría
- **12.** Conclusión y apéndice

DATOS

Autor
Anónimo. Qohélet es una voz de la asamblea ante las enseñanzas de los sabios

Fecha de redacción
Fines del siglo III a.C.

Temas
Un creyente examina los valores predicados por la sabiduría tradicional

PRESENTACIÓN

El autor de este libro se llama a sí mismo *Qohélet*, palabra derivada del hebreo «asamblea» y traducida al griego como *ecclesia*. De aquí que el libro se llame Eclesiastés. El autor habla en primera persona, como si fuera la comunidad entera la que está hablando. Fue escrito en el siglo III, durante el dominio helenista.

Es un libro desconcertante, pues discute con escepticismo algunas creencias importantes de la sabiduría tradicional judía. Empieza con un desafío al lector: «¿Qué provecho saca el hombre de todo el esfuerzo que realiza bajo el sol?» (Ecl 1 3). Después reflexiona sobre valores como la justicia, la riqueza, los bienes, el placer y la fama; subraya que es inútil centrarse en ellos, pues son pura vanidad.

Su postura pone en tela de juicio la idea de que Dios premia a los justos con riquezas y castiga a los pecadores con males. Considera que es más valioso tener solo una riqueza moderada porque lleva al trabajo esforzado y señala que tanto los malvados ricos como los fieles pobres tendrán el mismo destino final: la muerte.

El libro parece la reacción de Qohélet a un sermón sobre los planes de Dios llenos de justicia, bondad y verdad, que no corresponden a la realidad que vive la comunidad. Califica esos ideales de fantasiosos y de ser vanidad de vanidades, pues los ve huecos y vacíos, ajenos a la realidad que vive el pueblo.

Eclesiastés presenta una imagen de Dios como Creador y Juez, a quien es imposible comprender, por lo que la actitud humana debe ser siempre de sumisión y respeto. Su autor no es realmente pesimista, sino una persona realista con una misión: ampliar la comprensión tradicional de la fe para enfrentar preguntas difíciles de la vida. Tres siglos después, los seguidores de Jesús encontrarán en él la respuesta a estas preguntas.

Título, autor y tema general del Libro

Ecl 1 14; 12 8; 2 3.11.22; 3 9; 5 15

1 1 Palabras de Qohélet, hijo de David, rey en Jerusalén.

2 ¡Vanidad, pura vanidad!, dice Qohélet.
¡Vanidad, pura vanidad!
¡Nada más que vanidad!

3 ¿Qué provecho saca el hombre
de todo el esfuerzo que realiza bajo el sol?

Nada nuevo bajo el sol

Eclo 14 18; 40 11; Prov 27 20; Ecl 3 15; 2 16

4 Una generación se va y la otra viene,
y la tierra siempre permanece.
5 El sol sale y se pone,
y se dirige afanosamente hacia el lugar
de donde saldrá otra vez.
6 El viento va hacia el sur
y gira hacia el norte;
va dando vueltas y vueltas,
y retorna sobre su curso.
7 Todos los ríos van al mar
y el mar nunca se llena;
al mismo lugar donde van los ríos,
allí vuelven a ir.

8 Todas las cosas están gastadas,
más de lo que se puede expresar.
¿No se sacia el ojo de ver
y el oído no se cansa de escuchar?
9 Lo que fue, eso mismo será;
lo que se hizo, eso mismo se hará:
¡no hay nada nuevo bajo el sol!
10 Si hay algo de lo que dicen:
«Mira, esto sí que es algo nuevo»,
en realidad, eso mismo ya existió
muchísimo antes que nosotros.
11 No queda el recuerdo de las cosas pasadas,
ni quedará el recuerdo de las futuras
en aquellos que vendrán después.

La experiencia decepcionante de Qohélet

Os 12 2; Ecl 2 11; 7 13; 1 Re 5 9-10;
Eclo 47 14-18; Ecl 7 25

12 Yo, Qohélet,
he sido rey de Israel, en Jerusalén,
13 y me dediqué a investigar
y a explorar con sabiduría
todo lo que se hace bajo el cielo:
es esta una ingrata tarea
que Dios impuso a los hombres
para que se ocupen de ella.
14 Así observé todas las obras
que se hacen bajo el sol,
y vi que todo es vanidad
y correr tras el viento.

Vanidad de vanidades

Después de haber reflexionado sobre la rutina del universo y las contradicciones que existían entre la experiencia comunitaria y las afirmaciones de los sabios, Qohélet decide que todo en la vida es vanidad de vanidades, o sea, inútil, superficial y ostentoso. Las únicas excepciones son dos valores absolutos: la acción de Dios y la vida humana, y una realidad apabullante: el indigente y el vencido por los extranjeros. Excepto esto, todo lo demás es relativo y cuestionable.

¿Qué conductas consideras «vanidades», vanas, vacías, e inútiles en tu cultura? Haz una lista de ellas.

Ecl 1 1-18

15 Lo torcido no se puede enderezar,
ni se puede contar lo que falta.
16 Entonces me dije a mí mismo:
Yo acumulé una gran sabiduría,
más que todos mis predecesores
en Jerusalén,
y mi corazón ha visto
mucha sabiduría y ciencia.
17 Me dediqué a conocer la sabiduría,
la ciencia, la locura y la necedad,
y advertí que también eso es
correr tras el viento.
18 Porque mucha sabiduría trae mucha aflicción,
y el que acumula ciencia, acumula dolor.

La búsqueda del placer, intento ilusorio

Prov 14 13; Ecl 5 17; 6 12;
1 Re 7 1-12; 9 28 – 11 3; Ecl 1 14

2 1 Yo me dije a mí mismo:
«Ven, te haré experimentar el placer;
goza del bienestar».
Pero también esto es vanidad.
2 De la risa, dije: «No es más que locura»,
y de la alegría: «¿Para qué sirve?».
3 Decidí estimular mi carne con el vino,
manteniendo la mente lúcida,
y dejarme llevar de la insensatez,
hasta ver qué les conviene hacer
a los hombres bajo el cielo,
en los contados días de su vida.
4 Emprendí grandes obras:
me construí mansiones y planté viñedos;
5 me hice jardines y parques,
y planté allí toda clase de árboles frutales;
6 me fabriqué cisternas,
para regar el bosque donde crecían los árboles;
7 compré esclavos y esclavas,
y algunos me nacieron en casa;
poseí también ganado en abundancia,
más que todos mis predecesores en Jerusalén.
8 Amontoné además plata y oro,
y tesoros dignos de reyes y de provincias;
me conseguí cantores y cantoras,

VIVE LA PALABRA

El trabajo humano y el progreso

Qohélet pone de ejemplo la obra constructora del rey Salomón para ayudar a que el pueblo reflexione sobre el sentido del trabajo. Su intención es señalar que trabajar solo por producir obras y gozar con ellas no tiene sentido, es pura vanidad. Lo que cuenta es la razón por la cual trabajamos: dar gloria a Dios, al buscar el bien de los demás.

Al darnos la inteligencia y la motivación para desarrollar la ciencia y la tecnología, Dios nos hizo partícipes de su creatividad y su bondad. El trabajo nos ayuda a desarrollarnos como personas y a poner nuestro potencial humano al servicio de la obra creadora de Dios. Con nuestros descubrimientos e inventos podemos hacer progresar a la naturaleza y producir nuevos artículos para el bien de la gente, pero también podemos destruir el equilibrio ecológico y crear cosas que dañan a las personas. Por eso es clave considerar siempre el trabajo dentro del marco del auténtico progreso humano, según el corazón de Dios.

Además, Qohélet enjuicia a quien trabaja en exceso y a quien explota al trabajador. Cuando esto sucede, el trabajo se convierte en carga pesada, lo que es opuesto a la bondad y la creatividad de Dios.

¿Qué opinas tú sobre el trabajo? Pide a Dios que siempre lo uses para tu bien y el de los demás. Así darás a Dios gloria con él.

Ecl 2 4-20

y muchas mujeres hermosas,
que son la delicia de los hombres.

9 Llegué a ser tan grande,
que superé a todos mis predecesores
en Jerusalén.
Sin embargo, la sabiduría permanecía
siempre conmigo.
10 No negué a mis ojos nada de lo que pedían,
ni privé a mi corazón de ningún placer;
mi corazón se alegraba de todo mi trabajo,
y este era el premio de todo mi esfuerzo.
11 Pero luego dirigí mi atención
a todas las obras que habían hecho mis manos
y a todo el esfuerzo
que me había empeñado en realizar,
y vi que todo es vanidad
y correr tras el viento:
¡no se obtiene ningún provecho bajo el sol!

El sabio y el necio, iguales ante la muerte

Ecl 10 2; 1 Jn 2 11; Ecl 6 8; 1 11; Sab 2 4; Eclo 44 8-15; Sal 49 11

12 Entonces volví mis ojos hacia la sabiduría,
hacia la locura y la insensatez.
Porque ¿qué hará el sucesor del rey?
Lo mismo que ya se había hecho antes.
13 Y vi que la sabiduría aventaja a la insensatez,
como la luz a las tinieblas:
14 el sabio tiene los ojos bien puestos,
mientras que el necio camina en tinieblas.
Pero yo sé también que a los dos
les espera la misma suerte.
15 Y me dije a mí mismo:
si la suerte del necio será también la mía,
¿para qué, entonces, me hice más sabio?
Y pensé que también esto es vanidad.

16 Porque no perdurará el recuerdo
ni del sabio ni del necio:
con el paso de los días, todo cae en el olvido.
Así es: ¡el sabio muere igual que el necio!
17 Y llegué a detestar la vida,
porque me da fastidio
todo lo que se hace bajo el sol.
Sí, todo es vanidad y correr tras el viento.

Vana recompensa del esfuerzo

Eclo 11 18-19; 40 5; Ecl 8 16; Job 7 1-4

18 Y también detesté todo el esfuerzo
que había realizado bajo el sol,
y que tendré que dejar al que venga
después de mí.
19 *¿Y quién sabe si él será sabio o necio?*
Pero será el dueño
de lo que yo he conseguido
con esfuerzo y sabiduría bajo el sol.
También esto es vanidad.
20 Y llegué a desesperar
de todo el esfuerzo que había realizado
bajo el sol.
21 Porque un hombre que ha trabajado
con sabiduría, con ciencia y eficacia,
tiene que dejar su parte
a otro que no hizo ningún esfuerzo.
También esto es vanidad
y una grave desgracia.
22 ¿Qué le reporta al hombre todo su esfuerzo
y todo lo que busca afanosamente bajo el sol?
23 Porque todos sus días son penosos,
y su ocupación, un sufrimiento;
ni siquiera de noche descansa su corazón.
También esto es vanidad.

Los bienes recibidos de Dios

Ecl 3 12.22; 5 17; 8 15; 11 9; 1 Cor 15 32; Prov 13 22

24 Lo único bueno para el hombre
es comer y beber,
y pasarla bien en medio de su trabajo.
Yo vi que también esto viene
de la mano de Dios.
25 Porque ¿quién podría comer o gozar
si no es gracias a él?
26 Porque al que es de su agrado
él le da sabiduría, ciencia y alegría;
al pecador, en cambio,
lo ocupa en amontonar y atesorar
para dárselo al que agrada a Dios.
También esto es vanidad
y correr tras el viento.

Un tiempo para uniones

El Tao te Ching es un antiguo *Libro chino del camino* escrito por Laotzu, quien probablemente vivió alrededor del 500 a.C., poco antes que el autor del Eclesiastés. Este pasaje refleja cómo la literatura sapiencial china era similar a la de Eclesiastés.

Todas las culturas tienen elementos filosóficos que se asemejan. Lo particular de la Biblia es que la persona de fe descubre cómo Dios nos habla a través de la historia y nos invita a vivir en unión con él. Lee este poema chino y compáralo con Ecl 3 1-8.

Hay un tiempo para estar a la cabeza,
un tiempo para estar detrás;
un tiempo para estar en acción,
un tiempo para descansar;
un tiempo para estar vigoroso,
un tiempo para estar cansado;
un tiempo para estar a salvo,
un tiempo para estar en peligro.[1]

Ecl 3 1-5

El momento oportuno

3 [1] Hay un momento para todo
y un tiempo para cada cosa bajo el sol:
[2] un tiempo para nacer
y un tiempo para morir,
un tiempo para plantar
y un tiempo para arrancar lo plantado;
[3] un tiempo para matar
y un tiempo para curar,
un tiempo para demoler
y un tiempo para edificar;
[4] un tiempo para llorar y un tiempo para reír,
un tiempo para lamentarse
y un tiempo para bailar;
[5] un tiempo para arrojar piedras
y un tiempo para recogerlas,
un tiempo para abrazarse
y un tiempo para separarse;
[6] un tiempo para buscar
y un tiempo para perder,
un tiempo para guardar
y un tiempo para tirar;
[7] un tiempo para rasgar
y un tiempo para coser,
un tiempo para callar
y un tiempo para hablar;
[8] un tiempo para amar
y un tiempo para odiar,
un tiempo de guerra
y un tiempo de paz.

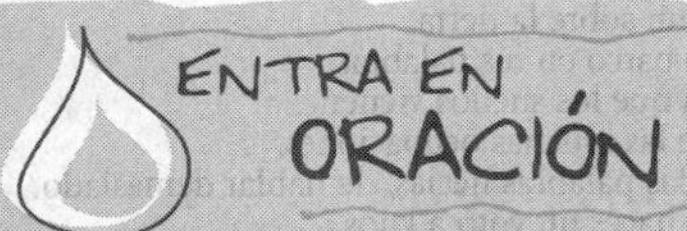

El equilibrio en la vida

Lee Eclesiastés 3 1-8. En un lenguaje muy particular, hace un llamado a gozar cada circunstancia de la vida.

Dios creador, bondadoso en toda época y lugar:

Ayúdame a recordar el sol cuando esté lloviendo, y la lluvia cuando el sol me quema.

Enséñame a respetar a mis mayores ahora que soy joven, y a valorar a la juventud cuando sea mayor.

Cuando gane en el deporte, o en un concurso, que la posibilidad del fracaso me haga humilde, y cuando pierda tenga presente tiempos victoriosos.

Después de gozar con la gente, ayúdame a valorar la soledad, y al sentirme solo/a, concédeme buenos amigos.

Ayúdame a vivir intensamente la vida con profundidad y equilibrio que me lleven a ti. Amén.

Ecl 3 1-18

La incomprensibilidad de la obra de Dios

Ecl 8 17; Sal 139 17; Eclo 11 4; 18 6;
Is 55 8-9; Rom 11 33

[9] ¿Qué provecho obtiene el trabajador
con su esfuerzo?
[10] Yo vi la tarea que Dios impuso
a los hombres
para que se ocupen de ella.
[11] Él hizo todas las cosas apropiadas
a su tiempo,
pero también puso en el corazón del hombre
el sentido del tiempo pasado y futuro,
sin que el hombre pueda descubrir
la obra que hace Dios
desde el principio hasta el fin.

[12] Yo comprendí que lo único bueno
para el hombre
es alegrarse y buscar el bienestar en la vida.
[13] Después de todo,
que un hombre coma y beba
y goce del bienestar con su esfuerzo,
eso es un don de Dios.
[14] Yo reconocí que todo lo que hace Dios
dura para siempre:
no hay que añadirle ni quitarle nada,
y Dios obra así para que se tenga
temor en su presencia.
[15] Lo que es, ya fue antes,
lo que ha de ser, ya existió,
y Dios va en busca de lo que es fugaz.

La condición humana

Ecl 4 1; 5 7; 12 14;
Sal 49 13; Gn 3 19; Prov 15 24; Ecl 12 7

[16] Yo he visto algo más bajo el sol:
en lugar del derecho, la maldad,
y en lugar de la justicia, la iniquidad.
[17] Entonces me dije a mí mismo:
Dios juzgará al justo y al malvado,
porque allá hay un tiempo
para cada cosa y para cada acción.
[18] Yo pensé acerca de los hombres:
si Dios los prueba, es para que vean
que no se distinguen de los animales.
[19] Porque los hombres y los animales
tienen todos la misma suerte:
como mueren unos,
mueren también los otros.
Todos tienen el mismo aliento vital
y el hombre no es superior a las bestias,
porque todo es vanidad.
[20] Todos van hacia el mismo lugar:
todo viene del polvo y todo retorna al polvo.
[21] ¿Quién sabe si el aliento del hombre
sube hacia lo alto,
y si el aliento del animal
baja a lo profundo de la tierra?

[22] Por eso, yo vi que lo único bueno
para el hombre

es alegrarse de sus obras,
ya que esta es su parte:
¿Quién, en efecto, lo llevará a ver
lo que habrá después de él?

La opresión de los débiles

Ecl 3 16; 9 4-5; Job 3 11-23; 10 18-22; Jr 20 17.18

4 [1] Yo volví mis ojos a todas las opresiones
que se cometen bajo el sol:
ahí están las lágrimas de los oprimidos,
y no hay quien los consuele.
La fuerza está del lado de los opresores,
y no hay nadie que les dé su merecido.
[2] Entonces tuve por más felices
a los muertos,
porque ya están muertos,
que a los vivos, porque viven todavía;
[3] y consideré más feliz aún
al que todavía no ha existido,
porque no ha visto las infamias
que se cometen bajo el sol.

ECL

La rivalidad

Prov 6 9-11

[4] Yo vi que todo el esfuerzo
y toda la eficacia de una obra
no son más que rivalidad
de unos contra otros.
También esto es vanidad
y correr tras el viento.
[5] El necio se cruza de brazos
y se devora a sí mismo.
[6] Más vale un puñado con tranquilidad,
que las dos manos bien llenas
a costa de fatigas y de correr tras el viento.

La ambición

[7] Luego volví mis ojos
a otra cosa vana bajo el sol:
[8] un hombre está completamente solo,
no tiene hijo ni hermano,
pero nunca pone fin a su esfuerzo
ni se sacia de ambicionar riquezas.
Entonces, ¿para quién me esfuerzo
y me privo del bienestar?
También esto es vanidad y una tarea ingrata.

Desventajas de la soledad

Lc 10 1

[9] Valen más dos juntos que uno solo,
porque es mayor la recompensa del esfuerzo.
[10] Si caen, uno levanta a su compañero;
pero ¡pobre del *que está solo y se cae,*
sin tener a nadie que lo levante!
[11] Además, si se acuestan juntos, sienten calor,
pero uno solo ¿cómo se calentará?
[12] Y a uno solo se lo domina,
pero los dos podrán resistir,
porque la cuerda trenzada
no se rompe fácilmente.

La inestabilidad del poder político

Ecl 9 15; Eclo 11 5

[13] Más vale un joven pobre y sabio
que un rey viejo y necio,
que ya no es capaz de hacerse aconsejar.
[14] Aunque aquel salió de la cárcel para reinar
y había sido pobre en su propio reino,
[15] yo vi a todos los vivientes
que caminan bajo el sol
ponerse de parte del joven sucesor,
que se construyó en lugar del otro.
[16] Era una multitud interminable
la que él encabezaba.
Pero los que vendrán después
tampoco estarán contentos con él,
porque también esto es vanidad
y correr tras el viento.

Advertencias sobre el culto y los votos

1 Sm 15 22; Mt 6 7; Dt 23 22-24; Os 6 6

[17] Vigila tus pasos cuando vayas
a la Casa de Dios.
Acércate dispuesto a escuchar,
más bien que a ofrecer el sacrificio
de los insensatos,
porque ellos no se dan cuenta que obran mal.
5 [1] No te apures a abrir la boca
y que tu corazón no se apresure
a proferir una palabra delante de Dios.
Porque Dios está en el cielo,
y tú, sobre la tierra:
sé parco en tus palabras,
[2] ya que los sueños vienen
de las muchas ocupaciones,
y las palabras necias, de hablar demasiado.
[3] Si haces un voto a Dios,
no tardes en cumplirlo,
porque a él no le agradan los necios:
el voto que hayas hecho, cúmplelo.
[4] Más te vale no hacer un voto
que hacerlo y no cumplirlo.
[5] No dejes que tu boca te haga pecar,
y no digas delante del mensajero de Dios:
«Ha sido por inadvertencia».
¿Por qué Dios tendrá que irritarse
contra tu palabra
y arruinar la obra de tus manos?
[6] Porque en los muchos sueños
abundan las ilusiones y el palabrerío.
Tú, simplemente, teme a Dios.

La tiranía del poder

Ecl 12 13; 3 16; 4 1

[7] Si ves que en la provincia
se oprime al pobre
y se violan el derecho y la justicia,
no te sorprendas por eso.
Porque un grande tiene un superior
que lo vigila,

y hay otros grandes por encima de ellos.
8 De todas maneras, lo que más aprovecha
a un país
es un rey con campos bien cultivados.

Vanidad de las riquezas

Prov 19 6; Eclo 13 6; Prov 13 8; Job 1 21

9 El que ama el dinero no se sacia jamás,
y al que ama la opulencia
no le bastan sus ganancias.
También esto es vanidad.
10 Donde abundan las provisiones
son muchos los que las devoran.
¿Y qué beneficio reportan a su dueño,
fuera de poder mirarlas con sus propios ojos?
11 Dulce es el sueño del trabajador,
sea que coma poco o mucho;
al rico, en cambio, el estómago lleno
no lo deja dormir.
12 Hay un mal muy penoso
que yo he visto bajo el sol:
es la riqueza guardada por su dueño
para su propia desgracia.
13 Esta riqueza se pierde en un mal negocio,
y el hijo que él engendró se queda sin nada.
14 Él salió desnudo del vientre de su madre,
y así volverá, como había venido;
de su esfuerzo no saca nada
que pueda llevárselo consigo.
15 Este es ciertamente un mal muy penoso:
se fue exactamente como había venido,
¿y de qué le aprovechó esforzarse por nada?
16 Además, todos sus días comió oscuramente,
con mucho dolor, malestar e irritación.

Lo único bueno para el hombre

Eclo 15 3-4; Lc 12 20; Eclo 41 4; Job 3

17 Yo he comprobado esto:
lo más conveniente es comer y beber
y encontrar la felicidad en el esfuerzo
que uno realiza bajo el sol,
durante los contados días de vida
que Dios le concede a cada uno:
porque esta es la parte reservada
a los hombres.
18 Además, si Dios ha dado a un hombre
riquezas y posesiones,
y le permite disfrutar de ellas,
tomar la parte que le toca
y alegrarse de su trabajo,
¡eso es un don de Dios!
19 No, él no piensa demasiado
en la brevedad de la vida,
cuando Dios lo tiene ocupado
con pensamientos alegres.

6 1 Hay un mal que yo he visto bajo el sol
y que resulta muy pesado para el hombre.
2 A uno Dios le ha dado riquezas,
posesiones y honores,
y no le falta nada de todo lo que desea.
Pero Dios no le permite disfrutar de eso,
sino que lo disfruta un extraño.
Esto es vanidad y un mal penoso.

Vanidad de una vida infeliz

Job 3 11

3 Si un hombre tiene cien hijos
y vive muchos años,
por más numerosos que sean los días
de sus años,
si su alma no se sacia de felicidad
y ni siquiera le dan sepultura,
yo digo que un aborto es más feliz que él.
4 Porque este ha venido en vano
y se va hacia las tinieblas,
y su nombre será cubierto por las tinieblas;
5 no ha visto ni conocido el sol,
pero descansa más tranquilo que aquel.
6 Y aunque ese hombre hubiera vivido
dos mil años
sin ver en ellos la felicidad,
¿acaso no van todos al mismo sitio?

Máximas diversas

Ecl 2 15; Job 8 9; 14 2

7 Todo el esfuerzo del hombre
va a parar a su boca,
pero el deseo no se satisface jamás.
8 ¿En qué aventaja el sabio al necio?
¿Qué ventaja tiene el pobre
que sabe enfrentarse con la vida?
9 Vale más lo que se ve con los ojos
que lo que se imagina con el deseo.
También esto es vanidad
y correr tras el viento.
10 Lo que existe, ya ha sido llamado por su nombre.
Ya se sabe lo que es el hombre,
y que él no puede entrar en pleito
con aquel que es más fuerte que él.
11 Donde abundan las palabras,
aumenta la vanidad,
¿y qué aprovecha eso al hombre?
12 Porque ¿quién sabe lo que es bueno
para el hombre en la vida,
durante los contados días de su vida fugaz,
que él pasa como una sombra?
¿Quién puede, en efecto, indicar al hombre
lo que habrá después de él bajo el sol?

Subversión de los valores tradicionales

Eclo 41 12; Lc 6 25; Prov 22 24; Ecl 11 8-9

7 1 Más vale el buen nombre
que un buen perfume
y el día de la muerte,
más que el del nacimiento.
2 Más vale ir a una casa donde hay duelo
que asistir a un banquete,
porque ese es el fin de todo hombre
y allí reflexionan los vivientes.

[3] Más vale la tristeza que la risa,
porque el rostro serio ayuda a pensar.
[4] El corazón del sabio está en la casa de duelo
y el del necio, en el lugar de diversión.
[5] Más vale escuchar el reproche de un sabio
que oír el canto de los necios,
[6] porque como el crepitar de las espinas
bajo la olla,
así es la risa de los necios.
Y también esto es vanidad.
[7] La opresión puede enloquecer a un sabio,
y los regalos pierden el corazón.
[8] Más vale el fin de una cosa que su comienzo
y más vale ser paciente
que pretender demasiado.
[9] No te dejes llevar por el enojo,
porque el enojo se alberga
en el pecho de los necios.
[10] No digas:
«¿A qué se debe que el tiempo pasado
fue mejor que el presente?».
Porque no es la sabiduría
la que te lleva a hacer esa pregunta.
[11] La sabiduría vale tanto como una herencia
y es provechosa para los que ven
la luz del sol.
[12] Porque estar a la sombra de la sabiduría
es como estar a la sombra del dinero,
y la ventaja de la ciencia
es que la sabiduría hace vivir al que la posee.
[13] Observa la obra de Dios:
¿quién puede enderezar lo que él torció?
[14] Disfruta de los días felices,
y en los días adversos, reflexiona:
Dios hizo que se sucedan unos a otros,
de manera que el hombre no descubra nada
de lo que vendrá después de él.

DISFRUTA DE LOS DÍAS FELICES,
Y EN LOS DÍAS ADVERSOS,
REFLEXIONA.
Ecl 7 14

El justo medio

Ecl 8 14; 1 Jn 1 8-9

[15] Yo he visto de todo en mis días vanos:
hay justos que perecen a pesar de su justicia
y malvados que sobreviven
a pesar de su maldad.
[16] No seas excesivamente justo
ni quieras ser demasiado sabio:
¿para qué te vas a arruinar?
[17] No seas *demasiado malo*
ni te comportes como un necio:
¿para qué vas a morir antes de tiempo?
[18] Lo mejor es procurar esto
sin dejar de lado aquello:
el que teme a Dios sabe unir las dos cosas.
[19] La sabiduría hace más fuerte al sabio
que diez magistrados de una ciudad.

PERSPECTIVA CATÓLICA

Nuestra fe en la vida futura

Es común asumir que los antiguos israelitas creían en la vida después de la muerte; sin embargo, no era así. Qohélet refleja la creencia de su tiempo al afirmar que toda la vida termina con la muerte (Ecl 9 5).

La revelación de la vida futura con Dios empezó a surgir en el siglo II a.C. (ver «El purgatorio y el plan de Dios», 2 Mac 12 43-46). Para los cristianos, quienes centramos nuestra fe en la resurrección de Jesús, esta creencia mantiene viva nuestra esperanza y da sentido a la vida. Por eso terminamos el Credo —nuestra profesión de fe— diciendo: «Creo en la resurrección de los muertos y en la vida del mundo futuro. Amén».

Cuando salga Dios a recibirte para la vida futura, ¿cuáles son las tres obras que quisieras entregarle en reciprocidad por haberte dado la vida?

Ecl 9 5

[20] No hay un hombre justo sobre la tierra
que haga el bien sin pecar jamás.
[21] Tampoco prestes atención
a todo lo que se dice,
no sea que escuches
a tu servidor que te maldice.
[22] Porque, además, tú sabes muy bien
cuántas veces has maldecido a otros.
[23] Yo experimenté todo esto con sabiduría,
pensando: «Voy a ser sabio».
Pero ella está fuera de mi alcance:
[24] lo que existe es lejano y profundo,
más profundo de lo que se puede vislumbrar.

Reflexión sobre el hombre y la mujer

Eclo 9 1-9; 25 19.24; Prov 31 10

[25] Yo me dediqué con el mayor empeño
a conocer, a explorar,
y a buscar la sabiduría y la razón de las cosas
y reconocí que la maldad es una insensatez,
y la necedad, una locura.
[26] Y yo encuentro más amarga
que la muerte a la mujer,
cuando ella misma es una trampa,
su corazón, una red,
y sus brazos, ataduras.
Con el favor de Dios, uno puede librarse,
pero el pecador se deja atrapar.

27 Mira: esto es lo que descubrí, dice Qohélet,
tratando de razonar caso por caso.
28 Pero esto es lo que todavía busco,
sin haberlo encontrado:
He logrado encontrar a un hombre entre mil,
pero entre todas las mujeres
no hallé ni una sola.
29 En resumen, he descubierto lo siguiente:
Dios hizo recto al hombre,
pero ellos se buscan muchas complicaciones.

Breve elogio del sabio

8 1 ¿Quién es como el sabio
y quién sabe interpretar los hechos?
La sabiduría de un hombre ilumina su rostro,
y así se transforma la aspereza
de su semblante.

La actitud frente a la autoridad

Rom 13 1-2

2 Observa la orden del rey,
y esto, a causa del juramento hecho a Dios.
3 No te apresures a retirarte de su presencia
ni te obstines en nada malo,
porque él hace lo que quiere:
4 la palabra del rey es soberana
y nadie puede decirle: «¿Qué haces?».

Incertidumbre frente al momento del juicio

Ecl 12 13; Prov 19 16; Ecl 3 11; Sab 2 1

5 El que observa el mandamiento
no experimenta ningún mal,
y el corazón del sabio sabe
que hay un tiempo y un juicio.
6 Para cada cosa, en efecto,
hay un tiempo y un juicio;
pero un gran mal pesa sobre el hombre,
7 y es que él ignora lo que va a suceder,
porque ¿quién le indicará cómo será eso?
8 Ningún hombre es dueño del aliento vital,
para poder retenerlo,
y nadie tiene dominio
sobre el día de la muerte;
no hay tregua en este combate
y la maldad no librará al que la comete.

Paradojas de la retribución

Sal 73; Ecl 7 15; 2 24

9 Esto es lo que vi cuando presté atención
a todo lo que se hace bajo el sol,
mientras un hombre domina a otro
para hacerle el mal.
10 Así, yo vi a hombres malvados
que eran sepultados honrosamente:
ellos partieron del Lugar santo,
y en la ciudad se olvidaba
cómo habían obrado.
También esto es vanidad.
11 Como la sentencia contra las malas acciones
no se ejecuta inmediatamente,
el corazón de los seres humanos
se llena de deseos de hacer el mal.
12 El pecador que hace cien veces el mal
puede, a pesar de todo, vivir largo tiempo.
Sin embargo, yo sé muy bien
que la felicidad es para los que temen a Dios,
porque ellos sienten temor en su presencia.
13 Pero no habrá felicidad para el malvado:
él, como una sombra, no vivirá largamente,
porque no tiene temor de Dios.
14 Hay una cosa vana
que acontece sobre la tierra;
a algunos justos les sucede
lo que corresponde a la manera de obrar
de los malvados,
y a algunos malvados les sucede
lo que corresponde a la manera de obrar
de los justos.
Yo digo que también esto es vanidad.
15 Por eso, elogié la alegría,
ya que lo único bueno
para el hombre bajo el sol
es comer, beber y sentirse contento:
esto es lo que le sirve de compañía
en sus esfuerzos
mientras duran los días de su vida,
que Dios le concede bajo el sol.

El enigma de las cosas

Ecl 3 11

16 Cuando me dediqué a conocer la sabiduría
y a ver la tarea que se realiza bajo el sol,
sin que los ojos se entreguen al sueño
ni de día ni de noche,
17 entonces yo vi toda la obra de Dios.
El hombre no puede descubrir
la obra que se hace bajo el sol.
Por más que se esfuerce en buscar,
no encuentra;
y aunque el sabio diga que conoce,
en realidad, nada puede descubrir.

La misma suerte para todos

Dt 33 3; Sab 7 16; Ecl 3 9; 7 14; 8 14

9 1 Sí, yo me puse a pensar en todo esto
y vi que los justos, los sabios
y sus acciones
están en la mano de Dios.
Pero el hombre ni siquiera sabe
si es objeto de amor o de aversión.
Todo lo que está ante él es vanidad,
2 porque a todos les espera la misma suerte:
al justo y al impío, al bueno y al malo,
al puro y al impuro,
al que ofrece sacrificios
y al que no los ofrece;
lo mismo le pasa al bueno y al pecador,
al que jura y al que teme hacer

¡Aprovecha tu juventud!

Qohélet exhorta a los jóvenes diciendo: «Alégrate, muchacho, mientras eres joven, y que tu corazón sea feliz en tus años juveniles. Sigue los impulsos de tu corazón... Aparta de tu corazón la tristeza..., porque la juventud y la aurorra de la vida pasan fugazmente» (Ecl 11 9-10).

Es una bendición ser joven, tener energía y grandes sueños. Nunca te arrepentirás de haber gozado y trabajado cuando tenías salud y fuerzas, haberte preparado para una vida adulta llena de significado, haber logrado tus ideales y realizado el bien. ¿Estás aprovechando al máximo tu juventud o la estás desperdiciando?

Ecl 11 7-10

un juramento.
3 Esto es lo malo en todo lo que sucede
bajo el sol:
como es igual la suerte de todos,
el corazón de los hombres se llena de maldad,
la locura está dentro de ellos mientras viven,
y después, acaban entre los muertos.
4 Mientras uno está unido a todos los vivientes,
siempre hay esperanza,
porque «más vale perro vivo
que león muerto».
5 Los vivos, en efecto, saben que morirán,
pero los muertos no saben nada:
para ellos ya no hay retribución,
porque su recuerdo cayó en el olvido.
6 Se han esfumado sus amores,
sus odios y sus rivalidades,
y nunca más podrán compartir
todo lo que se hace bajo el sol.

El único consuelo para el hombre

Ecl 2 24; Prov 5 18-19

7 Ve, entonces, come tu pan con alegría
y bebe tranquilamente tu vino,
porque a Dios ya le agradaron tus obras.
8 Que tu ropa sea siempre blanca
y nunca falte el perfume en tu cabeza.
9 Goza de la vida con la mujer que amas,
mientras dure esa vana existencia
que Dios te concede bajo el sol,
porque esa es tu parte en la vida
y en el esfuerzo que realizas bajo el sol.
10 Todo lo que esté al alcance de tu mano
realízalo con tus propias fuerzas,
porque no hay obra, ni proyecto,
ni ciencia, ni sabiduría,
en el Abismo adonde tú irás.

Los contratiempos imprevisibles

Lc 12 20

11 Además, yo vi otra cosa bajo el sol:
la carrera no la gana el más veloz,
ni el más fuerte triunfa en el combate;
el pan no pertenece al más sabio,
ni la riqueza al más inteligente,

VIVE LA PALABRA

Recuerda a los ancianos

Qohélet concluye el libro con un magnífico canto sobre el ocaso de la vida y las dificultades propias del envejecimiento. Lee su conclusión en el capítulo 12, utilizando la clave de las metáforas para comprenderla mejor:

- Guardianes de la casa = brazos y manos
- Hombres robustos = piernas
- Mujeres que muelen = dientes
- Ventanas = ojos
- Puertas = oídos y labios
- Hilo de plata, lámpara de oro = la vida misma

Envejecer es un proceso natural, aunque nadie goza la pérdida de sus fuerzas, vista, oído y movimiento. Cuando los ancianos tienen un lugar en la comunidad, su alegría y amor se mantienen vivos y su sabiduría es un apoyo inestimable para la juventud. Está siempre dispuesto/a a ayudar a tus abuelos y personas de la tercera edad, y permanece en contacto con ellos para que los animes con tu juventud y ellos te enriquezcan con su sabiduría y experiencia.

Ecl 12 1-8

ni es favorecido el más capaz,
porque en todo interviene el tiempo y el azar.
12 El hombre no sabe cuándo llega su hora:
como los peces atrapados en la red fatal,
como los pájaros aprisionados por el lazo,
así los hombres se ven sorprendidos
por la adversidad
cuando cae de improviso sobre ellos.

La sabiduría no reconocida

Ecl 7 19; Prov 21 22

13 También he visto bajo el sol
un caso de sabiduría
que considero realmente notable.
14 Había una pequeña ciudad,
con pocos habitantes;
un gran rey la atacó, la cercó,
y construyó contra ella grandes empalizadas.
15 Allí se encontraba un hombre pobre
pero sabio,
que salvó la ciudad con su sabiduría.
A pesar de eso,
nadie se acordó más de ese pobre hombre.
16 Entonces pensé: «Más vale maña que fuerza»,
pero la sabiduría del pobre es despreciada
y nadie escucha sus palabras.
17 Las palabras de los sabios oídas con calma
valen más que los gritos
del que gobierna a los necios.
18 Vale más la sabiduría
que las máquinas de guerra,
pero una sola falla malogra mucho bien.

Máximas diversas

Ecl 2 14; Prov 19 10; 30 22; 26 27; Eclo 27 26-27; Prov 15 2; Ecl 8 7; Prov 31 4-5; Sal 104 15; Lc 12 2-3

10 1 Una mosca muerta corrompe
y hace fermentar
el óleo del perfumista.
Pesa más un poco de insensatez
que la sabiduría y la gloria.
2 El sabio piensa rectamente,
y el necio lo hace torcidamente.
3 Por cualquier camino que vaya,
al necio le falta el buen sentido,
y hace que se diga de él: «Es un necio».
4 *Si el que gobierna se irrita* contra ti,
no te salgas de quicio,
porque la sangre fría evita grandes fallas.
5 Hay un mal que yo he visto bajo el sol,
como error que procede de la autoridad:
6 el necio es promovido a los puestos más altos
y los nobles rebajados
a los puestos inferiores.
7 Yo vi esclavos montados a caballo
y príncipes de a pie, como los esclavos.
8 El que cava una fosa cae en ella
y al que derriba un cerco
lo muerde una serpiente.
9 El que saca piedras se lastima con ellas
y el que corta leña está expuesto al peligro.
10 Si el hierro está mellado, y no lo afilan,
es preciso redoblar las fuerzas:
por eso es provechoso emplear
bien la sabiduría.
11 Si la serpiente muerde
porque falla el encantamiento,
¿qué provecho saca el encantador?
12 Las palabras del sabio
son recibidas con agrado,
pero al necio lo pierde su propia lengua:
13 cuando empieza a hablar, dice insensateces,
y cuando termina, las peores locuras;
14 el insensato multiplica las palabras.
El hombre no sabe lo que va a suceder:
¿quién puede anunciarle
lo que vendrá después de él?
15 El esfuerzo fatiga al necio,
porque no se da maña ni para ir a la ciudad.
16 ¡Ay de ti, nación,
si tu rey es un joven
y tus príncipes comen desde la mañana!
17 ¡Feliz de ti, nación, si tienes por rey
a un noble de nacimiento,
y tus príncipes comen cuando es debido,
para reparar sus fuerzas
y no para embriagarse!
18 Por la pereza se desploman las vigas
y por la dejadez se viene abajo la casa.
19 ¡Para divertirse se celebra un banquete,
el vino alegra la vida
y el dinero responde por todo!
20 Ni siquiera en privado maldigas al rey,
y ni en tu habitación maldigas a un rico,
porque un pájaro puede hacer correr la voz
y la indiscreción tiene alas.

La audacia y la prudencia, condiciones del éxito

Ecl 8 7.17; Sal 139 13.15

11 1 Arroja tu pan sobre la superficie
del agua
y, a la larga, lo volverás a encontrar.
2 Da una parte a siete, y aun a ocho personas,
porque ignoras qué calamidades
pueden venir sobre la tierra.
3 Cuando las nubes se llenan,
derraman lluvia sobre la tierra;
y si un árbol cae hacia el sur o hacia el norte,
queda en el mismo lugar donde cayó.
4 El que mira el viento no siembra
y el que mira las nubes no cosecha.
5 Así como ignoras cómo llega
el aliento vital a los huesos
en el seno de la mujer embarazada,
así también ignoras la obra de Dios,
que hace todas las cosas.
6 Siembra tu semilla por la mañana
y no dejes que tu brazo descanse
hasta la tarde,

porque no sabes si es esto o aquello
lo que va a prosperar,
o si ambas cosas son igualmente buenas.

El gozo moderado de los bienes de la vida

Ecl 2 24; 3 17

7 Dulce es la luz
y es bueno para los ojos ver la luz del sol.
8 Si un hombre vive muchos años,
que disfrute de todos ellos,
pero recuerde que serán muchos
los días sombríos
y que todo lo que sucede es vanidad.
9 Alégrate, muchacho, mientras eres joven,
y que tu corazón sea feliz
en tus años juveniles.
Sigue los impulsos de tu corazón
y lo que es un incentivo para tus ojos;
pero ten presente que por todo eso
Dios te llamará a juicio.
10 Aparta de tu corazón la tristeza
y aleja de tu carne el dolor,
porque la juventud
y la aurora de la vida pasan fugazmente.

Los achaques de la vejez

Ecl 3 20-21; Gn 2 7

12 1 Acuérdate de tu Creador
en los días de tu juventud,
antes que lleguen los días penosos
y vengan los años en los que dirás:
«No encuentro en ellos ningún placer»;
2 antes que se oscurezcan el sol y la luz,
la luna y las estrellas,
y vuelvan las nubes cargadas de lluvia.
3 En aquel día temblarán
los guardianes de la casa
y se encorvarán los hombres vigorosos;
se detendrán las moledoras,
que ya serán pocas,
y se oscurecerán las que miran
por las ventanas;
4 se cerrarán las puertas de la calle,
mientras declina el ruido del molino;
cesará el canto de los pájaros
y enmudecerán las que entonan canciones.
5 Entonces se temerán las cuestas empinadas
y los terrores acecharán por el camino.
El almendro estará florecido,
se pondrá pesada la langosta
y la alcaparra perderá su eficacia.
Porque el hombre se va a su morada eterna,
mientras las plañideras rondan por la calle.
6 Sí, acuérdate de él antes que se corte
la hebra de plata
y se quiebre la ampolla de oro,
antes que se haga pedazos
el cántaro en la fuente
y se rompa la cuerda del aljibe;
7 antes que el polvo vuelva a la tierra,
como lo que es,
y el aliento vuelva a Dios,
porque es él quien lo dio.
8 ¡Vanidad, pura vanidad!, dice Qohélet.
¡Nada más que vanidad!

Epílogo

Eclo 1 11-30; Ecl 3 17

9 Qohélet, además de ser sabio,
también enseñó la ciencia al pueblo;
él pesó, examinó y ajustó
numerosos proverbios.
10 Qohélet trató de encontrar
sentencias agradables
y escribió exactamente palabras verdaderas.
11 Los dichos de los sabios son como aguijones,
y las colecciones de sentencias,
como mojones bien plantados,
dones de un solo pastor.
12 Una advertencia más, hijo mío:
multiplicar los libros
es una cosa interminable
y estudiar demasiado
deja el cuerpo exhausto.

13 En conclusión:
una vez oído todo esto,
teme al Señor y observa sus mandamientos,
porque esto es todo para el hombre.
14 Dios llevará a juicio todas las obras,
aun lo que está escondido,
sea bueno o malo.

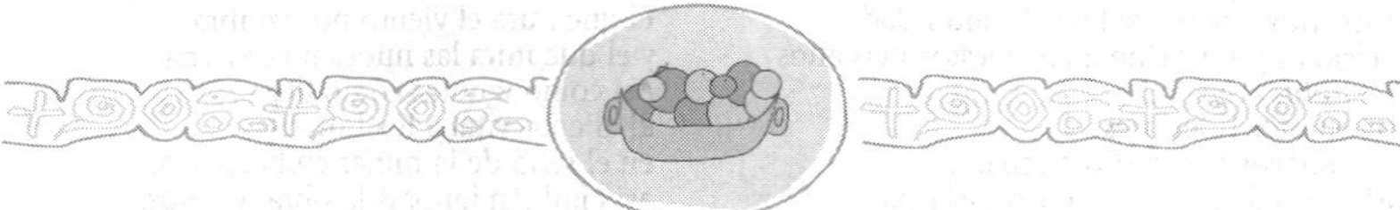

—¡Cállate, muchacho, lo que dices no tiene sentido! Entiende, la sabiduría viene de la experiencia y tú eres aún muy joven.
—Pues yo creo que la sabiduría viene de reflexionar sobre la vida y eso también lo podemos hacer los jóvenes...
El libro de la Sabiduría es una reflexión sobre la vida, hecha a la luz de la fe. La realizaron los judíos de la diáspora, para tratar de encontrar el sentido de su pasado histórico y de lo que estaban viviendo bajo el dominio de la cultura helenista.

ESQUEMA

- **1 – 5.** Sabiduría y el destino humano
- **6 – 9.** Naturaleza y actividad de la Sabiduría
- **10 – 19.** La acción de la Sabiduría en la historia: meditación sobre el éxodo

DATOS

Período descrito
De 150 a 30 a.C.
Autor
Anónimo, escribió en griego
Tema
La justicia es el fruto más importante de la sabiduría
Nota
Es un libro deuterocanónico (ver «¿Por qué la Biblia católica tiene más libros que otras Biblias?», p. 35)

PRESENTACIÓN

El libro de la Sabiduría refleja las preocupaciones de los judíos de la diáspora en los siglos II y I a.C. y tiene como fin ayudarles a vivir su fe. Destaca y afirma las creencias israelitas al tiempo que establece un diálogo entre la tradición judía y la cultura griega. Este diálogo cultural amplía los horizontes del pueblo de Israel y la visión cosmopolita griega abre su mente a la universalidad de Dios.

El libro muestra una esmerada composición y combina recursos literarios de ambas culturas; se divide en tres grandes partes. Cada página recuerda que la justicia es el fruto más grande de la sabiduría, porque en ella se originan todas las virtudes, y se revela la acción salvífica de Dios en la historia.

La primera parte es muy rica: muestra la sabiduría y la justicia de Dios íntimamente relacionadas; ve en ella las cualidades de Dios, la identifica con el espíritu divino y la presenta como Palabra de Dios; ratifica el premio de Dios a los justos, y afirma la sobrevivencia de los justos más allá de la muerte. En estos principios se basará Juan para proclamar que Jesús es la Palabra de Dios hecha carne, para habitar entre nosotros (Jn 1 1-14).

La segunda parte analiza el origen, la naturaleza y las propiedades de la sabiduría, y la presenta como un don para gobernar bien, que sólo Dios concede y que se obtiene a través de la oración. La tercera, relaciona la sabiduría con la historia de Israel, en especial con el éxodo. Insiste en que la idolatría es fuente de otros males y lleva a la muerte.

El libro de la Sabiduría contrasta y muestra un desarrollo progresivo de las ideas centrales de justicia, providencia, sabiduría. En él avanza la revelación sobre la inmortalidad, sin convertirse en una verdad de fe, y quedan puestos los fundamentos para comprender a Jesús como «sabiduría de Dios» (1 Cor 1 24).

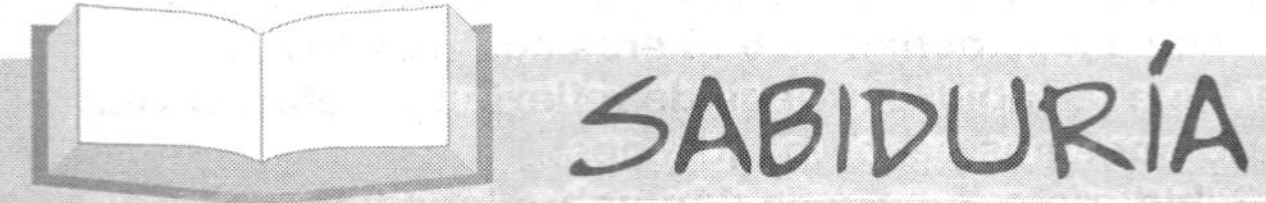

SALOMÓN PIDE SABIDURÍA

S
A
B

LA SABIDURÍA
Y EL DESTINO HUMANO

Exhortación a amar la justicia

Jn 8 34; Rom 8 14; Prov 8 31; 1 Cor 10 10;
Prov 8 36; Sab 2 23-24; Ez 18 32

1 [1] Amen la justicia, ustedes,
los que gobiernan la tierra,
piensen rectamente acerca del Señor
y búsquenlo con sencillez de corazón.
[2] Porque él se deja encontrar
por los que no lo tientan,
y se manifiesta a los que no desconfían de él.
[3] Los pensamientos tortuosos apartan de Dios,
y el Poder puesto a prueba
confunde a los insensatos.
[4] La Sabiduría no entra
en un alma que hace el mal
ni habita en un cuerpo sometido al pecado.
[5] Porque el santo espíritu, el educador,
huye de la falsedad,
se aparta de los *razonamientos insensatos,*
y se siente rechazado
cuando sobreviene la injusticia.
[6] La Sabiduría es un espíritu
amigo de los hombres,
pero no dejará sin castigo
las palabras del blasfemo,
porque Dios es el testigo de sus sentimientos,
el observador veraz de su corazón,
y escucha todo lo que dice su lengua.
[7] Porque el espíritu del Señor llena la tierra,
y él, que mantiene unidas todas las cosas,
sabe todo lo que se dice.
[8] Por eso no podrá ocultarse
el que habla perversamente,
la justicia acusadora
no pasará de largo junto a él.
[9] Los designios del impío serán examinados:
el eco de sus palabras llegará hasta el Señor,
como prueba acusadora de sus iniquidades.
[10] Un oído celoso lo escucha todo,
no se le escapa ni el más leve murmullo.
[11] Cuídense, entonces,
de las murmuraciones inútiles
y preserven su lengua de la maledicencia;
porque la palabra más secreta
no se pronuncia en vano,
y una boca mentirosa da muerte al alma.
[12] No busquen la muerte
viviendo extraviadamente,
ni se atraigan la ruina
con las obras de sus manos.
[13] Porque Dios no ha hecho la muerte
ni se complace en la perdición
de los vivientes.
[14] Él ha creado todas las cosas
para que subsistan;

Debes gobernar la tierra con justicia y sabiduría

La clave para entender el libro de la Sabiduría está en sus primeros tres versículos. A primera vista parecería que el autor se dirige a los gobernantes, pero su mensaje es para toda persona.

Gobernar quiere decir «mandar con autoridad, regir una cosa». Desde que nos creó, Dios puso bajo nuestro gobierno el universo entero; con los diez mandamientos nos dio las reglas para gobernar nuestra relación con él y con nuestros semejantes; a través de los profetas afinó nuestra comprensión de la Ley de la Alianza.

Ahora, con el libro de la Sabiduría, nos dice que ejerzamos este gobierno amando la justicia y buscando la sabiduría, o sea, dedicando nuestra vida a hacer y promover lo que le agrada. Esto lo podemos hacer solo si sabemos lo que le gusta a Dios, para lo cual tenemos que buscarlo con sencillez de corazón (Sab 1 1-3).

¿Cómo administras, conservas y cuidas los recursos que Dios te ha dado? ¿Qué tanto buscas conocer lo que le agrada a Dios y regir tu vida con base en ello? ¿Con qué principios y valores diriges tus relaciones interpersonales?

Sab 1

las criaturas del mundo son saludables,
no hay en ellas ningún veneno mortal
y la muerte no ejerce su dominio
sobre la tierra.
15 Porque la justicia es inmortal.

Concepción de la vida según los impíos

Is 28 15.18; Job 14 1-2; 18 17-19; Sal 39 5-7; Ecl 2 24; 1 Cor 15 32; Jr 20 10-13; Mt 23; Jn 5 18; Mt 27 39-43

16 Pero los impíos llaman a la muerte
con gestos y palabras:
teniéndola por amiga, se desviven por ella
y han hecho con ella un pacto,
porque son dignos de pertenecerle.

2 1 Ellos se dicen entre sí,
razonando equivocadamente:
«Breve y triste es nuestra vida,
no hay remedio
cuando el hombre llega a su fin
ni se sabe de nadie
que haya vuelto del Abismo.
2 Hemos nacido por obra del azar,
y después será
como si no hubiéramos existido.
Nuestra respiración no es más que humo,
y el pensamiento, una chispa que brota
de los latidos del corazón;
3 cuando esta se extinga,
el cuerpo se reducirá a ceniza
y el aliento se dispersará
como una ráfaga de viento.
4 Nuestro nombre será olvidado con el tiempo
y nadie se acordará de nuestras obras;
nuestra vida habrá pasado como una nube,
sin dejar rastro,
se disipará como la bruma,
evaporada por los rayos del sol
y agobiada por su calor.
5 El tiempo de nuestra vida
es una sombra fugaz
y nuestro fin no puede ser retrasado:
una vez puesto el sello,
nadie vuelve sobre sus pasos.
6 Vengan, entonces,
y disfrutemos de los bienes presentes,
gocemos de las criaturas
con el ardor de la juventud.
7 ¡Embriaguémonos
con vinos exquisitos y perfumes,
que no se nos escape ninguna flor primaveral,
8 coronémonos con capullos de rosas
antes que se marchiten;
9 que ninguno de nosotros falte a nuestra orgía,
dejemos por todas partes
señales de nuestra euforia,
porque eso es lo que nos toca
y esa es nuestra herencia!
10 Oprimamos al pobre, a pesar de que es justo,
no tengamos compasión de la viuda
ni respetemos al anciano encanecido
por los años.
11 Que nuestra fuerza sea
la norma de la justicia,
porque está visto que la debilidad
no sirve para nada.
12 Tendamos trampas al justo,
porque nos molesta
y se opone a nuestra manera de obrar;
nos echa en cara las transgresiones a la Ley
y nos reprocha las faltas
contra la enseñanza recibida.
13 Él se gloría de poseer el conocimiento de Dios
y se llama a sí mismo hijo del Señor.
14 Es un vivo reproche
contra nuestra manera de pensar
y su sola presencia nos resulta insoportable,
15 porque lleva una vida distinta de los demás
y va por caminos muy diferentes.

16 Nos considera como algo viciado
y se aparta de nuestros caminos
como de las inmundicias.
Él proclama dichosa
la suerte final de los justos
y se jacta de tener por padre a Dios.
17 Veamos si sus palabras son verdaderas
y comprobemos lo que le pasará al final.
18 Porque si el justo es hijo de Dios, él lo protegerá
y lo librará de las manos de sus enemigos.
19 Pongámoslo a prueba con ultrajes y tormentos,
para conocer su temple y probar su paciencia.
20 Condenémoslo a una muerte infame,
ya que él asegura que Dios lo visitará».

Reflexión sobre el error de los impíos

Gn 1 26-27; Rom 5 12

21 Así razonan ellos, pero se equivocan,
porque su malicia los ha enceguecido.
22 No conocen los secretos de Dios,
no esperan retribución por la santidad,
ni valoran la recompensa de las almas puras.
23 Dios creó al hombre
para que fuera incorruptible
y lo hizo a imagen de su propia naturaleza,
24 pero por la envidia del demonio
entró la muerte en el mundo,
y los que pertenecen a él
tienen que padecerla.

SAB

Destino de los justos y de los impíos

Dt 33 3; Jn 10 28; Rom 8 18; Dn 7 27; Ap 5 20; 20 4-6

3 1 Las almas de los justos
están en las manos de Dios,
y no los afectará ningún tormento.
2 A los ojos de los insensatos parecían muertos;
su partida de este mundo fue considerada
una desgracia
3 y su alejamiento de nosotros,
una completa destrucción;
pero ellos están en paz.
4 A los ojos de los hombres,
ellos fueron castigados,
pero su esperanza estaba colmada
de inmortalidad.
5 Por una leve corrección,
recibirán grandes beneficios,
porque Dios los puso a prueba
y los encontró dignos de él.
6 Los probó como oro en el crisol
y los aceptó como un holocausto.
7 Por eso brillarán cuando Dios los visite,
y se extenderán como chispas
por los rastrojos.
8 Juzgarán a las naciones
y dominarán a los pueblos,
y el Señor será su rey para siempre.
9 Los que confían en él comprenderán la verdad
y los que le son fieles permanecerán
junto a él en el amor.
Porque la gracia y la misericordia
son para sus elegidos.
10 Pero los impíos tendrán un castigo
conforme a sus razonamientos,
porque desdeñaron al justo
y se apartaron del Señor.
11 El que desprecia la sabiduría
y la enseñanza es un desdichado:
¡vana es su esperanza,
inútiles sus esfuerzos,
infructuosas sus obras!
12 ¡Sus mujeres son insensatas,
sus hijos perversos
y su descendencia maldita!

VIVE LA PALABRA

Justicia hoy y justicia eternamente

Lee Sabiduría 3 1-12 para que saborees el contraste entre la suerte de los justos y los malvados, según el libro de la Sabiduría. El autor proclama la inmortalidad como premio del justo que mantiene su unión con Dios y su misericordia con los hermanos; expresa que Dios acepta sus sufrimientos como sacrificio y ve el dolor como medio de disciplina, motivación a la conversión y momento de dar testimonio de fidelidad a Dios.

- Teniendo en cuenta lo que implica «ser justo» en la Biblia, en una escala del 1 al 10, ¿qué tan justo/a eres, o sea, *qué tan cerca estás de Dios* y qué tan grande es tu misericordia hacia tu *prójimo*? (ver «La justicia, la fidelidad y la vida», Hab 1 – 3).
- ¿Qué sufrimientos padeces hoy día que pueden ayudarte a intensificar tu relación con Dios y mejorar cómo te relacionas con tus hermanos? ¿La manera como enfrentas y manejas tus relaciones fomentan tu conversión y superación humana? (ver «Actitudes ante el sufrimiento», Job 10).

Sab 3 1-12

La verdadera fecundidad

Is 56 3-5; Sal 16 5-6; 37 12-13; 59 9

13 ¡Feliz, en cambio, la mujer estéril
que no se ha manchado,
la que no tuvo relaciones ilícitas!
Ella dará frutos cuando Dios visite las almas.
14 Feliz también el eunuco
que no cometió ninguna iniquidad
ni tuvo pensamientos perversos
contra el Señor.
Por su fidelidad se le dará una gracia especial,
una herencia muy deseable
en el Templo del Señor.
15 Porque es glorioso el fruto
de los trabajos honestos,
e indefectible la raíz de la Sabiduría.
16 Pero los hijos de los adúlteros
no llegarán a su madurez
y la descendencia de una unión ilegítima
desaparecerá.
17 Aunque vivan mucho tiempo,
serán tenidos por nada,
y al fin su vejez será deshonrosa;
18 si mueren pronto, no tendrán esperanza
ni consuelo en el día del Discernimiento,
19 porque es penoso el fin de una raza injusta.

4 1 Es mejor no tener hijos
y poseer la virtud,
porque ella deja un recuerdo inmortal,
ya que es reconocida por Dios
y por los hombres.
2 Cuando está presente, se la imita,
cuando está ausente, se la echa de menos;
en la eternidad, triunfa ceñida de una corona,
vencedora en una lucha
por premios intachables.
3 En cambio, la numerosa descendencia
de los impíos no servirá de nada:
nacida de brotes bastardos,
no echará raíces profundas
ni se establecerá sobre un suelo firme.
4 Aunque por un tiempo crezcan sus ramas,
al no estar bien arraigada,
será sacudida por el viento
y arrancada de raíz
por la violencia del vendaval;
5 sus ramas serán quebradas
cuando todavía estén tiernas,
sus frutos serán inservibles:
no estarán maduros para ser comidos
ni prestarán ninguna utilidad.
6 Porque los hijos nacidos de uniones culpables
atestiguan contra la maldad de sus padres,
cuando se los examina.

El fin prematuro del justo

Is 57 1-2; Heb 11 5; Sal 9 6

7 El justo, aunque tenga un fin prematuro,
gozará del reposo.
8 La vejez honorable no consiste
en vivir mucho tiempo
ni se mide por el número de años:
9 los cabellos blancos del hombre
son la prudencia,
y la edad madura, una vida intachable.
10 Porque se hizo agradable a Dios,
el justo fue amado por él,
y como vivía entre los pecadores,
fue trasladado de este mundo.
11 Fue arrebatado para que la maldad
no pervirtiera su inteligencia
ni el engaño sedujera su alma.
12 Porque el atractivo del mal oscurece el bien
y el torbellino de la pasión
altera una mente sin malicia.
13 Llegado a la perfección en poco tiempo,
alcanzó la plenitud de una larga vida.
14 Su alma era agradable al Señor,
por eso, él se apresuró a sacarlo
de en medio de la maldad.
La gente ve esto y no lo comprende;
ni siquiera se les pasa por la mente
15 que los elegidos del Señor
encuentran gracia y misericordia,
y que él interviene en favor de sus santos.
16 El justo que muere condena
a los impíos que viven, y una juventud
que alcanza pronto la perfección
reprueba la larga vejez del injusto.
17 Ellos verán el fin del sabio,
pero no comprenderán los designios
del Señor sobre él
ni porque lo ha puesto en lugar seguro;
18 lo verán y sentirán desprecio,
pero el Señor se reirá de ellos.
19 Después se convertirán en un cadáver infame,
objeto de oprobio eterno entre los muertos.
El Señor los precipitará de cabeza,
sin que puedan hablar,
los arrancará de sus cimientos,
y serán completamente exterminados:
quedarán sumidos en el dolor,
y desaparecerá hasta su recuerdo.

El desconcierto de los impíos en el Juicio

Sab 2 10-20; Col 1 12; Job 9 25-26; Sal 37 20; 68 3

20 Cuando se haga el recuento de sus pecados,
llegarán atemorizados,
y sus iniquidades se levantarán contra ellos
para acusarlos.

5 1 Entonces el justo se mantendrá de pie,
completamente seguro frente a aquellos
que lo oprimieron
y despreciaron sus padecimientos.
2 Ellos, al verlo, serán presa de un terrible temor
y quedarán desconcertados
por lo imprevisto de su salvación.
3 Llenos de remordimiento y lanzando gemidos,
se dirán unos a otros,

con el espíritu angustiado:
4 «Este es el que antes poníamos en ridículo
y convertíamos en objeto de escarnio.
¡Insensatos de nosotros!
Su vida nos parecía una locura
y su fin una ignominia.
5 ¿Cómo ha sido incluido
entre los hijos de Dios
y participa de la herencia de los santos?
6 ¡Qué lejos nos apartamos
del camino de la verdad!
La luz de la justicia nunca nos ha iluminado
ni el sol ha salido para nosotros.
7 Nos hemos hartado de los senderos
del mal y la perdición,
hemos atravesado desiertos sin caminos,
¡pero no hemos conocido el camino del Señor!
8 ¿De qué nos sirvió nuestra arrogancia?
¿De qué nos valió jactarnos de las riquezas?
9 Todo eso se desvaneció como una sombra,
como una noticia fugaz;
10 como una nave que surca el mar agitado,
sin que pueda descubrirse
la huella de su paso
ni la estela de su quilla entre las olas;
11 o como un pájaro que vuela por el aire
sin dejar rastros de su trayecto:
él golpea la brisa con el látigo de sus plumas
y la corta con un agudo silbido,
se abre camino batiendo las alas
y después no queda ni una señal de su paso;
12 o como una flecha arrojada hacia el blanco:
el aire desplazado vuelve enseguida
a su lugar,
y se ignora el camino que ella siguió.
13 Así también nosotros
desaparecimos apenas nacidos
y no tenemos para mostrar
ninguna señal de virtud,
porque nos hemos consumido
en nuestra maldad».
14 Sí, la esperanza del impío
es como brizna llevada por el viento,
como espuma ligera arrastrada
por el huracán:
ella se disipa como el humo por el viento,
se desvanece como el recuerdo
del huésped de un día.

El porvenir glorioso de los justos

Is 62 11; 28 5; 59 17-18; 30 27-28

15 Pero los justos viven para siempre;
su recompensa está *en el Señor*
y el Altísimo se preocupa de ellos.
16 Por eso, recibirán la espléndida realeza
y la hermosa diadema de las manos del Señor;
porque él los protegerá con su mano derecha
y los defenderá con su brazo.
17 Tomará su celo por armadura
y armará a la creación
para vengarse de sus enemigos;
18 vestirá como coraza la justicia,
ceñirá como casco un juicio inapelable;
19 tomará como escudo su santidad invencible,
20 afilará como una espada su ira inexorable,
y el universo luchará a su lado
contra los insensatos.
21 Los rayos partirán como disparos certeros:
de las nubes, como de un arco bien tenso,
volarán hacia el blanco;
22 una ballesta arrojará una furiosa granizada,
las olas del mar se encresparán contra ellos
y los ríos los sumergirán sin piedad;
23 un viento impetuoso se levantará contra ellos
y los aventará como un huracán.
Así la iniquidad devastará toda la tierra
y la maldad derribará
los tronos de los poderosos.

INDÍGENA

Inmortalidad gloriosa del justo

Con un lenguaje muy hermoso, Sabiduría 5 15-16 presenta los inicios de la revelación de la vida futura entre los judíos. De manera similar, los indígenas *yanomami* o «Hijos de la Luna», en las orillas del río Orinoco en Venezuela, creen que su mundo abarca la tierra y el cielo. Para ellos, la vida culmina al vivir con *Omawe*, el Ser Supremo, quien reside en un inmenso jardín de flores cercado, que ninguna persona puede traspasar si está viva.

Los *shamanes* o sacerdotes indígenas suben a dialogar con *Omawe*, pero se quedan detrás de la cerca y desde allí le hablan, sin verlo. Solo pueden entrar al jardín las personas que murieron en la tierra y ahora van a vivir en el cielo.

La fe en una vida después de la muerte da un sentido diferente a los acontecimientos de la vida, al trabajo, a las relaciones humanas y sobre todo a nuestra relación con Dios. ¿Qué tan grande es tu esperanza en la vida futura?

Sab 5 15-16

NATURALEZA Y ACTIVIDAD DE LA SABIDURÍA

Exhortación a buscar la Sabiduría

Sal 2 10-12; Prov 8 15-16; Jn 19 11; Rom 13 1-7

6 1 ¡Escuchen, reyes, y comprendan!
¡Aprendan, jueces de los confines
de la tierra!

[2] ¡Presten atención,
los que dominan multitudes
y están orgullosos
de esa muchedumbre de naciones!
[3] Porque el Señor les ha dado el dominio,
y el poder lo han recibo del Altísimo:
él examinará las obras de ustedes
y juzgará sus designios.
[4] Ya que ustedes, siendo ministros de su reino,
no han gobernado con rectitud
ni han respetado la Ley
ni han obrado según la voluntad de Dios,
[5] él caerá sobre ustedes
en forma terrible y repentina,
ya que un juicio inexorable
espera a los que están arriba.
[6] Al pequeño, por piedad, se le perdona,
pero los poderosos serán examinados
con rigor.
[7] Porque el Señor de todos
no retrocede ante nadie,
ni lo intimida la grandeza:
él hizo al pequeño y al grande,
y cuida de todos por igual,
[8] pero los poderosos
serán severamente examinados.
[9] A ustedes, soberanos, se dirigen mis palabras,
para que aprendan la Sabiduría
y no incurran en falta;
[10] porque los que observen santamente
las leyes santas
serán reconocidos como santos,
y los que se dejen instruir por ellas,
también en ellas encontrarán su defensa.
[11] Deseen, entonces, mis palabras;
búsquenlas ardientemente,
y serán instruidos.

Encuentro con la Sabiduría

Is 65 1-2; Prov 1 20-21; 8 1-21;
Eclo 6 26-29; Jn 14 21

[12] La Sabiduría es luminosa
y nunca pierde su brillo:
se deja contemplar fácilmente
por los que la aman
y encontrar por los que la buscan.
[13] Ella se anticipa a darse a conocer
a los que la desean.
[14] El que madruga para buscarla no se fatigará,
porque la encontrará sentada a su puerta.
[15] Meditar en ella es la perfección
de la prudencia,
y el que se desvela por su causa
pronto quedará libre de inquietudes.
[16] La Sabiduría busca por todas partes
a los que son dignos de ella,
se les aparece con benevolencia
en los caminos
y les sale al encuentro
en todos sus pensamientos.
[17] El comienzo de la Sabiduría
es el verdadero deseo de instruirse;
querer instruirse, es amarla;
[18] amarla, es cumplir sus leyes,
observar sus leyes,
es garantía de incorruptibilidad,
[19] y la incorruptibilidad
hace estar cerca de Dios:
[20] así, el deseo de la Sabiduría
conduce a la realeza.
[21] Si a ustedes, entonces,
soberanos de los pueblos,
les agradan los tronos y los cetros,
honren a la Sabiduría
y reinarán para siempre.

VIVE LA PALABRA

La sabiduría, ingrediente esencial de la política

Algunas personas solo hablan de la corrupción en la política y con ello se excusan de participar en ella. La Biblia denuncia a los funcionarios perversos, pero enfatiza la misión de los políticos como guías del pueblo para lograr el bien común.

La política es noble y su mejor expresión es la solidaridad humana, en la que toda persona debe participar responsablemente. Para los cristianos es parte integral de nuestro compromiso con Dios, pues debemos cuidar que toda persona pueda vivir con integridad y tenemos la obligación moral de ayudar a que nuestro gobierno ejerza el poder con justicia y cumpla su misión con sabiduría (ver «Encarnación del evangelio en la vida de la sociedad», Sant 4 13 – 5 6).

¿Qué puedes hacer para que los políticos justos sean mejores y para que los corruptos se conviertan o dejen sus puestos? ¿Te ha dado Dios inquietudes y dones para ejercer puestos políticos en bien de tu pueblo? Consulta con personas sabias y, si es tu llamado, responde a Dios capacitándote para esos puestos. ¡Se necesitan tanto políticos honestos, justos y sabios!

Sab 6 1-11

Anuncio de una revelación sobre la Sabiduría

Job 28; Eclo 51 23s; Prov 29 4; Eclo 10 1-5

22 ¿Pero qué es la Sabiduría
y cuál es su origen?
Yo lo voy a anunciar,
sin ocultarles sus misterios:
me remontaré hasta sus orígenes
más remotos,
pondré al descubierto su conocimiento,
y no me apartaré de la verdad.
23 No me acompañará
en el camino la envidia corrosiva,
porque ella no tiene nada
en común con la Sabiduría.
24 Una multitud de sabios
es la salvación del mundo,
y un rey sensato asegura
la estabilidad de su pueblo.
25 Por lo tanto,
déjense instruir por mis palabras,
y esto les resultará provechoso.

Condición humana de Salomón

Gn 2 7; Job 10 8-12; Sal 139 13-16; 1 Re 2 2

SAB

7 1 Yo también soy un hombre mortal,
igual que todos,
nacido del primer hombre,
que fue formado de la tierra:
en el seno de una madre
fue modelada mi carne;
2 durante diez meses
tomé consistencia en su sangre,
gracias al semen paterno y al placer
que va acompañado del sueño.
3 Yo también, al nacer, respiré el aire común,
caí sobre la tierra que nos recibe
a todos por igual,
y mi primer grito, como el de todos,
fue el llanto.
4 Fui criado entre pañales
y en medio de cuidados,
5 porque ningún rey comenzó
a vivir de otra manera:
6 la entrada en la vida es la misma para todos,
y también es igual la salida.

Estima de Salomón por la Sabiduría

1 Re 3 6-9.12; 5 9-14; Sab 9; Eclo 47 12-17

7 Por eso oré, y me fue dada la prudencia,
supliqué, y descendió sobre mí
el espíritu de la Sabiduría.
8 La preferí a los *cetros y a los tronos,*
y tuve por nada las riquezas
en comparación con ella.
9 No la igualé a la piedra más preciosa,
porque todo el oro, comparado con ella,
es un poco de arena;
y la plata, a su lado,
será considerada como barro.
10 La amé más que a la salud y a la hermosura,
y la quise más que a la luz del día,
porque su resplandor no tiene ocaso.
11 Junto con ella me vinieron todos los bienes,
y ella tenía en sus manos
una riqueza incalculable.
12 Yo gocé de todos esos bienes,
porque la Sabiduría es la que los dirige,
aunque ignoraba que ella era su madre.
13 La aprendí con sinceridad
y la comunico sin envidia,
y a nadie le oculto sus riquezas.
14 Porque ella es para los hombres
un tesoro inagotable:
los que la adquieren se ganan
la amistad de Dios,
ya que son recomendados a él
por los dones de la instrucción.

Invocación a Dios, fuente de Sabiduría

1 Re 5 9-14; Job 12 10; Sal 31 16

15 Que Dios me conceda hablar con inteligencia,
y que mis pensamientos sean dignos
de los dones recibidos,
porque él mismo es el guía de la Sabiduría
y el que dirige a los sabios.
16 En sus manos estamos nosotros
y nuestras palabras,
y también todo el saber y la destreza
para obrar.
17 Él me dio un conocimiento exacto
de todo lo que existe,
para comprender la estructura del mundo
y la actividad de los elementos;
18 el comienzo, el fin y el medio de los tiempos,
la alternancia de los solsticios
y el cambio de las estaciones,
19 los ciclos del año
y las posiciones de los astros;
20 la naturaleza de los animales
y los instintos de las fieras,
el poder de los espíritus
y los pensamientos de los hombres;
las variedades de las plantas
y las propiedades de las raíces.
21 Conocí todo lo que está oculto o manifiesto,
porque me instruyó la Sabiduría,
la artífice de todas las cosas.

Atributos de la Sabiduría

Eclo 24 3; Col 1 15; Heb 1 3; Jn 1 5.9; 16 33

22 En ella hay un espíritu inteligente, santo,
único, multiforme, sutil,
ágil, perspicaz, sin mancha,
diáfano, inalterable, amante del bien, agudo,
23 libre, bienhechor, amigo de los hombres,
firme, seguro, sereno,
que todo lo puede, lo observa todo
y penetra en todos los espíritus:

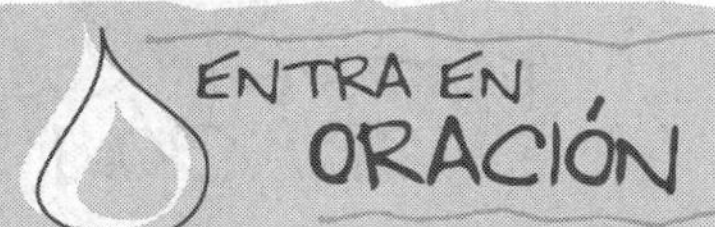

La sabiduría, un atributo de Dios

Este pasaje es una cumbre de la enseñanza sobre la sabiduría (Sab 7 22 – 8 1). Para definirla, el autor la coloca en el ámbito divino mediante el uso de símbolos y le da las características de Dios. Los veintiún atributos que menciona indican la perfección suprema de la sabiduría, el producto de 3 x 7, dos números altamente simbólicos (ver «Significado de los números en la Biblia», 1 Re 4 7).

En actitud de oración, lee con cuidado los veintiún atributos de la sabiduría (7 22-23). Pide al Espíritu Santo que te ilumine para que identifiques los dones que necesitas más, y para que te ayude a integrarlos en tu vida. Conforme los desarrollas, guiado por el Espíritu, vivirás más cerca de Dios. Más adelante puedes realizar de nuevo este ejercicio y escoger otras cualidades que hay que desarrollar.

Sab 7 22 – 8 1

en los inteligentes, los puros
y hasta los más sutiles.
24 La Sabiduría es más ágil
que cualquier movimiento;
a causa de su pureza,
lo atraviesa y conoce todo.
25 Ella es exhalación del poder de Dios,
una emanación pura de la gloria
del Todopoderoso:
por eso, nada manchado puede alcanzarla.
26 Ella es el resplandor de la luz eterna,
un espejo sin mancha de la actividad de Dios
y una imagen de su bondad.
27 Aunque es una sola, lo puede todo;
permaneciendo en sí misma,
renueva el universo;
de generación en generación,
entra en las almas santas,
para hacer amigos de Dios y profetas.
28 Porque Dios ama únicamente
a los que conviven con la Sabiduría.
29 Ella, en efecto, es más radiante que el sol
y supera a todas las constelaciones;
es más luminosa que la misma luz,
30 ya que la luz cede su lugar a la noche,
pero contra la Sabiduría no prevalece el mal.

8 1 Ella despliega su fuerza
de un extremo hasta el otro,
y todo lo administra de la mejor manera.

El amor de Salomón por la Sabiduría

Sab 6 12-16; Eclo 15 2; Prov 8 27-30

2 Yo la amé y la busqué desde mi juventud,
traté de tomarla por esposa
y me enamoré de su hermosura.
3 Su intimidad con Dios hace resaltar
la nobleza de su origen,
porque la amó el Señor de todas las cosas.
4 Está iniciada en la ciencia de Dios
y es ella la que elige sus obras.
5 Si la riqueza es un bien deseable en la vida,
¿qué cosa es más rica que la Sabiduría
que todo lo hace?
6 Si la prudencia es la que obra,
¿quién más que ella es artífice
de todo lo que existe?
7 ¿Amas la justicia?
El fruto de sus esfuerzos son las virtudes,
porque ella enseña la templanza
y la prudencia, la justicia y la fortaleza,
y nada es más útil que esto
para los hombres en la vida.
8 ¿Deseas, además, tener mucha experiencia?
Ella conoce el pasado
y puede prever el porvenir,
interpreta las máximas y descifra los enigmas,
conoce de antemano las señales
y los prodigios,
la sucesión de las épocas y de los tiempos.

La Sabiduría, indispensable para los soberanos

1 Re 3 16-28; 5 1.14.21; 10 4-9

9 Yo decidí tomarla por compañera de mi vida,
sabiendo que ella sería mi consejera
para el bien
y mi aliento en las preocupaciones
y la tristeza.
10 Gracias a ella, alcanzaré gloria entre la gente,
y aun siendo joven,
seré honrado por los ancianos.
11 Me encontrarán perspicaz
en el ejercicio de la justicia,
y seré admirado en presencia de los grandes.
12 Si me callo, estarán a la expectativa,
si hablo, me prestarán atención,
si mi discurso se prolonga,
permanecerán en silencio.
13 Gracias a ella, alcanzaré la inmortalidad
y dejaré a la posteridad un recuerdo eterno;
14 gobernaré a los pueblos,
y las naciones me estarán sometidas;
15 terribles tiranos quedarán aterrados
al oír hablar de mí;
me mostraré bondadoso con mi pueblo
y valiente en la guerra.
16 Al volver a mi casa, descansaré junto a ella,
porque su compañía no causa amargura,
ni dolor su intimidad,
sino solo placer y alegría.

La Sabiduría, don de Dios

Eclo 1 1

17 Al reflexionar sobre estas cosas,
y considerando en mi corazón
que en la familiaridad con la Sabiduría
está la inmortalidad,
18 en su amistad, un gozo honesto,
en los trabajos de sus manos,
inagotables riquezas,
en su trato asiduo, la prudencia,
y en la comunicación con ella, la celebridad,
yo iba por todas partes, tratando de poseerla.
19 Yo era un muchacho naturalmente bueno
y había recibido un alma bondadosa,
20 o más bien, siendo bueno,
vine a un cuerpo sin mancha;
21 pero comprendiendo
que no podía obtener la Sabiduría
si Dios no me la concedía,
—y ya era un signo de prudencia saber
de quién viene esta gracia—
me dirigí al Señor y le supliqué,
diciéndole de todo corazón:

CONSIDERANDO EN MI CORAZÓN QUE EN LA FAMILIARIDAD CON LA SABIDURÍA ESTÁ LA INMORTALIDAD. Sab 8 17

SAB

Oración para obtener la Sabiduría

1 Re 3 6-9; 2 Cr 1 7-10; Prov 8 27-30; 1 Cor 2 16

9 1 «Dios de los Padres
y Señor misericordioso,
que hiciste todas las cosas con tu palabra,
2 y con tu Sabiduría formaste al hombre,
para que dominara a los seres que tú creaste,
3 para que gobernara el mundo
con santidad y justicia
e hiciera justicia con rectitud de espíritu:
4 dame la Sabiduría, que comparte tu trono,
y no me excluyas del número de tus hijos.
5 Porque yo soy tu servidor
y el hijo de tu servidora,
un hombre débil y de vida efímera,
de poca capacidad para comprender
el derecho y las leyes;
6 y aunque alguien sea perfecto
entre los hombres,
sin la Sabiduría que proviene de ti,
será tenido por nada.
7 Tú me preferiste para que fuera
rey de tu pueblo
y juez de tus hijos y de tus hijas.
8 Tú me ordenaste construir un Templo
sobre tu santa montaña
y un altar en la ciudad donde habitas,
réplica del santo Tabernáculo
que habías preparado desde el principio.
9 Contigo está la Sabiduría,

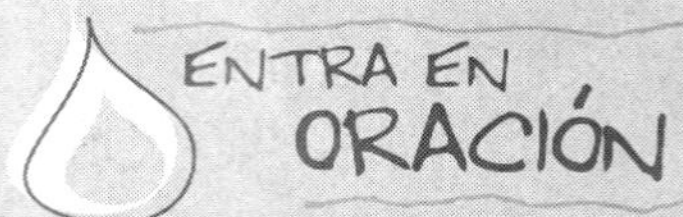

Déjate dirigir, bailando con Dios

La oración de Salomón, inspirada en su petición de sabiduría para guiar a su pueblo, es preciosa (1 Re 3 6-9). Prepárate a orar con ella; piensa en lo que implica bailar en pareja.

Si ambos tratan de dirigir es un desastre, se jalonean y se pisan, pierden el ritmo y se cansan. En cambio, cuando solo una persona lo hace y es con gentileza, suavidad, respeto y habilidad, la otra puede seguirla con confianza, abandono y atención. Entonces ambos se vuelven como un solo cuerpo y, en armonía completa, pueden bailar, bailar y bailar...

Ora con las inspiradas palabras del capítulo 9 de Sabiduría. Léelas y déjate guiar por Dios, en una danza al unísono, disfruta la melodía del salmo y siente en tu corazón el movimiento e impulso de sus palabras. Así abandonado/a y confiado/a plenamente en Dios, pide que dirija siempre tu vida con su sabiduría.

Visualiza a una pareja de bailarines, en la que quien dirige inclina hasta el suelo a su pareja, casi parece que va a caer, pero no es así, con fuerza y con gracia la endereza y ambos siguen la danza en plena armonía. Cuando sientas que te hundes en problemas y casi llegas al suelo por falta de fuerzas, recuerda esta imagen y déjate sostener y llevar por Dios.

Sab 9

que conoce tus obras
y que estaba presente
cuando tú hacías el mundo;
ella sabe lo que es agradable a tus ojos
y lo que es conforme a tus mandamientos.
10 Envíala desde los santos cielos,
mándala desde tu trono glorioso,
para que ella trabaje a mi lado
y yo conozca lo que es de tu agrado:
11 así ella, que lo sabe y lo comprende todo,
me guiará atinadamente en mis empresas
y me protegerá con su gloria.
12 Entonces, mis obras te agradarán,
yo gobernaré a tu pueblo con justicia
y seré digno del trono de mi padre.
13 ¿Qué hombre puede conocer
los designios de Dios
o hacerse una idea de lo que quiere el Señor?
14 Los pensamientos de los mortales
son indecisos,
y sus reflexiones, precarias,

15 porque un cuerpo corruptible
pesa sobre el alma
y esta morada de arcilla oprime a la mente
con muchas preocupaciones.
16 Nos cuesta conjeturar
lo que hay sobre la tierra,
y lo que está a nuestro alcance
lo descubrimos con esfuerzo;
pero ¿quién ha explorado
lo que está en el cielo?
17 ¿Y quién habría conocido tu voluntad
si tú mismo no hubieras dado la Sabiduría
y enviado desde lo alto tu santo espíritu?
18 Así se enderezaron los caminos
de los que están sobre la tierra,
así aprendieron los hombres lo que te agrada
y, por la Sabiduría, fueron salvados».

LA ACCIÓN DE LA SABIDURÍA EN LA HISTORIA: MEDITACIÓN SOBRE EL ÉXODO

Desde Adán hasta Noé

10 1 Ella protegió al primero
que fue formado, al padre del mundo,
que estaba solo cuando fue creado.
Lo liberó de su propia caída
2 y le dio la fuerza para dominar
todas las cosas.
3 Pero un injusto que por su ira se apartó de ella
pereció a causa de su furia fratricida.
4 Y cuando, por culpa de él,
las aguas anegaron la tierra,
de nuevo la salvó la Sabiduría,
guiando al justo sobre una simple madera.

Desde Abraham hasta José

5 Cuando las naciones,
por su perversión unánime,
fueron confundidas,
ella reconoció al justo,
lo conservó irreprochable delante de Dios
y lo hizo más fuerte
que la ternura hacia su hijo.
6 Cuando eran exterminados los impíos,
ella libró a un justo,
escapado del fuego que caía
sobre las Cinco Ciudades.
7 En testimonio de semejante perversidad,
humea allí todavía una tierra desolada,
los arbustos dan frutos
que no llegan a madurar
y, como recuerdo de un alma incrédula,
se alza una columna de sal.
8 Por haberse apartado del camino
de la Sabiduría,
no solo tuvieron la desgracia
de no conocer el bien,
sino que, además, dejaron
a los vivientes un momento de su locura,
para que sus faltas no quedaran ocultas.
9 La Sabiduría, en cambio,
libró de las fatigas a sus servidores.
10 Al justo que huía de la ira de su hermano,
ella lo guió por senderos rectos;
le mostró la realeza de Dios,
y le dio el conocimiento de las cosas santas;
lo hizo prosperar en sus duros trabajos
y multiplicó el fruto de sus esfuerzos;
11 lo asistió contra la codicia
de sus explotadores,
y lo colmó de riquezas;
12 lo protegió contra sus enemigos
y lo defendió de los que acechaban
contra él;
y le otorgó la palma en un rudo combate,
para que supiera que la piedad
es más poderosa que todo.
13 Ella no abandonó al justo que fue vendido,
sino que lo libró del pecado;
14 descendió con él a la cisterna,
y no lo abandonó en la prisión
hasta entregarle el cetro de la realeza
y la autoridad sobre los que lo sojuzgaban;
así puso en evidencia la mentira
de sus calumniadores
y le dio una gloria eterna.

Moisés y el éxodo

Ex 7 – 15

15 Ella liberó de una nación opresora
a un pueblo santo, a una raza irreprochable.
16 Entró en el alma de un servidor del Señor
y enfrentó a reyes temibles
con prodigios y señales.
17 Otorgó a los santos la recompensa
de sus trabajos
y los condujo por un camino admirable;
fue para ellos una sombra protectora
durante el día
y un fulgor de estrellas durante la noche.
18 Los hizo pasar a pie por el mar Rojo
y los condujo a través
de las aguas caudalosas.
19 A sus enemigos, en cambio, los sumergió
y después los despidió a borbotones
desde el fondo del Abismo.
20 Así, los justos despojaron a los impíos
y celebraron, Señor, tu santo Nombre,
alabando unánimemente tu mano protectora.
21 Porque la Sabiduría abrió la boca
de los mudos
y soltó la lengua de los más pequeños.

11 1 Ella hizo prosperar sus empresas
gracias a un santo profeta.
2 Ellos atravesaron un desierto inhabitable
y levantaron sus tiendas
en lugares intransitados;
3 enfrentaron a sus enemigos
y rechazaron a sus adversarios.

El agua, ruina de los egipcios y salvación de Israel

Ex 17 1-7; Nm 20 2-13; Dt 8 2-5

4 Cuando estaban sedientos, te invocaron,
y una roca escarpada les dio agua,
una dura piedra les calmó la sed.
5 Así, lo mismo que sirvió de castigo
a sus enemigos
fue para ellos un beneficio en sus dificultades.
6 En lugar de la vertiente perenne de un río,
enturbiado por una mezcla de sangre y barro,
7 como castigo por un decreto infanticida,
les diste, contra toda esperanza,
un agua abundante,
8 mostrándoles por la sed
que soportaron entonces
cómo habías castigado a sus adversarios.
9 Por la prueba a que fueron sometidos,
aunque eran corregidos con misericordia,
comprendieron los tormentos
que soportaban los impíos,
al ser juzgados con ira.
10 Porque a ellos los probaste
como un padre que reprende,
pero a los otros los sentenciaste
como un rey implacable que condena.
11 Y tanto lejos como cerca de los tuyos,
estaban igualmente atribulados,
12 ya que una doble tristeza se apoderó de ellos
y gimieron al recordar el pasado:
13 cuando comprendieron
que lo que a ellos los castigaba
había sido un beneficio para los otros,
sintieron la mano del Señor.
14 Al que antes habían hecho exponer al peligro,
y luego rechazaron con desprecio,
lo admiraron al final de los acontecimientos,
admiraron al que antes habían abandonado
en las aguas
después de sufrir una sed muy diferente
a la de los justos.

Moderación del castigo divino

Sab 12 24-25; Rom 1 21; Job 41 10-13;
Is 40 12; Job 28 25; Eclo 1 9

15 A causa de sus insensatos
e injustos pensamientos,
que los extraviaban
hasta hacerles rendir culto
a reptiles irracionales
y a insectos despreciables,
tú les enviaste como castigo
una multitud de animales irracionales,
16 para que comprendieran
que uno es castigado
con lo mismo que le sirve para pecar.
17 Bien podía tu mano omnipotente
—aquella que creó el mundo
de una materia informe—
enviar contra ellos una multitud de osos
o de leones feroces,
18 o fieras desconocidas creadas expresamente,
llenas de furor,
que exhalaran un aliento de fuego,
despidieran un humo nauseabundo,
o lanzaran de sus ojos terribles rayos:
19 animales capaces,
no solo de destruirlos de un zarpazo,
sino de hacerlos perecer
con su aspecto terrorífico.
20 Aun sin esto, ellos podían ser derribados
de un soplo,
perseguidos por la Justicia,

¿SABÍAS QUE...?

Misericordia e indulgencia en la justicia

La tercera parte del libro hace una relectura de la historia del pueblo de Israel, desde Adán hasta su liberación de Egipto, con el fin de mostrar la justicia salvadora de Dios (ver «Experiencia de la justicia salvadora de Dios», Sab 11 1 – 19 22). Después de señalar el primer contraste entre la salvación de los israelitas y el castigo a los egipcios, el autor inserta una reflexión sorprendente.

En general, el Antiguo Testamento muestra la misericordia de Dios para el pueblo elegido; ahora el libro de la Sabiduría habla del castigo moderado de Dios hacia dos enemigos de Israel: los egipcios y los cananeos (11 – 12). El mensaje es claro y desafiante para el pueblo elegido: Dios es misericordioso porque ama, pero no ama solo a Israel, sino a todas sus criaturas. Por eso dio a los egipcios y cananeos la oportunidad de arrepentirse y convertirse, les envió castigos progresivos y moderados y les aplicó su justicia salvadora con plagas de animales pequeños en lugar de fieras terribles que los destruyeran por completo.

Dios hubiera podido usar su poder para destruir a sus enemigos, pero su amor lo hizo indulgente. Igual debe ser el pueblo de Israel con sus enemigos.

Y tú, ¿qué tan misericordioso e indulgente eres con quien te ofende? Mantén este mensaje de Dios presente siempre que necesites castigar a una persona por algo que hizo mal.

Sab 11 15 – 12 27

barridos por el soplo de tu poder.
Pero tú lo has dispuesto todo con medida,
número y peso.

El amor de Dios hacia todas sus criaturas

Is 40 15; Os 6 4; 13 3; Rom 2 4; 3 25; Gn 1 31;
Sal 145 9; Sab 1 13-14; 2 23-24; Ez 33 11; 18 23

21 Tu inmenso poder
está siempre a tu disposición,
¿y quién puede resistir
a la fuerza de tu brazo?
22 El mundo entero es delante de ti
como un grano de polvo
que apenas inclina la balanza,
como una gota de rocío matinal
que cae sobre la tierra.
23 Tú te compadeces de todos,
porque todo lo puedes,
y apartas los ojos de los pecados
de los hombres
para que ellos se conviertan.
24 Tú amas todo lo que existe
y no aborreces nada de lo que has hecho,
porque si hubieras odiado algo,
no lo habrías creado.
25 ¿Cómo podría subsistir una cosa
si tú no quisieras?
¿Cómo se conservaría
si no la hubieras llamado?
26 Pero tú eres indulgente con todos,
ya que todo es tuyo,
Señor que amas la vida,

12 1 porque tu espíritu incorruptible
está en todas las cosas.
2 Por eso reprendes poco a poco a los que caen,
y los amonestas recordándoles sus pecados,
para que se aparten del mal
y crean en ti, Señor.

Indulgencia de Dios hacia Canaán

Nm 33 51-56; Dt 20 16-18; Sal 78 39; 103 14

3 A los antiguos habitantes de tu Tierra santa
4 los aborreciste por sus prácticas detestables,
actos de hechicería y ritos impíos.
5 A esos crueles asesinos de niños,
a esos devoradores de entrañas
en banquetes de carne humana y de sangre,
a esos iniciados en ritos sangrientos,
6 a esos padres asesinos de seres indefensos,
decidiste hacerlos perecer
por las manos de nuestros padres,
7 para que esta tierra,
la más querida por ti entre todas,
recibiera una digna colonia de hijos de Dios.
8 Pero aun a ellos, por ser hombres,
los trataste con indulgencia,
y enviaste avispas como precursores
de tu ejército,
para que los exterminaran gradualmente.
9 Ciertamente, tú hubieras podido,
en una batalla campal,
entregar a los impíos
en manos de los justos,
o bien aniquilarlos de un solo golpe
por medio de animales feroces
o por una sentencia inexorable.
10 En cambio,
ejecutando poco a poco tu sentencia,
les dabas oportunidad de arrepentirse,
aunque no ignorabas que su origen
era perverso y su malicia innata
y que jamás cambiarían
su manera de pensar,
11 porque una maldición pesaba
sobre esa raza desde el principio.
Y no fue por temor de nadie
que les ofrecías dejar impunes sus pecados.
12 ¿Quién podrá decirte: «¿Qué has hecho?».
¿Quién se opondrá a tu sentencia?
¿Quién te hará algún cargo
por destruir a las naciones que tú creaste?
¿Quién se levantará contra ti
como vengador de los injustos?
13 Porque, fuera de ti,
no hay otro Dios que cuide de todos,
a quien tengas que probar
que tus juicios no son injustos;
14 ni tampoco hay rey ni soberano
que pueda enfrentarse contigo
para defender a los que tú has castigado.

La omnipotencia de Dios, fuente de su justicia

Gn 18 25; Sal 115 3; 135 6

15 Como eres justo,
riges el universo con justicia,
y consideras incompatible con tu poder
condenar a quien no merece ser castigado.
16 Porque tu fuerza es el principio de tu justicia,
y tu dominio sobre todas las cosas
te hace indulgente con todos.
17 Tú muestras tu fuerza cuando
alguien no cree en la plenitud de tu poder,
y confundes la temeridad
de aquellos que la conocen.
18 Pero, como eres dueño absoluto de tu fuerza,
juzgas con serenidad y nos gobiernas
con gran indulgencia,
porque con solo quererlo
puedes ejercer tu poder.

La moderación de Dios, ejemplo para su Pueblo

Sab 11 10.23; Mt 5 7; 7 2

19 Al obrar así, tú enseñaste a tu pueblo
que el justo debe ser amigo de los hombres
y colmaste a tus hijos de una feliz esperanza,

porque, después del pecado,
das lugar al arrepentimiento.
20 Si a los enemigos de tus hijos,
que eran reos de muerte,
los castigaste con tanta consideración
y miramiento,
dándoles el tiempo y el lugar
para apartarse de su maldad,
21 ¡con cuántas más precauciones
habrás juzgado a tus hijos,
tú que con juramentos y alianzas
hiciste a sus padres tan magníficas promesas!
22 Así, cuando castigas a nuestros enemigos
con moderación, nos instruyes a fin de que,
al juzgar a los otros, recordemos tu bondad
y, al ser juzgados,
contemos con tu misericordia.

El castigo después de la misericordia

Ecl 11 16.15

23 Por eso, a los que en su locura
habían llevado una vida injusta,
los atormentaste
con sus propias abominaciones,
24 porque se habían extraviado demasiado lejos,
por los caminos del error,
tomando por dioses a los animales
más viles y despreciables
y dejándose engañar como niños sin juicio.
25 Entonces, como a niños que no razonan,
les enviaste un castigo irrisorio.
26 Pero aquellos que no se enmendaron
con esa corrección irrisoria
soportarán un juicio digno de Dios.
27 Exasperados por los animales
que los hacían sufrir
y viéndose castigados por aquellos
a quienes tenían por dioses,
reconocieron como Dios verdadero
al que antes se negaban a conocer.
Por eso se abatió sobre ellos
todo el rigor de la condena.
Es así, que cayó sobre ellos
el peor de los castigos.

El culto de las fuerzas de la naturaleza

Rom 1 19-20; Hch 14 17; 17 27

13 1 Sí, vanos por naturaleza
son todos los hombres
que han ignorado a Dios,
los que, *a partir de las cosas visibles,*
*no fu*eron capaces
de conocer a «Aquel que es»,
y al considerar sus obras,
no reconocieron al Artífice.
2 En cambio, tomaron por dioses
rectores del universo
al fuego, al viento, al aire sutil,
a la bóveda estrellada,
al agua impetuosa
o a los astros luminosos del cielo.
3 Ahora bien, si fascinados
por la hermosura de estas cosas,
ellos las consideraron como dioses,
piensen cuánto más excelente
es el Señor de todas ellas,
ya que el mismo Autor de la belleza
es el que las creó.
4 Y si quedaron impresionados
por su poder y energía,
comprendan, a partir de ellas,
cuánto más poderoso es el que las formó.
5 Porque, a partir de la grandeza
y hermosura de las cosas,
se llega, por analogía,
a contemplar a su Autor.
6 Sin embargo, estos hombres
no merecen una grave reprensión,
porque tal vez se extravían buscando
a Dios y queriendo encontrarlo;
7 como viven ocupándose de sus obras,
las investigan
y se dejan seducir por lo que ven:
¡tan bello es el espectáculo del mundo!
8 Pero ni aun así son excusables:
9 si han sido capaces de adquirir tanta ciencia
para escrutar el curso del mundo entero,
¿cómo no encontraron más rápidamente
al Señor de todo?

REFLEXIONA

La esperanza fincada en las cosas

Después de denunciar el culto a las fuerzas naturales y cósmicas, el autor se centra en los ídolos hechos por el ser humano. Lee el relato del leñador en Sabiduría 13 10-19. Con un lenguaje gráfico, el autor denuncia la tontería de fincar la esperanza en objetos fabricados por nosotros, en lugar de en Dios.

¿Qué tanto te dejas influir por los anuncios que te invitan a comprar cosas para conseguir el amor y ser feliz? ¿Pones la esperanza de una vida mejor en la posesión de bienes materiales? ¿Cómo usas tus dones y los medios a tu alrededor para dirigir tu vida según el corazón de Dios?

Sab 13

El culto de los ídolos: las imágenes talladas

Sab 15 7-13; Is 40 18-20; CJr 25-27

10 ¡Desgraciados, porque han puesto
su esperanza en cosas muertas,
los que llamaron dioses a obras fabricadas
por las manos del hombre,
al oro y la plata trabajados con arte,
a figuras de animales,
o a una piedra sin valor esculpida
por una mano antigua!
11 Tomemos, por ejemplo, un leñador:
él derriba con la sierra
un árbol fácil de voltear,
le quita hábilmente toda la corteza,
lo trabaja con maestría
y hace con él un objeto útil
para el uso común.
12 Con las astillas que sobran
calienta su comida y sacia su apetito.
13 Pero queda todavía un resto
que no sirve para nada,
un tronco retorcido y lleno de nudos:
él lo toma, lo esculpe
para llenar sus ratos de ocio,
lo talla con habilidad
en sus momentos libres,
y le da forma humana
14 o lo hace semejante a un vil animal.
Después, lo recubre de minio,
colorea la superficie de rojo,
y disimula todos sus defectos
con un enduido;
15 le prepara un sitio adecuado,
lo coloca en la pared
y lo asegura con un clavo.
16 De esa manera, toma precauciones
para que no se caiga,
sabiendo que no puede valerse
por sí mismo,
porque no es más que una imagen
y tiene necesidad de ayuda.
17 Sin embargo, cuando ruega por sus bienes,
por su hogar o sus hijos,
no se avergüenza de dirigir la palabra
a ese objeto sin vida:
¡reclama salud a un inválido,
18 implora vida a un muerto,
pide socorro al más inexperto;
al emprender un viaje,
ruega al que es incapaz de dar un paso;
19 para sus ganancias, sus empresas
y el éxito de sus trabajos,
pide vigor al que no tiene en sus manos
ningún vigor!

Otro caso de idolatría: los navegantes

Sal 107 29-30; Gn 6 1-5; Dt 27 15; Is 2 18

14 1 Otro se embarca dispuesto a surcar
las olas bravías e invoca a una madera
más carcomida que la nave que lo lleva.
2 Porque esa nave fue concebida
por el afán de lucro
y construida por la sabiduría artesanal,
3 pero es tu Providencia, Padre,
la que dirige el timón.
Sí, tú has abierto un camino en el mar
y un sendero seguro entre las olas,
4 mostrando así que puedes salvar

S A B

VIVE LA PALABRA

Navegante de una nueva generación

Este poema sobre el navegante enfatiza lo absurdo de confiar en objetos en lugar de Dios, pero va más allá. Resalta la providencia divina, que dirige nuestra vida, nos salva de peligros y nos ayuda a usar objetos frágiles para generar vida.

Lee Sabiduría 14 3-4. Piensa en las veces que has estado en medio de peligros, sean físicos o espirituales, y que la providencia del Padre te ha salvado de perecer en ellos. Pide a Dios que se mantenga siempre a tu lado para salvarte del mal.

Ahora lee los versículos 5 y 6 y aplícalos a la realidad de tu generación:

- ¿Qué personas conoces que, confiados en Dios, están realizando obras significativas con medios humanos frágiles y en medio de muchos desafíos?
- ¿Quiénes serían los soberbios gigantes que perecerían si nuestra sociedad actual realmente confiara en Dios?
- ¿Qué semillas de vida han pasado las generaciones de tus padres y abuelos a la generación joven de hoy? ¿Cómo las está aprovechando la juventud?
- ¿Qué semillas de vida está sembrando tu generación joven para que el mundo sea mejor?

Por último pregúntate: ¿de qué manera puedes tú aprovechar la sabiduría y la providencia de Dios para que tus acciones sean bendecidas por Dios y den fruto para tu generación y la siguiente?

Sab 14 1-6

de todo peligro,
incluso si uno se embarca
sin ninguna experiencia.
5 Tú no quieres que las obras
de tu Sabiduría sean estériles:
por eso los hombres confían su vida
a una simple madera,
y atraviesan a salvo las olas
sobre una frágil embarcación.
6 Así, en el principio,
mientras perecían los gigantes orgullosos,
la esperanza del mundo
se refugió en una frágil embarcación,
que, dirigida por tu mano, dejó al futuro
el germen de nuevas generaciones.
7 Bendita la madera convertida
en instrumento de justicia,
8 pero maldito el ídolo hecho
por manos humanas, tanto él como su autor:
este por haberlo fabricado y aquel porque,
siendo corruptible, fue llamado dios.
9 Porque Dios detesta igualmente
al impío y su impiedad,
10 y el objeto fabricado
será castigado junto con su autor.
11 Por eso también serán juzgados
los ídolos de las naciones,
ya que, entre las criaturas de Dios,
se convirtieron en una abominación,
en motivo de escándalo
para las almas de los hombres
y en una trampa para los pies
de los insensatos.

SAB

Origen del culto de los ídolos

Ex 34 16; Dt 31 16; Dn 3 1-7

12 La invención de los ídolos
es el origen de la fornicación,
y su descubrimiento, la corrupción de la vida.
13 Ellos no existían al principio
ni existirán para siempre,
14 sino que entraron en el mundo
por la superstición humana:
por eso les está reservado un rápido fin.
15 Un padre, afligido por un duelo prematuro,
encarga una imagen de su hijo
tan pronto arrebatado,
y al que antes no era más que un cadáver,
ahora lo honra como a un dios
y transmite a los suyos misterios y ritos.
16 Luego, con el tiempo,
esta impía costumbre es observada como ley.
17 Asimismo, por orden de los soberanos,
se rendía *culto a las estatuas:*
como no se los podía honrar en persona,
a causa de la distancia,
reprodujeron esa figura lejana,
fabricando una imagen visible
del rey que veneraban;
así se adulaba con fervor al ausente
como si estuviera presente.
18 La ambición del artista contribuyó
a extender este culto,
atrayendo incluso
a los que ni siquiera conocían al rey,
19 porque aquel, deseoso sin duda
de complacer al soberano,
empleó todo su arte para hacerlo
más hermoso de lo que era;
20 y la gente, seducida por el encanto de la obra,
convirtió en objeto de adoración
al que poco antes honraba
como a un hombre.
21 Y esto resultó una asechanza
para los vivientes,
ya que los hombres,
víctimas del infortunio o de la tiranía,
atribuyeron a piedras y maderas
el Nombre incomunicable.

Deplorables consecuencias de la idolatría

Rom 1 24-32

22 Pero no les bastó equivocarse
en el conocimiento de Dios,
sino que, debatiéndose en la tremenda
lucha provocada por la ignorancia,
ellos dan a tantos males el nombre de paz.
23 Con sus ritos infanticidas,
sus misterios ocultos
y sus frenéticas orgías
de costumbres extravagantes,
24 ya no conservan puros,
ni la vida ni el matrimonio;
uno elimina al otro a traición
o lo aflige por el adulterio.
25 En todas partes reina el caos:
sangre y muerte, robo y fraude,
corrupción, deslealtad, agitación, perjurio,
26 vejación de los buenos,
olvido de los beneficios,
contaminación de las almas,
perversión sexual,
desorden en el matrimonio,
adulterio y libertinaje.
27 Porque el culto de los ídolos sin nombre
es principio, causa y fin de todo mal,
28 sea que se diviertan hasta el delirio
o pronuncien falsos vaticinios,
sea que vivan en la injusticia
o perjuren con toda tranquilidad;
29 y como ellos ponen su confianza
en ídolos sin vida,
no esperan ningún daño
de sus falsos juramentos.
30 Pero recibirán su merecido
por un doble motivo:
porque, al entregarse a los ídolos,
se han hecho una falsa idea de Dios,
y porque han jurado injusta y falsamente,
menospreciando la santidad.

31 Porque no es el poder de aquellos
por quienes se jura,
sino el justo castigo reservado
a los pecadores,
lo que recae siempre
sobre la transgresión de los injustos.

Fidelidad de Israel al verdadero Dios

Ex 34 6-7; Jn 17 3

15 1 Pero tú, Dios nuestro,
eres bondadoso y fiel, eres paciente
y todo lo administras con misericordia.
2 Aun cuando pecamos, pertenecemos a ti,
ya que reconocemos tu soberanía;
pero no pecaremos,
sabiendo que nos has contado como tuyos.
3 Porque conocerte a ti es la perfecta justicia
y reconocer tu soberanía
es la raíz de la inmortalidad.
4 No nos han extraviado las invenciones
de un arte humano perverso
ni el esfuerzo estéril
de los pintores de quimeras:
esas figuras embadurnadas
de colores abigarrados,
5 cuya contemplación excita la pasión
de los necios
y les hace desear la figura inanimada
de una imagen sin vida.
6 ¡Amantes del mal y dignos
de tales esperanzas
son los que las fabrican,
las desean y las adoran!

TÚ, DIOS NUESTRO,
ERES BONDADOSO Y FIEL,
ERES PACIENTE Y... ADMINISTRAS
CON MISERICORDIA.
Sab 15 1

Otro caso de idolatría: el alfarero

Sab 13 10-19; Gn 2 7; 3 19

7 Así un alfarero amasa laboriosamente
la tierra blanda
y modela cada uno de los objetos que usamos.
Con la misma arcilla modela indistintamente
objetos destinados a un uso noble
y otros que tendrán un destino contrario;
pero es el alfarero el que decide
cuál será la función de cada uno de ellos.
8 Después, con un esfuerzo mal empleado,
utiliza la misma arcilla
para modelar un falso dios,
y el que hace eso es un hombre
que poco antes nació de la tierra
y dentro de poco volverá a la tierra
de donde fue sacado,
cuando se le pida que devuelva su alma.
9 Sin embargo, en vez de preocuparse
de que pronto va a morir
y de la brevedad de su vida,
rivaliza con los orfebres y plateros,
imita a los forjadores de bronce
y se enorgullece de fabricar lo que es falso.
10 Su corazón no es más que ceniza,
su esperanza es más vil que la tierra,
y su vida más despreciable que la arcilla.
11 Porque desconoce a aquel que lo modeló,
al que le infundió un alma capaz de actuar
y le transmitió un soplo vital.
12 Él piensa que nuestra vida es un juego,
y la existencia,
una feria para obtener ganancias:
«Es necesario —dice—
ganar por todos los medios,
aunque sean malos».
13 Porque él sabe bien que peca
más que cualquier otro
cuando de una materia terrestre
fabrica objetos frágiles y estatuas.

La idolatría de los egipcios

Sal 105 4-7; 104 20-30

14 Pero los más insensatos de todos,
y más infelices que el alma de un niño,
son los enemigos que oprimieron a tu pueblo,
15 ya que tuvieron por dioses
a todos los ídolos de las naciones,
que no pueden valerse de los ojos para ver,
ni de las narices para respirar,
ni de los oídos para oír,
ni de los dedos de las manos para tocar,
y cuyos pies no sirven para caminar.
16 Porque es un hombre el que hizo esos ídolos,
uno que recibió en préstamo el aliento,
el que los modeló,
pero ningún hombre puede modelar
un dios semejante a sí mismo:
17 siendo mortal, con sus manos impías,
solo puede producir una obra muerta.
Él vale más que los objetos que adora,
ya que él tiene vida,
pero aquellos no la tendrán jamás.
18 Ellos adoran incluso a los animales
más repugnantes,
que superan en estupidez a todos los demás,
19 a los que ni siquiera tienen la belleza
que hace atrayentes a otros animales,
y están excluidos del elogio
y la bendición de Dios.

Serie de comparaciones entre Egipto e Israel: las codornices y las ranas

Sab 12 23.27; Ex 16 9-13; Nm 11 10-32

16 1 Por eso, con toda justicia
fueron castigados con seres semejantes

Experiencia de la justicia salvadora de Dios

El capítulo 16 del libro de la Sabiduría continúa los contrastes iniciados en el 11. El autor resalta la justicia salvadora de Dios; usa un lenguaje épico aún más exagerado que el del Éxodo (ver «Las plagas y el género épico», Ex 7 10). Para dar esperanza a su pueblo, sometido al poder de otras naciones, menciona siete fuentes de salvación, pues el siete significa totalidad. A continuación ve cómo Dios salva a su pueblo con el mismo tipo de elementos con que castiga a sus enemigos:

1. El agua de la roca en el desierto salva de la sed a los israelitas, mientras el agua con sangre del Nilo deja a los egipcios sin poder beber (Sab 11 4-14).
2. Las codornices alimentan a los israelitas en el desierto, mientras las ranas son una terrible plaga para los egipcios (16 1-4).
3. Dios protege a los israelitas de las serpientes con el bastón de bronce de Moisés, mientras las langostas dañan fuertemente a Egipto (16 5-14).
4. El maná alimenta al pueblo en su peregrinar, mientras el granizo y el fuego dañan las tierras y posesiones egipcias (16 15-29).
5. La columna de fuego guía al pueblo de Dios, mientras la oscuridad da terror y paraliza a los egipcios (17 1-21).
6. Los israelitas preparan su liberación, mientras mueren los primogénitos de los egipcios (18 5-25).
7. Los israelitas cruzan con éxito el mar Rojo, mientras los ejércitos egipcios perecen en él, lo que permite la creación del Pueblo de Dios (19 1-9).

Sab 16 1-4

y atormentados con una infinidad de bichos.
2 En lugar de ese castigo,
fuiste benévolo con tu pueblo,
y para satisfacer su voraz apetito,
le preparaste como alimento
un manjar exquisito: ¡las codornices!
3 Así los egipcios, a pesar de su deseo de comer,
perdieron el apetito natural,
ante el aspecto repugnante
de los animales enviados contra ellos;
tu pueblo, en cambio, sometido a privación
por poco tiempo,
participó de un manjar exquisito.
4 Porque era necesario
que a aquellos opresores
les sobreviniera una penuria inevitable
y que a estos solo se les hiciera ver
cómo eran atormentados sus enemigos.

Las langostas y la serpiente de bronce

Nm 21 4-9; Jn 3 14-17; Ex 8 16-20; 10 4-15; Is 55 10-11

5 Incluso cuando se desencadenó
sobre tu pueblo
el furor terrible de animales feroces,
y ellos perecían por la mordedura
de serpientes huidizas,
tu ira no duró hasta el extremo.
6 A manera de advertencia,
fueron atribulados por poco tiempo,
teniendo ya una prenda de salvación
para que recordaran
el mandamiento de tu Ley;
7 en efecto,
aquel que se volvía hacia ella era salvado,
no por lo que contemplaba, sino por ti,
el Salvador de todos.
8 Así demostraste a nuestros enemigos
que eres tú el que libra de todo mal:
9 ellos murieron por la picadura
de langostas y moscas,
y no se podía encontrar
un remedio para sus vidas,
porque merecían ser castigados
por esos animales.
10 Pero contra tus hijos, ni siquiera pudieron
los dientes de las serpientes venenosas,
porque tu misericordia vino
a su encuentro y los sanó.
11 Para que se acordaran de tus palabras,
eran aguijoneados y se curaban rápidamente,
no sea que cayeran en un profundo olvido
y así quedaran excluidos
de tu acción bienhechora.
12 Y no los sanaron las hierbas ni los ungüentos
sino tu palabra, Señor, que todo lo cura.
13 Porque tú tienes poder sobre la vida y la muerte,
haces bajar a las puertas del Abismo
y haces subir de allí.
14 El hombre, en su malicia, puede matar,
pero no hace volver el espíritu
una vez que se fue,
ni libera al alma recibida por el Abismo.

El granizo y el maná

Ex 9 24-25; Sal 78 47-49; Ex 16; Dt 8 3

15 Es imposible escapar de tu mano.
16 Los impíos que rehusaban conocerte
fueron golpeados por la fuerza de tu brazo:
los acosaron lluvias insólitas, granizadas,

aguaceros implacables,
y el fuego los consumió.
17 Pero lo más extraño era que en el agua,
que todo lo apaga,
el fuego se encendía más,
porque el universo combate
en defensa de los justos.
18 Unas veces, las llamas se apaciguaban
para no abrasar a los animales
enviados contra los impíos,
y para que, al verlas, estos
se sintieran perseguidos por un juicio de Dios.
19 Otras veces, dentro mismo del agua,
las llamas ardían con una fuerza superior
a la del fuego,
para destruir las cosechas
de una tierra injusta.
20 En lugar de esto, nutriste a tu pueblo
con un alimento de ángeles,
y sin que ellos se fatigaran,
les enviaste desde el cielo
un pan ya preparado,
capaz de brindar todas las delicias
y adaptado a todos los gustos.
21 Y el sustento que les dabas manifestaba
tu dulzura hacia tus hijos,
porque, adaptándose al gusto
del que lo comía,
se transformaba según el deseo de cada uno.
22 La nieve y el hielo resistían al fuego
sin derretirse,
a fin de que supieran que solamente
los frutos de los enemigos
eran destruidos por el fuego
que ardía en medio del granizo
y fulguraba bajo la lluvia;
23 mientras que, por el contrario, ese mismo
fuego olvidaba hasta su propio poder,
para respetar el alimento de los justos.
24 Porque la creación,
que está al servicio de ti, su Creador,
se pone en tensión para castigar a los injustos
y se distiende para beneficiar
a los que confían en ti.
25 Por eso también entonces,
transformándose completamente,
ella estaba al servicio de tu generosidad,
que a todos alimenta,
de acuerdo con el deseo
de los que te suplicaban.
26 Así los hijos que tú has amado, Señor,
debían aprender
que no son las diversas clases de frutos
los que alimentan al hombre,
sino que es tu palabra la que sostiene
a los que creen en ti.
27 Porque lo que el fuego no lograba destruir
se derretía al simple calor
de un tenue rayo de sol,
28 para que se pusiera bien de manifiesto
que hay que anticiparse al sol
para darte gracias
y encontrarse contigo al despuntar el día.
29 Pero la esperanza del ingrato se diluirá
como la escarcha invernal
y correrá como agua inservible.

Los horrores de las tinieblas

Rom 11 33-35; Ex 10 21-23; 13 21-22

17 1 Grandes e inenarrables
son tus juicios,
por eso, las almas ignorantes se extraviaron.
2 Porque cuando los impíos pensaban
que podían oprimir a una nación santa,
yacían encadenados en las tinieblas,
prisioneros de una larga noche,
encerrados bajo sus techos,
excluidos de la providencia eterna.
3 Ellos pensaban mantenerse ocultos
con sus pecados secretos,
bajo el oscuro velo del olvido,
pero fueron dispersados,
presa de terrible espanto,
y aterrorizados por fantasmas.
4 Porque el reducto que los protegía
no los preservaba del miedo;
ruidos estremecedores resonaban
a su alrededor
y se les aparecían espectros lúgubres,
de rostro sombrío.
5 Ningún fuego tenía fuerza suficiente
para alumbrar,
ni el resplandor brillante de las estrellas
lograba iluminar aquella horrible noche.
6 Solamente brillaba para ellos
una masa de fuego que se encendía
por sí misma, sembrando el terror,
y una vez desaparecida aquella visión,
quedaban aterrados
y consideraban lo que habían visto
peor de lo que era.
7 Los artificios de la magia
resultaban ineficaces,
y su pretendida ciencia
quedaba vergonzosamente desmentida,
8 porque los que prometían liberar
las almas enfermas de temores y sobresaltos,
estaban, ellos mismos,
enfermos de un temor ridículo.
9 Aunque nada terrorífico les infundiera temor,
horrorizados por el paso de los bichos
y el silbido de los reptiles,
10 se morían de miedo,
y hasta rehusaban mirar el aire,
del que nadie puede escapar.
11 Porque la maldad es cobarde
y su propio testimonio la condena:
acosada por la conciencia,
imagina siempre lo peor.
12 El miedo, en efecto, no es sino el abandono
de la ayuda que da la reflexión:
13 cuanto menos se cuenta

con esa seguridad interior,
tanto más grave se considera ignorar
la causa del tormento.
14 Durante esa noche
verdaderamente impotente,
salida de las profundidades
del Abismo impotente,
sumergidos en un mismo sueño,
15 eran perseguidos a la vez
por espectros monstruosos
y paralizados por el desfallecimiento
de su alma,
porque un terror repentino e inesperado
los había invadido.
16 Así, cualquiera que caía en ese estado
quedaba prisionero,
encerrado en esa prisión sin hierros.
17 Ya fuera labrador o pastor,
o trabajara en lugares solitarios,
al ser sorprendido, tenía que soportar
la ineludible necesidad,
18 porque todos estaban atados
por una misma cadena de tinieblas.
El silbido del viento,
el canto melodioso de los pájaros
en la arboleda,
el ruido cadencioso de las aguas
en su impetuoso correr,
19 el violento estruendo de las rocas
cayendo en avalanchas,
la invisible carrera de animales encabritados,
el rugido de las fieras más salvajes,
el eco que retumba
en los huecos de las montañas,
todo los llenaba de terror y los paralizaba.
20 Porque el mundo entero estaba iluminado
por una luz resplandeciente
y se dedicaba libremente a sus trabajos;
21 solamente sobre ellos
se extendía una pesada noche,
imagen de las tinieblas
que les estaban reservadas.
Pero más que de las tinieblas,
ellos sentían el peso de sí mismos.

La columna de fuego

18 1 Para tus santos, en cambio,
brillaba una intensa luz.
Los egipcios, que oían sus voces,
sin distinguir su figura,
los consideraban dichosos
porque no tenían que sufrir como ellos,
2 les daban *gracias porque*
no se vengaban de los daños recibidos,
y les pedían perdón por su actitud hostil.
3 En lugar de esas tinieblas,
diste a los tuyos una columna de fuego,
para que les sirviera de guía
en un camino desconocido
y del sol inofensivo
en su gloriosa emigración.
4 Pero merecían estar privados de la luz
y prisioneros de las tinieblas
los que habían retenido cautivos a tus hijos,
por quienes debía transmitirse al mundo
la luz incorruptible de la Ley.

La muerte de los primogénitos

Ex 1 22 - 2 10; 12 29-30; 14 26-28;
Dt 1 31; Ap 19 11-13.15

5 Como ellos habían resuelto hacer perecer
a los hijos pequeños de los santos
—y de los niños expuestos al peligro,
uno solo se salvó—
para castigarlos, tú les arrebataste
un gran número de sus hijos
y los hiciste perecer a todos juntos
en las aguas impetuosas.
6 Aquella noche fue dada a conocer
de antemano a nuestros padres,
para que, sabiendo con seguridad
en qué juramentos habían creído,
se sintieran reconfortados.
7 Tu pueblo esperaba, a la vez,
la salvación de los justos
y la perdición de sus enemigos;
8 porque con el castigo que infligiste
a nuestros adversarios,
tú nos cubriste de gloria, llamándonos a ti.
9 Por eso, los santos hijos de los justos
ofrecieron sacrificios en secreto,
y establecieron de común acuerdo
esta ley divina:
que los santos compartirían igualmente
los mismos bienes y los mismos peligros;
y ya entonces entonaron
los cantos de los Padres.
10 Les hacía eco el clamor confuso
de sus enemigos,
y se propagaban los gritos lastimeros
de los que lloraban a sus hijos.
11 Un mismo castigo hería al esclavo y al dueño,
el hombre del pueblo sufría
lo mismo que el rey.
12 Todos por igual
tenían innumerables cadáveres,
abatidos por el mismo género de muerte.
Los sobrevivientes no daban abasto
para sepultarlos,
porque en un instante había sido destruido
lo mejor de su estirpe.
13 Así, aquellos que a causa de los sortilegios
se habían vuelto totalmente incrédulos,
ante la pérdida de sus primogénitos,
confesaron que ese pueblo era hijo de Dios.
14 Cuando un silencio apacible
envolvía todas las cosas,
y la noche había llegado
a la mitad de su rápida carrera,
15 tu Palabra omnipotente se lanzó

VIVE LA PALABRA

El recurso que cuanto más se usa, más abunda

El libro de la Sabiduría finaliza con una declaración de fe: «Por todos los medios, Señor, tu has engrandecido y glorificado a tu pueblo, y no has dejado de asistirlo en todo tiempo y lugar» (Sab 19 22). Oramos a Dios cuando tenemos problemas porque tenemos fe en su ayuda, aunque a veces su respuesta sea distinta de la que le pedimos.

La palabra que utiliza la Iglesia para nombrar la ayuda gratuita de Dios es *gracia*. A diferencia de nuestros recursos naturales, la *gracia* jamás está en peligro de agotarse. De hecho, ¡mientras más la aprovechemos, más la obtendremos!

Recuerda los tiempos difíciles que has padecido, la gente que te ha apoyado, las luces y fuerzas que Dios te ha dado para seguir adelante. Escríbelos. Te sorprenderás al ver cómo te ha ayudado Dios, e incrementará tu confianza en su gracia (ver «La gracia fruto de la salvación», Rom 5 1-11).

Concluye esta reflexión al orar con el Salmo 23 y siempre recuerda: la *gracia* de Dios es un recurso que cuanto más lo usas, más abunda.

Sab 19 22

desde el cielo, desde el trono real,
como un guerrero implacable,
en medio del país condenado al exterminio.
Empuñando como una espada afilada
tu decreto irrevocable,
16 se detuvo y sembró la muerte
por todas partes:
a la vez que tocaba el cielo,
avanzaba sobre la tierra.
17 Entonces, bruscamente, las visiones
de horribles pesadillas los sobresaltaron,
y los invadieron terrores inesperados.
18 Tendidos medio muertos por todas partes,
hacían saber cuál era la causa de su muerte,
19 porque los sueños que los habían agitado
se lo habían advertido de antemano,
para que no perecieran sin saber
por qué padecían esos males.

El castigo de los israelitas en el desierto

Nm 17 6-15; 1 Cor 10 8; Ex 32 11-13

20 También los justos
experimentaron la muerte,
y una multitud fue masacrada en el desierto.
Pero la ira divina no duró mucho tiempo,
21 porque muy pronto un hombre irreprochable
salió en su defensa,
con las armas de su propio ministerio:
la oración y el incienso expiatorio.
Él afrontó la cólera divina
y puso fin a la calamidad,
demostrando así que era tu servidor.
22 Él venció la animosidad divina,
no con la fuerza del cuerpo
ni con el poder de las armas,
sino que, por medio de la palabra,
hizo entrar en razón al que infligía el castigo,
recordándole las alianzas
y los juramentos hechos a los Padres.
23 Cuando los cadáveres yacían amontonados
unos sobre otros,
él se interpuso, contuvo la cólera divina
y le cerró el camino hacia los que aún vivían.
24 Porque sobre sus vestiduras sacerdotales
estaba el mundo entero,
sobre las cuatro hileras de piedras preciosas
estaban grabados los nombres gloriosos
de los Padres,
y sobre la diadema de su cabeza
estaba tu Majestad.
25 Ante esto, el Exterminador retrocedió
lleno de temor,
ya que bastaba con una sola prueba de tu ira.

La persecución de los israelitas y el paso del mar Rojo

Ex 11 1; 14 5-9.19-22; 15; 16 13

19 1 Pero sobre los impíos se abatió
hasta el fin una ira despiadada,
porque Dios tenía previsto lo que ellos harían:
2 después de dejar que el pueblo se fuera,
y de ungirlos a partir apresuradamente,
ellos, cambiando de idea,
saldrían a perseguirlos.
3 En efecto, cuando todavía celebraban
sus ritos fúnebres
y se lamentaban junto a las tumbas
de sus muertos,
concibieron otro proyecto descabellado:
a los que ellos mismos habían rogado
que se fueran
los comenzaron a perseguir como fugitivos.
4 La fuerza de las cosas los arrastraba

SAB

con toda justicia a ese extremo
y les hacía olvidar lo que había sucedido,
para que terminaran de sufrir el castigo
que aún faltaba a sus tormentos:
5 así, mientras tu pueblo emprendía
una maravillosa travesía,
ellos encontrarían una muerte insólita.
6 Porque la creación entera,
obedeciendo a tus órdenes,
adquiría nuevas formas
en su propia naturaleza,
para que tus hijos
fueran preservados incólumes.
7 Se vio a la nube cubrir
el campamento con su sombra
y emerger la tierra seca
de lo que antes era agua;
apareció en el mar Rojo
un camino despejado y una verde llanura,
entre las olas impetuosas:
8 por allí pasó todo un pueblo,
protegido por tu mano,
contemplando prodigios admirables.
9 Eran como caballos en un pastizal
y retozaban como corderos,
alabándote a ti, Señor, su liberador.
10 Todavía recordaban
lo que había sucedido en su destierro:
cómo los mosquitos,
en lugar de reproducirse naturalmente,
fueron producidos por la tierra,
y cómo las ranas, en lugar de nacer
de otros animales acuáticos,
fueron vomitadas por el Río en gran cantidad.
11 Más tarde, vieron también
un nuevo modo de nacer las aves:
cuando, excitados por la gula,
ellos reclamaron manjares delicados,
12 para reconfortarlos,
subieron codornices desde el mar.

Egipto, más culpable que Sodoma

Gn 45 17-20; 47 1-12; Ex 1 8-14; 5 4-18

13 Pero sobre los pecadores
se abatieron los castigos,
no sin antes ser preanunciados
por la furia de los rayos:
con toda justicia, ellos sufrían
a causa de su maldad,
ya que habían llevado al extremo
su odio contra el extranjero.
14 Porque otros no recibieron
a los desconocidos que llegaban,
pero estos redujeron a servidumbre
a huéspedes bienhechores.
15 Más aún, aquellos
—y eso se les tendrá en cuenta—
mostraron desde el principio hostilidad
ante el extranjero;
16 pero estos, en cambio, después de recibir
a tu pueblo con fiestas,
y de hacerlo participar
de sus mismos derechos,
lo maltrataron con terribles trabajos.
17 Por eso fueron castigados con la ceguera
—como aquellos otros
a las puertas del justo—
cuando rodeados de profundas tinieblas,
cada uno buscaba el acceso de su puerta.

Transformaciones de la naturaleza durante el éxodo

Is 45 17.25

18 Así, los elementos intercambiaban
entre sí sus propiedades,
como en un instrumento de cuerdas
los sonidos cambian de ritmo,
permaneciendo siempre la misma tonalidad.
Esto es lo que se infiere claramente
al examinar lo sucedido:
19 seres terrestres se volvían acuáticos,
los que nadan se desplazaban sobre la tierra;
20 el fuego superaba en el agua
su propia fuerza
y el agua olvidaba su poder de apagar;
21 las llamas, por el contrario,
no consumían la carne
de los seres corruptibles
que pasaban por ellas,
ni tampoco derretían aquel alimento divino,
parecido a la escarcha
y tan fácil de disolverse.

Doxología final

22 Por todos los medios, Señor,
tú has engrandecido y glorificado a tu pueblo,
y no has dejado de asistirlo
en todo tiempo y lugar.

Imagina que, hace muchos años, tu abuelo —un hombre famoso por su manera de ver la vida y sus sabios consejos— escribió un libro en el que virtió toda su sabiduría. Recientemente encuentras el libro y descubres que tiene la respuesta a muchos problemas y situaciones que tú y tus amigos enfrentan actualmente. Pero, el libro está escrito en la lengua natal de tu abuelo, y tus amigos no lo entienden. ¿Qué haces? ¡Traduces el libro! Exactamente esto hizo el nieto de Jesús Ben Sira. Tradujo al griego el libro hebreo que había escrito su abuelo, para transmitir su sabiduría.

ECLESIÁSTICO

ESQUEMA

- **1 – 23.** Colección de sentencias
- **24 1 – 42 14.** Grandeza, excelencia y postulados sociales de la Sabiduría
- **42 15 – 50 29.** La Sabiduría en la naturaleza y en la historia
- **51.** Apéndices

DATOS

Autor
Jesús Ben Sirá
Fecha de redacción
Primeras décadas del *siglo II*
Temas
Identifica la sabiduría religiosa con la Ley y tiene una visión universal
Nota
Es un libro deuterocanónico (ver «¿Por qué la Biblia católica tiene más libros que otras Biblias?», p. 35)

PRESENTACIÓN

El Eclesiástico es el único libro del Antiguo Testamento firmado por su autor, Jesús Ben Sirá, un maestro que educó a sus jóvenes discípulos en las cosas de Dios y les enseñó a resolver los problemas de la vida. Escribió con el fin de transmitirles las sabias orientaciones de sus mayores para alcanzar la felicidad.

Este libro, también conocido como Sirácida, es el ejemplo más completo de la literatura sapiencial judía existente. Ofrece una síntesis de la sabiduría de Israel e insiste en temas que considera importantes, escrita en proverbios, himnos y alabanzas; la obra es una especie de manual para ser sabio.

Tiene, además, una visión universal. Considera que la Ley de Moisés también aplica a los griegos y reconoce que Dios interviene en la historia de toda la humanidad, aunque ciertamente Israel es su pueblo elegido. Al presentar a Dios como único autor y guía del universo, con pleno dominio sobre el bien y el mal, el destino del ser humano y todo lo creado, a veces, parece que Ben Sirá tiene una imagen determinista de Dios. Sin embargo, su énfasis en la libertad y la responsabilidad personal a la hora de elegir un camino bueno o malo desmiente esa interpretación de sus escritos.

Cree en la justicia de Dios y en la retribución, según la doctrina tradicional del premio y castigo en esta tierra, y explica el éxito de los malvados como una mirada superficial a lo que sucede en la profundidad de su vida, donde la justicia divina actúa de manera coherente y acertada. Su visión sobre la mujer es más negativa que en el resto del Antiguo Testamento y no se mantiene en el marco total de la Sagrada Escritura, por lo que no hay que concluir que las mujeres son la fuente de los problemas de los hombres, como expresa Ben Sirá.

PRÓLOGO DEL TRADUCTOR

Muchas e importantes enseñanzas nos han sido transmitidas por la Ley, los Profetas y los otros Escritores que los han seguido, por los cuales se debe elogiar a Israel a causa de su instrucción y su sabiduría. Pero es un deber para los que leen esos Libros, no solo adquirir ciencia personalmente, sino también poder ser útiles a los de afuera, con la palabra y los escritos. Por eso, mi abuelo Jesús, después de haberse aplicado intensamente a la lectura de la Ley, de los Profetas y de los otros Libros de los antepasados, en los que adquirió una gran competencia, se decidió también él a escribir algo sobre temas de instrucción y sabiduría, de manera que los hombres deseosos de aprender, aplicándose a estas disciplinas, hicieran mayores progresos en la manera de vivir conforme a la Ley. Por lo tanto, ustedes están invitados *a leer esto con benévola* atención, y a mostrarse indulgentes allí donde pudiera parecer que, a pesar de nuestros denodados esfuerzos de interpretación, no hemos logrado acertar en alguna expresión. Porque lo que está expresado en hebreo no conserva su misma fuerza cuando se lo traduce a otra lengua. Y esto no sucede de solo aquí, sino que la misma Ley, los Profetas y los demás Libros presentan diferencias notables cuando se los lee en el original.

Ahora bien, en el año 38 del rey Evergetes, cuando yo vine a Egipto y me quedé allí, descubrí un ejemplar de esta valiosa instrucción, y juzgué extremadamente necesario aportar mi dedicación y esfuerzo a traducir ese Libro. He consagrado muchos desvelos y ciencia, durante este período, hasta llevar a buen término y publicar este Libro, para aquellos que, en el extranjero, están deseosos de aprender, a fin de ajustar sus costumbres a una vida conforme a la Ley.

COLECCIÓN DE SENTENCIAS

La Sabiduría, don del Señor

Sab 7 25-26; Eclo 24 8-9; Prov 8 22;
Job 28 12-23; Hch 2 17-18

1 [1] Toda sabiduría viene del Señor,
y está con él para siempre.
[2] ¿Quién puede contar la arena de los mares,
las gotas de la lluvia y los días de la eternidad?
[3] ¿Quién puede medir la altura del cielo,
la extensión de la tierra, el abismo y la sabiduría?

4 Antes que todas las cosas
fue creada la sabiduría
y la inteligencia previsora, desde la eternidad.
5 El manantial de la sabiduría
es la Palabra de Dios en las alturas,
y sus canales son los mandamientos eternos.
6 ¿A quién fue revelada la raíz de la sabiduría
y quién conoció sus secretos designios?
7 ¿A quién se le manifestó la ciencia de la sabiduría
y quién comprendió la diversidad
de sus caminos?
8 Solo uno es sabio, temible en extremo:
el Señor, que está sentado en su trono.
9 Él mismo la creó, la vio y la midió,
y la derramó sobre todas sus obras:
10 la dio a todos los hombres, según su generosidad,
y la infundió abundantemente
en aquellos que lo aman.

El temor del Señor, fuente y plenitud de la Sabiduría

Eclo 2 7-17; 34 14-17; 40 26-27;
Prov 1 7; Sal 111 10

11 El temor del Señor es gloria y motivo de orgullo,
es gozo y corona de alegría.
12 El temor del Señor deleita el corazón,
da gozo, alegría y larga vida.
13 Todo terminará bien para el que teme al Señor,
él será bendecido en el día de su muerte.
14 El principio de la sabiduría es el temor del Señor:
ella es creada junto con los fieles
en el seno materno.
15 Anidó entre los hombres para siempre
y permanecerá fielmente con su descendencia.
16 La plenitud de la sabiduría es el temor del Señor
y ella los embriaga con sus frutos:
17 les colma la casa de bienes preciosos
y con sus productos llena sus graneros.
18 La corona de la sabiduría es el temor del Señor:
ella hace florecer el bienestar y la buena salud.
19 El Señor la vio y la midió,
hizo llover la ciencia y el conocimiento,
y exaltó la gloria de los que la poseen.
20 La raíz de la sabiduría es el temor del Señor
y sus ramas son una larga vida.
21 El temor del Señor aleja los pecados:
el que persevera en él aparta la ira divina.

La paciencia y el dominio de sí mismo

Sant 1 19-20; Ecl 1 9

22 Un arrebato indebido no puede justificarse,
porque el ímpetu de la pasión
lleva a la propia ruina.
23 El hombre paciente soporta
hasta el momento oportuno,
pero al fin se llenará de gozo:
24 él reserva sus palabras
hasta el momento oportuno,
y los labios de muchos
proclamarán su inteligencia.

Condiciones para alcanzar la Sabiduría

Eclo 19 20; Ecl 12 13; Eclo 3 17; Mt 5 4;
Sal 12 3; Eclo 5 9.14; 6 1; Sant 1 6-8; Eclo 27 22.23

25 En los tesoros de la sabiduría
están los enigmas de la ciencia,
pero el pecador aborrece la religiosidad.
26 Si deseas la sabiduría, observa los mandamientos,
y el Señor te la dará abundantemente.
27 Porque el temor del Señor es sabiduría e instrucción:
a él le agradan la fidelidad y la mansedumbre.
28 No seas reacio al temor del Señor
ni te acerques a él con doblez de corazón.
29 No seas hipócrita delante de los hombres
y presta atención a tus palabras.
30 No te exaltes a ti mismo, no sea que caigas
y atraigas sobre ti el deshonor:
el Señor revelará tus secretos
y te humillará en medio de la asamblea,
por no haberte acercado al temor del Señor
y porque tu corazón está lleno de falsedad.

VIVE LA PALABRA

Los sabios y los necios

El primer poema de Eclesiástico habla del origen divino de la sabiduría y afirma que su raíz o fundamento es la relación filial y reverente con Dios, llamada temor de Dios. En su tercera parte reflexiona sobre el autocontrol y la sinceridad, y presenta dos modelos de personas: el apasionado-colérico y el paciente-temeroso de Dios.

Lee Eclesiástico 1 22-30 y pregúntate: ¿a quién me parezco más, al malvado/a apasionado/a o a una persona paciente que vive bien su relación con Dios? Después identifica dos versículos que te hablen más directamente y medita sobre cada uno para que te den luz de cómo mejorar tu relación con Dios y adquirir su sabiduría.

Eclo 1 11-20

La constancia en medio de la prueba

Sant 1 2-4; 1 Pe 4 12-13; Prov 3 12; Eclo 34 15-18

2 1 Hijo, si te decides a servir al Señor,
prepara tu alma para la prueba.
2 Endereza tu corazón, sé firme,
y no te inquietes en el momento de la desgracia.
3 Únete al Señor y no te separes,
para que al final de tus días seas enaltecido.
4 Acepta de buen grado todo lo que te suceda,
y sé paciente en las vicisitudes de tu humillación.
5 Porque el oro se purifica en el fuego,
y los que agradan a Dios,
en el crisol de la humillación.
6 Confía en él, y él vendrá en tu ayuda,
endereza tus caminos y espera en él.

La confianza en Dios

Sal 22 5-6; Jn 14 15.21-23; 2 Sm 24 14

7 Los que temen al Señor, esperen su misericordia,
y no se desvíen, para no caer.
8 Los que temen al Señor, tengan confianza en él,
y no les faltará su recompensa.
9 Los que temen al Señor, esperen sus beneficios,
el gozo duradero y la misericordia.
10 Fíjense en las generaciones pasadas y vean:
¿Quién confió en el Señor y quedó confundido?
¿Quién perseveró en su temor y fue abandonado?
¿Quién lo invocó y no fue tenido en cuenta?
11 Porque el Señor es misericordioso y compasivo,
perdona los pecados y salva
en el momento de la aflicción.
12 ¡Ay de los corazones cobardes
y de las manos que desfallecen,
y del pecador que va por dos caminos!
13 ¡Ay del corazón que desfallece,
porque no tiene confianza!
A causa de eso no será protegido.
14 ¡Ay de ustedes, los que perdieron la constancia!
¿Qué van a hacer cuando el Señor los visite?
15 Los que temen al Señor
no desobedecen sus palabras
y los que lo aman siguen fielmente sus caminos.
16 Los que temen al Señor tratan de complacerlo
y los que lo aman se sacian de su Ley.
17 Los que temen al Señor
tienen el corazón bien dispuesto
y se humillan delante de él:
18 «Abandonémonos en las manos del Señor
y no en las manos de los hombres,
porque así como es su grandeza
es también su misericordia».

Los deberes hacia los padres

Ex 20 12; Ef 6 1-3; Mt 21 28-31; 15 4-6;
Prov 19 26; 20 20; 23 22; 30 17

3 1 Hijos, escúchenme a mí, que soy su padre;
hagan lo que les digo, y así se salvarán.

REFLEXIONA

Dios bendice a quien honra a sus padres

Este pasaje invita a honrar a nuestros padres respetándolos, siendo bueno con ellos y cuidándolos con paciencia cuando envejecen. Ben Sirá anuncia que Dios bendice a quienes honran, respetan y obedecen a sus padres, dándoles alegría, escuchando sus oraciones, perdonando sus pecados y dándoles una larga vida.

Piensa un momento en tus padres o las personas que te criaron. Haz una lista de conductas y actitudes de cómo los honras y les muestras tu amor y en qué aspectos sueles fallar con más frecuencia. Termina con una oración espontánea por ellos y por tu relación con ellos.

Eclo 3 1-16

2 Porque el Señor quiere que el padre
sea respetado por sus hijos
y confirmó el derecho de la madre sobre ellos.
3 El que honra a su padre expía sus pecados
4 y el que respeta a su madre
es como quien acumula un tesoro.
5 El que honra a su padre
encontrará alegría en sus hijos
y cuando ore, será escuchado.
6 El que respeta a su padre tendrá larga vida
y el que obedece al Señor
da tranquilidad a su madre.
7 El que teme al Señor honra a su padre
y sirve como a sus dueños
a quienes le dieron la vida.
8 Honra a tu padre con obras y de palabra,
para que su bendición descienda sobre ti,
9 porque la bendición de un padre
afianza la casa de sus hijos,
pero la maldición de una madre
arranca sus cimientos.
10 No busques tu gloria
a costa del deshonor de tu padre,
porque su deshonor no es una gloria para ti:
11 la gloria de un hombre proviene
del honor de su padre
y una madre despreciada
es un oprobio para los hijos.
12 Hijo mío, socorre a tu padre en su vejez
y no le causes tristeza mientras viva.

13 Aunque pierda su lucidez, sé indulgente con él;
no lo desprecies, tú que estás en pleno vigor.
14 La ayuda prestada a un padre
no caerá en el olvido
y te servirá de reparación por tus pecados.
15 Cuando estés en la aflicción,
el Señor se acordará de ti,
y se disolverán tus pecados
como la escarcha con el calor.
16 El que abandona a su padre es como un blasfemo
y el que irrita a su madre
es maldecido por el Señor.

La humildad

Mt 11 25.29; 20 26-28; Flp 2 5-8

17 Hijo mío, realiza tus obras con modestia
y serás amado por los que agradan a Dios.
18 Cuanto más grande seas, más humilde debes ser,
y así obtendrás el favor del Señor,
20 porque el poder del Señor es grande
y él es glorificado por los humildes.

Contra las investigaciones superfluas

Sal 131 1

21 No pretendas lo que es demasiado difícil para ti,
ni trates de indagar lo que supera tus fuerzas:
22 reflexiona sobre lo que te ha sido mandado,
porque a ti no te conciernen las cosas secretas.
23 No te ocupes de cosas que están por encima de ti:
lo que te ha sido revelado
ya es demasiado para la inteligencia.
24 Porque muchos se extraviaron
por sus especulaciones
y su imaginación perversa
falseó sus pensamientos.
25 Si no tienes pupilas, te faltará la luz;
si careces de ciencia, no afirmes nada.

Contra el orgullo

Ex 7 14; 8 28; Prov 28 14; Eclo 14 20-21

26 El hombre obstinado termina mal,
y el que ama el peligro perecerá en él.
27 El corazón obstinado soportará muchos males,
y el pecador acumula un pecado sobre otro.
28 No hay remedio para el mal del orgulloso,
porque una *planta maligna*
ha echado raíces en él.
29 El corazón inteligente medita los proverbios
y el sabio desea tener un oído atento.

La limosna

Dt 15 7-11; Eclo 29 8-10; 7 32-36; 1 Pe 4 8;
Eclo 7 32-36; 18 15-18; 29 8-13

30 El agua apaga las llamas del fuego
y la limosna expía los pecados.
31 El que devuelve los favores
piensa en lo que vendrá después,
y cuando esté por caer, encontrará un apoyo.

La ayuda a los necesitados

Prov 3 27-28; Sal 41 2-4; Lc 6 35; Is 49 15

4 1 Hijo mío, no prives al pobre de su sustento
ni hagas languidecer los ojos del indigente.
2 No hagas sufrir al que tiene hambre
ni irrites al que está en la miseria.
3 No exasperes más aún al que ya está irritado
ni hagas esperar tu don al que lo necesita.
4 No rechaces la súplica del afligido
ni apartes tu rostro del pobre.
5 No apartes tus ojos del indigente
ni des lugar a que alguien te maldiga:
6 porque si te maldice con amargura en el alma,
su Creador escuchará su plegaria.
7 Procura hacerte amar de la asamblea,
y ante un poderoso, inclina la cabeza.
8 Vuelve tu oído hacia el pobre
y devuélvele el saludo con dulzura.
9 Arranca al oprimido de las manos del opresor
y no te acobardes al hacer justicia.
10 Sé un padre para los huérfanos
y como un marido para su madre:
así serás como un hijo del Altísimo
y él te amará más que tu propia madre.

La pedagogía y los dones de la Sabiduría

Sab 7 11-14; 8 17-18; Prov 3 13-18.35; Dn 2 21-22

11 La sabiduría encumbra a sus hijos
y cuida de aquellos que la buscan.
12 El que la ama, ama la vida,
y los que la buscan ardientemente
serán colmados de gozo.
13 El que la posee heredará la gloria,
y dondequiera que vaya, el Señor lo bendecirá.
14 Los que la sirven rinden culto al Santo
y los que la aman son amados por el Señor.
15 El que la escucha juzgará a las naciones
y el que le presta atención habitará seguro.
16 El que confía en ella la recibirá en herencia
y sus descendientes también la poseerán.
17 Al comienzo, ella lo conducirá
por un camino sinuoso,
le infundirá temor y estremecimiento
y lo hará sufrir con su disciplina,
hasta que tenga confianza en él
y lo haya probado con sus exigencias.
18 Después, volverá a él por el camino recto,
lo alegrará y le revelará sus secretos.
19 Si él se desvía, ella lo abandonará
y lo dejará librado a su propia caída.

La prudencia y la justicia

Eclo 20 22; 41 16 – 42 8; Jn 18 37; Hch 20 35

20 Ten en cuenta el momento y cuídate del mal,
y no te avergüences de ti mismo.
21 Porque hay una vergüenza que lleva al pecado,
y hay otra vergüenza que es gloria y gracia.

NO TARDES EN VOLVER
AL SEÑOR, DEJANDO PASAR
UN DÍA TRAS OTRO. Eclo 5 7

22 No te perjudiques por tener en cuenta a los demás,
y que la vergüenza no provoque tu caída.
23 No dejes de hablar cuando sea necesario,
ni escondas tu sabiduría.
24 Porque la sabiduría se reconoce en las palabras,
y la instrucción, en la manera de hablar.
25 No digas nada contrario a la verdad
y avergüénzate de tu falta de instrucción.
26 No tengas vergüenza de confesar tus pecados
ni pretendas oponerte a la corriente de un río.
27 No te rebajes ante un hombre necio
ni seas parcial en favor del poderoso.
28 Lucha hasta la muerte por la verdad,
y el Señor Dios luchará por ti.
29 No seas atrevido con la lengua,
ni perezoso y descuidado en tus acciones.
30 No seas como un león dentro de tu casa,
y cobarde entre tus servidores.
31 No tengas la mano abierta para recibir
y cerrada cuando hay que dar.

La falsa seguridad del rico y del pecador

Lc 12 15-21; Ecl 8 11-14; Eclo 16 11-13;
Rom 2 4; 3 25; Lc 12 35-40

5 1 No te fíes de tus riquezas ni digas:
«Con esto me basta».
2 No dejes que tu deseo y tu fuerza
te lleven a obrar según tus caprichos.
3 No digas: «¿Quién podrá dominarme?»,
porque el Señor da a cada uno su merecido.
4 No digas: «Pequé, ¿y qué me sucedió?»,
porque el Señor es paciente.
5 No estés tan seguro del perdón,
mientras cometes un pecado tras otro.
6 No digas: «Su compasión es grande;
él perdonará la multitud de mis pecados»,
porque en él está la misericordia,
pero también la ira,
y su indignación recae sobre los pecadores.
7 No tardes en volver al Señor,
dejando pasar un día tras otro,
porque la ira del Señor irrumpirá súbitamente
y perecerás en el momento del castigo.
8 No te fíes de las riquezas adquiridas injustamente:
de nada te servirán en el día de la desgracia.

Contra los pecados de la lengua

Mt 5 37; Sant 5 12; 3 6; Eclo 28 13-26

9 No te dejes llevar por todos los vientos
ni vayas por cualquier camino:
así obra el pecador que habla con doblez.
10 Sé firme en tus convicciones
y que tu palabra sea una sola.
11 Está siempre dispuesto a escuchar
y sé lento para responder.
12 Si sabes, responde a tu prójimo;
de lo contrario, quédate callado.
13 Las palabras traen gloria o deshonor,
y la lengua del hombre puede provocar su caída.
14 Que no tengan que llamarte chismoso,
y no seas insidioso al hablar,
porque la vergüenza pesa sobre el ladrón
y una severa condena
sobre el que habla con doblez.
15 No faltes ni en lo grande ni en lo pequeño,
y de amigo, no te vuelvas enemigo,
6 1 porque la mala fama heredará
vergüenza y oprobio:
esta es la suerte del pecador
que habla con doblez.

Contra los arrebatos de la pasión

Jn 15 5-6; Lc 23 31

2 No te dejes arrastrar por el capricho de tu pasión,
para no ser despedazado como un toro:
3 devorarías tus ramas, perderías tus frutos
y te convertirías en un tronco seco.
4 Una pasión violenta pierde al que la tiene
y hace que sus enemigos se rían de él.

La verdadera y la falsa amistad

Eclo 37 1-15; 19 4; 12 8-9; Prov 19 4.7

5 Las palabras dulces multiplican los amigos
y un lenguaje amable
favorece las buenas relaciones.
6 Que sean muchos los que te saludan,
pero el que te aconseja, sea uno entre mil.
7 Si ganas un amigo, gánalo en la prueba,
y no le des confianza demasiado pronto.
8 Porque hay amigos ocasionales,
que dejan de serlo en el día de tu aflicción.
9 Hay amigos que se vuelven enemigos,
y para avergonzarte,
revelan el motivo de la disputa.
10 Hay amigos que comparten tu mesa
y dejan de serlo en el día de la aflicción.
11 Mientras te vaya bien, serán como tú mismo
y hablarán abiertamente con tus servidores;
12 pero si te va mal, se pondrán contra ti
y se esconderán de tu vista.
13 Sepárate de tus enemigos
y sé precavido con tus amigos.
14 Un amigo fiel es un refugio seguro:
el que lo encuentra ha encontrado un tesoro.
15 Un amigo fiel no tiene precio,
no hay manera de estimar su valor.
16 Un amigo fiel es un bálsamo de vida,
que encuentran los que temen al Señor.
17 El que teme al Señor encamina bien su amistad,
porque como es él, así también será su amigo.

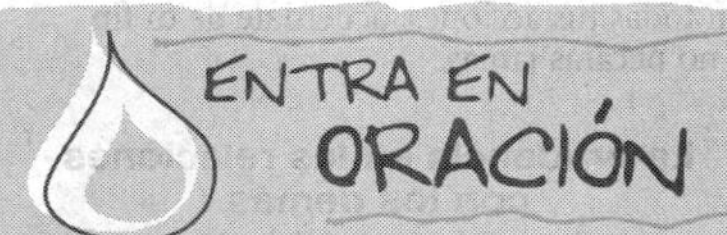

Amigos

Lee Eclesiástico 6 5-17 y haz la siguiente oración por tus amigos:

Dios de la amistad,

Gracias por mis amigos, particularmente por los que me dan sabios consejos, los que me motivan a crecer y a servir, los que me apoyan en la vida. Te doy gracias por...

Continúa dándome buenos amigos para...

Ayúdame a ser un buen amigo. Sé que... y... necesitan amistad. Dime qué quieres que haga por ellos...

Te pido ahora por amigos de mi pasado, para que los bendigas y protejas...

Ayúdame a llevar buenas amistades, donde nos aceptemos y exijamos mutuamente, para siempre serte fiel a ti, el amigo por excelencia. Amén.

Eclo 6 5-17

El aprendizaje de la Sabiduría

Eclo 4 11-19; 51 13-30; Sab 6 12-16

18 Hijo mío, desde tu juventud, busca la instrucción,
y hasta en tu vejez, encontrarás la sabiduría.
19 Acércate a ella como el que ara y el que siembra,
y espera pacientemente sus buenos frutos:
al cultivarla, te fatigarás un poco,
pero muy pronto comerás de sus productos.
20 ¡Qué dura les parece a los ignorantes!
El insensato no se mantiene fiel a ella:
21 ella lo oprime como una piedra pesada
y no tarda en sacársela de encima.
22 Porque la sabiduría hace honor a su nombre
y no se manifiesta a muchos.
23 Escucha, hijo mío, acepta mi doctrina
y no rechaces mi consejo.
24 Mete tus pies en sus cepos
y tu cuello en su collar.
25 Doblega tus espaldas y carga con ella,
y no te irrites por sus cadenas.
26 Acércate a ella con toda tu alma
y permanece en sus caminos
con todas tus fuerzas.
27 Sigue sus huellas y búscala:
la sabiduría se te dará a conocer,
y una vez que la poseas, no la dejes,
28 porque al fin encontrarás en ella el descanso
y ella se convertirá en tu alegría.
29 Sus cepos serán un refugio poderoso,
y sus collares, un manto de gloria.
30 Su yugo será un adorno de oro,
y sus cadenas, un tejido de jacinto.
31 Te revestirás de ella como de un manto de gloria
y te la ceñirás como una corona de júbilo.
32 Si quieres, hijo mío, serás instruido,
y si pones empeño, sabrás desenvolverte.
33 Si te gusta escuchar, aprenderás,
y si prestas atención, llegarás a ser sabio.
34 Frecuenta las reuniones de los ancianos
y si hay algún sabio, adhiérete a él.
35 Procura escuchar todo lo que se refiera a Dios
y que no se te escapen las máximas profundas.
36 Si ves a un hombre inteligente,
ve enseguida hacia él
y que tus pies gasten el umbral de su puerta.
37 Examina detenidamente los preceptos del Señor
y medita sin cesar sus mandamientos:
él mismo afirmará tu corazón
y te dará la sabiduría que deseas.

La conducta en la vida pública

Gn 4 7; Prov 22 8; Gal 6 7-8; Mt 6 7;
Is 66 24; Eclo 34 18 – 35 10

7 1 No hagas el mal, y el mal
no se apoderará de ti;
2 apártate de la injusticia, y ella se apartará de ti.
3 No siembres, hijo mío,
en los surcos de la injusticia,
no sea que coseches siete veces más.
4 No pidas al Señor un puesto importante
ni al rey un sitial de honor.
5 No quieras pasar por justo delante del Señor
ni te hagas el sabio delante del rey.
6 No aspires al cargo de juez,
no sea que no puedas extirpar las injusticias
o te dejes intimidar por un poderoso,
y así pongas en peligro tu rectitud.
7 No ofendas a la asamblea de la ciudad
ni te degrades delante de la multitud.
8 No incurras dos veces en pecado,
porque ni uno solo quedará impune.
9 No digas:
«El Señor apreciará la multitud de mis dones;
cuando los presente al Dios Altísimo,
él los aceptará».
10 No dejes de orar confiadamente
ni te olvides de dar limosna.
11 No te burles del hombre que está amargado,
porque hay Alguien que humilla
y también exalta.
12 No urdas mentiras contra tu hermano
ni lo hagas tampoco contra un amigo.
13 No digas nunca una mentira,
porque esa costumbre no conduce a nada bueno.
14 No hables demasiado
en la asamblea de los ancianos
ni repitas las palabras en tu oración.
15 No detestes los trabajos penosos
ni el trabajo del campo, creado por el Altísimo.

16 No te agregues a la multitud de los pecadores:
recuerda que la ira del Señor no tardará.
17 Sé profundamente humilde,
porque fuego y gusanos son el castigo del impío.

Deberes hacia los amigos y familiares

Eclo 33 25-33; Dt 24 14-15; Ex 21 2; Dt 15 12-15

18 No cambies a un amigo por dinero
ni a un verdadero hermano por el oro de Ofir.
19 No te apartes de una mujer sabia y buena,
porque su encanto vale más que el oro.
20 No maltrates al servidor que trabaja fielmente
ni al jornalero que se da por entero.
21 Ama de corazón a un servidor inteligente
y no lo prives de su libertad.

Deberes de los padres y los hijos

Prov 27 23; Eclo 30 1-13; Prov 13 24; Eclo 42 9-11

22 Si tienes ganado, cuídalo bien,
y si te da ganancia, consérvalo.
23 Si tienes hijos, edúcalos
y exígeles obediencia desde su niñez.
24 Si tienes hijas, cuídalas para que sean castas
y no te muestres demasiado blando con ellas.
25 Casa a tu hija, y habrás hecho una gran obra,
pero dásela a un hombre inteligente.
26 Si quieres a tu mujer, no la repudies,
pero si no la amas, no te fíes de ella.
27 Glorifica a tu padre de todo corazón
y no olvides los dolores de tu madre;
28 acuérdate que les debes la vida:
¿cómo les retribuirás lo que hicieron por ti?

Deberes hacia los sacerdotes

Dt 6 5; Lv 2 3.10

29 Reverencia al Señor con toda tu alma
y venera a sus sacerdotes.
30 Ama a tu Creador con todas tus fuerzas
y no abandones a sus ministros.
31 Teme al Señor y glorifica al sacerdote,
dale su parte, como se te ha mandado:
las primicias, el sacrificio de reparación
y el lomo de las víctimas,
las ofrendas consagradas
y la primicia de las cosas santas.

Deberes hacia los pobres

Eclo 29 8-13; 37 12; Rom 12 15; Mt 25 35

32 Tiende la mano también al pobre,
y serás plenamente bendecido;
33 sé generoso con todos los vivientes
y no niegues tu piedad a los muertos;
34 no des la espalda a los que lloran
y comparte la aflicción de los que sufren;
35 no dejes de visitar al enfermo:
con tales obras te harás amar.
36 En todas tus acciones, acuérdate de tu fin
y no pecarás jamás.

La prudencia en las relaciones con los demás

Mt 7 1-5; 1 Jn 1 8-10; Eclo 14 17-19

8 1 No disputes con un hombre poderoso,
no sea que caigas en sus manos.
2 No entres en pleito con un hombre rico,
no sea que oponga todo su peso contra ti:
porque el oro fue la ruina de muchos
e hizo desviar el corazón de los reyes.
3 No disputes con un charlatán,
no eches más leña a su fuego.
4 No bromees con un hombre grosero,
para que tus antepasados no sean injuriados.
5 No reproches al pecador que se arrepiente:
recuerda que todos somos culpables.
6 No desprecies a un hombre en su vejez
porque también nosotros envejecemos.
7 No te alegres por la muerte de nadie:
recuerda que todos tenemos un fin.
8 No menosprecies la conversación de los sabios:
vuelve sobre sus máximas una y otra vez,
porque de ellos recibirás la instrucción
y el arte de servir a los grandes.
9 No te apartes de la conversación de los ancianos,
porque ellos mismos aprendieron de sus padres:
de ellos aprenderás a ser inteligente
y a dar una respuesta en el momento justo.

NO TE APARTES DE LA CONVERSACIÓN DE LOS ANCIANOS..., APRENDERÁS A SER INTELIGENTE. Eclo 8 9

10 No remuevas las brasas del pecador,
no sea que te quemes con sus llamas.
11 No cedas en presencia de un insolente,
porque él sería como una trampa tendida
ante tu boca.
12 No prestes a un hombre más fuerte que tú,
y si prestas, dalo por perdido.
13 No ofrezcas garantía más allá de tus medios,
y si lo haces, prepárate a pagar.
14 No entres en pleito con un juez:
en razón de su dignidad, fallarán a su favor.
15 No te pongas en camino con un aventurero,
no sea que se convierta en una carga para ti,
porque él obrará según su capricho
y su locura te hará perecer junto con él.
16 No te pelees con un hombre iracundo,
ni atravieses el desierto con él,
porque la sangre no vale nada a sus ojos
y cuando estés indefenso, te derribará.
17 No consultes tus asuntos con un necio,
porque es incapaz de mantener el secreto.
18 No hagas ante un extraño

lo que debe quedar oculto,
porque no sabes con qué puede salir.
19 No abras tu corazón a cualquiera
ni dejes que cualquiera te haga un favor.

El trato con las mujeres

Prov 5 2-6; 7 6-27; 29 3; Eclo 41 22-24

9 1 No seas celoso de la mujer que amas,
para no incitarla a comportarse mal contigo.
2 No te entregues ciegamente a una mujer,
hasta el punto que llegue a dominarte.
3 No te acerques a una prostituta,
no sea que caigas en sus redes.
4 No te entretengas con una cantante,
para no ser atrapado por sus artimañas.
5 No mires demasiado a una joven,
para no incurrir en su misma condena.
6 No te entregues a las prostitutas,
para no arruinar tu patrimonio.
7 No vayas mirando por las calles de la ciudad
ni rondes por sus lugares solitarios.
8 Aparta tu vista de la mujer hermosa
y no fijes los ojos en la belleza ajena:
muchos se extraviaron por la belleza
de una mujer,
y por su causa el deseo arde como fuego.
9 Nunca te sientes junto a una mujer casada
ni bebas vino con ella en los banquetes,
no sea que tu corazón se incline hacia ella
y por tu pasión te precipites en la ruina.

El trato con los hombres

Sal 37; 73; Eclo 37 7-15; 6 34-37;
Eclo 20 27; 37 20

10 No abandones a un viejo amigo,
porque uno nuevo no vale tanto como él.
Amigo nuevo es como vino nuevo:
que se ponga añejo, y lo beberás con placer.
11 No envidies la gloria del pecador,
porque no sabes cuál será su suerte.
12 No te deleites en lo que deleita a los impíos:
recuerda que bajarán al Abismo
sin ser justificados.
13 Aléjate del que tiene poder para matar
y *no* experimentarás el temor a la muerte.
Si te acercas a él, no cometas ninguna falta,
no sea que te quite la vida:
ten en cuenta que avanzas entre lazos
y que caminas por las almenas de la ciudad.
14 Dentro de lo posible, recurre a tus vecinos
y busca el consejo de los sabios.
15 Frecuenta el trato de las personas inteligentes
y conversa siempre sobre la Ley del Altísimo.
16 Que los hombres justos sean tus comensales
y que tu orgullo esté en el temor del Señor.
17 Por la mano del artista,
la obra es digna de elogio,
y el jefe del pueblo se muestra sabio
por sus palabras.
18 El charlatán es el terror de su ciudad
y el desmedido al hablar se hace odioso.

El buen gobierno

Sab 6 1-11; Prov 8 15-16

10 1 Un gobernante sabio educa a su pueblo
y la autoridad del hombre inteligente
se ejerce con orden.
2 Como el gobernante de un pueblo,
así son sus ministros,
y como el jefe de la ciudad,
así son sus habitantes.
3 Un rey ignorante es la ruina de su pueblo
y una ciudad prospera por la inteligencia
de los príncipes.
4 En manos del Señor está el dominio de la tierra
y, en el momento preciso,
le envía el hombre que conviene.
5 En manos del Señor está el éxito de un hombre
y él infundirá su gloria a la persona del legislador.

Contra el orgullo

Lv 19 18; Mt 5 21-24; 18 21-22; Gn 18 27;
Dt 8 14; 1 Sm 2 4-8; Lc 1 52

6 No guardes rencor a tu prójimo
por ninguna injuria
ni hagas nada en un arrebato de violencia.
7 La soberbia es odiosa al Señor y a los hombres
y la injusticia es ofensiva para ambos.
8 La realeza pasa de una nación a otra,
a causa de la injusticia,
la prepotencia y la codicia.
9 ¿De qué se ensoberbece el que es polvo y ceniza,
si aún en vida sus entrañas
están llenas de podredumbre?
10 Una larga enfermedad desconcierta al médico,
y el que hoy es rey, mañana morirá.
11 Cuando un hombre muere, recibe como herencia
larvas, fieras y gusanos.
12 El orgullo comienza cuando el hombre
se aparta del Señor
y su corazón se aleja de aquel que lo creó.
13 Porque el comienzo del orgullo es el pecado
y el que persiste en él,
hace llover la abominación:
por eso el Señor envió calamidades imprevistas
y arrasó a los soberbios hasta aniquilarlos.
14 El Señor derribó los tronos de los poderosos
y entronizó a los apacibles en lugar de ellos.
15 El Señor arrancó de raíz a las naciones
y plantó a los humildes en lugar de ellas.
16 El Señor arrasó los territorios de las naciones
y las destruyó hasta los cimientos de la tierra.
17 A algunas las arrasó y las hizo desaparecer,
y borró hasta su recuerdo de la tierra.
18 El orgullo no fue creado para el hombre
ni el arrebato de la ira para los nacidos de mujer.

Gente digna de honor y gente despreciable

1 Cor 1 26-31; Sant 1 9; Jr 9 22-23

19 ¿Qué raza es digna de honor? La raza humana.
¿Qué raza es digna de honor?
Los que temen al Señor.
¿Qué raza es despreciable? La raza humana.
¿Qué raza es despreciable?
Los que no cumplen la Ley.
20 Entre los hermanos se honra al que es su jefe,
pero el Señor honra a los que lo temen.
22 Para el rico, el ilustre o el pobre
la única gloria es el temor del Señor.
23 No es justo despreciar a un pobre inteligente
ni está bien glorificar a un hombre pecador.
24 El grande, el magistrado y el poderoso
son dignos de honra,
pero el que teme al Señor
es superior a todos ellos.
25 Hombres libres servirán a un esclavo sabio
y el hombre que entiende no lo tomará a mal.

La humildad en la verdad

Lc 17 10; Jr 9 22-23; 1 Cor 1 31

26 No te hagas el sabio cuando realizas tu tarea
ni te glories en el momento de la penuria.
27 Más vale el que trabaja y vive en la abundancia
que el que anda gloriándose
y no tiene qué comer.
28 Hijo mío, gloríate con la debida modestia
y estímate según tu justo valor.
29 ¿Quién justificará al que se daña a sí mismo
y quién glorificará al que se desprecia?
30 Al pobre se lo honra por su saber
y al rico por sus riquezas.
31 El que es glorificado en la pobreza,
¡cuánto más lo será en la riqueza!
El que es menospreciado en la riqueza,
¡cuánto más lo será en la pobreza!

No fiarse de las apariencias

1 Sm 16 7; 2 Cor 10 10-11;
Mt 13 31-32; Ecl 4 14; 10 6-7

11 1 La sabiduría del humilde
le hace erguir la frente,
y lo hace sentar en medio de los poderosos.
2 No alabes a un hombre por su buena presencia
ni desprecies a nadie por su aspecto.
3 La abeja es pequeña
entre los animales que vuelan,
pero lo que produce es más dulce que todo.
4 *No te glories de la* ropa que te cubre
ni te enorgullezcas en los días de gloria,
porque las obras del Señor son admirables
y están ocultas a los ojos de los hombres.
5 Muchos tiranos se sentaron en el suelo
y el que menos lo pensaba se ciñó la diadema.
6 Muchos potentados se hundieron
en el deshonor
y hombres ilustres cayeron en manos de otros.

La prudencia y la reserva

Prov 18 13

7 No censures antes de averiguar:
reflexiona primero, y luego reprocha.
8 No respondas antes de escuchar
y no interrumpas cuando otro habla.
9 No discutas sobre lo que no te corresponde
ni te entrometas en las disputas de los pecadores.

La moderación en las ambiciones

Lc 10 41-42; Sal 127 1-2; Job 27 16-23

10 Hijo mío, no pretendas hacer demasiadas cosas:
si lo haces, no quedarás libre de culpa.
Si pretendes demasiado, no lo alcanzarás,
y aunque quieras huir, no escaparás.
11 Hay quien se esfuerza, se fatiga y se apura,
y tanto más desprovisto se ve.
12 Otro es débil, necesitado de ayuda,
falto de fuerza y lleno de privaciones;
pero el Señor lo mira con bondad
y lo levanta de su humillación;
13 el Señor le hace erguir la frente
y muchos quedan maravillados a causa de él.

La confianza en Dios

Ecl 2 21-23; Lc 12 16-21; Mt 6 25-26.31-33

14 Bienes y males, vida y muerte,
pobreza y riqueza vienen del Señor.
17 el don del Señor permanece con los buenos
y su benevolencia les asegura
el éxito para siempre.
18 Un hombre se enriquece
a fuerza de empeño y ahorro,
¿y qué recompensa le toca?
19 Cuando dice: «Ya puedo descansar,
ahora voy a disfrutar de mis bienes»,
él no sabe cuánto tiempo pasará
hasta que muera y deje sus bienes a otros.
20 Sé fiel a tu obligación, entrégate a ella,
y envejece en tu oficio.
21 No admires las obras del pecador:
confía en el Señor y persevera en tu trabajo,
porque es cosa fácil a los ojos del Señor
enriquecer de un solo golpe al indigente.
22 La bendición del Señor
es la recompensa de los buenos,
y en un instante él hace florecer su bendición.
23 No digas: «¿Qué me hace falta?
¿Qué bienes puedo esperar todavía?».
24 No digas: «Ya tengo bastante;
¿qué males pueden sobrevenirme aún?».
25 En los días buenos se olvidan los malos,
y en los malos, se olvidan los buenos.
26 Porque es fácil para el Señor,
en el día de la muerte,
retribuir a cada hombre según su conducta.

27 Una hora de infortunio hace olvidar la dicha,
y las obras de un hombre se revelan
al fin de su vida.
28 No proclames feliz a nadie
antes que llegue su fin,
porque solo al final se conoce bien a un hombre.

La precaución en la práctica de la hospitalidad

Prov 1 10-16; 5 10; 6 1

29 No hagas entrar a cualquiera en tu casa,
porque el falso tiende muchas emboscadas.
30 El corazón del soberbio es como una carnada,
igual que un espía, espera que des un mal paso.
31 Está al acecho para deformar el bien en mal
y es capaz de manchar las cosas más limpias.
32 Una chispa enciende muchos carbones
y el pecador tiende emboscadas sangrientas.
33 Cuídate del malhechor,
porque él engendra maldades,
no sea que te deje manchado para siempre.
34 Alberga a un extraño, y te traerá complicaciones,
y hará de ti un extraño para tus propios parientes.

La precaución en la práctica del bien

Mt 5 43-48; Lc 6 35; 14 12-14

12 1 Si haces el bien, mira a quién lo haces,
y te darán las gracias por tus beneficios.
2 Haz el bien al hombre bueno,
y tendrás tu recompensa,
si no de él, ciertamente del Altísimo.
3 No recibe bienes el que persiste en el mal
y el que no agradece la limosna.
4 Da al hombre bueno,
pero no ayudes al pecador.
5 Sé bueno con el humilde, pero no des el impío:
rehúsale su pan, no se lo des,
no sea que así llegue a dominarte,
y entonces recibirás un doble mal
por todo el bien que le hayas hecho.
6 Porque también el Altísimo
detesta a los pecadores
y dará su merecido a los impíos.
7 Da al hombre bueno,
pero no ayudes al pecador.

Los falsos amigos

Eclo 6 5-17; 37 1-6;
Prov 17 17; 19 4; 26 24-26

8 No es en las buenas cuando se conoce al amigo,
ni en las malas se oculta el enemigo.
9 En las buenas, los enemigos se entristecen,
y en las malas, hasta el amigo se aleja.
10 Nunca te fíes de tu enemigo,
porque la maldad lo corroe
como la herrumbre al metal:
11 aunque se haga el humilde y camine encorvado,
ten mucho cuidado y está alerta contra él;
trátalo como quien pule un espejo,
a ver si la herrumbre no terminó de corroerlo.
12 No lo pongas junto a ti,
no sea que te derribe para ocupar tu puesto;
no lo hagas sentar a tu derecha,
no sea que pretenda tu mismo sitial,
y al fin comprendas mis palabras
y sientas pesar al recordarlas.
13 ¿Quién compadece al encantador
mordido por la serpiente
o al domador de animales salvajes?
14 Lo mismo pasa con el que se acerca a un pecador
y se entremezcla en sus pecados.
15 Él permanecerá una hora contigo,
pero si vacilas, no te dará una mano.
16 El enemigo tiene miel en los labios,
pero por dentro piensa cómo arrojarte en la fosa.
El enemigo tiene lágrimas en los ojos,
pero, llegada la ocasión,
no habrá sangre que lo sacie.
17 Si te pasa algo malo,
lo encontrarás allí antes que a ti mismo;
simulando ayudarte, te hará una zancadilla:
18 moverá la cabeza y aplaudirá,
hablará entre dientes y pondrá otra cara.

La prudencia en el trato con los poderosos

Prov 18 23; 23 1-3; Prov 25 7; Lc 14 7-9;
Prov 19 4.7; 14 20; Prov 15 13; Sal 32 2

13 1 El que toca el betún se queda manchado,
y el que trata con el orgulloso
se vuelve igual a él.
2 No levantes una carga demasiado pesada,
ni trates con uno más fuerte y más rico que tú:
¿puede el vaso de arcilla juntarse con la olla?
Esta lo golpeará y aquel se romperá.
3 El rico agravia, y encima se envalentona;
el pobre es agraviado, y encima pide disculpas.
4 Mientras le seas útil, te explotará,
pero si no tienes nada, te abandonará.
5 Si posees algo, vivirá contigo
y te despojará sin lástima.
6 Cuando te necesite, tratará de engañarte,
te sonreirá y te dará esperanzas;
te dirigirá hermosas palabras y te preguntará:
«¿Qué te hace falta?».
7 Te comprometerá con sus festejos
hasta despojarte dos y tres veces,
y al final se burlará de ti;
después, cuando te vea, pasará de largo
y meneará la cabeza delante de ti.
8 Presta atención, para no dejarte engañar
ni ser humillado por tu insensatez.
9 Cuando te invite un poderoso,
quédate a distancia,
y te invitará con más insistencia.
10 No te precipites, para no ser rechazado,

ni te quedes muy lejos, para no ser olvidado.
11 No pretendas hablarle de igual a igual
ni te fíes si conversa demasiado:
él te pone a prueba con su locuacidad
y te examina entre risa y risa.
12 El que no se modera al hablar, es un despiadado,
y no te ahorrará ni los golpes ni las cadenas.
13 Observa bien y presta mucha atención,
porque estás caminando al borde de tu ruina.
15 Todo animal quiere a su semejante,
y todo hombre, al de su misma condición;
16 todo ser viviente se une a los de su especie,
y el hombre, a uno semejante a él.
17 ¿Qué tienen de común el lobo y el cordero?
Así pasa con el pecador y el hombre bueno.
18 ¿Qué paz puede haber entre la hiena y el perro?
¿Y qué paz entre el rico y el pobre?
19 Los asnos salvajes en el desierto
son presa de los leones:
así los pobres son pasto de los ricos.
20 La humillación es abominable para el soberbio:
así el rico abomina del pobre.
21 Cuando un rico da un mal paso,
sus amigos lo sostienen;
cuando un pobre cae, sus amigos lo rechazan.
22 Si un rico resbala, muchos corren en su ayuda;
dice cosas irrepetibles, y le dan la razón.
Resbala el humilde, y lo critican;
se expresa con sensatez, y nadie le hace caso.
23 Si el rico habla, todos se callan
y ponen sus palabras por las nubes;
habla el pobre, y preguntan: «¿Quién es este?»,
y si tropieza, le dan un empujón.
24 Buena es la riqueza, si está libre de pecado,
y mala es la pobreza a juicio del impío.
25 El corazón de un hombre
lo hace cambiar de semblante,
tanto para bien como para mal:
26 un rostro alegre refleja la dicha del corazón,
y la invención de proverbios
exige penosas reflexiones.

La felicidad del justo

Eclo 19 16; 25 8

14 1 ¡Feliz el hombre que no ha faltado
con su lengua
ni es atormentado por el remordimiento!
2 ¡Feliz el que no tiene que reprocharse a sí mismo
y no ve desvanecerse su esperanza!

La avaricia y la envidia

Ecl 5 9; 6 2; Job 27 16-17; Lc 12 15-21

3 ¿De qué le sirve la riqueza al mezquino
y para qué tiene el avaro su fortuna?
4 El que acumula, privándose de todo,
acumula para otros,
y otros se darán buena vida con sus bienes.
5 El que es malo consigo mismo
¿con quién será bueno?
Ni él mismo disfruta de su fortuna.
6 No hay nadie peor que el avaro consigo mismo,
y ese es el justo pago de su maldad.
7 Si hace algún bien, lo hace por descuido,
y termina por revelar su malicia.
8 Es un malvado el que mira con envidia,
el que da vuelta la cara
y menosprecia a los demás.
9 El ojo del ambicioso
no está satisfecho con su parte
y la ruindad reseca el alma.
10 El miserable mezquina el pan
y tiene su mesa siempre vacía.

El gozo moderado de los bienes de la vida

Ecl 2 24; 9 10; 1 4; 9 5-6; Ap 14 13

11 En la medida de tus recursos,
vive bien, hijo mío,
y presenta al Señor ofrendas dignas.
12 Recuerda que la muerte no tardará
y que el decreto del Abismo
no te ha sido revelado.
13 Antes de morir, haz el bien a tu amigo
y dale con largueza, en la medida de tus fuerzas.
14 No te prives de un día agradable
ni desaproveches tu parte de gozo legítimo.
15 ¿Acaso no dejarás a otro el fruto de tus trabajos,
y el de tus fatigas,
para que lo repartan en herencia?
16 Da y recibe, olvida tus preocupaciones,
porque no hay que buscar delicias en el Abismo.
17 Todo ser viviente envejece como un vestido,
porque está en pie la antigua sentencia:
«Tienes que morir».
18 En el follaje de un árbol tupido,
unas hojas caen y otras brotan:
así son las generaciones de carne y de sangre,
una muere y otra nace.
19 Toda obra corruptible desaparece
y el que la hizo se irá con ella.

La felicidad del sabio

Prov 8 32-35; Eclo 24 19-22; Sab 8 10-15

20 ¡Feliz el hombre que se ocupa de la sabiduría
y el que razona con inteligencia,
21 el que reflexiona
sobre los caminos de la sabiduría
y entra en sus secretos!
22 Él la sigue como un rastreador
y se queda al acecho de sus pasos;
23 espía por sus ventanas
y escucha atentamente a sus puertas;
24 busca albergue cerca de su casa
y clava una estaca en sus muros;
25 instala su tienda cerca de ella
y se alberga en la mejor de las moradas;

26 pone a sus hijos bajo el abrigo de ella
y vive a la sombra de sus ramas:
27 ella lo protege del calor
y él habita en su gloria.

15 1 El que teme al Señor hace todo esto
y el que se aferra a la Ley
logrará la sabiduría.
2 Ella le saldrá al encuentro como una madre
y lo recibirá como una joven esposa,
3 lo alimentará con el pan de la inteligencia
y le hará beber el agua de la sabiduría.
4 Él se apoyará en ella, y no vacilará,
se unirá a ella,
y no quedará confundido.
5 Ella lo exaltará por encima de sus compañeros
y le abrirá la boca en medio de la asamblea.
6 Él encontrará el gozo y la corona de la alegría
y recibirá en herencia un nombre perdurable.
7 Nunca la poseerán los que carecen de inteligencia,
ni los hombres pecadores la verán jamás.
8 Ella se mantiene alejada del orgullo,
y los mentirosos no piensan en ella.
9 No cabe la alabanza en labios del pecador,
porque el Señor no se la envía:
10 sin sabiduría no hay alabanza,
y es el Señor el que la inspira.

La libertad del hombre

Sant 1 13-15; Dt 11 26-28; 30 15-20; Eclo 17 15-20

11 No digas: «Fue el Señor el que me hizo claudicar»,
porque él no hace nunca lo que detesta.
12 No digas: «Él me hizo extraviar»,
porque él no necesita de un hombre pecador.
13 El Señor detesta toda abominación,
y nada abominable
es amado por los que lo temen.
14 Él hizo al hombre en el principio
y lo dejó librado a su propio albedrío.
15 Si quieres, puedes observar los mandamientos
y cumplir fielmente lo que le agrada.
16 Él puso ante ti el fuego y el agua:
hacia lo que quieras, extenderás tu mano.
17 Ante los hombres están la vida y la muerte:
a cada uno se le dará lo que prefiera.
18 Porque grande es la sabiduría del Señor,
él es fuerte y poderoso, y ve todas las cosas.
19 Sus ojos están fijos en aquellos que lo temen
y él conoce todas las obras del hombre.
20 A nadie le ordenó ser impío
ni dio a nadie autorización para pecar.

Los hijos impíos

Prov 17 21; 19 13; Eclo 4 1; Sab 3 19

16 1 No desees un gran número de hijos inútiles
ni te alegres de los hijos impíos.
2 Por muchos que sean, no te alegres de ellos,
si les falta el temor del Señor.
3 No esperes que vivan mucho tiempo
ni te sientas seguro porque son numerosos:
vale más uno solo que mil
y es mejor morir sin hijos que tenerlos impíos.
4 Con uno solo inteligente se puebla una ciudad,
pero la estirpe de los hombres sin ley
es arrasada.

El castigo de los pecadores

Nm 11 1; 16 1-30; Gn 6 1-7; 19 1-29; Ex 34 6-7

5 Mis ojos han visto muchas cosas semejantes
y cosas peores aún escucharon mis oídos.

VIVE LA PALABRA

Dios me da libertad de decidir

En tiempos de Ben Sirá flotaba en el ambiente la idea de que Dios causaba tanto el bien como el mal. La posición del autor es clara: Dios no puede ser origen del mal, puesto que es el Creador del bien y del orden cósmico, y sería incongruente ir contra sí mismo. Los seres humanos somos libres de hacer el bien o el mal porque Dios nos dio la libertad de decidir lo que queremos hacer y nunca nos obliga a actuar ni siquiera para hacer el bien.

Lee Eclesiástico 15 11-20, observa cómo expresa Ben Sirá esta convicción. Ahora medita sobre sus palabras al contestar:

- ¿Por qué es importante para ti su mensaje?
- ¿Qué tan consciente estás de tu libertad y de cómo la usas? ¿Qué decisiones en tu vida han generado vida para ti y para los demás? ¿Cuáles te han llevado al pecado y han causado daños a ti y a otras personas?
- Pide perdón a Dios por las veces que conscientemente has elegido el mal.
- Ora para sanar y para que otros sanen de las consecuencias del mal que has causado, sea consciente o inconscientemente.

Eclo 15 11-20

6 En la reunión de los pecadores arde el fuego
y contra la nación rebelde se enciende la ira.
7 El Señor no perdonó a los antiguos gigantes
que se rebelaron con toda su fuerza.
8 No dejó sin castigo a la ciudad donde vivía Lot,
a los que abominaba a causa de su orgullo.
9 No se apiadó de la nación
condenada al exterminio,
de los que fueron expulsados
a causa de sus pecados.
10 Así trata también a los seiscientos mil soldados
que se amotinaron
por la dureza de su corazón.
11 Aunque fuera uno solo el hombre obstinado,
sería un milagro que quedara impune,
porque en él está la misericordia,
pero también la ira,
es tan fuerte para el perdón
como pródigo para la ira.
12 Tan grande como su misericordia
es su reprobación:
él juzga a cada uno según sus obras.
13 El pecador no escapará con su presa
ni será defraudada la constancia de los buenos.
14 Él tiene en cuenta cada limosna
y cada uno recibirá conforme a sus obras.

La omnipresencia de Dios

Sal 139 7-12; Job 37 1-7; Sal 18 8; Rom 11 33

17 No digas: «Me ocultaré del Señor, y allá en lo alto,
¿quién se acordará de mí?
Entre tanta gente pasaré inadvertido:
¿quién soy yo en la inmensa creación?».
18 Mira: el cielo y lo más alto del cielo,
el Abismo y la tierra se conmueven
cuando él los visita:
19 las montañas junto con los cimientos de la tierra
tiemblan de espanto bajo su mirada.
20 Pero no se reflexiona en estas cosas
¿y quién presta atención a sus designios?
21 Como una tempestad que se desata
sin que el hombre se dé cuenta,
así la mayoría de sus obras permanecen ocultas.
22 «¿Quién anuncia las obras de justicia?
¿Quién las espera? Porque la alianza está lejos»:
23 así razona el que no tiene entendimiento;
el insensato, el extraviado,
solo piensa necedades.

El orden de la creación

Prov 1 23; Gn 1; Eclo 42 20-25

24 Escucha, hijo mío, e instrúyete,
presta mucha atención a mis palabras.
25 Revelaré mi enseñanza con mesura
y expondré la ciencia con exactitud.
26 Por decisión del Señor existen sus obras
desde el principio:
desde que fueron hechas, él fijó sus límites.
27 Él ordenó sus obras para siempre,
y su gobierno por todas las generaciones.
Ellas no sufren hambre ni se fatigan
y nunca interrumpen su actividad.
28 No se chocan unas contra otras
y jamás desobedecen a su palabra.
29 Luego el Señor fijó sus ojos en la tierra
y la colmó de sus bienes.
30 La cubrió con toda clase de vivientes
y todos volverán a ella.

La creación del hombre

Gn 1 24-28; 2 7; 9 2; Sab 9 2-3; 13 1; Rom 1 19-20

17 1 El Señor creó al hombre de la tierra
y lo hace volver de nuevo a ella.
2 Le señaló un número de días
y un tiempo determinado,
y puso bajo su dominio las cosas de la tierra.
3 Lo revistió de una fuerza semejante a la suya
y lo hizo según su propia imagen.
4 Hizo que todos los vivientes lo temieran,
para que él dominara las fieras y los pájaros.
6 Le dio una lengua, ojos y oídos,
el poder de discernir y un corazón para pensar.
7 Él colmó a los hombres
de saber y entendimiento,
y les mostró el bien y el mal.
8 Les infundió su propia luz,
para manifestarles la grandeza de sus obras,
9 y les permitió gloriarse eternamente
de sus maravillas:
10 así alabarán su Nombre santo,
proclamando la grandeza de sus obras.

La Alianza del Señor con Israel

Dt 30 15-20; Ex 34 10s; Dt 4 11-14

11 Les concedió además la ciencia
y les dio como herencia una Ley de vida;
12 estableció con ellos una alianza eterna
y les hizo conocer sus decretos.
13 Ellos vieron con sus ojos la grandeza de su gloria
y oyeron con sus oídos la gloria de su voz.
14 Él les dijo: «Cuídense de toda injusticia»,
y dio a cada uno preceptos acerca del prójimo.

La misericordia y la justicia del Señor

Eclo 15 18-19; 5 3-7; 16 11-14; Sal 76 10

15 Los caminos de los hombres
están siempre ante él
y no pueden ocultarse a sus ojos.
17 Él asignó un jefe a cada nación,
pero Israel es la parte del Señor.
18 Él es su primogénito,
al que nutrió con su instrucción,
y cuando dispensa la luz del amor,
no lo abandona.
19 Todas sus obras son para él claras como el sol
y él tiene los ojos fijos en sus caminos.
20 Sus injusticias no están ocultas para el Señor

y todos sus pecados están delante de él.
22 La limosna de un hombre
es para él como un sello,
y tiene en cuenta un favor
como la pupila de sus ojos.
23 Después, él se levantará para retribuirles
y pondrá sobre sus cabezas
la recompensa merecida.
24 A los que se arrepienten, les permite volver
y reconforta a los que perdieron la constancia.

Exhortación al arrepentimiento

Sal 34 15; 103 8-18; 145 8-9; Job 15 14-16

25 Vuelve al Señor y deja de pecar,
suplica ante su rostro y deja de ofenderlo.
26 Vuelve al Altísimo, apártate de la injusticia
y odia profundamente toda abominación.
27 ¿Quién alabará al Altísimo en el Abismo,
si los vivientes no le rinden homenaje?
28 El muerto, el que ya no existe, deja de alabarlo:
el que está vivo y sano debe alabar al Señor.
29 ¡Qué grande es la generosidad del Señor
y su perdón para los que vuelven a él!
30 Un hombre no puede tenerlo todo,
porque el ser humano no es inmortal.
31 ¿Hay algo más luminoso que el sol?
¡Y sin embargo, también él se eclipsa!
¡Cuánto más la carne y la sangre,
que solo conciben el mal!
32 El Señor pasa revista al ejército de los cielos,
¡cuánto más a los hombres,
que son tierra y ceniza!

La grandeza y la misericordia del Señor

Sal 145 3-7; 102 4-12; 8 5; 90 4.10; 36 7-8; 103 8-18

18 1 El que vive para siempre
creó todas las cosas por igual;
2 solo el Señor será hallado justo
y no hay otro fuera de él.
3 Él gobierna el mundo con la palma de la mano
y todo obedece a su voluntad, ya que él,
por su poder, es el Rey de todas las cosas
y separa las sagradas de las profanas.
4 A nadie le dio el poder de anunciar sus obras:
¿quién rastreará su grandeza?
5 ¿Quién podrá medir la magnitud de su fuerza
y quién pretenderá narrar sus misericordias?
6 No hay nada que quitar, nada que añadir,
y es imposible rastrear las maravillas del Señor.
7 Cuando el hombre llega al fin,
está solo al comienzo;
cuando se detiene, no sale de su estupor.
8 ¿Qué es el hombre? ¿Para qué sirve?
¿Cuál es su bien y cuál es su mal?
9 La vida de un hombre dura cien años a lo más:
10 como una gota del mar
y como un grano de arena,
son sus pocos años frente a la eternidad.
11 Por eso el Señor es paciente con ellos
y derrama sobre ellos su misericordia.
12 Él ve y conoce qué miserable es su fin,
y por eso multiplica su perdón.
13 El hombre solo tiene misericordia de su prójimo,
pero el Señor es misericordioso
con todos los vivientes.
Él reprende, corrige y enseña,
y los hace volver como el pastor a su rebaño.
14 Él tiene misericordia
con los que aceptan la instrucción
y están siempre dispuestos
a cumplir sus decretos.

El arte de hacer el bien

15 Hijo mío, no eches en cara
los beneficios que haces
ni acompañes tus dones con palabras ofensivas.
16 ¿No calma el rocío el calor ardiente?
Así, una buena palabra puede más que un regalo.
17 ¿Acaso no vale más una palabra que un obsequio?
Pero el hombre caritativo sabe unir las dos cosas.
18 El necio reprende sin ningún miramiento
y el don del avaro hace correr las lagrimas.

La precaución en el obrar

Dt 23 22-24; Ecl 5 1-6; Prov 20 25; Eclo 24 30-34

19 Antes de hablar, instrúyete,
y cuídate antes de caer enfermo.
20 Antes de juzgar, examínate a ti mismo,
y hallarás perdón cuando el Señor te visite.
21 Humíllate antes de caer enfermo

¿Por qué controlar mis deseos?

¿Por qué pide Ben Sirá que controlemos nuestros deseos? Los deseos son el motor que mueve a actuar, y es fácil caer en placeres sin tener conciencia de sus consecuencias negativas. Este pasaje presenta tres efectos negativos por falta de autodominio: la burla, la ruina económica y la pérdida de autoestima.

¿Qué tan consciente y responsable eres sobre la dirección de tu vida a la que te llevan tus deseos? ¿Qué haces para fomentar tus deseos de hacer el bien y superar los que dañan tu dignidad humana y la de los demás?

Eclo 18 30 – 19 3

y arrepiéntete apenas hayas pecado.
22 Que nada te impida cumplir tus votos
en el momento debido,
y no esperes hasta la muerte para estar en regla.
23 Antes de hacer un voto, prepárate a cumplirlo,
y no seas como un hombre que tienta al Señor.
24 Recuerda la ira de los últimos días
y el tiempo del castigo,
cuando el Señor apartará su rostro.
25 En tiempo de abundancia,
recuerda el tiempo de hambre,
y en los días de riqueza, la pobreza y la penuria.
26 De la mañana a la tarde, el tiempo cambia,
y todo pasa rápidamente delante del Señor.
27 El hombre sabio está siempre alerta,
y en la ocasión de pecado, se cuida para no faltar.
28 Todo hombre prudente conoce la sabiduría
y rinde homenaje al que la encuentra.
29 Los que hablan con sensatez
son sabios ellos mismos
y derraman como lluvia proverbios acertados.

El dominio de sí mismo

Prov 23 20-21.29-35; 31 3-5; Os 4 11;
Prov 5 5; Eclo 9 18

30 No te dejes guiar por tus pasiones,
sino refrena tus deseos.
31 Si cedes a los impulsos de la pasión,
ella hará de ti la irrisión de tus enemigos.
32 Que tu alegría no consista en darte
todos los gustos
ni te endeudes para pagar lo que ellos cuestan.
33 No te empobrezcas
yendo de fiesta con dinero prestado,
cuando no tienes nada en el bolsillo.

19 1 Un obrero bebedor nunca se enriquecerá,
y el que se descuida en lo pequeño,
caerá poco a poco.
2 Vino y mujeres extravían a los inteligentes,
y el que anda con prostitutas
es más temerario aún:
3 la podredumbre y los gusanos
se adueñarán de él,
y el hombre temerario será extirpado.

La discreción en el hablar

Prov 25 9-10; Ecl 7 21; Lv 19 17

4 El que se confía demasiado pronto,
es un espíritu frívolo,
y el que peca, se perjudica a sí mismo.
5 El que se complace en el mal será condenado,
6 y el que detesta la locuacidad se libra del mal.
7 *No repitas jamás lo que has oído,*
y no perderás nada.
8 No se lo digas a nadie, sea amigo o enemigo,
y a no ser que incurras en pecado, no lo reveles:
9 te escucharían, pero se pondrían
en guardia contra ti
y, llegado el momento, te odiarían.
10 ¿Has oído algo? Que muera contigo;
no tengas miedo, no te hará reventar.
11 El necio sufre cuando guarda un secreto,
como la parturienta por su criatura.
12 Como una flecha clavada en el muslo
es el secreto en el pecho del necio.
13 Aclara las cosas con tu amigo:
a lo mejor no hizo nada,
y si lo hizo, para que no lo vuelva a hacer.
14 Aclara las cosas con tu prójimo:
a lo mejor no dijo nada, y si lo dijo,
para que no lo repita.
15 Aclara las cosas con tu amigo:
con frecuencia se calumnia,
y no debes fiarte de todo lo que se dice.
16 Se puede cometer un desliz sin querer,
¿y quién no ha pecado con su lengua?
17 Aclara las cosas con tu prójimo
antes de amenazarlo,
y luego da lugar a la Ley del Altísimo.

La falsa sabiduría

Eclo 27 22-24

20 Toda sabiduría es temor del Señor
y toda sabiduría entraña la práctica de la Ley.
22 No es sabiduría saber hacer el mal
y no hay prudencia
en el consejo de los pecadores.
23 Hay una astucia que resulta abominable,
y el que carece de sabiduría es insensato.
24 Es preferible el poco inteligente que teme al Señor,
al muy inteligente que quebranta la Ley.
25 Hay una astucia sutil, pero injusta,
y hay quien usa de artimañas
para hacer valer su derecho.
26 Hay un malvado que va encorvado por la tristeza,
pero su interior está lleno de falsedad:
27 se cubre el rostro y aparenta no oír,
pero si nadie lo ve, te saca ventaja.
28 Si le falta fuerza para pecar,
cuando encuentre una ocasión, te perjudicará.
29 Por la mirada se reconoce a un hombre,
y por su aspecto, al hombre sabio.
30 La vestimenta del hombre, su manera de reír
y todo su porte revelan lo que él es.

Saber hablar y callarse a tiempo

Eclo 19 6-12; 9 18; Prov 17 28; 15 23; 25 11; 10 19

20 1 Hay reprensiones que son inoportunas,
y hay silencios que revelan
al hombre prudente.
2 Más vale reprender que guardarse el enojo,
3 y el que confiesa su falta se libra de la desgracia.
4 Como un castrado que ansía desflorar a una joven,
así es el que quiere hacer justicia por la fuerza.
5 Uno se calla, y es tenido por sabio,
y otro se hace odioso por su locuacidad.
6 Uno se calla porque no tiene qué responder
y otro, porque espera la oportunidad.

7 El sabio guarda silencio
hasta el momento oportuno,
pero el petulante y necio
no se fija en el tiempo.
8 El que habla demasiado se vuelve abominable
y el que pretende imponerse se hace odioso.

Las paradojas de la vida

Eclo 21 12-28; Prov 26 1-12

9 A veces se saca provecho de la adversidad,
y otras veces, la suerte acaba en desgracia.
10 Hay regalos que no te dan provecho,
y hay otros que reditúan el doble.
11 Hay desgracias que provienen de los honores,
y hay gente humilde que pudo levantar cabeza.
12 Hay quien compra mucho a bajo precio,
y después lo paga siete veces más.
13 El sabio se hace amar por sus palabras,
pero los cumplidos del necio caen en el vacío.
14 El regalo del insensato no te aprovechará,
porque él espera que le devuelvan mucho más:
15 da poco y echa en cara mucho,
abre la boca como un pregonero,
presta hoy y mañana exige.
¡Qué detestable es un hombre así!
16 El necio dice: «No tengo ni un amigo;
nadie agradece mis beneficios;
17 los que comen mi pan
tienen la lengua olvidadiza».
¡Cuántos y cuántas veces se reirán de él!

El desacierto en el hablar

Prov 26 7.9; Eclo 5 14; 7 13

18 Más vale resbalar en el piso que con la lengua;
así es como de repente caen los malvados.
19 Un hombre grosero
es como un cuento inoportuno,
que siempre está en boca de los mal educados.
20 Nadie aprueba el proverbio dicho por un necio,
porque nunca lo dice en el momento oportuno.
21 A algunos la indigencia los preserva del pecado
y, cuando descansan, no sienten remordimientos.
22 Hay quien se pierde por timidez,
y se pierde por temor a un insensato.
23 Hay quien por timidez hace promesas a un amigo
y se gana un enemigo inútilmente.

La mentira

Prov 13 5; 12 22

24 La mentira es para el hombre
una mancha infamante:
siempre está en boca de los ignorantes.
25 Es preferible un ladrón
a un mentiroso inveterado,
aunque uno y otro heredarán la perdición.
26 El que se acostumbra a mentir
cae en la deshonra
y su ignominia lo acompaña constantemente.

Ventajas y peligros de los sabios

Dt 16 19; Prov 15 27; 18 16; 21 14; Mt 5 14-16

27 El sabio se abre camino con sus palabras
y el hombre prudente agrada a los poderosos.
28 El que cultiva la tierra levanta bien alto su parva,
y el que agrada a los grandes
se hace perdonar la injusticia.
29 Dones y regalos ciegan a los sabios
y son como un bozal que acalla las críticas.
30 Sabiduría escondida y tesoro oculto:
¿de qué sirven una cosa y la otra?
31 Es preferible el hombre que disimula su necedad
al que oculta su sabiduría.

Exhortación a evitar el pecado

Eclo 17 25; Gn 3 1-6; Ex 22 22-23;
Prov 7 27; Mt 7 13

21 1 ¿Has pecado, hijo mío?
No lo vuelvas a hacer,
y pide perdón por tus faltas pasadas.
2 Huye del pecado como de una serpiente,
porque si te acercas, te morderá;
sus dientes son dientes de león,
que arrebatan la vida de los hombres.
3 Toda transgresión es como espada de dos filos:
no hay remedio para su herida.
4 La violencia y la soberbia
hacen perder las riquezas:
así será arrasada la casa del orgulloso.
5 La oración del pobre
va de su boca a los oídos del Señor,
y la sentencia divina no se hace esperar.
6 El que odia la reprensión
sigue las huellas del pecador,
pero el que teme al Señor se arrepiente
de corazón.
7 Al charlatán se lo reconoce desde lejos,
el hombre reflexivo le descubre sus deslices.
8 El que edifica su casa con dinero ajeno
es como el que amontona piedras
para el invierno.
9 Una banda de malhechores
es como un montón de estopa,
y su fin es la llama del fuego.
10 El camino de los pecadores
está despejado de piedras,
pero desemboca en lo profundo del Abismo.

El sabio y el necio

Gn 4 7; Prov 13 14; 18 4; Eclo 28 25; 28 14-16

11 El que observa la Ley domina sus inclinaciones,
y el temor del Señor es la culminación
de la sabiduría.
12 El que no es habilidoso no puede aprender,
pero hay una habilidad que produce amargura.
13 La ciencia del sabio crece como una inundación
y su consejo es como fuente de vida.
14 La mente del necio es como un vaso roto:
no retiene ningún conocimiento.

15 Si un hombre instruido oye una palabra sabia,
la aprueba y le añade algo de lo suyo;
si la oye un alocado, le desagrada,
y la echa detrás de sus espaldas.
16 La conversación del necio
es como una carga para el viajero,
pero los labios del inteligente causan deleite.
17 La opinión del prudente
es requerida en la asamblea,
y todos reflexionan sobre sus palabras.
18 Como una casa derruida
es la sabiduría para el necio,
y la ciencia del insensato
es una serie de incoherencias.
19 La instrucción es para el tonto
como un cepo en los pies
y como esposas en su mano derecha.
20 El necio se ríe a carcajadas,
pero el hombre sagaz sonríe apenas
y sin estrépito.
21 La instrucción es para el prudente
como un adorno de oro
y como un brazalete en el brazo derecho.
22 El pie del necio entra rápido en la casa,
pero el hombre experimentado
se acerca con vergüenza.
23 El necio curiosea la casa desde la puerta,
pero el bien educado se queda fuera.
24 Es falta de educación escuchar junto a la puerta:
al prudente se le caería la cara de vergüenza.
25 Los labios de los charlatanes
hablan solo de oídas,
pero los prudentes pesan bien sus palabras.
26 Los necios hablan siempre sin pensar;
los sabios piensan, y luego hablan.
27 Cuando el impío maldice al adversario,
se maldice a sí mismo.
28 El chismoso se mancha a sí mismo,
y es detestado por los que lo rodean.

La holgazanería

Eclo 28 13-19; Prov 6 6-11;
Eclo 26 1-18; 42 9-14

22 1 El perezoso se parece
a una piedra cubierta de excrementos:
todos silban despectivamente por su deshonra.
2 El perezoso se parece a un montón de estiércol:
el que los levanta se sacude las manos.

Los malos hijos

Prov 23 13-14

3 La vergüenza de un padre
es tener un hijo mal educado,
y si es una hija, viene al mundo para su desgracia.
4 La hija prudente tendrá como herencia un marido,
pero la desvergonzada será la tristeza de su padre.
5 La hija insolente avergüenza al padre y al marido,
y es despreciada por los dos.
6 Música en un duelo son las palabras inoportunas,
pero el castigo y la disciplina
son sabiduría en todo tiempo.
7 Los hijos que llevan una vida honesta
y tienen con qué alimentarse
ocultan el origen humilde de sus padres.
8 Los hijos jactanciosos y mal educados
deshonran el noble origen de su familia.

Precauciones en el trato con los necios

Prov 14 7; 23 9; Eclo 21 16

9 Enseñar a un necio es reparar una vasija rota
o despertar a alguien de un sueño profundo.
10 Razonar con un necio
es razonar con un somnoliento:
al final dirá: «¿De qué se trata?».
11 Llora por un muerto, porque ha perdido la luz;
llora por un necio, porque ha perdido
la inteligencia:
llora serenamente por un muerto,
porque él reposa;
la vida del necio, en cambio,
es peor que la muerte.
12 El duelo por un muerto dura siete días;
por el necio y el impío, todos los días de su vida.
13 No hables demasiado con un insensato
ni vayas con el que no tiene inteligencia;
cuídate de él, para no tener molestias
y no salpicarte cuando él se sacuda;
apártate de él: estarás tranquilo
y su estupidez no te fastidiará.
14 ¿Qué cosa es más pesada que el plomo,
y cómo llamarlo sino «necio»?
15 La arena, la sal y una masa de hierro
pesan menos que un hombre sin inteligencia.

La firmeza de ánimo

Prov 10 25; Ez 13 10-12; Mt 7 24-27

16 Construcción trabada con vigas de madera
no se desmorona por un terremoto:
así, un corazón afirmado
en una convicción madura
no se acobardará llegado el momento.
17 Un corazón apoyado en una reflexión inteligente
es como el estuco que adorna
un muro bien pulido.
18 Una empalizada puesta sobre una altura
no puede resistir los embates del viento:
así, un corazón acobardado por ideas necias
es incapaz de resistir el miedo.

La amistad

Eclo 6 5-17; 19 13-17; 27 16-21; 37 1-6

19 El que lastima un ojo, hace brotar las lágrimas;
el que lastima el corazón,
hace aparecer los sentimientos.
20 El que tira una piedra a los pájaros, los espanta;
el que afrenta a un amigo, rompe la amistad.
21 Si has sacado la espada contra un amigo,
no desesperes: es posible volver atrás;

22 si has abierto la boca contra un amigo,
no te inquietes: es posible la reconciliación.
Pero ante la afrenta, el orgullo,
la revelación de un secreto
y el golpe traicionero,
ante esas cosas, huirá cualquier amigo.
23 Gánate la confianza de tu prójimo en su pobreza,
para saciarte con él en su prosperidad;
permanece con él en el momento de la aflicción,
y, si él hereda, compartirás su herencia.
24 Antes del fuego, hay en el horno vapor y humo:
así preceden los insultos a la sangre derramada.
25 No me avergonzaré de proteger a un amigo
ni me ocultaré de su presencia;
26 y si por su culpa me sucede algún mal,
todo el que se entere se cuidará de él.

Deseos del sabio

Eclo 28 25; Sal 141 3; Eclo 26 29.11

27 ¡Quién le pusiera a mi boca un centinela
y a mis labios un sello de discreción,
para que yo no caiga a causa de ellos
y mi lengua no me lleve a la ruina!
23 1 ¡Señor, Padre y Dueño de mi vida,
no me abandones al capricho de mis labios
ni me dejes caer por culpa de ellos!
2 ¿Quién aplicará el látigo a mi pensamiento,
y a mi corazón, la disciplina de la sabiduría,
para que no se perdonen mis errores
ni se pasen por alto mis pecados?
3 Así no se multiplicarán mis errores
ni sobreabundarán mis pecados,
ni caeré ante mis adversarios,
ni mi enemigo se burlará de mí.
4 Señor, Padre y Dios de mi vida,
no me des unos ojos altaneros
5 y aparta de mí los malos deseos.
6 ¡Que la sensualidad y la lujuria no me dominen,
no me entregues a las pasiones vergonzosas!

Los pecados de la lengua: los juramentos vanos

Eclo 5 9 - 6 1; 19 4-17; 27 11-15; Mt 5 34-37; Lv 24 15-16; Ef 5 4

7 Escuchen, hijos, cómo se educa la lengua:
el que observe esto no caerá en el lazo.
8 El pecador se enreda en sus propias palabras,
el maldiciente y el soberbio
caen a causa de ellas.
9 No acostumbres tu boca a jurar
ni te habitúes a pronunciar
el nombre del Santo.
10 Así como el servidor vigilado constantemente
nunca se libra de algún golpe,
así el que jura y pronuncia
el Nombre en todo momento
no quedará limpio de pecado.
11 El que jura constantemente
está lleno de iniquidad
y el flagelo no se apartará de su casa.
Si falta a su juramento, incurre en pecado;
si lo menosprecia, peca doblemente;
si juró en vano, no tendrá justificación
y su casa se llenará de desgracias.

La grosería en el hablar

12 Hay un lenguaje comparable a la muerte:
¡que no se lo encuentre
en la herencia de Jacob!
Los hombres buenos están alejados
de todas esas cosas:
¡que ellos no se revuelquen en los pecados!
13 No acostumbres tu boca a decir groserías,
porque al decirlas se peca con la palabra.
14 Acuérdate de tu padre y de tu madre,
cuando te sientes en medio de los grandes,
no sea que los olvides en presencia de ellos
y te comportes como un necio.

VIVE LA PALABRA

No a las groserías e insultos

¿Cuántas veces has escuchado groserías e insultos e incluso los has usado? Quizá te preguntes, ¿cuál es el problema con el lenguaje descortés?

Ben Sirá dice: «No acostumbres tu boca a decir groserías, porque al decirlas se peca con la palabra» (Eclo 23 13). ¿Por qué son pecado? Porque, si usas con frecuencia palabras groseras, te vuelves una persona insultante y es fácil que seas agresivo/a con tus hermanos/as, destruyas el amor y ofendas a Dios.

Nuestro idioma tiene más de seiscientas mil palabras; puedes ser un poco más creativo/a al expresar tu emoción o frustración que decir groserías, ¿no crees? Si has desarrollado el hábito de usar groserías, pide a Dios y a tus amigos que te ayuden a eliminarlo.

Jesús ratifica la gravedad de los insultos (Mt 5 22). Lee el capítulo 3 de la carta de Santiago para profundizar en el valor de controlar nuestra lengua.

Eclo 23 12-15

Porque entonces preferirías no haber nacido
y maldecirías el día de tu nacimiento.
15 Un hombre habituado a las palabras injuriosas
no podrá ser corregido en toda su vida.

La lujuria y el adulterio

Job 24 15; Prov 15 3.11; 24 12; 5 2-20; 6 24-35; Eclo 40 26-27

16 Dos clases de hombres multiplican los pecados
y una tercera atrae la ira:
17 una pasión encendida como el fuego ardiente
no se extinguirá hasta quedar consumida;
un hombre lleno de lujuria en su cuerpo carnal
no cesará hasta que el fuego lo abrase;
para el lujurioso toda comida es dulce,
y no se calmará hasta que haya muerto.
18 El hombre que peca contra su propio lecho
dice en su corazón: «¿Quién me ve?
La oscuridad me rodea y los muros me cubren;
nadie me ve: ¿qué puedo temer?
El Altísimo no se acordará de mis pecados».
19 Lo que él teme son los ojos de los hombres,
y no sabe que los ojos del Señor
son diez mil veces más luminosos que el sol,
que observan todos los caminos de los hombres
y entran en los rincones más ocultos.
20 Antes de ser creadas,
todas las cosas le eran conocidas,
y lo son asimismo una vez acabadas.
21 Ese hombre será castigado
en las plazas de la ciudad,
será apresado donde menos lo esperaba.
22 Así también, la mujer que abandona a su marido
y le da un heredero nacido de un extraño.
23 Porque, primero, ha desobedecido
la Ley del Señor;
segundo, ha faltado contra su marido;
tercero, se ha prostituido con su adulterio,
teniendo hijos con un hombre extraño.
24 Ella será llevada a la asamblea
y el castigo recaerá sobre sus hijos.
25 Sus hijos no echarán raíces
y sus ramas no producirán fruto.
26 Ella dejará su recuerdo para una maldición
y su infamia no se borrará.
27 Así sabrán los que vengan después
que no hay nada mejor que el temor del Señor
ni nada más dulce que obedecer
sus mandamientos.

El elogio de la Sabiduría

Prov 1 20-33; 8 1-36; 9 1-6; Bar 3 9 - 4 4

24 1 *La Sabiduría hace el elogio* de sí misma
y se gloría en medio de su pueblo,
2 abre la boca en la asamblea del Altísimo
y se gloría delante de su Poder:
3 «Yo salí de la boca del Altísimo
y cubrí la tierra como una neblina.
4 Levanté mi tienda en las alturas,
y mi trono estaba en una columna de nube.
5 Yo sola recorrí el circuito del cielo
y anduve por la profundidad de los abismos.
6 Sobre las olas del mar y sobre toda la tierra,
sobre todo pueblo y nación,
ejercí mi dominio.
7 Entre todos ellos busqué un lugar de reposo,
me pregunté en qué herencia podría residir.
8 Entonces, el Creador de todas las cosas
me dio una orden,
el que me creó me hizo instalar mi tienda,
él me dijo: "Levanta tu tienda en Jacob
y fija tu herencia en Israel".
9 Él me creó antes de los siglos, desde el principio,
y por todos los siglos no dejaré de existir.
10 Ante él, ejercí el ministerio
en la Morada santa,
y así me he establecido en Sion;
11 él me hizo reposar asimismo
en la Ciudad predilecta,
y en Jerusalén se ejerce mi autoridad.
12 Yo eché raíces en un Pueblo glorioso,
en la porción del Señor, en su herencia.
13 Crecí como un cedro en el Líbano
y como un ciprés en los montes del Hermón;
14 crecí como una palmera en Engadí

Elogio de la sabiduría a sí misma

En este bello poema la sabiduría personificada se elogia a sí misma, es gloria en medio de su pueblo y presenta a Dios como «Señor de la historia». Lee Eclesiástico 24 1-22 para comprender su espíritu y gozar con él.

Después, con atención lee sus cuatro partes para entender mejor su mensaje:

- Observa cómo se presenta la sabiduría a sí misma; ¿qué dice?, ¿de dónde viene?
- Identifica cómo se inserta la sabiduría en la vida del pueblo.
- ¿Qué crees que quiso decir el autor con las metáforas que usa para hablar de los frutos de la sabiduría?
- ¿Qué te atrae más de esta invitación a dejarte guiar por la sabiduría?

¿Quieres la sabiduría de Dios? Ora con las palabras del Salmo 119 97-104.

Eclo 24

y como los rosales en Jericó;
como un hermoso olivo en el valle,
y como un plátano, me elevé hacia lo alto.
15 Yo exhalé perfume como el cinamomo,
como el aspálato fragante y la mirra selecta,
como el gálbano, la uña aromática y el estacte,
y como el humo del incienso en la Morada.
16 Extendí mis ramas como un terebinto,
y ellas son ramas de gloria y de gracia.
17 Yo, como una vid, hice germinar la gracia,
y mis flores son un fruto
de gloria y de riqueza.

Invitación a buscar la Sabiduría

Sal 19 11; Jn 4 13-14

19 ¡Vengan a mí los que me desean,
y sáciense de mis productos!
20 Porque mi recuerdo es más dulce que la miel,
y mi herencia, más dulce que un panal.
21 Los que me coman, tendrán hambre todavía,
los que me beban, tendrán más sed.
22 El que me obedezca, no se avergonzará,
y los que me sirvan, no pecarán».

La Sabiduría y la Ley

Ex 19 1; Dt 33 4; Gn 2 11; Jos 3 15; Gn 2 13

23 Todo esto es el libro de la Alianza
del Dios Altísimo,
la Ley que nos prescribió Moisés
como herencia para las asambleas de Jacob.
25 Ella hace desbordar la Sabiduría como el Pisón
y como el Tigris en los días de los primeros frutos;
26 inunda de inteligencia como el Éufrates
y como el Jordán en los tiempos de la cosecha;
27 prodiga la instrucción como el Nilo,
como el Guijón en los días de la vendimia.
28 El primero no terminó de conocerla
y el último ni siquiera la vislumbra.
29 Porque su pensamiento
es más vasto que el océano,
y su designio, más profundo que el gran Abismo.

La intención del autor del Libro

Is 58 11; Jn 4 14; Ez 47 1-12; Is 11 9; Jn 7 8

30 En cuanto a mí,
como un canal que brota de un río,
como una acequia, salí a un jardín
31 y dije: «Regaré mi huerta
y empaparé mis canteros».
¡De pronto, mi canal se convirtió en un río,
y mi río se transformó en un mar!
32 Aún haré brillar la instrucción como la aurora
e irradiaré su luz lo más lejos posible;
33 aún derramaré la enseñanza como una profecía
y la dejaré para las generaciones futuras.
34 Porque yo no he trabajado solo para mí,
sino para todos los que buscan la sabiduría.

La atracción de los santos

¿Has convivido con un santo? Tienen un atractivo fuera de serie, distinto de los personajes famosos que presentan los medios. Su vida es admirable, aunque a veces difícil de comprender por su radicalidad. Aman a los demás sin poseerlos, cantan ante asuntos que hacen temblar a otros y tiemblan ante acciones de las que otros presumen. Inspiran total confianza aun siendo extraños. ¿Qué es lo que los hace así?

Lee Eclesiástico 24 30-34 e identifica algunas personas que brillan por su enseñanza y que su luz se transmite a otras generaciones. ¿Te gustaría ser una de ellas?

Así fue la vida de «Charlie» Rodríguez, el apóstol universitario, un laico puertorriqueño que fomentó la vivencia de la Vigilia Pascual entre los jóvenes. Primero, fue un empleado de gobierno, y después, asesor de estudiantes en la Universidad Católica de Puerto Rico. Era muy apreciado por los estudiantes y maestros, que buscaban sus sabios consejos para unir su vida y su fe.

Piensa qué bueno sería que cada pueblo, parroquia, familia... estuviera bendecida por la presencia de por lo menos un/a joven santo/a que fuera profeta de esperanza para los demás. Dios nos llama a todos los cristianos a ser santos, ¡anímate a ser canal de la gracia de Dios para otros y que tu vida se convierta en luz para los jóvenes!

Eclo 24 30-34

Tres cosas deseables y tres aborrecibles

Sal 133

25 1 Con tres cosas me adorno
y me presento embellecida
delante del Señor y de los hombres:
la concordia entre hermanos,
la amistad entre vecinos
y una mujer y un marido que se llevan bien.
2 Pero hay tres clases de gente que aborrezco
y que me irritan por su manera de vivir:
un pobre soberbio, un rico mentiroso
y un viejo adúltero que ha perdido el juicio.

La corona de los ancianos

Sab 4 8-9; Prov 16 31

3 Si no has ahorrado en la juventud,
¿cómo vas a encontrar algo en tu vejez?

4 ¡Qué bello adorno para las canas es saber juzgar,
y para los ancianos, ser hombres de consejo!
5 ¡Qué hermosa es la sabiduría de los ancianos,
la reflexión y el consejo en la gente respetable!
6 Corona de los ancianos es una rica experiencia,
y su orgullo, el temor del Señor.

Nueve cosas encomiables

Sal 1 1; 112 1; Prov 19 14; Eclo 14 1; 23 27

7 Hay nueve cosas imaginables,
que considero felices,
y la décima, también la voy a mencionar:
un hombre que está contento de sus hijos
y uno que ve en vida la caída de sus enemigos.
8 ¡Feliz el que vive con una esposa inteligente,
el que no ha incurrido en falta con su lengua
y el que no ha servido a un patrón indigno de él!
9 ¡Feliz el que ha encontrado la prudencia
y el que la expone ante un auditorio atento!
10 ¡Qué grande es aquel que encontró la sabiduría!
Pero nadie aventaja al que teme al Señor:
11 el temor del Señor supera a todo lo demás,
y el que lo posee ¿a quién se puede comparar?
12 El temor del Señor es el comienzo de su amor,
y es por la fe que uno empieza a unirse a él.

Invectiva contra la mala mujer

Eclo 26 5-12.22-27; Prov 21 9.19; 25 24;
Gn 3 1-6; 1 Tim 2 14

13 ¡Cualquier herida, menos la del corazón!
¡Cualquier maldad, menos la de una mujer!
14 ¡Cualquier desgracia,
menos la causada por el odio!
¡Cualquier venganza, menos la de un enemigo!
15 No hay peor veneno que el de la serpiente,
ni peor furia que la de la mujer.
16 Preferiría habitar con un león o un dragón
antes que vivir con una mala mujer.
17 La maldad de una mujer desfigura su semblante
y vuelve su rostro huraño como un oso.
18 Su marido se va a sentar en medio de sus vecinos
y no puede reprimir sus amargos gemidos.
19 Toda maldad es pequeña
comparada con la de la mujer:
¡que caiga sobre ella la suerte del pecador!
20 Cuesta arenosa para los pies de un anciano
es la mujer charlatana para un esposo apacible.
21 No te dejes cautivar
por los encantos de una mujer
ni te apasiones por ella.
22 Estallido de enojo, infamia y una gran vergüenza
esperan al hombre que es mantenido
por su mujer.
23 Corazón abatido, rostro sombrío
y pena del alma es una mala mujer.
Manos inertes y rodillas paralizadas
es la mujer que no hace feliz al marido.
24 Por una mujer tuvo comienzo el pecado,
y a causa de ella todos morimos.
25 No dejes correr el agua
ni des libertad a una mala mujer.
26 Si no camina como tú le indicas,
arráncala de tu propia carne.

La felicidad de tener una buena esposa

Eclo 26 13-18

26 1 ¡Feliz el marido de una buena esposa:
se duplicará el número de sus días!
2 La mujer hacendosa es la alegría de su marido
y él vivirá en paz hasta el último de sus días.
3 Una buena esposa es una gran fortuna,
reservada en suerte a los que temen al Señor:
4 sea rico o pobre, su corazón será dichoso
y su rostro estará radiante en todo momento.

Los peligros de la mala mujer

Prov 6 24-25; Eclo 42 11

5 Hay tres cosas que me inspiran temor,
y por la cuarta imploro misericordia:
ciudad dividida, multitud amotinada
y falsa acusación
son más penosas que la muerte.
6 Pero pesadumbre y duelo
es la mujer celosa de su rival,
y en todo está presente el flagelo de la lengua.
7 Un yugo mal ajustado es una mala mujer:
tratar de sujetarla es agarrar un escorpión.
8 Una mujer bebedora provoca indignación:
ella no podrá ocultar su ignominia.
9 En el descaro de la mirada y en sus pupilas
se reconoce la procacidad de una mujer.
10 Redobla la guardia ante una joven atrevida,
no sea que descubra una ocasión y se aproveche.
11 Cuídate de las miradas provocativas
y no te sorprendas si te incitan al mal.
12 Ella abre la boca como un viajero sediento
y bebe toda el agua que se le ofrece;
se sienta ante cualquier estaca
y abre su aljaba a todas las flechas.

Elogio de la buena esposa

Eclo 26 1-4; Prov 31 10-31

13 La gracia de una mujer deleita a su marido
y su buen juicio lo llena de vigor.
14 Una mujer discreta es un don del Señor
y no tiene precio la esposa bien educada.
15 Una mujer pudorosa es la mayor de las gracias
y no hay escala para medir
a la que es dueña de sí misma.
16 Como el sol que se eleva por las alturas del Señor,
así es el encanto de la buena esposa
es una casa ordenada.
17 Como una lámpara que brilla
sobre el candelabro sagrado,
así es la belleza del rostro

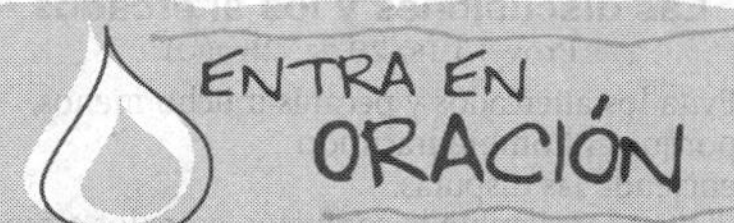

Charlatán

Lee Eclesiástico 28 13-26 y observa los daños que hacen los chismes y las calumnias a las relaciones sociales. Después haz la siguiente oración:

¡Oh Dios, perdóname!

He hablado mal de... y también de... y de... Ni siquiera sé si dije algo cierto, pero me sentí tan importante al decirlo a mis amigos/as.

¡Ayúdame a mantener la boca cerrada cuando no vaya a decir cosas buenas de otras personas!

Si escuché algún rumor que pueda dañar a alguien, ¡séllalo dentro de mi corazón y aléjalo de mis labios! De manera especial, protégeme de calumniar a alguien, de destruir su prestigio y dificultarle la vida.

Sigo pensando cuáles pueden ser los efectos de mis chismes. Lo menos que puede pasar es que al compartir un secreto se pierda la confianza en mí y se aminore la imagen del otro ante los demás.

¡Padre mío, enséñame a ser digno de confianza! Amén.

Eclo 28 13-26

sobre un cuerpo esbelto.
18 Columnas de oro sobre un zócalo de plata
son las piernas hermosas sobre talones firmes.

Tres cosas lamentables

28 Hay dos cosas que me entristecen
y por una tercera se enciende mi enojo:
un guerrero sumido en la indigencia,
los hombres inteligentes tratados con desprecio
y el que vuelve de la justicia al pecado:
a este, el Señor lo destina a la espada.

Los peligros del comercio

29 Difícilmente un comerciante
se libra de incurrir en falta,
y un negociante no estará exento de pecado.

27 1 Muchos han pecado
por amor a las ganancias
y el que busca enriquecerse
hace como quien no ve.
2 Entre la juntura de las piedras se clava la estaca,
y entre la compra y la venta se desliza el pecado.
3 El que no se aferra resueltamente
al temor del Señor
verá muy pronto su casa en ruinas.

La palabra, prueba del hombre

Mt 7 16-20; 12 33-37

4 Cuando se zarandea la criba,
quedan los residuos:
así los desechos de un hombre
aparecen en sus palabras.
5 El horno pone a prueba los vasos del alfarero,
y la prueba del hombre está
en su conversación.
6 El árbol bien cultivado
se manifiesta en sus frutos:
así la palabra expresa la índole de cada uno.
7 No elogies a nadie antes de oírlo razonar,
porque allí es donde se prueban los hombres.

La búsqueda de la justicia

Eclo 7 9-15; 19 5-17; 23 7-15

8 Si buscas la justicia, la alcanzarás,
y te revestirás de ella como de una túnica gloriosa.
9 Los pájaros buscan la compañía
de sus semejantes
y la verdad retorna a aquellos que la practican.
10 El león está al acecho de su presa,
y el pecado, de los que practican la injusticia.

La conversación de los necios

Ecl 7 3-6

11 La conversación del hombre bueno
es siempre sabia,
pero el insensato es variable como la luna.
12 Mide tu tiempo cuando estés entre los necios,
pero quédate largo rato
entre la gente de criterio.
13 La conversación de los necios es odiosa
y solo les causa gracia el vicio desenfrenado.
14 Los que juran constantemente
hacen erizar los cabellos,
y cuando discuten, hay que taparse los oídos.
15 Las disputas de los orgullosos
hacen correr la sangre
y es lamentable escuchar sus invectivas.

La indiscreción, ruina de la amistad

Eclo 22 22

16 El que revela los secretos
hace que le pierdan la confianza
y no encontrará jamás un amigo íntimo.
17 Sé afectuoso y confiado con tu amigo,
pero si has revelado sus secretos,
no corras tras él,
18 porque como el asesino destruye a su víctima,
así has destruido la amistad de tu prójimo:
19 como a un pájaro que has dejado escapar
de tu mano,

así has perdido a tu amigo,
y ya no lo recobrarás.
20 No corras detrás de él, porque está muy lejos,
huyó como una gacela de la red.
21 Porque una herida puede ser vendada,
y para la injuria puede haber reconciliación,
pero el que revela los secretos nada puede esperar.

La hipocresía

Prov 26 23-28; 10 10; Sal 35 19

22 Algo malo trama el que guiña un ojo,
y nadie logrará disuadirlo.
23 Delante de tus ojos, su boca es toda dulzura
y se extasía con tus palabras,
pero por detrás cambia de lenguaje
y tiende una trampa con tus mismas palabras.
24 Yo detesto muchas cosas, pero más que nada a él,
y el Señor también lo detesta.

En el pecado, el castigo

Prov 26 27; Ecl 10 8; Sal 7 16; 9 16

25 El que tira una piedra hacia arriba,
la tira sobre su cabeza,
y un golpe traicionero hiere también al que lo da.
26 El que cava una fosa caerá en ella
y el que tiende una red quedará enredado.
27 El mal que se comete recae sobre uno mismo,
sin que se sepa siquiera de dónde proviene.
28 Sarcasmos e insultos
son propios de los soberbios,
pero el castigo los acecha como un león.
29 Caerán en la red los que se alegran
de la caída de los buenos
y el dolor los consumirá antes de su muerte.

El rencor y la venganza

Mt 5 23-24; 6 12.14-15; 18 23-35; Lv 19 17-18

30 También el rencor y la ira son abominables,
y ambas cosas son patrimonio del pecador.
28 1 El hombre vengativo
sufrirá la venganza del Señor,
que llevará cuenta exacta
de todos sus pecados.
2 Perdona el agravio a tu prójimo y entonces,
cuando ores, serán absueltos tus pecados.
3 Si un hombre mantiene su enojo contra otro,
¿cómo pretende que el Señor lo sane?
4 No tiene piedad de un hombre semejante a él
¡y se atreve a implorar por sus pecados!
5 Él, un simple mortal, guarda rencor:
¿quién le perdonará sus pecados?
6 Acuérdate del fin, y deja de odiar;
piensa en la corrupción y en la muerte,
y sé fiel a los mandamientos;
7 acuérdate de los mandamientos,
y no guardes rencor a tu prójimo;
piensa en la Alianza del Altísimo,
y pasa por alto la ofensa.

Las discusiones y los altercados

Prov 15 18; 29 22; 26 20-21

8 Evita los altercados y pecarás mucho menos,
porque el hombre iracundo
enciende las disputas.
9 El pecador siembra la confusión entre los amigos
y crea división entre los que vivían en paz.
10 El fuego arde según el combustible,
y la disputa se enciende
en la medida del empecinamiento;
según sea su fuerza, será la furia de un hombre,
y según su riqueza, dará libre curso a su ira.
11 Una discordia repentina enciende un fuego,
y una disputa precipitada hace correr la sangre.
12 Si soplas una chispa, se inflama;
si le escupes encima, se extingue,
y ambas cosas salen de tu boca.

La maledicencia

Sant 3 1-12; Prov 16 28; 18 21; 13 3; 21 23;
Sal 141 3

13 Maldice al murmurador y al de lengua doble:
ellos han arruinado a mucha gente
que vivía en paz.
14 La lengua triple ha hecho tambalear a muchos
y los dispersó de nación en nación;
ella arrasó ciudades fortificadas
y echó por tierra casas de potentados;
15 hizo repudiar a mujeres valerosas
y las privó del fruto de sus trabajos.
16 El que le presta atención,
no encuentra más descanso
y ya no puede vivir en paz.
17 Un golpe de látigo deja una marca,
pero un golpe de lengua quiebra los huesos.
18 Muchos han caído al filo de la espada,
pero son menos que los caídos
a causa de la lengua.
19 ¡Feliz el que está al resguardo de ella
y no ha quedado expuesto a su furor,
el que no ha tirado de su yugo
ni ha sido atado a sus cadenas!
20 Porque su yugo es un yugo de hierro
y sus cadenas son cadenas de bronce.
21 ¡Muerte funesta es la que inflige
y es preferible el Abismo a una lengua así!
22 Pero ella no tiene poder
sobre los hombres buenos
y ellos no se quemarán en sus llamas.
23 Los que abandonan al Señor serán sus víctimas:
ella los abrasará sin extinguirse,
se lanzará sobre ellos como un león
y los destrozará como una pantera.
24 Por eso, rodea tu posesión
con un cerco de espinas,
guarda bien tu plata y tu oro;
25 fabrícate una balanza y una pesa
para tus palabras,
y una puerta y un cerrojo para tu boca.

26 Presta atención, no sea que resbales
a causa de la lengua
y caigas ante los que te acechan.

Los préstamos

Sal 37 21.26

29 1 El que practica la misericordia
presta a su prójimo,
y el que acude en su ayuda
observa los mandamientos.
2 Presta a tu prójimo cuando esté necesitado,
y restitúyele a tu vez en el momento convenido.
3 Cumple tu palabra y sé leal con él,
y encontrarás en todo momento
lo que necesites.
4 Muchos consideran el préstamo como una ganga
y ponen en aprietos a quienes los han ayudado.
5 Hasta que reciben, besan las manos de la gente
y hablan con humildad
de las riquezas del prójimo,
pero en el momento de restituir, piden prórroga,
solo devuelven con palabras quejumbrosas
y echan la culpa a las circunstancias.
6 Si llegan a pagar,
el acreedor recibe apenas la mitad
y tiene que aceptarlo como un favor.
Si no, lo despojan de sus riquezas,
y él se gana inútilmente un enemigo
que le paga con maldiciones e insultos
y le devuelve desprecio en vez de honrarlo.
7 Así, muchos se niegan a prestar, no por maldad,
sino por temor a ser despojados sin razón.

La limosna

Eclo 3 30 – 4 10; 7 32-36; Tob 12 8-9; 4 9-11;
Sant 5 3; Mt 6 19-21; Lc 16 9

8 Pero tú sé indulgente con el humilde
y no le hagas esperar tu limosna.
9 Socorre al pobre para cumplir el mandamiento
y, en su indigencia, no lo despidas
con las manos vacías.
10 Pierde tu dinero por un hermano y un amigo:
que no se herrumbre bajo una piedra
y lo pierdas.
11 Deposita tu tesoro
según los mandamientos del Altísimo
y te reportará más provecho que el oro;
12 que el tesoro encerrado en tus graneros
sea la limosna,
y ella te preservará de todo mal:
13 mejor que un fuerte escudo y una lanza pesada
combatirá a tu favor frente al enemigo.

Las fianzas

Prov 6 1-5; Eclo 8 13

14 El hombre de bien sale fiador de su prójimo,
pero el que perdió la vergüenza
lo deja abandonado.
15 No olvides los favores de tu fiador,
porque él ha expuesto su vida por ti.
16 El pecador dilapida los bienes de su fiador
y el desagradecido abandona al que lo salvó.
17 La fianza perdió a muchos
que vivían prósperamente,
los sacudió como una ola del mar;
18 obligó a expatriarse a hombres poderosos,
que anduvieron fugitivos por países extraños.
19 El pecador que se ofrece como fiador
y busca ventaja, se expone a ser procesado.
20 Socorre a tu prójimo en la medida de tus recursos,
pero ten cuidado de no arruinarte.

La humillación del que vive en casa ajena

Eclo 39 26; Prov 27 8

21 Lo esencial para la vida es el agua, el pan, la ropa,
y una casa para albergarse dignamente.
22 Más vale vida de pobre en una cabaña
que comida exquisita en casa ajena.
23 Conténtate con lo que tienes, sea poco o mucho,
y no oirás que te reprochan por ser un extraño.
24 Triste vida es andar de casa en casa:
donde eres un extraño, no puedes abrir la boca.
25 Sirves de comer y beber a gente desagradecida,
y encima tienes que oír cosas amargas:
26 —«Ven aquí, forastero, prepara la mesa,
y si tienes algo a mano, dame de comer».
27 —«Deja el lugar para alguien más importante;
mi hermano viene a hospedarse,
y necesito la casa».
28 ¡Qué duro es para un hombre sensible
que le reprochen la hospitalidad
y le echen en cara una deuda!

La educación de los hijos

Eclo 7 23; 22 6; Prov 13 24; 15 20; 23 13-14.24-25;
Sal 127 3-5

30 1 El que ama a su hijo lo castiga asiduamente,
para poder alegrarse de él en el futuro.
2 El que educa bien a su hijo
encontrará satisfacción en él
y se sentirá orgulloso entre sus conocidos.
3 El que instruye a su hijo
dará envidia a su enemigo
y se sentirá dichoso delante de sus amigos.
4 Muere el padre, y es como si no muriera,
porque deja detrás de sí a uno igual a él.
5 Mientras vive, se alegra de verlo,
y a su muerte, no siente ningún pesar:
6 deja a alguien que lo vengará de sus enemigos
y devolverá los favores a sus amigos.
7 El que mima a su hijo vendará sus heridas,
y a cada grito que dé,
se le conmoverán las entrañas.
8 Un caballo sin domar se vuelve reacio,
y un hijo consentido se vuelve insolente.
9 Malcría a tu hijo, y te hará temblar;

juega con él, y te llenará de tristeza.
10 No hagas bromas con él, para no sufrir con él
ni rechinar tus dientes al final.
11 No les des rienda suelta en su juventud,
12 pégale sin temor mientras es niño,
no sea que se vuelva rebelde y te desobedezca.
13 Educa a tu hijo y fórmalo bien,
para que no tengas que soportar
su desvergüenza.

La salud corporal

Eclo 37 27-31; 38 18;
Prov 12 25; 17 22; 14 30; 15 15

14 Más vale pobre sano y vigoroso
que rico lleno de achaques.
15 La salud y el vigor valen más que todo el oro,
y el cuerpo robusto,
más que una inmensa fortuna.
16 No hay mejor riqueza que la salud del cuerpo
ni mayor felicidad que la alegría del corazón.
17 Es preferible la muerte a una vida amarga
y el descanso eterno
a una enfermedad incurable.
18 Manjares derramados sobre una boca cerrada
son los alimentos depositados
sobre una tumba:
19 ¿de qué le sirve al ídolo la ofrenda
si no puede comer ni gustar?
Así pasa con el hombre perseguido por el Señor:
20 mira con sus ojos y lanza un suspiro,
como un eunuco cuando abraza a una virgen.

La alegría del corazón

Ecl 11 9-10; Mt 6 34

21 No dejes que la tristeza se apodere de ti
ni te atormentes con tus cavilaciones.
22 Un corazón alegre es la vida del hombre
y el gozo alarga el número de sus días.
23 Vive ilusionado y consuela tu corazón,
y aparta lejos de ti la tristeza,
porque la tristeza fue la perdición de muchos
y no se saca de ella ningún provecho.
24 La envidia y la ira acortan la vida,
y las preocupaciones hacen envejecer
antes de tiempo.
25 Un hombre de corazón alegre tiene buen apetito
y lo que come le hace provecho.

Peligro de las riquezas

Eclo 11 18-19; Prov 28 20; 1 Tim 6 9; Sal 62 11

31 1 Los desvelos del rico
terminan por consumirlo
y el afán de riquezas hace perder el sueño.
2 La preocupación por el sustento no deja dormir,
y priva del sueño más que una grave enfermedad.
3 El rico se fatiga por amontonar una fortuna,
y si descansa, es para hartarse de placeres.
4 El pobre se fatiga para vivir modestamente,
y si descansa, cae en la indigencia.
5 El que ama el oro nunca podrá ser justo,
y el afán de lucro hace extraviar a un hombre.
6 Muchos acabaron en la ruina
por culpa del oro y se enfrentaron
con su propia perdición,
7 porque el oro es una trampa
para los que se enloquecen por él,
y todos los insensatos se dejan atrapar.
8 ¡Feliz el rico que se conserva íntegro
y no corre detrás del oro!
9 ¿Quién es él? Y lo felicitaremos
porque ha hecho maravillas en su pueblo.
10 ¿Quién pasó por esta prueba
y demostró ser perfecto?

ECLO

VIVE LA PALABRA

La tragedia del alcohol

Todo comenzó cuando Paco tomó su primera cerveza a los 13 años. Le supo horrible, pero sus amigos lo animaron a terminarla. Siguió bebiendo y al poco tiempo el alcohol lo hizo sentir más sociable y divertido; no parecía tan malo. Tristemente, Paco se volvió alcohólico. Primero bebía los fines de semana, después a diario, y llegó un tiempo que bebía incluso antes de entrar al trabajo.

Un día que Paco había bebido en exceso y estaba cuidando a Verónica, su hermanita de seis años, se enojó con ella y la empujó haciéndola rodar por las escaleras. Quiso llamar al teléfono de urgencias, pero no pudo ver los números para marcarlos. Ella murió como resultado de la caída. Hoy vive con el dolor de haber matado a su hermanita, y va de escuela en escuela diciendo a todos los jóvenes que no prueben su primera cerveza.

Lee Eclesiástico 31 25-31. ¿Cómo traduces esta sabiduría al lenguaje de los/as jóvenes y adolescentes con quienes convives? ¡Anímate a compartir su mensaje!

Eclo 31 25-31

Tiene un buen motivo para gloriarse.
¿Quién pudo transgredir y no transgredió,
hacer el mal y no lo hizo?
11 Sus bienes estarán asegurados
y la asamblea publicará sus beneficios.

La frugalidad en los banquetes

Prov 23 1-3.6-8; 13 25; Eclo 37 27-31

12 ¿Estás sentado a la mesa de un grande?
No digas, relamiéndote los labios:
«¡Cuántas cosas hay aquí!».
13 Acuérdate que está mal tener un ojo ávido:
¿ha sido creado algo peor que el ojo?
Por eso derrama lágrimas por cualquier cosa.
14 No extiendas la mano a todo lo que veas,
para no tropezar con tu vecino en el plato.
15 Juzga al prójimo por lo que tú mismo sientes
y reflexiona siempre que hagas algo.
16 Come como persona educada
lo que te pongan delante
y no mastiques ruidosamente,
para no hacerte odioso.
17 Sé el primero en dejar de comer,
por buena educación,
y no seas insaciable, para no chocar.
18 Si estás sentado entre muchos comensales,
no extiendas tu mano antes que los demás.
19 ¡Qué poco le basta a un hombre bien educado!
Por eso no se sofoca cuando está en su lecho.
20 A estómago sobrio, sueño saludable:
uno se levanta temprano, y está bien despierto.
Insomnio penoso, náuseas y cólicos:
eso le espera al hombre insaciable.
21 Y si te han forzado a excederte en la comida,
levántate, ve lejos a vomitar y sentirás alivio.
22 Escúchame, hijo mío, no me desprecies,
y al final comprenderás mis palabras:
sé moderado en todas tus acciones
y nunca caerás enfermo.
23 Los labios bendicen al que sirve bien de comer
y el testimonio de su generosidad
es digno de fe.
24 La ciudad murmura del que mezquina el pan
y el testimonio de su mezquindad es exacto.

Beneficios y peligros del vino

Prov 20 1; 23 20-21.29-35; Sal 104 15;
Jue 9 13; 1 Tim 5 23

25 No te hagas el valiente con el vino,
porque el vino ha sido la perdición de muchos.
26 Como la fragua pone a prueba el temple del acero,
el vino prueba al hombre
en las disputas de los prepotentes.
27 El vino es como la vida para el hombre,
siempre que se lo beba con moderación.
¿Qué es la vida cuando falta el vino?
Porque él fue creado para alegría de los hombres.
28 Gozo del corazón y alegría del alma
es el vino bebido a su tiempo
y en la medida conveniente.
29 Amargura del alma es el vino bebido en exceso,
con ánimo de desafiar y provocar.
30 La embriaguez enfurece al necio
hasta el escándalo,
disminuye sus fuerzas y le provoca heridas.
31 Mientras se bebe vino, no reprendas a tu prójimo
ni lo humilles si se pone alegre;
no le dirijas palabras injuriosas
ni lo importunes con reclamos.

La actitud del que preside el banquete

Prov 17 27; 15 33; 18 12; 1 Tim 4 3-4

32 1 ¿Te toca presidir la mesa?
No te envanezcas:
compórtate con los demás como uno de ellos
y atiéndelos bien antes de sentarte.
2 Una vez cumplido todo tu oficio, ocupa tu puesto
para alegrarte a causa de los comensales
y verte coronado porque todo está en orden.

La conversación en los banquetes

3 Habla, anciano, porque te corresponde hacerlo,
pero con discreción y sin interrumpir la música.
4 Mientras se escucha, no te pongas a charlar
ni te hagas el sabio fuera de tiempo.
5 Sello de rubí en una alhaja de oro
es un concierto musical mientras se bebe vino;
6 sello de esmeralda en un engaste de oro
es la música melodiosa sobre la dulzura del vino.
7 Habla, joven, cuando sea necesario,
pero dos veces a lo más, y si te preguntan.
8 Habla concisamente, di mucho en pocas palabras:
sé como uno que sabe y sin embargo se calla.
9 En medio de los grandes, no pretendas igualarlos,
y si otro habla, sé parco en tus palabras.
10 El relámpago brilla antes del trueno
y el encanto precede al hombre modesto.
11 Levántate a tiempo, no seas el último en irte,
ve derecho a tu casa,
sin entretenerte por el camino.
12 Diviértete allí como más te guste,
pero sin pecar con palabras arrogantes.
13 Y por todo eso, bendice a tu Creador,
que te embriaga con sus bienes.

El temor del Señor

Prov 13 3; 16 17; 22 5; 19 16; Job 5 10;
Prov 12 21; 24 16; Sal 1; 91

14 El que teme al Señor acepta ser instruido
y los que lo buscan ardientemente
alcanzarán su favor.
15 El que busca la Ley se saciará de ella,
pero al que finge observarla le sirve de tropiezo.
16 Los que temen al Señor descubren lo que es recto
y hacen brillar sus preceptos
como una lámpara.
17 El hombre pecador no tolera ningún reproche

y encuentra pretextos para hacer lo que quiere.
18 El hombre de consejo no descuida la reflexión;
el impío y el arrogante
proceden temerariamente.
19 No hagas nada sin el debido consejo
y no te arrepentirás de tus acciones.
20 No vayas por un camino lleno de obstáculos
y no tropezarás contra las piedras.
21 No te fíes del camino despejado
22 y cuídate hasta de tus hijos.
23 En todo lo que hagas, sé fiel a ti mismo,
porque también eso es observar
los mandamientos.
24 El que confía en la Ley
presta atención a los mandamientos
y el que confía en el Señor
no sufrirá menoscabo.

33 1 El que teme al Señor
no sufrirá ningún mal
y en la prueba será librado una y otra vez.
2 Un hombre sabio nunca detesta la Ley,
pero el que finge observarla
es como un barco en la tempestad.
3 Un hombre inteligente confía en la Ley
y le tiene tanta fe como a un oráculo divino.
4 Prepara lo que vas a decir, y así serás escuchado,
resume lo que sabes, y luego responde.
5 Los sentimientos del necio son una rueda de carro,
y su conversación, como un eje que da vueltas.
6 Un amigo burlón es como un caballo en celo:
relincha bajo cualquier jinete.

El dominio del Señor sobre los tiempos y los hombres

1 Sm 2 6-8; Lc 1 51-53; Rom 9 21;
Eclo 42 24-25; Ecl 3 1-8

7 ¿Por qué un día es más importante que otro,
si a todos los días del año la luz les viene del sol?
8 Es la ciencia del Señor la que los hizo diferentes,
y él diversificó los tiempos y las fiestas:
9 a unos días los exaltó y consagró,
y a otros los computó entre los días ordinarios.
10 Todos los hombres provienen del suelo,
y Adán fue creado de la tierra;
11 pero, en su gran sabiduría, el Señor los distinguió
y los hizo marchar por caminos diversos:
12 a unos los bendijo y exaltó, los consagró
y los acercó a él;
a otros los maldijo y humilló,
y los derribó de sus puestos.
13 Como está la arcilla en las manos del alfarero,
que dispone de ella según su voluntad,
así están los hombres en las manos de su Creador,
y él les retribuirá según su decisión.
14 Frente al mal, está el bien,
y frente a la muerte, la vida:
así, frente al hombre bueno, está el pecador.
15 Considera asimismo todas las obras del Altísimo:
están de dos en dos, una frente a otra.

El autor del libro y su obra

Is 24 13; Jr 49 9

16 Yo, el último en llegar, me mantuve alerta
como quien recoge detrás de los viñadores.
17 Por la bendición del Señor, he llegado a tiempo,
y como un viñador, he llenado el lagar.
18 Sepan que no me fatigué para mí solamente,
sino para todos los que buscan la instrucción.
19 Escúchenme, grandes del pueblo,
y ustedes, jefes de la asamblea,
préstenme atención.

La administración de los propios bienes

20 Sea hijo o mujer, hermano o amigo,
a nadie des autoridad sobre ti mientras vivas.
Tampoco entregues tus bienes a otro,
no sea que te arrepientas
y los tengas que reclamar.
21 Mientras vivas y tengas aliento,
no te dejes enajenar por nadie:
22 es mejor que tus hijos te pidan
que tener tus ojos fijos en sus manos.
23 En todo lo que hagas, sé tú el que dirige,
y no manches con nada tu reputación.
24 Cuando lleguen a su término los días de tu vida,
a la hora de la muerte, reparte tu herencia.

El trato con los servidores

Dt 15 12-18; Eclo 7 20-21

25 Al asno el forraje, el bastón y la carga;
al servidor el pan, la disciplina y el trabajo.
26 Obliga a trabajar a tu esclavo,
y encontrarás descanso;
déjalo desocupado, y buscará la libertad.
27 El yugo y las riendas doblegan la nuca,
y para el servidor perverso,
están la tortura y el tormento.
28 Fuérzalo a trabajar, para que no se quede ocioso,
porque el ocio enseña muchas cosas malas.
29 Oblígalo a trabajar como le corresponde,
y si no obedece, ata sus pies con cadenas.
30 Pero a nadie le exijas más de la cuenta,
y no hagas nada sin justicia.
31 Si no tienes más que un servidor,
considéralo como a ti mismo,
porque lo has adquirido con sangre;
32 si no tienes más que un servidor,
trátalo como a un hermano,
porque lo necesitas tanto como a ti mismo.
33 Si tú lo maltratas y él termina por escaparse,
¿por qué camino lo irás a buscar?

La veleidad de los sueños

Ecl 5 6; Gn 20 3; 31 11; Nm 12 6; Mt 1 20; 2 13;
Job 33 14-16; Zac 10 2

34 1 Vanas y engañosas
son las esperanzas del insensato,
y los sueños dan alas a los necios.

2 Tratar de asir una sombra o correr detrás del viento
es dar crédito a los sueños.
3 Las visiones de los sueños
no son más que un espejismo:
un rostro ante el reflejo de su propia imagen.
4 ¿Puede sacarse algo puro de lo impuro
o de la mentira puede salir la verdad?
5 Adivinaciones, augurios y sueños son cosas vanas,
puras fantasías, como las de una parturienta.
6 A no ser que los envíe el Altísimo en una visita,
no les prestes ninguna atención.
7 Porque los sueños han extraviado a muchos
que cayeron por esperar en ellos.
8 La Ley debe cumplirse sin falsedad,
y la sabiduría expresada fielmente es perfecta.

La utilidad de los viajes

Eclo 15 19; Sal 33 18-20; 28 7-8

9 El que ha viajado mucho sabe muchas cosas,
y el hombre de experiencia
habla inteligentemente.
10 El que no ha sido probado sabe pocas cosas,
pero el que ha andado mucho
adquiere gran habilidad.
11 Yo he visto muchas cosas en el curso de mis viajes,
y sé mucho más de lo que podría expresar.
12 Muchas veces estuve en peligro de muerte,
y gracias a todo eso escapé sano y salvo.
13 El espíritu de los que temen al Señor vivirá,
porque han puesto su esperanza
en aquel que los salva.
14 El que teme al Señor no se intimida por nada,
y no se acobarda, porque él es su esperanza.
15 ¡Feliz el alma del que teme al Señor!
¿En quién se sostiene y cuál es su apoyo?
16 Los ojos del Señor miran a aquellos que lo aman:
él es escudo poderoso y apoyo seguro,
refugio contra el viento abrasador
y el ardor del mediodía,
salvaguardia contra el tropiezo y auxilio
contra la caída.
17 Él levanta el ánimo e ilumina los ojos,
da salud, vida y bendición.

El culto agradable a Dios

Eclo 35 1-10.13-15; Lv 19 13; Dt 24 14-15; Jr 22 13

18 Ofrecer en sacrificio el fruto de la injusticia
es presentar una ofrenda defectuosa,
y los dones de los impíos no son aceptados.
19 El Altísimo no acepta las ofrendas de los impíos,
y no es por el número de víctimas
que perdona los pecados.
20 Como inmolar a un hijo ante los ojos de su padre,
es presentar una víctima
con bienes quitados a los pobres.
21 Un mendrugo de pan es la vida de los indigentes:
el que los priva de él es un sanguinario.
22 Mata a su prójimo el que lo priva del sustento,
derrama sangre el que retiene
el salario del jornalero.
23 Si uno edifica y otro destruye,
¿qué ganan con eso sino fatigas?
24 Si uno suplica y otro maldice,
¿qué voz escuchará el Dueño de todo?
25 El que vuelve a tocar a un muerto
después de haberse lavado,
¿qué ha ganado con purificarse?
26 Así es el hombre que ayuna por sus pecados
y luego vuelve a cometerlos:
¿quién escuchará su plegaria
y qué ha ganado con humillarse?

La Ley y los sacrificios

Ex 23 15; 34 20; Prov 3 9-10; 2 Cor 9 7;
Dt 14 22-23; 12 6

35 1 Observar la Ley
es como presentar muchas ofrendas,
y ser fiel a los mandamientos
es ofrecer un sacrificio de comunión;
2 devolver un favor es hacer una oblación de harina,
y hacer limosna es ofrecer
un sacrificio de alabanza.
3 La manera de agradar al Señor
es apartarse del mal,
y apartarse de la injusticia
es un sacrificio de expiación.
4 No te presentes ante el Señor
con las manos vacías,
porque todo esto lo prescriben los mandamientos.
5 Cuando la ofrenda del justo engrasa el altar,
su fragancia llega a la presencia del Altísimo.
6 El sacrificio del justo es aceptado
y su memorial no caerá en el olvido.
7 Glorifica al Señor con generosidad
y no mezquines las primicias de tus manos.
8 Da siempre con el rostro radiante
y consagra el diezmo con alegría.
9 Da al Altísimo según lo que él te dio,
y con generosidad, conforme a tus recursos,
10 porque el Señor sabe retribuir
y te dará siete veces más.
11 No pretendas sobornarlo con un don,
porque no lo aceptaría,
y no te apoyes en un sacrificio injusto.
12 Porque el Señor es juez
y no hace distinción de personas:
13 no se muestra parcial contra el pobre
y escucha la súplica del oprimido;
14 no desoye la plegaria del huérfano, ni a la viuda,
cuando expone su queja.
15 ¿No corren las lágrimas por las mejillas de la viuda
y su clamor no acusa al que las hace derramar?

DA AL ALTÍSIMO SEGÚN
LO QUE ÉL TE DIO,
Y CON GENEROSIDAD, CONFORME
A TUS RECURSOS. Eclo 35 9

El poder de la oración

Dt 10 17-18; Job 34 19; Prov 24 23; 23 10-11;
Ex 22 21-23; Ecl 21 5

16 El que rinde el culto que agrada al Señor,
es aceptado,
y su plegaria llega hasta las nubes.
17 La súplica del humilde atraviesa las nubes
y mientras no llega a su destino, él no se consuela:
18 no desiste hasta que el Altísimo interviene,
para juzgar a los justos y hacerles justicia.

El castigo de las naciones

Eclo 5 4; 11 26

19 El Señor no tardará
y no tendrá paciencia con los impíos,
20 hasta quebrar el poderío de los despiadados
y dar su merecido a las naciones;
21 hasta extirpar la multitud de los prepotentes
y quebrar el cetro de los injustos;
22 hasta retribuir a cada hombre según sus acciones,
remunerando las obras de los hombres
según sus intenciones;
23 hasta juzgar la causa de su pueblo
y alegrarlo con su misericordia.
24 ¡Qué hermosa es la misericordia
en el momento de la aflicción,
como las nubes de lluvia en tiempo de sequía!

Súplica por la liberación de Israel

Sal 79

36 1 Ten piedad de nosotros, Dueño soberano,
Dios de todas las cosas, y mira,
infunde tu temor a todas las naciones.

2 Levanta tu mano contra las naciones extranjeras
y que ellas vean tu dominio.
3 Así como les manifestaste tu santidad
al castigarnos,
manifiéstanos también tu grandeza
castigándolas a ellas;
4 y que ellas te reconozcan,
como hemos reconocido nosotros
que no hay otro Dios fuera de ti, Señor.
5 Renueva los signos y repite las maravillas,
glorifica tu mano y tu brazo derecho.
6 Despierta tu furor y derrama tu ira,
suprime al adversario y extermina al enemigo.
7 Apresura la hora y acuérdate del juramento,
para que se narren tus hazañas.
8 Que el fugitivo sea devorado
por el ardor del fuego,
y que encuentren su perdición
los que maltratan a tu pueblo.
9 Aplasta la cabeza de los jefes enemigos,
que dicen: «¡No hay nadie fuera de nosotros!».
10 Congrega a todas las tribus de Jacob,
y entrégales su herencia, como al comienzo.
11 Ten piedad, Señor, del pueblo
que es llamado con tu Nombre, de Israel,
a quien trataste como a un primogénito.
12 Ten compasión de tu Ciudad Santa,
de Jerusalén, el lugar de tu reposo.
13 Llena a Sion de alabanzas por tu triunfo,
y a tu pueblo, cólmalo de tu gloria.
14 Da testimonio a favor de los que tú creaste
en el principio,
y cumple las profecías
anunciadas en tu Nombre.
15 Dales la recompensa a los que te aguardan,
y que se compruebe la veracidad de tus profetas.
16 Escucha, Señor, la oración de los que te suplican,
conforme a la bendición de Aarón
sobre tu pueblo,
17 para que todos los que viven en la tierra
reconozcan que tú eres el Señor, el Dios eterno.

El discernimiento

18 El estómago asimila toda clase de alimentos,
pero hay unos mejores que otros.
19 El paladar distingue los manjares
y el corazón inteligente descubre las mentiras.
20 Un corazón tortuoso provoca contrariedades,
pero el hombre de experiencia le da su merecido.

Necesidad y elección de una buena esposa

Eclo 26 1-4.13-18; Prov 5 15-20; 18 22; Gn 2 18

21 Una mujer acepta cualquier marido,
pero unas jóvenes son mejores que otras.
22 La hermosura de la mujer alegra el rostro
y supera todos los deseos del hombre.
23 Si en sus labios hay bondad y dulzura,
su marido ya no es más uno de tantos hombres.
24 El que adquiere una mujer
tiene el comienzo de la fortuna,
una ayuda adecuada a él
y una columna donde apoyarse.
25 Donde no hay valla, la propiedad es saqueada,
y donde no hay mujer,
el hombre gime y va a la deriva.
26 ¿Quién puede fiarse de un salteador
que va rápidamente de ciudad en ciudad?
27 Así sucede con el hombre sin nido,
que se alberga donde lo sorprende la noche.

Los verdaderos y los falsos amigos

Eclo 6 5-17; 22 19-26; 12 8-9;
Sal 55 13-15; Prov 27 10

37 1 Todo amigo dice:
«También yo soy tu amigo»,
pero hay amigos que lo son solo de nombre.
2 ¿No entristece acaso hasta la muerte
ver a un amigo querido transformarse
en enemigo?
3 ¡Perversa inclinación!
¿De dónde te han hecho rodar
para cubrir la tierra de falsedad?

4 ¡Un compañero comparte las alegrías del amigo,
y en el momento de la aflicción,
se vuelve contra él!
5 ¡Otro sufre con el amigo para llenarse su vientre,
y a la hora del combate, empuña el escudo!
6 Nunca te olvides de un buen amigo,
y acuérdate de él cuando tengas riquezas.

Los buenos y los malos consejeros

Eclo 6 6; 9 14-16; Prov 16 9

7 Todo el que aconseja recomienda su consejo,
pero hay quien aconseja pensando solo
en sí mismo.
8 Sé precavido con el que da consejos
y averigua primero qué le hace falta,
—porque entonces aconsejará
lo que le convenga a él—
no sea que le dé lo mismo una cosa que otra
9 y te diga: «Vas por el buen camino»,
mientras se pone enfrente a ver qué te pasa.
10 No consultes al que te subestima,
y al que tiene celos de ti, ocúltale tus designios.
11 No pidas consejo a una mujer sobre su rival,
ni a un cobarde sobre la guerra,
ni a un comerciante sobre un negocio,
ni a un comprador sobre una venta,
ni a un envidioso sobre la gratitud,
ni a un despiadado sobre un beneficio,
ni a un perezoso sobre cualquier trabajo,
ni al que trabaja por horas
sobre la conclusión de una obra,
ni a un servidor holgazán
sobre un trabajo difícil:
no cuentes con estos para ningún consejo.
12 Pero recurre asiduamente a un hombre piadoso,
de quien te consta que cumple
los mandamientos,
capaz de sentir lo que tú mismo sientes,
y que sufrirá contigo si das un traspié.
13 Déjate llevar por lo que te dicta el corazón,
porque nadie te será más fiel que él:
14 el alma de un hombre suele advertir a menudo
mejor que siete vigías apostados sobre una altura.
15 Y por encima de todo ruega al Altísimo,
para que dirija tus pasos en la verdad.

La verdadera y la falsa sabiduría

Eclo 24 34; 33 18; 41 12-13; 44 8-15

16 Principio de toda obra es la conversación,
y antes de toda acción, está el consejo.
17 Raíz de los pensamientos es el corazón,
y él hace brotar cuatro ramas:
18 el bien y el mal, la vida y la muerte,
y la que decide siempre en todo esto es la lengua.
19 Un hombre puede ser hábil para instruir a muchos
y, sin embargo, ser inútil para sí mismo.
20 El que es sabio de labios para fuera,
se hace odioso y acabará sin tener qué comer:
21 no se le ha concedido el favor del Señor,
porque estaba desprovisto de toda sabiduría.
22 Si un hombre es sabio para sí mismo,
los frutos de su inteligencia están en su boca
y son dignos de fe.
23 Un hombre sabio instruye a su propio pueblo
y los frutos de su inteligencia son dignos de fe.
24 Un hombre sabio es colmado de bendiciones
y, al verlo, todos lo felicitan.
25 El hombre tiene sus días contados,
pero los días de Israel son incontables.
26 Un hombre sabio se gana la confianza
de su pueblo,
y su nombre sobrevive para siempre.

La templanza

Eclo 18 30 - 19 3; 1 Cor 6 12; 10 23; Eclo 31 19-22

27 Hijo mío, para tu régimen de comida,
pruébate a ti mismo:
mira qué te hace mal y prívate de ello.

Medicina y oración

Para los campesinos andinos, su relación con la naturaleza es fuente de armonía. La *Pachamama*, la madre Naturaleza, es fecunda en frutos que dan salud. Las pampas ofrecen un sinnúmero de medicinas naturales que sirven para restaurar la salud de la gente, y son usadas en frotadas, baños y sacudidas en mantas o frazadas, y en rituales con velas, agua bendita y oraciones por la persona enferma.

Los males producidos por susto, disgusto o tristeza, son atendidos por medio de la sabiduría de la comunidad. Ocasionalmente se pide la ayuda de los curanderos *kolliri*, quienes tienen que intervenir junto con los *jilakatas*, dirigentes de la comunidad, y los *achachis*, abuelos del pueblo.

La medicina andina, como la de muchos otros pueblos indígenas, considera que las dolencias están relacionadas con el comportamiento de la comunidad, y quienes curan «rogarán al Señor que les permita dar un alivio y curar al enfermo» (Eclo 38 14). El mensaje es claro: la salud es fruto de la armonía con la naturaleza y la comunidad, y está en manos de Dios.

¿Qué hábitos y conductas dañan tu salud y la de los jóvenes que conoces? ¿Qué puedes hacer para fomentar la salud?

Eclo 38 1-15

28 Porque no todo es conveniente para todos
ni a todos les gusta lo mismo.
29 No seas insaciable de placeres
ni te excedas en las comidas.
30 Porque el exceso en las comidas
acarrea enfermedades
y la glotonería provoca cólicos.
31 La glotonería causó la muerte de muchos,
pero el que se cuida prolongará su vida.

Los buenos servicios del médico

2 Cr 16 12; Eclo 1 18; Ex 15 23-25; Sant 5 15

38 1 Honra al médico por sus servicios,
como corresponde,
porque también a él lo ha creado el Señor.
2 La curación procede del Altísimo,
y el médico recibe presentes del rey.
3 La ciencia del médico afianza su prestigio
y él se gana la admiración de los grandes.
4 El Señor hizo brotar las plantas medicinales,
y el hombre prudente no las desprecia.
5 ¿Acaso una rama no endulzó el agua,
a fin de que se conocieran sus propiedades?
6 El Señor dio a los hombres la ciencia,
para ser glorificado por sus maravillas.
7 Con esos remedios el médico cura y quita el dolor,
y el farmacéutico prepara sus ungüentos.
8 Así, las obras del Señor no tienen fin,
y de él viene la salud a la superficie de la tierra.
9 Si estás enfermo, hijo mío, no seas negligente,
ruega al Señor, y él te sanará.
10 No incurras en falta, enmienda tu conducta
y purifica tu corazón de todo pecado.
11 Ofrece el suave aroma y el memorial de harina,
presenta una rica ofrenda,
como si fuera la última.
12 Después, deja actuar al médico,
porque el Señor lo creó;
que no se aparte de ti, porque lo necesitas.
13 En algunos casos, tu mejoría está en sus manos,
14 y ellos mismos rogarán al Señor
que les permita dar un alivio y curar al enfermo,
para que se restablezca.
15 El hombre que peca delante de su Creador,
¡que caiga en manos del médico!

El duelo por un muerto

Eclo 22 11-12; Jr 9 16-17;
Eclo 7 36; 28 6; 2 Sm 12 20-23

16 Hijo mío, por un muerto, derrama lágrimas,
y entona un lamento,
como quien sufre terriblemente.
Entierra su cadáver en la forma establecida
y no descuides su sepultura.
17 Llora amargamente, golpéate el pecho,
y observa el duelo que él se merece,
uno o dos días, para evitar comentarios,
y luego consuélate de tu tristeza.
18 Porque la tristeza lleva a la muerte
y un corazón abatido quita las fuerzas.
19 En la desgracia la tristeza es permanente,
y el corazón maldice una vida miserable.
20 No te dejes llevar por la tristeza,
aléjala, acordándote de tu fin.
21 Nunca lo olvides: ¡no hay camino de retorno!
Al muerto, no podrás serle útil y te harás mal a ti.
22 «Recuerda mi destino, que será también el tuyo:
ayer a mí y hoy a ti».
23 Ya que el muerto descansa,
deja en paz su memoria,
y trata de consolarte,
porque ha partido su espíritu.

Los trabajos manuales y la Sabiduría

24 La sabiduría del escriba exige tiempo y dedicación,
y el que no está absorbido por otras tareas,
se hará sabio.
25 ¿Cómo se hará sabio el que maneja el arado
y se enorgullece de empuñar la picana,
el que guía los bueyes, trabaja con ellos,
y no sabe hablar más que de novillos?
26 Él pone todo su empeño en abrir los surcos
y se desvela por dar forraje a las terneras.
27 Lo mismo pasa con el artesano
y el constructor, que trabajan día y noche;
con los que graban las efigies de los sellos
y modifican pacientemente los diseños:
ellos se dedican a reproducir el modelo
y trabajan hasta tarde para acabar la obra.
28 Lo mismo pasa con el herrero,
sentado junto al yunque,
con la atención fija en el hierro que forja:
el vaho del fuego derrite su carne
y él se debate con el calor de la fragua;
el ruido del martillo ensordece sus oídos
y sus ojos están fijos en el modelo del objeto;
pone todo su empeño en acabar sus obras
y se desvela por dejarlas bien terminadas.
29 Lo mismo pasa con el alfarero,
sentado junto a su obra,
mientras hace girar el torno con sus pies:
está concentrado exclusivamente en su tarea
y apremiado por completar la cantidad;
30 con su brazo modela la arcilla
y con los pies vence su resistencia;
pone todo su empeño en acabar el barnizado
y se desvela por limpiar el horno.
31 Todos ellos confían en sus manos,
y cada uno se muestra sabio en su oficio.
32 Sin ellos no se levantaría ninguna ciudad,
nadie la habitaría ni circularía por ella.
33 Pero no se los buscará para el consejo del pueblo
ni tendrán preeminencia en la asamblea;
no se sentarán en el tribunal del juez
ni estarán versados en los decretos
de la Alianza.
34 No harán brillar la instrucción ni el derecho,
ni se los encontrará entre los autores

de proverbios.
Sin embargo, ellos afianzan la creación eterna
y el objeto de su plegaria
son los trabajos de su oficio.

El escriba y la Sabiduría

Sal 1 2; Prov 1 5-6; Eclo 8 8;
Is 11 2; Eclo 44 15

39 [1] No pasa lo mismo
con el que consagra su vida
a reflexionar sobre la Ley del Altísimo.
Él busca la sabiduría de todos los antiguos
y dedica su tiempo a estudiar las profecías;
[2] conserva los dichos de los hombres famosos
y entra en las sutilezas de las parábolas;
[3] indaga el sentido oculto de los proverbios
y estudia sin cesar las sentencias enigmáticas.
[4] Presta servicio entre los grandes
y se lo ve en la presencia de los jefes;
viaja por países extranjeros,
porque conoce por experiencia
lo bueno y lo malo de los hombres.
[5] De todo corazón, muy de madrugada,
se dirige al Señor, su Creador,
y suplica en la presencia del Altísimo:
abre sus labios para orar
y pide perdón por sus pecados.
[6] Si el gran Señor así lo desea,
será colmado del espíritu de inteligencia:
derramará como lluvia sus sabias palabras
y celebrará al Señor con su plegaria;
[7] dirigirá rectamente su consejo y su ciencia
y reflexionará sobre los secretos de Dios;
[8] con su enseñanza hará brillar la doctrina
y se gloriará en la Ley de la Alianza del Señor.
[9] Muchos alabarán su inteligencia,
que nunca caerá en el olvido;
su recuerdo no se borrará jamás
y su nombre vivirá para siempre.
[10] Las naciones hablarán de su sabiduría
y la asamblea proclamará su alabanza.
[11] Si vive largo tiempo,
tendrá más renombre que otros mil;
si entra en el reposo, eso le bastará.

Himno a la Sabiduría *y a la obra de Dios*

Sal 104 24; Sab 1 7-8; Eclo 16 17-20; 42 18-20;
Sal 148 7-13

[12] Voy a seguir exponiendo mis reflexiones,
porque estoy colmado como la luna llena.
[13] Escúchenme, hijos santos, y crezcan
como rosal que brota junto a la corriente de agua.
[14] Exhalen suave fragancia como el incienso
y florezcan como el lirio;
derramen aroma y entonen un canto,
bendigan al Señor por todas sus obras.
[15] Reconozcan que su Nombre es grande,
denle gracias, proclamando su alabanza,
con cantos en los labios y con arpas,
y digan en la acción de gracias:
[16] ¡Qué hermosas son todas las obras del Señor,
y todo lo que él ordena se cumple a su tiempo!
No hay por qué decir:
«¿Qué es esto? ¿Para qué está?».
Porque todo será comprendido
en su momento.
[17] Por su palabra,
las aguas se detuvieron como una masa;
por una de sus órdenes,
se formaron los depósitos de agua.
[18] Él lo ordena, y se cumple su voluntad,
y nadie puede menoscabar su obra salvadora.
[19] Las obras de todo ser viviente están ante él
y nada puede ocultarse a sus ojos.
[20] Él abarca con la mirada los límites del tiempo
y no hay nada extraordinario para él.
[21] No hay por qué decir:
«¿Qué es esto? ¿Para qué está?».
Porque todo ha sido creado con un fin.
[22] Su bendición desborda como un río,
y como un diluvio, empapa la tierra.
[23] Pero su ira será la herencia de las naciones,
igual que cuando él cambió las aguas en sal.
[24] Sus caminos son rectos para los santos,
pero están llenos de obstáculos para los impíos.
[25] Los bienes fueron creados
desde el principio para los buenos,
así como los males para los pecadores.
[26] Lo más indispensable para la vida del hombre
es el agua y el fuego, el hierro y la sal,
la harina de trigo, la leche y la miel,
la sangre de la vid, el aceite y la ropa:
[27] todo esto es beneficioso para los buenos,
y se vuelve perjudicial para los pecadores.
[28] Hay vientos que fueron creados para el castigo,
y en su furor, él los hace más impetuosos:
en el momento de la destrucción,
desencadenan su violencia
y apaciguan el furor de aquel que los hizo.
[29] Fuego, granizo, hambre y peste:
todo esto fue creado para el castigo.
[30] Los dientes de las fieras,
los escorpiones y las víboras,
y la espada vengadora que destruye al impío,
[31] todos ellos se alegran de sus órdenes
y están sobre la tierra dispuestos a servirlo:
llegado el momento,
no transgredirán su palabra.
[32] Por eso, desde el principio, me convencí de esto,
reflexioné, y lo puse por escrito:
[33] «Las obras del Señor son todas buenas,
y a su debido tiempo,
él provee a toda necesidad.
[34] No hay por qué decir: "Esto es peor que aquello",
porque a su tiempo todo será reconocido
como bueno.
[35] Y ahora, de todo corazón y en alta voz,
canten himnos y bendigan el nombre del Señor».

Las miserias de la vida humana

Gn 3 16-19; Job 7 1-10; 14 1-2; Dt 28 65-67;
Ecl 2 23; Job 7 13-15

40 [1] Una penosa tarea ha sido impuesta
a todo hombre
y un yugo pesado agobia a los hijos de Adán,
desde el día que salen del vientre materno,
hasta el día que retornan a la madre común.
[2] Les da mucho que pensar y los llena de temor
la ansiosa expectativa del día de la muerte.
[3] Desde el que está sentado en un trono glorioso
hasta el humillado en el polvo y la ceniza;
[4] desde el que lleva púrpura y corona
hasta el que va vestido miserablemente,
solo sienten rabia y envidia,
turbación e inquietud,
miedo a la muerte, resentimiento y rivalidad;
[5] y a la hora en que cada uno descansa
en su lecho,
el sueño de la noche perturba sus pensamientos.
[6] Descansa un poco, casi nada,
y empieza a debatirse como en pleno día,
agitado por sus propias pesadillas,
como quien huye de un campo de batalla.
[7] En el momento de sentirse a salvo,
se despierta y ve con sorpresa
que su temor era infundado.
[8] Esto le toca a todo ser viviente,
sea hombre o animal,
pero a los pecadores, siete veces más:
[9] muerte, sangre, rivalidad y espada,
adversidad, hambre, destrucción y flagelo.
[10] Todo esto fue creado para los impíos,
y a causa de ellos sobrevino el diluvio.
[11] Todo lo que sale de la tierra, retorna a la tierra,
y lo que sale de las aguas, vuelve al mar.

El castigo de la injusticia

Eclo 39 25.29; Gn 3 19; Sal 146 4;
Job 8 11-12; Eclo 3 30

[12] El soborno y la injusticia desaparecerán,
pero la fidelidad permanece para siempre.
[13] La riqueza de los injustos
se secará como un torrente,
es como el fragor de un trueno
que estalla en la tormenta.
[14] Cuando uno de ellos se apodera de algo, se alegra,
pero los transgresores
desaparecerán por completo.
[15] Los retoños de los impíos
no multiplican sus ramas,
y las raíces impuras
están sobre una roca escarpada.
[16] Caña que brota en cualquier agua
y al borde de un río
será arrancada antes que toda otra hierba.
[17] La generosidad es como un vergel exuberante
y la limosna permanece para siempre.

Diversas clases de bienes

Sal 104 15; Eclo 25 1; Prov 17 17;
Eclo 29 8; 25 11; Sal 34 10

[18] Dulce es la vida del que se basta a sí mismo
y del que trabaja, pero más todavía
la del que encuentra un tesoro.
[19] Tener hijos y fundar una ciudad
perpetúan el nombre,
pero más se estima a una mujer irreprochable.
[20] El vino y la música alegran el corazón,
pero más todavía el amor a la sabiduría.
[21] La flauta y el arpa emiten sonidos melodiosos,
pero más todavía una lengua dulce.
[22] La gracia y la belleza atraen la mirada,
pero más todavía el verdor de los campos.
[23] El amigo y el compañero
se ayudan oportunamente,
pero más todavía la mujer y el marido.
[24] Los hermanos y los bienhechores
son útiles en la adversidad,
pero más todavía salva la limosna.
[25] El oro y la plata hacen marchar con paso firme,
pero más todavía se aprecia un consejo.
[26] La riqueza y la fuerza reconfortan el corazón,
pero más todavía el temor del Señor.
Con el temor del Señor, nada falta,
y ya no es necesario buscar otra ayuda.
[27] El temor del Señor
es como un vergel exuberante,
y protege más que cualquier gloria.

Reprobación de la mendicidad

Job 20 12-14

[28] Hijo mío, no vivas de la mendicidad,
porque más vale morir que mendigar.
[29] No merece llamarse vida
la del que está pendiente de la mesa de otro.
Él mancha su boca con comida ajena,
y el hombre instruido y bien educado
se cuida de hacerlo.
[30] En boca del desvergonzado
la mendicidad es dulce,
pero en sus entrañas será fuego ardiente.

La muerte

Job 14 1-2; 3 20-22; Tob 3 6;
Gn 3 19; 6 3; Ecl 6 6; 9 10

41 [1] ¡Muerte, qué amargo es tu recuerdo
para el que vive tranquilo
en medio de sus bienes,
para el hombre despreocupado,
a quien todo le va bien
y aún tiene vigor para disfrutar de la vida!
[2] ¡Muerte, tu sentencia es bienvenida
para el hombre necesitado y sin fuerzas,
gastado por los años y lleno de ansiedades,
que se rebela y ha agotado su paciencia!
[3] No temas a tu sentencia de muerte,

recuerda a los que te precedieron y te seguirán.
4 Esta es la sentencia del Señor
para todo ser viviente:
¿por qué oponerse a la voluntad del Altísimo?
Aunque vivas diez, cien o mil años,
en el Abismo no te echarán en cara
lo que hayas vivido.

El castigo de los impíos

Eclo 40 11; 10 17; Prov 10 7; 22 1;
Ecl 7 1; Eclo 37 26

5 Los hijos de los pecadores son gente abominable
que frecuentan las casas de los impíos.
6 La herencia de los hijos de los pecadores
va a la ruina,
con su descendencia se perpetúa su infamia.
7 Un padre impío
se atrae los reproches de sus hijos,
porque es a él a quien deben su infamia.
8 ¡Ay de ustedes, hombres impíos,
que han abandonado
la Ley del Dios Altísimo!
9 Si ustedes nacen, nacen para la maldición,
y si mueren, les tocará en suerte la maldición.
10 Todo lo que sale de la tierra, vuelve a la tierra:
así pasan los impíos, de la maldición a la ruina.
11 Los hombres se lamentan
porque perece su cuerpo,
y en cuanto a los pecadores,
hasta su mal nombre se borrará.
12 Cuida tu buen nombre, porque eso te quedará
mucho más que mil tesoros de oro.
13 Una vida feliz tiene sus días contados,
pero el buen nombre permanece para siempre.

La verdadera vergüenza

Eclo 20 22-23.30-31; 4 20-31; 7 12-13; 9 8-9

14 Hijos míos, observen en paz mi enseñanza.
Sabiduría escondida y tesoro invisible:
¿de qué sirven una cosa y la otra?
15 Es preferible el hombre que disimula su necedad
al que oculta su sabiduría.
16 Por lo tanto, sientan vergüenza
de lo que les voy a indicar,
porque no está bien avergonzarse
por cualquier cosa
ni toda vergüenza merece
ser igualmente aprobada.
17 Tengan vergüenza de la fornicación
ante su padre y su madre,
y de la mentira, ante un jefe y un poderoso;
18 del delito ante un juez y un magistrado,
y de la iniquidad ante la asamblea del pueblo;
19 de la injusticia ante un compañero y un amigo,
y del robo ante su vecindario;
20 de violar un juramento y un pacto,
y de apoyar los codos en la mesa;
21 de dar o recibir con desdén,
y de no devolver el saludo;
22 de mirar a una prostituta,
y de dar vuelta la cara a un pariente;
23 de quitar a otro su parte o el regalo
que recibió, y de mirar a una mujer casada;
24 de tener intimidades con tu sirvienta
—¡no te acerques a su lecho!—,
25 de decir palabras hirientes a tus amigos
—¡lo que les des no se lo eches en cara!—,
26 de repetir lo que has oído
y de revelar los secretos.
27 Entonces sentirás una auténtica vergüenza,
y serás bien visto por todos los hombres.

El sexismo en la Biblia

El Antiguo Testamento fue escrito desde una cultura y perspectiva patriarcal, donde el hombre ejercía un dominio total sobre la mujer. Existían leyes que la mantenían marginada de la sociedad y de la religión y normas que la mantenían dominada por los varones, incluso para hacer una ofrenda ritual (ver «Una sociedad patriarcal», Nm 30).

Los consejos que dan los libros de Proverbios, Eclesiastés y Eclesiástico son claramente sexistas, siempre en detrimento de la mujer. Ben Sirá nunca tuvo una buena opinión de la mujer. Si haces caso a Eclesiástico 42 9-18, pensarás que tener una hija es una maldición y que la bondad de una mujer reside en que sea callada y bella.

Ante el sexismo en la Biblia, hay que recordar que sus autores escribieron según sus criterios culturales y que estos no reflejan necesariamente la verdad de Dios. Fue Jesús quien cambió la visión sobre la mujer (ver «Mujeres seguidoras de Jesús», Lc 8 1-3). Pero cambiar una cultura patriarcal tan fuerte no ha sido fácil. Aún hoy, a principios del tercer milenio, tanto hombres como mujeres debemos trabajar juntos para lograr la igualdad de dignidad y posición social entre el hombre y la mujer.

¿Quién se beneficia y quién pierde cuando se le niegan los derechos humanos a las mujeres? ¿Crees que el machismo sigue siendo un problema en tu medio ambiente? ¿Qué medidas puedes tomar para no contribuir al abuso de las mujeres?

Eclo 42 9-14

La falsa vergüenza

Eclo 30 1; 33 5-7; Prov 10 13; 19 25.29; 26 1

42 [1] Pero no te avergüences de lo siguiente
y no peques por temor
a lo que pensarán de ti:
[2] no te avergüences de la Ley del Altísimo
y de la Alianza, ni de la sentencia
que hace justicia al impío;
[3] de hacer las cuentas con los compañeros de viaje,
ni de compartir una herencia con otros;
[4] de usar pesas y medidas exactas,
ni de obtener ganancias grandes o pequeñas;
[5] de lograr beneficios en el comercio,
de corregir frecuentemente a tus hijos,
ni de hacer sangrar las espaldas de un mal servidor.
[6] Conviene poner bajo sello a una mujer infiel,
y donde hay muchas manos
tener las cosas bajo llave.
[7] Cuenta y pesa bien lo que depositas,
y lo que das y recibes, que esté todo por escrito.
[8] No te avergüences de corregir
al insensato y al necio,
ni al anciano decrépito que rivaliza
con los jóvenes.
Así demostrarás que estás
verdaderamente instruido
y serás estimado por todo el mundo.

Preocupaciones de un padre por su hija

Eclo 26 10; 7 24-25; 22 4-5

[9] Una hija es para su padre
causa secreta de insomnio,
y la preocupación por ella le quita el sueño:
cuando es joven, se le puede pasar la edad,
y si está casada, puede ser aborrecida.
[10] Mientras es virgen, puede ser violada
y quedar embarazada en la casa paterna.
Si tiene marido, puede ser infiel,
si ya convive, puede ser estéril.
[11] Si tu hija es atrevida, vigílala bien,
no sea que te convierta
en la burla de tus enemigos,
en la habladuría de la ciudad
y el comentario de la gente,
y te cubra de vergüenza a los ojos de todos.

Las mujeres

Ecl 7 26-28

[12] *No fijes tus ojos en la belleza* de nadie
ni trates con familiaridad a las mujeres.
[13] Porque de la ropa sale la polilla,
y de la mujer, una malicia de mujer.
[14] Más vale malicia de hombre
que bondad de mujer:
una mujer avergüenza hasta la ignominia.

PERSPECTIVA CATÓLICA

Alabanza y sacerdocio bautismal

La tercera sección del Eclesiástico presenta la creación como expresión de la sabiduría de Dios. Lee Eclesiástico 42 15 – 43 26. Observa el llamado a glorificar al Señor. Todas las criaturas son maravillosas, obedecen a su Creador en todo momento, se mantienen firmes y no abandonan su puesto, por eso lo glorifican todo el tiempo. La invitación a alabar al Señor siempre es a todos: hombres y mujeres, jóvenes y ancianos, ricos y pobres (Eclo 43 27-33).

A nosotros nos toca alabar a Dios con nuestras obras y consagrar el mundo a él. Los animales y el resto de la creación alaban a Dios solo por ser criaturas de Dios. Nosotros tenemos una misión más grande y activa: alabamos a Dios ofreciéndole intencionalmente el mundo, nuestra vida, nuestros esfuerzos y trabajo.

El Bautismo nos capacita, nos mantiene firmes sin abandonar nuestro puesto y nos compromete a dar culto a Dios obedeciendo a nuestro Creador. Así, ejercemos nuestro sacerdocio laical: unidos a Cristo alabamos a Dios al santificar nuestras familias, la educación, el mundo laboral, los servicios de salud, las finanzas y la política. ¡Cómo cambiaría el mundo si todos alabáramos a Dios al asumir nuestro compromiso cristiano!

Eclo 42 15 – 43 33

LA SABIDURÍA DE DIOS EN LA NATURALEZA Y EN LA HISTORIA

La grandeza de Dios en la creación

Prov 15 11; Sal 139 1-4; Ecl 3 14;
Eclo 16 24-29; 33 14-15

[15] Ahora voy a recordar las obras del Señor,
lo que yo he visto, lo voy a relatar:
por las palabras del Señor existen sus obras.
[16] El sol resplandeciente contempla todas las cosas,
y la obra del Señor está llena de su gloria.

17 No ha sido posible a los santos del Señor
relatar todas sus maravillas,
las que el Señor todopoderoso
estableció sólidamente
para que el universo quedara afirmado
en su gloria.
18 Él sondea el abismo y el corazón,
y entra en sus secretos designios,
porque el Altísimo posee todo el conocimiento
y observa los signos de los tiempos.
19 Él anuncia el pasado y el futuro,
y revela las huellas de las cosas ocultas:
20 ningún pensamiento se le escapa,
ninguna palabra se le oculta.
21 Él dispuso ordenadamente
las grandes obras de su sabiduría,
porque existe desde siempre y para siempre;
nada ha sido añadido, nada ha sido quitado,
y él no tuvo necesidad de ningún consejero.
22 ¡Qué deseables son todas sus obras!
¡Y lo que vemos es apenas una chispa!
23 Todo tiene vida y permanece para siempre,
y todo obedece a un fin determinado.
24 Todas las cosas van en pareja, una frente a otra,
y él no ha hecho nada incompleto:
25 una cosa asegura el bien de la otra.
¿Quién se saciará de ver su gloria?

El sol

Sal 19 2-7; Gn 1 14-18; Sal 8 4

43 1 Orgullo del cielo
es la limpidez del firmamento,
y la bóveda celeste es un magnífico espectáculo.
2 El sol, cuando aparece, proclama a su salida
qué admirable es la obra del Altísimo.
3 Al mediodía reseca la tierra,
¿y quién puede resistir su ardor?
4 Se atiza el horno para la forja,
pero tres veces más abrasa el sol las montañas;
él exhala los vapores ardientes
y con el brillo de sus rayos enceguece los ojos.
5 ¡Qué grande es el Señor que lo ha creado!
A una orden suya, él emprende su rápida carrera.

La luna

Sal 89 38; 104 19

6 También la luna,
siempre en el momento preciso,
marca las épocas y señala los tiempos.
7 Su curso determina las fiestas:
es un astro que decrece
después de su plenilunio.
8 De ella recibe su nombre el mes;
ella crece admirablemente en sus ciclos,
es la insignia de los ejércitos
acampados en las alturas,
que brilla en el firmamento del cielo.

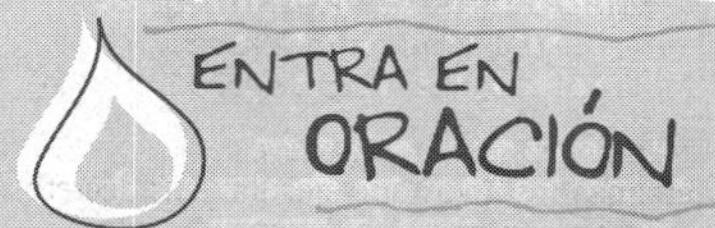

Alaba a Dios por las obras de sus manos

Lee Eclesiástico 43 1-26. Observa a Dios actuar sobre sus criaturas: son maravillosas, obedecen a su Creador y se mantienen firmes en su puesto. Nosotros, hombres y mujeres, jóvenes y ancianos, alabamos a Dios por la naturaleza, como Cristo, quien alaba sin cesar al Padre. Al hacerlo ejercemos nuestra misión sacerdotal de ofrecer a Dios, no solo nuestra vida personal, sino el universo entero (ver «El sacerdocio de los fieles», 1 Pe 2 4-5).

Ora con el «Canto del sol» de Francisco de Asís, quien nos da ejemplo de cómo alabar a Dios como una expresión de su sacerdocio bautismal. Después haz una oración semejante con tus propias palabras.

Loado seas por toda criatura, mi Señor,
y en especial por el señor hermano sol
que alumbra y abre el día,
y es bello en su esplendor,
y lleva por el cielo noticias de su Autor.

Y por la hermana tierra
que es toda bendición,
la hermana madre tierra
que da en toda ocasión
las hierbas y los frutos y flores de color
y nos sustenta y rige: ¡loado, mi Señor!

¡Servidle con ternura y humilde corazón!
¡Agradeced sus dones,
cantad su creación!
¡Las criaturas todas, load a mi Señor!

Eclo 43 1-26

Las estrellas

Bar 3 33-35

9 La gloria de los astros es la hermosura del cielo,
un adorno luminoso en las alturas del Señor:
10 por la palabra del Santo, se mantienen en orden
y no defeccionan de sus puestos de guardia.

El arco iris

Gn 9 13; Ez 1 28; Eclo 50 7

11 Mira el arco iris y bendice al que lo hizo:
¡qué magnífico esplendor!
12 Él traza en el cielo una aureola de gloria;
lo han tendido las manos del Altísimo.

Maravillas de la naturaleza

Sal 147 16-18; Job 38 22s;
Sal 104; 107; Eclo 1 9-10; 42 17

13 A una orden suya cae la nieve,
y él lanza los rayos que ejecutan sus decretos;
14 es así como se abren las reservas
y las nubes vuelan como pájaros.
15 Con su gran poder, condensa las nubes,
que se pulverizan en granizo.
16a A su vista, se conmueven las montañas,
17a el fragor de su trueno sacude la tierra;
16b por su voluntad sopla en viento del sur,
17b el huracán del norte y los ciclones.
18 Como bandada de pájaros, él esparce la nieve
y, al bajar, ella se posa como la langosta;
el resplandor de su blancura deslumbra los ojos
y el espíritu se embelesa al verla caer.
19 Como sal sobre la tierra, él derrama la escarcha
y, al congelarse, ella se convierte
en espinas punzantes.
20 Sopla el viento frío del norte
y el hielo se congela sobre el agua,
se posa sobre toda masa de agua
y la reviste como de una coraza.
21 Otro viento devora las montañas,
abrasa el desierto
y consume la hierba como un fuego.
22 Una niebla repentina pone remedio a todo eso,
y el rocío refresca después del viento abrasador.
23 Conforme a su designio, él dominó el Abismo,
y allí plantó las islas.
24 Los que navegan por el mar
cuentan sus peligros
y sus relatos nos parecen increíbles:
25 allí hay cosas extrañas y maravillosas,
animales de todas clases y monstruos marinos.
26 Gracias a él, su mensajero llega a buen puerto,
y por su palabra se ordenan todas las cosas.
27 Por mucho que digamos, nunca acabaremos;
en una sola palabra: él lo es todo.
28 ¿Dónde hallar la fuerza para glorificarlo?
Porque él es el Grande,
superior a todas sus obras,
29 Señor temible y soberanamente grande:
su poder es admirable.
30 ¡Glorifiquen al Señor,
exáltenlo cuanto puedan,
y él siempre estará por encima!
Para exaltarlo, redoblen sus fuerzas,
no se cansen, porque nunca acabarán.
31 ¿Quién lo ha visto, para poder describirlo?
¿Quién lo alabará conforme a lo que es?
32 Hay muchas cosas ocultas
más grandes todavía,
porque solo hemos visto
algunas de sus obras.
33 El Señor ha hecho todas las cosas
y a los hombres buenos
les dio la sabiduría.

Elogio de los antepasados

1 Mac 2 51-64; Heb 11

44 1 Elogiemos a los hombres ilustres,
a los antepasados de nuestra raza.
2 El Señor los colmó de gloria,
manifestó su grandeza
desde tiempos remotos.
3 Algunos ejercieron la autoridad real
y se hicieron famosos por sus proezas;
otros fueron consejeros por su inteligencia,
transmitieron oráculos proféticos,
4 guiaron al pueblo con sus consejos,
con su inteligencia para instruirlo
y con las sabias palabras de su enseñanza;
5 otros compusieron cantos melodiosos
y escribieron relatos poéticos;
6 otros fueron hombres ricos, llenos de poder,
que vivían en paz en sus moradas.
7 Todos ellos fueron honrados
por sus contemporáneos
y constituyeron el orgullo de su época.
8 Algunos de ellos dejaron un nombre
y se los menciona todavía con elogios.
9 Pero hay otros que cayeron en el olvido
y desaparecieron
como si no hubieran existido;
pasaron como si no hubieran nacido,
igual que sus hijos después de ellos.
10 No sucede así con aquellos,
los hombres de bien,
cuyas obras de justicia no han sido olvidadas.
11 Con su descendencia se perpetúa
la rica herencia que procede de ellos.
12 Su descendencia fue fiel a las alianzas
y también sus nietos, gracias a ellos.
13 Su descendencia permanecerá para siempre,
y su gloria no se extinguirá.
14 Sus cuerpos fueron sepultados en paz,
y su nombre sobrevive
a través de las generaciones.
15 Los pueblos proclaman su sabiduría,
y la asamblea anuncia su alabanza.

Henoc

Gn 5 24; Heb 11 5

16 Henoc agradó al Señor y fue trasladado,
él es modelo de conversión
para las generaciones futuras.

Noé

Gn 6 9; 1 Pe 3 20; Gn 8 21-22

17 Noé fue hallado perfectamente justo,
en el tiempo de la ira sirvió de renovación:
gracias a él, quedó un resto en la tierra,
cuando se desencadenó el Diluvio.
18 Alianzas eternas fueron selladas con él,
para que nunca más un diluvio
destruyera a los vivientes.

Abraham

Gn 12 2; Rom 4 13-18; Gn 15 5.18

19 Abraham es padre insigne
de una multitud de naciones,
y no hubo nadie que lo igualara en gloria.
20 Él observó la Ley del Altísimo
y entró en alianza con él;
puso en su carne la señal de esta alianza
y en la prueba fue hallado fiel.
21 Por eso, Dios le aseguró con un juramento
que las naciones serían bendecidas
en su descendencia,
que lo multiplicaría como el polvo de la tierra,
que exaltaría a sus descendientes
como las estrellas,
y les daría en herencia el país,
desde un mar hasta el otro y desde el Río
hasta los confines de la tierra.

Isaac

Gn 17 19

22 A Isaac, le hizo la misma promesa,
a causa de su padre Abraham.

Jacob

Gn 26 3-5

23 La bendición de todos los hombres y la alianza
las hizo descansar sobre la cabeza de Jacob;
lo confirmó en las bendiciones recibidas
y le dio la tierra en herencia;
dividió el país en partes
y las distribuyó entre las doce tribus.

Moisés

Ex 7 14 – 10 29; Heb 3 2; Ex 19 – 24

45 1 De él, hizo nacer a un hombre de bien,
que halló gracia a los ojos de todos
y fue amado por Dios y por los hombres:
Moisés, de bendita memoria.
2 Le concedió una gloria igual a la de los santos
y lo hizo poderoso, temido por sus enemigos.
3 Por sus palabras, hizo cesar los prodigios,
y lo glorificó delante de los reyes;
le dio mandamientos para su pueblo
y le hizo ver algo de su gloria
4 Por su fidelidad y mansedumbre, lo consagró
y lo eligió entre todos los mortales.
5 A él le hizo oír su voz,
lo introdujo en la nube oscura
y le dio cara a cara los mandamientos,
una Ley de vida y de entendimiento,
para enseñar la Alianza a Jacob,
y sus decretos a Israel.

Aarón

Ex 28 – 29; Lv 8 1-13; Nm 16 1 – 17 15; Lv 6 9-11

6 Exaltó a Aarón, un santo semejante a Moisés,
su hermano, de la tribu de Leví.
7 Lo estableció en virtud de un pacto irrevocable
y le confirió el sacerdocio del pueblo.
Lo atavió con espléndidos ornamentos
y lo ciñó con una vestidura gloriosa.
8 Lo revistió con toda magnificencia
y lo confirmó con las insignias del poder:
los pantalones, la túnica y el efod;
9 puso granadas alrededor de su manto
y lo rodeó de numerosas campanillas de oro,
para que tintinearan a cada uno de sus pasos,
haciendo oír su sonido en el Templo,
como memorial para los hijos de su pueblo.
10 Le dio la vestidura sagrada
—obra de un bordador—
tejida en oro, jacinto y púrpura;
el pectoral del juicio, con el Urim y el Tumim,
hecho de hilo escarlata —obra de un artesano—
11 con piedras preciosas,
grabadas en forma de sellos
y engarzadas en oro —obra de un joyero—
para servir de memorial,
por la inscripción grabada,
según el número de las tribus de Israel;
12 la diadema de oro encima del turbante,
grabada con la señal de su consagración:
insignia de honor, trabajo magnífico,
ornamento que es un placer para la vista.
13 Antes de él, no se vio nada tan hermoso,
y nunca un extranjero se vistió de esa manera,
sino únicamente sus hijos
y sus descendientes para siempre.
14 Sus sacrificios se consumen enteramente,
dos veces por día, en forma continua.
15 Moisés le confirió la investidura
y lo ungió con el óleo santo.
Esta fue una alianza eterna para él
y para sus descendientes, mientras dure el cielo,
para que sirvan a Dios como sacerdotes
y bendigan al pueblo en su nombre.
16 Él lo eligió entre todos los vivientes
para presentar al Señor la ofrenda,
el incienso y el perfume como memorial,
y para hacer la expiación en favor de su pueblo.
17 Él le confió sus mandamientos
y le dio autoridad sobre los decretos de la Alianza,
a fin de enseñar sus preceptos a Jacob
e iluminar a Israel acerca de su Ley.
18 Unos intrusos se confabularon contra él
y le tuvieron celos en el desierto:
los secuaces de Datán y Abirón
y la banda de Coré, ardiendo de furor.
19 Al ver esto, el Señor se disgustó
y fueron exterminados por el ardor de su ira:
él obró prodigios contra ellos,
consumiéndolos con su fuego ardiente.
20 Aumentó más todavía la gloria de Aarón,
y le concedió una herencia:
le asignó como parte las primicias
de los primeros frutos
y le aseguró, en primer lugar,

el alimento en abundancia,
21 porque ellos se alimentan
de los sacrificios del Señor,
que él concedió a Aarón y a su descendencia.
22 Pero en la tierra del pueblo, él no tiene herencia,
ni hay parte para él en medio del pueblo,
porque «Yo mismo soy tu parte y tu herencia».

Pinjás

Nm 25 7-13; Sal 89 4-5.29-38

23 Pinjás, hijo de Eleazar, fue el tercero en gloria,
a causa de su celo en el temor del Señor,
y porque se mantuvo firme
frente a la rebelión del pueblo,
con el generoso ardor de su espíritu:
fue así como expió el pecado de Israel.
24 Por eso fue sellada en su favor
una alianza de paz,
que lo hizo jefe del santuario y de su pueblo,
de manera que a él y a su descendencia pertenece
para siempre la dignidad de Sumo Sacerdote.
25 Hubo también una alianza con David,
hijo de Jesé, de la tribu de Judá;
pero esa herencia real pasa del padre
a uno solo de sus hijos,
mientras que la de Aarón pasa
a toda su descendencia.
26 Que el Señor ponga sabiduría en sus corazones
para juzgar a su pueblo con justicia,
a fin de que no desaparezca su felicidad
ni su gloria por todas las generaciones.

Josué y Caleb

Jos 1 1; 10 10-15; 14 6-15; Nm 14 6-11.24.30

46 1 Josué, hijo de Nun,
fue valiente en la guerra
y sucesor de Moisés en el oficio profético.
Haciendo honor a su nombre,
se mostró grande para salvar a los elegidos,
para castigar a los enemigos sublevados
y poner a Israel en posesión de su herencia.
2 ¡Qué glorioso era cuando alzaba su brazo
y blandía la espada contra las ciudades!
3 ¿Quién antes de él demostró tanta firmeza?
¡Él mismo llevó adelante los combates
del Señor!
4 ¿No fue por orden suya que se detuvo el sol
y un solo día duró tanto como dos?
5 Él invocó al Altísimo, el Poderoso,
cuando sus enemigos lo asediaban
por todas partes;
y el gran Señor respondió a su plegaria,
arrojando granizo de una fuerza inusitada.
6 Él se lanzó contra la nación enemiga
y en la pendiente aniquiló a los adversarios,
para que las naciones reconocieran
la fuerza de sus armas,
porque hacía la guerra de parte del Señor.
7 Él siguió los pasos del Poderoso
y, en tiempos de Moisés,
dio prueba de fidelidad,
lo mismo que Caleb, hijo de Iefuné:
ellos se opusieron a toda la asamblea,
impidiendo que el pueblo pecara
y acallando las murmuraciones perversas.
8 Solamente ellos dos fueron salvados,
entre seiscientos mil hombres de a pie,
para ser introducidos en la herencia,
en la tierra que mana leche y miel.
9 Y el Señor dio a Caleb la fuerza
que le duró hasta su vejez,
y lo hizo subir a las alturas del país,
que sus descendientes retuvieron
como herencia,
10 para que vieran todos los israelitas
qué bueno es seguir al Señor.

Los Jueces

11 También los Jueces, cada uno por su nombre,
fueron hombres que no cayeron en la idolatría
ni se apartaron del Señor:
¡que sea bendita su memoria!
12 ¡Que sus huesos reflorezcan de sus tumbas,
y sus nombres se renueven
en los hijos de esos hombres ilustres!

Samuel

1 Sm 10 1; 7 3-6.9-10.13.15-17; 12 1-5; 28 6-25

13 Samuel fue amado por su Señor;
como profeta del Señor, estableció la realeza
y ungió jefes para que gobernaran a su pueblo.
14 Según la Ley del Señor, juzgó a la asamblea,
y el Señor intervino en favor de Jacob.
15 Por su fidelidad,
se acreditó como auténtico profeta;
por sus oráculos, fue reconocido
como un vidente digno de fe.
16 Cuando sus enemigos lo asediaban
por todas partes,
él invocó al Señor, el Poderoso,
y le ofreció un cordero recién nacido.
17 El Señor tronó desde el cielo
y con gran estruendo hizo oír su voz;
18 Él aniquiló a los jefes enemigos
y a todos los príncipes de los filisteos.
19 Antes de la hora de su descanso eterno,
dio testimonio ante el Señor y su Ungido:
«Yo no he despojado a nadie de sus bienes,
ni siquiera de sus sandalias»; y nadie lo acusó.
20 Después de su muerte, todavía profetizó
y anunció su fin al rey;
alzó su voz desde el seno de la tierra,
y profetizó para borrar la iniquidad del pueblo.

Natán

2 Sm 7; 12 1-14

47 1 Después de él surgió Natán,
para profetizar en tiempos de David.

David

1 Sm 17 34-37.40-54;
2 Sm 5 1-3.17-25; 23 1; 12 13

2 Como se aparta la grasa
del sacrificio de comunión,
así fue elegido David entre los israelitas.
3 Él jugó con leones como si fueran cabritos
y con osos como si fueran corderos.
4 ¿Acaso, siendo joven, no mató a un gigante
y extirpó el oprobio del pueblo,
cuando lanzó una piedra con la honda
y abatió la arrogancia de Goliat?
5 Porque él invocó al Señor, el Altísimo,
que fortaleció su brazo
para exterminar a un guerrero poderoso
y mantener erguida la frente de su pueblo.
6 Por eso, lo glorificaron por los diez mil,
y lo alabaron por las bendiciones del Señor,
ofreciéndole una diadema de gloria.
7 Porque él destruyó a los enemigos de alrededor
y aniquiló a sus adversarios, los filisteos,
quebrando su poderío hasta el día de hoy.
8 En todas sus obras rindió homenaje
al Santo Altísimo, con palabras de gloria;
cantó himnos de todo corazón,
mostrando su amor por su Creador.
9 Estableció cantores delante del altar,
para que entonaran cantos melodiosos;
10 dio esplendor a las fiestas,
y ordenó perfectamente las solemnidades,
haciendo que se alabara
el santo nombre del Señor
y que resonara el Santuario desde el alba.
11 El Señor borró sus pecados
y exaltó su poderío para siempre,
le otorgó una alianza real
y un trono de gloria en Israel.

Salomón

1 Re 3 4-28; 5 9-14.17-19; 6; 10 1-10.14-27;
11 1-13; 12; Sal 89 31-38

12 Después de él surgió un hijo lleno de saber que,
gracias a David, vivió desahogadamente.
13 Salomón reinó en tiempos de paz
y Dios le concedió tranquilidad en sus fronteras,
a fin de que edificara una Casa a su Nombre
y construyera un Santuario eterno.
14 ¡Qué sabio eras en tu juventud,
desbordabas de inteligencia como un río!
15 Tu reputación cubrió la tierra,
la llenaste de sentencias enigmáticas;
16 tu renombre llegó hasta las costas lejanas
y fuiste amado por haber afianzado la paz.
17 Por tus cantos, tus proverbios y tus sentencias,
y por tus interpretaciones,
fuiste la admiración del mundo.
18 En nombre del Señor Dios,
de aquel que es llamado Dios de Israel,
amontonaste el oro como estaño,
y como plomo acumulaste la plata.
19 Pero tuviste debilidad por las mujeres
y dejaste que dominaran tu cuerpo.
20 Pusiste una mancha sobre tu gloria
y profanaste tu estirpe,
atrayendo la ira sobre tus hijos,
y haciéndoles deplorar tu locura:
21 así la realeza se dividió en dos,
y de Efraím surgió un reino rebelde.
22 Pero el Señor no renuncia jamás
a su misericordia
ni deja que se pierda ninguna de sus palabras:
él no hará desaparecer
la posteridad de su elegido,
ni exterminará la estirpe de aquel que lo amó.
Por eso, le dio un resto a Jacob,
y a David una raíz nacida de él.

Roboam

1 Re 12; 13 33-34; 2 Re 17 21-23

23 Salomón fue a descansar con sus padres,
dejando después de él a uno de su estirpe,
al más insensato del pueblo,
un hombre sin inteligencia:
a Roboam, que arrastró al pueblo
a la rebelión.

Jeroboam

24 Jeroboam, hijo de Nebat, hizo pecar a Israel
y llevó a Efraím por el camino del mal.
El pueblo cometió tantos pecados
que fue expulsado de su país:
25 se entregaron a toda clase de maldades
hasta que el castigo cayó sobre ellos.

Elías

1 Re 17; 18 36-38; 19 9-21;
2 Re 1 10-12.16-17; 2 1-12; Mal 3 24

48 1 Después surgió como un fuego
el profeta Elías,
su palabra quemaba como una antorcha.
2 Él atrajo el hambre sobre ellos
y con su celo los diezmó.
3 Por la palabra del Señor, cerró el cielo,
y también hizo caer tres veces fuego de lo alto.
4 ¡Qué glorioso te hiciste, Elías, con tus prodigios!
¿Quién puede jactarse de ser igual a ti?
5 Tú despertaste a un hombre de la muerte
y de la morada de los muertos,
por la palabra de Altísimo.
6 Tú precipitaste a reyes en la ruina
y arrojaste de su lecho a hombres insignes;
7 tú escuchaste un reproche en el Sinaí
y en el Horeb una sentencia de condenación;
8 tú ungiste reyes para ejercer la venganza
y profetas para ser tus sucesores,
9 tú fuiste arrebatado en un torbellino de fuego
por un carro con caballos de fuego.

10 De ti está escrito que en los castigos futuros
aplacarás la ira antes que estalle,
para hacer volver el corazón de los padres
hacia los hijos
y restablecer las tribus de Jacob.
11 ¡Felices los que te verán
y los que se durmieron en el amor,
porque también nosotros poseeremos la vida!

Eliseo

2 Re 2 9-15; 3 13-14; 6 12-23; 13 20-21;
2 Re 17 23; Dt 28 63-64

12 Cuando Elías fue llevado en un torbellino,
Eliseo quedó lleno de su espíritu.
Durante su vida ningún jefe lo hizo temblar,
y nadie pudo someterlo.
13 Nada era demasiado difícil para él
y hasta en la tumba profetizó su cuerpo.
14 En su vida, hizo prodigios, y en su muerte,
realizó obras admirables.
15 A pesar de todo esto, el pueblo no se convirtió
ni se apartó de sus pecados,
hasta que fue deportado lejos de su país,
y dispersado por toda la tierra.
16 No quedó nada más que un pueblo
muy pequeño,
con un jefe de la casa de David.
Algunos de ellos hicieron lo que agrada a Dios,
pero otros multiplicaron sus pecados.

Ezequías e Isaías

2 Cr 32 5.30; 2 Re 18 13 - 19 37; 20 4-11; Is 38 4-8

17 Ezequías fortificó su ciudad
e hizo llegar el agua dentro de sus muros,
con el hierro horadó la roca
y construyó cisternas para las aguas.
18 En su tiempo, atacó Senaquerib
y envió delante de él a Rabsaqués,
que levantó la mano contra Sion
y se jactó con arrogancia.
19 Temblaron entonces los corazones y las manos
y sufrieron como mujeres en el parto,
20 pero invocaron al Señor misericordioso,
tendiendo sus manos hacia él.
El Santo los escuchó enseguida desde el cielo
y los libró por medio de Isaías,
21 hirió el campamento de los asirios
y su Ángel los exterminó.
22 Porque Ezequías hizo lo que agrada al Señor
y se mantuvo firme en el camino de David,
su padre,
como se lo ordenó el profeta Isaías,
el grande y digno de fe en sus visiones.
23 En su tiempo, el sol retrocedió,
para prolongar la vida del rey.
24 Con gran espíritu, vio el fin de los tiempos,
consoló a los afligidos de Sion,
25 y anunció el porvenir hasta la eternidad
y las cosas ocultas antes que sucedieran.

ECLO

Josías

2 Re 22 - 23

49 1 El recuerdo de Josías
es una mezcla de aromas
preparada por el arte de un perfumista;
es dulce como la miel al paladar,
como música en medio de un banquete.
2 Él siguió el buen camino,
convirtiendo al pueblo,
y extirpó las abominaciones impías;
3 dirigió su corazón hacia el Señor,
y en tiempos impíos afianzó la piedad.

Los últimos reyes de Judá y el profeta Jeremías

2 Re 25 9; Lam 1 4;
Jr 20 1-6; 37 11-16; 38 4-13; 1 10

4 A excepción de David, Ezequías y Josías,
todos no hicieron más que prevaricar;
por haber abandonado la Ley del Altísimo,
los reyes de Judá fueron abandonados.
5 Tuvieron que entregar su poder a otros,
y su gloria a una nación extranjera.
6 Los enemigos incendiaron
la ciudad elegida del Santuario
y dejaron desiertas sus calles,
7 a causa de los malos tratos
infligidos a Jeremías:
a él, que fue consagrado profeta
desde el seno materno
para desarraigar, destruir y *hacer perecer*,
pero también *para edificar y plantar*.

Ezequiel

Ez 1 - 3; 9 - 10

8 Ezequiel tuvo una visión de la Gloria,
que Dios le mostró
sobre el carro de los Querubines,
9 porque se acordó de los enemigos
en la tempestad
y favoreció a los que siguen
el camino recto.

Los Profetas menores

10 En cuanto a los doce Profetas,
que sus huesos reflorezcan desde su tumba,
porque ellos consolaron a Jacob
y lo libraron por la fidelidad y la esperanza.

Zorobabel y Josué

Esd 3 2 - 5 2; Neh 3 - 4; Ag 2 23

11 ¿Cómo enaltecer a Zorobabel,
que fue como un anillo en la mano derecha,
12 y a Josué, hijo de Josedec?
En sus días, ellos reconstruyeron la Casa
y levantaron el Templo consagrado al Señor,
destinado a una gloria eterna.

Nehemías

13 También es grande el recuerdo de Nehemías:
él fue quien levantó nuestros muros en ruinas,
el que puso puertas y cerrojos
y reconstruyó nuestras casas.

Henoc, José y los primeros antepasados

Gn 4 25-26; 5 24; 9 18-27; 42 – 47

14 Nadie en la tierra fue creado igual a Henoc,
porque él fue arrebatado de la tierra.
15 Tampoco nació ningún hombre como José,
jefe de sus hermanos, sostén de su pueblo;
sus huesos fueron tratados con respeto.
16 Sem y Set fueron glorificados entre los hombres,
pero por encima de toda criatura viviente
está Adán.

El sacerdote Simón

Lv 9; Nm 6 23-27; 10 2-10

50 1 Simón, hijo de Onías,
fue el Sumo Sacerdote
que durante su vida restauró la Casa
y en sus días consolidó el Santuario.
2 Él puso los cimientos de las torres de refuerzo,
del alto contrafuerte que rodea al Templo.
3 En sus días fue excavado el depósito de las aguas,
un estanque amplio como el mar.
4 Preocupado por preservar a su pueblo de la caída,
fortificó la ciudad contra el asedio.
5 ¡Qué glorioso era, rodeado de su pueblo,
cuando salía detrás del velo!
6 Como lucero del alba en medio de nubes,
como luna en su plenilunio,
7 como sol resplandeciente
sobre el Templo del Altísimo,
como arco iris que brilla entre nubes de gloria,
8 como rosa en los días de primavera,
como lirio junto a un manantial,
como brote del Líbano en los días de verano,
9 como fuego e incienso en el incensario,
como vaso de oro macizo adornado
con toda clase de piedras preciosas,
10 como olivo cargado de frutos,
como ciprés que se eleva hasta las nubes.
11 Cuando se ponía la vestidura de fiesta
y se revestía de sus espléndidos ornamentos,
cuando subía al santo altar,
él llenaba de gloria el recinto del Santuario.
12 Cuando recibía las porciones
de manos de los sacerdotes
—y estaba él mismo de pie,
junto al fuego del altar,
con una corona de hermanos a su alrededor
como retoños de cedro en el Líbano—
lo rodeaban como troncos de palmera
13 todos los hijos de Aarón en su esplendor,
con la ofrenda del Señor en sus manos,
delante de toda la asamblea de Israel.
14 Mientras oficiaba en los altares
y disponía la ofrenda
para el Altísimo todopoderoso,
15 él extendía la mano sobre la copa,
derramaba la libación con la sangre de la uva
y la vertía al pie del altar,
como perfume agradable al Altísimo,
Rey del universo.
16 Entonces, los hijos de Aarón
prorrumpían en aclamaciones,
tocaban sus trompetas de metal batido
y hacían oír un sonido imponente,
como memorial delante del Altísimo.
17 Enseguida, todo el pueblo, unánimemente,
caía con el rostro en tierra
para adorar a su Señor,
el Todopoderoso, el Dios Altísimo.
18 También los cantores entonaban sus alabanzas:
en medio del estruendo se oía una dulce melodía.
19 El pueblo suplicaba al Señor Altísimo,
dirigía sus plegarias ante el Misericordioso,
hasta que terminaba el culto del Señor
y se ponía fin a la liturgia.
20 Entonces, él descendía y elevaba las manos
sobre toda la asamblea de los israelitas,
para dar con sus labios la bendición del Señor
y tener el honor de pronunciar su Nombre.
21 Y por segunda vez, el pueblo se postraba
para recibir la bendición del Altísimo.

Exhortación

22 Y ahora bendigan al Dios del universo
que hace grandes cosas por todas partes,
al que nos exaltó desde el seno materno
y nos trató según su misericordia.
23 Que él nos dé la alegría del corazón,
y conceda la paz en nuestros días, a Israel,
por los siglos de los siglos.
24 Que su misericordia permanezca
fielmente con nosotros
y que nos libre en nuestros días.

Proverbio numérico

25 Hay dos naciones que detesta mi alma,
y la tercera no es una nación:
26 los que habitan en la montaña de Seír,
los filisteos,
y el pueblo necio que habita en Siquem.

Conclusión

27 Una instrucción de sabiduría y de ciencia
es la que dejó grabada en este libro
Jesús, hijo de Sirá, hijo de Eleazar, de Jerusalén,
que derramó como lluvia
la sabiduría de su corazón.
28 ¡Feliz el que vuelve continuamente
sobre estas palabras!

El que las ponga en su corazón, será sabio.
29 Si las practica, será capaz de afrontarlo todo,
porque la luz del Señor marca su huella.

APÉNDICES

Himno de acción de gracias

Is 38 9-20; Sal 88 4; 25 6

51 1 Quiero darte gracias, Señor y Rey,
y alabarte, Dios, mi salvador.
Yo doy gracias a tu Nombre,
2 porque tú has sido mi protector y mi ayuda,
y has librado mi cuerpo de la perdición,
del lazo de la lengua calumniadora
y de los labios que traman mentiras.
Frente a mis adversarios,
tú has sido mi ayuda y me has librado,
3 según la grandeza de tu misericordia
y de tu Nombre, de las mordeduras
de los que iban a devorarme,
de la mano de los que querían quitarme la vida,
de las muchas aflicciones que padecí,
4 del fuego sofocante que me cercaba,
de las llamas que yo no había encendido,
5 de las entrañas profundas del Abismo,
de la lengua impura, de la palabra mentirosa,
6 y de las flechas de una lengua maligna.
Mi alma estaba al borde de la muerte,
mi vida había descendido cerca del Abismo.
7 Me cercaban por todas partes
y nadie me socorría,
busqué el apoyo de los hombres
y no lo encontré.
8 Entonces, me acordé de tu misericordia, Señor,
y de tus acciones desde los tiempos remotos,
porque tú libras a los que esperan en ti
y los salvas de las manos de sus enemigos.
9 Yo hice subir desde la tierra mi oración,
rogué para ser preservado de la muerte.
10 Invoqué al Señor, padre de mi Señor:
«No me abandones en el día de la aflicción,
en el tiempo de los orgullosos,
cuando estoy desamparado.
Alabaré tu Nombre sin cesar
y te cantaré en acción de gracias».

11 Y mi plegaria fue escuchada:
tú me salvaste de la perdición
y me libraste del trance difícil.
12 Por eso te daré gracias y te alabaré,
y bendeciré el nombre del Señor.

Canto de acción de gracias

12a Den gracias al Señor, porque es bueno,
porque es eterno su amor.
b Den gracias al Dios de las alabanzas,
porque es eterno su amor.
c Den gracias al Guardián de Israel,
porque es eterno su amor.
d Den gracias al Creador del universo,
porque es eterno su amor.
e Den gracias al Redentor de Israel,
porque es eterno su amor.
f Den gracias al que congrega
a los dispersos de Israel,
porque es eterno su amor.
g Den gracias al que construye
su Ciudad y su Santuario,
porque es eterno su amor.
h Den gracias al que hace florecer
el poderío de la casa de David,
porque es eterno su amor.
i Den gracias al que eligió como sacerdotes
a los hijos de Sadoc,
porque es eterno su amor.
j Den gracias al Escudo de Abraham,
porque es eterno su amor.

NATIVOAMERICANO

Fuente de sabiduría

Ben Sirá concluye comunicando su experiencia personal: pidió la sabiduría y Dios se la concedió. Los ancianos nativoamericanos valoran mucho la sabiduría; consideran que la creación, la historia y la experiencia son fuente de consejos sabios. Ora con esta plegaria de la tradición *ojibwa*:

Oh Gran Espíritu, tu voz escucho en el viento y en tu respiración que da vida a todos, ¡escúchame! Vengo a ti como uno de tus muchos hijos; soy débil, pequeño, necesito tu sabiduría y tu fuerza.

Déjame caminar en la belleza, y haz que mis ojos siempre admiren el rojo y el púrpura del ocaso. Haz que mis manos respeten las cosas que hiciste y agudiza mis oídos para escuchar tu voz.

Hazme sabio, para que pueda entender lo que has enseñado a mi gente y las lecciones que has ocultado en cada una de las hojas y las rocas. Te pido sabiduría y fuerza; no quiero ser superior a mis hermanos, sino ser capaz de pelear contra mi más grande enemigo, yo mismo.

Hazme siempre listo para ir ante ti con mis manos limpias y ojo franco. Así, cuando mi vida desaparezca como el ocaso que se desvanece, mi espíritu irá a ti sin vergüenza.[1]

Eclo 51 13-22

[k] Den gracias a la Roca de Isaac,
porque es eterno su amor.
[l] Den gracias al Fuerte de Jacob,
porque es eterno su amor.
[m] Den gracias al que eligió a Sion,
porque es eterno su amor.
[n] Den gracias al Rey de todos los reyes,
porque es eterno su amor.
[o] Él exaltará el poder de su pueblo,
para que lo alaben todos sus fieles,
los hijos de Israel, el pueblo que está cerca de él.
¡Aleluya!

Poema sobre la búsqueda de la Sabiduría

Eclo 6 18; 34 9-12; Sab 8 2; Prov 4 5.7;
Dt 30 11-14; Prov 16 16; Mt 13 44-46

13 En mi juventud, antes de andar por el mundo,
busqué abiertamente la sabiduría en la oración;
14 a la entrada del Templo, pedí obtenerla
y la seguiré buscando hasta el fin.
15 Cuando floreció como un racimo que madura,
mi corazón puso en ella su alegría;
mi pie avanzó por el camino recto
y desde mi juventud seguí sus huellas.
16 Apenas le presté un poco de atención,
la recibí y adquirí una gran enseñanza.
17 Yo he progresado gracias a ella:
al que me dio la sabiduría, le daré la gloria.
18 Porque resolví ponerla en práctica,
tuve celo por el bien y no me avergonzaré de ello.
19 Mi alma luchó para alcanzarla,
fui minucioso en la práctica de la Ley,
extendí mis manos hacia el cielo
y deploré lo que ignoraba de ella.
20 Hacia ella dirigí mi alma
y, conservándome puro, la encontré.
Con ella adquirí inteligencia desde el comienzo,
por eso no seré abandonado.
21 Yo la busqué apasionadamente,
por eso adquirí un bien de sumo valor.
22 El Señor me ha dado en recompensa una lengua,
y con ella lo alabaré.
23 Acérquense a mí los que no están instruidos
y albérguense en la casa de la instrucción.
24 ¿Por qué andan diciendo que no la tienen
a pesar de estar tan sedientos de ella?
25 Yo abrí la boca para hablar:
adquiéranla sin dinero;
26 pongan el cuello bajo su yugo,
y que sus almas reciban la instrucción:
ella está tan cerca que se la puede alcanzar.
27 Vean con sus propios ojos con qué poco esfuerzo
he llegado a encontrar un descanso tan grande.
28 Participen de la instrucción,
aun a costa de mucho dinero,
y gracias a ella adquirirán oro en abundancia.
29 Alégrense en la misericordia del Señor,
no se avergüencen de alabarlo.
30 Lleven a cabo su obra antes del tiempo fijado,
y él les dará la recompensa a su debido tiempo.

Sabiduría de Jesús, hijo de Sirá.

VIVE LA PALABRA

Jóvenes sabios

Lee la invitación que hace Ben Sirá a sus discípulos para adquirir sabiduría en Eclesiástico 51 23-30 y reflexiona sobre su pregunta: «¿Por qué andan diciendo que no la tienen a pesar de estar tan sedientos de ella?» (Eclo 51 24). ¿Te privas de saciar tu sed de sabiduría? ¿Por qué? ¿Qué te detiene?

Quizá te preguntes: ¿existen jóvenes sabios?, ¿no es la sabiduría propia de personas mayores, maduras y con experiencia? Ve en qué consiste la sabiduría y decide si la deseas ahora que eres joven o hasta que seas mayor. Ser sabio/a es:

- Saber observar y reflexionar, aprender de la propia experiencia y de otras personas, saborear la vida y gozar con la verdad. ¿Quieres y puedes alcanzar esta sabiduría?
- Comprender la naturaleza humana, entender la conducta y los sentimientos de las personas. Nadie comprende mejor a un joven que otro joven que habla su lenguaje y vive su cultura. ¿Te gustaría ser sabio para lograr un mundo mejor para la juventud?
- Transformar las circunstancias de la vida en ambiente propicio para crecer, convertir la debilidad en fuerza y las derrotas en aprendizaje. ¿Qué tan sabio/a eres en este aspecto? ¿Qué oportunidades tienes para incrementar tu sabiduría?
- Encontrar la fuerza en Dios, levantarse después de haber caído, con más experiencia y dispuesto a volver al camino con más ímpetu. ¿Practicas tú esta clase de sabiduría?

Acércate a Jesús, fuente de toda sabiduría; bebe de la palabra día a día, sobre todo de los evangelios, y, si eres un buen discípulo de Jesús, crecerás siempre en la sabiduría de Dios.

Eclo 51 23-30

PADRE BUENO,

GRACIAS POR LAS PERSONAS QUE ME HAN HABLADO DE TI.
AYÚDAME A HACER LO MISMO CON MIS AMIGOS Y COMPAÑEROS.

GRACIAS POR PARTICIPAR ACTIVAMENTE EN NUESTRA VIDA.
AYÚDAME A ENCONTRARTE EN MI JORNADA DIARIA.

GRACIAS POR LA OPORTUNIDAD DE ESCUCHAR TU PALABRA.
AYÚDAME A ENTENDER SU MENSAJE Y RESPONDER A ÉL.

GRACIAS POR DESPERTAR EN MÍ EL DESEO DE PLATICAR CONTIGO DE MIS COSAS.

AYÚDAME A CONVERSAR DE TODO LO QUE ES IMPORTANTE PARA TI Y PARA MÍ.

GRACIAS POR INVITARME A ORAR Y REFLEXIONAR EN COMUNIDAD.
AYÚDAME A APROVECHAR BIEN ESAS OPORTUNIDADES.

AMÉN

NUEVO TESTAMENTO

Y LA PALABRA SE HIZO CARNE
Y HABITÓ ENTRE NOSOTROS.
Y NOSOTROS HEMOS VISTO SU GLORIA,
LA GLORIA QUE RECIBE DEL PADRE COMO HIJO ÚNICO,
LLENO DE GRACIA Y DE VERDAD.

Jn 1 14

Este pasaje del evangelio de Juan ofrece una síntesis magnífica de la fe cristiana y del sentido de la Sagrada Escritura como Palabra de Dios. En él, Juan comparte la certeza que proviene de su experiencia como discípulo de Jesús, la Sabiduría de Dios encarnada, y proclama el kerigma cristiano como Apóstol del Señor.

Si el pueblo judío fue llamado «pueblo del Libro», por centrar su vida en los libros de la Ley, el pueblo cristiano adquirió su nombre por ser «seguidor de Jesucristo». La fe cristiana se centra en la persona de Jesús, plena revelación de Dios y culmen de la historia de salvación.

La Palabra «se hizo carne» (Jn 1 14); Jesús —Dios y hombre verdadero—, nacido de María Virgen, es el Verbo de Dios que tomó naturaleza humana y se encarnó en la historia de la humanidad a partir de un momento, lugar y cultura determinados. Lucas sitúa la vida de Jesús en «el año decimoquinto del reinado del emperador Tiberio, cuando Poncio Pilato gobernaba Judea, siendo Herodes tetrarca de Galilea…» (Lc 3 1).

La Palabra divina se expresa en la creación y a lo largo de toda la historia de salvación, comunicándonos la plenitud del amor de Dios en el misterio de la encarnación, muerte y resurrección de Jesús, Hijo de Dios. También la Buena Nueva predicada por los primeros cristianos, obedeciendo al mandato de Jesús resucitado: «Vayan por todo el mundo, anuncien la Buena Noticia a toda la creación» (Mc 16 15), es Palabra de Dios, como sigue siendo cuando los cristianos en todo lugar y generación la comparten con fidelidad.

La Palabra de Dios se transmite en la Tradición viva de la Iglesia. La Sagrada Escritura —formada del Antiguo Testamento (AT) y el Nuevo Testamento (NT)— es la Palabra de Dios atestiguada y divinamente inspirada. Por eso, la Iglesia venera y proclama la Sagrada Escritura, para que sea escuchada, leída, acogida y vivida como Palabra de Dios, en el seno de la Tradición apostólica a la que está íntimamente unida.

Esta mirada al NT muestra que la fe cristiana, el cristianismo, es la «religión de la Palabra de Dios»; no de una palabra escrita y muda, sino del Verbo encarnado y vivo. El nuevo Pueblo de Dios —la Iglesia—, unido y animado por el Espíritu Santo, se alimenta y comparte esta Palabra de Vida eterna (Jn 6 68).

UNA MIRADA A LA TIERRA Y SUS POBLADORES

Esta sección sitúa el hecho cristiano en su contexto histórico y sociorreligioso. Jesús y su mensaje de vida nueva, así como el desarrollo de las primeras comunidades cristianas, solo pueden comprenderse a partir de su realidad. Se ofrecen dos miradas complementarias, del mundo grecorromano en el que vivía el pueblo judío y del interior del judaísmo, la religión de Jesús.

Palestina y el mundo grecorromano

Alejandro Magno (356-323 a.C.), nacido en Macedonia, al sur de Europa, fue un genio

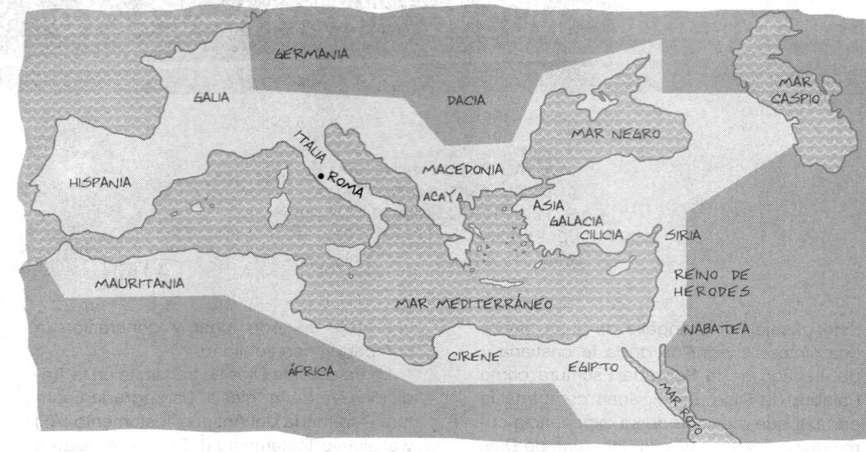

EL IMPERIO ROMANO EN EL SIGLO I

militar; conquistó el Medio Oriente, incluyendo Egipto, Palestina y Persia, pero murió a muy temprana edad (1 Mac 1 1-9). Al morir, su imperio se fragmentó y nacieron dos imperios: el Ptolomeo en Egipto y el Seléucida en Siria. La tierra de Israel estaba entre ambos; al principio quedó bajo los ptolomeos, pero en 198 a.C. pasó al dominio de los seléucidas.

Importancia del helenismo griego

La cultura griega era muy rica en su lenguaje, arte, arquitectura, literatura y filosofía, y se expandió por todo el territorio conquistado. Al mezclarse con las culturas del Medio Oriente, se generó un mestizaje cultural llamado *helenismo*, del griego *Hellas*, «Grecia». El helenismo impactó al judaísmo, al Imperio romano y al cristianismo, y por lo tanto tuvo una influencia fuerte en la escritura del NT.

Los judíos, principalmente en las élites, *aceptaron la cultura griega* con entusiasmo y en poco tiempo aprendieron a hablar, leer y escribir el griego. Muchos incluso renegaron del judaísmo.

Por su lado, los griegos admiraron el monoteísmo judío, con su creencia en un Dios infinito, que ama, se preocupa por su creación y actúa en la historia. Valoraron sus tradiciones legales y filosóficas profundas y complejas, y apreciaron su alta tasa de alfabetización e infraestructura de bienestar social nunca antes vista en el mundo antiguo. La fascinación por el judaísmo del rey Ptolomeo II (308-246 a.C.), amante de las ciencias y las artes, lo llevó a obligar a 72 rabís, seis de cada una de las doce tribus de Israel, a traducir sus Escrituras Sagradas al griego, traducción conocida como la «Septuaginta» o Biblia de los Setenta.

Lucha y victoria del judaísmo sobre el helenismo

Aunque muchos judíos adoptaron la cultura helenista, la vasta mayoría se mantuvo leal al judaísmo. Su rechazo al helenismo fue visto como una rebelión por los griegos, quienes lo consideraban inaceptable debido a lo estratégico de la situación geográfica del pueblo israelita. Además, los judíos helenizados pensaban que todos debían aceptar la nueva cultura y solicitaron ayuda

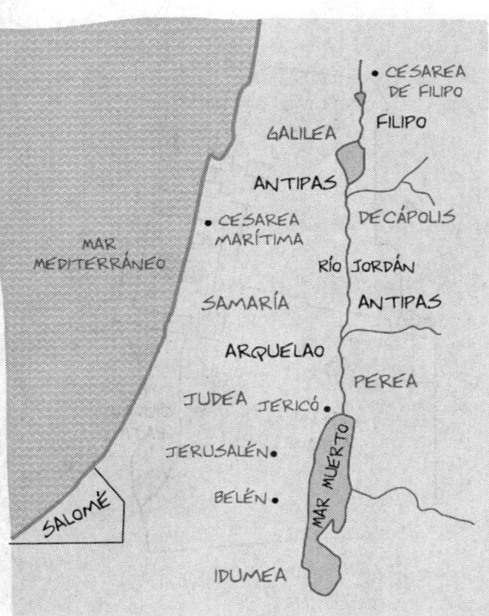

PALESTINA A LA MUERTE DE HERODES EL GRANDE

a los griegos, incorporando al rey Antíoco IV al conflicto. Antíoco publicó un decreto prohibiendo la enseñanza y la práctica del judaísmo, y exigió la profanación del Templo de Jerusalén, dedicándolo a Júpiter Olímpico (2 Mac 6 1-2).

La victoria final fue del judaísmo, con un impacto que ha sobrepasado por mucho el de la cultura griega. Su creencia en un Dios único y los valores de la santidad de la vida, la justicia, la paz y la responsabilidad social, son los cimientos morales y espirituales de la civilización occidental y de todos los creyentes judíos y cristianos. Jesús, *un judío practicante,* compartió esta visión, le dio plenitud con su vida y su misterio pascual, y sembró su expansión por todo el mundo con su mandato de llevar su Evangelio a todas las naciones.

El dinamismo del Evangelio ante el Imperio romano

La hegemonía griega duró tres siglos, siendo destruida por el Imperio romano. Cuando nació Jesús, reinaba César Augusto (63 a.C. al 14 d.C.), y cuando predicó, Tiberio (14 a.C. al 37 d.C.). César Augusto inauguró la «Paz romana», originando un período de paz interna que permitió la prosperidad económica y el dominio político del mundo grecorromano.

Debido a que el Imperio romano era ecléctico en materia cultural y religiosa, el politeísmo griego con su rica mitología fue preservado, la magia floreció y la astrología se desarrolló. La filosofía griega tuvo fuerte influencia en el desarrollo de la teología cristiana y el derecho romano ofreció el marco jurídico y organizacional de las comunidades cristianas. Las grandes vías de comunicación en todo el Imperio permitieron una gran actividad misionera en la Iglesia naciente, facilitando de esta forma la expansión del Evangelio. El cristianismo mediterráneo planteará ciertos problemas cuando sea propuesto a personas en culturas muy distintas.

El culto al emperador, de origen oriental, favoreció que el emperador romano se autodenominara *dios* y exigiera que se le rindiera culto. Muchos cristianos fueron perseguidos por negarse a adorar al emperador, lo que consideraban idolatría. Nerón culpó a los cristianos del incendio de Roma (64 d.C.); Pedro y Pablo fueron martirizados bajo él.

Los biblistas se refieren a las religiones en el mundo grecorromano como «cultos paganos». La palabra «culto» es una abreviación del latín *cultus deorum*, «cuidar a los dioses». La relación de Dios con su pueblo en la tradición judeocristiana es distinta: Dios sale al encuentro de su pueblo para brindarle su amor liberador y misericordioso; el pueblo responde obedeciendo sus mandatos y dándole gracias; no se trata de «cuidar a Dios». Por eso las cartas a las primeras comunidades cristianas insisten tanto en cómo ha de ser el «culto cristiano».

El judaísmo en la época de Jesús

Jesús era un judío practicante. También María, José, los Apóstoles y los discípulos de Jesús eran judíos. Conocer las principales creencias y prácticas en el judaísmo, así como los grupos religiosos judíos, ayuda a conocer a Jesús de Nazaret y comprender mejor su mensaje.

La relación con Dios

Los judíos creían en un solo Dios verdadero, creador del universo entero, que había forjado una alianza o pacto con su pueblo, para protegerlo y darle honor. Era un Dios más poderoso que todas las deidades de las otras culturas. Dios caminaba con ellos adondequiera que fueran; no era una deidad local limitada al templo donde se le daba culto. No obstante su cercanía, era tan sagrado que no debían mencionar su nombre, por lo que lo escribían con cuatro letras impronunciables, *YHWH,* conocidas como el tetragrámaton.

Importancia del Templo y del culto a Dios

El Templo era el centro de la vida político-religiosa del pueblo. En él estaba el Consejo de Ancianos o Sanedrín, que era el supremo organismo político religioso de los judíos, con jurisdicción sobre casi todos los asuntos de tipo religioso y político. Ahí se congregaba el pueblo y acudía en peregrinación, en especial para las fiestas anuales; solo ahí se podían hacer los sacrificios de animales que pedía la Ley. También era lugar de intercambio comercial y monetario.

El culto a Dios estaba marcado por el agradecimiento, la alabanza y la oración. No estaba limitado al Templo; también se daba en las casas. El sábado estaba dedicado a Dios; no se trabajaba y se hacía oración y una cena especial en familia. Las sinagogas eran lugares de reunión donde los varones leían y reflexionaban sobre las Escrituras, y oraban a Dios.

Significado de la Ley

La Torá, Ley de Moisés o sencillamente la Ley, era el signo de la Alianza, daba identidad al pueblo judío como pueblo elegido de Dios, guiaba la fe y la vida de los judíos, y contenía las instrucciones para dar culto a Dios. Incluía normas para distinguirlos de otros pueblos, como la circuncisión de sus varones y la observancia de una dieta especial.

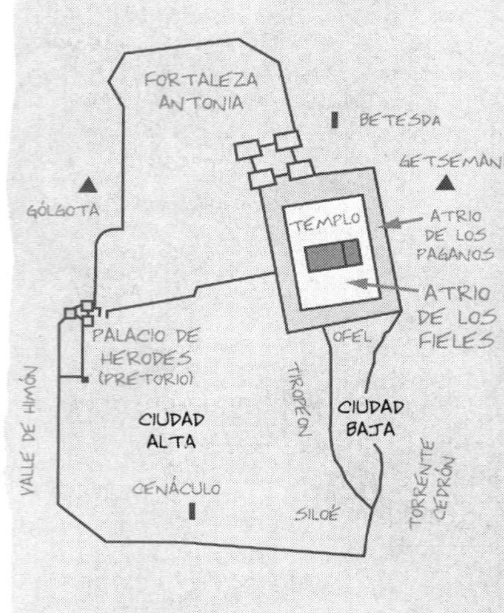

JERUSALÉN EN TIEMPOS DE JESÚS

Cumplir la Ley era signo de santidad y fuente de alegría por vivir consagrado al Señor del universo, quien había salvado al pueblo de la esclavitud. La Ley no era vista como un requisito para la salvación, la cual provenía del amor gratuito de Dios. Los maestros o doctores de la Ley eran los responsables de que se guardara y se interpretara correctamente. Los conflictos de Jesús con sus adversarios casi siempre estuvieron ligados a la interpretación de la Ley (Mc 12 28-34) y la observancia de sus normas, como el ayuno (Mc 2 18-20), el descanso sabático (Mc 2 23-28) y la pureza ritual (Mc 7 1-15), cuando tomaban primacía sobre el bien de las personas.

Grupos religiosos en el judaísmo

El judaísmo en la época del NT no era monolítico, sino que tenía diferencias importantes. Como Jesús y las primeras comunidades cristianas vivieron inmersos en esa diversidad de situaciones, solo conociéndolas se puede comprender el mensaje de los distintos libros del NT.

Los judíos y su lugar de residencia

- *Había judíos esparcidos por toda Judea o Palestina.* El mapa «Palestina a la muerte de Herodes el Grande», p. 1177, señala los principales lugares en esa región.
- *La mayoría de los judíos radicaba en la diáspora,* o sea, esparcidos a lo largo de toda la zona del Mediterráneo, en lugares donde se habían instalado al huir o ser exilados por las conquistas extranjeras, o también por razones comerciales.

Grupos religiosos al interior del judaísmo

En tiempos del NT había varios grupos religiosos con distintas posturas respecto a la Ley y al Templo. No todos los judíos pertenecían a uno, pero los evangelios y las cartas con frecuencia se refieren a ellos. Los más importantes son:

• **Los fariseos y maestros de la Ley.** Creían que se debía seguir la Ley contenida en la Torá de manera radical. Eran personas legalistas que daban prioridad a la letra o detalles de la Ley sobre su espíritu. Los fariseos crearon normas orales para aclarar la Ley escrita y ayudar a vivirla, trastocando en ocasiones la jerarquía de valores, de modo que olvidaban lo principal: la justicia, la misericordia, la fe.

• **Los saduceos.** Muchos eran sacerdotes y pensaban que les correspondía interpretar la Ley. Enfatizaban el culto en el Templo y la necesidad de ofrecer sacrificios a Dios según los preceptos de la Torá, y diferían de los fariseos sobre la necesidad de cumplir las normas orales y los detalles de la Ley. Era una élite socioeconómica que sirvió de enlace con las autoridades romanas y que perdió poder con la caída del Templo en el año 70 d.C.

• **Los esenios.** Buscaban la integridad y la pureza de la religión con base en su relación con Dios, sin necesidad de centrar la vida en la Ley y el Templo. Creían que muchos judíos eran impuros por haberse alejado de Dios, por lo que establecieron comunidades monásticas donde vivir según sus creencias y rendir culto a Dios; entre ellas, la de Qumrán, donde en 1947 se descubrió una biblioteca esenia, conocida como los Rollos del mar Muerto. Pensaban que el mundo como lo conocían iba a terminar pronto con estrépito, y Dios iba a intervenir en la historia y derrotar las fuerzas del mal, incluyendo a la mayoría de los judíos y a quienes dominaban el mundo en esa época.

• **Los zelotes.** Luchaban por proteger la patria judía como lugar sagrado dado por Dios a su pueblo. Consideraban que ninguna potencia extranjera podía gobernarla y que sus colaboradores judíos, entre los que estaban los saduceos, estaban «vendiendo» la herencia del pueblo de Dios. Creían en la resistencia violenta contra cualquier potencia extranjera. Lograron echar a los romanos, en 67 d.C., mediante una guerra que duró tres años y medio, pero los romanos terminaron destruyendo Jerusalén e incendiando el Templo en 70 d.C.

• **Los *anawim*, pobres de Yahveh.** En ocasiones la raíz *anaw* se refiere a los oprimidos y desamparados; otras veces, a personas en situaciones de pobreza material, como las viudas y los huérfanos. También se refiere a los judíos que tienen una actitud religiosa de confianza y dependencia total de Dios; María y José pertenecían a esta categoría de judíos, y fue el grupo con el que Jesús se identificó más.

• **Grupos de renovación.** Había grupos como el de Juan el Bautista, que tenían rasgos particulares. Juan compartía aspectos de los esenios y de los *anawim;* proponía la conversión del pueblo al estilo de los profetas e invitaba a un éxodo espiritual volviendo al desierto, lugar en que Dios se había revelado a su pueblo.

La ortodoxia rabínica y la superioridad de la Ley

Con la destrucción del Templo de Jerusalén en el año 70 d.C. y el país bajo el poder romano, la Ley se convirtió en el centro de la vida religiosa, iniciándose una nueva etapa en el judaísmo. Los fariseos y los rabinos o maestros de la Ley, único grupo judío que sobrevivió, enfatizaron la superioridad de la ortodoxia rabínica sobre cualquier otra postura religiosa. Ortodoxia —del griego *orto,* «correcto», y *doxa,* «opinión»— se refiere a la interpretación correcta de los principios religiosos para traducirlos de manera fidedigna a la vida (ortopraxis).

El título dado con más frecuencia a Jesús en los evangelios es Rabino o Maestro, el mismo que recibían los maestros de la Ley. Los cristianos empezaron siendo un grupo más dentro del judaísmo. Pero los maestros de la Ley, quienes creían que tenían la única verdad sobre la interpretación de la Torá, los consideraron heterodoxos, o sea, que tenían una visión disidente y herética.

La polémica entre la ortodoxia del judaísmo y la apertura del cristianismo fue fuerte, tanto en Palestina como en la diáspora. Las comunidades judías y sus sinagogas —que tuvieron un rol importante en la primera expansión del cristianismo (Hch 13 13–14 7)— fueron quedando fuera del alcance del Evangelio, lo que contribuyó a la configuración de una identidad distintiva de los cristianos y enfatizó la evangelización de los paganos.

La perspectiva apocalíptica

Todos los grupos religiosos, en particular los *fariseos y los esenios, compartían la visión* apocalíptica propiciada por algunos profetas, siendo Daniel el más representativo. Esta perspectiva sobre la vida tiene las siguientes características:

Presenta una visión dualista del ser humano, dividido entre el bien y el mal, y del pueblo viviendo una época malvada con la época del bien por llegar. Refleja un pesimismo sobre la vida ordinaria, imposible de mejorar, pues las fuerzas del mal tenían el control.

Ofrece esperanza en la acción salvadora de Dios, quien, después de un juicio final, derrotaría las fuerzas del mal. Su primera acción sería realizar un juicio a los vivos y muertos de todos los pueblos del mundo, para castigarlos o premiarlos. Después establecería su reino, donde su pueblo elegido gozaría de paz y armonía, libre de opresiones extranjeras.

En tiempo de Jesús se pensaba que la llegada del Mesías y el juicio de Dios eran inminentes. Muchos aspectos de la predicación de Jesús muestran esta perspectiva y el libro del Apocalipsis cierra el NT con una visión de esperanza.

UNA MIRADA AL NUEVO PUEBLO DE DIOS

Jesús, quien comienza una nueva era en la historia de la humanidad y ha sido la persona más influyente en ella, no dejó nada escrito. Toda la información sobre su vida, su mensaje y sus obras viene de sus discípulos. Hoy sabemos que en su época había otros judíos considerados como «ungidos» de Dios para redimir a su pueblo. Las autoridades en Palestina también los mataron, pero al morir, sus seguidores se dispersaron. En contraste, los seguidores de Jesús de Nazaret se dedicaron a compartir la transformación que ese «ungido» había causado en su vida.

La comunidad que Jesús formó con particular esmero fue pequeña. La conocemos como «los Apóstoles», por haber sido enviados de manera especial a proclamar la salvación traída por Jesús al implantar el Reino de Dios en la tierra, y como «los Doce» por ser los pilares del nuevo Pueblo de Dios, en continuidad con las doce tribus de Israel, que dieron origen al pueblo elegido. La muerte de Jesús, quien los había llenado de esperanza, fue devastadora para ellos. La experiencia de la resurrección y la llegada del Espíritu Santo fueron las experiencias vitales que dieron origen al nuevo Pueblo de Dios: la Iglesia.

Jesús, sus discípulos y su evangelio del Reino

¿Por qué atrajo Jesús a un grupo de seguidores? ¿Qué había en su persona y en su mensaje que apasionaba a sus discípulos? No fue prestigio, porque era hijo de un carpintero de Galilea, región del reino del Norte, despreciada por los maestros de la Ley. Tampoco pertenecía a la tribu de Leví, que ejercía las funciones sacerdotales en el Templo.

Jesús inició su misión a los 30 años. Antes era un desconocido y no se sabe casi nada de él. Los evangelios se centran en su ministerio los últimos tres años de su vida y en reflexiones realizadas a la luz del Espíritu Santo por los primeros cristianos, en particular los Apóstoles y Pablo.

El escándalo de su muerte en la cruz levantó incredulidad y frustración. ¿Cómo era posible que hubiera sido vencido por sus enemigos? Su mensaje y los signos sobre la llegada del Reino de Dios perdieron sentido y llenaron a sus discípulos de tristeza y desesperanza.

No obstante, su experiencia con Jesús los unía; los había tratado como hermanos y hermanas, siendo un Maestro sin igual, con una coherencia perfecta entre su manera de ser, su mensaje y sus acciones. Sintieron una predilección especial al ser invitados a seguirlo y cuando los envió a llevar la buena noticia del Reino en su nombre (Lc 10 1-12). Habían orado con él y lo

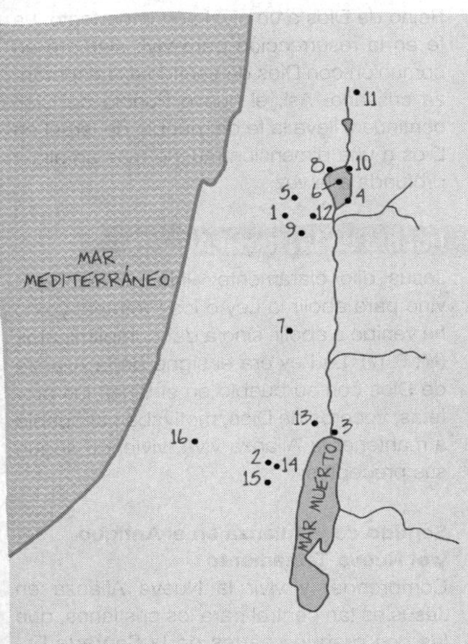

1. **Nazaret:** Encarnación e infancia, Lc 1 – 2
2. **Belén:** Nacimiento, Lc 2 11
3. **Jordán:** Bautismo, Mt 3 17
4. **Lago de Galilea:** Llamado a sus discípulos, Mc 1 16-19
5. **Caná:** Primer signo del Reino, Jn 2 1-11
6. **Lago de Galilea:** Calma la tempestad, Mc 4 35, y camina sobre las aguas, Mt 14 22-23
7. **Sicar:** Agua viva para la mujer samaritana, Jn 4 10
8. **Cafarnaún:** Discurso sobre el pan de Vida, Jn 6 35; curación del sirviente del centurión, Mt 8 5-13, y del paralítico, Mt 9 2-8; resurrección de la hija de Jairo, Mt 9 18-26
9. **Naín:** Resurrección del hijo de la viuda, Lc 7 11-17
10. **Betsaida:** Multiplicación de los panes, Lc 9 10-17
11. **Cesarea de Filipo:** Pedro reconoce a Jesús como Mesías, Mc 8 29
12. **Tabor:** Transfiguración, Mc 9 7
13. **Jericó:** Curación de Bartimeo, Mc 10 46-52, y llamado a Saqueo, Lc 19 1-10
14. **Betania:** Resurrección de Lázaro, Jn 11 1-44
15. **Jerusalén:** Última Cena, Lc 22 19; muerte crucificado, Jn 19 30; resurrección, Mt 28 6
16. **Emaús:** Aparición a dos discípulos después de la resurrección, Lc 24 13-35

LUGARES IMPORTANTES EN LA VIDA DE JESÚS

habían acompañado en sus momentos buenos y malos. Esto y otras muchas vivencias especiales en los tres años que duró su vida pública hicieron que en vez de desperdigarse cuando murió, se reunieran a orar en el cenáculo, junto con María, su madre.

Como la proclamación de la llegada del Reino de Dios había llegado a sus corazones, sentían un profundo dolor por la muerte del Maestro y el deseo de acompañarse mutuamente. Después vinieron los encuentros con Jesús resucitado. Fueron varios y diversos; con María Magdalena (Mc 16 9; Jn 20 10-18); con los discípulos que iban al campo (Mc 16 12), y los que iban camino de Emaús (Lc 24 36-47); con los Once cuando estaban cenando (Mc 16 14-18; Jn 20 19-21), y en la montaña de Galilea (Mt 28 16-20); con Tomás, el incrédulo (Jn 20 24-28).

Proclamadores incansables de la buena nueva de Jesús

La llegada del Espíritu Santo, que Jesús les había prometido (Jn 14 26; 15 26-27; 16 13), los transformó de personas confundidas y sin esperanza en mensajeros incansables de la buena nueva de que Jesús estaba vivo (Hch 2 1-13). Así nació el *kerigma,* palabra de origen griego que quiere decir «proclamación», la cual fue una actividad vital en la Iglesia naciente.

El nuevo Pueblo de Dios estaba en acción. Conforme anunciaba a Jesús y daba testimonio de él, se desataba el dinamismo transformante de la Buena Nueva y se comunicaba la propuesta de una vida nueva, fincada en la fe en un Dios salvador y misericordioso que había vencido la muerte, para darles vida en abundancia. A judíos y paganos predicaban los discípulos de Jesús, buscando que su mensaje hiciera eco en su experiencia religiosa tan distinta. Sabían que *a ellos les tocaba sembrar, comunicar lo* que habían visto y oído, y que Dios haría fructificar su trabajo. Actuaban como el Cuerpo de Cristo, prolongador del misterio de la encarnación.

El kerigma cristiano es esencialmente un diálogo: la propuesta que nace del amor de Dios interpela al ser humano en su manera de ver la vida y comportarse, respetando siempre la libertad de su respuesta. Proclamar el kerigma pone en acción el Reino de Dios, sus valores y su cosmovisión. Aceptarlo derrota toda soberanía que no es la de Dios Trinidad: Padre, Hijo y Espíritu Santo. Vivir con fidelidad esta Nueva Alianza con Dios libera de la esclavitud del pecado, al vencer a Satanás, los espíritus impuros, los ídolos y la maldad (Flp 2 9-11).

Miles y miles de personas transmitieron su fe en Jesús en muy pocos años. La inmensa mayoría no conoció al Nazareno durante su ministerio en Palestina; experimentó su vida, muerte y resurrección a través de la proclamación del kerigma y el testimonio de los cristianos.

Ser bautizado y convertirse en discípulo misionero de Jesús ofrece la vivencia del Reino de Dios a un nivel aún imperfecto. La fe en la resurrección para vivir siempre en comunión con Dios da sentido a la esperanza cristiana. Así, el nuevo Pueblo de Dios continúa y lleva la fe del pueblo de Israel en Dios a una dimensión mucho más amplia y profunda a la vez.

Pueblo de la Nueva Alianza

Jesús dijo claramente: «No piensen que vine para abolir la Ley o los Profetas; yo no he venido a abolir, sino a dar cumplimiento» (Mt 5 17). La Ley era el signo de la Alianza de Dios con su pueblo en el Sinaí; los profetas, voceros de Dios, motivaban al pueblo a mantener la Alianza viva, viviendo según sus preceptos.

Sentido de la Alianza en el Antiguo y el Nuevo Testamento

Comprender y vivir la Nueva Alianza en Jesús es tan central para los cristianos, que las dos grandes partes de la Sagrada Escritura, el Antiguo y el Nuevo Testamento, se basan en ella. Mientras los judíos hablan de las «Sagradas Escrituras», en plural, refiriéndose a sus tres componentes, los cristianos hablamos de la «Sagrada Escritura», en singular, para indicar la continuidad entre la Alianza con Israel y la Nueva Alianza con Jesús.

Los judíos utilizaban la palabra *berit,* que significa «pacto» o «alianza» entre personas de distinto estatus social, sellado con un ritual y con un memorial establecido para recordar el pacto. Al traducir las Escrituras al griego, los Setenta decidieron utilizar *diatheke,* que designaba el «pacto» o «testamento» con el que una persona disponía de sus bienes. Esta palabra capta mejor la Alianza de Dios con la humanidad, a través de la cual comparte su bondad y su amor una y otra vez a lo largo del AT, sellando la Nueva Alianza con la entrega de su vida por el bien de la humanidad. La Eucaristía es el memorial con el que revivimos una y otra vez esta Alianza de vida nueva.

La Nueva Alianza en Cristo Jesús

Más de 500 años antes de Cristo, el profeta Jeremías tuvo una visión sobre una alianza nueva de Dios con su pueblo, en la que los lazos serían tan profundos que estarían radicados en el corazón de cada persona (Jr 31 31-34). La noche antes de morir, cuando Jesús instituye la Eucaristía como memorial anticipado de su muerte con la que sella para siempre la Alianza prometida por Dios:

> Tomó el pan, dio gracias, lo partió y lo dio a sus discípulos, diciendo: «Esto es mi Cuerpo, que se entrega por ustedes. Hagan esto en memoria mía». Después de la cena hizo lo mismo con la copa, diciendo: «Esta copa es la Nueva Alianza sellada con mi Sangre, que se derrama por ustedes» (Lc 22 19-20).

Pablo recuerda a los corintios este hecho de Jesús y les indica el significado del memorial: «Siempre que coman este pan y beban esta copa, proclamarán la muerte del Señor hasta que él vuelva» (1 Cor 11 26). Al recibir la Eucaristía, los cristianos renovamos la Alianza con Dios, «por Cristo, con él y en él», como miembros del nuevo Pueblo de Dios; por eso, la plegaria eucarística termina con estas palabras. En su segunda carta, Pablo contrasta la Nueva Alianza con

EL CRISTIANISMO EN EL SIGLO I

la anterior, proclamando el cumplimiento de la profecía de Jeremías:

> Cristo... nos ha capacitado para que seamos los ministros de una Nueva Alianza, que no reside en la letra, sino en el Espíritu... En realidad, aquello que fue glorioso bajo cierto aspecto ya no lo es más en comparación con esta gloria extraordinaria (2 Cor 3 4.6.10).

La carta a los Hebreos presenta de manera radical el contraste entre las dos alianzas, lo que queda explícito al dividir la Biblia en Antiguo y Nuevo Testamento:

> Cristo es mediador de una Nueva Alianza entre Dios y los hombres, a fin de que, habiendo muerto para redención de los pecados cometidos en la primera Alianza, los que son llamados reciban la herencia eterna que ha sido prometida (Heb 9 15).

UNA MIRADA A LOS LIBROS DEL NUEVO TESTAMENTO

El Nuevo Testamento consta de 27 libros, los cuales se agrupan en dos grandes categorías: los cuatro evangelios más el libro de los Hechos de los Apóstoles, y las cartas más el Apocalipsis, los cuales se describen brevemente después de presentar las tres épocas del cristianismo en el siglo I d.C., que están reflejadas en todos los libros.

Todos los libros tratan de la buena noticia de Jesús de Nazaret y el Reino de Dios, ofreciendo distintas perspectivas según la época, las comunidades a las que fueron destinados, los mensajes que quisieron resaltar los autores sagrados y los géneros literarios en que fueron escritos. En su conjunto ofrecen un testimonio amplio y verídico sobre el hecho cristiano, constituyendo un testimonio de la marca esencial del catolicismo: unidad en la diversidad, que solo el Espíritu Santo puede lograr.

Tres épocas del cristianismo en el siglo I d.C.

Los escritos del NT integran la experiencia de los testigos oculares de Jesús con la de los cristianos de segunda generación. En la mayoría de los casos, los biblistas pueden identificar las siguientes tres épocas; sin embargo, hay pasajes confusos a este respecto:

- **Jesús de Nazaret (6 a.C.-30 d.C.).** La vida de Jesús sucede principalmente en Galilea, con varios viajes a Jerusalén. Está relatada a partir de tres ciudades: (1) Nazaret, ciudad pequeña donde vivió con sus padres; (2) Cafarnaúm, donde realizó la mayor parte de su ministerio, y (3) Jerusalén, donde aconteció el gran evento y misterio de su pascua. Los viajes de Jesús a Jerusalén están cargados de sentido religioso, debido a su significado para el pueblo de Israel.

- **Época apostólica (30-70 d.C.).** La rápida expansión de la fe en Jesús y la fundación de las primeras comunidades caracterizaron esta época. La difusión del evangelio incluía siempre el kerigma, como núcleo esencial de la Buena Nueva; sin embargo, había variedad de énfasis en el discipulado de Jesús, así como diversas polémicas sobre la interpretación de las Escrituras judías y el misterio contenido en la Nueva Alianza de Dios con su pueblo.

- **Segunda generación de cristianos (70-100 d.C.).** Dos situaciones marcan el inicio de esta época: la destrucción del Templo de Jerusalén (70 d.C.) y la muerte de los discípulos que conocieron a Jesús en persona. Salvo las cartas escritas realmente por Pablo y el evangelio según Marcos, los demás textos del NT fueron escritos por cristianos de esta generación, que seguían la escuela de pensamiento de Pedro o de Pablo.

Los evangelios y los Hechos de los Apóstoles

Los cuatro evangelios y el libro de los Hechos de los Apóstoles forman una unidad, ya que este último fue escrito por Lucas, como continuación de su evangelio. Los

COMPRENDE LOS SÍMBOLOS

Simbología de los cuatro evangelistas

Desde hace mucho tiempo los evangelistas han sido representados por los cuatro seres vivientes del Apocalipsis —un león, un toro, un hombre y un águila—, que aparecen al empezar la sección sobre la interpretación profética de la historia (Ap 4 6-8). Estos símbolos provienen de las imágenes usadas por Ezequiel en su visión de la gloria de Dios (Ez 1 5-10), y fueron relacionados con los evangelistas, por la manera como cada uno inicia su evangelio:

- ***Mateo*** se representa con el hombre porque empieza con la genealogía de Jesús a partir de Abraham (Mt 1 1-16).
- ***Marcos*** se representa con el león porque empieza diciendo que Juan grita en el desierto de manera similar a los leones (Mc 1 3).
- ***Lucas*** se representa con el toro porque empieza con el anuncio del nacimiento de Juan en el Templo, y el toro se sacrificaba en el Templo (Lc 1 5).
- ***Juan*** se representa con el águila porque empieza hablando de la Palabra junto a Dios, en las alturas (Jn 1 1-2).

evangelios relatan la buena noticia de Jesús; su interés es articular las memorias sobre Jesús de Galilea a la luz de la experiencia de la resurrección, por lo que suelen identificarse como «teologías de la memoria de Jesús». El libro de los Hechos es una narrativa histórica sobre la expansión de la comunidad cristiana durante los primeros 30 años después de la muerte de Jesús.

• **Los tres evangelios sinópticos.** La palabra *sinópticos*, «vistos juntos», se refiere a los evangelios de Marcos, Mateo y Lucas, que son similares; los tres narran las enseñanzas y *el ministerio* de Jesús entre la muchedumbre a lo largo de Galilea, con cada evangelio teniendo un énfasis y estilo distinto. El primer evangelio es el de Marcos, un discípulo de Pedro, quien además de su experiencia de la Buena Nueva utilizó una colección de dichos de Jesús, llamada «fuente Q», del alemán *Quelle*, «fuente»; su evangelio sirve de base a los de Mateo y Lucas, que también utiliza la fuente Q. El esquema «Escritura de los Evangelios», p. 1189, ayuda a comprender el proceso de su escritura.

• **Singularidad del evangelio según Juan.** Este evangelio es muy distinto en secuencia y relatos a los sinópticos; los sinópticos utilizan narrativas, mientras que Juan tiene un lenguaje más teológico y menos descriptivo, y se adentra en el misterio de Jesús. Relata detalles del ministerio inicial de Jesús en Judea y contiene largos discursos sobre su existencia con Dios, su unidad con él, así como su venida a la tierra y su unidad con sus discípulos.

• **El libro de los Hechos de los Apóstoles.** Este libro es continuación del evangelio de Lucas. Está escrito para una Iglesia en la que se ha apagado el fuego de los inicios y que se enfrenta con desafíos provenientes de su fe y del Imperio romano. Por la manera como está escrito y por su contenido, resalta una intencionalidad catequética y pastoral, así como el deseo de ofrecer un ejemplo de cómo vivían su fe los cristianos de la época apostólica y la segunda generación de discípulos.

Las cartas y el Apocalipsis

La segunda sección de libros en el NT está compuesta por 21 cartas escritas en los albores de la Iglesia y el Apocalipsis, que también es una carta, aunque de índole diferente.

• **Las cartas o epístolas.** Fueron escritas por diversos autores a personas o comunidades eclesiales. Tenían como fin articular aspectos de la fe que estaban confusos; servir de guía para la vida y dar consejos ante situaciones específicas. Entre ellas, 13 son atribuidas a Pablo o a seguidores suyos, y 14 tienen otros autores; están presentadas según su longitud en cada grupo de cartas; no por secuencia cronológica, la cual es bastante difícil de especificar.

• **Las cartas paulinas y su teología.** Las cartas de Pablo, conocidas como *corpus paulino,* fueron escritas a comunidades formadas por Pablo, siendo la mayoría de cultura griega. Fueron escritas por distintos autores y en épocas diferentes; mantienen una visión común sobre el kerigma cristiano y suelen tratar varios temas. Más que un tratado teológico coherente, manifiestan una teología en desarrollo, basada en la experiencia de fe y la reflexión sobre ella, tanto por Pablo como por sus seguidores.

• **El Apocalipsis, libro de la esperanza.** El Apocalipsis contiene la visión de Dios sobre el futuro de su pueblo. Es un libro profético que se distingue del profetismo antiguo por extender la historia de

GÉNEROS LITERARIOS DEL NUEVO TESTAMENTO

ENSEÑANZAS DE JESÚS	RELATOS ANECDÓTICOS	CARTAS	APOCALÍPTICO
Alegorías	Anuncios	Apologética o defensa	Alegoría
Argumentos e interpretaciones exegéticas	Leyendas biográficas	Autobiografía	Carta
Ejemplos o modelos paradigmáticos	Milagros	Catequesis	Historia
Parábolas		Comentario exegético o interpretativo	Oráculos proféticos
Sentencias apocalípticas		Exhortación	
Sentencias legislativas		Homilía	
Sentencias proféticas		Reprimenda	
Sentencias sapienciales		Sermón	

salvación más allá de la historia humana. Su autor fue un seguidor de Juan y firma el libro con el nombre de su maestro, como era común en aquella época. Sus destinatarios son cristianos amenazados por la persecución y la seducción de mentalidades ajenas al evangelio, que podían morir o sucumbir a la tentación. Su género literario es el apocalíptico, cargado de símbolos solo descifrables para las comunidades que sabían su significado, lo que aseguraba que grupos enemigos no pudieran captar lo escrito. Los símbolos de este libro provienen tanto del AT como de tradiciones judías no incluidas en la Sagrada Escritura.

Los géneros literarios en el Nuevo Testamento

Los autores sagrados utilizan variados géneros literarios para maximizar el impacto y transmisión del mensaje de salvación. Cada uno de ellos optó por escribir de forma que pudiera comunicar el tipo de mensaje que Dios quería comunicar, según las necesidades de su tiempo y sus propias habilidades como escritor.

A continuación se presenta una tabla de los principales géneros literarios en el NT. Ver «Género literario», Vocabulario bíblico, p. 1680. Al final del término están enlistados los géneros que se encuentran descritos en el Vocabulario. Todos los aspectos relacionados con las formas literarias utilizadas en la Sagrada Escritura están marcadas con el símbolo de un papiro.

UNA MIRADA A LA ESCRITURA Y LA TRADUCCIÓN DE LOS TEXTOS

Los libros de ambos Testamentos fueron redactados mediante un proceso que llevó a los autores a escribir tradiciones orales; sin embargo, la extensión del tiempo que les llevó hacerlo fue muy distinta. En contraste con los 13 siglos que dilataron los textos del AT en ser compilados y editados hasta alcanzar su forma final como libros sagrados, los textos del NT estuvieron listos en menos de 100 años.

Escritura de los libros sagrados del Nuevo Testamento

Como el NT está más cerca de nuestro tiempo y en él basamos nuestra fe en Jesús y nuestra vida cristiana, corremos más riesgo de interpretar sus textos olvidando la distancia en tiempo, cultura e idioma entre hoy, la época de los acontecimientos y su escritura original. Hay que recordar que Jesús de Nazaret hablaba arameo y vivía inmerso en la cultura judía de su pueblo.

Los manuscritos del NT fueron escritos en griego común del siglo I d.C. Este tipo de griego —distinto al clásico hablado en épocas anteriores— fue el idioma que más entendían y usaban los pueblos sometidos al Imperio romano en los siglos I y II d.C.

Casi todos los autores fueron cristianos conversos del judaísmo; utilizaban la traducción de las Escrituras Hebreas al griego por el grupo de los Setenta, la cual era de uso común en la diáspora. Algunos pasajes de los evangelios y la primera parte de Hechos tienen expresiones que reflejan el arameo, idioma de Jesús y sus discípulos. El arameo era la lengua del pueblo sencillo en Palestina y estaba relacionado con el hebreo, hablado y escrito por la élite judía en Jerusalén.

No existen los textos originales del NT. Se conocen cerca de cinco mil copias en griego de distintos textos; solo 59 tienen el NT completo. Los más importantes son los 300 más antiguos, escritos en papiro o pergamino del siglo II al VII d.C.

Antes de la imprenta (1450-1456), todos los manuscritos eran copiados a mano, lo que representa varios desafíos. Debido a lo rápido que se extendió el cristianismo, la necesidad de tener copias de los textos cristianos impactó la exactitud y fidelidad de cada letra y palabra. Un error en la transcripción se multiplicaba al hacer copias de ese manuscrito; a veces los escribas intentaban mejorar o corregir la gramática, el estilo o lo que consideraban errores de historia, geografía o citas del AT, al traducirlo al griego; en ocasiones, los copistas trataron de crear armonía entre los distintos relatos en los sinópticos.

Los expertos en escritura bíblica analizan su redacción para identificar el texto original. Cuando el análisis no es conclusivo prefieren el texto más corto, pues los escribas tendían a aumentar más que a quitar, o dan preferencia al texto que explica mejor el origen de otro.

Hasta la segunda mitad del siglo II, los cuatro evangelios circulaban por separado. A partir de ahí empezaron a formar una colección, lo mismo que las cartas paulinas.

Hacia finales del siglo II el NT fue traducido al copto, siriaco y latín, pues muchos cristianos no hablaban griego. Para el año 250 d.C., la Iglesia occidental se había convertido en latina y la Biblia fue traducida al latín por san Jerónimo en el siglo IV.

Los Padres de la Iglesia y escritores eclesiásticos del siglo II al V utilizan en sus textos numerosas citas del NT copiadas de distintos manuscritos en griego y en latín. Hacia el siglo IV el texto se considera un «texto vivo», en constante desarrollo, en comparación con los libros del AT, cuya edición final había sido concluida.

El canon de la Biblia católica

La palabra *canon,* de origen griego, quiere decir «regla» o «norma». Se refiere a la lista de los libros que la Iglesia católica, asistida por el Espíritu Santo, considera como la Sagrada Escritura. En este contexto, *canon* tiene un significado teológico sublime y amplio, al reconocer que en estos libros están contenidos los fundamentos del discipulado de Jesús, como norma de la fe y la vida del cristiano, basadas en la verdad revelada por Dios al Pueblo de Israel y al nuevo Pueblo de Dios. El canon católico:

- *Abarca la Biblia hebrea con sus libros divididos en cinco partes:* Pentateuco, Libros históricos, Libros proféticos, Libros poéticos y Libros sapienciales, en lugar de tres colecciones como la Tanaj. Esta fue la primera Biblia de los cristianos hasta que se compilaron los textos escritos por ellos y se formó el NT.
- *Incluye siete libros y algunos trozos escritos por los judíos de la diáspora:* Tobías, Judit, 1 y 2 Macabeos, Baruc, Sabiduría y Eclesiástico, así como partes de Daniel y Ester. Estos libros se denominan *deuterocanónicos,* del griego, *deuteros,* que significa «segundo», por haber sido aceptados en el canon, la segunda vez, ya que los judíos ortodoxos no los consideraban sagrados. Los católicos los aceptaron, dado que cumplían los criterios para ser incluidos en el canon. Los protestantes, al separarse de la Iglesia católica en el siglo XVI, decidieron no incluirlos en su Biblia.
- *Contiene los 27 libros del NT:* Evangelios, Hechos, Cartas y Apocalipsis. La primera vez que estos libros fueron autentificados para ser leídos en una diócesis, fue por san Atanasio, Arzobispo de Alejandría y Padre y Doctor de la Iglesia, en 367 d.C.

Durante los siglos IV y V d.C., varios concilios eclesiásticos diocesanos o regionales trabajaron para fijar el canon de la Biblia cristiana, y establecieron cuatro principios para guiar la selección de los 27 libros del NT:

- *Son antiguos,* fueron escritos cerca del tiempo de Jesús.
- *Son apostólicos,* tienen la firma de uno de los Apóstoles o sus discípulos inmediatos, incluyendo a Pablo, el Apóstol de los gentiles.
- *Son ortodoxos,* están de acuerdo con las verdades fundamentales de la fe cristiana.
- *Son conocidos,* eran utilizados en varias regiones de la Iglesia y por múltiples iglesias locales.

Traducciones del Nuevo Testamento y de la Biblia entera

La primera traducción completa del NT al latín fue hecha por san Jerónimo en el siglo IV. Siglos después se le llamó *Vulgata,* por

ESCRITURA DE LOS EVANGELIOS

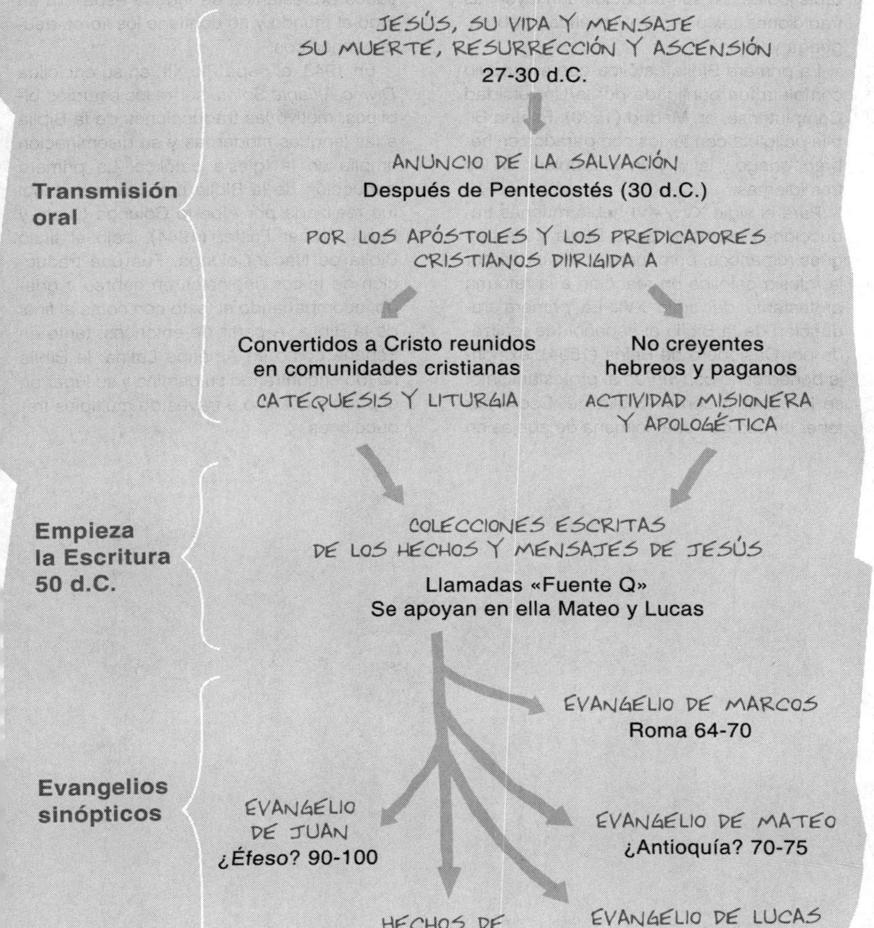

Transmisión oral

JESÚS, SU VIDA Y MENSAJE
SU MUERTE, RESURRECCIÓN Y ASCENSIÓN
27-30 d.C.

ANUNCIO DE LA SALVACIÓN
Después de Pentecostés (30 d.C.)

POR LOS APÓSTOLES Y LOS PREDICADORES CRISTIANOS DIIRIGIDA A

Convertidos a Cristo reunidos en comunidades cristianas
CATEQUESIS Y LITURGIA

No creyentes hebreos y paganos
ACTIVIDAD MISIONERA Y APOLOGÉTICA

Empieza la Escritura 50 d.C.

COLECCIONES ESCRITAS DE LOS HECHOS Y MENSAJES DE JESÚS
Llamadas «Fuente Q»
Se apoyan en ella Mateo y Lucas

Evangelios sinópticos

EVANGELIO DE MARCOS
Roma 64-70

EVANGELIO DE MATEO
¿Antioquía? 70-75

EVANGELIO DE LUCAS
¿Corinto? 70-80

EVANGELIO DE JUAN
¿Éfeso? 90-100

HECHOS DE LOS APÓSTOLES
80-90

haber sido divulgada ampliamente. San Jerónimo dominaba el griego y el latín; había estudiado con los grandes exégetas de su tiempo y aprendió hebreo estudiando con rabís judíos. En su traducción confluyen las tradiciones textuales y exegéticas hebrea, griega y latina.

La primera Biblia católica que se tradujo completa fue publicada por la Universidad Complutense, en Madrid (1520). Es una Biblia políglota con textos comparados en hebreo, griego y latín, y un vocabulario en los tres idiomas.

Para el siglo XV y XVI había muchas traducciones parciales de la Biblia a las lenguas romances, pero fueron prohibidas por la Iglesia católica en reacción a la reforma protestante del siglo XVI. La primera traducción de la Biblia al español fue realizada por Casiodoro de Reina (1594), exmonje benedictino convertido al protestantismo; se le conoció como «Biblia del Oso», por tener un oso con una colmena de abejas en la pasta, para significar que la Palabra de Dios es miel que alimenta. Esa Biblia fue revisada por Cipriano Valera en 1602; La *Biblia Reina-Valera* es utilizada por los cristianos protestantes de lengua española en todo el mundo y no contiene los libros deuterocanónicos.

En 1943, el papa Pío XII, en su encíclica *Divino Afflante Spiritu* sobre los estudios bíblicos, motivó las traducciones de la Biblia a las lenguas modernas y su diseminación amplia en la Iglesia católica. La primera traducción de la Biblia católica al español fue realizada por Alberto Colunga Cueto y Eloíno Nácar Fúster (1944), bajo el título Biblia de Nácar-Colunga. Fue una traducción de textos originales en hebreo y griego, acompañando el texto con notas al final de la Biblia. A partir de entonces, tanto en España como en América Latina, la Biblia ha ido encontrando su camino y su lugar en el pueblo católico a través de múltiples traducciones.

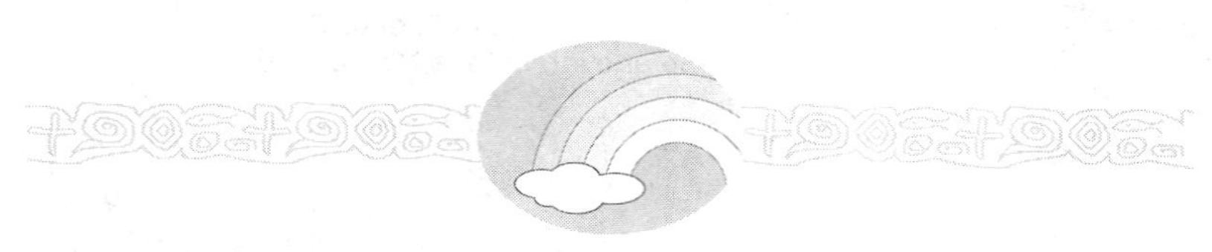

EVANGELIOS Y HECHOS

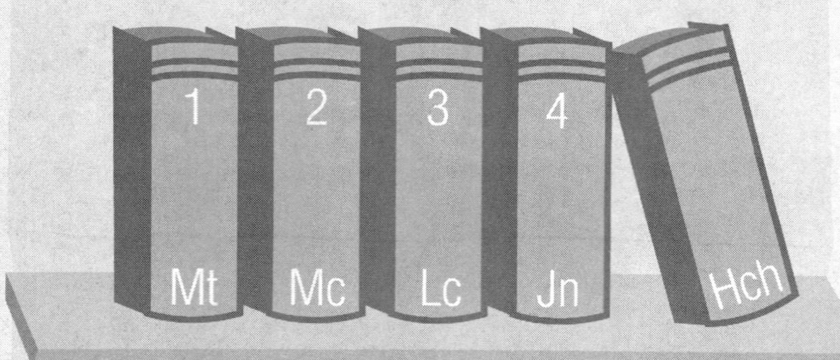
1
2
3
4
Mt
Mc
Lc
Jn
Hch

Introducción a los

EVANGELIOS Y HECHOS DE LOS APÓSTOLES

Si alguna vez preparaste un trabajo para la escuela, organizaste un retiro o preparaste un viaje, sabes cuán importante es contar con buenos recursos. Los mejores recursos para nuestra fe cristiana son los evangelios de Mateo, Marcos, Lucas y Juan, que presentan la vida, el mensaje y la misión de Jesús, y el libro de los Hechos de los Apóstoles, que muestra cómo los primeros cristianos continuaron la misión de Jesús a pesar de conflictos y persecuciones. La Buena Nueva de estos libros nos invita a responder con el corazón, la mente y la vida a Jesús, quien vino al mundo a salvarnos y darnos una vida nueva.

INTRODUCCIÓN

Los evangelios son los libros más leídos de la Biblia, porque hablan de la vida de Jesús y sus enseñanzas. Sin ellos la memoria de Jesús estaría reducida a datos de los historiadores de la época y a algunos recuerdos en otros escritos cristianos.

La palabra griega *evangelium* significa «gran noticia» o «buena nueva», que es lo que fue Jesús para los primeros discípulos, quienes aceptaron con alegría su mensaje y lo encarnaron en su vida. Para ellos las enseñanzas de Jesús y el recuerdo de sus signos eran un gran tesoro, que querían compartir con todo el mundo.

Los evangelistas presentan a Jesús anunciando la buena nueva de la llegada del Reino de Dios, que trae la salvación para todas las personas. Después de la Pascua, la buena noticia cristiana se centró en la muerte y resurrección de Jesús, y más tarde la palabra «evangelio» pasó a designar el conjunto del mensaje cristiano: la buena noticia de la llegada del Reino de Dios, hecho presente en Jesús resucitado. Cuando Marcos usó la palabra «evangelio» en su relato escrito de lo que dijo e hizo Jesús, creó el género literario evangelio.

La Biblia presenta cuatro evangelios: Mateo, Marcos, Lucas y Juan. Los tres primeros parecen haber contado con una tradición común, sobre la que escribieron distintas versiones basadas en su experiencia personal y las necesidades de sus comunidades. Sus escritos pueden leerse en paralelo, por lo que se les llama *sinópticos,* (de *syn,* «juntamente», y *opsis,* «visión»). El evangelio de Juan es muy diferente, tanto en su forma como en su contenido.

Aunque los evangelios narran hechos históricos e interpretan lo sucedido, no son biografías de Jesús, pues su finalidad es pastoral. Lucas dice que su propósito fue fortalecer la fe de sus lectores (Lc 1 4), y Juan escribió «para que ustedes crean que Jesús es el Mesías, el Hijo de Dios, y creyendo, tengan Vida en su Nombre» (Jn 20 31). Esta intención pastoral hace que los evangelios mezclen la fidelidad a la historia y a la tradición sobre Jesús con las necesidades de los destinatarios, caracterizándose por lo siguiente:

- ***Provienen de una tradición*** transmitida por los discípulos de Jesús, en el seno de las comunidades cristianas.
- ***Siguen un ideal común,*** con raíces en la predicación cristiana primitiva, que tiene como centro y cúspide el relato de la muerte y resurrección de Jesús.
- ***Tienen como fin proclamar la salvación,*** por lo que son auténticas catequesis sobre el Señor.
- ***Son un testimonio de fe,*** pues quienes los escribieron querían comunicar una experiencia que había cambiado radicalmente su vida.

Los evangelios se escribieron entre el 70 y 90 d.C., cuarenta años después de la predicación de Jesús, dándose tres etapas en su formación: (1) la actividad de Jesús; (2) la transmisión de los recuerdos sobre Jesús en las comunidades cristianas y (3) la redacción de los evangelios. Marcos, el primer evangelista; además de sus propios recuerdos, recolectó algunas tradiciones escritas. Mateo y Lucas compusieron sus evangelios teniendo presente el de Marcos y completándolo con sus propias tradiciones. El evangelio de Juan tiene su propia historia y se apoya en fuentes distintas; su esquema general es diferente al de los sinópticos, aunque muchos de sus relatos proceden de una tradición común.

El libro de los Hechos de los Apóstoles continúa la historia del evangelio de Lucas. Narra los orígenes del cristianismo después de la muerte y resurrección de Jesús, hasta el año 64 d.C. Aunque da información sobre los primeros líderes de la Iglesia como Pedro y Pablo, no presenta sus biografías, sino que ofrece una interpretación de los hechos, poniendo de relieve la salvación de Dios y la expansión del cristianismo en el mundo no judío.

NOTAS COMPLEMENTARIAS

- **El evangelio de Mateo pone de relieve a Jesús como el Mesías prometido del pueblo judío. Lo presenta como el mayor profeta, que enseña la nueva Ley y llama a ser fieles a Dios.**
- **El evangelio de Marcos fue el primero en escribirse. Retrata a Jesús como una persona activa que salva obrando milagros y aceptando el sufrimiento que viene al hacer la voluntad de Dios.**
- **El evangelio de Lucas presenta ordenadamente la misión de Jesús a todas las personas, judías y paganas. Subraya su misericordia, compasión y preocupación por los pobres.**
- **El evangelio de Juan fue el último en escribirse. Muestra a Jesús como Dios *y hombre, noble y poderoso, en control* total de su propio destino.**
- **El libro de los Hechos de los Apóstoles fue escrito por Lucas. Presenta el desarrollo de las primeras comunidades cristianas, en particular a través de los esfuerzos de Pedro y Pablo.**

¿Tiene tu familia valores y costumbres que provienen de generaciones pasadas y una manera tradicional de celebrar las fiestas? Las tradiciones familiares pasan de una generación a la siguiente, dan significado a nuestras celebraciones especiales y nos ayudan a saber de dónde procedemos. El autor del evangelio de Mateo presenta a Jesús como el Mesías prometido y resalta su origen judío. El autor quería que los lectores judeocristianos supieran que creer en Jesús daba continuidad a su historia religiosa y llevaba a la plenitud su tradición de siglos.

EVANGELIO SEGÚN SAN MATEO

ESQUEMA

- **1 – 2.** El evangelio de la infancia de Jesús
- **3 – 7.** La promulgación del Reino de los Cielos
- **8 – 10.** Los signos y la predicación del Reino de los Cielos
- **11 1 – 13 52.** El misterio del Reino de los Cielos
- **13 53 – 18 35.** Las primicias del Reino de los Cielos
- **19 – 25.** La consumación del Reino de los Cielos
- **26 – 28.** La pasión y la resurrección de Jesús

PRESENTACIÓN

El autor del evangelio según san Mateo era judeocristiano. Como la comunidad para la que escribió estaba formada de cristianos procedentes de origen judío y no judío, su evangelio refleja costumbres y posiciones de ambos grupos. También muestra los conflictos que enfrentaba su comunidad con el judaísmo de su época, especialmente con los fariseos.

Mateo basa su evangelio en el de Marcos y en la fuente «Q» (ver «Introducción a los evangelios y Hechos de los Apóstoles», p. 1193). Su intención es esencialmente didáctica, por lo que no se preocupa de detalles geográficos e históricos. Su evangelio se divide en tres partes:

- Presentación de Jesús: su infancia y su preparación para la misión (Mt 1 1 – 4 16).
- Ministerio de Jesús: los hechos y palabras con que anunció la llegada del Reino de los Cielos (4 17 – 20 34).
- Pasión, muerte y resurrección de Jesús, que culmina con la convocación del nuevo Pueblo de Dios (21 1 – 28 20).

Presenta a Jesús como el Mesías que proclama la llegada del Reino de Dios. Para comprobar que en él se cumplieron la ley y las profecías mesiánicas, se refiere con frecuencia al Antiguo Testamento. También señala el nuevo significado que da Jesús a varias creencias, leyes y costumbres judías.

Mateo pinta un cuadro de Jesús como el Hijo de Dios que ama al Padre y hace de su amor la norma de su vida, el hijo prometido a David que reinaría para siempre; el Mesías que trae al pueblo judío, la liberación y salvación que esperaba con tanto anhelo. Esta buena nueva debe ser proclamada a judíos y no judíos por igual, pues el mismo Jesús dejó a la Iglesia esta misión: «Vayan, entonces, y hagan que todos los pueblos sean mis discípulos» (28 19). A Mateo se le conoce como el evangelista de la Iglesia, pues es el único evangelista que da pautas a los líderes de la Iglesia sobre cómo guiar a los fieles, hacer decisiones y cumplir su misión.

DATOS

Autor
Un cristiano de la segunda generación, probablemente discípulo de Mateo
Fecha de redacción
Entre 70 y 100 d.C.
Destinatarios
Cristianos de origen judío y pagano
Imagen de Jesús
El Mesías, profeta de la nueva Ley

MT

EL EVANGELIO DE LA INFANCIA DE JESÚS

Genealogía de Jesús

Lc 3 23-38
Gn 5 1; Gal 3 16; Rut 4 18-22;
2 Sm 12 24; 1 Cr 2 1-15; 3 10-19

1 1 Genealogía de Jesucristo,
hijo de David, hijo de Abraham:
2 Abraham fue padre de Isaac;
Isaac, padre de Jacob;
Jacob, padre de Judá y de sus hermanos.
3 Judá fue padre de Fares y de Zará,
y la madre de estos fue Tamar.
Fares fue padre de Esrón;
Esrón, padre de Aram;
4 Aram, padre de Aminadab;
Aminadab, padre de Naasón;
Naasón, padre de Salmón.
5 Salmón fue padre de Booz,
y la madre de este fue Rahab.
Booz fue padre de Obed,
y la madre de este fue Rut.
Obed fue padre de Jesé;
6 Jesé, padre del rey David.

David fue padre de Salomón, y la madre de este fue la que había sido mujer de Urías.

7 Salomón fue padre de Roboam;
Roboam, padre de Abías;
Abías, padre de Asaf;
8 Asaf, padre de Josafat;
Josafat, padre de Joram;
Joram, padre de Ozías.
9 Ozías fue padre de Joatam;
Joatam, padre de Acaz;
Acaz, padre de Ezequías;
10 Ezequías, padre de Manasés.
Manasés fue padre de Amós;
Amós, padre de Josías;
11 Josías, padre de Jeconías
y de sus hermanos,
durante el destierro en Babilonia.
12 Después del destierro en Babilonia:
Jeconías fue padre de Salatiel;
Salatiel, padre de Zorobabel;
13 Zorobabel, padre de Abiud;
Abiud, padre de Eliacim;
Eliacim, padre de Azor.
14 Azor fue padre de Sadoc;
Sadoc, padre de Aquim;

Árbol genealógico de Jesús

Mateo empieza su evangelio con un preámbulo teológico que tiene como fin explicar que Jesús es el Mesías, el nuevo Moisés por excelencia, en quien se cumplen las promesas proféticas. Inicia con la presentación del árbol genealógico de Jesús para indicar que la alianza hecha con Abraham se reestablece en él y que, al ser descendiente de David, se cumplen las promesas que Dios le había hecho (ver «La profecía mesiánica de Natán», 2 Sm 7 5-16).

Es interesante ver que entre los antepasados de Jesús hay gente de todo rango social: patriarcas como Abraham, reyes como David y campesinos como Booz; santos como Josías y pecadores como Manasés, Tamar y su suegro Judá. También incluye personas no judías como Rut y Betsabé. Esta lista tan variada muestra que Jesús no margina a nadie, sino que asume en su persona la realidad humana en toda su extensión.

Mt 1 1 – 4 16

Aquim, padre de Eliud;
15 Eliud, padre de Eleazar;
Eleazar, padre de Matán;
Matán, padre de Jacob.
16 Jacob fue padre de José,
el esposo de María, de la cual nació Jesús,
que es llamado Cristo.

17 El total de las generaciones es, por lo
tanto: desde Abraham hasta David, catorce
generaciones; desde David hasta el destierro en Babilonia, catorce generaciones; desde el destierro en Babilonia hasta Cristo,
catorce generaciones.

La concepción virginal y el nacimiento de Jesús

Lc 2 1-7

Lc 1 31-35; Is 7 14; 8 8; Mt 18 20; 28 20

18 Este fue el origen de Jesucristo: María, su
madre, estaba comprometida con José y,
cuando todavía no habían vivido juntos,
concibió un hijo por obra del Espíritu Santo.
19 José, su esposo, que era un hombre justo y
no quería denunciarla públicamente, resolvió abandonarla en secreto. 20 Mientras pensaba en esto, el Ángel del Señor se le apareció en sueños y le dijo: «José, hijo de David,
no temas recibir a María, tu esposa, porque
lo que ha sido engendrado en ella proviene
del Espíritu Santo. 21 Ella dará a luz un hijo, a
quien pondrás el nombre de Jesús, porque él
salvará a su Pueblo de todos sus pecados».
22 Todo esto sucedió para que se cumpliera lo que el Señor había anunciado por
el Profeta:

23 *La Virgen concebirá*
y dará a luz un hijo a quien pondrán
el nombre de Emanuel,

que traducido significa: «Dios con nosotros».
24 Al despertar, José hizo lo que el Ángel
del Señor le había ordenado: llevó a María

PERSPECTIVA CATÓLICA

El Hijo de Dios es Hijo único de María

Dios elige a María y a José para darle una familia a Jesús, quien fue concebido en María por obra del Espíritu Santo. Lee la elección de José en Mateo 1 18-24 y la de María en Lucas 1 26-38, e identifica sus elementos comunes: la intervención de un ángel, mensajero de Dios; la revelación de la maternidad de María por obra del Espíritu Santo; el nombre de Jesús que significa «Dios salva», y la aceptación del plan de Dios por ambos.

Mateo ve en el misterio de la Encarnación de Jesús el cumplimiento de la profecía mesiánica del Emanuel, que significa «Dios con nosotros». La virginidad de María realza la obra de Dios y la identidad de Jesús, quien tiene la naturaleza divina de su Padre y la naturaleza humana de su madre.

La Iglesia católica basa su fe en la concepción virginal de Jesús en estos relatos de Mateo y Lucas. Los textos sobre los hermanos de Jesús no se refieren a hermanos de sangre, hijos de María (Mt 12 46-55, Mc 3 31-35 y otros). En hebreo, como en otras lenguas semíticas, el término *hermano* se usa también para los primos y tíos, incluso actualmente.

Mt 1 18-25

a su casa, [25] y sin que hubieran hecho vida en común, ella dio a luz un hijo, y él le puso el nombre de Jesús.

La visita de los magos

Lc 2 4-7; Nm 24 17; Miq 5 1-3; 2 Sm 5 2

2 [1] Cuando nació Jesús, en Belén de Judea, bajo el reinado de Herodes, unos magos de Oriente se presentaron en Jerusalén [2] y preguntaron: «¿Dónde está el rey de los judíos que acaba de nacer? Porque vimos su estrella en Oriente y hemos venido a adorarlo». [3] Al enterarse, el rey Herodes quedó desconcertado y con él toda Jerusalén. [4] Entonces reunió a todos los sumos sacerdotes y a los escribas del pueblo, para preguntarles en qué lugar debía nacer el Mesías. [5] «En Belén de Judea —le respondieron—, porque así está escrito por el Profeta:

[6] *Y tú, Belén, tierra de Judá,*
ciertamente no eres la menor
entre las principales ciudades de Judá,
porque de ti surgirá un jefe
que será el Pastor de mi pueblo, Israel».

[7] Herodes mandó llamar secretamente a los magos y, después de averiguar con precisión la fecha en que había aparecido la estrella, [8] los envió a Belén, diciéndoles: «Vayan e infórmense cuidadosamente acerca del niño, y cuando lo hayan encontrado, avísenme para que yo también vaya a rendirle homenaje». [9] Después de oír al rey, ellos partieron. La estrella que habían visto en Oriente los precedía, hasta que se detuvo en el lugar donde estaba el niño. [10] Cuando vieron la estrella se llenaron de alegría, [11] y al entrar en la casa, encontraron al niño con María, su madre, y, postrándose, le rindieron homenaje. Luego, abriendo sus cofres, le ofrecieron dones: oro, incienso y mirra. [12] Y como recibieron en sueños la advertencia de no regresar al palacio de Herodes, volvieron a su tierra por otro camino.

El exilio de Jesús en Egipto

Gn 46 1-7; Ex 1 15-22; Os 11 1

[13] Después de la partida de los magos, el Ángel del Señor se apareció en sueños a José y le dijo: «Levántate, toma al niño y a su madre, huye a Egipto y permanece allí hasta que yo te avise, porque Herodes va a buscar al niño para matarlo». [14] José se levantó, tomó de noche al niño y a su madre, y se fue a Egipto. [15] Allí permaneció hasta la muerte de Herodes, para que se cumpliera lo que el Señor había anunciado por medio del Profeta:

Desde Egipto llamé a mi hijo.

La matanza de los inocentes

Jr 31 15; Gn 30 22-24; 35 16-18

[16] Al verse engañado por los magos, Herodes se enfureció y mandó matar, en Belén y sus alrededores, a todos los niños menores de dos años, de acuerdo con la fecha que los magos le habían indicado. [17] Así se cumplió lo que había sido anunciado por el profeta Jeremías:

[18] *En Ramá se oyó una voz,*
hubo lágrimas y gemidos:
es Raquel, que llora a sus hijos
y no quiere que la consuelen,
porque ya no existen.

El regreso de Egipto

Ex 4 19-20; Is 11 1

[19] Cuando murió Herodes, el Ángel del Señor se apareció en sueños a José, que estaba en Egipto, [20] y le dijo: «Levántate, toma

La Epifanía y la tradición de los Santos Reyes

La primera Revelación de Jesús a personas no judías es tan importante que existe una celebración litúrgica y una popular en muchos países latinoamericanos. Al saber del nacimiento de Jesús, tres sabios de oriente fueron a adorarlo y le llevaron regalos de oro, incienso y mirra (Mt 2 1-12). La Iglesia celebra este acontecimiento el segundo domingo del año, en la fiesta de la Epifanía, o sea, de la «manifestación de Dios». Es un día para adorar al Niño Dios y celebrar la salvación que trae a personas de todas las culturas.

Latinoamérica celebra el Día de los Reyes Magos el 6 de enero. En Puerto Rico, ese día concluyen las fiestas navideñas. La víspera los niños recogen hierbas en pequeñas cajas y las ponen debajo de las camas, para alimentar los camellos de los reyes que vienen de lejos a traerles regalos como a Jesús. En la mañana abren sus regalos.

¿Cómo aceptas tú las tradiciones religiosas con las que personas de otras culturas expresan su fe en Jesús?

Mt 2 1-12

VIVE LA PALABRA

La experiencia del inmigrante

Cada año, millones de personas emigran huyendo de la pobreza, la persecución o la violencia en sus países, sufren un desarraigo familiar y cultural que les rompe el corazón. También la familia de Jesús tuvo que huir a Egipto para evitar que Jesús muriera en manos de Herodes (Mt 2 13-15).

Los movimientos migratorios en Latinoamérica han sido muy fuertes en épocas recientes y han tenido impactos significativos. En su mayoría, los emigrantes son jóvenes, lo que deja poblados enteros sin juventud. En contraste, en Estados Unidos el pueblo joven latino ha aumentado tanto, que constituye más de la mitad de la Iglesia católica joven.

En el nuevo país, la vida es ardua y dolorosa, sobre todo por las diferencias culturales y raciales. El ritmo de trabajo es muy fuerte y sus condiciones son difíciles; se sufre discriminación, marginación y desamparo, y la soledad puede generar muchos problemas. Sin embargo, los inmigrantes luchan por la vida, establecen puentes de hermandad entre los países, y son claves para sus familias, a quienes suelen enviar buena parte de sus ingresos.

Imagina a Jesús, María y José como inmigrantes que llegan a tu país. ¿Cómo los tratarías? ¿Cuál es tu actitud ante los inmigrantes y refugiados en tu país?

Mt 2 13-15

al niño y a su madre, y regresa a la tierra de
Israel, porque han muerto los que atenta-
ban contra la vida del niño». 21 José se levantó, tomó al niño y a su madre, y entró
en la tierra de Israel. 22 Pero al saber que
Arquelao reinaba en Judea, en lugar de su
padre Herodes, tuvo miedo de ir allí y, advertido en sueños, se retiró a la región de
Galilea, 23 donde se estableció en una ciudad llamada Nazaret. Así se cumplió lo
que había sido anunciado por los profetas:

Será llamado Nazareno.

Masacre de los inocentes

La matanza de los inocentes se repite hoy día. Incluso bebés y niños son asesinados en nombre de una guerra o la conveniencia personal. Lo mismo pasa con el aborto, al cual mucha gente ve como la solución para terminar un embarazo no deseado. ¿Qué hay de esas vidas destruidas, cuando Dios es el único Señor de la vida?

¿Has tenido que enfrentar alguna muerte por asesinato o aborto? ¿Cómo reaccionaste? ¿Qué harías si una amiga te dice que va a abortar? Pide a Dios su ayuda para valorar la vida y ayudar a que otros también la valoren.

Mt 2 16-18

LA PROMULGACIÓN DEL REINO DE LOS CIELOS

PARTE NARRATIVA

La predicación de Juan el Bautista

Mc 1 2-8 / Lc 3 3-9.15-17 / Jn 1 23.26-27
Mt 4 17; Is 40 3; 2 Re 1 8; Mt 12 34; 23 23;
Jn 8 33ss; 1 26ss; Mal 3 1-2; Jl 4 12-13; Mt 13 30

3 1 En aquel tiempo se presentó Juan el
Bautista, proclamando en el desierto
de Judea: 2 «Conviértanse, porque el Reino de
los Cielos está cerca». 3 A él se refería el profeta Isaías cuando dijo:

Una voz grita en el desierto:
Preparen el camino del Señor,
allanen sus senderos.

4 Juan tenía una túnica de pelos de camello y un cinturón de cuero, y se alimentaba con langostas y miel silvestre. 5 La gente de Jerusalén, de toda la Judea y de toda
la región del Jordán iba a su encuentro, 6 y
se hacía bautizar por él en las aguas del Jordán, confesando sus pecados.
7 Al ver que muchos fariseos y saduceos se
acercaban a recibir su bautismo, Juan les dijo: «Raza de víboras, ¿quién les enseñó a escapar de la ira de Dios que se acerca? 8 Produzcan el fruto de una sincera conversión,

MT

Te presentamos a... JUAN EL BAUTISTA

EL ÚLTIMO PROFETA DE LA ANTIGUA ALIANZA

Juan el Bautista vivía en el desierto, vestía una piel de pelo de camello atada con una correa de cuero, y comía saltamontes y miel silvestre (Mc 1 6). Era un profeta itinerante que proclamaba la salvación de Dios, movía a la conversión y predicaba el Bautismo para el perdón de los pecados. Motivaba tan fuertemente la conversión de los fariseos y los saduceos, que fue perseguido por la radicalidad de su doctrina y asesinado de manera violenta (Mt 14 1-12) (ver «Las sectas judías», 2 Mac 15).

Fue el último profeta del Antiguo Testamento, e Isaías lo presenta como «la voz que grita en el desierto» para preparar la llegada del Señor (Mt 3 3). Juan predicó que él bautizaba con agua, y que vendría otra persona que bautizaría «en el Espíritu Santo y en el fuego» (v. 11).

Da gracias a Dios por las personas que te prepararon para tu encuentro con Jesús, quizá fue al prepararte a la Primera Comunión en un retiro. Todos tenemos esa misión: preparar el corazón de otras personas para su encuentro con Jesús.

Mt 3 1-12

9 y no se contenten con decir: "Tenemos por
padre a Abraham". Porque yo les digo que
de estas piedras Dios puede hacer surgir hijos de Abraham. 10 El hacha ya está puesta a
la raíz de los árboles: el árbol que no produce buen fruto será cortado y arrojado al
fuego. 11 Yo los bautizo con agua para que se
conviertan; pero aquel que viene detrás de
mí es más poderoso que yo, y yo ni siquiera soy digno de quitarle las sandalias. Él los
bautizará en el Espíritu Santo y en el fuego.
12 Tiene en su mano la horquilla y limpiará
su era: recogerá su trigo en el granero y quemará la paja en un fuego inextinguible».

El bautismo de Jesús

Mc 1 9-11 / Lc 3 21-22
Is 63 19; Ez 1 1; Jn 1 51; Jn 1 29-34;
Sal 2 7; Is 42 1; Mt 12 18; 17 5

13 Entonces Jesús fue desde Galilea hasta
el Jordán y se presentó a Juan para ser bautizado por él. 14 Juan se resistía, diciéndole:
«Soy yo el que tiene necesidad de ser bautizado por ti, ¡y eres tú el que viene a mi
encuentro!». 15 Pero Jesús le respondió:
«Ahora déjame hacer esto, porque conviene que así cumplamos todo lo que es justo». Y Juan se lo permitió.
16 *Apenas fue* bautizado, Jesús salió del
agua. En ese momento se le abrieron los
cielos, y vio al Espíritu de Dios descender
como una paloma y dirigirse hacia él. 17 Y
se oyó una voz del cielo que decía: «Este es
mi Hijo muy querido, en quien tengo
puesta toda mi predilección».

Las tentaciones de Jesús en el desierto

Mc 1 12-13 / Lc 4 1-13
Ex 34 28; Dt 8 3; Sal 91 11-12;
Dt 6 16; 6 13; Mt 27 40-43

4 1 Entonces Jesús fue llevado por el Espíritu al desierto, para que el diablo
lo pusiera a prueba. 2 Después de ayunar
cuarenta días con sus cuarenta noches, sin-

REFLEXIONA

Jesús recibe el Bautismo de Juan

Lee Mateo 3 13-17. Observa la dinámica entre Juan el Bautista y Jesús, y cómo el Padre revela que Jesús es su Hijo por medio del Espíritu, en una teofanía o manifestación trinitaria. Después céntrate en este mensaje: Jesús no necesitaba conversión, pues estaba limpio de pecado, pero quiso solidarizarse con los pecadores y «hizo recaer sobre él las iniquidades de todos nosotros» (Is 53 6), cumpliendo así la profecía de Isaías (ver «El Bautismo del Hijo amado de Dios», Lc 3 21-22).

¿Qué significa para ti el hecho de que Jesús se haya sometido al Bautismo de Juan antes de iniciar su misión?

Mt 3 13-17

tió hambre. 3 Y el tentador, acercándose, le
dijo: «Si tú eres Hijo de Dios, manda que
estas piedras se conviertan en panes». 4 Jesús le respondió: «Está escrito:

El hombre no vive solamente de pan,
sino de toda palabra que sale
de la boca de Dios».

5 Luego el diablo llevó a Jesús a la Ciu-
dad Santa y lo puso en la parte más alta del
Templo, 6 diciéndole: «Si tú eres Hijo de
Dios, tírate abajo, porque está escrito:

Dios dará órdenes a sus ángeles,
y ellos te llevarán en sus manos
para que tu pie no tropiece
con ninguna piedra».

7 Jesús le respondió: «También está escrito:
No tentarás al Señor, tu Dios».

8 El diablo lo llevó luego a una montaña
muy alta; desde allí le hizo ver todos los
reinos del mundo con todo su esplendor,
9 y le dijo: «Te daré todo esto, si te postras

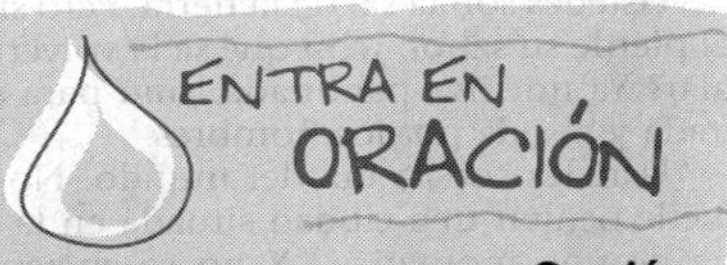

Oración ante las tentaciones

Después de su Bautismo, Jesús fue conducido por el Espíritu al desierto, donde se preparó para su misión con cuarenta días de oración. Ahí experimentó las grandes tentaciones de todo ser humano: usar su poder para sí mismo, mostrar un triunfalismo extraordinario y poner a Dios a prueba. Jesús vence estas tres tentaciones. Oremos para que nos ayude a hacer lo mismo:

Jesús, tú que venciste la tentación de usar tu poder para obtener bienes materiales, ¡ayúdame a poner mi confianza en Dios y a usar mi poder para hacer el bien!

Jesús, tú que resististe al triunfalismo y realizaste tu obra de salvación con actos continuos de amor y misericordia, ¡fortaléceme para ser un humilde instrumento de tu amor!

Jesús, tú que te negaste a adorar al demonio para alcanzar prestigio y poder social, ¡evita que caiga en el orgullo y el egoísmo, que me impiden hacer el bien y luchar por la justicia!

Mt 4 1-11

para adorarme». 10 Jesús le respondió: «Retírate, Satanás, porque está escrito:

Adorarás al Señor, tu Dios,
y a él solo rendirás culto».

11 Entonces el diablo lo dejó, y unos ángeles se acercaron para servirlo.

El comienzo de la predicación de Jesús

Mc 1 14-15 / Lc 4 14

Is 8 23 – 9 1

12 Cuando Jesús se enteró de que Juan había sido arrestado, se retiró a Galilea. 13 Y, dejando Nazaret, se estableció en Cafarnaún, a
orillas del lago, en los confines de Zabulón
y Neftalí, 14 para que se cumpliera lo que había sido anunciado por el profeta Isaías:

15 *¡Tierra de Zabulón, tierra de Neftalí,*
camino del mar, país de la Transjordania,
Galilea de las naciones!
16 *El pueblo que se hallaba en tinieblas*
vio una gran luz;
sobre los que vivían en las oscuras
regiones de la muerte,
se levantó una luz.

17 A partir de ese momento, Jesús comenzó a proclamar: «Conviértanse, porque el Reino de los Cielos está cerca».

Los primeros discípulos

Mc 1 16-20 / Lc 5 1-11

1 Re 19 19-21; Jn 1 35-51; Mt 16 23-24

18 Mientras caminaba a orillas del mar de
Galilea, Jesús vio a dos hermanos: a Simón,
llamado Pedro, y a su hermano Andrés, que
echaban las redes al mar porque eran pescadores. 19 Entonces les dijo: «Síganme, y yo los
haré pescadores de hombres». 20 Inmediatamente, ellos dejaron las redes y lo siguieron.
21 Continuando su camino, vio a otros dos
hermanos: a Santiago, hijo de Zebedeo, y a
su hermano Juan, que estaban en la barca
con Zebedeo, su padre, arreglando las redes;
y Jesús los llamó. 22 Inmediatamente, ellos
dejaron la barca y a su padre, y lo siguieron.

La actividad de Jesús en Galilea

Mc 1 39 / Lc 4 14-15

Mt 9 35; 24 14; Mc 6 35-36; 3 7-8; Lc 6 17-18

23 Jesús recorría toda la Galilea, enseñando en sus sinagogas, proclamando la Buena
Noticia del Reino y curando todas las enfermedades y dolencias de la gente. 24 Su fama
se extendió por toda la Siria, y le llevaban a
todos los enfermos, afligidos por diversas

Testigos de Cristo en la mar y en el hogar

Los cuatro Apóstoles pescadores —Pedro, Andrés, Santiago y Juan— son los patronos de los hombres de la mar. El día de san Pedro hay fiesta en Honduras, Perú, Argentina, Chile y otros países latinoamericanos. Su celebración inicia con la bendición a los pescadores en el puerto. Después se sube una imagen de Pedro en una embarcación adornada con guirnaldas, y se realiza un paseo mar adentro acompañado de otras embarcaciones con pescadores y sus familias. A Pedro se le ofrece un atado de peces para pedirle un buen año de pesca.

La vida de las familias de pescadores no es fácil. Mientras que los varones pasan largas temporadas en la mar, sufriendo de soledad y expuestos a las tempestades, sus esposas e hijos tienen que enfrentar la vida solos. Ser testigos de Cristo en estas circunstancias es desafiante y también muy necesario, pues solo la Buena Nueva da la fuerza ante las dificultades de la vida.

¿Perteneces a una familia de pescadores o en la que tu padre, tu madre o ambos laboran en condiciones arduas para lograr el sustento diario? ¿Cómo correspondes a sus sacrificios y cómo los apoyas y ayudas?

Mt 4 18-22

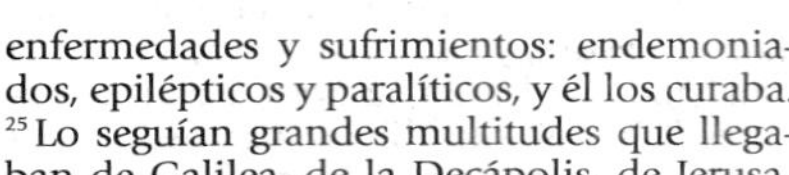

enfermedades y sufrimientos: endemoniados, epilépticos y paralíticos, y él los curaba.
25 Lo seguían grandes multitudes que llegaban de Galilea, de la Decápolis, de Jerusalén, de Judea y de la Transjordania.

EL SERMÓN DE LA MONTAÑA

Las Bienaventuranzas

Lc 6 20-23
Sal 1 1-2; Prov 3 3; Is 61 1-3; Sal 37 11; 24 3-4;
1 Pe 3 14; 4 14; Heb 11 23-38

5 1 Al ver a la multitud, Jesús subió a la
montaña, se sentó, y sus *discípulos*
se acercaron a él. 2 Entonces tomó la palabra y comenzó a enseñarles, diciendo:
3 «Felices los que tienen alma de pobres,
porque a ellos les pertenece el Reino de los
Cielos.
4 Felices los afligidos, porque serán consolados.
5 Felices *los pacientes*, porque *recibirán la*
tierra en herencia.
6 Felices los que tienen hambre y sed de
justicia, porque serán saciados.
7 Felices los misericordiosos, porque obtendrán misericordia.
8 Felices los que tienen el corazón puro,
porque verán a Dios.
9 Felices los que trabajan por la paz, porque serán llamados hijos de Dios.
10 Felices los que son perseguidos por
practicar la justicia, porque a ellos les pertenece el Reino de los Cielos.
11 Felices ustedes, cuando sean insultados y perseguidos, y cuando se los calum-
nie en toda forma a causa de mí.
12 Alégrense y regocíjense entonces, porque ustedes tendrán una gran recompensa
en el cielo; de la misma manera persiguieron a los profetas que los precedieron.

La sal de la tierra y la luz del mundo

Mc 9 50 / Lc 14 34-35 / Mc 4 21 / Lc 8 16; 11 33
Jn 8 12; 9 5; Ef 5 8-9

13 Ustedes son la sal de la tierra. Pero si la
sal pierde su sabor, ¿con qué se la volverá a
salar? Ya no sirve para nada, sino para ser
tirada y pisada por los hombres.
14 Ustedes son la luz del mundo. No se
puede ocultar una ciudad situada en la cima de una montaña. 15 Y no se enciende
una lámpara para esconderla dentro de un
tiesto, sino que se la pone sobre el candelero para que ilumine a todos los que están
en la casa. 16 Así debe brillar ante los ojos
de los hombres la luz que hay en ustedes,
a fin de que ellos vean sus buenas obras y
glorifiquen al Padre que está en el cielo.

Jesús y la Ley

Lc 16 16-17
Sant 2 10

17 No piensen que vine para abolir la Ley o
los Profetas: yo no he venido a abolir, sino a
dar cumplimiento. 18 Les aseguro que no desaparecerá ni una i ni una coma de la Ley, antes que desaparezcan el cielo y la tierra, hasta
que todo se realice. 19 El que no cumpla el
más pequeño de estos mandamientos, y enseñe a los otros a hacer lo mismo, será considerado el menor en el Reino de los Cielos. En
cambio, el que los cumpla y enseñe, será considerado grande en el Reino de los Cielos.
20 Les aseguro que si la justicia de ustedes
no es superior a la de los escribas y fariseos, no entrarán en el Reino de los Cielos.

VIVE LA PALABRA

La felicidad en el Reino de Dios

Jesús empieza su anuncio del Reino de Dios declarando «las Bienaventuranzas» como el estilo de vida que lleva a la felicidad. Antes de leerlas, haz una lista de cinco ocasiones en que sueles decir a la gente «¡Felicidades!, ¡Enhorabuena!» o que sueles exclamar, «¡Qué dichoso/a!» Añade tres valores importantes para ti y tus amigos.

Ahora lee Mateo 5 1-12, observa lo que dice Jesús y compáralo con tu lista. ¿Se parecen?

Quizá te preguntes, ¿qué tienen que ver la pobreza, las lágrimas y la persecución con la dicha? Jesús anuncia la felicidad que da el Reino de Dios a quienes lo reciben y lo viven:

- ***Una actitud de apertura a Dios*** como se da a los pobres de espíritu, los afligidos, los humildes y los que desean hacer la voluntad de Dios (ver «Los *anawim* y nosotros», Jdt 9 11-14).
- ***Una conducta cristiana*** como se da en los misericordiosos, los de corazón limpio, los que construyen la paz, y los que sufren persecución por hacer la voluntad de Dios, como era el caso de la comunidad de Mateo.

¿Conoces a alguna persona que vive intensamente una de las Bienaventuranzas? Esta semana escoge una Bienaventuranza cada día. Haz tu oración sobre ella y piensa cómo puedes introducirla en tu corazón y en tu vida para que sea fuente de felicidad para ti.

Mt 5 1-12

Comportamiento fraterno

Ex 20 13; Dt 5 17; 1 Jn 3 15; Lc 12 58-59; Mt 18 34-35

21 Ustedes han oído que se dijo a los antepasados: *No matarás,* y el que mata, será condenado por el tribunal. 22 Pero yo les digo que todo aquel que se irrita contra su hermano, será condenado por el tribunal. Y todo aquel que lo insulta, será castigado por el Sanedrín. Y el que lo maldice, será condenado a la Gehena de fuego. 23 Por lo tanto, si al presentar tu ofrenda en el altar, te acuerdas de que tu hermano tiene alguna queja contra ti, 24 deja tu ofrenda ante el altar, ve a reconciliarte con tu hermano, y solo entonces vuelve a presentar tu ofrenda. 25 Trata de llegar enseguida a un acuerdo con tu adversario, mientras vas caminando con él, no sea que el adversario te entregue al juez, y el juez al guardia, y te pongan preso. 26 Te aseguro que no saldrás de allí hasta que hayas pagado el último centavo.

¿Quieres ser sal?

La sal era muy valiosa en la antigüedad, pues no solo da sabor a los alimentos, sino que los preserva, aun en climas extremos. Por su valor y su significado en la vida, la sal era usada como un signo al hacer ofrendas rituales y sellar pactos.

Al decirnos «Ustedes son la sal de la tierra. Pero si la sal pierde su sabor, ¿con qué se la volverá a salar?» (Mt 5 13), Jesús señala y enfatiza nuestra misión. Si no damos alegría y esperanza, promovemos la bondad, y luchamos por la justicia y la paz, ¿quién lo hará? ¿De dónde saldrán estas fuerzas vitales para el ser humano?

¿Convives con personas que son sal de la tierra? ¿Eres tú sal de la tierra?

Mt 5 13

El adulterio

Ex 20 14; Dt 5 18; Mt 18 8-9; Mc 9 43-47

27 Ustedes han oído que se dijo: *No cometerás adulterio.* 28 Pero yo les digo: El que mira a una mujer deseándola, ya cometió adulterio con ella en su corazón. 29 Si tu ojo derecho es para ti una ocasión de pecado, arráncalo y arrójalo lejos de ti: es preferible que se pierda uno solo de tus miembros, y no que todo tu cuerpo sea arrojado a la Gehena. 30 Y si tu mano derecha es para ti una ocasión de pecado, córtala y arrójala lejos de ti: es preferible que se pierda uno solo de tus miembros, y no que todo tu cuerpo sea arrojado a la Gehena.

M
T

La Ley en el reino proclamado por Jesús

Lee Mateo 5 17-20. Jesús aclara su posición ante «la Ley y los Profetas» señalando que no vino a abolirlos, sino a darles cumplimiento (v. 17). Jesús hace esto al unificar todos los mandamientos en el amor a Dios y a los hermanos, y radicalizar las leyes sometiéndolas a las exigencias del amor.

En adelante no hay que contentarse con las leyes antiguas ni conformarse con cumplirlas al pie de la letra. Tampoco hay que obedecer la ley por obligación o miedo. Por eso, Jesús aparece con frecuencia interpretando las leyes de manera distinta y, para que no haya duda, les dice claramente: «Han oído que se dijo... pero yo les digo que...». Esta es la fórmula que usa para afirmar que el asesinato incluye cualquier ofensa al hermano; el adulterio empieza con el deseo, y el amor a los amigos debe extenderse a todos sin distinción (5 21-32).

¿Cuál es tu actitud ante las enseñanzas de Jesús? ¿Tienes un deseo profundo de seguirlas por amor a Dios y a tus semejantes? ¿Basas tu comportamiento moral en el miedo al qué dirán, en el temor del castigo o en la precaución ante las consecuencias negativas de tus actos?

Mt 5 17-20

El divorcio

Mc 10 11-12 / Lc 16 18
Dt 24 1; Mt 19 9; 1 Cor 7 10-11

31 También se dijo: *El que se divorcia de su mujer, debe darle una declaración de divorcio.*
32 Pero yo les digo: El que se divorcia de su mujer, excepto en caso de fornicación, la expone a cometer adulterio; y el que se casa con una mujer abandonada por su marido, comete adulterio.

El valor del juramento

Lv 19 12; Nm 30 3; Dt 23 21;
Is 66 1; Sal 48 2; Sant 5 12

33 Ustedes han oído también que se dijo a
los antepasados: *No jurarás falsamente, y cumplirás los juramentos hechos al Señor.* 34 Pero yo
les digo que no juren de ningún modo: ni por
el cielo, porque es *el trono de Dios;* 35 ni por *la
tierra,* porque es *el estrado de sus pies;* ni por *Jerusalén,* porque es *la Ciudad del gran Rey.* 36 No
jures tampoco por tu cabeza, porque no puedes convertir en blanco o negro uno solo de
tus cabellos. 37 Cuando ustedes digan «sí», que
sea sí, y cuando digan «no», que sea no. Todo lo que se dice de más, viene del Maligno.

La ley del talión

Lc 6 29-30
Ex 21 24; Lv 24 20; Dt 19 21; 1 Cor 6 7

38 Ustedes han oído que se dijo: *Ojo por
ojo y diente por diente.* 39 Pero yo les digo que
no hagan frente al que les hace mal: al contrario, si alguien te da una bofetada en la mejilla derecha, preséntale también la
otra. 40 Al que quiere hacerte un juicio para quitarte la túnica, déjale también el manto;
41 y si te exige que lo acompañes un ki-

VIVE LA PALABRA

La exigencia del perdón

Lee Mateo 5 21-26. Jesús exige que pidamos perdón a quienes hemos ofendido con actos o palabras agresivas. Esta exigencia es tan fuerte, que no acepta una ofrenda al Señor hasta habernos reconciliado con la persona a quien herimos, lleva así a plenitud la denuncia de Isaías contra quienes ofrecen un culto hipócrita (Is 1 10-20).

Jesús proclama *que la ley de talión, que permitía* vengarse con un acto de igual intensidad que la *ofensa* recibida, no aplica más. Debemos perdonar a quien nos ofende, pues en el Reino de Dios no caben el resentimiento ni la venganza (Mt 5 38-48) (ver «La ley del talión y la pena de muerte», Ex 21 12-37).

En un momento de honestidad ante Jesús, piensa si hay alguna persona a quien debas pedir perdón o a quien tengas que perdonar. Pide su fuerza para que puedas hacerlo.

Mt 5 21-24

PERSPECTIVA CATÓLICA

Matrimonio indisoluble, no divorcio

Seguramente conoces jóvenes que se casan y al poco tiempo se divorcian. Son muchas las causas: egoísmo, relaciones superficiales, inmadurez sicológica, infidelidad sexual, falta de compromiso, evasión de la responsabilidad... Todas indican falta de un amor maduro y cristiano.

Jesús nos enseña a vivir la ley del amor, inscrita por Dios en nuestro corazón para que podamos amar en las buenas y las malas; en la salud y en la enfermedad, como se promete al recibir el sacramento del Matrimonio. Por fidelidad a este amor y al mensaje de Jesús, la Iglesia considera indisoluble el matrimonio y no otorga este sacramento a las personas que están divorciadas.

Recuerda que el amor se expresa tanto en acciones pequeñas como en actos heroicos. ¿Cómo te preparas para el Matrimonio? ¿Sabes superar el egoísmo para hacer feliz a las personas con quienes convives? ¿Te mantienes casto en tus relaciones? ¿Cumples tus compromisos y responsabilidades aunque implique sacrificio de tu parte?

Mt 5 31-32

lómetro, camina dos con él. 42 Da al que te
pide, y no le vuelvas la espalda al que quiere pedirte algo prestado.

El amor a los enemigos

Lc 6 27-28.32-36
Lv 19 18; Sal 31 7; 139 21-22; Ex 23 4-5;
Rom 12 20; Lv 19 2; Dt 18 13

43 Ustedes han oído que se dijo: *Amarás a
tu prójimo y odiarás a tu enemigo.* 44 Pero yo
les digo: Amen a sus enemigos, rueguen
por sus perseguidores; 45 así serán hijos del
Padre que está en el cielo, porque él hace
salir su sol sobre malos y buenos, y hace caer la lluvia sobre justos e injustos. 46 Si
ustedes aman solamente a quienes los aman,
¿qué recompensa merecen? ¿No hacen lo
mismo los publicanos? 47 Y si saludan solamente a sus hermanos, ¿qué hacen de extraordinario? ¿No hacen lo mismo los paganos? 48 Por lo tanto, sean perfectos como
es perfecto el Padre que está en el cielo.

CUANDO USTEDES DIGAN «SÍ», QUE SEA SÍ, Y CUANDO DIGAN «NO», QUE SEA NO. Mt 5 37

La limosna

Mt 23 5

6 1 Tengan cuidado de no practicar su
justicia delante de los hombres para
ser vistos por ellos: de lo contrario, no recibirán ninguna recompensa del Padre que
está en el cielo. 2 Por lo tanto, cuando des
limosna, no lo anuncies a toque de trompetas, como hacen los hipócritas en las sinagogas y en las calles, para ser honrados
por los hombres. Les aseguro que ellos ya
tienen su recompensa. 3 Cuando tú des limosna, que tu mano izquierda ignore lo
que hace la derecha, 4 para que tu limosna
quede en secreto; y tu Padre, que ve en lo
secreto, te recompensará.

La oración

Is 26 20; 2 Re 4 33; Dn 6 11; Is 1 15; Eclo 7 14

5 Cuando ustedes oren, no hagan como
los hipócritas: a ellos les gusta orar de pie en
las sinagogas y en las esquinas de las calles,
para ser vistos. Les aseguro que ellos ya tienen su recompensa. 6 Tú, en cambio, cuando ores, *retírate a tu habitación, cierra la puerta y ora* a tu Padre que está en lo secreto; y tu
Padre, que ve en lo secreto, te recompensará. 7 Cuando oren, no hablen mucho, como
hacen los paganos: ellos creen que por mucho hablar serán escuchados. 8 No hagan como ellos, porque el Padre que está en el cielo sabe bien qué es lo que les hace falta,
antes de que se lo pidan.

El Padrenuestro

Lc 11 2-4
Mc 11 24-25; Mt 18 15-35

9 Ustedes oren de esta manera:
Padre nuestro,
que estás en el cielo,
santificado sea tu Nombre,
10 que venga tu Reino,
que se haga tu voluntad
en la tierra como en el cielo.
11 Danos hoy nuestro pan de cada día.
12 Perdona nuestras ofensas,
como nosotros perdonamos
a los que nos han ofendido.

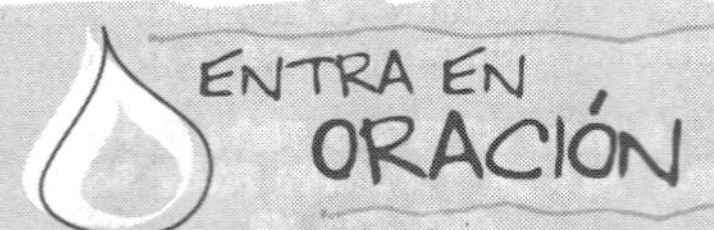

Reflexión sobre la oración del Padrenuestro

Jesús nos enseñó el Padrenuestro para que nos relacionemos con Dios, su Padre, con un corazón semejante al suyo. Si damos a sus palabras todo el significado se convierten en una fuerza transformadora. Ora con esta bella plegaria que nos enseñó Jesús:

Padre nuestro, que estás en el cielo. *¡Qué maravilloso sentir tu ternura al llamarte Padre nuestro y saber que todas las personas somos hijas tuyas!*

Santificado sea tu Nombre. *Con ardor misionero te pedimos que tu nombre de Padre sea conocido por todos; que demos testimonio de que somos hermanos entre nosotros.*

Que venga tu Reino. *Reina en nuestra vida personal, en nuestras relaciones sociales, en nuestro país y mundo; ayúdanos a construir un mundo de paz, justicia y solidaridad universal.*

Que se haga tu voluntad en la tierra como en el cielo. *Queremos agradarte siempre como lo hizo Jesús, y serte fieles como María, los santos y los ángeles.*

Danos hoy nuestro pan de cada día. *Confiamos en que nos cuidas y nos das lo que necesitamos; haznos instrumento tuyo para dar pan a quienes no tienen.*

Perdona nuestras ofensas, como nosotros perdonamos a los que nos han ofendido. *Confiados en tu misericordia te pedimos perdón y que nos capacites para amar y perdonar generosamente.*

No nos dejes caer en la tentación. *Danos valor para no exponernos a tentaciones y fortifícanos para superar y rechazar las que se nos presentan.*

Sino líbranos del mal. *Que nuestra vida muestre tu victoria sobre el mal y de todo lo que pretende apartarnos de ti. Amén.*

Mt 6 5-15

13 *No nos dejes caer en la* tentación,
sino líbranos del mal.

14 Si perdonan sus faltas a los demás, el
Padre que está en el cielo también los perdonará a ustedes.
15 Pero si no perdonan a
los demás, tampoco el Padre los perdonará a ustedes.

El ayuno

Is 58 1-12; Jdt 10 3

16 Cuando ustedes ayunen, no pongan cara triste, como hacen los hipócritas, que desfiguran su rostro para que se note que ayunan. Les aseguro que con eso ya han recibido su recompensa.
17 Tú, en cambio, cuando ayunes, perfuma tu cabeza y lava tu rostro,
18 para que tu ayuno no sea conocido por los hombres, sino por tu Padre que está en lo secreto; y tu Padre, que ve en lo secreto, te recompensará.

El verdadero tesoro

Lc 12 33-34
Job 22 24-26; Sant 5 2-3

19 No acumulen tesoros en la tierra, donde la polilla y la herrumbre los consumen, y los ladrones perforan las paredes y los roban.
20 Acumulen, en cambio, tesoros en el cielo, donde no hay polilla ni herrumbre que los consuma, ni ladrones que perforen y roben.
21 Allí donde esté tu tesoro, estará también tu corazón.

La luz interior

Lc 11 34-36

22 La lámpara del cuerpo es el ojo. Si el ojo está sano, todo el cuerpo estará iluminado.
23 Pero si el ojo está enfermo, todo el cuerpo estará en tinieblas. Si la luz que hay en ti se oscurece, ¡cuánta oscuridad habrá!

Dios y las riquezas

Lc 16 13

24 Nadie puede servir a dos señores, porque aborrecerá a uno y amará al otro, o bien, se interesará por el primero y menospreciará al segundo. No se puede servir a Dios y al Dinero.

La confianza en la Providencia

Lc 12 22-31
1 Re 10; Sal 37 3-5; Ex 16 4.19

25 Por eso les digo: No se inquieten por su vida, pensando qué van a comer, ni por su cuerpo, pensando con qué se van a vestir. ¿No vale acaso más la vida que la comida y el cuerpo más que el vestido?
26 Miren los pájaros del cielo: ellos no siembran ni cosechan, ni acumulan en graneros, y sin embargo, el Padre que está en el cielo los alimenta. ¿No valen ustedes acaso más que ellos?
27 ¿Quién de ustedes, por mucho que se inquiete, puede añadir un solo instante al

tiempo de su vida? [28] ¿Y por qué se inquietan por el vestido? Miren los lirios del campo, cómo van creciendo sin fatigarse ni te-
jer. [29] Yo les aseguro que ni Salomón, en el
esplendor de su gloria, se vistió como uno
de ellos. [30] Si Dios viste así la hierba de los
campos, que hoy existe y mañana será
echada al fuego, ¡cuánto más hará por ustedes, hombres de poca fe! [31] No se inquieten entonces, diciendo: «¿Qué comeremos,
qué beberemos, o con qué nos vestiremos?». [32] Son los paganos los que van detrás de estas cosas. El Padre que está en el
cielo sabe bien que ustedes las necesitan.
[33] Busquen primero el Reino y su justicia, y
todo lo demás se les dará por añadidura.
[34] No se inquieten por el día de mañana; el
mañana se inquietará por sí mismo. A cada
día le basta su aflicción.

La benevolencia para juzgar

Lc 6 37-38.41-42
Mc 4 24; Rom 2 1

7 [1] No juzguen, para no ser juzgados.
[2] Porque con el criterio con que ustedes juzguen se los juzgará, y la medida con
que midan se usará para ustedes. [3] ¿Por qué
te fijas en la paja que está en el ojo de tu hermano y no adviertes la viga que está en el tuyo? [4] ¿Cómo puedes decirle a tu hermano:
«Deja que te saque la paja de tu ojo», si hay
una viga en el tuyo? [5] Hipócrita, saca primero la viga de tu ojo, y entonces verás claro para sacar la paja del ojo de tu hermano.

El respeto por las cosas sagradas

[6] No den las cosas sagradas a los perros,
ni arrojen sus perlas a los cerdos, no sea
que las pisoteen y después se vuelvan contra ustedes para destrozarlos.

La eficacia de la oración

Lc 11 9-13
Mc 11 24; Jn 14 13-14; Sant 1 5; Mt 22 40

[7] Pidan y se les dará; busquen y encontrarán; llamen y se les abrirá. [8] Porque todo el
que pide, recibe; el que busca, encuentra; y
al que llama, se le abrirá. [9] ¿Quién de ustedes, cuando su hijo le pide pan, le da una
piedra? [10] ¿O si le pide un pez, le da una serpiente? [11] Si ustedes, que son malos, saben
dar cosas buenas a sus hijos, ¡cuánto más el
Padre de ustedes que está en el cielo dará
cosas buenas a aquellos que se las pidan!

El resumen de la Ley

Lc 6 31
Mt 22 40

[12] Todo lo que deseen que los demás hagan por ustedes, háganlo por ellos: en esto
consiste la Ley y los Profetas.

El camino de la Vida

Lc 13 24
Dt 30 15-18; Sal 1

[13] Entren por la puerta estrecha, porque es
ancha la puerta y espacioso el camino que lle-

VIVE LA PALABRA

Significado de la Cuaresma

La Cuaresma es el tiempo anual de conversión y preparación a la Pascua, en la cual nos unimos al pueblo de Israel que peregrinó cuarenta años en el desierto, y a Jesús. que pasó cuarenta días en el desierto antes de empezar su ministerio. La Cuaresma empieza el Miércoles de Ceniza, en el que recibimos ceniza para recordar que Dios nos creó y que el pecado nos separa de él.

En este tiempo litúrgico, la Iglesia nos invita a practicar de manera especial tres propuestas de Jesús:

- ***Dar limosna,*** o sea, compartir por amor a Dios y a los hermanos lo que somos y tenemos, no solo lo que nos sobra, sin buscar el prestigio y el reconocimiento personal.
- ***Orar frecuentemente con la Sagrada Escritura,*** para escuchar a Dios, que nos llama a convertirnos y a aceptar la acción purificadora y dadora de vida del Espíritu Santo.
- ***Ayunar,*** absteniéndonos de lo superfluo, para solidarizarnos con las personas que padecen hambre, y fortalecer nuestra voluntad, lo que es necesario en el seguimiento de Jesús.

Cada Cuaresma prepárate para la Pascua a través de estas tres prácticas. Así la ceniza no será un signo vacío, sino que reforzará tu relación con Dios y con tu prójimo.

Mt 6 16-18

Tener los medios para vivir no equivale a tener vida

Lee Mateo 6 25-34. Este pasaje presenta los valores de Dios y nos invita a distinguir entre los medios para vivir y la vida misma. Medios para vivir son el dinero y lo que este compra: un techo sobre la cabeza, ropa, alimento, medicinas, educación...

La vida es más que eso; es el gozar el Reino de Dios, es justicia, amor, comprensión, misericordia, cuidado cariñoso, reconciliación..., justamente lo que no se puede comprar con dinero, sino que nace del fondo del corazón. La vida, comprendida así, es un don que al ser vivido se incrementa continuamente y genera una paz y un gozo interior muy distintos a las preocupaciones por el dinero.

A veces estamos tan agobiados por conseguir los medios para vivir, que nos olvidamos de vivir. Confía en Dios y ábrete a sus dones para que crezcan en ti.

Revisa un poco tu actitud ante la vida y ante los medios para vivir. ¿Tienes tus valores bien ordenados? Pide a Dios que siempre seas como las aves del cielo y las flores del campo, que te dejes vestir de su amor y de todo lo bello que trae el amor a la vida.

Mt 6 25-34

va a la perdición, y son muchos los que van
por allí. 14 Pero es angosta la puerta y estrecho el camino que lleva a la Vida, y son pocos los que lo encuentran.

Los falsos profetas

Lc 6 43-44

Mt 24 11.24; Ez 22 27; Mt 10 16; 12 33-35; Eclo 27 6

15 Tengan cuidado de los falsos profetas,
que se presentan cubiertos con pieles de ovejas, pero por dentro son lobos rapaces. 16 *Por
sus frutos los* reconocerán. ¿Acaso se recogen
uvas de los espinos o higos de los cardos?
17 Así, todo árbol bueno produce frutos buenos y todo árbol malo produce frutos malos.
18 Un árbol bueno no puede producir frutos
malos, ni un árbol malo producir frutos buenos. 19 Al árbol que no produce frutos buenos
se lo corta y se lo arroja al fuego. 20 Por sus frutos, entonces, ustedes los reconocerán.

Los auténticos discípulos de Jesús

Lc 6 46; 13 25-27

Jr 14 14; 27 15; Mc 9 38; Sal 6 9

21 No son los que me dicen: «Señor, Señor», los que entrarán en el Reino de los
Cielos, sino los que cumplen la voluntad
de mi Padre que está en el cielo. 22 Muchos
me dirán en aquel día: «Señor, Señor, ¿acaso no profetizamos en tu Nombre? ¿No ex-
pulsamos a los demonios e hicimos muchos milagros en tu Nombre?». 23 Entonces
yo les manifestaré: «Jamás los conocí; *apártense de mí, ustedes, los que hacen el mal*».

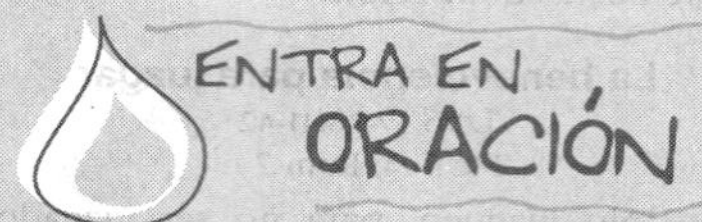

Señor, ¿estás ahí? ¿Por qué no me escuchas?

Lee Mateo 7 7-12. Este pasaje nos desconcierta. Es cierto que no solemos dudar que Dios nos escucha cuando le damos gracias y lo alabamos, pero cuando no obtenemos lo que pedimos, nos preguntamos, ¿por qué no nos escuchó Dios? ¿De qué sirve orar?

Dios siempre escucha nuestra oración. Si no recibimos lo pedido puede ser porque nos está preparando para algo mejor, que desconocemos. En otros casos la libertad humana es mal usada, como sucede con la injusticia, que requiere la conversión de personas y sistemas sociales para terminar. Otras veces, los males son causados por las leyes de la naturaleza, que Dios respeta al igual que la libertad humana. Lo que sí es claro, es que cuando oramos a Dios y le pedimos fuerzas para enfrentar una situación difícil, su fortaleza llega y nos ayuda a vivirla con entereza e incluso a solucionarla, si esa es su voluntad.

Piensa en una o dos situaciones en que hayas sentido que Dios no escuchó tu oración. ¿Qué te dice esta reflexión?

Recuerda algo que hayas pedido a Dios, y que después le hayas agradecido por no habértelo concedido. Dile lleno de confianza: Gracias por lo que no me concediste. *Ayúdame a reconocer que siempre me das la oportunidad de crecer, servir y madurar en tu amor.*

Mt 7 7-12

Practiquen la Palabra de Dios

Lc 6 47-49

Ez 13 10-12; Prov 10 25; Sant 1 22-24

24 Así, todo el que escucha las palabras que
acabo de decir y las pone en práctica, puede
compararse a un hombre sensato que edificó
su casa sobre roca. 25 Cayeron las lluvias, se
precipitaron los torrentes, soplaron los vientos y sacudieron la casa; pero esta no se derrumbó porque estaba construida sobre roca.
26 Al contrario, el que escucha mis palabras y
no las practica, puede compararse a un hombre insensato, que edificó su casa sobre arena.
27 Cayeron las lluvias, se precipitaron los torrentes, soplaron los vientos y sacudieron la
casa: esta se derrumbó, y su ruina fue grande».

Conclusión

Mc 1 21-22 / Lc 7 1; 4 32

Mt 11 1; 13 53; 19 1; 26 1

28 Cuando Jesús terminó su discurso, la
multitud estaba asombrada de su enseñanza, 29 porque les enseñaba como quien tiene autoridad y no como sus escribas.

LOS SIGNOS Y LA PREDICACIÓN DEL REINO DE LOS CIELOS

PARTE NARRATIVA

Curación de un leproso

Mc 1 40-44 / Lc 5 12-14

Mt 9 30; 12 16; Lv 14 1-32

8 1 Cuando Jesús bajó de la montaña, lo
siguió una gran multitud. 2 Entonces
un leproso fue a postrarse ante él y le dijo:
«Señor, si quieres, puedes purificarme». 3 Jesús extendió la mano y lo tocó, diciendo: «Lo
quiero, queda purificado». Y al instante quedó purificado de su lepra. 4 Jesús le dijo: «No
se lo digas a nadie, pero ve a presentarte al
sacerdote y entrega la ofrenda que ordenó
Moisés para que les sirva de testimonio».

Curación del sirviente de un centurión

Lc 7 1-10; 13 28-29 / Jn 4 46-53

Sal 107 3; Mt 13 42.50; 22 13; 24 51; 25 30; 9 29; 15 28

5 Al entrar en Cafarnaún, se le acercó un
centurión, rogándole: 6 «Señor, mi sirviente
está en casa enfermo de parálisis y sufre terriblemente». 7 Jesús le dijo: «Yo mismo iré a cu-
rarlo». 8 Pero el centurión respondió: «Señor,
no soy digno de que entres en mi casa; basta
que digas una palabra y mi sirviente se sanará. 9 Porque cuando yo, que no soy más que
un oficial subalterno, digo a uno de los soldados que están a mis órdenes: "Ve", él va, y
a otro: "Ven", él viene; y cuando digo a mi sirviente: "Tienes que hacer esto", él lo hace».
10 Al oírlo, Jesús quedó admirado y dijo a
los que lo seguían: «Les aseguro que no he
encontrado a nadie en Israel que tenga tanta fe. 11 Por eso les digo que muchos vendrán de Oriente y de Occidente, y se sentarán a la mesa con Abraham, Isaac y Jacob,
en el Reino de los Cielos; 12 en cambio, los
herederos del Reino serán arrojados afuera,
a las tinieblas, donde habrá llantos y rechinar de dientes». 13 Y Jesús dijo al centurión:
«Ve, y que suceda como has creído». Y el
sirviente se curó en ese mismo momento.

¿SABÍAS QUE...?

Los milagros y el Reino de Dios

Mateo relata diez milagros y los organiza en tres grupos, separados por un diálogo sobre el seguimiento a Jesús. Estos milagros son signos del Reino de Dios traído por Jesús, muestran el sentido de su mesianismo y resaltan la importancia de la fe.

En el Sermón de la Montaña, Jesús presentó su sistema de valores. Sus milagros muestran las Bienaventuranzas en acción, pues el Reino de Dios destierra el sufrimiento y el mal:

- Los primeros milagros benefician a personas marginadas: un leproso, un pagano y una mujer, pues la fuerza del reino supera los prejuicios sociales, y su mesianismo cumple las profecías del Siervo de Dios (Mt 8 1-17).
- Los milagros del segundo grupo muestran el poder de Jesús sobre distintas realidades: la naturaleza, los demonios y la enfermedad (8 23 – 9 7).
- Los últimos milagros subrayan el rol de la fe en la curación de la mujer enferma, la resurrección de la hija de Jairo, la curación de los dos ciegos y del hombre mudo; todos los testigos reaccionan a ellos, sea admirando a Jesús o rechazándolo (9 18-34).

Jesús muestra plena coherencia entre lo que dice y hace, ¿Qué tan coherente es tu vida con los ideales que dices tener?

Mt 8 – 9

M T

VIVE LA PALABRA

Señor, yo no soy digno

Antes de recibir el Cuerpo y la Sangre de Cristo, oramos con las palabras del centurión romano, «Señor, yo no soy digno de que entres en mi casa» (Mt 8 8). Al decirlas, generalmente reconocemos con humildad el regalo de Dios al darnos a Jesús. Pero esto no basta; piensa también en la acogida de Jesús al centurión y reflexiona:

¿Cómo tratas a las personas que la sociedad considera inferiores a ti en su dignidad? ¿Las acoges igual que Jesús? Que la respuesta del Señor al centurión, te ayude a valorar la igualdad de dignidad en todas las personas, sin ser esclavo/a de los prejuicios existentes en nuestra sociedad.

Mt 8 8

Curación de la suegra de Pedro

Mc 1 29-31 / Lc 4 38-39

14 Cuando Jesús llegó a la casa de Pedro,
encontró a la suegra de este en cama con
fiebre. 15 Le tocó la mano y se le pasó la fiebre. Ella se levantó y se puso a servirlo.

Diversas curaciones

Mc 1 32-34 / Lc 4 40-41
Is 53 4

16 Al atardecer, le llevaron muchos endemoniados, y él, con su palabra, expulsó a
los espíritus y curó a todos los que estaban
enfermos, 17 para que se cumpliera lo que
había sido anunciado por el profeta Isaías:

Él tomó nuestras debilidades
y cargó sobre sí nuestras enfermedades.

Exigencias de la vocación apostólica

Lc 9 57-60
Dn 7 13; Mt 9 6; 11 19; 2 Cor 8 9; 1 Re 19 20

18 Al verse rodeado de tanta gente, Jesús
mandó a sus discípulos que cruzaran a la
otra orilla. 19 Entonces se aproximó un escriba y le dijo: «Maestro, te seguiré adonde
vayas». 20 Jesús le respondió: «Los zorros
tienen sus cuevas y las aves del cielo sus nidos; pero el Hijo del hombre no tiene dónde reclinar la cabeza».
21 Otro de sus discípulos le dijo: «Señor, permíteme que vaya antes a enterrar a mi padre».
22 Pero Jesús le respondió: «Sígueme, y deja
que los muertos entierren a sus muertos».

La tempestad calmada

Mc 4 35-41 / Lc 8 22-25
Sal 107 25-30; Mt 14 24-34

23 Después Jesús subió a la barca y sus
discípulos lo siguieron. 24 De pronto se desató en el mar una tormenta tan grande,
que las olas cubrían la barca. Mientras
tanto, Jesús dormía. 25 Acercándose a él,
sus discípulos lo despertaron, diciéndole:
«¡Sálvanos, Señor, nos hundimos!». 26 Él
les respondió: «¿Por qué tienen miedo,
hombres de poca fe?». Y levantándose, increpó al viento y al mar, y sobrevino una
gran calma. 27 Los hombres se decían entonces, llenos de admiración: «¿Quién es
este, que hasta el viento y el mar le obedecen?».

Mt 8 26

COMPRENDE LOS SÍMBOLOS

La barca

La barca, con su mástil como cruz, es símbolo de la Iglesia que nos une en la fe y brinda seguridad en la travesía de la vida. Cuando vientos fuertes la hacen virar y oleajes peligrosos la azotan, Jesús la guía y la sostiene. La barca, sin las llaves de Pedro, simboliza el ecumenismo de las iglesias que comparten la fe en Jesús, Hijo de Dios.

Curación de dos endemoniados

Mc 5 1-20 / Lc 8 26-39
1 Re 17 18; Mc 1 24; Lc 4 34

28 Cuando Jesús llegó a la otra orilla, a la
región de los gadarenos, fueron a su encuentro dos endemoniados que salían de los sepulcros. Eran tan feroces, que nadie podía
pasar por ese camino. 29 Y comenzaron a gritar: «¿Qué quieres de nosotros, Hijo de Dios?
¿Has venido aquí para atormentarnos antes
de tiempo?». 30 A cierta distancia había una
gran piara de cerdos paciendo. 31 Los demonios suplicaron a Jesús: «Si vas a expulsarnos,
envíanos a esa piara». 32 Él les dijo: «Vayan».
Ellos salieron y entraron en los cerdos: estos
se precipitaron al mar desde lo alto del acantilado, y se ahogaron.
33 Los cuidadores huyeron y fueron a la
ciudad para llevar la noticia de todo lo que
había sucedido con los endemoniados. 34 Toda la ciudad salió al encuentro de Jesús y, al
verlo, le rogaron que se fuera de su territorio.

Curación de un paralítico

Mc 2 1-12 / Lc 5 17-26
Lv 24 11.15-16; Hch 9 33-35

9 1 Jesús subió a la barca, atravesó el lago
y regresó a su ciudad. 2 Entonces le presentaron a un paralítico tendido en una camilla. Al ver la fe de esos hombres, Jesús dijo
al paralítico: «Ten confianza, hijo, tus pecados
te son perdonados». 3 Algunos escribas pensaron: «Este hombre blasfema». 4 Jesús, leyendo
sus pensamientos, les dijo: «¿Por qué piensan
mal? 5 ¿Qué es más fácil decir: "Tus pecados
te son perdonados", o "Levántate y camina"?
6 Para que ustedes sepan que el Hijo del hombre tiene sobre la tierra el poder de perdonar
los pecados —dijo al paralítico—, levántate,
toma tu camilla y vete a tu casa». 7 Él se levantó y se fue a su casa. 8 Al ver esto, la multitud
quedó atemorizada y glorificaba a Dios por
haber dado semejante poder a los hombres.

El llamado de Mateo

Mc 2 13-14 / Lc 5 27-28

9 Al irse de allí, Jesús vio a un hombre
llamado Mateo, que estaba sentado a la
mesa de recaudación de impuestos, y le dijo: «Sígueme». Él se levantó y lo siguió.

Jesús ante los pecadores

Mc 2 15-17 / Lc 5 29-32
Mt 11 18-19; 12 7; Lc 15 1-2; Os 6 6

10 Mientras Jesús estaba comiendo en la
casa, acudieron muchos publicanos y pecadores, y se sentaron a comer con él y sus
discípulos. 11 Al ver esto, los fariseos dijeron
a los discípulos: «¿Por qué su Maestro come con publicanos y pecadores?». 12 Jesús,
que había oído, respondió: «No son los sanos los que tienen necesidad del médico,
sino los enfermos. 13 Vayan y aprendan qué
significa: *Yo quiero misericordia y no sacrificios*. Porque yo no he venido a llamar a los
justos, sino a los pecadores».

YO QUIERO MISERICORDIA
Y NO SACRIFICIOS.
Mt 9 13

Discusión sobre el ayuno

Mc 2 18-22 / Lc 5 33-39
Is 62 4-5; Jn 3 29

14 Entonces se acercaron los discípulos de
Juan y le dijeron: «¿Por qué tus discípulos no
ayunan, como lo hacemos nosotros y los fariseos?». 15 Jesús les respondió: «¿Acaso los
amigos del esposo pueden estar tristes mientras el esposo está con ellos? Llegará el momento en que el esposo les será quitado, y
entonces ayunarán.
16 Nadie usa un pedazo de género nuevo
para remendar un vestido viejo, porque el
pedazo añadido tira del vestido y la rotura
se hace más grande. 17 Tampoco se pone vino nuevo en odres viejos, porque los odres
revientan, el vino se derrama y los odres se
pierden. ¡No, el vino nuevo se pone en
odres nuevos, y así ambos se conservan!».

Curación de una mujer y resurrección de una niña

Mc 5 21-43 / Lc 8 40-56
Lv 9 22; 16 21; Mt 8 3; Lv 15 25; Nm 15 38-41;
Mt 14 36; Lc 7 50; Hch 3 16

18 Mientras Jesús les estaba diciendo estas cosas, se presentó un alto jefe y, postrándose ante él, le dijo: «Señor, mi hija
acaba de morir, pero ven a imponerle tu
mano y vivirá». 19 Jesús se levantó y lo siguió con sus discípulos.
20 Entonces se le acercó por detrás una
mujer que padecía de hemorragias desde
hacía doce años, y le tocó los flecos de su
manto, 21 pensando: «Con solo tocar su manto, quedaré curada». 22 Jesús se dio vuelta, y
al verla, le dijo: «Ten confianza, hija, tu fe
te ha salvado». Y desde ese instante la mujer quedó curada.

VIVE LA PALABRA

Atrévete a ser controversial como Jesús

Lee Mateo 9 9-13. El llamado de Mateo es muy controversial, pues él era recaudador de impuestos, y los judíos veían a quienes ejercían ese oficio como ladrones y colaboradores de Roma, y los excluían de la vida social y religiosa. Sin embargo, Jesús comía con ellos con tal frecuencia que se había ganado fama de «un glotón y un borracho, amigo de publicanos y pecadores» (Mt 11 19).

Ahora lee la controversia sobre el ayuno, una práctica común en los grupos religiosos en tiempos de Jesús (9 14-17). En su respuesta, Jesús aclara que la alegría de su presencia (el novio) impide a sus discípulos ayunar, mientras que después ayunarán. Posteriormente, con su comparación de los odres y el vino nuevo, señala que el Reino de Dios requiere un corazón abierto al cambio y la conversión, pues no cabe en los sistemas socioreligiosos viejos.

Jesús enfrentó con valentía las tradiciones sociales y religiosas que se oponían a la voluntad del Padre. Su relación con los pecadores expresaba la misericordia y la cercanía de Dios hacia los alejados. El pasar por alto las normas sobre el ayuno, rompía costumbres que no apoyaban los valores del Reino de Dios y que señalaban a quienes cumplían la Ley a diferencia de quienes no lo hacían (Mt 6 16-18).

En la juventud son frecuentes las controversias con los adultos debido a las normas sociales y religiosas establecidas. ¡Sé controversial al estilo de Jesús! ¡Anímate, no lo defraudes!

Mt 9 9-17

23 Al llegar a la casa del jefe, Jesús vio a los que tocaban música fúnebre y a la gente que gritaba, y dijo: 24 «Retírense, la niña no está muerta, sino que duerme». Y se reían de él. 25 Cuando hicieron salir a la gente, él entró, la tomó de la mano, y ella se levantó. 26 Y esta noticia se divulgó por aquella región.

Curación de dos ciegos

Mt 1 1; 20 29-34

27 Cuando Jesús se fue, lo siguieron dos ciegos, gritando: «Ten piedad de nosotros, Hijo de David». 28 Al llegar a la casa, los ciegos se le acercaron, y él les preguntó: «¿Creen que yo puedo hacer lo que me piden?». Ellos le respondieron: «Sí, Señor». 29 Jesús les tocó los ojos, diciendo: «Que suceda como ustedes han creído». 30 Y se les abrieron sus ojos. Entonces Jesús los conminó: «¡Cuidado! Que nadie lo sepa». 31 Pero ellos, apenas salieron, difundieron su fama por toda aquella región.

Curación de un mudo

Lc 11 14-15

Mt 12 22-24; Mc 3 22

32 En cuanto se fueron los ciegos, le presentaron a un mudo que estaba endemoniado. 33 El demonio fue expulsado y el mudo comenzó a hablar. La multitud, admirada, comentaba: «Jamás se vio nada igual en Israel». 34 Pero los fariseos decían: «Él expulsa a los demonios por obra del Príncipe de los demonios».

Compasión de Jesús por la multitud

Mc 6 34 / Lc 10 2

Mt 4 23; 14 14; 15 32;

Nm 27 17; 1 Re 22 17; Ez 34 5

35 Jesús recorría todas las ciudades y los pueblos, enseñando en sus sinagogas, proclamando la Buena Noticia del Reino y curando todas las enfermedades y dolencias. 36 Al ver a la multitud, tuvo compasión, porque estaban fatigados y abatidos, como ovejas que no tienen pastor. 37 Entonces dijo a sus discípulos: «La cosecha es abundante, pero los trabajadores son pocos. 38 Rueguen al dueño de los sembrados que envíe trabajadores para su cosecha».

INSTRUCCIÓN A LOS MISIONEROS

Institución de los Doce

Mc 3 13-19 / Lc 6 13-16

Mc 6 7; Lc 9 1; Jn 1 40-44; Mt 26 25

10 1 Jesús convocó a sus doce discípulos y les dio el poder de expulsar a los espíritus impuros y de curar cualquier enfermedad o dolencia. 2 Los nombres de los doce Apóstoles son: en primer lugar, Simón, de sobrenombre Pedro, y su hermano Andrés; luego, Santiago, hijo de Zebedeo, y su hermano Juan; 3 Felipe y Bartolomé; Tomás

y Mateo, el publicano; Santiago, hijo de Alfeo, y Tadeo; 4 Simón, el Cananeo, y Judas
Iscariote, el mismo que lo entregó.

Misión de los Doce

Mc 6 8-11 / Lc 9 3-5; 10 10-12
Jr 50 6; Mt 15 24; 3 2; 4 17; 28 18-19

5 A estos Doce, Jesús los envió con las siguientes instrucciones: «No vayan a regiones paganas, ni entren en ninguna ciudad
de los samaritanos. 6 Vayan, en cambio, a las
ovejas perdidas del pueblo de Israel. 7 Por el
camino, proclamen que el Reino de los Cielos está cerca. 8 Curen a los enfermos, resuciten a los muertos, purifiquen a los leprosos,
expulsen a los demonios. Ustedes han recibido gratuitamente, den también gratuitamente. 9 No lleven encima oro ni plata, ni
monedas, 10 ni provisiones para el camino,
ni dos túnicas, ni calzado, ni bastón; porque
el que trabaja merece su sustento.
11 Cuando entren en una ciudad o en un
pueblo, busquen a alguna persona respetable y permanezcan en su casa hasta el momento de partir. 12 Al entrar en la casa, sa-
lúdenla invocando la paz sobre ella. 13 Si
esa casa lo merece, que la paz descienda
sobre ella; pero si es indigna, que esa paz
vuelva a ustedes. 14 Y si no los reciben ni
quieren escuchar sus palabras, al irse de esa
casa o de esa ciudad, sacudan hasta el polvo de sus pies. 15 Les aseguro que, en el día
del Juicio, Sodoma y Gomorra serán tratadas menos rigurosamente que esa ciudad.

La persecución a los Apóstoles

Mc 13 9-13 / Lc 10 3; 21 12-19; 12 11-12
Jn 10 12; Miq 7 6; Mt 24 9.13; 16 27-28

16 Yo los envío como a ovejas en medio
de lobos: sean entonces astutos como serpientes y sencillos como palomas.
17 Cuídense de los hombres, porque los
entregarán a los tribunales y los azotarán
en sus sinagogas. 18 A causa de mí, serán llevados ante gobernadores y reyes, para dar
testimonio delante de ellos y de los paganos. 19 Cuando los entreguen, no se preocupen de cómo van a hablar o qué van a
decir: lo que deban decir se les dará a conocer en ese momento, 20 porque no serán
ustedes los que hablarán, sino que el Espíritu de su Padre hablará en ustedes.
21 El hermano entregará a su hermano
para que sea condenado a muerte, y el padre a su hijo; los hijos se rebelarán contra
sus padres y los harán morir. 22 Ustedes serán odiados por todos a causa de mi Nombre, pero aquel que persevere hasta el fin se
salvará. 23 Cuando los persigan en una ciudad, huyan a otra, y si los persiguen en esta, huyan a una tercera. Les aseguro que no
acabarán de recorrer las ciudades de Israel,
antes de que llegue el Hijo del hombre.

La valentía de los Apóstoles

Lc 6 40 / Jn 13 16; 15 20 / Mc 4 22 /
Lc 8 17; 12 2-7 / Mc 8 38 / Lc 9 26; 12 8-9

24 El discípulo no es más que el maestro ni
el servidor más que su dueño. 25 Al discípulo
le basta ser como su maestro y al servidor
como su dueño. Si al dueño de casa lo llamaron Belzebul, ¡cuánto más a los de su casa! 26 No los teman. No hay nada oculto que
no deba ser revelado, y nada secreto que no
deba ser conocido. 27 Lo que yo les digo en la
oscuridad, repítanlo en pleno día; y lo que
escuchen al oído, proclámenlo desde lo alto
de las casas. 28 No teman a los que matan el
cuerpo, pero no pueden matar el alma. Teman más bien a aquel que puede arrojar el

¿SABÍAS QUE...?

Los Doce

La situación del pueblo de Israel clama por pastores que los oriente y Jesús, consciente de esto, llama a sus doce discípulos; los instruye para la misión, y los envía a proclamar la llegada del Reino de los Cielos; no les oculta que tendrán dificultades y rechazos, pero les asegura que Dios cuidará siempre de ellos (Mt 9 36 – 11 1). Este envío convierte a sus discípulos en *apóstoles*, palabra que quiere decir «enviados».

Los Apóstoles eran personas sencillas, piadosas y sinceras, que siguieron a Jesús. Los evangelistas siempre inician la lista por Pedro, el líder en los comienzos de la Iglesia. Se les conoce como «los Doce»; su número corresponde a las doce tribus de Israel, significando que son las columnas del nuevo Pueblo de Dios, el cimiento de la Iglesia.

¿Quiénes han compartido contigo la buena nueva de Jesús? ¿Cómo y a quiénes comunicas tú la buena nueva de Jesús hoy?

Mt 10

alma y el cuerpo a la Gehena. 29 ¿Acaso no se
vende un par de pájaros por unas monedas?
Sin embargo, ni uno solo de ellos cae en tierra, sin el consentimiento del Padre que está
en el cielo. 30 Ustedes tienen contados todos
sus cabellos. 31 No teman entonces, porque
valen más que muchos pájaros. 32 Al que me
reconozca abiertamente ante los hombres,
yo lo reconoceré ante mi Padre que está en
el cielo. 33 Pero yo renegaré ante mi Padre
que está en el cielo de aquel que reniegue de
mí ante los hombres.

Jesús, signo de contradicción

Lc 12 51-53 / Lc 14 26-27 / Lc 9 23-24;
Lc 17 33 / Mc 8 34-35
Miq 7 6; Dt 33 9; Mt 16 24-25

34 No piensen que he venido a traer la paz
sobre la tierra. No vine a traer la paz, sino la
espada. 35 Porque he venido a enfrentar *al hijo con su padre, a la hija con su madre y a la
nuera con su suegra;* 36 *y así, el hombre tendrá
como enemigos a los de su propia casa.*
37 El que ama a su padre o a su madre
más que a mí, no es digno de mí; y el que
ama a su hijo o a su hija más que a mí, no
es digno de mí. 38 El que no toma su cruz y
me sigue, no es digno de mí. 39 El que encuentre su vida, la perderá; y el que pierda
su vida por mí, la encontrará.

REFLEXIONA

Signo de contradicción

Cuando Jesús preparó a sus discípulos para su misión, les dijo: «No piensen que he venido a traer paz sobre la tierra. No vine a traer la paz, sino la espada» (Mt 10 34). Esta frase es dura y desconcertante. Jesús no busca divisiones, sino que predice cómo reaccionará la gente ante las exigencias del Reino de Dios. Para muchos cristianos seguir a Jesús suponía romper con su familia; además, ser sus discípulos no era fácil o cómodo.

Todos deseamos paz, pero vivir conforme al mensaje de Jesús puede causar conflictos y atraer odio de quienes se oponen a su evangelio. ¿Es diferente el día de hoy? ¿Estás dispuesto/a a enfrentar este desafío?

Mt 10 34-39

La manera de recibir a los Apóstoles

Mc 9 37 / Lc 9 48 / Lc 10 16 /
Jn 12 44-45; 13 20 / Mc 9 41
1 Re 17 9-24; 2 Re 4 8-37; Mt 18 5.10; 25 40.45

40 El que los recibe a ustedes, me recibe a
mí; y el que me recibe, recibe a aquel que
me envió. 41 El que recibe a un profeta por
ser profeta, tendrá la recompensa de un
profeta; y el que recibe a un justo por ser
justo, tendrá la recompensa de un justo.
42 Les aseguro que cualquiera que dé de beber, aunque solo sea un vaso de agua fresca, a uno de estos pequeños por ser mi discípulo, no quedará sin recompensa».

EL MISTERIO DEL REINO DE LOS CIELOS

PARTE NARRATIVA

Los signos mesiánicos

Lc 7 18-23
Mt 7 28; 13 53; 19 1; 26 1; Dt 18 15;
Is 26 19; 29 18; 35 5-6; 61 1

11 1 Cuando Jesús terminó de dar estas
instrucciones a sus doce discípulos,
partió de allí, para enseñar y predicar en
las ciudades de la región.
2 Juan el Bautista oyó hablar en la cárcel
de las obras de Cristo, y mandó a dos de
sus discípulos para preguntarle: 3 «¿Eres tú
el que ha de venir o debemos esperar a
otro?». 4 Jesús les respondió: «Vayan a contar a Juan lo que ustedes oyen y ven: 5 los
ciegos ven y los paralíticos caminan; los leprosos son purificados y los sordos oyen;
los muertos resucitan y la Buena Noticia es
anunciada a los pobres. 6 ¡Y feliz aquel para quien yo no sea motivo de tropiezo!».

Jesús habla de Juan el Bautista

Lc 7 24-28
Ex 23 20; Mal 3 1; Mc 1 2; Lc 16 16;
Mal 3 23; Mt 17 2.10-13; Mc 9 11-13

7 Mientras los enviados de Juan se retiraban, Jesús empezó a hablar de él a la multitud, diciendo: «¿Qué fueron a ver al desierto? ¿Una caña agitada por el viento? 8 ¿Qué
fueron a ver? ¿Un hombre vestido con refinamiento? Los que se visten de esa manera
viven en los palacios de los reyes. 9 ¿Qué
fueron a ver entonces? ¿Un profeta? Les aseguro que sí, y más que un profeta. 10 Él es
aquel de quien está escrito:

Yo envío a mi mensajero delante de ti,
para prepararte el camino.

11 Les aseguro que no ha nacido ningún
hombre más grande que Juan el Bautista; y
sin embargo, el más pequeño en el Reino de
los Cielos es más grande que él. 12 Desde la
época de Juan el Bautista hasta ahora, el Reino de los Cielos es combatido violentamente, y los violentos intentan arrebatarlo.
13 Porque todos los Profetas, lo mismo que
la Ley, han profetizado hasta Juan. 14 Y si ustedes quieren creerme, él es aquel Elías que
debe volver. 15 ¡El que tenga oídos, que oiga!

Reproche de Jesús a sus compatriotas

Lc 7 31-35

Mt 3 4; Lc 1 15; Dt 21 20; Prov 23 20; Eclo 4 11

16 ¿Con quién puedo comparar a esta generación? Se parece a esos muchachos que,
sentados en la plaza, gritan a los otros:

17 "¡Les tocamos la flauta,
y ustedes no bailaron!
¡Entonamos cantos fúnebres,
y no lloraron!".

18 Porque llegó Juan, que no come ni bebe, y ustedes dicen: "¡Ha perdido la cabeza!".
19 Llegó el Hijo del hombre, que come y bebe, y dicen: "Es un glotón y un borracho,
amigo de publicanos y pecadores". Pero la
Sabiduría ha quedado justificada por sus
obras».

Lamentación por las ciudades de Galilea

Lc 10 12-15

Is 23 1-8; Ez 26 – 28; Jl 3 4-8; Am 1 9-10;
Zac 9 2-4; Jon 3 6; Is 14 13-15; Gn 19 24-28

20 Entonces Jesús comenzó a recriminar a
aquellas ciudades donde había realizado
más milagros, porque no se habían convertido. 21 «¡Ay de ti, Corozaín! ¡Ay de ti,
Betsaida! Porque si los milagros realizados
entre ustedes se hubieran hecho en Tiro y
en Sidón, hace tiempo que se habrían convertido, poniéndose cilicio y cubriéndose
con ceniza. 22 Yo les aseguro que, en el día
del Juicio, Tiro y Sidón serán tratadas menos rigurosamente que ustedes. 23 Y tú, Cafarnaún, ¿acaso crees que *serás elevada hasta el cielo? No, serás precipitada hasta el
infierno*. Porque si los milagros realizados
en ti se hubieran hecho en Sodoma, esa
ciudad aún existiría. 24 Yo les aseguro que,
en el día del Juicio, la tierra de Sodoma será tratada menos rigurosamente que tú».

La revelación del Evangelio a los humildes

Lc 10 21-22

Dn 2 3-13; 1 Cor 1 26-29; Dn 2 18-29;
Mt 13 11; 10 42; 28 18; Ex 33 14; Jr 31 25;
Eclo 24 19; Os 10 11; Nm 12 3; Jr 6 16; Prov 3 17

25 En aquel tiempo, Jesús dijo: «Te alabo,
Padre, Señor del cielo y de la tierra, por haber ocultado estas cosas a los sabios y a los
prudentes y haberlas revelado a los pequeños. 26 Sí, Padre, porque así lo has querido.

MT

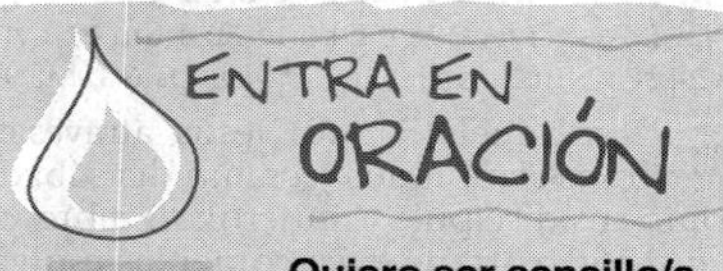

Quiero ser sencillo/a de corazón

Lee Mateo 11 25-30. Jesús nos da tres bellos mensajes; con los dos primeros, nos prepara para comprender y acoger el último. Medita y ora sobre sus palabras, deja que al final tu oración brote de lo más profundo de ti:

- Jesús alaba a su Padre porque reveló el Reino de Dios a los sencillos, a los *anawim*, pues los sabios expertos en la Ley, no aceptaban su buena nueva (vv. 25-26). *Padre te alabo y te agradezco con Jesús porque das a conocer tu Reino a quienes se abren a tu amor. Abre mi corazón para acoger tu mensaje.*
- Jesús dice claramente que es el Hijo de Dios, que su relación con el Padre es única y que quiere compartirla con nosotros (v. 27). *Jesús, te reconozco como el Hijo de Dios, Señor del cielo y la tierra, concédeme participar de tu amor y tu confianza en el Padre.*
- Jesús llama a quienes están fatigados y cansados por vivir en una sociedad regida por valores ajenos al Reino de Dios y les ofrece aliviar su carga, pues su «yugo» del amor es ligero, para lo cual basta aprender a ser sencillos y humildes de corazón como lo es él (vv. 28-30). *Jesús, cuando sienta que el peso de los problemas personales, familiares, la política, la economía..., me quita la vida y mata la esperanza, ven a mi encuentro y dame tu amor para que me dé nuevas fuerzas para seguir adelante... En estos momentos te entrego... Ayúdame a...*

Mt 11 25-30

27 Todo me ha sido dado por mi Padre, y
nadie conoce al Hijo sino el Padre, así como nadie conoce al Padre sino el Hijo y
aquel a quien el Hijo se lo quiera revelar.
28 Vengan a mí todos los que están afligidos y agobiados, y yo los aliviaré. 29 Carguen sobre ustedes mi yugo y aprendan de
mí, porque soy paciente y humilde de corazón, y así encontrarán alivio. 30 Porque
mi yugo es suave y mi carga liviana».

Discusión sobre el sábado

Mc 2 23-28 / Lc 6 1-5
Dt 23 25-26; Ex 20 10; Dt 5 12-14; 1 Sm 21 1-7;
Lv 24 5-9; Nm 28 9-10; Mt 12 41-42; Os 6 6; Mt 9 13

12 1 En aquel tiempo, Jesús atravesaba
unos sembrados y era un día sábado.
Como sus discípulos sintieron hambre, comenzaron a arrancar y a comer las espigas.
2 Al ver esto, los fariseos le dijeron: «Mira
que tus discípulos hacen lo que no está
permitido en sábado». 3 Pero él les respondió: «¿No han leído lo que hizo David,
cuando él y sus compañeros tuvieron
hambre, 4 cómo entró en la Casa de Dios y
comieron los panes de la ofrenda, que no
les estaba permitido comer ni a él ni a sus
compañeros, sino solamente a los sacerdotes? 5 ¿Y no han leído también en la Ley,
que los sacerdotes, en el Templo, violan el
descanso del sábado, sin incurrir en falta?
6 Ahora bien, yo les digo que aquí hay alguien más grande que el Templo. 7 Si hubieran comprendido lo que significa: *Yo
quiero misericordia y no sacrificios*, no conde-
narían a los inocentes. 8 Porque el Hijo del
hombre es dueño del sábado».

Jesús sana en sábado

Mc 3 1-6 / Lc 6 6-11
Lc 14 1-6; Mt 6 26; 27 1

9 De allí, Jesús fue a la sinagoga de los fariseos, 10 donde se encontraba un hombre
que tenía una mano paralizada. Para poder
acusarlo, ellos le preguntaron: «¿Está permitido curar en sábado?». 11 Él les dijo: «¿Quién
de ustedes, si tiene una sola oveja y esta cae
a un pozo en sábado, no la va a sacar?
12 ¡Cuánto más vale un hombre que una oveja! Por lo tanto, está permitido hacer una
buena acción en sábado». 13 Entonces dijo al
hombre: «Extiende tu mano». Él la extendió,
y la mano enferma quedó tan sana como la
otra. 14 Enseguida los fariseos salieron y se
confabularon para buscar la forma de acabar con él.

Jesús, el «Siervo de Dios»

Mc 3 7-12; Lc 6 17-19; Is 42 1-4;
Hab 1 4; Is 11 10; Rom 15 12

15 Al enterarse de esto, Jesús se alejó de
allí. Muchos lo siguieron, y los curó a todos. 16 Pero él les ordenó severamente que
no lo dieran a conocer, 17 para que se cumpliera lo anunciado por el profeta Isaías:

18 *Este es mi siervo, a quien elegí,*
mi muy querido, en quien tengo puesta
mi predilección.
Derramaré mi Espíritu sobre él
y anunciará la justicia a las naciones.
19 *No discutirá ni gritará,*
y nadie oirá su voz en las plazas.
20 *No quebrará la caña doblada*
y no apagará la mecha humeante,
hasta que haga triunfar la justicia;
21 *y las naciones pondrán la esperanza*
en su Nombre.

Discusión sobre el poder de Jesús

Mc 3 22-27 / Lc 11 14-15.17-23
Mt 9 32-34; Is 49 24-25

22 Entonces, le llevaron a un endemoniado
ciego y mudo, y Jesús lo curó, devolviéndole
el habla y la vista. 23 La multitud, asombrada,
decía: «¿No será este el Hijo de David?».
24 Los fariseos, oyendo esto, dijeron: «Este expulsa a los demonios por el poder de Belzebul, el Príncipe de los demonios».
25 Jesús, conociendo sus pensamientos, les
dijo: «Un reino donde hay luchas internas
va a la ruina; y una ciudad o una familia
dividida no puede subsistir. 26 Ahora bien,
si Satanás expulsa a Satanás, lucha contra sí
mismo; entonces, ¿cómo podrá subsistir su
reino? 27 Y si yo expulso a los demonios con
el poder de Belzebul, ¿con qué poder los expulsan los discípulos de ustedes? Por eso,
ustedes los tendrán a ellos como jueces.
28 Pero si expulso a los demonios con el poder del Espíritu de Dios, quiere decir que el
Reino de Dios ha llegado a ustedes. 29 ¿Acaso
alguien puede entrar en la casa de un hombre fuerte y robar sus cosas, si primero no lo
ata? Solo así podrá saquear la casa.

La blasfemia contra el Espíritu Santo

Mc 3 28-30 / Lc 12 10

30 El que no está conmigo, está contra mí;
y el que no recoge conmigo, desparrama.
31 Por eso les digo que todo pecado o blasfemia se les perdonará a los hombres, pero la
blasfemia contra el Espíritu no será perdonada. 32 Al que diga una palabra contra el

Hijo del hombre, se le perdonará; pero al que hable contra el Espíritu Santo, no se le perdonará ni en este mundo ni en el futuro.

La coherencia de las obras

Lc 6 43-45

Mt 7 16-20; 3 7; 23 33; Mt 15 18-20; Mc 7 20-23

33 Supongan que el árbol es bueno: el fruto también será bueno. Supongan que el árbol es malo: el fruto también será malo. Porque el árbol se conoce por su fruto. 34 Raza de víboras, ¿cómo pueden ustedes decir cosas buenas, siendo malos? Porque la boca habla de la abundancia del corazón. 35 El hombre bueno saca cosas buenas de su tesoro de bondad; y el hombre malo saca cosas malas de su tesoro de maldad. 36 Pero les aseguro que, en el día del Juicio, los hombres rendirán cuenta de toda palabra vana que hayan pronunciado. 37 Porque por tus palabras serás justificado, y por tus palabras serás condenado».

El signo de Jonás

Mc 8 11-12 / Lc 11 16.29-32

Mt 16 1-2.4; Dt 32 5.20; Jon 2 1; 3 5.8; 1 Re 10 1-10; 2 Cr 9 1-12; Mt 12 6

38 Entonces algunos escribas y fariseos le dijeron: «Maestro, queremos que nos hagas ver un signo». 39 Él les respondió: «Esta generación malvada y adúltera reclama un signo, pero no se le dará otro que el del profeta Jonás. 40 Porque así como Jonás *estuvo tres días y tres noches en el vientre del pez,* así estará el Hijo del hombre en el seno de la tierra tres días y tres noches.

41 El día del Juicio, los hombres de Nínive se levantarán contra esta generación y la condenarán, porque ellos se convirtieron por la predicación de Jonás, y aquí hay alguien que es más que Jonás. 42 El día del Juicio, la Reina del Sur se levantará contra esta generación y la condenará, porque ella *vino de* los confines de la tierra para escuchar la sabiduría de Salomón, y aquí hay alguien que es más que Salomón.

La ofensiva de Satanás

Lc 11 24-26

2 Pe 2 20

43 Cuando el espíritu impuro sale de un hombre, vaga por lugares desiertos en busca de reposo, y al no encontrarlo, 44 piensa: "Volveré a mi casa, de donde salí". Cuando llega, la encuentra vacía, barrida y ordenada. 45 Entonces va a buscar a otros siete espíritus peores que él; vienen y se instalan allí. Y al final, ese hombre se encuentra peor que al principio. Así sucederá con esta generación malvada».

La verdadera familia de Jesús

Mc 3 31-35 / Lc 8 19-21

Mt 13 55; Mc 6 3; Jn 2 12; Hch 1 14

46 Todavía estaba hablando a la multitud, cuando su madre y sus hermanos, que estaban fuera, trataban de hablar con él. 47 Alguien le dijo: «Tu madre y tus hermanos están ahí fuera y quieren hablarte». 48 Jesús le respondió: «¿Quién es mi madre y quiénes son mis hermanos?». 49 Y señalando con la mano a sus discípulos, agregó: «Estos son mi madre y mis hermanos. 50 Porque todo el que hace la voluntad de mi Padre que está en el cielo, ese es mi hermano, mi hermana y mi madre».

LAS PARÁBOLAS DEL REINO

Introducción

Mc 4 1-2 / Lc 8 4

Lc 5 1-3

13 1 Aquel día, Jesús salió de la casa y se sentó a orillas del mar. 2 Una gran multitud se reunió junto a él, de manera que debió subir a una barca y sentarse en ella, mientras la multitud permanecía en la

El sembrador y la semilla

El sembrador es imagen de Jesús, que siembra en nosotros la Palabra de Dios y nos invita a hacer lo mismo a través de nuestra vida, palabras y obras. Es una persona de esperanza, pues el fruto de su trabajo se da en el futuro. La semilla también es imagen de Jesús, quien muere para dar fruto (Jn 12 24).

VIVE LA PALABRA

Parábolas del Reino

El capítulo 13 de Mateo tiene trece parábolas que muestran el dinamismo del Reino de Dios. Las parábolas son relatos ficticios con un mensaje significativo; algunas motivan a revisar nuestras creencias y a convertirnos (ver «Vocabulario bíblico: Parábola»). Las siete primeras explican que el Reino de Dios ya está entre nosotros y que requiere nuestra acción. Profundiza en ellas, medita sobre una, cada día de la semana:

- El sembrador (Mt 13 1-23). Jesús sembró las semillas del Reino de Dios hace dos mil años: ¿qué frutos han dado? ¿Qué tipo de tierra eres para acoger su buena nueva?
- El trigo y la cizaña (vv. 24-30). Jesús quiere que quienes hacen el bien convivan con quienes hacen el mal: ¿por qué no quiere que se margine a quien hace el mal hasta el día del Juicio final?
- El grano de mostaza (vv. 31-32). El Reino de Dios empieza de una semilla pequeñita, pero con capacidad de dar vida y acoger a otros. ¿Cómo aumenta en ti la esperanza de saberte capaz de extender el reino, al tiempo que descansas en él?
- La levadura en la masa (v. 33). La levadura transforma harina y agua, en pan. ¿Cómo puedes ayudar para que en tu ambiente haya más amor, justicia y paz?
- El tesoro y la perla (vv. 44-45). Si el Reino es un tesoro y una perla valiosa, ¿qué te animas a dar por él: tu egoísmo, pereza, rencores...?
- La red (vv. 47-49). Jesús llama a todos a vivir el Reino de Dios, pero al final solo se queda con quienes lo hicieron presente. Si llegara pronto tu Juicio final, ¿te quedarías en la red?

Mt 13 1-52

costa. [3] Entonces él les habló extensamente por medio de parábolas.

Parábola del sembrador

Mc 4 3-9 / Lc 8 5-8
Eclo 40 15

Les decía: «El sembrador salió a sembrar. [4] Al esparcir las semillas, algunas cayeron al borde del camino y los pájaros las comieron. [5] Otras cayeron en terreno pedregoso, donde no había mucha tierra, y brotaron enseguida, porque la tierra era poco profunda; [6] pero cuando salió el sol, se quemaron y, por falta de raíz, se secaron. [7] Otras cayeron entre espinas, y estas, al crecer, las ahogaron. [8] Otras cayeron en tierra buena y dieron fruto: unas cien, otras sesenta, otras treinta. [9] ¡El que tenga oídos, que oiga!».

Finalidad de las parábolas

Mc 4 10-12 / Lc 8 9-10
1 Cor 4 1; Ef 3 3-4; 6 19; Mt 25 29; Mc 4 25; Lc 8 18; 19 26; Is 6 9-10; Lc 10 23-24

[10] Los discípulos se acercaron *y le dijeron: «¿Por qué les hablas* por medio de parábolas?». [11] Él les respondió: «A ustedes se les ha concedido conocer los misterios del Reino de los Cielos, pero a ellos no. [12] Porque a quien tiene, se le dará más todavía y tendrá en abundancia, pero al que no tiene, se le quitará aun lo que tiene. [13] Por eso les hablo por medio de parábolas: porque miran y no ven, oyen y no escuchan ni entienden. [14] Y así se cumple en ellos la profecía de Isaías, que dice:

Por más que oigan, no comprenderán,
por más que vean, no conocerán.
[15] *Porque el corazón de este pueblo*
se ha endurecido,
tienen tapados sus oídos
y han cerrado sus ojos,
para que sus ojos no vean,
y sus oídos no oigan,
y su corazón no comprenda,
y no se conviertan,
y yo no los cure.

[16] Felices, en cambio, los ojos de ustedes, porque ven; felices sus oídos, porque oyen. [17] Les aseguro que muchos profetas y justos desearon ver lo que ustedes ven, y no lo vieron; oír lo que ustedes oyen, y no lo oyeron.

Explicación de la parábola del sembrador

Mc 4 14-20 / Lc 8 11-15
1 Tim 6 9-10; Lc 12 16-21

[18] Escuchen, entonces, lo que significa la parábola del sembrador. [19] Cuando alguien oye la Palabra del Reino y no la comprende, viene el Maligno y arrebata lo que había sido sembrado en su corazón: este es el que recibió la semilla al borde del camino. [20] El que la re-

cibe en terreno pedregoso es el hombre que, al escuchar la Palabra, la acepta enseguida con alegría, [21] pero no la deja echar raíces, porque es inconstante: en cuanto sobreviene una tribulación o una persecución a causa de la Palabra, inmediatamente sucumbe. [22] El que recibe la semilla entre espinas es el hombre que escucha la Palabra, pero las preocupaciones del mundo y la seducción de las riquezas la ahogan, y no puede dar fruto. [23] Y el que la recibe en tierra fértil es el hombre que escucha la Palabra y la comprende. Este produce fruto, ya sea cien, ya sesenta, ya treinta por uno».

Parábola de la cizaña

Mt 13 36-43; 3 12

[24] Y les propuso otra parábola: «El Reino de los Cielos se parece a un hombre que sembró buena semilla en su campo; [25] pero mientras todos dormían, vino su enemigo, sembró cizaña en medio del trigo y se fue. [26] Cuando creció el trigo y aparecieron las espigas, también apareció la cizaña. [27] Los peones fueron a ver entonces al propietario y le dijeron: «Señor, ¿no habías sembrado buena semilla en tu campo? ¿Cómo es que ahora hay cizaña en él?". [28] Él les respondió: «Esto lo ha hecho algún enemigo». Los peones replicaron: "¿Quieres que vayamos a arrancarla?". [29] "No —les dijo el dueño—, porque al arrancar la cizaña, corren el peligro de arrancar también el trigo. [30] Dejen que crezcan juntos hasta la cosecha, y entonces diré a los cosechadores: Arranquen primero la cizaña y átenla en manojos para quemarla, y luego recojan el trigo en mi granero"».

Parábola del grano de mostaza

Mc 4 30-32 / Lc 13 18-19

Sal 104 12; Ez 17 23; 31 6; Dn 4 9.18

[31] También les propuso otra parábola: «El Reino de los Cielos se parece a un grano de mostaza que un hombre sembró en *su campo*. [32] En realidad, esta es la más pequeña de las semillas, pero cuando crece es la más grande de las hortalizas y se convierte en un arbusto, de tal manera que *los pájaros del cielo van a cobijarse en sus ramas*».

Parábola de la levadura

Lc 13 20-21

1 Cor 5 6

[33] Después les dijo esta otra parábola: «El Reino de los Cielos se parece a un poco de levadura que una mujer mezcla con gran cantidad de harina, hasta que fermenta toda la masa».

Enseñanza por medio de parábolas

Mc 4 33-34

Sal 78 2; 1 Cor 2 7

[34] Todo esto lo decía Jesús a la muchedumbre por medio de parábolas, y no les hablaba sin parábolas, [35] para que se cumpliera lo anunciado por el Profeta:

Hablaré en parábolas,
anunciaré cosas que estaban ocultas
desde la creación del mundo.

Explicación de la parábola de la cizaña

Mt 13 24-30; 1 Jn 3 10; Jl 4 13;
Sof 1 3; Mt 8 12; Dn 12 3

[36] Entonces, dejando a la multitud, Jesús regresó a la casa; sus discípulos se acercaron y le dijeron: «Explícanos la parábola de la cizaña en el campo». [37] Él les respondió: «El que siembra la buena semilla es el Hijo del hombre; [38] el campo es el mundo; la buena semilla son los que pertenecen al Reino; la cizaña son los que pertenecen al Maligno, [39] y el enemigo que la siembra es el diablo; la cosecha es el fin del mundo y los cosechadores son los ángeles. [40] Así como se arranca la cizaña y se la quema en el fuego, de la misma manera sucederá al fin del mundo. [41] El Hijo del hombre enviará a sus ángeles, y estos quitarán de su Reino todos los escándalos y a los que hicieron el mal, [42] y los arrojarán en el horno ardiente: allí habrá llanto y rechinar de dientes. [43] Entonces los justos resplandecerán como el sol en el Reino de su Padre. ¡El que tenga oídos, que oiga!

Parábola del tesoro

Prov 2 4; Eclo 20 30-31; Prov 4 7; Mt 19 21

[44] El Reino de los Cielos se parece a un tesoro escondido en un campo; un hombre lo encuentra, lo vuelve a esconder, y, lleno de alegría, vende todo lo que posee y compra el campo.

Parábola de la perla

Prov 3 13-15; 8 10-11; Mt 7 6

[45] El Reino de los Cielos se parece también a un negociante que se dedicaba a buscar perlas finas; [46] y al encontrar una de gran valor, fue a vender todo lo que tenía y la compró.

Parábola de la red

Mt 4 18-19; 22 9; Ez 47 10; Hab 1 14-17;
Dn 3 6; Mt 8 12; 13 42

[47] El Reino de los Cielos se parece también a una red que se echa al mar y recoge toda clase de peces. [48] Cuando está llena,

los pescadores la sacan a la orilla y, sentándose, recogen lo bueno en canastas y tiran lo que no sirve. 49 Así sucederá al fin del mundo: vendrán los ángeles y separarán a los malos de entre los justos, 50 para arrojarlos en el horno ardiente. Allí habrá llanto y rechinar de dientes.

Conclusión

51 ¿Comprendieron todo esto?». «Sí», le respondieron. 52 Entonces agregó: «Todo escriba convertido en discípulo del Reino de los Cielos se parece a un dueño de casa que saca de sus reservas lo nuevo y lo viejo».

LAS PRIMICIAS DEL REINO DE LOS CIELOS

PARTE NARRATIVA

Visita de Jesús a Nazaret

Mc 6 1-6 / Lc 4 16-24

Mt 7 28; 11 1; 19 1; 26 1; Jn 7 15; 6 42; 4 44

53 Cuando Jesús terminó estas parábolas se alejó de allí 54 y, al llegar a su pueblo, se puso a enseñar a la gente en su sinagoga, de tal manera que todos estaban maravillados. «¿De dónde le vienen —decían— esta sabiduría y ese poder de hacer milagros? 55 ¿No es este el hijo del carpintero? ¿Su madre no es la que llaman María? ¿Y no son hermanos suyos Santiago, José, Simón y Judas? 56 ¿Y acaso no viven entre nosotros todas sus hermanas? ¿De dónde le vendrá todo esto?». 57 Y Jesús era para ellos un motivo de tropiezo. Entonces les dijo: «Un profeta es despreciado solamente en su pueblo y en su familia». 58 Y no hizo allí muchos milagros, a causa de la falta de fe de esa gente.

REFLEXIONA

La muerte de Juan el Bautista

La predicación radical de Juan el Bautista molestó a muchas personas, que no querían dejar su manera de vivir. De ahí que buscaran su muerte y fuera decapitado. En este acontecimiento contrastan la inmoralidad de Herodes y lo absurdo de su juramento, con el silencio y la lealtad de Juan hasta el fin.

La muerte de Juan prefigura la muerte de Jesús. Ambos profetas murieron por fidelidad a su misión, en manos del poder político. *¿Conoces la vida de profetas* que han sido martirizados por fidelidad a su misión? ¿Eres capaz de denunciar el mal con perseverancia, aunque padezcas a causa de ello?

Mt 14 1-12

Juicio de Herodes sobre Jesús

Mc 6 14-16 / Lc 9 7-9

Mt 11 2.9

14 1 En aquel tiempo, la fama de Jesús llegó a oídos del tetrarca Herodes, 2 y él dijo a sus allegados: «Este es Juan el Bautista; ha resucitado de entre los muertos, y por eso se manifiestan en él poderes milagrosos».

La muerte de Juan el Bautista

Mc 6 17-29 / Lc 3 19-20

Lv 18 16; 20 21; Mt 19 9; 21 26

3 Herodes, en efecto, había hecho arrestar, encadenar y encarcelar a Juan, a causa de Herodías, la mujer de su hermano Felipe, 4 porque Juan le decía: «No te es lícito tenerla». 5 Herodes quería matarlo, pero tenía miedo del pueblo, que consideraba a Juan un profeta. 6 El día en que Herodes festejaba su cumpleaños, la hija de Herodías bailó en público, y le agradó tanto a Herodes 7 que prometió bajo juramento darle lo que pidiera. 8 Instigada por su madre, ella dijo: «Tráeme aquí sobre una bandeja la cabeza de Juan el Bautista». 9 El rey se entristeció, pero a causa de su juramento y por los convidados, ordenó que se la dieran 10 y mandó decapitar a Juan en la cárcel. 11 Su cabeza fue llevada sobre una bandeja y entregada a la joven, y esta la presentó a su madre. 12 Los discípulos de Juan recogieron el cadáver, lo sepultaron y después fueron a informar a Jesús.

La primera multiplicación de los panes

Mc 6 31-44 / Lc 9 10-17 / Jn 6 1-13

Mt 9 36; 15 3; Mc 6 36; 8 3; 2 Re 4 42-44; Mt 26 26; Ex 16 12; Sal 78 29

13 Al enterarse de eso, Jesús se alejó en una barca a un lugar desierto para estar a solas. Apenas lo supo la gente, dejó las ciudades y lo siguió a pie. 14 Cuando desembarcó, Jesús vio una gran muchedumbre y, compadeciéndose de ella, curó a los enfermos. 15 Al atardecer, los discípulos se acercaron y le dijeron: «Este es un lugar desierto y ya se hace tarde; despide a la multitud para que vaya a las ciudades a comprarse alimentos». 16 Pero Jesús les dijo:

«No es necesario que se vayan, denles de comer ustedes mismos». 17 Ellos respondieron: «Aquí no tenemos más que cinco panes y dos pescados». 18 «Tráiganmelos aquí», les dijo. 19 Y después de ordenar a la multitud que se sentara sobre el pasto, tomó los cinco panes y los dos pescados, y levantando los ojos al cielo, pronunció la bendición, partió los panes, los dio a sus discípulos, y ellos los distribuyeron entre la multitud. 20 Todos comieron hasta saciarse y con los pedazos que sobraron se llenaron doce canastas. 21 Los que comieron fueron unos cinco mil hombres, sin contar las mujeres y los niños.

Jesús camina sobre el agua

Mc 6 45-52 / Jn 6 16-21
Mt 26 36; Lc 24 37;
Mt 6 30; 8 23-27; 16 16; 26 63; 27 54; 28 17

22 Enseguida, obligó a los discípulos que subieran a la barca y pasaran antes que él a la otra orilla, mientras él despedía a la multitud. 23 Después, subió a la montaña para orar a solas. Y al atardecer, todavía estaba allí, solo. 24 La barca ya estaba muy lejos de la costa, sacudida por las olas, porque tenían viento en contra. 25 A la madrugada, Jesús fue hacia ellos, caminando sobre el mar. 26 Los discípulos, al verlo caminar sobre el mar, se asustaron. «Es un fantasma», dijeron, y llenos de temor se pusieron a gritar. 27 Pero Jesús les dijo: «Tranquilícense, soy yo; no teman». 28 Entonces Pedro le respondió: «Señor, si eres tú, mándame ir a tu encuentro sobre el agua». 29 «Ven», le dijo Jesús. Y Pedro, bajando de la barca, comenzó a caminar sobre el agua en dirección a él. 30 Pero, al ver la violencia del viento, tuvo miedo, y como empezaba a hundirse, gritó: «Señor, sálvame». 31 Enseguida, Jesús le tendió la mano y lo sostuvo, mientras le decía: «Hombre de poca fe, ¿por qué dudaste?». 32 En cuanto subieron a la barca, el viento se calmó. 33 Los que estaban en ella se postraron ante él, diciendo: «Verdaderamente, tú eres el Hijo de Dios».

Curaciones en la región de Genesaret

Mc 6 53-56
Mt 9 20-21

34 Al llegar a la otra orilla, fueron a Genesaret. 35 Cuando la gente del lugar lo reconoció, difundió la noticia por los alrededores, y le llevaban a todos los enfermos, 36 rogándole que los dejara tocar tan solo los flecos de su manto, y todos los que lo tocaron quedaron curados.

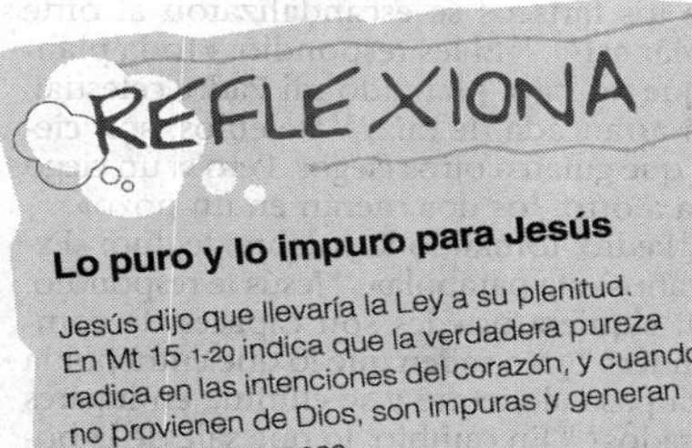

MT

Jesús y las tradiciones de los antepasados

Mc 7 1-13
Ex 20 12; Dt 5 16; Ex 21 17; Lv 20 9;
Mt 23 16; Is 29 13

15 1 Entonces, unos fariseos y escribas de Jerusalén se acercaron a Jesús y le dijeron: 2 «¿Por qué tus discípulos quebrantan la tradición de nuestros antepasados y no se lavan las manos antes de comer?». 3 Él les respondió: «¿Y por qué ustedes, por seguir su tradición, no cumplen el mandamiento de Dios? 4 En efecto, Dios dijo: *Honra a tu padre y a tu madre* y: *El que maldice a su padre o a su madre, será condenado a muerte.* 5 Pero ustedes afirman: El que diga a su padre o a su madre: "He ofrecido al Templo los bienes que tenía para ayudarte", 6 está libre de los deberes hacia ellos. Así ustedes, en nombre de su tradición, han anulado la Palabra de Dios. 7 ¡Hipócritas! Bien profetizó de ustedes Isaías, cuando dijo:

8 *Este pueblo me honra con los labios,*
pero su corazón está lejos de mí.
9 *En vano me rinden culto:*
las doctrinas que enseñan
no son sino preceptos humanos».

La enseñanza sobre lo puro y lo impuro

Mc 7 14-23
Lc 6 39; Mt 12 34; Rom 1 29-31

10 Jesús llamó a la multitud y le dijo: «Escuchen y comprendan. 11 Lo que mancha al hombre no es lo que entra por la boca, sino lo que sale de ella». 12 Entonces se acercaron los discípulos y le dijeron: «¿Sabes

que los fariseos se escandalizaron al oírte hablar así?». 13 Él les respondió: «Toda planta que no haya plantado mi Padre celestial, será arrancada de raíz. 14 Déjenlos: son ciegos que guían a otros ciegos. Pero si un ciego guía a otro, los dos caerán en un pozo».

15 Pedro, tomando la palabra, le dijo: «Explícanos esta parábola». 16 Jesús le respondió: «¿Ni siquiera ustedes son capaces de comprender? 17 ¿No saben que lo que entra por la boca pasa al vientre y se elimina en lugares retirados? 18 En cambio, lo que sale de la boca procede del corazón, y eso es lo que mancha al hombre. 19 Del corazón proceden las malas intenciones, los homicidios, los adulterios, las fornicaciones, los robos, los falsos testimonios, las difamaciones. 20 Estas son las cosas que hacen impuro al hombre, no el comer sin haberse lavado las manos».

Curación de la hija de una cananea

Mc 7 24-30

Mt 9 27; 20 30-31; Mc 10 47-48; Lc 18 38-39; Mt 10 6; 8 10.13; 9 29

21 Jesús se retiró hacia el país de Tiro y de Sidón. 22 Entonces una mujer cananea, que salió de aquella región, comenzó a gritar: «¡Señor, Hijo de David, ten piedad de mí! Mi hija está terriblemente atormentada por un demonio». 23 Pero él no le respondió nada. Sus discípulos se acercaron y le pidieron: «Señor, atiéndela, porque nos persigue con sus gritos». 24 Jesús respondió: «Yo he sido enviado solamente a las ovejas perdidas del pueblo de Israel». 25 Pero la mujer fue a postrarse ante él y le dijo: «¡Señor, socórreme!». 26 Jesús le dijo: «No está bien tomar el pan de los hijos, para tirárselo a los cachorros». 27 Ella respondió: «¡Y sin embargo, Señor, los cachorros comen las migas que caen de la mesa de sus dueños!». 28 Entonces Jesús le dijo: «Mujer, ¡qué grande es tu fe! ¡Que se cumpla tu deseo!». Y en ese momento su hija quedó curada.

¡QUÉ GRANDE ES TU FE!

Mt 15 28

Curaciones junto al lago

Mc 7 31-37

Mt 4 23-25; 11 4-5

29 Desde allí, Jesús llegó a orillas del mar de Galilea y, subiendo a la montaña, se sentó. 30 Una gran multitud acudió a él, llevando paralíticos, ciegos, lisiados, mudos y muchos otros enfermos. Los pusieron a sus pies y él los curó. 31 La multitud se admiraba al ver que los mudos hablaban, los inválidos quedaban curados, los paralíticos caminaban y los ciegos recobraban la vista. Y todos glorificaban al Dios de Israel.

La segunda multiplicación de los panes

Mc 8 1-10

Mt 9 36; 14 14-21; Mc 6 37; Lc 9 13; Jn 6 5; 1 Cor 11 24

32 Entonces Jesús llamó a sus discípulos y les dijo: «Me da pena esta multitud, porque hace tres días que están conmigo y no tienen qué comer. No quiero despedirlos en ayunas, porque podrían desfallecer en el camino». 33 Los discípulos le dijeron: «¿Y dónde podríamos conseguir en este lugar despoblado bastante cantidad de pan para saciar a tanta gente?». 34 Jesús les dijo: «¿Cuántos panes tienen?». Ellos respondieron: «Siete y unos pocos pescados». 35 Él ordenó a la multitud que se sentara en el suelo; 36 después, tomó los panes y los pescados, dio gracias, los partió y los dio a los discípulos. Y ellos los distribuyeron entre la multitud. 37 Todos comieron hasta saciarse, y con los pedazos que sobraron se llenaron siete canastas. 38 Los que comieron eran cuatro mil hombres, sin contar las mujeres y los niños. 39 Después que despidió a la multitud, Jesús subió a la barca y se dirigió al país de Magadán.

La interpretación de los signos de los tiempos

Mc 8 11-13 / Lc 11 16.29; 12 54-56

Mt 12 38-39; Jn 6 30; 1 Cor 1 22

16 1 Los fariseos y los saduceos se acercaron a él y, para ponerlo a prueba, le pidieron que les hiciera ver un signo del cielo. 2 Él les respondió: «Al atardecer, ustedes dicen: "Va a hacer buen tiempo, porque el cielo está rojo como el fuego". 3 Y de madrugada, dicen: "Hoy habrá tormenta, porque el cielo está rojo oscuro". ¡De manera que saben interpretar el aspecto del cielo, pero no los signos de los tiempos! 4 Esta generación malvada y adúltera reclama un signo, pero no se le dará otro signo que el de Jonás». Y enseguida los dejó y se fue.

Advertencia contra la doctrina de los fariseos y los saduceos

Mc 8 14-21 / Lc 12 1

Mt 14 13-21; Mc 6 41-44; Lc 9 14-17; Mt 15 32-38; Mc 8 5-9

5 Al pasar a la otra orilla, los discípulos se olvidaron de llevar pan. 6 Jesús les dijo:

«Estén atentos y cuídense de la levadura de
los fariseos y de los saduceos». 7 Ellos pensaban: «Lo dice porque no hemos traído
pan». 8 Jesús se dio cuenta y les dijo: «Hombres de poca fe, ¿cómo están pensando que
no tienen pan? 9 ¿Todavía no comprenden?
¿No se acuerdan de los cinco panes para
cinco mil personas y del número de canastas que juntaron? 10 ¿Y tampoco recuerdan
los siete panes para cuatro mil personas, y
cuántas canastas recogieron? 11 ¿Cómo no
comprenden que no me refería al pan?
¡Cuídense de la levadura de los fariseos y
de los saduceos!». 12 Entonces entendieron
que les había dicho que se cuidaran, no de
la levadura del pan, sino de la doctrina
de los fariseos y de los saduceos.

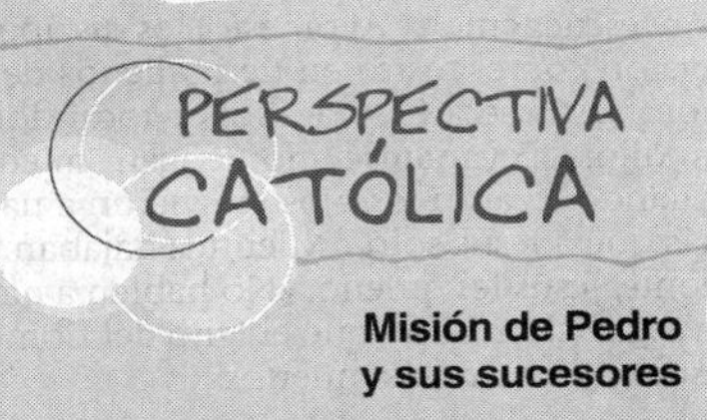

Misión de Pedro y sus sucesores

¿Qué le contestarías a Jesús si te preguntara: según tú, «¿quién dicen que soy?» (Mt 16 15).

Jesús se alegró cuando Simón le respondió: «Tú eres el Mesías, el Hijo de Dios vivo» (v. 16). Ante esta respuesta de fe, Jesús le declara su misión de ser la roca sobre la que establecerá la Iglesia o nuevo Pueblo de Dios. Poco después de recibir esta misión, Pedro quiere evitar que Jesús sufra la pasión; Jesús lo reprime severamente por su poca fe (v. 23). A pesar de esto, Jesús mantuvo firme la misión encomendada a Pedro.

Los sucesores de Pedro —a quienes llamamos *papas* o *pontífices*— tienen la misión de ser la piedra sobre la que Cristo edifica su Iglesia, y están llamados a ser signo visible *de la unidad*, *autoridad* y servicio en la comunidad eclesial (ver «La misión de la Iglesia y de su pastor», Jn 21).

En la historia, los papas han sido fundamento de la Iglesia y causa de escándalo, pero sus grandes pecados no la han destruido, pues está sostenida por Cristo. Ora siempre por el liderazgo de nuestra Iglesia. Agradece sus buenas obras, y cuando fallen, pide con más fuerza por ellos.

Mt 16 13-20

La profesión de fe de Pedro

Mc 8 27-30 / Lc 9 18-21

Mt 8 20; 3 1; Mc 6 14-15; Lc 9 7-8; Mt 21 11.46; Mc 6 15; Lc 7 16; Mt 14 33; 26 63; 18 18; Jn 20 23

13 Al llegar a la región de Cesarea de Filipo, Jesús preguntó a sus discípulos: «¿Qué
dice la gente sobre el Hijo del hombre?
¿Quién dicen que es?». 14 Ellos le respondieron: «Unos dicen que es Juan el Bautista; otros, Elías; y otros, Jeremías o alguno
de los profetas». 15 «Y ustedes —les preguntó—, ¿quién dicen que soy?». 16 Tomando
la palabra, Simón Pedro respondió: «Tú
eres el Mesías, el Hijo de Dios vivo». 17 Y Jesús le dijo: «Feliz de ti, Simón, hijo de Jonás, porque esto no te lo ha revelado ni la
carne ni la sangre, sino mi Padre que está
en el cielo. 18 Y yo te digo: Tú eres Pedro, y
sobre esta piedra edificaré mi Iglesia, y el
poder de la Muerte no prevalecerá contra
ella. 19 Yo te daré las llaves del Reino de los
Cielos. Todo lo que ates en la tierra, quedará atado en el cielo, y todo lo que desa-
tes en la tierra, quedará desatado en el cielo». 20 Entonces ordenó severamente a sus
discípulos que no dijeran a nadie que él
era el Mesías.

Mt 16 19

COMPRENDE LOS SÍMBOLOS

Las llaves

Las llaves entregadas a Pedro son el símbolo de la Santa Sede. Están perforadas en forma de cruz. La de oro alude al poder sobre el Reino de los Cielos; la de plata indica la autoridad espiritual del papado en la tierra. El cordón que las une muestra la unión de los dos poderes.

El primer anuncio de la Pasión

Mc 8 31-33 / Lc 9 22
Mt 17 22-23; 20 17-19; 26 1-5;
Os 6 2; Mt 4 8-10; Is 8 14

21 Desde aquel día, Jesús comenzó a
anunciar a sus discípulos que debía ir a Jerusalén, y sufrir mucho de parte de los ancianos, de los sumos sacerdotes y de los escribas; que debía ser condenado a muerte y
resucitar al tercer día. 22 Pedro lo llevó aparte y comenzó a reprenderlo, diciendo: «Dios
no lo permita, Señor, eso no sucederá». 23 Pero él, dándose vuelta, dijo a Pedro: «¡Retírate, ve detrás de mí, Satanás! Tú eres para mí
un obstáculo, porque tus pensamientos no
son los de Dios, sino los de los hombres».

Condiciones para seguir a Jesús

Mc 8 34 – 9 1 / Lc 9 23-27
Mt 10 38-39; Lc 14 27; 17 33;
Jn 12 25-26; Dn 7 13-14; Ez 18 30

24 Entonces Jesús dijo a sus discípulos: «El
que quiera venir detrás de mí, que renuncie a
sí mismo, que cargue con su cruz y me siga.
25 Porque el que quiera salvar su vida, la perderá; y el que pierda su vida a causa de mí, la
encontrará. 26 ¿De qué le servirá al hombre ganar el mundo entero si pierde su vida? ¿Y qué
podrá dar el hombre a cambio de su vida?

27 Porque el Hijo del hombre vendrá en
la gloria de su Padre, rodeado de sus ángeles, y entonces pagará a cada uno de acuerdo con su conducta. 28 Les aseguro que algunos de los que están aquí presentes no
morirán antes de ver al Hijo del hombre,
cuando venga en su Reino».

La transfiguración de Jesús

Mc 9 2-9 / Lc 9 28-36
Ex 24 13-16; 2 Re 2 11; Dt 16 13; Sal 2 7;
Dt 18 15; Mt 3 17; 12 18; 2 Pe 1 16-18

17 1 Seis días después, Jesús tomó a Pedro,
a Santiago y a su hermano Juan, y los
llevó aparte a un monte elevado. 2 Allí se
transfiguró en presencia de ellos: su rostro
resplandecía como el sol y sus vestiduras se
volvieron blancas como la luz. 3 De pronto
se les aparecieron Moisés y Elías, hablando
con Jesús. 4 Pedro dijo a Jesús: «Señor, ¡qué
bien estamos aquí! Si quieres, levantaré aquí
mismo tres tiendas, una para ti, otra para
Moisés y otra para Elías». 5 Todavía estaba
hablando, cuando una nube luminosa los
cubrió con su sombra y se oyó una voz que
decía desde la nube: «Este es mi Hijo muy
querido, en quien tengo puesta mi predilección: escúchenlo». 6 Al oír esto, los discípulos
cayeron con el rostro en tierra, llenos de temor. 7 Jesús se acercó a ellos y, tocándolos,
les dijo: «Levántense, no tengan miedo».
8 Cuando alzaron los ojos, no vieron a nadie
más que a Jesús solo. 9 Mientras bajaban del
monte, Jesús les ordenó: «No hablen a nadie
de esta visión, hasta que el Hijo del hombre
resucite de entre los muertos».

Elías, figura de Juan el Bautista

Mc 9 11-13
Mal 3 23-24; Eclo 48 10; Mt 3 4; 11 14; 16 14;
Mc 6 14; Lc 1 17

10 Entonces los discípulos le preguntaron:
«¿Por qué dicen los escribas que primero
debe venir Elías?». 11 Él respondió: «Sí, Elías

VIVE LA PALABRA

Alturas espirituales

Muchas veces, al participar en un retiro espiritual, congreso de evangelización, peregrinación..., sentimos la presencia de Dios intensamente, con un gozo extraordinario que nos acerca a él y nos motiva a cambiar de vida. Pedro, Santiago y Juan deben haberse sentido así en la transfiguración (ver «La transfiguración», Mc 9 2-8).

Las experiencias intensas despiertan, nutren o iluminan nuestra fe, pero los sentimientos extraordinarios que tuvimos, no duran largo tiempo. El amor cristiano consiste en ser fiel a Jesús, hacerlo presente entre las personas e implantar su justicia en la sociedad; la emoción espiritual debe dar lugar a una fe renovada y activa *a través de la vida. Por eso Mateo sitúa el relato de la transfiguración como antesala de las* enseñanzas de Jesús sobre la vida de la comunidad cristiana.

Recuerda alguna vez que te sentiste muy cerca de Dios, revive esa experiencia en tu corazón, y dialoga con el Señor: *Jesús, quiero ser fiel como María. Ella supo servirte día a día, sin depender de que hubiera ángeles del cielo como en Belén. ¿Hacia dónde me invitas con esta experiencia?*

Mt 17 1-13

debe venir a poner en orden todas las cosas; 12 pero les aseguro que Elías ya ha venido, y no lo han reconocido, sino que hicieron con él lo que quisieron. Y también harán padecer al Hijo del hombre». 13 Los discípulos comprendieron entonces que Jesús se refería a Juan el Bautista.

Curación de un endemoniado epiléptico

Mc 9 14-29 / Lc 9 37-42 / Mc 11 22-33 / Lc 17 6
Dt 32 5.20; Mt 12 39; 8 13; 9 22; 15 28; 13 31; 21 21

14 Cuando se reunieron con la multitud, se le acercó un hombre y, cayendo de rodillas, 15 le dijo: «Señor, ten piedad de mi hijo, que es epiléptico y está muy mal: frecuentemente cae en el fuego y también en el agua. 16 Yo lo llevé a tus discípulos, pero no lo pudieron curar». 17 Jesús respondió: «¡Generación incrédula y perversa! ¿Hasta cuándo estaré con ustedes? ¿Hasta cuándo tendré que soportarlos? Tráiganmelo aquí». 18 Jesús increpó al demonio, y este salió del niño, que desde aquel momento quedó curado. 19 Los discípulos se acercaron entonces a Jesús y le preguntaron en privado: «¿Por qué nosotros no pudimos expulsarlo?». 20 «Porque ustedes tienen poca fe —les dijo—. Les aseguro que si tuvieran fe del tamaño de un grano de mostaza, dirían a esta montaña: «Trasládate de aquí a allá», y la montaña se trasladaría; y nada sería imposible para ustedes». 21

El segundo anuncio de la Pasión

Mc 9 30-32 / Lc 9 44-45
Mt 16 21; 20 17-19; 26 1-5

22 Mientras estaban reunidos en Galilea, Jesús les dijo: «El Hijo del hombre va a ser entregado en manos de los hombres: 23 lo matarán y al tercer día resucitará». Y ellos quedaron muy apenados.

La contribución debida al Templo

Ex 30 13; 38 26

24 Al llegar a Cafarnaún, los cobradores del impuesto del Templo se acercaron a Pedro y le preguntaron: «¿El Maestro de ustedes no paga el impuesto?». 25 «Sí, lo paga», respondió. Cuando Pedro llegó a la casa, Jesús se adelantó a preguntarle: «¿Qué te parece, Simón? ¿De quiénes perciben los impuestos y las tasas los reyes de la tierra, de sus hijos o de los extraños?». 26 Y como Pedro respondió: «De los extraños», Jesús le dijo: «Eso quiere decir que los hijos están exentos. 27 Sin embargo, para no escandalizar a esta gente, ve al lago, echa el anzuelo, toma el primer pez que salga y ábrele la boca. Encontrarás en ella una moneda de plata: tómala, y paga por mí y por ti».

INSTRUCCIÓN A LOS DISCÍPULOS

El más grande en el Reino

Mc 9 33-37 / Lc 9 46-48 / Mc 10 15 / Lc 18 17
Mt 2 8-11; 11 16; 19 13-14; 10 40

18 1 En aquel momento los discípulos se acercaron a Jesús para preguntarle: «¿Quién es el más grande en el Reino de los Cielos?». 2 Jesús llamó a un niño, lo puso en medio de ellos 3 y dijo: «Les aseguro que si ustedes no cambian o no se hacen como niños, no entrarán en el Reino de los Cielos. 4 Por lo tanto, el que se haga pequeño como este niño, será el más grande en el Reino de los Cielos. 5 El que recibe a uno de estos pequeños en mi Nombre, me recibe a mí mismo.

La gravedad del escándalo

Mc 9 42 / Lc 17 1-2 / Mc 9 43-47
Mt 26 24; 5 29-30; Ex 23 20-22; Sal 91 11; Tob 5 22

6 Pero si alguien escandaliza a uno de estos pequeños que creen en mí, sería preferible para él que le ataran al cuello una pie-

REFLEXIONA

El ángel de la guarda

Jesús subraya la necesidad de respetar y cuidar a los pequeños que están abiertos al mensaje del Reino. Asegura «que sus ángeles en el cielo están constantemente en presencia de mi Padre celestial» (Mt 18 10). De esta afirmación proviene la creencia de que Dios ha dado un ángel custodio a cada persona, familia, comunidad y pueblo, para protegerla y guiarla en la vida, como el ángel de Dios condujo al pueblo de Israel en el desierto (Ex 23 20).

¿Tiene tu corazón la sencillez de un niño para confiar en Dios? ¿Te acoges a la protección y ayuda de tu ángel de la guarda? (ver «Símbolo del ángel», Sal 91 11).

Mt 18 6-14

MT

M
T

dra de moler y lo hundieran en el fondo del
mar. 7 ¡Ay del mundo a causa de los escándalos! Es inevitable que existan, pero ¡ay de
aquel que los causa!
8 Si tu mano o tu pie son para ti ocasión
de pecado, córtalos y arrójalos lejos de ti,
porque más te vale entrar en la Vida manco
o lisiado, que ser arrojado con tus dos manos o tus dos pies en el fuego eterno. 9 Y si
tu ojo es para ti ocasión de pecado, arráncalo y tíralo lejos, porque más te vale entrar
con un solo ojo en la Vida, que ser arrojado con tus dos ojos en la Gehena del fuego.
10 Cuídense de despreciar a cualquiera de estos pequeños, porque les aseguro que sus
ángeles en el cielo están constantemente en
presencia de mi Padre celestial. 11

La oveja perdida

Lc 15 3-7
Ez 34 4.12.16; Sal 119 176; Mt 24 4.11.24;
2 Tim 3 13; 1 Jn 1 8; 3 7

12 ¿Qué les parece? Si un hombre tiene
cien ovejas, y una de ellas se pierde, ¿no deja las noventa y nueve restantes en la montaña, para ir a buscar la que se extravió? 13 Y si
llega a encontrarla, les aseguro que se alegrará más por ella que por las noventa y nueve
que no se extraviaron. 14 De la misma manera, el Padre que está en el cielo no quiere que
se pierda ni uno solo de estos pequeños.

La corrección fraterna

Lc 17 3
Lv 19 7; Dt 19 15; Mt 16 19

15 Si tu hermano peca, ve y corrígelo en
privado. Si te escucha, habrás ganado a tu
hermano. 16 Si no te escucha, busca una o
dos personas más, para que *el asunto se decida por la declaración de dos o tres testigos.*
17 Si se niega a hacerles caso, dilo a la comunidad. Y si tampoco quiere escuchar a
la comunidad, considéralo como pagano o
publicano. 18 Les aseguro que todo lo que
ustedes aten en la tierra, quedará atado en
el cielo, y lo que desaten en la tierra, quedará desatado en el cielo.

La oración en común

Mt 7 7; 21 22; Mc 11 14; Jn 15 7; Mt 28 20; Jn 14 23

19 También les aseguro que si dos de ustedes se unen en la tierra para pedir algo,
mi Padre que está en el cielo se lo concederá. 20 Porque donde hay dos o tres reunidos en mi Nombre, yo estoy presente en
medio de ellos».

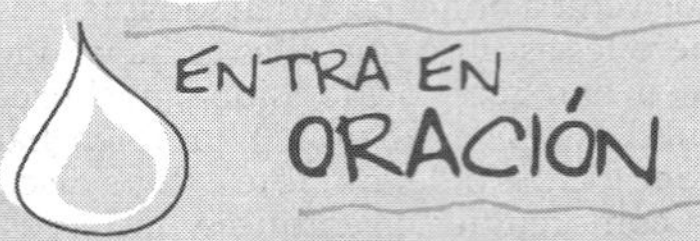

Perdonar como Jesús

Pedro pregunta a Jesús cuántas veces tenemos que perdonar a quien nos ofende (Mt 18 21). Jesús le responde con una parábola para insistir que, igual que él, debemos perdonar setenta veces siete, o sea una y otra vez..., siempre.

Recuerda a una persona que te haya ofendido hondamente. Sostén su imagen en tus pensamientos y siente a Jesús junto a los dos. Imagínate que Jesús te pide perdón en nombre de ella, ¿qué te dice Jesús?, ¿qué le respondes?

Ahora recuerda algún daño que hayas hecho tú a otra persona; pide a Jesús perdón y que te ayude a pedirle perdón a ella. ¡Es tan liberador perdonar y ser perdonado!

Mt 18 21-35

El perdón de las ofensas

Lc 17 4
Gn 4 15.24; Lv 26 21; Prov 24 16

21 Entonces se adelantó Pedro y le dijo:
«Señor, ¿cuántas veces tendré que perdonar
a mi hermano las ofensas que me haga?
¿Hasta siete veces?». 22 Jesús le respondió:
«No te digo hasta siete veces, sino hasta se-
tenta veces siete.

Parábola del servidor despiadado

2 Re 4 1; Is 50 1; Lc 7 42; Mt 25 26;
Lc 12 58-59; Mt 6 14-15; Mc 11 25

23 Por eso, el Reino de los Cielos se parece a un rey que quiso arreglar las cuentas
con sus servidores. 24 Comenzada la tarea,
le presentaron a uno que debía diez mil talentos. 25 Como no podía pagar, el rey mandó que fuera vendido junto con su mujer,
sus hijos y todo lo que tenía, para saldar la
deuda. 26 El servidor se arrojó a sus pies, diciéndole: "Señor, dame un plazo y te pagaré todo". 27 El rey se compadeció, lo dejó ir
y le perdonó la deuda.
28 Al salir, este servidor encontró a uno de
sus compañeros que le debía cien denarios
y, tomándolo del cuello hasta ahogarlo, le
dijo: "Págame lo que me debes". 29 El otro se
arrojó a sus pies y le suplicó: "Dame un pla-

zo y te pagaré la deuda". 30 Pero él no quiso,
sino que lo hizo poner en la cárcel hasta
que pagara lo que debía. 31 Los demás servidores, al ver lo que había sucedido, se ape-
naron mucho y fueron a contarlo a su señor.
32 Este lo mandó llamar y le dijo: "¡Miserable! Me suplicaste, y te perdoné la deuda.
33 ¿No debías también tú tener compasión
de tu compañero, como yo me compadecí de
ti?". 34 E indignado, el rey lo entregó en manos de los verdugos hasta que pagara todo
lo que debía. 35 Lo mismo hará también mi
Padre celestial con ustedes, si no perdonan
de corazón a sus hermanos».

LA CONSUMACIÓN DEL REINO DE LOS CIELOS

PARTE NARRATIVA

El matrimonio y el divorcio

Mc 10 1-12
Gn 1 27; 2 24; Dt 24 1; Mt 5 31-32;
Lc 16 18; 1 Cor 7 10-11

19 1 Cuando Jesús terminó de decir estas
palabras, dejó la Galilea y fue al territorio de Judea, más allá del Jordán. 2 Lo siguió una gran multitud y allí curó a los enfermos. 3 Se acercaron a él algunos fariseos y,
para ponerlo a prueba, le dijeron: «¿Es lícito
al hombre divorciarse de su mujer por cualquier motivo?». 4 Él respondió: «¿No han leído ustedes que el Creador, desde el principio, *los hizo varón y mujer*; 5 y que dijo: *Por eso,
el hombre dejará a su padre y a su madre para
unirse a su mujer, y los dos no serán sino una sola carne*? 6 De manera que ya no son dos, sino una sola carne. Que el hombre no separe
lo que Dios ha unido».
7 Le replicaron: «Entonces, ¿por qué
Moisés prescribió entregar una declaración
de divorcio cuando uno se separa?». 8 Él les
dijo: «Moisés les permitió divorciarse de su
mujer, debido a la dureza del corazón de
ustedes, pero al principio no era así. 9 Por
lo tanto, yo les digo: El que se divorcia de
su mujer, a no ser en caso de fornicación, y
se casa con otra, comete adulterio».

La continencia voluntaria

1 Cor 7 1-2.7-9

10 Los discípulos le dijeron: «Si esta es la
situación del hombre con respecto a su
mujer, no conviene casarse». 11 Él les respondió: «No todos entienden este lenguaje, sino solo a quienes se les ha concedido.
12 En efecto, algunos no se casan, porque
nacieron impotentes del seno de su madre; otros, porque fueron castrados por los
hombres; y hay otros que decidieron no
casarse a causa del Reino de los Cielos. ¡El
que pueda entender, que entienda!».

VIVE LA PALABRA

Deja todo lo que tienes y sígueme

Lee Mateo 19 16-30. Sitúate en su tiempo e imagínate que eres miembro de una comunidad que reflexiona sobre el significado de este pasaje. Escucharías algo así:

Lidia: ¿Se fijaron que cuando el joven le preguntó a Jesús cómo conseguir la salvación, él le contestó que vendiera todo y lo siguiera para tener el Reino de Dios?

Tadeo: Claro, es diferente querer ir al cielo para salvarse a sí mismo que entrar al reino de amor, justicia, paz, perdón y vida...

Ana: Sí, Jesús quería dejar bien claro que no basta con cumplir la Ley, sino que hay que ser generoso con los pobres, y a este joven en particular le pedía que lo dejara todo por seguirlo.

Jairo: Estoy de acuerdo en lo que dices. Jesús insistió siempre sobre el cuidado que debemos tener todos con los necesitados, pero a pocas personas les pidió que dejaran todo, incluso sus familias, por seguirlo.

Lidia: Pero hay otro mensaje que es para todos. Fíjense donde dice que la salvación es imposible para lograrla nosotros solos, pero con Dios sí es posible.

Ana: En miras a lo que hemos reflexionado otras veces y hoy día, les sugiero que hagamos unos minutos de oración muy sincera y le preguntemos a Dios qué quiere de cada uno de nosotros. ¿Está llamando a alguno/a de nosotros a seguirlo con la misma radicalidad que pidió a sus Apóstoles y a este joven? Si es así hay que pedir su ayuda para tener el valor de seguirlo en esas severas condiciones.

Mt 19 16-30

Jesús y los niños

Mc 10 13-16 / Lc 18 15-17

Mt 18 1-5; 9 18

[13] Le trajeron entonces a unos niños para que les impusiera las manos y orara sobre ellos. Los discípulos los reprendieron, [14] pero Jesús les dijo: «Dejen a los niños, y no les impidan que vengan a mí, porque el Reino de los Cielos pertenece a quienes son como ellos». [15] Después de haberles impuesto las manos, se fue de allí.

El joven rico

Mc 10 17-22 / Lc 18 18-23

Ex 20 12-16; Dt 5 16-20; Lv 19 18; 22 39; Hch 4 34-37; Mt 6 20

[16] Luego se le acercó un hombre y le preguntó: «Maestro, ¿qué obras buenas debo hacer para conseguir la Vida eterna?». [17] Jesús le dijo: «¿Cómo me preguntas acerca de lo que es bueno? Uno solo es el Bueno. Si quieres entrar en la Vida eterna, cumple los Mandamientos». [18] «¿Cuáles?», preguntó el hombre. Jesús le respondió: *«No matarás, no cometerás adulterio, no robarás, no darás falso testimonio,* [19] *honrarás a tu padre y a tu madre, y amarás a tu prójimo como a ti mismo»*. [20] El joven dijo: «Todo esto lo he cumplido: ¿qué me queda por hacer?». [21] «Si quieres ser perfecto —le dijo Jesús—, ve, vende todo lo que tienes y dalo a los pobres: así tendrás un tesoro en el cielo. Después, ven y sígueme». [22] Al oír estas palabras, el joven se retiró entristecido, porque poseía muchos bienes.

El peligro de las riquezas

Mc 10 23-27 / Lc 18 24-27

[23] Jesús dijo entonces a sus discípulos: «Les aseguro que difícilmente un rico entrará en el Reino de los Cielos. [24] Sí, les repito, es más fácil que un camello pase por el ojo de una aguja, que un rico entre en el Reino de los Cielos». [25] Los discípulos quedaron muy sorprendidos al oír esto y dijeron: «Entonces, ¿quién podrá salvarse?». [26] Jesús, fijando en ellos su mirada, les dijo: «Para los hombres esto es imposible, pero para Dios todo es posible».

La recompensa a los discípulos

Mc 10 28-31 / Lc 22 30; 18 28-30

Mt 25 31; Dn 7 9-10; Mt 20 16; Lc 13 30

[27] Pedro, tomando la palabra, dijo: «Tú sabes que nosotros lo hemos dejado todo y te hemos seguido. ¿Qué nos tocará a nosotros?». [28] Jesús les respondió: «Les aseguro que en la regeneración del mundo, cuando el Hijo del hombre se siente en su trono de gloria, ustedes, que me han seguido, también se sentarán en doce tronos, para juzgar a las doce tribus de Israel. [29] Y el que a causa de mi Nombre deje casa, hermanos o hermanas, padre, madre, hijos o campos, recibirá cien veces más y obtendrá como herencia la Vida eterna. [30] Muchos de los primeros serán los últimos, y muchos de los últimos serán los primeros.

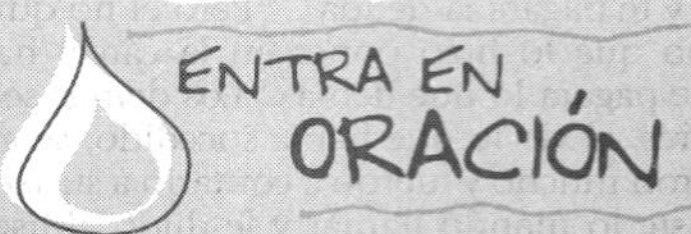

¿De verdad eres así? ¡Qué maravilla!

Lee Mateo 20 1-16. Después empieza tu diálogo con Dios basándote en esta oración; al final ora espontáneamente desde tu corazón.

Señor, he oído que ofreces la misma bienvenida al pecador que al santo. Que caminas con quien está enojado igual que con quien está contento, y abrazas al grosero y envidioso como al servicial. Incluso ofreces el mismo amor al último que te encontró, que al primero que te siguió, y tienes la misma paciencia con quien está seguro en su fe que con quien tiene dudas.

En mi experiencia diaria eso no pasa, así que disculpa si tardo en creerlo. Si eres así, por favor quédate conmigo. Necesito hablar con alguien que me comprenda y me quiera a pesar de mis dudas fallas y pecados. Te presento estas dudas..., y estas fallas mías... Dame tu amor y tu paz que tanto necesito.

Mt 20 1-16

Parábola de los obreros de la última hora

Mt 21 28.33; 6 3; Tob 5 15; Lv 19 13; Dt 24 15

20 [1] Porque el Reino de los Cielos se parece a un propietario que salió muy de madrugada a contratar obreros para trabajar en su viña. [2] Trató con ellos un denario por día y los envió a su viña. [3] Volvió a salir a media mañana y, al ver a otros desocupados en la plaza, [4] les dijo: "Vayan ustedes también a mi viña y les pagaré lo que sea justo". [5] Y ellos fueron. Volvió a salir al mediodía y a media tarde, e hizo lo mis-

mo. 6 Al caer la tarde salió de nuevo y, encontrando todavía a otros, les dijo: "¿Cómo se han quedado todo el día aquí, sin
hacer nada?". 7 Ellos le respondieron: "Nadie nos ha contratado". Entonces les dijo:
"Vayan también ustedes a mi viña".
8 Al terminar el día, el propietario llamó
a su mayordomo y le dijo: "Llama a los
obreros y págales el jornal, comenzando
por los últimos y terminando por los primeros". 9 Fueron entonces los que habían
llegado al caer la tarde y recibieron cada
uno un denario. 10 Llegaron después los
primeros, creyendo que iban a recibir algo
más, pero recibieron igualmente un denario. 11 Y al recibirlo, protestaban contra el
propietario, 12 diciendo: "Estos últimos trabajaron nada más que una hora, y tú les
das lo mismo que a nosotros, que hemos
soportado el peso del trabajo y el calor durante toda la jornada". 13 El propietario respondió a uno de ellos: "Amigo, no soy injusto contigo, ¿acaso no habíamos tratado
en un denario? 14 Toma lo que es tuyo y vete. Quiero dar a este que llega último lo
mismo que a ti. 15 ¿No tengo derecho a disponer de mis bienes como me parece? ¿Por
qué tomas a mal que yo sea bueno?". 16 Así,
los últimos serán los primeros y los primeros serán los últimos».

El tercer anuncio de la Pasión

Mc 10 32-34 / Lc 18 31-33
Mt 16 21; 17 22-23; 26 1-5

17 Cuando Jesús se dispuso a subir a Jerusalén, llevó consigo solo a los Doce, y en
el camino les dijo: 18 «Ahora subimos a Jerusalén, donde el Hijo del hombre va a ser
entregado a los sumos sacerdotes y a los escribas. Ellos lo condenarán a muerte 19 y lo
entregarán a los paganos para que sea maltratado, azotado y crucificado, pero al tercer día resucitará».

Obtención de los puestos importantes

Mc 10 35-40
Mt 19 28; Lc 22 30; Jr 25 15-29;
Mt 26 39; Jn 18 11

20 Entonces la madre de los hijos de Zebedeo se acercó a Jesús, junto con sus hijos, y
se postró ante él para pedirle algo. 21 «¿Qué
quieres?», le preguntó Jesús. Ella le dijo:
«Manda que mis dos hijos se sienten en tu
Reino, uno a tu derecha y el otro a tu izquierda». 22 «No saben lo que piden», respondió Jesús. «¿Pueden beber el cáliz que
yo beberé?». «Podemos», le respondieron.
23 «Está bien —les dijo Jesús—, ustedes beberán mi cáliz. En cuanto a sentarse a mi derecha o a mi izquierda, no me toca a mí
concederlo, sino que esos puestos son para
quienes se los ha destinado mi Padre».

El carácter servicial de la autoridad

Mc 10 41-45 / Lc 22 24-27
Mt 23 11; Mc 9 35; 10 43-44; Lc 9 48;
Flp 2 7; Mt 26 28; 1 Tim 2 6

24 Al oír esto, los otros diez se indignaron contra los dos hermanos. 25 Pero Jesús
los llamó y les dijo: «Ustedes saben que los
jefes de las naciones dominan sobre ellas y
los poderosos les hacen sentir su autoridad. 26 Entre ustedes no debe suceder así. Al
contrario, el que quiera ser grande, que se
haga servidor de ustedes; 27 y el que quiera
ser el primero, que se haga su esclavo:
28 como el Hijo del hombre, que no vino
para ser servido, sino para servir y dar su
vida en rescate por una multitud».

Curación de los dos ciegos de Jericó

Mc 10 46-52 / Lc 18 35-43
Mt 9 27-30; 15 22

29 Cuando salieron de Jericó, mucha gente
siguió a Jesús. 30 Había dos ciegos sentados al
borde del camino y, al enterarse de que pasaba Jesús, comenzaron a gritar: «¡Señor, Hijo de David, ten piedad de nosotros!». 31 La
multitud los reprendía para que se callaran,
pero ellos gritaban más: «¡Señor, Hijo de
David, ten piedad de nosotros!». 32 Jesús se
detuvo, los llamó y les preguntó: «¿Qué
quieren que haga por ustedes?». 33 Ellos le
respondieron: «Señor, que se abran nuestros
ojos». 34 Jesús se compadeció de ellos y tocó
sus ojos. Inmediatamente, recobraron la vista y lo siguieron.

La entrada mesiánica en Jerusalén

Mc 11 1-10 / Lc 19 28-38 / Jn 12 12-15
Zac 9 9; Is 62 11; Sal 118 25-26; Mt 16 14; Dt 18 15;
Mt 13 57; 17 5; Hch 3 22-23

21 1 Cuando se acercaron a Jerusalén y
llegaron a Betfagé, al monte de los
Olivos, Jesús envió a dos discípulos, 2 diciéndoles: «Vayan al pueblo que está enfrente, e inmediatamente encontrarán un asna
atada, junto con su cría. Desátenla y tráiganmelos. 3 Y si alguien les dice algo, respondan: "El Señor los necesita y los va a devolver enseguida"». 4 Esto sucedió para que
se cumpliera lo anunciado por el Profeta:

M
T

¿SABÍAS QUE...?

La purificación del Templo

El Templo de Jerusalén era el centro de la vida religiosa y civil de los judíos; en él se daba culto a Dios, y el Consejo de Ancianos ejercía la justicia sobre el pueblo. Pero el comercio de animales para el sacrificio, lo había convertido en «cueva de ladrones» (ver «Jerusalén en tiempos de Jesús», p. 1178).

Lee Mateo 21 12-17. Este relato, en que Jesús denuncia severamente la profanación del Templo, es uno de los pocos que está en los cuatro evangelios. El culto tiene como fin fortalecer la relación del pueblo con Dios, lo que no es posible si el Templo es fuente de injusticia, ambición e hipocresía religiosa, en lugar de nutrir la alianza con Dios.

La purificación del Templo por Jesús disgustó tanto a los poderosos que se beneficiaban del comercio, que quisieron matarlo (Mc 11 15-19; Lc 19 45-46). Jesús sabía que sus desafíos a los líderes corruptos, causarían su muerte, pero esto no lo detuvo en su misión salvadora (Mt 20 17-19). ¿Qué aspectos del liderazgo civil y religioso actual denunciaría Jesús con más fuerza?

Mt 21 12-13

5 *Digan a la hija de Sion:*
Mira que tu rey viene hacia ti,
humilde y montado sobre un asna,
sobre la cría de un animal de carga.

6 Los discípulos fueron e hicieron lo que
Jesús les había mandado; 7 trajeron el asna
y su cría, pusieron sus mantos sobre ellos y
Jesús se montó. 8 Entonces la mayor parte
de la gente comenzó a extender sus mantos
sobre el camino, y otros cortaban ramas de
los árboles y lo cubrían con ellas. 9 La multitud que iba delante de Jesús y la que lo
seguía gritaba:

«¡*Hosana* al Hijo de David!
¡Bendito el que viene en nombre del Señor!
¡Hosana en las alturas!».

10 Cuando entró en Jerusalén, toda la ciudad se conmovió, y preguntaban: «¿Quién
es este?». 11 Y la gente respondía: «Es Jesús, el
profeta de Nazaret en Galilea».

La expulsión de los vendedores del Templo

Mc 11 15-17 / Lc 19 45-46 / Jn 2 13-16
Is 56 7; Jr 7 11; Mt 11 5; Lv 21 16-23;
Sal 8 3; Sab 10 21

12 Después Jesús entró en el Templo y
echó a todos los que vendían y compraban
allí, derribando las mesas de los cambistas
y los asientos de los vendedores de palomas. 13 Y les decía: «Está escrito: *Mi casa será*
llamada casa de oración, pero ustedes la han
convertido en *una cueva de ladrones*». 14 En el
Templo se le acercaron varios ciegos y paralíticos, y él los curó. 15 Al ver los prodigios
que acababa de hacer y a los niños que gritaban en el Templo: «¡Hosana al Hijo de
David!», los sumos sacerdotes y los escribas
se indignaron 16 y le dijeron: «¿Oyes lo que
dicen estos?». «Sí —respondió Jesús—, ¿pero nunca han leído este pasaje:

De la boca de las criaturas
y de los niños de pecho,
has hecho brotar una alabanza?».

17 Enseguida los dejó y salió de la ciudad
para ir a Betania, donde pasó la noche.

Maldición de la higuera estéril

Mc 11 12-14.20-24 / Lc 17 6
Mt 17 20; 8 10; Rom 4 20; Sant 1 6; Mt 7 7-11

18 A la mañana temprano, mientras regresaba a la ciudad, tuvo hambre. 19 Al ver una
higuera cerca del camino, se acercó a ella,
pero no encontró más que hojas. Entonces
le dijo: «Nunca volverás a dar fruto». Y la higuera se secó de inmediato. 20 Cuando vieron esto, los discípulos dijeron llenos de
asombro: «¿Cómo se ha secado la higuera
tan repentinamente?». 21 Jesús les respondió:
«Les aseguro que si tienen fe y no dudan, no
solo harán lo que yo acabo de hacer con la
higuera, sino que podrán decir a esta montaña: «Retírate de ahí y arrójate al mar», y así
lo hará. 22 Todo lo que pidan en la oración
con fe, lo alcanzarán».

Discusión sobre la autoridad de Jesús

Mc 11 27-33 / Lc 20 1-8
Mt 7 29; 9 6; 28 18; 21 32; Lc 7 30; Mt 14 5; 21 46

23 Jesús entró en el Templo y, mientras enseñaba, se le acercaron los sumos sacerdotes
y los ancianos del pueblo, para decirle:
«¿Con qué autoridad haces estas cosas? ¿Y
quién te ha dado esa autoridad?». 24 Jesús les
respondió: «Yo también quiero hacerles una
sola pregunta. Si me responden, les diré con

qué autoridad hago estas cosas. 25 ¿De dónde venía el bautismo de Juan? ¿Del cielo o de los hombres?». Ellos se hacían este razonamiento: «Si respondemos: "Del cielo", él nos dirá: "Entonces, ¿por qué no creyeron en él?". 26 Y si decimos: "De los hombres", debemos temer a la multitud, porque todos consideran a Juan un profeta». 27 Por eso respondieron a Jesús: «No sabemos». Él, por su parte, les respondió: «Entonces yo tampoco les diré con qué autoridad hago esto».

Parábola de los dos hijos

Lc 15 1; Mt 20 1.4; Lc 7 29-30.37-50; 19 1-10

28 «¿Qué les parece? Un hombre tenía dos hijos y, dirigiéndose al primero, le dijo: "Hijo, quiero que hoy vayas a trabajar a mi viña". 29 Él respondió: "No quiero". Pero después se arrepintió y fue. 30 Dirigiéndose al segundo, le dijo lo mismo y este le respondió: "Voy, Señor", pero no fue. 31 ¿Cuál de los dos cumplió la voluntad de su padre?». «El primero», le respondieron.

Jesús les dijo: «Les aseguro que los publicanos y las prostitutas llegan antes que ustedes al Reino de Dios. 32 En efecto, Juan vino a ustedes por el camino de la justicia y no creyeron en él; en cambio, los publicanos y las prostitutas creyeron en él. Pero ustedes, ni siquiera al ver este ejemplo se han arrepentido ni han creído en él.

Parábola de los viñadores homicidas

Mc 12 1-12 / Lc 20 9-19

Is 5 1-2; Mt 22 6; Heb 13 12; Hch 4 11; Sal 118 22-23; Dn 2 34-35

33 Escuchen otra parábola: Un hombre poseía una tierra y allí *plantó una viña, la cercó, cavó un lagar y construyó una torre de vigilancia*. Después la arrendó a unos viñadores y se fue al extranjero. 34 Cuando llegó el tiempo de la vendimia, envió a sus servidores para percibir los frutos. 35 Pero los viñadores se apoderaron de ellos, y a uno lo golpearon, a otro lo mataron y al tercero lo apedrearon. 36 El propietario volvió a enviar a otros servidores, en mayor número que los primeros, pero los trataron de la misma manera. 37 Finalmente, les envió a su propio hijo, pensando: «Respetarán a mi hijo». 38 Pero, al verlo, los viñadores se dijeron: «Este es el heredero: vamos a matarlo para quedarnos con su herencia». 39 Y apoderándose de él, lo arrojaron fuera de la viña y lo mataron. 40 Cuando vuelva el dueño, ¿qué les parece que hará con aquellos viñadores?». 41 Le respondieron: «Acabará con esos miserables y arrendará la viña a otros, que le entregarán el fruto a su debido tiempo».

42 Jesús agregó: «¿No han leído nunca en las Escrituras:

La piedra que los constructores rechazaron
ha llegado a ser la piedra angular:
esta es la obra del Señor,
admirable a nuestros ojos?

43 Por eso les digo que el Reino de Dios les será quitado a ustedes, para ser entregado a un pueblo que le hará producir sus frutos». 44 . 45 Los sumos sacerdotes y los fariseos, al oír estas parábolas, comprendieron que se refería a ellos. 46 Entonces buscaron el modo de detenerlo, pero temían a la multitud, que lo consideraba un profeta.

Parábola del banquete nupcial

Lc 14 16-24

Mt 9 15; 25 1-12; 21 35; 9 9-13; 8 12

22 1 Jesús les habló otra vez en parábolas, diciendo: 2 «El Reino de los Cielos se parece a un rey que celebraba las bodas de su hijo. 3 Envió a sus servidores para avisar a los invitados, pero estos se negaron a ir. 4 De nuevo envió a otros servidores con el encargo de decir a los invitados: "Mi banquete está preparado; han sido matados mis terneros y mis mejores animales, y todo está a punto: Vengan a las bodas". 5 Pero ellos ignoraron la invitación, y se fueron, uno a su campo, otro a su negocio; 6 y los demás se apoderaron de los servidores, los maltrataron y los mataron.

7 Al enterarse, el rey se indignó y envió a sus tropas para que acabaran con aquellos homicidas e incendiaran su ciudad. 8 Luego dijo a sus servidores: "El banquete nupcial está preparado, pero los invitados no eran dignos de él. 9 Salgan a los cruces de los caminos e inviten a todos los que encuentren". 10 Los servidores salieron a los caminos y reunieron a todos los que encontraron, buenos y malos, y la sala nupcial se llenó de convidados.

11 Cuando el rey entró para ver a los comensales, encontró a un hombre que no tenía el traje de fiesta. 12 "Amigo —le dijo—, ¿cómo has entrado aquí sin el traje de fiesta?". El otro permaneció en silencio. 13 Entonces el rey dijo a los guardias: "Átenlo de pies y manos, y arrójenlo afuera, a las tinieblas. Allí habrá llanto y rechinar de dientes". 14 Porque muchos son llamados, pero pocos son elegidos».

El impuesto debido a la autoridad

Mc 12 13-17 / Lc 20 20-26

Mt 16 1; Rom 13 7

15 Los fariseos se reunieron entonces para sorprender a Jesús en alguna de sus afirmaciones. 16 Y le enviaron a varios discípulos con unos herodianos, para decirle: «Maestro, sabemos que eres sincero y que enseñas con toda fidelidad el camino de Dios, sin tener en cuenta la condición de las personas, porque tú no te fijas en la categoría de nadie. 17 Dinos qué te parece: ¿Está permitido pagar el impuesto al César o no?». 18 Pero Jesús, conociendo su malicia, les dijo: «Hipócritas, ¿por qué me tienden una trampa? 19 Muéstrenme la moneda con que pagan el impuesto». Ellos le presentaron un denario. 20 Y él les preguntó: «¿De quién es esta figura y esta inscripción?». 21 Le respondieron: «Del César». Jesús les dijo: «Den al César lo que es del César, y a Dios, lo que es de Dios». 22 Al oír esto, quedaron admirados y, dejando a Jesús, se fueron.

Discusión sobre la resurrección de los muertos

Mc 12 18-27 / Lc 20 27-40

Gn 38 8; Dt 25 5-10; Ex 3 6.15.16; Mt 7 28; 13 54

23 Aquel mismo día se le acercaron unos saduceos, que son los que niegan la resurrección, y le propusieron este caso: 24 «Maestro, Moisés dijo: *"Si alguien muere sin tener hijos, que su hermano, para darle descendencia, se case con la viuda"*. 25 Ahora bien, había entre nosotros siete hermanos. El primero se casó y, como murió sin tener hijos, dejó su esposa al hermano. 26 Lo mismo ocurrió con el segundo, después con el tercero, y así sucesivamente hasta el séptimo. 27 Finalmente, murió la mujer. 28 Respóndenos: cuando resuciten los muertos, ¿de cuál de los siete será esposa, ya que lo fue de todos?». 29 Jesús les dijo: «Están equivocados, porque desconocen las Escrituras y el poder de Dios. 30 En la resurrección ni los hombres ni las mujeres se casarán, sino que todos serán como ángeles en el cielo. 31 Y con respecto a la resurrección de los muertos, ¿no han leído la Palabra de Dios, que dice: 32 *Yo soy el Dios de Abraham, el Dios de Isaac y el Dios de Jacob*? ¡Él no es un Dios de muertos, sino de vivientes!». 33 La multitud, que había oído esto, quedó asombrada de su enseñanza.

El evangelio en miniatura

Los sacerdotes y jefes del pueblo hicieron preguntas a Jesús para desafiar su autoridad, esperando que se equivocara al responder. Lee Mateo 22 34-40 y observa cómo responde Jesús a la pregunta sobre el mandamiento más grande de la Ley. Primero afirma el *Shema*, la oración que impulsa a todo judío a amar a Dios plenamente (ver «Dios antes que todo: el *Shema*», Dt 6 4-9). Después añade: «Amarás a tu prójimo como a ti mismo» (Lv 19 18), y dice que ambos forman una sola Ley.

Jesús deja claro que hay un solo amor con dos dimensiones, con Dios y con el prójimo. ¿Cómo sería tu vida si este evangelio en miniatura se convirtiera en parte tuya?

Mt 22 34-40

El mandamiento principal

Mc 12 28-31 / Lc 10 25-28

Dt 6 5; Lv 19 18; Mt 7 12; Rom 13 9-10

34 Cuando los fariseos se enteraron de que Jesús había hecho callar a los saduceos, se reunieron en ese lugar, 35 y uno de ellos, que era doctor de la Ley, le preguntó para ponerlo a prueba: 36 «Maestro, ¿cuál es el mandamiento más grande de la Ley?». 37 Jesús le respondió: «*Amarás al Señor, tu Dios, con todo tu corazón, con toda tu alma y con todo tu espíritu.* 38 Este es el más grande y el primer mandamiento. 39 El segundo es semejante al primero: Amarás a tu prójimo como a ti mismo. 40 De estos dos mandamientos dependen toda la Ley y los Profetas».

El Mesías, hijo y Señor de David

Mc 12 35-37 / Lc 20 41-44

Jn 7 42; Sal 110 1; Hch 2 34-35; 1 Cor 15 25; Heb 1 13

41 Mientras los fariseos estaban reunidos, Jesús les hizo esta pregunta: 42 «¿Qué piensan acerca del Mesías? ¿De quién es hijo?». Ellos le respondieron: «De David». 43 Jesús les dijo: «¿Por qué entonces, David, movido por el Espíritu, lo llama "Señor", cuando dice:

44 *Dijo el Señor a mi Señor:*
Siéntate a mi derecha,
hasta que ponga a tus enemigos
debajo de tus pies?

45 Si David lo llama "Señor", ¿cómo puede ser hijo suyo?».

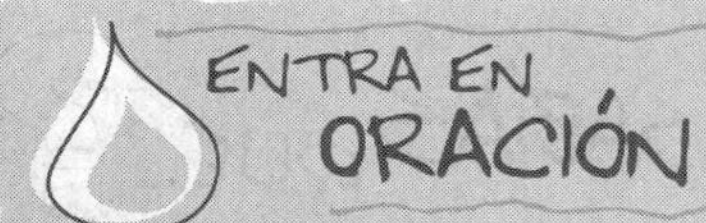

Llamada a la conversión

La comunidad a la que escribe Mateo tenía muchas experiencias negativas con los líderes judíos (ver «Las sectas judías», 2 Mac 15). Mateo aplica a esa realidad las palabras más ásperas de Jesús en los evangelios. Tomemos el pasaje de Mt 23 3-24, no como condenación al pueblo judío, sino como un llamado universal a:

- Practicar lo que predicamos (v. 3).
- Mostrar compasión en lugar de poner cargas sobre los demás (v. 4).
- No usar las prácticas religiosas para vernos importantes (vv. 5-7).
- Ser humildes y respetar a quienes nos siguen (vv. 8-15).
- Entender y practicar la Ley desde la perspectiva de la misericordia y la justicia (vv. 23-24).

¿Cuál de estos llamados te atrae más como manera de agradar a Dios y hacer el bien? ¿Cuál te cuesta más trabajo? ¿En cuál fallas con más frecuencia? Dialoga con Jesús sobre lo que descubriste y pide su ayuda para responderle con más generosidad.

Mt 23 1-36

46 Ninguno fue capaz de responderle una
sola palabra, y desde aquel día nadie se
atrevió a hacerle más preguntas.

La hipocresía y la vanidad de los escribas y fariseos

Mc 12 38-39 / Lc 11 46; 20 45-46
Nm 15 38-39; Mt 20 26; Job 22 29;
Prov 29 23; Ez 21 31; Lc 14 11; 18 14

23 1 Entonces Jesús dijo a la multitud y a
sus discípulos: 2 «Los escribas y fariseos ocupan la cátedra de Moisés; 3 ustedes
hagan y cumplan todo lo que ellos les digan, pero no se guíen por sus obras, porque no hacen lo que dicen. 4 Atan pesadas
cargas y las ponen sobre los hombros de
los demás, mientras que ellos no quieren
moverlas ni siquiera con el dedo. 5 Todo lo
hacen para que los vean: agrandan las fi-
lacterias y alargan los flecos de sus mantos;
6 les gusta ocupar los primeros puestos en
los banquetes y los primeros asientos en las
sinagogas, 7 ser saludados en las plazas y
oírse llamar "mi maestro" por la gente.
8 En cuanto a ustedes, no se hagan llamar
"maestro", porque no tienen más que un
Maestro y todos ustedes son hermanos. 9 A
nadie en el mundo llamen "padre", porque
no tienen sino uno, el Padre celestial. 10 No
se dejen llamar tampoco "doctores", porque
solo tienen un Doctor, que es el Mesías. 11 El
más grande entre ustedes será el que los sirva, 12 porque el que se ensalza será humillado, y el que se humilla será ensalzado».

Invectivas contra los escribas y los fariseos

Lc 11 39-52
Ex 29 37; 1 Re 8 13; Is 66 1; Lv 27 30; Miq 6 8;
Mt 3 7; 12 4; Gn 4 8; 2 Cr 24 20-21; Hch 7 49.52

13 «¡Ay de ustedes, escribas y fariseos hipócritas, que cierran a los hombres el Reino de
los Cielos! Ni entran ustedes, ni dejan entrar
a los que quisieran. 14 . 15 ¡Ay de ustedes, escribas y fariseos hipócritas, que recorren mar
y tierra para conseguir un prosélito, y cuando lo han conseguido lo hacen dos veces
más digno de la Gehena que ustedes!
16 ¡Ay de ustedes, guías ciegos, que dicen:
"Si se jura por el santuario, el juramento no
vale; pero si se jura por el oro del santuario,
entonces sí que vale"! 17 ¡Insensatos y ciegos! ¿Qué es más importante: el oro o el
santuario que hace sagrado el oro? 18 Ustedes dicen también: "Si se jura por el altar, el
juramento no vale, pero vale si se jura por la
ofrenda que está sobre el altar". 19 ¡Ciegos!
¿Qué es más importante, la ofrenda o el altar que hace sagrada esa ofrenda? 20 Ahora
bien, jurar por el altar, es jurar por él y por
todo lo que está sobre él. 21 Jurar por el santuario, es jurar por él y por aquel que lo habita. 22 Jurar por el cielo, es jurar por el trono
de Dios y por aquel que está sentado en él.
23 ¡Ay de ustedes, escribas y fariseos hipócritas, que pagan el diezmo de la menta,
del hinojo y del comino, y descuidan lo
esencial de la Ley: la justicia, la misericordia y la fidelidad! Hay que practicar esto,
sin descuidar aquello. 24 ¡Guías ciegos, que
filtran el mosquito y se tragan el camello!
25 ¡Ay de ustedes, escribas y fariseos hipócritas, que limpian por fuera la copa y el
plato, mientras que por dentro están llenos
de codicia y desenfreno! 26 ¡Fariseo ciego!
Limpia primero la copa por dentro, y así
también quedará limpia por fuera. 27 ¡Ay de
ustedes, escribas y fariseos hipócritas, que

parecen sepulcros blanqueados: hermosos
por fuera, pero por dentro llenos de huesos
de muertos y de podredumbre! 28 Así también son ustedes: por fuera parecen justos
delante de los hombres, pero por dentro están llenos de hipocresía y de iniquidad.
29 ¡Ay de ustedes, escribas y fariseos hipócritas, que construyen los sepulcros de los
profetas y adornan las tumbas de los justos,
30 diciendo: "Si hubiéramos vivido en el
tiempo de nuestros padres, no nos hubiéramos unido a ellos para derramar la sangre
de los profetas"! 31 De esa manera atestiguan contra ustedes mismos que son hijos
de los que mataron a los profetas. 32 ¡Colmen entonces la medida de sus padres!
33 ¡Serpientes, raza de víboras! ¿Cómo podrán escapar a la condenación de la Gehena?
34 Por eso, yo voy a enviarles profetas, sabios
y escribas; ustedes matarán y crucificarán a
unos, azotarán a otros en las sinagogas, y los
perseguirán de ciudad en ciudad. 35 Así caerá
sobre ustedes toda la sangre inocente derramada en la tierra, desde la sangre del justo
Abel, hasta la sangre de Zacarías, hijo de Baraquías, al que ustedes asesinaron entre el
santuario y el altar. 36 Les aseguro que todo
esto sobrevendrá a la presente generación.

Reproche de Jesús a Jerusalén

Lc 13 34-35

1 Re 9 7-8; Jr 12 7; 22 5; Sal 118 26

37 ¡Jerusalén, Jerusalén, que matas a los
profetas y apedreas a los que te son enviados! ¡Cuántas veces quise reunir a tus hijos,
como la gallina reúne bajo sus alas a los pollitos, y tú no quisiste! 38 Por eso, a ustedes la
casa les quedará desierta. 39 Les aseguro que
ya no me verán más, hasta que digan:

¡Bendito el que viene en nombre del Señor!».

DISCURSO SOBRE EL FINAL DE LOS TIEMPOS

Anuncio de la destrucción del Templo

Mc 13 1-4 / Lc 21 5-7

Lc 19 44; Mt 24 27.37.39; 1 Cor 15 23;
1 Tes 2 19; 3 13; Mt 10 23

1 Jesús salió del Templo y, mientras iba
24 caminando, sus discípulos se acercaron a él para hacerle notar las construcciones del Templo. 2 Pero él les dijo: «¿Ven todo
esto? Les aseguro que no quedará aquí piedra sobre piedra: todo será destruido».
3 Cuando llegó al monte de los Olivos, Jesús se sentó y sus discípulos le preguntaron

Discurso escatológico

Cuando se escribieron los evangelios, la destrucción de Jerusalén y del Templo había sido tan terrible que parecía el fin del mundo. Pero la vida continuó con sus alegrías y dolores, esperanzas y angustias. Para ayudar a su comunidad a reflexionar sobre todo esto a la luz de su fe, Mateo reúne las enseñanzas de Jesús sobre lo que vendrá al final en el «discurso escatológico» (ver «Vocabulario bíblico: Escatología»). Este discurso, también relatado por Marcos y Lucas, suele causar confusión pues contiene dos temas distintos:

Al principio, Jesús expresa su tristeza al ver cómo será arrasada Jerusalén por los pecados de sus autoridades y habla de una segunda venida del Mesías, en la que los justos experimentarán el Reino de Dios en plenitud (Mt 24 1-28).

Después habla de la llegada de una nueva época y el fin del mundo, en la que después de morir y resucitar, volverá como juez, con gran poder y gloria. Este final estará precedido de conflictos sociales y desastres naturales, con los que desaparecerá el mundo viejo y gastado, y de sus cenizas surgirá una nueva creación (vv. 29-51).

El mensaje central de este discurso es el anuncio de la liberación para quienes aceptan a Jesús y viven vigilantes en la oración y las buenas obras (Mt 24 4 y 42). Esto significa que el «fin del mundo» llegará para ti, cuando tú acabes para el mundo. En algunas ocasiones podrás sentir que tu mundo se acaba por una calamidad, enfermedad, infidelidad o quiebra. Ten presente que Jesús está a la puerta para abrirte un mundo nuevo y darte nueva vida.

Mt 24

en privado: «¿Cuándo sucederá esto y cuál será la señal de tu Venida y del fin del mundo?».

El comienzo de las tribulaciones

Mc 13 5-13 / Lc 21 8-19

Mt 24 5.11.24; 1 Jn 1 8; 2 26; Dn 2 28-29;
Is 19 2; 13 8; Os 13 13; Mt 10 17.23.22; Jn 15 18

4 Él les respondió: «Tengan cuidado de
que no los engañen, 5 porque muchos se pre-

sentarán en mi Nombre, diciendo: "Yo soy el Mesías", y engañarán a mucha gente. 6 Ustedes oirán hablar de guerras y de rumores de guerras; no se alarmen: todo esto debe suceder, pero todavía no será el fin. 7 En efecto, se levantará nación contra nación y reino contra reino. En muchas partes habrá hambre y terremotos. 8 Todo esto no será más que el comienzo de los dolores del parto.

9 Ustedes serán entregados a la tribulación y a la muerte, y serán odiados por todas las naciones a causa de mi Nombre. 10 Entonces muchos sucumbirán; se traicionarán y se odiarán los unos a los otros. 11 Aparecerá una multitud de falsos profetas, que engañarán a mucha gente. 12 Al aumentar la maldad se enfriará el amor de muchos, 13 pero el que persevere hasta el fin, se salvará. 14 Esta Buena Noticia del Reino será proclamada en el mundo entero como testimonio delante de todos los pueblos, y entonces llegará el fin.

La gran tribulación de Jerusalén

Mc 13 14-23 / Lc 21 20-24

Dn 9 27; Lc 17 31.23; Dt 13 2-3

15 Cuando vean en el Lugar santo *la Abominación de la desolación* de la que habló el profeta Daniel —el que lea esto, entiéndalo bien—, 16 los que estén en Judea, que se refugien en las montañas; 17 el que esté en la azotea de su casa, no baje a buscar sus cosas; 18 y el que esté en el campo, que no vuelva a buscar su manto. 19 ¡Ay de las mujeres que estén embarazadas o tengan niños de pecho en aquellos días! 20 Rueguen para que no tengan que huir en invierno o en día sábado. 21 Porque habrá entonces una gran *tribulación, como no la hubo desde* el comienzo del mundo *hasta ahora,* ni la habrá jamás. 22 Y si no fuera abreviado ese tiempo, nadie se salvaría; pero será abreviado, a causa de los elegidos.

23 Si alguien les dice entonces: "El Mesías está aquí o está allí", no lo crean. 24 Porque aparecerán falsos mesías y falsos profetas que harán milagros y prodigios asombrosos, capaces de engañar, si fuera posible, a los mismos elegidos. 25 Por eso los prevengo.

La manifestación gloriosa del Hijo del hombre

Lc 17 24.37 / Mc 13 24-27 / Lc 21 25-27

Is 34 15; Job 39 30; Is 13 10; 34 4; Zac 12 10-14; Dn 7 13-14

26 Si les dicen: "El Mesías está en el desierto", no vayan; o bien: "Está escondido en tal lugar", no lo crean. 27 Como el re-

Llévame contigo, Señor, estoy bien preparado/a

¿Qué harías a partir de mañana si supieras que solo tienes una semana de vida? ¿Qué dirías a las personas que más amas? Ante estas preguntas, mucha gente se imagina más amorosa y generosa que lo normal. Jesús presenta un escenario similar a sus seguidores y les pide que se mantengan despiertos, pues nadie sabe cuándo vendrá por nosotros (Mt 24 42). Es una necedad peligrosa dejar para después una vida comprometida con Cristo.
Si supieras que vas a estar en presencia de Dios mañana, ¿cómo vivirías hoy?

Mt 24 36-44

MT

lámpago que sale del oriente y brilla hasta el occidente, así será la Venida del Hijo del hombre. 28 Donde esté el cadáver, se juntarán los buitres.

29 Inmediatamente después de la tribulación de aquellos días, el sol se oscurecerá, la luna dejará de brillar, las estrellas caerán del cielo y los astros se conmoverán. 30 Entonces aparecerá en el cielo la señal del Hijo del hombre. Todas las razas de la tierra se golpearán el pecho y verán al Hijo del hombre venir sobre las nubes del cielo, lleno de poder y de gloria. 31 Y él enviará a sus ángeles para que, al sonido de la trompeta, congreguen a sus elegidos de los cuatro puntos cardinales, de un extremo al otro del horizonte.

Parábola de la higuera

Mc 13 28-32 / Lc 21 29-33

Mt 10 23; 16 28; 23 36; 5 18; Lc 16 17; Hch 1 7

32 Aprendan esta comparación, tomada de la higuera: cuando sus ramas se hacen flexibles y brotan las hojas, ustedes saben que se acerca el verano. 33 Así también, cuando vean todas estas cosas, sepan que el fin está cerca, a la puerta. 34 Les aseguro que no

EL CIELO Y LA TIERRA PASARÁN,
PERO MIS PALABRAS NO PASARÁN.

Mt 24 35

pasará esta generación sin que suceda todo
esto. 35 El cielo y la tierra pasarán, pero mis
palabras no pasarán. 36 En cuanto a ese día y
esa hora, nadie los conoce, ni los ángeles
del cielo, ni el Hijo, sino solo el Padre.

Vigilancia y fidelidad

Lc 17 26-27.34-35 / Mc 13 33.35-36 / Lc 12 39-40
Gn 6 9-12; 1 Tes 5 1-6

37 Cuando venga el Hijo del hombre, sucederá como en tiempos de Noé. 38 En los
días que precedieron al Diluvio, la gente comía, bebía y se casaba, hasta que Noé entró
en el arca; 39 y no sospechaban nada, hasta
que llegó el Diluvio y los arrastró a todos.
Lo mismo sucederá cuando venga el Hijo
del hombre. 40 De dos hombres que estén
en el campo, uno será llevado y el otro dejado. 41 De dos mujeres que estén moliendo, una será llevada y la otra dejada.
42 Estén prevenidos, porque ustedes no
saben qué día vendrá su Señor. 43 Entiéndanlo bien: si el dueño de casa supiera a
qué hora de la noche va a llegar el ladrón,
velaría y no dejaría perforar las paredes de
su casa. 44 Ustedes también estén preparados, porque el Hijo del hombre vendrá a la
hora menos pensada.

Parábola del servidor fiel

Lc 12 42-46
Mt 25 21-23; 8 12

45 ¿Cuál es, entonces, el servidor fiel y previsor, a quien el Señor ha puesto al frente de
su personal, para distribuir el alimento en el
momento oportuno? 46 Feliz aquel servidor
a quien su señor, al llegar, encuentre ocupado en este trabajo. 47 Les aseguro que lo hará administrador de todos sus bienes. 48 Pero
si es un mal servidor, que piensa: "Mi señor
tardará", 49 y se dedica a golpear a sus compañeros, a comer y a beber con los borrachos, 50 su señor llegará el día y la hora menos pensada, 51 y lo castigará. Entonces él
correrá la misma suerte que los hipócritas.
Allí habrá llanto y rechinar de dientes.

Parábola de las diez jóvenes

Lc 12 35-36; 13 25-27; Mt 7 23; 24 42

25 1 Por eso, el Reino de los Cielos será semejante a diez jóvenes que fueron con

COMPRENDE LOS SÍMBOLOS

La lámpara de aceite

Simboliza estar siempre preparados para el *encuentro con el Padre*, apoyados en Jesús. La llama corresponde a la luz del Espíritu Santo que recibimos en nuestro Bautismo, y significa nuestra fidelidad a Dios, expresada en la coherencia de la fe, el gozo de la esperanza y el ardor del amor.

AFROAMERICANO

El principio de *kuumba* = creatividad y espíritu innovador

Desearía una voz de gran cantante para animar a la comunidad y proclamar el evangelio con ella. Ciertamente tengo otras cualidades, pero ¡cómo desearía cantar! Mientras sueño con lo que me falta, ignoro los dones que tengo y no los pongo a trabajar.

Esta actitud es la del criado ingrato en la parábola de los talentos (Mt 25 26-27). Recibió un talento de su señor y lo mantuvo escondido, perdiendo al final lo poco que tenía.

El principio *kuumba* se relaciona con la creatividad que Dios nos dio para usar nuestras habilidades en su servicio y en el de nuestros hermanos (ver «El sistema de valores *Kwanzaa*», Esd 6 19-22). La creatividad utiliza nuestras energías para construir y mantener una comunidad fuerte, llena de vida y vibrante, de forma que nuestro mundo sea mejor que como lo heredamos.

No ignores o subestimes los dones que Dios te ha regalado, por desear los que no tienes. Agradécele porque te ha bendecido con lo que realmente necesitas, y aprovecha esos talentos para crear un mundo mejor.

Mt 25 14-30

sus lámparas al encuentro del esposo. 2 Cinco de ellas eran necias, y cinco, prudentes. 3 Las necias tomaron sus lámparas, pero sin proveerse de aceite, 4 mientras que las prudentes tomaron sus lámparas y también llenaron de aceite sus frascos. 5 Como el esposo se hacía esperar, les entró sueño a todas y se quedaron dormidas. 6 Pero a medianoche se oyó un grito: "Ya viene el esposo, salgan a su encuentro". 7 Entonces las jóvenes se despertaron y prepararon sus lámparas. 8 Las necias dijeron a las prudentes: "¿Podrían darnos un poco de aceite, porque nuestras lámparas se apagan?". 9 Pero estas les respondieron: "No va a alcanzar para todas. Es mejor que vayan a comprarlo al mercado". 10 Mientras tanto, llegó el esposo: las que estaban preparadas entraron con él en la sala nupcial y se cerró la puerta. 11 Después llegaron las otras jóvenes y dijeron: "Señor, señor, ábrenos", 12 pero él respondió: "Les aseguro que no las conozco". 13 Estén prevenidos, porque no saben el día ni la hora.

Parábola de los talentos

Lc 19 12-27

Mt 18 23; 24 47; Lc 8 18; 8 12

14 El Reino de los Cielos es también como un hombre que, al salir de viaje, llamó a sus servidores y les confió sus bienes. 15 A uno le dio cinco talentos, a otro dos, y uno solo a un tercero, a cada uno según su capacidad; y después partió. Enseguida, 16 el que había recibido cinco talentos, fue a negociar con ellos y ganó otros cinco. 17 De la misma manera, el que recibió dos, ganó otros dos, 18 pero el que recibió uno solo, hizo un pozo y enterró el dinero de su señor.

19 Después de un largo tiempo, llegó el señor y arregló las cuentas con sus servidores. 20 El que había recibido los cinco talentos se adelantó y le presentó otros cinco. "Señor —le dijo—, me has confiado cinco talentos: aquí están los otros cinco que he ganado". 21 "Está bien, servidor bueno y fiel —le dijo su señor—, ya que respondiste fielmente en lo poco, te encargaré de mucho más: entra a participar del gozo de tu señor". 22 Llegó luego el que había recibido dos talentos y le dijo: "Señor, me has confiado dos talentos: aquí están los otros dos que he ganado". 23 "Está bien, servidor bueno y fiel, ya que respondiste fielmente en lo poco, te encargaré de mucho más: entra a participar del gozo de tu señor".

24 Llegó luego el que había recibido un solo talento. "Señor —le dijo—, sé que eres un hombre exigente: cosechas donde no has sembrado y recoges donde no has esparcido. 25 Por eso tuve miedo y fui a enterrar tu talento: ¡aquí tienes lo tuyo!". 26 Pero el señor le respondió: "Servidor malo y perezoso, si sabías que cosecho donde no he sembrado y recojo donde no he esparcido, 27 tendrías que haber colocado el dinero en el banco, y así, a mi regreso, lo hubiera recuperado con intereses. 28 Quítenle el talento para dárselo al que tiene diez, 29 porque a quien tiene, se le dará y tendrá de más, pero al que no tiene, se le quitará aun lo que tiene. 30 Echen afuera, a las tinieblas, a este servidor inútil; allí habrá llanto y rechinar de dientes".

VIVE LA PALABRA

Ante el veredicto de mi Juicio final

Mateo concluye la etapa del ministerio de Jesús con una impresionante descripción del Juicio final. Será un acto de discernimiento sobre nuestra conducta en la vida, que permitirá distinguir el trigo y la cizaña (Mt 13 24-30), los peces buenos y malos (vv. 47-50), el criado fiel y el malo (24 45-51), las jóvenes previsoras y las descuidadas (25 1-13) y los criados leales y los desleales (vv. 14-30).

Lo más sorprendente es la medida que se usa en el juicio. Seremos juzgados por nuestro amor o indiferencia hacia los hermanos más pequeños y necesitados de Jesús: los hambrientos, sedientos, forasteros, desnudos, enfermos y encarcelados. La razón es clara: la solidaridad de Jesús con ellos es tan fuerte, que lo que hacemos con ellos, se lo hacemos a Jesús.

Las parábolas sobre la vigilancia adquiere gran fuerza a la luz de este juicio. Estar preparados consiste en vivir el mandamiento del amor. Imagina que mañana tienes un accidente y te ves al borde de tu encuentro definitivo con Dios. ¿Cuál sería el veredicto de tu Juicio final?

Mt 25 31-46

El Juicio final

Dt 33 2; Zac 14 5; Ez 34 17;
Is 58 7; Prov 19 17; Dn 12 2

31 Cuando el Hijo del hombre venga en su gloria con todos los ángeles, se sentará en su trono glorioso. 32 Todas las naciones serán reunidas en su presencia, y él separará a unos de otros, como el pastor separa las ovejas de los cabritos, 33 y pondrá a aquellas a su derecha y a estos a la izquierda.

34 Entonces el Rey dirá a los que tenga a su derecha: "Vengan, benditos de mi Padre, y reciban en herencia el Reino que les fue preparado desde el comienzo del mundo, 35 porque tuve hambre, y ustedes me dieron de comer; tuve sed, y me dieron de beber; estaba de paso, y me alojaron; 36 desnudo, y me vistieron; enfermo, y me visitaron; preso, y me vinieron a ver". 37 Los justos le responderán: "Señor, ¿cuándo te vimos hambriento, y te dimos de comer; sediento, y te dimos de beber? 38 ¿Cuándo te vimos de paso, y te alojamos; desnudo, y te vestimos? 39 ¿Cuándo te vimos enfermo o preso, y fuimos a verte?". 40 Y el Rey les responderá: "Les aseguro que cada vez que lo hicieron con el más pequeño de mis hermanos, lo hicieron conmigo".

41 Luego dirá a los de la izquierda: "Aléjense de mí, malditos; vayan al fuego eterno que fue preparado para el diablo y sus ángeles, 42 porque tuve hambre, y ustedes no me dieron de comer; tuve sed, y no me dieron de beber; 43 estaba de paso, y no me alojaron; desnudo, y no me vistieron; enfermo y preso, y no me visitaron". 44 Estos, a su vez, le preguntarán: "Señor, ¿cuándo te vimos hambriento o sediento, de paso o desnudo, enfermo o preso, y no te hemos socorrido?". 45 Y él les responderá: "Les aseguro que cada vez que no lo hicieron con el más pequeño de mis hermanos, tampoco lo hicieron conmigo". 46 Estos irán al castigo eterno, y los justos a la Vida eterna».

LA PASIÓN Y LA RESURRECCIÓN DE JESÚS

La conspiración contra Jesús

Mc 14 1-2 / Lc 22 1-2
Ex 12 1-27; Mt 16 21; 17 22-23; 20 18-19

26 1 *Cuando Jesús* terminó de decir todas estas palabras, dijo a sus discípulos: 2 «Ya saben que dentro de dos días se celebrará la Pascua, y el Hijo del hombre será entregado para ser crucificado». 3 Entonces los sumos sacerdotes y los ancianos del pueblo se reunieron en el palacio del Sumo Sacerdote, llamado Caifás, 4 y acordaron detener a Jesús con astucia y darle muerte. 5 Pero decían: «No lo hagamos durante la fiesta, para que no se produzca un tumulto en el pueblo».

La unción de Jesús en Betania

Mc 14 3-9 / Jn 12 1-8
Lc 7 36-38; Dt 15 11

6 Cuando Jesús se encontraba en Betania, en casa de Simón el leproso, 7 se acercó una mujer con un frasco de alabastro, que contenía un perfume valioso, y lo derramó sobre su cabeza, mientras él estaba comiendo. 8 Al ver esto, sus discípulos, indignados, dijeron: «¿Para qué este derroche? 9 Se hubiera podido vender el perfume a buen precio para repartir el dinero entre los pobres». 10 Jesús se dio cuenta y les dijo: «¿Por qué molestan a esta mujer? Ha hecho una buena obra conmigo. 11 A los pobres los tendrán siempre con ustedes, pero a mí no me tendrán siempre. 12 Al derramar este perfume sobre mi cuerpo, ella preparó mi sepultura. 13 Les aseguro que allí donde se proclame esta Buena Noticia, en todo el mundo, se contará también en su memoria lo que ella hizo».

La traición de Judas

Mc 14 10-11 / Lc 22 3-6
Jn 11 5; Zac 11 12; Ex 21 32

14 Entonces uno de los Doce, llamado Judas Iscariote, fue a ver a los sumos sacerdotes 15 y les dijo: «¿Cuánto me darán si se lo entrego?». Y resolvieron darle *treinta monedas de plata.* 16 Desde entonces, Judas buscaba una oportunidad para entregarlo.

Los preparativos para la comida pascual

Mc 14 12-16 / Lc 22 7-13
Ex 12 14-20

17 El primer día de los Ácimos, los discípulos preguntaron a Jesús: «¿Dónde quieres que te preparemos la comida pascual?». 18 Él respondió: «Vayan a la ciudad, a la casa de tal persona, y díganle: "El Maestro dice: Se acerca mi hora, voy a celebrar la Pascua en tu casa con mis discípulos"». 19 Ellos hicieron como Jesús les había ordenado y prepararon la Pascua.

El anuncio de la traición de Judas

Mc 14 17-21 / Lc 22 14.21-23 / Jn 13 21-30
Sal 41 10; 22 7.8.16-18; Is 53 9

20 Al atardecer, estaba a la mesa con los Doce 21 y, mientras comían, Jesús les dijo:

PERSPECTIVA CATÓLICA

Cumplimiento de la Nueva Alianza

La alianza del Antiguo Testamento expresa la relación entre Dios y el pueblo de Israel, a partir de las promesas mutuas selladas con la Ley de Moisés y fortalecidas con el culto a Dios. Esta alianza fue rota y renovada varias veces, y los profetas anunciaron una Nueva Alianza con la ley inscrita en el corazón, que superaría la antigua (ver «Una alianza diferente», Jr 31 31-34).

En la cena de despedida, al entregar el pan y el vino a sus discípulos, Jesús da un significado especial a este gesto. Sus palabras resumen su vida y su misión, e interpretan el sentido de su muerte: la sangre que derramará en la cruz sella la Nueva Alianza anunciada por los profetas, la cual es fuente de salvación para quien la acepte.

Al compartir el pan y el vino en la Eucaristía, celebramos y renovamos la Nueva Alianza, en unión con el sacerdote, quien representa a Cristo. La próxima vez que respondas *Amén* al ir a comulgar, renueva tu relación con Dios diciendo: «¡Señor mío y Dios mío!».

Mt 26 26-29

«Les aseguro que uno de ustedes me entregará». 22 Profundamente apenados, ellos empezaron a preguntarle uno por uno: «¿Seré
yo, Señor?». 23 Él respondió: «El que acaba de
servirse de la misma fuente que yo, ese me
va a entregar. 24 El Hijo del hombre se va, como está escrito de *él*, pero ¡ay de aquel por
quien el Hijo del hombre será entregado:
más le valdría no haber nacido!». 25 Judas, el
que lo iba a entregar, le preguntó: «¿Seré yo,
Maestro?». «Tú lo has dicho», le respondió
Jesús.

La institución de la Eucaristía

Mc 14 22-25 / Lc 22 19-20 / 1 Cor 11 23-25
1 Cor 10 16; Ex 24 8; Jr 31 31

26 Mientras comían, Jesús tomó el pan,
pronunció la bendición, lo partió y lo dio
a sus discípulos, diciendo: «Tomen y coman, esto es mi Cuerpo». 27 Después tomó
una copa, dio gracias y se la entregó, diciendo: «Beban todos de ella, 28 porque esta es mi Sangre, la Sangre de la Alianza,
que se derrama por muchos para el perdón
de los pecados. 29 Les aseguro que desde
ahora no beberé más de este fruto de la
vid, hasta el día en que beba con ustedes el
vino nuevo en el Reino de mi Padre».

El anuncio de las negaciones de Pedro

Mc 14 26-31 / Lc 22 39.31-34 / Jn 13 37-38
Sal 113 – 118; Zac 13 7; Mt 28 7.16; 26 69-75

30 Después del canto de los Salmos, salieron hacia el monte de los Olivos. 31 Entonces
Jesús les dijo: «Esta misma noche, ustedes se
van a escandalizar a causa de mí. Porque dice la Escritura: *Heriré al pastor, y se dispersa-*
rán las ovejas del rebaño. 32 Pero después que
yo resucite, iré antes que ustedes a Galilea».
33 Pedro, tomando la palabra, le dijo: «Aunque todos se escandalicen por tu causa, yo
no me escandalizaré jamás». 34 Jesús le respondió: «Te aseguro que esta misma noche,
antes que cante el gallo, me habrás negado
tres veces». 35 Pedro le dijo: «Aunque tenga
que morir contigo, jamás te negaré». Y todos los discípulos dijeron lo mismo.

La oración de Jesús en Getsemaní

Mc 14 26.32-42 / Lc 22 40-46 / Jn 18 1
Sal 42 5.11; 43 5; Jon 4 9; Heb 5 7-8

36 Cuando Jesús llegó con sus discípulos a una propiedad llamada Getsemaní,
les dijo: «Quédense aquí, mientras yo voy
allí a orar». 37 Y llevando con él a Pedro y
a los dos hijos de Zebedeo, comenzó a
entristecerse y a angustiarse. 38 Entonces
les dijo: «Mi alma siente una tristeza de
muerte. Quédense aquí, velando conmigo». 39 Y adelantándose un poco, cayó con
el rostro en tierra, orando así: «Padre mío,
si es posible, que pase lejos de mí este cáliz, pero no se haga mi voluntad, sino la
tuya».
40 Después volvió junto a sus discípulos
y los encontró durmiendo. Jesús dijo a Pedro: «¿Es posible que no hayan podido
quedarse despiertos conmigo, ni siquiera
una hora? 41 Estén prevenidos y oren para
no caer en la tentación, porque el espíritu
está dispuesto, pero la carne es débil». 42 Se
alejó por segunda vez y suplicó: «Padre
mío, si no puede pasar este cáliz sin que yo
lo beba, que se haga tu voluntad».

[43] Al regresar los encontró otra vez durmiendo, porque sus ojos se cerraban de sueño. [44] Nuevamente se alejó de ellos y oró por tercera vez, repitiendo las mismas palabras. [45] Luego volvió junto a sus discípulos y les dijo: «Ahora pueden dormir y descansar: ha llegado la hora en que el Hijo del hombre va a ser entregado en manos de los pecadores. [46] ¡Levántense! ¡Vamos! Ya se acerca el que me va a entregar».

El arresto de Jesús

Mc 14 43-52 / Lc 22 47-53 / Jn 18 2-11
Jn 18 26; Gn 9 6; Zac 13 7

[47] Jesús estaba hablando todavía, cuando llegó Judas, uno de los Doce, acompañado de una multitud con espadas y palos, enviada por los sumos sacerdotes y los ancianos del pueblo. [48] El traidor les había dado esta señal: «Es aquel a quien voy a besar. Deténganlo». [49] Inmediatamente se acercó a Jesús, diciéndole: «Salud, Maestro», y lo besó. [50] Jesús le dijo: «Amigo, ¡cumple tu cometido!». Entonces se abalanzaron sobre él y lo detuvieron.

[51] Uno de los que estaban con Jesús sacó su espada e hirió al servidor del Sumo Sacerdote, cortándole la oreja. [52] Jesús le dijo: «Guarda tu espada, porque el que a hierro mata, a hierro muere. [53] ¿O piensas que no puedo recurrir a mi Padre? Él pondría inmediatamente a mi disposición más de doce legiones de ángeles. [54] Pero entonces, ¿cómo se cumplirían las Escrituras, según las cuales debe suceder así?». [55] Y en ese momento dijo Jesús a la multitud: «¿Soy acaso un bandido, para que salgan a arrestarme con espadas y palos? Todos los días me sentaba a enseñar en el Templo, y ustedes no me detuvieron». [56] Todo esto sucedió para que se cumpliera lo que escribieron los profetas. Entonces todos los discípulos lo abandonaron y huyeron.

Jesús ante el Sanedrín

Mc 14 53-65 / Lc 22 54-55.63-71 / Jn 18 24.15-16
Is 53 7; Sal 110 1; Dn 7 13; Nm 14 6; 2 Sm 13 19; Jr 26 24; Lv 24 16; Is 50 6; 53 5

[57] Los que habían arrestado a Jesús lo condujeron a la casa del Sumo Sacerdote Caifás, donde se habían *reunido los escribas y los ancianos.* [58] Pedro lo seguía de lejos hasta el palacio del Sumo Sacerdote; entró y se sentó con los servidores, para ver cómo terminaba todo.

[59] Los sumos sacerdotes y todo el Sanedrín buscaban un falso testimonio contra Jesús para poder condenarlo a muerte; [60] pero no lo encontraron, a pesar de haberse presentado numerosos testigos falsos. Finalmente, se presentaron dos [61] que declararon: «Este hombre dijo: "Yo puedo destruir el Templo de Dios y reconstruirlo en tres días"».

[62] El Sumo Sacerdote, poniéndose de pie, dijo a Jesús: «¿No respondes nada? ¿Qué es lo que estos declaran contra ti?». [63] Pero Jesús callaba. El Sumo Sacerdote insistió: «Te conjuro por el Dios vivo a que me digas si tú eres el Mesías, el Hijo de Dios». [64] Jesús le respondió: «Tú lo has dicho. Además, les aseguro que de ahora en adelante verán *al Hijo del hombre sentarse a la derecha del Todopoderoso y venir sobre las nubes del cielo*». [65] Entonces el Sumo Sacerdote rasgó sus vestiduras, diciendo: «Ha blasfemado. ¿Qué necesidad tenemos ya de testigos? Ustedes acaban de oír la blasfemia. [66] ¿Qué les parece?». Ellos respondieron: «Merece la muerte».

[67] Luego lo escupieron en la cara y lo abofetearon. Otros lo golpeaban, [68] diciéndole: «Tú, que eres el Mesías, profetiza, dinos quién te golpeó».

Las negaciones de Pedro

Mc 14 66-72 / Lc 22 56-62 / Jn 18 17.25-27
Mt 26 34

[69] Mientras tanto, Pedro estaba sentado fuera, en el patio. Una sirvienta se acercó y le dijo: «Tú también estabas con Jesús, el Galileo». [70] Pero él lo negó delante de todos, diciendo: «No sé lo que quieres decir». [71] Al retirarse hacia la puerta, lo vio otra sirvienta y dijo a los que estaban allí: «Este es uno de los que acompañaban a Jesús, el Nazareno». [72] Y nuevamente Pedro negó con juramento: «Yo no conozco a ese hombre». [73] Un poco más tarde, los que estaban allí se acercaron a Pedro y le dijeron: «Seguro que tú también eres uno de ellos; hasta tu acento te traiciona». [74] Entonces Pedro se puso a maldecir y a jurar que no conocía a ese hombre. Enseguida cantó el gallo, [75] y Pedro recordó las palabras que Jesús había dicho: «Antes que cante el gallo, me negarás tres veces». Y saliendo, lloró amargamente.

Jesús conducido ante Pilato

Mc 15 1 / Lc 23 1 / Jn 18 28
Lc 22 66; Mt 12 14

27 [1] Cuando amaneció, todos los sumos sacerdotes y ancianos del pueblo deliberaron sobre la manera de hacer ejecutar a Jesús. [2] Después de haberlo atado, lo llevaron ante Pilato, el gobernador, y se lo entregaron.

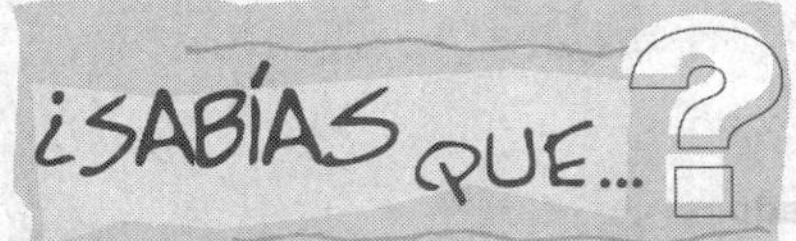

Suicidio de Judas

Mateo presenta el suicidio de Judas como cumplimiento de una profecía de Jeremías, sin dar razón alguna. ¿Fue por sentirse culpable? ¿Por no enfrentar a los otros discípulos después de su traición? ¿Por qué pensó que era la única forma de expiar su pecado? Sea la razón que sea, Judas creyó que no podía enmendar su error.

Hay jóvenes que creen que con el suicidio termina su sufrimiento, y lo utilizan como una salida. Tristemente, el suicidio quita la posibilidad de sanar, crecer, tener nuevas relaciones y gozar la vida. Además, es una ofensa seria contra Dios dador de la vida y único con el derecho de recogerla.

Tanto Judas como Pedro traicionaron a Jesús, pero mientras Judas terminó con su vida, Pedro confió en el amor, la misericordia y el perdón de Dios y siguió luchando para ser un buen discípulo. Nada de lo que puedas hacer es tan malo que tu única opción sea quitarte la vida.

¿Has pensado alguna vez en suicidarte? Si es así, habla con una persona en quien confíes, sea un sacerdote, tu papá o tu mamá, un asesor de jóvenes, un consejero escolar o un amigo/a. La gente que te quiere buscará cómo ayudarte (ver «El suicidio no es la solución», 1 Sm 31 1-7, y «Cuando la angustia pesa más que la vida», Job 23 10-12).

Mt 27 3-10

La muerte de Judas

Mt 26 14-15; 27 24; Zac 11 12-13;
Hch 1 16-19; Jr 32 6-9

3 Judas, el que lo entregó, viendo que Jesús
había sido condenado, lleno de remordimiento, devolvió las treinta monedas de plata a los sumos sacerdotes y a los ancianos,
4 diciendo: «He pecado, entregando sangre
inocente». Ellos respondieron: «¿Qué nos
importa? Es asunto tuyo». 5 Entonces él, arrojando las monedas en el Templo, salió y se
ahorcó. 6 Los sumos sacerdotes, juntando el
dinero, dijeron: «No está permitido ponerlo
en el tesoro, porque es precio de sangre».
7 Después de deliberar, compraron con él un
campo, llamado «del alfarero», para sepultar
a los extranjeros. 8 Por esta razón se lo llama
hasta el día de hoy «Campo de sangre». 9 Así
se cumplió lo anunciado por el profeta Jeremías: *Y ellos recogieron las treinta monedas de
plata, cantidad en que fue tasado aquel a quien
pusieron precio los israelitas.* 10 *Con el dinero se
compró el «Campo del alfarero», como el Señor
me lo había ordenado.*

Jesús ante Pilato

Mc 15 2-5 / Lc 23 2-5.13-16 / Jn 18 33-38
Mt 2 2; 27 29.37; Sal 39 1; Is 53 7; Mt 26 63

11 Jesús compareció ante el gobernador, y
este le preguntó: «¿Tú eres el rey de los judíos?». Él respondió: «Tú lo dices». 12 Al ser
acusado por los sumos sacerdotes y los ancianos, no respondió nada. 13 Pilato le dijo: «¿No
oyes todo lo que declaran contra ti?». 14 Jesús
no respondió a ninguna de sus preguntas, y
esto dejó muy admirado al gobernador.

Jesús y Barrabás

Mc 15 6-15 / Lc 23 18-25 / Jn 18 39-40; 19 1.4-16
Hch 3 13; 13 28; Dt 21 6-9; Sal 26 6; Mt 27 4;
2 Sm 1 13-16; Hch 5 28; Lc 23 28

15 En cada Fiesta, el gobernador acostum-
braba a poner en libertad a un preso, a elección del pueblo. 16 Había entonces uno famoso, llamado Jesús Barrabás. 17 Pilato preguntó
al pueblo que estaba reunido: «¿A quién
quieren que ponga en libertad, a Jesús Barrabás o a Jesús, llamado el Mesías?». 18 Él sabía
bien que lo habían entregado por envidia.
19 Mientras estaba sentado en el tribunal, su
mujer le mandó decir: «No te mezcles en el
asunto de ese justo, porque hoy, por su causa, tuve un sueño que me hizo sufrir mucho».
20 Mientras tanto, los sumos sacerdotes y
los ancianos convencieron a la multitud de
que pidiera la libertad de Barrabás y la
muerte de Jesús. 21 Tomando de nuevo la palabra, el gobernador les preguntó: «¿A cuál
de los dos quieren que ponga en libertad?».
Ellos respondieron: «A Barrabás». 22 Pilato
continuó: «¿Y qué haré con Jesús, llamado
el Mesías?». Todos respondieron: «¡Que sea
crucificado!». 23 Él insistió: «¿Qué mal ha
hecho?». Pero ellos gritaban cada vez más
fuerte: «¡Que sea crucificado!».
24 Al ver que no se llegaba a nada, sino
que aumentaba el tumulto, Pilato hizo
traer agua y se lavó las manos delante de la
multitud, diciendo: «Yo soy inocente de esta sangre. Es asunto de ustedes». 25 Y todo el
pueblo respondió: «Que su sangre caiga so-

MT

VIVE LA PALABRA

Nuestra identificación con Cristo crucificado

Los cristianos que viven en condiciones de dolor y de pobreza suelen identificarse más con Jesús crucificado que con Jesús resucitado. El saber que Jesús sufrió y entregó su vida por alcanzar una vida nueva resuena en lo profundo de su experiencia y da sentido a su lucha para salir de la pobreza y la opresión. Desde niños se aprende, de manera inconsciente, que siempre habrá sufrimiento en la vida.

Cuando se acepta el dolor y se une al de Cristo, el sufrimiento es más llevadero y da la paz interior necesaria para continuar trabajando por conseguir una vida mejor. Este sufrimiento alcanza su significado máximo cuando nace del amor, como en el caso de los padres que se sacrifican por dar una mejor vida a sus hijos, de modo similar como el Padre envió a su Hijo y aceptó su muerte en la cruz, por dar una vida nueva a la humanidad.

Jesús, sabemos que la vida verdadera se alcanza por amor, y que cuando el sufrimiento nace del amor y está unido al tuyo, nos purifica de nuestros pecados, nos prueba, nos ayuda a crecer, y nos hace solidarios con quien sufre. Ayúdanos a valorar el sentido del dolor y a amar como lo haces tú. Amén.

Mt 27 24-56

bre nosotros y sobre nuestros hijos». [26]En-
tonces, Pilato puso en libertad a Barrabás; y
a Jesús, después de haberlo hecho azotar, lo
entregó para que fuera crucificado.

La coronación de espinas

Mc 15 16-20 / Jn 19 2-3
Lc 23 11; Is 50 6; Mt 2 2; 27 11.37

[27]Los soldados del gobernador llevaron
a Jesús al pretorio y reunieron a toda la
guardia alrededor de él. [28]Entonces lo des-
vistieron y le pusieron un manto rojo.
[29]Luego tejieron una corona de espinas y la
colocaron sobre su cabeza, pusieron una
caña en su mano derecha y, doblando la
rodilla delante de él, se burlaban, diciendo: «Salud, rey de los judíos». [30]Y escu-
piéndolo, le quitaron la caña y con ella le
golpeaban la cabeza. [31]Después de haberse
burlado de él, le quitaron el manto, le pusieron de nuevo sus vestiduras y lo llevaron
a crucificar.

La crucifixión de Jesús

Mc 15 21-27 / Lc 23 26.33.38 / Jn 19 17-24
Sal 69 22; 22 19; Is 53 12

[32]Al salir, se encontraron con un hombre
de Cirene, llamado Simón, y lo obligaron a
llevar la cruz. [33]Cuando llegaron al lugar llamado Gólgota, que significa «lugar del Cráneo», [34]le dieron de beber vino con hiel. Él
lo probó, pero no quiso tomarlo. [35]Después
de crucificarlo, los soldados *sortearon sus vestiduras y se las repartieron;* [36]y sentándose allí,
se quedaron para custodiarlo. [37]Colocaron
sobre su cabeza una inscripción con el motivo de su condena: «Este es Jesús, el rey de
los judíos». [38]Al mismo tiempo, fueron crucificados con él dos bandidos, uno a su derecha y el otro a su izquierda.

Injurias a Jesús crucificado

Mc 15 29-32 / Lc 23 35-37.39
Sal 22 8; Mt 4 3.6; Sal 22 9; Sab 2 18-20

[39]Los que pasaban, lo insultaban y, mo-
viendo la cabeza, [40]decían: «Tú, que destruyes el Templo y en tres días lo vuelves a edificar, ¡sálvate a ti mismo, si eres Hijo de
Dios, y baja de la cruz!». [41]De la misma manera, los sumos sacerdotes, junto con los escribas y los ancianos, se burlaban, diciendo:
[42]«¡Ha salvado a otros y no puede salvarse a
sí mismo! Es rey de Israel: que baje ahora de
la cruz y creeremos en él. [43]*Ha confiado en
Dios; que él lo libre ahora si lo ama,* ya que él
dijo: "Yo soy Hijo de Dios"». [44]También lo
insultaban los bandidos crucificados con él.

La muerte de Jesús

Mc 15 33-39 / Lc 23 44-48 / Jn 19 29-30
Ex 10 22; Am 8 9; Sal 22 2; Mt 11 14;
Sal 69 22; Ex 26 31-35; Ez 37 12; Dn 12 2

[45]Desde el mediodía hasta las tres de la
tarde, las tinieblas cubrieron toda la región.
[46]Hacia las tres de la tarde, Jesús exclamó en
alta voz: *«Elí, Elí, lemá sabactani»,* que significa: *«Dios mío, Dios mío, ¿por qué me has
abandonado?».* [47]Algunos de los que se en-

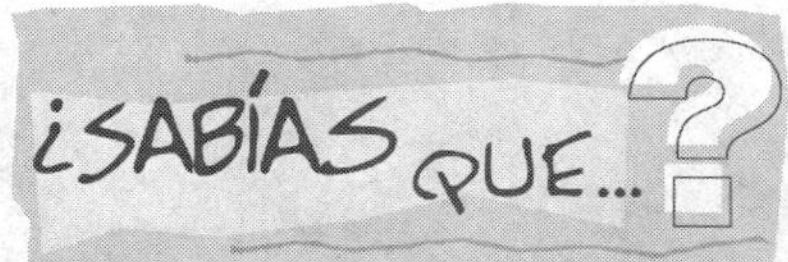

Muerte de Jesús y amanecer de un nuevo tiempo

Mateo relata una serie de fenómenos extraordinarios con ocasión de la muerte de Jesús: toda la región quedó sumergida en tinieblas y un terremoto rasgó el velo del Templo y desprendió grandes rocas; las tumbas se abrieron y muchos santos que habían muerto resucitaron (Mt 27 45-52). ¿Qué significado tienen estos signos?

El evangelista describe la reacción de toda la creación ante la muerte de Jesús, pues empezaba el amanecer de un nuevo tiempo. La rasgadura del velo del Templo muestra que la buena nueva no era ya privilegio exclusivo de los judíos, sino para todos los que aceptaran el evangelio. El hecho de que un pagano reconociera en Jesús al Hijo de Dios, es otro signo del llamado universal a la fe, gracias a la muerte redentora de Cristo.

Mateo vuelve a emplear estos símbolos apocalípticos para describir el misterio de la resurrección del Hijo de Dios. De esta manera expresa la unidad que hay entre la cruz y la resurrección.

Mt 27 45-54

contraban allí, al oírlo, dijeron: «Está llamando a Elías». 48 Enseguida, uno de ellos
corrió a tomar una esponja, la empapó en
vinagre y, poniéndola en la punta de una
caña, le dio de beber. 49 Pero los otros le decían: «Espera, veamos si Elías viene a salvarlo». 50 Entonces Jesús, clamando otra vez
con voz potente, entregó su espíritu.
51 Inmediatamente, el velo del Templo se
rasgó en dos, de arriba abajo, la tierra tembló, las rocas se partieron 52 y las tumbas se
abrieron. Muchos cuerpos de santos que
habían muerto resucitaron 53 y, saliendo de
las tumbas después que Jesús resucitó, entraron en la Ciudad Santa y se aparecieron
a mucha gente. 54 El centurión y los hombres que custodiaban a Jesús, al ver el terremoto y todo lo que pasaba, se llenaron
de miedo y dijeron: «¡Verdaderamente, este era Hijo de Dios!».

Las mujeres que siguieron a Jesús

Mc 15 40-41 / Lc 23 49 / Jn 19 25
Lc 8 2-3

55 Había allí muchas mujeres que miraban de lejos: eran las mismas que habían
seguido a Jesús desde Galilea para servirlo.
56 Entre ellas estaban María Magdalena,
María —la madre de Santiago y de José— y
la madre de los hijos de Zebedeo.

La sepultura de Jesús

Mc 15 42-47 / Lc 23 50-55 / Jn 19 38-42
Dt 21 22-23; Hch 13 29; Mt 12 40; 16 21; 17 23; 20 19

57 Al atardecer, llegó un hombre rico de
Arimatea, llamado José, que también se
había hecho discípulo de Jesús, 58 y fue a
ver a Pilato para pedirle el Cuerpo de Jesús.
Pilato ordenó que se lo entregaran. 59 Entonces José tomó el cuerpo, lo envolvió en
una sábana limpia 60 y lo depositó en un sepulcro nuevo que se había hecho cavar en
la roca. Después hizo rodar una gran piedra a la entrada del sepulcro, y se fue. 61 María Magdalena y la otra María estaban sentadas frente al sepulcro.
62 A la mañana siguiente, es decir, después del día de la Preparación, los sumos
sacerdotes y los fariseos se reunieron y se
presentaron ante Pilato, 63 diciéndole: «Señor, nosotros nos hemos acordado de que
ese impostor, cuando aún vivía, dijo: "A
los tres días resucitaré". 64 Ordena que el sepulcro sea custodiado hasta el tercer día,
no sea que sus discípulos roben el cuerpo
y luego digan al pueblo: "¡Ha resucitado!".
Este último engaño sería peor que el primero». 65 Pilato les respondió: «Ahí tienen
la guardia, vayan y aseguren la vigilancia
como lo crean conveniente». 66 Ellos fueron
y aseguraron la vigilancia del sepulcro, sellando la piedra y dejando allí la guardia.

El anuncio de la resurrección

Mc 16 1-8 / Lc 24 1-10 / Jn 20 1-2
Mt 27 56.61; Ex 19 18; Sal 114 7; Heb 12 26;
Mt 17 2; Dn 7 9; 10 6; Mt 16 21; 26 32; Mc 14 28

28 1 Pasado el sábado, al amanecer del
primer día de la semana, María Magdalena y la otra María fueron a visitar el sepulcro. 2 De pronto, se produjo un gran
temblor de tierra: el Ángel del Señor bajó
del cielo, hizo rodar la piedra del sepulcro
y se sentó sobre ella. 3 Su aspecto era como
el de un relámpago y sus vestiduras eran
blancas como la nieve. 4 Al verlo, los guar-

VIVE LA PALABRA

Relatos de la resurrección

Hay catorce relatos sobre la resurrección de Jesús en los cuatro evangelios; ninguno describe la resurrección real o el aspecto físico del Cristo resucitado. Mateo centra su relato en el hallazgo de la tumba vacía, y del encuentro de Jesús resucitado con las mujeres, y desdice que la tumba vacía se debe a que los discípulos habían robado el Cuerpo de Jesús. Después habla de otra aparición del Resucitado a los Once, en la cual les da la misión de evangelizar a todos los pueblos (Mt 28 1-20). Marcos se centra en la tumba vacía (ver «Significado de la tumba vacía», Mc 16 1-8). Lucas realza la presencia viva de Jesús en la Sagrada Escritura y la Eucaristía (ver «Aprendamos de Jesús y los discípulos de Emaús», Lc 24 13-35). Juan saca a relucir la autoridad de los líderes de la naciente Iglesia (ver «La misión de la Iglesia y de su pastor», Jn 21).

Todos los relatos expresan la fe de los discípulos en Jesús vivo. Por el poder de Dios, la vida ha triunfado sobre la muerte y los discípulos han recibido la misión de comunicar esta buena noticia. Tú también comunica con tu vida la gran noticia: ¡Jesús está vivo! Él es la razón por la que la Sagrada Escritura palpitan en nuestra vida y tienen sentido cuando las leemos con fe.

Haz un separador de páginas para tu Biblia que exprese lo que significa la resurrección de Jesús para tu vida de fe y tu misión. Cuando pienses que una situación no tiene esperanza, que no se le ve fin, que el mal está venciendo recuerda la resurrección de Jesús, prueba de que la desesperación y la muerte no ganan, que Dios está vivo y activo en la historia.

Mt 28 1-10

dias temblaron de espanto y quedaron como muertos. 5 El Ángel dijo a las mujeres:
«No teman, yo sé que ustedes buscan a Jesús, el Crucificado. 6 No está aquí, porque
ha resucitado como lo había dicho. Vengan a ver el lugar donde estaba, 7 y vayan
enseguida a decir a sus discípulos: "Ha resucitado de entre los muertos, e irá antes
que ustedes a Galilea: allí lo verán". Esto es
lo que tenía que decirles». 8 Las mujeres,
atemorizadas pero llenas de alegría, se alejaron rápidamente del sepulcro y corrieron
a dar la noticia a los discípulos.

La aparición de Jesús a las mujeres

Mc 16 9-11 / Lc 24 10-11/ Jn 20 14-18
Mt 2 2.8.11; 8 2; 14 33; Jn 20 17

9 De pronto, Jesús salió a su encuentro y
las saludó, diciendo: «Alégrense». Ellas se
acercaron y, abrazándole los pies, se postraron delante de él. 10 Y Jesús les dijo: «No
teman; avisen a *mis hermanos que* vayan a
Galilea, y allí me verán».

El soborno a los soldados

Mt 12 14; 27 62-66

11 Mientras ellas se alejaban, algunos
guardias fueron a la ciudad para contar a
los sumos sacerdotes todo lo que había sucedido. 12 Estos se reunieron con los ancianos y, de común acuerdo, dieron a los soldados una gran cantidad de dinero, 13 con
esta consigna: «Digan así: "Sus discípulos
vinieron durante la noche y robaron su
cuerpo, mientras dormíamos". 14 Si el asunto llega a oídos del gobernador, nosotros
nos encargaremos de apaciguarlo y de evitarles a ustedes cualquier contratiempo».
15 Ellos recibieron el dinero y cumplieron la
consigna. Esta versión se ha difundido entre los judíos hasta el día de hoy.

La misión universal de los Apóstoles

Mt 26 32; 28 7; Dn 7 14; Mc 16 14-18;
Lc 24 36-49; Jn 20 21; Hch 1 8

16 Los once discípulos fueron a Galilea, a
la montaña donde Jesús los había citado.
17 Al verlo, se postraron delante de él; sin
embargo, algunos todavía dudaron. 18 Acercándose, Jesús les dijo: «Yo he recibido todo poder en el cielo y en la tierra. 19 Vayan,
entonces, y hagan que todos los pueblos
sean mis discípulos, bautizándolos en el
nombre del Padre y del Hijo y del Espíritu
Santo, 20 y enseñándoles a cumplir todo lo
que yo les he mandado. Y yo estoy con ustedes hasta el fin del mundo».

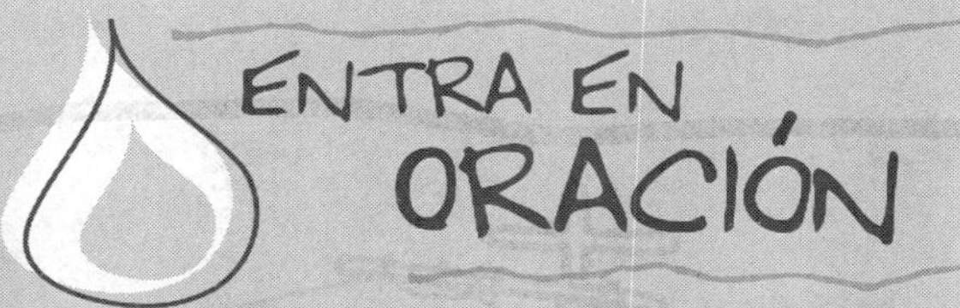

Iré adonde me envíes

Después de su resurrección, Jesús envió a sus discípulos a evangelizar. Igual te envía hoy a ti. Medita y ora para mostrar a Jesús tu disposición de cumplir con tu misión.

• *Si me guías en el camino, te seguiré y viajaré a otros pueblos, ciudades y países, para llevar tu buena nueva.*

• *Si me animas a escribir poemas, canciones o ensayos para glorificar tu nombre, me pondré a hacerlo.*

• *Si me motivas a predicar la llegada del Reino de Dios, me prepararé y lo haré donde me indiques.*

• *Si me pides que me dedique al servicio de mi prójimo o que activamente luche por la justicia social, pondré manos a la obra.*

• *Si me inspiras para que a través del arte exprese tu mensaje en teatros, televisión o cine, estoy dispuesto/a al desafío.*

• *Si me instruyes que consagre mi vida a trabajar por la extensión del Reino, buscaré en dónde quieres que lo haga.*

En fin, lo que quiero decirte es que iré adonde me guíes y haré lo que me digas. Sé que así seré feliz, y haré el bien que tú esperas de mí.

Mt 28 16-20

JESÚS,

¿QUÉ MARAVILLA Y QUÉ DESASTRE ES TU IGLESIA!

VIVES EN NOSOTROS POR MEDIO DE TU ESPÍRITU,
PERO TE IMPEDIMOS LLEVAR EL TIMÓN DE NUESTRA VIDA.

TUS ENSEÑANZAS NOS LLEVAN A PUERTO SEGURO,
PERO CON FRECUENCIA NOS DESVIAMOS DEL CAMINO.

CREASTE UNA COMUNIDAD DE APÓSTOLES Y DISCÍPULOS,
PERO SOMOS DÉBILES Y NO CUMPLIMOS TU MISIÓN.

TEN MISERICORDIA Y AYUDA A TU IGLESIA,
GUÍANOS SIEMPRE EN LA DIRECCIÓN ADECUADA.

AMÉN

EVANGELIO SEGÚN SAN MARCOS

Cuando la radio y la prensa nos hablan de una persona famosa, tal vez nos preguntamos cómo es su vida diaria, cómo empezó sus actividades y quiénes la apoyaron o colaboraron con ella, qué desafíos ha enfrentado y cómo los superó. Esto es lo que nos ofrece el evangelio de Marcos respecto a Jesús. Nos describe cómo es Jesús, cómo formó su comunidad de discípulos y cómo su estilo de vida provocó que lo mataran. También explica la naturaleza salvadora de su mesianismo y cómo nos salva a través de su Pascua.

ESQUEMA

- **1 1-13.** Preparación del ministerio de Jesús
- **1 14 – 7 23.** La actividad de Jesús en Galilea
- **7 24 – 10 52.** La actividad de Jesús fuera de Galilea
- **11 – 13.** La actividad de Jesús en Jerusalén
- **14 – 16.** La pasión y la resurrección de Jesús

DATOS

Autor
Judeocristiano, discípulo de Jesús sin ser del *grupo* de los Doce
Fecha de redacción
Entre 60 y 70 d.C., fue el primer evangelio
Destinatarios
Cristianos gentiles perseguidos por su fe, en Roma
Imagen de Jesús
Presenta a Jesús como Hijo de Dios, Maestro, Profeta y otros títulos

PRESENTACIÓN

Marcos era judío; conoció a Jesús a través de Pedro y suele identificársele con Juan Marcos, mencionado en los Hechos de los Apóstoles y las cartas de Pablo y de Pedro. Fue el iniciador del género literario llamado «evangelio», al proclamar el mensaje y las obras de Jesús desde la perspectiva pascual, con un estilo de «buena noticia». Su evangelio se lee fácilmente, es el más breve de los cuatro y sirvió de base al de Mateo y Lucas.

La presentación que Marcos hace de Jesús es como la de un hombre de acción, humano en sus sentimientos y totalmente comprometido con su misión. Su evangelio responde a dos cuestiones fundamentales y comprometedoras para sus seguidores: ¿quién es Jesús? ¿En qué consiste ser discípulo de Jesús?

También muestra a Jesús sanando a los enfermos; siendo compasivo con quienes sufren; liberando de los demonios, e interviniendo en conflictos con las autoridades civiles y religiosas. Señala cómo interpretan sus discípulos estas obras, que identifican a Jesús con el Mesías prometido, aunque con un mesianismo distinto al esperado.

La forma en que Marcos responde a la pregunta sobre el discipulado de Jesús es sorprendente. Además de seguir sus enseñanzas, los discípulos deben asumir su misión de proclamar la llegada del Reino de Dios, y caminar con él en el servicio y entrega a los demás, hasta su pasión, muerte y resurrección.

De hecho, los discípulos siguieron con entusiasmo a Jesús mientras crecía su popularidad, pero lo abandonaron en momentos difíciles de la pasión. A pesar de esto, Jesús no los abandonó y volvió a salir a su encuentro en Galilea, después de la resurrección. Fue en la relación personal con Jesús y en su encuentro constante con él, donde descubrieron su misterio y adquirieron la fuerza para seguirlo y continuar con su misión.

PREPARACIÓN DEL MINISTERIO DE JESÚS

La predicación de Juan el Bautista

Mt 3 1-6.11-12 / Lc 3 3-6.15-16 / Jn 1 23.26-27
Mal 3 1; Is 40 3; Hch 13 24; 19 4

1 1 Comienzo de la Buena Noticia de
Jesús, Mesías, Hijo de Dios. 2 Como
está escrito en el libro del profeta Isaías:

Mira, yo envío a mi mensajero delante de ti
para prepararte el camino.
3 *Una voz grita en el desierto:*
Preparen el camino del Señor,
allanen sus senderos,

4 así se presentó Juan el Bautista en el desierto, proclamando un bautismo de conversión para el perdón de los pecados. 5 Toda la gente de Judea y todos los habitantes
de Jerusalén acudían a él, y se hacían bautizar en las aguas del Jordán, confesando
sus pecados.
6 Juan estaba vestido con una piel de camello y un cinturón de cuero, y se alimentaba con langostas y miel silvestre. Y predicaba, diciendo: 7 «Detrás de mí vendrá el
que es más poderoso que yo, y yo ni siquiera soy digno de ponerme a sus pies para desatar la correa de sus sandalias. 8 Yo los
he bautizado a ustedes con agua, pero él
los bautizará con el Espíritu Santo».

El bautismo de Jesús

Mt 3 13-17 / Lc 3 21-22
Is 63 19; 11 2; 42 1; 63 11; Sal 2 7; Mc 9 7; 15 39

9 En aquellos días, Jesús llegó desde Nazaret de Galilea y fue bautizado por Juan
en el Jordán. 10 Y al salir del agua, vio que
los cielos se abrían y que el Espíritu Santo
descendía sobre él como una paloma; 11 y
una voz desde el cielo dijo: «Tú eres mi Hijo muy querido, en ti tengo puesta toda mi
predilección».

La tentación de Jesús en el desierto

Mt 4 1-11 / Lc 4 1-13
Job 1 6; Mc 3 23.26; Jn 13 27; Hch 5 3

12 Enseguida el Espíritu lo llevó al desierto, 13 donde estuvo cuarenta días y fue tentado por Satanás. Vivía entre las fieras, y
los ángeles lo servían.

Mc 1 10

COMPRENDE LOS SÍMBOLOS

La paloma

En el Antiguo Testamento la paloma es signo de libertad, vida nueva y paz (Gn 8 8); es también signo de ofrenda de los pobres a Dios (Lv 12 8). En el Nuevo Testamento se le identifica con el Espíritu Santo a partir del Bautismo de Jesús. Sus arrullos evocan amor y sus gemidos, la intercesión del Espíritu de Dios que habita en nosotros.

LA ACTIVIDAD DE JESÚS EN GALILEA

El comienzo de la predicación de Jesús

Mt 4 12-17 / Lc 4 14-15
Mc 6 17-18; Rom 1 1; 15 16;
Dn 12 4-9; Gal 4 4; Mt 3 2

14 Después que Juan fue arrestado, Jesús
se dirigió a Galilea. Allí proclamaba la Buena Noticia de Dios, diciendo: 15 «El tiempo
se ha cumplido: el Reino de Dios está cerca.
Conviértanse y crean en la Buena Noticia».

Los primeros discípulos

Mt 4 18-22 / Lc 5 1-11
1 Re 19 19-21; Jn 1 40-42; Mt 13 47-48; Mc 3 17

16 Mientras iba por la orilla del mar de Galilea, vio a Simón y a su hermano Andrés,
que echaban las redes en el agua, porque
eran pescadores. 17 Jesús les dijo: «Síganme, y
yo los haré pescadores de hombres». 18 Inmediatamente, ellos dejaron sus redes y lo siguieron.
19 Y avanzando un poco, vio a Santiago,
hijo de Zebedeo, y a su hermano Juan, que
estaban también en su barca arreglando las
redes. Enseguida los llamó, 20 y ellos, dejando en la barca a su padre Zebedeo con
los jornaleros, lo siguieron.

Enseñanza de Jesús en la sinagoga de Cafarnaún

Lc 4 31-32
Mt 4 13; Lc 4 16; 6 6; 13 10; Mt 7 28-29;
Mc 6 2; 10 16; 11 18

21 Entraron en Cafarnaún, y cuando llegó
el sábado, Jesús fue a la sinagoga y comenzó a enseñar. 22 Todos estaban asombrados
de su enseñanza, porque les enseñaba como quien tiene autoridad y no como los
escribas.

Curación de un endemoniado

Lc 4 33-37
Mt 8 29; Jn 6 69; Hch 3 14; 4 27.30;
Mc 1 34.44; 3 12; 5 43; 7 36; Mt 4 24

23 Y había en la sinagoga un hombre poseído de un espíritu impuro, que comenzó
a gritar: 24 «¿Qué quieres de nosotros, Jesús
Nazareno? ¿Has venido para acabar con
nosotros? Ya sé quién eres: el Santo de
Dios». 25 Pero Jesús lo increpó, diciendo:

VIVE LA PALABRA

Llamados a seguir a Jesús

Marcos empieza y termina su evangelio proclamando que Jesús es Hijo de Dios. Desde el principio señala que Jesús se distinguió de otros maestros judíos, pues en lugar de que sus discípulos pidieran seguirlo, él los llamó para ser «pescadores de hombres», misioneros entre el pueblo para anunciar el Reino de Dios (Mc 1 17).

Pedro, Andrés, Santiago y Juan al escuchar su llamado, lo siguieron inmediatamente. Igual nos llama Jesús continuamente a todos los cristianos, a partir de nuestro Bautismo. Seas soltero/a o casado/a; pobre o rico; estudiante, enfermera, sacerdote..., serás feliz si respondes al llamado de Jesús y tus actitudes, estilo de vida y acciones, reflejan las del Maestro.

Mc 1 16-20

«Cállate y sal de este hombre». 26 El espíritu impuro lo sacudió violentamente y, dando un gran alarido, salió de ese hombre. 27 Todos quedaron asombrados y se preguntaban unos a otros: «¿Qué es esto? ¡Enseña de una manera nueva, llena de autoridad; da órdenes a los espíritus impuros, y estos le obedecen!». 28 Y su fama se extendió rápidamente por todas partes, en toda la región de Galilea.

Curación de la suegra de Pedro

Mt 8 14-15 / Lc 4 38-39
Mc 5 41; 9 27

29 Cuando salió de la sinagoga, fue con Santiago y Juan a casa de Simón y Andrés. 30 La suegra de Simón estaba en cama con fiebre, y se lo dijeron de inmediato. 31 Él se acercó, la tomó de la mano y la hizo levantar. Entonces ella no tuvo más fiebre y se puso a servirlos.

Diversas curaciones

Mt 8 16 / Lc 4 40-41
Mc 3 10-12

32 Al atardecer, después de ponerse el sol, le llevaron a todos los enfermos y endemoniados, 33 y la ciudad entera se reunió delante de la puerta. 34 Jesús curó a muchos enfermos, que sufrían de diversos males, y expulsó a muchos demonios; pero a estos no los dejaba hablar, porque sabían quién era él.

La misión de Jesús

Lc 4 42-44
Mt 14 23; Lc 3 21; 5 16; 6 12; Mt 4 23; 9 35

35 Por la mañana, antes que amaneciera, Jesús se levantó, salió y fue a un lugar desierto; allí estuvo orando. 36 Simón salió a buscarlo con sus compañeros, 37 y cuando lo encontraron, le dijeron: «Todos te andan buscando». 38 Él les respondió: «Vayamos a otra parte, a predicar también en las poblaciones vecinas, porque para eso he salido». 39 Y fue predicando en las sinagogas de toda la Galilea y expulsando demonios.

Curación de un leproso

Mt 8 2-4 / Lc 5 12-14
Mt 9 36; 20 34; Mc 8 2; 9 22; Lc 7 13; Mt 18 27; Lc 10 33; Mt 9 30; Mc 1 25; Lv 14 2-32

40 Entonces se le acercó un leproso para pedirle ayuda y, cayendo de rodillas, le dijo: «Si quieres, puedes purificarme». 41 Jesús, conmovido, extendió la mano y lo tocó, diciendo: «Lo quiero, queda purificado». 42 Enseguida la lepra desapareció y quedó purificado. 43 Jesús lo despidió, advirtiéndole severamente: 44 «No le digas nada a nadie, pero ve a presentarte al sacerdote y entrega por tu purificación la ofrenda que ordenó

VIVE LA PALABRA

Jesús nos da vida y nos reintegra a la sociedad

Marcos, Mateo y Lucas presentan muchos milagros como signo de la llegada del Reino de Dios mediante el Mesías prometido. Todos los milagros tienen como fin dar una vida nueva, sea liberando del Maligno, sanando de una enfermedad, resucitando de entre los muertos... No se trata solo de una nueva vida física o espiritual, sino también de una nueva vida social, pues al sanar de sus males, las personas pueden reintegrarse a la sociedad.

Lee Marcos 1 40-45 y aplica el significado de la curación del leproso a tu vida:

- Jesús se solidarizó con el dolor del enfermo y se compadeció de él. Cuando prestas una ayuda o servicio, ¿compartes los sentimientos del otro o lo haces por obligación o compromiso social?
- Para curar al leproso, Jesús lo toca, rompiendo el tabú de no hacerlo para evitar contaminarse de su impureza. Al tocarlo, comunica su propia pureza. ¿Qué tabúes hay que romper en nombre de Jesús hoy día para dar vida a quien la necesita?
- Jesús reintegra al leproso a la comunidad. ¿Qué personas en tu escuela, trabajo o comunidad necesitan ayuda para integrarse con los demás?

¿Alguna vez te has sentido marginado? Toma de la mano a Jesús y con la seguridad que él te da, anímate a vencer las barreras que te mantienen aislado/a.

Mc 1 40-45

Moisés, para que les sirva de testimonio».
45 Sin embargo, apenas se fue, empezó a proclamarlo a todo el mundo, divulgando lo
sucedido, de tal manera que Jesús ya no podía entrar públicamente en ninguna ciudad,
sino que debía quedarse fuera, en lugares
desiertos. Y acudían a él de todas partes.

Curación de un paralítico

Mt 9 1-8 / Lc 5 17-26
Hch 4 29.31; 8 25; Mc 5 34.36; 9 23; Lc 7 48;
Sal 103 3; Is 43 25; 1 Jn 1 9; Mt 9 33

2 1 Unos días después, Jesús volvió a
Cafarnaún y se difundió la noticia de
que estaba en la casa. 2 Se reunió tanta gente, que no había más lugar ni siquiera delante de la puerta, y él les anunciaba la Palabra. 3 Le trajeron entonces a un paralítico,
llevándolo entre cuatro hombres. 4 Y como
no podían acercarlo a él, a causa de la multitud, levantaron el techo sobre el lugar
donde Jesús estaba, y haciendo un agujero
descolgaron la camilla con el paralítico.
5 Al ver la fe de esos hombres, Jesús dijo al
paralítico: «Hijo, tus pecados te son perdonados».
6 Unos escribas que estaban sentados allí
pensaban en su interior: 7 «¿Qué está diciendo este hombre? ¡Está blasfemando! ¿Quién
puede perdonar los pecados, sino solo
Dios?». 8 Jesús, advirtiendo enseguida que
pensaban así, les dijo: «¿Qué están pensando? 9 ¿Qué es más fácil, decir al paralítico:
«Tus pecados te son perdonados», o «Levántate, toma tu camilla y camina»? 10 Para que
ustedes sepan que el Hijo del hombre tiene
sobre la tierra el poder de perdonar los pecados 11 —dijo al paralítico—, yo te lo mando, levántate, toma tu camilla y vete a tu casa». 12 Él se levantó enseguida, tomó su camilla y salió a la vista de todos. La gente quedó
asombrada y glorificaba a Dios, diciendo:
«Nunca hemos visto nada igual».

El llamado de Leví

Mt 9 9 / Lc 5 27-28
Mt 4 19; 19 21; Mc 1 17; Lc 9 59

13 Jesús salió nuevamente a la orilla del
mar; toda la gente acudía allí, y él les enseñaba. 14 Al pasar vio a Leví, hijo de Alfeo,
sentado a la mesa de recaudación de impuestos, y le dijo: «Sígueme». Él se levantó
y lo siguió.

La actitud de Jesús hacia los pecadores

Mt 9 10-13 / Lc 5 29-32
Mt 11 19; Lc 7 34; 15 1-2.10

15 Mientras Jesús estaba comiendo en su
casa, muchos publicanos y pecadores se
sentaron a comer con él y sus discípulos;
porque eran muchos los que lo seguían.
16 Los escribas del grupo de los fariseos, al
ver que comía con pecadores y publicanos,
decían a los discípulos: «¿Por qué come
con publicanos y pecadores?». 17 Jesús, que
había oído, les dijo: «No son los sanos los

NO SON LOS SANOS LOS QUE TIENEN NECESIDAD DEL MÉDICO, SINO LOS ENFERMOS.

VIVE LA PALABRA

El apoyo de los amigos fieles y con fe

Lee Marcos 2 1-12. Jesús manifiesta su autoridad para perdonar los pecados al sanar a un hombre paralítico. Aunque faltan detalles que nos gustaría conocer hay algo cierto: ¡el paralítico tenía cuatro buenos amigos!

¿Por qué son importantes estos amigos? ¿Qué valores tienen? En primer lugar, buscaban el bien de su amigo y creían que Jesús podía hacer algo por él. Además, fueron tenaces en su compromiso con él y no dejaron que el obstáculo, aparentemente insuperable, de la puerta obstruida por la muchedumbre, les impidiera llevarlo hasta Jesús.

El evangelio no habla de la fe del paralítico, sino de la fe de sus amigos. ¿Qué amigos fieles en tu vida te han ayudado a llegar a Jesús? Y tú, ¿de quién puedes ser ese tipo de amigo fiel?

Mc 2 1-12

MC

que tienen necesidad del médico, sino los enfermos. Yo no he venido a llamar a los justos, sino a los pecadores».

Discusión sobre el ayuno

Mt 9 14-17 / Lc 5 33-39
2 Cor 5 17; Gal 1 6

18 Un día en que los discípulos de Juan y los fariseos ayunaban, fueron a decirle a Jesús: «¿Por qué tus discípulos no ayunan, como lo hacen los discípulos de Juan y los discípulos de los fariseos?». 19 Jesús les respondió: «¿Acaso los amigos del esposo pueden ayunar cuando el esposo está con ellos? Es natural que no ayunen, mientras tienen consigo al esposo. 20 Llegará el momento en que el esposo les será quitado, y entonces ayunarán.

21 Nadie usa un pedazo de género nuevo para remendar un vestido viejo, porque el pedazo añadido tira del vestido viejo y la rotura se hace más grande. 22 Tampoco se pone vino nuevo en odres viejos, porque hará reventar los odres, y ya no servirán más ni el vino ni los odres. ¡A vino nuevo, odres nuevos!».

Discusión sobre el sábado

Mt 12 1-8 / Lc 6 1-5
Dt 23 26; Ex 34 21; 1 Sm 21 2-7;
2 Sm 15 35; Ex 20 8-10

23 Un sábado en que Jesús atravesaba unos sembrados, sus discípulos comenzaron a arrancar espigas al pasar. 24 Entonces los fariseos le dijeron: «¡Mira! ¿Por qué hacen en sábado lo que no está permitido?». 25 Él les respondió: «¿Ustedes no han leído nunca lo que hizo David, cuando él y sus compañeros se vieron obligados por el hambre, 26 cómo entró en la Casa de Dios, en el tiempo del Sumo Sacerdote Abiatar, y comió y dio a sus compañeros los panes de la ofrenda, que solo pueden comer los sacerdotes?». 27 Y agregó: «El sábado ha sido hecho para el hombre, y no el hombre para el sábado. 28 De manera que el Hijo del hombre es dueño también del sábado».

La vida está antes que la Ley

Lee Marcos 2 23-28 y descubre la actitud tan diferente de los fariseos y de Jesús ante la Ley. Los Apóstoles cortan espigas en sábado para calmar su hambre. Esto provoca una polémica de parte de los fariseos, quienes mantenían un legalismo al margen de la vida. Jesús, en cambio, menciona a David, el rey ideal, como ejemplo de que la Ley está al servicio de la persona; la Ley no es yugo. Al decir, «El sábado ha sido hecho para el hombre, y no el hombre para el sábado» (v. 27), nos motiva a superar el legalismo con la libertad de los hijos de Dios (ver «La Ley y la conciencia», 1 Sm 21 1-7).

Más que puntualizar normas morales, Jesús compartió con sus discípulos el amor de Dios, los ayudó a ver la vida desde esa perspectiva y los motivó a actuar basados siempre en el amor. Jesús estaba consciente de que cuando una obligación religiosa, en lugar de dar vida la quita, se convierte en carga. Para ser constructores de un nuevo orden, donde la justicia y la paz sean una realidad, y las normas sean luz para el servicio y la promoción del ser humano, se necesita el amor.

Recuerda siempre que para Jesús, la vida está antes que la Ley, y que la Ley debe ser fuente de vida. ¡Qué diferente es ver la Ley desde la perspectiva de Jesús!

Mc 2 23-28

Curación de un hombre en sábado

Mt 12 9-14 / Lc 6 6-11
Lc 14 3; Mc 3 34; 5 32; 10 23; 11 11;
Ex 7 13; Is 6 6-9; Mt 22 15-16

3 1 Jesús entró nuevamente en una sinagoga, y había allí un hombre que tenía una mano paralizada. 2 Los fariseos observaban atentamente a Jesús para ver si lo curaba en sábado, con el fin de acusarlo. 3 Jesús dijo al hombre de la mano paralizada: «Ven y colócate aquí delante». 4 Y les dijo: «¿Está permitido en sábado hacer el bien o el mal, salvar una vida o perderla?». Pero ellos callaron. 5 Entonces, dirigiendo sobre ellos una mirada llena de indignación y apenado por la dureza de sus corazones, dijo al hombre: «Extiende tu mano». Él la extendió y su mano quedó curada. 6 Los fariseos salieron y se confabularon con los herodianos para buscar la forma de acabar con él.

Libertad interior en Jesús y sus seguidores

Jesús cura en sábado a un hombre con la mano atrofiada, como testimonio de la libertad interior que provoca el amor (Mc 3 1-6). La libertad interior consiste en permitir que los valores de Jesús rijan nuestra vida, sin que los legalismos o las leyes humanas, imposiciones sociales y manipulaciones sicológicas nos desvíen de ello.

Rosa de Lima, criolla, de clase media, nacida en Perú en 1586, supo ser libre para servir a Cristo. En una época en que solo las mujeres indígenas y las que eran esclavas trabajaban, Rosa sintió el llamado de Dios a dedicarse a la oración y a trabajar por su Reino fuera del convento. Con gran libertad evangélica se consagró como laica en la Orden Dominica y, superando los prejuicios de su tiempo, construyó una cabaña para seguir su vocación de unir la oración al trabajo en el servicio a los enfermos, indígenas oprimidos y esclavos africanos.

Promovió la dignidad de las mujeres a quienes instruía y las animó a apoyar a sus esposos en la defensa de su patria atacada por los piratas. Fue la primera mujer laica canonizada en Latinoamérica; es patrona de América Latina y de las enfermeras peruanas.

Mc 3 1-6

La multitud sigue a Jesús

Mt 4 25; 12 15-16 / Lc 6 17-19
Mc 1 34; Mt 14 33; Mc 1 1; 5 7; 1 25

7 Jesús se retiró con sus discípulos a la
orilla del mar, y lo siguió mucha gente de
Galilea. 8 Al enterarse de lo que hacía, también fue a su encuentro una gran multitud
de Judea, de Jerusalén, de Idumea, de la
Transjordania y de la región de Tiro y Sidón. 9 Entonces mandó a sus discípulos
que le prepararan una barca, para que la
muchedumbre no lo apretujara. 10 Porque,
como curaba a muchos, todos los que padecían algún mal se arrojaban sobre él para
tocarlo. 11 Y los espíritus impuros, apenas lo
veían, se tiraban a sus pies, gritando: «¡Tú
eres el Hijo de Dios!». 12 Pero Jesús les ordenaba terminantemente que no lo pusieran de manifiesto.

Institución de los Doce

Mt 10 1-4 / Lc 6 12-16
Mc 6 46; 9 2; Hch 1 13

13 Después subió a la montaña y llamó a
su lado a los que quiso. Ellos fueron hacia
él, 14 y Jesús instituyó a Doce para que estuvieran con él, y para enviarlos a predicar
15 con el poder de expulsar a los demonios.
16 Así instituyó a los Doce: Simón, al que
puso el sobrenombre de Pedro; 17 Santiago,
hijo de Zebedeo, y Juan, hermano de Santiago, a los que dio el nombre de Boaner-
ges, es decir, hijos del trueno; 18 luego, Andrés, Felipe, Bartolomé, Mateo, Tomás,
Santiago, hijo de Alfeo, Tadeo, Simón, el
Cananeo, 19 y Judas Iscariote, el mismo que
lo entregó.

MC

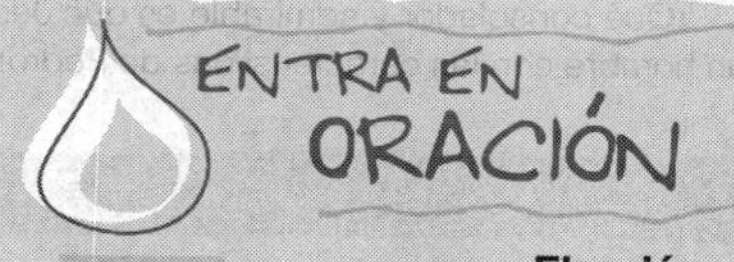

Elección de los Doce

En ambiente de oración, lee Marcos 3 13-19, donde el evangelista relata la elección de los Doce por Jesús. Después haz esta oración:

Jesús, tú llamas a tus seguidores por amor. Cuando me elegiste a mí para que te siguiera, lo hiciste con un cariño personal; ayúdame a nunca olvidar este gran detalle que has tenido conmigo.

Como a tus primeros discípulos, también quieres que yo esté cerca de ti y aprenda de ti. Quiero ser de tus discípulos fieles y nunca traicionarte. Si alguna vez te soy desleal, perdóname y ayúdame a seguirte con más fidelidad y ahínco.

Al pedirme que te ayude en tu misión, me siento a la vez importante y humilde. Sé que confías en que puedo hacer lo que me pides y proclamar tu evangelio con palabras y obras, pero me siento débil y poco preparado.

Jesús, igual que hiciste con tus Apóstoles, dame tu luz y tu fuerza para hacerte presente dondequiera que esté. También indícame claramente si hay algunas personas en especial a quienes quieres que lleve tu amor.

Gracias por llamarme por mi nombre. Aquí estoy. Amén.

Mc 3 13-19

Te presentamos a... PEDRO, EL PRIMER LÍDER DE LA IGLESIA

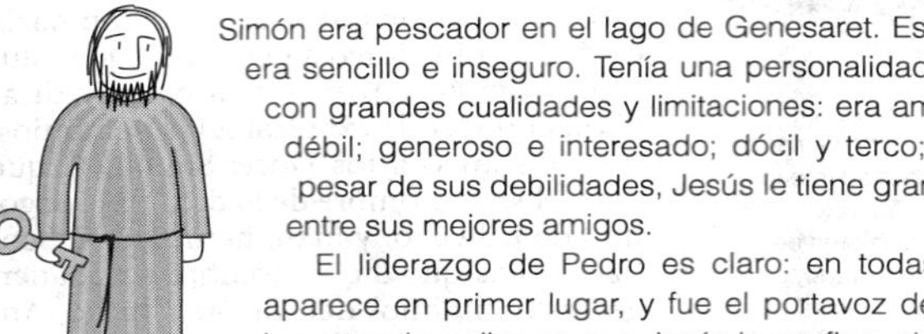

Simón era pescador en el lago de Genesaret. Estaba casado y su trabajo era sencillo e inseguro. Tenía una personalidad intensa y contradictoria, con grandes cualidades y limitaciones: era amable e iracundo; fuerte y débil; generoso e interesado; dócil y terco; creyente e incrédulo. A pesar de sus debilidades, Jesús le tiene gran confianza y lo considera entre sus mejores amigos.

El liderazgo de Pedro es claro: en todas las listas de los Doce aparece en primer lugar, y fue el portavoz de los otros Apóstoles. Su importancia radica en que Jesús le confiere el primado en la Iglesia y le da el poder de atar y desatar los pecados.

Incluso después de que Pedro niega a Jesús en su pasión, Jesús siguió confiando en él. Después de la Ascensión del Señor, Pedro ocupa el primer puesto entre los Apóstoles; pronuncia el primer discurso evangelizador el día de Pentecostés, y en nombre de Jesús obra los primeros milagros. Más tarde, instruido por el Señor en una visión, admite a los paganos en la Iglesia.

¡Qué consolador y admirable es que Jesús escoja como el líder principal de la Iglesia a un hombre con las características de Pedro!

Mc 3 13-19

La actitud de los parientes de Jesús

Mc 6 31; Jn 7 5

[20]Jesús regresó a la casa, y de nuevo se
juntó tanta gente que ni siquiera podían comer. [21]Cuando sus parientes se enteraron,
salieron para llevárselo, porque decían: «Es
un exaltado».

Jesús y Belzebul

Mt 9 34; 12 24-29 / Lc 11 15-22
Mt 10 25; 12 24; Jn 7 20; 8 48; 10 20; Is 49 24-25

[22]Los escribas que habían venido de Jerusalén decían: «Está poseído por Belzebul y
expulsa a los demonios por el poder del
Príncipe de los demonios». [23]Jesús los llamó y por medio de comparaciones les explicó: «¿Cómo Satanás va a expulsar a Satanás? [24]Un reino donde hay luchas internas
no puede subsistir. [25]Y una familia dividida
tampoco puede subsistir. [26]Por lo tanto, si Satanás se dividió, levantándose contra sí mismo, ya no puede subsistir, sino que ha llegado a su fin. [27]Pero nadie puede entrar en
la casa de un hombre fuerte y saquear sus
bienes, si primero no lo ata. Solo así podrá
saquear la casa.

Incomprensión y calumnias

Desde el principio del evangelio, Marcos presenta el rechazo que sufrió Jesús por su ministerio, el cual creció a lo largo del tiempo. Lee Marcos 3 20-30 e imagina el dolor de Jesús al ser visto como trastornado por sus familiares y acusado de actuar con el poder del demonio por los maestros de la Ley.

Jesús les demuestra lo absurdo de su opinión y les advierte que es terrible cerrarse a la salvación de Dios (ver «¿Un pecado que no se perdona?», Lc 12 8-10). ¿Cuál es tu respuesta ante la vida nueva que quiere Jesús para toda la gente? ¿Qué dimensión de su mensaje de vida te atrae más?

Mc 3 20-30

La blasfemia contra el Espíritu Santo

Mt 12 31-32 / Lc 12 10
1 Tim 1 13; 1 Jn 5 16

28 Les aseguro que todo será perdonado
a los hombres: todos los pecados y cualquier blasfemia que profieran. 29 Pero el
que blasfeme contra el Espíritu Santo, no
tendrá perdón jamás: es culpable de pecado para siempre». 30 Jesús dijo esto porque
ellos decían: «Está poseído por un espíritu impuro».

La verdadera familia de Jesús

Mt 12 46-50 / Lc 8 19-21
Mt 13 55-56; Jn 2 12; 7 2-10; Hch 1 14

31 Entonces llegaron su madre y sus hermanos y, quedándose fuera, lo mandaron
llamar. 32 La multitud estaba sentada alrededor de Jesús, y le dijeron: «Tu madre y
tus hermanos te buscan ahí fuera». 33 Él les
respondió: «¿Quién es mi madre y quiénes
son mis hermanos?». 34 Y dirigiendo su mirada sobre los que estaban sentados alrededor de él, dijo: «Estos son mi madre y
mis hermanos. 35 Porque el que hace la voluntad de Dios, ese es mi hermano, mi hermana y mi madre».

Parábola del sembrador

Mt 13 1-9 / Lc 8 4-8
Mt 13 43; Mc 4 33-34; Mt 11 15; Lc 14 35

4 1 Jesús comenzó a enseñar de nuevo
a orillas del mar. Una gran multitud
se reunió junto a él, de manera que debió
subir a una barca dentro del mar, y sentarse en ella. Mientras tanto, la multitud estaba en la orilla. 2 Él les enseñaba muchas
cosas por medio de parábolas, y esto era lo
que les enseñaba: 3 «¡Escuchen! El sembrador salió a sembrar. 4 Mientras sembraba,
parte de la semilla cayó al borde del camino, y vinieron los pájaros y se la comieron. 5 Otra parte cayó en terreno rocoso,
donde no tenía mucha tierra, y brotó enseguida porque la tierra era poco profunda; 6 pero cuando salió el sol, se quemó y,
por falta de raíz, se secó. 7 Otra cayó entre
las espinas; estas crecieron, la sofocaron, y
no dio fruto. 8 Otros granos cayeron en
buena tierra y dieron fruto: fueron creciendo y desarrollándose, y rindieron ya el
treinta, ya el sesenta, ya el ciento por
uno». 9 Y decía: «¡El que tenga oídos para
oír, que oiga!».

Jesús nos enseña a través de relatos

Jesús enseña acerca del Reino de Dios a través de parábolas (ver «Parábolas del Reino», Mt 13 1-2). En nuestras culturas latinoamericanas es común que los abuelos platiquen sobre sus experiencias religiosas para alimentar la fe y formar los valores de sus nietos. El siguiente relato es verdadero.

El papá de una niña llamada Carmen murió dejando a su familia en extrema pobreza. Su mamá nunca perdió la fe, diariamente rogaba a la Divina Providencia e invitaba a otras personas que oraran con ella. Siempre había respuesta: frente a la puerta de su casa aparecía milagrosamente comida. Además, sus seis hijos recibieron educación gratuita en escuelas católicas.

Carmen se casó con un joven creativo para los negocios y cuando estos prosperaron —al recordar cómo Dios había movido los corazones de la gente para que su familia tuviera comida y educación— con gran confianza en Dios, abrió un hogar-escuela para niños. La Divina Providencia ha cuidado siempre ese hogar-escuela y durante los últimos setenta y cinco años, ha dado abrigo y educación a doscientos niños por año.

¿Qué relatos de fe, amor y servicio han marcado la historia de tu familia? ¿Cómo honras las tradiciones de tu familia para llevar el evangelio a otras personas?

Mc 4 1-34

MC

Finalidad de las parábolas

Mt 13 10-11.13 / Lc 8 9-10
Dn 2 19.22.27-30; Ef 1 9; 3 3; Rom 16 25;
Is 6 9-10; Jn 12 40; Hch 28 26-27

10 Cuando se quedó solo, los que estaban alrededor de él junto con los Doce, le
preguntaban por el sentido de las parábolas. 11 Y Jesús les decía: «A ustedes se les ha
confiado el misterio del Reino de Dios; en
cambio, para los de fuera, todo es parábola, 12 a fin de que

miren y no vean,
oigan y no entiendan,
no sea que se conviertan
y alcancen el perdón».

VIVE LA PALABRA

¿Qué tipo de tierra eres?

Lee la parábola del sembrador en Marcos 4 3-20. Observa cómo crece la tensión en el relato: la primera siembra se pierde por completo; la segunda, se malogra apenas brota; la tercera crece, pero no llega a fructificar; solo la última da fruto en distintas medidas. Esta parábola tiene dos mensajes importantes.

En primer lugar, afirma que, a pesar de haber terrenos malos, la buena nueva de Jesús da frutos. Las parábolas pertenecen más al género profético que al didáctico; revelan el Reino de Dios a quienes tienen el corazón abierto para recibirlo. Para el resto, son enigmas que no comprenden «miren y no vean, oigan y no entiendan» (Mc 4 12).

En segundo lugar, cuestiona a los seguidores de Jesús. Usa estas preguntas para diagnosticar qué tipo de tierra eres y qué debes hacer para dar fruto en abundancia: ¿con qué clase de terreno nos identificamos? ¿Qué aspectos de nuestra insensibilidad necesitamos ablandar para que penetre la semilla del amor? ¿Qué obstáculos que impiden que las palabras de Jesús echen raíces profundas debemos superar? ¿Qué hábitos, actitudes y valores que no dejan crecer la vida nueva que Jesús ha sembrado en nosotros tenemos que desechar?

Mc 4 3-20

Explicación de la parábola del sembrador

Mt 13 18-23 / Lc 8 11-15
Mc 6 52; 7 18; 8 17.18.21; Mt 19 23-24; Lc 12 15

13 Jesús les dijo: «¿No entienden esta parábola? ¿Cómo comprenderán entonces
todas las demás? 14 El sembrador siembra
la Palabra. 15 Los que están al borde del camino, son aquellos en quienes se siembra
la Palabra; pero, apenas la escuchan, viene
Satanás y se lleva la semilla sembrada en
ellos. 16 Igualmente, los que reciben la semilla en terreno rocoso son los que, al escuchar la Palabra, la acogen enseguida con
alegría; 17 pero no tienen raíces, sino que
son inconstantes y, en cuanto sobreviene
la tribulación o la persecución a causa de la
Palabra, inmediatamente sucumben. 18 Hay
otros que reciben la semilla entre espinas:
son los que han escuchado la Palabra, 19 pero las preocupaciones del mundo, la seducción de las riquezas y los demás deseos
los invaden y ahogan la Palabra, y esta resulta infructuosa. 20 Y los que reciben la semilla en tierra buena, son los que escuchan
la Palabra, la aceptan y dan fruto al treinta,
al *sesenta y al ciento por uno*».

El ejemplo de la lámpara

Mt 5 15; 10 26 / Lc 8 16-17
Lc 11 33; 12 2

21 Jesús les decía: «¿Acaso se trae una lámpara para ponerla debajo de un cajón o debajo de la cama? ¿No es más bien para co-
locarla sobre el candelero? 22 Porque no hay
nada oculto que no deba ser revelado y nada secreto que no deba manifestarse. 23 ¡Si
alguien tiene oídos para oír, que oiga!».

El ejemplo de la medida

Mt 7 2 / Lc 6 38 / Mt 13 12 / Lc 8 18

24 Y les decía: «¡Presten atención a lo que
oyen! La medida con que midan se usará
para ustedes, y les darán más todavía. 25 Porque al que tiene, se le dará, pero al que no
tiene, se le quitará aun lo que tiene».

Parábola de la semilla que crece por sí sola

Sant 5 7; Jl 4 13; Ap 14 15

26 Y decía: «El Reino de Dios es como un
hombre que echa la semilla en la tierra:
27 sea que duerma o se levante, de noche y
de día, la semilla germina y va creciendo,
sin que él sepa cómo. 28 La tierra por sí misma produce primero un tallo, luego una
espiga, y al fin grano abundante en la espiga. 29 Cuando el fruto está a punto, él aplica enseguida la hoz, porque ha llegado el
tiempo de la cosecha».

Parábola del grano de mostaza

Mt 13 31-32 / Lc 13 18-19
Ez 17 23; 31 6; Mt 17 20; Lc 17 6

30 También decía: «¿Con qué podríamos
comparar el Reino de Dios? ¿Qué parábola

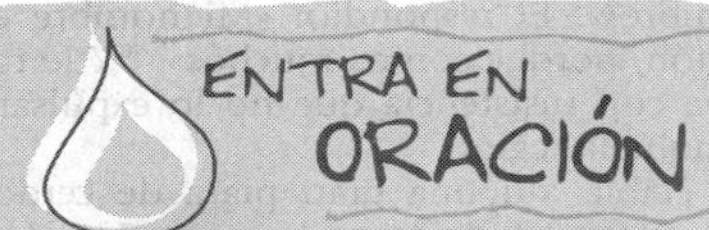

El Reino se parece a...

Jesús utilizó objetos ordinarios como las semillas y la luz, la sal y la levadura para que las personas acogieran su mensaje de que el Reino de Dios ya está aquí. Mira a tu alrededor y toma en tus manos cualquier objeto que llame tu atención. Piensa en cómo utilizaría Jesús ese objeto para describir el Reino de Dios. Por ejemplo, podría decir: «el Reino de Dios es como este teléfono; te enlaza con millones de personas que quieran escuchar, sin importar quiénes sean ni dónde estén» o «el Reino es como la regadera; refresca, da energía y purifica para tener ánimos y trabajar por los demás».

Busca dos objetos de uso diario que puedan hablarte de Dios. Escoge el que más te haga sentir en contacto con él y con tus hermanos, y acostúmbrate a hacer una oración con él cada vez que lo tomas en tus manos o lo usas. Empieza ahora mismo.

Mc 4 21-32

nos servirá para representarlo? 31 Se parece a
un grano de mostaza. Cuando se la siembra, es la más pequeña de todas las semillas
de la tierra, 32 pero, una vez sembrada, crece
y llega a ser la más grande de todas las hortalizas, y extiende tanto sus ramas que los
pájaros del cielo se cobijan a su sombra».

La enseñanza por medio de parábolas

Mt 13 34-35

33 Y con muchas parábolas como estas
les anunciaba la Palabra, en la medida en
que ellos podían comprender. 34 No les hablaba sino en parábolas, pero a sus propios
discípulos, en privado, les explicaba todo.

La tempestad calmada

Mt 8 23-27 / Lc 8 22-25
Sal 65 8; 89 10; 107 23-30; Mc 1 27

35 Al atardecer de ese mismo día, les dijo:
«Crucemos a la otra orilla». 36 Ellos, dejando
a la multitud, lo llevaron a la barca, así como estaba. Había otras barcas junto a la suya. 37 Entonces se desató un fuerte vendaval,
y las olas entraban en la barca, que se iba
llenando de agua. 38 Jesús estaba en la popa,
durmiendo sobre el cabezal. 39 Lo despertaron y le dijeron: «¡Maestro! ¿No te importa
que nos ahoguemos?». Despertándose, él
increpó al viento y dijo al mar: «¡Silencio!
¡Cállate!». El viento se aplacó y sobrevino
una gran calma. 40 Después les dijo: «¿Por
qué tienen miedo? ¿Cómo no tienen fe?».
41 Entonces quedaron atemorizados y se decían unos a otros: «¿Quién es este, que hasta el viento y el mar le obedecen?».

MC

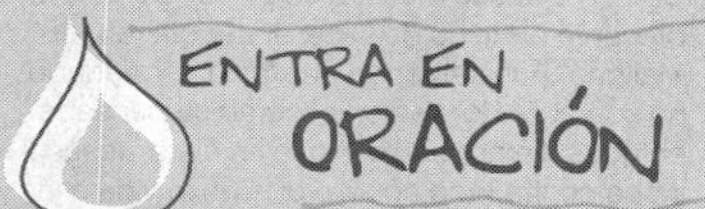

Tormentas de la vida

En el mar de Galilea las tormentas son frecuentes y una pesadilla para los pescadores. La que describe esta narración, rica en detalles pintorescos, fue terrible y es natural que los Apóstoles sintieran temor. Lee Marcos 4 35-41 y medita un poco sobre la experiencia que relata Marcos en este texto.

Cierra los ojos y relájate. Contémplate en la playa con Jesús y sus discípulos. Únete a ellos en el momento de subir a la barca. Al llegar la tormenta, siente el movimiento de la barca, el golpeo de las olas en cubierta y el fuerte viento. Siente la angustia y el temor de los discípulos al entrar agua en la barca. Ve ansiosamente con los discípulos a despertar a Jesús y míralo en el momento en que calma la tormenta. Ahora, experimenta la paz y la tranquilidad del milagro que acabas de ver.

Todos tenemos que enfrentar tormentas que suelen llenarnos de ansiedad y miedo; algunas vienen del exterior, y otras, del interior. Piensa en tu vida. ¿Qué tormentas golpean y sacuden tu vida? ¿Acudes a Jesús? ¿Quién en tu familia o en tu comunidad puede calmar tus temores al hacer presente a Jesús en tu vida? ¿Cómo respondes a la pregunta de Jesús: «¿Cómo no tienen fe?» (v. 40).

Mc 4 35-41

Curación del endemoniado de Gerasa

Mt 8 28-34 / Lc 8 26-39
Mc 1 23-27; Is 65 4; Mt 14 33;
Lc 1 32; Mt 12 45; Lc 11 26

5 1 Llegaron a la otra orilla del mar, a la
región de los gerasenos. 2 Apenas Jesús desembarcó, le salió al encuentro des-

¿SABÍAS QUE...?

Jesús tiene poder sobre el demonio

Los evangelios sinópticos tienen varios relatos de Jesús al expulsar a los demonios; algunos, ligados a la curación de personas enfermas. Con ellos Jesús muestra su poder de hacer presente el Reino de Dios, al derrotar al Maligno. Aun sabiendo que las enfermedades no son obra del demonio, como se pensaba en aquel tiempo, el mensaje es claro: Jesús lucha contra todo aquello que quita vida a las personas, en especial contra quien esclaviza más fuerte a las personas quitándoles su libertad de amar y hacer el bien.

Lee Marcos 5 1-20, sobre la expulsión de una legión de demonios. Observa cómo el poseso reconoce la autoridad de Jesús como «Hijo de Dios, el Altísimo» mientras él, con el poder de su palabra, lo libera y le devuelve su dignidad humana. El antiguo poseso responde a la obra de Jesús convirtiéndose en el primer evangelizador entre los paganos. Sin embargo, la gente pidió a Jesús que se fuera de su territorio; apreciaban más el valor de sus cerdos que la Buena Nueva que Jesús traía.

Jesús está listo para liberarnos de cualquier mal que nos tenga esclavizados. Si necesitas esa liberación, pídesela con fe y ábrete a su obra. Jesús nunca nos defrauda cuando confiamos en él y ponemos todo lo que está de nuestra parte para alejarnos del mal.

Mc 5 1-20

de el cementerio un hombre poseído por
un espíritu impuro. 3 Él habitaba en los sepulcros, y nadie podía sujetarlo, ni siquiera con cadenas. 4 Muchas veces lo habían
atado con grillos y cadenas, pero él había
roto las cadenas y destrozado los grillos, y
nadie podía dominarlo. 5 Día y noche, va-
gaba entre los sepulcros y por la montaña,
dando alaridos e hiriéndose *con piedras*.
6 *Al ver de lejos* a Jesús, vino corriendo a
postrarse ante él, 7 gritando con fuerza:
«¿Qué quieres de mí, Jesús, Hijo de Dios, el
Altísimo? ¡Te conjuro por Dios, no me
atormentes!». 8 Porque Jesús le había dicho: «¡Sal de este hombre, espíritu impuro!». 9 Después le preguntó: «¿Cuál es tu
nombre?». Él respondió: «Mi nombre es
Legión, porque somos muchos». 10 Y le rogaba con insistencia que no lo expulsara
de aquella región.
11 Había allí una gran piara de cerdos
que estaba paciendo en la montaña. 12 Los
espíritus impuros suplicaron a Jesús: «Envíanos a los cerdos, para que entremos en
ellos». 13 Él se lo permitió. Entonces los espíritus impuros salieron de aquel hombre,
entraron en los cerdos, y desde lo alto del
acantilado, toda la piara —unos dos mil
animales— se precipitó al mar y se ahogó.
14 Los cuidadores huyeron y difundieron
la noticia en la ciudad y en los poblados. La
gente fue a ver qué había sucedido. 15 Cuando llegaron adonde estaba Jesús, vieron sentado, vestido y en su sano juicio, al que había estado poseído por aquella Legión, y se
llenaron de temor. 16 Los testigos del hecho
les contaron lo que había sucedido con el
endemoniado y con los cerdos. 17 Entonces
empezaron a pedir a Jesús que se alejara de
su territorio.
18 En el momento de embarcarse, el hombre que había estado endemoniado le pidió que lo dejara quedarse con él. 19 Jesús
no se lo permitió, sino que le dijo: «Vete a
tu casa con tu familia, y anúnciales todo lo
que el Señor hizo contigo al compadecerse
de ti». 20 El hombre se fue y comenzó a proclamar por la región de la Decápolis lo que
Jesús había hecho por él, y todos quedaban
admirados.

ANÚNCIALES TODO LO QUE EL SEÑOR HIZO CONTIGO.

Mc 5 19

Curación de una mujer y resurrección de la hija de Jairo

Mt 9 18-26 / Lc 8 40-56
1 Sm 1 17; 2 Re 5 19; Hch 16 36; Sant 2 16;
Mt 17 1; 9 24; 1 Cor 11 30; Mt 9 25; 8 4

21 Cuando Jesús regresó en la barca a la
otra orilla, una gran multitud se reunió a
su alrededor, y él se quedó junto al mar.
22 Entonces llegó uno de los jefes de la sinagoga, llamado Jairo, y al verlo, se arrojó
a sus pies, 23 rogándole con insistencia: «Mi
hijita se está muriendo; ven a imponerle
las manos, para que se cure y viva». 24 Jesús
fue con él y lo seguía una gran multitud
que lo apretaba por todos lados.

25 Se encontraba allí una mujer que desde hacía doce años padecía de hemorragias. 26 Había sufrido mucho en manos de
numerosos médicos y gastado todos sus
bienes sin resultado; al contrario, cada vez
estaba peor. 27 Como había oído hablar de
Jesús, se le acercó por detrás, entre la multitud, y tocó su manto, 28 porque pensaba:
«Con solo tocar su manto quedaré curada». 29 Inmediatamente cesó la hemorragia,
y ella sintió en su cuerpo que estaba curada de su mal. 30 Jesús se dio cuenta enseguida de la fuerza que había salido de él,
se dio vuelta y, dirigiéndose a la multitud,
preguntó: «¿Quién tocó mi manto?». 31 Sus
discípulos le dijeron: «¿Ves que la gente te
aprieta por todas partes y preguntas quién
te ha tocado?». 32 Pero él seguía mirando a
su alrededor, para ver quién había sido.
33 Entonces la mujer, muy asustada y temblando, porque sabía bien lo que le había
ocurrido, fue a arrojarse a sus pies y le confesó toda la verdad. 34 Jesús le dijo: «Hija, tu
fe te ha salvado. Vete en paz, y queda curada de tu enfermedad».

35 Todavía estaba hablando, cuando llegaron unas personas de la casa del jefe de la
sinagoga y le dijeron: «Tu hija ya murió;
¿para qué vas a seguir molestando al Maestro?». 36 Pero Jesús, sin tener en cuenta esas
palabras, dijo al jefe de la sinagoga: «No temas, basta que creas». 37 Y sin permitir que
nadie lo acompañara, excepto Pedro, Santiago y Juan, el hermano de Santiago, 38 fue
a casa del jefe de la sinagoga. Allí vio un
gran alboroto, y gente que lloraba y gritaba.
39 Al entrar, les dijo: «¿Por qué se alborotan
y lloran? La niña no está muerta, sino que
duerme». 40 Y se burlaban de él. Pero Jesús
hizo salir a todos, y tomando consigo al padre y a la madre de la niña, y a los que venían con él, entró donde ella estaba. 41 La
tomó de la mano y le dijo: *«Talitá kum»*,
que significa: «¡Niña, yo te lo ordeno, levántate!». 42 Enseguida la niña, que ya tenía
doce años, se levantó y comenzó a caminar.
Ellos, entonces, se llenaron de asombro, 43 y
él les mandó insistentemente que nadie se
enterara de lo sucedido. Después dijo que
dieran de comer a la niña.

Visita de Jesús a Nazaret

Mt 13 53-58 / Lc 4 16-24
Jn 7 15; 6 42; Mc 3 31; Jn 4 44

6 1 Jesús salió de allí y se dirigió a su
pueblo, seguido de sus discípulos.
2 Cuando llegó el sábado, comenzó a enseñar en la sinagoga, y la multitud que lo escuchaba estaba asombrada y decía: «¿De
dónde saca todo esto? ¿Qué sabiduría es
esa que le ha sido dada y esos grandes milagros que se realizan por sus manos? 3 ¿No
es acaso el carpintero, el hijo de María, hermano de Santiago, de José, de Judas y de Simón? ¿Y sus hermanas no viven aquí entre
nosotros?». Y Jesús era para ellos un motivo de tropiezo. 4 Por eso les dijo: «Un profeta es despreciado solamente en su pueblo, en su familia y en su casa». 5 Y no pudo
hacer allí ningún milagro, fuera de curar a

VIVE LA PALABRA

La fe crece y madura

Los discípulos habían reconocido la autoridad de Jesús en algunos milagros, pero ante una tormenta dudan de su poder (Mc 4 35-41). Su poca fe contrasta con la fe madura de Jairo, jefe de una sinagoga, y la fe creciente de una mujer que sufría hemorragias.

Jairo va en busca de Jesús para que sane a su hija enferma. Jesús lo acompaña a su casa, pero, antes de llegar, su hija muere. Jairo sigue teniendo fe en Jesús, quien resucita a la niña.

La mujer enferma se acerca secretamente a Jesús y lo toca, confiada en su poder para sanarla. Jesús la cura y pregunta por ella. Con una fe más madura proveniente de su contacto con Jesús, ahora es capaz de dialogar con él, sin esconderse más.

La fe de ambos los lleva a acercarse a Jesús, confiados en su bondad y seguros de que tiene el poder de Dios para ayudarlos. ¿Cómo es tu fe? ¿Chica y débil como la que expresaron los discípulos ante la tormenta, sólida como la de Jairo, o creciente como la de la mujer enferma?

Mc 5 21-43

M
C

VIVE LA PALABRA

Jesús los envió y nos envía

Jesús no realizó su misión solo; formó una pequeña comunidad de discípulos a quienes capacitó intensamente para ser los cimientos de la Iglesia (Mc 6 7-13). También tuvo un gran número de discípulos/as a quienes envió en misión, como en el caso de los setenta y dos de quienes habla Lucas (Lc 10 1-24).

Todos los bautizados, por ser miembros del Cuerpo de Cristo, tenemos la misión de llevar el amor liberador de Dios a quien lo necesite y hacer realidad el Reino de Dios en la sociedad. A lo largo de la historia, esta misión se especializó y hoy día pueden distinguirse varias funciones en la Iglesia. Los miembros del Orden sagrado tienen responsabilidades especiales de mantener la fe y la unidad de la Iglesia, y los laicos podemos cumplir nuestra misión de distintas maneras.

Como *laicos*, todos estamos llamados a construir el Reino de Dios en la sociedad, al encarnar el evangelio en los diferentes ambientes en que vivimos. Los *ministros laicos* son llamados a ejercer un apostolado especial, como: evangelizar, catequizar, formar comunidades de fe y servir en la liturgia. Las *personas de vida consagrada*, generalmente conocidos como *religiosos/as*, quienes dedican su vida entera al servicio de Dios y los demás.

¿En cuál de estos cuatro grupos te pide Jesús que estés? No hay pierde: todos y cada uno de los cristianos debemos continuar con su misión. Pide al Espíritu Santo su luz para que valores lo grandioso de tu vocación y puedas discernir en qué estilo de vida quiere Dios que cumplas con tu misión.

Mc 6 7-13

unos pocos enfermos, imponiéndoles las manos. 6 Y él se asombraba de su falta de fe.

Misión de los Doce

Mt 10 1.9-14 / Lc 9 1-6
Hch 13 51; Mt 8 4; 10 18; Lc 5 14;
Mt 3 2; Sant 5 14

6 Jesús recorría las poblaciones de los alrededores, enseñando a la gente. 7 Entonces llamó a los Doce y los envió de dos en dos, dándoles poder sobre los espíritus impuros. 8 Y les ordenó que no llevaran para el camino más que un bastón; ni pan, ni alforja, ni dinero; 9 que fueran calzados con sandalias y que no tuvieran dos túnicas. 10 Les dijo: «Permanezcan en la casa donde les den alojamiento hasta el momento de partir. 11 Si no los reciben en un lugar y la gente no los escucha, al salir de allí, sacudan hasta el polvo de sus pies, en testimonio contra ellos». 12 Entonces fueron a predicar, exhortando a la conversión; 13 expulsaron a muchos demonios y curaron a numerosos enfermos, ungiéndolos con óleo.

Juicio de Herodes sobre Jesús

Mt 14 1-2 / Lc 9 7-9
Mt 16 14; Mt 11 14; Mc 9 4; Mt 16 14

14 El rey Herodes oyó hablar de Jesús, porque su fama se había extendido por todas partes. Algunos decían: «Juan el Bautista ha resucitado, y por eso se manifiestan en él poderes milagrosos». 15 Otros afirmaban: «Es Elías». Y otros: «Es un profeta como los antiguos». 16 Pero Herodes, al oír todo esto, decía: «Este hombre es Juan, a quien yo mandé decapitar y que ha resucitado».

La muerte de Juan el Bautista

Mt 14 3-12 / Lc 3 19-20
Lc 3 19-20; Lv 18 16; Est 5 3.6; 7 2;
Mt 27 59-60; Lc 23 52-53; Jn 19 38.41

17 Herodes, en efecto, había hecho arrestar y encarcelar a Juan a causa de Herodías, la mujer de su hermano Felipe, con la que se había casado. 18 Porque Juan decía a Herodes: «No te es lícito tener a la mujer de tu hermano». 19 Herodías odiaba a Juan e intentaba matarlo, pero no podía, 20 porque Herodes lo respetaba, sabiendo que era un hombre justo y santo, y lo protegía. Cuando lo oía, quedaba perplejo, pero lo escuchaba con gusto.

21 Un día se presentó la ocasión favorable. Herodes festejaba su cumpleaños, ofreciendo un banquete a sus dignatarios, a sus oficiales y a los notables de Galilea. 22 La hija de Herodías salió a bailar, y agradó tanto a Herodes y a sus convidados, que

el rey dijo a la joven: «Pídeme lo que quieras y te lo daré». 23 Y le aseguró bajo juramento: «Te daré cualquier cosa que me pidas, aunque sea la mitad de mi reino».
24 Ella fue a preguntar a su madre: «¿Qué
debo pedirle?». «La cabeza de Juan el Bautista», respondió esta. 25 La joven volvió rápidamente adonde estaba el rey y le hizo
este pedido: «Quiero que me traigas ahora
mismo, sobre una bandeja, la cabeza de
Juan el Bautista». 26 El rey se entristeció
mucho, pero a causa de su juramento, y
por los convidados, no quiso contrariarla.
27 Enseguida mandó a un guardia que trajera la cabeza de Juan. 28 El guardia fue a la
cárcel y le cortó la cabeza. Después la trajo
sobre una bandeja, la entregó a la joven y
esta se la dio a su madre. 29 Cuando los discípulos de Juan lo supieron, fueron a recoger el cadáver y lo sepultaron.

La primera multiplicación de los panes

Mt 14 13-21 / Lc 9 10-17 / Jn 6 1-13
Lc 10 17; Mc 3 20; Ex 16; Dt 8 3.16; Mt 9 36;
Zac 10 2; Mt 15 32-38; Mc 8 1-9; Is 25 6-8; 55 1-2

30 Los Apóstoles se reunieron con Jesús
y le contaron todo lo que habían hecho y
enseñado. 31 Él les dijo: «Vengan ustedes solos a un lugar desierto, para descansar un
poco». Porque era tanta la gente que iba y
venía, que no tenían tiempo ni para comer.
32 Entonces se fueron solos en la barca a un
lugar desierto. 33 Al verlos partir, muchos
los reconocieron, y de todas las ciudades
acudieron por tierra a aquel lugar y llegaron antes que ellos.
34 Al desembarcar, Jesús vio una gran muchedumbre y se compadeció de ella, porque
eran como ovejas sin pastor, y estuvo enseñándoles largo rato. 35 Como se había hecho
tarde, sus discípulos se acercaron y le dijeron: «Este es un lugar desierto, y ya es muy
tarde. 36 Despide a la gente, para que vaya a
los campos y pueblos cercanos a comprar
algo para comer». 37 Él respondió: «Denles de
comer ustedes mismos». Ellos le dijeron:
«Habría que comprar pan por valor de doscientos denarios para dar de comer a todos».
38 Jesús preguntó: «¿Cuántos panes tienen ustedes? Vayan a ver». Después de averiguarlo,
dijeron: «Cinco panes y dos pescados». 39 Él
les ordenó que hicieran sentar a todos en
grupos, sobre la hierba verde, 40 y la gente se
sentó en grupos de cien y de cincuenta. 41 Entonces él tomó los cinco panes y los dos pescados, y levantando los ojos al cielo, pronunció la bendición, partió los panes y los fue
entregando a sus discípulos para que los dis-
tribuyeran. También repartió los dos pescados entre la gente. 42 Todos comieron hasta
saciarse, 43 y se recogieron doce canastas llenas de sobras de pan y de restos de pescado.
44 Los que comieron eran cinco mil hombres.

M
C

VIVE LA PALABRA

Denles de comer ustedes

Como un pastor guía a sus ovejas a los pastizales, Cristo alimenta a la multitud con su palabra y pide a los Apóstoles que les den de comer, dividiendo entre todos cinco panes y dos peces, los cuales alcanzaron para todos.

Marcos y Mateo mencionan dos multiplicaciones del pan con multitudes. La primera, con judíos, y la segunda, con paganos, *pues el alimento* que nos trae Jesús es para todos sin distinción. Lee Marcos 6 30-44 y 8 1-10 y observa las diferencias: la primera vez quedaron doce canastas de pan, que simboliza el alimento necesario para las doce tribus de Israel; la segunda vez quedaron siete, que es el número de la plenitud o universalidad.

Ahora, considera las similitudes en ambos relatos: Jesús bendice al Padre, da gracias y distribuye el alimento a través de sus discípulos. Estos milagros son figura de la Eucaristía, en la que el mismo Dios se hace pan para alimentarnos en nuestra jornada de fe. También son signo de la solidaridad de Dios con nosotros y de las personas entre sí.

Jesús es vida y ha venido a dárnosla en abundancia. Está dispuesto a saciar tu hambre de Dios si caminas para escuchar su palabra. A la vez, quiere que colabores con él. Entrégale tus recursos al Señor para que los bendiga y multiplique de modo que puedan beneficiar a muchas personas.

Mc 6 30-44

Jesús camina sobre el agua

Mt 14 22-33 / Jn 6 16-21
Job 9 8; Sal 77 20; Lc 24 37; Ex 3 14;
Dt 32 39; Is 41 4; Mc 4 39

45 Enseguida, Jesús obligó a sus discípulos
a que subieran a la barca y lo precedieran en
la otra orilla, hacia Betsaida, mientras él despedía a la multitud. 46 Una vez que los despidió, se retiró a la montaña para orar. 47 Al caer
la tarde, la barca estaba en medio del mar y
él permanecía solo en tierra. 48 Al ver que re-
maban muy penosamente, porque tenían
viento en contra, cerca de la madrugada fue
hacia ellos caminando sobre el mar, e hizo
como si pasara de largo. 49 Ellos, al verlo caminar sobre el mar, pensaron que era un fantasma y se pusieron a gritar, 50 porque todos
lo habían visto y estaban sobresaltados. Pero
él les habló enseguida y les dijo: «Tranquilícense, soy yo; no teman». 51 Luego subió a la
barca con ellos y el viento se calmó. Así llegaron al colmo de su estupor, 52 porque no
habían comprendido el milagro de los panes
y su mente estaba enceguecida.

Curaciones en la región de Genesaret

Mt 14 34-36
Mc 3 8; Mt 9 20

53 Después de atravesar el lago, llegaron
a Genesaret y atracaron allí. 54 Apenas de-
sembarcaron, la gente reconoció enseguida
a Jesús, 55 y comenzaron a recorrer toda la
región para llevar en camilla a los enfermos,
hasta el lugar donde sabían que él estaba.
56 En todas partes donde entraba, pueblos,
ciudades y poblados, ponían a los enfermos en las plazas y le rogaban que los dejara tocar tan solo los flecos de su manto,
y los que lo tocaban quedaban curados.

Discusión sobre las tradiciones

Mt 15 1-9
Lc 11 38-39; Mt 23 25; Is 29 13; Ex 20 12; 21 17

7 1 Los fariseos con algunos escribas llegados de Jerusalén se acercaron a Jesús, 2 y vieron que algunos de sus discípulos
comían con las manos impuras, es decir,
sin lavar. 3 Los fariseos, *en efecto, y los judíos en general*, no comen sin lavarse antes
cuidadosamente las manos, siguiendo la
tradición de sus antepasados; 4 y al volver
del mercado, no comen sin hacer primero
las abluciones. Además, hay muchas otras
prácticas a las que están aferrados por tradición, como el lavado de los vasos, de las
jarras y de la vajilla de bronce. 5 Entonces
los fariseos y los escribas preguntaron a Jesús: «¿Por qué tus discípulos no proceden
de acuerdo con la tradición de nuestros antepasados, sino que comen con las manos
impuras?». 6 Él les respondió: «¡Hipócritas!
Bien profetizó de ustedes Isaías, en el pasaje de la Escritura que dice:

Este pueblo me honra con los labios,
pero su corazón está lejos de mí.
7 *En vano me rinde culto:*
las doctrinas que enseñan
no son sino preceptos humanos.

8 Ustedes dejan de lado el mandamiento
de Dios, por seguir la tradición de los hombres».
9 Y les decía: «Por mantenerse fieles a su
tradición, ustedes descartan tranquilamente el mandamiento de Dios. 10 Porque Moisés dijo: *Honra a tu padre y a tu madre*, y
además: *El que maldice a su padre y a su madre será condenado a muerte.* 11 En cambio,
ustedes afirman: «Si alguien dice a su padre
o a su madre: Declaro *corbán* —es decir,
ofrenda sagrada— todo aquello con lo que
podría ayudarte...». 12 En ese caso, le permiten no hacer más nada por su padre o por
su madre. 13 Así anulan la Palabra de Dios
por la tradición que ustedes mismos se
han transmitido. ¡Y como estas, hacen muchas otras cosas!».

La enseñanza sobre lo puro y lo impuro

Mt 15 10-20
Mt 13 36; Mc 4 10; Lc 8 9;
Hch 10 9-16; Rom 14; Col 2 16.21-22; Gal 5 19-20

14 Y Jesús, llamando otra vez a la gente, les
dijo: «Escúchenme todos y entiéndanlo
bien. 15 Ninguna cosa externa que entra en el
hombre puede mancharlo; lo que lo hace
impuro es aquello que sale del hombre.
16 ¡Si alguien tiene oídos para oír, que oiga!».
17 Cuando se apartó de la multitud y entró en la casa, sus discípulos le preguntaron por el sentido de esa parábola. 18 Él les
dijo: «¿Ni siquiera ustedes son capaces de
comprender? ¿No saben que nada de lo
que entra de fuera en el hombre puede
mancharlo, 19 porque eso no va al corazón
sino al vientre, y después se elimina en lugares retirados?». Así Jesús declaraba que
eran puros todos los alimentos. 20 Luego
agregó: «Lo que sale del hombre es lo que
lo hace impuro. 21 Porque es del interior,

del corazón de los hombres de donde provienen las malas intenciones, las fornicaciones, los robos, los homicidios, [22] los
adulterios, la avaricia, la maldad, los engaños, las deshonestidades, la envidia, la di-
famación, el orgullo, el desatino. [23] Todas
estas cosas malas proceden del interior y
son las que manchan al hombre».

LA ACTIVIDAD DE JESÚS FUERA DE GALILEA

Curación de la hija de una cananea

Mt 15 21-28

Mc 3 8; 7 31; Lc 4 26; 16 21

[24] Después Jesús partió de allí y fue a la
región de Tiro. Entró en una casa y no quiso que nadie lo supiera, pero no pudo permanecer oculto. [25] Enseguida una mujer cuya hija estaba poseída por un espíritu
impuro, oyó hablar de él y fue a postrarse
a sus pies. [26] Esta mujer, que era pagana y
de origen sirofenicio, le pidió que expulsara de su hija al demonio. [27] Él le respondió:
«Deja que antes se sacien los hijos; no está
bien tomar el pan de los hijos para tirárselo a los cachorros». [28] Pero ella le respondió: «Es verdad, Señor, pero los cachorros,
debajo de la mesa, comen las migajas que
dejan caer los hijos». [29] Entonces él le dijo:
«A causa de lo que has dicho, puedes irte:
el demonio ha salido de tu hija». [30] Ella regresó a su casa y encontró a la niña acostada en la cama y liberada del demonio.

Curación de un sordomudo

Mt 15 29-31

Mc 5 23; 8 23; Mt 14 19; Mc 6 41; 1 25.45; Is 35 5-6

[31] Cuando Jesús volvía de la región de Tiro, pasó por Sidón y fue hacia el mar de
Galilea, atravesando el territorio de la Decápolis. [32] Entonces le presentaron a un sordomudo y le pidieron que le impusiera las
manos. [33] Jesús lo separó de la multitud y,
llevándolo aparte, le puso los dedos en las
orejas y con su saliva le tocó la lengua.
[34] Después, levantando los ojos al cielo, sus-
piró y le dijo: «*Efatá*», que significa: «Ábrete». [35] Y enseguida se abrieron sus oídos, se
le soltó la lengua y comenzó a hablar normalmente.
[36] Jesús les mandó insistentemente que
no dijeran nada a nadie, pero cuanto más
insistía, ellos más lo proclamaban [37] y, en el
colmo de la admiración, decían: «Todo lo

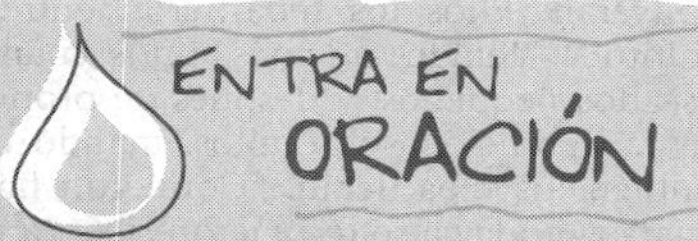

Abre, Señor, mis oídos y mis labios

Lee Marcos 7 31-37 y 8 22-26. Observa los gestos con que Jesús hizo contacto físico con el sordomudo y el ciego, para que pudieran sentirlo. En la liturgia del Bautismo se conserva el rito del *efatá*, que significa «ábrete», para expresar que el sacramento abre nuestros oídos a la Palabra de Dios y nuestros labios a su proclamación.

Señor Jesús, me presento ante ti como el sordomudo. Reconozco que, aunque en el Bautismo me diste la posibilidad de escuchar tu palabra, con frecuencia no la dejo penetrar en mi corazón.

Me hablas a través de la Biblia y de mis hermanos/as, pero me hace falta estar más pendiente de tu voz. Permíteme sentir tu presencia y ayúdame a abrir todo mi ser a tu palabra para que transforme mi vida.

Abre mis labios para ser tu portavoz entre mi familia, mis amigos y mis compañeros de estudio y trabajo. Concédeme ser un profeta de la Buena Nueva. Amén.

Mc 7 31-37

ha hecho bien: hace oír a los sordos y hablar a los mudos».

La segunda multiplicación de los panes

Mt 15 32-39

Mc 6 35-44; Mt 14 14-21; Lc 9 12-17; Jn 6 5-13

8 [1] En esos días, volvió a reunirse una
gran multitud, y como no tenían qué
comer, Jesús llamó a sus discípulos y les dijo: [2] «Me da pena esta multitud, porque hace tres días que están conmigo y no tienen
qué comer. [3] Si los mando en ayunas a sus
casas, van a desfallecer en el camino, y algunos han venido de lejos». [4] Los discípulos
le preguntaron: «¿Cómo se podría conseguir pan en este lugar desierto para darles
de comer?». [5] Él les dijo: «¿Cuántos panes
tienen ustedes?». Ellos respondieron: «Siete». [6] Entonces él ordenó a la multitud que
se sentara en el suelo, después tomó los siete panes, dio gracias, los partió y los fue entregando a sus discípulos para que los dis-

tribuyeran. Ellos los repartieron entre la
multitud. 7 Tenían, además, unos cuantos
pescados pequeños, y después de pronunciar la bendición sobre ellos, mandó que
también los repartieran. 8 Comieron hasta
saciarse y todavía se recogieron siete canastas con lo que había sobrado. 9 Eran unas
cuatro mil personas. Luego Jesús los despidió. 10 Enseguida subió a la barca con sus
discípulos y fue a la región de Dalmanuta.

El signo rehusado a los fariseos

Mt 16 1-4; 12 38-39 / Lc 11 16.29
Is 7 10-14; Jn 6 30; 1 Cor 1 22

11 Entonces llegaron los fariseos, que comenzaron a discutir con él; y, para ponerlo
a prueba, le pedían un signo del cielo. 12 Jesús, suspirando profundamente, dijo: «¿Por
qué esta generación pide un signo? Les aseguro que no se le dará ningún signo». 13 Y
dejándolos, volvió a embarcarse hacia la
otra orilla.

Advertencia contra la actitud de los fariseos y de Herodes

Mt 16 5-12 / Lc 12 1
Mc 4 13; 6 52; 7 18; Jr 5 21;
Ez 12 2; Mc 4 12; 6 35-44

14 Los discípulos se habían olvidado de
llevar pan y no tenían más que un pan en
la barca. 15 Jesús les hacía esta recomendación: «Estén atentos, cuídense de la levadura de los fariseos y de la levadura de Herodes». 16 Ellos discutían entre sí, porque no
habían traído pan. 17 Jesús se dio cuenta y
les dijo: «¿A qué viene esa discusión porque no tienen pan? ¿Todavía no comprenden ni entienden? Ustedes tienen la mente
enceguecida. 18 *Tienen ojos y no ven, oídos y
no oyen.* ¿No recuerdan 19 cuántas canastas
llenas de sobras recogieron cuando repartí
cinco panes entre cinco mil personas?».
Ellos le respondieron: «Doce». 20 «Y cuando
repartí siete panes entre cuatro mil personas, ¿cuántas canastas llenas de trozos recogieron?». Ellos le respondieron: «Siete».
21 Entonces Jesús les dijo: «¿Todavía no
comprenden?».

Curación de un ciego

Mc 10 46-52; 7 32-33; Jn 9 6

22 Cuando llegaron a Betsaida, le trajeron
a un ciego y le rogaban que lo tocara. 23 Él
tomó al ciego de la mano y lo condujo a las
afueras del pueblo. Después de ponerle saliva en los ojos e imponerle las manos, Jesús le preguntó: «¿Ves algo?». 24 El ciego, que
comenzaba a ver, le respondió: «Veo hombres, como si fueran árboles que caminan».
25 Jesús le puso nuevamente las manos sobre los ojos, y el hombre recuperó la vista.
Así quedó curado y veía todo con claridad.
26 Jesús lo mandó a su casa, diciéndole: «Ni
siquiera entres en el pueblo».

La profesión de fe de Pedro

Mt 16 13-16.20 / Lc 9 18-21
Mc 6 14-15; Lc 9 7-8; Jn 6 69

27 Jesús salió con sus discípulos hacia los
poblados de Cesarea de Filipo, y en el camino les preguntó: «¿Quién dice la gente
que soy yo?». 28 Ellos le respondieron: «Al-

Discípulos de cabeza dura

La comunidad a la que escribe Marcos era perseguida, lo que hacía tambalear su fe. Para darles ánimo, el evangelista señala que todos somos humanos y necesitamos el apoyo de Dios. Comprueba su mensaje resaltando intencionalmente que los Apóstoles no podían hacer nada bien.

Durante la tormenta en el mar, no confiaron en Jesús (Mc 4 35-41); tampoco comprendieron el milagro de los panes porque su mente seguía cerrada (6 52). Muchas veces no entendieron sus enseñanzas. Más tarde, Pedro proclama que Jesús es el Mesías, pero discute con él cuando les anuncia sus sufrimientos (8 27-33). Finalmente, cuando arrestan a Jesús, todos los discípulos huyen dejándolo solo (14 50).

El libro de los Hechos de los Apóstoles muestra cómo creció la fe de los Apóstoles y cómo predicaron sin temor la buena noticia de Cristo resucitado. Dios trabajó a través de ellos, aun en su debilidad humana. ¡Esto también es válido para nosotros, a pesar de que tengamos la cabeza tan dura como la de ellos o peor aun! ¡No te desanimes porque cometes errores, tienes dudas, te has separado de Jesús..., simplemente acércate de nuevo a él y síguelo lo mejor que puedas!

Mc 8 11-21

El secreto mesiánico

En el evangelio de Marcos, Jesús pide que no se divulgue su poder después de los milagros y los grandes acontecimientos, como en este caso y en la transfiguración (Mc 1 44; 3 12; 5 43; 8 27-30). A esta petición se le conoce como «el secreto mesiánico» y tiene como fin guiar al reconocimiento de Jesús como Hijo de Dios, quien sufrió y resucitó para salvarnos, y evitar el peligro de fundamentar la fe en lo extraordinario o de identificar a Jesús como un Mesías, según la expectativa triunfalista inmediata y política de su tiempo.

¿Qué aspectos de la vida de Jesús y de su evangelio fortalecen más tu fe?

Mc 8 27-30

gunos dicen que eres Juan el Bautista;
otros, Elías; y otros, alguno de los profetas». 29 «Y ustedes, ¿quién dicen que soy
yo?». Pedro respondió: «Tú eres el Mesías».
30 Jesús les ordenó terminantemente que
no dijeran nada acerca de él.

El primer anuncio de la Pasión

Mt 16 21-23 / Lc 9 22
Mc 9 31-32; 10 32-34

31 Y comenzó a enseñarles que el Hijo
del hombre debía sufrir mucho y ser rechazado por los ancianos, los sumos sacerdotes y los escribas; que debía ser condenado a muerte y resucitar después de tres
días; 32 y les hablaba de esto con toda claridad. Pedro, llevándolo aparte, comenzó a
reprenderlo. 33 Pero Jesús, dándose vuelta y
mirando a sus discípulos, lo reprendió, diciendo: «¡Retírate, ve detrás de mí, Satanás!
Porque tus pensamientos no son los de
Dios, sino los de los hombres».

Condiciones para seguir a Jesús

Mt 16 24-28 / Lc 9 23-27
Jn 12 25; 8 51-52; Mt 10 38-39; Lc 14 27; 17 33; 12 9;
Mt 10 33; Mc 13 30; Jn 21 20-23

34 Entonces Jesús, llamando a la multitud, junto con sus discípulos, les dijo: «El
que quiera venir detrás de mí, que renuncie a sí mismo, que cargue con su cruz y
me siga. 35 Porque el que quiera salvar su vida, la perderá; y el que pierda su vida por
mí y por la Buena Noticia, la salvará. 36 ¿De
qué le servirá al hombre ganar el mundo
entero, si pierde su vida? 37 ¿Y qué podrá
dar el hombre a cambio de su vida? 38 Porque si alguien se avergüenza de mí y de mis

VIVE LA PALABRA

Opción libre y renuncia cristiana

En el primer anuncio de su pasión, Jesús dice a sus discípulos: «El que quiera venir detrás de mí, que renuncie a sí mismo, que cargue con su cruz y me siga. Porque el que quiera salvar su vida, la perderá; y el que pierda su vida por mí y por la Buena Noticia, la salvará» (Mc 8 34-35). Estas palabras, que se repiten varias veces de distinta manera en los evangelios, presentan tres rasgos en los que compartimos la vida de Cristo y que son fuente de libertad, alegría y paz.

- La entrega y la solidaridad en el amor como el camino vital e indispensable para alcanzar la gloria de Dios.
- La renuncia de lo que nos aparta de Jesús, particularmente nuestro egoísmo, para poder seguirlo y cumplir nuestra misión.
- La fe en el poder divino de la salvación, sobre todo cuando experimentamos dolor, debilidad y flaquezas humanas.

Jesús quiere que demos dirección a nuestra vida, igual que él se la dio a la suya. En esto consiste la auténtica renuncia o abnegación cristiana; no se trata de anular la propia personalidad ni de ignorar los dones que tenemos; tampoco significa ser indiferentes ante la vida, dejarse oprimir por otros o causarse sufrimientos a sí mismo.

¿Cuál de los aspectos anteriores te atraen más? ¿Cuál te cuesta más trabajo vivir?

Mc 8 34-38

palabras en esta generación adúltera y pecadora, también el Hijo del hombre se
avergonzará de él cuando venga en la gloria de su Padre con sus santos ángeles».

9 1Y les decía: «Les aseguro que algunos de los que están aquí presentes
no morirán antes de haber visto que el Reino de Dios ha llegado con poder».

La transfiguración de Jesús

Mt 17 1-9 / Lc 9 28-36
Ex 24 13-16; 2 Re 2 11; Dt 16 13; Sal 2 7;
Dt 18 15; Mt 3 17; 12 18; 2 Pe 1 16-18

2Seis días después, Jesús tomó a Pedro,
Santiago y Juan, y los llevó a ellos solos a
un monte elevado. Allí se transfiguró en
presencia de ellos. 3Sus vestiduras se volvieron resplandecientes, tan blancas como nadie en el mundo podría blanquearlas. 4Y se
les aparecieron Elías y Moisés, conversando
con Jesús. 5Pedro dijo a Jesús: «Maestro,
¡qué bien estamos aquí! Hagamos tres tiendas, una para ti, otra para Moisés y otra para Elías». 6Pedro no sabía qué decir, porque
estaban llenos de temor. 7Entonces una nube los cubrió con su sombra, y salió de ella
una voz: «Este es mi Hijo muy querido, escúchenlo». 8De pronto miraron a su alrededor y no vieron a nadie, sino a Jesús solo
con ellos. 9Mientras bajaban del monte, Jesús les prohibió contar lo que habían visto,
hasta que el Hijo del hombre resucitara de
entre los muertos. 10Ellos cumplieron esta
orden, pero se preguntaban qué significaría
«resucitar de entre los muertos».

La transfiguración

Los anuncios de la pasión, muerte y resurrección de Jesús dejaron a los discípulos asombrados, confusos y con miedo (Mc 8 31-32; 9 32; 10 32). Jesús, además de instruirlos sobre el sentido de estos acontecimientos, concedió a sus discípulos más cercanos una experiencia extraordinaria.

Lee Marcos 9 2-13. Observa cómo se transfiguró en una figura gloriosa y anticipó su victoria sobre la muerte. Escucha la voz del Padre confirmando la identidad de Jesús según las expectativas judías. Nota cómo, en su conversación con Moisés y Elías, señaló que en él se cumplían las promesas en la Ley y los Profetas, que ellos dos representaban.

Esta profunda experiencia nutrió la fe y fortaleció la esperanza de sus discípulos, pero solo pudieron entender su significado después de la resurrección. La transfiguración es como un alto en el camino, una fuerza para seguir adelante (ver «Alturas espirituales», Mt 17 1-13). En la Iglesia católica celebramos la transfiguración de Jesús el 6 de agosto, cuarenta días antes de la fiesta del Triunfo de la Santa Cruz.

Mc 9 2-8

Elías, figura de Juan el Bautista

Mt 17 10-13
Mal 3 23-24; Eclo 48 10; Mt 3 4; 11 14; 16 14;
Mc 6 15; Lc 1 17

11Y le hicieron esta pregunta: «¿Por qué dicen los escribas que antes debe venir Elías?».
12Jesús les respondió: «Sí, Elías debe venir antes para restablecer el orden en todo. Pero
¿no dice la Escritura que el Hijo del hombre
debe sufrir mucho y ser despreciado? 13Les
aseguro que Elías ya ha venido e hicieron con
él lo que quisieron, como estaba escrito».

Curación de un endemoniado epiléptico

Mt 17 14-20 / Lc 9 37-42
Dt 32 5.20; Mt 12 39; 21 21; Lc 17 5-6;
Mc 1 26.31; 5 41

14Cuando volvieron adonde estaban los
otros discípulos, los encontraron en medio
de una gran multitud, discutiendo con algunos escribas. 15En cuanto la multitud distinguió a Jesús, quedó asombrada y corrieron a saludarlo. 16Él les preguntó: «¿Sobre
qué estaban discutiendo?». 17Uno de ellos
le dijo: «Maestro, te he traído a mi hijo,
que está poseído de un espíritu mudo.
18Cuando se apodera de él, lo tira al suelo
y le hace echar espuma por la boca; entonces le crujen sus dientes y se queda rígido.
Le pedí a tus discípulos que lo expulsaran
pero no pudieron». 19«Generación incrédula —respondió Jesús—, ¿hasta cuándo estaré con ustedes? ¿Hasta cuándo tendré que
soportarlos? Tráiganmelo». 20Y ellos se lo
trajeron. En cuanto vio a Jesús, el espíritu
sacudió violentamente al niño, que cayó
al suelo y se revolcaba, echando espuma
por la boca. 21Jesús le preguntó al padre:

«¿Cuánto tiempo hace que está así?». «Desde la infancia —le respondió—, 22 y a menudo lo hace caer en el fuego o en el agua
para matarlo. Si puedes hacer algo, ten piedad de nosotros y ayúdanos». 23 «¡Si puedes...!», respondió Jesús. «Todo es posible
para el que cree». 24 Inmediatamente el padre del niño exclamó: «Creo, ayúdame porque tengo poca fe». 25 Al ver que llegaba
más gente, Jesús increpó al espíritu impuro, diciéndole: «Espíritu mudo y sordo, yo
te lo ordeno, sal de él y no vuelvas más».
26 El demonio gritó, sacudió violentamente
al niño y salió de él, dejándolo como
muerto, tanto que muchos decían: «Está
muerto». 27 Pero Jesús, tomándolo de la mano, lo levantó, y el niño se puso de pie.
28 Cuando entró en la casa y quedaron solos, los discípulos le preguntaron: «¿Por
qué nosotros no pudimos expulsarlo?».
29 Él les respondió: «Esta clase de demonios
se expulsa solo con la oración».

ENTRA EN ORACIÓN

¡Creo, pero ayúdame a tener más fe!

Cuando el padre de un joven con epilepsia lo llevó a Jesús para que lo curara, Jesús le dijo: «Todo es posible para el que cree» (Mc 9 23). Aunque este hombre tenía fe, su reacción fue proclamar: «¡Creo, ayúdame porque tengo poca fe!» (v. 24). La fe es un don, y como tal, conviene pedirla. Escribe una oración para pedir una fe más grande para ti, tu comunidad, tu familia y el mundo entero o, si lo deseas, haz oración con la siguiente plegaria:

Jesús, como este padre de familia, quiero decirte: creo, pero ayúdame a tener más fe. Con frecuencia mi fe no es suficientemente grande para abrir mi corazón y poder recibir tus dones.

Confío en ti, pero necesito que aumentes mi fe para ponerme plenamente en tus manos y dejarte guiar mi vida.

Dame una fe fuerte y constante, sin que aminore cuando tengo dudas o no obtengo lo que pido.

Dame la fuerza de tu Espíritu para que mi fe se transforme en vida y pueda serte fiel en los momentos difíciles, igual que en las épocas buenas. Amén.

Mc 9 14-29

El segundo anuncio de la Pasión

Mt 17 22-23 / Lc 9 44-45
Mc 8 31-32; 10 32-34

30 Al salir de allí atravesaron la Galilea; Jesús no quería que nadie lo supiera, 31 porque
enseñaba y les decía: «El Hijo del hombre va
a ser entregado en manos de los hombres;
lo matarán y, tres días después de su muerte, resucitará». 32 Pero los discípulos no comprendían esto y temían hacerle preguntas.

La verdadera grandeza

Mt 18 1-5 / Lc 9 46-48
Lc 22 24; Mt 10 40; Lc 10 16; Jn 13 20

33 Llegaron a Cafarnaún y, una vez que estuvieron en la casa, les preguntó: «¿De qué
hablaban en el camino?». 34 Ellos callaban,
porque habían estado discutiendo sobre
quién era el más grande. 35 Entonces, sentándose, llamó a los Doce y les dijo: «El que
quiere ser el primero, debe hacerse el último de todos y el servidor de todos». 36 Después, tomando a un niño, lo puso en medio de ellos y, abrazándolo, les dijo: 37 «El
que recibe a uno de estos pequeños en mi
Nombre, me recibe a mí, y el que me recibe, no es a mí al que recibe, sino a aquel
que me ha enviado».

La intolerancia de los Apóstoles

Lc 9 49-50 / Mt 10 42
Mt 12 30; Lc 11 23

38 Juan le dijo: «Maestro, hemos visto a
uno que expulsaba demonios en tu Nombre, y tratamos de impedírselo porque no
es de los nuestros». 39 Pero Jesús les dijo:
«No se lo impidan, porque nadie puede
hacer un milagro en mi Nombre y luego
hablar mal de mí. 40 Y el que no está contra
nosotros, está con nosotros.
41 Les aseguro que no quedará sin recompensa el que les dé de beber un vaso de
agua por el hecho de que ustedes pertenecen a Cristo.

La gravedad del escándalo

Mt 18 6-9 / Lc 17 1-2
Mt 5 29-30; Is 66 24

42 Si alguien llegara a escandalizar a uno
de estos pequeños que creen en mí, sería
preferible para él que le ataran al cuello

¿SABÍAS QUE...?

Jesús anuncia su pasión y resurrección

Todos los evangelistas sinópticos presentan tres anuncios proféticos de Jesús sobre el misterio pascual. En estos anuncios, Jesús sigue un esquema similar que resalta también tres aspectos:

- Habla del misterio pascual como si no le correspondiera a él, «Les decía: "El Hijo del hombre va a ser entregado"» (Mc 9 31), usando este título proveniente de Daniel para anunciar que el cumplimiento de la profecía sobre el final de los tiempos estaba por llegar.
- Señala la falta de aceptación por parte de sus discípulos, quienes no se abrían a este mensaje poco atractivo para ellos, de modo similar a como nosotros disimulamos no escuchar el llamado de Jesús a seguirlo fielmente.
- Insiste en que las prioridades en el Reino de Dios son distintas que en el mundo, ahí «El que quiere ser el primero, debe hacerse el último de todos y el servidor de todos» (v. 35), como ha dado testimonio con su vida y quedará plenamente revelado al entregar su vida por la salvación de toda la humanidad.

¿Qué relación existe entre las enseñanzas de Jesús sobre el servicio y sus anuncios sobre su pasión? ¿Qué te dice esto para tu vida como discípulo/a de Jesús?

Mc 9 32-35

una piedra de moler y lo arrojaran al mar.
43 Si tu mano es para ti ocasión de pecado,
córtala, porque más te vale entrar en la Vida manco, que ir con tus dos manos a la
Gehena, al fuego inextinguible. 44 . 45 Y si tu
pie es para ti ocasión de pecado, córtalo,
porque más te vale entrar lisiado en la Vida, *que ser arrojado* con tus dos pies a la
Gehena. 46 . 47 Y si tu ojo es para ti ocasión
de pecado, arráncalo, porque más te vale
entrar con un solo ojo en el Reino de Dios,
que ser arrojado con tus dos ojos a la Gehena, 48 donde el gusano no muere y el fuego no se apaga.

El ejemplo de la sal

Mt 5 13 / Lc 14 34-35
Lv 2 13; Col 4 6; Rom 12 8; 1 Tes 5 13

49 Porque cada uno será salado por el
fuego. 50 La sal es una cosa excelente, pero
si se vuelve insípida, ¿con qué la volverán
a salar? Que haya sal en ustedes mismos y
vivan en paz unos con otros».

El matrimonio y el divorcio

Mt 19 1-9 / Lc 16 18
Mt 16 1; Mc 8 11; Dt 24 1.3; Gn 1 27; 2 24;
Mt 5 31-32; 1 Cor 7 10-11

10 1 Después que partió de allí, Jesús fue
a la región de Judea y al otro lado
del Jordán. Se reunió nuevamente la multitud alrededor de él y, como de costumbre, les estuvo enseñando una vez más.
2 Se acercaron algunos fariseos y, para ponerlo a prueba, le plantearon esta cuestión: «¿Es lícito al hombre divorciarse de
su mujer?». 3 Él les respondió: «¿Qué es lo
que Moisés les ha ordenado?». 4 Ellos dijeron: «Moisés permitió redactar una declaración de divorcio y separarse de ella».
5 Entonces Jesús les respondió: «Si Moisés
les dio esta norma fue debido a la dureza
del corazón de ustedes. 6 Pero desde el
principio de la creación, Dios los hizo varón y mujer. 7 *Por eso, el hombre dejará a su
padre y a su madre, y se unirá a su mujer,* 8 *y
los dos no serán sino una sola carne.* De manera que ya no son dos, sino una sola carne. 9 Que el hombre no separe lo que Dios
ha unido». 10 Cuando regresaron a la casa,
los discípulos le volvieron a preguntar sobre esto. 11 Él les dijo: «El que se divorcia
de su mujer y se casa con otra, comete
adulterio contra aquella; 12 y si una mujer
se divorcia de su marido y se casa con
otro, también comete adulterio».

Jesús y los niños

Mt 19 13-15 / Lc 18 15-17
Mt 18 3; 5 20

13 Le trajeron entonces a unos niños para
que los tocara, pero los discípulos los reprendieron. 14 Al ver esto, Jesús se enojó y
les dijo: «Dejen que los niños se acerquen
a mí y no se lo impidan, porque el Reino
de Dios pertenece a los que son como
ellos. 15 Les aseguro que el que no recibe el
Reino de Dios como un niño, no entrará
en él». 16 Después los abrazó y los bendijo,
imponiéndoles las manos.

El hombre rico

Mt 19 16-22 / Lc 18 18-23
Ex 20 12-16; Dt 5 16-20; Mt 6 20; Lc 12 33; Mc 4 19

17 Cuando se puso en camino, un hombre corrió hacia él y, arrodillándose, le preguntó: «Maestro bueno, ¿qué debo hacer para heredar la Vida eterna?». 18 Jesús le dijo: «¿Por qué me llamas bueno? Solo Dios es bueno. 19 Tú conoces los mandamientos: *No matarás, no cometerás adulterio, no robarás, no darás falso testimonio, no perjudicarás a nadie, honra a tu padre y a tu madre*». 20 El hombre le respondió: «Maestro, todo eso lo he cumplido desde mi juventud». 21 Jesús lo miró con amor y le dijo: «Solo te falta una cosa: ve, vende lo que tienes y dalo a los pobres; así tendrás un tesoro en el cielo. Después, ven y sígueme». 22 Él, al oír estas palabras, se entristeció y se fue apenado, porque poseía muchos bienes.

El peligro de las riquezas

Mt 19 23-26 / Lc 18 24-27
Gn 18 14; Job 42 2; Mc 14 36

23 Entonces Jesús, mirando alrededor, dijo a sus discípulos: «¡Qué difícil será para los ricos entrar en el Reino de Dios!». 24 Los discípulos se sorprendieron por estas palabras, pero Jesús continuó diciendo: «Hijos míos, ¡qué difícil es entrar en el Reino de Dios! 25 Es más fácil que un camello pase por el ojo de una aguja, que un rico entre en el Reino de Dios». 26 Los discípulos se asombraron aún más y se preguntaban unos a otros: «Entonces, ¿quién podrá salvarse?». 27 Jesús, fijando en ellos su mirada, les dijo: «Para los hombres es imposible, pero no para Dios, porque para él todo es posible».

JESÚS, FIJANDO EN ELLOS SU MIRADA, LES DIJO... PARA ÉL TODO ES POSIBLE. Mc 10 27

La recompensa prometida a los discípulos

Mt 19 27-30 / Lc 18 28-30
Mc 8 35; Mt 20 16; Lc 13 30

28 Pedro le dijo: «Tú sabes que nosotros lo hemos dejado todo y te hemos segui-

Una joven que siguió a Jesús en su vida diaria

Un joven rico le preguntó a Jesús cuál era el camino para obtener la Vida eterna. Jesús lo invitó a seguirlo, pero él no quiso dejar sus bienes y se alejó muy triste. En cambio, Juanita Fernández Solar, una joven chilena de familia acomodada a principios del siglo pasado, decidió seguir a Jesús en todo momento.

Juanita era muy admirada por su familia y amigos, la pasaba muy bien y tenía muchas amigas; era estupenda amazona, buena en el tenis y batía récord de rapidez y resistencia en natación. Mantenía una relación íntima con Jesús, que la llevó a ingresar en el monasterio del Carmen de Los Andes a los 19 años. Ahí cambió su nombre por Teresa, continuó su discipulado y creció en santidad; murió once meses después.

Teresita de los Andes fue santa porque vivió con Dios sus actividades diarias, sus diversiones y al servicio de quien la necesitaba. Su testimonio es muy fuerte para los jóvenes. El papa Juan Pablo II la canonizó por ser una santa joven, alegre y deportista que contagió a jóvenes y adultos de su amor, y dio ejemplo de cómo seguir a Jesús en el ambiente social en que nacemos.

Mc 10 17-25

Jesús recibe y abraza a los niños

Lee Marcos 10 13-16. Los discípulos piensan que los niños molestan a Jesús y quieren impedir que sus madres los lleven a él. Jesús ordena que los dejen acercarse; los abraza, los bendice y *aprovecha* para decirnos que el Reino de Dios es para quienes son *como* niños (Mc 10 14).

Como un/a pequeño/a se maravilla de todo, se confía en los brazos de quien lo ama, posee una mirada sencilla y un corazón abierto, el adulto debe abrirse a los cambios que reclama el reino. ¿Puedes acercarte a Jesús con la confianza, la ilusión y el abandono de un/a niño/a? Recibirás su ternura y su bendición para seguir madurando siempre en la vida.

Mc 10 13-16

do». 29 Jesús respondió: «Les aseguro que el
que haya dejado casa, hermanos y hermanas, madre y padre, hijos o campos por mí
y por la Buena Noticia, 30 desde ahora, en este mundo, recibirá el ciento por uno en casas, hermanos y hermanas, madres, hijos y
campos, en medio de las persecuciones; y en
el mundo futuro recibirá la Vida eterna.
31 Muchos de los primeros serán los últimos y los últimos serán los primeros».

El tercer anuncio de la Pasión

Mt 20 17-19 / Lc 18 31-33
Mc 8 31; 9 31; Lc 24 7

32 Mientras iban de camino para subir a
Jerusalén, Jesús se adelantaba a sus discípulos; ellos estaban asombrados y los que
lo seguían tenían miedo. Entonces reunió
nuevamente a los Doce y comenzó a decirles lo que le iba a suceder: 33 «Ahora subimos a Jerusalén; allí el Hijo del hombre será entregado a los sumos sacerdotes y a los
escribas. Lo condenarán a muerte y lo entregarán a los paganos: 34 ellos se burlarán
de él, lo escupirán, lo azotarán y lo matarán. Y tres días después, resucitará».

La petición de Santiago y Juan

Mt 20 20-23
Mt 4 21; Mc 10 51; Mt 19 28; Lc 22 30; Sal 75 9;
Is 51 17.22; Ez 23 31-34; Mc 14 36; Lc 12 50; Hch 12 2

35 Santiago y Juan, los hijos de Zebedeo, se
acercaron a Jesús y le dijeron: «Maestro, queremos que nos concedas lo que te vamos a
pedir». 36 Él les respondió: «¿Qué quieren que
haga por ustedes?». 37 Ellos le dijeron: «Concédenos sentarnos uno a tu derecha y el otro
a tu izquierda, cuando estés en tu gloria».
38 Jesús les dijo: «No saben lo que piden.
¿Pueden beber el cáliz que yo beberé y recibir
el bautismo que yo recibiré?». 39 «Podemos»,
le respondieron. Entonces Jesús agregó: «Ustedes beberán el cáliz que yo beberé y recibirán el mismo bautismo que yo. 40 En cuanto
a sentarse a mi derecha o a mi izquierda, no
me toca a mí concederlo, sino que esos puestos son para quienes han sido destinados».

El carácter servicial de la autoridad

Mt 20 24-28 / Lc 22 24-27
Mt 23 11; 1 Tim 2 5-6

41 Los otros diez, que habían oído a Santiago y a Juan, se indignaron contra ellos.
42 Jesús los llamó y les dijo: «Ustedes saben
que aquellos a quienes se considera gobernantes dominan a las naciones como si
fueran sus dueños, y los poderosos les hacen sentir su autoridad. 43 Entre ustedes no
debe suceder así. Al contrario, el que quiera ser grande, que se haga servidor de ustedes; 44 y el que quiera ser el primero, que se
haga servidor de todos. 45 Porque el mismo
Hijo del hombre no vino para ser servido,
sino para servir y dar su vida en rescate por
una multitud».

Curación de un ciego de Jericó

Mt 20 29-34 / Lc 18 35-43
Mt 1 1; 9 27; Mc 10 36; 9 5; Mt 9 22;
Mc 5 34; Lc 7 50; 17 19

46 Después llegaron a Jericó. Cuando Jesús salía de allí, acompañado de sus discí-

VIVE LA PALABRA

Reinar es servir

Lee Marcos 10 35-45. Al igual que otros discípulos, la madre de Santiago y Juan estaba confundida sobre el Reino que Jesús vino a establecer, y aboga por ellos para que tengan un buen puesto en su Reino. Jesús aprovecha su petición para enfatizar que el servicio es el verdadero signo de grandeza, y la medida para juzgar si una persona es digna de compartir el poder y la gloria de Dios.

La autoridad de la comunidad cristiana, igual que la de Jesús viene del amor, única fuerza capaz de engendrar un servicio interesado en el bien de los demás. De ahí el gran contraste entre el líder servidor/a y el que usa su poder para oprimir y explotar a la gente (vv. 41-45).

¿A quién conoces que sea servidor/a de los demás al estilo de Jesús? Al final de cada día ¿qué tanto te asemejas a Jesús en tu amor servicial a tu prójimo?

Mc 10 35-45

pulos y de una gran multitud, el hijo de Timeo —Bartimeo, un mendigo ciego— estaba sentado junto al camino. 47 Al enterarse de que pasaba Jesús, el Nazareno, se puso a gritar: «¡Jesús, Hijo de David, ten piedad de mí!». 48 Muchos lo reprendían para que se callara, pero él gritaba más fuerte: «¡Hijo de David, ten piedad de mí!». 49 Jesús se detuvo y dijo: «Llámenlo». Entonces llamaron al ciego y le dijeron: «¡Ánimo, levántate! Él te llama». 50 Y el ciego, arrojando su manto, se puso de pie de un salto y fue hacia él. 51 Jesús le preguntó: «¿Qué quieres que haga por ti?». Él le respondió: «Maestro, que yo pueda ver». 52 Jesús le dijo: «Vete, tu fe te ha salvado». Enseguida comenzó a ver y lo siguió por el camino.

LA ACTIVIDAD DE JESÚS EN JERUSALÉN

La entrada mesiánica en Jerusalén

Mt 21 1-9 / Lc 19 28-38 / Jn 12 12-15
Zac 14 4; Mc 13 3; Zac 9 9;
Sal 118 25-26; Lc 1 32-33; Hch 2 29

11 1 Cuando se aproximaban a Jerusalén, estando ya al pie del monte de los Olivos, cerca de Betfagé y de Betania, Jesús envió a dos de sus discípulos, 2 diciéndoles: «Vayan al pueblo que está enfrente y, al entrar, encontrarán un asno atado, que nadie ha montado todavía. Desátenlo y tráiganlo; 3 y si alguien les pregunta: «¿Qué están haciendo?», respondan: «El Señor lo necesita y lo va a devolver enseguida»». 4 Ellos fueron y encontraron un asno atado cerca de una puerta, en la calle, y lo desataron. 5 Algunos de los que estaban allí les preguntaron: «¿Qué hacen? ¿Por qué desatan ese asno?». 6 Ellos respondieron como Jesús les había dicho y nadie los molestó. 7 Entonces le llevaron el asno, pusieron sus mantos sobre él y Jesús se montó. 8 Muchos extendían sus mantos sobre el camino; otros, lo cubrían con ramas que cortaban en el campo. 9 Los que iban delante y los que seguían a Jesús, gritaban:

«*¡Hosana! ¡Bendito el que viene*
en nombre del Señor!
10 ¡Bendito sea el Reino que ya viene,
el Reino de nuestro padre David!
¡Hosana en las alturas!».

11 Jesús llegó a Jerusalén y fue al Templo; y después de observarlo todo, como ya era tarde, salió con los Doce hacia Betania.

Maldición de la higuera estéril

Mt 21 18-19
Lc 13 6; Jr 8 13; Os 9 16-17; Jl 1 7; Mc 11 20

12 Al día siguiente, cuando salieron de Betania, Jesús sintió hambre. 13 Al divisar de lejos una higuera cubierta de hojas, se acercó para ver si encontraba algún fruto, pero no había más que hojas, porque no era la época de los higos. 14 Dirigiéndose a la higuera, le dijo: «Que nadie más coma de tus frutos». Y sus discípulos lo oyeron.

La expulsión de los vendedores del Templo

Mt 21 12-13 / Lc 19 45-48 / Jn 2 13-16
Zac 14 21; Is 56 7; Jr 7 11; Mt 12 14; Mc 14 1

15 Cuando llegaron a Jerusalén, Jesús entró en el Templo y comenzó a echar a los que vendían y compraban en él. Derribó las mesas de los cambistas y los puestos de los vendedores de palomas, 16 y prohibió que transportaran cargas por el Templo. 17 Y les enseñaba: «¿Acaso no está escrito: *Mi Casa será llamada Casa de oración para todas las naciones*? Pero ustedes la han convertido *en una cueva de ladrones*». 18 Cuando se enteraron los sumos sacerdotes y los escribas, buscaban la forma de matarlo, porque le tenían miedo, ya que todo el pueblo estaba maravillado de su enseñanza. 19 Al caer la tarde, Jesús y sus discípulos salieron de la ciudad.

MI CASA SERÁ LLAMADA CASA DE ORACIÓN PARA TODAS LAS NACIONES.
Mc 11 17

La eficacia de la fe

Mt 21 20-22
Mc 11 14; Mt 17 20; Lc 17 6; 1 Cor 13 2;
Mt 6 14; Ef 4 32; Col 3 13

20 A la mañana siguiente, al pasar otra vez, vieron que la higuera se había secado de raíz. 21 Pedro, acordándose, dijo a Jesús: «Maestro, la higuera que has maldecido se ha secado». 22 Jesús le respondió: «Tengan fe en Dios. 23 Porque yo les aseguro que si alguien dice a esta montaña: «Retírate de ahí y arrójate al mar», sin vacilar en su interior, sino creyendo que sucederá lo que dice, lo conseguirá. 24 Por eso les digo: Cuando pidan algo en la oración, crean que ya lo tienen y lo conseguirán. 25 Y cuando ustedes se pongan de pie para orar, si tienen algo en

contra de alguien, perdónenlo, y el Padre que está en el cielo les perdonará también sus faltas». [26]

Discusión sobre la autoridad de Jesús

Mt 21 23-27 / Lc 20 1-8

Mt 16 21; Lc 9 22; Jn 1 33; Mt 21 32; Lc 7 30

[27] Y llegaron de nuevo a Jerusalén. Mientras Jesús caminaba por el Templo, los sumos sacerdotes, los escribas y los ancianos se acercaron a él [28] y le dijeron: «¿Con qué autoridad haces estas cosas? ¿O quién te dio autoridad para hacerlo?». [29] Jesús les respondió: «Yo también quiero hacerles una sola pregunta. Si me responden, les diré con qué autoridad hago estas cosas. [30] Díganme: el bautismo de Juan, ¿venía del cielo o de los hombres?». [31] Ellos se hacían este razonamiento: «Si contestamos: "Del cielo", él nos dirá: "¿Por qué no creyeron en él?". [32] ¿Diremos entonces: "De los hombres"». Pero como temían al pueblo, porque todos consideraban que Juan había sido realmente un profeta, [33] respondieron a Jesús: «No sabemos». Y él les respondió: «Yo tampoco les diré con qué autoridad hago estas cosas».

Parábola de los viñadores homicidas

Mt 21 33-46 / Lc 20 9-19

Is 5 1-2; Gn 22 2; Mc 1 11; 2 Pe 1 17;
Sal 118 22-23; Hch 4 11; 1 Pe 2 7; Mt 14 5

12 [1] Jesús se puso a hablarles en parábolas: «Un hombre plantó una viña, la cercó, cavó un lagar y construyó una torre de vigilancia. Después la arrendó a unos viñadores y se fue al extranjero. [2] A su debido tiempo, envió a un servidor para percibir de los viñadores la parte de los frutos que le correspondía. [3] Pero ellos lo tomaron, lo golpearon y lo echaron con las manos vacías. [4] De nuevo les envió a otro servidor, y a este también lo maltrataron y lo llenaron de ultrajes. [5] Envió a un tercero, y a este lo mataron. Y también golpearon o mataron a muchos otros. [6] Todavía le quedaba alguien, su hijo, a quien quería mucho, y lo mandó en último término, pensando: «Respetarán a mi hijo». [7] Pero los viñadores se dijeron: «Este es el heredero: vamos a matarlo y la herencia será nuestra». [8] Y apoderándose de él, lo mataron y lo arrojaron fuera de la viña. [9] ¿Qué hará el dueño de la viña? Vendrá, acabará con los viñadores y entregará la viña a otros.

[10] ¿No han leído este pasaje de la Escritura:

La piedra que los constructores rechazaron
ha llegado a ser la piedra angular:
[11] *esta es la obra del Señor,*
admirable a nuestros ojos?».

[12] Entonces buscaban la manera de detener a Jesús, porque comprendían que esta parábola la había dicho por ellos, pero tenían miedo de la multitud. Y dejándolo, se fueron.

El impuesto debido a la autoridad

Mt 22 15-22 / Lc 20 20-26

Mc 3 6; Hch 13 10; 16 17; Rom 13 7

[13] Le enviaron después a unos fariseos y herodianos para sorprenderlo en alguna de sus afirmaciones. [14] Ellos fueron y le dijeron: «Maestro, sabemos que eres sincero y no tienes en cuenta la condición de las personas, porque no te fijas en la categoría de nadie, sino que enseñas con toda fidelidad el camino de Dios. ¿Está permitido pagar el impuesto al César o no? ¿Debemos pagarlo o no?». [15] Pero él, conociendo su hipocresía, les dijo: «¿Por qué me tienden una trampa? Muéstrenme un denario». [16] Cuando se lo mostraron, preguntó: «¿De quién es esta figura y esta inscripción?». Respondieron: «Del César». [17] Entonces Jesús les dijo: «Den al César lo que es del César, y a Dios, lo que es de Dios». Y ellos quedaron sorprendidos por la respuesta.

Discusión sobre la resurrección de los muertos

Mt 22 23-33 / Lc 20 27-40

Hch 23 8; Gn 38 8; Dt 25 5; Ex 3 6.15-16

[18] Se le acercaron unos saduceos, que son los que niegan la resurrección, y le propusieron este caso: [19] «Maestro, Moisés nos ha ordenado lo siguiente: *"Si alguien está casado y muere sin tener hijos, que su hermano, para darle descendencia, se case con la viuda"*. [20] Ahora bien, había siete hermanos. El primero se casó y murió sin tener hijos. [21] El segundo se casó con la viuda y también murió sin tener hijos; lo mismo ocurrió con el tercero; [22] y así ninguno de los siete dejó descendencia. Después de todos ellos, murió la mujer. [23] Cuando resuciten los muertos, ¿de quién será esposa, ya que los siete la tuvieron por mujer?». [24] Jesús les dijo: «¿No será que ustedes están equivocados por no comprender las Escrituras ni el

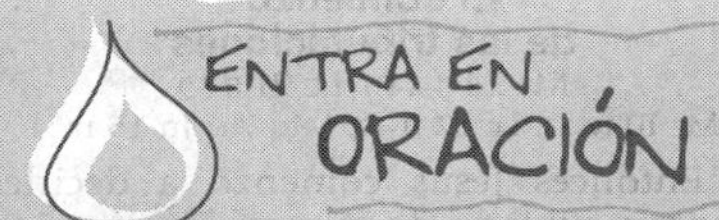

Dios, la política y nosotros

Lee Marcos 12 13-17. Observa cómo ponen a prueba a Jesús unos fariseos y herodianos dejándolo sin salida: si proponía pagar el tributo, perdería el afecto del pueblo; si lo rechazaba, aparecería como enemigo de Roma. Fíjate en la respuesta de Jesús: «Den al César lo que es del César, y a Dios, lo que es de Dios» (v. 17).

Jesús reconoce las obligaciones como ciudadanos al tiempo que enfatiza nuestro deber de corresponder a la bondad de Dios, quien nos da todo cuanto existe. El deber cívico y la vida de fe deben apoyarse mutuamente siempre para lograr el bien de la sociedad. Aunque todo gobierno y todo ciudadano tienen que trabajar para lograr esto, es común ver que el poder y la ambición corrompen al gobierno, y que el egoísmo, la apatía y el egocentrismo de los ciudadanos favorecen gobiernos injustos y deshonestos.

Reflexiona durante unos momentos sobre la situación política de tu país y haz oración por los gobernantes de tu país, estado, ciudad o pueblo. Después centra tu oración en los ciudadanos, especialmente en los jóvenes que en unos años tendrán que asumir la responsabilidad de velar por el bien común. Platica a Dios tus inquietudes y pide que te ilumine y dé fuerzas para cumplir tu deber cívico con fuerte espíritu cristiano.

Mc 12 13-17

poder de Dios? 25 Cuando resuciten los
muertos, ni los hombres ni las mujeres se
casarán, sino que serán como ángeles en el
cielo. 26 Y con respecto a la resurrección
de los muertos, ¿no han *leído* en el *Libro* de
Moisés, en el pasaje de la zarza, lo que Dios
le dijo: *Yo soy el Dios de Abraham, el Dios de
Isaac y el Dios de Jacob*? 27 Él no es un Dios
de muertos, sino de vivientes. Ustedes están en un grave error».

El mandamiento principal

Mt 22 34-40 / Lc 10 25-28
Dt 6 4-5; Lv 19 18; 1 Sm 15 22; Os 6 6

28 Un escriba que los oyó discutir, al ver
que les había respondido bien, se acercó y
le preguntó: «¿Cuál es el primero de los
mandamientos?». 29 Jesús respondió: «El
primero es: *Escucha, Israel: el Señor nuestro
Dios es el único Señor;* 30 *y tú amarás al Señor,
tu Dios, con todo tu corazón y con toda tu alma*, con todo tu espíritu y con todas tus
fuerzas. 31 El segundo es: *Amarás a tu prójimo como a ti mismo*. No hay otro mandamiento más grande que estos». 32 El escriba
le dijo: «Muy bien, Maestro, tienes razón
al decir que hay un solo Dios y no hay
otro más que él, 33 y que amarlo con todo
el corazón, con toda la inteligencia y con
todas las fuerzas, y amar al prójimo como
a sí mismo, vale más que todos los holocaustos y todos los sacrificios». 34 Jesús,
al ver que había respondido tan acertada-
mente, le dijo: «Tú no estás lejos del Reino
de Dios». Y nadie se atrevió a hacerle más
preguntas.

REFLEXIONA

Nuestro Dios es un Dios de la vida

Algunos judíos dudaban de la resurrección de los muertos y preguntaban a Jesús: ¿hay vida después de la muerte? Jesús da una bella respuesta: nuestro Dios «no es un Dios de muertos, sino de vivientes» (Mc 12 27), y explica que será una vida distinta a la actual, estrechamente ligada a Dios. ¡Qué gran esperanza da saber que viviremos para siempre con Dios!

Cuando enfrentes la muerte de un ser querido o tengas cerca tu propia muerte, en lugar de tener miedo, llénate de esperanza y alegría; se trata de iniciar una nueva vida. Tener esta esperanza, ¿modifica el dolor ante la muerte de las personas que amamos?

Mc 12 18-27

El Mesías, hijo y Señor de David

Mt 22 41-45 / Lc 20 41-44
Sal 110 1; Hch 2 34-35; 1 Cor 15 25; Heb 1 13

35 Jesús se puso a enseñar en el Templo y
preguntaba: «¿Cómo pueden decir los escribas que el Mesías es hijo de David? 36 El

mismo David ha dicho, movido por el Espíritu Santo:

Dijo el Señor a mi Señor:
Siéntate a mi derecha,
hasta que ponga a tus enemigos
debajo de tus pies.

[37] Si el mismo David lo llama "Señor", ¿cómo puede ser hijo suyo?».

Advertencia de Jesús contra los escribas

Mt 23 6-7 / Lc 20 45-47
Lc 19 48; 21 38; 11 43

La multitud escuchaba a Jesús con agrado. [38] Y él les enseñaba: «Cuídense de los escribas, a quienes les gusta pasearse con largas vestiduras, ser saludados en las plazas [39] y ocupar los primeros asientos en las sinagogas y los banquetes; [40] que devoran los bienes de las viudas y fingen hacer largas oraciones. Estos serán juzgados con más severidad».

La ofrenda de la viuda

Lc 21 1-4
Jn 8 20; 2 Re 12 9; 2 Cor 8 12

[41] Jesús se sentó frente a la sala del tesoro del Templo y miraba cómo la gente depositaba su limosna. Muchos ricos daban en abundancia. [42] Llegó una viuda de condición humilde y colocó dos pequeñas monedas de cobre. [43] Entonces él llamó a sus discípulos y les dijo: «Les aseguro que esta pobre viuda ha puesto más que cualquiera de los otros, [44] porque todos han dado de lo que les sobraba, pero ella, de su indigencia, dio todo lo que poseía, todo lo que tenía para vivir».

Anuncio de la destrucción del Templo

Mt 24 1-3 / Lc 21 5-7
Lc 19 44

13 [1] Cuando Jesús salía del Templo, uno de sus discípulos le dijo: «¡Maestro, mira qué piedras enormes y qué construcción!». [2] Jesús le respondió: «¿Ves esa gran construcción? De todo esto no quedará piedra sobre *piedra: todo será destruido*». [3] Y después, estando sentado en el monte de los Olivos, frente al Templo, Pedro, Santiago, Juan y Andrés le preguntaron en privado: [4] «Dinos cuándo sucederá esto y cuál será la señal de que ya están por cumplirse todas estas cosas».

El comienzo de las tribulaciones

Mt 24 4-14 / Lc 21 8-19
Mt 10 17-23; Lc 12 11-12; Miq 7 6; Jn 15 18-21

[5] Entonces Jesús comenzó a decirles: «Tengan cuidado de que no los engañen, [6] porque muchos se presentarán en mi Nombre, diciendo: "Soy yo", y engañarán a mucha gente. [7] No se alarmen cuando oigan hablar de guerras y de rumores de guerras: es necesario que esto ocurra, pero todavía no será el fin. [8] Se levantará nación contra nación y reino contra reino. En muchas partes, habrá terremotos y hambre. Este será el comienzo de los dolores del parto.

[9] Estén atentos: los entregarán a los tribunales y los azotarán en las sinagogas, y por mi causa serán llevados ante gobernadores y reyes, para dar testimonio delante de ellos. [10] Pero antes, la Buena Noticia será proclamada a todas las naciones. [11] Cuando los entreguen, no se preocupen por lo que van a decir: digan lo que se les enseñe en ese momento, porque no serán ustedes los que hablarán, sino el Espíritu Santo. [12] El hermano entregará a su hermano para que sea condenado a muerte, y el padre a su hijo; los hijos se rebelarán contra sus padres y los matarán. [13] Serán odiados por todos a causa de mi Nombre, pero el que persevere hasta el fin, se salvará.

La gran tribulación de Jerusalén

Mt 24 15-25 / Lc 21 20-24; 17 23
Dn 9 27; 12 1; 1 Mac 1 54

[14] Cuando vean la Abominación de la desolación usurpando el lugar que no le corresponde —el que lea esto, entiéndalo bien—, los que estén en Judea, que se refugien en las montañas; [15] el que esté en la azotea de su casa, no baje a buscar sus cosas; [16] y el que esté en el campo, que no vuelva atrás a buscar su manto. [17] ¡Ay de las mujeres que estén embarazadas o tengan niños de pecho en aquellos días! [18] Rueguen para que no suceda en invierno. [19] Porque habrá entonces *una gran tribulación, como no la hubo* desde el comienzo del mundo *hasta ahora,* ni la habrá jamás. [20] Y si el Señor no abreviara ese tiempo, nadie se salvaría; pero lo abreviará a causa de los elegidos.

[21] Si alguien les dice entonces: «El Mesías está aquí o está allí», no lo crean. [22] Porque aparecerán falsos mesías y falsos profetas que harán milagros y prodigios capaces de engañar, si fuera posible, a los mismos elegidos. [23] Pero ustedes tengan cuidado: yo los he prevenido de todo.

La manifestación gloriosa del Hijo del hombre

Mt 24 29-31 / Lc 21 25-27
Is 13 10; 34 4; Ez 32 7-8; Jl 2 10.31; Dn 7 13-14; Dt 30 4

[24] En ese tiempo, después de esta tribulación, el sol se oscurecerá, la luna dejará de brillar, [25] las estrellas caerán del cielo y los astros se conmoverán. [26] Y se verá al Hijo del hombre venir sobre las nubes, lleno de poder y de gloria. [27] Y él enviará a los ángeles para que congreguen a sus elegidos desde los cuatro puntos cardinales, de un extremo al otro del horizonte.

Parábola de la higuera

Mt 24 32-36 / Lc 21 29-33
Mt 5 18; Lc 16 17; Hch 1 7

[28] Aprendan esta comparación, tomada de la higuera: cuando sus ramas se hacen flexibles y brotan las hojas, ustedes se dan cuenta de que se acerca el verano. [29] Así también, cuando vean que suceden todas estas cosas, sepan que el fin está cerca, a la puerta. [30] Les aseguro que no pasará esta generación sin que suceda todo esto. [31] El cielo y la tierra pasarán, pero mis palabras no pasarán. [32] En cuanto a ese día y a la hora, nadie los conoce, ni los ángeles del cielo, ni el Hijo, nadie sino el Padre.

Exhortación a la vigilancia y a la fidelidad

Mt 24 42; 25 13-15 / Lc 19 12-13; 12 38.40

[33] Tengan cuidado y estén prevenidos, porque no saben cuándo llegará el momento. [34] Será como un hombre que se va de viaje, deja su casa al cuidado de sus servidores, asigna a cada uno su tarea, y recomienda al portero que permanezca en vela. [35] Estén prevenidos, entonces, porque no saben cuándo llegará el dueño de casa, si al atardecer, a medianoche, al canto del gallo o por la mañana. [36] No sea que llegue de improviso y los encuentre dormidos. [37] Y esto que les digo a ustedes, lo digo a todos: ¡Estén prevenidos!».

La esperanza y la vigilancia cristiana

En el capítulo 13, Marcos relata el discurso de Jesús sobre los últimos tiempos con un lenguaje de tipo apocalíptico. Su intención era mantener viva la esperanza de la comunidad, que era perseguida y pensaba que pronto llegaría el final de los tiempos (ver «La literatura apocalíptica», Dn 8 1-14, y «Vocabulario bíblico: Escatología»).

El mensaje es claro, «se verá al Hijo del hombre venir sobre las nubes, lleno de poder y de gloria» (v. 26). Y también es claro su llamado a la vigilancia cristiana (vv. 5, 9, 28, 37). Se trata de estar siempre atentos y preparados para la llegada del Señor, a través de una esperanza activa, seguros de su triunfo definitivo contra el mal.

Jesús quiere que sigamos trabajando por la extensión del Reino de Dios, que estemos atentos con una actitud de vigilancia para encontrarnos con él, y que tengamos el corazón abierto para recibir su perdón y misericordia. Cristo desea que confiemos en su venida y superemos cualquier actitud pasiva apoyados por la oración, los sacramentos y el ejercicio de la caridad.

Mc 13

LA PASIÓN Y LA RESURRECCIÓN DE JESÚS

La conspiración contra Jesús

Mt 26 1-5 / Lc 22 1-2 / Jn 11 47.53
Ex 12 1-20; Dt 16 1-8; Mc 11 18; Mt 12 14

14 [1] Faltaban dos días para la fiesta de la Pascua y de los panes Ácimos. Los sumos sacerdotes y los escribas buscaban la manera de arrestar a Jesús con astucia, para darle muerte. [2] Porque decían: «No lo hagamos durante la fiesta, para que no se produzca un tumulto en el pueblo».

La unción de Jesús en Betania

Mt 26 6-13 / Jn 12 1-8
Lc 7 37-38; Dt 15 11; Jn 19 40;
Mc 1 1; Mt 24 14; Rom 10 8

[3] Mientras Jesús estaba en Betania, comiendo en casa de Simón el leproso, lle-

MC

gó una mujer con un frasco lleno de un valioso perfume de nardo puro, y rompiendo el frasco, derramó el perfume sobre la cabeza de Jesús. 4 Entonces algunos de los que estaban allí se indignaron y comentaban entre sí: «¿Para qué este derroche de perfume? 5 Se hubiera podido vender por más de trescientos denarios para repartir el dinero entre los pobres». Y la criticaban. 6 Pero Jesús dijo: «Déjenla, ¿por qué la molestan? Ha hecho una buena obra conmigo. 7 A los pobres los tienen siempre con ustedes y pueden hacerles bien cuando quieran, pero a mí no me tendrán siempre. 8 Ella hizo lo que podía; ungió mi cuerpo anticipadamente para la sepultura. 9 Les aseguro que allí donde se proclame la Buena Noticia, en todo el mundo, se contará también en su memoria lo que ella hizo».

La traición de Judas

Mt 26 14-16 / Lc 22 3-6

10 Judas Iscariote, uno de los Doce, fue a ver a los sumos sacerdotes para entregarles a Jesús. 11 Al oírlo, ellos se alegraron y prometieron darle dinero. Y Judas buscaba una ocasión propicia para entregarlo.

Los preparativos para la comida pascual

Mt 26 17-19 / Lc 22 7-13
Ex 12 6.14-20

12 El primer día de la fiesta de los panes Ácimos, cuando se inmolaba la víctima pascual, los discípulos dijeron a Jesús: «¿Dónde quieres que vayamos a prepararte la comida pascual?». 13 Él envió a dos de sus discípulos, diciéndoles: «Vayan a la ciudad; allí se encontrarán con un hombre que lleva un cántaro de agua. Síganlo, 14 y díganle al dueño de la casa donde entre: El Maestro dice: "¿Dónde está mi sala, en la que voy a comer el cordero pascual con mis discípulos?". 15 Él les mostrará en el piso alto una pieza grande, arreglada con almohadones y ya dispuesta; prepárennos allí lo necesario». 16 Los discípulos partieron y, al llegar a la ciudad, encontraron todo como Jesús les había dicho y prepararon la Pascua.

El anuncio de la traición de Judas

Mt 26 20-25 / Lc 22 14.21-23 / Jn 13 21-30
Sal 41 10

17 Al atardecer, Jesús llegó con los Doce. 18 Y mientras estaban comiendo, dijo: «Les aseguro que uno de ustedes me entregará, uno *que come conmigo*». 19 Ellos se entristecieron y comenzaron a preguntarle, uno tras otro: «¿Seré yo?». 20 Él les respondió: «Es uno de los Doce, uno que se sirve de la misma fuente que yo. 21 El Hijo del hombre se va, como está escrito de él, pero ¡ay de aquel por quien el Hijo del hombre será entregado: más le valdría no haber nacido!».

La institución de la Eucaristía

Mt 26 26-29 / Lc 22 17-20 / 1 Cor 11 23-25
Mc 6 41; 1 Cor 10 16; Ex 24 8; Zac 9 11; Heb 9 20

22 Mientras comían, Jesús tomó el pan, pronunció la bendición, lo partió y lo dio a sus discípulos, diciendo: «Tomen, esto es mi Cuerpo». 23 Después tomó una copa, dio gracias y se la entregó, y todos bebieron de ella. 24 Y les dijo: «Esta es mi Sangre, la Sangre de la Alianza, que se derrama por muchos. 25 Les aseguro que no beberé más del fruto de la vid hasta el día en que beba el vino nuevo en el Reino de Dios».

El anuncio de las negaciones de Pedro

Mt 26 30-35 / Lc 22 39.31-34 / Jn 13 36-38
Sal 115 – 118; Zac 13 7; Jn 11 16

26 Después del canto de los Salmos, salieron hacia el monte de los Olivos. 27 Y Jesús

Mc 14 21

COMPRENDE LOS SÍMBOLOS

El pan y el vino

El pan y el vino simbolizan la Eucaristía instituida por Jesús en la Última Cena. Son fruto de la tierra y del trabajo humano que el Espíritu Santo transforma sacramentalmente en el Cuerpo y la Sangre de Jesús. Tanto el grano sembrado y las espigas hechas pan, como el racimo y el vino son signo de nuestra entrega a Dios.

Los sacramentos: vida nueva, celebración y compromiso

¿Por qué son importantes los sacramentos? ¿Por qué debemos recibirlos?

La Eucaristía es el centro y culmen de nuestra vida sacramental, por eso la Iglesia nos pide que participemos en ella cada semana.

Los sacramentos no son una obligación sin sentido, sino un medio para recibir la nueva vida que nos trajo Jesús. La palabra *sacramento*, del latín *sacramentum*, significa «juramento de alianza sagrada» o «consagración a una causa». Los sacramentos tienen su fundamento en la Sagrada Escritura. Son signos eficaces de nuestra alianza con Dios, medios para revivir el misterio pascual, instrumentos de la acción transformadora de Dios (gracia) y signos de nuestra respuesta a su amor.

Jesús es bautizado en solidaridad con los pecadores y envía a sus discípulos a bautizar; da de comer a sus discípulos su propio Cuerpo y Sangre, y les envía el Espíritu Santo. La Iglesia bautiza a los nuevos cristianos, celebra la Eucaristía y reconoce la unción con el Espíritu Santo. En estos y otros hechos se fundamentan los sacramentos de iniciación a la vida cristiana, que son:

- ***Bautismo:*** ver «Nacidos a una nueva vida», Rom 6 1-23.
- ***Eucaristía:*** ver «Reunidos en el más grandioso banquete», Lc 22 14-20.
- ***Confirmación:*** ver «Recibe el sello del Espíritu Santo», Hch 2 1-4.

Los evangelios muestran a Jesús perdonando y curando, signos de la llegada del Reino de Dios. Él mismo encomendó esta misión a sus Apóstoles, la cual continúa la Iglesia a través de los sacramentos de curación, que son dos:

- ***Reconciliación:*** ver «El poder de perdonar los pecados», Jn 20 22-23.
- ***Unción de los enfermos:*** ver «Alivio y fortaleza para los enfermos», Sant 5 14-16.

Jesús confió a sus discípulos la misión de extender el Reino de Dios, desde una comunidad de fe a través del servicio. El sacramento del Orden consagra para esta misión como pastor de la Iglesia, y el sacramento del Matrimonio consagra la alianza mutua de los cónyuges, para vivir cristianamente como pareja o familia. Ambos se conocen como sacramentos de misión o servicio:

- ***Orden sacerdotal:*** ver «Pastores y servidores de la Iglesia», 1 Tim 5 17-22.
- ***Matrimonio:*** ver «Hombre y mujer unidos en matrimonio», Ef 5 21-33.

Mc 14 22-25

MC

les dijo: «Todos ustedes se van a escandalizar, porque dice la Escritura: *Heriré al pastor
y se dispersarán las ovejas.* 28 Pero después que
yo resucite, iré antes que ustedes a Galilea».
29 Pedro le dijo: «Aunque todos se escandalicen, yo no me escandalizaré». 30 Jesús le respondió: «Te aseguro que hoy, esta misma
noche, antes que cante el gallo por segunda
vez, me habrás negado tres veces». 31 Pero él
insistía: «Aunque tenga que morir contigo,
jamás te negaré». Y todos decían lo mismo.

La oración de Jesús en Getsemaní

Mt 26 36-46 / Lc 22 40-46
Jn 18 1; Sal 42 6.12; Rom 8 15; Gal 4 6;
Mt 6 13; Lc 11 4

32 Llegaron a una propiedad llamada
Getsemaní, y Jesús dijo a sus discípulos:
«Quédense aquí, mientras yo voy a orar».
33 Después llevó con él a Pedro, Santiago
y Juan, y comenzó a sentir temor y a angustiarse. 34 Entonces les dijo: «Mi alma
siente una tristeza de muerte. Quédense
aquí velando». 35 Y adelantándose un poco, se postró en tierra y rogaba que, de ser
posible, no tuviera que pasar por esa hora. 36 Y decía: «Abba —Padre—, todo te es
posible: aleja de mí este cáliz, pero que
no se haga mi voluntad, sino la tuya».
37 Después volvió y encontró a sus discípulos dormidos. Y Jesús dijo a Pedro: «Simón, ¿duermes? ¿No has podido quedarte
despierto ni siquiera una hora? 38 Permanezcan despiertos y oren para no caer en
la tentación, porque el espíritu está dispuesto, pero la carne es débil». 39 Luego se

Testimonio cristiano ecuménico

El evangelio de Marcos resalta los anuncios de Jesús sobre su pasión. La imagen de Cristo sufriente siempre conforta y da fuerzas a quienes sufren para no soportar solamente el sufrimiento, sino para que de él salgan obras buenas.

Los católicos de Canadá tienen dos experiencias fuertes de sufrimiento. En la época colonial fueron marginados y despreciados por personas cristianas de cultura británica y tradición protestante. Esa experiencia los llevó a identificarse con los sufrimientos de Jesús y a ser sensibles ante las personas que sufren. También los preparó para recibir a las personas que llegaron a su país después de la segunda guerra mundial en busca de una vida nueva.

Pero en esta ocasión la fe en Cristo había unido ya a los católicos y protestantes canadienses. Los obispos católicos, junto con los líderes de otras iglesias, los motivaron a trabajar unidos para aminorar el dolor de quienes llegaban destrozados, iniciándose así un ecumenismo de caridad entre católicos y protestantes, que dio como fruto el sistema de seguridad social que caracteriza hoy a la nación canadiense. La pasión y muerte, vivida con espíritu auténticamente cristiano, dio como resultado una nueva vida para todos.

Mc 14 32-42

alejó nuevamente y oró, repitiendo las mismas palabras. 40 Al regresar, los encontró otra vez dormidos, porque sus ojos se cerraban de sueño, y no sabían qué responderle. 41 Volvió por tercera vez y les dijo: «Ahora pueden dormir y descansar. Esto se acabó. Ha llegado la hora en que el Hijo del hombre va a ser entregado en manos de los pecadores. 42 ¡Levántense! ¡Vamos! Ya se acerca el que me va a entregar».

El arresto de Jesús

Mt 26 47-56 / Lc 22 47-53 / Jn 18 2-11
Mt 16 21; Mc 11 27; 9 5;
Jn 18 26.20; Zac 13 7; Mc 14 27

43 Jesús estaba hablando todavía, cuando se presentó Judas, uno de los Doce, acompañado de un grupo con espadas y palos, enviado por los sumos sacerdotes, los escribas y los ancianos. 44 El traidor les había dado esta señal: «Es aquel a quien voy a besar. Deténganlo y llévenlo bien custodiado». 45 Apenas llegó, se le acercó y le dijo: «Maestro», y lo besó. 46 Los otros se abalanzaron sobre él y lo arrestaron. 47 Uno de los que estaban allí sacó la espada e hirió al servidor del Sumo Sacerdote, cortándole la oreja. 48 Jesús les dijo: «Como si fuera un bandido, han salido a arrestarme con espadas y palos. 49 Todos los días estaba entre ustedes enseñando en el Templo y no me arrestaron. Pero esto sucede para que se cumplan las Escrituras». 50 Entonces todos lo abandonaron y huyeron. 51 Lo seguía un joven, envuelto solamente con una sábana, y lo sujetaron; 52 pero él, dejando la sábana, se escapó desnudo.

Jesús ante el Sanedrín

Mt 26 57-68 / Lc 22 54-55.63-71 / Jn 18 15-16.18
Mc 13 2; 15 29; Jn 2 19; Hch 6 14; Is 53 7;
Sal 110 1; Dn 7 13; Ap 1 7; Lv 24 16; Jn 19 7

53 Llevaron a Jesús ante el Sumo Sacerdote, y allí se reunieron todos los sumos sacerdotes, los ancianos y los escribas. 54 Pedro lo había seguido de lejos hasta el interior del palacio del Sumo Sacerdote y estaba sentado con los servidores, calentándose junto al fuego. 55 Los sumos sacerdotes y todo el Sanedrín buscaban un testimonio contra Jesús, para poder condenarlo a muerte, pero no lo encontraban. 56 Porque se presentaron muchos con falsas acusaciones contra él, pero sus testimonios no concordaban. 57 Algunos declaraban falsamente contra Jesús: 58 «Nosotros lo hemos oído decir: "Yo destruiré este Templo hecho por la mano del hombre, y en tres días volveré a construir otro que no será hecho por la mano del hombre"». 59 Pero tampoco en esto concordaban sus declaraciones.

60 El Sumo Sacerdote, poniéndose de pie ante la asamblea, interrogó a Jesús: «¿No respondes nada a lo que estos atestiguan contra ti?». 61 Él permanecía en silencio y no respondía nada. El Sumo Sacerdote lo interrogó nuevamente: «¿Eres el Mesías, el Hijo del Dios bendito?». 62 Jesús respondió: «Sí, yo lo soy: y ustedes verán *al Hijo del hombre sentarse a la derecha del Todopoderoso y venir entre las nubes del cielo*». 63 Entonces el Sumo Sacerdote rasgó sus vestiduras y exclamó: «¿Qué necesidad tenemos ya de

VIVE LA PALABRA

Los amigos imperfectos de Jesús

Imagínate en una crisis pidiendo a tus mejores amigos que te acompañen mientras luchas por superarla. Todos prometen estar contigo, pero te abandonan y terminas enfrentándola solo/a. Los amigos de Jesús hicieron lo mismo; querían permanecer despiertos con él, pero por cansancio le fallaron.

Los Apóstoles eran humanos y tenían debilidades. Incluso Pedro, el primer Papa, al ser interrogado, no tuvo valor para aceptar que conocía a Jesús (Mc 14 66-71). Pero Jesús los amaba y ellos continuaron su misión a pesar de sus fallas.

Todos los seguidores de Jesús somos imperfectos y con frecuencia damos antitestimonio del evangelio. También el Papa, los obispos y los santos son débiles y pecan. No obstante, la Iglesia continúa viva después de dos milenios y seguirá cumpliendo su misión hasta el fin de los tiempos. Su fuerza radica en el Espíritu Santo, quien nos une a Jesús y nos anima a seguir adelante sin paralizarnos por nuestro pecado y debilidad.

¿Alguna vez has pensado o sentido que no puedes seguir a Jesús y continuar con su misión debido a tus debilidades y pecados? Cuando te pase esto, lee Marcos 14 32-42 y piensa: si así era Pedro que fue el primer Papa, ¡cómo no podré yo ser seguidor/a y colaborador/a de Jesús!

Mc 14 32-51

testigos? 64 Ustedes acaban de oír la blasfemia. ¿Qué les parece?». Y todos sentencia-
ron que merecía la muerte.
65 Después algunos comenzaron a escupirlo y, tapándole el rostro, lo golpeaban,
mientras le decían: «¡Profetiza!». Y también los servidores le daban bofetadas.

Las negaciones de Pedro

Mt 26 69-75 / Lc 22 55-62 / Jn 18 17.25-27
Mc 14 30; Jn 13 38

66 Mientras Pedro estaba abajo, en el
patio, llegó una de las sirvientas del Sumo Sacerdote 67 y, al ver a Pedro junto al
fuego, lo miró fijamente y le dijo: «Tú
también estabas con Jesús, el Nazareno».
68 Él lo negó, diciendo: «No sé nada; no
entiendo de qué estás hablando». Luego
salió al vestíbulo y cantó el gallo. 69 La sirvienta, *al verlo, volvió* a decir a los presentes: «Este es uno de ellos». 70 Pero él lo
negó nuevamente. Un poco más tarde, los
que estaban allí dijeron a Pedro: «Seguro
que eres uno de ellos, porque tú también
eres galileo». 71 Entonces él se puso a maldecir y a jurar que no conocía a ese hombre del que estaban hablando. 72 Enseguida cantó el gallo por segunda vez. Pedro
recordó las palabras que Jesús le había dicho: «Antes que cante el gallo por segunda vez, tú me habrás negado tres veces». Y
se puso a llorar.

Jesús ante Pilato

Mt 27 1-2.11-14 / Lc 23 1-5.13-16 / Jn 18 33-38
Lc 22 66; Mt 2 2; Is 53 7

15 1 En cuanto amaneció, los sumos sacerdotes se reunieron en Consejo con los
ancianos, los escribas y todo el Sanedrín. Y
después de atar a Jesús, lo llevaron y lo entregaron a Pilato. 2 Este lo interrogó: «¿Tú eres
el rey de los judíos?». Jesús le respondió: «Tú
lo dices». 3 Los sumos sacerdotes multiplicaban las acusaciones contra él. 4 Pilato lo interrogó nuevamente: «¿No respondes nada?
¡Mira de todo lo que te acusan!». 5 Pero Jesús
ya no respondió a nada más, y esto dejó muy
admirado a Pilato.

Jesús y Barrabás

Mt 27 15-26 / Lc 23 18-25 / Jn 18 39-40; 19 1.4-16
Hch 3 13-14; 13 28

6 En cada Fiesta, Pilato ponía en libertad
a un preso, a elección del pueblo. 7 Había
en la cárcel uno llamado Barrabás, arrestado con otros revoltosos que habían cometido un homicidio durante la sedición. 8 La
multitud subió y comenzó a pedir el indul-
to acostumbrado. 9 Pilato les dijo: «¿Quieren que les ponga en libertad al rey de los
judíos?». 10 Él sabía, en efecto, que los sumos sacerdotes lo habían entregado por
envidia. 11 Pero los sumos sacerdotes incitaron a la multitud a pedir la libertad de Ba-

M
C

¿SABÍAS QUE...?

El escándalo de la cruz tiene sentido

Marcos relata la pasión de Jesús con un fin en mente: ayudar a que la comunidad cristiana encuentre el sentido del escándalo que supone que el Mesías enviado por Dios haya sido crucificado como un criminal. Para lograr su objetivo narra escuetamente los hechos, sin explicar la conducta de la gente ni tratar de conmover a sus lectores.

Marcos no da su propia interpretación de los hechos, sino que busca el sentido de la pasión de Jesús en la Sagrada Escritura. De ahí las múltiples referencias a textos del Antiguo Testamento, en especial a los poemas del Siervo de Dios, y a los salmos que hablan de los justos perseguidos. De hecho, todo el relato de la crucifixión alude al Salmo 22. Además, cuando estando en Getsemaní Jesús dice que se muere de tristeza (Mc 14 34), se refiere al Salmo 42 7; cuando, ya en la cruz, pregunta al Padre por qué lo ha abandonado (Mc 15 34), se refiere al Salmo 22 2.

De esta manera Marcos descubre que, si los planes de Dios se cumplieron en el pasado a través del fracaso humano, ahora ocurre lo mismo. El grito del oficial romano, que no era seguidor de Jesús, «¡Verdaderamente, este hombre era Hijo de Dios!» (15 39), confirma esta visión del misterio y hace eco del principio del evangelio (1 1).

¡Qué tranquilidad da saber que los sufrimientos y la muerte de Jesús tienen sentido! ¡Qué esperanza causa ver que nuestros fracasos humanos pueden ser camino de vida nueva!

Mc 14 – 15

REFLEXIONA

Debilidad ante las presiones sociales

Días después de que la gente aclamó a Jesús como el Mesías en Jerusalén, lo traiciona y grita que lo crucifiquen (Mc 15 14). Quienes libremente lo reconocieron como Mesías e hijo de David, ahora se dejan mover como una masa por presión de las autoridades opuestas al Maestro (ver «Símbolo: La palma», Jn 12 12-13).

¿En qué medida las opiniones de otros tambalean tu fe en Jesús? ¿Cómo mantienes tu fidelidad a Jesús ante presiones que te motivan a traicionarlo?

Mc 15 1-15

rrabás. [12] Pilato continuó diciendo: «¿Qué
quieren que haga, entonces, con el que ustedes llaman rey de los judíos?». [13] Ellos gri-
taron de nuevo: «¡Crucifícalo!». [14] Pilato les
dijo: «¿Qué mal ha hecho?». Pero ellos gritaban cada vez más fuerte: «¡Crucifícalo!».
[15] Pilato, para contentar a la multitud, les
puso en libertad a Barrabás; y a Jesús, después de haberlo hecho azotar, lo entregó
para que fuera crucificado.

La coronación de espinas

Mt 27 27-31 / Jn 19 2-3
Lc 23 11; Sal 22 8; 44 14; Mt 2 2; Miq 4 14

[16] Los soldados lo llevaron dentro del
palacio, al pretorio, y convocaron a toda la
guardia. [17] Lo vistieron con un manto de
púrpura, hicieron una corona de espinas y
se la colocaron. [18] Y comenzaron a saludarlo: «¡Salud, rey de los judíos!». [19] Y le golpeaban la cabeza con una caña, le escupían
y, doblando la rodilla, le rendían homenaje. [20] Después de haberse burlado de él, le
quitaron el manto de púrpura y le pusieron de nuevo sus vestiduras. Luego lo hicieron salir para crucificarlo.

El camino hacia el Calvario

Mt 27 32-33 / Lc 23 26.33a / Jn 19 17

[21] Como pasaba por allí Simón de Cirene, padre de Alejandro y de Rufo, que regresaba del campo, lo obligaron a llevar la
cruz de Jesús. [22] Y condujeron a Jesús a un
lugar llamado Gólgota, que significa: «lugar del Cráneo».

La crucifixión de Jesús

Mt 27 34-38 / Lc 23 33b-34 / Jn 19 18-24
Sal 69 22; 22 19; Is 53 12

[23] Le ofrecieron vino mezclado con mirra, pero él no lo tomó. [24] Después lo cruci-

ficaron. Los soldados se repartieron sus
vestiduras, sorteándolas para ver qué le tocaba a cada uno. 25 Ya mediaba la mañana
cuando lo crucificaron. 26 La inscripción
que indicaba la causa de su condena decía:
«El rey de los judíos». 27 Con él crucificaron
a dos bandidos, uno a su derecha y el otro
a su izquierda. 28

Injurias a Jesús crucificado

Mt 27 39-44 / Lc 23 35-37.39
Sal 22 8; 109 25; Job 16 4; Lam 2 15;
Mc 14 58; Mt 26 61

29 Los que pasaban lo insultaban, movían
la cabeza y decían: «¡Eh, tú, que destruyes
el Templo y en tres días lo vuelves a edificar, 30 sálvate a ti mismo y baja de la cruz!».
31 De la misma manera, los sumos sacerdotes y los escribas se burlaban y decían
entre sí: «¡Ha salvado a otros y no puede
salvarse a sí mismo! 32 Es el Mesías, el rey
de Israel, ¡que baje ahora de la cruz, para
que veamos y creamos!». También lo insultaban los que habían sido crucificados
con él.

La muerte de Jesús

Mt 27 45-54 / Lc 23 44-47 / Jn 19 29-30
Am 8 9; Sal 22 2; 69 22; Ex 26 31-35; Heb 10 19-20

33 Al mediodía, se oscureció toda la tierra
hasta las tres de la tarde; 34 y a esa hora, Jesús
exclamó en alta voz: «*Eloi, Eloi, lamá sabactani*», que significa: «*Dios mío, Dios mío, ¿por
qué me has abandonado?*». 35 Algunos de los
que se encontraban allí, al oírlo, dijeron: «Está llamando a Elías». 36 Uno corrió a mojar
una esponja en vinagre y, poniéndola en la

MC

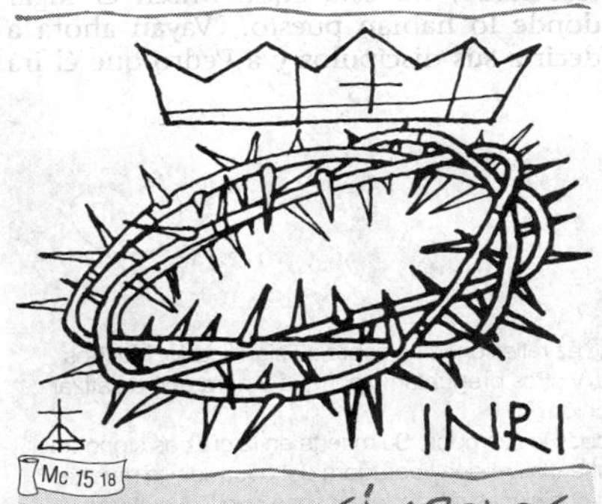

Mc 15 18

COMPRENDE LOS SÍMBOLOS

La corona de espinas

Los enemigos de Jesús lo acusan de pretender hacerse rey. Como burla le ciñen una corona de espinas; le gritan: «¡Salud, rey de los judíos!» (Mc 15 18). Pilato mandó escribir y poner sobre la cruz un letrero con esta inscripción: *INRI*, que son las siglas hebreas de «Jesús el Nazareno, rey de los judíos» (Jn 19 19). Solo en la cruz donde fue crucificado, aceptó el título de rey.

El *viacrucis*

Viacrucis quiere decir «camino de la cruz». Es una oración que se hace caminando, y que consiste en recorrer los cuadros alusivos a la pasión de Jesús. Nos ayuda a valorar su entrega redentora, a ver la historia como participación en su camino doloroso y a solidarizarnos con su sufrimiento; y el de nuestros/as hermanos/as. Se originó en Jerusalén, donde los peregrinos seguían el recorrido que hizo Jesús hasta el Gólgota, lugar de su crucifixión.

El viacrucis que aquí se presenta tiene un enfoque pascual basado en catorce pasajes del evangelio; empieza con la Última Cena y concluye con la resurrección.

1. La Última Cena (Mt 26 20-29)
2. Agonía del huerto (Lc 22 41-46)
3. Arresto de Jesús (Mt 26 47-56)
4. Ante el Sanedrín o Consejo de Ancianos (Mc 14 53-65)
5. Negación de Pedro (Jn 18 15-18)
6. Proceso ante Pilato (Jn 18 28-38)
7. Azotado y coronado de espinas (Mc 15 15-19)
8. Interrogatorio y pena de muerte (Mt 27 12-15.26)
9. Simón de Cirene y las mujeres (Lc 23 26-32)
10. Crucifixión de Jesús (Mc 15 22-30)
11. Palabras de Cristo (Lc 23 33-34.39-46)
12. Muerte de Jesús (Jn 19 31-34)
13. Sepultura (Lc 23 50-56)
14. Tumba vacía y anuncio de resurrección (Mc 16 1-8.14-15)

Mc 15

punta de una caña, le dio de beber, diciendo:
«Vamos a ver si Elías viene a bajarlo». 37 Entonces Jesús, dando un gran grito, expiró.
38 El velo del Templo se rasgó en dos, de
arriba abajo. 39 Al verlo expirar así, el centurión que estaba frente a él exclamó: «¡Verdaderamente, este hombre era Hijo de Dios!».

Las mujeres que siguieron a Jesús

Mt 27 55-56 / Lc 23 49 / Jn 19 25
Lc 8 2-3

40 Había también allí algunas mujeres
que miraban de lejos. Entre ellas estaban
María Magdalena, María, la madre de Santiago el menor y de José, y Salomé, 41 que
seguían a Jesús y lo habían servido cuando
estaba en Galilea; y muchas otras que habían subido con él a Jerusalén.

La sepultura de Jesús

Mt 27 57-61 / Lc 23 50-55 / Jn 19 38-42
Dt 21 22-23; Hch 13 29

42 Era un día de Preparación, es decir, víspera de sábado. Por eso, al atardecer, 43 José
de Arimatea —miembro notable del Sanedrín, que también esperaba el Reino de
Dios— tuvo la audacia de presentarse ante
Pilato para pedirle el cuerpo de Jesús. 44 Pilato se asombró de que ya hubiera muerto; hizo llamar al centurión y le preguntó si hacía
mucho que había muerto. 45 Informado por
el centurión, entregó el cadáver a José. 46 Este compró una sábana, bajó el cuerpo de Jesús, lo envolvió en ella y lo depositó en un
sepulcro cavado en la roca. Después, hizo
rodar una piedra a la entrada del sepulcro.
47 María Magdalena y María, la madre de José, miraban dónde lo habían puesto.

El anuncio de la resurrección de Jesús

Mt 28 1-8 / Lc 24 1-9 / Jn 20 1-2
Mc 14 8; Jn 11 38-39; Ap 7 9.13; Jos 1 9;
Is 41 10; Jr 1 8; Ap 1 17

16 1 Pasado el sábado, María Magdalena,
María, la madre de Santiago, y Salomé
compraron perfumes para ungir el cuerpo de
Jesús. 2 A la madrugada del primer día de la
semana, cuando salía el sol, fueron al sepulcro. 3 Y decían entre ellas: «¿Quién nos correrá la piedra de la entrada del sepulcro?». 4 Pero al mirar, vieron que la piedra había sido
corrida; era una piedra muy grande.
5 Al entrar al sepulcro, vieron a un joven
sentado a la derecha, vestido con una túnica blanca. Ellas quedaron sorprendidas,
6 pero él les dijo: «No teman. Ustedes buscan a Jesús de Nazaret, el Crucificado. Ha
resucitado, no está aquí. Miren el lugar
donde lo habían puesto. 7 Vayan ahora a
decir a sus discípulos y a Pedro que él irá

VIVE LA PALABRA

El crucifijo y nuestra actitud hacia Cristo

Estamos tan acostumbrados a ver un crucifijo que rara vez reflexionamos sobre su significado. Muchos jóvenes expresan que su imagen dolorosa los angustia, y otros preguntan: ¿por qué y para qué enfatizar la cruz?, ¿no es mejor anunciar la alegría de la resurrección?

Jesús se solidarizó con el sufrimiento humano de todos los tiempos. Su muerte en la cruz es signo de su amor al necesitado, su identificación con quienes sufren, su misión liberadora del pecado y la muerte. Esta solidaridad fue la que incomodó a las personas en posiciones de poder y causó que lo insultaran, golpearan y mataran. En su momento de mayor soledad, le gritan: «¡Sálvate a ti mismo!» (Mc 15 30), pero Jesús —coherente con su mensaje y fiel hasta el extremo— entregó su vida como camino de salvación.

Cuando contemplamos el crucifijo evocamos todos estos aspectos de la fidelidad de Jesús a su misión, meditamos sobre el sentido del dolor y recordamos que su muerte no es la última palabra. En la cruz descubrió Jesús el misterio de su persona y de su vida, el cual da sentido al misterio de nuestra vida como hijos de Dios.

En tu oración reflexiona: ¿qué significa para ti ver a Jesús en la cruz? Sin la prueba de fidelidad de Jesús, ¿cómo acogeríamos sus palabras? ¿Qué sentido tiene para ti que Jesús haya sufrido? Une tus sufrimientos a los suyos y ofrécelos por una causa noble. Siempre que sufras recuerda hacer esto para que tu dolor tenga sentido.

Mc 15 33-34

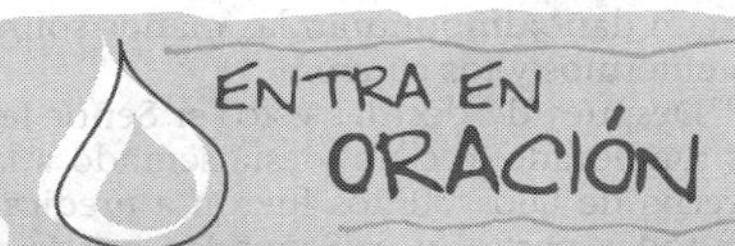

Hacer frente a los tiempos difíciles

Lee Marcos 15 33-39 y comparte la agonía de Jesús. Empieza con esta oración y continúa expresándole lo que te nazca del corazón.

Señor, tú sabes lo que es ser golpeado, burlado, despreciado y rechazado. Por eso me atrevo a confiar en ti mi debilidad, angustias y mis temores.

A veces se burlan de mí, me rechazan por alguna razón o me critican por mis creencias. Con frecuencia me siento solo/a y abandonado/a, y que nadie me entiende.

Ahora sé que tú sí me comprendes, Señor. Tú experimentaste lo mismo y me enseñas qué hacer en esos momentos difíciles.

Tú que pudiste tolerar ese tormento, ayúdame. Dame fuerza para vencer mi desesperación, fe para abandonarme en manos de Dios como tú lo hiciste y esperanza en una vida nueva más allá de los momentos de dolor.

Mc 15 16-20

antes que ustedes a Galilea; allí lo verán,
como él se lo había dicho». 8 Ellas salieron
corriendo del sepulcro, porque estaban
temblando y fuera de sí. Y no dijeron nada
a nadie, porque tenían miedo.

APÉNDICE

La aparición de Jesús a María Magdalena

Mt 28 9-10; Lc 24 10-11; Jn 20 14-18

9 Jesús, que había resucitado a la mañana
del primer día de la semana, se apareció primero a María Magdalena, aquella de quien
había echado siete demonios. 10 Ella fue a
contarlo a los que siempre lo habían acompañado, que estaban afligidos y lloraban.
11 Cuando la oyeron decir que Jesús estaba
vivo y que lo había visto, no la creyeron.

La aparición de Jesús a dos discípulos

Lc 24 13-35

12 Después, se mostró con otro aspecto a
dos de ellos, que iban caminando hacia un
poblado. 13 Y ellos fueron a anunciarlo a
los demás, pero tampoco las creyeron.

La misión universal de los Apóstoles

Mt 28 16-20 / Lc 24 36-51 / Jn 20 21 / Hch 1 8-9
Hch 2 38; 16 18.31; 16 33; 19 6; 1 Cor 14 2-40

14 Enseguida, se apareció a los Once, mientras estaban comiendo, y les reprochó su
incredulidad y su obstinación porque no habían creído a quienes lo habían visto resucitado. 15 Entonces les dijo: «Vayan por todo el

Significado de la tumba vacía

Lee Marcos 16 1-8. El gesto de cariño de las mujeres que van a embalsamar el cuerpo de Jesús se encuentra con una realidad sorprendente y conmovedora. Escuchan por primera vez el anuncio gozoso de la resurrección de Jesús: «Ha resucitado, no está aquí» (v. 6). La tumba vacía no es la explicación de que Jesús resucitó, sino que la resurrección de Jesús es la razón por la que la tumba está vacía.

Con este relato Marcos da testimonio de la fe de los discípulos en la resurrección; explica así la razón por la que la tumba estaba vacía, pues se había corrido un rumor de que los discípulos habían robado el cuerpo de Jesús. También indica que, junto con el anuncio de la resurrección, las mujeres recibieron el mandato de comunicar la noticia, pero que la experiencia fue tan fuerte que se llenaron de temor y, al menos temporalmente, no dijeron nada.

Originalmente el evangelio de Marcos terminaba con este relato. Se piensa que las apariciones de Jesús eran suficientemente conocidas para que él no se preocupara de ponerlas por escrito. Fue hasta el siglo II d.C., que otro autor añadió el Apéndice Canónico, con tres relatos comprimidos de las apariciones del Resucitado, su Ascensión a los cielos y el envío de los Apóstoles a la misión, para que terminara de manera similar a los otros evangelios.

Mc 16 1-8

mundo, anuncien la Buena Noticia a toda la
creación. 16 El que crea y se bautice, se salvará. El que no crea, se condenará.
17 Y estos prodigios acompañarán a los
que crean: arrojarán a los demonios en mi
Nombre y hablarán nuevas lenguas; 18 podrán tomar a las serpientes con sus manos,
y si beben un veneno mortal no les hará
ningún daño; impondrán las manos sobre
los enfermos y los curarán».
19 Después de decirles esto, el Señor Jesús fue llevado al cielo y está sentado a la
derecha de Dios. 20 Ellos fueron a predicar
por todas partes, y el Señor los asistía y
confirmaba su palabra con los milagros
que la acompañaban.

VIVE LA PALABRA

La fe se fortalece al actuar

La resurrección de Cristo debe ser vista más como el comienzo de una nueva etapa, que como el final de la tragedia de su pasión y muerte. Los tres relatos de las apariciones que se añadieron posteriormente captan bien el espíritu del evangelio de Marcos: la incredulidad y la misión son los temas dominantes.

Lee Marcos 16 9-20. Observa la dinámica que se da en cada aparición del Resucitado. Pero no te quedes en el texto; compara lo que dice con tu propia experiencia.

¡Con qué gusto compartimos el amor de Jesús y somos capaces de dar esperanza a otros cuando nos sentimos seguros de su presencia en nuestra vida! Pero también, ¡con cuánta frecuencia nos azotan dudas de fe y cuántas veces estas nos impiden llevar a otros la vida nueva que nos trajo Jesús!

¿En qué situación se encuentra tu fe y tu acción evangelizadora hoy día? Si estás pasando por momentos de duda y confusión, o estás paralizado/a por el temor, pide a Jesús que, igual que como lo hizo con sus discípulos, fortifique tu fe. Recuerda, es al compartir el amor, que se engendra más amor; es al dar nueva vida a otros, que nuestra vida se enriquece; es al promover la justicia y la reconciliación, que vivimos en paz.

Jesús está vivo en ti y quiere hacerse presente a otros muchos jóvenes a través de ti. ¡Anímate! ¡Vale la pena ser instrumento de amor y salvación!

Mc 16 1-20

EVANGELIO SEGÚN SAN LUCAS

¿Alguna vez has visto tu ciudad o pueblo, una torre o una montaña desde un avión? Primero identificas los edificios más altos y después los lugares más pequeños que son importantes para ti, como tu casa, tu escuela y el campo deportivo. Lucas, al ser griego, ve la buena nueva de Jesús desde un horizonte más amplio que Mateo y Marcos, e identifica algunos aspectos diferentes a los otros tres evangelistas, quienes eran judíos. Señala la acción del Espíritu Santo; el papel vital de María y otras mujeres; la oración frecuente de Jesús; la misericordia de Dios, y todo lo que lleva a la alegría de la salvación.

ESQUEMA

- **1 1-4.** Prólogo
- **1 5 – 2 51.** El evangelio de la infancia de Jesús
- **3 1 – 4 13.** Preparación del ministerio de Jesús
- **4 14 – 9 50.** La actividad de Jesús en Galilea
- **9 51 – 19 28.** La subida de Jesús a Jerusalén
- **19 29 – 21 38.** Actividad de Jesús en Jerusalén
- **22 – 23.** Pasión y muerte de Jesús
- **24.** La resurrección y la ascensión de Jesús

DATOS

Autor
Lucas, gentil cristiano de Antioquía, en Siria
Fecha de redacción
Entre el 80 y el 90 d.C.
Destinatarios
Toda la comunidad cristiana, representada por Teófilo
Imagen de Jesús
Misericordioso, acoge a: los pobres, las mujeres, los pecadores y los extranjeros
Nota
Lucas escribió también los Hechos de los Apóstoles

PRESENTACIÓN

Lucas fue un médico cristiano, de origen griego, que decidió ordenar los datos que tenía sobre Jesús, para animar a las comunidades cristianas que esperaban la segunda venida del Señor y empezaban a abandonar su celo por el evangelio. Creó una obra en dos partes: un evangelio y los Hechos de los Apóstoles.

Mateo y Marcos ven la venida de Jesús como el cumplimiento mesiánico al final de los tiempos. Lucas muestra la historia de salvación, enfatiza el contacto con Jesús vivo a través de la acción del Espíritu Santo y la divide en tres etapas; habla de las dos primeras en su evangelio, y de la tercera en los Hechos de los Apóstoles:

- El tiempo de Israel o etapa de preparación.
- Jesús como centro de historia de la salvación.
- La Iglesia como el tiempo de la misión, hasta la segunda venida de Jesús.

Lucas presenta al Espíritu Santo activo desde la concepción de Jesús, en su ministerio y en el nacimiento de la Iglesia para que continúe la historia de la salvación. Es el evangelista que más habla del Espíritu, María, la oración y la misericordia de Dios.

Su evangelio describe a Jesús como Señor y Salvador. Ofrece una imagen apasionante de Jesús, que da una idea de la amplitud de su ministerio y presenta un cuadro muy vivo del Reino de Dios que hizo presente Jesús, de manera particular entre los marginados de su tiempo: los pobres, los pecadores, las mujeres y los gentiles (no judíos). Relata que Jesús escogió a sus seguidores; vivió una fuerte oposición; alentó a sus Apóstoles con el anuncio de su muerte y resurrección; los invitó a recibir al Espíritu Santo, y los envió a llevar el evangelio a otras tierras y culturas para formar las comunidades cristianas. En los Hechos de los Apóstoles describe la expansión de la Iglesia.

Prólogo

Jn 15 27; Hch 4 31; 6 2.7; 11 1; 1 1

1 1 Muchos han tratado de relatar ordenadamente los acontecimientos que
se cumplieron entre nosotros, 2 tal como nos
fueron transmitidos por aquellos que han
sido desde el comienzo testigos oculares y
servidores de la Palabra. 3 Por eso, después
de informarme cuidadosamente de todo
desde los orígenes, yo también he decidido
escribir para ti, ilustre Teófilo, un relato ordenado, 4 a fin de que conozcas bien la solidez de las enseñanzas que has recibido.

EL EVANGELIO DE LA INFANCIA DE JESÚS

El anuncio del nacimiento de Juan el Bautista

1 Cr 24 10; 1 Sm 1 5; Gn 18 11; Gn 17 19; Nm 6 1-8; Mal 2 6; 3 23-24; 3 1; Dn 8 16; 9 21

5 En tiempos de Herodes, rey de Judea,
había un sacerdote llamado Zacarías, de la
clase sacerdotal de Abías. Su mujer, llamada Isabel, era descendiente de Aarón. 6 Ambos eran justos a los ojos de Dios y seguían
en forma irreprochable todos los mandamientos y preceptos del Señor. 7 Pero no tenían hijos, porque Isabel era estéril; y los
dos eran de edad avanzada.
8 Un día en que su clase estaba de turno
y Zacarías ejercía la función sacerdotal delante de Dios, 9 le tocó en suerte, según la
costumbre litúrgica, entrar en el Santuario
del Señor para quemar el incienso. 10 Toda
la asamblea del pueblo permanecía fuera,
en oración, mientras se ofrecía el incienso.
11 Entonces se le apareció el Ángel del Señor, de pie, a la derecha del altar del incienso. 12 Al verlo, Zacarías quedó desconcertado
y tuvo miedo. 13 Pero el Ángel le dijo: «No temas, Zacarías; tu súplica ha sido escuchada.
Isabel, tu esposa, te dará un hijo al que llamarás Juan. 14 Él será para ti un motivo de gozo y de alegría, y muchos se alegrarán de su
nacimiento, 15 porque será grande a los ojos
del Señor. No beberá vino ni bebida alco-
hólica; estará lleno del Espíritu Santo desde
el seno de su madre, 16 y hará que muchos israelitas vuelvan al Señor, su Dios. 17 Prece-
derá al Señor con el espíritu y el poder de
Elías, para reconciliar a los padres con sus
hijos y atraer a los rebeldes a la sabiduría de

los justos, preparando así al Señor un Pueblo bien dispuesto». 18 Pero Zacarías dijo al
Ángel: «*¿Cómo puedo estar seguro de esto?* Porque yo soy anciano y mi esposa es de edad
avanzada». 19 El Ángel le respondió: «Yo soy
Gabriel, el que está delante de Dios, y he sido enviado para hablarte y anunciarte esta
buena noticia. 20 Te quedarás mudo, sin poder hablar hasta el día en que sucedan estas
cosas, por no haber creído en mis palabras,
que se cumplirán a su debido tiempo».
21 Mientras tanto, el pueblo estaba esperando a Zacarías, extrañado de que permaneciera tanto tiempo en el Santuario. 22 Cuando
salió, no podía hablarles, y todos comprendieron que había tenido alguna visión en el
Santuario. Él se expresaba por señas, porque
se había quedado mudo.

23 Al cumplirse el tiempo de su servicio
en el Templo, regresó a su casa. 24 Poco después, su esposa Isabel concibió un hijo y
permaneció oculta durante cinco meses.
25 Ella pensaba: «Esto es lo que el Señor ha
hecho por mí, cuando decidió librarme de
lo que me avergonzaba ante los hombres».

El anuncio del nacimiento de Jesús

Mt 1 18-21; Sof 3 14-15; 2 Sm 7 12-14; Dn 7 14; Gn 18 14; Rut 3 9; 1 Sm 25 41

26 En el sexto mes, el Ángel Gabriel fue enviado por Dios a una ciudad de Galilea, llamada Nazaret, 27 a una virgen que estaba
comprometida con un hombre perteneciente a la familia de David, llamado José. El
nombre de la virgen era María. 28 El Ángel entró en su casa y la saludó, diciendo: «¡Alégrate!, llena de gracia, el Señor está contigo».
29 Al oír estas palabras, ella quedó desconcer-
tada y se preguntaba qué podía significar ese
saludo. 30 Pero el Ángel le dijo: «No temas,
María, porque Dios te ha favorecido. 31 Concebirás y darás a luz un hijo, y le pondrás
por nombre Jesús; 32 él será grande y será llamado Hijo del Altísimo. El Señor Dios le dará el trono de David, su padre, 33 reinará sobre la casa de Jacob para siempre y su reino
no tendrá fin». 34 María dijo al Ángel: «¿Cómo puede ser eso, si yo no tengo relaciones
con ningún hombre?». 35 El Ángel le respondió: «El Espíritu Santo descenderá sobre ti y
el poder del Altísimo te cubrirá con su sombra. Por eso el niño será Santo y será llamado Hijo de Dios. 36 También tu parienta Isabel concibió un hijo a pesar de su vejez, y la
que era considerada estéril, ya se encuentra
en su sexto mes, 37 *porque no hay nada imposible para Dios*». 38 María dijo entonces: «Yo soy
la servidora del Señor, que se cumpla en mí
lo que has dicho». Y el Ángel se alejó.

La visita de María a Isabel

Lc 1 15; Jue 5 24; Mt 5 3; Lc 1 20

39 En aquellos días, María partió y fue sin
demora a un pueblo de la montaña de Judá. 40 Entró en la casa de Zacarías y saludó a
Isabel. 41 Apenas esta oyó el saludo de Ma-

LC

Te presentamos a... MARÍA

María era una joven sencilla, desposada con José, cuando Dios envió al Ángel Gabriel a decirle que la había elegido para ser madre del Mesías, por obra del Espíritu Santo. María pregunta y dialoga con él y, sin comprender el misterio ante ella, responde con una fe libre y comprometida: «Yo soy la servidora del Señor, que se cumpla en mí lo que has dicho» (Lc 1 38). Desde ese momento María es Madre de Dios, hija predilecta del Padre y esposa del Espíritu Santo.

María pertenecía al grupo de los *anawim* o resto de Israel, quienes esperaban fielmente al Mesías prometido. Fue una mujer de oración, con gran confianza en Dios y sus planes de salvación. Aparece en la boda en Caná, al iniciar Jesús su ministerio, y es modelo de discípula que vive los criterios del reino. Se asoció al sacrificio salvador de Jesús, recibió como hijos/as a todas las personas redimidas por él y aceptó con esperanza la muerte de Jesús en la cruz.

Nos enseñó que el amor es donación completa, tierno y fuerte, silencioso y elocuente. Nos lleva a Jesús, el salvador único, y nos cuida con amor desde el cielo, por lo que la invocamos como madre y mediadora.

Los católicos la amamos con devoción a lo largo del año: nos alegramos por haber sido libre de pecado original, en la fiesta de la Inmaculada Concepción (8 de diciembre), y por ser la Madre de Dios (1 de enero); alabamos su virginidad al concebir a Jesús, en la fiesta de la Anunciación del Señor (25 de marzo), y celebramos que fue llevada en cuerpo y alma al cielo, en la fiesta de su Asunción, lo que refuerza nuestra esperanza en la Vida eterna (15 de agosto).

Lc 1 26-38

ría, el niño saltó de alegría en su seno, e
Isabel, llena del Espíritu Santo, 42 exclamó:
«¡Tú eres bendita entre todas las mujeres y
bendito es el fruto de tu vientre! 43 ¿Quién
soy yo para que la madre de mi Señor venga a visitarme? 44 Apenas oí tu saludo, el niño saltó de alegría en mi seno. 45 Feliz de ti
por haber creído que se cumplirá lo que te
fue anunciado de parte del Señor».

El canto de la Virgen María

1 Sm 2 1-11; Sal 111 9; 103 17; 89 10; Job 12 19;
Sal 107 9; 98 3; Gn 17 7; 22 17

46 María dijo entonces:

«Mi alma canta la grandeza del Señor,
47 y mi espíritu *se estremece de gozo en Dios,*
mi Salvador,
48 porque él *miró con bondad la pequeñez*
de su servidora.
En adelante todas las generaciones
me llamarán feliz,
49 porque el Todopoderoso ha hecho en mí
grandes cosas:
¡su Nombre es santo!
50 *Su misericordia se extiende de generación*
en generación
sobre aquellos que lo temen.
51 Desplegó la fuerza de su brazo,
dispersó a los soberbios de corazón.
52 *Derribó a los poderosos de su trono*
y elevó a los humildes.
53 *Colmó de bienes a los hambrientos*
y despidió a los ricos
con las manos vacías.
54 *Socorrió a Israel, su servidor,*
acordándose de su misericordia,
55 como lo había prometido
a nuestros padres,
en favor de Abraham
y de su descendencia para siempre».

56 María permaneció con Isabel unos tres
meses y luego regresó a su casa.

El nacimiento de Juan el Bautista

57 Cuando llegó el tiempo en que Isabel
debía ser madre, dio a luz un hijo. 58 Al enterarse sus vecinos y parientes de la gran
misericordia con que Dios la había tratado, se alegraban con ella.

La circuncisión de Juan el Bautista

Lc 2 21; Gn 17 12; Lv 12 3; Lc 1 13; 8 25.56; 9 43;
11 14; 1 Re 18 46; Ez 1 3; Sal 80 18; 139 5

59 A los ocho días, se reunieron para circuncidar al niño, y querían llamarlo Zacarías, como su padre; 60 pero la madre dijo: «No, debe llamarse Juan». 61 Ellos le decían: «No hay
nadie en tu familia que lleve ese nombre».
62 Entonces preguntaron por señas al padre
qué nombre quería que le pusieran. 63 Este
pidió una pizarra y escribió: «Su nombre es
Juan». Todos quedaron admirados. 64 Y en
ese mismo momento, Zacarías recuperó el
habla y comenzó a alabar a Dios. 65 Este acontecimiento produjo una gran impresión entre la gente de los alrededores, y se lo comentaba en toda la región montañosa de
Judea. 66 Todos los que se enteraron guardaban este recuerdo en su corazón y se decían:
«¿Qué llegará a ser este niño?». Porque la
mano del Señor estaba con él.

Visita evangelizadora

Cuando María fue presurosa a las montañas de Judea para ayudar a su prima Isabel, llevaba a Jesús en sus entrañas. Al verla, Isabel percibió la bendición de Dios y exclamó: «¡Tú eres bendita entre todas las mujeres y bendito es el fruto de tu vientre!» (Lc 1 42).

Siglos más tarde, María se encaminó a otra montaña: el Tepeyac, en México. Dios se hizo peregrino en el Nuevo Mundo y se presentó de manera especial a través de María para entrar a nuestra historia latinoamericana.

El cerro del Tepeyac tiene un sentido religioso más allá de ser un lugar geográfico, igual que Galilea, Jerusalén y Roma tienen un alto simbolismo religioso en los evangelios. La Virgen no eligió Tenochtitlán, la sede de los poderes civil y religioso, sino que toma residencia entre los pobres que vivían en la región del Tepeyac, engrandeciendo de esa manera a los humildes, como expresa en su cántico del *Magnificat* (1 52).

María ratifica la existencia de un solo Dios cuando América estaba por nacer a la fe cristiana. Evangeliza al nuevo pueblo con ternura materna, presentándose a Juan Diego, «yo soy la perfecta siempre Virgen Santa María, madre del verdaderísimo Dios por quien se vive».[1] Y después, para anunciar su misión, le enfatiza: «¿No estoy aquí yo, que soy tu madre? ¿No estás bajo mi sombra y resguardo? ¿No soy yo la fuente de tu alegría?».[2]

María de Guadalupe es la gran evangelizadora de Latinoamérica y emperatriz del Continente Americano. Pídele que como madre te proteja siempre y como evangelizadora te muestre a Jesús y te ayude a llevarlo a otras personas.

Lc 1 39-45

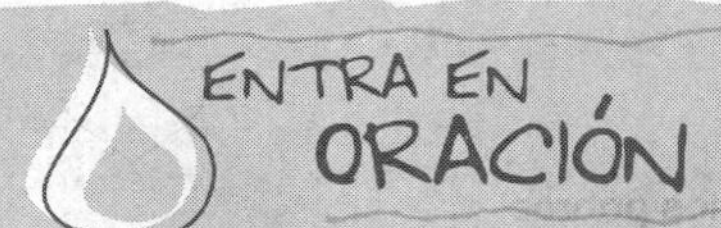

El *Magnificat*, ¡la oración de los pobres!

María respondió al saludo de su prima Isabel con un cántico a Dios conocido como el *Magnificat*, palabra proveniente del latín y que significa «engrandece» (Lc 1 46-55). A través de él, le agradece la obra de Dios en ella; canta la liberación de los humildes, los pobres y los hambrientos; afirma que los poderosos son derribados y proclama la salvación traída a todos, según había prometido a Abraham.

El *Magnificat* refleja la oración de los *anawim*, los pobres que confían en el Señor. Está basado en los salmos y los profetas, particularmente en el Cántico de Ana (1 Sm 2 1-10); contiene un anuncio profético de la misión de Jesús y las repercusiones sociales del evangelio.

Reza el *Magnificat* con María y, conforme lo haces, visualiza la misión de Jesús en tu país. Pide a Dios que penetre en tu corazón todo el significado y fuerza que tiene este bello cántico a Dios, de modo que tu vida como discípulo/a de Jesús tenga la misma coherencia que tuvo la vida de María.

Lc 1 46-55

El canto de Zacarías

Sal 41 14; 106 45-48; 111 9; Gn 22 16-18; Is 40 3; Mt 3 20; Is 9 1; 60 1-2; Miq 5 4

67 Entonces Zacarías, su padre, quedó lleno del Espíritu Santo y dijo proféticamente:

68 «*Bendito sea el Señor, el Dios de Israel,*
porque ha visitado y *redimido a su Pueblo,*
69 y nos ha dado un poderoso Salvador
en la casa de David, su servidor,
70 como lo había anunciado mucho tiempo
antes por boca de sus santos profetas,
71 para salvarnos de nuestros enemigos
y de las manos de todos
los que nos odian.
72 Así tuvo misericordia de nuestros padres
y *se acordó de su santa Alianza,*
73 del juramento que hizo
a nuestro padre Abraham
74 de concedernos que, libres de temor,
arrancados de las manos
de nuestros enemigos,
75 lo sirvamos en santidad y justicia
bajo su mirada,
durante toda nuestra vida.
76 Y tú, niño, serás llamado
Profeta del Altísimo,
porque irás delante del Señor
preparando sus caminos,
77 para hacer conocer a su Pueblo
la salvación
mediante el perdón de los pecados;
78 gracias a la misericordiosa ternura
de nuestro Dios,
que nos traerá del cielo
la visita del Sol naciente,
79 para iluminar *a los que están en las tinieblas*
y en la sombra de la muerte,
y guiar nuestros pasos
por el camino de la paz».

80 El niño iba creciendo y se fortalecía en
su espíritu; y vivió en lugares desiertos hasta el día en que se manifestó a Israel.

El nacimiento de Jesús

Mt 1 18-25
Miq 5 1; Mt 2 1; Ex 13 2.12.15; Rom 8 29; Col 1 15.18

2 1 En aquella época apareció un decreto del emperador Augusto, ordenando
que se realizara un censo en todo el mundo.
2 Este primer censo tuvo lugar cuando Quirino gobernaba la Siria. 3 Y cada uno iba a
inscribirse a su ciudad de origen. 4 José, que
pertenecía a la familia de David, salió de Nazaret, ciudad de Galilea, y se dirigió a Belén
de Judea, la ciudad de David, 5 para inscribirse con María, su esposa, que estaba embarazada. 6 Mientras se encontraban en Belén, le llegó el tiempo de ser madre; 7 y María
dio a luz a su Hijo primogénito, lo envolvió en pañales y lo acostó en un pesebre, porque no había lugar para ellos en el albergue.

La visita de los pastores

Lc 9 26.32; 21 27; 24 26; 3 22; 4 21; 5 26; Dt 32 15; 1 Sm 10 19; Jn 4 42; Hch 5 31; Flp 3 20; Tit 2 13; Lc 19 38; 2 51

8 En esa región acampaban unos pastores, que vigilaban por turno sus rebaños durante la noche. 9 De pronto, se les apareció el
Ángel del Señor y la gloria del Señor los envolvió con su luz. Ellos sintieron un gran
temor, 10 pero el Ángel les dijo: «No teman, porque les traigo una buena noticia, una gran alegría para todo el pueblo: 11 Hoy, en
la ciudad de David, les ha nacido un Salvador, que es el Mesías, el Señor. 12 Y esto les
servirá de señal: encontrarán a un niño recién nacido envuelto en pañales y acostado en un pesebre». 13 Y junto con el Ángel, apareció de pronto una multitud del ejército celestial, que alababa a Dios, diciendo:

14 «¡Gloria a Dios en las alturas,
y en la tierra, paz a los hombres
amados por él!».

VIVE LA PALABRA

El nacimiento de Jesús, buena noticia para los pobres

El 25 de diciembre celebramos el nacimiento de Jesús, el momento de la llegada del Mesías prometido a la tierra. En el relato de Lucas, los ángeles anuncian este notable acontecimiento a un grupo de pastores, haciéndoles sentir la gloria de Dios. Esta elección suena extraña ante algo tan importante en la historia de salvación. ¿No era más lógico avisar al sumo sacerdote que dirigía la vida religiosa de Israel? ¿No debían saberlo primero los residentes ricos e importantes de Belén, que tenían emisarios para avisar a otros?

El anuncio se hace a pastores que vivían en los campos cercanos, trabajadores pobres, sin poder ni importancia social. Ellos son los primeros testigos y los primeros que comunican a otras personas la llegada del Salvador.

Jesús vino al mundo para toda la gente; sin embargo, su misión de implantar la justicia de Dios supone invertir muchos valores comunes en la sociedad. Solo Dios muestra una preferencia continua por los más vulnerables, cuyos derechos humanos son atropellados constantemente y no gozan de privilegio alguno. El mismo Jesús nació destituido, en un pesebre prestado, un símbolo claro de su identificación con los pobres de la tierra.

Esta verdad es un desafío y buena noticia a la vez. Dios no solo se preocupa de quienes la sociedad desprecia, sino que les encarga misiones de alta importancia, pues es la fe y no el poder humano la que mueve a la acción por el Reino de Dios. ¿Qué te dice Dios a través del relato del nacimiento de Jesús?

Lc 2 6-20

LC

[15] Después que los ángeles volvieron al
cielo, los pastores se decían unos a otros:
«Vayamos a Belén, y veamos lo que ha sucedido y que el Señor nos ha anunciado».
[16] Fueron rápidamente y encontraron a María, a José y al recién nacido acostado en el
pesebre. [17] Al verlo, contaron lo que habían
oído decir sobre este niño, [18] y todos los
que los escuchaban quedaron admirados
de lo que decían los pastores.
[19] Mientras tanto, María conservaba estas
cosas y las meditaba en su corazón. [20] Y los
pastores volvieron, alabando y glorificando
a Dios por todo lo que habían visto y oído,
conforme al anuncio que habían recibido.

La circuncisión de Jesús

Gn 17 12; Lv 12 3; Lc 1 59; 1 31

[21] Ocho días después, llegó el tiempo de circuncidar al niño y se le puso el nombre de Jesús, nombre que le había sido dado por el Ángel antes de su concepción.

La presentación de Jesús en el Templo

Lv 12 4.6; Ex 13 2.12.15; Nm 18 15-16; Lv 12 8

[22] Cuando llegó el día fijado por la Ley
de Moisés para la purificación, llevaron al
niño a Jerusalén para presentarlo al Señor,
[23] como está escrito en la Ley: *Todo varón
primogénito será consagrado al Señor.* [24] También debían ofrecer en sacrificio *un par de
tórtolas o de pichones de paloma*, como ordena la Ley del Señor.

El canto de Simeón

Is 40 1; 49 13; 51 12; Nm 11 17; Is 11 2; 1 Sm 24 7.11; 26 9.11.16.23; Is 40 5; Lc 1 69; Is 52 10; Is 42 6; 46 13

[25] Vivía entonces en Jerusalén un hombre
llamado Simeón, que era justo y piadoso, y
esperaba el consuelo de Israel. El Espíritu
Santo estaba en él [26] y le había revelado que
no moriría antes de ver al Mesías del Señor.
[27] Conducido por el mismo Espíritu, fue al
Templo, y cuando los padres de Jesús llevaron al niño para cumplir con él las normas
de la Ley, [28] Simeón lo tomó en sus brazos y
alabó a Dios, diciendo:

[29] «Ahora, Señor, puedes dejar
que tu servidor muera en paz,
como lo has prometido,
[30] porque mis ojos han visto la salvación
[31] que preparaste delante de todos
los pueblos:
[32] luz para iluminar a las naciones paganas
y gloria de tu pueblo Israel».

La profecía de Simeón

Is 8 14; 1 Cor 1 23; Mc 7 6-8; Lc 16 15; Hch 1 24

[33] Su padre y su madre estaban admirados por lo que oían decir de él. [34] Simeón,
después de bendecirlos, dijo a María, la

Te presentamos a... LA SAGRADA FAMILIA

El domingo después de Navidad celebramos la fiesta de la Sagrada Familia: Jesús, María y José. Conocemos poco sobre su vida, pero lo suficiente para apreciarla y verla como modelo de respeto, amor, ternura, fe en Dios, comprensión mutua y trabajo sencillo. José era un hombre justo, fiel a la voluntad de Dios, acogió a Jesús como hijo, y con María le dio una familia llena de amor y de fe.

Como toda familia, tuvieron momentos difíciles que superaron con amor y comprensión. Por ejemplo, cuando Jesús se quedó en el Templo de Jerusalén.

Contrasta la vida de una familia integrada donde todos se quieren y se apoyan, con la de una familia que está en continuo pleito. Aún en este tiempo de inventos, no se ha descubierto un aparato que detecte el amor, pero cada miembro de la familia lo puede percibir y resiente cuando falta. Pide a Dios que te ayude a formar una familia capaz de dar vida a todos sus miembros.

Lc 2 41-52

madre: «Este niño será causa de caída y de elevación para muchos en Israel; será signo de contradicción, 35 y a ti misma una espada te atravesará el corazón. Así se manifestarán claramente los pensamientos íntimos de muchos».

La profecía de Ana

Jdt 8 4-5; 1 Tim 5 5; Is 52 9

36 Había también allí una profetisa llamada Ana, hija de Fanuel, de la familia de Aser, mujer ya entrada en años, que, casada en su juventud, había vivido siete años con su marido. 37 Desde entonces había permanecido viuda, y tenía ochenta y cuatro años. No se apartaba del Templo, sirviendo a Dios noche y día con ayunos y oraciones. 38 Se presentó en ese mismo momento y se puso a dar gracias a Dios. Y hablaba acerca del niño a todos los que esperaban la redención de Jerusalén.

La infancia de Jesús en Nazaret

Mt 2 23; Lc 1 80; 2 52; 11 31; 21 15

39 Después de cumplir todo lo que ordenaba la Ley del Señor, volvieron a su ciudad de Nazaret, en Galilea. 40 El niño iba creciendo y se fortalecía, lleno de sabiduría, y la gracia de Dios estaba con él.

Jesús entre los doctores de la Ley

Ex 12 24-27; Dt 16 1-8; Jn 2 13.2; Jn 2 16; Lc 2 19; 1 Sm 2 26; Prov 3 4; Lc 1 80; 2 40

41 Sus padres iban todos los años a Jerusalén en la fiesta de la Pascua. 42 Cuando el niño cumplió doce años, subieron como de costumbre, 43 y acabada la fiesta, María y José regresaron, pero Jesús permaneció en Jerusalén sin que ellos se dieran cuenta. 44 Creyendo que estaba en la caravana, caminaron todo un día y después comenzaron a buscarlo entre los parientes y conocidos. 45 Como no lo encontraron, volvieron a Jerusalén en busca de él.

46 Al tercer día, lo hallaron en el Templo en medio de los doctores de la Ley, escuchándolos y haciéndoles preguntas. 47 Y todos los que lo oían estaban asombrados de su inteligencia y sus respuestas. 48 Al verlo, sus padres quedaron maravillados y su madre le dijo: «Hijo mío, ¿por qué nos has hecho esto? Piensa que tu padre y yo te buscábamos angustiados». 49 Jesús les respondió: «¿Por qué me buscaban? ¿No sabían que yo debo ocuparme de los asuntos de mi Padre?». 50 Ellos no entendieron lo que les decía.

51 Él regresó con sus padres a Nazaret y vivía sujeto a ellos. Su madre conservaba estas cosas en su corazón. 52 Jesús iba creciendo en sabiduría, en estatura y en gracia delante de Dios y de los hombres.

PREPARACIÓN DEL MINISTERIO DE JESÚS

La predicación de Juan el Bautista

Mt 3 1-12 / Mc 1 2-8 / Jn 1 23.26-27
Lc 1 80; Hch 13 24; 19 4; Is 40 3-5; Jr 15 7; Is 5 24; 47 14; Jl 2 5

3 1 El año decimoquinto del reinado del emperador Tiberio, cuando Poncio Pilato gobernaba la Judea, siendo Herodes tetrarca de Galilea, su hermano Filipo tetrarca

¿SABÍAS QUE...?

Jesús crece en edad y sabiduría

Lucas es el único evangelista que habla de la infancia de Jesús y relata su viaje a Jerusalén cuando tenía 12 años, uno antes de la entrada ritual a su vida como judío adulto. Lee Lucas 2 41-52 e imagina ese viaje como una peregrinación religiosa. Al llegar Jesús a Jerusalén, debe haberle impresionado la ciudad ocupada por los romanos y la importancia del Templo, símbolo de la presencia de Dios entre su pueblo.

Por primera vez participó en el sacrificio vespertino. Vio un cordero colocado en el altar y a varios sacerdotes imponiendo sobre él sus manos para ofrecerlo en holocausto por todo el pueblo. En Nazaret, Jesús había orado y escuchado la Sagrada Escritura en la sinagoga; ahora estaba ante el sacerdocio oficial y ante el símbolo religioso más fuerte: la sangre.

Jesús quería ver y conocer más y se quedó en el Templo dialogando con los doctores de la Ley. José y María creyeron que se había perdido y regresaron a buscarlo. Cuando lo encontraron, Jesús les respondió: «¿Por qué me buscaban? ¿No sabían que yo debo ocuparme de los asuntos de mi Padre?» (v. 49). Después los siguió obediente. El ser Hijo de Dios no suprimió el proceso natural de la madurez y crecimiento de Jesús.

Lc 2 41-52

de Iturea y Traconítide, y Lisanias tetrarca de
Abilene, 2 bajo el pontificado de Anás y Caifás, Dios dirigió su palabra a Juan, hijo de
Zacarías, que estaba en el desierto. 3 Este comenzó entonces a recorrer toda la región del
río Jordán, anunciando un bautismo de conversión para el perdón de los pecados, 4 como está escrito en el libro del profeta Isaías:

Una voz grita en el desierto:
Preparen el camino del Señor,
allanen sus senderos.
5 *Los valles serán rellenados,*
las montañas y las colinas serán aplanadas.
Serán enderezados los senderos sinuosos
y nivelados los caminos desparejos.
6 *Entonces, todos los hombres*
verán la Salvación de Dios.

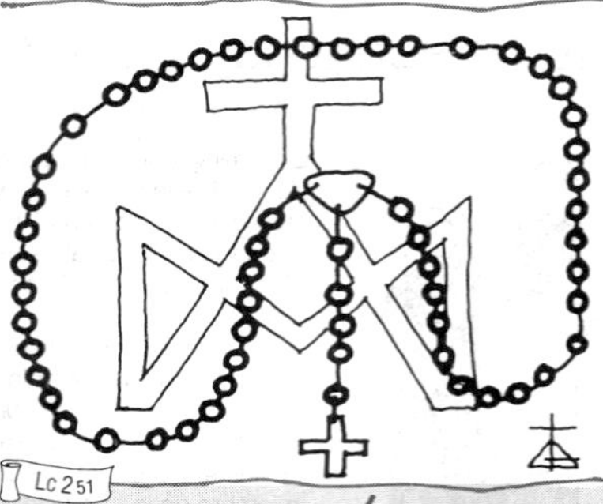

COMPRENDE LOS SÍMBOLOS

El rosario

Rezar el rosario es un modo de orar sobre los misterios de Jesús, vistos desde el corazón de María, con un espíritu de intercesión por la Iglesia. Es dar a María un lugar en nuestra vida para seguir las enseñanzas del Reino y tratar de identificarnos con Cristo para adquirir sus mismos sentimientos.

7 Juan decía a la multitud que venía a
hacerse bautizar por él: «Raza de víboras,
¿quién les enseñó a escapar de la ira de
Dios que se acerca? 8 Produzcan los frutos
de una sincera conversión, y no piensen:
"Tenemos por padre a Abraham". Porque
yo les digo que de estas piedras Dios puede hacer surgir hijos de Abraham. 9 El hacha ya está puesta a la raíz de los árboles;
el árbol que no produce buen fruto será
cortado y arrojado al fuego».
10 La gente le preguntaba: «¿Qué debemos
hacer entonces?». 11 Él les respondía: «El que
tenga dos túnicas, dé una al que no tiene; y
el que tenga qué comer, haga otro tanto».
12 Algunos publicanos vinieron también a
hacerse bautizar y le preguntaron: «Maestro,
¿qué debemos hacer?». 13 Él les respondió:
«No exijan más de lo estipulado». 14 A su vez,
unos soldados le preguntaron: «Y nosotros,
¿qué debemos hacer?». Juan les respondió:
«No extorsionen a nadie, no hagan falsas
denuncias y conténtense con su sueldo».

EL QUE TENGA DOS TÚNICAS, DÉ UNA AL QUE NO TIENE.

Lc 3 11

15 Como el pueblo estaba a la expectativa y todos se preguntaban si Juan no sería

¿SABÍAS QUE...?

El precursor y el Mesías

Lucas utiliza el paralelismo literario para contrastar a Juan el Bautista con Jesús. Compara el anuncio a Zacarías, padre de Juan, con el anuncio a María, y presenta sus respectivas respuestas (Lc 1 5-38); relata los nacimientos de ambos y su circuncisión (1 57 – 2 21); habla de la predicación y el Bautismo que ofrece Juan para la conversión interior, como preparación a la misión de Jesús (3 1-20). Cuando termina de hablar sobre el ministerio de Juan, inicia el relato de la actividad de Jesús, empezando con su Bautismo (vv. 21-22).

Al hablar de Juan, Lucas hace referencia al profeta Isaías, que dice: «Una voz grita: "Preparen en el desierto el camino del Señor"» (Is 40 3), mientras que al presentar a Jesús señala la voz del Padre diciendo: «Tú eres mi Hijo muy querido, en quien tengo puesta toda mi predilección» (Lc 3 22). A continuación, Lucas presenta la genealogía de Jesús, a partir de Adán, para mostrar que Jesús también es Hijo del hombre (vv. 23-38).

De esta manera queda claro que Juan es el último profeta antes de la llegada del Mesías enviado por Dios, y que su misión fue claramente señalar que Jesús era quien traía la salvación. La misión nuestra, como cristianos, es también mostrar siempre y en todo lugar a Jesús, con nuestras palabras y nuestras obras.

Lc 3 1-20

el Mesías, 16 él tomó la palabra y les dijo a
todos: «Yo los bautizo con agua, pero viene uno que es más poderoso que yo, y yo
ni siquiera soy digno de desatar la correa
de sus sandalias; él los bautizará en el Espíritu Santo y en el fuego. 17 Tiene en su
mano la horquilla para limpiar su era y recoger el trigo en su granero. Pero consumirá la paja en el fuego inextinguible». 18 Y
por medio de muchas otras exhortaciones
anunciaba al pueblo la Buena Noticia.

El encarcelamiento de Juan el Bautista

Mt 14 3-4 / Mc 6 17-18

19 Mientras tanto el tetrarca Herodes, a
quien Juan censuraba a causa de Herodías
—la mujer de su hermano— y por todos
los delitos que había cometido, 20 cometió
uno más haciendo encarcelar a Juan.

El bautismo de Jesús

Mt 3 13-17 / Mc 1 9-11
Lc 5 16; 6 12; 9 18; Jn 1 32; Sal 2 7

21 Todo el pueblo se hacía bautizar, y
también fue bautizado Jesús. Y mientras
estaba orando, se abrió el cielo 22 y el Espíritu Santo descendió sobre él en forma corporal, como una paloma. Se oyó entonces
una voz del cielo: «Tú eres mi Hijo muy
querido, en quien tengo puesta toda mi
predilección».

Genealogía de Jesús

Mt 1 1-16
Lc 4 22; Jn 6 42; Rut 4 17-22;
Gn 4 25 – 5 32; 1 Cr 1 1-4

23 Cuando comenzó su ministerio, Jesús
tenía unos treinta años y se lo consideraba
hijo de José.
José era hijo de Elí; 24 Elí, hijo de Matat;
Matat, hijo de Leví; Leví, hijo de Melquí;
Melquí, hijo de Janai; Janai, hijo de José;
25 José, hijo de Matatías; Matatías, hijo de
Amós; Amós, hijo de Naúm; Naúm, hijo
de Eslí; Eslí, hijo de Nagai; 26 Nagai, hijo de
Maat; Maat, hijo de Matatías; Matatías, hi-
jo de Semein; Semein, hijo de Iosec; Iosec,
hijo de Iodá; 27 Iodá, hijo de Joanán; Joanán, hijo de Resá; Resá, hijo de Zorobabel.
Zorobabel era hijo de Salatiel; Salatiel,
hijo de Nerí; 28 Nerí, hijo de Melquí; Melquí, hijo de Adí; Adí, hijo de Cosam; Cosam, hijo de Elmadam; Elmadam, hijo de
Er; 29 Er, hijo de Jesús; Jesús, hijo de Eliezer;
Eliezer, hijo de Jorim; Jorim, hijo de Matat;
Matat, hijo de Leví; 30 Leví, hijo de Simeón;
Simeón, hijo de Judá; Judá, hijo de José;
José, hijo de Jonam; Jonam, hijo de Eliaquim; 31 Eliaquim, hijo de Meleá; Meleá,
hijo de Mená; Mená, hijo de Matatá; Matatá, hijo de Natán; Natán, hijo de David.
32 David era hijo de Jesé; Jesé, hijo de Jobed; Jobed, hijo de Booz; Booz, hijo de Sela; Sela, hijo de Naasón; 33 Naasón, hijo de
Aminadab; Aminadab, hijo de Admín; Admín, hijo de Arní; Arní, hijo de Esrom; Esrom, hijo de Fares; Fares, hijo de Judá; 34 Judá, hijo de Jacob; Jacob, hijo de Isaac;
Isaac, hijo de Abraham.
Abraham era hijo de Tera; Tera, hijo de
Najor; 35 Najor, hijo de Seruj; Seruj, hijo
de Ragau; Ragau, hijo de Péleg; Péleg, hijo de
Eber; Eber, hijo de Sela; 36 Sela, hijo de Cainán; Cainán, hijo de Arfaxad; Arfaxad, hijo de Sem.

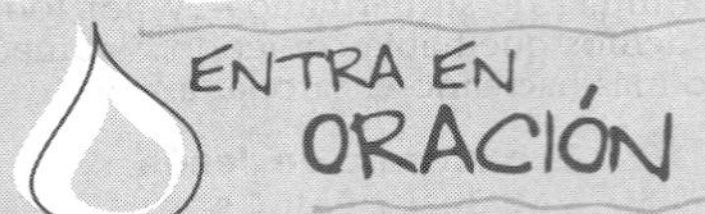

El Bautismo del Hijo amado de Dios

Lucas no menciona a Juan el Bautista como lo hacen Mateo y Marcos (ver «Jesús recibe el Bautismo de Juan», Mt 3 13-17); su énfasis es diferente. Lee Lucas 3 21-22. Observa a Jesús orando después de ser bautizado y cómo, en este contexto, Dios revela la filiación divina de Jesús. La presencia de la Santísima Trinidad es signo claro de que la época de las promesas de salvación ha terminado y se inicia la era de su cumplimiento a través de Jesús y la acción del Espíritu, como una respuesta a la súplica apremiante del profeta Isaías: «¡Si rasgaras el cielo y descendieras!» (Is 63 19).

Todos los signos hablan de una nueva época en que la presencia de Dios entre su pueblo será plena. El Mesías, Dios y hombre, es el mediador de Dios para la creación de un nuevo orden. A nosotros nos tocó vivir en esta época de plenitud.

Ponte en espíritu de oración. Vuelve a leer el pasaje imaginándote que estás ahí, entre la gente que vivió la experiencia del Bautismo de Jesús. Goza por un rato la vivencia, deja que lo que sucedió en aquel entonces se convierta en vivencia personal tuya. Después expresa a Dios lo que nazca de tu corazón.

Lc 3 21-22

L
C

Sem era hijo de Noé; Noé, hijo de Lamec;
37 Lamec, hijo de Matusalén; Matusalén, hijo
de Henoc; Henoc, hijo de Jaret; Jaret, hijo de Malaleel; Malaleel, hijo de Cainán;
38 Cainán, hijo de Enós; Enós, hijo de Set;
Set, hijo de Adán; Adán, hijo de Dios.

Las tentaciones de Jesús en el desierto

Mt 4 1-11 / Mc 1 12-13
Dt 8 3; 6 13; Sal 91 11-12; Dt 6 16; Lc 22 3.53

4 1 Jesús, lleno del Espíritu Santo, regresó
de las orillas del Jordán y fue conducido por el Espíritu al desierto, 2 donde fue
puesto a prueba por el diablo durante cuarenta días. No comió nada durante esos días,
y al cabo de ellos tuvo hambre. 3 El diablo le
dijo entonces: «Si tú eres Hijo de Dios, manda a esta piedra que se convierta en pan».
4 Pero Jesús le respondió: «Dice la Escritura:

El hombre no vive solamente de pan».

5 Luego el diablo lo llevó a un lugar más
alto, le mostró en un instante todos los reinos de la tierra 6 y le dijo: «Te daré todo este poder y el esplendor de estos reinos,
porque me han sido entregados, y yo los
doy a quien quiero. 7 Si tú te postras delante de mí, todo eso te pertenecerá». 8 Pero Jesús le respondió: «Está escrito:

Adorarás al Señor, tu Dios,
y a él solo rendirás culto».

9 Después el diablo lo condujo a Jerusalén, lo puso en la parte más alta del Templo y le dijo: «Si tú eres Hijo de Dios, tírate de aquí abajo, 10 porque está escrito:

Él dará órdenes a sus ángeles
para que ellos te cuiden.

11 Y también:

Ellos te llevarán en sus manos
para que tu pie no tropiece
con ninguna piedra».

12 Pero Jesús le respondió: «Está escrito:

No tentarás al Señor, tu Dios».

13 Una vez agotadas todas las formas de
tentación, el diablo se alejó de él, hasta el
momento oportuno.

LA ACTIVIDAD DE JESÚS EN GALILEA

El comienzo de la predicación de Jesús

Mt 4 12-17 / Mc 1 14-15

14 Jesús volvió a Galilea con el poder del
Espíritu y su fama se extendió en toda la
región. 15 Enseñaba en sus sinagogas y todos lo alababan.

Enseñanza de Jesús en Nazaret

Mt 13 53-58 / Mc 6 1-6
Is 61 1-2; 58 6; Lc 2 11; Lc 3 23; Jn 4 44;
1 Re 17 1-9; 2 Re 5 1-14

16 Jesús fue a Nazaret, donde se había
criado; el sábado entró como de costumbre en la sinagoga y se levantó para hacer
la lectura. 17 Le presentaron el libro del profeta Isaías y, abriéndolo, encontró el pasaje donde estaba escrito:

18 *El Espíritu del Señor está sobre mí,*
porque me ha consagrado por la unción.
Él me envió a llevar la Buena Noticia
a los pobres,
a anunciar la liberación a los cautivos
y la vista a los ciegos,
a dar la libertad a los oprimidos
19 *y proclamar un año de gracia del Señor.*

VIVE LA PALABRA

Proyecto mesiánico de Jesús

Lee Lucas 4 16-19 y escucha a Jesús definir con las palabras del profeta Isaías su proyecto de liberar a los pobres, los cautivos, los ciegos y los oprimidos de la carga que suponían las normas impuestas por sus líderes religiosos, y del dominio del Imperio romano. Jesús se identifica como profeta y declara: «Hoy se ha cumplido este pasaje de la Sagrada Escritura que acaban de oír» (v. 21) (ver Is 61 1-2). A partir de Jesús, la liberación de los pobres es un programa para el cristiano.

Ante su atrevimiento, saltaron las críticas y la desconfianza. Era tan serio el enojo, que echaron a Jesús de la ciudad e incluso trataron de despeñarlo. Pero Jesús, abriéndose paso entre ellos, se fue.

Jesús vino a liberarnos de lo que nos impide vivir dignamente como hijos e hijas de Dios. ¿De qué tipo de pobreza necesitan liberación tú y los jóvenes con quienes convives? ¿Están cautivos de una vida sin sentido, con vicios o simplemente mediocre? ¿Cuántos jóvenes están presos en las cárceles, incluso en cárceles para menores? ¿Qué cegueras evitan descubrir que Jesús vino para todos y está presente en nuestra vida? ¿De qué opresiones urge liberarse para llevar una vida de amor, paz y justicia?

Si estamos conscientes de que necesitamos su salvación urgentemente, ¡no lo rechacemos como sucedió en Nazaret!

Lc 4 16-30

[20] Jesús cerró el Libro, lo devolvió al ayudante y se sentó. Todos en la sinagoga tenían los ojos fijos en él. [21] Entonces comenzó a decirles: «Hoy se ha cumplido este
pasaje de la Escritura que acaban de oír».
[22] Todos daban testimonio a favor de él y
estaban llenos de admiración por las palabras de gracia que salían de su boca. Y decían: «¿No es este el hijo de José?». [23] Pero
él les respondió: «Sin duda ustedes me ci-
tarán el refrán: "Médico, cúrate a ti mismo". Realiza también aquí, en tu patria,
todo lo que hemos oído que sucedió en
Cafarnaún». [24] Después agregó: «Les aseguro que ningún profeta es bien recibido en
su tierra.

[25] Yo les aseguro que había muchas viudas en Israel en el tiempo de Elías, cuando durante tres años y seis meses no hubo lluvia del cielo y el hambre azotó a
todo el país. [26] Sin embargo, a ninguna de
ellas fue enviado Elías, sino *a una viuda de
Sarepta, en el país de Sidón*. [27] También había muchos leprosos en Israel, en el tiempo del profeta Eliseo, pero ninguno de
ellos fue curado, sino Naamán, el sirio».
[28] Al oír estas palabras, todos los que estaban en la sinagoga se enfurecieron [29] y, levantándose, lo empujaron fuera de la ciudad, hasta un lugar escarpado de la colina
sobre la que se levantaba la ciudad, con
intención de despeñarlo. [30] Pero Jesús, pasando en medio de ellos, continuó su camino.

Enseñanza de Jesús en la sinagoga de Cafarnaún

Mc 1 21-22

Mt 4 13; 7 28-29

[31] Jesús bajó a Cafarnaún, ciudad de Galilea, y enseñaba los sábados. [32] Y todos estaban asombrados de su enseñanza, porque hablaba con autoridad.

Curación de un endemoniado

Mc 1 23-28

Mt 8 29; Mc 5 7; Lc 8 28; Mc 1 24; Lc 4 41

[33] En la sinagoga había un hombre que
estaba poseído por el espíritu de un demonio impuro; y comenzó a gritar con fuerza:
[34] «¿Qué quieres de nosotros, Jesús Nazareno? ¿Has venido para acabar con nosotros?
Ya sé quién eres: el Santo de Dios». [35] Pero
Jesús lo increpó, diciendo: «Cállate y sal de
este hombre». El demonio salió de él, arro-
jándolo al suelo en medio de todos, sin hacerle ningún daño. [36] El temor se apoderó
de todos, y se decían unos a otros: «¿Qué
tiene su palabra? ¡Manda con autoridad y
poder a los espíritus impuros, y ellos salen!». [37] Y su fama se extendía por todas
partes en aquella región.

Curación de la suegra de Pedro

Mt 8 14-15 / Mc 1 29-31

Mc 1 25

[38] Al salir de la sinagoga, entró en la
casa de Simón. La suegra de Simón tenía

mucha fiebre, y le pidieron que hiciera algo por ella. 39 Inclinándose sobre ella, Jesús increpó a la fiebre y esta desapareció.
Enseguida, ella se levantó y se puso a servirlos.

Diversas curaciones

Mt 8 16 / Mc 1 32-34

Mt 14 33; Mc 1 1; 3 11; Lc 4 34; Mc 1 25

40 Al atardecer, todos los que tenían enfermos afectados de diversas dolencias se
los llevaron, y él, imponiendo las manos
sobre cada uno de ellos, los curaba. 41 De
muchos salían demonios, gritando: «¡Tú
eres el Hijo de Dios!». Pero él los increpaba y no los dejaba hablar, porque ellos sabían que era el Mesías.

La misión de Jesús

Mc 1 35-39

Mt 4 23; 9 35; 24 14; Mc 1 14-15; Lc 8 1

42 Cuando amaneció, Jesús salió y se fue
a un lugar desierto. La multitud comenzó a
buscarlo y, cuando lo encontraron, querían retenerlo para que no se alejara de
ellos. 43 Pero él les dijo: «También a las
otras ciudades debo anunciar la Buena Noticia del Reino de Dios, porque para eso he
sido enviado». 44 Y predicaba en las sinagogas de toda la Judea.

La pesca milagrosa

Mt 4 18-22 / Mc 1 16-20

Mc 4 1-2; Jn 21 1-6; Ex 33 20; Is 6 4-7

5 1 En una oportunidad, la multitud se
amontonaba alrededor de Jesús para
escuchar la Palabra de Dios, y él estaba de
pie a la orilla del lago de Genesaret. 2 Desde
allí vio dos barcas junto a la orilla del lago;
los pescadores habían bajado y estaban lim-
piando las redes. 3 Jesús subió a una de las
barcas, que era de Simón, y le pidió que se
apartara un poco de la orilla; después se sentó, y enseñaba a la multitud desde la barca.
4 Cuando terminó de hablar, dijo a Simón: «Navega mar adentro, y echen las redes». 5 Simón le respondió: «Maestro, hemos trabajado la noche entera y no hemos
sacado nada, pero si tú lo dices, echaré las
redes». 6 Así lo hicieron, y sacaron tal cantidad de peces, que las redes estaban a punto
de romperse. 7 Entonces hicieron señas a los
compañeros de la otra barca para que fueran a ayudarlos. Ellos acudieron, y llenaron
tanto las dos barcas, que casi se hundían.
8 Al ver esto, Simón Pedro se echó a los
pies de Jesús y le dijo: «Aléjate de mí, Señor,
porque soy un pecador». 9 El temor se había
apoderado de él y de los que lo acompañaban, por la cantidad de peces que habían recogido; 10 y lo mismo les pasaba a Santiago
y a Juan, hijos de Zebedeo, compañeros de
Simón. Pero Jesús dijo a Simón: «No temas,

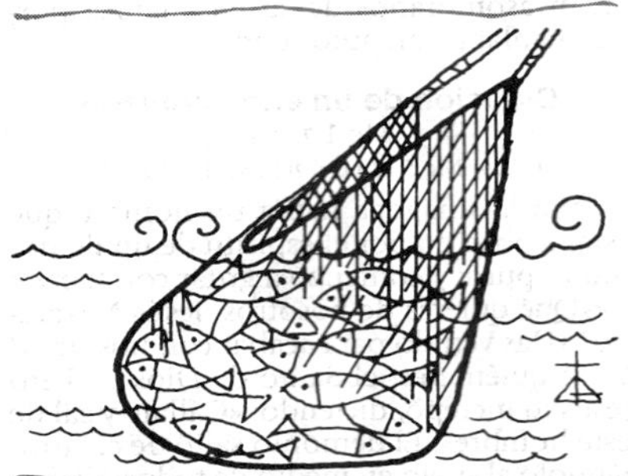

Lc 5 1-6

COMPRENDE LOS SÍMBOLOS

La pesca milagrosa

La pesca milagrosa, en la que Jesús cambia los planes de los pescadores y les muestra la eficacia de confiar en él, tiene dos simbolismos. Lucas enfatiza el llamado a ser «pescadores de hombres», mientras que Juan enfatiza que es la presencia viva del Señor la que permite cumplir con la misión (Jn 21 6).

REFLEXIONA

No temas

Lee el relato de la pesca milagrosa en Lucas 5 1-11. Observa cómo Simón (Pedro) inicia un diálogo sencillo con Jesús, pero al reconocerlo como el Señor le pide que se retire, pues se siente indigno ante él. Jesús le da confianza: «no temas» (v. 10). Conserva en tu corazón estas palabras con que Jesús fortalece a Pedro; la Biblia las repite más de 70 veces para que continuamente renovemos nuestra confianza en Dios.

Si Jesús estuviera en el cuarto al lado, ¿estarías listo/a para platicar con él o te daría temor? ¿Crees que tus temores son excusas válidas para no acercarte más a Jesús?

Lc 5 1-11

de ahora en adelante serás pescador de
hombres». 11 Ellos atracaron las barcas a la
orilla y, abandonándolo todo, lo siguieron.

Curación de un leproso

Mt 8 2-4 / Mc 1 40-44
Lv 14 2-32; Mc 1 35

12 Mientras Jesús estaba en una ciudad,
se presentó un hombre cubierto de lepra.
Al ver a Jesús, se postró ante él y le rogó:
«Señor, si quieres, puedes purificarme».
13 Jesús extendió la mano y lo tocó, diciendo: «Lo quiero, queda purificado». Y al instante la lepra desapareció. 14 Él le ordenó
que no se lo dijera a nadie, pero añadió:
«Ve a presentarte al sacerdote, y entrega por
tu purificación la ofrenda que ordenó Moisés, para que les sirva de testimonio».
15 Su fama se extendía cada vez más y
acudían grandes multitudes para escucharlo
y hacerse curar de sus enfermedades. 16 Pero
él se retiraba a lugares desiertos para orar.

Curación de un paralítico

Mt 9 1-8 / Mc 2 1-12
Lc 1 35; 4 36; 6 19; 9 1; Lc 7 48; Mt 9 3;
Sal 103 3; Is 43 25; 1 Jn 1 9; Lc 2 11

17 Un día, mientras Jesús enseñaba, había entre los presentes algunos fariseos y
doctores de la Ley, llegados de todas las regiones de Galilea, de Judea y de Jerusalén.
La fuerza del Señor le daba poder para curar. 18 Llegaron entonces unas personas
transportando a un paralítico sobre una
camilla y buscaban el modo de entrar, para llevarlo ante Jesús. 19 Como no sabían
por dónde introducirlo a causa de la multitud, subieron a la terraza y, separando las
tejas, lo bajaron con su camilla en medio
de la concurrencia y lo pusieron delante de
Jesús. 20 Al ver la fe de ellos, Jesús le dijo:
«Hombre, tus pecados te son perdonados».
21 Los escribas y los fariseos comenzaron a
preguntarse: «¿Quién es este que blasfema?
¿Quién puede perdonar los pecados, sino
solo Dios?». 22 Pero Jesús, conociendo sus
pensamientos, les dijo: «¿Qué es lo que están pensando? 23 ¿Qué es más fácil decir:
"Tus pecados están perdonados", o "Levántate y camina"? 24 Para que ustedes sepan
que el Hijo del hombre tiene sobre la tierra
el poder de perdonar los pecados —dijo al
paralítico—, yo te lo mando, levántate, toma tu camilla y vuelve a tu casa». 25 Inmediatamente se levantó a la vista de todos, tomó su camilla y se fue a su casa alabando a
Dios. 26 Todos quedaron llenos de asombro
y glorificaban a Dios, diciendo con gran temor: «Hoy hemos visto cosas maravillosas».

El llamado de Leví

Mt 9 9 / Mc 2 13-14
Mt 5 46; Lc 5 11

27 Después Jesús salió y vio a un publicano llamado Leví, que estaba sentado junto
a la mesa de recaudación de impuestos, y
le dijo: «Sígueme». 28 Él, dejándolo todo, se
levantó y lo siguió.

La actitud de Jesús hacia los pecadores

Mt 9 10-13 / Mc 2 15-17
Mt 11 19; Lc 7 34; 15 1-2; Lc 13 1-5; 15; 16 30

29 Leví ofreció a Jesús un gran banquete
en su casa. Había numerosos publicanos
y otras personas que estaban a la mesa
con ellos. 30 Los fariseos y sus escribas
murmuraban y decían a los discípulos de
Jesús: «¿Por qué ustedes comen y beben
con publicanos y pecadores?». 31 Pero Jesús tomó la palabra y les dijo: «No son los
sanos los que tienen necesidad del médico, sino los enfermos. 32 Yo no he venido a
llamar a los justos, sino a los pecadores,
para que se conviertan».

Discusión sobre el ayuno

Mt 9 14-17 / Mc 2 18-22
Jn 3 29

33 Luego le dijeron: «Los discípulos de
Juan ayunan frecuentemente y hacen oración, lo mismo que los discípulos de los
fariseos; en cambio, los tuyos comen y beben». 34 Jesús les contestó: «¿Ustedes pretenden hacer ayunar a los amigos del esposo mientras él está con ellos? 35 Llegará el
momento en que el esposo les será quitado; entonces tendrán que ayunar».
36 Les hizo además esta comparación:
«Nadie corta un pedazo de un vestido nuevo para remendar uno viejo, porque se
romperá el nuevo, y el pedazo sacado a este no quedará bien en el vestido viejo.
37 Tampoco se pone vino nuevo en odres
viejos, porque hará reventar los odres; entonces el vino se derramará y los odres ya
no servirán más. 38 ¡A vino nuevo, odres
nuevos! 39 Nadie, después de haber gustado
el vino viejo, quiere vino nuevo, porque
dice: El añejo es mejor».

Discusión sobre el sábado

Mt 12 1-8 / Mc 2 23-28
1 Sm 21 2-7

6 1 Un sábado en que Jesús atravesaba
unos sembrados, sus discípulos arrancaban espigas y, frotándolas entre las manos, las comían. 2 Algunos fariseos les dijeron: «¿Por qué ustedes hacen lo que no está
permitido en sábado?». 3 Jesús les respon-

dió: «¿Ni siquiera han leído lo que hizo David cuando él y sus compañeros tuvieron
hambre, 4 cómo entró en la Casa de Dios y,
tomando los panes de la ofrenda, que solo
pueden comer los sacerdotes, comió él y dio
de comer a sus compañeros?». 5 Después les
dijo: «El Hijo del hombre es dueño del sábado».

Curación de un hombre en sábado

Mt 12 9-14 / Mc 3 1-6
Lc 14 1; 13 14; 14 1-2

6 Otro sábado, entró en la sinagoga y comenzó a enseñar. Había allí un hombre
que tenía la mano derecha paralizada. 7 Los
escribas y los fariseos observaban atentamente a Jesús para ver si curaba en sábado,
porque querían encontrar algo de qué acusarlo. 8 Pero Jesús, conociendo sus intenciones, dijo al hombre que tenía la mano
paralizada: «Levántate y quédate de pie delante de todos». Él se levantó y permaneció
de pie. 9 Luego les dijo: «Yo les pregunto:
¿Está permitido en sábado hacer el bien o
el mal, salvar una vida o perderla?». 10 Y dirigiendo una mirada a todos, dijo al hombre: «Extiende tu mano». Él la extendió y
su mano quedó curada. 11 Pero ellos se enfurecieron, y deliberaban entre sí para ver
qué podían hacer contra Jesús.

Institución de los Doce

Mt 10 1-4 / Mc 3 13-19
Lc 3 21; Jn 6 70; Lc 9 10; 11 49; 17 5

12 En esos días, Jesús se retiró a una montaña para orar, y pasó toda la noche en oración con Dios. 13 Cuando se hizo de día,
llamó a sus discípulos y eligió a doce de
ellos, a los que dio el nombre de Apóstoles: 14 Simón, a quien puso el sobrenombre
de Pedro, Andrés, su hermano, Santiago,
Juan, Felipe, Bartolomé, 15 Mateo, Tomás,
Santiago, hijo de Alfeo, Simón, llamado el
Zelote, 16 Judas, hijo de Santiago, y Judas Iscariote, que fue el traidor.

La multitud sigue a Jesús

Mt 4 24-25 / Mc 3 7-11
Mt 14 36; Mc 6 56; Lc 8 44.46; Mc 5 30

17 Al bajar con ellos se detuvo en una llanura. Estaban allí muchos de sus discípulos
y una gran muchedumbre que había llegado de toda la Judea, de Jerusalén y de la región costera de Tiro y Sidón, 18 para escucharlo y hacerse curar de sus enfermedades.
Los que estaban atormentados por espíritus
impuros quedaban curados; 19 y toda la gente quería tocarlo, porque salía de él una
fuerza que sanaba a todos.

Las Bienaventuranzas

Mt 5 1-12
Lc 4 18; 7 22; Is 49 10; Sal 126 5-6; Is 25 6-9;
Mc 13 13; 2 Cr 36 16

20 Entonces Jesús, fijando la mirada en
sus discípulos, dijo:
«¡Felices ustedes, los pobres, porque el
Reino de Dios les pertenece!
21 ¡Felices ustedes, los que ahora tienen
hambre, porque serán saciados!
¡Felices ustedes, los que ahora lloran,
porque reirán!
22 ¡Felices ustedes, cuando los hombres
los odien, los excluyan, los insulten y proscriban su nombre, considerándolo infame,
a causa del Hijo del hombre!
23 ¡Alégrense y llénense de gozo en ese
día, porque la recompensa de ustedes será

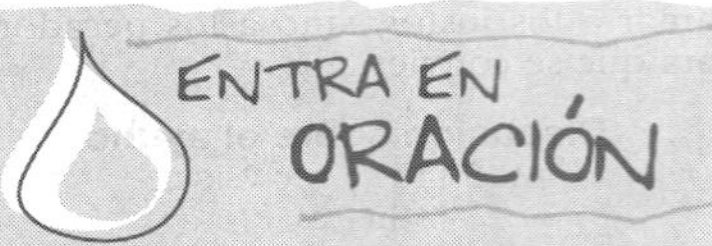

La oración, un preludio de la acción

Lucas es el evangelista que menciona más la oración de Jesús y su gusto por retirarse a orar en soledad. Así como el preludio es una breve obra musical que prepara para la ejecución de otra mayor, el diálogo de Jesús con su Padre es un preludio libre y lleno de amor antes de una acción importante en su vida, como su Bautismo, su transfiguración, la multiplicación del pan y su pasión.

La elección de sus Doce colaboradores más cercanos tiene repercusiones muy serias, y Jesús se prepara orando antes de nombrarlos (Lc 6 12-16). Como seguidores de Jesús, nosotros también necesitamos una oración frecuente que guíe nuestras acciones. ¿Con qué frecuencia haces un «alto» para que la Palabra de Dios dé dirección a tu vida? ¿Haces oración antes de tomar decisiones significativas?

En unos momentos de silencio comparte con Jesús las inquietudes y planes que existen en tu corazón. Pide que te ayude a ver claro *qué quiere de ti*. Pregúntale, platica con él y escúchalo. Si el diálogo con Jesús te resulta confortable, continúa hasta que llegue a un fin natural.

Lc 6 12-16

VIVE LA PALABRA

Preferencia de Jesús por los pobres

El evangelio de Lucas resalta que la justicia de Dios se inclina hacia los pobres y los pequeños. Por eso equilibra las cuatro Bienaventuranzas o bendiciones de Jesús con cuatro lamentaciones que tienen el tono de advertencias. Por ejemplo, al contraponer «Felices ustedes, los pobres» (Lc 6 20) con «Ay de ustedes los ricos» (v. 24), muestra así su cuidado a los pobres y a los ricos, con una preferencia por los pobres, a quienes invita a tener esperanza, pues mueve a conversión a los ricos.

Lucas no espiritualiza el mensaje de Jesús como Mateo, quien dice: «Felices los que tienen alma de pobres» (Mt 5 3). Lucas, al decir solo: «Felices ustedes, los pobres» (Lc 6 20), mantiene el sentido de pobreza material.

Compara las Bienaventuranzas según Mateo 5 1-12 y Lucas 6 20-26: ¿en qué se parecen? ¿En qué difieren?

Usa las Bienaventuranzas para examinar tu conciencia. ¿En qué medida llevas el estilo de vida que Jesús nos recomienda para ser felices y buenos cristianos?

Lc 6 20-26

LC

grande en el cielo. De la misma manera los
padres de ellos trataban a los profetas!

La falsa felicidad

Sant 5 1; Lc 16 25; Sant 4 4; Is 5 8-25

24 Pero ¡ay de ustedes los ricos, porque ya
tienen su consuelo!
25 ¡Ay de ustedes, los que ahora están satisfechos, porque tendrán hambre!
¡Ay de ustedes, los que ahora ríen, porque conocerán la aflicción y las lágrimas!
26 ¡Ay de ustedes cuando todos los elogien! ¡De la misma manera los padres de
ellos trataban a los falsos profetas!

El amor a los enemigos

Mt 5 38-47; 7 12
Rom 12 14; Jn 18 22-23; Hch 23 3;
Mt 7 12; Rom 13 8-10; Lv 25 35-36

27 Pero yo les digo a ustedes que me escuchan: Amen a sus enemigos, hagan el bien a
los que los odian. 28 Bendigan a los que los
maldicen, rueguen por los que los difaman.
29 Al que te pegue en una mejilla, preséntale
también la otra; al que te quite el manto, no
le niegues la túnica. 30 Dale a todo el que te
pida, y al que tome lo tuyo no se lo reclames. 31 Hagan por los demás lo que quieren
que los hombres hagan por ustedes. 32 Si
aman a aquellos que los aman, ¿qué mérito
tienen? Porque hasta los pecadores aman
a aquellos que los aman. 33 Si hacen el bien a
aquellos que se lo hacen a ustedes, ¿qué mérito tienen? Eso lo hacen también los pecadores. 34 Y si prestan a aquellos de quienes
esperan recibir, ¿qué mérito tienen? También los pecadores prestan a los pecadores,
para recibir de ellos lo mismo. 35 Amen a sus
enemigos, hagan el bien y presten sin esperar nada a cambio. Entonces la recompensa
de ustedes será grande y serán hijos del Altísimo, porque él es bueno con los desagradecidos y los malos.

La misericordia y la benevolencia para juzgar

Mt 5 48; 7 1-5; 15 14; 10 24-25 / Mc 4 24
Ex 34 6; Dt 4 31; Sal 73 38;
Mt 6 14; Rut 3 15; Rom 2 19

36 Sean misericordiosos, como el Padre
de ustedes es misericordioso. 37 No juzguen
y no serán juzgados; no condenen y no serán condenados; perdonen y serán perdonados. 38 Den, y se les dará. Les volcarán sobre el regazo una buena medida, apretada,
sacudida y desbordante. Porque la medida
con que ustedes midan también se usará
para ustedes».

39 Les hizo también esta comparación:
«¿Puede un ciego guiar a otro ciego? ¿No caerán los dos en un pozo? 40 El discípulo no es
superior al maestro; cuando el discípulo llegue a ser perfecto, será como su maestro.
41 ¿Por qué miras la paja que hay en el ojo de
tu hermano y no ves la viga que está en el
tuyo? 42 ¿Cómo puedes decir a tu hermano:
"Hermano, deja que te saque la paja de tu
ojo", tú, que no ves la viga que tienes en el
tuyo? ¡Hipócrita!, saca primero la viga de tu
ojo, y entonces verás claro para sacar la paja
del ojo de tu hermano.

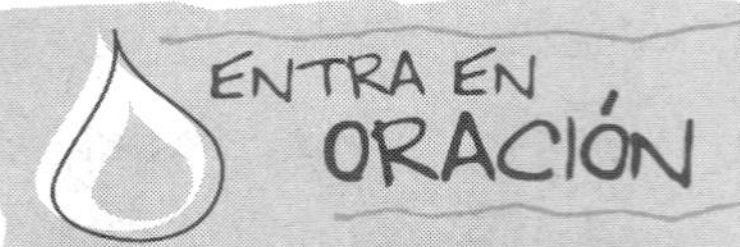

Hazme misericordioso como tú

En el evangelio de Mateo, Jesús concluye su Sermón de la Montaña diciendo: «Sean perfectos como es perfecto el Padre que está en el cielo» (Mt 5 48). Ante ello, es natural exclamar: ¡Imposible: solo Dios es perfecto y solamente María está libre de pecado! Se trata del gran ideal cristiano, de siempre caminar hacia la perfección de Dios, que alcanzaremos al resucitar gloriosos en Cristo Jesús.

En el evangelio de Lucas, Jesús concluye su sermón con una frase más comprensible: «Sean misericordiosos, como el Padre de ustedes es misericordioso» (Lc 6 36).

Jesús, tú nos das el amor del Padre y con él podemos amar a otros y ser compasivos con ellos, como tú lo eres con nosotros. Ayúdanos a vencer nuestro egoísmo y rencores, y enséñanos a amar sin límites.

Llénanos de amor, justicia y paz. Si tú reinas en nuestro corazón, seremos capaces de un amor activo hacia los más vulnerables y necesitados. Transfórmanos desde lo más íntimo de nuestro interior, para que nuestra compasión sea una luz para los jóvenes que más sufren y nos impulse siempre a construir la Civilización del Amor. Amén.

Lc 6 36

La raíz de las buenas y de las malas obras

Mt 7 16-18; 12 33-35
Sant 3 11-12

43 No hay árbol bueno que dé frutos malos, ni árbol malo que dé frutos buenos:
44 cada árbol se reconoce por su fruto. No
se recogen higos de los espinos ni se cosechan uvas de las zarzas. 45 El hombre bueno
saca el bien del tesoro de bondad que tiene en su corazón. El malo saca el mal de su
maldad, porque de la abundancia del corazón habla la boca.

Necesidad de practicar la Palabra de Dios

Mt 7 21.24-27
Mal 1 6; Is 29 13; Mc 7 6; Rom 2 13; Sant 1 22.25

46 ¿Por qué ustedes me llaman: "Señor, Señor", y no hacen lo que les digo? 47 Yo les diré a quién se parece todo aquel que viene a
mí, escucha mis palabras y las practica. 48 Se
parece a un hombre que, queriendo construir una casa, cavó profundamente y puso
los cimientos sobre la roca. Cuando vino la
creciente, las aguas se precipitaron con fuerza contra esa casa, pero no pudieron derri-
barla, porque estaba bien construida. 49 En
cambio, el que escucha la Palabra y no la
pone en práctica, se parece a un hombre
que construyó su casa sobre tierra, sin cimientos. Cuando las aguas se precipitaron
contra ella, enseguida se derrumbó, y el desastre que sobrevino a esa casa fue grande».

Curación del sirviente de un centurión

Mt 8 5-10.13 / Jn 4 46-53
Hch 10 2

7 1 Cuando Jesús terminó de decir todas
estas cosas al pueblo, entró en Cafarnaún. 2 Había allí un centurión que tenía un
sirviente enfermo, a punto de morir, al que
estimaba mucho. 3 Como había oído hablar
de Jesús, envió a unos ancianos judíos para
rogarle que viniera a curar a su servidor.
4 Cuando estuvieron cerca de Jesús, le suplicaron con insistencia, diciéndole: «Él merece que le hagas este favor, 5 porque ama a
nuestra nación y nos ha construido la sinagoga». 6 Jesús fue con ellos, y cuando ya estaba cerca de la casa, el centurión le mandó
decir por unos amigos: «Señor, no te molestes, porque no soy digno de que entres en
mi casa; 7 por eso no me consideré digno de
ir a verte personalmente. Basta que digas
una palabra y mi sirviente se sanará. 8 Porque yo —que no soy más que un oficial
subalterno, pero tengo soldados a mis órdenes— cuando digo a uno: "Ve", él va; y a
otro: "Ven", él viene; y cuando digo a mi sirviente: "¡Tienes que hacer esto!», él lo hace".
9 Al oír estas palabras, Jesús se admiró de él
y, volviéndose a la multitud que lo seguía,
dijo: «Yo les aseguro que ni siquiera en Israel he encontrado tanta fe». 10 Cuando los
enviados regresaron a la casa, encontraron
al sirviente completamente sano.

Resurrección del hijo de una viuda

1 Re 17 17-22; Lc 8 52.54; 1 Re 17 23;
2 Re 4 36; Mt 16 14; Sal 111 9; Lc 1 68

11 Enseguida, Jesús se dirigió a una ciudad llamada Naím, acompañado de sus
discípulos y de una gran multitud. 12 Justamente cuando se acercaba a la puerta de la
ciudad, llevaban a enterrar al hijo único de
una mujer viuda, y mucha gente del lugar
la acompañaba. 13 Al verla, el Señor se conmovió y le dijo: «No llores». 14 Después se

VIVE LA PALABRA

Compasión y acción van de la mano

Lucas es el evangelista que más habla de la relación de Jesús con la mujer. En este pasaje, Jesús siente compasión por la viuda de Naín y resucita a su hijo. Lee Lucas 7 11-17 y saborea las emociones de la madre, las acciones de Jesús y la reacción de los acompañantes de la viuda.

Descubre en qué consiste la misericordia de Dios. Jesús comunica vida porque se conmueve ante el padecimiento humano y pone todo su poder para remediarlo, sin limitarse solo a expresar su compasión y piedad.

Con frecuencia no está en nuestras manos remediar el dolor de otro, pero sí podemos aminorarlo al compartir su aflicción y transmitirle el amor misericordioso de Dios. Aprende a ponerte en los zapatos de los demás; a compartir su dolor para hacerles más ligera la carga; a buscar el apoyo de otros para, juntos, ayudar a quien sufre; a acompañar a los pobres en sus sentimientos.

Lc 7 11

acercó y tocó el féretro. Los que lo llevaban
se detuvieron y Jesús dijo: «Joven, yo te lo
ordeno, levántate». 15 El muerto se incorporó y empezó a hablar. Y Jesús se lo entregó
a su madre. 16 Todos quedaron sobrecogi-
dos de temor y alababan a Dios, diciendo:
«Un gran profeta ha aparecido en medio
de nosotros y Dios ha visitado a su Pueblo». 17 El rumor de lo que Jesús acababa de
hacer se difundió por toda la Judea y en toda la región vecina.

LA BUENA NOTICIA ES ANUNCIADA A LOS POBRES.

Lc 7 22

Los signos mesiánicos

Mt 11 2-6

Mt 3 11; Is 35 5-6; 61 1; Mt 5 3; Lc 6 20; Mt 5 29

18 Juan fue informado de todo esto por
sus discípulos y, llamando a dos de ellos,
19 los envió a decir al Señor: «¿Eres tú el que
ha de venir o debemos esperar a otro?».
20 Cuando se presentaron ante él, le dijeron:
«Juan el Bautista nos envía a preguntarte:
"¿Eres tú el que ha de venir o debemos esperar a otro?"». 21 En esa ocasión, Jesús curó
a mucha gente de sus enfermedades, de sus
dolencias y de los malos espíritus, y devolvió la vista a muchos ciegos. 22 Entonces respondió a los enviados: «Vayan a contar a
Juan lo que han visto y oído: los ciegos ven,
los paralíticos caminan, los leprosos son
purificados y los sordos oyen, los muertos
resucitan, la Buena Noticia es anunciada a
los pobres. 23 ¡Y feliz aquel para quien yo no
sea motivo de tropiezo!».

Testimonio de Jesús sobre Juan el Bautista

Mt 11 7-15; 21 31b-32

Mt 14 5; 21 26; Jn 4 21; 6 14; Ex 23 20;
Mal 3 1; Lc 1 15; Mt 21 31-32; Hch 2 23

24 Cuando los enviados de Juan partieron, Jesús comenzó a hablar de él a la multitud, diciendo: «¿Qué salieron a ver en el
desierto? ¿Una caña agitada por el viento?
25 ¿Qué salieron a ver? ¿Un hombre vestido
con refinamiento? Los que llevan suntuo-
sas vestiduras y viven en la opulencia, están
en los palacios de los reyes. 26 ¿Qué salieron
a ver entonces? ¿Un profeta? Les aseguro
que sí, y más que un profeta. 27 Él es aquel
de quien está escrito:

Yo envío a mi mensajero delante de ti
para prepararte el camino.

28 Les aseguro que no ha nacido ningún
hombre más grande que Juan, y sin embargo, el más pequeño en el Reino de Dios es
más grande que él. 29 Todo el pueblo que lo
escuchaba, incluso los publicanos, reconocieron la justicia de Dios, recibiendo el bautismo de Juan. 30 Pero los fariseos y los doctores de la Ley, al no hacerse bautizar por él,
frustraron el designio de Dios para con ellos.

Reproche de Jesús a sus compatriotas

Mt 11 16-19

Jn 7 20; 10 20; Lc 5 29-30; Lc 2 40.52; 11 31; 21 15

31 ¿Con quién puedo comparar a los
hombres de esta generación? ¿A quién se
parecen? 32 Se parecen a esos muchachos
que están sentados en la plaza y se dicen
entre ellos:

"¡Les tocamos la flauta,
y ustedes no bailaron!
¡Entonamos cantos fúnebres,
y no lloraron!".

33 Porque llegó Juan el Bautista, que no come pan ni bebe vino, y ustedes dicen: "¡Ha perdido la cabeza!". 34 Llegó el Hijo del hombre, que come y bebe, y dicen: "¡Es un glotón y un borracho, amigo de publicanos y pecadores!". 35 Pero la Sabiduría ha sido reconocida como justa por todos sus hijos».

La pecadora perdonada

Mt 26 6-13 / Mc 14 3-9 / Jn 12 1-8

Lc 11 37; 14 1; Gn 18 4; 19 2; Jn 13 1-17; Rom 16 16; 1 Cor 16 20; Sal 23 5; Lc 5 20-21; Lc 8 48

36 Un fariseo invitó a Jesús a comer con él. Jesús entró en la casa y se sentó a la mesa. 37 Entonces una mujer pecadora que vivía en la ciudad, al enterarse de que Jesús estaba comiendo en casa del fariseo, se presentó con un frasco de perfume. 38 Y colocándose detrás de él, se puso a llorar a sus pies y comenzó a bañarlos con sus lágrimas; los secaba con sus cabellos, los cubría de besos y los ungía con perfume.

39 Al ver esto, el fariseo que lo había invitado pensó: «Si este hombre fuera profeta, sabría quién es la mujer que lo toca y lo que ella es: ¡una pecadora!». 40 Pero Jesús le dijo: «Simón, tengo algo que decirte». «Di, Maestro», respondió él. 41 «Un prestamista tenía dos deudores: uno le debía quinientos denarios, el otro cincuenta. 42 Como no tenían con qué pagar, perdonó a ambos la deuda. ¿Cuál de los dos lo amará más?». 43 Simón contestó: «Pienso que aquel a quien perdonó más». Jesús le dijo: «Has juzgado bien».

44 Y volviéndose hacia la mujer, dijo a Simón: «¿Ves a esta mujer? Entré en tu casa y tú no derramaste agua sobre mis pies; en cambio, ella los bañó con sus lágrimas y los secó con sus cabellos. 45 Tú no me besaste; ella, en cambio, desde que entré, no cesó de besar mis pies. 46 Tú no ungiste mi cabeza; ella derramó perfume sobre mis pies. 47 Por eso te digo que sus pecados, sus numerosos pecados, le han sido perdonados porque ha demostrado mucho amor. Pero aquel a quien se le perdona poco, demuestra poco amor». 48 Después dijo a la mujer: «Tus pecados te son perdonados». 49 Los invitados pensaron: «¿Quién es este hombre, que llega hasta perdonar los pecados?». 50 Pero Jesús dijo a la mujer: «Tu fe te ha salvado, vete en paz».

VIVE LA PALABRA

Mujeres seguidoras de Jesús

En tiempos de Jesús las mujeres no podían participar en muchas actividades de la sociedad y el Templo. Era como si estuvieran en perpetua minoría de edad. Debían quedarse en casa, solo salían con permiso de su marido y tenían prohibido hablar con hombres. Carecían del derecho a la enseñanza de la Ley y a ejercer puestos de liderazgo social o religioso. No podían entrar al interior del Templo ni acudir a él en los días de su menstruación ni después de haber dado a luz, debido a leyes de pureza ritual.

Jesús introdujo cambios significativos en relación con las mujeres, pero su situación legal no cambió. Las nombró en sus parábolas de la misericordia (Lc 15 8-10) y de la fuerza transformadora de su mensaje (Lc 13 16-21). Las trató con gran libertad interior: aceptó ser ungido por una pecadora (Lc 7 44-49); curó a una enferma sin respetar las normas de pureza ritual (8 40-56); llamó a la mujer encorvada «hija de Abraham», título dado solo a los hombres (13 10-17); dialogó con una mujer cananea (Mt 15 21-28); tuvo amistad con Marta y María (Lc 10 38-41); evitó que apedrearan a una mujer adúltera (Jn 8 1-9).

Muchas mujeres se convirtieron en seguidoras fieles de Jesús y participaron en su ministerio. Fue María, su madre, quien lo educó y consiguió su primer milagro (2 1-11); la samaritana proclamó la Buena Nueva (4 1-26); varias mujeres lo acompañaron en su pasión y muerte (Lc 23 49), y fueron ellas las primeras en ser testigos de su resurrección (24 9).

En resumen, Jesús trató a las mujeres con la *misma dignidad* que a los varones y les comunicó *el mismo mensaje de salvación*, libertad y vida. Esto fue sumamente revolucionario en su época, dejando a la Iglesia y, en concreto, a cada uno de nosotros la tarea de transformar los sistemas sociorreligiosos para que la mujer adquiera el lugar que le corresponde, como hija de Dios hecha a imagen y semejanza suya, igual que el varón.

Lc 8 1-3

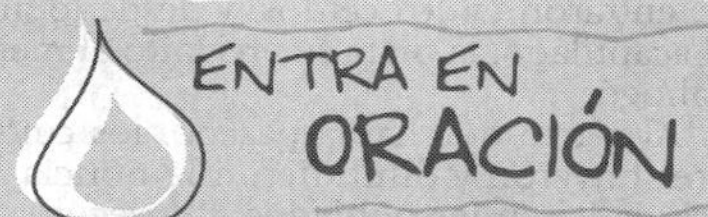

Petición de raíces y frutos

En la parábola del sembrador, Dios es el agricultor que siembra la semilla del evangelio en nuestro corazón. Pero es necesario que nosotros dejemos que la semilla eche raíces, crezca y produzca abundantes frutos.

Señor, eres el mejor sembrador, tu jardín es mi comunidad de fe. Planta en nosotros la semilla de tu amor y danos un corazón abierto, que sea tierra fértil para recibirlo. Cultiva en nosotros los valores del Reino de Dios, para que crezcan firmes y robustos.

Jesús, danos tu luz y el agua viva de tu Espíritu. Enséñanos a ayudarnos mutuamente, a cultivar nuestro jardín, a quitar las rocas y la cizaña que impiden que tu mensaje eche raíces y crezca en nosotros.

Una pequeña semilla es una creación maravillosa que tiene vida dentro de sí. Señor, bondadoso jardinero, solo tú sabes qué brotará de este humilde comienzo. Permite que la semilla de tu evangelio florezca y dé frutos para tu Reino. Amén.

Lc 8 4-15

Las mujeres que acompañaban a Jesús

Mt 9 35; 27 55-56; 4 23 / Mc 6 6b; 16 9; 15 40-41; 1 39

Mc 1 14-15; Lc 4 43; Mt 10 2; Lc 23 49

8 1 Después, Jesús recorría las ciudades y los pueblos, predicando y anunciando la Buena Noticia del Reino de Dios. Lo acompañaban los Doce 2 y también algunas mujeres que habían sido curadas de malos espíritus y enfermedades: María, llamada Magdalena, de la que habían salido siete demonios; 3 Juana, esposa de Cusa, intendente de Herodes, Susana y muchas otras, que los ayudaban con sus bienes.

Parábola del sembrador

Mt 13 1-9 / Mc 4 1-9

Mt 11 15; 13 43

4 Como se reunía una gran multitud y acudía a Jesús gente de todas las ciudades, él les dijo, valiéndose de una parábola: 5 «El sembrador salió a sembrar su semilla. Al sembrar, una parte de la semilla cayó al borde del camino, donde fue pisoteada y se la comieron los pájaros del cielo. 6 Otra parte cayó sobre las piedras y, al brotar, se secó por falta de humedad. 7 Otra cayó entre las espinas, y estas, brotando al mismo tiempo, la ahogaron. 8 Otra parte cayó en tierra fértil, brotó y produjo fruto al ciento por uno». Y una vez que dijo esto, exclamó: «¡El que tenga oídos para oír, que oiga!».

Finalidad de las parábolas

Mt 13 10-11.13 / Mc 4 10-12

Mt 3 2; 6 10; Is 6 9-10

9 Sus discípulos le preguntaron qué significaba esta parábola, 10 y Jesús les dijo: «A ustedes se les ha concedido conocer los misterios del Reino de Dios; a los demás, en cambio, se les habla en parábolas, para que

miren sin ver
y oigan sin comprender.

Explicación de la parábola del sembrador

Mt 13 18-23 / Mc 4 14-20

1 Pe 1 23; 1 Cor 1 21; Lc 21 18; Rom 2 7; 5 3-4; 2 Cor 1 6; 6 4-5

11 La parábola quiere decir esto: La semilla es la Palabra de Dios. 12 Los que están al borde del camino son los que escuchan, pero luego viene el demonio y arrebata la Palabra de sus corazones, para que no crean y se salven. 13 Los que están sobre las piedras son los que reciben la Palabra con alegría, apenas la oyen; pero no tienen raíces: creen por un tiempo, y en el momento de la tentación se vuelven atrás. 14 Lo que cayó entre espinas son los que escuchan, pero con las preocupaciones, las riquezas y los placeres de la vida, se van dejando ahogar poco a poco, y no llegan a madurar. 15 Lo que cayó en tierra fértil son los que escuchan la Palabra con un corazón bien dispuesto, la retienen, y dan fruto gracias a su constancia.

Parábola de la lámpara

Mt 5 15; 10 26 / Mc 4 21-23 / Mt 13 12 / Mc 4 25

Lc 11 33; 19 26

16 No se enciende una lámpara para cubrirla con un recipiente o para ponerla debajo de la cama, sino que se la coloca sobre un candelero, para que los que entren vean la luz. 17 Porque no hay nada oculto que no se descubra algún día, ni nada secreto que no deba ser conocido y divulgado. 18 Presten atención y oigan bien, porque al que tiene, se le dará, pero al que no tiene, se le quitará hasta lo que cree tener».

La verdadera familia de Jesús

Mt 12 46-50 / Mc 3 31-35
Lc 11 28

19 Su madre y sus hermanos fueron a verlo, pero no pudieron acercarse a causa de la
multitud. 20 Entonces le anunciaron a Jesús:
«Tu madre y tus hermanos están ahí fuera y
quieren verte». 21 Pero él les respondió: «Mi
madre y mis hermanos son los que escuchan la Palabra de Dios y la practican».

La tempestad calmada

Mt 8 23-27 / Mc 4 35-41
Lc 5 5; Mt 8 10; Lc 1 12.63

22 Un día, Jesús subió con sus discípulos a
una barca y les dijo: «Pasemos a la otra orilla del lago». Ellos partieron, 23 y mientras
navegaban, Jesús se durmió. Entonces se
desencadenó sobre el lago un fuerte vendaval; la barca se iba llenando de agua, y ellos
corrían peligro. 24 Los discípulos se acercaron y lo despertaron, diciendo: «¡Maestro,
Maestro, nos hundimos!». Él se despertó e
increpó al viento y a las olas; estas se apaci-
guaron y sobrevino la calma. 25 Después les
dijo: «¿Dónde está la fe de ustedes?». Y ellos,
llenos de temor y admiración, se decían
unos a otros: «¿Quién es este que ordena incluso al viento y a las olas, y lo obedecen?».

Curación del endemoniado de Gerasa

Mt 8 28-34 / Mc 5 1-20
Lc 4 34; Lv 16 10; Is 13 21; Lc 10 39

26 Después llegaron a la región de los gerasenos, que está situada frente a Galilea.
27 Jesús acababa de desembarcar, cuando
salió a su encuentro un hombre de la ciudad, que estaba endemoniado. Desde hacía mucho tiempo no se vestía, y no vivía
en una casa, sino en los sepulcros.
28 Al ver a Jesús, comenzó a gritar, cayó a
sus pies y dijo con voz potente: «¿Qué quieres de mí, Jesús, Hijo de Dios, el Altísimo?
Te ruego que no me atormentes». 29 Jesús, en
efecto, estaba ordenando al espíritu impuro
que saliera de aquel hombre. Muchas veces
el espíritu se había apoderado de él, y aunque lo ataban con cadenas y grillos para sujetarlo, él rompía sus ligaduras y el demonio lo arrastraba a lugares desiertos. 30 Jesús
le preguntó: «¿Cuál es tu nombre?». «Legión», respondió, porque eran muchos los
demonios que habían entrado en él. 31 Y le
suplicaban que no les ordenara precipitarse
al abismo. 32 Había allí una gran piara de
cerdos que estaba paciendo en la montaña.
Los demonios suplicaron a Jesús que les
permitiera entrar en los cerdos. Él se lo permitió. 33 Entonces salieron de aquel hombre, entraron en los cerdos, y desde lo alto
del acantilado, la piara se precipitó al mar y
se ahogó.
34 Al ver lo que había pasado, los cuidadores huyeron y difundieron la noticia en
la ciudad y en los poblados. 35 Enseguida la
gente fue a ver lo que había sucedido. Cuando llegaron adonde estaba Jesús, vieron sentado a sus pies, vestido y en su sano juicio,
al hombre del que habían salido los demonios, y se llenaron de temor. 36 Los que habían presenciado el hecho les contaron cómo había sido curado el endemoniado.
37 Todos los gerasenos pidieron a Jesús que
se alejara de allí, porque estaban atemorizados; y él, subiendo a la barca, regresó.
38 El hombre del que salieron los demonios le rogaba que lo llevara con él, pero
Jesús lo despidió, diciéndole: 39 «Vuelve a
tu casa y cuenta todo lo que Dios ha hecho
por ti». Él se fue y proclamó en toda la ciudad lo que Jesús había hecho por él.

Curación de una mujer y resurrección de la hija de Jairo

Mt 9 18-26 / Mc 5 21-43
1 Re 17 17; Lc 7 12; 5 17; 6 19; 7 50; 7 14;
1 Re 17 21-22; Mc 1 25

40 A su regreso, Jesús fue recibido por la
multitud, porque todos lo estaban esperando. 41 De pronto, se presentó un hombre
llamado Jairo, que era jefe de la sinagoga, y
cayendo a los pies de Jesús, le suplicó que
fuera a su casa, 42 porque su única hija, que tenía unos doce años, se estaba muriendo.
Mientras iba, la multitud lo apretaba hasta
sofocarlo.
43 Una mujer que padecía de hemorragias
desde hacía doce años y a quien nadie había
podido curar, 44 se acercó por detrás y tocó
los flecos de su manto; inmediatamente cesó la hemorragia. 45 Jesús preguntó: «¿Quién
me ha tocado?». Como todos lo negaban,
Pedro y sus compañeros le dijeron: «Maestro, es la multitud que te está apretujando».
46 Pero Jesús respondió: «Alguien me ha tocado, porque he sentido que una fuerza salía de mí». 47 Al verse descubierta, la mujer se
acercó temblando, y echándose a sus pies,
contó delante de todos por qué lo había tocado y cómo fue curada instantáneamente.
48 Jesús le dijo entonces: «Hija, tu fe te ha salvado, vete en paz».
49 Todavía estaba hablando, cuando llegó
alguien de la casa del jefe de la sinagoga y le
dijo: «Tu hija ha muerto, no molestes más al
Maestro». 50 Pero Jesús, que había oído, respondió: «No temas, basta que creas y se salvará». 51 Cuando llegó a la casa no permitió

que nadie entrara con él, sino Pedro, Juan y Santiago, junto con el padre y la madre de la niña. 52 Todos lloraban y se lamentaban. «No lloren —dijo Jesús—, no está muerta, sino que duerme». 53 Y se burlaban de él, porque sabían que la niña estaba muerta. 54 Pero Jesús la tomó de la mano y la llamó, diciendo: «Niña, levántate». 55 Ella recuperó el aliento y se levantó en el acto. Después Jesús ordenó que le dieran de comer. 56 Sus padres se quedaron asombrados, pero él les prohibió contar lo que había sucedido.

Misión de los Doce

Mt 10 1.7-11.14 / Mc 6 7-13
Lc 10 11; Hch 13 51; 18 6

9 1 Jesús convocó a los Doce y les dio poder y autoridad para expulsar a toda clase de demonios y para curar las enfermedades. 2 Y los envió a proclamar el Reino de Dios y a sanar a los enfermos, 3 diciéndoles: «No lleven nada para el camino, ni bastón, ni alforja, ni pan, ni dinero, ni tampoco dos túnicas cada uno. 4 Permanezcan en la casa donde se alojen, hasta el momento de partir. 5 Si no los reciben, al salir de esa ciudad sacudan hasta el polvo de sus pies, en testimonio contra ellos». 6 Fueron entonces de pueblo en pueblo, anunciando la Buena Noticia y curando enfermos en todas partes.

Lc 9 10-17

COMPRENDE LOS SÍMBOLOS

Los panes y los peces

Los panes y los peces fueron el primer símbolo de la Eucaristía en memoria de que, al ser compartidos con la multitud, milagrosamente alcanzaron para todos y aun sobraron. De igual manera, la Eucaristía alimenta a toda persona que la recibe y la motiva a compartir a Jesús y nuestros bienes con los demás.

Incertidumbre de Herodes frente a Jesús

Mt 14 1-2 / Mc 6 14-16
Lc 9 19; Mt 3 1; 11 4; 16 14; Lc 23 8-12

7 El tetrarca Herodes se enteró de todo lo que pasaba, y estaba muy desconcertado porque algunos decían: «Es Juan, que ha resucitado». 8 Otros decían: «Es Elías, que se ha aparecido», y otros: «Es uno de los antiguos profetas que ha resucitado». 9 Pero Herodes decía: «A Juan lo hice decapitar. Entonces, ¿quién es este del que oigo decir semejantes cosas?». Y trataba de verlo.

La multiplicación de los panes

Mt 14 13-21 / Mc 6 30-44 / Jn 6 1-13
Lc 6 13; Mt 11 21; 15 34; Mc 8 5;
Ex 16 4.12; Sal 78 29; 2 Re 4 44

10 Al regresar, los Apóstoles contaron a Jesús todo lo que habían hecho. Él los llevó consigo, y se retiró a solas con ellos hacia una ciudad llamada Betsaida. 11 Pero la multitud se dio cuenta y lo siguió. Él los recibió, les habló del Reino de Dios y devolvió la salud a los que tenían necesidad de ser curados.

12 Al caer la tarde, se acercaron los Doce y le dijeron: «Despide a la multitud, para que vayan a los pueblos y caseríos de los alrededores en busca de albergue y alimento, porque estamos en un lugar desierto». 13 Él les respondió: «Denles de comer ustedes mismos». Pero ellos dijeron: «No tenemos más que cinco panes y dos pescados, a no ser que vayamos nosotros a comprar alimentos para toda esta gente». 14 Porque eran alrededor de cinco mil hombres. Entonces Jesús les dijo a sus discípulos: «Háganlos sentar en grupos de cincuenta». 15 Y ellos hicieron sentar a todos. 16 Jesús tomó los cinco panes y los dos pescados y, levantando los ojos al cielo, pronunció sobre ellos la bendición, los partió y los fue entregando a sus discípulos para que se los sirvieran a la multitud. 17 Todos comieron hasta saciarse y con lo que sobró se llenaron doce canastas.

La profesión de fe de Pedro

Mt 16 13-16.20 / Mc 8 27-30
Lc 3 21; Lc 9 7-8; Jn 6 67-69

18 Un día en que Jesús oraba a solas y sus discípulos estaban con él, les preguntó: «¿Quién dice la gente que soy yo?». 19 Ellos le respondieron: «Unos dicen que eres Juan el Bautista; otros, Elías; y otros, alguno de los antiguos profetas que ha resucitado». 20 «Pero ustedes —les preguntó—,

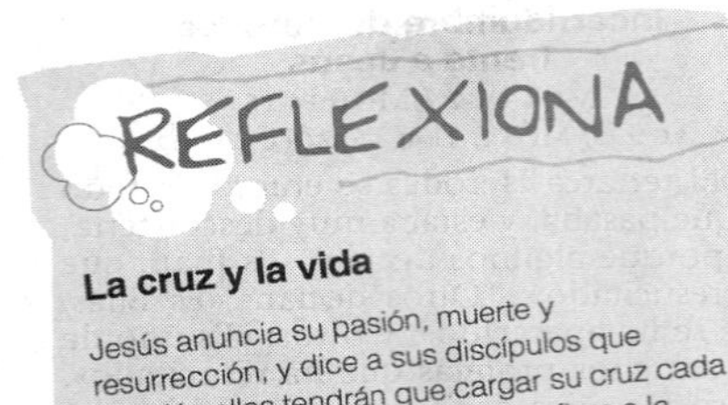

La cruz y la vida

Jesús anuncia su pasión, muerte y resurrección, y dice a sus discípulos que también ellos tendrán que cargar su cruz cada día. Lee Lucas 9 23-27; Jesús se refiere a la renuncia diaria de lo que nos impide seguirlo fielmente y alcanzar la verdadera vida. No habla del martirio, sino que reconoce el trabajo que nos cuesta con frecuencia dejar lo que nos separa de él y nos anima a obtener la vida que nos ofrece.

¿A qué hábitos y actitudes necesitas renunciar para vivir según las enseñanzas de Jesús? ¿Cuáles suponen un sacrificio fuerte para ti? ¿Qué frutos verás en tu vida si asumes la cruz que supone renunciar a ellos?

Lc 9 23-27

¿quién dicen que soy yo?». Pedro, tomando la palabra, respondió: «Tú eres el Mesías de Dios». 21 Y él les ordenó terminantemente que no lo dijeran a nadie.

El primer anuncio de la Pasión

Mt 16 21 / Mc 8 31

Lc 9 44; 18 31-34; Mt 8 20; Mc 11 27

22 «El Hijo del hombre —les dijo— debe
sufrir mucho, ser rechazado por los ancianos, los sumos sacerdotes y los escribas, ser
condenado a muerte y resucitar al tercer
día».

Condiciones para seguir a Jesús

Mt 16 24-28; 10 38-39 / Mc 8 34 – 9 1

Mt 10 33.38; Lc 12 9; 2 Tim 2 12; Lc 9 33; 24 26

23 Después dijo a todos: «El que quiera
venir detrás de mí, que renuncie a sí mismo, que cargue con su cruz cada día y me
siga. 24 Porque el que quiera salvar su vida,
la perderá, y el que pierda su vida por mí,
la salvará. 25 ¿De qué le servirá al hombre
ganar el mundo entero, *si pierde y arruina*
su vida? 26 Porque si alguien se avergüenza
de mí y de mis palabras, el Hijo del hombre se avergonzará de él cuando venga en
su gloria y en la gloria del Padre y de los
santos ángeles. 27 Les aseguro que algunos
de los que están aquí presentes no morirán
antes de ver el Reino de Dios».

La transfiguración de Jesús

Mt 17 1-9 / Mc 9 2-10

Lc 3 21; 2 Re 2 11-12; Dt 18 15.18; Ex 34 29-35; Jn 1 14;
2 Pe 1 16-18; Is 49 7; Mt 3 17; Jn 1 34

28 Unos ocho días después de decir esto,
Jesús tomó a Pedro, Juan y Santiago, y subió
a la montaña para orar. 29 Mientras oraba, su
rostro cambió de aspecto y sus vestiduras se
volvieron de una blancura deslumbrante.
30 Y dos hombres conversaban con él: eran
Moisés y Elías, 31 que aparecían revestidos de
gloria y hablaban de la partida de Jesús, que
iba a cumplirse en Jerusalén. 32 Pedro y sus
compañeros tenían mucho sueño, pero permanecieron despiertos, y vieron la gloria de
Jesús y a los dos hombres que estaban con
él. 33 Mientras estos se alejaban, Pedro dijo a
Jesús: «Maestro, ¡qué bien estamos aquí!
Hagamos tres tiendas, una para ti, otra para
Moisés y otra para Elías». Él no sabía lo que
decía. 34 Mientras hablaba, una nube los cubrió con su sombra y, al entrar en ella, los
discípulos se llenaron de temor. 35 Desde la
nube se oyó entonces una voz que decía:
«Este es mi Hijo, el Elegido, escúchenlo».
36 Y cuando se oyó la voz, Jesús estaba solo.
Los discípulos callaron y durante todo ese
tiempo no dijeron a nadie lo que habían
visto.

Curación de un endemoniado epiléptico

Mt 17 14-20 / Mc 9 14-29

Lc 7 12.15; 1 63

37 Al día siguiente, cuando bajaron de la
montaña, una multitud vino a su encuentro. 38 De pronto, un hombre gritó: «Maestro,
por favor, mira a mi hijo, el único que tengo. 39 Cada tanto un espíritu se apodera de
él y se pone a gritar; lo sacude con violencia y le hace echar espuma por la boca. A
duras penas se aparta de él, dejándolo extenuado. 40 Les pedí a tus discípulos que lo
expulsaran, pero no pudieron». 41 Jesús le
respondió: «Generación incrédula y perversa, ¿hasta cuándo estaré con ustedes y
tendré que soportarlos? Trae aquí a tu hijo». 42 El niño se estaba acercando, cuando
el demonio lo arrojó al suelo y lo sacudió
violentamente. Pero Jesús increpó al espíritu impuro, curó al niño y lo entregó a su
padre. 43 Todos estaban maravillados de la
grandeza de Dios.

El segundo anuncio de la Pasión

Mt 17 22 / Mc 9 30-32

Mt 8 20; Lc 9 22; 18 31-34

Mientras todos se admiraban por las
cosas que hacía, Jesús dijo a sus discípu-

los: [44]«Escuchen bien esto que les digo: El
Hijo del hombre va a ser entregado en
manos de los hombres». [45]Pero ellos no
entendían estas palabras: su sentido les
estaba velado de manera que no podían
comprenderlas, y temían interrogar a Jesús acerca de esto.

La verdadera grandeza

Mt 18 1-5 / Mc 9 33-37
Lc 22 24-27

[46]Entonces se les ocurrió preguntarse
quién sería el más grande. [47]Pero Jesús, conociendo sus pensamientos, tomó a un niño y, acercándolo, [48]les dijo: «El que recibe
a este niño en mi Nombre, me recibe a mí,
y el que me recibe a mí, recibe a aquel que
me envió; porque el más pequeño de ustedes, ese es el más grande».

La intolerancia de los Apóstoles

Mc 9 38-40
Hch 16 18; 19 33; Mt 12 30; Mc 9 40; Lc 11 23

[49]Juan, dirigiéndose a Jesús, le dijo:
«Maestro, hemos visto a uno que expulsaba demonios en tu Nombre y tratamos de
impedírselo, porque no es de los nuestros». [50]Pero Jesús le dijo: «No se lo impidan, porque el que no está contra ustedes,
está con ustedes».

LA SUBIDA DE JESÚS A JERUSALÉN

El paso de Jesús por Samaría

Lc 9 31; 13 22; 17 11; 2 Re 17 24-41;
Eclo 50 23-24; Jn 4 9; 2 Re 1 10-12

[51]Cuando estaba por cumplirse el tiempo de su elevación al cielo, Jesús se encaminó decididamente hacia Jerusalén [52]y
envió mensajeros delante de él. Ellos partieron y entraron en un pueblo de Samaría
para prepararle alojamiento. [53]Pero no lo
recibieron porque se dirigía a Jerusalén.
[54]Cuando sus discípulos Santiago y Juan
vieron esto, le dijeron: «Señor, ¿quieres
que mandemos *caer fuego del cielo para con-
sumirlos*?». [55]Pero él se dio vuelta y los reprendió. [56]Y se fueron a otro pueblo.

Exigencias de la vocación apostólica

Mt 8 18-22
Mt 4 19; 1 Re 19 19-21

[57]Mientras iban caminando, alguien le dijo a Jesús: «¡Te seguiré adonde vayas!». [58]Jesús
le respondió: «Los zorros tienen sus cuevas y
las aves del cielo sus nidos, pero el Hijo del
hombre no tiene dónde reclinar la cabeza».
[59]Y dijo a otro: «Sígueme». Él respondió:
«Permíteme que vaya primero a enterrar a
mi padre». [60]Pero Jesús le respondió: «Deja
que los muertos entierren a sus muertos; tú
ve a anunciar el Reino de Dios».

VIVE LA PALABRA

Vale la pena seguir a Jesús

Lucas dedica diez capítulos al viaje de Jesús a Jerusalén, el cual ve como un símbolo de la jornada de Jesús hacia el Padre. No se preocupa de situar el viaje geográficamente; lo que le importa es mostrar que el fin de la peregrinación de Jesús es su muerte y resurrección, y dar a los cristianos una serie de catequesis que les ayude a seguir a Jesús en su camino al Padre.

Jesús fue libre y decididamente a Jerusalén para salvarnos, nos invita a seguirlo y nos enseña que las exigencias de su reino son radicales. Lucas habla de los cristianos como de quienes han seguido el *camino a Jerusalén* (Hch 9 2).

Es importante notar que, en todo el Nuevo Testamento, el verbo griego *ákolouzein* (seguir) aparece noventa veces en referencia al seguimiento de Jesús; el verbo *épeszai* (ser similar) solo está dos veces, y el verbo *miméomai* (imitar) no existe. Piensa por unos momentos en la diferencia entre «seguir» e «imitar» a otra persona. Jesús quiere que lo sigamos libremente, según nuestra personalidad, con nuestra propia voz, corazón y voluntad. No se trata de ser igual que él —lo que no es posible— ni de imitarlo como robots.

¡Jesús te invita a seguirlo libremente, con fe y esperanza, caminando con él hacia el Padre, por el camino seguro del amor! A veces lo seguirás más de cerca, en ocasiones un poco de lejos; lo importante es nunca perderlo de vista y acercarse a él cuando te estás separando de él. Así seguirás seguro/a tu jornada al Padre.

Lc 9 51-62

61 Otro le dijo: «Te seguiré, Señor, pero
permíteme antes despedirme de los míos».
62 Jesús le respondió: «El que ha puesto la
mano en el arado y mira hacia atrás, no sirve para el Reino de Dios».

Misión de los setenta y dos discípulos

Mt 9 37-38; 10 9-15 / Mc 6 6.8-11
Lc 9 1; Jn 4 35; Am 9 9; 1 Cor 9 6-18;
2 Cor 11 7-11; Mt 3 2; 4 17; Mc 1 15

10 1 Después de esto, el Señor designó a
otros setenta y dos, y los envió de dos
en dos para que lo precedieran en todas las
ciudades y sitios adonde él debía ir. 2 Y les
dijo: «La cosecha es abundante, pero los
trabajadores son pocos. Rueguen al dueño
de los sembrados que envíe trabajadores
para la cosecha. 3 ¡Vayan! Yo los envío como a ovejas en medio de lobos. 4 No lleven
dinero, ni alforja, ni calzado, y no se detengan a saludar a nadie por el camino. 5 Al entrar en una casa, digan primero: "¡Que descienda la paz sobre esta casa!". 6 Y si hay allí
alguien digno de recibirla, esa paz reposará
sobre él; de lo contrario, volverá a ustedes.
7 Permanezcan en esa misma casa, comiendo y bebiendo de lo que haya, porque el
que trabaja merece su salario. No vayan de
casa en casa. 8 En las ciudades donde entren
y sean recibidos, coman lo que les sirvan;
9 curen a sus enfermos y digan a la gente:
"El Reino de Dios está cerca de ustedes".
10 Pero en todas las ciudades donde entren y
no los reciban, salgan a las plazas y digan:
11 "¡Hasta el polvo de esta ciudad que se ha
adherido a nuestros pies, lo sacudimos sobre ustedes! Sepan, sin embargo, que el Reino de Dios está cerca". 12 Les aseguro que, en
aquel Día, Sodoma será tratada menos rigurosamente que esa ciudad.

Lamentación de Jesús por las ciudades de Galilea

Mt 11 21-23 / Mt 10 40 / Jn 13 20
Lc 6 24-26; Is 23; Ez 26 – 28;
Is 14 13.15; Jn 5 23; 13 20; 12 44

13 ¡Ay de ti, Corozaín! ¡Ay de ti, Betsaida!
Porque si en Tiro y en Sidón se hubieran
hecho los milagros realizados entre ustedes, hace tiempo que se habrían convertido, poniéndose cilicio y sentándose sobre
ceniza. 14 *Por* eso Tiro y Sidón, en el día del
Juicio, serán tratadas menos rigurosamente que ustedes. 15 Y tú, Cafarnaún, ¿acaso
crees que *serás elevada hasta el cielo? No, serás precipitada hasta el infierno*.
16 El que los escucha a ustedes, me escucha a mí; el que los rechaza a ustedes, me
rechaza a mí; y el que me rechaza, rechaza
a aquel que me envió».

Regreso de los setenta y dos discípulos

Mc 16 17-18
Jn 12 31; Ap 12 8-9; Is 14 12; Gn 3 15;
Sal 91 13; Mc 16 18; Ap 3 5

17 Los setenta y dos volvieron y le dijeron
llenos de gozo: «Señor, hasta los demonios se
nos someten en tu Nombre». 18 Él les dijo: «Yo
veía a Satanás caer del cielo como un rayo.
19 Les he dado poder para caminar sobre serpientes y escorpiones y para vencer todas las
fuerzas del enemigo; y nada podrá dañarlos.
20 No se alegren, sin embargo, de que los espíritus se les sometan; alégrense más bien de
que sus nombres estén escritos en el cielo».

La revelación del Evangelio a los humildes

Mt 11 25-27; 13 16-17
1 Cor 1 26-28; Mt 28 28; Jn 3 35; 13 3;
Flp 2 9; Mt 5 3; 1 Pe 1 10

21 En aquella hora Jesús se estremeció de
gozo, movido por el Espíritu Santo, y dijo:
«Te alabo, Padre, Señor del cielo y de la tierra,
por haber ocultado estas cosas a los sabios y
a los prudentes y haberlas revelado a los pe-

REFLEXIONA

¡Prójimo sin discriminar!

Lee el pasaje del buen samaritano en Lucas 10 25-36; es muy bello. Jesús llama prójimo a quien cumplió el mandamiento del amor. Buen samaritano es quien abre el corazón a la persona que sufre y le tiende la mano, sin discriminar a nadie que necesite cuidado. ¿Cómo pasar de largo e indiferente ante quien sufre? No basta con ser sensible y sentir compasión, hay que actuar. Todos estamos llamados a ser buenos samaritanos, y algunas personas están llamadas a elegir profesiones que encarnan esta misión. Estamos llamados a hacernos prójimos, acercándonos a los necesitados. Solamente una persona se acercó y fue prójimo al hombre caído.

¿Te llama para que seas médico, enfermero/a, trabajador/a social, maestro/a en escuelas pobres? ¿Qué te pide a ti el Señor?

Lc 10 25-37

queños. Sí, Padre, porque así lo has querido.
22 Todo me ha sido dado por mi Padre, y nadie sabe quién es el Hijo, sino el Padre, como
nadie sabe quién es el Padre, sino el Hijo y
aquel a quien el Hijo se lo quiera revelar».
23 Después, volviéndose hacia sus discípulos, Jesús les dijo a ellos solos: «¡Felices los
ojos que ven lo que ustedes ven! 24 ¡Les aseguro que muchos profetas y reyes quisieron
ver lo que ustedes ven y no lo vieron, oír lo
que ustedes oyen y no lo oyeron!».

El mandamiento principal

Mt 22 34-40 / Mc 12 28-31
Mc 10 2; Lc 11 16; Dt 6 5;
Lv 19 18; 18 5; Rom 10 5; Gal 3 12

25 Y entonces, un doctor de la Ley se levantó y le preguntó para ponerlo a prueba:
«Maestro, ¿qué tengo que hacer para heredar la Vida eterna?». 26 Jesús le preguntó a
su vez: «¿Qué está escrito en la Ley? ¿Qué
lees en ella?». 27 Él le respondió: «*Amarás al
Señor, tu Dios, con todo tu corazón, con toda
tu alma, con todas tus fuerzas y con todo tu espíritu, y a tu prójimo como a ti mismo*».
28 «Has respondido exactamente —le dijo Jesús—; obra así y alcanzarás la vida».

Parábola del buen samaritano

Lc 9 52-56

29 Pero el doctor de la Ley, para justificar
su intervención, le hizo esta pregunta: «¿Y
quién es mi prójimo?». 30 Jesús volvió a tomar la palabra y le respondió: «Un hombre
bajaba de Jerusalén a Jericó y cayó en manos
de unos bandidos, que lo despojaron de todo, lo hirieron y se fueron, dejándolo medio muerto. 31 Casualmente bajaba por el
mismo camino un sacerdote: lo vio y siguió
de largo. 32 También pasó por allí un levita:
lo vio y siguió su camino. 33 Pero un samaritano que viajaba por allí, al pasar junto a él,
lo vio y se conmovió. 34 Entonces se acercó y
vendó sus heridas, cubriéndolas con aceite
y vino; después lo puso sobre su propia montura, lo condujo a un albergue y se encargó
de *cuidarlo*. 35 *Al día siguiente*, sacó dos denarios y se los dio al dueño del albergue, diciéndole: "Cuídalo, y lo que gastes de más,
te lo pagaré al volver". 36 ¿Cuál de los tres te
parece que se portó como prójimo del hombre asaltado por los bandidos?». 37 «El que
tuvo compasión de él», le respondió el doctor. Y Jesús le dijo: «Ve y haz tú lo mismo».

El encuentro de Jesús con Marta y María

Jn 11 1-3

38 Mientras iban caminando, Jesús entró
en un pueblo, y una mujer que se llamaba
Marta lo recibió en su casa. 39 Tenía una hermana llamada María, que, sentada a los pies
del Señor, escuchaba su Palabra. 40 Marta,
que estaba muy ocupada con los quehace-
res de la casa, dijo a Jesús: «Señor, ¿no te importa que mi hermana me deje sola con todo el trabajo? Dile que me ayude». 41 Pero el
Señor le respondió: «Marta, Marta, te inquietas y te agitas por muchas cosas. 42 Sin
embargo, una sola es necesaria. María eligió
la mejor parte, que no le será quitada».

El Padrenuestro

Mt 6 9-13
Lc 3 21; Jn 5 33; Mt 18 23-35

11 1 Un día, Jesús estaba orando en cierto
lugar, y cuando terminó, uno de sus
discípulos le dijo: «Señor, enséñanos a orar,
así como Juan enseñó a sus discípulos». 2 Él
les dijo entonces: «Cuando oren, digan:

Padre, santificado sea tu Nombre,
que venga tu Reino;
3 danos cada día nuestro pan cotidiano;
4 perdona nuestros pecados,
porque también nosotros perdonamos
a aquellos que nos ofenden;
y no nos dejes caer en la tentación».

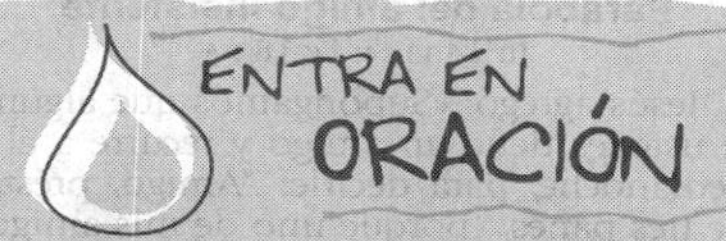

Ora y actúa

Muchas personas interpretan el pasaje de Jesús con Marta y María (Lc 10 38-42) para decir que la oración es más importante que la acción. Pero ni su vida ni sus enseñanzas dicen eso. Jesús oró para identificarse con el Padre y prepararse para hacer su voluntad; la mayor parte de los evangelios presenta a Jesús actuando.

La oración y el servicio son complementarios en la espiritualidad y vida cristiana. ¿Cómo extenderían los cristianos el Reino de Dios en la tierra si se pasaran todo el tiempo sentados a los pies del Señor? (v. 39). ¿Qué pasaría si los cristianos nunca se alimentaran de la Palabra de Dios e intentaran construir el Reino de Dios a su propio estilo y solo con sus fuerzas?

Revisa la proporción de oración y acción por el Reino de Dios en tu vida. ¿Qué descubres? Haz unos momentos de oración y pide a Dios que te ayude a equilibrar estos dos aspectos vitales en toda vida cristiana.

Lc 10 38-42

Parábola del amigo insistente

Jn 14 13-14; Lc 18 1-8

5 Jesús agregó: «Supongamos que alguno de ustedes tiene un amigo y recurre a él a medianoche, para decirle: "Amigo, préstame tres panes, 6 porque uno de mis amigos llegó de viaje y no tengo nada que ofrecerle", 7 y desde dentro él le responde: "No me fastidies; ahora la puerta está cerrada, y mis hijos y yo estamos acostados. No puedo levantarme para dártelos". 8 Yo les aseguro que aunque él no se levante para dárselos por ser su amigo, se levantará al menos a causa de su insistencia y le dará todo lo necesario.

La eficacia de la oración

Mt 7 7-11

Mt 18 19; Mc 11 24; Mt 21 22; Jn 11 22; 15 16; Sant 1 5; Prov 8 17

9 También les aseguro: pidan y se les dará, busquen y encontrarán, llamen y se les abrirá. 10 Porque el que pide, recibe; el que busca, encuentra; y al que llama, se le abrirá. 11 ¿Hay algún padre entre ustedes que dé a su hijo una serpiente cuando le pide un pescado? 12 ¿Y si le pide un huevo, le dará un escorpión? 13 Si ustedes, que son malos, saben dar cosas buenas a sus hijos, ¡cuánto más el Padre del cielo dará el Espíritu Santo a aquellos que se lo pidan!».

El Reino de Dios y Belzebul

Mt 12 22-29 / Mc 3 22-27

Mc 9 17; Mt 10 25; Mt 9 34; 12 24; Ex 8 15; Lc 3 16; Mt 12 30; Mc 9 40

14 Jesús estaba expulsando a un demonio que era mudo. Apenas salió el demonio, el mudo empezó a hablar. La muchedumbre quedó admirada, 15 pero algunos de ellos decían: «Este expulsa a los demonios por el poder de Belzebul, el Príncipe de los demonios». 16 Otros, para ponerlo a prueba, exigían de él un signo que viniera del cielo. 17 Jesús, que conocía sus pensamientos, les dijo: «Un reino donde hay luchas internas va a la ruina y sus casas caen una sobre otra. 18 Si Satanás lucha contra sí mismo, ¿cómo podrá subsistir su reino? Porque —como ustedes dicen— yo expulso a los demonios con el poder de Belzebul. 19 Si yo expulso a los demonios con el poder de Belzebul, ¿con qué poder los expulsan los discípulos *de ustedes? Por eso, ustedes los* tendrán a ellos como jueces. 20 Pero si yo expulso a los demonios con la fuerza del dedo de Dios, quiere decir que el Reino de Dios ha llegado a ustedes.

21 Cuando un hombre fuerte y bien armado hace guardia en su palacio, todas sus posesiones están seguras, 22 pero si viene otro

Lc 11 27

COMPRENDE LOS SÍMBOLOS

Emblemas de María

Cuatro emblemas de María engarzan las primeras letras «MA». Uno las corona con la cruz y otro las pone entre la «I» y la «XP», que son las iniciales de *Iesous Xristós*. El guión sobre «MP» y «THU» abrevia *Mater Theou*, Madre de Dios, cuya dicha radica en escuchar la Palabra de Dios y ponerla en práctica (Lc 11 27).

más fuerte que él y lo domina, le quita el arma en la que confiaba y reparte sus bienes. 23 El que no está conmigo, está contra mí; y el que no recoge conmigo, desparrama.

La ofensiva de Satanás

Mt 12 43-45

Lc 8 29

24 Cuando el espíritu impuro sale de un hombre, vaga por lugares desiertos en busca de reposo, y al no encontrarlo, piensa: "Volveré a mi casa, de donde salí". 25 Cuando llega, la encuentra barrida y ordenada. 26 Entonces va a buscar a otros siete espíritus peores que él; entran y se instalan allí. Y al final, ese hombre se encuentra peor que al principio».

El valor de la fe

Mt 5 3ss; Lc 1 31.42.48; 8 21

27 Cuando Jesús terminó de hablar, una mujer levantó la voz en medio de la multitud y le dijo: «¡Feliz el seno que te llevó y los pechos que te amamantaron!». 28 Jesús le respondió: «Felices más bien los que escuchan la Palabra de Dios y la practican».

El signo de Jonás

Mt 12 39-42 / Mc 8 12

1 Cor 1 22; Jon 3 1-10; 1 Re 10 1-10; 3; 5 9-14

29 Al ver Jesús que la multitud se apretujaba, comenzó a decir: «Esta es una generación

malvada. Pide un signo y no le será dado
otro que el de Jonás. [30] Así como Jonás fue
un signo para los ninivitas, también el Hijo
del hombre lo será para esta generación.
[31] El día del Juicio, la Reina del Sur se levantará contra los hombres de esta generación y los condenará, porque ella vino de
los confines de la tierra para escuchar la
sabiduría de Salomón y aquí hay alguien
que es más que Salomón.
[32] El día del Juicio, los hombres de Nínive se levantarán contra esta generación y la
condenarán, porque ellos se convirtieron
por la predicación de Jonás y aquí hay alguien que es más que Jonás.

Parábola de la lámpara

Mt 5 15 / Mc 4 21 / Mt 6 22-23
Lc 8 16; Ef 1 18; Prov 22 9; Sant 1 5;
Mt 20 15; Prov 23 6; 28 22; Mt 28 3

[33] Cuando uno enciende una lámpara, no
la esconde ni la cubre, sino que la pone sobre el candelero, para que los que entran vean
la claridad. [34] La lámpara del cuerpo es tu ojo.
Cuando tu ojo está sano, todo tu cuerpo está iluminado; pero si tu ojo está enfermo,
también tu cuerpo estará en tinieblas. [35] Ten
cuidado de que la luz que hay en ti no se os-
curezca. [36] Si todo tu cuerpo está iluminado,
sin nada de sombra, tendrá tanta luz como
cuando la lámpara te ilumina con sus rayos».

Invectivas contra los fariseos y los doctores de la Ley

Mt 23 23.6-7.27.4.29-31.34.36.13 / Mc 12 38-39
Lc 20 45-47; Mt 15 2.20; Lc 7 35; 6 23;
Gn 4 8; 2 Cr 24 20-21

[37] Cuando terminó de hablar, un fariseo
lo invitó a cenar a su casa. Jesús entró y se
sentó a la mesa. [38] El fariseo se extrañó de
que no se lavara antes de comer. [39] Pero el
Señor le dijo: «¡Así son ustedes, los fariseos! Purifican por fuera la copa y el plato,
y por dentro están llenos de voracidad y
perfidia. [40] ¡Insensatos! El que hizo lo de
fuera, ¿no hizo también lo de dentro? [41] Den
más bien como *limosna lo que tienen* y todo será puro para ustedes.
[42] Pero ¡ay de ustedes, fariseos, que pagan el impuesto de la menta, de la ruda y
de todas las legumbres, y descuidan la justicia y el amor de Dios! Hay que practicar
esto, sin descuidar aquello.
[43] ¡Ay de ustedes, fariseos, porque les
gusta ocupar el primer asiento en las sinagogas y ser saludados en las plazas! [44] ¡Ay
de ustedes, porque son como esos sepulcros que no se ven y sobre los cuales se camina sin saber!».

No impongan cargas insoportables

Jesús hizo una serie de críticas a un fariseo con quien comió en su casa (Lc 11 37-45).

¿Por qué, si tuvo tanta compasión con los pecadores, usó un lenguaje violento contra los fariseos? Jesús no rechazó a los fariseos ni a otros grupos sociales, pero sí denunció las actitudes y creencias que se oponían a una relación auténtica con su Padre Dios:

- ***El fanatismo*** consiste en tener un celo tan exagerado por ciertas creencias y opiniones religiosas, que se pierde su significado auténtico y se ataca a quienes no están de acuerdo, llegando incluso a matarlos.
- ***El exhibicionismo*** consiste en realizar las prácticas religiosas para que otras personas admiren la piedad personal, en lugar de dar culto a Dios y hacer su voluntad.
- ***La hipocresía*** consiste en fingir o aparentar sentimientos y cualidades que no se tienen, con el fin de obtener un beneficio o prestigio social.
- ***El autoritarismo*** consiste en dominar a personas y grupos con base en la autoridad que se tiene, sin considerar la libertad del otro ni usar la razón para convencer sobre la conducta deseada.

El objetivo de Jesús no es solamente criticar estas actitudes y conductas en la gente, sino denunciarlas para hacer notar que se oponen a la liberación que viene del amor. Piensa en tu vida cristiana; ¿tiendes a alguno de estos rasgos? ¿Qué necesitas hacer para eliminarlos?

Lc 11 37-45

[45] Un doctor de la Ley tomó entonces la
palabra y dijo: «Maestro, cuando hablas
así, nos insultas también a nosotros». [46] Él
le respondió: «¡Ay de ustedes también,
porque imponen a los demás cargas insoportables, pero ustedes no las tocan ni siquiera con un dedo! [47] ¡Ay de ustedes, que
construyen los sepulcros de los profetas, a
quienes sus mismos padres han matado!
[48] Así se convierten en testigos y aprueban

los actos de sus padres: ellos los mataron y
ustedes les construyen sepulcros.
49 Por eso la Sabiduría de Dios ha dicho:
Yo les enviaré profetas y apóstoles: matarán y perseguirán a muchos de ellos. 50 Así
se pedirá cuenta a esta generación de la
sangre de todos los profetas, que ha sido
derramada desde la creación del mundo:
51 desde la sangre de Abel hasta la sangre de
Zacarías, que fue asesinado entre el altar y
el santuario. Sí, les aseguro que a esta generación se le pedirá cuenta de todo esto.
52 ¡Ay de ustedes, doctores de la Ley, porque se han apoderado de la llave de la
ciencia! No han entrado ustedes, y a los
que quieren entrar, se lo impiden».
53 Cuando Jesús salió de allí, los escribas
y los fariseos comenzaron a acosarlo, exigiéndole respuesta sobre muchas cosas 54 y
tendiéndole trampas para sorprenderlo en
alguna afirmación.

Advertencia contra la hipocresía

Mt 10 26-27 / Mc 4 22
Mt 16 6; Mc 8 15; 1 Cor 5 6-8; Lc 6 42

12 1 Mientras tanto se reunieron miles de
personas, hasta el punto de atropellar-
se unos a otros. Jesús comenzó a decir, dirigiéndose primero a sus discípulos: «Cuídense de la levadura de los fariseos, que es la
hipocresía. 2 No hay nada oculto que no deba ser revelado, ni nada secreto que no deba
ser conocido. 3 Por eso, todo lo que ustedes
han dicho en la oscuridad, será escuchado en
pleno día; y lo que han hablado al oído,
en las habitaciones más ocultas, será proclamado desde lo alto de las casas.

El verdadero y el falso temor

Mt 10 28-31
Lc 1 50; 18 2.4; 23 40; Lc 21 18; 12 24

4 A ustedes, mis amigos, les digo: No teman a los que matan el cuerpo y después
no pueden hacer nada más. 5 Yo les indicaré a quién deben temer: teman a aquel
que, después de matar, tiene el poder de
arrojar a la Gehena. Sí, les repito, teman a
ese. 6 ¿No se venden acaso cinco pájaros
por dos monedas? Sin embargo, Dios no
olvida a ninguno de ellos. 7 Ustedes tienen
contados todos sus cabellos: no teman,
porque valen más que muchos pájaros.

La valentía para reconocer al Hijo del hombre

Mt 10 32-33 / Mc 8 38 /
Mt 12 32 / Mc 3 29 / Mt 10 19-20 / Mc 13 11

8 Les aseguro que a aquel que me reconozca abiertamente delante de los hom-

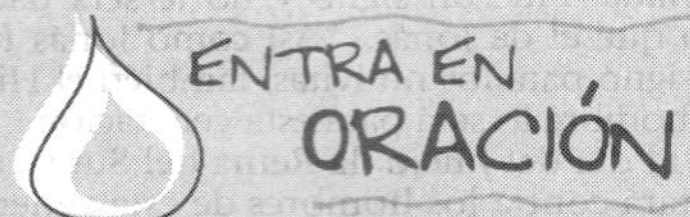

¿Un pecado que no se perdona?

El seguimiento de Jesús tiene implicaciones serias: reconocerlo como Hijo de Dios, aceptar su mensaje completo y llevar un estilo de vida coherente con sus enseñanzas. Estas tres condiciones se dan solo en el marco de la fe, la cual es un don de Dios.

El pecado contra el Espíritu Santo, también conocido como blasfemia «contra el Espíritu Santo», que Jesús dice que no será perdonado (Lc 12 10), consiste en atribuir al demonio lo que es evidentemente obra de Dios. La gran malicia que esto supone hará que la persona, de hecho, no se convierta. Este texto es una amenaza. Juan habla también de pecados imperdonables (1 Jn 5 16-17), aunque la misericordia y el amor de Dios son infinitos; siempre tenemos el poder de ofrecer resistencia a Dios y rehusar convertirnos.

Haz unos minutos de oración y pide a Jesús que te ayude a estar siempre abierto a la acción del Espíritu de Dios en ti. Después ora por la conversión de quienes se cierran a la acción de Dios en su vida.

Lc 12 8-10

bres, el Hijo del hombre lo reconocerá ante los ángeles de Dios. 9 Pero el que no me
reconozca delante de los hombres, no será
reconocido ante los ángeles de Dios.
10 Al que diga una palabra contra el Hijo
del hombre, se le perdonará; pero al que
blasfeme contra el Espíritu Santo, no se le
perdonará.
11 Cuando los lleven ante las sinagogas,
ante los magistrados y las autoridades, no
se preocupen de cómo se van a defender o
qué van a decir, 12 porque el Espíritu Santo
les enseñará en ese momento lo que deban
decir».

El desprendimiento cristiano

Ex 2 14; Hch 7 27.35; Dt 21 17;
Lc 9 25; 12 – 22; 1 Tim 6 9-10

13 Uno de la multitud le dijo: «Maestro,
dile a mi hermano que comparta conmigo la herencia». 14 Jesús le respondió:
«Amigo, ¿quién me ha constituido juez o
árbitro entre ustedes?». 15 Después les dijo:

VIVE LA PALABRA

La trampa de la avaricia

Con esta parábola del rico que quería seguir acumulando bienes, Jesús nos advierte que la avaricia es una trampa que puede causar adicción. En lugar de sentirnos felices por lograr lo que anhelamos, sentimos que es insuficiente y caemos en un círculo vicioso que nunca acaba. ¡Es tan fácil caer en esta trampa! La publicidad trata de convencernos de que necesitamos poseer muchas cosas (ver «¡Nuevo y mejorado!», Am 6 1-8). Nuestra inseguridad también influye; creemos que somos más importantes cuando tenemos más.

La medicina para vencer este mal consiste en vivir bien los siguientes principios:

- Valorarse por lo que uno es y no por lo que tiene.
- Estar contento con lo que se tiene, sin obsesionarse con tener más.
- Llevar un estilo de vida de acuerdo con los medios económicos que se tienen, sin tratar de aparentar más.
- Tener una vida sencilla, aunque los recursos personales alcancen para vivir con lujo.
- Evitar los juegos de apuestas, que tienen alto riesgo y crean adicciones peligrosas.
- Tener un espíritu generoso para compartir.
- Valorar el prever y proveer para el bienestar de la familia, sin acumular lo que no se necesita.
- Estar abierto/a al apoyo y el consejo de personas sabias.

Lc 12 13-21

«Cuídense de toda avaricia, porque aun
en medio de la abundancia, la vida de un
hombre no está asegurada por sus riquezas».

Parábola del rico insensato

Eclo 11 19; Mt 6 20; Lc 12 23; 18 22

16 Les dijo entonces una parábola: «Había
un hombre rico, cuyas tierras habían producido mucho, 17 y se preguntaba a sí mismo:
"¿Qué voy a hacer? No tengo dónde guardar
mi cosecha". 18 Después pensó: "Voy a hacer
esto: demoleré mis graneros, construiré
otros más grandes y amontonaré allí todo
mi trigo y mis bienes, 19 y diré a mi alma: Alma mía, tienes bienes almacenados para
muchos años; descansa, come, bebe y date
buena vida". 20 Pero Dios le dijo: "Insensato,
esta misma noche vas a morir. ¿Y para quién
será lo que has amontonado?". 21 Esto es lo
que sucede al que acumula riquezas para sí,
y no es rico a los ojos de Dios».

La confianza en la Providencia

Mt 6 25-33
Sal 147 9; Mt 10 31; Lc 12 7;
1 Re 10 4-7; Jn 10 1-16.27; 21 15-17

22 Después dijo a sus discípulos: «Por eso
les digo: No se inquieten por la vida, pensando qué van a comer, ni por el cuerpo,
pensando con qué se van a vestir. 23 Porque
la vida vale más que la comida, y el cuerpo
más que el vestido. 24 Fíjense en los cuervos: no siembran ni cosechan, no tienen
despensa ni granero, y Dios los alimenta.
¡Cuánto más valen ustedes que los pájaros! 25 ¿Y quién de ustedes, por mucho que
se inquiete, puede añadir un instante al
tiempo de su vida? 26 Si aun las cosas más
pequeñas superan sus fuerzas, ¿por qué se
inquietan por las otras? 27 Fíjense en los lirios: no hilan ni tejen; sin embargo, les
aseguro que ni Salomón, en el esplendor
de su gloria, se vistió como uno de ellos.
28 Si Dios viste así a la hierba, que hoy está
en el campo y mañana es echada al fuego,
¡cuánto más hará por ustedes, hombres de
poca fe! 29 Tampoco tienen que preocuparse por lo que van a comer o beber; no se
inquieten, 30 porque son los paganos de este mundo los que van detrás de esas cosas.
El Padre sabe que ustedes las necesitan.
31 Busquen más bien su Reino, y lo demás
se les dará por añadidura.
32 No temas, pequeño Rebaño, porque el
Padre de ustedes ha querido darles el Reino.

El verdadero tesoro

Mt 6 20-21
Mt 19 21; Lc 21 21

33 Vendan sus bienes y denlos como limosna. Háganse bolsas que no se desgas-
ten y acumulen un tesoro inagotable en el
cielo, donde no se acerca el ladrón ni destruye la polilla. 34 Porque allí donde tengan
su tesoro, tendrán también su corazón.

Exhortación a la vigilancia y a la fidelidad

Mt 24 42-44 / Mc 13 33-37
Mt 25 1-13; Mc 13 33-37;
Ef 6 14; 1 Pe 1 13; Mt 10 23

35 Estén preparados, ceñidos y con las lámparas encendidas. 36 Sean como los hombres
que esperan el regreso de su señor, que fue a
una boda, para abrirle apenas llegue y llame
a la puerta. 37 ¡Felices los servidores a quienes
el señor encuentra velando a su llegada! Les
aseguro que él mismo recogerá su túnica, los
hará sentar a la mesa y se pondrá a servirlos.
38 ¡Felices ellos, si el señor llega a medianoche o antes del alba y los encuentra así! 39 Entiéndanlo bien: si el dueño de casa supiera a
qué hora va a llegar el ladrón, no dejaría perforar las paredes de su casa. 40 Ustedes también estén preparados, porque el Hijo del
hombre llegará a la hora menos pensada».

Parábola del servidor fiel

Mt 24 45-51
Lc 16 1.3.8; 1 Cor 4 1-2; Mt 5 3; Lc 6 20;
Mt 25 21.23; Sant 4 17; Mt 6 10

41 Pedro preguntó entonces: «Señor, ¿esta
parábola la dices para nosotros o para todos?». 42 El Señor le dijo: «¿Cuál es el administrador fiel y previsor, a quien el Señor
pondrá al frente de su personal para distri-
buirle la ración de trigo en el momento
oportuno? 43 ¡Feliz aquel a quien su señor,
al llegar, encuentre ocupado en este trabajo! 44 Les aseguro que lo hará administrador de todos sus bienes. 45 Pero si este servidor piensa: "Mi señor tardará en llegar",
y se dedica a golpear a los servidores y a las
sirvientas, y se pone a comer, a beber y a
emborracharse, 46 su señor llegará el día y la
hora menos pensada, lo castigará y le hará
correr la misma suerte que los infieles.
47 El servidor que, conociendo la voluntad de su señor, no tuvo las cosas preparadas y no obró conforme a lo que él había
dispuesto, recibirá un castigo severo. 48 Pero aquel que, sin saberlo, se hizo también
culpable, será castigado menos severamente. Al que se le dio mucho, se le pedirá mucho; y al que se le confió mucho, se le re-
clamará mucho más.

Jesús ante su Pasión

Mt 10 38
Is 66 15-16; Ez 38 22; 39 6; Mal 3 19; Lc 3 9

49 Yo he venido a traer fuego sobre la tierra, ¡y cómo desearía que ya estuviera ardiendo! 50 Tengo que recibir un bautismo,
¡y qué angustia siento hasta que esto se
cumpla plenamente!

Jesús, signo de contradicción

Mt 10 34-36
Jr 6 14; 8 11; Ez 13 10.16; Miq 7 6;
Ag 2 22; Mal 3 24; Lc 21 16

51 ¿Piensan ustedes que he venido a traer
la paz a la tierra? No, les digo que he venido a traer la división. 52 De ahora en adelante, cinco miembros de una familia estarán divididos, tres contra dos y dos contra
tres: 53 el padre contra el hijo y *el hijo contra
el padre*, la madre contra la hija y *la hija
contra la madre*, la suegra contra la nuera y
la nuera contra la suegra».

La interpretación de los signos de los tiempos

Mt 16 2-3; 5 25-26
1 Re 18 44

54 Dijo también a la multitud: «Cuando
ven que una nube se levanta en occidente,
ustedes dicen enseguida que va a llover, y
así sucede. 55 Y cuando sopla viento del sur,
dicen que hará calor, y así sucede. 56 ¡Hipócritas! Ustedes saben discernir el aspecto
de la tierra y del cielo; ¿cómo entonces no
saben discernir el tiempo presente?
57 ¿Por qué no juzgan ustedes mismos lo
que es justo? 58 Cuando vas con tu adversario
a presentarte ante el magistrado, trata de llegar a un acuerdo con él en el camino, no sea
que el adversario te lleve ante el juez, y el
juez te entregue al guardia, y este te ponga en
la cárcel. 59 Te aseguro que no saldrás de allí
hasta que hayas pagado el último centavo».

Exhortación a la conversión

Hch 5 37; Jn 9 2-3; Sal 7 12

13 1 En ese momento se presentaron
unas personas que comentaron a Jesús el caso de aquellos galileos cuya sangre
Pilato mezcló con la de las víctimas de sus
sacrificios. 2 Él les respondió: «¿Creen ustedes que esos galileos sufrieron todo esto
porque eran más pecadores que los demás? 3 Les aseguro que no, y si ustedes no
se convierten, todos acabarán de la misma
manera. 4 ¿O creen que las dieciocho personas que murieron cuando se desplomó
la torre de Siloé eran más culpables que los
demás habitantes de Jerusalén? 5 Les aseguro que no, y si ustedes no se convierten, todos acabarán de la misma manera».

Parábola de la higuera estéril

Mt 21 19; Mc 11 13; Lc 3 8-9; 2 Pe 3 9.15

6 Les dijo también esta parábola: «Un
hombre tenía una higuera plantada en su viña. Fue a buscar frutos y no los encontró.
7 Dijo entonces al viñador: "Hace tres años

que vengo a buscar frutos en esta higuera y
no los encuentro. Córtala, ¿para qué malgastar la tierra?". 8 Pero él respondió: "Señor, déjala todavía este año; yo removeré la tierra alrededor de ella y la abonaré. 9 Puede ser que
así dé frutos en adelante. Si no, la cortarás"».

Curación de una mujer en sábado

Lc 6 6-7; Mt 12 9-10; 9 18; Lc 2 20; Lc 6 8;
Jn 5 16; 7 23; 9 14-16; Dt 5 13-14; Mc 3 4

10 Un sábado, Jesús enseñaba en una sinagoga. 11 Había allí una mujer poseída de un
espíritu, que la tenía enferma desde hacía
dieciocho años. Estaba completamente encorvada y no podía enderezarse de ninguna
manera. 12 Jesús, al verla, la llamó y le dijo:
«Mujer, estás curada de tu enfermedad», 13 y
le impuso las manos. Ella se enderezó enseguida y glorificaba a Dios. 14 Pero el jefe de
la sinagoga, indignado porque Jesús había
curado en sábado, dijo a la multitud: «Los
días de trabajo son seis; vengan durante
esos días para hacerse curar, y no el sábado».
15 El Señor le respondió: «¡Hipócritas! Cualquiera de ustedes, aunque sea sábado, ¿no
desata del pesebre a su buey o a su asno para llevarlo a beber? 16 Y esta hija de Abraham, a la que Satanás tuvo aprisionada durante dieciocho años, ¿no podía ser librada
de sus cadenas el día sábado?». 17 Al oír estas
palabras, todos sus adversarios se llenaron de
confusión, pero la multitud se alegraba de las
maravillas que él hacía.

Parábola del grano de mostaza

Mt 13 31-32 / Mc 4 30-32
Dn 4 9.18; Ez 17 23; 31 6

18 Jesús dijo entonces: «¿A qué se parece
el Reino de Dios? ¿Con qué podré compa-
rarlo? 19 Se parece a un grano de mostaza
que un hombre sembró en su huerta; creció, se convirtió en un arbusto y los pájaros del cielo se cobijaron en sus ramas».

Parábola de la levadura

Mt 13 33

20 Dijo también: «¿Con qué podré comparar el Reino de Dios? 21 Se parece a un poco de levadura que una mujer mezcló con
gran cantidad de harina, hasta que fermen-
tó toda la masa».

Los nuevos elegidos del Reino

Mt 7 13-14.22-23; 25 10-12; Mt 8 11-12 /
Mt 19 30; 20 16 / Mc 10 31
Lc 16 16; 1 Tim 6 12; Mc 10 25;
Sal 6 9; 107 3; Is 25 6; Lc 14 15-24

22 Jesús iba enseñando por las ciudades
y pueblos, mientras se dirigía a Jerusalén.
23 Una persona le preguntó: «Señor, ¿es verdad que son pocos los que se salvan?». Él respondió: 24 «Luchen por abrirse camino por la
puerta estrecha, porque les aseguro que muchos querrán entrar y no lo conseguirán.
25 En cuanto el dueño de casa se levante y cierre la puerta, ustedes, desde fuera, se pondrán a golpear la puerta, diciendo: "Señor,
ábrenos". Y él les responderá: "No sé de dónde son ustedes". 26 Entonces comenzarán a
decir: "Hemos comido y bebido contigo, y tú
enseñaste en nuestras plazas". 27 Pero él les dirá: "No sé de dónde son ustedes; ¡apártense
de mí todos los que hacen el mal!".
28 Allí habrá llantos y rechinar de dientes, cuando vean a Abraham, a Isaac, a Jacob y a todos los profetas en el Reino de
Dios, y ustedes sean arrojados afuera. 29 Y
vendrán muchos de Oriente y de Occidente, del Norte y del Sur, a ocupar su lugar en
el banquete del Reino de Dios. 30 Hay algunos que son los últimos y serán los primeros, y hay otros que son los primeros y serán los últimos».

Actitud de Jesús ante la amenaza de Herodes

Lc 7 36; 11 37; 2 11; Mt 16 14; Lc 6 23

31 En ese momento se acercaron algunos
fariseos que le dijeron: «Aléjate de aquí,
porque Herodes quiere matarte». 32 Él les
respondió: «Vayan a decir a ese zorro: hoy
y mañana expulso a los demonios y reali-

LC

Los invitados de Dios

Jesús describe el Reino de Dios como un banquete; su mensaje no se refiere al menú, sino a la lista de invitados. Lee Lucas 14 7-14 y observa cómo invierte Jesús el orden humano de pensar y actuar. Después escoge una situación o evento social en que participaste recientemente y escribe qué habría pasado si los discípulos hubieran seguido las recomendaciones de Jesús.

¿Te gusta el modo de juzgar y de actuar de Jesús? ¿Por qué? Examina tu manera normal de actuar y decide qué cambios te ayudarán a «ser feliz», según Jesús. Pide al Espíritu Santo que te llene de amor y de luz para ver mejor.

Lc 14 7-14

zo curaciones, y al tercer día habré terminado. 33 Pero debo seguir mi camino hoy,
mañana y pasado, porque no puede ser
que un profeta muera fuera de Jerusalén.

Reproche de Jesús a Jerusalén

Mt 23 37-39
Miq 3 12; Jr 7 1-15; Sal 118 26

34 ¡Jerusalén, Jerusalén, que matas a los
profetas y apedreas a los que te son enviados! ¡Cuántas veces quise reunir a tus hijos, como la gallina reúne bajo sus alas a
los pollitos, y tú no quisiste! 35 Por eso, a ustedes la casa les quedará vacía. Les aseguro
que ya no me verán más, hasta que llegue
el día en que digan:

¡Bendito el que viene en nombre del Señor!».

Curación de un hidrópico en sábado

Mt 12 11; Lc 13 15; Mt 22 46

14 1 Un sábado, Jesús entró a comer en
casa de uno de los principales fariseos. Ellos lo observaban atentamente.
2 Delante de él había un hombre enfermo
de hidropesía. 3 Jesús preguntó a los doctores de la Ley y a los fariseos: «¿Está permitido curar en sábado o no?». 4 Pero ellos
guardaron silencio. Entonces Jesús tomó
de la mano al enfermo, lo curó y lo despidió. 5 Y volviéndose hacia ellos, les dijo: «Si
a alguno de ustedes se le cae en un pozo su
hijo o su buey, ¿acaso no lo saca enseguí-
da, aunque sea sábado?». 6 A esto no pudieron responder nada.

La humildad cristiana

Mt 23 6; Lc 20 46; Prov 25 6-7;
Mt 18 4; 23 12; Lc 6 20.32-34; Jn 5 29

7 Y al notar cómo los invitados buscaban
los primeros puestos, les dijo esta parábola: 8 «Si te invitan a un banquete de bodas,
no te coloques en el primer lugar, porque
puede suceder que haya sido invitada otra
persona más importante que tú, 9 y cuando
llegue el que los invitó a los dos, tenga que
decirte: "Déjale el sitio", y así, lleno de vergüenza, tengas que ponerte en el último
lugar. 10 Al contrario, cuando te inviten, ve
a colocarte en el último sitio, de manera
que cuando llegue el que te invitó, te diga:
"Amigo, acércate más", y así quedarás bien
delante de todos los invitados. 11 Porque to-
do el que se ensalza será humillado, y el
que se humilla será ensalzado».
12 Después dijo al que lo había invitado:
«Cuando des un almuerzo o una cena, no
invites a tus amigos, ni a tus hermanos, ni
a tus parientes, ni a los vecinos ricos, no
sea que ellos te inviten a su vez, y así tengas tu recompensa. 13 Al contrario, cuando
des un banquete, invita a los pobres, a los
lisiados, a los paralíticos, a los ciegos.
14 ¡Feliz de ti, porque ellos no tienen cómo
retribuirte, y así tendrás tu recompensa en
la resurrección de los justos!».

Parábola de los invitados descorteses

Mt 22 1-10
Mt 5 3; Lc 13 29; Ap 19 19;
1 Cor 7 33; Lc 14 13; 24 29

15 Al oír estas palabras, uno de los invitados le dijo: «¡Feliz el que se siente a la mesa en el Reino de Dios!». 16 Jesús le respondió: «Un hombre preparó un gran banquete
y convidó a mucha gente. 17 A la hora de cenar, mandó a su sirviente que dijera a los
invitados: "Vengan, todo está preparado".
18 Pero todos, sin excepción, empezaron a
excusarse. El primero le dijo: "Acabo de comprar un campo y tengo que ir a verlo. Te
ruego me disculpes". 19 El segundo dijo: "He
comprado cinco yuntas de bueyes y voy a
probarlos. Te ruego me disculpes". 20 Y un
tercero respondió: "Acabo de casarme y por
esa razón no puedo ir".
21 A su regreso, el sirviente contó todo esto al dueño de casa, y este, irritado, le dijo:
"Recorre enseguida las plazas y las calles de

Lc 15 4

COMPRENDE LOS SÍMBOLOS

El buen Pastor

La imagen del buen Pastor indica el gobierno cuidadoso y dedicado de Dios sobre el pueblo de Israel, en el Antiguo Testamento. Jesús mismo se identifica como el buen Pastor que cuida, protege y guía a sus ovejas (Jn 10). Esta imagen nos ayuda a identificarnos como ovejas ante Jesús y nos muestra cómo ha de ser el liderazgo cristiano.

la ciudad, y trae aquí a los pobres, a los lisiados, a los ciegos y a los paralíticos".
22 Volvió el sirviente y dijo: "Señor, tus órdenes se han cumplido y aún sobra lugar".
23 El señor le respondió: "Ve a los caminos
y a lo largo de los cercos, e insiste a la gente para que entre, de manera que se llene
mi casa. 24 Porque les aseguro que ninguno
de los que antes fueron invitados ha de
probar mi cena"».

Necesidad del desprendimiento

Mt 10 37-38; 19 29 / Mc 10 29 /
Mt 16 24 / Mc 8 34
Lc 18 24-30

25 Junto con Jesús iba un gran gentío, y
él, dándose vuelta, les dijo: 26 «Cualquiera
que venga a mí y no me ame más que a su
padre y a su madre, a su mujer y a sus hijos, a sus hermanos y hermanas, y hasta a
su propia vida, no puede ser mi discípulo.
27 El que no carga con su cruz y me sigue,
no puede ser mi discípulo.
28 ¿Quién de ustedes, si quiere edificar
una torre, no se sienta primero a calcular
los gastos, para ver si tiene con qué terminarla? 29 No sea que, una vez puestos los cimientos, no pueda acabar y todos los que
lo vean se rían de él, diciendo: 30 "Este comenzó a edificar y no pudo terminar".
31 ¿Y qué rey, cuando sale en campaña
contra otro, no se sienta antes a considerar
si con diez mil hombres puede enfrentar al
que viene contra él con veinte mil? 32 Por el
contrario, mientras el otro rey está todavía
lejos, envía una embajada para negociar la
paz. 33 De la misma manera, cualquiera de
ustedes que no renuncie a todo lo que posee, no puede ser mi discípulo.

El ejemplo de la sal

Mt 5 13 / Mc 9 50

34 La sal es una cosa excelente, pero si
pierde su sabor, ¿con qué se la volverá a salar? 35 Ya no sirve ni para la tierra ni para
abono: hay que tirarla. ¡El que tenga oídos
para oír, que oiga!».

Parábolas de la misericordia de Dios: la oveja perdida y encontrada

Mt 18 12-14
Mt 9 10-13; Lc 5 30-32; Jn 10 11-16;
Jr 23 1-4; Ez 34 4.11.16; Miq 4 6-7

15 1 Todos los publicanos y pecadores se
acercaban a Jesús para escucharlo.
2 Los fariseos y los escribas murmuraban,
diciendo: «Este hombre recibe a los pecadores y come con ellos». 3 Jesús les dijo entonces esta parábola: 4 «Si alguien tiene cien
ovejas y pierde una, ¿no deja acaso las noventa y nueve en el campo y va a buscar la
que se había perdido, hasta encontrarla?
5 Y cuando la encuentra, la carga sobre sus
hombros, lleno de alegría, 6 y al llegar a su
casa llama a sus amigos y vecinos, y les dice: "Alégrense conmigo, porque encontré
la oveja que se me había perdido". 7 Les aseguro que, de la misma manera, habrá más

LC

VIVE LA PALABRA

El amor ilimitado del Padre

La parábola del hijo pródigo es muy conocida, pero si vemos bien, el protagonista no es el hijo, sino el padre (Lc 15 11-32). Su mensaje es muy rico, pues presenta muchas experiencias: la búsqueda de autonomía en el hijo; el despilfarro del dinero y la pobreza que esto causa; la conveniencia de regresar al hogar paterno; el amor y perdón incondicional del padre; los celos del hermano... Lee la parábola y observa el comportamiento de cada personaje:

- El padre sabe que no debe obstaculizar la libertad de su hijo y respeta su decisión de independizarse, pero se mantiene atento a su regreso.
- El hijo joven abusa de su libertad, pierde el dinero y cae en la pobreza.
- El padre, fiel a su amor, acoge a su hijo y le da su lugar en la casa paterna, a pesar de que él solo pidió ser un asalariado.
- El hijo mayor se enoja, celoso de ver el trato especial con que el padre recibe a su hermano, sin tomar en cuenta que ama a sus dos hijos infinitamente.

Piensa en tu relación con Dios, ¿qué tan cercana es? ¿Has tratado de vivir sin su apoyo? Basta conocer a Dios para confiar en su amor y saber que siempre espera que volvamos a él. Alégrate, el Padre te ama. ¡Amén! ¡Aleluya!

Lc 15 11-32

alegría en el cielo por un solo pecador que
se convierta, que por noventa y nueve justos que no necesitan convertirse».

La moneda perdida y encontrada

Lc 12 8

8 Y les dijo también: «Si una mujer tiene
diez dracmas y pierde una, ¿no enciende
acaso la lámpara, barre la casa y busca con
cuidado hasta encontrarla? 9 Y cuando la
encuentra, llama a sus amigas y vecinas, y
les dice: "Alégrense conmigo, porque encontré la dracma que se me había perdido". 10 Les aseguro que, de la misma manera, se alegran los ángeles de Dios por un
solo pecador que se convierte».

El padre misericordioso

Prov 29 3; Sal 51 6; Jr 3 12-14; Is 49 14-16;
Jr 31 20; 2 Sm 14 33; Jn 17 10

11 Jesús dijo también: «Un hombre tenía
dos hijos. 12 El menor de ellos dijo a su padre: "Padre, dame la parte de herencia que
me corresponde". Y el padre les repartió sus
bienes. 13 Pocos días después, el hijo menor
recogió todo lo que tenía y se fue a un país
lejano, donde malgastó sus bienes en una vida licenciosa. 14 Ya había gastado todo, cuando sobrevino mucha miseria en aquel país, y
comenzó a sufrir privaciones. 15 Entonces se
puso al servicio de uno de los habitantes de
esa región, que lo envió a su campo para cuidar cerdos. 16 Él hubiera deseado calmar su
hambre con las bellotas que comían los cerdos, pero nadie se las daba. 17 Entonces reca-
pacitó y dijo: "¡Cuántos jornaleros de mi padre tienen pan en abundancia, y yo estoy
aquí muriéndome de hambre! 18 Ahora mismo iré a la casa de mi padre y le diré: Padre,
pequé contra el Cielo y contra ti; 19 ya no merezco ser llamado hijo tuyo, trátame como a
uno de tus jornaleros". 20 Entonces partió y
volvió a la casa de su padre.

Cuando todavía estaba lejos, su padre lo
vio y se conmovió profundamente; corrió
a su encuentro, lo abrazó y lo besó. 21 El joven le dijo: "Padre, pequé contra el Cielo y
contra ti; no merezco ser llamado hijo tuyo". 22 Pero el padre dijo a sus servidores:
"Traigan enseguida la mejor ropa y vístan-
lo, pónganle un anillo en el dedo y sandalias en los pies. 23 Traigan el ternero *engor-*
dado y mátenlo. Comamos y festejemos,
24 porque mi hijo estaba muerto y ha vuelto a la vida, estaba perdido y fue encontrado". Y comenzó la fiesta.

25 El hijo mayor estaba en el campo. Al
volver, ya cerca de la casa, oyó la música
y los coros que acompañaban la danza. 26 Y
llamando a uno de los sirvientes, le preguntó qué significaba eso. 27 Él le respondió: "Tu hermano ha regresado, y tu padre
hizo matar el ternero engordado, porque lo
ha recobrado sano y salvo". 28 Él se enojó y
no quiso entrar. Su padre salió para rogarle
que entrara, 29 pero él le respondió: "Hace
tantos años que te sirvo, sin haber desobedecido jamás ni una sola de tus órdenes, y

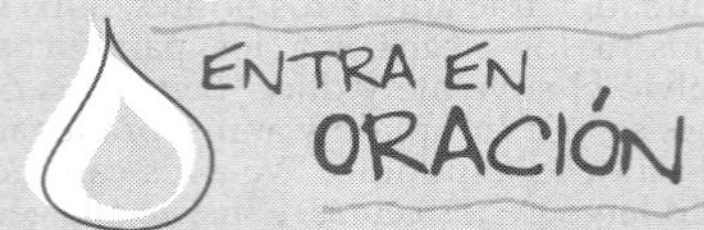

Meditación sobre la misericordia

Lee de nuevo la parábola del hijo pródigo; céntrate en la experiencia de la misericordia que tiene cada personaje:

- ***Piensa en el padre.*** ¿Qué sentimientos tiene ante su hijo joven y qué los provoca? ¿De qué manera expresa su misericordia?
- ***Ahora piensa en ti.*** ¿Qué tan misericordioso/a eres con quienes te ofenden? ¿Hay alguien que espera tu perdón? ¿Qué necesitas hacer para perdonarle incondicionalmente?
- ***Reflexiona sobre la experiencia del hijo menor.*** ¿Qué tanto conoce el corazón de su padre? ¿Con qué expectativas regresa a él? ¿Qué siente al ver cómo lo recibe su padre? ¿Qué siente ante la actitud de su hermano?
- ***Ahora reflexiona sobre tu vida.*** ¿Conoces bien el corazón misericordioso de Dios? ¿Cómo buscas su misericordia después de haberlo ofendido?
- ***Medita sobre los sentimientos del hermano mayor.*** ¿Qué sentimientos existen en su corazón con relación a su padre? ¿Qué siente ante el retorno de su hermano? ¿Qué siente ante sí mismo?
- ***Ahora analiza tus sentimientos.*** ¿Cómo sueles reaccionar ante quienes te ofenden o hacen daño a un ser querido? ¿Estás satisfecho/a de reaccionar así? ¿Por qué? ¿Cómo te gustaría reaccionar?

Termina tu meditación poniéndote en las manos misericordiosas de Dios, y pídele que haga tu corazón semejante al suyo.

Lc 15 11-32

nunca me diste un cabrito para hacer una
fiesta con mis amigos. 30 ¡Y ahora que ese
hijo tuyo ha vuelto, después de haber gastado tus bienes con mujeres, haces matar
para él el ternero engordado!". 31 Pero el padre le dijo: "Hijo mío, tú estás siempre conmigo, y todo lo mío es tuyo. 32 Es justo que
haya fiesta y alegría, porque tu hermano estaba muerto y ha vuelto a la vida, estaba
perdido y ha sido encontrado"».

Parábola del administrador sagaz

Ef 5 8; 1 Tes 5 5; Tob 4 9-10

16 1 Decía también a los discípulos: «Había un hombre rico que tenía un administrador, al cual acusaron de malgastar
sus bienes. 2 Lo llamó y le dijo: "¿Qué es lo
que me han contado de ti? Dame cuenta de
tu administración, porque ya no ocuparás
más ese puesto". 3 El administrador pensó
entonces: "¿Qué voy a hacer ahora que mi
señor me quita el cargo? ¿Cavar? No tengo
fuerzas. ¿Pedir limosna? Me da vergüenza.
4 ¡Ya sé lo que voy a hacer para que, al dejar
el puesto, haya quienes me reciban en su casa!". 5 Llamó uno por uno a los deudores de
su señor y preguntó al primero: "¿Cuánto
debes a mi señor?". 6 "Veinte barriles de aceite", le respondió. El administrador le dijo:
"Toma tu recibo, siéntate enseguida, y anota diez". 7 Después preguntó a otro: "Y tú,
¿cuánto debes?". "Cuatrocientos quintales de
trigo", le respondió. El administrador le dijo:
"Toma tu recibo y anota trescientos". 8 Y el señor alabó a este administrador deshonesto,
por haber obrado tan hábilmente. Porque
los hijos de este mundo son más astutos en
su trato con los demás que los hijos de la luz.

El buen uso del dinero

Lc 12 33; Tob 4 8-11; Mt 25 21-23; Lc 19 17

9 Pero yo les digo: Gánense amigos con
el dinero de la injusticia, para que, el día
en que este les falte, ellos los reciban en las
moradas eternas.
10 El que es fiel en lo poco, también es fiel
en lo mucho, y *el que es deshonesto* en lo
poco, también es deshonesto en lo mucho.
11 Si ustedes no son fieles en el uso del dinero injusto, ¿quién les confiará el verdadero
bien? 12 Y si no son fieles con lo ajeno, ¿quién
les confiará lo que les pertenece a ustedes?

Dios y las riquezas

Mt 6 24
Lc 20 47; Mt 23 28; Lc 8 9-14;
Prov 24 12; Hch 1 24; Prov 16 5

13 Ningún servidor puede servir a dos señores, porque aborrecerá a uno y amará al
otro, o bien se interesará por el primero y
menospreciará al segundo. No se puede
servir a Dios y al Dinero».

NO SE PUEDE SERVIR A DIOS
Y AL DINERO.
Lc 16 13

14 Los fariseos, que eran amigos del dinero, escuchaban todo esto y se burlaban de
Jesús. 15 Él les dijo: «Ustedes aparentan rectitud ante los hombres, pero Dios conoce
sus corazones. Porque lo que es estimable
a los ojos de los hombres, resulta despreciable para Dios.

La Ley y el Reino de Dios

Mt 11 12-13; 5 18
Lc 13 24; Mt 5 20

16 La Ley y los Profetas llegan hasta Juan.
Desde entonces se proclama el Reino de
Dios, y todos tienen que esforzarse para
entrar en él.
17 Es más fácil que dejen de existir el cielo y la tierra, antes que desaparezca una coma de la Ley.

El divorcio

Mt 5 32; 19 9 / Mc 10 11-12
1 Cor 7 10-11

18 El que se divorcia de su mujer y se casa con otra, comete adulterio, y el que se
casa con una mujer abandonada por su
marido, comete adulterio.

Parábola del hombre rico y el pobre Lázaro

Lc 15 16; Mt 15 27; Mc 7 28;
Sal 22 17.21; Lc 6 21; 24 27.44

19 Había un hombre rico que se vestía de
púrpura y lino finísimo y cada día hacía espléndidos banquetes. 20 A su puerta, cubierto de llagas, yacía un pobre llamado Lázaro, 21 que ansiaba saciarse con lo que caía de
la mesa del rico; y hasta los perros iban a la-
mer sus llagas. 22 El pobre murió y fue llevado por los ángeles al seno de Abraham. El
rico también murió y fue sepultado.
23 En la morada de los muertos, en medio de los tormentos, levantó los ojos y vio
de lejos a Abraham, y a Lázaro junto a él.
24 Entonces exclamó: "Padre Abraham, ten
piedad de mí y envía a Lázaro para que
moje la punta de su dedo en el agua y re-
fresque mi lengua, porque estas llamas me
atormentan". 25 "Hijo mío —respondió
Abraham—, recuerda que has recibido tus
bienes en vida, y Lázaro, en cambio, reci-

VIVE LA PALABRA

Gratuidad de Dios y gratitud nuestra

Si le das a un/a amigo/a un regalo que anhelaba mucho y no te da las gracias, ¿qué sientes?, ¿qué pasa con tu amistad? Jesús curó a diez leprosos que le pidieron piedad, pero solo un samaritano regresó a darle las gracias (Lc 17 11-19). Jesús valora su gratitud y le explica que el milagro se debió a su fe.

La fe implica una relación mutua a lo largo del tiempo, ausente en la ingratitud de los leprosos judíos que no se preocuparon de dar gracias por la nueva vida recibida de Jesús. ¡Con tanta frecuencia nos pasa lo mismo! Olvidamos que todo lo bueno que tenemos nos lo ha dado Dios; gozamos de sus dones, pero descuidamos agradecérselos. Aprende de María, que supo agradecer el don precioso de Dios, recibiendo en su seno a Jesús para hacer posible nuestra salvación.

Reflexiona unos momentos sobre este pasaje, relacionándolo con tu actitud cuando recibes a Jesús en la Eucaristía: ¿A qué leproso te pareces más, al agradecido o a los otros? ¿Sales de Misa con tu fe fortalecida por el don de Jesús en tu vida?

Lc 17 11-19

bió males; ahora él encuentra aquí su consuelo, y tú, el tormento. 26 Además, entre
ustedes y nosotros se abre un gran abismo.
De manera que los que quieren pasar de
aquí hasta allí no pueden hacerlo, y tampoco se puede pasar de allí hasta aquí".
27 El rico contestó: "Te ruego entonces, padre, que envíes a Lázaro a la casa de mi
padre, 28 porque tengo cinco hermanos:
que él los prevenga, no sea que ellos también caigan en este lugar de tormento".
29 Abraham respondió: "Tienen a Moisés y
a los Profetas; que los escuchen". 30 "No,
padre Abraham —insistió el rico—. Pero si
alguno de los muertos va a verlos, se arrepentirán". 31 Abraham respondió: "Si no escuchan a Moisés y a los Profetas, aunque
resucite alguno de entre los muertos, tampoco se convencerán"».

La gravedad del escándalo

Mt 18 6-7 / Mc 9 42

17 1 Después dijo a sus discípulos: «Es
inevitable que haya escándalos, pero
¡ay de aquel que los ocasiona! 2 Más le valdría que le ataran al cuello una piedra de
moler y lo precipitaran al mar, antes que
escandalizar a uno de estos pequeños. 3 Por
lo tanto, ¡tengan cuidado!

La corrección fraterna

Mt 18 15.21-22

Si tu hermano peca, repréndelo, y si se
arrepiente, perdónalo. 4 Y si peca siete veces
al día contra ti, y otras tantas vuelve a ti, diciendo: "Me arrepiento", perdónalo».

El poder de la fe

Mt 17 20; 21 21 / Mc 11 22-23
Mc 9 24; 4 31; 1 Cor 13 2

5 Los Apóstoles dijeron al Señor: «Au-
méntanos la fe». 6 Él respondió: «Si ustedes
tuvieran fe del tamaño de un grano de
mostaza, y dijeran a esa morera que está
ahí: "Arráncate de raíz y plántate en el
mar", ella les obedecería.

Parábola del servidor humilde

Job 22 3; 35 7

7 Supongamos que uno de ustedes tiene
un servidor para arar o cuidar el ganado.
Cuando este regresa del campo, ¿acaso le dirá: "Ven pronto y siéntate a la mesa"? 8 ¿No
le dirá más bien: "Prepárame la cena y recógete la túnica para servirme hasta que yo haya comido y bebido, y tú comerás y beberás
después"? 9 ¿Deberá mostrarse agradecido
con el servidor porque hizo lo que se le
mandó? 10 Así también ustedes, cuando hayan hecho todo lo que se les mande, digan:
"Somos simples servidores, no hemos hecho más que cumplir con nuestro deber"».

Curación de diez leprosos

Lv 13 45-46; Lc 5 5; Mt 9 27; 15 22;
Lc 18 38; Lv 14 2-3; Lc 9 52; 7 50

11 Mientras se dirigía a Jerusalén, Jesús
pasaba a través de Samaría y Galilea. 12 Al
entrar en un poblado, le salieron al encuentro diez leprosos, que se detuvieron a
distancia 13 y empezaron a gritarle: «¡Jesús,
Maestro, ten compasión de nosotros!».

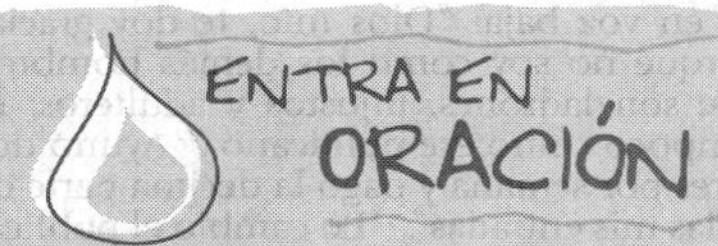

Tres parábolas sobre la oración

Lucas presenta tres parábolas en las que Jesús expresó su deseo de que oremos:

- ***La parábola del amigo insistente*** muestra que el Padre quiere que oremos con insistencia para darnos lo necesario, en particular al Espíritu Santo, fuente de todos los dones (Lc 11 5-13).
- ***La parábola del juez injusto y la viuda*** afirma que es necesario orar con confianza y perseverancia (18 1-8).
- ***La parábola del fariseo y el publicano*** contrasta la soberbia del fariseo que piensa obtener la salvación a través de su propio esfuerzo y el cumplimiento de la Ley, con la humildad del publicano que ora a Dios y pide su misericordia (18 9-14).

Lee las tres parábolas, piensa en la situación en que te encuentras ahora y elige el tipo de oración más apropiada: ¿necesitas orar para tomar una decisión o emprender una acción importante? ¿Te hace falta pedir la ayuda del Espíritu Santo con más insistencia o hacer tu oración con más confianza? ¿Necesitas pedir perdón humildemente? Dedica unos minutos a la oración.

Lc 18 1-14

14 Al verlos, Jesús les dijo: «Vayan a presentarse a los sacerdotes». Y en el camino quedaron purificados.
15 Uno de ellos, al comprobar que estaba
curado, volvió atrás alabando a Dios en
voz alta 16 y se arrojó a los pies de Jesús con
el rostro en tierra, dándole gracias. Era un
samaritano. 17 Jesús le dijo entonces: «¿Cómo, no quedaron purificados los diez? Los
otros nueve, ¿dónde están? 18 ¿Ninguno
volvió a dar gracias a Dios, sino este extranjero?». 19 Y agregó: «Levántate y vete, tu
fe te ha salvado».

La venida del Reino de Dios

Jn 3 3; 18 36; Mt 24 23; Mc 13 21; Lc 17 23; 11 20

20 Los fariseos le preguntaron cuándo llegaría el Reino de Dios. Él les respondió: «El
Reino de Dios no viene ostensiblemente, 21 y
no se podrá decir: "Está aquí" o "Está allí".
Porque el Reino de Dios está entre ustedes».

El Día del Hijo del hombre

Mt 24 23.26-27.37-39.17-18; 10 39;
24 40-41.28 / Mc 13 19-23.13-16
Mt 10 23; 16 21; Mc 8 31;
Gn 6 5-12; 7 6-23; 19 1-14.24.17.26

22 Jesús dijo después a sus discípulos:
«Vendrá el tiempo en que ustedes desearán
ver uno solo de los días del Hijo del hombre
y no lo verán. 23 Les dirán: "Está aquí" o "Está allí", pero no corran a buscarlo. 24 Como el
relámpago brilla de un extremo al otro del
cielo, así será el Hijo del hombre cuando llegue su Día. 25 Pero antes tendrá que sufrir
mucho y será rechazado por esta generación.
26 En los días del Hijo del hombre sucederá como en tiempos de Noé. 27 La gente comía, bebía y se casaba, hasta el día en que
Noé entró en el arca y llegó el Diluvio, que los
hizo morir a todos. 28 Sucederá como en tiempos de Lot: se comía y se bebía, se compraba
y se vendía, se plantaba y se construía. 29 Pero
el día en que Lot salió de Sodoma, cayó *del
cielo una lluvia de fuego y de azufre* que los hizo morir a todos. 30 Lo mismo sucederá el Día
en que se manifieste el Hijo del hombre.
31 En ese Día, el que esté en la azotea y
tenga sus cosas en la casa, no baje a buscarlas. Igualmente, el que esté en el campo,
no vuelva atrás. 32 Acuérdense de la mujer
de Lot. 33 El que trate de salvar su vida, la
perderá; y el que la pierda, la conservará.
34 Les aseguro que en esa noche, de dos
hombres que estén comiendo juntos, uno
será llevado y el otro dejado; 35 de dos mujeres que estén moliendo juntas, una será
llevada y la otra dejada». 36 . 37 Entonces le
preguntaron: «¿Dónde sucederá esto, Señor?». Jesús les respondió: «Donde esté el
cadáver, se juntarán los buitres».

Oración constante y justicia

Rom 1 10; 12 12; Col 4 2; 1 Tes 5 17; Lc 5 7-8; 11 8;
Sal 44 22-25; Zac 1 12; Mt 24 10-12; 2 Tes 2 3

18 1 Después Jesús les enseñó con una
parábola que era necesario orar siempre sin desanimarse: 2 «En una ciudad había
un juez que no temía a Dios ni le importaban los hombres; 3 y en la misma ciudad vivía una viuda que recurría a él, diciéndole:
"Te ruego que me hagas justicia contra mi
adversario". 4 Durante mucho tiempo el juez
se negó, pero después dijo: "Yo no temo a
Dios ni me importan los hombres, 5 pero
como esta viuda me molesta, le haré justicia para que no venga continuamente a fas-
tidiarme"».

El desafío a los ricos en Lucas

En la parábola del joven rico, Jesús dice que «es más fácil que un camello pase por el ojo de una aguja, que un rico entre en el Reino de los Cielos» (Mt 19 24; Mc 10 17-31; Lc 18 18-30). Aunque el «ojo de una aguja» podría referirse a las puertas ojivales, que eran muy angostas, y no a una aguja de coser, como es común imaginar, esta máxima de Jesús enfatiza su mensaje en favor de los pobres.

Lucas es el único evangelista que contrasta nueve veces a ricos y pobres: en el *Magnificat* (Lc 1 46-55) y las Bienaventuranzas (6 20-26); en cinco parábolas: el rico confiado (12 13-21), la gran cena (14 15-24), el administrador sagaz (16 1-13), el hombre rico y Lázaro, el pobre (16 19-31), y el joven rico (18 18-30); y en dos historias: Jesús con Zaqueo (19 1-10) y Jesús ante la ofrenda de la viuda (21 1-4). Además, presenta a Jesús invitando cinco veces a sus discípulos a renunciar a todo, hablando explícitamente del deber de los ricos hacia los pobres y señalando las obligaciones de quienes tienen el poder.

Estos pasajes no dicen que solo los pobres entrarán en el Reino de Dios, sino que «también los pobres» tienen cabida en él. Este mensaje era clave, pues las autoridades religiosas y los fariseos consideraban que, al ser la pobreza signo de pecado, los pobres no entraban en el Reino de Dios.

Lc 18 18-30

6 Y el Señor dijo: «Oigan lo que dijo este
juez injusto. 7 Y Dios, ¿no hará justicia a
sus elegidos, que claman a él día y noche,
aunque los haga esperar? 8 Les aseguro que
en un abrir y cerrar de ojos les hará justicia.
Pero cuando venga el Hijo del hombre,
¿encontrará fe sobre la tierra?».

Parábola del fariseo y el publicano

Lc 5 32; 10 29; 15 7; Mt 6 16; 11 8; 23 23;
Lc 23 48; Sal 51 3; Mt 23 12

9 Y refiriéndose a algunos que se tenían
por justos y despreciaban a los demás, dijo
también esta parábola: 10 «Dos hombres subieron al Templo para orar: uno era fariseo
y el otro, publicano. 11 El fariseo, de pie, oraba en voz baja: "Dios mío, te doy gracias
porque no soy como los demás hombres,
que son ladrones, injustos y adúlteros; ni
tampoco como ese publicano. 12 Ayuno dos
veces por semana y pago la décima parte de
todas mis entradas". 13 En cambio el publicano, manteniéndose a distancia, no se ani-
maba siquiera a levantar los ojos al cielo, sino que se golpeaba el pecho, diciendo:
"¡Dios mío, ten piedad de mí, que soy un
pecador!". 14 Les aseguro que este último volvió a su casa justificado, pero no el primero.
Porque todo el que se ensalza será humillado y el que se humilla será ensalzado».

Jesús y los niños

Mt 19 13-15 / Mc 10 13-16
Mt 18 2-3

15 También le presentaban a los niños
pequeños, para que los tocara; pero, al ver
esto, los discípulos los reprendían. 16 Entonces Jesús los hizo llamar y dijo: «Dejen
que los niños se acerquen a mí y no se lo
impidan, porque el Reino de Dios pertenece a los que son como ellos. 17 Les aseguro
que el que no recibe el Reino de Dios como un niño, no entrará en él».

El hombre rico

Mt 19 16-22 / Mc 10 17-22
Lc 10 25-26; Ex 20 12-16; Dt 5 16-20;
Mt 19 21; 6 20; Col 3 1-2

18 Un hombre importante le preguntó:
«Maestro bueno, ¿qué debo hacer para heredar la Vida eterna?». 19 Jesús le dijo: «¿Por qué
me llamas bueno? Solo Dios es bueno. 20 Tú
conoces los mandamientos: *No cometerás
adulterio, no matarás, no robarás, no darás falso
testimonio, honra a tu padre y a tu madre*». 21 El
hombre le respondió: «Todo esto lo he cumplido desde mi juventud». 22 Al oírlo, Jesús le
dijo: «Una cosa te falta todavía: vende todo
lo que tienes y distribúyelo entre los pobres,
y tendrás un tesoro en el cielo. Después ven
y sígueme». 23 Al oír estas palabras, el hombre se entristeció, porque era muy rico.

El peligro de las riquezas

Mt 19 23-26 / Mc 10 23-27
Mc 14 36; Zac 8 6; Gn 18 14; Job 42 2

24 Viéndolo así, Jesús dijo: «¡Qué difícil
será para los ricos entrar en el Reino de
Dios! 25 Sí, es más fácil que un camello pase por el ojo de una aguja, que un rico entre en el Reino de Dios». 26 Los que escuchaban dijeron: «Pero entonces, ¿quién
podrá salvarse?». 27 Jesús respondió: «Lo
que es imposible para los hombres, es posible para Dios».

REFLEXIONA

Bájate del árbol y abre tu casa

Lee Lucas 19 1-10. Observa que Jesús inició el diálogo y que Zaqueo solamente pretendió darse una idea de quién era Jesús. Escucha los diálogos entre Jesús y Zaqueo, y las murmuraciones de la gente, a las que ninguno de los dos hizo caso.

¡Zaqueo tuvo un encuentro profundo con Jesús, le abrió su casa y su corazón! Cuando participas en la Misa, en un retiro, en una peregrinación, en una boda o bautismo... ¿vas solo para observar lo que pasa, como Zaqueo al subirse al árbol? ¿Estás lo suficientemente atento para escuchar el llamado de Jesús, que quiere ser tu amigo y entregarte su salvación?

Lc 19 1-10

La riqueza del Continente Americano

En la parábola sobre la responsabilidad, Lucas señala su dimensión personal y social (Lc 19 11-26). Un reino se construye sobre el trabajo individual y la colaboración de toda su población en la búsqueda del bien común. Toca a cada persona esforzarse para que el país se desarrolle en forma armónica para el bien de todos.

¿Qué sucede en nuestra América, tan rica en recursos naturales y con tantos pobres? ¿Qué niveles de egoísmo existen para que los sectores ricos se preocupen tan poco por mejorar la vida de quienes viven en la miseria? ¿Qué razones económicas y políticas son tan importantes para que las naciones desarrolladas cierren sus fronteras a los inmigrantes necesitados? ¿Acaso no somos responsables de compartir «nuestra moneda» con el/la hermano/a que lo necesita?

La Palabra de Dios nos cuestiona: ¿por qué quitó el rey su moneda al servidor que la escondió por miedo al riesgo y se la dio a quien produjo más? Tenemos que poner a trabajar nuestra moneda para el bien común, pues solo así se construye la justicia. ¿Qué sucedería si todos los habitantes en nuestro continente manejáramos bien «la moneda» que Dios nos confió para el bien de todos? Pongamos a trabajar los dones y recursos que tenemos y construyamos redes de desarrollo continental, donde lo importante sea compartir, no competir.

Lc 19 11-26

La recompensa prometida a los discípulos

Mt 19 27-29 / Mc 10 28-30

28 Pedro le dijo: «Nosotros hemos dejado
todo lo que teníamos y te hemos seguido».
29 Jesús respondió: «Les aseguro que el que
haya dejado casa, mujer, hermanos, padres
o hijos, por el Reino de Dios, 30 recibirá
mucho más en este mundo; y en el mundo
futuro, recibirá la Vida eterna».

El tercer anuncio de la Pasión

Mt 20 17-19 / Mc 10 32-34
Lc 9 22.44-45; 24 6b-7.26.44-46; Mc 9 32; Lc 9 45

31 Después, Jesús llevó aparte a los Doce
y les dijo: «Ahora subimos a Jerusalén,
donde se cumplirá todo lo que anunciaron
los profetas sobre el Hijo del hombre. 32 Será entregado a los paganos, se burlarán de
él, lo insultarán, lo escupirán 33 y, después
de azotarlo, lo matarán. Pero al tercer día
resucitará». 34 Ellos no comprendieron nada de todo esto; les resultaba oscuro y no
captaban el sentido de estas palabras.

Curación de un ciego de Jericó

Mt 20 29-34 / Mc 10 46-52
Mt 2 23; Hch 2 22; 3 6; 4 10;
Mt 1 1; 9 27; 15 22; Lc 17 13; 7 50

35 Cuando se acercaba a Jericó, un ciego
estaba sentado al borde del camino, pidiendo limosna. 36 Al oír que pasaba mucha gente, preguntó qué sucedía. 37 Le respondieron que pasaba Jesús de Nazaret.
38 El ciego se puso a gritar: «¡Jesús, Hijo de
David, ten compasión de mí!». 39 Los que
iban delante lo reprendían para que se callara, pero él gritaba más fuerte: «¡Hijo de
David, ten compasión de mí!». 40 Jesús se
detuvo y mandó que se lo trajeran. Cuando lo tuvo a su lado, le preguntó: 41 «¿Qué
quieres que haga por ti?». «Señor, que yo
vea otra vez». 42 Y Jesús le dijo: «Recupera la
vista, tu fe te ha salvado». 43 En el mismo
momento, el ciego recuperó la vista y siguió a Jesús, glorificando a Dios. Al ver esto, todo el pueblo alababa a Dios.

La conversión de Zaqueo

Mt 5 46; Ex 15 24; 16 2; Mt 20 11; Lc 5 29-30;
Ex 21 37; 2 Sm 12 6; Lc 2 11; Hch 16 31-34;
Lc 13 16; Lc 15 4.6.9

19 1 Jesús entró en Jericó y atravesaba la
ciudad. 2 Allí vivía un hombre muy
rico llamado Zaqueo, que era jefe de los
publicanos. 3 Él quería ver quién era Jesús,
pero no podía a causa de la multitud, porque era de baja estatura. 4 Entonces se adelantó y subió a un sicomoro para poder
verlo, porque iba a pasar por allí. 5 Al llegar
a ese lugar, Jesús miró hacia arriba y le dijo: «Zaqueo, baja pronto, porque hoy tengo que alojarme en tu casa». 6 Zaqueo bajó
rápidamente y lo recibió con alegría.
7 Al ver esto, todos murmuraban, diciendo: «Se ha ido a alojar en casa de un pecador». 8 Pero Zaqueo dijo resueltamente al
Señor: «Señor, ahora mismo voy a dar la
mitad de mis bienes a los pobres, y si he
perjudicado a alguien, le daré cuatro veces
más». 9 Y Jesús le dijo: «Hoy ha llegado la
salvación a esta casa, ya que también este
hombre es un hijo de Abraham, 10 porque
el Hijo del hombre vino a buscar y a salvar
lo que estaba perdido».

Parábola de las monedas de plata

Mt 25 14-30
Mc 13 34; Lc 16 10; Mt 13 12

11 Como la gente seguía escuchando, añadió una parábola, porque estaba cerca de Jerusalén y ellos pensaban que el Reino de
Dios iba a aparecer de un momento a otro.
12 Él les dijo: «Un hombre de familia noble
fue a un país lejano para recibir la investidura real y regresar enseguida. 13 Llamó a
diez de sus servidores y les entregó cien monedas de plata a cada uno, diciéndoles: "Há-
ganlas producir hasta que yo vuelva". 14 Pero
sus conciudadanos lo odiaban y enviaron
detrás de él una embajada encargada de decir: "No queremos que este sea nuestro rey".
15 Al regresar, investido de la dignidad real,
hizo llamar a los servidores a quienes había dado el dinero, para saber lo que había
ganado cada uno. 16 El primero se presentó
y le dijo: "Señor, tus cien monedas de plata han producido diez veces más". 17 "Está
bien, buen servidor —le respondió—, ya
que has sido fiel en tan poca cosa, recibe el
gobierno de diez ciudades". 18 Llegó el segundo y le dijo: "Señor, tus cien monedas
de plata han producido cinco veces más".
19 A él también le dijo: "Tú estarás al frente
de cinco ciudades".
20 Llegó el otro y le dijo: "Señor, aquí tienes
tus cien monedas de plata, que guardé en-
vueltas en un pañuelo. 21 Porque tuve miedo
de ti, que eres un hombre exigente, que quieres percibir lo que no has depositado y cosechar lo que no has sembrado". 22 Él le
respondió: "Yo te juzgo por tus propias palabras, mal servidor. Si sabías que soy un hombre exigente, que quiero percibir lo que no
deposité y cosechar lo que no sembré, 23 ¿por
qué no entregaste mi dinero en préstamo? A
mi regreso yo lo hubiera recuperado con
intereses". 24 Y dijo a los que estaban allí:
«Quítenle las cien monedas y dénselas al que
tiene diez veces más». 25 "¡Pero, señor —le
respondieron—, ya tiene mil!". 26 Les aseguro
que al que tiene, se le dará; pero al que no tiene, se le quitará aun lo que tiene. 27 En cuanto a mis enemigos, que no me han querido
por rey, tráiganlos aquí y mátenlos en mi presencia». 28 Después de haber dicho esto, Jesús
siguió adelante, subiendo a Jerusalén.

¿Sabías que...?

Jesús llega a Jerusalén como Mesías humilde

Jesús entra en Jerusalén, meta de su ministerio como profeta del Reino, montado en un borrico, como signo de la naturaleza humilde y sencilla de su Reino. La multitud gozosa extendía ante Jesús sus mantos, símbolo de riqueza, para indicar su reconocimiento como el Mesías prometido por los profetas.

El simbolismo de este pasaje es muy bello: Jesús triunfa al implantar un reino donde el amor y el servicio son sus características clave; la gente acepta a Jesús como rey, desprendiéndose de su riqueza para ponerla al servicio de este reino. Su grito de alabanza sella esta doble dinámica: «¡Bendito sea el Rey que viene en nombre del Señor! ¡Paz en el cielo y gloria en las alturas!» (Lc 19 38).

El Domingo de Ramos, al iniciar la Semana Santa, celebramos esta entrada de Jesús en la Ciudad de David. Con ramos benditos confesamos nuestra fe en él como Mesías y rey de paz, con la proclamación de su pasión en el evangelio reconocemos *la complejidad del reinado de Cristo* desde la cruz. El próximo Domingo de Ramos, cuando recibas tu palma, reconoce a Cristo como tu rey y pide su ayuda para ser su seguidor.

Lc 19 29-38

Jesús llora y se lamenta

Todo era alegría en la entrada de Jesús en Jerusalén, pero de repente el tono cambió. Al ver la ciudad, llora y se lamenta porque sus habitantes no quisieron aceptar su mensaje de justicia y paz, y su templo sería destruido. Jesús no buscaba aclamaciones, sino conversiones.

Este pasaje nos invita a descubrir el paso continuo del Señor en nuestra vida y en la historia. ¿Cuántas veces hemos dejado pasar de largo la salvación que nos ofrece? ¿Con qué frecuencia desechamos su mensaje; luchamos por nuestra vida sin tomar en cuenta la de los demás, buscamos la paz donde no está y hacemos daño a los demás?

Lc 19 41-42

LA ACTIVIDAD DE JESÚS EN JERUSALÉN

La entrada mesiánica en Jerusalén

Mt 21 1-9 / Mc 11 1-10 / Jn 12 12-13
Zac 9 9-10; 2 Re 9 13; Sal 118 26; Hab 2 11

29 Cuando se acercó a Betfagé y Betania,
al pie del monte llamado de los Olivos, envió a dos de sus discípulos, diciéndoles:
30 «Vayan al pueblo que está enfrente y, al
entrar, encontrarán un asno atado, que nadie ha montado todavía. Desátenlo y tráiganlo;
31 y si alguien les pregunta: "¿Por qué
lo desatan?", respondan: "El Señor lo necesita"».
32 Los enviados partieron y encontraron todo como él les había dicho.
33 Cuando desataron el asno, sus dueños les dijeron: «¿Por qué lo desatan?».
34 Y ellos
respondieron: «El Señor lo necesita».
35 Luego llevaron el asno adonde estaba
Jesús y, poniendo sobre él sus mantos, lo hicieron montar.
36 Mientras él avanzaba, la
gente extendía sus mantos sobre el camino.
37 Cuando Jesús se acercaba a la pen-
diente del monte de los Olivos, todos los discípulos, llenos de alegría, comenzaron a alabar a Dios en alta voz, por todos los milagros que habían visto.
38 Y decían:

«¡Bendito sea el Rey que viene
en nombre del Señor!
¡Paz en el cielo
y gloria en las alturas!».

39 Algunos fariseos que se encontraban
entre la multitud le dijeron: «Maestro, reprende a tus discípulos».
40 Pero él respon-
dió: «Les aseguro que si ellos callan, gritarán las piedras».

Lamentación de Jesús sobre Jerusalén

Jn 11 35; Dt 32 29; Is 6 9-10; Mt 13 14; Mc 4 12;
Rom 11 8-10; Lc 21 20.24; 23 28-31; 21 6

41 Cuando estuvo cerca y vio la ciudad, se
puso a llorar por ella,
42 diciendo: «¡Si tú
también hubieras comprendido en este día el mensaje de paz! Pero ahora está oculto a tus ojos.
43 Vendrán días desastrosos para ti,
en que tus enemigos te cercarán con empalizadas, te sitiarán y te atacarán por todas partes.
44 Te arrasarán junto con tus hi-
jos, que están dentro de ti, y no dejarán en ti piedra sobre piedra, porque no has sabido reconocer el tiempo en que fuiste visitada por Dios».

La expulsión de los vendedores del Templo

Mt 21 12-13 / Mc 11 15-17 / Jn 2 13-16
Is 56 7; Jr 7 11

45 Y al entrar al Templo, se puso a echar
a los vendedores,
46 diciéndoles: «Está escri-
to: *Mi casa será una casa de oración*, pero ustedes la han convertido en *una cueva de ladrones*».

REFLEXIONA

Los viñadores homicidas

Lee Lucas 20 9-19, toma en cuenta el significado de sus imágenes altamente simbólicas: el dueño de la viña es Dios, que fielmente mandó emisarios a su pueblo amado; los responsables de la viña son los líderes, que no aceptaron su mensaje; el hijo asesinado es el Hijo de Dios; los «otros», son las personas que aceptaron a Jesús. La piedra rechazada es ahora la piedra fundamental del nuevo pueblo de Israel, ya no el Templo de Jerusalén.

¿Reconoces a Dios en Jesús y su evangelio, o prefieres la imagen de un Dios que no te exige que practiques el amor hacia todos tus semejantes, incluso los pobres y pecadores?

Lc 20 9-19

LC

La enseñanza de Jesús en el Templo

Mc 11 18

Lc 20 19; 21 38; 23 27.35; Mt 14 5; Jn 7 30

47 Y diariamente enseñaba en el Templo.
Los sumos sacerdotes, los escribas y los
más importantes del pueblo, buscaban la
forma de matarlo. 48 Pero no sabían cómo
hacerlo, porque todo el pueblo lo escuchaba y estaba pendiente de sus palabras.

Discusión sobre la autoridad de Jesús

Mt 21 23-27 / Mc 11 27-33

Mt 14 5; Mc 14 2

20 1 Un día en que Jesús enseñaba al pueblo en el Templo y anunciaba la Buena
Noticia, se le acercaron los sumos sacerdotes
y los escribas con los ancianos, 2 y le dijeron:
«Dinos con qué autoridad haces estas cosas o
quién te ha dado esa autoridad». 3 Jesús les
respondió: «Yo también quiero preguntarles
algo. Díganme: 4 El bautismo de Juan, ¿venía
del cielo o de los hombres?». 5 Ellos se hacían
este razonamiento: «Si respondemos: "Del
cielo", él nos dirá: "¿Por qué no creyeron en
él?". 6 Y si respondemos: "De los hombres",
todo el pueblo nos apedreará, porque está
convencido de que Juan es un profeta». 7 Y le
dijeron que no sabían de dónde venía. 8 Jesús
les respondió: «Yo tampoco les diré con qué
autoridad hago esto».

Parábola de los viñadores homicidas

Mt 21 33-46 / Mc 12 1-12

Is 5 1-7; Sal 118 22; 1 Pe 2 5-8; Is 8 14.15; Dn 2 44

9 Y luego dijo al pueblo esta parábola:
«Un hombre plantó una viña, la arrendó a
unos viñadores y se fue por largo tiempo al
extranjero. 10 Llegado el momento, les envió
a un servidor para que le entregaran la parte de los frutos que le correspondía. Pero los
viñadores lo golpearon y lo echaron con las
manos vacías. 11 Envió a otro servidor, y también a este lo golpearon, lo ultrajaron y lo
echaron con las manos vacías. 12 Mandó después a un tercero, y a él también lo hirieron
y lo arrojaron afuera. 13 El dueño de la viña
pensó entonces: "¿Qué haré? Voy a enviar a
mi hijo muy querido: quizá tengan consideración con él". 14 Pero los viñadores, al verlo,
se dijeron: "Este es el heredero, vamos a matarlo, y la herencia será nuestra". 15 Y arro-
jándolo *fuera de la viña, lo* mataron.

¿Qué hará con ellos el dueño de la viña?
16 Vendrá, acabará con esos viñadores y entregará la viña a otros». Al oír estas palabras, dijeron: «¡Dios no lo permita!». 17 Pero fijando en ellos su mirada, Jesús les dijo:
«¿Qué significa entonces lo que está escrito:

La piedra que los constructores rechazaron
ha llegado a ser la piedra angular?

18 El que caiga sobre esta piedra quedará
destrozado, y aquel sobre quien ella caiga,
será aplastado».
19 Los escribas y los sumos sacerdotes querían detenerlo en ese mismo momento, porque comprendían que esta parábola la había
dicho por ellos, pero temieron al pueblo.

El impuesto debido a la autoridad

Mt 22 15-22 / Mc 12 13-17

Rom 13 6-7

20 Ellos comenzaron a acecharlo y le enviaron espías, que fingían ser hombres de
bien, para lograr sorprenderlo en alguna
de sus afirmaciones, y entregarlo al poder y
a la autoridad del gobernador. 21 Y le dijeron: «Maestro, sabemos que hablas y enseñas con rectitud y que no tienes en cuenta
la condición de las personas, sino que enseñas con toda fidelidad el camino de Dios.
22 ¿Nos está permitido pagar el impuesto al
César o no?». 23 Pero Jesús, conociendo su
astucia, les dijo: 24 «Muéstrenme un denario. ¿De quién es la figura y la inscripción
que tiene?». «Del César», respondieron.
25 Jesús les dijo: «Den al César lo que es del
César, y a Dios, lo que es de Dios».
26 Así no pudieron sorprenderlo en ninguna palabra delante del pueblo y, llenos
de admiración por su respuesta, tuvieron
que callarse.

Discusión sobre la resurrección de los muertos

Mt 22 23-33 / Mc 12 18-27

Hch 23 8; Dt 25 5; Ex 3 2.6; Rom 14 8-9

27 Se le acercaron algunos saduceos, que
niegan la resurrección, 28 y le dijeron:
«Maestro, Moisés nos ha ordenado: *Si al-*
guien está casado y muere sin tener hijos, que
su hermano, para darle descendencia, se case
con la viuda. 29 Ahora bien, había siete hermanos. El primero se casó y murió sin tener hijos. 30 El segundo 31 se casó con la viuda, y luego el tercero. Y así murieron los
siete sin dejar descendencia. 32 Finalmente,
también murió la mujer. 33 Cuando resuciten los muertos, ¿de quién será esposa, ya
que los siete la tuvieron por mujer?».
34 Jesús les respondió: «En este mundo
los hombres y las mujeres se casan, 35 pero
quienes son juzgados dignos de participar
del mundo futuro y de la resurrección, no
se casan. 36 Ya no pueden morir, porque son
semejantes a los ángeles y, al ser hijos de la
resurrección, son hijos de Dios. 37 Que los
muertos van a resucitar, Moisés lo ha dado

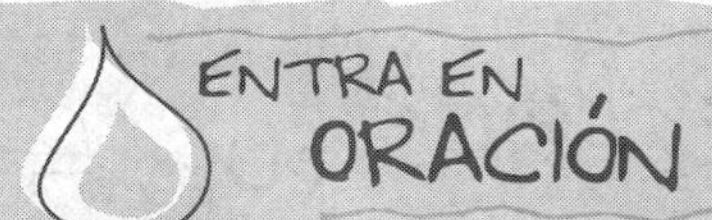

Ayúdame a compartir lo que soy y lo que tengo

Lee Lucas 21 1-4. Al ver cómo los ricos daban a los pobres de lo que les sobraba, mientras una viuda pobre compartía de lo que necesitaba, Jesús alabó el donativo de la viuda por dar todo lo que poseía.

Señor, concédeme vivir el sentido de la pobreza confiada en ti, propio de los anawim; *responderte de manera similar como la viuda pobre que compartió desde su pobreza.*

Como joven aún no he desarrollado mis dones por completo ni tengo riquezas propias..., pero te ofrezco mi tiempo, mis talentos y una porción de mis ingresos para servir a mi comunidad.

Puedo enseñar a los niños, ayudar en mi casa, servir a los ancianos, orientar a otros jóvenes, apoyar a quien lo necesita, dar donativos en la medida de mis posibilidades...

Te ofrezco los dones que me has brindado. Dame un corazón generoso para poner al servicio de mis hermanos todo lo que me has dado.

¿Qué quieres de mí, Señor? Háblame, te escucho; quiero responderte como la viuda del evangelio; dame tu luz y tu fuerza, que eso me basta. Amén.

Lc 21 1-4

a entender en el pasaje de la zarza, cuando
llama al Señor *el Dios de Abraham, el Dios*
de Isaac y el Dios de Jacob. 38 Porque él no es
un Dios de muertos, sino de vivientes; todos, en efecto, viven para él».
39 Tomando la palabra, algunos escribas
le dijeron: «Maestro, has hablado bien».
40 Y ya no se atrevían a preguntarle nada.

El Mesías, hijo y Señor de David

Mt 22 41-45 / Mc 12 35-37
Sal 110 1

41 Jesús les dijo entonces: «¿Cómo se puede decir que el Mesías es hijo de David, 42 si
el mismo David ha dicho en el Libro de los
Salmos:

Dijo el Señor a mi Señor:
Siéntate a mi derecha,
43 *hasta que ponga a tus enemigos*
debajo de tus pies?

44 Si David lo llama "Señor", ¿cómo puede ser hijo suyo?».

Advertencia de Jesús contra los escribas

Mt 23 6-7 / Mc 12 38-40
Lc 11 37-54

45 Y dijo a los discípulos, de manera que lo
oyera todo el pueblo: 46 «Tengan cuidado de
los escribas, a quienes les gusta pasearse con

El tiempo, la escatología y el encuentro con Dios

En el capítulo 21, Lucas empieza el discurso escatológico de Jesús sobre el final de los tiempos (ver «Vocabulario bíblico: Escatología»).

Para comprender su mensaje, hay que saber que el pueblo de Israel consideraba el «tiempo» como la situación del encuentro con Dios. En cambio, los griegos tenían dos conceptos de tiempo: (a) *chronós:* los segundos..., minutos..., días..., años..., cuyo paso no se puede controlar, y (b) *kairós:* los momentos dados por los dioses a una persona para manejar su destino. Mientras que la traducción griega de la Biblia usa *kairós* para hablar del final de los tiempos, nosotros solemos considerar el tiempo como *chronós*, por lo que conviene profundizar el significado bíblico del tiempo.

Para los profetas, el pasado es memoria de la salvación de Dios, y el presente es preparación para la salvación que se dará en el Mesías. Cuando el Antiguo Testamento habla del final de los tiempos o escatología, se refiere al encuentro futuro con Dios.

En el Nuevo Testamento, el momento tan esperado de salvación ya se cumplió con la encarnación del Hijo de Dios en la historia, llegando así la plenitud de los tiempos. A partir de Cristo, todo el tiempo es *kairós* para responder al llamado de Dios vivo entre nosotros.

Además existe un *kairós* futuro, un «todavía no» imposible de pronosticar. Se trata de la segunda venida de Cristo o parusía, cuando terminará nuestra vida terrena, enfrentaremos el Juicio final y podremos compartir la eternidad de Dios. El universo entero participará también de este *kairós*, cuando termine su temporalidad y dé gloria eterna a Dios.

Lc 21 5-38

largas vestiduras, ser saludados en las plazas y
ocupar los primeros asientos en las sinagogas
y en los banquetes; 47 que devoran los bienes
de las viudas y fingen hacer largas oraciones.
Esos serán juzgados con más severidad».

La ofrenda de la viuda

Mc 12 41-44

21 1 Después, levantando los ojos, Jesús
vio a unos ricos que ponían sus
ofrendas en el tesoro del Templo. 2 Vio también a una viuda de condición muy humilde, que ponía dos pequeñas monedas de
cobre, 3 y dijo: «Les aseguro que esta pobre
viuda ha dado más que nadie. 4 Porque todos los demás dieron como ofrenda algo
de lo que les sobraba, pero ella, de su indigencia, dio todo lo que tenía para vivir».

Anuncio de la destrucción del Templo

Mt 24 1-3 / Mc 13 1-4

Lc 19 44; Miq 3 12; Jr 7 1-15; 26 1-19

5 Y como algunos, hablando del Templo,
decían que estaba adornado con hermosas
piedras y ofrendas votivas, Jesús dijo: 6 «De
todo lo que ustedes contemplan, un día no
quedará piedra sobre piedra: todo será destruido». 7 Ellos le preguntaron: «Maestro,
¿cuándo tendrá lugar esto, y cuál será la señal de que va a suceder?».

Los signos precursores del fin

Mt 24 4-14 / Mc 13 5-13

Dn 2 28; Is 19 2; 2 Cr 15 6; Mt 24 9; Hch 6 10

8 Jesús respondió: «Tengan cuidado, no se
dejen engañar, porque muchos se presentarán en mi Nombre, diciendo: "Soy yo", y
también: "El tiempo está cerca". No los sigan. 9 Cuando oigan hablar de guerras y re-
voluciones no se alarmen; es necesario que
esto ocurra antes, pero no llegará tan pronto
el fin». 10 Después les dijo: «Se levantará nación contra nación y reino contra reino.
11 Habrá grandes terremotos; peste y hambre
en muchas partes; se verán también fenómenos aterradores y grandes señales en el cielo.
12 Pero antes de todo eso, los detendrán,
los perseguirán, los entregarán a las sinagogas y serán encarcelados; los llevarán ante
reyes y gobernadores a causa de mi Nombre, 13 y esto les sucederá para que puedan
dar testimonio de mí. 14 Tengan bien presente que no deberán preparar su defensa,
15 porque yo mismo les daré una elocuencia
y una sabiduría que ninguno de sus adversarios podrá resistir ni contradecir. 16 Serán
entregados hasta por sus propios padres y
hermanos, por sus parientes y amigos; y a
muchos de ustedes los matarán. 17 Serán odiados por todos a causa de mi Nombre. 18 Pero ni siquiera un cabello se les caerá de la cabeza. 19 Gracias a la constancia salvarán sus
vidas.

El asedio de Jerusalén

Mt 24 15-21 / Mc 13 14-19

Lc 19 43; 23 28-31; 17 31; Os 9 7;
Jr 46 10; 21 7; Sal 79 1; Dn 12 7; Rom 11 25

20 Cuando vean a Jerusalén sitiada por
los ejércitos, sepan que su ruina está próxima. 21 Los que estén en Judea, que se refu-

Esperanza, compromiso y escatología en Lucas

En tiempos de Lucas, la esperanza y el compromiso de los cristianos se debilitaba ante la persecución que sufrían y el retrazo de la llegada del final de los tiempos, cuando el Reino de Dios sería establecido plenamente. Con lenguaje apocalíptico e imágenes simbólicas propias de Daniel, Lucas presenta el discurso escatológico de Jesús para aclarar que la destrucción del Templo y de Jerusalén no fueron signos del fin de los tiempos, sino de que el tiempo en que la salvación de Dios era solo para los judíos había terminado y que Dios también actuaba entre los cristianos convertidos del paganismo (Lc 21 7-28).

En el discurso de Jesús, Lucas enfatiza que aunque el tiempo de espera para la llegada definitiva y gloriosa de Dios está marcado por odios y persecuciones similares (vv. 7-19), guerras (vv. 9-10), castigos (vv. 22-24) y tragedias naturales (vv. 25-26), el Hijo del hombre aparecerá triunfante trayendo su liberación (vv. 27-28). Por eso, la actitud del cristiano es de esperanza y no de temor.

El ejemplo de la higuera (vv. 29-37) relaciona la espera con la cercanía del Reino de Dios, y señala la importancia del estilo de vida y la oración para presentarse sin temor ante el Hijo del hombre, el día del juicio al final de la vida. Pidamos a Dios vivir siempre con esperanza, con un estilo de vida que nos mantenga preparados para el día en que el Señor nos quiera llevar a gozar de su Reino eterno de amor, justicia y paz.

Lc 21 7-38

gien en las montañas; los que estén dentro
de la ciudad, que se alejen; y los que estén
en los campos, que no vuelvan a ella.
22 Porque serán días de escarmiento, en que
todo lo que está escrito deberá cumplirse.
23 ¡Ay de las que estén embarazadas o tengan niños de pecho en aquellos días! Será
grande la desgracia de este país y la ira de
Dios pesará sobre este pueblo. 24 Caerán al
filo de la espada, serán llevados cautivos a
todas las naciones, y Jerusalén será pisoteada por los paganos, hasta que el tiempo de
los paganos llegue a su cumplimiento.

La manifestación gloriosa del Hijo del hombre

Mt 24 29-30 / Mc 13 24-26
Is 13 10; Ez 32 7; Jl 3 3-4; Ap 6 12-13;
Ag 2 6.21; Dn 7 13

25 Habrá señales en el sol, en la luna y en
las estrellas; y en la tierra, los pueblos serán presa de la angustia ante el rugido del
mar y la violencia de las olas. 26 Los hombres desfallecerán de miedo ante la expectativa de lo que sobrevendrá al mundo,
porque los astros se conmoverán. 27 Entonces se verá al Hijo del hombre venir sobre
una nube, lleno de poder y de gloria.
28 Cuando comience a suceder esto, tengan
ánimo y levanten la cabeza, porque está
por llegarles la liberación».

Parábola de la higuera

Mt 24 32-35 / Mc 13 28-31
Mt 5 18; Lc 16 17

29 Y Jesús les hizo esta comparación: «Miren lo que sucede con la higuera o con
cualquier otro árbol. 30 Cuando comienza a
echar brotes, ustedes se dan cuenta de que
se acerca el verano. 31 Así también, cuando
vean que suceden todas estas cosas, sepan
que el Reino de Dios está cerca. 32 Les aseguro que no pasará esta generación hasta
que se cumpla todo esto. 33 El cielo y la tierra pasarán, pero mis palabras no pasarán.

Exhortación a la vigilancia

Mt 24 48-50; Lc 17 27; 1 Tes 5 3; Is 24 17

34 Tengan cuidado de no dejarse aturdir
por los excesos, la embriaguez y las preocupaciones de la vida, para que ese día no
caiga de improviso sobre ustedes 35 como
una trampa, porque sobrevendrá a todos
los hombres en toda la tierra. 36 Estén prevenidos y oren incesantemente, para quedar a salvo de todo lo que ha de ocurrir. Así
podrán comparecer seguros ante el Hijo
del hombre».

Últimos días de Jesús en Jerusalén

Lc 19 47; 22 53; Jn 18 20; Lc 22 39

37 Durante el día Jesús enseñaba en el
Templo, y por la noche se retiraba al monte
llamado de los Olivos. 38 Y todo el pueblo
madrugaba para ir al Templo a escucharlo.

LA PASIÓN Y MUERTE DE JESÚS

La conspiración contra Jesús y la traición de Judas

Mt 26 1-5.14-16 / Mc 14 1-2.10-11
Ex 12 1-27; Jn 11 57; Mt 12 14;
Mc 1 13; Hch 1 17; Jn 13 2.27

22 1 Estaba cerca la fiesta de los Ácimos,
llamada Pascua. 2 Los sumos sacerdotes y los escribas buscaban la manera de
eliminar a Jesús, porque tenían miedo del
pueblo. 3 Entonces Satanás entró en Judas,
llamado Iscariote, que era uno de los Doce. 4 Este fue a tratar con los sumos sacerdotes y los jefes de la guardia sobre el modo de entregárselo. 5 Ellos se alegraron y
convinieron en darle dinero. 6 Judas aceptó
y buscaba una ocasión propicia para entregarlo sin que se enterara el pueblo.

Los preparativos para la comida pascual

Mt 26 17-19 / Mc 14 12-16
Ex 12 8-11; Lc 19 32

7 Llegó el día de los Ácimos, en el que se
debía inmolar la víctima pascual. 8 Jesús
envió a Pedro y a Juan, diciéndoles: «Vayan
a prepararnos lo necesario para la comida
pascual». 9 Ellos le preguntaron: «¿Dónde
quieres que la preparemos?». 10 Jesús les
respondió: «Al entrar en la ciudad encontrarán a un hombre que lleva un cántaro
de agua. Síganlo hasta la casa donde entre,
11 y digan a su dueño: El Maestro manda
preguntarte: "¿Dónde está la sala en que
podré comer la Pascua con mis discípulos?". 12 Él les mostrará en el piso alto una
pieza grande, arreglada con almohadones:
preparen allí lo necesario». 13 Los discípulos partieron, encontraron todo como Jesús les había dicho y prepararon la Pascua.

La comida pascual

Lc 24 26.46; Hch 1 3; 3 18; Lc 13 29; Mt 6 10

14 Llegada la hora, Jesús se sentó a la mesa con los Apóstoles y les dijo: 15 «He deseado ardientemente comer esta Pascua con
ustedes antes de mi Pasión, 16 porque les
aseguro que ya no la comeré más hasta que
llegue a su pleno cumplimiento en el Reino de Dios».

PERSPECTIVA CATÓLICA

Reunidos en el más grandioso banquete

Lee Lucas 22 14-20. Jesús instituyó la Eucaristía cuando celebró la cena pascual con sus discípulos la noche antes de morir, como memorial adelantado de su muerte y resurrección, dando así plenitud al significado de la Pascua judía (ver «La Pascua judía y la Pascua cristiana», Ex 12 – 14, y «La Eucaristía, un memorial», 1 Cor 11 23-26).

La palabra *Eucaristía* quiere decir, «acción de gracias». Los católicos celebramos el sacramento de la Eucaristía reunidos alrededor de la mesa, el altar, para revivir la Pascua del Señor con alegría y gozo, y darle gracias por la vida nueva que nos da. Este sacramento es la fuente y la cima de toda la vida cristiana (ver Mc 14 22-25).

A la Eucaristía la llamamos «Misa» porque nos alimenta para cumplir nuestra misión. Al celebrarla, leemos nuestra historia como pueblo de Dios, recordamos los grandes prodigios que ha hecho por nosotros y escuchamos su llamado a corresponder a su amor. Ofrecemos el pan y el vino, que se convertirán en el Cuerpo y Sangre del Señor, entregados en sacrificio para salvación de la humanidad. Nos acercamos al banquete para compartir con la comunidad el pan y la copa de vida que Jesús nos ofrece.

Cuando faltamos a la mesa del sacrificio y celebración y nos debilitamos espiritualmente no recibimos las bendiciones y fuerza que nos da la Eucaristía. También sufre la comunidad cristiana y la sociedad, porque al no alimentarnos de Cristo es más difícil que cumplamos nuestra misión.

Lc 22 14-23

17 Y tomando una copa, dio gracias y dijo: «Tomen y compártanla entre ustedes.
18 Porque les aseguro que desde ahora no
beberé más del fruto de la vid hasta que
llegue el Reino de Dios».

La institución de la Eucaristía

Mt 26 26-29 / Mc 14 22-25 / 1 Cor 11 23-25
Ex 12 14; 13 19; Dt 16 3; Ex 24 8; Zac 9 11;
Heb 9 20; Jr 31 31; 32 40

19 Luego tomó el pan, dio gracias, lo partió y lo dio a sus discípulos, diciendo: «Esto es mi Cuerpo, que se entrega por ustedes. Hagan esto en memoria mía». 20 Después de la cena hizo lo mismo con la copa,
diciendo: «Esta copa es la Nueva Alianza
sellada con mi Sangre, que se derrama por
ustedes.

El anuncio de la traición de Judas

Mt 26 20-25 / Mc 14 17-21 / Jn 13 21-30
Sal 41 10; Hch 2 23; 10 42; 17 31

21 La mano del traidor está sobre la mesa,
junto a mí. 22 Porque el Hijo del hombre va
por el camino que le ha sido señalado, pero
¡ay de aquel que lo va a entregar!». 23 Entonces comenzaron a preguntarse unos a otros
quién de ellos sería el que iba a hacer eso.

El carácter servicial de la autoridad

Mt 20 25-28 / Mc 10 42-45
Lc 9 46-48; Jn 13 3-7

24 Y surgió una discusión sobre quién debía ser considerado como el más grande.
25 Jesús les dijo: «Los reyes de las naciones
dominan sobre ellas, y los que ejercen el
poder sobre el pueblo se hacen llamar
bienhechores. 26 Pero entre ustedes no debe
ser así. Al contrario, el que es más grande,
que se comporte como el menor, y el que
gobierna, como un servidor. 27 Porque,
¿quién es más grande, el que está a la mesa o el que sirve? ¿No es acaso el que está a
la mesa? Y sin embargo, yo estoy entre ustedes como el que sirve.

La recompensa prometida a los discípulos

Mt 19 28

28 Ustedes son los que han permanecido
siempre conmigo en medio de mis pruebas. 29 Por eso yo les confiero la realeza, como mi Padre me la confirió a mí. 30 Y en mi
Reino, ustedes comerán y beberán en mi mesa, y se sentarán sobre tronos para juzgar a
las doce tribus de Israel.

El anuncio de las negaciones de Pedro

Mt 26 31-35 / Mc 14 27-31 / Jn 13 36-38
Am 9 9

31 Simón, Simón, mira que Satanás ha
pedido poder para zarandearlos como el
trigo, 32 pero yo he rogado por ti, para que
no te falte la fe. Y tú, después que hayas
vuelto, confirma a tus hermanos». 33 «Señor
—le dijo Pedro—, estoy dispuesto a ir contigo a la cárcel y a la muerte». 34 Pero Jesús
replicó: «Yo te aseguro, Pedro, que hoy, antes que cante el gallo, habrás negado tres
veces que me conoces».

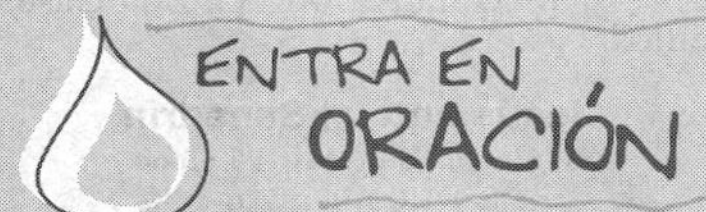

Que se haga tu voluntad

La oración de Jesús en el monte de los Olivos guarda cierto paralelo con la que hizo en el desierto antes de iniciar su ministerio. En ambas Jesús expresa la angustia y fragilidad humana y enfrenta las tentaciones. En esta ocasión Jesús se prepara para su muerte y después de una intensa oración es capaz de aceptar la voluntad de su Padre (Lc 22 39-46), con una aceptación obediente y una fortaleza interna que no aminora su dolor, como lo indica el sudor de sangre.

Lee varias veces el pasaje y déjate impactar por la oración de Jesús. Observa la soledad en que se encuentra y el consuelo que recibe de un ángel. También nota el desfallecimiento de sus discípulos y la motivación que hace Jesús para que se preparen a la prueba que viene con la oración.

Ahora piensa en tu vida, en lo que te causa más dolor y angustia, y entrégaselo a Dios con las mismas palabras que lo hizo Jesús: «Padre, si quieres, aleja de mí este cáliz. Pero que no se haga mi voluntad, sino la tuya» (v. 42). Dame tu fuerza, que eso me basta.

Lc 22 39-49

El combate decisivo

Mc 6 7-9; Mt 10 9-10; Lc 9 3; Is 53 12

35 Después les dijo: «Cuando los envié
sin bolsa, ni alforja, ni sandalia, ¿les faltó
alguna cosa?». 36 «Nada», respondieron. Él
agregó: «Pero ahora el que tenga una bolsa, que la lleve; el que tenga una alforja,
que la lleve también; y el que no tenga espada, que venda su manto para comprar
una. 37 Porque les aseguro que debe cumplirse en mí esta palabra de la Escritura:
Fue contado entre los malhechores. Ya llega a
su fin todo lo que se refiere a mí». 38 «Señor
—le dijeron—, aquí hay dos espadas». Él les respondió: «Basta».

La oración de Jesús en el monte de los Olivos

Mt 26 30.36-46 / Mc 14 26.32-42 / Jn 18 1
Mc 10 38; Mt 6 10; Lc 22 40

39 Enseguida Jesús salió y fue como de costumbre al monte de los Olivos, seguido
de sus discípulos. 40 Cuando llegaron, les
dijo: «Oren, para no caer en la tentación».
41 Después se alejó de ellos, más o menos a la distancia de un tiro de piedra, y puesto
de rodillas, oraba: 42 «Padre, si quieres, aleja de mí este cáliz. Pero que no se haga mi
voluntad, sino la tuya». 43 Entonces se le
apareció un ángel del cielo que lo reconfortaba. 44 En medio de la angustia, él oraba más intensamente, y su sudor era como gotas de sangre que corrían hasta el suelo.
45 Después de orar se levantó, fue hacia donde estaban sus discípulos y los encontró adormecidos por la tristeza. 46 Jesús les
dijo: «¿Por qué están durmiendo? Levántense y oren para no caer en la tentación».

El arresto de Jesús

Mt 26 47-56 / Mc 14 43-52 / Jn 18 2-11
Lc 22 36; Jn 18 10.26.11; Lc 22 37;
Hch 26 18; Col 1 13

47 Todavía estaba hablando, cuando llegó una multitud encabezada por el que se llamaba Judas, uno de los Doce. Este se acercó a Jesús para besarlo. 48 Jesús le dijo: «Judas, ¿con un beso entregas al Hijo del hombre?». 49 Los que estaban con Jesús, viendo
lo que iba a suceder, le preguntaron: «Señor, ¿usamos la espada?». 50 Y uno de ellos
hirió con su espada al servidor del Sumo Sacerdote, cortándole la oreja derecha. 51 Pero Jesús dijo: «Dejen, ya está». Y tocándole la oreja, lo curó.
52 Después dijo a los sumos sacerdotes, a los jefes de la guardia del Templo y a los ancianos que habían venido a arrestarlo: «¿Soy acaso un bandido para que vengan con espadas y palos? 53 Todos los días estaba con ustedes en el Templo y no me arrestaron. Pero esta es la hora de ustedes y el poder de las tinieblas».

Las negaciones de Pedro

Mt 26 57-58.69-75 / Mc 14 53-54.66-72 /
Jn 18 15-18.25-27
Lc 22 33-34

54 Después de arrestarlo, lo condujeron a la casa del Sumo Sacerdote. Pedro lo seguía
de lejos. 55 Encendieron fuego en medio del
patio, se sentaron alrededor de él y Pedro
se sentó entre ellos. 56 Una sirvienta que lo
vio junto al fuego, lo miró fijamente y dijo: «Este también estaba con él». 57 Pedro lo
negó, diciendo: «Mujer, no lo conozco».
58 Poco después, otro lo vio y dijo: «Tú también eres uno de aquellos». Pero Pedro
respondió: «No, hombre, no lo soy». 59 Al-
rededor de una hora más tarde, otro insistió, diciendo: «No hay duda de que este hombre estaba con él; además, él también

LC

Lucas relata la pasión y muerte de Jesús

Aunque todos los evangelistas relatan la pasión de Jesús, cada uno abarca aspectos distintos de la inagotable riqueza de la personalidad de Jesús y enfoca sus sufrimientos y muerte bajo una perspectiva diferente. Lucas se centra en los siguientes aspectos:

Señala la apertura de los gentiles al mensaje de Jesús. Pilato declara tres veces que Jesús es inocente (Lc 23 4.14.22), y solo lo entrega a la muerte por debilidad ante la insistencia de los líderes judíos (vv. 23-24). Después, cuando Jesús muere, un oficial romano alaba a Dios (v. 47).

Muestra detalles de la compasión y el perdón de Jesús, aun en su dolor. Al llevar su cruz, Jesús se preocupa por las mujeres que lo siguen (vv. 27-31); disculpa ante el Padre a quienes lo crucifican y pide que los perdone (v. 34), y promete al ladrón que le pide que se acuerde de él en su Reino que estará con él en el Paraíso (v. 43).

Presenta a Jesús rodeado de gente. A diferencia de Marcos, que enfatiza el abandono de Jesús en su pasión, Lucas habla de la gente que está con él: una muchedumbre (v. 23), mujeres (v. 27), el buen ladrón (vv. 40-41), el centurión (v. 47), indicando la amplitud de la Iglesia futura. Además presenta a Jesús entregando su espíritu al Padre, con plena confianza en sus designios insondables (v. 46).

Lc 22 47 – 23 56

es galileo». 60 «Hombre —dijo Pedro—, no sé lo que dices». En ese momento, cuando todavía estaba hablando, cantó el gallo. 61 El Señor, dándose vuelta, miró a Pedro. Este recordó las palabras que el Señor le había dicho: «Hoy, antes que cante el gallo, me habrás negado tres veces». 62 Y saliendo *afuera, lloró amargamente.*

Ultrajes a Jesús

Mt 26 67-68 / Mc 14 65

63 Los hombres que custodiaban a Jesús lo ultrajaban y lo golpeaban; 64 y tapándole el rostro, le decían: «Profetiza, ¿quién te golpeó?». 65 Y proferían contra él toda clase de insultos.

Jesús ante el Sanedrín

Mt 26 62-66 / Mc 14 60-64
Sal 110 1; Dn 7 13

66 Cuando amaneció, se reunió el Consejo de los ancianos del pueblo, junto con los sumos sacerdotes y los escribas. Llevaron a Jesús ante el tribunal 67 y le dijeron: «Dinos si eres el Mesías». Él les dijo: «Si yo les respondo, ustedes no me creerán, 68 y si los interrogo, no me responderán. 69 Pero en adelante, el Hijo del hombre *se sentará a la derecha de Dios todopoderoso*». 70 Todos preguntaron: «¿Entonces eres el Hijo de Dios?». Jesús respondió: «Tienen razón, yo lo soy». 71 Ellos dijeron: «¿Acaso necesitamos otro testimonio? Nosotros mismos lo hemos oído de su propia boca».

Jesús ante Pilato

Mt 27 1-2.11-14 / Mc 15 1-5 / Jn 18 28-38
Lc 20 20-26; Hch 17 7; Mt 2 2;
Lc 22 10; 23 14.22; Hch 3 13; 13 28

23 1 Después se levantó toda la asamblea y lo llevaron ante Pilato. 2 Y comenzaron a acusarlo, diciendo: «Hemos encontrado a este hombre incitando a nuestro pueblo a la rebelión, impidiéndole pagar los impuestos al Emperador y pretendiendo ser el rey Mesías». 3 Pilato lo interrogó, diciendo: «¿Eres tú el rey de los judíos?». «Tú lo dices», le respondió Jesús. 4 Pilato dijo a los sumos sacerdotes y a la multitud: «No encuentro en este hombre ningún motivo de condena». 5 Pero ellos insistían: «Subleva al pueblo con su enseñanza en toda la Judea. Comenzó en Galilea y ha llegado hasta aquí». 6 Al oír esto, Pilato preguntó si ese hombre era galileo. 7 Y habiéndose asegurado de que pertenecía a la jurisdicción de Herodes, se lo envió. En esos días, también Herodes se encontraba en Jerusalén.

Jesús ante Herodes

Lc 9 7-9; Mt 27 31; Mc 15 20

8 Herodes se alegró mucho al ver a Jesús. Hacía tiempo que deseaba verlo, por lo que había oído decir de él, y esperaba que hiciera algún prodigio en su presencia. 9 Le hizo muchas preguntas, pero Jesús no le respondió nada. 10 Entre tanto, los sumos sacerdotes y los escribas estaban allí y lo acusaban con vehemencia. 11 Herodes y sus guardias, después de tratarlo con desprecio y ponerlo en ridículo, lo cubrieron con un magnífico manto y lo enviaron de nuevo a Pilato. 12 Y

ese mismo día, Herodes y Pilato, que estaban enemistados, se hicieron amigos.

Jesús de nuevo ante Pilato

13 Pilato convocó a los sumos sacerdotes, a
los jefes y al pueblo, 14 y les dijo: «Ustedes me
han traído a este hombre, acusándolo de incitar al pueblo a la rebelión. Pero yo lo inte-
rrogué delante de ustedes y no encontré ningún motivo de condena en los cargos de que
lo acusan; 15 ni tampoco Herodes, ya que él lo
ha devuelto a este tribunal. Como ven, este
hombre no ha hecho nada que merezca la
muerte. 16 Después de darle un escarmiento,
lo dejaré en libertad». 17

Jesús y Barrabás

Mt 27 15-26 / Mc 15 6-15 / Jn 18 39-40

18 Pero la multitud comenzó a gritar:
«¡Que muera este hombre! ¡Suéltanos a
Barrabás!». 19 A Barrabás lo habían encarcelado por una sedición que tuvo lugar en la
ciudad y por homicidio.
20 Pilato volvió a dirigirles la palabra con
la intención de poner en libertad a Jesús.
21 Pero ellos seguían gritando: «¡Crucifícalo! ¡Crucifícalo!». 22 Por tercera vez les dijo:
«¿Qué mal ha hecho este hombre? No encuentro en él nada que merezca la muerte.
Después de darle un escarmiento, lo dejaré en libertad». 23 Pero ellos insistían a gritos, reclamando que fuera crucificado, y el
griterío se hacía cada vez más violento. 24 Al
fin, Pilato resolvió acceder al pedido del
pueblo. 25 Dejó en libertad al que ellos pedían, al que había sido encarcelado por sedición y homicidio, y a Jesús lo entregó al
arbitrio de ellos.

El camino hacia el Calvario

Mt 27 32 / Mc 15 21 / Jn 19 17
Hch 2 10; 11 20; Lc 9 23;
Zac 12 10-14; Os 10 8; Is 53 12

26 Cuando lo llevaban, detuvieron a un
tal Simón de Cirene, que volvía del campo,
y lo cargaron con la cruz, para que la llevara detrás de Jesús. 27 Lo seguían muchos del
pueblo y un buen número de mujeres, que
se golpeaban el pecho y se lamentaban por
él. 28 Pero Jesús, volviéndose hacia ellas, les
dijo: «¡Hijas de Jerusalén!, no lloren por
mí; lloren más bien por ustedes y por sus
hijos. 29 Porque se acerca el tiempo en que
se dirá: ¡Felices las estériles, felices los senos que no concibieron y los pechos que
no amamantaron! 30 Entonces *se dirá a las
montañas: ¡Caigan sobre nosotros!, y a los cerros: ¡Sepúltennos!* 31 Porque si así tratan a la
leña verde, ¿qué será de la leña seca?».
32 Con él llevaban también a otros dos malhechores, para ser ejecutados.

La crucifixión de Jesús

Mt 27 33-37 / Mc 15 22-24 / Jn 19 17-18
Is 53 12; Mt 5 44; Hch 7 60; Sal 22 19

33 Cuando llegaron al lugar llamado «del
Cráneo», lo crucificaron junto con los malhechores, uno a su derecha y el otro a su
izquierda. 34 Jesús decía: «Padre, perdóna-
los, porque no saben lo que hacen». Después se repartieron sus vestiduras, sorteándolas entre ellos.

Injurias a Jesús crucificado

Mt 27 39-43 / Mc 15 29-32a
Sal 22 8-9; Lc 9 20; Is 49 7;
Lc 9 35; Sal 69 22; Mt 2 2

35 El pueblo permanecía allí y miraba.
Sus jefes, burlándose, decían: «Ha salvado
a otros: ¡que se salve a sí mismo, si es el
Mesías de Dios, el Elegido!». 36 También los
soldados se burlaban de él y, acercándose
para ofrecerle vinagre, 37 le decían: «Si eres
el rey de los judíos, ¡sálvate a ti mismo!».
38 Sobre su cabeza había una inscripción:
«Este es el rey de los judíos».

El buen ladrón

Mt 27 44 / Mc 15 32b
Mt 16 28; Lc 19 12; 24 26; 2 11

39 Uno de los malhechores crucificados
lo insultaba, diciendo: «¿No eres tú el Mesías? Sálvate a ti mismo y a nosotros». 40 Pero el otro lo increpaba, diciéndole: «¿No
tienes temor de Dios, tú que sufres la misma pena que él? 41 Nosotros la sufrimos
justamente, porque pagamos nuestras culpas, pero él no ha hecho nada malo». 42 Y
decía: «Jesús, acuérdate de mí cuando vengas a establecer tu Reino». 43 Él le respondió: «Yo te aseguro que hoy estarás conmigo en el Paraíso».

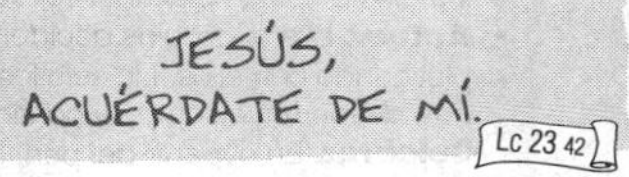

La muerte de Jesús

Mt 27 45-56 / Mc 15 33-41 / Jn 19 29-30.25
Ex 10 22; Am 8 9-10; Ex 26 31-33; Sal 31 6; Lc 8 1-3

44 Era alrededor del mediodía. El sol se
eclipsó y la oscuridad cubrió toda la tierra
hasta las tres de la tarde. 45 El velo del Templo se rasgó por el medio. 46 Jesús, con un
grito, exclamó: «Padre, *en tus manos encomiendo mi espíritu*». Y diciendo esto, expiró.

47 Cuando el centurión vio lo que había
pasado, alabó a Dios, exclamando: «Realmente este hombre era un justo». 48 Y la
multitud que se había reunido para contemplar el espectáculo, al ver lo sucedido,
regresaba golpeándose el pecho. 49 Todos
sus amigos y las mujeres que lo habían
acompañado desde Galilea permanecían a
distancia, contemplando lo sucedido.

La sepultura de Jesús

Mt 27 57-61 / Mc 15 42-47 / Jn 19 38-42
Lc 2 25.38; 19 30; Ex 12 16; 20 10; Dt 5 14

50 Llegó entonces un miembro del Consejo, llamado José, hombre recto y justo,
51 que había disentido con las decisiones y
actitudes de los demás. Era de Arimatea,
ciudad de Judea, y esperaba el Reino de
Dios. 52 Fue a ver a Pilato para pedirle el
cuerpo de Jesús. 53 Después de bajarlo de
la cruz, lo envolvió en una sábana y lo colocó en un sepulcro cavado en la roca,
donde nadie había sido sepultado. 54 Era
un día de Preparación, y ya comenzaba el
sábado.
55 Las mujeres que habían venido de Galilea con Jesús siguieron a José, observaron el
sepulcro y vieron cómo había sido sepultado. 56 Después regresaron y prepararon los
bálsamos y perfumes, pero el sábado observaron el descanso que prescribía la Ley.

LA RESURRECCIÓN Y LA ASCENSIÓN DE JESÚS

El anuncio de la resurrección

Mt 28 1-8 / Mc 16 1-8 / Jn 20 1-2
Jn 20 1-18

24 1 El primer día de la semana, al amanecer, las mujeres fueron al sepulcro
con los perfumes que habían preparado.
2 Ellas encontraron removida la piedra del
sepulcro 3 y entraron, pero no hallaron el
cuerpo del Señor Jesús.
4 Mientras estaban desconcertadas a causa de esto, se les aparecieron dos hombres
con vestiduras deslumbrantes. 5 Como las
mujeres, llenas de temor, no se atrevían a
levantar la vista del suelo, ellos les preguntaron: «¿Por qué buscan entre los muertos
al que está vivo? 6 No está aquí, ha resucitado. Recuerden lo que él les decía cuando
aún estaba en Galilea: 7 "Es necesario que
el Hijo del hombre sea entregado en manos de los pecadores, que sea crucificado y

VIVE LA PALABRA

Aprendamos de Jesús y los discípulos de Emaús

Lee el relato de Emaús, en Lucas 24 13-35. En él se ve claramente el *círculo pastoral*, que consiste en tener presentes varios procesos que Jesús usó con frecuencia al realizar su misión:

- **Ser.** La identidad de los discípulos es clara; si no hubieran sido seguidores de Jesús, no lo hubieran podido reconocer en la fracción del pan.
- **Ver.** Los discípulos analizan lo que acababan de experimentar; una realidad que los llenaba de tristeza y desilusión profunda, pues todas sus esperanzas en Jesús, como el Mesías prometido, se habían venido al suelo con su muerte.
- **Juzgar.** A la luz de las Sagradas Escrituras que comparte con ellos su compañero de jornada, los discípulos empiezan a ver su experiencia bajo la perspectiva de los profetas.
- **Actuar.** Los discípulos deciden actuar e invitan a su compañero a compartir la cena y seguir platicando con ellos. No solo los discípulos actúan; el compañero de jornada ha actuado en su vida desde hace tiempo y continúa actuando al aceptar la cena.
- **Celebrar.** En el partir del pan, los discípulos reconocen a Jesús. Ahora están seguros de que ha resucitado. Por eso, celebran el encuentro y su corazón arde de alegría al contacto con él.
- **Evaluar.** A la luz de esta nueva experiencia, los discípulos evalúan lo que deben hacer y deciden regresar a la comunidad. Esta evaluación los lleva a comenzar el círculo pastoral, pero ahora son unos discípulos transformados; su ser más íntimo ha sido tocado por Jesús. Van con una fe *reafirmada, una esperanza renovada* y un gran amor hacia Dios y hacia sus hermanos, con quienes ansían compartir su experiencia del resucitado.

¡Acepta a Jesús como compañero de jornada! ¡Recorre una y otra vez el *círculo pastoral* y avanzarás en tu seguimiento de Jesús y el cumplimiento de tu misión evangelizadora!

Lc 24 13-35

que resucite al tercer día"». 8 Y las mujeres
recordaron sus palabras.

El testimonio de las mujeres

9 Cuando regresaron del sepulcro, refi-
rieron esto a los Once y a todos los demás.
10 Eran María Magdalena, Juana y María, la
madre de Santiago, y las demás mujeres
que las acompañaban. Ellas contaron todo
a los Apóstoles, 11 pero a ellos les pareció
que deliraban y no los creyeron.
12 Pedro, sin embargo, se levantó y corrió
hacia el sepulcro, y al asomarse, no vio más
que las sábanas. Entonces regresó lleno de
admiración por lo que había sucedido.

La aparición de Jesús a los discípulos de Emaús

Mc 16 12-13
1 Pe 1 11; Hch 2 44-46; 20 7.11

13 Ese mismo día, dos de los discípulos
iban a un pequeño pueblo llamado Emaús,
situado a unos diez kilómetros de Jerusalén.
14 En el camino hablaban sobre lo que había
ocurrido. 15 Mientras conversaban y discutían, el mismo Jesús se acercó y siguió caminando con ellos. 16 Pero algo impedía que
sus ojos lo reconocieran. 17 Él les dijo: «¿Qué
comentaban por el camino?». Ellos se detuvieron, con el semblante triste, 18 y uno de
ellos, llamado Cleofás, le respondió: «¡Tú
eres el único forastero en Jerusalén que ignora lo que pasó en estos días!». 19 «¿Qué cosa?», les preguntó. Ellos respondieron: «Lo
referente a Jesús, el Nazareno, que fue un
profeta poderoso en obras y en palabras delante de Dios y de todo el pueblo, 20 y cómo
nuestros sumos sacerdotes y nuestros jefes
lo entregaron para ser condenado a muerte
y lo crucificaron. 21 Nosotros esperábamos
que fuera él quien librara a Israel. Pero a todo esto ya van tres días que sucedieron estas
cosas. 22 Es verdad que algunas mujeres que
están con nosotros nos han desconcertado:
ellas fueron de madrugada al sepulcro 23 y, al
no hallar el cuerpo de Jesús, volvieron diciendo que se les habían aparecido unos ángeles, asegurándoles que él está vivo. 24 Algunos de los nuestros fueron al sepulcro y
encontraron todo como las mujeres habían
dicho. Pero a él no lo vieron».
25 Jesús les dijo: «¡Hombres duros de entendimiento, cómo les cuesta creer todo lo
que anunciaron los profetas! 26 ¿No era necesario que el Mesías soportara esos sufrimientos para entrar en su gloria?». 27 Y comenzando por Moisés y continuando con
todos los Profetas, les interpretó en todas
las Escrituras lo que se refería a él.

COMPRENDE LOS **SÍMBOLOS**

La fracción del pan en Emaús

Simboliza la celebración eucarística con sus dos partes: la *liturgia de la palabra*, que nos sitúa en la historia de salvación, y la *liturgia eucarística*, que nos incorpora al sacrificio único e irrepetible de Cristo y nos une con él, quien nos acompaña en nuestra vida de fe y en nuestra misión.

28 Cuando llegaron cerca del pueblo
adonde iban, Jesús hizo ademán de seguir
adelante. 29 Pero ellos le insistieron: «Quédate con nosotros, porque ya es tarde y el
día se acaba». Él entró y se quedó con ellos.
30 Y estando a la mesa, tomó el pan y pronunció la bendición; luego lo partió y se lo
dio. 31 Entonces los ojos de los discípulos se
abrieron y lo reconocieron, pero él había
desaparecido de su vista. 32 Y se decían:
«¿No ardía acaso nuestro corazón, mientras nos hablaba en el camino y nos explicaba las Escrituras?».
33 En ese mismo momento, se pusieron
en camino y regresaron a Jerusalén. Allí encontraron reunidos a los Once y a los demás que estaban con ellos, 34 y estos les dijeron: «Es verdad, ¡el Señor ha resucitado y
se apareció a Simón!». 35 Ellos, por su parte, contaron lo que les había pasado en el
camino y cómo lo habían reconocido al
partir el pan.

La aparición de Jesús a los Apóstoles

Mt 28 16-20 / Mc 16 14-18 / Jn 20 19-21
1 Cor 15 5; Jn 21 9-10;
Hch 1 4-8; 2 32; 3 15; Jn 14 16

36 Todavía estaban hablando de esto,
cuando Jesús se apareció en medio de ellos
y les dijo: «La paz esté con ustedes». 37 Atónitos y llenos de temor, creían ver un espí-

ritu, 38 pero Jesús les preguntó: «¿Por qué
están turbados y se les presentan esas dudas? 39 Miren mis manos y mis pies, soy yo
mismo. Tóquenme y vean. Un espíritu no
tiene carne ni huesos, como ven que yo
tengo». 40 Y diciendo esto, les mostró sus
manos y sus pies. 41 Era tal la alegría y la admiración de los discípulos, que se resistían
a creer. Pero Jesús les preguntó: «¿Tienen
aquí algo para comer?». 42 Ellos le presentaron un trozo de pescado asado; 43 él lo tomó y lo comió delante de todos.

Últimas instrucciones de Jesús

Hch 1 4.8

44 Después les dijo: «Cuando todavía estaba con ustedes, yo les decía: Es necesario
que se cumpla todo lo que está escrito de
mí en la Ley de Moisés, en los Profetas y en
los Salmos». 45 Entonces les abrió la inteligencia para que pudieran comprender las
Escrituras, 46 y añadió: «Así estaba escrito: el
Mesías debía sufrir y resucitar de entre los
muertos al tercer día, 47 y comenzando por
Jerusalén, en su Nombre debía predicarse a
todas las naciones la conversión para el
perdón de los pecados. 48 Ustedes son testigos de todo esto. 49 Y yo les enviaré lo que
mi Padre les ha prometido. Permanezcan
en la ciudad, hasta que sean revestidos con
la fuerza que viene de lo alto».

La Ascensión de Jesús

Mc 16 19 / Hch 1 9.12

50 Después Jesús los llevó hasta las proximidades de Betania y, elevando sus manos,
los bendijo. 51 Mientras los bendecía, se separó de ellos y fue llevado al cielo. 52 Los
discípulos, que se habían postrado delante
de él, volvieron a Jerusalén con gran alegría, 53 y permanecían continuamente en el
Templo alabando a Dios.

EVANGELIO SEGÚN SAN JUAN

¿Te gusta que te desafíen? ¿Te atraen las amistades profundas? Si es así, estás en el lugar adecuado, pues al leer el evangelio de Juan emprenderás una bella aventura de pensamiento, lenguaje, y... amistad. Alguien te reta desde este pequeño libro; se llama *evangelio*. A semejanza de los otros tres, se refiere a la vida de Jesús; pero, ¡qué diferencia! Juan dice de Jesús lo que ningún otro evangelio dice; penetra en su interior como solo un amigo íntimo puede hacerlo. Este es tu reto: adentrarte en este evangelio y saborearlo como un amigo/a de Jesús. ¡Anímate, vale la pena la aventura!

ESQUEMA

- **1 1-18.** Prólogo
- **1 19-51.** Testimonio de Juan el Bautista
- **2 – 12.** El libro de los «signos» de Jesús
- **13 1 – 20 31.** El libro de la «hora» de Jesús
- **21.** Apéndice

DATOS

Autor
Probablemente Juan el Zebedeo escribió la base del evangelio y lo completaron sus discípulos en Asia Menor

Fecha de redacción
Entre el 90 y el 100 d.C.

Destinatarios
La Iglesia entera

Imagen de Jesús
Noble, fuerte, divino. En completo control de su destino

PRESENTACIÓN

El evangelio de Juan es distinto a los evangelios sinópticos en su estilo y contenido. Desde el prólogo presenta a Jesús como la Palabra definitiva de Dios y sobre Dios, con terminología del Antiguo Testamento a la que da un nuevo sentido. Relata bellos discursos en los que Jesús proclama su identidad, su misión y su relación con el Padre, en lugar de la predicación de Jesús sobre el Reino de Dios con parábolas y proverbios, enfatizada por los sinópticos.

Juan escoge siete milagros y los presenta como «signos» o «señales» de que Jesús es el Mesías, el Hijo de Dios (Jn 20 30-31), afirmando así su divinidad ante el ataque de los fariseos. Presenta a Jesús definiéndose a sí mismo, como «yo soy el pan» (6 35), «la luz» (8 12), «la puerta» (10 7), «el buen Pastor» (10 11) y otros títulos simbólicos, con frecuencia ligados a los signos.

El cuarto evangelio contiene una profunda reflexión sobre el misterio de Jesús, desde la encarnación del Hijo de Dios (1 1-18) hasta su resurrección (20). En su jornada al Padre, Jesús se revela progresivamente como Señor (4 15), Profeta (4 19), Mesías (4 25) y Salvador del mundo (4 42).

El evangelio de Juan es llamado el «evangelio espiritual», pues traspasa la dimensión exterior de los acontecimientos, para contemplarlos a la luz de la gloria de Cristo y con el don del Espíritu. Su lectura ayuda a crecer en el conocimiento de Dios, a intensificar nuestra amistad con Jesús y a fortalecer nuestra respuesta a su llamado de continuar con su misión.

El contexto histórico y el lenguaje de este evangelio indican que sus autores fueron discípulos del Apóstol Juan, quienes escribieron las enseñanzas que recibieron de él, vistas desde la perspectiva de su propia comunidad de fe. Aunque el evangelio no menciona a Juan explícitamente, habla de él como el discípulo al que Jesús tanto amaba (19 26; 21 20).

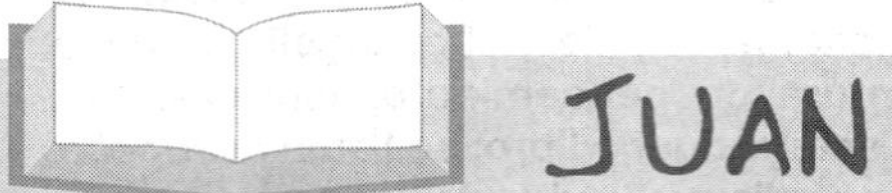

EL ARRESTO DE JESÚS

NEGACIÓN DE PEDRO

JESÚS ANTE LA MUCHEDUMBRE

JESÚS, SU MADRE Y EL DISCÍPULO AMADO

PRÓLOGO

Gn 1 1-5; Prov 8 22-30; Sab 9 9-14;
Flp 2 6; Col 1 15; Heb 1 3; 1 Jn 1 1-4

1 [1] Al principio existía la Palabra,
y la Palabra estaba junto a Dios,
y la Palabra era Dios.
[2] Al principio estaba junto a Dios.
[3] Todas las cosas fueron hechas
por medio de la Palabra
y sin ella no se hizo nada
de todo lo que existe.
[4] En ella estaba la vida,
y la vida era la luz de los hombres.
[5] La luz brilla en las tinieblas,
y las tinieblas no la vencieron.
[6] Apareció un hombre enviado por Dios,
que se llamaba Juan.
[7] Vino como testigo,
para dar testimonio de la luz,
para que todos creyeran por medio de él.
[8] Él no era la luz,
sino el testigo de la luz.
[9] La Palabra era la luz verdadera
que, al venir a este mundo,
ilumina a todo hombre.
[10] Ella estaba en el mundo,
y el mundo fue hecho por medio de ella,
y el mundo no la conoció.
[11] Vino a los suyos,
y los suyos no la recibieron.
[12] Pero a todos los que la recibieron,
a los que creen en su Nombre,
les dio el poder de llegar a ser hijos de Dios.
[13] Ellos no nacieron de la sangre,
ni por obra de la carne,
ni de la voluntad del hombre,
sino que fueron engendrados por Dios.
[14] Y la Palabra se hizo carne
y habitó entre nosotros.
Y nosotros hemos visto su gloria,
la gloria que recibe del Padre
como Hijo único,
lleno de gracia y de verdad.
[15] Juan da testimonio de él, al declarar:
«Este es aquel del que yo dije:
El que viene después de mí
me ha precedido,
porque existía antes que yo».
[16] De su plenitud,
todos nosotros hemos participado
y hemos recibido gracia sobre gracia:

El «Cristo cósmico»

El inicio de este evangelio es como un pórtico de gloria en honor de Jesús, Dios hecho hombre para vivir con nosotros. Proclama a Jesús como la *Palabra* o *Logos*, la manera hebrea de expresar que «el decir y el hacer» de Dios van siempre de la mano, y un término de la sabiduría griega para designar a Dios.

Jesús existe desde toda la eternidad, en unidad con el Padre, y es Dios como él; por él, por Jesús, fue creado el universo entero. Después se hizo uno de nosotros para podernos decir quién es Dios. Solo él nos puede revelar cómo es Dios, puesto que es su Hijo único, la Palabra hecha carne.

La inigualable proeza de Dios es ser adorado por todo el mundo a pesar de que nadie lo ha visto jamás. Juan conoce a Dios porque su Hijo único nos lo ha revelado. Lo que es muy triste, y así lo expresa Juan, es que la Palabra «vino a los suyos, y los suyos no la recibieron» (Jn 1 11).

Tú eres de Dios. ¿Lo conoces bien? ¿Lo has recibido en tu corazón? ¿Tiene un lugar importante en tu vida? ¿Has hecho algo para que tus amigos lo reciban? La Iglesia tiene como misión llevar a Jesús a toda la humanidad. Como miembro de la Iglesia, ¿qué parte tomas tú en esta misión?

Jn 1 1-18

17 porque la Ley fue dada
por medio de Moisés,
pero la gracia y la verdad
nos han llegado por Jesucristo.
18 Nadie ha visto jamás a Dios;
el que lo ha revelado es el Hijo único,
que es Dios y está en el seno del Padre.

TESTIMONIO DE JUAN EL BAUTISTA

Jesús, el Cordero de Dios

Mt 3 1-6 / Mc 1 2-6 / Lc 3 1-6
Mt 21 11; Is 40 3; Jn 1 36; Is 53 6-7; 11 2; 61 1;
Jn 3 34; Mt 14 33; Mc 1 1

19 Este es el testimonio que dio Juan, cuando los judíos enviaron sacerdotes y levitas
desde Jerusalén, para preguntarle: «¿Quién
eres tú?». 20 Él confesó y no lo ocultó, sino que
dijo claramente: «Yo no soy el Mesías».
21 «¿Quién eres, entonces?», le preguntaron:
«¿Eres Elías?». Juan dijo: «No». «¿Eres el Profeta?». «Tampoco», respondió. 22 Ellos insistieron: «¿Quién eres, para que podamos dar una
respuesta a los que nos han enviado? ¿Qué
dices de ti mismo?». 23 Y él les dijo: «Yo soy

una voz que grita en el desierto:
Allanen el camino del Señor,

como dijo el profeta Isaías».

24 Algunos de los enviados eran fariseos,
25 y volvieron a preguntarle: «¿Por qué bau-
tizas, entonces, si tú no eres el Mesías, ni
Elías, ni el Profeta?». 26 Juan respondió: «Yo
bautizo con agua, pero en medio de ustedes hay alguien al que ustedes no conocen:
27 él viene después de mí, y yo no soy digno
de desatar la correa de su sandalia». 28 Todo
esto sucedió en Betania, al otro lado del
Jordán, donde Juan bautizaba.

29 Al día siguiente, Juan vio acercarse a
Jesús y dijo: «Este es el Cordero de Dios,
que quita el pecado del mundo. 30 A él me
refería cuando dije:

Después de mí viene un hombre
que me ha tomado la delantera,
porque existía antes que yo.

31 Yo no lo conocía, pero he venido a bautizar con agua para que él fuera manifestado a Israel». 32 Y Juan dio este testimonio:
«He visto al Espíritu descender del cielo y
permanecer sobre él. 33 Yo no lo conocía, pero el que me envió a bautizar con agua me
dijo: "Aquel sobre el que veas descender el
Espíritu y permanecer sobre él, ese es el que
bautiza en el Espíritu Santo". 34 Yo lo he visto y doy testimonio de que él es el Hijo de
Dios».

Los primeros discípulos de Jesús

Mc 1 16-20; 3 16-19; Mt 4 18-22; Lc 5 1-11; 6 14-16;
Dt 18 18; Is 9 6; Gn 28 10-17

35 Al día siguiente, estaba Juan otra vez
allí con dos de sus discípulos 36 y, mirando
a Jesús que pasaba, dijo: «Este es el Cordero de Dios». 37 Los dos discípulos, al oírlo
hablar así, siguieron a Jesús. 38 Él se dio
vuelta y, viendo que lo seguían, les preguntó: «¿Qué quieren?». Ellos le respondieron: «Rabbí —que traducido significa
Maestro—, ¿dónde vives?». 39 «Vengan y lo
verán», les dijo. Fueron, vieron dónde viví-

PERSPECTIVA CATÓLICA

El Cordero de Dios

Lee Juan 1 29-34. Juan el Bautista presenta a Jesús como el Cordero de Dios, porque la imagen del cordero era muy evocadora para los judíos, pues les recordaba la liberación de Egipto y al chivo que cargaba las culpas de la gente (ver «La Pascua, el paso del Señor», Ex 12 – 14, y «El gran día de la expiación y el chivo expiatorio», Lv 16).

Jesús es quien nos alcanza la liberación plena del pecado y la muerte al entregar su vida por el perdón de los pecados, justamente el día y la hora en que se sacrificaba a los corderos en el Templo de Jerusalén. De ahí que los cristianos designemos a Jesús con la imagen del «Cordero de Dios» y que afirmemos su triunfo definitivo con la imagen del Cordero en el Apocalipsis (ver «Jesucristo es el Señor de la historia», Ap 4 – 5).

Los católicos subrayamos la importancia de la imagen de Jesús como el Cordero de Dios, mencionándola varias veces en la Misa. Alabamos con ella a Cristo en el himno del Gloria; lo invocamos con estas palabras para que nos dé su misericordia y su paz, en el rito de la comunión, y es Jesús, el Cordero de Dios, quien nos invita a la cena del Señor. En el futuro, cuando escuches en la Misa la frase «Cordero de Dios», recuerda la profundidad que tiene esta imagen de Jesús.

Jn 1 29-36

y se quedaron con él ese día. Eran alrededor
de las cuatro de la tarde. 40 Uno de los dos
que oyeron las palabras de Juan y siguieron a Jesús era Andrés, el hermano de Simón Pedro. 41 Al primero que encontró fue
a su propio hermano Simón, y le dijo: «Hemos encontrado al Mesías», que traducido
significa Cristo. 42 Entonces lo llevó adonde
estaba Jesús. Jesús lo miró y le dijo: «Tú
eres Simón, el hijo de Juan: tú te *llamarás
Cefas*», que traducido significa Pedro.
43 Al día siguiente, Jesús resolvió partir
hacia Galilea. Encontró a Felipe y le dijo:
«Sígueme». 44 Felipe era de Betsaida, la ciudad de Andrés y de Pedro. 45 Felipe encontró a Natanael y le dijo: «Hemos hallado a
aquel de quien se habla en la Ley de Moisés y en los Profetas. Es Jesús, el hijo de José
de Nazaret». 46 Natanael le preguntó: «¿Acaso puede salir algo bueno de Nazaret?».
«Ven y verás», le dijo Felipe. 47 Al ver llegar
a Natanael, Jesús dijo: «Este es un verdadero israelita, un hombre sin doblez». 48 «¿De
dónde me conoces?», le preguntó Natanael. Jesús le respondió: «Yo te vi antes que
Felipe te llamara, cuando estabas debajo
de la higuera». 49 Natanael le respondió:
«Maestro, tú eres el Hijo de Dios, tú eres el
Rey de Israel». 50 Jesús continuó: «Porque te
dije: "Te vi debajo de la higuera", crees. Verás cosas más grandes todavía». 51 Y agregó:
«Les aseguro que verán el cielo abierto, y a
los ángeles de Dios subir y bajar sobre el
Hijo del hombre».

EL LIBRO DE LOS «SIGNOS» DE JESÚS

EL VINO NUEVO Y EL NUEVO TEMPLO

Las bodas de Caná

Jn 12 23.27; 13 1; 17 1; Gn 41 55; Mc 7 3-4; Lc 9 32; Jn 1 14

2 1 Tres días después se celebraron unas
bodas en Caná de Galilea, y la madre
de Jesús estaba allí. 2 Jesús también fue invitado con sus discípulos. 3 Y como faltaba
vino, la madre de Jesús le dijo: «No tienen vino». 4 Jesús le respondió: «Mujer, ¿qué tenemos que ver nosotros? Mi hora no ha llegado
todavía». 5 Pero su madre dijo a los sirvientes: «*Hagan todo lo que él les diga*».
6 Había allí seis tinajas de piedra destinadas a los ritos de purificación de los judíos,
que contenían unos cien litros cada una.
7 Jesús dijo a los sirvientes: «Llenen de agua
estas tinajas». Y las llenaron hasta el borde.
8 «Saquen ahora —agregó Jesús—, y lleven al
encargado del banquete». Así lo hicieron.
9 El encargado probó el agua cambiada en
vino y, como ignoraba su origen, aunque lo
sabían los sirvientes que habían sacado el
agua, llamó al esposo 10 y le dijo: «Siempre
se sirve primero el buen vino y cuando todos han bebido bien, se trae el de inferior
calidad. Tú, en cambio, has guardado el
buen vino hasta este momento». 11 Este fue
el primero de los signos de Jesús, y lo hizo
en Caná de Galilea. Así manifestó su gloria,
y sus discípulos creyeron en él. 12 Después de

VIVE LA PALABRA

Hagan lo que él les diga

Los siete milagros de Jesús que presenta Juan tienen un fuerte significado teológico. Cada uno señala aspectos importantes de nuestra fe en él: el Mesías, enviado por Dios para nuestra salvación.

Lee el primer milagro en Juan 2 1-12 y nota sus aspectos clave. Además de la mediación de María ante Jesús para socorrer una urgente necesidad, los católicos vemos en este acto una alusión al poder de Jesús para convertir el vino en su sangre en la celebración eucarística. Reflexiona sobre el poder de Jesús para transformar algo en una especie distinta y en la dulce preocupación de María para llevar una necesidad ante Jesús.

Como los novios de Caná, invita a Jesús y a su madre a ser parte de tu vida diaria y de los momentos especiales. Cuando tengas una preocupación y se agote tu motivación a la comprensión, el servicio y la solidaridad, recurre a María. Ella te ayudará a identificar el «vino» que se está terminando, te motivará a acercarte a la Eucaristía y le pedirá a su Hijo: No tiene vino, y a ti te dirá: Haz lo que él te diga; si lo haces, Jesús transformará tu vida y te dará nuevos ánimos.

Jn 2 1-12

esto, descendió a Cafarnaún con su madre, sus hermanos y sus discípulos, y permanecieron allí unos pocos días.

Expulsión de los vendedores del Templo

Mt 21 12-13 / Mc 11 15-17 / Lc 19 45-46
Ex 12 1-27; Jn 6 4; 11 55; Lc 2 49; Sal 69 10

13 Se acercaba la Pascua de los judíos. Jesús subió a Jerusalén 14 y encontró en el
Templo a los vendedores de bueyes, ovejas
y palomas, y a los cambistas sentados delante de sus mesas. 15 Hizo un látigo de
cuerdas y los echó a todos del Templo, junto con sus ovejas y sus bueyes; desparramó
las monedas de los cambistas, derribó sus
mesas 16 y dijo a los vendedores de palomas: «Saquen esto de aquí y no hagan de la
casa de mi Padre una casa de comercio».
17 Y sus discípulos recordaron las palabras
de la Escritura:

El celo por tu Casa me consumirá.

Anuncio de la resurrección de Jesús

Mc 11 27-33; 14 58; Mt 21 23-27; 26 61; Lc 20 1-8; Hch 6 14; Jn 7 31; 11 47-48; 4 16-19

18 Entonces los judíos le preguntaron:
«¿Qué signo nos das para obrar así?». 19 Jesús les respondió: «Destruyan este templo
y en tres días lo volveré a levantar». 20 Los
judíos le dijeron: «Han sido necesarios
cuarenta y seis años para construir este
Templo, ¿y tú lo vas a levantar en tres días?».
21 Pero él se refería al templo de su cuerpo.
22 Por eso, cuando Jesús resucitó, sus discípulos recordaron que él había dicho esto,
y creyeron en la Escritura y en la palabra
que había pronunciado.
23 Mientras estaba en Jerusalén, durante
la fiesta de Pascua, muchos creyeron en su
Nombre al ver los signos que realizaba.
24 Pero Jesús no se fiaba de ellos, porque los
conocía a todos 25 y no necesitaba que lo
informaran acerca de nadie: él sabía lo que
hay en el interior del hombre.

EL RENACIMIENTO ESPIRITUAL

El diálogo de Jesús con Nicodemo

Jn 7 50; 19 39; Tit 3 5; Mc 10 15; Sal 30 4; Ecl 11 5; Sab 9 16; Prov 30 4; Rom 10 6; Nm 21 9; Jn 8 28; 12 34.47

3 1 Había entre los fariseos un hombre
llamado Nicodemo, que era uno de
los notables entre los judíos. 2 Fue de noche a ver a Jesús y le dijo: «Maestro, sabemos que tú has venido de parte de Dios para enseñar, porque nadie puede realizar los
signos que tú haces, si Dios no está con él».
3 Jesús le respondió:

«Te aseguro
que el que no renace de lo alto
no puede ver el Reino de Dios».

4 Nicodemo le preguntó: «¿Cómo un
hombre puede nacer cuando ya es viejo?
¿Acaso puede entrar por segunda vez en el

seno de su madre y volver a nacer?». 5 Jesús
le respondió:

«Te aseguro
que el que no nace del agua y del Espíritu
no puede entrar en el Reino de Dios.
6 Lo que nace de la carne es carne,
lo que nace del Espíritu es espíritu.
7 No te extrañes de que te haya dicho:
"Ustedes tienen que renacer de lo alto".
8 El viento sopla donde quiere:
tú oyes su voz,
pero no sabes de dónde viene
ni adónde va.
Lo mismo sucede
con todo el que ha nacido del Espíritu».

9 «¿Cómo es posible todo esto?», le volvió a preguntar Nicodemo. 10 Jesús le respondió: «¿Tú, que eres maestro en Israel, no
sabes estas cosas?

11 Te aseguro
que nosotros hablamos
de lo que sabemos
y damos testimonio
de lo que hemos visto,
pero ustedes no aceptan
nuestro testimonio.
12 Si no creen
cuando les hablo de las cosas de la tierra,
¿cómo creerán
cuando les hable de las cosas del cielo?
13 Nadie ha subido al cielo,
sino el que descendió del cielo,
el Hijo del hombre que está en el cielo.

14 De la misma manera que Moisés
levantó en alto la serpiente en el desierto,
también es necesario
que el Hijo del hombre
sea levantado en alto,
15 para que todos los que creen en él
tengan Vida eterna.
16 Porque Dios amó tanto al mundo,
que entregó a su Hijo único
para que todo el que cree en él no muera,
sino que tenga Vida eterna.
17 Porque Dios no envió a su Hijo
para juzgar al mundo,
sino para que el mundo se salve por él.
18 El que cree en él, no es condenado;
el que no cree, ya está condenado,
porque no ha creído
en el nombre del Hijo único de Dios.

19 En esto consiste el juicio:
la luz vino al mundo,
y los hombres prefirieron
las tinieblas a la luz,
porque sus obras eran malas.
20 Todo el que obra mal
odia la luz y no se acerca a ella,
por temor de que sus obras
sean descubiertas.
21 En cambio, el que obra
conforme a la verdad
se acerca a la luz,
para que se ponga de manifiesto
que sus obras han sido hechas en Dios».

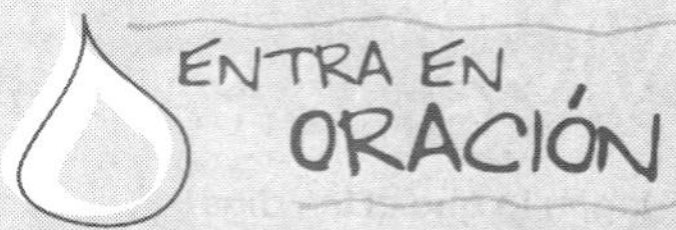

Renacer por el Bautismo y el Espíritu

Lee el diálogo de Nicodemo con Jesús en Juan 3 1-21. Observa cómo Nicodemo, quien era un líder judío importante, buscó a Jesús en secreto, porque empezaba a reconocerlo como Mesías y quería hacerle algunas preguntas, pero tenía temor de ser visto con él. En su plática, Jesús le hizo una síntesis de lo qué significa ser cristiano:

- Reconocer el inmenso amor de Dios por las personas, y aceptar a Jesús como su enviado para salvarnos y tener Vida eterna por medio de él.
- Renacer para la Vida eterna por el Bautismo y por nuestra apertura al Espíritu del Santo.
- Recibir la salvación que nos trae Jesús creyendo en él y dando testimonio de él con nuestra conducta.

En espíritu de oración, vuelve a leer este diálogo, ahora como si Jesús te estuviera hablando directamente a ti. ¿Qué palabras responden más a tus inquietudes? ¿Cuáles te motivan más? Ábrete al Espíritu Santo para que te acerque a la luz y des testimonio de que tu conducta está inspirada por Dios.

Jn 3 1-21

El último testimonio de Juan el Bautista

Jn 4 1-2; Lc 3 20; Mal 3 1; 1 Jn 4 5; Jn 3 11;
Mt 11 27; Lc 10 22; Ef 5 6

22 Después de esto, Jesús fue con sus discípulos a Judea. Permaneció allí con ellos
y bautizaba. 23 Juan seguía bautizando en

Enón, cerca de Salim, porque había mucha
agua en ese lugar y la gente acudía para hacerse bautizar. 24 Juan no había sido encarcelado todavía. 25 Se originó entonces una
discusión entre los discípulos de Juan y un
judío, acerca de la purificación. 26 Fueron a
buscar a Juan y le dijeron: «Maestro, el que
estaba contigo al otro lado del Jordán y del
que tú has dado testimonio, también bautiza y todos acuden a él». 27 Juan respondió:

«Nadie puede atribuirse nada
que no haya recibido del cielo.
28 Ustedes mismos son testigos
de que he dicho:
"Yo no soy el Mesías,
pero he sido enviado delante de él".
29 En las bodas, el que se casa es el esposo;
pero el amigo del esposo,
que está allí y lo escucha,
se llena de alegría al oír su voz.
Por eso mi gozo es ahora perfecto.
30 Es necesario que él crezca
y que yo disminuya.
31 El que viene de lo alto
está por encima de todos.
El que es de la tierra
pertenece a la tierra y habla de la tierra.
El que vino del cielo
32 da testimonio de lo que ha visto y oído,
pero nadie recibe su testimonio.
33 El que recibe su testimonio
certifica que Dios es veraz.
34 El que Dios envió
dice las palabras de Dios,
porque Dios le da el Espíritu sin medida.
35 El Padre ama al Hijo
y ha puesto todo en sus manos.
36 El que cree en el Hijo tiene Vida eterna.
El que se niega a creer en el Hijo
no verá la Vida,
sino que la ira de Dios pesa sobre él».

EL QUE CREE EN EL HIJO
TIENE VIDA ETERNA...
Jn 3 36

El encuentro de Jesús con la samaritana

Lc 9 52-53; Gn 33 19; 48 22; Jos 24 32; Sal 122 1-5;
Rom 9 4-5; Flp 3 3; 2 Cor 3 17; Jn 9 37;
Mt 12 23; 9 37; Miq 6 15; Is 19 20; 1 Jn 4 14

4 1 Cuando Jesús se enteró de que los fariseos habían oído decir que él tenía
más discípulos y bautizaba más que Juan
2 —en realidad él no bautizaba, sino sus discípulos—, 3 dejó la Judea y volvió a Galilea.
4 Para eso tenía que atravesar Samaría.
5 Llegó a una ciudad de Samaría llamada
Sicar, cerca de las tierras que Jacob había
dado a su hijo José. 6 Allí se encuentra el
pozo de Jacob. Jesús, fatigado del camino,
se había sentado junto al pozo. Era la hora
del mediodía. 7 Una mujer de Samaría fue
a sacar agua, y Jesús le dijo: «Dame de be-

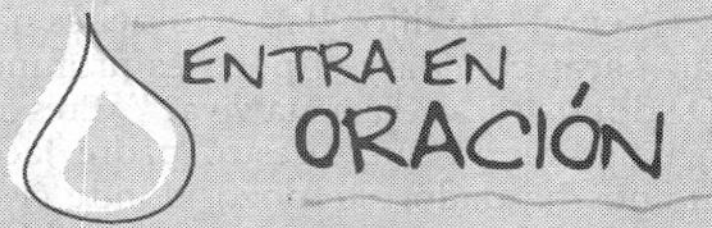

Dame de beber agua viva

Con el sol a cuestas, Jesús sube desde la rivera del Jordán hasta el altiplano de Samaría. Fatigado, se sienta. Sediento, pide agua a una mujer y entabla con ella un diálogo que tiene enseñanzas para todos. Lee despacio la conversación de Jesús con la samaritana en Juan 4 1-26. Para hacerlo más vivo imagina la escena, da el tono de voz a cada interlocutor y suprime las inducciones como: «Jesús respondió», «La mujer respondió», etcétera.

Cuando Jesús se revela a la samaritana como el Mesías esperado, ella deja el cántaro y va a anunciar «la buena nueva» a sus vecinos. Ellos, emocionados, retienen a Jesús dos días para platicar con él.

Haz ahora unos minutos de oración sobre el diálogo que acabas de leer:

Tengo sed de ti, mi Jesús. Pero muchas veces no me doy cuenta de que en ti puedo saciar la sed que tengo. Ayúdame a buscar siempre el agua que sale del pozo maravilloso de tu amor y bondad:

Si quiero comprensión, tú me la das.
Si ansío paz, en ti la obtengo.
Si necesito confianza, tu fidelidad me acompaña.
Si estoy desorientado/a, tú me guías.
Si anhelo perdón, tú me liberas.
Si trabajo por superarme, tú me das fuerzas.
Si estoy deprimido/a, tú me animas.
Si estoy sufriendo, tú me sanas.
Tengo sed de ti, mi Jesús.
Sáciala con tu amor, que eso me da vida y esperanza. Amén.

Jn 4 1-26

ber». [8] Sus discípulos habían ido a la ciudad a comprar alimentos. [9] La samaritana
le respondió: «¡Cómo! ¿Tú, que eres judío,
me pides de beber a mí, que soy samaritana?». Los judíos, en efecto, no se trataban
con los samaritanos. [10] Jesús le respondió:

«Si conocieras el don de Dios
y quién es el que te dice:
"Dame de beber",
tú misma se lo hubieras pedido,
y él te habría dado agua viva».

[11] «Señor —le dijo ella—, no tienes nada
para sacar el agua y el pozo es profundo.
¿De dónde sacas esa agua viva? [12] ¿Eres acaso más grande que nuestro padre Jacob,
que nos ha dado este pozo, donde él bebió, lo mismo que sus hijos y sus animales?». [13] Jesús le respondió:

«El que beba de esta agua
tendrá nuevamente sed,
[14] pero el que beba del agua que yo le daré,
nunca más volverá a tener sed.
El agua que yo le daré
se convertirá en él en manantial
que brotará hasta la Vida eterna».

[15] «Señor —le dijo la mujer—, dame de
esa agua para que no tenga más sed y no
necesite venir hasta aquí a sacarla». [16] Jesús
le respondió: «Ve, llama a tu marido y
vuelve aquí». [17] La mujer respondió: «No
tengo marido». Jesús continuó: «Tienes razón al decir que no tienes marido, [18] porque has tenido cinco y el que ahora tienes
no es tu marido; en eso has dicho la verdad». [19] La mujer le dijo: «Señor, veo que
eres un profeta. [20] Nuestros padres adoraron en esta montaña, y ustedes dicen que
es en Jerusalén donde se debe adorar».
[21] Jesús le respondió:

«Créeme, mujer, llega la hora
en que ni en esta montaña ni en Jerusalén
se adorará al Padre.
[22] Ustedes adoran lo que no conocen;
nosotros adoramos lo que conocemos,
porque la salvación viene de los judíos.
[23] Pero la hora se acerca, y ya ha llegado,
en que los verdaderos *adoradores
adorarán al Padre* en espíritu y en verdad,
porque esos son los adoradores
que quiere el Padre.
[24] Dios es espíritu,
y los que lo adoran
deben hacerlo en espíritu y en verdad».

Jn 4 21-25

COMPRENDE LOS SÍMBOLOS

El pozo

El agua es fuente de vida, que es el gran don de Dios. El pozo simboliza la nueva vida que da Jesús a quien se le acerca, sediento de Dios; esa nueva vida es Dios mismo que se dona a nosotros. También evoca la sed que tiene Jesús de la salvación de la samaritana y de toda persona, para entregarnos el amor divino.

[25] La mujer le dijo: «Yo sé que el Mesías,
llamado Cristo, debe venir. Cuando él venga, nos anunciará todo». [26] Jesús le respondió: «Soy yo, el que habla contigo». [27] En
ese momento llegaron sus discípulos y
quedaron sorprendidos al verlo hablar con
una mujer. Sin embargo, ninguno le preguntó: «¿Qué quieres de ella?» o «¿Por qué
hablas con ella?». [28] La mujer, dejando allí
su cántaro, corrió a la ciudad y dijo a la
gente: [29] «Vengan a ver a un hombre que me
ha dicho todo lo que hice. ¿No será el Mesías?». [30] Salieron entonces de la ciudad y
fueron a su encuentro.
[31] Mientras tanto, los discípulos le insistían
a Jesús, diciendo: «Come, Maestro». [32] Pero él
les dijo: «Yo tengo para comer un alimento
que ustedes no conocen». [33] Los discípulos se
preguntaban entre sí: «¿Alguien le habrá traído de comer?». [34] Jesús les respondió:

«Mi comida
es hacer la voluntad de aquel que me envió
y llevar a cabo su obra.
[35] Ustedes dicen
que aún faltan cuatro meses
para la cosecha.
Pero yo les digo:

JN

Levanten los ojos y miren los campos:
ya están madurando para la siega.
36 Ya el segador recibe su salario
y recoge el grano para la Vida eterna;
así el que siembra y el que cosecha
comparten una misma alegría.
37 Porque en esto se cumple el proverbio:
"Uno siembra y otro cosecha".
38 Yo los envié a cosechar
adonde ustedes no han trabajado;
otros han trabajado,
y ustedes recogen el fruto de sus esfuerzos».

39 Muchos samaritanos de esa ciudad habían creído en él por la palabra de la mujer, que atestiguaba: «Me ha dicho todo lo que hice». 40 Por eso, cuando los samaritanos se acercaron a Jesús, le rogaban que se quedara con ellos, y él permaneció allí dos días. 41 Muchos más creyeron en él, a causa de su palabra. 42 Y decían a la mujer: «Ya no creemos por lo que tú has dicho; nosotros mismos lo hemos oído y sabemos que él es verdaderamente el Salvador del mundo».

Regreso de Jesús a Galilea

Mt 13 57; Mc 6 4; Lc 4 24

43 Transcurridos los dos días, Jesús partió hacia Galilea. 44 Él mismo había declarado que un profeta no goza de prestigio en su propio pueblo. 45 Pero cuando llegó, los galileos lo recibieron bien, porque habían visto todo lo que había hecho en Jerusalén durante la Pascua; ellos también, en efecto, habían ido a la fiesta.

Curación del hijo de un funcionario real

Mt 8 5-13 / Lc 7 1-10
Mc 6 4; Mt 13 57; Lc 4 24; Jn 2 1-11; 1 Cor 1 22; Hch 11 14; 16 15.31; Jn 2 11

46 Y fue otra vez a Caná de Galilea, donde había convertido el agua en vino. Había allí *un funcionario* real, que tenía su hijo enfermo en Cafarnaún. 47 Cuando supo *que* Jesús había llegado de Judea y se encontraba en Galilea, fue a verlo y le suplicó que bajara a curar a su hijo moribundo. 48 Jesús le dijo: «Si no ven signos y prodigios, ustedes no creen». 49 El funcionario le respondió: «Señor, baja antes que mi hijo se muera». 50 «Vuelve a tu casa, tu hijo vive», le dijo Jesús.

El hombre creyó en la palabra que Jesús le había dicho y se puso en camino. 51 Mientras descendía, le salieron al encuentro sus servidores y le anunciaron que su hijo vivía. 52 Él les preguntó a qué hora se había sentido mejor. «Ayer, a la una de la tarde, se le fue la fiebre», le respondieron. 53 El padre recordó que era la misma hora en que Jesús le había dicho: «Tu hijo vive». Y entonces creyó él y toda su familia. 54 Este fue el segundo signo que hizo Jesús cuando volvió de Judea a Galilea.

LA VIDA ETERNA

Curación de un enfermo en la piscina de Betsata

Mc 2 1-12; Mt 9 1-8; Lc 5 17-26;
Mc 14 1; Mt 26 4; Jn 7 1.19.25; 8 37.40; 10 30.33

5 1 Después de esto, se celebraba una fiesta de los judíos y Jesús subió a Jerusalén. 2 Junto a la puerta de las Ovejas, en Jerusalén, hay una piscina llamada en hebreo Betsata, que tiene cinco pórticos. 3 Bajo estos pórticos yacía una multitud de enfermos, ciegos, lisiados y paralíticos, que esperaban la agitación del agua.4. 5 Había allí un hombre que estaba enfermo desde hacía treinta y ocho años. 6 Al verlo tendido, y sabiendo que hacía tanto tiempo que estaba así, Jesús le preguntó: «¿Quieres curarte?». 7 Él respondió: «Señor, no tengo a nadie que me sumerja en la piscina cuando el agua comienza a agitarse; mientras

Toma tu camilla y camina

Jesús realiza su tercer signo con un paralítico que no tenía a nadie que lo ayudara, a pesar de estar rodeado de gente. Lee el episodio completo en Juan 5 1-11; es muy conmovedor.

La madre Teresa de Calcuta descubrió su llamado consolando a un moribundo que, rodeado de gente en la calle, no tenía a nadie. Y tú, ¿sueles ser parte de la multitud despreocupada? ¿Con qué frecuencia eres instrumento de Jesús, ese alguien para quien se siente solo/a, angustiado/a, abandonado/a u olvidado/a?

Jn 5 1-11

yo voy, otro desciende antes». 8 Jesús le dijo: «Levántate, toma tu camilla y camina».
9 Enseguida el hombre se curó, tomó su camilla y empezó a caminar. Era un sábado,
10 y los judíos dijeron entonces al que acababa de ser curado: «Es sábado. No te está
permitido llevar tu camilla». 11 Él les respondió: «El que me curó me dijo: "Toma
tu camilla y camina"». 12 Ellos le preguntaron: «¿Quién es ese hombre que te dijo:
"Toma tu camilla y camina"?». 13 Pero el enfermo lo ignoraba, porque Jesús había desaparecido entre la multitud que estaba allí.
14 Después, Jesús lo encontró en el Templo
y le dijo: «Has sido curado; no vuelvas a
pecar, de lo contrario te ocurrirán peores
cosas todavía». 15 El hombre fue a decir a
los judíos que era Jesús el que lo había curado. 16 Ellos atacaban a Jesús, porque hacía
esas cosas en sábado. 17 Él les respondió:
«Mi Padre trabaja siempre, y yo también
trabajo». 18 Pero para los judíos esta era una
razón más para matarlo, porque no solo
violaba el sábado, sino que se hacía igual a
Dios, llamándolo su propio Padre.

Discurso sobre la obra del Hijo: el juicio y la resurrección

Jn 7 16-18; Rom 4 17; Ef 2 5; Jn 9 39; 12 47;
Hch 10 42; 17 31; Lc 7 14; Dn 12 2; Hch 24 15

19 Entonces Jesús tomó la palabra diciendo:

«Les aseguro
que el Hijo no puede hacer nada
por sí mismo
sino solamente lo que ve hacer al Padre;
lo que hace el Padre,
lo hace igualmente el Hijo.
20 Porque el Padre ama al Hijo
y le muestra todo lo que hace.
Y le mostrará obras más grandes aún,
para que ustedes queden maravillados.
21 Así como el Padre resucita
a los muertos y les da vida,
del mismo modo el Hijo da vida
al que él quiere.
22 Porque el Padre no juzga a nadie:
él ha puesto todo juicio
en manos de su Hijo,
23 para que todos *honren al Hijo*
como honran al Padre.
El que no honra al Hijo,
no honra al Padre que lo envió.
24 Les aseguro
que el que escucha mi palabra
y cree en aquel que me ha enviado,
tiene Vida eterna
y no está sometido al juicio,
sino que ya ha pasado
de la muerte a la Vida.
25 Les aseguro
que la hora se acerca, y ya ha llegado,
en que los muertos oirán la voz
del Hijo de Dios;
y los que la oigan, vivirán.
26 Así como el Padre dispone de la Vida,
del mismo modo ha concedido a su Hijo
disponer de ella,
27 y le dio autoridad para juzgar
porque él es el Hijo del hombre.
28 No se asombren:

¿SABÍAS QUE...?

Sensibilidad cristiana ante los judíos

Hay quien acusa a los judíos de hoy de la muerte de Jesús, y eso no está bien. Es cierto que muchos cuestionaron sus enseñanzas y pidieron su muerte, especialmente los poderosos que veían amenazado su estilo de vida. Pero hay que considerar que Jesús, María, los Apóstoles, sus discípulos y muchos primeros cristianos fueron judíos. Además, posiblemente la mayoría de los judíos no conoció a Jesús, y también las autoridades romanas intervinieron en su muerte.

Es posible que los prejuicios contra los judíos se originen de las generalizaciones que hace Juan. Por ejemplo, contrapone al pueblo elegido con las naciones gentiles y subraya su incredulidad; llama *judío* a todos los paisanos de Jesús, y enfatiza la hostilidad de sus autoridades al cuestionar a Jesús y pedir su muerte. En cambio, no se refiere a los romanos como grupo, sino que habla de personas concretas.

Desde hace muchos años, la Iglesia católica ha tratado de eliminar los prejuicios contra los judíos y establecer relaciones armónicas con ellos. No podemos acusar a todos de la pasión de Jesús ni despreciarlos por no tener fe en él como el Hijo de Dios, pues la fe es un don gratuito que no reciben todas las personas.

Jn 5 10

se acerca la hora
en que todos los que están en las tumbas
oirán su voz
29 y saldrán de ellas:
los que hayan hecho el bien,
resucitarán para la Vida;
los que hayan hecho el mal,
resucitarán para el juicio.
30 Nada puedo hacer por mí mismo.
Yo juzgo de acuerdo con lo que oigo,
y mi juicio es justo,
porque lo que yo busco
no es hacer mi voluntad,
sino la de aquel que me envió.

El testimonio del Padre en favor de Jesús

1 Jn 5 6-9; Jn 19 35; 21 24; 1 19-27; 3 22-30; Mc 1 11; 1 Jn 2 14; Lc 24 27.44; Hch 13 27; 1 Pe 1 10-11; Dt 31 26-27; Lc 16 29-31

31 Si yo diera testimonio de mí mismo,
mi testimonio no valdría.
32 Pero hay otro que da testimonio de mí,
y yo sé que ese testimonio es verdadero.
33 Ustedes mismos mandaron
preguntar a Juan,
y él ha dado testimonio de la verdad.
34 No es que yo dependa
del testimonio de un hombre;
si digo esto es para la salvación de ustedes.
35 Juan era la lámpara que arde y resplandece,
y ustedes han querido gozar un instante
de su luz.
36 Pero el testimonio que yo tengo
es mayor que el de Juan:
son las obras que el Padre
me encargó llevar a cabo.
Estas obras que yo realizo
atestiguan que mi Padre me ha enviado.
37 Y el Padre que me envió
ha dado testimonio de mí.
Ustedes nunca han escuchado su voz
ni han visto su rostro,
38 y su *palabra no permanece* en ustedes,
porque no creen al que él envió.
39 Ustedes examinan las Escrituras,
porque en ellas piensan encontrar
Vida eterna:
ellas dan testimonio de mí,
40 y sin embargo, ustedes
no quieren venir a mí
para tener Vida.
41 Mi gloria no viene de los hombres.
42 Además, yo los conozco:
el amor de Dios no está en ustedes.
43 He venido en nombre de mi Padre
y ustedes no me reciben,
pero si otro viene en su propio nombre,
a ese sí lo van a recibir.
44 ¿Cómo es posible que crean,
ustedes que se glorifican unos a otros
y no se preocupan
por la gloria que viene solo de Dios?
45 No piensen que soy yo
el que los acusaré ante el Padre;
el que los acusará será Moisés,
en el que ustedes han puesto su esperanza.
46 Si creyeran en Moisés,
también creerían en mí,
porque él ha escrito acerca de mí.
47 Pero si no creen lo que él ha escrito,
¿cómo creerán lo que yo les digo?».

La multiplicación de los panes

Mt 14 13-21 / Mc 6 32-44 / Lc 9 10-17
Mc 5 24; Mt 4 25; 8 1; Lc 9 11; Mc 3 13; Mt 5 1; Jn 21 9.13; 18 36

6 1 Después de esto, partió Jesús a la
otra orilla del mar de Galilea (o de
Tiberíades). 2 Lo seguía una gran multitud,
al ver los signos que hacía curando a los
enfermos. 3 Jesús subió a la montaña y se
sentó allí con sus discípulos. 4 Se acercaba
la Pascua, la fiesta de los judíos. 5 Al levantar los ojos, Jesús vio que una gran multitud acudía a él y dijo a Felipe: «¿Dónde
compraremos pan para darles de comer?».
6 Él decía esto para ponerlo a prueba, porque sabía bien lo que iba a hacer. 7 Felipe
le respondió: «Doscientos denarios no
bastarían para que cada uno pudiera comer un pedazo de pan». 8 Uno de sus discípulos, Andrés, el hermano de Simón Pedro, le dijo: 9 «Aquí hay un niño que tiene
cinco panes de cebada y dos pescados, pero ¿qué es esto para tanta gente?». 10 Jesús
le respondió: «Háganlos sentar». Había
mucho pasto en ese lugar. Todos se sentaron y eran unos cinco mil hombres. 11 Jesús
tomó los panes, dio gracias y los distribuyó a los que estaban sentados. Lo mismo
hizo con los pescados, dándoles todo lo
que quisieron. 12 Cuando todos quedaron
satisfechos, Jesús dijo a sus discípulos:
«Recojan los pedazos que sobran, para
que no se pierda nada». 13 Los recogieron y
llenaron doce canastas con los pedazos
que sobraron de los cinco panes de cebada. 14 Al ver el signo que Jesús acababa de
hacer, la gente decía: «Este es, verdaderamente, el Profeta que debe venir al mun-

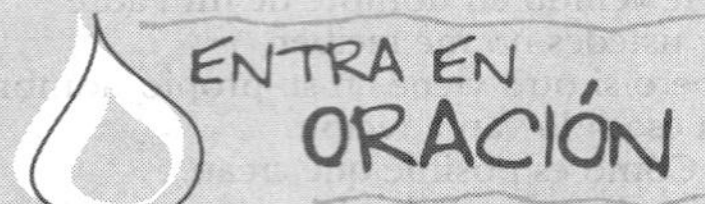

El valor de un pequeño regalo

Lee Juan 6 1-9. Después haz esta oración, para que también tú, con una generosidad como el muchacho en la multitud, puedas ayudar a que los demás tengan una vida mejor (ver «Denles de comer ustedes mismos», Mc 6 30-44).

Jesús, con la humilde ofrenda de un joven alimentaste a una multitud; ¿podrías emplearme como al muchacho que te ayudó a alimentar a cinco mil personas?

¡Ya me imagino la escena! De seguro que los adultos, incluyendo a algunos de los Apóstoles, deben haberse sentido avergonzados o hasta culpables de no haber ofrecido algo.

Tú que te serviste de lo poco que tenía el muchacho para hacer un milagro, acepta mi poquedad para que multipliques los signos de tu bondad.

Te ofrezco mis dones, pero necesito que me ayudes a vivir el compromiso que implica mi ofrenda. Quiero correr el riesgo de entregarte desinteresadamente todo lo que tengo y lo que soy, sabiendo que tú sabrás multiplicarlo según tu voluntad.

Confío en ti, porque sé que solo me pides lo que está a mi alcance hacer. Amén.

Jn 6 1-14

¿SABÍAS QUE...?

Las bromas de Jesús

¿Eres tú de los que creen que es una irreverencia pensar que Jesús hacía bromas? Estás ante una que contiene un fuerte simbolismo.

Primero fíjate en la broma del episodio anterior. ¿Para qué le pregunta Jesús a Felipe qué hacer con tanta gente hambrienta, cuando no espera respuesta, «porque sabía bien lo que iba a hacer» (Jn 6 6)? ¿Qué sentido tenía tomarle el pelo a un amigo que fácilmente se preocupaba?

Ahora lee Juan 6 16-21 y su paralelo en Marcos 6 45-52. ¡Imagínate! ¿Adónde podría ir Jesús caminando de noche sobre el agua? ¿Qué sentido tiene hacerles el ademán de pasar de largo y aparecer como un fantasma?

Por último, céntrate en el mensaje del signo. El lago simboliza el mundo; la barca; la Iglesia. Solo con la presencia de Jesús puede la Iglesia alcanzar su destino, y teniendo a Jesús con nosotros, no debemos temer, pues él tiene poder sobre las dificultades que obstaculizan y desalientan a la Iglesia en su peregrinar al Padre y el cumplimiento de su misión.

Jn 6 16-21

do». [15] Jesús, sabiendo que querían apoderarse de él para hacerlo rey, se retiró otra vez solo a la montaña.

Jesús camina sobre el agua

Mt 14 22-33 / Mc 6 45-52

[16] Al atardecer, sus discípulos bajaron a la orilla del mar [17] y se embarcaron, para dirigirse a Cafarnaún, que está en la otra orilla. Ya era de noche y Jesús aún no se había reunido con ellos. [18] El mar estaba agitado, porque soplaba un fuerte viento. [19] Cuando habían remado unos cinco kilómetros, vieron a Jesús acercarse a la barca caminando sobre el agua, y tuvieron miedo. [20] Él les dijo: «Soy yo, no teman». [21] Ellos quisieron subirlo a la barca, pero esta tocó tierra enseguida en el lugar adonde iban.

Discurso sobre el pan de Vida

Ex 16 15; Nm 11 7-9; Neh 9 15; Sab 16 20; Sal 78 24; Ex 16 2-8; Is 54 13; 1 Tes 4; Mc 14 22-24; 1 Cor 11 23-29; 1 Jn 3 24; Hch 1 9-11

[22] Al día siguiente, la multitud que se había quedado en la otra orilla vio que Jesús no había subido con sus discípulos en la única barca que había allí, sino que ellos habían partido solos. [23] Mientras tanto, unas barcas de Tiberíades atracaron cerca del lugar donde habían comido el pan, después que el Señor pronunció la acción de gracias. [24] Cuando la multitud se dio cuenta de que Jesús y sus discípulos no estaban allí, subieron a las barcas y fueron a Cafarnaún en busca de Jesús. [25] Al encontrarlo en la otra orilla, le preguntaron: «Maestro, ¿cuándo llegaste?». [26] Jesús les respondió:

«Les aseguro
que ustedes me buscan,

no porque vieron signos,
sino porque han comido pan
hasta saciarse.
27 Trabajen, no por el alimento perecedero,
sino por el que permanece
hasta la Vida eterna,
el que les dará el Hijo del hombre;
porque es él a quien Dios, el Padre,
marcó con su sello».

28 Ellos le preguntaron: «¿Qué debemos
hacer para realizar las obras de Dios?». 29 Jesús les respondió: «La obra de Dios es que

PERSPECTIVA CATÓLICA

Jesús, pan de Vida para el mundo

Juan presenta dos discursos con los que Jesús ayuda a interpretar el signo de la multiplicación de los panes y los peces (Jn 6 1-15). Lee Juan 6 35-40.51-59. Observa cómo Jesús se define a sí mismo diciendo: «Yo soy el pan de Vida», y nos promete: «El que come mi carne y bebe mi sangre permanece en mí y yo en él».

Nuestra vida es un camino hacia Dios, que recorremos fortalecidos con el mismo Cristo que se quedó con nosotros en este pan. Solo así tenemos la fuerza para cumplir su gran mandamiento: «Como yo los he amado, ámense también ustedes los unos a los otros» (13 34).

Los católicos damos gran importancia a estas enseñanzas de Jesús. Por eso la Iglesia celebra el sacramento de la Eucaristía diariamente en todo el mundo, y esta constituye el centro y la cúspide de nuestra vida cristiana. También es la razón por la que la Iglesia nos pide que, siempre que sea posible, participemos en la Misa dominical y recibamos la comunión.

La adoración al Santísimo Sacramento y las visitas que hacemos a Jesús en el sagrario fundamentan y fortalecen a la vez nuestra fe en Jesús presente en el pan consagrado. Y, cuando estas dos prácticas no son factibles, los católicos recurrimos a la «comunión espiritual», mediante la cual pedimos a Jesús que nutra y fortalezca nuestra vida con su presencia en nosotros.

Jn 6 22-59

ustedes crean en aquel que él ha enviado».
30 Y volvieron a preguntarle: «¿Qué signos haces para que veamos y creamos en ti? ¿Qué
obra realizas? 31 Nuestros padres comieron el
maná en el desierto, como dice la Escritura:
Les dio de comer el pan bajado del cielo».

32 Jesús respondió:
«Les aseguro
que no es Moisés el que les dio
el pan del cielo;
mi Padre les da el verdadero pan del cielo;
33 porque el pan de Dios
es el que desciende del cielo
y da Vida al mundo».

34 Ellos le dijeron: «Señor, danos siempre
de ese pan». 35 Jesús les respondió:
«Yo soy el pan de Vida.
El que viene a mí jamás tendrá hambre;
el que cree en mí jamás tendrá sed.
36 Pero ya les he dicho:
ustedes me han visto
y sin embargo no creen.
37 Todo lo que me da el Padre viene a mí,
y al que venga a mí
yo no lo rechazaré,
38 porque he bajado del cielo,
no para hacer mi voluntad,
sino la de aquel que me envió.
39 La voluntad del que me ha enviado
es que yo no pierda nada
de lo que él me dio,
sino que lo resucite en el último día.
40 Esta es la voluntad de mi Padre:
que el que ve al Hijo y cree en él,
tenga Vida eterna
y que yo lo resucite en el último día».

41 Los judíos murmuraban de él, porque
había dicho: «Yo soy el pan bajado del cielo». 42 Y decían: «¿Acaso este no es Jesús, el hijo de José? Nosotros conocemos a su padre
y a su madre. ¿Cómo puede decir ahora: "Yo
he bajado del cielo"?». 43 Jesús tomó la palabra y les dijo: «No murmuren entre ustedes.
44 Nadie puede venir a mí,
si no lo atrae el Padre que me envió;
y yo lo resucitaré en el último día.
45 Está escrito en el libro de los Profetas:
Todos serán instruidos por Dios.
Todo el que oyó al Padre
y recibe su enseñanza,
viene a mí.
46 Nadie ha visto nunca al Padre,
sino el que viene de Dios:
solo él ha visto al Padre.

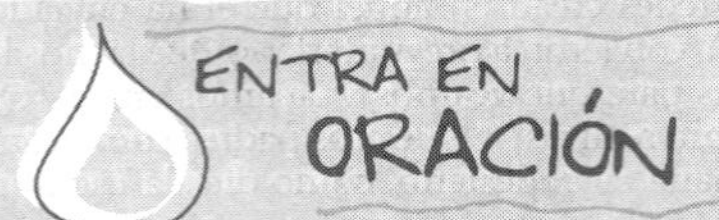

¡Ayúdame a responderte!

El pan u otro alimento semejante es parte de la dieta básica de toda cultura. Cuando Jesús nos dijo: «Yo soy el pan vivo bajado del cielo» (Jn 6 51) afirmó que él es parte de la dieta básica de la vida espiritual en todas las culturas.

Jesús, ¡es difícil comprender que quieras darnos tu cuerpo en alimento! ¿Cómo es que podemos comerte, mi Dios? Solo el amor comete semejantes locuras.

¡Qué triste me siento por las veces que he dejado de recibirte, pudiendo haberlo hecho, y por las veces que te he recibido sin ponerte la debida atención!

Reconozco que en cada comunión te haces carne en mí y me pides que sea tu cuerpo y actúe en tu nombre entre las personas que me rodean. Tú me identificas contigo. ¡Gracias por este honor! ¡Ayúdame a responderte con todo mi corazón!

Jn 6 22-59

47 Les aseguro
que el que cree, tiene Vida eterna.
48 Yo soy el pan de Vida.
49 Sus padres, en el desierto,
comieron el maná y murieron.
50 Pero este es el pan que desciende del cielo,
para que aquel que lo coma no muera.
51 Yo soy el pan vivo bajado del cielo.
El que coma de este pan
vivirá eternamente,
y el pan que yo daré
es mi carne para la Vida del mundo».

52 Los judíos discutían entre sí, diciendo:
«¿Cómo este hombre puede darnos a comer su carne?». 53 Jesús les respondió:

«Les aseguro
que si no comen la carne
del Hijo del hombre
y no beben su sangre,
no tendrán Vida en ustedes.
54 El que come mi carne y bebe mi sangre
tiene Vida eterna,
y yo lo resucitaré en el último día.
55 Porque mi carne es la verdadera comida
y mi sangre, la verdadera bebida.
56 El que come mi carne y bebe mi sangre
permanece en mí y yo en él.
57 Así como yo, que he sido enviado
por el Padre que tiene Vida,
vivo por el Padre,
de la misma manera,
el que me come
vivirá por mí.
58 Este es el pan bajado del cielo;
no como el que comieron sus padres
y murieron.
El que coma de este pan
vivirá eternamente».

59 Jesús enseñaba todo esto en la sinagoga de Cafarnaún. 60 Después de oírlo, muchos de sus discípulos decían: «¡Es duro este lenguaje! ¿Quién puede escucharlo?».
61 Jesús, sabiendo lo que sus discípulos murmuraban, les dijo: «¿Esto los escandaliza?
62 ¿Qué pasará, entonces, cuando vean al
Hijo del hombre subir donde estaba antes?

VIVE LA PALABRA

¡Defínete! ¿De qué lado estás?

Cuando Jesús terminó su discurso sobre el pan Vivo, muchos de sus seguidores reaccionaron negativamente. Él, en vez de suavizar su lenguaje, les exigió una respuesta de fe. Ante esto, muchos discípulos lo abandonaron y Jesús les preguntó a los Doce si ellos también se querían ir (Jn 6 22-59).

Fue un momento decisivo. Pedro respondió: «Señor, ¿a quién iremos? Tú tienes palabras de Vida *eterna. Nosotros hemos creído y sabemos que eres el Santo de Dios*» (6 67-69). Con estas palabras, Pedro hizo de portavoz de los otros Apóstoles, a la vez que fortaleció su fe.

¿De qué lado estás? ¿Con Pedro y sus compañeros o con los que abandonaron a Jesús? A la luz y con la fuerza del Espíritu Santo. ¡Defínete y únete a Pedro y a la comunidad de fe de todas las épocas!

Jn 6 60-70

63 El Espíritu es el que da Vida,
la carne de nada sirve.
Las palabras que les dije
son Espíritu y Vida.

La profesión de fe de Pedro

Mc 8 27-30; Mt 16 13-20; Lc 9 18-21
Mc 1 24; Jn 12 4

64 Pero hay entre ustedes algunos que no
creen». En efecto, Jesús sabía desde el primer
momento quiénes no creían y quién lo iba a
entregar. 65 Y agregó: «Por eso les he dicho
que nadie puede venir a mí, si el Padre no
se lo concede». 66 Desde ese momento, muchos de sus discípulos se alejaron de él y
dejaron de acompañarlo. 67 Jesús preguntó entonces a los Doce: «¿También ustedes quieren irse?». 68 Simón Pedro le respondió: «Señor, ¿a quién iremos? Tú tienes palabras de
Vida eterna. 69 Nosotros hemos creído y sabemos que eres el Santo de Dios». 70 Jesús continuó: «¿No soy yo, acaso, el que los eligió a
ustedes, los Doce? Sin embargo, uno de ustedes es un demonio». 71 Jesús hablaba de Judas, hijo de Simón Iscariote, que era uno de
los Doce, el que lo iba a entregar.

LA LUZ DEL MUNDO

Viaje de Jesús a Jerusalén

Lv 23 34; Nm 29 12-39; Dt 16 13-16;
Mc 3 31; Jn 15 18; 3 19-21; 9 22; 19 38; 20 19

7 1 Después de esto, Jesús recorría la Galilea; no quería transitar por Judea
porque los judíos intentaban matarlo. 2 Se
acercaba la fiesta judía de las Chozas, 3 y sus
hermanos le dijeron: «No te quedes aquí;
ve a Judea, para que también tus discípulos
de allí vean las obras que haces. 4 Cuando
uno quiere hacerse conocer, no actúa en secreto; ya que tú haces estas cosas, manifiéstate al mundo». 5 Efectivamente, ni sus propios hermanos creían en él. 6 Jesús les dijo:
«Mi tiempo no ha llegado todavía, mientras que para ustedes cualquier tiempo es
bueno. 7 El mundo no tiene por qué odiar-
los a ustedes; me odia a mí, porque atestiguo contra él que sus obras son malas.
8 Suban ustedes para la fiesta. Yo no subo a
esa fiesta, porque mi tiempo no se ha cumplido todavía». 9 Después de decirles esto,
permaneció en Galilea. 10 Sin embargo,
cuando sus hermanos subieron para la fiesta, también él subió, pero en secreto, sin
hacerse ver. 11 Los judíos lo buscaban durante la fiesta y decían: «¿Dónde está ese?».
12 Jesús era el comentario de la multitud.
Unos opinaban: «Es un hombre de bien».
Otros, en cambio, decían: «No, engaña al
pueblo». 13 Sin embargo, nadie hablaba de
él abiertamente, por temor a los judíos.

Enseñanza de Jesús en Jerusalén

Mt 15 34; Lc 2 47; Jn 12 49; 14 10;
Hch 7 53; Rom 2 21-24; Mc 3 22;
Gn 17 10-13; Jn 5 8-9.16; Is 11 3-4

14 Ya a media fiesta, Jesús subió al Templo
y comenzó a enseñar. 15 Los judíos, admirados, decían: «¿Cómo conoce las Escrituras
sin haber estudiado?». 16 Jesús les respondió:

«Mi enseñanza no es mía,
sino de aquel que me envió.
17 El que quiere hacer la voluntad de Dios
conocerá si esta enseñanza es de Dios
o si yo hablo por mi cuenta.
18 El que habla por su cuenta
busca su propia gloria,
pero el que busca la gloria
de aquel que lo envió,
ese dice la verdad
y no hay nada de falso en él.
19 ¿Acaso Moisés no les dio la Ley?
Pero ninguno de ustedes la cumple.
¿Por qué quieren matarme?».

20 La multitud respondió: «Estás poseído
por el demonio: ¿quién quiere matarte?».
21 Jesús continuó: «Por una sola obra que realicé, ustedes están maravillados. 22 Moisés
les dio la circuncisión —aunque ella no viene de Moisés, sino de los patriarcas— y ustedes la practican también en sábado. 23 Si
se circuncida a un hombre en sábado para
no quebrantar la Ley de Moisés, ¿cómo ustedes se enojan conmigo porque he curado
completamente a un hombre en sábado?
24 No juzguen según las apariencias, sino
conforme a la justicia».

Discusiones sobre el origen del Mesías

Jn 9 29; 8 55; 17 25; 7 44; 2 4.23; 8 30; 10 42; 11 45

25 Algunos de Jerusalén decían: «¿No es
este aquel a quien querían matar? 26 ¡Y miren cómo habla abiertamente y nadie le dice nada! ¿Habrán reconocido las autoridades que es verdaderamente el Mesías?
27 Pero nosotros sabemos de dónde es este;
en cambio, cuando venga el Mesías, nadie

VIVE LA PALABRA

El juicio de las personas

A Jesús lo criticaron muchas veces por lo que hacía: curar en sábado, enseñar con autoridad, comer con los pecadores, hasta por enseñar lo que suponían que no debería saber por no ser un doctor en la Ley. Jesús exhorta a quienes lo criticaban: «No juzguen según las apariencias, sino conforme a la justicia» (Jn 7 24).

Es fácil juzgar por las apariencias, pues es imposible conocer las intenciones de la personas. Por eso, aprende de Jesús: ten buenas intenciones en todo lo que haces y persevera haciendo el bien aunque te juzguen erróneamente.

Piensa por unos momentos, ¿cómo juzgas tú a los demás? ¿Qué tal cumples con las enseñanzas de Jesús al respecto?

Por último, no hagas cosas buenas que parezcan malas para no dar ocasión de escándalo o malas interpretaciones. A veces los jóvenes, buscando libertad y autenticidad, cometen imprudencias que pueden dañar fuertemente su vida. Antes de emprender una acción arriesgada o romper una norma social, pregúntate si tus razones son valiosas y si pudieran tener consecuencias negativas.

Jn 7 24

sabrá de dónde es». 28 Entonces Jesús, que
enseñaba en el Templo, exclamó:

«¿Así que ustedes me conocen
y saben de dónde soy?
Sin embargo, yo no vine
por mi propia cuenta;
pero el que me envió dice la verdad,
y ustedes no lo conocen.
29 Yo sí lo conozco,
porque vengo de él
y es él el que me envió».

30 Entonces quisieron detenerlo, pero nadie puso las manos sobre él, porque todavía
no había llegado su hora. 31 Muchos de la
multitud creyeron en él y decían: «Cuando
venga el Mesías, ¿podrá hacer más signos de
los que hace este hombre?». 32 Llegó a oídos
de los fariseos lo que la gente comentaba de
él, y enviaron guardias para detenerlo.

Anuncio de la partida de Jesús

Jn 13 33; 16 16-19; 16 5;
17 18; 8 14.21-22; 4 35-38; 12 20-24

33 Después Jesús dijo:

«Poco tiempo estaré aún con ustedes
y me iré a aquel que me envió.
34 *Me buscarán y no me* encontrarán,
porque allí donde yo estoy
ustedes no pueden venir».

35 Los judíos comentaban entre ellos:
«¿Adónde irá, para que no podamos encontrarlo? ¿Acaso irá a reunirse con los judíos dispersos entre los paganos, para enseñar a los paganos? 36 ¿Qué quiso decir con
estas palabras:

"Me buscarán y no me encontrarán,
y allí donde yo estoy
ustedes no pueden venir"?».

Jesús, fuente de agua viva

Lv 23 36; Is 58 11; Prov 18 4; Zac 14 8;
Jn 16 7; 20 22; Hch 2 4

37 El último día, el más solemne de la
fiesta, Jesús, poniéndose de pie, exclamó:

«El que tenga sed, venga a mí;
y beba 38 el que cree en mí».

Como dice la Escritura:

De su seno brotarán
manantiales de agua viva.

39 Él se refería al Espíritu que debían recibir los que creyeran en él. Porque el Espíritu no había sido dado todavía, ya que Jesús aún no había sido glorificado.

Nuevas discusiones sobre el origen del Mesías

Jn 6 14; Mt 21 11; 2 Sm 7 12; Sal 89 3-4; Miq 5 1;
Jn 9 16; 10 19; 7 30; 12 42; Jn 3 1-2;
Dt 1 16; Jn 1 46; 7 41

40 Algunos de la multitud que lo habían
oído, opinaban: «Este es verdaderamente el
Profeta». 41 Otros decían: «Este es el Mesías».
Pero otros preguntaban: «¿Acaso el Mesías
vendrá de Galilea? 42 ¿No dice la Escritura

que el Mesías vendrá del linaje de David y
de Belén, el pueblo de donde era David?».
43 Y por causa de él, se produjo una división
entre la gente. 44 Algunos querían detenerlo,
pero nadie puso las manos sobre él.

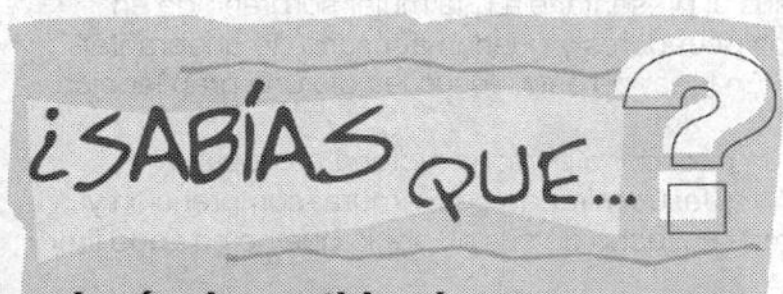

Jesús da sentido pleno a las celebraciones de su pueblo

Juan sitúa el ministerio de Jesús en el marco de las fiestas judías, las cuales respeta, pero les da su verdadero significado.

- ***Sabath o Día del Señor*** (Jn 5 1-18). El sábado estaba por completo dedicado a Dios y no se podía trabajar ni curar a los enfermos. Jesús cura en sábado y declara que no está faltando a la Ley. Con fuerza explica: «Mi Padre trabaja siempre, y yo también trabajo» (v. 17).
- ***Fiesta de las Tiendas o de las Chozas*** (7 2-39). En esta fiesta se daba gracias por los frutos de la cosecha anual y se pedía a Dios el don del agua para la agricultura. Jesús se presenta como agua viva: «El que tenga sed, venga a mí; y beba el que cree en mí... *De su seno brotarán manantiales de agua viva*» (vv. 37-38).
- ***Fiesta de la Dedicación del Templo*** (10 22-39). Esta fiesta conmemoraba la Dedicación del Templo por Judas Macabeo después de su profanación por los paganos (1 Mac 4 36). En ella, Jesús proclamó ser Hijo de Dios, consagrado por el Padre y enviado al mundo para ser la presencia de Dios entre el pueblo (Jn 10 38).
- ***Fiesta de la Pascua.*** *Cada año* se celebraba la liberación de Egipto o Pascua judía. Juan presenta el ministerio de Jesús, en referencia a las tres fiestas de Pascua durante su ministerio: en Jerusalén (2 23), en Cafarnaún (6 24) y en Jerusalén, la víspera de su muerte, cuando anticipa sacramentalmente su sacrificio liberador en la cruz (13 1).

Jn 7

45 Los guardias fueron a ver a los sumos
sacerdotes y a los fariseos, y estos les preguntaron: «¿Por qué no lo trajeron?». 46 Ellos respondieron: «Nadie habló jamás como este
hombre». 47 Los fariseos respondieron: «¿También ustedes se dejaron engañar? 48 ¿Acaso alguno de los jefes o de los fariseos ha creído en
él? 49 En cambio, esa gente que no conoce la
Ley está maldita».
50 Nicodemo, uno de ellos, que había
ido antes a ver a Jesús, les dijo: 51 «¿Acaso
nuestra Ley permite juzgar a un hombre
sin escucharlo antes para saber lo que hizo?». 52 Le respondieron: «¿Tú también eres
galileo? Examina las Escrituras y verás que
de Galilea no surge ningún profeta». 53 Y cada uno regresó a su casa.

La mujer adúltera

Lc 21 37; Mt 26 55; Lv 20 10; Dt 22 22-24;
Mt 16 1; Dt 17 7; Mt 22 22; Jn 5 14

8 1 Jesús fue al monte de los Olivos. 2 Al
amanecer volvió al Templo, y todo el
pueblo acudía a él. Entonces se sentó y comenzó a enseñarles. 3 Los escribas y los fariseos le trajeron a una mujer que había sido
sorprendida en adulterio y, poniéndola en
medio de todos, 4 dijeron a Jesús: «Maestro,
esta mujer ha sido sorprendida en flagrante
adulterio. 5 Moisés, en la Ley, nos ordenó
apedrear a esta clase de mujeres. Y tú, ¿qué
dices?». 6 Decían esto para ponerlo a prueba,
a fin de poder acusarlo. Pero Jesús, inclinándose, comenzó a escribir en el suelo con el
dedo. 7 Como insistían, se enderezó y les dijo: «El que no tenga pecado, que arroje la primera piedra». 8 E inclinándose nuevamente,
siguió escribiendo en el suelo. 9 Al oír estas
palabras, todos se retiraron, uno tras otro,
comenzando por los más ancianos. Jesús
quedó solo con la mujer, que permanecía
allí, 10 e incorporándose, le preguntó: «Mujer,
¿dónde están tus acusadores? ¿Nadie te ha
condenado?». 11 Ella le respondió: «Nadie, Señor». «Yo tampoco te condeno —le dijo Jesús—. Vete, no peques más en adelante».

El testimonio de Jesús sobre sí mismo

Is 49 6; Jn 1 4.5.9; 12 35-36.46; Jn 13 3; 16 28;
1 Sm 16 7; Dt 17 6; 19 15; 1 Jn 5 9;
Mc 12 41-43; Jn 7 34.36

12 Jesús les dirigió una vez más la palabra, diciendo:

«Yo soy la luz del mundo.
El que me sigue no andará en tinieblas,
sino que tendrá la luz de la Vida».

VIVE LA PALABRA

La misericordia está por encima de la Ley

Los fariseos creyeron tender una trampa perfecta a Jesús al presentarle a una mujer sorprendida en adulterio. Sabían que era bueno y misericordioso con los pecadores y querían acusarlo de quebrantar la Ley de Moisés, y así apedrearlo junto con la adúltera. En lugar de esto, Jesús les dio una gran lección. Lee Juan 8 1-11 y reflexiona en estos dos puntos:

- ¿Cuál es tu actitud ante quien es juzgado como un pecador o persona indigna en nuestra sociedad? En esos casos, recuerda en tu corazón a Jesús mirando con ternura, comprensión y respeto a la mujer adúltera. Además, todos tenemos un techo de cristal, por lo que no hay que tirar piedras a los vecinos.
- ¿Necesitas el perdón de Jesús para caminar de nuevo con la cabeza en alto? Tú conoces su bondad; siempre que te sientas avergonzado por algún pecado, acércate a él con confianza, nunca te dará la espalda.

Jn 8 1-11

13 Los fariseos le dijeron: «Tú das testimonio de ti mismo: tu testimonio no vale». 14 Jesús les respondió:

JN

Jn 8 12

COMPRENDE LOS SÍMBOLOS

Cristo, luz del mundo

La luz fue lo primero que Dios creó. Solo con luz podemos ver y caminar seguros. Jesús vino a desterrar las tinieblas y dar luz a los ciegos; es la luz que brilla en la oscuridad (Jn 1 5). En el cielo ya no será necesario el sol ni las lámparas, pues el Señor Dios alumbrará para siempre *(Ap 22 5). La luz de Jesús* nos ayuda a ver las cosas desde el punto de vista de Dios. Nos permite apreciar a los humildes, pobres y sencillos, y tomar conciencia de que las riquezas, los honores y el poder pueden destruir el amor según el corazón de Dios.

«Aunque yo doy testimonio de mí,
mi testimonio vale
porque sé de dónde vine y adónde voy;
pero ustedes no saben
de dónde vengo ni adónde voy.
15 Ustedes juzgan según la carne;
yo no juzgo a nadie,
16 y si lo hago, mi juicio vale
porque no soy yo solo el que juzga,
sino yo y el Padre que me envió.
17 En la Ley de ustedes está escrito
que el testimonio de dos personas
es válido.
18 Yo doy testimonio de mí mismo,
y también el Padre que me envió
da testimonio de mí».

19 Ellos le preguntaron: «¿Dónde está tu
Padre?». Jesús respondió:

«Ustedes no me conocen ni a mí
ni a mi Padre;
si me conocieran a mí,
conocerían también a mi Padre».

20 Él pronunció estas palabras en la sala
del Tesoro, cuando enseñaba en el Templo.
Y nadie lo detuvo, porque aún no había
llegado su hora.

Advertencia a los incrédulos

Jn 13 33; 3 31; 17 4; 13 19; Ex 3 12; Jos 1 5;
1 Sm 10 7; Jr 1 8; Jn 16 32

21 Jesús les dijo también:

«Yo me voy, y ustedes me buscarán
y morirán en su pecado.

Adonde yo voy,
ustedes no pueden ir».

22 Los judíos se preguntaban: «¿Pensará
matarse para decir: "Adonde yo voy, ustedes no pueden ir"?». 23 Jesús continuó:

«Ustedes son de aquí abajo,
yo soy de lo alto.
Ustedes son de este mundo,
yo no soy de este mundo.
24 Por eso les he dicho:
"Ustedes morirán en sus pecados".
Porque si no creen que Yo Soy,
morirán en sus pecados».

25 Los judíos le preguntaron: «¿Quién eres
tú?». Jesús les respondió:

«Esto es precisamente lo que
les estoy diciendo desde el comienzo.
26 De ustedes, tengo mucho que decir,
mucho que juzgar.
Pero aquel que me envió es veraz,
y lo que aprendí de él
es lo que digo al mundo».

27 Ellos no comprendieron que Jesús se
refería al Padre. 28 Después les dijo:

«Cuando ustedes hayan levantado en alto
al Hijo del hombre,
entonces sabrán que Yo Soy
y que no hago nada por mí mismo,
sino que digo lo que el Padre me enseñó.
29 El que me envió está conmigo
y no me ha dejado solo,
porque yo hago siempre lo que le agrada».

30 Mientras hablaba así, muchos creyeron en él.

Los verdaderos descendientes de Abraham

Jn 15 7; 1 14.17; 14 6.17; 15 26; Mt 3 9; Lc 3 8;
Jn 8 39.56; Neh 9 36; Gn 21 9-14; Jn 5 18

31 Jesús dijo a aquellos judíos que habían
creído en él:

«Si ustedes permanecen
fieles a mi palabra,
serán verdaderamente mis discípulos:
32 conocerán la verdad
y la verdad los hará libres».

33 Ellos le respondieron: «Somos descendientes de Abraham y jamás hemos sido
esclavos de nadie. ¿Cómo puedes decir entonces: "Ustedes serán libres"?». 34 Jesús les
respondió:

«Les aseguro que todo el que peca
es esclavo del pecado.
35 El esclavo no permanece para siempre
en la casa;
el hijo, en cambio, permanece
para siempre.
36 Por eso, si el Hijo los libera,
ustedes serán realmente libres.
37 Yo sé que ustedes son descendientes
de Abraham,
pero tratan de matarme
porque mi palabra no penetra en ustedes.

J N

VIVE LA PALABRA

Solo con la verdad serás libre

Jesús nos promete: «Si ustedes permanecen fieles a mi palabra, serán verdaderamente mis discípulos: conocerán la verdad y la verdad los hará libres» (Jn 8 31). La verdad y la libertad usualmente van juntas, pues ambas son elementos esenciales del amor.

En Jesús encontramos la verdad sobre Dios, sobre nosotros mismos y sobre el mundo. Esta verdad es muy liberadora y exige fidelidad. La libertad nos hace vulnerables a caer en el pecado y abandonar la vida verdadera que nos ofrece Dios, haciéndonos daño a nosotros mismos y a los demás cuando la usamos mal (vv. 34-35).

La verdad unida a la libertad engendra confianza y fidelidad, y de estas nace la responsabilidad, o sea, la habilidad de responder libremente a los desafíos de la vida. Reflexiona, ¿buscas con sinceridad la verdad o te contentas con vivir en la falsedad? ¿Cómo y para qué usas tu libertad? ¿Qué tan responsable eres ante la vida y la misión que Dios te ha dado?

Cada vez que usas responsablemente tu libertad, maduras como persona y alabas a Dios. Su amor te hizo libre; saborea y vive esta verdad, así Dios y tú se encontrarán en un estrecho abrazo que nadie podrá deshacer.

Jn 8 31-38

[38]Yo digo
lo que he visto junto a mi Padre,
y ustedes hacen
lo que han aprendido de su padre».

El demonio, padre de la mentira

Mt 3 9; Lc 3 8; Rom 6 16.20; Gn 21 9-14; Ex 21 2;
Jr 2 14; Dt 32 6; Is 63 16; Sab 1 13-16; 2 24;
1 Jn 3 8-15; 2 Cor 5 21; 1 Pe 2 22

[39]Ellos le replicaron: «Nuestro padre es Abraham». Y Jesús les dijo:

«Si ustedes fueran hijos de Abraham,
obrarían como él.
[40]Pero ahora quieren matarme a mí,
al hombre que les dice la verdad
que ha oído de Dios.
Abraham no hizo eso.
[41]Pero ustedes obran como su padre».

Ellos le dijeron: «Nosotros no hemos nacido de la prostitución; tenemos un solo Padre, que es Dios». Jesús prosiguió:

[42]«Si Dios fuera su Padre,
ustedes me amarían,
porque yo he salido de Dios y vengo de él.
No he venido por mí mismo,
sino que él me envió.
[43]¿Por qué ustedes no comprenden
mi lenguaje?
Es porque no pueden escuchar mi palabra.
[44]Ustedes tienen por padre al demonio
y quieren cumplir los deseos de su padre.
Desde el comienzo él fue homicida
y no tiene nada que ver con la verdad,
porque no hay verdad en él.
Cuando miente,
habla conforme a lo que es,
porque es mentiroso y padre de la mentira.
[45]Pero a mí no me creen,
porque les digo la verdad.
[46]¿Quién de ustedes probará
que tengo pecado?
Y si les digo la verdad,
¿por qué no me creen?
[47]El que es de Dios
escucha las palabras de Dios;
si ustedes no las escuchan,
es porque no son de Dios».

[48]*Los judíos le* replicaron: «¿No tenemos razón al decir que eres un samaritano y que estás endemoniado?». Jesús respondió:

[49]«Yo no estoy endemoniado,
sino que honro a mi Padre,
y ustedes me deshonran a mí.
[50]Yo no busco mi gloria;
hay alguien que la busca,
y es él el que juzga.
[51]Les aseguro
que el que es fiel a mi palabra,
no morirá jamás».

¿SABÍAS QUE...?

El padre de la mentira

Los evangelios hablan más de 50 veces del Maligno, llamado *Satanás* o *Adversario*, en hebreo, y *Demonio*, *Diablo* o *Calumniador*, en griego. Este ser se identifica con las fuerzas del mal, y descubrimos su presión por su oposición total al amor y a la verdad. Jesús lo define como «padre de la mentira» (Jn 8 44) y explica que provoca toda clase de esclavitud; nos impide ser libres en la verdad y trata con engaños de que veamos un bien donde no lo hay, «el seductor del mundo entero» (Ap 12 9).

Jesús derrotó a Satanás al instaurar el Reino de Dios y vencer el pecado con su muerte y resurrección. Los cristianos fuimos arrancados de su poder al recibir al Espíritu Santo y, con su ayuda, podemos también vencerlo. Existen tres niveles de influencia del Maligno, que incrementan nuestra vulnerabilidad al poder del mal, y la gracia de Dios nos ayuda a superar:

- ***La tentación*** de actuar sin Dios o contra Dios. La podemos superar con la oración, la disciplina interior y un estilo de vida cristiana, que nos evitan pasar al siguiente nivel.
- ***El pecado venial o leve*** hiere nuestra relación con Dios y nuestros semejantes, y daña nuestro ser. Lo podemos superar con oración, actos de Reconciliación y propósito de enmienda.
- ***El pecado mortal o grave*** rompe nuestra relación con Dios, y hiere profundamente nuestro ser o a otro ser humano. Lo podemos superar con el sacramento de la Reconciliación y un compromiso serio de oración para fortalecer nuestra vida espiritual.

Somos débiles y con frecuencia nos vence el poder del mal. Ora con frecuencia como Jesús nos enseñó: «No nos dejes caer en la tentación, sino líbranos del mal» (Mt 6 13).

Jn 8 42-47

EL QUE ES FIEL A MI PALABRA,
NO MORIRÁ JAMÁS. Jn 8 51

Jesús y Abraham

Mc 9 1; Heb 2 9; Mt 11 27; Lc 10 22; Jn 7 28-29;
Am 5 18; Is 13 6; Jl 1 5; Jn 1 1-13; 8 24

52 Los judíos le dijeron: «Ahora sí estamos
seguros de que estás endemoniado. Abraham murió, los profetas también, y tú dices:

"El que es fiel a mi palabra,
no morirá jamás".

53 ¿Acaso eres más grande que nuestro
padre Abraham, el cual murió? Y los profetas también murieron. ¿Quién pretendes
ser tú?». 54 Jesús respondió:

«Si yo me glorificara a mí mismo,
mi gloria no valdría nada.
Es mi Padre el que me glorifica,
el mismo al que ustedes llaman
"nuestro Dios",
55 y al que, sin embargo, no conocen.
Yo lo conozco
y si dijera: "No lo conozco",
sería, como ustedes, un mentiroso.
Pero yo lo conozco y soy fiel a su palabra.
56 Abraham, el padre de ustedes,
se estremeció de gozo,
esperando ver mi Día:
lo vio y se llenó de alegría».

57 Los judíos le dijeron: «Todavía no tienes cincuenta años ¿y has visto a Abraham?». 58 Jesús respondió:

«Les aseguro
que desde antes que naciera Abraham,
Yo Soy».

59 Entonces tomaron piedras para apedrearlo, pero Jesús se escondió y salió del
Templo.

Curación de un ciego de nacimiento

Ex 20 5; Ez 18 20; Sal 38 2-6; Jn 8 12; Mc 8 22-26;
2 Re 5 10; Jn 5 16.18; 7 43; Mt 16 14; 21 46;
Jn 7 13; 19 38; 12 42; Jn 5 22.27.30

9 1 Al pasar, vio a un hombre ciego de
nacimiento. 2 Sus discípulos le preguntaron: «Maestro, ¿quién ha pecado, él o
sus padres, para que haya nacido ciego?».
3 «Ni él ni sus padres han pecado —respondió Jesús—; nació así para que se manifiesten en él las obras de Dios.

4 Debemos trabajar en las obras
de aquel que me envió,
mientras es de día;
llega la noche,
cuando nadie puede trabajar.
5 Mientras estoy en el mundo,
soy la luz del mundo».

6 Después que dijo esto, escupió en la tierra, hizo barro con la saliva y lo puso sobre
los ojos del ciego, 7 diciéndole: «Ve a lavarte
a la piscina de Siloé», que significa «Enviado». El ciego fue, se lavó y, al regresar, ya
veía. 8 Los vecinos y los que antes lo habían
visto mendigar, se preguntaban: «¿No es
este el que se sentaba a pedir limosna?».
9 Unos opinaban: «Es el mismo». «No —respondían otros—, es uno que se le parece».
Él decía: «Soy realmente yo». 10 Ellos le dijeron: «¿Cómo se te han abierto los ojos?».
11 Él respondió: «Ese hombre que se llama
Jesús hizo barro, lo puso sobre mis ojos y
me dijo: "Ve a lavarte a Siloé". Yo fui, me lavé y vi». 12 Ellos le preguntaron: «¿Dónde está?». Él respondió: «No lo sé».

13 El que había sido ciego fue llevado ante los fariseos. 14 Era sábado cuando Jesús hizo barro y le abrió los ojos. 15 Los fariseos, a
su vez, le preguntaron cómo había llegado
a ver. Él les respondió: «Me puso barro sobre los ojos, me lavé y veo». 16 Algunos fariseos decían: «Ese hombre no viene de Dios,
porque no observa el sábado». Otros repli-
caban: «¿Cómo un pecador puede hacer
semejantes signos?». Y se produjo una división entre ellos. 17 Entonces dijeron nuevamente al ciego: «Y tú, ¿qué dices del que te
abrió los ojos?». El hombre respondió: «Es
un profeta». 18 Sin embargo, los judíos no
querían creer que ese hombre había sido
ciego y que había llegado a ver, hasta que
llamaron a sus padres 19 y les preguntaron:
«¿Es este el hijo de ustedes, el que dicen que
nació ciego? ¿Cómo es que ahora ve?». 20 Sus
padres respondieron: «Sabemos que es
nuestro hijo y que nació ciego, 21 pero cómo
es que ahora ve y quién le abrió los ojos, no
lo sabemos. Pregúntenle a él: tiene edad para responder por su cuenta». 22 Sus padres dijeron esto por temor a los judíos, que ya se
habían puesto de acuerdo para excluir de la
sinagoga al que reconociera a Jesús como
Mesías. 23 Por esta razón dijeron: «Tiene bastante edad, pregúntenle a él».

24 Los judíos llamaron por segunda vez
al que había sido ciego y le dijeron: «Glo-

rifica a Dios. Nosotros sabemos que ese
hombre es un pecador». 25 «Yo no sé si es
un pecador —respondió—; lo que sé es que
antes yo era ciego y ahora veo». 26 Ellos le
preguntaron: «¿Qué te ha hecho? ¿Cómo
te abrió los ojos?». 27 Él les respondió: «Ya
se lo dije y ustedes no me han escuchado.
¿Por qué quieren oírlo de nuevo? ¿También ustedes quieren hacerse discípulos suyos?». 28 Ellos lo injuriaron y le dijeron:
«¡Tú serás discípulo de ese hombre; nosotros somos discípulos de Moisés! 29 Sabemos que Dios habló a Moisés, pero no sabemos de dónde es este». 30 El hombre les
respondió: «Esto es lo asombroso: que ustedes no sepan de dónde es, a pesar de que
me ha abierto los ojos. 31 Sabemos que Dios
no escucha a los pecadores, pero sí al que
lo honra y cumple su voluntad. 32 Nunca se
oyó decir que alguien haya abierto los ojos
a un ciego de nacimiento. 33 Si este hombre
no viniera de Dios, no podría hacer nada».
34 Ellos le respondieron: «Tú naciste lleno

ENTRA EN ORACIÓN

Jesús, concédeme ver con tus ojos

Lee Juan 9 35-41, poniendo atención a las palabras de Jesús. Después haz esta oración, reconociendo que necesitas la luz de Jesús.

Jesús, ¿puedes arreglar mi vista como lo hiciste con la persona ciega?

Quiero ver con tus ojos el mundo que me rodea, a las personas que tratamos mal por ser diferentes, a los/las niños/as que no tienen casa y duermen en la calle, a la gente que sufre injusticias, violencia y opresión.

Necesito tu mirada para ver el horizonte de mi vida, elegir ideales como los tuyos e identificar adónde me envías. ¡Ayúdame a ver con tus ojos, Jesús!

Guíame para caminar por el mundo, sensible a las necesidades de otros, venciendo las tentaciones que me apartan de ti, seguro/a en mi seguimiento de tus huellas. Necesito tu mirada para ver más allá de las apariencias, para penetrar los anhelos del corazón en mi prójimo. ¡Ayúdame a ver, y a amar, como tú amas! Amén.

Jn 9 35-41

de pecado, y ¿quieres darnos lecciones?». Y
lo echaron.
35 Jesús se enteró de que lo habían echado y, al encontrarlo, le preguntó: «¿Crees
en el Hijo del hombre?». 36 Él respondió:
«¿Quién es, Señor, para que crea en él?».
37 Jesús le dijo: «Tú lo has visto: es el que te
está hablando». 38 Entonces él exclamó:
«Creo, Señor», y se postró ante él. 39 Después Jesús agregó:

«He venido a este mundo para un juicio:
Para que vean los que no ven
y queden ciegos los que ven».

40 Los fariseos que estaban con él oyeron
esto y le dijeron: «¿Acaso también nosotros
somos ciegos?». 41 Jesús les respondió:

«Si ustedes fueran ciegos,
no tendrían pecado,
pero como dicen: "Vemos",
su pecado permanece».

El buen Pastor

Jn 16 25; Jr 23 1-2; Ez 34; Sal 23; 118 20; Mt 9 36;
Hch 20 29; 2 Tim 2 19; Mt 11 27;
1 Pe 2 25; Flp 2 8-9; Mc 3 22

10 1 «Les aseguro que el que no entra por
la puerta en el corral de las ovejas, sino que salta por otro lado, es un ladrón y
un asaltante. 2 El que entra por la puerta es
el pastor de las ovejas. 3 El guardián le abre
y las ovejas escuchan su voz. Él llama a las
suyas por su nombre y las hace salir. 4 Cuando las ha sacado a todas, va delante de ellas
y las ovejas lo siguen, porque conocen su
voz. 5 Nunca seguirán a un extraño, sino
que huirán de él, porque no conocen su
voz». 6 Jesús les hizo esta comparación, pero ellos no comprendieron lo que les quería decir. 7 Entonces Jesús prosiguió:

«Les aseguro
que yo soy la puerta de las ovejas.
8 Todos aquellos que han venido antes de mí
son ladrones y asaltantes,
pero las ovejas no los han escuchado.
9 Yo soy la puerta.
El que entra por mí se salvará;
podrá entrar y salir,
y encontrará su alimento.
10 El ladrón no viene
sino para robar, matar y destruir.
Pero yo he venido
para que las ovejas tengan Vida,
y la tengan en abundancia.

Jn 10 9

COMPRENDE LOS SÍMBOLOS

Cristo puerta

Jesús se presenta a sí mismo como «la puerta». Él es el paso indispensable para entrar a su *redil* y formar su *rebaño*, el único medio para conocer al Padre y llegar a él. La puerta santa es un símbolo de los jubileos, tiempo especial de conversión y gracia de Dios para la Iglesia (ver «7 x 7 + 1 = ¡Jubileo!», Lv 25 8-22).

11 Yo soy el buen Pastor.
El buen Pastor da su vida por las ovejas.
12 El asalariado, en cambio,
que no es el pastor
y al que no pertenecen las ovejas,
cuando ve venir al lobo
las abandona y huye,
y el lobo las arrebata y las dispersa.
13 Como es asalariado,
no se preocupa por las ovejas.
14 Yo soy el buen Pastor:
conozco a mis ovejas,
y mis ovejas me conocen a mí
15 —como el Padre me conoce a mí
y yo conozco al Padre—
y doy mi vida por las ovejas.
16 Tengo, además, otras ovejas
que no son de este corral
y a las que debo también conducir:
ellas oirán mi voz,
y así habrá un solo Rebaño
y un solo Pastor.
17 El Padre me ama
porque yo doy mi vida
para recobrarla.
18 Nadie me la quita,
sino que la doy por mí mismo.
Tengo el poder de darla
y de recobrarla:
este es el mandato que recibí de mi Padre».

19 A causa de estas palabras, se produjo
una nueva división entre los judíos. 20 Muchos de ellos decían: «Está poseído por un

JN

VIVE LA PALABRA

Yo soy el buen Pastor

Ser pastor es un trabajo exigente; las ovejas son indefensas, necesitan protección y que las sanen cuando se lastiman o enferman. Los pastores tienen que dejar su casa, a veces por muchos días, para llevarlas a buenos pastizales. Por su lado, las ovejas reconocen la voz de su pastor y lo siguen; si se mezclan con otros rebaños o se extravían y su pastor les habla, siguen su voz y regresan (ver Símbolo: «El buen Pastor», Lc 15 4).

Reflexiona un poco sobre esta metáfora:

Jesús es el buen Pastor y nosotros sus ovejas. Jesús nos ama, nos cuida, nos busca, nos sana y nos llama por nuestro nombre; anuncia que dará su vida por nosotros, para que tengamos vida en plenitud (Jn 10 10):

- ¿Estás atento/a a la voz de Jesús y lo sigues? ¿Lo escuchas cuando estás desorientado/a?
- ¿En qué aspectos de tu vida necesitas su cuidado? ¿A través de quién/es te cuida Jesús?
- ¿Qué tienes que hacer para acoger la vida en abundancia que te quiere dar?

Jesús anuncia que eres parte de un solo rebaño (10 16), la Iglesia compuesta por personas de diferentes razas, naciones y costumbres. Como cristiano/a, estás llamado/a a pastorear el rebaño al igual que Jesús: ¿quién en tu familia, entre tus amigos o compañeros necesita tu cuidado hoy día?

Pide a Jesús la fuerza que necesitas para ser al mismo tiempo oveja y buen pastor. Dios te bendecirá dándote vida en plenitud.

Jn 10 11-18

demonio y delira. ¿Por qué lo escuchan?».
21 Otros opinaban: «Estas palabras no son
de un endemoniado. ¿Acaso un demonio
puede abrir los ojos a los ciegos?».

Jesús, Hijo de Dios

Hch 3 11; 5 12; Lc 22 67

22 Se celebraba entonces en Jerusalén la
fiesta de la Dedicación. Era invierno, 23 y Jesús se paseaba por el Templo, en el Pórtico
de Salomón. 24 Los judíos lo rodearon y le
preguntaron: «¿Hasta cuándo nos vas a tener en vilo? Si eres el Mesías, dilo abiertamente». 25 Jesús les respondió:

«Ya se lo dije, pero ustedes no lo creen.
Las obras que hago en nombre de mi Padre
dan testimonio de mí,
26 pero ustedes no creen,
porque no son de mis ovejas.
27 Mis ovejas escuchan mi voz,
yo las conozco y ellas me siguen.
28 Yo les doy Vida eterna:
ellas no perecerán jamás
y nadie las arrebatará de mis manos.
29 Mi Padre, que me las ha dado,
es superior a todos
y nadie puede arrebatar nada
de las manos de mi Padre.
30 El Padre y yo somos una sola cosa».

EL PADRE Y YO SOMOS
UNA SOLA COSA.
Jn 10 30

Jesús, acusado de blasfemia

Mt 9 3; Jn 5 18; Sal 82 6; Mt 5 18; Jr 1 5;
Jn 14 10-11; 7 30.44; Lc 4 30; Jn 3 28; 5 33-36

31 Los judíos tomaron piedras para apedrearlo. 32 Entonces Jesús dijo: «Les hice ver
muchas obras buenas que vienen del Padre;
¿por cuál de ellas me quieren apedrear?».
33 Los judíos le respondieron: «No queremos
apedrearte por ninguna obra buena, sino
porque blasfemas, ya que, siendo hombre,
te haces Dios». 34 Jesús les respondió:

«¿No está escrito en la Ley:
Yo dije: Ustedes son dioses?
35 Si la Ley llama dioses
a los que Dios dirigió su Palabra
—y la Escritura no puede ser anulada—,
36 ¿cómo dicen: "Tú blasfemas",
a quien el Padre santificó y envió al mundo,
porque dijo: "Yo soy Hijo de Dios"?
37 Si no hago las obras de mi Padre,
no me crean;
38 pero si las hago,
crean en las obras,
aunque no me crean a mí.
Así reconocerán y sabrán
que el Padre está en mí
y yo en el Padre».

39 Ellos intentaron nuevamente detenerlo, pero él se les escapó de las manos.
40 Jesús volvió a ir al otro lado del Jordán, al lugar donde Juan había bautizado,
y se quedó allí. 41 Muchos fueron a verlo, y
la gente decía: «Juan no ha hecho ningún
signo, pero todo lo que dijo de este hombre era verdad». 42 Y en ese lugar muchos
creyeron en él.

LA CERCANÍA DE LA «HORA» DE JESÚS

La resurrección de Lázaro

Lc 10 38-42; Jn 1 4-8; 9 4-5; 12 35; Mt 9 24; Dn 12 2;
2 Mac 12 44; Jn 8 51; Mt 16 16; Lc 19 41

11 1 Había un hombre enfermo, Lázaro
de Betania, del pueblo de María y de
su hermana Marta. 2 María era la misma
que derramó perfume sobre el Señor y le
secó los pies con sus cabellos. Su hermano
Lázaro era el que estaba enfermo. 3 Las hermanas enviaron a decir a Jesús: «Señor, el
que tú amas, está enfermo». 4 Al oír esto, Jesús dijo: «Esta enfermedad no es mortal; es
para gloria de Dios, para que el Hijo de
Dios sea glorificado por ella».
5 Jesús quería mucho a Marta, a su hermana y a Lázaro. 6 Sin embargo, cuando oyó
que este se encontraba enfermo, se quedó
dos días más en el lugar donde estaba. 7 Después dijo a sus discípulos: «Volvamos a Judea». 8 Los discípulos le dijeron: «Maestro,
hace poco los judíos querían apedrearte, ¿y
quieres volver allá?». 9 Jesús les respondió:

«¿Acaso no son doce las horas del día?
El que camina de día no tropieza,
porque ve la luz de este mundo;
10 en cambio, el que camina de noche
tropieza,
porque la luz no está en él».

11 Después agregó: «Nuestro amigo Lázaro duerme, pero yo voy a despertarlo».
12 Sus discípulos le dijeron: «Señor, si duerme, se curará». 13 Ellos pensaban que hablaba del sueño, pero Jesús se refería a la

VIVE LA PALABRA

El dueño de la vida

Lee Juan 11 1-57. Usa tu imaginación para no perder ningún detalle de este signo especial con el que Juan cierra la serie de signos hechos por Jesús.

La resurrección de Lázaro anticipa la de Jesús y la de los cristianos; es un anuncio de que su «hora» había llegado. Además del poder y la bondad de Jesús, contiene otras enseñanzas:

- Cuando le avisan que Lázaro murió, Jesús proclama: «Yo soy la Resurrección y la Vida» (Jn 11 25), y lo prueba devolviendo la vida al cuerpo de Lázaro, quien sale andando de su tumba.
- Jesús podía sanar a su amigo, pero permite que muera para mostrar que la muerte no es obstáculo para la resurrección.
- Jesús sabe que se avecina su muerte, pero va a ver a su amigo, pues es coherente con su amor. Ahí llora frente a la gente, mostrando sus sentimientos y emociones humanas.
- Lázaro fue resucitado, continuó su vida temporal y volvió a morir.
- Ante obra tan grande de Jesús, las autoridades deciden matar a Jesús. Pero, a diferencia de Lázaro, Jesús resucitó para nunca más morir y comunicarnos su Vida eterna.

Colócate en el lugar de Lázaro, ¿cómo te sientes sabiendo que la comunidad cristiana ora por ti, para que Jesús te dé la Vida eterna? Ponte en el lugar de tus amigos/as, ¿quién está necesitando la vida de Jesús? ¿Qué puedes hacer por ellos/as? Desde la resurrección de Lázaro, los que son amigos de Jesús no temen la muerte.

Jn 11 1-27

muerte. 14 Entonces les dijo abiertamente:
«Lázaro ha muerto, 15 y me alegro por ustedes de no haber estado allí, a fin de que
crean. Vayamos a verlo». 16 Tomás, llamado
el Mellizo, dijo a los otros discípulos: «Vayamos también nosotros a morir con él».
17 Cuando Jesús llegó, se encontró con
que Lázaro estaba sepultado desde hacía
cuatro días. 18 Betania distaba de Jerusalén
solo unos tres kilómetros. 19 Muchos judíos
habían ido a consolar a Marta y a María,
por la muerte de su hermano. 20 Al enterarse de que Jesús llegaba, Marta salió a su encuentro, mientras María permanecía en la
casa. 21 Marta dijo a Jesús: «Señor, si hubieras estado aquí, mi hermano no habría
muerto. 22 Pero yo sé que, aun ahora, Dios
te concederá todo lo que le pidas». 23 Jesús
le dijo: «Tu hermano resucitará». 24 Marta le
respondió: «Sé que resucitará en la resurrección del último día». 25 Jesús le dijo:

«Yo soy la Resurrección y la Vida.
El que cree en mí, aunque muera, vivirá;
26 y todo el que vive y cree en mí,
no morirá jamás.
¿Crees esto?».

27 Ella le respondió: «Sí, Señor, creo que
tú eres el Mesías, el Hijo de Dios, el que debía venir al mundo».

28 Después fue a llamar a María, su hermana, y le dijo en voz baja: «El Maestro está
aquí y te llama». 29 Al oír esto, ella se levantó
rápidamente y fue a su encuentro. 30 Jesús no
había llegado todavía al pueblo, sino que estaba en el mismo sitio donde Marta lo había
encontrado. 31 Los judíos que estaban en la
casa consolando a María, al ver que esta se
levantaba de repente y salía, la siguieron,
pensando que iba al sepulcro para llorar allí.
32 María llegó adonde estaba Jesús y, al verlo,
se postró a sus pies y le dijo: «Señor, si hubieras estado aquí, mi hermano no habría
muerto». 33 Jesús, al verla llorar a ella, y también a los judíos que la acompañaban, conmovido y turbado, 34 preguntó: «¿Dónde lo
pusieron?». Le respondieron: «Ven, Señor, y
lo verás». 35 Y Jesús lloró. 36 Los judíos dijeron: «¡Cómo lo amaba!». 37 Pero algunos decían: «Este, que abrió los ojos del ciego de
nacimiento, ¿no podía impedir que Lázaro
muriera?». 38 Jesús, conmoviéndose nuevamente, llegó al sepulcro, que era una cueva
con una piedra encima, 39 y dijo: «Quiten la
piedra». Marta, la hermana del difunto, le
respondió: «Señor, huele mal; ya hace cuatro
días que está muerto». 40 Jesús le dijo: «¿No
te he dicho que si crees, verás la gloria de
Dios?». 41 Entonces quitaron la piedra, y Jesús, levantando los ojos al cielo, dijo:

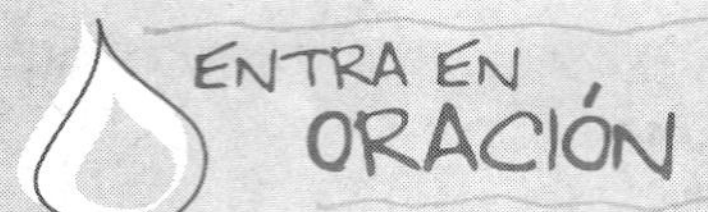

Cuando Dios llora

Padre, ¿te he hecho llorar? ¿Te he hecho reír y gozar? ¿Te he hecho sentir orgulloso alguna vez? Sé que me conoces tan bien que sigues mis respiraciones y eres consciente de mis latidos. Yo también te conozco, porque, viendo a Jesús llorar, alegre, cansado, enojado, compasivo, sonriente..., sé que así eres tú y te siento cerca de mí.

Gracias mil por enviarnos a tu Hijo para que nos mostrara cómo eres tú, y que pueda yo sentirte cercano a mí y compartiendo mis sentimientos. ¡Qué maravillosa es tu solidaridad con nosotros! ¡Gracias porque el llanto solo es temporal, y me espera la Vida eterna llena de felicidad y gloria!

Jn 11 35

«Padre, te doy gracias porque me oíste.
42 Yo sé que siempre me oyes,
pero lo he dicho por esta gente
que me rodea,
para que crean que tú me has enviado».

43 Después de decir esto, gritó con voz fuerte: «¡Lázaro, ven afuera!». 44 El muerto salió con los pies y las manos atados con vendas, y el rostro envuelto en un sudario. Jesús les dijo: «Desátenlo para que pueda caminar».

La conspiración contra Jesús

Mt 26 1-5 / Mc 14 1-2 / Lc 22 1-2
Hch 6 13-14; Jn 18 14; Jn 10 16; 17 21-23;
Nm 9 9-14; 2 Cr 30 1-3.17-20; Jn 7 11

45 Al ver lo que hizo Jesús, muchos de los judíos que habían ido a casa de María creyeron en él. 46 Pero otros fueron a ver a los fariseos y les contaron lo que Jesús había hecho. 47 Los sumos sacerdotes y los fariseos convocaron un Consejo y dijeron: «¿Qué hacemos? *Porque este hombre realiza* muchos signos. 48 Si lo dejamos seguir así, todos creerán en él, y los romanos vendrán y destruirán nuestro Lugar santo y nuestra nación». 49 Uno de ellos, llamado Caifás, que era Sumo Sacerdote ese año, les dijo: «Ustedes no comprenden nada. 50 ¿No les parece preferible que un solo hombre muera por el pueblo y no que perezca la nación entera?». 51 No dijo eso por sí mismo, sino que profetizó como Sumo Sacerdote que Jesús iba a morir por la nación, 52 y no solamente por la nación, sino también para congregar en la unidad a los hijos de Dios que estaban dispersos. 53 A partir de ese día, resolvieron que debían matar a Jesús. 54 Por eso él no se mostraba más en público entre los judíos, sino que fue a una región próxima al desierto, a una ciudad llamada Efraín, y allí permaneció con sus discípulos.

55 Como se acercaba la Pascua de los judíos, mucha gente de la región había subido a Jerusalén para purificarse. 56 Buscaban a Jesús y se decían unos a otros en el Templo: «¿Qué les parece, vendrá a la fiesta o no?». 57 Los sumos sacerdotes y los fariseos habían dado orden de que si alguno conocía el lugar donde él se encontraba, lo hiciera saber para detenerlo.

La unción de Jesús en Betania

Mt 26 6-13 / Mc 14 3-9
Lc 7 36-50; 10 40; Mc 10 21; Dt 15 11; Jn 11 43-45

12 1 Seis días antes de la Pascua, Jesús volvió a Betania, donde estaba Lázaro, al que había resucitado. 2 Allí le prepararon un cena: Marta servía y Lázaro era uno de los comensales. 3 María, tomando una libra de perfume de nardo puro, de mucho precio, ungió con él los pies de Jesús y los secó con sus cabellos. La casa se impregnó con la fragancia del perfume. 4 Judas Iscariote, uno de sus discípulos, el que lo iba a entregar, dijo: 5 «¿Por qué no se vendió este perfume en trescientos denarios para dárselos a los pobres?». 6 Dijo esto, no porque se interesaba por los pobres, sino porque era ladrón y, como estaba encargado de la bolsa común, robaba lo que se ponía en ella. 7 Jesús le respondió: «Déjala. Ella tenía reservado este perfume para el día de mi sepultura. 8 A los pobres los tienen siempre con ustedes, pero a mí no me tendrán siempre».

9 Entre tanto, una gran multitud de judíos se enteró de que Jesús estaba allí, y fueron, no solo por Jesús, sino también para ver a Lázaro, al que había resucitado. 10 Entonces los sumos sacerdotes resolvieron matar también a Lázaro, 11 porque muchos judíos se apartaban de ellos y creían en Jesús, a causa de él.

REFLEXIONA

Autenticidad e hipocresía

Lee Juan 12 1-8. Observa a María acercándose a Jesús, tomando sus pies y ungiéndolos con un perfume «de mucho precio», «de nardo puro» y tan fino, que «la casa se impregnó con la fragancia del perfume». Ante este acto tan estupendo de gratitud, auténtica generosidad y amor, ¡qué mezquina e hipócrita es la observación de Judas! Tenía buen olfato para los negocios, pero no sabía nada del amor.

Un espíritu egoísta suele juzgar lo que se hace por otros como un derroche, mientras piensa que por él nunca se hace lo suficiente. ¿Sueles asemejarte a Judas en tus sentimientos cuando otra persona es festejada, alabada o servida por alguien? ¿Llegarás algún día a creer que ya hiciste lo suficiente por Jesús?

Jn 12 1-8

La entrada mesiánica de Jesús en Jerusalén

Mt 21 1-9 / Mc 11 1-10 / Lc 19 28-38
Sal 118 25-26; Jn 1 49; Mc 15 32;
Zac 9 9; Mc 6 52; Lc 24 8

12 Al día siguiente, la gran multitud que había venido para la fiesta se enteró de que Jesús se dirigía a Jerusalén. 13 Y, tomando hojas
de palmera, salieron a su encuentro y lo aclamaban diciendo:

«¡Hosana! ¡Bendito el que viene
en nombre del Señor,
el rey de Israel!».

14 Al encontrar un asno, Jesús montó sobre él, conforme a lo que está escrito:

15 *No temas, hija de Sion;*
ya viene tu rey,
montado sobre la cría de un asna.

16 Al comienzo, sus discípulos no comprendieron esto. Pero cuando Jesús fue
glorificado, recordaron que todo lo que le
había sucedido era lo que estaba escrito
acerca de él. 17 La multitud que había estado con Jesús cuando ordenó a Lázaro que
saliera del sepulcro y lo resucitó, daba testimonio de él. 18 Por eso la gente salió a su
encuentro, porque se enteraron del signo
que había realizado. 19 Los fariseos se dijeron unos a otros: «¿Ven que no adelantamos nada? Todo el mundo lo sigue».

La glorificación de Jesús por medio de la muerte

Mc 14 35.41; Jn 2 4; 13 1; Mc 8 35; Mc 14 32-42;
Mt 6 9; Mc 1 11; 9 7; Mt 6 9; Jn 13 31-32; 6 44;
Dn 7 14; Jn 9 4-5

20 Entre los que habían subido para adorar
durante la fiesta, había unos griegos 21 que se
acercaron a Felipe, el de Betsaida de Galilea,
y le dijeron: «Señor, queremos ver a Jesús».
22 Felipe fue a decírselo a Andrés, y ambos se
lo dijeron a Jesús. 23 Él les respondió:

«Ha llegado la hora
en que el Hijo del hombre
va a ser glorificado.
24 Les aseguro que
si el grano de trigo que cae en la tierra
no muere, queda solo;
pero si muere, da mucho fruto.
25 El que tiene apego a su vida la perderá;
y el que no está apegado a su vida
en este mundo,
la conservará para la Vida eterna.
26 El que quiera servirme, que me siga,

JN

COMPRENDE LOS SÍMBOLOS

La palma

Simboliza la vida y triunfo sobre la muerte, pues perdura en el desierto. Al entrar Jesús en Jerusalén, el pueblo agitaba palmas y clamaba *¡Hosana!*, que significa «¡danos la salvación!», para mostrar que acogía la nueva vida que les traía. Las imágenes de los mártires llevan una palma por su identificación con Cristo.

y donde yo esté, estará también mi servidor.
El que quiera servirme,
será honrado por mi Padre.
27 Mi alma ahora está turbada.
¿Y qué diré:
"Padre, líbrame de esta hora"?
¡Si para eso he llegado a esta hora!
28 ¡Padre, glorifica tu Nombre!».

Entonces se oyó una voz del cielo: «Ya lo
he glorificado y lo volveré a glorificar».
29 La multitud que estaba presente y oyó
estas palabras, pensaba que era un trueno.
Otros decían: «Le ha hablado un ángel».
30 Jesús respondió: «Esta voz no se oyó por
mí, sino por ustedes.

31 Ahora ha llegado el juicio de este mundo,
ahora el Príncipe de este mundo
será arrojado afuera;
32 y cuando yo sea levantado en alto
sobre la tierra,
atraeré a todos hacia mí».

33 Jesús decía esto para indicar cómo iba
a morir. 34 La multitud le respondió: «Sabemos por la Ley que el Mesías permanecerá
para siempre. ¿Cómo puedes decir: "Es necesario que el Hijo del hombre sea levantado en alto"? ¿Quién es ese Hijo del hombre?». 35 Jesús les respondió:

«La luz está todavía entre ustedes,
pero por poco tiempo.
Caminen mientras tengan la luz,
no sea que las tinieblas los sorprendan:
porque el que camina en tinieblas
no sabe adónde va.
36 Mientras tengan luz, crean en la luz
y serán hijos de la luz».

La fe y la incredulidad

Is 53 1; Rom 10 16; Is 6 10; Mc 4 12; Is 6 1;
Jn 1 14; 7 31.42; Jn 9 22; 16 1-4; Mt 10 40; Lc 6 49

Después de hablarles así, Jesús se fue y
se ocultó de ellos. 37 A pesar de los muchos
signos que hizo en su presencia, ellos no
creyeron en él. 38 Así debía cumplirse el
oráculo del profeta Isaías, que dice:

Señor, ¿quién ha creído en nuestra palabra?
¿A quién fue revelado el poder del Señor?

39 Ellos no podían creer, porque como
dijo también Isaías:

40 *Él ha cegado sus ojos*
y ha endurecido su corazón,
para que sus ojos no vean
y su corazón no comprenda,
para que no se conviertan
ni yo los cure.

41 Isaías dijo esto, porque vio la gloria de
Jesús y habló acerca de él. 42 Sin embargo,
muchos creyeron en él, aun entre las autoridades, pero a causa de los fariseos no lo
manifestaban, para no ser expulsados de la
sinagoga. 43 Preferían la gloria de los hombres a la gloria de Dios.
44 Jesús exclamó:

«El que cree en mí,
en realidad no cree en mí,

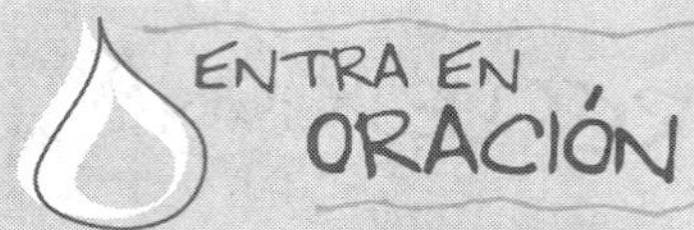

Morir para vivir

Desde el inicio de su misión, Jesús visualizó el final de su vida y se refirió a él como su «hora» (Jn 2 4). Lee Juan 12 20-26, en que Jesús explica esa «hora», y después realiza la siguiente meditación.

Jesús, se acerca el tiempo de tu «hora» y sientes angustia y gozo, porque ves en ella dolor y gloria a la vez. Ayúdame a compenetrarme en tus sentimientos y en tu visión, para que sea capaz de experimentar tu «hora» en mi corazón.

Hablas de tu «hora» como el grano de trigo que muere en la tierra para germinar en espiga, porque sabes que al morir darás más vida. Es la hora de tu triunfo, porque tuviste que morir para vencer la muerte con tu resurrección y someter al Adversario que tiraniza al mundo, al tiempo que lleno de gloria junto al Padre atraes hacia ti todo cuanto existe.

Tú nos muestras cómo, muriendo, adquirimos la vida. ¡Qué grande es la muerte desde esta perspectiva! Pero no se trata solo de morir al final de la vida, sino como tú, morir día a día a los contravalores del reino, al egoísmo y la mentira, a la falsedad y la pasividad, al dominio de ideologías y las personas sobre nosotros...

Lléname de tu amor para que sepa morir como tú. Hazme ver a qué clase de actitudes, sentimientos, deseos o acciones quieres que «muera», y fortaléceme para que tenga valor de dejar lo que me impide amar y dar frutos de Vida eterna contigo.

Jn 12 20-26

sino en aquel que me envió.
45 Y el que me ve,
ve al que me envió.
46 Yo soy la luz,
y he venido al mundo
para que todo el que crea en mí
no permanezca en las tinieblas.
47 Al que escucha mis palabras
y no las cumple, yo no lo juzgo,
porque no vine a juzgar al mundo,
sino a salvarlo.
48 El que me rechaza y no recibe mis palabras,
ya tiene quien lo juzgue:
la palabra que yo he anunciado
es la que lo juzgará en el último día.
49 Porque yo no hablé por mí mismo:
el Padre que me ha enviado
me ordenó lo que debía decir y anunciar;
50 y yo sé que su mandato es Vida eterna.
Las palabras que digo,
las digo como el Padre me lo ordenó».

EL LIBRO DE LA «HORA» DE JESÚS

LA ÚLTIMA CENA

El lavatorio de los pies

Mc 14 41; Mt 26 45; Jn 12 3; Lc 22 3; Mt 11 27; Lc 7 44; Mt 23 8.10; 1 Tim 5 10; Flp 2 5; 1 Pe 2 21; Mt 10 24.40; Sal 41 10; Jn 8 24.28.58

13 1 Antes de la fiesta de Pascua, sabiendo Jesús que había llegado su hora de
pasar de este mundo al Padre, él, que había
amado a los suyos que quedaban en el
mundo, los amó hasta el fin. 2 Durante la
Cena, cuando el demonio ya había inspirado a Judas Iscariote, hijo de Simón, el propósito de entregarlo, 3 sabiendo Jesús que el
Padre había puesto todo en sus manos y
que él había venido de Dios y volvía a Dios,
4 se levantó de la mesa, se sacó el manto y
tomando una toalla se la ató a la cintura.
5 Luego echó agua en un recipiente y empezó a lavar los pies a los discípulos y a secár-
selos con la toalla que tenía en la cintura.

6 Cuando se acercó a Simón Pedro, este
le dijo: «¿Tú, Señor, me vas a lavar los pies
a mí?». 7 Jesús le respondió: «No puedes
comprender ahora lo que estoy haciendo,
pero después lo comprenderás». 8 «No —le
dijo Pedro—, ¡tú jamás me lavarás los pies
a mí!». Jesús le respondió: «Si yo no te lavo, no podrás compartir mi suerte». 9 «Entonces, Señor —le dijo Simón Pedro—,
¡no solo los pies, sino también las manos
y la cabeza!». 10 Jesús le dijo: «El que se ha
bañado no necesita lavarse más que los
pies, porque está completamente limpio.
Ustedes también están limpios, aunque
no todos». 11 Él sabía quién lo iba a entregar, y por eso había dicho: «No todos ustedes están limpios».

12 Después de haberles lavado los pies, se
puso el manto, volvió a la mesa y les dijo:

JN

Ante los signos y las palabras de Jesús

Lee Juan 12 37-50. Este párrafo termina el libro de los signos. Juan consigna las últimas palabras de Jesús en público, relacionándolas con los signos que hizo, las profecías de Isaías y la apertura o incredulidad de las personas. Dos ideas resaltan que merecen la pena profundizar:

- La incredulidad era común, desde el Antiguo Testamento. Mucha gente cree en Jesús, pero, por miedo al compromiso, rechaza el don de la fe, sea abiertamente o dejándola morir (vv. 37-43).
- Las palabras de Jesús son como un resumen y última advertencia sobre la aceptación libre por la fe (vv. 44-50). Jesús había sido presentado por Simeón como el que trae la luz y sería «signo de contradicción» (Lc 2 34). Jesús es «signo de contradicción» porque rechaza todo aquello que está en contra del plan amoroso de Dios.

Vuelve a leer detenidamente los versículos del 44-50. Piensa que Jesús te habla a ti, y piensa: ¿aceptas a Jesús, sus signos y sus palabras? ¿Qué aceptas de Jesús con mayor apertura? ¿Qué te cuesta más trabajo aceptar?

Pide al Espíritu Santo que habita en ti que te mantenga siempre abierto/a a la luz que viene del evangelio. Recuerda que Jesús no te condena si no sigues sus palabras, pues él vino a salvarnos. Lo que nos pierde es no aceptarlo a él y a su mensaje (v. 47).

Jn 12 37-50

«¿Comprenden lo que acabo de hacer con ustedes? [13] Ustedes me llaman Maestro y Señor; y tienen razón, porque lo soy. [14] Si yo, que soy el Señor y el Maestro, les he lavado los pies, ustedes también deben lavarse los pies unos a otros. [15] Les he dado el ejemplo, para que hagan lo mismo que yo hice con ustedes.

[16] Les aseguro
que el servidor no es más grande
que su señor,
ni el enviado más grande
que el que lo envía.

[17] Ustedes serán felices si, sabiendo estas cosas, las practican. [18] No lo digo por todos ustedes; yo conozco a los que he elegido. Pero es necesario que se cumpla la Escritura que dice:

El que comparte mi pan
se volvió contra mí.

[19] Les digo esto desde ahora,
antes que suceda,
para que cuando suceda,
crean que Yo Soy.
[20] Les aseguro
que el que reciba al que yo envíe,
me recibe a mí,
y el que me recibe, recibe al que me envió».

Jn 13 1-17

COMPRENDE LOS SÍMBOLOS

El lavatorio de los pies

El lavatorio de los pies es un hecho simbólico *más fuerte que las palabras. Muestra la actitud* de humilde servicio que exige el cumplimiento del nuevo mandamiento del amor, que da Jesús a sus Apóstoles (Jn 13 34). Tiene una relevancia especial con aquellas personas a quienes no lavaríamos fácilmente los pies.

El anuncio de la traición de Judas

Mt 26 21-25 / Mc 14 18-21 / Lc 22 21-23
Jn 19 26; 20 2; 21 7.20; Lc 22 3;
Jn 12 6; Lc 22 53; Jn 9 4; 11 10

[21] Después de decir esto, Jesús se estremeció y manifestó claramente:

«Les aseguro
que uno de ustedes me entregará».

[22] Los discípulos se miraban unos a otros, no sabiendo a quién se refería.
[23] Uno de ellos —el discípulo al que Jesús amaba— estaba reclinado muy cerca de Jesús. [24] Simón Pedro le hizo una seña y le dijo: «Pregúntale a quién se refiere». [25] Él se

PERSPECTIVA CATÓLICA

La Eucaristía y el servicio humilde a la comunidad

Juan empieza el libro de la pasión-gloria de Jesús con el relato de la Última Cena; en él presenta a Jesús lavando los pies a sus discípulos (Jn 13 1-17), en lugar de la institución de la Eucaristía como los evangelios sinópticos (Lc 22 14-23; Mc 14 22-26; Mt 26 26-30).

A partir de ahora, Juan narra los momentos de intimidad que Jesús, sabiendo «que había llegado su hora», reserva en exclusiva para «los suyos» (Jn 13 1). Te recomendamos entrar a esta parte con la reverencia de quien es invitado a la despedida de un amigo que, habiendo llevado su amistad «hasta el final», está a punto de morir.

Los católicos celebramos el lavatorio de los pies el Jueves Santo, el cual inicia el Triduo Pascual, que empieza la noche del Jueves Santo y culmina el Domingo de Resurrección (ver «Vive el año litúrgico», Hch 13 32-33). Con este gesto, Jesús subraya que el servicio, central en todos sus seguidores, es particularmente importante en los sacerdotes, quienes son ordenados para presidir la Eucaristía y estar al servicio de la comunidad de fe. ¡Qué vocación tan grande ser llamados al servicio en la vida sacerdotal y qué riesgo tan alto perder este ideal y suplirlo por la ambición del poder y la separación de la comunidad para la que fue ordenado!

Jn 13 1-17

reclinó sobre Jesús y le preguntó: «Señor,
¿quién es?». 26 Jesús le respondió: «Es aquel
al que daré el bocado que voy a mojar en
el plato». Y mojando un bocado, se lo dio
a Judas, hijo de Simón Iscariote. 27 En cuanto recibió el bocado, Satanás entró en él.
Jesús le dijo entonces: «Realiza pronto lo
que tienes que hacer». 28 Pero ninguno de
los comensales comprendió por qué le decía esto. 29 Como Judas estaba encargado
de la bolsa común, algunos pensaban que
Jesús quería decirle: «Compra lo que hace
falta para la fiesta», o bien que le mandaba
dar algo a los pobres. 30 Y enseguida, después de recibir el bocado, Judas salió. Ya
era de noche.

La despedida de Jesús: el anuncio de su glorificación

Mt 8 20; Jn 16 16; 7 39; 7 33.34.36; 8 21

31 Después que Judas salió, Jesús dijo:
«Ahora el Hijo del hombre
ha sido glorificado
y Dios ha sido glorificado en él.
32 Si Dios ha sido glorificado en él,
también lo glorificará en sí mismo,
y lo hará muy pronto.
33 Hijos míos,
ya no estaré mucho tiempo con ustedes.
Ustedes me buscarán,
pero yo les digo ahora
lo mismo que dije a los judíos:
"Adonde yo voy,
ustedes no pueden venir".

El mandamiento nuevo

Jn 15 12.17; 1 Jn 2 8; 3 11.23; 2 Jn 5; 1 Jn 3 14

34 Les doy un mandamiento nuevo:
ámense los unos a los otros.
Así como yo los he amado,
ámense también ustedes
los unos a los otros.
35 En esto todos reconocerán
que ustedes son mis discípulos:
en el amor que se tengan
los unos a los otros».

El anuncio de las negaciones de Pedro

Mt 26 33-35 / Mc 14 29-31 / Lc 22 33-34
Jn 7 35; 14 5; 18 15-18.25-27; 21 18-19

36 Simón Pedro le dijo: «Señor, ¿adónde
vas?». Jesús le respondió: «Adonde yo voy, tú
no puedes seguirme ahora, pero más adelante me seguirás». 37 Pedro le preguntó: «Señor,
¿por qué no puedo seguirte ahora? Yo daré
mi vida por ti». 38 Jesús le respondió: «¿Darás
tu vida por mí? Te aseguro que no cantará el
gallo antes que me hayas negado tres veces».

Jesús, camino hacia el Padre

Jn 14 27; 5 38; 8 46-47; Mt 16 27; 25 31;
1 Tes 4 16-17; Heb 10 20; Mc 8 34;
Jn 1 14.18; 1 4; 3 16; 6 40.47.63; 8 19

14 1 «No se inquieten. Crean en Dios
y crean también en mí.
2 En la Casa de mi Padre
hay muchas habitaciones;
si no fuera así, se lo habría dicho a ustedes.
Yo voy a prepararles un lugar.
3 Y cuando haya ido
y les haya preparado un lugar,
volveré otra vez para llevarlos conmigo,

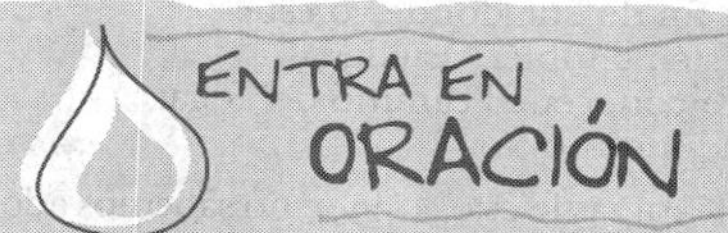

El mandamiento nuevo

Nuevo y único. No hay otro mandamiento; el mandato del amor dado por Jesús contiene todos los anteriores. Te invitamos a hacer oración sobre el único mandamiento de Jesús (Jn 13 31-35; 15 12):

Jesús, saliste de la hoguera de amor del Padre y viniste para amarnos. Ésa fue tu misión. Te hiciste uno de nosotros para enseñarnos en qué consiste la vida divina que nos comunicas, al vivir el mandamiento del amor. Tú lo cumpliste al máximo, cumpliendo así tu misión, y nos lo diste para que nosotros lo vivamos y fomentemos, de modo que se convierta en la esencia de la nueva humanidad.

Jesús, ¡qué increíble y maravilloso es caer en cuenta de que no me pides que cumpla cantidad de reglas ni que imite todo lo que hiciste! Lo único que me pides es que te permita vivir en mí, para que tu Espíritu me ayude a transmitir tu amor y a seguir realizando tu misión en la tierra.

Quiero que mi vida sea tu vida, que mi tiempo sea tu tiempo, para sonreír al que está de mal humor, animar al triste, ayudar al necesitado, colaborar en equipo, aceptar a los demás como son... ¡Ayúdame a vivir siempre tu único mandamiento del amor, para ser, como tú, fuente de vida y esperanza!

Jn 13 31-35

a fin de que donde yo esté,
estén también ustedes.
4 Ya conocen el camino del lugar
adonde voy».

5 Tomás le dijo: «Señor, no sabemos adónde vas. ¿Cómo vamos a conocer el camino?».
6 Jesús le respondió:

«Yo soy el Camino, la Verdad y la Vida.
Nadie va al Padre, sino por mí.
7 Si ustedes me conocen,
conocerán también a mi Padre.
Ya desde ahora lo conocen y lo han visto».

Jesús, revelación del Padre

Jn 1 18; 6 46; Col 1 15; Heb 1 3; Jn 10 37-38;
Jn 7 33; 13 1; 14 28; 15 16; 16 23.24.26; 17 1.5

8 Felipe le dijo: «Señor, muéstranos al
Padre y eso nos basta». 9 Jesús le respondió:

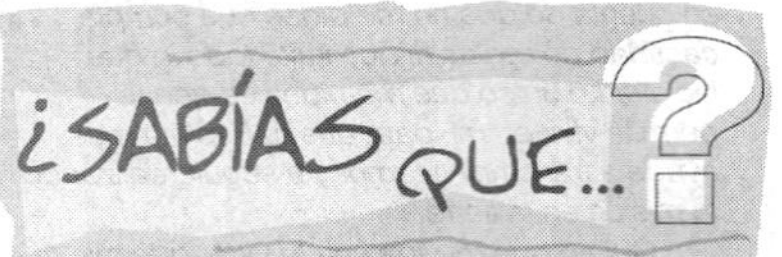

La identidad de Jesús... «Yo soy»

Jesús revela su identidad en una serie de afirmaciones que inician con «Yo soy».

«Yo soy el pan de Vida» (Jn 6 35).
«Yo soy la luz del mundo» (8 12).
«Yo soy la puerta de las Ovejas» (10 7).
«Yo soy el buen Pastor» (10 11).
«Yo soy la Resurrección y la Vida» (11 25).
«Yo soy el Camino, la Verdad y la Vida» (14 6).
«Yo soy la vid» (15 5).

En una discusión sobre su identidad, dos veces Jesús dice simplemente: «Yo soy», empleando las mismas palabras con las que Dios se reveló a Moisés en la zarza ardiente (8 24; Ex 3 14). Los líderes judíos, en lugar de aceptar la Revelación de Jesús sobre sí mismo, se escandalizaron porque se estaba igualando con Dios.

Profundiza en cada nombre simbólico que se da a sí mismo Jesús. ¿Qué respuesta despierta en ti cada uno? Medita en la identidad de Jesús cuando se revela como *Yahveh («Yo soy»), indicando que es uno con* Dios; para sentir la fuerza de esta afirmación, lee Deuteronomio 32 39, Isaías 43 11 y, sobre todo, Juan 1 1.

Jn 14 1-6

«Felipe, hace tanto tiempo que estoy con
ustedes, ¿y todavía no me conocen?

EL QUE ME HA VISTO, HA VISTO AL PADRE. Jn 14 9

El que me ha visto, ha visto al Padre.
¿Cómo dices: "Muéstranos al Padre"?
10 ¿No crees
que yo estoy en el Padre
y que el Padre está en mí?
Las palabras que digo no son mías:
el Padre que habita en mí
es el que hace las obras.
11 Créanme:
yo estoy en el Padre y el Padre está en mí.
Créanlo, al menos, por las obras.
12 Les aseguro
que el que cree en mí
hará también las obras que yo hago,
y aun mayores,
porque yo me voy al Padre.
13 Y yo haré todo lo que ustedes pidan
en mi Nombre,
para que el Padre sea glorificado en el Hijo.
14 Si ustedes me piden algo en mi Nombre,
yo lo haré.

La promesa del Espíritu Santo

Sab 6 18; 1 Jn 5 3; Mt 28 20; Jn 14 3.28; 6 57;
Is 2 17; 4 1-2; Jn 16 23; Lc 6 16;
Hch 1 3; 10 40-41.49-50; Is 9 5; Zac 9 9-10; Jn 14 1; 12 31

15 Si ustedes me aman,
cumplirán mis mandamientos.
16 Y yo rogaré al Padre,
y él les dará otro Paráclito
para que esté siempre con ustedes:
17 el Espíritu de la Verdad,
a quien el mundo no puede recibir,
porque no lo ve ni lo conoce.
Ustedes, en cambio, lo conocen,
porque él permanece con ustedes
y estará en ustedes.
18 No los dejaré huérfanos,
volveré a ustedes.
19 Dentro de poco el mundo ya no me verá,
pero ustedes sí me verán,
porque yo vivo y también ustedes vivirán.
20 Aquel día comprenderán
que yo estoy en mi Padre,
y que ustedes están en mí y yo en ustedes.
21 El que recibe mis mandamientos
y los cumple,
ese es el que me ama;

VIVE LA PALABRA

Espíritu Santo, Espíritu de Jesús

Ante la desolación que sentían sus discípulos al saber que Jesús moriría pronto, él les promete cinco veces que les enviará su Espíritu para que se quede con ellos, los guíe, los enseñe y les anuncie lo que vendrá (Jn 14 15-17 y 25-26; 15 26-27; 16 7-8 y 16 13-15). El día de Pentecostés, en su primer discurso como vicario de Cristo, Pedro señala que Jesús tenía que ser exaltado para convertirse en fuente de vida para todos sus hermanos y que su Ascensión a los cielos fue signo de que llegó al Padre para enviar el Espíritu prometido (Hch 2 14-36).

La presencia del Espíritu Santo fue un consuelo tan grande para los discípulos, que por eso se le llama *Consolador*. También lo llaman *Paráclito*, que significa «abogado», pues, al ser Dios mismo, nos conoce bien, sabe lo que necesitamos y dirige nuestra oración y nuestra vida:

- Nos muestra la verdad sobre Dios, nosotros mismos y el mundo en que vivimos.
- Nos ayuda a comprender y a vivir la grandeza de la ley del amor.
- Nos guía al discernir sobre el bien y el mal, y al elegir nuestro estado y estilo de vida.
- Nos defiende del mal y nos ayuda a identificar y vencer las tentaciones.
- Aboga por nosotros, presentando al Padre lo que necesitamos en una oración sincera.

Los seguidores de Jesús estamos en excelentes manos. Ábrete a la presencia del Espíritu en ti y revisa los cinco puntos anteriores, dejándote iluminar y guiar por él. ¡No pierdas nunca la paz interior! ¡El Espíritu de Dios, el Espíritu de Jesús te acompaña siempre!

Jn 14 15-17

JN

y el que me ama será amado por mi Padre,
y yo lo amaré y me manifestaré a él».

22 Judas —no el Iscariote— le dijo: «Señor, ¿por qué te manifestarás a nosotros
y no al mundo?». 23 Jesús le respondió:

«El que me ama será fiel a mi palabra,
y mi Padre lo amará;
iremos a él y habitaremos en él.
24 El que no me ama
no es fiel a mis palabras.
La palabra que ustedes oyeron no es mía,
sino del Padre que me envió.
25 Yo les digo estas cosas
mientras permanezco con ustedes.
26 Pero el Paráclito, el Espíritu Santo,
que el Padre enviará en mi Nombre,
les enseñará todo
y les recordará lo que les he dicho.
27 Les dejo la paz, les doy mi paz,
pero no como la da el mundo.
¡No se inquieten ni teman!
28 Me han oído decir:
"Me voy y volveré a ustedes".
Si me amaran,
se alegrarían de que vuelva junto al Padre,
porque el Padre es más grande que yo.
29 Les he dicho esto antes que suceda,
para que cuando se cumpla, ustedes crean.
30 Ya no hablaré mucho más con ustedes,
porque está por llegar el Príncipe
de este mundo:
él nada puede hacer contra mí,
31 pero es necesario que el mundo sepa
que yo amo al Padre
y obro como él me ha ordenado.
Levántense, salgamos de aquí.

Jesús, la verdadera vid

Is 5 1-7; Ez 15 1-8; Mt 3 10; 15 13; Rom 11 17-18; Jn 6 56; 1 Cor 12 12.27; Jn 15 16; Mt 7 19; Jn 14 15; 1 Jn 2 3-8; Is 55 12; Sal 126 3-5; Jn 16 20-24

15 1 Yo soy la verdadera vid
y mi Padre es el viñador.
2 Él corta todos mis sarmientos
que no dan fruto;
al que da fruto, lo poda
para que dé más todavía.
3 Ustedes ya están limpios
por la palabra que yo les anuncié.
4 Permanezcan en mí,
como yo permanezco en ustedes.
Así como el sarmiento no puede dar fruto
si no permanece en la vid,
tampoco ustedes, si no permanecen en mí.
5 Yo soy la vid, ustedes los sarmientos.
El que permanece en mí, y yo en él,
da mucho fruto,

PERSPECTIVA CATÓLICA

La paz de Cristo en la Misa

Jesús se despide de sus Apóstoles dejándoles su paz. Es una paz profunda y plena, que, al ser fruto del mayor amor posible, es activa, enérgica, constante y sólida; no una tranquilidad pasiva.

En la Misa, después de la oración del Padrenuestro, al compartir la paz de Jesús, deseamos mutuamente que el amor de Dios nos llene, para seguir la vida cristiana sin inquietarnos ni tener miedo. Con esta paz de Jesús, los cristianos podemos mantener la ecuanimidad y la felicidad en medio del dolor, la persecución, la guerra, las enfermedades y la muerte, y somos capaces de vivir con dignidad y esperanza, incluso situaciones extremadamente difíciles.

Cuando llegue el momento de dar la paz, recíbela con el corazón abierto y entrégala a los que te rodean, feliz de compartirles este don de Jesús. Al salir de la Misa, recuerda que es una paz activa, que se construye con tu esfuerzo; regálala y constrúyela entre tu familia, amistades y compañeros..., trata a todos con amor, bondad y justicia.

Jn 14 27

porque separados de mí,
nada pueden hacer.
6 Pero el que no permanece en mí,
es como el sarmiento que se tira y se seca;
después se recoge, se arroja al fuego y arde.
7 Si ustedes permanecen en mí
y mis palabras permanecen en ustedes,
pidan lo que quieran y lo obtendrán.
8 La gloria de mi Padre consiste
en que ustedes den fruto abundante,
y así sean mis discípulos.
9 Como el Padre me amó,
también yo los he amado a ustedes.
Permanezcan en mi amor.
10 Si cumplen mis mandamientos,
permanecerán en mi amor,
como yo cumplí los mandamientos
de mi Padre
y permanezco en su amor.
11 Les he dicho esto
para que mi gozo sea el de ustedes,
y ese gozo sea perfecto.

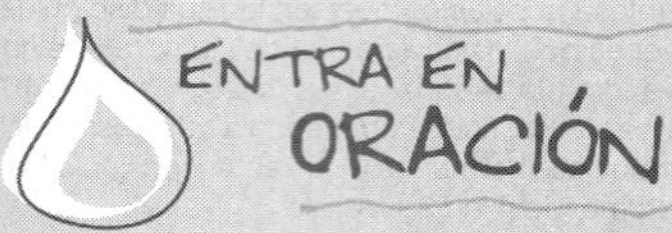

Unido a mí, darás fruto

En el Antiguo Testamento la imagen de la viña se refiere al Pueblo de Dios (ver «Canción de la viña del amigo», Is 5 1-7, y Símbolo: «La viña», Sal 80). Jesús retoma este símbolo y le da un nuevo sentido: «Yo soy la verdadera vid y mi Padre es el viñador» (Jn 15 1); «Yo soy la vid, ustedes los sarmientos» (v. 5).

Haz tu oración meditando sobre el texto. Puedes seguir el proceso indicado en la sección «Cómo orar con la Palabra de Dios», p. 37, o los siguiente pasos:

- Lee los cuatro párrafos en Juan 15 1-11 y anota el mensaje central de cada uno.
- Vuelve a leer cada párrafo, saboreando lo que dice y relacionándolo con el mensaje recibido la primera vez. Responde a Jesús desde el fondo de tu corazón y anota tu respuesta.
- Finalmente, lee todo lo que escribiste y medita sobre ello. ¿Cuál fue el mensaje que te cautivó de manera especial? ¿Cómo vas a responder en tu vida diaria a lo que te dijo Jesús en tu oración?

Recuerda que la Palabra de Dios es inagotable. De vez en cuando, vuelve a hacer esta meditación. Verás que Jesús te dice algo diferente o que te insiste una y otra vez sobre lo mismo; así es como nos ayuda a crecer en nuestra vida espiritual.

Jn 15 1-11

El mandamiento del amor

Jn 13 34; 2 Jn 5; Jn 13 1.34; 10 11; 6 70; 13 18; Dt 7 6-8; Is 41 8; 43 20; 44 2; Am 3 2; 7 15; Mc 3 13; Lc 6 13; Mt 10 1; Mc 3 14; Lc 9 1

12 Este es mi mandamiento:
Ámense los unos a los otros,
como yo los he amado.
13 No hay amor más grande
que dar la vida por los amigos.
14 Ustedes son mis amigos
si hacen lo que yo les mando.

Jesús es nuestro amigo

Jesús afirma que somos sus amigos, y como un amigo comparte con nosotros sus más preciados secretos, dándonos a conocer todo lo que oyó a su Padre (Jn 15 14-15). La amistad es recíproca y supone un compromiso mutuo. Jesús es tu mejor amigo, quiere estar contigo, apoyarte cuando estés triste, y festejar tus triunfos y alegrías. Desea escucharte y que lo escuches.

¿Sientes la cercanía de Jesús? ¿En qué momentos de cada día estableces algún tipo de contacto con Jesús como tu mejor amigo? Platica con él, ¡te encantará!

Jn 15 14-15

15 Ya no los llamo servidores,
porque el servidor ignora
lo que hace su señor;
yo los llamo amigos,
porque les he dado a conocer
todo lo que oí de mi Padre.
16 No son ustedes los que me eligieron a mí,
sino yo el que los elegí a ustedes,
y los destiné para que vayan y den fruto,
y ese fruto sea duradero.
Así todo lo que pidan al Padre
en mi Nombre,
él se lo concederá.
17 Lo que yo les mando
es que se amen los unos a los otros.

El odio del mundo

Mc 13 13; Mt 10 22; Lc 6 22; 1 Tes 2 15-16; 1 Jn 3 13; 1 Pe 4 12-19; Hch 5 41; Ap 2 3; Sal 35 19; Jn 14 16-17; 1 Jn 3 24; Hch 1 8.21-22

18 Si el mundo los odia,
sepan que antes me ha odiado a mí.
19 Si ustedes fueran del mundo,
el mundo los amaría como cosa suya.
Pero como no son del mundo,
sino que yo los elegí y los saqué de él,
el mundo los odia.
20 Acuérdense de lo que les dije:
el servidor no es más grande que su señor.
Si me persiguieron a mí,
también los perseguirán a ustedes;
si fueron fieles a mi palabra,
también serán fieles a la de ustedes.
21 Pero los tratarán así a causa de mi Nombre,
porque no conocen al que me envió.
22 Si yo no hubiera venido
ni les hubiera hablado,
no tendrían pecado;

No son del mundo, pero los envío al mundo

Juan usa el concepto *mundo* para referirse a la humanidad en dos sentidos distintos que conviene aclarar. Cuando dice que *Dios ama al mundo*, se refiere a todas y cada una de las personas. Al advertir contra las *cosas de este mundo*, alerta contra la influencia negativa de la sociedad en general. Este mensaje de Jesús, vital para los primeros cristianos que se sentían fuera de lugar en su *mundo*, debido *a sus creencias* y estilo de vida cristianas, es igual de clave para nosotros.

En espíritu de oración, piensa que lo que dice Jesús en su oración al Padre, lo dice sobre ti: «pero como no son del mundo, sino que yo los elegí y los saqué de él, el mundo los odia» (Jn 15 19); «Así como tú me enviaste al mundo, yo también los envío al mundo» (17 18). Ahora considera que la mejor manera de «no pertenecer al mundo», pero «ir al mundo», es hacer un impacto positivo en la sociedad:

- Identifica dos influencias positivas que recibes de tu familia y dos de tus amigos o compañeros de escuela o trabajo. Reflexiona: ¿cómo las aprovechas para tu bien y el bien de otros?
- Identifica dos presiones sociales que te apartan del camino de Dios. Reflexiona: ¿qué acciones positivas realizas para vencerlas?

Proponte aprovechar mejor una de las influencias positivas que identificaste y realizar una acción que te ayude a vencer las presiones sociales que te hacen daño.

Jn 15 18-25

pero ahora su pecado no tiene disculpa.
[23] El que me odia, odia también a mi Padre.
[24] Si yo no hubiera hecho entre ellos
obras que ningún otro realizó,
no tendrían pecado.
Pero ahora las han visto,
y sin embargo,
me odian a mí y a mi Padre,
[25] para que se cumpla
lo que está escrito en la Ley:

Me han odiado sin motivo.

[26] Cuando venga el Paráclito
que yo les enviaré desde el Padre,
el Espíritu de la Verdad
que proviene del Padre,
él dará testimonio de mí.
[27] Y ustedes también dan testimonio,
porque están conmigo desde el principio.

16 [1] Les he dicho esto
para que no se escandalicen.
[2] Serán echados de las sinagogas,
más aún, llegará la hora
en que los mismos que les den muerte
pensarán que tributan culto a Dios.
[3] Y los tratarán así
porque no han conocido ni al Padre ni a mí.
[4] Les he advertido esto
para que, cuando llegue esa hora,
recuerden que ya lo había dicho.

La misión del Espíritu Santo

Jn 14 16.26; 15 26; 12 31; 14 30;
1 Cor 3 1-2; 1 Jn 2 27

No les dije estas cosas desde el principio,
porque yo estaba con ustedes.
[5] Ahora me voy al que me envió,
y ninguno de ustedes me pregunta:
"¿Adónde vas?".
[6] Pero al decirles esto,
ustedes se han entristecido.
[7] Sin embargo, les digo la verdad:
les conviene que yo me vaya,
porque si no me voy,
el Paráclito no vendrá a ustedes.
Pero si me voy, se lo enviaré.
[8] Y cuando él venga, probará al mundo
dónde está el pecado, dónde está la justicia
y cuál es el juicio.
[9] El pecado está en no haber creído en mí.
[10] La justicia, en que yo me voy al Padre
y ustedes ya no me verán.
[11] Y el juicio, en que el Príncipe
de este mundo ya ha sido condenado.
[12] Todavía tengo muchas cosas que decirles,
pero ustedes no las pueden
comprender ahora.
[13] Cuando venga el Espíritu de la Verdad,
él los introducirá en toda la verdad,
porque no hablará por sí mismo,
sino que dirá lo que ha oído

VIVE LA PALABRA

El Espíritu Santo en nuestra vida

Sin el alma, aunque un órgano o miembro del cuerpo esté completo, no sirve; es un cadáver. Sin el Espíritu Santo en nuestra vida, solo somos cristianos de nombre: inútiles ramas secas en el tronco de la vid (Jn 15 5). En cambio, cuando el Espíritu Santo vive en nosotros, nos da fuerza, gozo, poder, alegría, etc. Su acción nos:

- ***Abre a la vida de Dios*** ayudándonos a vencer los prejuicios, reconciliarnos, propiciar la unidad en la diversidad, trabajar por la justicia y la paz.
- ***Libera de adicciones*** que nos esclavizan al placer y los bienes materiales, permitiéndonos actuar con libertad ante las presiones socioculturales contrarias al evangelio.
- ***Ilumina*** para conocernos a nosotros mismos y descubrir la presencia de Dios en nuestra historia.
- ***Proporciona paz*** en el sufrimiento, cuando nuestras expectativas no se cumplen y ante la falta de seguridad en la vida.
- ***Mantiene la esperanza*** de un mundo mejor aquí y ahora, y del que gozaremos para siempre *de Dios y de nuestros* seres queridos en la vida futura.

Ordena las cinco acciones del Espíritu Santo, según la necesidad que tengas de ellas en esta etapa de tu vida cristiana. Haz unos momentos de oración abriéndote por completo a la obra transformadora del Espíritu que habita en ti.

Jn 16 12-15

y les anunciará lo que irá sucediendo.
14 Él me glorificará,
porque recibirá de lo mío
y se lo anunciará a ustedes.
15 Todo lo que es del Padre es mío.
Por eso les digo:
"Recibirá de lo mío
y se lo anunciará a ustedes".

La vuelta de Jesús al Padre

Miq 4 9; 1 Tes 5 3; Is 66 14; 1 Jn 5 14-15;
Lc 11 9-13; Mc 4 33-34; Mt 13 34; Jn 8 16.29;
Mc 13 19.24; 2 Tim 3 12; 1 Jn 4 4; 5 4-5

16 Dentro de poco, ya no me verán,
y poco después, me volverán a ver».
17 Entonces algunos de sus discípulos comentaban entre sí: «¿Qué significa esto
que nos dice: "Dentro de poco ya no me
verán, y poco después, me volverán a ver"?
¿Y qué significa: "Yo me voy al Padre"?».
18 Decían: «¿Qué es este poco de tiempo?
No entendemos lo que quiere decir». 19 Jesús se dio cuenta de que deseaban interro-
garlo y les dijo: «Ustedes se preguntan entre sí qué significan mis palabras:
"Dentro de poco, ya no me verán,
y poco después, me volverán a ver".
20 Les aseguro que ustedes
van a llorar y se van a lamentar;
el mundo, en cambio, se alegrará.
Ustedes estarán tristes,
pero esa tristeza se convertirá en gozo.
21 La mujer, cuando va a dar a luz,
siente angustia porque le llegó la hora;
pero cuando nace el niño,
se olvida de su dolor,
por la alegría que siente
al ver que ha venido un hombre al mundo.
22 También ustedes ahora están tristes,
pero yo los volveré a ver,
y tendrán una alegría
que nadie les podrá quitar.
23 Aquel día no me harán más preguntas.
Les aseguro
que todo lo que pidan al Padre,
él se lo concederá en mi Nombre.
24 Hasta ahora, no han pedido
nada en mi Nombre.
Pidan y recibirán,
y tendrán una alegría que será perfecta.
25 Les he dicho todo esto
por medio de parábolas.
Llega la hora en que ya no les hablaré
por medio de parábolas,
sino que les hablaré claramente del Padre.

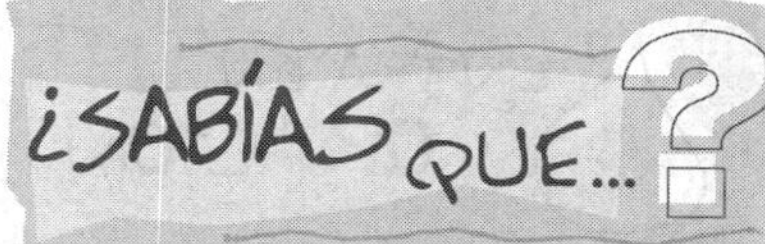

La hora y la gloria del Padre

Para los hebreos, la *gloria* significaba el «valor real de una persona» (ver «Vocabulario bíblico: Gloria»). Al inicio la asignaban al rey, pero los profetas mostraron la fragilidad de la gloria humana en contraste con la de Dios, revelada en sus actos de salvación (Is 35 2; 40 5; 60 13). Ver la gloria de Dios era reconocer su presencia o acción salvadora en la historia. En el Nuevo Testamento, la gloria de Dios resplandece en Jesús, quien la irradia a las personas y la manifestará plenamente cuando regrese glorioso al final de los tiempos (ver «¡Ven, Señor Jesús!», Ap 22 7-21).

Para Juan, la gloria de Jesús se revela en su unión con el Padre, el cumplimiento de su misión, y por ser luz y vida para el mundo (Jn 1 14.18; 2 11; 14 10). Esta gloria resplandece sobre todo al llegar su «hora» de entregar libremente su vida al Padre, por amor a los suyos, por eso su muerte es el momento de su gloria (10 18; 12 23.31).

Jesús, el Hijo de Dios hecho hombre, revela el amor eterno del Padre, que lo engendró y lo envío a la tierra para la salvación de la humanidad. Este hecho se comprende mejor a la luz de la entrada triunfal de Cristo en la casa del Padre descrita en el Apocalipsis (ver «Jesucristo es el Señor de la historia», Ap 4 – 5, y «El reverso de la pasión», Ap 4 – 5).

La glorificación de Cristo se efectúa en los cristianos, en quienes su sacrificio da frutos por la acción del Espíritu Santo que nos da las riquezas de Cristo (Jn 12 24; 15 8; 17 10). Por lo tanto, nuestro valor como cristianos radica en dar gloria a Dios con nuestras obras y celebrar su gloria infinita en la oración y la liturgia (ver «Alabemos la gloria de Dios», Ap 7 10-17).

Jn 17

26 Aquel día ustedes pedirán en mi Nombre;
y no será necesario
que yo ruegue al Padre por ustedes,
27 ya que él mismo los ama,
porque ustedes me aman
y han creído que yo vengo de Dios.
28 Salí del Padre y vine al mundo.
Ahora dejo el mundo y voy al Padre».

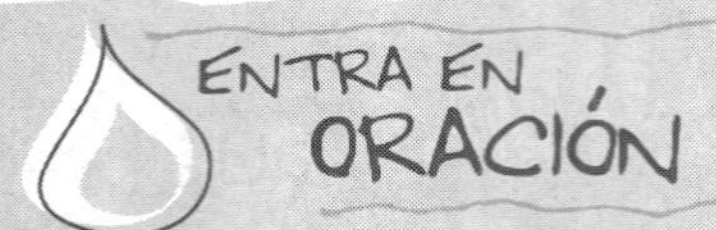

La oración de Jesús

La despedida de Jesús concluye con una oración confiada a su Padre, en la que intercede por la humanidad, consciente de que su misión consistía en unirla con Dios. Dado que Jesús se centra en su función de ser puente, «pontífice», entre Dios y nosotros, a esta plegaria se le llama «Oración sacerdotal». *Jesús, enséñanos a orar como tú.*

- Jesús pide por sí mismo (Jn 17 1-8); haz tú lo mismo:
  Padre, Jesús te pidió fortaleza en el momento decisivo y fue fiel hasta la muerte. Ayúdame a buscarte cuando mi misión me parezca difícil.
- Jesús ora por su comunidad (17 9-19); haz tú lo mismo:
  Padre, Jesús te pide que des alegría y guíes a sus discípulos para que vivan en la verdad. Te pido por mi comunidad, concédenos vivir alegres y sinceros en tu verdad.
- Jesús ora por toda la Iglesia (17 20-26); haz tú lo mismo:
  Padre, Jesús te pidió por la unidad de la Iglesia a lo largo de todos los siglos, teniendo como modelo la unión entre tú y él. Escucha la oración de Jesús y ayúdanos a vencer toda división entre los cristianos.

Jn 17

29 Sus discípulos le dijeron: «Por fin hablas claro y sin parábolas. 30 Ahora conocemos que tú lo sabes todo y no hace falta
hacerte preguntas. Por eso creemos que has
salido de Dios». 31 Jesús les respondió:

«¿Ahora creen?
32 Se acerca la hora, y ya ha llegado,
en que ustedes se dispersarán
cada uno por su lado,
y me dejarán solo.
Pero no, no estoy solo,
porque el Padre está conmigo.
33 Les digo esto
para que encuentren la paz en mí.
En el mundo tendrán que sufrir;
pero tengan valor:
yo he vencido al mundo».

Oración de Jesús por sí mismo

Mc 6 41; Jn 13 1.31-32; Mt 28 18;
Jn 3 35; 5 19-30; 1 Jn 5 13.20; Sab 15 3;
1 Tes 1 9; 1 Jn 5 20; Jn 2 11

17 1 Después de hablar así, Jesús levantó
los ojos al cielo, diciendo:

«Padre, ha llegado la hora:
glorifica a tu Hijo
para que el Hijo te glorifique a ti,
2 ya que le diste autoridad
sobre todos los hombres,
para que él diera Vida eterna
a todos los que tú le has dado.
3 Esta es la Vida eterna:
que te conozcan a ti,
el único Dios verdadero,
y a tu Enviado, Jesucristo.
4 Yo te he glorificado en la tierra,
llevando a cabo la obra
que me encomendaste.
5 Ahora, Padre, glorifícame junto a ti,
con la gloria que yo tenía contigo
antes que el mundo existiera.

Oración de Jesús por sus discípulos

Jn 1 18; 12 28; 6 37.39.44; Lc 15 31;
Jn 16 15; 13 1.3; Lv 11 44; 19 2; Jn 10 30;
Mt 7 13; Hch 8 20; Rom 9 22; Jn 6 70;
2 Tes 2 3; Jn 13 18; Sal 41 10; Mt 6 13;
2 Tes 3 3; Mc 14 24; Lc 22 20

6 Manifesté tu Nombre
a los que separaste del mundo
para confiármelos.
Eran tuyos y me los diste,
y ellos fueron fieles a tu palabra.
7 Ahora saben
que todo lo que me has dado
viene de ti,
8 porque les comuniqué las palabras
que tú me diste:
ellos han reconocido verdaderamente
que yo salí de ti,
y han creído que tú me enviaste.
9 Yo ruego por ellos:
no ruego por el mundo,
sino por los que me diste,
porque son tuyos.
10 Todo lo mío es tuyo
y todo lo tuyo es mío,
y en ellos he sido glorificado.
11 Ya no estoy más en el mundo,
pero ellos están en él; y yo vuelvo a ti.
Padre santo,
cuídalos en tu Nombre

VIVE LA PALABRA

El triunfo de Jesús

Juan se acerca mucho a los sinópticos en los relatos de la pasión, muerte y resurrección de Jesús, pero pinta un retrato único de Jesús. Lo presenta en su gloria y en control de las situaciones: no hay agonía en el huerto; los guardias y los soldados que van a arrestarlo caen por tierra cuando les habla (Jn 18 6); afirma su identidad y su misión ante Pilato (vv. 33-38); reúne a su madre y al discípulo amado (19 16-27); él es quien decide el momento de su muerte al entregar su espíritu (v. 30).

Juan señala cómo, al ser crucificado, Jesús cumple las profecías mesiánicas. Identifica a Jesús con el hombre justo perseguido, relacionando la rifa de su túnica (Jn 19 24 y Sal 22 19) y el ofrecimiento del vinagre (Jn 19 29 y Sal 69 22). Ve una referencia al cordero pascual en el hecho de que no rompieron sus piernas (Jn 19 33 y Ex 12 46) y observa el cumplimiento de la profecía de Zacarías en su costado atravesado (Jn 19 34 y Zac 12 10).

Para Juan estos hechos constituyen la «hora» central en la historia del mundo, pues manifiestan el triunfo de Jesús. Se centra en el poder de Dios y no en la tragedia: a través de Jesús, el Hijo divino de Dios que se sacrificó por nosotros, Dios trae la salvación al mundo entero.

Cuando ores ante un crucifijo alterna el enfoque de tu oración. En ocasiones céntrate en el dolor de Jesús según lo presentan los sinópticos. Otras, contempla el amor y el triunfo de Jesús; recuerda las cruces orientales cargadas de pedrería para indicar su gloria. Ambas perspectivas son complementarias y nos permiten comprender mejor el misterio de la cruz.

Jn 18 – 19

JN

—el Nombre que tú me diste—
para que sean uno, como nosotros.
12 Mientras estaba con ellos,
yo los cuidaba en tu Nombre
—el Nombre que tú me diste—,
yo los protegía
y no se perdió ninguno de ellos,
excepto el que debía perderse,
para que se cumpliera la Escritura.
13 Pero ahora voy a ti,
y digo esto estando en el mundo,
para que mi gozo sea el de ellos
y su gozo sea perfecto.
14 Yo les comuniqué tu palabra,
y el mundo los odió
porque *ellos no son* del mundo,
como tampoco yo soy del mundo.
15 No te pido que los saques del mundo,
sino que los preserves del Maligno.
16 Ellos no son del mundo,
como tampoco yo soy del mundo.
17 Conságralos en la verdad:
tu palabra es verdad.
18 Así como tú me enviaste al mundo,
yo también los envío al mundo.
19 Por ellos me consagro,
para que también ellos
sean consagrados en la verdad.

Oración de Jesús por todos los que creen en él

Jn 17 19; Gal 3 28; Jn 10 38; 12 26; 1 14; Jn 17 5; 8 55; Rom 3 26; Ap 16 5; Jn 17 6

20 No ruego solamente por ellos,
sino también por los que,
gracias a su palabra,
creerán en mí.
21 Que todos sean uno:
como tú, Padre, estás en mí
y yo en ti,
que también ellos estén en nosotros,
para que el mundo crea
que tú me enviaste.
22 Yo les he dado la gloria
que tú me diste,
para que sean uno,
como nosotros somos uno
23 —yo en ellos y tú en mí—
para que sean perfectamente uno
y el mundo conozca
que tú me has enviado,
y que los has amado a ellos
como me amaste a mí.
24 Padre, quiero que los que tú me diste
estén conmigo donde yo esté,
para que contemplen la gloria
que me has dado,

porque ya me amabas
antes de la creación del mundo.
25 Padre justo,
el mundo no te ha conocido,
pero yo te conocí,
y ellos reconocieron que tú me enviaste.
26 Les di a conocer tu Nombre,
y se lo seguiré dando a conocer,
para que el amor con que tú me amaste
esté en ellos,
y yo también esté en ellos».

LA MUERTE DE JESÚS

El arresto de Jesús

Mt 26 30.36.47-56 / Mc 14 26.32.43-52 /
Lc 22 39.47-53
Lc 22 36.38; Mc 10 38; 14 36

18 1 Después de haber dicho esto, Jesús
fue con sus discípulos al otro lado del
torrente Cedrón. Había en ese lugar una
huerta y allí entró con ellos. 2 Judas, el traidor, también conocía el lugar porque Jesús y
sus discípulos se reunían allí con frecuencia.
3 Entonces Judas, al frente de un destacamento de soldados y de los guardias designados
por los sumos sacerdotes y los fariseos, llegó
allí con faroles, antorchas y armas. 4 Jesús, sabiendo todo lo que le iba a suceder, se adelantó y les preguntó: «¿A quién buscan?». 5 Le
respondieron: «A Jesús, el Nazareno». Él les
dijo: «Soy yo». Judas, el que lo entregaba, estaba con ellos. 6 Cuando Jesús les dijo: «Soy
yo», ellos retrocedieron y cayeron en tierra.
7 Les preguntó nuevamente: «¿A quién buscan?». Le dijeron: «A Jesús, el Nazareno». 8 Jesús repitió: «Ya les dije que soy yo. Si es a mí
a quien buscan, dejen que estos se vayan».
9 Así debía cumplirse la palabra que él había
dicho: «No he perdido a ninguno de los que
me confiaste».
10 Entonces Simón Pedro, que llevaba una
espada, la sacó e hirió al servidor del Sumo
Sacerdote, cortándole la oreja derecha. El
servidor se llamaba Malco. 11 Jesús dijo a Simón Pedro: «Envaina tu espada. ¿Acaso no
beberé el cáliz que me ha dado el Padre?».

Jesús ante Anás

Mt 26 57 / Mc 14 53 / Lc 22 54
Jn 11 49-51

12 El destacamento de soldados, con el tribuno y los guardias judíos, se apoderaron
de Jesús y lo ataron. 13 Lo llevaron primero
ante Anás, porque era suegro de Caifás, Sumo Sacerdote aquel año. 14 Caifás era el que
había aconsejado a los judíos: «Es preferible
que un solo hombre muera por el pueblo».

La primera negación de Pedro

Mt 26 69-70 / Mc 14 66-68 / Lc 22 55-57
Jn 13 36-38; 18 25-27; 21 18-19

15 Entre tanto, Simón Pedro, acompañado
de otro discípulo, seguía a Jesús. Este discí-

VIVE LA PALABRA

Cristo Rey

Jesús muestra su autoridad ante Pilato y afirma: «Tú lo dices: yo soy rey. Para esto he nacido y he venido al mundo: para dar testimonio de la verdad» (Jn 18 37). Jesús solo admitió ser rey en el tribunal de su sentencia, su corona fue de espinas y la gente lo reconoció como rey de los judíos en la cruz (ver Símbolo: «La corona de espinas», Mc 15 17, y Símbolo: «Monogramas de Jesús», Hch 20 17-35).

Señor, te reconocemos como rey de reyes y queremos que reines siempre en nuestra historia. Eres rey de misericordia, tanto para quienes tratan de seguirte con fidelidad como para quienes te abandonan. Eres profeta del Reino de Dios y nos aseguras que Dios ya reina en nosotros.

Como seguidores tuyos y miembros de tu cuerpo vivo y actuante en la historia, deseamos continuar tu triple misión de profeta, sacerdote y rey-pastor. Queremos seguir tu estilo de gobernar; ayúdanos a ser líderes que llevan a otros jóvenes a ti, para juntos construir la Civilización del Amor con espíritu de justicia, paz, servicio y corresponsabilidad.

Recordamos a los mártires mexicanos, que valientemente dieron su vida al grito de «Viva Cristo Rey» durante la gran persecución religiosa del siglo pasado. ¡Que siempre demos testimonio de la verdad, como tú nos enseñaste!

Jn 18 33-38

pulo, que era conocido del Sumo Sacerdote, entró con Jesús en el patio del Pontífice, 16 mientras Pedro permanecía afuera, en la puerta. El otro discípulo, el que era conocido del Sumo Sacerdote, salió, habló a la portera e hizo entrar a Pedro. 17 La portera dijo entonces a Pedro: «¿No eres tú también uno de los discípulos de ese hombre?». Él le respondió: «No lo soy». 18 Los servidores y los guardias se calentaban junto al fuego, que habían encendido porque hacía frío. Pedro también estaba con ellos, junto al fuego.

Jesús ante el Sumo Sacerdote

Jn 7 26; Mt 4 23; 26 55; Jn 6 59; Mt 26 67; Mc 14 65; Jn 19 3; Hch 23 2; Lc 3 2; Jn 18 10

19 El Sumo Sacerdote interrogó a Jesús acerca de sus discípulos y de su enseñanza. 20 Jesús le respondió: «He hablado abiertamente al mundo; siempre enseñé en la sinagoga y en el Templo, donde se reúnen todos los judíos, y no he dicho nada en secreto. 21 ¿Por qué me interrogas a mí? Pregunta a los que me han oído qué les enseñé. Ellos saben bien lo que he dicho». 22 Apenas Jesús dijo esto, uno de los guardias allí presentes le dio una bofetada, diciéndole: «¿Así respondes al Sumo Sacerdote?». 23 Jesús le respondió:

«Si he hablado mal,
muestra en qué ha sido;
pero si he hablado bien,
¿por qué me pegas?».

24 Entonces Anás lo envió atado ante el Sumo Sacerdote Caifás.

Nuevas negaciones de Pedro

Mt 26 71-75 / Mc 14 69-72 / Lc 22 58-62

25 Simón Pedro permanecía junto al fuego. Los que estaban con él le dijeron: «¿No eres tú también uno de sus discípulos?». Él lo negó y dijo: «No lo soy». 26 Uno de los servidores del Sumo Sacerdote, pariente de aquel al que Pedro había cortado la oreja, insistió: «¿Acaso no te vi con él en la huerta?». 27 Pedro volvió a negarlo, y enseguida cantó el gallo.

Jesús ante Pilato

Mt 27 2.11-26 / Mc 15 1-15 / Lc 23 1-7.13-19
Hch 18 15; Mt 20 19; 26 2; Jn 1 11; 1 Tim 6 13; Jn 3 11.23-33; 8 46; Hch 3 14

28 Desde la casa de Caifás llevaron a Jesús al pretorio. Era de madrugada. Pero ellos no entraron en el pretorio, para no contaminarse y poder así participar en la comida de Pascua. 29 Pilato salió adonde estaban ellos y les preguntó: «¿Qué acusación traen contra este hombre?». Ellos respondieron: 30 «Si no fuera un malhechor, no te lo hubiéramos entregado». 31 Pilato les dijo: «Tómenlo y júzguenlo ustedes mismos, según la Ley que tienen». Los judíos le dijeron: «A nosotros no nos está permitido dar muerte a nadie». 32 Así debía cumplirse lo que había dicho Jesús cuando indicó cómo iba a morir.

33 Pilato volvió a entrar en el pretorio, llamó a Jesús y le preguntó: «¿Eres tú el rey de los judíos?». 34 Jesús le respondió: «¿Dices esto por ti mismo u otros te lo han dicho de mí?». 35 Pilato replicó: «¿Acaso yo soy judío? Tus compatriotas y los sumos sacerdotes te han puesto en mis manos. ¿Qué es lo que has hecho?». 36 Jesús respondió:

«Mi realeza no es de este mundo.
Si mi realeza fuera de este mundo,
los que están a mi servicio
habrían combatido
para que yo no fuera entregado
a los judíos.
Pero mi realeza no es de aquí».

37 Pilato le dijo: «¿Entonces tú eres rey?». Jesús respondió:

«Tú lo dices: yo soy rey.
Para esto he nacido y he venido al mundo:
para dar testimonio de la verdad.
El que es de la verdad, escucha mi voz».

38 Pilato le preguntó: «¿Qué es la verdad?». Al decir esto, salió nuevamente adonde estaban los judíos y les dijo: «Yo no encuentro en él ningún motivo para condenarlo. 39 Y ya que ustedes tienen la costumbre de que ponga en libertad a alguien, en ocasión de la Pascua, ¿quieren que suelte al rey de los judíos?». 40 Ellos comenzaron a gritar, diciendo: «¡A él no, a Barrabás!». Barrabás era un bandido.

La flagelación y la coronación de espinas

Mt 27 26-31 / Mc 15 15-20
Lc 23 11; Lc 23 4; Jn 5 18; Lc 23 9; Jn 10 18; Rom 13 1

19 1 Pilato mandó entonces azotar a Jesús. 2 Los soldados tejieron una corona de espinas y se la pusieron sobre la cabeza. Lo revistieron con un manto de color púrpura, 3 y acercándose, le decían: «¡Salud, rey de los judíos!», y lo abofeteaban. 4 Pilato volvió a salir y les dijo: «Miren, lo traigo afuera para que sepan que no encuentro en él ningún motivo de condena». 5 Jesús salió, llevando la corona de espinas y el manto de color púrpura. Pilato les dijo: «¡Aquí tienen al hombre!». 6 Cuando los sumos sacerdotes y los guardias lo vieron, gritaron: «¡Crucifícalo! ¡Crucifícalo!». Pilato les dijo: «Tómenlo ustedes y crucifíquenlo. Yo no encuentro en él ningún motivo para condenarlo». 7 Los judíos respondieron: «Nosotros tenemos una Ley, y según esa Ley debe morir porque él pretende ser Hijo de Dios».

8 Al oír estas palabras, Pilato se alarmó más todavía. 9 Volvió a entrar en el pretorio y preguntó a Jesús: «¿De dónde eres tú?». Pero Jesús no le respondió nada. 10 Pilato le dijo: «¿No quieres hablarme? ¿No sabes que tengo autoridad para soltarte y también para crucificarte?». 11 Jesús le respondió: «Tú no tendrías sobre mí ninguna autoridad, si no la hubieras recibido de lo alto. Por eso, el que me ha entregado a ti ha cometido un pecado más grave».

Jesús condenado a muerte

Lc 23 2; Jn 18 37; Hch 17 7; Jue 8 23; 1 Sm 8 7

12 Desde ese momento, Pilato trataba de ponerlo en libertad. Pero los judíos gritaban: «Si lo sueltas, no eres amigo del César, porque el que se hace rey se opone al César». 13 Al oír esto, Pilato sacó afuera a Jesús y lo hizo sentar sobre un estrado, en el lugar llamado «el Empedrado», en hebreo, «Gábata».

14 Era el día de la Preparación de la Pascua, alrededor del mediodía. Pilato dijo a los judíos: «Aquí tienen a su rey». 15 Ellos vociferaban: «¡Fuera! ¡Fuera! ¡Crucifícalo!». Pilato les dijo: «¿Voy a crucificar a su rey?». Los sumos sacerdotes respondieron: «No tenemos otro rey que el César». 16 Entonces Pilato se lo entregó para que lo crucificaran, y ellos se lo llevaron.

La crucifixión de Jesús

Mt 27 32-33.37-38 / Mc 15 22.25-27 / Lc 23 33.38

17 Jesús, cargando sobre sí la cruz, salió de la ciudad para dirigirse al lugar llamado «del Cráneo», en hebreo, «Gólgota». 18 Allí lo crucificaron; y con él a otros dos, uno a cada lado y Jesús en el medio. 19 Pilato redactó una inscripción que decía: «Jesús el Nazareno, rey de los judíos», y la hizo poner sobre la cruz. 20 Muchos judíos leyeron esta inscripción, porque el lugar donde Jesús fue crucificado quedaba cerca de la ciudad y la inscripción estaba en hebreo, latín y griego. 21 Los sumos sacerdotes de los judíos dijeron a Pilato: «No escribas: "El rey de los judíos", sino: "Este ha dicho: Yo soy el rey de los judíos"». 22 Pilato respondió: «Lo escrito, escrito está».

PERSPECTIVA CATÓLICA

Madre universal

Lee Juan 19 25-27. Jesús crucificado, queriendo fortalecer a «los suyos», proclama una especie de testamento final y encarga mutuamente a su madre y a su discípulo amado. La tradición de la Iglesia ha visto en el discípulo amado a todos los creyentes, y en María a la nueva humanidad, la Iglesia o la madre de todos los cristianos. Como el discípulo acogió a María, seguimos acogiéndola los católicos.

La devoción a María ha llevado a los católicos a nombrarla como patrona protectora de sus países. Varios de sus títulos en América Latina señalan sus cualidades como la madre de Dios: Nuestra Señora de la *Misericordia* en la República Dominicana; de la *Caridad* del Cobre en Cuba; de la *Divina Providencia* en Puerto Rico; del *Socorro* en Guatemala, por nombrar algunas.

Con distintos vestidos y adornos, María nos revela su amor materno y nos orienta hacia Jesús, al acompañarnos en nuestro camino de fe y vida comunitaria, fortalecidos en la vida diaria, ante los sufrimientos, los conflictos, y al compartir nuestras celebraciones. Sus palabras a san Juan Diego, en México, fueron las de una madre preocupada especialmente por sus hijos que sufren y viven angustiados:

> Porque yo en verdad soy vuestra madre compasiva, tuya y de todos los hombres... y de las demás variadas estirpes de hombres... los que me busquen, los que confíen en mí, porque ahí les escucharé su llanto, su tristeza, para remediar, para curar todas sus diferentes penas, sus miseras, sus dolores.[1]
>
> Escucha, ponlo en tu corazón, hijo mío el menor... que no se perturbe tu rostro, tu corazón; no temas esta enfermedad ni ninguna otra enfermedad, ni cosa punzante, aflictiva.[2]

Jn 19 25-27

El sorteo de las vestiduras

Mt 27 35 / Mc 15 24 / Lc 23 34
Sal 22 19

23 Después que los soldados crucificaron
a Jesús, tomaron sus vestiduras y las dividieron en cuatro partes, una para cada
uno. Tomaron también la túnica, y como
no tenía costura, porque estaba hecha de
una sola pieza de arriba abajo, 24 se dijeron
entre sí: «No la rompamos. Vamos a sor-
tearla, para ver a quién le toca». Así se cumplió la Escritura que dice:

Se repartieron mis vestiduras
y sortearon mi túnica.

Esto fue lo que hicieron los soldados.

Jesús y su madre

Mc 15 40-41; Lc 2 5; Mt 27 56; Jn 13 23; 20 2

25 Junto a la cruz de Jesús, estaba su madre y la hermana de su madre, María, mujer de Cleofás, y María Magdalena. 26 Al
ver a la madre y cerca de ella al discípulo
a quien él amaba, Jesús le dijo: «Mujer,
aquí tienes a tu hijo». 27 Luego dijo al discípulo: «Aquí tienes a tu madre». Y desde
aquella hora, el discípulo la recibió en su
casa.

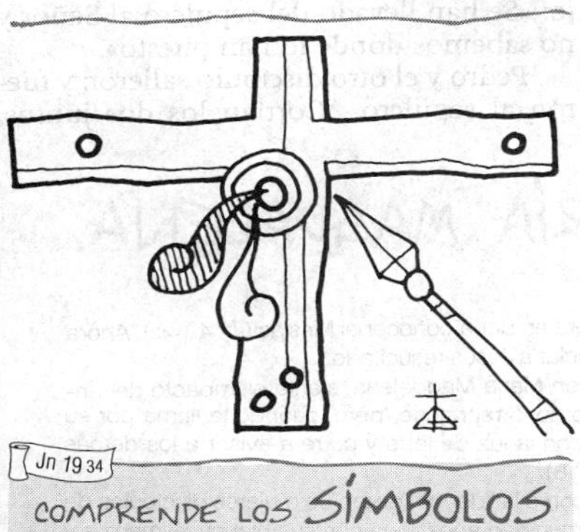

Jn 19 34

COMPRENDE LOS SÍMBOLOS

La lanzada

La lanzada que saca agua y sangre del corazón de Jesús simboliza su entrega total y la efusión de su espíritu. El agua apunta al sacramento del Bautismo, en el que Jesús nos comunica su vida divina, y la sangre señala la Eucaristía, con la que nos alimenta en nuestro caminar hacia el Padre.

PERSPECTIVA CATÓLICA

Vigilia Pascual

El Triduo Pascual es el centro del año litúrgico católico y su clímax es la Vigilia Pascual, en la que celebramos el «paso» de Cristo de la muerte a la vida (ver «Vive el año litúrgico», Hch 13 32-33). La Vigilia Pascual tiene cuatro partes:

1. ***Lucernario.*** El cirio pascual representa a Jesús, centro de nuestra vida, luz del mundo en su triunfo sobre las tinieblas del mal. Con el Pregón Pascual alabamos a Cristo por iluminar siempre su Iglesia y hacernos hijos de la luz.
2. ***Liturgia de la palabra.*** Las lecturas, abundantes como nunca, muestran el proyecto salvador de Dios a lo largo de la historia, desde la creación hasta la alegría de Cristo resucitado, pasando por la liberación de Israel y la expectativa del Mesías.
3. ***Liturgia bautismal.*** Si hay conversos adultos, se les bautiza en este momento. Todos los fieles encendemos nuestras velas con la luz del cirio, celebramos nuestro Bautismo y, con la asamblea, renovamos el compromiso que contrajimos entonces.
4. ***Liturgia de la Eucaristía.*** Vivimos de modo especial la ofrenda de Jesús, y cantamos con particular énfasis: «Anunciamos tu muerte, proclamamos tu resurrección, ven, Señor Jesús».

En esta vigila, el «aleluya» es majestuoso, pues con él aclamamos el triunfo de Jesús, nuestro salvador y hermano, sobre el pecado y la muerte. Fortalecidos con la vivencia pascual, y habiendo renovado nuestro compromiso bautismal, salimos a ser testigos de Cristo resucitado con nuestra vida de servicio y alegría.

Jn 20

La muerte de Jesús

Mt 27 48-50 / Mc 15 36-37 / Lc 23 46
Sal 22 16; 69 22

28 Después, sabiendo que ya todo estaba
cumplido, y para que la Escritura se cumpliera hasta el final, Jesús dijo:

Tengo sed.

29 Había allí un recipiente lleno de vinagre; empaparon en él una esponja, la ata-

ron a una rama de hisopo y se la acercaron
a la boca. [30] Después de beber el vinagre, dijo Jesús: «Todo se ha cumplido». E inclinando la cabeza, entregó su espíritu.

La herida del costado

Dt 21 22-23; 1 Jn 5 6.8; Ex 12 46; Nm 9 12;
Sal 34 21; Zac 12 10

[31] Era el día de la Preparación de la Pascua.
Los judíos pidieron a Pilato que hiciera quebrar las piernas de los crucificados y mandara retirar sus cuerpos, para que no quedaran
en la cruz durante el sábado, porque ese sábado era muy solemne. [32] Los soldados fueron y quebraron las piernas a los dos que habían sido crucificados con Jesús. [33] Cuando
llegaron a él, al ver que ya estaba muerto, no
le quebraron las piernas, [34] sino que uno de
los soldados le atravesó el costado con la
lanza, y enseguida brotó sangre y agua. [35] El
que vio esto lo atestigua: su testimonio es
verdadero y él sabe que dice la verdad, para
que también ustedes crean. [36] Esto sucedió
para que se cumpliera la Escritura que dice:

No le quebrarán ninguno de sus huesos.

[37] Y otro pasaje de la Escritura dice:

Verán al que ellos mismos traspasaron.

La sepultura de Jesús

Mt 27 57-60 / Mc 15 42-46 / Lc 23 50-54
Jn 7 13; 3 1; Mt 2 11; Sal 45 9; Prov 7 17

[38] Después de esto, José de Arimatea, que
era discípulo de Jesús —pero secretamente,
por temor a los judíos—, pidió autorización a Pilato para retirar el cuerpo de Jesús.
Pilato se la concedió, y él fue a retirarlo.
[39] Fue también Nicodemo, el mismo que
anteriormente había ido a verlo de noche,
y trajo una mezcla de mirra y áloe, que pesaba unos treinta kilos. [40] Tomaron entonces el cuerpo de Jesús y lo envolvieron con
vendas, agregándole la mezcla de perfumes, según la costumbre de sepultar que
tienen los judíos. [41] En el lugar donde lo
crucificaron había una huerta, y en ella,
una tumba nueva, en la que todavía nadie
había sido sepultado. [42] Como era para los
judíos un día de Preparación y el sepulcro
estaba cerca, pusieron allí a Jesús.

LA RESURRECCIÓN DE JESÚS

El sepulcro vacío

Mt 28 1-8 / Mc 16 1-8 / Lc 24 1-11
Hch 20 7; Jn 13 23; Sal 16 10;
Lc 24 26-27; Hch 2 27.31

20 [1] El primer día de la semana, de madrugada, cuando todavía estaba oscuro, María Magdalena fue al sepulcro y
vio que la piedra había sido sacada. [2] Corrió al encuentro de Simón Pedro y del
otro discípulo al que Jesús amaba, y les dijo: «Se han llevado del sepulcro al Señor y
no sabemos dónde lo han puesto».
[3] Pedro y el otro discípulo salieron y fueron al sepulcro. [4] Corrían los dos juntos,

Te presentamos a... MARÍA MAGDALENA

La mujer samaritana fue la primera en dar a conocer al Mesías (Jn 4 1-42). Ahora otra mujer es la primera en anunciar a Jesús resucitado.

Lee Juan 20 1-18 y, junto con María Magdalena, siente el impacto del encuentro con Jesús. Al principio no lo reconoce, pero, cuando la llama por su nombre, sus ojos se iluminan con la luz de la fe y corre a avisar a los demás que: «Había visto al Señor» (v. 18).

María Magdalena destaca como la líder del grupo de mujeres discípulas de Jesús, que apoyaban a la pequeña comunidad apostólica con sus bienes, alimentos y atención casera, y que lo acompañaron al pie de la cruz, pues su nombre encabeza la *lista cada vez (Mt 27 55; Mc 15 40; Lc 8 2)*. Debe haber sido muy estimada, pues los cuatro evangelistas relatan que fue una de las primeras personas que vio a Jesús resucitado. Lucas dice que Jesús había expulsado de ella siete demonios, lo que puede indicar que la curó de alguna enfermedad grave (8 2).

Jn 20 10-18

pero el otro discípulo corrió más rápidamente que Pedro y llegó antes. 5 Asomán-
dose al sepulcro, vio las vendas en el suelo,
aunque no entró. 6 Después llegó Simón
Pedro, que lo seguía, y entró en el sepulcro: vio las vendas en el suelo 7 y también
el sudario que había cubierto su cabeza; este no estaba con las vendas, sino enrollado
en un lugar aparte. 8 Luego entró el otro
discípulo, que había llegado antes al sepulcro: él vio y creyó. 9 Todavía no habían
comprendido que, según la Escritura, él
debía resucitar de entre los muertos. 10 Los
discípulos regresaron entonces a su casa.

La aparición de Jesús a María Magdalena

Mt 28 9-10 / Mc 16 9-11
Lc 24 16; Jn 21 4; Rom 8 29; Heb 2 11-12

11 María se había quedado fuera, llorando junto al sepulcro. Mientras lloraba, se
asomó al sepulcro 12 y vio a dos ángeles vestidos de blanco, sentados uno a la cabecera y otro a los pies del lugar donde había
sido puesto el cuerpo de Jesús. 13 Ellos le dijeron: «Mujer, ¿por qué lloras?». María respondió: «Porque se han llevado a mi Señor
y no sé dónde lo han puesto». 14 Al decir esto se dio vuelta y vio a Jesús, que estaba
allí, pero no lo reconoció. 15 Jesús le preguntó: «Mujer, ¿por qué lloras? ¿A quién
buscas?». Ella, pensando que era el cuida-
dor de la huerta, le respondió: «Señor, si tú
lo has llevado, dime dónde lo has puesto y
yo iré a buscarlo». 16 Jesús le dijo: «¡María!».
Ella lo reconoció y le dijo en hebreo: «¡Ra-
boní!», es decir, «¡Maestro!». 17 Jesús le dijo: «No me retengas, porque todavía no he
subido al Padre. Ve a decir a mis hermanos:
"Subo a mi Padre, el Padre de ustedes; a mi
Dios, el Dios de ustedes"». 18 María Magdalena fue a anunciar a los discípulos que
había visto al Señor y que él le había dicho
esas palabras.

PERSPECTIVA CATÓLICA

El poder de perdonar los pecados

Al iniciar su ministerio en los sipnóticos, Jesús aprovecha la curación de un paralítico para ofrecer una enseñanza sobre el pecado y su perdón, y dejar claro que, dado que solo Dios puede perdonar los pecados, Jesús es Dios y tiene ese poder (Mc 2 1-12). En Juan, ahora, la tarde del día de su resurrección, se hace presente a su comunidad de discípulos y les da el poder de perdonar los pecados.

Lee Juan 20 19-23 y observa cómo Jesús les da su paz a los discípulos para que la pasen a otros, y les confiere el poder del Espíritu Santo para que sean instrumentos de su misericordia y perdón. Con este gran regalo, Jesús deja su Espíritu en la Iglesia, para que venza al pecado que deshumaniza y divide a las personas, y sea fuente de reunificación con Dios y las personas ofendidas, convirtiéndose así en fermento de paz en el mundo.

Al decir que pueden absolver o retener los pecados, indica que el perdón implica una especie de juicio, de donde se deduce que el/la pecador/a debe confesar sus pecados. Por esta razón, el sacramento de la Reconciliación o Penitencia se conoce como *Confesión*. De esta acción de Jesús nace el sacramento de la Reconciliación, quedando a cargo de los Apóstoles y sus sucesores, desde los primeros años de la Iglesia.

Jn 20 21-23

REFLEXIONA

Tomás y sus dudas

Lee Juan 20 24-29. Observa la incredulidad de Tomás ante quienes habían visto a Jesús resucitado. Nota cómo Jesús, con paciencia y misericordia, se muestra a Tomás en persona para fomentar su fe. Igual sucede con nosotros cuando dudamos, lo que es natural, pues la fe implica aceptar a Jesús en nuestra vida sin verlo en persona. Pero concluye reprendiendo a Tomás por no haber aceptado el testimonio de otras personas.

¿Qué tanto valoras el testimonio de fe que dan otras personas? ¿Recurres a Jesús para que te muestre el camino cuando tienes dudas de fe?

Jn 20 24-29

Apariciones de Jesús a los discípulos

Mc 16 14-18 / Lc 24 36-49
Jn 20 1; 20 26; Jn 14 3.18-19; Mt 18 20;
Jn 19 34; 20 25; Lc 24 39; Hch 1 8; Gn 2 7;
Ez 37 9; Mt 16 19

19 Al atardecer de ese mismo día, el primero de la semana, estando cerradas las
puertas del lugar donde se encontraban los
discípulos, por temor a los judíos, llegó Jesús y, poniéndose en medio de ellos, les dijo: «¡La paz esté con ustedes!». 20 Mientras
decía esto, les mostró sus manos y su costado. Los discípulos se llenaron de alegría
cuando vieron al Señor. 21 Jesús les dijo de
nuevo: «¡La paz esté con ustedes!

Como el Padre me envió a mí,
yo también los envío a ustedes».

22 Al decirles esto, sopló sobre ellos y
añadió:

«Reciban el Espíritu Santo.
23 Los pecados serán perdonados
a los que ustedes se los perdonen,
y serán retenidos
a los que ustedes se los retengan».

24 Tomás, uno de los Doce, de sobrenombre el Mellizo, no estaba con ellos
cuando llegó Jesús. 25 Los otros discípulos
le dijeron: «¡Hemos visto al Señor!». Él les
respondió: «Si no veo la marca de los clavos en sus manos, si no pongo el dedo en
el lugar de los clavos y la mano en su costado, no lo creeré». 26 Ocho días más tarde,
estaban de nuevo los discípulos reunidos
en la casa, y estaba con ellos Tomás. Entonces apareció Jesús; estando cerradas las
puertas, se puso en medio de ellos y les dijo: «¡La paz esté con ustedes!». 27 Luego dijo
a Tomás: «Trae aquí tu dedo: aquí están
mis manos. Acerca tu mano: métela en mi
costado. En adelante no seas incrédulo, sino hombre de fe». 28 Tomás respondió:
«¡Señor mío y Dios mío!». 29 Jesús le dijo:

«Ahora crees, porque me has visto.
¡Felices los que creen sin haber visto!».

Conclusión

Jn 21 25; 3 15-16; 1 Jn 5 13

30 Jesús realizó además muchos otros signos en presencia de sus discípulos, que no
se encuentran relatados en este Libro. 31 Estos han sido escritos para que ustedes crean
que Jesús es el Mesías, el Hijo de Dios, y
creyendo, tengan Vida en su Nombre.

VIVE LA PALABRA

La misión de la Iglesia y de su pastor

Lee el capítulo 21 con el que Juan concluye su evangelio. Con rico simbolismo, Juan recalca la misión evangelizadora de la Iglesia y la misión de Pedro para guiarla con amor.

En la barca, símbolo de la Iglesia, los discípulos —a quienes Jesús había dicho que convertiría en pescadores de hombres (Lc 5 1-11)— pescan sin lograr nada a pesar de sus esfuerzos. Con la ayuda del Resucitado su trabajo da fruto abundante. Jesús cocina la pesca de los discípulos y les da de comer, poniéndose a su servicio y señalando la colaboración mutua, en una acción que evoca la Eucaristía. La red que no se rompe significa la capacidad de la Iglesia para mantener unidas a multitud de personas y el número ciento cincuenta y tres, cantidad de las naciones conocidas en ese tiempo, simboliza la universalidad de la Iglesia.

Viene después la triple confesión de amor que exige a Pedro, sustituyendo las tres veces que negó a Jesús (Jn 18 15-18), mostrando el valor del arrepentimiento y la conversión. Jesús pregunta insistentemente a Pedro por su amor y le repite que, si lo ama a él, tiene que alimentar y cuidar a sus ovejas, indicando que su misión de dirigir la Iglesia exige un amor incondicional al Señor, que se traduce en amor a los demás. La presencia del discípulo amado representa tanto a la comunidad joánica como a todos los cristianos, que deben ser aceptados por Pedro.

Ahora que conoces el significado del *simbolismo de este capítulo*, medita sobre él:

- *Toma el lugar de* uno de los discípulos que está en la barca y lee el primer relato personalizando su mensaje. ¿Qué te dice Jesús? ¿Qué le respondes?
- Después, lee el relato de Pedro y, según lo que te inspire Dios, toma el lugar de Pedro o del discípulo amado. ¿Qué te dice Jesús? ¿Qué le respondes?

Jn 21

APÉNDICE

Aparición junto al mar de Tiberíades

Jn 11 16; Lc 24 16; Jn 20 14; Lc 5 4-7;
Jn 13 23; Mc 6 41

21 1 Después de esto, Jesús se apareció otra vez a los discípulos a orillas del mar de Tiberíades. Sucedió así: 2 estaban juntos Simón Pedro, Tomás, llamado el Mellizo, Natanael, el de Caná de Galilea, los hijos de Zebedeo y otros dos discípulos. 3 Simón Pedro les dijo: «Voy a pescar». Ellos le respondieron: «Vamos también nosotros». Salieron y subieron a la barca. Pero esa noche no pescaron nada.

4 Al amanecer, Jesús estaba en la orilla, aunque los discípulos no sabían que era él. 5 Jesús les dijo: «Muchachos, ¿tienen algo para comer?». Ellos respondieron: «No». 6 Él les dijo: «Tiren la red a la derecha de la barca y encontrarán». Ellos la tiraron y se llenó tanto de peces que no podían arrastrarla. 7 El discípulo al que Jesús amaba dijo a Pedro: «¡Es el Señor!». Cuando Simón Pedro oyó que era el Señor, se ciñó la túnica, que era lo único que llevaba puesto, y se tiró al agua. 8 Los otros discípulos fueron en la barca, arrastrando la red con los peces, porque estaban solo a unos cien metros de la orilla.

9 Al bajar a tierra vieron que había fuego preparado, un pescado sobre las brasas y pan. 10 Jesús les dijo: «Traigan algunos de los pescados que acaban de sacar». 11 Simón Pedro subió a la barca y sacó la red a tierra, llena de peces grandes: eran ciento cincuenta y tres y, a pesar de ser tantos, la red no se rompió. 12 Jesús les dijo: «Vengan a comer». Ninguno de los discípulos se atrevía a preguntarle: «¿Quién eres?», porque sabían que era el Señor. 13 Jesús se acercó, tomó el pan y se lo dio, e hizo lo mismo con el pescado. 14 Esta fue la tercera vez que Jesús resucitado se apareció a sus discípulos.

Diálogo de Jesús con Pedro

Hch 20 28; 1 Pe 5 2; Lc 22 23; 2 Pe 1 14;
Jn 13 36-38; 18 15-18.25-27; Mt 16 28

15 Después de comer, Jesús dijo a Simón Pedro: «Simón, hijo de Juan, ¿me amas más que estos?». Él le respondió: «Sí, Señor, tú sabes que te quiero». Jesús le dijo: «Apacienta mis corderos». 16 Le volvió a decir por segunda vez: «Simón, hijo de Juan, ¿me amas?». Él le respondió: «Sí, Señor, sabes que te quiero». Jesús le dijo: «Apacienta mis ovejas». 17 Le preguntó por tercera vez: «Simón, hijo de Juan, ¿me quieres?». Pedro se entristeció de que por tercera vez le preguntara si lo quería, y le dijo: «Señor, tú lo sabes todo; sabes que te quiero». Jesús le dijo: «Apacienta mis ovejas.

18 Te aseguro
que cuando eras joven,
tú mismo te vestías
e ibas adonde querías.
Pero cuando seas viejo,
extenderás tus brazos,
y otro te atará
y te llevará adonde no quieras».

19 De esta manera, indicaba con qué muerte Pedro debía glorificar a Dios. Y después de hablar así, le dijo: «Sígueme».

Evangelio según...

El evangelio de Juan termina diciendo: «Jesús hizo también muchas otras cosas. Si se las relatara detalladamente, pienso que no bastaría todo el mundo para contener los libros que se escribirían» (Jn 21 25). Medita ahora en lo que Jesús sigue haciendo por medio de su Espíritu, en la vida de la comunidad eclesial y en cada uno de sus seguidores, tú incluido/a.

Te invitamos a llevar un diario espiritual, en el que escribas tu oración, las inspiraciones del Espíritu Santo, tus experiencias de Jesús, tus obras apostólicas... Lo ideal es que lo hagas cada noche o lo más frecuentemente posible. En él puedes expresar a Dios todos tus sentimientos, compartirle tus dudas e incertidumbres y darle gracias por sus dones.

De vez en cuando, lee lo que anotaste y escribe una reflexión sobre tu jornada cristiana en esa temporada. Si lo crees conveniente, puedes mostrar tu escrito a un/a director/a espiritual que te ayude a progresar en tu vida espiritual. Como Juan, tú también sentirás que eres amigo preferido de Jesús, experimentarás su amor y serás feliz.

Jn 21 24-25

El futuro de Juan

Jn 13 23.25; Mt 16 28; 1 Cor 11 26;
Ap 22 7.12.17.20

20 Pedro, volviéndose, vio que lo seguía
el discípulo al que Jesús amaba, el mismo
que durante la Cena se había reclinado sobre Jesús y le había preguntado: «Señor,
¿quién es el que te va a entregar?». 21 Cuando Pedro lo vio, preguntó a Jesús: «Señor,
¿y qué será de este?». 22 Jesús le respondió:
«Si yo quiero que él quede hasta mi venida, ¿qué te importa? Tú sígueme». 23 Entonces se divulgó entre los hermanos el rumor
de que aquel discípulo no moriría, pero Jesús no había dicho a Pedro: «Él no morirá», sino: «Si yo quiero que él quede hasta
mi venida, ¿qué te importa?».

Conclusión

Jn 19 35; 20 30

24 Este mismo discípulo es el que da testimonio de estas cosas y el que las ha escrito, y sabemos que su testimonio es verdadero.
25 Jesús hizo también muchas otras cosas. Si se las relatara detalladamente, pienso que no bastaría todo el mundo para
contener los libros que se escribirían.

JESÚS,

AYÚDAME A SIEMPRE VALORAR
LA GRANDEZA Y LA NOBLEZA DEL SERVIR.

TÚ, EL HIJO DE DIOS HECHO HOMBRE,
EL SER MÁS GRANDE QUE HA EXISTIDO Y EXISTIRÁ,
EL MESÍAS PROMETIDO, EL REY DE REYES, EL PROFETA MÁXIMO,
EL MAESTRO POR EXCELENCIA, EL SACERDOTE PERFECTO...
NOS MOSTRASTE QUE TU MISIÓN, EL LIDERAZGO Y LA AUTORIDAD
SE REALIZAN PONIÉNDOSE AL SERVICIO DE LOS DEMÁS.

ENSÉÑAME A SERVIR A LOS DEMÁS COMO FRUTO DEL AMOR,
SIN SENTIRME SUPERIOR O MEJOR QUE A QUIEN SIRVO.
QUE NUNCA CONFUNDA EL SERVICIO DIGNO AL ESTILO TUYO
CON LA SERVIDUMBRE QUE ATACA LA DIGNIDAD PERSONAL.
EDÚCAME COMO LÍDER QUE PROMUEVE OTROS LÍDERES,
PARA TODOS SERVIR CON LA MISMA GRANDEZA Y NOBLEZA QUE TÚ.

AMÉN

HECHOS DE LOS APÓSTOLES

Cuántas veces hemos escuchado decir referente a unas personas, una familia o un pueblo: «¡Esa experiencia les cambió por completo la vida!» Así les sucedió a los discípulos de Jesús, ¡el encuentro con el Resucitado los impactó grandemente! Su cambio intenso, profundo y liberador se dio cuando el poder del Espíritu Santo causó en ellos una explosión de fe y convicción, que transformó totalmente su vida y provocó la creación de comunidades de fe que, al desarrollarse, formaron la Iglesia. El libro de los Hechos de los Apóstoles relata esta nueva vida de los discípulos de Jesús.

ESQUEMA

- **1 – 12.** La evangelización del mundo judío
- **13 – 28.** La evangelización del mundo pagano

DATOS

Autor
Lucas, discípulo de Pablo, el mismo que escribió el evangelio de Lucas
Fecha de redacción
Entre 80 y 90 d.C.
Destinatarios
Cristianos de la segunda generación, de origen judío y gentil, representados por Teófilo

PRESENTACIÓN

El libro de los Hechos de los Apóstoles es continuación del evangelio de Lucas. Ambos libros fueron escritos por el mismo autor.

Este evangelio presenta el viaje de Jesús a Jerusalén, centro de la fe judía. El libros de los Hechos narra la expansión de la fe hasta Roma, capital del gran Imperio romano y expresión de que el evangelio había llegado «a todas las naciones» (Lc 24 47). Relata el nacimiento de la Iglesia, caracterizada por la caridad y la fraternidad entre sus miembros, por su sentido de misión al dar testimonio de Jesús y del poder del Espíritu Santo, y por invitar a otros a seguir a Jesús. Esta Iglesia avanza por todo el mundo a pesar de la persecución, pues su fe y esperanza superan el temor al sufrimiento y la muerte.

El protagonista del libro es el Espíritu Santo. Él es el motor, inspirador, animador y presencia de Dios entre los primeros cristianos, como se ve en su descenso sobre los Apóstoles (Hch 2 1-42), en la conversión de Pablo en testigo apasionado e incansable de Cristo, en la unión de la comunidad de fe, en su oración, en la celebración de la Eucaristía y en el compartir de los bienes.

Este libro, de gran calidad literaria y contenido fascinante, enfatiza la acción pastoral de Pedro y Pablo, los dos misioneros más importantes, en lugar de solo narrar hechos históricos impersonales. Relata el Primer Concilio de la Iglesia en Jerusalén, en el cual se decidió aceptar a los gentiles convertidos a Cristo, sin exigirles que se hicieran judíos practicantes (15 1-35). Presenta también los ideales y realidades de la vida comunitaria de los cristianos en el siglo I d.C. (2 43-47), señalando cómo continúa la historia de la salvación a lo largo de los años. Por ello sigue sirviendo de inspiración a las comunidades de fe que intentan vivir su acción comunitaria y misionera actualmente.

EL DÍA DE PENTECOSTÉS

VIDA DE LA COMUNIDAD

LLAMADO DE PABLO

Prólogo

Lc 1 11; 24 49-51; Mc 16 19

1 1 En mi primer Libro, querido Teófilo, me referí a todo lo que hizo y enseñó Jesús, desde el comienzo, 2 hasta el día en que subió al cielo, después de haber dado, por medio del Espíritu Santo, sus últimas instrucciones a los Apóstoles que había elegido.

La promesa del Espíritu Santo

Lc 24 36-49; Mt 28 1-20; Jn 20 – 21; 14 16-17

3 Después de su Pasión, Jesús se manifestó a ellos dándoles numerosas pruebas de que vivía, y durante cuarenta días se les apareció y les habló del Reino de Dios. 4 En una ocasión, mientras estaba comiendo con ellos, les recomendó que no se alejaran de Jerusalén y esperaran la promesa del Padre: «La promesa —les dijo— que yo les he anunciado. 5 Porque Juan bautizó con agua, pero ustedes serán *bautizados en el Espíritu Santo,* dentro de pocos días». 6 Los que estaban reunidos le preguntaron: «Señor, ¿es ahora cuando vas a restaurar el reino de Israel?». 7 Él les respondió: «No les corresponde a ustedes conocer el tiempo y el momento que el Padre ha establecido con su propia autoridad. 8 Pero recibirán la fuerza del Espíritu Santo que descenderá sobre ustedes, y serán mis testigos en Jerusalén, en toda Judea y Samaría, y hasta los confines de la tierra».

La Ascensión de Jesús

Lc 24 50-51; Lc 24 4; Dn 7 13; 2 Re 2 9-13

9 Dicho esto, los Apóstoles lo vieron elevarse, y una nube lo ocultó de la vista de ellos. 10 Como permanecían con la mirada puesta en el cielo mientras Jesús subía, se les aparecieron dos hombres vestidos de blanco, 11 que les dijeron: «Hombres de Galilea, ¿por qué siguen mirando al cielo? Este Jesús que les ha sido quitado y fue elevado al cielo, vendrá de la misma manera que lo han visto partir».

LA EVANGELIZACIÓN DEL MUNDO JUDÍO

El grupo de los Apóstoles

Lc 6 14-16

12 Los Apóstoles regresaron entonces del monte de los Olivos a Jerusalén: la distancia entre ambos sitios es la que está permitida recorrer en día sábado. 13 Cuando llegaron a

Misterio y significado de la Ascensión

La Ascensión de Jesús a los cielos fue la última experiencia palpable de Jesús que tuvieron los discípulos, y el libro de los Hechos la presenta como un evento visible para los apóstoles: «permanecían con la mirada puesta en el cielo mientras Jesús subía» (Hch 1 10). Lucas narra esta experiencia dos veces: en su evangelio la presenta como el último episodio de la vida de Jesús (Lc 24 50-51), y en este libro comienza con ella la historia de la vida de la Iglesia, que sucede entre la Ascensión de Jesús a los cielos y su regreso a la tierra, al final de los tiempos.

Jesús subió al cielo, pero sigue vivo en la comunidad de fe animada por el Espíritu Santo. Por esto, la Iglesia predica a un Cristo vivo y presente en la historia, actuando en el mundo. El misterio de la Ascensión es la garantía de que la Iglesia alcanzará la gloria con Dios. Igual que como *sube la cabeza*, que es Cristo, así subirá su cuerpo, que somos los cristianos.

Mientras tanto, los discípulos no podemos quedarnos inactivos contemplando la victoria de Jesús, sino que debemos ser testigos activos de su resurrección en medio del mundo.

Hch 1 9-11

la ciudad, subieron a la sala donde solían
reunirse. Eran Pedro, Juan, Santiago, Andrés, Felipe y Tomás, Bartolomé, Mateo,
Santiago, hijo de Alfeo, Simón el Zelote y
Judas, *hijo de* Santiago. [14] Todos ellos, íntimamente unidos, se dedicaban a la oración,
en compañía de algunas mujeres, de María,
la madre de Jesús, y de sus hermanos.

La elección de Matías

Mt 27 3-10; Sab 4 19; Sal 69 26; 109 8

[15] Uno de esos días, Pedro se puso de pie
en medio de los hermanos —los que estaban reunidos eran alrededor de ciento veinte personas— y dijo: [16] «Hermanos, era necesario que se cumpliera la Escritura en la que
el Espíritu Santo, por boca de David, habla
de Judas, que fue el jefe de los que apresaron
a Jesús. [17] Él era uno de los nuestros y había
recibido su parte en nuestro ministerio. [18] Pero después de haber comprado un campo
con el precio de su crimen, cayó de cabeza, y
su cuerpo se abrió, dispersándose sus entrañas. [19] El hecho fue tan conocido por todos
los habitantes de Jerusalén, que ese campo
fue llamado en su idioma Hacéldama, que
quiere decir: "Campo de sangre". [20] En el libro de los Salmos está escrito:

Que su casa quede desierta
y nadie la habite.

Y más adelante:

Que otro ocupe su cargo.

[21] Es necesario que uno de los que han estado en nuestra compañía durante todo el
tiempo que el Señor Jesús permaneció con
nosotros, [22] desde el bautismo de Juan hasta
el día de la ascensión, sea constituido junto
con nosotros testigo de su resurrección».

[23] Se propusieron dos: José, llamado Barsabás, de sobrenombre el Justo, y Matías.
[24] Y oraron así: «Señor, tú que conoces los
corazones de todos, muéstranos a cuál de
los dos elegiste [25] para desempeñar el ministerio del apostolado, dejado por Judas al irse al lugar que le correspondía». [26] Echaron
suertes, y la elección cayó sobre Matías, que
fue agregado a los once Apóstoles.

La venida del Espíritu Santo

Hch 1 5-8; Lv 23 15-21; Gn 11 1-9

2 [1] Al llegar el día de Pentecostés, estaban todos reunidos en el mismo lu-
gar. [2] De pronto, vino del cielo un ruido,
semejante a una fuerte ráfaga de viento,
que resonó en toda la casa donde se encontraban. [3] Entonces vieron aparecer unas
lenguas como de fuego, que descendieron
por separado sobre cada uno de ellos. [4] Todos quedaron llenos del Espíritu Santo, y
comenzaron a hablar en distintas lenguas,
según el Espíritu les permitía expresarse.

[5] Había en Jerusalén judíos piadosos, venidos de todas las naciones del mundo. [6] Al
oírse este ruido, se congregó la multitud y
se llenó de asombro, porque cada uno los
oía hablar en su propia lengua. [7] Con gran
admiración y estupor decían: «¿Acaso estos
hombres que hablan no son todos galileos?
[8] ¿Cómo es que cada uno de nosotros los
oye en su propia lengua? [9] Partos, medos y
elamitas, los que habitamos en la Mesopo-

Hch 2 2

COMPRENDE LOS SÍMBOLOS

El Espíritu Santo

El fuego y el viento evocan la presencia de Dios en su pueblo. Desde Pentecostés son símbolos del Espíritu Santo. El fuego simboliza su amor que nos mueve a amar; el viento, su impulso a actuar. El triángulo, símbolo de la Santísima Trinidad, señala que el Espíritu Santo proviene del amor entre el Padre y el Hijo.

tamia o en la misma Judea, en Capadocia,
en el Ponto y en Asia Menor, 10 en Frigia y
Panfilia, en Egipto, en la Libia Cirenaica,
los peregrinos de Roma, 11 judíos y prosélitos, cretenses y árabes, todos los oímos proclamar en nuestras lenguas las maravillas
de Dios».

Primer discurso de Pedro

Jl 3 1-5; Sal 16 8-11; 132 11; 2 Sm 7 12-13; Sal 110 1

12 Unos a otros se decían con asombro:
«¿Qué significa esto?». 13 Algunos, burlándose, comentaban: «Han tomado demasiado vino». 14 Entonces Pedro, poniéndose de
pie con los Once, levantó la voz y dijo:
«Hombres de Judea y todos los que habitan en Jerusalén, presten atención, porque
voy a explicarles lo que ha sucedido. 15 Estos hombres no están ebrios, como ustedes
suponen, ya que no son más que las nueve
de la mañana, 16 sino que se está cumpliendo lo que dijo el profeta Joel:

17 *En los últimos días, dice el Señor,*
derramaré mi Espíritu sobre todos los hombres
y profetizarán sus hijos y sus hijas;
los jóvenes verán visiones
18 *Más aún, derramaré mi Espíritu*
sobre mis servidores y servidoras,
y ellos profetizarán.

¿SABÍAS QUE...?

Pentecostés

Pentecostés era una fiesta judía que tenía lugar cincuenta días después de la Pascua y en ella se celebraba la alianza con Dios en el Sinaí. Muchos judíos iban en peregrinación a Jerusalén a realizarla y fortalecer su esperanza en la promesa divina de que Israel sería para siempre el Pueblo de Dios (Ex 19 1-8) (ver «Nuevos sentidos para las fiestas judías», Ex 34 18-26).

El día de Pentecostés, después de la Pascua de Jesús, Dios renovó su alianza de una manera muy especial: envió al Espíritu Santo sobre los Apóstoles para que pudieran continuar la misión de Jesús. Lee Hechos 2 1-13 y observa los dos signos de la acción del Espíritu: el entusiasmo y decisión de los Apóstoles para proclamar el evangelio y su capacidad de hablar las diferentes lenguas de la multitud que los escuchaba.

Aquellos que escucharon el mensaje y creyeron, fueron bautizados y crearon comunidades donde compartieron su fe y su vida (Hch 2 14-47). Por eso, en Pentecostés los cristianos conmemoramos el nacimiento de la Iglesia y la unidad de todos los cristianos, que viven y expresan su fe hoy día en más de 6 000 idiomas y siguen anunciando el evangelio a gente de muy diversas culturas. Actualmente, celebramos Pentecostés el séptimo domingo después de la Pascua.

Pentecostés no es cosa del pasado. Los creyentes de hoy, vivimos y celebramos la acción del Espíritu Santo entre nosotros, el pueblo santo de Dios, la Iglesia. ¡Jesús vive en su Espíritu, entre nosotros, por siempre!

Hch 2 4-13

19 *Haré prodigios arriba, en el cielo,*
y signos abajo, en la tierra:
verán sangre, fuego y columnas de humo.
20 *El sol se convertirá en tinieblas*
y la luna en sangre,
antes que llegue el Día del Señor,
día grande y glorioso.
21 *Y todo el que invoque el nombre del Señor*
se salvará.

22 Israelitas, escuchen: A Jesús de Nazaret, el hombre que Dios acreditó ante uste-

des realizando por su intermedio los milagros, prodigios y signos que todos conocen, 23 a ese hombre que había sido entregado conforme al plan y a la previsión de
Dios, ustedes lo hicieron morir, clavándo-
lo en la cruz por medio de los infieles.
24 Pero Dios lo resucitó, librándolo de las
angustias de la muerte, porque no era posible que ella tuviera dominio sobre él.
25 En efecto, refiriéndose a él, dijo David:

Veía sin cesar al Señor delante de mí,
porque él está a mi derecha
para que yo no vacile.
26 *Por eso se alegra mi corazón*
y mi lengua canta llena de gozo.
También mi cuerpo descansará en la esperanza,
27 *porque tú no entregarás mi alma al Abismo,*
ni dejarás que tu servidor sufra la corrupción.
28 *Tú me has hecho conocer los caminos de la vida*
y me llenarás de gozo en tu presencia.

29 Hermanos, permítanme decirles con
toda franqueza que el patriarca David murió y fue sepultado, y su tumba se conserva
entre nosotros hasta el día de hoy. 30 Pero
como él era profeta, sabía que Dios le *había jurado que un descendiente suyo se sentaría en su trono*. 31 Por eso previó y anunció la
resurrección del Mesías, cuando dijo que
no fue entregado al Abismo ni su cuerpo *sufrió la corrupción*. 32 A este Jesús, Dios lo resucitó, y todos nosotros somos testigos.
33 Exaltado por el poder de Dios, él recibió
del Padre el Espíritu Santo prometido, y lo
ha comunicado como ustedes ven y oyen.
34 Porque no es David el que subió a los cielos; al contrario, él mismo afirma:

Dijo el Señor a mi Señor:
Siéntate a mi derecha,
35 *hasta que ponga a todos tus enemigos*
debajo de tus pies.

36 Por eso, todo el pueblo de Israel debe
reconocer *que a ese Jesús* que ustedes crucificaron, Dios lo ha hecho Señor y Mesías».

Las primeras conversiones

Mc 1 15; Mt 3 2.8.11; Lc 5 32;
Hch 3 19; 8 16; 10 48; 1 5

37 Al oír estas cosas, todos se conmovieron profundamente, y dijeron a Pedro y a
los otros Apóstoles: «Hermanos, ¿qué debemos hacer?». 38 Pedro les respondió: «Conviértanse y háganse bautizar en el nombre
de Jesucristo para que les sean perdonados
los pecados, y así recibirán el don del Espí-

Recibe el sello del Espíritu Santo

¿Cuándo recibimos al Espíritu Santo, en el Bautismo o en la Confirmación?

Lo recibimos en ambos sacramentos. Somos bautizados con agua y el Espíritu, en el nombre del Padre, el Hijo y el Espíritu Santo.

En el Bautismo somos ungidos con aceite como signo de que el Espíritu Santo nos fortalece y nos sella para proclamar la Buena Nueva a todas las naciones como a los discípulos en Pentecostés (Hch 2 1-4) (ver Mc 14 22-25).

En la Confirmación somos sellados con el mismo aceite que se usa en el sacramento del Orden sacerdotal como signo de que el Espíritu Santo ha completado nuestra iniciación como miembros de la Iglesia. Esto indica que estamos listos para ser auténticos seguidores de Jesús, miembros activos de la Iglesia, que viven y proclaman su evangelio.

El uso del aceite se remonta a la época en que el pueblo de Israel ungía a sus reyes, profetas y sacerdotes con aceite porque este purifica, da agilidad y fortalece al ser absorbido por la piel y al penetrar en las células, convirtiéndose en parte de nosotros.

Piensa en lo grandioso que es tener el Espíritu de Dios en ti, el amor que puede generar en ti, el poder que te da para hacer el bien. Medita un poco sobre esto y deja que el Espíritu Santo dirija tu vida.

Hch 2 1-21

ritu Santo. 39 Porque la promesa ha sido hecha a ustedes y a sus hijos, y a todos *aquellos
que están lejos*: a cuantos *el Señor*, nuestro
Dios, *quiera llamar*». 40 Y con muchos otros
argumentos les daba testimonio y los exhortaba a que se pusieran a salvo de esta generación perversa. 41 Los que recibieron su
palabra se hicieron bautizar; y ese día se
unieron a ellos alrededor de tres mil.

La primera comunidad cristiana

Hch 4 32-35; Lc 24 30; Hch 20 7

42 Todos se reunían asiduamente para escuchar la enseñanza de los Apóstoles y participar en la vida común, en la fracción del
pan y en las oraciones. 43 Un santo temor se
apoderó de todos ellos, porque los Apósto-

les realizaban muchos prodigios y signos.
44 Todos los creyentes se mantenían unidos y
ponían lo suyo en común: 45 vendían sus
propiedades y sus bienes, y distribuían el dinero entre ellos, según las necesidades de
cada uno. 46 Íntimamente unidos, frecuentaban a diario el Templo, partían el pan en sus
casas, y comían juntos con alegría y sencillez de corazón; 47 ellos alababan a Dios y
eran queridos por todo el pueblo. Y cada
día, el Señor acrecentaba la comunidad con
aquellos que debían salvarse.

La curación de un paralítico

Lc 5 17-26; Hch 4 7-13; 14 8-14

3 1 En una ocasión, Pedro y Juan subían
al Templo para la oración de la tarde.
2 Allí encontraron a un paralítico de nacimiento, que ponían diariamente junto a la
puerta del Templo llamada «la Hermosa»,
para pedir limosna a los que entraban.
3 Cuando él vio a Pedro y a Juan entrar en el
Templo, les pidió una limosna. 4 Entonces
Pedro, fijando la mirada en él, lo mismo
que Juan, le dijo: «Míranos». 5 El hombre los
miró fijamente esperando que le dieran algo. 6 Pedro le dijo: «No tengo plata ni oro,
pero te doy lo que tengo: en el nombre de
Jesucristo de Nazaret, levántate y camina».
7 Y tomándolo de la mano derecha, lo levantó; de inmediato, se le fortalecieron los
pies y los tobillos. 8 Dando un salto, se puso
de pie y comenzó a caminar; y entró con
ellos en el Templo, caminando, saltando y

VIVE LA PALABRA

¡Profetas de un mundo mejor!

Este salmo a dos coros es una oración de compromiso que recoge el poderoso discurso que hizo transformar la vida de «miles» de personas (Hch 2 14-47). Rézalo solo/a o, mejor aún, en comunidad.

Todos: Jesús, hermano nuestro y profeta del Reino de Dios,
conviértenos en discípulos que te siguen con pasión,
de los que se comprometen a fondo y entregan su vida,
para ser, junto contigo, profetas de un mundo mejor.

Izquierda	**Derecha**
Somos jóvenes valientes, cristianos de verdad, jóvenes chiflados y apasionados, capaces de saltar a la actividad.	Vamos adonde nos mandes a insertarnos en el mundo llevándole alegría y amistad, somos portadores de la vida y la unidad.
Haznos forjadores del presente, decididos en la lucha contra el mal, que seamos vehículos de diálogo, promotores de comprensión y paz.	Queremos acudir adonde sea y aceptar cualquier tarea, perder angustia y miedos con tal de proclamar tu bondad.
Somos jóvenes siempre nuevos por tu gracia, amor y perdón, queremos ser portadores de tu Buena Nueva de salvación.	Como Iglesia joven de hoy, que se esparce por doquier, laboramos en abrir caminos por donde hacer el bien.
Tratamos de seguirte en firme, vence nuestras debilidades, danos tu fortaleza y mantén en nosotros tu Espíritu.	Queremos comprometernos, ser diferentes y hacer una diferencia, quédate siempre con nosotros y ayúdanos a llevarte a los demás.

Todos: Jesús, hermano nuestro y profeta del Reino de Dios,
conviértenos en discípulos que te siguen con pasión,
de los que se comprometen a fondo y con ardor,
para ser, junto contigo, profetas de un mundo mejor.

Hch 2 14-47

glorificando a Dios. 9 Toda la gente lo vio caminar y alabar a Dios. 10 Reconocieron que
era el mendigo que pedía limosna sentado
a la puerta del Templo llamada «la Hermosa», y quedaron asombrados y llenos de admiración por lo que le había sucedido.

Segundo discurso de Pedro

Ex 3 6.15; Dt 18 15-16.19; Gn 12 3

11 Como él no soltaba a Pedro y a Juan,
todo el pueblo, lleno de asombro, corrió
hacia ellos, que estaban en el pórtico de Salomón. 12 Al ver esto, Pedro dijo al pueblo:
«Israelitas, ¿de qué se asombran? ¿Por qué
nos miran así, como si fuera por nuestro
poder o por nuestra santidad, que hemos
hecho caminar a este hombre? 13 *El Dios de
Abraham, de Isaac y de Jacob, el Dios de nuestros padres, glorificó a su servidor* Jesús, a quien
ustedes entregaron, renegando de él delante
de Pilato, cuando este había resuelto ponerlo en libertad. 14 Ustedes renegaron del Santo y del Justo, y pidiendo como una gracia
la liberación de un homicida, 15 mataron al
autor de la vida. Pero Dios lo resucitó de entre los muertos, de lo cual nosotros somos
testigos. 16 Por haber creído en su Nombre,
ese mismo Nombre ha devuelto la fuerza al
que ustedes ven y conocen. Esta fe que proviene de él, es la que lo ha curado completamente, como ustedes pueden comprobar.
17 Ahora bien, hermanos, yo sé que ustedes
obraron por ignorancia, lo mismo que sus
jefes. 18 Pero así, Dios cumplió lo que había
anunciado por medio de todos los profetas:
que su Mesías debía padecer.

19 Por lo tanto, hagan penitencia y conviértanse, para que sus pecados sean perdonados. 20 Así el Señor les concederá el tiempo
del consuelo y enviará a Jesús, el Mesías destinado para ustedes. 21 Él debe permanecer en
el cielo hasta el momento de la restauración
universal, que Dios anunció antiguamente
por medio de sus santos profetas. 22 Moisés,
en efecto, dijo: *El Señor Dios suscitará para ustedes, de entre sus hermanos, un profeta semejante a mí, y ustedes obedecerán a todo lo que él
les diga.* 23 *El que no escuche a ese profeta será
excluido del pueblo.* 24 Y todos los profetas que
han hablado a partir de Samuel, anunciaron
también estos días. 25 Ustedes son los herederos de los profetas y de la Alianza que
Dios hizo con sus antepasados, cuando dijo
a Abraham: *En tu descendencia serán bendecidos todos los pueblos de la tierra.* 26 Ante todo
para ustedes Dios resucitó a su Servidor, y lo
envió para bendecirlos y para que cada uno
se aparte de sus iniquidades».

EL QUE NO ESCUCHE
A ESE PROFETA SERÁ EXCLUIDO
DEL PUEBLO.
Hch 3 23

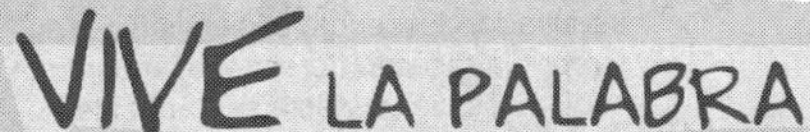

En nombre de Cristo, ¡camina!

Lee Hechos 3 1-10. Después deja que el mendigo te hable al fondo de tu corazón:

Soy Mendi, el mendigo que por mucho tiempo fue a la puerta del Templo a pedir limosna para poder comer, pues mi parálisis me impedía trabajar. Hoy me sucedió algo tan maravilloso que quiero compartirlo contigo para que después tú lo compartas con otros y hagan una gran cadena de liberación. ¡*La verdad es que* jamás pensé recibir este regalo ni que yo pudiera darlo a otros, pero fue así!

Dos personas vinieron y, *en lugar de darme unas monedas*, me sanaron en nombre de Jesús. ¡Qué diferencia hizo esto en mi vida! Estaba paralizado y acostumbrado a depender de los demás. Pero el poder de Jesús me dio fuerzas para caminar. ¡Qué grande es el poder del amor que me dieron esos dos discípulos de Jesús!

Ahora yo te lo doy a ti. No tengo oro ni plata, pero te doy lo que ellos me dieron a mí. En nombre de Jesús Nazareno, ¡camina! ¡Sal del mal que te impide amar de verdad! ¡Ve hacia quien necesita tu saludo y tu sonrisa, entrega el poder del amor a quien carece de él!

Te invito, ¡vale la pena! Como yo, ¡ábrete al amor de Jesús! Como Pedro y Juan, llévalo a los demás. ¡No te quedes paralizado/a dependiendo de que lo hagan otras personas! Jesús ya salió a tu encuentro a través de estas palabras: En nombre de Jesús Nazareno, ¡camina!

Hch 3 1-10

Pedro y Juan ante el Sanedrín

Mt 21 23-27; Lc 12 11-12; Sal 118 22; Hch 5 29-31

4 1 Mientras los Apóstoles hablaban al
pueblo, se presentaron ante ellos los
sacerdotes, el jefe de los guardias del Templo y los saduceos, 2 irritados de que predi-
caran y anunciaran al pueblo la resurrección
de los muertos cumplida en la persona de
Jesús. 3 Estos detuvieron a los Apóstoles y los
encarcelaron hasta el día siguiente, porque
ya era tarde. 4 Muchos de los que habían escuchado la Palabra abrazaron la fe, y así el
número de creyentes, contando solo los
hombres, se elevó a unos cinco mil.
5 Al día siguiente, se reunieron en Jerusalén
los jefes de los judíos, los ancianos y los escribas, 6 con Anás, el Sumo Sacerdote, Caifás,
Juan, Alejandro y todos los miembros de las
familias de los sumos sacerdotes. 7 Hicieron
comparecer a los Apóstoles y los interrogaron: «¿Con qué poder o en nombre de quién
ustedes hicieron eso?». 8 Pedro, lleno del Espíritu Santo, dijo: «Jefes del pueblo y ancianos, 9 ya que hoy se nos pide cuenta del bien
que hicimos a un enfermo y de cómo fue curado, 10 sepan ustedes y todo el pueblo de Israel: este hombre está aquí sano delante de
ustedes por el nombre de nuestro Señor Jesucristo de Nazaret, al que ustedes crucificaron y Dios resucitó de entre los muertos. 11 Él
es *la piedra* que ustedes, *los constructores, han
rechazado, y ha llegado a ser la piedra angular*.
12 Porque en ningún otro hay salvación, ni
existe bajo el cielo otro Nombre dado a los
hombres, por el cual podamos salvarnos».
13 Los miembros del Sanedrín estaban
asombrados de la seguridad con que Pedro y
Juan hablaban, a pesar de ser personas poco
instruidas y sin cultura. Reconocieron que
eran los que habían acompañado a Jesús,
14 pero no podían replicarles nada, porque el
hombre que había sido curado estaba de pie,
al lado de ellos. 15 Entonces les ordenaron salir del Sanedrín y comenzaron a deliberar,
16 diciendo: «¿Qué haremos con estos hombres? Porque no podemos negar que han realizado un signo bien patente, que es notorio
para todos los habitantes de Jerusalén. 17 A fin
de evitar que la cosa se divulgue más entre el
pueblo, debemos amenazarlos, para que de
ahora en adelante no hablen de ese Nombre». 18 Los llamaron y les prohibieron terminantemente que dijeran una sola palabra o
enseñaran en el nombre de Jesús. 19 Pedro y
Juan les respondieron: «Juzguen si está bien a
los ojos del Señor que les obedezcamos a ustedes antes que a Dios. 20 Nosotros no podemos callar lo que hemos visto y oído».

PERSPECTIVA CATÓLICA

¡Yo creo!

Pedro se levanta ante las autoridades y los ancianos incrédulos, y proclama con intrepidez su fe en Jesús como el Mesías, único salvador (Hch 4 5-12). Proclamar la fe es declarar o profesar en voz alta el fundamento que sostiene nuestra relación con Dios.

La primera profesión de fe en tiempos de los Apóstoles fue la exclamación: ¡Jesús es el Mesías, el Señor! (Hch 2 36). Con el tiempo, la Iglesia articuló otras verdades de fe hasta crear una declaración organizada de ellas, que llamamos *Credo*, del latín «creo». En la Eucaristía dominical profesamos este Credo, según fue definido en los concilios de Nicea (325 d.C.) y Constantinopla (381 d.C.), sea en su versión extensa o en una versión abreviada conocida como «Credo de los Apóstoles», el cual te invitamos a profesar ahora fijándote en lo que dices:

> Creo en Dios, Padre Todopoderoso, Creador del cielo y de la tierra. Creo en Jesucristo, su único Hijo, Nuestro Señor, que fue concebido por obra y gracia del Espíritu Santo, nació de Santa María Virgen, padeció bajo el poder de Poncio Pilato, fue crucificado, muerto y sepultado, descendió a los infiernos, al tercer día resucitó de entre los muertos, subió a los cielos y está sentado a la derecha de Dios, Padre Todopoderoso. Desde allí ha de venir a juzgar a vivos y muertos. Creo en el Espíritu Santo, la santa Iglesia católica, la comunión de los santos, el perdón de los pecados, la resurrección de la carne y la Vida eterna. Amén.[1]

¿Cuáles de estas verdades te llenan de paz y cuáles de gozo? ¿Cuáles te desafían más? ¿Podrías expresar estas creencias a personas que no creen en Jesús? Comparte con tu familia o grupo juvenil cómo vives la fe que proclamas en el Credo.

Hch 4 5-12

21 Después de amenazarlos nuevamente,
los dejaron en libertad, ya que no sabían
cómo castigarlos, por temor al pueblo que
alababa a Dios al ver lo que había sucedido. 22 El hombre milagrosamente curado
tenía más de cuarenta años.

La primera persecución contra la Iglesia

Sal 2 1-2; Hch 2 4

23 Una vez en libertad, los Apóstoles regresaron adonde estaban sus hermanos, y
les contaron todo lo que les habían dicho
los sumos sacerdotes y los ancianos. 24 Al
oírlos, todos levantaron la voz y oraron a
Dios unánimemente: «Señor, tú hiciste el
cielo y la tierra, el mar y todo lo que hay en
ellos; 25 tú, por medio del Espíritu Santo,
pusiste estas palabras en labios de nuestro
padre David, tu servidor:

¿Por qué se amotinan las naciones
y los pueblos hacen vanos proyectos?
26 *Los reyes de la tierra se rebelaron*
y los príncipes se aliaron
contra el Señor y contra su Ungido.

27 Porque realmente se aliaron en esta ciudad Herodes y Poncio Pilato con *las naciones* paganas y los *pueblos* de Israel, contra tu
santo servidor Jesús, a quien tú has *ungido*.
28 Así ellos cumplieron todo lo que tu poder
y tu sabiduría habían determinado de antemano. 29 Ahora, Señor, mira sus amenazas, y
permite a tus servidores anunciar tu Palabra
con toda libertad: 30 extiende tu mano para
que se realicen curaciones, signos y prodigios en el nombre de tu santo servidor Jesús». 31 Cuando terminaron de orar, tembló
el lugar donde estaban reunidos; todos quedaron llenos del Espíritu Santo y anunciaban decididamente la Palabra de Dios.

La comunión fraterna de bienes

Hch 2 42-47; 19 17; Lc 12 33; 18 22

32 La multitud de los creyentes tenía un solo corazón y una sola alma. Nadie consideraba sus bienes como propios, sino que todo era común entre ellos. 33 Los Apóstoles
daban testimonio con mucho poder de la resurrección del Señor Jesús y gozaban de gran
estima. 34 Ninguno padecía necesidad, porque todos los que poseían tierras o casas las
vendían 35 y ponían el dinero a disposición
de los Apóstoles, para que se distribuyera a
cada uno según sus necesidades. 36 Y así José,
llamado por los Apóstoles Bernabé —que
quiere decir hijo del consuelo—, un levita
nacido en Chipre 37 que poseía un campo, lo
vendió, y puso el dinero a disposición de los
Apóstoles.

El caso de Ananías y Safira

Jos 7; Lc 22 3; Jn 13 2.27;
Hch 15 10; 1 Cor 10 9; 11 30-32

5 1 Un hombre llamado Ananías, junto
con su mujer, Safira, vendió una propiedad, 2 y de acuerdo con ella, se guardó
parte del dinero y puso el resto a disposición
de los Apóstoles. 3 Pedro le dijo: «Ananías,
¿por qué dejaste que Satanás se apoderara
de ti hasta el punto de engañar al Espíritu

Hechos de los apóstoles de hoy

Entre 1970 y 1990, El Salvador y otros países latinoamericanos vivieron y palparon una réplica de las comunidades cristianas en el siglo I d.C., de las que se decía: ¡Miren cómo se aman!

Las comunidades estaban llenas de vida y alegría, se reunían en torno a la Eucaristía, compartían con sencillez la Palabra de Dios, vivían en solidaridad con sus hermanos y hermanas, y luchaban por la justicia y la paz (Hch 2 46-47). Obispos, sacerdotes, religiosas/os y catequistas, como el arzobispo Óscar Romero, fueron castigados, amenazados, silenciados, y hasta dieron la vida por su fe y su pueblo, firmes en el Señor (5 40-42).

Actualmente, como en otras épocas de la Iglesia, enfrentamos dificultades y situaciones que nos alejan del evangelio de Jesús, a veces sin darnos cuenta. Pero el Espíritu Santo sigue hablando y actuando a través de evangelizadores y catequistas, pequeñas comunidades y grupos de oración, congresos de pastoral e institutos de formación, obras sociales y cooperativas económicas. No vivimos solos ni experimentamos a Dios en la individualidad, por eso es importante valorar el testimonio de tantas personas que hacen presente a Jesús en la sociedad actual.

Y tú, ¿te cuentas entre los apóstoles de hoy? Te invitamos, «la cosecha es abundante, pero los trabajadores son pocos» (Mt 9 37). ¡Únete a un grupo de apostolado juvenil y ayuda a cosechar la obra de Dios en la juventud! ¡Ayuda a crear la Civilización del Amor!

Hch 4 32-36

Santo, guardándote una parte del dinero del
campo? 4 ¿Acaso no eras dueño de quedarte
con él? Y después de venderlo, ¿no podías
guardarte el dinero? ¿Cómo se te ocurrió hacer esto? No mentiste a los hombres sino a
Dios». 5 Al oír estas palabras, Ananías cayó
muerto. Un gran temor se apoderó de todos
los que se enteraron de lo sucedido. 6 Vinieron unos jóvenes, envolvieron su cuerpo y
lo llevaron a enterrar.

7 Unas tres horas más tarde, llegó su mujer, completamente ajena a lo ocurrido. 8 Pedro le preguntó: «¿Es verdad que han vendido el campo en tal suma?». Ella respondió:
«Sí, en esa suma». 9 Pedro le dijo: «¿Por qué
se han puesto de acuerdo para tentar así al
Espíritu del Señor? Mira junto a la puerta las
pisadas de los que acaban de enterrar a tu
marido; ellos también te van a llevar a ti».
10 En ese mismo momento, ella cayó muerta
a sus pies; los jóvenes, al entrar, la encontraron muerta, la llevaron y la enterraron junto a su marido. 11 Un gran temor se apoderó
entonces de toda la Iglesia y de todos los
que oyeron contar estas cosas.

Crecimiento de la Iglesia

Hch 2 42-47; 4 32-35; Mc 6 53-56; Lc 4 40-41; Hch 8 6-8

12 Los Apóstoles hacían muchos signos y
prodigios en el pueblo. Todos solían con-
gregarse unidos en un mismo espíritu, bajo
el pórtico de Salomón, 13 pero ningún otro
se atrevía a unirse al grupo de los Apóstoles, aunque el pueblo hablaba muy bien de
ellos. 14 Aumentaba cada vez más el número
de los que creían en el Señor, tanto hombres como mujeres. 15 Y hasta sacaban a los
enfermos a las calles, poniéndolos en catres
y camillas, para que cuando Pedro pasara,
por lo menos su sombra cubriera a alguno
de ellos. 16 La multitud acudía también de
las ciudades vecinas a Jerusalén, trayendo
enfermos o poseídos por espíritus impuros,
y todos quedaban curados.

Arresto y liberación de los Apóstoles

Hch 4 6; Mt 1 20; Hch 12 7-10; 16 25-26

17 Intervino entonces el Sumo Sacerdote
con todos sus partidarios, los de la secta de
los saduceos. Llenos de envidia, 18 hicieron
arrestar a los Apóstoles y los enviaron a la
prisión pública. 19 Pero durante la noche, el
Ángel del Señor abrió las puertas de la prisión y los hizo salir. Luego les dijo: 20 «Vayan al Templo y anuncien al pueblo todo
lo que se refiere a esta nueva Vida». 21 Los
Apóstoles, obedeciendo la orden, entraron
en el Templo en las primeras horas del día,
y se pusieron a enseñar.

Los Apóstoles ante el Sanedrín

Lc 20 19; 22 2; Mt 27 25; Hch 2 14;
Sal 118 16; Jn 15 26-27; Hch 1 8

Entre tanto, llegaron el Sumo Sacerdote y
sus partidarios, convocaron al Sanedrín y a
todo el Senado del pueblo de Israel, y mandaron a buscarlos a la cárcel. 22 Cuando llegaron los guardias a la prisión, no los encontra-

VIVE LA PALABRA

Corresponsabilidad en la vida de la Iglesia

Lee Hechos 4 32 – 5 11. Nota el contraste entre ambos relatos: en el primero la comunidad pone en común sus bienes para el beneficio de esta; el segundo señala la acción mezquina y deshonesta de la pareja. Todo cristiano está llamado a descubrir, desarrollar y compartir los talentos y dones que Dios le ha dado para colaborar en la misión de la Iglesia y ayudar a perfeccionar el mundo en que vivimos.

El desarrollo de la Iglesia, incluyendo sus diferentes apostolados, la manutención de los agentes de pastoral, el mantenimiento del templo y los edificios en que se sirve a la comunidad, la posibilidad de enseñar, de evangelizar, de acompañar a los enfermos, todos los ministerios de liturgia y de pastoral, son responsabilidad de todos los cristianos. Por eso jóvenes y adultos debemos dar parte de nuestro tiempo, talentos y recursos a nuestra comunidad eclesial.

Al colaborar con tu comunidad te conviertes en parte de esa Iglesia viva, misionera, caminante. Hazlo siempre en agradecimiento a Dios porque todo lo que tienes viene de él. Ser agradecidos nos lleva a ser desprendidos. Conforme pasen los años y madures como cristiano/a, pregúntate: ¿cómo puedo contribuir a la misión de la Iglesia en acción de gracias por todo lo que Dios me ha dado?

Hch 5 1-11

ron. Entonces volvieron y dijeron: [23]«Encontramos la prisión cuidadosamente cerrada y a los centinelas de guardia junto a las puertas, pero cuando las abrimos, no había nadie dentro». [24]Al oír esto, el jefe del Templo y los sumos sacerdotes quedaron perplejos y no podían explicarse qué había sucedido. [25]En ese momento llegó uno, diciendo: «Los hombres que ustedes arrestaron, están en el Templo y enseñan al pueblo».

[26]El jefe de la guardia salió con sus hombres y trajeron a los Apóstoles, pero sin violencia, por temor de ser apedreados por el pueblo. [27]Los hicieron comparecer ante el Sanedrín, y el Sumo Sacerdote les dijo: [28]«Nosotros les habíamos prohibido expresamente predicar en ese Nombre, y ustedes han llenado Jerusalén con su doctrina. ¡Así quieren hacer recaer sobre nosotros la sangre de ese hombre!». [29]Pedro, junto con los Apóstoles, respondió: «Hay que obedecer a Dios antes que a los hombres. [30]El Dios de nuestros padres ha resucitado a Jesús, al que ustedes hicieron morir suspendiéndolo del patíbulo. [31]A él, Dios lo exaltó con su poder, haciéndolo Jefe y Salvador, a fin de conceder a Israel la conversión y el perdón de los pecados. [32]Nosotros somos testigos de estas cosas, nosotros y el Espíritu Santo que Dios ha enviado a los que le obedecen». [33]Al oír estas palabras, ellos se enfurecieron y querían matarlos.

La intervención de Gamaliel

Hch 22 3; 21 38; Lc 13 1-2; Sab 12 13-14; Hch 4 18; Mt 5 10-12; Hch 9 22; 17 3; 18 5.28

[34]Pero un fariseo, llamado Gamaliel, que era doctor de la Ley, respetado por todo el pueblo, se levantó en medio del Sanedrín. Después de hacer salir por un momento a los Apóstoles, [35]dijo a los del Sanedrín: «Israelitas, cuídense bien de lo que van a hacer con esos hombres. [36]Hace poco apareció Teudas, que pretendía ser un personaje, y lo siguieron unos cuatrocientos hombres; sin embargo, lo mataron, sus partidarios se dispersaron, y ya no queda nada. [37]Después de él, en la época del censo, apareció Judas de Galilea, que también arrastró mucha gente: igualmente murió, y todos sus partidarios se dispersaron. [38]Por eso, ahora les digo: No se metan con esos hombres y déjenlos en paz, porque si lo que ellos intentan hacer viene de los hombres, se destruirá por sí mismo, [39]pero si verdaderamente viene de Dios, ustedes no podrán destruirlos y correrán el riesgo de embarcarse en una lucha contra Dios».

Los del Sanedrín siguieron su consejo: [40]llamaron a los Apóstoles, y después de hacerlos azotar, les prohibieron hablar en el nombre de Jesús y los soltaron. [41]Los Apóstoles, por su parte, salieron del Sanedrín, dichosos por haber sido considerados dignos de padecer ultrajes a causa del Nombre de Jesús. [42]Y todos los días, tanto en el Templo como en las casas, no cesaban de enseñar y de anunciar la Buena Noticia de Cristo Jesús.

La institución de los Siete

Hch 2 41; Dt 1 9-14; Ex 18 17-23; Nm 27 16-18; 1 Tim 3 8-10; 4 11; Hch 2 41

6 [1]En aquellos días, como el número de discípulos aumentaba, los helenistas comenzaron a murmurar contra los hebreos porque se desatendía a sus viudas en la dis-

VIVE LA PALABRA

La medida del éxito

El caso. Los discípulos que difunden la buena nueva de Jesucristo son llevados ante el Consejo Judío para que expliquen los motivos y razones de esta obra.

La prueba. Gamaliel, un sabio líder judío, convence al resto de los miembros del Consejo para que no maten a los discípulos, mediante el siguiente razonamiento: si la misión de los discípulos es de Dios, tendrá éxito independientemente de lo que diga el Consejo. Sin embargo, si no es designio de Dios, fracasará y los cristianos terminarán por desaparecer.

La pregunta. Si estuvieras ante un Consejo similar, ¿tu misión pasaría la prueba o fracasaría? Tus palabras y acciones de la semana anterior ¿reflejarían las actitudes, acciones y misión de Jesús?

Tu respuesta.

Hch 5 27-39

tribución diaria de los alimentos. 2 Entonces
los Doce convocaron a todos los discípulos y
les dijeron: «No es justo que descuidemos el
ministerio de la Palabra de Dios para ocu-
parnos de servir las mesas. 3 Es preferible, hermanos, que busquen entre ustedes a siete
hombres de buena fama, llenos del Espíritu
Santo y de sabiduría, y nosotros les encargaremos esta tarea. 4 De esa manera, podremos
dedicarnos a la oración y al ministerio de la
Palabra». 5 La asamblea aprobó esta propuesta y eligieron a Esteban, hombre lleno de fe
y del Espíritu Santo, a Felipe y a Prócoro, a
Nicanor y a Timón, a Pármenas y a Nicolás,
prosélito de Antioquía. 6 Los presentaron a
los Apóstoles, y estos, después de orar, les
impusieron las manos.

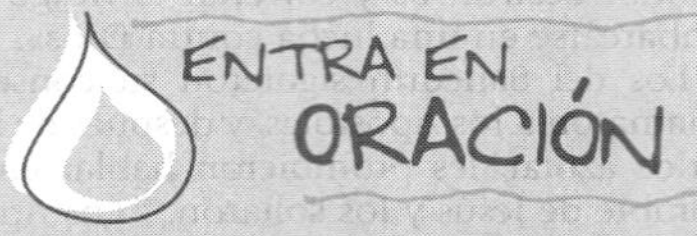

A tu disposición

En ocasiones el camino no es tan agradable como lo era antes, la alegría de servir se ha perdido y el corazón está dolido y desganado. Hay temporadas en que parece que solo recibimos insultos y azotes, y la esperanza se desvanece. Ésos son momentos para clamar el nombre de Jesús, fortalecer nuestra fe y renovar nuestro compromiso permaneciendo confiados a su asistencia.

Señor Jesús,
me pongo a tu disposición,
para el servicio de tu Reino,
para el trabajo que creas conveniente,
para empezar y volver a empezar
cuantas veces sea necesario.

Jesús, quiero contar contigo
como un aliado seguro
que me defienda y me guíe,
sin imponerme qué hacer;
invitándome a colaborar en libertad
como es propio de tu amor.

Señor Jesús, deseo servirte
con lo que tengo, y como soy,
aunque sea débil y te falle,
cuenta conmigo de nuevo,
porque, para mí, poder servirte
es un premio, una bendición.

Por eso hoy me pongo a tu disposición.
Amén.

Hch 5 40-42

HCH

7 Así la Palabra de Dios se extendía cada
vez más, el número de discípulos aumentaba considerablemente en Jerusalén y muchos sacerdotes abrazaban la fe.

El arresto de Esteban

Lc 21 15; Hch 1 8; Mt 2 23; 26 56-61; Lc 4 20

8 Esteban, lleno de gracia y de poder, hacía
grandes prodigios y signos en el pueblo. 9 Algunos miembros de la sinagoga llamada «de
los Libertos», como también otros, originarios de Cirene, de Alejandría, de Cilicia y de
la provincia de Asia, se presentaron para discutir con él. 10 Pero como no encontraban argumentos, frente a la sabiduría y al espíritu
que se manifestaba en su palabra, 11 sobornaron a unos hombres para que dijeran que le
habían oído blasfemar contra Moisés y contra Dios. 12 Así consiguieron excitar al pueblo, a los ancianos y a los escribas, y llegando de improviso, lo arrestaron y lo llevaron
ante el Sanedrín. 13 Entonces presentaron falsos testigos, que declararon: «Este hombre
no hace otra cosa que hablar contra el Lugar
santo y contra la Ley. 14 Nosotros le hemos
oído decir que Jesús de Nazaret destruirá este Lugar y cambiará las costumbres que nos
ha transmitido Moisés». 15 En ese momento,
los que estaban sentados en el Sanedrín tenían los ojos clavados en él y vieron que el
rostro de Esteban parecía el de un ángel.

REFLEXIONA

Inserción en la comunidad de fe

Lee Hechos 6 1-7 y observa cómo la vocación de los diáconos al servicio nació de las necesidades de la comunidad. Entre los cristianos no hay «llanero solitario». La misión de todo sacerdote, diácono, catequista, líder juvenil, profeta..., se caracteriza por estar insertada en una comunidad de fe y en comunión con sus pastores.

¿Por qué toda persona que dice tener una misión o ministerio eclesial debe estar unida al Cuerpo de Cristo? ¿Qué pasa cuando un agente de pastoral carece de una comunidad de fe y rompe la relación con sus pastores?

Hch 6 1-7

Te presentamos a... LOS DIÁCONOS Y SU MINISTERIO

La comunidad eligió a Esteban, Felipe, Nicanor, Prócoro, Timón, Parmenas y Nicolás —«siete hombres de buena fama, llenos del Espíritu Santo y de sabiduría» (Hch 6 3)— para asistir a los Apóstoles en su ministerio. Se les dio el nombre de *diáconos* porque estaban dedicados al servicio de la comunidad, y *diakonía* quiere decir «servicio» en griego.

A partir del Concilio Vaticano II (1962-1965), se restableció al diaconado un carácter permanente, y se invitó a hombres solteros o casados a servir a la Iglesia por medio de él. El día de su ordenación, el obispo consagra al diácono para servir a la comunidad mediante los ministerios de la palabra, la liturgia y la caridad, edificándola y llevándola a la santidad como hizo Jesús.

El diaconado es una hermosa vocación a la que, si eres varón, puedes ser llamado. Si hay un diácono en tu parroquia, pregúntale sobre su ministerio e invítalo a participar en tus actividades juveniles. La Iglesia necesita buenos diáconos, llenos del Espíritu Santo y de sabiduría como aquel primer grupo de los siete.

Hch 6 1-7

El discurso de Esteban

Gn 12 1; 12 7; 15 13-14; Ex 1 8; 2 14; 3 2-10; Dt 18 15; Ex 32 1.23; Am 5 25-27; Is 66 1-2

7 1 El Sumo Sacerdote preguntó a Esteban: «¿Es verdad lo que estos dicen?». 2 Él respondió: «Hermanos y padres,
escuchen: El Dios de la gloria se apareció a
nuestro padre Abraham, cuando aún estaba en la Mesopotamia, antes de establecerse en Jarán, 3 *y le dijo: "Abandona tu tierra natal y la casa de tu padre y ve al país que yo te
indicaré"*. 4 Abraham salió de Caldea para
establecerse en Jarán. Después de la muerte de su padre, Dios le ordenó que se tras-
ladara a este país, donde ustedes ahora
están viviendo. 5 Él no le dio nada en propiedad, ni siquiera un palmo de tierra, pero prometió *darle en posesión este país, a él,
y después de él a sus descendientes*, aunque
todavía *no tenía hijos*. 6 Y Dios le anunció
que *sus descendientes emigrarían a una tierra
extranjera, y serían esclavizados y maltratados
durante cuatrocientos años*. 7 *Pero yo juzgaré al
pueblo que los esclavizará* —dice el Señor— *y
después quedarán en libertad y me tributarán
culto en este mismo* lugar. 8 Le dio luego *la
alianza sellada con la circuncisión* y así *Abraham*, cuando nació su hijo Isaac, *lo circuncidó al octavo día*; Isaac hizo lo mismo con
Jacob, y Jacob con los doce patriarcas.
9 Los patriarcas, *movidos por la envidia,
vendieron a su hermano José para que fuera llevado a Egipto*. Pero *Dios estaba con él* 10 y lo
salvó de todas sus tribulaciones, le dio sabiduría, *y lo hizo grato al Faraón, rey de Egipto, el cual lo nombró gobernador de su país y lo
puso al frente de su casa real*. 11 *Luego sobrevino
una época de hambre* y de extrema miseria *en
toda la tierra de Egipto y de Canaán*, y nuestros padres no tenían qué comer. 12 Jacob, *al
enterarse de que en Egipto había trigo*, decidió
enviar allí a nuestros padres. Esta fue la primera visita. 13 Cuando llegaron por segunda
vez, *José se dio a conocer a sus hermanos*, y el
mismo Faraón se enteró del origen de José.
14 Este mandó llamar a su padre Jacob y a
toda su familia, *unas setenta y cinco personas*.
15 Jacob *se radicó entonces en Egipto, y allí murió*, lo mismo que nuestros padres. 16 *Sus restos fueron trasladados* a Siquem y sepultados
en la tumba que Abraham había comprado por
una suma de dinero *a los hijos de Emor, que
habitaban en Siquem*.
17 Al acercarse el tiempo en que debía cumplirse la promesa que Dios había hecho a
Abraham, el pueblo *creció y se multiplicó* en
Egipto, 18 hasta que *vino un nuevo rey que no*
sabía *nada acerca de José*. 19 Este rey, *empleando
la astucia* contra nuestro pueblo, *maltrató* a
nuestros padres y los obligó a que abando-
naran a sus hijos recién nacidos para que no
sobrevivieran. 20 En ese tiempo nació Moisés,
*que era muy hermoso delante de Dios. Durante
tres meses* fue criado en la casa de su padre, 21 y
al ser abandonado, *la hija del Faraón lo recogió*
y lo crió *como a su propio hijo*. 22 Así Moisés fue
iniciado en toda la sabiduría de los egipcios
y llegó a ser poderoso en palabras y obras.

HCH

23 Al cumplir cuarenta años, sintió un vivo deseo de visitar a *sus hermanos, los israeli-*
tas. 24 Y como vio que maltrataban a uno de
ellos salió en su defensa, y vengó al oprimido *matando al egipcio.* 25 Moisés pensaba que
sus hermanos iban a comprender que Dios,
por su intermedio, les daría la salvación. Pero ellos no lo entendieron así. 26 Al día siguiente sorprendió a dos israelitas que se estaban peleando y trató de reconciliarlos,
diciéndoles: "Ustedes son hermanos, ¿por
qué se hacen daño?". 27 Pero *el que maltrata-*
ba a su compañero rechazó a Moisés y le dijo:
"¿Quién te ha nombrado jefe o árbitro nuestro?
28 *¿Acaso piensas matarme como mataste ayer al*
egipcio?". 29 Al oír esto, Moisés huyó *y fue a*
vivir al país de Madián, donde tuvo dos hijos.
30 Al cabo de cuarenta años *se le apareció un*
ángel en el desierto del monte Sinaí, *en la llama*
de una zarza ardiente. 31 Moisés quedó maravillado ante tal aparición y, *al acercarse para*
ver mejor, oyó la voz del Señor que le decía: 32 *"Yo*
soy el Dios de tus padres, el Dios de Abraham, de
Isaac y de Jacob". Moisés, atemorizado, *no se*
atrevía a mirar. 33 Entonces el Señor le dijo:
"Quítate las sandalias porque estás pisando un
lugar sagrado. 34 *Yo he visto la opresión de mi*
Pueblo que está en Egipto, he oído sus gritos de
dolor, y por eso he venido a librarlos. Ahora pre-
párate, porque he decidido enviarte a Egipto".
35 Y a este Moisés, a quien ellos rechazaron diciendo: *¿Quién te ha nombrado jefe o ár-*
bitro nuestro?, Dios lo envió como jefe y libertador con la ayuda del ángel que se
apareció en la zarza. 36 Él los liberó, obrando
milagros y signos en Egipto, en el mar Rojo y
en el desierto, durante cuarenta años. 37 Y este
mismo Moisés dijo a los israelitas: *Dios sus-*
citará de entre ustedes un profeta semejante a
mí. 38 Y cuando el pueblo estaba *congregado*
en el desierto, él hizo de intermediario en el
monte Sinaí, entre el ángel que le habló y
nuestros padres, y recibió las palabras de vida que luego nos comunicó. 39 Pero nuestros
padres no solo se negaron a obedecerle, sino
que lo rechazaron y, *sintiendo una gran nos-*
talgia por Egipto, 40 dijeron a Aarón: *"Fabríca-*
nos dioses que vayan al frente de nosotros, por-
que no sabemos qué le ha pasado a ese Moisés,
ese hombre que nos hizo salir de Egipto". 41 Entonces, *fabricaron un ternero de oro, ofrecieron*
un sacrificio al ídolo y festejaron la obra de
sus manos. 42 Pero Dios se apartó de ellos y
los entregó al culto de los astros, como está
escrito en el libro de los Profetas:

Mártires de ayer y de hoy

El primer mártir cristiano fue Esteban, quien murió lapidado defendiendo su fe. Fue un momento decisivo para los primeros cristianos. Su muerte marcó el inicio de un período de intensa persecución. Lee Hechos 7 54-60 y Lc 24 33-45 y observa las similitudes entre la muerte de Esteban y la de Jesús. Jesús nos invita al martirio si llega el caso en que tengamos que morir en defensa de nuestra fidelidad a Dios.

¿Se terminaría el cristianismo ante esta violencia? Lucas relata que la muerte de Esteban fortaleció la Iglesia y su sacrificio heroico fue modelo para los cristianos. De hecho, solo los mártires eran considerados santos por la Iglesia hasta la edad media, en que empezó a canonizar personas que dieron testimonio de su fe de otras maneras.

En el siglo XX hubo tantos mártires de distintas iglesias cristianas en el mundo entero, que el papa Juan Pablo II pidió que se elaborara un martirologio ecuménico que mantuviera vivo el testimonio común de cristianos, católicos, ortodoxos y protestantes.[2] Hoy día sigue habiendo personas asesinadas por su fe en Jesús o su defensa del evangelio. De algunos se conoce públicamente su nombre; otros solo viven en la memoria de sus familias y su pueblo.

Esteban era un joven como tú, que murió convencido de que Jesús nos enseñó la mejor manera de vivir. ¿Cuántos jóvenes conoces que se sacrifican en la lucha por los valores del Reino de Dios? ¿Por qué y para qué vives tú? ¿A qué obras o causas entregarías tu vida?

Hch 6 8 – 8 1

Israelitas,
¿acaso ustedes me ofrecieron víctimas
y sacrificios
durante los cuarenta años que estuvieron
en el desierto?
43 *Por el contrario, llevaron consigo*
la tienda de Moloc y la estrella del dios Refán,
esos ídolos que ustedes fabricaron
para adorarlos.
Por eso yo los deportaré más allá de Babilonia.

44 En el desierto, nuestros padres tenían
la Morada del Testimonio. Así lo había dis-

puesto Dios, cuando ordenó a Moisés que la *hiciera conforme al modelo* que había visto. 45 Nuestros padres recibieron como herencia esta Morada y, bajo la guía de Josué, la introdujeron en el país conquistado a los pueblos que Dios iba expulsando a su paso. Así fue hasta el tiempo de David.

46 David, que gozó del favor de Dios, le pidió la gracia de *construir una Morada para* el Dios *de Jacob*. 47 Pero fue *Salomón* el que *le edificó una casa*, 48 si bien es cierto que el Altísimo no habita en casas hechas por la mano del hombre. Así lo dice el Profeta:

49 *El cielo es mi trono,*
y la tierra la tarima de mis pies.
¿Qué casa me edificarán ustedes,
dice el Señor,
o dónde podrá estar mi lugar de reposo?
50 *¿No fueron acaso mis manos*
las que hicieron todas las cosas?

51 ¡Hombres rebeldes, paganos de corazón y cerrados a la verdad! Ustedes siempre resisten al Espíritu Santo y son iguales a sus padres. 52 ¿Hubo algún profeta a quien ellos no persiguieran? Mataron a los que anunciaban la venida del Justo, el mismo que acaba de ser traicionado y asesinado por ustedes, 53 los que recibieron la Ley por intermedio de los ángeles y no la cumplieron».

La lapidación de Esteban

Hch 22 20; Sal 31 5; Lc 23 46

54 Al oír esto, se enfurecieron y rechinaban los dientes contra él. 55 Esteban, lleno del Espíritu Santo y con los ojos fijos en el cielo, vio la gloria de Dios, y a Jesús, que estaba de pie a la derecha de Dios. 56 Entonces exclamó: «Veo el cielo abierto y al Hijo del hombre de pie a la derecha de Dios». 57 Ellos comenzaron a vociferar y, tapándose los oídos, se precipitaron sobre él como un solo hombre; 58 y arrastrándolo fuera de la ciudad, lo apedrearon. Los testigos se quitaron los mantos, confiándolos a un joven llamado Saulo. 59 Mientras lo apedreaban, Esteban oraba, diciendo: «Señor Jesús, recibe mi espíritu». 60 Después, poniéndose de rodillas, exclamó en alta voz: «Señor, no les tengas en cuenta este pecado». Y al decir esto, expiró.

Nueva persecución contra la Iglesia

Hch 9 4; 11 19

8 1 Saulo aprobó la muerte de Esteban. Ese mismo día, se desencadenó una violenta persecución contra la Iglesia de Jerusalén. Todos, excepto los Apóstoles, se dispersaron por las regiones de Judea y Samaría. 2 Unos hombres piadosos enterraron a Esteban y lo lloraron con gran pesar. 3 Saulo, por su parte, perseguía a la Iglesia; iba de casa en casa y arrastraba a hombres y mujeres, llevándolos a la cárcel.

Felipe en Samaría

Hch 11 19; 6 5; 21 6; 2 38; 19 6; Sal 78 37; Dt 29 17

4 Los que se habían dispersado iban por todas partes anunciando la Palabra. 5 Felipe descendió a la ciudad de Samaría y allí predicaba a Cristo. 6 Al oírlo y al ver los milagros que hacía, todos recibían unánimemente las palabras de Felipe. 7 Porque los espíritus impuros, dando grandes gritos, salían de muchos que estaban poseídos, y buen número de paralíticos y lisiados quedaron curados. 8 Y fue grande la alegría de aquella ciudad.

Simón el mago

Hch 13 6-12

9 Desde hacía un tiempo, vivía en esa ciudad un hombre llamado Simón, el cual con sus artes mágicas tenía deslumbrados a los samaritanos y pretendía ser un gran personaje. 10 Todos, desde el más pequeño al más grande, lo seguían y decían: «Este hombre es la Fuerza de Dios, esa que es llamada Grande». 11 Y lo seguían, porque desde hacía tiempo los tenía seducidos con su magia. 12 Pero cuando creyeron a Felipe, que les anunciaba la Buena Noticia del Reino de Dios y el nombre de Jesucristo, todos, hombres y mujeres, se hicieron bautizar. 13 Simón también creyó y, una vez bautizado, no se separaba de Felipe. Al ver los signos y los grandes prodigios que se realizaban, él no salía de su asombro.

14 Cuando los Apóstoles que estaban en Jerusalén oyeron que los samaritanos habían recibido la Palabra de Dios, les enviaron a Pedro y a Juan. 15 Estos, al llegar, oraron por ellos para que recibieran el Espíritu Santo. 16 Porque todavía no había descendido sobre ninguno de ellos, sino que solamente estaban bautizados en el nombre del Señor Jesús. 17 Entonces les impusieron las manos y recibieron el Espíritu Santo.

18 Al ver que por la imposición de las manos de los Apóstoles se confería el Espíritu Santo, Simón les ofreció dinero, 19 diciéndoles: «Les ruego que me den ese poder a mí también, para que aquel a quien yo im-

Te presentamos a...

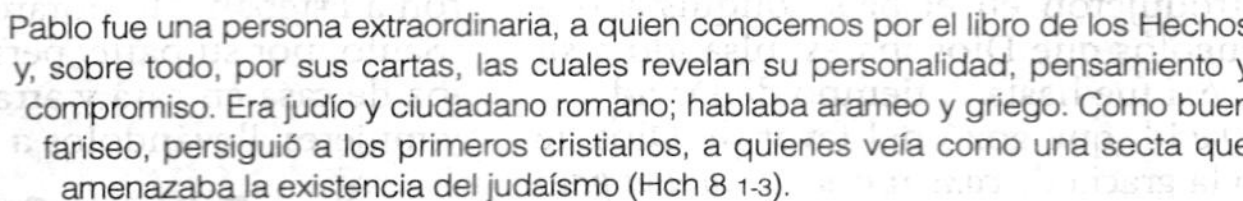

Pablo fue una persona extraordinaria, a quien conocemos por el libro de los Hechos y, sobre todo, por sus cartas, las cuales revelan su personalidad, pensamiento y compromiso. Era judío y ciudadano romano; hablaba arameo y griego. Como buen fariseo, persiguió a los primeros cristianos, a quienes veía como una secta que amenazaba la existencia del judaísmo (Hch 8 1-3).

Dios llamó a Pablo a través de una visión, cuando iba rumbo a Damasco, en persecución de los cristianos (9 1-19). Su conversión fue total y llegó hasta lo más profundo de su ser. A partir de ahí, se centró enteramente en Cristo y su misión, buscando siempre cumplir la voluntad de Dios y convirtiendo su vida en oración constante.

Pablo tuvo un rol muy importante en el desarrollo y expansión inicial de la Iglesia. Fue un gran teólogo que profundizó en el misterio de Jesús, el Cristo, y plasmó un retrato grandioso de su importancia para toda la humanidad. Predicó incansable a Jesús crucificado y resucitado, convencido de que Dios guiaba su vida como apóstol entre los paganos.

Con gran honestidad y rectitud, Pablo siempre actuó de cara a Dios. Discernía entre lo esencial, donde no podía ceder, y lo marginal, en que podía adaptarse para adelantar la causa de Cristo. Se sabía instrumento de Dios y reconocía su debilidad humana; valoraba lo especial de su misión, y predicaba a todas las clases sociales, haciéndose uno con todos; se elevaba extático hasta el tercer cielo, y se preocupaba de detalles de la vida de sus comunidades.

Pablo realizó tres viajes misioneros y uno como prisionero. Predicó en «asambleas» o *ekklesias;* escribió cartas, y vivió en sus comunidades, ganando su pan diario con el trabajo de sus manos. Este hombre santo y genial introdujo una nueva visión en el pensar religioso, que marcó para siempre lo que es el cristianismo. Su lema fue ganar a hombres y mujeres para Cristo, para que experimentaran la profunda alegría de tener a Dios en su vida, la fuerza vivificante del Espíritu y la amistad de Jesús.

Hch 8 1-3

ponga las manos reciba el Espíritu Santo».
20 Pedro le contestó: «Maldito sea tu dinero
y tú mismo, porque has creído que el don
de Dios se compra con dinero. 21 Tú no tendrás ninguna participación en ese poder,
porque tu corazón no es recto a los ojos de
Dios. 22 Arrepiéntete de tu maldad y ora al
Señor: quizá él te perdone este mal deseo
de tu corazón, 23 porque veo que estás sumido en la amargura de la hiel y envuelto
en los lazos de la iniquidad». 24 Simón respondió: «Rueguen más bien ustedes al Señor, para que no me suceda nada de lo que
acabas de decir». 25 Y los Apóstoles, después
de haber dado testimonio y predicado la
Palabra del Señor, mientras regresaban a Jerusalén, anunciaron la Buena Noticia a numerosas aldeas samaritanas.

El bautismo de un etíope

Lc 24 13-35; Is 53 7-8; Mt 28 19; Hch 21 8

26 El Ángel del Señor dijo a Felipe: «Levántate y ve hacia el sur, por el camino que
baja de Jerusalén a Gaza: es un camino desierto». 27 Él se levantó y partió. Un eunuco
etíope, ministro del tesoro y alto funcionario de Candace, la reina de Etiopía, había
ido en peregrinación a Jerusalén 28 y se volvía, sentado en su carruaje, leyendo al profeta Isaías. 29 El Espíritu dijo a Felipe: «Acércate y camina junto a su carro». 30 Felipe se
acercó y, al oír que leía al profeta Isaías, le
preguntó: «¿Comprendes lo que estás leyendo?». 31 Él respondió: «¿Cómo lo puedo
entender, si nadie me lo explica?». Entonces le pidió a Felipe que subiera y se sentara junto a él. 32 El pasaje de la Escritura que
estaba leyendo era el siguiente:

Como oveja fue llevado al matadero;
y como cordero que no se queja
ante el que lo esquila,
así él no abrió la boca.
33 *En su humillación, le fue negada la justicia.*
¿Quién podrá hablar de su descendencia,
ya que su vida es arrancada de la tierra?

34 El etíope preguntó a Felipe: «Dime, por
favor, ¿de quién dice esto el Profeta? ¿De sí
mismo o de algún otro?». 35 Entonces Felipe
tomó la palabra y, comenzando por este

VIVE LA PALABRA

Evangelizar como Felipe

Lee la conversión del etíope en Hechos 8 26-40. Esta fue la primera vez que se anunció el evangelio a un extranjero y el etíope fue el primer cristiano de origen gentil, o sea, no judío.

La fe del etíope dependió de la interacción de tres agentes: él mismo, quien estaba en búsqueda; Felipe, quien le llevó la buena noticia de Jesús resucitado, y el Espíritu Santo, que los reunió y los bendijo. Reflexiona con las siguientes preguntas:

- ¿En qué te pareces al etíope? ¿Qué buscas en tu vida de fe?
- ¿En qué te pareces a Felipe? ¿Cómo compartes la buena nueva de Jesús con otros?
- ¿Qué tan abierto estás a la acción del Espíritu Santo cuando te pide conversión y cuando te impulsa a llevar a Jesús a otros jóvenes?

Al bautizar Felipe al etíope, se derrumbaron barreras geográficas, étnicas y legales. ¡Alaba a Dios por la salvación que Jesús ganó para todos los pueblos de la tierra y pide que te muestre cómo puedes ayudar a llevar la Buena Nueva a otras personas!

Hch 8 26-40

texto de la Escritura, le anunció la Buena
Noticia de Jesús. [36]Siguiendo su camino,
llegaron a un lugar donde había agua, y el
etíope dijo: «Aquí hay agua, ¿qué me impide ser bautizado?». [37]. [38]Y ordenó que detuvieran el carro; ambos descendieron hasta
el agua, y Felipe lo bautizó. [39]Cuando salieron del agua, el Espíritu del Señor arrebató
a Felipe, y el etíope no lo vio más, pero seguía gozoso su camino. [40]Felipe se encontró en Azoto, y en todas las ciudades por
donde pasaba iba anunciando la Buena
Noticia, hasta que llegó a Cesarea.

La vocación de Pablo

Hch 8 3; 22 4-21; 26 2-23; Gal 1 11-17

9 [1]Saulo, que todavía respiraba amenazas de muerte contra los discípulos del
Señor, se presentó al Sumo Sacerdote [2]y le
pidió cartas para las sinagogas de Damasco,
a fin de traer encadenados a Jerusalén a los
seguidores del Camino del Señor que encontrara, hombres o mujeres. [3]Y mientras
iba caminando, al acercarse a Damasco, una
luz que venía del cielo lo envolvió de improviso con su resplandor. [4]Y cayendo en
tierra, oyó una voz que le decía: «Saulo, Saulo, ¿por qué me persigues?». [5]Él preguntó:
«¿Quién eres tú, Señor?». «Yo soy Jesús, a
quien tú persigues —le respondió la voz—.
[6]Ahora levántate, y entra en la ciudad: allí te
dirán qué debes hacer». [7]Los que lo acompañaban quedaron sin palabra, porque oían
la voz, pero no veían a nadie. [8]Saulo se levantó del suelo y, aunque tenía los ojos
abiertos, no veía nada. Lo tomaron de la
mano y lo llevaron a Damasco. [9]Allí estuvo
tres días sin ver, y sin comer ni beber.

El bautismo de Pablo

1 Sm 9 15-17; Hch 9 17; 28 8; 1 Cor 4 9-13;
Hch 22 14; 26 16; 1 Cor 9 1; Tob 11 10-15

[10]Vivía entonces en Damasco un discípulo llamado Ananías, a quien el Señor dijo
en una visión: «¡Ananías!». Él respondió:
«Aquí estoy, Señor». [11]El Señor le dijo: «Ve a
la calle llamada Recta, y busca en casa de Judas a un tal Saulo de Tarso. [12]Él está orando,
y ha visto en una visión a un hombre llamado Ananías, que entraba y le imponía las
manos para devolverle la vista». [13]Ananías
respondió: «Señor, oí decir a muchos que
este hombre hizo un gran daño a tus santos
en Jerusalén. [14]Y ahora está aquí con plenos
poderes de los jefes de los sacerdotes para
llevar presos a todos los que invocan tu
Nombre». [15]El Señor le respondió: «Ve a
buscarlo, porque es un instrumento elegido
por mí para llevar mi Nombre a todas las
naciones, a los reyes y al pueblo de Israel.
[16]Yo le haré ver cuánto tendrá que padecer
por mi Nombre». [17]Ananías fue a la casa, le
impuso las manos y le dijo: «Saulo, hermano mío, el Señor Jesús —el mismo que se te
apareció en el camino— me envió a ti para
que recobres la vista y quedes lleno del Espíritu Santo». [18]En ese momento, cayeron
de sus ojos una especie de escamas y recobró la vista. Se levantó y fue bautizado.
[19]Después comió algo y recobró sus fuerzas.

VIVE LA PALABRA

Saulo, Saulo, ¿por qué me persigues?

La conversión de Pablo es sumamente impactante y significativa. Lee Hechos 9 1-19. Observa cómo Jesús, al preguntarle «Saulo, Saulo, ¿por qué me persigues?» (9 4), le reveló su identificación total con sus discípulos. En este encuentro con Cristo resucitado Pablo experimentó el misterio del cuerpo místico de Jesús, la misteriosa y excepcional manera como Jesús está encarnado en sus seguidores, la cual es fuente de la imagen de la Iglesia como el «Cuerpo místico de Cristo» (ver «Somos el Cuerpo de Cristo», 1 Cor 12 12-30).

Esta experiencia lo convirtió de perseguidor de los cristianos a creyente en Jesucristo y apóstol incansable. Su conversión es tan importante que Lucas la narra tres veces, siempre unida a su misión en pueblos ajenos a Israel, pues desde el principio Jesús lo envió como apóstol de los gentiles (Hch 22 6-16 y 26 9-18).

La conversión de Pablo no es del pecado; consiste en una nueva vivencia de Dios que lo lleva del legalismo fariseo a una relación de amor con Dios y a la misión de edificar la Iglesia. Por eso Pablo decía a los cristianos que aun la persona más dura de corazón puede ser llamada por Dios y tener una misión importante en su plan de salvación.

- ¿Cuál ha sido el encuentro más significativo que has tenido con Jesús? ¿Qué te dijo? ¿Cuál fue tu respuesta?
- ¿Estás consciente de que solo puedes relacionarte bien con Jesús si lo haces también con tus hermanos?
- ¿Formas parte activa en tu comunidad eclesial? ¿Sigue tu comunidad el ejemplo de Pablo?

Hch 9 1-19

HCH

La permanencia de Pablo en Damasco

Gal 1 16-17; Hch 23 12-16; 2 Cor 11 32-33

Saulo permaneció algunos días con los
discípulos que vivían en Damasco, 20 y luego
comenzó a predicar en las sinagogas que Jesús es el Hijo de Dios. 21 Todos los que lo
oían quedaban sorprendidos y decían: «¿No
es este aquel mismo que perseguía en Jerusalén a los que invocan este Nombre, y que
vino aquí para llevarlos presos ante los jefes
de los sacerdotes?». 22 Pero Saulo, cada vez
con más vigor, confundía a los judíos que
vivían en Damasco, demostrándoles que Jesús es realmente el Mesías. 23 Al cabo de un
tiempo, los judíos se pusieron de acuerdo
para quitarle la vida, 24 pero Saulo se enteró
de lo que tramaban contra él. Y como los judíos vigilaban noche y día las puertas de la
ciudad, para matarlo, 25 sus discípulos lo tomaron durante la noche, y lo descolgaron
por el muro, metido en un canasto.

Pablo en Jerusalén

Gal 1 18-19; Hch 4 36-37; 22 17-21;
1 Cor 8 1; Hch 2 41

26 Cuando llegó a Jerusalén, trató de unirse
a los discípulos, pero todos le tenían desconfianza porque no creían que también él fuera
un verdadero discípulo. 27 Entonces Bernabé,
haciéndose cargo de él, lo llevó hasta donde
se encontraban los Apóstoles, y les contó en
qué forma Saulo había visto al Señor en el camino, cómo le había hablado, y con cuánta
valentía había predicado en Damasco en el
nombre de Jesús. 28 Desde ese momento, empezó a convivir con los discípulos en Jerusalén y predicaba decididamente en el nombre
del Señor. 29 Hablaba también con los judíos
de lengua griega y discutía con ellos, pero estos tramaban su muerte. 30 Sus hermanos, al
enterarse, lo condujeron a Cesarea y de allí lo
enviaron a Tarso.

31 La Iglesia, entre tanto, gozaba de paz en
toda Judea, Galilea y Samaría. Se iba conso-
lidando, vivía en el temor del Señor y crecía
en número, asistida por el Espíritu Santo.

Pedro en Lida

Hch 8 25; 3 1-11

32 Pedro, en una gira por todas las ciudades, visitó también a los santos que vivían en
Lida. 33 Allí encontró a un paralítico llamado
Eneas, que estaba postrado en cama desde
hacía ocho años. 34 Pedro le dijo: «Eneas, Jesucristo te devuelve la salud: levántate, y
arregla tú mismo la cama». Él se levantó en-

seguida, 35 y al verlo, todos los habitantes de
Lida y de la llanura de Sarón se convirtieron
al Señor.

Pedro en Jope

Tob 4 7-11; 1 Re 17 19; Mc 5 40-41

36 Entre los discípulos de Jope había una
mujer llamada Tabitá, que quiere decir «gacela». Pasaba su vida haciendo el bien y repartía abundantes limosnas. 37 Pero en esos
días se enfermó y murió. Después de haberla lavado, la colocaron en la habitación
de arriba. 38 Como Lida está cerca de Jope,
los discípulos, enterados de que Pedro estaba allí, enviaron a dos hombres para pedirle que acudiera cuanto antes. 39 Pedro salió
enseguida con ellos. Apenas llegó, lo llevaron a la habitación de arriba. Todas las viudas lo rodearon y, llorando, le mostraban
las túnicas y los abrigos que les había hecho Tabitá cuando vivía con ellas. 40 Pedro
hizo salir a todos afuera, se puso de rodillas
y comenzó a orar. Volviéndose luego hacia
el cadáver, dijo: «Tabitá, levántate». Ella
abrió los ojos y, al ver a Pedro, se incorporó. 41 Él la tomó de la mano y la hizo levantar. Llamó entonces a los hermanos y a las
viudas, y se la devolvió con vida. 42 La noticia se extendió por toda la ciudad de Jope,
y muchos creyeron en el Señor. 43 Pedro permaneció algún tiempo en Jope, en la casa
de un curtidor llamado Simón.

El centurión Cornelio

Hch 10 30-33; Lc 7 2.4-5; 12 33; Hch 3 1; 9 10

10 1 Había en Cesarea un hombre llamado Cornelio, centurión de la cohorte
itálica. 2 Era un hombre piadoso y temeroso
de Dios, lo mismo que toda su familia; hacía abundantes limosnas al pueblo y oraba
a Dios sin cesar. 3 Este hombre tuvo una visión: un día, cerca de las tres de la tarde, vio
claramente al Ángel de Dios que entraba en
su casa y *le decía*: «Cornelio». 4 Este lo miró
lleno de temor, y le preguntó: «¿Qué quieres de mí, Señor?». El Ángel le dijo: «Tus
oraciones y tus limosnas han llegado hasta
Dios y él se ha acordado de ti. 5 Envía ahora algunos hombres a Jope en busca de Simón, llamado Pedro, 6 que se hospeda en la
casa de un tal Simón, un curtidor que vive
a la orilla del mar». 7 En cuanto el Ángel se
alejó, Cornelio llamó a dos de sus servidores y a un soldado piadoso de los que estaban a sus órdenes. 8 Después de haberles
contado lo sucedido, los envió a Jope.

La visión de Pedro

Hch 11 4-8; Lv 11 1-47; Ez 4 14; Mc 7 15-23

9 Al día siguiente, mientras estos se acercaban a la ciudad, Pedro, alrededor del
mediodía, subió a la terraza para orar.
10 Como sintió hambre, pidió de comer.
Mientras le preparaban la comida, cayó en
éxtasis y tuvo una visión: 11 vio que el cielo
se abría y que bajaba a la tierra algo parecido a un gran mantel, sostenido de sus
cuatro puntas. 12 Dentro de él había toda
clase de cuadrúpedos, reptiles y aves del
cielo. 13 Y oyó una voz que le decía: «Vamos, Pedro, mata y come». 14 Pero Pedro
respondió: «De ninguna manera, Señor, yo
nunca he comido nada manchado ni impuro». 15 La voz le habló de nuevo, diciendo: «No consideres manchado lo que Dios
purificó». 16 Esto se repitió tres veces, y luego, todo fue llevado otra vez al cielo.
17 Mientras Pedro, desconcertado, se preguntaba qué podía significar la visión que
acababa de tener, llegaron los hombres enviados por Cornelio. Estos averiguaron
dónde vivía Simón y se presentaron ante la
puerta de la casa. 18 Golpearon y preguntaron si se hospedaba allí Simón, llamado
Pedro. 19 Como Pedro seguía reflexionando
sobre el significado de la visión, el Espíritu
Santo le dijo: «Allí hay tres hombres que te
buscan. 20 Baja y no dudes en irte con ellos,
porque soy yo quien los he enviado». 21 Pedro bajó y se acercó a ellos, diciendo: «Yo
soy el que ustedes buscan. ¿Para qué vinieron?». 22 Ellos respondieron: «El centurión
Cornelio, hombre justo y temeroso de
Dios, que goza de la estima de todos los judíos, recibió de un ángel de Dios la orden
de conducirte a su casa para escuchar tus
palabras». 23 Entonces Pedro los hizo pasar
y les ofreció hospedaje. Al día siguiente, se
puso en camino con ellos, acompañado
por unos hermanos de la ciudad de Jope.

NO CONSIDERES MANCHADO
LO QUE DIOS PURIFICÓ. Hch 10 15

Pedro en Cesarea

Hch 14 13-15; Ap 19 10; Sab 7 1;
Hch 10 15; 11 3.9; 10 1-8; Lc 24 4; Hch 1 10; Mt 4 18

24 Al otro día, llegaron a Cesarea. Cornelio los esperaba, y había reunido a su familia y a sus amigos íntimos. 25 Cuando Pedro
entró, Cornelio fue a su encuentro y se postró a sus pies. 26 Pero Pedro lo hizo levantar,

diciéndole: «Levántate, porque yo no soy más que un hombre». 27 Y mientras seguía conversando con él, entró y se encontró con un grupo numeroso de personas, que estaban reunidas allí. 28 Dirigiéndose a ellas, les dijo: «Ustedes saben que está prohibido a un judío tratar con un extranjero o visitarlo. Pero Dios acaba de mostrarme que no hay que considerar manchado o impuro a ningún hombre. 29 Por eso, cuando ustedes me llamaron, vine sin dudar. Y ahora quisiera saber para qué me llamaron». 30 Cornelio le respondió: «Hace tres días me encontraba orando en mi casa, alrededor de las tres de la tarde, cuando se me apareció un hombre con vestiduras resplandecientes, 31 y me dijo: "Cornelio, tu oración ha sido escuchada y Dios se ha acordado de tus limosnas. 32 Manda a buscar a Simón, llamado Pedro, que está en Jope, a la orilla del mar, en la casa de Simón el curtidor". 33 Enseguida te mandé a buscar y has hecho bien en venir. Ahora estamos reunidos delante de Dios, para escuchar lo que el Señor te ha mandado decirnos».

Discurso de Pedro

Dt 10 17; Gal 2 6; Rom 2 11; Is 52 7; 61 1; Mt 3 16; Hch 2 22; 1 3-4; Lc 24 41-43; Is 33 24; 53 5-6; Jr 31 34

34 Entonces Pedro, tomando la palabra, dijo: «Verdaderamente, comprendo que Dios no hace acepción de personas, 35 y que en cualquier nación, todo el que lo teme y practica la justicia es agradable a él. 36 Él envió su Palabra a los israelitas, *anunciándoles la Buena Noticia de la paz* por medio de Jesucristo, que es el Señor de todos. 37 Ustedes ya saben qué ha ocurrido en toda Judea, comenzando por Galilea, después del bautismo que predicaba Juan: 38 cómo *Dios ungió* a Jesús de Nazaret *con el Espíritu Santo,* llenándolo de poder. Él pasó haciendo el bien y curando a todos los que habían caído en poder del demonio, porque Dios estaba con él. 39 Nosotros somos testigos de todo lo que hizo en el país de los judíos y en Jerusalén. Y ellos lo mataron, suspendiéndolo de un patíbulo. 40 Pero Dios lo resucitó al tercer día y le concedió *que se manifestara,* 41 *no* a todo el *pueblo, sino* a testigos elegidos de antemano por Dios: a nosotros, que comimos y bebimos con él, después de su resurrección. 42 Y nos envió a predicar al pueblo, y a atestiguar que él fue constituido por Dios Juez de vivos y muertos. 43 Todos los profetas dan testimonio de él, declarando que los que creen en él reciben el perdón de los pecados, en virtud de su Nombre».

El bautismo de los primeros paganos

Hch 11 15; 15 18; Mc 16 17; Hch 2 4.11.17; 8 36

44 Mientras Pedro estaba hablando, el Espíritu Santo descendió sobre todos los que escuchaban la Palabra. 45 Los fieles de origen judío que habían venido con Pedro quedaron maravillados al ver que el Espíritu Santo era derramado también sobre los paganos. 46 En efecto, los oían hablar diversas lenguas y proclamar la grandeza de Dios. Pedro dijo: 47 «¿Acaso se puede negar el agua del bautismo a los que recibieron el Espíritu Santo como nosotros?». 48 Y ordenó que fueran bautizados en el nombre del Señor Jesucristo. Entonces le rogaron que se quedara con ellos algunos días.

Católica significa «universal»

Como la fe en Jesús y los primeros cristianos provenían del judaísmo, pensaban que la salvación era solo para los judíos que creyeran en Cristo Jesús. Dios le reveló a Pedro, por medio de una visión, que en su plan de salvación no hay personas impuras o profanas, como veían los judíos a los gentiles, sino que él ama y concede el Espíritu Santo a todos por igual (Hch 10 1-48).

Nuestra Iglesia se llama a sí misma *católica*, que significa «universal», para enfatizar que la salvación traída por Cristo y la infusión del Espíritu Santo son para todas las naciones, razas y grupos sociales (vv. 34.44-48). Ora para que Dios te conceda un corazón realmente universal:

Señor, al igual que a Pedro, me pides que agrande mi zona de comodidad y amplíe el círculo de gente con quien me relaciono.

Quieres que trate como hermanos y hermanas a personas diferentes a mí, en su piel, su manera de vivir, su forma de hablar o de vestir y sus creencias. Envía a tu Espíritu, para que ilumine mis prejuicios y me ayude a aceptar bien a personas con quienes ahora me cuesta trabajo relacionarme. Amén.

Hch 10 1-48

El informe de Pedro a la Iglesia de Jerusalén

Hch 10 1-48; Gal 2 12; Hch 1 5

11 1 Los Apóstoles y los hermanos de Judea se enteraron de que también los paganos habían recibido la Palabra de Dios. 2 Y cuando Pedro regresó a Jerusalén, los creyentes de origen judío lo interpelaron, 3 diciéndole: «¿Cómo entraste en la casa de gente no judía y comiste con ellos?». 4 Pedro comenzó a contarles detalladamente lo que había sucedido: 5 «Yo estaba orando en la ciudad de Jope, cuando caí en éxtasis y tuve una visión. Vi que bajaba del cielo algo parecido a un gran mantel, sostenido de sus cuatro puntas, que vino hasta mí. 6 Lo miré atentamente y vi que había en él cuadrúpedos, animales salvajes, reptiles y aves. 7 Y oí una voz que me dijo: "Vamos, Pedro, mata y come". 8 "De ninguna manera, Señor —respondí—, yo nunca he comido nada manchado ni impuro". 9 Por segunda vez, oí la voz del cielo que me dijo: "No consideres manchado lo que Dios purificó". 10 Esto se repitió tres veces, y luego, todo fue llevado otra vez al cielo. 11 En ese momento, se presentaron en la casa donde estábamos tres hombres que habían sido enviados desde Cesarea para buscarme. 12 El Espíritu Santo me ordenó que fuera con ellos sin dudar. Me acompañaron también los seis hermanos aquí presentes y llegamos a la casa de aquel hombre. 13 Este nos contó en qué forma se le había aparecido un ángel, diciéndole: "Envía a alguien a Jope, a buscar a Simón, llamado Pedro. 14 Él te anunciará un mensaje de salvación para ti y para toda tu familia". 15 Apenas comencé a hablar, el Espíritu Santo descendió sobre ellos, como lo hizo al principio sobre nosotros. 16 Me acordé entonces de la Palabra del Señor: "Juan bautizó con agua, pero ustedes serán bautizados en el Espíritu Santo". 17 Por lo tanto, si Dios les dio a ellos la misma gracia que a nosotros, por haber creído en el Señor Jesucristo, ¿cómo podía yo oponerme a Dios?». 18 Después de escuchar estas palabras, se tranquilizaron y alabaron a Dios, diciendo: «También a los paganos Dios les ha concedido el don de la conversión que conduce a la Vida».

La fundación de la Iglesia de Antioquía

Hch 8 1-4; 13 1-3; 14 26-28; 15 35-36; Jn 7 35; Hch 9 30; 26 28; 1 Pe 4 16

19 Mientras tanto, los que se habían dispersado durante la persecución que se desató a causa de Esteban, llegaron hasta Fenicia, Chipre y Antioquía, y anunciaban la Palabra únicamente a los judíos. 20 Sin embargo, había entre ellos algunos hombres originarios de Chipre y de Cirene que, al llegar a Antioquía, también anunciaron a los paganos la Buena Noticia del Señor Jesús. 21 La mano del Señor los acompañaba y muchos creyeron y se convirtieron. 22 Al enterarse de esto, la Iglesia de Jerusalén envió a Bernabé a Antioquía. 23 Cuando llegó y vio la gracia que Dios les había concedido, él se alegró mucho y exhortaba a todos a permanecer fieles al Señor con un corazón firme. 24 Bernabé era un hombre bondadoso, lleno del Espíritu Santo y de mucha fe. Y una gran multitud adhirió al Señor. 25 Entonces partió hacia Tarso en busca de Saulo, 26 y cuando lo encontró, lo llevó a Antioquía. Ambos vivieron todo un año en esa Iglesia y enseñaron a mucha gente. Y fue en Antioquía donde por primera vez los discípulos recibieron el nombre de «cristianos».

Bernabé y Pablo en Jerusalén

Hch 13 1; 15 32; 19 6; 21 9-10; 9 26-30; Gal 1 18; 2 1

27 En esos días, unos profetas llegaron de Jerusalén a Antioquía. 28 Uno de ellos, llamado Agabo, movido por el Espíritu, se levantó y anunció que el hambre asolaría toda la tierra. Esto ocurrió bajo el reinado de Claudio. 29 Los discípulos se decidieron a enviar una ayuda a los hermanos de Judea, cada uno según sus posibilidades. 30 Y así lo hicieron, remitiendo las limosnas a los presbíteros por intermedio de Bernabé y de Saulo.

La persecución de Herodes y el arresto de Pedro

Mt 4 21; Sant 5 16; Hch 15 13; 5 18-19

12 1 Por aquel entonces, el rey Herodes hizo arrestar a algunos miembros de la Iglesia para maltratarlos. 2 Mandó ejecutar a Santiago, hermano de Juan, 3 y al ver que esto agradaba a los judíos, también hizo arrestar a Pedro. Eran los días de «los panes Ácimos». 4 Después de arrestarlo, lo hizo encarcelar, poniéndolo bajo la custodia de cuatro relevos de guardia, de cuatro soldados cada uno. Su intención era hacerlo comparecer ante el pueblo después de la Pascua. 5 Mientras Pedro estaba bajo custodia en la prisión, la Iglesia no cesaba de orar a Dios por él.

VIVE LA PALABRA

Ser cristiano hoy

En Antioquía, por primera vez, dieron el nombre de «cristianos» a la comunidad de fe que seguía las enseñanzas de Jesús, el Cristo, del griego *christós*, «ungido» (Hch 11 26). Identificarse con Jesús es el gran ideal de los cristianos. Examina las cuatro características principales del/de la discípulo/a de Jesús.

1. Tiene una profunda relación con Jesús; se deja amar, guiar y apoyar por él, y corresponde a su amor siguiendo sus enseñanzas.
2. Procura ver la vida y el mundo bajo la perspectiva de Jesús, y llevar un estilo de vida basado en el evangelio.
3. Se mantiene unido/a a la comunidad eclesial para celebrar la fe y apoyarse mutuamente en la vida cristiana.
4. Asume la misión de Jesús para ayudar activamente a crear un mundo dirigido por el amor, la verdad, la libertad, la justicia y la paz.

Ahora reflexiona:

- ¿Cuál de estas cuatro características te atrae más? ¿Por qué?
- ¿Cuál es más urgente en nuestra sociedad?
- ¿En cuál necesitas esforzarte más?
- ¿Qué debes hacer para ser mejor discípulo/a de Jesús?

Hch 11 26

La liberación milagrosa de Pedro

Hch 5 23; Mt 1 20; Hch 5 19; 12 25; 13 5.13; 15 37-39; Gal 2 7; 1 Cor 9 5; Hch 5 22-24

6 La noche anterior al día en que Herodes pensaba hacerlo comparecer, Pedro dormía entre dos soldados, atado con dos cadenas, y los otros centinelas vigilaban la puerta de la prisión. 7 De pronto, apareció el Ángel del Señor y una luz resplandeció en el calabozo. El Ángel sacudió a Pedro y lo hizo levantar, diciéndole: «¡Levántate rápido!». Entonces las cadenas se le cayeron de las manos. 8 El Ángel le dijo: «Tienes que ponerte el cinturón y las sandalias», y Pedro lo hizo. Después le dijo: «Cúbrete con el manto y sígueme». 9 Pedro salió y lo seguía; no se daba cuenta de que era cierto lo que estaba sucediendo por intervención del Ángel, sino que creía tener una visión. 10 Pasaron así el primero y el segundo puesto de guardia, y llegaron a la puerta de hierro que daba a la ciudad. La puerta se abrió sola delante de ellos. Salieron y anduvieron hasta el extremo de una calle, y enseguida el Ángel se alejó de él.

11 *Pedro, volviendo en sí, dijo:* «Ahora sé que realmente el Señor envió a su Ángel y me libró de las manos de Herodes y de todo cuanto esperaba el pueblo judío». 12 Y al advertir lo que le había sucedido, se dirigió a la casa de María, la madre de Juan, llamado Marcos, donde un grupo numeroso se hallaba reunido en oración. 13 Cuando golpeó la puerta de calle, acudió una sirvienta llamada Rosa; 14 esta, al reconocer su voz, se alegró tanto, que en lugar de abrir, entró corriendo a anunciar que Pedro estaba en la puerta. 15 «Estás loca», le respondieron. Pero ella insistía que era verdad. Ellos le dijeron: «Será su ángel». 16 Mientras tanto, Pedro seguía llamando. Cuando abrieron y vieron que era él, no salían de su asombro. 17 Pedro les hizo señas con la mano para que se callaran, y les relató cómo el Señor lo había sacado de la cárcel, añadiendo: «Hagan saber esto a Santiago y a los hermanos». Y saliendo de allí, se fue a otro lugar.

18 Cuando amaneció, se produjo un gran alboroto entre los soldados, porque no podían explicarse qué había pasado con Pedro. 19 Herodes lo hizo buscar, pero como no lo encontraron, después de haber interrogado a los guardias, dio orden de ejecutarlos. Luego descendió de Judea a Cesarea, y permaneció allí.

La muerte de Herodes

Hch 12 1; Ez 28 2; Dn 5 20

20 Herodes estaba en grave conflicto con los habitantes de Tiro y Sidón. Estos se pusieron de acuerdo para ir a verlo, y después de haberse conquistado a Blasto, el camarero del rey, solicitaron la reconciliación, ya

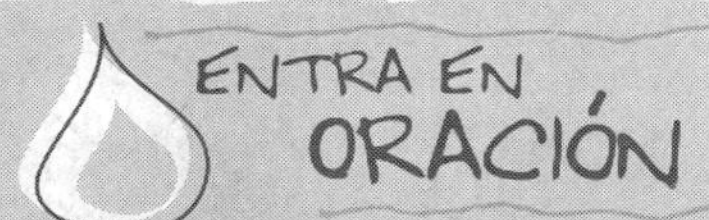

Oremos por nuestros agentes de pastoral

Cuando una persona recibe la misión de proclamar el evangelio de Jesús y edificar la comunidad eclesial, se transforma en agente de pastoral. Un agente de pastoral tiene a Cristo como centro de su acción evangelizadora, cuida de ser siempre fiel a su mensaje sin desfigurarlo para el provecho propio o para ganar seguidores personales. Muchos agentes de pastoral se juegan la vida como Pedro (Hch 12 1-3) y la Iglesia siempre ora para que Dios los guíe, ilumine con el buen consejo y mantenga encendido en ellos el fervor del servicio a la comunidad. Haz tú esta pequeña oración:

¡Ven, Espíritu Santo! Guía a todos los agentes de pastoral quienes están viviendo el ministerio de Jesús, buen Pastor, sean sacerdotes, diáconos, familias, catequistas, líderes juveniles, personas consagradas, hacia la verdad y la generosidad para servir a nuestra comunidad como tú deseas. Fortalécelos ante los desafíos que enfrentan al llevar tu mensaje a otras personas y dales sabiduría para resolver conflictos en la comunidad y unir esfuerzos para construir el Reino de Dios.

¡Ven, Espíritu Santo! Santifica a nuestros líderes con tu gracia y ayúdalos a dar buen ejemplo al pueblo. Desata de ellos el miedo, la apatía y la pereza, para que lleven tu amor liberador a las personas que pones en su camino. Amén.

Hch 12 6-18

que importaban sus víveres del territorio del
rey. 21 El día fijado, Herodes se sentó en su
trono con la vestidura real y les dirigió la palabra. 22 El pueblo comenzó a gritar: «¡Es un
dios el que habla, no un hombre!». 23 Pero
en ese mismo instante, el Ángel del Señor lo
hirió, por no haber dado gloria a Dios, y
Herodes murió carcomido por los gusanos.

El regreso de Bernabé y Pablo a Antioquía

Hch 6 7; 19 20; 11 29-30; 12 12

24 Mientras tanto, la Palabra de Dios se
difundía incesantemente. 25 Bernabé y Saulo, una vez cumplida su misión, volvieron
de Jerusalén a Antioquía, llevando consigo
a Juan, llamado Marcos.

LA EVANGELIZACIÓN DEL MUNDO PAGANO

EL PRIMER VIAJE MISIONERO DE PABLO

La misión de Pablo y Bernabé

Hch 11 27; 1 Cor 12 28; Ef 4 11; Hch 9 15; Gal 1 15-16; Hch 14 26; Hch 15 39

13 1 En la Iglesia de Antioquía había
profetas y doctores, entre los cuales
estaban Bernabé y Simeón, llamado el Negro, Lucio de Cirene, Manahén, amigo de
infancia del tetrarca Herodes, y Saulo. 2 Un
día, mientras celebraban el culto del Señor
y ayunaban, el Espíritu Santo les dijo: «Re-
sérvenme a Saulo y a Bernabé para la obra
a la cual los he llamado». 3 Ellos, después
de haber ayunado y orado, les impusieron
las manos y los despidieron. 4 Saulo y Bernabé, enviados por el Espíritu Santo, fueron a Seleucia y de allí se embarcaron para
Chipre. 5 Al llegar a Salamina anunciaron
la Palabra de Dios en las sinagogas de los
judíos, y Juan colaboraba con ellos.

El mago Elimas

Hch 12 12; 8 9-25; 2 Tim 3 8; Prov 10 9

6 Recorrieron toda la isla y llegaron hasta
Pafos, donde encontraron a un mago judío
llamado Barjesús, que se hacía pasar por
profeta 7 y estaba vinculado al procónsul
Sergio Pablo, hombre de gran prudencia.
Este hizo llamar a Bernabé y a Saulo, porque deseaba escuchar la Palabra de Dios.
8 Pero los discípulos chocaron con la oposición de Barjesús —llamado Elimas, que significa «mago»—, el cual quería impedir que
el procónsul abrazara la fe. 9 Saulo, llamado
también Pablo, lleno del Espíritu Santo,
clavó los ojos en él, 10 y le dijo: «Hombre
falso y lleno de maldad, hijo del demonio,
enemigo de la justicia, ¿cuándo dejarás de
torcer los rectos caminos del Señor? 11 Ahora la mano del Señor va a caer sobre ti: quedarás ciego y privado por un tiempo de la
luz del sol». En ese mismo momento, se vio
envuelto en oscuridad y tinieblas, y andaba
a tientas buscando a alguien que le tendie-
ra la mano. 12 Al ver lo que había sucedido,
el procónsul, profundamente impresionado por la doctrina del Señor, abrazó la fe.

VIVE LA PALABRA

El Espíritu Santo y la comunidad eclesial

Al representar al Espíritu Santo con el símbolo de una paloma, a veces pasamos por alto que él es quien reúne, vivifica, dirige y envía a la comunidad eclesial. La Iglesia existe por el Espíritu Santo, quien nos une a Cristo de manera íntima y nos convierte en su cuerpo activo en la historia.

¡Los cristianos formamos la Iglesia! ¡Somos su cuerpo! No vamos al templo por propia iniciativa; el Espíritu Santo nos llama, nos lleva y nos reúne como comunidad. Él es el primero que actúa; nosotros actuamos movidos por él y celebramos su acción santificadora por medio de los sacramentos.

Lee Hechos 13 1-5. Observa cómo, mientras la Iglesia de Antioquía celebraba la liturgia del Señor, el Espíritu Santo les comunicó su deseo de enviar a Saulo y a Bernabé a la misión. La Iglesia allí reunida les impuso las manos como aprobación y participación en este envío.

La misión siempre nace como un llamado del Espíritu Santo y es ratificada por la comunidad. Jesús te ha elegido como a uno/a de sus discípulos y te ha encomendado una misión desde que fuiste bautizado/a. El Espíritu Santo te invita a que seas protagonista en la construcción de la Civilización del Amor. ¿Has descubierto ya tu misión particular en esta etapa de la vida? ¿Cómo reconoce la comunidad esta misión y cómo te apoya para cumplirla?

Si no participas en una comunidad de fe, únete a ella en tu parroquia. Si ya lo haces, ¡invita a otros jóvenes a integrarse!

Hch 13 1-3

La llegada a Antioquía de Pisidia

Hch 15 37-39

13 Desde Pafos, donde se embarcaron, Pablo y sus compañeros llegaron a Perge de
Panfilia. Juan se separó y volvió a Jerusalén,
14 pero ellos continuaron su viaje, y de Perge
fueron a Antioquía de Pisidia. El sábado entraron en la sinagoga y se sentaron. 15 Después de la lectura de la Ley y de los Profetas,
los jefes de la sinagoga les mandaron a decir: «Hermanos, si tienen que dirigir al pueblo alguna exhortación, pueden hablar».

Discurso de Pablo

Lc 4 16-22; Sal 89 21; 1 Sm 13 14;
Sal 2 7; Is 55 3; Sal 16 10; Hab 1 5

16 Entonces Pablo se levantó y, pidiendo
silencio con un gesto, dijo: «Escúchenme,
israelitas y todos los que temen a Dios. 17 El
Dios de este Pueblo, el Dios de Israel, eligió
a nuestros padres y los convirtió en un gran
Pueblo, cuando todavía vivían como extranjeros en Egipto. Luego, con el poder de
su brazo, *los hizo salir de allí* 18 *y los cuidó*
durante cuarenta años *en el desierto.* 19 Después, *en el país de Canaán, destruyó a siete na-*
ciones y les dio en posesión sus tierras, 20 al cabo de unos cuatrocientos cincuenta años. A
continuación, les dio Jueces hasta el profeta Samuel. 21 Pero ellos pidieron un rey y
Dios les dio a Saúl, hijo de Quis, de la tribu
de Benjamín, por espacio de cuarenta años.
22 Y cuando Dios desechó a Saúl, les suscitó
como rey a David, de quien dio este testimonio: *He encontrado en David,* el hijo de
Jesé, *a un hombre conforme a mi corazón que*
cumplirá siempre mi voluntad. 23 De la descendencia de David, como lo había prometido, Dios hizo surgir para Israel un Salvador, que es Jesús. 24 Como preparación a su
venida, Juan había predicado un bautismo
de penitencia a todo el pueblo de Israel. 25 Y
al final de su carrera, Juan decía: "Yo no soy
el que ustedes creen, pero sepan que después de mí viene aquel a quien yo no soy
digno de desatar las sandalias".

26 Hermanos, este mensaje de salvación
está dirigido a ustedes: los descendientes
de Abraham y los que temen a Dios. 27 En
efecto, la gente de Jerusalén y sus jefes no
reconocieron a Jesús, ni entendieron las
palabras de los profetas que se leen cada
sábado, pero las cumplieron sin saberlo,
condenando a Jesús. 28 Aunque no encontraron nada en él que mereciera la muerte,
pidieron a Pilato que lo condenara. 29 Después de cumplir todo lo que estaba escrito
de él, lo bajaron del patíbulo y lo pusieron
en el sepulcro. 30 Pero Dios lo resucitó de
entre los muertos 31 y durante un tiempo se

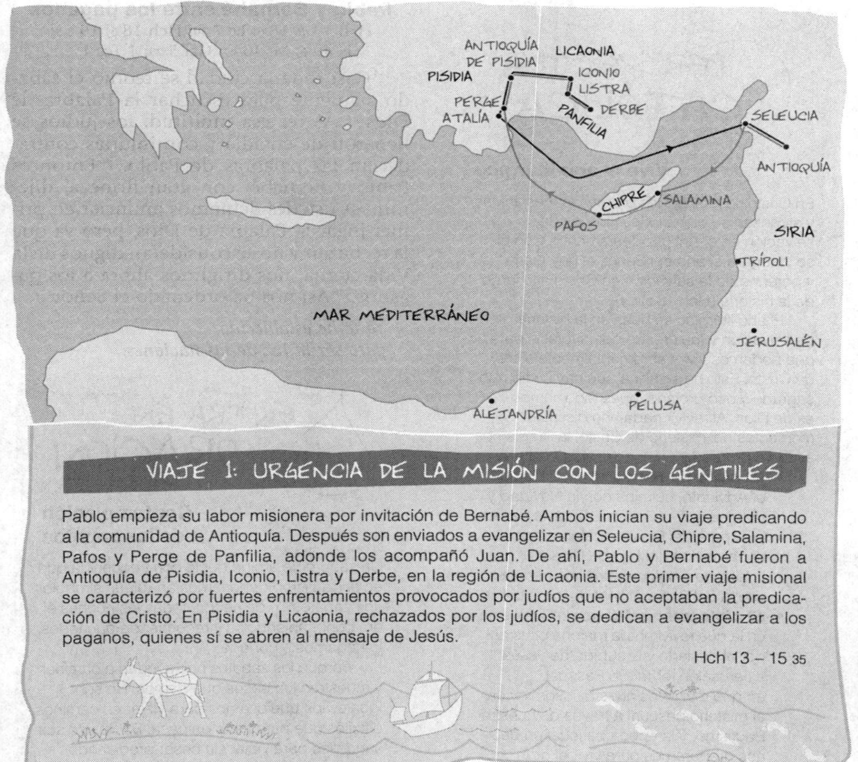

VIAJE 1: URGENCIA DE LA MISIÓN CON LOS GENTILES

Pablo empieza su labor misionera por invitación de Bernabé. Ambos inician su viaje predicando a la comunidad de Antioquía. Después son enviados a evangelizar en Seleucia, Chipre, Salamina, Pafos y Perge de Panfilia, adonde los acompañó Juan. De ahí, Pablo y Bernabé fueron a Antioquía de Pisidia, Iconio, Listra y Derbe, en la región de Licaonia. Este primer viaje misional se caracterizó por fuertes enfrentamientos provocados por judíos que no aceptaban la predicación de Cristo. En Pisidia y Licaonia, rechazados por los judíos, se dedican a evangelizar a los paganos, quienes sí se abren al mensaje de Jesús.

Hch 13 – 15 35

apareció a los que habían subido con él de
Galilea a Jerusalén, los mismos que ahora
son sus testigos delante del pueblo.
32 Y nosotros les anunciamos a ustedes
esta Buena Noticia: la promesa que Dios
hizo a nuestros padres 33 fue cumplida por
él en favor de sus hijos, que somos nosotros, resucitando a Jesús, como está escrito
en el Salmo segundo: *Tú eres mi Hijo; yo te
he engendrado hoy*. 34 Que Dios lo ha resucitado de entre los muertos y que no habrá
de someterse a la corrupción, es lo que el
mismo Dios ha declarado diciendo: *Cumpliré las santas promesas hechas a David,
aquellas que no pueden fallar*. 35 Por eso también dice en otro pasaje: *No permitirás que
tu Santo sufra la corrupción*. 36 Sin embargo,
David, después de haber cumplido la voluntad de Dios en su tiempo, murió, fue a
reunirse con sus padres y *sufrió la corrupción*. 37 Pero aquel a quien Dios resucitó *no
sufrió la corrupción*.
38 Ustedes deben saber que el perdón de
los pecados les ha sido anunciada por él. Y la
justificación que ustedes no podían alcanzar
por la Ley de Moisés, gracias a él, 39 la alcanza todo el que cree. 40 Tengan cuidado de que
no les suceda lo que dijeron los profetas:

41 *¡Ustedes, los que desprecian,*
llénense de estupor y ocúltense!
Porque en estos días voy a realizar algo,
que si alguien lo contara
no lo podrían creer».

42 A la salida, les pidieron que retomaran
el mismo tema el sábado siguiente.
43 Cuando se disolvió la asamblea, muchos
judíos y prosélitos que adoraban a Dios si-

HCH

PERSPECTIVA CATÓLICA

Vive el año litúrgico

En Cristo se realizan las promesas mesiánicas y alcanzan su plenitud los hechos de salvación en el Antiguo Testamento. Con él se inaugura el año del Señor, el hoy diario y perenne de la salvación en Cristo a lo largo de la historia (Hch 13 32-33).

El año litúrgico se basa en la historia de salvación y fue creado por la Iglesia para que podamos vivir sacramentalmente el hoy de Cristo. Esto no significa que hay un tiempo sagrado y otro profano, pues todo tiempo es de Dios. Al revivir cada año distintos momentos del misterio de Cristo, la liturgia nos ayuda a progresar en nuestra vida cristiana:

- ***El ciclo de Navidad*** empieza con el Adviento, culmina con la Navidad y termina con la Epifanía. En él revivimos la espera del Mesías, celebramos la encarnación del Hijo de Dios en la historia y nos preparamos para la vuelta del Señor al final de los tiempos.
- ***El ciclo pascual*** abarca la Cuaresma, en la que revivimos la marcha de Israel por el desierto y la subida de Jesús a Jerusalén; el Triduo Pascual, en que revivimos nuestra inserción en el misterio pascual a través de nuestro Bautismo, y la época pascual en que nos preparamos para vivir el gran Domingo de Pentecostés. En este ciclo de 50 días, celebramos la Pascua, la Ascensión y Pentecostés, que son un mismo misterio.
- ***El tiempo ordinario*** inicia después de Pentecostés y cubre el resto del año. En él, movidos por el Espíritu Santo y alimentados por la palabra, seguimos construyendo el Reino de Cristo, hasta que vuelva, y celebramos a los santos que dieron testimonio de esto.

Para actualizar el misterio de Cristo, la Iglesia ha organizado la Palabra de Dios de modo que la celebración eucarística dominical nos ayude a revivirlo año tras año (ver «Leccionario», *pp. 18 y 1753-1755).*

Hch 13 32-33

guieron a Pablo y a Bernabé. Estos conversaban con ellos, exhortándolos a permanecer fieles a la gracia de Dios.

Pablo y Bernabé entre los paganos

Hch 14 2; 18 6; Lc 7 30; Hch 18 6; 19 8-9; Is 49 6; Mt 10 14; Gal 5 22; 1 Tes 1 6

44 Casi toda la ciudad se reunió el sábado siguiente para escuchar la Palabra de
Dios. 45 Al ver esa multitud, los judíos se
llenaron de envidia y con injurias contradecían las palabras de Pablo. 46 Entonces
Pablo y Bernabé, con gran firmeza, dijeron: «A ustedes debíamos anunciar en primer lugar la Palabra de Dios, pero ya que
la rechazan y no se consideran dignos de la
Vida eterna, nos dirigimos ahora a los paganos. 47 Así nos ha ordenado el Señor:

Yo te he establecido
para ser la luz de las naciones,

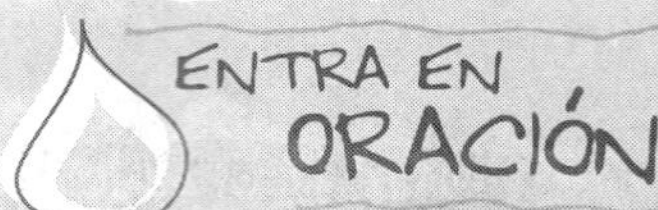

Contemplación de los zapatos

Un sacerdote amigo decía con frecuencia que en el Bautismo deberíamos añadir un símbolo: ¡los zapatos! Y, de hecho, todas las noches él ora contemplándolos y recomienda que todos lo hagamos. ¿Por qué?

Porque los zapatos nos ayudan a caminar y muestran los pasos que damos. No son iguales los que usamos para viajar en caminos difíciles que para estar en casa. Pablo usó sus sandalias para viajar sin cesar predicando el evangelio, pero también se detuvo a crear comunidades, a las cuales acompañó en su desarrollo asegurándose de que las enseñanzas de Jesús fueran comprendidas y transmitidas bien, aconsejándolas, corrigiendo sus errores y motivándolas a serle fiel al Maestro.

Pablo usó bien sus zapatos..., fue adonde lo enviaba el Espíritu Santo para cumplir la misión que Dios le encomendó. Y tú, ¿cómo usas los tuyos?

En las noches, ora contemplando tus zapatos para evaluar si dirigiste tus pasos adonde el Espíritu quería que fueras. Si todos los cristianos camináramos hacia donde debemos ir, ¡qué diferente sería el mundo!

¡Manos a la obra y zapatos al buen camino! Haz un momento de silencio, ponte en presencia de Dios y haz tu primera oración contemplando tus zapatos.

Hch 13

H C H

para llevar la salvación
hasta los confines de la tierra».

48 Al oír esto, los paganos, llenos de alegría, alabaron la Palabra del Señor, y todos
los que estaban destinados a la Vida eterna
abrazaron la fe. 49 Así la Palabra del Señor
se iba extendiendo por toda la región. 50 Pero los judíos instigaron a unas mujeres piadosas que pertenecían a la aristocracia y a
los principales de la ciudad, provocando
una persecución contra Pablo y Bernabé, y
los echaron de su territorio. 51 Estos, sacu-
diendo el polvo de sus pies en señal de
protesta contra ellos, se dirigieron a Iconio. 52 Los discípulos, por su parte, quedaron llenos de alegría y del Espíritu Santo.

La evangelización de Iconio

Mc 16 20; Hch 19 11; 2 Tim 3 11

14 1 En Iconio, Pablo y Bernabé entraron
en la sinagoga de los judíos, como lo
hacían habitualmente, y predicaron de tal
manera que un gran número de judíos y paganos abrazaron la fe. 2 Pero los judíos que
no creyeron, incitaron a los paganos y los in-
dispusieron en contra de los hermanos. 3 A
pesar de todo, Pablo y Bernabé prolongaron
su estadía y hablaban con toda libertad, confiados en el Señor que confirmaba el mensaje de su gracia, dándoles el poder de realizar
signos y prodigios. 4 Los habitantes de la ciudad se dividieron en dos bandos, uno en favor de los judíos y otro en favor de los Apóstoles. 5 Pero como los paganos y los judíos,
dirigidos por sus jefes, intentaron maltratar y
apedrear a los Apóstoles, 6 estos, al enterarse,
huyeron a Listra y a Derbe, ciudades de Licaonia, y a sus alrededores; 7 y allí anunciaron la Buena Noticia.

Curación de un paralítico

Hch 3 2-9; 10 26; Sal 146 6; 147 8;
Jr 5 24; 2 Cor 11 25

8 Había en Listra un hombre que tenía
las piernas paralizadas. Como era tullido
de nacimiento, nunca había podido caminar, 9 y sentado, escuchaba hablar a Pablo.
Este, mirándolo fijamente, vio que tenía la
fe necesaria para ser curado, 10 y le dijo en
voz alta: «Levántate, y permanece erguido
sobre tus pies». Él se levantó de un salto y
comenzó a caminar. 11 Al ver lo que Pablo
acababa de hacer, la multitud comenzó a
gritar en dialecto licaonio: «Los dioses han
descendido hasta nosotros en forma humana», 12 y daban a Bernabé el nombre de Júpiter, y a Pablo el de Mercurio porque era el
que llevaba la palabra. 13 El sacerdote del
templo de Júpiter que estaba a la entrada de
la ciudad, trajo al atrio unos toros adornados de guirnaldas y, junto con la multitud,
se disponía a sacrificarlos. 14 Cuando los
apóstoles Pablo y Bernabé se enteraron de
esto, rasgaron sus vestiduras y se precipitaron en medio de la muchedumbre, gritando: 15 «Amigos, ¿qué están haciendo? Nosotros somos seres humanos como ustedes, y
hemos venido a anunciarles que deben
abandonar esos ídolos para convertirse al
Dios viviente que hizo el cielo y la tierra, el
mar y todo lo que hay en ellos. 16 En los
tiempos pasados, él permitió que las naciones siguieran sus propios caminos. 17 Sin
embargo, nunca dejó de dar testimonio de
sí mismo, prodigando sus beneficios, enviando desde el cielo lluvias y estaciones
fecundas, dando el alimento y llenando de
alegría los corazones». 18 Pero a pesar de todo lo que dijeron, les costó mucho impedir
que la multitud les ofreciera un sacrificio.

Fin de la misión de Pablo y Bernabé

1 Tes 3 3; Hch 11 30; 15 2-6; 20 28; 13 1-3

19 Vinieron de Antioquía y de Iconio algunos judíos que lograron convencer a la multitud. Entonces apedrearon a Pablo y, cre-
yéndolo muerto, lo arrastraron fuera de la
ciudad. 20 Pero él se levantó y, rodeado de sus
discípulos, regresó a la ciudad. Al día siguiente, partió con Bernabé rumbo a Derbe.
21 Después de haber evangelizado esta ciudad y haber hecho numerosos discípulos,
volvieron a Listra, a Iconio y a Antioquía de
Pisidia. 22 Confortaron a sus discípulos y los
exhortaron a perseverar en la fe, recordándoles que es necesario pasar por muchas tribulaciones para entrar en el Reino de Dios.
23 En cada comunidad establecieron presbíteros, y con oración y ayuno, los encomendaron al Señor en el que habían creído.
24 Atravesaron Pisidia y llegaron a Panfilia.
25 Luego anunciaron la Palabra en Perge y
descendieron a Atalía. 26 Allí se embarcaron
para Antioquía, donde habían sido encomendados a la gracia de Dios para realizar la
misión que acababan de cumplir. 27 A su llegada, convocaron a los miembros de la Iglesia y les contaron todo lo que Dios había
hecho con ellos y cómo había abierto la
puerta de la fe a los paganos. 28 Después permanecieron largo tiempo con los discípulos.

La Iglesia católica es apostólica

Lee Hechos 14 21-28. Observa cómo Pablo y Bernabé asignaban a personas mayores como líderes responsables de las comunidades recién formadas. Con el tiempo, esos líderes recibieron el título de obispos (1 Tim 3 1-7) y fueron reconocidos como sucesores de los Apóstoles. A las personas que los ayudaban en su liderazgo, les llamaban presbíteros y corresponden a los sacerdotes de hoy.

Como sucesores de los Apóstoles, los obispos de todo el mundo mantienen una unión entre sí y el Papa. El Papa, como obispo de Roma, es la cabeza de todos los obispos, en memoria de Pedro y Pablo, pues en Roma descansan los cuerpos de estos dos grandes líderes de la Iglesia. A este hecho se le reconoce como la *sucesión apostólica* y en ella la estructura jerárquica de la Iglesia. Pero la Iglesia no es apostólica solo por esto, sino porque todos los bautizados hemos recibido el mandato al apostolado.

Hch 14 23

LA ASAMBLEA DE JERUSALÉN Y EL SEGUNDO VIAJE MISIONERO DE PABLO

La controversia de Antioquía

Gal 2 11-14; Hch 15 5.24; Gn 17 10;
Lv 12 3; Gal 2 1-2

15 1 Algunas personas venidas de Judea
enseñaban a los hermanos que si no se
hacían circuncidar según el rito establecido
por Moisés, no podían salvarse. 2 A raíz de esto, se produjo una agitación: Pablo y Bernabé discutieron vivamente con ellos, y por fin,
se decidió que ambos, junto con algunos
otros, *subieran a Jerusalén* para tratar esta
cuestión con los Apóstoles y los presbíteros.
3 Los que habían sido enviados por la Iglesia
partieron y atravesaron Fenicia y Samaría,
contando detalladamente la conversión de
los paganos. Esto causó una gran alegría a
todos los hermanos.

La controversia de Jerusalén

Gal 2 1-9; Hch 2 14

4 Cuando llegaron a Jerusalén, fueron
bien recibidos por la Iglesia, por los Apóstoles y los presbíteros, y relataron todo lo que
Dios había hecho con ellos. 5 Pero se levantaron algunos miembros de la secta de los
fariseos que habían abrazado la fe, y dijeron
que era necesario circuncidar a los paganos
convertidos y obligarlos a observar la Ley de
Moisés. 6 Los Apóstoles y los presbíteros se
reunieron para deliberar sobre este asunto.

Discurso de Pedro

Hch 10 28-48; 11 1-18; Gal 2 1-10; 5 1-3

7 Al cabo de una prolongada discusión,
Pedro se levantó y dijo: «Hermanos, ustedes
saben que Dios, desde los primeros días, me
eligió entre todos ustedes para anunciar a
los paganos la Palabra del Evangelio, a fin
de que ellos abracen la fe. 8 Y Dios, que conoce los corazones, dio testimonio en favor
de ellos, enviándoles el Espíritu Santo, lo
mismo que a nosotros. 9 Él no hizo ninguna
distinción entre ellos y nosotros, y los purificó por medio de la fe. 10 ¿Por qué ahora ustedes tientan a Dios, pretendiendo imponer
a los discípulos un yugo que ni nuestros padres ni nosotros pudimos soportar? 11 Por el
contrario, creemos que tanto ellos como
nosotros somos salvados por la gracia del
Señor Jesús». 12 Después, toda la asamblea
hizo silencio para oír a Bernabé y a Pablo,
que comenzaron a relatar los signos y prodigios que Dios había realizado entre los
paganos por intermedio de ellos.

Discurso de Santiago

Zac 2 15; Rom 11 16-17; Am 9 11-12;
Lv 17 10-14; Hch 13 15

13 Cuando dejaron de hablar, Santiago tomó la palabra, diciendo: «Hermanos, les ruego que me escuchen: 14 Simón les ha expuesto
cómo Dios dispuso desde el principio elegir
entre las naciones paganas un Pueblo consagrado a su Nombre. 15 Con esto concuerdan
las palabras de los profetas que dicen:

16 *Después de esto, yo volveré*
y levantaré la choza derruida de David;
restauraré sus ruinas y la reconstruiré,
17 *para que el resto de los hombres busque al Señor,*
lo mismo que todas las naciones
que llevan mi Nombre.
Así dice el Señor,
que da 18 *a conocer estas cosas*
desde la eternidad.

VIVE LA PALABRA

El Espíritu Santo y la unidad en la fe y el amor

La primera comunidad cristiana fue la de Jerusalén, por lo que se le llamó *Iglesia madre.* Esa comunidad era muy respetada y seguía fielmente las reglas del judaísmo, incluyendo la circuncisión de todo varón como señal de pertenencia a Dios.

Cuando Pablo y Bernabé empezaron a bautizar a gentiles (no judíos), surgió una controversia sobre la necesidad de circuncidar y seguir las reglas y ritos judíos. Ambos creían que los cristianos estaban libres de las leyes judías y fueron a Jerusalén para solucionar el conflicto. Pedro no solo les dio la razón, sino que reconoció que la salvación no radica en el cumplimiento de leyes, sino en la fe en Jesús, nuestro Salvador. Lee Hechos 15 6-21 y observa el comportamiento de los Apóstoles.

Ese encuentro de líderes de la Iglesia se conoce como el Concilio de Jerusalén. Este Concilio marcó la dirección de la Iglesia al afirmar que el centro de la fe cristiana es creer en Jesús resucitado, no en conformarse con las leyes y ritos judíos, oficializando así la entrada de los pueblos no judíos a la Iglesia.

La frase «el Espíritu Santo y nosotros» (Hch 15 28) muestra el espíritu comunitario que caracterizó los procesos, debates y resoluciones acordadas por los líderes de esas comunidades cristianas.

Cuando haya conflictos en tu grupo de jóvenes, tu familia o la comunidad eclesial, recuerda este pasaje y oren juntos. Pidan al Espíritu Santo que sea su guía y les dé sabiduría para afrontar la situación. Analicen los conflictos a la luz del evangelio, con espíritu de fraternidad y buscando el bien de todos los involucrados.

Hch 15 6-21

19 Por eso considero que no se debe inquietar a los paganos que se convierten a
Dios, 20 sino que solamente se les debe escribir, pidiéndoles que se abstengan de lo que
está contaminado por los ídolos, de las uniones ilegales, de la carne de animales muertos
sin desangrar y de la sangre. 21 Desde hace
muchísimo tiempo, en efecto, Moisés tiene
en cada ciudad sus predicadores que leen la
Ley en la sinagoga todos los sábados».

La carta apostólica

Mt 23 4; Hch 13 1-4; Lv 3 17; 17 10-14

22 Entonces los Apóstoles, los presbíteros
y la Iglesia entera, decidieron elegir a algunos de ellos y enviarlos a Antioquía con
Pablo y Bernabé. Eligieron a Judas, llama-
do Barsabás, y a Silas, hombres eminentes
entre los hermanos, 23 y les encomendaron
llevar la siguiente carta: «Los Apóstoles y
los presbíteros saludamos fraternalmente
a los hermanos de origen pagano, que están en Antioquía, en Siria y en Cilicia.
24 Habiéndonos enterado de que algunos
de los nuestros, sin mandato de nuestra
parte, han sembrado entre ustedes la inquietud y provocado el desconcierto, 25 hemos decidido de común acuerdo elegir a
unos delegados y enviárselos junto con
nuestros queridos Bernabé y Pablo, 26 los
cuales han consagrado su vida al nombre
de nuestro Señor Jesucristo. 27 Por eso les
enviamos a Judas y a Silas, quienes les trans-
mitirán de viva voz este mismo mensaje.
28 El Espíritu Santo, y nosotros mismos, hemos decidido no imponerles ninguna carga más que las indispensables, a saber:
29 que se abstengan de la carne inmolada a
los ídolos, de la sangre, de la carne de animales muertos sin desangrar y de las uniones ilegales. Harán bien en cumplir todo
esto. Adiós».

Los delegados de los Apóstoles en Antioquía

Hch 11 27; 13 1; 14 26-28

30 Los delegados, después de ser despedi-
dos, descendieron a Antioquía, donde convocaron a la asamblea y le entregaron la carta. 31 Esta fue leída y todos se alegraron por
el aliento que les daba. 32 Judas y Silas, que
eran profetas, exhortaron a sus hermanos y
los confirmaron, hablándoles largamente.
33 Al cabo de un tiempo, los hermanos los
enviaron nuevamente a la comunidad que
los había delegado, despidiéndolos en paz.
34 . 35 Pablo y Bernabé permanecieron en Antioquía, enseñando y anunciando la Buena
Noticia de la Palabra del Señor, junto con
muchos otros.

Te presentamos a... EL MISIONERO BERNABÉ O JOSÉ DE CHIPRE

Bernabé fue un misionero incansable de Chipre, su nombre era José. Conoció a Jesús por boca de los Apóstoles el día de Pentecostés. Se bautizó, y pronto se unió a la comunidad de fe; puso todas sus posesiones a su servicio, incluyendo el dinero de la venta de sus tierras. Como era muy bueno, lleno del Espíritu Santo y de gran fe, lo apodaron Bernabé, que significa «el que trae consuelo» (Hch 4 36-37; 11 24).

Bernabé defendió a Saulo ante su comunidad de Jerusalén, cuando aún le temían y dudaban que realmente fuera un discípulo. Por muchos años Bernabé y Saulo viajaron juntos evangelizando y creando comunidades, pero llegó el momento en que tuvieron que separarse para visitar y fortalecer las comunidades que habían formado.

Como Bernabé hoy también hay muchos/as misioneros/as. Si conoces a algunos, dialoga con ellos sobre la labor que hacen y apóyalos en su ministerio. También puedes ponerte en comunicación con misioneros en otros países y apoyar su trabajo. Por último piensa, ¿te llama Dios para que seas misionero/a en tu propio país o en tierra extraña? En tu oración, pide al Espíritu Santo que despierte en ti un corazón generoso y un deseo presto a llevar el evangelio donde Dios te necesite, con la misma disposición, bondad y fe que tuvo Bernabé.

Hch 15 30

La separación de Pablo y Bernabé

Hch 13 13; 14 26; 17 14-15

36 Algún tiempo después, Pablo dijo a
Bernabé: «Volvamos a visitar a los hermanos que están en las ciudades donde ya hemos anunciado la Palabra del Señor, para
ver cómo se encuentran». 37 Bernabé quería
llevar consigo también a Juan, llamado
Marcos. 38 Pero Pablo consideraba que no
debía llevar a quien los había abandonado cuando estaban en Panfilia y no había trabajado con ellos. 39 La discusión fue tan viva que terminaron por separarse; Bernabé, llevando consigo a Marcos, se embarcó
rumbo a Chipre. 40 Pablo, por su parte, eligió por compañero a Silas y partió, encomendado por sus hermanos a la gracia del
Señor. 41 Así atravesó la Siria y la Cilicia, confirmando a las comunidades.

Pablo y Timoteo

2 Tim 1 5; Gal 2 3-5; Hch 15 23-29; 14 22

16 1 Pablo llegó luego a Derbe y más tarde a Listra, donde había un discípulo llamado *Timoteo, hijo de una judía* convertida a la fe y de padre pagano. 2 Timoteo
gozaba de buena fama entre los hermanos de Listra y de Iconio. 3 Pablo quería llevar-
lo consigo, y por eso lo hizo circuncidar en consideración a los judíos que había allí, ya que todo el mundo sabía que su padre era pagano. 4 Por las ciudades donde pasaban, transmitían las decisiones tomadas en Jerusalén por los Apóstoles y los presbíteros, recomendando que las observaran.
5 Así, las Iglesias se consolidaban en la fe, y su número crecía día tras día.

La travesía de Asia Menor

Gal 4 13-15; Flp 1 19; Hch 20 5-12; 10 9-23; 18 9

6 Como el Espíritu Santo les había impedido anunciar la Palabra en la provincia de Asia, atravesaron Frigia y la región
de Galacia. 7 Cuando llegaron a los límites de Misia, trataron de entrar en Bitinia, pero el Espíritu de Jesús no se lo permitió.
8 Pasaron entonces por Misia y descendie-
ron a Tróade. 9 Durante la noche, Pablo
tuvo una visión. Vio a un macedonio de pie, que le rogaba: «Ven hasta Macedonia
y ayúdanos». 10 Apenas tuvo esa visión,
tratamos de partir para Macedonia, convencidos de que Dios nos llamaba para que la evangelizáramos.

La fundación de la Iglesia de Filipos

Hch 20 6; Flm 1; Hch 13 43; 10 2; 16 33; 18 8

11 Nos embarcamos en Tróade y fuimos
derecho a Samotracia, y al día siguiente a
Neápolis. 12 De allí fuimos a Filipos, ciudad importante de esta región de Macedonia y colonia romana. Pasamos algunos días en

HCH

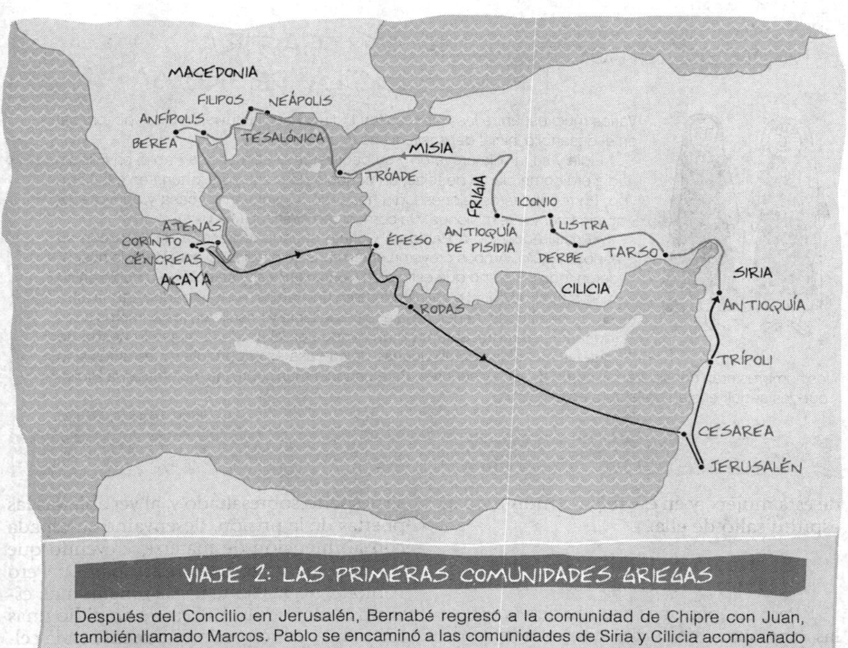

VIAJE 2: LAS PRIMERAS COMUNIDADES GRIEGAS

Después del Concilio en Jerusalén, Bernabé regresó a la comunidad de Chipre con Juan, también llamado Marcos. Pablo se encaminó a las comunidades de Siria y Cilicia acompañado de Silas, de la comunidad de Antioquía. Llegó a Derbe y después a Listra, Frigia y la región de Galacia, acompañado por Timoteo, de la comunidad de Listra. Siguió hacia Macedonia inspirado por una visión donde se le urgía que fuera ahí (Hch 16 9-10). Fundó las primeras comunidades griegas en Filipos, Tesalónica, Atenas, Corinto y Éfeso, a las que dirigió cartas de profunda doctrina para la vida.

Hch 15 36 – 18 22

esta ciudad, [13] y el sábado nos dirigimos a
las afueras de la misma, a un lugar que estaba a orillas del río, donde suponíamos
que habría un sitio para orar. Nos senta-
mos y dirigimos la palabra a las mujeres
que se habían reunido allí. [14] Había entre
ellas una, llamada Lidia, negociante en
púrpura, de la ciudad de Tiatira, que adoraba a Dios. Mientras escuchaba, el Señor
le abrió el corazón para que aceptara las
palabras de Pablo. [15] Después de bautizarse, junto con su familia, nos pidió: «Si ustedes consideran que he creído verdaderamente en el Señor, vengan a alojarse en mi
casa»; y nos obligó a hacerlo.

La adivina de Filipos

Hch 19 24; Mc 1 24.34; Lc 4 34.41;
Lc 1 32; Mc 16 17; Hch 19 13

[16] Un día, mientras nos dirigíamos al lugar de oración, nos salió al encuentro una
muchacha poseída de un espíritu de adivinación, que daba mucha ganancia a sus patrones adivinando la suerte. [17] Ella comenzó
a seguirnos, a Pablo y a nosotros, gritando:
«Esos hombres son los servidores del Dios
Altísimo, que les anuncian a ustedes el camino de la salvación». [18] Así lo hizo durante varios días, hasta que al fin Pablo se can-
só y, dándose vuelta, dijo al espíritu: «Yo te
ordeno en nombre de Jesucristo que salgas

HCH

Te presentamos a... LIDIA DE TIATIRA Y PRISCILA DE ROMA

Varias mujeres, entre las que resaltan Lidia y Priscila, tuvieron un papel crucial en el desarrollo inicial del cristianismo (Hch 17 12.34).

Lidia y su familia creyeron y se bautizaron al escuchar a Pablo, en Filipos. Lidia era comerciante de telas, un negocio de prestigio y fortuna en ese tiempo. En repetidas ocasiones Lidia hospedó a Pablo en su casa y apoyó económicamente las misiones y la comunidad cristiana (16 11-15).

Priscila conoció a Pablo en Corinto cuando regresaba de Italia con su esposo Áquila. Ambos creyeron en el mensaje predicado por Pablo, lo hospedaron todo el tiempo que estuvo en Corinto (18 1-5) y se unieron a Pablo en su misión rumbo a Siria, convirtiéndose en una familia evangelizadora (18 18.26).

El que Lucas mencione la acción de Lidia y Priscila en los primeros años de la Iglesia representa un gran avance en el rol de la mujer. El hecho de que las mencione como dueñas de su casa es importante, pues antes solo los hombres eran considerados como dueños y señores. Para conocer más sobre las mujeres en la Biblia, puedes seguir el plan de lectura en la p. 21.

Hch 16 14-15; 18 1-26

de esta mujer», y en ese mismo momento el
espíritu salió de ella.

El arresto de Pablo y de Silas

Hch 19 24-27; 1 Tes 2 2; Flp 1 30; 2 Cor 11 25

19 Pero sus patrones, viendo desvanecerse
las esperanzas de lucro, se apoderaron de
Pablo y de Silas, los arrastraron hasta la plaza pública ante las autoridades, 20 y llleván-
dolos delante de los magistrados, dijeron:
«Esta gente está sembrando la confusión en
nuestra ciudad. Son unos judíos 21 que predican ciertas costumbres que nosotros, los
romanos, no podemos admitir ni practicar». 22 La multitud se amotinó en contra de
ellos, y los magistrados les hicieron arrancar la ropa y ordenaron que los azotaran.
23 Después de haberlos golpeado despiadadamente, los encerraron en la prisión, ordenando al carcelero que los vigilara con
mucho cuidado. 24 Habiendo recibido esta
orden, el carcelero los encerró en una celda
interior y les sujetó los pies en el cepo.

La conversión del carcelero

Hch 4 31; 12 6-11.18-19; 2 21; 16 15; 2 46

25 Cerca de la medianoche, Pablo y Silas
oraban y *cantaban las alabanzas de Dios,*
mientras los otros prisioneros los escuchaban. 26 De pronto, la tierra comenzó a temblar tan violentamente que se conmovieron
los cimientos de la cárcel, y en un instante,
todas las puertas se abrieron y las cadenas
de los prisioneros se soltaron. 27 El carcelero
se despertó sobresaltado y, al ver abiertas las
puertas de la prisión, desenvainó su espada
con la intención de matarse, creyendo que
los prisioneros se habían escapado. 28 Pero
Pablo le gritó: «No te hagas ningún mal, estamos todos aquí». 29 El carcelero pidió unas
antorchas, entró precipitadamente en la celda y, temblando, se echó a los pies de Pablo
y de Silas. 30 Luego los hizo salir y les preguntó: «Señores, ¿qué debo hacer para alcanzar la salvación?». 31 Ellos le respondieron: «Cree en el Señor Jesús y te salvarás, tú
y toda tu familia». 32 Enseguida le anunciaron la Palabra del Señor, a él y a todos los de
su casa. 33 A esa misma hora de la noche, el
carcelero los atendió y curó sus llagas. Inmediatamente después, fue bautizado junto
con toda su familia. 34 Luego los hizo subir a
su casa y preparó la mesa para festejar con
los suyos la alegría de haber creído en Dios.

CREE EN EL SEÑOR JESÚS Y TE SALVARÁS, TÚ Y TODA TU FAMILIA. Hch 16 31

La liberación de Pablo y de Silas

Hch 22 25.29; 23 27; Mt 8 34

35 Cuando amaneció, los magistrados enviaron a los inspectores para que dijeran al
carcelero: «Deja en libertad a esos hombres».
36 El carcelero comunicó entonces a Pablo:
«Los magistrados me mandan decir que los
deje en libertad; por lo tanto, salgan y vayan

en paz». 37 Pero Pablo respondió a los inspectores: «Ellos nos hicieron azotar públicamente sin juicio previo, a nosotros que somos ciudadanos romanos, y nos pusieron en la cárcel. ¡Y ahora nos quieren hacer salir a escondidas! ¡De ninguna manera! Que vengan ellos en persona a dejarnos en libertad». 38 Los inspectores repitieron estas palabras a los magistrados; estos, al enterarse de que eran ciudadanos romanos, se asustaron 39 y fueron a tratar amigablemente con ellos. Luego los pusieron en libertad y los invitaron a alejarse de la ciudad. 40 Cuando salieron de la prisión, Pablo y Silas fueron a la casa de Lidia, donde volvieron a ver a los hermanos y los exhortaron. Después partieron.

Dificultades de Pablo con los judíos de Tesalónica

1 Tes 2 1-2.14; Lc 23 2; Jn 19 12; Hch 13 13-52

17 1 Atravesaron Anfípolis y Apolonia, y llegaron a Tesalónica, donde los judíos tenían una sinagoga. 2 Pablo, como de costumbre, se dirigió a ellos y discutió durante tres sábados, basándose en la Escritura. 3 Explicaba los textos y demostraba que el Mesías debía sufrir y resucitar de entre los muertos. «Y el Mesías —afirmaba— es este Jesús que yo les anuncio». 4 Algunos se convencieron y se unieron al grupo de Pablo y de Silas, lo mismo que un gran número de adoradores de Dios, de paganos y no pocas mujeres influyentes. 5 Llenos de envidia, los judíos reunieron un grupo de gente de la calle y promovieron un alboroto, sembrando la agitación en la ciudad. Entonces se presentaron delante de la casa de Jasón en busca de Pablo y de Silas, para conducirlos ante la asamblea del pueblo. 6 Como no los encontraron, arrastraron a Jasón y a algunos hermanos ante los magistrados de la ciudad, gritando: «Esos que han revolucionado todo el mundo, han venido también aquí 7 y Jasón los ha recibido en su casa. Toda esta gente contraviene los edictos del Emperador, pretendiendo que hay otro rey, llamado Jesús». 8 Estos gritos impresionaron mucho a la multitud y a los magistrados, 9 y solamente después de haber exigido una fianza de parte de Jasón y de los otros, los pusieron en libertad.

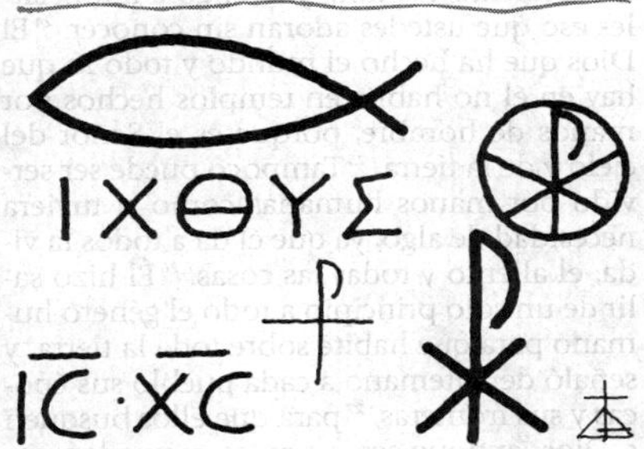

Hch 17 3

COMPRENDE LOS SÍMBOLOS

El pez y otros monogramas de los cristianos

Pez en griego se dice *IXTHUS*. Con estas letras los cristianos *formaron* un acróstico que usaban como una señal de identidad que solo ellos entendían; se leía así:

I esous = Jesús
X ristos = Cristo
TH eou = de Dios
U ios = Hijo
S oter = Salvador

IC.XC son la primera y última letras de Jesucristo en griego: ***I**ESOU**S** **X**RISTO**S***. Los otros tres monogramas son abreviaciones de ***XR**ISTOS* (la *R* en español se escribe *P* en griego).

Nuevas dificultades de Pablo en Berea

Jn 5 39; Hch 2 44; 13 50; 17 4; 14 19; 1 Tes 3 1-6

10 Esa misma noche, los hermanos hicieron partir a Pablo y a Silas hacia Berea. En cuanto llegaron, se dirigieron a la sinagoga de los judíos. 11 Como estos eran mejores que los de Tesalónica, acogieron la Palabra con sumo interés, y examinaban todos los días las Escrituras para verificar la exactitud de lo que oían. 12 Muchos de ellos abrazaron la fe, lo mismo que algunos paganos, entre los cuales había mujeres de la aristocracia y un buen número de hombres. 13 Pero, cuando los judíos de Tesalónica se enteraron de que Pablo había anunciado la Palabra de Dios también en Berea, fueron allí a perturbar a la multitud sembrando la agitación. 14 Entonces los hermanos hicieron partir inmediatamente a Pablo en dirección al mar; Silas y Timoteo, en cambio, permanecieron allí. 15 Los que acompañaban a Pablo lo condujeron hasta Atenas, y luego volvieron con la orden de que Silas y Timoteo se reunieran con él lo más pronto posible.

Pablo predica en Atenas

Atenas era el centro de la cultura griega. Cuando Pablo predica ahí la buena nueva de Jesús, tiene que adaptar su mensaje a una audiencia politeísta, que había desarrollado diversas escuelas de pensamiento y a la cual le gustaba debatir sobre temas importantes.

Las tres posiciones filosóficas desde las cuales los griegos debatían la validez del mensaje cristiano eran:

- ***Los estoicos*** trataban de alcanzar la libertad interior, controlando sus pasiones y dominando su sensibilidad por medio de la razón, a la que consideraban parte del logos (razonamiento) divino e inmortal.
- ***Los epicúreos*** creían que el destino del ser humano era alcanzar el placer, el bienestar y la felicidad, sin caer en el exceso, venciendo los temores que atormentan a la persona.
- ***Los escépticos*** pensaban que la verdad no existe o que es imposible conocerla, por lo que veían el camino a la felicidad suspendiendo el razonamiento crítico.

Lee Hechos 17 16-34. Al hacerlo, considera que Pablo se dispuso a presentarles al Dios único, el Dios de Jesucristo, teniendo presente estas prácticas religiosas y creencias filosóficas.

Identifica los principales mensajes de Pablo. Si lees el texto en comunidad, comparen notas y dialoguen por qué piensan que esos mensajes son los más importantes. Después reflexionen: ¿de qué manera hay que presentar hoy día nuestra fe en Jesús vivo y resucitado, tomando en cuenta la cultura actual?

Hch 17 16-34

HCH

Pablo en Atenas

Hch 18 19; 13 43; Lc 21 12

16 Mientras los esperaba en Atenas, Pablo
sentía que la *indignación se apoderaba de él, al* contemplar la ciudad llena de ídolos.
17 Discutía en la sinagoga con los judíos y con
los que adoraban a Dios, y también lo hacía
diariamente en la plaza pública con los que
pasaban por allí. 18 Incluso, algunos filósofos
epicúreos y estoicos dialogaban con él. Algunos comentaban: «¿Qué estará diciendo este
charlatán?», y otros: «Parece ser un predicador de divinidades extranjeras», porque Pablo anunciaba a Jesús y la resurrección. 19 Entonces lo llevaron con ellos al Areópago y le
dijeron: «¿Podríamos saber en qué consiste la
nueva doctrina que tú enseñas? 20 Las cosas
que nos predicas nos parecen extrañas y quisiéramos saber qué significan». 21 Porque todos los atenienses y los extranjeros que residían allí, no tenían otro pasatiempo que el
de transmitir o escuchar la última novedad.

Discurso de Pablo en el Areópago

Hch 13 16-41; 20 18-35; Sal 146 6; Is 40 18-20; 44 10-17

22 Pablo, de pie, en medio del Areópago,
dijo: «Atenienses, veo que ustedes son, desde todo punto de vista, los más religiosos de
todos los hombres. 23 En efecto, mientras me
paseaba mirando los monumentos sagrados que ustedes tienen, encontré entre otras
cosas un altar con esta inscripción: «Al dios
desconocido». Ahora, yo vengo a anunciarles eso que ustedes adoran sin conocer. 24 El
Dios que ha hecho el mundo y todo lo que
hay en él no habita en templos hechos por
manos de hombre, porque es el Señor del
cielo y de la tierra. 25 Tampoco puede ser servido por manos humanas como si tuviera
necesidad de algo, ya que él da a todos la vida, el aliento y todas las cosas. 26 Él hizo salir de un solo principio a todo el género humano para que habite sobre toda la tierra, y
señaló de antemano a cada pueblo sus épocas y sus fronteras, 27 para que ellos busquen
a Dios, aunque sea a tientas, y puedan encontrarlo. Porque en realidad, él no está lejos de cada uno de nosotros. 28 En efecto, en
él vivimos, nos movemos y existimos, como
muy bien lo dijeron algunos poetas de ustedes: "Nosotros somos también de su raza".
29 Y si nosotros somos de la raza de Dios, no
debemos creer que la divinidad es semejante al oro, la plata o la piedra, trabajados por
el arte y el genio del hombre. 30 Pero ha llegado el momento en que Dios, pasando por
alto el tiempo de la ignorancia, manda a todos los hombres, en todas partes, que se
arrepientan. 31 Porque él ha establecido un
día para juzgar al universo con justicia, por
medio de un Hombre que él ha destinado y
acreditado delante de todos, haciéndolo resucitar de entre los muertos». 32 Al oír las palabras «resurrección de los muertos», unos
se burlaban y otros decían: «Otro día te

oiremos hablar sobre esto». 33 Así fue cómo Pablo se alejó de ellos. 34 Sin embargo, algunos lo siguieron y abrazaron la fe. Entre ellos estaban Dionisio el Areopagita, una mujer llamada Dámaris y algunos otros.

La fundación de la Iglesia de Corinto

Rom 16 3-4; 1 Cor 9 13-15

18 1 Después de esto, Pablo dejó Atenas y fue a Corinto. 2 Allí encontró a un judío llamado Áquila, originario del Ponto, que acababa de llegar de Italia con su mujer Priscila, a raíz de un edicto de Claudio que obligaba a todos los judíos a salir de Roma. Pablo fue a verlos, 3 y como ejercía el mismo oficio, se alojó en su casa y trabajaba con ellos haciendo tiendas de campaña. 4 Todos los sábados, Pablo discutía en la sinagoga y trataba de persuadir tanto a los judíos como a los paganos. 5 Cuando Silas y Timoteo llegaron de Macedonia, Pablo se dedicó por entero a la predicación de la Palabra, dando testimonio a los judíos de que Jesús es el Mesías. 6 Pero como ellos lo contradecían y lo injuriaban, sacudió su manto en señal de protesta, diciendo: «Que la sangre de ustedes caiga sobre sus cabezas. Yo soy inocente de eso; en adelante me dedicaré a los paganos». 7 Entonces, alejándose de allí, fue a lo de un tal Ticio Justo, uno de los que adoraban a Dios y cuya casa lindaba con la sinagoga. 8 Crispo, el jefe de la sinagoga, creyó en el Señor, junto con toda su familia. También muchos habitantes de Corinto, que habían escuchado a Pablo, abrazaron la fe y se hicieron bautizar. 9 Una noche, el Señor dijo a Pablo en una visión: «No temas. Sigue predicando y no te calles. 10 Yo estoy contigo. Nadie pondrá la mano sobre ti para dañarte, porque en esta ciudad hay un pueblo numeroso que me está reservado». 11 Pablo se radicó allí un año y medio, enseñando la Palabra de Dios.

YO ESTOY CONTIGO.
NADIE PONDRÁ LA MANO SOBRE TI
PARA DAÑARTE. Hch 18 10

Pablo ante el procónsul Galión

Hch 17 7; 23 29; 25 18-19; Jn 18 31;
Hch 16 35-39; 17 8-9; 26 31-21

12 Durante el gobierno del procónsul Galión en Acaya, los judíos se confabularon contra Pablo y lo condujeron ante el tribunal, 13 diciendo: «Este hombre induce a la gente a que adore a Dios de una manera contraria a la Ley». 14 Pablo estaba por hablar, cuando Galión dijo a los judíos: «Si se tratara de algún crimen o de algún delito grave, sería razonable que los atendiera. 15 Pero tratándose de discusiones sobre palabras y nombres, y sobre la Ley judía, el asunto les concierne a ustedes; yo no quiero ser juez en estas cosas». 16 Y los hizo salir del tribunal. 17 Entonces todos se apoderaron de Sóstenes, el jefe de la sinagoga, y lo golperon ante el tribunal. Pero a Galión todo esto lo tuvo sin cuidado.

El regreso de Pablo a Antioquía

Hch 18 2; Nm 6 13-20; Hch 21 23-27;
Rom 1 10; 1 Cor 4 19

18 Pablo permaneció todavía un cierto tiempo en Corinto. Después se despidió de sus hermanos y se embarcó hacia Siria en compañía de Priscila y de Áquila. En Cencreas, a raíz de un voto que había hecho, se hizo cortar el cabello. 19 Cuando llegaron a Éfeso, Pablo se separó de sus compañeros para ir a la sinagoga y dialogar con los judíos. 20 Estos le rogaron que se quedara más tiempo, pero Pablo no accedió, 21 sino que se despidió de ellos, diciéndoles: «Volveré otra vez, si Dios quiere». Y partió de Éfeso. 22 Desembarcó en Cesarea, subió para saludar a la Iglesia y luego descendió a Antioquía.

EL TERCER VIAJE MISIONERO DE PABLO

Comienzo del viaje

Hch 16 6; 6 1

23 Después de haber permanecido un tiempo allí, partió de nuevo y recorrió sucesivamente la región de Galacia y la Frigia, animando a todos los discípulos.

La actividad de Apolo en Éfeso y en Corinto

Hch 19 1-7; 1 Cor 1 12; 3 4-6; 2 Cor 3 1

24 Un judío llamado Apolo, originario de Alejandría, había llegado a Éfeso. Era un hombre elocuente y muy versado en las Escrituras. 25 Había sido iniciado en el Camino del Señor y, lleno de fervor, exponía y enseñaba con precisión lo que se refiere a Jesús, aunque no conocía otro bautismo más que el de Juan. 26 Comenzó a hablar con decisión en la sinagoga. Después de oírlo, Priscila y Áquila lo llevaron con ellos y le explicaron más exactamente el Camino de Dios. 27 Como él pensaba ir a Acaya, los hermanos lo alentaron, y escribieron a los discípulos pa-

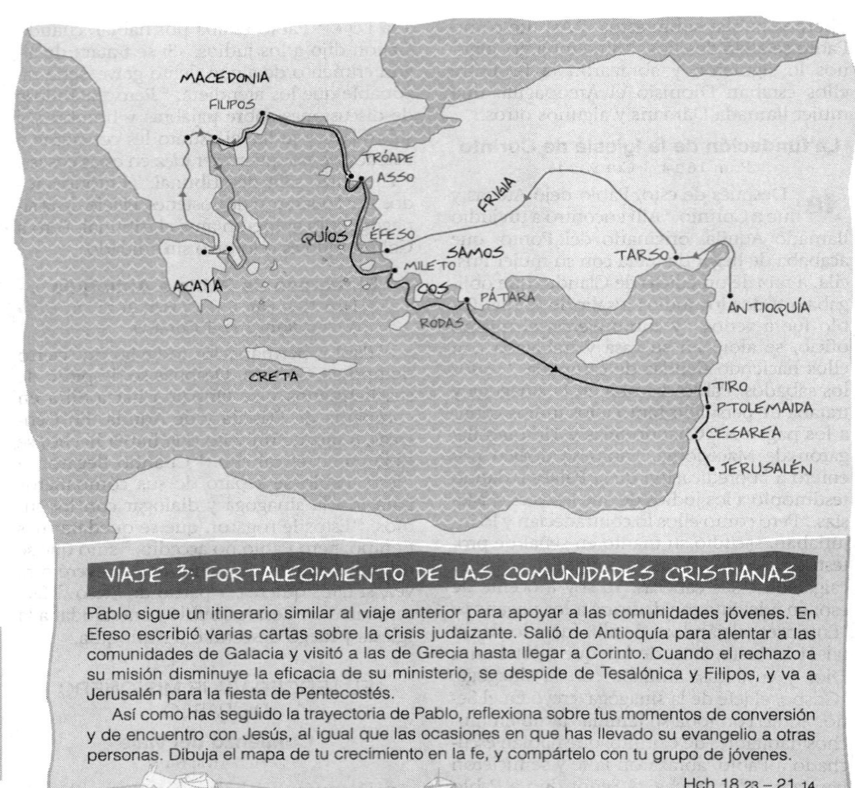

VIAJE 3: FORTALECIMIENTO DE LAS COMUNIDADES CRISTIANAS

Pablo sigue un itinerario similar al viaje anterior para apoyar a las comunidades jóvenes. En Efeso escribió varias cartas sobre la crisis judaizante. Salió de Antioquía para alentar a las comunidades de Galacia y visitó a las de Grecia hasta llegar a Corinto. Cuando el rechazo a su misión disminuye la eficacia de su ministerio, se despide de Tesalónica y Filipos, y va a Jerusalén para la fiesta de Pentecostés.

Así como has seguido la trayectoria de Pablo, reflexiona sobre tus momentos de conversión y de encuentro con Jesús, al igual que las ocasiones en que has llevado su evangelio a otras personas. Dibuja el mapa de tu crecimiento en la fe, y compártelo con tu grupo de jóvenes.

Hch 18 23 – 21 14

ra que lo recibieran de la mejor manera posible. Desde que llegó a Corinto fue de gran ayuda, por la gracia de Dios, para aquellos
que habían abrazado la fe, [28]porque refuta-
ba vigorosamente a los judíos en público, demostrando por medio de las Escrituras que Jesús es el Mesías.

Los discípulos de Juan el Bautista en Éfeso

Jn 7 39; Hch 2 4.38; 8 16; Mt 3 11; Mc 1 4.7-8

19 [1]Mientras Apolo permanecía en Corinto, Pablo, atravesando la región interior, llegó a Éfeso. Allí encontró a algunos
discípulos [2]y les preguntó: «Cuando ustedes abrazaron la fe, ¿recibieron el Espíritu Santo?». Ellos le dijeron: «Ni siquiera hemos oído decir que hay un Espíritu Santo».
[3]«Entonces, ¿qué bautismo recibieron?», les preguntó Pablo. «El de Juan», respondie-
ron. [4]Pablo les dijo: «Juan bautizaba con un bautismo de penitencia, diciendo al pueblo que creyera en el que vendría después de
él, es decir, en Jesús». [5]Al oír estas palabras, ellos se hicieron bautizar en el nombre del
Señor Jesús. [6]Pablo les impuso las manos, y descendió sobre ellos el Espíritu Santo. Entonces comenzaron a hablar en distintas lenguas y a profetizar. [7]Eran en total unos doce hombres.

PERSPECTIVA CATÓLICA

El Espíritu Santo en la vida de los cristianos

Lee Hechos 19 1-7. Observa la unión entre la proclamación de la buena nueva de Jesús y el Bautismo y cómo, al imponer Pablo las manos sobre los bautizados, el Espíritu viene a ellos. La imposición de manos es un rito que significa el don del Espíritu en los sacramentos del Bautismo, la Confirmación, la Unción de los enfermos y el Orden sacerdotal (ver Hch 8 14-17 y «Recibe el sello del Espíritu Santo», Hch 2 1-21).

Los movimientos apostólicos católicos de espiritualidad carismática se apoyan también en Hch 19 1-7 para celebrar el «Bautismo en el Espíritu». En este caso, se trata de un ritual de conversión personal, que renueva el sacramento del Bautismo mediante una acción extraordinaria del Espíritu Santo.

El don de lenguas o *glosolalia* consiste en orar con sonidos armoniosos no entendibles, que nacen del interior por obra del Espíritu Santo. Este don no debe confundirse con el de profecía o de hablar en distintos idiomas ni con la revelación profética de un mensaje; estos casos son poco comunes, requieren el don de la interpretación (1 Cor 14 6-12) y que la persona sea un/a auténtico/a profeta (ver «Diez criterios del profetismo auténtico», Jr 23 25-32).

Hch 19 1-7

La fundación de la Iglesia de Éfeso

Hch 20 31; Col 1 7; 4 13.15; Ap 3 14-22

8 Pablo fue luego a la sinagoga y durante
tres meses predicó abiertamente, hablando
sobre el Reino de Dios y tratando de persuadir a sus oyentes. 9 Pero como algunos
se obstinaban y se negaban a creer, deni-
grando el Camino del Señor delante de la
asamblea, Pablo rompió con ellos. Luego
tomó aparte a sus discípulos y dialogaba
diariamente en la escuela de Tirano. 10 Así
lo hizo durante dos años, de modo que todos los habitantes de la provincia de Asia,
judíos y paganos, tuvieron ocasión de escuchar la Palabra del Señor.

Los exorcistas judíos

Hch 5 15-16; Mc 9 38; Lc 9 49; Hch 16 17

11 Por intermedio de Pablo, Dios realizaba
milagros poco comunes, 12 hasta tal punto
que, al aplicarse sobre los enfermos pañuelos o lienzos que habían tocado el cuerpo de
Pablo, aquellos se curaban y quedaban libres de los malos espíritus. 13 Algunos exorcistas ambulantes judíos hicieron la prueba
de pronunciar el nombre del Señor Jesús sobre los poseídos por los malos espíritus, diciendo: «Yo los conjuro por ese Jesús que
anuncia Pablo». 14 Un cierto Sevas, Sumo
Sacerdote judío, tenía siete hijos que practicaban estos exorcismos. 15 El espíritu malo
les respondió: «Yo conozco a Jesús y sé quién
es Pablo, pero ustedes, ¿quiénes son?». 16 Y el
hombre poseído por el espíritu malo, aba-
lanzándose sobre los exorcistas, los dominó
a todos y los maltrató de tal manera que debieron escaparse de esa casa desnudos y cubiertos de heridas. 17 Todos los habitantes de
Éfeso, tanto judíos como paganos, se enteraron de este hecho y, llenos de temor, glorificaban el nombre del Señor Jesús. 18 Muchos
de los que habían abrazado la fe venían a
confesar abiertamente sus prácticas, 19 y un
buen número de los que se habían dedicado
a la magia traían sus libros y los quemaban
delante de todos. Se estimó que el valor de
estos libros alcanzaba a unas cincuenta mil
monedas de plata. 20 Así, por el poder del Señor, la Palabra se difundía y se afianzaba.

Los proyectos de Pablo

Hch 23 11; Rom 1 13; 2 Cor 1 15-16

21 Después de esto, Pablo se propuso ir a Jerusalén pasando por Macedonia y Acaya.
«Primero iré allí —decía— y luego tendré que
ir también a Roma». 22 Envió a Macedonia a
dos de sus colaboradores, Timoteo y Erasto, y
él permaneció en Asia un tiempo más.

El motín de los orfebres de Éfeso

2 Cor 1 8; Hch 9 2; 16 16; 17 19; 20 4; 27 2; Col 4 10

23 Fue entonces cuando se produjeron graves desórdenes a causa del Camino del Señor. 24 Un orfebre llamado Demetrio fabrica-
ba reproducciones en plata del templo de
Diana, proporcionando así abundante trabajo a los artesanos. 25 Demetrio los reunió, junto con los que hacían trabajos similares, y les
dijo: «Ustedes saben perfectamente que
nuestro bienestar depende de esta industria.
26 Pero ahora ustedes mismos ven y oyen que
no solamente en Éfeso, sino también en casi

toda la provincia de Asia, ese Pablo ha conquistado y seducido a mucha gente, pretendiendo que los dioses fabricados por mano
de hombre no son dioses. 27 De esa manera,
no solamente nuestra profesión está amenazada de caer en el descrédito, sino que el templo mismo de la gran diosa Diana corre el
riesgo de ser tenido por nada, y aquella a
quien adoran toda el Asia y el mundo entero,
terminará por quedar despojada de su prestigio». 28 Al oír estas palabras, la multitud se enfureció y comenzó a gritar: «¡Viva la gran Diana de los efesios!», 29 y se produjo un gran
desorden en la ciudad. Todos irrumpieron en
el teatro, arrastrando a los macedonios Gayo
y Aristarco, compañeros de viaje de Pablo.
30 Pablo quería presentarse delante de la
asamblea, pero sus discípulos se lo impidie-
ron. 31 Hasta algunos magistrados de la ciudad, que eran amigos suyos, le rogaron que
no se expusiera yendo al teatro. 32 Todo el
mundo gritaba al mismo tiempo, ya que
la confusión reinaba en la concurrencia, y la
mayor parte ni siquiera sabía por qué se había reunido. 33 Entonces hicieron salir de entre la multitud a Alejandro, a quien los judíos
empujaban hacia delante. Este, pidiendo silencio con la mano, quería dar una explicación a la asamblea. 34 Pero en cuanto advirtieron que era un judío, todos se pusieron a
gritar unánimemente durante dos horas:
«¡Viva la gran Diana de los efesios!». 35 Por
fin, el secretario de la ciudad consiguió calmar a la multitud, diciendo: «Efesios, ¿qué
hombre de este mundo ignora que la ciudad
de Éfeso es la guardiana del templo de la gran
diosa Diana y de su estatua venida del cielo?
36 Siendo esta una verdad innegable, deben
quedarse tranquilos y no actuar apresuradamente. 37 Esos hombres que ustedes trajeron,
no han cometido ningún sacrilegio ni han
dicho ninguna blasfemia contra nuestra diosa. 38 Y si Demetrio y sus artesanos tienen una
queja contra alguien, para eso están los tribunales y los procónsules ante quienes se
pueden presentar las acusaciones. 39 Si ustedes tienen que debatir algún otro asunto, se
decidirá en la asamblea legal. 40 Porque corremos el riesgo de ser acusados de sediciosos, a
causa de lo que acaba de suceder, ya que no
tenemos ningún motivo para justificar este
tumulto». Y con estas palabras, disolvió la
asamblea.

Partida de Pablo hacia Grecia

Hch 16 8.10; 19 21-22; Rom 15 26

20 1 Cuando cesó el tumulto, Pablo llamó
a los discípulos y, después de haberlos
exhortado, se despidió de ellos y partió hacia Macedonia. 2 Atravesó toda esa región, exhortando vivamente a sus hermanos, y llegó
a Grecia, 3 donde permaneció tres meses.
Cuando iba a embarcarse para Siria, los judíos tramaron una conspiración contra él, y
por eso decidió volver por Macedonia. 4 Lo
acompañaban Sópatro de Berea, hijo de Pi-
rro; Aristarco y Segundo de Tesalónica; Gayo
de Derbe, Timoteo, y también Tíquico y Trófimo de la provincia de Asia. 5 Estos se adelantaron y nos esperaron en Tróade. 6 Noso-

Te presentamos a... EL EVANGELISTA LUCAS DE ANTIOQUÍA

Lucas acompañó a Pablo en varios de sus viajes y así conoció el evangelio de Jesús. Es el único evangelista que pertenece a la «tercera generación de cristianos». No conoció personalmente a Jesús ni fue uno de los Doce, pero fue su fiel seguidor. Nació en Antioquia, era médico, estudioso y culto (Col 4 14), tenía conocimientos del griego literario y manejaba con soltura el Antiguo Testamento. Puso todos sus dones y conocimientos al servicio del evangelio y fue muy querido por la gente. Escribió las narraciones de la infancia de Jesús.

Dirigió su evangelio y el libro de los Hechos a Teófilo, nombre simbólico que quiere decir «que ama a Dios», o sea, a todas las personas que aman a Dios. En ambos libros resalta la alegría de la salvación que trajo Jesús, no solo al pueblo de *Israel, sino a toda la humanidad*. Es conocido como el evangelista de la misericordia, los pobres y las mujeres, por su énfasis en ellos.

Hch 20 1-12

tros, partimos de Filipos por mar después de
la fiesta de los panes Ácimos, y cinco días
más tarde, nos reunimos con ellos en Tróade, donde pasamos una semana.

La visita de Pablo a Tróade

Lc 24 1; Hch 2 42.46; 1 Re 17 17-24; 2 Re 4 30-37;
Hch 9 36-42; Mc 5 39-42

7 El primer día de la semana, cuando nos
reunimos para partir el pan, Pablo, que debía salir al día siguiente, dirigió la palabra a
la asamblea y su discurso se prolongó hasta la medianoche. 8 La habitación donde
nos habíamos reunido estaba muy iluminada. 9 Un muchacho llamado Eutico, que
se había sentado en el borde de la ventana,
tenía mucho sueño y se dormía mientras
Pablo hablaba, hasta que, vencido por el
sueño, se cayó desde el tercer piso. Cuando
lo levantaron, estaba muerto. 10 Pablo bajó,
se echó sobre él y, abrazándolo, dijo: «No
se alarmen, porque está vivo». 11 Volvió a subir, partió el pan y comió. Luego siguió hablando mucho tiempo hasta el amanecer; y
después salió. 12 En cuanto al muchacho, lo
llevaron a su casa con vida, y todos se sintieron muy reconfortados.

El viaje desde Tróade a Mileto

13 Nosotros nos adelantamos en barco, navegando en dirección a Asos, donde debíamos recoger a Pablo. Él lo había dispuesto
así, porque iba a hacer el viaje por tierra.
14 Cuando nos juntamos en Asos, Pablo se
embarcó con nosotros y nos dirigimos a Mi-
tilene. 15 Partimos de allí al día siguiente y llegamos frente a Quío. Al otro día, fuimos a
Samos y, después de hacer escala en Trogilio,
al día siguiente llegamos a Mileto. 16 Pablo
había decidido pasar de largo por Éfeso, para no retrasarse demasiado en Asia. Estaba
apurado porque, de ser posible, quería estar
en Jerusalén el día de Pentecostés.

La despedida de Pablo a los presbíteros de Éfeso

Hch 18 19-21; 19 10; Flp 1 1; 3 13-14;
1 Cor 9 11-12; Mt 10 8

17 Desde Mileto, mandó llamar a los presbíteros de la Iglesia de Éfeso. 18 Cuando estos
llegaron, Pablo les dijo: «Ya saben cómo me
he comportado siempre con ustedes desde
el primer día que puse el pie en la provincia
de Asia. 19 He servido al Señor con toda humildad y con muchas lágrimas, en medio de
las pruebas a que fui sometido por las insi-

Hch 20 35

COMPRENDE LOS SÍMBOLOS

Monogramas de Jesús

Los primeros cristianos crearon símbolos con letras que significaban Jesús. *IHS* son las primeras letras del nombre griego de Jesús: *IHSOUS*. El *alfa* y la *omega* son la primera y la última letras del alfabeto griego; significan que Cristo es principio y fin de la historia y el universo; se usan en el cirio pascual.

dias de los judíos. 20 Ustedes saben que no he
omitido nada que pudiera serles útil: les prediqué y les enseñé tanto en público como en
privado, 21 instando a judíos y a paganos a
convertirse a Dios y a creer en nuestro Señor
Jesús.
22 Y ahora, como encadenado por el Espíritu, voy a Jerusalén sin saber lo que me sucederá allí. 23 Solo sé que, de ciudad en ciudad, el Espíritu Santo me va advirtiendo
cuántas cadenas y tribulaciones me esperan.
24 Pero poco me importa la vida, mientras
pueda cumplir mi carrera y la misión que
recibí del Señor Jesús: la de dar testimonio
de la Buena Noticia de la gracia de Dios. 25 Y
ahora sé que ustedes, entre quienes pasé
predicando el Reino, no volverán a verme.
26 Por eso hoy declaro delante de todos que
no tengo nada que reprocharme respecto de
ustedes. 27 Porque no hemos omitido nada
para anunciarles plenamente los designios
de Dios. 28 Velen por ustedes, y por todo el
rebaño sobre el cual el Espíritu Santo los ha
constituido guardianes para apacentar a la
Iglesia de Dios, que él adquirió al precio de
su propia sangre. 29 Yo sé que después de mi
partida se introducirán entre ustedes lobos
rapaces que no perdonarán al rebaño. 30 Y
aun de entre ustedes mismos, surgirán

hombres que tratarán de arrastrar a los discípulos con doctrinas perniciosas. 31 Velen, entonces, y recuerden que durante tres años, de noche y de día, no he cesado de aconsejar con lágrimas a cada uno de ustedes.

32 Ahora los encomiendo al Señor y a la Palabra de su gracia, que tiene poder para construir el edificio y darles la parte de la herencia que les corresponde, con todos los que han sido santificados. 33 En cuanto a mí, no he deseado ni plata ni oro ni los bienes de nadie. 34 Ustedes saben que con mis propias manos he atendido a mis necesidades y a las de mis compañeros. 35 De todas las maneras posibles, les he mostrado que así, trabajando duramente, se debe ayudar a los débiles, y que es preciso recordar las palabras del Señor Jesús: "La felicidad está más en dar que en recibir"». 36 Después de decirles esto, se arrodilló y oró junto a ellos. 37 Todos se pusieron a llorar, abrazaron a Pablo y lo besaron afectuosamente, 38 apenados sobre todo porque les había dicho que ya no volverían a verlo. Después lo acompañaron hasta el barco.

LA FELICIDAD ESTÁ MÁS EN DAR QUE EN RECIBIR.
Hch 20 35

HCH

El viaje de Pablo a Jerusalén

Hch 20 36; 6 5; 8 5-6; Jl 3 1;
Hch 11 28; 20 22-24; 21 4; Lc 22 42

21 1 Después de separarnos de ellos, nos embarcamos y fuimos derecho a Cos; al día siguiente, llegamos a Rodas y de allí pasamos a Pátara. 2 Como encontramos un barco que iba a Fenicia, subimos a bordo y partimos. 3 Avistamos la isla de Chipre y, dejándola a nuestra izquierda, seguimos navegando en dirección a Siria, hasta que por fin atracamos en el puerto de Tiro, donde el barco debía descargar. 4 Allí encontramos a algunos discípulos y permanecimos una semana con ellos. Estos, iluminados por el Espíritu, aconsejaban a Pablo que no subiera a Jerusalén, 5 pero *llegado el momento de partir,* proseguimos nuestro viaje. Todos nos acompañaron hasta las afueras de la ciudad, incluso las mujeres y los niños. En la playa nos arrodillamos para orar, 6 y habiéndonos despedido, nosotros subimos al barco y ellos se volvieron a sus casas. 7 De Tiro fuimos a Tolemaida, poniendo así término a la travesía. Allí saludamos a los hermanos y nos detuvimos un día con ellos. 8 Al día siguiente, volvimos a partir y llegamos a Cesarea, donde fuimos a ver a Felipe, el predicador del Evangelio, uno de los Siete, y nos alojamos en su casa. 9 Él tenía cuatro hijas solteras que profetizaban. 10 Permanecimos allí muchos días, y durante nuestra estadía bajó de Judea un profeta llamado Agabo. 11 Este vino a vernos, tomó el cinturón de Pablo, se ató con él los pies y las

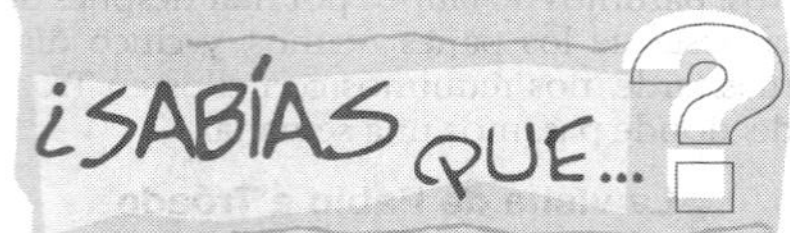

Los opositores de Pablo

Lucas menciona tres grupos de personas que se oponen a Pablo. Al principio son algunos cristianos judíos; después son los judíos no creyentes en Jesús, y, más adelante, son los romanos. Cuando Lucas escribió este pasaje ya sabía lo que había pasado, así que presenta a los tres grupos actuando al mismo tiempo, al describir el arresto de Pablo y su encarcelamiento (Hch 21 17-36).

A continuación se presentan las características de cada grupo:

- Los cristianos judíos, representados por Santiago y los ancianos (Hch 21 17-26), apoyan a Pablo y presentan un plan para que pruebe su lealtad, pero a algunos no les parece que evangelice a los gentiles.
- Los judíos no creyentes en Jesús perciben en el crecimiento de la fe cristiana una amenaza al judaísmo y ven a Pablo como su representante más fuerte, por lo que intentan arrestarlo y hacer que muera en una revuelta (vv. 27-36).
- Los gobernantes romanos están más interesados en mantener la paz que en tomar parte en el conflicto. El comandante romano piensa que puede mantener contentos a los judíos encarcelando y azotando a Pablo (22 22-29), pero, ¡oh sorpresa!, Pablo es ciudadano romano y tiene derechos civiles que el comandante se ve en la necesidad de honrar.

Hch 21 17-36

manos, y dijo: «El Espíritu Santo dice: Así
atarán los judíos en Jerusalén al dueño de
este cinturón y lo entregarán a los paganos». 12 Al oír estas palabras, los hermanos
del lugar y nosotros mismos rogamos a Pablo que no subiera a Jerusalén. 13 Pablo respondió: «¿Por qué lloran así y destrozan
mi corazón? Yo estoy dispuesto, no solamente a dejarme encadenar, sino también
a morir en Jerusalén por el nombre del Señor Jesús». 14 Y como no conseguíamos
persuadirlo, no insistimos más y dijimos:
«Que se haga la voluntad del Señor».

La llegada a Jerusalén

Hch 15 1-30; Rom 2 25-29;
Nm 6 2-5.13-21; Gal 2 3; 3 22

15 Algunos días después, terminados nuestros preparativos, subimos a Jerusalén. 16 Iban
con nosotros algunos discípulos de Cesarea,
que nos hicieron alojar en casa de un tal
Mnasón de Chipre, un discípulo de la primera hora. 17 Cuando llegamos a Jerusalén, los
hermanos nos recibieron con alegría. 18 Al día
siguiente, Pablo fue con nosotros a casa de
Santiago, donde también se reunieron todos
los presbíteros. 19 Después de saludarlos, Pablo expuso detalladamente todo lo que Dios
había hecho entre los paganos a través de su
ministerio. 20 Ellos alabaron a Dios por lo que
acababan de oír, pero le advirtieron: «Tú sabes, hermano, que millares de judíos han
abrazado la fe, y que todos ellos son celosos
cumplidores de la Ley. 21 Ahora bien, ellos
han oído decir que con tus enseñanzas apartas de Moisés a todos los judíos que viven
entre los paganos, diciéndoles que no circunciden a sus hijos y no sigan más sus costumbres. 22 ¿Qué haremos entonces? Porque seguramente se van a enterar de tu llegada.
23 Tienes que hacer lo que te vamos a decir:
Aquí tenemos a cuatro hombres que están
obligados por un voto: 24 llévalos contigo, pu-
rifícate con ellos y paga lo que corresponde
para que se hagan cortar el cabello. Así todo
el mundo sabrá que no es verdad lo que han
oído acerca de ti, sino que tú también eres un
fiel cumplidor de la Ley. 25 En cuanto a los paganos que abrazaron la fe, les hemos enviado
nuestras decisiones, a saber: que se abstengan
de la carne inmolada a los ídolos, de la sangre, de la carne de animales muertos sin desangrar y de las uniones ilegales». 26 Al día siguiente, Pablo tomó consigo a esos hombres,
se purificó con ellos y entró en el Templo.
Allí hizo saber cuándo concluiría el plazo fijado para la purificación, es decir, cuándo debía ofrecerse la ofrenda por cada uno de
ellos.

EL CAUTIVERIO DE PABLO Y SU VIAJE A ROMA

El arresto de Pablo

Hch 20 23; Lc 23 18; Jn 19 15

27 Casi al final de los siete días, cuando
los judíos venidos de Asia vieron a Pablo en
el Templo, amotinaron a la multitud y se
apoderaron de él, 28 gritando: «¡Socorro, israelitas! Este es el hombre que predica a todos y en todas partes contra nuestro pueblo, contra la Ley y contra este Templo, y
ahora ha llegado a introducir en él a los paganos, profanando este lugar santo». 29 Decían esto porque antes habían visto con él
en la ciudad a Trófimo de Éfeso, y creían
que Pablo lo había introducido en el Templo. 30 La ciudad entera se alborotó, y de todas partes acudió el pueblo. Se apoderaron
de Pablo, lo sacaron fuera del Templo y cerraron inmediatamente las puertas. 31 Ya
iban a matarlo, cuando llegó al tribuno de
la cohorte la noticia de que toda Jerusalén
estaba convulsionada. 32 Enseguida el tribuno, con unos soldados y centuriones, se
precipitó sobre los manifestantes. Al ver al
tribuno y a los soldados, dejaron de golpear a Pablo. 33 El tribuno se acercó, tomó a
Pablo y mandó que lo ataran con dos cadenas; después preguntó quién era y qué había hecho. 34 Todos gritaban al mismo tiempo, y a causa de la confusión, no pudo
sacar nada en limpio. Por eso hizo conducir a Pablo a la fortaleza. 35 Al llegar a la escalinata, los soldados tuvieron que alzarlo
debido a la violencia de la multitud, 36 porque el pueblo en masa lo seguía, gritando:
«¡Que lo maten!». 37 Cuando lo iban a introducir en la fortaleza, Pablo dijo al tribuno: «¿Puedo decirte una palabra?». «¿Tú
sabes griego? —le preguntó el tribuno—.
38 Entonces, ¿no eres el egipcio que hace
unos días provocó un motín y llevó al desierto a cuatro mil terroristas?». 39 «Yo soy
judío —dijo Pablo, originario de Tarso—,
ciudadano de una importante ciudad de
Cilicia. Te ruego que me permitas hablar al
pueblo». 40 El tribuno se lo permitió, y Pablo, de pie sobre la escalinata, hizo una señal al pueblo con la mano. Se produjo un
gran silencio, y Pablo comenzó a hablarles
en hebreo.

Discurso de Pablo a los judíos de Jerusalén

Hch 5 34; 8 3; 9 1-19; 26 12-18; Gal 1 15-16

22 1 «Hermanos y padres —les dijo—, escuchen lo que hoy les voy a decir en
mi defensa». 2 Al oír que hablaba en hebreo, el silencio se hizo aún más profundo.
Pablo prosiguió: 3 «Yo soy judío, nacido en
Tarso de Cilicia, pero me he criado en esta
ciudad y he sido iniciado a los pies de Gamaliel en la estricta observancia de la Ley
de nuestros padres. Estaba lleno de celo por
Dios, como ustedes lo están ahora. 4 Perseguí a muerte a los que seguían este Camino, llevando encadenados a la prisión a
hombres y mujeres; 5 el Sumo Sacerdote y el
Consejo de los ancianos son testigos de esto. Ellos mismos me dieron cartas para los
hermanos de Damasco, y yo me dirigí allá
con el propósito de traer encadenados a Jerusalén a los que encontrara en esa ciudad,
para que fueran castigados. 6 En el camino y
al acercarme a Damasco, hacia el mediodía,
una intensa luz que venía del cielo brilló de
pronto a mi alrededor. 7 Caí en tierra y oí
una voz que me decía: "Saulo, Saulo, ¿por
qué me persigues?". 8 Le respondí: "¿Quién
eres, Señor?», y la voz me dijo: "Yo soy Jesús de Nazaret, a quien tú persigues". 9 Los
que me acompañaban vieron la luz, pero
no oyeron la voz del que me hablaba. 10 Yo
le pregunté: "¿Qué debo hacer, Señor?". El
Señor me dijo: "Levántate y ve a Damasco
donde se te dirá lo que debes hacer". 11 Pero
como yo no podía ver, a causa del resplandor de esa luz, los que me acompañaban
me llevaron de la mano hasta Damasco.
12 Un hombre llamado Ananías, fiel cumplidor de la Ley, que gozaba de gran prestigio
entre los judíos del lugar, 13 vino a verme y,
acercándose a mí, me dijo: "Hermano Saulo, recobra la vista". Y en ese mismo instante, pude verlo. 14 Él siguió diciendo: "El Dios
de nuestros padres te ha destinado para conocer su voluntad, para ver al Justo y escuchar su Palabra, 15 porque tú darás testimonio ante todos los hombres de lo que has
visto y oído. 16 Y ahora, ¿qué esperas? Le-
vántate, recibe el bautismo y purifícate de
tus pecados, invocando su Nombre". 17 De
vuelta a Jerusalén, mientras oraba en el
Templo, caí en éxtasis 18 y vi al Señor que
me decía: "Aléjate rápidamente de Jerusalén, porque ellos no recibirán el testimonio
que tú darás de mí". 19 Entonces respondí:
"Ellos saben, Señor, que yo iba de una sinagoga a otra para encarcelar y azotar a los
que creen en ti. 20 Y saben que cuando derramaban la sangre de Esteban, tu testigo,
yo también estaba presente, aprobando su
muerte y cuidando la ropa de los verdugos".
21 Pero él me dijo: "Vete, porque quiero enviarte lejos, a las naciones paganas"».

La ciudadanía romana de Pablo

Hch 21 36; 16 37; 21 33

22 Hasta aquí los judíos lo escucharon, pero al oír estas palabras comenzaron a gritar
diciendo: «¡Elimina a este hombre. No merece vivir!». 23 Todos vociferaban, agitaban
sus mantos y tiraban tierra al aire. 24 El tribuno hizo entrar a Pablo en la fortaleza y ordenó que lo azotaran para saber por qué razón
gritaban así contra él. 25 Cuando lo sujetaron
con las correas, Pablo dijo al centurión de
turno: «¿Les está permitido azotar a un ciudadano romano sin haberlo juzgado?». 26 Al
oír estas palabras, el centurión fue a informar
al tribuno: «¿Qué vas a hacer? —le dijo—.
Este hombre es ciudadano romano». 27 El tribuno fue a preguntar a Pablo: «¿Tú eres ciudadano romano?». Y él le respondió: «Sí».
28 El tribuno prosiguió: «A mí me costó mucho dinero adquirir esa ciudadanía». «En
cambio, yo la tengo de nacimiento», dijo Pablo. 29 Inmediatamente, se retiraron los que
iban a azotarlo, y el tribuno se alarmó al enterarse de que había hecho encadenar a un
ciudadano romano. 30 Al día siguiente, queriendo saber con exactitud de qué lo acusaban los judíos, el tribuno le hizo sacar las cadenas, y convocando a los sumos sacerdotes
y a todo el Sanedrín, hizo comparecer a Pablo delante de ellos.

Pablo ante el Sanedrín

Lc 22 66-71; Hch 4 5-22; 6 12 – 7 60; Ex 22 28; Hch 26 5; Flp 3 5; Hch 18 9; 19 21

23 1 Con los ojos fijos en el Sanedrín, Pablo dijo: «Hermanos, hasta hoy yo he
obrado con rectitud de conciencia delante
de Dios». 2 Pero el Sumo Sacerdote Ananías
ordenó a sus asistentes que le pegaran en la
boca. 3 Entonces Pablo replicó: «A ti te golpeará Dios, hipócrita. ¡Tú te sientas allí para juzgarme según la Ley y, violando la Ley,
me haces golpear!». 4 Los asistentes le advirtieron: «Estás insultando al Sumo Sacerdote
de Dios». 5 «Yo no sabía, hermanos, que era
el Sumo Sacerdote —respondió Pablo—,

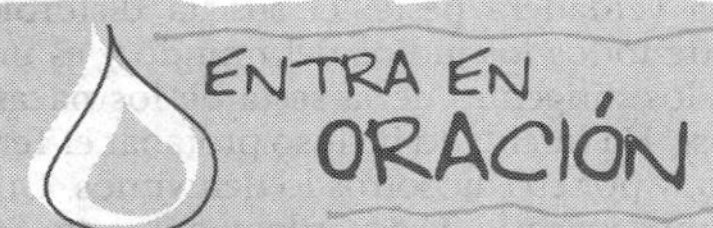

Cuando llegue la prueba

Si puedes mantener tu fe cuando los que te rodean la pierden y buscan algo nuevo;
si puedes pararte con más firmeza cuando te desprecian por necio y anticuado;

Si puedes poner tu mano en la de Cristo,
y al sentir las marcas de las cicatrices sobre tu palma,
de buena gana dices «amén» a lo que Dios permite en tu vida,
o cambias el suspiro por un salmo de gozo;

Si puedes soportar la acusación injusta,
sin murmuración ni pensamientos de venganza;
llegar a perder derechos y reputación,
porque su gloria es lo único que buscas;

Si puedes morir como Jesús en el Calvario
y volver a vivir en el poder de la resurrección;
si puedes reclamar la última victoria,
por la gracia de Dios y descansar en su triunfo;

Si Jesús es tu tesoro más preciado,
y puedes entregarle tus pensamientos, temores, y desagrados;
entonces la vida es tuya, su bendición es sin medida,
y, lo que es más, recibirás la corona de victoria sin fin.

Poema tradicional
Hch 23 1-22

porque está escrito: *No maldecirás al jefe de tu pueblo*». 6 Pablo, sabiendo que había dos partidos, el de los saduceos y el de los fariseos, exclamó en medio del Sanedrín: «Hermanos, yo soy fariseo, hijo de fariseos, y ahora me están juzgando a causa de nuestra esperanza en la resurrección de los muertos». 7 Apenas pronunció estas palabras, surgió una disputa entre fariseos y saduceos, y la asamblea se dividió. 8 Porque los saduceos niegan la resurrección y la existencia de los ángeles y de los espíritus; los fariseos, por el contrario, admiten una y otra cosa. 9 Se produjo un griterío, y algunos escribas del partido de los fariseos se pusieron de pie y protestaron enérgicamente: «Nosotros no encontramos nada de malo en este hombre. ¿Y si le hubiera hablado algún espíritu o un ángel...?». 10 Como la disputa se hacía cada vez más violenta, el tribuno, temiendo por la integridad de Pablo, mandó descender a los soldados para que lo sacaran de allí y lo llevaran de nuevo a la fortaleza. 11 A la noche siguiente, el Señor se apareció a Pablo y le dijo: «Ánimo, así como has dado testimonio de mí en Jerusalén, también tendrás que darlo en Roma».

La conjuración de los judíos contra Pablo

Hch 25 3-5.18-19; 26 31-32

12 Al amanecer, los judíos se confabularon y se comprometieron bajo juramento a no comer ni beber, hasta no haber matado a Pablo. 13 Los comprometidos en la conjuración eran más de cuarenta. 14 Fueron al encuentro de los sumos sacerdotes y los ancianos, y les dijeron: «Nosotros nos hemos comprometido bajo juramento a no probar nada antes de haber matado a Pablo. 15 Pónganse de acuerdo con el Sanedrín, y propongan al tribuno que lo haga comparecer delante de ustedes con el pretexto de examinar más exactamente su causa; nosotros, por nuestra parte, estaremos preparados para matarlo en el camino». 16 Pero un sobrino de Pablo, al enterarse de la emboscada, se dirigió a la fortaleza y entró para prevenir a Pablo. 17 Este, llamando a uno de los centuriones, le dijo: «Acompaña a este muchacho hasta donde está el tribuno, porque tiene algo que comunicarle». 18 El centurión lo llevó y dijo al tribuno: «El prisionero Pablo me pidió que te trajera a este muchacho, porque tiene algo que decirte». 19 El tribuno, tomándolo de la mano, lo llevó aparte y le preguntó: «¿Qué tienes que comunicarme?». 20 El muchacho le respondió: «Los judíos, bajo pretexto de examinar más a fondo la causa, se han puesto de acuerdo para pedirte que mañana presentes a Pablo ante el Sanedrín. 21 No les creas. Es una emboscada que le preparan más de cuarenta de ellos, comprometidos bajo juramento a no comer ni beber hasta haberlo matado. Ya están dispuestos y solo esperan tu consentimiento». 22 El tribuno despidió al muchacho, haciéndole esta recomendación: «No digas a nadie que me has contado esto».

El traslado de Pablo a Cesarea

Hch 21 30-33; 22 27.30; 18 14-15; 25 18-19

23 Después llamó a dos centuriones y les dijo: «Preparen doscientos soldados, setenta jinetes y doscientos lanceros, para que salgan en dirección a Cesarea a las nueve de la noche. 24 Preparen también caballos para Pablo, y llévenlo sano y salvo hasta el gobernador Félix». 25 Y escribió una carta que decía: 26 «Claudio Lisias saluda al ilustre gobernador Félix. 27 Aquí te envío a un hombre que fue detenido por los judíos, y cuando ya lo iban a matar, enterándome de que era ciudadano romano, intervine con mis soldados y pude rescatarlo. 28 Queriendo saber exactamente de qué lo acusaban, lo hice comparecer delante del Tribunal judío, 29 pero comprobé que se lo acusaba por cuestiones relativas a la Ley de los judíos, y que no había ningún cargo por el que mereciera la muerte o la prisión. 30 Informado de que se tramaba una conspiración contra este hombre, he querido enviarlo allí enseguida, ordenando también a sus acusadores que te expongan los cargos que tengan contra él. Adiós». 31 De acuerdo con la orden recibida, los soldados tomaron a Pablo y lo condujeron de noche a Antipátride. 32 Al día siguiente, dejaron que los jinetes partieran con él, y ellos se volvieron a la fortaleza. 33 Llegados a Cesarea, los jinetes entregaron la carta al gobernador y le presentaron a Pablo. 34 El gobernador leyó la carta y preguntó de qué provincia era. Al saber que era de Cilicia, 35 dijo: «Te oiré cuando lleguen tus acusadores». Y lo hizo poner bajo custodia en el pretorio de Herodes.

El proceso de Pablo ante Félix

Hch 17 6; 21 28-30

24 1 Cinco días después, el Sumo Sacerdote Ananías bajó con algunos ancianos y un abogado llamado Tértulo, para presentar delante del gobernador la acusación que tenían contra Pablo. 2 Hicieron comparecer a Pablo, y Tértulo presentó la acusación en estos términos: «Ilustre Félix: La profunda paz de que gozamos gracias a ti *y las reformas que nuestra nación debe* a tu gobierno, 3 constituyen para nosotros, siempre y en todas partes, un motivo de inmensa gratitud. 4 Como no queremos importunarte demasiado, te ruego que nos escuches un momento con tu habitual cordialidad. 5 Hemos comprobado que este hombre es una verdadera peste: él suscita disturbios entre todos los judíos del mundo y es uno de los dirigentes de la secta de los nazarenos. 6 Ha intentado incluso profanar el Templo, y por eso, nosotros lo detuvimos. Queríamos juzgarlo de acuerdo con nuestra Ley, 7 pero intervino el tribuno Lisias, que lo arrancó violentamente de nuestras manos 8 y ordenó a sus acusadores que comparecieran delante de ti. Si lo interrogas, tú mismo reconocerás que nuestros cargos contra él son bien fundados». 9 Los judíos ratificaron esto, asegurando que era verdad.

Discurso de Pablo ante el gobernador romano

Dn 12 2; Jn 5 28-29; Hch 23 6; 11 29-30;
Rom 15 25-28; Hch 21 26-27; 23 6-9; 24 15

10 Cuando el gobernador hizo señas a Pablo de que hablara, este respondió: «Con entera confianza voy a defender mi causa, porque sé que gobiernas esta nación desde hace varios años. 11 Como tú mismo puedes averiguarlo, no hace todavía doce días que subí en peregrinación a Jerusalén 12 y nunca se me vio ni en el Templo, ni en las sinagogas, ni en la ciudad, discutiendo con alguien o amotinando a la gente. 13 Ellos tampoco pueden probarte aquello de lo que me acusan ahora. 14 Pero sí te confieso que sirvo al Dios de mis padres, siguiendo el Camino que mis acusadores consideran una secta. Creo en todo lo que está contenido en la Ley y escrito en los Profetas, 15 y tengo la misma esperanza en Dios que ellos tienen: la esperanza de que habrá una resurrección de justos y pecadores. 16 Por eso trato de conservar siempre una conciencia irreprochable delante de Dios y de los hombres. 17 Después de unos cuantos años, vine a traer limosnas a mis compatriotas y a presentar ofrendas. 18 Así fue como algunos judíos de la provincia de Asia me encontraron en el Templo: yo me había purificado y no estaba provocando ninguna clase de amotinamiento ni de tumulto. 19 Son ellos los que hubieran debido presentarse ante ti para acusarme, si tenían alguna queja contra mí. 20 Por lo menos, que digan los que están aquí de qué delito me encontraron culpable cuando comparecí delante del Sanedrín. 21 A no ser que se trate de lo único que dije, puesto de pie en medio de ellos: "Hoy ustedes me juzgan a causa de la resurrección de los muertos"».

La cautividad de Pablo en Cesarea
Hch 9 2; 27 3; 28 16.30; Jn 16 8; Hch 25 9

22 Félix, que estaba muy bien informado
de todo lo concerniente al Camino del Señor, postergó la causa, diciendo: «Cuando
descienda de Jerusalén el tribuno Lisias,
me expediré en este asunto». 23 Después ordenó al centurión que custodiara a Pablo,
pero dejándole una cierta libertad y sin impedir que sus amigos lo atendieran. 24 Algunos días después, se presentó Félix con
su mujer Drusila, que era judía. Él mandó
llamar a Pablo y lo oyó hablar acerca de la
fe en Jesucristo. 25 Pero cuando Pablo se puso a tratar sobre la justicia, la continencia y
el juicio futuro, Félix, lleno de temor, le
respondió: «Por ahora puedes irte; te volveré a llamar en la primera ocasión». 26 Al
mismo tiempo, él esperaba que Pablo le
diera dinero, y por eso lo hacía llamar frecuentemente para conversar con él. 27 Al cabo de dos años, Porcio Festo sucedió a Félix; y como este quería congraciarse con los
judíos, dejó a Pablo en la prisión.

La apelación de Pablo al Emperador
Hch 23 12-22; 24 5-13; Mc 14 55-59

25 1 Tres días después de haberse hecho
cargo de su provincia, Festo subió de
Cesarea a Jerusalén. 2 Los sumos sacerdotes
y los judíos más importantes acusaron entonces a Pablo en su presencia, 3 y le pidieron la gracia de que lo hiciera trasladar a
Jerusalén. En realidad preparaban una emboscada para matarlo en el camino. 4 Pero
Festo respondió que Pablo debía quedar
bajo custodia en Cesarea, y que él mismo
iría allí inmediatamente. 5 «Que los de más
autoridad entre ustedes —añadió— vengan conmigo y presenten su acusación, si
tienen algo contra él». 6 Festo permaneció
en Jerusalén unos ocho o diez días, y luego
bajó a Cesarea. Al día siguiente, se sentó en
el tribunal e hizo comparecer a *Pablo.* 7 En
cuanto llegó, los judíos venidos de Jerusalén lo rodearon, y presentaron contra él
numerosas y graves acusaciones que no
podían probar. 8 Pablo se defendía diciendo: «Yo no he cometido ninguna falta contra la Ley de los judíos, ni contra el Templo, ni contra el Emperador». 9 Festo,
queriendo congraciarse con los judíos, se
dirigió a Pablo y le dijo: «¿Quieres subir a
Jerusalén para ser juzgado allí en mi presencia?». 10 Pablo respondió: «Estoy delante
del tribunal del Emperador, y es aquí donde debo ser juzgado. Yo no hice ningún
mal a los judíos, como tú lo sabes perfectamente. 11 Si soy culpable y he cometido
algún delito que merezca la muerte, no me
niego a morir, pero si las acusaciones que
hacen los judíos contra mí carecen de fundamento, nadie tiene el derecho de entregarme a ellos. Apelo al Emperador». 12 Festo, después de haber consultado con su
Consejo, respondió: «Ya que apelaste al
Emperador, comparecerás ante él».

Encuentro de Festo y Agripa
Hch 25 6; 18 14-15; 2 11-12; Lc 23 1-25

13 Algunos días más tarde, el rey Agripa y
Berenice llegaron a Cesarea y fueron a saludar a Festo. 14 Como ellos permanecieron
varios días, Festo expuso al rey el caso de
Pablo, diciéndole: «Félix ha dejado a un
prisionero, 15 y durante mi estadía en Jerusalén, los sumos sacerdotes y los ancianos
de los judíos, presentaron quejas pidiendo
su condena. 16 Yo les respondí que los romanos no tienen la costumbre de entregar
a un hombre antes de enfrentarlo con sus
acusadores y darle la oportunidad de defenderse. 17 Ellos vinieron aquí y, sin ninguna demora, me senté en el tribunal e hice
comparecer a ese hombre al día siguiente.
18 Pero cuando se presentaron los acusadores, estos no alegaron contra él ninguno de
los cargos que yo sospechaba. 19 Lo que había entre ellos eran no sé qué discusiones
sobre su religión, y sobre un tal Jesús que
murió y que Pablo asegura que vive. 20 No
sabiendo bien qué partido tomar en un
asunto de esta índole, le pregunté a Pablo
si quería ir a Jerusalén para ser juzgado allí.
21 Pero como este apeló al juicio de Su Majestad imperial, yo ordené que lo dejaran
bajo custodia hasta que lo enviara al Emperador». 22 Agripa dijo entonces a Festo:
«A mí también me gustaría escuchar a ese
hombre». «Mañana lo escucharás», respondió Festo.

Pablo ante el rey Agripa
Lc 21 12; Hch 25 1-12

23 Al día siguiente, Agripa y Berenice llegaron con gran pompa y entraron en la sala de audiencias, rodeados de los tribunos
y de los hombres más importantes de la
ciudad. A una orden de Festo, trajeron a
Pablo. 24 Festo tomó la palabra, diciendo:
«Rey Agripa y todos los que están aquí pre-

VIVE LA PALABRA

¡Pablo nos enseña a vivir nuestra fe!

Los reporteros Marisa y Ricardo (hablan en sus micrófonos). Estamos aquí en vivo en Cesarea, en donde Pablo de Tarso acaba de hablar con el rey Agripa y con el gobernador Festo... Aquí viene Pablo. Veamos lo que tiene que decir. Pablo, ¿por qué ha provocado tu mensaje tanta controversia?

Pablo: Nunca fue mi intención provocar conflictos. Sin embargo, debo hablar con la verdad, y la verdad es que Dios ha revelado que nuestra salvación está en Jesucristo. En Jesús, la salvación es para todos: judíos y gentiles, esclavos y libres, hombres y mujeres; todos somos iguales delante de Dios. Por desgracia, hay personas que no aceptan esta verdad, pues les incomoda y están tratando de deshacerse de mí.

Marisa y Ricardo: Pero ¿no es cierto que tu mensaje ha sido bien recibido por mucha gente, incluyendo distintos tipos de personas?

Pablo: Sí lo ha sido, porque Jesús nos enseñó a respetar a todas las personas como hijos e hijas de Dios, independientemente de su cultura o clase social. Bajo la guía del Espíritu Santo, las comunidades cristianas aceptan la diversidad, manteniendo su unidad en Jesús. Creo que la gente tiene hambre de esto.

Marisa y Ricardo: Muy pronto te irás para Roma, donde te harán un juicio por crímenes que se supone has hecho contra el imperio. ¿Estás preocupado?

Pablo (sonriendo): ¿Por qué estar preocupado? Nadie tiene poder final sobre mí, excepto mi Señor Jesucristo. Yo solo necesito ser fiel a mi llamado, y voy a recibir mi premio: la Vida eterna con Dios. Además tengo las oraciones y el apoyo de muchos amigos cercanos. Les agradezco su interés. Que la gracia y la paz de Dios esté con ustedes.

Marisa y Ricardo: Y también contigo, Pablo.

Hch 26

sentes, ustedes ven a este hombre, por
quien toda la comunidad judía ha venido
a verme, tanto aquí como en Jerusalén, insistiendo a gritos que no había que dejarlo
vivir más. [25] Yo no he encontrado en él nada que merezca la muerte; pero ya que él
mismo ha apelado al Emperador, he decidido enviárselo. [26] Como no tengo nada
preciso que escribir sobre él al Soberano,
lo hice comparecer ante ustedes, especialmente ante ti, rey Agripa; así, después de
este interrogatorio, yo tendré algo para informar. [27] Porque me parece absurdo enviar
a un prisionero sin indicar al mismo tiempo los cargos que se le imputan».

Discurso de Pablo ante el rey Agripa

Flp 3 5-6; Hch 9 1-18; 22 3-16;
Jr 1 4-11; Lc 24 44-47; Jn 18 20

26 [1] Agripa dijo a Pablo: «Estás autorizado a defenderte». Entonces Pablo, extendiendo la mano, comenzó su defensa,
diciendo: [2] «Rey Agripa, me considero dichoso de tener que defenderme hoy, delante de ti, de las acusaciones que me hacen los judíos, [3] porque tú conoces todas
las costumbres y controversias de los judíos. Por eso te ruego que me escuches con
paciencia. [4] Todos los judíos saben cómo
he vivido desde los primeros días de mi juventud, en medio de mi pueblo y en la
misma Jerusalén. [5] Ellos me conocen desde
hace mucho tiempo y, si quieren, pueden
atestiguar que he vivido como fariseo, es
decir, siguiendo la secta más rígida de
nuestra religión. [6] Y si ahora soy sometido
a juicio, es por mi esperanza en la promesa hecha por Dios a nuestros padres, [7] la
promesa que nuestras doce tribus esperan
ver cumplida, sirviendo a Dios fervientemente día y noche. A causa de esta esperanza, rey Agripa, soy acusado por los judíos. [8] ¿Por qué les parece increíble que
Dios resucite a los muertos?
[9] Yo, por mi parte, consideraba que debía combatir por todos los medios el nombre de Jesús de Nazaret. [10] Así lo hice en Jerusalén: yo mismo encarcelé a un gran
número de santos con la autorización de
los sumos sacerdotes, y cuando se los condenaba a muerte, mi voto era favorable.
[11] Recorría frecuentemente las sinagogas, y

los castigaba para obligarlos a renegar de
su fe. Lleno de rabia contra ellos, los perseguía hasta en las ciudades extranjeras.
[12] Una vez, cuando me dirigía a Damasco
con plenos poderes y con la orden de los sumos sacerdotes, [13] en el camino, hacia el mediodía, vi una luz más brillante que el sol,
que venía del cielo y me envolvía a mí y a
los que me acompañaban. [14] Todos caímos
en tierra, y yo oí una voz que me decía en
hebreo: "Saulo, Saulo, ¿por qué me persigues? Te lastimas al dar coces contra el aguijón". [15] Yo respondí: "¿Quién eres, Señor?".
Él me dijo: "Soy Jesús, a quien tú persigues.
[16] Levántate y permanece de pie, porque me
he aparecido a ti para hacerte ministro y testigo de las cosas que has visto y de aquellas
en que yo me manifestaré a ti. [17] *Te libraré de
los judíos y de las naciones paganas. A ellas te
envío* [18] *para que les abras los ojos, y se conviertan de las tinieblas a la luz* y del imperio de
Satanás al verdadero Dios, y por la fe en mí,
obtengan el perdón de los pecados y su parte en la herencia de los santos".
[19] Desde ese momento, rey Agripa, nunca
fui infiel a esa visión celestial. [20] Por el contrario, dirigiéndome primero a los habitantes de Damasco, luego a los de Jerusalén y
de todo el país de Judea, y finalmente a los
paganos, les prediqué que era necesario
arrepentirse y convertirse a Dios, manifestando su conversión con obras. [21] Por todo
esto, los judíos me detuvieron en el Templo
y trataron de matarme. [22] Pero con la protección de Dios, he podido hasta el día de hoy
seguir dando testimonio ante los pequeños
y los grandes. Y nunca dije nada fuera de lo
que los Profetas y Moisés anunciaron que

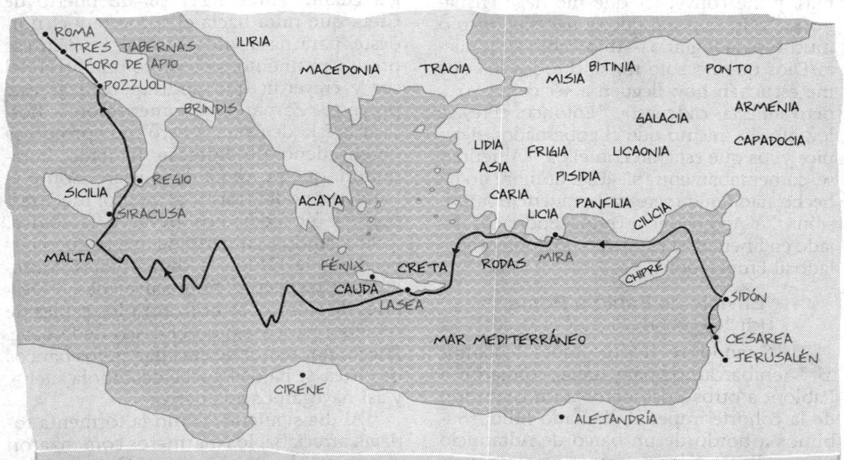

VIAJE 4: VIAJE DE LA CAUTIVIDAD

Pablo es arrestado en Jerusalén y protegido de los fanáticos que desean su muerte. Es acusado de ciertos alborotos, pero la autoridad romana no se mezcla en cuestiones religiosas judías. Pablo, como ciudadano romano, apela al emperador de Roma, la autoridad más alta del imperio. Con sus discursos frente a prominentes personas muestra a las comunidades cómo responder a la autoridad: con seguridad en la fe, serenidad y respeto. En el mar Mediterráneo hay tormentas; Pablo y otros presos son acogidos como náufragos en Malta. En Roma, Pablo goza de cierta libertad que le permite continuar con su misión evangelizadora.

Hch 27 – 28

iba a suceder, [23] es decir, que el Mesías debía sufrir y que, siendo el primero en resucitar de entre los muertos, anunciaría la luz a nuestro pueblo y a los paganos».

Reacciones del auditorio

Jn 18 37-38; Hch 13 46

[24] Cuando Pablo llegó a este punto de su defensa, Festo dijo en voz alta: «Estás loco, Pablo; tu excesivo estudio te ha hecho perder la cabeza». [25] A lo que Pablo respondió: «No estoy loco, ilustre Festo, sino que digo la verdad y hablo con sensatez. [26] El rey está al corriente de todas estas cosas, por eso me dirijo a él con toda confianza: no creo que ignore nada de esto, porque no son cosas que sucedieron en un lugar oculto. [27] ¿Crees en los profetas, rey Agripa? Yo sé que crees en ellos». [28] Agripa contestó a Pablo: «¡Un poco más, y me convences que me haga cristiano!». [29] «No importa que se necesite poco o mucho para lograrlo —dijo Pablo—. ¡Quiera Dios que no solo tú, sino todos los que me escuchan hoy, lleguen a ser como yo..., pero sin estas cadenas!». [30] Entonces el rey se levantó, lo mismo que el gobernador, Berenice y los que estaban con ellos. [31] Al retirarse, comentaban entre sí: «Este hombre no ha hecho nada que merezca la muerte o la prisión». [32] Y Agripa dijo a Festo: «Podría ser dejado en libertad, si él mismo no hubiera apelado al Emperador».

El viaje de Pablo a Roma

Hch 24 23; 27 43; 28 2; 1 Cor 11 26

27 [1] Cuando se decidió que debíamos embarcarnos para Italia, confiaron a Pablo y a otros prisioneros a un centurión de la cohorte imperial, llamado Julio. [2] Subimos a bordo de un barco de Adramicio que se dirigía a las costas de Asia, y zarpamos. Iba con nosotros Aristarco, un macedonio de Tesalónica. [3] Al día siguiente, llegamos a Sidón. Julio trató a Pablo con mucha consideración y le permitió ir a ver a sus amigos y ser atendido por ellos. [4] De allí, partimos y navegamos al resguardo de la isla de Chipre, porque soplaban vientos contrarios; [5] después, atravesando el mar de Cilicia y de Panfilia, llegamos a Mira de Licia. [6] Allí, el centurión encontró un barco alejandrino que iba a zarpar rumbo a Italia, y nos hizo embarcar en él. [7] Durante varios días, navegamos lentamente y, a duras penas, llegamos a la altura de Cnido. Como el viento era desfavorable, navegamos al resguardo de la isla de Creta hacia el cabo Salmoné, [8] y después de haberlo bordeado con gran dificultad, llegamos a un punto llamado Buenos Puertos, cerca de la ciudad de Lasea.

La tempestad

Hch 18 9; 23 11; Mt 10 30; Lc 12 7; 22 19

[9] Ya había transcurrido bastante tiempo y la navegación se hacía peligrosa, porque había pasado la época del Ayuno solemne. Entonces Pablo les advirtió: [10] «Amigos, veo que la navegación no podrá continuar sin riesgo y sin graves pérdidas, no solo para la carga y el barco, sino también para nuestras propias vidas». [11] Pero el centurión confiaba más en el capitán y en el patrón del barco que en las palabras de Pablo; [12] y como el puerto no se prestaba para invernar, la mayoría opinó que era mejor partir y llegar cuanto antes a Fenice, un puerto de Creta que mira hacia el suroeste y el noroeste, para pasar allí el invierno. [13] En ese preciso momento, se levantó una brisa del sur y creyeron que podrían realizar este proyecto. Zarparon y comenzaron a bordear la isla de Creta. [14] Pero muy pronto se desencadenó un huracán llamado Euraquilón, que provenía de la isla. [15] Como el barco no podía resistir al viento, fue arrastrado y nos dejamos llevar a la deriva. [16] Navegando a cubierto de una pequeña isla, llamada Cauda, a duras penas conseguimos recoger el bote salvavidas. [17] Después de subirlo, se utilizaron los cables de refuerzo para asegurar el casco de la nave. Luego, por temor de encallar en los bancos de Sirtes, se bajó el ancla, dejándola suelta, y así navegamos a la deriva.

[18] Al día siguiente, como la tormenta todavía arreciaba, los marineros comenzaron a arrojar el cargamento. [19] Al tercer día, echaron al agua con sus propias manos los aparejos del barco. [20] Desde hacía varios días no se veía el sol ni las estrellas, y la tormenta seguía con la misma violencia, de modo que ya habíamos perdido toda esperanza de salvación. [21] Como ya hacía tiempo que no comíamos, Pablo, de pie en medio de todos, les dijo: «Amigos, debían haberme hecho caso: si no hubiéramos partido de Creta, nos hubiéramos ahorrado este riesgo y estas graves pérdidas. [22] De todas maneras, les ruego que tengan valor porque ninguno de ustedes perecerá; solamente se perderá el barco. [23] Esta noche se me apareció un ángel del Dios al que yo

pertenezco y al que sirvo, 24 y me dijo: "No
temas, Pablo. Tú debes comparecer ante el
Emperador y Dios te concede la vida de todos los que navegan contigo". 25 Por eso,
amigos, tengan valor. Yo confío que Dios
cumplirá lo que me ha dicho. 26 Pero tendremos que encallar contra una isla».

El naufragio

Jon 1 4-16; Mt 8 23-27

27 En la decimocuarta noche, todavía íbamos a la deriva por el Adriático, cuando hacia la medianoche, los marineros presintie-
ron la cercanía de tierra firme. 28 Echaron la
sonda al mar y comprobaron que había una
profundidad de alrededor de unos treinta y
seis metros. Un poco más adelante, la echaron de nuevo y vieron que había unos veintisiete metros. 29 Temiendo que fuéramos a
chocar contra unos escollos, soltaron cuatro
anclas por la popa, esperando ansiosamente
que amaneciera. 30 Los marineros intentaron
escaparse del barco, arrojando al mar el bote salvavidas, con el pretexto de soltar las anclas de proa. 31 Pero Pablo dijo al centurión y
a los soldados: «Si esos marineros no permanecen a bordo, ustedes no podrán salvarse». 32 Entonces los soldados cortaron las
amarras del bote y lo dejaron caer. 33 Mientras esperábamos que amaneciera, Pablo recomendó a todos que comieran algo, diciéndoles: «Hace catorce días que están a la
expectativa, sin comer nada. 34 Les aconsejo
que coman algo, porque están exponiendo
su salud. Nadie perderá un solo cabello de su
cabeza». 35 Después que dijo esto, tomó pan,
dio gracias a Dios delante de todos, lo partió y se puso a comer. 36 Los demás se animaron y también comenzaron a comer. 37 Éramos
en total doscientas setenta y seis personas a
bordo. 38 Una vez satisfechos, comenzaron
a aligerar el barco tirando el trigo al mar.
39 Cuando amaneció, los marineros no reconocieron la costa; solo distinguían una ba-
hía con una playa, e hicieron lo posible para
llevar la nave en esa dirección. 40 Desataron
las anclas y las dejaron caer al mar; al mismo
tiempo, aflojaron las amarras de los timo-
nes. Después desplegaron al viento la vela
artimón y enfilaron hacia la playa. 41 Pero
chocaron contra un banco de arena, y el barco encalló. La proa se hundió en la arena y
quedó inmóvil, mientras que la popa se des-
hacía por la violencia de las olas. 42 Entonces
los soldados decidieron matar a los prisioneros, por temor de que alguno se escapa-
ra a nado. 43 Pero el centurión, que quería
salvar a Pablo, impidió que lo hicieran, y ordenó que primero se tiraran al mar los que
sabían nadar para llegar a tierra. 44 Los demás
lo harían valiéndose de tablas o de los restos
del navío. Así todos llegaron a tierra sanos y
salvos.

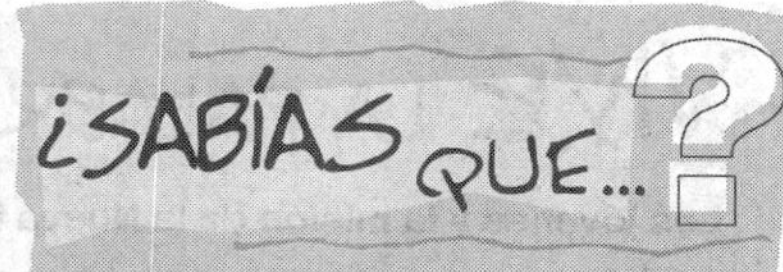

¡Roma y más allá: el mundo entero!

La larga jornada de predicar a Cristo vivo y resucitado comenzó en la ciudad de Jerusalén, centro del judaísmo, y terminó en Roma, centro del Imperio romano. Toda la oposición que encontraron Pablo y los otros misioneros no pudo detener la acción del Espíritu Santo sobre los pueblos del mundo.

Ayer fue Pedro, Pablo, Priscila y Áquila, Bernabé, Lidia, y muchos más quienes proclamaron la Buena Nueva. El papa Juan Pablo II hace un paralelo a esa realidad cuando dice que hoy eres tú, el grupo de jóvenes, la juventud entera, quien con el poder del Espíritu Santo puede llevar el evangelio a muchos jóvenes más.

«Los jóvenes son una gran fuerza social y evangelizadora. Constituyen una parte numerosísima de la población en muchas naciones de América. En el encuentro de ellos con Cristo vivo se fundan la esperanza y las expectativas de un futuro de mayor comunión y solidaridad para la Iglesia y las sociedades de América».3

Pablo y sus compañeros llegaron hasta Roma. ¿Adónde llegarás tú? ¿Cómo colaboras en la Nueva Evangelización de nuestro Continente?

Hch 28 11

La estadía en Malta

Mc 16 18; Lc 10 19; Hch 14 11; Lc 4 40; 5 15

28 1 Cuando estuvimos a salvo, nos enteramos de que la isla se llamaba Malta. 2 Sus habitantes nos demostraron una
cordialidad nada común y nos recibieron a
todos alrededor de un gran fuego que habían encendido a causa de la lluvia y del
frío. 3 Pablo recogió unas ramas secas y las
echó al fuego. El calor hizo salir una ser-

VIVE LA PALABRA

Los jóvenes y la misión de la Nueva Evangelización

En 1992, el papa Juan Pablo II pidió a la Iglesia del Continente Americano que emprendiera una nueva etapa de evangelización. La juventud, con su idealismo, energía y creatividad, tiene un rol privilegiado en la tarea de proclamar el evangelio con *nuevo ardor, nuevas expresiones y nuevas metodologías.*

El nuevo ardor se ve en la santidad de vida de muchos jóvenes y en su espíritu profético y misionero. Se constata en su conciencia de ser una fuerza renovadora de la Iglesia y en su disponibilidad a comunicar su alegría y compartir sus dones. Se palpa en la intensidad de su oración y en su disposición para evangelizar a otros jóvenes, servir a los necesitados y luchar por la justicia.

Las nuevas expresiones permiten llevar el evangelio a otros jóvenes de manera significativa para ellos. A nivel de discipulado, existen grupos y pequeñas comunidades juveniles de oración, estudio, reflexión y acción apostólica. En la evangelización masiva, destacan los congresos con testimonios y música religiosa. En la religiosidad popular se ven valores del evangelio encarnados en la cultura actual, libres de tradicionalismos sin sentido.

Las nuevas metodologías encarnan la Palabra de Dios en la vida de los jóvenes. Se basan en la experiencia de Jesús vivo y la presencia energizante del Espíritu Santo. Se apoyan en un análisis crítico de la realidad a la luz del evangelio y las enseñanzas de la Iglesia. Llevan a una práctica pastoral efectiva de parte de los jóvenes. Favorecen el descubrimiento, desarrollo y uso de los dones al servicio de la comunidad, siendo sal, luz y levadura en los diferentes ambientes en que viven.[4]

Pero, ¡qué pequeño es aún el número de jóvenes que hacen realidad la Nueva Evangelización! Para llegar a los millones de jóvenes en América que tienen sed de Dios, urge incrementar el número de apóstoles jóvenes. Jesús te llama. ¡Respóndele! ¡Nunca te arrepentirás!

Hch 28 17-28

piente que se enroscó en su mano. 4 Cuando los habitantes del lugar vieron el reptil
enroscado en su mano, comenzaron a decir
entre sí: «Este hombre es seguramente un
asesino: se ha salvado del mar, y ahora la
justicia divina no le permite sobrevivir».
5 Pero él tiró la serpiente al fuego y no sufrió
ningún mal. 6 Ellos esperaban que se hin-
chara o cayera muerto. Después de un largo
rato, viendo que no le pasaba nada, cambiaron de opinión y decían: «Es un dios».
7 Había en los alrededores una propiedad
perteneciente al principal de la isla, llamado Publio. Este nos recibió y nos brindó
cordial hospitalidad durante tres días. 8 El
padre de Publio estaba en cama con fiebre
y disentería. Pablo fue a verlo, oró, le impuso las manos y lo curó. 9 A raíz de esto, se
presentaron los otros enfermos de la isla y
fueron curados. 10 Nos colmaron luego de
toda clase de atenciones y, cuando nos embarcamos, nos proveyeron de lo necesario.

El viaje desde Malta a Roma

Hch 24 23; 28 30

11 Al cabo de tres meses nos embarcamos
en un navío que había permanecido en la
isla durante el invierno; era un barco alejandrino que tenía la insignia de Cástor y
Pólux. 12 Hicimos escala en Siracusa, donde
permanecimos tres días. 13 De allí, bordeando la costa llegamos a Regio. Al día siguiente, se levantó un viento del sur, y en
dos días llegamos a Pozzuoli, 14 donde encontramos a unos hermanos que nos invitaron a permanecer una semana con ellos.
Luego llegamos a Roma.

El encuentro de Pablo con los judíos de Roma

Hch 21 21; 24 14; 25 11; 26 32; 17 19-20; 24 5-14

15 Los hermanos de esta ciudad, informados de nuestra llegada, nos salieron al encuentro y nos alcanzaron a la altura del «Fo-
ro de Apio» y en las «Tres Tabernas». Pablo,
al verlos, dio gracias a Dios y se sintió reconfortado. 16 Cuando llegamos a Roma, recibió
autorización para alojarse en una casa particular con un soldado que lo custodiara.
17 Tres días después convocó a los judíos
principales, y cuando se reunieron les dijo:
«Hermanos, sin haber hecho nada contra el
pueblo ni contra las costumbres de nuestros
padres, fui arrestado en Jerusalén y puesto

en manos de los romanos. 18 Después de interrogarme, quisieron dejarme en libertad,
porque no encontraban en mí nada que
mereciera la muerte; 19 pero ante la oposición de los judíos, me vi obligado a apelar
al Emperador, sin querer por esto acusar en
nada a mi pueblo. 20 Por eso he querido verlos y hablarles, ya que a causa de la esperanza de Israel llevo estas cadenas». 21 Ellos
le respondieron: «Nosotros no hemos recibido de Judea ninguna carta referente a ti, y
ninguno de los hermanos que vinieron nos
han contado nada que te sea desfavorable.
22 Pero ahora quisiéramos oírte exponer lo
que piensas, porque sabemos que esta secta
encuentra oposición en todas partes».

Los judíos de Roma frente a la predicación de Pablo

Hch 13 16-41.46-47; Is 6 9-10; Sal 67 3; 98 3; Is 40 5

23 Entonces fijaron un día para encontrarse con él, y fueron a verlo en mayor número al lugar donde se alojaba. Pablo les
habló durante todo el día sobre el Reino de
Dios, dándoles toda clase de testimonio y
tratando de persuadirlos para que creyeran
en Jesucristo, a partir de la Ley de Moisés y
de los Profetas. 24 Unos se convencían con
sus palabras, pero otros se resistían a creer,
25 y mientras ellos se retiraban sin haberse
puesto de acuerdo, Pablo dijo esta sola frase: «Son muy ciertas las palabras que el Espíritu Santo dijo a los padres de ustedes,
por medio del profeta Isaías:

26 *Ve a decir a este pueblo:*
Por más que oigan, no comprenderán,
por más que vean, no conocerán.
27 *Porque el corazón de este pueblo*
se ha endurecido,
se taparon los oídos y cerraron los ojos,
por temor de que sus ojos vean,
que sus oídos oigan,
que su corazón comprenda,
que se conviertan,
y que yo los cure.

28 Sepan entonces que esa salvación de
Dios va a ser anunciada a los paganos.
Ellos sí que la escucharán». 29

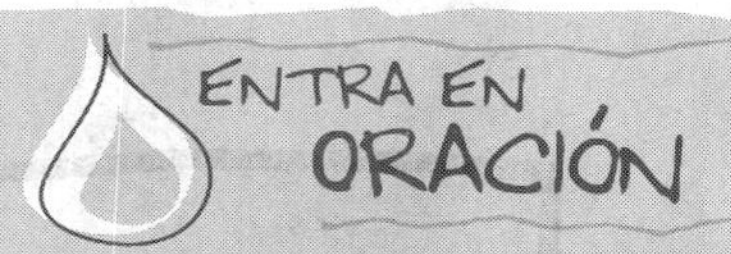

Aquí estamos.
¡Envíanos!

Señor Jesucristo, te agradecemos
que el Evangelio del Amor del Padre,
con el que Tú viniste a salvar al mundo,
haya sido proclamado ampliamente en América
como don del Espíritu Santo
que hace florecer nuestra alegría.

Te damos gracias por la ofrenda de tu vida,
que nos entregaste amándonos hasta el extremo,
y nos hace hijos de Dios
y hermanos entre nosotros.
Aumenta, Señor, nuestra fe y amor a ti,
que estás presente
en tantos sagrarios del Continente.

Concédenos ser fieles testigos de tu Resurrección
ante las nuevas generaciones de América,
para que conociéndote te sigan
y encuentren en ti su paz y su alegría.
Solo así podrán sentirse hermanos
de todos los hijos de Dios dispersos por el mundo.

Danos fuerza para anunciar con valentía tu Palabra
en la tarea de la nueva evangelización,
para corroborar la esperanza en el mundo.

¡Nuestra Señora de Guadalupe, Madre de América,
ruega por nosotros![5]

Hch 28 31

Epílogo

Hch 1 3; 4 13; 2 Tim 2 9

30 Pablo vivió dos años enteros por sus
propios medios, recibiendo a todos los
que querían verlo, 31 proclamando el Reino
de Dios, y enseñando con toda libertad y
sin encontrar ningún obstáculo lo concerniente al Señor Jesucristo.

ESPÍRITU SANTO,
QUE HABITAS EN MÍ DESDE MI BAUTISMO,

ILUMINA MI INTELIGENCIA,
PARA CONOCER Y VALORAR MÁS A JESÚS.

LLÉNAME DE TU AMOR,
PARA LLEVARLO A QUIENES ME RODEAN.

MUÉSTRAME LA VERDAD,
PARA IDENTIFICAR LOS VERDADEROS VALORES.

LIBÉRAME DE TODA OPRESIÓN,
PARA SEGUIRTE CONSCIENTE Y LIBREMENTE.

HAZME PROFETA DEL REINO,
PARA PROMOVER LA ESPERANZA Y LA JUSTICIA.

FORTALÉCEME ANTE MIS DEBILIDADES,
PARA VENCER LAS TENTACIONES Y EVITAR EL PECADO.

NUTRE MI ESPIRITUALIDAD,
PARA CRECER EN MI INTIMIDAD CON DIOS.

INSPÍRAME Y CORRÍGEME,
PARA SEGUIR MEJOR A JESÚS.

HÁBLAME, MUÉVEME, MOTÍVAME,
PARA SIEMPRE HACER LO QUE DIOS QUIERE DE MÍ.

AMÉN

CARTAS Y APOCALIPSIS

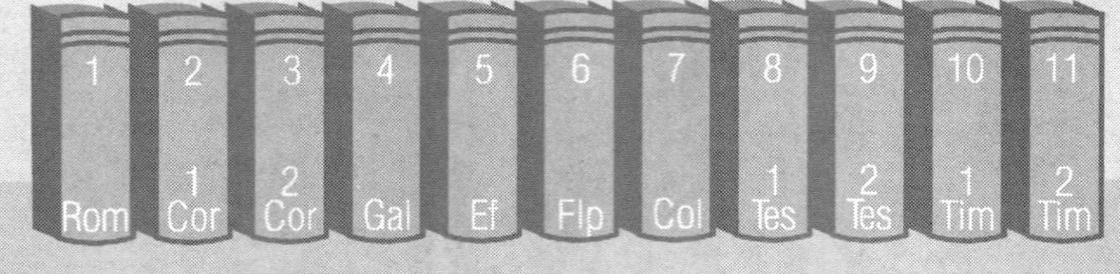

12 Tit
13 Flm
14 Heb
15 Sant
16 1 Pe
17 2 Pe
18 1 Jn
19 2 Jn
20 3 Jn
21 Jds
Ap

Introducción a las

CARTAS Y APOCALIPSIS

A la mayoría de las personas le gusta recibir cartas. Cuando escribimos notas de amor y aprecio a la chica o el chico que nos tiene cautivados, esperamos ansiosos su respuesta. Las cartas superan distancias, construyen puentes, son gratitud y amor materializados...; sirven para comunicarnos, compartir la vida, aclarar, pedir... Las cartas de los apóstoles y de sus discípulos son, a la vez, cartas de Dios; están llenas de su espíritu. Por eso son valiosas para gente de todos los tiempos, y contienen mensajes que son luz para nuestra vida, nos ayudan a revisarla y nos orientan cuando es necesario.

INTRODUCCIÓN

Cuando lees una carta dirigida a otra persona, solo conoces un lado de la conversación, pero te da una idea de los asuntos que trata. Las cartas del Nuevo Testamento nos permiten conocer las primeras comunidades y lo que creían. De hecho, las cartas de Pablo son los primeros escritos cristianos, anteriores a los evangelios, y constituyen el más preciado legado espiritual del Apóstol.

Pablo es un hombre de acción misionera. Cuando escribe lo hace forzado por las circunstancias, ante la imposibilidad de actuar personalmente. La mayoría de sus cartas está dirigida a comunidades y la usa para comunicar su concepción teológica del misterio de Cristo, aclarar aspectos de fe y motivar al seguimiento fiel de Jesús. La Iglesia ha seguido su ejemplo y nuestros pastores —el Papa y los obispos— han usado cartas para comunicarse con los fieles a lo largo de los siglos.

La tradición cristiana había adjudicado trece cartas a Pablo, pero los especialistas bíblicos creen que varias cartas fueron escritas, años después, por sus discípulos, pues tienen rasgos de estilo, vocabulario y pensamiento diferentes. También las cartas de Santiago, Pedro y Juan, parecen estar escritas por discípulos suyos. En tiempos bíblicos, la costumbre de firmar un escrito con el nombre del maestro era una manera común de honrarlo y mantener sus enseñanzas, y elevaba la credibilidad de las enseñanzas expuestas.

Al leer las cartas de Pablo y sus seguidores *(corpus paulinum)*, hay que tener presente lo siguiente:

- Están dirigidas a comunidades mixtas de cristianos de origen judío y gentil, en las que se da una mezcla de heroísmo, entusiasmo por el evangelio y pecado. Eran comunidades establecidas en el mundo helenista, y continuamente amenazadas por cultos paganos, y por doctrinas y costumbres contrarias al evangelio de Jesús. Por ello, las cartas están llenas de advertencias, recomendaciones y llamadas de atención.

- Se originan en distintas situaciones, responden a preguntas concretas y abordan problemas diferentes, pasando de uno a otro con agilidad. Además, como son de distintas épocas y autores, presentan un pluralismo teológico, sin que se dé en ellas una teología sistemática.
- Su teología proviene de tradiciones asumidas e interpretaciones dadas por el autor. Sus referencias y citas del Antiguo Testamento son muy numerosas, y presentan una constante relación comparativa entre los acontecimientos de la antigua y la Nueva Alianza.

El libro del Apocalipsis, aunque se incluye en esta introducción, no es una carta, sino una serie de visiones tenidas por un discípulo llamado Juan. Estas visiones están llenas de imágenes y eventos dramáticos, que algunas personas malinterpretan como profecías del final de los tiempos. En realidad, este libro usa códigos para hablar sobre la realidad de esa época, y contiene mensajes proféticos de esperanza para las primeras comunidades, que estaban siendo perseguidas por su fe.

Al explorar las cartas y el Apocalipsis, encontrarás una Iglesia que está llena del entusiasmo del Espíritu Santo, en la que sus miembros aman profundamente a Cristo y se aman entre sí, y la cual crece milagrosamente. Al mismo tiempo observarás que la Iglesia de esos primeros años, estaba amenazada por intensos desacuerdos, celos y escándalos en su interior y por persecuciones desde el exterior.

Al leer esta sección de la Biblia, descubrirás la profunda fe, el gran celo apostólico y el valor de los primeros cristianos. Revivirás con ellos, una y otra vez, el misterio de la muerte y resurrección de Jesús, y captarás la acción pastoral de la Iglesia como el Cuerpo de Cristo presente en la historia a través del Espíritu Santo. Aunque estos escritos pertenecen al siglo I d.C., como fueron inspirados por Dios, sus palabras son también para ti, aquí y ahora.

NOTAS COMPLEMENTARIAS

- **Hay nueve cartas de Pablo o sus seguidores, llamadas por las comunidades a las que fueron dirigidas: Romanos, 1 y 2 Corintios, Gálatas, Efesios, Filipenses, Colosenses, y 1 y 2 Tesalonisenses. Las cartas a los Efesios, Filipenses y Colosenses fueron escritas bajo cautiverio.**
- **La carta a los Hebreos se llama así porque fue dirigida a los judíos.**
- **Cuatro cartas llevan el nombre de las personas a las que fueron escritas: 1 y 2 Timoteo, y Tito, llamadas «cartas pastorales», y Filemón, también escrita en cautividad.**
- **Las otras siete cartas se denominan «cartas católicas», por estar dirigidas a los cristianos en *general. Llevan el nombre* de sus autores: Santiago, *1 y 2 Pedro*; 1, 2 y 3 Juan, y Judas.**
- **El libro del Apocalipsis es una colección de profecías y visiones de Juan de Patmos, un profeta cristiano.**

CARTA A LOS ROMANOS

¿Cuánto crees que vales? ¿Hay alguien que te ama con una aceptación total, sin ninguna condición? ¿Has encontrado situaciones donde es difícil saber lo que es bueno o malo? Si es así, no estás solo/a, también los primeros cristianos tuvieron dudas. Pablo reflexionó sobre ello para descubrir la verdad y, en esta carta a los Romanos, comparte su reflexión acerca de una pregunta clave: ¿qué nos salva?, ¿el cumplimiento de la Ley, como creían los judíos y algunos cristianos de origen judío, o la fe en Cristo, el Mesías? Su conclusión es inequívoca: nos salva la fe en Jesús, Cristo, no el cumplimiento de las leyes.

ESQUEMA

- **1 1-15.** Saludo inicial. Acción de gracias. Súplica
- **1 16 – 8 39.** La salvación por la fe en Jesucristo
- **9 – 12.** Israel en el plan de Dios
- **13 1 – 15 13.** Exigencias prácticas de la fe
- **15 14 – 16 27.** Epílogo

DATOS

Autor
Pablo
Fecha de redacción
Entre los años 57-58 d.C.
Destinatarios
Judeocristianos y gentiles en Roma

PRESENTACIÓN

Muchos biblistas consideran que la carta a los Romanos es la expresión más profunda del pensamiento de Pablo. No es una síntesis doctrinal completa y definitiva, pero sí contiene un nuevo paradigma o manera de ver la fe cristiana. Pablo es el primero que se da cuenta del viraje religioso que ocurre con la crucifixión del justo y en esta carta enfatiza fuertemente que con Cristo terminó la etapa de la Ley y empezó la era de la gracia.

La carta a los Romanos es la única que escribió Pablo a una comunidad no fundada por él. Al anunciarle su visita, quiso preparar su llegada con una explicación de su evangelio sobre la salvación y la fe, que resume en el primer capítulo: «Yo no me avergüenzo del Evangelio, porque es el poder de Dios para la salvación de todos los que creen» (Rom 1 16).

La lectura de la carta no es fácil. Algunos argumentos de Pablo son extraños y difíciles de comprender para nosotros hoy día, pero su mensaje es claro:

- La salvación es tanto para judíos como para gentiles (no judíos).
- Puesto que todos hemos pecado, nadie «merece» la salvación.
- La salvación viene de la fe en Jesucristo, no de seguir la Ley judía.
- La salvación lleva a una vida nueva que tiene exigencias morales muy concretas.

Pablo dirige muchas palabras confortantes a la comunidad romana y de todos los siglos. Por ejemplo, dice que, cuando no sabemos cómo hacer oración, el Espíritu ora por nosotros «¡con gemidos inefables!» (8 26) y que «Dios dispone todas las cosas para el bien de los que lo aman» (8 28). Así que, al leer esta carta impactante, olvida tus miedos. Aun cuando no eres perfecto/a, Dios nunca te abandona. Como dice Pablo, «tengo la certeza de que ni la muerte ni la vida..., ni ninguna otra criatura podrá separarnos jamás del amor de Dios, manifestado en Cristo Jesús, nuestro Señor» (8 38-39).

EL BAUTISMO

MUERTOS AL PECADO, PERO VIVOS PARA DIOS

Saludo inicial

Gal 1 1; Flp 1 1; Gal 1 15; Hch 26 16-18; Mt 9 27;
2 Tim 2 8; Ap 22 16; Rom 9 5; Hch 9 15; 1 Cor 8 6

1 1 Carta de Pablo, servidor de Jesucristo, llamado para ser Apóstol, y elegido para anunciar la Buena Noticia de Dios,
2 que él había prometido por medio de sus
Profetas en las Sagradas Escrituras, 3 acerca
de su Hijo, Jesucristo, nuestro Señor,

nacido de la estirpe de David
según la carne,
4 y constituido Hijo de Dios con poder
según el Espíritu santificador,
por su resurrección de entre los muertos.
5 Por él hemos recibido la gracia
y la misión apostólica,
a fin de conducir a la obediencia de la fe,
para gloria de su Nombre,
a todos los pueblos paganos,
6 entre los cuales se encuentran
también ustedes,
que han sido llamados por Jesucristo.
7 A todos los que están en Roma,
amados de Dios, llamados a ser santos,
llegue la gracia y la paz,
que proceden de Dios, nuestro Padre,
y del Señor Jesucristo.

Acción de gracias y súplica

Rom 16 19; 1 Tes 1 8; 2 Cor 1 23; Flp 1 8;
Rom 15 23; Hch 19 21

8 En primer lugar, doy gracias a mi Dios
por medio de Jesucristo, a causa de todos ustedes, porque su fe es alabada en el mundo
entero. 9 Dios, a quien tributo un culto espiritual anunciando la Buena Noticia de su Hijo,
es testigo de que yo los recuerdo constantemente, 10 pidiendo siempre en mis oraciones
que pueda encontrar, si Dios quiere, la ocasión favorable para ir a visitarlos. 11 Porque
tengo un gran deseo de verlos, a fin de comunicarles algún don del Espíritu que los
fortalezca, 12 mejor dicho, a fin de que nos re-
confortemos unos a otros, por la fe que tenemos en común. 13 Hermanos, quiero que sepan que muchas veces intenté visitarlos para
recoger algún fruto también entre ustedes,
como lo he recogido en otros pueblos paganos; pero hasta ahora no he podido hacerlo.
14 Yo me debo tanto a los griegos como a los

Evangelización como culto a Dios

Jesús es el profeta por excelencia y la única ofrenda perfecta y agradable a Dios. En adelante, toda evangelización profética es un acto de culto, pues es hecha como ofrenda que transforma la vida con la fe, la esperanza y el amor. Por eso Pablo dice que anunciar el evangelio de Jesús es rendir culto a Dios (Rom 1 9) (ver «Diez criterios del profetismo auténtico», Jr 23 25-32).

¿Das culto a Dios con tu actividad profética? Al participar en el culto, ¿dejas que la gracia de Dios convierta tu corazón y transforme tu vida?, ¿obtienes más energía para tu misión como profeta de esperanza?

Rom 1 9

que no lo son, a los sabios como a los ignorantes. 15 De ahí mi ardiente deseo de anunciarles la Buena Noticia también a ustedes,
los que habitan en Roma.

LA SALVACIÓN POR LA FE EN JESUCRISTO

El tema de la carta

1 Cor 1 18-25; 2 1-5; Hab 2 4; Gal 3 11; Heb 10 38

16 Yo no me avergüenzo del Evangelio,
porque es el poder de Dios para la salvación de todos los que creen: de los judíos
en primer lugar, y después de los que no lo
son. 17 En el Evangelio se revela la justicia de
Dios, por la fe y para la fe, conforme a lo
que dice la Escritura: *El justo vivirá por la fe.*

Los paganos, objeto de la ira divina

Sal 85 4-6; 69 25; Mt 7 9; Sab 13 1-9; Eclo 17 8; Hch 17 24-29; Is 40 26-28; Ex 32; Jr 2 5.11

18 En efecto, la ira de Dios se revela desde
el cielo contra la impiedad y la injusticia de
los hombres, que por su injusticia retienen
prisionera la verdad. 19 Porque todo cuanto
se puede conocer acerca de Dios está patente ante ellos: Dios mismo se lo dio a conocer, 20 ya que sus atributos invisibles —su poder eterno y su divinidad— se hacen visibles
a los ojos de la inteligencia, desde la creación del mundo, por medio de sus obras.
Por lo tanto, aquellos no tienen ninguna excusa: 21 en efecto, habiendo conocido a Dios,
no lo glorificaron ni le dieron gracias como
corresponde. Por el contrario, se extraviaron
en vanos razonamientos y su mente insensata quedó en la oscuridad. 22 Haciendo alarde de sabios se convirtieron en necios, 23 y
cambiaron la gloria del Dios incorruptible *por*
imágenes que representan a hombres corruptibles, aves, cuadrúpedos y reptiles.

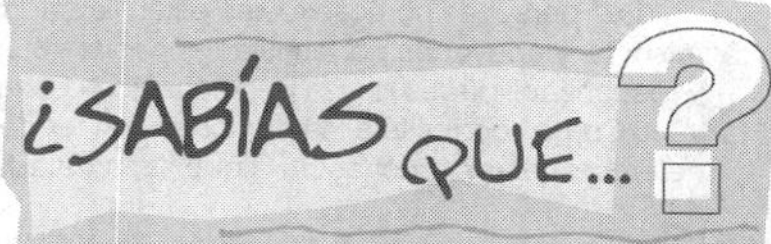

Evangelio, evangelizar y evangelios

La palabra *evangelio* significa «buena noticia», y los primeros cristianos la usaron de varias maneras. Pablo —el primer escritor del Nuevo Testamento— considera la salvación en Jesús como «buena noticia», asocia el evangelio con Jesús, y centra su mensaje en su muerte y resurrección.

Evangelizar significa «compartir un mensaje bueno, nuevo y alegre». Los primeros cristianos, además de proclamar su fe en la muerte y resurrección salvadoras de Jesús, compartían sus enseñanzas, milagros, promesas y exigencias sobre el Reino de Dios, y afirmaban su identidad como Hijo de Dios.

Después de la muerte de los Apóstoles, las comunidades cristianas quisieron guardar por escrito las palabras y obras de Jesús y surgieron escritos llamados *evangelios*, por contener la «buena noticia» de Jesús según la tradición apostólica y según la vivían sus miembros. De este modo, la palabra *evangelio* empezó a referirse también a los escritos que tienen por autores a Mateo, Marcos, Lucas y Juan.

Rom 1 16

La corrupción y el castigo de los paganos

Jr 10 10-14; 16 19-21; Rom 13 13; 1 Cor 5 10-11; 6 9-10; Gal 5 19-21

24 Por eso, dejándolos abandonados a los
deseos de su corazón, Dios los entregó a
una impureza que deshonraba sus propios
cuerpos, 25 ya que han sustituido la verdad

VIVE LA PALABRA

Orientación y actividad homosexual

Pablo quiere demostrar que todos necesitamos la salvación y menciona varios ejemplos de pecados, entre ellos, la actividad homosexual (Rom 1 18-32). La Sagrada Escritura presenta el acto homosexual como una depravación grave por ser contrario a la ley natural, ya que cierra el acto sexual al don de la vida y no procede de una verdadera complementariedad afectiva y sexual.[1]

Ser persona homosexual es tener una inclinación objetivamente desordenada, que constituye una prueba fuerte e implica un sufrimiento profundo para quienes padecen este desorden. Por ello, deben ser acogidas con respeto, compasión y delicadeza, evitando contra ellas toda acción de injusticia.[2]

Las personas homosexuales están llamadas a la castidad, mediante virtudes de dominio de sí mismas, y apoyadas por amistades desinteresadas, la oración y la gracia sacramental[3] (ver «Derechos y responsabilidades de las personas homosexuales», Lv 20 13).

¿Cómo acoges tú a las personas con tendencia homosexual? ¿Las respetas y valoras igual que a las heterosexuales? ¿Luchas para que sean tratadas bien y para que no sufran discriminación y abusos?

Rom 1 18-32

de Dios por la mentira, adorando y sirviendo a las criaturas en lugar del Creador, que
es bendito eternamente. Amén.
26 Por eso, Dios los entregó también a pasiones vergonzosas: sus mujeres cambiaron
las relaciones naturales por otras contrarias
a la naturaleza. 27 Del mismo modo, los
hombres, dejando la relación natural con la
mujer, ardieron en deseos los unos por los
otros, teniendo relaciones deshonestas entre ellos y recibiendo en sí mismos la retribución merecida por su extravío.
28 Y como no se preocuparon por reconocer a Dios, él los entregó a su mente depravada para que hicieran lo que no se debe.
29 Están llenos de toda clase de injusticia, iniquidad, ambición y maldad; colmados de
envidia, crímenes, peleas, engaños, depravación, difamaciones. 30 Son detractores, enemigos de Dios, insolentes, arrogantes, vani-
dosos, hábiles para el mal, rebeldes con sus
padres, 31 insensatos, desleales, insensibles,
despiadados. 32 Y a pesar de que conocen el
decreto de Dios, que declara dignos de
muerte a los que hacen estas cosas, no solo
las practican, sino que también aprueban a
los que las hacen.

Los judíos, objeto de la ira divina

Mt 7 2; Sab 11 23; 2 Pe 3 9.15; Sof 1 14-18; 2 2-3; Ap 6 17; Sal 62 12; Prov 24 12; Jr 17 10; Rom 1 16; Hch 10 34; Gal 2 6

2 1 Por eso, tú que pretendes ser juez de
los demás —no importa quién seas—
no tienes excusa, porque al juzgar a otros, te
condenas a ti mismo, ya que haces lo mismo que condenas. 2 Sabemos que Dios juzga de acuerdo con la verdad a los que se
comportan así. 3 Tú que juzgas a los que hacen esas cosas e incurres en lo mismo, ¿acaso piensas librarte del Juicio de Dios? 4 ¿O
desprecias la riqueza de la bondad de Dios,
de su tolerancia y de su paciencia, sin reconocer que esa bondad te debe llevar a la
conversión? 5 Por tu obstinación en no querer arrepentirte, vas acumulando ira para el
día de la ira, cuando se manifiesten los justos juicios de Dios, 6 que *retribuirá a cada uno*
según sus obras. 7 Él dará la Vida eterna a los
que por su constancia en la práctica del
bien, buscan la gloria, el honor y la inmortalidad. 8 En cambio, castigará con la ira y la
violencia a los rebeldes, a los que no se someten a la verdad y se dejan arrastrar por la
injusticia. 9 Es decir, habrá tribulación y angustia para todos los que hacen el mal: para
los judíos, en primer lugar, y también para los
que no lo son. 10 Y habrá gloria, honor y paz
para todos los que obran el bien: para los
judíos, en primer lugar, y también para los que
no lo son, 11 porque Dios no hace acepción
de personas.

La Ley y el pecado

Hch 10 35; 1 Cor 4 5; Rom 3 27; 4 2-3; 1 Cor 1 29-31; Mt 15 14; Jn 9 40-41; Is 52 5; Ez 36 20-22

12 En efecto, todos los que hayan pecado
sin tener la Ley de Moisés perecerán sin esa

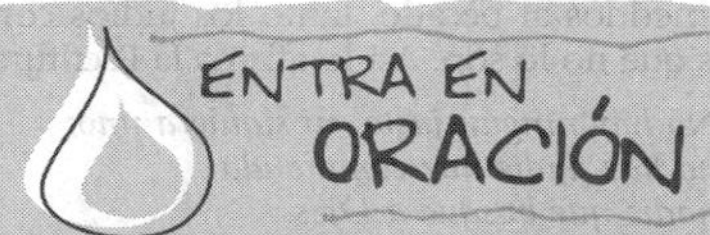

Examen de conciencia

Señor, soy pecador/a, estoy perdido/a, ando sin brújula... Ayúdame a examinar mi conciencia con veracidad para que, al reconocer mis faltas, pueda arrepentirme de ellas y tratar de no volver a cometerlas:

¿He sido paciente con los que me rodean?

¿He ofrecido perdón a quienes me han herido y ofendido?

¿He tenido el valor de admitir mis errores?

¿He tratado a mis padres y a mis hermanos con respeto?

¿He sido sensible a los sentimientos y necesidades de los que me rodean?

Perdóname, Dios mío, porque he pecado. Báñame en tu misericordia y líbrame de todo mal para seguir creciendo en tu amor. Amén.

Rom 2 1-4

Ley; y los que hayan pecado teniendo la Ley serán juzgados por ella, 13 porque a los ojos de Dios, no son justos los que oyen la Ley, sino los que la practican. 14 Cuando los paganos, que no tienen la Ley, guiados por la naturaleza, cumplen las normas de la Ley, aunque no tengan la Ley, ellos son ley para sí mismos, 15 y demuestran que lo que ordena la Ley está inscrito en sus corazones. Así lo prueba el testimonio de su propia conciencia, que unas veces los acusa y otras los disculpa, 16 hasta el Día en que Dios juzgará las intenciones ocultas de los hombres por medio de Cristo Jesús, conforme a la Buena Noticia que yo predico.

17 Pero tú, que te precias de ser judío; tú *que te apoyas* en la Ley y te glorías en Dios; 18 tú que dices conocer su voluntad e, instruido por la Ley, pretendes discernir lo mejor, 19 presumiendo ser guía de ciegos y luz para los que andan en tinieblas; 20 tú que instruyes a los ignorantes y eres maestro de los simples, porque tienes en la Ley la norma de la ciencia y de la verdad; 21 ¡tú, que enseñas a los otros, no te enseñas a ti mismo! Tú, que hablas contra el robo, también robas. 22 Tú, que condenas el adulterio, también lo cometes. Tú, que aborreces a los ídolos, saqueas sus templos. 23 Tú, que te glorías en la Ley, deshonras a Dios violando la Ley. 24 Porque como dice la Escritura: *Por culpa de ustedes, el nombre de Dios es blasfemado entre las naciones.*

La verdadera circuncisión

Jr 4 4; 9 23-25; Dt 10 16; 1 Cor 7 19; Gal 5 3-6; Rom 7 6; 2 Cor 3 6

25 La circuncisión es útil si practicas la Ley, pero si no la practicas, es lo mismo que si fueras un incircunciso. 26 Al contrario, el que no está circuncidado, pero observa las normas de la Ley, será tenido por un verdadero circunciso. 27 Más aún, el que físicamente no está circuncidado pero observa la Ley, te juzgará a ti, que teniendo la letra de la Ley y la circuncisión, no practicas la Ley. 28 Porque no es verdadero judío el que lo es exteriormente, ni la verdadera circuncisión es la que se nota en la carne. 29 El verdadero judío lo es interiormente, y la verdadera circuncisión es la del corazón, la que se hace según el espíritu y no según la letra de la Ley. A este le corresponde la alabanza, no de los hombres, sino de Dios.

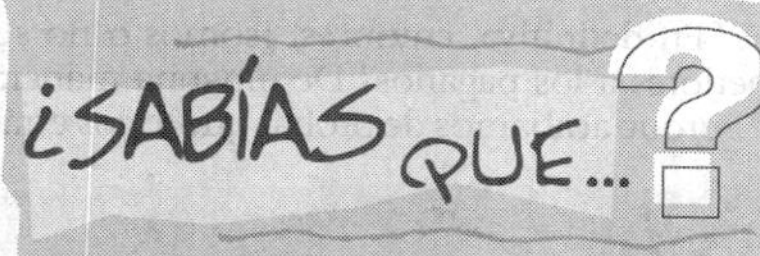

La circuncisión, la ley y la fe

Desde Abraham, la circuncisión era la «marca en la carne» que indicaba el pacto entre Dios y su pueblo Israel (ver «La circuncisión», Gn 17 1-27). Al abrazar los gentiles (no judíos) la fe en Cristo, muchos judeocristianos alegaban que los gentiles debían vivir según las leyes religiosas judías, y eso incluía someterse a la circuncisión.

Pablo insiste en que ese ritual falsifica la fe en Jesús y afirma que «la verdadera circuncisión es la del corazón» (Rom 2 29), que lleva a «la fe que obra por medio del amor» (Gal 5 6). Incluso Abraham, el padre de la fe, fue justificado por Dios antes de ser circuncidado; lo que lo salvó fue su fuerte y heroica fe en Dios (Rom 4 10). Igual debe ser nuestra fe, fuerte y heroica.

Rom 2 25-29

La situación de los judíos

Dt 4 6-8; 32 7-11; Sal 51 6; 89 31-38; Os 1 – 3;
1 Jn 1 9; Ap 19 11

3 1 ¿Cuál es entonces la superioridad del
judío, y qué utilidad tiene la circuncisión? 2 Las ventajas son muchas desde todo
punto de vista. Ante todo, Dios confió su Palabra a los judíos. 3 ¿Y qué importa que algunos no hayan creído? ¿Acaso su incredulidad
anulará la fidelidad de Dios? 4 De ninguna
manera: Dios es veraz, y *todo hombre, mentiro-*
so, porque como dice la Escritura: *Serás reco-*
nocido como justo por lo que dices y triunfarás
cuando seas juzgado. 5 Ahora bien, si nuestra injusticia hace resaltar la justicia de Dios, ¿qué
conclusión sacaremos? ¿Dios será injusto
—me expreso en términos humanos— al dar
libre curso a su ira? 6 De ningún modo. De lo
contrario, ¿cómo podría Dios juzgar al mundo? 7 Pero si con mi mentira, la verdad de
Dios sale ganando, para gloria suya, ¿por qué
todavía voy a ser condenado como pecador?
8 ¿O debemos hacer el mal para que resulte el
bien, como algunos calumniadores nos hacen decir? ¡Estos sí merecen ser condenados!

La universalidad del pecado

Sal 14 1-3; 53 2-4; 5 10; 140 4; 10 7; Is 59 7-8;
Prov 1 16; Sal 36 1; 143 2

9 En definitiva, entonces, ¿somos o no superiores a los paganos? De ninguna manera.
10 Porque acabamos de probar que todos están
sometidos al pecado, tanto los judíos como
los que no lo son. Así lo afirma la Escritura:

No hay ningún justo, ni siquiera uno;
11 *no hay nadie que comprenda,*
nadie que busque a Dios.
12 *Todos están extraviados,*
igualmente corrompidos;
nadie practica el bien,
ni siquiera uno solo.
13 *Su garganta es un sepulcro abierto;*
engañan con su lengua,
sus labios destilan veneno de víboras,
14 *su boca está llena de maldición y amargura.*
15 *Sus pies son rápidos para derramar sangre,*
16 *en sus caminos hay ruina y miseria,*
17 *no conocen la senda de la paz.*
18 *El temor de Dios no está ante sus ojos.*

19 Ahora bien, nosotros sabemos que todo lo que dice la Ley es válido solamente
para los que están bajo la Ley, a fin de que
nadie pueda alegar inocencia y todo el
mundo sea reconocido culpable delante de
Dios. 20 Porque a los ojos de Dios, *nadie será*
justificado por las obras de la Ley, ya que la
Ley se limita a hacernos conocer el pecado.

La revelación de la justicia de Dios

Rom 1 16-17; Gal 2 16; Ez 10 18-19; 11 22-23;
Lv 16 12-16; Heb 9 5.15; 1 Jn 2 2; Ef 1 7

21 Pero ahora, sin la Ley, se ha manifestado la justicia de Dios atestiguada por la Ley

VIVE LA PALABRA

Cumplir la Ley, tener fe y ser aceptado por Dios

Para Pablo y los primeros cristianos, la crucifixión de Jesús era incomprensible: ¿por qué aquel que habló y actuó en nombre de Dios, su Hijo predilecto, todo ternura y bondad con los pobres, marginados y pecadores, sufrió una muerte tan horrenda, reservada a asesinos y malhechores?

Pablo confronta la pregunta desde la perspectiva de Dios y la perspectiva humana: ¿cómo podía Dios, tan bueno y misericordioso, permitir la cruz? ¿Por qué sacerdotes, fariseos, escribas y ancianos que trataban de cumplir la Ley y agradar a Dios buscaron acabar con Jesús? (ver Hab 1 – 3).

Jesús, igual que Juan el Bautista, sabía que los problemas del mundo no se resolverían humanamente, sino que requerían el reinado de Dios para que surgieran la justicia y el amor, el perdón y la gracia. Ambos proclamaron la llegada del Reino y llamaron a la fe y a la conversión, pero Juan siguió insistiendo en el cumplimiento de la Ley y en la amenaza del Día del Señor (ver «El Día del Señor», Mal 3 13-21).

Jesús predica diferente. Nos conoce bien y sabe que, si Dios es justo y nos aplica la Ley, nadie se salva. También *sabe que el Padre nos ama tanto que perdona nuestros pecados*. Por eso nos motiva *a tener fe en él* y en su perdón infinito.

Pablo conoce bien el sentido de la vida y el mensaje de Jesús, y proclama firmemente que lo que nos salva es la fe en Dios, quien nos acepta gratuitamente y no por nuestros méritos. ¡Acoge el don de la fe y el perdón, y experimentarás una liberación que te dará una gran paz y gozo interior!

Rom 3 21-31

y los Profetas: 22 la justicia de Dios, por la fe en Jesucristo, para todos los que creen. Porque no hay ninguna distinción: 23 todos han pecado y están privados de la gloria de Dios, 24 pero son justificados gratuitamente por su gracia, en virtud de la redención cumplida en Cristo Jesús. 25 Él fue puesto por Dios como instrumento de propiciación por su propia sangre, gracias a la fe. De esa manera, Dios ha querido mostrar su justicia: 26 en el tiempo de la paciencia divina, pasando por alto los pecados cometidos anteriormente, y en el tiempo presente, siendo justo y justificando a los que creen en Jesús.

La justificación por la fe

Rom 2 17; Mt 5 17-19

27 ¿Qué derecho hay entonces para gloriarse? Ninguno. Pero ¿en virtud de qué ley se excluye ese derecho? ¿Por la ley de las obras? No, sino por la ley de la fe. 28 Porque nosotros estimamos que el hombre es justificado por la fe, sin las obras de la Ley. 29 ¿Acaso Dios es solamente el Dios de los judíos? ¿No lo es también de los paganos? Evidentemente que sí, 30 porque no hay más que un solo Dios, que justificará a los circuncisos en virtud de la fe y a los incircuncisos por medio de esa misma fe. 31 Entonces, ¿por medio de la fe, anulamos la Ley? ¡Ni pensarlo! Por el contrario, la confirmamos.

La justificación de Abraham

Gn 15 6; 17 9-14; Sal 32 1-2; Gal 3 7-9

4 1 ¿Y qué diremos de Abraham, nuestro padre según la carne? 2 Si él hubiera sido justificado por las obras tendría de qué gloriarse, pero no delante de Dios. 3 Porque, ¿qué dice la Escritura?: *Abraham creyó en Dios y esto le fue tenido en cuenta para su justificación.* 4 Ahora bien, al que trabaja no se le da el salario como un regalo, sino como algo que se le debe. 5 Pero al que no hace nada, sino que cree en aquel que justifica al impío, se le tiene en cuenta la fe para su justificación. 6 Por eso David proclama la felicidad de aquel a quien Dios confiere la justicia sin las obras, diciendo:

7 *Felices aquellos*
a quienes fueron perdonadas sus faltas
y cuyos pecados han sido cubiertos.
8 *Feliz el hombre*
a quien Dios no le tiene en cuenta su pecado.

Abraham, padre de los creyentes

Gn 17 9-14; Gal 3 7-9

9 Pero esta felicidad, ¿es únicamente para los que han sido circuncidados, o también para los que no lo han sido? Consideremos lo que ya dijimos: *A Abraham le fue tenida en cuenta la fe para su justificación.* 10 ¿Cuándo le fue tenida en cuenta? ¿Antes o después de la circuncisión? Evidentemente antes y no después. 11 Y él recibió el *signo de la circuncisión*, como sello de la justicia que alcanzó por medio de la fe antes de ser circuncidado. Así llegó a ser padre de aquellos que, a pesar de no estar circuncidados, tienen la fe que les es tenida en cuenta para su justificación. 12 Y es también padre de los que se circuncidan pero no se contentan con esto, sino que siguen el mismo camino de la fe que tuvo nuestro padre Abraham, antes de ser circuncidado.

La promesa hecha a Abraham

Gn 12 2-3; 22 15-18; 17 5; Gal 3 15-16; Heb 11 8-12; Rom 3 20; 5 13.20-21; Gal 3 18.23-29; Gn 17 5; Dt 32 39; Ez 37 1-10

13 En efecto, la promesa de recibir el mundo en herencia, hecha a Abraham y a su posteridad, no le fue concedida en virtud de la Ley, sino por la justicia que procede de la fe. 14 Porque si la herencia pertenece a los que están bajo la Ley, la fe no tiene objeto y la promesa carece de valor, 15 ya que la Ley provoca la ira y donde no hay Ley tampoco hay transgresión. 16 Por eso, la herencia se obtiene por medio de la fe, a fin de que esa herencia sea gratuita y la promesa quede asegurada para todos los descendientes de Abraham, no solo los que lo son por la Ley, sino también los que lo son por la fe. Porque él es nuestro padre común, 17 como dice la Escritura: Te he constituido padre de muchas naciones. Abraham es nuestro padre a los ojos de aquel en quien creyó: el Dios que da vida a los muertos y llama a la existencia a las cosas que no existen.

La fe de Abraham y la fe del cristiano

Gn 15 5; 17 1.15-22; Heb 6 15; Jr 32 17-24; Lc 1 35-38; Rom 15 4; 8 32; 1 Cor 15 17; Col 2 11-13

18 Esperando contra toda esperanza, Abraham creyó y llegó a ser *padre de muchas naciones*, como se le había anunciado: *Así será tu descendencia.* 19 Su fe no flaqueó, al considerar que su cuerpo estaba como muerto —era casi centenario— y que también lo estaba el seno de Sara. 20 Él no dudó de la promesa de

Dios, por falta de fe, sino al contrario, fortalecido por esa fe, glorificó a Dios, [21] plenamente convencido de que Dios tiene poder para cumplir lo que promete. [22] Por eso, *la fe le fue tenida en cuenta para su justificación.*

[23] Pero cuando dice la Escritura: *Dios tuvo en cuenta su fe,* no se refiere únicamente a Abraham, sino también a nosotros, [24] que tenemos fe en aquel que resucitó a nuestro Señor Jesús, [25] el cual *fue entregado por nuestros pecados* y resucitado para nuestra justificación.

El fruto de la justificación

Is 53 5; Mt 24 21; 2 Cor 1 4-5; Sant 1 2-4; Jn 3 16-17; Gal 1 4; Tit 3 4-7; Col 1 20-22

5 [1] Justificados, entonces, por la fe, estamos en paz con Dios, por medio de nuestro Señor Jesucristo. [2] Por él hemos alcanzado, mediante la fe, la gracia en la que estamos afianzados, y por él nos gloriamos en la esperanza de la gloria de Dios. [3] Más aún, nos gloriamos hasta de las mismas tribulaciones, porque sabemos que la tribulación produce la constancia; [4] la constancia, la virtud probada; la virtud probada, la esperanza. [5] Y la esperanza no quedará defraudada, porque el amor de Dios ha sido derramado en nuestros corazones por el Espíritu Santo, que nos ha sido dado. [6] En efecto, cuando todavía éramos débiles, Cristo, en el tiempo señalado, murió por los pecadores. [7] Difícilmente se encuentra alguien que dé su vida por un hombre justo; tal vez alguno sea capaz de morir por un bienhechor. [8] Pero la prueba de que Dios nos ama es que Cristo murió por nosotros cuando todavía éramos pecadores. [9] Y ahora que estamos justificados por su sangre, con mayor razón seremos librados por él de la ira de Dios. [10] Porque si siendo enemigos, fuimos reconciliados con Dios por la muerte de su Hijo, mucho más ahora que estamos reconciliados, seremos salvados por su vida. [11] Y esto no es todo: nosotros nos gloriamos en Dios, por medio de nuestro Señor Jesucristo, por quien desde ahora hemos recibido la reconciliación.

Adán y Jesucristo

1 Cor 15 21-22.45; Gal 6 7-9; Sant 1 15; Gn 2 17; 3 19; Sab 2 24

[12] Por lo tanto, por un solo hombre *entró el pecado en el mundo,* y por el pecado la muerte, y así la muerte pasó a todos los hombres, porque todos pecaron. [13] En efecto, el pecado ya estaba en el mundo, antes de la Ley, pero cuando no hay Ley, el pecado no se tiene en cuenta. [14] Sin embargo, la muerte reinó desde Adán hasta Moisés, incluso en aquellos que no habían pecado, cometiendo una transgresión semejante a la de Adán, que es figura del que debía venir.

[15] Pero no hay proporción entre el don y la falta. Porque si la falta de uno solo provocó la muerte de todos, la gracia de Dios y el don conferido por la gracia de un solo hombre, Jesucristo, fueron derramados mucho más abundantemente sobre todos. [16] Tampoco se puede comparar ese don con las consecuencias del pecado cometido por un solo hombre, ya que el juicio de condenación vino por una sola falta, mientras que el don de la gracia lleva a la justificación después de muchas faltas. [17] En efecto, si por la falta de uno solo reinó la muerte, con mucha más razón vivirán y reinarán por medio de un solo hombre, Jesucristo, aquellos que han recibido abundantemente la gracia y el don de la justicia.

[18] Por consiguiente, así como la falta de uno solo causó la condenación de todos, también el acto de justicia de uno solo producirá para todos los hombres la justi-

REFLEXIONA

El precio de la gracia de Dios

Salvar vidas puede requerir un precio alto, como en el caso del padre Maximiliano Kolbe, que ofreció su vida en lugar de la de un padre de familia que iba a ser fusilado, y como el de los bomberos y héroes que mueren por salvar a otra persona. Nosotros fuimos salvados de morir para siempre a un costo muy alto: la muerte de Jesús en la cruz por su obediencia a la voluntad de Dios.

Nuestra salvación no es una recompensa por ser buenos, sino un don —al que llamamos *gracia*— del amor gratuito de Dios. ¿Qué tan abierto/a estás a *la gracia de Dios? ¿Cómo* la aprovechas para reforzar tu fe? ¿Qué tanto te apoyas en ella para vivir el evangelio?

Rom 5 1-11

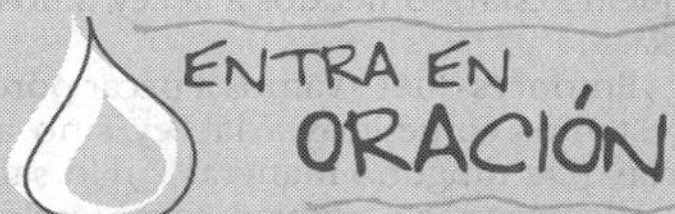

No soy perfecto, ¡ayúdame!

Pablo escribió audazmente: «Donde abundó el pecado, sobreabundó la gracia. Porque así como el pecado reinó produciendo la muerte, también la gracia reinará por medio de la justicia para la Vida eterna» (Rom 5 20-21).

La gracia que supera todo pecado se obtiene por la fe en Cristo, la cual nace en la intimidad del corazón. Igual que el amor de una pareja casada conlleva un compromiso mutuo, así nuestro amor a Cristo nos lleva a vivir en la luz, libres de pecado. Sin embargo, aun cuando queremos seguir a Jesús, fallamos constantemente. Haz la siguiente oración para pedir a Jesús su ayuda:

Jesús, tú sufriste tentaciones a lo largo de tu ministerio, pero siempre tomaste la decisión de evitar el pecado y vivir en la luz. Quiero seguirte de la mejor manera posible. Dame fortaleza para vencer las tentaciones y, cuando por debilidad tome un camino equivocado, perdóname y ayúdame a regresar a ti. Amén.

Rom 5 20-21

ficación que conduce a la Vida. 19 Y de la
misma manera que por la desobediencia
de un solo hombre, todos se convirtieron
en pecadores, también por la obediencia
de uno solo, todos se convertirán en justos.
20 Es verdad que la Ley entró para que se
multiplicaran las transgresiones, pero donde
abundó el pecado, sobreabundó la gracia.
21 Porque así como el pecado reinó produciendo la muerte, también la gracia reinará por
medio de la justicia para la Vida eterna, por Jesucristo, nuestro Señor.

La identificación con Cristo por el Bautismo

Gal 2 19; 3 27; 5 24; Flp 3 10-11; Ef 4 22-24; Col 2 12; 3 9-10; 1 Pe 2 24

6 1 ¿Qué diremos entonces? ¿Que debemos seguir pecando para que abunde
la gracia? 2 ¡Ni pensarlo! ¿Cómo es posible
que los que hemos muerto al pecado sigamos viviendo en él? 3 ¿No saben ustedes
que todos los que fuimos bautizados en
Cristo Jesús, nos hemos sumergido en su
muerte? 4 Por el bautismo fuimos sepultados con él en la muerte, para que así como
Cristo resucitó por la gloria del Padre, también nosotros llevemos una Vida nueva.
5 Porque si nos hemos identificado con
Cristo por una muerte semejante a la suya,
también nos identificaremos con él en la
resurrección. 6 Comprendámoslo: nuestro
hombre viejo ha sido crucificado con él,
para que fuera destruido este cuerpo de pecado, y así dejáramos de ser esclavos del
pecado. 7 Porque el que está muerto, no debe nada al pecado.
8 Pero si hemos muerto con Cristo, creemos que también viviremos con él. 9 Sabemos que Cristo, después de resucitar, no
muere más, porque la muerte ya no tiene
poder sobre él. 10 Al morir, él murió al pecado, una vez por todas; y ahora que vive,
vive para Dios. 11 Así también ustedes, con-
sidérense muertos al pecado y vivos para
Dios en Cristo Jesús.

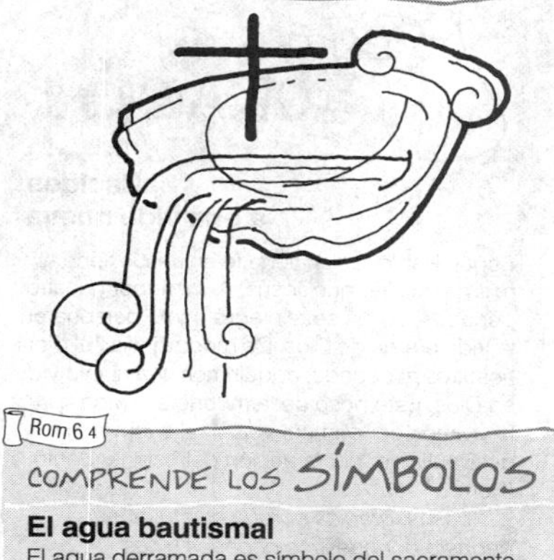

Rom 6 4

COMPRENDE LOS SÍMBOLOS

El agua bautismal

El agua derramada es símbolo del sacramento del Bautismo, que nos da vida nueva como hijos e hijas de Dios. La cruz recuerda que el Bautismo nos injerta en el Cuerpo de Cristo y nos hace partícipes de su muerte y su gloria. La concha evoca fecundidad y la comunicación de la vida de Cristo por medio del Bautismo.

SI HEMOS MUERTO CON CRISTO... TAMBIÉN VIVIREMOS CON ÉL.

Rom 6 8

ROM

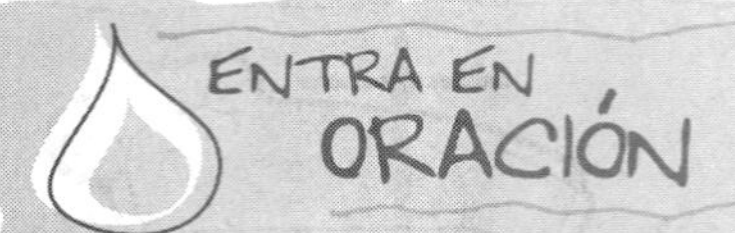

Nacidos a una vida nueva

Según Pablo, quien tiene fe en Jesús tiene el mismo destino que Jesús. Al morir por nuestros pecados, Jesús se reintegró como persona en la Vida eterna de Dios. De modo similar, al morir nosotros al pecado, adquirimos una nueva vida en Dios. Este paso de la muerte a la vida lo vivimos por primera vez en el sacramento del Bautismo, por la acción del Espíritu Santo (Rom 6 1-23).

Jesús, gracias porque con tu muerte pagaste por nuestros pecados y nos alcanzaste la Vida eterna con Dios, liberándonos de la esclavitud del pecado. Gracias por crear una comunidad de discípulos y apóstoles, y por dejarles la misión de evangelizar y bautizar a todos los pueblos.

Jesús, ¡qué grande eres que te encarnaste en mí a través de mi Bautismo y me hiciste miembro de tu Iglesia, de tu cuerpo místico presente y activo en la historia actual! ¡Qué honor que desde entonces me invitaste a continuar tu misión de hacer presente el Reino de Dios en la tierra! ¡Qué maravilla que le hayas dado este sentido a mi vida! ¡Qué confianza me tienes para darme esta responsabilidad!

Gracias, Jesús, porque me diste a tu Espíritu para que pueda vivir como hijo/a de Dios y cumplir con mi misión. Con esta oración quiero revivir mi Bautismo, abrirme al perdón de Dios y renovar mi compromiso a serte fiel siempre. ¡Ayúdame a ser cada día mejor cristiano/a! Amén.

Rom 6 1-23

La liberación del pecado y el servicio de Dios

Gal 5 18; Jn 8 34; 2 Pe 2 19; Gal 5 13;
Jn 8 36; Rom 7 5.23

12 No permitan que el pecado reine en sus
cuerpos mortales, obedeciendo a sus malos
deseos. 13 Ni hagan de sus miembros instrumentos de injusticia al servicio del pecado,
sino ofrézcanse ustedes mismos a Dios, como quienes han pasado de la muerte a la Vida, y hagan de sus miembros instrumentos
de justicia al servicio de Dios. 14 Que el pecado no tenga más dominio sobre ustedes,
ya que no están sometidos a la Ley, sino a la
gracia.
15 ¿Entonces qué? ¿Vamos a pecar porque
no estamos sometidos a la Ley sino a la
gracia? ¡De ninguna manera! 16 ¿No saben
que al someterse a alguien como esclavos
para obedecerle, se hacen esclavos de aquel
a quien obedecen, sea del pecado, que
conduce a la muerte, sea de la obediencia
que conduce a la justicia? 17 Pero gracias a
Dios, ustedes, después de haber sido esclavos del pecado, han obedecido de corazón
a la regla de doctrina, a la cual fueron confiados, 18 y ahora, liberados del pecado,
han llegado a ser servidores de la justicia.
19 Voy a hablarles de una manera humana,
teniendo en cuenta la debilidad natural de
ustedes. Si antes entregaron sus miembros,
haciéndolos esclavos de la impureza y del
desorden hasta llegar a sus excesos, pónganlos ahora al servicio de la justicia para
alcanzar la santidad.

Los frutos del pecado y de la justicia

Jn 15 8.16; Gal 5 22; 6 8; Rom 5 12

20 Cuando eran esclavos del pecado, ustedes estaban libres con respecto de la justicia. 21 Pero ¿qué provecho sacaron entonces
de las obras que ahora los avergüenzan? El
resultado de esas obras es la muerte. 22 Ahora, en cambio, ustedes están libres del pecado y sometidos a Dios: el fruto de esto es
la santidad, y su resultado, la Vida eterna.
23 Porque el salario del pecado es la muerte,
mientras que el don gratuito de Dios es la
Vida eterna, en Cristo Jesús, nuestro Señor.

La liberación de la Ley

Gal 2 19; 3 13; Rom 6 5-6; 2 Cor 5 15;
Rom 7 – 8; 2 29

7 1 ¿Acaso ustedes ignoran, hermanos
—hablo a gente que entiende de leyes—, que el hombre está sujeto a la ley
únicamente mientras vive? 2 Así, una mujer
casada permanece ligada por la ley a su esposo mientras él viva; pero al morir el esposo, queda desligada de la ley que la unía a
él. 3 Por lo tanto, será tenida por adúltera si
en vida de su marido se une a otro hombre.
En cambio, si su esposo muere, quedará desligada de la ley, y no será considerada adúltera si se casa con otro hombre. 4 De igual
manera, hermanos, por la unión con el Cuerpo de Cristo, ustedes han muerto a la Ley,
para pertenecer a otro, a aquel que resucitó
a fin de que podamos dar frutos para Dios.

5 Porque mientras vivíamos según la naturaleza carnal, las malas pasiones, estimula-
das por la Ley, obraban en nuestros miembros para hacernos producir frutos de
muerte. 6 Pero ahora, muertos a todo aquello que nos tenía esclavizados, hemos sido
liberados de la Ley, de manera que podamos servir a Dios con un espíritu nuevo y
no según una letra envejecida.

La Ley, ocasión de pecado

Rom 3 20; Sant 1 14-15; Dt 5 21; Ex 20 17; Lv 18 5; Ez 20 11; Gn 3 13; 2 Cor 11 3

7 ¿Diremos entonces que la Ley es pecado? ¡De ninguna manera! Pero yo no hubiera conocido el pecado si no fuera por la
Ley. En efecto, hubiera ignorado la codicia,
si la Ley no dijera: No codiciarás. 8 Pero el
pecado, aprovechando la oportunidad que
le daba el precepto, provocó en mí toda
suerte de codicia, porque sin la Ley, el pecado es cosa muerta.

9 Hubo un tiempo en que yo vivía sin
Ley, pero al llegar el precepto, tomó vida el
pecado, 10 y yo, en cambio, morí. Así resultó que el mandamiento que debía darme
la vida, me llevó a la muerte. 11 Porque el
pecado, aprovechando la oportunidad que
le daba el precepto, me sedujo y, por medio del precepto, me causó la muerte.

12 De manera que la Ley es santa, como
es santo, justo y bueno el precepto. 13 ¿Pero es
posible que lo bueno me cause la muerte?
¡De ningún modo! Lo que pasa es que el
pecado, a fin de mostrarse como tal, se valió de algo bueno para causarme la muerte, y así el pecado, por medio del precepto,
llega a la plenitud de su malicia.

La oposición entre la carne y el espíritu

Sal 51 7; Jn 3 6; Ef 3 16; Gal 5 16-25; 1 Cor 15 57

14 Porque sabemos que la Ley es espiritual, pero yo soy carnal, y estoy vendido como esclavo al pecado. 15 Y ni siquiera entiendo lo que hago, porque no hago lo que
quiero sino lo que aborrezco. 16 Pero si hago
lo que no quiero, con eso reconozco que la
Ley es buena. 17 Pero entonces, no soy yo
quien hace eso, sino el pecado que reside en
mí, 18 porque sé que nada bueno hay en mí,
es decir, en mi carne. En efecto, el deseo de
hacer el bien está a mi alcance, pero no el
realizarlo. 19 Y así, no hago el bien que quiero, sino el mal que no quiero. 20 Pero cuando hago lo que no quiero, no soy yo quien
lo hace, sino el pecado que reside en mí.

21 De esa manera, vengo a descubrir esta
ley: queriendo hacer el bien, se me presenta el mal. 22 Porque, de acuerdo con el hombre interior, me complazco en la Ley de
Dios, 23 pero observo que hay en mis miembros otra ley que lucha contra la ley de mi
razón y me ata a la ley del pecado que está
en mis miembros.

24 ¡Ay de mí! ¿Quién podrá librarme de
este cuerpo que me lleva a la muerte?
25 ¡Gracias a Dios, por Jesucristo, nuestro

VIVE LA PALABRA

Nuestra lucha interior

Pablo comparte con los romanos su propia lucha interior, explicándoles: «ni siquiera entiendo lo que *hago, porque* no hago lo que quiero sino lo que aborrezco... Pero cuando hago lo que no quiero, no soy yo quien lo hace, sino el pecado que reside en mí» (Rom 7 15-21).

En tiempos de Pablo se creía que las pasiones y emociones se originaban en el cuerpo, por eso utiliza con frecuencia las palabras *espíritu* y *carne* para describir esta lucha interior, entre las fuerzas que nos impulsan al mal y nuestro espíritu que anhela que hagamos lo correcto. Pablo no quiere decir que nuestros cuerpos físicos son malvados y la fuente de pecado, sino que estamos en lucha con nosotros mismos.

Cuando te encuentres ante una lucha interior, haz unos momentos de oración. Pide al Espíritu Santo que te ayude a discernir con claridad entre el bien y el mal, y a elegir activamente el bien. Recuerda que Dios siempre te da su gracia para vencer el pecado y que, si fallas, es comprensivo y siempre está dispuesto a perdonarte.

Rom 7 14-25

VIVE LA PALABRA

La esperanza cristiana

Nuestra vida se desarrolla entre la alegría y el dolor. Hay días de gran gozo y satisfacción abundante, con una felicidad que parece hacer explotar nuestro corazón. Pero también hay días en que nos sentimos perdidos, confundidos sobre nuestros propósitos y solos ante nuestras dificultades. Disfrutamos la alegría de un nuevo bebé, una amistad profunda, la celebración de un matrimonio..., y sufrimos por la muerte de un ser querido, un divorcio, un padecimiento físico... Todo esto es parte de la vida.

Pablo tuvo las mismas experiencias, y nos recuerda que la esperanza cristiana aspira a algo más que ser felices en la tierra. Existe un anhelo muy dentro de nosotros, en el corazón de toda la creación, por otro hogar. Este mundo presente, en toda su belleza y maravilla, no puede compararse con la felicidad que nos espera en el cielo.

¿Significa esto que hay que cerrar los ojos frente al sufrimiento en esta vida y contentarnos con la esperanza del cielo? ¡De ningún modo! La vida en todos sus momentos es un don para ser vivido plenamente. El dolor puede ayudarnos a madurar como un pueblo fiel, una comunidad compasiva capaz de ofrecer esperanza a personas que se sienten perdidas. ¿Cómo vives tú los momentos difíciles? ¿Cómo ayudas y confortas a otros en tiempos difíciles?

Rom 8 18-30

Señor! En una palabra, con mi razón sirvo a la Ley de Dios, pero con mi carne sirvo a la ley del pecado.

La ley del Espíritu

2 Cor 3 6.17; Gal 4 6; 5 18; Jr 31 33; Ez 36 27; Gal 3 13; 2 Cor 5 21; Heb 2 14-18

8 1 Por lo tanto, ya no hay condenación para aquellos que viven unidos a Cristo Jesús. 2 Porque la ley del Espíritu, que da la Vida, te ha librado, en Cristo Jesús, de la ley del pecado y de la muerte. 3 Lo que no podía hacer la Ley, reducida a la impotencia por la carne, Dios lo hizo, enviando a su propio Hijo, en una carne semejante a la del pecado, y como víctima por el pecado. Así él condenó el pecado en la carne, 4 para que la justicia de la Ley se cumpliera en nosotros, que ya no vivimos conforme a la carne sino al espíritu.

Los deseos de la carne y del espíritu

Rom 7 23; 6 21-22; 1 Cor 3 16; 6 14; 2 Cor 4 14

5 En efecto, los que viven según la carne desean lo que es carnal; en cambio, los *que viven según el espíritu desean lo* que es espiritual. 6 Ahora bien, los deseos de la carne conducen a la muerte, pero los deseos del espíritu conducen a la vida y a la paz, 7 porque los deseos de la carne se oponen a Dios, ya que no se someten a su Ley, ni pueden hacerlo. 8 Por eso, los que viven de acuerdo con la carne no pueden agradar a Dios.

9 Pero ustedes no están animados por la carne sino por el espíritu, dado que el Espíritu de Dios habita en ustedes. El que no tiene el Espíritu de Cristo no puede ser de Cristo. 10 Pero si Cristo vive en ustedes, aunque el cuerpo esté sometido a la muerte a causa del pecado, el espíritu vive a causa de la justicia. 11 Y si el Espíritu de aquel que resucitó a Jesús habita en ustedes, el que resucitó a Cristo Jesús también dará vida a sus cuerpos mortales, por medio del mismo Espíritu que habita en ustedes.

12 Hermanos, nosotros no somos deudores de la carne, para vivir de una manera carnal. 13 Si ustedes viven según la carne, morirán. Al contrario, si hacen morir las obras de la carne por medio del Espíritu, entonces vivirán.

La filiación divina

Gal 4 7; 4 6; 2 Tim 1 7; Lc 24 26; 2 Cor 4 17; 1 Pe 4 13

14 Todos los que son conducidos por el Espíritu de Dios son hijos de Dios. 15 Y ustedes no han recibido un espíritu de esclavos para volver a caer en el temor, sino el espíritu de hijos adoptivos, que nos hace llamar a Dios ¡Abba!, es decir, ¡Padre! 16 El mismo Espíritu se une a nuestro espíritu para dar testimonio de que somos hijos de

Dios. [17]Y si somos hijos, también somos herederos, herederos de Dios y coherederos de Cristo, porque sufrimos con él para ser glorificados con él.

La esperanza de la creación

Rom 3 23; 2 Pe 3 12-13; Is 55 13; 65 17; Col 1 18-20; Jr 13 21; Is 66 6-8; 1 Cor 15 53-54; 2 Cor 5 2-5; Flp 3 20-21

[18]Yo considero que los sufrimientos del tiempo presente no pueden compararse con la gloria futura que se revelará en nosotros. [19]En efecto, toda la creación espera ansiosamente esta revelación de los hijos de Dios. [20]Ella quedó sujeta a la vanidad, no voluntariamente, sino por causa de quien la sometió, pero conservando una esperanza. [21]Porque también la creación será liberada de la esclavitud de la corrupción para participar en la gloriosa libertad de los hijos de Dios. [22]Sabemos que la creación entera, hasta el presente, gime y sufre dolores de parto. [23]Y no solo ella: también nosotros, que poseemos las primicias del Espíritu, gemimos interiormente anhelando que se realice la plena filiación adoptiva, la redención de nuestro cuerpo. [24]Porque solamente en esperanza estamos salvados. Ahora bien, cuando se ve lo que se espera, ya no se espera más: ¿acaso se puede esperar lo que se ve? [25]En cambio, si esperamos lo que no vemos, lo esperamos con constancia.

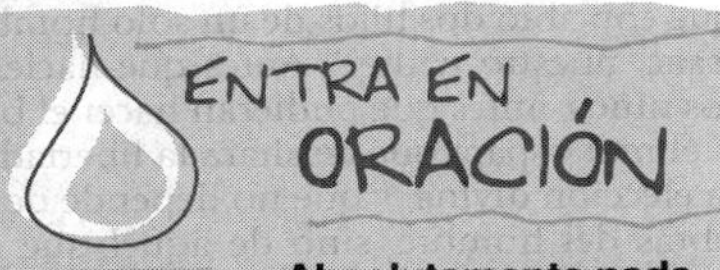

Absolutamente nada

Dios mío, ¿qué me podrá separar de tu amor?

¿Un examen no aprobado, una promesa rota o una palabra hiriente? No, ¡nada de esto!

¿Podrá arrancarme de ti la atracción al poder, las recompensas rápidas, las drogas? No, ¡nada de esto!

Si tú, Señor, estás conmigo, ¿podrá triunfar contra mí una persona vengativa, una amistad falsa o alguien que está enojado conmigo? No, ¡nada de esto!

¿Podrá separarme de ti la tristeza por una pérdida, el enojo por burlas recibidas o la vergüenza por haber sido visto cometiendo un pecado? No, ¡nada de esto!

Pase lo que pase, sé que siempre estás conmigo porque te hiciste hombre por nosotros y venciste la desesperación y la muerte misma con tu amor interminable. La presencia de tu Espíritu en mí me convence de que nada, absolutamente nada, me separará de tu amor. ¡Aleluya!

Rom 8 31-35

La oración del Espíritu

Sant 4 5; 1 Cor 2 10-13; Rom 8 15

[26]Igualmente, el mismo Espíritu viene en ayuda de nuestra debilidad porque no sabemos orar como es debido; pero el Espíritu intercede por nosotros con gemidos inefables. [27]Y el que sondea los corazones conoce el deseo del Espíritu y sabe que su intercesión en favor de los santos está de acuerdo con la voluntad divina.

El plan de salvación

Col 1 15; Rom 8 16-17; 2 Cor 3 18; 1 Cor 14 59; 2 Tes 1 13-14; Ef 1 11-13

[28]Sabemos, además, que Dios dispone todas las cosas para el bien de los que lo aman, de aquellos que él llamó según su designio. [29]En efecto, a los que Dios conoció de antemano, los predestinó a reproducir la imagen de su Hijo, para que él fuera el Primogénito entre muchos hermanos; [30]y a los que predestinó, también los llamó; y a los que llamó, también los justificó; y a los que justificó, también los glorificó.

Himno del amor de Dios

Gn 22 16; Jn 3 16; Rom 5 6-8; Heb 7 25; Sal 44 23; 1 Tes 3 4; Jn 16 33; Ef 1 21

[31]¿Qué diremos después de todo esto? Si Dios está con nosotros, ¿quién estará contra nosotros? [32]El que no escatimó a su propio Hijo, sino que lo entregó por todos nosotros, ¿no nos concederá con él toda clase de favores? [33]¿Quién podrá acusar a los elegidos de Dios? *Dios es el que justifica.* [34]*¿Quién se atreverá a condenarlos?* ¿Será acaso Jesucristo, el que murió, más aún, el que resucitó, y está a la derecha de Dios e intercede por nosotros?

[35]¿Quién podrá entonces separarnos del amor de Cristo? ¿Las tribulaciones, las angustias, la persecución, el hambre, la desnudez, los peligros, la espada? [36]Como dice la Escritura: *Por tu causa somos entregados continuamente a la muerte; se nos considera como a ovejas destinadas al matadero.* [37]Pero

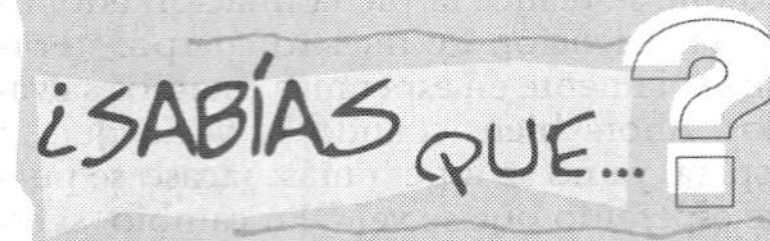

El destino de Israel

Pablo dedica tres capítulos de su carta a los Romanos a una pregunta difícil: ¿qué pasará con Israel, el pueblo escogido de Dios, si rechaza a Jesús? La respuesta era apremiante, pues muchos cristianos de origen judío tenían parientes y amigos que no creían en Jesús.

En el capítulo 9, expone el lugar especial de Israel en el plan de salvación de Dios y enfatiza que la salvación se basa en la fe, no en cumplir la Ley (ver «Cumplir la Ley, tener fe y ser aceptado por Dios», Rom 3 21-31). En el capítulo 10, afirma que la salvación es para todos los que confían en el Señor y que el rechazo de Israel a Jesús causó que la Buena Nueva llegara a los gentiles, quienes sí la aceptaron.

En el capítulo 11, Pablo usa el ejemplo de un injerto para expresar su esperanza de que el rechazo de Jesús por parte de Israel no es definitivo. Dice que, igual que los gentiles fueron injertados en el árbol original, Israel, los judíos pueden ser injertados en el árbol de la salvación en Jesús. Termina con la promesa de que, después de la salvación de los gentiles, «todo Israel será salvado» (11 26).

Rom 9 – 11

en todo esto obtenemos una amplia victoria, gracias a aquel que nos amó.

[38] Porque tengo la certeza de que ni la muerte ni la vida, ni los ángeles ni los principados, ni lo presente ni lo futuro, ni los poderes espirituales, [39] ni lo alto ni lo profundo, ni ninguna otra criatura podrá separarnos jamás del amor de Dios, manifestado en Cristo Jesús, nuestro Señor.

ISRAEL EN EL PLAN DE DIOS

Los privilegios de Israel

Hch 13 17; Rom 3 2; Mt 1 2-16; Lc 3 23-34; Tit 2 13

9 [1] Digo la verdad en Cristo, no miento, y mi conciencia me lo atestigua en el Espíritu Santo. [2] Siento una gran tristeza y un dolor constante en mi corazón. [3] Yo mismo desearía ser maldito, separado de Cristo, en favor de mis hermanos, los de mi propia raza. [4] Ellos son israelitas: a ellos pertenecen la adopción filial, la gloria, las alianzas, la legislación, el culto y las promesas. [5] A ellos pertenecen también los patriarcas, y de ellos desciende Cristo según su condición humana, el cual está por encima de todo, Dios bendito eternamente. Amén.

La fidelidad de Dios a sus promesas

Nm 23 19; Is 55 10-11; Heb 4 12;
Gn 21 12; 18 10.14; 25 21-26; Mal 1 2-3; Ex 33 19; 9 16

[6] No es cierto que la Palabra de Dios haya caído en el vacío. Porque no todos los que descienden de Israel son realmente israelitas. [7] Como tampoco todos los descendientes de Abraham son hijos suyos, sino que como dice la Escritura: *De Isaac nacerá tu descendencia.* [8] Esto quiere decir que los hijos de Dios no son los que han nacido de la carne, y que la verdadera descendencia son los hijos de la promesa. [9] Porque así dice la promesa: *Para esta misma fecha volveré, y entonces Sara tendrá un hijo.* [10] Y esto no es todo: está también el caso de Rebeca, que concibió dos hijos de un solo hombre, Isaac, nuestro padre. [11] Antes que nacieran los niños, antes que pudieran hacer el bien o el mal —para que resaltara la libertad de la elección divina, [12] que no depende de las obras del hombre, sino de aquel que llama—, Dios le dijo a Rebeca: *El mayor servirá al menor,* [13] según lo que dice la Escritura: *Preferí a Jacob, en lugar de Esaú.*

La libertad de la elección divina

Job 11 7; 38 2; Is 29 16; 45 9; Jr 18 6; Sab 12 12; 15 7

[14] ¿Diremos por eso que Dios es injusto? ¡De ninguna manera! [15] Porque él dijo a Moisés: *Seré misericordioso con el que yo quiera, y me compadeceré del que quiera compadecerme.* [16] En consecuencia, todo depende no del querer o del esfuerzo del hombre, sino de la misericordia de Dios. [17] Porque la Escritura dice al Faraón: *Precisamente para eso te he exaltado, para que en ti se manifieste mi poder y para que mi Nombre sea celebrado en toda la tierra.* [18] De manera que Dios tiene misericordia del que él quiere y endurece al que él quiere.

[19] Tú me podrás objetar: Entonces, ¿qué puede reprocharnos Dios? ¿Acaso alguien puede resistir a su voluntad? [20] Pero tú, ¿quién eres para discutir con Dios? *¿Puede el objeto*

modelado decir al que lo modela: Por qué me
haces así? 21 ¿No es el alfarero dueño de su arcilla, para hacer de un mismo material una
vasija fina o una ordinaria? 22 ¿Qué podemos reprochar a Dios, si queriendo manifestar su ira y dar a conocer su poder,
soportó con gran paciencia a quienes atrajeron su ira y merecieron la perdición? 23 Y si
él quiso manifestar la riqueza de su gloria
en los que recibieron su misericordia, en los
que él predestinó para la gloria, 24 en nosotros, que fuimos llamados por él, no solo de
entre los judíos, sino también de entre los
paganos, ¿qué podemos reprocharle?

La infidelidad de Israel y el llamado a los paganos

Os 2 25; 2 1; Is 10 22-23; Miq 4 6-7; Sof 3 12-13; Zac 8 6-11; Is 1 9; Rom 10 2-9; Lc 18 9-14; Is 28 16; 8 14; Lc 2 34; Mt 21 42

25 Esto es lo que dice Dios por medio de
Oseas: *Al que no era mi pueblo, lo llamaré «Mi*
pueblo», y a la que no era mi amada, la llama-
ré «Mi amada». 26 *Y en el mismo lugar donde se*
les dijo: «Ustedes no son mi pueblo», allí mis-
mo serán llamados «Hijos del Dios viviente».
27 A su vez, Isaías proclama acerca de Israel:
Aunque los israelitas fueran tan numerosos co-
mo la arena del mar, solo un resto se salvará,
28 *porque el Señor cumplirá plenamente y sin*
tardanza su palabra sobre la tierra. 29 Y como
había anticipado el profeta Isaías: *Si el Se-*
ñor del universo no nos hubiera dejado un ger-
men, habríamos llegado a ser como Sodoma,
seríamos semejantes a Gomorra.
30 ¿Qué conclusión sacaremos de todo esto? Que los paganos que no buscaban la
justicia alcanzaron la justicia, la que proviene de la fe; 31 mientras que Israel, que buscaba una ley de justicia, no llegó a cumplir esa
ley. 32 ¿Por qué razón? Porque no recurrieron
a la fe sino a las obras. De este modo chocaron *contra la piedra de tropiezo,* 33 como dice la Escritura: *Yo pongo en Sion una piedra de*
tropiezo y una roca que hace caer, pero el que
cree en él no quedará confundido.

Israel y la justicia de Dios

Lv 18 5; Dt 30 12-14; Is 28 16; Jl 3 5; Hch 10 34; 15 9-11

10 1 Hermanos, mi mayor deseo y lo que
pido en mi oración a Dios es que ellos
se salven. 2 Yo atestiguo en favor de ellos que
tienen celo por Dios, pero un celo mal entendido. 3 Porque desconociendo la justicia
de Dios y tratando de afirmar la suya pro-

REFLEXIONA

Igualdad radical

Pablo declara: ¡La fuente de nuestra igualdad radical como seres humanos es Cristo Jesús! Ante Jesús y como hermanos suyos, todos somos iguales.

Ahora piensa. Los cristianos: ¿nos tratamos unos a otros con la misma dignidad? ¿Consideramos que todas las personas tienen el mismo valor ante Dios? ¿Vemos como iguales ante Dios a las mujeres y a los hombres? Y, ¿qué hay de los pobres y de quienes tienen un nivel bajo de escolaridad? ¿En qué aspectos te cuesta más trabajo reconocer la igualdad de las personas?

Rom 10 12

pia, rehusaron someterse a la justicia de
Dios, 4 ya que el término de la Ley es Cristo,
para justificación de todo el que cree.
5 Moisés, en efecto, escribe acerca de la
justicia que proviene de la Ley: *El hombre*
que la practique vivirá por ella. 6 En cambio, la
justicia que proviene de la fe habla así: *No*
digas en tu corazón: *¿Quién subirá al cielo?*,
esto es, para hacer descender a Cristo. 7 O
bien: *¿Quién descenderá al Abismo?*, esto es,
para hacer subir a Cristo de entre los muertos. 8 ¿Pero qué es lo que dice la justicia?: *La*
palabra está cerca de ti, en tu boca y en tu co-
razón, es decir, la palabra de la fe que nosotros predicamos. 9 Porque si confiesas con
tu boca que Jesús es el Señor y crees en tu
corazón que Dios lo resucitó de entre los
muertos, serás salvado. 10 Con el corazón se
cree para alcanzar la justicia, y con la boca
se confiesa para obtener la salvación. 11 Así
lo afirma la Escritura: *El que cree en él, no*
quedará confundido. 12 Porque no hay distinción entre judíos y los que no lo son: todos
tienen el mismo Señor, que colma de bienes a quienes lo invocan. 13 *Ya que todo el que*
invoque el nombre del Señor se salvará.

El misterio de la incredulidad de Israel

Is 52 7; 53 1; Sal 19 5; Dt 32 21; Is 65 1-2

14 Pero ¿cómo invocarlo sin creer en él?
¿Y cómo creer, sin haber oído hablar de él? ¿Y

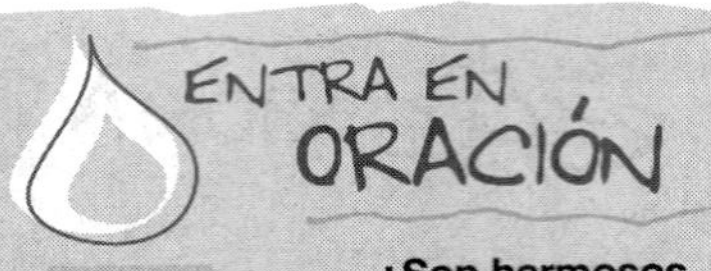

¿Son hermosos tus pies?

¡Grandes ofertas este fin de semana! ¡Le ofrecemos los beneficios más grandes! Los negocios y organizaciones invierten mucho dinero en anuncios para darse a conocer, vender su mercancía y atraer a nuevos miembros. La Iglesia tiene sin duda una misión mucho más importante: ¡propagar que todos los que conozcan e invoquen el nombre de Jesús, y vivan sus enseñanzas, se salvarán!

¿Cómo oirán otros jóvenes esta buena noticia? ¿Cuál es el mejor medio para difundirla entre ellos? Pablo dice que solo a través de nosotros, y añade: «¡Qué hermosos son los pasos de los que anuncian buenas noticias!» (Rom 10 15).

En espíritu de oración, recuerda:

- A las personas que te han hablado de Jesús. ¿Qué te hizo confiar en lo que te decían sobre él?
- A tus amigos que necesitan escuchar la buena nueva de Jesús, ¿cómo les puedes llevar su mensaje de esperanza, perdón y vida nueva?

Señor, te pido por todos los misioneros, los que laboran en países lejanos y los de mi propia tierra, los que se consagran a la misión por completo y los que le dedican parte de su vida. Si me llamas a mí, estoy dispuesto/a a misionar aquí donde vivo o donde quieras enviarme. De corazón te pido que llames a muchas personas para que anuncien tu palabra de vida entre los jóvenes, de modo que encuentren ya su salvación en Cristo Jesús. Amén.

Rom 10 11-15

cómo oír hablar de él, si nadie lo predica?
15 ¿Y quiénes predicarán, si no se los envía?
Como dice la Escritura: *¡Qué hermosos son los
pasos de los que anuncian buenas noticias!*
16 Pero no todos aceptan la Buena Noticia.
Así lo dice Isaías: *Señor, ¿quién creyó en nuestra predicación?* 17 *La fe, por lo tanto,* nace de
la predicación y la predicación se realiza en
virtud de la Palabra de Cristo.
18 Yo me pregunto: ¿Acaso no la han oído? Sí, por supuesto: *Por toda la tierra se extiende su voz y sus palabras llegan hasta los
confines del mundo.* 19 Pero vuelvo a pregun-
tarme: ¿Es posible que Israel no haya comprendido? Ya lo dijo Moisés: *Yo los pondré
celosos con algo que no es un pueblo, los irritaré con una nación insensata.* 20 E Isaías se
atreve a decir: *Me encontraron los que no me
buscaban y me manifesté a aquellos que no
preguntaban por mí.* 21 De Israel, en cambio,
afirma: *Durante todo el día tendí mis manos
a un pueblo infiel y rebelde.*

El resto de Israel

1 Re 19 10.14.18; Dt 29 3; Sal 69 23-24

11 1 Entonces me pregunto: ¿Dios habrá
rechazado a su Pueblo? ¡Nada de
eso! Yo mismo soy israelita, descendiente
de Abraham y miembro de la tribu de Benjamín. 2 *Dios no ha rechazado a su Pueblo,* al
que eligió de antemano. ¿Ustedes no saben acaso lo que dice la Escritura en la historia de Elías? Él se quejó de Israel delante
de Dios, diciendo: 3 Señor, *han matado a tus
profetas, destruyeron tus altares; he quedado yo
solo y tratan de quitarme la vida.* 4 ¿Y qué le
respondió el oráculo divino?: *Me he reservado siete mil hombres que no doblaron su rodilla ante Baal.* 5 Así, en el tiempo presente,
hay también un resto elegido gratuitamente. 6 Y si es por gracia, no es por las obras;
de lo contrario, la gracia no sería gracia.
7 ¿Qué conclusión sacaremos de esto?
Que Israel no alcanzó lo que buscaba, sino
que lo consiguieron los elegidos; en cuanto a los demás, se endurecieron, 8 según la
palabra de la Escritura: *Dios los insensibilizó,
para que sus ojos no vean y sus oídos no escuchen hasta el día de hoy.* 9 Y David añade:
*Que su mesa se convierta en una trampa y en
un lazo, en ocasión de caída y en justo castigo.*
10 *Que se nublen sus ojos para que no puedan
ver, y doblégales la espalda para siempre.*

La esperanza en la salvación de Israel

Mt 8 11-12; 21 43; 2 Cor 5 18-20

11 Yo me pregunto entonces: ¿El tropiezo
de Israel significará su caída definitiva? De
ninguna manera. Por el contrario, a raíz de su
caída, la salvación llegó a los paganos, a fin
de provocar los celos de Israel. 12 Ahora bien,
si su caída enriqueció al mundo y su dis-
minución a los paganos, ¿qué no conseguirá su conversión total? 13 A ustedes, que son
de origen pagano, les aseguro que, en mi
condición de Apóstol de los paganos, hago
honor a mi ministerio 14 provocando los celos de mis hermanos de raza, con la espe-

ranza de salvar a algunos de ellos. 15 Porque
si la exclusión de Israel trajo consigo la reconciliación del mundo, su reintegración,
¿no será un retorno a la vida?

El Pueblo de Dios y los paganos

Ef 2 11-22; 1 Cor 1 31; Jr 49 12; Lc 23 31

16 Si las primicias son santas, también lo
es toda la masa; si la raíz es santa, también
lo son las ramas. 17 Si algunas de las ramas
fueron cortadas, y tú, que eres un olivo silvestre, fuiste injertado en lugar de ellas, haciéndote partícipe de la raíz y de la savia
del olivo, 18 no te enorgullezcas frente a las
ramas. Y si lo haces, recuerda que no eres
tú quien mantiene a la raíz, sino la raíz a ti.
19 Me dirás: Estas ramas han sido cortadas
para que yo fuera injertado. 20 De acuerdo,
pero ellas fueron cortadas por su falta de
fe; tú, en cambio, estás firme gracias a la fe.
No te enorgullezcas por eso; más bien, teme. 21 Porque si Dios no perdonó a las ramas naturales, tampoco te perdonará a ti.
22 Considera tanto la bondad cuanto la severidad de Dios: él es severo para con los
que cayeron y es bueno contigo, siempre y
cuando seas fiel a su bondad; de lo contrario, también tú serás arrancado. 23 Y si ellos
no persisten en su incredulidad, también
serán injertados, porque Dios es suficientemente poderoso para injertarlos de nuevo.
24 En efecto, si tú fuiste cortado de un olivo
silvestre, al que pertenecías naturalmente,
y fuiste injertado contra tu condición natural en el olivo bueno, ¡cuánto más ellos
podrán ser injertados en su propio olivo, al
que pertenecen por naturaleza!

La salvación final de Israel

Is 59 20-21; 27 9; Dt 4 37; Nm 23 19; Gal 3 22

25 Hermanos, no quiero que ignoren este
misterio, a fin de que *no presuman de ustedes
mismos*: el endurecimiento de una parte de
Israel durará hasta que haya entrado la totalidad de los paganos. 26 Y entonces todo Israel será salvado, según lo que dice la Escritura: *De Sion vendrá el Libertador. Él apartará
la impiedad de Jacob.* 27 *Y esta será mi alianza
con ellos, cuando los purifique de sus pecados*.
28 Ahora bien, en lo que se refiere a la
Buena Noticia, ellos son enemigos de Dios,
a causa de ustedes; pero desde el punto de
vista de la elección divina, son amados en
atención a sus padres. 29 Porque los dones y
el llamado de Dios son irrevocables.
30 En efecto, ustedes antes desobedecieron
a Dios, pero ahora, a causa de la desobediencia de ellos, han alcanzado misericordia.
31 De la misma manera, ahora que ustedes
han alcanzado misericordia, ellos se niegan a
obedecer a Dios. Pero esto es para que ellos
también alcancen misericordia. 32 Porque
Dios sometió a todos a la desobediencia, para tener misericordia de todos.

VIVE LA PALABRA

Los católicos ante otras religiones

Por mucho tiempo los católicos de tradición romana nos mantuvimos separados de otras religiones por guardar nuestra fe y fortalecer nuestra identidad católica. No dialogábamos ni convivíamos con personas de otras iglesias o denominaciones cristianas ni tampoco con los judíos.

Desde el Concilio Vaticano II (1962-1965), la Iglesia católica ha dialogado con personas que profesan *credos diferentes*, al tiempo que mantiene firme su identidad. También ha valorado más nuestras raíces hebreas, por lo que es común hablar de la tradición judeocristiana y orar para que los judíos lleguen al conocimiento y a la aceptación de la salvación en Cristo, como lo visualiza Pablo (Rom 11 26-29).

Para convivir y llevar un diálogo con personas de otras religiones y, al mismo tiempo, fortalecer tu fe cristiana y tu identidad católica, te invitamos a:

- Buscar en un diccionario lo que significan las palabras: «identidad», «católico» y «cultura», y escribir cómo defines tu «identidad católica».
- Tratar con respeto a personas de otras religiones y evitar con educación y firmeza que ataquen tus creencias y tradiciones.
- Observar cómo trata y qué les dice el Papa a cristianos no católicos y a personas de otras religiones.
- Leer el documento del Concilio Vaticano II sobre ecumenismo.

Rom 12 2

VIVE LA PALABRA

Muchos miembros, un solo Cuerpo

He aquí otra de las ideas audaces y formulaciones centrales de Pablo. «Todos nosotros formamos un solo Cuerpo en Cristo, y en lo que respecta a cada uno, somos miembros los unos de los otros» (Rom 12 5). Somos el Cuerpo de Cristo. ¡Qué alegría, qué honor, qué programa, qué tarea!

Imagínate un mundo donde todos nos comportáramos como miembros del Cuerpo de Cristo: tu familia, tu pueblo, tu nación y la familia de naciones, todos unidos y viviendo en paz. Cuando compartimos el espíritu filial, fraternal de Jesús, nuestra vida se convierte en una ofrenda al servicio a Dios. Este es el nuevo culto: nuestra vida entera ofrecida a Dios, nuestra oración profunda y eficaz, y nuestros gestos rituales auténticos y llenos de significado (v. 1).

Para lograr esto necesitamos descubrir los criterios del evangelio y vivir según ellos, gracias a una transformación interior (v. 2). Dios nos dio la inteligencia para distinguir lo bueno de lo malo; lo verdadero de lo falso; lo conforme y lo opuesto al plan amoroso de Dios para la humanidad. Pensemos y actuemos siempre de acuerdo con nuestra fe. Recordemos que todos los dones y carismas son para el servicio de los demás. Así, aunque somos muchos miembros y cada uno/a es diferente, podemos convertirnos en el Cuerpo de Cristo y colaborar mejor en la extensión del Reino de Dios (ver «Somos el Cuerpo de Cristo», 1 Cor 12 12-30).

Rom 12 1-8

La insondable sabiduría de Dios

Sal 139 6.17-18; Is 40 13; Job 41 3;
1 Cor 8 6; Col 1 16-17

33 ¡Qué profunda y llena de riqueza es la
sabiduría y la ciencia de Dios! ¡Qué insondables son sus designios y qué incomprensibles sus caminos! 34 *¿Quién conoce el pensamiento del Señor? ¿Quién fue su consejero?*
35 *¿Quién le dio algo, para que tenga derecho a
ser retribuido?* 36 Porque todo viene de él, ha
sido hecho por él, y es para él. ¡A él sea la
gloria eternamente! Amén.

VIVE LA PALABRA

Construyamos un mundo mejor

Entre los principios para una vida cristiana, hay uno que merece atención especial: «No te dejes vencer por el mal. Por el contrario, vence al mal haciendo el bien» (Rom 12 21). Jesús lo hizo y también debemos hacerlo nosotros. Por ejemplo, ante los ataques y agresiones, detuvo los golpes en sí mismo, parando una espiral de violencia. Ante la discriminación y marginación social y religiosa, se solidarizó con los pecadores, pobres y marginados, los liberó de esclavitudes interiores y elevó su dignidad, para que se integraran en la sociedad como hijos/as de Dios. Ante las leyes injustas y que representaban una carga pesada, actuó bajo la única ley capaz de dar vida: la ley del amor.

Piensa en los males que afligen a la juventud actual y en cómo puedes aplicar este principio para ayudar a vencerlos. Aquí están algunos ejemplos; piensa tú en otros, y decide qué está a tu alcance hacer:

- Al crear grupos de jóvenes centrados en hacer el bien, menos jóvenes se extravían y terminan en pandillas destructivas.
- Al dar cariño y comprensión a quien se siente solo/a o está en una situación vulnerable, se evita que caiga en el alcohol y la drogadicción.
- *Al ser tutor* de estudiantes en grados escolares inferiores, hay menos deserción escolar y mayor capacitación para salir adelante en la vida.

¡No te esperes a ser adulto! Desde ahora puedes ayudar a construir un mundo mejor. Nunca te desanimes; con la ayuda de Dios, el bien siempre termina venciendo al mal.

Rom 12 17-21

LAS EXIGENCIAS PRÁCTICAS DE LA FE

El culto espiritual

Rom 9 – 11; 11 32; 1 Cor 6 13-20;
Rom 6 11.13.19; 15 16; 1 Pe 2 5; 1 14;
Ef 4 23; 2 Cor 5 17; Flp 1 10; Ef 5 10.17

12 1 Por lo tanto, hermanos, yo los exhorto por la misericordia de Dios a ofrecerse ustedes mismos como una víctima viva, santa y agradable a Dios: este es el culto espiritual que deben ofrecer. 2 No tomen como modelo a este mundo. Por el contrario, transfórmense interiormente renovando su mentalidad, a fin de que puedan discernir cuál es la voluntad de Dios: lo que es bueno, lo que le agrada, lo perfecto.

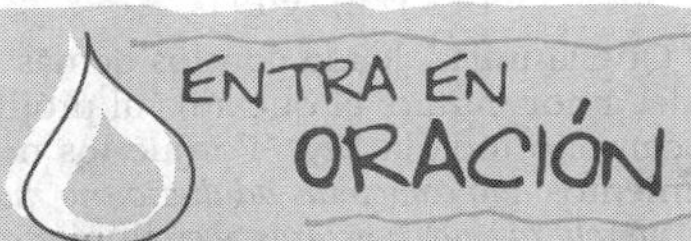

Ayúdame a encontrar mi lugar en el mundo

Señor, busco mi lugar en el mundo y a veces no lo encuentro. Me has dado todo: ojos para ver y gozar, oídos para escuchar y entender, un corazón para amar y sentir, un cerebro para aprender y pensar, manos para trabajar y acariciar, pies para correr y bailar... ¡Tengo tanto!... y, sin embargo, con frecuencia no sé cómo usarlo bien.

Tú me regalaste la vida y quiero corresponderte haciendo algo bueno con ella. Permíteme descubrir tus dones, mis talentos y carismas, para servirte con ellos en mi familia y en mi comunidad:

Puedo poner la habilidad de mis manos al servicio de..., que necesita...

Puedo usar mi capacidad de hablar para ayudar a..., en...

Puedo estar disponible para ayudar a... con..., especialmente cuando...

Puedo utilizar mi experiencia y reflexión para guiar a..., en particular sobre...

Puedo...

Puedo...

¡Señor, gracias por darme poder para ayudar a mi familia y mi comunidad! ¡Ilumíname para que sepa cómo usar mis dones y cómo quieres que colabore en tu misión, ahora de joven y después como adulto! ¡A ti toda gloria por los siglos! Amén.

Rom 12 1-8

Los carismas al servicio de la comunidad

2 Cor 10 13; Flp 2 3; 1 Cor 12 11; Ef 4 7;
1 Cor 10 17; 12 12-27; 12 4-11; 1 Pe 4 10-11; 1 Tes 5 12

3 En virtud de la gracia que me fue dada, le digo a cada uno de ustedes: no se estimen más de lo que conviene; pero tengan por ustedes una estima razonable, según la medida de la fe que Dios repartió a cada uno. 4 Porque así como en un solo cuerpo tenemos muchos miembros con diversas funciones, 5 también todos nosotros formamos un solo Cuerpo en Cristo, y en lo que respecta a cada uno, somos miembros los unos de los otros. 6 Conforme a la gracia que Dios nos ha dado, todos tenemos aptitudes diferentes. El que tiene el don de la profecía, que lo ejerza según la medida de la fe. 7 El que tiene el don del ministerio, que sirva. El que tiene el don de enseñar, que enseñe. 8 El que tiene el don de exhortación, que exhorte. El que comparte sus bienes, que dé con sencillez. El que preside la comunidad, que lo haga con solicitud. El que practica misericordia, que lo haga con alegría.

El amor fraterno

Am 5 15; Flp 2 3; Hch 1 14; Col 4 2;
Heb 13 2; 1 Pe 4 9

9 Amen con sinceridad. Tengan horror al mal y pasión por el bien. 10 Ámense cordialmente con amor fraterno, estimando a los otros como más dignos. 11 Con solicitud incansable y fervor de espíritu, sirvan al Señor. 12 Alégrense en la esperanza, sean pacientes en la tribulación y perseverantes en la oración. 13 Consideren como propias las necesidades de los santos y practiquen generosamente la hospitalidad.

El amor a los enemigos

Mt 5 38-48; 1 Cor 12 26; Eclo 7 34;
Prov 3 7; 2 Cor 8 21; Mc 9 50; Dt 32 35;
Mt 5 39.44; Prov 25 21-22

14 Bendigan a los que los persiguen, bendigan y no maldigan nunca. 15 Alégrense con los que están alegres, y lloren con los que lloran. 16 Vivan en armonía unos con otros, no quieran sobresalir, pónganse a la altura de los más humildes. *No presuman de sabios.* 17 No devuelvan a nadie mal por mal. *Procuren hacer el bien delante de todos los hombres.* 18 En cuanto dependa de ustedes, traten de vivir en paz con todos. 19 Queridos míos, no hagan justicia por sus propias ma-

R O M

nos, antes bien, den lugar a la ira de Dios.
Porque está escrito: *Yo castigaré. Yo daré la re-*
tribución, dice el Señor. 20 Y en otra parte está escrito: *Si tu enemigo tiene hambre, dale de*
comer; si tiene sed, dale de beber. Haciendo es-
to, amontonarás carbones encendidos sobre su
cabeza. 21 No te dejes vencer por el mal. Por
el contrario, vence al mal haciendo el bien.

VENCE AL MAL HACIENDO EL BIEN.
Rom 12 21

El respeto a las autoridades

Mt 22 16-21; 1 Tim 2 1-2; Tit 3 1;
1 Pe 2 13.17; Prov 8 15

13 1 Todos deben someterse a las autoridades constituidas, porque no hay autoridad que no provenga de Dios y las que
existen han sido establecidas por él. 2 En
consecuencia, el que resiste a la autoridad
se opone al orden establecido por Dios,
atrayendo sobre sí la condenación. 3 Los que
hacen el bien no tienen nada que temer de
los gobernantes, pero sí los que obran mal.
Si no quieres sentir temor de la autoridad,
obra bien y recibirás su elogio. 4 Porque la
autoridad es un instrumento de Dios para
tu bien. Pero teme si haces el mal, porque
ella no ejerce en vano su poder, sino que está al servicio de Dios para hacer justicia y
castigar al que obra mal. 5 Por eso es necesario someterse a la autoridad, no solo por temor al castigo sino por deber de conciencia.
6 Y por eso también, ustedes deben pagar
los impuestos: los gobernantes, en efecto,
son funcionarios al servicio de Dios encargados de cumplir este oficio. 7 Den a cada
uno lo que le corresponde: al que se debe
impuesto, impuesto; al que se debe contribución, contribución; al que se debe respeto, respeto; y honor, a quien le es debido.

El amor, resumen de la Ley

Mt 22 37-40; Gal 5 14; Ex 20 13-17;
Dt 5 17-21; Lv 19 18

8 Que la única deuda con los demás sea
la del amor mutuo: el que ama al prójimo
ya cumplió toda la Ley. 9 Porque los mandamientos: *No cometerás adulterio, no mata-*
rás, no robarás, no codiciarás, y cualquier otro
se resumen en este: *Amarás a tu prójimo co-*
mo a ti mismo. 10 El amor no hace mal al prójimo. Por lo tanto, el amor es la plenitud de
la Ley.

Las obras de los hijos de la luz

1 Cor 7 26.29; Jn 8 12; Ef 5 8-16; 6 13-17;
1 Tes 5 4-8; Gal 3 27

11 Ustedes saben en qué tiempo vivimos y
que ya es hora de despertarse, porque la salvación está ahora más cerca de nosotros
que cuando abrazamos la fe. 12 La noche está muy avanzada y se acerca el día. Aban-
donemos las obras propias de la noche y
vistámonos con la armadura de la luz. 13 Como en pleno día, procedamos dignamente:
basta de excesos en la comida y en la bebida, basta de lujuria y libertinaje, no más peleas ni envidias. 14 Por el contrario, revístanse del Señor Jesucristo, y no se preocupen
por satisfacer los deseos de la carne.

La comprensión hacia los débiles en la fe

1 Cor 8 7-13; 10 23-33; Col 2 16-23; 1 Tim 4 3-5

14 1 Sean comprensivos con el que es débil en la fe, sin entrar en discusiones.
2 Mientras algunos creen que les está permitido comer de todo, los débiles solo comen verduras. 3 Aquel que come de todo no
debe despreciar al que se abstiene, y este a
su vez no debe criticar al que come de to-

ENTRA EN ORACIÓN

Un amor verdadero

Señor, quítame el miedo de amar, de dar el primer paso, de ser mal interpretado/a, de equivocarme, de actuar.

Libérame de la coraza que pongo en mi corazón para protegerme, y que solo me endurece y hace indiferente.

Haz que experimente la comprensión, la ternura y el perdón de quienes me quieren, y que ame de verdad a quienes cruzan mi camino.

Señor Jesús, sé mi compañero toda la vida y haz que descubra el amor de tu Padre en lo más sencillo, como lo hiciste tú.

Lléname de tu amor para que contagie de él a otros jóvenes, y seamos profundamente libres, sin barreras y esclavitudes que nos causan angustia y nos evitan hacer el bien. Amén.

Rom 13 8-10

VIVE LA PALABRA

El respeto a las diferencias es vital

¿Cómo se usa el maíz en América? En El Salvador se hacen pupusas; en Paraguay, un panqueque grueso de maíz tierno; en México, tortillas, y en Estados Unidos, un pan esponjoso de sabor dulce.

Así como el grano del maíz puede prepararse de muy diferentes formas, los cristianos tienen distintas costumbres y devociones desde los comienzos de la Iglesia. En Roma, las personas no estaban de acuerdo sobre lo que debían comer y qué días observar como sagrados (Rom 14 2.5) y Pablo las exhorta a no pelearse por diferencias tan pequeñas, sino hacer cualquier cosa «en honor del Señor» (v. 6). ¡Es vergonzoso cuando diferencias menores se convierten en obstáculo para la fe y crean divisiones en la Iglesia!

Las diferencias son «la salsa de la vida» y una riqueza que no debe causar discordia. El sano respeto a ellas es vital para que cristianos de diversos grupos étnicos, espiritualidades y denominaciones religiosas convivan en armonía y no dividan familias y pueblos. Piensa en cómo puede aplicar a situaciones que te tocan vivir actualmente esta máxima citada en un documento del Concilio Vaticano II: «En lo necesario unidad, en lo dudable libertad, y en todo caridad».[4]

Rom 14 1-24

do, porque Dios ha recibido también a este. [4] ¿Quién eres tú para criticar al servidor
de otro? Si él se mantiene firme o cae, es
cosa que incumbe a su dueño, pero se
mantendrá firme porque el Señor es poderoso para sostenerlo. [5] Unos tienen preferencia por algunos días, mientras que para
otros, todos los días son iguales. Que cada
uno se atenga a su propio juicio. [6] El que
distingue un día de otro lo hace en honor
del Señor; y el que come, también lo hace
en honor del Señor, puesto que da gracias
a Dios; del mismo modo, el que se abstiene lo hace en honor del Señor, y también
da gracias a Dios.

La conciencia y el Juicio de Dios

Rom 6 11; 1 Cor 3 23; 2 Cor 5 15; Gal 2 20; Hch 17 31; Mt 5 29; 18 6; 1 Cor 8 9-13

[7] Ninguno de nosotros vive para sí, ni
tampoco muere para sí. [8] Si vivimos, vivimos para el Señor, y si morimos, morimos
para el Señor: tanto en la vida como en la
muerte, pertenecemos al Señor. [9] Porque
Cristo murió y volvió a la vida para ser Señor de los vivos y de los muertos. [10] Entonces, ¿con qué derecho juzgas a tu hermano?
¿Por qué lo desprecias? Todos, en efecto,
tendremos que comparecer ante el tribunal
de Dios, [11] porque está escrito: *Juro que toda
rodilla se doblará ante mí y toda lengua dará
gloria a Dios,* dice el Señor. [12] Por lo tanto,
cada uno de nosotros tendrá que rendir
cuenta de sí mismo a Dios.

[13] Dejemos entonces de juzgarnos mutuamente; traten más bien de no poner delante de su hermano nada que lo haga tropezar
o caer. [14] Estoy plenamente convencido en el
Señor Jesús de que nada es impuro por sí
mismo; pero si alguien estima que una cosa es impura, para él sí es impura. [15] Si por
un alimento afliges a tu hermano, ya no
obras de acuerdo con el amor. ¡No permitas
que por una cuestión de alimentos se pierda aquel por quien murió Cristo!

La verdadera libertad cristiana

1 Cor 8 8; Gal 2 25; 1 Tes 1 6; Rom 12 17-18; 1 Cor 7 15; 8 13; 10 25-27; 11 31; Sant 4 17

[16] No expongan a la maledicencia el
buen uso de su libertad. [17] Después de todo,
el Reino de Dios no es cuestión de comida
o de bebida, sino de justicia, de paz y de
gozo en el Espíritu Santo. [18] El que sirve a
Cristo de esta manera es agradable a Dios y
goza de la aprobación de los hombres.
[19] Busquemos, por lo tanto, lo que contribuye a la paz y a la mutua edificación. [20] No
arruines la obra de Dios por un alimento.
En realidad, todo es puro, pero se hace malo para el que come provocando escándalo.
[21] Lo mejor es no comer carne ni beber vino
ni hacer nada que pueda escandalizar a tu
hermano.

[22] Guarda para ti, delante de Dios, lo que
te dicta tu propia convicción. ¡Feliz el que no
tiene nada que reprocharse por aquello
que elige! [23] Pero el que come a pesar de

ROM

Católicos en un país protestante

En Estados Unidos, los católicos somos alrededor de una cuarta parte de la población, una realidad inversa a la de Latinoamérica, donde la mayoría de los cristianos es católica. Por ello, con cierta frecuencia, vemos nuestras creencias y tradiciones católicas atacadas como erróneas. Cuando esto pasa, no es bueno argumentar «nosotros estamos bien y ustedes mal», sino escuchar con respeto, enfatizar lo que nos une y mover la discusión a áreas donde podemos estar de acuerdo y colaborar, siempre recordando que el amor y la unidad tienen primacía en el actuar cristiano.

Cuando la confrontación genera en nosotros dudas o preocupación sobre algunas enseñanzas de nuestra Iglesia, necesitamos acudir a personas competentes que nos ayuden a resolverlas. Cada denominación tiene algunas ideas diferentes sobre qué creer y cómo actuar, como sucedió en los inicios de la Iglesia. Esto no debe causarnos sorpresa, sino llevarnos a madurar como seguidores de Jesús. El sano respeto une a los cristianos de distintas iglesias, de modo que todos podemos gozar y proclamar nuestra fe común, aprender de nuestras diferencias y trabajar juntos para gloria de Dios.

Rom 14 13-22

sus dudas, es culpable porque obra de mala fe. Y todo lo que no se hace de buena fe es pecado.

La mutua tolerancia a ejemplo de Cristo

Sal 69 10; 1 Cor 10 6.11; 2 Tim 3 16;
1 Mac 12 9; Flp 2 2s

15 1 Nosotros, los que somos fuertes, debemos sobrellevar las flaquezas de los débiles y no complacernos a nosotros mismos. 2 *Que cada uno trate de agradar* a su prójimo para el bien y la edificación común. 3 Porque tampoco Cristo buscó su propia complacencia, como dice la Escritura: *Cayeron sobre mí los ultrajes de los que te agravian.* 4 Ahora bien, todo lo que ha sido escrito en el pasado, ha sido escrito para nuestra instrucción, a fin de que por la constancia y el consuelo que dan las Escrituras, mantengamos la esperanza. 5 Que el Dios de la constancia y del consuelo les conceda tener los mismos sentimientos unos hacia otros, a ejemplo de Cristo Jesús, 6 para que con un solo corazón y una sola voz, glorifiquen a Dios, el Padre de nuestro Señor Jesucristo.

La fidelidad y la misericordia de Dios

Hch 3 25-26; Ex 34 6; Sal 18 50;
Dt 32 43; Sal 117 1; Is 11 10

7 Sean mutuamente acogedores, como Cristo los acogió a ustedes para la gloria de Dios. 8 Porque les aseguro que Cristo se hizo servidor de los judíos para confirmar la fidelidad de Dios, cumpliendo las promesas que él había hecho a nuestros padres, 9 y para que los paganos glorifiquen a Dios por su misericordia. Así lo enseña la Escritura cuando dice: *Yo te alabaré en medio de las naciones, Señor, y cantaré en honor de tu Nombre.* 10 Y en otra parte dice: *¡Pueblos extranjeros, alégrense con el Pueblo de Dios!* 11 Y también afirma: *¡Alaben al Señor todas las naciones; glorifíquenlo todos los pueblos!* 12 Y el profeta Isaías dice a su vez: *Aparecerá el brote de Jesé, el que se alzará para gobernar las naciones paganas: y todos los pueblos pondrán en él su esperanza.*

13 Que el Dios de la esperanza los llene de alegría y de paz en la fe, para que la esperanza sobreabunde en ustedes por obra del Espíritu Santo.

QUE LA ESPERANZA SOBREABUNDE...
POR OBRA DEL ESPÍRITU SANTO.
Rom 15 13

EPÍLOGO

El ministerio de Pablo entre los paganos

Rom 1 9; 12 1; Flp 2 17; Is 52 15

14 Por mi parte, hermanos, estoy convencido de que ustedes están llenos de buenas disposiciones y colmados del don de la ciencia, y también de que son capaces de aconsejarse mutuamente. 15 Sin embargo, les he escrito, en algunos pasajes con una cierta audacia, para recordarles lo que ya saben, correspondiendo así a la gracia que Dios me ha dado: 16 la de ser ministro de Jesucristo entre los paganos, ejerciendo el oficio sagrado de anunciar la Buena Noti-

cia de Dios, a fin de que los paganos lleguen a ser una ofrenda agradable a Dios,
santificada por el Espíritu Santo.
17 ¡Yo tengo de qué gloriarme en Cristo Jesús, en lo que se refiere al servicio de Dios!
18 Porque no me atrevería a hablar sino de
aquello que hizo Cristo por mi intermedio,
para conducir a los paganos a la obediencia,
mediante la palabra y la acción, 19 por el poder de signos y prodigios y por la fuerza del
Espíritu de Dios. Desde Jerusalén y sus alrededores hasta Iliria, he llevado a su pleno
cumplimiento la Buena Noticia de Cristo,
20 haciendo cuestión de honor no predicar la
Buena Noticia allí donde el nombre de Cristo ya había sido invocado, para no edificar
sobre un fundamento puesto por otros.
21 Así dice la Escritura: *Lo verán aquellos a los*
que no se les había anunciado y comprenderán
aquellos que no habían oído hablar de él.

Proyectos de viaje de Pablo

1 Cor 16 1-6; Hch 19 21; 21 10-11.17-36

22 Por eso en todo este tiempo no he podido ir a verlos. 23 Pero como ya he terminado mi trabajo en esas regiones y desde hace
varios años tengo un gran deseo de visitarlos, 24 espero verlos de paso cuando vaya a
España, y que me ayuden a proseguir mi
viaje a ese país, una vez que haya disfrutado,
aunque sea un poco, de la compañía de ustedes. 25 Pero ahora, voy a Jerusalén para llevar una ayuda a los santos de allí. 26 Porque
Macedonia y Acaya resolvieron hacer una
colecta en favor de los santos de Jerusalén
que están necesitados. 27 Lo hicieron espontáneamente, aunque en realidad estaban en
deuda con ellos. Porque si los paganos participaron de sus bienes espirituales, deben a
su vez retribuirles con bienes materiales. 28 Y
una vez que haya terminado esa misión y
entregado oficialmente la ofrenda recogida,
iré a España, pasando por allí. 29 Y estoy seguro de que llegaré hasta ustedes con la plenitud de las bendiciones de Cristo.
30 Les ruego, hermanos, en nombre de
nuestro Señor Jesucristo y por el amor del
Espíritu Santo, que luchen junto conmigo,
intercediendo ante Dios por mí, 31 a fin de
que, en Judea, no caiga en manos de los incrédulos, y los santos de Jerusalén reciban
con agrado la ofrenda que les llevo. 32 Así
tendré la alegría de ir a verlos, y si Dios quiere, podré descansar un poco entre ustedes.
33 Que el Dios de la paz esté con todos
ustedes. Amén.

Saludos

Hch 18 2-3; Mc 15 21; 2 Jn 7-10;
Hch 13 1; 16 1-3; 17 5; 19 22.29; 20 4

16 1 Les recomiendo a nuestra hermana
Febe, diaconisa de la Iglesia de Cencreas, 2 para que la reciban en el Señor, como
corresponde a los santos, ayudándola en todo lo que necesite de ustedes: ella ha protegido a muchos hermanos y también a mí.
3 Saluden a Prisca y a Áquila, mis colaboradores en Cristo Jesús. 4 Ellos arriesga-

Te presentamos a... FEBE Y JUNIAS

Al terminar su carta, Pablo envía saludos a casi treinta personas y a sus familias, muchas más que en sus otras cartas. Alrededor de la tercera parte son mujeres, lo que denota el rol importante y muy activo de la mujer en el ministerio de Pablo y en el liderazgo de las primeras épocas de la Iglesia. Entre ellas destacan Febe y Junias. Pablo dice que Febe es «diaconisa de la Iglesia de Cencreas» y motiva a la comunidad para ayudarla, dando a entender que tiene un rol importante, quizá como diaconisa o ministro al servicio de la comunidad (Rom 16 1-2). De Junias comenta que se ha destacado como apóstol (v. 7).

En la época de Pablo, los diáconos eran ordenados para un ministerio al servicio de la comunidad y los apóstoles desempeñaban un ministerio de liderazgo. Esto significa que, aunque no se permitía a las mujeres ocupar posiciones oficiales en el gobierno o la sociedad, el cristianismo había abierto las puertas para que las mujeres ejercieran papeles activos e importantes en la tarea misionera de la Iglesia.

Rom 16 1-16

ron su vida para salvarme, y no solo yo, sino también todas las Iglesias de origen pagano, tienen con ellos una deuda de gratitud. [5] Saluden, igualmente, a la Iglesia que se reúne en su casa.

No se olviden de saludar a mi amigo Epéneto, el primero que se convirtió a Cristo en Asia Menor. [6] Saluden a María, que tanto ha trabajado por ustedes; [7] a Andrónico y a Junia, mis parientes y compañeros de cárcel, que son apóstoles insignes y creyeron en Cristo antes que yo. [8] Saluden a Ampliato, mi amigo querido en el Señor; [9] a Urbano, nuestro colaborador en Cristo, y también a Estaquis, mi querido amigo. [10] Saluden a Apeles, que ha dado pruebas de fidelidad a Cristo, y también a los de la familia de Aristóbulo. [11] Saluden a mi pariente Herodión, y a los de la familia de Narciso que creen en Cristo.

[12] Saluden a Trifena y a Trifosa, que tanto se esfuerzan por el Señor; a la querida Persis, que también ha trabajado mucho por el Señor. [13] Saluden a Rufo, el elegido del Señor, y a su madre, que lo es también mía; [14] a Asíncrito, a Flegonte, a Hermes, a Patrobas, a Hermas y a los hermanos que están con ellos. [15] Saluden a Filólogo y a Julia, a Nereo y a su hermana, así como también a Olimpia, y a todos los santos que viven con ellos. [16] Salúdense mutuamente con el beso de paz. Todas las Iglesias de Cristo les envían saludos.

Recomendaciones finales

[17] Les ruego, hermanos, que se cuiden de los que provocan disensiones y escándalos, contrariamente a la enseñanza que ustedes han recibido. Eviten su trato, [18] porque ellos no sirven a nuestro Señor Jesucristo, sino a su propio interés, seduciendo a los simples con palabras suaves y aduladoras. [19] En todas partes se conoce la obediencia de ustedes, y esto me alegra; pero quiero que sean hábiles para el bien y sencillos para el mal. [20] El Dios de la paz aplastará muy pronto a Satanás, dándoles la victoria sobre él. La gracia de nuestro Señor Jesucristo esté con ustedes.

[21] Timoteo, mi colaborador, les envía saludos, así como también mis parientes Lucio, Jasón y Sosípatro. [22] Yo, Tercio, que he servido de amanuense, los saludo en el Señor. [23] También los saluda Gayo, que me brinda hospedaje a mí y a toda la Iglesia. Finalmente, les envían saludos Erasto, el tesorero de la ciudad y nuestro hermano Cuarto. [24]

Doxología final

Ef 1 9; 3 5.19-20; Jds 24-26; 1 Cor 1 24-25; Ap 1 6

[25] ¡Gloria a Dios,
que tiene el poder de afianzarlos,
según la Buena Noticia que yo anuncio,
proclamando a Jesucristo,
y revelando un misterio que fue
guardado en secreto desde la eternidad
[26] y que ahora se ha manifestado!
Este es el misterio que,
por medio de los escritos proféticos
y según el designio del Dios eterno,
fue dado a conocer a todas las naciones
para llevarlas a la obediencia de la fe.
[27] ¡A Dios, el único sabio,
por Jesucristo,
sea la gloria eternamente! Amén.

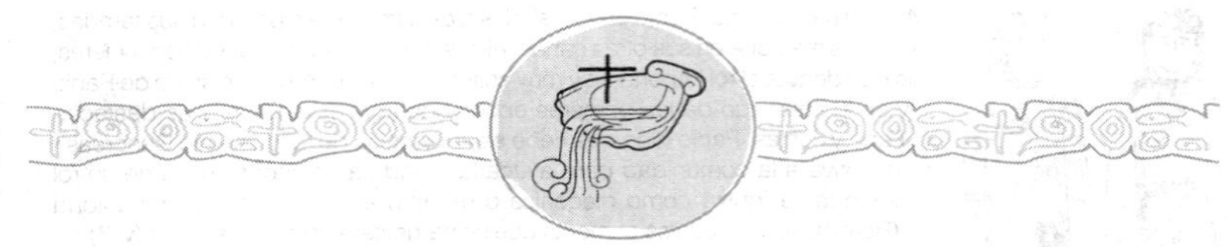

PRIMERA CARTA A LOS CORINTIOS

¿Has vivido luchas por el poder, desacuerdos, escándalos de tipo sexual, divisiones partidarias dentro de la Iglesia? Estos y otros problemas se dan porque las comunidades de fe están formadas por personas con grandes cualidades, pero que cargan con los problemas de su vida diaria y su debilidad ante el pecado. La comunidad de Corinto sufría todos los problemas mencionados y Pablo le escribe para guiarla, esclarecer situaciones, exhortarla a la conversión y animarla a concentrarse en lo esencial. La carta a los Corintios nos enseña cómo ser fiel a Cristo en tiempos confusos y complicados.

ESQUEMA

- **1 1-9.** Saludo inicial. Acción de gracias
- **1 10 – 4 21.** Las divisiones en la comunidad
- **5 – 6.** Abusos y desórdenes en la comunidad
- **7 – 10.** Respuestas a diversas cuestiones
- **11 – 14.** Las asambleas litúrgicas y los dones del Espíritu
- **15.** La resurrección de los muertos
- **16.** Conclusión

DATOS

Autor
Pablo
Fecha de redacción
Año 56 d.C.
Destinatarios
La comunidad en Corinto, en su mayoría de origen gentil

PRESENTACIÓN

En su segundo viaje misionero, Pablo pasó año y medio en la ciudad de Corinto, un puerto importante al sur de la Grecia actual, donde el comercio marítimo atraía a gente de muchas culturas. Ahí se dedicó a evangelizar y a formar la comunidad eclesial; presentó la «locura de la cruz» desafiando a sus oyentes a una fe sin límites, y fue gratamente sorprendido por su respuesta generosa. Después llegó Apolo para continuar el trabajo apostólico.

Más tarde, cuando Pablo evangelizaba en Éfeso, es informado de que la comunidad de Corinto sufría divisiones partidarias con distintos líderes, conflictos en la integración de cristianos de origen judío y gentil, desórdenes por influencia de los cultos paganos, separación de los cristianos ricos y pobres en la Eucaristía, y algunos miembros no creían en la resurrección. Por eso les escribe esta carta, incitándolos a la unidad y a esclarecer sus confusiones, lo que solo es posible en Cristo y al poner la diversidad de sus dones al servicio de la comunidad.

Nuestras comunidades tienen problemas similares y los mensajes de Pablo a los corintios son también relevantes hoy día:

- Lo que parece ser la «locura de la cruz» es en verdad la sabiduría de Dios (1 Cor 1 17-25).
- Las divisiones en la Iglesia son signo de inmadurez en la comunidad (caps. 3 – 4).
- Para manejar bien nuestra libertad sexual y apreciar el matrimonio o el celibato como caminos de santidad, debemos estar conscientes de que somos templos del Espíritu Santo (caps. 6 – 7).
- La celebración de la Eucaristía es fuente de fraternidad en el uso de los carismas y en el compartir de los bienes para el bien del Cuerpo de Cristo (caps. 11 – 12).
- El amor supera todos los carismas (cap. 13).
- La resurrección culmina la obra redentora de Cristo y por ello es el fundamento del seguimiento a Jesús (cap. 15).

1 CORINTIOS

LA COMUNIDAD DIVIDIDA

EL CUERPO DE CRISTO

Saludo inicial

Rom 1 1; 2 Cor 1 1-2; Gal 1 1-3; Dt 23 2-9;
1 Cor 6 11; Hch 9 14; 2 21; Rom 1 7

1 [1] Pablo, llamado a ser Apóstol de Jesucristo por la voluntad de Dios, y el
hermano Sóstenes, [2] saludan a la Iglesia de
Dios que reside en Corinto, a los que han
sido santificados en Cristo Jesús y llamados a ser santos, junto con todos aquellos
que en cualquier parte invocan el nombre
de Jesucristo, nuestro Señor, Señor de ellos
y nuestro. [3] Llegue a ustedes la gracia y la
paz que proceden de Dios, nuestro Padre,
y del Señor Jesucristo.

Acción de gracias

Flp 1 6; 1 Tes 1 2-10; 3 13; Dt 7 9;
1 Cor 10 13; 1 Tes 5 24

[4] *No dejo de dar gracias* a Dios por ustedes, por la gracia que él les ha concedido en
Cristo Jesús. [5] En efecto, ustedes han sido
colmados en él con toda clase de riquezas,
las de la palabra y las del conocimiento, [6] en
la medida que el testimonio de Cristo se
arraigó en ustedes. [7] Por eso, mientras esperan la Revelación de nuestro Señor Jesucristo, no les falta ningún don de la gracia. [8] Él
los mantendrá firmes hasta el fin, para que
sean irreprochables en el día de la Venida de
nuestro Señor Jesucristo. [9] Porque Dios es
fiel, y él los llamó a vivir en comunión con
su Hijo Jesucristo, nuestro Señor.

LAS DIVISIONES EN LA COMUNIDAD

Reprobación de las discordias

Rom 15 5; Flp 2 2; 4 2; 1 Cor 3 22-23; 2 1-5

[10] Hermanos, en el nombre de nuestro
Señor Jesucristo, yo los exhorto a que se
pongan de acuerdo: que no haya divisiones
entre ustedes y vivan en perfecta armonía,
teniendo la misma manera de pensar y de
sentir. [11] Porque los de la familia de Cloe me
han contado que hay discordias entre ustedes. [12] Me refiero a que cada uno afirma: «Yo
soy de Pablo, yo de Apolo, yo de Cefas, yo
de Cristo». [13] ¿Acaso Cristo está dividido?
¿O es que Pablo fue crucificado por ustedes? ¿O será que ustedes fueron bautizados
en el nombre de Pablo? [14] Felizmente yo no

VIVE LA PALABRA

¡Abajo las divisiones! ¡Arriba la unidad!

Los cristianos de Corinto no sabían distinguir entre lo esencial y lo periférico, y desperdiciaban energía discutiendo sobre a qué líder seguir. Entendían a los maestros del evangelio como antes habían entendido a los maestros de las escuelas filosóficas de Grecia. Pablo los reta a dejar esas divisiones sin sentido, pues todos están unidos a Cristo por el Bautismo y deben tener un mismo sentir y los mismos criterios que Jesús (1 Cor 1 10-17).

Pero no se queda en el reto; Pablo les da una serie de soluciones. Fomenta en ellos un proceso de madurez comunitaria basado en la reflexión y la oración común, para que se centren en lo esencial del seguimiento de Jesús y respeten las opiniones individuales en cuestiones no cruciales. Les insiste en que aprovechen y combinen los dones de todos, y que los dirijan por el amor, pues así se resuelven los conflictos debidos a la diversidad de carismas.

La tarea más noble del líder cristiano es buscar siempre el bien de su grupo y valorar la unidad por encima de sí mismo/a. Un líder cristiano integra, no divide; establece puentes entre personas y grupos, no enfrenta a unos contra otros; es imparcial, no clasifica a la gente, los guía a todos a Cristo, para que se asemejen a él.

La comunidad eclesial en la que participas ¿está unida y madura? En general, ¿eres causa de unidad o de división? Pide a Dios que te dé el valor, la prudencia y la seguridad necesarias para ser siempre fuente de unión en tu familia y en la Iglesia.

1 Cor 1 10-17

he bautizado a ninguno de ustedes, excepto a Crispo y a Gayo. 15 Así nadie puede decir que ha sido bautizado en mi nombre.
16 Sí, también he bautizado a la familia de
Estéfanas, pero no recuerdo haber bautizado a nadie más. 17 Porque Cristo no me envió a bautizar, sino a anunciar la Buena Noticia, y esto sin recurrir a la elocuencia
humana, para que la cruz de Cristo no pierda su eficacia.

La sabiduría del mundo y la sabiduría cristiana

2 Cor 4 3; Rom 1 16; Is 29 14; 19 12; 44 25; Mt 11 25; Rom 1 19-21; Mt 12 38; Hch 17 18.32; Rom 9 32; Col 2 3

18 El mensaje de la cruz es una locura para
los que se pierden, pero para los que se salvan —para nosotros— es fuerza de Dios.
19 Porque está escrito: *Destruiré la sabiduría de
los sabios y rechazaré la ciencia de los inteligentes.* 20 *¿Dónde está el sabio? ¿Dónde el hombre
culto?* ¿Dónde el razonador sutil de este
mundo? ¿Acaso Dios no ha demostrado que
la sabiduría del mundo es una necedad?
21 En efecto, ya que el mundo, con su sabiduría, no reconoció a Dios en las obras que
manifiestan su sabiduría, Dios quiso salvar a
los que creen por la locura de la predicación.
22 Mientras los judíos piden milagros y los
griegos van en busca de sabiduría, 23 nosotros, en cambio, predicamos a un Cristo crucificado, escándalo para los judíos y locura
para los paganos, 24 pero fuerza y sabiduría
de Dios para los que han sido llamados, tanto judíos como griegos. 25 Porque la locura de
Dios es más sabia que la sabiduría de los
hombres, y la debilidad de Dios es más fuerte que la fortaleza de los hombres.

El llamado de Dios a los pobres

Mt 11 25; Sant 2 1-5; Jue 7 2; 1 Sm 16 7; Rom 3 27; Jr 9 23

26 Hermanos, tengan en cuenta quiénes
son los que han sido llamados: no hay entre ustedes muchos sabios, hablando humanamente, ni son muchos los poderosos
ni los nobles. 27 Al contrario, Dios eligió lo
que el mundo tiene por necio, para confundir a los sabios; lo que el mundo tiene
por débil, para confundir a los fuertes; 28 lo
que es vil y despreciable y lo que no vale
nada, para aniquilar a lo que vale. 29 Así,
nadie podrá gloriarse delante de Dios.
30 Por él, ustedes están unidos a Cristo Jesús, que por disposición de Dios se convirtió para nosotros en sabiduría y justicia, en
santificación y redención, 31 a fin de que,
como está escrito: *El que se gloría, que se gloríe en el Señor.*

¿SABÍAS QUE...?

La cruz, ¿escándalo, locura o sabiduría de Dios?

En contraste con los profetas que anunciaron la llegada del Reino de Dios en el futuro, Jesús dice que el Reino ya llegó y da testimonio de ello con su vida. Los seguidores de Jesús veían signos del Reino en la fuerza liberadora y dadora de vida de sus palabras y acciones, y en la bondad y el perdón generoso de Dios que se manifestaban a través de él. En cambio, la élite religiosa de Jerusalén consideraba su mensaje, sus actividades y su actitud ante la Ley y el Templo muy revolucionarios y a la vez amenazantes; por eso buscó su muerte, y el fin de Jesús fue violento como el de todo profeta.

El hecho de que Jesús muriera no era incomprensible, pero sí el que hubiera fallecido en una cruz. ¿Cómo pudo permitir Dios su muerte en un instrumento de tortura usado por los romanos para castigo e intimidación de los criminales?

Pablo sabe que desde el punto de vista humano la cruz es absurda, una necedad y escándalo religioso, pero su fe en Dios le dice que, desde la perspectiva divina, la cruz es sabiduría misteriosa, aceptable en miras a la resurrección. Por eso dice que la muerte de Jesús en la cruz es solo un fracaso aparente para sus seguidores y un triunfo falso para sus enemigos. En realidad la cruz es signo de la sabiduría de Dios, que confunde así a los necios y poderosos.

1 Cor 1 18-32

La predicación de Pablo

2 Cor 11 6; Gal 6 14; Hch 18 1-9; Rom 16 25-27; Col 1 26-27; Is 64 3; 52 15; Jr 3 16; Eclo 1 10

2 1 Por mi parte, hermanos, cuando los visité para anunciarles el misterio de Dios, no llegué con el prestigio de la elocuencia o de la sabiduría. 2 Al contrario, no quise saber nada, fuera de Jesucristo, y Jesucristo crucificado. 3 Por eso, me presenté ante *ustedes débil, temeroso y vacilante.* 4 Mi palabra y mi predicación no tenían nada de la argumentación persuasiva de la sabiduría humana, sino que eran demostración del poder del Espíritu, 5 para que ustedes no basaran su fe en la sabiduría de los hombres, sino en el poder de Dios.

6 Es verdad que anunciamos una sabiduría entre aquellos que son personas espiritualmente maduras, pero no la sabiduría de este mundo ni la que ostentan los dominadores de este mundo, condenados a la destrucción. 7 Lo que anunciamos es una sabiduría de Dios, misteriosa y secreta, que él preparó para nuestra gloria antes que existiera el mundo; 8 aquella que ninguno de los dominadores de este mundo alcanzó a conocer, porque si la hubieran conocido no habrían crucificado al Señor de la gloria. 9 Nosotros anunciamos, como dice la Escritura, *lo que nadie vio ni oyó y ni siquiera pudo pensar, aquello que Dios preparó para los que lo aman.*

El poder del Espíritu

Mt 13 11; Prov 20 27; Jn 16 13-14; 1 Cor 2 4; Jn 8 47; 14 17; 1 Jn 2 20; Is 40 13; Rom 11 34

10 Dios nos reveló todo esto por medio del Espíritu, porque el Espíritu lo conoce todo, hasta lo más íntimo de Dios. 11 ¿Quién puede conocer lo más íntimo del hombre, sino el espíritu del mismo hombre? De la misma manera, nadie conoce los secretos de Dios, sino el Espíritu de Dios. 12 Y nosotros no hemos recibido el espíritu del mundo, sino el Espíritu que viene de Dios, para que reconozcamos los dones gratuitos que Dios nos ha dado. 13 Nosotros no hablamos de estas cosas con palabras aprendidas de la sabiduría humana, sino con el lenguaje que el Espíritu de Dios nos ha enseñado, expresando en términos espirituales las realidades del Espíritu. 14 El hombre puramente natural no valora lo que viene del Espíritu de Dios: es una locura para él y no lo puede entender, porque para juzgarlo necesita del Espíritu. 15 El hombre espiritual, en cambio, todo lo juzga, y no puede ser juzgado por nadie. 16 Porque *¿quién conoce el pensamiento del Señor, para poder enseñarle?* Pero nosotros tenemos el pensamiento de Cristo.

La inmadurez de los corintios

Jn 16 12; 1 Cor 1 10-12; Gal 5 19-20

3 1 Por mi parte, no pude hablarles como a hombres espirituales, sino como a hombres carnales, como a quienes todavía son niños en Cristo. 2 Los alimenté con leche y no con alimento sólido, porque aún no podían tolerarlo, como tampoco ahora, 3 ya que siguen siendo carnales. Los celos y discordias que hay entre ustedes, ¿no prueban acaso que todavía son carnales y se comportan de una manera puramente humana?

LATINO/HISPANO DE EUA

Somos servidores de Dios

Una máxima para vivir cristianamente dice: «Actúa siempre como si todo dependiera solo de ti y deja todo en manos de Dios como si solo dependiera de él». Esta idea nos da seguridad al tiempo que nos mantiene humildes. Uno no puede pasar un día entre hispanoparlantes sin escuchar: «si Dios me da licencia…», «Dios mediante...», «si Dios quiere…», «si Dios lo permite…», lo que refleja bastante esta máxima.

Pablo recuerda a los corintios esta simple verdad: los que trabajan en la viña del Señor no deben hacer alarde de sus esfuerzos ni fanfarronear de sus logros; son servidores (1 Cor 3 1-15). En la cultura hispana/latina en Estados Unidos, el ser servidor está muy arraigado. Al presentarse, mucha gente dice: «soy fulano/a de tal, para servirle…», y con humildad ofrece lo que tiene. Pablo piensa en la misma línea: «Yo planté y Apolo regó, pero el que ha hecho crecer es Dios» (v. 6).

Todo el crédito le pertenece a Dios, aunque Pablo puso los fundamentos y otros construyeron sobre ellos (vv. 10-11), pues «si el Señor no edifica la casa, en vano trabajan los albañiles» (Sal 127 1). ¡Mantengamos nuestros valores cristianos, aprendiendo a vivirlos en la cultura actual, donde prevalecen el individualismo y la competición!

1 Cor 3 1-15

4 Cuando uno dice: «Yo soy de Pablo», y el
otro: «Yo de Apolo», ¿acaso no están procediendo como lo haría cualquier hombre?

El ministerio apostólico

Mt 13 3-9; Ef 2 20-22; Hch 4 11-12

5 *Después de todo,* ¿quién es Apolo, quién
es Pablo? Simples servidores, por medio de
los cuales ustedes han creído, y cada uno
de ellos lo es según lo que ha recibido del
Señor. 6 Yo planté y Apolo regó, pero el que
ha hecho crecer es Dios. 7 Ni el que planta ni
el que riega valen algo, sino Dios, que hace
crecer. 8 No hay ninguna diferencia entre el
que planta y el que riega; sin embargo, cada
uno recibirá su salario de acuerdo con el trabajo que haya realizado. 9 Porque nosotros
somos cooperadores de Dios, y ustedes son
el campo de Dios, el edificio de Dios.

PERSPECTIVA CATÓLICA

Purificación, salvación y purgatorio

Lee 1 Corintios 3 10-15 y analiza su simbolismo: nuestra vida es como un edificio construido sobre Jesús y sus valores. Si la construcción es magnífica, tendremos el premio de Dios; si es mediocre, nos salvaremos mediante un proceso de purificación. Sobre este pasaje, la necesidad de una purificación y otros textos sobre el perdón en el otro mundo (Mt 12 32), creó la Iglesia el concepto del *purgatorio.*

Quienes mueren en la gracia y la amistad de Dios, pero imperfectamente purificados, alcanzan su eterna salvación mediante un proceso de purificación después de su muerte. Con este proceso, al que la Iglesia llama *purgatorio*, obtienen la santidad necesaria para entrar en la alegría del cielo.

La tradición de la Iglesia, haciendo referencia a varios textos de la Sagrada Escritura, habla de un fuego purificador (1 Pe 1 7). El fuego es uno de los símbolos bíblicos de la presencia liberadora y purificadora de Dios.

Esta enseñanza sobre el purgatorio se apoya también en la práctica de la oración por los difuntos, para que queden libres del pecado (2 Mac 12 46). Desde los primeros tiempos, la Iglesia ha pedido a Dios por los difuntos para que los purifique y gocen de su presencia plena y eterna. En este contexto celebramos la Misa de Resurrección con el cuerpo presente, rezamos novenas de rosarios y pedimos por los difuntos en la Eucaristía.

Recuerda por unos momentos a tus seres queridos que ya murieron y eleva a Dios una oración por ellos. Después ora por quienes perecieron el día de hoy, y extiende tu oración a todas las personas fallecidas y que requieren ser purificadas de su pecado.

1 Cor 3 10-15

La edificación del templo de Dios

1 Pe 2 4-6; Is 28 16; 1 Cor 4 5; 2 Tes 1 7-10; Jr 6 29-30; Mal 3 2-3

10 Según la gracia que Dios me ha dado, yo
puse los cimientos como lo hace un buen
arquitecto, y otro edifica encima. Que cada
cual se fije bien de qué manera construye.
11 El fundamento ya está puesto y nadie pue-

de poner otro, porque el fundamento es Jesucristo. [12] Sobre él se puede edificar con oro,
plata, piedras preciosas, madera, pasto o paja: [13] la obra de cada uno aparecerá tal como
es, porque el día del Juicio, que se revelará
por medio del fuego, la pondrá de manifiesto; y el fuego probará la calidad de la obra de
cada uno. [14] Si la obra construida sobre el
fundamento resiste la prueba, el que la hizo
recibirá la recompensa; [15] si la obra es consumida, se perderá. Sin embargo, su autor se
salvará, como quien se libra del fuego.
[16] ¿No saben que ustedes son templo de
Dios y que el Espíritu de Dios habita en
ustedes? [17] Si alguno destruye el templo de
Dios, Dios lo destruirá a él. Porque el templo
de Dios es sagrado, y ustedes son ese templo.

La verdadera sabiduría

2 Cor 6 16; Ef 2 20-22; Job 5 13; Sal 94 11

[18] ¡Que nadie se engañe! Si alguno de ustedes se tiene por sabio en este mundo,
que se haga insensato para ser realmente
sabio. [19] Porque la sabiduría de este mundo
es locura delante de Dios. En efecto, dice la
Escritura: *Él sorprende a los sabios en su pro-*
pia astucia, [20] y además: *El Señor conoce los*
razonamientos de los sabios y sabe que son va-
nos. [21] En consecuencia, que nadie se gloríe
en los hombres, porque todo les pertenece
a ustedes: [22] Pablo, Apolo o Cefas, el mundo, la vida, la muerte, el presente o el futuro. Todo es de ustedes, [23] pero ustedes son
de Cristo y Cristo es de Dios.

El juicio reservado a Cristo

Lc 12 42-44; Rom 2 16; 2 Cor 5 10-11;
Sant 4 12; Jn 3 27; Rom 12 6

4 [1] Los hombres deben considerarnos
simplemente como servidores de Cristo y administradores de los misterios de
Dios. [2] Ahora bien, lo que se pide a un administrador es que sea fiel. [3] En cuanto a mí, poco me importa que me juzguen ustedes o un
tribunal humano; ni siquiera yo mismo me
juzgo. [4] Es verdad que mi conciencia nada
me reprocha, pero no por eso estoy justificado: mi juez es el Señor. [5] Por eso, no hagan
juicios prematuros. Dejen que venga el Señor:
él sacará a la luz lo que está oculto en las
tinieblas y manifestará las intenciones secretas de los corazones. Entonces, cada uno recibirá de Dios la alabanza que le corresponda.

Situación de los ministros de Cristo

Rom 12 3.6; Ap 3 17.21; Heb 10 33; Rom 8 36;
1 Cor 3 18; 2 Cor 7 5; Hch 18 3; 20 34; Sal 109 28;
Mt 5 44; Lc 6 28; Lam 3 45

[6] En todo esto, hermanos, les puse mi
ejemplo y el de Apolo, a fin de que aprendan
de nosotros el refrán: «No vayamos más allá
de lo que está escrito», y así nadie tome partido orgullosamente en favor de uno contra
otro. [7] En efecto, ¿con qué derecho te distin-
gues de los demás? ¿Y qué tienes que no hayas recibido? Y si lo has recibido, ¿por qué te
glorías como si no lo hubieras recibido? [8] ¡Será que ustedes ya están satisfechos! ¡Será que
se han enriquecido o que se han convertido
en reyes, sin necesidad de nosotros! ¡Ojalá
que así fuera, para que nosotros pudiéramos
reinar con ustedes! [9] Pienso que a nosotros,
los Apóstoles, Dios nos ha puesto en el último lugar, como condenados a muerte, ya
que hemos llegado a ser un espectáculo para
el mundo, para los ángeles y los hombres.
[10] Nosotros somos tenidos por necios, a causa
de Cristo, y en cambio, ustedes son sensatos
en Cristo. Nosotros somos débiles, y ustedes,
fuertes. Ustedes gozan de prestigio, y nosotros somos despreciados. [11] Hasta ahora sufrimos hambre, sed y frío. Somos maltratados y

ENTRA EN ORACIÓN

Somos templo del Espíritu

Te adoramos, Espíritu divino, que habitas en nosotros y nos regalas tus siete dones a fin de que podamos vivir. Gracias por ser Dios en nosotros.

Eres el aire que respiramos, la luz amable que nos hace atractivos a los ojos de Dios y nuestros hermanos, la mano de Dios que nos toca tiernamente.

Enciende en nosotros una gran bondad por todo lo que tiene vida, la alegría de vivir y de promover la paz, y una amistad firme con los pobres de esta tierra.

Espíritu Santo, tú eres el alma de nuestras súplicas; danos sabiduría, para que nos entendamos bien, y disposición para ayudarnos en la necesidad.

Me abro a tu acción en mí. Sé el don de Dios presente en mi vida y en medio de quienes me rodean. Amén.

1 Cor 3 16-17

vivimos errantes. 12 Nos agotamos, trabajando con nuestras manos. 13 Nos insultan y deseamos el bien. Padecemos persecución y la soportamos. Nos calumnian y consolamos a los demás. Hemos llegado a ser como la basura del mundo, objeto de desprecio para todos hasta el día de hoy.

Amonestación paternal

Gal 4 19; 1 Cor 11 1; Flp 3 17; 1 Tes 1 6-7; 1 Cor 2 4

14 No les escribo estas cosas para avergonzarlos, sino para reprenderlos como a hijos muy queridos. 15 Porque, aunque tengan diez mil preceptores en Cristo, no tienen muchos padres: soy yo el que los ha engendrado en Cristo Jesús, mediante la predicación de la Buena Noticia. 16 Les ruego, por lo tanto, que sigan mi ejemplo. 17 Por esta misma razón les envié a Timoteo, mi hijo muy querido y fiel en el Señor; él les recordará mis normas de conducta, que son las de Cristo, y que yo enseño siempre en todas las Iglesias.

18 Algunos de ustedes, pensando que yo no regresaría, se han llenado de orgullo. 19 Pero pronto iré a verlos —si así lo quiere el Señor— y entonces los juzgaré, no por sus palabras, sino por el poder que tienen. 20 ¡Porque el Reino de Dios no es cuestión de palabras sino de poder! 21 ¿Qué prefieren? ¿Que vaya a verlos con la vara en la mano, o con amor y espíritu de mansedumbre?

EL REINO DE DIOS...
ES CUESTIÓN... DE PODER.

1 Cor 4 20

ABUSOS Y DESÓRDENES EN LA COMUNIDAD

Un caso de incesto

Lv 18 7-8; Dt 23 1; Mt 18 18-20; 1 Tim 1 20; 1 Pe 4 6

5 1 Es cosa pública que se cometen entre ustedes actos deshonestos, como no se encuentran ni siquiera entre los paganos, ¡a tal extremo que uno convive con la mujer de su padre! 2 ¡Y todavía se enorgullecen, en lugar de estar de duelo para que se expulse al que cometió esa acción! 3 En lo que a mí respecta, estando ausente con el cuerpo pero presente con el espíritu, ya lo he juzgado, como si yo mismo estuviera allí. 4 Es necesario que ustedes y yo nos reunamos espiritualmente, en el nombre y con el poder de nuestro Señor Jesús, 5 para que este hombre sea entregado a Satanás: así se perderá su carne, pero se salvará su espíritu en el Día del Señor.

El pan ácimo de la santidad

Gal 5 9; Ex 12 3-21; Dt 16 3; Is 53 7; 1 Pe 1 19

6 ¡No es como para gloriarse! ¿No saben que «un poco de levadura hace fermentar toda la masa»? 7 Despójense de la vieja levadura, para ser una nueva masa, ya que ustedes mismos son como el pan sin levadura. Porque Cristo, nuestra Pascua, ha sido inmolado. 8 Celebremos, entonces, nuestra Pascua, no con la vieja levadura de la malicia y la perversidad, sino con los panes sin levadura de la pureza y la verdad.

La actitud frente a los hermanos deshonestos

2 Cor 6 14-17; Tit 3 10; 2 Jn 10; Dt 13 6; 17 7

9 En una carta anterior, les advertí que no se mezclaran con los deshonestos. 10 No quiero decir que se aparten por completo de los deshonestos de este mundo, de los avaros, de los ladrones y de los idólatras: de ser así, tendrían que abandonar este mundo. 11 Lo que quise decirles es que no se mezclen con aquellos que, diciéndose hermanos, son deshonestos, avaros, idólatras, difamadores, bebedores o ladrones: les aconsejo que ni siquiera coman con ellos. 12 No es asunto mío juzgar a los que están fuera de la Iglesia. Ustedes juzguen a los que están dentro; 13 porque a los de fuera los juzga Dios.

Expulsen al perverso de en medio de ustedes.

El recurso a los tribunales paganos

Dn 7 22-26; Ap 3 21; Mt 5 39;
Rom 12 17-19; Ef 2 1-6; Tit 3 3-7

6 1 ¿Cómo es posible que cuando uno de ustedes tiene algún conflicto con otro, se atreve a reclamar justicia a los injustos, en lugar de someterse al juicio de los santos? 2 ¿No saben ustedes que los santos juzgarán al mundo? Y si el mundo va a ser juzgado por ustedes, ¿cómo no van a ser capaces de juzgar asuntos de mínima importancia? 3 ¿Ignoran que vamos a juzgar a los mismos ángeles? Con mayor razón entonces, los asuntos de esta vida. 4 ¡Y pensar que cuando ustedes tienen litigios, buscan como jueces a los que no son nadie para la Iglesia! 5 Lo digo para avergonzarlos: ¡por lo visto, no hay entre ustedes ni siquiera un hombre sensato, que sea capaz de servir de árbitro entre sus hermanos! 6 ¡Un hermano pleitea con otro, y

VIVE LA PALABRA

La sexualidad bien vivida

Pablo tiene un concepto precioso del cuerpo humano: es el templo del Espíritu, está destinado para el Señor a fin de ser resucitado con él y nos fue dado para alabar a Dios. De ahí deduce Pablo que el cuerpo, siendo sexuado, necesita ser orientado al amor de Dios.

La sexualidad es un don y tarea al mismo tiempo. Viene de Dios y a Dios ha de volver. Por lo tanto, la vida sexual tiene que ser responsable, en consentimiento mutuo, abierta a la vida biológica, sicológica y espiritual. Los deseos sexuales, tan fuertes en la juventud, son parte de nuestra naturaleza sexuada, un don que Dios nos da para la vida, en particular para el matrimonio.

La sexualidad es un lenguaje corporal que cuando expresa amor, respeto y entrega mutua es «benéfica». En cambio, cuando expresa egoísmo o explotación, es «antitestimonial». Solo dentro de un contexto de amor, ternura, delicadeza y respeto la sexualidad se vuelve humana y abierta a Dios.

¿Cómo ves y tratas tu sexualidad? ¿Cómo expresas tu masculinidad o tu feminidad en tus relaciones interpersonales? ¿Cómo respetas tu cuerpo y manejas tus deseos sexuales?

1 Cor 6 12-20

esto, delante de los que no creen! [7]Ya está mal que haya litigios entre ustedes: ¿acaso no es preferible sufrir la injusticia o ser despojado? [8]Pero no, ustedes mismos son los que cometen injusticias y defraudan a los demás, ¡y esto entre hermanos! [9]¿Ignoran que los injustos no heredarán el Reino de Dios? No se hagan ilusiones: ni los inmorales, ni los idólatras, ni los adúlteros, ni los afeminados, ni los pervertidos, [10]ni los ladrones, ni los avaros, ni los bebedores, ni los difamadores, ni los usurpadores heredarán el Reino de Dios. [11]Algunos de ustedes fueron así, pero ahora han sido purificados, santificados y justificados en el nombre de nuestro Señor Jesucristo y por el Espíritu de nuestro Dios.

La fornicación

Eclo 37 28; 1 Cor 10 23; Rom 8 10-13.23; 1 Cor 7 4; Flp 1 20; 1 Tes 4 3-5; Gn 2 24; Jn 17 21-23; Rom 8 9-11; 1 Cor 3 16; 2 Cor 6 16; 1 Pe 1 18-19

[12]«Todo me está permitido», pero no todo es conveniente. «Todo me está permitido», pero no me dejaré dominar por nada. [13]Los alimentos son para el estómago y el estómago para los alimentos, y Dios destruirá a ambos. Pero el cuerpo no es para la fornicación, sino para el Señor, y el Señor es para el cuerpo. [14]*Y Dios que resucitó al Señor*, nos resucitará también a nosotros con su poder.

[15]¿No saben acaso que sus cuerpos son miembros de Cristo? ¿Cómo voy a tomar los miembros de Cristo para convertirlos en miembros de una prostituta? De ninguna manera. [16]¿No saben que el que se une a una prostituta, se hace un solo cuerpo con ella? Porque dice la Escritura: *Los dos serán una sola carne*. [17]En cambio, el que se une al Señor se hace un solo espíritu con él.

[18]Eviten la fornicación. Cualquier otro pecado cometido por el hombre es exterior a su cuerpo, pero el que fornica peca contra su propio cuerpo.

[19]¿O no saben que sus cuerpos son templo del Espíritu Santo, que habita en ustedes y que han recibido de Dios? Por lo tanto, ustedes no se pertenecen, [20]sino que han sido comprados, ¡y a qué precio! Glorifiquen entonces a Dios en sus cuerpos.

RESPUESTA A DIVERSAS CUESTIONES

EL MATRIMONIO Y EL CELIBATO

Los deberes conyugales

Ef 5 22-23; 2 Cor 8 8; Mt 19 12; 1 Tim 5 11-14; Mt 5 32; 19 9

7 [1]Ahora responderé a lo que ustedes me han preguntado por escrito: Es bueno para el hombre abstenerse de la mujer. [2]Sin embargo, por el peligro de incontinencia, que cada hombre tenga su propia esposa, y cada mujer, su propio marido. [3]Que el marido cumpla los deberes conyugales con su esposa; de la misma manera, la esposa con su marido. [4]La mujer no es dueña de su cuerpo, sino el marido; tampoco el marido es dueño de su cuerpo, sino la mujer. [5]No se nieguen el uno al otro, a no ser de común acuerdo y por algún tiempo, a fin

Extraños consejos

¿Por qué aconseja Pablo que la gente no se case y que los esclavos no busquen la libertad? Estos consejos suenan raros, pero para Pablo y los corintios eran razonables, pues esperaban la venida inmediata de Jesús y estaban seguros de que este mundo pasaría pronto (1 Cor 7 31). Por eso Pablo no veía apropiado que hicieran cambios de vida que desestabilizaran a las personas. Pablo recuerda a los dueños de esclavos, como en el caso de Filemón, que deben mirar a sus siervos como hermanos en Cristo y que deben verse a sí mismos como esclavos de Cristo. Así establecía los fundamentos de hermandad cristiana destinados a transformar la sociedad de su tiempo.

El núcleo del consejo de Pablo es que estemos listos para el encuentro con Jesús. Pero ¿cuándo vendrá Jesús? No se puede calcular ni adivinar. Jesús mismo indicó que nadie sabe el tiempo ni la hora de su venida (Mt 24 36-44).

1 Cor 7

de poder dedicarse con más intensidad a la oración; después vuelvan a vivir como antes, para que Satanás no se aproveche de la incontinencia de ustedes y los tiente. [6] Esto que les digo es una concesión y no una orden. [7] Mi deseo es que todo el mundo sea como yo, pero cada uno recibe del Señor su don particular: unos este, otros aquel.

[8] A los solteros y a las viudas, les aconsejo que permanezcan como yo. [9] Pero si no pueden contenerse, que se casen; es preferible casarse que arder en malos deseos.

[10] A los casados, en cambio, les ordeno —y esto no es mandamiento mío, sino del Señor— que la esposa no se separe de su marido. [11] Si se separa, que no vuelva a casarse, o que se reconcilie con su esposo. Y que tampoco el marido abandone a su mujer.

Los matrimonios entre cristianos y paganos

Rom 1 7; 11 16; 14 19; 1 Pe 3 1

[12] En cuanto a las otras preguntas, les digo yo, no el Señor: Si un hombre creyente tiene una esposa que no cree, pero ella está dispuesta a convivir con él, que no la abandone. [13] Y si una mujer se encuentra en la misma condición, que tampoco se separe de su esposo. [14] Porque el marido que no tiene fe es santificado por su mujer, y la mujer que no tiene fe es santificada por el marido creyente. Si no fuera así, los hijos de ustedes serían impuros; en cambio, están santificados. [15] Pero si el cónyuge que no cree desea separarse, que lo haga, y en ese caso, el cónyuge creyente no permanece ligado al otro, porque Dios nos ha llamado a vivir en paz. [16] Después de todo, ¿qué sabes tú, que eres la esposa, si podrás o no salvar a tu marido, y tú, marido, si podrás salvar a tu mujer?

La condición social del cristiano

1 Cor 7 20.24; 1 Mac 1 15; Rom 2 25; Gal 5 6; 6 15; Flm 16; Ef 6 6; 1 Pe 2 16

[17] Fuera de este caso, que cada uno siga viviendo en la condición que el Señor le asignó y en la que se encontraba cuando fue llamado. Esto es lo que prescribo en todas las Iglesias. [18] Si un hombre estaba circuncidado antes que Dios lo llamara, que no oculte la señal de la circuncisión; si el llamado lo encontró incircunciso, que no se circuncide. [19] Lo que vale no es la circuncisión, sino cumplir los mandamientos de Dios. [20] Que cada uno permanezca en el estado en que se encontraba cuando Dios lo llamó. [21] ¿Eras esclavo al escuchar el llamado de Dios? No te preocupes por ello, y aunque puedas llegar a ser un hombre libre, aprovecha más bien tu condición de esclavo. [22] Porque el que era esclavo cuando el Señor lo llamó, ahora es un hombre libre en el Señor; de la misma manera, el que era libre cuando el Señor lo llamó, ahora es un esclavo de Cristo. [23] ¡Ustedes han sido redimidos y a qué precio! No se hagan esclavos de los hombres. [24] Hermanos, que cada uno permanezca delante de Dios en el estado en que se encontraba cuando fue llamado.

La excelencia de la virginidad

1 Tim 1 12-13; Lc 12 51-53; 21 23

[25] Acerca de la virginidad, no tengo ningún precepto del Señor. Pero hago una advertencia, como quien, por la misericordia del Señor, es digno de confianza. [26] Considero que, por las dificultades del tiempo presente, lo mejor para el hombre es vivir sin casarse. [27] ¿Estás unido a una mujer? No te separes de ella. ¿No tienes mujer? No la

VIVE LA PALABRA

Casarse o no casarse

Pablo responde algunas preguntas de los corintios aconsejándolos desde su experiencia humana. Les dice que Jesús no dijo nada sobre si debían casarse o quedarse vírgenes, pero que él opina que quien no se casa puede servir por completo al Señor, mientras que los casados están divididos entre las preocupaciones mundanas y las cosas de Dios (1 Cor 7 25-40). Además, argumenta que como «queda poco tiempo» (v. 29), el servicio del Señor urge y tiene prioridad.

Hoy en día ya no pensamos que necesitamos elegir entre el amor a Dios o Jesús, y el amor a una mujer o a un hombre. La entrega total a Jesús es compatible con la entrega íntima al cónyuge. En la vida matrimonial no hay competencia: amamos a Dios en el amor a nuestra pareja. Si uno ama de verdad a una persona, ella nunca estará en competencia con Dios ni será un impedimento para servirlo.

Aprovecha tu etapa de juventud para descubrir en qué estado de vida quiere Dios que le sirvas: ¿en el matrimonio, como sacerdote o religiosa/o, en la vida soltera? ¡En todos puedes amar y servir a Dios con todo tu ser!

1 Cor 7 25-40

busques. [28] Si te casas, no pecas. Y si una joven se casa, tampoco peca. Pero los que lo hagan, sufrirán tribulaciones en su carne que yo quisiera evitarles.

La brevedad del tiempo presente

Rom 13 21; 1 Jn 2 16-17

[29] Lo que quiero decir, hermanos, es esto: queda poco tiempo. Mientras tanto, los que tienen mujer vivan como si no la tuvieran; [30] los que lloran, como si no lloraran; los que se alegran, como si no se alegraran; los que compran, como si no poseyeran nada; [31] los que disfrutan del mundo, como si no disfrutaran. Porque la apariencia de este mundo es pasajera.

La consagración a Dios

Rom 7 2-3

[32] Yo quiero que ustedes vivan sin inquietudes. El que no tiene mujer se preocupa de las cosas del Señor, buscando cómo agradar al Señor. [33] En cambio, el que tiene mujer se preocupa de las cosas de este mundo, buscando cómo agradar a su mujer, [34] y así su corazón está dividido. También la mujer soltera, lo mismo que la virgen, se preocupa de las cosas del Señor, tratando de ser santa en el cuerpo y en el *espíritu. La mujer casada,* en cambio, se preocupa de las cosas de este mundo, buscando cómo agradar a su marido. [35] Les he dicho estas cosas para el bien de ustedes, no para ponerles un obstáculo, sino para que ustedes hagan lo que es más conveniente y se entreguen totalmente al Señor.

[36] Si un hombre, encontrándose en plena vitalidad, cree que no podrá comportarse correctamente con la mujer que ama, y que debe casarse, que haga lo que le parezca: si se casan, no comete ningún pecado. [37] En cambio, el que decide no casarse con ella, porque se siente interiormente seguro y puede contenerse con pleno dominio de su voluntad, también obra correctamente. [38] Por lo tanto, el que se casa con la mujer que ama, hace bien; pero el que no se casa, obra mejor todavía.

[39] La mujer permanece ligada a su marido mientras este vive; en cambio, si muere el marido, queda en libertad para casarse con el que quiera. Pero en esto, debe ser guiada por el Señor. [40] Sin embargo, será más feliz si no vuelve a casarse, de acuerdo con mi consejo. Ahora bien, yo creo tener el Espíritu de Dios.

LA CARNE SACRIFICADA A LOS ÍDOLOS

El aspecto teórico de la cuestión

Hch 15 20.29; 1 Cor 10 23-31; Ex 20 2-3; Dt 4 35.39; Mal 2 10; Ef 4 5-6; Col 1 16-17; Jn 1 3

8 [1] Con respecto a la carne sacrificada a los ídolos, todos tenemos el conocimiento debido, ya lo sabemos, pero el conocimiento llena de orgullo, mientras que el amor edifica. [2] Si alguien se imagina que conoce algo, no ha llegado todavía a conocer como es debido; [3] en cambio, el que ama a Dios es reconocido por Dios. [4] En cuanto a comer la carne sacrificada a los ídolos, sabemos bien que los ídolos no son nada y que no hay más que un solo Dios. 5 Es verdad que algunos son considerados dioses, sea en el cielo o en la tierra: de hecho, hay una cantidad de dioses y una cantidad de señores. 6 Pero para nosotros, no hay más que un solo Dios, el Padre, de quien todo procede y a quien nosotros estamos destinados, y un solo Señor, Jesucristo, por quien todo existe y por quien nosotros existimos.

El punto de vista del amor fraternal

Rom 14; 15 2-7; 1 Tes 5 14; Mt 10 40; Hch 9 5

7 Sin embargo, no todos tienen este conocimiento. Algunos, habituados hasta hace poco a la idolatría, comen la carne sacrificada a los ídolos como si fuera sagrada, y su conciencia, que es débil, queda manchada. 8 Ciertamente, no es un alimento lo que nos acerca a Dios: ni por dejar de comer somos menos, ni por comer somos más. 9 Pero tengan cuidado que el uso de esta libertad no sea ocasión de caída para el débil. 10 Si alguien te ve a ti, que sabes cómo se debe obrar, sentado a la mesa en un templo pagano, ¿no se sentirá autorizado, a causa de la debilidad de su conciencia, a comer lo que ha sido sacrificado a los ídolos? 11 Y así, tú, que tienes el debido conocimiento, haces perecer al débil, ¡ese hermano por el que murió Cristo! 12 Pecando de esa manera contra sus hermanos e hiriendo su conciencia, que es débil, ustedes pecan contra Cristo. 13 Por lo tanto, si un alimento es ocasión de caída para mi hermano, nunca probaré carne, a fin de evitar su caída.

El ejemplo de Pablo: los derechos del Apóstol

Gal 1 11-17; 1 Cor 15 8; Hch 22 17-18; Dt 25 4; 1 Tim 5 18

9 1 ¿Acaso yo no soy libre? ¿No soy Apóstol? ¿No he visto a Jesús, nuestro Señor? ¿No son ustedes mi obra en el Señor? 2 Si para otros yo no soy Apóstol, lo soy al menos para ustedes, porque ustedes son el sello de mi apostolado en el Señor. 3 ¡Esta es mi defensa contra los que me acusan! 4 ¿Acaso no tenemos derecho a comer y a beber, 5 a viajar en compañía de una mujer creyente, como lo hacen los demás Apóstoles, los hermanos del Señor y el mismo Cefas? 6 ¿O bien, Bernabé y yo somos los únicos que estamos obligados a trabajar para subsistir? 7 ¿Qué soldado hace una campaña a sus propias expensas? ¿O quién planta una viña y no come de sus frutos? ¿O quién apacienta un rebaño y no se alimenta con la leche de las ovejas?

8 Aunque parezca que hablo en términos demasiado humanos, la Ley nos enseña lo mismo. 9 Porque está escrito en la Ley de Moisés: *No pondrás bozal al buey que trilla*. ¿Será que Dios se preocupa de los bueyes? 10 ¿No será que él habla de nosotros? Sí, esto se escribió por nosotros, porque el que ara tiene que arar con esperanza, y el que trilla el grano debe hacerlo con esperanza de recoger su parte. 11 Si nosotros hemos sembrado en ustedes bienes espirituales, ¿qué tiene de extraño que recojamos de ustedes bienes temporales?

INDÍGENA

Perseverancia y solidaridad cristiana

La perseverancia implica establecer prioridades y esforzarse en alcanzar las metas fijadas, aunque entre el desánimo y el cansancio. Para los pueblos mayas es un valor fundamental. Su perseverancia les permitió desarrollar una gran cultura y lograron avances notables en astronomía, gramática, matemáticas y otras ciencias.

Los valores morales de los mayas en Chimaltenango y Sacatepéquez, en Guatemala, se sustentan en el respeto a los mayores, la solidaridad entre las personas, la interrelación con la naturaleza, y el trabajo diligente y responsable. Se valora mucho el *mitijul* o «disposición al trabajo material e intelectual con diligencia, precisión, agrado y perseverancia». Se educa a los/as niños/as y jóvenes para que adquieran el *ruk'u'x na'oj* o «corazón del pensamiento y sabiduría» para cumplir con su *tz'aqat* o «misión personal». La satisfacción de lograr una meta tiene un significado de trascendencia.[1]

Pablo invita a vivir en un esfuerzo constante y perseverante en el anuncio del evangelio, y motiva con su ejemplo a velar solidariamente por el bien de la comunidad. Los valores mayas descritos antes son ya «semillas del evangelio». Evangelizarlos es dar a estos valores un sentido cristiano, viéndolos como medio para seguir mejor y más fielmente a Jesús y extender el Reino de Dios en la sociedad.

1 Cor 9 19-27

El desprendimiento de Pablo

Hch 20 34-35; 2 Cor 11 9; 1 Cor 13 7; Nm 18 8.31;
Dt 18 1-3; 1 Cor 7 10-11; Mt 10 10; Lc 10 7;
Gal 6 6; Hch 18 2; Jr 20 9

12 Si otros tienen este derecho sobre ustedes, ¿no lo tenemos nosotros con más razón?
Sin embargo, nunca hemos hecho uso de él;
por el contrario, lo hemos soportado todo para no poner obstáculo a la Buena Noticia de
Cristo. 13 ¿No saben ustedes que los ministros
del culto viven del culto, y que aquellos que
sirven al altar participan del altar? 14 De la misma manera, el Señor ordenó a los que anuncian el Evangelio que vivan del Evangelio.
15 A pesar de todo, no he usado de ninguno de estos derechos; y no les digo esto para aprovecharme ahora de ellos; antes preferiría morir. No, nadie podrá privarme de
este motivo de gloria. 16 Si anuncio el Evangelio, no lo hago para gloriarme: al contrario, es para mí una necesidad imperiosa.
¡Ay de mí si no predicara el Evangelio! 17 Si
yo realizara esta tarea por iniciativa propia,
merecería ser recompensado, pero si lo hago por necesidad, quiere decir que se me ha
confiado una misión. 18 ¿Cuál es entonces
mi recompensa? Predicar gratuitamente la
Buena Noticia, renunciando al derecho que
esa Buena Noticia me confiere.

El celo apostólico de Pablo

Mt 20 26-28; Hch 16 3; 21 20-26;
Gal 2 3; 2 Cor 11 29; Rom 11 14

19 En efecto, siendo libre, me hice esclavo
de todos, para ganar al mayor número posible. 20 Me hice judío con los judíos para
ganar a los judíos; me sometí a la Ley, con
los que están sometidos a ella —aunque yo
no lo estoy—, a fin de ganar a los que están
sometidos a la Ley. 21 Y con los que no están
sometidos a la Ley, yo, que no vivo al margen de la Ley de Dios —porque estoy sometido a la Ley de Cristo—, me hice como
uno de ellos, a fin de ganar a los que no están sometidos a la Ley. 22 Y me hice débil
con los débiles, para ganar a los débiles. Me
hice todo para todos, para ganar por lo menos a algunos, a cualquier precio. 23 Y todo
esto, por amor a la Buena Noticia, a fin de
poder participar de sus bienes.

El ejemplo de los deportistas

2 Tim 2 4-5; Flp 2 16; 3 14; 2 Tim 4 8; Sant 1 12;
1 Pe 5 4; Ap 2 10; 3 11

24 ¿No saben que en el estadio todos corren, pero uno solo gana el premio? Corran,

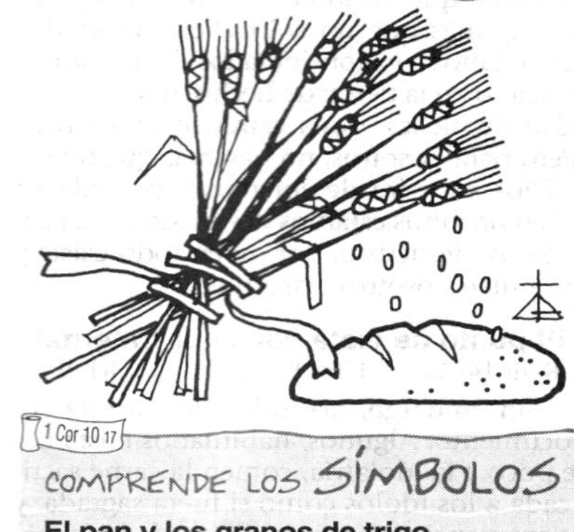

COMPRENDE LOS SÍMBOLOS

El pan y los granos de trigo

El pan formado por multitud de granos de trigo representa a los cristianos formando un solo cuerpo. Este pan, transformado en el Cuerpo de Cristo durante la Eucaristía, es partido y ofrecido en alimento a la comunidad, convirtiéndose en símbolo de la virtud por excelencia: el amor cristiano, que es solidaridad y entrega.

entonces, de manera que lo ganen. 25 Los atle-
tas se privan de todo, y lo hacen para obtener
una corona que se marchita; nosotros, en
cambio, por una corona incorruptible. 26 Así,
yo corro, pero no sin saber adónde; peleo, no
como el que da golpes en el aire. 27 Al contrario, castigo mi cuerpo y lo tengo sometido,
no sea que, después de haber predicado a los
demás, yo mismo quede descalificado.

Las lecciones de la historia de Israel

Ex 13 21-22; 14 22-29; 16 4-35; 17 5-6; 32 6;
Nm 11 4-34; 14 2.16-32; 17 6-15; 21 5-6; 25 1-9;
Sal 78 24-31; 106; Heb 3 7-19

10 1 Porque no deben ignorar, hermanos,
que todos nuestros padres fueron
guiados por la nube y todos atravesaron el
mar; 2 y para todos, la marcha bajo la nube y
el paso del mar fue un bautismo que los
unió a Moisés. 3 También todos comieron la
misma comida y bebieron la misma bebida
espiritual. 4 En efecto, bebían el agua de una
roca espiritual que los acompañaba, y esa roca era Cristo. 5 A pesar de esto, muy pocos de
ellos fueron agradables a Dios, porque sus
cuerpos quedaron tendidos en el desierto.
6 Todo esto aconteció simbólicamente para ejemplo nuestro, a fin de que no nos dejemos arrastrar por los malos deseos, como

lo hicieron nuestros padres. 7 No adoren a
falsos dioses, como hicieron algunos de
ellos, según leemos en la Escritura: *El pueblo
se sentó a comer y a beber, y luego se levantó para divertirse*. 8 No forniquemos, como algunos de ellos, y por eso, en castigo, murieron
veintitrés mil en un solo día. 9 No provo-
quemos al Señor, como hicieron algunos de
ellos, y perecieron víctimas de las serpientes.
10 No nos rebelemos contra Dios, como algunos de ellos, por lo cual murieron víctimas del Ángel exterminador.
11 Todo esto les sucedió simbólicamente,
y está escrito para que nos sirva de lección a
los que vivimos en el tiempo final. 12 Por eso, el
que se cree muy seguro, ¡cuídese de no caer!
13 Hasta ahora, ustedes no tuvieron tentaciones que superen sus fuerzas humanas. Dios
es fiel, y él no permitirá que sean tentados
más allá de sus fuerzas. Al contrario, en el
momento de la tentación, les dará el medio
de librarse de ella, y los ayudará a soportarla.

EL QUE SE CREE MUY SEGURO, ¡CUÍDESE DE NO CAER!

1 Cor 10 12

Los sacrificios paganos y la Eucaristía

Mc 14 22-24; Hch 2 42.46; Rom 12 5;
Dt 32 16-21; Sal 106 37; 2 Cor 6 15-16

14 Por esto, queridos míos, eviten la idolatría. 15 Les hablo como a gente sensata;
juzguen ustedes mismos lo que voy a decirles. 16 La copa de bendición que bendecimos, ¿no es acaso comunión con la Sangre
de Cristo? Y el pan que partimos, ¿no es comunión con el Cuerpo de Cristo? 17 Ya que
hay un solo pan, todos nosotros, aunque
somos muchos, formamos un solo Cuerpo,
porque participamos de ese único pan.
18 Pensemos en Israel según la carne: aquellos que comen las víctimas, ¿no están acaso en comunión con el altar? 19 ¿Quiero decir con esto que la carne sacrificada a los
ídolos tiene algún valor, o que el ídolo es
algo? 20 No, afirmo sencillamente que los
paganos *ofrecen sus sacrificios a los demonios
y no a Dios*. Ahora bien, yo no quiero que
ustedes entren en comunión con los demonios. 21 Ustedes no pueden beber de la copa
del Señor y de la copa de los demonios;
tampoco pueden sentarse a la mesa del Señor y a la mesa de los demonios. 22 ¿O es
que queremos *provocar los celos del Señor*?
¿Pretendemos ser más fuertes que él?

La libertad de conciencia

Rom 15 2; 1 Cor 6 12; Flp 2 4;
Sal 24 1; 50 12; 1 Cor 8 7; Rom 14 13

23 «Todo está permitido», pero no todo es
conveniente. «Todo está permitido», pero no
todo es edificante. 24 Que nadie busque su
propio interés, sino el de los demás. 25 Coman de todo lo que se vende en el mercado,
sin hacer averiguaciones por escrúpulos de
conciencia. 26 Porque *del Señor es la tierra y todo lo que hay en ella*. 27 Si un pagano los invita a comer y ustedes aceptan, coman de todo
aquello que les sirva, sin preguntar nada por
motivos de conciencia. 28 Pero si alguien les
dice: «Esto ha sido sacrificado a los ídolos»,
entonces no lo coman, en consideración del
que los previno y por motivos de conciencia.
29 Me refiero a la conciencia de ellos, no a la

Alimento y gratitud

¿Has considerado alguna vez tu alimento y bebida como un medio para dar gloria a Dios? Pablo dice a los corintios que es más importante respetar la conciencia de quienes comparten la comida con nosotros que preocuparse por su origen. Al apreciar lo que se nos da de comer, mostramos respeto por la gente que preparó los alimentos. Los que están alrededor de la mesa son más importantes que lo que hay sobre la mesa.

Los nativoamericanos tienen el mismo sentido de aprecio, no solo con los que comparten la comida con ellos, sino hasta con los animales y las plantas que comen. Si necesitan matar un animal, piden perdón a su representante en el cielo, que está con Manitú. Todas las partes del animal se consumen porque sería una falta desperdiciar algo. La siguiente oración es una expresión de su agradecimiento al Señor:

Ahora que voy a comer, oh Gran Espíritu, haz llegar mi gratitud a los animales y pájaros que satisfacen mi hambre. Rezo con pena por tenerlos que sacrificar para mi bienestar. Concede a las hojas del maíz crecer para que se llene de granos y pueda cocinarlos en mis ollas, ahora que voy a comer.[2]

1 Cor 10 31-33

de ustedes: ¿acaso mi libertad va a ser juzga-
da por la conciencia de otro? 30 Si yo partici-
po de la comida habiendo dado gracias, ¿seré reprendido por aquello mismo de lo que
he dado gracias?

La gloria de Dios y la salvación del prójimo

Col 3 17; Rom 14 13; 1 Cor 9 20-22; 4 16

31 En resumen, sea que ustedes coman, sea
que beban, o cualquier cosa que hagan, háganlo todo para la gloria de Dios. 32 No sean
motivo de escándalo ni para los judíos ni
para los paganos ni tampoco para la Iglesia
de Dios. 33 Hagan como yo, que me esfuerzo
por complacer a todos en todas las cosas, no
buscando mi interés personal, sino el del
mayor número, para que puedan salvarse.
11 1 Sigan mi ejemplo, así como yo sigo
el ejemplo de Cristo.

LAS ASAMBLEAS LITÚRGICAS Y LOS DONES DEL ESPÍRITU

El velo de las mujeres

Ef 5 23; Gn 3 16; Ef 5 23; 1 Cor 3 23; Gn 1 27; 5 1; 9 6; Sab 2 23; Sant 3 9; Gn 2 21-23; 1 Tim 2 13; Gn 2 18

2 Los felicito porque siempre se acuerdan
de mí y guardan las tradiciones tal como yo
se las he transmitido. 3 Sin embargo, quiero
que sepan esto: Cristo es la cabeza del hombre; la cabeza de la mujer es el hombre y la
cabeza de Cristo es Dios. 4 En consecuencia,
el hombre que ora o profetiza con la cabeza
cubierta deshonra a su cabeza; 5 y la mujer
que ora o profetiza con la cabeza descubierta deshonra a su cabeza, exactamente como
si estuviera rapada. 6 Si una mujer no se cubre con el velo, que se corte el cabello. Pero
si es deshonroso para una mujer cortarse el
cabello o raparse, que se ponga el velo.
7 El hombre no debe cubrir su cabeza,
porque él es la imagen y el reflejo de Dios,
mientras que la mujer es el reflejo del hombre. 8 En efecto, no es el hombre el que procede de la mujer, sino la mujer del hombre;
9 ni fue creado el hombre a causa de la mujer, sino la mujer a causa del hombre. 10 Por
esta razón, la mujer debe tener sobre su cabeza un signo de sujeción, por respeto a los
ángeles. 11 Por supuesto que para el Señor, la
mujer no existe sin el hombre ni el hombre
sin la mujer. 12 Porque si la mujer procede
del hombre, a su vez, el hombre nace de la
mujer y todo procede de Dios.

PERSPECTIVA CATÓLICA

La Eucaristía, un memorial

Lee 1 Corintios 11 23-26. Este es el primer escrito con las palabras de Jesús en su Última Cena con los discípulos. Los católicos creemos que cuando, siguiendo el deseo de Jesús, el sacerdote pronuncia estas palabras durante la Eucaristía para consagrar el pan y el vino a Dios, estos se transforman en el Cuerpo y Sangre de Jesús, mediante una transustanciación, o sea un cambio de sustancias sacramental.

Después de elevar el pan y el vino, el sacerdote dice: «Hagan esto en memoria mía». Esta memoria nos refiere a la cruz y la resurrección de Jesús, donde radica el significado de su vida, pues Jesús muere para que nosotros tengamos vida. Nosotros respondemos con una aclamación de fe en el misterio pascual revivido en comunidad.

La participación en este sacramento nos une a Jesús, ilumina nuestro camino como discípulos suyos, y nos alimenta y fortifica para vivir en servicio y entrega como él. Procura participar siempre en la Eucaristía dominical y, si las circunstancias te lo impiden, revive espiritualmente este misterio, con una pequeña oración como la siguiente o una similar:

Señor Jesús, aquí estoy. No pude participar hoy en la Eucaristía, pero me uno a las que se están celebrando en estos momentos en todo el mundo. Soy parte de ti y de la comunidad y necesito que vengas a mí y renueves mi compromiso a seguirte. Quédate siempre y permíteme vivir como tu cuerpo místico en este mundo, hasta alcanzar la eternidad contigo después de la muerte. Amén.

1 Cor 11 23-26

13 Juzguen por ustedes mismos: ¿Les parece conveniente que la mujer ore con la cabeza descubierta? 14 ¿Acaso la misma naturaleza no nos enseña que es una vergüenza
para el hombre dejarse el cabello largo,
15 mientras que para la mujer es una gloria
llevarlo así? Porque la cabellera le ha sido
dada a manera de velo. 16 Por lo demás, si
alguien es amigo de discusiones, le advertimos que entre nosotros se acostumbra usar
el velo y también en las Iglesias de Dios.

VIVE LA PALABRA

Los dones del Espíritu o carismas

Solemos decir que una persona tiene carisma cuando luce una personalidad radiante y atractiva. En tiempos de Pablo el término *carisma* se usaba para describir los dones gratuitos que Dios da para solucionar necesidades concretas de la comunidad y fomentar su unión.

Lee 1 Corintios 12 1-11. Observa cómo la mayoría de los dones son comunes, como el carisma de liderazgo, el don de consejo y otros, tienen carácter extraordinario, como los dones de hacer milagros, el de curación y el de lenguas.

Los carismas son la fuerza de Dios en una persona, que pasa a los demás y a la comunidad a través del servicio. Por eso, quien tiene un carisma debe usarlo con responsabilidad, alegría y paz para el bien de todos, y no sentirse más que otros o superior a quienes tienen dones más sencillos.

Espíritu Santo, concédenos los dones necesarios para que nuestra comunidad crezca unida y podamos ayudarnos mutuamente en nuestra jornada de fe. Ayúdanos a identificar y a desarrollar los dones que has dado a cada persona, y otórganos disponibilidad y humildad para usarlos siempre en favor de los demás. Amén.

1 Cor 12 1-11

Abusos en las celebraciones eucarísticas

1 Cor 1 10-12; Sant 2 5-6

[17] Y ya que les hago esta advertencia, no puedo felicitarlos por sus reuniones, que en lugar de beneficiarlos, los perjudican. [18] Ante todo, porque he oído decir que cuando celebran sus asambleas, hay divisiones entre ustedes, y en parte lo creo. [19] Sin embargo, es preciso que se formen partidos entre ustedes, para que se pongan de manifiesto los que tienen verdadera virtud. [20] Cuando se reúnen, lo que menos hacen es comer la Cena del Señor, [21] porque apenas se sientan a la mesa, cada uno se apresura a comer su propia comida, y mientras uno pasa hambre, el otro se pone ebrio. [22] ¿Acaso no tienen sus casas para comer y beber? ¿O tan poco aprecio tienen a la Iglesia de Dios, que quieren hacer pasar vergüenza a los que no tienen nada? ¿Qué les diré? ¿Los voy a alabar? En esto, no puedo alabarlos.

La Cena del Señor

Mt 26 26-28; Mc 14 22-24; Lc 22 19-20; Ex 24 8; Jr 31 31; 32 40; 2 Cor 3 6; Heb 8 8-13; Mt 26 29; Heb 10 29

[23] Lo que yo recibí del Señor, y a mi vez les he transmitido, es lo siguiente: El Señor Jesús, la noche en que fue entregado, tomó el pan, [24] dio gracias, lo partió y dijo: «Esto es mi Cuerpo, que se entrega por ustedes. Hagan esto en memoria mía». [25] De la misma manera, después de cenar, tomó la copa, diciendo: «Esta copa es la Nueva Alianza que se sella con mi Sangre. Siempre que la beban, háganlo en memoria mía». [26] Y así, siempre que coman este pan y beban esta copa, proclamarán la muerte del Señor hasta que él vuelva. [27] Por eso, el que coma el pan o beba la copa del Señor indignamente tendrá que dar cuenta del Cuerpo y de la Sangre del Señor.

Condiciones para celebrar la Eucaristía

Mt 26 22; 2 Cor 13 5; Ef 5 14; 1 Tes 5 6; Heb 12 5-6

[28] Que cada uno se examine a sí mismo antes de comer este pan y beber esta copa; [29] porque si come y bebe sin discernir el Cuerpo del Señor, come y bebe su propia condenación. [30] Por eso, entre ustedes hay muchos enfermos y débiles, y son muchos los que han muerto. [31] Si nos examináramos a nosotros mismos, no seríamos condenados. [32] Pero el Señor nos juzga y nos corrige para que no seamos condenados con el mundo. [33] Así, hermanos, cuando se reúnan para participar de la Cena, espérense unos a otros. [34] Y si alguien tiene hambre, que coma en su casa, para que sus asambleas no sean motivo de condenación. Lo demás lo arreglaré cuando vaya.

Los dones espirituales

1 Cor 14 1.37; Hab 2 18-19; Mc 9 39; 1 Jn 4 1-3; Rom 12 3-8; Ef 4 4-7.11-12; 1 Cor 2 6-8

12 [1] Con relación a los dones espirituales, no quiero, hermanos, que ustedes vivan en la ignorancia. [2] Ustedes saben que

VIVE LA PALABRA

Somos el Cuerpo de Cristo

Todo grupo social o religioso tiene el riesgo de perder la cohesión y la unidad, porque sus miembros tiran por lados diferentes y envidian mutuamente sus roles y funciones. Nunca falta gente que cree que merece más que otros o que los demás «le hacen sombra». Cuando Pablo se da cuenta de que la joven comunidad de Corinto sufre síntomas de desunión, la compara con el cuerpo y sus miembros para inyectarle un sentido de unión y solidaridad, visualizando esta imagen desde la perspectiva cristiana.

Lee 1 Corintios 12 12-30. Pablo dice que los cristianos somos miembros vivos del Cuerpo activo de Cristo, lo cual es un misterio y por ello decimos que la Iglesia es el «Cuerpo místico de Cristo». En él, todos los miembros, con sus diferentes funciones, somos igual de importantes; la discusión sobre quién vale más o menos carece de sentido.

¡Qué honor y qué orgullo ser miembro del Cuerpo de Cristo! ¡Qué grande es la misión heredada por Cristo! ¡Qué valioso e indispensable es ser consciente de que mi hermano y hermana en la fe no son ni más ni menos que yo, no importa el don o talento que poseamos!

1 Cor 12 12-30

cuando todavía eran paganos, se dejaban arrastrar ciegamente al culto de dioses inanimados. 3 Por eso les aseguro que nadie, movido por el Espíritu de Dios, puede decir: «Maldito sea Jesús». Y nadie puede decir: «Jesús es el Señor», si no está impulsado por el Espíritu Santo. 4 Ciertamente, hay diversidad de dones, pero todos proceden del mismo Espíritu. 5 Hay diversidad de ministerios, pero un solo Señor. 6 Hay diversidad de actividades, pero es el mismo Dios el que realiza todo en todos. 7 En cada uno, el Espíritu se manifiesta para el bien común.

8 El Espíritu da a uno la sabiduría para hablar; a otro, la ciencia para enseñar, según el mismo Espíritu; 9 a otro, la fe, también en el mismo Espíritu. A este se le da el don de curar, siempre en ese único Espíritu; 10 a aquel, el don de hacer milagros; a uno, el don de profecía; a otro, el don de juzgar sobre el valor de los dones del Espíritu; a este, el don de lenguas; a aquel, el don de interpretarlas. 11 Pero en todo esto, es el mismo y único Espíritu el que actúa, distribuyendo sus dones a cada uno en particular como él quiere.

El Cuerpo de Cristo, *los ministerios y los carismas*

Rom 12 4-8; Gal 3 28; 1 Cor 10 17;
Ef 4 11-12; 5 30; 1 Cor 14 1

12 Así como el cuerpo tiene muchos miembros, y sin embargo es uno, y estos miembros, a pesar de ser muchos, no forman sino un solo cuerpo, así también sucede con Cristo. 13 Porque todos hemos sido bautizados en un solo Espíritu para formar un solo Cuerpo —judíos y griegos, esclavos y hombres libres— y todos hemos bebido de un mismo Espíritu.

14 El cuerpo no se compone de un solo miembro sino de muchos. 15 Si el pie dijera: «Como no soy mano, no formo parte del cuerpo», ¿acaso por eso no seguiría siendo parte de él? 16 Y si el oído dijera: «Ya que no soy ojo, no formo parte del cuerpo», ¿acaso dejaría de ser parte de él? 17 Si todo el cuerpo fuera ojo, ¿dónde estaría el oído? Y si todo fuera oído, ¿dónde estaría el olfato?

18 Pero Dios ha dispuesto a cada uno de los miembros en el cuerpo, según un plan establecido. 19 Porque si todos fueran un solo miembro, ¿dónde estaría el cuerpo? 20 De hecho, hay muchos miembros, pero el cuerpo es uno solo. 21 El ojo no puede decir a la mano: «No te necesito», ni la cabeza a los pies: «No tengo necesidad de ustedes». 22 Más aún, los miembros del cuerpo que consideramos más débiles también son necesarios, 23 y los que consideramos menos decorosos son los que tratamos más decorosamente. Así nuestros miembros menos dignos son tratados con mayor respeto, 24 ya que los otros no necesitan ser tratados de esa manera. Pero Dios dispuso el cuerpo dando mayor honor a los miembros que más lo necesitan, 25 a fin de que no haya divisiones en el cuerpo, sino que todos los miembros sean mutuamente solidarios. 26 ¿Un miembro sufre? Todos los demás su-

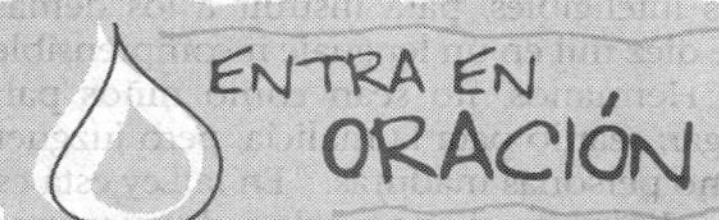

La canción del amor

Lee 1 Corintios 13 y goza con este capítulo de Pablo, conocido como el Cantar de los Cantares de la Nueva Alianza. Su mensaje orienta a los corintios sobre el uso de los carismas y resalta el don del amor.

En griego existen distintas palabras para designar el amor de los padres, el amor romántico y el amor entre amigos o parientes. En esta carta, Pablo usa la palabra *amor*, bajo su sentido de *ágape*, para referirse al amor gratuito e incondicional que viene de Dios, y que se refleja en múltiples y delicados detalles. ¡El *ágape* es gozo y desafío a la vez; sin él, los otros carismas carecen de sentido!

Piensa en cómo transmites el amor de Dios a las personas que te rodean. Escribe tu reflexión en tu diario como una ayuda para ser mejor transmisor/a del amor de Dios.

1. Yo manifiesto amor a..., siendo paciente cuando...
2. Necesito mostrar bondad hacia..., especialmente cuando...
3. En lugar de envidiar a..., el amor me ayudará a...
4. Cuando me nace ser grosero con..., el amor me recordará que...
5. Cuando... me hace..., no debo guardar rencor porque...
6. El amor me impulsa a perdonar y buscar la reconciliación cuando...
7. Al alegrarme con la verdad, cambiará mi actitud de...
8. Comunico el amor de Dios a..., cuando sufre, ayudándole en...

Pide a Dios la experiencia del *ágape* y crecer en el amor poniendo en práctica lo que has escrito.

1 Cor 13

fren con él. ¿Un miembro es enaltecido?
Todos los demás participan de su alegría.
27 Ustedes son el Cuerpo de Cristo, y cada
uno en particular, miembros de ese Cuerpo.
28 En la Iglesia, hay algunos que han sido establecidos por Dios, en primer lugar, como
apóstoles; en segundo lugar, como profetas;
en tercer lugar, como doctores. Después vienen los que han recibido el don de hacer
milagros, el don de curar, el don de socorrer
a los necesitados, el don de gobernar y el
don de lenguas. 29 ¿Acaso todos son apóstoles? ¿Todos profetas? ¿Todos doctores? ¿Todos hacen milagros? 30 ¿Todos tienen el don
de curar? ¿Todos tienen el don de lenguas o
el don de interpretarlas?
31 Ustedes, por su parte, aspiren a los dones más perfectos. Y ahora voy a mostrarles
un camino más perfecto todavía.

La preeminencia del amor

Mt 17 20; Mc 11 23; Sant 2 14-17; Prov 10 12;
Rom 12 9-10; 13 8-10; 1 Pe 4 8; 2 Cor 5 7;
Rom 5 1-5; Col 1 4-5; 1 Tes 1 3; 5 8; 1 Jn 4 16

13 1 Aunque yo hablara todas las lenguas
de los hombres y de los ángeles, si no
tengo amor, soy como una campana que resuena o un platillo que retiñe. 2 Aunque tuviera el don de la profecía y conociera todos los
misterios y toda la ciencia, aunque tuviera toda la fe, una fe capaz de trasladar montañas,
si no tengo amor, no soy nada. 3 Aunque repartiera todos mis bienes para alimentar a los
pobres y entregara mi cuerpo a las llamas, si
no tengo amor, no me sirve para nada.
4 El amor es paciente, es servicial; el amor
no es envidioso, no hace alarde, no se envanece, 5 no procede con bajeza, no busca
su propio interés, no se irrita, no tiene en
cuenta el mal recibido, 6 no se alegra de la
injusticia, sino que se regocija con la verdad. 7 El amor todo lo disculpa, todo lo
cree, todo lo espera, todo lo soporta.
8 El amor no pasará jamás. Las profecías
acabarán, el don de lenguas terminará, la
ciencia desaparecerá; 9 porque nuestra ciencia es imperfecta y nuestras profecías, limi-
tadas. 10 Cuando llegue lo que es perfecto,
cesará lo que es imperfecto. 11 Mientras yo
era niño, hablaba como un niño, sentía como un niño, razonaba como un niño, 12 pero cuando me hice hombre, dejé a un lado
las cosas de niño. Ahora vemos como en un
espejo, confusamente; después veremos cara a cara. Ahora conozco todo imperfectamente; después conoceré como Dios me
conoce a mí. 13 En una palabra, ahora existen tres cosas: la fe, la esperanza y el amor,
pero la más grande de todas es el amor.

La profecía y el don de lenguas

1 Cor 12 31; 14 39; 1 Cor 11 4-5; Hch 11 28;
1 Cor 12 10; Nm 11 29

14 1 Procuren alcanzar ese amor, y aspiren también a los dones espirituales,
sobre todo al de profecía. 2 Porque aquel
que habla un lenguaje incomprensible no

se dirige a los hombres sino a Dios, y nadie le entiende: dice en éxtasis cosas misteriosas. [3]En cambio, el que profetiza habla a los hombres para edificarlos, exhortarlos y reconfortarlos. [4]El que habla un lenguaje incomprensible se edifica a sí mismo, pero el que profetiza edifica a la comunidad. [5]Mi deseo es que todos ustedes tengan el don de lenguas, pero prefiero que profeticen, porque el que profetiza aventaja al que habla un lenguaje incomprensible. A no ser que este último también interprete ese lenguaje, para edificación de la comunidad.

Los carismas al servicio de la comunidad

1 Cor 12 10; 13 2; 1 Tes 5 20; Ef 4 14; 5 19; Is 28 11-12; Dt 28 49; Is 45 14; Zac 8 23

[6]Supongamos, hermanos, que yo fuera a verlos y les hablara en esa forma, ¿de qué les serviría si mi palabra no les aportara ni revelación, ni ciencia, ni profecía, ni enseñanza? [7]Sucedería lo mismo que con los instrumentos de música, por ejemplo, la flauta o la cítara. Si las notas no suenan distintamente, nadie reconoce lo que se está ejecutando. [8]Y si la trompeta emite un sonido confuso, ¿quién se lanzará al combate? [9]Así les pasa a ustedes: si no hablan de manera inteligible, ¿cómo se comprenderá lo que dicen? Estarían hablando en vano. [10]No sé cuántos idiomas diversos hay en el mundo, y cada uno tiene sus propias palabras. [11]Pero si ignoro el sentido de las palabras, seré como un extranjero para el que me habla y él lo será para mí. [12]Así, ya que ustedes ambicionan tanto los dones espirituales, procuren abundar en aquellos que sirven para edificación de la comunidad.

[13]Por esta razón, el que habla un lenguaje incomprensible debe orar pidiendo el don de interpretarlo. [14]Porque si oro en un lenguaje incomprensible, mi espíritu ora, pero mi inteligencia no saca ningún provecho. [15]¿Qué debo hacer entonces? Orar con el espíritu y también con la inteligencia, cantar himnos con el espíritu y también con la inteligencia. [16]Si bendices a Dios solamente con el espíritu, ¿cómo podrá el no iniciado decir *«Amén» a tu acción* de gracias, ya que no entiende lo que estás diciendo? [17]Sin duda, tu acción de gracias es excelente, pero eso no sirve de edificación para el otro. [18]Yo doy gracias a Dios porque tengo el don de lenguas más que todos ustedes. [19]Sin embargo, cuando estoy en la asamblea prefiero decir cinco palabras inteligibles, para instruir a los demás, que diez mil en un lenguaje incomprensible.

[20]Hermanos, no sean como niños para juzgar; séanlo para la malicia, pero juzguen como personas maduras. [21]En la Ley está escrito: *Yo hablaré a este pueblo en lenguas extrañas y por boca de extranjeros; con todo, ni aun así me escucharán*, dice el Señor. [22]Esto quiere decir que el don de lenguas es un signo, no para los que creen, sino para los que se niegan a creer; la profecía, en cambio, es para los que tienen fe. [23]Por otra parte, si al reunirse la asamblea todos se ponen a hablar en un lenguaje incomprensible y entran algunos que no están iniciados o no son creyentes, seguramente pensarán que ustedes están locos. [24]En cambio, si todos profetizan y entra alguno de esos hombres, todos podrán convencerlo y examinarlo. [25]Así quedarán manifiestos los secretos de su corazón, y él, cayendo de rodillas, *adorará a Dios y proclamará que Dios está realmente entre ustedes.*

NO SEAN COMO NIÑOS...
JUZGUEN COMO
PERSONAS MADURAS.
1 Cor 14 20

El orden en las asambleas

1 Cor 12 8-11; Ef 4 11-13; 1 Tim 2 12

[26]Hermanos, ¿qué conclusión sacaremos de todo esto? Cuando se reúnen, uno puede cantar salmos, otro enseñar, o transmitir una revelación, o pronunciar un discurso en un lenguaje incomprensible, o bien interpretarlo. Que todo sirva para la edificación común. [27]¿Se tiene el don de lenguas? Que hablen dos, o a lo sumo tres, y por turno, y que alguien interprete. [28]Si no hay intérprete, que se callen y que cada uno hable consigo mismo y con Dios. [29]Con respecto a los profetas, que hablen dos o tres y que los demás juzguen lo que ellos dicen. [30]Si algún otro asistente recibe una revelación, que se calle el que está hablando. [31]Así todos tendrán oportunidad de profetizar, uno por uno, para que todos sean instruidos y animados. [32]Los que tienen el don de profecía deben ser capaces de controlar su inspiración, [33]porque Dios quiere la paz y no el desorden.

Como en todas las Iglesias de los santos, [34]que las mujeres permanezcan calladas durante las asambleas: a ellas no les está permitido hablar. Que se sometan, como lo manda la Ley. [35]Si necesitan alguna aclaración, que le pregunten al marido en su

El primer credo y un credo contemporáneo

Nuestra fe cristiana se apoya en hechos históricos interpretados desde la fe (ver «¡Yo creo!», Hch 4 5-12). En dos versículos Pablo presenta el primer credo cristiano: «Cristo murió por nuestros pecados... fue sepultado... resucitó al tercer día» (1 Cor 15 3-4).

Las comunidades cristianas pueden elaborar oraciones al estilo de un credo, para expresar su experiencia de Dios basada en los cimientos de la fe cristiana. Los latinos en Estados Unidos, en su Tercer Encuentro Nacional Hispano de Pastoral, proclamaron los siguientes aspectos de su fe:

- Creemos en la Santísima Trinidad, Dios Padre, Hijo y Espíritu Santo. Sentimos su obra poderosa en nuestro pueblo, y la vemos como modelo a seguir...
- Creemos en nuestra identificación con Cristo, como pueblo sufrido que somos; reconocemos, al igual que él, la dignidad de todos los seres humanos y su liberación por medio del amor...
- Creemos en la Iglesia católica, integrada en Cristo a través de la comunión de nosotros los laicos con nuestros obispos, sacerdotes, religiosos y religiosas...
- Tenemos fe en nuestro pueblo porque sabemos que Dios lo ha resucitado, viviendo de manera especial y para siempre entre nosotros...
- Creemos en el don de la voz profética dado por Dios a nuestro pueblo como un medio que promueve la unión y el amor necesario para la construcción del Reino...
- Creemos en María, nuestra Madre, quien tomó nuestra cultura hispana bajo su protección, quien nos ha acompañado y acompañará siempre en nuestro caminar trabajando para llevar el mensaje de Jesús al mundo entero... Amén.[3]

1 Cor 15 1-11

casa, porque no está bien que la mujer hable en las asambleas.

Los carismas y la autoridad

1 Jn 4 6; Lc 10 16

36 ¿Acaso la Palabra de Dios ha salido de
ustedes o ustedes son los únicos que la han
recibido? 37 Si alguien se tiene por profeta o
se cree inspirado por el Espíritu, reconozca
en esto que les escribo un mandato del Señor, 38 y si alguien no lo reconoce como tal,
es porque Dios no lo ha reconocido a él.
39 En conclusión, hermanos, aspiren al don
de la profecía y no impidan que se hable en
un lenguaje incomprensible. 40 Pero todo debe hacerse con decoro y ordenadamente.

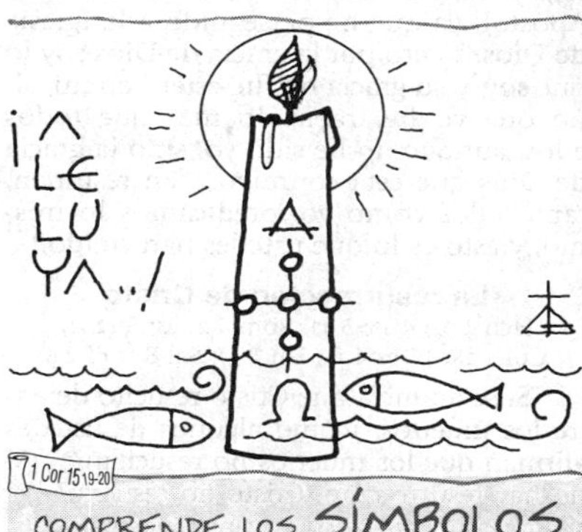

COMPRENDE LOS SÍMBOLOS

El cirio pascual

El cirio pascual es símbolo de Cristo resucitado. La cruz inscrita y los granos de incienso evocan su muerte y sus llagas. Las letras *alfa* y *omega*, que significan «principio» y «fin», y el año en curso, lo señalan como Señor de la historia. La llama, encendida de fuego nuevo, representa a Cristo glorioso que ilumina a los creyentes (ver «Vigilia pascual», Jn 20).

LA RESURRECCIÓN DE LOS MUERTOS

El Evangelio de Pablo

Is 53 8-9; Sal 16 10; Hch 2 24-32; Os 6 2; Jon 2 1; 1 Cor 1 12; Lc 24 34.36.50; Hch 9 3-6; 1 Cor 9 1; Ef 3 8; 1 Tim 1 15

15 1 Hermanos, les recuerdo la Buena
Noticia que yo les he predicado, que
ustedes han recibido y a la cual permanecen fieles. 2 Por ella son salvados, si la conservan tal como yo se la anuncié; de lo
contrario, habrán creído en vano.
3 Les he transmitido en primer lugar lo
que yo mismo recibí: Cristo murió por
nuestros pecados, conforme a la Escritura.
4 Fue sepultado y resucitó al tercer día, de

acuerdo con la Escritura. 5 Se apareció a Pedro y después a los Doce. 6 Luego se apareció a más de quinientos hermanos al mismo tiempo, la mayor parte de los cuales
vive aún, y algunos han muerto. 7 Además,
se apareció a Santiago y a todos los Apóstoles. 8 Por último, se me apareció también
a mí, que soy como el fruto de un aborto.
9 Porque yo soy el último de los Apóstoles, y ni siquiera merezco ser llamado
Apóstol, ya que he perseguido a la Iglesia
de Dios. 10 Pero por la gracia de Dios soy lo
que soy, y su gracia no fue estéril en mí, sino que yo he trabajado más que todos
ellos, aunque no he sido yo, sino la gracia
de Dios que está conmigo. 11 En resumen,
tanto ellos como yo, predicamos lo mismo, y esto es lo que ustedes han creído.

La resurrección de Cristo

Hch 1 22; 4 33; 5 32; Rom 4 24-25; 5 12-21;
Col 1 18; 1 Tes 4 16; Dn 2 44; Sal 8 7; Ef 2 6

12 Si se anuncia que Cristo resucitó de entre los muertos, ¿cómo algunos de ustedes
afirman que los muertos no resucitan? 13 ¡Si
no hay resurrección, Cristo no resucitó! 14 Y
si Cristo no resucitó, es vana nuestra predicación y vana también la fe de ustedes. 15 Incluso, seríamos falsos testigos de Dios, porque atestiguamos que él resucitó a Jesucristo,
lo que es imposible, si los muertos no resucitan. 16 Porque si los muertos no resucitan,
tampoco Cristo resucitó. 17 Y si Cristo no resucitó, la fe de ustedes es inútil y sus pecados
no han sido perdonados. 18 En consecuencia,
los que murieron con la fe en Cristo han perecido para siempre. 19 Si nosotros hemos
puesto nuestra esperanza en Cristo solamente para esta vida, seríamos los hombres más
dignos de lástima. 20 Pero no, Cristo resucitó
de entre los muertos, el primero de todos.
21 Porque la muerte vino al mundo por medio de un hombre, y también por medio de
un hombre viene la resurrección. 22 En efecto, así como todos mueren en Adán, así también todos revivirán en Cristo, 23 cada uno según el orden que le corresponde: Cristo, el
primero de todos, luego, aquellos que estén
unidos a él en el momento de su Venida.
24 *Enseguida vendrá el fin*, cuando Cristo entregue el Reino a Dios, el Padre, después de
haber aniquilado todo Principado, Dominio y Poder. 25 Porque es necesario que Cristo reine *hasta que ponga a todos los enemigos
debajo de sus pies*. 26 El último enemigo que
será vencido es la muerte, 27 ya que Dios *todo*
lo sometió bajo sus pies. Pero cuando él diga:
«Todo está sometido», será evidentemente a
excepción de aquel que le ha sometido todas

Vida después de la muerte

Los corintios, por su cultura griega, no podían comprender cómo un cuerpo muerto podía regresar a la vida; para ellos la separación del cuerpo y el alma en la muerte era irreversible. Pablo les insiste en que la fe cristiana se fundamenta en la resurrección de Jesús: «Si Cristo no resucitó, es vana nuestra predicación y vana también la fe de ustedes» (1 Cor 15 14).

La resurrección de Jesús no equivale a la reanimación de un cadáver que morirá después, como el del hijo de la viuda de Naín y el de Lázaro (Lc 7 11-17; Jn 11 38-44). Cristo resucita con un cuerpo glorioso para vivir para siempre con su Padre, y permanecen en la comunidad eclesial a través de su espíritu.

Para explicar con más profundidad esta realidad, Pablo dice que Cristo es el «Nuevo Adán». Después contrasta cómo el «primer Adán» fue un ser «vivo», «animado», porque recibió la vida de Dios; en cambio, Cristo, el «Nuevo Adán», al ser Dios, es un espíritu vivificante que da la vida que posee en sí mismo a toda persona que vive unida a él.

Lee Lucas 24 36-49, observa la reacción de los discípulos a la presencia de Jesús resucitado y fíjate en la explicación que les da el mismo Jesús. Después, lee 1 Cor 15 35-53 y observa las ricas imágenes con que Pablo afirma el misterio de la resurrección.

Con su inmenso poder, Dios dará definitivamente a nuestros cuerpos la vida incorruptible uniéndolos a nuestras almas, por virtud de la resurrección de Jesús. El «cómo» sucederá esto sobrepasa nuestra imaginación y nuestro entendimiento, pero lo podemos captar en la fe. De hecho, en la Eucaristía vivimos ya un anticipo de la resurrección, pues al participar del Cuerpo de Cristo adquirimos la esperanza de la resurrección.[4]

Nuestra fe en la resurrección, en que alcanzaremos el estado glorioso que nos permitirá gozar plenamente de la hermosura y el amor de Dios, mantiene viva nuestra esperanza y da sentido a la muerte corporal. Agradece a Dios esta fe y pídele que la mantenga viva siempre en ti.

1 Cor 15 35-58

las cosas. 28 Y cuando el universo entero le
sea sometido, el mismo Hijo se someterá
también a aquel que le sometió todas las cosas, a fin de que Dios sea todo en todos.

La resurrección, fundamento de la esperanza

2 Mac 12 44; 2 Cor 4 10-12; Is 22 13

29 Si no fuera así, ¿de qué sirve bautizarse
por los que han muerto? Si los muertos no
resucitan, ¿qué sentido tiene bautizarse por
ellos? 30 Y nosotros mismos, ¿por qué nos ex-
ponemos a cada instante al peligro? 31 Cada
día yo me enfrento con la muerte, y esto es
tan cierto, hermanos, como que ustedes son
mi orgullo en Cristo Jesús, nuestro Señor.
32 ¿Y qué he ganado, si solamente por motivos humanos yo tuve que luchar con las fieras en Éfeso? Si los muertos no resucitan,
«comamos y bebamos, porque mañana moriremos». 33 No se dejen engañar: «Las malas
compañías corrompen las buenas costumbres». 34 Vuelvan a comportarse como es debido y no pequen más, porque hay algunos
entre ustedes que todavía no saben nada de
Dios: lo digo para vergüenza de ustedes.

La condición de los cuerpos resucitados

Jn 6 63; 12 24; Gn 1 11; Flp 3 20-21; Gn 2 7; Jn 6 63; 2 Cor 3 6.17; Gn 5 3

35 Alguien preguntará: ¿Cómo resucitan
los muertos? ¿Con qué clase de cuerpo? 36 Tu
pregunta no tiene sentido. Lo que siembras
no llega a tener vida, si antes no muere. 37 Y
lo que siembras no es la planta tal como va
a brotar, sino un simple grano, de trigo por
ejemplo, o de cualquier otra planta. 38 Y
Dios da a cada semilla la forma que él quiere, a cada clase de semilla, el cuerpo que le
corresponde.
39 No todos los cuerpos son idénticos: una
es la carne de los hombres, otra la de los animales, otra la de las aves y otra la de los peces.
40 Hay cuerpos celestiales y cuerpos terrestres,
y cada uno tiene su propio resplandor: 41 uno
es el resplandor del sol, otro el de la luna y
otro el de las estrellas, y aun las estrellas difieren unas de otras por su resplandor.
42 Lo mismo pasa con la resurrección de los
muertos: se siembran cuerpos corruptibles y
resucitarán incorruptibles; 43 se siembran cuerpos humillados y resucitarán gloriosos; se
siembran cuerpos débiles y resucitarán llenos
de fuerza; 44 se siembran cuerpos puramente
naturales y resucitarán cuerpos espirituales.

Llamados a compartir

En China y en Singapur, cuando los amigos se encuentran, se preguntan si ya comieron. Esta costumbre empezó durante la gran hambruna en la década de 1950, cuando había tan poca comida que la gente se moría de hambre. Un amigo podía haber comido por última vez dos días antes, así que cualquier alimento que se conseguía se compartía. Esta generosidad es signo del amor y de la justicia de Dios.

El final de esta carta a los Corintios es un testimonio elocuente de cómo las comunidades se preocupaban unas por otras, y compartían sus bienes con las más necesitadas. La generosidad es consecuencia y exigencia del evangelio, por ello en la celebración eucarística se nos invita a ser generosos (1 Cor 16 2).

¿Es tu participación en la Eucaristía fuente de generosidad, justicia y amor? ¿Cómo compartes con la gente que tiene menos que tú?

1 Cor 16 1-3

Porque hay un cuerpo puramente natural
y hay también un cuerpo espiritual. 45 Esto es
lo que dice la Escritura: *El primer hombre,*
Adán, *fue creado como un ser viviente*; el último Adán, en cambio, es un ser espiritual que
da la Vida. 46 Pero no existió primero lo espiritual sino lo puramente natural; lo espiritual
viene después. 47 El primer hombre procede
de la tierra y es terrenal; pero el segundo
hombre procede del cielo. 48 Los hombres te-
rrenales serán como el hombre terrenal, y los
celestiales como el celestial. 49 De la misma
manera que hemos sido revestidos de la imagen del hombre terrenal, también lo seremos
de la imagen del hombre celestial.

La victoria sobre la muerte

Is 25 8; Os 13 14; Jn 16 33; Ap 14 13

50 Les aseguro, hermanos, que lo puramente humano no puede tener parte en el
Reino de Dios, ni la corrupción puede heredar lo que es incorruptible. 51 Les voy a revelar un misterio: No todos vamos a morir,
pero todos seremos transformados. 52 En un
instante, en un abrir y cerrar de ojos, cuando suene la trompeta final —porque esto
sucederá—, los muertos resucitarán incorruptibles y nosotros seremos transforma-

dos. 53 Lo que es corruptible debe revestirse de la incorruptibilidad y lo que es mortal debe revestirse de la inmortalidad.

54 Cuando lo que es corruptible se revista de la incorruptibilidad y lo que es mortal se revista de la inmortalidad, entonces se cumplirá la palabra de la Escritura: *La muerte ha sido vencida.* 55 *¿Dónde está, muerte, tu victoria? ¿Dónde está tu aguijón?* 56 Porque lo que provoca la muerte es el pecado y lo que da fuerza al pecado es la ley. 57 ¡Demos gracias a Dios, que nos ha dado la victoria por nuestro Señor Jesucristo!

58 Por eso, queridos hermanos, permanezcan firmes e inconmovibles, progresando constantemente en la obra del Señor, con la certidumbre de que los esfuerzos que realizan por él no serán vanos.

CONCLUSIÓN

La colecta para la comunidad de Jerusalén

Hch 11 29; Rom 15 26; 2 Cor 8 – 9; Gal 2 10

16 1 En cuanto a la colecta en beneficio de los santos de Jerusalén, sigan las mismas instrucciones que di a las Iglesias de Galacia. 2 El primer día de la semana, cada uno de ustedes guarde en su casa lo que haya podido ahorrar, para que las donaciones no se recojan solamente a mi llegada. 3 Una vez allí, enviaré a los que ustedes hayan elegido, para que lleven a Jerusalén esas donaciones con una carta de recomendación. 4 Si conviene que yo también vaya, ellos viajarán conmigo.

La próxima visita de Pablo

Hch 19 1.8-10; 2 Cor 2 12

5 Yo iré a verlos, después de atravesar Macedonia, donde estaré de paso. 6 Tal vez me quede con ustedes algún tiempo, a lo mejor durante todo el invierno, a fin de que me ayuden a proseguir viaje hasta el lugar de mi destino. 7 Porque no quiero verlos solo de paso, sino que espero quedarme algún tiempo entre ustedes, si el Señor lo permite. 8 Mientras tanto, permaneceré en Éfeso hasta Pentecostés, 9 ya que se ha abierto una gran puerta para mi predicación, aunque *los adversarios son numerosos.*

Recomendaciones y noticias finales

Hch 16 1-3; 18 24-28; 1 Tim 4 12; Flp 2 29-30; 1 Tes 5 12-13; 1 Tim 5 17

10 Si llega antes Timoteo, procuren que permanezca entre ustedes sin ninguna clase de temor, porque él trabaja en la obra del Señor de la misma manera que yo. 11 Que nadie lo menosprecie. Ofrézcanle los medios necesarios para que se reúna conmigo, porque yo lo estoy esperando con los hermanos. 12 En cuanto a nuestro hermano Apolo, le insistí mucho para que fuera a visitarlos junto con los hermanos, pero él se negó rotundamente a hacerlo por ahora: irá cuando se le presente la ocasión. 13 Estén atentos, permanezcan firmes en la fe, compórtense varonilmente, sean fuertes. 14 Todo lo que hagan, háganlo con amor. 15 Una recomendación más, hermanos. Ustedes saben que Estéfanas y su familia —los primeros que abrazaron la fe en Acaya— han decidido consagrarse al servicio de los hermanos. 16 Por eso, les ruego que ustedes, a su vez, sean solícitos con ellos, y no solo con ellos, sino con todos los que colaboran en sus trabajos y esfuerzos. 17 Yo me alegré con la visita de Estéfanas, de Fortunato y de Acaico. Ellos llenaron el vacío que ustedes habían dejado, 18 y han tranquilizado mi espíritu y el de ustedes. Sepan apreciarlos como corresponde.

Saludos y despedida

Hch 18 2-3; Rom 16 3-5; 2 Cor 13 12; 1 Pe 5 14; Gal 6 11; 2 Tes 3 17

19 Las Iglesias de la provincia de Asia les envían saludos. También los saludan en el Señor, Áquila y Priscila, junto con los hermanos que se congregan en su casa. 20 Todos los hermanos les envían saludos. Salúdense los unos a los otros con el beso santo. 21 Este es mi saludo, de puño y letra: Pablo.

22 ¡Si alguien no ama al Señor,
que sea maldito!
«El Señor viene».
23 Que la gracia del Señor Jesús
permanezca con ustedes.
24 Yo los amo a todos ustedes en Cristo Jesús.

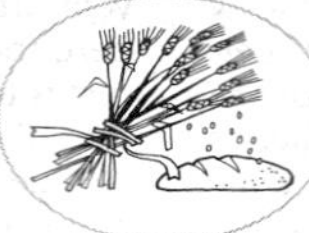

SEGUNDA CARTA A LOS CORINTIOS

¿Te has sentido incomprendido por personas que amas? ¿Cómo te sientes cuando alguien te critica sin razón? ¿Cómo reaccionas ante esas incomprensiones y críticas? Tanto la incomprensión de gente buena a la que amamos, como la crítica injusta, suele herirnos profundamente. Instintivamente nos ponemos a la defensiva, listos para contraatacar. En la segunda carta a los Corintios, Pablo muestra cómo Dios nos ayuda a superar este tipo de afrentas, respondiendo con honestidad y sinceridad a ataques que le hacen. Esta es la mejor forma de dar testimonio de Jesús en medio de un conflicto.

ESQUEMA

- **1 1-11.** Saludo inicial. Acción de gracias
- **1 12 – 7 16.** Apología del ministerio de Pablo y reconciliación con los corintios
- **8 – 9.** La colecta para la comunidad de Jerusalén
- **10 – 13.** Autodefensa de Pablo

DATOS

Autor
Pablo
Fecha de redacción
Alrededor del año 57 d.C.
Destinatarios
La Iglesia en Corinto, en su mayoría de origen gentil (no judío)

PRESENTACIÓN

A pesar de la primera carta de Pablo, los problemas de los corintios siguieron. Además, su relación con él se deterioró, pues algunos evangelizadores atacaron la credibilidad de Pablo: lo acusaron de ser un desequilibrado mental, criticaron su poca facilidad de palabra e insinuaron que no era de entera confianza en lo relativo al dinero de las colectas (2 Cor 5 13; 8 20-21; 10 10).

Según los especialistas, esta carta combina varios originales. Por ejemplo, las preocupaciones de Pablo parecen resueltas en el capítulo 7, pero reaparecen en los capítulos del 10 al 13, y la colecta en favor de los cristianos de Jerusalén está en los capítulos 8 y 9, sin mencionar su relación. No obstante esta falta de fluidez, la carta muestra las vicisitudes de la comunidad y revela varias facetas de la vida de Pablo y su ministerio.

La respuesta de Pablo a los ataques que recibe muestra su amor apasionado a Cristo y a la Iglesia, su enfermedad crónica y sus debilidades humanas, su fortaleza en la fe y sus experiencias místicas... Señala contrastes de su personalidad como teólogo y misionero, fundador y organizador, altivo y humilde, audaz y tímido..., siempre buscando cómo comprender la realidad a la luz del evangelio para actuar como auténtico discípulo de Jesús.

Con gran intuición, Pablo coloca el conflicto en una perspectiva más alta. Indica que no hay que valorar con criterios humanos a quien vive en Cristo, pues es una nueva criatura reconciliada con Dios (5 16-17). Esto nos capacita para ser embajadores de Cristo y promover la reconciliación. Ante sus opositores, que alardeaban de talentos propios, Pablo proclama su invencible confianza en la fortaleza que proviene de Dios: «Me gloriaré de todo corazón en mi debilidad, para que resida en mí el poder de Cristo» (12 9).

2 CORINTIOS

SON UNA CARTA ESCRITA CON EL ESPÍRITU DE DIOS

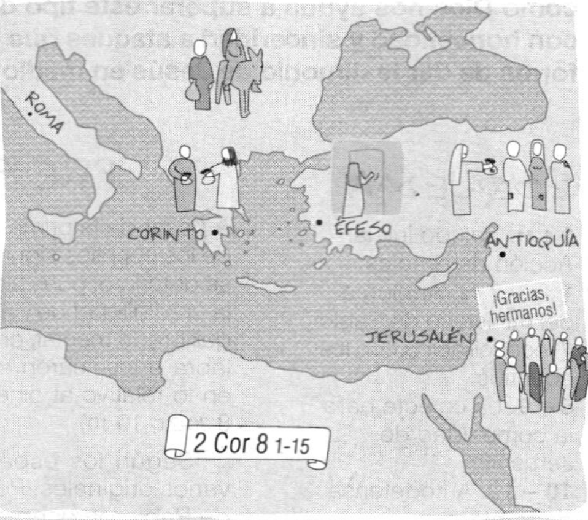

COLECTA EN FAVOR DE LAS IGLESIAS EN JUDEA

Saludo inicial

Rom 1 1; 1 Cor 1 1; Rom 1 7; 1 Cor 1 3; Hch 2 36; 1 Cor 12 3; Flp 2 11

1 1 Pablo, Apóstol de Jesucristo por la
voluntad de Dios, y el hermano Timoteo, saludan a la Iglesia de Dios que reside en Corinto, junto con todos los santos
que viven en la provincia de Acaya. 2 Llegue
a ustedes la gracia y la paz que proceden de Dios, nuestro Padre, y del Señor Jesucristo.

Acción de gracias

Is 40 1; Sal 34 18-19; 94 19; Rom 15 5; Col 1 24; Flp 2 27; 2 Tim 4 18

3 Bendito sea Dios, el Padre de nuestro Señor Jesucristo, Padre de las misericordias
y Dios de todo consuelo, 4 que nos reconforta en todas nuestras tribulaciones, para que nosotros podamos dar a los que sufren el mismo consuelo que recibimos de Dios.
5 Porque así como participamos abundantemente de los sufrimientos de Cristo, también por medio de Cristo abunda nuestro
consuelo. 6 Si sufrimos, es para consuelo y salvación de ustedes; si somos consolados, también es para consuelo de ustedes, y esto les permite soportar con constancia los mismos sufrimientos que nosotros padecemos. 7 Por eso, tenemos una esperanza bien fundada con respecto a ustedes, sabiendo que si comparten nuestras tribulaciones, también compartirán nuestro consuelo.
8 Queremos, hermanos, que ustedes conozcan la tribulación que debimos sufrir en la provincia de Asia: la carga fue tan grande que no podíamos sobrellevarla, al extremo de pensar que estábamos a punto de perder
la vida. 9 Soportamos en nuestra propia carne una sentencia de muerte, y así aprendimos a no poner nuestra confianza en nosotros mismos, sino en Dios que resucita a los muertos.
10 Él nos libró y nos librará de ese peligro mortal. Sí, esperamos que también nos librará en el futuro.
11 Ustedes también nos ayudarán con su oración, y de esa manera, siendo muchos los que interceden por nosotros, también serán muchos los que darán gracias por el beneficio recibido.

VIVE LA PALABRA

Dios nos consuela en el sufrimiento

La respuesta humana instintiva ante el dolor y el sufrimiento es huir de ellos. Si tocamos una olla caliente, quitamos la mano automáticamente; si percibimos un peligro, defendemos nuestra vida; si tenemos problemas, pedimos ayuda. Sin embargo, cuando sufrimos, con frecuencia nos sentimos solos y abandonados por el prójimo y por Dios.

En esta carta, Pablo reacciona al sufrimiento sin evadirlo, busca el consuelo de Dios. Su madurez humana y su fe inquebrantable nos enseñan que, con Dios, podemos enfrentar con valor los problemas y sufrimientos. Dios está siempre presente y lo que tenemos que hacer es abrirnos a él y dejar que nos conforte, sea a través de la comunidad cristiana, los familiares y los amigos, o en lo más profundo de nuestro ser.

Nunca sufras solo/a. Las penas con el consuelo de Dios y los hermanos siempre son menores. Recuerda que, incluso cuando las personas nos defraudan por su falta de apoyo, Dios está listo a consolarnos. Acógete a él y los tiempos difíciles serán mucho más llevaderos.

2 Cor 1 3-11

APOLOGÍA DEL MINISTERIO DE PABLO Y RECONCILIACIÓN CON LOS CORINTIOS

La sinceridad de Pablo

1 Cor 1 17; 2 1; Hch 19 21; 2 Cor 2 1; 1 Tes 2 19-20; 1 Cor 14 16; Ap 3 14; 1 Jn 2 20.27; Rom 8 23; Ef 1 13-14; 4 30

12 Este es para nosotros un motivo de orgullo: el testimonio que nos da nuestra conciencia de que siempre, y particularmente en
relación con ustedes, nos hemos comportado con la santidad y la sinceridad que proceden de Dios, movidos, no por una sabiduría
puramente humana, sino por la gracia de
Dios. 13 En efecto, nuestras cartas no son am-
biguas: no hay en ellas más de lo que ustedes
pueden leer y entender. Y espero que comprenderán plenamente 14 —como ya lo han
comprendido en parte— que en el Día de
nuestro Señor Jesús, podrán sentirse orgullosos de nosotros, como nosotros de ustedes.
15 *Convencido de esto,* me propuse visitarlos primero a ustedes, para darles una nueva
alegría, 16 y de allí pasar a Macedonia. Después, a mi regreso de Macedonia, ustedes me
ayudarían a proseguir mi viaje a Judea. 17 Al
proponerme esto, ¿obré precipitadamente?,
¿o bien mis proyectos estaban fundados en
motivos puramente humanos, de manera
que yo digo al mismo tiempo «sí» y «no»?
18 Les aseguro, por la fidelidad de Dios, que
nuestro lenguaje con ustedes no es hoy «sí»,
y mañana «no». 19 Porque el Hijo de Dios, Jesucristo, el que nosotros hemos anunciado
entre ustedes —tanto Silvano y Timoteo, como yo mismo—, no fue «sí» y «no», sino solamente «sí». 20 En efecto, todas las promesas
de Dios encuentran su «sí» en Jesús, de manera que por él decimos «Amén» a Dios, para gloria suya. 21 Y es Dios el que nos reconforta en Cristo, a nosotros y a ustedes; el que
nos ha ungido, 22 el que también nos ha marcado con su sello y ha puesto en nuestros corazones las primicias del Espíritu.

REFLEXIONA

La desidia, la indecisión y la inseguridad

Pablo se ve criticado como un indeciso, que no sabe lo que quiere, por haber vacilado al planear un viaje a Corinto. Esto le hace ver que su credibilidad como apóstol está en juego y lo lleva a reflexionar sobre su misión. Al hacerlo, ratifica su convicción de que en Jesús solo encontramos un «sí» a Dios, e igual debemos hacer como embajadores de Cristo.

La desidia, la inseguridad y la indecisión son humanas, y todos las sufrimos en distinto grado y con diversa frecuencia: ¿cuentas con Dios para mantenerte firme después de haber dado un «sí» a su llamado?

2 Cor 1 15-22

Razones de Pablo para no volver a Corinto

1 Pe 5 2-3

23 Pongo a Dios por testigo, y lo juro por mi propia vida, que si no volví a Corinto fue por consideración hacia ustedes. 24 Porque no pretendemos imponer nuestro dominio sobre la fe de ustedes, ya que ustedes permanecen firmes en la fe: lo que queremos es aumentarles el gozo.

2 1 Estoy decidido a no hacerles otra visita que sea para ustedes motivo de tristeza. 2 Porque si yo los entristezco, ¿quién me podrá alegrar, sino el mismo a quien yo entristecí? 3 Y si les he escrito lo que ustedes ya saben, fue para no apenarme al llegar, a causa de aquellos que debían alegrarme, porque estoy convencido de que mi alegría es también la de ustedes. 4 Verdaderamente les escribí con gran aflicción y angustia, y con muchas lágrimas, no para entristecerlos, sino para demostrarles el profundo afecto que les tengo.

El perdón al ofensor

Mt 18 15-17; 1 Cor 5 1-13; Col 3 13; Mt 4 1-11; Rom 16 17-20; 2 Cor 11 3-15

5 Si alguien me entristeció, no me entristeció a mí solamente sino también, en cierta medida —lo digo sin exagerar—, a todos ustedes. 6 Pienso que es suficiente el castigo que la mayoría ha impuesto al ofensor. 7 Conviene ahora perdonarlo y animarlo para que el pobre no quede agobiado por una pena excesiva. 8 Por eso, les ruego que en este caso hagan prevalecer el amor. 9 Antes les escribí para ponerlos a prueba y ver si son capaces de obedecer en todo. 10 Pero ahora, yo también perdono al que ustedes perdonaron, y lo hago en la presencia de Cristo por amor de ustedes, 11 para que Satanás no saque ventaja de nosotros, ya que conocemos bien sus intenciones.

Los frutos del ministerio apostólico

Hch 20 5-12; 1 Cor 16 9; 2 Cor 7 6.13-15; Gal 2 1-3; 2 Cor 4 2

12 Cuando llegué a Tróade para anunciar la Buena Noticia de Jesús, aunque el Señor abrió una puerta para mi predicación, 13 *estaba muy preocupado* porque no encontré a mi hermano Tito; por eso, me despedí de ellos y partí para Macedonia.

14 Demos gracias a Dios, que siempre nos hace triunfar en Cristo, y por intermedio nuestro propaga en todas partes la fragancia de su conocimiento. 15 Porque nosotros somos la fragancia de Cristo al servicio de Dios, tanto entre los que se salvan, como entre los que se pierden: 16 para estos, aroma de muerte, que conduce a la muerte; para aquellos, aroma de vida, que conduce a la Vida. ¿Y quién es capaz de cumplir semejante tarea? 17 Pero nosotros no somos como muchos que trafican con la Palabra de Dios, sino que hablamos con sinceridad en nombre de Cristo, como enviados de Dios y en presencia del mismo Dios.

HABLAMOS CON SINCERIDAD EN NOMBRE DE CRISTO, COMO ENVIADOS DE DIOS. 2 Cor 2 17

Las credenciales de Pablo

Hch 18 27; Ex 34 1.28-29; Dt 9 10-11; Jr 31 31-33; Ez 11 19; 36 26; Jn 15 5

3 1 ¿Comenzamos nuevamente a recomendarnos a nosotros mismos? ¿Acaso tenemos que presentarles o recibir de ustedes cartas de recomendación, como hacen algunos? 2 Ustedes mismos son nuestra carta, una carta escrita en nuestros corazones, conocida y leída por todos los hombres. 3 Evidentemente ustedes son una carta que Cristo escribió por intermedio nuestro, no con tinta, sino con el Espíritu del Dios viviente, no en tablas de piedra, sino de carne, es decir, en los corazones.

La superioridad de la Nueva Alianza

Jr 31 31; Lc 22 20; 1 Cor 11 25; Jn 6 63; Rom 7 6; Ex 32 15-16; 34 1-4; Dt 27 26; Gal 3 10

4 Es Cristo el que nos da esta seguridad delante de Dios, 5 no porque podamos atribuirnos algo que venga de nosotros mismos, ya que toda nuestra capacidad viene de Dios. 6 Él nos ha capacitado para que seamos los ministros de una Nueva Alianza, que no reside en la letra, sino en el Espíritu; porque la letra mata, pero el Espíritu da vida. 7 Ahora bien, si el ministerio que lleva a la muerte —grabado sobre piedras— fue inaugurado con tanta gloria que los israelitas no podían fijar sus ojos en el rostro de Moisés, por el resplandor —aunque pasajero— de ese rostro, 8 ¡cuánto más glorioso será el ministerio del Espíritu! 9 Y si el ministerio que llevaba a la condenación fue tan glorioso, ¡cuál no será la gloria del ministerio que conduce a la justicia! 10 En realidad, aquello que fue glorioso bajo cierto aspecto ya no lo es más en

VIVE LA PALABRA

Ministros de la Nueva Alianza

Pablo responde a las acusaciones contra él y su ministerio, y a la inseguridad que experimentaba la comunidad en Corinto, presentándose como ministro de la Nueva Alianza, haciendo alusión a la promesa de Dios: «Pondré mi Ley dentro de ellos, y la escribiré en sus corazones» (Jr 31 33). De esta manera, Pablo subraya que Cristo es quien lo hace capaz de ser ministro, pues la Nueva Alianza no está escrita con tinta en el exterior como la anterior, sino grabada por la fuerza del Espíritu en el corazón, «porque la letra [de la Ley] mata, pero el Espíritu da vida» (2 Cor 3 6). El ministerio de Pablo viene del Espíritu y esta es la única carta de recomendación que hace falta.

Lo mismo se aplica a nosotros. La Ley de la Antigua Alianza fue proclamada entre truenos y grabada en tablas de piedra; la Ley de la Nueva Alianza se funda en el amor, la llevamos inscrita en el corazón y damos testimonio de ella con nuestro estilo de vida. Cada vez que promovemos la reconciliación y propiciamos la paz y la esperanza, llevamos a Cristo a otras personas. Nuestra vida es como una carta de recomendación a la vista de todos para dar a conocer el evangelio.

Piensa en el gran honor de haber sido llamado por Dios para ser ministro de la Nueva Alianza. ¿Cómo cumples tu tarea? ¿Cómo puedes hacerla mejor?

2 Cor 3 1-11

comparación con esta gloria extraordinaria.
11 Porque si lo que era transitorio se ha manifestado con tanta gloria, ¡cuánto más glorioso será lo que es permanente!

La libertad apostólica

Ex 34 29-35; Mc 4 12; Hch 28 27; Rom 11 7-8.23-26; Jn 4 24; 1 Cor 6 17; Rom 8 2

12 Animados con esta esperanza, nos comportamos con absoluta franqueza,
13 y no como Moisés, que se cubría el rostro con un velo para impedir que los israelitas vieran el fin de un esplendor pasajero.
14 Pero se les oscureció el entendimiento, y ese mismo velo permanece hasta el día de hoy en la lectura del Antiguo Testamento, porque es Cristo el que lo hace desaparecer.
15 Sí, hasta el día de hoy aquel velo les cubre la inteligencia siempre que leen a Moisés.
16 Pero *al que se convierte al Señor, se le cae el velo.*
17 Porque el Señor es el Espíritu, y donde está el Espíritu del Señor, allí está la libertad.
18 Nosotros, en cambio, con el rostro descubierto, reflejamos, como en un espejo, la gloria del Señor, y somos transfigurados a su propia imagen con un esplendor cada vez más glorioso, por la acción del Señor, que es Espíritu.

La luz del Evangelio

1 Tes 2 4-5; Jn 8 12; Heb 1 3; Gn 1 3

4 1 Por eso, investidos misericordiosamente del ministerio apostólico, no nos desanimamos
2 y nunca hemos callado nada por vergüenza, ni hemos procedido con astucia o falsificando la Palabra de Dios. Por el contrario, manifestando abiertamente la verdad, nos recomendamos a nosotros mismos, delante de Dios, frente a toda conciencia humana.
3 Si nuestro Evangelio todavía resulta desconocido, lo es solo para aquellos que se pierden,
4 para los incrédulos, a quienes el dios de este mundo les ha enceguecido el entendimiento, a fin de que no vean resplandecer el Evangelio de la gloria de Cristo, que es la imagen de Dios.
5 Porque no nos predicamos a nosotros mismos, sino a Cristo Jesús, el Señor, y nosotros no somos más que servidores de ustedes por amor de Jesús.
6 Porque el mismo Dios que dijo: «Brille la luz en medio de las tinieblas», es el que hizo brillar su luz en nuestros corazones para que resplandezca el conocimiento de la gloria de Dios, reflejada en el rostro de Cristo.

Tribulaciones y esperanzas del ministerio apostólico

2 Cor 12 7-10; Rom 8 36-39; 2 Cor 11 23-33; Flp 3 10-11; Sal 116 10; 1 Cor 15 15-20; Rom 8 17-18; 8 24-25; 1 Pe 1 6-7; Heb 11 1-3

7 Pero nosotros llevamos ese tesoro en recipientes de barro, para que se vea bien que este poder extraordinario no procede de nosotros, sino de Dios.
8 Estamos atribulados por todas partes, pero no abatidos; perplejos, pero no desesperados;
9 perseguidos, pero no abandonados; derribados, pe-

VIVE LA PALABRA

El tesoro en vasijas de barro

Si tenemos un tesoro, la tendencia es guardarlo bien, en una caja o cofre resistente, con llave y en un lugar seguro. Pablo sabe que la presencia del Espíritu Santo en él es un tesoro maravilloso, pero reconoce que su propio cuerpo, donde habita el Espíritu, es tan débil que lo compara con una vasija de barro, que con cualquier golpe se resquebraja y a la primera caída se rompe.

El contraste entre el tesoro y la vasija que lo contiene hace que Pablo se sienta a la vez orgulloso y humilde. Su orgullo descansa en haber sido elegido por Dios para llevar su Buena Nueva a la gente. Su humildad nace de la conciencia de su pobreza y limitaciones humanas.

Todos los cristianos somos «vasijas de barro», destinadas a contener el tesoro más valioso que existe: la Buena Nueva que debemos compartir con los demás, «porque no nos predicamos a nosotros mismos, sino a Cristo Jesús, el Señor» (2 Cor 4 5).

¡Qué maravillosa e imponente es la responsabilidad que Dios nos ha dado de comunicar con nuestra vida y palabras la Buena Nueva de Jesucristo! ¡A él, todo honor y toda gloria!

2 Cor 4 5-10

ro no aniquilados. 10 Siempre y a todas partes, llevamos en nuestro cuerpo los sufrimientos de la muerte de Jesús, para que
también la vida de Jesús se manifieste en
nuestro cuerpo. 11 Y así, aunque vivimos, estamos siempre enfrentando a la muerte por
causa de Jesús, para que también la vida de
Jesús se manifieste en nuestra carne mortal.
12 De esa manera, la muerte hace su obra en
nosotros, y en ustedes, la vida.
13 Pero teniendo ese mismo espíritu de fe,
del que dice la Escritura: *Creí, y por eso hablé,* también nosotros creemos, y por lo
tanto, hablamos. 14 Y nosotros sabemos que
aquel que resucitó al Señor Jesús nos resucitará con él y nos reunirá a su lado junto
con ustedes. 15 Todo esto es por ustedes: para que al abundar la gracia, abunde también el número de los que participan en la
acción de gracias para gloria de Dios.
16 Por eso, no nos desanimamos: aunque
nuestro hombre exterior se vaya destruyendo, nuestro hombre interior se va renovando
día a día. 17 Nuestra angustia, que es leve y
pasajera, nos prepara una gloria eterna, que
supera toda medida. 18 Porque no tenemos
puesta la mirada en las cosas visibles, sino
en las invisibles: lo que se ve es transitorio,
lo que no se ve es eterno.

La morada incorruptible

1 Cor 15 44-54; 1 Tes 4 14-17;
Flp 1 21-23; 1 Cor 3 11-15

5 1 Nosotros sabemos, en efecto, que si
esta tienda de campaña —nuestra
morada terrenal— es destruida, tenemos
una casa permanente en el cielo, no construida por el hombre, sino por Dios. 2 Por
eso, ahora gemimos deseando ardientemente revestirnos de aquella morada celestial; 3 porque una vez que nos hayamos revestido de ella, ya no nos encontraremos
desnudos. 4 Mientras estamos en esta tienda
de campaña, gemimos angustiosamente,
porque no queremos ser desvestidos, sino
revestirnos, a fin de que lo que es mortal sea
absorbido por la vida. 5 Y aquel que nos destinó para esto es el mismo Dios que nos dio
las primicias del Espíritu.
6 Por eso, nos sentimos plenamente seguros, sabiendo que habitar en este cuerpo es
vivir en el exilio, lejos del Señor; 7 porque nosotros caminamos en la fe y todavía no vemos claramente. 8 Sí, nos sentimos plenamente seguros, y por eso, preferimos dejar
este cuerpo para estar junto al Señor; 9 en definitiva, sea que vivamos en este cuerpo o
fuera de él, nuestro único deseo es agradarlo.
10 Porque todos debemos comparecer ante el
tribunal de Cristo, para que cada uno reciba,
de acuerdo con sus obras buenas o malas, lo
que mereció durante su vida mortal.

La actitud apostólica de Pablo

2 Cor 3 1; Jn 11 50; Rom 14 7-8

11 Por lo tanto, compenetrados del temor
del Señor, tratamos de persuadir a los
hombres. Dios ya nos conoce plenamente,
y espero que también ustedes nos conozcan de la misma manera. 12 No pretende-

mos volver a recomendarnos delante de
ustedes: solamente queremos darles un
motivo para que se sientan orgullosos de
nosotros y puedan responder a los que se
glorían de lo exterior y no de lo que hay en
el corazón. 13 En efecto, si hemos procedido como insensatos, lo hicimos por Dios;
y si somos razonables, es por ustedes.
14 Porque el amor de Cristo nos apremia, al
considerar que si uno solo murió por todos, entonces todos han muerto. 15 Y él
murió por todos, a fin de que los que viven
no vivan más para sí mismos, sino para
aquel que murió y resucitó por ellos.

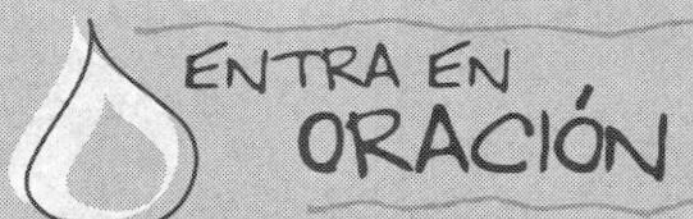

En la desesperación y el dolor

A veces todo parece ir muy bien, pero de repente todo se viene abajo, y sentimos que nos hundimos sin poder salir adelante. Otras veces llevamos una temporada larga, que se nos hace eterna, de sufrir por una y otra cosa, y no vemos una luz que nos dé esperanza. ¡En esas circunstancias necesitamos muchísimo a Dios, pero a veces nos sentimos abandonados por él y no nos abrimos a su amor! En esas ocasiones, ora con todo tu corazón. La siguiente oración te puede ayudar a empezar:

¡Señor, estoy muy desanimado/a! Ni siquiera sé bien lo que sucedió ni entiendo lo que pasa conmigo...

Simplemente ocurrió la tragedia, y caí en esta desesperación. La falta de esperanza me paraliza y siento que cada día me hundo más...

No tengo energía ni deseo de hacer nada. Solo pienso en lo mal que estoy...

Pablo dice que no debemos desalentarnos. Pero, Señor, ¡ya estoy más que desalentado/a! Me es muy difícil ver más allá de esta tristeza que me agobia...

¡Háblame por favor!

¡Ayúdame a salir de este abismo en que me encuentro!

Enciende en mí la pasión por vivir y por soñar. Guíame hacia alguien que, como instrumento tuyo, me sirva de apoyo en mi debilidad hasta que recupere mis fuerzas y vuelva a descubrir el sendero que lleva a la esperanza. Amén.

2 Cor 4 16-18

REFLEXIONA

Lo que vale es lo de adentro

Reflexiona sobre los siguientes ideales:

Ideal de «X»: medir tres centímetros más de estatura y pesar 20 kilos menos; tener el pelo menos rizado y más claro; lograr una figura bien formada.

Ideal de «Z»: amar con un corazón tierno y apasionado; poder ayudar a otra gente; ser generoso/a y misericordioso/a.

Tu ideal: ¿cuál es tu ideal? Toma unos minutos para escribirlo. Después analízalo: ¿está balanceado tu ideal físico con tu ideal espiritual? ¿Qué tan satisfecho/a estás con tu aspecto físico? ¿Pones igual esfuerzo para mejorar tu vida interior y tu aspecto exterior?

En 2 Corintios 5 1-5, Pablo nos recuerda que nuestro cuerpo es solo una morada temporal. Escribe una oración pidiendo a Dios que te conceda sentir seguridad de tu apariencia física, y aprender a cuidar siempre tu vida interior. Escucha su respuesta.

2 Cor 5 1-11

El ministerio de la reconciliación

Rom 8 1; 1 Cor 1 30; Gal 3 28; 1 Tes 4 16; Gal 6 15; Ap 21 5; Rom 5 10; 8 3; Jn 8 46; Heb 4 15; 1 Pe 2 22

16 Por eso nosotros, de ahora en adelante,
ya no conocemos a nadie con criterios puramente humanos; y si conocimos a Cristo
de esa manera, ya no lo conocemos más así.
17 El que vive en Cristo es una nueva criatura: lo antiguo ha desaparecido, un ser nuevo se ha hecho presente. 18 Y todo esto procede de Dios, que nos reconcilió con él por
intermedio de Cristo y nos confió el ministerio de la reconciliación. 19 Porque es Dios
el que estaba en Cristo, reconciliando al
mundo consigo, no teniendo en cuenta los
pecados de los hombres, y confiándonos la
palabra de la reconciliación. 20 Nosotros somos, entonces, embajadores de Cristo, y es
Dios el que exhorta a los hombres por intermedio nuestro. Por eso, les suplicamos
en nombre de Cristo: Déjense reconciliar
con Dios. 21 A aquel que no conoció el pecado, Dios lo identificó con el pecado en fa-

VIVE LA PALABRA

Embajadores de Cristo

El título de *embajador/a* se da a la «persona enviada a un país extranjero para representar a su propio país». Por ejemplo, el embajador de Colombia en Perú vive en Perú, donde representa oficialmente a Colombia y tiene el oficio de velar por los intereses de su país ante el gobierno peruano.

San Pablo nos dice que, en Cristo, Dios nos ha reconciliado consigo y que, además, nos ha nombrado *embajadores* de Cristo para ayudar a que otros encuentren esta reconciliación. ¡Imagínate, de todas las formas en que Dios podría ver por sus intereses, te elige a ti como su representante autorizado/a, como su embajador/a! ¡Es para dar miedo! ¿Cómo es posible que nosotros, tan limitados e imperfectos, podamos representar a Dios, infinitamente santo y justo?

La realidad es que Dios quiere servirse de nosotros, con nuestras fallas y todo. Dios no necesita gente perfecta, ¡solo gente que esté dispuesta!

Analiza qué tan buen embajador/a de Dios eres. ¿Cómo lo representas y cómo puedes mejorar esa representación?:

- En tu familia...
- En tu escuela y/o trabajo...
- Entre tus amigos...
- En tu barrio y ciudad...

Toma un rato para orar y compartir con Dios tus pensamientos, sentimientos y temores sobre su invitación a tomar este enorme papel de *embajador/a* de Cristo.

2 Cor 5 17-21

vor nuestro, a fin de que nosotros seamos justificados por él.

El combate apostólico

Is 49 8; Hch 3 20-26; Ef 6 16-17; 2 Cor 11 23-27

6 [1]Y porque somos sus colaboradores, los exhortamos a no recibir en vano la gracia de Dios. [2]Porque él nos dice en la Escritura: *En el momento favorable te escuché, y en el día de la salvación te socorrí.* Este es el tiempo favorable, este es el día de la salvación. [3]En cuanto a nosotros, no damos a nadie ninguna ocasión de escándalo, para que no se desprestigie nuestro ministerio. [4]Al contrario, siempre nos comportamos como corresponde a ministros de Dios, con una gran constancia: en las tribulaciones, en las adversidades, en las angustias, [5]al soportar los golpes, en la cárcel, en las revueltas, en las fatigas, en la falta de sueño, en el hambre. [6]Nosotros obramos con integridad, con inteligencia, con paciencia, con *benignidad, con docilidad* al Espíritu Santo, con un amor sincero, [7]con la palabra de verdad, con el poder de Dios; usando las armas ofensivas y defensivas de la justicia; [8]sea que nos encontremos en la gloria, o que estemos humillados; que gocemos de buena o de mala fama; que seamos considerados como impostores, cuando en realidad somos sinceros; [9]como desconocidos, cuando nos conocen muy bien; como moribundos, cuando estamos llenos de vida; como castigados, aunque estamos ilesos; [10]como tristes, aunque estamos siempre alegres; como pobres, aunque enriquecemos a muchos; como gente que no tiene nada, aunque lo poseemos todo.

Desahogo afectuoso de Pablo

1 Cor 4 14; Gal 4 19; 1 Tes 2 11; Flm 10

[11]Les hemos hablado, corintios, con toda franqueza y hemos abierto completamente nuestro corazón. [12]En él hay cabida para todos ustedes; en cambio, en el de ustedes no la hay para nosotros. [13]Yo deseo que me paguen con la misma moneda. Les hablo como a mis propios hijos: también ustedes abran su corazón.

Las relaciones con los paganos

1 Cor 3 16; Lv 26 11-12; Ez 37 27; Is 52 11; Jr 51 45; Os 2 1; 2 Sm 7 14; Is 45 6; Jr 31 9

[14]No tengan relaciones indebidas con los que no creen. Porque, ¿qué tienen en común la justicia con la iniquidad, o la luz con las tinieblas? [15]¿Qué entendimiento puede haber entre Cristo y Belial?, ¿o qué

Un Dios para toda ocasión...

Lee 2 Corintios 6 1-10. Encontrarás otra joya literaria en la que Pablo habla desde su corazón de pastor y apóstol, de amigo y enamorado de Jesús. Observa cómo Pablo pasa los altibajos de su vida apostólica con un espíritu invencible, y piensa en nuestra América Latina tan querida.

Grandes culturas fueron conquistadas y extinguidas. Tribus enteras de indígenas desaparecieron o fueron diezmadas. Las heridas de la conquista y de las guerras de independencia aún no habían cicatrizado, cuando comenzaron los levantamientos de campesinos y obreros, dictaduras militares, luchas de guerrillas... En este caos, el pueblo pobre ha sido explotado por la élite nacional y poderes extranjeros; catequistas y sacerdotes han sido asesinados; los pobres han sido menospreciados como inútiles y maleducados, se les ha engañado por su ignorancia y tratado con crueldad... Niños y ancianos sufren desnutrición, y muchas personas son abandonadas en su desesperación.

Pero, entre este pueblo tan sufrido, muchas personas tienen una esperanza viva, pues han fincado su fe en Dios y se acogen con confianza al cariño de su madre, la Virgen. Se mantienen activos, ganando su pan con el sudor de su frente y avanzando en la ruta de la vida hacia su liberación, pues Dios ya salió a su encuentro y marcha con ellos.

Cada día tiene su carga, pero la confianza en la providencia de Dios continúa. Cada día el pueblo fiel crece en virtud y gracia de Dios. Cada día el poder de Dios se manifiesta, en la pobreza de su pueblo.

No cabe duda: «El Dios nuestro es para toda ocasión».

2 Cor 6 1-10

unión entre el creyente y el que no cree?
16 ¿Qué acuerdo entre el templo de Dios y
los ídolos? Porque nosotros somos el templo del Dios viviente, como lo dijo el mismo Dios: *Yo habitaré y caminaré en medio de*
ellos; seré su Dios y ellos serán mi Pueblo. 17 *Por*
eso, salgan de en medio de esa gente y pónganse
aparte, dice el Señor. No toquen nada im-
puro, y yo los recibiré. 18 *Y seré para ustedes un*
Padre, y ustedes serán mis hijos y mis hijas, di-
ce el Señor todopoderoso.

7 1 Ya que poseemos estas promesas,
queridos hermanos, purifiquémonos
de todo lo que mancha el cuerpo o el espíritu, llevando a término la obra de nuestra
santificación en el temor de Dios.

Exhortación fraternal de Pablo

2 Cor 7 14; 8 24; 1 Tes 2 19-20; Hch 20 1-2;
1 Cor 4 11-12; Is 49 13; 2 Cor 1 3-4; 2 13

2 Háganme un lugar en sus corazones.
Nosotros no hemos perjudicado ni arruinado ni explotado a nadie. 3 No digo esto
para condenarlos: como ya les dije, ustedes
están en mi corazón, unidos en la vida y en
la muerte. 4 Yo siempre les hablo con toda
franqueza y tengo sobrados motivos para
gloriarme de ustedes. Esto me llena de consuelo y me da una inmensa alegría en medio de todas las tribulaciones.

5 Cuando llegamos a Macedonia, no tuvimos descanso. De todas partes nos acosa-
ban las tribulaciones: luchas por fuera y temores por dentro. 6 Pero Dios, que consuela
a los afligidos, nos consoló con la llegada de
Tito, 7 y no solo con su llegada, sino también
con el consuelo que ustedes le prodigaron.
Él nos habló del profundo afecto, del dolor
y de la preocupación que ustedes sienten
por mí, con lo cual me alegré más todavía.

Las consecuencias de una carta de Pablo

Eclo 20 23; 38 18; 2 Cor 2 9; Is 19 16;
Sal 2 11; 1 Cor 2 3; Ef 6 5; Flp 2 12

8 Porque, si bien es verdad que los entristecí con mi carta, no me lamento de haberlo
hecho. Si antes lo lamenté —al saber que
aquella carta, aunque solo fuera momentáneamente, los entristeció—, 9 ahora me regocijo, no porque ustedes se hayan puesto tristes, sino porque esa tristeza fue motivo de
arrepentimiento. Ustedes, en efecto, han experimentado la tristeza que proviene de Dios,
de manera que nosotros no les hemos hecho
ningún daño. 10 Esa tristeza produce un arrepentimiento que lleva a la salvación y no se
debe lamentar; en cambio, la tristeza del
mundo produce la muerte. 11 Fíjense bien en
lo que ha producido en ustedes la tristeza
que proviene de Dios. ¡Cuánta solicitud!
¿Qué digo? ¡Cuántas excusas! ¡Qué indignación! ¡Qué temor! ¡Cuántos deseos ardientes! ¡Qué preocupación! ¡Qué castigo ejemplar! De todas las maneras posibles, ustedes
han demostrado que son inocentes en este

REFLEXIONA

Colecta para Jerusalén

San Pablo podría ser llamado «patrono de los recaudadores de fondos». En otras tres cartas menciona una colecta en favor de la comunidad necesitada de Jerusalén. Para él, la colecta era un asunto del corazón, pues cuidar de una comunidad significaba atender a Cristo y ser generoso con los demás era igual a ser generoso con Dios, de donde vienen todos los bienes.

Esta colecta para mitigar el hambre de los de Jerusalén sirvió también para fortalecer la cohesión y unidad entre las comunidades cristianas. Esto era clave, pues las grandes distancias, los viajes lentos y las culturas diferentes causaban segregación. Además, Pablo tenía un cariño especial por sus hermanos judíos y un deseo ardiente de que se convirtieran a Jesús. Se sentía muy unido a la comunidad de Jerusalén, que hablaba el arameo, el idioma de Jesús. Fue su amor a la Iglesia y a Jesús el que originó que lo pusiera como ejemplo de generosidad, pues, «siendo rico, se hizo pobre por nosotros, a fin de enriquecernos con su pobreza» (2 Cor 8 9).

La inmensa mayoría de los jóvenes no es rica, incluso muchos son pobres; sin embargo, siempre es posible ser generoso. ¿Qué sientes cuando compartes lo que tienes con aquellos que lo necesitan? ¿Qué importancia tiene compartir desde tu pobreza..., ser generoso/a cuando esto conlleva un sacrificio significativo?

2 Cor 8 – 9

asunto. 12 En realidad, yo no les escribí a causa del ofensor, ni siquiera a causa del ofendido, sino para que se ponga de manifiesto, delante de Dios, la solicitud que ustedes tienen por nosotros. 13 Esto nos ha servido de consuelo; y a este consuelo personal, se agregó una alegría mucho mayor todavía: la de ver el gozo de Tito, después que fue tranquilizado por ustedes. 14 Y si delante de él me glorié un poco de ustedes, no me avergüenzo de ello. Todo lo contrario, de la misma manera que siempre les he dicho la verdad, también en esta ocasión se comprobó que era legítimo el orgullo que sentí por ustedes delante de Tito. 15 Y el afecto que él les tiene se acrecienta cuando recuerda la obediencia, el respeto y la reverencia con que lo recibieron. 16 Por eso me alegro de poder confiar plenamente en ustedes.

LA COLECTA PARA LA COMUNIDAD DE JERUSALÉN

Un ejemplo de generosidad

1 Cor 16 1-4; 2 Cor 9 1-15

8 1 Ahora, hermanos, queremos informarles acerca de la gracia que Dios ha concedido a las Iglesias de Macedonia. 2 Porque, a pesar de las grandes tribulaciones con que fueron probadas, la abundancia de su gozo y su extrema pobreza han desbordado en tesoros de generosidad. 3 Puedo asegurarles que ellos estaban dispuestos a dar según sus posibilidades y más todavía: por propia iniciativa, 4 nos pidieron, con viva insistencia, que les permitiéramos participar de este servicio en favor de los hermanos de Jerusalén. 5 Y superando nuestras esperanzas, ellos se entregaron, en primer lugar al Señor, y luego a nosotros, por la voluntad de Dios.

Llamado a la generosidad de los corintios

Mt 8 20; 2 Cor 6 10; Flp 2 6-8; Mc 12 44; Ex 16 18

6 Por eso, hemos rogado a Tito que lleve a feliz término entre ustedes esta obra de generosidad, de la misma manera que la había comenzado. 7 Y ya que ustedes se distinguen en todo: en fe, en elocuencia, en ciencia, en toda clase de solicitud por los demás, y en el amor que nosotros les hemos comunicado, espero que también se distingan en generosidad. 8 Esta no es una orden: solamente quiero que manifiesten la sinceridad de su amor, mediante la solicitud por los demás. 9 Ya conocen la generosidad de nuestro Señor Jesucristo, que, siendo rico, se hizo pobre por nosotros, a fin de enriquecernos con su pobreza. 10 Por eso, quiero darles un consejo que les será provechoso, ya que ustedes, el año pasado, fueron los primeros, no solo en emprender esta obra, sino también en decidir su realización. 11 Llévenla ahora a término, para que los hechos respondan, según las posibilidades de cada uno, a la decisión de la voluntad. 12 Porque cuando existe esa decisión, a uno se lo acepta con lo que tiene y no se hace cuestión de lo que no tiene. 13 No se trata de que ustedes sufran nece-

sidad para que otros vivan en la abundancia, sino de que haya igualdad. 14 En el caso
presente, la abundancia de ustedes suple la
necesidad de ellos, para que un día la abundancia de ellos supla la necesidad de ustedes. Así habrá igualdad, 15 de acuerdo con lo
que dice la Escritura: *El que había recogido mucho no tuvo de sobra, y el que había recogido poco no sufrió escasez.*

Los colaboradores de Pablo en la colecta

Prov 3 4; Rom 12 17

16 Doy gracias a Dios, porque ha puesto en
el corazón de Tito la misma solicitud que yo
tengo por ustedes. 17 Él no solamente respondió a mi llamado, sino que, con más solicitud que nunca y por propia iniciativa, ha decidido ir a verlos. 18 Con él les enviamos al
hermano que ha merecido el elogio de todas
las Iglesias, por el servicio que ha prestado al
Evangelio. 19 Además, él ha sido designado
por las Iglesias como nuestro compañero de
viaje en esta obra de generosidad, a la cual
nos consagramos para gloria del Señor y
como prueba de nuestra buena voluntad.
20 Nuestra intención es evitar toda crítica con
respecto a la abundante colecta que tenemos
a nuestro cuidado, 21 *procurando hacer lo que
está bien, no solamente delante de Dios, sino
también delante de los hombres.* 22 Con ellos, les
enviamos a otro de nuestros hermanos, cuyo
celo hemos comprobado muchas veces y de
varias maneras, y que ahora se muestra más
solícito todavía, por la confianza que les tiene. 23 En cuanto a Tito, él es mi compañero y
mi colaborador entre ustedes, y los demás
hermanos son los delegados de las Iglesias y
la gloria de Cristo. 24 Pruébenles entonces su
amor, y lo bien fundado de nuestro orgullo
por ustedes delante de las Iglesias.

Nuevo llamado a la generosidad

2 Cor 8 1.4; 7 4

9 1 Está de más que les escriba acerca de
este servicio en favor de los hermanos
de Jerusalén, 2 porque conozco la buena disposición de ustedes. Ya les he dicho con orgullo a los hermanos de Macedonia: «La
Acaya está preparada desde el año pasado».
Y el entusiasmo de ustedes ha servido de estímulo para muchos. 3 A pesar de todo, envié
a los hermanos, para que nuestro orgullo
respecto de ustedes no se vea defraudado en
esta ocasión y, además, para que estén preparados, como ya les advertí. 4 No sea que si
alguno de los hermanos de Macedonia va a
visitarlos conmigo y los encuentra despreve-
nidos, nuestra gran confianza se convierta
en vergüenza para nosotros, por no decir para ustedes. 5 Por esta razón, creí necesario rogar a los hermanos que se me adelantaran,
para ir organizando con tiempo esa obra buena que ustedes habían prometido, de manera que aparezca como una muestra de generosidad y no de mezquindad.

Los beneficios de la colecta

Prov 11 24-25; 22 8; Sal 112 9; 2 Cor 1 11

6 Sepan que el que siembra mezquina-
mente, tendrá una cosecha muy pobre; en
cambio, el que siembra con generosidad,
cosechará abundantemente. 7 Que cada
uno dé conforme a lo que ha resuelto en su
corazón, no de mala gana o por la fuerza,
porque *Dios ama al que da con alegría.* 8 Por
otra parte, Dios tiene poder para colmarlos
de todos sus dones, a fin de que siempre
tengan lo que les hace falta, y aún les sobre
para hacer toda clase de buenas obras. 9 Como dice la Escritura: *El justo ha prodigado
sus bienes: dio a los pobres y su justicia permanece eternamente.* 10 El que da *al agricultor la
semilla y el pan que lo alimenta,* también les
dará a ustedes la semilla en abundancia, y
hará crecer *los frutos de su justicia.* 11 Así, serán colmados de riquezas y podrán dar con
toda generosidad; y esa generosidad, por
intermedio nuestro, se transformará en acciones de gracias a Dios. 12 Porque este servicio sagrado, no solo satisface las necesidades de los santos, sino que también es
una fuente abundante de acciones de gracias a Dios. 13 En efecto, al comprobar el
verdadero carácter de la ayuda que ustedes
les prestan, ellos glorificarán a Dios por
la obediencia con que ustedes confiesan la
Buena Noticia de Cristo y por la generosidad con que están unidos a ellos y a todos.
14 Y la oración que ellos harán por ustedes
pondrá de manifiesto el cariño que les profesan, a causa de la gracia sobreabundante
que Dios derramó sobre ustedes. 15 ¡Demos
gracias a Dios por su don inefable!

QUE CADA UNO DÉ CONFORME A LO QUE HA RESUELTO EN SU CORAZÓN.

2 Cor 9 7

AUTODEFENSA DE PABLO

La respuesta de Pablo a la acusación de debilidad

1 Cor 4 21; Is 2 11-18; Jr 1 10; Flp 3 3; Gal 6 13-14

10 1 Yo mismo los exhorto por la mansedumbre y la benevolencia de Cristo; yo, Pablo, que soy tan apocado cuando estoy delante de ustedes, y tan audaz cuando estoy lejos. 2 Les ruego que cuando esté entre ustedes no me vea obligado a ejercer esa severidad que pienso emplear resueltamente contra aquellos que suponen que nuestra conducta se inspira en motivos carnales. 3 Porque, aunque vivimos en la carne, no combatimos con medios carnales. 4 No, las armas de nuestro combate no son carnales, pero, por la fuerza de Dios, son suficientemente poderosas para derribar fortalezas. Por eso destruimos los sofismas 5 y toda clase de altanería que se levanta contra el conocimiento de Dios, y sometemos toda inteligencia humana para que obedezca a Cristo. 6 Y estamos dispuestos a castigar cualquier desobediencia, una vez que ustedes lleguen a obedecer perfectamente.

7 Acepten las cosas como son. El que hace alarde de ser de Cristo, reconozca que también lo somos nosotros, 8 y aunque yo me gloriara más de la cuenta en la autoridad que me dio el Señor, no me avergüenzo, porque es para edificación y no para destrucción de ustedes. 9 Les digo esto para que no piensen que pretendo atemorizarlos con mis cartas. 10 Porque algunos dicen: «Sus cartas son enérgicas y severas; en cambio, su presencia resulta insignificante y su palabra despreciable». 11 A los que dicen eso, les respondo: Lo que somos en nuestras cartas, cuando estamos ausentes, también lo seremos con nuestros actos, cuando estemos presentes.

La respuesta a la acusación de ambición

Rom 15 17-29; 1 Cor 1 31; Jr 9 23

12 En realidad, no pretendemos ponernos a la altura de algunos que se elogian a sí mismos ni compararnos con ellos. El hecho de que se midan con su propia medida y se *comparen consigo mismos*, demuestra que proceden neciamente. 13 Nosotros, por nuestra parte, no nos gloriamos más allá de lo debido, sino que usamos la medida que Dios mismo nos ha fijado al hacernos llegar hasta ustedes. 14 En efecto, no nos excedemos en nuestro derecho: nos excederíamos si no hubiéramos ido, pero nosotros fuimos para anunciarles la Buena Noticia de Cristo. 15 Nosotros no nos gloriamos más allá de lo que corresponde, aprovechándonos de los trabajos ajenos. Al contrario, abrigamos la esperanza de que, al crecer la fe de ustedes, se amplíe nuestro campo de acción, siempre de acuerdo con nuestra norma de conducta. 16 Así podremos llevar la Buena Noticia a regiones más alejadas todavía, sin entrar en campo ajeno ni gloriarnos en el trabajo de otros. 17 *El que se gloría, que se gloríe en el Señor.* 18 Porque el que vale no es el que se recomienda a sí mismo, sino aquel a quien Dios recomienda.

El celo de Pablo

Ex 20 5; Dt 4 24; Ef 5 25-26; Ap 19 7; Gn 3 4-13; Gal 1 6-9

11 1 ¡Ojalá quisieran tolerar un poco de locura de mi parte! De hecho, ya me toleran. 2 Yo estoy celoso de ustedes con el celo de Dios, porque los he unido al único Esposo, Cristo, para presentarlos a él como una virgen pura. 3 Pero temo que, así como la serpiente, con su astucia, sedujo a Eva, también ustedes se dejen corromper interiormente, apartándose de la sinceridad debida a Cristo. 4 Si alguien viniera a predicarles otro Jesucristo, diferente del que nosotros hemos predicado, o si recibieran un Espíritu distinto del que han recibido, u otro Evangelio diverso del que han aceptado, ¡ciertamente lo tolerarían! 5 Yo pienso, sin embargo, que no soy inferior a esos que se consideran «apóstoles por excelencia». 6 Porque, aunque no soy más que un profano en cuanto a la elocuencia, no lo soy en cuanto al conocimiento; y esto lo he demostrado en todo y delante de todos.

Apología del Apóstol

Hch 18 3; 20 33-35; 1 Cor 9 12.18; Flp 4 15-18; Mt 7 15-16; 2 Pe 2 1-3

7 ¿Acaso procedí mal al anunciarles gratuitamente la Buena Noticia de Dios, humillándome a mí mismo para elevarlos a ustedes? 8 Yo he despojado a otras Iglesias, aceptando su ayuda, para poder servirlos a ustedes. 9 Y cuando estaba entre ustedes, aunque me encontré necesitado, no fui gravoso para nadie, porque los hermanos que habían venido de Macedonia me proveyeron de lo que necesitaba. Siempre evité serles una carga, y así lo haré siempre. 10 Les aseguro por la verdad de Cristo que reside

en mí, que yo no quiero perder este motivo de orgullo en la región de Acaya. [11] ¿Será acaso porque no los amo? Dios lo sabe. [12] Y lo que hago, lo seguiré haciendo, para quitar todo pretexto a los que buscan una ocasión de gloriarse por los mismos motivos que nos gloriamos nosotros. [13] Estos son falsos apóstoles, que proceden engañosamente, haciéndose pasar por apóstoles de Cristo. [14] Su táctica no debe sorprendernos, porque el mismo Satanás se disfraza de ángel de luz. [15] No es de extrañar, entonces, que sus servidores se disfracen de servidores de la justicia. Pero su fin será digno de sus obras.

Motivos de Pablo para gloriarse

Rom 11 1; Flp 3 2-6; 1 Cor 4 11-12; 9 22; 2 Cor 7 5; Hch 14 19; 16 22; 9 24-25

[16] Les vuelvo a repetir: que nadie me tome por insensato, y si me toma por tal, que me permita, a mi vez, gloriarme un poco. [17] Lo que voy a decir ahora no lo diré movido por el Señor, sino como si fuera un necio, con la seguridad de que también yo tengo de qué gloriarme. [18] Ya que tantos otros se glorían según la carne, yo también voy a gloriarme. [19] ¡Con qué gusto soportan a los necios, ustedes que se tienen por tan sensatos! [20] ¡Toleran que los esclavicen, que los exploten, que les roben, que los traten con prepotencia, que los abofeteen! [21] Dicen que hemos sido demasiado débiles: lo admito para mi vergüenza.

Pero de lo mismo que otros se jactan —y ahora hablo como un necio— también yo me puedo jactar. [22] ¿Ellos son hebreos? Yo también lo soy. ¿Son israelitas? Yo también. ¿Son descendientes de Abraham? Yo también. [23] ¿Son ministros de Cristo? Vuelvo a hablar como un necio: yo lo soy más que ellos. Mucho más por los trabajos, mucho más por las veces que estuve prisionero, muchísimo más por los golpes que recibí. Con frecuencia estuve al borde de la muerte, [24] cinco veces fui azotado por los judíos con los treinta y nueve golpes, [25] tres veces fui flagelado, una vez fui apedreado, tres veces naufragué, y pasé un día y una noche en medio del mar. [26] En mis innumerables viajes, pasé peligros en los ríos, peligros de asaltantes, peligros de parte de mis compatriotas, peligros de parte de los extranjeros, peligros en la ciudad, peligros en lugares despoblados, peligros en el mar, peligros de parte de los falsos hermanos, [27] cansancio y hastío, muchas noches en vela, hambre y sed, frecuentes ayunos, frío y desnudez. [28] Y dejando de lado otras cosas, está mi preocupación cotidiana: el cuidado de todas las Iglesias. [29] ¿Quién es débil, sin que yo me sienta débil? ¿Quién está a punto de caer, sin que yo me sienta como sobre ascuas?

[30] Si hay que gloriarse de algo, yo me gloriaré de mi debilidad. [31] Dios, el Padre del Señor Jesús —bendito sea eternamente—, sabe que no miento. [32] En Damasco, el etnarca del rey Aretas hizo custodiar la ciudad para apoderarse de mí, [33] y tuvieron que bajarme por una ventana de la muralla, metido en una canasta: así escapé de sus manos.

VIVE LA PALABRA

¡Cuando soy débil, entonces soy fuerte!

La gente prudente va al médico cuando está herida o enferma. Los estudiantes que quieren aprender buscan la ayuda del maestro cuando no saben qué hacer en un proyecto. Las personas honestas reconocen cuando se han equivocado o fallado. Los humildes no se avergüenzan de pedir disculpas. Admitir que estamos enfermos, que necesitamos ayuda en un problema, que hemos fallado o que estamos equivocados, es signo de sabiduría y madurez, no de debilidad.

Pablo habla de una misteriosa aflicción, una espina clavada en la carne (2 Cor 12 7), y del intenso deseo de librarse de ella. Pero, las tres veces que le pidió a Dios que lo liberara de ella, Dios le hizo ver la conveniencia de no hacerlo.

¿Cuál puede ser la ventaja de estar consciente de tu debilidad? Que de esa manera Dios manifiesta claramente que es su fuerza la que nos sostiene. Un signo de auténtica fortaleza es reconocer que nuestras fuerzas no bastan, y que en todo momento necesitamos de Dios. ¿Qué tan sabio/a, maduro/a y fuerte eres? ¡Reconoce tus debilidades y serás fuerte!

2 Cor 12 1-10

Las revelaciones recibidas por el Apóstol

Hch 16 9; 22 17-21; 23 11; 27 23-24; Gal 2 2; 2 Cor 11 30

12 1 ¿Hay que seguir gloriándose? Aunque no esté bien, pasaré a las visiones y revelaciones del Señor. 2 Conozco a un discípulo de Cristo que hace catorce años —no sé si con el cuerpo o fuera de él, ¡Dios lo sabe!— fue arrebatado al tercer cielo. 3 Y sé que este hombre —no sé si con el cuerpo o fuera de él, ¡Dios lo sabe!— 4 fue arrebatado al paraíso, y oyó palabras inefables que el hombre es incapaz de repetir. 5 De ese hombre podría jactarme, pero en cuanto a mí, solo me glorío de mis debilidades. 6 Si quisiera gloriarme, no sería un necio, porque diría la verdad; pero me abstengo de hacerlo, para que nadie se forme de mí una idea superior a lo que ve o me oye decir.

La debilidad de Pablo

Mt 26 39-42; 2 Cor 4 7; 13 4.9; Flp 4 13

7 Y para que la grandeza de las revelaciones no me envanezca, tengo una espina clavada en mi carne, un ángel de Satanás que me hiere. 8 Tres veces pedí al Señor que me librara, 9 pero él me respondió: «Te basta mi gracia, porque mi poder triunfa en la debilidad». Más bien, me gloriaré de todo corazón en mi debilidad, para que resida en mí el poder de Cristo. 10 Por eso, me complazco en mis debilidades, en los oprobios, en las privaciones, en las persecuciones y en las angustias soportadas por amor de Cristo; porque cuando soy débil, entonces soy fuerte.

Justificación de la apología del Apóstol

Rom 15 18-19; 1 Cor 2 4-5; 2 Cor 11 9; Flp 2 17

11 Si me he convertido en necio, es porque ustedes me han obligado. Les correspondía a ustedes valorarme debidamente, ya que en nada soy inferior a esos «apóstoles por excelencia», aunque en realidad no soy nada. 12 Ustedes han comprobado en mí los rasgos que distinguen al verdadero apóstol: paciencia a toda prueba, signos, prodigios y milagros. 13 ¿Qué tienen de menos que las otras Iglesias, sino que no he sido una carga para ustedes? Perdónenme si los ofendo. 14 Ahora estoy dispuesto a visitarlos por tercera vez, y tampoco en esta oportunidad les seré gravoso, porque lo que yo busco no son sus bienes, sino a ustedes mismos: en efecto, no son los hijos los que deben ahorrar para los padres, sino los padres para los hijos. 15 En consecuencia, de buena gana entregaré lo que tengo y hasta me entregaré a

VIVE LA PALABRA

¡ALTO! ¡Verificación espiritual!

¿Con qué frecuencia te das un respiro en medio de las actividades en tu vida para ver cómo andas en tu relación con Dios, con otras personas y contigo mismo? En 2 Corintios 13 5-7, Pablo propone a los corintios que hagan un examen espiritual, «para comprobar si están en la verdadera fe» (v. 5). Esto vale también para nosotros hoy día.

Cada vez que veas un rótulo de ALTO en una calle o carretera, recuerda que también tu vida espiritual necesita un *alto* de vez en cuando. Detén el ajetreo de tu vida, y mira a tu interior y a tu alrededor. Aprende de memoria el mensaje contenido en el siguiente párrafo y, cada vez que veas un rótulo de ALTO, recuerda:

A por «**A**tención»: ¿Prestas la atención debida a tus acciones y al comportamiento que puede afectar tu relación con Dios y con otras personas?

L por «**L**ibertad»: ¿Haces buen uso de tu libertad buscando información, consejo y ayuda cuando enfrentas situaciones y elecciones difíciles o confusas?

T por «**T**odos»: ¿Es *prioridad tuya apoyar a todos los* que te rodean, en particular a los que tienen una gran necesidad? ¿Abogas por tu familia y tus amigos?

O por «**O**ración»: ¿Acudes a Dios en oración para pedirle su guía en tu vida, solicitar su fuerza para hacer lo correcto y agradecerle las cosas que te han salido bien y las luchas que te han fortalecido?

2 Cor 13 5-7

mí mismo, para el bien de ustedes. Si yo los
amo tanto, ¿no seré amado en la misma
medida?
16 Algunos dirán que personalmente no
les he sido gravoso, pero que procedí así
por astucia, para atraerlos con engaños.
17 ¿Acaso obtuve de ustedes algún provecho
por intermedio de mis enviados? 18 Le rogué
a Tito que fuera, y envié con él al hermano
que ustedes conocen. ¿Acaso Tito los ha explotado? ¿No hemos actuado con las mismas intenciones y de la misma manera?

Las inquietudes de Pablo

Dt 17 6; 19 15; Rom 6 8-11;
2 Cor 3 5-6; 12 9-10; Jr 1 10; 2 Cor 10 8

19 Les parecerá que hace mucho que estamos tratando de justificarnos delante de ustedes. En realidad, hablamos en nombre de
Cristo y en la presencia de Dios, y todo lo
hacemos, hermanos, para edificación de ustedes. 20 Porque temo que a mi llegada no
los encuentre como deseo, y que ustedes, a
su vez, no me encuentren como quisieran.
Quizá haya contiendas, envidias, animosi-
dades, rivalidades, detracciones, murmuraciones, engreimientos, desórdenes. 21 Y temo
también que en mi próxima visita Dios me
humille a causa de ustedes, y tenga que lamentarme por muchos de aquellos que antes pecaron y no se arrepintieron de la impureza, de la fornicación y de los excesos
que cometieron.

13 1 Iré a visitarlos por tercera vez. *Toda
cuestión debe decidirse por la declaración de dos o tres testigos.* 2 Ahora que estoy
ausente, les repito la advertencia que les hice en mi segunda visita: cuando vuelva, seré implacable con los que pecaron y también con todos los demás. 3 Esta será la
prueba que ustedes buscan de que es Cristo el que habla por medio de mí: él no se
muestra débil con ustedes, sino que ejerce
su poder en ustedes. 4 Es cierto que él fue
crucificado en razón de su debilidad, pero
vive por el poder de Dios. Así también, nosotros participamos de su debilidad, pero
viviremos con él por la fuerza de Dios, para actuar entre ustedes.

Desafío del Apóstol

1 Cor 11 28; Gal 6 4; 2 Cor 12 9-10;
Jr 1 10; 2 Cor 10 8

5 Examínense para comprobar si están en
la verdadera fe. Pónganse a prueba seriamente. ¿No reconocen que Jesucristo está en
ustedes? ¡A menos que la prueba se vuelva
contra ustedes mismos! 6 Entonces tendrán
que reconocer —así lo espero— que ella no
se vuelve contra nosotros. 7 Pedimos a Dios
que no hagan nada malo, no para que nosotros salgamos airosos de la prueba, sino
para que ustedes hagan el bien, aunque de
ese modo la prueba se vuelva contra nosotros. 8 Porque no tenemos ningún poder
contra la verdad, sino a favor de ella. 9 Sí, nosotros nos regocijamos de ser débiles, con tal
de que ustedes sean fuertes. Lo que pedimos
en nuestra oración es que lleguen a ser perfectos. 10 De ahí el tono de esta carta que les
escribo durante mi ausencia, para que cuando llegue no me vea obligado a ser severo,
usando del poder que el Señor me ha dado
para edificar y no para destruir.

Recomendaciones y despedida

Flp 3 1; 4 4; Rom 15 5.33; 16 16;
Ef 1 3-14; Mt 28 19; Jn 14 16

11 Por último, hermanos, alégrense, trabajen para alcanzar la perfección, anímense
unos a otros, vivan en armonía y en paz. Y
entonces, el Dios del amor y de la paz permanecerá con ustedes.

TRABAJEN PARA ALCANZAR
LA PERFECCIÓN, ANÍMENSE
UNOS A OTROS,
VIVAN EN ARMONÍA.
2 Cor 13 11

12 Salúdense mutuamente con el beso santo. Todos los hermanos les envían saludos.
13 La gracia del Señor Jesucristo, el amor
de Dios y la comunión del Espíritu Santo
permanezcan con todos ustedes.

2 COR

Primera carta de Pablo
A LA JUVENTUD DE HOY

Mis muy queridos jóvenes,

Recibí noticias de que no los comprenden ni valoran, cuando quieren compartir el evangelio con otros jóvenes. A mí me pasó lo mismo y fue muy doloroso; fui atacado, menospreciado y desacreditado. Pero encontré apoyo en mi fe y crecí mucho de esa experiencia. Ustedes pueden hacer lo mismo.

Su misión y su capacidad de amar y compartir la Buena Nueva con otros jóvenes vienen de Dios y no de ustedes mismos. «Ustedes son una carta [de recomendación escrita]..., no con tinta, sino con el Espíritu de Dios viviente..., en los corazones» (2 Cor 3 3).

No se callen por vergüenza ni falsifiquen la Palabra de Dios. Den siempre testimonio de Jesús, y si fallan, reconózcanlo con humildad, reconcíliense y sigan adelante, «porque no nos predicamos a nosotros mismos, sino a Cristo Jesús, el Señor» (4 5).

Sean generosos con las personas necesitadas. «No se trata de que ustedes sufran necesidad para que otros vivan en la abundancia, sino de que haya igualdad. En el caso presente, la abundancia de ustedes suple la necesidad de ellos, para que un día la abundancia de ellos supla la necesidad de ustedes» (8 13-14).

Estén alegres, anímense y vivan en armonía y la paz de Dios.

+ Pablo, embajador de Cristo humilde y orgulloso a la vez

Cuando defendemos algo que valoramos inmensamente, lo hacemos con gran pasión y toda la energía posible. Pablo hace esto en su carta a los Gálatas, pues la libertad y la salvación ganadas por Cristo corrían el peligro de ser tergiversadas y distorsionadas. Con tono apasionado e incluso polémico, reafirma su predicación para evitar que falseen y desfiguren estos elementos vitales en la fe cristiana. Para mantener a los gálatas en el Evangelio, Pablo usa todas las armas a su alcance como apóstol y «guerrero» por la causa de Cristo: la Sagrada Escritura, debates, exhortaciones, reclamos y sentido común.

ESQUEMA

- **1 1-9.** Saludo inicial. El único evangelio de Cristo.
- **1 10 – 2 20.** Apología personal: la autoridad apostólica de Pablo
- **3 – 4.** La justificación por la fe
- **5.** La libertad cristiana

DATOS

Autor
Pablo
Fecha de redacción
Entre los años 54-55 d.C.
Destinatarios
Iglesia de cristianos de origen gentil en Galacia

PRESENTACIÓN

La carta a los Gálatas, una de las más directas, personales y apasionadas de Pablo, es vital para el cristianismo. En una época de confusiones y profetas falsos, Pablo resuelve en ella aspectos centrales de nuestra fe. Deja claro que Dios nos salva y que esto supone libertad de las leyes judías; que somos hijos de Dios, a quien debemos adorar en espíritu y verdad, y que lo importante en el Reino de Dios son nuestras actitudes y acciones cimentadas en su amor y no la conformidad con leyes externas.

De mantener firmes estas creencias dependía que la fe cristiana creciera y no se convirtiera en una secta del judaísmo. El Concilio de Jerusalén había concluido que lo que salva es la fe en Jesús y no la Ley judía, pero algunos cristianos judaizantes en Galacia insistían en que los cristianos gentiles debían circuncidarse, y desafiaban la autoridad y la credibilidad de Pablo diciendo que no era verdadero apóstol (ver «El Espíritu Santo y la unidad en la fe y el amor», Hch 15 6-21, y «Vocabulario bíblico: Circuncisión»).

Por eso Pablo escribió esta carta llena de fuego. Empieza afirmando su autoridad como apóstol de Cristo y va directamente al meollo, sin hacer el saludo acostumbrado. Toda su carta revela el ardor vehemente de Pablo:

- Argumenta que en Cristo todo es nueva creación y por eso la Ley es obsoleta.
- Explica la conclusión del Concilio de Jerusalén y señala cómo, incluso Pedro, se dejó influir por otras personas al marginar a los cristianos de origen gentil.
- Desafía a los gálatas y condena a los falsos misioneros: «Si... les anuncia un evangelio distinto del que les hemos anunciado, ¡que sea expulsado!» (Gal 1 8).
- Enfatiza que es Cristo quien nos da la verdadera libertad, mientras que la Ley solo sirve para hacernos conscientes de que el pecado y los vicios nos esclavizan y matan la vida.

GÁLATAS

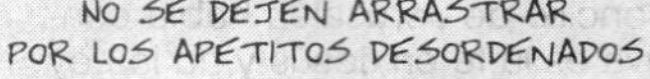

VIVAN SEGÚN EL ESPÍRITU

Saludo inicial

Rom 1 1; Gal 1 11-12; Hch 20 24; 1 Cor 16 1;
2 Tim 4 10; Gal 2 20; 1 Tim 2 6; Hch 2 40; 1 Jn 5 19

1 [1]Pablo, Apóstol —no de parte de
hombres ni por la mediación de un
hombre, sino por Jesucristo y por Dios Padre que lo resucitó de entre los muertos—,
[2]y todos los hermanos que están conmigo,
saludamos a las Iglesias de Galacia. [3]Llegue
a ustedes la gracia y la paz que proceden de
Dios, nuestro Padre, y del Señor Jesucristo,
[4]que se entregó por nuestros pecados para
librarnos de este mundo perverso, conforme a la voluntad de Dios, nuestro Padre, [5]a
quien sea la gloria para siempre. Amén.

El único Evangelio de Cristo

Rom 1 6; Gal 1 15; 5 8; 2 Cor 11 4; Rom 9 3

[6]*Me sorprende que* ustedes abandonen
tan pronto al que los llamó por la gracia de
Cristo, para seguir otro evangelio. [7]No es
que haya otro, sino que hay gente que los
está perturbando y quiere alterar el Evangelio de Cristo. [8]Pero si nosotros mismos o
un ángel del cielo les anuncia un evangelio
distinto del que les hemos anunciado, ¡que
sea expulsado! [9]Ya se lo dijimos antes, y
ahora les vuelvo a repetir: el que les predi-
que un evangelio distinto del que ustedes
han recibido, ¡que sea expulsado!

APOLOGÍA PERSONAL: LA AUTORIDAD APOSTÓLICA DE PABLO

La elección de Pablo

1 Tes 2 13; Gal 1 1.15-16; Mt 16 17;
Hch 8 3; 22 4-5; 1 Cor 15 9; Hch 22 3;
Flp 3 5-6; Is 49 1; Jr 1 5; Gal 1 6.12; Hch 9 3-6

[10]¿Acaso yo busco la aprobación de los
hombres o la de Dios? ¿Piensan que quiero congraciarme con los hombres? Si quisiera quedar bien con los hombres, no sería servidor de Cristo. [11]Quiero que sepan,
hermanos, que la Buena Noticia que les
prediqué no es cosa de los hombres, porque [12]yo no la recibí ni aprendí de ningún
hombre, sino por revelación de Jesucristo.
[13]Seguramente ustedes oyeron hablar de
mi conducta anterior en el judaísmo: có-

mo perseguía con furor a la Iglesia de Dios
y la arrasaba, [14]y cómo aventajaba en el judaísmo a muchos compatriotas de mi
edad, en mi exceso de celo por las tradiciones paternas. [15]Pero cuando Dios, que me
eligió *desde el seno de mi madre y me llamó*
por medio de su gracia, se complació [16]en
revelarme a su Hijo, para que yo lo anun-
ciara entre los paganos, de inmediato, sin
consultar a ningún hombre [17]y sin subir a
Jerusalén para ver a los que eran Apóstoles
antes que yo, me fui a Arabia y después regresé a Damasco.

Pablo en Jerusalén

Hch 9 20.26-30; 15 13

[18]Tres años más tarde, fui desde allí a Jerusalén para visitar a Pedro, y estuve con él
quince días. [19]No vi a ningún otro Apóstol,
sino solamente a Santiago, el hermano del
Señor. [20]En esto que les escribo, Dios es testigo de que no miento. [21]Después pasé a las regiones de Siria y Cilicia. [22]Las Iglesias de Judea que creen en Cristo no me conocían
personalmente, [23]sino solo por lo que habían oído decir de mí: «El que en otro tiempo nos perseguía, ahora anuncia la fe que antes quería destruir». [24]Y glorificaban a Dios a
causa de mí.

La asamblea de Jerusalén

Hch 11 30; 15 1-2

2 [1]Al cabo de catorce años, subí nuevamente a Jerusalén con Bernabé, llevando conmigo a Tito. [2]Lo hice en virtud
de una revelación divina, y les expuse el
Evangelio que predico entre los paganos,
en particular a los dirigentes, para asegu-
rarme que no corría o no había corrido en
vano. [3]Pero ni siquiera Tito, que estaba
conmigo y era de origen pagano, fue obligado a circuncidarse, [4]a pesar de los falsos
hermanos que se habían infiltrado para
coartar la libertad que tenemos en Cristo
Jesús y reducirnos a la esclavitud. [5]Con todo, ni por un momento les hicimos concesiones, a fin de salvaguardar para ustedes
la verdad del Evangelio.

La decisión de los Apóstoles

Hch 9 15; Rom 1 5-6; 15 15-19; 2 Cor 8 – 9

[6]En cuanto a los dirigentes —no me interesa lo que hayan sido antes, porque Dios
no hace acepción de personas—, no me impusieron nada más. [7]Al contrario, aceptaron que me había sido confiado el anuncio
del Evangelio a los paganos, así como fue
confiado a Pedro el anuncio a los judíos.
[8]Porque el que constituyó a Pedro Apóstol
de los judíos, me hizo también a mí Apóstol de los paganos. [9]Por eso, Santiago, Cefas y Juan —considerados como columnas
de la Iglesia— reconociendo el don que me
había sido acordado, nos estrecharon la
mano a mí y a Bernabé, en señal de comunión, para que nosotros nos encargáramos
de los paganos y ellos de los judíos. [10]Sola-
mente nos recomendaron que nos acordá-
ramos de los pobres, lo que siempre he tratado de hacer.

VIVE LA PALABRA

Consistente, confiable y coherente

Pablo recuerda a los gálatas que el Concilio de Jerusalén afirmó que la fe en Cristo es esencial para la salvación. Después los exhorta a no caer en el legalismo de los judaizantes, quienes insistían en que primero debían cumplir las leyes judías para poder ser cristianos. También enfatiza que los hechos y las palabras de Jesús siempre coincidían, y relata cómo tuvo que desafiar a Pedro por rehusarse a comer con cristianos-gentiles, pues su conducta era incoherente con el evangelio y causaba confusión e inestabilidad en la comunidad cristiana.

Todo cristiano auténtico es coherente con lo que dice y hace, pues las acciones hablan más fuerte que las palabras, y si estas no son respaldadas por hechos, la fe se debilita. Reflexiona si tus palabras corresponden a tus acciones. Si vives lo que aconsejas a otros, si eres consistente en tu vida, si la gente confía en ti y acepta tu testimonio de fe. Pide al Espíritu Santo que fortifique tu fe en Jesús y te ayude a vivir de modo coherente.

Gal 2 11-14

El incidente de Antioquía

Hch 10 28; 11 3; Gal 2 5

11 Pero cuando Cefas llegó a Antioquía,
yo le hice frente porque su conducta era re-
prensible. 12 En efecto, antes que llegaran algunos enviados de Santiago, él comía con
los paganos, pero cuando estos llegaron, se
alejó de ellos y permanecía apartado, por
temor a los partidarios de la circuncisión.
13 Los demás judíos lo imitaron, y hasta el
mismo Bernabé se dejó arrastrar por su simulación. 14 Cuando yo vi que no procedían rectamente, según la verdad del Evangelio, dije a Cefas delante de todos: «Si tú,
que eres judío, vives como los paganos y no
como los judíos, ¿por qué obligas a los paganos a que vivan como los judíos?».

El Evangelio de Pablo

Hch 15 10-11; Rom 3 20.28; 4 5; 8 10; 9 30; Flp 1 21

15 Nosotros somos judíos de nacimiento y
no pecadores venidos del paganismo. 16 Pero
como sabemos que el hombre no es justificado por las obras de la Ley, sino por la fe en
Jesucristo, hemos creído en él, para ser justificados por la fe en Cristo y no por las obras
de la Ley: en efecto, *nadie será justificado* en
virtud de las obras de la Ley. 17 Ahora bien, si
al buscar nuestra justificación en Cristo resulta que también nosotros somos pecadores, entonces Cristo está al servicio del pecado. Esto no puede ser, 18 porque si me pongo
a reconstruir lo que he destruido, me declaro a mí mismo transgresor de la Ley. 19 Pero
en virtud de la Ley, he muerto a la Ley, a fin
de vivir para Dios. Yo estoy crucificado con
Cristo, 20 y ya no vivo yo, sino que Cristo vive en mí: la vida que sigo viviendo en la carne, la vivo en la fe en el Hijo de Dios, que
me amó y se entregó por mí. 21 Yo no anulo
la gracia de Dios: si la justicia viene de la Ley,
Cristo ha muerto inútilmente.

YA NO VIVO YO,
SINO QUE ES CRISTO
QUIEN VIVE EN MÍ.
Gal 2 20

LA JUSTIFICACIÓN POR LA FE

Llamado de atención a los gálatas

1 Cor 1 18.23-24; 2 2; Gal 6 14; Hch 11 17;
Rom 8; 1 Cor 2 12; 12 4-11

3 1 Gálatas insensatos, ¿quién los ha seducido a ustedes, ante quienes fue
presentada la imagen de Jesucristo crucificado? 2 Una sola cosa quiero saber: ¿ustedes
recibieron el Espíritu por las obras de la Ley
o por haber creído en la predicación?
3 ¿Han sido tan insensatos que llegaron al
extremo de comenzar por el Espíritu, para
acabar ahora en la carne? 4 ¿Habrá sido en

El don de la fe:
¡sin fe, nada va...!

Un grupo juvenil estaba muy confundido al reflexionar sobre la fe y decidió hacer un retiro sobre «la fe». He aquí las conclusiones a las que llegó en el retiro, varias de las cuales se fundamentan en la carta a los Gálatas.

- Nuestra fe es viva y activa porque proviene de Dios, quien nos ama y pide en respuesta que lo amemos a él y a nuestros semejantes.
- Es importante ver la fe como un don maravilloso, y no definirla solo de manera negativa como al decir que la fe es «creer en Dios aunque no lo vemos, y en los misterios cristianos, aunque no los comprendemos».
- La fe nos reviste de Cristo Jesús y nos compromete a vivir identificados con él y su misión (Gal 3 27), pues lo que «cuenta es la fe que obra por medio del amor» (5 6). Por eso la fe abarca toda la vida y va más allá del cumplir los mandamientos y recibir los sacramentos.
- La fe nos hace conscientes de que somos hijos/as de Dios (4 6) y nos llena de los frutos del Espíritu Santo (5 22). Por eso sabemos que Dios vive en nosotros y entre nosotros, y que podemos vivir como nos enseñó Jesús.
- La fe nos motiva a seguir a Jesús y nos llena de amor, alegría y energía. Expresamos la fe en lo que creemos, sentimos y hacemos, y es tan poderosa que necesitamos compartirla con los demás.

Señor, yo creo..., pero aumenta mi fe. Donde haya desesperación y fatalismo, que *lleve yo fe; donde haya sospechas y desconfianza, que lleve yo valentía y que siempre dé yo el primer paso para ofrecer amistad. ¡Señor, aumenta mi fe! Amén.*

Gal 3 1-14

vano que recibieron tantos favores? ¡Ojalá no haya sido en vano! 5 Aquel que les prodiga el Espíritu y está obrando milagros entre ustedes, ¿lo hace por las obras de la Ley o porque han creído en la predicación?

Los verdaderos hijos de Abraham

Gn 15 6; 12 3; Rom 4 16; Heb 2 16

6 Es el caso de Abraham, *que creyó en Dios, y esto le fue tenido en cuenta para su justificación.* 7 Reconozcan, entonces, que los verdaderos hijos de Abraham son los que tienen fe. 8 La Escritura, previendo que Dios justificaría a los paganos por la fe, anticipó esta buena noticia a Abraham, prometiéndole: *En ti serán bendecidas todas las naciones.* 9 De esa manera, los que creen son los que participan de la bendición de Abraham, el creyente.

La Ley, fuente de maldición

Dt 27 26; Hab 2 4; Gal 2 16; Lv 18 5; Dt 21 22-23; Rom 5 8; 8 3; 2 Cor 5 21

10 En efecto, todos los que confían en las obras de la Ley están bajo una maldición, porque dice la Escritura: *Maldito sea el que no cumple fielmente todo lo que está escrito en el libro de la Ley.* 11 Es evidente que delante de Dios nadie es justificado por la Ley, ya que *el justo vivirá por la fe.* 12 La Ley no depende de la fe, antes bien, *el que observa sus preceptos vivirá por ellos.* 13 Cristo nos liberó de esta maldición de la Ley, haciéndose él mismo maldición por nosotros, porque también está escrito: *Maldito el que está colgado en el patíbulo.* 14 Y esto, para que la bendición de Abraham alcanzara a todos los paganos en Cristo Jesús, y nosotros recibiéramos por la fe el Espíritu prometido.

La Ley y la promesa

Gn 12 7; 13 15; Mt 1 1; Gal 3 28-29

15 Hermanos, quiero ponerles un ejemplo de la vida cotidiana: cuando un hombre hace un testamento en debida forma, nadie puede anularlo o agregarle nada. 16 Las promesas fueron hechas a Abraham y a su *descendencia.* La Escritura no dice: «y a los descendientes», como si se tratara de muchos, sino en singular: *y a tu descendencia,* es decir, a Cristo. 17 Ahora bien, les digo esto: la Ley promulgada cuatrocientos treinta años después no puede anular un testamento formalmente establecido por Dios, dejando así sin efecto la promesa. 18 Porque si la herencia se recibe en virtud de la Ley, ya no es en virtud de la promesa. Y en realidad, Dios concedió su gracia a Abraham mediante una promesa.

El papel de la Ley

Rom 4 13-15; 5 13.20-21; 7 7-13; 8 3; Hch 13 38-39

19 Entonces, ¿para qué sirve la Ley? Ella fue añadida para multiplicar las transgresiones, hasta que llegara el descendiente de Abraham, a quien estaba destinada la promesa; y fue promulgada por ángeles, a través de un mediador. 20 Pero no existe mediador cuando hay una sola parte, y Dios es uno solo. 21 ¿Eso quiere decir que la Ley se opone a las promesas de Dios? ¡De ninguna manera! Porque si hubiéramos recibido una Ley capaz de comunicar la Vida, ciertamente la justicia provendría de la Ley. 22 Pero, de hecho, la Ley escrita sometió todo al pecado, para que la promesa se cumpla en aquellos que creen, gracias a la fe en Jesucristo.

El tiempo de la fe

Jn 1 12-14; Rom 6 3-4; 8 15-16; 10 4; 13 14; Ef 4 24; Rom 10 12; 1 Cor 12 13; Col 3 11

23 Antes que llegara la fe, estábamos cautivos bajo la custodia de la Ley, en espera de la fe que debía ser revelada. 24 Así, la Ley fue nuestro preceptor hasta la llegada de Cristo, para que fuéramos justificados por la fe. 25 Y ahora que ha llegado la fe, ya no estamos sometidos a un preceptor. 26 Porque todos ustedes, por la fe, son hijos de Dios en Cristo Jesús, 27 ya que todos ustedes, que fueron bautizados en Cristo, han sido revestidos de Cristo. 28 Por lo tanto, ya no hay judío ni pagano, esclavo ni hombre libre, varón y mujer, porque todos ustedes no son más que uno en Cristo Jesús. 29 Y si ustedes pertenecen a Cristo, entonces son descendientes de Abraham, herederos en virtud de la promesa.

La filiación divina

Mc 1 15; Ef 1 10; Jn 1 14; Rom 1 3; Gal 3 13.26; Rom 8 15

4 1 Voy a ser más explícito: el heredero, mientras es menor de edad, aunque sea propietario de todos sus bienes, en nada se diferencia de un esclavo. 2 En efecto, hasta la edad fijada por su padre, está bajo la dependencia de sus tutores y administradores. 3 Así también nosotros, cuando éramos menores de edad, estábamos someti-

Superar la desigualdad

Pablo reconoce que en Cristo empieza una nueva era donde las diferencias de raza, sexo y clase social no afectan la dignidad de la persona. Pablo ve esta igualdad como fruto de la venida de Cristo y enseña que todos los cristianos debemos luchar para que se dé en todas las dimensiones de la sociedad (ver «Igualdad radical», Rom 10 12).

San Martín de Porres (1579-1630), en Perú, reconoció su dignidad personal a pesar de que sufrió menosprecio y discriminación por ser mulato, hijo de un hidalgo español y de una esclava negra liberada. Su padre lo desconoció al nacer, por lo que en su acta bautismal fue registrado como «hijo de padre desconocido».

Sin embargo, Martín superó las barreras sociales y aprendió los oficios de barbero y farmacéutico. A los quince años entró al servicio de los padres dominicos como sirviente o «donado», y dedicó a Dios con alegría las tareas sencillas que le asignaron. Ahí, al trabajar con la escoba, comenzó su camino de santidad. Por ello recibió los apodos de «Martín de la caridad» y «santo de la escoba».

Nueve años después entró en la comunidad dominica y reanudó sus oficios de cortar el pelo y preparar medicinas. Su relación con Dios generó en él un amor universal: atendía a pobres y ricos, niños y ancianos, y defendía a los animales por ser criaturas de Dios. Durante una epidemia se entregó a servir a los enfermos y fundó el asilo de Santa Cruz para huérfanos y limosneros, ayudado por personas ricas de Lima. Grandes personajes como el virrey y el arzobispo lo consultaban por su espiritualidad. Martín es el primer santo afroamericano y fue nombrado patrono de los pueblos pluriculturales y de la armonía interracial.[1]

¿Cómo manejas tú las diferencias entre las personas a tu alrededor? ¿Tienes la tendencia a discriminar social y racialmente como es tan común en nuestra cultura? Toma a san Martín de Porres como modelo y pide a Dios la gracia *de ser tan abierto/a como él.*

Gal 3 26-28

dos a los elementos del mundo. 4 Pero
cuando se cumplió el tiempo establecido,
Dios envió a su Hijo, nacido de una mujer
y sujeto a la Ley, 5 para redimir a los que estaban sometidos a la Ley y hacernos hijos
adoptivos. 6 Y la prueba de que ustedes son
hijos es que Dios envió a nuestros corazones el Espíritu de su Hijo, que clama a Dios
llamándolo: ¡Abba!, es decir, ¡Padre! 7 Así,
ya no eres más esclavo, sino hijo, y por lo
tanto, heredero por la gracia de Dios.

¡Bendita seas, mujer!

Pablo señala que Jesús nació de una mujer, para enfatizar que fue un hombre real, sometido a las leyes de la naturaleza y a la Ley de Moisés. Jesús fue enviado por Dios para liberarnos de la esclavitud de la Ley y elevar nuestra condición a hijos de Dios, herederos de su gloria (Gal 4 4-7). En este proceso, su Madre, María, tuvo un papel importante. Por ello en varias partes de Europa se le reconoce como la *Madonna* que da abrigo a los pobres y afligidos, y en América Latina corrige con su amor la evangelización iniciada por la fuerza y la espada.

En México, María toma partido por los indígenas; quiere residir en un lugar pobre como ellos y evangeliza desde la perspectiva del pobre, apareciendo así como verdadera madre de Jesús, amigo de marginados y pecadores. En Costa Rica, bajo el título de Nuestra Señora de los Ángeles y en compañía de Juana Perera, una joven indígena, María, vive al lado del pueblo humilde y se convierte en su abogada para que encuentre respeto y trato digno.

Por eso, en muchos países latinoamericanos, la actitud de Jesús se ve reflejada y concentrada en su Madre, abogada, amiga, acompañante de los pobres y de la mujer latina en su caminar hacia el amor y la justicia.

¡María, Madre nuestra, nunca nos desampares en los momentos difíciles y apóyanos siempre en nuestros esfuerzos evangelizadores!

Gal 4 4-7

El peligro de recaer en la esclavitud de la Ley

Is 37 19; Jr 2 11; 1 Cor 8 3-6; Col 2 16-23

8 Antes, cuando ustedes no conocían a
Dios, estaban al servicio de dioses que no
lo son realmente. 9 Pero ahora que conocen
a Dios —o mejor dicho, que son conocidos por él—, ¿cómo es posible que se vuel-

van otra vez a esos elementos sin fuerza ni
valor, para someterse nuevamente a ellos?
10 ¡Observar los días, los meses, las estaciones y los años! 11 Francamente, temo haber
trabajado inútilmente por ustedes.

Reconvención afectuosa

1 Cor 4 16; 9 20-22; Mt 10 40; Jn 13 20;
1 Cor 2 3-5; 4 15

12 Les ruego, hermanos, que se hagan semejantes a mí, como yo me hice semejante
a ustedes. En realidad, no me han ofendido
en nada. 13 Ya saben que fue en ocasión de
una enfermedad cuando les prediqué por
primera vez la Buena Noticia. 14 A pesar de
que mi aspecto físico era una prueba para
ustedes, no me desdeñaron ni me despreciaron; todo lo contrario, me recibieron como a un ángel de Dios, como a Cristo Jesús.
15 ¿Dónde está la alegría que sintieron entonces? Yo mismo puedo atestiguar que, de
ser posible, se habrían arrancado los ojos
para dármelos. 16 ¿Y ahora me he convertido
en enemigo de ustedes por decirles la verdad? 17 El interés que los otros demuestran
por ustedes no es bueno: lo que quieren es
separarlos de mí, para que se interesen por
ellos. 18 Está bien interesarse por los demás,
con tal que ese interés sea verdadero y para
siempre, y no solo cuando yo estoy entre
ustedes. 19 ¡Hijos míos, por quienes estoy
sufriendo nuevamente los dolores del parto hasta que Cristo sea formado en ustedes!
20 Ahora mismo desearía estar allí para hablarles de otra manera, porque ya no sé cómo proceder con ustedes.

Las dos Alianzas

Gn 16 15; Jn 8 33-35; Heb 12 22; Ap 21 2.10;
Gn 17 16; Is 54 1; Gn 21 2.10

21 Ustedes que quieren someterse a la Ley,
díganme: ¿No entienden lo que dice la Ley?
22 *Porque está escrito* que Abraham tuvo dos
hijos: uno de su esclava y otro de su mujer,
que era libre. 23 El hijo de la esclava nació según la carne; en cambio, el hijo de la mujer
libre, nació en virtud de la promesa. 24 Hay
en todo esto un simbolismo: estas dos mujeres representan las dos Alianzas. La primera Alianza, la del monte Sinaí, que engendró un pueblo para la esclavitud, está
representada por Agar, 25 porque el monte
Sinaí está en Arabia, y corresponde a la Jerusalén actual, ya que ella con sus hijos viven en la esclavitud. 26 Pero hay otra Jerusalén, la celestial, que es libre, y ella es nuestra madre. 27 Porque dice la Escritura: *¡Alégrate, tú que eres estéril y no das a luz; prorrumpe en gritos de alegría, tú que no conoces
los dolores del parto! Porque serán más numerosos los hijos de la mujer abandonada que los
hijos de la que tiene marido.* 28 Nosotros, hermanos, somos como Isaac, hijos de la promesa. 29 Y así como entonces el hijo nacido
según la carne perseguía al hijo nacido por
obra del Espíritu, así también sucede ahora.
30 Pero dice la Escritura: *Echa a la esclava y a
su hijo, porque el hijo de la esclava no va a compartir la herencia con el hijo* de la mujer libre.
31 Por lo tanto, hermanos, no somos hijos
de una esclava, sino de la mujer libre.

LA LIBERTAD CRISTIANA

Exhortación a mantenerse en la libertad de la fe

Jn 8 36; Rom 8 2; Gal 2 4; 5 13; 3 10; Rom 8 23-25;
2 Cor 1 22; 5 1-5; Sant 2 2; 1 Tim 1 5;
Rom 5 1-15; 8 23-25; 1 Tim 1 3

5 1 Esta es la libertad que nos ha dado
Cristo. Manténganse firmes para no
caer de nuevo bajo el yugo de la esclavitud.
2 Yo mismo, Pablo, les digo: si ustedes se
hacen circuncidar, Cristo no les servirá de
nada. 3 Les vuelvo a insistir: todos los que
se circuncidan, están obligados a observar
íntegramente la Ley. 4 Si ustedes buscan la
justicia por medio de la Ley, han roto con
Cristo y quedan fuera del dominio de la
gracia. 5 Porque a nosotros, el Espíritu nos
hace esperar por la fe los bienes de la justicia. 6 En efecto, en Cristo Jesús, ya no cuenta la circuncisión ni la incircuncisión, sino
la fe que obra por medio del amor.

El escándalo de la cruz

Jn 8 32; Gal 2 14; 1 Cor 5 6; 1 23

7 ¡Ustedes andaban tan bien! ¿Quién les
impidió mantenerse fieles a la verdad?
8 ¡No habrá sido a instancias de aquel que
los llama! 9 «Un poco de levadura hace fermentar toda la masa». 10 Yo espero en el Señor que ustedes no cambiarán de parecer.
En cuanto a aquel que los está perturbando, será castigado, sea quien sea. 11 Hermanos, si yo predicara todavía la circuncisión,
no me perseguirían. ¡Pero entonces, habría
terminado el escándalo de la cruz! 12 En
cuanto a los agitadores, ojalá que llegaran
hasta la mutilación total.

Nacemos para ser libres

¡Libertad! Todos la queremos y todos le tememos un poco. En realidad con frecuencia desfiguramos o tergiversamos lo que es la libertad auténtica.

En general, lo que los jóvenes quieren es vivir independientes de sus padres, tener su propio carro, hacer con su vida lo que quieren, salirse de las reglas de los mayores... Buscan ser libres de permisos y supervisiones, de obligaciones escolares, religiosas, legales, de compromisos familiares y sociales...

Pero Pablo advierte: ¡Ojo!, la libertad no es una simple oportunidad de buscar placer y comodidad personal. Jesús te hizo libre para buscar la felicidad propia y ajena; para madurar en paciencia y bondad, en gentileza y autodominio, en generosidad y lealtad; para amar profundamente y vivir en verdadera alegría; para hacer el bien siempre.

La libertad es para ti. Para eso naciste, ¡para ser libre de verdad! ¿Qué tan libre eres?

Gal 5 13-26

La libertad y el amor

Gal 5 1; Lv 19 18

13 Ustedes, hermanos, han sido llamados
para vivir en libertad, pero procuren que
esta libertad no sea un pretexto para satisfacer los deseos carnales: háganse más bien
esclavos los unos de los otros, por medio
del amor. 14 Porque toda la Ley está resumi-
da plenamente en este precepto: *Amarás a
tu prójimo como a ti mismo.* 15 Pero si ustedes
se están mordiendo y devorando mutuamente, tengan cuidado porque terminarán
destruyéndose los unos a los otros.

El Espíritu y la carne

Rom 8 4-5; 7 14-23; 2 Cor 6 6; Ef 5 9;
1 Tim 6 11; 1 Pe 2 11

16 Yo los exhorto a que se dejen conducir
por el Espíritu de Dios, y así no serán arrastrados por los deseos de la carne. 17 Porque la
carne desea contra el espíritu y el espíritu contra la carne. Ambos luchan entre sí, y por eso,
ustedes no pueden hacer todo el bien que
quieren. 18 Pero si están animados por el Espíritu, ya no están sometidos a la Ley. 19 Se sabe
muy bien cuáles son las obras de la carne: fornicación, impureza y libertinaje, 20 idolatría y
superstición, enemistades y peleas, rivalidades y violencias, ambiciones y discordias, sec-
tarismos, disensiones 21 y envidias, ebriedades
y orgías, y todos los excesos de esta naturaleza. Les vuelvo a repetir que los que hacen estas cosas no poseerán el Reino de Dios. 22 Por
el contrario, el fruto del Espíritu es: amor, alegría y paz, magnanimidad, afabilidad, bondad y confianza, 23 mansedumbre y tempe-
rancia. Frente a estas cosas, la Ley está de más,
24 porque los que pertenecen a Cristo Jesús
han crucificado la carne con sus pasiones y
sus malos deseos. 25 Si vivimos animados por
el Espíritu, dejémonos conducir también
por él. 26 No busquemos la vanagloria, provo-
cándonos los unos a los otros y envidiándo-
nos mutuamente.

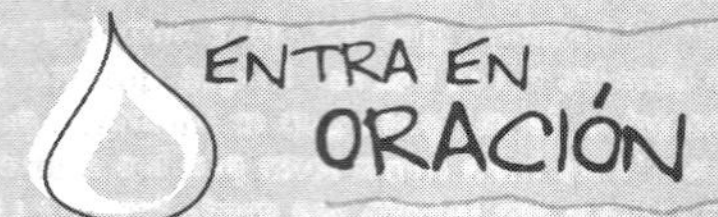

¡Lléname, Señor!

Padre, ¡lléname de los frutos de tu Espíritu!

Que tu Espíritu de **amor** *sea fuente de comunión contigo y con mis hermanos.*

Que celebre con **alegría** *tu presencia en cada momento de mi vida.*

Que constituya la Civilización del Amor, donde reine la **paz** *como efecto de la justicia.*

Que sea **tolerante** *y valore la diversidad de personalidades, culturas y situaciones.*

Que sea **amable** *con quien necesita mi tiempo y esfuerzo.*

Que descubra tu **bondad** *y la comparta con otros.*

Que mi **fe** *se robustezca para que mi vida esté al servicio del evangelio.*

Que tenga **mansedumbre** *para comportarme con la sencillez, docilidad y humildad de Jesús.*

Que tu presencia fortalezca el **dominio propio** *y que este me mueva a actuar por amor, orientado por mi fe y los valores de Jesús.*

Padre, ¡lléname con estos frutos de tu Espíritu, para ser feliz y hacer felices a los demás! Amén.

Gal 5 22-26

Las exigencias del amor

Mt 18 15; Rom 15 1; 2 Tes 3 14-15;
Sant 5 19-20; Job 4 8; Prov 22 8; Os 8 7

6 1 Hermanos, si alguien es sorprendido
en alguna falta, ustedes, los que están
animados por el Espíritu, corríjanlo con
dulzura. Piensa que también tú puedes ser
tentado. 2 Ayúdense mutuamente a llevar las
cargas, y así cumplirán la Ley de Cristo. 3 Si
alguien se imagina ser algo, se engaña, porque en realidad no es nada. 4 Que cada uno
examine su propia conducta, y así podrá encontrar en sí mismo y no en los demás, un
motivo de satisfacción. 5 Porque cada uno
tiene que llevar su propia carga.

6 El que recibe la enseñanza de la Palabra, que haga participar de todos sus bienes al que lo instruye.

7 No se engañen: nadie se burla de Dios.
Se recoge lo que se siembra: 8 el que siembra para satisfacer su carne, de la carne recogerá solo la corrupción; y el que siembra
según el Espíritu, del Espíritu recogerá la
Vida eterna. 9 No nos cansemos de hacer el
bien, porque la cosecha llegará a su tiempo
si no desfallecemos. 10 Por lo tanto, mientras estamos a tiempo hagamos el bien a
todos, pero especialmente a nuestros hermanos en la fe.

REFLEXIONA

La cruz de Cristo y la Ley

El final de la carta a los Gálatas resume y enfatiza una vez más que la cruz de Cristo y el valor de la Ley son incompatibles. La cruz que predica Jesús es el fin del mundo viejo y violento, y *el comienzo* de una «nueva creación» pacífica: Jesús no devuelve los golpes de su pasión, sino que los hace morir en él mismo. La cruz no es exaltación del sufrimiento y el dolor, ¡es vida, salvación, comienzo, símbolo de la agresión y el odio no devueltos! En ella, Dios nos perdona..., todo... para siempre..., las veces que necesitemos.

¿Cómo te ayudará en tu vida tener presente la imagen de la cruz gloriosa de Cristo?

Gal 6 11-16

La verdadera gloria del cristiano

1 Cor 16 21; 2 Tes 3 17; Rom 3 27; 5 3-5;
2 Cor 5 17; Ap 21 5

11 ¿Ven estas letras grandes? ¡Les estoy escribiendo con mi propia mano! 12 Los que
quieren imponerles la circuncisión solo buscan quedar bien exteriormente, y evitar ser
perseguidos a causa de la cruz de Cristo.
13 Porque tampoco aquellos que se hacen circuncidar observan la Ley; solo pretenden que
ustedes se circunciden para gloriarse de eso.
14 Yo solo me gloriaré en la cruz de nuestro
Señor Jesucristo, por quien el mundo está
crucificado para mí, como yo lo estoy para el
mundo. 15 Estar circuncidado o no estarlo no
tiene ninguna importancia: lo que importa
es ser una nueva criatura. 16 Que todos los que
practican esta norma tengan paz y misericordia, lo mismo que el Israel de Dios.

Gal 6 14

COMPRENDE LOS SÍMBOLOS

La cruz gloriosa de Cristo

La cruz de Cristo indica a la vez tormento y trono de gloria. Mientras que la mayoría de los crucifijos hispanos presenta su aspecto doloroso, el cristianismo oriental y el arte moderno suelen evocar la cruz de la que presume Pablo: objeto de gloria, fuente de salvación y origen de vida como nueva criatura.

Despedida

2 Cor 4 10; 6 4-5; Col 1 24;
Flp 4 23; 2 Tim 4 22; Flm 23

17 Que nadie me moleste en adelante: yo
llevo en mi cuerpo las cicatrices de Jesús.
18 Hermanos, que la gracia de nuestro Señor
Jesucristo permanezca con ustedes. Amén.

Segunda carta de Pablo
A LA JUVENTUD DE HOY

Queridos jóvenes,

Ardo en deseos de reforzar su fe en Jesús, pues es el único capaz de salvarnos del pecado y la muerte. Que quede claro: La salvación no viene del cumplir un conjunto de leyes externas a nosotros. Lo que nos salva es nuestra fe en Jesús y la vivencia de su Evangelio.

He oído a personas que definen la fe de manera negativa, cómo creer en lo que no vemos y no podemos entender. Es cierto que a Jesús no lo podemos ver y que el misterio de Dios sobrepasa nuestra inteligencia, no obstante, la fe es algo muy positivo.

Tener fe es reconocer que Dios existe y que Jesús, su hijo predilecto, nos trajo su amor y se quedó entre nosotros por medio del Espíritu Santo. Es saber que, desde nuestro Bautismo, «ya no vivo yo, sino que Cristo vive en mí» (Gal 2 20). Como ven, la fe es grandiosa, libre, un don maravilloso de Dios, inmensamente dadora de vida.

Desde esta perspectiva, oro al Padre, al Hijo y al Espíritu Santo, para que su fe siempre sea fuerte y crezca todos los días de su vida.

+ Pablo, quien por la fe pasó de enemigo a apóstol de Jesús

CARTA A LOS EFESIOS

¿Anhelas paz, amor y felicidad en la vida? ¿Te frustras cuando la vida es dura, miserable o poco soportable? ¿Has sentido la vida fría, sin amor y angustiosa? ¿Te das cuenta de que la falta de unidad lleva a la guerra, y que la desigualdad en la dignidad humana crea una sociedad injusta y ruin? ¿Has experimentado discordia, odio, discriminación, envidia... en tu corazón, o sufrido porque otra persona ha tenido estos sentimientos contra ti? Si has contestado «sí» a estas preguntas, esta carta te brindará una gran oportunidad de reflexión y oración, y te iluminará el camino a recorrer para que tu vida sea mejor.

ESQUEMA

- **1 1-2.** Saludo inicial
- **1 3 – 3 21.** El ministerio de Cristo y de la Iglesia
- **4 – 6.** El comportamiento cristiano: unidad y amor mutuo

PRESENTACIÓN

Aunque Pablo aparece dirigiendo esta carta al pueblo de Dios en Éfeso, su estilo y su contenido indican que fue escrita por un discípulo suyo. Más que noticias o consejos a una comunidad concreta, es una meditación sobre el misterio de Cristo y de su Iglesia, dirigida a la segunda generación de cristianos en Asia Menor.

El autor sigue el pensamiento de Pablo. Habla de la Iglesia como pueblo, familia, templo y morada de Dios (Ef 1 14; 2 19; 2 21), y resume sus enseñanzas sobre la Iglesia como Cuerpo de Cristo (1 Cor 12 12-30). Al enfatizar que Dios es Padre de todos, da a la Iglesia una dimensión universal, con una misión hacia la humanidad entera.

La carta resalta tres elementos que caracterizan la Iglesia como Cuerpo de Cristo:

- ***La Iglesia es santa,*** porque nace de la elección de Dios, quien nos hace sus hijos y nos capacita para hacer del amor el centro de nuestra vida (Ef 1 3-15). Al mismo tiempo requiere una conversión constante para que el amor crezca (4 22-24).
- ***La Iglesia es una,*** con su vida sucediendo en comunidades locales. Cristo es fuente de paz, reconciliación y unidad (2 14), y existe un solo cuerpo, una sola esperanza, un Señor, una fe, un bautizo, un Dios (4 1-6). Esta unidad se mantiene viva en la pluralidad de dones y misiones dados por el Espíritu Santo (4 8).
- ***La Iglesia es un misterio de extensión universal y cósmica,*** con Cristo como su cabeza (1 22-23; 5 23). Esta Iglesia está insertada en el plan salvador de Dios, bajo la iniciativa del Padre. El Hijo realiza el plan de Dios y el Espíritu da a la Iglesia los dones de Dios. Así, Cristo y la Iglesia forman una unidad inseparable, y la Iglesia continúa y lleva a la plenitud la redención de Cristo a lo largo de la historia.

DATOS

Autor
Un discípulo de Pablo
Fecha de redacción
Entre los años 70-95 d.C.
Destinatarios
Iglesias gentiles en Asia Menor

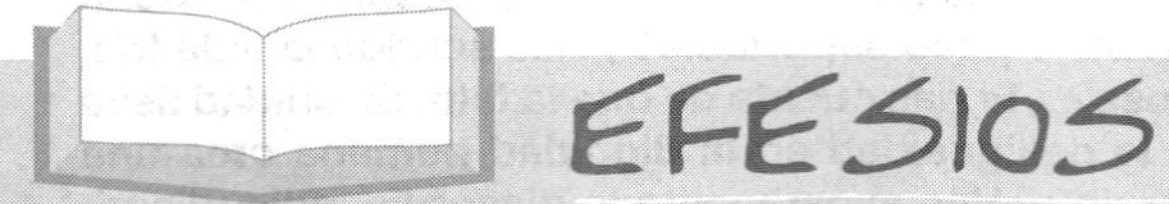

CRISTO, CONSTRUCTOR DE PAZ Y DE UNIDAD

Saludo inicial

1 Cor 1 1; Col 1 1

1 [1] Pablo, Apóstol de Jesucristo por la
voluntad de Dios, saluda a los santos
que creen en Cristo Jesús. [2] Llegue a ustedes
la gracia y la paz de parte de Dios, nuestro
Padre, y del Señor Jesucristo.

EL MISTERIO DE CRISTO Y DE LA IGLESIA

El plan de salvación

2 Cor 1 3; 1 Pe 1 3; Rom 8 28-30; Jn 15 16; 17 24; Rom 8 15-16; Jn 1 12; Col 1 13-14; Rom 3 24-25; Ef 2 13.7; Col 1 9; 4 5; Ef 3 3; Mc 1 15; Gal 4 4; Col 1 16-17; Ef 4 30; 2 Cor 1 22; Gal 3 14; 2 Cor 5 5; Rom 8 14-17.23

[3] Bendito sea Dios,
el Padre de nuestro Señor Jesucristo,
que nos ha bendecido en Cristo
con toda *clase de bienes espirituales*
en el cielo,
[4] y nos ha elegido en él,
antes de la creación del mundo,
para que fuéramos santos
e irreprochables en su presencia,
por el amor.
[5] Él nos predestinó a ser sus hijos adoptivos
por medio de Jesucristo,
conforme al beneplácito de su voluntad,
[6] para alabanza de la gloria de su gracia,
que nos dio en su Hijo muy querido.
[7] En él hemos sido redimidos por su sangre
y hemos recibido el perdón de los pecados,
según la riqueza de su gracia,
[8] que Dios derramó sobre nosotros,
dándonos toda sabiduría y entendimiento.
[9] Él nos hizo conocer el misterio
de su voluntad,
conforme al designio misericordioso
que estableció de antemano en Cristo,
[10] para que se cumpliera en la plenitud
de los tiempos:
reunir todas las cosas,
las del cielo y las de la tierra,
bajo un solo jefe, que es Cristo.
[11] En él hemos sido constituidos herederos,
y destinados de antemano
—según el previo designio
del que realiza todas las cosas
conforme a su voluntad—
[12] a ser aquellos que han puesto
su esperanza en Cristo,
para alabanza de su gloria.

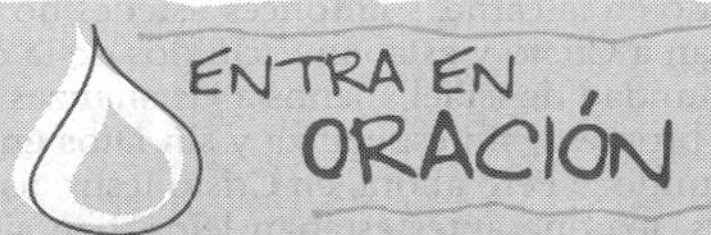

Dios en ti y tú en él

La carta a los Efesios comienza con un himno sobre la belleza de Dios que nos sumerge en su misterio y en el de nuestra vida en él (Ef 1 3-14). Nos movemos en Dios, quien nos abraza en su amor, pues Dios es la relación de amor del Padre, el Hijo y el Espíritu Santo. Esta profunda e intensa dinámica de amor tristemente ha sido articulada con frecuencia de manera seca y difícil, con Dios apareciendo como «uno en tres personas» como si fuera una fórmula matemática (3 = 1) que no podemos apreciar, comprender ni vivir.

El himno proclama cómo actúa Dios en nuestra vida. El Padre nos elige como hijos desde antes de la creación del mundo y nos envuelve en su amor. El Hijo nos rescata del pecado; derrocha abundantemente su sabiduría, su gracia y su inteligencia sobre nosotros, y nos hace herederos de su gloria. El Espíritu Santo nos sella para la redención del Pueblo de Dios y nos convierte en himno vivo de alabanza a Dios.

Haz la siguiente oración; dialoga con Dios sobre este himno tan bello:

- *Céntrate en tu relación de hijo/a del Padre y sumérgete en las bellas palabras de Ef 1 3-6.*
- *Visualízate recibiendo la salvación que te trajo Jesús y llena tu corazón con el mensaje de los versículos 7 al 12.*
- *Ábrete al Espíritu Santo y siente su sello en ti, conforme lees los versículos 13 y 14.*
- *Termina tu oración renovando tu Bautismo, al tiempo que te persignas y te abandonas en el amor infinito de Dios, en el nombre del Padre, el Hijo y el Espíritu Santo.*

Ef 1 3-14

13 En él, ustedes,
los que escucharon la Palabra de la verdad,
la Buena Noticia de la salvación,
y creyeron en ella,
también han sido marcados con un sello
por el Espíritu Santo prometido.
14 Ese Espíritu es el anticipo
de nuestra herencia
y prepara la redención del pueblo
que Dios adquirió para sí,
para alabanza de su gloria.

La supremacía de Cristo

Col 1 4.9; Rom 1 8-9; 1 Tes 1 2; Is 11 2; 1 Cor 2 10; Ef 3 9; 1 12; Rom 8 24-25; Col 1 15-20; Ef 4 15-16; Heb 1 3-4; Mt 28 18

15 Por eso, habiéndome enterado de la fe
que ustedes tienen en el Señor Jesús y del
amor que demuestran por todos los hermanos, 16 doy gracias sin cesar por ustedes,
recordándolos siempre en mis oraciones.
17 Que el Dios de nuestro Señor Jesucristo, el
Padre de la gloria, les conceda un espíritu
de sabiduría y de revelación que les permita conocerlo verdaderamente. 18 Que él ilumine sus corazones, para que ustedes puedan valorar la esperanza a la que han sido
llamados, los tesoros de gloria que encierra
su herencia entre los santos, 19 y la extraordinaria grandeza del poder con que él obra
en nosotros, los creyentes, por la eficacia de
su fuerza. Este es el mismo poder 20 que
Dios manifestó en Cristo, cuando lo resucitó de entre los muertos y lo hizo sentar a su
derecha en el cielo, 21 elevándolo por encima de todo Principado, Potestad, Poder y
Dominación, y de cualquier otra dignidad
que pueda mencionarse tanto en este mundo como en el futuro. 22 *Él puso todas las cosas bajo sus pies* y lo constituyó, por encima
de todo, Cabeza de la Iglesia, 23 que es su
Cuerpo y la Plenitud de aquel que llena
completamente todas las cosas.

EF

La gratuidad de la salvación en Cristo

Lc 15 11-32; Jn 3 16-17; Rom 1 – 3; 6 3-13; Tit 3 3-7; Col 3 1-4; 1 Pe 1 3-5

2 1 Ustedes estaban muertos a causa de
las faltas y pecados 2 que cometían,
cuando vivían conforme al criterio de este
mundo, según el Príncipe que domina en el
espacio, el mismo Espíritu que sigue actuando en aquellos que se rebelan. 3 Todos nosotros también nos comportábamos así en
otro tiempo, viviendo conforme a nuestros
deseos carnales y satisfaciendo las apeten-
cias de la carne y nuestras malas inclinaciones, de manera que por nuestra condición
estábamos condenados a la ira, igual que los
demás. 4 Pero Dios, que es rico en misericordia, por el gran amor con que nos amó,
5 precisamente cuando estábamos muertos a
causa de nuestros pecados, nos hizo revivir
con Cristo —¡ustedes han sido salvados gratuitamente!— 6 y con Cristo Jesús nos resucitó y nos hizo reinar con él en el cielo.
7 Así, Dios ha querido demostrar a los
tiempos futuros la inmensa riqueza de su

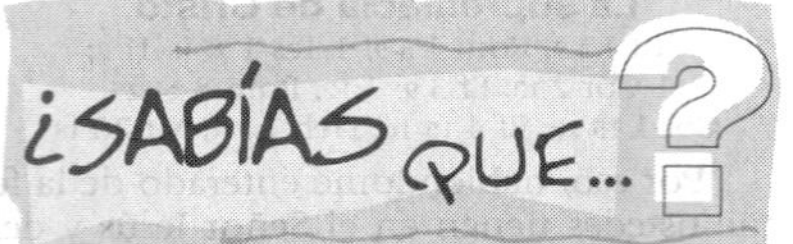

La fe *versus* las buenas obras

En Efesios 2 1-10, el autor insiste en que nuestra salvación no viene de las obras, sino que las buenas obras son consecuencia de vivir nuestra fe. Sin embargo, Santiago expresa que la fe sin obras está muerta y es estéril, y que somos salvados al unir la fe con las obras (Sant 2 14-21).

La relación entre la fe y las buenas obras ha sido un tema de fuerte discusión y causa de la división entre católicos y protestantes. Durante la reforma protestante (siglo XVI), los católicos afirmaban que las buenas obras eran necesarias para salvarse, mientras que Lutero se basaba en Pablo para decir que la fe en Cristo por sí sola es suficiente para salvarnos (Gal 3 1-14; Rom 3 21-22), y consideraba la carta de Santiago como «una epístola de paja» o de poco valor.

Hoy las posiciones están menos polarizadas. Los católicos profesamos que solo producimos obras buenas si mantenemos una fe viva y comprometida. Por su lado, los protestantes conceden que, en la tradición bíblica, la fe es una vivencia que nunca se reduce a un simple acto de afirmar la existencia de Dios, sino que decir sí a Dios implica comportarse como Jesús nos enseñó.

Ef 2 1-10

EF

gracia por el amor que nos tiene en Cristo Jesús. 8 Porque ustedes han sido salvados por
su gracia, mediante la fe. Esto no proviene de
ustedes, sino que es un don de Dios; 9 y no es
el resultado de las obras, para que nadie se
gloríe. 10 Nosotros somos creación suya: fuimos creados en Cristo Jesús, a fin de realizar
aquellas buenas obras, que Dios preparó de
antemano para que las practicáramos.

La reconciliación entre los judíos y los paganos

Is 9 5-6; 28 16; 57 19; Zac 9 10; Ez 37 15-28; Rom 5 10-11; 9 4-5; 2 Cor 5 17-20; Col 1 20-22; Heb 4 14-16; 7 25; 10 19-20; 1 Cor 3 9-16; 1 Pe 2 4-8

11 Por eso, recuerden lo que ustedes eran
antes: paganos de nacimiento, llamados
«incircuncisos» por aquellos que se dicen
«circuncisos», en virtud de un corte practicado en la carne. 12 Entonces ustedes no tenían a Cristo y estaban excluidos de la comunidad de Israel, ajenos a las alianzas de
la promesa, sin esperanza y sin Dios en el
mundo. 13 Pero ahora, en Cristo Jesús, ustedes, los que antes estaban lejos, han sido
acercados por la Sangre de Cristo.

14 Porque Cristo es nuestra paz: él ha unido
a los dos pueblos en uno solo, derribando el
muro de enemistad que los separaba, 15 y
aboliendo en su propia carne la Ley con sus
mandamientos y normas. Así creó con los
dos pueblos un solo Hombre nuevo en su
propia persona, restableciendo la paz, 16 y los
reconcilió con Dios en un solo Cuerpo, por
medio de la cruz, destruyendo la enemistad
en su persona. 17 Y él vino a proclamar la Buena Noticia de la paz, *paz para ustedes, que estaban lejos, paz también para aquellos que estaban cerca.* 18 Porque por medio de Cristo,
todos sin distinción tenemos acceso al Padre,
en un mismo Espíritu.

19 Por lo tanto, ustedes ya no son extranjeros ni huéspedes, sino conciudadanos de
los santos y miembros de la familia de Dios.
20 Ustedes están edificados sobre los apóstoles y los profetas, que son los cimientos,
mientras que la piedra angular es el mismo
Jesucristo.

Ef 2 14

COMPRENDE LOS SÍMBOLOS

La paz

La palabra *Pax* con la cruz, señala la paz interior que proviene de la presencia del Reino de Dios. Es símbolo de un anhelo universal, porque sobre ella nace el amor y descansa todo otro bien, incluyendo la paz civil. De ahí que la venida de Cristo se anuncie con un saludo y un signo de paz y amor.

21 En él, todo el edificio, bien trabado, va
creciendo para constituir un templo santo
en el Señor. 22 En él, también ustedes son
incorporados al edificio, para llegar a ser
una morada de Dios en el Espíritu.

El misterio de Cristo

Rom 12 3; Gal 2 9; Ef 1 9; Col 1 23-29

3 1 Por eso yo, Pablo, estoy preso por
Cristo Jesús, a causa de ustedes, los de
origen pagano. 2 Porque seguramente habrán
oído hablar de la gracia de Dios, que me ha
sido dispensada en beneficio de ustedes.
3 Fue por medio de una revelación como se
me dio a conocer este misterio, tal como acabo de exponérselo en pocas palabras. 4 Al
leerlas, se darán cuenta de la comprensión
que tengo del misterio de Cristo, 5 que no fue
manifestado a las generaciones pasadas, pero que ahora ha sido revelado por medio del
Espíritu a sus santos apóstoles y profetas.
6 Este misterio consiste en que también los
paganos participan de una misma herencia,
son miembros de un mismo Cuerpo y bene-
ficiarios de la misma promesa en Cristo Jesús, por medio del Evangelio. 7 De este Evangelio, yo fui constituido ministro por el don
de la gracia que recibí de Dios, en virtud de
la eficacia de su poder.

El ministerio de Pablo

1 Cor 15 9-10; 1 Tim 1 15; Gal 1 16; 2 8; Col 1 16; Sab 7 27; Rom 11 33-36; Ef 1 4.11; 2 18

8 Yo, el menor de todos los santos, he recibido la gracia de anunciar a los paganos la
insondable riqueza de Cristo 9 y de hacer
brillar a los ojos de todos la dispensación
del misterio que estaba oculto desde siempre en Dios, el creador de todas las cosas,
10 para que los Principados y las Potestades
celestiales conozcan la infinita variedad de
la sabiduría de Dios por medio de la Iglesia.
11 Este es el designio que Dios concibió desde toda la eternidad en Cristo Jesús, nuestro
Señor, 12 por quien nos atrevemos a acercarnos a Dios con toda confianza, mediante la
fe en él. 13 Les pido, por lo tanto, que no se
desanimen a causa de las tribulaciones que
padezco por ustedes: ¡ellas son su gloria!

Súplica del Apóstol

Mt 11 25-27; Ef 1 17-18; Jn 14 23; Col 1 23; 2 7

14 Por eso doblo mis rodillas delante del
Padre, 15 de quien procede toda paternidad
en el cielo y en la tierra. 16 Que él se digne for-
tificarlos por medio de su Espíritu, conforme
a la riqueza de su gloria, para que crezca en
ustedes el hombre interior. 17 Que Cristo habite en sus corazones por la fe, y sean arraigados y edificados en el amor. 18 Así podrán
comprender, con todos los santos, cuál es la
anchura y la longitud, la altura y la profundidad, 19 en una palabra, ustedes podrán conocer el amor de Cristo, que supera todo
conocimiento, para ser colmados por la plenitud de Dios.

Doxología

Rom 16 25-27; Jds 24-25; Col 1 29

20 ¡A aquel que es capaz de hacer infinitamente más de lo que podemos pedir o

La cruz une las clases sociales

Efesios 2 11-22 presenta a Cristo como constructor de paz y de unidad entre judíos y paganos, dos grupos que se encontraban en continuo conflicto. En Latinoamérica, Cristo también es motivo de paz y unidad, como se celebra en la fiesta de la Santa Cruz de los albañiles, el 3 de mayo en Puerto Rico, México y otros países, cuando grupos que usualmente no conviven y tienen conflictos de intereses se unen en una celebración de fe.

Esta fiesta surge de una leyenda del siglo IV sobre unos albañiles que recuperan la cruz en que murió Jesús al excavar un terreno en el Gólgota. Ser albañil es un oficio que frecuentemente conlleva una cruz, es inseguro y mal pagado; una enfermedad o accidente causa el despido y los contratos siempre favorecen al patrón.

Sin embargo, la fiesta está llena de alegría, cantos, danzas, comida y colorido. Si se puede, *se celebra la* Misa en un lugar de la construcción, ante una cruz de madera, adornada con papeles de colores, flores y veladoras. En ella, Cristo une a albañiles, contratistas, arquitectos e ingenieros, en un cuerpo único de constructores, como un signo de lo que debería ser la colaboración armónica en el campo laboral.

Señor, ¡que esta fiesta popular sea fuente de conversión para que todo negocio y trabajo esté dirigido por los valores de tu evangelio!

Ef 2 11-22

EF

VIVE LA PALABRA

Se solicitan co-co-mu-mu-ni-ni-có-lo-gos

¿Te gusta estar con personas y hacerles el bien? ¿Tienes espíritu de aventura? ¿Sabes compartir tu vida y tus conocimientos? ¿Puedes hablar en público, dramatizar, tocar un instrumento o cantar? ¿Tienes facilidad para la electrónica, el diseño, la computación o la escritura? ¡Te necesitamos! ¡Estás contratado/a para el equipo «La Buena Noticia vale más que el oro»!

¿Tienes experiencia? ¡Adelante! ¿No tienes experiencia? ¡Puedes adquirirla!

Ah, ¡se me olvidaba! No he especificado de qué trabajo se trata. Lo haré ahora. Necesitamos jóvenes que quieran crear un mundo mejor a través de los medios de comunicación. Hay que ser creativos y originales, capaces de llevar el evangelio a millones de jóvenes que anhelan amor, comprensión, justicia y paz. Como hace 2 000 años, Pablo fue un excelente comunicador; hoy se requieren «Pablos y Paulas» capaces de compartir la buena nueva de salvación.

¿Televisión? ¡OK, aceptado! ¿Radio? ¡También! ¿Internet? ¡Urge! ¿Teatro moderno? ¡Magnífico! ¿Revistas, periódicos, pintura? Todo esto y más se necesita.

¿Tienes las cualidades para ser un «Pablo o Paula a la moderna»? No desperdicies tus talentos. ¡Jesús necesita tu ayuda para llegar a la juventud!

Ef 3 8-9

pensar, por el poder que obra en nosotros,
21 a él sea la gloria en la Iglesia y en Cristo
Jesús, por todas las generaciones y para
siempre! Amén.

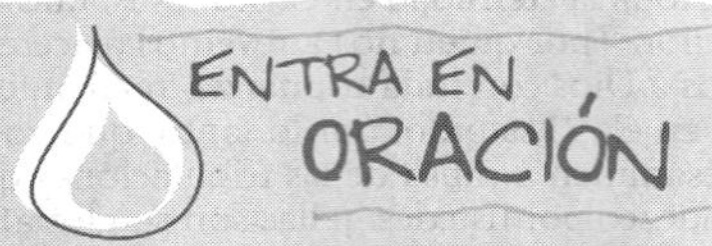

Cristo habita en mí

La carta a los Efesios tiene la forma literaria de una carta, pero su contenido parece una larga oración-meditación. La felicidad del autor desemboca en una oración de intercesión por la comunidad cristiana, a fin de que no le falte el amor y que Cristo habite en el corazón de todos y cada uno.

Gracias, Padre, por insertarnos en la fuente misma de la comunión y por hacernos partícipes de tu amor.

Jesús, hermano nuestro y profeta del Reino, arraiga nuestras vidas en tu amor y ayúdanos a llevarlo a nuestros semejantes.

Espíritu Santo, forja en nosotros actitudes basadas en el amor, concédenos asumir el espíritu de servicio y disponibilidad de Jesús, y danos fuerza para proclamar el evangelio a todas las naciones. Amén.

Ef 3 14-21

EL COMPORTAMIENTO CRISTIANO: UNIDAD Y AMOR MUTUO

Llamado a la unidad

Col 4 18; Flp 1 7.13.27; Ef 2 16.18; 1 Cor 8 6; 12 4-6

4 1 Yo, que estoy preso por el Señor, los
exhorto a comportarse de una mane-
ra digna de la vocación que han recibido.
2 Con mucha humildad, mansedumbre y
paciencia, sopórtense mutuamente por
amor. 3 Traten de conservar la unidad del
Espíritu, mediante el vínculo de la paz.
4 Hay un solo Cuerpo y un solo Espíritu, así
como hay una misma esperanza, a la que
ustedes han sido llamados, de acuerdo con
la vocación recibida. 5 Hay un solo Señor,
una sola fe, un solo bautismo. 6 Hay un solo Dios y Padre de todos, que está sobre todos, lo conoce todo y está en todo.

UN SOLO SEÑOR, UNA SOLA FE, UN SOLO BAUTISMO..., UN SOLO DIOS Y PADRE DE TODOS.

Ef 4 5-6

La diversidad de los carismas

Sal 68 19; Rom 10 6-7; 12 3-8; Flp 2 6-11; 1 Cor 12 1-11; 1 Pe 2 4-5; Gal 4 19

7 Sin embargo, cada uno de nosotros ha
recibido su propio don, en la medida que
Cristo los ha distribuido. 8 Por eso dice la
Escritura:

VIVE LA PALABRA

El ideal de la unidad y el ecumenismo

Para Jesús, la unidad de sus discípulos es esencial y la división entre los cristianos es una herida muy dolorosa, como lo indica su clamor a Dios antes de su pasión: «Que todos sean uno: como tú, Padre, estás en mí y yo en ti» (Jn 17 21). Para algunas personas, la unidad es un ideal inalcanzable; para otras, como Pablo, es imprescindible y puede lograrse con la ayuda del Espíritu. De hecho, la experiencia de Dios a través de Jesús y del Espíritu Santo y nuestro caminar hacia el Padre une a todos los cristianos por encima de las diferencias doctrinales y de organización en nuestras respectivas iglesias.

A lo largo de la historia, los cristianos nos hemos separado por cuestiones de autoridad eclesial, diferencias doctrinales y diversas visiones pastorales. Estas divisiones solo se superan en un clima de respeto y amor, como el que se da en el «movimiento ecuménico», donde cristianos de distintas iglesias buscan mayor comprensión y unidad entre sí. Estos cristianos nos recuerdan que, como discípulos de Jesús, necesitamos:

- Dialogar para conocernos y comprendernos mejor.
- Tratar bien a personas de otras iglesias cristianas, porque el amor no se vive a distancia.
- Perdonarnos mutuamente por las ofensas cometidas a lo largo de la historia.
- Dejar que Jesús nos muestre el camino hacia la unidad y el Espíritu Santo nos una en el amor.

Ef 4 1-6

Cuando subió a lo alto,
llevó consigo a los cautivos
y repartió dones a los hombres.

[9] Pero si decimos que subió, significa que
primero descendió a las regiones inferiores
de la tierra. [10] El que descendió es el mismo
que subió más allá de los cielos, para colmar todo el universo. [11] Él comunicó a unos
el don de ser apóstoles, a otros profetas, a
otros predicadores del Evangelio, a otros
pastores o maestros. [12] Así organizó a los
santos para la obra del ministerio, en orden
a la edificación del Cuerpo de Cristo, [13] hasta que todos lleguemos a la unidad de la fe
y del conocimiento del Hijo de Dios, al estado de hombre perfecto y a la madurez que
corresponde a la plenitud de Cristo.

La unidad en la verdad y el amor

1 Cor 3 1-3; 14 20; Heb 5 11-14; Rom 12 4-5; Col 2 19; Ef 2 20-22

[14] Así dejaremos de ser niños, sacudidos
por las olas y arrastrados por el viento de
cualquier doctrina, a merced de la malicia
de los hombres y de su astucia para enseñar el error. [15] Por el contrario, viviendo en
la verdad y en el amor, crezcamos plenamente, unidos a Cristo. Él es la Cabeza, [16] y
de él, todo el Cuerpo recibe unidad y cohesión, gracias a los ligamentos que lo vi-
vifican y a la actividad propia de cada uno
de los miembros. Así el Cuerpo crece y se
edifica en el amor.

La Vida nueva en Cristo

Rom 1 18-32; Col 2 6-7; 3 8-10

[17] Les digo y les recomiendo en nombre
del Señor: no procedan como los paganos,
que se dejan llevar por la frivolidad de sus
pensamientos [18] y tienen la mente oscurecida. Ellos están apartados de la Vida de Dios
por su ignorancia y su obstinación, [19] y habiendo perdido el sentido moral, se han
entregado al vicio, cometiendo desenfrena-
damente toda clase de impurezas. [20] Pero no
es eso lo que ustedes aprendieron de Cristo, [21] si es que de veras oyeron predicar de él
y fueron enseñados según la verdad que reside en Jesús. [22] De él aprendieron que es
preciso renunciar a la vida que llevaban,
despojándose del hombre viejo, que se va
corrompiendo dejándose arrastrar por los
deseos engañosos, [23] para renovarse en lo
más íntimo de su espíritu [24] y revestirse del
hombre nuevo, creado a imagen de Dios en
la justicia y en la verdadera santidad.

Deberes de amor hacia el prójimo

Zac 8 16; Sal 4 5 (LXX); Sant 1 19-20; 3 10-12; Col 3 5-13

[25] Por eso, renuncien a la mentira y *digan
siempre la verdad a su prójimo,* ya que todos

somos miembros, los unos de los otros. [26] *Si se enojan, no se dejen arrastrar al pecado* ni permitan que la noche los sorprenda enojados, [27] dando así ocasión al demonio. [28] El que robaba, que deje de robar y se ponga a trabajar honestamente con sus manos, para poder ayudar al que está necesitado. [29] No profieran palabras inconvenientes; al contrario, que sus palabras sean siempre buenas, para que resulten edificantes cuando sea necesario y hagan bien a aquellos que las escuchan. [30] No entristezcan al Espíritu Santo de Dios, que los ha marcado con un sello para el día de la redención. [31] Eviten la amargura, los arrebatos, la ira, los gritos, los insultos y toda clase de maldad. [32] Por el contrario, sean mutuamente buenos y compasivos, perdonándose los unos a los otros como Dios los ha perdonado en Cristo.

LATINO/HISPANO DE EUA

En busca de la madurez

¿Cuál es el propósito de nuestra vida? Quizá te hayas preguntado esto por simple curiosidad. Dios tiene una respuesta para ti, quiere «que todos lleguemos a... la madurez que corresponde a la plenitud de Cristo» (Ef 4 13).

Este poema de un joven latino en Estados Unidos ilustra el proceso de madurez.

Pensamientos

Las ilusiones de ser niño son muchas,
unas son sueños dulces, otras pesadillas imprudentes,
pero la realidad de ser niño es lo que nos hace ser adultos,
incluyendo sueños y pesadillas.
Cuando era niño me portaba como niño,
pero hoy soy joven ya adulto, y debo dar mucho fruto.
Mas esta vida es dura, siendo persona de color.
Oh mi Dios, ¿dónde estás cuando siento este dolor?
Como adulto reconozco que Dios mi Padre me ama
con el color y la fisonomía que me hacen ser yo.
Como un regalo maravilloso, formado por sus manos
quiere verme en relación con mis hermanos y hermanas.
Dos mil años hace que Jesús abrió un camino nuevo
y todavía siguen los daños.
¿Cuándo iremos a amarnos, como él nos ha amado?
¿Cuándo aprenderemos del pasado?
Estoy listo para aprender y madurar *en el amor.*
Seguir a Jesús es mi ilusión,
aunque me lleve esfuerzo serle fiel,
pues quiero hacer de este mundo,
un mundo mejor.[1]

Ef 4 7-16

La conducta de los hijos de Dios

1 Cor 11 1; 1 Tes 1 6-7; Mt 5 48; Jn 13 14; 15 12; 2 Cor 5 14; Ez 20 41; 1 Cor 6 9-10; Col 3 5.8

5 [1] Traten de imitar a Dios, como hijos suyos muy queridos. [2] Vivan en el amor, a ejemplo de Cristo, que nos amó y se entregó por nosotros, *como ofrenda y sacrificio agradable a Dios.* [3] En cuanto al pecado carnal y cualquier clase de impureza o avaricia, ni siquiera se los mencione entre ustedes, como conviene a los santos. [4] Lo mismo digo acerca de las obscenidades, de las malas conversaciones y de las bromas groseras: todo esto está fuera de lugar. Lo que deben hacer es dar gracias a Dios. [5] Y sépanlo bien: ni el hombre lujurioso, ni el impuro, ni el avaro —que es un idólatra— tendrán parte en la herencia del Reino de Cristo y de Dios. [6] No se dejen engañar por falsas razones: todo eso atrae la ira de Dios sobre los que se resisten a obedecerle. [7] ¡No se hagan cómplices de los que obran así!

Las obras de la luz y de las tinieblas

Rom 12 2; Col 1 12-13; 1 Tes 5 4-8; 1 Pe 2 9-10; Jn 3 19-21; 1 Jn 1 5-7; Is 26 19; 60 1-3; 2 Cor 7 26-31; Col 3 15-17

[8] Antes, ustedes eran tinieblas, pero ahora son luz en el Señor. Vivan como hijos de la luz. [9] Ahora bien, el fruto de la luz es la bondad, la justicia y la verdad. [10] Sepan discernir lo que agrada al Señor, [11] y no participen de las obras estériles de las tinieblas; al contrario, pónganlas en evidencia. [12] Es verdad que resulta vergonzoso aun mencionar las cosas que esa gente hace ocultamente. [13] Pero cuando se las pone de manifiesto, aparecen iluminadas por la luz, [14] porque todo lo que se pone de manifiesto es luz. Por eso se dice:

Despiértate, tú que duermes,
levántate de entre los muertos,
y Cristo te iluminará.

VIVE LA PALABRA

La falta de amor y la trampa del alcohol y la droga

La carta a los Efesios insiste en que no se puede vivir un estilo de vida pagana. Con palabras claras, el autor hace una lista de acciones que no corresponden a un seguidor de Cristo: palabras groseras, mentiras, ira y lujuria (Ef 4 25-31); conversaciones indecentes y avaricia, borracheras e insensatez (5 4-5.15-18). Todo esto se sale del amor de Dios y causa en las personas dolor, soledad y miedos desgarradores, que pueden llevar a las falsas promesas de la droga y el alcohol.

Quien se deja seducir por la bebida o la droga al grado de emborracharse y perder el sentido, para olvidar los problemas de la vida, apagar un dolor grande o ahogar sus inquietudes, le está entregando el control de su vida. El alcohol y la droga sustituyen las relaciones sanas que requieren compromiso y esfuerzo, y eliminan la conciencia del bien y del mal.

¿Te atraen la droga o el alcohol? ¿Te has hecho dependiente de ellos? Busca ayuda, acércate más a Dios y llénate con su Espíritu, así tu vida tendrá sentido y se llenará de amor.

Ef 5 10-20

15 Cuiden mucho su conducta y no procedan como necios, sino como personas sensatas 16 que saben aprovechar bien el momento presente, porque estos tiempos son malos. 17 No sean irresponsables, sino traten de saber cuál es la voluntad del Señor. 18 *No abusen del vino* que lleva al libertinaje; más bien, llénense del Espíritu Santo. 19 Cuando se reúnan, reciten salmos, himnos y cantos espirituales, cantando y celebrando al Señor de todo corazón. 20 Siempre y por cualquier motivo, den gracias a Dios, nuestro Padre, en nombre de nuestro Señor Jesucristo.

Los deberes de los esposos

Col 3 18-19; 1 Cor 11 3-9; 12 12.27; 2 Cor 11 2; Tit 2 4-5; 1 Pe 3 1-7; Mt 19 5; Gn 2 24

21 Sean dóciles los unos a los otros por consideración a Cristo: 22 las mujeres a su marido, como si fuera el Señor, 23 porque el varón es la cabeza de la mujer, como Cristo es la Cabeza y el Salvador de la Iglesia, que es su Cuerpo. 24 Así como la Iglesia es dócil a Cristo, así también las mujeres deben ser dóciles en todo a su marido.

25 Maridos, amen a su esposa, como Cristo amó a la Iglesia y se entregó por ella, 26 para santificarla. Él la purificó con el bautismo del agua y la palabra, 27 porque quiso para sí una Iglesia resplandeciente, sin mancha ni arruga y sin ningún defecto, sino santa e inmaculada. 28 Del mismo modo, los maridos deben amar a su mujer como a su propio cuerpo. El que ama a su esposa se ama a sí mismo. 29 Nadie menosprecia a su propio cuerpo, sino que lo alimenta y lo cuida. Así hace Cristo por la Iglesia, 30 por nosotros, que somos los miembros de su Cuerpo. 31 *Por eso, el hombre dejará a su padre y a su madre para unirse a su mujer, y los dos serán una sola carne.* 32 Este es un gran misterio: y yo digo que se refiere a Cristo y a la Iglesia. 33 En cuanto a ustedes, cada uno de-

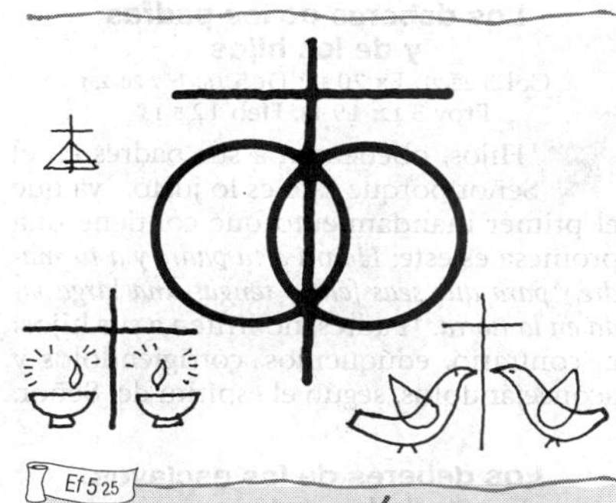

Ef 5 25

COMPRENDE LOS SÍMBOLOS

El matrimonio

Las dos argollas engarzadas significan la unión fiel, indisoluble y libremente aceptada entre el hombre y la mujer, y la armonía corporal en el diseño de la pareja humana. La cruz apunta a Cristo, quien bendice y nutre la relación armoniosa entre dos personas distintas en su forma de pensar, sentir y actuar.

VIVE LA PALABRA

Hombre y mujer unidos en matrimonio

Algunos textos sagrados suelen ser manipulados para revestir de autoridad divina una agenda personal. Efesios 5 23 se usa para afirmar que, según la Palabra de Dios, el marido es superior a la esposa y ella tiene que serle sumisa, pues «el varón es la cabeza de la mujer».

El contexto de esa frase no permite esta interpretación. El versículo 21 dice: «Sean dóciles los unos a los otros por consideración a Cristo» y el 23 completo dice: «porque el varón es la cabeza de la mujer, como Cristo es la Cabeza y el Salvador de la Iglesia, que es su Cuerpo». Cristo llega a ser «cabeza» en la cruz, porque ahí entregó su vida por el bien de la Iglesia. De igual manera, la expresión «el varón es la cabeza» significa que se entrega, sirve y cuida a su esposa y a su familia.

Pablo enfatiza que la relación entre el esposo y la esposa se fundamenta en la relación de Cristo con la comunidad de creyentes y que, igual que esta, debe estar llena de amor, respeto mutuo y entrega total. Reflexiona:

- Si tienes novio/a, ¿amas y respetas a tu pareja al grado que los demás se dan cuenta de que su amor nace del amor de Dios y crece cada día?
- Si estás casado/a, ¿refleja tu unión el amor y la entrega suficiente para dejarte «crucificar» por él/ella?

Practica diariamente el amor en pequeños detalles de cariño y de servicio a tu prójimo, y Dios te bendecirá con un amor más auténtico y sólido con tu pareja.

Ef 5 21-33

be amar a su mujer como a sí mismo, y la esposa debe respetar a su marido.

Los deberes de los padres y de los hijos

Col 3 20-21; Ex 20 12; Dt 5 16; 6 7.20-25; Prov 3 12; 19 18; Heb 12 5-13

6 1 Hijos, obedezcan a sus padres en el Señor porque esto es lo justo, 2 ya que el primer mandamiento que contiene una promesa es este: *Honra a tu padre y a tu madre,* 3 *para que seas feliz y tengas una larga vida en la tierra.* 4 Padres, no irriten a sus hijos; al contrario, edúquenlos, corrigiéndolos y aconsejándolos, según el espíritu del Señor.

Los deberes de los esclavos y de los patrones

Col 3 22-24; 4 1; 1 Tim 6 1-2; Tit 2 9-10; 1 Pe 2 18-19; Rom 2 10-12; Flm 15-16

5 Esclavos, obedezcan a sus patrones con *temor y respeto, sin ninguna* clase de doblez, como si sirvieran a Cristo; 6 no con una obediencia fingida que trata de agradar a los hombres, sino como servidores de Cristo, cumpliendo de todo corazón la voluntad de Dios. 7 Sirvan a sus dueños de buena gana, como si se tratara del Señor y no de los hombres, 8 teniendo en cuenta que el Señor retribuirá a cada uno el bien que haya hecho, sea un esclavo o un hombre libre. 9 Y ustedes, patrones, compórtense de la misma manera con sus servidores y dejen a un lado las amenazas, sabiendo que el Señor de ellos, que lo es también de ustedes, está en el cielo, y no hace acepción de personas.

La armadura del cristiano

Rom 13 12; 2 Cor 6 7; 1 Tes 5 8; Is 11 4-5; Sab 5 18; Os 6 5; Ap 1 16

10 Por lo demás, fortalézcanse en el Señor con la fuerza de su poder. 11 Revístanse con la armadura de Dios, para que puedan resistir las insidias del demonio. 12 Porque nuestra lucha no es contra enemigos de carne y sangre, sino contra los Principados y Potestades, contra los Soberanos de este mundo de tinieblas, contra los espíritus del mal que habitan en el espacio.

13 Por lo tanto, tomen la armadura de Dios, para que puedan resistir en el día malo y mantenerse firmes después de haber superado todos los obstáculos. 14 Permanezcan de pie, *ceñidos con el cinturón de la verdad y vistiendo la justicia como coraza.* 15 Calcen sus pies con *el celo para propagar la Buena Noticia de la paz.* 16 Tengan siempre en la mano el es-

Revístanse con las armas de Dios

Pablo insiste en que estamos llamados a revestirnos de la persona nueva en que fuimos constituidos en nuestro Bautismo. Nos invita a ponernos las armas de Dios para llevar una vida santa y resistir las asechanzas del diablo: la verdad, como cinturón; la rectitud, como coraza protectora; el anuncio del evangelio, como calzado firme; la fe, como escudo; la salvación, como casco, y la Palabra de Dios, como espada (Ef 6 11-17).

¿Qué arsenal tiene más poder para acabar con el mal: el de Dios o los tanques, bombas y armamento? ¿Con qué te vas a armar tú para vivir en paz? ¿Cuál es tu arma más fuerte en la colección de las armas de Dios?

Ef 6 10-17

cudo de la fe, con el que podrán apagar todas las flechas encendidas del Maligno.
[17]Tomen *el casco de la salvación,* y la espada del Espíritu, que es la Palabra de Dios.

Exhortación a la oración

Lc 18 1; Rom 12 12; Col 4 2-4; 1 Tes 5 17.25; Flp 1 12-14

[18]Eleven constantemente toda clase de oraciones y súplicas, animados por el Espíritu. Dedíquense con perseverancia incansable a interceder por todos los hermanos,
[19]y también por mí, a fin de que encuentre palabras adecuadas para anunciar resueltamente el misterio del Evangelio,
[20]del cual yo soy embajador en medio de mis cadenas. ¡Así podré hablar libremente de él, como debo hacerlo!

Noticias personales

Col 4 7; 2 Tim 4 12; Tit 3 12

[21]Tíquico, el querido hermano y fiel servidor en el Señor, los pondrá al corriente de cómo me encuentro y de lo que estoy haciendo.
[22]Con este propósito, lo envié para que él les dé noticias nuestras y los conforte interiormente.

Despedida

1 Pe 1 8

[23]Llegue a todos los hermanos la paz, el amor y la fe, que proceden de Dios, el Padre, y del Señor Jesucristo.
[24]La gracia permanezca con todos los que aman a nuestro Señor Jesucristo con un amor incorruptible.

EF

De un discípulo de Pablo A LA JUVENTUD DE HOY

Estimados jóvenes,

Siguiendo la costumbre de la época bíblica, les escribo en nombre de Pablo, quien tanto amó a la Iglesia. Quiero aclarar una vez más que la Iglesia es el pueblo, la familia, el templo, la morada de Dios. Dios vive en nosotros y entre nosotros.

Ustedes y yo, junto con el resto de los cristianos de todo el mundo, somos el Cuerpo de Cristo activo hoy día. Y siendo que esta época está marcada por la globalización, debemos trabajar por la unidad de todos los cristianos y el bien de toda la humanidad.

¡Vaya desafío que nos dejó Jesús!

Empiecen por construir la paz y la unidad en los ambientes en que se mueven (Ef 2 11-22). No digan mentiras ni se dejen llevar de la ira (4 25-26). «Vivan como hijos de la luz ..., el fruto de la luz es la bondad, la justicia y la verdad» (5 8-9). Sean sabios y reflexivos para que puedan discernir la voluntad de Dios (15-17).

Me despido pidiéndoles que oren por todos los creyentes, para que juntos logremos un mundo dirigido por el amor, la justicia y la paz, que caracterizan al Reino de Dios.

+ Bendiciones en nombre de Pablo

CARTA A LOS FILIPENSES

Eres joven. Quizá te sientes lleno de vida, entusiasmo y planes, invencible e inmortal. Quizá sientes que arrastras la vida y a duras penas pasan los días..., las semanas..., los meses. Reconoces tus cualidades y posibilidades de salir adelante y también tus limitaciones y fracasos. La vida de la juventud es así. Hay de todo y a veces una sola persona pasa por etapas buenas y malas. Estos altos y bajos los vivía Pablo cuando escribió su carta a los Filipenses; estaba en la cárcel, sufría fuertemente, pero a la vez tenía la alegría profunda de vivir en Cristo para siempre. ¿Cómo supera este dilema?

ESQUEMA

- **1 1 – 3 1a; 4 2-7.21-23.** Pablo y la comunidad de Filipos
- **3 1b – 4 1.8-9.** Predicadores judaizantes en Filipos
- **4 10-20.** Agradecimiento por la ayuda recibida

DATOS

Autor
Pablo
Fecha de redacción
Entre los años 58-60 d.C.
Destinatarios
La comunidad de Filipos

PRESENTACIÓN

Pablo escribió esta carta al final de su vida, mientras estuvo prisionero posiblemente en Éfeso o en Cesarea, con un cargo que podía terminar en su muerte. Quería dar las gracias a los filipenses por una ayuda económica y de su corazón nace esta carta, que es una invitación a la alegría, incluso desde la perspectiva de la muerte.

Aunque la situación de Pablo era difícil, su fe era firme y así lo expresa, «para mí la vida es Cristo, y la muerte, una ganancia» (Flp 1 21). Esto no le quita presiones; por un lado, desea la muerte para estar con Cristo; por otro, quiere seguir apoyando a las comunidades que fundó (vv. 23-24). La fe en Cristo y en la resurrección, unidas a su cariño a la gente, le ayudan a resolver su dilema: vivo o muerto, de todos modos ganará.

A primera vista es increíble que, aun prisionero, Pablo utilice las palabras alegría, gozo, regocijo, ánimo... ¡diecisiete veces! en esta carta tan corta. Pero al profundizar, se nota que su esperanza y su valor radican en la felicidad que da vivir en Cristo.

Como los filipenses están bajo la influencia de los judaizantes y enfrentan divisiones y problemas, Pablo insiste en que sigan siempre a Jesús y los motiva a sentir como él y a ver la vida desde su perspectiva. Para fomentar su fidelidad en el seguimiento, Pablo incorpora un himno de alabanza a Cristo que cantaban las primeras comunidades, dándole su sello personal (2 6-11).

Pablo quería que los filipenses dejaran de inquietarse por él, y los animó a presentarle a Dios sus ansiedades en oración, pues así, «la paz de Dios, que supera todo lo que podemos pensar, tomará bajo su cuidado los corazones y los pensamientos de ustedes en Cristo Jesús» (4 7). ¡Qué maravilla de consejo y de consuelo para la gente de todos los tiempos y edades!

FILIPENSES

CORRO HACIA MI META, POR MEDIO DE CRISTO

ORACIÓN, ALABANZA A DIOS

Saludo inicial

Rom 1 1.7; 2 Cor 1 1-2

1 1 Pablo y Timoteo, servidores de Cristo Jesús, saludan a todos los santos
en Cristo Jesús, que se encuentran en Filipos, como así también a los que presiden
la comunidad y a los diáconos. 2 Llegue a
ustedes la gracia y la paz que proceden de
Dios, nuestro Padre, y del Señor Jesucristo.

Acción de gracias y súplica

1 Cor 1 4-9; Rom 1 9; Col 1 9-10; Ef 1 4; 1 Tes 3 13

3 Yo doy gracias a mi Dios cada vez que los
recuerdo. 4 Siempre y en todas mis oraciones
pido con alegría por todos ustedes, 5 pensando en la participación que han tenido en el
anuncio del Evangelio, desde el comienzo
hasta ahora. 6 Estoy firmemente convencido
de que aquel que comenzó *en ustedes la buena obra la irá* completando hasta el Día de
Cristo Jesús. 7 Y es justo que tenga estos sentimientos hacia todos ustedes, porque los llevo en mi corazón, ya que ustedes, sea cuando estoy prisionero, sea cuando trabajo en la
defensa y en la consolidación del Evangelio,
participan de la gracia que he recibido. 8 Dios
es testigo de que los quiero tiernamente a todos en el corazón de Cristo Jesús. 9 Y en mi
oración pido que el amor de ustedes crezca
cada vez más en el conocimiento y en la plena comprensión, 10 a fin de que puedan discernir lo que es mejor. Así serán encontrados
puros e irreprochables en el Día de Cristo,
11 llenos del fruto de justicia que proviene de
Jesucristo, para gloria y alabanza de Dios.

Situación personal de Pablo

Ef 3 1; 4 1; Flp 1 7; Job 13 16 (LXX); 1 Cor 6 12-20

12 Quiero que ustedes sepan, hermanos,
que las cosas que me han pasado han con-
tribuido en realidad al progreso del Evangelio. 13 En efecto, en el pretorio y en todas
partes, se ha hecho evidente que es por Cristo que llevo las cadenas, 14 y la mayor parte
de los hermanos, a quienes mis cadenas
han devuelto el coraje en el Señor, se han
animado a proclamar sin temor la Palabra
de Dios. 15 Es verdad que algunos predican a
Cristo llevados por la envidia y el espíritu de
discordia, pero otros lo hacen con buena in-

Amistad

Amigos verdaderos son más necesarios que el pan diario. Es conmovedor ver cómo la relación con Jesús genera vida para Pablo y cómo forja en él un espíritu de amistad que muestra que se ha «revestido de Cristo». En esta carta a los Filipenses brilla la belleza de la amistad auténtica. Pablo les comparte su iluminación espiritual, les expresa elocuentemente su simpatía y les comunica su mensaje con fuerza varonil y ternura femenina.

En tu caso: ¿es Jesús tu amigo? Si aún no lo es, ¿cómo puedes responder a su invitación? ¿Eres tú un amigo/a de la calidad de Pablo? ¿Tienes amigos al estilo de Pablo?

Flp 1 3-11

tención. 16 Estos obran por amor, sabiendo
que yo tengo la misión de defender el Evangelio. 17 Aquellos, en cambio, anuncian a
Cristo por espíritu de discordia, por motivos que no son puros, creyendo que así aumentan el peso de mis cadenas. 18 Pero ¡qué
importa! Después de todo, de una u otra
manera, con sinceridad o sin ella, Cristo es
anunciado, y de esto me alegro y me alegraré siempre. 19 Porque sé que *esto servirá para
mi salvación,* gracias a las oraciones de ustedes y a la ayuda que me da el Espíritu de Jesucristo. 20 Así lo espero ansiosamente, y no
seré defraudado. Al contrario, estoy completamente seguro de que ahora, como siempre, sea que viva, sea que muera, Cristo será
glorificado en mi cuerpo.

La generosidad apostólica de Pablo

Rom 8 10-11; Gal 2 20; Col 3 3-4;
2 Cor 5 6-9; 1 Tes 4 17; 5 10

21 Porque para mí la vida es Cristo, y la
muerte, una ganancia. 22 Pero si la vida en
este cuerpo me permite seguir trabajando
fructuosamente, ya no sé qué elegir. 23 Me
siento urgido de ambas partes: deseo irme
para estar con Cristo, porque es mucho
mejor, 24 pero por el bien de ustedes es preferible que permanezca en este cuerpo.
25 Tengo la plena convicción de que me
quedaré y permaneceré junto a todos ustedes, para que progresen y se alegren en la
fe. 26 De este modo, mi regreso y mi presencia entre ustedes les proporcionarán un
nuevo motivo de orgullo en Cristo Jesús.

PARA MÍ LA VIDA ES CRISTO,
Y LA MUERTE, UNA GANANCIA.

Flp 1 21

Exhortación a luchar por la fe

Mt 5 10-12; Hch 5 40-41; 2 Cor 11 23 – 12 10;
Col 1 24-29; 2 1-5

27 Solamente les pido que se comporten
como dignos seguidores del Evangelio de
Cristo. De esa manera, sea que yo vaya a
verlos o que oiga hablar de ustedes estando
ausente, sabré que perseveran en un mismo
espíritu, luchando de común acuerdo y con
un solo corazón por la fe del Evangelio, 28 y
sin dejarse intimidar para nada por los adversarios. Este es un signo cierto de que
ellos van a la ruina, y ustedes a la salvación.
Esto procede de Dios, 29 que les ha concedido a ustedes la gracia, no solamente de
creer en Cristo, sino también de sufrir por
él, 30 sosteniendo la misma lucha en la que
ustedes me han visto empeñado y ahora saben que sigo sosteniendo.

La unidad en el amor

2 Cor 13 15; 1 Cor 1 10-16; 10 24

2 1 Si la exhortación en nombre de Cristo
tiene algún valor, si algo vale el consuelo que brota del amor o la comunión en el
Espíritu, o la ternura y la compasión, 2 les ruego que hagan perfecta mi alegría, permaneciendo bien unidos. Tengan un mismo amor,
un mismo corazón, un mismo pensamiento.
3 No hagan nada por rivalidad o vanagloria, y
que la humildad los lleve a estimar a los otros
como superiores a ustedes mismos. 4 Que cada uno busque no solamente su propio interés, sino también el de los demás.

La humillación y la glorificación de Cristo

Jn 13 15; 1 1-2; 17 5; Col 1 15; Gn 3 5.22; 2 Cor 8 9;
Is 52 13 – 53 12; Mt 20 28; Jn 1 14; Heb 2 9;
1 Cor 1 17-18; Is 53 10-12; Jn 12 32; Hch 2 24.32-33;
Heb 1 3; Hch 2 21.36; Ef 1 20-21; Is 45 23;
Col 1 18-20; Hch 2 36; Rom 10 9;
Flp 1 11; 1 Cor 15 24-28

5 Tengan entre ustedes los mismos sentimientos de Cristo Jesús.

VIVE LA PALABRA

Humildad divina y gloria cósmica

Al escuchar el nombre de *Jesús* o el título de *Cristo* vienen muchas imágenes a la mente, pues ninguna lo abarca por completo. Lee el cántico en Filipenses 2 6-11 y observa cómo entona Pablo poéticamente el misterio de Jesucristo para decirnos lo que le fascina en Jesús y en lo que basa su amistad con él.

Jesús cedió libremente su derecho a permanecer en forma de Dios y entró en nuestro mundo como ser humano (vv. 6-7). Vivió en total humildad, desde su nacimiento en la pobreza hasta su muerte en la cruz. Se rebajó para llegar a los más pequeños y poco valorados, y por eso Dios puso su nombre en alto. Ahora todos pueden ver que Jesucristo es el Señor de toda la creación. ¡Por la humildad de Jesús, la creación alcanza la armonía cósmica!

Es común que los fuertes de este mundo sean servidos por otras personas. Pero los cristianos estamos llamados a ser poderosos en el servicio humilde a los demás, en especial a los pobres y marginados. Utiliza tus capacidades, tu poder, tu energía, tu juventud en el servicio al estilo de Jesús. Pregúntale, ¿a quiénes quieres que sirva en tu nombre?

Flp 2 1-11

6 Él, que era de condición divina,
no consideró esta igualdad con Dios
como algo que debía guardar celosamente:
7 al contrario, se anonadó a sí mismo,
tomando la condición de esclavo
y haciéndose semejante a los hombres.
Y presentándose con aspecto humano,
8 se humilló hasta aceptar
por obediencia la muerte
y muerte de cruz.
9 Por eso, Dios lo exaltó
y le dio el Nombre
que está sobre todo nombre,
10 para que al nombre de Jesús,
se doble toda rodilla
en el cielo, en la tierra y en los abismos,
11 *y toda lengua proclame*
para gloria de Dios Padre:
«Jesucristo es el Señor».

FLP

La obra de la salvación

Jn 15 5; 1 Cor 12 6; Flp 1 6-10; Dt 32 5;
1 Cor 9 24-27; Gal 2 2; Is 49 4

12 Por eso, queridos míos, ustedes que
siempre me han obedecido, trabajen por
su salvación con temor y temblor, no solamente cuando estoy entre ustedes, sino
mucho más ahora *que estoy ausente.* 13 *Por-*
que es Dios el que produce en ustedes el
querer y el hacer, conforme a su designio
de amor. 14 Procedan en todo sin murmuraciones ni discusiones: 15 así serán irreprochables y puros, *hijos de Dios sin mancha, en*
medio de una generación extraviada y perverti-
da, dentro de la cual ustedes brillan como
haces de luz en el mundo, 16 mostrándole la
Palabra de Vida. De esa manera, el Día de
Cristo yo podré gloriarme de no haber trabajado ni sufrido en vano. 17 Y aunque mi
sangre debiera derramarse como libación
sobre el sacrificio y la ofrenda sagrada, que
es la fe de ustedes, yo me siento dichoso y
comparto su alegría. 18 También ustedes
siéntanse dichosos y alégrense conmigo.

Misión de Timoteo y de Epafrodito

Hch 16 1-3; 1 Cor 16 10-11

19 Espero, con la ayuda del Señor Jesús, enviarles muy pronto a Timoteo para tener noticias de ustedes y experimentar yo mismo
un alivio. 20 Porque no encuentro a otro que
tome tan a pecho como él los asuntos de ustedes. 21 Todos los demás buscan sus propios
intereses y no los de Cristo Jesús. 22 Ya saben
que él ha dado pruebas de su virtud, porque
sirvió conmigo a la causa del Evangelio, como un hijo junto a su padre. 23 Por eso espero enviarlo, apenas se aclare mi situación.
24 Por otra parte, tengo confianza en el Señor
de que pronto podré ir personalmente.

25 He creído que era necesario enviarles de
nuevo a Epafrodito, mi hermano, colaborador y compañero de lucha, a quien ustedes
enviaron para que me asistiera en mis necesidades. 26 Él tenía un gran deseo de volver a
verlos a todos, y estaba muy preocupado
porque ustedes se habían enterado de su enfermedad. 27 En efecto, estuvo enfermo y a

punto de morir, pero Dios se compadeció de él, y no solo de él, sino también de mí, para que yo no tuviera otro dolor además de los que ya tengo. 28 Ahora me apresuro a enviárselo, a fin de que su presencia los llene de gozo, y yo, por mi parte, quede menos triste. 29 Recíbanlo en el Señor, con mucha alegría, y tengan en gran estima a personas como él. 30 Porque él estuvo al borde de la muerte por la obra de Cristo, exponiendo su vida para suplirlos a ustedes en el servicio que no podían prestarme directamente.

Advertencia contra los judaizantes

2 Cor 11 4-5.13-15; Gal 5 12; Rom 2 25-29; Hch 8 3; 9 1-14; 22 3-5; 26 4-11; Gal 1 13-14; 1 Tim 1 13-14

3 1 Mientras tanto, hermanos míos, alégrense en el Señor. A mí no me cuesta nada escribir las mismas cosas, y para ustedes es una seguridad. 2 ¡Cuídense de los perros, de los malos obreros y de los falsos circuncisos! 3 Porque los verdaderos circuncisos somos nosotros, los que ofrecemos un culto inspirado en el Espíritu de Dios y nos gloriamos en Cristo Jesús, en lugar de poner nuestra confianza en la carne, aunque yo también tengo motivos para poner mi confianza en ella. 4 Si alguien cree que puede confiar en la carne, yo puedo hacerlo con mayor razón: 5 circuncidado al octavo día; de la raza de Israel y de la tribu de Benjamín; hebreo, hijo de hebreos; en cuanto a la Ley, un fariseo; 6 por el ardor de mi celo, perseguidor de la Iglesia; y en lo que se refiere a la justicia que procede de la Ley, de una conducta irreprochable.

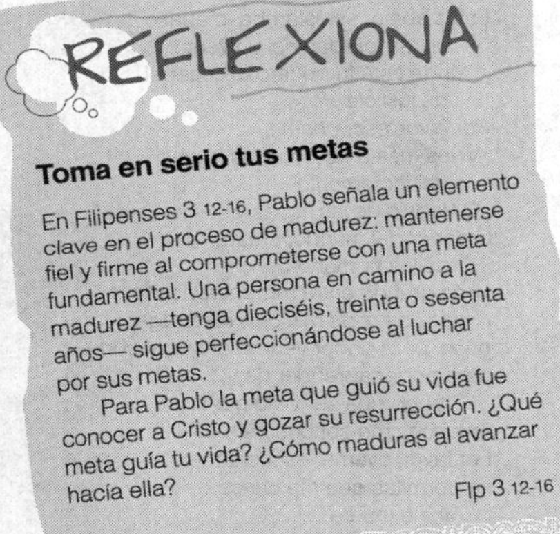

La justificación por la fe en Jesucristo

Rom 1 16-17; 3 21-22; 6 4-9; 2 Cor 4 10-14

7 Pero todo lo que hasta ahora consideraba una ganancia, lo tengo por pérdida, a causa de Cristo. 8 Más aún, todo me parece una desventaja comparado con el inapreciable conocimiento de Cristo Jesús, mi Señor. Por él, he sacrificado todas las cosas, a las que considero como desperdicio, con tal de ganar a Cristo 9 y estar unido a él, no con mi propia justicia —la que procede de la Ley—, sino con aquella que nace de la fe en Cristo, la que viene de Dios y se funda en la fe. 10 Así podré conocerlo a él, conocer el poder de su resurrección y participar en sus sufrimientos, hasta hacerme semejante a él en la muerte, 11 a fin de llegar, si es posible, a la resurrección de entre los muertos.

La carrera del cristiano

1 Cor 14 20; Col 1 28; Mt 5 48; Hch 9 5-6; Gal 1 15-16; Flp 2 16

12 Esto no quiere decir que haya alcanzado la meta ni logrado la perfección, pero sigo mi carrera con la esperanza de alcanzarla, habiendo sido yo mismo alcanzado por Cristo Jesús. 13 Hermanos, yo no pretendo haberlo alcanzado. Digo solamente esto: olvidándome del camino recorrido, me lanzo hacia delante 14 y corro en dirección a la meta, para alcanzar el premio del llamado celestial que Dios me ha hecho en Cristo Jesús.

15 Así debemos pensar los que somos maduros; y si en alguna cosa ustedes piensan lo contrario, Dios los iluminará. 16 De todas maneras, cualquiera sea el punto adonde hayamos llegado, sigamos por el mismo camino.

La ciudadanía celestial

1 Cor 1 17-18.23; Gal 5 11; Mt 6 19; Jn 3 12; Rom 8 5-6; Ef 2 6.19; Rom 8 29; 1 Cor 15 42-49.53

17 Sigan mi ejemplo, hermanos, y observen atentamente a los que siguen el ejemplo que yo les he dado. 18 Porque ya les advertí frecuentemente y ahora les repito llorando: hay muchos que se portan como enemigos de la cruz de Cristo. 19 Su fin es la perdición, su dios es el vientre, su gloria está en aquello que debería avergonzarlos, y solo aprecian

las cosas de la tierra. 20 Nosotros, en cambio,
somos ciudadanos del cielo, y esperamos ardientemente que venga de allí como Salvador el Señor Jesucristo. 21 Él transformará
nuestro pobre cuerpo mortal, haciéndolo semejante a su cuerpo glorioso, con el poder
que tiene para poner todas las cosas bajo su
dominio.

Exhortación al amor

Flp 2 2; 1 30; Rom 16 3.9.21;
2 Cor 8 23; Dn 12 1; Ap 3 15

4 1 Por eso, hermanos míos muy queridos, a quienes tanto deseo ver, ustedes
que son mi alegría y mi corona, amados
míos, perseveren firmemente en el Señor.
2 Exhorto a Evodia y a Síntique que se
pongan de acuerdo en el Señor. 3 Y a ti, mi
fiel compañero, te pido que las ayudes,
porque ellas lucharon conmigo en la predicación del Evangelio, junto con Clemente y mis demás colaboradores, cuyos nombres están escritos en el Libro de la Vida.

La alegría espiritual

Flp 3 20; Heb 10 37; Sant 5 8-9; Ap 3 11; 22 20;
Mt 6 25-34; Flp 1 3-4; Is 26 3; Jn 14 27; Col 3 15

4 Alégrense siempre en el Señor. Vuelvo a
insistir, alégrense. 5 Que la bondad de ustedes sea conocida por todos los hombres. El
Señor está cerca. 6 No se angustien por nada, y en cualquier circunstancia, recurran a
la oración y a la súplica, acompañadas de

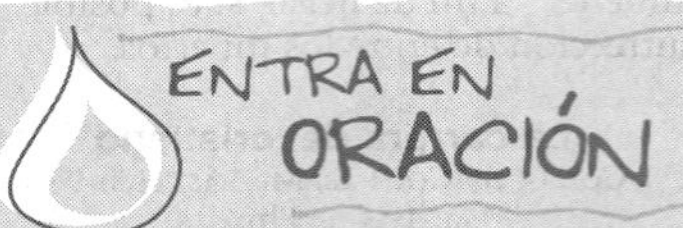

La alegría del corazón y la paz en Dios

¿Cómo es posible que un hombre, prisionero en una cárcel de la antigüedad, en cadenas día y noche, rodeado de miseria inefable, diga: «Alégrense siempre en el Señor. Vuelvo a insistir, alégrense»? (Flp 4 4). Solo una persona capturada y cautivada por Cristo puede hablar así. Solo quien está fascinado/a con la belleza de Cristo aguanta las bajezas y humillaciones, y quien anhela la resurrección puede superar situaciones aparentemente sin salida.

Haz la siguiente oración para que la esperanza encienda siempre en ti la alegría y fortalezca tu fe en Dios y en ti mismo/a:

Señor,

Acompáñame como amigo en mis caminos y andanzas. Sé mi maestro, quiero aprender de ti. Sé mi modelo, quiero ser como tú.

Tómame de la mano y guíame. Enséñame a vivir, sirviendo, compartiendo, amando y no juzgando.

Nútreme con tu Palabra, tu sencillez y el pan de Vida. Extingue mi sed con la copa de la alegría y tu comprensión de amigo.

Déjame descansar en ti, para encontrarme con la paz de mi Padre. Amén.

Flp 4 4

Llenarse de Dios

Al final de su carta, Pablo recomienda a los filipenses abrir su corazón a «todo lo que es verdadero..., puro..., amable..., virtuoso y merecedor de alabanza» (Flp 4 8), para que conozcan y gocen del Dios de la paz.
El siguiente poema de los incas del Perú, expresa bellamente sentimientos y anhelos semejantes.

Virocha, Señor del cosmos,
Ni hombre ni mujer,
pero en todo caso, Señor de la veneración
y pasión.
Eres aquel que hace milagros hasta
con su saliva.
¿Dónde estás? ¡No te escondas delante
de tu hijo!
Estés abajo, estés arriba, o acaso
en las lejanías del universo.
¿Dónde está tu poderoso escabel
de justicia...?
Por favor, escúchame,
¿Vives más arriba que las aguas
del firmamento?
¿O debajo de las aguas y sus arenas...?
Creador del mundo, creador
de los humanos,
¡más grande entre mis antepasados!
Ante ti, la luz de mis ojos se apaga,
pues, para poder verte, para conocerte,
para poder aprender de ti,
tengo que ser visto por ti.
Entonces me conocerás a mí...
Por favor, óyeme, escúchame,
no permitas que me canse...
y me muera...[1]

Flp 4 8-9

acción de gracias, para presentar sus peticiones a Dios. 7 Entonces la paz de Dios,
que supera todo lo que podemos pensar,
tomará bajo su cuidado los corazones y los
pensamientos de ustedes en Cristo Jesús.

La santidad cristiana

Rom 12 2; 1 Tes 41; 2 Tes 2 15; 3 6;
Rom 15 33; 1 Cor 14 33

8 En fin, mis hermanos, todo lo que es
verdadero y noble, todo lo que es justo y
puro, todo lo que es amable y digno de
honra, todo lo que haya de virtuoso y merecedor de alabanza, debe ser el objeto de
sus pensamientos. 9 Pongan en práctica lo
que han aprendido y recibido, lo que han
oído y visto en mí, y el Dios de la paz estará con ustedes.

Agradecimiento de Pablo por la ayuda recibida

Hch 16 12-40; 2 Cor 11 8-9; Flp 2 25; Rom 12 1-2;
Heb 13 16; Gn 8 21; Ex 29 18; Ez 20 41

10 Yo tuve una gran alegría en el Señor
cuando vi florecer los buenos sentimientos
de ustedes con respecto a mí; ciertamente
los tenían, pero les faltaba la ocasión de de-
mostrarlos. 11 No es la necesidad la que me
hace hablar, porque he aprendido a hacer
frente a cualquier situación. 12 Yo sé vivir
tanto en las privaciones como en la abundancia; estoy hecho absolutamente a todo,
a la saciedad como al hambre, a tener de
sobra como a no tener nada. 13 Yo lo puedo
todo en aquel que me conforta. 14 Sin embargo, ustedes hicieron bien en interesarse
por mis necesidades. 15 Y ya saben, filipenses, que al comienzo de la evangelización,
cuando dejé Macedonia, ninguna otra Iglesia me ayudó pecuniariamente. Ustedes
fueron los únicos 16 que, cuando estaba en
Tesalónica, en dos ocasiones me enviaron
medios para asistirme en mis necesidades.
17 No es que yo busque regalos; solamente
quiero darles la ocasión de que ustedes se
enriquezcan cada vez más delante de Dios.

18 Por el momento, tengo todo lo necesario y más todavía. Vivo en la abundancia
desde que Epafrodito me entregó la ofrenda de ustedes, *como perfume de aroma agradable*, como sacrificio aceptable y grato a
Dios. 19 Dios colmará con magnificencia todas las necesidades de ustedes, conforme a
su riqueza, en Cristo Jesús. 20 A Dios, nuestro Padre, sea la gloria por los siglos de los
siglos. Amén.

Saludos y despedida

Rom 1 7; 1 Cor 1 2; 2 Cor 1 1

21 Saluden a cada uno de los santos en
Cristo Jesús. Los hermanos que están conmigo los saludan a ustedes. 22 Reciban el saludo de todos los santos, especialmente los
de la casa imperial.
23 La gracia del Señor Jesucristo esté con
ustedes.

Tercera carta de Pablo A LA JUVENTUD DE HOY

Mis queridísimos jóvenes,

Me encuentro al final de mi vida y quiero compartirles un gran descubrimiento que les ayudará cuando estén en la misma situación. Aunque la mayoría de ustedes tiene muchos años por delante, a diario mueren jóvenes por enfermedad, accidentes y violencia. ¡Nadie sabe el día ni la hora! Además, es posible que les toque acompañar a una persona a bien morir y necesiten saber qué decir.

Pues bien, mi situación la veo así: «Para mí la vida es Cristo, y la muerte, una ganancia» (Flp 1 21). Mientras viva, sigo siendo un Cristo vivo y podré continuar mi misión; si muero, pasaré a la vida plena con Dios. ¿Qué más puedo pedir? Esta certeza me da una paz enorme, y me hace agradecer tremendamente a Dios por haberme dado a conocer a Jesús y su Evangelio de la vida.

También quiero comunicarles otra verdad que he descubierto a lo largo de mi vida: Mientras ustedes se dejen conquistar por Jesús y tengan como meta ser mejores seguidores suyos, van por muy buen camino. Recuerden que son «ciudadanos del cielo» y que su recompensa por mantenerse firmes en el Señor es vivir en comunión con el Dios de la vida y el amor (3 12 – 4 1).

Que la gracia de Jesucristo los acompañe siempre.

+ Pablo, feliz ante la vida y feliz ante la muerte

CARTA A LOS COLOSENSES

Recientemente han aparecido religiones con rasgos cristianos y filosofías de índole espiritual que pretenden responder a inquietudes de seguridad, salvación y paz interior, como la Nueva Era *(New Age)*. Los avances producto de la astrología, brujería, numerología y metafísica también son vastos y crecientes. Algo similar pasaba en la ciudad de Colosas, hoy Turquía, donde algunas personas intentaban «mejorar» el evangelio de Jesús. Para evitar confusiones entre los colosenses, Pablo les escribe firme y convincente que Jesús es el único Señor y Salvador, y que nada ni nadie se le puede asemejar.

ESQUEMA

- **1 1-14.** Saludo inicial. Acción de gracias. Súplica
- **1 15 – 2 23.** Preeminencia absoluta de Cristo
- **3 – 4.** La conducta del hombre nuevo

DATOS

Autor
Pablo (ver «Introducción a las Cartas y al Apocalipsis», p. 1439)

Fecha de redacción
Alrededor del año 61 d.C.

Destinatarios
La comunidad cristiana de Colosas

PRESENTACIÓN

La carta a los Colosenses fue escrita para responder a enseñanzas erróneas que circulaban en esa comunidad. Lo más probable es que las ideas principales provengan de Pablo, pero que su redacción pertenezca a uno de sus discípulos, ya que el lenguaje difiere bastante del estilo paulino. Hay frases oscuras y difíciles, términos usados con un significado distinto al que suele darles Pablo, e imágenes en que se presenta el Reino de Dios como «arriba y sobre nosotros», en lugar de «en medio y ante nosotros» (Col 1 13 – 3 1.4).

La carta empieza dando gracias por la fe, el amor y la esperanza de la comunidad. Continúa pidiendo que la comunidad conozca bien la voluntad de Dios y sea fortalecida para soportar con perseverancia y paciencia sus sufrimientos. Después entra de lleno en su tema con un himno a Cristo, primogénito de toda criatura, cabeza del universo y de su Iglesia. ¡Cristo basta!

Con fundamentos firmes, Pablo denuncia a diversos grupos que piensan que tienen que «mejorar» el evangelio. Cristianos de origen gentil tratan de introducir cultos paganos a elementos cósmicos como el fuego, el agua y el aire, con ritos de purificación, ejercicios ascéticos y la observancia de fiestas particulares. Cristianos de origen judío introducen fiestas, preceptos sobre alimentos y cultos a ángeles. Como la comunidad se está dejando influir por ellos, Pablo pone las cosas en claro y enfatiza de varias maneras que Cristo es el Señor de la creación y de las potestades (ángeles).

La carta termina motivando a los colosenses a orar por su perseverancia y por el trabajo misionero, y los instruye a portarse bien con los no cristianos (4 2-5). Es una carta corta, con el esquema clásico de Pablo. Léela; te ayudará a fortalecer tu fe y a enfrentar situaciones adversas enfatizando lo positivo en lugar de solo tratar de corregir lo negativo. Te sentirás privilegiado/a por ser una nueva criatura en Cristo, otro Cristo para tus hermanos y hermanas que anhelan la buena nueva del amor, traída por Jesús al mundo (3 10-11).

COLOSENSES

CRISTO CÓSMICO

Saludo inicial

Ef 1 1-2; 1 Cor 1 1-2

1 1 Pablo, Apóstol de Jesucristo por la
voluntad de Dios, y el hermano Timoteo 2 saludan a los santos de Colosas,
sus fieles hermanos en Cristo. Llegue a ustedes la gracia y la paz que proceden de
Dios, nuestro Padre.

Acción de gracias

Rom 1 8-9; Ef 5 4.20; Col 1 12; 2 7; 3 15-17;
1 Cor 13 13; 1 Pe 1 3-5; Mt 28 19-20; Col 4 12; Flm 23

3 Damos gracias a Dios, el Padre de nuestro Señor Jesucristo, orando sin cesar por
ustedes, 4 desde que nos hemos enterado de
la fe que tienen en Cristo Jesús y del amor
que demuestran a todos los santos, 5 a causa
de la esperanza que les está reservada en el
cielo. Ustedes oyeron *anunciar esta esperanza por medio* de la Palabra de la verdad, de
la Buena Noticia 6 que han recibido y que se
extiende y fructifica en el mundo entero.
Eso mismo sucede entre ustedes, desde que
oyeron y comprendieron la gracia de Dios
en toda su verdad, 7 al ser instruidos por
Epafras, nuestro querido compañero en el
servicio de Dios. Él es para ustedes un fiel
ministro de Cristo, 8 y por él conocimos el
amor que el Espíritu les inspira.

Súplica

Col 2 2-3; Ef 1 17-19; 3 14-19; Flp 1 9; Hch 26 17-18;
1 Pe 1 4; Ef 1 7; Rom 3 24

9 Por eso, desde que nos enteramos de
esto, oramos y pedimos sin cesar por ustedes, para que Dios les haga conocer perfectamente su voluntad, y les dé con abundancia la sabiduría y el sentido de las cosas
espirituales. 10 Así podrán comportarse de
una manera digna del Señor, agradándolo
en todo, fructificando en toda clase de
obras buenas y progresando en el conocimiento de Dios. 11 Fortalecidos plenamente
con el poder de su gloria, adquirirán una
verdadera firmeza y constancia de ánimo,
12 y darán gracias con alegría al Padre, que
nos ha hecho dignos de participar en la herencia luminosa de los santos. 13 Porque él
nos libró del poder de las tinieblas y nos
hizo entrar en el Reino de su Hijo muy

querido, [14] en quien tenemos la redención
y el perdón de los pecados.

LA PREEMINENCIA ABSOLUTA DE CRISTO

Cristo, Imagen de Dios y Cabeza de la Iglesia

Jn 1 1-14; 8 58; Flp 2 6-11; Heb 1 1-4; 1 Cor 12 12-27;
2 Cor 5 18-21; Ef 1 20-23; 2 14-18; 4 15-16; 5 23

[15] Él es la Imagen del Dios invisible,
el Primogénito de toda la creación,
[16] porque en él fueron creadas todas las cosas,
tanto en el cielo como en la tierra,
los seres visibles y los invisibles,
Tronos, Dominaciones, Principados
y Potestades:
todo fue creado por medio de él y para él.
[17] Él existe antes que todas las cosas
y todo subsiste en él.
[18] Él es también la Cabeza del Cuerpo,
es decir, de la Iglesia.
Él es el Principio,
el Primero que resucitó de entre los muertos,
a fin de que él tuviera la primacía en todo,
[19] porque Dios quiso que en él residiera
toda la Plenitud.
[20] Por él quiso reconciliar consigo
todo lo que existe en la tierra y en el cielo,
restableciendo la paz
por la sangre de su cruz.

La salvación por medio de Cristo

Rom 5 10-11; Ef 2 12-18; Col 1 5-6; Ef 3 6-7

[21] Antes, a causa de sus pensamientos y sus
malas obras, ustedes eran extraños y enemigos de Dios. [22] Pero ahora, él los ha reconciliado en el cuerpo carnal de su Hijo, entregándolo a la muerte, a fin de que ustedes
pudieran presentarse delante de él como
una ofrenda santa, inmaculada e irreprochable. [23] Para esto es necesario que ustedes permanezcan firmes y bien fundados en la fe,
sin apartarse de la esperanza transmitida por
la Buena Noticia que han oído y que fue
predicada a todas las criaturas que están bajo el cielo y de la cual yo mismo, Pablo, fui
constituido ministro.

El ministerio apostólico de Pablo

Rom 15 7-21; Ef 3 1-13; 4 11-13;
2 Cor 12 9-10; Flp 4 13

[24] Ahora me alegro de poder sufrir por
ustedes, y completo en mi carne lo que falta a los padecimientos de Cristo, para bien
de su Cuerpo, que es la Iglesia. [25] En efecto,
yo fui constituido ministro de la Iglesia,
porque, de acuerdo con el plan divino, he
sido encargado de llevar a su plenitud entre ustedes la Palabra de Dios, [26] el misterio
que estuvo oculto desde toda la eternidad
y que ahora Dios quiso manifestar a sus
santos. [27] A ellos les ha revelado cuánta riqueza y gloria contiene para los paganos
este misterio, que es Cristo entre ustedes,
la esperanza de la gloria. [28] Nosotros anunciamos a Cristo, exhortando a todos los
hombres e instruyéndolos en la verdadera
sabiduría, a fin de que todos alcancen su
madurez en Cristo. [29] Por esta razón, me fa-
tigo y lucho con la fuerza de Cristo que
obra en mí poderosamente.

La imagen de Dios

Muchas personas describen a Dios con sus características, diciendo que está en todo lugar, es todopoderoso, omnisciente (sabe todo) y eterno. Pero saber de Dios es distinto que encontrarse y relacionarse con él, y quienes se relacionan íntimamente con Dios suelen usar el lenguaje de los poetas y los místicos, que despierta una imagen de la belleza y la grandeza de Dios.

En la carta a los Colosenses, Pablo nos invita a mirar a Jesús y así ver al Dios invisible. En Jesús, Dios se hace visible. Siguiendo a Jesús nos acercamos al misterio de Dios. En él se casan el cielo y la tierra; se unen la humanidad y la divinidad, y se fusionan el amor del Padre y la felicidad del Hijo.

Relaciónate con él como lo hacía Jesús con su *Abba* (Padre). Dios nos creó y nos ama sin límite, nos ayuda y nos perdona, nos acoge como hijos y nos da la Vida eterna. ¡Acógete a él y deja que te acompañe y te guíe en tu jornada hacia él!

Col 1 15-20

VIVE LA PALABRA

Alegría en el sufrimiento

La frase de Pablo a los colosenses, «Ahora me alegro de poder sufrir por ustedes» (Col 1 24), no es una confesión masoquista de quien siente placer al sufrir, sino una expresión de que Pablo está tan lleno de Cristo, que ninguna tribulación ni sufrimiento lo pueden separar de él, y que ama al Cuerpo de Cristo, su Iglesia, con igual amor que a él. Tampoco significa que la Iglesia necesite sufrir, pues la obra redentora de Cristo es plena y perfecta, pero sí significa que quien se reviste de Cristo sufre a causa del evangelio.

Así como los sarmientos están unidos a la vid, nosotros estamos integrados al misterio de Cristo para llegar a la plenitud, participando plenamente en él, quien es cabeza de toda la creación y de la Iglesia. De ahí que, cuando pertenecemos a Cristo, la paz y el gozo interior continúan, aun en medio de sufrimientos y de la lucha contra las adversidades.

¿No es maravilloso poder tener paz y gozo cuando todo a nuestro alrededor es caos? Pablo y muchos santos han dado testimonio de ello. ¡Nuestra relación con Jesús vale oro, sobre todo en los momentos amargos y desoladores! Tenlo siempre presente y experimentarás destellos de la felicidad que tendrás en el cielo.

Col 1 24

Preocupación de Pablo por sus Iglesias

Col 4 13-16; Ap 1 11; 3 14; Ef 3 3

2 1 Sí, quiero que sepan qué dura es la lucha que sostengo por ustedes, por los
de Laodicea y por tantos otros que no me conocen personalmente. 2 Mi deseo es que se
sientan animados y que, unidos estrechamente en el amor, adquieran la plenitud de
la inteligencia en toda su riqueza. Así conocerán el misterio de Dios, que es Cristo, 3 en
quien están ocultos todos los tesoros de la
sabiduría y del conocimiento.

Advertencia contra los errores

Col 2 8; Ef 5 6; Rom 16 18; Col 1 23.29; 1 Pe 5 9; 1 Cor 11 23; 15 1-3; Ef 3 17; 2 20-24; Col 2 4; Mt 15 6

4 Los pongo sobre aviso para que nadie
los engañe con sofismas. 5 Aunque ausente
con el cuerpo, estoy presente en espíritu, y
me alegro al ver el orden que reina entre
ustedes y la firmeza de la fe que tienen en
Cristo. 6 Vivan en Cristo Jesús, el Señor, tal
como ustedes lo han recibido, 7 arraigados
y edificados en él, *apoyándose en la fe que
les fue* enseñada y dando gracias constantemente. 8 No se dejen esclavizar por nadie
con la vacuidad de una engañosa filosofía,
inspirada en tradiciones puramente humanas y en los elementos del mundo, y
no en Cristo.

Cristo, Cabeza, Salvador y Mediador

Ef 1 21-23; 3 19; Jn 1 16; Ef 2 11; Rom 2 29; Col 3 9; Rom 6 4-11; Col 3 1; Ef 2 5-6.14-15; 1 Cor 15 24; 1 Pe 3 22

9 Porque en él habita corporalmente toda
la plenitud de la divinidad, 10 y ustedes participan de esa plenitud de Cristo, que es la Cabeza de todo Principado y de toda Potestad.
11 En él fueron circuncidados, no por mano
de hombre, sino por una circuncisión que
los despoja del cuerpo carnal, la circuncisión
de Cristo. 12 En el bautismo, ustedes fueron
sepultados con él, y con él resucitaron, por la
fe en el poder de Dios que lo resucitó de entre los muertos. 13 Ustedes estaban muertos a
causa de sus pecados y de la incircuncisión
de su carne, pero Cristo los hizo revivir con
él, perdonando todas nuestras faltas. 14 Él
canceló el acta de condenación que nos era
contraria, con todas sus cláusulas, y la hizo
desaparecer clavándola en la cruz. 15 En cuanto a los Principados y a las Potestades, los
despojó y los expuso públicamente a la burla, incorporándolos a su cortejo triunfal.

Rechazo del falso ascetismo

Rom 14; 1 Cor 8; 10 14-43; Gal 4 10; Heb 8 5; Ef 2 21; 4 15-16; 1 Cor 8 6; 1 Tim 4 3; Rom 13 14

16 Por eso, que nadie los critique por cuestiones de alimento y de bebida, o de días festivos, de novilunios y de sábados. 17 Todas
estas cosas no son más que la sombra de lo

Corrección de ideas equivocadas

Pablo no menciona en qué consistían las falsas enseñanzas que estaban afectando la fe y la esperanza de los colosenses, pues ellos sabían de qué hablaba. Pero se puede deducir que se trataba de un sincretismo (mezcla) de ideas de origen judío y gentil.

En esa época abundaban las filosofías sobre fuerzas misteriosas provenientes de los astros, dioses o seres espirituales poderosos que determinaban la vida humana. Se daba culto a los ángeles, como si fueran intermediarios entre Dios y nosotros, y tuvieran un rango superior a Cristo. Se pensaba que era necesario aplacar esas fuerzas misteriosas y seres espirituales con ritos externos, observancias legales y penitencias corporales.

Pablo afirma que ningún elemento de la naturaleza o fuerza oculta tiene poder sobre los cristianos, pues el Hijo de Dios venció las tinieblas para siempre. Todo el universo, incluso los ángeles, fue creado por y en Jesús, quien es el único mediador con Dios. La salvación traída por él es suficiente, no requiere complemento ni mejoría; el Reino ya está en medio de nosotros: gozamos de la libertad de hijos y, unidos a Jesús, podemos vivir y transmitir el amor de Dios.

Col 2 16-23

que tenía que venir, pero la realidad es Cris-
to. 18 Que nadie los prive del premio, bajo
pretexto de «humildad» y de un «culto de los
ángeles». Esa gente tiene en cuenta solamente las cosas que ha visto y se vanagloria en el
orgullo de su mentalidad carnal, 19 pero no se
mantiene unida a la Cabeza que vivifica a todo el Cuerpo y le da cohesión por medio de
las articulaciones y de los ligamentos, a fin
de que su crecimiento se realice en Dios.
20 Ya que ustedes han muerto con Cristo
a los elementos del mundo, ¿por qué se someten a las prohibiciones de 21 «no tomar»,
«no comer» y «no tocar», como si todavía
vivieran en el mundo? 22 Todo esto se refiere a cosas destinadas a ser destruidas por su
mismo uso y no son más que *preceptos y*
doctrinas de hombres. 23 Estas doctrinas tienen una cierta apariencia de sabiduría por
su «religiosidad», su «humildad» y su «desprecio del cuerpo», pero carecen de valor y
solo satisfacen los deseos de la carne.

LA CONDUCTA DEL HOMBRE NUEVO

Cristo resucitado, principio de la Vida nueva

Col 2 12; Mt 6 20-23; Flp 3 20-21; Jn 3 3; Sal 110 1; Gal 2 20; Flp 1 21; Rom 8 19; 1 Pe 1 6-8; 1 Jn 3 2

3 1 Ya que ustedes han resucitado con
Cristo, busquen los bienes del cielo
donde Cristo está sentado a la derecha de
Dios. 2 Tengan el pensamiento puesto en
las cosas celestiales y no en las de la tierra.
3 Porque ustedes están muertos, y su vida
está desde ahora oculta con Cristo en Dios.
4 Cuando se manifieste Cristo, que es nuestra vida, entonces ustedes también aparecerán con él, llenos de gloria.

El hombre viejo y el hombre nuevo

Rom 6 5-14; 12 1-2; 13 12-14; 2 Cor 5 17-20; Ef 4 20-32; Sant 1 20-21

5 Por lo tanto, hagan morir en sus miembros todo lo que es terrenal: la lujuria, la
impureza, la pasión desordenada, los malos
deseos y también la avaricia, que es una forma de idolatría. 6 Estas cosas provocan la ira
de Dios sobre los rebeldes. 7 Ustedes mismos se comportaban así en otro tiempo, viviendo desordenadamente. 8 Pero ahora es
necesario que acaben con la ira, el rencor, la
maldad, las injurias y las conversaciones
groseras. 9 Tampoco se engañen los unos a
los otros. Porque ustedes se despojaron del
hombre viejo y de sus obras, 10 y se revistieron del hombre nuevo, aquel que avanza
hacia el conocimiento perfecto, renovándo-
se constantemente según la imagen de su
Creador. 11 Por eso, ya no hay pagano ni judío, circunciso ni incircunciso, bárbaro ni
extranjero, esclavo ni hombre libre, sino solo Cristo, que es todo y está en todos.

Exhortación al amor

Ef 4 1-3; Flp 2 1-4; Mt 6 14; 2 Cor 2 5-11; Ef 5 2; Jn 15 12; Rom 15 7; 13 8-10; Col 1 20; Ef 4 29; Col 1 3

12 Como elegidos de Dios, sus santos y
amados, revístanse de sentimientos de pro-

VIVE LA PALABRA

Revistámonos del «hombre nuevo»

La expresión figurativa de «revestirse del hombre nuevo» es una imagen favorita de Pablo para recalcar que las actitudes de Cristo nos tienen que cubrir (Col 3 5-17). Esto supone despojarse del «hombre viejo», que no se asemeja a Cristo.

A menudo Pablo presenta listas de vicios que describen al «hombre viejo», haciéndolo esclavo de pasiones que lo destruyen. Este tipo de persona tiene que morir para resucitar según el modelo en Jesús y así poder hablar y actuar con la ternura de Dios, confiando con alegría en nuestro «Padre que está en el cielo, porque él hace salir su sol sobre malos y buenos, y hace caer la lluvia sobre justos e injustos» (Mt 5 45).

Como «persona nueva» podrás contagiar a otras personas la dicha de ser tratados como hijos e hijas de Dios, especialmente en los casos en que la sociedad los trata como gente de segunda categoría. ¡Qué bello es ser tratado por otros y tratar a otros como «personas nuevas», resucitadas con Cristo!

Col 3 5-17

funda compasión. Practiquen la benevolencia, la humildad, la dulzura, la paciencia. 13 Sopórtense los unos a los otros, y
perdónense mutuamente siempre que alguien tenga motivo de queja contra otro.
El Señor los ha perdonado: hagan ustedes
lo mismo. 14 Sobre todo, revístanse del
amor, que es el vínculo de la perfección.
15 Que la paz de Cristo reine en sus corazones: esa paz a la que han sido llamados,
porque formamos un solo Cuerpo. Y vivan
en la acción de gracias.
16 Que la Palabra de Cristo resida en ustedes con toda su riqueza. Instrúyanse en la
verdadera sabiduría, corrigiéndose los unos
a los otros. Canten a Dios con gratitud y de
todo corazón salmos, himnos y cantos inspirados. 17 Todo lo que puedan decir o realizar, háganlo siempre en nombre del Señor
Jesús, dando gracias por él a Dios Padre.

SOBRE TODO, REVÍSTANSE DEL AMOR. Col 3 14

VIVE LA PALABRA

Un cambio de perspectiva

Pablo da varios consejos prácticos para que los colosenses sepan en qué consiste «revestirse de Cristo». Las relaciones entre padres e hijos y entre los esposos se caracterizan por el respeto, el amor, el sentido común y la comunicación efectiva, que son frutos del espíritu de Cristo. La relación del esclavo con su amo se humaniza, pues la condición de esclavo cambia a una relación de hermanos en Cristo, que exige un trato humano frente a Dios.

Revisa tu vida para que puedas vivir el mensaje que Dios te da a través de Pablo:

- ¿Cómo te relacionas con tus padres y compañeros? ¿Cómo tratas a la gente que encuentras en las calles y a quienes tienen oficios sencillos en la sociedad?
- ¿Eres razonable en lo que pides a otras personas? ¿Sabes escucharlas para entender lo que les preocupa? ¿O acaso eres duro/a, altanero/a y te crees más que los demás?

Piensa cómo puedes «revestirte más de Cristo» y pide al Espíritu Santo que te ayude. Proponte realizar pequeños actos que te asemejen más a Jesús y puedas tratar a tu prójimo como él nos enseñó.

Col 3 18-25

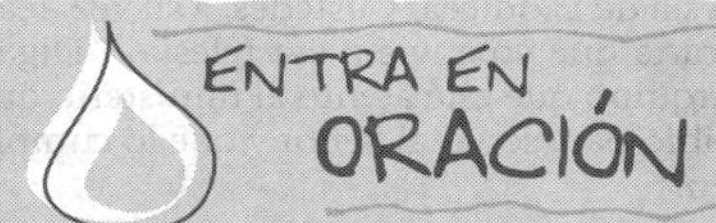

Resucitados con Cristo

El deseo de Pablo de que los cristianos de Colosas tengan vida en Cristo, se convierte en oración por ellos. Lee Colosenses 3 12-17 y medita sus palabras, pensando que son dirigidas a ti y saboreando la idea de que estás revestido de los sentimientos de Cristo:

- ¿Cómo te ves? ¿Cómo te sientes? ¿Cómo cambia tu presente y tu futuro?
- Identifica en qué se asemejan más tus sentimientos a los de Jesús. Dale gracias a Dios y pide su apoyo para seguirlos desarrollando.
- Después identifica lo que necesitas mejorar. ¿Qué te impide hacerlo? ¿Quién te puede ayudar?
- Haz una oración sincera diciéndole a Jesús lo que nazca de tu corazón. El Espíritu Santo guiará tus pensamientos para que pidas lo que más te conviene.
- Termina con esta oración inspirada en el versículo 17:

Padre bueno, todo esto que te he dicho,
lo que he hecho y lo que haré en el futuro,
te lo entrego en nombre de Jesús, mi Señor.
En unión con él, te doy gracias por todas tus bendiciones y me uno a la ofrenda de su vida para entregarte la mía. Soy tuyo/a, ayúdame a vivir el amor como Jesús nos enseñó. Amén.

Col 3 12-17

Los deberes familiares

Ef 5 22-23; 1 Cor 11 3; 1 Pe 3 7-17; Ef 6 1-4;
Heb 12 4-11; 1 Pe 5 5

18 Mujeres, sean dóciles a su marido, como corresponde a los discípulos del Señor.
19 Maridos, amen a su mujer, y no le amar-
guen la vida. 20 Hijos, obedezcan siempre a
sus padres, porque esto es agradable al Señor. 21 Padres, no exasperen a sus hijos, para que ellos no se desanimen.

Los deberes de los esclavos y de los patrones

Ef 6 5-9; Lv 25 43; 1 Cor 7 21-23;
1 Tim 6 1-2; Tit 2 9-10; Flm; 1 Pe 2 18-20

22 Esclavos, obedezcan en todo a sus dueños temporales, pero no con una obediencia fingida, como quien trata de agradar a
los hombres, sino con sencillez de corazón,
por consideración al Señor. 23 Cualquiera
que sea el trabajo de ustedes, háganlo de todo corazón, teniendo en cuenta que es para
el Señor y no para los hombres. 24 Sepan
que el Señor los recompensará, haciéndolos
sus herederos. Ustedes sirven a Cristo, el Señor: 25 el que obra injustamente recibirá el
pago que corresponde, cualquiera que sea
su condición.

4 1 En cuanto a ustedes, patrones, concedan a sus servidores lo que es justo
y razonable, recordando que también ustedes tienen un Señor en el cielo.

Últimas exhortaciones

Ef 6 18-20; 1 Tes 4 12; 1 Pe 2 12

2 Perseveren en la oración, velando siempre en ella con acción de gracias. 3 Rueguen
también por nosotros, a fin de que Dios nos
allane el camino para anunciar el misterio
de Cristo, por el cual estoy preso, 4 y para
que yo sepa pregonarlo en la debida forma.
5 Compórtense con sensatez en sus relaciones con los que no creen, aprovechando
bien el tiempo presente. 6 Que sus conversaciones sean siempre agradables y oportu-
nas, a fin de que sepan responder a cada
uno como es debido.

Noticias personales

Ef 6 21-22; Flm 10-12

7 En lo que a mí se refiere, nuestro querido
hermano Tíquico, mi fiel ayudante y compañero en el servicio del Señor, los informará
de todo. 8 Yo lo envío expresamente para que
él les dé noticias mías y los anime. 9 Lo acompañará Onésimo, nuestro fiel y querido hermano, que es uno de ustedes. Ellos los pondrán al tanto de todo lo que pasa por aquí.

Saludos

Hch 4 36; 12 12; 19 29; Col 1 7; Flm 2.23-24;
2 Tim 4 10-11; 1 Cor 16 21

10 Aristarco, mi compañero de prisión,
los saluda; lo mismo que Marcos, el primo
de Bernabé, acerca del cual ya recibieron
instrucciones: si él va a verlos, recíbanlo
bien. 11 Igualmente los saluda Jesús, el que
es llamado Justo. De los que provienen del
judaísmo, estos son los únicos que trabajan conmigo por el Reino de Dios: por eso
han sido un consuelo para mí. 12 También
los saluda Epafras, su compatriota, este ser-

vidor de Cristo Jesús que ora incansablemente por ustedes, para que se mantengan firmes en la perfección, cumpliendo plenamente la voluntad de Dios. [13]Yo doy testimonio de lo mucho que él hace por ustedes y por los de Laodicea y de Hierápolis.
[14]Finalmente, los saludan Lucas, el querido médico, y Demas.
[15]Saluden a los hermanos de Laodicea, especialmente a Ninfas y a la Iglesia que se reúne en su casa. [16]Una vez que hayan leído esta carta, háganla leer también en la Iglesia de Laodicea, y ustedes, a su vez, lean la carta que yo envié a esa Iglesia. [17]Digan a Arquipo que esté atento al ministerio que recibió para servir al Señor y que lo cumpla bien.

Despedida

Gal 6 11; Ef 3 1; 4 1; 6 20; Flm 1.9.10.13; Flp 1 7.13; 2 Tim 1 8; 2 9

[18]El saludo es de mi puño y letra, Pablo. Acuérdense de mis cadenas.
La gracia esté con ustedes.

De un discípulo de Pablo A LA JUVENTUD DE HOY

Muy estimados amigos y amigas,

Primero quiero reforzar su fe en Jesús y decirles que Dios creó todo por él y para él; en Cristo se da la plenitud de la creación y de él proviene la salvación (Col 1 15-20). Después les digo que comprendo que su fe en Jesús se debilite ante tantas ideas diferentes sobre Dios, el ser humano y el mundo que les llega a diario.

La televisión, las revistas, la radio, Internet presentan todo tipo de ideologías, opiniones y estrategias de mercadotecnia, como si fueran verdades absolutas. La tecnología y la ciencia están distanciadas e incluso opuestas a los valores del Reino de Dios.

No se dejen engañar, formen su criterio y su sistema de valores «revistiéndose de Cristo», es decir, relacionándose con Dios, con ustedes mismos, con sus padres y amigos... con el mismo tipo de valores y sentimientos que guiaron las relaciones de Jesús (Col 2 – 3).

Perseveren en la oración; su diálogo con Jesús les ayudará a distinguir lo auténtico de lo falso.

El amor de Dios esté siempre con ustedes.

+ Un seguidor de Jesús a través de Pablo

¿Recuerdas alguna vez que tus papás u otros adultos te dejaron solo/a cuando necesitabas su consejo o tenías un trabajo que no sabías hacer? ¿Has tenido que enfrentar algún peligro o dificultad seria sin ayuda? ¡Con qué gusto vemos llegar ayuda en este tipo de casos! Algo similar le pasaba a la comunidad de Tesalónica cuando Pablo, su fundador, tuvo que abandonarla al ser perseguido por los judíos. Sin embargo, Pablo no los defraudó; desde lejos siguió preocupándose por ellos, les mandó a Timoteo para que los animara y les escribió esta bella carta, llena de cariño y buenos consejos.

1 TESALONICENSES

ESQUEMA

- **1 1.** Saludo
- **1 2 – 3 13.** Acción de gracias por la fe de los tesalonicenses
- **4 – 5.** Directivas a la comunidad y enseñanza sobre la venida del Señor

DATOS

Autor
Pablo
Fecha de redacción
Año 50 d.C.
Destinatarios
Comunidad de cristianos de origen gentil en Tesalónica

PRESENTACIÓN

Esta carta a los Tesalonicenses es el primer escrito del Nuevo Testamento. Fue escrita por Pablo alrededor del año 50 d.C. a la comunidad de Tesalónica, formada en su mayoría por cristianos de origen gentil (no judío).

Pablo llegó al puerto de Tesalónica en su segundo viaje misionero con sus compañeros. Como de costumbre, visitaron primero a los judíos; sin embargo, como estos no los recibieron bien, decidieron exponer su mensaje de Jesús a los gentiles. Ellos respondieron mejor y formaron la primera comunidad cristiana en esa ciudad, actualmente llamada Saloniki, capital de la provincia de Macedonia, en Grecia.

A pesar de su corto tiempo con la comunidad, pues salió perseguido por los judíos, Pablo estableció relaciones cordiales con los nuevos cristianos. Más tarde, estando en Atenas, se preocupaba por ellos, pues su fe aún no estaba madura. Como él no podía ir personalmente, mandó desde Atenas a Timoteo, quien le llevó la buena noticia de que la fe y el amor de la comunidad crecía y florecía; también le informó de que eran calumniados y perseguidos por algunos judíos.

Ante el temor de que su trabajo apostólico fuera destruido, Pablo les escribó una carta llena de cariño, esperanza, preocupación personal y buenos consejos cristianos. En ella destaca la misión apostólica, el desarrollo de la Iglesia, el misterio del mal, y la necesidad de mantenerse vigilantes ante la inminente llegada del final de la historia de salvación.

Para hablar del fin de la historia, usa el género literario apocalíptico, lleno de símbolos que no pueden ser entendidos al pie de la letra (ver «Vocabulario bíblico: Apocalíptica»).

PABLO ENVÍA A TIMOTEO A APOYAR A LA COMUNIDAD

Saludo inicial

Hch 15 22; 16 1; 1 Cor 1 2; 16 10-11

1 [1] Pablo, Silvano y Timoteo saludan a
la Iglesia de Tesalónica, que está unida a Dios Padre y al Señor Jesucristo. Llegue a ustedes la gracia y la paz.

ACCIÓN DE GRACIAS POR LA FE DE LOS TESALONICENSES

Elogios y felicitaciones

Col 1 3-8; 1 Cor 2 1-5; 4 16; Hch 17 5-9; 2 Cor 1 4-11; Rom 1 8; Hch 2 24.32; 3 15; Rom 1 18; 2 5.16; 1 Tes 2 16; Sant 5 5

[2] Siempre damos gracias a Dios por todos
ustedes, cuando los recordamos en nuestras
oraciones, [3] y sin cesar tenemos *presente delante de Dios*, nuestro Padre, cómo ustedes
han manifestado su fe con obras, su amor
con fatigas y su esperanza en nuestro Señor
Jesucristo con una firme constancia.
[4] Sabemos, hermanos amados por Dios,
que ustedes han sido elegidos. [5] Porque la
Buena Noticia que les hemos anunciado
llegó hasta ustedes, no solamente con palabras, sino acompañada de poder, de la
acción del Espíritu Santo y de toda clase de
dones. Ya saben cómo procedimos cuando
estuvimos allí al servicio de ustedes. [6] Y ustedes, a su vez, imitaron nuestro ejemplo y
el del Señor, recibiendo la Palabra en medio de muchas dificultades, con la alegría
que da el Espíritu Santo. [7] Así llegaron a ser
un modelo para todos los creyentes de Macedonia y Acaya. [8] En efecto, de allí partió
la Palabra del Señor, que no solo resonó en
Macedonia y Acaya: en todas partes se ha
difundido la fe que ustedes tienen en Dios,
de manera que no es necesario hablar de
esto. [9] Ellos mismos cuentan cómo ustedes
me han recibido y cómo se convirtieron a
Dios, abandonando los ídolos para servir
al Dios vivo y verdadero, [10] y esperar a su
Hijo, que vendrá desde el cielo: Jesús, a
quien él resucitó y que nos libra de la ira
venidera.

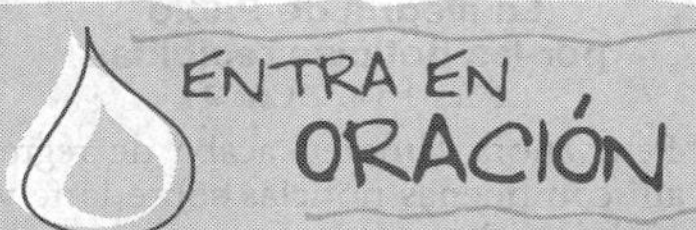

Señor, permíteme aprender de Pablo

Señor, permíteme aprender de Pablo:

Reconocer que Dios es Padre de todos
y que todos somos hermanos;
estar seguro/a de que Jesús es el Señor,
el Resucitado, Señor de la vida.

Buscar la vida en cada momento
y en todas mis decisiones;
ser mensajero/a de paz, una persona
de gracia y reconciliación.

Dirigirme a los demás con cariño
y preocupación por su bien,
salir al encuentro de mi prójimo
con reverencia, tacto y delicadeza.

Ser amable con quienes me simpatizan
y con quienes me es difícil convivir;
tratar a todos como hermanos,
sin importar su condición social.

1 Tes 1 1

La actividad de Pablo en Tesalónica

Hch 16 19-24; 17 1-9; Jn 5 41-44

2 1 Ustedes saben muy bien, hermanos, que la visita que les hicimos no fue inútil. 2 Después de ser maltratados e insultados en Filipos, como ya saben, Dios nos dio la audacia necesaria para anunciarles su Buena Noticia en medio de un penoso combate. 3 Nuestra predicación no se inspira en el error, ni en la impureza, ni en el engaño. 4 *Al contrario, Dios* nos encontró dignos de confiarnos la Buena Noticia, y nosotros la predicamos, procurando agradar no a los hombres, sino a Dios, que *examina* nuestros *corazones*. 5 Ustedes saben —y Dios es testigo de ello— que nunca hemos tenido palabras de adulación, ni hemos buscado pretexto para ganar dinero. 6 Tampoco hemos ambicionado el reconocimiento de los hombres, ni de ustedes ni de nadie, 7 si bien, como Apóstoles de Cristo, teníamos el derecho de hacernos valer.

La actitud paternal de Pablo

Gal 4 19; Jn 15 13; Hch 18 3; 20 33-35; 1 Cor 4 12; 2 Cor 11 7-10; 1 Cor 4 15; Ef 4 1-3; Flp 1 27; 1 Pe 5 10

Al contrario, fuimos tan condescendientes con ustedes como una madre que alimenta y cuida a sus hijos. 8 Sentíamos por ustedes tanto afecto, que deseábamos entregarles, no solamente la Buena Noticia de Dios, sino también nuestra propia vida: tan queridos llegaron a sernos. 9 Recuerden, hermanos, nuestro trabajo y nuestra fatiga cuando les predicamos la Buena Noticia de Dios, trabajábamos día y noche para no serles una carga. 10 Nuestra conducta con ustedes, los creyentes, fue siempre santa, justa e irreprochable: ustedes son testigos, y Dios también. 11 Y como recordarán, los hemos exhortado y animado a cada uno personalmente, como un padre a sus hijos, 12 instándoles a que lleven una vida digna del Dios que los llama a su Reino y a su gloria.

La fe y la paciencia de los tesalonicenses

Gal 1 11-12; Mt 23 29-37; Mc 10 33-34; Hch 17 5.13; 18 12; 1 Tes 1 10

13 Nosotros, por nuestra parte, no cesamos de dar gracias a Dios, porque cuando recibieron la Palabra que les predicamos, ustedes la aceptaron no como palabra humana, sino como lo que es realmente, como Palabra de Dios, que actúa en ustedes, los que creen. 14 En efecto, ustedes, hermanos, siguieron el ejemplo de las Iglesias de Dios, unidas a Cristo Jesús, que están en Judea, porque han sufrido de parte de sus compatriotas el mismo trato que ellas sufrieron de parte de los judíos. 15 Ellos mataron al Señor Jesús y a los profetas, y también nos persiguieron a nosotros; no agradan a Dios y son enemigos de todos los hombres, 16 ya que nos impiden predicar a los paganos para que se salven. Así, constantemente *están colmando la medida de sus pecados*, pero la ira de Dios ha caído sobre ellos para siempre.

Las inquietudes de Pablo

Col 2 5; Flp 2 16; 4 1; 1 Cor 15 23; 1 Tes 3 13; 2 Tes 1 7

17 En cuanto a nosotros, hermanos —físicamente separados de ustedes por un tiempo, aunque no de corazón—, senti-

mos un ardiente y vivísimo deseo de volver
a verlos. 18 Por eso quisimos ir hasta allí; yo
mismo, Pablo, lo intenté varias veces, pero
Satanás me lo impidió. 19 ¿Quién sino ustedes son nuestra esperanza, nuestro gozo y
la *corona* de la que *estaremos orgullosos* delante de nuestro Señor Jesús, el Día de su
Venida? 20 ¡Sí, ustedes son nuestra gloria y
nuestro gozo!

El viaje de Timoteo a Tesalónica

Hch 17 14-16; 14 22; Ap 2 2-10; Flp 2 16

3 1 Por eso, no pudiendo soportar más,
resolvimos quedarnos en Atenas 2 y enviarles a Timoteo, hermano nuestro y colaborador de Dios en el anuncio de la Buena
Noticia de Cristo. Lo hicimos para afianzarlos y confortarlos en la fe, 3 de manera que
nadie se deje perturbar por estas tribulaciones. Ustedes saben que estamos para eso.
4 Cuando todavía estábamos con ustedes, les
advertimos que íbamos a tener dificultades,
y así sucedió, como ustedes pudieron com-
probarlo. 5 Por eso, no pudiendo soportar
más, les envié a Timoteo para que me informara acerca de la fe de ustedes, temiendo
que el Tentador los hubiera puesto a prueba
y todo nuestro trabajo hubiera resultado
estéril.

Confortados en la fe

Pablo habla de los tesalonicenses como «esperanza..., gozo..., corona...», en medio de las persecuciones y sufrimientos que tienen que soportar (1 Tes 2 19). Manda a Timoteo a fortalecer su fe y alentarlos, pues teme que el Tentador deje su trabajo sin frutos. Cuando Timoteo regresa con la buena noticia de que el amor y la fe siguen floreciendo, Pablo se siente feliz de que Dios bendice su trabajo.

¿Con quiénes compartes tu fe, confianza y amor? ¿A quién das esperanza? ¿De quién recibes fe y amor? ¿Cómo se fortifican mutuamente con este intercambio?

1 Tes 3 6-13

La alegría de Pablo por las noticias recibidas

2 Tes 1 3-4; 2 Cor 7 7

6 Pero ahora Timoteo acaba de regresar
de allí con buenas noticias sobre la fe y el
amor de ustedes, y él nos cuenta cómo nos
recuerdan siempre con cariño y tienen el
mismo deseo que nosotros de volver a vernos. 7 Por eso, hermanos, a pesar de las angustias y contrariedades, nos sentimos reconfortados por ustedes, al comprobar su
fe. 8 Sí, ahora volvemos a vivir, sabiendo que
ustedes permanecen firmes en el Señor.
9 ¿Cómo podremos dar gracias a Dios por
ustedes, por todo el gozo que nos hacen
sentir en la presencia de nuestro Dios? 10 Día
y noche, le pedimos con insistencia que podamos verlos de nuevo personalmente, para completar lo que todavía falta a su fe.

El deseo y la súplica de Pablo

1 Tes 1 2-3.10; Flp 1 9-10

11 Que el mismo Dios, nuestro Padre, y
nuestro Señor Jesucristo, nos allanen el camino para ir allí. 12 Que el Señor los haga
crecer cada vez más en el amor mutuo y
hacia todos los demás, semejante al que
nosotros tenemos por ustedes. 13 Que él
fortalezca sus corazones en la santidad y
los haga irreprochables delante de Dios,
nuestro Padre, el Día de la Venida del Señor Jesús con todos sus santos. Amén.

DIRECTIVAS A LA COMUNIDAD Y ENSEÑANZA SOBRE LA VENIDA DEL SEÑOR

Exhortación a la santidad y a la pureza de vida

Lv 19 2; Rom 6 19-23; 1 Cor 6 12-20; Dt 32 35; Sal 94 1-2; Lc 10 16

4 1 Por lo demás, hermanos, les rogamos y les exhortamos en el Señor
Jesús, que vivan conforme a lo que han
aprendido de nosotros sobre la manera de
comportarse para agradar a Dios. De hecho, ustedes ya viven así: hagan mayores
progresos todavía. 2 Ya conocen las instrucciones que les he dado en nombre del Señor Jesús.
3 La voluntad de Dios es que sean santos,
que se abstengan del pecado carnal, 4 que
cada uno sepa usar de su cuerpo con santidad y respeto, 5 sin dejarse arrastrar por los

VIVE LA PALABRA

Agrademos a Dios viviendo la castidad

Ser santo es ser persona íntegra e intachable, ser «gloria de Dios», como Jesús, el hombre por excelencia. Esta persona totalmente humana procura el bien de su prójimo y no se aprovecha de él, tiene su sexualidad integrada en su personalidad y su comportamiento es casto.

Pablo está convencido de que la sexualidad debe ser personal, expresada en amor, respeto, delicadeza, entrega, y que debe vivirse solo en el contexto de un amor y consentimiento mutuos, como se celebra en el sacramento del Matrimonio. No debe verse como la búsqueda de placer ni ocasionar actividades sexuales desviadas como la prostitución, el adulterio, la lujuria y el incesto, pues al carecer de amor denigran lo humano y causan explotación o manipulación de otro ser humano.

Si has sido abusado/a sexualmente, pide a Dios que te sane de esa herida y busca ayuda para que puedas superar los efectos nocivos que te causó esa experiencia. Si aún no has alcanzado pureza en tus intenciones y actuar sexual, pide al Espíritu su fuerza para lograrlo. Si llevas una vida casta, renueva tu compromiso para continuar así toda tu vida, en el estado civil al que Dios te llama.

1 Tes 4 1-8

malos deseos, como hacen *los paganos que*
no conocen a Dios. [6] Que nadie se atreva a
perjudicar ni a dañar en esto a su hermano,
porque el Señor *hará justicia* por todas estas cosas, como ya se lo hemos dicho y
atestiguado. [7] Dios, en efecto, no nos llamó
a la impureza, sino a la santidad. [8] Por eso,
el que desprecia estas normas no desprecia a un hombre, sino a Dios, a ese Dios que *les ha dado su Espíritu Santo.*

Exhortación al amor y al trabajo

Jr 31 33-34; Is 54 13; Jn 13 34; 15 12-14; 2 Cor 11 7-10; 1 Tes 2 9; Col 4 5

[9] Acerca del amor fraterno, no es necesario que les escriba, porque Dios mismo les ha enseñado a amarse los unos a los otros,
[10] y así lo están haciendo con todos los hermanos de Macedonia. Pero yo los exhorto, hermanos, a hacer mayores progresos todavía.
[11] Que sea cuestión de honor para ustedes vivir en paz, cumpliendo cada uno sus obligaciones y trabajando con sus manos, de acuerdo con mis directivas.
[12] Así llevarán una vida digna a la vista de los paganos y no les faltará nada.

La Venida del Señor y la resurrección final

1 Cor 15 1-28.51-53; Flp 1 23; 1 Tes 5 11

[13] No queremos, hermanos, que vivan en la ignorancia acerca de los que ya han muerto, para que no estén tristes como los otros, que no tienen esperanza.
[14] Porque nosotros creemos que Jesús murió y resucitó: de la misma manera, Dios llevará con Jesús a los que murieron con él.
[15] Queremos decirles algo, fundados en la Palabra del Señor: los que vivamos, los que quedemos cuando venga el Señor, no precederemos a los que hayan muerto.
[16] Porque a la señal dada por la voz del Arcángel y al toque de la trompeta de Dios, el mismo Señor descenderá del cielo. Entonces, primero resucitarán los que murieron en Cristo.
[17] Después nosotros, los que aún vivamos, los que quedemos, seremos llevados con ellos al cielo, sobre las nubes, al encuentro de Cristo, y así permaneceremos con el Señor para siempre.
[18] Consuélense mutuamente con estos pensamientos.

La vigilancia cristiana

Mt 24 36-44; 1 Cor 1 8; 2 Cor 1 14; 2 Pe 3 10; Ap 3 3; 16 15; Mt 24 42-44; Mc 13 32-37; Lc 21 34-36; 1 Pe 5 8; 1 Cor 13 13; Ef 6 11-17; Rom 14 8-9; 1 Tes 4 17-18

5 [1] Hermanos, en cuanto al tiempo y al momento, no es necesario que les escriba.
[2] Ustedes saben perfectamente que el Día del Señor vendrá como un ladrón en plena noche.
[3] Cuando la gente afirme que hay paz y seguridad, la destrucción caerá

La comunión de los santos

Desde el principio, Pablo ve la Iglesia como una comunión de santos, personas consagradas a Cristo, que se van identificando con él. Esta «común-unión» en Cristo abarca a sus miembros difuntos, vivos y venideros.

Puesto que en aquella época se pensaba que la segunda venida de Cristo, en que alcanzaría su plenitud el Reino de Dios, sucedería pronto, los tesalonicenses se preocupaban por las personas que habían muerto antes. Pablo los consuela diciéndoles que todos los que vivieron unidos a Cristo resucitarán con él y los exhorta para que no se entristezcan.

La fe de Pablo en el Resucitado engendra una esperanza firme en el Dios de la vida, que reúne a todos sus hijos, del pasado, presente y futuro, en una comunidad de santos. Juntos formamos el Pueblo de Dios, la Iglesia. Esta convicción la profesamos en el Credo y la manifestamos al venerar a los santos que dieron testimonio de su identificación con Cristo.

1 Tes 4 13-18

sobre ellos repentinamente, como los dolores del parto sobre una mujer embarazada, y nadie podrá escapar.
4 Pero ustedes, hermanos, no viven en
las tinieblas para que ese Día los sorprenda como un ladrón: 5 todos ustedes son hijos de la luz, hijos del día. Nosotros no
pertenecemos a la noche ni a las tinieblas.
6 No nos durmamos, entonces, como hacen los otros: permanezcamos despiertos y
seamos sobrios. 7 Los que duermen lo hacen de noche, y también los que se emborrachan. 8 *Nosotros, por el contrario,* seamos sobrios, ya que pertenecemos al día:
revistámonos con la coraza de la fe y del
amor, y cubrámonos con *el casco* de la esperanza *de la salvación.* 9 Porque Dios no
nos destinó para la ira, sino para adquirir
la salvación por nuestro Señor Jesucristo,
10 que murió por nosotros, a fin de que, velando o durmiendo, vivamos unidos a él.
11 Anímense, entonces, y estimúlense mutuamente, como ya lo están haciendo.

Exhortaciones referentes a la vida comunitaria

1 Cor 16 16-18; 1 Tim 5 17; Heb 13 7; Rom 12 17-21; Flp 4 4; Ef 6 18-20; Col 3 15-17; 1 Cor 12 1-10; 1 Jn 4 1

12 Les rogamos, hermanos, que sean considerados con los que trabajan entre uste-

Dar gracias incesantemente

Pablo exhorta a dar gracias en todas las circunstancias. Únete al espíritu del pueblo iroqués, que da gracias con un estilo parecido al de un salmo del Antiguo Testamento:

Devolvemos las gracias a nuestra madre,
la tierra que nos sostiene.
Devolvemos las gracias a los ríos y arroyos,
que nos dan agua.
Devolvemos las gracias a todas las hierbas,
que nos proveen medicinas para curar
nuestras enfermedades.
Devolvemos las gracias al maíz, y a sus
hermanos, los frijoles y chayotes,
que nos dan vida.
Devolvemos las gracias a los arbustos
y árboles que nos dan frutos.
Devolvemos las gracias al viento, que,
moviéndose en el aire, disipa
las enfermedades.
Devolvemos las gracias a la luna
y las estrellas, que nos han regalado
sus luces al ponerse el sol.
Devolvemos las gracias a nuestro abuelo
Hé-no, *quien protegió a sus nietos*
y nietas de brujas y reptiles, y quien
nos dio la lluvia.
Devolvemos las gracias al sol, que ya ha
mirado la tierra con un ojo benévolo.

Y, finalmente, devolvemos las gracias
al Gran Espíritu, en quien se encuentra toda
bondad, y quien dirige todo por el bien
de sus hijos.[1]

1 Tes 5 16-19

des, es decir, con aquellos que los presiden
en nombre del Señor y los aconsejan. [13] Es-
tímenlos profundamente, y ámenlos a causa de sus desvelos.

Vivan en paz unos con otros. [14] Los exhortamos también a que reprendan a los
indisciplinados, animen a los tímidos, sos-
tengan a los débiles, y sean pacientes con
todos. [15] Procuren que nadie devuelva mal
por mal. Por el contrario, esfuércense por
hacer siempre el bien entre ustedes y con
todo el mundo. [16] Estén siempre alegres.
[17] Oren sin cesar. [18] Den gracias a Dios en
toda ocasión: esto es lo que Dios quiere de
todos ustedes, en Cristo Jesús. [19] No extingan la acción del Espíritu; [20] no desprecien
las profecías; [21] examínenlo todo y quédense con lo bueno. [22] *Cuídense del mal* en todas sus formas.

Despedida

Rom 15 33; Ef 2 14-17; 1 Cor 1 9;
Col 4 3.16; 1 Cor 16 20

[23] Que el Dios de la paz los santifique
plenamente, para que ustedes se conserven
irreprochables en todo su ser —espíritu, alma y cuerpo— hasta la Venida de nuestro
Señor Jesucristo. [24] El que los llama es fiel,
y así lo hará.

[25] Hermanos, rueguen también por nosotros. [26] Saluden a todos los hermanos con
un beso santo. [27] Les recomiendo en nombre del Señor que hagan leer esta carta a todos los hermanos.

[28] La gracia de nuestro Señor Jesucristo
esté con ustedes.

PERSPECTIVA CATÓLICA

La Eucaristía: una acción de gracias

El centro de nuestra vida de fe es la *Eucaristía*, palabra griega que significa «acción de gracias». Los cristianos son gente agradecida y lo expresan en una letanía sin fin. Rézala, diciendo después de cada frase: *«Gracias, mi Dios, gracias».*

Por la vida, su belleza y su profundidad.
Por Jesús, el Hijo, el amado del Padre.
Por la paternidad y maternidad de Dios.
Por el Reino de Dios: su cercanía y su presencia en medio de nosotros.
Por la fraternidad y solidaridad; el amor y cariño; la amistad y comprensión.
Por el vasto universo, con su brillo centellante y su mar de estrellas.
Por la naturaleza entera que alaba al Creador.
Por el pan en la mesa y el vino en la copa.
Por la fidelidad de nuestro Dios.
Por la muerte y la resurrección.
Por Jesús, que nos alimenta en la Eucaristía.
Por el Espíritu Santo, que habita en nosotros y entre nosotros.
Por la paz y la comunidad que nos sostienen.
Por María, que nos acompaña en nuestra jornada de fe. Amén.

1 Tes 5 16-19

Cuarta carta de Pablo A LA JUVENTUD DE HOY

Mis muy queridos jóvenes,

Me encuentro en mi segundo viaje misionero y recurro a esta carta para decirles que me da muchísima felicidad saber que la Iglesia cuenta con ustedes. ¡Con su testimonio cristiano, son ustedes fuente de esperanza y alegría, en medio de las dificultades tan serias por las que atraviesa nuestro mundo! (1 Tes 1).

Sé que algunas veces les hacen burla o los marginan por su compromiso cristiano. Le doy gracias a Dios porque se mantienen firmes en esas situaciones... ese es el tipo de persecución que sufre la juventud cristiana entre compañeros que llevan una vida ajena al Evangelio de Jesús (2 13-16).

¡Que el Señor los siga ayudando a crecer en el amor de unos a otros! (3)

«Todos ustedes son hijos de la luz» (5 5). Manténganse puros y huyan de la lujuria, o sea, del mal uso de su sexualidad. Vivan con sobriedad, anímense mutuamente y contribuyan siempre al bien mutuo, como lo están haciendo.

«Les rogamos, hermanos, que sean considerados con los que trabajan entre ustedes, es decir, con aquellos que los presiden en nombre del Señor y los aconsejan» (5 12).

Que el Dios de la paz los ayude a vivir como auténticos cristianos.

+ Pablo, agradecido de su testimonio cristiano

2 TESALONICENSES

Siempre hay gente que, al estar descontenta con la conducta de la humanidad, anuncia su fin inmediato como una solución, como sucedió al empezar el tercer milenio. La primera generación de cristianos tenía una expectativa similar. Pensaba que Jesucristo, el Mesías, regresaría pronto para dar fin a la historia y permitir que los cristianos gozaran plenamente del reino de Dios. Una pregunta se desprende de estas ideas: si este mundo tiene que perecer para que reine Dios, ¿necesitamos preocuparnos de este mundo viejo? A esto contesta Pablo en su segunda carta a los Tesalonicenses.

ESQUEMA

- **1 1-5.** Saludo inicial. Acción de gracias y felicitaciones
- **1 6 – 2 12.** La venida del Señor
- **2 13 – 3 18.** Instrucciones a la comunidad

DATOS

Autor
Anónimo. Escribe asumiendo la autoridad de Pablo

Fecha de redacción
Entre los años 66-70 d.C.

Destinatarios
La comunidad de Tesalónica

PRESENTACIÓN

Esta carta responde a problemas que tenía la comunidad de Tesalónica hacia el año 70 d.C. Sus miembros estaban nerviosos e inquietos ante la segunda venida de Cristo; algunos creían que Jesús ya había vuelto y otros pensaban que el fin estaba tan cerca, que no valía la pena trabajar y buscar el sustento de la vida (2 Tes 2 2; 3 6).

Pablo ya había fallecido y uno de sus discípulos escribe esta carta a los Tesalonicenses bajo el nombre de su maestro, como era común en aquella época, para tener autoridad moral y poder aclarar la situación y darles consejos. Por eso esta carta tiene un estilo más seco y menos amistoso que la primera, que sí fue escrita por Pablo.

El autor de la carta se concentra en tres puntos:

- Señala que el día de la parusía, o segunda venida del Señor, no es inminente, o sea, que no llegará pronto; antes tendrá lugar una rebelión contra Dios, y el Maligno se hará pasar por Dios. Pero la comunidad no debe preocuparse de esto, pues Jesús «*destruirá con el aliento de su boca* y aniquilará con el resplandor de su Venida» todo mal (2 8).
- Recoge el mensaje tradicional de los profetas sobre el día del Señor (ver «El día del Señor», Mal 3 13-21). El juicio de Dios al final de los tiempos es justo y cada quién tendrá la recompensa que se merece. Ese día, en que Jesús vencerá al Maligno, quienes vivan en fe, amor y esperanza, gozarán la gloria y el esplendor de Dios (2 Tes 1 10).
- Hay que esperar con paciencia el día final, confiando en que el Señor apoya a quienes se mantienen en la oración, trabajando, haciendo el bien y perseverando en el amor fraterno (3 1-15).

Estas imágenes resumen dos verdades esenciales del mensaje cristiano: a) no se sabe cuándo vendrá de nuevo Jesús, b) hay que ser fieles a sus enseñanzas.

2 TESALONICENSES

TRABAJEN EN PAZ PARA GANARSE SU PAN

Saludo inicial

1 Tes 1 1.2-10; Flp 1 28-29

1 1 Pablo, Silvano y Timoteo saludan a
la Iglesia de Tesalónica, que está unida a Dios, nuestro Padre y al Señor Jesucristo. 2 Llegue a ustedes la gracia y la paz
que proceden de Dios, nuestro Padre, y del
Señor Jesucristo.

Acción de gracias y felicitaciones

1 Tes 2 13; Flp 1 25; 1 Tes 3 6.12; 2 Cor 7 4;
1 Tes 2 19-20; 1 Tim 6 11; Ap 1 9;
Flp 1 28; Lc 20 35; Mt 5 10

3 Hermanos, siempre debemos dar gracias
a Dios a causa de ustedes, y es justo que lo
hagamos, porque la fe de ustedes progresa
constantemente y se *acrecienta el amor de*
cada uno hacia los demás. 4 Tanto es así que,
ante las Iglesias de Dios, nosotros nos sentimos orgullosos de ustedes, por la constancia
y la fe con que soportan las persecuciones y
contrariedades. 5 En esto se manifiesta el justo Juicio de Dios, para que ustedes sean encontrados dignos del Reino de Dios por el
cual tienen que sufrir.

LA VENIDA DEL SEÑOR

La retribución final

Dt 32 35-42; Rom 12 19; 1 Tes 2 13-16; 3 13;
Col 1 9; 3 4; Jn 17 10.22-24; Is 2 10.19.21; 66 5

6 Es justo que Dios retribuya con sufrimientos a quienes los hacen sufrir a ustedes.
7 En cambio, a ustedes, los que sufren, les dará el descanso junto con nosotros, cuando se
manifieste el Señor Jesús, que vendrá desde
el cielo, con los ángeles de su poder, 8 en medio de *un fuego ardiente*. Entonces él hará
justicia con aquellos que *no reconocen a Dios*
y no obedecen al Evangelio de nuestro Señor
Jesús. 9 Estos sufrirán como castigo la perdición eterna, alejados de la *presencia del Señor*
y de la gloria de su poder, 10 *cuando él venga*
aquel Día para ser glorificado en sus santos y ad-
mirado por todos los que hayan creído. ¡Y
ustedes han creído en nuestro testimonio!

La parusía o segunda venida de Jesús

Pablo estaba convencido de que, cuando volviera el Señor, habría un nuevo cielo y una nueva tierra; deseaba la llegada de Jesús resucitado en un futuro cercano, y así se lo había comunicado a los primeros cristianos. Por eso algunos cristianos esperaban febrilmente la parusía, o segunda venida de Jesús.

Nosotros expresamos la misma esperanza en cada celebración eucarística, diciendo después de la consagración: «¡Anunciamos tu muerte, proclamamos tu resurrección, ven Señor Jesús!». Pero como esta oración se ha rezado cerca de 2 000 años, no sentimos su segunda venida con la misma urgencia apremiante que las primeras comunidades cristianas. Sin embargo, el mensaje cristiano sigue siendo el mismo:

- La fecha y las circunstancias de la segunda venida de Cristo no se pueden determinar.
- La mejor preparación para esta espera es vivir en el amor, la fe y la esperanza.
- No importa lo que pase en la historia; al final de los tiempos, la victoria de Dios y de su enviado Jesús será definitiva.
- Mientras tanto podemos vivir las primicias o primeros frutos del Reino de Dios aquí en la tierra.

2 Tes 1 5 – 2 17

11 Pensando en esto, rogamos constantemente por ustedes a fin de que Dios los haga dignos de su llamado, y lleve a término en ustedes, con su poder, todo buen propósito y toda acción inspirada en la fe. 12 Así *el nombre del Señor Jesús será glorificado* en ustedes, y ustedes en él, conforme a la gracia de nuestro Dios y del Señor Jesucristo.

Advertencia sobre los falsos anuncios

Mt 24 31; 1 Cor 15 23; 1 Tes 4 15-17; 5 1-2

2 1 Acerca de la Venida de nuestro Señor Jesucristo y de nuestra reunión con él, les rogamos, hermanos, 2 que no se dejen perturbar fácilmente ni se alarmen, sea por anuncios proféticos, o por palabras o cartas atribuidas a nosotros, que hacen creer que el Día del Señor ya ha llegado. 3 Que nadie los engañe de ninguna manera.

Las señales precursoras del Día del Señor

Ap 13 1-18; Dn 11 36; Is 14 13; Ez 28 2; Is 11 4; Sal 33 6; Ap 19 11-21; 13 13-17; Mt 24 12; Is 6 10

Porque antes tiene que venir la apostasía y manifestarse el hombre impío, el Ser condenado a la perdición, 4 el Adversario, el que *se alza con soberbia contra todo* lo que lleva el nombre de *Dios* o es objeto de culto, hasta llegar a *instalarse* en el Templo de *Dios*, presentándose como si fuera Dios. 5 ¿No recuerdan que cuando estuve con ustedes les decía estas cosas? 6 Ya saben qué es lo que ahora lo retiene, para que no se manifieste sino a su debido tiempo. 7 El misterio de la iniquidad ya está actuando. Solo falta que desaparezca el que hasta el presente lo retiene, 8 y entonces se manifestará el Impío, a quien el Señor Jesús *destruirá con el aliento de su boca* y aniquilará con el resplandor de su Venida.

9 La venida del Impío será provocada por la acción de Satanás y estará acompañada de toda clase de demostraciones de poder, de signos y falsos milagros, 10 y de toda clase de engaños perversos, destinados a los que se pierden por no haber amado la verdad que los podía salvar. 11 Por eso, Dios les envía un poder engañoso que les hace creer en la mentira, 12 a fin de que sean condenados todos los que se negaron a creer en la verdad y se complacieron en el mal.

EL QUE NO QUIERA TRABAJAR, QUE NO COMA.

2 Tes 3 10

INSTRUCCIONES A LA COMUNIDAD

Exhortación a la perseverancia

1 Tes 1 2; Jn 15 16; 1 Cor 11 2; 2 Cor 1 3-4; 1 Tes 3 11-13

13 Nosotros, por nuestra parte, siempre debemos dar gracias a Dios, a causa de ustedes, hermanos amados por el Señor. En efecto, Dios los eligió desde el principio para que alcanzaran la salvación mediante la acción santificadora del Espíritu y la fe

Permanezcan firmes en la Tradición

Antes de escribirse las cartas bíblicas, ya existía una tradición de fe en las comunidades cristianas, con creencias, costumbres religiosas y un estilo de vida según las enseñanzas de Jesús a la luz del Espíritu Santo. Esta tradición viva eclesial, anterior a la palabra escrita inspirada por Dios, suele conocerse como *Tradición*, con «T» mayúscula, para diferenciarla de las tradiciones religiosas populares.

Los católicos consideramos que la Tradición y la Sagrada Escritura son dos pilares de la verdad de Dios, manifestadas en la vida, muerte y resurrección de Jesús. Nuestra fe se basa en las dos y ambas nos ayudan a ser fieles a Jesucristo y a colaborar en su misión.

Las costumbres y tradiciones, como las devociones y las expresiones de religiosidad popular o de piedad familiar, muchas veces encarnan y popularizan una verdad de fe. Por ejemplo, las fiestas de los santos patronos son expresiones culturales de la fe en la comunión de los santos y enriquecen la Iglesia universal.

Las costumbres y tradiciones populares son válidas si ayudan a conocer a Cristo, a relacionarnos con Dios y a producir los frutos del Espíritu: alegría, amor, paciencia, autodominio, etcétera. Si no llevan a esto, necesitan ser revisadas o puestas en un nuevo contexto.

La Tradición está en el centro de la fe. Las tradiciones pueden ser marginales a la fe y deben ser purificadas de elementos que contradicen el evangelio de Jesús.

2 Tes 2 15

en la verdad. 14 Él los llamó, por medio de
nuestro Evangelio, *para que posean la gloria de nuestro* Señor Jesucristo. 15 Por lo
tanto, hermanos, manténganse firmes y
conserven fielmente las tradiciones que
aprendieron de nosotros, sea oralmente o
por carta. 16 Que nuestro Señor Jesucristo y
Dios, nuestro Padre, que nos amó y nos
dio gratuitamente un consuelo eterno y
una feliz esperanza, 17 los reconforte y fortalezca en toda obra y en toda palabra
buena.

AFROAMERICANO

El principio de *nia* = plan, proyecto

Toda persona que desea hacer algo positivo con su vida necesita tener metas u objetivos que alcanzar. Aunque parezca que son exteriores a nosotros y las veamos en un futuro más o menos remoto, cuando tenemos razones valiosas para alcanzarlas, forman parte de lo más profundo de nuestro ser, pues nos dinamizan en dirección a ellas.

El principio *nia* del *Kwanzaa* enfatiza la necesidad de articular nuestras metas y compartirlas con nuestra familia y amigos. Tratar de alcanzar alguna por nosotros mismos es mucho más difícil que cuando contamos con el apoyo y el ánimo de quienes nos quieren, pues la energía positiva de todos se suma (ver «El sistema de valores *Kwanzaa*», Esd 6 19-22).

Nuestra fe cristiana valora las metas de una manera superlativa, es decir, les da una importancia muy grande. Seguir a Jesús es una de ellas para cada día y un ideal tan grande que nos energiza para la vida entera.

Ese seguimiento lo podemos dividir en objetivos más pequeños: ¿cómo me veo en cinco años, en diez..., en veinte? ¿Qué objetivos tengo para desarrollar los dones que Dios me dio? ¿Qué adelantos en mi vida cristiana quiero hacer este mes..., este año..., y más adelante? ¿Qué logros me ayudarán a mejorar las relaciones interpersonales?

Escribe las cinco metas más importantes que tienes; analízalas detalladamente y haz una pequeña evaluación de cómo vas realizando cada una. Recuerda que todo aquello que te ayuda a desarrollarte como persona, si está inspirado por el evangelio, también es parte de tu vida cristiana.

2 Tes 2 17

Exhortación a la fidelidad

1 Cor 1 9; Col 4 2-3

3 1 Finalmente, hermanos, rueguen por
nosotros, para que la Palabra del Señor se propague rápidamente y sea glorifi-

VIVE LA PALABRA

Ni flojera ni activismo

La creencia en la cercanía de la parusía hacía que algunas personas confundieran la esperanza con dejar de trabajar. El autor recomienda no seguir a esta gente, y dice con precisión y lucidez: «El que no quiera trabajar, que no coma» (2 Tes 3 10).

La flojera lleva a la persona a vivir a costa de los demás, convirtiéndose en un parásito de la sociedad que se aprovecha de la bondad de otros. Sin embargo, también hay que evitar el otro extremo: una dedicación excesiva al trabajo se convierte en adicción e impide que la persona descanse y madure en otros aspectos de su vida.

El equilibrio entre trabajo, descanso, actividades sociales, reflexión y oración es siempre necesario. Cualquier exceso es peligroso para el desarrollo sano de la persona y de la vida cristiana.

2 Tes 3 6-13

cada como lo es entre ustedes. [2] Rueguen
también para que nos veamos libres de los
hombres malvados y perversos, ya que no
todos tienen fe. [3] Pero el Señor es fiel: él
los fortalecerá y los preservará del Maligno. [4] Nosotros tenemos plena confianza
en el Señor de que ustedes cumplen y seguirán cumpliendo nuestras disposiciones. [5] Que el Señor los encamine hacia el
amor de Dios y les dé la perseverancia de
Cristo.

Exhortación al trabajo

1 Cor 9 4-17; 2 Cor 11 7-9; 1 Tes 2 9; 4 11;
Gal 6 9-10; 1 Cor 5 4-11; 2 Cor 2 5-8

[6] Les ordenamos, hermanos, en nombre
de nuestro Señor Jesucristo, que se aparten de todo hermano que lleve una vida
ociosa, contrariamente a la enseñanza
que recibieron de nosotros. [7] Porque ustedes ya saben cómo deben seguir nuestro
ejemplo. Cuando estábamos entre ustedes, no vivíamos como holgazanes [8] y nadie nos regalaba el pan que comíamos. Al
contrario, *trabajábamos* duramente, día y
noche, hasta cansarnos, con tal de no ser
una carga para ninguno de ustedes. [9] Aunque teníamos el derecho de proceder de
otra manera, queríamos darles un ejemplo para imitar.

[10] En aquella ocasión les impusimos esta
regla: el que no quiera trabajar, que no coma. [11] Ahora, sin embargo, nos enteramos
de que algunos de ustedes viven ociosamente, no haciendo nada y entrometiéndose en todo. [12] A estos les mandamos y los
exhortamos en el Señor Jesucristo que trabajen en paz para ganarse su pan.

[13] En cuanto a ustedes, hermanos, no se
cansen de hacer el bien. [14] Si alguno no
obedece a las indicaciones de esta carta, señálenlo, y que nadie trate con él para que
se avergüence. [15] Pero no lo consideren como a un enemigo, sino repréndanlo como
a un hermano.

Despedida

1 Tes 5 23; Gal 6 11

[16] Que el Señor de la paz les conceda la
paz, siempre y en toda forma. El Señor esté con todos ustedes.

[17] El saludo es de mi puño y letra. Esta es
la señal característica de todas mis cartas:
así escribo yo, Pablo.

[18] La gracia de nuestro Señor Jesucristo
esté con todos ustedes.

En nombre de Pablo

PARA RENOVAR SU ESPERANZA

Estimados jóvenes,

Al ver, escuchar o leer las noticias, nos angustiamos por el calentamiento global, la pérdida de recursos naturales, terremotos o tempestades que destruyen pueblos enteros... También nos causan ansiedad las guerras, la matanza por robo o violencia pandillera, el divorcio o la muerte de nuestros padres, la falta de trabajo...

Sabemos que hay jóvenes que han perdido la esperanza en la vida y por ello no estudian ni buscan trabajo. Otros caen en la depresión, el alcoholismo y la drogadicción para evadirse del dolor y la angustia. Algunos más no quieren escuchar los problemas para no preocuparse.

Si están en esta situación o conocen a alguien que lo esté, les digo que nadie sabe cuándo será el día final. Lo que sí sabemos es que Jesús vence al mal (2 Tes 2 8) y que, si vivimos de acuerdo con sus enseñanzas, Dios nos dará un consuelo eterno y una esperanza espléndida (13-16).

Por lo tanto, pido a Dios que los fortalezca, para que no cesen de hacer el bien, trabajar, esforzarse por superar los problemas y seguir adelante con fe en nuestro Dios.

+ Un discípulo de Pablo y profeta de esperanza

Con grandes ideales, entusiasmo y compromiso, varios jóvenes van formando una comunidad en la parroquia. Hay mucha actividad creativa y todo parece marchar bien. Pero, con el crecimiento, vienen preguntas y retos: ¿quién será el líder?, ¿qué dirección tomamos?, ¿qué hacemos ante este conflicto?, ¿cómo mantenemos la unidad? Las cartas pastorales quieren asegurar que las primeras comunidades cristianas no se deshagan o dividan. Timoteo y Tito son elegidos para ayudar a consolidarlas, y unos discípulos de Pablo escriben algunas reglas de sana convivencia para apoyarlos en su tarea.

CARTAS PASTORALES

ESQUEMA

1 Timoteo
- **1 1-2.** Saludo
- **1 3 – 2 15.** Consejos a Timoteo
- **3 1 – 6 21.** Consejos para guiar la comunidad y resumen

2 Timoteo
- **1 1-5.** Saludo y agradecimiento
- **1 6 – 4 8.** Consejos para Timoteo
- **4 9-22.** Últimos consejos, noticias y bendición

Tito
- **1 1-4.** Saludo
- **1 5 – 3 15.** Consejos a la comunidad de fe y bendición

DATOS

Autor
Pablo o algunos discípulos suyos
Fecha de redacción
Alrededor del año 65 d.C., si Pablo es el autor.
Entre los años 90-100 d.C., si sus discípulos las escribieron
Destinatarios
Líderes de algunas primeras comunidades cristianas

PRESENTACIÓN

Las cartas a Timoteo y Tito se conocen como cartas pastorales porque sus destinatarios fueron los primeros líderes o pastores de la Iglesia. Aunque aparentemente las escribió Pablo, es más probable que fueran escritas por algunos discípulos que adaptaron sus enseñanzas a la situación de las iglesias, una generación más tarde. Estas cartas se preocupan por los problemas de las comunidades recién nacidas y determinan la organización y la vida interna de las comunidades, sin mucha referencia a los carismas de sus miembros.

La primera carta a Timoteo da pautas prácticas para la estabilidad de la Iglesia y para responder a nuevos desafíos en la sociedad: ¿cómo tratar a quienes enseñan falsas doctrinas? ¿Qué cualidades deben tener los líderes? ¿Quién merece la ayuda financiera de la comunidad? ¿Cómo han de considerar los cristianos el éxito?

La segunda carta a Timoteo habla de Pablo como prisionero, preparándose para el martirio. Presenta sus reflexiones sobre su vida y su ministerio, y cómo fue abandonado por muchas personas. Pablo advierte a Timoteo que necesita mantenerse firme aun en el sufrimiento, aunque esto implique más dolor. Sin embargo, Pablo no vacila en su fe. Sabe que, si nosotros somos infieles, Dios «él es fiel, porque no puede renegar de sí mismo» (2 Tim 2 13).

La carta a Tito proporciona consejos a obispos, ancianos, adultos, esclavos y jóvenes. También ofrece advertencias para protegerse contra las falsas doctrinas y tentaciones, y para controlarse uno mismo.

Las tres cartas muestran cómo la Iglesia desarrolla una estructura para instalarse en el mundo. En ellas se define el rol del liderazgo y se dan pautas sobre el comportamiento público de la Iglesia. También muestran la lucha por mantenerse fieles al evangelio de Jesucristo, al ajustarlo a la cultura de su tiempo.

1 Y 2 TIMOTEO, Y TITO

IMPOSICIÓN DE MANOS A TIMOTEO

«PROCLAMA LA PALABRA DE DIOS, INSISTE CON OCASIÓN O SIN ELLA, ARGUYE, REPRENDE, EXHORTA, CON PACIENCIA INCANSABLE Y CON AFÁN DE ENSEÑAR»

2 Tim 4 2

FIDELIDAD AL MINISTERIO

CONSEJOS A ANCIANOS, ADULTOS Y JÓVENES

Saludo inicial

1 Cor 1 1; Lc 1 47; 1 Tim 2 3; 2 Tim 1 9; 2 Tit 1 3; Col 1 27

1 [1] Pablo, Apóstol de Jesucristo por mandato de Dios, nuestro Salvador, y de Cristo Jesús, nuestra esperanza, [2] saluda a Timoteo, su verdadero hijo en la fe. Te deseo la gracia, la misericordia y la paz que proceden de Dios Padre y de Cristo Jesús, nuestro Señor.

Los falsos maestros

1 Tim 4 1-7; 6 3-5; 2 Tim 2 4-17; Tit 1 10-14

[3] Al partir para Macedonia, te pedí que permanecieras en Éfeso, para impedir que cierta gente enseñara doctrinas extrañas [4] y prestara atención a mitos y genealogías interminables. Estas cosas no hacen más que provocar discusiones *inútiles, en lugar de servir al designio* de Dios fundado sobre la fe. [5] Te hice este pedido con el fin de suscitar el amor que brota de un corazón puro, de una buena conciencia y de una fe sincera. [6] Por haberse apartado de esto, algunos terminaron en pura palabrería [7] y, pretendiendo ser maestros de la Ley, en realidad no saben lo que dicen ni lo que afirman con tanta seguridad.

El verdadero alcance de la Ley

Rom 7 7-13; 1 29-32; Gal 5 18-23

[8] Ya sabemos que la Ley es buena, si se la usa debidamente, [9] es decir, si se tiene en cuenta que no fue establecida para los justos, sino para los malvados y los rebeldes, para los impíos y pecadores, los sacrílegos y profanadores, los parricidas y matricidas, los asesinos, [10] los impúdicos y pervertidos, los traficantes de seres humanos, los tramposos y los perjuros. En una palabra, la Ley está contra todo lo que se opone a la sana doctrina [11] del Evangelio que me ha sido confiado, y que nos revela la gloria del bienaventurado Dios.

La vocación de Pablo

Hch 8 3; 1 Cor 15 9; Mt 9 13; 1 Tim 6 16

[12] Doy gracias a nuestro Señor Jesucristo, porque me ha fortalecido y me ha considerado digno de confianza, llamándome a

VIVE LA PALABRA

Posición de los cristianos ante la verdad

Pablo está preocupado por las falsedades, distorsiones, semiverdades y especulaciones que traen confusión a la vida comunitaria y causan discusiones estériles. La verdad siempre se apoya y se manifiesta en Jesús, quien se definió así: «Yo soy el Camino, la Verdad y la Vida» (Jn 14 6).

La verdad del evangelio viene del corazón y genera amor; engendra una conciencia tranquila y sana, y produce una fe sincera como respuesta viva y obediente al llamado de Dios (1 Tim 3 7). Es una verdad para ser practicada y vivida, no para discutirla ni para pelearse al tratar de probar que otras personas están equivocadas o condenadas.

Cuando alguien quiere discutir la fe, conviene responder con preguntas sencillas, ya que el intercambio tiende a volverse tolerante, pacífico y fructífero, o la discusión suele disolverse sin problemas. Ante preguntas como ¿cuál es la vivencia más fuerte de Dios en tu vida? ¿Qué te atrae más de Jesús?

1 Tim 1 3-7

su servicio 13 a pesar de mis blasfemias, persecuciones e insolencias anteriores. Pero
fui tratado con misericordia, porque cuando no tenía fe, actuaba así por ignorancia.
14 Y sobreabundó en mí la gracia de nuestro
Señor, junto con la fe y el amor de Cristo
Jesús.

15 Es doctrina cierta y digna de fe que Jesucristo vino al mundo para salvar a los pecadores, y yo soy el peor de ellos. 16 Si encontré misericordia, fue para que Jesucristo
demostrara en mí toda su paciencia, poniéndome como ejemplo de los que van a
creer en él para alcanzar la Vida eterna.

17 ¡Al Rey eterno y universal, al Dios incorruptible, invisible y único, honor y gloria por los siglos de los siglos! Amén.

Recomendación a Timoteo

1 Tim 4 14; 2 Tim 4 7; 4 14; 1 Cor 5 5

18 Hijo mío, te hago esta recomendación,
conforme a lo que se dijo de ti por inspiración de Dios, a fin de que luches valientemente, 19 conservando la fe y la buena conciencia. Por no haber tenido una buena
conciencia algunos fracasaron en la fe,
20 entre otros, Himeneo y Alejandro, a quienes entregué a Satanás para que aprendie-
ran a no blasfemar.

La oración litúrgica

Rom 13 1-7; 1 Cor 8 6; Heb 8 6; Ef 5 2; 2 Tim 1 11

2 1 Ante todo, te recomiendo que se hagan peticiones, oraciones, súplicas y
acciones de gracias por todos los hombres,
2 por los soberanos y por todas las autoridades, para que podamos disfrutar de paz y
de tranquilidad, y llevar una vida piadosa
y digna. 3 Esto es bueno y agradable a Dios,
nuestro Salvador, 4 porque él quiere que todos se salven y lleguen al conocimiento de
la verdad. 5 Hay un solo Dios y un solo mediador entre Dios y los hombres: Jesucristo,
hombre él también, 6 que se entregó a sí
mismo para rescatar a todos. Este es el testimonio que él dio a su debido tiempo, 7 y
del cual fui constituido heraldo y Apóstol
para enseñar a los paganos la verdadera fe.
Digo la verdad, y no miento.

El modo de orar

Is 3 36s; 1 Pe 3 2-4; 1 Cor 14 34-35; Gn 3 16; 1 Cor 11 3.8-12; Gn 2 21-22; 3 12-13

8 Por lo tanto, quiero que los hombres
oren constantemente, levantando las manos al cielo con recta intención, sin arrebatos ni discusiones. 9 Que las mujeres, por su
parte, se arreglen decentemente, con recato
y modestia, sin usar peinados rebuscados,
ni oro, ni perlas, ni vestidos costosos. 10 Que
se adornen más bien con buenas obras, como conviene a personas que practican la
piedad. 11 Que las mujeres escuchen la instrucción en silencio, con todo respeto. 12 No
permito que ellas enseñen, ni que pretendan imponer su autoridad sobre el marido:
al contrario, que permanezcan calladas. 13 Porque primero fue creado Adán, y después Eva.
14 Y no fue Adán el que se dejó seducir, sino
que Eva fue engañada y cayó en el pecado.

ENTRA EN ORACIÓN

Oración universal

La Iglesia de Jesús es universal (católica) y así es su oración. Los cristianos no viven en su parroquia o en un movimiento apostólico como en una burbuja, sino que son luz y levadura del mundo. Por eso se solidarizan con los que sufren; se ocupan de los problemas del mundo; luchan por el Reino de Dios, y su oración va más allá de sus preocupaciones personales y familiares.

Oremos por este mundo, tan grande y vasto, que es patria de millones de hombres y mujeres.

Empecemos por nuestro pequeño mundo, por nuestros amigos y familiares..., por las personas que conocemos..., por aquellos que comparten nuestras preocupaciones... y por quienes nos necesitan...

Oremos por las personas famosas, presidentes y líderes que influyen en las naciones: para que no toleren injusticias ni usen violencia... ni decidan destinos ajenos sin compasión... o destruyan la moral humana...

Recemos por las personas que pasan desapercibidas y viven a la sombra de otros..., por los que cumplen cada día con sus obligaciones, pero nadie se lo agradece..., por los que hacen justicia sin fanfarronear...

Pidamos por la paz..., para tener un corazón abierto y generoso..., para amar la verdad...

para defender la vida..., para vivir la Buena Nueva hasta el heroísmo..., para proclamar a Cristo siempre con nuestras palabras y acciones... Amén.

1 Tim 2 1-8

Las mujeres en el ministerio

Lee 1 Timoteo 2 9-15. ¿Son estos versículos Palabra de Dios y doctrina cristiana u opiniones humanas condicionadas por la situación histórica en que fueron formulados? Este pasaje refleja los roles de la mujer en aquel tiempo y es a veces mal entendido e incluso usado erróneamente en contra de las mujeres. Fuera judía, cristiana o pagana, la mujer debía estar en la casa, no recibía educación y no podía tener una función de autoridad pública.

Como los primeros cristianos se reunían en sus casas, en ese ambiente, las mujeres enseñaban y ejercían otros ministerios. Los Hechos de los Apóstoles y las cartas de Pablo hablan de varias mujeres profundamente involucradas en la evangelización (ver «Lidia de Tiatira y Priscila de Roma», Hch 16 14-15, 18 1-26, y «Febe y Junias», Rom 16 1-16). Con el tiempo, la Iglesia empezó a preocuparse de cómo era vista por los no cristianos, y es posible que una generación después de Pablo haya empezado a disminuir las funciones de las mujeres en la Iglesia.

Hoy en día la sociedad ha cambiado un poco. En muchas partes del mundo nadie se escandaliza cuando una mujer dirige un negocio, ejerce un puesto público o administra una fundación privada. Entre los líderes influyentes en la Iglesia, casi siempre se nombra a la madre Teresa. Sin embargo, las mujeres aún tienen un segundo plano en el liderazgo de la Iglesia. ¿Cuántas mujeres conoces que dedican su vida al servicio de la comunidad eclesial? Recuérdalas con cariño y pide a Dios que las fortalezca y bendiga para seguir adelante.

1 Tim 2 9-15

15 Pero la mujer se salvará, cumpliendo sus
deberes de madre, a condición de que persevere en la fe, en el amor y en la santidad,
con la debida discreción.

El jefe de la comunidad

Tit 1 6-9; 2 Tim 2 24-25

3 1 Es muy cierta esta afirmación: «El
que aspira a presidir la comunidad,
desea ejercer una noble función». 2 Por eso,
el que preside debe ser un hombre irreprochable, que se haya casado una sola vez,
sobrio, equilibrado, ordenado, hospitalario y apto para la enseñanza. 3 Que no sea
afecto a la bebida ni pendenciero, sino indulgente, enemigo de las querellas y desin-
teresado. 4 Que sepa gobernar su propia casa y mantener a sus hijos en la obediencia
con toda dignidad. 5 Porque si no sabe go-

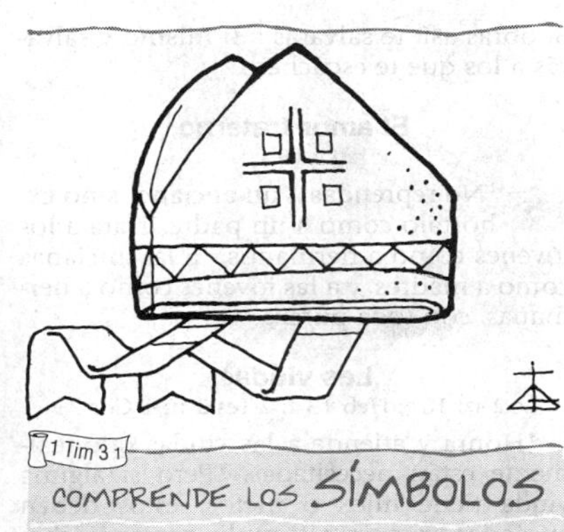

1 Tim 3 1

COMPRENDE LOS SÍMBOLOS

La mitra

La mitra es signo de la dignidad del oficio episcopal. Sus puntas hacia el cielo recuerdan al obispo que su autoridad como pastor debe orientarse en todo a Dios; simboliza su triple misión de enseñar, supervisar y servir; debe ser signo de santidad para bautizados y no bautizados por igual.

bernar su propia casa, ¿cómo podrá cuidar la Iglesia de Dios? [6]Y no debe ser un hombre recientemente convertido, para que el orgullo no le haga perder la cabeza y no incurra en la misma condenación que el demonio. [7]También es necesario que goce de buena fama entre los no creyentes, para no exponerse a la maledicencia y a las redes del demonio.

Los diáconos

Tit 2 3; 1 Tim 2 8-13

[8]De la misma manera, los diáconos deben ser hombres respetables, de una sola palabra, moderados en el uso del vino y enemigos de ganancias deshonestas. [9]Que conserven el misterio de la fe con una conciencia pura. [10]Primero se los pondrá a prueba, y luego, si no hay nada que reprocharles, se los admitirá al diaconado. [11]Que las mujeres sean igualmente dignas, discretas para hablar de los demás, sobrias y fieles en todo. [12]Los diáconos deberán ser hombres casados una sola vez, que gobiernen bien a sus hijos y su propia casa. [13]Los que desempeñan bien su ministerio se hacen merecedores de honra y alcanzan una gran firmeza en la fe de Jesucristo.

El misterio de Cristo

Ef 2 19-22; 3 3; 1 Tim 4 7; Jn 1 4; Rom 1 4; Mc 16 19; Hch 1 9

[14]Aunque espero ir a verte pronto, te escribo estas cosas [15]por si me atraso. Así sabrás cómo comportarte en la casa de Dios, es decir, en la Iglesia del Dios viviente, columna y fundamento de la verdad. [16]En efecto, es realmente grande el misterio que veneramos:

Él se manifestó en la carne,
fue justificado en el Espíritu,
contemplado por los ángeles,
proclamado a los paganos,
creído en el mundo
y elevado a la gloria.

El falso ascetismo

2 Tim 3 1-5; Rom 14; Col 2 20-23; Tit 1 13-15; Gn 9 3; Rom 14 6; Gn 1 31; Hch 10 15

4 [1]El Espíritu afirma claramente que en los últimos tiempos habrá algunos que renegarán de su fe, para entregarse a espíritus seductores y doctrinas demoníacas, [2]seducidos por gente mentirosa e hipócrita, cuya conciencia está marcada a fuego. [3]Esa gente proscribe el matrimonio y prohíbe el consumo de determinados alimentos que Dios creó para que los creyentes y los conocedores de la verdad los comieran dando gracias. [4]Todo lo que Dios ha creado es bueno, y nada es despreciable, si se lo recibe con acción de gracias, [5]porque la Palabra de Dios y la oración lo santifican.

Exhortación a la piedad

2 Tim 2 14-16; Tit 2 7-8; 1 Tim 6 11-14; 1 18

[6]Si explicas todo esto a los hermanos, serás un buen servidor de Cristo Jesús, alimentado por las enseñanzas de la fe y de la buena doctrina que siempre seguiste fielmente. [7]Rechaza esos mitos ridículos, esos cuentos de viejas, y ejercítate en la piedad. [8]Los ejercicios físicos son de poca utilidad; la piedad, en cambio, es útil para todo, porque encierra una promesa de Vida para el presente y para el futuro. [9]Esta es doctrina cierta y absolutamente digna de fe. [10]Nosotros nos fatigamos y luchamos porque hemos puesto nuestra esperanza en el Dios viviente, que es el Salvador de todos los hombres, especialmente de los que creen. [11]Predica esto y enséñalo.

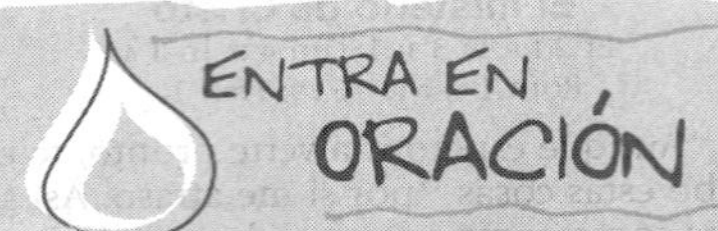

¡Que nadie te menosprecie por tu juventud!

Lee 1 Timoteo 4 6-16. Observa cómo el autor anima a Timoteo a ser firme y dar ejemplo de amor, fe y pureza, sin dejarse menospreciar por ser joven, ya que la credibilidad en asuntos religiosos y de liderazgo en esa época descansaba en los ancianos.

Dios actúa por medio de quien mejor le parece. No dejes que nadie te menosprecie ni tampoco te menosprecies tú. ¡Goza tu juventud y canta!, sin miedo:

Jóvenes profetas de esperanza,
respondiendo a tu llamado
llevamos a tu pueblo joven,
una vida nueva, la vida con Jesús.
Te alabamos con nuestros cantos,
te bendecimos con nuestra energía
y decisión.
Caminamos hacia ti con empeño,
seguros de nuestra misión.
Queremos construir tu Reino,
y vivirlo con pasión.
Sin temor, valientes en la lucha,
buscamos crear la Civilización del Amor.

Gracias por habernos llamado
para llevar a tu pueblo la vida con Jesús.
Danos tu gracia para responderte
y dar siempre testimonio de tu amor.

1 Tim 4 6-16

1 TIM

Comportamiento pastoral

Tit 2 15; Lc 4 16-21; Hch 13 14-16; 2 Tim 1 6; 1 Tim 5 17

12 Que nadie menosprecie tu juventud: por el contrario, trata de ser un modelo para los que creen, en la conversación, en la conducta, en el amor, en la fe, en la pureza de vida. 13 Hasta que yo llegue, dedícate a la proclamación de las Escrituras, a la exhortación y a la enseñanza. 14 No malogres el don espiritual que hay en ti y que te fue conferido mediante una intervención profética, por la imposición de las manos del presbiterio. 15 Reflexiona sobre estas cosas y dedícate enteramente a ellas, para que todos vean tus progresos. 16 Vigila tu conducta y tu doctrina, y persevera en esta actitud. Si obras así, te salvarás a ti mismo y salvarás a los que te escuchen.

El amor fraterno

Lv 19 32

5 1 No reprendas a un anciano, sino exhórtalo como a un padre. Trata a los jóvenes como a hermanos, 2 a las ancianas como a madres, y a las jóvenes como a hermanas, con toda pureza.

Las viudas

Lc 2 37; 18 7; Heb 13 2; 2 Tes 3 11; 1 Cor 7 9

3 Honra y atiende a las viudas que realmente están necesitadas. 4 Pero si alguna viuda tiene hijos o nietos, estos deben aprender primero a cumplir con sus deberes familiares y a ser agradecidos con sus padres, porque eso es lo que agrada a Dios. 5 Hay viudas que lo son realmente, porque se han quedado solas y tienen puesta su confianza en Dios, consagrando sus días y sus noches a la súplica y a la oración. 6 Pero la que lleva una vida disipada, aunque viva, está muerta. 7 Incúlcales esto para que sean irreprochables: 8 el que no se ocupa de los suyos, sobre todo si conviven con él, ha renegado de su fe y es peor que un infiel.

EL QUE NO SE OCUPA DE LOS SUYOS..., HA RENEGADO DE SU FE.

1 Tim 5 8

9 Para estar inscrita en el grupo de las viudas, una mujer debe tener por lo menos sesenta años y haberse casado una sola vez. 10 Que sus buenas obras den testimonio de ella; tiene que haber educado a sus hijos, ejercitado la hospitalidad, haber lavado los pies a los hermanos, socorrido a los necesitados y practicado el bien en todas sus formas. 11 No inscribas, en cambio, a las viudas más jóvenes, porque cuando los deseos puramente humanos prevalecen sobre su entrega a Cristo, quieren casarse otra vez, 12 y se hacen culpables por faltar a su compromiso. 13 Además, si no tienen nada que hacer, acaban yendo de casa en casa y se dedican a charlar y a curiosear, ocupándose en lo que no les importa. 14 Por eso quiero que las viudas jóvenes se casen, que tengan hijos y atiendan a sus obligaciones domésticas, para no dar lugar a la maledicencia de los enemigos. 15 Algunas de ellas ya han abandona-

PERSPECTIVA CATÓLICA

Pastores y servidores de la Iglesia

Durante la segunda generación de cristianos toman forma tres funciones de los líderes de las comunidades. Es interesante que los nombres de estos tres servicios provengan de la administración civil y no del lenguaje religioso de su tiempo:

- El *obispo* es «supervisor» de la comunidad (1 Tim 3 1-7). Tiene que ser hombre respetable, firme en la fe y desapegado del dinero, como Jesús.
- El *presbítero* es el «anciano» de la comunidad. Debe ser respetado por su enseñanza y predicación (5 17-22).
- El *diácono* es el «servidor» de la comunidad (3 8-13). Está al servicio de los pobres; debe mostrarse serio, hablar sin falsedad y no dejarse atraer por el dinero.

Los tres oficios nacen de la entrega de Jesús; son conferidos para el cuidado y la unidad de la comunidad, y se asignan mediante la imposición de las manos. Ellos garantizan la unidad de fe y el amor fraterno en la Iglesia-comunidad, y con el tiempo dan lugar al sacramento de la Orden sagrada (ver «Los sacramentos: vida nueva, celebración y compromiso», Mc 14 22-25).

1 Tim 5 17-22

do el buen camino y siguen a Satanás. [16] Si una mujer creyente tiene viudas en la familia, que se ocupe de ellas. De esta manera, la Iglesia no las tendrá a su cargo y quedará libre para atender a las que están realmente necesitadas.

Los presbíteros

Tit 1 5-9; Dt 25 4; 1 Cor 9 9; Lc 10 7; Dt 19 15; Mt 18 16; 10 26

[17] Los presbíteros que ejercen su cargo debidamente merecen un doble reconocimiento, sobre todo los que dedican todo su esfuerzo a la predicación y a la enseñanza. [18] Porque dice la Escritura: *No pondrás bozal al buey que trilla,* y también: *El obrero tiene derecho a su salario.* [19] No admitas acusaciones contra un presbítero, a menos que estén *avaladas por dos o tres testigos.* [20] A los que incurran en pecado, repréndelos públicamente, para que sirva de escarmiento a los demás. [21] Delante de Dios, de Jesucristo y de sus ángeles elegidos, te ordeno que observes estas indicaciones, sin prejuicios y procediendo con imparcialidad. [22] No te apresures a imponer las manos a nadie, y no te hagas cómplice de pecados ajenos. Consérvate puro.

Advertencias personales

[23] A causa de tus frecuentes malestares estomacales, no bebas agua sola: toma un poco de vino.

[24] Los pecados de algunas personas son tan notorios que no necesitan ser llevados a juicio; los de otras, en cambio, solo se descubren después. [25] De la misma manera, las buenas obras están a la vista, y las que no lo son ya se pondrán de manifiesto.

Los esclavos

1 Cor 7 21-22; Ef 6 5-8; Col 3 22-25; Ef 6 5-8; Tit 2 9-10

6 [1] Que los esclavos consideren a sus dueños dignos de todo respeto, para que el nombre de Dios y su doctrina no sean objeto de blasfemia. [2] Y si sus dueños son creyentes, que no los respeten menos por el hecho de ser hermanos. Al contrario, que pongan mayor empeño en servirlos, porque así benefician a hermanos queridos en la fe.

Desinterés pastoral

Ecl 5 14; Prov 30 7-9; Sal 49 18; Mt 6 24-34

Enseña todo esto, e insiste en ello. [3] Si alguien enseña otra cosa y no se atiene a los preceptos saludables de nuestro Señor Jesucristo, ni a la doctrina que es conforme a la piedad, [4] es un ignorante y un orgulloso, ávido de discusiones y de vanas polémicas. De allí nacen la envidia, la discordia, los insultos, las sospechas malignas [5] y los conflictos interminables, propios de hombres mentalmente corrompidos y apartados de la verdad, que pretenden hacer de la piedad una fuente de ganancias. [6] Sí, es verdad que la piedad reporta grandes ganancias, pero solamente si va unida al desinterés. [7] Porque nada trajimos cuando vinimos al mundo, y al irnos, nada podremos llevar. [8] Contentémonos con el alimento y el abrigo. [9] Los que desean ser ricos se exponen a la tentación, caen en la trampa de innumera-

VIVE LA PALABRA

¡Atención! ¡Peligro! ¡Hablo de dinero!

¿Verdad que casi todos hemos pedido a Dios que ganemos la lotería? Un poco de dinero, pensamos, no hace daño. Además, tratamos de entrar en negocios con Dios: si me gano ese dinero, voy a hacer algo por los pobres, mandar dinero a los misioneros en África...

¿Por qué Dios no responde a estas peticiones? La respuesta es simple: Dios no tiene dinero, y no necesitamos dinero para ser buenos y felices.

Así pensaba Jesús. En los evangelios hay más mensajes de Jesús que advierten de los peligros de la riqueza y el dinero, que del demonio. Aunque este último se considera como el adversario de Dios, el dinero es un enemigo de Dios aún más sutil, porque nos sugiere que podemos comprar libertad, independencia, seguridad y un futuro garantizado.

Jesús es de otra opinión: el dinero te engaña con una seguridad falsa; no puedes fiarte de él. Tu futuro y tu seguridad están solo en Dios: no puedes servir a Dios y al dinero al mismo tiempo. Esta carta a Timoteo es igual de determinante en cuestión de riquezas: «la avaricia es la raíz de todos los males» (1 Tim 6 10). Por eso hay que llenarse de riquezas que no pueden ser robadas por ladrones ni ser comidas por la polilla: las riquezas que provienen del amor inmenso de Dios.

1 Tim 6 6-10

bles ambiciones, y cometen desatinos funestos que los precipitan a la ruina y a la perdición. [10] Porque la avaricia es la raíz de todos los males, y al dejarse llevar por ella, algunos perdieron la fe y se ocasionaron innumerables sufrimientos.

Exhortación a Timoteo

2 Tim 2 22-24; 4 1-5; Jn 18 36-37; Dt 10 17; Sal 136 3; Ap 17 14; Jn 1 17-18

[11] En lo que a ti concierne, hombre de Dios, huye de todo esto. Practica la justicia, la piedad, la fe, el amor, la constancia, la bondad. [12] Pelea el buen combate de la fe, conquista la Vida eterna, a la que has sido llamado y en vista de la cual hiciste una magnífica profesión de fe, en presencia de numerosos testigos. [13] Yo te ordeno delante de Dios, que da vida a todas las cosas, y delante de Cristo Jesús, que dio buen testimonio ante Poncio Pilato: [14] observa lo que está prescrito, manteniéndote sin mancha e irreprensible hasta la Manifestación de nuestro Señor Jesucristo, [15] Manifestación que hará aparecer a su debido tiempo

el bienaventurado y único *Soberano,*
el Rey de los reyes y Señor de los señores,
[16] el único que posee la inmortalidad
y habita en una luz inaccesible,
a quien ningún hombre vio ni puede ver.
¡A él sea el honor y el poder
para siempre! Amén.

Los ricos

Lc 12 17-21; Hch 2 42.44; Rom 12 13; Mt 6 20

[17] A los ricos de este mundo, recomiéndales que no sean orgullosos. Que no pongan su confianza en la inseguridad de las riquezas, sino en Dios, que nos provee de todas las cosas en abundancia a fin de que las disfrutemos. [18] Que practiquen el bien, que sean ricos en buenas obras, que den con generosidad y sepan compartir sus riquezas. [19] Así adquirirán para el futuro un tesoro que les permitirá alcanzar la verdadera Vida.

Recomendaciones y despedida

2 Tim 1 12-14; 1 Tim 4 7; 1 6; 2 Tim 2 18

[20] Querido Timoteo, conserva el bien que te ha sido confiado. Evita la impiedad de una vana palabrería y las objeciones de una pretendida ciencia, [21] ya que por haberla profesado, algunos se han apartado de la fe.

Que la gracia de Dios esté con ustedes.

Saludo inicial

1 Cor 1 1; Hch 16 1

1 1 Pablo, Apóstol de Jesucristo, por la voluntad de Dios, para anunciar la promesa de Vida que está en Cristo Jesús, 2 saluda a Timoteo, su hijo muy querido. Te deseo
la gracia, la misericordia y la paz que proceden de Dios Padre y de nuestro Señor Jesucristo.

Acción de gracias

Flp 3 5; Hch 23 1; 24 16; 16 1

3 Doy gracias a Dios, a quien sirvo con
una conciencia pura al igual que mis antepasados, recordándote constantemente, de
día y de noche, en mis oraciones. 4 Al acor-
darme de tus lágrimas, siento un gran deseo de verte, para que mi felicidad sea completa. 5 Porque tengo presente la sinceridad
de tu fe, esa fe que tuvieron tu abuela Loide
y tu madre Eunice, y estoy convencido de que
tú también tienes.

El ministerio de Timoteo

1 Tim 4 14; Rom 5 3-4; 8 28; 16 25;
Tit 3 4-5; Heb 2 14-15

6 Por eso te recomiendo que reavives el
don de Dios que has recibido por la imposición de mis manos. 7 Porque el Espíritu que
Dios nos ha dado no es un espíritu de temor,
sino de fortaleza, de amor y de sobriedad.
8 No te avergüences del testimonio de nuestro Señor, ni tampoco de mí, que soy su prisionero. Al contrario, comparte conmigo los
sufrimientos que es necesario padecer por el
Evangelio, animado con la fortaleza de Dios.
9 Él nos salvó y nos eligió con su santo llamado, no por nuestras obras, sino por su
propia iniciativa y por la gracia: esa gracia
que nos concedió en Cristo Jesús, desde toda la eternidad, 10 y que ahora se ha revelado
en la Manifestación de nuestro Salvador Jesucristo. Porque él destruyó la muerte e hizo
brillar la vida incorruptible, mediante la
Buena Noticia, 11 de la cual he sido constituido heraldo, Apóstol y maestro.

La prisión de Pablo

2 Tim 4 16-19; Jds 21

12 Por eso soporto esta prueba. Pero no
me avergüenzo, porque sé en quién he
puesto mi confianza, y estoy convencido
de que él es capaz de conservar hasta aquel
Día el bien que me ha encomendado.
13 Toma como norma las saludables lecciones de fe y de amor a Cristo Jesús que
has escuchado de mí. 14 Conserva lo que se
te ha confiado, con la ayuda del Espíritu
Santo que habita en nosotros.
15 Ya sabes que todos los de Asia se apartaron de mí, entre ellos Figelo y Hermóge-
nes. 16 Que el Señor tenga misericordia de la
familia de Onesíforo, porque él muchas veces me ha reconfortado y no se avergonzó
de que yo estuviera preso. 17 Por el contrario,
desde que llegó a Roma, no dejó de buscarme hasta que me encontró. 18 Que Dios, en
aquel Día, le permita alcanzar misericordia
delante del Señor. Tú conoces mejor que nadie los servicios que él me prestó en Éfeso.

Las fatigas del apóstol de Cristo

1 Cor 9 7.10.24

2 1 Tú, que eres mi hijo, fortalécete con
la gracia de Cristo Jesús. 2 Lo que oíste de mí y está corroborado por numerosos
testigos; confíalo a hombres responsables
que sean capaces de enseñar a otros.

Sana enseñanza sobre la fe y el amor

Desde la época de los Apóstoles, la Iglesia ha considerado esencial transmitir las «saludables lecciones» que no distorsionen la fe y el amor que se encuentran en Jesús (2 Tim 1 13-14). En la vigilancia de esta doctrina sana, la Iglesia es asistida por el Espíritu Santo que habita en ella.

Al realizar este esfuerzo, la Iglesia católica se basa en la Sagrada Escritura, inspirada por el Espíritu (3 16). En segundo lugar se apoya en la Tradición viva de la comunidad eclesial, que es anterior a la Biblia, y que no puede contradecir la Sagrada Escritura.

En tercer lugar la usa la razón, pues si nuestra razón no fuera compatible con Dios y lo que él nos revela y comunica, no podríamos entender su voluntad. El Magisterio de la Iglesia —el Papa y los obispos— es responsable de velar para que la unidad y autenticidad de la fe no se deteriore por ideas contrarias o equívocas.

El deseo constante de Jesús era hacer la voluntad de Dios. Así la Iglesia se esfuerza por entender y cumplir la voluntad de Dios.

2 Tim 1 13-14

3 Comparte mis fatigas, como buen soldado de Jesucristo. 4 El que está bajo las armas no se mezcla en los asuntos de la vida civil, para poder cumplir las órdenes de aquel que lo enroló. 5 El atleta no recibe el premio si no lucha de acuerdo con las reglas. 6 Y el labrador que trabaja duramente es el primero que tiene derecho a recoger los frutos. 7 Piensa en lo que te digo, y el Señor, por su parte, te ayudará a comprenderlo todo.

El sufrimiento *a ejemplo de* Cristo

1 Cor 15 4.20; Mt 1 1; Flp 1 12.14; 1 Cor 13 7; Col 1 24; 1 Tim 1 15; Rom 6 8; Mt 10 33; Lc 12 9; Rom 3 3-4; Nm 23 19; Tit 1 2

8 Acuérdate de Jesucristo, que resucitó de entre los muertos y es descendiente de David. Esta es la Buena Noticia que yo predico, 9 por la cual sufro y estoy encadenado como un malhechor. Pero la Palabra de Dios no está encadenada. 10 Por eso soporto estas pruebas por amor a los elegidos, a fin de que ellos también alcancen la salvación que está en Cristo Jesús y participen de la gloria eterna.

11 Esta doctrina es digna de fe:

Si hemos muerto con él, viviremos con él.
12 Si somos constantes, reinaremos con él.
Si renegamos de él,
él también renegará de nosotros.
13 Si somos infieles, él es fiel,
porque no puede renegar de sí mismo.

Los falsos maestros

1 Tim 4 6-7; Nm 16 5.26; Is 29 16; Rom 9 21

14 No dejes de enseñar estas cosas, ni de exhortar delante de Dios a que se eviten las discusiones inútiles, que solo sirven para perdición de quienes las escuchan. 15 Esfuérzate en ser digno de la aprobación de Dios, presentándote ante él como un obrero que no tiene de qué avergonzarse y como un fiel dispensador de la Palabra de verdad. 16 Evita los discursos huecos y profanos, que no hacen más que acrecentar la impiedad 17 y se extienden como la gangrena. Así sucede con Himeneo y Fileto, 18 que se apartaron de la verdad, afirmando que la resurrección ya se ha realizado, y así han pervertido la fe de algunos.

19 Pero el sólido fundamento que Dios ha establecido permanece inconmovible, y la inscripción que le sirve de sello dice: *El Señor conoce a los suyos*, y: *El que invoca el nombre del Señor*, que se aparte de la iniquidad.

20 En una casa grande, no todos los recipientes son de oro o de plata, sino que también hay recipientes de madera y de barro. Unos se destinan a usos nobles, y otros, a usos comunes. 21 Si alguien se mantiene libre de esos errores será como un recipiente noble y santificado, que presta utilidad a su dueño para toda clase de obras buenas.

La bondad del servidor de Cristo

1 Tim 1 4-5; 3 2-3; 6 11; 1 Jn 2 14

22 No cedas a los impulsos propios de la juventud y busca la justicia, la fe, el amor y la paz, junto con todos los que invocan al Señor con un corazón puro. 23 Evita las cuestiones estúpidas y carentes de sentido: ya sabes que provocan serios altercados. 24 El que sirve al Señor no debe tomar parte en querellas. Por el contrario, tiene que ser amable

VIVE LA PALABRA

Transmite tu fe discreta o abiertamente

Pablo dice a Timoteo que lo que ha oído de él, en presencia de testigos, lo confíe a otras personas, que a su vez lo enseñen a otros (2 Tim 2 1-6). Es un consejo simple y lógico: transmite el mensaje de la Buena Nueva de Jesús para que otros se enteren también, pues lo que tiene valor para mí es valioso también para otros.

No tengas miedo de hablar de Dios abiertamente cuando sea oportuno, y en ambientes hostiles habla de él sin mencionar su nombre. Cada vez que manifiestas tus ideales nobles, tu lucha por tu desarrollo humano, tus esfuerzos por el bien de los demás, el modo como fomentas la amistad, tu sed de justicia, tu disponibilidad para ayudar, tu felicidad en el amor..., estás hablando de Dios y pasando tu fe a otros de manera discreta.

Revisa un poco tu vida, ¿quiénes han compartido su fe contigo de manera abierta y quiénes de manera discreta? Pide al Espíritu Santo que habita en ti que te enseñe a transmitir tu fe de la forma como sea apropiada en cada momento y con cada persona.

2 Tim 2 1-6

con todos, apto para enseñar y paciente en
las pruebas. 25 Debe reprender con dulzura
a los adversarios, teniendo en cuenta que
Dios puede concederles la conversión y llevarlos al conocimiento de la verdad, 26 haciéndolos reaccionar y librándolos de la trampa del demonio que los tiene cautivos al
servicio de su voluntad.

BUSCA PRACTICAR LA JUSTICIA, LA FE, EL AMOR Y LA PAZ.

2 Tim 2 22

La impiedad de los últimos tiempos

1 Tim 4 1; Rom 1 29-32; Ex 7 11-13

3 1 Quiero que sepas que en los últimos
tiempos sobrevendrán momentos difíciles. 2 Porque los hombres serán egoístas,
amigos del dinero, jactanciosos, soberbios,
difamadores, rebeldes con sus padres, desagradecidos, impíos, 3 incapaces de amar,
implacables, calumniadores, desenfrenados,
crueles, enemigos del bien, 4 traidores, aventureros, obcecados, más amantes de los placeres que de Dios; 5 y aunque harán ostentación de piedad, carecerán realmente de ella.
¡Apártate de esa gente!

6 Así son los que se introducen en los hogares, seduciendo a mujeres frívolas y llenas
de pecados, que se dejan arrastrar por toda
clase de pasiones, 7 esas que siempre están
aprendiendo, pero nunca llegan a conocer
la verdad. 8 Así como Janés y Jambrés se
opusieron a Moisés, ellos también se opon-
drán a la verdad: son hombres de mentalidad corrompida, descalificados en lo que se
refiere a la fe. 9 Pero no irán lejos, porque su
insensatez se pondrá de manifiesto como la
de aquellos.

Las persecuciones a causa de la fe

Hch 13 44 – 14 2; 2 Cor 11 23-29; Jn 16 33; 2 Pe 1 20-21

10 Tú, en cambio, has seguido de cerca mi
enseñanza, mi modo de vida y mis proyectos, mi fe, mi paciencia, mi amor y mi constancia, 11 así como también las persecuciones y sufrimientos que debí soportar en
Antioquía, Iconio y Listra. ¡Qué persecuciones no he tenido que padecer! Pero de todas me libró el Señor. 12 Por lo demás, los
que quieran ser fieles a Dios en Cristo Jesús
tendrán que sufrir persecución. 13 Los pecadores y los impostores, en cambio, irán de
mal en peor, y engañando a los demás, se
engañarán a sí mismos.

El valor de la Sagrada Escritura

14 Pero tú permanece fiel a la doctrina
que aprendiste y de la que estás plenamente convencido: tú sabes de quiénes la has
recibido. 15 Recuerda que desde la niñez conoces las Sagradas Escrituras: ellas pueden
darte la sabiduría que conduce a la salvación, mediante la fe en Cristo Jesús. 16 Toda
la Escritura está inspirada por Dios, y es

VIVE LA PALABRA

A toda costa proclama el mensaje

En la vida, los momentos de entusiasmo y éxito se alternan con momentos de tristeza y fracaso. La tentación de abandonar una tarea cuando hay dificultades, aumenta con el grado de frustración. Sin embargo, la proclamación del mensaje de cuánto nos ama Dios no puede cesar e incluso es más necesaria en tiempo de crisis.

La causa de Jesús, el Reino de Dios, se tiene que anunciar a tiempo y destiempo, es decir, siempre. No hay vacaciones en la siembra del amor, la caridad, la justicia y la esperanza.

Cuando otros tienen mensajes para ti, discierne bien. Con un espíritu crítico, juzga si lo que escuchaste está de acuerdo con lo que Jesús quiere para ti, y si esas personas quieren tu bien y que la comunidad florezca, o si tienen una agenda clandestina para beneficiarse a sí mismas. El mensaje que hay que proclamar es solo uno: el amor de Dios a la humanidad entera, con todas sus bellas facetas reveladas en la Sagrada Escritura.

2 Tim 4 1-5

útil para enseñar y para argüir, para corregir y para educar en la justicia, 17 a fin de que el hombre de Dios sea perfecto y esté preparado para hacer siempre el bien.

Exhortación a proclamar la Palabra de Dios

Hch 10 42; 1 Pe 4 5

4 1 Yo te conjuro delante de Dios y de Cristo Jesús, que ha de juzgar a los vivos y a los muertos, y en nombre de su Manifestación y de su Reino: 2 proclama la Palabra de Dios, insiste con ocasión o sin ella, arguye, reprende, exhorta, con paciencia incansable y con afán de enseñar. 3 Porque llegará el tiempo en que los hombres no soportarán más la sana doctrina; por el contrario, llevados por sus inclinaciones, se procurarán una multitud de maestros 4 que les halaguen los oídos, y se apartarán de la verdad para escuchar cosas fantasiosas. 5 Tú, en cambio, vigila atentamente, soporta todas las pruebas, realiza tu tarea como predicador del Evangelio, cumple a la perfección tu ministerio.

La esperanza cristiana

Flp 2 17; Hch 20 24; 1 Cor 9 24-25

6 Yo ya estoy a *punto de ser derramado como una libación*, y el momento de mi partida se aproxima: 7 he peleado hasta el fin el buen combate, concluí mi carrera, conservé la fe. 8 Y ya está preparada para mí la corona de justicia, que el Señor, como justo Juez, me dará en ese Día, y no solamente a mí, sino a todos los que hayan aguardado con amor su Manifestación.

Últimas informaciones y recomendaciones

Prov 24 12; Sal 28 4; 62 13; Mt 10 19-20; Flp 1 19-20; Sal 22 22

9 Ven a verme lo más pronto posible, 10 porque Demas me ha abandonado por amor a

2 Tim 4 6

COMPRENDE LOS SÍMBOLOS

La corona de salvación

La corona simboliza la soberanía y acción todopoderosa de Dios sobre la creación y el triunfo de Jesús al salvarnos del pecado y de la muerte. Dios corona a las personas y los pueblos con sus bendiciones y promete a los fieles la corona de salvación en la victoria definitiva al final de los tiempos.

este mundo. Él se fue a Tesalónica, Crescente
emprendió viaje a Galacia, y Tito, a Dalmacia.
11 Solamente Lucas se ha quedado conmigo.
Trae contigo a Marcos, porque me prestará
buenos servicios. 12 A Tíquico lo envié a Éfeso.
13 Cuando vengas, tráeme la capa que dejé en
Tróade, en la casa de Carpo, y también los libros, sobre todo los rollos de pergamino.
14 Alejandro, el herrero, me ha hecho mucho
daño: *el Señor le pagará conforme a sus obras*.
15 Ten cuidado de él, porque se ha opuesto encarnizadamente a nuestra enseñanza.

16 Cuando hice mi primera defensa, nadie
me acompañó, sino que todos me abandonaron. ¡Ojalá que no les sea tenido en cuenta! 17 Pero el Señor estuvo a mi lado, dándome fuerzas, para que el mensaje fuera
proclamado por mi intermedio y llegara a
oídos de todos los paganos. Así fui *librado de
la boca del león*. 18 El Señor me librará de todo mal y me preservará hasta que entre en
su Reino celestial. ¡A él sea la gloria por los
siglos de los siglos! Amén.

Saludos y despedida

Hch 18 2; 2 Tim 1 16-17; Rom 16 23;
Hch 18 1; 19 1; 20 4.15-17

19 Saludos a Prisca y a Áquila, y a la familia de Onesíforo. 20 Erasto se quedó en
Corinto, y a Trófimo lo dejé enfermo en
Mileto. Apresúrate a venir antes del invierno. 21 Te saludan Eubulo, Pudente, Lino,
Claudia y todos los hermanos.
22 El Señor esté contigo. La gracia esté
con ustedes.

El testamento de Pablo

¡El gran Pablo! Sin su lucha incansable por la causa de Cristo, nuestro entendimiento de Cristo sería más pobre. Sin embargo, al final de su vida es humilde al resumir: «He peleado hasta el fin el buen combate» (2 Tim 4 7). ¡Gracias, san Pablo!

Dicen que en cada hombre hay un guerrero y en cada mujer una luchadora. El Espíritu Santo nos da, a hombres y mujeres, la facultad para luchar por lo más importante en la vida humana. Reflexiona: ¿por qué luchas? ¿Qué bien hace tu lucha? ¿Te gusta pelear por pequeñeces? ¿Eres simplemente una persona peleonera?

2 Tim 4 7

Saludo inicial

Rom 1 1; 1 Cor 1 1; 1 Tim 2 4; 4 7;
Ef 1 9-10 Rom 16 25-26; 1 Tim 1 11

1 1 Carta de Pablo, servidor de Dios y
Apóstol de Jesucristo para conducir a
los elegidos de Dios a la fe y al conocimiento
de la verdadera piedad, 2 con la esperanza de
la Vida eterna. Esta Vida ha sido prometida
antes de todos los siglos por el Dios que no
miente, 3 y a su debido tiempo, él manifestó
su Palabra, mediante la proclamación de un
mensaje que me fue confiado por mandato
de Dios, nuestro Salvador. 4 A Tito, mi verdadero hijo en nuestra fe común, le deseo la
gracia y la paz que proceden de Dios, el Padre, y de Cristo Jesús, nuestro Salvador.

Cualidades de los presbíteros

1 Tim 3 2-7; 2 Tim 2 24-26; 1 Tim 1 10

5 Te he dejado en Creta, para que terminaras de organizarlo todo y establecieras presbíteros en cada ciudad de acuerdo con mis instrucciones. 6 Todos ellos deben ser irreprochables, no haberse casado sino una sola vez y tener hijos creyentes, a los que no se pueda acusar de mala conducta o rebeldía. 7 Porque el que preside la comunidad, en su calidad de administrador de Dios, tiene que ser irreprochable. No debe ser arrogante, ni colérico, ni bebedor, ni pendenciero, ni ávido de ganancias deshonestas, 8 sino hospitalario, amigo de hacer el bien, moderado, justo, piadoso, dueño de sí. 9 También debe estar firmemente adherido a la enseñanza cierta, la que está conforme a la norma de la fe, para ser capaz de exhortar en la sana doctrina y refutar a los que la contradicen.

La lucha contra los falsos maestros

Hch 15 1; 1 Tim 4 1-7; Mt 15 11-20; Rom 14 14-20

10 Son muchos, en efecto, los espíritus rebeldes, los charlatanes y seductores, sobre todo entre los circuncisos. 11 A esos es necesario taparles la boca, porque trastornan a familias enteras, enseñando lo que no se debe por una vil ganancia. 12 Uno de ellos, su propio profeta, ha dicho: «*Cretenses, eternos mentirosos, animales perversos, glotones y perezosos*». 13 Y esta afirmación es verdadera. Por eso, repréndelos severamente para que permanezcan íntegros en la fe, 14 en lugar de dar crédito a las fábulas judías y a los preceptos de personas que dan la espalda a la verdad.

15 Todo es puro para los puros. En cambio, para los que están contaminados y para los incrédulos, nada es puro. Su espíritu y su conciencia están manchados. 16 Ellos hacen profesión de conocer a Dios, pero con sus actos lo niegan: son personas abominables, rebeldes, incapaces de cualquier obra buena.

Deberes de los fieles

1 Tim 5 1-2; 6 1-2; Flm 18-19

2 1 En cuanto a ti, debes enseñar todo lo que es conforme a la sana doctrina. 2 Que los ancianos sean sobrios, dignos, moderados, íntegros en la fe, en el amor y en la constancia. 3 Que las mujeres de edad se comporten como corresponde a personas santas. No deben ser murmuradoras, ni entregarse a la bebida. Que por medio de buenos consejos 4 enseñen a las jóvenes a amar a su marido y a sus hijos, 5 a ser modestas, castas, mujeres de su casa, buenas y respetuosas con su marido. Así la Palabra de Dios no será objeto de blasfemia.

6 Exhorta también a los jóvenes a ser moderados en todo, 7 dándoles tú mismo ejemplo de buena conducta, en lo que se refiere a la pureza de doctrina, a la dignidad, 8 a la enseñanza correcta e inobjetable. De esa manera, el adversario quedará confundido, porque no tendrá nada que reprocharnos.

9 Que los esclavos obedezcan en todo a sus dueños y procuren agradarlos, tratando de no contradecirlos. Que no los defrauden, 10 sino que les demuestren absoluta fidelidad, para hacer honor en todo a la doctrina de Dios, nuestro Salvador.

El misterio de Dios Salvador

Dt 7 6; Rom 3 24; 1 Tim 2 6

11 Porque la gracia de Dios, que es fuente de salvación para todos los hombres, se ha manifestado. 12 Ella nos enseña a rechazar la impiedad y los deseos mundanos, para vivir en

VIVE LA PALABRA

Un buen consejo no es caro

«Un buen consejo no es caro», dice el refrán. Dar consejos es el modo más eficiente y práctico para influir en la conducta de una persona. El capítulo 2 de la carta de Tito abunda en consejos. A primera vista, parecen ser simples consejos de sentido común para mantener paz y orden en la comunidad, no obstante, les da una perspectiva más *profunda e interesante*, pues los fundamenta en la nueva vida *traída por Cristo a la humanidad* (vv. 11-14).

Para las primeras comunidades Cristo es el líder de la vida, pues enseña a vivir de manera auténticamente humana. Si todos viviéramos los valores de Jesús, ¡qué distinta sería nuestra vida personal y la dinámica del mundo! Aprende de Cristo y tu vida tendrá su sentido verdadero.

Tit 2 1-15

la vida presente con sobriedad, justicia y piedad, 13 mientras aguardamos la feliz esperanza y la Manifestación de la gloria de nuestro gran Dios y Salvador, Cristo Jesús. 14 Él se entregó por nosotros, a fin de *librarnos de toda iniquidad, purificarnos y crear para sí un Pueblo elegido* y lleno de celo en la práctica del bien.

15 Así debes hablar, exhortar y reprender con toda autoridad. No des ocasión a que nadie te desprecie.

Exhortación a la obediencia y a la humildad

Rom 13 1-7; 1 Pe 2 13-14; Rom 1 29-32

3 1 Recuerda a todos que respeten a los gobernantes y a las autoridades, que les obedezcan y estén siempre dispuestos para cualquier obra buena. 2 Que no injurien a nadie y sean amantes de la paz, que sean benévolos y demuestren una gran humildad con todos los hombres. 3 Porque también nosotros antes éramos insensatos, rebeldes, extraviados, esclavos de los malos deseos y de toda clase de placeres, y vivíamos en la maldad y la envidia, siendo objeto de odio y odiándonos los unos a los otros.

El renacimiento bautismal

Rom 3 21-26; Ef 2 3-10; Rom 6 4; Ef 4 23-24

4 Pero cuando se manifestó la bondad de Dios, nuestro Salvador, y su amor a los hombres, 5 no por las obras de justicia que habíamos realizado, sino solamente por su misericordia, él nos salvó, haciéndonos renacer por el bautismo y renovándonos por el Espíritu Santo. 6 Y derramó abundantemente ese Espíritu sobre nosotros por medio de Jesucristo, nuestro Salvador, 7 a fin de que, justificados por su gracia, seamos en esperanza herederos de la Vida eterna.

La fidelidad a la verdad

1 Tim 1 15; 2 Tim 2 14.16.23; Mt 18 15-17

8 *Esta es una* doctrina digna de fe, y quiero que en este punto seas categórico, para que aquellos que han puesto su fe en Dios procuren destacarse por sus buenas obras. Esto sí que es bueno y provechoso para los hombres. 9 Evita, en cambio, las investigaciones insensatas, las genealogías, las polémicas y las controversias sobre la Ley: todo esto es inútil y vano. 10 En cuanto a los que crean facciones, después de una primera y segunda advertencia, apártate de ellos: 11 ya sabes que son extraviados y pecadores que se condenan a sí mismos.

AFROAMERICANO

El principio de *imani* = fe y confianza

El final de la carta a Tito da una serie de recomendaciones a varias personas. Quiere que los cristianos colaboren con él como líder, y que vivan según los ideales y valores cristianos.

El sistema de valores *kwanzaa* refuerza la confianza en los líderes y héroes afroamericanos y afirma los valores que representan. El principio *imani* propone confiar de corazón en los padres y líderes con una fe capaz de impulsar a todos a la rectitud, la virtud y la justicia.

El recuerdo de algunos grandes líderes afroamericanos motiva a aplicar este principio. Toussaint Louverture, un esclavo negro de Haití, contuvo masacres y con un batallón de esclavos luchó para lograr la independencia. André Robuças, un mulato pionero que trabajó en áreas de ingeniería en Brasil, completó la obra de abolición al lograr que los esclavos recibieran a la vez libertad y derecho de propiedad. La hermana Thea Bowman usó su gran inteligencia, bella voz y viva personalidad para educar y fomentar la comprensión entre personas de distintas culturas en Estados Unidos. Y así, muchos más.

No nos cansemos de hacer el bien ni nos desanimemos. Sigamos el ejemplo de los buenos líderes. Practiquemos el principio de *imani* sobre la fe y la confianza (ver «El sistema de valores *Kwanzaa*», Esd 6 19-22).

Tit 3 12-15

Recomendaciones y saludos

Hch 20 4; 18 24; Ef 4 28

12 Cuando te mande a Artemás o a Tíquico, trata de ir a mi encuentro en Nicópolis, porque es allí donde he decidido pasar el invierno. 13 Toma todas las medidas necesarias para el viaje del abogado Zenas y de Apolo, a fin de que no les falte nada. 14 Los nuestros deben aprender a destacarse por sus buenas obras, también en lo que se refiere a las necesidades de este mundo: de esa manera, su vida no será estéril.

15 Recibe el saludo de todos los que están conmigo. Saluda a aquellos que nos aman en la fe.

La gracia del Señor esté con todos ustedes.

Carta de Pablo A LOS JÓVENES LÍDERES

Queridos compañeros al servicio del Evangelio,

Tengan cuidado de transmitir el Evangelio bien y completo, sin falsedades, distorsiones y especulaciones, que desfiguran la personalidad de Jesús y destruyen o alteran su mensaje (1 Tim 1 3-7). Confío en su inteligencia y su fidelidad; no se dejen mal influir por doctrinas falsas; los valoro mucho como la Iglesia joven de hoy. ¡Que nadie los menosprecie por ser jóvenes! (4).

Su potencial de ser grandes líderes eclesiales y cívicos en unos años es enorme. Háganse fuertes con la gracia de Jesucristo y busquen a otros jóvenes aptos para enseñar el Evangelio (2 Tim 2 1-2).

Recuerden que hay que conocer bien la Sagrada Escritura, «que conduce a la salvación, mediante la fe en Cristo Jesús. Toda la Escritura está inspirada por Dios, y es útil para enseñar y para argüir, para corregir y para educar en la justicia, a fin de que el hombre de Dios sea perfecto y esté preparado para hacer siempre el bien» (3 15-17).

Cuiden que los jóvenes en sus grupos «aprendan a destacarse por sus buenas obras, también en lo que se refiere a las necesidades de este mundo: de esta manera, su vida no será estéril» (Tit 3 14).

+ Pablo, siempre ocupándose de forjar más líderes pastorales

La esclavitud es tan abominable, que esta carta nos sorprende. Pablo acepta que Onésimo sea un esclavo, aunque pide que lo traten como hermano. ¿Por qué ni Jesús ni Pablo lucharon abiertamente contra la esclavitud? Antiguamente, quienes ganaban la guerra solían matar a los vencidos, y si les perdonaban la vida, los hacían esclavos, que era un mal menor. Jesús, y después Pablo y los cristianos, al ver que todas las personas somos hijos del mismo Padre, ponen la base para una vida fraternal, donde todas las clases sociales y razas tienen la misma dignidad y deben recibir el mismo trato.

ESQUEMA

- **Versículos 4-7.** Acción de gracias
- **Versículos 8-20.** Pablo intercede por Onésimo

PRESENTACIÓN

Esta carta nace de una rara situación. Onésimo era un esclavo fugitivo, a quien Pablo conoce en la cárcel y convierte a Jesús, «engendrándolo» como padre en la vida de Cristo. Filemón era colaborador de Pablo y dueño legal de Onésimo, con autoridad para castigarlo por su fuga. Pablo escribe a Filemón una carta humana y religiosamente genial, pidiendo el perdón para Onésimo, basándose en el amor. Su petición afirma que, en Cristo, no hay distinción entre esclavos y libres; hombres y mujeres; judíos y griegos (1 Cor 12 13; Gal 3 28), porque, al recibir el Bautismo, todos somos esclavos de Cristo (1 Cor 7 22).

En las comunidades cristianas brotaba la conciencia de una nueva libertad, más allá de cadenas y leyes de propiedad. Como pueblo profético, minoritario pero con una misión significativa, los cristianos anunciaban la liberación del poder del pecado (Jn 8 32-47; Rom 6 16). De esta libertad interior han nacido múltiples estrategias para cambiar el modo de ver a las personas y de estructurar a la sociedad.

La carta a Filemón afirma que la libertad en Cristo da a cada ser humano —a los esclavos igual que a los amos— la misma libertad y derechos como nuevo pueblo y familia de Dios. Según Lucas, el vino nuevo se pone en odres nuevos (Lc 5 37); lo nuevo deja obsoleto lo viejo. Para Pablo, Filemón es cristiano y Onésimo también, por lo tanto, son hermanos. Pablo envía a Onésimo a Filemón, no ya como esclavo, sino como hermano, pidiéndole que lo trate como lo haría con él.

Esta carta es una joya literaria por su contenido y estilo, que urge a un compromiso pleno con la fe cristiana que exige tratar a todos como hermanos en Cristo. Esta visión validó el matrimonio entre esclavos, y entre personas libres y esclavas, y permitió que hubiera presbíteros, obispos, e incluso pontífices como san Calixto, que habían sido esclavos.

DATOS

Autor
Pablo
Fecha de redacción
Entre los años 56 y 57 d.C.
Destinatarios
Filemón y la comunidad que se reúne en su casa

PABLO INTERCEDE POR ONÉSIMO

Saludo inicial

2 Cor 1 1-2; Col 4 15.17

1 [1] Pablo, prisionero de Cristo Jesús, y
el hermano Timoteo, te saludamos a
ti, Filemón, nuestro querido amigo y colaborador, [2] y a la Iglesia que se reúne en tu
casa, así como también a la hermana Apia
y a nuestro compañero de lucha Arquipo.
[3] Llegue a ustedes la gracia y la paz que proceden de Dios, nuestro Padre, y del Señor
Jesucristo.

Acción de gracias y oración

Ef 1 15-16; Col 1 3-4; 2 Cor 7 4

[4] No dejo de dar gracias a Dios siempre
que me acuerdo de ti en mis oraciones,
[5] porque he *oído hablar del amor y de la fe
que manifiestas* hacia el Señor Jesús y en
favor de todos los santos. [6] Que tu participación en nuestra fe común te lleve al perfecto conocimiento de todo el bien que ustedes poseen por la unión con Cristo. [7] Por
mi parte, yo he experimentado una gran
alegría y me he sentido reconfortado por
tu amor, viendo cómo tú, querido hermano, aliviabas las necesidades de los santos.

Pedido en favor de Onésimo

Ef 3 1; Flp 1 7.13; Col 4 9; Flp 2 30;
Ef 6 5-9; 1 Cor 16 21

[8] Por eso, aunque tengo absoluta libertad en Cristo para ordenarte lo que debes
hacer, [9] prefiero suplicarte en nombre del
amor. Yo, Pablo, ya anciano y ahora prisionero a causa de Cristo Jesús, [10] te suplico en
favor de mi hijo Onésimo, al que engendré
en la prisión. [11] Antes, él no te prestó ninguna utilidad, pero ahora te será muy útil,
como lo es para mí. [12] Te lo envío como si
fuera yo mismo. [13] Con gusto lo hubiera retenido a mi lado, para que me sirviera en
tu nombre mientras estoy prisionero a causa del Evangelio. [14] Pero no he querido realizar nada sin tu consentimiento, para que
el beneficio que me haces no sea forzado,
sino voluntario.

VIVE LA PALABRA

Impacto de la Buena Nueva sobre la esclavitud

Imagina la reacción de la comunidad que se reunía en casa de Filemón, cuando Onésimo, el esclavo fugitivo, regresó con esta carta de Pablo. Lee los versos 8-21 de la carta a Filemón y participa en el diálogo:

Filemón: ¡Qué creen, Pablo me envió una carta con mi esclavo Onésimo, quien ahora es cristiano!

Apia: Léela. Quiero saber qué piensa Pablo de Onésimo y su fuga.

Filemón: ¡Que lo acepte y lo reciba como hermano nuestro! (v. 16)

Arquipo: Me lo imaginaba... En Galacia lo escuché predicar que ya no hay diferencias entre esclavos y libres, o entre paganos y judíos.

Filemón: Bueno, pero de ahí a ser hermanos, hay un trecho, ¿no creen? ¿Se imaginan el desorden si consideramos a todos iguales?

Apia: No habrá desorden si reina el amor, como Jesús nos enseñó. ¿Acaso no somos todos hijos del mismo Padre, como dijo Jesús? Recuerden que Lucas nos llama hermanos a quienes vivimos según la Palabra de Dios. ¡Esta es una de las grandezas por haber sido bautizados!

Arquipo: Además, ¡Dios nos creó a todos a su imagen y semejanza! Es cuestión de nuestra naturaleza, no de posición social, y hay que tener en cuenta que Mateo da testimonio de que el Señor Jesús vino para ser servidor y no para ser servido.

Hoy en día también existe esclavitud. Hay tráfico de mujeres y de inmigrantes; se usa a niños en conflictos armados y se les explota en el trabajo; se venden órganos humanos y se esteriliza forzosamente a las mujeres; hay opresión por deudas externas y discriminación social; se promueve la pornografía con niños y adolescentes...

Según Pablo, las violaciones a los derechos humanos y a la dignidad de la persona se resuelven con el amor fraterno en Cristo. ¿Cuál es tu respuesta? ¿Pertenece tu familia al ambiente socioeconómico de Filemón, de Onésimo, o de la clase media trabajadora? Desde la posición social en que vives, ¿cómo puedes ayudar a eliminar los tipos de esclavitud actual?

Flm 8-21

[15]Tal vez, él se apartó de ti por un instante, a fin de que lo recuperes para siempre,
[16]no ya como un esclavo, sino como algo
mucho mejor, como un hermano querido.
Si es tan querido para mí, cuánto más lo será para ti, que estás unido a él por lazos humanos y en el Señor. [17]Por eso, si me consideras un amigo, recíbelo como a mí mismo.
[18]Y si él te ha hecho algún daño o te debe algo, anótalo a mi cuenta. [19]Lo pagaré yo, Pablo, que firmo esta carta de mi puño y letra.
No quiero recordarte que tú también eres
mi deudor, y la deuda eres tú mismo. [20]Sí,
hermano, préstame ese servicio por amor al
Señor y tranquiliza mi corazón en Cristo.
[21]Te escribo confiando plenamente en tu
docilidad y sabiendo que tú harás más todavía de lo que yo te pido.

Recomendaciones y saludos

Col 1 7; 4 10-14

[22]Prepárame también un lugar donde
alojarme, porque espero que, por las oraciones de ustedes, se les concederá la gracia
de que yo vaya a verlos.
[23]Te saluda Epafras, mi compañero de
prisión en Cristo Jesús, [24]así como también
Marcos, Aristarco, Demas y Lucas, mis colaboradores.
[25]La gracia del Señor Jesucristo permanezca con tu espíritu.

Carta de Pablo
A FILEMÓN Y LA JUVENTUD DE HOY

Queridos jóvenes,

Urge que lean con cuidado esta carta. Es triste que aún no aprendan a perdonar a sus padres, hermanos, maestros, jefes o compañeros, y les guarden un rencor que carcome sus corazones y causa dolor a otras personas. Eso no es propio de los seguidores de Jesús.

También es horrible la discriminación, chistes y bromas pesadas que se dan en la juventud hacia personas que tienen la piel más oscura, son más pobres, menos agraciados o tienen problemas físicos o sicológicos. ¡En Dios todos somos iguales, hermanos de Jesús, hijos del mismo Padre!

Abran sus corazones al perdón y ofrezcan su amistad en especial a quienes son marginados en ambientes no cristianos. Reflexionen un poco: ¿a quién debo dejar de menospreciar y discriminar? ¿Qué tipo de actitudes y conductas necesito eliminar en mi manera de tratar a la gente?

El testimonio de ustedes, como jóvenes cristianos, es muy importante para otros jóvenes y para los niños que los ven como modelos a seguir. ¡No defrauden a Jesús! ¡Sean auténticos seguidores suyos!

+ Pablo, defensor de la dignidad de toda persona

CARTA A LOS HEBREOS

Piensa un momento: ¿cómo sería tu vida si no hubiera vivido Jesús hace 2 000 años? Jesús dio una visión nueva sobre las personas, la vida y la religión. El escrito a los hebreos habla de un cambio en la manera de ver el sacerdocio, al presentar a Jesús como «sumo sacerdote» excepcional y por excelencia, y señala su importancia para el pueblo de Dios que camina hacia el descanso total en él. En este escrito descubrirás cómo Jesús completa y perfecciona el sacerdocio de una vez por todas, cómo nos abre el camino a Dios y cómo es el único mediador que une a Dios con la humanidad.

ESQUEMA

- **1 1-4.** Prólogo
- **1 5 – 2 18.** La supremacía de Cristo, Hijo de Dios y hermano de los hombres
- **3 1 – 5 10.** Jesús, el Sumo Sacerdote fiel y misericordioso
- **5 11 – 10 18.** El sacerdocio y el sacrificio de la Nueva Alianza
- **10 19 – 12 29.** La perseverancia en la fe
- **13.** Exhortación final

DATOS

Autor
Anónimo
Fecha de redacción
Entre los años 80-90 d.C.
Destinatarios
Desconocidos, probablemente cristianos convertidos del judaísmo

PRESENTACIÓN

Tradicionalmente este escrito ha sido considerado como una carta, aunque tiene más el carácter de una homilía; hacia el final tiene estilo de una carta. Su objetivo es aclarar en qué consiste el sacerdocio de Cristo, para dar ánimo y fortalecer la perseverancia de los cristianos en su peregrinar hacia Dios. Es un tratado teológico que utiliza varios estilos literarios y tiene exhortaciones pastorales, un himno y un sermón litúrgico.

El autor de Hebreos es un cristiano desconocido de la segunda generación, que habla a otros cristianos de su época. Usa largas exposiciones para presentar con detalle la grandeza del sacerdocio de Cristo y ancla más fuertemente la fe cristiana al enfatizar que solo en estrecha comunión con Jesús llegarán a Dios. Es un escrito muy importante para el Pueblo de Dios, sobre todo en etapas difíciles de la historia, como por la que pasaron los cristianos en ese momento debido a las persecuciones que sufrían.

Con gran elocuencia y fundamentos sólidos, el autor afirma que Jesús, el Cristo, es «mejor», «más completo», «más grande» que cualquier personaje del Antiguo Testamento. Supera a Moisés, es más grande que los ángeles, y es superior al sumo sacerdote porque es a la vez «sumo sacerdote» y víctima que se ofrece a sí mismo a Dios. Su sacerdocio es el más alto y el único perfecto, pues Jesús está a la derecha de Dios y desde ahí intercede por nosotros.

La muerte de Jesús en la cruz es el sacrificio total por excelencia, incomparable e insuperable; un sacrificio de validez eterna, que hace que su sacerdocio sea para siempre. Nadie puede destituir a Jesús de su sacerdocio porque él mismo, siendo el Hijo de Dios, entregó su vida para unir de una vez para siempre y de manera perfecta a la humanidad con su creador.

CRISTO, SACERDOTE PERFECTO POR SU SACRIFICIO

Prólogo: La revelación de Dios por medio de Jesucristo

Sal 2 8; Jn 1 3; Col 1 15-17; Sal 110

1 1 Después de haber hablado antiguamente a nuestros padres por medio
de los Profetas, en muchas ocasiones y de
diversas maneras, 2 ahora, en este tiempo
final, Dios nos habló por medio de su Hijo, a quien constituyó heredero de todas
las cosas y por quien hizo el mundo.

3 Él es el resplandor de su gloria
y la impronta de su ser.
Él sostiene el universo
con su Palabra poderosa,
y después de realizar la purificación
de *los pecados,*
se sentó a la derecha del trono de Dios
en lo más alto del cielo.
4 Así llegó a ser tan superior a los ángeles,
cuanto incomparablemente mayor
que el de ellos
es el Nombre que recibió en herencia.

LA SUPREMACÍA DE CRISTO, HIJO DE DIOS Y HERMANO DE LOS HOMBRES

Cristo, superior a los ángeles

Sal 2 7; 2 Sm 7 14; Dt 32 43;
Sal 97 7; 104 4; 45 7-8; 102 26-28; 110 1

5 ¿Acaso dijo Dios alguna vez a un ángel:
Tú eres mi Hijo, yo te he engendrado hoy?
¿Y de qué ángel dijo:
Yo seré un padre para él
y él será para mí un hijo?
6 Y al introducir a su Primogénito en el
mundo, Dios dice:
Que todos los ángeles de Dios lo adoren.
7 Hablando de los ángeles, afirma:
A sus ángeles, los hace como ráfagas de viento;
y a sus servidores, como llamas de fuego.
8 En cambio, a su Hijo le dice:
Tu trono, Dios, permanece para siempre.
El cetro de tu realeza es un cetro justiciero.
9 *Has amado la justicia y aborrecido la iniquidad.*

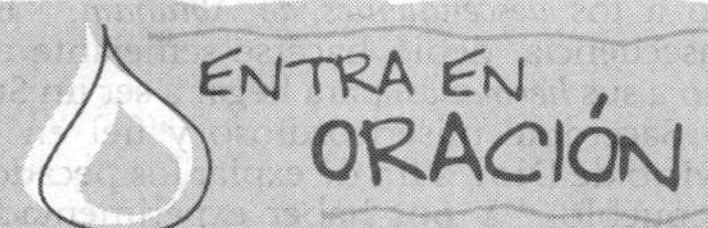

Gracias por tu Hijo, Jesús

La introducción de este escrito da el tono al resto: ¡Jesús es lo máximo! Es la Palabra y la imagen de Dios, un liberador que vive en el cielo con Dios y es superior a los ángeles, al tiempo que está a nuestro lado, lo que es otro signo maravilloso de su grandeza.

Deja que tu corazón se llene de gratitud, al tener a Jesús como amigo y hermano, y haz la siguiente oración:

Padre, gracias por tu Hijo, gracias por habernos dado a Jesús.

Gracias porque, siendo hombre como nosotros, murió abierto a ti y abrazándonos a nosotros.

Gracias porque vive en nuestro medio, entre los hermanos que se aman y en la Eucaristía que celebramos en memoria de él.

Gracias por su presencia especial entre los pobres y los necesitados, y su misericordia que perdona nuestro pecado.

Gracias porque nos ha hecho libres y, unidos a él, podemos sentir alegría y soportar los sufrimientos.

Gracias porque en él nos diste el camino, la verdad y el futuro.

Tú, mi Padre, eres como él y él es como tú. Por su amabilidad sabemos que eres un padre amoroso.

Quiero estar siempre en tu presencia, y que eso sea suficiente para seguir adelante en la vida hasta llegar a gozar plenamente de ti. Amén.

Heb 1 1-4

Por eso Dios, tu Dios,
te ungió con el óleo de la alegría,
prefiriéndote a tus compañeros.

10 Y también le dice:

Tú, Señor, al principio fundaste la tierra,
y el cielo es obra de tus manos.
11 *Ellos desaparecerán, pero tú permaneces.*
Todos se gastarán como un vestido
12 *y los enrollarás como un manto:*
serán como un vestido que se cambia.
Pero tú eres siempre el mismo,
y tus años no tendrán fin.

13 ¿Y a cuál de los ángeles dijo jamás:

Siéntate a mi derecha,
hasta que ponga a tus enemigos
debajo de tus pies?

14 ¿Acaso no son todos ellos espíritus al servicio de Dios, enviados en ayuda de los que van a heredar la salvación?

Exhortación a recibir la salvación

Heb 10 29; 12 25; Mc 16 17-18.20; 2 Cor 12 12

2 1 Por eso, nosotros debemos prestar
más atención a lo que hemos escuchado, no sea que marchemos a la deriva. 2 Porque si la Palabra promulgada por medio de
los ángeles tuvo plena vigencia, a tal punto
que toda transgresión y desobediencia recibió su justa retribución, 3 ¿cómo nos libraremos nosotros, si rehusamos semejante salvación? Esta salvación, anunciada en primer
lugar por el Señor, nos fue luego confirmada por todos aquellos que la habían oído
anunciar, 4 mientras Dios añadía su testimonio con signos y prodigios, con toda clase de
milagros y con los dones del Espíritu Santo,
distribuidos según su voluntad.

La redención realizada por Cristo

Sal 8 5-7; 1 Cor 15 25; Flp 2 6-11; Sal 22 23; Jn 17 6; Is 8 17-18; Is 41 8-9; 2 Sm 22 3; Heb 3 1; 4 14-15

5 Porque Dios no ha sometido a los ángeles el mundo venidero del que nosotros
hablamos. 6 Acerca de esto, hay un testimonio que dice:

¿Qué es el hombre para que te acuerdes de él,
el ser humano para que te ocupes de él?
7 *Por poco tiempo lo pusiste*
debajo de los ángeles
y lo coronaste de gloria y esplendor.
8 *Todo lo sometiste bajo sus pies.*

Si Dios le ha sometido todas las cosas,
nada ha quedado fuera de su dominio. De
hecho, todavía no vemos que todo le está
sometido. 9 Pero a *aquel que fue puesto por*
poco tiempo debajo de los ángeles, a Jesús,
ahora lo vemos coronado de gloria y esplendor, a causa de la muerte que padeció.
Así, por la gracia de Dios, él experimentó la
muerte en favor de todos.

10 Convenía, en efecto, que aquel por quien
y para quien existen todas las cosas, a fin de
llevar a la gloria a un gran número de hijos,
perfeccionara, por medio del sufrimiento, al
jefe que los conduciría a la salvación. 11 Porque el que santifica y los que son santificados, tienen todos un mismo origen. Por eso,
él no se avergüenza de llamarlos hermanos,
12 cuando dice:

Yo anunciaré tu Nombre a mis hermanos,
te alabaré en medio de la asamblea.

13 Y también:

En él pondré mi confianza.

Jesús, nuestro hermano solidario

Jesús «fue puesto por poco tiempo debajo de los ángeles» (Heb 2 9), pues compartió nuestra condición humana en todo menos en el pecado. Asumió nuestras limitaciones corporales, vivió ratos de profunda felicidad y de gran sufrimiento, y su solidaridad con nosotros lo llevó a la muerte, que es fruto del pecado.

Como ser humano, Jesús es la perfecta imagen de Dios. Vive e invita a vivir de cara a Dios, llenos de fe y confianza en que Dios es un Dios de vida, y por eso no hay que temer la muerte, la cual es solo temporal.

Jesús no solo aceptó a los publicanos, las prostitutas y otros pecadores públicos, sino que salió al encuentro de quienes estaban oficialmente excomulgados y marginados por la religión judía, para reconciliarlos con Dios y reincorporarlos a la vida social y religiosa.

Buscó a quienes estaban perdidos y se hizo hermano con el pobre, el enfermo, el marginado y el excluido, diciéndoles: también tú tienes acceso a Dios. En contra de la posición de los judíos piadosos y ortodoxos —sacerdotes, ancianos, fariseos, escribas—, Jesús les ofreció el perdón de Dios y los invitó a compartir la mesa y la comida con él.

A la luz de este comentario, profesa tu fe con estas palabras del Credo:

«Creo en un solo Señor, Jesucristo, Hijo único de Dios... Dios de Dios, Luz de Luz... que por nuestra salvación bajó del cielo, y por obra del Espíritu Santo se encarnó de María, la Virgen, y se hizo hombre».[1]

Heb 2 11-18

Y además:

Aquí estamos yo y los hijos
que Dios me ha dado.

[14] Y ya que los *hijos* tienen una misma
sangre y una misma *carne, él también de-*
*bía particip*ar de esa condición, para reducir a la impotencia, mediante su muerte, a
aquel que tenía el dominio de la muerte, es
decir, al demonio, [15] y liberar de este modo
a todos los que vivían completamente esclavizados por el temor de la muerte. [16] Porque él no vino para socorrer a los ángeles,
sino a los *descendientes de Abraham.* [17] En
consecuencia, debió hacerse semejante en
todo a sus *hermanos,* para llegar a ser un Sumo Sacerdote misericordioso y fiel en el
servicio de Dios, a fin de expiar los pecados
del pueblo. [18] Y por haber experimentado
personalmente la prueba y el sufrimiento,
él puede ayudar a aquellos que están sometidos a la prueba.

JESÚS, EL SUMO SACERDOTE FIEL Y MISERICORDIOSO

Cristo, superior a Moisés

Heb 2 17; 4 14; Nm 12 7

3 [1] Por lo tanto, hermanos, ustedes que
han sido santificados y participan de
un mismo llamado celestial, piensen en Jesús, el Apóstol y Sumo Sacerdote de la fe
que profesamos. [2] Él es *fiel* a Dios, que lo
constituyó como tal, así como *también lo*
fue Moisés en toda la casa de Dios. [3] Porque él
fue considerado digno de una gloria superior a la de Moisés, en la misma medida en
que la dignidad del constructor es superior
a la de la casa. [4] Porque toda casa tiene su
constructor, y el constructor de todas las
cosas es Dios. [5] Moisés *fue fiel en toda su ca-*
sa, en calidad de servidor, para dar testimonio de lo que debía anunciarse, [6] mientras
que Cristo fue fiel en calidad de Hijo, co-

REFLEXIONA

¿Vives con el corazón abierto o endurecido?

Lee Hebreos 3 1-15 y observa el contraste entre Moisés y Jesús. Mientras Moisés era imperfecto y llevó al pueblo a una libertad política, Jesús manifiesta claramente a Dios y nos lleva a su casa, a la libertad interna y duradera que nadie puede quitarnos. Esta libertad ganada por Jesús no se pierde nunca ni, al ser encarcelados por causa de la fe. Basta con cuidar de no endurecer nuestro corazón.

¿Tienes el corazón abierto al amor de Dios y a la esperanza de una vida llena de él? ¿Has dejado que las pruebas y dificultades endurezcan tu corazón? ¿Quieres vivir con el corazón abierto o cerrado al amor?

Heb 3 1-11

mo jefe de la casa de Dios. Y esa casa somos nosotros, con tal que conservemos la
seguridad y la esperanza de la que nos gloriamos.

Exhortación a la fidelidad

Sal 95 7-11; Ex 17 17; Nm 14 22-23.29; 1 Cor 10 10

7 Por lo tanto, como dice el Espíritu Santo:

Si hoy escuchan su voz,
8 *no endurezcan su corazón*
como en el tiempo de la Rebelión,
el día de la Tentación en el desierto,
9 *cuando sus padres me tentaron*
poniéndome a prueba,
aunque habían visto mis obras
10 *durante cuarenta años.*
Por eso me irrité contra aquella generación,
y dije:
Su corazón está siempre extraviado
y no han conocido mis caminos.
11 *Entonces juré en mi indignación:*
Jamás entrarán en mi Reposo.

12 Tengan cuidado, hermanos, no sea que
alguno de ustedes tenga un corazón tan
malo que se aparte del Dios viviente por su
incredulidad. 13 Antes bien, anímense mutuamente cada día mientras dure este *hoy*, a
fin de que nadie se *endurezca*, seducido por
el pecado. 14 Porque hemos llegado a ser
partícipes de Cristo, con tal que mantengamos firmemente hasta el fin nuestra actitud
inicial. 15 Cuando la Escritura dice:

Si hoy escuchan su voz,
no endurezcan su corazón
como en el tiempo de la Rebelión,

16 ¿quiénes son los que se rebelaron después de haberlo escuchado? ¿No son todos
aquellos que salieron de Egipto conducidos por Moisés? 17 ¿Y contra quiénes *se irri-*
tó Dios durante cuarenta años? ¿No fue contra los que habían pecado y *cuyos cadáveres*
quedaron tendidos en el desierto? 18 ¿Y *a quié-*
nes juró Dios que no entrarían en su Reposo,
sino a los mismos que le habían desobedecido? 19 Así vemos que aquellos no pudieron entrar por su falta de fe.

El Reposo de Dios

1 Cor 10 1-54; Sal 95 11; Gn 2 2;
Sal 95 7-8; Dt 31 7; Jos 22 4

4 1 Temamos, entonces, mientras permanece en vigor la promesa *de entrar en el*
Reposo de Dios, no sea que alguno de ustedes
se vea excluido. 2 Porque también nosotros,
como ellos, hemos recibido una buena noticia; pero la Palabra que ellos oyeron no les
sirvió de nada, porque no se unieron por la
fe a aquellos que la aceptaron. 3 Nosotros, en
cambio, los que hemos creído, vamos hacia
aquel Reposo del cual se dijo:

Entonces juré en mi indignación:
Jamás entrarán en mi Reposo.

En realidad, las obras de Dios estaban
concluidas desde la creación del mundo,
4 ya que en cierto pasaje se dice acerca del
séptimo día de la creación: *Y Dios descansó*
de todas sus obras en el séptimo día; 5 y en este, a su vez, se dice: *Jamás entrarán en mi Re-*
poso. 6 Ahora bien, sabemos que la entrada
a ese Reposo está reservada a algunos, y
que los primeros que recibieron la buena
noticia no entraron en él, a causa de su
desobediencia. 7 Por eso, Dios nuevamente
fija un día —un hoy— cuando muchos
años después, dice por boca de David las
palabras ya citadas:

Si hoy escuchan su voz,
no endurezcan su corazón.

8 Porque si Josué hubiera introducido a
los israelitas en ese Reposo, Dios no habría
hablado después acerca de otro día. 9 Queda, por lo tanto, reservado un Reposo, el
del séptimo día, para el Pueblo de Dios.
10 Y aquel que *entra en el Reposo de Dios des-*
cansa de sus trabajos, como Dios descansó
de los suyos. 11 Esforcémonos, entonces,
por *entrar en ese Reposo*, a fin de que nadie

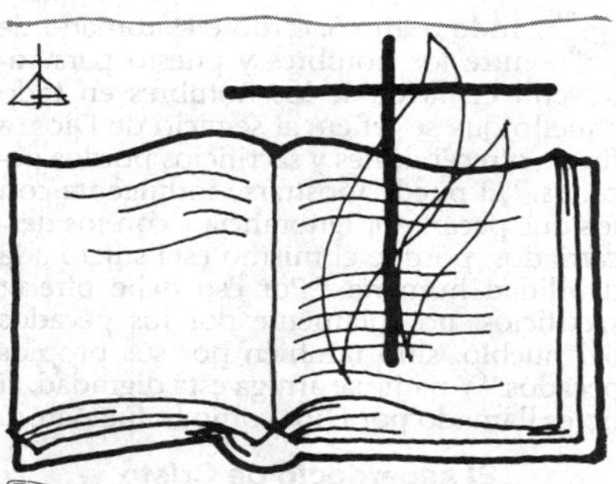

Heb 4 12

COMPRENDE LOS SÍMBOLOS

La Palabra de Dios

El libro abierto significa la Palabra de Dios que se encuentra en la Biblia. Al leer este libro, el Espíritu Santo vivifica la Palabra y la convierte en luz que ilumina el entendimiento y en fuego que fortalece la voluntad. La cruz significa que toda la Biblia se refiere a Jesús, la Palabra encarnada (Jn 1 14).

caiga imitando aquel ejemplo de desobediencia.

La Palabra y el Juicio de Dios

Is 49 2; Jn 12 48; Ap 1 16; 19 15

12 Porque la Palabra de Dios es viva y eficaz, y más cortante que cualquier espada de doble filo: ella penetra hasta la raíz del alma y del espíritu, de las articulaciones y de la médula, y discierne los pensamientos y las intenciones del corazón. 13 Ninguna cosa creada escapa a su vista, sino que todo está desnudo y descubierto a los ojos de aquel a quien debemos rendir cuentas.

Cristo, Sumo Sacerdote

Heb 2 17-18; 10 22-23; Jn 8 46

14 Y ya que tenemos en Jesús, el Hijo de Dios, un Sumo Sacerdote insigne que traspasó en el cielo, permanezcamos firmes en la confesión de nuestra fe. 15 Porque no tenemos un Sumo Sacerdote incapaz de compadecerse de nuestras debilidades; al contrario, él fue sometido a las mismas pruebas que nosotros, a excepción del pecado. 16 Vayamos, entonces, confiadamente al trono de la gracia, a fin de obtener misericordia y alcanzar la gracia de un auxilio oportuno.

La función del Sumo Sacerdote

Lv 9 7; 16 6; Jn 3 27; Ex 28 1.43

5 1 Todo Sumo Sacerdote es tomado de entre los hombres y puesto para intervenir en favor de los hombres en todo aquello que se refiere al servicio de Dios, a fin de ofrecer dones y sacrificios por los pecados. 2 Él puede mostrarse indulgente con los que pecan por ignorancia y con los descarriados, porque él mismo está sujeto a la debilidad humana. 3 Por eso debe ofrecer sacrificios, no solamente por los pecados del pueblo, sino también por sus propios pecados. 4 Y nadie se arroga esta dignidad, si no es llamado por Dios como lo fue Aarón.

El sacerdocio de Cristo

Sal 2 7; 110 4; Flp 2 8

5 Por eso, Cristo no se atribuyó a sí mismo la gloria de ser Sumo Sacerdote, sino que la recibió de aquel que le dijo:

Tú eres mi Hijo,
yo te he engendrado hoy.

6 Como también dice en otro lugar:

Tú eres sacerdote para siempre,
según el orden de Melquisedec.

7 Él dirigió durante su vida terrena súplicas y plegarias, con fuertes gritos y lágrimas, a aquel que podía salvarlo de la muerte, y fue escuchado por su humilde sumisión. 8 Y, aunque era Hijo de Dios, aprendió por medio de sus propios sufrimientos qué significa obedecer. 9 De este modo, él alcanzó la perfección y llegó a ser causa de salvación eterna para todos los que le obedecen, 10 porque Dios lo proclamó Sumo Sacerdote *según el orden de Melquisedec.*

Heb 5

COMPRENDE LOS SÍMBOLOS

Jesús, sumo y eterno sacerdote

El sacerdote es consagrado para llevar la plegaria del pueblo a Dios y repartir al pueblo los dones de Dios. La figura con las abreviaturas IC y XC, de ***I**esou**s** **X**risto**s***, representa a Jesús como sumo sacerdote por su ofrenda única, perfecta y eterna al servicio de la alianza de Dios con la humanidad.

EL SACERDOCIO Y EL SACRIFICIO DE LA NUEVA ALIANZA

EXHORTACIÓN INICIAL

El perfeccionamiento de la fe

1 Cor 3 1-3; 1 Pe 2 2; Heb 9 14; Mt 3 2; Rom 1 16; 1 Tim 4 14

11 Sobre esto tendríamos que decir muchas cosas, pero es difícil explicárselas, porque ustedes son lentos para comprender. 12 Aunque ya es tiempo de que sean maestros, ustedes necesitan que se les enseñen nuevamente los rudimentos de la Palabra de Dios: han vuelto a tener necesidad de leche, en lugar de comida sólida. 13 Ahora bien, el que se alimenta de leche no puede entender la doctrina de la justicia, porque no es más que un niño. 14 El alimento sólido es propio de los adultos, de aquellos que por la práctica tienen la sensibilidad

adiestrada para discernir entre el bien y el
mal.

6 1 Por eso, dejando a un lado la enseñanza elemental sobre Cristo, vayamos a lo más perfecto, sin volver otra vez
sobre las verdades fundamentales, como el
arrepentimiento por las obras que llevan a
la muerte y la fe en Dios, 2 la instrucción
sobre los bautismos y la imposición de las
manos, la resurrección de los muertos y el
juicio eterno. 3 Esto es lo que vamos a hacer, si Dios lo permite.

La apostasía de la fe

Heb 10 26.32-34a; 1 Jn 5 16; Mt 12 31; Gn 3 17-18

4 Porque a los que una vez fueron iluminados y gustaron el don celestial, a los que
participaron del Espíritu Santo 5 y saborea-
ron la buena Palabra de Dios y las maravillas del mundo venidero, 6 y a pesar de todo
recayeron, es imposible renovarlos otra vez
elevándolos a la conversión, ya que ellos
por su cuenta vuelven a crucificar al Hijo de
Dios y lo exponen a la burla de todos.
7 Cuando la tierra es regada por abundantes lluvias y produce una buena vegetación para los que la cultivan, recibe de
Dios su parte de bendición. 8 Pero si no
produce más que *espinas* y *abrojos*, no tiene
ningún valor, su *maldición* está próxima y
terminará por ser quemada.

El objeto de la esperanza cristiana

Heb 19 32-34; Ef 1 15; Gal 3 14.29; Rom 4 20;
Gn 22 16-17; Nm 23 19; 1 Sm 15 29;
Lv 16 2.12; Sal 110 4

9 Queridos hermanos, aunque nos hayamos expresado de este modo, estamos convencidos de que ustedes se encuentran en
la condición mejor, la que conduce a la salvación. 10 Porque Dios no es injusto para
olvidarse de lo que ustedes han hecho y del
amor que tienen por su Nombre, ese amor
demostrado en el servicio que han prestado y siguen prestando a los santos. 11 Solamente deseamos que cada uno muestre
siempre el mismo celo para asegurar el
cumplimiento de su esperanza. 12 Así, en lugar de dejarse estar perezosamente, imitarán el ejemplo de aquellos que por la fe y
la paciencia heredan las promesas.
13 Porque cuando Dios hizo la promesa a
Abraham, como no podía jurar por alguien mayor que él, *juró por sí mismo*, 14 diciendo: *Sí, yo te colmaré de bendiciones y te
daré una descendencia numerosa*. 15 Y por su
paciencia, Abraham vio la realización de
esta promesa. 16 Los hombres acostumbran
a jurar por algo más grande que ellos, y lo
que se confirma con un juramento queda
fuera de toda discusión. 17 Por eso Dios,
queriendo dar a los herederos de la promesa una prueba más clara de que su decisión era irrevocable, la garantizó con un
juramento. 18 De esa manera, hay dos realidades irrevocables —la promesa y el juramento— en las que Dios no puede enga-
ñarnos. Y gracias a ellas, nosotros, los que
acudimos a él, nos sentimos poderosamente estimulados a aferrarnos a la esperanza
que se nos ofrece. 19 Esta esperanza que nosotros tenemos es como un ancla del alma,
sólida y firme, que *entra más allá del velo*,
20 allí mismo donde Jesús entró por nosotros, como precursor, convertido en Sumo
*Sacerdote para siempre, según el orden de Mel-
quisedec*.

UN NUEVO Y ÚNICO SACERDOTE

Melquisedec, figura de Cristo

Gn 14 17-20

7 1 Este *Melquisedec, que era rey de Salem, sacerdote de Dios, el Altísimo, salió
al encuentro de Abraham cuando este volvía de
derrotar a los reyes y lo bendijo*; 2 y Abraham
le entregó *la décima parte de todo* el botín.
El nombre de Melquisedec significa, en
primer término, «rey de justicia»; y él era,
además, *rey de Salem*, es decir, «rey de paz».
3 De él no se menciona ni padre ni madre
ni antecesores, ni comienzo ni fin de su vida: así, a semejanza del Hijo de Dios, él es
sacerdote para siempre.

Melquisedec, superior a Abraham

Gn 14 20; Nm 18 21; Gn 14 17

4 Consideren ahora la grandeza de aquel
a quien el mismo patriarca Abraham *entregó como diezmo* lo mejor del botín. 5 A los
descendientes de Leví que reciben el sacerdocio, la Ley les manda percibir el diezmo
del pueblo, esto es, de sus propios hermanos, que sin embargo pertenecen como
ellos a la descendencia de Abraham. 6 Pero
Melquisedec, que no tenía ascendencia común con ellos, recibió de Abraham el diezmo y bendijo al depositario de las promesas. 7 Ahora bien, no cabe duda que
corresponde al superior bendecir al inferior. 8 Además, en el caso de los descendientes de Leví, los que perciben el diezmo
son hombres mortales, mientras que en el
caso de Melquisedec se trata de alguien de
quien se atestigua que vive. 9 Por último, se
puede decir que el mismo Leví, a quien corresponde percibir los diezmos, pagó los
suyos a Melquisedec en la persona de Abra-

Jesús y Melquisedec

En la primera plegaria eucarística, después de la consagración, el sacerdote ora con las siguientes palabras:

Mira con ojos de bondad esta ofrenda y acéptala, como aceptaste los dones del justo Abel, el sacrificio de Abraham, nuestro padre en la fe, y la oblación pura de tu sumo sacerdote Melquisedec.[2]

Melquisedec aparece en el Génesis, ofreciendo un sacrificio de pan y vino a Dios, una ofrenda pura (Gn 14 17-20). Por ello y por el hecho de no ser de la tribu de Leví, se le considera precursor de Jesús, según lo anunciado en el Salmo 110 4.

A partir de Jesús, su sacerdocio prevalece sobre cualquier otro, pues él es la ofrenda perfecta para siempre, «según el poder de una vida indestructible» de su resurrección (Heb 7 16). Así se cumple la profecía mesiánica en el Salmo 110: «Tú eres sacerdote para siempre, según el orden de Melquisedec» (Sal 110 4; Heb 5 6; 7 17).

Heb 7

ham, 10 porque, en cierto sentido, Leví ya estaba en el cuerpo de su padre Abraham cuando *Melquisedec le salió al encuentro*.

El sacerdocio levítico y el de Melquisedec

Sal 110 4; Heb 8 6.4; Gn 49 10; Mt 1 1-2; 2 6; Lc 1 32; Rom 1 3; 2 Tim 2 8

11 Por lo tanto, si se podía alcanzar la perfección por medio del sacerdocio levítico, sobre el cual se funda la Ley dada al pueblo, ¿qué necesidad había entonces de que surgiera otro sacerdote, según *el orden de Melquisedec* y no según el orden de Aarón? 12 Porque el cambio de sacerdocio implica necesariamente un cambio de Ley. 13 *De hecho, Jesús,* de quien se dicen estas cosas, pertenecía a una tribu que no era la de Leví, ninguno de cuyos miembros se dedicó al servicio del altar. 14 Porque es sabido que nuestro Señor desciende de Judá, y de esa tribu nunca habló Moisés al referirse a los sacerdotes.

Derogación de la Ley antigua

Rom 1 4; Sal 110 4; Rom 7 7; Heb 11 40; 10 19

15 Y esto se hace más evidente aún, si se tiene en cuenta que este nuevo sacerdote, a semejanza de Melquisedec, 16 se constituye, no según la disposición de una ley meramente humana, sino según el poder de una vida indestructible. 17 De él se ha atestiguado: *Tú eres sacerdote para siempre, según el orden de Melquisedec.* 18 De esta manera queda derogada la disposición anterior, en razón de su ineficacia e inutilidad 19 —ya que la Ley es incapaz de conducir a la perfección—, y se introduce una esperanza mejor, que nos permite acercarnos a Dios.

Inmutabilidad del sacerdocio de Cristo

Sal 110 4; Heb 8 6-12; Rom 8 34

20 Además, todo esto ha sido confirmado con un juramento. Porque, mientras los descendientes de Leví fueron instituidos sacerdotes sin la garantía de un juramento, 21 Jesús lo fue con un juramento, el de aquel que le dijo: *Juró el Señor y no se arrepentirá: Tú eres sacerdote para siempre.* 22 Por lo tanto, Jesús ha llegado a ser el garante de una Alianza superior. 23 Los otros sacerdotes tuvieron que ser muchos, porque la muerte les impedía permanecer; 24 pero Jesús, como permanece *para siempre*, posee un sacerdocio inmutable.

Eficacia del sacerdocio de Cristo

Heb 5 1-3; Lv 16 6.15

25 De ahí que él puede salvar en forma definitiva a los que se acercan a Dios por su intermedio, ya que vive eternamente para interceder por ellos. 26 Él es el Sumo Sacerdote que necesitábamos: santo, inocente, sin mancha, separado de los pecadores y elevado por encima del cielo. 27 Él no tiene necesidad, como los otros sumos sacerdotes, de ofrecer sacrificios cada día, primero por sus pecados, y después por los del pueblo. Esto lo hizo de una vez para siempre, ofreciéndose a sí mismo. 28 La Ley, en efecto, establece como sumos sacerdotes a hombres débiles; en cambio, la palabra del juramento —que es posterior a la Ley— establece a un Hijo que llegó a ser perfecto *para siempre*.

UN NUEVO Y ÚNICO SACERDOCIO

El antiguo culto, figura del nuevo

Mt 22 44; Heb 9 11.23-24; Ex 25 40

8 1 Este es el punto capital de lo que estamos diciendo: tenemos un Sumo Sacerdote tan grande que *se sentó a la derecha*

del trono de la Majestad en el cielo. 2 Él es el
ministro del Santuario y de la verdadera *Morada, construida* no por un hombre, sino *por
el Señor*. 3 Ahora bien, todo Sumo Sacerdote
es constituido para presentar ofrendas y sacrificios; de ahí la necesidad de que tenga algo que ofrecer. 4 Si Jesús estuviera en la tierra,
no podría ser sacerdote, porque ya hay aquí
otros sacerdotes que presentan las ofrendas
de acuerdo con la Ley. 5 Pero el culto que
ellos celebran es una imagen y una sombra
de las realidades celestiales, como Dios advirtió a Moisés cuando este iba a construir la
Morada, diciéndole: *Tienes que hacerlo todo
conforme al modelo que te fue mostrado en la
montaña.*

Cristo, mediador de una Alianza mejor

Jr 31 31-34; Ex 19 5-6; Heb 10 16-18; 2 Cor 5 17; Ap 21 4-5

6 Pero ahora, Cristo ha recibido un ministerio muy superior, porque es el mediador
de una Alianza más excelente, fundada sobre promesas mejores. 7 Porque si esta primera Alianza hubiera sido perfecta, no habría sido necesario sustituirla por otra. 8 En
cambio, Dios hizo al pueblo este reproche:

Llegarán los días —dice el Señor—
en que haré una Nueva Alianza
con la casa de Israel y la casa de Judá,
9 *no como aquella que hice con sus padres*
el día en que los tomé de la mano
para sacarlos de Egipto.
Ya que ellos no permanecieron fieles
a mi Alianza,
yo me despreocupé de ellos —dice el Señor—.
10 *Y esta es la Alianza que estableceré*
con la casa de Israel
después de aquellos días —dice el Señor—:
Pondré mis leyes en su conciencia,
las grabaré en su corazón;
yo seré su Dios
y ellos serán mi Pueblo.
11 *Entonces nadie tendrá que instruir*
a su compatriota ni a su hermano,
diciendo: «Conoce al Señor»;
porque todos me conocerán,
desde el más pequeño al más grande.
12 *Porque yo perdonaré sus iniquidades*
y no me acordaré más de sus pecados.

13 Al hablar de una *Nueva* Alianza, Dios
declara anticuada la primera, y lo que es viejo y anticuado está a punto de desaparecer.

El antiguo Santuario

Ex 25 10-40; 26 31-34; Nm 17 16-26; 18 2-6

9 1 La primera Alianza tenía un ritual
para el culto y un santuario terrestre.

El sacerdocio perfecto de Cristo

Todas las religiones tienen alguna forma de sacerdocio. Los sacerdotes son mediadores entre la divinidad y los creyentes; responsables de los lugares, tiempos, ritos sagrados, y encargados de reconciliar al pecador con Dios.

En el Antiguo Testamento, el sacerdocio de Israel era hereditario y pertenecía a los descendientes de Aarón de la tribu de Leví. Había tres niveles: el sumo sacerdote, los sacerdotes y los levitas, quienes realizaban su ministerio en el Templo de Jerusalén y ofrecían sacrificios también por sus propios pecados.

El sacerdocio de Jesús es diferente:

- Jesús es sacerdote y ofrenda al mismo tiempo, una ofrenda perfecta porque es el Hijo de Dios que se ofrece al Padre por el perdón del pecado de sus hijos.
- El sacrificio de Jesús es irrepetible por ser el único Hijo de Dios quien se dona como ofrenda.
- La ofrenda de Jesús muestra la máxima solidaridad, pues, sin haber pecado, se ofreció al Padre por los pecados de sus hermanos.

La Eucaristía, presidida por los sacerdotes de la Iglesia, es un memorial del sacrificio de Jesús en la cruz, realizado de una vez por todas (ver «La Pascua judía y la Pascua cristiana», Ex 12 – 14, y «La Eucaristía, un memorial», 1 Cor 11 23-28).

Heb 9

2 En él se instaló un primer recinto, donde
estaban el candelabro, la mesa y los panes
de la ofrenda: era el lugar llamado Santo.
3 Luego, detrás del segundo velo había otro
recinto, llamado el Santo de los santos.
4 Allí estaban el altar de oro para los perfumes y el Arca de la Alianza, toda recubier-
ta de oro, en la cual había un cofre de oro
con el maná, la vara de Aarón que había
florecido y las Tablas de la Alianza. 5 Sobre
ella estaban los Querubines de la Gloria,
que cubrían el Propiciatorio con la sombra
de sus alas. Pero no es este el momento de
entrar en detalles.

El culto de la Antigua Alianza

Lv 16 2-29; 1 Cor 10 6.11; Col 2 16-17

6 Dentro de este ordenamiento, los sacerdotes entran siempre al primer recinto para celebrar el culto. 7 Pero al segundo, solo
entra una vez al año el Sumo Sacerdote,
llevando consigo la sangre que ofrece por
sus faltas y las del pueblo. 8 El Espíritu Santo da a entender con esto que el camino
del Santuario no es accesible mientras subsista el primer recinto. 9 Esto es un símbolo
para el tiempo presente: en efecto, allí se
ofrecen dones y sacrificios que no pueden
hacer perfecto en su conciencia al que practica el culto. 10 Solo se trata de normas externas sobre alimentos, bebidas y abluciones diversas, válidas hasta el momento de
la renovación.

La entrada de Cristo en el Santuario celestial

Lv 16 14-16; Nm 19 2-10.17-20;
Heb 10 19; 1 Pe 1 18-19; 1 Jn 1 7

11 Cristo, en cambio, ha venido como
Sumo Sacerdote de los bienes futuros. Él, a
través de una Morada más excelente y perfecta que la antigua —no construida por
manos humanas, es decir, no de este mundo creado—, 12 entró de una vez por todas
en el Santuario, no por la sangre de chivos
y terneros, sino por su propia sangre, obte-
niéndonos así una redención eterna. 13 Porque si la sangre de chivos y toros y la ceniza de ternera, con que se rocía a los que
están contaminados por el pecado, los santifica, obteniéndoles la pureza externa,
14 ¡cuánto más la Sangre de Cristo, que por
obra del Espíritu eterno se ofreció sin mancha a Dios, purificará nuestra conciencia
de las obras que llevan a la muerte, para
permitirnos tributar culto al Dios viviente!

Cristo, mediador de la Nueva Alianza

Heb 8 8-12; Ex 24 3-8; Lv 5 11-13; 17 11; Mt 26 28

15 Por eso, Cristo es mediador de una
Nueva Alianza entre Dios y los hombres, a
fin de que, habiendo muerto para redención
de los pecados cometidos en la primera
Alianza, los que son llamados reciban la herencia eterna que ha sido prometida. 16 Porque para que se cumpla un testamento es
necesario que muera el testador: 17 *mientras
este vive, el testamento* no vale, y solo a su
muerte entra en vigor. 18 De allí que tampoco la primera Alianza fuera inaugurada sin
derramamiento de sangre. 19 Efectivamente,
cuando Moisés promulgó delante de todo el
pueblo cada uno de los mandamientos escritos en la Ley, tomó la sangre de novillos y
chivos —junto con el agua, la lana escarlata
y el hisopo— y roció el Libro y también a todo el pueblo, 20 diciendo: *Esta es la sangre de
la Alianza que Dios ha establecido con ustedes*.
21 De la misma manera, roció con sangre la
Morada y todos los objetos del culto. 22 Además, según prescribe la Ley, casi todas las
purificaciones deben hacerse con sangre, ya
que no hay remisión de pecados sin derramamiento de sangre. 23 Ahora bien, si las figuras de las realidades celestiales debieron
ser purificadas de esa manera, era necesario
que esas mismas realidades también lo fueran, pero con sacrificios muy superiores.

La mediación eterna de Cristo

1 Jn 2 1; Gal 4 4; Is 53 12; 1 Pe 2 24

24 Cristo, en efecto, no entró en un Santuario construido por manos humanas —simple figura del auténtico Santuario— sino
en el cielo, para presentarse delante de Dios
en favor nuestro. 25 Y no entró para ofrecerse a sí mismo muchas veces, como lo hace
el Sumo Sacerdote que entra cada año en el
Santuario con una sangre que no es la suya.
26 Porque, en ese caso, hubiera tenido que
padecer muchas veces desde la creación del
mundo. En cambio, ahora él se ha manifestado una sola vez, en la consumación de
los tiempos, para abolir el pecado por medio de su Sacrificio. 27 Y así como el destino
de los hombres es morir una sola vez, después de lo cual viene el Juicio, 28 así también
Cristo, después de haberse ofrecido una sola vez *para quitar los pecados de la multitud*,
aparecerá por segunda vez, ya no en relación con el pecado, sino para salvar a los
que lo esperan.

UN NUEVO Y ÚNICO SACRIFICIO

Ineficacia de los antiguos sacrificios

Is 1 11-13; Col 2 17; Sal 40 7-9;
Mt 6 10; Jn 6 38; Heb 9 6-8

10 1 La Ley, en efecto —al no tener más
que la sombra de los bienes futuros y
no la misma realidad de las cosas—, con los
sacrificios repetidos año tras año en forma
ininterrumpida, es incapaz de perfeccionar
a aquellos que se acercan a Dios. 2 De lo
contrario, no se hubieran ofrecido más esos
sacrificios, porque los que participan de
ellos, al quedar purificados una vez para
siempre, ya no tendrían conciencia de ningún pecado. 3 En cambio, estos sacrificios
renuevan cada año el recuerdo del pecado,
4 porque es imposible que la sangre de toros
y chivos quite los pecados. 5 Por eso, Cristo,
al entrar en el mundo, dijo:

Tú no has querido sacrificio ni ofrenda;
en cambio, me has dado un cuerpo.
6 *No has mirado con agrado los holocaustos*
ni los sacrificios expiatorios.
7 *Entonces dije: Aquí estoy, yo vengo*
—como está escrito de mí
en el libro de la Ley—
para hacer, Dios, tu voluntad.

Jesús sacerdote y el sacerdocio de los cristianos

Jesús es sacerdote por su ofrenda total al plan de amor de Dios y por interceder por nosotros al lado del Padre. En su vida terrena, Jesús nunca presidió el culto en el Templo ni ofreció dones y sacrificios como los sacerdotes de Leví. Su muerte no fue un sacrificio meramente ritual, sino que murió ejecutado como un criminal.

Hebreos 10 7-10 deja claro que Dios, más que sacrificios y ofrendas, prefiere que hagamos su voluntad y santifiquemos la comunidad como lo hizo Jesús. La Iglesia celebra y prolonga este sacrificio único e irrepetible de Cristo de dos maneras:

- En la Eucaristía, Jesús se hace presente y vivo para la comunidad eclesial.
- En la ofrenda de los cristianos, como Cuerpo místico de Cristo, se continúa la obra salvadora de Jesús en la humanidad.

Al ser Jesús el único sacerdote y estar los cristianos insertados en él por el Bautismo, todos participamos de su sacerdocio, siendo puentes entre Dios y nuestros hermanos. Por eso en la Iglesia católica valoramos el sacerdocio bautismal, nos consideramos «raza sacerdotal» y hablamos del «sacerdocio real» o «sacerdocio de los fieles».

Los obispos, los presbíteros o sacerdotes, y los diáconos, son ordenados en el espíritu del sacerdocio de Jesús para donarse a la comunidad eclesial y celebrar los sacramentos que nos insertan en la vida de Dios. Por ello se llama «sacerdocio ministerial», o sea, «al servicio de la comunidad».

Heb 10 7-10

8 Él comienza diciendo: Tú no has querido ni has mirado con agrado los sacrificios, los holocaustos, ni los sacrificios expiatorios, a pesar de que están prescritos
por la Ley. 9 Y luego añade: *Aquí estoy, yo*
vengo para hacer tu voluntad. Así declara
abolido el primer régimen para establecer
el segundo. 10 Y en virtud de esta voluntad
quedamos santificados por la ofrenda del
cuerpo de Jesucristo, hecha de una vez para siempre.

Eficacia del Sacrificio de Cristo

Sal 110 1; Mt 22 44; Jn 17 19; Jr 31 33-34

11 Cada sacerdote se presenta diariamente
para cumplir su ministerio y ofrecer muchas veces los mismos sacrificios, que son
totalmente ineficaces para quitar el pecado.
12 Cristo, en cambio, después de haber ofrecido por los pecados un único Sacrificio, *se*
sentó para siempre a la derecha de Dios, 13 donde espera que *sus enemigos sean puestos de-*
bajo de sus pies. 14 Y así, mediante una sola
ofrenda, él ha perfeccionado para siempre
a los que santifica. 15 El Espíritu Santo atestigua todo esto, porque después de haber
anunciado:

16 *Esta es la Alianza que haré con ellos*
después de aquellos días,
dice el Señor:
Yo pondré mis leyes en su corazón
y las grabaré en su conciencia,
17 *y no me acordaré más de sus pecados*
ni de sus iniquidades.

18 Y si los pecados están perdonados, ya
no hay necesidad de ofrecer por ellos ninguna otra ofrenda.

LA PERSEVERANCIA EN LA FE

El acercamiento a Dios por Jesucristo

Heb 9 12.14; Ez 36 25; Ef 5 26; 1 Cor 10 13

19 Por lo tanto, hermanos, tenemos plena
seguridad de que podemos entrar en el Santuario por la Sangre de Jesús, 20 siguiendo el
camino nuevo y viviente que él nos abrió a
través del velo del Templo, que es su carne.
21 También tenemos un *Sumo Sacerdote* insigne al frente de *la casa de Dios.* 22 Acerquémo-
nos, entonces, con un corazón sincero y llenos de fe, purificados interiormente de toda
mala conciencia y con el cuerpo lavado por
el agua pura. 23 Mantengamos firmemente la
confesión de nuestra esperanza, porque aquel
que ha hecho la promesa es fiel. 24 Alenté-
monos unos a otros, para estimularnos en
el amor y en las buenas obras. 25 No deserte-
mos de nuestras asambleas, como suelen

VIVE LA PALABRA

Tu misión sacerdotal como joven

Como joven, tienes el privilegio de ser un apóstol entre la juventud. Cumple tu misión sacerdotal entre los jóvenes haciendo lo siguiente:

- Ofrece a Dios tu vida todas las mañanas y eso te ayudará a tener presente que todos tus actos de amor, servicio y entrega tienen un valor inmenso, si los unes a los de Jesús.
- Cuando participes en la Eucaristía, renueva tu ofrecimiento a Dios al unirte al sacrificio redentor de Jesús.
- Ejerce tu sacerdocio bautismal como puente entre Dios y tus hermanos, llevándoles la Buena Nueva de palabra y de obra, bendiciéndolos en el nombre de Dios y poniéndote a su servicio cuando te necesitan.
- Discierne si Dios te llama a servir a los jóvenes como ministro laico, y ejercer así tu sacerdocio bautismal..., o si te llama a un ministerio laico con niños o adultos.
- Si eres varón, pregunta a Dios si quiere que sirvas como sacerdote ministerial, y busca el apoyo necesario para discernir tu vocación, si piensas que puedes estar llamado a este ministerio.
- Ora con frecuencia por los sacerdotes y por el sacerdocio de los laicos, para que nuestra sociedad tenga siempre ministros santos que mantengan viva la alianza con Dios.

Heb 10 19-25

hacerlo algunos; al contrario, animémonos mutuamente, tanto más cuanto que vemos acercarse el Día.

El castigo de los que abandonan la fe

Is 26 11; Dt 17 6; 19 15; Mt 26 28;
1 Cor 11 27; Dt 32 35-36

26 Porque si después de haber recibido el
pleno conocimiento de la verdad, pecamos deliberadamente, ya no hay más sacrificio por los pecados. 27 Solo resta esperar con terror el juicio y el *fuego ardiente*
que consumirá a los rebeldes. 28 El que viola
la Ley de Moisés, *es condenado a muerte*
irremisiblemente *por el testimonio de dos o*
tres testigos. 29 Piensen, entonces, qué castigo merecerá el que pisoteó al Hijo de
Dios, el que profanó *la sangre de la Alianza*
con la cual fue santificado y ultrajó al Espíritu de la gracia. 30 Porque nosotros conocemos a aquel que ha dicho: *La vengan-*
za me pertenece y yo daré la retribución. Y
además: *El Señor juzgará a su pueblo*. 31 ¡Verdaderamente es algo terrible caer en las
manos del Dios viviente!

La *recompensa* de los justos

Heb 6 4.10; Is 26 20 (LXX); Hab 2 3-4; Rom 1 17

32 Recuerden los primeros tiempos: apenas habían sido iluminados y ya tuvieron
que soportar un rudo y doloroso combate,
33 unas veces expuestos públicamente a injurias y atropellos, y otras, solidarizándose
con los que eran tratados de esa manera.
34 Ustedes compartieron entonces los sufrimientos de los que estaban en la cárcel y
aceptaron con alegría que los despojaran
de sus bienes, sabiendo que tenían una riqueza mejor y permanente. 35 No pierdan
entonces la confianza, a la que está reservada una gran recompensa. 36 Ustedes necesitan constancia para cumplir la voluntad de Dios y entrar en posesión de la
promesa.

37 *Porque todavía falta un poco, muy poco tiempo,*
y el que debe venir vendrá sin tardar.
38 *El justo vivirá por la fe,*
pero si se vuelve atrás, dejaré de amarlo.

39 Nosotros no somos de *los que se vuel-*
ven atrás para su perdición, sino que vivimos en la fe para preservar nuestra alma.

El valor de la fe

1 Cor 13 12; 2 Cor 5 7; Gn 1 1ss; Sal 33 6.9; 2 Pe 3 5

11 1 Ahora bien, la fe es la garantía de los
bienes que se esperan, la plena certeza de las realidades que no se ven. 2 Por ella
nuestros antepasados fueron considerados
dignos de aprobación.

LA FE ES LA GARANTÍA DE LOS BIENES QUE SE ESPERAN.

Heb 11 1

3 Por la fe, comprendemos que la Palabra de Dios formó el mundo, de manera
que lo visible proviene de lo invisible.

La fe de los antiguos patriarcas

Gn 4 4-10; 5 18-24; Eclo 44 16; 49 14; Gn 6 13-22; 7 1

4 Por la fe, Abel ofreció a Dios un sacrificio superior al de Caín, y por eso fue reconocido como justo, y así lo atestiguó el
mismo *Dios* al aceptar *sus dones*. Y por esa
misma fe, él continúa hablando, aún después de su muerte.
5 Por la fe, Henoc fue llevado al cielo sin
pasar por la muerte. *Nadie pudo encontrarlo*
porque Dios se lo llevó, y de él atestigua la Escritura que antes de ser llevado *fue agrada-*
ble a Dios. 6 Ahora bien, sin la fe es imposible agradar a Dios, porque aquel que se
acerca a Dios debe creer que él existe y es el
justo remunerador de los que lo buscan.
7 Por la fe, Noé, al ser advertido por Dios
acerca de lo que aún no se veía, animado
de santo temor, construyó un arca para salvar a su familia. Así, por esa misma fe, condenó al mundo y heredó la justicia que
viene de la fe.

La fe de Abraham

Gn 12 1-4; 23 4; 26 3; 35 12; Heb 11 16;
Ap 21 1.10-27; Gn 17 19; 18 11-14; 13 16; 32 13;
Dt 1 10; Gn 22 17; Eclo 44 21; Gn 22 1-14

8 Por la fe, Abraham, obedeciendo al llamado de Dios, *partió* hacia el lugar que iba
a recibir en herencia, sin saber adónde iba.
9 Por la fe, *vivió como extranjero* en la Tierra
prometida, habitando en tiendas, lo mismo que Isaac y Jacob, herederos con él de
la misma promesa. 10 Porque Abraham esperaba aquella ciudad de sólidos cimientos, cuyo arquitecto y constructor es Dios.
11 También la estéril Sara, por la fe, recibió
el poder de concebir, a pesar de su edad
avanzada, porque juzgó digno de fe al que
se lo prometía. 12 Y por eso, de un solo
hombre, y de un hombre ya cercano a la
muerte, nació una descendencia *numerosa*
como las estrellas del cielo e incontable como la
arena que está a la orilla del mar.
13 Todos ellos murieron en la fe, sin alcanzar el cumplimiento de las promesas:
las vieron y las saludaron de lejos, reconociendo *que eran extranjeros y peregrinos en la*
tierra. 14 Los que hablan así demuestran claramente que buscan una patria; 15 y si hubieran pensado en aquella de la que habían
salido, habrían tenido oportunidad de regresar. 16 Pero aspiraban a una patria mejor,
nada menos que la celestial. Por eso, Dios
no se avergüenza de llamarse «su Dios» y,
de hecho, les ha preparado una Ciudad.
17 Por la fe, Abraham, cuando fue *puesto*
a prueba, presentó a Isaac como ofrenda: él
ofrecía a su *hijo único*, al heredero de las
promesas, 18 a aquel de quien se había
anunciado: *De Isaac nacerá la descendencia*
que llevará tu nombre. 19 Y lo ofreció, porque
pensaba que Dios tenía poder, aun para resucitar a los muertos. Por eso recuperó a su
hijo, y esto fue como un símbolo.

La fe de Isaac, de Jacob y de José

Gn 27 27-29.39-40; Gn 48 15-20; 50 24-25; Ex 13 19

20 También por la fe, Isaac, en vista de lo
que iba a suceder, bendijo a Jacob y a Esaú.
21 Y por la fe, Jacob, antes de morir, bendijo a
cada uno de los hijos de José, mientras *se in-*
clinaba, apoyado en su bastón. 22 Por la fe, José,
al fin de su vida, hizo alusión al éxodo de los
israelitas y dejó instrucciones acerca de sus
restos.

La fe de Moisés

Ex 2 2.11-12.15; Hch 7 20.23; Sal 89 51-52;
Ex 12 12-13.21-30

23 Por la fe, Moisés, apenas nacido, *fue*
ocultado por sus padres durante tres meses,

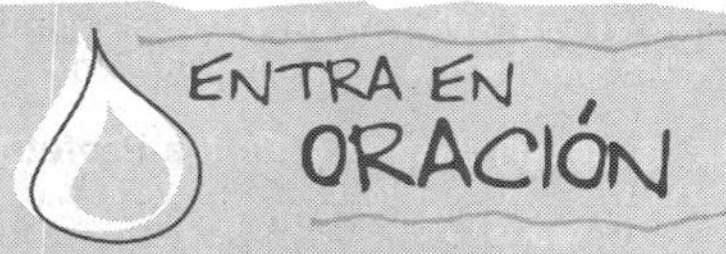

Jesús, ¡aumenta mi confianza en ti!

Confiar es vital para el ser humano. Confiar en nuestros padres es la base de un crecimiento sano. Solo podemos mantener una amistad o un matrimonio si existe confianza mutua, y solo podemos tranquilizar las angustias e inquietudes al confiar en Dios. La confianza es el *Alfa* y *Omega*, el principio y el fin de las relaciones humanas y de nuestra relación con Dios.

Jesús, confío en tu amor, pero quiero confiar aún más en él. Si tuviera más presente que eres el mismo Dios que te entregaste por mí, ¡cómo aumentaría mi confianza en ti!

Sal a mi encuentro cuando veas que mi confianza en ti se resquebraja.

Envía tu Espíritu para que mantenga mi unión contigo. Enséñame a escuchar sus inspiraciones y su guía, y a responder, como tú y como María, «amén», «así sea», «hágase en mí tu voluntad», porque tengo la seguridad de que haciéndola alcanzaré la gloria eterna contigo.

Heb 11

porque vieron que el niño era *hermoso,* y no temieron el edicto del rey. 24 Y por la fe, *Moisés, siendo ya grande,* renunció a ser llamado hijo de la hija del Faraón. 25 Él prefirió compartir los sufrimientos del Pueblo de Dios, antes que gozar los placeres efímeros del pecado: 26 consideraba que compartir *el oprobio del Mesías* era una riqueza superior a los tesoros de Egipto, porque tenía puestos los ojos en la verdadera recompensa. 27 Por la fe, Moisés huyó de Egipto, sin temer la furia del rey, y se mantuvo firme como si estuviera viendo al Invisible. 28 Por la fe, celebró la primera *Pascua* e hizo la primera aspersión de *sangre,* a fin de que el *Exterminador* no dañara a los primogénitos de Israel.

La fe de los israelitas

Ex 14 15-30; Jos 6 1-20; 2 1-13; 6 21-24

29 Por la fe, los israelitas cruzaron el mar Rojo como si anduvieran por tierra firme, mientras los egipcios, que intentaron hacer lo mismo, fueron tragados por las olas. 30 Por la fe, cayeron los muros de Jericó, después que el pueblo, durante siete días, dio vueltas alrededor de ellos. 31 Por la fe, Rahab, la prostituta, no pereció con los incrédulos, ya que había recibido amistosamente a los que fueron a explorar la Tierra.

La fe de los Jueces y de los Profetas

Dn 3 23-25; 6 23; 1 Re 17 17-24; 2 Re 4 25-37; 2 Mac 6 18-31; 7 1-42; 1 Pe 1 10-12

32 ¿Y qué más puedo decir? Me faltaría tiempo para hablar de Gedeón, de Barac, de Sansón, de Jefté, de David, de Samuel y de los Profetas. 33 Ellos, gracias a la fe, conquistaron reinos, administraron justicia, alcanzaron el cumplimiento de las promesas, cerraron las fauces de los leones, 34 extinguieron la violencia del fuego, escaparon del filo de la espada. Su debilidad se convirtió en vigor: fueron fuertes en la lucha y rechazaron los ataques de los extranjeros. 35 Hubo mujeres que recobraron con vida a sus muertos. Unos se dejaron torturar, renunciando a ser liberados, para obtener una mejor resurrección. 36 Otros sufrieron injurias y golpes, cadenas y cárceles. 37 Fueron apedreados, despedazados, muertos por la espada. *Anduvieron errantes, cubiertos con pieles* de ovejas y de cabras, desprovistos de todo, oprimidos y maltratados. 38 Ya que el mundo no era digno de ellos, tuvieron que vagar por desiertos y montañas, refugiándose en cuevas y cavernas. 39 Pero, aunque su fe los hizo merecedores de un testimonio tan valioso, ninguno de ellos entró en posesión de la promesa. 40 Porque Dios nos tenía reservado algo mejor, y no quiso que ellos llegaran a la perfección sin nosotros.

El ejemplo de Cristo

1 Cor 9 24-27; Sal 110 1; Gal 6 9

12 1 Por lo tanto, ya que estamos rodeados de una verdadera nube de testigos, despojémonos de todo lo que nos estorba, en especial del pecado, que siempre nos asedia, y corramos resueltamente al combate que se nos presenta. 2 Fijemos la

Testigos de la fe en América

La fe y la confianza no se enseñan; se viven y se da testimonio de ellas. El escrito a los Hebreos dice que estamos rodeados de tal nube de testigos (Heb 12 1). Recibe el testimonio de algunos católicos en América:

- **Narcisa de Jesús Martillo Morán** (1832-1869): joven campesina de Ecuador que emigró a la ciudad para trabajar como costurera y llevó la luz de Jesús a niños, jóvenes refugiadas y enfermos. ¿Cómo das testimonio de Dios en tus labores cotidianas?
- **Arzobispo Vital Grandin** (1829-1902): misionero entre los pueblos nativos y los colonos en las praderas de Canadá, que luchó por la justicia en el comercio de las pieles y se ganó el título del «arzobispo indio». ¿Cómo integras tu misión profética con la búsqueda del bien común?
- **Alberto Hurtado Cruchaga** (1901-1952): jesuita chileno que fundó el Hogar de Cristo para niños abandonados, pidiendo ayuda económica a personas acomodadas, por lo que el parlamento chileno celebra el «Día de la Solidaridad» cada aniversario de su muerte. ¿Cómo promueves tú la solidaridad cristiana?
- **Concepción Cabrera de Armida** (1862-1937): madre de familia mexicana que tuvo gran intimidad con Dios, ofreció su vida entera por la salvación de la humanidad y motivó la fundación de varios apostolados laicos y congregaciones religiosas. ¿Cómo vives tu sacerdocio bautismal?[3]

Heb 12

mirada en el iniciador y consumador de nuestra fe, en Jesús, el cual, en lugar del gozo que se le ofrecía, soportó la cruz sin tener en cuenta la infamia, y ahora *está sentado a la derecha* del trono de Dios. 3 Piensen en aquel que sufrió semejante hostilidad por parte de los pecadores, y así no se dejarán abatir por el desaliento. 4 Después de todo, en la lucha contra el pecado, ustedes no han resistido todavía hasta derramar su sangre.

La educación paternal de Dios

Prov 3 11-12; Dt 8 5; Job 33 19-20; Is 35 3; Prov 4 26

5 Ustedes se han olvidado de la exhortación que Dios les dirige como a hijos suyos:

Hijo mío, no desprecies la corrección del Señor,
y cuando te reprenda, no te desalientes.
6 *Porque el Señor corrige al que ama*
y castiga a todo aquel que recibe por hijo.

7 Si ustedes tienen que sufrir es para su corrección; porque Dios los trata como a hijos, y ¿hay algún hijo que no sea corregido por su padre? 8 Si Dios no los corrigiera, como lo hace con todos, ustedes serían bastardos y no hijos. 9 Después de todo, nuestros padres carnales nos corregían, y no por eso dejábamos de respetarlos. Con mayor razón, entonces, debemos someternos al Padre de nuestro espíritu, para poseer la Vida. 10 Porque nuestros padres solo nos corrigen por un breve tiempo y de acuerdo con su criterio. Dios, en cambio, nos corrige para nuestro bien, a fin de comunicarnos su santidad. 11 Es verdad que toda corrección, en el momento de recibirla, es motivo de tristeza y no de alegría; pero más tarde produce frutos de paz y de justicia en los que han sido adiestrados por ella. 12 Por eso, *que recobren su vigor las manos que desfallecen y las rodillas que flaquean.* 13 *Y ustedes, avancen por un camino llano,* para que el rengo no caiga, sino que se cure.

Castigo a la infidelidad

Sal 34 15; Dt 29 17; Gn 25 33-34; 27 30-40

14 *Busquen la paz* con todos y la santificación, porque sin ella nadie verá al Señor. 15 Estén atentos para que nadie sea privado de la gracia de Dios, y para que *no brote ninguna raíz venenosa* capaz de perturbar y contaminar a la comunidad. 16 Que no haya ningún impúdico ni profanador, como Esaú, que *vendió su derecho a la primogenitura* por un plato de comida. 17 Recuerden que después, cuando quiso heredar la bendición de su padre, fue rechazado, y por más que la imploró con lágrimas, no pudo obtener un cambio de decisión.

Las dos Alianzas

Gal 4 24-26; Ex 19 16-21; 20 18-21; Dt 4 11-12; Ex 19 12-13; Dt 9 19; Ap 5 11; 21 2; Ag 2 6; Sal 96 9-11; Dt 4 24; Is 33 14

18 Ustedes, en efecto, no se han acercado a algo tangible: *fuego ardiente, oscuridad, tinieblas, tempestad,* 19 *sonido de trompeta, y un estruendo tal de palabras,* que aquellos que lo escuchaban no quisieron que se les siguiera hablando. 20 Porque no podían soportar esta norma: *Cualquiera que toque la montaña será apedreado, incluso los animales.* 21 Este espectáculo era tan terrible, que Moisés exclamó: *Estoy aterrado y tiemblo.* 22 Ustedes, en cambio,

REFLEXIONA

La Palabra de Dios es espada de doble filo

La segunda mitad del capítulo 12 de Hebreos tiene varias advertencias severas. La Palabra de Dios te ayuda a vivir, pero si la rechazas o la descuidas, tu vida se puede llenar de amargura, lucha entre hermanos, relaciones humanas envenenadas..., pues «la Palabra de Dios es viva y eficaz, y más cortante que cualquier espada de doble filo: ella penetra hasta la raíz del alma y del espíritu, de las articulaciones y de la médula, y discierne los pensamientos y las intenciones del corazón» (Heb 4 12). ¡Estas son palabras mayores!

La Palabra de Dios separa la paz de la guerra, el amor del odio, la avaricia y el egoísmo de la generosidad, la alegría fingida del gozo profundo... Es una palabra que pone nuestra vida entera en la perspectiva de Dios y nos enfrenta con la verdad; no permite pretextos, excusas ni racionalizaciones..., nos dice quiénes somos y pone en evidencia nuestras verdaderas intenciones. No nos deja escondernos detrás de mentiras y salidas por la tangente; nos desnuda, nos confronta con lo que realmente somos a los ojos de Dios.

¿Qué tanto dejas que la Palabra de Dios separe de ti todo mal y te haga auténtico/a testigo suya y profeta de esperanza? ¿En qué aspectos te cuestiona o inquieta la Palabra de Dios? ¿Cómo te ayuda a conocerte mejor?

Ten siempre una actitud de escucha frente a la Palabra de Dios. El mismo grado de autenticidad que tengas frente a Dios, tendrás frente a tu ser y frente a los demás.

Heb 12 14-29

se han acercado a la montaña de Sion, a la Ciudad del Dios viviente, a la Jerusalén celestial, a una multitud de ángeles, a una fiesta solemne, 23 a la asamblea de los primogénitos cuyos nombres están escritos en el cielo. Se han acercado a Dios, que es el Juez del universo, y a los espíritus de los justos que ya han llegado a la perfección, 24 a Jesús, el mediador de la Nueva Alianza, y a la sangre purificadora que habla más elocuentemente que la de Abel. 25 Tengan cuidado de no desoír al que habla. Porque si los que rehusaron escuchar al que promulgaba oráculos en la tierra, no pudieron escapar al castigo, ¿cómo podremos escapar nosotros si volvemos las espaldas al que habla desde el cielo? 26 Aquel que en esa ocasión hizo temblar la tierra con su voz, ahora nos ha hecho esta promesa: *Una vez más haré temblar no solo la tierra, sino también el cielo.* 27 Estas palabras *una vez más* quieren decir que las cosas que se conmueven van a cambiar —porque son creadas— para que permanezcan las que son inconmovibles. 28 Así, habiendo recibido la posesión de un Reino inconmovible, aferrémonos a esta gracia, y con piedad y temor, tributemos a Dios un culto que le sea agradable, 29 porque nuestro *Dios* es un *fuego devorador*.

EXHORTACIÓN FINAL

Las relaciones con el prójimo

Jn 13 34; 1 Jn 3 10-18; 1 Tes 4 9;
Gn 18 1-8; Dt 31 6; Sal 118 6

13 1 Perseveren en el amor fraternal. 2 No se olviden de practicar la hospitalidad, ya que gracias a ella algunos, sin saberlo, hospedaron a los ángeles. 3 Acuérdense de los que están presos, como si ustedes lo estuvieran con ellos, y de los que son maltratados, como si ustedes estuvieran en su mismo cuerpo. 4 Respeten el matrimonio y no deshonren el lecho conyugal, porque Dios condenará a los lujuriosos y a los adúlteros. 5 No se dejen llevar de la avaricia, y conténtense con lo que tienen, porque el mismo Dios ha dicho: *No te dejaré ni te abandonaré.* 6 De manera que podemos decir con plena confianza: *El Señor es mi protector: no temeré. ¿Qué podrán hacerme los hombres?* 7 Acuérdense de quienes los dirigían, porque ellos les anunciaron la Palabra de Dios: consideren cómo terminó su vida e imiten su fe.

La identificación con Cristo

Rom 14 14-17; 1 Cor 8 8; Lv 16 27; Jn 19 17.20;
Sal 50 14.23; Os 14 3; Rom 15 30

8 Jesucristo es el mismo ayer y hoy, y lo será para siempre. 9 No se dejen extraviar por cualquier clase de doctrinas extrañas. Lo mejor es fortalecer el corazón con la gracia, no con alimentos que de nada aprovechan a quienes los comen. 10 Nosotros tenemos un altar del que no tienen derecho a comer los ministros de la Antigua Alianza. 11 Los animales sacrificados, *cuya sangre es llevada al Santuario* por el Sumo Sacerdote *para la expiación del pecado, son quemados fuera del campamento.* 12 Por eso Jesús, para santificar al pueblo con su sangre, padeció fuera de las puertas de la ciudad. 13 Salgamos nosotros también *del campamento,* para ir hacia él, cargando su deshonra. 14 Porque no tenemos aquí abajo una ciudad permanente, sino que buscamos la futura. 15 Y por medio de él, *ofrezcamos sin cesar a Dios un sacrificio de alabanza, es decir, el fruto de los labios* que confiesan su Nombre. 16 Hagan siempre el bien y compartan lo que poseen, porque esos son sacrificios agradables a Dios.

La fidelidad a los pastores

Heb 13 7; 1 Tes 5 12

17 Obedezcan con docilidad a quienes los dirigen, porque ellos se desvelan por ustedes, como quien tiene que dar cuenta. Así ellos podrán cumplir su deber con alegría y no penosamente, lo cual no les reportaría a ustedes ningún provecho. 18 Rueguen por nosotros. En realidad, estamos convencidos de tener buena conciencia, ya que nuestra intención es proceder correctamente en todo. 19 Además, les pido insistentemente que oren, para que yo pueda encontrarme con ustedes lo antes posible.

Despedida

Is 55 3; 63 11; Ez 37 26; Zac 9 11; Hch 16 1

20 Que el Dios de la paz —*el mismo que resucitó* de entre los muertos a nuestro Señor Jesús, el gran *Pastor de las ovejas, por la sangre de una Alianza eterna*— 21 los capacite para cumplir su voluntad, practicando toda clase de bien. Que él haga en nosotros lo que es agradable a sus ojos, por Jesucristo, a quien sea la gloria por los siglos de los siglos. Amén.

22 Les ruego, hermanos, que acepten con paciencia estas palabras de exhortación, teniendo en cuenta que les he escrito brevemente. 23 Sepan que nuestro hermano Timoteo ha sido puesto en libertad; si llega a tiempo, iré a verlos con él. 24 Saluden a todos sus dirigentes y a todos los hermanos. Los hermanos de Italia les envían saludos. 25 Que la gracia permanezca con todos ustedes.

Nacemos para dos fines: ser libres y amar. Los sueños de cada joven son encontrar el amor de su vida y ser libre, sobre todo de las exigencias paternas y maternas. ¡Qué felicidad cuando alguien nos dice: «te quiero»! ¡Parece que se abre el cielo! ¡Qué contentos estamos cuando por primera vez nos prestan las llaves del carro! Ya no nos llevan a ninguna parte; nosotros decidimos a dónde vamos y a qué velocidad; ¡nos sentimos libres! La carta de Santiago nos recuerda que Dios nos dio la libertad para hacer el bien, y que el amor debe demostrar con hechos que amamos y nos sentimos amados.**

CARTA DE SANTIAGO

ESQUEMA

- **1 1.** Saludo
- **1 2-27.** La alegría en medio de la prueba
- **2 1-13.** La fe frente a la discriminación
- **2 14-26.** La fe sin obras está muerta
- **3 1-18.** El control de la lengua y la auténtica sabiduría
- **4 1-10.** La humildad frente a la ambición
- **4 11 – 5 19.** Diversas advertencias y exhortaciones

PRESENTACIÓN

Es un poco difícil definir el género literario de Santiago. Empieza como una carta de su tiempo, pero carece del cierre tradicional. Se parece al libro de la Sabiduría por sus consejos prácticos y sabios sobre cómo se debe vivir, y es similar a los escritos de los profetas por el énfasis en que la fe y la vida van juntas, pues la fe engendra un estilo de vida en el que la persona se abre a Dios y al prójimo.

Estas semejanzas con el Antiguo Testamento han llevado a los expertos bíblicos a pensar que el autor fue judeocristiano, educado, que escribió en griego culto. Posiblemente vivió en Jerusalén y fue admirador de Santiago, importante líder en los inicios de la Iglesia en Jerusalén.

La carta trata varios temas sobre la vida cristiana. Advierte que los ricos no deben discriminar a los pobres. Insiste en que las acciones de los cristianos reflejen sus creencias. Previene contra la palabra irresponsable y contra la lengua descontrolada. Anima a los creyentes a soportar el sufrimiento con paciencia.

Santiago también se ocupa de un malentendido sobre la enseñanza de Pablo. Insiste en que obtenemos la salvación por la fe y no por el cumplimiento de la Ley, y en que «la fe: si no va acompañada de las obras, está completamente muerta» (Sant 2 17). Después, pone a Abraham y a Rajab como ejemplo; demuestra que la salvación se obtiene por las obras y no solo por la fe (v. 24) (ver «La fe *versus* las obras buenas», Ef 2 1-10).

Si dices que amas a Jesús, no puedes obrar en contra del amor. ¡Esto es hipocresía pura! Así que nuestra libertad implica también responsabilidad. ¡Sé libre, pero responsable! ¡Ama con toda tu fuerza, pero en forma verdadera! Este es el mensaje de Santiago.

DATOS

Autor
Posiblemente Santiago, el *pariente de* Jesús. Pero más probable un discípulo de Santiago

Fecha de redacción
Entre los años 57-67 d.C., si fue escrita por Santiago. Entre los años 70-100 d.C., si fue escrita por un discípulo de Santiago

Destinatarios
Judeocristianos en Palestina o en Roma

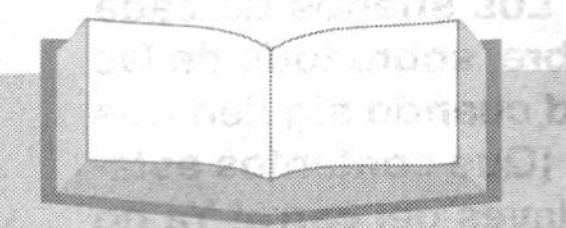

SANTIAGO

Saludo inicial

1 1 Santiago, servidor de Dios y del Señor Jesucristo, saluda a las doce tribus de la Dispersión.

La actitud frente a las pruebas

Rom 5 3-5; 1 Pe 1 6-7; Sant 1 17.25; Mt 5 48; 19 21;
Prov 2 3-6; Rom 12 8; Col 3 22; Mt 7 7; Mc 11 24;
Sal 102 5.12; Is 40 6-8; Mt 5 3; Lc 6 20; 1 Cor 9 25

2 Hermanos, alégrense profundamente
cuando se vean sometidos a cualquier clase
de pruebas, 3 sabiendo que la fe, al ser probada, produce la paciencia. 4 Y la paciencia
debe ir acompañada de obras perfectas, a
fin de que ustedes lleguen a la perfección y
a la madurez, sin que les falte nada.
5 Si a alguno de ustedes le falta sabidu-
ría, que la pida a Dios, y la recibirá, porque
él la da a todos generosamente, sin exigir
nada en cambio. 6 Pero que pida con fe, sin
vacilar, porque el que vacila se parece a las
olas del mar levantadas y agitadas por el
viento. 7 El que es así no espere recibir nada del Señor, 8 ya que es un hombre interiormente dividido e inconstante en su
manera de proceder.
9 Que el hermano de condición humilde
se gloríe cuando es exaltado, 10 y el rico se alegre cuando es humillado, porque pasará como una *flor del campo*: 11 apenas sale el sol y
calienta con fuerza, *la hierba se seca, su flor se
marchita* y desaparece su hermosura. Lo mismo sucederá con el rico en sus empresas.
12 *Feliz* el hombre *que soporta* la prueba,
porque después de haberla superado, recibirá la corona de Vida que el Señor prometió a los que lo aman.

La tentación

Eclo 15 11-20; Rom 7 5-10;
1 Jn 2 16-17; Sant 5 15-16.20

13 Nadie, al ser tentado, diga que Dios lo
tienta: Dios no puede ser tentado por el
mal, ni tienta a nadie, 14 sino que cada uno
es tentado por sus malos deseos, que lo
atraen y lo seducen. 15 De ellos nace el pecado, y este, una vez cometido, engendra la
muerte.

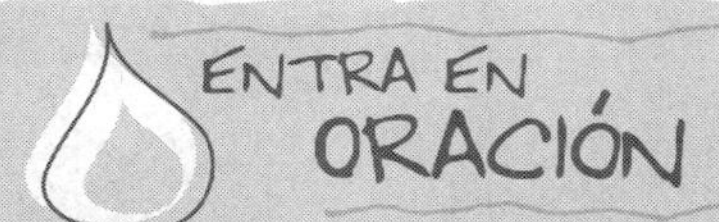

Todo don viene de arriba

Lee Santiago 1 2-11. La primera frase, después del saludo, nos hace fruncir las cejas y menear la cabeza, pues solo habla así alguien sin sentido común o quien tiene una fe firme de la acción de Dios en su vida. ¡Nada le puede perturbar!

La fe del autor es sólida como una roca. Ha experimentado en carne propia que Dios es de fiar, que Dios no tienta ni pone a prueba, sino que concede cuando le pedimos los dones que necesitamos: paciencia, sabiduría, perfección, integridad, libertad..., todo aquello que da dignidad al pobre y pone al rico en sus límites.

Señor, Dios Padre,

Te necesitamos; nos urge tu bondad y tu amor. ¿Qué podemos esperar de nosotros mismos? Todo lo que somos y tenemos viene de ti.

Derrama tu vida sobre nosotros, báñanos en tu luz y acógenos con piedad. Revélanos a tu Hijo Jesús, que nos manifiesta de manera perfecta tu misericordia y tu perdón, tu amor y tu fidelidad.

Te lo pedimos para hoy y para siempre. Amén.

Sant 1 2-17

Dios, fuente de todo bien

Mt 7 11; Sant 1 27; 3 9; 1 Jn 1 5; Jn 1 13; 1 Pe 1 23-25

[16]No se engañen, queridos hermanos. [17]Todo lo que es bueno y perfecto es un don de lo alto y desciende del Padre de los astros luminosos, en quien no hay cambio ni sombra de declinación. [18]Él ha querido engendrarnos por su Palabra de verdad, para que seamos como las primicias de su creación.

Necesidad de practicar la Palabra de Dios

Eclo 5 11; Ecl 7 9; Ef 4 22.25; Col 3 8; Mt 7 24; Rom 2 12; Gal 6 2; Jn 13 17

[19]Tengan bien presente, hermanos muy queridos, que debemos estar *dispuestos a escuchar y ser lentos* para hablar y para enojarnos. [20]La ira del hombre nunca realiza la justicia de Dios. [21]Dejen de lado, entonces, toda impureza y todo resto de maldad, y reciban con docilidad la Palabra sembrada en ustedes, que es capaz de salvarlos. [22]Pongan en práctica la Palabra y no se contenten solo con oírla, de manera que se engañen a ustedes mismos. [23]El que oye la Palabra y no la practica, se parece a un hombre que se mira en el espejo, [24]pero enseguida se va y se olvida de cómo es. [25]En cambio, el que considera atentamente la Ley perfecta, que nos hace libres, y se aficiona a ella, no como un oyente distraído, sino como un verdadero cumplidor de la Ley, será feliz al practicarla.

La verdadera religiosidad

Sal 34 14; 39 2; 141 3; Is 1 11-17.23; Jr 5 28; Ez 22 7; Zac 7 10; Sant 4 4

[26]Si alguien cree que es un hombre religioso, pero no domina su lengua, se engaña a sí mismo y su religiosidad es vacía. [27]La religiosidad pura y sin mancha delante de Dios, nuestro Padre, consiste en ocuparse de los huérfanos y de las viudas cuando están necesitados, y en no contaminarse con el mundo.

Contra la acepción de personas

Job 34 19; Hch 10 34

2 [1]Hermanos, ustedes que creen en nuestro Señor Jesucristo glorificado, no hagan acepción de personas. [2]Supongamos que cuando están reunidos, entra un hombre con un anillo de oro y vestido elegantemente, y al mismo tiempo entra otro pobremente vestido. [3]Si ustedes se fijan en el que está muy bien vestido y le dicen: «Siéntate aquí, en el lugar de honor», y al pobre le dicen: «Quédate allí, de pie», o bien: «Siéntate a mis pies», [4]¿no están haciendo acaso distinciones entre ustedes y actuando como jueces malintencionados?

La dignidad de los pobres

1 Cor 1 26-28; Mt 25 34; 1 Cor 6 9-10; Gal 5 21; Hch 2 38; 10 48

[5]Escuchen, hermanos muy queridos: ¿Acaso Dios no ha elegido a los pobres de este mundo para enriquecerlos en la fe y hacerlos herederos del Reino que ha prometido a los que lo aman? [6]Y sin embargo, ¡ustedes desprecian al pobre! ¿No son acaso los ricos los que los oprimen a ustedes y los hacen comparecer ante los tribunales? [7]¿No son ellos los que blasfeman contra el Nombre tan hermoso que ha sido pronunciado sobre ustedes?

VIVE LA PALABRA

¡Nada de favoritismos!

Una vez más Santiago es breve y determinante: no es posible creer en Cristo y discriminar a otras personas. ¡Punto! Es un asunto donde no se permite discusión.

Para Jesús, todos somos hijos de su *Abba* (Padre), lo cual nos hace hermanos. Jesús hablaba con los fariseos que se consideraban favoritos de Dios y con los pecadores que estaban marginados y sin acceso a Dios. A todos los invita a que permitan que Dios reine y sea el *Abba* de todos. Santiago hace hincapié de nuevo en esta posición de Jesús.

Lee Santiago 2 1-13 y observa cómo el autor no deja lugar a dudas sobre dónde está Dios en la cuestión del favoritismo y la parcialidad. Para nivelar la situación, opta por comenzar amando a los pobres y marginados. Por eso la Iglesia promueve la «opción preferencial por los pobres», para que sus recursos, su tiempo y su atención estén primero en favor de ellos.

En nuestro mundo actual la gran brecha entre ricos y pobres grita al cielo en muchos países y a nivel mundial. Dios pone en nuestras manos comunicar y hacer vida la respuesta de Dios a la injusticia social: solo centrándonos en el bien común, optando por una vida sencilla y compartiendo lo que tenemos, seremos auténticos discípulos de Jesús.

Sant 2 1-13

El cumplimiento de la Ley

Sant 1 25; 4 11; Lv 19 18; Dt 1 17; Mt 5 19; Dt 27 26; Ex 20 14; Dt 5 18; Ex 20 13; Dt 5 17; Sant 5 9; 1 25

8 Por lo tanto, si ustedes cumplen la Ley
por excelencia que está en la Escritura: *Amarás a tu prójimo como a ti mismo*, proceden
bien. 9 Pero si hacen acepción de personas,
cometen un pecado y son condenados por
la Ley como transgresores. 10 En efecto, aunque uno cumpla toda la Ley, si peca contra
un solo precepto, quebranta toda la Ley.
11 Porque el que ha dicho: *No cometerás adulterio*, dijo también: *No matarás*. Por lo tanto,
si evitas el adulterio, pero cometes un homicidio, te haces transgresor de la Ley. 12 Hablen y actúen como quienes deben ser juzgados por una Ley que nos hace libres.
13 Porque el que no tiene misericordia será
juzgado sin misericordia, pero la misericordia triunfa sobre el juicio.

La fe y las obras

Gal 5 6; 1 Cor 13 3; Mt 7 21; 25 41-45; Gn 22 9; 15 6; Rom 4 3; Is 41 8; Jos 2 1s; Heb 11 31

14 ¿De qué le sirve a uno, hermanos míos,
decir que tiene fe, si no tiene obras? ¿Acaso
esa fe puede salvarlo? 15 ¿De qué sirve si uno
de ustedes, al ver a un hermano o una hermana desnudos o sin el alimento necesario, 16 les dice: «Vayan en paz, caliéntense y
coman», y no les da lo que necesitan para
su cuerpo? 17 Lo mismo pasa con la fe: si no
va acompañada de las obras, está completamente muerta.

LA FE: SI NO VA ACOMPAÑADA DE LAS OBRAS, ESTÁ COMPLETAMENTE MUERTA.

Sant 2 17

18 Sin embargo, alguien puede objetar:
«Uno tiene la fe y otro, las obras». A ese habría que responderle: «Muéstrame, si puedes, tu fe sin las obras. Yo, en cambio, por
medio de las obras, te demostraré mi fe».
19 ¿Tú crees que hay un solo Dios? Haces
bien. Los demonios también creen, y sin
embargo, tiemblan. 20 ¿Quieres convencer-
te, hombre insensato, de que la fe sin obras
es estéril? 21 ¿Acaso nuestro padre Abraham
no fue justificado por las obras, cuando
ofreció *a su hijo Isaac sobre el altar*? 22 ¿Ves
cómo la fe no estaba separada de las obras,
y por las obras alcanzó su perfección? 23 Así
se cumplió la Escritura que dice: *Abraham
creyó en Dios y esto le fue tenido en cuenta para su justificación, y fue llamado amigo de
Dios*.
24 Como ven, el hombre no es justificado
solo por la fe, sino también por las obras.
25 ¿Acaso Rahab, la prostituta, no fue justificada por las obras, cuando recibió a los
mensajeros y les hizo tomar otro camino?

VIVE LA PALABRA

El poder de la lengua

Aunque la lengua es pequeña, tiene un gran poder. Puede animar, bendecir y construir, o deprimir, engañar y destruir. La lengua es ambivalente y actúa sin pensar. Necesita ser guiada por la inteligencia y el control. Junto con la boca, es el altoparlante que comunica lo que queremos.

Nuestra lengua es imprescindible, pero peligrosa. ¡Ojalá siempre habláramos «sin pelos en la lengua», de manera clara y directa, con honestidad y sinceridad, movidos por el amor como lo hizo Jesús! Sin embargo, a todos «se nos ha ido la lengua», hemos dicho lo que no debíamos y al instante nos hemos arrepentido. También hemos sido «largos de lengua» y hablado de Dios, sin reverencia, y de nuestro prójimo, sin respeto.

Santiago insiste en que la lengua necesita control para no ser instrumento del mal. Sin control, puede calumniar y humillar, denigrar y matar la buena reputación, herir como espada y aplastar como tanque.

Ante esto, vale la pena que te preguntes:

- ¿Sé cuándo tengo que hablar y cuándo debo callar?
- Cuando digo una verdad difícil a alguien, ¿la digo con amor?
- Cuando hablo, ¿lo hago para atacar o comunicar; burlar o animar; acusar o reconciliar?
- ¿Uso la lengua para avergonzar, herir o menospreciar a otros?
- ¿Con qué frecuencia uso la lengua para el bien propio y de los demás?

Sant 3 1-12

26 De la misma manera que un cuerpo sin alma está muerto, así está muerta la fe sin las
obras.

Los pecados de la lengua

1 Cor 12 28-29; Prov 10 19; 18 21; Eclo 5 9-15; 28 13-26; Dn 7 8.20; Prov 16 27; 26 18-21; Sal 140 4; Gn 1 27; Ef 4 29

3 1 Hermanos, que no haya muchos entre ustedes que pretendan ser maestros, sabiendo que los que enseñamos seremos juzgados más severamente, 2 porque
todos faltamos de muchas maneras.

Si alguien no falta con palabras es un
hombre perfecto, porque es capaz de dominar toda su pesona. 3 Cuando ponemos
un freno en la boca de los caballos para
que nos obedezcan, dominamos todo su
cuerpo. 4 Lo mismo sucede con los barcos:
por grandes que sean y a pesar de la violencia de los vientos, mediante un pequeño timón, son dirigidos adonde quiere el
piloto. 5 De la misma manera, la lengua es
un miembro pequeño, y sin embargo, puede jactarse de hacer grandes cosas. Miren
cómo una pequeña llama basta para incendiar un gran bosque. 6 También la lengua es
un fuego: es un mundo de maldad puesto
en nuestros miembros, que contamina todo el cuerpo, y encendida por el mismo infierno, hace arder todo el ciclo de la vida
humana. 7 Animales salvajes y pájaros, reptiles y peces de toda clase, han sido y son
dominados por el hombre. 8 Por el contrario, nadie puede dominar la lengua, que es
un flagelo siempre activo y lleno de veneno
mortal. 9 Con ella bendecimos al Señor,
nuestro Padre, y con ella maldecimos a los
hombres, hechos a imagen de Dios. 10 De la
misma boca salen la bendición y la maldición. Pero no debe ser así, hermanos. 11 ¿Acaso brota el agua dulce y la amarga de una
misma fuente? 12 ¿Acaso, hermanos, una higuera puede producir aceitunas, o higos una
vid? Tampoco el mar puede producir agua
dulce.

La verdadera y la falsa sabiduría

Sant 1 5.17; Gal 5 16-26; Rom 8 5-13; 1 Cor 1 20-29

13 ¿Hay entre ustedes alguien sabio y prudente? Demuestre con su buena conducta
que sus actos tienen la sencillez propia de
la sabiduría. 14 Pero si ustedes están dominados por la rivalidad y por el espíritu de
discordia, no se vanaglorien ni falten a la
verdad. 15 Semejante sabiduría no desciende
de lo alto sino que es terrena, sensual y de-
moníaca. 16 Porque donde hay rivalidad y
discordia, hay también desorden y toda clase de maldad. 17 En cambio, la sabiduría

SANT

que viene de lo alto es, ante todo, pura; y
además, pacífica, benévola y conciliadora;
está llena de misericordia y dispuesta a hacer el bien; es imparcial y sincera. 18 Un fruto de justicia se siembra pacíficamente para
los que trabajan por la paz.

Exhortación a eliminar las discordias

Rom 1 28-32; 1 Pe 5 5-9; 1 Tim 6 3-10; Mt 7 7-11;
1 Jn 2 15-17; Ex 20 5; Prov 3 34

4 1 ¿De dónde provienen las luchas y
las querellas que hay entre ustedes?
¿No es precisamente de las pasiones que
combaten en sus mismos miembros? 2 Ustedes ambicionan, y si no consiguen lo que
desean, matan; envidian, y al no alcanzar
lo que pretenden, combaten y se hacen la
guerra. Ustedes no tienen, porque no piden. 3 O bien, piden y no reciben, porque
piden mal, con el único fin de satisfacer
sus pasiones.
4 ¡Corazones adúlteros! ¿No saben acaso
que haciéndose amigos del mundo se hacen enemigos de Dios? Porque el que quiere ser amigo del mundo se hace enemigo
de Dios. 5 No piensen que la Escritura afirma en vano: *El alma que Dios puso en nosotros está llena de deseos envidiosos.* 6 Pero él
nos da una gracia más grande todavía, según la palabra de la Escritura que dice: *Dios
resiste a los soberbios y da su gracia a los humildes.* 7 Sométanse a Dios; resistan al demonio, y él se alejará de ustedes. 8 Acérquense a Dios y él se acercará a ustedes.
Que los pecadores purifiquen sus manos;
que se santifiquen los que tienen el corazón dividido. 9 Reconozcan su miseria con
dolor y con lágrimas. Que la alegría de ustedes se transforme en llanto, y el gozo, en
tristeza. 10 Humíllense delante del Señor, y
él los exaltará.

Los juicios contra el prójimo

Mt 7 1-5; 10 28; Rom 14 4

11 Hermanos, no hablen mal los unos de
los otros. El que habla en contra de un hermano o lo condena, habla en contra de la
Ley y la condena. Ahora bien, si tú condenas la Ley, no eres cumplidor de la Ley, sino juez de la misma. 12 Y no hay más que
un solo legislador y juez, aquel que tiene el
poder de salvar o de condenar. ¿Quién eres
tú para condenar al prójimo?

La inseguridad del mañana

Prov 27 1; Lc 12 18-20; Hch 18 21;
Rom 1 10; Lc 12 47

13 Y ustedes, los que ahora dicen: «Hoy o
mañana iremos a tal ciudad y nos quedaremos allí todo el año, haremos negocio y
ganaremos dinero», 14 ¿saben acaso qué les
pasará mañaña? Porque su vida es como el
humo, que aparece un momento y luego
se disipa. 15 Digan más bien: «Si Dios quie-

VIVE LA PALABRA

El dinero y la justicia con los pobres

Lee Santiago 5 1-6. Observa el lenguaje fuerte con que denuncia la riqueza y la explotación del pobre. Estos versículos se basan en las enseñanzas de Jesús, quien habló más contra la falsa seguridad del dinero que contra la maldad del demonio, y predicó que hay que elegir entre Dios y el dinero, pues nadie puede servir a dos amos a la vez (Mt 6 24). Para Jesús, el dinero es un ídolo peligroso, pues cuando uno le da «culto», acapara a la persona y no la suelta, y pretende dar respuestas a la vida que solo Dios puede dar.

Toda persona necesita dinero para cubrir los gastos de casa, vestido, sustento, salud y educación. La cuestión está en cómo vemos esas necesidades en relación con nosotros y con las personas pobres. Las siguientes preguntas ayudan a reflexionar sobre esto:

- ¿Me preocupo tanto de conseguir los medios para vivir que ya no gozo la vida misma?
- ¿Fundamento la felicidad en el dinero o en vivir plenamente los valores del Reino de Dios?
- ¿De qué manera ayudo a las personas necesitadas?
- ¿Cuánta importancia le doy a que toda la gente tenga el nivel adecuado de seguridad económica?

Sant 5 1-6

re, viviremos y haremos esto o aquello».
16 Ustedes, en cambio, se glorían presuntuosamente, y esa jactancia es mala.
17 El que sabe hacer el bien y no lo hace,
comete pecado.

EL QUE SABE HACER EL BIEN Y NO LO HACE, COMETE PECADO.
Sant 4 17

Advertencia a los ricos

Is 5 8-10; Jr 5 26-30; Am 8 4-8; Lc 6 24; Mt 6 19-20; Sal 21 10; Lv 19 13; Dt 24 14-15; Gn 4 10; Sal 18 7; Jr 12 3; 25 34; Sal 37; Sab 2 12-20

5 1 Ustedes, los ricos, lloren y giman
por las desgracias que les van a sobrevenir. 2 Porque sus riquezas se han echado a perder y sus vestidos están roídos por
la polilla. 3 Su oro y su plata se han he-
rrumbrado, y esa herrumbre dará testimonio contra ustedes y devorará sus cuerpos
como un fuego. ¡Ustedes han amontonado riquezas, ahora que es el tiempo final!
4 Sepan que el salario que han retenido a
los que trabajaron en sus campos está clamando, y el clamor de los cosechadores ha
llegado a los oídos del Señor del universo.
5 Ustedes llevaron en este mundo una vida
de lujo y de placer, y se han cebado a sí
mismos para el día de la matanza. 6 Han
condenado y han matado al justo, sin que
él les opusiera resistencia.

Exhortación a la constancia

1 Tes 5 1-11; Mt 24 3.27.37; 1 Jn 2 28; Rom 13 11-12; Heb 10 25; Mt 24 33; 5 12; 23 29-31; Dn 12 12; Job 1 20-22; 2 10; Ex 34 6; Sal 103 8

7 Tengan paciencia, hermanos, hasta que
llegue el Señor. Miren cómo el sembrador
espera el fruto precioso de la tierra, aguardando pacientemente hasta que caigan las
lluvias del otoño y de la primavera. 8 Tengan paciencia y anímense, porque la Venida del Señor está próxima. 9 Hermanos, no
se quejen los unos de los otros, para no ser
condenados. Miren que el Juez ya está a la
puerta. 10 Tomen como ejemplo de fortaleza y de paciencia a los profetas que hablaron en nombre del Señor. 11 Porque nosotros llamamos felices a los que sufrieron
con paciencia. Ustedes oyeron hablar de la
paciencia de Job, y saben lo que hizo el Señor con él, porque *el Señor es compasivo y
misericordioso*.

Alivio y fortaleza para los enfermos

Como Jesús, los católicos no vemos a los enfermos como individuos de segunda categoría ni como pecadores castigados por Dios. Cuidarlos y rezar por ellos es un signo de solidaridad fraterna, en el que Dios se hace presente y palpable a través del amor que les damos. En casos de gravedad o de edad avanzada, la Iglesia concede el sacramento de la Unción de los enfermos, que celebra el poder de sanación de Dios, como lo proclama Santiago (5 15).

«La gracia primera de este sacramento es una gracia de consuelo, de paz y de ánimo para vencer las dificultades propias del estado de enfermedad grave o de la fragilidad de la vejez. Esta gracia es un don del Espíritu Santo que renueva la confianza y la fe en Dios y fortalece contra las tentaciones del Maligno, especialmente tentación de desaliento y de angustia ante la muerte».[1]

El sacerdote, acompañado por miembros de la comunidad, unge la frente y las manos del enfermo, como signo del poder y el amor de Dios, pronunciando estas palabras: «Por esta santa unción, y por su bondadosa misericordia te ayude el Señor con la gracia del Espíritu Santo, para que, libre de tus pecados, te conceda la salvación y te conforte en tu enfermedad».[2]

Este sacramento revive el misterio pascual de Cristo, su muerte y resurrección, celebra la nueva vida a través de la muerte (ver «Los sacramentos: vida nueva, celebración y compromiso», Mc 14 22-25).

Sant 5 14-16

El juramento

Mt 5 34-37; Eclo 23 9-11

12 Pero ante todo, hermanos, no juren ni
por el cielo, ni por la tierra, ni de ninguna
manera: que cuando digan «sí», sea sí; y
cuando digan «no», sea no, para no ser condenados.

La eficacia de la oración

1 Tes 5 17-18; Rom 15 9; 1 Cor 14 15; Mt 6 13; Mc 6 13; 16 18; Dn 9 4-20; Mt 3 6; 1 Re 18 42-45

13 Si alguien está afligido, que ore. Si está alegre, que cante salmos.
14 Si está enfermo, que llame a los presbíteros de la Iglesia, para que oren por él y lo unjan con óleo en el nombre del Señor.
15 La oración que nace de la fe salvará al enfermo, el Señor lo aliviará, y si tuviera pecados, le serán perdonados.
16 Confiesen mutuamente sus pecados y oren los unos por los otros, para ser curados. La oración perseverante del justo es poderosa.
17 Elías era un hombre como nosotros, y sin embargo, cuando oró con insistencia para que no lloviera, no llovió sobre la tierra durante tres años y seis meses.
18 Después volvió a orar; entonces el cielo dio la lluvia, y la tierra produjo frutos.

La corrección fraterna

Mt 18 12-13.15; 1 Tim 4 16; 1 Jn 5 16; Prov 10 12; 1 Pe 4 8

19 Hermanos míos, si uno de ustedes se desvía de la verdad y otro lo hace volver,
20 sepan que el que hace volver a un pecador de su mal camino salvará su vida de la muerte y *obtendrá el perdón de numerosos pecados*.

Carta de Santiago A LA JUVENTUD DE HOY

Queridos jóvenes,

Quien me conoce dice que me caracterizo por dar consejos sabios y prácticos. Aquí les van algunos, póngase el saco al que le venga:

Si nacieron en una familia con medios económicos, cuiden de no discriminar, explotar ni tratar mal a los pobres. Si pertenecen a un ambiente de bajos recursos, recuerden que tienen la misma dignidad que los ricos y exijan que se les trate con dignidad (Sant 1 9-10). «No es posible creer en nuestro Señor Jesucristo glorificado y luego hacer distinción de personas» (2 1).

Recuerden, «la fe: si no tiene obras, está completamente muerta» (2 17). Cada mañana, pidan a Dios que les muestre las oportunidades de hacer el bien durante el día. No sean criticones ni murmuren unos contra otros (3 1-12).

No sean ambiciosos ni envidiosos; tampoco fomenten rivalidad alguna (3 13 – 4 1-4).

En resumen, si dicen que aman al prójimo, sean auténticos y no hipócritas. Si ansían libertad, asuman la responsabilidad que da esta y no caigan en el libertinaje. Reconozcan sus pecados y oren a Dios los unos por los otros.

+ Santiago, quien urge a dar testimonio de Jesús con las obras

SANT

Seguir a Cristo puede causar que algunos amigos se conviertan en enemigos y que otra gente nos tenga por tontos, porque no nos entiende. Tomás no quiere aceptar cocaína y sus amigos lo consideran estúpido y se burlan de él. Margarita no quiere intimidad sexual con su novio; él la desprecia, la llama «santucha» y la deja... Este tipo de reacciones suelen causar incomprensión y aislamiento, y esto duele. En esta carta, Pedro consuela a los cristianos que se ven perseguidos o calumniados por vecinos que no entienden su postura religiosa.

ESQUEMA

- **1 1-2.** Saludo inicial
- **1 3 – 2 10.** El renacimiento bautismal
- **2 11 – 4 19.** El testimonio del cristiano en el mundo
- **5.** Exhortación a los pastores y a los fieles

DATOS

Autor
Posiblemente Pedro, lo más probable un discípulo suyo

Fecha de redacción
Entre los años 60-63 d.C., si la escribió Pedro.
Entre los años 70-90 d.C., si fue un discípulo de Pedro

Destinatarios
Una comunidad cristiana de origen gentil (no judío)

PRESENTACIÓN

La primera carta de Pedro fue escrita a una comunidad cristiana, de condición humilde, mal comprendida por sus vecinos y perseguida por su estilo de vida cristiano. Sus miembros eran ridiculizados, tratados como malhechores e insultados por vecinos que no entendían su fe o que no apreciaban su código de comportamiento moral.

El autor, que pudo haber sido Pedro, pero que más probablemente fue un discípulo suyo, quiere consolarlos y ayudarlos a entender lo que están viviendo. Les dice que Cristo sufrió y que por lo tanto debemos esperar sufrir también. Los anima al recordarles que el sufrimiento purifica nuestra fe, la hace más genuina, y que el mensaje de Jesús es tan maravilloso que la magnitud de nuestro sufrimiento, no debe menoscabar nuestra esperanza ni la voluntad para dar testimonio de él (1 Pe 1 7).

Después hace ver que, ante su testimonio de vida, sus perseguidores se avergonzarán y se arrepentirán de sus acciones erróneas (3 14-16). Les recuerda que cuando sufrimos estamos unidos a todos los que sufren en el mundo (5 9). Enfatiza que no podemos evitar el dolor, pero si seguimos las huellas de Jesús de él resultará algo bueno.

A pesar de estar centrada en el sufrimiento, la primera carta de Pedro está llena de esperanza. Ofrece constantes recordatorios de las cosas maravillosas que Dios ha hecho y hará por nosotros. Cuando atravieses por tiempos difíciles, acude a esta carta, en la que encontrarás esperanza y ánimo, pues «Dios..., después que hayan padecido un poco, los restablecerá y confirmará, los hará fuertes e inconmovibles» (5 10).

EL SEGUIMIENTO DE JESÚS ABARCA DISTINTOS ASPECTOS

Saludo inicial

Jn 7 35; Sant 1 1; 1 Pe 2 4.9; Rom 8 29;
2 Tes 2 13; Ex 24 3-8; Heb 12 24; 2 Pe 1 23

1 1 Pedro, Apóstol de Jesucristo, saluda
a los que viven como extranjeros,
dispersos en el Ponto, en Galacia, Capadocia, Asia y Bitinia, a los que han sido elegidos 2 según la previsión de Dios Padre, y
han sido santificados por el Espíritu para
obedecer a Jesucristo y recibir la aspersión
de su sangre. A ustedes, gracia y paz en
abundancia.

EL RENACIMIENTO BAUTISMAL

La esperanza cristiana

2 Cor 1 3; Ef 1 3; 1 Pe 1 23; Mt 25 34; Jn 10 28;
Sant 1 2; Sal 66 10; Prov 17 3;
Is 48 10; Zac 13 9; Ef 1 6.12.16; Rom 6 22

3 Bendito sea Dios, el Padre de nuestro Señor Jesucristo, que en su gran misericordia
nos hizo renacer, por la resurrección de Jesucristo, a una esperanza viva, 4 a una herencia incorruptible, incontaminada e imperecedera, que ustedes tienen reservada en el
cielo. 5 Porque gracias a la fe, el poder de
Dios los conserva para la salvación dispuesta a ser revelada en el momento final. 6 Por
eso, ustedes se regocijan a pesar de las diversas pruebas que deben sufrir momentáneamente: 7 así, la fe de ustedes, una vez puesta
a prueba, será mucho más valiosa que el oro
perecedero purificado por el fuego, y se convertirá en motivo de alabanza, de gloria y de
honor el día de la Revelación de Jesucristo.
8 Porque ustedes lo aman sin haberlo visto, y
creyendo en él sin verlo todavía, se alegran
con un gozo indecible y lleno de gloria, 9 seguros de alcanzar el término de esa fe, que es
la salvación.

El mensaje revelado a los Profetas

Mt 13 17; Lc 20 24; Sal 22; Is 53; Lc 24 26;
2 Pe 1 19; Hch 1 8; Ef 3 10

10 Esta salvación ha sido el objeto de la
búsqueda y la investigación de los profetas
que vaticinaron sobre la gracia destinada a
ustedes. 11 Ellos trataban de descubrir el tiem-

REFLEXIONA

¡Siempre hay esperanza!

En tiempos de problemas personales, de depresión o confusión, conviene hacer una pausa, distanciarse de las preocupaciones, respirar profundamente y concentrarse en lo esencial. Pedro tiene unos consejos de gran categoría para estas situaciones:

- Tranquilízate y recógete.
- Centra tu mente en Jesucristo.
- Invoca a Dios, tu Padre, seguro/a de que te guiará y apoyará.
- Date cuenta de lo mucho que vales: la Sangre preciosa de Jesús te ha redimido.
- Ten fe en Dios: su amor siempre existe para ti. Simplemente ama y déjate amar.
- Déjate renovar y refrescar por Dios..., y sigue adelante.

1 Pe 1 13-25

po y las circunstancias señaladas por el Espíritu de Cristo, que estaba presente en ellos, y anunciaba anticipadamente los sufrimientos reservados a Cristo y la gloria que les seguiría. 12 A ellos les fue revelado que estaban al servicio de un mensaje destinado no a sí mismos, sino a ustedes. Y ahora ustedes han recibido el anuncio de ese mensaje por obra de quienes, bajo la acción del Espíritu Santo enviado desde el cielo, les transmitieron la Buena Noticia que los ángeles ansían contemplar.

Exhortación a la santidad

Lc 12 35-40; Rom 6 19; Is 43 1; Lv 19 2.17; Is 52 3; *1 Cor 6 20; 7 23*

13 Por lo tanto, manténganse con el espíritu alerta, vivan sobriamente y pongan toda su esperanza en la gracia que recibirán cuando se manifieste Jesucristo. 14 Como hijos obedientes, no procedan de acuerdo con los malos deseos que tenían antes, mientras vivían en la ignorancia. 15 Así como aquel que los llamó es santo, también ustedes sean santos en toda su conducta, 16 de acuerdo con lo que está escrito: *Sean santos, porque yo soy santo.*

ASÍ COMO AQUEL QUE LOS LLAMÓ ES SANTO, TAMBIÉN USTEDES SEAN SANTOS.

1 Pe 1 15

17 Y ya que ustedes llaman Padre a aquel que, sin hacer acepción de personas, juzga a cada uno según sus obras, vivan en el temor mientras están de paso en este mundo. 18 Ustedes saben que *fueron rescatados* de la vana conducta heredada de sus padres, no con bienes corruptibles, como el *oro* y la *plata*, 19 sino con la sangre preciosa de Cristo, el Cordero sin mancha y sin defecto, 20 predestinado antes de la creación del mundo y manifestado en los últimos tiempos para bien de ustedes. 21 Por él, ustedes creen en Dios, que lo ha resucitado y lo ha glorificado, de manera que la fe y la esperanza de ustedes estén puestas en Dios.

El amor fraterno

Rom 1 5; 16 26; Jn 13 34; Rom 12 10; Jn 1 13; Is 40 6-8.9

22 Por su obediencia a la verdad, ustedes se han purificado para amarse sinceramente como hermanos. Ámense constantemente los unos a los otros con un corazón puro, 23 como quienes han sido engendrados de nuevo, no por un germen corruptible, sino incorruptible: la Palabra de Dios, viva y eterna. 24 Porque *toda carne es como hierba y toda su gloria como flor del campo: la hierba se seca y su flor se marchita,* 25 *pero la Palabra del Señor permanece para siempre*. Esta es la Palabra que les ha sido anunciada, la Buena Noticia.

El nuevo Pueblo de Dios

Ef 4 22; Sant 1 21; 1 Cor 3 2; Heb 5 12-13; Sal 34 9; Sal 118 22; Is 28 16; 1 Cor 3 9-10; Ef 2 21-22; Ex 19 6; Is 61 6; 1 Pe 2 9.4; Is 8 14; 34 20-21; Dt 7 6; Ex 19 5-6

2 1 Renuncien a toda maldad y a todo engaño, a la hipocresía, a la envidia y a toda clase de maledicencia. 2 Como niños recién nacidos, deseen la leche pura de la Palabra, que los hará crecer para la salvación, 3 ya que *han gustado qué bueno es el Señor*.

4 Al acercarse a él, la piedra viva, rechazada por los hombres pero elegida y preciosa a los ojos de Dios, 5 también ustedes, a manera de piedras vivas, son edificados como una casa espiritual, para ejercer un sacerdocio santo y ofrecer sacrificios espirituales, agradables a Dios por Jesucristo. 6 Porque

Somos reino de sacerdotes, nación santa y Pueblo de Dios

Los cristianos pertenecemos a una familia que va más allá de las relaciones de sangre o de adopción. Pedro dice que somos «un sacerdocio real», «nación santa», «pueblo adquirido» (1 Pe 2 9). Esto significa que nuestra fe no es solo personal, sino que somos parte de una comunidad de discípulos que comparten una fe común, y que Dios nos ha elegido para vivir de modo que, al ver otras personas nuestro ejemplo, quieran pertenecer a la comunidad.

¿Qué tan unido/a estás a la familia cristiana? ¿Qué clase de apoyo querrías recibir de otros creyentes? ¿Qué clase de apoyo puedes dar?

1 Pe 2 9-17

dice la Escritura: *Yo pongo en Sion una piedra angular, elegida y preciosa: el que deposita su confianza en ella, no será confundido.*

7 Por lo tanto, a ustedes, los que creen, les corresponde el honor. En cambio, para los incrédulos, *la piedra que los constructores rechazaron ha llegado a ser la piedra angular*: 8 *piedra de tropiezo y roca de escándalo.* Ellos tropiezan porque no creen en la Palabra: esa es la suerte que les está reservada.

9 Ustedes, en cambio, son *una raza elegida, un sacerdocio real, una nación santa, un pueblo adquirido* para anunciar las maravillas de aquel que los llamó de las tinieblas a su admirable luz: 10 ustedes, que antes *no eran un pueblo*, ahora son el *Pueblo de Dios; ustedes, que antes no habían obtenido misericordia*, ahora *la han alcanzado*.

1 PE

EL TESTIMONIO DEL CRISTIANO *EN EL MUNDO*

La conducta entre los paganos

Sal 39 13; Heb 11 13; Gal 5 24; Sant 4 1; Mt 5 16; 1 Tim 5 10; Is 10 3

11 Queridos míos, yo los exhorto, como a *gente de paso y extranjeros*: no cedan a los deseos carnales que combaten contra el alma. 12 Observen una buena conducta en medio de los paganos y así, los mismos que ahora los calumnian como a malhechores, al ver sus buenas obras, tendrán que glorificar a Dios el día de su Visita.

Los deberes hacia las autoridades

Rom 13 1-7; Tit 3 1; Gal 5 13; Jds 4; Prov 24 21; Mt 22 21

13 Respeten a toda autoridad humana como quiere el Señor: 14 ya sea al rey, porque es el soberano, ya sea a los gobernadores, como delegados por él para castigar a los que obran el mal y recompensar a los que practican el bien. 15 La voluntad de Dios es que ustedes, practicando el bien, pongan freno a la ignorancia de los insensatos. 16 Procedan como hombres verdaderamente libres, obedeciendo a Dios, y no como quienes hacen de la libertad una excusa para su malicia. 17 Respeten a todo el mundo, amen a sus hermanos, teman a Dios, honren al rey.

Los deberes hacia los patrones

Ef 6 5-8; 1 Pe 3 14; 4 14; Sant 5 7-11

18 Servidores, traten a sus señores con el debido respeto, no solamente a los buenos y comprensivos, sino también a los malos. 19 Porque es una gracia soportar, con el pensamiento puesto en Dios, las penas que se sufren injustamente. 20 En efecto, ¿qué gloria habría en soportar el castigo por una falta que se ha cometido? Pero si a pesar de hacer el bien, ustedes soportan el sufrimiento, esto sí es una gracia delante de Dios.

El ejemplo de Cristo

2 Tes 3 7; Jn 8 46; Is 53 9.12; 2 Cor 5 21; Rom 6 11-18; Is 53 5-6

21 A esto han sido llamados, porque también Cristo padeció por ustedes, y les dejó un ejemplo a fin de que sigan sus huellas. 22 Él no cometió pecado y *nadie pudo encontrar una mentira en su boca.* 23 Cuando era insultado, no devolvía el insulto, y mientras padecía no profería amenazas; al contrario, confiaba su causa al que juzga rectamente. 24 *Él llevó* sobre la cruz *nuestros pecados*, cargándolos en su cuerpo, a fin de que, muertos al pecado, vivamos para la justicia. *Gracias a sus llagas, ustedes fueron curados.* 25 Porque antes andaban *como ovejas perdidas*, pero ahora han vuelto al Pastor y Guardián de ustedes.

Los deberes de los esposos

Ef 5 22-24; Col 3 18; 1 Cor 7 12-16;
1 Tim 2 9-15; Ef 5 25-33; Col 3 19

3 1También las mujeres sean dóciles a
su marido, para que si alguno de
ellos se resiste a creer en la Palabra, sea
convencido sin palabra por la conducta de
su mujer, 2al ver su vida casta y respetuosa.
3Que su elegancia no sea el adorno exterior
—consistente en peinados rebuscados, alhajas de oro y vestidos lujosos— 4sino la
actitud interior del corazón, el adorno incorruptible de un espíritu dulce y sereno.
Esto es lo que vale a los ojos de Dios. 5Así
se adornaban en otro tiempo las santas
mujeres que tenían su esperanza puesta en
Dios y respetaban a sus maridos, 6como
por ejemplo Sara, que obedecía a Abraham
y lo llamaba *su señor*. Ahora ustedes han
llegado a ser sus hijas, haciendo el bien y
no dejándose inquietar por ninguna clase
de temor.

7Los maridos, a su vez, comprendan que
deben compartir su vida con un ser más
débil, como es la mujer: trátenla con el respeto debido a coherederas de la gracia que
da la Vida. De esa manera, nada será obstáculo para la oración.

¡Vive los valores de Jesús, aunque exijan sufrimiento!

Muchos jóvenes sufren por vivir el evangelio. Al dejar una pandilla son acosados por sus miembros; si no aceptan hacer trampas, se burlan de ellos; si se comprometen en la Iglesia, son incomprendidos por sus compañeros y padres. En Estados Unidos, muchos jóvenes que envían dinero a sus padres en Latinoamérica o ayudan a sostener los estudios de sus hermanos/as, son criticados por no velar por sí mismos.

¿En qué aspectos te cuesta trabajo mantenerte firme en tu fe por influencia de la sociedad? ¿Cómo superas ese conflicto?

1 Pe 3 13-22

El espíritu fraternal

Rom 12 14-18; Mt 5 38s.43s; Lc 6 28; Sal 34 13-17

8En fin, vivan todos unidos, compartan las preocupaciones de los demás,
ámense como hermanos, sean misericordiosos y humildes. 9No devuelvan mal
por mal, ni injuria por injuria: al contrario, retribuyan con bendiciones, porque
ustedes mismos están llamados a heredar
una bendición.

10*El que ama la vida*
y desea gozar de días felices,
guarde su lengua del mal
y sus labios de palabras mentirosas;
11*apártese del mal y practique el bien;*
busque la paz y siga tras ella.
12*Porque los ojos del Señor miran al justo*
y sus oídos están atentos a su plegaria,
pero él rechaza a los que hacen el mal.

La actitud frente a la persecución

Mt 5 10; Is 8 12; Mt 10 26-31; Prov 3 25; Is 8 13

13¿Quién puede hacerles daño si se dedican a practicar el bien? 14Dichosos ustedes, si tienen que sufrir por la justicia. *No
teman ni se inquieten*: 15por el contrario, *glorifiquen* en sus corazones a Cristo, *el Señor*.
Estén siempre dispuestos a defenderse delante de cualquiera que les pida razón de la
esperanza que ustedes tienen. 16Pero háganlo con delicadeza y respeto, y con tranquilidad de conciencia. Así se avergonzarán de sus calumnias los que difaman el
buen comportamiento de ustedes como
creyentes en Cristo. 17Es preferible sufrir
por hacer el bien, si esta es la voluntad de
Dios, que por hacer el mal.

La resurrección de Cristo y el bautismo

Is 53 11; 1 Pe 2 21-24; Rom 1 3-4; 2 Pe 3 9; Gn 7 7;
2 Pe 2 5; Col 2 12-13; Ef 1 20.21; Hch 2 23

18Cristo murió una vez por nuestros pecados —siendo justo, padeció por los injustos— para llevarnos a Dios. Entregado a
la muerte en su carne, fue vivificado en el
Espíritu. 19Y entonces fue a hacer su anuncio a los espíritus que estaban prisioneros,
20a los que se resistieron a creer cuando
Dios esperaba pacientemente, en los días
en que Noé construía el arca. En ella, unos
pocos —ocho en total— se salvaron a través del agua. 21Todo esto es figura del bautismo, por el que ahora ustedes son salva-

VIVE LA PALABRA

Alegría indomable

Más de una vez la Palabra de Dios afirma cosas que a primera vista tienen poco sentido. A pesar de que Pablo está sufriendo los horrores de una prisión en Éfeso, escribe a los Filipenses que está alegre y les dice que estén alegres (Flp 4 4.10). Jesús proclama: «¡Felices ustedes cuando los hombres los odien, los excluyan, los insulten y proscriban su nombre, considerándolo infame, a causa del Hijo del hombre!» (Lc 6 22). Pedro dice, «Alégrense... puedan compartir los sufrimientos de Cristo» (1 Pe 4 13).

Algunos sicólogos podrían pensar: «¡son unos masoquistas, están enfermos al gozar del sufrimiento y necesitan terapia!». Pero esta visión está equivocada, pues está fuera de contexto. Ni Jesús ni Pedro ni Pablo defienden «sufrir por sufrir» ni obtienen «placer del sufrir». Su mensaje es que, aunque el sufrimiento y el dolor ante la persecución e incomprensión sean grandes, no pueden vencernos. No vale la pena perder a Cristo y su evangelio para evitar molestias y maldades infligidas por quienes no aceptan el Reino de Dios.

Por la cruz de Cristo los cristianos sabemos que Dios también está presente en el fracaso aparente. Pide al Espíritu Santo que tu alegría sea indomable, y mantendrás siempre un gozo y esperanza profundos, que son riquezas preciosas a lo largo de la vida.

1 Pe 4 12-19

dos, el cual no consiste en la supresión de una mancha corporal, sino que es el compromiso con Dios de una conciencia pura, por la resurrección de Jesucristo, [22] que está a la derecha de Dios, después de subir al cielo y de habérsele sometido los Ángeles, las Dominaciones y las Potestades.

Las costumbres paganas

Rom 6 2.7; Ef 2 2-3; Tit 3 3; Rom 1 29-31; Lc 15 13; 1 Pe 3 18-19; 1 Tes 4 13-18

4 [1] Y ya que Cristo sufrió en su carne, compenétrense también ustedes de esta convicción: el que ha sufrido en la carne ha roto con el pecado. Porque el que sufre en la carne está libre del pecado, [2] para vivir el resto de su vida mortal, no según los deseos humanos, sino según la voluntad de Dios. [3] Ya han vivido bastante tiempo conforme al criterio de los paganos, entregándose a toda clase de desenfrenos, a los malos deseos, a las borracheras, a los excesos en la comida, a las orgías y al culto ilícito de los ídolos. [4] Ahora los paganos *se extrañan de que ustedes no se precipiten* con ellos hacia ese desborde de libertinaje, y se deshacen en injurias contra ustedes. [5] De esto, tendrán que rendir cuenta a aquel que juzgará a los vivos y a los muertos. [6] Porque la Buena Noticia ha sido anunciada a los muertos, para que ellos, después de haber sido juzgados en la carne conforme a su condición humana, vivan por el Espíritu con la vida de Dios.

La proximidad del tiempo final

Rom 13 11-2; 1 Jn 2 18; Prov 10 12; Sant 5 20; Lc 7 47; Heb 13 2; Rom 12 6-8; Mt 25 14-30

[7] Ya se acerca el fin de todas las cosas: por eso, tengan la moderación y la sobriedad necesarias para poder orar. [8] Sobre todo, ámense profundamente los unos a los otros, porque el amor *cubre todos los pecados*. [9] Practiquen la hospitalidad, sin quejarse. [10] Pongan al servicio de los demás los dones que han recibido, como buenos administradores de la multiforme gracia de Dios. [11] El que ha recibido el don de la Palabra, que la enseñe como Palabra de Dios. El que ejerce un ministerio, que lo haga como quien recibe de Dios ese poder, para que Dios sea glorificado en todas las cosas, por Jesucristo. ¡A él sea la gloria y el poder, por los siglos de los siglos! Amén.

El gozo en la persecución

Mt 5 11-12; Hch 5 41; Sal 89 51-52; 1 Pe 2 20; Is 11 2; Mc 8 38; Jr 25 29; Ez 9 6; Prov 11 31 (LXX)

[12] Queridos míos, no se extrañen de la violencia que se ha desatado contra ustedes para ponerlos a prueba, como si les su-

cediera algo extraordinario. 13 Alégrense en la medida en que puedan compartir los sufrimientos de Cristo. Así, cuando se manifieste su gloria, ustedes también desbordarán de gozo y de alegría. 14 Felices si son ultrajados por el nombre de Cristo, porque el Espíritu de gloria, el Espíritu de Dios, reposa sobre ustedes. 15 Que nadie tenga que sufrir como asesino, ladrón, malhechor o delator. 16 Pero si sufre por ser cristiano, que no se avergüence y glorifique a Dios por llevar ese nombre. 17 Porque ha llegado el tiempo en que comenzará el juicio, empezando por la casa de Dios. Ahora bien, si el juicio comienza por nosotros, ¿cuál será la suerte de los que se niegan a creer en la Buena Noticia de Dios? 18 *Si el justo apenas se salva, ¿qué pasará con el impío y el pecador?* 19 Por lo tanto, aquellos que sufren conforme a la voluntad de Dios, practiquen el bien, poniéndose en las manos de su Creador, que es fiel.

EXHORTACIÓN A LOS PASTORES Y A LOS FIELES

Los deberes de los jefes de la comunidad

1 Tim 5 17-22; Tit 1 5-9; Mt 13 16; 2 Pe 1 16-17; Jn 21 15-17; Flm 14; Jn 10; 1 Cor 9 25

5 1 Exhorto a los presbíteros que están entre ustedes, siendo yo presbítero como ellos y testigo de los sufrimientos de Cristo y copartícipe de la gloria que va a ser revelada. 2 Apacienten el Rebaño de Dios, que les ha sido confiado; velen por él, no forzada, sino espontáneamente, como lo quiere Dios; no por un interés mezquino, sino con abnegación; 3 no pretendiendo dominar a los que les han sido encomendados, sino siendo de corazón ejemplo para el Rebaño. 4 Y cuando llegue el Jefe de los *pastores,* recibirán la corona imperecedera de gloria.

Últimas exhortaciones

Prov 3 34 (LXX); Job 22 29; Mt 23 12; Lc 1 52; 1 Tes 5 6; Sal 22 14; 2 Tim 4 17; Ef 6 11-13; 1 Tes 2 12

5 De la misma manera, ustedes, los jóvenes, sométanse a los presbíteros. Que cada uno se revista de sentimientos de humildad para con los demás, porque *Dios se opone a los orgullosos y da su ayuda a los humildes.* 6 Humíllense bajo la mano poderosa de Dios, para que él los eleve en el momento oportuno. 7 *Descarguen* en él todas *sus inquietudes,* ya que él se ocupa de ustedes.

USTEDES, LOS JÓVENES, SOMÉTANSE A LOS PRESBÍTEROS... PORQUE DIOS SE OPONE A LOS ORGULLOS Y DA SU AYUDA A LOS HUMILDES.

1 Pe 5 5

8 Sean sobrios y estén siempre alerta, porque su enemigo, el demonio, ronda como *un león rugiente,* buscando a quién devorar. 9 Resístanlo firmes en la fe, sabiendo que sus hermanos dispersos por el mundo padecen los mismos sufrimientos que ustedes. 10 El Dios de toda gracia, que nos ha llamado a su gloria eterna en Cristo, después que hayan padecido un poco, los restablecerá y confirmará, los hará fuertes e inconmovibles. 11 ¡A él sea la gloria y el poder eternamente! Amén.

Despedida

Hch 15 22.27.32; 1 Tes 1 1; Rom 16 16

12 Les escribo estas palabras por medio de Silvano, a quien considero un hermano fiel, para exhortarlos y atestiguar que esta es la verdadera gracia de Dios: permanezcan adheridos a ella. 13 La Iglesia de Babilonia, que ha sido elegida como ustedes, los saluda, lo mismo que mi hijo Marcos. 14 Salúdense los unos a los otros con un beso de amor fraternal. Que descienda la paz sobre todos ustedes, los que están unidos a Cristo.

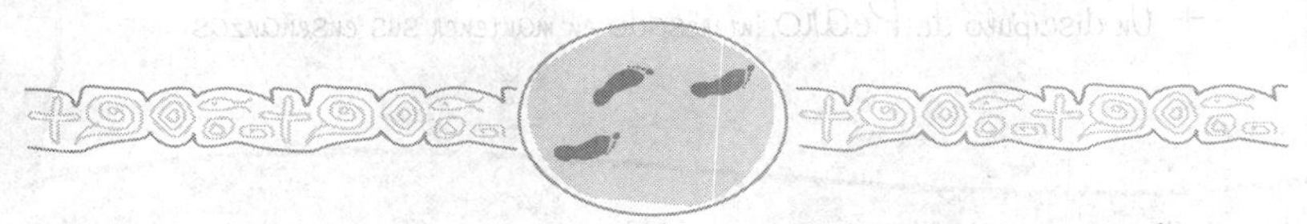

En nombre de Pedro

A LOS JÓVENES MAL COMPRENDIDOS

Queridísimos jóvenes,

Deseo expresarles mi solidaridad ante el ridículo y los insultos que sufren por causa de su fe en Jesús. Sé que es muy doloroso, en especial en la etapa de la vida en que se encuentran, pues es una época donde cuentan mucho las opiniones de los compañeros.

Jesucristo también sufrió incomprensiones e insultos, e incluso fue llevado a la muerte. Sin embargo, se mantuvo firme ante su misión. Sé que es de héroes y de santos llegar al extremo de dar la vida por una causa, pero quiero asegurarles que Dios desea que «así como aquel que los llamó es santo, también ustedes sean santos» (1 Pe 1 15).

No les extrañe que tengan que pasar por esas pruebas de fuego (4 12). Unan sus sufrimientos a los de Jesús, sigan haciendo el bien y rueguen a Dios que los ayude.

Les pido también que «ustedes, los jóvenes, sométanse a los presbíteros... porque Dios se opone a los orgullos y da su ayuda a los humildes» (5 5).

Les aseguro que Dios, quien los ha llamado a su gloria, los fortalecerá a lo largo de su vida (5 10). Nunca se olviden de esto.

+ Un discípulo de Pedro interesado en mantener sus enseñanzas

SEGUNDA CARTA DE SAN PEDRO

¿Has escuchado opiniones diferentes o contradictorias sobre el mismo tema? ¿En qué te basas para saber quién tiene razón? Las confusiones suelen causar inactividad o llevar a malas conclusiones que originan acciones equivocadas. La Palabra de Dios es interpelativa, cuestiona nuestra vida y nos anima a amar y a actuar según el corazón de Dios. La segunda carta de Pedro trata de esclarecer el mensaje de Dios sobre la inseguridad del futuro, resume verdades centrales de la fe, ataca a quienes distorsionan o falsifican esas verdades y responde a la pregunta sobre nuestro destino.

ESQUEMA

- **1 1-2.** Saludo inicial
- **1 3-11.** Llamado a la santidad
- **1 12-22.** El testimonio apostólico y la palabra profética
- **2 1-22.** Contra los falsos maestros
- **3 1-10.** El Día del Señor
- **3 11-18.** La preparación para la venida del Señor

DATOS

Autor
Anónimo; escribe en nombre de Pedro
Fecha de redacción
Aprox. en 130 d.C.
Destinatarios
Comunidad mixta proveniente del judaísmo y el paganismo

PRESENTACIÓN

La segunda carta de Pedro es uno de los últimos libros del Nuevo Testamento. Posiblemente fue escrita alrededor de cien años después de la muerte y resurrección de Jesús, por alguien que apela a la autoridad de Pedro, quien había muerto hacía tiempo (ver «Introducción a las cartas y al Apocalipsis»). Algunos cristianos comenzaban a preguntarse si lo que creían era cierto, y los falsos maestros empezaban a enseñar que no habría recompensa ni castigo después de la muerte, y, por lo tanto, no importaba como vivieran.

El autor de esta carta argumenta contra estos falsos maestros. Utiliza ejemplos famosos del Antiguo Testamento para recordar a los lectores la manera como Dios había actuado a través de la historia. Enseña que aquellos que han decidido apartarse de Dios en su vida experimentarán la separación total de Dios después de su muerte, a la que los cristianos llamamos infierno. En cambio, quienes permanecieron fieles al llamado de Dios gozarán la Vida eterna en unión con Dios, una vida que los cristianos llamamos *cielo*. Esto sucederá porque Dios es bueno y justo.

Ligada a este argumento está otra preocupación. Los primeros cristianos creían que Cristo regresaría pronto después de su resurrección, probablemente dentro del tiempo de su vida, para establecer el Reino de Dios de una vez para siempre (ver «La segunda venida de Jesús», 2 Tes 1 5 – 2 17).

Cuando los años y las décadas pasaron y Cristo no había vuelto aún, los falsos maestros alegaban que nunca volvería. El autor señala que el tiempo de Dios no es nuestro tiempo; Cristo simplemente está esperando para que más gente tenga la oportunidad de arrepentirse de sus pecados antes de venir a juzgarnos (2 Pe 3 9).

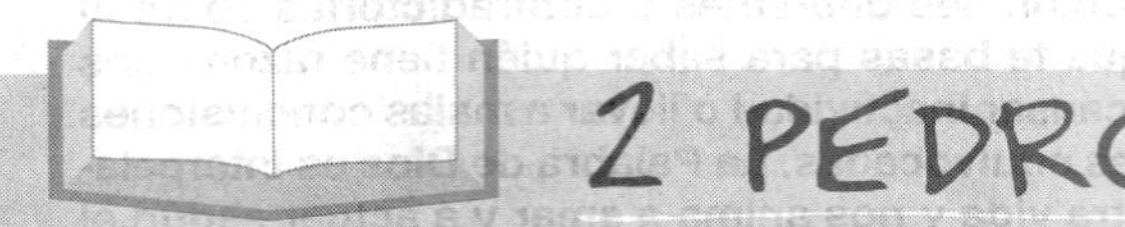

LA PALABRA DE DIOS
VENCE LA FALSEDAD

ESPERAMOS UNOS CIELOS NUEVOS
Y UNA TIERRA NUEVA
EN LOS QUE HABITE LA JUSTICIA

Saludo inicial

Rom 1 7; Gal 1 3; Flp 1 2; Jds 2

1 1 Simón Pedro, servidor y Apóstol de
Jesucristo, saluda a todos aquellos
que, por la justicia de nuestro Dios y Salvador Jesucristo, han recibido una fe tan
preciosa como la nuestra. 2 Lleguen a ustedes la gracia y la paz en abundancia, por
medio del conocimiento de Dios y de Jesucristo, nuestro Señor.

Llamado a la santidad

Rom 5 3-4; Gal 5 22-23; Sant 1 2-3; 1 Tim 4 7

3 Su poder divino, en efecto, nos ha concedido gratuitamente todo lo necesario para la vida y la piedad, haciéndonos conocer
a aquel que nos llamó por la fuerza de su
propia gloria. 4 Gracias a ella, se nos han
concedido las más grandes y valiosas promesas*, a fin de que ustedes lleguen* a participar de la naturaleza divina, sustrayéndo-
se a la corrupción que reina en el mundo a
causa de los malos deseos.
5 Por esta misma razón, pongan todo el
empeño posible en unir a la fe la virtud; a
la virtud, el conocimiento; 6 al conocimiento, la
templanza; a la templanza, la perseverancia;
a la perseverancia, la piedad; 7 a la piedad, el espíritu fraternal, y al espíritu fraternal, el amor.
8 Porque si ustedes poseen estas cosas en
abundancia, no permanecerán inactivos ni estériles en lo que se refiere al conocimiento de
nuestro Señor Jesucristo. 9 El que no las posee
es un ciego, un miope, porque olvida que ha
sido purificado de sus pecados pasados. 10 Por
eso, hermanos, procuren consolidar cada vez
más el llamado y la elección de que han sido
objeto: si obran así, no caerán jamás 11 y se les
abrirán ampliamente las puertas del Reino
eterno de nuestro Señor y Salvador Jesucristo.

El testimonio apostólico

2 Cor 5 1-5; Flp 1 23-25; Jn 21 18-19;
Is 42 1; 49 3; Mc 9 2-7; Mt 17 5

12 Por eso yo les recordaré siempre estas
cosas, aunque ustedes ya las saben y están
bien convencidos de la verdad que ahora

PONGAN TODO EL EMPEÑO POSIBLE
EN UNIR A LA FE LA VIRTUD.
2 Pe 1 5

VIVE LA PALABRA

Participamos de la naturaleza divina

Los Apóstoles a quienes debemos los textos neotestamentarios, iluminados por el Espíritu Santo, fueron pensadores audaces, de visión amplia y con valentía al expresar su reflexión. El autor de esta carta afirma que podemos ser partícipes de la naturaleza divina, una verdad que habla tanto de la grandeza de Dios como de nuestra gran dignidad como humanos.

Esta afirmación se fundamenta en la tradición bíblica de que los seres humanos estamos hechos de barro frágil (Gn 2 7), pero que Dios nos honró al enviarnos a su Hijo Jesús, quien tomó carne humana y habitó entre nosotros (Jn 1 14), y Jesús nos envió al Espíritu Santo que habita en nosotros desde nuestro Bautismo (1 Cor 3 16; 12 13). El mensaje es claro: lo que somos se lo debemos a Dios. Sin él somos poca cosa, pero con él somos partícipes de la naturaleza divina (2 Pe 1 4).

¡Qué grandioso es saber que la chispa del espíritu de Dios vive en nosotros al vivir en unión con Jesús! A esta participación de la vida de Dios la llamamos «vida de gracia», la cual perdemos al cometer pecados graves que nos separan por completo de él.

Esta verdad nos da valor y fuerzas para seguir adelante; nos impulsa al sacramento de la Reconciliación cuando ofendemos gravemente a Dios. Reflexiona unos minutos sobre este mensaje de Pedro: ¿cómo aprovechas la vida de Dios en ti? ¿Necesitas confesarte para restablecer tu unión con Dios?

2 Pe 1 4

poseen. 13 Me parece justo que los mantenga
despiertos, recordándoles esto mientras yo
viva en esta tienda de campaña, 14 porque sé
que muy pronto tendré que dejarla, como
me lo ha hecho saber nuestro Señor Jesucristo. 15 Y haré todo lo posible para que,
después de mi partida, ustedes se acuerden
siempre de estas cosas.
16 Porque no les hicimos conocer el poder y la Venida de nuestro Señor Jesucristo
basados en fábulas ingeniosamente inven-
tadas, sino como testigos oculares de su
grandeza. 17 En efecto, él recibió de Dios Padre el honor y la gloria, cuando la Gloria
llena de majestad le dirigió esta palabra:
«Este es mi Hijo muy querido, en quien
tengo puesta mi predilección». 18 Nosotros
oímos esta voz que venía del cielo, mientras *estábamos* con él en la montaña santa.

La palabra profética

1 Pe 1 10-12; 2 Tim 3 16

19 Así hemos visto confirmada la palabra
de los profetas, y ustedes hacen bien en
prestar atención a ella, como a una lámpara que brilla en un lugar oscuro hasta que
despunte el día y aparezca el lucero de la
mañana en sus corazones. 20 Pero tengan
presente, ante todo, que nadie puede interpretar por cuenta propia una profecía de la
Escritura. 21 Porque ninguna profecía ha sido anunciada por voluntad humana, sino
que los hombres han hablado de parte de
Dios, impulsados por el Espíritu Santo.

Los falsos maestros

Mt 24 11; Jds 4; Is 52 52; Rom 16 18

2 1 En el pueblo de Israel hubo también
falsos profetas. De la misma manera,
habrá entre ustedes falsos maestros que introducirán solapadamente desviaciones
perniciosas, y renegarán del Señor que los
redimió, atrayendo sobre sí mismos una inminente perdición. 2 Muchos imitarán su
desenfreno, y por causa de ellos, el camino
de la verdad será objeto de blasfemias. 3 Llevados por la ambición, y valiéndose de palabras engañosas, ellos se aprovecharán de
ustedes. Pero hace mucho que el juicio los
amenaza y la perdición los acecha.

Las lecciones del pasado

Jds 6; Gn 6 1-4.8; 8 18; 2 Pe 3 6; Gn 19 24; Jds 7;
Gn 19 1-16; 1 Cor 10 13; Jds 7-8

4 Porque Dios no perdonó a los ángeles
que pecaron, sino que los precipitó en el infierno y los sumergió en el abismo de las tinieblas, donde están reservados para el Juicio.
5 Tampoco perdonó al mundo antiguo, sino
que desencadenó el Diluvio sobre una tierra
poblada de impíos, preservando solo a ocho
personas, entre ellas a Noé, el heraldo de la
justicia. 6 También condenó a la destrucción y

Reacción ante los falsos profetas

El capítulo 2 de esta carta es una fuerte denuncia contra falsos profetas. Lee 2 Pedro 2 19-22 y observa el lenguaje bravo con que el autor se refiere a ellos. Las acusaciones son oscuras, y parecen referirse a problemas de impureza y libertinaje; y la furia del autor y su decisión de destruir la reputación de los falsos profetas, solo se comprende al tener en cuenta que esas personas habían conocido a Cristo y actuaban como si no lo hubieran hecho. La conversión iba en reversa y eso era un mal ejemplo muy grave para la comunidad.

Hoy día también hay falsos profetas (ver «Diez criterios del profetismo auténtico», Jr 23 25-32). Es fácil encontrar personas que debaten sobre Dios como si desayunaran cada día con él y conocieran, sin riesgo a equivocarse, sus designios para sí mismos o los demás.

Cuando esto sucede es necesario discernir cómo enfrentar la cuestión. Las palabras agresivas suelen herir tanto a las personas, que después es muy difícil que se reintegren a la comunidad. Por eso, muchas veces el liderazgo eclesial trata de evitar polémicas y busca un intercambio fructífero y maduro. Hay ocasiones en que solo al hablar con crudeza se puede descubrir la falsedad y defender de ella al Pueblo de Dios. ¿Podrías dar algunos ejemplos en que el liderazgo de la Iglesia haya tomado una u otra posición ante profetas falsos de nuestra época?

2 Pe 2

redujo a cenizas a las ciudades de Sodoma y Gomorra, para que sirvieran de ejemplo a los impíos del futuro. 7 En cambio, libró a Lot, el justo, que estaba afligido por la conducta licenciosa de esos hombres sin ley: 8 porque teniendo que vivir en medio de ellos, su alma de justo se sentía constantemente torturada *por las iniquidades que veía* y escuchaba. 9 El Señor, en efecto, sabe librar de la prueba a los hombres piadosos, y reserva a los culpables para que sean castigados en el día del Juicio, 10 sobre todo, a los que, llevados por sus malos deseos, corren detrás de los placeres carnales y desprecian la Soberanía.

La perversidad de los falsos maestros

Jds 9.10.12; Nm 22 7; Jds 11; Ap 2 14; Nm 22 28; Jds 13; Jn 8 34; Mt 12 45; Lc 12 47-48; Prov 26 11

Estos hombres audaces y arrogantes no tienen miedo de blasfemar contra los ángeles caídos, 11 mientras que los ángeles superiores en fuerza y en poder no pronuncian ningún juicio injurioso contra ellos en la presencia del Señor. 12 Pero ellos, como animales irracionales, destinados por naturaleza a ser capturados y destruidos, hablan injuriosamente de lo que ignoran, y perecerán como esos mismos animales, 13 sufriendo así el castigo en pago de su iniquidad. Ellos se deleitan entregándose a la depravación en pleno día; son hombres viciosos y corrompidos, que se gozan en engañarlos mientras comen con ustedes. 14 Son seres malditos, cuyos ojos no pueden mirar a una mujer sin desearla; seres insaciables de pecado, que seducen a las almas débiles y cuyos corazones solo conocen la codicia. 15 Ellos abandonaron el camino recto, extraviándose tras los pasos de Balaam, hijo de Bosor, que se dejó seducir por un salario injusto; 16 pero él encontró quien le reprochara su falta: un animal de carga pronunció palabras humanas y puso freno a la insensatez del profeta.

17 Los que obran así son fuentes sin agua, nubes arrastradas por el huracán: a ellos les está reservada la densidad de las tinieblas. 18 Con sus palabras altisonantes y vacías, atraen, por medio de los deseos desenfrenados de la carne, a los que apenas acaban de librarse de los que viven en el error. 19 Les prometen la libertad, siendo ellos mismos esclavos de la corrupción: porque uno es esclavo de aquello que lo domina. 20 En efecto, si alguien se aleja de los vicios del mundo, por medio del conocimiento del Señor y Salvador Jesucristo, y después se deja enredar y dominar de nuevo por esos vicios, su estado final llega a ser peor que el primero. 21 Más le hubiera valido no conocer el camino de la justicia que, después de haberlo conocido, apartarse del santo mandamiento que le fue transmitido. 22 En él se cumple lo que dice justamente el proverbio: El perro volvió a comer lo que había vomitado, y este otro: «La puerca recién lavada se revuelca en el barro».

El Día del Señor

Jds 17-23; Gn 1 6-9; 7 11-21; Sal 90 4; Hab 2 2-3; Mt 24 43-44; Rom 2 4-8; 1 Tes 5 2.4; Ap 3 3

3 1 Queridos hermanos, esta es la segunda carta que les escribo. En las dos les he

VIVE LA PALABRA

El Día del Señor hoy y en el futuro

Desde antes de Jesús y después de él, muchas personas anhelaban y rezaban con corazón ardiente que Dios pusiera fin a este mundo e iniciara uno diferente. Ya no tenían esperanza de que los grandes problemas se resolvieran con una solución pequeña, y aspiraban a una solución grande y radical: que Dios mismo reinara en este mundo.

Los profetas anunciaron el Reino de Dios para un futuro. Jesús proclamó con hechos y palabras que ese Reino había llegado ya en su persona. Por eso, cuando murió sus seguidores pensaban que el Día del Señor era inminente, esperaban con ansias su retorno y predicaban que no había que perder el tiempo, pues el tiempo ya se había cumplido.

El capítulo 3 de esta carta reitera y confirma que el Día del Señor vendrá como un ladrón en la noche, sin que sepamos el día y la hora. Recuerda que «un día es [para el Señor] como mil años y mil años como un día» (2 Pe 3 8), y señala que la tardanza no es un retraso, sino un tiempo para la conversión, pues Dios es misericordioso.

¿Cómo vives el tiempo de la espera hasta el día que Dios te quiera recoger de esta tierra? ¿Lo aprovechas para vivir en unión con él y experimentar su Reino? ¿Vives apartado de Dios, sin fuerzas para construir la Civilización del Amor, o incluso destruyes el amor y la libertad en tu alrededor?

Cada día que Dios te da es una oportunidad para vivir el amor, la justicia, la paz, la libertad, la verdad. ¡Nunca te arrepentirás de no dejar para mañana lo que puedes hacer hoy! Vivir con Jesús el Reino de Dios da la máxima felicidad posible en nuestra vida terrena.

2 Pe 3

recomendado algunas cosas, para que tengan
un criterio exacto. [2]No olviden lo que ha sido
anunciado por los santos profetas, así como
tampoco el mandamiento del Señor y Salvador, que los Apóstoles les han transmitido.
[3]Sepan, en primer lugar, que en los últimos días vendrán hombres burlones y llenos
de sarcasmo, que viven de acuerdo con sus
pasiones, [4]y que dirán: «¿Dónde está la promesa de su Venida? Nuestros padres han
muerto y todo sigue como al principio de la
creación». [5]Al afirmar esto, ellos no tienen en
cuenta que hace mucho tiempo hubo un cielo, y también una tierra brotada del agua que
tomó consistencia en medio de las aguas por
la Palabra de Dios. [6]A causa de esas aguas, el
mundo de *entonces* pereció sumergido por
el Diluvio. [7]Esa misma Palabra de Dios ha
reservado el cielo y la tierra de ahora para purificarlos por el fuego en el día del Juicio y de
la perdición de los impíos.
[8]Pero ustedes, queridos hermanos, no
deben ignorar que, delante del Señor, un día
es como mil años y *mil años como un día*. [9]El
Señor no tarda en cumplir lo que ha prometido, como algunos se imaginan, sino
que tiene paciencia con ustedes porque no
quiere que nadie perezca, sino que todos se
conviertan. [10]Sin embargo, el Día del Señor
llegará como un ladrón, y ese día, los cielos
desaparecerán estrepitosamente; los elementos serán desintegrados por el fuego, y
la tierra, con todo lo que hay en ella, será
consumida.

La preparación para la Venida del Señor

Sal 102 26-27; Rom 8 19-23;
Is 65 17; 66 22; Ap 21 1; 1 Cor 10 12

[11]Ya que todas las cosas se desintegrarán
de esa manera, ¡qué santa y piadosa debe
ser la conducta de ustedes, [12]esperando y
acelerando la venida del Día del Señor! Entonces se consumirán los cielos y los elementos quedarán fundidos por el fuego.
[13]Pero nosotros, de acuerdo con la promesa del Señor, esperamos un cielo nuevo y
una tierra nueva donde habitará la justicia.
[14]Por eso, queridos hermanos, mientras
esperan esto, procuren vivir de tal manera
que él los encuentre en paz, sin mancha ni
reproche. [15]Tengan en cuenta que la paciencia del Señor es para nuestra salvación, como les ha escrito nuestro hermano Pablo,
conforme a la sabiduría que le ha sido dada,
[16]y lo repite en todas las cartas donde trata
este tema. En ellas hay pasajes difíciles de
entender, que algunas personas ignorantes e

inestables interpretan torcidamente —como, por otra parte, lo hacen con el resto de la Escritura— para su propia perdición.
[17] Hermanos míos, ustedes están prevenidos. Manténganse en guardia, no sea que, arrastrados por el extravío de los que hacen el mal, pierdan su firmeza.
[18] Crezcan en la gracia y en el conocimiento de nuestro Señor y Salvador Jesucristo. ¡A él sea la gloria, ahora y en la eternidad!

ENTRA EN ORACIÓN

Para todo profeta auténtico, la esperanza es una raíz primordial de sus convicciones y mensajes. Un profeta siempre espera que la acción amorosa y liberadora de Dios transforme situaciones de pecado y muerte, en realidades de vida nueva. Por ello, todo mensaje profético tiene como meta dar esperanza al pueblo, en especial cuando está pasando épocas de crisis, sufriendo opresiones internas o externas, o parece que el mal está prevaleciendo sobre el bien.

Ora con el «Salmo del profeta joven», para que siempre mantengas la esperanza como raíz y meta de tu vida. Si estás en comunidad, recen todos juntos el coro, asignen las estrofas para que sean proclamadas por diferentes jóvenes.

Salmo del Profeta Joven

Coro

Gracias te damos Padre,
por concedernos el Bautismo,
que en profetas nos convierte
y nos mueve a proclamar,
la presencia de tu Hijo
quien nos viene a liberar.

Lector/a

Te pedimos por tu pueblo,
que sufre pecado y opresión,
situaciones que siempre nacen
por carencia del amor.

Mira con misericordia
nuestra tibieza y temor,
y envíanos tu Espíritu
que refuerce nuestra vocación.

Coro

Lector/a

Te ofrecemos nuestra vida,
para a Jesús seguir,
haznos sus testigos fieles
para tu Reino construir.

Mira a los muchos jóvenes
que sufren de norte a sur,
y conviértenos en profetas tuyos
que aminoren su sufrir.

Coro

En tus manos nos ponemos,
inunda nuestro corazón,
de gran celo apostólico
y disposición para la misión.

Profetas de Esperanza
entre tu pueblo nos llamas a ser,
danos palabras sabias
y apóyanos en nuestro quehacer.

Coro

2 Pe 3

CARTAS DE SAN JUAN

Sufrir la traición de amigos es muy doloroso, y tristemente la mayoría de nosotros ha tenido esta mala experiencia. Con frecuencia todo empieza con un malentendido, un chisme inocente o un intercambio de palabras ásperas, que parece no tener mayor importancia. Pero la herida hace mella y la gente se separa triste, con amargura y sintiéndose traicionada. La comunidad a la que se dirigen las tres cartas de Juan había experimentado divisiones y conflictos agudos, y es imposible evitar el sentimiento de traición que el autor manifiesta a lo largo de estas cartas.

ESQUEMA

1 Juan

- **1 1-4.** Prólogo
- **1 5 – 2 29.** Exhortación a vivir en la luz
- **3 1 – 4 6.** Exhortación a vivir como hijos de Dios
- **4 7 – 5 21.** Exhortación a vivir en el amor

2 Juan

- **Versos 4-6.** Mandamiento del amor
- **Versos 7-11.** Los anticristos

3 Juan

- **Versos 3-12.** Elogios a Gayo y Demetrio

DATOS

Autores
Anónimos, de la comunidad de Juan

Fecha de redacción
Alrededor del año 100 d.C.

Destinatarios
Cristianos que sufrían una división en su comunidad

PRESENTACIÓN

Las tres cartas de Juan fueron escritas a fines del siglo I d.C. por autores desconocidos, de la escuela joánica. El autor de la segunda y la tercera carta fue un «anciano», una persona de máxima autoridad y respeto. La relación lingüística y conceptual con el evangelio de Juan es evidente.

1 Juan tiene características de una carta circular para varias comunidades. Responde a un conflicto que nació cuando un grupo de personas, a quienes se identifica como «anticristos», empezó a ver el evangelio de manera distinta y se separó de la comunidad cristiana.

Es difícil saber con exactitud el desacuerdo, pero parece que los disidentes no creían en la humanidad de Jesús ni en la salvación a través de su muerte y resurrección, y decían que podían hacer lo que quisieran y seguir amando a Dios. Por eso el autor menciona varias veces que Jesús vino «en la carne» y enfatiza el poder de salvación de la Sangre de Jesús. También los desafía diciéndoles que, si de verdad aman a Dios, amarían a sus hermanos/as y no habrían abandonado la comunidad.

2 Juan está dirigida a una comunidad llamada «señora elegida». Tiene por objeto ratificar la verdad sobre la persona de Jesús y advertir a sus miembros que no se asocien con quienes se han descarriado de la doctrina y del amor.

3 Juan elogia con alegría la fidelidad de Gayo, condena severamente la conducta de Diótrefes y afirma la buena conducta de Demetrio.

A través de estas cartas, Dios recuerda que hay divergencias doctrinales y de conducta que amenazan el corazón de la fe y la vida de la comunidad cristiana. En estos casos, los pastores deben esclarecer la situación y enfrentar las discordancias con firmeza, amor y respeto.

DIOS NOS AMÓ ENVIÁNDONOS A JESÚS,
NOSOTROS, ¡AMÉMONOS LOS UNOS A LOS OTROS!

PRÓLOGO

Jn 1 1-5.14; 11 25-26; 17 20-21

1 [1]Lo que existía desde el principio,
lo que hemos oído,
lo que hemos visto con nuestros ojos,
lo que hemos contemplado
y lo que hemos tocado con nuestras manos
acerca de la Palabra de Vida,
es lo que les anunciamos.
[2]Porque la Vida se hizo visible,
y nosotros la vimos y somos testigos,
y les anunciamos la Vida eterna,
que existía junto al Padre
y que se nos ha manifestado.
[3]Lo que hemos visto y oído,
se lo anunciamos también a ustedes,
para que vivan en comunión con nosotros.
Y nuestra comunión es con el Padre
y con su Hijo Jesucristo.
[4]Les escribimos esto
para que nuestra alegría sea completa.

EXHORTACIÓN A VIVIR EN LA LUZ

Dios es luz

1 Jn 3 11; Is 40 1; 42 9; Jn 1 4.5.9; 8 12;
1 Jn 2 9; Is 2 5; Ef 5 8; Hch 9 14

[5]La noticia que hemos oído de él
y que nosotros les anunciamos, es esta:
Dios es luz, y en él no hay tinieblas.
[6]Si decimos que estamos en comunión con él
y caminamos en las tinieblas,
mentimos y no procedemos
conforme a la verdad.
[7]Pero si caminamos en la luz,
como él mismo está en la luz,
estamos en comunión unos con otros,
y la sangre de su Hijo Jesús
nos purifica de todo pecado.

El reconocimiento de nuestros pecados

1 Re 8 46; Job 9 2; Prov 20 9; Ecl 7 20; Rom 4 6-8;
Jn 14 16.26; 15 26; Ex 29 36-37; Jn 1 29; 4 42; Col 1 20

[8]Si decimos que no tenemos pecado,
nos engañamos a nosotros mismos
y la verdad no está en nosotros.
[9]Si confesamos nuestros pecados,
él es fiel y justo
para perdonarnos
y purificarnos de toda maldad.
[10]Si decimos que no hemos pecado,
lo hacemos pasar por mentiroso,
y su palabra no está en nosotros.

Cristo, Víctima de propiciación

2 [1]Hijos míos, les he escrito estas cosas
para que no pequen.
Pero si alguno peca,
tenemos un defensor ante el Padre:

REFLEXIONA

Caminar en la luz, no en la oscuridad

Al autor le fascina contrastar «caminar en la luz» con «caminar en la oscuridad». Caminar en la luz es estar en Dios, permanecer en él y vivir en comunidad. Caminar en la oscuridad es vivir una vida mentirosa destinada a ser un fracaso. Pero no basta con evitar mentiras, hay que ser amante de la verdad.

Revisa tus acciones con honestidad: ¿sientes vergüenza por lo que hiciste y quieres evitar que tus padres, tu pareja o tus hermanos se enteren de lo que haces? ¿Es tu vida entera testimonio de tu relación con Dios?

Jn 1 5-10

Jesucristo, el Justo.
2 Él es la Víctima propiciatoria
por nuestros pecados,
y no solo por los nuestros,
sino también por los del mundo entero.

El cumplimiento de los mandamientos

Jr 31 34; Heb 8 11; 1 Jn 3 22-24; Jn 14 21.23; 1 Jn 4 12.17; Jn 13 15.34; 1 Jn 2 24

3 La señal de que lo conocemos
es que cumplimos sus mandamientos.
4 El que dice: «Yo lo conozco»,
y no cumple sus mandamientos,
es un mentiroso, y la verdad no está en él.
5 Pero en aquel que cumple su palabra,
el amor de Dios
ha llegado verdaderamente a su plenitud.
Esta es la señal de que vivimos en él.
6 El que dice que permanece en él,
debe proceder como él.
7 Queridos míos,
no les doy un mandamiento nuevo,
sino un mandamiento *antiguo*,
el que aprendieron desde el principio:
este mandamiento antiguo
es la palabra que ustedes oyeron.

El mandamiento nuevo

Jn 13 34; 15 12.17; Prov 4 18-19; Jn 8 12; 1 9; 1 Jn 2 11; 3 10.15; Sal 119 165; Jn 12 35; 1 Jn 1 6

8 Sin embargo, el mandamiento
que les doy es nuevo.
Y esto es verdad tanto en él como en ustedes,
porque se disipan las tinieblas
y ya brilla la verdadera luz.
9 El que dice que está en la luz

EL QUE AMA A SU HERMANO PERMANECE EN LA LUZ.

1 Jn 2 10

y no ama a su hermano,
está todavía en las tinieblas.
10 El que ama a su hermano
permanece en la luz
y nada lo hace tropezar.
11 Pero el que no ama a su hermano,
está en las tinieblas y camina en ellas,
sin saber adónde va,
porque las tinieblas lo han enceguecido.

Los destinatarios de la carta

Sal 25 11; Mt 9 2; Lc 24 27; Hch 2 17-18; Ef 6 10-17; 1 Pe 5 8-9; Ap 12 11

12 Hijos, les escribo
porque sus pecados han sido perdonados
por el nombre de Jesús.
13 Padres, les escribo
porque ustedes conocen al que existe
desde el principio.
Jóvenes, les escribo
porque ustedes han vencido al Maligno.
14 Hijos, les he escrito
porque ustedes conocen al Padre.
Padres, les he escrito
porque ustedes conocen al que existe
desde el principio.
Jóvenes, les he escrito porque son fuertes,
y la Palabra de Dios permanece en ustedes,
y ustedes han vencido al Maligno.

El desapego del mundo

Jn 12 31; 17 14; Sant 4 4; Jn 5 42; Ex 20 17; Rom 13 14; 1 Cor 7 31; Sab 5 15; Mt 7 21

15 No amen al mundo ni las cosas mundanas.
Si alguien ama al mundo,
el amor del Padre no está en él.
16 Porque todo lo que hay en el mundo
—los deseos de la carne,
la codicia de los ojos
y la ostentación de la riqueza—
no viene del Padre, sino del mundo.
17 Pero el mundo pasa, y con él, sus deseos.
En cambio, el que cumple
la voluntad de Dios
permanece eternamente.

Los anticristos

2 Tim 3 1; Sant 5 3; Jds 18; Mt 24 5.23-24; Mc 13 21-22; Hch 20 30; Mc 4 22; 1 Cor 11 19

18 Hijos míos,
ha llegado la última hora.
Ustedes oyeron decir
que vendría un Anticristo;
en realidad, ya han aparecido
muchos anticristos,
y por eso sabemos

El anticristo y los anticristos

La figura del anticristo suele despertar muchas preguntas y a veces producir miedo. La Biblia solo menciona directamente a estos personajes en las cartas de Juan, pero en otros lugares hace referencia a lo que significan en la vida de la comunidad.

Lee con atención los siguientes textos: 1 Juan 2 18-25; 4 3 y 2 Juan 7. Observa que se habla tanto de un anticristo, como de muchos anticristos. No se esperan para el futuro, ya están presentes; no se trata de un ángel ni de un demonio ni vienen del infierno ni de ultratumba, sino de uno o varios seres humanos que surgen en el mundo; no son gente de otras religiones, son miembros de la misma comunidad.

El anticristo y los anticristos no niegan la divinidad de Jesús. Su error está en negar que el Mesías es un ser humano como nosotros, niegan así al Padre, al Hijo, y la encarnación de Dios en la historia.

Otros pasajes de la Biblia aluden a los antagonistas de Dios con nombres, como *Rahab* (Is 51 9; Job 26 12), el *Adversario* (Job 1 9; Zac 3 1), *maldad devastadora* (Dn 8 13), *Abominación* (Mc 13 14), la *antigua Serpiente* o el *enorme dragón* (Ap 12 9) y las *Bestias* (Ap 13). El nombre y la manera como atacan la Buena Nueva no importan, lo vital es saber discernir qué acciones de los cristianos son antitestimonio de Jesús y su mensaje de salvación, pues así evitamos la confusión y dejarnos llevar por caminos equivocados.

1 Jn 2 18-25

que ha llegado la última hora.
19 Ellos salieron de entre nosotros,
sin embargo, no eran de los nuestros.
Si lo hubieran sido,
habrían permanecido con nosotros.
Pero debía ponerse de manifiesto
que no todos son de los nuestros.
20 Ustedes recibieron la unción
del que es Santo,
y todos tienen el verdadero conocimiento.
21 Les he escrito,
no porque ustedes ignoren la verdad,
sino porque la conocen,
y porque ninguna mentira
procede de la verdad.
22 ¿Quién es el mentiroso,
sino el que niega que Jesús es el Cristo?
Ese es el Anticristo:
el que niega al Padre y al Hijo.
23 El que niega al Hijo no está unido al Padre;
el que reconoce al Hijo
también está unido al Padre.

La perseverancia en la verdad

1 Jn 2 7.18; 3 11; Jn 15 7-10; 3 15; Mt 24 4-5.11.24; Jr 31 34; 1 Jn 2 20.24

24 En cuanto a ustedes,
permanezcan fieles a lo que oyeron
desde el principio:
de esa manera, permanecerán también
en el Hijo y en el Padre.
25 La promesa que él nos hizo es esta:
la Vida eterna.
26 Esto es lo que quería escribirles
acerca de los que intentan engañarlos.
27 Pero la unción que recibieron de él
permanece en ustedes,
y no necesitan que nadie les enseñe.
Y ya que esa unción los instruye en todo,
y ella es verdadera y no miente,
permanezcan en él,
como ella les ha enseñado.
28 Sí, permanezcan en él, hijos míos,
para que cuando él se manifieste,
tengamos plena confianza,
y no sintamos vergüenza ante él
en el Día de su Venida.
29 Si ustedes saben que él es justo,
sepan también que todo el que practica
la justicia ha nacido de él.

EXHORTACIÓN A VIVIR COMO HIJOS DE DIOS

La filiación divina

Jn 1 12; Rom 8 16; Gal 4 4-5; Jn 16 3; 17 25; 1 Jn 2 28; 2 Cor 3 18; Jn 17 24

3 1 ¡Miren cómo nos amó el Padre!
Quiso que nos llamáramos
hijos de Dios,
y nosotros lo somos realmente.
Si el mundo no nos reconoce,
es porque no lo ha reconocido a él.
2 Queridos míos,
desde ahora somos hijos de Dios,
y lo que seremos
no se ha manifestado todavía.
Sabemos que cuando se manifieste,
seremos semejantes a él,
porque lo veremos tal cual es.

La conducta de los hijos de Dios

2 Cor 7 1; 1 Jn 2 6; Mt 7 23; 13 41; Is 53 4.5.9; Jn 1 29; 1 Jn 2 29; 3 10; Jn 8 34; Gn 3 15; Mc 1 24; Jn 12 31; Lc 8 12; Sal 37 31; Ez 36 27-28

3 El que tiene esta esperanza en él,
se purifica,

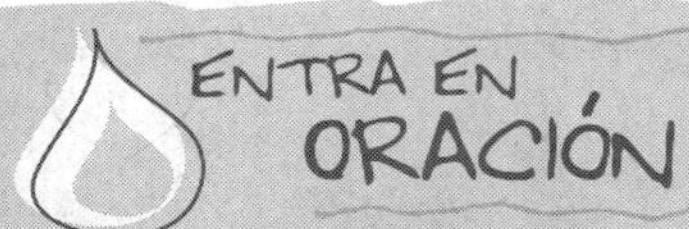

Amor en acción

¡Qué diferente sería la vida de tanta gente si todos viviéramos el significado profundo de lo que dice Juan: «Hijitos míos, no amemos con la lengua y de palabra, sino con obras y de verdad» (1 Jn 3 18)! ¡Qué profundidad y calidad tendría tu amor si esta frase llegara a ser parte integral de tu vida!

La verdad y el amor siempre van juntos; no soportan ser separados. El amor sin verdad suele resultar vacío, engañoso o empobrecedor para el ser amado, y la verdad, dicha sin amor, puede ser cruel y destructiva.

Medita sobre esta frase de Juan, repite su mensaje como mantra. El *mantra* es una frase o palabra con profundo significado espiritual, que se repite varias veces, despacio, dejando momentos de silencio entre una y otra vez, para que su significado penetre hasta lo más profundo del ser.

Siéntate cómodo/a y prepárate para esta meditación. Relaja las tensiones de tu cara..., hombros..., brazos..., abdomen..., espalda..., piernas..., y pies. Descansa las palmas de tus manos en los muslos. Concéntrate dos minutos en tu respiración. Centra tu mente y repite de cuando en cuando el mantra «amemos no solo con palabras, sino con hechos y de verdad». Deja que las palabras penetren tu ser, por unos diez minutos.

1 Jn 3 18

así como él es puro.
4 El que comete el pecado
comete también la iniquidad,
porque el pecado es la iniquidad.
5 Pero ustedes saben que él se manifestó
para quitar los pecados,
y que él no tiene pecado.
6 El que perm*anece en* él, no peca,
y el que peca no lo ha visto
ni lo ha conocido.
7 Hijos míos,
que nadie los engañe:
el que practica la justicia es justo,
como él mismo es justo.
8 Pero el que peca procede del demonio,
porque el demonio
es pecador desde el principio.
Y el Hijo de Dios se manifestó
para destruir las obras del demonio.
9 El que ha nacido de Dios no peca,
porque el germen de Dios permanece en él;
y no puede pecar,
porque ha nacido de Dios.
10 Los hijos de Dios
y los hijos del demonio
se manifiestan en esto:
el que no practica la justicia no es de Dios,
ni tampoco el que no ama a su hermano.

El amor fraterno

Jn 13 34; Gn 4 8; Jn 15 18-21; Dt 15 7-8.11;
Sant 1 22; Mt 7 21; Jn 14 13-14.21-23

11 La noticia que oyeron
desde el principio es esta:
que nos amemos los unos a los otros.
12 No hagamos como Caín,
que era del Maligno
y mató a su hermano.
¿Y por qué lo mató?
Porque sus obras eran malas,
y las de su hermano, en cambio,
eran justas.
13 No se extrañen, hermanos,
si el mundo los aborrece.
14 Nosotros sabemos que hemos pasado
de la muerte a la Vida,
porque amamos a nuestros hermanos.
El que no ama permanece en la muerte.
15 El que odia a su hermano es un homicida,
y ustedes saben que ningún homicida
posee la Vida eterna.
16 En esto hemos conocido el amor:
en que él entregó su vida por nosotros.
Por eso, también nosotros
debemos dar la vida
por nuestros hermanos.
17 Si alguien vive en la abundancia,
y viendo a su hermano en la necesidad,
le cierra su corazón,
¿cómo permanecerá en él el amor de Dios?
18 Hijitos míos,
no amemos con la lengua y de palabra,
sino con obras y de verdad.
19 En esto conoceremos
que somos de la verdad,
y estaremos tranquilos delante de Dios
20 aunque nuestra conciencia
nos reproche algo,
porque Dios es más grande
que nuestra conciencia
y conoce todas las cosas.
21 Queridos míos,
si nuestro corazón
no nos hace ningún reproche,
podemos acercarnos a Dios
con plena confianza,
22 y él nos concederá
todo cuanto le pidamos,
porque cumplimos sus mandamientos
y hacemos lo que le agrada.
23 Su mandamiento es este:
que creamos en el nombre

VIVE LA PALABRA

Dios sabe todo...

«Dios... conoce todas las cosas» (1 Jn 3 20). Con frecuencia esta preciosa frase es sacada de contexto, mal interpretada y mal usada para presentar la imagen de un Dios que ve y sabe todo sobre nosotros para controlarnos, perseguirnos y pescarnos haciendo algo mal o cometiendo un error. Pero el contexto sugiere lo contrario.

Es muy consolador que Dios sepa todo, en especial cuando nosotros no sabemos, estemos en búsqueda o reine la oscuridad. Es muy liberador saber que, aunque nos juzguemos duramente, la conciencia pocas veces nos condena, y «aunque nuestra conciencia nos reproche algo, porque Dios es más grande que nuestra conciencia y conoce todas las cosas» (v. 20). Muchas veces lo que nos condena son ideas equivocadas impresas en nosotros durante la infancia, prejuicios anclados en el inconsciente, y reglas y costumbres sociales que nada tienen que ver con el evangelio de Jesús.

Dios sabe todo sobre ti porque te ama. Conoce las experiencias de tu niñez, cómo creciste, lo que te marcó y lo que te traumó, aunque tú lo hayas olvidado o enterrado en lo más profundo de tu ser. *Dios sabe* significa que «Dios es más justo y más misericordioso en su juicio sobre ti, pues no te mide solo por tus actos, sino desde la totalidad de tu vida». Además, su mirada amorosa te acaricia y te invita a verte a ti mismo/a con bondad y paciencia.

¡Qué maravilloso es saber que Dios conoce todas las fibras de tu ser y usa lo que sabe de ti, para darte una vida mejor! ¡Nunca olvides que eres fruto de su amor y vives en su amor!

1 Jn 3 20

REFLEXIONA

Afirmación de las verdades de la fe

Los falsos profetas ofrecen espejismos de felicidad. Introducen densas tinieblas que apagan en los jóvenes la luz de la fe, la esperanza y el amor, al anunciar que la vida, el amor y la paz se obtienen prescindiendo de Dios, y que la libertad se alcanza abandonando una vida moral y eliminando la responsabilidad personal. El auténtico profeta siempre afirma a Jesús y su evangelio, y denuncia lo que contradice la verdad de Dios (ver «Diez criterios del profetismo auténtico», Jr 23 25-32).

¿Qué mensaje de los falsos profetas te atrae más? ¿Con qué frecuencia te dejas llevar por sus enseñanzas equivocadas?

1 Jn 4 1

de su Hijo Jesucristo,
y nos amemos los unos a los otros
como él nos ordenó.
24 El que cumple sus mandamientos
permanece en Dios,
y Dios permanece en él;
y sabemos que él permanece en nosotros,
por el Espíritu que nos ha dado.

La verdadera y la falsa inspiración

Dt 13 1-6; 18 20-22; Jn 3 31; 10 26.29

4 1 Queridos míos, no crean a cualquiera
que se considere inspirado:
pongan a prueba su inspiración,
para ver si procede de Dios,
porque han aparecido en el mundo
muchos falsos profetas.
2 En esto reconocerán
al que está inspirado por Dios:
todo el que confiesa
a Jesucristo manifestado en la carne,
procede de Dios.
3 Y todo el que niega a Jesús,
no procede de Dios,
sino que está inspirado por el Anticristo,
por el que ustedes oyeron decir que vendría
y ya está en el mundo.
4 Hijos míos,
ustedes son de Dios
y han vencido a esos falsos profetas,
porque aquel que está en ustedes
es más grande que el que está en el mundo.
5 Ellos son del mundo,
por eso hablan el lenguaje del mundo
y el mundo los escucha.
6 Nosotros, en cambio, somos de Dios.
El que conoce a Dios nos escucha,
pero el que no es de Dios no nos escucha.
Y en esto distinguiremos
la verdadera de la falsa inspiración.

¿SABÍAS QUE...?

Es necesario discernir los espíritus

Juan advierte que hay dos clases de espíritus: el que procede de Dios y los que no vienen de él, y subraya la necesidad de distinguirlos y discernir entre ellos. Viene de Dios si nuestras acciones reflejan el amor de Dios a nuestros hermanos y hermanas (1 Jn 3 18), y no viene de él si negamos que Jesús vino «en la carne». Juan insiste en que poseemos el espíritu de Dios si reconocemos que Jesucristo es verdaderamente hombre, pues creer en la encarnación es crucial para entender «que el Padre envió al Hijo como Salvador del mundo» (4 2-14).

Puedes hacer un discernimiento similar sobre casi toda idea o práctica espiritual. En esta época en que hay muchas espiritualidades a primera vista atractivas, sea de distintas religiones, la Nueva Era, la magia o cultos, necesitas discernir los espíritus. Analiza su mensaje: ¿de qué te quieren convencer? ¿Te ayuda eso a amar a Dios y a otras personas? ¿Afirma tu fe en que Jesucristo es totalmente Dios y totalmente humano, y que Jesús es quien te salva del pecado y la muerte? Si no puedes responder «sí» a las dos últimas preguntas, ¡mantente alejado/a!, lo más probable es que se trate de un/a profeta falso/a.

1 Jn 4 1-21

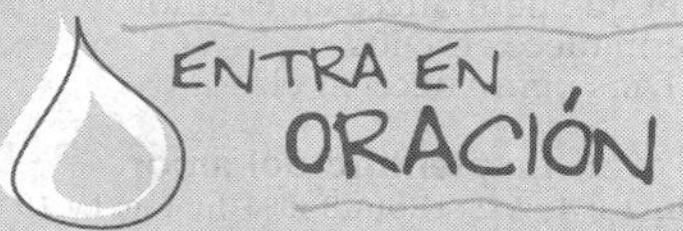

Estoy rodeado de amor

El amor nace del corazón de Dios para habitar en el nuestro. Es una realidad tan grande y profunda que solo hablan bien del amor los poetas y los enamorados. Llénate de la belleza y el significado del amor, medita sobre esta prosa poética de Juan:

- Lee 1 Juan 4 7-10 y escribe las dos frases que más te llegan al corazón.
- Lee los versículos 11-16 y anota la frase que te da más paz y la que representa para ti un mayor desafío.
- Lee los versículos 16-21 y anota la frase que te da más esperanza y la que te llama a conversión.
- Escribe una poesía, un canto o una carta a una persona a quien desees expresarle tu amor, une las seis frases que identificaste con otras ideas que le quieras comunicar.
- Relee lo que escribiste como si alguien te lo hubiera escrito a ti. ¿Qué descubres? ¿Qué te quiere decir Dios con este texto tan bello de Juan? ¿Qué respuesta nace de tu corazón?

1 Jn 4 7-21

EXHORTACIÓN A VIVIR EN EL AMOR

Dios es amor

Rom 5 8; 8 15; Mt 22 36-40; 5 44-45

7 Queridos míos,
amémonos los unos a los otros,
porque el amor procede de Dios,
y el que ama *ha nacido* de Dios
y conoce a Dios.
8 El que no ama no ha conocido a Dios,
porque Dios es amor.
9 Así Dios nos manifestó su amor:
envió a su Hijo único al mundo,
para que tuviéramos Vida por medio de él.
10 Y este amor no consiste
en que nosotros hayamos amado a Dios,
sino en que él nos amó primero,
y envió a su Hijo como víctima propiciatoria
por nuestros pecados.
11 Queridos míos,
si Dios nos amó tanto,
también nosotros debemos amarnos
los unos a los otros.
12 Nadie ha visto nunca a Dios:
si nos amamos los unos a los otros,
Dios permanece en nosotros
y el amor de Dios ha llegado
a su plenitud en nosotros.
13 La señal de que permanecemos en él
y él permanece en nosotros,
es que nos ha comunicado su Espíritu.
14 Y nosotros hemos visto y atestiguamos
que el Padre envió al Hijo
como Salvador del mundo.
15 El que confiesa que Jesús es el Hijo de Dios,
permanece en Dios, y Dios permanece en él.
16 Nosotros hemos conocido
el amor que Dios nos tiene
y hemos creído en él.
Dios es amor,

NOSOTROS HEMOS CONOCIDO
EL AMOR QUE DIOS NOS TIENE
Y HEMOS CREÍDO EN ÉL.
1 Jn 4 16

y el que permanece en el amor
permanece en Dios,
y Dios permanece en él.

La plenitud del amor

1 Jn 2 5; 4 12; 2 6; Rom 8 15; 1 Jn 4 10; Lv 19 18;
Mt 5 23-24.44-45; 1 Jn 2 4; Mt 22 36-40; 1 Cor 13

17 La señal de que el amor
ha llegado a su plenitud en nosotros,
está en que tenemos plena confianza
ante el día del Juicio,
porque ya en este mundo
somos semejantes a él.
18 En el amor no hay lugar para el temor:
al contrario, el amor perfecto
elimina el temor,
porque el temor supone un castigo,
y el que teme no ha llegado
a la plenitud del amor.
19 Nosotros amamos porque Dios
nos amó primero.
20 El que dice: «Amo a Dios»,
y no ama a su hermano, es un mentiroso.
¿Cómo puede amar a Dios, a quien no ve,
el que no ama a su hermano, a quien ve?
21 Este es el mandamiento
que hemos recibido de él: el que ama a Dios
debe amar también a su hermano.

La fe y el amor

1 Pe 1 22-23; Dt 30 11; Mt 11 29-30; 1 Cor 15 27; Ef 6 16

5 1 El que cree que Jesús es el Cristo
ha nacido de Dios;
y el que ama al Padre
ama también al que ha nacido de él.
2 La señal de que amamos
a los hijos de Dios
es que amamos a Dios
y cumplimos sus mandamientos.
3 El amor a Dios consiste en cumplir
sus mandamientos,
y sus mandamientos no son una carga,
4 porque el que ha nacido de Dios,
vence al mundo.
Y la victoria que triunfa sobre el mundo
es nuestra fe.
5 ¿Quién es el que vence al mundo,
sino el que cree que Jesús es el Hijo de Dios?

El testimonio sobre el Hijo de Dios

Jn 19 34; 15 26; 14 17; Nm 35 30;
Dt 19 15; Jn 17 3; 3 36; 20 31

6 Jesucristo vino *por el agua y por la* sangre;
no solamente con el agua,
sino con el agua y con la sangre.
Y el Espíritu da testimonio
porque el Espíritu es la verdad.
7 Son tres los que dan testimonio:
8 el Espíritu, el agua y la sangre;
y los tres están de acuerdo.
9 Si damos fe al testimonio de los hombres,
con mayor razón
tenemos que aceptar el testimonio de Dios.
Y Dios ha dado testimonio de su Hijo.
10 El que cree en el Hijo de Dios
tiene en su corazón el testimonio de Dios.
El que no cree a Dios
lo hace pasar por mentiroso,
porque no cree en el testimonio
que Dios ha dado acerca de su Hijo.
11 Y el testimonio es este:
Dios nos dio la Vida eterna,
y esa Vida está en su Hijo.
12 El que está unido al Hijo, tiene la Vida;
el que no lo está, no tiene la Vida.
13 Les he escrito estas cosas,
a ustedes que creen en el nombre
del Hijo de Dios,
para que sepan que tienen la Vida eterna.

La oración por los pecadores

1 Jn 3 22; Dt 22 26; Nm 15 30;
Mc 3 28-29; Heb 6 4-6; 2 Pe 2 20-21

14 Tenemos plena confianza
de que Dios nos escucha
si le pedimos algo conforme a su voluntad.
15 Y sabiendo que él nos escucha
en todo lo que le pedimos,
sabemos que ya poseemos
lo que le hemos pedido.
16 El que ve a su hermano cometer un pecado
que no lleva a la muerte,
que ore y le dará la Vida.
Me refiero a los que cometen pecados
que no conducen a la muerte,
porque hay un pecado
que lleva a la muerte;
por este no les pido que oren.
17 Aunque toda maldad es pecado,
no todo pecado lleva a la muerte.

Resumen final

1 Jn 3 9; Jn 17 15; Jds 1; Jn 8 47; Col 1 13;
Jr 31 33; Ez 11 19; 36 26; Ef 1 17-18; Ap 3 7

18 Sabemos que el que ha nacido de Dios
no peca,
sino que el Hijo de Dios lo protege,
y el Maligno no le puede hacer nada.
19 Sabemos que somos de Dios,
y que el mundo entero
está bajo el poder del Maligno.
20 Y sabemos también
que el Hijo de Dios ha venido
y nos ha dado inteligencia
para que conozcamos al que es Verdadero;
y nosotros permanecemos
en el que es Verdadero,
en su Hijo Jesucristo.
Él es el Dios verdadero y la Vida eterna.
21 Hijitos míos, cuídense de los ídolos...

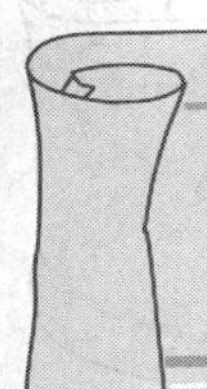

SEGUNDA CARTA DE SAN JUAN

Saludo inicial

3 Jn 1; Jn 8 32; 14 17

1 Yo, el Presbítero —y no solo yo, sino
también todos los que han conocido la
verdad—, saludo a la Comunidad elegida y
a sus miembros, a los que amo de verdad,
2 a causa de la verdad que permanece en
nosotros y que estará con nosotros para
siempre. 3 También estarán con nosotros la
gracia, la misericordia y la paz de Dios Padre y de su Hijo Jesucristo, en la verdad y
en el amor.

El mandamiento del amor

3 Jn 3–4; 1 Jn 3 19; 2 7-11

4 Me he alegrado mucho al encontrar a
algunos hijos tuyos que viven en la verdad, según el mandamiento recibido del
Padre. 5 Y ahora te ruego: amémonos los
unos a los otros. Con lo cual no te comunico un nuevo mandamiento, sino el que
tenemos desde el principio. 6 El amor consiste en vivir de acuerdo con los mandamientos de Dios. Y el mandamiento que
ustedes han aprendido desde el principio
es que vivan en el amor.

Los anticristos

1 Jn 2 18; 4 2-3; 2 22-24

7 Porque han invadido el mundo muchos seductores que no confiesan a Jesucristo manifestado en la carne. ¡Ellos son el
Seductor y el Anticristo! 8 Ustedes estén
alerta para no perder el fruto de sus trabajos, de manera que puedan recibir una perfecta retribución. 9 Todo el que se aventura
más allá de la doctrina de Cristo y no permanece en ella, no está unido a Dios. En
cambio, el que permanece en su doctrina
está unido al Padre, y también al Hijo. 10 Si
alguien se presenta ante ustedes y no trae
esta misma doctrina, no lo reciban en su
casa ni lo saluden. 11 Porque el que lo saluda se hace cómplice de sus malas obras.

Despedida

3 Jn 13–14

12 Tendría muchas otras cosas que escribirles, pero no quise hacerlo por carta, porque espero ir a verlos para hablar con ustedes personalmente, a fin de que nuestra
alegría sea completa. 13 También te saludan
fraternalmente los hijos de esta Comunidad elegida.

VIVE LA PALABRA

Huéspedes no deseados

El autor de esta carta advierte a una comunidad cristiana, llamada «señora elegida», sobre el falso mensaje de unos impostores. Le aconseja que no tenga nada que ver con ellos ni los dejen entrar en sus casas (2 Jn 10-11). Las palabras son duras, pero el razonamiento es correcto.

Con la televisión, la internet, la radio, las canciones, las revistas..., llegan a diario «huéspedes virtuales» a nuestra casa. Algunos de sus mensajes motivan a una vida íntegra y fructífera; otros, promueven valores y comportamientos contrarios al evangelio, que pueden causar mucho daño. Por eso es vital analizar críticamente su contenido y no darles la bienvenida ciegamente.

En una hoja de papel o en tu diario, identifica los programas de televisión, revistas, estaciones de radio y sitios de internet que te visitan con regularidad. Haz una lista de los valores y las conductas positivas que exhiben estos huéspedes; después haz la lista de los valores dudosos o malos. Compara ambas listas: ¿cómo puedes canalizar sus aportes positivos y protegerte de su influencia negativa?

2 Jn 10-11

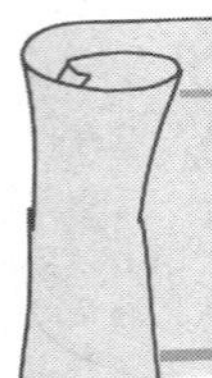

TERCERA CARTA DE SAN JUAN

Saludo inicial

2 Jn 1.4

1 Yo, el Presbítero, saludo a mi querido hermano Gayo, a quien amo de verdad. 2 Querido hermano, ruego a Dios que te encuentres perfectamente bien y que goces de buena salud en tu cuerpo, como la tienes en tu alma.

Elogio de Gayo

2 Jn 4; 1 Jn 3 19; Jn 8 24;
Mt 18 5; 10 10.41-42; 1 Tim 5 18

3 Me alegré mucho cuando llegaron algunos hermanos y dieron testimonio de tu adhesión a la verdad, porque efectivamente tú vives de acuerdo con ella, 4 y mi mayor alegría es saber que mis hijos viven en la verdad.

5 Querido hermano, tú obras fielmente, al ponerte al servicio de tus hermanos, incluso de los que están de paso, 6 y ellos dieron testimonio de tu amor delante de la Iglesia. Harás bien en ayudarlos para que puedan proseguir su viaje de una manera digna de Dios, 7 porque ellos se pusieron en camino para servir a Cristo, sin aceptar nada de los paganos. 8 Por eso debemos acogerlos, a fin de colaborar con ellos en favor de la verdad.

Acusación contra Diótrefes

Mt 20 27; Flp 2 3; 1 Pe 5 3;
1 Cor 4 18-21; 1 Pe 3 11; 1 Jn 3 6

9 Yo escribí una carta a la Iglesia, pero Diótrefes, que aspira a ocupar el primer puesto en ella, no reconoce nuestra autoridad. 10 Por eso, cuando vaya, le echaré en cara el mal que hace hablando en contra de nosotros. Y no contento con esto, no quiere recibir a los hermanos, y a los que quisieran recibirlos, les prohíbe que lo hagan y los expulsa de la Iglesia. 11 Querido hermano, no imites lo malo, sino lo bueno. El que hace el bien pertenece a Dios, pero el que hace el mal no ha visto a Dios.

Elogio de Demetrio

Prov 22 1; 2 Cor 3 2-3; 2 Pe 2 12; Jn 19 35

12 En cambio, todos dan testimonio en favor de Demetrio, y la verdad confirma este testimonio. Nosotros también lo hacemos, y tú sabes que nuestro testimonio es verdadero.

Despedida

2 Jn 12–13

13 Tendría muchas cosas que decirte, pero no quiero hacerlo por carta. 14 Espero verte pronto para hablarte personalmente. 15 La paz esté contigo. Los amigos te saludan. Saluda a los nuestros, a cada uno en particular.

VIVE LA PALABRA

Apoya el ministerio de otros

La apertura, la acogida y el servicio a personas desconocidas es el tema de esta pequeña carta. Gayo era un hombre de fe que abrió sus puertas a misioneros que pasaban por su ciudad. Aunque no los conocía personalmente, les daba amparo porque sabía que estaban ayudando a difundir la Buena Nueva. En esta carta, el autor apela a Gayo para que dé la bienvenida a su mensajero Demetrio, aun cuando otros se niegan a hacerlo.

Hay muchas necesidades a las que no podemos responder en persona. La historia de Gayo invita a ser generosos y colaborar para que los misioneros pueden llevar la Buena Nueva a otras personas, sea ofreciéndoles hospitalidad, apoyándolas con dinero o promoviendo su trabajo en tu parroquia o comunidad. Platica con tu familia sobre alguna labor misionera que puedan apoyar entre todos, o ayuda tú mismo/a a algún misionero. Dios y las personas que reciban su amor te lo agradecerán.

3 Jn 2-8

¿Cómo te comportas con quienes te hacen daño o con quienes consideras tus enemigos? La meta de Judas en esta carta es escribir sobre la salvación que compartimos. Pero este noble propósito pronto desaparece y su escrito se adentra en denunciar a los enemigos o impostores en la comunidad, mediante un sermón moral, con tono rudo y violento, casi difamatorio. El autor se transforma en agresor apasionado contra ellos, caricaturizándolos como personas donde todo es mal, sin encontrar en ellos nada bueno. ¿Será que todos caemos en estas tácticas cuando el amor se convierte en odio y la amistad en enemistad?

ESQUEMA

- **Versos 1-2.** Saludo inicial
- **Versos 3-4.** Ocasión de la carta
- **Versos 5-23.** Los falsos maestros y su perversidad
- **Versos 24-25.** Doxología final

PRESENTACIÓN

No sabemos quién es el autor de la carta de Judas ni la comunidad a la que se dirigió, pero es evidente que está reaccionando fuertemente contra los cristianos que, con sus actitudes y comportamientos destructivos, amenazan la comunidad de fe. Su carta es de tipo controversial y tiene lenguaje apocalíptico. A grandes rasgos advierte a las iglesias sobre los falsos maestros que existen entre ellos y que, como auténticos impostores, con mentiras y trucos, provocan problemas dondequiera que van.

Lo que más indigna a Judas es que esos enemigos no son paganos, sino personas que profesan ser cristianas y que actúan en la comunidad como agentes de provocación. Esta gente ostenta conductas nocivas y contagiosas:

- Convierten en libertinaje la gracia y reniegan de Jesús, el Maestro y Señor (Jds v. 4).
- Profanan su cuerpo, desprecian la autoridad e insultan a los seres gloriosos (v. 8).
- Dividen la comunidad (v. 15).
- Murmuran y se quejan de Dios (v. 16).
- Se preocupan solo de ellos mismos, están descontentos y son presumidos (v. 16).

El autor recuerda a los lectores que estas actitudes son contrarias al espíritu de Cristo, y serán castigadas. Exhorta a las comunidades a ser fuertes en la fe y a apoyarse en la comunidad para edificar su vida en la santidad. Los tesoros de la fe son mencionados en medio de la avalancha de condenaciones contra los falsos maestros. Dios es Padre (v. 1); fuente de gracia (v. 4); salvador (v. 5); fuente del amor (v. 21). Jesús es misericordioso (v. 21); el cristiano ha de luchar por su fe (v. 3); no se debe apartar del amor (v. 21); no se debe apartar del hermano en peligro (v. 23).

DATOS

Autor
Anónimo
Fecha de redacción
Entre 95 y 105 d.C.
Destinatarios
Una comunidad enraizada en la tradición judía

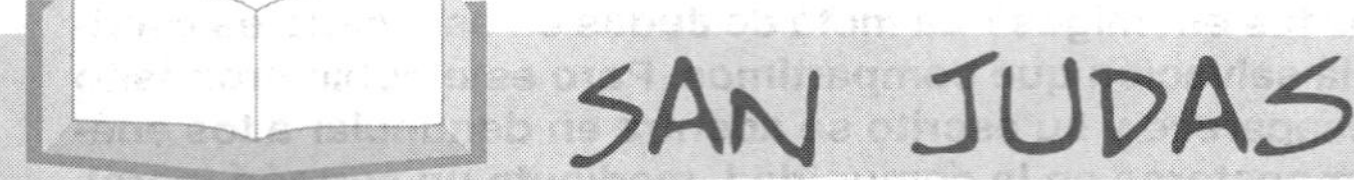

Saludo inicial

2 Pe 2 1; 1 Tim 1 18

1 Judas, servidor de Jesucristo, hermano de
Santiago, saluda a los que han sido llamados,
a los amados de Dios, el Padre, y protegidos
por Jesucristo. 2 Llegue a ustedes la misericordia, la paz y el amor en abundancia.

Ocasión de la carta

1 Tim 1 18; Gal 2 4; Sal 69 29; 139 16; 2 Pe 2 1

3 Queridos míos, yo tenía un gran deseo de
escribirles acerca de nuestra común salvación,
pero me he visto obligado a hacerlo con el fin
de exhortarlos a combatir por la fe, que de
una vez para siempre ha sido transmitida a
los santos. 4 Porque se han infiltrado entre ustedes ciertos hombres, cuya condenación estaba preanunciada desde hace mucho tiempo. Son impíos que hacen de la gracia de Dios
un pretexto *para su libertinaje y* reniegan de
nuestro único Dueño y Señor Jesucristo.

Los falsos maestros

2 Pe 1 12; Nm 14 29-30; 1 Cor 10 5; 2 Pe 2 4;
Gn 6 1-2; 2 Pe 2 6-9; Gn 19; Mt 10 15

5 Quiero recordarles, aunque ustedes ya lo
han aprendido de una vez por todas, que el
Señor, después de haber salvado al pueblo,
sacándolo de Egipto, hizo morir enseguida a
los incrédulos. 6 En cuanto a los ángeles que
no supieron conservar su preeminencia y
abandonaron su propia morada, el Señor
los tiene encadenados eternamente en las tinieblas para el Juicio del gran Día. 7 También
Sodoma y Gomorra, y las ciudades vecinas,
que se prostituyeron de un modo semejante
a ellos, dejándose arrastrar por relaciones
contrarias a la naturaleza, han quedado como ejemplo, sometidas a la pena de un fuego eterno.

8 Lo mismo pasa con estos impíos: en su
delirio profanan la carne, desprecian la Soberanía e injurian a los ángeles gloriosos.
9 Ahora bien, el mismo arcángel Miguel,
cuando se enfrentaba con el demonio y discutía con él, respecto del cuerpo de Moisés,
no se atrevió a proferir contra él ningún juicio injurioso, sino que dijo solamente: «Que
el Señor te reprima». 10 Estos impíos, en cambio, hablan injuriosamente de lo que ignoran; y lo que conocen por instinto natural,
como animales irracionales, solo sirve para
su ruina.

La perversidad de los falsos maestros

2 Pe 2 10-12; Dn 10 13.21; Zac 3 2; 2 Pe 2 15;
Nm 22 2; 16; 2 Pe 2 13.17-18; Prov 25 14;
Is 57 20; Dn 7 8-20

11 ¡Ay de ellos! Porque siguieron el camino de Caín; por amor al dinero cayeron en
el extravío de Balaam y perecieron en la rebelión de Coré. 12 Ellos manchan las comidas fraternales, porque se dejan llevar de la
glotonería sin ninguna vergüenza y solo tratan de satisfacerse a sí mismos. Son nubes
sin agua llevadas por el viento, árboles oto-
ñales sin frutos, doblemente muertos y arrancados de raíz; 13 olas bravías del mar, que
arrojan la espuma de sus propias deshonras,
estrellas errantes a las que está reservada para siempre la densidad de las tinieblas. 14 A
ellos se refería Henoc, el séptimo patriarca
después de Adán, cuando profetizó: «Ya viene el Señor con sus millares de ángeles, 15 para juzgar a todos y condenar a los impíos
por las maldades que cometieron, y a los pecadores por las palabras insolentes que profi-
rieron contra él». 16 Todos estos son murmu-
radores y descontentos que viven conforme
al capricho de sus pasiones: su boca está llena de petulancia y adulan a los demás por
interés.

Recomendaciones a los fieles

2 Pe 3 2-3; Am 4 11; Flp 1 10

17 En cuanto a ustedes, queridos míos,
acuérdense de lo que predijeron los Apóstoles de nuestro Señor Jesucristo. 18 Ellos les
decían: «En los últimos tiempos habrá gente que se burlará de todo y vivirá de acuerdo con sus pasiones impías». 19 Estos son los
que provocan divisiones, hombres sensuales que no poseen el Espíritu. 20 Pero ustedes,
queridos míos, edifíquense a sí mismos sobre el fundamento de su fe santísima, orando en el Espíritu Santo. 21 Manténganse en el
amor de Dios, esperando la misericordia de
nuestro Señor Jesucristo para la Vida eterna.
22 Traten de convencer a los que tienen dudas, 23 y sálvenlos librándolos del fuego. En
cuanto a los demás, tengan piedad de ellos,
pero con cuidado, aborreciendo hasta la túnica contaminada por su cuerpo.

EDIFÍQUENSE A SÍ MISMOS SOBRE EL FUNDAMENTO DE SU FE SANTÍSIMA.

Jds 20

Doxología

Rom 16 25-27; Ef 3 20-21

24 A aquel que puede preservarlos de toda
caída y hacerlos comparecer sin mancha y
con alegría en la presencia de su gloria, 25 al
único Dios que es nuestro Salvador, por
medio de Jesucristo nuestro Señor, sea la
gloria, el honor, la fuerza y el poder, desde
antes de todos los tiempos, ahora y para
siempre. Amén.

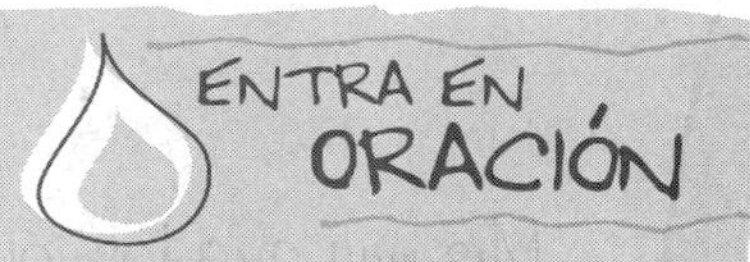

Consérvanos en el amor y la verdad

Judas insiste en que, ante las amenazas de los impostores, es importante edificar su vida sobre la santidad de la fe y, por ello, es clave la oración. Oremos para que el Espíritu Santo nos conserve en el amor.

Ven, Espíritu Santo.

Danos claridad de mente y honestidad de actitudes.

Que nuestra conducta no hiera a la comunidad.

Que nunca seamos manipuladores ni ofensivos.

Ven, Espíritu Santo.

Ayúdanos a erradicar lo que amenaza nuestra vida cristiana.

Que podamos superar los problemas, fracasos y crisis de fe.

Que no causemos divisiones ni escándalos en la comunidad.

Ven, Espíritu Santo.

Ayúdanos a acallar el chisme, y a desafiar a quien nos engaña.

Que podamos acabar con prejuicios que lastiman.

Que seamos capaces de comprender y de amar.

Ven, Espíritu Santo.

Ayúdanos a orar y a abrirnos siempre al amor.

Que fortifiquemos nuestra relación con Dios.

Que usemos nuestros dones en el seguimiento de Jesús.

Amén.

Jds 17-23

En nombre de Judas

ALGUNOS CONSEJOS VALIOSOS

Mis muy amados jóvenes,

Les escribo muy preocupado porque sus actitudes y comportamientos negativos están destruyendo la comunidad, y eso no debe pasar. Deben actuar haciendo buen uso de su libertad y eso implica seguir las enseñanzas de Jesús, no abusar de su gracia y llegar al libertinaje (Jds 4).

No caigan en las conductas de los adversarios de Jesús, que profanan sus cuerpos... actúan con instintos irracionales, que los llevan a la ruina. Esto es una aberración en una comunidad cristiana (10-11).

No se dejen influir por impostores, «que provocan divisiones, hombres sensuales que no poseen el Espíritu» (19). «Ustedes, queridos míos, edifíquense a sí mismos sobre el fundamento de su fe santísima» (20).

+ Judas, un evangelizador preocupado por ustedes

¿Qué imágenes y sentimientos evoca en ti el libro del Apocalipsis? Mientras algunas personas lo consideran el más valioso de la Biblia, otras solo piensan en visiones monstruosas, imágenes atrevidas, símbolos incomprensibles y fenómenos alarmantes al fin del mundo. El término *apocalipsis* significa «revelación» y es también un género literario que usa símbolos comprensibles solo para un grupo de gente. El objetivo de este libro es comunicar la revelación de Dios a su pueblo en una etapa trágica de su historia, para afirmar su fe y su esperanza en la victoria total de Cristo sobre el mal en el mundo. ¡El Apocalipsis es el libro de la esperanza cristiana!

ESQUEMA

- **1 1-3.** Prólogo
- **1 4 – 3 22.** «Lo que sucede»: Carta a las siete Iglesias de Asia
- **4 – 22.** «Lo que sucederá»: Las visiones proféticas
  - **4 – 16.** Los preliminares del gran Día del Señor
  - **17 1 – 19 10.** El castigo de Babilonia
  - **19 11 – 20 15.** El triunfo definitivo de Cristo
  - **21 – 22.** La nueva Jerusalén

DATOS

Contexto histórico
Finales del siglo I d.C.
Autor
Probablemente discípulos del Apóstol Juan el Zebedeo
Fecha de redacción
Alrededor del 92-96 d.C., durante la persecución romana
Destinatarios
Iglesias cristianas de Asia Menor

PRESENTACIÓN

El Apocalipsis o libro de la Revelación es de índole profética. Es el único del Nuevo Testamento que usa el género literario apocalíptico, presente en varios libros del Antiguo Testamento.

Sus visiones, imágenes auditivas y otros recursos literarios nos sumergen en el misterio de Dios, pero también nos desconciertan y causan preguntas: ¿qué significan los símbolos? ¿Por qué usa un lenguaje secreto difícil de comprender? ¿Se puede comprender hoy después de tantos años? (ver «Vocabulario bíblico: Apocalíptica», y «La literatura apocalíptica», Dn 8 1-14).

Su autor toma el nombre de Juan para avalar su mensaje con la autoridad del apóstol, según se usaba en la antigüedad. Su profetismo tiene una dimensión inmediata y otra universal. Su objetivo inmediato fue nutrir la fe de los cristianos ante la persecución a fines del siglo I d.C.; fomentar su fidelidad a Cristo, el único Señor, ante la presión de dar culto al emperador, y denunciar al imperio y al emperador sin arriesgar a los cristianos. Su dimensión universal radica en que es «el libro de la esperanza cristiana», pues afirma la victoria definitiva de Dios en el mundo.

El Apocalipsis no predice cuándo y cómo será la venida final de Jesús, sino que interpreta proféticamente la historia para darnos esperanza. La primera parte invita a la conversión desde la experiencia del Resucitado. La segunda, hace una lectura teológica de la historia, desde la cruda realidad que estaban viviendo los cristianos, para indicar que el triunfo de las fuerzas del mal era solo aparente. La tercera presenta la victoria definitiva de Cristo, quien con su fuerza divina vence toda potencia maligna y establecerá el Reino de Dios para siempre, donde ya no existirá el sufrimiento ni la muerte.

Prólogo

Dn 2 28; Ap 22 6s.16; 2 Cor 6 2

1 [1] Revelación de Jesucristo, que le fue confiada por Dios para enseñar a sus servidores *lo que tiene que suceder* pronto. Él envió a su Ángel para transmitírsela a su servidor Juan. [2] Este atestigua que todo lo que vio es Palabra de Dios y testimonio de Jesucristo. [3] Feliz el que lea, y felices los que escuchen las palabras de esta profecía y tengan en cuenta lo que está escrito en ella, porque el tiempo está cerca.

«LO QUE SUCEDE»: CARTA A LAS SIETE IGLESIAS DE ASIA

Saludo y doxología

Sal 89 28.38; Ex 19 6; Is 61 6; 1 Pe 2 5.9; Zac 12 10.14

[4] *Yo, Juan, escribo a las siete Iglesias* de Asia. Llegue a ustedes la gracia y la paz de parte de aquel que es, que era y que viene, y de los siete Espíritus que están delante de su trono, [5] y de Jesucristo, *el Testigo fiel, el Primero* que resucitó de entre los muertos, *el Rey de los reyes de la tierra*. Él nos amó y nos purificó de nuestros pecados, por medio de su sangre, [6] e hizo de nosotros *un Reino sacerdotal* para Dios, su Padre. ¡A él sea la gloria y el poder por los siglos de los siglos! Amén. [7] ¡Miren! Él *viene entre las nubes* y todos lo verán, aun *aquellos que lo habían traspasado. Por él se golpearán el pecho todas las razas* de la tierra. Sí, así será. Amén. [8] Yo soy el Alfa y la Omega, dice el Señor Dios, el que es, el que era y el que viene, el Todopoderoso.

Visión preparatoria

Dn 7 13; 10 6; Ez 43 2; 1 28; Is 44 6; 48 12

[9] Yo, Juan, hermano de ustedes, con quienes comparto las tribulaciones, el Reino y la espera perseverante en Jesús, estaba en la isla de Patmos, a causa de la Palabra de Dios y del testimonio de Jesús. [10] El Día del Señor fui arrebatado por el Espíritu y oí detrás de mí una voz fuerte como una trompeta, que decía: [11] «Escribe en un libro lo que ahora vas a ver, y mándalo a las siete Iglesias: a Éfeso, a Esmirna, a Pérgamo, a Tiatira, a Sardes, a Filadelfia y a Laodicea». [12] Me di vuelta para ver de quién era esa voz que me hablaba, y vi siete candelabros de oro, [13] y en medio

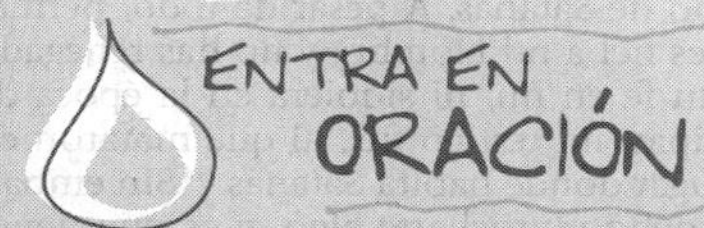

El Alfa y la Omega

Lee Apocalipsis 1 1-20 para sumergirte en el ambiente y el mensaje de este libro. Juan empieza explicando que recibió una revelación de Dios a través de una visión y que un Ángel le mandó comunicarla. Jesús aparece desde el principio, como centro de todos los acontecimientos narrados en el libro. Sigue la primera de las siete Bienaventuranzas que hay en este libro, lo que indica su enfoque de dicha y consuelo total.

Las siete iglesias representan la Iglesia entera, a quien Juan comunica su mensaje en nombre de siete espíritus, o sea, de la plenitud del Espíritu, y de Jesucristo resucitado y liberador. Jesús se denomina a sí mismo el *Alfa* y la *Omega*, que son la primera y última letra del alfabeto griego, indicando que es el principio y el fin de la historia. La visión de Jesucristo revestido de gloria, en medio de siete candelabros, significa que ha resucitado con todo poder y que cuida a su Iglesia.

Jesús, gracias por revelarte como el Alfa *y la* Omega, *y aparecer glorioso ante nosotros para darnos la seguridad de que tienes el control total de la historia. Pongo ante ti las situaciones actuales que me atemorizan y los desafíos que enfrento para vivir mi fe y mis valores. Fortalece mi fe y renueva mi esperanza con la maravillosa revelación de tu amor y, cuando me olvide de esto, sal a mi encuentro y permíteme escuchar tu voz que me dice que la historia está siempre en tus manos y que mi propia historia es muy importante para ti.*

Ap 1 7-20

de ellos, a alguien *semejante a un Hijo de hombre,* revestido de una larga túnica que estaba ceñida a su pecho con una *faja de oro.*
14 *Su cabeza y sus cabellos tenían la blancura de la lana* y de la nieve; *sus ojos parecían* llamas
de *fuego;* 15 *sus pies, bronce fundido* en el crisol;
y *su voz era como el estruendo de grandes cataratas.* 16 En su mano derecha tenía siete estrellas; de su boca salía una espada de doble filo; y su rostro era como el sol cuando brilla con toda su fuerza.
17 Al ver esto, caí a sus pies, como muerto, pero él, tocándome con su mano derecha, me dijo: «No temas: yo soy *el Primero*
y *el Último,* el Viviente. 18 Estuve muerto,
pero ahora vivo para siempre y tengo la llave de la Muerte y del Abismo. 19 Escribe lo
que has visto, lo que sucede ahora y *lo que*
sucederá en el futuro. 20 El significado misterioso de las siete estrellas que has visto en mi mano y de los siete candelabros de oro es el siguiente: las siete estrellas son los Ángeles de las siete Iglesias, y los siete candelabros son las siete Iglesias».

Uso y significado de los símbolos en el Apocalipsis

El lenguaje simbólico nos permite conocer y expresar realidades profundas de la vida. Usamos corazones para expresar el amor; el color blanco para simbolizar la pureza; el agua para representar la vida y la fecundidad... Para acercarnos al misterio de Dios y comunicar nuestra experiencia de él, creamos símbolos con significado religioso.

En tu primer contacto con el Apocalipsis, déjate impresionar por la riqueza de sus imágenes simbólicas. Recuerda que el autor recurrió a ellas para fortalecer la esperanza de los cristianos perseguidos, visualizar una nueva humanidad en Cristo y alabar a Dios, de modo que solo la comunidad cristiana comprendiera estos mensajes, para evitar que los representantes del imperio consideraran el escrito amenazante e intensificaran su persecución.

Muchos símbolos provienen del Antiguo Testamento, como el arco iris (Gn 9 12-16), las plagas (Ex 10), el hombre vestido de lino (Dn 10), el castigo de Babilonia (Jr 51) y la fuente del Templo (Ez 47). Otros son explicados en el mismo texto, por ejemplo: los siete candelabros representan las siete iglesias (Ap 1 20); las siete lámparas de fuego, los siete Espíritus de Dios (4 5); las copas de oro simbolizan las oraciones de los santos (5 8). Los colores tienen simbolismo: el blanco significa victoria; el rojo, derramamiento de sangre; el amarillo, el hambre; el negro, la muerte (6 1-8). Los números también son simbólicos, como era costumbre en esa época (ver «Significado de los números en la Biblia», 1 Re 4 7).

Ap 1 20

Carta a la Iglesia de Éfeso

Mc 1 15; Lc 3 3; Hch 2 38; 3 19

2 1 Escribe al Ángel de la Iglesia de Éfeso: «El que tiene en su mano derecha
las siete estrellas y camina en medio de los
siete candelabros de oro, afirma: 2 "Conozco tus obras, tus trabajos y tu constancia. Sé
que no puedes tolerar a los perversos: has
puesto a prueba a quienes usurpan el título
de apóstoles, y comprobaste que son mentirosos. 3 Sé que tienes constancia y que has
sufrido mucho por mi Nombre sin desfallecer. 4 Pero debo reprocharte que hayas dejado enfriar el amor que tenías al comienzo. 5 Fíjate bien desde dónde has caído,
conviértete y observa tu conducta anterior.
Si no te arrepientes, vendré hacia ti y sacaré
tu candelabro de su lugar preeminente.
6 Sin embargo, tienes esto a tu favor: que detestas la conducta de los nicolaítas, lo mismo que yo". 7 El que pueda entender, que
entienda lo que el Espíritu dice a las Iglesias: al vencedor, le daré de comer *del árbol
de la vida, que se encuentra en el Paraíso* de
Dios».

Carta a la Iglesia de Esmirna

Is 44 6; 48 12; Lc 22 31-33; Dn 1 12-14

8 Escribe al Ángel de la Iglesia de Esmirna: «*El Primero y el Último*, el que estuvo
muerto y ha revivido, afirma: 9 "Conozco
tu tribulación y tu pobreza, aunque eres
rica, así como también la maledicencia de
los que se llaman judíos, y no son más
que una sinagoga de Satanás. 10 No temas
por lo que tendrás que padecer: mira que
el demonio va a arrojar en la cárcel a algunos de ustedes *para que sean puestos a
prueba*, y tendrán que sufrir durante *diez
días*. Sé fiel hasta la muerte y te daré la corona de la vida". 11 El que pueda entender,
que entienda lo que el Espíritu dice a las
Iglesias: la segunda muerte no dañará al
vencedor».

SÉ FIEL HASTA LA MUERTE
Y TE DARÉ
LA CORONA DE LA VIDA. Ap 2 10

Carta a la Iglesia de Pérgamo

Nm 22 2; Is 62 2; 65 15

12 Escribe al Ángel de la Iglesia de Pérgamo: «El que tiene la espada de doble filo
afirma: 13 "Sé que tú habitas donde está el
trono de Satanás. A pesar de todo, permaneces fiel a mi Nombre y no has renegado
de tu fe en mí, ni siquiera en la época de
Antipas, mi testigo fiel, al que mataron en
el lugar donde habita Satanás. 14 Sin embargo, debo reprocharte algo, y es que tienes
adictos a la doctrina de Balaam, el que enseñó a Balac cómo debía seducir a los israelitas para que se prostituyeran, comiendo los alimentos sacrificados a los ídolos.
15 Tienes además partidarios de la doctrina
de los nicolaítas. 16 Arrepiéntete, o iré enseguida para combatirlos con la espada de mi
boca". 17 El que pueda entender, que entienda lo que el Espíritu dice a las Iglesias: al
vencedor, le daré de comer el maná escondido, y también le daré una piedra blanca,
en la que está escrito un *nombre nuevo* que
nadie conoce fuera de aquel que lo recibe».

Carta a la Iglesia de Tiatira

Dn 10 6; Jr 11 20; Sal 62 13; Prov 24 12; Sal 2 8-9

18 Escribe al Ángel de la Iglesia de Tiatira:
«El Hijo de Dios, el que tiene los ojos como
llamas de fuego y los pies semejantes al bronce fundido, afirma: 19 "Conozco tus obras,
tu amor, tu fe, tu servicio y tu constancia. Sé
también que tus últimas obras son más
abundantes que las primeras. 20 Pero, debo
reprocharte que toleras a Jezabel, esa mujer
que pretende ser profetisa, la que engaña a
todos mis servidores, y les enseña a prostituirse comiendo los alimentos sacrificados
a los ídolos. 21 Yo le he dado tiempo suficiente para arrepentirse, pero ella no quiere
dejar de fornicar. 22 Por eso, la arrojaré en
un lecho de dolor, y someteré a sus compañeros de adulterio a una prueba terrible, si
no se arrepienten de sus obras, 23 y haré morir a sus hijos. Así sabrán todas las Iglesias
que *yo conozco íntimamente los sentimientos y
las intenciones*. Y *retribuiré a cada uno según
sus obras*. 24 En cuanto a ustedes, los demás
de Tiatira, los que no comparten esta doctrina ni conocen "los secretos de Satanás"
—como dicen ellos—, no les impondré nada nuevo, 25 excepto que conserven firmemente lo que ya poseen, hasta que yo vuelva. 26 Al vencedor, al que permanezca fiel
hasta el fin, *le daré autoridad sobre las naciones*. 27 *Él las regirá con un cetro de hierro y las
destrozará como a un vaso de arcilla*, 28 con el
mismo poder que yo recibí del Padre; y
también le daré la Estrella de la mañana".
29 El que pueda entender, que entienda lo
que el Espíritu dice a las Iglesias».

Llamado a las siete iglesias

El mensaje a las comunidades de Asia, en la actual Turquía, es un llamado profético. Los profetas del Antiguo Testamento exigían fidelidad a la alianza; ahora Juan exige vivir la fe cristiana. Las iglesias de Esmirna y Filadelfia son elogiadas; las de Sardes y Laodicea son reprendidas, y las otras tres reciben elogios y críticas. Se corrige a las iglesias por admitir líderes que van contra el evangelio y que no dan testimonio con su vida (ver mapa: «El cristianismo en el siglo I», p. 1183).

Si Juan escribiera a tu comunidad, ¿qué elogiaría y qué criticaría? ¿Cómo vive tu comunidad el evangelio: con fervor o superficialmente?

Ap 2 – 3

Carta a la Iglesia de Sardes

1 Tes 5 2; Ex 32 32-33; Sal 69 29; Dn 7 9; 12 1

3 [1] Escribe al Ángel de la Iglesia de Sardes: «El que posee los siete Espíritus de Dios y las siete estrellas, afirma: "Conozco tus obras: aparentemente vives, pero en realidad estás muerto. [2] Permanece alerta y reanima lo que todavía puedes rescatar de la muerte, porque veo que tu conducta no es perfecta delante de mi Dios. [3] Recuerda cómo has recibido y escuchado la Palabra: consérvala fielmente y arrepiéntete. Porque si no vigilas, llegaré como un ladrón, y no sabrás a qué hora te sorprenderé. [4] Sin embargo, tienes todavía en Sardes algunas personas que no han manchado su ropa: *ellas me acompañarán* vestidas de blanco, porque lo han merecido. [5] El vencedor recibirá una vestidura blanca, nunca borraré su nombre del Libro de la Vida y confesaré su nombre delante de mi Padre y de sus Ángeles". [6] El que pueda entender, que entienda lo que el Espíritu dice a las Iglesias».

Carta a la Iglesia de Filadelfia

Is 22 22; 45 14; Lc 21 19; 2 Tim 2 12

[7] Escribe al Ángel de la Iglesia de Filadelfia: «El Santo, el que dice la Verdad, el que *posee la llave de David, el que abre y nadie puede cerrar, el que cierra y nadie puede abrir*, afirma: [8] "Yo conozco tus obras; he abierto delante de ti una puerta que nadie puede cerrar, porque, a pesar de tu debilidad, has cumplido mi Palabra sin renegar de mi Nombre. [9] Obligaré a los de la sinagoga de Satanás —que mienten, porque se llaman judíos y no lo son— a que *se postren delante de ti* y reconozcan que *yo te he amado*. [10] Ya que has cumplido mi consigna de ser constante, yo también te preservaré en la hora de la tribulación, que ha de venir sobre el mundo entero para poner a prueba a todos los habitantes de la tierra. [11] Yo volveré pronto: conserva firmemente lo que ya posees, para que nadie pueda arrebatarte la corona. [12] Haré que el vencedor sea una columna en el Templo de mi Dios, y nunca más saldrá de allí. Y sobre él escribiré el nombre de mi Dios, y el nombre de la Ciudad de mi Dios —la nueva Jerusalén que desciende del cielo y viene de Dios— y también mi *nombre nuevo*". [13] El que pueda entender, que entienda lo que el Espíritu dice a las Iglesias».

Carta a la Iglesia de Laodicea

Jn 1 3; Os 12 9; Is 55 1; Prov 3 12; Lc 22 29-30

[14] Escribe al Ángel de la Iglesia de Laodicea: «El que es el Amén, el Testigo fiel y verídico, el Principio de las obras de Dios, afirma: [15] "Conozco tus obras: no eres frío ni caliente. ¡Ojalá fueras frío o caliente! [16] Por eso, porque eres tibio, te vomitaré de mi boca. [17] Tú andas diciendo: Soy rico, estoy lleno de bienes y no me falta nada. Y no sabes que eres desdichado, digno de compasión, pobre, ciego y desnudo. [18] Por eso, te aconsejo: cómprame oro purificado en el fuego para enriquecerte, vestidos blancos para revestirte y cubrir tu vergonzosa desnudez, y un colirio para ungir tus ojos y recobrar la vista. [19] *Yo corrijo y reprendo a los que amo*. ¡Reanima tu fervor y arrepiéntete! [20] Yo estoy junto a la puerta y llamo: si alguien oye mi voz y me abre, entraré en su casa y cenaremos juntos. [21] Al vencedor lo haré sentar conmigo en mi trono, así como yo he vencido y me he sentado con mi Padre en su trono". [22] El que pueda entender, que entienda lo que el Espíritu dice a las Iglesias».

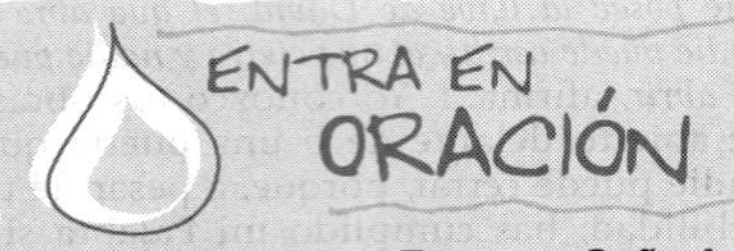

¡Entra ya, Señor!

Cristo conoce la realidad histórica de la comunidad de Laodicea. Su industria textil le ofrece bienestar económico y se siente satisfecha de sí misma. Cristo vuelve a pedirle una entrega libre y total, e igual lo hace contigo. Respóndele con esta oración.

Cristo Jesús, tú me conoces y sabes que deseo seguirte porque te amo y valoro la bondad de tu evangelio. Tú rechazas a los tibios y mediocres que prefieren la comodidad egoísta sobre un compromiso serio.

Quiero tener siempre abierta la puerta de mi vida para recibirte. ¡Entra ya, Señor! Dame el oro de la fe, renueva mi vestidura blanca del Bautismo con los valores del Reino de Dios y dame tu luz para descubrir la verdad.

Corrígeme como a la comunidad de Laodicea cuando sea necesario, y quédate a cenar conmigo para que me des fuerzas y pueda comunicarte a mis hermanos.

Gracias por no forzar nunca tu entrada en mi vida y ofrecerme tu amistad dejándome en libertad de aceptarla o no. ¡Qué grande eres para darme siempre tu amor y esperar paciente mi respuesta! ¡Entra, Jesús, quédate conmigo!

Ap 3 14-22

«LO QUE SUCEDERÁ»: LAS VISIONES PROFÉTICAS

LOS PRELIMINARES DEL GRAN DÍA DEL SEÑOR

La visión del trono de Dios

Ex 19 16; 24 9-10; 1 Re 22 15; Sal 47 9; Ez 1 5-10; Is 6 2-3; Sal 115 3

4 1 Después tuve la siguiente visión: Había una puerta abierta en el cielo, y la voz que había escuchado antes, hablándome como una trompeta, me dijo: «*Sube aquí, y te mostraré las cosas que deben suceder* enseguida». 2 En ese mismo momento, fui arrebatado por el Espíritu y vi en el cielo un trono, *en el cual alguien estaba sentado.* 3 El que estaba sentado tenía el aspecto de una piedra de jaspe y de ágata. Rodeando el trono, vi un arco iris que tenía el aspecto de la esmeralda. 4 Y alrededor de él, había otros veinticuatro tronos, donde estaban sentados veinticuatro Ancianos, con túnicas blancas y coronas de oro en la cabeza. 5 Del trono salían *relámpagos, voces y truenos,* y delante de él ardían siete lámparas de fuego, que son los siete Espíritus de Dios. 6 Frente al trono, se extendía como un mar transparente semejante al cristal. *En medio* del trono y alrededor de él, *había cuatro Seres Vivientes, llenos de ojos* por delante y por detrás. 7 *El primer* Ser Viviente era semejante a *un león; el segundo, a un toro; el tercero* tenía *rostro humano; y el cuarto* era semejante a *un águila* en pleno vuelo. 8 *Cada uno de los cuatro Seres Vivientes tenía seis alas* y estaba *lleno de ojos por dentro y por fuera.* Y repetían sin cesar, día y noche:

«*Santo, santo, santo es el Señor Dios,*
el Todopoderoso,
el que era, el que es y el que viene».

9 Y cada vez que los Seres Vivientes daban gloria, honor y acción de gracias al que está sentado en el trono, *al que vive por los siglos de los siglos,* 10 los veinticuatro Ancianos se postraban ante él para adorarlo, y ponían sus coronas delante del trono, diciendo:

11 «Tú eres digno, Señor y Dios nuestro,
de recibir la gloria, el honor y el poder.
Porque has creado todas las cosas:
ellas existen y fueron creadas
por tu voluntad».

El Cordero y el Libro de los siete sellos

Ez 2 9-10; Is 11 1.10; Ex 19 6; Is 61 6; Flp 2 9-11

5 1 Después vi en la mano derecha de aquel que estaba sentado en el trono, *un libro escrito por dentro y por fuera,* y sellado con siete sellos. 2 Y vi a un Ángel poderoso que proclamaba en alta voz: «¿Quién es digno de abrir el libro y de romper sus sellos?». 3 Pero nadie, ni en el cielo ni en la tierra ni debajo de ella, era capaz de abrir el libro ni de leerlo. 4 Y yo me puse a llorar porque nadie era digno de abrir el libro ni de leerlo. 5 Pero uno de los Ancianos me dijo: «No llores: ha triunfado *el León* de la tribu *de Judá, el Retoño* de David, y él abrirá el libro y sus siete sellos».

6 Entonces vi un Cordero que parecía haber sido inmolado: estaba de pie entre el trono y los cuatro Seres Vivientes, en medio de los veinticuatro Ancianos. Tenía siete cuernos y *siete ojos,* que son los siete Es-

VIVE LA PALABRA

Jesucristo es el señor de la historia

Después de los mensajes a las iglesias, Juan presenta varias visiones que revelan la acción de Dios en la historia. Lee Apocalipsis 4 1 – 5 14. Observa la visión de Dios en el trono, realzada por una liturgia celeste que lo alaba; es una protesta contra el culto imperial y simboliza la autoridad de Dios sobre la historia (Ap 4 1-11).

Nota el *libro sellado* que sostiene Dios. Contiene la historia del Pueblo de Dios, cuyo significado estaba oculto por la persecución que sufrían las comunidades cristianas. Aparece un *cordero degollado;* es Jesús resucitado, que lleva en su cuerpo las llagas de su pasión y recibe el libro de las manos de Dios; es el único que puede abrir el libro y revelar el misterio de la vida y la muerte (ver Símbolo: «El Cordero», Ap 5 6).

Vuelve a leer el texto para percibir el honor, la gloria y el poder de Cristo. Deja que estas visiones refuercen tu fe y renueven tu esperanza al saber que en Cristo encontramos siempre la respuesta al misterio de nuestra vida.

Ap 4 – 5

píritus de Dios *enviados a toda la tierra.* 7 El
Cordero vino y tomó el libro de la mano
derecha de aquel que estaba sentado en el
trono. 8 Cuando tomó el libro, los cuatro
Seres Vivientes y los veinticuatro Ancianos
se postraron ante el Cordero. Cada uno tenía un arpa, y copas de oro llenas de perfume, que son las oraciones de los Santos,
9 y cantaban un canto nuevo, diciendo:

«Tú eres digno de tomar el libro
y de romper los sellos,
porque has sido inmolado,
y por medio de tu Sangre
has rescatado para Dios
a hombres de todas las familias,
lenguas, pueblos y naciones.
10 Tú has hecho de ellos
un Reino sacerdotal para nuestro Dios,
y ellos reinarán sobre la tierra».

11 Y después oí la voz de una multitud de Ángeles que estaban alrededor del trono, *de los Seres Vivientes* y de los Ancianos. Su número se contaba *por miles y millones,*
12 y exclamaban con voz potente:

«El Cordero que ha sido inmolado
es digno de recibir el poder y la riqueza,
la sabiduría, la fuerza y el honor,
la gloria y la alabanza».

13 También oí que todas las criaturas que están en el cielo, sobre la tierra, debajo de ella y en el mar, y todo lo que hay en ellos, decían:

«Al que está sentado sobre el trono
y al Cordero,
alabanza, honor, gloria y poder,
por los siglos de los siglos».

14 Los cuatro Seres Vivientes decían: «¡Amén!», y los Ancianos se postraron en actitud de adoración.

La apertura de los seis primeros sellos

Jr 15 2-4; Ez 5 17; 14 12-21;
Zac 1 8-10.12-13; Os 10 8; Jl 2 1.11

6 1 Después vi que el Cordero abría el
primero de los siete sellos, y oí al
primero de los cuatro Seres Vivientes que
decía con voz de trueno: «Ven». 2 Y vi aparecer un caballo blanco. Su jinete tenía un arco, recibió una corona y salió triunfante, para seguir venciendo.
3 Cuando el Cordero abrió el segundo
sello, oí al segundo de los Seres Vivientes
que decía: «Ven». 4 Y vi aparecer otro caballo, rojo como el fuego. Su jinete recibió el poder de desterrar la paz de la tierra, para que los hombres se mataran entre sí; y se le dio una gran espada.
5 Cuando el Cordero abrió el tercer sello,
oí al tercero de los Seres Vivientes que decía: «Ven». Y vi aparecer un caballo negro.
Su jinete tenía una balanza en la mano; 6 y
oí una voz en medio de los cuatro Seres Vivientes, que decía: «Se vende una ración de trigo por un denario y tres raciones de cebada por un denario. Y no eches a perder el aceite y el vino».
7 Cuando el Cordero abrió el cuarto se-
llo, oí al cuarto de los Seres Vivientes que

A P

El reverso de la pasión

La entrada triunfal de Cristo en la casa paterna, presentada en Apocalipsis 4 – 5, puede verse como «el reverso de su pasión». Para entender cómo se identifica la gloria de Jesús con su muerte en la cruz, hay que distinguir dos momentos distintos:

- *En la eternidad,* la Santísima Trinidad es la unión de amor entre el Padre, el Verbo y el Espíritu Santo.
- *En la historia,* Jesús es concebido por obra del Espíritu Santo y, al momento de su muerte es a él, al Verbo hecho carne y hermano nuestro, a quien el Espíritu glorifica (ver «La hora y la gloria del Padre», Jn 17).

La salvación en Jesús se logra por nuestra participación en su cuerpo glorioso. Su gloria es fruto de haber vivido hasta la muerte totalmente obediente al Padre, para el perdón de los pecados y ser fuente de vida para todos sus hermanos.

Al resucitar «al tercer día», Cristo glorioso asume su cuerpo llagado y lo impregna de su gloria, convirtiéndose en la fuente de nuestra vida por la fe y los sacramentos. El Bautismo nos injerta en su «cuerpo glorioso» y la Confirmación nos fortalece. Por la Reconciliación nos reintegramos a él y en la Eucaristía nos alimentamos de él. En la Unción se convierte en compañero de viaje. En él radica el ministerio sacerdotal, y es él quien une en amor a la pareja matrimonial.

Ap 4 – 5

decía: «Ven». 8 Y vi aparecer un caballo amarillo. Su jinete se llamaba «Muerte», y el
Abismo de la muerte lo seguía. Y recibió
poder sobre la cuarta parte de la tierra, *para
matar por medio de la espada, del hambre, de
la peste y de las fieras salvajes.*
9 Cuando el Cordero abrió el quinto sello, vi debajo del altar las almas de los que
habían sido inmolados a causa de la Palabra de Dios y del testimonio que habían dado. 10 Ellas clamaban a voz en cuello: «¿Hasta cuándo, Señor santo y verdadero, tardarás
en hacer justicia y en vengar nuestra sangre
sobre los habitantes de la tierra?». 11 Entonces se le dio a cada uno una vestidura blanca y se les dijo que esperaran todavía un poco, hasta que se completara el número de
sus compañeros de servicio y de sus hermanos, que iban a sufrir la misma muerte.
12 Y cuando el Cordero abrió el sexto sello, vi que se produjo un violento terremoto. El sol se puso negro como ropa de luto
y la luna quedó como ensangrentada; 13 *los
astros del cielo cayeron* sobre la tierra, *como
caen los higos* verdes cuando la higuera es
sacudida por un fuerte viento. 14 *El cielo se
replegó como un pergamino que se enrolla,* y
todas las montañas y las islas fueron arrancadas de sus sitios. 15 Los reyes y los grandes
de la tierra, los jefes militares, los ricos y
los poderosos, los esclavos y los hombres
libres, *todos se escondieron en las cavernas y
entre las rocas* de las montañas, 16 y *decían a
las montañas* y a las rocas: «*Caigan sobre nosotros,* y ocúltennos de la mirada de aquel
que está sentado en el trono y de la ira del
Cordero». 17 Porque ha llegado el *gran Día
de su ira, y ¿quién podrá resistir?*

Ap 5 6

COMPRENDE LOS SÍMBOLOS

El Cordero

El Cordero evoca al cordero pascual de la liberación. Está degollado como el cordero manso ofrecido en expiación por los pecados, pero está de pie y con cuernos o rayos de luz que anuncian su victoria. Sus siete ojos revelan su señorío sobre el mundo, y la banderola con la cruz y el aleluya, su triunfo sobre el pecado.

Los elegidos de Dios

Jr 49 36; Ez 7 2; 9 4-6; 37 9; Nm 1 20-43

7 1 Después de esto, vi a cuatro Ángeles
que estaban de pie en los *cuatro puntos*

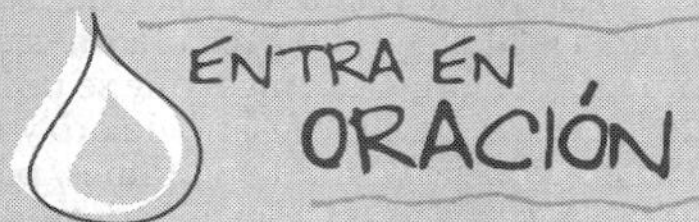

¡Oración jubilosa!

En las visiones celestes de Juan se ofrecen a Dios oraciones llenas de entusiasmo, y al Cordero, que es Cristo Jesús. Hay ángeles, incienso, oro, ancianos, mártires vestidos de blanco y una multitud tan grande que es imposible contarla.

Señor Jesús, Cordero de Dios, ¡te alabo por tu reinado y por tu sacrificio salvador!

Te amo y te doy gracias por tu amor hacia mí y hacia toda la humanidad. Otórgame espíritu de alabanza, que en mi oración personal no solo te pida lo que tú ya conoces, sino que con audacia alabe tu bondad, uniéndome a los miles y miles que al contemplarte en tu revelación a la Iglesia dicen con fuerte voz:

El Cordero que ha sido inmolado es digno de recibir el poder y la riqueza, la sabiduría, la fuerza y el honor, la gloria y la alabanza (Ap 5 12).

Ap 5 9-14

cardinales y sujetaban a los cuatro vientos
para que no soplaran sobre la tierra, ni sobre el mar, ni sobre los árboles. 2 Luego vi a
otro Ángel que subía del Oriente, llevando
el sello del Dios vivo. Y comenzó a gritar
con voz potente a los cuatro Ángeles que
habían recibido el poder de dañar a la tierra
y al mar: 3 «No dañen a la tierra, ni al mar, ni
a los árboles, hasta que *marquemos con el sello la frente* de los servidores de nuestro
Dios». 4 Oí entonces el número de los que
habían sido marcados: eran 144 000, perte-
necientes a todas las tribus de Israel.

5 Doce mil de la tribu de Judá,
doce mil de la tribu de Rubén,
doce mil de la tribu de Gad,
6 doce mil de la tribu de Aser,
doce mil de la tribu de Neftalí,
doce mil de la tribu de Manasés,
7 doce mil de la tribu de Simeón,
doce mil de la tribu de Leví,
doce mil de la tribu de Isacar,
8 doce mil de la tribu de Zabulón,
doce mil de la tribu de José,
doce mil de la tribu de Benjamín.

¿SABÍAS QUE...?

Revelación del sentido de la historia

En los capítulos 6 – 8 del Apocalipsis, el Cordero, Jesús resucitado, abre los *siete sellos* e interpreta el drama de la historia y de las fuerzas de salvación que actúan en ella. Al abrir los primeros *cuatro sellos* descubre a cuatro jinetes que traen conquista, violencia, hambre y muerte. La apertura del *quinto sello* muestra a los mártires que exigen justicia, reciben ropa blanca porque comparten su triunfo con Cristo resucitado y esperan a los otros mártires. Esta etapa terminará pronto.

La apertura del *sexto sello* revela el futuro. Todos, incluyendo los poderosos, van a sufrir, pero quienes siguen fielmente a Cristo se salvarán. Esta salvación tiene su origen en las doce tribus de Israel; sin embargo, ahora su alcance es universal y abarcará una multitud incontable de personas de toda nación, tribu, pueblo y lengua (Ap 7 4-9).

Finalmente, el Cordero abre el *último sello* y vio como se entregaban siete trompetas a siete Ángeles. La oración de los santos sube al cielo y produce efectos a la realidad terrena (8 1-5). Al tocar los Ángeles las trompetas, se desencadena una serie de plagas que destruye una tercera parte de la gente; los demás tienen oportunidad de arrepentirse. A pesar de estas advertencias, mucha gente no cambia y se da una victoria aparente del mal (8 6 – 9 21).

Otro Ángel anuncia con un juramento la realización del plan de Dios (10 1-7). Este juramento es fuente de esperanza: Dios guía la historia; el mundo no es esclavo del mal ni camina desbocado hacia el fracaso total.

Ap 6 – 8

El triunfo de los elegidos

Ap 15 2-5; Dn 12 1; Is 49 10; Ez 34 23; Sal 23 1-2

9 Después de esto, vi una enorme muchedumbre, imposible de contar, formada
por gente de todas las naciones, familias,
pueblos y lenguas. Estaban de pie ante el
trono y delante del Cordero, vestidos con
túnicas blancas; llevaban palmas en la mano y exclamaban con voz potente:

10 «¡La salvación viene de nuestro Dios
que está sentado en el trono,
y del Cordero!».

11 Y todos los Ángeles que estaban alrededor del trono, de los Ancianos y de los cuatro Seres Vivientes, se postraron con el rostro
en tierra delante del trono, y adoraron a Dios,
12 diciendo:

«¡Amén!
¡Alabanza, gloria y sabiduría,
acción de gracias, honor, poder y fuerza
a nuestro Dios para siempre! ¡Amén!».

13 Y uno de los Ancianos me preguntó:
«¿Quiénes son y de dónde vienen los que
están revestidos de túnicas blancas?». 14 Yo
le respondí: «Tú lo sabes, señor». Y él me
dijo: «Estos son los que vienen de la gran
tribulación; ellos han lavado sus vestiduras
y las han blanqueado en la sangre del Cordero. 15 Por eso están delante del trono de
Dios y le rinden culto día y noche en su
Templo. El que está sentado en el trono habitará con ellos: 16 *nunca más padecerán hambre ni sed, ni serán agobiados por el sol o el calor.* 17 Porque el Cordero que está en medio
del trono *será su Pastor y los conducirá hacia
los manantiales de agua viva.* Y Dios *secará
toda lágrima de sus ojos*».

La apertura del séptimo sello

Hab 2 20; Sof 1 7; Zac 2 17; Sal 141 2; Ex 30 1-3

8 1 Y cuando el Cordero abrió el séptimo sello, se produjo en el cielo un silencio, que duró alrededor de media hora.
2 Enseguida, vi a los siete Ángeles que están
delante de Dios, y ellos recibieron siete
trompetas. 3 Y vino otro Ángel que se ubicó
junto al altar con un incensario de oro y recibió una gran cantidad de perfumes, para
ofrecerlos junto con la oración de todos
los santos, sobre el altar de oro que está delante del trono. 4 Y el humo de los perfumes, junto con las oraciones de los santos,
subió desde la mano del Ángel hasta la
presencia de Dios. 5 Después el Ángel tomó
el incensario, *lo llenó con el fuego* del altar *y
lo arrojó* sobre la tierra. Y hubo truenos, gritos, relámpagos y un temblor de tierra. 6 Y
los siete Ángeles que tenían las siete trompetas se dispusieron a tocarlas.

Las cuatro primeras trompetas

Ex 9 23-24; 7 20; Is 14 12; Jr 9 14; Ex 10 21-23

7 Cuando el primer Ángel tocó la trompeta, cayó sobre la tierra granizo y fuego
mezclado con sangre: la tercera parte de la
tierra fue consumida, junto con la tercera
parte de los árboles y toda la hierba verde.
8 Cuando el segundo Ángel tocó la trompeta, se precipitó sobre el mar una masa
incandescente, grande como una montaña:
la tercera parte del mar se convirtió en sangre; 9 murió la tercera parte de los seres vivientes que habitan en sus aguas, y fue destruida la tercera parte de las naves.
10 Cuando el tercer Ángel tocó la trompeta, un astro enorme que ardía como una
antorcha cayó del cielo sobre la tercera parte de los ríos y de los manantiales. 11 El astro se llamaba «Ajenjo». La tercera parte de

VIVE LA PALABRA

¡Qué maravilloso ser parte de la multitud!

Después de la visión sobre el cataclismo final viene la visión de los salvados. Los 144 000 que se salvarán representan a los judíos del Antiguo Testamento y de la época de Jesús, que aceptaron la fe, en el sentido de la obediencia a Dios al estilo de Abraham (Ap 7 4-8). Por eso el texto los señala proviniendo de las doce tribus de Israel.

La multitud enorme son todos aquellos que no pertenecen al pueblo de Israel y que también son *llamados a la salvación. Se trata de los* gentiles de toda nación, raza, pueblo y lengua, que son purificados gracias a la sangre del Cordero (Ap 7 9). Todos ellos dan gloria a Dios con el testimonio de su vida e incluso con su muerte, como los mártires.

Lee Apocalipsis 7 9-17 y reflexiona: desde tu Bautismo has sido sellado por Dios con la fuerza de su Espíritu. ¿Qué significa esto a la luz de este bello pasaje del Apocalipsis?

Ap 7 1-17

las aguas se convirtió en ajenjo, y murieron
muchos hombres que bebieron de esas
aguas, porque se habían vuelto amargas.
12 Cuando el cuarto Ángel tocó la trompeta, se oscureció la tercera parte del sol,
de la luna y de las estrellas. El día perdió la
tercera parte de su luz, y lo mismo sucedió
con la noche.
13 Y después vi y oí a un águila que volaba en el cielo y decía con voz potente: «¡Ay
de los habitantes de la tierra, cuando re-
suenen las trompetas que ya se disponen a
tocar los otros tres Ángeles!».

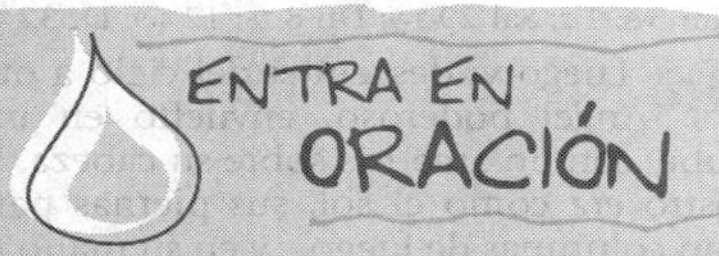

Alabemos la gloria de Dios

El libro del Apocalipsis canta la gloria de Dios con hermosas oraciones de alabanza. Entre ellas destacan el himno por la victoria del Cordero (Ap 5 9-14), el himno de la multitud de todas las naciones (7 10-17), el cántico del Cordero (15 3-4) y el canto de victoria (19 1-8).

En espíritu de oración, lee estos himnos y déjate impactar por su vocabulario fuerte y decidido al alabar a Dios. Imagina las espectaculares escenas con que describen la gloria de Dios.

Después torna tu mirada hacia tu propia vida, y recuerda cómo has experimentado el poder y la gloria de Dios. ¿Cómo se ha dado la obra extraordinaria de Dios en lo ordinario de tu vida diaria? ¿Qué experiencias fuertes has tenido de su poder? Termina tu oración alabando a Dios por sus obras en ti y en la humanidad y, cuando tengas oportunidad de alabarlo en la liturgia, hazlo con entusiasmo, dejando que las palabras nazcan del fondo de tu corazón.

Ap 7 10-17

La quinta trompeta

Gn 19 28; Ex 19 18; 10 12-15; Sab 16 9; Jl 1 – 2

9 1 Cuando el quinto Ángel tocó la
trompeta, vi una estrella que había
caído del cielo a la tierra. La estrella recibió
la llave del pozo del Abismo, 2 y cuando
abrió el pozo, *comenzó a subir un humo, como el de un gran horno,* que oscureció el sol

REFLEXIONA

La historia está en movimiento

La apertura del *séptimo sello* produce un silencio profundo ante la presencia de Dios. Es el silencio propio de la adoración en la liturgia.

Para comprender el actuar de Dios, necesitamos vivir en un silencio activo de espera y oración (Ap 8 4). Los Ángeles tocan siete trompetas que indican siete catástrofes para la creación que afecta a justos y a pecadores.

Dios, con su gran bondad y misericordia infinita, limita la fuerza destructora del mal, llama a todos a la conversión y promete la salvación universal. ¿Cuándo te has sentido llamado a la conversión? ¿Qué tal vas en tu lucha por el bien?

Ap 8

y el aire. 3 Del humo salieron langostas que
se expandieron por toda la tierra, y estas recibieron un poder como el que tienen los
escorpiones de la tierra. 4 Se les ordenó que
no dañaran las praderas ni las plantas ni los
árboles, sino solamente a los hombres que
no llevaran la marca de Dios sobre la frente. 5 Se les permitió, no que los mataran, sino que los atormentaran durante cinco meses, con un dolor parecido al que produce
la picadura del escorpión. 6 En aquellos días
los hombres *buscarán la muerte, y no la encontrarán;* querrán morir, pero la muerte huirá
de ellos.
7 Las langostas *parecían caballos* equipados para la guerra: tenían en su cabeza algo parecido a coronas doradas y su rostro
era semejante al rostro humano. 8 Su cabello era como el de las mujeres y *sus dientes
como dientes de leones.* 9 Su tórax parecía una
coraza de hierro; y el zumbido de sus alas
era como *el ruido de carros* de muchos caballos *corriendo al combate.* 10 Tenían colas
con un aguijón como los escorpiones, y en
ellas residía el poder para dañar a los hombres durante cinco meses. 11 Su rey era el
Ángel del Abismo, cuyo nombre es «Des-

Ap 8 3-5

COMPRENDE LOS SÍMBOLOS

El incienso

El incienso representa una ofrenda aceptable a Dios, pues su humo asciende y su aroma es muy apreciado. Varios profetas relacionan el incienso con su misión y la gloria de Dios; el Apocalipsis considera su fragancia y su elevación hacia el cielo como un vehículo que lleva las oraciones de los santos a Dios.

tructor»: «Abadón», en hebreo, y «Apo-
lión», en griego.
[12] La primera calamidad ha pasado, pero
sepan que todavía faltan dos más.

La sexta trompeta

Ex 30 1-3; Job 41 10-12; Sab 11 17-28; Dn 5 4.23; Sal 135 15-17

[13] Cuando el sexto Ángel tocó la trompeta, escuché una voz que provenía de los
cuatro ángulos del altar de oro que está delante de Dios. [14] Y esa voz dijo al sexto
Ángel, al que tenía la trompeta: «Suelta a
los cuatro Ángeles que están encadenados
junto al gran río Éufrates». [15] Y fueron sol-
tados los cuatro Ángeles que estaban preparados para la hora, el día, el mes y el año
en que debían exterminar a una tercera
parte de los hombres. [16] Su ejército constaba de doscientos millones de jinetes: yo
pude oír este número. [17] En la visión vi así
a los caballos y a los jinetes: los jinetes lle-
vaban corazas de fuego, de jacinto y de
azufre; la cabeza de los caballos se parecía
a la de los leones, y su boca vomitaba fuego, humo y azufre. [18] Una tercera parte de
los hombres fue exterminada por estas tres
plagas: el fuego, el humo y el azufre que
salía de la boca de los caballos. [19] Porque el
poder de esos caballos reside en su boca y
en sus colas: sus colas son como serpientes, que tienen cabezas con las cuales hacen daño. [20] Y el resto de los hombres que
no habían sido dañados por las plagas, no
se arrepintieron de *sus obras* ni dejaron de
adorar a los demonios y a los *ídolos de oro,*
de plata, de bronce, de piedra y de madera, que
son incapaces de ver, de oír y de caminar.
[21] No, ellos no se arrepintieron de sus homicidios, ni de sus maleficios, ni de sus
fornicaciones, ni de sus robos.

Inminencia del castigo final

Am 3 8; 1 2; Sal 29 3-9; Dn 8 26; 12 4-9; Dt 32 40

10 [1] Luego vi descender del cielo a otro
Ángel poderoso, envuelto en una
nube, con un arco iris sobre su cabeza. Su
rostro era como el sol, sus piernas parecían columnas de fuego, [2] y en su mano tenía abierto un libro pequeño. Puso su pie
derecho sobre el mar y el izquierdo sobre
la tierra, [3] y gritó con voz potente, *semejan-*
te al rugido del león. Entonces, los siete
truenos hicieron resonar sus voces. [4] Una
vez que estos hablaron, yo me dispuse a
escribir, pero una voz del cielo me ordenó:
«Guarda en secreto lo que han dicho los
siete truenos y no lo escribas». [5] Y el Ángel
que yo había visto de pie sobre el mar y
sobre la tierra, *levantó su mano derecha ha-*
cia el cielo, [6] y *juró por aquel que vive por los*
siglos de los siglos, *por el que ha creado el*
cielo, la tierra, el mar y todo lo que hay en
ellos, diciendo: «¡Se acabó el tiempo de la
espera! [7] Pero el día en que suene la trompeta del séptimo Ángel y se escuche su
voz, se cumplirá *el misterio* de Dios, conforme al anuncio que él hizo a *sus servido-*
res, los profetas».

El pequeño libro

Ez 2 8 - 3 3

[8] Y la voz que había oído desde el cielo
me habló nuevamente, diciéndome: «Ve a
tomar el pequeño libro que tiene abierto
en la mano el Ángel que está de pie sobre
el mar y sobre la tierra». [9] Yo corrí hacia el
Ángel y le rogué que me diera el pequeño
libro, y él me respondió: «Toma y cóme-
lo; será amargo para tu estómago, pero
en tu boca será dulce como la miel». [10] Yo
tomé el pequeño libro de la mano del
Ángel y *lo comí: en mi boca era dulce como*
la miel, pero cuando terminé de comerlo,

se volvió amargo en mi estómago. 11 Entonces se me dijo: «Es necesario que profetices nuevamente acerca de una multitud de pueblos, de naciones, de lenguas y
de reyes».

> ES NECESARIO QUE PROFETICES NUEVAMENTE ACERCA DE UNA MULTITUD DE PUEBLOS.
>
> Ap 10 11

Los dos testigos

Ez 40 1-5; Zac 2 5-6; 4 3-14;
Dn 7 25; 12 7; Ez 37 5-10

11 1 Después recibí una vara para medir,
semejante a un bastón, mientras me
decían: «Levántate y mide el Templo de
Dios, el altar y a los adoradores que encuentres allí. 2 No tengas en cuenta el atrio
exterior del Templo ni lo midas, porque ha
sido entregado a los paganos, y ellos pisotearán la Ciudad Santa durante cuarenta y
dos meses. 3 Pero yo encargaré a mis dos
testigos que profeticen durante mil doscientos sesenta días, vestidos con hábitos
de penitencia. 4 Estos dos testigos son *los
dos olivos* y los dos candelabros *que están
delante del Señor de la tierra.* 5 Si alguien
quiere hacerles daño, saldrá un fuego de su
boca que consumirá a sus enemigos: así
perecerá el que se atreva a dañarlos. 6 Ellos
tienen el poder de cerrar el cielo para impedir que llueva durante los días de su misión profética; y también, tienen poder para cambiar las aguas en sangre y para herir
la tierra con toda clase de plagas, todas las
veces que quieran.

7 Y cuando hayan acabado de dar testimonio, la Bestia que surge del Abismo *les
hará la guerra, los vencerá y* los matará. 8 Sus
cadáveres yacerán en la plaza de la gran
Ciudad —llamada simbólicamente Sodoma y también Egipto—, allí mismo donde
el Señor fue crucificado. 9 Estarán expuestos
durante tres días y medio, a la vista de gente de todos los pueblos, familias, lenguas
y naciones, y no se permitirá enterrarlos.
10 Los habitantes de la tierra se alegrarán y
harán fiesta, y se intercambiarán regalos,
porque estos dos profetas los habían atormentado».

11 Pero después de estos tres días y medio,
un soplo de vida de Dios *entró en ellos y los hizo poner de pie*, y un gran temor se apoderó
de los espectadores. 12 Entonces escucharon
una voz potente que les decía desde el cielo: «Suban aquí». Y ellos subieron al cielo
en la nube, a la vista de sus enemigos. 13 En
ese momento se produjo un violento temblor de tierra que derrumbó la décima parte de la Ciudad, y el terremoto ocasionó la
muerte de siete mil personas: los sobrevivientes quedaron atemorizados y alabaron
al Dios del cielo.

14 La segunda calamidad ha pasado, pero
sepan que la tercera está por llegar.

La séptima trompeta

Sal 2 1-5; 22 28-29; Dn 7 14.27;
Sal 2 15; Ex 25 8-10

15 Cuando el séptimo Ángel tocó la trompeta, resonaron en el cielo unas voces po-
tentes que decían: «El dominio del mundo
ha pasado a manos de nuestro Señor y de
su Mesías, y él reinará por los siglos de los
siglos». 16 Y los veinticuatro Ancianos que
estaban sentados en sus tronos, delante de
Dios, se postraron para adorarlo, diciendo:

17 «Te damos gracias, Señor,
Dios todopoderoso
—el que es y el que era—,
porque has ejercido tu inmenso poder
y has establecido tu Reino.
18 *Los paganos se habían enfurecido,*
pero llegó el tiempo de tu ira,
así como también el momento
de juzgar a los muertos
y de recompensar a *tus servidores, los profetas,*
y a los santos y a *todos aquellos
que temen tu Nombre
—pequeños y grandes—*
y el momento de exterminar
a los que corrompían la tierra».

El Arca de la Alianza

19 En ese momento se abrió el Templo de
Dios que está en el cielo y quedó a la vista
el Arca de su Alianza, y hubo rayos, voces,
truenos y un temblor de tierra, y cayó una
fuerte granizada.

La visión de la Mujer y el Dragón

Miq 4 9-10; Dn 7 7; 8 10; Is 66 7; Sal 2 9

12 1 Y apareció en el cielo un gran signo:
una Mujer revestida del sol, con la luna bajo sus pies y una corona de doce estrellas en su cabeza. 2 Estaba embarazada y

Dios dirige la historia

Lee Apocalipsis 11 15-19. Este himno es una especie de liturgia celeste que celebra el Reino de Dios en la tierra, muy propio de este libro en el que no hay fronteras entre el cielo y la tierra. Manifiesta la fe en que, aunque los poderes temporales logren deshacerse de los profetas molestos, el Espíritu vuelve a suscitar personas que difundan el evangelio contra viento y marea. El Reino de Dios prevalece, al hacer de la historia una historia de salvación.

¿Qué hechos y personas son fuente de esperanza para ti hoy día? ¿Cómo alimentas tu vida espiritual con la esperanza cristiana, para no caer en el pesimismo ante el poder limitado del mal?

Ap 11 15-19

gritaba de dolor porque iba a dar a luz. 3 Y
apareció en el cielo otro signo: un enorme
Dragón rojo como el fuego, con siete cabezas y diez cuernos, y en cada cabeza tenía
una diadema. 4 Su cola arrastraba una tercera parte de *las estrellas del cielo, y las preci-*
pitó sobre la tierra. El Dragón se puso delante de la Mujer que iba a dar a luz, para
devorar a su hijo en cuanto naciera. 5 La
Mujer *tuvo un hijo varón* que debía *regir a*
todas las naciones con un cetro de hierro. Pero
el hijo fue elevado hasta Dios y hasta su
trono, 6 y la Mujer huyó al desierto, donde
Dios le había preparado un refugio para
que allí fuera alimentada durante mil doscientos sesenta días.

7 Entonces se libró una batalla en el cielo: *Miguel* y sus Ángeles combatieron contra el Dragón, y este contraatacó con sus
ángeles, 8 pero fueron vencidos y expulsados del cielo. 9 Y así fue precipitado el enor-
me Dragón, la antigua Serpiente, llamada
Diablo o Satanás, y el seductor del mundo
entero fue arrojado sobre la tierra con todos sus ángeles. 10 Y escuché una voz potente que resonó en el cielo:

«Ya llegó la salvación,
el poder y el Reino de nuestro Dios
y la soberanía de su Mesías,
porque ha sido precipitado
el acusador de nuestros hermanos,
el que día y noche los acusaba
delante de nuestro Dios.
11 Ellos mismos lo han vencido,
gracias a la sangre del Cordero
y al testimonio que dieron de él,
porque despreciaron su vida
hasta la muerte.
12 ¡Que se alegren entonces el cielo
y sus habitantes,
pero ay de ustedes, tierra y mar,
porque el Diablo ha descendido
hasta ustedes
con todo su furor,
sabiendo que le queda poco tiempo!».

13 El Dragón, al verse precipitado sobre la
tierra, se lanzó en persecución de la Mujer
que había dado a luz al hijo varón. 14 Pero
la Mujer recibió las dos alas de la gran
águila para volar hasta su refugio en el desierto, donde debía ser alimentada *durante*
tres años y medio, lejos de la Serpiente. 15 La
Serpiente vomitó detrás de la Mujer como
un río de agua, para que la arrastrara. 16 Pero la tierra vino en ayuda de la Mujer: abrió
su boca y se tragó el río que el Dragón ha-

Ap 12 1

COMPRENDE LOS SÍMBOLOS

La Mujer vestida de sol

La Mujer vestida de sol es María, pero aquí el autor la simboliza para representar a la Iglesia. Evoca la promesa cumplida de la victoria sobre el mal, a través de la encarnación de Jesús en María. El simbolismo de la imagen de la Virgen de Guadalupe se asemeja mucho a esta visión de la Mujer en el Apocalipsis.

bía vomitado. [17] El Dragón, enfurecido contra la Mujer, se fue a luchar contra el resto de su descendencia, contra los que obedecen los mandamientos de Dios y poseen el testimonio de Jesús. [18] Y yo me quedé de pie sobre la playa.

La Bestia del mar y la bestia de la tierra

Dn 7 3-25; Jr 15 2; Dt 13 2-4; Dn 3 5-7.15

13 [1] Entonces vi que *emergía del mar una Bestia* con siete cabezas y diez cuernos. En cada cuerno tenía una diadema, y sobre sus cabezas había leyendas con nombres blasfemos. [2] *Parecía una pantera,* pero tenía las patas como las *de un oso* y la boca como la *de un león*. El Dragón le cedió su poder y su trono con un inmenso imperio. [3] Una de sus cabezas parecía herida de muerte, pero su llaga mortal ya estaba cicatrizada. Toda la tierra, maravillada, siguió a la Bestia, [4] y todos adoraron al Dragón porque él le había cedido el poder, y también adoraron a la Bestia, diciendo: «¿Quién se le puede igualar y quién puede luchar contra ella?». [5] Y se permitió a la Bestia *proferir palabras altaneras* y blasfemias; y se le dio poder para actuar durante cuarenta y dos meses. [6] Ella abrió la boca para maldecir a Dios y blasfemar contra su Nombre y su Santuario, y contra los habitantes del cielo. [7] También le fue permitido *combatir contra los santos hasta vencerlos, y se le dio poder* sobre toda familia, pueblo, lengua y nación. [8] Y la adoraron todos los habitantes de la tierra cuyos nombres no figuran, desde la creación del mundo, en el Libro de la Vida del Cordero que ha sido inmolado. [9] ¡El que pueda entender, que entienda! [10] *El que tenga que ir a la cárcel, irá a la cárcel; y el que tenga que morir por la espada, morirá por la espada.* En esto se pondrá a prueba la perseverancia y la fe de los santos.

[11] Enseguida vi surgir de la tierra otra Bestia que tenía dos cuernos como los de un cordero, pero hablaba como un dragón. [12] Esta Bestia ejercía todo el poder de la primera y estaba a su servicio; y logró que la tierra y sus habitantes adoraran a la primera Bestia, a aquella cuya llaga mortal se había cicatrizado. [13] También realizaba grandes prodigios, llegando a hacer descender fuego del cielo sobre la tierra a la vista de todos. [14] Y por los prodigios que realizaba al servicio de la primera Bestia, sedujo a los habitantes de la tierra para que fabricaran una imagen en honor de aquella que fue herida por la espada y sobrevivió. [15] También se le permitió dar vida a la imagen de la Bestia, para hacerla hablar y dar muerte a *todos aquellos que no adoran su imagen.* [16] Así consiguió que todos —pequeños y grandes, ricos y pobres, libres y esclavos— se dejaran poner una marca en su mano derecha o sobre su frente, [17] de manera que nadie podía comprar o vender, si no llevaba marcado el nombre de la Bestia o la cifra que corresponde a su nombre.

[18] Para esto se precisa sutileza. El que tenga inteligencia calcule la cifra de la Bestia, porque es una cifra humana: 666.

La Mujer y el Dragón

La visión del capítulo 12 simboliza la gran batalla entre Cristo y Satanás. Esta batalla empieza en el cielo. La Mujer embarazada representa a Israel, de donde viene el Mesías, y el Dragón que espera devorar a su hijo, a Satanás (Ap 12 9). El hijo es Jesucristo, cuya vocación es gobernar a todas las naciones. Satanás fracasa en su intento y es expulsado del cielo.

El conflicto se traslada a la tierra. El Dragón continúa persiguiendo a la Mujer, que ahora representa a la Iglesia y a quien Dios protege y alimenta con el simbólico maná. El Dragón insiste y persigue a sus otros hijos, a los cristianos que dan testimonio de Jesús.

La Iglesia católica ve en la Mujer vestida de sol a María y a la Iglesia, pues ambas comparten la misión mesiánica de Jesús (12 1-2). Este pasaje se lee en la fiesta de la Asunción, para celebrar la entrada de María en el cielo como primera discípula de Jesús. María representa a la Iglesia ya victoriosa que aguarda en el cielo e intercede por nosotros.

Señor, concédeme tu espíritu de discernimiento para optar siempre por ti, aun en los engaños del Maligno. Y tú, Madre mía, intercede por mí y acompáñame conforme avanzo en mi vida espiritual.

Ap 12 1-17

Las Bestias y el Cordero

Las Bestias del Apocalipsis representan al Imperio romano, que exigía a los cristianos ofrecer sacrificios a sus dioses y adorar al emperador como dios, a pesar de que ellos se rehusaban. El número de la Bestia, 666, se refiere al emperador Nerón César, quien fue responsable de los ataques más crueles contra los cristianos en Roma (Ap 13 18). Cada consonante de las palabras «Nerón César» tiene un valor numérico en hebreo y todas juntas suman 666.

La otra Bestia parecida al Cordero, pero que habla como la Bestia. Representa a los falsos profetas que actúan como líderes religiosos, pero son servidores de la idolatría del imperio, engañan a las personas y distraen a las comunidades cristianas de su misión y su compromiso de seguir el evangelio.

Las Bestias simbolizan los poderes enemigos de Dios, que en las cartas de Juan reciben el nombre de *anticristos* (1 Jn 2 18.22; 2 Jn 7). Dios sentencia la condenación del Dragón y las Bestias, y el Cordero reúne en torno a él a los rescatados, quienes cantan la gloria de Dios. ¡Los símbolos hablan: Jesús triunfa contra el poder del mal, enemigo de la bondad de Dios para la humanidad!

Ap 13

El Cordero y su cortejo

Jl 3 5; Sof 3 12-13; Is 42 10; Sal 33 3; Jr 2 2-3

14 1 Después vi al Cordero que estaba de pie sobre el monte Sion, acompañado de ciento cuarenta y cuatro mil elegidos, que tenían escrito en la frente el nombre del Cordero y de su Padre. 2 Oí entonces una voz que venía del cielo, semejante al estrépito de un torrente y al ruido de un *fuerte trueno, y esa voz era como un* concierto de arpas: 3 los elegidos cantaban un canto nuevo delante del trono de Dios, y delante de los cuatro Seres Vivientes y de los Ancianos. Y nadie podía aprender este himno, sino los ciento cuarenta y cuatro mil que habían sido rescatados de la tierra.

4 Estos son los que no se han contaminado con mujeres y son vírgenes. Ellos *siguen al Cordero donde quiera que vaya. Han sido los primeros* hombres rescatados *para Dios* y para el Cordero. 5 *En su boca nunca hubo mentira* y son inmaculados.

Los tres Ángeles

Is 21 9; Jr 25 15; Gn 19 24; Is 34 9-10; 57 1-2

6 Luego vi a otro Ángel que volaba en lo más alto del cielo, llevando una Buena Noticia, la eterna, la que él debía anunciar a los habitantes de la tierra, a toda nación, familia, lengua y pueblo. 7 Él proclamaba con voz potente:

«Teman a Dios y glorifíquenlo,
porque ha llegado la hora de su Juicio:
adoren *a aquel que hizo el cielo,*
la tierra, el mar y los manantiales».

8 Un segundo Ángel lo siguió, anunciando: «*Ha caído, ha caído la gran Babilonia*, la que ha dado de beber a todas las naciones *el vino embriagante de su prostitución*».

9 Un tercer Ángel lo siguió, diciendo con voz potente: «El que adore a la Bestia o a su imagen y reciba su marca sobre la frente o en la mano, 10 tendrá que beber el vino de la indignación de Dios, que se ha derramado puro en la copa de su ira; y será atormentado con *fuego y azufre*, delante de los santos Ángeles y delante del Cordero. 11 *El humo* de su tormento *se eleva por los siglos* de los siglos, y aquellos que adoran a la Bestia y a su imagen, y reciben la marca de su nombre, no tendrán reposo *ni de día ni de noche*». 12 En esto se pondrá a prueba la perseverancia de los santos, de aquellos que guardan los mandamientos de Dios y la fe de Jesús. 13 Luego escuché una voz que me ordenaba desde el cielo: «Escribe: ¡Felices los que mueren en el Señor! Sí —dice el Espíritu—, de ahora en adelante, ellos pueden descansar de sus fatigas, porque sus obras los acompañan».

El Hijo del hombre

Dn 7 13; Jl 4 13; Mt 13 36-43; Is 63 1-6

14 Y vi *una nube* blanca, *sobre la cual* estaba sentado alguien que *parecía Hijo de hombre*, con una corona de oro en la cabeza y una hoz afilada en la mano. 15 Enseguida salió del Templo otro Ángel y gritó con voz potente al que estaba sentado sobre la nube: «*Empuña tu hoz* y siega, porque ha lle-

gado el tiempo de la cosecha y *los sembrados* de la tierra *están maduros*». 16 Y el que estaba sentado sobre la nube pasó su hoz sobre la tierra, y esta quedó segada.
17 Entonces otro Ángel salió del Templo
que está en el cielo, llevando también una
hoz afilada. 18 Y salió del altar otro Ángel
—el que tiene poder sobre el fuego— y gritó con voz potente al que tenía la hoz afilada: «Empuña tu hoz y cosecha los racimos de la viña de la tierra, porque han
llegado a su madurez». 19 El Ángel pasó la
hoz afilada sobre la tierra, cosechó la viña
y arrojó los racimos en la inmensa cuba de
la ira de Dios. 20 La cuba fue pisoteada en
las afueras de la ciudad, y de la cuba salió
tanta sangre, que llegó a la altura de los
frenos de los caballos en una extensión de
unos trescientos kilómetros.

Los siete Ángeles de las siete plagas

Ex 15 1-20; Sal 92 6; 145 17;
Jr 10 7; Sal 86 9; Is 6 4

15 1 Después vi en el cielo otro signo
grande y admirable: siete Ángeles que
llevaban las siete últimas plagas, con las
cuales debía consumarse la ira de Dios.

REFLEXIONA

La cosecha de Satanás es limitada

Al manifestar la victoria de Dios y dar esperanza a los cristianos, el Apocalipsis no ignora los triunfos de Satanás, pero indica sus limitaciones y lo menguado de su cosecha.

Penetró en el atrio, pero el Santuario fue preservado (Ap 11 1-2). Mató a dos testigos, pero estos evangelizaron y siguieron actuando después de morir (vv. 3-11). No pudo terminar con el Hijo de la Mujer ni su descendencia (cap. 12). Aunque le ayudaron dos «Bestias», Cristo glorioso dirige las naciones y vence la idolatría y el mal (caps. 13 – 18).

En la lucha del bien contra el mal, ¿qué tan sólida es tu alianza con Dios para vencer a Satanás?

Ap 11 – 18

2 También vi como un mar de cristal, mezclado de fuego. Los que habían vencido a la
Bestia, a su imagen y la cifra de su nombre,
estaban de pie sobre el mar, teniendo en sus
manos grandes arpas, 3 y cantaban el canto
de Moisés, el servidor de Dios, y el canto del
Cordero, diciendo:

«¡Grandes y admirables son tus obras,
Señor, Dios todopoderoso;
justos y verdaderos son tus caminos,
Rey de los pueblos!
¿Quién dejará de temerte, Señor,
quién no alabará tu Nombre?
4 Solo tú eres santo,
y todas las naciones vendrán a adorarte,
porque se ha manifestado
la justicia de tus actos».

TODAS LAS NACIONES VENDRÁN A ADORARTE.
Ap 15 4

5 Después de esto, vi abrirse en el cielo
el Templo el tabernáculo del Testimonio.
6 De él salieron los siete Ángeles que tenían las siete plagas, y estaban vestidos de
lino puro y resplandeciente, y ceñidos
con cinturones de oro. 7 Entonces, uno de
los cuatro Seres Vivientes entregó a los
siete Ángeles siete copas colmadas de la
ira del Dios que vive por los siglos de los
siglos. 8 Y *el Templo se llenó del humo que
procede de la gloria de Dios* y de su poder,
de manera que nadie pudo entrar al Templo
hasta que cesaron las siete plagas de los
siete Ángeles.

Las seis primeras copas

Ex 9 8-11; 7 14-24; Sal 19 10; Ex 10 21-23; Is 8 21-22

16 1 Y oí una voz potente que provenía
del Templo y ordenaba a los siete
Ángeles: «Vayan y derramen sobre la tierra
las siete copas de la ira de Dios».
2 El primer Ángel fue y derramó su copa
sobre la tierra, provocando una llaga maligna y dolorosa en todos los hombres que
llevaban la marca de la Bestia y adoraban
su imagen.
3 El segundo derramó su copa sobre el
mar: este se convirtió en sangre, como si se
hubiera cometido un crimen, y perecieron
todos los seres vivientes que había en el mar.
4 El tercero derramó su copa sobre los
ríos y sobre los manantiales, y estos se

convirtieron en sangre. 5 Y oí al Ángel de
las aguas que decía: «Tú, el que es y el que
era, el Santo, obras con justicia al castigarlos así: 6 se merecían que les dieras de beber la misma sangre de los santos y de los
profetas que ellos han derramado». 7 Y escuché al altar, que decía: «Sí, Señor, Dios
todopoderoso, tus juicios son verdaderos
y justos».
8 El cuarto Ángel derramó su copa sobre
el sol, y se le permitió quemar a los hombres con fuego: 9 los hombres fueron abra-
sados por un calor ardiente, pero en lugar
de arrepentirse y dar gloria a Dios, blasfemaron contra su Nombre, que tiene poder
sobre estas plagas.
10 El quinto derramó su copa sobre el
trono de la Bestia, y su reino quedó sumergido en tinieblas. Los hombres se mor-
dían la lengua de dolor, 11 pero en lugar de
arrepentirse de sus obras, blasfemaron
contra el Dios del cielo, a causa de sus dolores y de sus llagas.
12 El sexto derramó su copa sobre el gran
río Éufrates, y sus aguas se secaron, dejando paso libre a los reyes de Oriente.
13 Después vi que salían de la boca del
Dragón, de la Bestia y del falso profeta tres
espíritus impuros, semejantes a ranas.
14 Son los espíritus demoníacos que realizan prodigios y van a buscar a los reyes del
mundo entero, con el fin de convocarlos
para el combate del gran Día de Dios, el
Todopoderoso. 15 ¡Cuidado! ¡Vengo como
un ladrón! Feliz el que vigila y conserva su
ropa para no tener que andar desnudo,
mostrando su vergüenza. 16 Y esos espíritus
convocaron a los reyes en un lugar llamado en hebreo Armagedón.

La séptima copa

Is 66 6; Dn 12 1; Mc 13 19; Ex 9 22-26

17 El séptimo Ángel derramó su copa en
el aire, y desde el Templo resonó una voz
potente que venía del trono y decía: «Ya está». 18 Y hubo relámpagos, voces, truenos y
un violento terremoto *como nunca había sucedido desde* que los hombres *viven sobre la
tierra*. 19 *La gran Ciudad* se partió en tres y
las ciudades paganas se derrumbaron.
Dios se acordó de la gran Babilonia y le
dio de beber la copa donde fermenta el vino de su ira. 20 Todas las islas desaparecieron y no se vieron más las montañas. 21 Cayeron del cielo sobre los hombres piedras

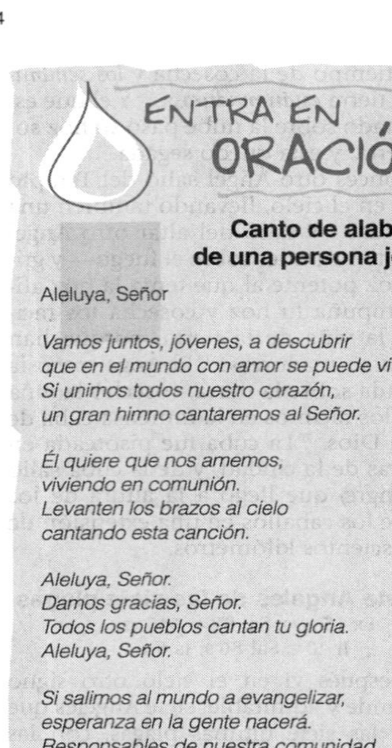

Canto de alabanza de una persona joven

Aleluya, Señor

Vamos juntos, jóvenes, a descubrir
que en el mundo con amor se puede vivir.
Si unimos todos nuestro corazón,
un gran himno cantaremos al Señor.

Él quiere que nos amemos,
viviendo en comunión.
Levanten los brazos al cielo
cantando esta canción.

Aleluya, Señor.
Damos gracias, Señor.
Todos los pueblos cantan tu gloria.
Aleluya, Señor.

Si salimos al mundo a evangelizar,
esperanza en la gente nacerá.
Responsables de nuestra comunidad
forjaremos una nueva humanidad.

Él quiere que nos amemos,
viviendo en comunión.
Levanten los brazos al cielo
cantando esta canción.[1]

Gerardo de la Rosa
Ap 16

de granizo que pesaban unos cuarenta kilos, y ellos blasfemaron contra Dios por
esa terrible plaga.

EL CASTIGO DE BABILONIA

La gran Babilonia

Jr 51 13; Is 23 17; 21 1s; Jr 51 7;
Ez 16 39-41; 23 25-29

17 1 Después vino uno de los siete Ángeles que tenían las siete copas y me
dijo: «Acompáñame, y te mostraré cómo
va a ser castigada la famosa Prostituta que
está *sentada a la orilla de los grandes ríos*.
2 Los reyes de la tierra han fornicado con
ella, y los habitantes del mundo se han

embriagado con el vino de su prostitución». 3 Entonces me llevó en espíritu al
desierto, y allí vi a una mujer sentada sobre una Bestia escarlata. La Bestia estaba
cubierta de leyendas blasfemas y tenía siete cabezas y diez cuernos. 4 La mujer estaba vestida de púrpura y escarlata, resplandeciente de oro, de piedras preciosas y de
perlas, y tenía en su mano una copa de oro
colmada de la abominable impureza de su
fornicación. 5 Sobre su frente tenía escrito
este nombre misterioso: «Babilonia la
grande, la madre de las abominables prostitutas de la tierra». 6 Y vi que la mujer se
emborrachaba con la sangre de los santos
y de los testigos de Jesús, y al verla, quedé
profundamente asombrado. 7 Pero el Ángel
me preguntó: «¿Por qué te extrañas? Yo te
explicaré el misterio de la mujer, y de la
Bestia que la lleva, la que tiene siete cabezas y diez cuernos.

8 La Bestia que has visto, existía y ya no
existe, pero volverá a subir desde el Abismo para ir a su perdición. Y los habitantes
de la tierra cuyos nombres no figuran en el
Libro de la Vida desde la creación del mundo, quedarán maravillados cuando vean
reaparecer a la Bestia, la que existía y ya no
existe. 9 Para comprender esto, es necesario
tener inteligencia y sutileza.
Las siete cabezas son las siete colinas, sobre las cuales está sentada la mujer. 10 También simbolizan a siete reyes: cinco de ellos
han caído, uno vive y el otro todavía no ha
llegado, pero cuando llegue, durará poco
tiempo. 11 En cuanto a la Bestia que existía y
ya no existe, es un octavo rey, que a su vez
pertenece al grupo de los siete y también va
a su perdición. 12 *Los diez cuernos que has visto son diez reyes* que todavía no han recibido
su reino, pero que recibirán el poder real,
juntamente con la Bestia, solo por una hora. 13 Todos están de acuerdo en poner a disposición de la Bestia su autoridad y su poder. 14 Ellos lucharán contra el Cordero,
pero el Cordero los vencerá, porque es *Señor de los señores y Rey de los reyes*. Con él
triunfarán también los suyos, los que han
sido llamados, los elegidos, los fieles.

15 Los ríos —continuó diciéndome el
Ángel— a cuya orilla está sentada la Prostituta, son los pueblos, las multitudes, las
naciones y las diversas lenguas. 16 Los diez
cuernos que viste, así como también la
Bestia, acabarán por odiar a la Prostituta, *le
quitarán sus vestidos hasta dejarla desnuda*,
comerán su carne y la consumirán por medio del fuego. 17 Porque Dios les ha inspirado que ejecuten lo que él ha decidido,
poniéndose de acuerdo para entregar su

VIVE LA PALABRA

Los pecados del imperio no prevalecerán

En el lenguaje simbólico del Apocalipsis, la prostituta llamada Babilonia es Roma, ciudad construida sobre siete colinas. El color púrpura simboliza realeza, y el escarlata, su conducta obscena e inmoral. El oro y las perlas son signo de riqueza y exceso de lujo. Los nombres blasfemos sobre su frente son los títulos que corresponden a Dios, pero que daban al emperador. Al llamarle Babilonia, el autor la relaciona con la capital del Imperio babilónico, en el Antiguo Testamento, que también hirió fuertemente al pueblo de Dios (ver «Destrucción de Jerusalén y segunda deportación», 2 Re 24 – 25).

La *prostituta está embriagada* con la sangre de los santos a quienes dieron muerte por su fe, para saciar su deseo desenfrenado de riqueza y abuso de poder (Ap 18 3-19). Al final, el Cordero (Cristo) vencerá a la Bestia (17 14).

Este pasaje se aplica también a los sistemas de poder basados en el asesinato, la explotación del débil, el saqueo y el lujo. A lo largo de la historia, muchos imperios y grupos humanos han abusado de su poder. Todos han acabado en el fracaso.

Como cristianos, debemos examinar la situación actual: el trato a los indígenas y marginados, la explotación y discriminación social, el descuido culpable del medio ambiente... ¿En qué áreas tiene tu país necesidad de conversión para asegurar la justicia para toda la gente? ¿Hasta dónde ha llegado el deseo de riqueza y lujo? ¿Qué puedes hacer para dar testimonio de responsabilidad y justicia social, y fomentarlas en los demás?

Ap 17

poder real a la Bestia hasta que se cumplan las palabras de Dios. [18]Y la mujer que has visto es la gran Ciudad, la que reina sobre los reyes de la tierra».

La caída de Babilonia

Is 21 9; 34 4; 13 21-22; 47 7-9; Jr 50 8.15.39

18 [1]Después vi que otro Ángel descendía del cielo con gran poder, mientras *la tierra se iluminaba con su resplandor*. [2]Y gritó con voz potente: «*¡Ha caído, ha caído Babilonia*, la grande! Se ha convertido *en refugio de demonios*, en guarida de toda clase de espíritus impuros y en nido de aves impuras y repugnantes. [3]Porque todos los pueblos han bebido el vino embriagante de su prostitución, los reyes de la tierra han fornicado con ella y los comerciantes del mundo se han enriquecido con su lujo desenfrenado».

[4]Enseguida oí otra voz que venía del cielo y decía: «Ustedes, que son mi pueblo, huyan de esa ciudad, para no hacerse cómplices de sus pecados ni ser castigados con sus plagas. [5]Porque sus pecados *se han amontonado hasta el cielo* y Dios se ha acordado de sus iniquidades. [6]*Páguenle con su propia moneda*, retribúyanle el doble de lo que ha hecho, sírvanle una porción doble en la copa de sus brebajes. [7]Provóquenle tormentos y dolor en la medida de su fastuosidad y de su lujo. Porque ella se jacta, diciendo: *Estoy sentada como una reina, no soy viuda* y jamás conoceré el duelo. [8]Por eso, *en un solo día*, caerán sobre ella las plagas que merece: peste, llanto y hambre. Y será consumida por el fuego, porque el Señor Dios que la ha condenado es poderoso».

Lamentaciones de los amigos de Babilonia

Ez 26 – 28; Dt 32 43; Is 44 23; 23 8; 24 8

[9]Los reyes de la tierra, que fornicaron con ella y compartieron su vida lujosa, al ver la humareda del incendio, llorarán y se lamentarán por ella, [10]manteniéndose a distancia ante el horror de sus tormentos:

«¡Ay, ay! ¡La gran Ciudad,
Babilonia, la ciudad poderosa!
Bastó una hora para que recibieras
tu castigo».

[11]También los comerciantes de la tierra lloran y están de duelo por ella, porque ya nadie les compra sus mercancías: [12]objetos de oro y de plata; piedras preciosas, perlas, telas de lino y de púrpura, de seda y de escarlata; maderas aromáticas; objetos de marfil, de maderas finas, de bronce, de hierro y de mármol; [13]canela, ungüento perfumado, perfumes, mirra e incienso; vino, aceite, harina y trigo; animales de carga, ovejas, caballos y carros; esclavos y seres humanos...

[14]«Ya no verás más los frutos que tanto deseabas: has perdido esos productos delicados y espléndidos, y nunca más se los encontrará».

[15]Los que traficaban con esos productos y se habían enriquecido a costa de ella, se mantendrán a distancia ante el horror de sus tormentos, llorando y lamentándose:

[16]«¡Ay, ay! ¡La gran Ciudad!
Estaba vestida de lino fino,
de púrpura y de escarlata,
resplandeciente de oro,
de piedras preciosas y de perlas.
[17]¡Y en una hora fue arrasada
tanta riqueza!».

Los capitanes, los que navegan por las costas, los marinos y todos los que viven del mar, se mantuvieron a distancia, [18]y

Un canto fúnebre

La caída de Babilonia en realidad se refiere a la decadencia del Imperio romano y de todo desorden y poder que se opone al verdadero Dios. El cántico fúnebre ante la ruina de la ciudad pecadora es magnífico, tanto en su estilo como en la fuerza de su denuncia y profetismo. Juan anuncia ya la futura caída de un imperio que se creía señor del mundo. Para los romanos este anuncio era absurdo; era una traición al Imperio.

Lee Apocalipsis 18 9-24 e identifica el mensaje principal de este cántico. ¿Qué te dice personalmente Dios a través de él? ¿Qué le respondes ahora que eres joven? ¿Cómo te preparas para tu vida cristiana como persona adulta?

Ap 18 9-24

contemplando la humareda del incendio,
exclamaban: «¡Ninguna ciudad se podía
comparar a la gran Ciudad!». 19 Y echándose tierra sobre su cabeza, llorando y lamentándose, decían:

«¡Ay, ay! ¡La gran Ciudad!
Con su opulencia se enriquecieron
todos los que poseían barcos en el mar.
¡Y en una hora ha sido arrasada!».

20 «Que se alegre el cielo a causa de su
ruina, y alégrense ustedes, los santos, los
apóstoles y los profetas, porque al conde-
narla, Dios les ha hecho justicia».
21 Y un Ángel poderoso tomó una piedra
del tamaño de una rueda de molino y la
arrojó al mar, diciendo: «Así, de golpe, será arrojada Babilonia, la gran Ciudad, y
nunca más se la verá».

22 Ya no se escuchará dentro de ti
el canto de los que tocan el arpa
y de los músicos,
de los flautistas y de los trompetistas;
ya no se encontrarán artesanos
de los diversos oficios,
ni se escuchará *el sonido*
de la rueda del molino.
23 No volverá a brillar la luz de la lámpara,
ni tampoco se escuchará
la voz de los recién casados.
Porque tus comerciantes
eran los grandes de la tierra,
y con tus encantos sedujiste
a todos los pueblos.

24 En ella fue derramada la sangre de los
profetas y de los santos, y de todos aquellos que han sido inmolados en la tierra.

Las bodas del Cordero

Is 34 10; Sal 115 13; Is 61 10; Mt 22 1-14

19 1 Después oí algo parecido al clamor
de una *enorme multitud* que estaba
en el cielo, y exclamaba:

«¡Aleluya!
La salvación, la gloria y el poder
pertenecen a nuestro Dios,
2 porque sus juicios son verdaderos y justos.
Él ha condenado a la famosa Prostituta
que corrompía la tierra con su lujuria,
y ha vengado en ella la sangre
de sus servidores».

3 Y volvieron a decir: «¡Aleluya! *La huma-*
reda de la Ciudad se eleva por los siglos de los
siglos». 4 Entonces los veinticuatro Ancianos
y los cuatro Seres Vivientes se postraron para adorar a Dios, que está sentado en el trono, y exclamaban: «¡Amén, aleluya!».
5 Luego salió del trono una voz que decía: «Alaben a nuestro Dios, *ustedes, sus*
servidores, los que lo temen, pequeños y gran-
des». 6 Y oí algo parecido al clamor de una
enorme multitud, al estruendo de una ca-
tarata y al estallido de violentos truenos.
Y decían:

«¡Aleluya!
Porque el Señor, nuestro Dios,
el Todopoderoso, ha establecido su Reino.
7 Alegrémonos,
regocijémonos y demos gloria a Dios,
porque han llegado las bodas del Cordero:
su esposa ya se ha preparado,
8 y la han vestido con lino fino
de blancura resplandeciente».

El lino simboliza las buenas acciones de
los santos. 9 Después el Ángel me dijo: «Escribe esto: Felices los que han sido invitados al banquete de bodas del Cordero». Y
agregó: «Estas son verdaderas palabras de
Dios». 10 Entonces yo caí a sus pies para
adorarlo, pero él me advirtió: «¡Cuidado!
No lo hagas, porque yo soy tu compañero
de servicio y el de tus hermanos que poseen el testimonio de Jesús. El testimonio
de Jesús es el espíritu profético. ¡Es a Dios
a quien debes adorar!».

EL TRIUNFO DEFINITIVO DE CRISTO

El primer combate

Is 11 4; 63 1-3; Sal 2 9; Jn 1 1.14;
Ez 39 17-20; Dn 7 11

11 Luego vi el cielo abierto y apareció un
caballo blanco. Su Jinete se llama «Fiel» y
«Veraz»; *él juzga* y combate con justicia.
12 Sus ojos son como una llama ardiente y
su cabeza está cubierta de numerosas diademas. Lleva escrito un nombre que solamente él conoce 13 y está vestido con *un*
manto teñido de sangre. Su nombre es: «La
Palabra de Dios». 14 Lo siguen los ejércitos
celestiales, vestidos con lino fino de blancura inmaculada y montados en caballos
blancos. 15 De su boca sale una espada afilada, para herir a los pueblos paganos. Él
los regirá con un cetro de hierro y pisará los
racimos en la cuba de la ardiente ira del

PERSPECTIVA CATÓLICA

Comunión de los santos

El capítulo 19 del Apocalipsis hace una lectura teológica del anterior. El autor ve en la caída del Imperio romano una manifestación gloriosa de la justicia y el poder de Dios, y escucha un canto de gratitud que progresa hasta un gran final. El regocijo empieza en el cielo (Ap 19 1-4), sigue entre los servidores fieles (v. 5) y termina con una alegría general por «las bodas del Cordero», quien controla el rumbo de la historia (vv. 6-11).

Este texto muestra la unión entre la Iglesia celeste y la terrestre. Jesús glorificado une a todos los creyentes, vivos y difuntos, en un abrazo fraterno que proclamamos al profesar el Credo: «Creo en la comunión de los santos».

Los cristianos que peregrinamos en la tierra, los que se purifican después de morir y los que gozan de Dios en el cielo, somos la familia de Dios: «Ninguno de nosotros vive para sí, ni tampoco muere para sí. Si vivimos, vivimos para el Señor, y si morimos, morimos para el Señor» (Rom 14 7-8). Nuestros actos de amor benefician a todos en una solidaridad universal, y nos convierten en la esposa del Cordero (Cristo) engalanada con buenas acciones (Ap 19 8).

Esta unión con la Iglesia celestial y Cristo la vivimos especialmente en la celebración fraterna y alegre de la Eucaristía. El Padre se complace en ver a su familia completa —vivos y difuntos— amándonos e intercediendo unos por otros. En la Misa, cuando profeses el Credo y ores por los fieles vivos y difuntos, recuerda esto: te sentirás revitalizado/a como miembro de la Iglesia peregrina en la tierra.

Ap 19 1-11

Dios todopoderoso. 16 En su manto y en su
muslo lleva escrito este nombre: *Rey de los
reyes y Señor de los señores*.
17 Después vi a un Ángel que estaba de pie
sobre el sol y *gritaba* con gran fuerza a todas
las aves que volaban en el cielo: «Vengan *a
reunirse para el gran festín* de Dios, 18 *para devorar la carne* de los reyes, de los grandes capitanes, de los poderosos, de los caballos y
de sus jinetes; la carne de todos, libres y esclavos, pequeños y grandes».
19 Enseguida vi a la Bestia y a los reyes de
la tierra, con sus ejércitos preparados para
combatir contra el Jinete y su ejército.
20 Pero la Bestia fue capturada, junto con el
falso profeta —aquel que realizaba prodigios delante de la otra Bestia, y así logró
seducir a los que llevaban la marca de la
Bestia y adoraban su imagen— y ambos
fueron arrojados vivos al estanque de azufre ardiente. 21 Todos los demás fueron exterminados por la espada que salía de la
boca del Jinete, y *las aves se saciaron con sus
despojos*.

El reino de mil años

Gn 3 1-5.15; Dn 7 9.22.27;
Mt 19 28; Ez 38 2-9.15.22; Lc 21 20-24

20 1 Luego vi que un Ángel descendía del
cielo, llevando en su mano la llave
del Abismo y una enorme cadena. 2 Él capturó al Dragón, la antigua Serpiente —que
es el Diablo o Satanás—, y lo encadenó
por mil años. 3 Después lo arrojó al Abismo, lo cerró con llave y lo selló, para que
el Dragón no pudiera seducir a los pueblos
paganos hasta que se cumplieran los mil
años. Transcurridos esos mil años, será soltado por un breve tiempo.
4 Entonces vi unos tronos, y los que se
sentaron en ellos *recibieron autoridad para
juzgar*. También vi las almas de los que habían sido decapitados a causa del testimonio de Jesús y de la Palabra de Dios, y a todos los que no habían adorado a la Bestia
ni a su imagen, ni habían recibido su marca en la frente o en la mano. Ellos revivieron y reinaron con Cristo durante mil
años. 5 Esta es la primera resurrección. Y los
demás muertos no pudieron revivir hasta
el cumplimiento de esos mil años. 6 ¡Felices
y santos, los que participan de la primera
resurrección! La segunda muerte no tiene
poder sobre ellos: serán sacerdotes de Dios
y de Cristo, y reinarán con él durante mil
años.
7 Y cuando se cumplan esos mil años,
Satanás será liberado de su prisión. 8 Saldrá
para seducir a los pueblos que están en los
cuatro extremos de la tierra, a *Gog y Magog*,
a fin de reunirlos para la batalla. Su número será tan grande como las arenas del mar,
9 y marcharán sobre toda la extensión de la

tierra, para rodear el campamento de los
santos, la Ciudad muy amada. *Pero caerá*
fuego del cielo y los consumirá. 10 El Diablo,
que los había seducido, será arrojado al
estanque de azufre ardiente donde están
también la Bestia y el falso profeta. Allí serán torturados día y noche por los siglos de
los siglos.

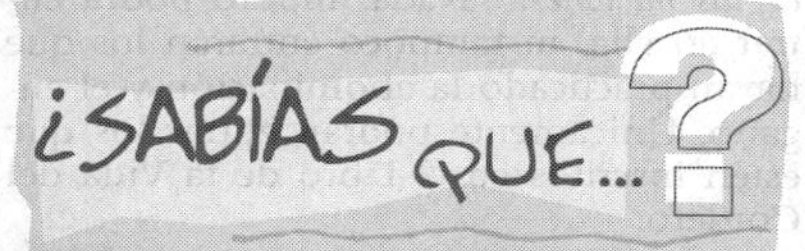

De la derrota del mal a la nueva Jerusalén

El capítulo 20 inicia el final glorioso del Apocalipsis. Presenta al Dragón encarcelado por mil años, como símbolo de la victoria parcial del mal en el tiempo de la iglesia (Ap 20 1-6). Después Satanás hará un esfuerzo muy fuerte para triunfar, pero será derrotado totalmente (vv. 7-15). Entonces, ya sin oponentes, Dios realizará el Juicio final.

Lee Apocalipsis 20 11-15 y observa la sobria manera como describe el Juicio final y su vigoroso mensaje de esperanza: Dios abre el Libro de la Vida y juzga a todos los muertos según sus obras; el mal ya no existe e incluso la Muerte y el Abismo son arrojados al fuego. ¡Dios ha triunfado!

El capítulo 21 narra el comienzo de un cielo, una tierra y una ciudad nueva. Esa nueva realidad es tan importante, que el autor la describe desde dos perspectivas distintas: como un nuevo Génesis, un retorno a la creación inicial del universo, donde todos viven en comunión con Dios (21 1-8), y como la nueva Jerusalén (vv. 9-18), símbolo de la Iglesia fiel glorificada, que se desposa con el Cordero, lo opuesto a la famosa Prostituta infiel y dominante (17 1-6).

En la nueva sociedad no se necesitan intermediarios: Dios y Cristo resucitado son el templo y la luz. La vida fluye sin que nada la detenga y no existe la noche, pues la luz de Dios alumbra a sus habitantes para siempre (22 1-5).

Dios y Señor mío, gracias por tu infinita bondad, que vence el poder del mal. Dame tu ayuda para superarlo siempre, y mantén firme mi esperanza en la vida futura contigo. Amén.

Ap 20 – 22

El Juicio de las naciones

2 Pe 3 7-12; Dn 7 10; 1 Cor 15 26.54

11 Después vi un gran trono blanco y al
que estaba sentado en él. Ante su presencia, el cielo y la tierra desaparecieron sin
dejar rastros. 12 Y vi a los que habían muerto, grandes y pequeños, de pie delante del
trono. *Fueron abiertos los libros*, y también
fue abierto el Libro de la Vida; y los que
habían muerto fueron juzgados de acuerdo con el contenido de los libros; cada uno
según sus obras.
13 El mar devolvió a los muertos que
guardaba: la Muerte y el Abismo hicieron
lo mismo, y cada uno fue juzgado según
sus obras. 14 Entonces la Muerte y el Abismo fueron arrojados al estanque de fuego,
que es la segunda muerte. 15 Y los que no
estaban inscritos en el Libro de la Vida fueron arrojados al estanque de fuego.

LA NUEVA JERUSALÉN

El cielo nuevo y la tierra nueva: la Ciudad celestial

Is 65 17-25; Ez 37 27; Is 7 14; 25 8; 35 10; Dn 8 26; Ap 22 15

21 1 Después vi *un cielo nuevo y una tierra*
nueva, porque el primer cielo y la primera tierra desaparecieron, y el mar ya no
existe más. 2 Vi la Ciudad Santa, la nueva Jerusalén, que descendía del cielo y venía de
Dios, embellecida como una novia preparada para recibir a su esposo. 3 Y oí una voz
potente que decía desde el trono: «Esta es
la morada de Dios entre los hombres: él
habitará con ellos, y ellos serán su pueblo; Dios
mismo estará con ellos y será su Dios. 4 Él secará todas sus lágrimas, y no habrá más
muerte, ni pena, ni queja, ni dolor, porque
todo lo de antes pasó».
5 Y el que estaba sentado en el trono dijo: «Yo hago nuevas todas las cosas». Y
agregó: «Escribe que estas palabras son verdaderas y dignas de crédito. 6 ¡Ya está! Yo
soy el Alfa y la Omega, el Principio y el Fin.
Al que tiene sed, yo le daré de beber gratuitamente de la fuente del agua de la vida.
7 El vencedor heredará estas cosas, y *yo seré*
su Dios *y él será mi hijo*. 8 Pero los cobardes,
los incrédulos, los depravados, los asesinos, los lujuriosos, los hechiceros, los idólatras y todos los falsos, tendrán su herencia en el estanque de azufre ardiente, que
es la segunda muerte».

AL QUE TIENE SED,
YO LE DARÉ DE BEBER...
DEL AGUA DE LA VIDA.

Ap 21 6

Descripción de la nueva Jerusalén

Ez 40 2; Is 60 1-2; Ez 48 31-35; Ef 2 20;
Is 54 11-12; Jn 2 19-21; Is 60 3.11

9 Luego se acercó uno de los siete Ángeles que tenían las siete copas llenas de las siete últimas plagas, y me dijo: «Ven que te mostraré a la novia, a la esposa del Cordero». 10 *Me llevó en espíritu a una montaña de enorme altura,* y me mostró la Ciudad Santa, Jerusalén, que descendía del cielo y venía de Dios. 11 *La gloria de Dios estaba en ella* y resplandecía como la más preciosa de las perlas, como una piedra de jaspe cristalino. 12 Estaba rodeada por una muralla de gran altura que tenía doce puertas: sobre ellas había doce ángeles y estaban escritos los nombres *de las doce tribus de Israel.* 13 *Tres puertas miraban al este, otras tres al norte, tres al sur y tres al oeste.* 14 La muralla de la Ciudad se asentaba sobre doce cimientos, y cada uno de ellos tenía el nombre de uno de los doce Apóstoles del Cordero.

15 El que me estaba hablando tenía una vara de oro para medir la Ciudad, sus puertas y su muralla. 16 La Ciudad era cuadrangular: tenía la misma medida de largo que de ancho. Con la vara midió la Ciudad: tenía dos mil doscientos kilómetros de largo, de ancho y de alto. 17 Luego midió la muralla: tenía setenta y dos metros, según la medida humana que utilizaba el Ángel. 18 La muralla había sido construida con jaspe, y la Ciudad con oro puro, semejante al cristal purificado. 19 Los cimientos de la muralla estaban adornados con toda clase de piedras preciosas: el primer cimiento era de jaspe, el segundo de zafiro, el tercero de ágata, el cuarto de esmeralda, 20 el quinto de ónix, el sexto de cornalina, el séptimo de crisólito, el octavo de berilo, el noveno de topacio, el décimo de crisoprasa, el undécimo de jacinto y el duodécimo de amatista. 21 Las doce puertas eran doce perlas y cada puerta estaba hecha con una perla enteriza. La plaza de la Ciudad era de oro puro, transparente como el cristal. 22 No vi ningún templo en la Ciudad, porque su Templo es el Señor Dios todopoderoso y el Cordero. 23 Y la Ciudad no necesita la luz del sol ni de la luna, ya que la gloria de Dios la ilumina, y su lámpara es el Cordero. 24 *Las naciones caminarán a su luz* y los reyes de la tierra le ofrecerán sus tesoros. 25 *Sus puertas no se cerrarán durante el día* y no existirá la noche en ella. 26 *Se le entregará la riqueza* y el *esplendor de las naciones.* 27 Nada impuro podrá entrar en ella, ni tampoco entrarán los que hayan practicado la abominación y el engaño. Únicamente podrán entrar los que estén inscritos en el Libro de la Vida del Cordero.

La felicidad de los elegidos

Ez 47 1-12; Zac 14 8-11; Sal 17 15; 42 3;
Dn 8 26; 12 10; Is 40 10; 44 6

22 1 Después el Ángel me mostró un río de agua de vida, claro como el cristal, que brotaba del trono de Dios y del Cordero, 2 en medio de la plaza de la Ciudad. *A ambos lados del río, había árboles de vida que fructificaban doce veces al año, una vez por mes, y sus hojas servían para curar a los pueblos.*

3 *Ya no habrá allí ninguna maldición.* El trono de Dios y del Cordero estará en la Ciudad, y sus servidores lo adorarán. 4 Ellos contemplarán su rostro y llevarán su Nombre en la frente. 5 Tampoco existirá la noche, ni les hará falta la luz de las lámparas ni la luz del sol, porque el Señor Dios los iluminará, y ellos reinarán por los siglos de los siglos.

6 Después me dijo: «Estas palabras son verdaderas y dignas de crédito. El Señor Dios que inspira a los profetas envió a su mensajero para mostrar a sus servidores *lo que tiene que suceder pronto.* 7 ¡Volveré pronto! Feliz el que cumple las palabras proféticas de este Libro».

8 Soy yo, Juan, el que ha visto y escuchado todo esto. Y cuando terminé de oír y de ver, me postré a los pies del Ángel que me había mostrado todo eso, para adorarlo. 9 Pero él me dijo: «¡Cuidado! No lo hagas, porque yo soy tu compañero de servicio, el de tus hermanos los profetas, y el de todos aquellos que conservan fielmente las palabras de este Libro. ¡Es a Dios a quien debes adorar!».

10 Y agregó: «No mantengas ocultas las palabras proféticas de este Libro porque falta poco tiempo. 11 Que el pecador siga

pecando, y el que está manchado se manche más aún; que el hombre justo siga practicando la justicia, y el santo siga santificándose. 12 Pronto *regresaré trayendo mi recompensa, para dar a cada uno según sus obras.* 13 Yo soy el Alfa y la Omega, *el Primero y el Último*, el Principio y el Fin. 14 ¡Felices los que lavan sus vestiduras para tener derecho a participar del árbol de la vida y a entrar por las puertas de la Ciudad! 15 Fuera quedarán los perros y los hechiceros, los lujuriosos, los asesinos, los idólatras y todos aquellos que aman y pactican la falsedad».

Epílogo

Is 55 1; Ap 21 6; Dt 4 2

16 Yo, Jesús, he enviado a mi mensajero para dar testimonio de estas cosas a las Iglesias. Yo soy el *Retoño* de David y su descendencia, la Estrella radiante de la mañana.

17 El Espíritu y la Esposa dicen: «¡Ven!», y el que escucha debe decir: «¡Ven!». *Que venga el que tiene sed*, y el que quiera, *que beba gratuitamente del agua de la vida.*

18 Yo advierto a todos los que escuchan las palabras proféticas de este Libro: «Si alguien pretende agregarles algo, Dios descargará sobre él las plagas descritas en este Libro. 19 Y al que se atreva a quitar alguna palabra de este Libro profético, Dios le quitará su parte del árbol de la vida y de la Ciudad Santa, que se describen en este Libro».

20 El que garantiza estas cosas afirma: «¡Sí, volveré pronto!». ¡Amén! ¡Ven, Señor Jesús!

21 Que la gracia del Señor Jesús permanezca con todos. Amén.

VIVE LA PALABRA

¡Ven, Señor Jesús!

En la conclusión del Apocalipsis aparecen todos los personajes que participaron en el drama de la historia profética narrada en él. Enfatiza la felicidad de quien vive activamente la esperanza cristiana del Reino de Dios sin fin, lo que supone tener fe en el futuro prometido por Dios.

Esta actitud de esperanza requiere «esperar», y esto es difícil, especialmente en la cultura actual, que fomenta la rápida obtención de todo. Queremos terminar los estudios, ¡ya! Conseguir un buen trabajo, ¡ya! Llegar a nuestro destino, ¡ya!

Jesús dice que va a regresar (Ap 22 20). ¿Cuándo sucederá esto? Impacientes, algunas personas intentan predecir la segunda venida del Señor, pero Jesús dijo claramente: «En cuanto a ese día y esa hora, nadie los conoce... solo el Padre» (Mc 13 32).

Por eso el Espíritu Santo nos mueve a orar con fe: «¡Ven, Señor Jesús!» (Ap 22 20), y en el Credo profesamos: «Y de nuevo vendrá con gloria para juzgar a vivos y muertos, y su Reino no tendrá fin». Mientras tanto, el mismo Espíritu nos ayuda a acompañar este grito de esperanza con nuestro esfuerzo perseverante en la construcción de la Civilización del Amor.

La venida de Cristo será el acontecimiento más glorioso de la historia. Junto con el resto de la Iglesia, exclama y vive tu fe diciendo con frecuencia: *¡Ven, Señor Jesús! Amén. Así sea.*

Ap 22 6-21

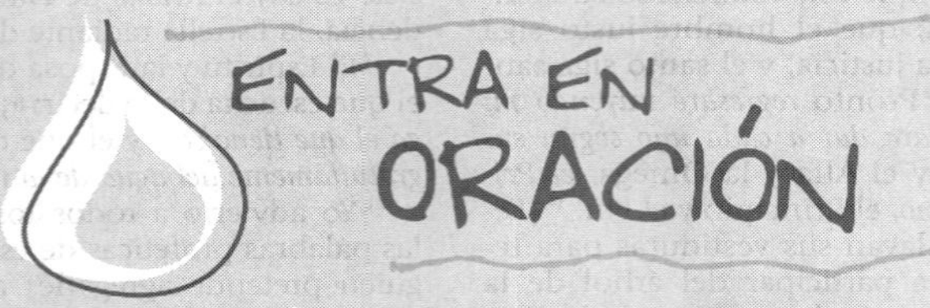

AP

¡Amén!

La palabra *amén* significa «sí», «ciertamente», «verdaderamente», y no solo deseo, como indica la expresión «así sea», como suele traducirse. Cuando al terminar tu oración dices *amén*, estás diciendo: «Sí, que se cumpla lo que dije a Dios». Es una manera apropiada de concluir el último libro de la Biblia, y debería verbalizarse en voz alta. ¿Eres capaz de decir *amén* a todo lo que has leído, rezado y reflexionado en esta Biblia? Las historias y los poemas, las enseñanzas y las parábolas, los cantos y los dichos, ¿te han llevado a creer en un Dios que está contigo cada momento de tu jornada, cada minuto del día y de la noche?

Estamos invitados a unirnos al gran «amén» y decir: «¡Sí, yo creo en un Dios amor, que es padre y madre para todos nosotros! ¡Sí, yo creo en el Hijo de Dios, Jesucristo, que es mi Señor y Salvador! ¡Sí, yo creo en el Espíritu Santo, que me ayudará a continuar la misión de Jesús de justicia, amor y reconciliación!». Pero estas palabras quedarán solo en palabras hasta que la gente corra el riesgo de vivirlas en cada rincón del mundo. ¡Corre tú ese riesgo; el cielo te espera! ¡Amén!

Ap 22 21

CUADERNO FINAL

Vocabulario BÍBLICO

Este vocabulario ofrece datos y explicaciones útiles para entender el texto bíblico; su enfoque principal es teológico-pastoral. Un número sustantivo de la descripción de los términos teológicos se apoya en el *Vocabulario de teología bíblica,* de Xavier-Léon Dufour, Tercera edición, Editorial Herder, 2005. Existen tres categorías de términos, señaladas con un símbolo distintivo en cada una:

Referencias a la historia y sus personajes, la geografía y las instituciones bíblicas. Sirven para situar el texto en su contexto y perspectiva histórica.

Aspectos y géneros literarios. Ayudan a comprender mejor el mensaje del texto.

Conceptos bíblicos y teológicos. Explican términos bíblicos importantes y presentan síntesis teológicas de gran relevancia para la vida cristiana.

El signo ➲ indica términos relacionados que complementan la explicación de esa palabra. Leer estas indicaciones da una visión más completa y profunda sobre la consulta que se hace. En cada entrada hay varias referencias a textos bíblicos; si se leen y se siguen sus textos paralelos y las referencias a otros textos, se puede ampliar aún más la comprensión de cada tema.

Aarón. Hermano de Moisés, llamado por Dios para apoyarlo en sus conversaciones con el Faraón y durante la jornada en el desierto (Ex 28 1; Nm 18 1). El Antiguo Testamento (AT) habla con frecuencia de él, sobre todo en el Pentateuco. Era sacerdote de la tribu de Leví (Lv 1 5; Ex 4 14); tuvo gran responsabilidad en el culto al ternero de oro (Ex 32); se reveló contra Moisés (Nm 12 1-15). Se le presenta como Sumo Sacerdote y como figura emblemática del sacerdocio (Ex 29 1-30). En el Nuevo Testamento (NT) solo se menciona en la carta a los Hebreos, para resaltar que Jesús no se adjudicó la función de Sumo Sacerdote, sino que fue llamado por Dios como Aarón (Heb 5 2-5) y que su sacerdocio no proviene del sacerdocio hereditario de los levitas a través de Aarón, sino del sacerdocio de Melquisedec, cuya genealogía no se puede trazar (Heb 7 3.15.21).
➲Sacerdocio/sacerdote.

Abba. Del arameo, «padre», en su expresión de cariño, equivalente a «papá», «papi». Solo aparece en el NT. Jesús llama a Dios «Abba» y enseña a orar a sus discípulos, dirigiéndose a Dios como «Padre nuestro» (Mc 14 36; Lc 11 2). Manifiesta la cercanía de Jesús con Dios, uno de los rasgos más distintivos de su relación con él. Pablo utiliza este término para explicar la relación y la experiencia del cristiano que se sabe «Hijo de Dios» (Rom 8 15; Gal 4 6).
➲Dios/Dios Padre. Hijo de Dios. Jesús/Jesucristo. Padre.

Abel/Caín. El hijo menor de Adán y Eva es Abel. El relato de Caín y Abel es una reflexión sapiencial sobre la fraternidad, la violencia y el pecado (Gn 4 1-16). Es de carácter «etiológico» (estudio de las causas), pues trata de explicar el origen de una realidad universal. La envidia lleva a Caín a asesinar a su propio hermano. Abel es figura (imagen anticipada) de Jesús, el Santo, el Justo condenado a muerte (Hch 3 14).
➲Etiología/relato etiológico. Mito/relato mítico.

Abismo. En el AT puede tener dos significados: **[1]** «Cosmológico», cuando se refiere al mundo subterráneo rodeado de «aguas inferiores», por oposición a las «aguas superiores», según la comprensión semita del mundo (Gn 1 2; 7 11; 8 2). **[2]** «Escatológico», referente a la realidad última, cuando se identifica con el mundo inferior donde habita el demonio, lugar del castigo o ausencia de Dios. En el NT Lucas utiliza «abismo» una vez (Lc 8 31); Pablo lo identifica con los infiernos (Rom 10 7), y el Apocalipsis lo menciona siete veces, para motivar a resistir las adversidades y abrazar la fe.
➲Castigo. Infierno/infiernos. Muerte.

Abraham. Primero de los tres grandes patriarcas: «Abraham, Isaac y Jacob». Pastor nómada originario de Ur de los caldeos. Ya mayor y siendo estéril su esposa Sara, Dios le manda ponerse en camino y le promete que será padre de un gran pueblo y poseerá una tierra. Con su familia —que incluye parientes próximos (Lot), siervos y esclavos— deja su tierra, sube hasta Harán en Siria y viaja hacia Egipto; se establece en el sur de Canaán. Dios cambia su nombre *Abram* («padre excelso») por *Abraham* («padre de multitudes»). En Abraham se juntan la promesa y la alianza de Dios con la humanidad: en él serán bendecidas todas las naciones (Gn 12 1-3). La narrativa de su historia es larga (Gn 12 – 25) y magistral: Abraham solo tiene un hijo, Isaac, «el hijo de la promesa»; la única tierra que va a «poseer» será la que compre para enterrar a Sara; la con-

fianza y la fidelidad de Abraham a Dios son puestas a prueba en el «sacrificio de Isaac», que no se realiza (v. 22). En el NT se le llama «padre» (Mt 3 9; Jn 8 39), «amigo de Dios» (Sant 2 23), «hombre creyente y obediente a Dios» (Heb 11 8-19). Abraham es reconocido como el «padre en la fe» por judíos, cristianos y musulmanes, las tres grandes religiones monoteístas.
➲**Alianza/Pacto. Esperanza. Isaac. Jacob/Israel. Patriarcas** (ver esquema, p. 120).

Abstinencia. Renuncia voluntaria a complacer un deseo o apetito de actividades corporales placenteras. Generalmente implica renunciar a tener relaciones sexuales o a consumir alimentos o bebidas alcohólicas, como un medio de purificación religiosa y crecimiento espiritual.
➲**Ayuno.**

Acción de gracias. La «acción de gracias» es una respuesta a los dones recibidos de Dios; se realiza en la oración familiar, el culto y lo cotidiano de la vida. También es un género literario de los salmos, y el tercer motivo de inspiración en ellos, después de la «súplica» y la «alabanza». Pocos salmos son solo de acción de gracias (Sal 75; 100); pero muchos empiezan presentando a Dios un peligro, después claman angustiados por su intervención y terminan agradeciendo la salvación recibida (Sal 30; 40; 116; 124). El Cántico de Moisés y el de Débora recogen la fe de Israel y dan gracias a Dios por ella (Ex 15 1-21; Jue 5). Los profetas, los escritos sacerdotales y los últimos escritos del AT (Tob, Jdt, Eclo, Dn), todos dan gracias a Dios. Pero la acción de gracias por excelencia es la Eucaristía, en la que el mismo Jesús se ofrece al Padre en respuesta al don de Dios en él y a su obra salvadora.
➲**Eucaristía. Género literario. Himno. Oración. Salmos.**

Acción simbólica. Ver *Símbolo*.

Ácimos [fiesta de los]. Ver *Fiestas judías*.

Adán/Eva. «Adán y Eva» refieren al comienzo de la vida humana, son los seres primordiales de la humanidad y de la naturaleza humana, creada por Dios a imagen y semejanza suya. Dios les dio el señorío sobre toda la creación (Gn 1 26s; 2 19s; Sal 8 5s); pero al usar mal su libertad y desobedecer cayeron en el pecado (Gn 2 7; Sal 51 7; Ez 28 13-19), el cual ha estado constante en la historia de la humanidad, por lo que se denomina «pecado original» o «pecado de los orígenes».

En los relatos de la creación y a lo largo de la Biblia, el término «adán» tiene connotación colectiva; significa «ser humano», «humanidad» o «ser persona». Dios da vida al ser humano, corona con él la creación, lo crea sexuado —varón y mujer—, y lo convierte en colaborador de su obra. (Gn 1 1 – 2 4a; 2 4b-25). «Eva» significa «vida», madre de todos los vivientes. En la genealogía, Adán se convierte en nombre de persona, para indicar que todas las personas forman el género humano, no solo los provenientes de Israel (Gn 5 1).

El NT repite que Dios creó a toda la humanidad (Hch 17 26); Jesús señala a los primeros padres como prototipo de la pareja conyugal y proclama que el orden establecido por Dios al crearlos debe ser restaurado tanto en relación con el ser individual de cada persona, como en la misión de los esposos y el rol colectivo de la humanidad (Mt 19 4s; 1 Tim 2 13s). Pablo ve en Jesús al «nuevo, segundo, último y verdadero Adán» (1 Cor 15 21s; 45 – 49; Rom 5 12-21). La carta a los Hebreos presenta a Cristo como el «hombre por excelencia» (Heb 2 5-9).
➲**Jesucristo. Mito/relato mítico. Pecado/pecador. Revelación. Vida/Vida eterna.**

Adoración. Actitud de humildad, reverencia y devoción ante Dios; suele ir unida al gesto de «postración». Primero se adora a Dios en los santuarios de Silo, Betel y Dan; a partir del rey Josías, solo en el Templo de Jerusalén. La Biblia prohíbe adorar imágenes que puedan reducir a Dios a un ídolo o manipularlo. En las tentaciones antes de su ministerio público, Jesús se niega a adorar al demonio que pretende extraviar su misión, porque solo adora al Padre (Mt 4 10). Jesús indica que a Dios se le adora «en espíritu y en verdad» (Jn 4 21-24), no se requiere un lugar físico. El himno a Cristo en la carta a los Filipenses proclama que toda la creación dobla su rodilla ante la obra salvadora de Cristo encarnado, muerto y glorificado (Flp 2 6-11).
➲**Alabanza. Culto.**

Alabanza. Acción y actitud que glorifica, ensalza y bendice el nombre y la persona de Dios, en especial con himnos y cantos. Género literario poético. En las Escrituras Hebreas el libro de los Salmos se llama «Libro de las alabanzas»; el salmista alaba a Dios por la creación, la salvación y su presencia cercana en el Santuario (Cantos de Sión y Cantos de peregrinación).
➲**Género literario. Salmos.**

Alegoría. Procedente del latín *allegoria*, «hablar figuradamente». Recurso literario para representar una idea o concepto abstracto con fines didácticos, valiéndose de formas humanas, animales u objetos cotidianos. La alegoría es una ficción: una figura que significa algo diferente. Por ejemplo, una «mujer ciega con una balanza» es alegoría de la «justicia» y un «esqueleto con una guadaña», de la «muerte». En el AT se utilizan alegorías para expresar el amor, la fidelidad, la justicia, la paz, el derecho, la victoria, la corrupción, la tentación, el mal; los salmos y los profetas las utilizan con frecuencia. En el NT, la parábola de los viñadores homicidas (Mc 12 1-9) y los relatos del pastor de las ovejas y de la vid con los sarmientos (Jn 10 1-18; 15 1-7), son alegorías.
➲**Acción de gracias. Adoración. Género literario.**

Alegría/danza/fiesta. En el contexto bíblico, solo de Dios procede la verdadera alegría, la cual se ve como fruto de la bendición del Señor, como lo refleja el salmista a través de la exultación o júbilo (Sal 5 12; 13 6; 96 11-12; 97 1), y otros libros de la Biblia la expresan de maneras diferentes (Dt 32 43; Is 61 10; 25 6.8-9; 29 19; 35 1-2; 1 Sm 2 1; Prov 23 15-16). En el AT, el gozo o la alegría del Señor se expresa también en la danza como elemento litúrgico y de adoración; teniendo en cuenta el carácter sonoro y rítmico de los salmos, es común encontrar en la Escritura tanto a mujeres como a hombres alabando al Señor de esta forma (1 Sm 18 7; Sal 30 12-13; 68 4; 51 10; 149 3; Sof 3 17). En el NT, hay alegría ante la manifestación de la misericordia de Dios con su pueblo, la cual es motivo de fiesta y regocijo (Lc 4 41.44; 15 6-7.23.31-32; 10 17.20-21; Jn 8 56). Las cartas paulinas presentan la alegría como manifestación de Jesús en la vida de quienes lo siguen (Rom 15 9; Ef 4 4).
➲Adoración. Alabanza. Bendición. Culto. Salmos.

Alianza/pacto. La alianza de Dios con su pueblo recorre toda la Biblia. Dios crea al ser humano para que viva en comunión con él; cuando rompe esa relación por el pecado, le promete que el mal será vencido (Gn 1 – 3). En el AT hay tres eventos en los que Dios restaura su comunión inicial con la humanidad, a través de una alianza. **[1]** Después del Diluvio, causado por la perversión humana, Dios anuncia a Noé que nunca destruirá la tierra y establece una «alianza con toda la creación», poniendo como «signo» el «arco iris» (6 13-18; 8 21; 9 9-17). **[2]** Dios hace una «alianza con toda la humanidad» a través de Abraham, a quien promete ser padre de multitudes (15 3-18; 17 7). **[3]** En el Sinaí, Dios establece una alianza con las tribus de Israel que fueron liberadas de la esclavitud en Egipto (Ex 2 24; 6 2-5); es una alianza «condicionada»: si el pueblo la guarda, será para siempre su «propiedad», «reino de sacerdotes» y «nación santa» (19 5-6); Moisés lee el decálogo o «Código de la Alianza» que recoge la Ley de Dios; el pueblo se compromete a cumplirlo; la alianza se firma con un sacrificio de novillos y la aspersión del pueblo con «sangre» (24 7-8). Es una alianza «gratuita», basada en la «elección» de Dios y la promesa hecha a sus antepasados, no por «méritos» del pueblo (Dt 7 7-8); es exigente porque Dios es «celoso», ama a su pueblo y busca que no perezca (4 23). Sin embargo, el pueblo no guarda la alianza y los profetas lo denuncian: Elías se queja de que «ha olvidado *su alianza con Dios»* (1 Re 19 10); Jeremías considera que la destrucción de Jerusalén, la caída del reino de David, el exilio y el dominio de Judea por extranjeros se deben a no haber observado la alianza (Jr 11 10; 22 8); pero hay esperanza porque Dios anuncia una «Nueva Alianza de paz y eterna» (31 31-34; Ez 37 26-27).

Los primeros cristianos se identifican a sí mismos como el pueblo de la Nueva Alianza. Marcos y Mateo señalan que la Eucaristía actualiza esta alianza (Mt 26 28; cf. Mc 14 24), mientras que Lucas y Pablo aportan que se trata de la «nueva alianza» prometida por Dios (Lc 22 20; 1 Cor 11 25). La carta a los Hebreos contrasta la «primera alianza» con la «nueva alianza en Cristo», mostrando la primera como imperfecta, y la nueva como la definitiva y eterna.
➲Abraham. Amor. Eucaristía. Ley. Moisés. Noé. Sacrificio. Salvación/Salvador/historia de salvación. Testamento.

Alma. El alma designa al ser humano entero; se expresa por el cuerpo que designa también a la persona completa, animada por el espíritu, que es el principio vital del ser humano. El AT no utiliza el término «alma», que es griego, sino que habla del «aliento», la «respiración», como el signo por excelencia del ser viviente. Estar vivo es tener «aliento»; cuando el ser humano muere, el «aliento» sale del cuerpo (Gn 35 18), es exhalado (Jr 15 9). Si la persona resucita, el «aliento vital» regresa a ella (1 Re 17 21). El NT utiliza el término hebreo *nefes* (alma) para referirse al «aliento» en el sentido hebreo.
➲Cuerpo. Espíritu. Muerte. Resurrección. Vida/ Vida eterna.

Altar. Ver *Culto. Sacrificio.*

Amonitas. Ver *Edomitas.*

Amor. La Biblia es un diálogo de amor entre Dios y el ser humano. El pueblo de Israel «conoce» el amor; en hebreo «conocer» significa «experimentar», «vivir». Este amor radica en lo profundo del corazón e implica sentimientos carnales y espirituales, afectividad y pasión; está marcado por *hesed* (misericordia). La revelación del amor de Dios a lo largo de la historia del pueblo se encarna en su experiencia del amor humano, con sus aspectos positivos, sufrimientos, deficiencias y debilidades. La visión bíblica del amor se va purificando y perfeccionando a lo largo de la historia de salvación; Dios siempre toma la iniciativa, motiva y enseña a las personas a amarse unas a otras.

[1] *El amor en el AT.* La creación del universo y, sobre todo, la del ser humano a imagen y semejanza de Dios es una obra de amor. Dios ama a nuestros primeros padres y a sus descendientes; ama a Abraham como a un amigo y confidente (Jos 24 2s; Is 41 8); Abraham le responde dejando su patria y estando dispuesto a sacrificar a su hijo único y muy amado, en quien descansaba la esperanza de la promesa divina de una descendencia numerosa; Dios salva al hijo, pues es un Dios de vida, no de muerte (Gn 12 1; 22 2-18). Moisés vive entre el amor a su pueblo y a Dios; su fidelidad se mantiene debido a su intimidad con Dios, con quien conversa como un amigo que posee una ternura inmensa y un amor misericordioso ante la infidelidad del pueblo (Ex 32 9-13; 33 11; 34 6s).

Los profetas son amados por Dios al grado de que se posesiona de ellos (Am 3 2.7; 7 15); los llena de gozo y los hace sufrir (Jr 20 7-11). Hablan de Dios como el esposo de Israel, con su amor siendo más fuerte que el pecado de su esposa infiel, a quien perdona y le ofrece un corazón nuevo capaz de amar (Os 2 21s; 11 8; Jr 31 3.20.22; Ez 16 60-63). El pueblo sabe que el amor divino es gratuito y que hay que amar a Dios con todo el corazón, adorándolo y obedeciéndolo, lo que solo será posible si Dios mismo hace que su corazón sea capaz de amar (Dt 6 5; 7 7; 11 13; 19 19; 30 6). La profesión de fe del pueblo, conocida como el *Shemah,* va seguida del gran mandamiento del amor: «Escucha, Israel: el Señor, nuestro Dios, es el único Señor. Amarás al Señor, tu Dios, con todo tu corazón, con toda tu alma y con todas tus fuerzas» (Dt 6 4-9).

Después del exilio, purificado por la prueba, Israel descubre que Dios se dirige también al corazón de cada persona; no solo al pueblo como una colectividad o a sus jefes por tener una misión especial. Ahora sabe que todo judío es amado, sobre todo el justo, el pobre y el pequeño (Sal 37 25-29; 113 5-9; 146 8), y empieza a pensar que Dios ama también a los paganos (Jon 4 10s) y a toda criatura (Sab 11 23-26). Los judíos piadosos proclamaban el amor misericordioso de Dios, su bondad y su fidelidad a la Alianza (Sal 34 9; 100 5; 136); expresaban amor a su nombre, a su Ley, a su sabiduría (Sal 31 24; 34 13; 73 25; 116 1; 119 27); son capaces de morir por Dios (2 Mac 7). El Cantar de los Cantares, escrito en el siglo II a.C., refleja con gran belleza y expresividad el amor entre los enamorados, amor que proviene de Dios, aunque el poema no lo mencione. Más tarde, los judíos consideran el Cantar como símbolo de la relación de Dios con su pueblo, y los cristianos como símbolo de la relación de Cristo con su Iglesia.

[2] *El amor de Dios Trinidad.* El «amor de Dios» se vuelca en la intensidad y plenitud de un hecho único: Jesús —Dios hecho hombre— viene a vivir el drama del diálogo de amor entre Dios y la humanidad. Dios Padre se da a conocer en el Mesías esperado, su propio Hijo al que ama, que es uno con él (Lc 2 11; Mc 1 11; Jn 1 1; 3 35; 10 17.30-38). El amor del Padre se expresa de manera que no puede ser superado; es el don llevado al extremo al permitir la muerte de su Hijo para sellar la Nueva Alianza dadora de Vida eterna, signo inequívoco de su amor gratuito y misericordioso (Jn 3 16; Rom 5 8; 8 32). Jesús lleva a la plenitud la revelación del amor: es amado por Dios y ama a Dios con fidelidad absoluta, amor que proyecta a toda persona, no solo a sus amigos (Mc 10 21.45; Lc 8 1s; Jn 11 3.5.36); pasa por el mundo haciendo el bien, sobre todo a los más despreciados (Lc 7 36-50; 19 1-10; Mt 21 31s). En la cruz revela en forma decisiva su fidelidad al Padre y su amor a los suyos; ahí se manifiesta el «más grande amor» (Flp 2 8; Jn 13 1; 15 13).

Este amor exige reciprocidad y se obedece a través de Jesús: amándolo se ama al Padre (Mt 10 40; Jn 8 42; 14 21-24); significa guardar su palabra y seguirlo, al grado de que los evangelios distinguen entre los que aceptan y los que rechazan este amor, al que no se puede permanecer neutral (Lc 2 34; Jn 3 18s; 6 60-71; 8 13-59). Sin embargo, los amigos de Jesús lo abandonan en su pasión; solo su madre María, Juan y algunas mujeres lo acompañan en la cruz (Jn 19 25s). Faltaba el don del Espíritu Santo que crea en las personas un corazón nuevo (Jr 31 33s; Ez 36 25s), el mismo que había prometido Jesús y que envía en Pentecostés (Lc 24 49; Jn 14 16s; Hch 2 1-36). El amor del Espíritu Santo derramado en sus discípulos nos mantiene en la unidad, nos apremia a amar y nos prepara para el encuentro definitivo en el amor (Rom 5 5; 8 35-39; Cor 5 14; 1 Cor 13 12).

El amor entre Dios y el ser humano tiene por fuente el amor eterno del Padre y del Hijo (Jn 17 24.26), que es también el amor del Espíritu (2 Cor 13 13), o sea, el amor eterno de la Trinidad. En su esencia misma, Dios es amor (1 Jn 4 8.16).

[3] *El amor fraterno.* En el AT, el mandamiento del amor de Dios se completa con el segundo mandamiento: «Amarás a tu prójimo como a ti mismo» (Lv 19 18; Dt 6 4-13). Desde entonces Dios motiva a amar «al otro»: es una ofensa a Dios ser indiferente u hostil al prójimo (Gn 3 12; 4 9s); el Código de la Alianza abunda en normas de atención al pobre y al pequeño (Ex 22 20-26; 23 4-12). La tradición profética y la tradición sapiencial también motivan a respetar a las personas para agradar a Dios, sobre todo al extranjero, al débil, al marginado; no se trata solo de solidaridad humana, sino de historia de salvación.

En el NT, Jesús enlaza los dos mandamientos en uno solo: el mandamiento único (Jn 13 34; 15 12), convirtiéndolo en la cúspide de la nueva ley y resumen de toda exigencia moral (Mc 12 28-33; Gal 5 22; 6 2; Rom 13 8s; Col 3 14). Esta es la herencia de Jesús, su testamento: «Ámense los unos a los otros como yo los he amado» (Jn 13 34); «¿Cómo puede amar a Dios, a quien no ve, el que no ama a su hermano, al que ve?» (1 Jn 4 20). Es un amor esencialmente religioso, pues tiene como fuente y modelo el amor de Dios: viene de Dios, anida en nosotros, se proyecta en los demás y regresa a Dios; respondemos al amor de Dios con su propio amor.

El cristiano ha de dejarse inundar por el amor del Espíritu Santo que mueve y transforma el corazón con miras a la salvación, sin mérito alguno de parte nuestra (Mc 10 45; Rom 5 6s); es universal, no desprecia a nadie (Gal 3 28; Lc 7 39; 14 13). Su presencia activa en nosotros, nos mantiene motivados y con ánimo para vivir según los valores de Jesús; permite amar a los enemigos (Mt 5 43-37; Lc 10 29-37), perdonar sin límites (Mt 6 12.14s; 18 21s) y devolver bien por mal (Rom 12 14-21; Ef 4 25 – 5 2). En el matrimonio, el amor conyugal implica una entrega total, como Cristo se entregó por su pueblo (Ef 5 25-32). Pablo manifiesta la naturaleza y la grandeza del amor (1 Cor 13), la cual edifica la Iglesia (1 Cor 8 1; Ef 4 16) y perfecciona a las personas para el Día del Señor (Flp 1 9s). El amor es comunión; la comunión del Padre y el Hijo en el Espíritu se proyecta en nosotros y nos invita a participar en ella al amar a los demás (1 Jn 2 15; 3 11-18; 4 7 – 5 4). La última oración de Jesús fue: «que el amor con que tú me amaste esté en ellos» (Jn 16 26); en el amor fraterno se reconocen los seguidores de Jesús (13 35).

En griego, idioma del NT, se diferencian tres tipos de amor: el «amor-pasión» *(eros)*, el «amor de afecto» *(filia)* y el «amor incondicional» *(agapé)*, siendo este el más común, pues refleja mejor el amor cristiano. El matrimonio conlleva la síntesis de los tres tipos de amor.
➲Alianza/pacto. Canción de amor. Perdón.

Anatema. Del hebreo *herem*, «poner aparte», «excluir de su uso profano». En el AT tiene tres significados: **[1]** «consagración a Dios», de una persona, animal u objeto; **[2]** «exclusión del pueblo», por castigo a una persona que cometió idolatría, para que no contamine a otros; **[3]** «consagración del botín de una guerra santa a Dios». Además, los judíos reciben el calificativo de «anatema» cuando perjuran de Dios. La originalidad del NT es que Cristo y los apóstoles mandan bendecir siempre, incluso a los enemigos (Lc 6 28; Rom 12 14; Sant 3 8-10); por lo tanto, el término «anatema» se utiliza muy poco; en ocasiones va ligado a «maldecir» o rechazar abiertamente a Dios, como cuando Pedro negó a Jesús (Mc 14 71), o «conjurarse para exterminar» a alguien como en el caso de Pablo (Hch 23 12). Para Pablo expresa el juicio de Dios contra los infieles (Gal 1 8s; 1 Cor 16 22); él está dispuesto a ser designado como «anatema», si con eso logra la salvación de sus hermanos, aunque implique verse separado de Cristo (Rom 9 3).
➲Guerra santa. Maldición.

Ancianos. En el mundo semítico los «ancianos» representan una dignidad, más que una edad avanzada. En las tribus, impartían justicia y convocaban a la guerra; después del destierro de Babilonia pueden ser miembros del Sanedrín; algunos tienen parte activa en el juicio de Jesús. En las comunidades cristianas, los ancianos, quienes son llamados «presbíteros», ejercen funciones de liderazgo (Hch 15 23; 1 Tim 5 17; Tit 1 5; Sant 5 14).
➲Ministerio/ministro. Sacerdocio/sacerdote. Sanedrín.

Ángeles. Del griego, «enviado o mensajero». En el AT, Dios utiliza a los ángeles como mensajeros. En general aparecen en la época postexílica con Ezequiel, Zacarías y Daniel, salvo algunas excepciones, como en la «escalera de Jacob» (Gn 28 12). El ser humano es «poco inferior a los ángeles», coronado de gloria y esplendor, y con el dominio de la obra de la creación (Sal 8 6), pues *los ángeles son seres espirituales como Dios*, mientras que las personas tienen una dimensión corpórea. En el NT hay ángeles en los relatos de anunciación y en algunos mensajes de Jesús, siempre en contexto de su obra salvadora. La carta a los Hebreos afirma que Cristo está por encima de ellos, al ser el único mediador ante Dios (Heb 1 5). La distinción entre «ángeles» y «arcángeles» no es bíblica; Gabriel aparece en el libro de Daniel (Dn 8 16; 9 21) y en las anunciaciones de Juan el Bautista y de Jesús (Lc 1 19.26); Rafael, en el libro de Tobías; Miguel, en Daniel, la carta de Judas y el Apocalipsis (Dn 12 1; Jds 9; Ap 12 7). La división de los ángeles en tronos, dominaciones y potestades es muy tardía, sin influencia en otros textos bíblicos (Col 1 16). La superioridad de los ángeles sobre los seres humanos se invierte con la salvación del pecado alcanzada en Cristo, ya que Dios no perdonó a los ángeles que pecaron (2 Pe 2 4). Al ser incorporados a Cristo y hechos partícipes de su misma vida, Dios ha resucitado al ser humano y lo ha sentado a la derecha de Dios Padre (Ef 2 5-6).
➲Demonios.

Antioquía de Siria. Ciudad de origen griego, convertida en capital de la provincia romana de Siria por el emperador Pompeyo. Era la ciudad más romana del Oriente, comparable con Roma y Alejandría. Ahí floreció una importante comunidad cristiana, donde por primera vez se llama «cristianos» a los seguidores de Jesús, el Cristo (Hch 11 26). De Antioquía salen las tres misiones apostólicas de Pablo, y allí vuelven.
➲Pablo/Saulo de Tarso.

Anunciación [a María]. En el NT el término «anunciación» designa, en primer lugar, el relato sobre el anuncio del ángel Gabriel a María, para indicarle que será la madre de Jesús, Hijo del Altísimo, el Mesías anunciado por los profetas (Lc 1 26-38). La forma para anunciar un nacimiento extraordinario es un género literario frecuente en el AT: un enviado de Dios, generalmente un ángel, comunica a una persona que Dios le dará un hijo para llevar adelante la historia de la salvación a través de él; algunos ejemplos son: Ismael (Gn 16 10-12), Isaac (18 9-15), Sansón (Jue 13 2-20), Samuel (1 Sm 1 3). También existen anunciaciones sobre la misión que Dios encomienda a una persona. De hecho, para la descripción de la anunciación a María, Lucas utiliza el esquema del anuncio hecho por un ángel a Gedeón, sobre su misión como juez de Israel (Jue 6 11-24). En el NT hay otras anunciaciones: a Zacarías, padre de Juan el Bautista (Lc 1 18-25); a José sobre la concepción de Jesús en María (Mt 1 18-25); a los pastores sobre el nacimiento de Jesús (Lc 2 8-14).
➲Género literario. María.

Año/año sabático/año jubilar. [1] El «año natural» constaba de doce meses lunares; la fiesta del «año nuevo» se celebraba en otoño, después de la recolección de los frutos de la agricultura; los babilonios la pasaron a la primavera, antes de la Pascua; los seléucidas la regresaron al otoño, donde se mantiene hasta hoy. **[2]** El «año sabático» se debía celebrar cada siete años; al principio era para dar descanso a la tierra, después adquirió un sentido social al dejar que los pobres pudieran comer de los frutos de tierras que no eran de ellos (Ex 23 10-11) y que ese año se perdonaran las deudas adquiridas en los últimos siete años (Dt 15 1-11). **[3]** El «año jubilar» debía celebrarse cada 50 años, descansando la tierra y regresando a sus antiguos propietarios o

herederos todas las propiedades enajenadas desde el año jubilar anterior (Lv 25 8-17). El año sabático y el jubilar eran grandes ideales o utopías, más que realidades.
➲**Calendario.**

Apocalipsis/apocalíptico. Del griego, «revelación». El libro del Apocalipsis anuncia la intervención salvadora de Dios que hace justicia por medio de Jesús —Alfa y Omega—, el Principio y el Fin. El género literario «apocalíptico» florece durante el judaísmo (II a.C.-I d.C.). Los autores apocalípticos hablan del Juicio final al terminar el mundo y la historia, utilizando simbología proveniente de antiguas cosmologías, alegorías frecuentes y especulaciones sobre números y letras. La Biblia tiene dos libros escritos en este género: Daniel en el AT y Apocalipsis en el NT. También hay elementos escritos en género apocalíptico en el «discurso escatológico» de Jesús en el monte de los Olivos (Mt 24; Mc 13; Lc 21).
➲**Alegoría. Caballo. Escatología. Género literario. Juicio de Dios/Juicio final.**

Apócrifos. Del latín, «oculto» o «escondido». Se utiliza para distinguir los libros inspirados por el Espíritu Santo que contienen la Palabra de Dios para su pueblo y que fueron aceptados como libros canónicos de otros libros o textos de contenido similar «ocultos» al pueblo de Dios, o sea que no pertenecían al Canon. Los biblistas que designaron textos como «apócrifos» encontraron en ellos contenidos confusos o elementos contrarios a las doctrinas aceptadas y guardadas por la tradición judía o cristiana. Los «escritos apócrifos» ayudan a conocer la historia, el pensamiento, las tradiciones, la literatura religiosa y las costumbres populares de la época, pero no fueron reconocidos como Palabra de Dios.
➲**Biblia. Canon/canónicos. Intertestamento.**

Apostolado. La Iglesia entera tiene un apostolado: es enviada a anunciar el Evangelio. Lucas relata que Jesús envió a 72 discípulos a los pueblos donde pensaba ir, recomendándoles cómo actuar (Lc 10 1-24); les dijo: «El que los escucha a ustedes, me escucha a mí; el que los rechaza a ustedes, me rechaza a mí; y el que me rechaza, rechaza a aquel que me envió» (v. 16).

Pablo confirma lo que Jesús dijo a los setenta y dos discípulos. Repite con insistencia que fue «elegido» por Jesús como apóstol y destinado a proclamar su Evangelio (Rom 1 1; Gal 1 16; 1 Cor 9 1; 15 8; Hch 9 5.15.27). Jesús resucitado le dio directamente su misión; Pablo recibió una gracia particular como apóstol; es un caso único, con autoridad apostólica sobre las Iglesias en las naciones (Gal 1 8s). Delega su misión evangelizadora a otras personas, como cuando impone las manos a Timoteo, quien después repite el mismo gesto (1 Tim 4 14; 5 22; 2 Tim 1 6). También envía a otros a proclamar a Jesús y formar comunidades, a las que escribe: «Somos embajadores de Cristo, y es Dios el que exhorta a los hombres por intermedio nuestro» (2 Cor 5 20); la Palabra que anunciamos no es palabra humana, sino Palabra de Dios, que actúa en los que creen en ella (2 Tes 2 13). Ser embajador de Cristo es propio de todo cristiano, pues el Espíritu Santo nos permite conocer su pensamiento y enseñarlo (1 Cor 2 6-16).

Con el Bautismo, los Apóstoles comunican el Espíritu Santo a los conversos, haciéndolos miembros del Cuerpo de Cristo y compartiéndoles la misión que recibieron de Jesús. Todos los bautizados son enviados a ejercer su apostolado en virtud del poder del Espíritu Santo recibido en el Bautismo y la Confirmación, en comunión con el colegio «apostólico» de los Doce.

Jesús envía a todos sus discípulos a ser «luz del mundo y sal de la tierra», «levadura en la masa» (Mt 5 13-16; 13 33). Los cristianos colaboramos con Jesús en su misión de hacer presente el Reino de Dios, somos enviados a trabajar en la «viña del Señor» (Mt 20 1-16).
➲**Apóstoles/los Doce. Bautismo. Discípulo/discipulado. Espíritu de Dios/Espíritu Santo. Evangelio. Iglesia. Ministerio/ministro. Reino de Dios.**

Apóstoles/los Doce. Del griego, «enviar», «mandar»; se usaba para referirse a un emisario, delegado o embajador. Solo se usa en el NT; concuerda con la experiencia de Israel respecto a los enviados del rey a cumplir una misión y a los profetas enviados por Dios para hablar al pueblo en su nombre. Se aplica de manera privilegiada a los doce discípulos escogidos por Jesús para fundar su Iglesia (Mt 10 2; Ap 21 14), así como a Pablo, apóstol de las naciones (Rom 11 13). Otras personas también son nombradas así, sobre todo por Pablo (1 Cor 9 5s; 15 5s; Gal 1 19), quien envía a dos hermanos como apóstoles de las comunidades cristianas (2 Cor 8 23). Juan utiliza este Palabra de manera genérica: «El servidor no es mayor que su amo, ni el apóstol mayor que el que lo ha enviado» (Jn 13 16). En Hebreos se designa a Jesús como el «Apóstol de Dios» (Heb 3 1).

Con el tiempo, la Iglesia naciente asignó el término «apóstol» solo a los «Doce» discípulos elegidos por Jesús como pilares de su Iglesia: Simón, al que puso de sobrenombre Pedro; Santiago y Juan, hijos del Zebedeo; Andrés, Felipe, Bartolomé, Mateo, Tomás, Santiago hijo de Alfeo, Tadeo; Simón el Cananeo, y Judas Iscariote, el traidor (Mc 3 16-19). Pedro, Santiago y Juan lo acompañan en su transfiguración (Mt 17 1-3) y en su oración en Getsemaní (Mc 14 32-42).

Los evangelios describen el ministerio de los Apóstoles: anunciar el Evangelio y expulsar a los demonios (Mc 3 14); hablar en nombre de Jesús, revestidos de su autoridad (Mt 10 40); distribuir los panes a la multitud (Mt 14 19); dirigir la comunidad con autoridad (Mt 16 18; 18 18). Jesús resucitado les promete la fuerza del Espíritu y los envía a ser sus testigos en toda nación (Hch 1 8); les encarga formar discípulos y bautizar en todas las naciones (Mt 28 18s). Los Doce participan en la institución de la Eucaristía en la Última Cena y Jesús les manda hacer lo mismo en memoria suya (Lc 22 14). Después de la Ascensión, se reunían a orar con María, la madre de Jesús, algunas mujeres y otros discípulos (Hch 1 13-14).

Los Doce constituyen el fundamento de la Iglesia, el nuevo Pueblo de Dios, tomando el lugar de las 12 tribus de Israel. Los Apóstoles sustituyen a Judas Iscariote por Matías para asegurar que la simbología del número doce se mantenga (Hch 1 15-26). Al estar juntos recibieron al Espíritu Santo el día de Pentecostés (2 1). Pedro destaca, como atestigua la expresión «Pedro y los Apóstoles» (2 37). El Apocalipsis los reconoce: «La muralla de la Ciudad se asentaba sobre doce cimientos, y cada uno tenía el nombre de uno de los doce Apóstoles del Cordero» (Ap 21 14).

➲Apostolado. Carisma. Discípulo/discipulado. Evangelio. Iglesia. Misión. Vocación.

Arameo/arameos. Se refiere a un pueblo y a su lengua. Eran tribus semitas nómadas que vivieron en amplias extensiones del Medio Oriente (siglos XII-VIII a.C.). Con el tiempo formaron pequeños reinos, destacando Damasco. La Biblia recoge los conflictos de Israel y Judá con los arameos en las «guerras arameas» (1 Re 20 – 22) y la «guerra siroefraimita». Su reino de Damasco fue destruido por los asirios en 732 a.C. El arameo fue la lengua diplomática e internacional del Medio Oriente; era el idioma de Palestina durante el NT; Jesús hablaba arameo.

➲Asiria. Israel/israelitas/reino de Israel. Palestina.

Árbol. Para los israelitas, el árbol es símbolo de la vida, pues significa agua, alimento cobijo bajo su sombra, madera para utensilios, artesanías y construcciones. En el paraíso hay dos árboles de importancia clave para los primeros padres: el «árbol de la vida» y el «árbol de la ciencia del bien y del mal» (Gn 2 9), el primero también existía en otras culturas; el segundo es original de la Biblia y lo único que se sabe sobre él es que Dios prohibió a Adán y Eva comer sus frutos (vv. 16-17). Hay tres árboles con significado especial: el «encino», que se relaciona con lugares de encuentro con el Señor (Gn 12 6-7; 18 1-15; Jue 9 37; 35 24); el «cedro», que es símbolo de la grandeza de algunos pueblos (Ez 31; Dn 4), y el «olivo», primer árbol del que se habla después del Diluvio (Gn 8 11), su aceite se usaba en el candelabro de la tienda del en*cuentro (Lv 24 2-3)* y para ungir a los reyes (1 Sm 10 1; 16 13; 1 Re 1 39); su madera en *la construc*ción del Templo (1 Re 6 31-32); sus hojas en danzas litúrgicas (Jdt 15 13), y otros usos simbólicos (Sal 52 10; 128 3; Jr 11 16; Os 14 6-7; Zac 1 14). Los nuevos brotes de un árbol caído simbolizan el renacer del pueblo (Is 6 12-13; 11 1-2; Jr 23 5; Job 14 7-9) y la corriente sapiencial usa el árbol como sinónimo de la sabiduría (Eclo 24 12-16). En el NT, los árboles también se usan de manera simbólica, como en la parábola de la higuera (Mt 21 19; Mc 11 13; Lc 13 6-7) y la de un grano de mostaza que se compara con el Reino de Dios (Mt 13 31-32). Para los primeros cristianos el árbol con que fue hecha la cruz en que murió Jesús tuvo un significado muy importante y por mucho tiempo fue reconocido como el «madero de la cruz».

➲Cruz/crucifixión. Sembrador/semilla/fruto. Unción.

Arca de la Alianza. Cofre de madera de acacia recubierto de oro, adornado con dos querubines, con dos largos palos para transportarlo. En ella se custodiaban las tablas con los diez mandamientos durante la travesía del desierto; se veneraba en la Tienda del Encuentro (Dt 10 1-5). Era signo visible de la presencia de Dios y su acción en favor de su pueblo (Nm 10 33-36); su cubierta se conoce como «propiciatorio», desde donde Dios hablaba con Moisés (Nm 7 89). Después de la conquista de Canaán estuvo en los santuarios de Betel y de Silo; el rey David la llevó a Jerusalén y le dio un lugar central en el ritual del «Día del perdón» (Lv 16). Salomón, hijo de David, la situó en el Templo de Jerusalén, donde estuvo hasta su destrucción (587 a.C.); su desaparición dio lugar a dos reacciones: algunos no la extrañaban (Jr 3 16); otros creían que estaba escondida hasta el tiempo de la salvación mesiánica (2 Mac 4 – 8; Ap 11 19). El NT la nombra en el contexto del antiguo sacerdocio (Heb 9 4).

➲Alianza/pacto. Culto. Fiestas judías. Sacerdocio/sacerdote. Santuario. Templo de Jerusalén/ Templo de Dios. Tienda/Tienda del Encuentro.

Ascensión. «Ascender» significa «subir»; este movimiento tiene un fuerte sentido religioso en la Biblia, al igual que «descender». Según la cosmología bíblica, Dios habita en el cielo, «desciende» para visitar a su pueblo (Gn 11 5; Ex 19 11s; Sal 144 5) y «asciende» de nuevo a él (Gn 17 22). El Espíritu de Dios desciende (Is 32 15; Mt 3 16; 1 Pe 1 12); su palabra desciende y vuelve al cielo al terminar su obra (Is 55 10s; Sab 18 15). Bajada y subida establece el enlace entre cielo y tierra, entre Dios y su pueblo (Gn 28 12; Jn 1 51).

Desde su resurrección, Jesús está en el cielo a la derecha de Dios Padre (Hch 2 34; Rom 8 34; Ef 1 20s; 1 Pe 3 22), donde señorea como rey (Ap 1 5; 3 21; 5 6; 7 17). El relato de su «ascensión» expresa su exaltación celestial (Hch 2 34; Mc 16 19; 1 Pe 3 22); articula la fe en la supremacía cósmica de Cristo: su señorío en el cielo por encima de los ángeles; su toma de posesión del universo entero (1 Tim 3 16). Es un hecho distinto de la resurrección, cuando Jesús bajó a los infiernos y resucitó victorioso (Rom 10 6s; Ef 4 9s; Flp 2 6-11).

La Ascensión es presentada de varias maneras: Mateo la supone al declarar el poder de Jesús en el cielo y en la tierra (Mt 28 18); Marcos la coloca al final de las apariciones de Jesús resucitado (Mc 16 19); Juan la menciona en varias partes de su evangelio (Jn 3 13; 6 62), coloca su suceso poco después de la resurrección de Jesús, cuando le dice a María Magdalena que sube al Padre (Jn 20 17). En su evangelio, Lucas la sitúa la tarde del domingo de Pascua, después de varias conversaciones con sus discípulos (Lc

24 13.33.36.44.50s); en el libro de Hechos, la relata al final de 40 días de apariciones a los discípulos, en los que conversó sobre el Reino de Dios y comió con ellos (Hch 1 3-11), diez días antes de Pentecostés (2 1s). Lo importante no es la fecha, sino reconocer las dos dimensiones de este misterio: **[1]** «la glorificación celestial de Cristo», que coincidió con su resurrección; **[2]** «la partida definitiva de Jesús de la tierra y su retorno al Padre», antes de empezar la etapa de la Iglesia con la venida del Espíritu Santo.

Otro elemento relevante es la fe en la parusía, cuando Jesús regresará glorioso al final de los tiempos: «Este Jesús que les ha sido quitado y fue elevado al cielo, vendrá de la misma manera como lo han visto partir» (Hch 1 11). Cristo se mantiene en el cielo, oculto a las personas, hasta su última manifestación en la resurrección universal (Hch 3 21; Col 3 1-4; 1 Tes 1 10). Con su victoria sobre la muerte, inauguró un nuevo modo de vivir en unión con Dios; fue el primero en llegar a la gloria para preparar un puesto a sus elegidos; después retornará por ellos para que vivan siempre con él (Jn 14 2s). La esperanza se fortalece: los cristianos han sido resucitados y sentados en la gloria con Cristo (Ef 2 6); buscan «las cosas de arriba», pues su verdadera vida está «oculta con Cristo en Dios» (Col 3 1s); su ciudad son los cielos (Flp 3 20); su morada perpetua es Cristo, de quien han sido revestidos, ya que cuando el cuerpo perece, la persona sigue viviendo: «El que vive en Cristo es una nueva criatura: lo antiguo ha desaparecido, un ser nuevo se ha hecho presente» (2 Cor 5 – 17).

➲Cielo. Gloria. Padre. Parusía. Resurrección.

Asiria. Imperio del siglo IX al VII a.C. en la cuenca media de los ríos Tigris y Éufrates, siendo su capital Nínive. Tanto el reino del Norte (Israel) como el del Sur (Judá) estuvieron sometidos a los asirios, quienes arrasaron Samaría, capital de Israel en 722 a.C., poniendo fin al reino del Norte. El rey Senaquerib asedió Jerusalén pero desistió de ocuparla (701 a.C.). Los babilonios conquistaron las ciudades asirias de Asur (614 a.C.) y Nínive (612 a.C.), causando la decadencia del Imperio asirio.

➲Mesopotamia. Monarquía. Samaría/samaritanos.

Autoridad. Del latín *auctoritas*; tiene la misma raíz que «autor». La función principal de la autoridad es engendrar vida, estar al servicio de la vida, protegerla.

[1] *La autoridad en el AT.* Dios se revela como autor del universo entero y, para restaurar el orden de la creación roto por el pecado, el pueblo de Dios conoce una historia de salvación en vías a la redención. Para ello, Dios encarga a algunas personas la misión de *hacer de Israel un reino sacerdotal y una nación santa* (Ex 19 6): la autoridad de Moisés, los profetas y los sacerdotes es esencialmente religiosa. En la esfera política, Israel es un Estado «teocrático» en el que se ejerce la autoridad en nombre de Dios; la Alianza subordina la autoridad política a la espiritual y le impone obligaciones de tipo moral, lo que representará desafíos muy fuertes a los reyes, quienes con frecuencia perdieron de vista el origen y la finalidad de su autoridad.

[2] *La autoridad de Jesús.* Jesús tiene una autoridad distinta. Predica con autoridad (Mt 7 29), tiene poder sobre la enfermedad, los demonios, los elementos (Mt 8 8s; 12 28; Mc 4 41), para perdonar los pecados (Mt 9 6ss), es Señor del sábado (Mc 2 28), se le ha dado todo poder en el cielo y en la tierra (Mt 28 18). Los judíos se preguntan: ¿con qué autoridad hace Jesús estas cosas? (Mt 21 23). El poder que se negó a recibir de Satán, lo recibió de Dios (Lc 4 5s) y lo ejerce entre los suyos como quien sirve (Lc 22 25s); es maestro y señor pero ha venido para servir y para dar su vida (Mc 10 42s). Jesús envía a sus discípulos a predicar, delegándoles su autoridad y confiándoles su poder (Mc 3 14s; Lc 10 16-19); les muestra que la autoridad es para servir (Lc 22 26; Jn 13 14s).

Ante las autoridades judías afirma su calidad de Hijo del hombre, con el poder que implica este título (Mt 26 63s). Reconoce la función política del césar, pero ve la injusticia con que actúan los representantes de la autoridad (Mt 20 25; Lc 13 32). Cuando comparece ante Pilato, le señala la iniquidad de la que es víctima (Jn 19 11) y reclama para sí una realeza que no es de este mundo (Jn 18 36). Aunque lo espiritual y lo terrenal dependen de él, reconoce la autonomía de lo temporal, hasta el día en que regrese y el universo entero sea asumido por completo en él (1 Cor 15 28).

[3] *Teología de Pablo sobre la autoridad.* Pablo profundiza en el significado de la autoridad en la Iglesia naciente; le recuerda que «no hay autoridad que no provenga de Dios» (Rom 13 1): la del marido, los padres, los Apóstoles... Los Apóstoles sirven a Cristo y a las personas en el gobierno de la Iglesia, el cual es de orden espiritual y mantiene la diferencia con el orden político (1 Tes 2 6-10); ignoran las disposiciones de las autoridades religiosas (judías y paganas) que desconocen o condenan a Cristo, porque consideran que hay que obedecer a Dios antes que a las personas (Hch 3 1s; 5 29; 13 27s).

La mujer debe estar sometida a su marido como la Iglesia a Cristo; el marido debe amar a su mujer como Cristo amó a su Iglesia (Ef 5 22-33). Los hijos deben obedecer a sus padres (Col 3 20s; Ef 6 1s), quienes reciben su autoridad de Dios (Ef 3 15); pero al educarlos deben evitar exasperarlos (Ef 6 4; Col 3 21). Los esclavos deben obedecer a sus amos (1 Pe 2 18) como al mismo Cristo (Col 3 22; Ef 6 5); los amos deben recordar que tienen un Señor en el cielo (Ef 6 9) y tratar a sus esclavos como hermanos (Flm 16). La autoridad está al servicio de los otros en la caridad.

Frente a las autoridades políticas, Pablo insiste que su autoridad viene de Dios, quien la otorga con miras al bien común, por lo que han de someterse a la ley divina; por su lado, el pueblo debe obedecer a las autoridades porque su ministerio es la justicia divina (Rom 13 1-7). Hay que rezar por las personas en puestos de auto-

ridad (1 Tim 2 2; 1 Pe 2 13-17). Las autoridades espirituales de la Iglesia tienen el deber profético de denunciar cuando el poder político se ejerce de manera contraria a Dios y a Cristo.
➲Apóstoles/los Doce. Hijo del hombre. Iglesia. Misión. Padre. Servicio/siervo. Tradición/tradiciones.

Ayuno. Privación voluntaria de alimentos y bebidas con el fin de centrarse en Dios y abrirse a su acción, por lo que siempre va acompañado de oración. En el AT se ayuna frente a empresas difíciles y antes de una intervención divina; obliga a todo el pueblo el «Día de la Expiación». Quien ayuna se cubre con un saco y con ceniza como muestra de arrepentimiento. El judaísmo dio gran importancia al ayuno; exige ayunar 35 días del año. Los profetas recuerdan que el verdadero ayuno consiste en romper las cadenas injustas, liberar a los oprimidos y compartir con el hambriento (Is 58 1-16).

En el NT ayunan los fariseos y los discípulos de Juan el Bautista. Jesús lo hace por 40 días, cuando se retira a orar en el desierto en preparación para su misión. En el Sermón de la Montaña, Jesús recomienda ayunar en secreto (Mt 6 6-18); durante su ministerio, no hay evidencia de que Jesús ayunara, y cuando le preguntan por qué no lo hace, responde que su presencia en medio de pueblo es motivo de alegría, dando a entender que no es tiempo de ayuno sino de regocijo (Mc 2 18). La Iglesia naciente ayuna como preparación para la misión y para la elección de ministros para las comunidades (Hch 13 2; 14 23).
➲Abstinencia. Culto.

Babilonia. Capital del país con el mismo nombre, situada en la cuenca del río Éufrates, en el actual país de Irak. Su nombre hebreo es Babel, ciudad de la famosa torre que es signo de idolatría y soberbia humana; la tradición sitúa ahí el origen de la pluralidad de idiomas (Gn 11 1-9). En la antigüedad su rey principal fue Hammurabi (siglo XVIII a.C.). Tras un largo período de dominio asirio, Babilonia renace con Nabucodonosor (605-562 a.C.), quien crea el Imperio babilónico, conquista Jerusalén y el reino de Judá, y pone fin al pueblo de Israel como nación independiente, deportando a Babilonia a un grupo muy numeroso de israelitas. Ahí, el pueblo israelita conoce el sufrimiento purificador y se prepara para restaurar Jerusalén y reformar su vida religiosa, dando lugar al judaísmo. En 538 a.C. fue conquistada por el rey persa Ciro el Grande; posteriormente Alejandro Magno la convierte en capital del Imperio griego. En la Biblia es sinónimo de «impiedad», por eso en el NT se la compara con Roma (1 Pe 5 13; Ap 14 8). Al Imperio babilónico se le conoce también como Imperio «caldeo»; Abraham es original de Ur de Caldea.
➲Exilio. Jerusalén. Judaísmo. Mesopotamia.

Bautismo. Del griego, «sumergir». El simbolismo purificador y dador de vida del agua es muy importante en la Biblia: el Diluvio y el cruce del mar Rojo son considerados preludios del Bautismo cristiano. El AT narra abluciones (lavatorios rituales) para recuperar la pureza necesaria en el culto (Lv 12 – 15; Dt 23 10s). También existía el «bautismo de los prosélitos», un rito de iniciación para conversos al judaísmo, que acompañaba la circuncisión en los varones. El profeta Zacarías anuncia una fuente de agua purificadora del pecado (Zac 13 1), que Ezequiel asocia con el don del Espíritu de Dios (Ez 36 24-28).

En el NT, el Bautismo de Juan el Bautista es similar al de los prosélitos, pues introduce a las personas en una comunidad que buscaba ser fiel a la Alianza; sigue la línea profética del arrepentimiento, el perdón de los pecados y la pureza moral. Juan anuncia el bautismo en el Espíritu y en el fuego (Mt 13 1). Al hacerse bautizar por Juan, Jesús busca la justicia de Dios (Mt 3 14s), solidarizándose con los pecadores, sin haber pecado (Jn 1 29.36). En su Bautismo, Dios Padre revela que Jesús es su Hijo y desciende el Espíritu Santo sobre él, ungiéndolo para su misión, según las profecías (Is 11 2; 42 1; 61 1). Jesús anuncia el Bautismo en el agua y el Espíritu Santo como los medios necesarios para entrar en el Reino de Dios (Jn 3 5), y envía a sus discípulos a bautizar en su nombre (Mt 28 19), tarea que asume la Iglesia naciente (Hch 10 48). Por obra del Espíritu, el Bautismo es una participación en la muerte y resurrección de Jesús (Rom 6 4); nos libera del pecado (Rom 6 1-23) y hace de nosotros criaturas nuevas revestidas de Cristo (Gal 3 27). Por el bautismo nos hacemos miembros del nuevo Pueblo de Dios, la Iglesia.
➲Consagración. Espíritu de Dios/Espíritu Santo. Iglesia. Pecado/pecador. Puro/impuro.

Belén. Ciudad de Judá a ocho kilómetros de Jerusalén. En ella nace David y allí acude Samuel para ungirlo como rey (1 Sm 16 1-13). El profeta Miqueas recoge las tradiciones mesiánicas sobre Belén (Miq 5 2), que se harán realidad al nacer Jesús ahí (Lc 2 4-7; Mt 2 1). Raquel, esposa de Jacob, muere cerca de Belén, y Rut espigaba los campos de Booz en sus afueras (libro de Rut).
➲David. Jesús/Jesucristo. Judá/Judea.

Bendición. Bendecir es una acción eficaz; la persona que bendice lo hace a título personal y en nombre de Dios, porque desea y procura el bien de la otra. La bendición divina tiene dos direcciones, desciende sobre las personas como un don y asciende a Dios como acción de gracias. El AT presenta una gama de bendiciones, distinguiéndose tres tipos: **[1]** La «bendición de una persona a otra» incluye desde un saludo o una despedida, ofrecer un regalo, rendir homenaje al rey, reparar un mal causado por una maldición (2 Sm 21 3; Ex 12 32). La transmisión de la bendición de Dios a la siguiente generación se hacía con un ritual, como en el caso de los jefes de Israel (Dt 33 1; Jos 14 13; 22 6-8); la bendición de una madre a su hija cuando iba a fundar su hogar (Gn 4 26). **[2]** La «bendición de las personas por Dios» es constante en la historia de salvación; es un medio para intervenir en el porvenir del pueblo respetando su libertad; la bendición a Abraham se extiende a todas las naciones (Gn 12 3); Dios bendice en la vida cotidiana con el agua, el sol, la salud, la fuerza... que dan como frutos una larga vida, fecundidad, paz, prosperidad. La bendición divina puede ser pedida en la oración y el culto; la Alianza es la máxima bendición y exige fidelidad a Dios. **[3]** La «bendición de Dios por las personas» es común en la oración de Israel; muchos salmos son cánticos de alabanza y acción de gracias por sus bendiciones (Sal 31 22; 124 6; Dn 3 88).

En el NT, Jesús bendice a los niños (Mc 10 16). Siguiendo la tradición judía, Jesús bendice a Dios por el pan antes de su multiplicación (Mt 14 19), al instituir la Eucaristía (Mt 26 26s) y cuando se aparece a sus discípulos camino a Emaús (Lc 24 30). Ya resucitado, tras prometerles el don de su Espíritu, se despide de sus apóstoles bendiciéndolos (Lc 24 49-51; Hch 1 4.8). Pablo afirma que la bendición perfecta es Cristo Jesús, en quien damos gracias al Padre por todos sus dones (Ef 1 3; 5 20; Rom 1 8; 8 32; Col 3 17). Jesús asegura a sus seguidores fieles que, en el Juicio final, Dios les dirá: «Vengan, benditos de mi Padre, y reciban en herencia el Reino que les fue preparado desde el comienzo del mundo» (Mt 25 34). Una sola vez se bendice a Jesús en el NT, en su entrada a Jerusalén, la víspera de su pasión, «¡Bendito el que viene en nombre del Señor!» (Mt 21 9); haciendo eco de esta bendición, el Apocalipsis canta la plenitud recibida en la salvación traída por Jesús (Ap 7 9-12). Aunque no se mencione el término «bendición», el Espíritu Santo es la bendición de Dios en sentido pleno: es Dios mismo que se nos ha dado (Mc 13 11; Jn 3 34; Hch 2 38; 5 32; 10 45; 11 17).

➲Acción de gracias. Alabanza. Gracia.

Biblia. Del griego, «conjunto de libros». Designa la totalidad de la Sagrada Escritura. La Biblia católica y la ortodoxa constan de «Antiguo Testamento» (46 libros) y «Nuevo Testamento» (27 libros). Las Iglesias protestantes o reformadas reducen el AT a 39, al no aceptar siete libros escritos en griego como «inspirados» y, por tanto, como «canónicos», los cuales se conocen como «deuterocanónicos» entre los católicos y «apócrifos» en las Iglesias protestantes.

➲Canon/canónicos. Palabra de Dios. Testamento.

Bienaventuranza. Género literario de carácter sapiencial para proclamar o anunciar la «felicidad» o «dicha» en la vida personal, familiar y social. En el AT, la felicidad proviene de Dios; nace de vivir según su corazón y se proclama en los salmos (Sal 1 1; 32 1; 34 8), los Proverbios (Prov 3 13s; 8 34s), el Eclesiástico (Eclo 10 16s; 25 8) *y por los profetas (Is 30 8); está relacionada con la vida*, la paz, el gozo, la bendición, la salvación, el descanso, una esposa sensata, buenos hijos, la justicia.

En Jesús se dan todos los bienes, es la fuente de toda felicidad. Mateo y Lucas presentan dos conjuntos de «Bienaventuranzas», que proclaman en qué consiste la felicidad y su motivo; ofrecen el programa de la felicidad cristiana según los valores de Jesús; manifiestan que Dios no es neutral, que está al lado de los pobres, los pacientes, los afligidos, los misericordiosos, los que trabajan por la paz, los que tienen hambre y sed de justicia (Mt 5 3-12; Lc 6 20-26). Lucas acentúa las condiciones que disponen a la persona para aceptar a Cristo y la felicidad que trae; las acompaña de cuatro «¡Ayes!» o lamentos, provenientes de la tradición profética, que expresan el mal que sucede cuando no se aceptan los valores de Jesús. María es «bienaventurada» porque ha creído (Lc 1 45), y Pedro, porque Dios le reveló quién es Jesús (Mt 16 17). Es bienaventurado quien no se escandaliza de Jesús (Mt 11 6) y los que escuchan la Palabra de Dios y la cumplen (Lc 11 28).

➲Género literario. Maldición. Reino de Dios.

Blasfemia. Del griego, «herir con la palabra». Se refiere a toda palabra o actitud insultante hacia Dios (1 Mac 7 34-38; Tob 1 18). Quien blasfema contra el nombre de Dios debe morir lapidado (Lv 24 16). Jesús es acusado de blasfemar porque perdona los pecados, poder reservado a Dios (Mt 9 1s; Jn 10 33s); estas acusaciones lo llevaron a la muerte. Para Jesús, el único pecado que no se perdona es la blasfemia contra el Espíritu Santo (Mc 3 29): quien blasfema contra él lo hace contra la verdad de que la salvación ofrecida por Jesús proviene de Dios y, al oponerse a la acción del Espíritu Santo, se cierra a la gracia y a la vida de Dios.

➲Maldición. Pecado/pecador.

Caballo. Los caballos de guerra egipcios eran un arma que no tenían los israelitas, pero fueron vencidos por la fuerza del Señor (Gn 47 17; 49 17; Ex 14 – 15; Jos 11 6.9). Los caballos fueron una tentación de poder para los reyes de Israel (1 Sm 8 11; 2 Sm 8 4; 15 1; 1 Re 10 26-29; 2 Re 3 7; 18 17-25; Is 31 1-3; Os 1 7; 14 3-4). En el NT tienen un fuerte simbolismo en el Apocalipsis, como manifestación del poder de Dios en el Día del Señor (Ap 6 1-8), y como medio destructivo de las plagas de langostas (9 7-11.17-19). En contraste, está el caballo blanco, símbolo de la presencia del Señor (19 11-15), en consonancia con el AT (Sab 18 14-16).

➲Apocalipsis/apocalíptico. Día del Señor/domingo. Símbolo.

Caín. Ver *Abel.*

Caldeos. Ver *Babilonia. Mesopotamia.*

Calendario. La base del calendario hebreo era sencilla: el día empezaba con el ocaso del sol, las semanas estaban constituidas por siete días, el mes comenzaba con la aparición de la luna nueva al atardecer. El año constaba de 12 meses lunares. El «año religioso» estaba marcado por las fiestas; el sábado, séptimo día de la semana, estaba destinado a Dios. A partir de David, el «año real o regio»

se iniciaba al subir el rey al trono; los documentos se fechaban con base en este calendario.
➲**Año/año sabático/año jubilar. Día del Señor/domingo. Tiempo.**

Camino/senda. Además del sentido literal, indica la dimensión moral, religiosa y espiritual de la vida humana (Sal 26 12; 139 24; Prov 3 17.23). La persona puede elegir entre los caminos del bien y del mal (Sal 1; Prov 4 18-19; Mt 7 13-14). Los evangelios sinópticos ven el discipulado como «seguir a Jesús por el camino» (Mc 10 52); Jesús se presenta como el «camino» que conduce al Padre (Jn 14 4-6) y realiza una buena parte de su obra evangelizadora en los caminos (Jn 4 1-42; Lc 10 29-37; 18 35; Lc 24 13-35). La Iglesia naciente es vista como «el Camino del Señor» (Hch 9 2).
➲**Discípulo/discipulado. Virtudes/vicios.**

Canaán. Franja de territorio entre el Mediterráneo y el desierto, en las actuales Palestina, Líbano, Israel, Jordania y Siria. Cuando los israelitas llegan a esas tierras (Tierra prometida) había varios pueblos cananeos establecidos ahí (Dt 7 1). Como eran pueblos de mayor cultura, los israelitas tomaron su lengua, aprendieron oficios de ellos y adaptaron aspectos de su religión a su propia fe en Dios.
➲**Palestina.**

Canción de amor. Género de la literatura lírica. Destaca el libro del Cantar de los Cantares, donde se entremezclan distintas formas líricas menores: poemas, piropos, alegorías, ensoñaciones, nostalgias, etc. El profeta Isaías se sirve de una «canción de amor» para denunciar el amor no correspondido de Israel con Yahveh (Is 5 1-7).
➲**Género literario.**

Candelabro. Candelero utilizado por los hebreos para colocar lámparas de aceite de olivo y alumbrar. El AT presenta dos candelabros de especial relevancia: **[1]** La *menorá* de siete brazos, con origen en la jornada por el desierto (Ex 25 31-40); fue colocada en el Templo de Jerusalén y destruida junto con este por los babilonios. Es el símbolo tradicional del judaísmo; con el tiempo adquirió una connotación mesiánica. **[2]** La *menorá* que se utiliza en *Janucá,* durante la fiesta de la rededicación del Templo (Segundo Templo), tiene nueve brazos. *Según* la tradición, cuando Judas Macabeo entra en el Templo tras reconquistar *Jerusalén, solo* encuentra un recipiente con aceite puro, suficiente para arder un día; sin embargo, alumbra por ocho días, lo que da origen a un *menorá* más grande que la original en memoria de este hecho. La fiesta de *Janucá* dura ocho días; en un ritual religioso, cada día se enciende una lámpara adicional hasta tener las ocho lámparas encendidas. La novena lámpara es distinta; contiene la flama de la que se encienden las otras ocho.
➲**Fiestas judías. Templo de Jerusalén/Templo de Dios.**

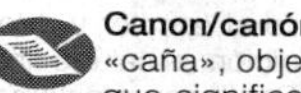

Canon/canónicos. Del griego, «regla» o «caña», objeto usado para medir; por lo que significa «norma» o «medida». Un libro es «canónico» cuando una comunidad lo reconoce como «normativo» para su fe; los libros excluidos de un Canon se llaman «apócrifos». Para la época del judaísmo, había dos conjuntos de Escrituras Sagradas: [1] «El Canon masorético (del hebreo, «tradición») o palestinense», por haberse realizado en Palestina, el cual solo incluía los libros escritos en hebreo y arameo. **[2]** «El Canon alejandrino o Biblia de los Setenta (también llamado Septuaginta)». El griego era el idioma oficial de Alejandría y los libros hebreos fueron traducidos por 70 expertos; este Canon incluía también los libros escritos en griego por las comunidades en la diáspora; 300 de las 350 citas del AT que se encuentran en el NT están tomadas de esta versión del AT.

El proceso para definir el Canon de la Biblia católica fue largo: empezó en el año 96 d.C.; para el siglo IV había un acuerdo general; el Canon quedó establecido en el Concilio de Trento (1546). La Iglesia católica calificó como canónicos los escritos que: (1) eran considerados inspirados por las Iglesias antiguas de Jerusalén, Antioquía, Alejandría y Roma, según testimoniaba su uso litúrgico; (2) provenían de los apóstoles y sus inmediatos colaboradores; (3) guardaban conformidad con la fe ortodoxa, excluían textos heréticos. Con estos criterios, se acepta como «deuterocanónicos» (de la segunda ley) los libros de Judit, Tobías, 1-2 Macabeos, Baruc, Eclesiástico, Sabiduría, y algunos fragmentos de Ester y Daniel; las Iglesias protestantes consideran estos libros «apócrifos», pues no eran parte del Canon judío.
➲**Apócrifos. Biblia. Diáspora. Helenismo. Testamento.**

Carisma. Del griego, «don, regalo, gratuito». El Espíritu Santo reparte sus «carismas» para el servicio y el bien de la comunidad. Estos dones abundaban en las primeras comunidades; en ocasiones las personas que los tenían se sentían libres de toda norma, causando desórdenes y divisiones en la comunidad; por eso, Pablo menciona el don del apostolado en primer lugar, aludiendo a la autoridad apostólica en las iglesias; señala que todos los dones son dados para el bien de la comunidad, y enfatiza que todos los carismas están subordinados al amor y deben conducir a la unidad (1 Cor 12 4-11.26 – 13 13). Para asegurar que los carismas proceden de Dios es necesario discernirlos en oración, o sea reflexionar sobre su origen, las motivaciones interiores para ponerlos en práctica, cómo son aprovechados en la comunidad, etc. (1 Jn 4 1).
➲**Apóstoles/los Doce. Espíritu de Dios/Espíritu Santo. Gracia. Iglesia. Servicio/siervo.**

Carne. Ver *Cuerpo.*

Cartas. Género literario conocido como «epistolar». Más de un tercio del NT son «cartas», incluyendo el Apocalipsis. Las

cartas comienzan nombrando al escritor y a los destinatarios; sigue una bendición; el saludo final suele incluir otra bendición. Contienen proclamaciones, reflexiones teológicas, correcciones morales, catequesis, recomendaciones. Se clasifican de cuatro maneras: **[1]** el «*corpus* paulino» agrupa las cartas de Pablo a las comunidades fundadas por él y a los romanos, a quienes visitará; las escritas por él se denominan «paulinas» y las que escribieron sus colaboradores, «deuteropaulinas»; **[2]** las «cartas de la cautividad» fueron escritas por Pablo desde la cárcel (Ef, Col, Flp, Flm y 2 Tim); **[3]** las «cartas pastorales» están dirigidas a pastores de comunidades (1 y 2 Tim; Tito); **[4]** las «cartas católicas» fueron escritas por autores distintos a Pablo y su mensaje es de carácter universal. (Sant; 2 Pe; 1, 2 y 3 Jn; Jds).
➲**Género literario. Testamento.**

Castigo. El castigo en la Biblia es signo y consecuencia del pecado, e instrumento de educación y corrección. Las calamidades naturales, la dispersión del pueblo, la guerra, las enfermedades, el sufrimiento, la muerte, el infierno, etc., son vistos como castigo de Dios; todos son signos contrarios a la vida. A través del castigo la persona sufre, consciente de que se ha separado de Dios. Es una revelación de Dios al pecador, una oportunidad para encontrarse con él en el fondo de su corazón: un signo de su amor con quienes ha establecido una alianza (Ex 20 5; 34 7); de su ira, venganza y justicia con quienes destruyen la bondad de su creación (Is 9 11s; 10 12; Ez 18 31). También muestra su disposición al perdón, así como su misericordia y su amor apremiante a que regresen a él (Ez 18 31; Os 11 9; Am 4 6-11; Is 9 12; Jr 5 3). En general hay tres momentos antes del castigo: **[1]** se goza del don de Dios; **[2]** sucede el pecado o infidelidad a Dios; **[3]** Dios, paciente y misericordioso, llama a la conversión.

Solo Jesús sufrió castigo sin ser causado por su pecado, sino porque asumió el pecado de la humanidad para redimirlo (Is 53 4; 1 Pe 2 24 – 3 18). En la cruz coinciden la derrota total de Satán, el pecado y la muerte, por Jesús y su sufrimiento como fuente de conversión y vida nueva para la humanidad (1 Pe 4 1; Flp 3 10). Los cristianos que viven del Espíritu han sido liberados del castigo (Rom 8 11; Jn 4 18); si aún lo sufren es un llamado a la conversión (1 Tim 1 20; 2 Tim 2 25). El único pecado que no se perdona es la blasfemia contra el Espíritu Santo (Mt 12 32).
➲**Abismo. Blasfemia. Enfermedad. Infierno/infiernos. Pecado/pecador. Perdón. Prueba/tentación. Salvación/Salvador/historia de salvación.**

Catequesis. La raíz de este término es «eco»; indica la repetición cada vez más profunda y amplia de la Buena Nueva, encaminada a conocer a Jesús y su mensaje. *Es una acción clave en la Iglesia naciente junto* con la predicación y la liturgia. El primer paso es la proclamación del kerigma (misterios salvíficos de Cristo); cuando la persona acepta a Jesús debe ser catequizada; muchos textos del NT son catequéticos. Como género literario, la catequesis transmite con un enfoque instructivo las enseñanzas en cuanto a la fe y la moral; abarca los hechos y dichos de Jesús e incluye el testimonio del catequista sobre cómo su fe ha cambiado su vida.
➲**Discípulo/discipulado. Evangelio. Género literario. Kerigma.**

Cefas. Ver *Pedro.*

Celibato. Se refiere al estado de soltería. El AT no valora el celibato dado el énfasis del pueblo de Israel en el mandato y promesa de Dios de multiplicarse, ser fecundos y tener una gran descendencia. En cambio, en la cultura griega el celibato era bien visto y promovido como una opción de vida para que los filósofos pudieran dedicarse completamente a su oficio.

El NT se refiere al celibato en dos ocasiones, ambas en el contexto de enseñanzas sobre el matrimonio. Jesús menciona tres tipos de varones que no contraen matrimonio: «algunos no se casan, porque nacieron impotentes del seno de su madre; otros, porque fueron castrados por los hombres; y hay otros que decidieron no casarse a causa del Reino de los Cielos» (Mt 19 12). Pablo consideraba que la vida conyugal no permitía consagrarse por entero a la evangelización y expansión del Reino de Dios, y habla del celibato como opción personal para quienes han sido llamados a dedicarse a los asuntos del Señor, se sienten seguros y pueden abstenerse de relaciones sexuales, pues «es preferible casarse que arder en malos deseos» (1 Cor 7 9); poco después menciona que él tiene el Espíritu de Dios, dando a entender que puede mantenerse célibe por el Reino de Dios (v. 40).
➲**Fecundidad. Matrimonio. Sacerdocio/sacerdote. Virginidad.**

AC DC

Cesarea. Hay dos ciudades con este nombre: **[1]** «La ciudad marítima de Cesarea» construida por Herodes el Grande en honor de César Augusto (20-9 a.C.). Durante el NT era el puerto más importante de Palestina; se convierte en sede de los procuradores romanos en 6 d.C. Pedro bautizó ahí a Cornelio (Hch 10); Pablo desembarcó allí en su segundo viaje y estuvo dos años en prisión bajo los procuradores Félix y Festo (Hch 23 – 25). **[2]** «Cesarea de Filipo», al pie del monte Hermón, junto a las fuentes del río Jordán. Originalmente se llamaba Panias, por su culto al dios Pan; Herodes Filipos la transformó en ciudad residencial, dedicándola a César Augusto. Los evangelios sinópticos colocan ahí la confesión mesiánica de Pedro (Mc 8 27-30).

Cielo. Término amplio con sentido cosmológico, religioso y teológico. En la cosmovisión bíblica, el cielo es como una lona asentada sobre fuertes columnas que separaba las «aguas superiores» del mundo habitado; la lluvia es la caída de las aguas superiores al abrirse las compuertas; las estrellas están fijas en el cielo; el sol recorre cada día el

firmamento de un extremo a otro. En el AT, Dios reside en el cielo, ahí tiene su trono y los ángeles forman la «corte celestial» (Is 14 13-15; 66 1; Eclo 17 32; Sal 33 13-15); por eso, Mateo habla del «Reino de los Cielos» como sinónimo de «Reino de Dios». En el NT, el «cielo» es el lugar de Dios y, por lo tanto, de Jesucristo, Palabra eterna de Dios que desciende del cielo y «se encarna» en la tierra, volviendo a él tras su glorificación (Ascensión). El «cielo» es sinónimo de «Paraíso», es la «Nueva Jerusalén», la meta de salvación a la que estamos llamados.
➲Ascensión. Encarnación. Reino de Dios. Resurrección.

Circuncisión. Operación quirúrgica para eliminar el prepucio o piel que cubre el glande del pene. Era una práctica higiénica practicada por el padre de familia; a partir del exilio se convierte en signo de pertenencia para el pueblo de Israel y se exige a todo judío (Gn 17 9-14). Jeremías y otros profetas señalan que lo importante es la circuncisión del corazón que elimina lo que impide guardar la Alianza (Jr 4 4). En época de Jesús, durante este ritual se le daba el nombre a los varones (Lc 1 59). Entre los primeros cristianos solía exigirse que los gentiles conversos se circuncidaran (Hch 15), hasta que Pablo argumentó con éxito en el Concilio de Jerusalén que no era necesario afiliarse al judaísmo para ser redimido por la fe en Cristo (Hch 15; Gal 5 11).
➲Israel/israelitas/reino de Israel. Judío. Judeocristiano. Ley.

Ciro. Ver *Edicto de Ciro.*

Código de leyes. Ver *Ley.*

Comunión. Del griego *koinonía.* Término propio del NT, donde tiene un lugar privilegiado. Dios es una Trinidad de personas, una comunidad de tres personas; no es un Dios solitario ni dualista como en otras religiones. En Cristo somos hijos e hijas de Dios en el Hijo; nuestra comunión con Dios es real: al compartir Jesús nuestra naturaleza humana y enviarnos su Espíritu, nos hace partícipes de su naturaleza divina (Heb 2 14; 2 Pe 1 4). Esta comunión con Dios se proyecta en los hermanos, creando la comunidad cristiana unida por el Espíritu Santo (Hch 4 32), quien posibilita que vivamos el nuevo mandamiento del amor (Mt 22 37s). *La oración* de Jesús al Padre por sus discípulos es un cántico a esta comunión *(Jn 17).*
➲Alianza/pacto. Amor. Consagración. Eucaristía. Espíritu de Dios/Espíritu Santo. Misterio.

Confianza. Ver *Fe/confianza.*

Conocer. En hebreo *yd'* significa «conocer»; incluye una relación existencial además del saber intelectual. Así se «conoce» el sufrimiento (Is 53 3), el pecado (Sab 3 13), el bien y el mal (Gn 2 9.17). En el campo religioso, Dios nos conoce primero y se da a conocer como misericordioso, liberador, justo. El auténtico conocimiento de Dios debe penetrar el corazón y traducirse en una vida en unión con él (Os 6 6; Is 1 17; Jr 22 16). Los profetas anuncian que Dios será conocido mediante el Espíritu, más allá del pueblo de Israel (Ez 36 26s; 36 23). Jesús da a conocer al Padre en su persona, con sus hechos y palabras. Juan profundiza en el conocimiento que Dios tiene del ser humano y que nosotros adquirimos de él (Jn 10 44s; 10 14; 14 6); pide discernir los signos de los tiempos y del espíritu, para no caer en manos de falsos profetas (1 Jn 2 3ss; 3 19.24; 4 2.6.13). Conocer a Dios es vivir en unión con él.
➲Comunión.

Consagración. Rito por el que una persona, animal o cosa se vincula de manera especial a Dios. En el AT se consagran los sacerdotes (Lv 21 12), los profetas (Is 6; Jr 1 4-10; Ez 3 16-21) y los reyes; al principio estos eran solo ungidos con aceite (1 Sm 10 1; 16 13), pero con el tiempo se desarrolló un ritual más completo (1 Re 1 38-40). También otras personas podían consagrarse a Dios mediante el voto de *nazireato* (Nm 6), como Sansón (Jue 13 3-5). Se consagran animales para ser sacrificados a Dios (Ex 29 22), así como el botín tras una batalla (Jos 6 19). El rito de consagración de las personas incluye su unción con aceite; de ahí que los términos «consagrado» y «ungido» pueden ser equivalentes. A través del Bautismo en Cristo, todo cristiano está consagrado a Dios.
➲Guerra santa. Sacerdocio/sacerdote. Sacrificio. Unción.

Consejo de Ancianos. Ver *Ancianos. Sanedrín.*

Conversión. La historia del pueblo de Israel está llena de infidelidades a Dios, tanto personales como colectivas; los profetas las denuncian e invitan a la conversión, o sea, al cambio de vida para vivir según su Alianza con Dios: «yo quiero amor y no sacrificios, conocimiento de Dios más que holocaustos» (Os 6 6); «¡Cesen de hacer el mal, aprendan a hacer el bien!» (Is 1 16-17). Para el hebreo, la conversión indica la acción de «volver», «regresar» al camino de Dios; en griego, *metanoia* se refiere al «arrepentimiento» y «cambio de mentalidad». Juan el Bautista exige que quienes lo escuchan se conviertan; Jesús, en su predicación, invita: «Conviértanse y crean en la Buena Noticia» (Mc 1 15).
➲Castigo. Justificación/justo. Misericordia. Pecado/pecador. Penitencia. Perdón.

Corazón. En la cultura semita, el corazón denota la interioridad del ser humano. Ahí nacen los sentimientos (2 Sm 15 13; Sal 21 3) y radican los recuerdos, la conciencia, la responsabilidad y la voluntad (Eclo 17 6; Is 10 7; 1 Cor 4 2; Rom 10 9-10); en él se integran el conocimiento y la virtud, y coexisten la ignorancia y el pecado; es la fuente de la personalidad consciente, inteligente y libre. De los «pensamientos del corazón de Dios» nace su plan de salvación (Sal 33 11). Dios «conoce nuestro corazón»; no solo las apariencias (Jr 7 10; Eclo 42 18), y pide que lo escuchemos «con todo el corazón» (Dt 6 5). En el AT, Israel va comprendiendo que para hallar a Dios hay que buscarlo y amarlo de todo corazón. Cuando el mal ataca el corazón y lo cierra a Dios, es importante pedirle un corazón puro (Jl 2 13; Sal 51 12).

A través de los profetas, en particular de Ezequiel, Dios promete a su pueblo un «corazón nuevo» en el que escribirá su ley, tendrán un espíritu nuevo y un «corazón de carne» (Ez 18 31; 36 25s). Esa promesa se cumplió en Jesucristo. En los evangelios sinópticos, Jesús habla de la importancia del corazón; señala que la Palabra se recibe en un corazón bien dispuesto (Lc 8 15), desde ahí se ama a Dios y se perdona al hermano/a (Mt 22 37; 18 25); es en el corazón donde nace el pecado, lo que hace impura a la persona (Mt 15 19s). A los corazones puros les promete la visión de Dios (Mt 5 8); cuando los discípulos de Emaús se encuentran con él, les «arde el corazón» (Lc 24 32). Jesús recuerda que en el corazón se juegan las decisiones: «Allí donde esté tu tesoro, estará también tu corazón» (Mt 6 21). Para Pablo, el corazón es la morada del Espíritu Santo (Rom 5 5; 1 Cor 1 22; Gal 4 5) y de Cristo (Ef 3 17); la fe es la adhesión del corazón a Cristo; su apertura al Espíritu Santo permite la salvación, pues él es quien ilumina los «ojos del corazón» y derrama el amor divino en nuestro corazón (Rom 10 9; Ef 1 18).

➲Alma. Amor. Conversión. Espíritu de Dios/Espíritu Santo. Fe/confianza. Gracia. Pecado/pecador. Puro/impuro. Salvación/Salvador/historia de salvación. Vida/Vida eterna.

Cordero pascual/Cordero de Dios. La víspera de salir de Egipto, los israelitas comieron cordero y con su sangre marcaron las puertas de quienes saldrían juntos. Cada año, en la Pascua judía, se sacrificaba un cordero para celebrar el paso de la esclavitud a la libertad, de la muerte a la vida, dando así un valor redentor a su sangre (Ex 12 3-6). En el NT, Juan el Bautista señala a Jesús como «Cordero de Dios, que quita el pecado del mundo» (Jn 1 29). La tradición cristiana presenta a Jesús como el verdadero «cordero pascual» (1 Cor 7 8). El Apocalipsis se refiere a Jesús como el Cordero y contrasta la debilidad del cordero inmolado con su exaltación gloriosa que asegura la victoria definitiva, celebrada en las «bodas del Cordero» (Ap 5 5; 9 11; 12 11; 19 1-10).

➲Eucaristía. Éxodo. Pascua/Pascua de resurrección. Pasión [relatos de la].

Corinto/corintios. Ciudad griega de gran importancia estratégica y comercial. En el culto, destacaba la diosa Afrodita (Venus). Las costumbres *sexuales licenciosas estaban muy extendidas* en Corinto; existían numerosos grupos religiosos de corte oriental, y había un contraste de clases sociales. Esto hacía que la comunidad cristiana fuera compleja y recibiera influencias muy diversas. En su primera carta a ella, Pablo destaca el amor como expresión máxima de los dones de Dios, la Eucaristía y la resurrección de Cristo como centro de la vida cristiana; en la segunda, reivindica su condición de verdadero apóstol.

➲Cartas. Pablo/Saulo de Tarso.

Creación/nueva creación. La Biblia muestra a Dios «creador» del universo y del ser humano, sus «criaturas». La creación es buena, pero no puede sustraerse del dolor y la muerte por causa del pecado (Gn 1 – 2). Los profetas hablan de una «nueva creación» y del retorno al paraíso donde el ser humano vivía en armonía con su Creador (Jr 31 22; Is 65 17; Ez 36 26-35). El NT indica que todo ha sido creado «en Cristo, por él y para él» (Col 1 16); en Cristo ha empezado la «nueva creación» anunciada por los profetas, la cual se aplica sobre todo al ser humano renovado interiormente en su bautismo (Col 3 10; Gal 6 15); esta nueva creación se debe a la redención y alcanzará su plenitud con la resurrección (Rom 8 23). La historia entera camina hacia allá, hacia nuevos cielos y nueva tierra después de la victoria del Cordero (2 Pe 3 13; Ap 21 1-5).

➲Adán/Eva. Dios/Dios Padre. Hombre/ser humano. Jesús/Jesucristo. Reconciliación.

Cristo. En griego *christós* «ungido», traducción de «mesías» en hebreo. Afirmar que Jesús es el Cristo es afirmar que es el Mesías de Dios.

➲Consagración. Jesús/Jesucristo. Mesías. Unción.

Cruz/crucifixión. Suplicio romano, posiblemente de origen persa, que aplicaban como pena de muerte a esclavos sublevados o revoltosos extranjeros. Los judíos no tenían permiso de dar muerte a nadie, por eso piden a Pilato que él condene a Jesús, quien muere en la cruz, fuera de Jerusalén. Pablo desarrolla una «teología de la cruz»; afirma que para los judíos es un escándalo; para los griegos es una necedad, y para los creyentes es la manifestación de la «fuerza salvadora» y la «sabiduría de Dios» (1 Cor 1 17-30); la cruz no es una meta, sino el camino a la gloria de la resurrección (Mc 8 31; Lc 24 25-26). Pablo afirma que se siente honrado de conocer a Cristo, y de saber que fue crucificado por amor a la humanidad; para él, la cruz separa la época en que las obras justifican a la persona frente a Dios, de la época en la que la justificación viene por la fe en Jesús (1 Cor 2 2).

➲Gloria. Jesús/Jesucristo. Justificación/justo.

Cuerpo. En hebreo, la palabra *basar* «carne» se refiere al «cuerpo vivo», o sea, al ser humano como cuerpo animado por el Espíritu de Dios; se distingue del vocablo hebrero *sar* o «cadáver», un «cuerpo sin espíritu», que es solo polvo (Gn 3 19; Ecl 12 7). Los griegos utilizan *sarx* para referirse a la «carne sin alma», y *soma* para hablar del «cuerpo», con toda su dignidad.

El cuerpo fue creado por Dios y es bueno (Gn 2 7; Jr 1 5; Sal 139 13s); Dios bendice la unión de los cónyuges, quienes serán una sola «carne» (Gn 2 24), lo que Jesús ratifica al hablar del matrimonio (Mt 19 4-6). Pero el ser humano es débil ante las tentaciones y no siempre actúa según el plan de Dios; este es el significado bíblico de la lucha entre el espíritu y la carne. Pablo también considera que el cuerpo es bueno, aunque en algunas ocasiones, por influencia griega, ve la carne como cárcel del espíritu y la identifica como fuerza del mal, enemiga de Dios y hostil al Espíritu (Rom 8 4-9.12s; Gal 5 16s).

➲**Alma. Espíritu.**

Cuerpo de Cristo. La expresión «Cuerpo de Cristo» tiene tres sentidos, todos de gran importancia respecto a la redención.

[1] *Cuerpo personal.* Los evangelios manifiestan la corporeidad de Jesús con mucha frecuencia: camina, come, duerme, sufre, habla, etc. Juan especifica que «se encarnó», llegó a la tierra y a la historia hecho cuerpo de hombre (1 Jn 4 2; 2 Jn 7). La atención a su cuerpo se redobla en los relatos de su pasión, muerte y resurrección: en su cuerpo lleva los pecados de la humanidad a la cruz; el Cuerpo de Cristo resucitado es muy real (Lc 24 39.42; Jn 20 19-27), pero no está sujeto a las mismas condiciones que antes; es un «cuerpo espiritual», no corruptible (1 Cor 15 44), un cuerpo «glorioso», «sagrado» (Flp 3 21), signo de su presencia en la tierra a la vez que en el Cielo, a la derecha del Padre (Heb 10 12).

[2] *Cuerpo eucarístico.* Fue instituido por Jesús en la Última Cena: el pan y el vino son transformados sacramentalmente en «su cuerpo a ser entregado» y «su sangre a ser derramada» en la cruz, quedándose Jesús para siempre en la comunidad de fe mediante la celebración del memorial de su muerte y la comunión de su Cuerpo y su Sangre. Este rito está orientado a los últimos tiempos en que Jesús regresará victorioso, como se proclama en la Misa al terminar la consagración: «Anunciamos tu muerte, proclamamos tu resurrección. ¡Ven, Señor Jesús!» (1 Cor 11 23-26).

[3] *Cuerpo eclesial.* Los cristianos estamos unidos sacramentalmente con Cristo; a través del Bautismo, formamos la Iglesia, en la que nos mantenemos unidos y activos mediante nuestra participación en la Eucaristía (1 Cor 10 17; 12 13.27). Como el esposo ama a su esposa «como a su propio cuerpo», así Cristo ha amado a la Iglesia y se ha *entregado por su salvación* (Ef 5 23-25). Unidos por el Espíritu Santo, formamos un solo cuerpo con miras a continuar la misión de Jesús (12 14-26). Con Cristo a la cabeza, somos miembros de su cuerpo; no del personal con el que actuó durante su vida terrena, sino del eclesial mediante el que sigue actuando en el mundo a lo largo de la historia. Como miembros de su cuerpo, hemos sido injertados en Cristo y hechos templo del Espíritu Santo (1 Cor 6 19); al resucitar en Cristo, nuestro cuerpo será conformado a su cuerpo glorioso.

➲**Bautismo. Comunión. Cuerpo. Eucaristía. Iglesia. Hombre/ser humano.**

Culto. En todas las religiones el «culto» establece relaciones entre las personas y Dios. El culto hebreo tenía elementos comunes a todas las religiones —lugares, objetos, ritos y personajes sagrados—, pero había una gran diferencia: mientras el culto a los dioses en las religiones vecinas giraban alrededor de los ciclos de la naturaleza y la fertilidad, el culto hebreo no era cíclico, sino que evoluciona a lo largo de la historia de salvación. La otra gran diferencia es que el culto israelita era de índole monoteísta; estaba dirigido a un solo Dios, mientras que el culto en las otras religiones era politeísta, dado que creían en muchos dioses.

[1] *El culto en el AT.* En los orígenes bastaba con cumplir el mandato de Dios de no comer del árbol de la vida para estar en comunión con él (Gn 2 9 – 3 22). Después del pecado original aparecen las ofrendas y los sacrificios; los patriarcas invocan a Dios y le erigen altares (Gn 4 26; 8 20; 12 8); Dios mira la disposición interior de quien hace la ofrenda (Gn 4 3s). Conforme avanza la fe en Yahveh, se excluyen ritos paganos como los sacrificios humanos (Gn 22; 2 Re 16 3; Lv 20 2s) y la prostitución sagrada de jóvenes vírgenes con la que se obtenían ingresos para el culto de las diosas (1 Re 22 47; Dt 23 18). Después de la Alianza en el Sinaí, el culto se centra en el Arca con el decálogo, símbolo de la presencia de Dios y de su Ley; el culto se hace más exigente, tanto en normas cultuales como en el testimonio de vida que debe avalarlo. Cuando los israelitas llegan a Canaán, asumen la ofrenda de alimentos del culto agrícola cananeo, cuidando de excluir la magia, la idolatría y la prostitución sagrada.

El alma del culto verdadero es la fidelidad a la Alianza. Dios rechaza el culto de quienes lo desobedecen (1 Sm 15 22; Am 5; Is 1; Jr 7). Con el anuncio de una Nueva Alianza, los profetas redoblan su denuncia del ritualismo cultual, que se contenta con cumplir con la ley, sin que haya un agradecimiento por los dones otorgados por Dios y sin estar acompañado del testimonio de vida según la Alianza; además, los profetas proclaman un culto futuro universal (Mal 1 11; 3 1-4). El culto se convierte en educación permanente de la vida religiosa de Israel al constar de una triple dinámica: (1) «Recordar los acontecimientos liberadores del pasado», cuya celebración renueva; (2) «Actualizar la experiencia de salvación» mediante una celebración que la renueva y que reanima la fe del pueblo en su Dios, quien sigue siendo igual de poderoso que en el pasado; (3) «Fortalecer la esperanza del pueblo» y su espera del día en que Dios ha de inaugurar su Reino y en el que las naciones serán unidas a Israel liberado, en el culto del verdadero Dios.

[2] *Jesús y el culto.* Jesús respeta el culto tradicional (Lc 2 22s.41; Jn 2 13). Como los profetas, exige fidelidad a Dios y no un culto vacío de fe y misericordia (Mt 23 16-23). Con su sacrificio único e irrepetible, sella la Nueva Alianza, y con la celebración de su Pascua, rebasa todo culto antiguo (Mc 10 45; 14 22s; Lc 22 19s). Funda el culto nuevo en su Última Cena, inaugurando la Eucaristía, el banquete sacrificial en que se comulgan su carne y su sangre (Lc 22 19; Jn 1 29; 6 51). El nuevo culto se realiza «en espíritu y verdad» (Jn 4 23); solo es posible celebrarlo en el Espíritu Santo que da nueva vida, une a los cristianos con Dios y entre sí, y capacita a los fieles para adorar a Dios.

La Iglesia naciente celebra dos actos cultuales principales: **[1]** El «rito eucarístico» es el central; se celebra en las reuniones de comunidad, coronando sus oraciones y su comida con la «fracción del pan» (Hch 2 42; 20 7.11). **[2]** El «rito bautismal» es oficiado por los Apóstoles a partir de Pentecostés, según lo pidió Jesús (Mt 28 19; Hch 8 16); con la imposición de manos comunican el Espíritu Santo, dador de vida nueva (Mc 16 16; Jn 3 5; Hch 8 15ss). Participar en el culto tiene exigencias morales, ya que por el bautismo hemos muerto al pecado, sepultado la vida antigua donde reinaba el mal, para resucitar a la vida nueva en Cristo (Rom 6 1-11; Col 3 1-10; 1 Pe 1 14s); unirse a Cristo supone seguirlo y ser fiel a su mandamiento del amor; quien peca es indigno de comulgar en el Cuerpo y en la Sangre del Señor (1 Cor 10 16; 11 24s).

El culto cristiano tiene la misma dinámica que el culto judío; sin embargo, es una realidad nueva: **[1]** «Recuerda la ofrenda de Cristo por nuestra salvación», cuyos frutos son la resurrección y el don del Espíritu. **[2]** «Actualiza el misterio de salvación», mediante el Bautismo y la Eucaristía, signos sacramentales de unión con Dios y la comunidad eclesial. **[3]** «Fortalece la esperanza», al renovar la fe en la parusía, cuando el Cordero de Dios responderá a la llamada de su esposa, la Iglesia, para consumar sus nupcias con ella (1 Cor 11 26; 16 22; Ap 19 7; 22 17). En la Ciudad Santa de la eternidad, los servidores del Señor que le rindan culto no serán ya pecadores, sino hijos que verán a su Padre cara a cara, beberán en la fuente misma del Espíritu y vivirán la gloria de Dios y del Cordero (Ap 21 1-7.23; 22 1-5).
➲Arca. Bautismo. Eucaristía. Fiestas judías. Sacerdote/sacerdocio. Sacrificio. Templo de Jerusalén/Templo de Dios.

Curación. Ver *Enfermedad*.

Damasco. Capital de Siria. En la época de David es la capital de un reino arameo (siglo X a.C.). En tiempos de Pablo existe ahí una importante comunidad judía y una incipiente comunidad cristiana. La conversión de Pablo, «camino a Damasco», se produce cuando va a reprimir a la comunidad cristiana naciente ahí (Hch 9).
➲Arameo/arameos.

David. Rey que instaura la monarquía en el Pueblo de Dios. Nace en Belén, de la tribu de Judá. *Hábil en política y ambicioso en lo militar*, conquista la colina de Ofel (1000 a.C.), que convierte en capital del reino con el nombre de Jerusalén; la elige por ser un lugar central y no pertenecer a ninguna tribu de Israel, a las que mantuvo unidas tres décadas. Realiza conquistas importantes contra los filisteos y cananeos al interior de su reino, y contra los amonitas, moabitas y arameos, al exterior. David peca gravemente contra Dios, se arrepiente y obtiene el perdón (Sal 51); por ser arpista y poeta, la tradición judía lo considera autor de la mayoría de los salmos. Teológicamente su figura es muy importante, pues es el protagonista de la «promesa davídica»: «Tu casa y tu reino durarán eternamente delante de mí, y tu trono será estable para siempre» (2 Sm 7 16). Los oráculos mesiánicos de Isaías mantienen viva la esperanza en los descendientes de la «casa de David» para llevar adelante la historia de la salvación (Is 9 6; 11 1-9). Uno de los títulos del Mesías esperado, y por lo tanto de Cristo, es «hijo de David» (Mt 9 27; 21 9).
➲Hijo de David. Jerusalén. Monarquía. Reino de Dios. Salomón. Saúl.

Decálogo. Ver *Ley. Moisés*.

Decápolis. Del griego, «diez ciudades». Confederación de ciudades con cultura y administración griega, situadas en las cercanías del lago de Galilea y Transjordania. El ministerio de Jesús se extiende también a la Decápolis (Mc 7 31).

Demonios. Los demonios bíblicos son seres espirituales maléficos que, al no poder enfrentar a Dios, embisten contra el ser humano para que se rebele contra su Señor; eran vistos como origen de todo mal, incluso de las enfermedades, pues por su «envidia» entró la muerte en el mundo (Sab 2 24). Su concepto evoluciona a lo largo del AT y se esclarece con Cristo. Eran representados con animales, monstruos y figuras del folclore, como la serpiente que engaña y seduce a Eva (Gn 3). Satán/Satanás, de origen hebreo, «adversario» o «acusador», es el jefe de todos los demonios, «un espíritu de mentira» que fomenta falsos profetas (1 Re 22 21-23); el judaísmo postexílico lo llama «Príncipe de este mundo» y combate a los demonios con exorcismos, o sea, implorando el auxilio de Dios (Tob 6 8; 8 2s; Zac 3 2).

La misión de Jesús se sitúa en medio de este duelo. Al vencer las tentaciones en el desierto, muestra que Satán no tiene poder sobre él (Mt 4 1-11); en su ministerio, la expulsión de demonios y la sanación de posesos son frecuentes (Mc 1 34-39; Lc 6 18; 7 21). La gente admira su autoridad ante ellos (Mt 12 23; Lc 4 35s), y cuando le preguntan si viene de Satán, responde que es por el poder del Espíritu de Dios porque su Reino ya llegó (Mt 12 25-28). Satán vuelve a atacar a Jesús al final de su ministerio, pero Jesús no sucumbe. En Getsemaní, antes de su muerte, anuncia su victoria final contra él (Jn 12 31-32). En la Última Cena, cuando «Satanás entró en Judas» (Lc 22 3; Jn 13 27), Jesús afirma que no tiene poder alguno sobre él (Jn 14 30-31). La Iglesia naciente también experimenta ataques del Maligno y arroja demonios de las personas; gracias al Espíritu Santo

sabe discernir los espíritus y tiene la fuerza para no dejarse embaucar (1 Cor 12 1-10).
➲**Espíritu. Infierno/infiernos. Milagro. Pecado/pecador. Salvación/Salvador/historia de salvación.**

Descanso. Ver *Sábado.*

Deuterocanónico. Ver *Canon/canónicos.*

Día de la Expiación. Ver *Fiestas judías.*

Día del Señor/domingo. En el AT, los profetas llaman «Día del Señor» a la futura intervención de Dios en la que juzgará de manera solemne y definitiva a Israel y a las demás naciones (Is 2 12; Ez 13 5). Será un día de castigo e ira (Am 5 18; Sof 1 7-18), a la vez que de salvación liberadora (Is 11 10 – 12 6). En el NT, el «Día del Señor» designa el momento solemne y glorioso en el que Cristo regresará para juzgar de manera definitiva y dar plenitud a la historia humana (1 Cor 1 8; Flp 1 6-10). En otros pasajes, el «Día del Señor» se refiere a la resurrección de Jesús, el acontecimiento culmen en que Dios —habiendo juzgado que la muerte de Jesús se debió a su solidaridad con los pecadores y a haber cumplido su misión hasta las últimas consecuencias— lo resucitó de entre los muertos, para dar vida nueva a toda la humanidad; este es el sentido del «domingo» o «Día del Señor», del latín *dominus*, que significa «Señor», en memoria de que Jesús resucitado se apareció a los suyos «el primer día de la semana» (Lc 24 30; Jn 20 19).
➲**Culto. Escatología. Jesús/Jesucristo. Juicio de Dios/Juicio final. Sábado. Salvación/Salvador/historia de salvación.**

Día del Juicio. Ver *Día del Señor/domingo. Juicio de Dios/Juicio final.*

Diácono. Ver *Ministerio/ministro. Viudas.*

Diáspora. En el AT designa a las comunidades judías que viven dispersas fuera de la Tierra de Israel, en particular las de Babilonia y Egipto. En el NT destacan las diásporas de judíos en Siria, Asia, Grecia y Roma, donde los primeros evangelizadores utilizan sus sinagogas y logran conversos.
➲**Canon/canónico. Judaísmo. Naciones.**

Dicho sapiencial. Ver *Proverbio. Sapiencial [género].*

Diluvio. Ver *Alianza/pacto. Noé.*

Dios/Dios Padre. El Dios revelado a Israel es un ser personal, que crea el universo entero y actúa en la historia mediante su alianza con el pueblo y la llegada de su Reino. Esta revelación de Dios es paulatina y didáctica: parte de un «politeísmo inicial» en el que cada patriarca se dirigía al dios de su clan; evoluciona a la creencia común en Yahveh, aceptando que otros pueblos tengan dioses distintos; culmina en el «monoteísmo» o creencia en un solo Dios. En el NT, Jesús nos enseña a llamar a Dios «Padre» (Lc 11 2-4). Después de su resurrección y Ascensión al Cielo, Jesús envía al Espíritu Santo que procede del Padre y del Hijo, revelando el misterio de Dios Trinidad (Mt 10 20; Jn 15 16; Hch 16 7; 1 Cor 2 11).
➲**Abba. Alianza/pacto. Amor. Comunión. El/Elohim. Espíritu de Dios/Espíritu Santo. Jesús/Jesucristo. Monoteísmo. Reino de Dios. Salvación/Salvador/historia de salvación.**

Discípulo/discipulado. Significa ponerse libremente bajo las enseñanzas de un maestro y compartir sus ideas. En el AT, algunos profetas y sabios tienen discípulos, como Juan el Bautista (Mc 2 18). El NT reserva el nombre de discípulo a quienes reconocen a Jesús como maestro y tratan de vivir según sus enseñanzas. Desde el principio, Jesús se hizo acompañar de discípulos; no fue un profeta solitario, sino el maestro por excelencia; de hecho el nombre más frecuente para él en los evangelios es el de *rabino*, «maestro». Los evangelios designan como discípulos a los Apóstoles (Mt 10 1; 12 1s), las mujeres que acompañan a Jesús (Lc 8 2-3) y a los setenta y dos discípulos que Jesús envía en misión (Lc 10 1). Los elementos distintivos en el discipulado de Jesús son: **[1]** «Vocación»: ser llamados por Jesús para seguirlo (Mt 19 21); no a la capacidad intelectual o una vida moral intachable. **[2]** «Adhesión a Jesús y fidelidad a sus enseñanzas»: tratar de conformar la vida personal con la de él (Mc 8 34s; 10 21; Jn 12 26); **[3]** «Conocer y recibir su Palabra de Vida, y proclamarlo a él y su Evangelio del Reino»: ser discípulo es acoger sus enseñanzas y salir a llevar su mensaje; discipulado y misión siempre van unidos (Mt 19 28s; Jn 6 45). **[4]** «Compartir el destino, la dignidad y la cruz de Jesús»: asumir su causa hasta las últimas consecuencias (Mc 8 34). El libro de los Hechos considera discípulos a todos los cristianos, pues se caracterizaban por seguir a Jesús como su maestro de vida (Hch 6 1; 9 1; 11 29), ya que ser apóstol es diferente a ser discípulo.
➲**Apostolado. Apóstoles/los Doce. Jesús/Jesucristo. Rabino. Misión.**

Discurso. Género literario de la oratoria; busca convencer al oyente por medio de argumentos lógicos y justificados. Son frecuentes en el AT y el NT. El Deuteronomio tiene tres largos discursos de Moisés (Dt 1 6 – 4 40; 5 1-26.15.28; 29 – 30). Josué pronuncia un discurso importante en Siquem pidiendo al pueblo que decida si quiere servir a Yahveh o a dioses paganos (Jos 24). El evangelio de Juan recoge varios discursos de Jesús; el «discurso del pan de Vida» después de la multiplicación de los panes (Jn 6 22-28); los «discursos de despedida» (13 – 17) antes del relato de la pasión. En los Hechos de los Apóstoles son frecuentes los discursos de Pedro, Esteban y Pablo.
➲**Género literario.**

Discurso escatológico. Ver *Escatología.*

Divorcio. Ver *Matrimonio.*

Doctores de la Ley. Ver *Escribas. Fariseos. Ley.*

Dolor/sufrimiento. Sensación desagradable en el cuerpo o el espíritu que manifiesta un daño a la integridad de la persona. El dolor y el sufrimiento son universales; carencias del bien, experiencias opuestas a la felicidad de las que nadie escapa. El dolor es una reacción neurológica a una enfermedad o herida; el sufrimiento puede verse como la distancia entre lo esperado y lo obtenido. Las preguntas clave son: ¿por qué el dolor?, ¿para qué sufrimos? La Biblia sitúa su origen en el pecado causado por el uso desordenado de la libertad, lo que implica una ruptura en la relación entre la persona y su Creador (Gn 3 14-19). Por eso el salmista exclama en oración: «¿Dios mío, por qué me has abandonado?» (Sal 22 2).

Carecer de la vida a la que estamos destinados engendra dolor que clama al cielo y sufrimiento que abre al ser humano hacia Dios. El pueblo de Israel comprende ambos a partir de su Alianza con Dios, al verlos como una prueba a nuestro amor y confianza en él. Los profetas descubren el valor purificador, educativo, de intercesión y de redención que tienen el dolor y el sufrimiento, cuando nos acercan a Dios. Moisés y los profetas, al igual que el justo Job, probados por el sufrimiento, son figuras del Servidor de Yahveh.

Cristo es quien da sentido al dolor y al sufrimiento, males que no debieran existir y que él convierte en Bienaventuranzas, pues pueden ser fuente de vida al abrirnos a la presencia de Dios en nosotros (Jn 9 3). Jesús encarna la misteriosa figura del siervo doliente; no suprime la muerte ni el sufrimiento (Mt 5 5; Lc 7 13; 8 52), pero consuela como signo del gozo que da estar unidos con Dios (Is 25 8; Ap 7 17; 21 4). Pablo señala que el cristiano pertenece a Cristo y el sufrimiento lo configura con él (Flp 3 1), quien se hizo solidario de los que sufren y nos pidió hacer lo mismo (1 Cor 12 26; Rom 12 15; 2 Cor 1 7). Los apóstoles descubren el gozo de ser juzgados dignos de sufrir ultrajes en nombre de Cristo (Hch 5 41). Pedro invita a participar en los sufrimientos de Cristo para conocer la presencia del Espíritu de Dios (1 Pe 4 13s). Pablo soporta con gozo el sufrimiento por el bien de la Iglesia (Col 1 24).

➲**Enfermedad. Muerte. Pecado/pecador. Prueba/tentación. Redención/Redentor. Servidor/Siervo de Yahveh.**

Domingo. Ver *Día del Señor. Sábado.*

Don. Ver *Carisma. Gracia. Espíritu de Dios/Espíritu Santo.*

Edén. Del hebreo, «delicia». Jardín o huerto plantado por Dios después de la creación del ser humano, para situarlo en un ambiente donde experimentara las delicias de Dios (Gn 2 8-14). Se conoce como el paraíso terrenal en contraposición del Paraíso celestial, donde se gozará para siempre de Dios. Tras la desobediencia de los primeros padres, Dios los expulsa del «jardín de Edén» (3 23-24). También se refiere a Mesopotamia, entre los ríos Tigris y Éufrates, región muy rica en agricultura.

➲**Adán/Eva. Creación/nueva creación. Pecado/pecador.**

Edicto de Ciro. En 538 a.C., Ciro crea el Imperio persa en territorio babilónico y libera a los judíos exiliados mediante un edicto (Esd 1). Les permite regresar a Judá, administrarse por su cuenta, y les restituye algunos utensilios del Templo expropiados por los babilonios. Para gobernar Judea, envía a un príncipe de Judá llamado Sesbasar, quien bajo sus órdenes empezó la reconstrucción del Templo.

➲**Babilonia. Exilio. Templo de Jerusalén/Templo de Dios.**

Edomitas. El AT habla con frecuencia de los edomitas, los moabitas y los amonitas. Los primeros son descendientes de Esaú, el hermano de Jacob; los otros pueblos descienden de Lot, el sobrino de Abraham. Los israelitas los reconocen como pueblos hermanos y tienen una especial deferencia hacia ellos, aunque también entran en disputas con ellos. Los edomitas se alían con los babilonios para la destrucción de Jerusalén.

➲**Esaú.**

Éfeso/efesios. Éfeso, puerto comercial importante fundado por los griegos, llega a ser la capital de la provincia romana de Asia. Su templo a Artemisa fue considerado como una de las siete maravillas del mundo. Pablo hizo de Éfeso el centro de su actividad apostólica (Hch 19 1 – 20 1); permaneció allí casi tres años evangelizando con sus discípulos, ciudades próximas como Laodicea, Hierápolis y Colosas. Una carta del «*corpus* paulino», probablemente deuteropaulina, se dirige a los efesios. La tradición cristiana sitúa en esta ciudad a Juan Evangelista y los últimos años de vida de la Virgen María.

Egipto. La primera referencia bíblica de Egipto es de un país rico, con reservas de grano, al que acudían Abraham y Jacob para saciar el hambre. A partir de José, ahí radican los hijos de Jacob, quienes son sometidos a esclavitud para la construcción de pirámides. Dios interviene y los rescata por medio de Moisés. A la memoria de Egipto va unida la del éxodo, la jornada por el desierto y la Alianza en el Sinaí, por lo que permanece siempre en la memoria de Israel. Cuando el profeta Jeremías se refugia en Egipto tras la caída de Jerusalén, descubre colonias judías ya establecidas. En el NT, José, María y Jesús viven ahí cuando huyen del rey Herodes (Mt 2 13-23).

➲**Liberación/libertad. Moisés.**

Ejércitos. En el AT las batallas son muy frecuentes, tanto en guerras fratricidas al interior del pueblo de Israel como contra

sus enemigos egipcios, asirios, babilonios, persas, griegos y romanos. En los inicios de la historia de salvación, a veces de presenta una imagen de Dios guerrero con sus ejércitos; uno de los títulos de Dios, *Yahveh sebaot*, quiere decir «Señor de los ejércitos». Yahveh corrige esta imagen combativa de Dios al rechazar la violencia y la sangre, y pedir un corazón compasivo y misericordioso que observe la Alianza. Jesús rechaza explícitamente la violencia declarando «dichosos» a quienes trabajan por la paz (Mt 5 9).
➲Guerra santa. Misericordia. Yahveh.

El/Elohim. Término semítico que significa «Dios»; es utilizado por las tribus del Norte (tradición elhoista) y es el más frecuente en el AT. Aparece con distintos atributos: *El-Shadday* o «Dios todopoderoso», unido a Abraham y a Jacob (Gn 17 1; 35 11); *El-Elyon* o «Dios Altísimo», relacionado con el sacerdote Melquisedec (Gn 14 18-22); *Olam* o «Dios Eterno» (Gn 21 33) y *El-Roi* o «Dios que me ve» (Gn 16 13).
➲Dios/Dios Padre. Tradición/tradiciones.

Elección. El pueblo de Israel se comprende y se denomina a sí mismo como «el pueblo elegido». Esta elección tiene gran profundidad religiosa; el haber sido elegido entre otras naciones es un misterio que el pueblo vive en la fe. Se ancla en tres firmes creencias: **[1]** «su convicción de que Dios lo escogió» para darse a conocer y revelar que actúa en la historia humana movido por el amor; **[2]** «su seguridad de que la iniciativa ha sido de Dios», no de ellos; **[3]** «su experiencia de tener una gran misión», de la que otros pueblos no participan. La «elección» es un concepto íntimamente ligado a la Alianza y expresa su carácter único como pueblo santo de Dios. El pecado de Israel se entiende como el desprecio y la traición a esta elección de Dios. En este pueblo, también hay personas elegidas: Abel, Noé, Abraham, Isaac, Jacob, José, Moisés, Samuel, David, etc. María, el mismo Jesús, sus discípulos, etc., todas estas elecciones se dan en el marco de una historia plagada de pecado y tienen como fin mostrar el amor y la misericordia de Dios (Dt 7 6s) al construir con ellos una historia de salvación.

El NT presenta la elección de los discípulos como el llamado de Jesús a seguirlo (Jn 15 16); es una «elección» de Dios (1 Tes 1 4) para ser santos e irreprochables en el amor (Ef 1 4.11). *Son elegidos* entre los débiles y los pobres para confundir a los fuertes y *potentados (Sant 2 5);* no forman ningún grupo exclusivo; los creyentes son testigos de la salvación de Dios en Cristo.
➲Alianza/pacto. Apóstoles/los Doce. Discípulo/discipulado. Misión. Salvación/Salvador/historia de salvación. Vocación.

Elegía. Ver *Lamentación.*

Elías. Profeta itinerante del siglo IX a.C. en el reino del Norte. Su nombre significa «Yahveh es Dios»; defiende con pasión los «derechos de Dios y de los pobres» (1 Re 17 – 2 Re 2). Es el gran profeta de Israel; aparece en casi todos los libros del AT. Denuncia las alianzas y matrimonios de los reyes de Israel con pueblos y personas paganas; el lujo de la corte y la pobreza del pueblo; la predicación de falsos profetas, y la aceptación del culto a Baal y de rituales cananeos. Su misión principal fue defender el monoteísmo, confesando que solo Yahveh es Dios de Israel. En el judaísmo, Elías es considerado la síntesis de la profecía, de manera similar como Moisés lo es de la Ley. Según el relato bíblico, Elías no muere, sino que es llevado a los cielos (2 Re 2 11); por eso, los judíos esperan su regreso como signo de la llegada del Mesías. En la transfiguración de Jesús, Elías aparece a su lado junto con Moisés (Mt 17 1-8).
➲Profeta/profético. Yahveh.

Emanuel. Ver *Jesús/Jesucristo.*

Encarnación. El prólogo del evangelio de Juan es un himno que va desgranando cómo Dios ha pronunciado su Palabra y esta se ha cumplido en la historia, hasta proclamar que «la Palabra se hizo carne y habitó entre nosotros» (Jn 1 14). Este es el punto diferenciador del cristianismo con el judaísmo y las religiones paganas: Dios quiere compartir la condición humana; no le basta «revelar» quién es y cómo actúa. La encarnación de Dios en Jesús solo se entiende desde el plan salvífico de Dios: Dios se hace hombre para compartir nuestra naturaleza (solidaridad); entrar al fondo de la condición humana (nacimiento, dolor y muerte, resurrección); integrarse en la misma historia (relaciones interpersonales, gozos, tristezas, injusticias, violencias), y desde esa realidad, vencer el pecado y la muerte, y ofrecernos la Vida eterna (misterio pascual).

La razón de la encarnación es el amor de Dios a la humanidad y su ofrecimiento de salvación (Jn 3 16-17). Jesús es igual a nosotros en todo, menos en el pecado (Heb 4 15): Dios se inserta en el mundo y en la historia al modo humano, naciendo de una mujer. La anunciación de Jesús y su nacimiento son acontecimientos centrales de la fe cristiana: María dice un «sí» absoluto y obediente al plan de salvación de Dios; con su nacimiento, Jesús cumple las profecías sobre el Mesías: es el Emanuel («Dios con nosotros») anunciado por Isaías (Mt 1 22-23). Jesús nace en «la plenitud de los tiempos» salvíficos, para que pasemos de ser esclavos de la Ley a ser hijos adoptivos de Dios (Gal 4 4).
➲Anunciación [a María]. Jesús/Jesucristo.

Enfermedad. La enfermedad está ligada a la condición frágil y finita del ser humano; afecta tanto a pobres como a poderosos (2 Re 5 1; 2 Re 20 1). Los israelitas veían las enfermedades contagiosas, las malformaciones congénitas y las minusvalías como castigo del pecado personal o de los padres (Gn 3 16-19), por eso legislan sobre ellas y tienen rituales para recuperar la «pureza» (Lv 13 – 14). Hay que recurrir a Dios porque es el Señor de la vida (Eclo 28 9s); el que hiere y el que cura (Dt 32 39); el médico por excelencia (Ex 15 26). Ezequiel anuncia que los hijos no cargarán con la culpa de sus padres (Ez 18 20); Isaías anuncia la supresión de la enfermedad en los últimos tiempos (Is 35 5s), cuando el servidor de Yahveh haya tomado sobre sí nuestras enfermedades (53 4s).

Jesús realiza muchas curaciones por piedad con los que sufren, para expulsar a los demonios que los afligen, como signo de perdón, para mostrar el poder de Dios... todos son signos de la llegada del Reino de Dios (Mt 8 16; 20 34; Lc 13 16). La condición para sanarlos es creer en el poder de Dios (Mc 1 40; Mt 8 2-6). En el caso del ciego de nacimiento, Jesús niega que la enfermedad sea un castigo (Jn 9 2).

➲Castigo. Demonios. Dolor/sufrimiento. Milagro. Prueba/tentación.

Enseñanza. Ver *Sabio/sabiduría.*

Épica/epopeya. Género literario narrativo que relata una realidad desde una perspectiva grandiosa y fantasiosa: los obstáculos son insalvables y los ejércitos innumerables. Las gestas épicas, por tanto, deforman la realidad, aunque siempre hay un punto de apoyo histórico. La travesía del desierto del pueblo de Israel es una narración de carácter épico.

➲Género literario.

Epifanía. Ver *Teofanía.*

Esaú. Hijo de Isaac y de Rebeca, hermano gemelo de Jacob, también llamado *Edom.* Esaú vende su primogenitura a Jacob a cambio de un «guiso rojo»; más tarde, Jacob lo despoja de la bendición de su padre como el hijo mayor (Gn 27 – 28).

➲Edomitas.

Escatología. Del griego, «últimas cosas». Se refiere al «fin de los tiempos»; es un género literario profético. En el AT, los primeros textos que hablan del fin de los tiempos magnifican los éxitos que tendrá la monarquía (Gn 49 8-12). Ante la infidelidad del pueblo, los profetas hablan del «Día del Señor» como un día de castigo para los infieles y de restauración definitiva de la Nueva Alianza (Jr 25 30-38; 31 23-26.31-34). Los profetas postexílicos, animados por el retorno a Judea y la renovación religiosa, anuncian una nueva creación, visualizan un nuevo éxodo superior al primero (Is 41 20; 43 7); Yahveh será el rey de Jerusalén y ante él se postrarán todos los pueblos (45 14-16.23s). Ageo, Zacarías y Malaquías comparten similares expectativas mesiánicas.

El NT afirma que la *historia de salvación ya alcanzó su plenitud* con Jesús. Los discursos escatológicos en los evangelios sinópticos ven el «Día del Juicio final» cercano, acompañado de fenómenos cósmicos (Mt 24; Mc 13; Lc 21 5-36). Como ese día no llega y muchos cristianos han fallecido, Pablo reflexiona sobre los misterios sucedidos y anuncia la «parusía» o segunda venida de Cristo glorioso y fortalece la fe en la resurrección de los cuerpos (1 Tes 4 13-18). Juan también realiza una reflexión sobre el significado de la encarnación del Hijo de Dios, sus hechos y sus palabras; revalora lo que ha sucedido y presenta el Día del Señor como el fin de la historia personal y día de la resurrección en Cristo Jesús, donde se da un encuentro con él para siempre, después de la breve jornada en la tierra (Jn 5 24-25; 11 24-26; 16 16-24).

➲Apocalipsis/Apocalíptica. Día del Señor/domingo. Género literario. Juicio de Dios/Juicio final. Parusía.

Esclavos/servidores. La Biblia utiliza la misma palabra para «servidor» y «esclavo». La fundación del pueblo de Israel se inició con su liberación de la esclavitud en Egipto, realidad que marcó su visión y práctica de la esclavitud. Sus esclavos eran prisioneros de guerra y adquiridos de mercaderes, como era costumbre en las culturas antiguas. La Ley aceptaba la esclavitud, pero exigía tratar a las personas con dignidad; estaba prohibido maltratar a los esclavos y poseerlos de por vida; debían ser liberados cada siete años y en los años jubilares (Ex 21 1-11.20-26s; Lv 25 10; Jr 34 8), así como ser tratados como a hermanos (Dt 15 13s); el esclavo hebreo debía ser tratado igual de bien que el asalariado (Lv 25 39-55).

Las comunidades cristianas enfrentaron la esclavitud del mundo grecorromano. La respuesta de Pablo fue tajante: lo importante es el llamado de Dios, no la condición social (1 Cor 7 17): el esclavo cumple su deber sirviendo a su amo «como a Cristo» y el amo cumple con el suyo tratando al esclavo como su hermano en Cristo (Ef 6 5-9; Flm 14-21); entre los cristianos ya no hay persona esclava y libre, sino nuevas criaturas en Cristo (Gal 3 28; 6 15).

Israel traduce su experiencia sobre la esclavitud a su vida de fe. Ve la infidelidad como una esclavitud del pecado (Jue 3 7s; Neh 9 35s) y siente la necesidad de ser liberado de él (Sal 130; 141 3s). El NT amplía la reflexión: con el pecado original la humanidad quedó esclavizada interiormente (Rom 5 12; 7 13-24; Heb 2 14s). Solo Cristo libera de esa esclavitud, pues tiene poder sobre el demonio (Jn 8 36; 14 30); para romper sus cadenas adoptó la condición de esclavo y fue obediente hasta la muerte de cruz (Flp 2 7-8); se hizo servidor no solo de Dios, sino también de las personas, a las que de esta manera rescató (Mt 20 28; 13 1-17). Los cristianos han pasado de ser esclavos a ser hijos de Dios (Jn 8 32-36; Gal 4 4-7.21-31) al tiempo que se hacen servidores y esclavos de todos, a ejemplo de su Señor (1 Cor 9 19; Mt 20 26-27; Jn 13 14ss).

➲Año/año sabático/año jubilar. Liberación/libertad. Servicio/siervo.

Escribas. Escritores oficiales de la corte o del Templo; adquieren gran importancia durante el judaísmo: escriben la le-

gislación de Israel y son responsables de interpretarla. En el NT reciben el nombre de «maestros» o «doctores», por su labor de enseñar a partir de un conocimiento razonado de los textos y afirmaciones de la fe. Tenían gran influencia en el pueblo, pues velaban por el cumplimiento de la Ley de Moisés en la vida diaria. Muchos eran fariseos, pero no todos. Jesús los acusa de interpretar la Ley de forma severa y sesgada (Mt 23 13-36). La gente sencilla sigue a Jesús porque «enseñaba como quien tiene autoridad, no como sus escribas» (Mt 7 29).
⊃Autoridad. Fariseos. Judaísmo. Ley. Profeta/profético.

Esenios. Grupo religioso judío que se distinguía por su piedad; funda comunidades aisladas para evitar la mala influencia de una vida poco piadosa. La Biblia no los menciona; se conocen por fuentes extrabíblicas: los escritos de Flavio Josefo y Filón (siglo I d.C.), y los documentos del Qumrán.
⊃Qumrán.

Esperanza. La Biblia es un libro de esperanza; desde el Génesis hasta el Apocalipsis, la esperanza anida en el pueblo y en las personas; es uno de los grandes dones de la fidelidad de Dios a la Alianza. Para el pueblo hebreo, la esperanza siempre designa el bien e implica fe y confianza en el amor de Dios. En el AT se fundamenta en las bendiciones de Dios y en su promesa de que el pecado será vencido (Gn 3 15; 9 1-17); por siglos, estuvo centrada en la promesa a Abraham de una descendencia prolífica (12 1s) y de la tierra que mana leche y miel (Ex 3 8.17); Abraham es el ejemplo por excelencia de la fe y la esperanza en Dios (Gn 22 1-19). Moisés, David y el retorno del exilio alimentan la esperanza del pueblo. El futuro dichoso va unido a la fidelidad a Dios y eso lo olvidaba el pueblo con frecuencia. Los profetas denuncian la falsa esperanza centrada en un culto formalista, la idolatría o alianzas políticas (Jr 8 15; 13 16; Os 12 7; Is 26 8s), y mantienen la esperanza viva al anunciar la paz, la salvación, la luz, la curación y la llegada del Reino de Dios, situando a Israel al centro de estas bendiciones (Jr 31 14; Is 61); suspiran por el día en que Dios habrá renovado los corazones (2 3.45; Jr 3 17).

Jesús anuncia que el Reino de Dios ya está aquí y da testimonio de ello con su vida, muerte y *resurrección. La esperanza* cristiana supone el seguimiento de Jesús, implica vivir y hacer el bien como él, y se orienta a la Vida eterna (Mt 4 17; 16 24-27; 18 8; 25 31-46). La Iglesia centra su esperanza en Cristo, él es el motivo de nuestra esperanza y quien posibilita una vida plena más allá de la muerte (1 Pe 1 3.21). Pablo vive la esperanza cristiana con gran intensidad, dejándonos su testimonio personal y profundas reflexiones sobre ella: el cristiano siempre tiene esperanza (1 Cor 15 12-19; 1 Tes 4 13), pues vive en la fe, la esperanza y el amor (1 Tes 1 3). La esperanza cristiana culmina en una existencia gloriosa junto a Dios, en el más allá de la historia humana (Rom 8 23-25; 1 Cor 15 53-58; 1 Pe 1 3.13.21).
⊃Escatología. Fe/confianza. Jesús/Jesucristo. Liberación/libertad. Salvación/Salvador/historia de salvación. Vida/Vida eterna.

Espíritu. Del hebreo *ruah*, «soplo, hálito, viento, respiración». El «hálito» del ser humano viene de Dios (Gn 2 7; 6 3) y vuelve a él al morir (Job 34 14). Elemento esencial del ser humano, lo que lo hace vivir, lo que le es más propio. El espíritu es esencial en la persona, lo que le da vida y la hace ser. La palabra *ruah* es la expresión de la conciencia humana, del espíritu. Entregar el espíritu en manos de Dios es exhalar el último suspiro y encomendar a Dios la única riqueza del ser humano, su mismo ser (Sal 31 6; Lc 23 46).
⊃Alma. Cuerpo. Muerte. Resurrección. Vida/Vida eterna.

Espíritu de Dios/Espíritu Santo. El AT no identifica a Yahveh como espíritu, pero afirma que los espíritus buenos vienen de él; los jueces son suscitados por el Espíritu de Dios (Jue 6 34; 14 16; 1 Sm 11 6); el Espíritu de Dios abre a los profetas a su Palabra, les revela la gloria divina, los fortalece para que hablen al pueblo en su nombre, convirtiéndolos en instrumento de la revelación de Dios (1 Re 19 12s; Is 11 3). Los profetas anuncian la existencia de un espíritu santificante, fuente única de la transformación interior (Is 11 2; Ez 36 26s). En todo el AT, el Espíritu y la Palabra de Dios actúan conjuntamente.

El NT muestra que el Espíritu de Dios es integral a Jesús y manifiesta su unidad con el Padre. Jesús es concebido por obra del Espíritu (Lc 1 35); quien desciende sobre él al ser bautizado, comunicándole el mensaje del Padre y poniéndolo en actitud de Hijo (3 22). Toda la conducta de Jesús manifiesta la acción del Espíritu en él: afronta al demonio y libera a sus víctimas; trae a los pobres la Palabra de Dios; los milagros fluyen de él por amor al necesitado. Jesús posee al Espíritu por encima de toda medida (Jn 3 34). Jesús les dice que, para que el Espíritu sea derramado y reconocido por sus discípulos, es necesario que él se vaya (Jn 7 39; 16 7); les promete que les enviará su Espíritu y que estará con ellos cada día (Jn 14 16s), acudirá a su defensa (17 2), remitirá a Jesús y su mensaje, y les dará luz para comprenderlos (14 26); es un Espíritu de paz y perdón (Jn 20 23).

El libro de los Hechos es como un Evangelio del Espíritu. En Pentecostés el Espíritu Santo se *derrama* sobre los discípulos y los convierte en testigos de la acción definitiva de Dios al *resucitar* Jesús. Los lleva a anunciar la salvación alcanzada por Jesús y su Evangelio del Reino de Dios, a orar como Jesús y perpetuar la memoria de su Pascua, a hacer milagros, a formar comunidad e instruirla siguiendo las enseñanzas del Maestro. Pablo explicita que el Espíritu mantiene unida y edifica la Iglesia (1 Cor 12 7; 14 4); se manifiesta a través de sus dones para poder proclamar a Jesús y estar al servicio del evangelio (1 Cor 12 4-30); libera de la esclavitud al interpre-

tar la ley literalmente, tal y como está escrita, poniendo el énfasis en el espíritu de la Ley, el cual siempre es dador de vida (2 Cor 3 6); fortalece en el combate contra el mal (Rom 7 18.25; 8 24). Los creyentes deben nacer del agua y del Espíritu (Jn 3 5) y obrar según el Espíritu (Gal 5 25; Ef 4 30). Desde que poseemos al Espíritu, Dios habita en nosotros y nada puede perdernos.
➲**Carisma. Dios/Dios Padre. Iglesia. Jesús/Jesucristo. Milagros. Pecado/pecador.**

Esposo/esposa. Ver *Amor. Matrimonio.*

Esterilidad. Ver *Fecundidad. Virginidad.*

Etiología/relato etiológico. Del griego, «causa». Reflexión o ciencia sobre el origen de una realidad misteriosa. Las narraciones sobre el principio de la vida humana y del pecado (Adán/Eva), del odio y los conflictos fratricidas (Caín/Abel), de la dispersión de los pueblos y la variedad de los idiomas (Babel), son algunos ejemplos de este tipo de relatos en la Biblia.

Eucaristía. Del griego, «acción de gracias». En la persona de Jesús se da el don o gracia suprema de Dios y la acción de gracias perfecta al Padre en el Espíritu. Cuando el NT utiliza el término «Eucaristía» como acción de gracias, lo hace unido a una proclamación de fe (Mt 11 25; Lc 2 38; Heb 13 15), alabanza (Lc 2 13-20; Rom 15 11) y glorificación (Mt 5 16; 9 8) o a una bendición (Lc 1 64.68; 2 28; 1 Cor 14 16). Solo los evangelios sinópticos y una vez el libro de Hechos utilizan este término para referirse a la «institución de la Eucaristía». Hechos habla de la «fracción del pan» y Pablo de la «Cena del Señor» (1 Cor 11 20-21).

Existen cuatro relatos de la institución de la Eucaristía, con pequeñas variaciones que probablemente provienen de distintas prácticas cultuales: Mt 16 16-29; Mc 14 22-25; Lc 22 15-20; 1 Cor 11 23s). Su significado es muy rico, pudiéndose distinguir cinco dimensiones: **[1]** «El anuncio de la muerte redentora de Jesús», con el pan y el vino refiriéndose a la separación del Cuerpo y Sangre de Jesús en la cruz, encarnando así al Siervo de Yahveh que da su vida por la multitud, de quien habla el profeta Isaías. **[2]** «La Nueva Pascua», con Jesús siendo el Cordero pascual que redime a quienes lo reciben y que conforma el nuevo Pueblo de Dios, la Iglesia, Cuerpo de Cristo; por eso, pide a los Apóstoles que hagan lo mismo en memoria de él, como el pueblo antiguo revivía el paso de la esclavitud a la liberación. **[3]** «La Nueva Alianza», la Sangre de Cristo sella la Alianza estableciendo una comunión mucho más profunda y duradera, que posibilita la vivencia del nuevo *mandamiento del amor. [4] «Comunión en el sacrificio»*, al compartir el pan y el vino, la comunidad se une al sacrificio de Jesús, se integra a su ofrenda a Dios Padre con la que asegura la victoria sobre el pecado y la muerte. **[5]** «Anticipación del banquete escatológico»: la Cena del Señor está vinculada a la vivencia plena del Reino de Dios.
➲**Acción de gracias. Alianza/pacto. Cordero pascual/Cordero de Dios. Oración. Pascua/ Pascua de resurrección. Servidor/Siervo de Yahveh.**

Eva. Ver *Adán/Eva.*

Evangelio. Del griego, «buena noticia», «buena nueva». Los griegos proclamaban sus victorias y los romanos anunciaban los acontecimientos propios del emperador como evangelios. En el AT, el profeta Isaías da valor religioso a este concepto, al anunciar la buena nueva de que el Reino de Dios está cerca y su victoria será definitiva (Is 52 7-10).

El evangelio es el género literario principal en el NT. Marcos es el primer escritor que relata el evangelio de Jesús, convirtiendo en obra literaria su presentación de la persona, vida, hechos y mensaje de Jesús (Mc 1 1). Mateo y Lucas se apoyan en Marcos y, al igual que Lucas, utilizan una fuente adicional, llamada «Q» (del alemán *Quelle*, «fuente»); los evangelios de estos tres autores se conocen como «sinópticos», porque son comparables; sus variaciones dependen de la intención principal del autor, su estilo y la audiencia a la que le escriben. Juan recoge la tradición de Pedro e indica que conoce a Jesús por otros medios también. Cada evangelio tiene su estilo literario: Marcos utiliza una «trama narrativa»; Mateo enriquece los relatos de Marcos con cinco grandes «discursos»; la obra de Lucas tiene dos partes: su evangelio y el libro de los Hechos; es una «historiografía» o análisis de los acontecimientos, en el que desdramatiza algunas partes y «moraliza» otras. Juan tiene muchos relatos de tipo «catequético» y se caracteriza por «defender» la tradición que viene de Pedro, Santiago y los Doce. Aunque a veces hay incongruencias en los datos históricos, los cuatro evangelios tienen una «armonía profunda en lo esencial» que permite acercarse al misterio de Jesús con seguridad en que sus testigos pusieron por escrito la revelación de Dios en su Hijo hecho hombre.

Marcos empieza su evangelio diciendo «Comienzo de la Buena Noticia de Jesús, Mesías, Hijo de Dios» (Mc 1 1); esto es lo esencial del mensaje. Jesús es el mensajero de la Buena Nueva de Dios. Se aplica a sí mismo el texto de Isaías, «El Espíritu del Señor está sobre mí... Él me envió a llevar la Buena Noticia a los pobres... Hoy se ha cumplido este pasaje de la Escritura» (Lc 4 15-21). La respuesta al Evangelio es la fe y la penitencia (Mc 1 15); quienes mejor reciben la noticia son los «pobres de espíritu» (Mt 11 28; Lc 9 28; 10 21), los pequeños (Mt 11 28), los pecadores (Lc 18 9-14) e incluso los paganos (Mt 8 10s; 15 21-28); el sentirse débiles los abre al poder de Jesús. Pedro señala que Dios ha enviado su Palabra a los israelitas, para anunciarles la Buena Noticia de la paz por medio de Jesucristo, Señor de todos (Hch 10 36): el mensajero se ha convertido en la Buena Noticia de la llegada del Reino de Dios.

Jesús envía a sus apóstoles a proclamar el evangelio por todo el mundo (Mc 3 10; 16 15). El

libro de los Hechos describe la propagación del evangelio de Jesús en la Iglesia naciente, acompañada de los «signos» prometidos por él (Mc 16 17; Hch 4 30; 5 12.16). En el Apocalipsis, Juan tiene la visión de un ángel que tiene un Evangelio eterno: el advenimiento definitivo del Reino de Dios (Ap 14 6s).
➲**Género literario. Jesús/Jesucristo. Pobreza/pobres de Yahveh. Reino de Dios** (ver esquema, p. 1189).

AC DC **Exilio.** En el AT, las deportaciones de pueblos vencidos en la guerra eran comunes. Las que más afectan al pueblo de Israel fueron las causadas por el rey Nabucodonosor (605-562 a.C.), de Babilonia, tras sus victorias contra Judá y Jerusalén en 597, 587 y 582 a.C. La caída del reino de Judá fue un golpe durísimo para el reino de Judá: perdieron la independencia política, desapareció la monarquía davídica, fue destruido el Templo de Salomón (587 a.C.) y un grupo muy numeroso de israelitas fue exiliado a Babilonia, donde estuvo cautivo. El exilio fue vivido como castigo por el pecado del pueblo y dio lugar a un proceso de purificación: generó horror al mal, arrepentimiento, petición humilde de perdón y apreciación de la santidad de Dios. Vivir en una cultura ajena y pagana llevó al pueblo a una relectura profunda de su historia de salvación, iluminada por los profetas del exilio, Jeremías, Ezequiel, Malaquías y el Tercer Isaías. El exilio fue una prueba fecunda, un llamado a la conversión y una experiencia de la misericordia de Dios. Al no existir el Templo, el culto se celebraba en las sinagogas y se centraba en la escucha de la Palabra de Dios como comunidad de fe. Los sacerdotes reunieron documentos antiguos y escribieron la memoria histórica del pueblo como nación santa y reino sacerdotal de Dios, empezando una fuerte renovación religiosa que continuaría en Jerusalén, después del retorno, el cual fue visto como un segundo éxodo.
➲**Babilonia. Edicto de Ciro.**

AC DC **Éxodo.** Del griego, «salida»; se refiere al suceso primordial en la historia de Israel, a una experiencia religiosa profunda y a un libro bíblico. El éxodo marcó el nacimiento del pueblo de Dios (Ez 16 4-7; Dt 32 5-10), con un signo eficaz del amor divino. Los israelitas «salen» de la esclavitud de Egipto porque Yahveh se acuerda de su promesa a sus antepasados e interviene en su favor. Durante el éxodo, Dios se da a conocer a su pueblo, lo salva y le da la Ley.

El libro del Éxodo es el segundo libro del Pentateuco; cubre la salida de Egipto y la peregrinación en el desierto por 40 años. Es muestra clara de cómo la historia y la literatura antiguas se entremezclan sin poder distinguir lo que es verificable históricamente y lo que es narración de una experiencia colectiva de fe. La entrada y salida de pueblos semitas en Egipto fue constante y es difícil pensar en una sola salida. De hecho, la Biblia habla de dos éxodos de Egipto: un «éxodo expulsión», verificable con textos extrabíblicos, y un «éxodo huida» sin otros documentos que lo confirmen. Tampoco se puede establecer con certeza el itinerario del éxodo, ya que el texto bíblico recoge diversas tradiciones. Aunque los hechos narrados se sitúen a mediados del siglo XIII a.C., su redacción final pertenece al judaísmo postexílico.

Los profetas del exilio, sobre todo el Segundo Isaías, consideran la salida de Babilonia como un nuevo éxodo (Is 40 – 55). Es una salida de la esclavitud del pecado y una salida física de la cautividad en Babilonia para retornar a Judá.

La tradición apostólica presenta la redención efectuada por Jesús como cumplimiento del misterio de salvación prefigurado en el éxodo de Egipto. Pedro habla de la Pascua de Jesús como el acontecimiento que marca «el paso de este mundo a la patria del cielo», otorga una liberación de la vida infiel que llevaba el pueblo de Dios y de las conductas disolutas de los paganos, y forja el nuevo Pueblo de Dios (Ex 19 5-6). El evangelio de Juan explicita que los cristianos, liberados del pecado por la Sangre de Jesús, el Cordero pascual, van camino hacia el Reino de Dios, alimentados por el mismo Cristo (Jn 6 32-33). El Apocalipsis, escrito en tiempos de persecución, suena como un canto de victoria por la liberación traída por Cristo.
➲**Exilio. Faraón. Liberación/libertad. Pascua/ Pascua de resurrección.**

Expiación. Ver *Fiestas judías*.

Exterminio [Ley del]. Ver *Anatema*.

AC DC **Extranjeros.** Personas que viven en el territorio nacional, sin ser ciudadanos en sentido político. En el AT, los israelitas distinguían entre los extranjeros residentes y los de paso. Los residentes formaban, junto con los huérfanos y las viudas, el grupo de los pobres. Los israelitas, recordando que fueron extranjeros en Egipto y a la luz de los deseos de Dios, les ofrecen hospitalidad y saben que deben amarlos como a sí mismos (Lv 19 34). La Ley los protege: prohíbe que se les explote (Dt 24 17), pueden recolectar legítimamente los restos de las cosechas (trigo, aceitunas y uvas) porque son su herencia de Dios para ellos (Dt 24 19-21). Los judíos buscan la conversión de los extranjeros que viven en su país o al menos que respeten a Yahveh; a los convertidos se les llama «prosélitos». En el judaísmo tardío se esfuerzan para que se asimilen totalmente; algunos profetas, como Ezequiel, los trata como a judíos, preparando así el camino a la universalidad de la revelación en Cristo.
➲**Naciones. Paganos. Pobreza/pobres de Yahveh.**

AC DC **Familia.** La familia israelita era la célula del clan; a veces se confunde con él o con la tribu, lo que dificulta distinguir los parentescos. Es patriarcal: llama al hogar «casa paterna» (Gn 24 38); los tíos paternos son los parientes más cercanos, y el marido es el señor de la esposa. Al principio de la historia de salvación era común la poligamia y se reconocían los hijos tenidos con esclavas de las esposas. Con el tiempo se evoluciona hacia la monogamia y aparecen leyes sobre el divorcio y el adulterio, que Jesús enfatiza. Para proteger a la familia, existía el *go'el* o defensor ante situaciones críticas y la ley del «levirato», que obligaba al hermano del que murió sin hijos a casarse con la viuda («deber del cuñado») (Dt 25 5-10). La Biblia ensalza a los padres como educadores de los hijos, de quienes exige respeto a sus padres.

Hay tres datos sorprendentes de Jesús sobre la familia: **[1]** su genealogía incluye a cuatro mujeres: Tamar y Rut; Rahab, prostituta extranjera, y Betsabé, la viuda de Urías; tres son extranjeras y una pecadora pública (Mt 1 1-17); **[2]** pide a sus discípulos más cercanos que dejen a su familia para dedicarse a su Evangelio (Lc 9 52-62); **[3]** habla de divisiones en las familias causadas por la conversión de algunos miembros (Mt 10 34-36). Al mismo tiempo invita a formar la nueva familia de Dios, donde, unidos por el Espíritu Santo, ya no hay extranjeros ni huéspedes, sino hijos de un Padre común (Mt 23 8-9; Ef 2 19).

➲**Fecundidad. *Go'el*/rescatador. Hermanos. Levirato. Matrimonio.**

AC DC **Faraón.** Título que designa al gobernador plenipotenciario de Egipto. En el Éxodo se cita de forma genérica; no aparece el nombre de algún faraón específico ni se menciona quién gobernaba cuando entró el pueblo de Israel, cuando fue sometido a la esclavitud y cuando se enfrentó a la salida de los israelitas guiados por Moisés. Según la cronología de Egipto, se estima que el éxodo debió suceder siendo faraón Ramsés II o su hijo, Ramsés III.

➲**Éxodo.**

AC DC **Fariseos.** Del hebreo, «separados». Son hombres piadosos que conocían bien la Ley; se esforzaban por vivirla y consideraban su obligación difundirla y salvaguardarla. Tenían gran influencia sobre el pueblo por su esmero en la educación religiosa. Se aíslan de los pecadores y los ignorantes de la Ley; crean una serie de normas y prácticas para observar la Ley con detalle; ayunan dos veces por semana (Lc 18 9-13). Jesús admira su deseo de perfección y su celo por la Ley (Mt 5 20; 23 15), pero los desafía porque su interpretación de la Ley y la cantidad de normas que le habían añadido, dificultaban el amor a las personas. Algunos fariseos mostraron una actitud abierta con Jesús y sus discípulos (Lc 7 36; 13 31; Hch 5 34; 15 5; 23 9). El fariseísmo fue el único movimiento religioso que resistió la caída de Jerusalén en manos de los romanos y fueron quienes hicieron renacer el judaísmo en Yamnia (siglo I d.C.).

➲***Escribas. Judaísmo. Ley.***

Fe/confianza. La fe es la base de la religión de Israel. Se refiere a la confianza que inspira Dios por su intervención en su vida y su historia; la fe evoca seguridad, solidez, bondad, fidelidad, constancia y permanencia de Dios. La fe es una exigencia de la Alianza; tener fe es creer en Dios y el cumplimiento de sus promesas. Abraham es el padre de todos los creyentes (Gn 12 1-4; 22 1-18; Rom 4 13-26). Entre los profetas, Isaías es el heraldo de la fe: enfatiza la omnipotencia y la sabiduría del Dios de Israel, lo presenta como su roca (Is 40 28s; 44 8; 50 10); señala que los ídolos no son nada y que no hay Dios fuera de Yahveh (44 6-9; 43 8-12). La fe se mantiene viva gracias a los israelitas fieles a la Alianza, conocidos como «el resto fiel» o «siervos del Señor» (Is 40 – 50), quienes escuchan a los profetas; alimentan su fe en tiempos de crisis; esperan a un Mesías que lleve la fe a la perfección, y visualizan un futuro donde Israel será una comunidad basada en la fe de los sabios, los pobres y los mártires, abierta a las naciones.

La fe del «resto fiel» está ejemplificada en María (Lc 1 35-45) y en los seguidores de Juan el Bautista; no en los fariseos cuya fe se centra en las minucias de la Ley. Durante el ministerio de Jesús, «todos podían oír y ver» las palabras y los milagros de Jesús (Mt 13 13), pero se convierten en «discípulos» solo quienes reconocen que su autoridad para enseñar y su poder para hacer milagros provenía de Dios; Pedro proclama esta fe de manera clara y concisa: «tú eres el Cristo» (Mt 16 13-16). La comunidad de Jesús estaba fundada sobre la fe, la cual viene de Dios (Mt 11 25; 16 17). La Iglesia está cimentada en la fe pascual, en el reconocimiento de Jesús como «Señor y Cristo» en quien se cumplieron las profecías (Hch 2 33-36). Los cuatro evangelios son monumentos a la fe en Jesús. La fe abre la inteligencia a la «sabiduría y al amor de Dios, revelada por el Espíritu» (Col 2 3; 1 Cor 2; Flp 3 8). Dios actúa en quien cree en la Palabra y es miembro de la Iglesia por el Bautismo; la fe se desarrolla en el seguimiento de Jesús y se manifiesta al cumplir su gran mandamiento del amor (Gal 6 2; Rom 8 2; Sant 1 25 – 2 12).

➲**Abraham. Alianza/pacto. Discípulo/discipulado. Justificación/justo. Pobreza/pobres de Yahveh.**

Fecundidad. Fruto de la capacidad reproductiva de los seres vivientes, en particular del ser humano. El AT contiene una historia de la fecundidad de Israel. Dios crea al ser humano con la capacidad de procrear hijos a imagen y semejanza suya y le da el mandato de crecer y multiplicarse, bendiciendo así su fecundidad (Gn 1 28).

Eva, la madre de los vivientes, exclama al dar a luz: «He procreado un varón, con ayuda del Señor» (4 1). Dios promete a Abraham una descendencia «tan numerosa como las estrellas del cielo y las arenas a orillas del mar» (22 17). Para responder a esta bendición, los israelitas crean una cultura que protege las fuentes de la vida y la fecundidad humana. Sus relatos de matrimonios, sobre nacimientos difíciles y prodigiosos, y el considerar la esterilidad una maldición, muestran la importancia de la fecundidad en Israel. Sus salmos y sabiduría proclaman la fecundidad que les viene de Dios (Sal 127 3; 128 3;

Prov 17 6). Múltiples relatos muestran la defensa de la maternidad y la paternidad, como el de Sara y Rebeca, madres del pueblo elegido y el del pecado de Onán que desperdicia su semen (Gn 38 8s). La Ley tiene reglas sobre el ciclo de la mujer, protege a las prometidas, vela por el matrimonio de las viudas (Lv 20 18; Dt 22 23-29; 25 5-10); afirma que Dios bendice el fruto de las entrañas de quien le es fiel (Dt 28 4).

En el NT, Cristo da su pleno sentido a la fecundidad humana. Jesús no tiene descendencia según la carne, pero sí antepasados y una posteridad espiritual. Es el heredero definitivo, al que Israel esperaba desde hacía siglos. En él se realiza el universalismo esbozado en el AT. Cristo se encarnó en la raza humana tal y como es: aceptó la realidad humana total que venía a salvar.

Jesús supera la tradición de solo velar por la fecundidad según la carne. María le da a luz por obra del Espíritu Santo y —a pesar de su maternidad según la carne— Jesús señala la primacía de su fecundidad espiritual: cuando la gente exclama que bendito es el seno que lo llevó y los pechos que lo amamantaron, él responde: «Felices más bien los que escuchan la Palabra de Dios y la practican» (Lc 11 28). María es bienaventurada porque ha creído; su maternidad es modelo para todos los que por su fe se incorporan a la descendencia de Jesús. Manteniendo con firmeza el don de la procreación en el matrimonio, Jesús valora el celibato por el Reino de Dios, algo inconcebible en el AT (Mt 19 12).

Pablo es quien mejor habla de la fecundidad espiritual en la Iglesia. Escribe: «¡Hijos míos, por quienes estoy sufriendo nuevamente los dolores del parto hasta que Cristo sea formado en ustedes!» (Gal 4 19); «los ha engendrado en Cristo» (1 Cor 4 15); quienes llevan la Buena Nueva a las comunidades son como una madre que alimenta y cuida a sus hijos (1 Tes 2 7; 1 Cor 3 2). El cristiano debe dar frutos como Jesús lo especificó en la parábola de la vid (Jn 15 2.8); la fecundidad de las obras buenas es la que da gloria a Dios Padre (Mt 5 16).

➲**Bendición. Celibato. Matrimonio. Virginidad.**

AC DC **Fenicia/fenicios.** Zona de Canaán, al norte de Galilea; los fenicios crearon el alfabeto; su dios principal era «Baal» y su culto incluía la prostitución sagrada y el sacrificio humano. Ejercían una fuerte influencia en el reino del Norte; el rey Ajab contrajo matrimonio con *Jezabel, una fenicia.* Los profetas luchaban constantemente contra estas creencias y alianzas, que degeneraban la fe en el Dios de Israel (Jr 7 9; 19 5; Am 2 7). Sus principales ciudades eran Sidón y Tiro; en su ministerio, Jesús llega hasta ellas (Mt 15 21).

Fidelidad. Ver *Alianza/pacto. Fe/confianza.*

AC DC **Fiestas judías.** Todas las religiones tienen fiestas para implorar favores y dar gracias a la divinidad. En Canaán se celebraban cuatro: la fiesta de los «pastores o de la pascua», en la que ofrecían las primicias del ganado en la primavera, y tres fiestas agrícolas: «los ácimos» (pan sin levadura), durante la siembra, en la primavera; «las mieses o semanas» (en griego, pentecostés), con el sembradío crecido, en verano; «la recolección o vendimia», al recoger los frutos, en otoño.

Los israelitas dieron nuevo significado y modificaron las fiestas para celebrar su historia de salvación: unen las fiestas de los Pastores y los Ácimos para celebrar la «Pascua», el paso de la esclavitud a la libertad, llamándole fiesta de las «Tiendas o los Tabernáculos», en recuerdo del santuario móvil para el culto a Dios durante su marcha por el desierto. En el judaísmo tardío asocian la fiesta de las Semanas con el don de la Ley en el Sinaí. Su ciclo anual culmina con la fiesta del «Año Nuevo» y con el «Día de la Expiación», en el que sacrificaban animales puros y hacían ofrendas agradables a Dios para el perdón de los pecados. La fiesta principal era la Pascua: cada familia sacrificaba el cordero pascual, con un rito simbólico que recreaba la noche de la liberación: se come todo y con rapidez, y se acompaña con pan sin levadura y hierbas amargas. El rey Josías convirtió la Pascua en «fiesta nacional», y mandó que se celebrara en Jerusalén (622 a.C.). Con el tiempo también las fiestas de los Tabernáculos y las Semanas se celebraban ahí, dando lugar a tres peregrinaciones anuales a Jerusalén. A partir del siglo II a.C., los judíos celebraban cada año la Fiesta de Janucá o de la rededicación del Templo de Jerusalén. También era llamada «fiesta de las Luces» o «Lucernarias».

Durante toda su vida, Jesús celebró las fiestas de su pueblo. Antes de morir, al instituir la Eucaristía, señaló el significado de la Pascua cristiana. Con su muerte y resurrección —su Pascua de Resurrección— estableció la alianza nueva y eterna; al entregar su sangre en la cruz expió el pecado de la humanidad, reconciliándola para siempre con Dios. Con el envío del Espíritu Santo en Pentecostés cimentó su ley del amor en el corazón de los cristianos, convirtiéndolos en templo de Dios.

➲**Candelabro. Liberación/libertad. Pascua/Pascua de resurrección. Perdón.**

AC DC **Filipos/filipenses.** Ciudad romana en la provincia de Macedonia, habitada principalmente por veteranos del ejército. Es la primera ciudad de Europa evangelizada por Pablo (Hch 16); funda ahí una comunidad a la que dirige una de sus cartas.

AC DC **Filistea/filisteos.** Uno de los «pueblos del mar» que asolaron las costas del Mediterráneo oriental a fines del siglo XII a.C. Se establecen en las llanuras fértiles del sur de Canaán y forman una confederación de cinco ciudades, la «Pentápolis filistea»: Asdod, Ascalón, Gaza, Ecrón y Gat. Su manejo de armas de hierro les dio superioridad militar sobre cananeos e israelitas, a pesar de las hazañas de héroes como Sansón (Jue 13 – 16). Dieron el nombre de Palestina, «tierra de los pilistîm», al antiguo país de Canaán.

Flagelación. Uno de los castigos del pueblo de Israel a los delincuentes eran los azotes con una vara; nunca debían sobrepasar el número de cuarenta (Dt 25 2). Los romanos usaban correas de cuero con bolitas metálicas o trozos de hueso insertados para desgarrar la carne: *flagellum*. Jesús fue flagelado (Mc 15 15); Pablo fue azotado en cinco ocasiones (2 Cor 11 24).
➲Pasión [relatos de la].

Fuego. En el AT, el fuego tiene un valor «teofánico» (manifestación de Dios): Dios se revela a Moisés en una zarza ardiente (Ex 3); guía al pueblo en su camino a la Tierra prometida mostrando su presencia en una columna de fuego (Ex 13 21); la Palabra de Dios quema como el fuego (Jr 23 29); Dios actúa como fuego purificador (Am 2 5). En el judaísmo, se creía que el infierno estaba dominado por el fuego. En el NT, el fuego es signo del Espíritu Santo que desciende sobre la comunidad el día de Pentecostés (Hch 2).
➲Símbolo.

Galacia/gálatas. La división romana de Asia Menor distinguía entre: (a) Galacia del Norte, habitada por el pueblo galo, mismo que el de las Galias, nombre antiguo de Francia, donde Pablo estuvo enfermo en su segundo viaje, y (b) Galacia del Sur, que incluía las ciudades de Antioquía de Pisidia, Iconio, Listra y Derbe, evangelizadas por Pablo en su primer viaje. La carta a los Gálatas está dirigida a las comunidades de esta región.

Galilea. Región de Palestina situada al norte de Samaría, separada de ella por el valle de Jezrael. La lejanía de Judá y de Jerusalén hacía de los galileos gente poco recomendable desde el punto de vista religioso. Era considerado «país de gentiles» (Is 9 1).

Genealogías. Género literario histórico con doble función en la Biblia: sirve para llevar adelante la narración comprimiendo el tiempo; se utiliza para comprender el origen, la identidad y la interrelación de las personas y los grupos sociales, más que para documentar lazos de sangre directos. En el Génesis, las genealogías unen a Adán con Noé (Gn 5 3-32) y a Sem (hijo de Noé) con Abraham (Gn 12 10-32): la Biblia es la historia de un pueblo «semita». 1 Crónicas recoge la genealogía del pueblo de Dios desde Adán hasta el rey Saúl (1 Cr 1 – 9). En el NT hay dos genealogías de Jesús, distintas en los nombres, el orden que siguen y su finalidad. Mateo empieza su evangelio con una genealogía que remonta hasta Abraham y recoge la historia de la salvación en tres grupos de catorce generaciones que conducen a Jesús, el Mesías (Mt 1). Lucas coloca el *árbol genealógico de Jesús después de su Bautismo; empieza* por él y llega hasta Adán y Dios creador, indicando así que Jesús es plenamente humano y divino, y que su salvación alcanza al mundo entero (Lc 2 23-38).
➲Género literario.

Género literario. La Biblia es la Palabra de Dios dirigida al ser humano; su autor es Dios mismo, que inspira al autor humano por medio de su Espíritu. Los géneros literarios son las formas con las que un pueblo articula su historia y expresa sus pensamientos y sentimientos; incluyen el lenguaje oral y escrito.

En el AT se distinguen tres géneros mayores: **[1]** «Prosa»: discurso, predicación, plegaria, tratados, leyes, rituales, cartas, leyendas, escritos de tipo mítico como la etiología y las leyendas, fábulas, apologías o defensas, cuentos, así como relatos históricos biográficos y autobiográficos, visiones y sueños que dependen del contexto literario en que están insertos. **[2]** «Poesía»: himnos de guerra, cantos de victoria y cantos nupciales y amorosos; los salmos con una cantidad de géneros; las elegías y cantos fúnebres, y la poesía sapiencial. **[3]** «Didáctica»: máximas, sentencias y proverbios; varios géneros de oráculos divinos de índole profética o sacerdotal.

En el NT se identifican cuatro grandes bloques: **[1]** «Enseñanzas de Jesús»: ejemplos o modelos paradigmáticos; argumentos e interpretaciones exegéticas; sentencias sapienciales, proféticas, legislativas y apocalípticas; parábolas y alegorías. **[2]** «Relatos anecdóticos»: milagros, anuncios, leyendas biográficas. **[3]** «Cartas», con grandes variaciones estilísticas y géneros distintos: sermón, reprimenda, autobiografía, apologética o defensa, exhortación, homilía, catequesis, comentario exegético o interpretativo, etc. **[4]** «Apocalipsis», que emplea géneros variados: cartas, visiones, alegorías, oráculos proféticos, historia.

Además, los autores utilizan «figuras literarias» para dar a una palabra un significado simbólico o comparativo, así como otros recursos literarios para comunicar efectivamente su mensaje. La gran riqueza de géneros, figuras y recursos literarios en la Biblia hacen de ella una obra magna de la literatura universal y le dan una belleza artística sin igual. La lectura de la Biblia como Palabra de Dios necesita identificar el género literario y el significado de los términos que quiso darle el autor, para poder interpretar el pasaje.
➲Acción de gracias. Alabanza. Alegoría. Anunciación [a María]. Apocalipsis/apocalíptico. Bienaventuranza. Canción de amor. Cartas. Catequesis. Discurso. Épica/epopeya. Escatología. Evangelio. Genealogía. Himno. Historia. Historia ejemplar. Historiografía. Lamentación. Leyenda. Metáfora. Mito/relato mítico. Oráculo. Parábola. Paralelismo. Proverbio. Salmos. Sapiencial [género]. Súplica. Testamento.

Genesaret. Ver *Palestina.*

Gentiles. Ver *Naciones. Extranjeros. Paganos.*

Gloria. Para los hebreos, la gloria representaba la importancia, la riqueza y el valor de la persona, de donde se derivan el honor, la fama y el respeto. La gloria de Dios es la manifestación de su poder y su santidad. Mencionar la gloria a Dios es reconocer el dinamismo sin igual de su ser: su poder, su sabiduría, su amor, etc. En el AT, Dios manifiesta su gloria de tres maneras principales: **[1]** en sus «acciones salvadoras», como en el paso del mar Rojo (Ex 14 16) y con el envío del maná y las codornices en el desierto (Ex 16 7); **[2]** en sus «teofanías» o «revelaciones», como a Moisés, en la zarza ardiente (Ex 16 10); **[3]** en el «culto», sea en el Arca de la Alianza, un Santuario o el Templo (Ex 29 43; 40 34; 1 Re 8 10s). Mencionar su gloria es hablar de Dios mismo (Sal 66 2); la gloria de Dios acompaña al pueblo en el exilio (Ez 11 22-23) y regresa con él a Jerusalén, llenando de nuevo el Templo reconstruido tras ese período de purificación (Ez 43 2.4). La gloria de Dios es luminosa, hace resplandecer el poder y la santidad de Dios; en los profetas del exilio, en los salmos del reino y en los apocalipsis, la gloria de Dios alcanza una dimensión universal y se manifestará en el Servidor de Yahveh (Is 49 3; 66 18s; Sal 97 6; Hab 2 14). La grandeza del pueblo de Israel se debe a que recibe la gloria de Dios.

En el NT, la gloria de Dios se revela en la persona de Jesús, Palabra de Dios encarnada (Jn 1 14; Heb 1 3; 2 Cor 4 6). Los evangelios son teofanías de la gloria de Cristo, sobre todo el de Lucas, con la escena de la venida del Espíritu Santo a María (Lc 1 35). La gloria de Jesús se manifiesta en su bautismo y en la transfiguración (9 32.35; 2 Pe 1 17s), así como en sus milagros, que son «signos» de su gloria (Jn 2 11). Su gloria resplandece sobre todo en la pasión; es la «hora» de Jesús, en la que entrega su vida con toda lucidez por obediencia al Padre Dios y para gloria de su nombre (12 28; 14 31). Con su resurrección y ascensión entra en la gloria del Padre, lugar que le pertenece desde antes de la creación (Jn 17 22-24; 24 26; 1 Pe 1 21). La gloria de Cristo resucitado deslumbra a Pablo (Hch 22 11) y se refleja en la Iglesia: el honor de los cristianos consiste en que sus buenas obras reflejen la gloria de Dios (Mt 5 16). Dios nos ha llamado a participar de la gloria eterna en Cristo y nuestra jornada en la tierra es preparación para gozarla (1 Pe 5 10; 2 Cor 4 17). La manifestación completa de la gloria de Dios se dará en la parusía o segunda venida de Cristo, cuando toda la creación alcance su plenitud en él (Ap 21 – 22).

➲Ascensión. Dios/Dios Padre. Gracia. Revelación. Teofanía.

AC DC **Go'el/rescatador.** Del hebreo, «rescatador», «reivindicador», «protector», «redentor». Es un miembro de la familia o *clan encargado de* restituir la justicia, rescatando a la persona de la pobreza o la esclavitud, devolviéndole el honor perdido e incluso matando para vengarla de sus enemigos (2 Sm 2 22-23; 3 22-27; 13). Uno de los títulos de Dios es *Go'el,* «Redentor de Israel» (Is 41 14).

➲Liberación/libertad. Redención/Redentor. Salvación/Salvador/historia de salvación.

Gracia. Del griego, «don». En el AT se expresa en la misericordia, justicia y fidelidad de Dios; los salmos cantan a la «gracia» de Dios, que es torrente de delicias (Sal 36 8s) y mejor que la vida (63 4), y le piden su «gracia» (17 7; 26 11); es realidad, promesa y esperanza. El NT le da su sentido verdadero: la «gracia» es el don de Dios que contiene todos los demás dones: el don de su Hijo, que es la vida misma (Jn 1 17; 5 26; Rom 6 14s). Engendra el nacimiento a una vida nueva en los hijos de Dios por obra de su Espíritu Santo (Rom 8 14-17); es fuente de la inagotable actividad de los Apóstoles (Rom 11 5; Hch 14 26; 15 40) y produce frutos en las comunidades cristianas (2 Cor 8 1s; Flp 1 7). El cristiano debe corresponder a la gracia, viviendo una vida nueva con Cristo resucitado.

➲Bendición. Carisma. Elección. Gloria.

AC DC **Guerra santa.** El pueblo de Israel tuvo guerras constantes. Como sus luchas para conquistar la Tierra prometida y para protegerla se centraban en la realización de la promesa de Dios, las consideraban «guerras santas». La ley de «anatema o exterminio» prohibía quedarse con el botín porque le pertenecía a Dios: las posesiones y los prisioneros eran ofrecidos en sacrificio a Dios en señal de agradecimiento. El exterminio de los enemigos aseguraba que no habría influencia de religiones paganas e idolátricas en el Israel fiel al único Dios (Dt 20 18).

➲Anatema.

AC DC **Hebreo/hebreos.** Designa a un pueblo y su lengua. **[1]** El origen de los hebreos como pueblo se pierde en el tiempo; algunos autores lo relacionan con una tribu seminómada que recorría Canaán en el segundo milenio antes de Cristo, los *hapiru.* Los descendientes de los patriarcas se conocen como «pueblo hebreo», que después será sinónimo de «pueblo hebreo» y «pueblo judío». **[2]** La lengua hebrea es una variante de la fenicia; la mayor parte del AT fue escrito en hebreo y se pueden identificar varias épocas de desarrollo. El hebreo actual se deriva del antiguo; fue rescatado por los judíos en el siglo XIX.

AC DC **Helenismo.** Se refiere a la historia y la cultura de Grecia *(helas)* con todos sus elementos: filosofía, religión, pensamiento, lengua, literatura, costumbres... En el contexto bíblico, se aplica a la época de influencia griega, que comienza con el Imperio de Alejandro Magno (333-323 a.C.) y que continúa incluso bajo el Imperio romano.

AC DC **Hermanos.** Su primer sentido es «ser hijos de un mismo padre y madre». En la cultura hebrea, también se llama «hermanos» a personas descendientes de la misma familia (Lv 10 4; Mc 6 3), tribu (2 Sm 19 13) o pueblo con un antepasado común (Dt 25 3; Jue 1 3; Am 1 11); en este sentido se entienden las referencias a los «hermanos» de Jesús (Mc 3 31-32; Gal 1 – 19). Dios muestra preferencia por el menor de los hermanos, Abel sobre Caín, Jacob en vez de Esaú, David en lugar de sus hermanos mayores.

En el NT, «hermanos» también se refiere a una relación espiritual como familia: Jesús llama

«hermano, hermana y madre» a sus seguidores que escuchan la Palabra de Dios y la practican (Mt 12 50; Lc 8 20). Pablo llama «hermana» a Febe, su colaboradora (Rom 16 1), y a quienes como él creen en Cristo (1 Cor 1 10); los miembros de las comunidades cristianas son llamados «hermanos» y «hermanas», sin distinguir si provienen del judaísmo o del mundo pagano (Rom 9 3; Col 1 2; 1 Cor 12 12-27). Los cristianos van más allá: siguiendo el mandamiento de Jesús, promueven el amor fraterno en las comunidades al saberse todos «hijos» del Padre (Hch 28 15; Gal 5 13).
➲**Amor. Discípulo/discipulado. Familia. Padre.**

Herodes. En el NT aparecen en Judea seis gobernadores de la dinastía herodiana, bajo el Imperio romano: **[1]** «Herodes el Grande» inicia la dinastía; ordena la muerte de los niños inocentes de Belén (Mt 2); consigue del Senado romano el título de «Rey de Judea»; muere antes de nacer Jesús (40-4 a.C.). **[2]** «Herodes Arquelao», su hijo menor, hereda su posición, con el título de «etnarca»; como empezó sanguinariamente su reinado, fue deportado a las Galias (6 a.C.), y Judea y Samaría quedaron bajo el gobierno de procuradores romanos (23 a.C.-18.d.C.). **[3]** «Herodes Antipas» (4 a.C.-39 d.C.), con título de «tetrarca», gobernó los territorios de Galilea y Perea; repudió a su primera esposa y contrajo segundas nupcias con su sobrina Herodías; Juan el Bautista lo denuncia, por lo que es condenado a muerte (cf. Mt 14 1-12; Mc 6 14-29; Lc 9 7-9); gobierna en vida de Jesús y está presente en Jerusalén cuando lo crucifican. **[4]** «Herodes Filipo» (4 a.C.-34 d.C.) gobierna el este del Jordán, al que nombra Cesarea de Filipo (Mc 8 27). **[5]** «Herodes Agripa I» (41-44 d.C.), nieto de Herodes el Grande y hermano de Herodías, reúne todo el territorio de Palestina, forja un reino tan grande como el de su abuelo y recupera el título de «Rey» (41-54 d.C.). **[6]** «Herodes Agripa II», hijo del anterior, pierde el título de rey; es el último representante de la dinastía herodiana; participa junto a su esposa Berenice en el proceso de Pablo (Hch 25 – 26).
➲**Roma/Imperio romano.**

Hijo de David. Título mesiánico que cambia a lo largo de la historia. Empieza refiriéndose a los reyes de Judá, descendientes de la dinastía hereditaria iniciada por David (1000 a.C.), siendo Sedecías el último (587 a.C.). Con los profetas, principalmente a partir de Isaías, este título apunta al Mesías, que descenderá de la «casa de David», según oráculo de Natán (2 Re 7 16). Los reyes de Judá llamados «hijos de David» son codiciosos, sanguinarios o marionetas en manos de los imperios; por eso, los profetas anuncian a un «hijo de David» constituido como tal por el Espíritu de Dios. Jesús encarna a este *«hijo de David/Mesías de Dios».*
➲***Jesús/Jesucristo.* Mesías.**

Hijo de Dios. Título dado a los reyes y faraones en las culturas del Medio Oriente, pues eran considerados hijos adoptivos de la divinidad, llegando incluso a dárseles el título de dios. En el AT se aplica al pueblo de Israel como título de honor (Ex 4 22-23; Os 11 1) y a los reyes descendientes de David, sin ver al rey como divino (2 Sm 7 14; Sal 2 7); en los «salmos reales», cantos de exaltación del rey, se utiliza mucho este título. En el NT se da este título a Jesús y él lo afirma (Mt 16 16; Mc 14 61). Juan indica a los primeros cristianos que «El que confiesa que Jesús es el Hijo de Dios permanece en Dios y Dios en él» (1 Jn 4 15), lo que pasa a ser profesión de fe en la Iglesia naciente.
➲**Judaísmo. Salmos.**

Hijo del hombre. Expresión semítica que designa a un varón colmado de dones por Dios y con una misión importante (Sal 8 5). Ezequiel lo utiliza con frecuencia, refiriéndose a sí mismo, debido a que tiene mensajes de Dios que anunciar a Israel. Daniel llama así a un personaje a quien le fue dado el dominio, la gloria y el reino; lo sirvieron todos los pueblos, naciones y lenguas, y su dominio es eterno (Dn 7 13-14); por eso, pasa a indicar al «Mesías». En los evangelios, Jesús recibe este título con frecuencia (Mc 8 31; 10 33-34; 29 30; Mt 24 30).
➲**Jesús/Jesucristo. Mesías.**

Himno. Género literario poético de alabanza a Dios; predomina en el culto, destacando los salmos. También existe en otros libros como Amós o Job, y en el NT (Lc 1 47-55; 2 29-32; Flp 2 6-11; Col 1 15-20).
➲**Culto. Fiestas judías. Género literario. Salmos.**

Historia. La historia es fundamental en la Biblia; puede verse desde tres puntos de vista: **[1]** La «historia como verdad»: la Sagrada Escritura revela una historia de salvación y esta es verdadera, aunque hay relatos de sucesos o eventos que no se pueden reconstruir con métodos históricos modernos. **[2]** La «historia como revelación de Dios»: Dios se revela en el acontecer histórico; la Biblia habla de un pueblo que descubre a Dios en los hechos de la vida; la revelación bíblica es histórica: Dios no se comunica de una sola vez, sino que se va develando progresivamente en las experiencias del pueblo, siempre con la mira puesta al futuro. **[3]** La «historia como caminar en el tiempo»: la historia de salvación está encaminada a su culminación; no es una comprensión cíclica o repetitiva de la historia, como en otras culturas; empieza en el libro del Génesis y concluye con el Apocalipsis, moviéndose teológicamente entre un comienzo y un fin hacia el que camina, entre la creación y la «escatología». Es una historia con sentido, que va de la mano de Dios: el Apocalipsis recuerda que Cristo es el «Alfa» y la «Omega», el Principio de todo y el Fin hacia el que se encamina todo.
➲**Creación/nueva creación. Escatología. Género literario. Historiografía. Salvación/Salvador/historia de salvación.**

Historia de salvación. Ver *Salvación/Salvador/historia de salvación.*

Historia ejemplar. Forma literaria que relata episodios de la vida encaminados a dar una enseñanza; los personajes, cronología, lugares, situaciones, diálogos, etc., ayudan a ilustrar el mensaje que se desea compartir. Los libros de Rut, Judit, Tobías, Ester, Jonás, partes de Daniel (Dn 1 – 6; 13 – 14) y la historia de José (Gn 40ss) son historias ejemplares.
➲**Género literario.**

Historia teológica. Ver *Teología de la historia.*

Historiografía. Arte de escribir la historia a partir de análisis o memorias ya existentes: la «historiografía deuteronomista» narra desde la entrada de Israel en la Tierra prometida hasta el exilio adonde va por no cumplir la alianza y tiene un marcado acento profético (Dt – 2 Re); la «historiografía del cronista» se centra en la vocación de santidad del Pueblo de Dios y en aspectos cultuales: su protagonista es el rey David, su punto central, el Templo de Jerusalén (1 y 2 Cr); la «historiografía macabea» relata aspectos clave del judaísmo ante el helenismo (1 y 2 Mac). Los relatos yavistas y los elohistas provenientes de las tradiciones del Sur y del Norte también tienen una perspectiva historiográfica.
➲**Género literario.**

Hombre/ser humano. El ser humano es sexuado, creado por Dios como cumbre de su obra; aparece en el sexto día, pues el séptimo está reservado para el «descanso» de Dios *(Sabat).* Es una criatura única e integrada con el espíritu, no un compuesto de dos elementos autónomos y separados «cuerpo y alma», como planteaban los griegos. Es un ser situado en la historia y en un pueblo (el pueblo de la Alianza). Las consecuencias de esta visión antropológica son múltiples: **[1]** El ser humano es «criatura» de Dios. **[2]** Es un ser único, «creado a imagen y semejanza de Dios»; solo se comprende desde él y solo en él se mide, el resto de la creación no puede colmar su corazón. **[3]** Por estar inserto en el mundo y en la historia, su «salvación/realización» o «condenación/fracaso» comienza en el aquí y ahora, si bien su plena realización solo puede darse en Dios. **[4]** Su futuro corresponde a su naturaleza única, irrepetible y coprotagonista de su historia con Dios, quien lo creó por amor, libre y consciente, y lo hizo responsable de su vida.
➲***Adán/Eva. Alma. Cuerpo. Espíritu.***

Hora. El evangelio de Juan tiene como uno de sus hilos conductores «la hora de Jesús». En las bodas de Caná dice a su madre María: «Mi hora no ha llegado todavía» (Jn 2 4); conforme Jesús va revelando su misión hace varias referencias a su «hora», hasta que antes de su pasión dice: «Padre, ha llegado la hora: glorifica a tu hijo» (Jn 17 1). En los sinópticos declara sencilla y solemnemente: «ha llegado la hora» (Mt 26 45): es el momento de la salvación, de su victoria sobre la muerte con la connotación inmediata de su misterio pascual y de la culminación de la historia.
➲**Día del Señor/domingo. Pasión [relatos de la]. Salvación/Salvador/historia de salvación.**

Iglesia. Del griego *ekklesia,* «pueblo convocado» o «asamblea del pueblo». Designa al nuevo Pueblo de Dios, convocado por Jesús y reunido bajo la Nueva Alianza, por lo que el término «Iglesia» implica un misterio a la vez que una agrupación de personas. Es un misterio porque es una realidad espiritual, portadora de la vida de Dios, signo e instrumento de la acción de Jesús a lo largo de la historia, mediante la presencia activa del Espíritu Santo. La dimensión visible de la Iglesia son las comunidades de cristianos. Al principio se llamaba «iglesias» a las comunidades locales; más tarde ser «Iglesia» se refiere también a su realidad universal, al Cuerpo de Cristo entero. En los evangelios solo Mateo menciona el término «iglesia» una vez (Mt 18 17), pero su obra se conoce como el «evangelio eclesial» por su enfoque.

La historia de la Iglesia en el NT tiene tres etapas: **[1]** «Formación de la comunidad de discípulos por Jesús», en particular con los Doce; **[2]** «Nacimiento de la Iglesia», con la Pascua de Cristo y la llegada de su Espíritu en Pentecostés, siendo fundada sobre los doce Apóstoles, con Pedro como el primero entre iguales; **[3]** «Expansión de la Iglesia» en el mundo conocido, y su organización como la comunidad de los bautizados, una comunidad carismática que se fue estructurando jerárquicamente, según documenta el libro de Hechos y las cartas a varias comunidades. Pablo desarrolla la imagen de la Iglesia unida a Cristo, como un cuerpo con él siendo su «cabeza» (Ef 1 22; 5 23), e indica que Cristo ama a la Iglesia y se entrega por ella como a una esposa (Ef 5 25-33). La Iglesia es una comunidad de origen, instituciones y destino, asegurada por la Palabra de Dios, unida cultualmente y por sus pastores, sucesores de los Apóstoles; es el Pueblo de Dios en marcha hacia la comunidad celestial.
➲**Alianza/pacto. Apostolado. Apóstoles/los Doce. Autoridad. Bautismo. Carisma. Cuerpo de Cristo. Espíritu de Dios/Espíritu Santo. Ministerio/ministro. Misión. Misterio.**

Imagen. Ver *Alegoría. Metáfora. Símbolo.*

Imposición de manos. Gesto con el que se impartía la bendición (Gn 48 14), el poder (Nm 27 18) y el Espíritu (Dt 34 9). También se empleaba para preparar la víctima sacrificial (Lv 1 4; 3 2) y transmitir la culpa al macho cabrío expiatorio (Lv 16 21). En el NT, con la imposición de manos se obran curaciones (Lc 4 40) y se confieren ministerios para el servicio en la Iglesia (Hch 6 6; 1 Tim 4 14; 5 22).
➲**Consagración. Sacrificio. Unción.**

Impuestos. En épocas bíblicas, los reyes cobraban impuestos a sus súbditos y a los pueblos sometidos. Egipto tenía graneros abundantes logrados a través de impuestos al pueblo agricultor. En los inicios del pueblo de Israel no hubo impuestos de parte del gobierno; los jueces Samuel y David se abstuvieron de imponerlos a la gente. Los primeros impuestos que se cobraron fueron los del «tributo sagrado» pedido por los sacerdotes para los holocaustos en los santuarios, y considerado como un abuso (1 Sm 2 12-17.22-26). Salomón instituye una carga fuerte de impuestos para sus obras públicas y la construcción del Templo, sobre todo a las tribus del Norte, lo que terminará causando la división del reino. Los imperios que dominaron Israel les impusieron impuestos gravosos. Para la construcción y el mantenimiento del Segundo Templo, se instituyó el «impuesto del Templo», el cual pagó Jesús como buen judío (Mt 17 24-27); además había que pagar diezmos para los sacerdotes y levitas del Templo; los censos de la población servían de base para actualizar el pago de estos impuestos. Jesús responde a una discusión sobre el deber de pagar los impuestos al César como gobernante del Imperio romano, indicando «Den al César lo que es del César, y a Dios, lo que es de Dios» (Mt 22 15-22).

➲**Publicano.**

Infierno/infiernos. En hebreo, *seol*, y en griego, *hades*. En el AT designa la morada de los muertos, sin significar que sea un lugar de tormento. Se visualiza como una gran tumba o fosa, un pozo oscuro en lo más profundo de la tierra, al que descienden todas las personas cuando llega su muerte (Is 38 18; Ez 31 14) para no volver a subir jamás (Sal 88 10; Job 7 9); están en un desamparo total (Sal 88 6), no pueden alabar a Dios (Sal 6 6) ni esperar su justicia (8 11s) o su fidelidad (30 10; Is 38 18). En ocasiones el *seol* no aguarda a la muerte natural e irrumpe en el mundo, venciendo al reino de la vida (Is 38 10-11; Sal 18 6; 88 4s). Conforme se afirma la conciencia del pecado, se van diferenciando dos áreas en el infierno: **[1]** «el lugar de los justos», que están en el «seno de Abraham» (Gn 37 35; Is 38 10; Sal 16 10), y **[2]** «el lugar de los pecadores», que va cobrando dramatismo, hasta ser visto como lugar de terror y fuego eterno (Is 5 14; 66 24; Sal 73 19), en memoria de la destrucción de Sodoma y Gomorra y la ira de Dios (Is 30 27.30).

En el NT, Jesús reconoce el infierno de los pecadores con todo su horror, pero no lo describe (Mt 10 28; 13 42); afirma que tiene el poder para enviar al pecador al infierno, al cual llama *gehena*, para diferenciarlo del *seol/hades* (Mt 25 12.30.41). Al morir, Jesús descendió al *seol* (morada de los muertos), pero no fue abandonado ahí; Dios lo resucitó de entre los muertos (Hch 2 24.31; Ef 4 9s; Rom 10 6-10). Hasta la salvación en Jesús, los infiernos eran el lugar de cita para todas las personas; a partir de Jesús, el reino de la muerte ha sido destruido y la condenación eterna ha sido superada por su entrega en la cruz y el amor misericordioso de Dios, por lo que la inmensa mayoría de las personas gozarán de la Vida eterna con él. Solo hay un pecado que no puede ser perdonado: la blasfemia contra el Espíritu Santo; quien muere habiendo rechazado al Espíritu Santo es reo de condenación en el infierno de los pecadores (Mt 12 32; Mc 3 29).

➲**Alma. Blasfemia. Castigo. Cuerpo. Justificación/justo. Muerte. Resurrección.**

Intertestamento. Se denomina «Intertestamento» al período de la historia en que diferentes autores escribieron lo que consideraron Escrituras Sagradas, sin que estas hayan quedado incluidas en el AT y el NT de la Biblia. No se puede fijar una fecha específica, pues tanto los libros del AT como los del NT tardaron muchos años en ser escritos y editados, hasta tomar la forma en que fueron aceptados en el Canon hebreo o el Canon cristiano. De hecho, los judíos hablaban del «silencio profético» una vez que terminaron de escribirse los libros proféticos y aguardaban con esperanza la llegada del Mesías. Se pueden distinguir cuatro tipos de Escrituras intertestamentarias: **[1]** «Literatura apocalíptica», con algunos textos reunidos en una sola obra, como el libro de Henoc. Muchos de estos textos se atribuyeron a personajes bíblicos de épocas anteriores, como el *Apocalipsis de Moisés* y el *Apocalipsis de Elías*, la *Asunción de Moisés* y el *Testamento de los doce patriarcas*. **[2]** «Tárgumes», que eran interpretaciones, traducciones y paráfrasis de pasajes de la Biblia hebrea, realizados según el *midrash* «explicación» de los expertos, para ser leídos en las sinagogas por comunidades que ya no hablaban el hebreo. **[3]** «Comentarios o interpretaciones de los rabinos y estudiosos», sobre distintos textos bíblicos, muchos de los cuales pasaron a formar parte del Talmud o conjunto de Escrituras Hebreas que se terminaron de reunir en el siglo V d.C. **[4]** «Manuscritos del mar Muerto» encontrados en el área de Qumrán y dedicados a la comunidad esenia que vivía ahí. Esta literatura es muy útil para comprender el judaísmo durante el cambio de era y el contexto judío donde nace y da sus primeros pasos el cristianismo.

➲**Apocalipsis/apocalíptica. Canon/canónicos. Mesías. *Midrash*. Testamento.**

Ira de Dios. Ver *Juicio de Dios/Juicio final. Temor de Dios.*

AC DC

Isaac. Hijo primogénito de Abraham y Sara. Tras larga espera, su nacimiento da cumplimiento parcial a las promesas de Dios a Abraham. Es el segundo de los patriarcas, padre de Esaú, de quien descienden los edomitas, y de Jacob o Israel, el tercero de los patriarcas, cuya descendencia formará el pueblo de Israel. Isaac va a ser ofrecido en sacrificio por Abraham por designio divino cuando interviene un ángel salvándole la vida (Gn 22 1-19); es imagen anticipada del sacrificio de Cristo, quien se ofrece en sacrificio al Padre y este lo resucita para siempre.

➲**Abraham. Jacob/Israel/israelitas/reino de Israel.**

Israel/israelitas/reino de Israel. Término con cuatro significados: **[1]** Israel es el nombre dado a Jacob a partir del momento en que Dios se lo cambia por *Israel,* aunque en varios sitios se le sigue llamando Jacob (Gn 35 10); es padre de doce hijos, de los que descienden las «doce tribus de Israel». **[2]** Cuando cae el «Reino unido» (931 a.C.), se crea el «reino de Israel», con las nueve tribus del Norte, el cual desaparece en 722 a.C. en manos de los asirios. **[3]** «Israelitas» o «pueblo de Israel» son todos los descendientes de Jacob; se utilizan como sinónimo de «pueblo hebreo» y «pueblo judío». **[4]** Israel es el nombre del actual «Estado de Israel», creado en 1948.
➲Jacob/Israel/israelitas/reino de Israel. Judá.

Jacob/Israel. Hijo de Isaac y Rebeca; hermano de Esaú. Su historia abarca 25 capítulos del Génesis (Gn 25 – 50). Jacob es un hombre astuto y ambicioso que consigue lo que quiere. La narración bíblica lo ubica en tres lugares: **[1]** En Betel, donde acampa después de haber huido de la casa paterna y haberle cambiado la primogenitura a Esaú por un plato de lentejas, y haber robado la bendición de su padre a Esaú; ahí tiene la visión de una escalera por la que suben y bajan ángeles y recibe la promesa de Dios de que dará a su descendencia esa tierra (Gn 28 13). **[2]** En Siria, Jacob se casa con dos hermanas, Raquel y Lía, y engendra a once de sus doce hijos; Benjamín, el más pequeño, nace entre Betel y Efratá. **[3]** En el *Penuel,* que quiere decir «rostro de Dios», Dios cambia a Jacob su nombre por el de Israel, que significa «Dios es fuerte, Dios lucha», pues Jacob luchó fuerte contra él y finalmente Yahveh lo venció (Gn 32 28-29).
➲Tribus/doce tribus de Israel. Patriarcas (ver esquema p. 120).

Jeroboam. Dos reyes de Israel llevan este nombre: **[1]** Jeroboam I, de la tribu de Efraím, servía al rey Salomón; después de una seria disputa tuvo que huir y regresó para dirigir una revuelta, que ocasionó la división del reino formado por David y la creación del reino del Norte (930-910 a.C.), del que fue su primer rey; elige Siquem como capital del reino; para evitar que sus súbditos peregrinen al Templo de Jerusalén, nombra a Betel y Dan, antiguos santuarios locales, como «santuarios reales», colocando en ellos una cabeza de ternero *(1 Re 12 26-33); los* profetas denunciaron la gravedad de esta práctica. **[2]** Jeroboam II, rey del Norte en el siglo VIII a.C.; Amós lo denunció por sus graves injusticias, favoritismo a las clases acomodadas y humillación a los pobres.
➲Monarquía.

Jerusalén/Nueva Jerusalén. *Jerusalén* quiere decir «Ciudad del dios Salem» o «Ciudad de la Paz *(Shalom)*». Con frecuencia, los textos bíblicos se refieren a ella como «Sión», aunque este monte estaba fuera de la ciudad.

[1] *Características y principales construcciones.* La ciudad estaba amurallada y la población se asentaba sobre varios montículos: en el monte Moria, al nordeste, estaban el Templo y la fortaleza Antonia; en el monte Ophel, en el sudeste, se asentaba la Ciudad de David o Jebús; en el monte Sión, al occidente, se emplazaba el palacio de Herodes. Rodeando la Ciudad Santa había varios torrentes o arroyos, destacando el Cedrón y el Guijón o la Gehena, en cuya vertiente sur se ubicaba el basurero público. Afuera de la ciudad estaba el monte de los Olivos.

[2] *Historia.* David conquista la ciudad cananea de Jebús (2 Sm 5 6-12) y convierte Jerusalén en capital de su naciente reino, pues no pertenecía a ninguna tribu y estaba entre las tribus del Norte, cuya capital era Siquem y las tribus del Sur, cuya capital era Hebrón. Salomón la amuralló, construyó su palacio y el Templo (1 Re 6). A su muerte, las tribus del Norte (Israel) se sublevan contra Roboam, su hijo, y la ciudad queda como capital del reino del Sur o Judá. En el siglo VIII a.C., la ciudad fue atacada por la coalición de Israel y Damasco (guerra siroefraimita) y el rey asirio Senaquerib la sitia, pero no la conquista. Josías centraliza el culto a Yahveh en el Templo (622 a.C.). En 587 a.C., la ciudad es arrasada por el rey babilonio Nabucodonosor. Tras el edicto del rey persa Ciro (538 a.C.), algunos judíos regresan del exilio y consiguen reconstruir el Segundo Templo y levantar las murallas de la ciudad (Neh 1 – 7). Tras pelear contra los reyes griegos seléucidas, los Macabeos resultan vencedores, recuperan la ciudad y purifican el Templo. La ciudad permanece bajo el dominio romano del 67 a.C. al 70 d.C., en que vuelve a ser destruida, y el Templo también, por el general Tito. En 135 d.C. el emperador romano Adriano la manda derribar para construir una ciudad según las normas urbanísticas romanas; intenta cambiarle el nombre por «Aelia Capitolina».

[3] *Importancia en el AT.* Jerusalén tiene muchas resonancias bíblicas. Remite al monte Moria (en el nordeste), donde Abraham preparó el sacrificio de su hijo Isaac y hace recordar al sacerdote Melquisedec, rey de Salem, reino antiguo donde después estuvo Jerusalén (Gn 14 18). Se refiere con frecuencia a Sión (en el occidente), «Porque de Sión saldrá la Ley y de Jerusalén, la palabra del Señor» (Is 2 3); en Sión habita Dios (8 18). Durante el destierro, Jerusalén mantiene su importancia religiosa, tanto para los judíos en Palestina como para quienes estaban en la diáspora, surgiendo muchos escritos sobre ella como centro de la vida de fe del pueblo de Israel (Is 1 1-5; 54; 60; 62; Sal 87). Tras el exilio, Dios llevará a su pueblo a Sión, lugar de la salvación (Is 46 13); Dios ama este lugar santo: «Por amor a Sión no callaré, por amor a Jerusalén no descansaré» (Is 62 1).

[4] *Importancia en el NT.* En tiempos de Jesús, Jerusalén tiene un rol muy importante. La reconstrucción del Templo, terminado en 515 a.C., había dado a la ciudad un esplendor nuevo y la había convertido en el centro del judaísmo. A ella acudían todos los años los judíos para la fiesta de la Pascua y era el centro de peregrinaciones desde todos los rincones del Imperio romano. Cuando Jesús quiso dar a su mensaje un realce especial, se dirigió a Jerusalén, donde anunció el Evangelio y murió a causa de él (Mc 10). Para los primeros cristianos, Jerusalén tiene un significado vital, al ser el lugar de la muerte y resurrección de Jesús, y del nacimiento de la Iglesia. Existen muchos relatos sobre la comunidad cristiana de Jerusalén (Hch 1 – 5), la cual fue el punto de referencia para todas las demás durante el siglo I d.C., pues reconocían en ella a la «Iglesia madre». El Apocalipsis habla de la «Nueva Jerusalén» en un sentido espiritual, para referirse a la renovación de fe del pueblo judío y de los cristianos (Ap 3 12; 21 2).

➲**David. Iglesia. Judaísmo. Monarquía. Salomón. Templo de Jerusalén/Templo de Dios** (ver mapa, p. 1178).

Jesús/Jesucristo. Del hebreo *Yoshua*, «Dios es el salvador». Era un nombre bastante común en el pueblo hebreo cuando nació Jesús, en Belén hacia el año 6 a.C., cumpliendo la profecía sobre el nacimiento del Mesías (Miq 5 1-7), siendo emperador Augusto, y rey de Judea, Herodes el Grande. Mateo y Lucas son los únicos evangelistas que hablan de la infancia de Jesús; Mateo la presenta con relación a José y compara a Jesús con Moisés; Lucas enfatiza el rol de María, su concepción por obra del Espíritu Santo (Lc 1 26-38) y su intervención en varios momentos de su vida. Jesús es circuncidado a los ocho días, siguiendo la tradición judía. Lucas tiene un relato de Jesús a los 12 años, cuando fue con José y María en peregrinación a Jerusalén y se quedó en el Templo dialogando con los doctores de la Ley, mientras sus padres lo buscaban preocupados (Lc 2 41-52). Se desconocen detalles de sus primeros treinta años de vida, durante los cuales vivió en Nazaret, ciudad de Galilea; a esta etapa suele llamársele «vida oculta», en contraste con la «vida pública», que corresponde a los tres años que duró su ministerio.

Alrededor de los treinta años se hace bautizar por Juan el Bautista; se traslada de Nazaret a Cafarnaún, junto al lago de Tiberíades, donde comienza un movimiento mesiánico totalmente novedoso: anuncia la llegada del Reino de Dios, haciéndolo presente con sus acciones y signos de perdón y curación. Proclama que Dios es «Padre», que todos somos «hermanos» y que nuestra relación con Dios es de «hijos»; defiende a los desfavorecidos por la economía, la sociedad y la Ley. Se hace acompañar por un grupo de discípulos; a doce de ellos los constituye «Apóstoles». Pronto encuentra la oposición radical de los judíos piadosos: los fariseos lo acusan de adulterar la Ley; los escribas, de otorgar el perdón de los pecados, reservado a Dios; los saduceos, de atacar la *institución del Templo; los herodianos*, de tener aspiraciones políticas como «mesías». Sus enemigos buscan repetidamente la forma de acabar con él. Su ministerio público dura solo tres años; es detenido en Jerusalén y condenado a muerte. La noche anterior a su detención celebra la «Cena de Pascua», en la que instituye la Eucaristía. La acusación es doble: (1) religiosa: pretensión de ser el Hijo de Dios; (2) política: pretensión de ser el Mesías esperado. Muere crucificado a las afueras de Jerusalén, al estilo romano. Los Apóstoles que convivieron con él afirman que se les apareció, que «está vivo».

Los evangelios utilizan el nombre «Jesús» y el título de «rabino» para hablar de él. Los otros títulos que recibe le fueron asignados por los primeros cristianos y se encuentran en los Hechos de los Apóstoles y las cartas, siendo el más común «Jesucristo», asociando así la persona histórica de Jesús, el Salvador, con el título «cristo», traducción al griego de «mesías». El NT también habla de Jesús como el «Señor», señalando así su soberanía divina sobre toda la creación, ya que este título estaba reservado a Yahveh en el AT. El nombre hebreo, *Emmanuel*, que significa «Dios está con nosotros», fue utilizado por Isaías para anunciar al salvador que vendría de Dios (Is 7 14; 8 8). Mateo señala que Jesús cumple esa profecía y proclama a Jesús como Mesías de Dios (Mt 1 22s). Ninguna referencia al Mesías en las Escrituras judías evoca a una persona que sufre o muere, pero los cristianos lo relacionan con el Servidor de Yahveh (Is 52 13 – 53 12). Jesús es el enviado de Dios que muere crucificado por los pecados de los demás según las Escrituras (1 Cor 15 3). A los seguidores de Jesús se les conoce primero como los «nazarenos»; después, en Antioquía de Siria, reciben el nombre de «cristianos» porque confiesan que «Jesús es el Cristo (Ungido) de Dios». Los cristianos son expulsados de las sinagogas, pues su fe en Jesús como el Cristo los separaba de los judíos (Jn 9 22).

➲**Cruz/crucifixión. Encarnación. Hijo de David. Hijo de Dios. Hijo del hombre. Mesías. Palabra de Dios. Pascua/Pascua de Resurrección. Pasión [relatos de la]. Poncio Pilato/condenación de Jesús. Reino de Dios. Resurrección. Sacerdocio/sacerdote. Unción.**

AC DC **Jordán.** Río que divide la «Tierra Santa» en Palestina/Israel-Jordania, al occidente y Transjordania al oriente. Corre por una fosa geológica que comienza en Siria y acaba en África; se remansa en el lago de Tiberíades deteniéndose en el mar Muerto. Bajo las órdenes de Josué, el pueblo de Israel lo atraviesa a la altura de Jericó, para entrar en la Tierra prometida. Cerca de su desembocadura, en Betania, bautiza Juan (Jn 1 28).

AC DC **José.** Tres personajes bíblicos importantes llevan este nombre. **[1]** «Hijo preferido de Jacob», quien sufre la envidia de sus hermanos. Su historia es de tipo didáctico o ejemplar, por su carácter moralizante (Gn 37 – 50). Hombre íntegro, pasa de ser esclavo a ser parte de la casa del Faraón; perdona y acoge a sus hermanos, dando lugar a la presencia hebrea en Egipto; sus hijos Efraím y Manasés nacen allí; con su hermano menor, Benjamín, forman la «casa de José», germen del futuro reino de Israel. **[2]** «Es-

poso de María y padre adoptivo de Jesús». Mateo lo presenta como un hombre temeroso de Dios, piadoso y justo *(anawim)*. Protagoniza, junto con María, el nacimiento de Jesús en las afueras de Belén, su huida a Egipto y los primeros años de su educación. No se menciona explícitamente en otras partes de los evangelios. **[3]** «José de Arimatea», miembro del Sanedrín y discípulo incógnito de Jesús; ofrece una sepultura de su propiedad para que entierren a Jesús.
➲**Pobreza/pobres de Yahveh. Tribus/doce tribus de Israel.**

Josué. Fue el hombre de confianza de Moisés durante la travesía en el desierto. Guía al pueblo en su entrada en la Tierra prometida tras la muerte de Moisés, quien le transmitió la misión que Dios le había encomendado mediante la imposición de manos.
➲**Liberación/libertad. Moisés. Tierra/Tierra prometida.**

Juan. Dos personas importantes llevan este nombre. **[1]** «Juan el Bautista», hijo de Zacarías y de Isabel; conocemos su «anunciación» y su «nacimiento» (Lc 1 – 2). Predica la conversión ante la inminente llegada del Reino de Dios y bautiza a quienes aceptan su mensaje en el río Jordán. Es el último de los profetas y el «precursor» del Mesías. Bautiza a Jesús, quien acude libremente a él. Denuncia el adulterio del rey Herodes, por lo que es encarcelado y decapitado. **[2]** «Juan el evangelista» es pescador, igual que su padre Zebedeo y su hermano Santiago. Junto con Pedro y Santiago acompaña a Jesús en su transfiguración y en Getsemaní. El evangelio de Juan lo denomina «el discípulo amado», que estuvo con Jesús en la Última Cena, y con la madre de Jesús, a los pies de la cruz. Junto con Santiago, forma parte de los primeros dirigentes de la comunidad de Jerusalén. Según la tradición Juan vivió en Éfeso hasta edad muy avanzada. Llevan el nombre de Juan el evangelio y tres cartas; algunos biblistas asignan el Apocalipsis a sus discípulos.
➲**Evangelio.**

Judá/Judea. Nombre de persona y designación político-geográfica. **[1]** Judá es el cuarto hijo de Jacob, de quien proviene la «tribu de Judá», la cual asumió un rol principal dado que el rey David pertenecía a ella. **[2]** Judá es también el nombre del reino del Sur, con capital en Jerusalén, cuando se divide el reino después de Salomón. Los persas le cambian el nombre por «Yehud», y los romanos, por «Judea», una de las regiones en que dividen el antiguo territorio de Herodes el Grande. Después de la Segunda Guerra Judía, el emperador romano Adriano cambia el nombre de Judea por «Palestina».
➲**David. Herodes. Israel/israelitas/reino de Israel. Monarquía. Palestina.**

Judaísmo. En términos generales designa la naturaleza social, religiosa, política, étnica e histórica del pueblo judío, desde sus inicios como la primera religión monoteísta. Sin embargo, su conformación como una religión articulada y coherente parte del exilio. Se distinguen dos etapas:

[1] *Judaísmo inicial.* Cuando los judíos mantienen lo fundamental de su fe en Dios, incorporando aspectos del contexto cultural de la diáspora, donde el culto pasa del Templo a las sinagogas; la autoridad pasa del rey davídico a los sacerdotes; la identidad judía pasa de haber nacido en la Tierra prometida a estar también presente en muchas naciones. El judaísmo tiene como «piedra fundamental» la Ley (Torá); desarrolla una Escritura (Tanac), y pone como signos de identidad frente a otros pueblos la circuncisión y el sábado.

[2] *Judaísmo tardío.* Corresponde a la época postexílica; se configura estando bajo el dominio persa (538-333 a.C.), bajo el dominio griego (332-143 a.C.), en sus años de independencia (143-63 a.C.) y bajo el dominio romano (63 a.C.-135 d.C.). Son siglos de abundantes Escrituras Sagradas; es el contexto en el que viven Jesús y los primeros cristianos. En el AT, las referencias al judaísmo y a los judíos son a veces autocongratulatorias como pueblo elegido de Dios y otras autocríticas debido a su infidelidad a la Alianza. En el NT hay pasajes que designan la tradición proveniente del AT y otros que confrontan a los judíos con los cristianos, como grupos diferentes.
➲**Autoridad. Diáspora. Exilio. Fariseos. Helenismo. Judeocristiano. Judío. Ley.**

Judas. Cinco personajes llevan este nombre: **[1]** Judas «Macabeo», líder de la resistencia contra el helenismo y la persecución por Antíoco IV Epífanes, rey de Siria (166-160 a.C.); reconquista Jerusalén y purifica el Templo (fiesta de la Dedicación del Templo). **[2]** Judas «Iscariote», uno de los Doce apóstoles elegidos por Jesús; fue quien lo traicionó y entregó a las autoridades judías. **[3]** Judas «Tadeo», otro de los Apóstoles, hermano de Santiago el Menor; algunos autores le atribuyen la «carta de Judas». **[4]** Judas, uno de los «parientes» del Señor. **[5]** Judas «el Galileo» lideró una revuelta contra los romanos, conquistando Séforis en el 4 a.C.; algunos autores ven en él los orígenes de los zelote.
➲**Helenismo.**

Judeocristiano. Término ausente en la Biblia. Designa a los judíos convertidos al cristianismo, para diferenciarlos de los paganos convertidos. Se distinguen los judíos de Palestina, que hablan hebreo o arameo, y los de la diáspora, que hablan griego y eran más abiertos en cuestiones legales y rituales. Los conversos del judaísmo, en Palestina, fueron la mayoría de los cristianos hasta que Pablo extendió el cristianismo en territorios paganos; muchos, entre ellos el apóstol Santiago, quien pensaba que todos los convertidos debían mantener las leyes judías, incluso la circuncisión, para alcanzar la salvación. Pablo, desde su experiencia misionera, argumentó con firmeza que si la circuncisión y la observancia de la Ley eran necesarias para la salvación, Jesús había muerto en vano (Gal 2 21), ganando la liberación de la Ley judía para los cristianos en el Concilio de Jerusalén hacia el año 50 d.C.

➲Circuncisión. Judío. Ley. Paganos. Santiago.

Judío. En términos étnicos y culturales, es sinónimo de «hebreo» e «israelita»; en sentido religioso, se aplica al pueblo de Israel como pueblo elegido de Dios. Más tarde, la palabra «judío» evoca una realidad teológica por el uso que le da Pablo, para quien el mundo está dividido en dos grandes grupos, siguiendo la tradición profética: (1) «judíos», pueblo de Israel o pueblo de la Alianza, y (2) «paganos», todas las demás naciones. Además, Pablo distinguía a los cristianos de los israelitas fieles al judaísmo. Como concepto teológico, «judío» es un término ambiguo, pues en Cristo no hay judío ni cristiano tanto desde la perspectiva del pecado como de la gracia y la redención (Gal 3 28); al mismo tiempo, Pablo mantiene celosamente la superioridad de los judíos sobre los paganos (Rom 3 1) y el paso del judaísmo al cristianismo se veía como algo natural, mientras que la conversión del pagano se consideraba como un injerto en la tradición judeocristiana (Rom 11 24-29). Para Juan, el «judío» es prototipo del incrédulo en Jesús, algo que nunca debió suceder, pues Jesús muere como «rey de los judíos» (Jn 19 14ss).

➲Circuncisión. Hebreo/hebreos. Israel/israelitas/reino de Israel. Judá/Judea. Judaísmo. Ley. Paganos.

Jueces. Líderes de Israel en el período entre la conquista de la Tierra prometida y la monarquía (siglo XI a.C.). Las tribus están dispersas y las relaciones entre ellas son muy débiles. Los cananeos y los filisteos son fuertes y vencen continuamente a las tribus que les disputan el territorio. Los «jueces», al frente de sus tribus defendiendo la tierra que les ha tocado; son personas carismáticas al servicio del pueblo, no parte de un sistema legislativo. Sobresalen Gedeón, Sansón y Débora, mujer juez. Samuel es el último de los jueces; con él se da el paso a la monarquía.

➲Ancianos. Juicio. Monarquía. Sanedrín. Tierra/Tierra prometida. Tribus/doce tribus de Israel.

Juicio. Este término tiene tres significados en la Biblia: **[1]** «Proceso para resolver un litigio o pleito» civil o político entre personas o instituciones, con el fin de que se respeten sus derechos violados ante la ley y se haga justicia. Requiere que el juez emita una sentencia que defina los derechos de cada parte, indique cómo reparar el daño ocasionado y condene al transgresor. *Los responsables de ejercer este tipo de juicio cambiaron a lo largo de la historia:* (1) en la organización tribal, fueron los patriarcas; (2) durante el éxodo, Moisés y los Ancianos que lo asistían; (3) entre la conquista de la Tierra prometida y la monarquía, los «jueces»; (4) en la monarquía, los reyes; (5) en el postexilio, el «sanedrín»; (6) bajo el Imperio romano, el «sanedrín judío» emitía el juicio y el «tribunal de magistrados romanos» decidía el castigo en asuntos graves. **[2]** «Razonamiento para juzgar la bondad o maldad de una acción», según ciertos criterios. Los patriarcas, Moisés y los jueces, ejercieron los dos tipos de juicio; con el tiempo, los sacerdotes, doctores de la Ley y profetas asumieron los juicios relacionados con la conducta moral y religiosa del pueblo y sus dirigentes. Como era un pueblo teocrático, su Ley provenía de Dios y muchas veces ambos aspectos se mezclaban, como en el juicio de Jesús. En la Iglesia naciente, toca a los Apóstoles, con Pedro a la cabeza, hacer este tipo de discernimiento. **[3]** «Juicio de Dios/Juicio final», el Juicio de Dios fue revelado al pueblo de Israel y llevado a su plenitud por Jesús; está relacionado con el concepto de «Juicio final». Debido a su importancia están definidos por separado.

➲Fariseos. Jueces. Juicio de Dios/Juicio final. Justicia. Profetas. Sacerdocio/sacerdote. Sanedrín. Tribunal.

Juicio de Dios/Juicio final. La fe en el juicio de Dios se funda en la convicción de que Yahveh gobierna el universo, en particular al ser humano y a Israel, pueblo de su propiedad. La Palabra de Dios determina el derecho, fija las reglas de la justicia y es el «juez supremo».

[1] *El juicio de Dios durante el AT.* Yahveh conoce muy bien a justos y culpables, pues «sondea las entrañas y los corazones» (Jr 11 20; 17 10). Actúa en la historia juzgando con justicia y misericordia, como sucedió con el pecado original, Caín, Sodoma y Gomorra, etc., ante la opresión de Egipto, durante el caminar en el desierto, etc., Envía a sus profetas para que promuevan la fidelidad a la Alianza. La cercanía del pueblo con Dios lo lleva a pedirle que juzgue lo grande y lo chico (Gn 16 5; 31 49; 1 Sm 24 16; Jr 11 20) y que restablezca los derechos violados. Los justos claman a Dios en los salmos; le piden que castigue a sus enemigos (Sal 9 20; 26 1; 43 1) e intervenga ante jueces injustos (Sal 82). La «ira de Dios» es severa con quienes destruyen sus designios para la humanidad; su justicia es fuente de esperanza para el justo y amenaza constante para el pecador, pues nadie puede esquivarla.

[2] *El Juicio final o escatológico en el AT.* Después del exilio, los profetas anuncian el «Juicio final» en relación con la llegada del Mesías prometido. Abarcará a personas, grupos sociales y naciones del mundo entero; todos rendirán cuentas a Dios (Sab 4 20 – 5 23). Con este juicio terminará el tiempo actual y se abrirá el reinado eterno de Dios (Dn 7 9-12.26): los pecadores temblarán de miedo, los justos serán protegidos, los santos participaran en su reino (3 1-9; 4 15s; 7 27). Será el juicio *por excelencia*, el Día del Señor del universo. Los salmos piden a «Dios juez» que acelere su juicio (Sal 94 2); cantan anticipando la gloria de los justos (75 2-11; 96 12s; 98 7s); confían en la justicia a los pobres y oprimidos (140 13s); piden misericordia, pues todo servidor de Dios es pecador (143 2).

[3] *El Juicio final en los evangelios.* La expectativa del Juicio final era general entre los judíos de la época de Jesús, aunque no había consenso de cómo sería. Juan el Bautista apremia a la conversión y al bautismo de penitencia, pues el juicio de Dios está cerca (Mt 3 7-12). Los evangelios hablan del Juicio final desde varias perspectivas, en continuidad con los anuncios en el AT, enfocándolo desde la inauguración del Reino de Dios por Jesús.

Jesús lleva a su plenitud la visión sobre el juicio de Dios, pues inaugura los últimos tiempos, aunque habrá que aguardar su retorno glorioso para verlo realizado en plenitud. En los sinópticos Jesús se refiere con frecuencia al juicio del último día en que habrá que rendir cuentas a Dios (Mt 25 14-30); ofrece parábolas que ayudan a prepararse para el juicio personal (Mc 13 37; Mt 24 43; 25 1); habla de las virtudes que agradan a Dios (Mt 5 20.29s; 13 30-38; Lc 19 13) y de las conductas que llevan a la condenación (Mc 12 40; Mt 10 23; 12 39-42; 23 33). Jesús será quien convoque y presida el juicio al final de los tiempos, el cual se regirá por el amor (Mt 25). El Padre designó a Jesús como «juez supremo del último día» (Jn 5 26-30); es un juicio que se celebra en el marco de su misión: Jesús fue enviado al mundo para salvar a las personas del pecado y de la muerte; no para juzgarlo (3 17; 8 15), de ahí que el juicio se opere en la actitud de la persona hacia Jesús: quien cree en él tendrá la Vida eterna; quien lo rechaza será condenado (3 18-21); se realiza como una revelación de los secretos del corazón, no como sentencia divina.

El proceso y la condenación a muerte de Jesús reclaman el juicio de Dios más que cualquier pecado (Mc 14 67; Lc 24 20; Hch 13 28; 1 Pe 2 23). En la muerte de Jesús se dan el juicio divino y la derrota de Satán (Jn 12 31): al ser elevado en la cruz, signo de su gloria, podrá enviar al Espíritu Santo en forma permanente, y el testimonio de sus seguidores mostrará que el demonio ya fue condenado (16 8.11): el juicio escatológico anunciado por los profetas ya es una realidad constante, solo falta su consumación final.

[4] *El Juicio final en la predicación apostólica.* Desde los discursos en el libro de Hechos hasta el Apocalipsis, pasando por las cartas, los autores sagrados invitan a la conversión, conscientes de que Dios tiene fijado un día para juzgar al universo con justicia, pues Cristo ha resucitado (Hch 17 31; 1 Pe 4 5; Heb 6 2). Dios juzgará a cada uno según sus obras (1 Pe 1 17; Rom 2 6), empezando con sus discípulos, que serán juzgados con la ley de libertad (1 Pe 4 17). Quien invoca la Ley de Moisés será juzgado con ella; quien no la conoce, según su conciencia (Rom 2 12-16). Será un juicio severo para los perversos, en que Dios juzgará incluso las acciones secretas de las personas. El Apocalipsis describe la condenación con imágenes aterradoras, mas no se puede olvidar que el Juicio final es un misterio. Desde Adán y Eva, el pecado reinó en el mundo, pero el don de Dios en Jesucristo es mucho mayor; no se puede comparar una falta con la gracia y la justicia de Dios (Rom 5 16-18); la justicia de Dios proviene del amor, es misericordiosa, libera y salva; quien cree en Cristo Jesús tendrá Vida eterna, pues el amor de Dios se ha manifestado ya y no hay nada que temer (3 21-24s).

➲Castigo. Día del Señor/domingo. Juicio. Justicia. Justificación/justo. Misericordia. Salvación/Salvador/historia de salvación. Venganza.

Justicia. El término «justicia» tiene tres significados en la Biblia; los dos primeros son comunes a otras culturas; el tercero es solo bíblico. **[1]** «Orden jurídico», que se desprende del respeto a la Ley y las costumbres; implica castigo o recompensa en «retribución» de la conducta, según si esta causó daño o beneficios. **[2]** «Virtud moral», que da a cada persona lo que le corresponde, lo que implica integridad en el actuar según los mandamientos divinos, defendiendo la causa del pobre y el débil. **[3]** «Justicia de Dios», con sus tonalidades propias del AT y el NT, según se ve a continuación.

En el AT, Dios dirige su justicia contra los pecadores; los profetas son portavoz de su juicio, los castigos y el llamado a la conversión. En el NT, Jesús llevó a la perfección la justicia en cinco aspectos: **[1]** Define la vida moral como verdadera justicia en obediencia espiritual a los mandamientos de Dios. **[2]** Condena la falsa justicia de los fariseos, denunciando la observancia hipócrita y soberbia de la Ley. **[3]** Define la verdadera justicia en su Sermón de la Montaña y la pone en función de su nuevo mandamiento del amor (Mt 5 17 – 6 18; Jn 13 34). **[4]** Estipula en qué consistirá el Juicio final (Mt 25 31-46; Jn 5 28-29). **[5]** Revela que la justicia de Dios es un don que derrama con generosidad, que se alcanza por la fe y la humildad, y coincide con su misericordia. A partir de Jesús, la justicia se basa en la gracia, o sea, en un don: la relación de la persona con Dios a través de la fe en Cristo, la cual lleva a la conversión y se acoge a la misericordia de Dios.

➲Castigo. Gracia. Juicio. Justificación/justo. Salvación/Salvador/historia de salvación.

Justificación/justo. En el AT, el justo era el que cumplía con la Ley de Dios por sus propios esfuerzos. En los evangelios, lo que importa es el aspecto interior de la justicia: la persona justa es la que ha sido perdonada y que vive en gracia de Dios (Lc 18 9-14).

En sus cartas, Pablo reflexiona sobre la manera como somos «justificados» por Dios. Enfatiza que la santidad a la que somos llamados requiere renunciar a querer alcanzarla solo con nuestros esfuerzos. Es necesario ponernos en manos de Dios mediante nuestra fe en Jesús y abrirnos a la acción del Espíritu Santo, para construir nuestra vida según los criterios del Evangelio (Rom 3 21-31; 8 1-17).

Dios nos considera justos, porque ha establecido en nosotros un orden nuevo según sus designios: nuestro espíritu está abierto a la verdad divina que da a la vida su sentido verdadero. Este orden nuevo se establece en nosotros por el solo hecho de haber descubierto al Padre y estar en re-

lación con él, como hijos e hijas suyos (Rom 8 14-17). Para Pablo «En el Evangelio se revela la justicia de Dios, por la fe y para la fe, conforme a lo que dice la Escritura: *El justo vivirá por la fe*» (Rom 1 17).
➲**Fe/confianza. Gracia. Juicio de Dios/Juicio final. Justicia. Ley. Redención/Redentor.**

Kerigma. Del griego, «anuncio». En el contexto bíblico se refiere al «anuncio de la muerte y resurrección de Jesús», con las diversas acepciones que usaban los primeros cristianos (Hch 2 16; 3 18.24; 4 13-15; 1 Cor 15 3s; Lc 18 31; 24 26-27.44-46; Jn 5 39; 1 Pe 1 10-12). Implica cuatro mensajes principales: **[1]** «Referencia al cumplimiento de las Escrituras», en particular las profecías mesiánicas y la llegada del «Día del Señor». **[2]** «Anuncio de la muerte y resurrección de Jesús», como el acontecimiento central en torno al cual gira todo lo demás; **[3]** «Acción del Espíritu Santo prometido por Jesús», como signo de la gloria de Cristo y abundancia de su gracia a sus seguidores; **[4]** «Llamada al arrepentimiento y la conversión», a la que invita el Bautismo para el perdón de los pecados.
➲**Día del Señor/domingo. Espíritu de Dios/Espíritu Santo. Evangelio. Gracia. Salvación/Salvador/historia de salvación. Vida/Vida eterna.**

Lamentación. Género literario poético, también conocido como «elegía»; expresa llanto debido al dolor por una desgracia personal (enfermedad, muerte, injusticia) o colectiva (hambre, persecución, guerra). El libro de las Lamentaciones es una gran elegía por la destrucción de Jerusalén y Judá. Una variante menor incluye cierta amenaza, como los «Ayes» que comunican desgracias a quienes llevan una vida disoluta o inmoral (Prov 23 29-32; Is 3 9.11; 5 8.11; Mt 23 13-17.24-26).
➲**Género literario.**

Lepra/leprosos. Nombre genérico para las enfermedades contagiosas de la piel. Bajo la ley, la lepra era considerada como castigo de Dios por algún pecado y requería una purificación ritual después de desaparecer (Lv 13 – 14). Los leprosos eran expulsados de la comunidad civil, debían permanecer fuera de ella y no podían participar en el culto, hasta que los sacerdotes declaraban que la lepra había desaparecido. Las curaciones de leprosos hechas por Jesús son signos de salvación y de que el Reino de Dios ha llegado.
➲**Castigo. Enfermedad. Milagro. Puro/impuro.**

Leví/levitas. Leví es uno de los doce hijos de Jacob. Sus descendientes son consagrados por Moisés como sacerdotes, debido a su fidelidad a Dios (Ex 32 25-29). De ahí que las familias sacerdotales de Israel sean levitas.
➲***Sacerdocio/sacerdote. Tribus/doce tribus de Israel.***

Levirato. Ley judía que establecía que, si un varón muere sin tener hijos, su hermano debe tomar por esposa a la viuda y engendrar con ella hijos; el primogénito llevará el nombre del difunto y será considerado como su hijo y heredero (Dt 25 5-10); también se le llama «deber de cuñado». En el NT hay una controversia entre Jesús y los saduceos sobre la aplicación de esta ley a siete hermanos y la fe en la resurrección de los muertos (Mc 12 18-25).
➲**Fecundidad. Hermanos. Primogénito. Viudas.**

Ley. Del hebreo *Torá,* designa la «enseñanza» dada por Dios a la humanidad para reglamentar su conducta; tiene una connotación más amplia que el concepto «ley», según la palabra griega *nomos.* Está contenida en el Pentateuco; abarca conductas morales, costumbres de la vida diaria, cuestiones legales y aspectos cultuales; su concepto evoluciona conforme avanza la revelación de Dios, pudiéndose distinguir tres etapas, que se resumen aquí.

[1] *La ley natural.* Esta expresión no existe en la Biblia, pero la «ley natural» fue establecida desde los orígenes de la humanidad (Gn 1 – 11); está inscrita en la naturaleza del ser humano y consiste en vivir según los designios o voluntad de Dios. Es la ley primordial para todo ser humano; antecede al decálogo; se conoce a través del Génesis, en los relatos del paraíso, el Diluvio y Noé, y la Torre de Babel. El NT reconoce esta etapa de la ley; Pablo considera que las naciones paganas están regidas por esta ley por ser común a toda la humanidad y Dios las juzgará a la luz de ella (Rom 1 – 5).

[2] *Moisés y la Torá.* El pueblo de Israel fue consagrado por Dios como suyo, por medio de la Alianza; el decálogo o diez mandamientos son la guía para honrar la Alianza y marcan el tono del resto de las leyes de Israel, las cuales son esencialmente religiosas y morales (Ex 20; Dt 5). Esta ley está compendiada en los cinco libros del Pentateuco; incluye la ley natural y contiene una serie de códigos legales y prescripciones jurídicas para guiar la vida de las instituciones familiares, sociales, cultuales, económicas y judiciales; nada se deja al azar. El pueblo de Israel tiene su Ley centrada en Dios, no como una imposición, sino como la aceptación libre de su alianza con Dios.

Corresponde a los sacerdotes velar por el cumplimiento de la Ley e interpretarla; deben enseñarla al pueblo, lo que se hace en los santuarios (Os 4 6; 5 1; Jr 5 4s; 18 18; Ez 7 26); de ellos provienen, por lo tanto, las complicaciones legislativas expresadas en el Pentateuco. Los sabios enseñan la Ley de manera concreta, aplicándola con máximas a la vida del pueblo, como se ve en los libros: Proverbios, Eclesiástico y Eclesiastés, así como en las historias ejemplares como el libro de Tobías. Los salmistas cantan la grandeza de la ley divina, el don supremo de Dios que solo ha sido dado a su nación, así como su amor a la Ley. La piedad judía está basada en la fidelidad a la Alianza y a la Ley de Moisés *(Tor),* en especial después de la reforma de Josías (Ed 7 1-26; Neh 8), en el siglo VI a.C.

Los profetas, hombres movidos por el Espíritu de Dios, reconocen la autoridad de la Ley y denuncian su descuido. Además, anuncian una nueva etapa en la vivencia de la Ley, que no alcanzan a visualizar, pero saben que estará arraigada en el corazón (Jr 31 33; Ez 36 26s).

[3] *Jesús y la Nueva Ley.* Jesús proclama: «No piensen que vine para abolir la Ley o los Profetas: yo no he venido a abolir, sino a dar cumplimiento» (Mt 5 17) y llama a sus seguidores a cumplir sus mandamientos y a ejercer una justicia superior a la de los escribas y fariseos (vv. 18-20). El vino nuevo no puede ponerse en los odres viejos de la Antigua Ley como estaba siendo vivida en su tiempo (Mc 2 23). Su posición ante la ley responde a los problemas mencionados antes, con tres acciones principales: (1) «Centra todos los mandamientos en uno nuevo: la ley del amor» (Mc 12 28-34; Jn 13 34-35), de la que se generan la justicia y la misericordia, dejando de lado lo accesorio (Mt 7 12). (2) «Rechaza las interpretaciones legalistas», que no respetan el espíritu de la Ley e imponen cargas pesadas al pueblo (Lc 11 37-45). (3) «Envía su Espíritu a sus discípulos», para que con su fuerza y su luz puedan vivir según el mandamiento del amor (Hch 1 8; Jn 16 13).

Jesús explica, prolonga y perfecciona las enseñanzas de la Ley de Moisés. Mateo con frecuencia especifica los aspectos en que modifica su interpretación, diciendo: «antes era así... pero yo les digo...» (Mt 5 38-44). En el Reino de Dios hay un solo «doctor», y hay que escuchar su palabra y ponerla en práctica, porque así se hace la voluntad del Padre (Mt 7 21-24s; 23 10). Si en el pasado los judíos cargaron con el yugo de la Ley, los cristianos cargarán el yugo de Cristo, que es suave y su carga ligera (Mt 11 28-30), dado que descansa en el amor derramado en nosotros por el Espíritu Santo (Rom 5 5; 8 14s). La puesta en práctica de los mandamientos de Jesús se realiza mediante la acción de su Espíritu, sello de la Nueva Alianza inscrita en los corazones (2 Cor 3 3).

➲Alianza/pacto. Escribas. Fariseos. Justicia. Justificación/justo. Moisés. Profetas. Sacerdocio/Sacerdote. Saduceos.

Leyenda. Género literario narrativo. La leyenda es un relato de hechos naturales, sobrenaturales o mezclados, transmitido de generación en generación en forma oral o escrita, con el fin de reafirmar valores, transmitir creencias y reforzar experiencias colectivas. El relato se integra en el mundo cotidiano y la historia de la comunidad, para darle familiaridad. A diferencia de los mitos, cuyos personajes son dioses o seres divinos, se ocupa de personas que ejemplifican alguna característica humana. A diferencia de los cuentos, los acontecimientos se presentan como si fueran verídicos. La historia del Diluvio y del paso del mar Rojo son leyendas que resaltan grandes hazañas de los héroes para mostrar la grandeza de Dios.

➲Género literario.

Liberación/libertad. La libertad del ser humano es una constante en la tradición bíblica, desde el Génesis hasta el Apocalipsis. Dios creó al hombre y a la mujer con la capacidad de tomar decisiones libres; seguir o ignorar su voluntad de manera responsable, y convertirse (Eclo 15 11.15; Hch 22 6-10; 1 Cor 15 10; Flp 2 12s; Sant 1 13ss). La dinámica entre la voluntad de Dios y la libertad humana es un misterio a ser vivido en el interior de la persona, con Dios atrayendo hacia él sin violentar nuestro corazón ni forzar nuestra respuesta (Sal 119 36; Ez 36 26s; Os 2 16s; Jn 6 44).

El acontecimiento fundacional del pueblo de Israel estuvo marcado por la liberación de su esclavitud en Egipto (Ex 1 – 15). Más tarde, la liberación del exilio de Babilonia reafirma la fe en un Dios liberador y misericordioso para su pueblo, a pesar de sus traiciones a la Alianza (Is 10 25ss; 40 3; 45 13; 52 3). En griego se utiliza el término «redención», que indica una liberación gratuita y victoriosa de una mala situación.

La liberación de Israel es solo anticipación de la redención cristiana. Cristo inicia su ministerio leyendo el pasaje de Isaías sobre la liberación de los cautivos y la libertad de los oprimidos esperada para el año de gracia del Señor y diciendo que se cumplen en él (Lc 4 14-21). Jesús instaura el régimen de la libertad perfecta y definitiva para judíos y paganos, para toda persona que se adhiere a él en la fe y la caridad (Gal 5 1.13; 1 Cor 7 22; 2 Cor 3 17; Jn 8 32.36). El pecado y la muerte son la esclavitud mayor de la que nos libera (Col 1 13s; 1 Cor 15 56). También nos libra de vivir según la letra de la Ley antigua con múltiples normas, al ponerlos a través del nuevo régimen de docilidad al Espíritu que nos lleva a vivir la Ley del Amor (Gal 3 2.13; 4 3; Rom 5 5; 9 9-14; 2 Cor 3 3-6). «Donde está el Espíritu del Señor, allí está la libertad» (1 Cor 3 17b) para estar al servicio del Señor en el amor (Gal 5 13).

➲Esclavos/servidores. Ley. Moisés. Pecado/pecador. Redención/Redentor. Salvación/Salvador/historia de salvación.

Luz/tinieblas. El tema de la luz atraviesa toda la Biblia; la luz vence a las tinieblas desde la creación hasta el Apocalipsis; Dios es la luz de la nueva creación (Gn 1 3ss; Ap 21 5.23). La luz simboliza lo bueno, lo hermoso, la vida, la verdad, la integridad moral, la justicia y la salvación plena. Dios se manifiesta en el esplendor de la luz (Sal 104 2; Hab 3 3s); es la lámpara que guía (Job 29 3; Sal 119 105). Jesús se identifica como la luz del mundo (Jn 12 46); los cristianos son luz porque son «hijos de la luz» (Ef 5 8). Hay que caminar en la luz para estar en comunión con Dios (1 Jn 1 5ss).

➲Bendición. Símbolo. Vida/Vida eterna.

Maestro/maestro de la Ley. Ver *Escribas. Fariseos. Rabino.*

Maldición. La maldición es lo opuesto de la bendición; está ligada a quien peca, un juicio que denuncia el pecado y anuncia el castigo merecido. Dios bendice, pero también maldice. El AT está lleno de maldiciones, en particular el Pentateuco y los Profetas,

que reprueban la infidelidad del pueblo y de las personas a su Dios. También los justos maldicen, expresando así su angustia por las consecuencias que acarrea vivir según el Maligno, en lugar de responder a Dios en la fe y la caridad. Jesús nunca maldice; en él no hay condenación (14 11); es más, nos rescató de la maldición de la ley al enviarnos al Espíritu Santo, quien atrae al bien sin contentarse con rechazar el mal, y unifica en lugar de dividir (Gal 3 13; Jn 12 32; Ef 2 16).
➲Bendición. Pecado/pecador.

Mar. En la concepción bíblica del universo, el «mar» forma parte de las «aguas inferiores» creadas por Dios. Israel no fue un pueblo marinero, pero conoce varios mares: **[1]** El mar Rojo, que cruzaron los israelitas en su éxodo de Egipto. **[2]** El mar Muerto, también llamado «mar de la sal» o «mar oriental», en la desembocadura del río Jordán, en cuyas costas se sitúan las ciudades de Sodoma y Gomorra, el episodio de la mujer de Lot. **[3]** El mar de Galilea, «lago de Genesaret» (Lc 5 1) o «mar de Tiberíades» (Jn 21 1); es un lago de agua dulce, procedente del río Jordán y con tormentas frecuentes; Jesús desplegó su actividad principalmente en sus alrededores. **[4]** El mar Mediterráneo o «mar Grande» (Jos 9 1).

María. Madre de Jesús y Madre de Dios, como lo proclama el Concilio Ecuménico de Éfeso (325 d.C.). Tiene un papel protagónico único en la historia de salvación. El evangelista de María es Lucas; la presenta como una mujer judía piadosa y fiel a la Ley, una *anawim*, «pobres de Yahveh», que hace posible la encarnación del Hijo de Dios, al acoger libremente la gracia de Dios y al Hijo que engendrará en sus entrañas: «Yo soy la servidora del Señor, que se cumpla en mí lo que has dicho» (Lc 1 38; 2 22.27.29). En su visita a su prima Isabel se encuentran los dos tiempos salvíficos en el abrazo de las dos madres encintas: la Antigua Alianza llega a su fin con Juan el Bautista y la Nueva Alianza se asoma en el horizonte de la historia (Lc 1 39-45). El saludo de Isabel a María es un canto a la fe de María: «bienaventurada tú porque has creído» (Lc 1 45). En el Magníficat —formado por varios pasajes del AT— María canta agradecida la acción salvadora de Dios, partiendo de lo personal para continuar en nombre de todos los descendientes de Abraham (Lc 1 46-55).

El misterio de Dios hecho carne en Jesús sucede en una mujer que espera sin obstáculos la acción decisiva de Dios en la historia. La Madre virgen testifica la filiación divina de Jesús; es una mujer «llena de gracia», «bendita entre las mujeres» (Lc 1 28.42). Los evangelistas la muestran viviendo su fe, abierta al misterio de Dios, cuya acción tiene una dimensión nueva: el Espíritu de Dios que rigió la creación inaugura en ella la creación de un mundo nuevo.

Juan habla de ella en las bodas de Caná y al pie de la cruz, ambas veces con relación a la «hora» de Jesús (Jn 2 1-11; 19 25-27). Lucas la presenta reunida con la comunidad, en oración (Hch 1 14), y Pablo apela a ella al hablar del Hijo encarnado: «nacido de una mujer y sujeto a la Ley» (Gal 4 4). El Apocalipsis la ve como la nueva Eva, que da a luz una nueva humanidad, convirtiéndose en imagen de la Iglesia santa e inmaculada, redimida por Jesús (Ef 5 27; Ap 12).

El nombre de María era común en el pueblo de Israel. La Biblia menciona a varias: en el AT, María la hermana de Moisés. En el NT a: María Magdalena; María la hermana de Lázaro; María la mujer de Cleofás y madre de Santiago y José; María la madre de Marcos, y María la cristiana ejemplar a la que Pablo envía saludos.
➲Encarnación. Fecundidad. Hora. Jesús/Jesucristo. Mujer. Palabra de Dios. Pobreza/pobres de Yahveh. Virginidad.

Mártir. Ver *Vida/Vida eterna*.

Matrimonio. Los dos relatos de la creación contienen el fundamento del matrimonio (Gn 1 27-28; 2 20-24). La sexualidad humana encuentra ahí la razón de su ser masculino y femenino. El AT presenta varios matrimonios y el Cantar de los Cantares expresa el amor exclusivo de los esposos. Sin embargo, la preocupación por tener una familia numerosa conduce a la poligamia, en la que el amor conyugal exclusivo es imposible. El judaísmo permite el divorcio, adjudicando su permiso a Moisés (Dt 24), siendo los intérpretes de la Ley los que lo regulan. Jesús renueva la institución del matrimonio fundamentándose en su perfección original antes del pecado; recuerda que los esposos deben ser una sola carne, en un único proyecto de vida (Mt 5 31; 19 7). La vocación al matrimonio es un misterio muy grande que Pablo refiere a la relación entre Cristo y su Iglesia, donde Jesús es el esposo fiel que se entrega por ella (Ef 5 32).
➲Celibato. Familia. Fecundidad. Virginidad.

Mediador. Ver *Ministerio/ministro. Sacerdocio/sacerdote*.

Melquisedec. Ver *Sacerdocio/sacerdote*.

Mes. Ver *Calendario*.

Mesías. Del hebreo, «ungido»; en griego, *christos*. Se ungía con aceite a las personas para consagrarlas a una misión: a los profetas (1 Re 19 6), sacerdotes (Lv 4 3-5) y reyes (1 Sm 10 1; 16 13; 24 7). Los profetas anuncian que Dios enviará a un rey de la casa de David, destinado a liberar a su pueblo; el pueblo lo espera como el «Mesías prometido» (Sal 2 2; Zac 4 14). La comunidad judía dio al título de Mesías una connotación política/nacionalista, por lo que Jesús no lo utilizó, pues como él mismo indicó, su reino no es de este mundo, o sea político (Jn 18 36-37). Sin embargo, los primeros cristianos reconocen en Jesús al Cristo, el Mesías de Dios, con un mesianismo de orden religioso (Mc 1 1; Lc 2 11).
➲Consagración. David. Hijo de David. Hijo del hombre. Jesús/Jesucristo. Monarquía.

Mesopotamia. Literalmente quiere decir «en medio de ríos»: el Tigris y el Éufrates. En Mesopotamia florecen primero las ciudades sumerias de Ur, Acad y Lagash; siglos después aparecen allí el Imperio asirio, en el curso medio del río Tigris; y el Imperio babilónico, en el curso medio del río Éufrates.

➲**Abraham. Babilonia.**

Metáfora. Recurso poético muy frecuente. Uso de una palabra en sentido figurado para expresar un sentimiento o realidad difícil de definir. Por ejemplo, decir que las palabras hirientes de una persona son *dardos envenenados*, o que *Dios es mi roca* para expresar su fortaleza, la firmeza y seguridad que él nos da.

Midrash. Exégesis hebrea para interpretar y actualizar un texto mediante comentarios, homilías y escritos. En el NT existen interpretaciones midrásicas del AT en los evangelios y el libro de los Hechos, aunque en algunas se nota la influencia del pensamiento griego, idioma en que fueron escritos.

➲**Intertestamento.**

Milagro. La Sagrada Escritura resalta el poder y el amor de Dios, capaz de realizar «maravillas inauditas» y «signos» poco habituales conocidos como «milagros»; se caracterizan por ser dones gratuitos y signos eficaces de carácter extraordinario, mediante los cuales Dios realiza una acción salvadora. Siempre van de la mano con la fe y no tienen nada que ver con prodigios mágicos. En el AT, los milagros se dan en dos momentos clave: en la historia de Moisés y Josué, desde el Éxodo hasta la instalación del pueblo de Dios en la Tierra prometida, y con Elías y su discípulo Eliseo en la restauración de la Alianza mosaica.

Los milagros de Jesús acreditan su mensaje; son signos de que el reino mesiánico anunciado por los profetas está presente en su persona (Mt 11 4s). Implican la fe en el poder de Dios para quien recibe el milagro; refuerza la fe de quienes la tienen; y puede provocarla en algunos testigos. Manifiestan la piedad y la misericordia de Dios con el pecador y los necesitados. A partir de Pentecostés, los Apóstoles tienen el poder de Jesús resucitado para realizar milagros, los cuales: llevan a la fe, la fortalecen, están en función de la conversión y acreditan el kerigma que proclaman. La Palabra de Dios y los milagros van siempre de la mano, así como el testimonio de vida de quien los realiza en nombre de Jesús.

El NT relata 46 milagros, que pueden clasificarse en 5 categorías: **[1]** Los «exorcismos»: confrontan a los demonios en nombre de Dios para liberar a la persona que es poseída por ellos (hay 6 en los evangelios y 2 en Hechos). **[2]** Las «curaciones y reanimaciones»: transmiten a las personas la bondad curativa de Dios, al tocarlas o imponerles las manos (hay 13 en los evangelios y 6 en Hechos). **[3]** Los «salvamentos»: vencen las fuerzas de la naturaleza o el encarcelamiento y suelen ir acompañados por una manifestación de Dios (hay 1 en los evangelios y 4 en Hechos). **[4]** Los «milagros en forma de don»: solucionan una carencia de alimentos (hay 4 en los evangelios). **[5]** los «milagros de legitimización»: justifican una afirmación o un comportamiento (hay 8 en los evangelios y 2 en Hechos).

➲**Hora. Kerigma. Mesías. Reino de Dios. Signo.**

Ministerio/ministro. «Ministro» significa «servidor». En el AT se da el título a quienes ejercen un «ministerio» o función en la sociedad, sirviendo al pueblo en nombre de Dios: los padres de familia que presiden el culto doméstico, los sacerdotes descendientes de Leví, los profetas y los reyes. En el NT hay varias rupturas importantes con esa tradición: **[1]** Ningún ministerio es hereditario; Dios elige a las personas para su servicio, dejándolas en libertad de responder. **[2]** No hay sacerdotes, sino diversidad de ministerios, destacando el de: «Apóstoles», los «profetas»; los «doctores o maestros», los «presbíteros o ancianos», los «servidores o diáconos» y los «testigos o evangelizadores». **[3]** Inicialmente, los Apóstoles ejercen el ministerio principal; fallecidos ellos se forma una jerarquía con tres rangos: (a) los «epíscopos u obispos», sucesores de los Apóstoles, son los pastores y presidentes de las comunidades; (b) los «presbíteros o ancianos», responsables de la vida comunitaria y que forman un presbiterado en unión con los obispos; (c) los «servidores o diáconos», que se dedican al servicio de la mesa y el cuidado de los pobres, habiendo también «diaconisas», como Febe (Rom 16 1). Quienes ejercían otros servicios basados en su vocación y su carisma no eran parte de esta jerarquía, sino que lo hacían en virtud de su llamado a la evangelización, el servicio al prójimo y la edificación de la comunidad de fe.

➲**Apostolado. Apóstoles/los Doce. Carisma. Hora. Reino de Dios.**

Misericordia. Dos términos hebreos marcan el significado de «misericordia»: **[1]** *ra'hamim,* que expresa el apego de una persona a otra, desde lo más profundo de sus entrañas, y **[2]** *hesed,* que se refiere a un amor tierno y fiel que genera piedad hacia el otro; es un sentimiento instintivo e intencional a la vez, que conlleva compasión, amabilidad, ternura, autenticidad, lealtad y fidelidad. El AT habla de la misericordia como el principal atributo de Dios: Dios se revela a Moisés como «compasivo y bondadoso, lento para enojarse, y pródigo en amor y fidelidad» (Ex 34 6); el profeta Oseas habla de los desposorios de Dios con su pueblo en la «justicia y el derecho, el amor y la misericordia, en la fidelidad» (Os 2 21-22). En el NT, Jesús es el rostro de la misericordia divina: se compadece de los pobres, enfermos, marginados, y de aquellos que caminan sin rumbo, como ovejas sin pastor. El evangelio de Lucas es el «evangelio de la misericordia»; junto a las parábolas de la oveja perdida y la moneda extraviada, está la del «Padre misericordioso» (o del «Hijo Pródigo»), que es fiel retrato de

Dios ante los pecadores. Jesús pide lo mismo a sus discípulos, «Sean misericordiosos, como el Padre de ustedes es misericordioso» (Lc 6 36).

➲**Amor. Pecado/pecador. Pobreza/pobres de Yahveh. Salvación/Salvador/historia de salvación.**

Misión. En la Biblia, toda misión está en función de la historia de la salvación. Implica un llamamiento y un envío de Dios, sea a individuos o a colectividades. La historia sagrada se construye gracias al entrecruzamiento de misiones particulares encaminadas al mismo fin:

[1] *Misión de los profetas.* En el AT, la misión de los profetas es la más clara; las palabras «Yo te envío» marcan toda vocación profética (Ex 3 10; Jr 1 7; Ez 2 3s; 3 4s; 7 25). Cada profeta responde a Dios según su personalidad: Isaías se ofrece (Is 6 8); Jeremías pone objeciones (Jr 1 6); Moisés pide signos que acrediten su misión, trata de rehusarla, se queja (Ex 3 11s; 4 13; 5 22)... todos obedecen (Am 7 14s). La conciencia de una misión personal recibida de Dios es rasgo esencial del verdadero profeta enviado a hablar en nombre de Dios para convertir los corazones, anunciar castigos o hacer promesas.

[2] *Misión de los líderes.* Hay misiones relacionadas con el destino histórico de Israel: José es enviado a preparar la acogida de los hijos de Jacob en Egipto (Gn 45 5) y Moisés para sacarlos de allí (Ex 3 10; 7 16; Sal 105 26); los líderes son enviados para guiar, animar o apoyar al pueblo: Josué, los Jueces, David, los reconstructores del judaísmo después del exilio, los jefes de la sublevación macabea, etc.

[3] *Misión del pueblo de Israel.* Israel es el pueblo elegido entre todas las naciones, consagrado a Dios, pueblo sacerdotal encargado de servir exclusivamente a Dios para que se cumplan sus designios de salvación para la humanidad (Ex 19 5s). Israel adquiere conciencia de su misión a partir del exilio; descubre que es el mensajero de Yahveh (Is 42 19), que debe ser su testigo ante las naciones paganas, dándolo a conocer como el Dios único y transmitiendo al mundo la luz eterna de su ley (43 10-12; 44 8; Sab 18 4); es una vocación nacional que se proyecta al universalismo religioso.

[4] *Misión divina.* Poco antes del NT, los profetas y la sabiduría hablan de la «misión divina»: Dios envía su palabra para que cumplan sus designios (Is 55 11; Sal 107 20; 147 15; Sab 18 14ss); su sabiduría para asistir a las personas en sus tareas (Sab 9 10); su Espíritu para renovar la faz de la tierra y dar a conocer su voluntad (Sal 104 30; Ez 37 9s; Sab 9 17). Estas expresiones preparan la misión del Hijo de Dios y de su Espíritu en la Iglesia.

[5] *Misión de Jesús.* Jesús se presenta como el enviado de Dios que cumple las profecías de Isaías (Lc 4 17-21; Is 61 1s). Jesús articula muchos aspectos de su misión con frases como: «He sido enviado...», «He venido...», «El Hijo del hombre ha venido...» para anunciar el Evangelio (Mc 1 38s), ... para cumplir la Ley y los Profetas (Mt 5 17), ... para llamar a los pecadores, no a los justos (Mc 2 17), ... para buscar y salvar lo que se había perdido (Lc 19 10), ... para servir y dar su vida en rescate (Mc 10 45). Toda la obra redentora de Jesús se enlaza con la misión recibida del Padre, desde su predicación en Galilea hasta su muerte en la cruz.

La parábola de los viñadores homicidas esclarece su misión profética: después de haber enviado a sus servidores, el padre de familia envía finalmente a su hijo, al que también asesinan los viñadores (Mc 12 2-8). El evangelio de Juan menciona varias veces el envío del Hijo al mundo por el Padre, y enfatiza que Jesús solo desea «hacer la voluntad de aquel que me envió y llevar a cabo su obra» (Jn 4 34). Entre Jesús y el Padre hay tal unidad de vida (Jn 6 57; 8 16.29) que, al acoger o rechazar a Jesús, se hace lo mismo con el Padre que lo envió (Lc 9 48; 10 16; Jn 5 23; 12 44s; 14 24; 15 21-24). Jesús ve en su pasión y su muerte la consumación de su misión, y con ella, su retorno al Padre que lo envió (7 33; 16 5; 17 11).

La misión del Hijo reveló un aspecto clave del misterio de Dios: se dio a conocer como Padre. Dios envió a Jesús en la plenitud de los tiempos como salvador, para rescatarnos del pecado y adoptarnos como hijos suyos a fin de que vivamos en él; esta es prueba suprema de su amor a nosotros (Gal 4 5-7; Rom 8 15; 1 Jn 4 9-14).

[6] *Misión de los discípulos.* Jesús exige a sus discípulos que tengan fe en su misión (Jn 11 42; 17 8.21-25): en el Padre que lo envía y en él como enviado (5 24; 6 29). Prolonga su misión con la de sus propios enviados: los doce Apóstoles, «Como el Padre me envió a mí, yo también los envío a ustedes» (Jn 20 21); es un envío a anunciar el Evangelio (Mc 16 15), a bautizar y hacer discípulos en todas las naciones (Mt 28 19); así como para dar testimonio de él (Hch 1 8). La misión del Hijo alcanzará así a las personas de toda raza y nación.

[7] *Misión del Espíritu Santo/misión de la Iglesia.* Jesús envía el Espíritu Santo a los Apóstoles y a todos los que serán bautizados y constituyan su Iglesia, dotándolos así de la sabiduría, la fuerza, el consuelo..., de todos los dones que necesitan para realizar su misión. Pentecostés es la manifestación inicial de la misión del Espíritu que continuará todo el tiempo que dure la Iglesia. El Espíritu convierte a los Apóstoles en testigos de Jesús para que cumplan su misión y prediquen el Evangelio (Hch 1 8; Jn 20 21s; 1 Pe 1 12). En su bautismo, los cristianos reciben al Espíritu Santo, convirtiéndose en hijos de Dios y en continuadores de la misión de Jesús: hacer presente el Reino de Dios (Gal 4 6; Lc 9 2).

En la revelación del Hijo, palabra y sabiduría de Dios, se manifestó el Espíritu Santo como persona divina, entrando en la historia del ser humano para transformarlo interiormente en hijo o hija de Dios y ayudarlo a vivir el evangelio de Jesús. La misión del Espíritu Santo es parte integral de la experiencia cristiana: es la fuente de la santificación de los cristianos, de su comunión como Cuerpo de Cristo, de los dones que necesitan para ser testigos de Jesús y anunciadores de su Palabra,

de su capacidad para continuar la triple misión de Jesús, como profeta, sacerdote y rey-pastor.
➲Apostolado. Apóstoles/los Doce. Discípulos/discipulado. Espíritu de Dios/Espíritu Santo. Iglesia. Jesús/Jesucristo. Mesías. Profeta/profético. Vocación.

Misterio. Palabra de origen griego, «en boca cerrada», corresponde al hebreo *sod* y al arameo, *raz,* que significan «cosa secreta». En el AT se refiere al plan divino sobre el destino histórico de Israel, y su salvación al final de los tiempos, revelado a través de los profetas y constatado en la acción de Dios en su historia. Equivale a la revelación de Dios, pues no hay sabiduría humana que pueda conocer el porvenir (Dn 28 47). Los evangelios utilizan solo una vez esta palabra, cuando Jesús habla del «misterio del Reino de Dios» para interpretar la parábola del sembrador (Mc 4 11 y paralelos), pero Jesús se refiere otras veces al Reino cuando dice que solo algunos acogen lo que Dios les ha revelado. Pablo centra el misterio de Dios en la muerte y la resurrección de Cristo; este misterio es dado a conocer por el Espíritu Santo; es un don de Dios, inalcanzable por la inteligencia humana. Los cristianos somos llamados a vivir y profundizar progresivamente el misterio de la cruz, que lleva a la plenitud de la historia, como fue anunciado por las Escrituras y dado a conocer a todas las naciones (Rom 16 25s). En el Juicio final «se cumplirá el misterio de Dios, conforme al anuncio que él hizo a sus servidores, los profetas» (Ap 10 7).
➲Dios/Dios Padre. Revelación. Salvación/Salvador/historia de salvación.

Mito/relato mítico. Género literario de carácter narrativo y simbólico, protagonizado por dioses, que pretende explicar el origen del mundo, el ser humano y la historia, remontándose a tiempos y espacios fuera de toda experiencia. El pueblo de Israel utilizó un lenguaje mítico, similar al de las culturas vecinas, para expresar la revelación de Dios sobre la naturaleza del universo, el ser humano y el pueblo de Israel. La mayoría de los relatos de tipo mítico está en el Génesis.
➲Género literario.

Moabitas. Ver *Edomitas.*

Moisés. Es el profeta y el líder al que Dios eligió para liberar a su pueblo, sellar su alianza con él y revelarle su Ley (Dt 34 10ss; Ex 24 3-8). Su vocación conlleva una larga preparación: nacido de una raza oprimida, es salvado del Nilo por la hija del Faraón y recibe una educación que le permitirá ejercer su misión de jefe (2 1-10; Hch 7 21s). Moisés desconoce la esclavitud de su pueblo hasta que, después de matar a un egipcio que maltrataba a uno de sus hermanos, tuvo que huir al desierto. Mientras pastoreaba, Dios se le aparece, le releva su nombre y le da a conocer su misión y la fuerza que tendrá para realizarla (Ex 3 1-15).

Su primera misión fue liberar a los israelitas de la dureza de corazón de los egipcios. Su segunda misión sucedió en el Sinaí, donde sella la alianza con Dios y recibe sus mandamientos, poniendo los cimientos de Israel como el «pueblo de Dios», con un solo Dios, un solo culto y una sola Ley (19 – 24), que se sumaron a la Tierra prometida a los patriarcas, a la cual no entra, pues muere antes. Su tercera misión fue guiar al pueblo como «profeta», «legislador», «mediador» e «intercesor»: le habla en nombre de Dios, le revela la ley divina, le enseña cómo conformar su conducta a ella y lo exhorta a ser fiel a Dios, quien gratuitamente los salvó de la esclavitud (19 6s; 20 18-19; Dt 5 1-5; 7 7s; 18 13-20). Con su oración, Moisés asegura la victoria sobre los enemigos del pueblo y obtiene el perdón de los pecados cometidos por los israelitas (Ex 19 9-13; 32 11-14; Nm 14 13-20; 21 7s).

En el NT, Moisés tiene un lugar importante; se le menciona con frecuencia, lo que indica la continuidad de ambos testamentos. Es el mediador de la Ley que Jesús no vino a abolir sino a darle perfección (Mt 5 17); en la Transfiguración de Jesús, representa la Ley, junto con Elías, quien representa a los profetas (17 1-6). Jesús es comparado con Moisés como profeta, siendo Jesús superior (Hc 3 22; 7 37; Jn 1 17; Heb 3 1-16).
➲Alianza/pacto. Ley. Profeta/profético.

Monarquía. Se distinguen cuatro etapas monárquicas en el pueblo de Israel. **[1]** La «monarquía unida» bajo tres reyes: Saúl, David y Salomón. Inicialmente Samuel se resiste a ella porque ve un rechazo implícito de Dios y una búsqueda de poder humano (1 Sm 1 – 9; Jue 9 7-15). Aunque el paso de una organización tribal a una monárquica no fue fácil, David consigue cimentar su reino y fundar la «dinastía de la casa de David»; Salomón da al reino gran esplendor, pero despierta enemistad en las tribus del Norte, a las que explota más que a las del Sur. **[2]** El «reino dividido»: A la muerte de Salomón, el reino se divide en dos (931 a.C.): reino del Norte (Israel) y reino del Sur (Judá); Israel no logra crear una dinastía fuerte y el reino termina en 722 a.C.; en Judá, la «casa de David» sigue reinando por cerca de cien años más, hasta caer en manos de Babilonia (587 a.C.); **[3]** La «monarquía asmonea» fue iniciada por los Macabeos para rescatar el judaísmo y liberar al pueblo del dominio de los griegos seléucidas; no tiene nada que ver con la dinastía davídica; termina al caer Judá en manos del Imperio romano (142-40 a.C.). **[4]** La «monarquía herodiana» juega un papel importante en la época de Jesús (40 a.C.-40 d.C.).
➲David. Herodes. Jerusalén. Reino de Dios. Salomón. Samaría/samaritanos. Samuel (ver tabla, p. 55).

Monoteísmo. Palabra de origen griego, «creer en un solo Dios», frente al «politeísmo» que acepta la existencia de «muchos dioses». Antes de Moisés, los israelitas veneraban a Dios como el Dios de sus patriarcas, diferenciándolo así de los dioses de otros pueblos

(Dt 29 24s; Jue 2 12). Con Moisés, el Dios de los padres se revela con el nombre de *Yahveh*, «yo soy el que soy», iniciándose el *monoteísmo* como revelación de Dios (Ex 3; 20), pero sigue aceptándose que otros pueblos tengan sus propios dioses. Elías es el profeta del monoteísmo, pues lucha fuertemente por este en el siglo IX a.C., pero el monoteísmo exclusivo es postexílico: Israel confiesa que Yahveh salva y los dioses babilonios son nada; constituye su credo fundamental y su oración más frecuente expresada en hebreo *Shemah*, «escucha»: «Escucha, Israel: el Señor, nuestro Dios, es el único Dios. Amarás al Señor, tu Dios, con todo tu corazón, con toda tu alma y con todas tus fuerzas» (Dt 6 4; Lc 22 37).
➲Alianza/pacto. Elías. Moisés. Patriarcas. Profeta/profético. Yahveh.

Montaña/monte/lugar alto. Desde las culturas antiguas, los lugares altos eran usados como lugar de culto a los dioses debido a que se pensaba que estaban más cerca de ellos; incluso hay referencias de construcciones altas con el fin de «unir el cielo con la tierra», como la epopeya de Gilgamesh y el mito de Era. En la Biblia, el relato de la Torre de Babel tiene esta connotación (Gn 11 1-4). El pueblo de Israel también eligió montañas para sus sacrificios y oraciones al Señor (Gn 12 8; 22 68), siendo el Sinaí, también llamado monte Horeb, el lugar privilegiado del encuentro con el Señor; ahí Dios manifestó su presencia de distintas manera (Ex 3 1-9; 19 12-20), dio al pueblo las tablas de la Ley (Dt 4 11-13) y fue por mucho tiempo un lugar especial de la presencia de Dios (1 Re 19 7-15). En el NT, Jesús es tentado por el diablo en una montaña (Mt 4 8-10); Jesús utiliza sitios altos como lugar de enseñanza (Mt 5 3-11; Jn 6 1-4) y como sitio para orar y tomar decisiones (Mc 3 13-19; Lc 9 28-31.37-43); su muerte será en un monte, el «Lugar de la Calavera» (Lc 23 33), y ya resucitado se encuentra en un monte de Galilea con sus apóstoles (Mt 28 16).
➲Alianza/pacto. Bienaventuranza. Cielo. Dios/Dios Padre.

Morada. Ver *Tienda/Tienda del Encuentro.*

Muerte. La muerte es una realidad humana universal. El Génesis indica que Dios no creó la muerte; fue causada por invitación del demonio a desobedecer y es signo del pecado en el mundo (Gn 2 16; 3 1-6.19). La muerte es castigo o sanción del pecado, el cual es un mal y una fuerza enemiga a la naturaleza humana y a la voluntad divina. Dios nos creó a imagen y semejanza suya y nos entregó la creación como colaboradores de él (1 27-31). Los israelitas creían que, al morir, todas las personas se iban al *seol* o lugar de los muertos, de donde no hay retorno posible (Job 10 21s); *eso no implicaba un aniquilamiento total;* algo intangible subsistía, aunque en diferentes grados.

La experiencia de la muerte hace preguntarse por su sentido. Según el concepto de justicia en el AT, era lógico que la persona impía muriera, pero no los justos, pues sabían que el poder divino es superior al de la muerte y que Dios no se complace en la muerte del pecador, sino en que se convierta y viva. Por eso el justo invoca a Dios y abriga la esperanza de que no lo abandonará en el *seol,* llevándolos a creer en que «el justo vivirá por su fidelidad» (Hab 2 4).

Los profetas anuncian el triunfo total de Dios sobre la muerte, un juicio y una liberación definitiva del ser humano sometido a su dominio (Is 25 8); los justos que duermen en los infiernos resucitarán para la Vida eterna y los impíos permanecerán en el horror para siempre (Dn 12 2). El más allá de la muerte se esclarece: los justos tienen la esperanza de la inmortalidad (Sab 3 4), y el Infierno se convierte en lugar de condenación eterna; la Vida eterna cuenta más que la presente, y la muerte del justo por excelencia, el Siervo de Yahveh, tiene sentido.

Hasta Cristo, solo reinaba la muerte; con él, esta pierde su poder (Rom 6 1-11). La nueva humanidad muere con Cristo para vivir con él eternamente. La muerte del cristiano es una realidad llena de esperanza, porque muere en el Señor y para el Señor (1 Tes 13 18; Rom 14 7-9). La liberación y el triunfo definitivo sobre la muerte tendrán lugar cuando Cristo, al final de los tiempos, lleve a feliz término la historia de la salvación (1 Cor 15 24-26; Ap 20 1-4).
➲Creación/nueva creación. Infierno/infiernos. Pecado/pecador. Resurrección. Servidor/Siervo de Yahveh. Vida/Vida eterna.

AC DC **Mujer.** Dios crea al ser humano «varón» y «mujer» a imagen y semejanza suya (Gn 1 27; 2 23); por eso, solo en él encuentran la verdadera imagen a la que aspiran. Sin embargo, las culturas semíticas daban un lugar secundario a la mujer. Se le valora como esposa y madre, pero se le considera la parte más débil de la sociedad: su testimonio no vale en un juicio; no puede ejercer una función sacerdotal ni participar oficialmente en el culto; solo puede heredar a su padre y a su esposo, si no tiene hermanos. Las numerosas viudas, a causa de las continuas guerras, son protegidas por la Ley para que puedan subsistir (Dt 24).

El NT muestra que, en los planes de Dios, la mujer tiene la misma dignidad que el hombre. María de Nazaret es clave en la redención. Jesús da un giro radical en el trato a las mujeres: incluye a Marta y María en su círculo de amigos; acepta el discipulado femenino; cura a mujeres, dejándose tocar por ellas, como por la hemorroísa o la pecadora; se conmueve por las viudas. María Magdalena está entre los primeros testigos de su Resurrección (Mc 16 9).

Jesús y los Apóstoles reclaman para la mujer la misma dignidad y derechos fundamentales *que para el hombre*, en el contexto social en que viven. Sin embargo, no logran cambiar su cultura: a pesar de que la división por sexo, raza y condición social fue abolida en la fe (Gal 3 28-29), Pablo asigna a la mujer un lugar subalterno en las comunidades cristianas (1 Cor 14 34-37; 1 Tim

2 12); solo siendo viuda y de edad avanzada se puede gozar de un lugar privilegiado en la comunidad (1 Tim 5 9).
⊃**Adán/Eva. Hombre/ser humano.**

Mundo. Término con varios sentidos. En el AT se reconoce la bondad del mundo creado por Dios (Gn 1); el pecado fue el que trastornó la relación entre el Creador y sus criaturas. El judaísmo hablaba de la historia como el paso del «mundo presente», gobernado por el pecado, al «mundo venidero», bajo el reinado y la gloria de Dios.

En el NT, Juan presenta el «mundo» como enemigo de la obra de Jesús; quienes se oponen a ella pertenecen al mundo; sus obras no son buenas y no soportan la luz. Jesús es el «Cordero de Dios que quita el pecado del mundo» (Jn 1 29); Dios ama tanto al mundo que envía a su Hijo para salvarlo, no para condenarlo (3 16). Jesús se identifica: «Yo soy la luz del mundo» (8 12) y le ofrece la paz del Espíritu Santo (14 27). Da valor a sus discípulos diciéndoles que ha vencido al mundo (16 33). Los cristianos están en el mundo, sin ser del mundo; Cristo los defiende del Maligno (15 19; 17 11.15-16); han de ser como Cristo, dar testimonio de la verdad (18 37) y anunciar su Buena Nueva por el «mundo entero» (Mc 14 19; 16 15). La tensión entre el mundo enemigo de Jesús y el mundo liberado por él existirá mientras dure la vida en la tierra; la humanidad renovada hallará el gozo perfecto en el universo restaurado (Ap 21).
⊃**Abismo. Cielo. Pecado/pecador. Tierra/Tierra prometida.**

Nabucodonosor. Rey de Babilonia que conquista Jerusalén (587 a.C.). El libro de Daniel usa su fama como arquetipo de un rey antijudío y cruel, si bien se trata de un claro anacronismo, ya que Daniel vive en el siglo IV a.C. y Nabucodonosor en el VI a.C.
⊃**Babilonia.**

Naciones. Según el AT, la humanidad está dividida en dos: Israel, Pueblo de Dios, y las naciones. Es una distinción religiosa: las «naciones» son los pueblos que no conocen a Yahveh, los paganos. La Biblia empieza a designar a los no judíos con la palabra «gentiles», en latín *gentes,* a partir de su traducción a ese idioma por san Jerónimo (IV d.C.). En el NT el concepto «pueblo elegido» se extiende al «nuevo Pueblo de Dios» (Rom 1 16; 15 7-12), y se distinguen los judíos y las naciones. Cristo vino a reunir a Israel y a las naciones (Ef 2 14ss).
⊃**Extranjeros. Judío. Paganos. Pueblo de Israel/nuevo Pueblo de Dios.**

Nazaret. Ciudad de la Baja Galilea. Solo aparece en el NT. La anunciación a María por el ángel Gabriel tiene lugar ahí; Jesús vive en Nazaret con sus padres durante su infancia y vida oculta; en su sinagoga tiene lugar la presentación mesiánica de Jesús (Lc 4 16-30). Durante su ministerio, reside en Cafarnaúm, junto al lago de Tiberíades.

Nazir/nazireato. Ver *Consagración.*

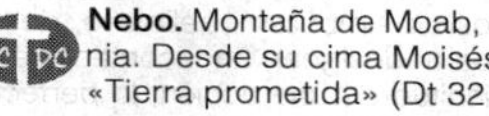

Nebo. Montaña de Moab, en Transjordania. Desde su cima Moisés contempló la «Tierra prometida» (Dt 32 49).

Nínive. Ciudad de la antigua Asiria, destruida por los babilonios en 612 a.C. Simboliza el pecado de violencia y perversión. Jonás piensa que Nínive debe ser destruida sin remedio, mientras que Yahveh quiere que sus habitantes se conviertan porque él es misericordioso. En el NT, Nínive es ejemplo de conversión (Mt 12 41; Lc 11 32).

Noé. Protagonista en el relato del Diluvio, el cual tiene dos variantes en el número de animales, duración de la inundación y procedencia del agua. En la creación, Dios pone orden en el «caos», crea al ser humano en comunión con él y en plena armonía con la creación. Tiempo después, al verlo obstinado por el pecado «se arrepiente» de haberlo creado y decide castigarlo con el Diluvio. Sin embargo, Noé halló gracia a los ojos de Dios (Gn 6 5-8), quien le permitió salvarse en un arca construida con ese propósito, haciendo una alianza con él y prometiéndole no destruir la tierra (9 11). Se salvan Noé, su esposa, sus hijos Sem, Cam y Jafet y sus esposas, quienes dan origen a los tres pueblos «originarios» de la humanidad: semitas, camitas y jafetitas.
⊃**Alianza/pacto. Creación/nueva creación. Pecado/pecador. Salvación/Salvador/historia de salvación.**

Nombre. Todo lo que existe tiene nombre. Adán pone nombre a los animales (1 19-20); los nombres de las personas se refieren a aspectos especiales en su vida (Gn 29 – 30). Conocer el nombre de una persona supone tener acceso a ella, incluso para dominarla; por eso, Dios no dice su nombre a Moisés cuando se lo pregunta (Ex 3 13); a Dios no se le puede manipular como a un ídolo. Dios cambia el nombre de las personas como expresión de una transformación radical en su vida: Abram pasará a ser Abraham; Saray será Sara; Jacob será Israel. Jesús, siguiendo esta costumbre, cambia de nombre a Simón por Pedro, que significa «piedra», para simbolizar que sobre él edificará su Iglesia (Jn 1 42; Mt 16 18). El «nombre de Jesús» solo se puede alabar (Flp 2 12) y en su nombre solo se puede hacer el bien (Hch 4 30). Hacer milagros, expulsar demonios, bautizar y hospedar en nombre de Jesús, significa actuar en plena comunión con él, con su poder y su autoridad.
⊃**Elección. Yahveh.**

Número. En la Biblia, los números pueden tener un valor aritmético, un significado convencional o una función simbólica. Entre los convencionales destacan: el 2 significa «algunos»; el 3, «énfasis», «lo máximo»; el 4, «todo el horizonte geográfico»; el 7, «serie completa o número considerable»; el 10, «cantidad enor-

me»; el 12, «ciclo completo»; el 40, «una generación»; el 1 000, «cantidad inmensa». La Biblia da a estos números un simbolismo religioso, destacando: el 7, para designar un acontecimiento completo, la plenitud de una acción, lo perfecto; el 12, para referirse al Pueblo de Dios en virtud de su origen en 12 tribus y a la Iglesia, fincada sobre 12 Apóstoles, de ahí que 144 (12 x 12) sea el número para referirse a la humanidad salvada; el 40 para indicar un período grande en que se vive una experiencia de Dios determinada: la jornada en el desierto, los 40 años de gobierno de los Jueces, los 40 días de ayuno de Jesús antes de su misión, la Ascensión 40 días después de la resurrección. Caso aparte son: la edad de las personas, con su longevidad indicando bendición de Dios, y el conteo de la población donde los números están al servicio del relato: censos, combatientes, prisioneros.
➲**Símbolo.**

Oración. En las religiones monoteístas, cuya fe conlleva una relación con un Dios personal (judaísmo, cristianismo e islamismo), la oración es la expresión máxima de esta certeza. Dios habla al ser humano y cada uno de nosotros puede dirigirse a Dios con la seguridad de que lo escucha. En el AT la oración reconoce la intervención de Dios en la historia y está relacionada con su plan de salvación. La oración por excelencia del pueblo judío es el *Shemah,* que significa «escucha» (Dt 6 4-9); a esta llamada sigue la confesión de fe en un solo Dios y en que la única relación posible con Dios es en el amor. Los salmos son oraciones que parten de la experiencia de los orantes; de su soledad y angustia; su felicidad y agradecimiento; su arrepentimiento y petición de perdón; su alabanza y acción de gracias. Están marcados por la confianza y el anhelo del bien verdadero.

Jesús recitaba el *Shemah* diariamente y oraba con los salmos. Su oración lo forma espiritualmente y esa experiencia lo convierte en maestro: enseña a orar a sus discípulos, más que insistirles que oren con frecuencia, con el Padrenuestro señalando cómo deben orar (Lc 11 2ss; Mt 6 9-13). Invocar a Dios como Padre rebasa la intimidad de los salmos; pedir la llegada de su Reino y la apertura a la voluntad de Dios, disponen al amor y al perdón. La oración de Jesús está íntimamente ligada a su misión; es franca, sencilla y directa; refleja su certeza de ser escuchado. Sobresalen su oración de bendición y acción de gracias en la Última Cena (Mc 14 22-23); su oración por la unidad de sus discípulos (Jn 17 22s) y su oración angustiosa antes de morir (Lc 22 39-46). La vida de la Iglesia empieza cuando, al orar juntos los discípulos, el Espíritu Santo se derrama sobre ellos. El libro de los Hechos y las cartas tienen muchos pasajes que muestran a los cristianos orando de distintos modos y sobre diferentes aspectos de la vida, con un mismo corazón (Hch 1 14).
➲**Abba. Acción de gracias. Adoración. Alabanza. Bendición. Dios/Dios Padre. Salmos.**

Oráculo. Género literario típico de los escritos proféticos; del latín, «hablar», «expresarse». El AT tiene 124 menciones de un «oráculo» con las que el profeta explicita que Dios está hablando por medio de él. El oráculo bíblico es distinto a los oráculos griegos y romanos, que eran consultas a los dioses sobre el futuro, realizadas en santuarios y lagos, con una connotación de adivinación, ausente en el profetismo bíblico.
➲**Género literario. Palabra de Dios. Profeta/profético. Revelación.**

Oscuridad. Ver *Luz/tinieblas*.

Pablo/Saulo de Tarso. Originario de Tarso, en Cilicia (Hch 21 28.39; 22 3), hoy Turquía; desciende de la tribu de Benjamín, igual que el rey Saúl (Rom 11 1; Flp 3 5); la Biblia lo menciona como: Saúl, Saulo o Pablo. Fue judío fariseo en su fe (Flp 3 5; Hch 23 6; 26 5), ciudadano romano por derecho, y cristiano por conversión. Estudió la Ley en Jerusalén, bajo el prestigioso Gamaliel (22 3). En defensa del judaísmo, aprueba el martirio de Esteban (7 58 – 8 1; 9 11). Camino a Damasco en persecución de los cristianos, Jesús resucitado se le revela (9 1-19); su conversión es radical: se considera a sí mismo «apóstol» por elección de Jesús, y se convierte en evangelizador incansable de las naciones paganas; inicia su labor en Antioquía; realiza cuatro grandes viajes misioneros; funda comunidades cristianas en Asia Menor (hoy Turquía) y en Grecia; al final de su vida llega a Roma. Escribe varias cartas a las comunidades que funda o que visita; su reflexión sobre el sentido de la muerte y la resurrección de Jesús son el aporte más importante de su teología: la cruz y la resurrección salvan, la observancia de la Ley es incapaz de salvar; solo la fe en Jesús, el Señor, abre el camino de la vida.
➲**Apostolado. Apóstoles/los Doce. Cartas. Naciones. Paganos.**

Padre. La figura del padre era muy importante en el mundo hebreo. El padre era la cabeza de la familia, en la que tenía mucha autoridad: la representaba en la vida pública, era responsable de su sustento y de protegerla, y velaba por la educación de los hijos y por la unidad y buen comportamiento de la familia. El AT revela el amor y la autoridad de Dios con las imágenes de «padre» y «esposo». Algunos profetas presentan a Dios como padre de Israel (Os 11 1-4; Is 63 16). En el NT, Dios se revela como Padre por medio de su Hijo único. Jesús llama a Dios «Padre» (Abba) y nos enseña a hacer lo mismo (Lc 11 1-4); sus discípulos pronto se refieren a Dios como Padre y se reconocen entre sí como hermanos.
➲**Abba. Dios/Dios Padre. Familia. Hermanos. Hijo de Dios. Primogénito.**

Paganos. Hasta el siglo IV d.C., el término «pagano» solo se utilizaba en el NT y se refería a personas politeístas e idólatras, no creyentes en Jesús. Con el tiempo, algunas Biblias empezaron a utilizarlo también en el AT, para designar a los «no judíos» en las culturas grecorromanas de su tiempo. Los judíos designaban a los «no creyentes en Yahveh» como: [1] «las naciones»: pueblos excluidos de la Alianza con Dios; [2] «gentiles»: personas no judías; [3] «impíos»: judíos que no conocían ni ponían en práctica la Ley. Actualmente unos textos bíblicos utilizan «paganos»; otros «gentiles», y otros ambos indistintamente.

Al principio, Pablo predicaba el Evangelio solo a los judíos, para que aceptaran a Jesús como el Mesías. Al ser rechazado constantemente, decidió anunciar el Evangelio a los paganos. Pedro, en una revelación en Jafa, escucha de parte de Dios: «No consideres manchado [pagano] lo que Dios purificó [la humanidad]» (Hch 10 15). El cristianismo se expandió más en los ambientes paganos que entre los judíos.
➲Extranjeros. Israel/israelitas/reino de Israel. Naciones. Yahveh.

Palabra de Dios. La fe cristiana es una religión de la «palabra». En la revelación bíblica, Dios habla a los hombres y mujeres en los acontecimientos de su vida, en su historia. El AT prepara para el evento central del NT: el Verbo —la Palabra de Dios; el Hijo— se hace carne y habita entre nosotros; con esta afirmación empieza el evangelio de Juan (Jn 1 14). La Palabra de Dios es eficaz, lo que dice se realiza, como expresan los relatos de la creación; es una Palabra de liberación y vida, que Dios comunica a los grandes patriarcas, guías, reyes y profetas de Israel.

En el AT, la Palabra de Dios es única y múltiple a la vez. En Jesús, la Palabra de Dios deja de ser hablada para hacerse «carne»: la fe cristiana se fundamenta en la «encarnación» del Hijo de Dios: Jesucristo es la «Palabra encarnada del Padre». Después de haber hablado Dios en muchas ocasiones y de distintas formas, pronunció su palabra definitiva en el Hijo (Heb 1 1-4).

La Biblia no es un libro religioso solamente; es la puesta por escrito de la historia de la salvación en la que Dios se reveló por medio de palabras y hechos, hasta enviar su palabra definitiva en Jesucristo. Es Sagrada Escritura porque Dios revela quién y cómo es, qué quiere y qué espera de nosotros. En el NT, la Palabra de Dios se hace carne en la persona de Jesucristo.
➲Encarnación. Evangelio Jesús/Jesucristo. *Revelación.*

Palestina. Parte del territorio de Canaán, limitaba al norte con el monte Hermón y Siria, al este con el Jordán, al oeste con el Mediterráneo y al sur con Egipto y la península del Sinaí. Sus fronteras cambiaron a lo largo de los siglos. Es un nombre sociológico y político; originalmente designaba la tierra de los «filisteos» *(pilistîm)*; el emperador Adriano lo impuso para que se olvidara el nombre de Judá (135 d.C.).
➲Canaán. Israel/israelitas/reino de Israel. Judá/Judea.

Pan/panes. Además de ser un alimento de la vida diaria para los israelitas, el pan tiene muchos simbolismos en la Biblia. En el AT, aparece en el relato sobre el pecado original, señalando que —como consecuencia del pecado— ganar el pan de cada día implicará esfuerzo, en contraste con la abundancia de alimento que tenían Adán y Eva (Gn 3 17-19). El sacerdote Melquisedec ofrece a Dios pan, en compañía de Abraham (14 18-20). En el éxodo de Egipto, el «pan sin levadura o pan ácimo» es constitutivo de la cena pascual, convirtiéndose en símbolo de que hay que salir rápido de las situaciones de esclavitud, pues no hay tiempo para fermentar el pan (Ex 12 8.11). Ante la escasez de comida durante la jornada por el desierto, el Señor provee maná, también llamado «pan bajado del cielo» (Ex 16 13-15; Sal 78 24-27; 104 40). Más tarde, los israelitas instituyen la «fiesta de las Semanas o fiesta de la Proposición» en la que cada sábado se ofrecen panes a Dios en señal de su alianza (Lv 23 15-17; 24 5-9). Otros textos hablan del pan como sustento otorgado por Dios (1 Re 17 2-6; 19 5; Sal 104 5).

En el NT, Jesús utiliza el pan para expresar la transformación que se da en el Reino de Dios, como la levadura en la masa (Mt 13 33; Lc 13 20-21), y advierte sobre la levadura que aleja a la persona de Dios (Lc 12 1; Mt 16 11-12); utiliza el pan para invitar a confiar en la providencia de Dios (Mt 6 11; Lc 10 7; 12 22-24). Otro hecho importante es la multiplicación de los panes, como una anticipación a la institución de la Eucaristía (Mc 6 30-44). El evangelio de Juan presenta a Jesús como el «pan de Vida»; lo compara con el maná o el pan bajado del cielo en el AT, que calmó el hambre de los israelitas en el desierto; siendo un pan que no permitirá volver a tener hambre (Jn 4 32-34; 6 27.32-33.38-39.51). Jesús escoge el pan como signo visible de su cuerpo, en el sacramento de la Eucaristía (Mc 14 22). Los primeros cristianos continuaron la tradición eucarística como memorial de la Pascua de Jesús (Hch 2 42; 20 7) y Pablo utiliza el pan para mostrar la novedad de Cristo y para hablar de la Eucaristía (1 Cor 5 6-8; Heb 7; 1 Cor 10 16-17; 11 23-24).
➲Acción de gracias. Bendición. Eucaristía. Fiestas judías.

Parábola. Género literario narrativo, sapiencial. Utiliza elementos de la vida cotidiana, dándoles un valor simbólico para impartir una enseñanza, por lo que solo quienes conocen su simbolismo pueden comprender el mensaje. El judaísmo usaba parábolas, pero Jesús las lleva a su expresión máxima; los evangelios sinópticos las recogen; Mateo las reúne en un discurso de Jesús (Mt 13).
➲Género literario.

Paralelismo. Recurso poético de la poesía hebrea que consiste en repetir una frase o parte de ella, para reforzar una idea. Se utiliza en la mayor parte de los versos, al igual que en muchas enseñanzas, máximas y proverbios, para facilitar su memorización.

Parusía. Del griego, «estar presente» o «llegar». En el NT se refiere a la «segunda venida» de Jesús cuando manifieste su señorío sobre todo el universo de manera gloriosa y ejerza el último juicio de modo decisivo, dando fin a la historia de salvación (1 Cor 15 23; 1 y 2 Tes). Recién resucitado Jesús, los cristianos pensaban que pronto regresaría glorioso; como el tiempo pasaba, Pablo reflexiona a la luz de las Escrituras y fortalece la esperanza cristiana al decir que ese día los que ya murieron serán resucitados y los que aún vivan serán arrebatados de la tierra e irán directamente a gozar de Dios en el cielo (1 Tes 4 13-18). El evangelio de Juan y el Apocalipsis señalan el triunfo total de Cristo, el Juicio final y la nueva creación.
➲Día del Señor/domingo. Escatología. Juicio de Dios/Juicio final.

Pascua/Pascua de resurrección. Ver *Eucaristía. Fiestas judías. Resurrección.*

Pasión [relatos de la]. Los relatos de la pasión, muerte y resurrección de Jesús ocupan más páginas que el resto del evangelio; los cuatro evangelistas coinciden en los acontecimientos más significativos: **[1]** Marcos le da un estilo kerigmático: su tono es de anuncio y proclamación, enfatiza el misterio y provoca un acto de fe y apertura ante él; **[2]** Mateo presenta un relato más eclesial y doctrinal, apropiado para la liturgia; **[3]** Lucas narra los acontecimientos como un discípulo que revive la historia del Maestro; suscita y refuerza el empeño de seguir a Jesús; **[4]** Juan subraya el aspecto glorioso de la Pasión, señalando que el suplicio de Jesús fue una elevación sobre la cruz, lo que es un signo revelador de la grandeza de Cristo, no una destrucción de su persona.
➲Cruz/crucifixión. Kerigma. Poncio Pilato/condenación de Jesús.

Patriarcas. Protagonistas de los primeros relatos legendarios o históricos en la Biblia, en los que se ancla la historia del pueblo de Israel. Los patriarcas antediluvianos corresponden a la tradición mesopotámica y son de índole mítica. Los tres grandes patriarcas históricos del pueblo de Israel son: Abraham, Isaac y Jacob. **[1]** Con «Abraham» se inicia la historia de la elección del Pueblo de Dios; es el hombre de la Alianza, Dios lo ama, le promete una descendencia numerosa y una nueva tierra, y lo destina a ser «padre de todos los creyentes» (Rom 4 1). **[2]** «Isaac» es el «hijo de la promesa»; obedece a su padre cuando lo iba a sacrificar por disposición de Dios; es imagen y anuncio de la disposición salvadora de Cristo (Heb 11 17-19). **[3]** «Jacob» es el patriarca fundador de las doce tribus de Israel.

También son patriarcas *Ismael, Lot y Labán,* de ellos nacen varios pueblos semitas. Por extensión se habla de «cultura patriarcal» indicando los modelos familiares presentes en muchas páginas de la Biblia. Últimamente se da el título de «matriarcas» a los personajes femeninos de quienes se generó el pueblo de Israel: Sara, Agar, Rebeca, Lía y Raquel.
➲Abraham. Alianza/pacto. Isaac. Israel/israelitas/reino de Israel. Jacob/Israel. Tribus/doce tribus de Israel.

Paz. El término hebreo para designar la paz, *shalom,* es más rico que el nuestro. Es el gran don de Dios a su pueblo; su bendición genera bienestar, felicidad, salud, paz y justicia, además de indicar conflictos y guerras. Jesús resucitado desea la «paz/*shalom*» a sus discípulos, se la entrega y los envía a ser portadores de ella (Jn 20 19-26).
➲Bendición. Bienaventuranza. Oración.

Pecado/pecador. El pecado se da por infidelidad a la Alianza con Dios. Implica la ruptura de la relación con Dios. Dios creó al ser humano en comunión con él y lo busca para que viva en su amor; el ser humano encuentra su felicidad cuando se abre a Dios. Esta relación está sometida a la libertad y a la responsabilidad; cuando la persona realiza su vida en oposición al plan de amor de Dios, se da el pecado, el cual tiene dos dimensiones: **[1]** personal, porque cada persona es libre de mantener o interrumpir su relación con Dios y de obedecer o desobedecer sus mandamientos; **[2]** social, pues la falta de responsabilidad ante Dios repercute en los demás.

El pecado es: **[1]** «acción voluntaria de la persona», que se rebela contra los planes y las leyes de Dios: desobediencia, transgresión, delito, extravío, maldad, culpa, crimen, ofensa, injusticia, impiedad, iniquidad, etc.; **[2]** «fuerza adversa a los planes de Dios», una especie de poder maléfico personificado que afrenta contra el ser humano y penetra y marca su historia. En este segundo sentido, el AT menciona varios pecados tipo: el de Adán y Eva, el de Caín, el de la generación del Diluvio, el de los constructores de Babel, el de los israelitas durante el desierto; este es el tipo de pecado al que se refiere la expresión «pecado del mundo» (Jn 1 29; Rom 3 10-20; 7 14-25). Jesucristo nos liberó del pecado y, con el poder de su Espíritu, podemos vencerlo de manera imperfecta mientras peregrinamos en la tierra, para ser purificados después de la muerte y así vivir la plenitud del Reino de Dios.
➲Adán/Eva. Castigo. Conversión. Misericordia. Muerte. Perdón. Salvación/Salvador/historia de salvación.

Pedro. Discípulo y apóstol de Jesús, llamado Simón bar Juan (Simón hijo de Juan). Jesús le cambia el nombre por *Cefas,* Pedro, en griego *petra,* «piedra». Hermano de Andrés, son ambos naturales de Betsaida, ciudad pesquera del lago de Tiberíades. Vive en Cafarnaún, dedicándose a la pesca. Está casado y Jesús se hospeda en su casa. Acompaña a Jesús en su transfiguración, junto con Santiago y Juan. En Cesarea de Filipo confiesa a Jesús como el Mesías de Dios (Mc 8 29); sin embargo, lo niega abiertamente en la noche de la pasión diciendo

«no lo conozco» (Lc 22 57). Jesús resucitado perdona su negación y le encomienda el cuidado de la comunidad (Jn 21): «Tú eres Pedro, y sobre esta piedra edificaré mi Iglesia» (Mt 16 18). Pedro es uno de los dirigentes de la comunidad de Jerusalén junto con Santiago y Juan; se traslada primero a Antioquía de Siria y de allí a Roma, donde muere en las persecuciones de Nerón.
➲Apóstoles/los Doce. Autoridad. Iglesia.

Penitencia. Acciones relacionadas con la conversión, sea personal o comunitaria. En el AT, su elemento principal era la confesión de los pecados, acompañada de oraciones, como los salmos de expiación; llanto, ayunos, gritos; uso de vestiduras especiales o el rasgado de ellas; sacrificios y holocaustos (inmolación de un animal). El Día de la Expiación era el día oficial del perdón, en el que los israelitas realizaban públicamente la confesión de sus pecados; los dirigentes de las comunidades confesaban los pecados de estas (Esd 9 6-5; Neh 6 1ss); David confesó su adulterio en un ritual expiatorio (2 Sm 12 13). Las prácticas penitenciales podían esconder el arrepentimiento y la conversión verdaderos, que son las que llevan a la reconciliación y al perdón; los profetas insistirán con frecuencia en ellas (1 Sm 15 22s; Is 1 10-17); Jr 7; 14 12; Os 6 6).

El NT presenta pocos actos penitenciales, entre ellos la confesión de los pecados, como se ve entre los seguidores de Juan el Bautista (Mt 3 6; Mc 1 5), en varias parábolas de Jesús (Lc 15 21; 18 13) y en la comunidad cristiana (Sant 5 16; 1 Jn 1 9). También se mantiene la práctica del ayuno, tanto por Jesús como por sus seguidores (Mt 4 2; Hch 13 2-3). Lo importante para Jesús es el arrepentimiento y la fidelidad a sus enseñanzas. Los sacrificios que pide Jesús a sus discípulos están ligados al mandamiento del amor y a continuar su misión.
➲Abstinencia. Ayuno. Conversión. Fiestas/judías. Pecado/pecador. Perdón.

Pentecostés. Ver *Fiestas judías. Espíritu de Dios/Espíritu Santo.*

Perdón. Perdonar es absolver o condonar una falta. La transgresión o pecado contra Dios y contra las personas solo puede vencerse por el perdón. Humana y jurídicamente el perdón no es común; sin embargo, Dios se revela a su pueblo como un Dios de ternura y piedad, lento a la ira y rico en misericordia, que tolera *las faltas, pero no las* deja impunes; por eso, se puede orar a Dios con confianza implorando su perdón (Ex 34 6-9). La Biblia utiliza un vocabulario amplio, profundo y fuerte para el perdón: absolver, levantar, quitar, olvidar, liberar, apartar, dejar ir, soltar, suprimir, redimir, desatar, recrear, purificar, no condenar. Dios no enfatiza el pecado, sino el arrepentimiento, la reconciliación y la conversión.

Juan el Bautista busca el perdón de los pecados y mueve a la conversión, señalando la penitencia y el castigo para los infieles como era común en su época (Mt 3 1-12; Lc 1 77). En cambio, Jesús fue enviado por su Padre como salvador, no como juez (Jn 3 17s; 12 47). Invita a la conversión a todos los que la necesitan, revelando que Dios es un padre que se goza en perdonar (Lc 15) y quiere que nadie se pierda (Mt 18 12ss). Jesús no solo anuncia este perdón, sino que lo ejerce y testimonia mediante el poder de Dios (Mc 2 5-11; Jn 5 21); corona su obra obteniendo el perdón de su Padre para todos los pecadores; ora y derrama su sangre por la remisión de los pecados (Lc 23 34; Mc 14 24; Mt 26 28). Jesús nos manda amar a los enemigos, hacer el bien a los que nos odian, bendecir a los que nos maldicen (Mt 18 21s; Lc 6 27-35; 17 4). Al perdonar, establecemos la medida del perdón de Dios, pues con la medida que midamos se nos medirá (Lc 6 36-38; 11 4; Mt 6 14-15). Para vencer el pecado, el cristiano debe responder con bien al mal, perdonar siempre y por amor, como Cristo (Col 3 13) y como su Padre (Ef 4 32).
➲Conversión. Misericordia. Pecado/pecador. Penitencia. Reconciliación. Salvación/Salvador/historia de salvación.

Pobreza/pobres de Yahveh. La Biblia habla con frecuencia de los pobres, existiendo dos perspectivas distintas sobre el significado de este término: la pobreza material y la pobreza de espíritu. En el AT, la pobreza material cobra relevancia a partir de la monarquía, la cual genera diferenciación económica entre distintos sectores del pueblo. La riqueza, los palacios, festines, lujos y joyas de las clases pudientes corrían parejas a préstamos usureros, contratos abusivos, expropiaciones de tierras e impuestos desmedidos. Los profetas defendieron a los pobres y explotados (Is 3 14s; 10 2; 11 4; Am 8 5; Miq 2 1s), y la Ley contiene obligaciones caritativas y sociales para atenuar lo malo de su situación (Dt 15 1-15; 24 10-15; 26 12). Los salmos elevan a Dios el clamor de los pobres, los necesitados, los desgraciados, los afligidos, etc., pidiendo la salvación y denunciando a los impíos; su oración los mantiene cercanos a Dios, abiertos a su favor, buscando seguir sus mandatos, por lo que se conocen como los «pobres de Yahveh». En este contexto, la palabra *anawim*, «pobres de Yahveh», cobra un significado religioso y fue traducida al griego como «humildes» o «mansos de corazón» en las pruebas. Sin embargo, algunos salmos y textos sapienciales, escritos por personas poderosas, ratifican su posición y excusan la pobreza, diciendo que es castigo de Dios a los pobres por sus pecados.

Jesús es el Mesías de los pobres. Su madre María anuncia proféticamente que la salvación al pobre ha llegado con él (Lc 7 46-55). El mismo Jesús inicia su misión proclamando las Bienaventuranzas de los pobres (Mt 5 3; Lc 6 20); en realidad, fueron sobre todo los humildes los que acudieron a él (Mt 11 25; Jn 7 48s), y Jesús muestra una predilección por ellos. Su evangelio tiene las mismas exigencias de justicia social que promovieron los profetas (Mt 23 23; Sant 16 11; 1 Jn 3 17). Jesús pide a sus discípulos una pobreza interior, la «pobreza de espíritu», que consiste en no apegarse

a los bienes materiales y estar abierto a las riquezas que vienen de Dios (Mt 6 24.33; 13 22). A los apóstoles les pidió que dejaran las posesiones materiales y a los discípulos que salieran a evangelizar sin llevar muchas cosas (Lc 12 33; Mt 19 12.27). Jesús da testimonio de una vida sencilla y su oración se identifica con la de los pobres del AT; Pablo declara: «Ya conocen la generosidad de nuestro Señor Jesucristo, que, siendo rico, se hizo pobre por nosotros, a fin de enriquecernos con su pobreza» (2 Cor 8 9).
➲**Jesús/Jesucristo. Justicia. María. Profeta/profético.**

Poligamia. Ver *Matrimonio.*

Politeísmo. Ver *Monoteísmo. Paganos.*

Postexílico. Ver *Exilio.*

Poncio Pilato/condenación de Jesús. Poncio Pilato fue el quinto procurador romano que gobernó Judea y Samaría (26-36 d.C.), las cuales se encontraban bajo el dominio político y militar del Imperio romano. Las funciones principales del procurador eran: **[1]** mantener la región bajo el control de los romanos; **[2]** conservar el orden civil; **[3]** reprimir rebeliones y silenciar a grupos subversivos; **[4]** nombrar y poder destituir al Sumo Sacerdote judío, que era la autoridad religiosa y política suprema después del procurador romano; **[5]** condenar a muerte a personas que cometieran delitos políticos. La administración y la política interna del pueblo judío estaban en sus manos a través del Sanedrín, que era un Consejo integrado por setenta miembros pertenecientes a las clases privilegiadas de los sacerdotes, los fariseos y los escribas, siendo su presidente el Sumo Sacerdote, que en tiempo de Jesús era Caifás.

Los jefes de los sacerdotes, los escribas y los fariseos, a quienes Jesús incomodaba, necesitaban involucrar a Poncio Pilato para asegurar su muerte, aduciendo que incitaba al pueblo a una revolución. Así fue que el caso de Jesús pasó de ser intriga religiosa a ser una maniobra política: de blasfemia o subversivo religioso, pasó a ser considerado transgresor político. El papel de Poncio Pilato fue mandar ejecutar la orden de crucifixión de Jesús como un subversivo político, cuando en realidad el problema generado por él era de índole religiosa.
➲**Pasión [relatos de la]. Roma/Imperio romano.**

Primogénito. Hijo mayor; gozaba de privilegios, derechos sucesorios sobre la herencia paterna y un rango superior a sus hermanos. En el AT, el padre veía en el hijo mayor su propia imagen; le daba autoridad sobre sus hermanos menores (Gn 49 8) y le heredaba la dirección del clan. El derecho de primogenitura podía perderse (Dt 21 17); Esaú vende su primogenitura a Jacob. Israel es el «primogénito» de Dios (Ex 4 22; Jr 31 9). Jesucristo es el primogénito de la creación, de toda criatura y entre los resucitados (Col 1 15-18); es en quien reside la plenitud de la divinidad (2 9). Es el primogénito entre muchos hermanos (Rom 8 29).
➲**Familia. Hijo de Dios.**

Profanar. Ver *Santidad/santo.*

Profeta/profético. Del griego, «el que habla en vez de». El profeta comunica el mensaje de Dios; no el suyo propio; lo que constituye al profeta es su vocación (Is 6; Jr 1; Am 7): Dios tiene la iniciativa y lo llena con su Espíritu, convirtiéndose en un hombre diferente, capaz de cumplir su misión, cuyo instrumento es su boca que pronunciará la Palabra de Dios. La palabra revelada va acompañada de testimonio de vida y de signos y actos simbólicos; los profetas de Israel son distintos a los de las culturas circunvecinas, que eran adivinos. El profetismo es parte integral de la autoridad en Israel; el rey, el sacerdote y el profeta son los tres ejes de la comunidad. El profeta es un regalo de Dios a su pueblo; su carisma es de revelación; a través de él, Dios se manifiesta activo y da a conocer a su pueblo lo que no podría descubrir solo, con el fin de que conozca los designios de Dios sobre la salvación (Am 3 7; Jr 23 18; 2 Re 6 12; Heb 1 1s). Con frecuencia los profetas son incomprendidos y sufren persecución porque su palabra es molesta, ya que denuncian el pecado y motivan a la conversión. El profeta anuncia la salvación de Dios, que poco a poco se perfila en la figura de un Mesías (Is 7; 9; 11).

La profecía bíblica florece entre los siglos X y V a.C., pero todo el AT constituye una profecía del NT; es escritura profética (2 Pe 1 19s). Existe una tradición profética gracias a los discípulos de los profetas. El NT tiene conciencia de dar cumplimiento a las profecías del AT; los evangelios subrayan hechos y palabras de Jesús que cumplen las Escrituras. Jesús aparece en el contexto profético presentado por Zacarías (Lc 1 67), Simeón y Ana (2 25-36), pero, sobre todo, por Juan el Bautista (3 1-20). Jesús presenta muchos rasgos proféticos: se presenta aplicando a sí mismo el texto de Isaías (4 16-21); revela el sentido de los signos de los tiempos y anuncia su fin (Mt 16 2s.24-25); retoma la denuncia de los profetas contra la hipocresía religiosa, la explotación del pobre y la marginación de varios sectores del pueblo. A medida que se acerca su fin, lo anuncia y le da sentido, convirtiéndose en profeta de sí mismo; los profetas decían: «Oráculo de Dios»; Jesús dice: «En verdad, en verdad, yo les digo...». El carisma de la profecía continúa vivo en la Iglesia. El profeta del NT, igual que el del AT, anuncia, denuncia, edifica, exhorta, consuela, mueve a la conversión (1 Cor 14 3). El profetismo auténtico se reconoce mediante el discernimiento de espíritus.
➲**Juan/Juan el Bautista. Oráculo** (ver tabla, p. 58).

Prójimo. Significa «el que te está próximo». El Levítico recoge el mandamiento de amar al prójimo (Lv 19 18): a las per-

sonas que Dios pone en nuestro camino; tan luego se encuentran dos personas, son prójimo la una para la otra, independientemente de si son parientes. Jesús nos manda amar al prójimo como a nosotros mismos y liga este mandamiento al del amor a Dios, diciendo que ambos abarcan toda la Ley y los Profetas (Mt 22 37-39). En la parábola del buen samaritano muestra el amor hacia cualquier persona que encontremos en el camino (Lc 10 25-37); radicaliza este mandamiento al decir que debemos amar también a los adversarios; no solo a los amigos (Mt 5 43-48). Pablo declara que este mandamiento cumple toda la ley (Gal 5 14); es la suma de los otros mandamientos (Rom 13 8ss). Santiago lo califica de «ley regia» (Sant 2 8).
⊃Amor. Ley.

Proverbio. Género literario en la literatura sapiencial. Consiste en un dicho corto y popular, que comunica una verdad o una enseñanza de manera fácil de expresar y recordar. Se refieren a la experiencia humana y a la conducta de las personas según los preceptos de Dios (Prov 16 18; 27 15; 29 2; Lc 4 23). La mayoría de los proverbios tiene dos renglones en forma de poesía.
⊃Género literario.

Prueba/tentación. En su sentido ordinario, una «prueba» es un examen que hay que dar y superarlo para comprobar algo. En la Biblia, la «prueba» viene de Dios; está ligada a la aceptación de sus designios, puede ser una duda o incertidumbre, una enfermedad o sufrimiento, un mandato, etc., que requiere ser aceptada con confianza filial en la fe. Dios prueba a la persona para que lo descubra en el fondo de su corazón y dirija su vida hacia él; las pruebas son una gracia, siempre están ordenadas a la vida. Algunos ejemplos son: la «prueba de fe» en el sacrificio de Isaac, el hijo de la promesa, que Dios salva de la muerte (Gn 22 19); la «prueba de la fidelidad a la alianza» durante el exilio, que purifica la religión y prepara para la llegada del Mesías (Jos 24 18); las pruebas que sufren los justos, como Job y Tobit, que muestran su fidelidad a Dios (Tob 12 13), y el Siervo de Yahveh, que expía el pecado ajeno (Is 53 4s). Quien supera la prueba está más cerca de Dios.

En cambio, la tentación viene del demonio que busca que se reniegue de Dios y su mandato del amor. La tentación se ubica entre la prueba y la respuesta a Dios: quien supera la prueba es *«justo», quien cae en la* tentación es «pecador». El relato del pecado original muestra la tentación entre la prueba y la respuesta de Adán y Eva (Gn 3). En el éxodo, la prueba a la fidelidad a Dios se convierte en tentación de caer en la idolatría, a la que el pueblo sucumbe adorando al ternero de oro (Ex 32). Jesús supera las tentaciones a las que es sometido en el desierto, no cae en las tres tentaciones que le pone el demonio, sino que sale fortalecido para su misión (Lc 4 1-13). Cristo vence al Tentador y restaura a la humanidad en su verdadera condición: su vocación de hijos e hijas de Dios, para quienes la prueba y la tentación son inevitables. Dios los prueba y acerca a él; Satanás tienta y los separa de Dios; el Espíritu Santo fortalece ante las pruebas, ayuda a superarlas y a vencer la tentación. El cristiano probado sabe discernir, verificar, probar todas las cosas a la luz de los designios de Dios (Rom 12 2; Ef 5 10). La prueba es un camino a la conversión y a la vida con Dios (Rom 8 18-25).
⊃Fe/confianza. Gracia. Pecado/pecador. Vida/ Vida eterna.

Publicano. Recaudador de impuestos. Mateo era uno de ellos. Zaqueo era «jefe de publicanos».
⊃Impuestos.

Pueblo de Israel/nuevo Pueblo de Dios. La organización de la sociedad semítica pasa por la familia, el clan, la tribu, para forjar una nación o pueblo. Israel es el pueblo elegido por Dios; lo rescató de las manos del Faraón, estableció una alianza con él y lo condujo hasta la Tierra prometida, cumpliendo la promesa hecha a Abraham: «haré de ti una gran nación» (Gn 12 2). Israel se sabe distinto a las otras naciones; es diferente por el misterio de su vocación religiosa, porque la salvación comienza a revelarse en él en virtud de la Alianza, la cual es reforzada por los profetas: «Yo seré su Dios y ustedes serán mi Pueblo» (Jr 7 23).

El tema del Pueblo de Dios es central en el AT, como la Iglesia en el NT. La Iglesia es el «nuevo Pueblo de Dios» que nace en Pentecostés, en una acción nueva y creadora del Espíritu Santo. A este nuevo pueblo, forjado mediante la Nueva Alianza en Cristo sellada por su sangre, están invitadas todas las naciones. Jesús muere para congregar en la unidad a *todos* los hijos de Dios, para que toda persona participe en la herencia con los santificados (Hch 26 18).
⊃Alianza/pacto. Cuerpo de Cristo. Iglesia. Israel/ israelitas/reino de Israel. Naciones. Tribus/doce tribus de Israel.

Puro/impuro. En las culturas semíticas, la pureza era la disposición requerida para entrar en contacto con el mundo de lo sagrado a través del culto; por lo tanto, es de índole ritual más que moral. Para Israel, que veía toda la creación buena y se consideraba el pueblo elegido de Dios, la pureza era requisito para participar en el culto de la comunidad santa; incluía la limpieza física y la prohibición de comer carne de puerco, que otros pueblos adoraban como divinidad. Las fuerzas vitales, radicadas en los órganos sexuales, son fuente de bendición y eran consideradas sagradas; debido a ello era posible adquirir impureza sexual, en determinadas situaciones como durante la menstruación, por padecer de sangrados o dar a luz; esta impureza era de tipo ritual, no de índole moral, pues no había pecado (Lv 12 y 15). Por eso, la mayor parte de las impurezas se podían superar por medio de ritos de purificación.

Los profetas proclaman que ni las abluciones ni los sacrificios son fuente de purificación interior, pues lo que separa de Dios es el pecado o impureza espiritual (Is 1 15s; 29 13; Jr 7 21s) y solo Dios puede purificar el corazón (Ez 36 25s). Los sabios piden la purificación de las manos, el corazón, la frente, etc., para agradar a Dios, pues con ellos se hace el bien o el mal. Los salmistas reservan el acceso al Santuario a los varones de corazón puro y que practican la justicia (Sal 24 4; 51 12). Al principio, Jesús hacía observar las normas rituales y solo denunciaba sus exageraciones, pero después señaló con firmeza que la única pureza es la interior (Mc 7 14-23) y afirmó a sus discípulos que Dios ya los había purificado gracias a la palabra que él les había anunciado (Jn 13 10; 15 3). Las enseñanzas de los Apóstoles son radicales: Juan señala que hemos sido purificados del pecado por la Sangre de Cristo (1 Jn 1 7-9); Pablo declara que para el cristiano «nada es impuro» (Rom 14 14); su purificación se realiza en el Bautismo y deriva su eficacia de la muerte de Jesús por el perdón de los pecados (Ef 5 26). El cristiano debe purificarse para santificarse (2 Cor 7 1), pues el amor brota de un corazón puro, una buena conciencia y una fe sincera (1 Tim 1 5); esto es lo que conduce al culto nuevo en el Espíritu y al encuentro con Cristo.
➲**Bautismo. Corazón. Culto. Santidad.**

Qumrán. Ruinas de un asentamiento judío, junto a la desembocadura del río Jordán en el mar Muerto, habitado entre 150 a.C. y 68 d.C. y destruido por los romanos. Probablemente sus habitantes eran esenios; esperaban la intervención definitiva de Dios que haría justicia entre los «hijos de la luz» (su comunidad) y los «hijos de las tinieblas» (impíos). Adquirió fama al descubrirse los «Manuscritos del mar Muerto» en 1948: libros del AT, documentos de la comunidad y textos de diversos orígenes, como el libro de Henoc.
➲**Esenios.**

Rabino. Hacia el siglo III a.C., los fariseos acuñaron el término «rabí» como un título de respeto para designar a los auténticos maestros de la Ley, que interpretaban los textos sagrados y enseñaban en las sinagogas. Su intención era distinguirlos de los falsos sumos sacerdotes del grupo de los saduceos. El título más frecuente dado a Jesús en los evangelios es el de Rabí.
➲**Escribas. Fariseos. Saduceos.**

Recaudadores de impuestos. Ver *Impuestos. Publicanos.*

Reconciliación. Ver *Perdón. Salvación/Salvador/historia de salvación.*

Redención/Redentor. En la Biblia, la redención o rescate está relacionada con la noción de salvación. En el AT se fundamenta en la experiencia del Éxodo: «Yo soy el Señor. Yo los libraré de los trabajos forzados que les imponen los egipcios, los salvaré de la esclavitud a que ellos los someten, y los rescataré con el poder de mi brazo... Haré de ustedes mi Pueblo y yo seré su Dios» (Ex 6 6s). El NT llama a Jesús «Redentor», porque nos rescata de toda iniquidad y purifica a un pueblo que le pertenece en propiedad. La redención incluye la obra de Cristo en la cruz (Rom 3 24; Col 1 14; Ef 1 7) y la que realizará en la parusía, al final de los tiempos, cuando las personas y el universo entero entren en la plenitud de Dios (Ef 3 19). Entonces, Dios será todo en todos (1 Cor 15 28; Ef 1 23).
➲***Go'el*/rescatador. Jesús/Jesucristo. Justificación/justo. Liberación/libertad. Salvación/Salvador/historia de salvación. Vida/Vida eterna.**

Reino de Dios. El pueblo de Israel, con su religión monoteísta, profesa que Dios reina sobre todas las naciones, pero que, en virtud de la Alianza, él es pueblo de su propiedad, reino de sacerdotes y nación santa (Ex 19 5-6). Por eso el reinado de Dios se manifiesta en Israel, con su organización social y sus relaciones políticas internacionales. Durante la monarquía, los reyes deben gobernar según las leyes de Dios. Pero sus expectativas y ambiciones los llevan a subordinar el orden religioso al político, lo que conlleva muchos sufrimientos al darse una ruptura con el Rey de quien procede su poder (Jr 10 21). Después del exilio, el tema del Reino de Dios reviste una importancia vital: el rey será un enviado de Dios que, como un pastor, se ocupará personalmente de su rebaño para salvarlo, reunirlo y devolverle su tierra (Miq 2 13; Ez 34 11; Is 40 9s), restaurando así el reino davídico; administrará la justicia para proteger a los desvalidos, los débiles y los pobres, y traerá la paz entre los pueblos y las personas, en el ser humano y en todo el cosmos.

La predicación de Jesús se centra en el Reino de Dios; lo proclama con palabras y hechos, y apremia a: creer en él, acogerlo y anunciarlo. Presenta su misterio con parábolas y deja que los signos hablen: los enfermos son curados, los oprimidos son liberados, los pobres son preferidos, los pecadores son perdonados. Es la misericordia de Dios en acción; la gratuidad de sus dones para quienes tienen fe en él. Su mensaje se entiende en el horizonte de la sed de la humanidad por la paz, la libertad, la justicia y la vida; es un anuncio gozoso: un evangelio. Para Jesús, el presente y el futuro suceden bajo la acción soberana y liberadora de Dios. Por eso su Reino ya llegó y está por venir; es una realidad temporal limitada y una realidad futura plena. Más que un «reino», se trata del «reinado de Dios», desvinculado de todo límite geográfico y vinculación política. De ahí la profesión de fe, «Dios es Señor», «Dios es Rey». Hay que creer en Jesús para tener acceso al Reino (Hch 8 12); para ser discípulos suyos, hay que abrazar sus exigencias.
➲**Milagro. Monarquía. Profeta/profético. Salvación/Salvador/historia de salvación.**

Resurrección. La fe en la resurrección de los muertos es muy tardía en la Biblia. En términos bíblicos, la persona queda en poder de la muerte, residiendo su espíritu en el *seol* o morada de los muertos, con su cuerpo pudriéndose en la tumba. El concepto de «resurrección» aparece hasta el libro de los Macabeos, cuando Dios promete la vida a los mártires debido a su fe. La persona resucitará por una gracia divina. Los fariseos abundan en esta idea, a diferencia de los saduceos, que no creen en la resurrección (Mt 22 23).

Jesús resucita emergiendo del *seol*, por el poder de Dios. La resurrección de Jesús fue una Buena Noticia para sus seguidores, pues lo rehabilitó ante sus ojos: Dios le dio la razón, resucitándolo. Pero su significado es más profundo: la muerte de Jesús tiene un valor salvífico para toda la humanidad; su resurrección manifiesta que el designio de Dios es de perdón, gracia y vida: el pecado y la muerte no tienen la última palabra. Jesús se aparece a algunos de sus discípulos en estado glorioso, por lo que no lo reconocían; cuando lo identifican, los envía a proclamar esta Buena Noticia. Los evangelios identifican al Crucificado con el Resucitado sin dejar duda: él les habla del Reino de Dios, los apóstoles lo ven y lo tocan, comen y conversan con él (Mt 28 17ss; Lc 24 13-50; Hch 1 3; 13 31). Su última aparición fue a Pablo, hasta entonces enemigo suyo (Hch 9 3s), transformándolo en apóstol incansable y evangelizador de los gentiles. Desde Pentecostés, la resurrección de Jesús es el corazón de la predicación apostólica porque en ella se revela la fe cristiana: Jesús fue crucificado y murió, pero Dios lo resucitó, y por él Dios nos salva. Pablo proclama que si Cristo no hubiera resucitado, nuestra fe sería en vano, seguiríamos en nuestros pecados y seríamos las personas más desgraciadas (1 Cor 15 14-19). Jesús resucitó como «primogénito de entre los muertos»; él es la garantía de nuestra resurrección, centro de la fe y la esperanza cristianas (Ap 1 5).

➲Gloria. Infierno/infiernos. Justificación/justo. Muerte. Salvación/Salvador/historia de salvación.

Revelación. La revelación es la manifestación de Dios a la humanidad sobre sí mismo y su relación con el ser humano, la historia y el universo. Es un proceso paulatino a lo largo de más de 15 siglos que se da a través de la vida de un pueblo y de personas elegidas por él: Dios se muestra cercano y activo en la historia personal y colectiva; ofrece una vida de plenitud y dicha eterna en comunión con él; se presenta como el principio y el fin del universo.

En el AT los autores bíblicos celebraron seis tipos de revelación: **[1]** En la «historia», donde Dios se revela como liberador y aliado del pueblo de Israel; la vida entera del pueblo tiene como centro la Alianza con Dios y en ella encuentra su sentido histórico. **[2]** En la «creación», que manifiesta el esplendor y el poder de Dios, a la que no hay que adorar porque está al servicio de Dios. **[3]** En el «santuario», lugar sagrado en que se encuentra con el ser humano, y cuyo concepto evoluciona a lo largo del tiempo. **[4]** En la «Ley», que expresa la voluntad divina y especifica las condiciones para honrar la Alianza del pueblo con Dios. **[5]** En la «sabiduría», fruto de la reflexión y la oración sobre la vida a la luz de la experiencia de Dios. **[6]** En los «profetas», voceros de Dios para guiar en la correcta interpretación de la Ley y descubrir ante el pueblo el verdadero sentido de la historia y del destino de la humanidad y el universo entero. Esta revelación es ante todo «palabra», una comunicación oral que termina siendo escrita en las Escrituras Sagradas.

En el NT la revelación se centra en Jesús, la Palabra de Dios hecha carne, el rostro humano de Dios, en quien encuentra su plenitud y en quien culmina la historia y toda la creación. En él convergen los seis tipos de revelación del AT al establecer una Nueva Alianza y eterna, e inscribir la Ley del amor en el corazón con su propio Espíritu, fuente perpetua de comunión íntima y plena con Dios. Esta revelación queda declarada en los cuatro tipos de escritos que conforman el NT: **[1]** «Los evangelios» descubren la misión mesiánica de Jesús y la acción de Dios en la historia con miras a su desenlace final; **[2]** «Los Hechos de los Apóstoles» ponen en evidencia el poder del Espíritu Santo en la continuación de la misión salvífica de Jesús a través de su Iglesia; **[3]** «Las cartas» articulan la fe en Cristo y el sentido de su misterio, según fue acogido en la oración y la reflexión de sus seguidores; **[4]** «El Apocalipsis», que justamente quiere decir «revelación», asegura el triunfo del bien sobre el mal, mantiene viva la esperanza en la salvación total y revela la gloria plena de Dios.

➲Biblia. Historia. Jesús/Jesucristo. Palabra de Dios. Salvación/Salvador/historia de salvación.

Riqueza. La riqueza y la pobreza son opuestas. El AT presenta la riqueza como un bien, un don y una bendición, signo de la generosidad de Dios hacia su pueblo y hacia los justos. Esa riqueza abarca mucho más que los bienes materiales; da independencia y evita tener que suplicar y ser esclavo de los acreedores (Prov 18 23; 22 7). Su adquisición proviene de cualidades humanas: diligencia, sagacidad, realismo, audacia, templanza (10 4; 11 16; 12 11; 20 13; 21 17; 24 4). No es el mejor de los bienes; se prefieren: la salud (Eclo 30 14s); el amor (Cant 8 7); la paz del alma, el buen nombre, la justicia (Prov 15 16; 16 8; 22 1); la sabiduría es el tesoro, la perla preciosa que merecen todos los cuidados (Prov 2 4; 3 15; 8 10). No toda riqueza proviene de Dios; hay formas injustas de obtenerla y, en ese caso, no son fuente de bien para quienes las poseen (Prov 21 6; 23 4s; Os 12 9), en particular si proviene de rapiñas y explotación (Is 5 8; Jr 5 27s). Muchos ricos son impíos porque se fían de sus bienes, centran en ellos su fortaleza, se hincha su corazón y se olvidan de Dios (Prov 10 15; Sal 52 9), lo que lleva a la idolatría (Dt 31 20; 32 15; Job 15 27; Sal 73 4-9; Is 2 7s).

Jesús da un giro radical en su mensaje respecto a la riqueza; de hecho, su visión sobre ella puede ser una de las diferencias más marcadas entre ambos testamentos. Revela el Reino de Dios como el tesoro más preciado, por el que vale la pena sacrificar todos los bienes (Mt 13 44). Dios da en abundancia y quien se acerca a Jesús queda saciado, no tendrá hambre ni sed (Jn 4 14; 6 35). El AT ve la riqueza en función de la fidelidad a la Ley (Dt 28; Lc 6 20-26); Jesús indica que «No se puede servir a Dios y al Dinero» (16 13); la riqueza que no se ve como don de Dios es vana y peligrosa porque solo Dios es bueno. El dinero es un amo implacable que ahoga el Evangelio y detiene en el camino de la perfección a los corazones mejor dispuestos (Mt 6 24; 13 22; 19 23).

Sus discípulos deben acumular las riquezas que vienen de Dios y renunciar a lo que tienen (Lc 12 33; 14 33), pues solo los pobres pueden acoger la Buena Nueva (Is 61 1; Lc 4 18; Lc 1 53). Esto no significa carecer de propiedades; entre los allegados a Jesús hubo personas acomodadas, y un hombre rico de Arimatea fue el que recibió en su tumba el cuerpo de Jesús (Mt 27 57). Lo que Jesús quiere es que la riqueza se comparta con los pobres (Mt 19 21; Lc 12 33; 19 8); lo escandaloso no es que haya ricos y pobres, sino que los pobres tengan que alimentarse de las migajas de los ricos (16 21). Dar significa una verdadera riqueza, pues atrae la generosidad de Dios, une en la acción de gracias a quien da y a quien recibe, y da al rico ocasión de constatar que hay más dicha en dar que en recibir (2 Cor 9 11; Hch 20 35).
➲Bendición. Pobreza/pobres de Yahveh.

AC DC **Roboam.** Hijo de Salomón; a la muerte de su padre no pudo mantener unido el reino de Judá, el cual se dividió en el reino del Norte o Israel y el reino del Sur o Judea (933 a.C.).
➲Monarquía.

AC DC **Roma/Imperio romano**. En la época de Jesús, Roma era la capital de un extenso Imperio que abarcaba todos los territorios situados alrededor del mar Mediterráneo, conquistados durante los últimos 300 años. El general romano Pompeyo estableció la provincia romana de Siria y conquistó Jerusalén en 63 a.C.; Julio César conquistó Alejandría alrededor del 47 a.C. y derrotó a Pompeyo en 45 a.C.; Herodes el Grande fue designado rey de los judíos por el Senado romano en el 40 a.C.; la provincia romana de Egipto fue establecida en el 30 a.C.; Judea, Samaría e Idumea (Edom) se convirtieron en la provincia romana de Judea en el 6 d.C. Para los judíos, Roma significaba el dominio político de una potencia extranjera, falta de libertad para varios tipos de asuntos y la obligación de pagar impuestos al emperador.

Las tensiones entre judíos y ciudadanos romanos produjeron varias guerras ente 66 y 135 d.C., ocasionando la destrucción de Jerusalén y del Segundo Templo (70 d.C.). En ese contexto nació el cristianismo, añadiéndose dos tensiones que dieron lugar a persecuciones *contra los cristianos: la judía, por causas religiosas*; la romana, para evitar la amenaza del inminente regreso del «rey de los judíos» y el establecimiento de su reino, proclamados con convicción por todo el Imperio. Siglos después, Constantino el Grande trasladó la capital del Imperio de Roma a Constantinopla (330 d.C.), dando comienzo al Imperio bizantino; con el edicto de Tesalónica, el cristianismo se convirtió en la religión oficial del Imperio romano (313 d.C.). El Imperio terminó en el 476 d.C.
➲Herodes. Pablo/Saulo de Tarso. Pedro. Poncio Pilato/condenación de Jesús.

Rostro. A Dios nadie lo ha visto nunca, pero el ser humano lleva inscrito en su corazón el deseo de «ver el rostro de Dios». Moisés oculta el rostro cuando Dios se le presenta «cara a cara» en el Horeb (Ex 3); en un texto con muchos elementos paralelos, Elías se cubre el rostro para no ver a Dios cuando pasa por delante de la cueva (1 Re 19).
➲Dios/Dios Padre.

Sábado. En el AT, el sábado designa un día de descanso religioso, alegría y reunión cultual que cierra la semana y recuerda agradecido al Dios creador y salvador, haciendo eco al descanso de Dios al ver coronada la creación (Gn 2 2). La institución del sábado como día religioso se sitúa en el judaísmo postexílico, como uno de los rasgos distintivos ante otros pueblos; guardar el sábado se convierte en una ley, con una serie de normas que exigen riguroso cumplimiento.

Jesús rompe con el legalismo del sábado para mostrar la prioridad del amor. El sábado está hecho para las personas y no al revés (Mc 2 27). La caridad tiene primacía sobre el descanso; lo ejemplifica curando en sábado, lo que provoca el escándalo y rechazo de los fariseos (Lc 6 5-11), que alegan que no procede de Dios porque no honra la Ley (Jn 9 16). Al principio, sus discípulos siguieron observando el sábado; después cambiaron el Día del Señor y del culto al domingo, primer día de la semana, en memoria de la resurrección de Jesús.
➲Alianza/pacto. Día del Señor/domingo. Fiestas judías. Ley. Resurrección.

Sabio/sabiduría. Se dice de la persona instruida, pero sobre todo de la persona hábil, sensata, religiosa, con sentido común y con sagacidad para la vida. En el ámbito religioso, es experto en la Ley y en la vida, sabe leer los acontecimientos a la luz de la fe y la Sagrada Escritura. La «sabiduría» es un don divino que se traduce en lucidez, prudencia y madurez ante la vida; va de la mano con el «temor de Dios», entendido como amor respetuoso y reverencial hacia él. De los sabios es propio «enseñar»; Jesús es un «maestro» que enseña con autoridad, no como los escribas (Mt 7 29).
➲Proverbio. Revelación. Salmos.

Sacerdocio/sacerdote. Del latín; se refiere tanto al oficio de «hacer sagrado» o «consagrar» a Dios, como a la persona que realiza este ministerio. En el AT, los patriarcas ejercen un sacerdocio familiar, construyen altares y ofrecen sacrificios. Melquisedec, rey y Sumo Sacerdote en Salem, servía al Dios Altísimo y ofrece pan y vino a Dios, junto con Abraham, quien le da el diezmo; prefigura a Cristo, sacerdote y rey (Gn 14 18-20; Heb 7 1). La tribu de Leví es elegida y consagrada por Dios para el servicio sacerdotal a partir de Moisés; es un oficio hereditario en el que destaca la familia de Aarón. Los primeros levitas eran servidores del culto en los santuarios; más tarde, en el Templo de Jerusalén, eran responsables de ofrecer los sacrificios a Dios. Los reyes ofrecen sacrificios y bendicen al pueblo, asistidos por sacerdotes. Con la centralización del culto en Jerusalén por Josías (622 a.C.), se distinguen los «sacerdotes» y los «levitas», quedando los levitas como ministros secundarios del culto. Junto al sacerdocio levítico se sigue ejerciendo el sacerdocio familiar.

Al caer la monarquía y ser destruido el primer Templo (587 a.C.), los sacerdotes se convierten en guías religiosos de la nación. La desaparición progresiva del profetismo a partir del siglo V a.C. acentúa su autoridad: quedan a cargo del culto, la enseñanza y la redacción de los libros sagrados. El Sumo Sacerdote y los sacerdotes mantienen una jerarquía estricta; a partir de Herodes, el Sumo Sacerdote es elegido por la autoridad romana, entre las familias sacerdotales.

Con el NT todo cambia: Jesús no pertenece a la «casa de Leví», sino a la de Judá; realiza en el Templo de Jerusalén un gesto profético, recordando las palabras de Jeremías: el Templo es lugar de oración y no casa de ladrones (Mc 11 15s). Jesús es el sacerdote de su propio sacrificio con el que obtiene el perdón de Dios y la reconciliación con él. La carta a los Hebreos explica que Cristo es Sumo Sacerdote por su ministerio salvador; es el mediador, verdadero hombre y verdadero Hijo de Dios; el intercesor y mediador de la Nueva Alianza, el sacerdote único y eterno, según el rito de Melquisedec (Heb 5 7-10).

➲Aarón. Consagración. Perdón. Sacrificio. Templo de Jerusalén/Templo de Dios. Unción.

Sacrificio. Ritual privado o público, realizado en las familias, los santuarios y el Templo. Consiste en ofrecer a Dios algún animal, con distintos fines: sellar una alianza mediante una comida (Ex 24 2-8), obtener un favor (2 Sm 24 18-25), dar gracias por sus beneficios (1 Sm 6 15s), expiar los pecados (Lv 4 1-5.13). El primer sacrificio en el AT es el de Caín y Abel (Gn 4 3); por mucho tiempo los sacrificios se ofrecían sobre un altar levantado en cualquier sitio; después se realizaban en los santuarios, hasta quedar centrados en el Templo de Jerusalén. El Levítico especifica muchos tipos de sacrificios, cuidando que se mantenga su espíritu de adoración, intimidad con Dios, confesión de los pecados, petición de perdón, y consagración de la vida nacional, comunitaria y personal.

Los profetas denuncian los sacrificios vacíos espiritualmente, ostentosos en el caso de los ricos, y desligados del derecho y la justicia (Is 1 11-17; Jr 6 18-20). Isaías expresa la cima de la espiritualidad del AT en sus oráculos sobre el «Siervo de Dios», que ofrecería su muerte en sacrificio de expiación (Is 42 1-9; 49 1-7; 50 4-11; 52 13 – 53 12). En tiempos de Jesús, en el Templo se inmolaban diariamente dos corderos, como «sacrificio perpetuo» de Israel, y se realizaban sacrificios privados, presididos por los sacerdotes, a excepción del día de Pascua, en el que el cordero pascual era inmolado por el cabeza de familia.

En el NT, el único, eficaz y verdadero sacrificio es el de Jesús, que ofreció su vida hasta dar su sangre en la cruz, en oblación perfecta de amor y de perdón. Mediante su sacrificio, Jesús consagra a todas las personas, sella la Alianza nueva y eterna entre Dios y la humanidad, y obtiene para siempre la expiación de los pecados. Su sacrificio en la cruz recapitula todos los sacrificios del AT, pero por ser el Hijo de Dios y la perfección de su ofrenda, desborda todo el significado del sacrificio hasta ese momento. Por instrucción de Jesús, desde sus comienzos la Iglesia celebró la Eucaristía, un memorial incruento y sacramental de su sacrificio en la cruz. A partir de entonces, los cristianos comulgan en el Cuerpo y en la Sangre de Cristo (1 Cor 10 18), y se ofrecen a Dios en unión con Jesús sacerdote inmolado por la liberación del pecado y la muerte. El sacrificio es ahora un acto espiritual de amor, sin igual en el AT.

➲Cruz/crucifixión. Culto. Eucaristía. Templo de Jerusalén/Templo de Dios. Sacerdocio/sacerdote.

Saduceos. Grupo religioso en la época del judaísmo, descendiente del Sumo Sacerdote Sadoq; sus miembros eran ricos, cultos y aristócratas; vivían en el Templo de Jerusalén. Colaboraron con los romanos; eran los representantes judíos ante el poder imperial. Solo reconocieron como Ley la *Torá,* sin realizar interpretaciones casuísticas como los fariseos; no creían en la resurrección ni en los ángeles (Hch 23 7). Con la destrucción del Templo terminó su función y desaparecieron (70 d.C.).

➲Fariseos.

Sagrada Escritura. Ver *Biblia. Canon/canónicos. Testamentos. Palabra de Dios.*

Salmos. Del hebreo, «canto», es el principal género literario lírico. El libro de los Salmos recopila 150; la tradición adjudica muchos al rey David, sin fundamento histórico. Los salmos son poesía y oración. Como poesía se rigen por el gusto semítico: paralelismos, imágenes, contraposiciones, y no por la rima ni la métrica. Como oración recogen el sentir y la relación de Israel con Dios. Destacan once tipos: **[1]** Himnos o cantos de alabanza; **[2]** Históricos, que proclaman la intervención de Dios en la vida del pueblo; **[3]** Cantos de Sión, que elogian la Ciudad Santa y el Templo; **[4]** Súplicas o lamentaciones individuales y nacionales; **[5]** Confianza en Dios; **[6]** Acción de gracias, individuales y del pueblo como colectividad; **[7]** Salmos reales centrados en los reyes e interpretados después en sentido mesiánico; **[8]** Litúrgicos, que se utilizan en el culto; **[9]** Proféticos, que siguen el espíritu de denuncia o anuncio; **[10]** Sapienciales, que recogen enseñanzas al pueblo; **[11]** Peticiones de perdón.

Los judíos fieles oraban con ellos diariamente en la familia; se recitaban semanalmente en las sinagogas; en las fiestas, se cantaban acompañados de música. Se rezaban con todo el cuerpo, en procesión, postrándose, danzando, arrodillados, etc. Los salmos fueron la escuela espiritual de Jesús. La comunidad cristiana los incorpora en su liturgia, rezándolos desde el fondo del corazón e identificando sus sentimientos con lo expresado en ellos.

➲Alabanza. Culto. Género literario. Oración.

Salomón. Hijo del rey David y heredero de su trono; famoso por su sabiduría y buen gobierno (970-931 a.C.). Sobresale como constructor de la ciudad y del Templo de Jerusalén. Divide el país en doce provincias para cobrar mejor los impuestos. No supo crear una nación fuerte, y cuando muere, las tribus se dividen y crean dos reinos, Norte y Sur. Mantuvo buenas relaciones con Egipto, se casó con una hija del Faraón y organizó la corte al estilo de las grandes dinastías orientales.

➲Monarquía.

Salvación/Salvador/historia de salvación. Término clave en el lenguaje bíblico. La Biblia tiene como finalidad narrar la historia de salvación, que siempre es vista como un don de Dios. La oración de Israel da un lugar importante a la salvación y, en tiempos de prueba, ora con confianza a Dios. Esta salvación se realiza acompañada de un juicio divino que separa a justos de pecadores, con piedad y misericordia para el pecador que se arrepiente. Tiene dos grandes etapas: el Antiguo y el Nuevo Testamento.

En el AT se distinguen ocho fases que se entretejen a lo largo de 19 siglos:

[1] La Alianza con Noé fue realizada por Dios para salvarlo a él con su familia de un Diluvio en castigo por la perversión de los pueblos que llenaban la tierra de violencia y muerte, como herencia del pecado original. **[2]** El llamado de Dios a Abraham, con quien hace una alianza: le pide dejar su tierra y le promete la tierra de Canaán y una descendencia numerosa; Abraham le responde con fe, obediencia y confianza, incluso aceptando sacrificar a su único hijo, a quien Dios termina salvando. **[3]** La fundación del pueblo de Israel con la liberación de la esclavitud en Egipto, los cuarenta años de caminar por el desierto, la Alianza con Dios en el Sinaí y el establecimiento en la Tierra prometida. **[4]** La institución de la monarquía y la larga historia de infidelidades con múltiples consecuencias negativas, acompañada de la compasión y el perdón liberador de Dios. **[5]** La división del reino, la caída de los dos reinos bajo el dominio extranjero, el exilio *en Babilonia; la promesa de un rey salvador que* inauguraría tiempos nuevos. **[6]** Una nueva cercanía de Dios con su pueblo desterrado en Babilonia, purificándolo de su pecado y dándole nuevas perspectivas sobre su fe; **[7]** La liberación del destierro mediante un segundo éxodo y la restitución de su tierra. **[8]** El anuncio de la siguiente etapa: Dios los salvará gracias a la obediencia, la humildad y el perdón del Siervo de Yahveh (Is 49 – 55); les enviará a un rey-mesías (Jr 27 6), quien salvará a sus ovejas conduciéndolas a buenos pastos (Ez 34 33), y liberará a su pueblo de toda impureza mediante el don de su Espíritu (Ez 36 29). De manera paulatina y constante, Dios fue preparando a su pueblo hasta revelar en qué consiste la verdadera salvación y entregársela a la humanidad entera.

El NT arranca al hacerse realidad esa promesa y llegar el Salvador (Lc 2 11); su nombre es Jesús «porque él salvará a su Pueblo de todos sus pecados» (Mt 1 21). Su Evangelio ofrece la salvación a todo creyente, sin importar raza, condición social ni nación (Rom 1 14-16; 9 27; 11 26). Jesús se revela como salvador mediante sus hechos: salva a los enfermos curándolos; salva a Pedro y a los discípulos sorprendidos por la tempestad; libera del demonio a los posesos. Jesús vino para salvar lo que se había perdido, no para condenar a las personas (Jn 3 17). Él es la puerta: quien entra por ella será salvo (Jn 10 9) y quien no aprovecha la oportunidad se arriesga a la perdición (Lc 8 12). La salvación de Jesús culmina en la cruz y la resurrección. Creer en Cristo es esencial; la fe en su poder es lo que salva, pues requiere de la omnipotencia de Dios (Mt 19 25s).

➲Fe/confianza. Jesús/Jesucristo. Justicia. Justificación/justo. Liberación/libertad. Redención/Redentor. Servidor/Siervo de Yahveh. Testamento.

Samaría/samaritanos. Nombre de la región central de Palestina y de la capital del reino de Israel. Las tribus del Norte nunca estuvieron muy unidas a las del Sur; ni siquiera durante el reinado de David y Salomón. Desde la separación de los dos reinos (931 a.C.), los samaritanos siempre tuvieron conflictos con los judíos de Jerusalén. En 722 a.C., los asirios toman el reino de Israel y deportan a sus dirigentes. Con el tiempo, los samaritanos se separaron del judaísmo de Jerusalén y construyeron su propio templo en el monte Garizim. En la época de Jesús, los samaritanos eran muy mal vistos por los judíos ortodoxos de Jerusalén, por lo que el comportamiento de Jesús con ellos los escandalizó (Jn 4 5-40; Lc 10 13; 17 10-17). La evangelización cristiana se desarrolló primero entre ellos (Hch 1 8; 8 5-25; 9 31; 15 3).

➲Monarquía.

Samuel. Líder del pueblo de Israel durante la transición de su organización tribal a la monarquía (siglo XI a.C.); es el último de los jueces, el primero de los profetas y se le menciona como sacerdote; tuvo impacto fuerte *en la historia* del pueblo elegido; su autoridad mayor le viene de su rol profético (1 Sm 3 – 7; 13; 15). Unge como rey a Saúl y más tarde a David. Denuncia a los hijos del sacerdote Elí por impíos (1 Sm 3 11-14).

➲Monarquía. Profeta/profético.

Sanedrín. Tribunal supremo del pueblo judío, también llamado «Consejo de Ancianos». Fue establecido en 191 a.C.; constaba de 71 miembros: el Sumo Sacerdote y 70 hombres que le ayudaban a conducir al pueblo (Nm 11 16-30). En tiempos de Jesús se componía de: *ancianos,* que representaban la aristocracia laica; los *sumos sacerdotes* de las cuatro familias sacerdotales, y escribas o doctores de la Ley, que solían ser fariseos. Tenía funciones legislativas en el área religiosa y civil: establecía el calendario de fiestas y regulaba la vida religiosa del país; elaboraba, aprobaba y verificaba el cumplimiento de las leyes civiles; juzgaba los delitos, que el procurador debía ratificar y ejecutar. Jesús y Esteban comparecieron ante el Sanedrín acusados de blasfemar; Pedro y Juan, de subvertir el orden social; Pablo, de profanar el Templo (Mc 14 64; Hch 4 15-17; 6 11; 23 1; 24 6). El Sanedrín tuvo un rol muy importante en la condenación de Jesús a su muerte en la cruz. Desde su disolución en 358 d.C., no ha existido una autoridad universal entre los judíos.
➲Ancianos. Jueces. Poncio Pilato/condenación de Jesús. Sacerdocio/sacerdote. Tribunal.

Sangre. Es la portadora de la vida (Lv 17 11); por eso, «derramar sangre» es sinónimo de quitar la vida. La ley de la «venganza de la sangre» protege la vida de los familiares próximos ante posibles agresiones (Nm 35 21). En el AT, el pueblo era rociado con sangre en señal del pacto sellado por Dios en la Alianza, y la sangre de los animales sacrificados se ofrecía a Dios para la «expiación de los pecados». En el NT hay un cambio radical: la Sangre de Cristo derramada en la cruz como consecuencia de una vida de amor y perdón llevada hasta el extremo, es la sangre redentora (Mt 26 28).
➲Redención/Redentor. Sacrificio. Templo de Jerusalén/Templo de Dios. Vida/Vida eterna.

Santiago. El NT habla de tres personas con este nombre: **[1]** Santiago «el Mayor», hijo de Zebedeo, hermano de Juan, llamado como él a ser apóstol. Pertenece, junto con Pedro y Juan, al grupo que acompaña en momentos principales a Jesús; fue decapitado por Herodes Agripa en 44 d.C. **[2]** Santiago «el Menor», hijo de Alfeo; es uno de los Doce, conocido en las listas de apóstoles (Mc 3 18). **[3]** Santiago, el «hermano» del Señor, cabeza de la Iglesia de Jerusalén. Tuvo un papel importante en la «Asamblea de Jerusalén» (Hch 15); se le atribuye la carta *de Santiago;* murió apedreado en el año 62 d.C.
➲Apóstoles/los Doce.

Santidad/Santo. La fuente de la santidad es Dios. Sus palabras «yo soy el Señor, su Dios, y ustedes tienen que santificarse y ser santos, porque yo soy santo» (Lv 11 44; 19 2; 20 26), recogen la teología de la santidad y son vistas como la «ley de santidad». Los profetas llaman a Dios, el «Santo de Israel»; Isaías dice que es «tres veces santo» (Is 6 3). Su santidad se manifiesta cuando revela su gloria y su poder (Ex 19 3-20; Is 6 1-5; Ez 28 25as; 38 21s). Por la Alianza, Dios comparte su santidad con el pueblo consagrado a él (Dt 7 6; 14 1-2). El ser humano, creado a imagen y semejanza de Dios, alcanza su plenitud en la santidad. Los profetas insisten que la santidad no se logra con rituales de purificación, sino con la justicia, la obediencia y el amor (Is 1 4-20; Dt 6 4-9). Lo contrario a la santidad es la imperfección y el pecado.

El NT habla de Dios como el Padre Santo (Jn 17 11), del Espíritu Santo que desciende sobre Jesús en su Bautismo y sobre sus discípulos en Pentecostés (Lc 1 35; Hch 10 38). Pedro profesa que Jesús es el «Santo de Dios» (Jn 6 69). La fe cristiana afirma que hemos sido santificados por Cristo Jesús y que nuestra vocación es la santidad como discípulos (Ef 1 4). Hechos de los Apóstoles y algunas cartas hablan de los cristianos como «los santos» (Hch 9 13; 1 Cor 16 1; Ef 3 5), que forman una «nación santa» (1 Pe 2 9; Ef 2 21), en proceso de santificación, con la gracia de Dios, no según la prudencia humana (1 Cor 1 12; Ef 4 30 – 5 1; Rom 6 19).
➲Consagración. Dios/Dios Padre. Pecado/pecador. Vida/Vida eterna.

Santo de los Santos. Ver *Santuario. Templo de Jerusalén/Templo de Dios.*

Santuario. Lugar de culto y espacio destinado a lo sagrado. Existieron cinco santuarios importantes: Betel, Dan, Guilgal, Silo y Berseba; el rey Josías, al emprender la reforma religiosa, manda destruir todos y solo deja el Templo de Jerusalén (622 a.C.). En el AT hay dos acepciones principales: **[1]** La Tienda donde se colocaba el Arca de la Alianza y el espacio que la rodeaba fue el primer Santuario del pueblo de Israel. **[2]** Recinto más sagrado del Templo de Jerusalén, también llamado «Santo de los Santos», porque ahí moraba Dios y permanecía el Arca de la Alianza antes del exilio.
➲Arca de la Alianza/pacto. Templo de Jerusalén/Templo de Dios.

Sapiencial [género]. Género literario útil para enseñar, compartir observaciones agudas y motivar a llevar una vida sensata. La sabiduría israelita alimenta el arte de vivir según sus principios religiosos y filosofía ética; es más universal que otros tipos de escritos, pues al sabio le interesa el destino del individuo, no el del pueblo, por lo que no trata los temas propios de Israel como la alianza, la redención, la salvación, el mesías. Este género se subdivide en varios menores: «parábolas», «dichos», «sentencias», «historias ejemplares». Los libros sapienciales de la *Biblia son cinco:* Proverbios, Job, Eclesiastés, Eclesiástico y Sabiduría.
➲Género literario. Proverbios. Sabio/sabiduría.

Satán/Satanás. Ver *Demonios.*

Saúl. Primer rey de las tribus hebreas (siglo XI a.C.). De la tribu de Benjamín, ungido por Samuel, fue torpe y débil; cae en desgracia y es sustituido por David.
➲Monarquía.

Seguimiento. Ver *Discípulo/discipulado. Misión. Vocación.*

Semana. Ver *Calendario. Fiestas judías.*

Sembrador/semilla/fruto. El trabajo de la tierra, tan común en el pueblo israelita, fue utilizado como símbolo de la obra de Dios, a quien se presenta como agricultor divino sobre su pueblo (Is 28 23-29; 61 3.11; Ecl 3 9-11). Los frutos de la tierra son parte de la riqueza de la Tierra prometida (Nm 13 25-27; Dt 1 25), el producto o resultado que debe dar el árbol plantado, como se presenta en varios textos del AT y el NT (Sal 85 13-14; Mt 3 10; 7 15-20; Lc 3 8; 13 6-9). El profeta Zacarías compara al Mesías con el germen que traerá la bendición a la tierra (Zac 3 8-10). En el NT, Jesús utiliza la figura del agricultor para referirse al Señor en su Parábola del sembrador, quien hace posible que germine la semilla (Lc 8 5-8; Mt 13 3-9.24-30; Mc 4 1-9.26-29); la novedad en relación al AT es que Jesús aclara que la semilla que Dios desea plantar sobre su pueblo escogido es su Palabra (Lc 8 11). Jesús también compara la semilla con la fe (Mc 4 30-32; Lc 13 18-19) y con los deseos del Señor, de que su pueblo dé frutos (Mt 21 43). Pablo presenta los frutos del Espíritu Santo en oposición a los frutos de los apetitos desordenados (Gal 5 19-25).
➲Alegoría. Árbol. Fe/confianza. Virtudes/vicios.

Señor/el Señor. Ver *Dios/Dios Padre. Yahveh.*

Seol. Ver *Infierno/infiernos.*

Serpiente/Dragón/monstruos. La serpiente es un animal misterioso, por lo que fue divinizado en varias culturas de la antigüedad. En el Génesis, se encuentra en el relato de la creación como un animal astuto que tienta a Eva, como personificación del Demonio, por lo que es castigada, condición que se mantiene en otros libros de la Sagrada Escritura (Gn 3 4-5.14-15; Miq 7 17; Is 65 25). La mención de que será vencida es parte del anuncio anticipado de la salvación (protoevangelio), con su derrota final (Gn 3 15; Ap 12). En contraste, en el Éxodo, es uno de los signos visibles del acompañamiento y protección de Dios a su pueblo (Ex 4 2-5; 7 9-12.15). El libro de Daniel presenta al Dragón, como figura de la diosa Tiamat (Dn 14 23-42). El dragón es una serpiente enorme, sea terrestre, voladora o acuática oculta en las profundidades; es un ser mitológico relacionado con otros monstruos que habitan lugares donde las personas sienten temor (Is 2 19-20; 27 1; 51 9-10; Job 40 25). En el NT, Jesús proclama que la protección de Dios está por encima del poder de la serpiente (Lc 10 19), y utiliza este símbolo en sus «¡Ayes!» para expresar dolor y denuncia ante la hipocresía de los maestros de la Ley y los fariseos: «¡Serpientes, raza de víboras! *¿Cómo podrán escapar a la condenación de la Gehena?»* (Mt 23 33). En el Apocalipsis, el demonio en forma de dragón tiene poder y busca acabar con la mujer (Ap 12 3-4). La Iglesia católica ve en la mujer vestida de sol a María y a la Iglesia, pues ambas comparten la misión mesiánica de Jesús. Otros monstruos o criaturas compuestas, tanto al servicio del bien como del mal, son presentados en la literatura bíblica apocalíptica (Jl 1 5-12; Dn 7 3-8; Ez 1 4-25; 10 1-22; Ap 4 6-8; 11 7; 13 1-3).
➲Alegoría. Apocalipsis/apocalíptico. Demonios. María. Pecado/pecador. Prueba/tentación. Símbolo.

Servicio/siervo. En el AT, el servicio tiene tres connotaciones: **[1]** «neutral», cuando se refiere a estar al servicio del rey o algún jefe; **[2]** «negativa», cuando señala la «servidumbre» de personas sometidas a la esclavitud u opresión; **[3]** «religiosa» cuando se está al servicio de Dios; los patriarcas, Moisés, Josué, David, los profetas, los judíos fieles, etc., son reconocidos como «siervos de Dios» (Gn 24 14; Ex 14 31; Dt 34 5; 2 Sm 7 5.8; Jr 33 26; 30 10). En el NT, Jesús se presenta como servidor (Mt 20 28; Mc 10 45); los discípulos deben servir al igual que su Maestro (Mt 20 26; 23 11; Mc 9 35; 10 43; Jn 12 26; 13 15). La vida cristiana se rige por el amor y el servicio, no por los puestos de honor, sociales, religiosos o políticos. Los servidores de Cristo son, en primer lugar, servidores de la Palabra, los que anuncian el Evangelio, cumpliendo así un servicio sagrado (Lc 1 2; Hch 6 4; Rom 15 16; Col 1 23; Flp 2 22).
➲Esclavos/servidores. Ministerio/ministro.

Siervo de Dios. Siervo de Dios, misterioso y admirable, sumido en el anonimato, de quien se habla en cuatro poemas de Isaías. En el primer poema aparece fuerte; no gritará ni flaqueará mientras Dios se manifiesta a las naciones (Is 42 1-9); en el segundo, recibe de Dios la misión de levantar a las tribus de Israel y de llevar su salvación hasta los confines de la tierra (49 1-7); en el tercero, recibe la misión de reconfortar al «agotado», tarea que acepta con gran disponibilidad, incluso soportando malos tratos sin defenderse (Is 50 4-11); en el cuarto, que es el más importante, Yahveh habla de su siervo humillado en forma inhumana, que soporta espantosos sufrimientos por la salvación de «muchos» y a quien Dios le promete una gloria extraordinaria; es una especie de salmo de lamentación y acción de gracias por la muerte del Siervo (52 13 – 53 12). El NT ve al Siervo de Yahveh en Jesús, condenado a muerte y crucificado, encarnando a un mesías que salva por su entrega en la cruz; no con violencia (Mt 8 17; 12 17-21).
➲Jesús/Jesucristo. Servicio/siervo. Yahveh.

Signo. Los signos comunican de manera sensible una realidad invisible; son señales que pueden ser captadas por los sentidos; la persona necesita conocer su significado para recibir el mensaje que quieren comunicar. *Las palabras son signos lingüísticos*; aquí nos centramos en los «signos visuales» que comunican la trascendencia, el poder y el amor de Dios. Hay cuatro tipos principales: **[1]** los «signos de la creación», que culminan en el ser humano, creado a imagen y semejanza de Dios; **[2]** los «signos-acontecimiento», que caracterizan el éxodo y la Alianza en el Sinaí, en el AT, y la encarnación, muerte y resurrección de Jesús, en el NT; **[3]** los «signos-persona», hasta llegar a la persona misma de Cristo, hombre-Dios; **[4]** los «signos rituales», que culminan con la celebración pascual en el AT y con la Eucaristía en el NT.

En el AT, el Éxodo está lleno de signos o prodigios simbólicos de la acción liberadora y protectora de Dios. Los israelitas convirtieron varios de esos signos en elementos rituales para conmemorar la intervención de Dios en su historia; los acompañaban fórmulas, lecturas y sermones, que ayudaban a revivir y actualizar su significado original.

En el NT, Juan presenta siete «signos» o milagros, que revelan progresivamente quién es Jesús, manifiestan su gloria e indican la llegada del Reino de Dios; son: el milagro en la boda en Caná, la curación de un joven, la curación de un paralítico, la curación de un ciego de nacimiento, la multiplicación de los panes, Jesús camina sobre el agua, la resucitación de Lázaro. Los discípulos de Jesús: dan significado a la sangre y al agua que manan del costado de Cristo en la cruz, viendo en ellos el sacrificio redentor de Jesús y la vida del Espíritu; eliminan signos caducos como la circuncisión; sustituyen signos antiguos con nuevos, como el domingo en lugar del sábado. Los apóstoles consideran que sus milagros son signos que acreditan el poder que les viene de Dios; en sus liturgias utilizan signos del AT con significado cristológico, así como signos nuevos. Los sacramentos son signos visibles de la acción transformadora del Espíritu Santo en la persona que los recibe. Lo característico del NT es que todos los signos están subordinados a Jesus (Mt 24 – 30). Además, es importante identificar los «signos de los tiempos», para descubrir a Dios en la historia y no dejarse embaucar por falsos profetas que les dan una interpretación errónea (Mt 16 1-3).

➲**Milagros. Reino de Dios. Símbolo.**

Símbolo. Del griego, «poner juntos», «confrontar», «unir a nivel profundo». El lenguaje simbólico es connatural a las culturas semitas y una característica de la Sagrada Escritura. La historia de salvación muestra la constante acción de Dios en medio de su pueblo a través de «acciones simbólicas». El AT utiliza un lenguaje simbólico en los: **[1]** «ritos», como la Pascua, las fiestas, el sacrificio, la *circuncisión*, la unción, etc., refieren a profundas experiencias vitales; **[2]** «lugares sagrados», como el Arca, la Tienda, el Templo, manifiestan la presencia continua de Dios; **[3]** «objetos de culto», como el altar, el candelabro, el cordero pascual, alimentan el sentido religioso de la vida.

Los profetas denuncian los ritos vacíos de significado; algunos realizaron «acciones simbólicas» para dar fuerza a su mensaje: Jeremías camina con un yugo al cuello por las calles de Jerusalén; Ezequiel sale de la ciudad antes del asedio, a la vista de todos, «tomando el hatillo» como si fuese un deportado. A veces dan a sus hijos nombres simbólicos para transmitir el mensaje de Dios: Isaías nombra a uno de ellos «un resto volverá», como anuncio de esperanza para el pueblo (Is 7 3); Oseas llama a una hija «no compadecida» y a otra, «no mi pueblo», y después le cambia el nombre por «compadecida» y por «tú mi pueblo», para indicar la transformación gracias a la misericordia de Dios (Os 2 25).

El NT guarda una estrecha continuidad simbólica con el AT; la novedad radica en su relación con el misterio de Cristo: la cena, el Bautismo, la unción, la imposición de manos, etc., son acciones simbólicas que toman gran relevancia en el cristianismo. Los Apóstoles comunican su significado para asegurar que son bien interpretados.

➲**Signo.**

Sinagoga. Del griego, «reunión». Designa tanto a la asamblea de creyentes como el edificio en donde se reúne. El culto en las sinagogas se centra en la meditación y la oración con las Escrituras: la Ley, los Salmos y los Profetas.

➲**Rabino.**

Sinaí/Horeb. «Monte de la Revelación», al sur de la península entre Palestina y Egipto. Posiblemente ahí estableció Dios su alianza con las tribus de Israel y entregó las «tablas de la Ley» a Moisés, lo que unió a las tribus y las ayudó a consolidarse como pueblo de Israel. Se desconoce la ubicación exacta donde sucedió este evento, pues distintas versiones lo sitúan en diferentes lugares.

➲**Alianza/pacto.**

Sinópticos. Ver *Evangelio.*

Sión. Ver *Jerusalén/Nueva Jerusalén.*

Sueño. Ver *Revelación.*

Sufrimiento. Ver *Dolor/sufrimiento. Enfermedad.*

Sumerios. Ver *Mesopotamia.*

Súplica. Género literario muy frecuente en los salmos. Presenta a Dios las necesidades o dificultades de la persona o el pueblo, pidiendo su ayuda; consta de cuatro elementos: invocación a Dios, descripción de la situación, súplica específica y razones para hacerla (Sal 5 – 6; 17; 22; Hch 4 23-30).

➲**Género literario. Lamentación. Oración. Salmos.**

Tabernáculo. Ver *Templo de Jerusalén/Templo de Dios.*

Tabernáculos. Ver *Fiestas judías.*

Tabor. Monte entre la Baja Galilea y los montes de Samaría. Desde ahí se podían controlar los movimientos de los ejércitos que pasaban por la región. El AT lo menciona con frecuencia; en sus faldas sucede la batalla de los israelitas contra el cananeo Sísara, siendo Débora la principal heroína (Jue 4). En el NT no aparece, aunque la tradición cristiana sitúa la transfiguración del Señor en él.

Temor de Dios. Traducción literal de una expresión hebrea. Expresa la actitud religiosa, confiada, adoradora y fiel del creyente en Dios, convencidos de que no hay que tener miedo a la vida y a lo desconocido, pues Dios lo acompaña, como él mismo les dice: «No temas» (Jue 6 23; Dn 10 12; Mc 6 50; Lc 1 13.30). Según su contexto, tiene varios significados: en el Sinaí habla de la majestuosidad de la revelación de Dios (Ex 3 6; 20 18s); en los salmos indica reverencia ante la grandeza de Dios (Sal 22 1; 25 12; 31 20; 66 16); cuando se menciona junto a la ira de Dios, se refiere al Día del Señor (Is 2 10.19). También existe un temor saludable ante el castigo divino, que mueve a la conversión.
➲Día del Señor/domingo. Juicio de Dios/Juicio final.

Templo de Jerusalén/Templo de Dios. El Templo de Jerusalén fue el centro del pueblo de Israel para el culto a Dios. Tuvo tres construcciones:

[1] *Construcciones.* El «Primer Templo» fue construido por Salomón hacia 960 a.C., para colocar el Arca de la Alianza (2 Sm 7). Era grande y lujoso; tenía tres recintos y tres patios (1 Re 6 – 8). Sus recintos eran: (1) el lugar del «Santísimo» o «Santo de los Santos», donde estaba el Arca con las tablas de la Ley, era el lugar sagrado por excelencia, el trono de Yahveh donde descansaba su Gloria (1 Re 8 10); solo podía entrar el Sumo Sacerdote una vez al año, para el rito de expiación de los pecados; (2) el «Santuario» o «sala de culto», que tenía un altar de oro con incienso perpetuo, candelabros y la mesa de los panes que representaba a las doce tribus de Israel; (3) el «vestíbulo» o «entrada», que solo podía ser cruzado por los sacerdotes. Sus patios eran: el «patio de Israel», destinado a los varones, donde se celebraba el culto; el «patio de las mujeres», y el «patio de los gentiles» de libre acceso, donde se vendían los animales para los sacrificios y había actividades comerciales. Fue saqueado en 925 a.C. y destruido por los babilonios en 587 a.C.

El «Segundo Templo» fue construido por Zorobabel al regreso del exilio (515 a.C.), por mandato de Ciro, rey persa; era similar al anterior, pero más sencillo. Aunque el Arca nunca se encontró, el Santuario y el Santo de los Santos estaban separados por una gran cortina o velo para honrar la grandeza de Dios. El altar era de oro y el único candelabro estaba decorado con joyas. Fue profanado por los griegos seléucidas cuando tomaron la ciudad; los Macabeos, judíos celosos de su fe, vencieron a los griegos, recuperaron la ciudad y purificaron el Templo, celebrándose *desde entonces la fiesta de la* «Dedicación del Templo».

El «Tercer Templo» lo construyó el rey Herodes el Grande después de demoler el antiguo, para darle su esplendor original (10 a.C.). Tenía cuatro patios: el «Patio de los Sacerdotes», que contenía la casa de Dios, el altar de los holocaustos; el «Patio de Israel»; el «Patio de las mujeres», y el «Patio de los gentiles». Este es el Templo de la época de Jesús y de los primeros cristianos; fue destruido por los romanos en 70 d.C., al vencer a los judíos que se habían sublevado poco antes, marcando el fin del sacrificio ritual entre los judíos.

[2] *Teología del Templo y el culto en el AT.* Isaías desarrolla la teología del monte Sión, lugar santo para toda la humanidad; a Ezequiel le debemos la teología de la «Gloria de Dios» que habita en el Templo y la visión de un Templo nuevo. Durante el destierro, los judíos comprenden que Dios está dondequiera que reina y se le adora (Ez 11 16) y fueron dando al culto una dimensión más espiritual que ritual. Sin embargo, con la reconstrucción del Templo al retorno del exilio, este cobró nuevo auge. Los profetas insisten en que Dios prefiere el culto espiritual de los pobres y los corazones arrepentidos (Is 66 2).

[3] *El Templo y el culto en el NT.* Jesús fue presentado en el Templo por sus padres, José y María (Lc 2 22-40); acudió a él para las solemnidades como lugar de encuentro con Dios (Lc 2 41-50); lo frecuentó durante su ministerio: ahí rezó, enseñó, curó enfermos y desafió prácticas religiosas. Jesús aprueba sus prácticas cultuales, pero se indigna de que sea lugar de tráfico cambiario (Mt 21 12-14). Anuncia que destruiría el templo construido por los hombres y lo reedificaría en tres días, sin ser edificado por hombres (Mc 14 58; Mt 27 39s), de lo que se le acusa durante su proceso penal; al momento de su muerte se rasgó el velo, como signo de que el antiguo Santuario perdía su carácter sagrado: ya no era signo de la presencia divina.

Al principio, los discípulos continuaron alabando a Dios y evangelizando en el Templo (Hch 3); Pablo es acusado de profanarlo y por eso lo detienen (Hch 21 27-28). Después, su experiencia de Jesús resucitado los llevó a comprender que el templo de piedra había caducado, que el Cuerpo de Jesús, la Iglesia, es el nuevo templo, un templo espiritual edificado sobre Cristo, fundamento y piedra angular (1 Cor 3 10-17; 2 Cor 6 16s; Ef 2 20s); en él, judíos y paganos tienen acceso al Padre en un mismo Espíritu (Ef 2 14-22). Los miembros de la Iglesia, considerados individualmente, son templos del Espíritu Santo (1 Cor 6 19; Rom 8 11) y miembros del Cuerpo de Cristo (1 Cor 6 15; 12 27). También, existe el Santuario del cielo donde Cristo habita desde su ascensión (Heb 4 16; 9 11-14.24; 10 19s); ahí se celebra una liturgia de oración y alabanza, señoreada por Jesús, el Cordero inmolado (Ap 5 6-14; 7 15). Al final de los tiempos no existirá esta dualidad: la Jerusalén celestial descenderá a la tierra; no habrá necesidad de templo porque su templo será Dios mismo; los fieles *verán cara a cara a Dios* para participar plenamente de su vida.
➲Culto. Sacerdocio/sacerdote. Sacrificio. Sanedrín. Santuario (ver esquema, p. 402).

Tentación. Ver *Prueba/tentación*.

Teofanía. Se refiere a cuando Dios se «hace ver» por su pueblo. El AT menciona «teofanías» a los patriarcas, a Moisés y a algunos profetas. Varios fenómenos naturales al estar unidos a una experiencia religiosa fuerte, señalan la presencia poderosa y protectora de Dios, como el fuego, el trueno, la nube, el susurro del viento, la tempestad. En el NT este tipo de señales también están presentes en las acciones de Jesús, pero para los cristianos solo hay una teofanía de Dios: Jesucristo (Jn 1 18; 14 7-10; 1 Cor 15 52; 1 Tes 4 16s). Para evitar confusiones, muchas Biblias suelen utilizar el vocablo «epifanía» para hablar de revelaciones especiales de Jesús, como a los sabios/reyes de Oriente (Mt 2 1-12).
➲Gloria. Jesús/Jesucristo. Revelación.

Teología de la historia. La teología reflexiona sobre la vida a la luz de la presencia activa de Dios en ella. En este sentido, toda la Biblia es teología de la historia, pues la historia tiene una finalidad religiosa. Cada uno de los conjuntos historiográficos, así como la narrativa de cada evangelio, tienen un enfoque teológico que corresponde al lente bajo el cual los autores ven la historia de salvación.
➲Historia. Salvación/Salvador/historia de salvación.

Tesalónica/tesalonicenses. Ciudad griega que en la época romana pasó a ser la capital de su provincia de Macedonia. Los tesalonicenses fueron evangelizados por Pablo al comienzo de su segundo viaje misionero; les escribió dos cartas.
➲Pablo/Saulo de Tarso.

Testamento. Del griego, «última voluntad», «pacto o alianza». Se refiere a la transmisión de la herencia y la última voluntad de una persona, abarcando su herencia espiritual y sus enseñanzas. Es un género literario común en la Biblia (Gn 49; Dt 33; 1 Re 2), utilizado para transmitir la herencia a los primogénitos. La Sagrada Escritura, como Palabra de Dios, es una sola, pero se distinguen dos etapas en su desarrollo histórico, teológico y espiritual: la «Primera Alianza o Antiguo Testamento» y la «Nueva Alianza, Segunda Alianza o Nuevo Testamento». El Nuevo Testamento es continuación del Antiguo: en el AT, Dios establece su Alianza *fundamental* con el pueblo de Israel y la renueva varias veces; en el *NT, Cristo lleva a la plenitud* la Alianza celebrada y renovada en el AT. Los libros que conforman ambos testamentos fueron determinados por la Iglesia; los católicos reconocen siete libros más que los protestantes en el AT.
➲Alianza/pacto. Canon/canónicos. Género literario.

Tiberíades. Ciudad romana construida por Herodes Antipas en honor a Tiberio. Está situada junto al lago o mar que lleva su nombre.

Tiberio. Emperador romano, sucesor de Octavio Augusto (14-37 d.C.). Juan el Bautista comienza su actividad el año 15 del gobierno de Tiberio (Lc 3 1).

Tiempo. Dios vive en la eternidad y el ser humano vive en el tiempo histórico, el cual empieza con la creación. Dios interviene en la historia universal y personal, convirtiéndola en historia sagrada. La revelación de Dios se realiza mediante eventos y acontecimientos que sacralizan el tiempo y dan razón de su finalidad. Esta revelación sucede en dos etapas, de longitud y significado muy desigual: el AT es tiempo de preparación para la revelación plena de Dios; abarca la prehistoria y 13 siglos de historia; revela que el plan de Dios llegaría a su término con el Juicio final y la salvación. El NT cubre alrededor de 100 años; completa la visión profética de la historia anunciada en el AT.

Con Jesús termina el tiempo de preparación para la revelación plena de Dios. Su nacimiento es el acontecimiento clave de la historia sagrada; al comienzo de su ministerio público proclama: «El tiempo se ha cumplido: el Reino de Dios está cerca» (Mc 1 15). Invita a sus discípulos para que comprendan los signos del tiempo en que viven (Mt 16 1ss); llora sobre Jerusalén porque no supo reconocer el tiempo en que Dios la visitaba (Lc 19 44); participa de la experiencia humana del tiempo esperando su hora (Jn 2 4; 17 1). Con Jesús llegó la plenitud de los tiempos (Gal 4 4; Ef 1 10) y hay una transición hasta que vuelva en gloria al final del tiempo (Hch 1 11); esta transición es el tiempo de la Iglesia y del Espíritu Santo (Jn 16 5-15; Rom 8 15ss), en el que vivimos los cristianos; es un tiempo marcado por signos precursores del fin (2 Tes 2 3-12; Ap 6 – 19), cuya fecha no dio a conocer Jesús (Mc 13 32); el cuándo suceda es un secreto del Padre Dios que no nos corresponde conocer (Hch 1 7).

El griego utiliza dos vocablos para hablar del tiempo: *kairós*, que significa «tiempo oportuno» o «tiempo salvífico» (2 Cor 6 2), y *chronos*, que se refiere al «tiempo cuantificado». Cada persona tiene su *kairós*, su «tiempo oportuno» para encontrarse con el Señor y abrirse a su gracia.
➲Historia. Hora. Parusía. Testamento.

Tienda/Tienda del Encuentro. La «tienda» o «carpa», era el tipo de habitación propio de los pueblos nómadas en el desierto (Gn 4 20). Con el tiempo, el pueblo israelita le dio diversos significados: **[1]** La «Tienda del Encuentro» era considerada la Morada o Casa de Dios durante la época *en el desierto* (Ex 26 1s); ahí se guardaba el Arca de la Alianza con las tablas de la Ley (Ex 25 16); **[2]** Adquiere un uso como sinónimo de habitación (Sal 84 11; Prov 14 11; Job 8 22; Sal 19 5-6); **[3]** Se le considera lugar de «refugio» (1 Sm 4 10; Jue 4 17-22; 1 Re 2 28-34) y se la ve como «sitio para la intimidad» (Cant 1 5); **[4]** Tiene la connotación de sitio de encuentro con el Señor (Sal 15 1; Sal 61 5; Sab 9 14-15; 2 Cor 5 1-4).
➲Arca de la Alianza/pacto. Santuario. Templo de Jerusalén/Templo de Dios.

Tierra/Tierra prometida. Término más teológico que geográfico. La tierra está asociada al ser humano durante toda la historia de salvación, desde sus orígenes hasta la llegada del reino futuro. Dios creó el cielo y la tierra (Gn 1 1); planta un jardín para situar al hombre y a la mujer (2 4-15); los cielos pertenecen a Dios y la tierra al ser humano (Sal 115 16). Como Creador de la tierra, Dios tiene un derecho absoluto sobre ella; sin embargo, se la confía al ser humano, quien deberá dominarla y administrarla (Gn 1 28; 2 8.15; Eclo 17 1-4). Con la ruptura de la comunión con Dios por el pecado, la tierra se convierte en lugar de trabajo y dolor. Dios establece una alianza con Abraham y le promete que será padre de una multitud de pueblos y que le dará una tierra en posesión (Gn 17 1-8). La Tierra prometida a Abraham y a su descendencia es el premio a la persona que pone toda su fe en Dios (Sal 25 13; 37 3). Los patriarcas anduvieron por Canaán como emigrantes, no como propietarios de la tierra que pisaban. Con el éxodo de Egipto comienza la jornada que conducirá a la «Tierra prometida», una tierra que «mana leche y miel» (Ex 33 3) y que la vida en Canaán fue comprobando que no era así. Los profetas fueron poco a poco intuyendo la existencia de una tierra nueva, la verdadera Tierra prometida (Is 11 6-9).

Jesús comparte con Dios el señorío sobre la tierra. Nada se hizo sin él (Jn 1 3); todo poder le fue dado en el cielo y en la tierra (Mt 28 18). El pueblo de la Antigua Alianza había tomado posesión de la Tierra prometida, pero esa tierra era figura de la salvación venidera que da acceso a la verdadera tierra, la morada celestial donde habita Jesús desde su ascensión a los cielos y de la que tenemos una experiencia anticipada en su Iglesia (Heb 4 9). Con Jesús, la posesión de la tierra adquiere un significado escatológico; la tierra en la que habita el pueblo de la Nueva Alianza, la Iglesia, también es objeto de redención: su estado actual pasará (Mt 24 35), será reemplazada por una tierra nueva (Ap 21 1), que aguardamos según la promesa de Dios y en la que habitará la justicia (2 Pe 3 10-13).

➲**Alianza/pacto. Bendición. Cielo. Josué. Moisés. Salvación/Salvador/historia de salvación.**

Tomás. Uno de los doce Apóstoles llamado *Dídimo,* «mellizo». En los evangelios sinópticos solo se cita en la lista de los Apóstoles (Mt 10 3). Juan habla de él en tres ocasiones y lo presenta como apóstol que duda en su fe (Jn 20). Según la tradición, evangelizó el norte de Siria, el reino de los Partos y llegó a la India.

➲**Apóstoles/los Doce.**

Torá. Ver *Ley.*

Tradición/tradiciones. Término que se utiliza desde cinco perspectivas. **[1]** *«Perspectiva histórica»: transmisión del patrimonio* religioso de un pueblo, de generación en generación, por personas con funciones específicas como los sacerdotes, profetas, padres de familia, y la sabiduría popular. **[2]** «Perspectiva literaria»: Se refiere a las grandes cuatro grandes tradiciones que dan lugar a los libros del AT: Yavista, Elohista, Deuteronomista y Sacerdotal. **[3]** «Perspectiva cristiana»: Jesús distingue entre la Tradición proveniente de la revelación de Dios y las tradiciones creadas por las personas (Mc 7 5.13). A partir de Jesús, él es la única fuente de la tradición cristiana, revelador definitivo de Dios en quien se cumplen las Escrituras judías; él es la Buena Noticia que hay que transmitir. **[4]** «Perspectiva teológica»: Jesús vive actualmente, no es un hecho del pasado; la tradición cristiana actualiza sus enseñanzas, encarnándolas en las distintas circunstancias de su propia historia; es una tradición viva y transformadora. **[5]** «Perspectiva católica»: se refiere a la herencia recibida de los Apóstoles y transmitida a sus sucesores; junto con la Sagrada Escritura constituye el fundamento de la «Tradición católica», escrita con «T» mayúscula para distinguirla de las tradiciones creadas por la comunidad eclesial.

➲**Autoridad** (ver esquema, p. 57).

Transfiguración. Transformación en la forma o apariencia, que revela la verdadera naturaleza de una persona. La transfiguración de Jesús se da entre el anuncio de su pasión y sus especificaciones sobre las condiciones del discipulado (Mt 17 1-13; Lc 9 28-36). Camino a Jerusalén, en la última etapa de su ministerio, Jesús sube a un monte, donde su cuerpo se transfigura apareciendo radiante en medio de Moisés y Elías, quienes representan la Ley y los Profetas, en señal de que el AT se cumple en él; la escena evoca las teofanías en que Dios se reveló a Moisés y a Elías (Ex 33 18). Lo acompañan Pedro, Santiago y Juan, los mismos testigos de su agonía en Getsemaní, pues su glorificación y su desaliento son parte integral del evangelio. De la nube —símbolo de la presencia de Dios (Ex 19 9) y de la procedencia del Espíritu Santo (Lc 1 35)— salen las mismas palabras que en el Bautismo de Jesús, «Este es mi Hijo, el Elegido; escúchenlo» (3 22; 9 35). Mateo añade que los discípulos cayeron llenos de temor, y Jesús los levantó diciéndoles «no tengan miedo» (Mt 17 6s); es la promesa de Dios a sus elegidos. Esta experiencia anticipada de la gloria de Cristo da significado al misterio de la cruz. En virtud de nuestro Bautismo, los cristianos estamos llamados a transfigurarnos para reflejar el rostro del Señor (2 Cor 3 18).

➲**Bautismo. Pasión [relatos de la]. Resurrección.**

Tribunal. Estrado semicircular en que se sentaban los magistrados romanos para impartir justicia. Jesús fue llevado al tribunal, que decidió su suerte basado en las acusaciones del Sanedrín (Mt 27 19; Jn 19 11). Pablo fue llevado al tribunal en Corinto y en Cesarea *(Hch 25 6-21).*

➲**Jueces. Sanedrín.**

Tribus/doce tribus de Israel. La tribu es un conjunto de familias con un antepasado común. El AT habla de 12 tribus que trazan su origen al patriarca Jacob, a quien Dios cambia el nombre por *Israel*. Son el fundamento del pueblo de Israel debido a su experiencia común de liberación de la esclavitud de Egipto, peregrinaje por el desierto, alianza con Dios en el Sinaí y asentamiento en la Tierra prometida; en esto radica su identidad. Al llegar a Canaán se establecen dispersas en distintos territorios, con cada tribu siendo responsable de cuidar y proteger a sus miembros. Como miembros del pueblo elegido de Dios, se unían para defenderse de invasiones, luchas militares y desastres agrícolas o naturales. La organización social del pueblo de Israel fue tribal hasta que el rey David las une en el reino de Judá, alrededor de 1000 a.C. En 931 a.C., las diez tribus del Norte se separan y crean el reino de Israel o reino del Norte. Las dos tribus del Sur o reino de Judá, juegan un papel clave en la historia de salvación: David pertenece a la tribu de Judá, de quien descenderá el Mesías; los sacerdotes del Templo son de la tribu de Leví. Jesús nombrará 12 Apóstoles para que sean los pilares de su Iglesia, estableciendo una continuidad entre el pueblo de Israel y el nuevo Pueblo de Dios.

➲**Jacob/Israel. Monarquía. Monoteísmo. Pueblo de Israel/nuevo Pueblo de Dios** (ver esquema, p. 120 y mapa, p. 47).

Unción. Significa «untar», generalmente con aceite. Los hebreos ungían con aceite en diversas ocasiones: **[1]** En la vida cotidiana, con fines de belleza, como signo de alegría o de honor en las festividades, y como muestra de honor a los huéspedes, como hizo la pecadora con Jesús en casa de Simón el fariseo, al ver que él no lo hacía (Lc 7 38.46), y como hizo María, hermana de Lázaro, causando escándalo entre los discípulos, con Jesús aprobando el gesto como un signo anticipado de su muerte, pues también los cadáveres eran embalsamados con aceite (Mt 6 – 13; Mc 16 1). **[2]** Para curar a los enfermos, en los rituales de purificación y en la expulsión de los demonios, un gesto usado con frecuencia por Jesús (Mt 10 1; Mc 13; Lc 9 1), de modo que la unción pasa a ser signo de salvación, por lo que será utilizada en los exorcismos sobre los catecúmenos (conversos al cristianismo) antes de bautizarlos. **[3]** La mayoría de las unciones en la Biblia se da en ritos consagratorios, para dedicar un objeto, lugar o persona a Dios; entre estos ritos, destaca la unción con aceite de oliva en la consagración de los reyes (1 Re 1 39) y los sacerdotes (Ex 29 7; Lv 8 12); los profetas eran *ungidos por el Espíritu* Santo. La unción real era la más importante; la hacía un sacerdote o un profeta, y era signo visible de que Dios los había elegido como sus representantes para gobernar; se les consideraba «ungidos de Yahveh», de ahí su gran responsabilidad y la gravedad de su infidelidad.

La unción adquiere gran importancia al ser aplicada de manera simbólica al rey-libertador esperado, a quien el judaísmo tardío le llama «Mesías», que quiere decir «ungido». Jesús aceptó ese título con reservas, pues no quería que se confundiera su misión con la de un libertador político de Israel, pues la realizaría entregando su vida por la salvación de las personas y mediante su pasión, muerte, resurrección y entrada gloriosa al Reino celestial (Mt 16 13-21; 26 64).

El NT menciona una unción de Jesús en su vida terrena, cuando fue ungido por el Espíritu Santo en su Bautismo (Hch 10 38); al iniciar su ministerio y aplicarse un texto de Isaías, Jesús declara que fue ungido para una misión profética (Is 61 1; Lc 4 18-21). Fue hasta después de su resurrección y entrada al Reino celestial cuando sus discípulos le dieron el título de Mesías, cuya traducción al griego es *Khristous* (Heb 1 8; Hch 2 31; Flp 2 11). El título de «Cristo» abarca la obra de salvación realizada por Jesús y su unción regia en la Ascensión, con la tradición cristiana ligándolo a la triple unción del Mesías como rey, sacerdote y profeta.

La unción de los cristianos en su Bautismo y Confirmación indica su participación en la unción profética de Jesús. Los *catecúmenos* «conversos al cristianismo», antes de recibir el sello del Espíritu en su Bautismo, son ungidos por Dios en su corazón para que nazca la fe en la palabra de verdad (2 Cor 1 21; Ef 1 13; 4 30). El aceite u óleo para ungir significa la consagración interior realizada por el Espíritu Santo, por eso la Iglesia utiliza aceite para ungir en los sacramentos, el cual se bendice en la Misa crismal del Jueves Santo: el óleo para la Unción de los enfermos; el óleo de los catecúmenos, para el Bautismo y la Confirmación; el crisma (aceite de oliva más un bálsamo aromático) para los sacramentos del Bautismo, Confirmación, la ordenación de los sacerdotes y la consagración de los obispos.

➲**Bautismo. Consagración. Jesús/Jesucristo. Mesías. Sacerdocio/sacerdote.**

Venganza. Desquite o satisfacción por un agravio o daño recibidos. En lenguaje bíblico, la *venganza* restablece la justicia, es una victoria sobre el mal y supone la obligación de vengar el derecho atropellado; no incluye sentimientos de odio ni rencor (Lv 17 7s). La ley mosaica honra la «ley del talión», con su lema: «ojo por ojo y diente por diente», como una justicia retributiva en la que la venganza correspondía exactamente a la falta cometida, sin hacer más daño que el recibido (Ex 2 23-25; Lv 24 18-20; Dt 19 21). A través del tiempo, Dios se reveló como el único vengador legítimo de la justicia; el justo renuncia a vengarse, pues confía en la «venganza de Dios», juez por excelencia, quien conoce el corazón de las personas (Dt 32 35; Prov 20 22). El Día del Señor es *el día de la justicia*, la salvación y la venganza de Dios (Is 59 17s; Jr 46 10).

Jesús instaura una ley nueva al exigir de sus discípulos el perdón de las ofensas y el amor a los enemigos (Mt 5 43-48; Lc 6 27-38). Cuando Jesús murió, la injusticia suprema de los hombres reveló la justicia infinita de Dios. Toca a sus seguidores vencer el mal con el bien, y dejar la aplicación de la justicia en manos de Dios (Rom 12 21).

➲**Bautismo. Juicio de Dios/Juicio final. Justicia. Misericordia. Perdón. Sacerdocio/sacerdote.**

Verdad. Existencia real y efectiva de algo; conformidad de algo con la realidad; acuerdo entre lo que se dice, se siente o se piensa; significa ser sólido, seguro, fiel, digno de confianza. En la Biblia, la «verdad» se funda en la relación con Dios; designa el plan y el querer de Dios, con un alcance moral que busca el bien y se opone a la maldad. La Palabra de Dios es verdad que permanece para siempre; la Sagrada Escritura es verdadera porque tiene a Dios como autor y revela el plan de salvación de Dios. En el AT la verdad se centra en la fidelidad de Dios a su amor, a la alianza y a sus promesas; en el Juicio final, además de ver a Dios cara a cara, los justos comprenderán la verdad; les será revelado el designio providencial de Dios para la humanidad; recibirán la explicación del sentido de su fe (Dn 8 12; 9 13).

En el NT, Cristo es la verdad, la plenitud de la revelación (Jn 1 18); la fidelidad de Dios a sus promesas se cumple en Cristo, «el Camino, la Verdad y la Vida» (14 6). La verdad de Cristo se revela en los evangelios; es la Palabra que Cristo ha oído al Padre y que él proclama, de la que da testimonio y que nos invita a creer: «La ley fue dada por medio de Moisés, pero la gracia y la verdad nos han llegado por Jesucristo» (Jn 1 17). Jesús anuncia a sus discípulos que enviará al Espíritu de verdad, para conducirlos hacia la verdad total (Jn 15 26).

Pablo reemplaza la expresión judía «la verdad de la Ley» por «la verdad del Evangelio» o «la Palabra de verdad», que él predica (2 Cor 4 2.5). Las personas deben oír la Palabra y convertirse para conocer la verdad (2 Tim 2 25), lo que se hace por la fe y requiere amor al Dios verdadero (Rom 1 25). El cristiano nace del Espíritu y conocerá la verdad, si permanece bajo su influencia; se santifica en la verdad (Ef 4 24). El juicio de Dios está marcado de verdad y justicia (Rom 2 2).

➲**Jesús/Jesucristo. Palabra de Dios. Revelación.**

Vicios. Ver *Virtudes/vicios.*

Vid/viña/vino. El vino tiene un papel importante en la cultura bíblica, además de sus efectos positivos y negativos en quien lo bebe. La uva es un producto agrícola común en tierras israelitas y el vino una bebida muy aceptada en el pueblo judío. En el AT, la abundancia o escasez de los frutos de la vid se ven como bendición o maldición de Dios (Gn 9 20; Nm 13 23.24; Am 5 11-12; Sof 1 13; Is 7 23-24; 2 Re 18 31; Zac 8 12). El vino se compara con la sabiduría (Prov 9 1-6) y produce alegría (Sal 104 15). La abstinencia de vino se acostumbra como preparación a una tarea importante (Lv 10 8-10; Jue 13 3-4; Mt 26 29). Los profetas denunciaban el abuso del vino como un vicio que hace daño. En el NT, Juan presenta la transformación de agua en un vino excelente, realizada por Jesús durante las bodas en Caná por intercesión de su madre María, como el primer signo del Reino de Dios (Jn 2 12); es también una alusión a la transformación del vino en la Sangre de Jesús al instituir la Eucaristía (Mt 26 27-29). Jesús utiliza la simbología de la vid, los viñadores, el viñedo, en su Parábola de los viñadores homicidas, pues eran realidades muy cercanas al pueblo (Mc 12 1-12). Él mismo se presenta como la vid verdadera, siendo los sarmientos (ramas) los discípulos que le siguen y dan frutos por estar unidos a él (Jn 15 1-5).

➲**Alegría/danza/fiesta. Bendición. Discípulo/discipulado. Eucaristía. Milagro. Virtudes/vicios.**

Vida/Vida eterna. Para los israelitas, la vida viene de Dios, es un don sagrado que hace brillar su misterio y su generosidad.

[1] *Yahveh es un «Dios viviente».* Dios se ha revelado a su pueblo como poderoso y activo en su historia, por eso los israelitas invocan «al Dios viviente» (Jos 3 10; Sal 42 3), se presentan como el «servidor del Dios viviente» (Dn 6 21; 1 Re 18 10.15), juran «por el Dios viviente» (Jue 8 19; 1 Sm 19 6). Este título pretende captar la extraordinaria vitalidad de Dios, que «no se fatiga ni se cansa» (Is 40 28), «subsiste para siempre... salva y libera, realiza signos y prodigios en el cielo y sobre la tierra» (Dn 6 27s).

[2] *La vida es sagrada, pertenece a Dios.* La «vida» tiene un lugar especial en el corazón de Dios, por eso corona el resto de la creación y Dios le otorga una bendición sin igual: poder multiplicarse (Gn 1 21-28). Dios es la «fuente de la vida» (Jr 2 13; 17 13; Sal 36 10); en las personas, la vida termina cuando el espíritu regresa a su Creador. Dios protege la vida y prohíbe el homicidio (Gn 4 11-15; 9 5s; Ex 20 13); bendice la vida, la longevidad y la capacidad de procreación, por eso las personas claman por la vida y están dispuestas a sacrificar otras cosas por mantenerla. La vida de los animales también es sagrada, por eso pueden ser ofrecidos a Dios en sacrificio. Sin embargo, la vida es frágil, corta, depende incesantemente de él (Sal 104 28s).

[3] *Los caminos de Dios aseguran la vida.* Dios da la vida y da la muerte (Dt 32 39), pero no se complace en la muerte de nadie (Ez 18 32). Protegió el árbol de la vida y la muerte en el paraíso, después del pecado de los primeros padres para poder dar a la humanidad la vida verdadera y que no se quedara con una vida fruto del pecado (Gn 3 22). El éxodo, el camino por el desierto, la Alianza, la Tierra prometida... toda la historia del AT son los «caminos de vida» que proporciona Dios a su pueblo (Prov 2 19; Sal 16 11; Dt 30 15; Jr 21 8). Quien cumpla las leyes que da Dios, hallará vida en ellas (Lv 18 5; Dt 4 1; Ex 15 26, porque son los caminos de la justicia que conducen a la vida verdadera (Prov 11 19; 2 19s), «el justo vivirá por su fidelidad» (Hab 2 4), mientras que los impíos serán borrados del libro de la vida (Sal 69 29); vivir en fidelidad a Dios es una felicidad única en el mundo, «por encima de todas las naciones de la tierra» (Dt 28 1).

[4] *Esperanza en la vida más allá de la muerte.* Dios se vale de sus profetas para anunciar una vida nueva, pues Dios «no se complace en la muerte del malvado», sino que lo llama a «que se convierta de su mala conducta y viva» (Ez 33 11); por eso, infundirá Dios su espíritu una vez más, y los cadáveres de Israel revivirán (37 11-14), y el Siervo de Yahveh ofrece su vida en sacrificio por la expiación del pecado que causa la muerte

(52 13 – 53 12). La experiencia de morir para ser fiel a Dios durante las persecuciones de Antíoco Epífanes afirmó la convicción de que la muerte aceptada por Dios no podía separar de él, sino conducir a la resurrección: «Dios les devolverá el espíritu y la vida... Gozan ahora de la vida inagotable» (2 Mac 7 23.36); los justos están en manos de Dios y recibirán la Vida eterna... serán coronados de gloria (3 1; 5 15s).

[5] *Jesús es la vida y da la vida.* Jesús poseía la vida desde toda la eternidad; es la palabra de vida hecha carne (Jn 1 4; 1 Jn 1 1) y la da en abundancia (Jn 10 10). Él es «el Camino, la Verdad y la Vida» (14 6), «la resurrección y la vida» (11 25), «Luz de la vida» (8 12), el «pan de Vida» (6 27-58); la fuente de la que brota la Vida eterna (4 14). Para Jesús, la vida es preciosa, «más que la comida» (Mt 6 25); salvar una vida es más importante que el sábado (Mc 3 4) porque «Dios no es un Dios de muertos, sino de vivientes» (12 27). Realiza curaciones, liberaciones del demonio y resucita personas, dándoles vida y como signo de su poder sobre la muerte. Entrega su vida para dar vida, convirtiendo las promesas del AT en realidad: como el buen Pastor, da la vida por sus ovejas (Jn 10 11.15.17s; 1 Jn 3 16); muerto y resucitado es «el príncipe de la vida» (Hch 3 15); se convierte en don de vida para todos los que creen en él (Jn 5 24) y entrega a sus discípulos su «espíritu vivificante» (1 Cor 15 45).

[6] *La vida en Cristo y la vida futura.* Quien es bautizado en Cristo y cree en él, es sumergido en su misterio pascual y adquiere una vida nueva, la de hijo o hija de Dios en el Hijo, por el poder del Espíritu Santo; ha sido habilitado para vivir en adelante para Dios en Cristo Jesús (Jn 6 10s); participa de la vida de Cristo, su propio espíritu es vida, por lo que puede vivir para siempre (Rom 6 3; 8 10-11.38), no para sí mismo, sino para Dios. Cuanto más seguimos a Jesús y nos incorporamos en su misión gracias a la acción del Espíritu Santo en nosotros, incluyendo los sufrimientos que esto conlleva, más vida tenemos, aun mientras continuamos nuestra jornada en la tierra. Unidos a Cristo por la fe y entregándole nuestra vida en el amor, lo que es corruptible en nosotros, se reviste de inmortalidad al resucitar en él después de nuestra muerte corporal (1 Cor 15 35-55). Pablo desea morir para «estar con Cristo» (Flp 1 23; 2 Cor 5 8); entonces podremos estar para siempre unidos a Dios, ser semejantes a él y verlo tal como es, cara a cara (1 Jn 3 2; 1 Cor 13 12), lo cual es la esencia de la vida futura, para nunca más morir. El Apocalipsis visualiza a los mártires en el cielo (Ap 6 9); nuestra vida alcanza su perfección el día en que el cuerpo, resucitado y glorioso, goce de Dios en la Jerusalén celeste (21 3), donde brota el río de vida y crece el árbol de vida (22 1s; 22 14.19). Entonces todo es vida, no hay muerte (21 4), pues todo ha sido sometido a Dios, y Dios es todo en todos (1 Cor 15 28). Es el nuevo paraíso, donde los santos gustan para siempre la vida misma de Dios en Cristo Jesús.

➲**Alma. Bendición. Cuerpo. Espíritu de Dios/Espíritu Santo. Fecundidad. Muerte. Resurrección.**

Vino. Ver *Eucaristía/vid/viña/vino.*

Virginidad. Del latín *virgo,* «persona que no ha tenido relaciones sexuales íntimas». En el AT, el pueblo de Israel estaba orientado hacia su crecimiento, por lo que no tener hijos era impensable (Jue 11 37; Sal 127 3; 128 3-6). Solo la futura esposa del Sumo Sacerdote debía ser virgen por razones de pureza ritual (Lv 12 15; 21 13s; 21 7). En cambio, en el paganismo la virginidad tenía valor sagrado; algunas diosas eran vírgenes como signo de eterna juventud. La preparación a la virginidad cristiana se da en el contexto de la Alianza: Dios bendice a mujeres de edad mayor que eran estériles con hijos a quienes encomienda una misión (Gn 21 1-7; Lc 1 13-20). Los profetas hablan del amor esponsal de Dios con su pueblo, la virginidad de Israel como símbolo de fidelidad a la Alianza y la integridad antes de ser conquistado por imperios paganos (Os 1 – 2; Am 5 2; Is 37 23; Jr 14 17; 18 13; Lam 1 1.52); para Isaías el matrimonio de un joven con una virgen simboliza las nupcias mesiánicas de Yahveh con Israel (Is 62 5).

En el NT, Jesús revela el sentido sobrenatural de la virginidad: la fidelidad al amor exclusivo a Dios. En María se unen las dos Alianzas y comienza a realizarse la virginidad de la Iglesia, el nuevo Pueblo de Dios. Con su *fiat* a la voluntad de Dios y su consagración absoluta y exclusiva a él, da un nuevo sentido a la virginidad personal, y lo que antes era oprobio se convierte en bendición (Lc 1 26-38.48). La virginidad converge en la unión de Cristo con su Iglesia, símbolo del matrimonio: «Maridos, amen a su esposa, como Cristo amó a la Iglesia y se entregó por ella» (Ef 5 25). Pablo habla de la iglesia de Corinto como prometida a Cristo y quiere presentársela como virgen pura e inmaculada, por lo que defenderá la integridad de su fe (2 Cor 11 2; Ef 5 27). Para los cristianos, la virginidad es una vocación, un carisma, que solo tiene sentido en función del Reino de Dios (Mt 19 12; 1 Cor 7 7.25); Pablo considera que la persona que no se casa y la virgen se ocupan mejor de las cosas del Señor. (1 Cor 7 32-35). Los cristianos, como las vírgenes prudentes, van al encuentro de Cristo, su esposo, para tomar parte con él en el banquete nupcial (Mt 25 1-13). En la Jerusalén celestial todos los elegidos son llamados vírgenes porque no se prostituyeron en la idolatría, siguen al Cordero adondequiera que va y pertenecen a la ciudad celestial, esposa del Cordero (Jn 10 4.27; Ap 14 4; 19 7.9; 21 9).

➲**Celibato. Fecundidad. María. Matrimonio. Puro/impuro.**

Virtudes/vicios. La Biblia menciona numerosas virtudes y vicios; es decir, «hábitos que perfeccionan o degradan al ser humano». La unión con Dios en el amor lleva al progreso moral del ser humano; es el único camino hacia la realización personal. En la Biblia, la virtud consiste en «andar con Dios» (Gn 5 22.24; 6 9), en vivir en conformidad con sus palabras y cumplir su voluntad. La fidelidad en seguir el camino es la virtud que Abraham deberá ense- escendientes, la cual es condición de ...nza (Ex 19 5.8). El vicio separa del camino ...e Dios (32 8). La raíz de la virtud o del vicio está en el corazón de la persona; la virtud nace de la docilidad y la fidelidad del corazón al amor y a la Ley de Dios (Dt 6 5s; 10 16; 11 1; 30 20). Los profetas presentan listas de vicios, que denuncian por ser contrarios a la voluntad de Dios; también anuncian que Dios infundirá en el corazón un espíritu nuevo que lo hará firme; les dará un corazón nuevo con su ley inscrita por el Espíritu de Dios, para que sean fieles (Ez 36 26).

Cristo indica que el Espíritu Santo es el maestro interior, que da la sabiduría y la fortaleza necesarias para ser testigos (Ef 3 16), libera de los apetitos carnales que llevan al vicio y hace fructificar las virtudes por medio del amor (Rom 5 5; Gal 5 22). La causa de los vicios es el desconocimiento de Dios, por lo que se prefieren ídolos (Flp 4 8). Las tres virtudes primordiales son la fe, la esperanza y la caridad, con la caridad siendo la principal (1 Cor 13 13), pues es el vínculo de la perfección, la que establece el reinado de la paz y la unidad en Cristo (Col 3 12-15).

➲Alianza/pacto. Amor. Comunión. Conversión. Corazón. Demonios. Espíritu de Dios/Espíritu Santo. Pecado/pecador.

Visión. Ver *Revelación.*

Visitación. Se refiere a la «visita» que hace María a su prima Isabel, cuando estaba encinta. Es un ejemplo del espíritu de servicio en María y un signo del encuentro de dos tiempos salvíficos: Isabel lleva en sus entrañas al precursor del Mesías y María lleva en sus entrañas a Cristo-Mesías (Lc 1 39-56).

Viudas. Grupo social muy frecuente en la antigüedad, debido a las guerras. Si la viuda no tenía hijos, gozaba de los derechos de la Ley del Levirato o «deber del cuñado». No era frecuente un segundo matrimonio, de ahí sus penurias económicas y el deber de ayudarlas económicamente. Dios es defensor de los más débiles del pueblo: viudas, huérfanos y extranjeros. Lucas muestra a Jesús dándoles una especial atención. También los primeros cristianos las atienden de manera especial (Hch 6 1).

➲Levirato. Pobreza/pobres de Yahveh.

Vocación. Del latín, «llamada». Las escenas de vocación son muy importantes, pues hablan de la colaboración estrecha de las personas en la obra de Dios; él llama para encomendar una misión y llevar adelante la historia de la salvación. En ocasiones existe un gesto o un ritual de consagración entre la vocación y la misión, como en el caso de *Isaías, Jeremías y Ezequiel (Is 6 6; Jr 1 9; Ez 3 1). La llamada puede* darse unida a una teofanía (Lc 1 26); casi siempre se menciona el nombre de la persona (Hch 9 1); con frecuencia la primera reacción es de resistencia, después viene la aceptación; Moisés presenta cinco resistencias, a las que Dios responde: «no tengas miedo, yo estoy contigo» (Ex 3 11 – 4 17). También el pueblo de Israel fue llamado a ser protagonista de la historia de salvación (Ex 19; 24; Heb 7 10).

La vocación de Jesús tiene las mismas características, pero solo se habla de su misión recibida del Padre; en el NT nada indica que Jesús tome conciencia de su misión en un llamado de Dios. La vocación genera un cambio existencial, una reorientación de la vida personal, lo que no es necesario en Jesús: desde su Bautismo hasta el fin, sabe de dónde viene y adónde va; se debe a la esencia de su ser y no a una vocación. En contraste, Jesús hace muchos llamados; la vocación es el punto de partida para formar el grupo de los Doce y su comunidad de discípulos (Mc 1 16-20); es una invitación personal a participar y promover el Reino de Dios, a la que muchas personas permanecen sordas (Mt 22 1-4). La vida cristiana es una vocación que nace del Espíritu, quien une y anima a todo el Cuerpo de Cristo; la Iglesia es la comunidad de los llamados, la asamblea de los elegidos.

➲Elección. Misión. Profeta/profético.

Yahveh. Nombre que Dios mismo reveló a Moisés. En hebreo son cuatro consonantes, YHWH, por lo que se conoce como el «tetragrama sagrado». El israelita piadoso nunca pronuncia el nombre de Dios. Cuando lo ve escrito dice *Adonay* (el Señor), o *hasem* (el nombre divino), a la vez que hace una inclinación de cabeza en señal de respeto.

➲Dios/Dios Padre. Nombre.

NOTA: Cabe señalar que el papa Benedicto XVI y la Sagrada Congregación para el Culto Divino, establecieron una norma que prohíbe utilizar el nombre de Yahveh en la liturgia, como señal de respeto al pueblo judío, que nunca lo pronuncia, solo lo escribe (2008). El texto bíblico en esta versión de *La Biblia Católica para Jóvenes* fue escrito para la liturgia; por eso, utiliza siempre los vocablos «Señor» o «Dios», en sitios donde los textos originales hubieran tenido escrito *Yahveh*. El vocabulario mantiene el término *Yahveh,* siguiendo la tradición de sí escribirlo.

Zelotes. Partido nacionalista judío en tiempos de la guerra judío-romana (66-73 d.C.), que armonizaba con los fariseos, aunque la política era su preocupación principal. Fueron fanáticos combatientes de la resistencia judía contra los romanos; al final eran solo asesinos o sicarios (hombres de la daga). Algunos creen que los zelotes en la época de Jesús pertenecían a este partido; otros sostienen que designaba a judíos celosos por la observancia de la Ley y no al partido, el cual aún no estaba organizado. Lucas menciona a Simón como un zelote (Lc 6 15; Hch 1 13), pero Marcos y Mateo hablan de él como el cananeo (Mc 3 18; Mt 10 4).

➲Judaísmo. Judío.

ÍNDICES

PÁGINA

Hechos y enseñanzas principales

Historias del Antiguo Testamento

Las historias se listan según el orden en que aparecen en la Biblia.

la creación, *Gn 1 – 2*
el pecado original y su castigo, *Gn 3*
Caín y Abel, *Gn 4 1-16*
Noé y el Diluvio, *Gn 6 – 9*
la Torre de Babel, *Gn 11 1-9*
alianza de Dios con Abraham, *Gn 17 1 – 18 15*
destrucción de Sodoma, *Gn 18 16-19; 29*
sacrificio de Isaac, *Gn 22 1-19*
Isaac bendice a Jacob, *Gn 27 1-29*
sueño de Jacob, *Gn 28 10-22*
José y sus hermanos, *Gn 37 – 46*
nacimiento y juventud de Moisés, *Ex 2 1-10*
Moisés y la zarza ardiente, *Ex 3 1-12*
las plagas de Egipto, *Ex 7 – 12*
la pascua y el éxodo, *Ex 12 – 14*
los diez mandamientos, *Ex 20 1-17*
conquista de Jericó, *Jos 2 – 6*
Gedeón y la conquista de Madián, *Jue 6 36 – 7 22*
Sansón, *Jue 13 – 16*
nacimiento y vocación de Samuel, *1 Sm 1 – 3*
unción de David, *1 Sm 16 1-13*
David y Goliat, *1 Sm 17*
David y Betsabé, *2 Sm 11*
la sabiduría de Salomón, *1 Re 3*
Elías en el Carmelo: el Señor o Baal, *1 Re 18 20-40*
milagros de Eliseo, *2 Re 4 1 – 6 23*
reinado de Josías, *2 Cr 34 – 35*
fin del cautiverio en Babilonia, *Esd 1*
lectura de la ley y fiesta de las Tiendas, *Neh 8*
solidaridad y fidelidad de Rut, *Rut*
Tobit, Tobías y Sara, *Tob*
audacia y lealtad en Judit, *Jdt 8 – 16*
Ester, instrumento de liberación y triunfo, *Est*
batallas de Judas Macabeo, *1 Mac 3 – 5*
martirio de siete hermanos y su madre, *2 Mac 7*
visión de los huesos secos, *Ez 37 1-14*
Daniel, *Dn 1 – 6*
Susana, *Dn 13*
Bel y el dragón, *Dn 14*
Jonás y los ninivitas, *Jon 1 – 3*

Historias del Nuevo Testamento

Las historias se listan según el orden en que aparecen en la Biblia.

anuncio y nacimiento de Jesús, *Mt 1 18 – 2 12; Lc 1 26-56; 2 1-39*
Bautismo de Jesús, *Mt 3 13-17; Mc 1 9-11; Lc 3 21-22; Jn 1 29-34*
tentaciones de Jesús en el desierto, *Mt 4 1-11; Mc 1 12-13; Lc 4 1-13*
Jesús comienza su ministerio en Nazaret, *Mt 13 53-58; Mc 6 1-6; Lc 4 16-30*
confesión de Pedro acerca de Jesús, *Mt 16 13-20; Mc 8 27-30; Lc 9 18-20*
transfiguración de Jesús, *Mt 17 1-13; Mc 9 2-13; Lc 9 28-36*
entrada triunfal en Jerusalén, *Mt 21 1-11; Mc 11 1-11; Lc 19 28-40; Jn 12 12-19*
Jesús en el Templo, *Mt 21 12-13; Mc 11 15-17; Lc 19 45-46; Jn 2 13-22*
traición de Judas, *Mt 26 14-16.47-56; Mc 14 10-11.17-20.43-52; Lc 22 1-53; Jn 13 21-30; 18 1-5*
la Última Cena, *Mt 26 17-30; Mc 14 12-25; Lc 22 7-38; 1 Cor 11 23-26*
oración en Getsemaní, *Mt 26 36-56; Mc 14 32-51; Lc 22 39-53*
negación de Pedro, *Mt 26 69-75; Mc 14 66-72; Lc 22 54-62; Jn 18 15-18.25-27*
la crucifixión, *Mt 27 32-56; Mc 15 21-41; Lc 23 26-49; Jn 19 16-30*
resurrección y apariciones de Jesús, *Mt 28; Mc 16; Lc 24; Jn 20 – 21; Hch 1 1-11*
generosidad humilde de una viuda, *Mc 12 41-44; Lc 21 1-4*
anuncio y nacimiento de Juan el Bautista, *Lc 1 5-25.57-80*
María y Marta, *Lc 10 38-42*
Jesús y la samaritana, *Jn 4 1-26*
la mujer adúltera, *Jn 8 1-11*
Jesús lava los pies a sus discípulos, *Jn 13 1-17*
Pentecostés, *Hch 2 1-42*
muerte de Esteban, *Hch 6 – 7*
conversión de Saulo, *Hch 9 1-31*
Pedro confirma la misión a los paganos, *Hch 10 1 – 11 18*
persecución y liberación de Pedro, *Hch 12 1-19*
asamblea de Jerusalén, *Hch 15 1-35*
Pablo y Silas escapan de prisión, *Hch 16 16-40*
viaje de Pablo a Roma, *Hch 27 – 28*

Milagros de Jesús

Los milagros se listan por categoría según el orden en que aparecen en la Biblia.

Curación de enfermos

un leproso, *Mt 8 1-4; Mc 1 40-45; Lc 5 12-16*
el criado de un oficial romano, *Mt 8 5-13; Lc 7 1-10*
la suegra de Pedro y otros enfermos, *Mt 8 14-17; Mc 1 29-34; Lc 4 38-41*
los demonios expulsados, *Mt 8 28-34; Mc 5 1-20; Lc 8 26-39*
el paralítico, *Mt 9 1-8; Mc 2 1-12; Lc 5 17-26*
una mujer con hemorragias, *Mt 9 20-22; Mc 5 25-34; Lc 8 43-48*
dos ciegos, *Mt 9 27-31*
un hombre mudo, *Mt 9 32-34*
un hombre con la mano atrofiada, *Mt 12 9-13; Mc 3 1-6; Lc 6 6-11*
un hombre endemoniado, ciego y mudo, *Mt 12 22*
la mujer pagana, *Mt 15 21-28; Mc 7 24-30*
un muchacho endemoniado, *Mt 17 14-21; Mc 9 14-29; Lc 9 37-43*
el ciego de Jericó, *Mt 20 29-34; Mc 10 46-52; Lc 18 35-43*
el hombre poseído por un demonio impuro, *Mc 1 23-28; Lc 4 33-37*
un sordomudo, *Mc 7 31-37*
el ciego de Betsaida, *Mc 8 22-26*
una mujer en sábado, *Lc 13 11-13*
un hidrópico en sábado, *Lc 14 1-4*
los diez leprosos, *Lc 17 11-19*
el criado del sumo sacerdote, *Lc 22 50-51*
el hijo del funcionario del rey, *Jn 4 46-54*
el paralítico en el estanque de Betesda, *Jn 5 1-9*
el ciego de nacimiento, *Jn 9 1-41*

Control de la naturaleza

la tempestad calmada, *Mt 8 23-27; Mc 4 35-41; Lc 8 22-25*
primera multiplicación de los panes, *Mt 14 13-21; Mc 6 30-44; Lc 9 10-17; Jn 6 1-15*
Jesús camina sobre las aguas, *Mt 14 24-34; Mc 6 45-52; Jn 6 16-21*
segunda multiplicación de los panes, *Mt 15 32-39; Mc 8 1-10*
Jesús paga los impuestos sacando una *moneda de un pez,* *Mt 17 24-27*
la higuera seca, Mt 21 *18-22; Mc 11 12-14.20-25*
la pesca abundante, *Lc 5 1-11; Jn 21 1-11*
la boda en Caná, *Jn 2 1-11*

Resurrección de los muertos

la hija de Jairo, *Mt 9 18-19.23-26; Mc 5 21-24.35-43; Lc 8 40-42.49-56*
el hijo de una viuda en Naín, *Lc 7 11-17*
resurrección de Lázaro, *Jn 11 1-44*

Parábolas de Jesús

Las parábolas se listan según el orden en que aparecen en la Biblia.

sal del mundo, *Mt 5 13; Mc 9 50; Lc 14 34-35*
luz del mundo, *Mt 5 14-16*
los dos cimientos, *Mt 7 24-27; Lc 6 47-49*
vino nuevo en odres nuevos, *Mt 9 16-17; Mc 2 21-22; Lc 5 36-39*
el sembrador, *Mt 13 3-8.18-23; Mc 4 3-9.14-20; Lc 8 5-8.11-15*
el trigo y la cizaña, *Mt 13 24-30.36-43*
el grano de mostaza, *Mt 13 31-32; Mc 4 30-32; Lc 13 18-19*
la levadura, *Mt 13 33; Lc 13 20-21*
el tesoro y la perla, *Mt 13 44-46*
la red, *Mt 13 47-50*
la oveja perdida, *Mt 18 12-14; Lc 15 3-7*
el perdón de deudas, *Mt 18 21-35; Mt 5 21-26; Lc 17 3-4*
los trabajadores de la viña, *Mt 20 1-16*
los dos hijos, *Mt 21 28-31*
los viñadores homicidas, *Mt 21 33-44; Mc 12 1-12; Lc 20 9-18*
los invitados al banquete de bodas, *Mt 22 1-14*
el ejemplo de la higuera, *Mt 24 32-35; Mc 13 28-31; Lc 21 29-33*
el criado fiel, *Mt 24 45-51; Lc 12 42-48*
las jóvenes previsoras y las descuidadas, *Mt 25 1-13*
los talentos, *Mt 25 14-30; Lc 19 11-27*
el juicio definitivo, *Mt 25 31-46*
el grano que crece por sí solo, *Mc 4 26-29*
las deudas perdonadas, *Lc 7 41-43*
el buen samaritano, *Lc 10 30-37*
el amigo persistente, *Lc 11 5-8*
el rico confiado, *Lc 12 16-21*
los criados en espera de su Señor, *Lc 12 35-40*
la higuera estéril, *Lc 13 6-9*
elección del último lugar, *Lc 14 7-14*
la gran cena, *Lc 14 16-24*
la moneda perdida, *Lc 15 8-10*
el hijo pródigo, *Lc 15 11-32*
el administrador sagaz, *Lc 16 1-8*
***el hombre rico* y Lázaro, el pobre,** *Lc 16 19-31*
el siervo inútil, *Lc 17 7-10*
el juez y la viuda, *Lc 18 2-8*
el fariseo y el recaudador de impuestos, *Lc 18 10-14*

Enseñanzas de Jesús

Las enseñanzas se listan según el orden en que aparecen en la Biblia.

el Sermón de la Montaña, *Mt 5 – 7*
las Bienaventuranzas, *Mt 5 1-12; Lc 6 20-23*
Jesús enseña a orar, *Mt 6 9-13; Lc 11 2-4*
Dios cuida de nosotros, *Mt 6 19-21.25-34; Lc 12 22-34*
la regla de oro, *Mt 7 12; Lc 6 31*
la cosecha es abundante, *Mt 9 36-38; Lc 10 2*
la misión de los doce Apóstoles, *Mt 10 1-15*
la madre y los hermanos de Jesús, *Mt 12 46-50; Mc 3 31-35; Lc 8 19-21*
«donde hay dos o tres reunidos», *Mt 18 20*
el joven rico, *Mt 19 16-30; Mc 10 17-31; Lc 18 18-30*
el impuesto al emperador romano, *Mt 22 15-22; Mc 12 13-17; Lc 20 20-26*
el mandamiento más importante, *Mt 22 34-40; Mc 1 28-34; Lc 10 25-28*
denuncia de la hipocresía, *Mt 23 1-12; Mc 12 38-40; Lc 20 45-47*
contra los maestros de la Ley y los fariseos, *Mt 23 13-36; Lc 11 37-52*
el Templo destruido y comienzo del fin, *Mt 24 1-14; Mc 13 1-13; Lc 21 5-19*
el ídolo abominable y destructor, *Mt 24 15-22; Mc 13 14-20; Lc 21 20-24*
la venida del Hijo del hombre, *Mt 24 29-44; Mc 13 24-37; Lc 21 25-36*
el ejemplo de los niños, *Mc 10 13-16*
el sermón de la llanura, *Lc 6 17-49*
la misión de los setenta y dos, *Lc 10 1-16*
condiciones del discipulado, *Lc 14 25-33*
nacer de lo alto, *Jn 3 1-21*
el agua viva, *Jn 4 1-26*
Jesús, pan de Vida, *Jn 6 25-59*
Jesús, el buen Pastor, *Jn 10 1-21*
«el Camino, la Verdad y la Vida», *Jn 14 1-14*
promesa del Espíritu Consolador, *Jn 14 15-26*
la vid y las ramas, *Jn 15 1-17*

Comentarios para la fe y la vida

Este índice te ayudará a encontrar la Palabra de Dios en diversos aspectos de la vida cristiana. Será de especial apoyo ante distintas situaciones y encrucijadas de la vida, y para planificar temas, sesiones de reflexión, retiros, etc.

B

E

K

L

Q

R

U

V

Z

Oraciones bíblicas

Este índice te ayudará a orar con la Palabra de Dios. La primera sección identifica oraciones para distintas circunstancias en la vida; las que tienen asterisco (*) corresponden a los comentarios titulados «Entra en oración». La segunda sección contiene oraciones litúrgicas. La tercera, presenta los salmos principales según su género literario.

Oraciones para distintas circunstancias en la vida

Acción de gracias

AT: **Gn** 25 19-34*; **Jos** 24 19-28*; **Esd** 3 10-13*; **Tob** 13 1-15; **Tob** 13*; **Jdt** 16 1-17; **Is** 12 1-6; **Sal** 89*; p. 1024*; **Eclo** 6 5-17*

NT: **Jn** 6 22-59*; p. 1172*; **Jn** 11 35*; **Hch** 28 31*; **Rom** 6 1-23*; **Ef** 1 3-10; **Col** 1 12-20; **Heb** 1 1-4*

Adoración y alabanza

AT: **Gn** 9 8-17*; **Ex** 15 1-18; **Nm** 6 22-27*; **Dt** 32 1-43; **Dt** 32 1-43*; **Jos** 24 19-28*; **1 Re** 8 54-61; **1 Cr** 16 8-36*; **1 Cr** 29 10-13; **Tob** 13 1-15; **Tob** 13*; **Is** 9 1-6; **Is** 43 1-7*; **Ez** 11 22-25*; **Dn** 3 52-56; **Dn** 3 57-88; **Dn** 3 46-90*; **Hab** 3 2-4.15-19*; **Sof** 3 9-20; **Sal** 63*; **Sal** 89*; **Sal** 103*; **Sal** 119*; **Sal** 145 – 150*; **Sal** 150*; **Eclo** 39 13-16; **Eclo** 43 23-26*

NT: **Mt** 6 5-15*; **Mt** 11 25-30*; **Lc** 1 46-55*; **Lc** 3 21-22*; **Rom** 6 1-23*; **1 Cor** 3 16-17*; **Ef** 1 3-10; **Ef** 1 3-14*; **Flp** 2 6-11; **Col** 1 12-20; **1 Tim** 4 6-16*; **Ap** 1 7-20*; **Ap** 4 11; 5 9-10.12-14*; **Ap** 7 10-17*; **Ap** 15 3-4; **Ap** 16*; **Ap** 19 1-9

Fe y confianza

AT: **Nm** 21 4-9*; **2 Sm** 22*; **Est** 4 17*; **Is** 2 2-5; **Ez** 36 24-28; **Dn** 13*; **Miq** 5 2-5*; **Hab** 3 2-4.15-19; **Sof** 3 9-20; **Zac** 8 9-17*; **Sal** 4*; **Sal** 27*; **Sal** 56*; **Sal** 131*; **Lam** 1 12*; **Sab** 3 1-9; p. 820*

NT: **Mt** 6 5-15*; **Mt** 7 7-12*; **Mc** 4 21-32*; **Mc** 9 14-29*; **Mc** 15 16-20*; **Lc** 12 8-10*; **Lc** 18 1-14*; **Jn** 4 1-26*; **Jn** 15 1-11*; **Jn** 21 24-25*; **Rom** 8 31-35*; **1 Tim** 4 6-16*; **Heb** 11*; **Ap** 1 7-20*; **Ap** 11 17-18; 12 10-12

Intercesión

AT: **Gn** 18 23-30*; **Gn** 21 8-21*; **Ex** 17 8-15*; **Nm** 6 22-27; **Dt** 32 1-43*; **Jue** 9 1-15*; p. 508*; **Tob** 2*; **Tob** 13*; p. 558*; **2 Mac** 11 1-11*; **Is** 32 14-20*; **Bar** 4 – 5*; **Os** 4 3-10*; **Eclo** 6 5-17*

NT: **Mc** 12 13-17*; **Lc** 12 8-10*; **Jn** 17*; **Hch** 12 6-18*; **Rom** 10 11-15*; **1 Tim** 2 1-8*

Ofrenda

AT: **Ex** 33 18-23*; **Ex** 39 32-43*; p. 202*; **Dt** 6 4-9*; **1 Sm** 3 1-19*; **Jr** 18 1-17*; **Ez** 11 17-20*; **Os** 11*; **Miq** 5 2-5*; **Mal** 3 2*; **Sal** 23*; **Sal** 31*; **Job** 42 5*; **Sab** 9*

NT: **Mt** 20 1-16*; **Mt** 28 16-20*; **Lc** 15 11-32*; **Lc** 21 1-4*; **Lc** 22 39-49*; **Jn** 6 1-14*; **Jn** 13 31-35*; **Hch** 5 40-42*; **Flp** 4 4*; **Col** 3 12-17*; **2 Pe** 3*; **1 Jn** 4 7-21*; **Ap** 22 21*

Petición

Ante mi vocación

AT: **Jue** 9 1-15*; **Jr** 15 16-21*; **Ez** 34*; **Cant** 2*; **Cant** 8 6*

NT: **Lc** 6 12-16*; **Rom** 10 11-15*; **Rom** 12 1-8*

Compromiso cristiano

AT: **Ex** 39 32-43*; **Lv** 17 – 26*; **Is** 9 1-6*; **Is** 50 4-9*; **Ez** 34 23*; **Ecl** 3 1-18*; **Sab** 7 22 – 8 1*

NT: **Mt** 6 5-15*; **Mc** 7 31-37*; **Lc** 6 36*; **Lc** 8 4-15*; **Lc** 10 38-42*; **Jn** 3 1-21*; **Jn** 9 35-41*; p. 1384*; **Hch** 28 31*; **Rom** 13 8-10*; **Gal** 5 22-26*; **1 Tes** 1 1*; **1 Jn** 3 18*

Apoyo ante las debilidades

AT: **Gn** 25 19-34*; p. 170*; p. 308*; **2 Cr** 29 3-11*; p. 902*; **Prov** 28 6*; **Ecl** 3 1-8*; p. 820*

NT: **Mt** 4 1-11*; **Mt** 23 1-36*; p. 1246*; **Jn** 12 20-26*; **Rom** 5 20-21*; **1 Cor** 13*; **2 Cor** 5 1-5*; **Ef** 3 14-21*; **Col** 3 12-17*; **Jds** 17-23*

En momentos de crisis

AT: **Gn** 32 22-32*; p. 336*; **1 Sm** 31 1-7*; p. 874*; p. 878*; **Job** 7*; p. 1066*

NT: **Mc** 4 35-41*; **Hch** 23 1-22*; **Rom** 8 31-35*; **2 Cor** 4 16-18*

Para el perdón

AT: **Dt** 32 1-43; **Dt** 32 1-43*; **Dn** 3 26-45; **Os** 6 1-6; **Os** 11*; p. 896; **Sof** 1 11-18*; **Sal** 32*; **Eclo** 28 12-30

NT: **Mt** 6 5-15*; **Mt** 18 21-35*; **Mc** 3 13-19*; **Lc** 18 1-14*; **Rom** 2 1-4*; **1 Pe** 2 21-25

Unión con Dios

Cuaderno inicial: *p. 2**
AT: ***Jue*** *1 14-15*;* ***1 Re*** *19 1-8*;* ***1 Re*** *8 54-61;* ***Sab*** *9 1-6.9-11;* ***Eclo*** *14 20 – 15 6; p. 930*; p. 1014**
NT: ***Mc*** *3 13-19*;* ***Hch*** *13 44-52*; p. 1436*;* ***Sant*** *1 2-17*;* ***Ap*** *3 14-22**

Oraciones Litúrgicas

Cántico de Ana: ***1 Sm*** *2 1-10*

Santo, Santo, Santo: ***Is*** *6 3;* ***Mt*** *21 9;* ***Mc*** *11 9-10;* ***Lc*** *19 38;* ***Jn*** *12 13;* ***Ap*** *4 8*

El Señor es mi pastor: ***Sal*** *23*

Padrenuestro: ***Mt*** *6 9-15;* ***Lc*** *11 2-4*

Señor, no soy digno de que entres en mi casa: ***Mt*** *8 8*

Señor, ten piedad: ***Mt*** *9 27;* ***Mt*** *15 22;* ***Mt*** *20 30-31;* ***Mc*** *10 47-48;* ***Lc*** *17 13;* ***Lc*** *18 13;* ***Lc*** *18 38-39*

Jesús tomó pan *(Plegaria eucarística, consagración)*: ***Mt*** *26 26-29;* ***Mc*** *14 22-25;* ***Lc*** *22 19-20;* ***1 Cor*** *11 23-25*

Dios te salve, María: ***Lc*** *1 28;* ***Lc*** *1 42*

Cántico de María *(Magnificat)*: ***Lc*** *1 46-55*

Cántico de Zacarías: ***Lc*** *1 68-79*

Gloria a Dios en las alturas: ***Lc*** *2 14*

Cántico de Simeón: ***Lc*** *2 28-32*

Cordero de Dios: ***Jn*** *1 29*

La gracia del Señor esté con ustedes: ***1 Cor*** *16 23;* ***2 Cor*** *1 2;* ***2 Cor*** *13 13*

Cada vez que comemos de este pan *(Plegaria Eucarística, aclamación memorial)*: ***1 Cor*** *11 26*

Dichosos los invitados al banquete: ***Ap*** *19 9*

Salmos principales *según* su género literario

Himnos de alabanza y agradecimiento
Cantan la majestuosidad y sabiduría de Dios: Salmos 8, 24, 93, 113 – 118, 145 – 150

Reales
Hablan sobre la coronación y la misión del rey; algunos son mesiánicos pues anuncian al Mesías: Salmos 2, 20, 21, 45, 72, 96 – 99, 144

Súplicas de lamento o plegarias para pedir ayuda
Pueden ser individuales: Salmos 5, 22, 38, 40, 60 – 71, o colectivos: 12, 58, 59, 78, 123, 137

Himnos de confianza
Cuando predomina la seguridad, la paz y la alegría del salmista. Pueden ser individuales: Salmos 3, 4, 11, 121, 131, o comunitarios: 115, 125, 129

Proféticos
Denuncian el rompimiento de la alianza, mueven a conversión, dan esperanza y anuncian la salvación: Salmos 14, 22, 52, 81

Didácticos
Elogian la ley de Dios y proponen comportamientos que brindan la verdadera felicidad: Salmos 1, 34, 37, 73, 112, 119

Litúrgicos
Para ser cantados como himnos introductorios a la liturgia o en los servicios de adoración en el templo: Salmos 15, 24, 91, 95, 134

Históricos
Cantan las maravillas que Dios ha realizado a lo largo de la historia de Israel: Salmos 78, 105, 106, 135, 136

Penitenciales
Piden perdón a Dios por los pecados del pueblo o por el pecado personal: Salmos 6, 32, 38, 51, 102, 130, 143

Cantos de peregrinación
Se cantaban cuando el pueblo subía a celebrar las fiestas en Jerusalén: Salmos 46, 84, 120 – 125, 130, 133

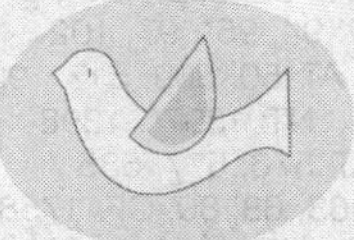

Personajes

Este índice contiene los personajes en el Antiguo y el Nuevo Testamento de quienes se habla en los comentarios de esta Biblia. Los personajes que tienen un comentario titulado: «Te presentamos a...», están marcados con asterisco (*).

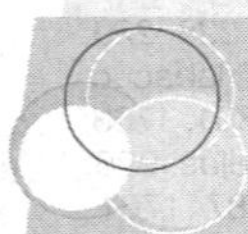

Perspectiva católica

Este índice contiene los comentarios titulados «Perspectiva católica». Están listados según el orden en que aparecen en la Biblia.

Antiguo Testamento

Nuevo Testamento

Bases bíblicas de los sacramentos

Este índice presenta los textos de la Sagrada Escritura donde se encuentran signos, símbolos y mensajes relacionados con los sacramentos. Los textos que tienen asterisco (*) corresponden a comentarios elaborados para esta Biblia.

Bautismo

Gn *7 1-24*; 17 1-27**
Dt *7 6**
Jos *3**
Sal *42**
Eclo *42 15 – 43 31**
Mt *3 1-12*; 3 13-17; 28 19-20*
Mc *1 12-13*
Lc *3 21-22**
Jn *1 29-34; 3 1-21**
Hch *2 37-41*
Rom *6 4*; 6 1-23**
Ap *7 1-17**

Confirmación

Lv *24 4**
1 Sm *16 13**
Is *11 2**
Ez *36 25-27*
Jl *3 1-5**
Jn *1 33-34; 14 15-17*; 16 12-15*; 20 22*
Hch *2 1-21*; 8 14-17; 19 1-7**
2 Cor *1 21-22*
Heb *6 2*

Eucaristía

Gn *2 1-3*; 14 17-20*
Ex *12 – 14*; 16 34**
Lv *8 23**
Jos *5 10-12**
Jr *31 31-34**
Mt *22 1-14*
Mc *6 30-35*; 14 21**
Lc *22 14-23*; 24 30-35*
Jn *2 1-12*; 6 26-30*; 13 1-17**
Hch *2 42-47*
1 Cor *11 23-26**
1 Tes *5 16-19**

Reconciliación

Gn *33 1-17*; 45 1-15*
Jr *31 18-20**
Bar *1 15-22**
Jl *2 12-13*
Sal *32*; 51**
Mt *5 21-24*; 18 21-35**
Mc *2 1-12**
Lc *15 11-32**
Jn *20 21-23**
Rom *5 20-21*; 7 14-25**

Unción de los enfermos

Lv *21 6**
Is *38 1-20*
Sal *38*
Mt *4 24*
Mc *6 12-13; 16 17-18*
Jn *9 1-7.35-39*
Hch *5 12-16; 9 32-35*
Sant *5 14-16**

Orden sacerdotal

Gn *12 7**
Dt *18 1-8*
1 Cr *1 – 9**
Os *4 3-10**
Sal *110**
Mt *10*; 26 26-29**
Jn *13 1-17**
Hch *6 7*; 14 23**
1 Tim *5 17-22**
Tit *1 5-9*
Heb *5*; 7*; 9**

Matrimonio

Gn *2 18-25*
Tob *7 – 8**
Mal *2 10-15**
Cant *1 14*; 4 8-15**
Prov *31 10-11**
Mt *5 31-32*; 19 1-12*
Mc *10 2-12*
Lc *16 18*
Jn *2 1-11*
1 Cor *7 25-40**
Ef *5 21-33*; 5 25**
Col *3 18-25**

Sacramentos en general

Mc *14 22-25**
Ap *4 – 5**

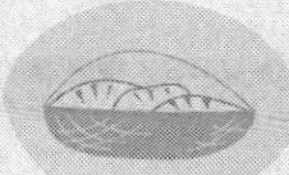

Símbolos bíblicos

Este índice se refiere a los comentarios titulados «Comprende los símbolos». Están listados según el orden en que aparecen en la Biblia.

Antiguo Testamento

Nuevo Testamento

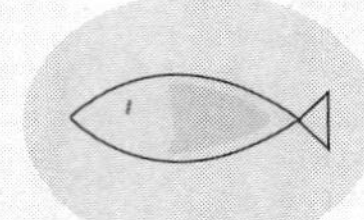

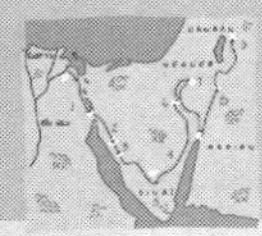

Mapas y esquemas

Este índice contiene los mapas y esquemas que se presentan en el Antiguo y el Nuevo Testamento. Aparecen en el orden en que están en la Biblia.

Antiguo Testamento

Nuevo Testamento

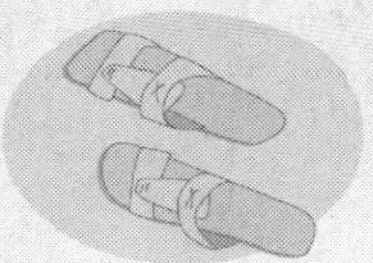

Reconocimientos adicionales

OTROS COLABORADORES

Traductores del material pastoral de *The Catholic Youth Bible* para su análisis crítico: José Erick Alcántara Gómez, Javier Algara Cossío, Dulce María Patricia Contreras Díaz, Emerenciano Rodríguez Jobrail, Rafael Augusto Tuda Álvarez

Investigación, consulta y apoyo: Michäel Boudey, María Victoria César, Manuel Corral Martín, María Luisa Curiel Monteagudo, Julián Fernández Gaceo, Reynaldo Luna Velazco, Walter F. Mena, Graciela Ortiz-Matty, Ricardo Ortiz Torres, familia de la Parra (Alfonso, Isabel, Mariluz, María de los Ángeles, Rafael), Patricia Olvera, Rosa María Padilla Lamadrid, Adriana Visoso-Valverde

Corrección de estilo: Aurora Macías-Dewhirst y María Antonia Rueda

OTROS DONADORES

Adaptación al texto bíblico *La Biblia. Libro del Pueblo de Dios*: Anonymous Foundation

Instituciones y fundaciones: Anthonian Association; KOCH Foundation; Odell Fund; Saint Mary's Press; SERTULL, A.C., México; Trust Funds; Fundación Bíblica Verbo, España

Donadores: familia Cervantes-Gutiérrez, familia Matty-Cervantes, Alicia Pérez de Sánchez, Henry J. Zeiter, y otros donadores, muchos de ellos líderes en la pastoral juvenil hispana en Estados Unidos

Trabajo voluntario: Agradecemos de manera especial a quienes donaron su trabajo o parte de este: escritores, traductores, editores, ilustradores, consultores y equipo de apoyo

Recaudación de fondos: Thomas F. Jordan y José María Matty-Cervantes

Cuaderno Inicial

***Sagrada Familia (ilustración):** Gabriel Chávez de la Mora, OSB, diseño; Jaime Domínguez M., pintura. Retablo principal en la parroquia de Capuchinas (México, D.F., Recinto Guadalupano, acrílico sobre tela, 1989). [Usada con permiso de los autores].

¿Por qué una Biblia católica para jóvenes?: **(1)** Concilio Vaticano II, *Constitución dogmática sobre la divina revelación (Dei Verbum)*, www.vatican.va, 1965, nn. 22-25. **(2)** Consejo Episcopal Latinoamericano (CELAM), II Conferencia General del Episcopado Latinoamericano, *Medellín: La Iglesia en la actual transformación de América Latina a la luz del Concilio*, 4ª ed. (Bogotá, Colombia: CELAM, 1970), vol. II, Conclusiones, Doc. Cat. n. 8; CELAM, III Conferencia General del Episcopado Latinoamericano, *Puebla: La evangelización en el presente y en el futuro de América Latina* (México, DF: Librería Parroquial, 1979), nn. 150 y 372; CELAM, IV Conferencia General del Episcopado Latinoamericano, *Santo Domingo: Nueva evangelización, promoción humana, cultura cristiana* (México, DF: Ediciones Dabar, 1992), nn. 38 y 49; CELAM, V Conferencia General del Episcopado Latinoamericano, *Aparecida: Documento conclusivo* (México, DF: Ediciones CEM, 2007, nn. 247 y 248; **(3)** Benedicto XVI, *Exhortación apostólica postsinodal Verbum Domini*, www.vatican.va, 2010, n. 104; **(4)** S.S. Francisco, *Discurso en la Vigilia de oración con los jóvenes*, Jornada Mundial de la Juventud, Río de Janeiro, www.vatican.va, 2013, n. 3.

Conoce, ora y vive la Palabra de Dios: **(1)** San Jerónimo, *Biblia Vulgata, Introducción al libro de Isaías*, traducción de la Biblia al latín en el año 405; **(2)** CELAM, *Aparecida, op. cit.*, n. 249; **(3)** *Ibid.*, n. 250; **(4)** *Verbum Domini, op. cit.*, n. 18; **(5)** CELAM, *Aparecida, op. cit.*, n. 10; **(6)** Benedicto XVI, *Mensaje a los jóvenes del mundo con ocasión de la XXI Jornada Mundial de la Juventud*, 2006, www.vatican.va; **(7)** CELAM, *Aparecida, op. cit.*, n. 14; **(8)** *Ibid.*, n. 31; **(9)** *Ibid.*, n. 154.

Preguntas y respuestas sobre la Biblia: **(1)** *Constitución dogmática sobre la divina revelación (Dei Verbum)*, en *Concilio Vaticano II: Constituciones. Decretos. Declaraciones (C.V. II)* (Madrid, España: Biblioteca de Autores Cristianos, 1967), n. 11; **(2)** Idem; **(3)** Pontificia Comisión Bíblica, *La interpretación de la Biblia en la Iglesia*, 2ª ed. (Madrid, España: PPC, Editorial y Distribuidora, 1994), p. 76; **(4)** *Ibid.*, p. 77; **(5)** *Ibid.*, p. 79; **(6)** Libreria Editrice Vaticana, *Catecismo de la Iglesia Católica (CIC)*, 2ª ed. (Washington, DC: United States Catholic Conference, 1997), nn. 81-82; **(7)** Idem; **(8)** *Ibid.*, nn. 85-87; **(9)** *Ibid.*, n. 140.

Antiguo Testamento

Pentateuco

Génesis: (1) San Agustín, *Confesiones*, 1,1,1, en *CIC*, n. 30; **(2)** Siller, Clodomiro, «Nuestros primeros padres», en *La Palabra de Dios en la experiencia religiosa y espiritual de los indígenas de América (La palabra)* (México, DF: CENAMI, manuscrito inédito, 1999), p. 7.

Éxodo: (1) Asamblea General de las Naciones Unidas, *50 Aniversario de la Declaración Universal de Derechos Humanos*, 1948-1998 (http://www.un.org/spanish); **(2)** Juan Pablo II, *El evangelio de la vida (Evangelium Vitae)* (Washington, DC: USSC, 1995), nn. 95 y 96; **(3)** Tirabassi, Maren C. y Kathy Wonson Eddy, eds., «Mana and Rice», en *Gifts of Many Cultures: Worship Resources for the Global Community*, en *The Catholic Youth Bible (CYB)* (Winona MN: Saint Mary's Press, 2000), p. 80; **(4)** *CIC* nn. 429-524; **(5)** *Ibid.*, nn. 2266-67; **(6)** Evangelio de la vida, n. 56; *Puebla, Discurso inaugural de Juan Pablo II.*

Levítico: (1) USSC, *Human Sexuality: A Catholic Perspective for Education and Lifelong Learning* (Washington, DC: USCC, 1991), p. 55; (2) *Ibid.*, pp. 55-56.

Números: (1) Siller, C., «La liberación del Pueblo del Sol», en *La palabra*, p. 9.

Deuteronomio: (1) Zeilinger, Ron, «Sacred Ground: Reflections on Lakota Spiritually and the Gospel», en CYB, p. 181; **(2)** Lazarus, Emma, «The New Colossus», en *Liberty State Park*, (htpp://www.libertystatepark.com); **(3)** Secretariat for Hispanic Affairs, Prophetic Voices: *El documento del proceso del III Encuentro Nacional Hispano de Pastoral* (USSC, 1986), p. 23.

Históricos

Esdras: (1) Kwanzaa: a Celebration of Family, Community and Culture (http://www.officialkwanzaawebsite.org).

1 y 2 Macabeos: (1) *CIC*, n. 2308; **(2)** *Ibid*, n. 2313; **(3)** Tirabassi, M., «I Will Sacrifice Myself», en *CYB*, p. 553.

Proféticos

Isaías: (1) *Swords-into-plowshares: general and complete disarmament* (http://groups.yahoo.com/group/swords-into-plowshares); **(2)** *CIC*, nn. 496-499; **(3)** Romero, Óscar, *La Cuaresma, plan de Dios para transfigurar a los pueblos desde Cristo*, 1980 (http://servicioskoinonia.org/romero/homilias); **(4)** Siller, C. «La tierra como manifestación de Dios», en *La palabra*, p. 26.

Jeremías: (1) USCC, *Prophetic Voices*, p. 6.

Baruc: (1) *CIC, n. 1482*; **(2)** *Ibid.*, n. 1483.

Daniel: (1) Juan Pablo II, *Homilía en la Catedral de la Ciudad de México*, 1979 (http://www.vatican.va/holy_father/john_paul_ii); **(2)** Siller, C., «Las migraciones de los pueblos indígenas», en *La palabra*, pp. 11-12.

Oseas: **(1)** Tirabasse, M., «I Therefore Commit», en *CYB,* p. 1050.

Miqueas: **(1)** Dalle, Luis, «El despacho», en *Allpanchis*, n. 1, en Diego Irarrázaval, *Tradición y porvenir andino* (Cuichito-Puno, Perú: Instituto de Estudios Aymaras, 1992), p. 253; **(2)** *Ibid.*, «Economía», manuscrito, p. 254.

Ageo: **(1)** Rojas Sánchez, Mario, «Nican Mopohua» en Richard Nebel, *Santa María Tonantzin-Virgen de Guadalupe* (México, DF: Fondo de Cultura Económica, 1995), n. 26.

Poéticos

Salmos: **(1)** *San Manuel Morales, en «Nuevos santos mexicanos»* (http://santosmexico.tripod.com.mx); **(2)** Autor desconocido, «Oración Mohawak», en Sharpe, J., ed., *American Indian Prayers and Poetry,* en *CYB,* p. 913.

Lamentaciones: **(1)** *Niños y niñas de la calle* (http://www.casa-alianza.org/ES/street-children).

Proverbios: **(1)** León-Portilla, Miguel y Librado Silva Galeana, *Huehuehtlahtolli* (México, DF: Secretaría de Educación Pública, 1991), pp. 49, 53, 79, 86; **(2)** *Ibid.*, pp. 91-92, 95-97.

Eclesiastés: **(1)** Lao-tzu, *Tao te Ching (Chinese Book of the Way)* en Stephen Miller, traductor, *Tao te Ching: A New English Version,* en *CYB,* p. 725.

Eclesiástico: **(1)** Autor desconocido, «Oración *Ojibwa*», en Sharpe, J., ed., en *CYB,* p. 748.

Nuevo Testamento

Evangelios y Hechos de los Apóstoles

Marcos: **(1)** *Santa Rosa de Lima*
(http://www.yachay.com.pe/especiales/santarosa);
Rosa de Lima, ciudadana y santa
(http://www.iglesiacatolica.org.pe/cep/docum/starosa.htm);
(2) *Santa Teresa de los Andes*
(http://www.ewtn.com/spanish/Saints/teresa_de_los_andes.htm);
Teresa de los Andes: Depositarios de la herencia de una santa
(http://www.chile-thegreatland.com/LosAndes/stateresita.html).

Lucas: **(1)** *Nican Mopohua,* n. 26; **(2)** *Ibid.*, n. 119.

Juan: **(1)** *Nican Mopohua,* nn. 29-32; **(2)** *Ibid.*, n. 118.

Hechos: **(1)** *CIC,* n. 43; **(2)** Juan Pablo II, Carta apostólica, *Hacia el Tercer Milenio (Tertio Millennio Adveniente)* (México, DF: Ediciones Paulinas, 1994), n. 37; **(3)** *Ecclesia in America,* n. 47; **(4)** *Santo Domingo,* nn. 1-12; **(5)** *Ecclesia in América,* n. 76.

Cartas y Apocalipsis

Romanos: (1) *CIC*, n. 2357; **(2)** *Ibid.*, n. 2358; **(3)** *Ibid.*, n. 2359; **(4)** San Agustín, en Eugenio Merino, *El católico ilustrado en materias políticas* (http://www.solidaridad.net/vernoticia).

1 Corintios: (1) *Cosmovisión y valores mayas* (http://www.ceyampu.edu.gt/es); **(2)** «The Lama Foundation», *San Cristóbal, New Mexico,* en Marcia Nelly y Jack Nelly, *One Hundred Graces,* en *CYB,* p. 1356; **(3)** *Prophetic Voices,* pp. 17-18; **(4)** *CIC,* nn. 997-1000.

Gálatas: (1) García-Rivera, Alex, *St. Martín de Porres: The «Little Stories» and the Semiotics of Culture* (Nueva York: Orbis Press, 1995).

Efesios: (1) Mancías, Juan Benito, «Pensamientos», en *Construyendo Nuestra Esperanza: Building Our Hope*, n. 1, vol. 2: Winona, Minnesota, 1989 (con adaptaciones).

Filipenses: (1) De J. A. Mason, *The Civilizations of Peru* (Londres: Penguin Books, 1975).

1 Tesalonisenses: (1) Schiller, David, ed., «The Little Book of Prayers», en *CYB*, p. 1412.

Hebreos: (1) *CIC*, n. 43; **(2)** *Misal Romano* (España: Coeditores Litúrgicos, 1994), p. 518. **(3)** Beata Narcisa de Jesús Martillo y Morán (http://www.oremosjuntos.com/Santoral/Narcisa.html); *A bishop's modern adventure*, http://www.wcr.ab.ca/columns/editorials/1999/editorial030199.shtml; *Vida y obra del Padre Hurtado*, http://www.hogardecristo.com/p_hurtado/vida.htm; Philipom, M.M., *Concepción Cabrera de Armida: una vida, un mensaje* (México, DF: Editorial Concar, 1976).

Santiago: (1) *CIC*, n. 1520; **(2)** *Ibid.*, n. 1513.

Apocalipsis: (1) De la Rosa, Gerardo, «Aleluya, Señor», en CD *Cantemos como profetas de esperanza* (Stockton, California: Instituto Fe y Vida, 1999), n. 7.

Leccionario CICLO A

Sobre la numeración de los salmos, ver p. 940.

OMINGO 1 E ADVIENTO	IS 2 1-5 SAL 121 ROM 13 11-14 MT 24 37-44
OMINGO 2 E ADVIENTO	IS 11 1-10 SAL 71 ROM 15 4-9 MT 3 1-12
IMACULADA ONCEPCIÓN	GN 3 9-15.20 SAL 97 EF 1 3-6.11-12 LC 1 26-38
OMINGO 3 E ADVIENTO	IS 35 1-6.10 SAL 145 SANT 5 7-10 MT 11 2-11
2 DICIEMBRE UESTRA SEÑORA E GUADALUPE	ZAC 2 14-17 SAL 95 LC 1 39-45
OMINGO 4 E ADVIENTO	IS 7 10-14 SAL 23 ROM 1 1-7 MT 1 18-24
5 DICIEMBRE AVIDAD ISA DEL DÍA	IS 52 7-10 SAL 97 HEB 1 1-6 JN 1 1-18
A SAGRADA AMILIA	ECLO 3 2-6.12-14 SAL 127 COL 3 12-21 MT 2 13-15.19-23
ENERO ANTA MARÍA ADRE DE DIOS	NM 6 22-27 SAL 66 GAL 4 4-7 LC 2 16-21
PIFANÍA EL SEÑOR	IS 60 1-6 SAL 71 EF 3 2-6 MT 2 1-12
OMINGO 1 AUTISMO EL SEÑOR	IS 42 1-4.6-7 SAL 28 HCH 10 34-38 MT 3 13-17
OMINGO 2 RDINARIO	IS 49 3.5-6 SAL 39 1 COR 1 1-3 JN 1 29-34
OMINGO 3 RDINARIO	IS 8 23 – 9 3 SAL 26 1 COR 1 10-13.17 MT 4 12-23
OMINGO 4 RDINARIO	SOF 2 3; 3 12-13 SAL 145 1 COR 1 26-31 MT 5 1-12
OMINGO 5 RDINARIO	IS 58 7-10 SAL 111 1 COR 2 1-5 MT 5 13-16
OMINGO 6 RDINARIO	ECLO 15 16-21 SAL 118 1 COR 2 6-10 MT 5 17-37
OMINGO 7 RDINARIO	LV 19 1-2.17-18 SAL 102 1 COR 3 16-23 MT 5 38-48
OMINGO 8 RDINARIO	IS 49 14-15 SAL 61 1 COR 4 1-5 MT 6 24-34
ÉRCOLES CENIZA	JL 2 12-18 SAL 50 2 COR 5 20 – 6 2 MT 6 1-6.16-18
OMINGO 1 CUARESMA	GN 2 7-9; 3 1-7 SAL 50 ROM 5 12-19 MT 4 1-11
MINGO 2 CUARESMA	GN 12 1-4 SAL 32 2 TIM 1 8-10 MT 17 1-9
MINGO 3 CUARESMA	EX 17 3-7 SAL 94 ROM 5 1-2.5-8 JN 4 5-42
SAN JOSÉ	2 SM 7 4-5.12-14.16 SAL 88 ROM 4 13.16-18.22 MT 1 16.18-21.24
DOMINGO 4 DE CUARESMA	1 SM 16 1.6-7.10-13 SAL 22 EF 5 8-14 JN 9 1-41
DOMINGO 5 DE CUARESMA	EZ 37 12-14 SAL 129 ROM 8 8-11 JN 11 1-45
DOMINGO DE RAMOS	IS 50 4-7 SAL 21 FLP 2 6-11 MT 26 14 – 27 66
JUEVES SANTO	EX 12 1-8.11-14 SAL 115 1 COR 11 23-26 JN 13 1-15
VIERNES SANTO	IS 52 13 – 53 12 SAL 30 HEB 4 14-16; 5 7-9 JN 18 1 – 19 42
DOM. DE PASCUA RESURRECCIÓN DEL SEÑOR	HCH 10 34.37-43 SAL 117 COL 3 1-4 JN 20 1-9
DOMINGO 2 DE PASCUA	HCH 2 42-47 SAL 117 1 PE 1 3-9 JN 20 19-31
DOMINGO 3 DE PASCUA	HCH 2 14.22-33 SAL 15 1 PE 1 17-21 LC 24 13-35
DOMINGO 4 DE PASCUA	HCH 2 14.36-41 SAL 22 1 PE 2 20-25 JN 10 1-10
DOMINGO 5 DE PASCUA	HCH 6 1-7 SAL 32 1 PE 2 4-9 JN 14 1-12
DOMINGO 6 DE PASCUA	HCH 8 5-8.14-17 SAL 65 1 PE 3 15-18 JN 14 15-21
LA ASCENSIÓN DEL SEÑOR	HCH 1 1-11 SAL 46 EF 1 17-23 MT 28 16-20
DOMINGO DE PENTECOSTÉS	HCH 2 1-11 SAL 103 1 COR 12 3-7.12-13 JN 20 19-23
LA SANTÍSIMA TRINIDAD	EX 34 4-6.8-9 DN 3 2 COR 13 11-13 JN 3 16-18
FIESTA DEL CUERPO DE CRISTO	DT 8 2-3.14-16 SAL 147 1 COR 10 16-17 JN 6 51-58
DOMINGO 9 ORDINARIO	DT 11 18.26-28.32 SAL 30 ROM 3 21-25.28 MT 7 21-27
DOMINGO 10 ORDINARIO	OS 6 3-6 SAL 49 ROM 4 18-25 MT 9 9-13
DOMINGO 11 ORDINARIO	EX 19 2-6 SAL 99 ROM 5 6-11 MT 9 36 – 10 8
DOMINGO 12 ORDINARIO	JER 20 10-13 SAL 68 ROM 5 12-15 MT 10 26-33
DOMINGO 13 ORDINARIO	2 RE 4 8-11.14-16 SAL 88 ROM 6 3-4.8-11 MT 10 37-42
DOMINGO 14 ORDINARIO	ZAC 9 9-10 SAL 144 ROM 8 9.11-13 MT 11 25-30
DOMINGO 15 ORDINARIO	IS 55 10-11 SAL 64 ROM 8 18-23 MT 13 1-23
DOMINGO 16 ORDINARIO	SAB 12 13.16-19 SAL 85 ROM 8 26-27 MT 13 24-43
DOMINGO 17 ORDINARIO	1 RE 3 5.7-12 SAL 118 ROM 8 28-30 MT 13 44-52
DOMINGO 18 ORDINARIO	IS 55 1-3 SAL 144 ROM 8 35.37-39 MT 14 13-21
DOMINGO 19 ORDINARIO	1 RE 19 9.11-13 SAL 84 ROM 9 1-5 MT 14 22-33
ASUNCIÓN DE MARÍA	AP 11 19; 12 1-6.10 SAL 44 1 COR 15 20-27 LC 1 39-56
DOMINGO 20 ORDINARIO	IS 56 1.6-7 SAL 66 ROM 11 13-15.29-32 MT 15 21-28
DOMINGO 21 ORDINARIO	IS 22 19-23 SAL 137 ROM 11 33-36 MT 16 13-20
DOMINGO 22 ORDINARIO	JR 20 7-9 SAL 62 ROM 12 1-2 MT 16 21-27
DOMINGO 23 ORDINARIO	EZ 33 7-9 SAL 94 ROM 13 8-10 MT 18 15-20
DOMINGO 24 ORDINARIO	ECLO 27 33 – 28 9 SAL 102 ROM 14 7-9 MT 18 21-35
DOMINGO 25 ORDINARIO	IS 55 6-9 SAL 144 FLP 1 20-24.27 MT 20 1-16
DOMINGO 26 ORDINARIO	EZ 18 25-28 SAL 24 FLP 2 1-11 MT 21 28-32
DOMINGO 27 ORDINARIO	IS 5 1-7 SAL 79 FLP 4 6-9 MT 21 33-43
DOMINGO 28 ORDINARIO	IS 25 6-10 SAL 22 FLP 4 12-14.19-20 MT 22 1-14
DOMINGO 29 ORDINARIO	IS 45 1.4-6 SAL 95 1 TES 1 1-5 MT 22 15-21
DOMINGO 30 ORDINARIO	EX 22 20-26 SAL 17 1 TES 1 5-10 MT 22 34-40
DÍA DE TODOS LOS SANTOS	AP 7 2-4.9-14 SAL 23 1 JN 3 1-3 MT 5 1-12
DOMINGO 31 ORDINARIO	MAL 1 14 – 2 2.8-10 SAL 130 1 TES 2 7-9.13 MT 23 1-12
DOMINGO 32 ORDINARIO	SAB 6 12-16 SAL 62 1 TES 4 13-18 MT 25 1-13
DOMINGO 33 ORDINARIO	PROV 31 10-13.19-20.30-31 SAL 127 1 TES 5 1-6 MT 25 14-30
JESUCRISTO, REY DEL UNIVERSO	EZ 34 11-12.15-17 SAL 22 1 COR 15 20-26.28 MT 25 31-46

Leccionario CICLO B

Sobre la numeración de los salmos, ver p. 940.

DOMINGO 1 DE ADVIENTO	IS 63 16-17.19; 64 2-7 SAL 79 1 COR 1 3-9 MC 13 33-37
DOMINGO 2 DE ADVIENTO	IS 40 1-5.9-11 SAL 84 2 PE 3 8-14 MC 1 1-8
INMACULADA CONCEPCIÓN	GN 3 9-15.20 SAL 97 EF 1 3-6.11-12 LC 1 26-38
DOMINGO 3 DE ADVIENTO	IS 61 1-2.10-11 LC 1 46-54 1 TES 5 16-24 JN 1 6-8.19-28
12 DICIEMBRE NUESTRA SEÑORA DE GUADALUPE	ZAC 2 14-17 SAL 95 LC 1 39-45
DOMINGO 4 DE ADVIENTO	2 SM 7 1-5.8-16 SAL 88 ROM 16 25-27 LC 1 26-38
25 DICIEMBRE NAVIDAD MISA DEL DÍA	IS 52 7-10 SAL 97 HEB 1 1-6 JN 1 1-18
LA SAGRADA FAMILIA	ECLO 3 2-6.12.14 SAL 127 COL 3 12-21 LC 2 22-40
1º ENERO SANTA MARÍA MADRE DE DIOS	NM 6 22-27 SAL 66 GAL 4 4-7 LC 2 16-21
EPIFANÍA DEL SEÑOR	IS 60 1-6 SAL 71 EF 3 2-6 MT 2 1-12
DOMINGO 1 BAUTISMO DEL SEÑOR	IS 42 1-4.6-7 SAL 28 HCH 10 34-38 MC 1 7-11
DOMINGO 2 ORDINARIO	1 SM 3 3-10.19 SAL 39 1 COR 6 13-15.17-20 JN 1 35-42
DOMINGO 3 ORDINARIO	JON 3 1-5.10 SAL 24 1 COR 7 29-31 MC 1 14-20
DOMINGO 4 ORDINARIO	DT 18 15-20 SAL 94 1 COR 7 32-35 MC 1 21-28
DOMINGO 5 ORDINARIO	JOB 7 1-4.6-7 SAL 146 1 COR 9 16-19.22-23 MC 1 29-39
DOMINGO 6 ORDINARIO	LV 13 1-2.44-46 SAL 31 1 COR 10 31 – 11 1 MC 1 40-45
DOMINGO 7 ORDINARIO	IS 43 18 – 19 21-25 SAL 40 2 COR 1 18-22 MC 2 1-12
DOMINGO 8 ORDINARIO	OS 2 16-17.21-22 SAL 102 2 COR 3 1-6 MC 2 18-22
MIÉRCOLES DE CENIZA	JL 2 12-18 SAL 50 2 COR 5 20 – 6 2 MT 6 1-6.16-18
DOMINGO 1 DE CUARESMA	GN 9 8-15 SAL 24 1 PE 3 18-22 MC 1 12-15
DOMINGO 2 DE CUARESMA	GN 22 1-2.9-13.15-18 SAL 116 ROM 8 31-34 MC 9 2-10
DOMINGO 3 DE CUARESMA	EX 20 1-17 SAL 18 1 COR 1 22-25 JN 2 13-25
SAN JOSÉ	2 SM 7 4-5.12-14.16 SAL 88 ROM 4 13.16-18.22 MT 1 16.18-21.24
DOMINGO 4 DE CUARESMA	2 CR 36 14-16.19-23 SAL 136 EF 2 4-10 JN 3 14-21
DOMINGO 5 DE CUARESMA	JR 31 31-34 SAL 51 HEB 5 7-9 JN 12 20-33
DOMINGO DE RAMOS	IS 50 4-7 SAL 21 FLP 2 6-11 MC 14 1 – 15 47
JUEVES SANTO	EX 12 1-8.11-14 SAL 115 1 COR 11 23-26 JN 13 1-15
VIERNES SANTO	IS 52 13 – 53 12 SAL 30 HEB 4 14-16; 5 7-9 JN 18 1 – 19 42
DOM. DE PASCUA RESURRECCIÓN DEL SEÑOR	HCH 10 34.37-43 SAL 117 COL 3 1-4 JN 20 1-9
DOMINGO 2 DE PASCUA	HCH 4 32-35 SAL 117 1 JN 5 1-6 JN 20 19-31
DOMINGO 3 DE PASCUA	HCH 3 13-15.17-19 SAL 4 1 JN 2 1-5 LC 24 35-48
DOMINGO 4 DE PASCUA	HCH 4 8-12 SAL 117 1 JN 3 1-2 JN 10 11-18
DOMINGO 5 DE PASCUA	HCH 9 26-31 SAL 22 1 JN 3 18-24 JN 15 1-8
DOMINGO 6 DE PASCUA	HCH 10 25-35.44-48 SAL 97 1 JN 4 7-10 JN 15 9-17
LA ASCENSIÓN DEL SEÑOR	HCH 1 1-11 SAL 47 EF 1 17-23 MC 16 15-20
DOMINGO DE PENTECOSTÉS	HCH 2 1-11 SAL 104 1 COR 12 3-7.12-13 JN 20 19-23
LA SANTÍSIMA TRINIDAD	DT 4 32-34.39-40 SAL 33 ROM 8 14-17 MT 28 16-20
FIESTA DEL CUERPO DE CRISTO	EX 24 3-8 SAL 115 HEB 9 11-15 MC 14 12-16.22-26
DOMINGO 9 ORDINARIO	DT 5 12-15 SAL 80 2 COR 4 6-11 MC 2 23 – 3 6
DOMINGO 10 ORDINARIO	GN 3 9-15 SAL 129 2 COR 4 13 – 5 1 MC 3 20-35
DOMINGO 11 ORDINARIO	EZ 17 22.24 SAL 91 2 COR 5 6-10 MC 4 26-34
DOMINGO 12 ORDINARIO	JOB 38 1.8-11 SAL 106 2 COR 5 14-17 MC 4 35-40
DOMINGO 13 ORDINARIO	SAB 1 13-15; 2 23-24 SAL 29 2 COR 8 7.9.13-15 MC 5 21-43
DOMINGO 14 ORDINARIO	EZ 2 2-5 SAL 122 2 COR 12 7-10 MC 6 1-6
DOMINGO 15 ORDINARIO	AM 7 12-15 SAL 84 EF 1 3-14 MC 6 7-13
DOMINGO 16 ORDINARIO	JR 23 1-6 SAL 22 EF 2 13-18 MC 6 30-34
DOMINGO 17 ORDINARIO	2 RE 4 42-44 SAL 144 EF 4 1-6 JN 6 1-15
DOMINGO 18 ORDINARIO	EX 16 2-4.12-15 SAL 77 EF 4 17.20-24 JN 6 24-35
DOMINGO 19 ORDINARIO	1 RE 19 4-8 SAL 33 EF 4 30 – 5 2 JN 6 41-51
ASUNCIÓN DE MARÍA	AP 11 19; 12 1-6.10 SAL 44 1 COR 15 20-27 LC 1 39-56
DOMINGO 20 ORDINARIO	PROV 9 1-6 SAL 33 EF 5 15-20 JN 6 51-58
DOMINGO 21 ORDINARIO	JOS 24 1-2.15-17.18 SAL 33 EF 5 21-32 JN 6 60-69
DOMINGO 22 ORDINARIO	DT 4 1-2.6-8 SAL 14 SANT 1 17-18.21-22 MC 7 1-8.14-15.21-2
DOMINGO 23 ORDINARIO	IS 35 4-7 SAL 145 SANT 2 1-5 MC 7 31-37
DOMINGO 24 ORDINARIO	IS 50 5-9 SAL 114 SANT 2 14-18 MC 8 27-35
DOMINGO 25 ORDINARIO	SAB 2 12.17-20 SAL 53 SANT 3 16 – 4 3 MC 9 30-37
DOMINGO 26 ORDINARIO	NM 11 25-29 SAL 18 SANT 5 1-6 MC 9 38-43; 45 47-
DOMINGO 27 ORDINARIO	GN 2 18-24 SAL 127 HEB 2 9-11 MC 10 2-16
DOMINGO 28 ORDINARIO	SAB 7 7-11 SAL 89 HEB 4 12-13 MC 10 17-30
DOMINGO 29 ORDINARIO	IS 53 10-11 SAL 32 HEB 4 14-16 MC 10 35-45
DOMINGO 30 ORDINARIO	JR 31 7-9 SAL 125 HEB 5 1-6 MC 10 46-52
DÍA DE TODOS LOS SANTOS	AP 7 2-4.9-14 SAL 23 1 JN 3 1-3 MT 5 1-12
DOMINGO 31 ORDINARIO	DT 6 2-6 SAL 17 HEB 7 23-28 MC 12 28-34
DOMINGO 32 ORDINARIO	1 RE 17 10-16 SAL 145 HEB 9 24-28 MC 12 38-44
DOMINGO 33 ORDINARIO	DN 12 1-3 SAL 15 HEB 10 11-14.18 MC 13 24-32
JESUCRISTO, REY DEL UNIVERSO	DN 7 13-14 SAL 92 AP 1 5-8 JN 18 33-37

Leccionario CICLO C

Sobre la numeración de los salmos, ver p. 940.

OMINGO 1 E ADVIENTO	JR 33 14-16 SAL 24 1 TES 3 12 – 4 2 LC 21 25-28.34-36
OMINGO 2 E ADVIENTO	BAR 5 1-9 SAL 125 FLP 1 4-6.8-11 LC 3 1-6
MACULADA ONCEPCIÓN	GN 3 9-15.20 SAL 97 EF 1 3-6.11-12 LC 1 26-38
OMINGO 3 E ADVIENTO	SOF 3 14-18 IS 12 FLP 4 4-7 LC 3 10-18
2 DICIEMBRE UESTRA SEÑORA E GUADALUPE	ZAC 2 14-17 SAL 95 LC 1 39-45
OMINGO 4 E ADVIENTO	MIQ 5 1-4 SAL 79 HEB 10 5-10 LC 1 39-45
5 DICIEMBRE AVIDAD ISA DEL DÍA	IS 52 7-10 SAL 97 HEB 1 1-6 JN 1 1-18
A SAGRADA AMILIA	ECLO 3 2-6.12-14 SAL 127 COL 3 12-21 LC 2 41-52
ENERO ANTA MARÍA ADRE DE DIOS	NM 6 22-27 SAL 66 GAL 4 4-7 LC 2 16-21
PIFANÍA EL SEÑOR	IS 60 1-6 SAL 71 EF 3 2-6 MT 2 1-12
OMINGO 1 AUTISMO EL SEÑOR	IS 42 1-4.6-7 SAL 28 HCH 10 34-38 LC 3 15-16.21-22
OMINGO 2 RDINARIO	IS 62 1-5 SAL 95 1 COR 12 4-11 JN 2 1-11
OMINGO 3 RDINARIO	NEH 8 2-4.5-6.8-10 SAL 18 1 COR 12 12-30 LC 1 1-4; 4 14-21
OMINGO 4 RDINARIO	JR 1 4-5.17-19 SAL 70 1 COR 12 31 – 13 13 LC 4 21-30
OMINGO 5 RDINARIO	IS 60 1-2.3-8 SAL 137 1 COR 15 1-11 LC 5 1-11
OMINGO 6 RDINARIO	JR 17 5-8 SAL 1 1 COR 15 12.16-20 LC 6 17.20-26
OMINGO 7 RDINARIO	1 SM 26 2.7-13.22-23 SAL 102 1 COR 15 45-49 LC 6 27-38
OMINGO 8 RDINARIO	ECLO 27 4-7 SAL 91 1 COR 15 54-58 LC 6 39-45
IÉRCOLES E CENIZA	JL 2 12-18 SAL 50 2 COR 5 20 – 6 2 MT 6 1-6.16-18
OMINGO 1 E CUARESMA	DT 26 4-10 SAL 90 ROM 10 8-13 LC 4 1-13
OMINGO 2 E CUARESMA	GN 15 5-12.17-18 SAL 26 FLP 3 17 – 4 1 LC 9 28-76
OMINGO 3 E CUARESMA	EX 3 1-8.13-15 SAL 102 1 COR 10 1-6.10-12 LC 13 1-9

SAN JOSÉ	2 SM 7 4-5.12-14.16 SAL 88 ROM 4 13.16-18.22 MT 1 16.18-21.24
DOMINGO 4 DE CUARESMA	JOS 5 9-12 SAL 33 2 COR 7 17-21 LC 15 1-3.11-32
DOMINGO 5 DE CUARESMA	IS 43 16-21 SAL 125 FLP 3 8-14 JN 8 1-11
DOMINGO DE RAMOS	IS 50 4-7 SAL 21 FLP 2 6-11 LC 22 14-23.56
JUEVES SANTO	EX 12 1-8.11-14 SAL 115 1 COR 11 23-26 JN 13 1-15
VIERNES SANTO	IS 52 13 – 53 12 SAL 30 HEB 4 14-16; 5 7-9 JN 18 1 – 19 42
DOM. DE PASCUA RESURRECCIÓN DEL SEÑOR	HCH 10 34.37-43 SAL 117 COL 3 1-4 JN 20 1-9
DOMINGO 2 DE PASCUA	HCH 5 12-16 SAL 117 AP 1 9-13.17-19 JN 20 19-31
DOMINGO 3 DE PASCUA	HCH 5 27-32.40-41 SAL 29 AP 5 11-14 JN 21 1-19
DOMINGO 4 DE PASCUA	HCH 13 14.43-52 SAL 99 AP 7 9.14-17 JN 10 27-30
DOMINGO 5 DE PASCUA	HCH 14 21-27 SAL 144 AP 21 1-5 JN 13 31-35
DOMINGO 6 DE PASCUA	HCH 15 1-2.22-29 SAL 66 AP 21 10-14.22-23 JN 14 23-29
LA ASCENSIÓN DEL SEÑOR	HCH 1 1-11 SAL 46 EF 1 17-23 LC 24 46-53
DOMINGO DE PENTECOSTÉS	HCH 2 1-11 SAL 103 1 COR 12 3-7.12-13 JN 20 19-23
LA SANTÍSIMA TRINIDAD	PROV 8 22-31 SAL 8 ROM 5 1-5 JN 16 12-15
FIESTA DEL CUERPO DE CRISTO	GN 14 18-20 SAL 109 1 COR 11 23-26 LC 9 11-17
DOMINGO 9 ORDINARIO	1 RE 8 41-43 SAL 116 GAL 1 1-2.6-10 LC 7 1-10
DOMINGO 10 ORDINARIO	1 RE 17 17-24 SAL 29 GAL 1 11-19 LC 7 11-17
DOMINGO 11 ORDINARIO	2 SM 12 7-10.13 SAL 31 GAL 2 16.19-21 LC 7 36 – 8 3
DOMINGO 12 ORDINARIO	ZAC 12 10-11; 13 1 SAL 62 GAL 3 26-29 LC 9 18-24
DOMINGO 13 ORDINARIO	1 RE 19 16.19-21 SAL 15 GAL 5 1.13-18 LC 9 51-62
DOMINGO 14 ORDINARIO	IS 66 10-14 SAL 65 GAL 6 14-18 LC 10 1-12.17-20

DOMINGO 15 ORDINARIO	DT 30 10-14 SAL 68 COL 1 15-20 LC 10 25-37
DOMINGO 16 ORDINARIO	GN 18 1-10 SAL 14 COL 1 24-28 LC 10 38-42
DOMINGO 17 ORDINARIO	GN 18 20-32 SAL 137 COL 2 12-14 LC 11 1-13
DOMINGO 18 ORDINARIO	ECL 1 2; 2 21-23 SAL 89 COL 3 1-5.9-11 LC 12 13-21
DOMINGO 19 ORDINARIO	SAB 18 6-9 SAL 32 HEB 11 1-2.8-19 LC 12 32-48
ASUNCIÓN DE MARÍA	AP 11 19; 12 1-6.10 SAL 44 1 COR 15 20-27 LC 1 39-56
DOMINGO 20 ORDINARIO	JR 38 4-6.8-10 SAL 39 HEB 12 1-4 LC 12 49-53
DOMINGO 21 ORDINARIO	IS 66 18-21 SAL 116 HEB 12 5-7.11-13 LC 13 22-30
DOMINGO 22 ORDINARIO	ECLO 3 17-18.20.28-29 SAL 67 HEB 12 18-19.22-24 LC 14 1.7-14
DOMINGO 23 ORDINARIO	SAB 9 13-18 SAL 89 FLM 9-10.12-17 LC 14 25-33
DOMINGO 24 ORDINARIO	EX 32 7-11.13-14 SAL 50 1 TIM 1 12-17 LC 15 1-32
DOMINGO 25 ORDINARIO	AM 8 4-7 SAL 112 1 TIM 2 1-8 LC 16 1-13
DOMINGO 26 ORDINARIO	AM 6 1.4-7 SAL 145 1 TIM 6 11-16 LC 16 19-31
DOMINGO 27 ORDINARIO	HAB 1 2-3; 2 2-4 SAL 94 2 TIM 1 6-8.13-14 LC 17 5-10
DOMINGO 28 ORDINARIO	2 RE 5 14-17 SAL 97 2 TIM 2 8-13 LC 17 11-19
DOMINGO 29 ORDINARIO	EX 17 8-13 SAL 120 2 TIM 3 14 – 4 2 LC 18 1-8
DOMINGO 30 ORDINARIO	ECLO 35 12-14.16-18 SAL 33 2 TIM 4 6-8.16-18 LC 18 9-14
DÍA DE TODOS LOS SANTOS	AP 7 2-4.9-14 SAL 23 1 JN 3 1-3 MT 5 1-12
DOMINGO 31 ORDINARIO	SAB 11 22 – 12 2 SAL 144 2 TES 1 11 – 2 2 LC 19 1-10
DOMINGO 32 ORDINARIO	2 MAC 7 1-2.9-14 SAL 16 2 TES 2 16 – 3 5 LC 20 27-38
DOMINGO 33 ORDINARIO	MAL 3 19-20 SAL 97 2 TES 3 7-12 LC 21 5-19
JESUCRISTO, REY DEL UNIVERSO	2 SM 5 1-3 SAL 121 COL 1 12-20 LC 23 35-43

Calendario LITÚRGICO 2014-2031

Año	Ciclo	1er Domingo de Adviento	Epifanía-Reyes*	2º Domingo del Tiempo Ordinario	Miércoles de Ceniza	Pascua	Pentecostés	Tiempo Ordinario (3er Domingo después de Pentecostés)	Jesucristo, Rey del Universo
2014	A	1 Dic-13	5 Ene	19 Ene	5 Mar	20 Abr	8 Jun	13º Dom Ord - 29 Jun+	23 Nov
2015	B	30 Nov-14	4 Ene	18 Ene	18 Feb	5 Abr	24 Mayo	11º Dom Ord - 14 Jun	22 Nov
2016	C	29 Nov-15	3 Ene	17 Ene	10 Feb	27 Mar	15 Mayo	10º Dom Ord - 5 Jun	20 Nov
2017	A	27 Nov-16	8 Ene	15 Ene	1 Mar	16 Abr	4 Jun	12º Dom Ord - 25 Jun	26 Nov
2018	B	3 Dic-17	7 Ene	14 Ene	14 Feb	1 Abr	20 Mayo	10º Dom Ord - 10 Jun	25 Nov
2019	C	2 Dic-18	6 Ene	20 Ene	6 Mar	21 Abr	9 Jun	13º Dom Ord - 30 Jun	24 Nov
2020	A	1 Dic-19	5 Ene	19 Ene	26 Feb	12 Abr	31 Mayo	12º Dom Ord - 21 Jun	22 Nov
2021	B	29 Nov-20	3 Ene	17 Ene	17 Feb	4 Abr	23 Mayo	11º Dom Ord - 13 Jun	21 Nov
2022	C	28 Nov-21	2 Ene	16 Ene	2 Mar	17 Abr	5 Jun	13º Dom Ord - 26 Jun	20 Nov
2023	A	27 Nov-22	8 Ene	15 Ene	22 Feb	9 Abr	28 Mayo	11º Dom Ord - 18 Jun	26 Nov
2024	B	3 Dic-23	7 Ene	14 Ene	14 Feb	31 Mar	19 Mayo	10º Dom Ord - 9 Jun	24 Nov
2025	C	1 Dic-24	5 Ene	19 Ene	5 Mar	20 Abr	8 Jun	13º Dom Ord - 29 Jun+	23 Nov
2026	A	30 Nov-25	4 Ene	18 Ene	18 Feb	5 Abr	24 Mayo	11º Dom Ord - 14 Jun	22 Nov
2027	B	29 Nov-26	3 Ene	17 Ene	10 Feb	28 Mar	16 Mayo	10º Dom Ord - 6 Jun	21 Nov
2028	C	28 Nov-27	2 Ene	16 Ene	1 Mar	16 Abr	4 Jun	13º Dom Ord - 25 Jun	26 Nov
2029	A	3 Dic-28	7 Ene	14 Ene	14 Feb	1 Abr	20 Mayo	10º Dom Ord - 10 Jun	25 Nov
2030	B	2 Dic-29	6 Ene	20 Ene	6 Mar	21 Abr	9 Jun	13º Dom Ord - 30 Jun	24 Nov
2031	C	1 Dic-30	5 Ene	19 Ene	26 Feb	12 Abr	31 Mayo	12º Dom Ord - 21 Jun	22 Nov

* Si se celebra en domingo; la fecha tradicional es el 6 de enero.

+ Se celebra la Misa de san Pedro y san Pablo.

Cuadro CRONOLÓGICO

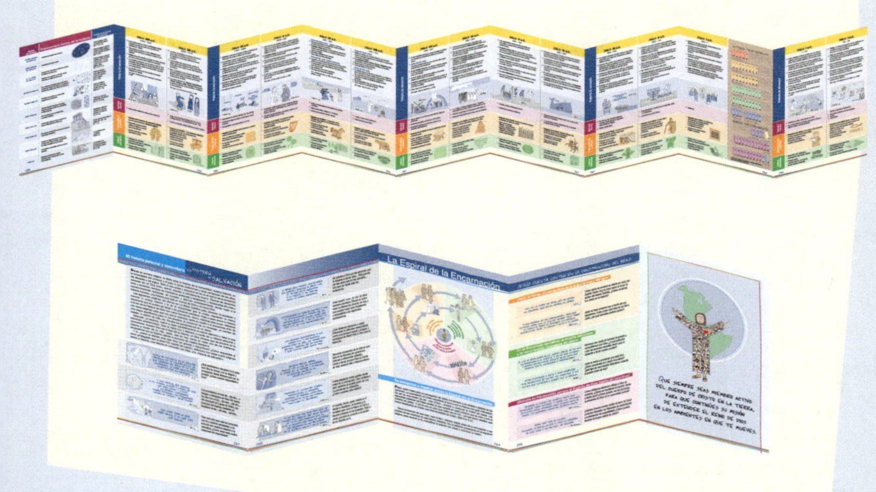

Antes de Cristo	Prehistoria e inicios de la historia		Relatos de la histori[a] de salvación
13 800 millones de años a.C.	Comienza la creación del universo.	 	Relato teológico sobre la creación del universo (Gn 1 1-2; 2 4-6).
4 600 millones de años a.C.	Formación del sistema solar.		Relato teológico sobre la creación de las plantas y de los animales acuáticos (Gn 1 3-19).
2-1 millón de años a.C.	Aparecen los homínidos o mamíferos erectos (2 millones de años a.C.). Aparece el ser humano, en el orden de los homínidos (1 millón de años a.C.).		Relato teológico sobre la creación de los animales terrestres (Gn 1 24-25), y sobre el ser humano: **Adán** y **Eva** (Gn 1 26-31; 2 7).
40 000-15 000 a.C.	Los cazadores nómadas pasan de Europa a América por Bering (40 000 a.C.). Empiezan a formarse los clanes y las tribus (15 000 a.C.).		Relatos teológicos sobre **Abel** y **Caín,** y sobre los orígenes de los pueblos (Gn 4 – 10).
10 000-7 000 a.C.	Se inician los pueblos y se desarrollan la agricultura y el pastoreo.		Relatos teológicos sobre los patriarcas antediluvianos y sobre **Noé** (Gn 5 – 11).
3000-2500 a.C.	Grandes dinastías faraónicas de Egipto. Surge la escritura cuneiforme y jeroglífica en Mesopotamia. Con la escritura, la humanidad inicia su período histórico.	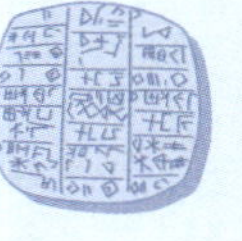 	Tradiciones sobre los antepasados de Abraham (Gn 4 2; 11 10-32).
1850-1790 a.C.	Hammurabi redacta el primer conjunto de leyes en Mesopotamia (1792 a.C.).	 	**Abraham** y **Sara** se establecen en Canaán alrededor de 1850 a.C. (Gn 12 1-9).
1700-1500 a.C.	Se expande la civilización minoica de la isla de Creta hacia Asia Menor.		Grupos patriarcales llegan [a] Egipto (Gn 39 – 49; Ex 1 1-7).
1500-1400 a.C.	Empieza en Egipto el Imperio Nuevo, que cubrirá hasta Creta y la India, y dominará a los hititas, israelitas y otros pueblos. En América se desarrollan diversas culturas agrícolas.		Los cananitas crean su alfabeto (1550 a.C.).
1300 a.C.	Reinado de Ramsés II en Egipto. Palestina estaba habitada por muchas tribus dispersas.		Los israelitas son duramente oprimidos por el Faraón egipcio (Ex 1 8-22).

SIGLO XIII a.C.

1300 – 1201

Historia de salvación

- Los israelitas claman al Dios de **Abraham**, **Isaac** y **Jacob** para que los salve de la opresión y la esclavitud en Egipto.
- Dios escucha su clamor y envía a **Moisés** como profeta y líder libertador, y castiga la maldad de los egipcios.
- Moisés saca a los israelitas de Egipto con éxito, apoyado por Dios, continuando así la historia de salvación.
- Los israelitas peregrinan por el desierto hacia la Tierra prometida. Dios establece la primera Alianza con ellos en el monte Sinaí, y estos se comprometen a guardar sus mandamientos.
- Los israelitas comienzan la conquista de Canaán, dirigidos por **Josué**.

[Ver mapa: «Peregrinación de la esclavitud a la libertad», p. 203]

Ex 14 15-31

Actividad literaria

- Inicio de las tradiciones orales de los patriarcas.

Culturas bíblicas y asiáticas

- **Impacto en la historia de salvación (HdeS):** grandes construcciones y **dominio egipcio.**
- Desarrollo socioeconómico, político y religioso, y de las artes y las ciencias.
- Centros culturales en China, Asia Menor e India.

Culturas americanas

- Poblados con deidades femeninas, agricultura y cerámica: Soconusco, Guatemala.
- Primera cultura en América: Chiapa de Corzo, México.

SIGLO XII a.C.

1200 – 1101

Historia de salvación

- Las tribus se establecen en Canaán: cinco en el norte, cuatro en el centro y tres en el sur. En ocasiones se unen para defenderse de sus enemigos.
- A los israelitas les cuesta trabajo mantener la alianza, pues están dispersos. Pecan contra Dios al dar culto a otros dioses, y caen bajo el poder de los filisteos.
- Dios se manifiesta como protector del pueblo: a) suscita jueces que los ayudan a liberarse de los filisteos; b) los apoya en su lucha por la tierra; c) les perdona sus faltas.
- Los jueces mayores son: **Otoniel**, **Eud**, **Débora** y **Barac**, **Gedeón**, **Jefté** y **Sansón**. Ellos ayudan a mantener la libertad de los israelitas, y fortalecen su fe y tradiciones.

[Ver mapa: «Las doce tribus de Israel», p. 283]

Jue 6 36-40

Actividad literaria

- Origen oral del cántico de María (Ex 15 1-21), el decálogo (Ex 20 1-17) y otras leyes (Ex 20 – 23).
- Escritura de ciertos relatos históricos y cantos épicos.

Culturas bíblicas y asiáticas

- **Impacto en la HdeS:** 1) los **fenicios dominan** el Mediterráneo con sus embarcaciones; 2) **poderío asirio** sobre Mesopotamia; 3) se inicia contacto entre Grecia y el cercano Oriente.
- Europa reúne pueblos agrícolas fortificados.

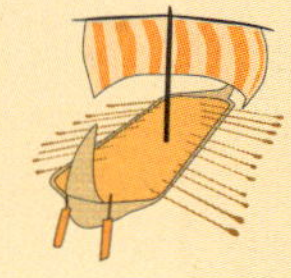

Culturas americanas

- Cultura olmeca con centros ceremoniales: Tabasco, México.
- Poblado con numerosos entierros y culto a los muertos: Tlatilco, México.

SIGLO XI a.C.

1100 – 1001

Historia de salvación

- **Samuel**, quien era sacerdote de Siló, es llamado por Dios para ser profeta y último juez de Israel.
- Los israelitas quieren un rey como el de los países vecinos, para que los unifique y cree un ejército que los ayude a defenderse de sus enemigos.
- **Saúl** es el primer rey de Israel. En él, Dios muestra su predilección por los pequeños, pues es el más chico de la última tribu de Israel.
- **David** es ungido por Samuel con el poder de Dios y entra al servicio de Saúl. Vence a Goliat, quien representaba una fuerza muy grande.
- Saúl tiene varias victorias contra los enemigos, pero desobedece al Señor y entra en rivalidad con David. Al final, los filisteos derrotan a Saúl.
- Se inicia el reinado de David.

Actividad literaria

- Bendiciones de Jacob y Moisés (Gn 49 y Dt 33).
- Escritura de algunos relatos de Números, Josué y Jueces.
- Composición oral de los Salmos 2 y 110.

Culturas bíblicas y asiáticas

- ✶ **Impacto en la HdeS:** Asiria expande su poderío hasta el Mediterráneo.
- Nace la civilización griega y define las 24 letras del alfabeto griego.
- La dinastía Zhou de China se extiende. Se inicia el arte en seda y hueso.

Culturas americanas

- Centros culturales y artísticos: México y Centroamérica.
- Surge la cultura inca: Perú, y zonas de Venezuela, Colombia, Chile y Argentina.

SIGLO X a.C.

1000 – 901

Historia de salvación

- David vence a los pueblos vecinos, unifica todas las tribus en un reino, toma Jerusalén como capital, lleva a ella el Arca de la Alianza y la convierte en el centro religioso de Israel.
- El **profeta Natán** anuncia la descendencia mesiánica de David, de donde vendrá Jesús.
- David peca públicamente, pero se arrepiente y pide perdón a Dios, quien lo perdona.
- A la muerte de David, le sucede como rey su hijo **Salomón**, quien construye el Templo de Jerusalén, admite culto a dioses extranjeros y explota a su pueblo.
- En 931 a.C., el reino se divide: **Jeroboam** dirige el reino del Norte con diez tribus, y **Roboam** el reino del Sur con dos.

[Ver mapa: «El reino unido de Israel», p. 369]

Actividad literaria

- Tradiciones orales yavistas (Sur) y elohistas (Norte) que se incluirán en el Pentateuco, y sobre los reyes David y Salomón.
- Escritura de algunas leyes, proverbios, salmos, y el cántico de Débora (Jue 5 1-31).

Culturas bíblicas y asiáticas

- ✶ **Impacto en la HdeS:** 1) esplendor israelita con David y Salomón; 2) surge el nuevo **Imperio asirio.**
- Empieza la unificación de ciudades-estados en la Grecia actual.
- La minería y la metalurgia propician la organización social.

Culturas americanas

- Uso de conchas como monedas: delta del Orinoco, Venezuela.
- Entierros con sacerdotes enjoyados y comuneros sin nada: Arévalo, Guatemala.

SIGLO IX a.C.

900 – 801

Reino del Norte: Israel Capital: Samaría

- Hay auge económico y decadencia moral, e idolatría por influencia de los cananitas.
- El **profeta Elías** defiende el monoteísmo. Muestra la bondad universal de Dios, al resucitar al hijo de una viuda no israelita.
- Elías elige a **Eliseo** como sucesor.
- Nueve reyes de varias dinastías.

Reino del Sur: Judá Capital: Jerusalén

- Jerusalén es la Ciudad Santa donde mora Dios, centro político de Judá, y centro religioso de los israelitas.
- Se desarrolla la casta sacerdotal con los descendientes de la tribu de Leví.
- Hay conflictos con el reino del Norte.
- Seis reyes de la dinastía de David.

[Ver: «División del reino», p. 396, y la tabla «Reyes y profetas», p. 55]

- Continúa el desarrollo de las tradiciones yavistas y elohistas.
- Relatos sobre Elías y Eliseo (1 y 2 Reyes).
- Escritura de alrededor de diez salmos.

- **Impacto en la HdeS:** 1) expansión asiria; 2) decadencia egipcia; 3) los fenicios fundan el puerto de Tiro.
- En Grecia, Homero escribe la *Iliada* y la *Odisea*, y narra la epopeya de Troya.
- La mitología griega mezcla dioses y héroes.

- Primeras aldeas agrícolas y pesqueras: EUA
- Primeras construcciones del juego de pelota: Tabasco, México

SIGLO VIII a.C.

800 – 701

Reino del Norte: Israel

- Difícil de unificar por: a) estar disperso, sin santuario central ni dinastía sagrada; b) su exposición al paganismo y comercio extranjero.
- Los **profetas Amós**, **Isaías**, **Oseas** y **Miqueas** piden conversión, y Dios perdona la infidelidad del pueblo.
- Nueve reyes de varias dinastías.
- Cae bajo Asiria en 722 a.C.

Reino del Sur: Judá

- Es estable porque: a) el reino es pequeño y su capital no tiene rival; b) la dinastía davídica tiene carácter sagrado y los sacerdotes ayudan a guardar la fidelidad.
- Jerusalén es sitiada. El **profeta Isaías** anuncia al Mesías.
- El **rey Ezequías** hace una reforma religiosa.
- Cinco reyes de la dinastía de David.

[Ver mapa: «Imperio asirio», p. 891]

- 1 Isaías, Oseas, Amós y Miqueas.
- Colecciones de proverbios.

- **Impacto en la HdeS:** esplendor del Imperio asirio y **caída del reino de Israel**.
- La moneda sustituye al trueque en el comercio.
- Fundación de Roma: Rómulo y Remo.
- En la India se crean castas que frenan la unión social.

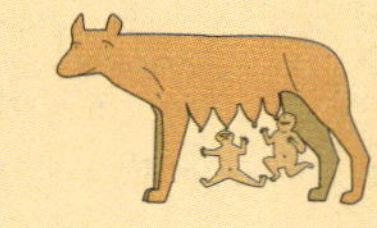

- Primeros escritos en América con los zapotecas: Oaxaca, México.
- Monumentales esferas de piedra en Costa Rica.

SIGLO VII a.C.

700 – 601

Historia de salvación

- El reino del Norte, Israel ya no existe. Samaría es habitada por extranjeros. La decadencia religiosa y la idolatría crecen.
- **Reino del Sur: Judá**
  El pueblo rompe la alianza una y otra vez. Dios ofrece misericordia si se arrepienten.
- El **rey Josías** emprende una reforma religiosa basada en la Ley; destruye el culto a los ídolos y renueva el culto en el Templo.
- Al morir Josías, la decadencia política y corrupción religiosa llevó a Judá a la catástrofe.
- El **profeta Jeremías** denuncia el abandono a Dios, la injusticia social y la falsa seguridad del Templo, la Ley y los falsos profetas.
- Cinco reyes de la dinastía de David.

[Ver mapa: «Imperio babilónico», p. 875]

Actividad literaria

- Josué, Jueces, 1 y 2 Samuel, Joel, Nahúm, Habacuc y Sofonías.
- Continúa la escritura de Salmos y Proverbios.
- Se inicia la escritura de Jeremías y Baruc, y la redacción del Pentateuco.

Culturas bíblicas y asiáticas

- **Impacto en la HdeS:** el Imperio babilónico derrota al Imperio asirio.
- Solón, legislador y sabio griego, escribe un tratado de derecho que fundamenta la democracia *versus* privilegios heredados.
- Se inicia la monarquía romana.

Culturas americanas

- Desarrollo de la cultura chavín, que da culto a la Gran Imagen o «Dios Sonriente»: Cusco, Perú.
- Desarrollo de una sociedad jerárquica en el Amazonas.

SIGLO VI a.C.

600 – 501

Historia de salvación

- Termina la monarquía al caer Jerusalén y ser destruido el templo por **Nabucodonosor** (587 a.C.).
- Hay dos deportaciones al destierro en Babilonia: a) la élite rica y educada; b) diez años después, gente de otras clases sociales.
- El **profeta Jeremías** mantiene la esperanza de los exiliados. El **Segundo Isaías** hace profecías mesiánicas. El **profeta Ezequiel** anuncia la ley inscrita en el corazón.
- **Ciro** crea el Imperio persa y deja regresar a los exiliados, guiados por **Zorobabel** (538 a.C.).
- El pueblo reconstruye Jerusalén y el Segundo Templo, que se dedica en 515 a.C.
- El judaísmo nace en el exilio y se desarrolla en Jerusalén, se centra la identidad del pueblo en la Ley y el culto.

Actividad literaria

- 1 y 2 Reyes, 2 Isaías, Ezequiel, Ageo, 1 Zacarías, Lamentaciones y Job, y salmos de El Señor es rey.
- Tradición sacerdotal e incorporación al Pentateuco.
- Redacción final del Deuteronomio, y fin de Jeremías.

Culturas bíblicas y asiáticas

- **Impacto en la HdeS:** el Imperio persa derrota al asirio, y abarca Asia Menor, Egipto y la India.
- Cima de la sabiduría humana con los profetas israelitas, el filósofo chino Confucio, el asceta hindú Buda y los poetas griegos.

Culturas americanas

- Centro ceremonial y cívico maya: Copán, Honduras.
- Templo circular y primer marcador astronómico en el Valle de México: Cuicuilco.

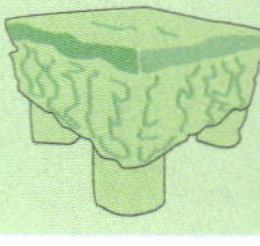

SIGLO V a.C.	SIGLO IV a.C.
500 – 401	400 – 301

SIGLO V a.C.

500 – 401

- Los repatriados restauran las murallas de Jerusalén, a pesar de la oposición de los samaritanos.
- El **Tercer Isaías** exige un nuevo culto; anuncia la intervención victoriosa de Dios al final de los tiempos, y da una perspectiva universal del amor de Dios.
- Bajo el dominio persa, los judíos gozan de libertad social y religiosa, pero pagan tributos.
- Esdras y Nehemías se centran en el Templo y la Ley para renovar la Alianza, y promover el judaísmo como núcleo de unidad nacional.
- Los profetas anuncian al Mesías no solo como rey, sino como portador de gozo y de paz.
- El profeta **Malaquías** promueve la purificación interior.
- Se hace la redacción final del Pentateuco reconocido como la Torá o la Ley.

- 3 Isaías, Abdías, Malaquías y Jonás.
- Continúa la escritura de Salmos.

★ **Impacto en la HdeS:** el idioma aramaico empieza a desplazar al hebreo en Judea.

- Siglo de oro griego: filósofos como Sócrates y Platón; científicos como Hipócrates y Herodoto; militares como Pericles; poetas como Sófocles.

- Sobresalen la joyería y los tejidos chibchas: Bogotá, Colombia.
- Cultura maya en Chichén Itzá y zapoteca en Monte Albán, México.

SIGLO IV a.C.

400 – 301

- Al florecer el judaísmo, el país se conoce como Judea y funciona como Estado teocrático con cierta autonomía, bajo el dominio persa y egipcio.
- La autoridad y las leyes religiosas cobran importancia para mantener su fe y sus tradiciones, como el prohibir el matrimonio con extranjeros.
- Los judíos en la diáspora (fuera de Judea) prosperan y al contacto con otros pueblos adquieren una visión más universal.
- El pueblo goza de estabilidad económica y carece de inquietudes políticas y religiosas.
- El **profeta Joel** anuncia el Día del Señor, y el **Segundo Zacarías** denuncia el mal liderazgo y anuncia al Mesías.
- Con la ocupación de Alejandro Magno, los judíos entran en relación con el helenismo.

- Redacción final del Pentateuco (Gn, Ex, Lv, Nm y Dt), Salmos y Proverbios.
- 1 y 2 Crónicas, Esdras, Nehemías, Rut, 2 Zacarías y Cantar de los Cantares.

★ **Impacto en la HdeS:** Alejandro Magno crea el Imperio griego y vence al Imperio persa; empieza la época helenista.

- Aristóteles da nuevas bases a la filosofía y las ciencias.
- Roma separa el poder político del religioso.

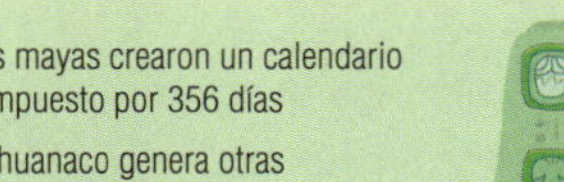

- Los mayas crearon un calendario compuesto por 356 días
- Tiahuanaco genera otras culturas: lago Titicaca, Bolivia.

SIGLO III a.C.

300 – 201

Historia de salvación

- Los griegos tolomeos dominan Judea; le dan cierta autonomía, pero sigue sin instituciones políticas y militares propias.
- Aparecen tres centros del judaísmo: a) Palestina, donde los judíos se polarizan en favor o en contra del helenismo; b) Egipto, con una comunidad fuerte en Alejandría; c) la diáspora del Asia Menor.
- Continúa la reflexión teológica sobre las tradiciones y el mensaje de los profetas de los siglos anteriores.
- Se sigue orando con los salmos; se aprecia la sabiduría popular, y se considera al sabio como enviado de Dios.
- Empiezan a formarse grupos sociorreligiosos dentro del judaísmo, según particularidades de sus creencias y costumbres: fariseos, saduceos, esenios y zelotes.

Actividad literaria

- Se traducen las Escrituras Hebreas al griego (Septuaginta) en Alejandría, ciudad griega en Egipto.
- Tobías y Eclesiastés.

Culturas bíblicas y asiáticas

- ✶ **Impacto en la HdeS:** Al traducir las Escrituras al griego, la Palabra de Dios llegó mejor a los judíos en la diáspora.
- Roma lucha con Fenicia y Cartago por el poder en la región mediterránea.
- Se construye la Gran Muralla China.

Culturas americanas

- Avances matemáticos y astronómicos: Monte Albán, México.
- Cima de la cultura nasca y perfección de técnicas textiles: Perú.

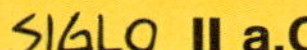

SIGLO II a.C.

200 – 101

Historia de salvación

- Palestina cae bajo el dominio de los seléucidas griegos, quienes le imponen su filosofía y su religión griega. Antíoco IV Epífanes profana el Templo y exige sacrificios para los ídolos.
- Matatías y sus hijos los **Macabeos** se sublevan con armas contra la opresión siria en busca de la libertad religiosa y de pensamiento.
- Bajo el liderazgo de Judas Macabeo hay un éxito temporal. En ese tiempo se purifica el Templo y nace la expectativa de un Mesías guerrero.
- Hay mártires por la fe en el único Dios.
- El **profeta Daniel** proclama la creencia en la resurrección al final de los tiempos (apocalíptica), la cual afirman los Macabeos.

[Ver mapa del «Oriente Medio en tiempos de los Macabeos», p. 587]

Actividad literaria

- Ester, Eclesiástico, Daniel, Carta de Jeremías, Judit, 1 y 2 Macabeos.
- Se termina de escribir Baruc.

Culturas bíblicas y asiáticas

- ✶ **Impacto en la HdeS:** 1) desarrollo y decadencia del Imperio griego; 2) expansión del Imperio romano incluyendo Grecia, sin llegar aún a Palestina.
- El budismo se convierte en religión oficial de la India.

Culturas americanas

- Casas de adobe y arte en piel de búfalo: cultura zuñi, EUA.
- Inicia la cultura teotihuacana y la construcción de sus primeros templos: México.

SIGLO I a.C.

100 – 1

- Gobierna la dinastía asmonea, descendiente de los Macabeos (no del rey David).
- Se inicia una época de conflictos entre los reyes asmoneos y los sacerdotes, que termina dividiendo a los grupos sociorreligiosos, quienes se enemistan entre sí.
- En 63 a.C., Pompeyo conquista Jerusalén e inicia el dominio romano.
- Herodes el Grande (idumeo, no judío) es nombrado rey de Judea por el Senado romano, convirtiéndose en un «rey aliado» de Roma. Para congraciarse con los judíos restaura y amplía el Segundo Templo.
- **Juan el Bautista,** último profeta del Antiguo Testamento, proclama la salvación a través del perdón, y anuncia la llegada inmediata del Mesías.

- Sabiduría.

- ★ **Impacto en la HdeS:** a la influencia de la filosofía humanista griega, se añade la de la política, la economía, el derecho y el alfabeto romanos.
- Aparecen los poetas latinos Virgilio y Horacio.

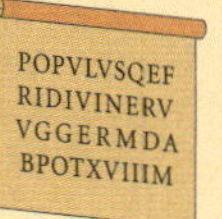

- Tumbas de los moches con alfarería y joyería exquisitas: Perú.
- Florecimiento maya, con pirámides en El Mirador y Tikal: Guatemala.

ANTIGUO TESTAMENTO

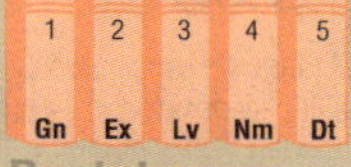

Pentateuco

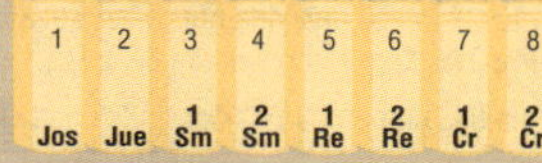

Históricos

Históricos

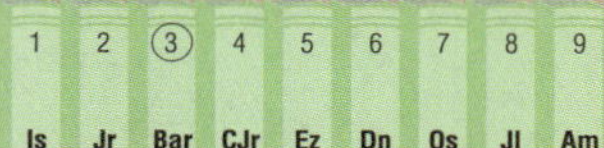

Proféticos

Proféticos

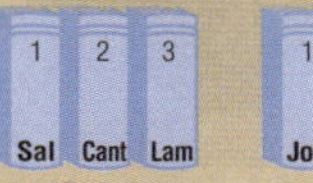

1 Job · 2 Prov · 3 Ecl · (4) Sab · (5) Eclo

Poéticos

Sapienciales

NUEVO TESTAMENTO

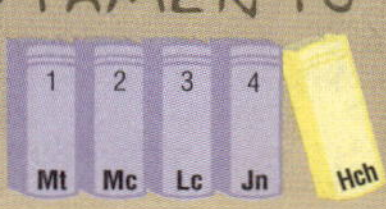

Evangelios y Hechos

1 Rom · 2 1 Cor · 3 2 Cor · 4 Gal · 5 Ef · 6 Flp · 7 Col · 8 1 Tes · 9 2 Tes · 10 1 Tim · 11 2 Tim

Cartas

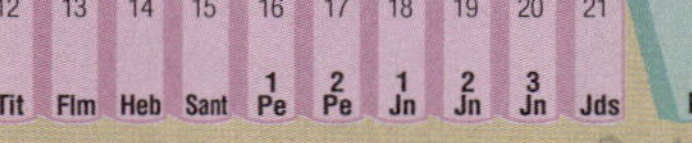

Cartas

Libros con números circulados = Deuterocanónicos (solo en las Biblias católicas)

SIGLO I d.C.

1 – 49

Historia de salvación

- Jesús establece el Reino de Dios con sus obras y palabras; perdona al pecador, mueve a conversión, libera de la opresión legalista y da una vida nueva.
- Instaura el Reino de Dios con obras y palabras de salvación: ofrece una vida nueva, perdona al pecador, motiva a la conversión y libera de la Ley.
- Forma una comunidad de discípulos a la que prepara de manera especial, envía a continuar la misión que le dio el Padre, y le da a **Pedro** como cabeza.
- Ofrece su vida hasta morir en la cruz, por la salvación de la humanidad, y resucita glorioso venciendo así el pecado y la muerte.
- Envía a su Espíritu en Pentecostés para que guíe, una, fortifique y anime a los discípulos, quienes crearán comunidades de fe.

[Ver mapa: «Lugares importantes en la vida de Jesús», p. 1181]

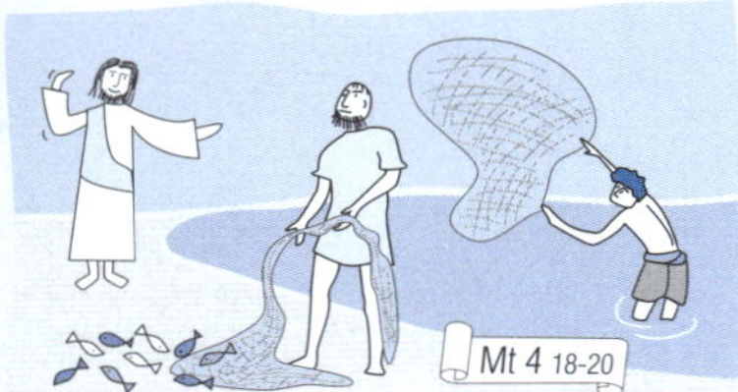

Actividad literaria

- Tradiciones orales sobre Jesús y su vida.
- Se escriben Dichos del Señor atribuidos a Mateo y algunos relatos de los evangelios.

Culturas bíblicas y asiáticas

✶ **Impacto en la HdeS:** 1) En Judea, ahora provincia romana, el gobernador Poncio Pilato sentencia a muerte a Jesús; 2) Expulsan de Roma a judíos y judeocristianos.

Culturas americanas

- Desarrollo de la mitología y cosmogonía maya: Izapan, México.
- Florecen varias «culturas del oro» con joyería de gran calidad: Colombia.

SIGLO I d.C.

50 – 99

Historia de salvación

- **Pablo,** un fariseo perseguidor de los cristianos, se convierte y asume la misión de evangelizar a personas no judías (gentiles).
- Pablo, los apóstoles y otros evangelizadores crean comunidades cristianas en todo el mundo conocido. Se escriben cartas para apoyarlas y clarificar aspectos de la fe.
- Las comunidades reflexionan sobre el misterio de Jesús y cómo aplicar sus enseñanzas a su tiempo y cultura. De esta experiencia nacen los evangelios.
- El Imperio romano se vuelve altamente opresivo. Los judíos se rebelan contra Roma. Jerusalén y su Templo son destruidos en 70 d.C.
- Los romanos persiguen a los cristianos y muchos mueren como mártires.

[Ver mapa: «El cristianismo en el siglo I», p. 1183]

Actividad literaria

Escritura del Nuevo Testamento:

- Evangelios y Hechos de los Apóstoles
- Cartas
- Apocalipsis

Culturas bíblicas y asiáticas

✶ **Impacto en la HdeS:** Nerón, emperador de Roma, ordena quemar la ciudad y acusa a los cristianos para perseguirlos; manda a Tito a controlar una rebelión en Judea, y este destruye Jerusalén durante la Pascua.

ΙΧΘΥΣ

Culturas americanas

- Empieza la construcción de la gran pirámide del Sol: Teotihuacán, México.
- Los anasazi viven en acantilados; crean alfarería y cestería: EUA

Desde su primera página, la Biblia sitúa la historia de la humanidad, nuestra historia, en la inmensidad del universo y el paso a veces cadencioso y otras vertiginoso de los años, las décadas y los siglos. Todo lo que existe y acontece se da en el marco de la presencia amorosa de un Dios único, eterno, creador e infinitamente bueno. Épocas de desarrollo lento y armónico, tiempos de crecimiento acelerado y tensionante, y temporadas de crisis y transformaciones dolorosas, se suceden y alternan constantemente, dando lugar a la historia humana, una historia que está en manos de Dios y va hacia Dios.

Las siguientes páginas, las últimas en *La Biblia Católica para Jóvenes,* te ayudarán a recorrer tu propia historia y la de la comunidad que te rodea, siguiendo la misma trayectoria que el pueblo de Israel y los primeros cristianos. Paso a paso revive tu historia a la luz de la Palabra de Dios con cierta frecuencia. Ahora, mientras eres joven, reflexiona con estas páginas cada que vez que te adentres, estés en medio o te encuentres al fin de una etapa significativa para ti: tus estudios, el comienzo de un noviazgo, un cambio de trabajo, tu opción de vida, etc. Escribe tus pensamientos en un diario.

Después, ya adulto/a, vuelve a hacer periódicamente el mismo ejercicio y relee lo que escribiste anteriormente. Dios te habla hoy y siempre a través de tu historia personal y comunitaria. Nuestro Dios es el Dios de la historia, un Dios trinitario que se encarnó en la historia a través de su Hijo, Jesús, que se hizo carne en cada uno de los cristianos, llenándonos con su Espíritu desde el momento de nuestro Bautismo.

Y tú, ¿cómo te sientes ante este Dios tan grande y maravilloso? ¿Cómo respondes al amor privilegiado que te tiene? En espíritu de oración, reflexiona con estas cuatro páginas sobre tu historia, una historia en comunión con Dios, una «historia de salvación».

ANTES DE FORMARTE EN EL VIENTRE MATERNO, YA TE CONOCÍA; ANTES DE QUE SALIERAS DEL SENO, YA TE HABÍA CONSAGRADO, TE HABÍA CONSTITUIDO PROFETA PARA LAS NACIONES.

Jr 1 5

¿Qué sentimientos despierta en ti saber que Dios te conoce y te ha elegido y consagrado desde siempre para ser su profeta? ¿Cómo puedes responderle a Dios?

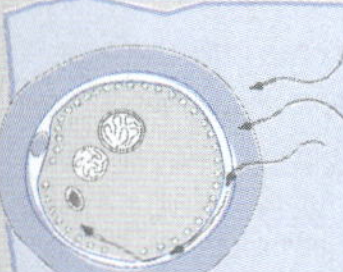

Y DIOS CREÓ AL SER HUMANO A SU IMAGEN; LO CREÓ A IMAGEN DE DIOS, LOS CREÓ VARÓN Y MUJER. Y LOS BENDIJO, DICIÉNDOLES: «SEAN FECUNDOS, MULTIPLÍQUENSE, LLENEN LA TIERRA Y SOMÉTANLA».

Gn 1 27-28

Fui concebido/a el mes de... del año... a imagen y semejanza de Dios. Mi madre me dio a luz el día... del mes... del año... Me incorporé al Cuerpo de Cristo, por la acción del Espíritu mediante mi Bautismo el día... del mes... del año...

DIOS MIRÓ TODO LO QUE HABÍA HECHO, Y VIO QUE ERA MUY BUENO.

Gn 1 31

Dios nos creó para vivir en comunión con él y nuestros semejantes, y en armonía con nosotros mismos y la naturaleza. ¿Cómo vives estas cuatro relaciones tan importantes?

SI OBRAS BIEN PODRÁS MANTENERLA [LA CABEZA] ERGUIDA; SI OBRAS MAL, EL PECADO ESTÁ AGAZAPADO A LA PUERTA Y TE ACECHA, PERO TÚ DEBES DOMINARLO.

Gn 4 7

Da gracias a Dios por las personas que te inspiran a actuar bien... Pide perdón por las veces que lo has ofendido... Ora para ser fuerte ante las tentaciones.

ESTABLECERÉ MI ALIANZA CONTIGO Y CON TU DESCENDENCIA A TRAVÉS DE LAS GENERACIONES. MI ALIANZA SERÁ UNA ALIANZA PERPETUA, Y ASÍ YO SERÉ TU DIOS Y EL DE TUS DESCENDIENTES.

Gn 17 7

Ante nuestro «no», el «sí» de Dios siempre prevalece. Piensa en cómo viven la alianza los jóvenes de hoy, y qué puedes hacer para fortalecerla y transmitirla a las siguientes generaciones.

LOS EGIPCIOS ESCLAVIZARON A LOS ISRAELITAS, Y LES HICIERON INSOPORTABLE LA VIDA... LOS ISRAELITAS... GEMÍAN... HICIERON OÍR SU CLAMOR, Y ESE CLAMOR LLEGÓ HASTA DIOS.

Ex 1 13-14; 2 23

¿Qué ataduras interiores o malas influencias te dificultan desarrollarte como una persona creada a imagen y semejanza de Dios? Pide a Dios que te libere de...

BENDITO SEA EL SEÑOR, PORQUE OYÓ LA VOZ DE MI PLEGARIA; EL SEÑOR ES MI FUERZA Y MI ESCUDO, MI CORAZÓN CONFÍA EN ÉL... RECIBÍ SU AYUDA.

Sal 28 6-7

Recuerda momentos de tu vida en que Dios te ha liberado de opresiones internas o influencias nefastas... Canta y danza porque Dios es fuente de vida, siempre fiel y misericordioso.

PREPAREN EL CAMINO DEL PUEBLO, TERRAPLENEN EL SENDERO, LÍMPIENLO DE PIEDRAS, LEVANTEN UN ESTANDARTE ANTE LOS PUEBLOS... «AHÍ LLEGA TU SALVADOR».

Is 62 10-11

Fuiste elegido/a como profeta desde antes de tu concepción. Dios te llama a abrir caminos al pueblo joven de hoy y a proclamar su salvación. ¿Cómo cumples esta misión?

YO LOS BAUTIZO CON AGUA PARA QUE SE CONVIERTAN; PERO EL QUE VIENE DETRÁS DE MÍ ES MÁS PODEROSO QUE YO, Y YO NI SIQUIERA SOY DIGNO DE QUITARLE LAS SANDALIAS. ÉL LOS BAUTIZARÁ EN EL ESPÍRITU SANTO Y EN EL FUEGO.

Mt 3 11

El Espíritu Santo, quien habita en ti desde tu Bautismo, te ilumina y te fortalece para vivir el Reino de Dios y hacerlo presente en la sociedad. Pide a Jesús que abra tu corazón a la acción de su Espíritu en ti.

La Espiral de la Encarnación

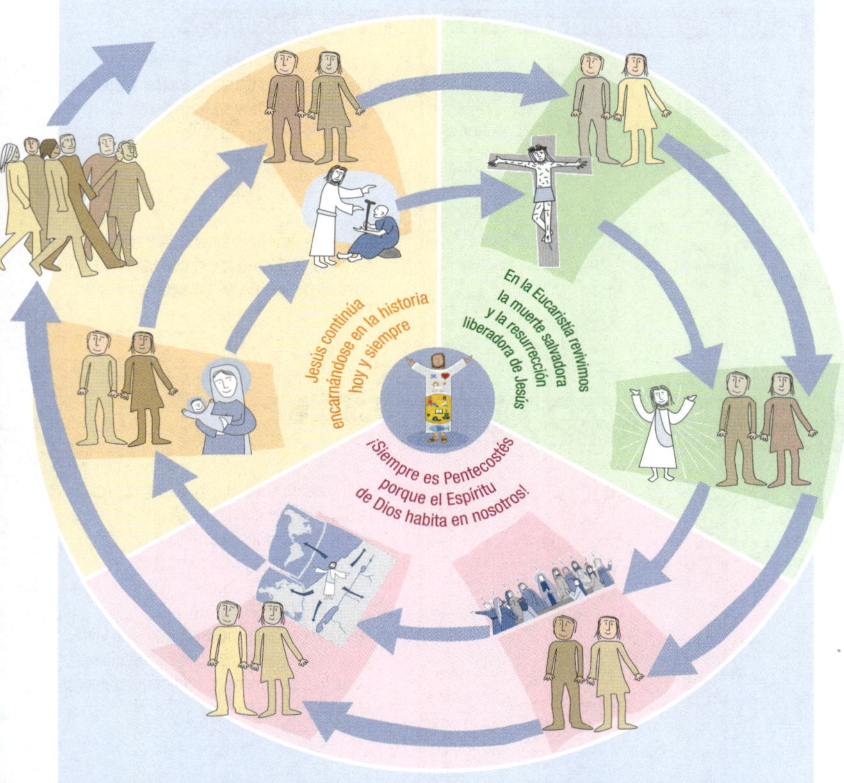

Te invitamos a meditar sobre la Espiral de la Encarnación

Pablo, quien había sido un perseguidor de Jesús, fue llamado a ser profeta y apóstol de las naciones. La experiencia de Cristo resucitado lo llevó a vivir la Pascua con gran intensidad. De ahí su convicción de ser «otro Cristo», enviado a continuar la misión de Jesús. Las siguientes palabras de Pablo revelan lo que sucede en cada cristiano que se abre a vivir el misterio de Jesús: «Y ya no vivo yo, sino que Cristo vive en mí», «ya que todos ustedes, que fueron bautizados en Cristo, han sido revestidos de Cristo» (Gal 2 20; 3 27).

Toma conciencia de que eres «otro Cristo», llamado desde antes de tu concepción a ser profeta de las naciones en esta época histórica. Haz la reflexión presentada en la siguiente página, para renovar tu fe, intensificar tu relación con Jesús y continuar tu misión.

JESÚS CUENTA CONTIGO EN LA CONSTRUCCIÓN DEL REINO

Jesús continúa encarnándose en la historia hoy y siempre

HOY, EN LA CIUDAD DE DAVID, LES HA NACIDO UN SALVADOR, QUE ES EL MESÍAS, EL SEÑOR.

Lc 2 11

Como Jesús se encarnó en María por obra del Espíritu Santo, hoy se hace carne en ti por la acción del mismo Espíritu. ¿Cómo encarnas tú a Jesús en la historia?

«TUS PECADOS TE SON PERDONADOS»... PARA QUE USTEDES SEPAN QUE EL HIJO DEL HOMBRE TIENE SOBRE LA TIERRA EL PODER DE PERDONAR LOS PECADOS... «LEVÁNTATE, TOMA TU CAMILLA Y VETE A TU CASA».

Mc 2 5.10-11

Jesús se hace presente hoy a través de sus seguidores. Como joven que trata de ser fiel a Jesús, ¿de qué necesitas pedirle perdón?

En la Eucaristía revivimos la muerte salvadora y la resurrección liberadora de Jesús

ÉL LOS HA RECONCILIADO EN EL CUERPO CARNAL DE SU HIJO, ENTREGÁNDOLO A LA MUERTE, A FIN DE QUE USTEDES PUDIERAN PRESENTARSE DELANTE DE ÉL COMO UNA OFRENDA SANTA, INMACULADA E IRREPROCHABLE.

Col 1 22

Morimos con Jesús al rechazar el pecado y reconciliarnos con Dios. ¿A qué actitudes y tipo de acciones necesitas morir para tu salvación y la de nuestro pueblo?

VAYAN ENSEGUIDA A DECIR A SUS DISCÍPULOS: «HA RESUCITADO DE ENTRE LOS MUERTOS, E IRÁ ANTES QUE USTEDES A GALILEA: ALLÍ LO VERÁN».

Mt 28 7

Jesús te envía a proclamar que está vivo. ¿Cómo proclamas tú a Jesús resucitado? ¿Qué tipo de resurrección liberadora necesita el pueblo joven de hoy?

¡Siempre es Pentecostés porque el Espíritu de Dios habita en nosotros!

RECIBIRÁN LA FUERZA DEL ESPÍRITU SANTO QUE DESCENDERÁ SOBRE USTEDES, Y SERÁN MIS TESTIGOS... ENTONCES VIERON APARECER UNAS LENGUAS COMO DE FUEGO... [Y] QUEDARON LLENOS DEL ESPÍRITU SANTO.

Hch 1 8; 2 3-4

Como cristianos debemos reflejar a Dios en nosotros. ¿Cómo se manifiesta el Espíritu Santo a través de ti? ¿Cómo pueden ver las personas la presencia de Dios en tu comunidad juvenil?

VAYAN POR TODO EL MUNDO,
ANUNCIEN LA BUENA NOTICIA A TODA LA CREACIÓN.
EL QUE CREA Y SE BAUTICE, SE SALVARÁ.

Mc 16 15-16

¡Cuántos jóvenes ansían recibir el amor de Dios! ¡Cuántos necesitan ser liberados de esclavitudes y sentimientos de culpabilidad! ¿Cómo puedes llevarles la buena noticia de Jesús?

Recursos para ENCARNAR la PALABRA de DIOS

Te compartimos varios recursos adicionales para ayudarte a profundizar, orar, vivir y compartir la Palabra de Dios. Jesús, la Palabra de Dios encarnada, es el manantial de agua viva que nunca se seca. El Amigo, el Maestro, el Profeta por excelencia, el Salvador de cada persona y de la humanidad entera nos habla de manera privilegiada en la Sagrada Escritura. Cuanto más hacemos una lectura orante de la Palabra de Dios, más sed tenemos de ella y de Cristo, y nos abrimos a la acción transformadora del Espíritu Santo.

La Sagrada Escritura contiene mensajes de Vida eterna. En sus textos, Dios nos comunica su amor y convierte nuestra vida cotidiana y sus momentos de crisis en historia de salvación.

Te invitamos a aprovechar los recursos que aquí te presentamos. Están creados con el mismo amor que *La Biblia Católica para Jóvenes (BCJ)*, que ofrece enfoques complementarios que guían y enriquecen la vida. El Espíritu Santo hará que fructifiquen en ti y en su pueblo joven.

Diálogos Semanales con Jesús (DSJ) es una serie de seis libros para profundizar en la Palabra de Dios. Su meta es fomentar una espiritualidad y formación en la fe, encarnadas en el mundo actual y en la liturgia dominical. Su estilo es dinámico y variado, adecuado para una lectura orante, personal y comunitaria.

El lema de la Misión Bíblica Juvenil (MBJ), «La Palabra se hace joven con los jóvenes», presenta su meta: llevar la Palabra de vida a la juventud mediante la acción de jóvenes misioneros que incluye: un Manual que ayuda a organizar la Misión, y otro, a formar a los jóvenes misioneros; un Cuaderno que ofrece el proceso de las sesiones y un Diario que permite a los participantes escribir sus reflexiones.

La Pastoral Bíblica Web (PBW) contiene varias opciones: el sitio www.BibliaParaJovenes.org proporciona una visión completa de todos los recursos; materiales audiovisuales para ser descargados; inscripción al Boletín Bíblico Digital, el cual es gratuito. También, www.Facebook.com/BibliaCatolicaParaJovenes ofrece diariamente reflexiones y otros aportes para la vida espiritual y la acción pastoral.

Diálogos Semanales con Jesús:
Para una espiritualidad y formación en la fe encarnadas en el mundo actual y la liturgia dominical

Los libros de la serie Diálogos Semanales con Jesús ayudan a obtener mayor fruto de la Palabra de Dios que leemos como Iglesia cada domingo. Presentan una *Lectio Divina* o lectura orante de la Biblia, adaptada para jóvenes. Puedes utilizarlos para tu vida espiritual personal o en procesos comunitarios.

Al iniciar cada sesión entrarás en diálogo con Jesús sobre tu vida, lo que te ayudará a profundizar tu relación con él. La manera de orar es distinta en los Tiempos Fuertes y en el Tiempo Ordinario.

Los comentarios son cortos y similares a los de la *BCJ*. Ayudan a comprender y extraer el mensaje del texto y a meditar y orar con la Palabra de Dios.

También hay una actividad comunitaria y una celebración ritual para coronar la lectura de la Biblia, si estás utilizando los Diálogos en grupo. Las imágenes de Jesús en la pasta muestran el énfasis de los libros en las distintas temporadas litúrgicas:

En los **Tiempos Fuertes** —Adviento, Navidad, Cuaresma y Pascua—, Jesús acoge de manera especial a la comunidad de jóvenes, para hacerlos sus discípulos. Las reflexiones y oraciones se centran en los grandes misterios de nuestra fe, ayudando a profundizar en ellos y hacerlos vida.

En el **Tiempo Ordinario**, Jesús envía a la comunidad de jóvenes a cumplir su misión en el mundo. Las reflexiones y oraciones incluyen perfiles de santos que vivieron el Evangelio de forma heroica y están dirigidas a encarnar la Palabra en la vida diaria y a construir el Reino de Dios en la sociedad.

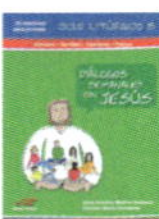

Esta serie te ayudará a:

- Conocer y vivir mejor la Palabra de Dios que leemos los domingos
- Conversar con Jesús sobre aspectos importantes de tu vida
- Enriquecer tu Eucaristía dominical al comprender mejor la liturgia
- Fortalecer tu espiritualidad, vocación y misión cristiana
- Preparar retiros, sesiones y temas de actualidad

Sé discípulo misionero de la Palabra de Dios

Misión Bíblica Juvenil en el Continente Americano

«LA PALABRA SE HACE JOVEN CON LOS JÓVENES»

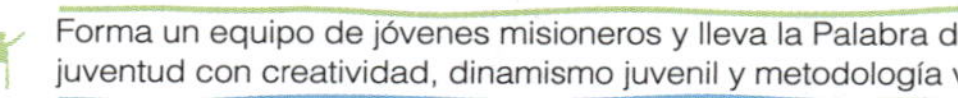
Forma un equipo de jóvenes misioneros y lleva la Palabra de Dios a la juventud con creatividad, dinamismo juvenil y metodología vivencial.

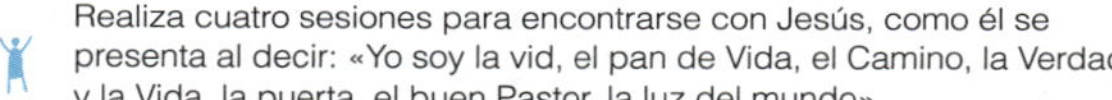
Realiza cuatro sesiones para encontrarse con Jesús, como él se presenta al decir: «Yo soy la vid, el pan de Vida, el Camino, la Verdad y la Vida, la puerta, el buen Pastor, la luz del mundo».

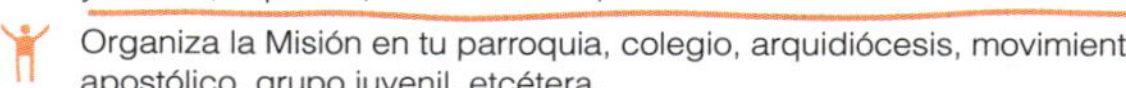
Organiza la Misión en tu parroquia, colegio, arquidiócesis, movimiento apostólico, grupo juvenil, etcétera.

- Recursos para llevar a cabo la Misión:
  - *Manual para el Equipo Central:* Proceso e instrumentos para organizar la Misión
  - *Manual para el Equipo de Jóvenes Misioneros:* Proceso y documentos para la capacitación
  - *Cuaderno de la Misión:* Proceso detallado de las sesiones para la Misión
  - *Diario de la Misión:* Pasajes bíblicos y espacios para que los participantes escriban sus reflexiones
- Música, audiovisuales, diseños y materiales prácticos
- Todos los recursos en español pueden ser descargados gratuitamente de: www.MisionBiblicaJuvenil.org; en inglés de: www.YouthBiblicalMision.org

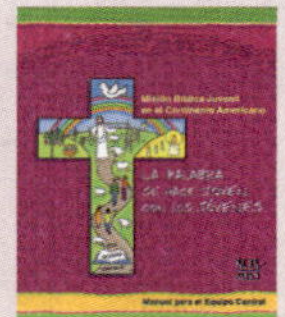

Utiliza estos y otros medios digitales

Pastoral Bíblica Web
para la Fe y la Vida

Sitio Web www.BibliaParaJovenes.org

Encontrarás:

- Recursos para leer y compartir la Palabra de Dios, incluyendo videos, canciones, retiros, documentos, diseños gráficos, etcétera.
- Un Manual para obtener más frutos con la serie Diálogos Semanales con Jesús y hacer talleres sobre cómo utilizarlos.
- Secciones donde puedes leer testimonios de jóvenes y asesores, así como dejar los tuyos, para la edificación de la comunidad de fe.

Boletín Bíblico Digital

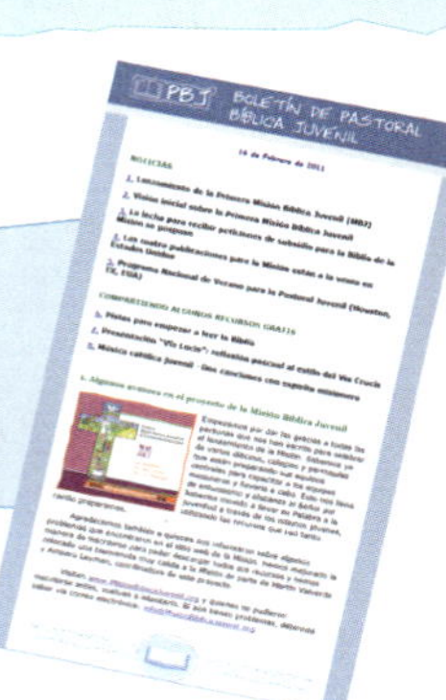

Inscríbete al **Boletín Bíblico Digital** para mantenerte informado en: **www.BibliaParaJovenes.org**

- Nuevos aportes
- Canciones bíblicas juveniles
- Capacitaciones en Pastoral Bíblica Juvenil

Facebook /BibliaCatolicaParaJovenes

Súmate 

a los **miles** de seguidores de la ***BCJ*** en facebook e intercambia aportes, reflexiones, oraciones, comentarios

Que siempre seas miembro activo
del cuerpo de Cristo en la Tierra,
para que continúes su misión
de extender el Reino de Dios
en los ambientes en que te mueves.

Libros y abreviaturas bíblicas

Libro	Abreviatura	Pág.	Libro	Abreviatura	Pág.
Abdías	Abd	875	3 Juan	3 Jn	1621
Ageo	Ag	909	Judas	Jds	1623
Amós	Am	863	Judit	Jdt	559
Apocalipsis	Ap	1627	Jueces	Jue	309
Baruc	Bar	765	Lamentaciones	Lam	1025
Cantar de los Cantares	Cant	1015	Levítico	Lv	171
Carta de Jeremías	CJr	772	Lucas	Lc	1285
Colosenses	Col	1533	1 Macabeos	1 Mac	587
1 Corintios	1 Cor	1465	2 Macabeos	2 Mac	614
2 Corintios	2 Cor	1487	Malaquías	Mal	925
1 Crónicas	1 Cr	455	Marcos	Mc	1247
2 Crónicas	2 Cr	479	Mateo	Mt	1195
Daniel	Dn	821	Miqueas	Miq	883
Deuteronomio	Dt	243	Nahúm	Nah	891
Eclesiastés	Ecl	1093	Nehemías	Neh	521
Eclesiástico	Eclo	1127	Números	Nm	203
Efesios	Ef	1513	Oseas	Os	845
Esdras	Esd	509	1 Pedro	1 Pe	1599
Ester	Est	575	2 Pedro	2 Pe	1607
Éxodo	Ex	121	Proverbios	Prov	1067
Ezequiel	Ez	775	1 Reyes	1 Re	395
Filemón	Flm	1571	2 Reyes	2 Re	426
Filipenses	Flp	1525	Romanos	Rom	1441
Gálatas	Gal	1503	Rut	Rut	537
Génesis	Gn	63	Sabiduría	Sab	1105
Habacuc	Hab	897	Salmos	Sal	935
Hebreos	Heb	1575	1 Samuel	1 Sm	337
Hechos de los Apóstoles	Hch	1385	2 Samuel	2 Sm	369
Isaías	Is	639	Santiago	Sant	1591
Jeremías	Jr	705	Sofonías	Sof	903
Job	Job	1037	1 Tesalonicenses	1 Tes	1541
Joel	Jl	857	2 Tesalonicenses	2 Tes	1549
Jonás	Jon	879	1 Timoteo	1 Tim	1555
Josué	Jos	283	2 Timoteo	2 Tim	1563
Juan	Jn	1337	Tito	Tit	1567
1 Juan	1 Jn	1613	Tobías	Tob	543
2 Juan	2 Jn	1620	Zacarías	Zac	913